カンナダ語・日本語辞典

高島 淳［編］
内田紀彦
バンドー・ビマジ・ラージャプローヒト［著］

三省堂

© Sanseido Co., Ltd. 2016
Printed in Japan

A Kannada-Japanese Dictionary

BY

Jun TAKASHIMA (ed.)

Norihiko UČIDA & B.B.RAJAPUROHIT

*ケース・カバー図版
1810年にコダグ王国のリンガラージェーンドラ王が
イッギタッパ寺院に寄贈した銀の象の背に彫られた寄進文

イラスト
Raghupati Bhatta & Vidya Bhatta

装丁
三省堂デザイン室

はしがき

　カンナダ語は南インドのカルナータカ州の公用語である。日本の約9倍の面積を持つインドは、12億の人口を擁するが、その南部の5州にドラヴィダ系の言葉を話す人々が暮らしている。一番南の東側のタミル・ナード州ではタミル語、その西側のケーララ州ではマラヤーラム語、東のベンガル湾を上がったアーンドラ・プラデーシュ州とテランガーナ州ではテルグ語、そしてその西側の中央部からアラビア海にかけてのカルナータカ州でカンナダ語が話されている。カルナータカ州は日本の半分ほどの面積で、人口は6100万人ほど、その大部分がカンナダ語を話す。

　日本語の起源をタミル語にもとめる説なども出たことからもわかるように、ドラヴィダ系の言語はその膠着語的な構造が日本語に似ている。インドの北部で話されているヒンディー語やマラーティー語などの言葉はインド・ヨーロッパ語族に属し、ドラヴィダ系の言語とはまったく構造を別にしている。しかしながら、それらのインド・ヨーロッパ語族の言葉の古い時代の文化的な共通語であるサンスクリット語はカンナダ語の語彙の中にも強い影響を保っている。

　サンスクリット語は日本では古くは梵語と呼ばれ、その語彙の一部は、仏教を通して日本語に入っている。そうした古来からのつながりに加えて、近年ではカルナータカ州の州都ベンガルール(バンガロール)はインドのIT産業の中心として「インドのシリコンバレー」とも呼ばれ、日本からの自動車産業の進出の一つの拠点ともなっている。日本人駐在員の人口もデリーについで第2位となっているので、この都市を訪れたことのある日本人の数もずっと増えていることと思われる。

　しかし、カンナダ語に限らず広くドラヴィダ諸語について見ると、タミル語と日本語の起源の関係についての議論など様々な話題があっても、わが国における研究はようやく始まったばかりといえよう。東京外国語大学アジア・アフリカ言語文化研究所において、マラヤーラム語を除くタミル語、カンナダ語、テルグ語の三つの言語の言語研修を1986年から1998年にかけて行ったのは、少しでもその欠落を埋めようとするものであった。しかし現在でも、この言語研修テキスト以外の日本語による書物としては、入門的文法書がタミル語3冊、テルグ語とマラヤーラム語で各1冊あるにすぎない。

　このような状況の中で、ここに本格的なカンナダ語・日本語辞典を刊行できることは、両著者の長年にわたる努力の賜物であると同時に、電子出版技術の開発を含む情報処理の側面でそうした努力を支えてきたアジア・アフリカ言語文化研究所、特に、情報資源利用研究センターと文部科学省のCOE拠点形成・特別推進研究「アジア書字コーパスに基づく文字情報学の創成(GICAS)」の成果の一端である。

　思えば、私がアジア・アフリカ言語文化研究所に奉職した1992年以来、故奈良毅元アジア・アフリカ言語文化研究所教授を代表者とする科学研究費補助金国際学術研究「電算機利用による南アジア諸言語の比較・対照研究」を始めとする様々なプロジェクトで、内田紀彦、ラージャプローヒト両博士と進めてきたカンナダ語・英語・日本語三言語辞書の構築に向けての共同研究は既に20年を越えている。

　カンナダ文字と日本語を共に印字することすら困難であった時代にあって、カンナダ文字フォントを開発することから、複雑な多言語対照の記述を可能にするデータベース構造の検討、独自文字コードの新聞データからの用例文の収集など、現在の時点ではそれほど困難と思われないであろうことも、90年代においては多くの創意工夫を必要としたものであった。

　多くの先人の業績に基づくと同時に、最新の情報処理技術を用いてもなお、本格的な辞典の編纂には非常に長い時間が必要であり、そうした営みを支える長期的な視野に立つ公的な研究支援なしには、辞書のような知的基盤は容易に実現し得ないことを、多くの皆様に理解していただきたく思う。

　本辞典の完成に至るまでの道筋で様々な形でお世話になった方々すべての名をあげることはできない。ドラヴィダ語研究の高橋孝信氏、家本太郎氏、児玉望氏には、インド現地調査においてもお世話になった。同僚ながら、アジア・アフリカ言語文化研究所の町田和彦氏と峰岸真琴氏には多くの学恩を受けた。また、編集の最終段階で様々な点検の労を取っていただいた高崎恵氏、三省堂辞書出版部の皆様、とりわけ編集担当の柳百合氏には心からの感謝を捧げたい。

　最後に、長年にわたって報われることの少ない辞典編纂に力を尽くしてこられた二人の著者、B.B.ラージャプローヒト氏と内田紀彦氏、また両氏のご家族の皆様には心からの敬意と、「ご苦労さまでした」の言葉を贈りたい。

　　　2016年6月10日

　　　　　　　　　　　　　　　　　　　　　　　　　　　　　　　　　　　高島　淳

この辞典の特色と使い方

1.　カンナダ語の辞書の歴史

現存するカンナダ語の辞書の最古のものは、詩人ランナが書いた『ランナ・カンダ』と呼ばれるもので、西暦 996 年の作品とされている。この韻文の作品は、詩人が韻律に合った詩を書くために同じような意味の単語をまとめて列挙した詩作用の辞書である。西暦 1045 年のナーガヴァルマの作品、1300 年頃のヴィッタラのもの、1398 年のアビナヴァ・マンガラージャの作品など、19 世紀に至るまで同様の作品が続いている。[*1]

詩作のためではない実用のための辞書の歴史は、キリスト教の宣教師によって 19 世紀に始まる。1832 年に、イギリス人の宣教師ウィリアム・リーヴが、『カンナダ語と英語の辞書』を出版した。1858 年にはダニエル・サンダーソンが、その改訂版を出している。さらに、ギャレットの文法書と辞書が 1871 年に、またツィーグラーの『英語・カンナダ語スクール辞典』が 1876 年に出版されている[*2]。こうした努力の後を受けて、ドイツ出身の宣教師キッテルが 1893 年に『カンナダ語・英語辞典』を出版した。これは、19 世紀における比較言語学研究の大きな成果といえる。

印欧語比較言語学研究の進展を追う形で、19 世紀において、南インドの諸言語についての比較研究も進められた。これによりドラヴィダ系語族という理解がもたらされ、1856 年にコールドウェルが『ドラヴィダ諸語比較文法』を出版して基本的な認識が共有されることとなり、キッテルもこうした言語学の潮流をよく理解しつつ研究を進めていた。

その後のドラヴィダ諸語研究における金字塔は、バローとエメノーの『ドラヴィダ語源辞典』(*DED* 初版 1961)であり、その改訂版 (*DEDR*) が 1984 年に出版されている。これによって、ドラヴィダ諸語の中の一つの言葉から、他の言語における類縁の言葉へとすばやく検索することが可能となったのである。

1.1　キッテルの辞書

キッテルは、『カンナダ語・英語辞典』を編むに当たって、実用性を越えて学問的な関心から編纂を行った。それまでのすべての辞書を越える数の語彙を含むというだけでなく、古い文語の語彙についてまで収集を行った。当時は、カンナダ語の作品の出版がまだ未熟であったために、写本でのみ手に入るような作品についても対象としている。残念ながら、キッテルが用いた写本の出自については記録に残されていないため、同定するのは現在ではほとんど不可能である。キッテルの用いた大部分の作品が現在では出版されているが、本辞典ではそのような出版作品の形に従うのではなく、あくまでもキッテルの編集方針を尊重した。キッテルの辞書は、1968 年に拡大改訂されて 4 巻本の形で出版されており、オリジナル版と共に本辞典のために活用させていただいた。どちらも研究者や学生にとって、現在もなお極めて有用なものである。

しかしながら、キッテルの辞書を用いるに当たっては、いくつか留意しておかねばならないことがある。キッテルの辞書では、古カンナダ語において ṟa (ಱ) という文字(音素)で表されていたものが現在のカンナダ語で ra (ರ) で表されている場合に、ṟa の表記のみを採用し、現在の普通の形である ra の表記は採用していない。同様に、現在の表記が ḷa (ಳ) となっているものについては、古い形の r̤a (ೞ) の形のみが採用されている。

実例として、「羊」を意味する kuri (ಕುರಿ) や、「悪人」を意味する kūḷa (ಕೂಳ) は、キッテルの辞書には載っていない。読者は、ra (ರ) で表されている部分は古カンナダ語においては ṟa (ಱ) であったこと、ḷa (ಳ) で表されている部分は古カンナダ語においては r̤a (ೞ) であったことを知っていることを期待されてい

[*1] 例えば、Nāgavarma's *Ab*^{h}*id*^{h}*āna Vastukōśa* (1045), Vit̤t̤hala's *Amarakōśada Ṭīku* (1300 頃), Abhinava Maṅgarāja's *Ab*^{h}*inavāb*^{h}*id*^{h}*āna* (1398), *Karnāṭaka Śabdasāra* (1400 頃、著者不明) など。

[*2] さらに 1891 年には、Ullal Narasingarao が *Kisāṃwār Glossary of Kannada Words* を出版している。

る。そうした読者は、kuri (ಕುರಿ) の代わりに kuṟi (ಕುಱಿ) を、kūḷa (ಕೂಳ) の代わりに kūr̤a (ಕೂೞ) を引いて望みの答えを得ることができる。これらの語のように両方の形が文献から知られている場合には、一方が古形であることはほぼ確実であるが、キッテルは十分な資料のない場合にも、古形と想定できる ṟa (ಱ) や r̤a (ೞ) による形(本来なら想定再構築形としてアステリスク付きの *ṟa や *r̤a で表示すべきもの)を採用していることがある。後で述べるように、本辞典ではそうした例に特に注意を払って処理している。

1.2　カンナダ文学アカデミーの辞典

その後 20 世紀の前半からいくつかの辞書が作られるが*3、決定的に重要な辞書となったのは、カンナダ文学アカデミー (Kannaḍa Sāhitya Pariṣattu) の辞書である。8 巻からなるこの大辞典 (*Kannaḍa Sāhitya Pariṣattina Nig^{h}aṃṭu*、以後『アカデミー大辞典』と略記) は、1970 年から編纂が始められ 1995 年に完結した。

ドラヴィダ諸語に共通する特性でもあるが、カンナダ語には同音異義語(わずかに異なった綴り字となるものも含む)が多い。『アカデミー大辞典』と『ドラヴィダ語源辞典』は、意味と語源の分析によって、同一の分類に属すべき語についての区分けを注意深く行っている。本辞典では、これら二つの辞典に従って同音異義語の区分けを行った。ただし、ごく例外的に、語源的に近接した意味領域に属する語について一つの語として扱ったものがある。

2.　凡例

本辞典の特徴の一つとして、ドラヴィダ祖語からの復原再構築語は採用しなかったにもかかわらず、キッテルの辞書から見出し語を取り込んだことがあげられる。このため、本来なら再構築語のマーク付きで記載すべき単語が、『ドラヴィダ語源辞典』と同様に、そのまま採られている。本辞典では、『アカデミー大辞典』にその語が現れるかを確認して、現れない場合には《‡》の記号を付して、おそらくそれらの語がキッテルによる再構築語であることを示した。

このように、本辞典は、コーパスから独自に見出し語を選定するのではなく、既存の辞書から見出し語の選定を行った。語彙の選定の基準としては、カンナダ語学習者、および、カンナダ語やドラヴィダ諸語を対象とする広範な学生や研究者にとって有用であることを目指した。特に『アカデミー大辞典』に依拠している面が多いのは言うまでもない。

しかしながら、『アカデミー大辞典』の用例については、学習者にとって有用な例をあげるという本辞典の目的とは必ずしも一致していないため、本辞典独自の解説も付した。加えて、新聞などの最新の用例の収集に基づいて、わかりやすい用例文をできる限り追加した。

日本人読者のためには、見出し語と共にラテン文字転写の形式も与え、カタカナ表記による発音(カナ発音)と国際音声記号(IPA)を付加して便宜を図った。

2.1　配列と構成

1. カンナダ文字による見出し語に続けて、ラテン文字転写、カナ発音、国際音声記号(IPA)を付した。
2. 見出し語の配列はカンナダ文字配列規則によっている(p. xiv「カンナダ文字の字母表」を参照)。
3. 発音表記に続けて、同語異綴り語がある場合には、それらをカンナダ文字で表記した。
4. 同じ綴り字で別の見出し語がある場合には、肩付き数字の ¹ や ² などを付して区別した。
5. 主見出し語に加えて、その語から派生した単語を小見出しとして配列した。
6. ドラヴィダ祖語に由来していない場合は、[Sk.]（サンスクリット語）、[Ar.](アラビア語）、[Pe.]（ペルシャ語)のように、項目の末尾に語源を表記した。
7. 項目説明の中での参照語や文例についても、カンナダ文字表記(ラテン文字転写)の形で示した。
8. 品詞は、発音あるいは同語異綴り字リストの後に *n.* などのように示した(p. viii「略号 1：品詞ほか文法事項」を参照)。

*3 Shivaram Karant の *Sirigannaḍa Arthakōśa* (1940), Gurunath Joshi と Ashvathanarayana の *Kannaḍa Kannaḍa Śabdakōśa* (1956)、C.E. Kavali の *Sacitra Kannaḍa Kannaḍa Kastūri Kōśa* (1957)、S. R. Ramarao の *Kannada Kannada English Dictionary* (1965) などがある。

9. 二つ以上の品詞からなる項目については、 ━ で品詞の異なることを示した。
10. 女性形や不規則な過去語幹、その他補足的な文法事項を、必要に応じて( )の中に示した。
11. 意味(語義)の記述については、頻度順ではなく歴史的あるいは意味変化が分かるように配列した。したがって、最もよく使われる意味が必ずしも最初に来るようには配列されていない。
12. 単語全体、あるいは特定の意味での用いられ方について、文章語、古語、方言、常用語(口語でも文章語でも普通に用いられる)の区別を示すこととし、無印のものを常用語とした。
13. 外来起源でない本来のカンナダ語を語源とする場合には [Ka.] と注記し、多くの場合『ドラヴィダ語源辞典』による語源分類番号を示した。[Ka. D340] は、『ドラヴィダ語源辞典』の 340 番のカンナダ語の項目にこの単語が掲載されていることを示している。アステリスクが付いている場合は、ほぼ同形の語はあるが、正確にその形の語がないことを示している。『ドラヴィダ語源辞典』への参照は同様に、[Ta. D340] (タミル語部分)や [Ma. D340] (マラヤーラム語部分)のような形で近縁語への参照を促す場合もある。
14. サンスクリット語の語源については、*CDIAL* という形でターナーの『印欧語比較辞典』への参照を指示している場合もある。
15. 植物や動物についての記述で、図鑑などの図版を参照して欲しい場合には、文献の略号にアステリスク * を付けて *[IMP4.257](＝ *Indian Medicinal Plants* 第 4 巻 257 頁の図版)のように示した。
16. 用例の出典については、*Nn.* 51 (Kitt.) (＝*Nānārtharatnākara* 51 節)としてキッテルの辞書に出典が記述されている、ということを示している。「略号2：出典(言語学・文法・方言など)」(p.ix)に出典の省略形のリストをあげた。ただし、『アカデミー大辞典』を出典としている場合については、原則としてこうした記述を省略した。
17. 見出し語の選択において、『ドラヴィダ語源辞典』のカンナダ語の項目に入っているものはすべて本辞典にも採録した。本辞典の見出しに入っていない単語は、『ドラヴィダ語源辞典』にも入っていない。この点にくわえ、本辞典には『ドラヴィダ語源辞典』の番号への参照もあるので、ドラヴィダ諸語の研究者にとっては有用性の高い辞書となっている。
18. 国際音声記号 (IPA) 表記については、IPA 2005 に準拠している。
19. 例えば、接尾辞 /a/ は /i/ のような母音に続くと /ya/、/u/ のような母音に続くと /va/ のように現れるし、日本語の連濁と同様に、複合語において後部要素の語頭子音が /k/ /t/ /p/ の場合に /g/ /d/ /b/ に変化するといった当然の音韻変化について、特に説明していない場合がある。適宜、「発音について注意すべき点」(p. xi)、巻末の「カンナダ語の文法の概要：1．連声」(p.921)の説明を参照していただきたい。

上で部分的に触れたように、カンナダ語の文章や会話の表現においては、様々な位相やヴァリエーションがある。例えば、形式張ったスタイル、くだけた気楽な形式、家庭内での使われ方、文章語の様式などである。これまでの辞書では、こうしたスタイルの相違については記載していない。しかし、特に外国人学習者にとっては、日常的に使ってよい言葉なのか、文章でしか使わないような言葉なのか、といった点について最低限度の指標があることが望ましい。また本辞典では、ドラヴィダ諸語の研究者の便も考えて、現在ではあまり使われない多くの語も見出し語として採用している。以下では、そうした区別の指示やその他の補足的事項について説明する。

1) 無印の単語は、口語でも文章語でも用いられ、日常的な場面でも形式張った場面でも、どのような文脈でも問題なく用いることのできる語である。例えば、akki (ಅಕ್ಕಿ「米」) や nīru (ನೀರು「水」) のような単語である。しかし、ある単語の特定の意味が特定の状況で使用される場合には、その意味についてだけ、以下の2から9の区分を示した
2) 《古》：現在では用いられない時代後れの単語
3) 《文》：形式張った表現、あるいは、文章語においてのみ用いられる単語
4) 《雅》：非常に文学的な表現においてのみ用いられる単語
5) 《方》：特定の地方(「略号2：出典(言語学・文法・方言など)」)においてのみ用いられる単語
6) 《口》：口語的な表現においてのみ用いられる単語

7) 《希》：単語として、あるいは、単語のその意味での使用が稀なもの
8) 《異》：最も一般的な綴り字とは異なった(長音が短音などの)表記法で記されている単語
9) 《‡》：『アカデミー大辞典』に認められていない単語(おそらくはキッテルが再構成したもの)
10) ☞：別の見出し語への参照
11) 〔汎〕：参照指示において、より汎用的に用いられる語を指示するときに用いた
12) 〔口〕：参照指示において、口語的表現で一般的な言葉、特に外来語的な語を指示するときに用いた
13) 〔文〕：参照指示において、文語的表現で用いられる言葉を指示するときに用いた
14) 〔俗〕：参照指示において、俗語的表現で用いられる言葉を指示するときに用いた
15) 〔現〕：参照指示において、古語の項目から現代に用いられる言葉を指示するときに用いた
16) 〔稀〕：参照指示において、外来語の使用が一般的で実際にはあまり用いられない語を指示するときに用いた
17) ⇒ ：図への参照
18) ⇀ ：草木の用途が、食物であるか医薬品であるかなどの指示
19) 発音が確定できない古語や地方語には、IPA 表記に? を添えた場合がある
20) [?] あるいは [<?] ：語源が不明であるときに用いた
21) < と ←：語源を示す
[M. isamǎ ←Ar. ism] のように、直接の語源がさらに別の語源に遡るときは原則として ← で示した
22) + ：語結合を + で示した
23) ×：別系統の言語あるいは形の似た言葉などからの影響によって、形の変異などを受けたと考えられる語源については × で示した
24) *: 存在が確認されていない印(語源における再構築語、あるいは、女性形の文例が確認できない場合など)
25) ⟷：反対語は、*aṅgaṇa*(前庭)⟷*hittala*(裏庭)のように示した
26) 〈　〉：準名詞と準形容詞の訳語において補う語、および、他動詞の直接目的語を示すために用いた
27) 《 》：補足的文法事項として、女性形や不規則過去語幹などを示した
28) ◇：派生語を示した。— は見出し語相当部分を示す。名詞から動詞を派生する場合、ಮಾಡು (māḍu)「する」を付けて「…する」を示す場合は自明なので訳語を付けていないが、その他の動詞が付く場合には訳語を示した
29) 〔　〕：訳語の文体や専門分野の表示に用いた
〔婉〕婉曲に　〔タブー〕タブー語　〔敬〕敬語　〔諺〕ことわざ　〔児〕幼児語　〔俗〕俗語　〔罵〕罵り語
〔喩〕比喩的　〔皮〕皮肉　〔美〕美称　〔蔑〕軽蔑的　〔言〕言語　〔歴〕歴史
30) (　)：語の省略、あるいは、補足説明
31) [　]：語の言い換え
32) ¶：各用例の開始
33) [Ø]：以下の四つの場合を意味する
(a) 接尾辞に関してあまり用いられないこと
(b) 女性形あるいは男性形が存在しないこと
(c) 間投詞であるので語源説明ができないこと
(d) 文字の説明で、語頭に来ることが少ないこと

2.2　品詞

品詞の略号については以下にリストを掲げるが(「略号 1：品詞ほか文法事項」を参照)、通常はあまり用いられない二つの品詞分類を採用している。(*n.*) と (*adj.*) は、それぞれ「準名詞」「準形容詞」を示す。ドラヴィダ系言語は、日本語などと同様の膠着語であり、名詞と名詞が連続すると前に来る名詞は形容詞の働きをする。しかし、形容詞とはいっても、「それは美しい」に相当するような、形容詞の述語としての用法は存在せず、このような場合には「美しい」にあたる形容詞を名詞化して「それは美しいものである」というような語法しか存在しない。ここで準名詞と分類した語は、述語として用いられるときに通常は名詞化されないので品詞としては名詞であるが、その内容は「性質」を示すもので、形容詞的に用いられることが非常に多い語である。

日本語の形容動詞の語幹、例えば「きれい」を明確に名詞として扱うためには、「きれいさ」のように「さ」を付加しなければならないが、述語としては「それきれい」と言えることにも似て、ドラヴィダ諸語の準名詞は、名詞の前に来るときは直接続く名詞を修飾すると同時に、述語としては形容詞と違って名詞化接尾語を付けないままで形容詞的意味の述語となることができる。

こうした点について、ドラヴィダ諸語には、本来、形容詞が存在せず、通常は形容詞に区分されているものもすべて、本質は名詞であると言われる。一方、カンナダ語の語彙にはサンスクリット語起源のものが多いが、サンスクリット語においては、名詞と形容詞の区別が希薄で、すべての名詞は形容詞にもなり得るとも、またすべての形容詞は名詞にもなり得るとも言われる。そうしたサンスクリット語起源の語については、*adj., mf.* などと表記して、どちらの用法もあり得ることを示した。*adj.,m.* と表記した場合には、女性形を並記するか、並記していない場合は通常の形、すなわち、-a で終わる名詞語尾が -i に変化して女性形を取ることを示している。しかし、そうした語であっても、主な用法が形容詞であって述語としては名詞化接尾辞を取るが、まれには名詞的用法も見られるものについては、「準形容詞」という分類を行った。このように曖昧とも言える分類が行われるのは、カンナダ語の理解が話者のサンスクリット語の教養などに強く依存するためである。

略号 1：品詞ほか文法事項

acc.	目的格
adj.	形容詞
(*adj.*)	準形容詞
adv.	副詞
col.	会話的
com.	普通語 (文章語や古語に対比しての指示)
cond.	条件形 (連用条件分詞形のとしての指示)
conj.	接続詞
dat.	与格
def.	欠如動詞 (否定時制のみであるか、否定時制を欠いている動詞)
dem.	指示代名詞(これ/あれ)
denm.	名詞派生動詞
dig.	尊称形
echo.	繰り返し表現 (わずかに異なった形で語を繰り返して、意味を明瞭にしたり強調したりする方法)
f.	女性名詞
fut.	動詞の未来語幹
gen.	属格
honorific pl.	尊敬の複数形 (単数の相手に敬意を示す)
ibc.	複合語の始めで
ifc.	複合語の終わりで
imp.	命令形
ins.	具格
intrj.	間投詞
loc.	所格
m.	男性名詞
mf.	男性女性名詞
mfn.	男性女性中性名詞 (子供を含めた人間)
mim.	模倣語
mn.	男性中性名詞(女性形は別形、あるいは、伝統的に人間とされたものが現在では物とされる)
mod.	現代の形
morph.	形態素
n.	名詞(固有名詞も含む)
(*n.*)	準名詞
neg.	否定時制 (定動詞形、連用分詞形、連体分詞形で)
nom.	主格 (後置詞の前で通常の属格や与格ではなく主格の場合)

numr.n.	数詞	*snt.*	間投詞的発話（サンスクリット語からの場合あり）
numr.adj.	数形容詞		
obl.	斜格	*subj.*	接続法
onom.	オノマトペ	*suf.*	接尾辞
p.part./past.p.	連用完了分詞	*v.*	動詞
pej.	蔑視的	*v.adj.*	動詞の連体分詞形
part.	小辞（不活用語）	*v.adv.*	動詞の連用分詞形
postp.	後置詞	*v.aux.*	補助動詞
pref.	接頭辞	*v.imp.*	原則として、実際の主語が与格で示されて三人称で活用する非人称動詞
pron.	代名詞		
pron.pref.	代名詞的接頭辞		
redup.	繰り返し（echo. と違ってそのままの繰り返し）	*verb.participle*	連用分詞
		vi.	自動詞
refl.	再帰的（自分自身あるいはお互いに）	*vt.*	他動詞

2.3 出典について

出典などの略号は、キッテルのものについてはそのまま踏襲した。キッテルに拠らないものについては、『アカデミー大辞典』に拠っている。それ以外の略号は、本辞典で参照した新規の参考文献についてのものである。

略号 2：出典（言語学・文法・方言など）

A[0-9]+	A12 のように A に番号が続いている場合は、*DEDR*（『ドラヴィダ語源辞典』改訂版）の Appendix への参照.
Abhâ.	*Anubhavāmṛta*, Vicāra darpaṇa mudraṇaśāle, Bangalore, 1874.
Abh.P.	Abhinava Pampa (Nagachandra)'s *Rāmāyaṇa*, (Manuscript).
AdP.	*Ādipurāṇa* of Pampa, (Abridged edn.), (Ed.) L.Gundappa, Mysore University, 1956.
AlVc.	*Allamana Vacana Candrike*, (Ed.) L. Basavaraju, Mysore,1961.
AmVc.	*Akka Mahādeviya Vacanagaṛu*, (Ed.) Mallabadi Veerabhadrappa, Dharwad, 1956.
Ap.	*Ādipurāṇa* of Pampa, (Ed.) S.G.Narasimhachar, 1900, (referred to by Mariappa Bhatt).
B.	Bombay, the Department of Public Instruction, Kanarese books. Numbered from 1 to 5, 1882-83.
Bark.	"Barkur Kannada" (*LSB*, 11.1-8, 1969) and *Barkur Kannada*, Poona, 1971, by A.S. Acharya.
Bh.	*Kumāra Vyāsa's Bhārata*, Vichara Darpana Press, Bangalore, 1875.
Bhn.	*Bhārata nighaṇṭu*, (Manuscript).
BIA	*Book of Indian Animals*, by S.H. Prater, Bombay Natural History Society, 1980.
Bp.	*Basava purāṇa*, Bibliotheca Carnātaka, Mangalore, 1850.
Bv.	*Basavaṇṇanavara vachanagaḷu*, Ed. S.S.Basavanal, 1954.
C./com.	より一般的に用いられている語形（Commonly used word）
Čb.	*Śabdasaṅgraha*, by G. V. Mohare, 1874, quoted by Kittel.
Č.Bp.	*Cannabasava purāṇa*, Bibliotheca Carnātaka, Mangalore, 1851, quoted by Kittel.
CDIAL	*Comparative Dictionary of Indo-Aryan Languages*, by Ralph Turner, Oxford University Press, London, 1962-1966.
Čh.	Nāgavarma's *Chandas*, (*v.* means verse number), Basel Mission Press, Mangalore, 1875.
CK.	カルナータカ州中央部（Central Kannada）で話されているカンナダ語
Čpr.	*Candraprabha purāṇa*, by Argaḷa deva (Manuscript), Reference in Kittel's Dictionary, (revised edn. 1968).
Čt.	*Caturāsya nighaṇṭu*, (Manuscripts, marked as I & II), quoted by Kittel.
Čv.	*Channabasavaṇṇanavara Vacanagaḷu*, (Ed.) R.C. Hiremath, 1965.
DCV	*Dravidian comparative vocabulary*, (Ed.) R.P. Sethu Pillai et al., University of Madras, 1959.

DEDR	*A Dravidian Etymological Dictionary*, 2nd edition by T.Burrow and M.B.Emeneau, Clarendon Press, Oxford 1984.
Dh.	*Dhātuprakaraṇa* of the *Śabdamaṇidarpaṇa*, (Ed.) F.Kittel, Basel Mission Press, 1897.
Dʰvanyālo.	*Dʰvanyāloka*, by Ānandavardʰana.
Dp.	*Dāsapada*, (a collection of *Dāsa* songs from various sources), Bibliotheca Carnātaka, Mangalore, 1850, quoted by Kittel.
Dr./Pk.	ドラヴィダ語 (Dravidian) / プラークリット語 (Prakrit)
epigr.	碑文資料 (Epigraphical document).
G.	A small Canarese vocabulary by Gaṅgādhara Maḍivāḷēśvara, Bangalore, 1869
Gai index	Index of *Historical Grammar of Old Kannada*, by G.S. Gai, Deccan College, Pune, 1946.
Grj.	*Girijākalyāṇa*, Lakshmivilasa Press, Bangalore, 1886.
Gowda.	*Gowda Kannada*, by K. Kushalappa Gowda, (Annamalai University Department of Linguistics, Publication No.20), Annamalainagar, 1970.
Gz.	*Gazetteer of the Bombay Presidency*, Vol.XXII, 1884, quoted by Kittel.
H./M.	ヒンディー語 (Hindi)/マラーティー語 (Marathi).
Hal.	*Halakki Kannada*, by A. Sriramana Acharya, (Linguistic Survey of India Series, 1), Poona, 1967.
Hav.	*An Outline Grammar of Havyaka*, by D.N. Shankara Bhat, (Linguistic Survey of India Series, 5), Poona 1971.
HavS.	*The Havyaka Dialect of North Kanara*, by K.G. Shastri, Dharwar, 1971.
Hlâ.	Ancient Kannada commentary on Halāyudha's *Abhidhānaratnamālā* (Manuscript)
IHT	『インド花綴り』西岡直樹著, Tokyo, 2002.
IMP.	*Indian Medicinal Plants*, (numbers indicate volume number and page number)
J.	*Jaimini Bhārata*, Bibliotheca Carnātaka, Mangalore, 1848, Kṛṣṇarājavilāsa Press, 1861 & 75.
Jenu Kuruba	"The Jenu Kuruba dialect of Kannada", LSB 4.7-12 (1968) and *Coorg Kannada* (*Jenu Kurba Dialect*), Poona, 1971, by U.P. Upadhyaya.
Jñs.	*Jñānasindhu*, Karṇātaka Mudrāksharaśāle Press, Bangalore, 1879, quoted by Kittel.
Kâvy.	*Kāvyāvalōkana* by *Nāgavarma* (Manuscript), quoted by Kittel.
Kk.	*Kabbigara Kaipiḍi*, (Manuscript), quoted by Kittel; *Kabbigara Kaipiḍi*, by Liṅgamantri, Vichāra Darpaṇa Mudraṇakṣara śāle, Bangalore, 1930.
KKS	*Sacitra Kannaḍa Kannaḍa Kastūri Kōśa*, by C.E. Kavali, Ramashraya Book Depot, 1957
KPN	Kannada Sahitya Parishat's *Nighantu* (Dictionary of Kannada Sahitya Parishat, in 8 volumes, Bangalore), 1970-1995.
Kr.	*Kavirāja Mārga*, (Ed.) A. Venkata Rao & H. Sesha Ayyangar, 1930.
KŚR	*Karnataka Śabda Ratnākara*, by Narasimhashatsri Kolanadu, Karnataka Kavya Manjari, Mysore, 1950.
Kumta	U.P.U. を参照
lex.	(伝統的)辞書から (Lexical)
LSB	*Linguistic Survey Bulletin*, Pune.
Lush.	A.W. Lushington, *Verneculer List of Trees, Shrubs and Woody Climbers in the Madras Presidency*, 2 vols., Madras, 1915.
M.	*Malayāḷa*, (A Malayalam English Dictionary), by Gundert, Mangalore, 1872.
Mhr.	Marāṭhī, quoted by Kittel.
Mr.	Maṅgarāja's *Nighaṇṭu*, (Manuscript), quoted by Kittel.
MS.	原稿 (Manuscript)/(MSS. Manuscripts)
MVa.	*Mōḷige Mārayya Vacanagaḷu*, (Ed.) Chennappa Uttangi and S.S. Bhusanurmath, Dharwad, 1950.
My.	マイソール方言 (Mysore)
NK	カルナータカ州北部 (Northern part of Karnataka).
Nanj.	*Najangud Kannada (Vakkaliga Dialect)*, by U. Padmanabha Upadhyaya, (Linguistic Survey of India Series, 2), Poona 1968
Nn.	*Nānārtharatnākara*, (Manuscript)

Nr.	*Nācirācīya*, commentary on Amarakosha, (Manuscript)
P.	*Karnāṭaka Pañcatantram*, by Durgasimha, (Ed.) S.G. Narasimhachar and M.A. Ramanujayyangar, Karnataka Kavya Manjari, Mysore, 1931.
Pb.	Pampa's *Bhārata*, (Ed.) Bellave Venkatanaaranappa, 1931.
Pra.Vā.	*Prajā Vāṇi*, daily news paper from Bangalore, dated 2.2.2003.
Prll.	*Prabhuliṅgalīlā*, (Manuscript), quoted by Kittel.
Prv.	諺 (Proverb)
PS.	*Padārtha sāra*, by Māghanandi, Oriental Institute, Mysore, 1953, quoted in KPN.
R.	Rev. W. Reeve's *Carnātaka and English Dictionary*, quoted by Kittel.
Râm.	Kumāra Vālmīki's *Rāmāyaṇa*, Vicāra darpaṇa Press, Bangalore, 1881, quoted by Kittel.
Rām.	*Toraveya Rāmāyaṇa*, by Kumāra Vālmīki, (Ed.) H. Ramashastri, Krisṇarājavilāsa Press, Bangalore, 1870, quoted by *KPN.*
Ršv.	*Rājaśēkharavilāsa*, (Manuscript & Krisṇarājavilāsa Press, Bangalore, 1866)
Sd.	Rev. D. Sanderson's edition of Mr. Reeve's *Carnātaka and English Dictionary*, Bangalore, 1858, quoted by Kittel.
Si.	New Interpretation of Amarakōśa by Siddhānti Subrahmaṇya Šāstri, Bangalore, 1872.
SK.	カルナータカ州南部 (South Karnataka).
S.Mhr.	マラータ地方南部 (South Marāṭhā).
Šm.	Tōṇṭada Arya's *Śabda mañjari*, (Manuscript)
Šmd.	*Śabdamaṇidarpaṇa*, Basel Mission Press, Mangalore, 1872.
Šmd.Dh.	The list of dhātu (verbal themes) of the *Śabdamaṇidarpaṇa*, 1897.
Šs.	*Śabdasāra*, (Manuscript).
Ššv.	*Śabaraśaṅkaravilāsa*, Bellary, C.L.S. Press, 1886 and Grantharatnākara Press, Madras, 1887, quoted by Kittel.
St. & Pl.	*Five Hundred Indian Plants*, by C.Stolz and G.Plebst's, Mangalore, 1881.
T.	Tamil (*A Dictionary of the Tamil and English Languages*, by J.P. Rottler, Madras, 1834), quoted by Kittel.
Tĕ.	*Telugu-English Dictionary*, by A.D.Campbell & C.P.Brown*4 , quoted by Kittel.
Tipt.	*Tiptur Kannada*, by A.S. Acharya, (Linguistic Survey of India Series, 8), Poona, 1971.
U.P.U.	U.P. Upadhayaya, *A Comparative Study of Kannada Dialects*, Mysore, 1976. A selection of Items from the Bellary, Gulbarga, Kumta, and Nanjangud dialects.
UNR	Ullal Narasinga Rao, *A Kisamwār Glossary of Kanarese Words*, Mangalore, 1891.
V.	*Vr̥sabhēndravijaya*, Karnatic Press, Bangalore, 1875, quoted by Kittel.
Vr.	*Vaddārādhane*, Ed. D.L.Narasimhaachar, 1959.
Z.	F. Ziegler, *English Kannada School Dictionary*, 1876.

2.4 発音について注意すべき点

インド系の文字は、もともと発音をよく表記できるように作られているので、ラテン文字による転写表記とそれを基に派生させたカナ発音によって、それなりの発音が可能である。より正確な発音のために、国際音声記号(IPA)表記を見出し語の後に示した。なお、綴りがまったく同じ単語でも、サンスクリット語からの借用語かカンナダ語固有の語彙かの相違によってわずかに発音が違う場合などがあり、それが IPA 表記に反映されている場合もある。

以下に、いくつかの点について注意しておきたい。

1. 無声反り舌摩擦音 *ṣa* (ಷ) [ʂə] は、サンスクリット語の教養がある人はサンスクリット語文法の規定のように発音するが、大部分の人は歯茎硬口蓋摩擦音 [ɕ] として発音する。なお、[s] または [ʃ] のように発音するのは標準的なものではない。
2. 語の末尾の /u/ は、前後の音によって様々に発音され、場合によっては完全な無声となることもある。本辞典での表記は、ゆっくり丁寧に発音されたときの発声を示している。

*4 キッテルの記している著者表記。実際のところは、初版の著者は Brown のみである。また第 2 版は、“by C.P. Brown, 2nd ed., New ed., throughly rev. and brought up to date / by M. Venkata Ratnam, W.H. Campbell, and K. Veeresalingam. Madras 1903” と表記されている。

3. [g] および [k] の前での [eː] は、会話的なカンナダ語においてしばしば、[ɛː] あるいは [æ] となる。例えば、[eːke] は [ɛːke] と、[heːge] は [hæge] と発音される。
4. 前舌母音 [i] [iː] [e] [eː] は、渡り半子音 [ʸ] を伴って発音される。例えば、[idu] は [ʸidu]、[ede] は [ʸede] のように発音される。
5. 前舌母音 [i] [iː] [e] [eː] が反り舌の子音/ṭ, ḍ, ṇ, ḷ, ṟ / に先立つ場合、これらの母音は [ɨ] [ɨː] [ɘ] [ɘː] のように中舌音化することがある。
6. 語頭の [o] と [oː] は、渡り半子音 [ᵛ] を伴って発音される。例えば、[ondu] は [ᵛondu]、[oːṭa] は [ᵛoːṭa] のように発音される。
7. [z] と [f] は外来語において現れることがある。例えば、[zaruːr]「緊急の」や [kāfi]「コーヒー」など。
8. 複数の発音表記を記している場合には、最初のものが丁寧な発音であり、後のものはよりくだけた発音である。例えば、[heːge] [hɛːge] [hæːge]「どのように」など。
9. 摩擦音化したものについて、[b̥] [g̊] [d̥] のように下付きのリング(̥)で表記した。これらは、本来の摩擦音とは異なる音である。
10. 理論的には、サンスクリット語に由来する気息音 visarga (ಃ *ḥ*) は、口蓋音の前では無声口蓋摩擦音 [x]、両唇音の前では無声両唇摩擦音 [ɸ] として発音されるべきものであるが、実際には、後続の子音を重複子音化するものとして発音される。*antaḥkaraṇa* は *antakkaraṇa*、*antaḥpura* は *antappura*と発音される。本辞典の発音表記もこの慣用に従っている。
11. 母音の発音の短縮を˘ によって示した。例えば、[nivəsə̆nɐ] における２番目の [ə] は最初の [ə] よりも短く発音される。

2.5 その他

略号 3：諸言語名

Ap.	アパブランシャ語
Ar.	アラビア語
A.	アッサム語
B.	ベンガル語
Du.	オランダ語
Eg.	英語
F.	フランス語
G.	グジャラーティー語
Germ.	ドイツ語
Gk.	ギリシャ語
H.	ヒンディー(ヒンドスターニー)語
IA.	印欧(インド・ヨーロッパ)語
Jp.	日本語
Ka.	カンナダ語
Lat.	ラテン語
M.	マラーティー語
Ma.	マラヤーラム語
MIA	中期印欧語
Ml.	マレー語
NIA	近代印欧語
OIA	古印欧語
Pa.	パーリ語
Pe.	ペルシャ語
Pk.	プラークリット語(中期印欧語)
Pt.	ポルトガル語
Sk.	サンスクリット語(古印欧語)
Ta.	タミル語
Te.	テルグ語
Tk.	トルコ語
Tu.	トゥル語

2.6 参照文献

Arya Vaidya Sala Kottakkal, *Indian Medical Plants, A Compendium of 500 species*, (5 vols.), Orient Longman, 1994-1996.

Belsāre, M.B., *An Etymological Gujarati English Dictionary*, Asian Educational Services, New Delhi, 1981, (First published : 1904) (XI + 1207 pp.)

Brown, Charles Phillip, *A Dictionary, Telugu and English*, Christian Knowledge Society, Madras, 1852, (xvi +1303 + xxviii + 131 pp.)

Burrow, T. and Emeneau, M.B., *A Dravidian Etymological Dictionary*, Clarendon Press, Oxford, 1964, 2nd edition, 1984, (xli + 853 pp.)

Gundert, H., *A Malayalam and English Dictionary*, reprinted by Biblio Verlag, Osnabruck, 1970 (reprint of the edition, 1871-1872) (XVIII + 1116 pp.)

Gurudeva, Magadi R., *Botanical and Vernacular Names of South Indian Plants*, Divyachandra Prakashana, Bangalore, 2001, 1000 pp.

Hava J.H., *Arabic-English Dictionary*, Catholic Press, Beirut 1951, (VII + 915 pp.)

Heinrich F.J. Junker and Bozorg Alavi, *Persisch-Deutsches Wörterbuch*, Max Hueber Verlag, München, (1968, XIV + 864 pp.)

Kavali, C.E., *Sacitra Kannaḍa-Kannaḍa Kastūri Kōśa*, Rāmāśraya Buk Dipo, Dhārawāḍa, (3rd print,) 1971, (XVI + 964 pp.)

Kittel, F., *Kannaḍa English Dictionary*, Basel Mission Book & Tract Depository, Basel, 1893 (L + 1752 pp.)

Kulkarni, K.P., *Marathi Etymological Dictionary, [Historical & Comparative]*, Shri Lekhan Wachan Bhandar, Poona, 1964, (8 + 829 pp.)

Mariappa Bhatt, M. (Ed.), *Kittel's Kannada-English dictionary*, Revised and enlarged, in 4 vols., University of Madras, 1968.

Mayrhofer, M., *Kurzgefaßtes etymologisches Wörterbuch des Altindischen*, (4 vols.), Carl Winter, Heidelberg, 1956-1980.

McGregor, R.S., *The Oxford Hindi-English Dictionary*, Oxford University Press, Oxford, Delhi, 1993, (xxx + 1083 pp.)

Molesworth, H.T., *A Dictionary Marāṭhi and English*, (2nd edition) Bombay Education Society's Press, Bombay, 1857, (xxx + 920 pp.)

Prater, S.H., *The Book of Indian Animals*, Bombay Natural History Society, Bombay, Delhi, Calcutta, Madras, 1971, (xxii + 324 pp.)

Reeve, W., *Dictionary Kannada and English*, (revised, corrected and enlarged by Daniel Sanderson), Asian Educational Services, New Delhi, 1980, (first published, 1858)

Richard Pischel, *Grammatik der Prakrit-Sprachen, Grundriss der Indo-Arischen Philologie und Altertumskunde*, 1 Band, 8 Heft, Karl J. Trübner, Strassburg 1900, repr. Hueber Verlag, München, 1968, (XIV + 864 pp.)

Subramanian, P.R., *Kriyāviṉ tarkālat Tamiḷ Akarāti: Tamiḷ-Tamiḷ-Āṅkilam*, Kriyā (Cre-A), 1992, (xxxvi + 979 pp.)

Venkatasubbaiah, G. (Ed.), *Kannaḍa Sāhitya Pariṣattina Nighaṇṭu*, in 8 vols., Kannaḍa Sāhitya Pariṣattu, 1970-1995.

Various Authors, *Tamil Lexicon*, University of Madras, 7 vols. + Supplement, University of Madras, 1982.

3. カンナダ文字の字母表

3.1 母音字母(16)

ಅ	ಆ	ಇ	ಈ	ಉ	ಊ	ಋ	ೠ*	ಎ	ಏ	ಐ	ಒ	ಓ	ಔ	◌ಂ†	◌ಃ†
a	ā	i	ī	u	ū	r̥	r̥̄*	e	ē	ai	o	ō	au	ṃ†	ḥ†
ア	アー	イ	イー	ウ	ウー	ル	ルー	エ	エー	アイ	オ	オー	アウ	ン	ッ

* ೠ は文字としてはあるが、実際の文には出現しない。

† ◌ಂ と ◌ಃ は、語頭には出現しないので、本辞典の見出し項目に立っていない。

3.2 子音字母(36)

ಕ ka カ	ಖ k^{h}a カ	ಗ ga ガ	ಘ g^{h}a ガ	ಙ ṅa ナ
ಚ ca チャ	ಛ c^{h}a チャ	ಜ ja ジャ	ಝ j^{h}a ジャ	ಞ ña ニャ
ಟ ṭa タ	ಠ ṭ^{h}a タ	ಡ ḍa ダ	ಢ ḍ^{h}a ダ	ಣ ṇa ナ
ತ ta タ	ಥ t^{h}a タ	ದ da ダ	ಧ d^{h}a ダ	ನ na ナ
ಪ pa パ	ಫ p^{h}a パ	ಬ ba バ	ಭ b^{h}a バ	ಮ ma マ
ಯ ya ヤ	ರ ra ラ	ಲ la ラ	ವ va ヴァ	
ಶ śa シャ	ಷ ṣa シャ	ಸ sa サ	ಹ ha ハ	
ಳ ḷa ラ	ಱ ṟa ラ	ೞ r̤a ラ		

3.3 子音字母+母音字母(16×36＝576)

ಕ ka	ಕಾ kā	ಕಿ ki	ಕೀ kī	ಕು ku	ಕೂ kū	ಕೃ kr̥	ಕೄ kr̥̄	ಕೆ ke	ಕೇ kē	ಕೈ kai	ಕೊ ko	ಕೋ kō	ಕೌ kau	ಕಂ kaṃ	ಕಃ kaḥ
ಖ k^{h}a	ಖಾ k^{h}ā	ಖಿ k^{h}i	ಖೀ k^{h}ī	ಖು k^{h}u	ಖೂ k^{h}ū	ಖೃ k^{h}r̥	ಖೄ k^{h}r̥̄	ಖೆ k^{h}e	ಖೇ k^{h}ē	ಖೈ k^{h}ai	ಖೊ k^{h}o	ಖೋ k^{h}ō	ಖೌ k^{h}au	ಖಂ k^{h}aṃ	ಖಃ k^{h}aḥ
ಗ ga	ಗಾ gā	ಗಿ gi	ಗೀ gī	ಗು gu	ಗೂ gū	ಗೃ gr̥	ಗೄ gr̥̄	ಗೆ ge	ಗೇ gē	ಗೈ gai	ಗೊ go	ಗೋ gō	ಗೌ gau	ಗಂ gaṃ	ಗಃ gaḥ

ಘ	ಘಾ	ಘಿ	ಘೀ	ಘು	ಘೂ	ಘೃ	ಘೄ	ಘೆ	ಘೇ	ಘೈ	ಘೊ	ಘೋ	ಘೌ	ಘಂ	ಘಃ
g^{h}a	g^{h}ā	g^{h}i	g^{h}ī	g^{h}u	g^{h}ū	g^{h}r̥	g^{h}r̥̄	g^{h}e	g^{h}ē	g^{h}ai	g^{h}o	g^{h}ō	g^{h}au	g^{h}aṃ	g^{h}aḥ
ಙ	ಙಾ	ಙಿ	ಙೀ	ಙು	ಙೂ	ಙೃ	ಙೄ	ಙೆ	ಙೇ	ಙೈ	ಙೊ	ಙೋ	ಙೌ	ಙಂ	ಙಃ
ṅa	ṅā	ṅi	ṅī	ṅu	ṅū	ṅr̥	ṅr̥̄	ṅe	ṅē	ṅai	ṅo	ṅō	ṅau	ṅaṃ	ṅaḥ
ಚ	ಚಾ	ಚಿ	ಚೀ	ಚು	ಚೂ	ಚೃ	ಚೄ	ಚೆ	ಚೇ	ಚೈ	ಚೊ	ಚೋ	ಚೌ	ಚಂ	ಚಃ
ca	cā	ci	cī	cu	cū	cr̥	cr̥̄	ce	cē	cai	co	cō	cau	caṃ	caḥ
ಛ	ಛಾ	ಛಿ	ಛೀ	ಛು	ಛೂ	ಛೃ	ಛೄ	ಛೆ	ಛೇ	ಛೈ	ಛೊ	ಛೋ	ಛೌ	ಛಂ	ಛಃ
c^{h}a	c^{h}ā	c^{h}i	c^{h}ī	c^{h}u	c^{h}ū	c^{h}r̥	c^{h}r̥̄	c^{h}e	c^{h}ē	c^{h}ai	c^{h}o	c^{h}ō	c^{h}au	c^{h}aṃ	c^{h}aḥ
ಜ	ಜಾ	ಜಿ	ಜೀ	ಜು	ಜೂ	ಜೃ	ಜೄ	ಜೆ	ಜೇ	ಜೈ	ಜೊ	ಜೋ	ಜೌ	ಜಂ	ಜಃ
ja	jā	ji	jī	ju	jū	jr̥	jr̥̄	je	jē	jai	jo	jō	jau	jaṃ	jaḥ
ಝ	ಝಾ	ಝಿ	ಝೀ	ಝು	ಝೂ	ಝೃ	ಝೄ	ಝೆ	ಝೇ	ಝೈ	ಝೊ	ಝೋ	ಝೌ	ಝಂ	ಝಃ
j^{h}a	j^{h}ā	j^{h}i	j^{h}ī	j^{h}u	j^{h}ū	j^{h}r̥	j^{h}r̥̄	j^{h}e	j^{h}ē	j^{h}ai	j^{h}o	j^{h}ō	j^{h}au	j^{h}aṃ	j^{h}aḥ
ಞ	ಞಾ	ಞಿ	ಞೀ	ಞು	ಞೂ	ಞೃ	ಞೄ	ಞೆ	ಞೇ	ಞೈ	ಞೊ	ಞೋ	ಞೌ	ಞಂ	ಞಃ
ña	ñā	ñi	ñī	ñu	ñū	ñr̥	ñr̥̄	ñe	ñē	ñai	ño	ñō	ñau	ñaṃ	ñaḥ
ಟ	ಟಾ	ಟಿ	ಟೀ	ಟು	ಟೂ	ಟೃ	ಟೄ	ಟೆ	ಟೇ	ಟೈ	ಟೊ	ಟೋ	ಟೌ	ಟಂ	ಟಃ
ṭa	ṭā	ṭi	ṭī	ṭu	ṭū	ṭr̥	ṭr̥̄	ṭe	ṭē	ṭai	ṭo	ṭō	ṭau	ṭaṃ	ṭaḥ
ಠ	ಠಾ	ಠಿ	ಠೀ	ಠು	ಠೂ	ಠೃ	ಠೄ	ಠೆ	ಠೇ	ಠೈ	ಠೊ	ಠೋ	ಠೌ	ಠಂ	ಠಃ
ṭ^{h}a	ṭ^{h}ā	ṭ^{h}i	ṭ^{h}ī	ṭ^{h}u	ṭ^{h}ū	ṭ^{h}r̥	ṭ^{h}r̥̄	ṭ^{h}e	ṭ^{h}ē	ṭ^{h}ai	ṭ^{h}o	ṭ^{h}ō	ṭ^{h}au	ṭ^{h}aṃ	ṭ^{h}aḥ
ಡ	ಡಾ	ಡಿ	ಡೀ	ಡು	ಡೂ	ಡೃ	ಡೄ	ಡೆ	ಡೇ	ಡೈ	ಡೊ	ಡೋ	ಡೌ	ಡಂ	ಡಃ
ḍa	ḍā	ḍi	ḍī	ḍu	ḍū	ḍr̥	ḍr̥̄	ḍe	ḍē	ḍai	ḍo	ḍō	ḍau	ḍaṃ	ḍaḥ
ಢ	ಢಾ	ಢಿ	ಢೀ	ಢು	ಢೂ	ಢೃ	ಢೄ	ಢೆ	ಢೇ	ಢೈ	ಢೊ	ಢೋ	ಢೌ	ಢಂ	ಢಃ
ḍ^{h}a	ḍ^{h}ā	ḍ^{h}i	ḍ^{h}ī	ḍ^{h}u	ḍ^{h}ū	ḍ^{h}r̥	ḍ^{h}r̥̄	ḍ^{h}e	ḍ^{h}ē	ḍ^{h}ai	ḍ^{h}o	ḍ^{h}ō	ḍ^{h}au	ḍ^{h}aṃ	ḍ^{h}aḥ
ಣ	ಣಾ	ಣಿ	ಣೀ	ಣು	ಣೂ	ಣೃ	ಣೄ	ಣೆ	ಣೇ	ಣೈ	ಣೊ	ಣೋ	ಣೌ	ಣಂ	ಣಃ
ṇa	ṇā	ṇi	ṇī	ṇu	ṇū	ṇr̥	ṇr̥̄	ṇe	ṇē	ṇai	ṇo	ṇō	ṇau	ṇaṃ	ṇaḥ
ತ	ತಾ	ತಿ	ತೀ	ತು	ತೂ	ತೃ	ತೄ	ತೆ	ತೇ	ತೈ	ತೊ	ತೋ	ತೌ	ತಂ	ತಃ
ta	tā	ti	tī	tu	tū	tr̥	tr̥̄	te	tē	tai	to	tō	tau	taṃ	taḥ
ಥ	ಥಾ	ಥಿ	ಥೀ	ಥು	ಥೂ	ಥೃ	ಥೄ	ಥೆ	ಥೇ	ಥೈ	ಥೊ	ಥೋ	ಥೌ	ಥಂ	ಥಃ
t^{h}a	t^{h}ā	t^{h}i	t^{h}ī	t^{h}u	t^{h}ū	t^{h}r̥	t^{h}r̥̄	t^{h}e	t^{h}ē	t^{h}ai	t^{h}o	t^{h}ō	t^{h}au	t^{h}aṃ	t^{h}aḥ
ದ	ದಾ	ದಿ	ದೀ	ದು	ದೂ	ದೃ	ದೄ	ದೆ	ದೇ	ದೈ	ದೊ	ದೋ	ದೌ	ದಂ	ದಃ
da	dā	di	dī	du	dū	dr̥	dr̥̄	de	dē	dai	do	dō	dau	daṃ	daḥ
ಧ	ಧಾ	ಧಿ	ಧೀ	ಧು	ಧೂ	ಧೃ	ಧೄ	ಧೆ	ಧೇ	ಧೈ	ಧೊ	ಧೋ	ಧೌ	ಧಂ	ಧಃ
d^{h}a	d^{h}ā	d^{h}i	d^{h}ī	d^{h}u	d^{h}ū	d^{h}r̥	d^{h}r̥̄	d^{h}e	d^{h}ē	d^{h}ai	d^{h}o	d^{h}ō	d^{h}au	d^{h}aṃ	d^{h}aḥ
ನ	ನಾ	ನಿ	ನೀ	ನು	ನೂ	ನೃ	ನೄ	ನೆ	ನೇ	ನೈ	ನೊ	ನೋ	ನೌ	ನಂ	ನಃ
na	nā	ni	nī	nu	nū	nr̥	nr̥̄	ne	nē	nai	no	nō	nau	naṃ	naḥ
ಪ	ಪಾ	ಪಿ	ಪೀ	ಪು	ಪೂ	ಪೃ	ಪೄ	ಪೆ	ಪೇ	ಪೈ	ಪೊ	ಪೋ	ಪೌ	ಪಂ	ಪಃ
pa	pā	pi	pī	pu	pū	pr̥	pr̥̄	pe	pē	pai	po	pō	pau	paṃ	paḥ
ಫ	ಫಾ	ಫಿ	ಫೀ	ಫು	ಫೂ	ಫೃ	ಫೄ	ಫೆ	ಫೇ	ಫೈ	ಫೊ	ಫೋ	ಫೌ	ಫಂ	ಫಃ
p^{h}a	p^{h}ā	p^{h}i	p^{h}ī	p^{h}u	p^{h}ū	p^{h}r̥	p^{h}r̥̄	p^{h}e	p^{h}ē	p^{h}ai	p^{h}o	p^{h}ō	p^{h}au	p^{h}aṃ	p^{h}aḥ
ಬ	ಬಾ	ಬಿ	ಬೀ	ಬು	ಬೂ	ಬೃ	ಬೄ	ಬೆ	ಬೇ	ಬೈ	ಬೊ	ಬೋ	ಬೌ	ಬಂ	ಬಃ
ba	bā	bi	bī	bu	bū	br̥	br̥̄	be	bē	bai	bo	bō	bau	baṃ	baḥ
ಭ	ಭಾ	ಭಿ	ಭೀ	ಭು	ಭೂ	ಭೃ	ಭೄ	ಭೆ	ಭೇ	ಭೈ	ಭೊ	ಭೋ	ಭೌ	ಭಂ	ಭಃ
b^{h}a	b^{h}ā	b^{h}i	b^{h}ī	b^{h}u	b^{h}ū	b^{h}r̥	b^{h}r̥̄	b^{h}e	b^{h}ē	b^{h}ai	b^{h}o	b^{h}ō	b^{h}au	b^{h}aṃ	b^{h}aḥ

ಮ	ಮಾ	ಮಿ	ಮೀ	ಮು	ಮೂ	ಮೃ	ಮೄ	ಮೆ	ಮೇ	ಮೈ	ಮೊ	ಮೋ	ಮೌ	ಮಂ	ಮಃ
ma	mā	mi	mī	mu	mū	mr̥	mr̥̄	me	mē	mai	mo	mō	mau	maṃ	maḥ
ಯ	ಯಾ	ಯಿ	ಯೀ	ಯು	ಯೂ	ಯೃ	ಯೄ	ಯೆ	ಯೇ	ಯೈ	ಯೊ	ಯೋ	ಯೌ	ಯಂ	ಯಃ
ya	yā	yi	yī	yu	yū	yr̥	yr̥̄	ye	yē	yai	yo	yō	yau	yaṃ	yaḥ
ರ	ರಾ	ರಿ	ರೀ	ರು	ರೂ	ರೃ	ರೄ	ರೆ	ರೇ	ರೈ	ರೊ	ರೋ	ರೌ	ರಂ	ರಃ
ra	rā	ri	rī	ru	rū	rr̥	rr̥̄	re	rē	rai	ro	rō	rau	raṃ	raḥ
ಲ	ಲಾ	ಲಿ	ಲೀ	ಲು	ಲೂ	ಲೃ	ಲೄ	ಲೆ	ಲೇ	ಲೈ	ಲೊ	ಲೋ	ಲೌ	ಲಂ	ಲಃ
la	lā	li	lī	lu	lū	lr̥	lr̥̄	le	lē	lai	lo	lō	lau	laṃ	laḥ
ವ	ವಾ	ವಿ	ವೀ	ವು	ವೂ	ವೃ	ವೄ	ವೆ	ವೇ	ವೈ	ವೊ	ವೋ	ವೌ	ವಂ	ವಃ
va	vā	vi	vī	vu	vū	vr̥	vr̥̄	ve	vē	vai	vo	vō	vau	vaṃ	vaḥ
ಶ	ಶಾ	ಶಿ	ಶೀ	ಶು	ಶೂ	ಶೃ	ಶೄ	ಶೆ	ಶೇ	ಶೈ	ಶೊ	ಶೋ	ಶೌ	ಶಂ	ಶಃ
śa	śā	śi	śī	śu	śū	śr̥	śr̥̄	śe	śē	śai	śo	śō	śau	śaṃ	śaḥ
ಷ	ಷಾ	ಷಿ	ಷೀ	ಷು	ಷೂ	ಷೃ	ಷೄ	ಷೆ	ಷೇ	ಷೈ	ಷೊ	ಷೋ	ಷೌ	ಷಂ	ಷಃ
ṣa	ṣā	ṣi	ṣī	ṣu	ṣū	ṣr̥	ṣr̥̄	ṣe	ṣē	ṣai	ṣo	ṣō	ṣau	ṣaṃ	ṣaḥ
ಸ	ಸಾ	ಸಿ	ಸೀ	ಸು	ಸೂ	ಸೃ	ಸೄ	ಸೆ	ಸೇ	ಸೈ	ಸೊ	ಸೋ	ಸೌ	ಸಂ	ಸಃ
sa	sā	si	sī	su	sū	sr̥	sr̥̄	se	sē	sai	so	sō	sau	saṃ	saḥ
ಹ	ಹಾ	ಹಿ	ಹೀ	ಹು	ಹೂ	ಹೃ	ಹೄ	ಹೆ	ಹೇ	ಹೈ	ಹೊ	ಹೋ	ಹೌ	ಹಂ	ಹಃ
ha	hā	hi	hī	hu	hū	hr̥	hr̥̄	he	hē	hai	ho	hō	hau	haṃ	haḥ
ಳ	ಳಾ	ಳಿ	ಳೀ	ಳು	ಳೂ	ಳೃ	ಳೄ	ಳೆ	ಳೇ	ಳೈ	ಳೊ	ಳೋ	ಳೌ	ಳಂ	ಳಃ
ḷa	ḷā	ḷi	ḷī	ḷu	ḷū	ḷr̥	ḷr̥̄	ḷe	ḷē	ḷai	ḷo	ḷō	ḷau	ḷaṃ	ḷaḥ
ಱ	ಱಾ	ಱಿ	ಱೀ	ಱು	ಱೂ	ಱೃ	ಱೄ	ಱೆ	ಱೇ	ಱೈ	ಱೊ	ಱೋ	ಱೌ	ಱಂ	ಱಃ
ṟa	ṟā	ṟi	ṟī	ṟu	ṟū	ṟr̥	ṟr̥̄	ṟe	ṟē	ṟai	ṟo	ṟō	ṟau	ṟaṃ	ṟaḥ
ೞ	ೞಾ	ೞಿ	ೞೀ	ೞು	ೞೂ	ೞೃ	ೞೄ	ೞೆ	ೞೇ	ೞೈ	ೞೊ	ೞೋ	ೞೌ	ೞಂ	ೞಃ
r̤a	r̤ā	r̤i	r̤ī	r̤u	r̤ū	r̤r̥	r̤r̥̄	r̤e	r̤ē	r̤ai	r̤o	r̤ō	r̤au	r̤aṃ	r̤aḥ

3.4 下付き子音文字

子音結合（重複子音を含む）の場合には、以下のように下付き子音文字の形が用いられる。

ಕ ◌್ಕ	ಖ ◌್ಖ	ಗ ◌್ಗ	ಘ ◌್ಘ	ಙ ◌್ಙ
ಚ ◌್ಚ	ಛ ◌್ಛ	ಜ ◌್ಜ	ಝ ◌್ಝ	ಞ ◌್ಞ
ಟ ◌್ಟ	ಠ ◌್ಠ	ಡ ◌್ಡ	ಢ ◌್ಢ	ಣ ◌್ಣ
ತ ◌್ತ	ಥ ◌್ಥ	ದ ◌್ದ	ಧ ◌್ಧ	ನ ◌್ನ
ಪ ◌್ಪ	ಫ ◌್ಫ	ಬ ◌್ಬ	ಭ ◌್ಭ	ಮ ◌್ಮ
ಯ ◌್ಯ	ರ ◌್ರ	ಲ ◌್ಲ	ವ ◌್ವ	
ಶ ◌್ಶ	ಷ ◌್ಷ	ಸ ◌್ಸ	ಹ ◌್ಹ	
ಳ ◌್ಳ	ಱ ◌್ಱ	ೞ ◌್ೞ		ತ+ರ ◌್ತ್ರ

3.5 arkavottu（アルカヴォットゥ）と halant（ハラント）

子音 *r* が子音結合の最初の要素であるときには、デーヴァナーガリー文字における repha の形と同様に、arkavottu と呼ばれる特別な形 ರ್ をとって子音結合の最後に来る。例えば、ತರ್ಕ という形で *tarka* を表す。

文字に潜在的に含まれている母音が発音されないことを示す記号は、インド系文字一般でハラントと呼ばれ、◌್ という形が文字に付加される。例えば、k = ಕ್, $\underset{.}{t}$ = ಟ್ など。

3.6 数字

現代ではあまり用いられないが、カンナダ文字の数字は以下のようである。

೧	೨	೩	೪	೫	೬	೭	೮	೯	೦
1	2	3	4	5	6	7	8	9	0

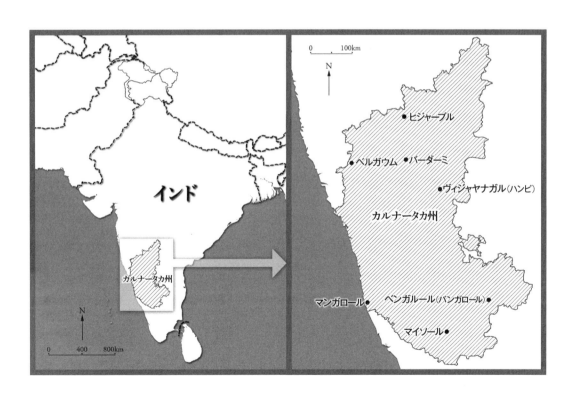

ಕನ್ನಡ ಭಾಷೆ–ಜಪಾನಿ ಭಾಷೆ

Kannada–Japanese

カンナダ語・日本語

■カンナダ文字の配列順（右の数字は掲載頁）

1. ಅ [a ア] 1
2. ಆ [ā アー] 68
3. ಇ [i イ] 92
4. ಈ [ī イー] 106
5. ಉ [u ウ] 109
6. ಊ [ū ウー] 134
7. ಋ [r̥ ル] 138
8. ೠ [r̥̄ ルー] 138
9. ಎ [e エ] 138
10. ಏ [ē エー] 149
11. ಐ [ai アイ] 154
12. ಒ [o オ] 155
13. ಓ [ō オー] 169
14. ಔ [au アゥ] 172
15. ಕ [ka カ] 173
16. ಖ [k^{h}a カ] 277
17. ಗ [ga ガ] 280
18. ಘ [g^{h}a ガ] 328
19. ಙ [ṅa ナ] 331
20. ಚ [ca チャ] 331
21. ಛ [c^{h}a チャ] 361
22. ಜ [ja ジャ] 363
23. ಝ [j^{h}a ジャ] 384
24. ಞ [ña ニャ] 385
25. ಟ [ṭa タ] 385
26. ಠ [ṭ^{h}a タ] 388
27. ಡ [ḍa ダ] 389
28. ಢ [ḍ^{h}a ダ] 393
29. ಣ [ṇa ナ] 394
30. ತ [ta タ] 394
31. ಥ [t^{h}a タ] 458
32. ದ [da ダ] 458
33. ಧ [d^{h}a ダ] 498
34. ನ [na ナ] 506
35. ಪ [pa パ] 553
36. ಫ [p^{h}a パ] 619
37. ಬ [ba バ] 622
38. ಭ [b^{h}a バ] 673
39. ಮ [ma マ] 681
40. ಯ [ya ヤ] 749
41. ರ [ra ラ] 753
42. ಲ [la ラ] 762
43. ವ [va ヴァ] 771
44. ಶ [śa シャ] 805
45. ಷ [ṣa シャ] 815
46. ಸ [sa サ] 816
47. ಹ [ha ハ] 881
48. ಳ [ḷa ラ] 919
49. ಱ [ṟa ラ] 920
50. ೞ [r̤a ラ] 920

ಅ

ಅ ⟦a ア⟧ [ə̆] *n.* カンナダその他のインド系言語で音素 /a/ またはそれを表す文字 [Ka.]

-ಅ ⟦-a -ア⟧ [ə] *suf.* **1** 名詞や代名詞の所有格を作る接尾辞（連声の規則によって/i/ /e/などに続く時は/ya/、/u/などに続く時は/va/の形を取る）¶ ಅಧಿಕಾರಿಯ ಮೇಜು (adʰikāriya mēju)［高級］役人の机 **2** 名詞や代名詞の後置詞に先立つ形（斜格形）を作る接尾辞（以下のgūḍuやmēluのような長母音＋子音＋/u/の場合には、/u/が削除されて/in/に変化するといった、連声の規則による変化が生じることに注意）¶ ಗೂಡಿನ ಮೇಲೆ (gūḍina mēle) 壁がんに **3** 名詞［準名詞、後置詞、副詞］から形容詞修飾語を作る接尾辞 ¶ ಸಂಜೆಯ ವೃತ್ತಪತ್ರಿಕೆ (saṃjeya vṛttapatrike) 夕刊 ¶ ಒಳ್ಳೆಯ ಬೀಗ (oḷḷeya bīga) よい南京錠 ¶ ಮೇಲಿನ ಟ್ಯಾಂಕ್ (mēlina ṭyāṃk) 上のタンク ¶ ಅಲ್ಲಿಯ ಸಮಾಚಾರ (alliya samācāra) 向こうのニュース [Ka.]

ಅ- ⟦a- ア-⟧ [ə] *pref.*《母音の前ではಅನ್- (an-)となる》「不…」「非…」の意味を表す否定の接頭辞、例えば、ಸಂತೋಷ (saṃtōṣa) 満足 ↔ ಅಸಂತೋಷ (asaṃtōṣa) 不満足 [Sk. *a-*]

ಅಂ- ⟦aṃ- アン-⟧ [əm] 《文》 *pref.* 《ಅಂಗೈ (aṃgai)とಅಂಗಾಲು (aṃgālu)においてのみ》下部 [cf. *aḍi*]

ಅಂಕ¹ ⟦aṃka アンカ⟧ [əŋkɐ] 《文》 *n.* 戦い、戦争 [Ka. D29]

ಅಂಕಕಹಳೆ ⟦aṃkakahaḷe アンカカハレ⟧ [əŋkəkəhəḷe] 《文》 *n.* 軍用のラッパ、軍用ラッパ [+ Sk. *kāhala-*]

ಅಂಕ² ⟦aṃka アンカ⟧ [əŋkɐ] *n.* **1** 数 **2** 数字 **3** 計算 **4** 寸法 [Sk.]

ಅಂಕ³ ⟦aṃka アンカ⟧ [əŋkɐ] *n.* **1** 曲がり、屈曲、曲線 **2** 鉤 **3** 鉤状の道具 **4** 鐙、鐙がね **5** 曲線、線 **6**（座って子どもを抱く）膝 **7** 脇腹 **8** 体 [Sk.]

ಅಂಕಗುಡು ⟦aṃkaguḍu アンカグドゥ⟧ [əŋkəguḍu] 《古》 *vi.* **1**（馬に）拍車をかける **2**〔喩〕（ある傾向を）増進させる、増大させる [+ *kuḍu*]

ಅಂಕಗೊಳ್ಳು ⟦aṃkagoḷḷu アンカゴッル⟧ [əŋkəgoḷḷu] 《古》 *vi.* **1**（馬が）拍車をかけられる **2**〔喩〕（仕事などに）駆り立てられる、刺激を受ける [+ *koḷḷu*] ☞ ಅಂಕಗುಡು (aṃkaguḍu)

ಅಂಕ⁴ ⟦aṃka アンカ⟧ [əŋkɐ] 《文》 *n.* **1** しるし、符号 **2** しみ、汚点 **3** 名、名前 **4** 称号 [Sk.]

ಅಂಕ⁵ ⟦aṃka アンカ⟧ [əŋkɐ] *n.*（劇の）幕 [Sk.]

ಅಂಕಗಣಿತ ⟦aṃkagaṇita アンカガニタ⟧ [əŋkəgəṇitɐ] *n.* 算数、算術 [Sk.]

ಅಂಕಣ ⟦aṃkaṇa アンカナ⟧ [əŋkə̆ṇɐ] *n.* **1** 建物で2本の柱または梁の間の場所 **2**（新聞などの）縦の欄、コラム [Ka. D28]

ಅಂಕಣಿ ⟦aṃkaṇi アンカニ⟧ [əŋkə̆ṇi] 《古》 *n.* 鐙、鐙がね [Ka. *D32] ☞ ಅಂಕವಣಿ (aṃkavaṇi)

ಅಂಕಣೆ ⟦aṃkaṇe アンカネ⟧ [əŋkə̆ṇe] 《古》 *n.* 鐙、鐙がね [Ka. *D32] ☞ ಅಂಕವಣಿ (aṃkavaṇi)

ಅಂಕನ ⟦aṃkana アンカナ⟧ [əŋkənɐ] *n.* **1** しるしを付けること、スタンプを押すこと、番号などをうってゆくこと **2** 焼き印を押すこと **3**（本や家に）番号を振ること [Sk.]

ಅಂಕಪರದೆ ⟦aṃkaparade アンカパラデ⟧ [əŋkəpərə̆de] *n.* 芝居の幕間にさがる幕 [Sk.]

ಅಂಕವಣಿ¹ ⟦aṃkavaṇi アンカヴァニ⟧ [əŋkəvə̆ṇi] ಅಂಕವಣೆ, ಅಂಕಣಿ, ಅಂಕಣೆ 《古》 *n.* 鐙、鐙がね *(Pb.8.54V)* [Ka. D32]

ಅಂಕವಣಿ² ⟦aṃkavaṇi アンカヴァニ⟧ [əŋkəvə̆ṇi] ಅಂಕವಣಿ 《古》 *n.* [*aṃka* + *maṇe*?] ☞ ಅಂಕವಣೆ (aṃkavaṇe)²

ಅಂಕವಣೆ¹ ⟦aṃkavaṇe アンカヴァネ⟧ [əŋkəvə̆ṇe] 《古》 *n.* [*aṃka*² + ? D32] ☞ ಅಂಕವಣಿ (aṃkavaṇi)

ಅಂಕವಣೆ² ⟦aṃkavaṇe アンカヴァネ⟧ [əŋkəvə̆ṇe] ಅಂಕವಣಿ 《古》 *n.* 戦争で使う太鼓 [*aṃka* + *maṇe*?]

ಅಂಕವಲೆ ⟦aṃkavale アンカヴァレ⟧ [əŋkəvə̆le] 《文》 *n.* [Sk. *aṃkōla-*] ☞ ಅಂಕೋಲೆ (aṃkōle)

ಅಂಕಿ ⟦aṃki アンキ⟧ [əŋki] *n.* 数、数字 [Sk. *aṃka-*] ☞ ಅಂಕೆ (aṃke)³

ಅಂಕಿ-ಅಂಶ ⟦aṃki-aṃśa アンキ・アンシャ⟧ [əŋkiəmʃɐ] *n.* 統計資料 [Sk.]

ಅಂಕಿತ ⟦aṃkita アンキタ⟧ [əŋkitɐ] *adj.* **1** しるしを付けた **2** 番号をふった **—*n.*** **1** しるし、符号 **2**（親が付けた）名前 **3**（指輪などに彫った）認印、印鑑 **4** 署名 **5**（本などの）献辞 [Sk.]

ಅಂಕಿತನಾಮ ⟦aṃkitanāma アンキタナーマ⟧ [əŋkitənɐːmɐ] *n.* 名、（苗字でない）個人の名 [Sk.]

ಅಂಕು ⟦aṃku アンク⟧ [əŋku] *n.* 曲がり、屈曲、湾曲 **—*vi.*** 曲がる、湾曲する = ತಿರುವು (tiruvu) [Sk. *aṃka-*?]

ಅಂಕುಡೊಂಕು ⟦aṃkuḍoṃku アンクドンク⟧ [əŋkuḍoŋku] *n.* 曲がりくねっていること [*aṃku* + echo] = ತಿರುವು-ಮುರುವು (tiruvumuruvu)

ಅಂಕುರ ⟦aṃkura アンクラ⟧ [əŋkurɐ] 《文》 *n.* **1**（種からの）芽生え = ಮೊಳಕೆ (moḷake) **2** 若枝、（枝からの）芽生え = ಚಿಗುರು (ciguru) **3** 体毛が逆立つこと = ರೋಮಾಂಚ (rōmāṃca) [Sk.]

ಅಂಕುರಾರ್ಪಣ ⟦aṃkurārpaṇa アンクラールパナ⟧ [əŋkuɾɐːrpəɳɐ] 《文》 *n.* **1** (めでたい行事の始まりに)鉢に種を入れて芽生えさせる儀式 **2** 〔喩〕(愛・憎悪などが)芽生えること ¶ ಅವನಲ್ಲಿ ದ್ವೇಷ ಅಂಕುರಾರ್ಪಣ ಮಾಡಿತು. (avanalli dvēṣa aṃkurārpaṇa māḍitu.) 彼の心に憎しみが芽生えた。 [Sk.]

ಅಂಕುರಿಸು ⟦aṃkurisu アンクリス⟧ [əŋkurisu] *vi.* **1** (枝や種から芽や若枝が)出る **2** 〔喩〕(愛などが)芽生える、生まれる ¶ ಅವಳಲ್ಲಿ ಪ್ರೇಮ ಅಂಕುರಿಸಿದೆ. (avaḷalli prēma aṃkuriside.) 彼女の心に愛が芽生えている。 **3** (喜びで)ぞくぞくする(鳥肌が立つ) ¶ ಮಗ ಪಾಸಾದುದನ್ನು ಕೇಳಿ ತಂದೆಯ ಮೈ ಅಂಕುರಿಸಿತು. (maga pāsādudannu kēḷi taṃdeya mai aṃkurisitu.) 父親は息子の合格を知って名声に大喜びだった。 **—***vt.* 《*caus.*》若枝を出させる [Sk.]

ಅಂಕುಶ ⟦aṃkuśa アンクシャ⟧ [əŋkuʃɐ] *n.* 象を操るために使う鉤 [Sk.]

ಅಂಕುಶಹಾಕು ⟦aṃkuśahāku アンクシャハーク⟧ [əŋkuʃəhɐːku] *vi.* 抑える、抑制する [+ *hāku*]

ಅಂಕೆ¹ ⟦aṃke アンケ⟧ [əŋke] 《文》 *n.* **1** 命令、言いつけ **2** 抑制、制御、支配 **3** 強制、強要 **4** 傲慢、高慢 [Ka. D340]

ಅಂಕೆ² ⟦aṃke アンケ⟧ [əŋke] 《‡》 *n.* [Ka. D408, D409] (*G.* (*Kitt.*)) ☞ ಆಂಕೆ (āṃke)

ಅಂಕೆ³ ⟦aṃke アンケ⟧ [əŋke] ಅಂಕಿ *n.* **1** 数字 **2** 計算 **3** しるし、記号、符号 [Sk. *aṃka-*]

ಅಂಕೋಣಿ ⟦aṃkōṇi アンコーニ⟧ [əŋkoːɳi] 《‡》 *n.* 鐙、鐙がね (*My.* (*Kitt.*)) [Ka. D32]

ಅಂಕೋಲ ⟦aṃkōla アンコーラ⟧ [əŋkoːlɐ] 《文》 *n.* [Sk. *aṃkōla-*] = ಅಂಕೋಲೆ (aṃkōle)

ಅಂಕೋಲೆ ⟦aṃkōle アンコーレ⟧ [əŋkoːle] ಅಂಕವಲೆ, ಅಂ–ಕೋಲ *n.* ウリノキ科ウリノキ属の植物(小型の薬用植物の一種)→ 薬 [Sk. *aṃkōla-*] *[IMP 1.78]

ಅಂಗ¹ ⟦aṃga アンガ⟧ [əŋgɐ] 《古》 *n.* やり方、仕方 [Ka. D27]

ಅಂಗ² ⟦aṃga アンガ⟧ [əŋgɐ] *n.* **1** 手足、(体の)器官 **2** 構成要素、部分 **3** 体、肉体 = ದೇಹ (dēha) [Sk.]

ಅಂಗಚಿತ್ತ ⟦aṃgacitta アンガチッタ⟧ [əŋgəʧittɐ] *n.* 贈り物 [Sk.]

ಅಂಗಚೇಷ್ಟೆ ⟦aṃgacēṣṭe アンガチェーシュテ⟧ [əŋgəʧeːʂʈe] *n.* 身ぶり [Sk.]

ಅಂಗಜ ⟦aṃgaja アンガジャ⟧ [əŋgəʤɐ] *m.* 愛神カーマの別名 [Sk.]

ಅಂಗಜಾತ ⟦aṃgajāta アンガジャータ⟧ [əŋgəʤɐːtɐ] 《文》 *n.* 愛神カーマの別名 [Sk.] = ದೇಹಜ (dēhaja)

ಅಂಗಜಾರಿ ⟦aṃgajāri アンガジャーリ⟧ [əŋgəʤɐːri] 《文》 *m.* シヴァ神の別名 [Sk.]

ಅಂಗಡಿ ⟦aṃgaḍi アンガディ⟧ [əŋgə̆ɖi] ಅಂಗಾಡಿ *n.* **1** 店、商店 **2** 《異》 臼の穴のへり [Ka. D35]

ಅಂಗಡಿಕಾರ ⟦aṃgaḍikāra アンガディカーラ⟧ [əŋgə̆ɖikɐːrɐ] *m.* 《*f.* ಅಂಗಡಿಕಾರ್ತಿ (aṃgaḍikārti)》商店主 [Ka. + *-kāra*]

ಅಂಗಡಿಕೇರಿ ⟦aṃgaḍikēri アンガディケーリ⟧ [əNgə̆ɖikeːri] *n.* 商店街 [Ka. + *kēri*]

ಅಂಗಡಿಗಾರ ⟦aṃgaḍigāra アンガディガーラ⟧ [əŋgəɖigɐːrɐ] *n.* 商店主 [Ka. + *-kāra*]

ಅಂಗಡಿಬೀದಿ ⟦aṃgaḍibīdi アンガディビーディ⟧ [əŋgəɖibiːdi] *n.* 商店街 [+ *bīdi*]

ಅಂಗಡಿಯಿಡು ⟦aṃgaḍiyiḍu アンガディイドゥ⟧ [əŋgəɖijiɖu] *vi.* 店を開く ¶ ಸಾಹುಕಾರ್ತಿ ತನ್ನ ಆಭರಣಗಳನ್ನೆಲ್ಲ ಅಂಗಡಿ ಇಟ್ಟಂತೆ ಹಾಕಿಕೊಂಡಿದ್ದಾಳೆ. (sāhukārti tanna ābʰaraṇagaḷannella aṃgaḍi iṭṭaṃte hākikoṃḍiddāḷe.) その豪商の妻は、店を開いたかのごとく、自分の装身具を全部身につけている。 [+ *iḍu*]

ಅಂಗಡಿಹಾಕು ⟦aṃgaḍihāku アンガディハーク⟧ [əŋgə̆ɖihɐːku] *vi.* 店を開く [+ *hāku*]

ಅಂಗಣ ⟦aṃgaṇa アンガナ⟧ [əŋgəɳɐ] *n.* 家にくっついた庭(囲い込まれている場合もいない場合もある)、特に前庭 [Sk.] ↔ ಹಿತ್ತಲ (hittala) "backyard" 裏庭

ಅಂಗಣವಲಯ ⟦aṃgaṇavalaya アンガナヴァラヤ⟧ [əŋgəɳəvələjɐ] *n.* 家にくっついた庭の囲い [Sk.]

ಅಂಗತ್ತ ⟦aṃgatta アンガッタ⟧ [əŋgəttɐ] ಅಂಗತ, ಅಂಗಾತ *adv.* 仰向けに [?] = ಮುಖ ಮೇಲೆ (mukʰa mēle)

ಅಂಗದ ⟦aṃgada アンガダ⟧ [əŋgədɐ] 《古》 *n.* 上膊部に付ける腕輪[⇒図] [Sk.]

ಅಂಗದ 腕輪

ಅಂಗನೆ ⟦aṃgane アンガネ⟧ [əŋgəne] 《文》 *f.* **1** 豊満でふくよかな四肢を持つ女性 **2** 女、女性 [Sk.]

ಅಂಗಭೋಗ ⟦aṃgabʰōga アンガボーガ⟧ [əŋgəbʰoːgɐ] 《文》 *n.* **1** 神像に香油を塗る儀式 **2** 肉体の快楽、性的快楽 [Sk.]

ಅಂಗಮರ್ದ ⟦aṃgamarda アンガマルダ⟧ [əŋgəmərdɐ] 《文》 *m.* マッサージ師 **—***n.* (リウマチ、痛風などによる)関節の痛み [Sk.]

ಅಂಗಮರ್ದನ ⟦aṃgamardana アンガマルダナ⟧ [əŋgəmərdənɐ] ಅಂಗಮರ್ದನೆ 《文》 *n.* マッサージ [Sk.]

ಅಂಗಮರ್ದನೆ ⟦aṃgamardane アンガマルダネ⟧ [əŋgəmərdəne] 《文》 *n.* [Sk.] ☞ ಅಂಗಮರ್ದನ (aṃgamardana)

ಅಂಗಯ್ ⟦aṃgay アンガイ⟧ [əŋgəĭ] *n.* 手の平、たなごころ [Ka. *aṃ-* D7 + *kay*] = ಅಂಗೈ (aṃgai)

ಅಂಗರಕ್ಷ ⟦aṃgarakṣa アンガラクシャ⟧ [əŋgərəkʂɐ] 《文》 *n.* 鎖帷子、鎖鎧(よろい)、防弾チョッキ [Sk.]

ಅಂಗರಕ್ಷಕ ⟦aṃgarakṣaka アンガラクシャカ⟧ [əŋgərəkʂəkɐ] *m.* 《*f.* ಅಂಗರಕ್ಷಕಿ (aṃgarakṣaki)》用心棒、ボディガード [Sk.]

ಅಂಗರಕ್ಷೆ ⟦aṃgarakṣe アンガラクシェ⟧ [əŋgərəkʂe] *n.* **1** 身辺警護 **2** 鎖帷子、鎖鎧(よろい)、防弾チョッキ **3** 護符 [Sk.]

ಅಂಗರಾಗ ⟦aṃgarāga アンガラーガ⟧ [əŋgərɐːgɐ] *n.* **1** 沐浴の後体に香油を塗ること **2** 香油、(体に塗る)香水 [Sk.]

ಅಂಗಲ್ ⟦aṃgal アンガル⟧ [əŋgəl] 《‡》 *vi.* 悲しむ、苦悩する (*Kitt.*) [Ka. D31]

ಅಂಗಲಾಚು ⟦aṃgalācu アンガラーチュ⟧ [əŋgəlɐːʧu] *vi.* **1** (悲しみや恐れで)声をあげて泣く、号泣する **2** 哀訴嘆願する [Ka. D31]

ಅಂಗಲಾಚಿಕೆ ⟦aṃgalācike アンガラーチケ⟧ [əŋgəlɐːʧike] *n.* 声をあげて泣くこと、号泣 [Ka. D31]

ಅಂಗಲಾಪು ⟦aṃgalāpu アンガラープ⟧ [əŋgəlɐːpu] *n.* 哀訴嘆願 [Ka. D31 ←Ta.?]

ಅಂಗಲಾರ್ಚು ⟦aṃgalārcu アンガラールチュ⟧ [əŋgəlɐːrʧu] 《‡》 *vi.* (悲しみや恐れで)声をあげて泣く (*My. Kitt.*) [Ka. D31]

ಅಂಗವಟ್ಟ^1 ⟦aṃgavaṭṭa アンガヴァッタ⟧ [əŋgəvəʈʈɐ] 《文》 *n.* **1** 体の作り、体格 **2** 体の美しさ [Sk. *aṃgavṛtta-*?]

ಅಂಗವಟ್ಟ^2 ⟦aṃgavaṭṭa アンガヴァッタ⟧ [əŋgəvəʈʈɐ] 《古》 *n.* ショールのように肩にかける木綿などの白い布 [Sk. *aṃgavastra-*] = ಅಂಗವಸ್ತ್ರ 2 (aṃgavastra 2)

ಅಂಗವಡಿ ⟦aṃgavaḍi アンガヴァディ⟧ [əŋgəvəɖi] 《‡》 *n.* 鐙、鐙がね (*My.* (*Kitt.*)) [Ka. D32]

ಅಂಗವಣೆ ⟦aṃgavaṇe アンガヴァネ⟧ [əŋgəvəɳe] 《古》 *n.* **1** 方法、やり方 **2** 勇気、大胆 **3** 希望、意図、意向 **4** 活動 [Ka. *aṃgavisu* + *-aṇe*]

ಅಂಗವಸ್ತ್ರ ⟦aṃgavastra アンガヴァストラ⟧ [əŋgəvəstrɐ] *n.* **1** ショールのように肩にかける木綿・絹などでできた白い布 **2** 《古》〔喩〕情婦 [Sk.]

ಅಂಗವಿಸು ⟦aṃgavisu アンガヴィス⟧ [əŋgəvisu] ಅಂಗಯಿಸು, ಅಂಗಯ್ಸು, ಅಂಗೈಸು, ಅಂಘವಿಸು, ಅಂಘೈಸು 《古》 *vt.* **1** 承認する、受け入れる **2** 望む、希望する、努力する **3** 受け取る **4** (虎などが)襲いかかる、(城を)奪取する [Sk. *aṃga-* + *-isu*]

ಅಂಗಸಂಗ ⟦aṃgasaṃga アンガサンガ⟧ [əŋgəsəŋgɐ] 《文》 *n.* 性交、まぐわい [Sk.]

ಅಂಗಸಾಧಕ ⟦aṃgasādʰaka アンガサーダカ⟧ [əŋgəsɐːdʰəkɐ] *m.* 《*f.* ಅಂಗಸಾಧಕಿ (aṃgasādʰaki)》 **1** (レスリングなどのために)体を鍛える人 **2** ボディビルをする人 [Sk.]

ಅಂಗಸಾಧನೆ ⟦aṃgasādʰane アンガサーダネ⟧ [əŋgəsɐːdʰəne] *n.* 体を鍛えること、筋力をつけるための鍛錬 [Sk.] = ಎಕ್ಸೈಜ್ (eksaij)〔口〕= ವ್ಯಾಯಾಮ (vyāyāma)

ಅಂಗಸೌಷ್ಠವಪಟು ⟦aṃgasauṣṭʰavapaṭu アンガサゥシュタヴァパトゥ⟧ [əŋgəsəuʂʈʰəvəpəʈu] 《文》 *mf.* ボディービルダー [*aṃga* + *sauṣṭʰava* + *paṭu*]

ಅಂಗಳ^1 ⟦aṃgaḷa アンガラ⟧ [əŋgə̆ɭɐ] ಅಂಗುಳ್, ಅಂಗುಳು, ಅಗುಳ, ಅಂಗುಳಿ *n.* 口蓋垂 [Ka. D33]

ಅಂಗಳ^2 ⟦aṃgaḷa アンガラ⟧ [əŋgə̆ɭɐ] ಅಂಗಳು *n.* 家にくっついた庭(囲い込まれている場合もいない場合もある) [Sk.] ☞ ಅಂಗಣ (aṃgaṇa)

ಅಂಗಳ^3 ⟦aṃgaḷa アンガラ⟧ [əŋgə̆ɭɐ] *n.* 燃えている炭 [Sk. *aṅgāra-* M.21] = ಕೆಂಡ (keṃḍa)

ಅಂಗಳು ⟦aṃgaḷu アンガル⟧ [əŋgəɭu] *n.* [Sk.] ☞ ಅಂಗಳ (aṃgaḷa)

ಅಂಗಾಡಿ ⟦aṃgāḍi アンガーディ⟧ [əŋgɐːɖi] 《古》 *n.* 店、商店 [Ka. *D35]

ಅಂಗಾತ ⟦aṃgāta アンガータ⟧ [əŋgɐːtɐ] *adv.* 仰向けに [Ka. D34]

ಅಂಗಾರ ⟦aṃgāra アンガーラ⟧ [əŋgɐːrɐ] *n.* **1** 炭、木炭 **2** 炭火、燃えている炭 **3** 聖なる灰 **4** マドヴァ派の人たちが炭の粉で描く額のしるし [⇒図] [Sk.]

ಅಂಗಾರ 額のしるし

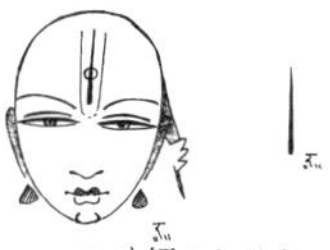

ಅಂಗಾರಕ ⟦aṃgāraka アンガーラカ⟧ [əŋgɐːrəkɐ] *m.* 火星 [Sk.]

ಅಂಗಾಲು ⟦aṃgālu アンガール⟧ [əŋgɐːlu] *n.* 足の裏 [Ka. *aṃ* D7 + *kālu*]

ಅಂಗಿ ⟦aṃgi アンギ⟧ [əŋgi] *adj.* **1** 手足を持った **2** (法律や本の章など)下位の規則や節などのある —*n.* **1** 上半身を覆う上っ張りや上着や縫い合わされた布 **2** シャツ [Sk.]

ಅಂಗಿಲು ⟦aṃgilu アンギル⟧ [əŋgilu] 《方》 *n.* 口蓋垂、喉びこ (*SK, UNR*) [Ka. D33] = ಕಿರುನಾಲಿಗೆ (kirunālige)

ಅಂಗೀಕರಣ ⟦aṃgīkaraṇa アンギーカラナ⟧ [əŋgiːkərəɳɐ] 《文》 *n.* 同意、承認 [Sk.]

ಅಂಗೀಕರಿಸು ⟦aṃgīkarisu アンギーカリス⟧ [əŋgiːkərisu] 《文》 *vt.* **1** (宗教などを)受け入れる **2** 養子を取る **3** 同意する、承認する [Sk.]

ಅಂಗೀಕಾರ ⟦aṃgīkāra アンギーカーラ⟧ [əŋgiːkɐːrɐ] *n.* 同意、承認 [Sk.]

ಅಂಗೀಕೃತ ⟦aṃgīkṛta アンギークルタ⟧ [əŋgiːkrɯtɐ] 《文》 *adj.* 同意した、承認した [Sk.]

ಅಂಗು ⟦aṃgu アング⟧ [əŋgu] 《方》 *n.* 恩義のある状態 [Ka. D3820] ☞ ಹಂಗು (haṃgu)

ಅಂಗುಟ ⟦aṃguṭa アングタ⟧ [əŋguʈɐ] *n.* (手や足の)親指 [Sk. *aṃguṣṭʰa-*] = ಹೆಬ್ಬೆಟ್ಟು (hebbeṭṭu)

ಅಂಗುಲ ⟦aṃgula アングラ⟧ [əŋgulɐ] *n.* **1** 指 **2** 手の親指 **3** 指幅(約 2cm に相当する長さの単位) **4** インチ [Sk.]

ಅಂಗುಲಿ ⟦aṃguli アングリ⟧ [əŋguli] 《文》 *n.* (手や足の)指 [Sk.] = ಬೆರಳು (beraḷu)〔汎〕

ಅಂಗುಷ್ಠ ⟦aṃguṣṭʰa アングシュタ⟧ [əŋguʂʈʰɐ] *n.* 手や足の親指 [Sk.] = ಹೆಬ್ಬೆಟ್ಟು (hebbeṭṭu)

ಅಂಗುಳ್ ⟦aṃguḷ アングル⟧ [əŋguɭ] 《古》 *n.* [Ka. *D33] ☞ ಅಂಗಳ (aṃgaḷa)

ಅಂಗುಳ ⟦aṃguḷa アングラ⟧ [əŋgŭɭɐ] 《古》 *n.* [Ka. D33] ☞ ಅಂಗಳ (aṃgaḷa)

ಅಂಗುಳಿ ⟦aṃguḷi アングリ⟧ [əŋgŭɭi] 《古》 *n.* [Ka. D33] ☞ ಅಂಗಳ (aṃgaḷa)

ಅಂಗುಳು ⟦amgulu アングル⟧ [əŋgu[u] ಅಂಗಳ, ಅಂಗುಳ್, ಅಗುಳ, ಅಂಗುಳಿ 《古》 n. 軟口蓋 [Ka. D33] ☞ಅಂಗಳ (amgala)

ಅಂಗುಳೆ ⟦amgule アングレ⟧ [əŋgŭ[e] 《‡》 n. 軟口蓋 [Ka. D33] (Bp.15,22 (Kitt.)) ☞ಅಂಗಳ (amgala)

ಅಂಗೆಯ್ ⟦amgey アンゲイ⟧ [əŋgeĭ] 《古》 n. 手の平 [Ka. am D7 + gey]

ಅಂಗೈ ⟦amgai アンガイ⟧ [əŋgəi] ಅಂಗಯ್ n. 手の平 [Ka. am D7 + kai] = ಅಂಗಯ್ (amgay)

ಅಂಗೋಪಾಂಗ ⟦amgōpāmga アンゴーパーンガ⟧ [əŋgo:pɐ:ŋgɐ] n. 1 体と四肢 2 四肢および内臓とその部分 [Sk.]

ಅಂಗ್ರೇಜಿ ⟦amgrēji アングレージ⟧ [əŋgre:ʤi] n. 英語 [Pt. inglês] = ಇಂಗ್ಲಿಷ್ (imgliṣ)

ಅಂಘ್ರಿ ⟦amghri アングリ⟧ [əŋghri] 《文》 n. 1 足 2 木の根元 3 詩の行(詩節の4分の1) [Sk.]

ಅಂಚಲ ⟦amcala アンチャラ⟧ [əɲʧəlɐ] n. サーリーの端の部分(通常模様など装飾がある) [Sk.]

ಅಂಚು[1] ⟦amcu アンチュ⟧ [əɲʧu] n. 1 端、境界 2 縁 3 川や海の岸 [Ka. D57]

ಅಂಚು[2] ⟦amcu アンチュ⟧ [əɲʧu] 《方》 n. 瓦、屋根瓦 (My. (Kitt.)) [Ka. D4385] ☞ಹೆಂಚು (hemcu)

ಅಂಚು[3] ⟦amcu アンチュ⟧ [əɲʧu] 《方》 vi. 待ち伏せする、攻撃の機会を待つ (My. (Kitt.)) [Ka. D4596] ☞ಹೊಂಚು (homcu)

ಅಂಚೆ[1] ⟦amce アンチェ⟧ [əɲʧe] n. 1《古》 郵便道路 2《古》 日をついで旅行すること 3 郵便、郵便制度 [Ka. D54] = ಪೋಸ್ಟ್ (pōsṭ) 〔口〕

ಅಂಚೆಕಚೇರಿ ⟦amcekacēri アンチェカチェーリ⟧ [əɲʧekəʧe:ri] n. 郵便局 [+ kacēri]

ಅಂಚೆಚೀಟಿ ⟦amceciṭi アンチェチーティ⟧ [əɲʧeʧi:ʈi] n. 郵便切手 [+ cīṭi] = ಟಿಕೀಟು (tikīṭu) 〔口〕

ಅಂಚೆಡಬ್ಬ ⟦amceḍabba アンチェダッバ⟧ [əɲʧeɖəbbɐ] n. 郵便箱 [+ ḍabba]

ಅಂಚೆಪೆಟ್ಟಿಗೆ ⟦amcepeṭṭige アンチェペッティゲ⟧ [əɲʧepeʈʈĭge] n. 郵便受け [+ peṭṭige] 〔口〕

ಅಂಚೆ ಮುಖ್ಯಾಧಿಕಾರಿ ⟦amce mukhyādhikāri アンチェムキャーディカーリ⟧ [əɲʧe mukhjɐ:dhikɐ:ri] 《文》 郵便局長

ಅಂಚೆ[2] ⟦amce アンチェ⟧ [əɲʧe] 《古》 n. 白鳥 [Sk. haṃsa-]

ಅಂಜನ ⟦amjana アンジャナ⟧ [əɲʤənɐ] n. 1 (沐浴する前に)油を塗ること、油をすり込むこと 2 瞼や目の縁に塗る黒いペースト状の化粧品 3 油煙(黒色顔料)など目の縁に塗る化粧品の材料 4 隠された財宝を見つけるための魔法の油 5《希》 墨 [Sk.]

ಅಂಜನಕ್ರಿಯೆ ⟦amjanakriye アンジャナクリエ⟧ [əɲʤənəkrije] n. 1 (沐浴の前に)油を体に塗ること 2 隠された財宝を見つけるために魔法の油を塗ること [Sk.]

ಅಂಜರ ⟦amjara アンジャラ⟧ [əɲʤə̆rɐ] 《異》 n. [Pe. angīr] ☞ಅಂಜೂರ (amjūra) 〔汎〕

ಅಂಜಲಿ ⟦amjali アンジャリ⟧ [əɲʤəli] n. 1 両手を合わせて作った窪み 2 両手を合わせて作った窪みをいっぱいにするような穀物の分量 3 演劇や舞踊において両手を合わせる身ぶり、合掌 [⇒図] [Sk.] = ಬೊಗಸೆ (bogase)

ಅಂಜಲಿ 合掌

ಅಂಜಿಕೆ ⟦amjike アンジケ⟧ [əɲʤike] n. 恐れ、心配 [Ka. D55]

ಅಂಜೀರ ⟦amjīra アンジーラ⟧ [əɲʤi:rɐ] n. [Pe. angīr] ☞ಅಂಜೂರ (amjūra)

ಅಂಜು ⟦amju アンジュ⟧ [əɲʤu] vi. 恐れる、恐怖を覚える [Ka. D55]

ಅಂಜಿಸು ⟦amjisu アンジス⟧ [aɲʤisu] vt. 怖がらせる、脅かす [+ -isu caus. D55]

ಅಂಜುಕುಳಿ ⟦amjukuli アンジュクリ⟧ [əɲʤuku[i] mf. 臆病者 [Ka. amju + kuli] = ಪುಕ್ಕಲ (pukkala)

ಅಂಜುಗುಳಿ ⟦amjuguli アンジュグリ⟧ [əɲʤugu[i] mf. ☞ಅಂಜುಕುಳಿ (amjukuli)

ಅಂಜುಪುರುಕ ⟦amjupuruka アンジュプルカ⟧ [əɲʤupurukɐ] ಅಂಜುಬುರುಕ m. 《f ಅಂಜುಪುರುಕಿ (amjupuruki)》臆病者 [Ka. amju + ? cf. Sk. puruṣa-] = ಅಂಜುಕುಳಿ (amjukuli)

ಅಂಜುಬುರುಕ ⟦amjuburuka アンジュブルカ⟧ [əɲʤuburukɐ] m. 《f. ಅಂಜುಬುರುಕಿ (amjuburuki)》☞ಅಂಜುಪುರುಕ (amjupuruka)

ಅಂಜುರ ⟦amjura アンジュラ⟧ [əɲʤŭrɐ] 《異》 n. [Pe. angīr] ☞ಅಂಜೂರ (amjūra) 〔汎〕

ಅಂಜೂರ ⟦amjūra アンジューラ⟧ [əɲʤu:rɐ] ಅಂಜರ, ಅಂಜೀರ, ಅಂಜುರ, ಅಂಜೂರಿ n. イチジクまたはその木(クワ科イチジク属) ⇀ 食・薬 [Pe. angīr]

ಅಂಜೂರಿ ⟦amjūri アンジューリ⟧ [əɲʤu:ri] n. [Pe. angīr] ☞ಅಂಜೂರ (amjūra)

ಅಂಟರಿಕೆ ⟦amṭarike アンタリケ⟧ [əɳʈərike] 《‡》 n. ネムノキ科の落葉樹(樹皮は石鹸および殺菌剤として用いられる) ⇀ 潔 (Z. (Kitt.)) [Ka. D2607(c)] ☞ಅಂಟಿರಿಕೆ (amṭirike)

ಅಂಟರಿಸು ⟦amṭarisu アンタリス⟧ [əɳʈərisu] vi. 1 煮炊きして粘度が上がる(炊いた米や豆など) 2 (飯などが)焦げつく [Ka. D76]

ಅಂಟರು ⟦amṭaru アンタル⟧ [əɳʈəru] 《‡》 vi. くっつく (Čb. (Kitt.)) [Ka. D96]

ಅಂಟವಾಳ ⟦amṭavāla アンタヴァーラ⟧ [əɳʈəvɐ:[ɐ] n. ムクロジ科の中型の木(薬用および染色用) ⇀ clean [Ka. D1843] *[IMP 5.64]

ಅಂಟಿರಿಕೆ ⟦amṭarike アンタリケ⟧ [əɳʈərike] 《‡》 n. ネムノキ科の落葉樹(樹皮は石鹸や殺菌剤として用いられる) ⇀ 洗・薬 (BVNSP) [Ka. D2607(c)] *[IMP 1.18]

ಅಂಟು ⟦amṭu アントゥ⟧ [əɳʈu] vi. 《dat.》 1 触れる、接触する 2 (友人や恋人のように)いつも一緒にい

る、離れられない ¶ ಅವರು ಯಾವಾಗಲೂ ಅಂಟಿಕೊಂಡೇ ಇರುತ್ತಾರೆ. (avaru yāvāgalū aṃṭikoṃḍē iruttāre.) 彼らはいつも一緒にいる。 **3** くっつく、接着する **4** 付随する ¶ ಅವಸರಕ್ಕೆ ಅಪಾಯ ಅಂಟಿದೆ. (avasarakke apāya aṃṭide.) 慌てることには危険がつきもの(急がば回れ) **—***n.* **1** 粘着、くっつき易いこと **2** 糊、接着剤 **3** 月経、月の物 **4** 接触、さわること **5** 粘度の高い物質による汚れ **6** 粘り強い性格 **7** 継ぎ穂、取り木、継ぎ穂や取り木でできた枝 [Ka. D96]

ಅಂಟಿಸು ⟦aṃṭisu アンティス⟧ [əɳʈisu] *vt.* **1** くっつける、接着する、張りつける **2** 移す、伝染させる [Ka. D96]

ಅಂಟುಕ ⟦aṃṭuka アントゥカ⟧ [əɳʈŭkɐ] 《希》 *m.* 粘り強い人 [Ka. *aṃṭu* D96 + *-ka*]

ಅಂಟುಗರಿಕೆಹುಲ್ಲು ⟦aṃṭugarikehullu アントゥガリケフッル⟧ [əɳʈugərikehullu] *n.* イネ科ビロードキビ属の草本(実は人や獣にくっついて別の場所に運ばれる) [Ka. *aṃṭu* D96 + *garike* + *hullu*] = ಅಂಟುಪುರುಲೆ (aṃṭupurule)

ಅಂಟುಜಾಡ್ಯ ⟦aṃṭujāḍya アントゥジャーディャ⟧ [əɳʈu ʤɐːɖjɐ] *n.* 伝染病 [Ka. *aṃṭu* D96 + *jāḍya*] = ಅಂಟುರೋಗ (aṃṭurōga)

ಅಂಟುಪುರುಲೆ ⟦aṃṭupurule アントゥプルレ⟧ [əɳʈupurŭle] *n.* イネ科の草本(実は人や獣にくっついて別の場所に運ばれる) [Ka. *aṃṭu* D96 + *purule*] = ಅಂಟುಗರಿಕೆಹುಲ್ಲು (aṃṭugarikehullu)

ಅಂಟುರೋಗ ⟦aṃṭurōga アントゥローガ⟧ [əɳʈuroːgɐ] *n.* 伝染病 [Ka. *aṃṭu* D96 + *rōga*]

ಅಂಡ ⟦aṃḍa アンダ⟧ [aɳɖɐ] *n.* **1** 卵 **2** 睾丸 [Sk.] = ಮೊಟ್ಟೆ, ತತ್ತಿ (moṭṭe, tatti)

ಅಂಡಕೋಶ ⟦aṃḍakōśa アンダコーシャ⟧ [aɳɖəkoːʃɐ] *n.* 陰嚢 [Sk.] = ವೃಷಣದ ಚೀಲ (vr̥ṣaṇada cīla)

ಅಂಡಜ ⟦aṃḍaja アンダジャ⟧ [əɳɖəʤɐ] *adj.* 卵生の **—***n.* 卵生動物 **—***m.* ブラフマー神 [Sk.]

ಅಂಡಲೆ ⟦aṃḍale アンダレ⟧ [əɳɖə̆le] *vi.* **1** ぶらつく、さまよう、奔走する ¶ ಕೆಲಸಕ್ಕಾಗಿ ತುಂಬ ಅಂಡಲೆದ. (kelasakkāgi tuṃba aṃḍaleda.) 彼は職を求めて散々歩き回った。 **2**《古》悲しむ、落胆する **—***vt.* うるさがらせる、苦しめる、迷惑をかける **—***n.* **1**《古》苦しめること、うるさがらせること、迷惑 **2**《古》心配、苦悩 [Ka. *aṃḍu*[1] + *ale*?]

ಅಂಡಾಶಯ ⟦aṃḍāśaya アンダーシャヤ⟧ [əɳɖɐːʃəjɐ] 《文》 *n.* 陰嚢 [Sk.] = ವೃಷಣದ ಚೀಲ (vr̥ṣaṇada cīla)

ಅಂಡಿಗೆ ⟦aṃḍige アンディゲ⟧ [əɳɖige] *n.* 牛などの背の両側につける荷籠のうちの一つ、荷牛一頭分の半分の荷物 [Ka. D127]

ಅಂಡು[1] ⟦aṃḍu アンドゥ⟧ [əɳɖu] 《古》 *vi.* 《*dat.*》 **1** 接近する、近づく **2** (の)庇護をもとめる、(を)頼っていく **—***n.* **1** 近く、そば **2** 庇護、保護 [Ka. D120]

ಅಂಡಿಸು ⟦aṃḍisu アンディス⟧ [əɳɖisu] 《古》 *vi.* 《*dat.*》 **1** 接近する、近づく **2** (に)庇護を求める、(に)逃げ込む [+ *-isu*]

ಅಂಡುಗೊಳ್ಳು ⟦aṃḍugoḷḷu アンドゥゴッル⟧ [əɳɖugoɭɭu] 《古》 *vt.* **1** 接近する、近づく **2** に庇護を求める、に逃げ込む [+ *koḷḷu*]

ಅಂಡು[2] ⟦aṃḍu アンドゥ⟧ [əɳɖu] *n.* **1**〔タブー〕けつ、尻、でん部 **2** (入れ物の)底 [Ka. D129] = ಮುಕುಳಿ (mukuḷi)〔口〕

ಅಂಡೆ[1] ⟦aṃḍe アンデ⟧ [əɳɖe] *n.* 近く、そば **—***postp.* …の近くで、…のもとで ¶ ಮನೆಯ ಅಂಡೆಯಲ್ಲಿ ಇರುವದು ಸುರಕ್ಷಿತ. (maneya aṃḍeyalli iruvadu surakṣita.) 家のそばにいるのが安全だ。 [Ka. D120]

ಅಂಡೆ[2] ⟦aṃḍe アンデ⟧ [əɳɖe] 《‡》 *n.* 支え (*R.* (*Kitt.*)) [Ka. D123]

ಅಂಡೆ[3] ⟦aṃḍe アンデ⟧ [əɳɖe] *n.* **1** 竹筒で作った容器 [⇒図] **2** 竹製の水鉄砲 **3** 鼻の穴 (SK) [Ka. D130]

ಅಂಡೆ[3]
竹筒

ಅಂಡೆ[4] ⟦aṃḍe アンデ⟧ [əɳɖe] 《口》 *n.* [←H. *haṃḍā*?] ☞ಹಂಡೆ (haṃḍe)

ಅಂತ[1] ⟦aṃta アンタ⟧ [əntɐ] ಅಂತಪ್ಪ, ಅಂತಹ, ಅಂತಾ, ಅಂಥ, ಅಂಥಾ *pron.adj.* あのような;そのような(遠称の指示代名詞または前方照合形容詞) [Ka. *antu* D1 + *appa* D1]

ಅಂತ[2] ⟦aṃta アンタ⟧ [əntɐ] 《文》 *n.* **1** 終わり、終末 **2** 端、境界 **3** 近く、そば **4** 死、死亡 **5** 滅亡 [Sk.]

ಅಂತಃಕರಣ ⟦aṃtaḥkaraṇa アンタッカラナ⟧ [əntəkkərəɳɐ] *adj.* **1** 内臓 **2** 心、魂 **3** 同情、哀れみ、愛、親切、心の優しさ ¶ ಅವನಿಗೆ ಸ್ವಲ್ಪವೂ ಅಂತಃಕರಣವೆ ಇಲ್ಲ. (avanige svalpavū aṃtaḥkaraṇave illa.) あの男は全然同情心がない。 [Sk.]

ಅಂತಃಕಲಹ ⟦aṃtaḥkalaha アンタッカラハ⟧ [əntakkələ̆hɐ] *n.* **1** 心の中の葛藤 **2** 内輪もめ、内戦、市民戦争 [Sk.]

ಅಂತಃಪಟ ⟦aṃtaḥpaṭa アンタッパタ⟧ [əntəppəʈɐ] *n.* 結婚式で花婿と花嫁の間を隔てるカーテン [Sk.]

ಅಂತಃಪುರ ⟦aṃtaḥpura アンタップラ⟧ [əntəppurɐ] *n.* **1** 後宮、宮廷の婦人部屋 **2** (集合的に)後宮の女性たち [Sk.]

ಅಂತಕ ⟦aṃtaka アンタカ⟧ [əntəkɐ] 《文》 *m.* 死神ヤマの別名 [Sk.]

ಅಂತರ್– ⟦aṃtar- アンタル-⟧ [əntər] *pref.* 内… [Sk.]

ಅಂತರಂಗ ⟦aṃtaraṃga アンタランガ⟧ [əntərəŋgɐ] *n.* **1** 内部 **2** 心、心の中 **3** 心の奥底、本心、胸の内 [Sk.]

ಅಂತರ ⟦aṃtara アンタラ⟧ [əntərɐ] *n.* **1** 内部 **2** 差、違い **3** 距離 **4** 間、間隔 **5** 時間間隔、時間の差やずれ **6** 心、精神 [Sk.]

ಅಂತರಪಿಶಾಚಿ ⟦aṃtarapiśāci アンタラピシャーチ⟧ [əntə rə̆piʃɐːʧi] *n.* **1** 行き先が決まらずこの世をさまよ

う幽霊 **2** 葬儀をあげてもらえない死者の魂 **3** 〔喩〕縄張りを得られずにさまよう動物 [Sk.]

ಅಂತರಾತ್ಮ ⟦aṃtarātma アンタラートマ⟧ [əntrɐːtmɐ] 《文》 *n.* **1** 我、個我 **2** 最高我 [Sk.]

ಅಂತರಾಯ ⟦aṃtarāya アンタラーヤ⟧ [əntərɐːjɐ] 《文》 *n.* 障害、障害物、邪魔物 [Sk.]

ಅಂತರಾಲ ⟦aṃtarāla アンタラーラ⟧ [əntərɐːlɐ] 《文》 *n.* **1** 内部 **2** 間、間隔、時間や場所のずれ **3** 中間にある物 [Sk.]

ಅಂತರಾಳ ⟦aṃtarāḷa アンタラーラ⟧ [əntərɐːɭɐ] 《文》 *n.* [Sk.] ☞ಅಂತರಾಲ (aṃtarāla)

ಅಂತರಿಕ್ಷ ⟦aṃtarikṣa アンタリクシャ⟧ [əntərikʂɐ] 《文》 *n.* **1** 蒼穹(そうきゅう)、天空 **2** 天と地の中間、虚空 [Sk.] = ಆಕಾಶ/ಮುಗಿಲು (ākāśa/mugilu)

ಅಂತರೀಯ ⟦aṃtarīya アンタリーヤ⟧ [əntəriːjɐ] 《文》 *n.* 腰巻き、腰に巻き膝まで覆う布 [Sk.]

ಅಂತರ್ಗತ ⟦aṃtargata アンタルガタ⟧ [əntərgətɐ] 《文》 *adj.* **1** 中に入った、間に入った **2** 含まれた、包含された **3** 隠れた、潜んだ **4** 消えた、姿を消した [Sk.]

ಅಂತರ್ಗೋಳಕ ⟦aṃtargōḷaka アンタルゴーラカ⟧ [əntərgoːɭəkɐ] 《文》 *n.* 凹レンズ [Sk.]

ಅಂತರ್ಜಾತೀಯ ⟦aṃtarjātīya アンタルジャーティーヤ⟧ [əntərdʒɐːtiːjɐ] 《文》 *adj.* カースト間の [Sk.]

ಅಂತರ್ಜ್ಯೋತಿ ⟦aṃtarjyōti アンタルジョーティ⟧ [əntərdʒjoːti] 《文》 *n.* 内面的な輝き、内面からの輝き、精神的な輝き [Sk.]

ಅಂತರ್ದೃಷ್ಟಿ ⟦aṃtardr̥ṣṭi アンタルドゥルシュティ⟧ [əntərdruʂʈi] 《文》 *n.* **1** 内観 **2** 直感 [Sk.]

ಅಂತರ್ದೇಶೀಯ ⟦aṃtardēśīya アンタルデーシーヤ⟧ [əntərdeːʃiːjɐ] 《文》 *adj.* **1** 国家間の、国際的な **2** 国内の、国内的な [Sk.]

ಅಂತರ್ಧಾನ ⟦aṃtardʰāna アンタルダーナ⟧ [əntərdʰɐːnɐ] *n.* 消え去ること、姿が見えなくなること [Sk.]

ಅಂತರ್ಮುಖ ⟦aṃtarmukʰa アンタルムカ⟧ [əntərmukʰɐ] 《文》 *adj.* 内省的な、瞑想的な **—*n.*** 《希》 瞑想、沈思 [Sk.]

ಅಂತರ್ಯಾಮಿ ⟦aṃtaryāmi アンタリヤーミ⟧ [əntərjɐːmi] *mf.* **1** 最高我 **2** 我 [Sk.] = ಆತ್ಮ (ātma)

ಅಂತರ್ರಾಷ್ಟ್ರೀಯ ⟦aṃtarrāṣṭrīya アンタッラーシュトリーヤ⟧ [əntərrɐːʂʈriːjɐ] *adj.* 国際的な [Sk.]

ಅಂತರ್ವಾಣಿ ⟦aṃtarvāṇi アンタルヴァーニ⟧ [əntərvɐːɳi] *n.* 内なる声、瞑想中に聞こえる人ならぬ者の声 [Sk.]

ಅಂತರ್ವಾಸ ⟦aṃtarvāsa アンタルヴァーサ⟧ [əntərvɐːsɐ] *n.* 家の奥の間 [Sk.]

ಅಂತವುರ ⟦aṃtavura アンタヴラ⟧ [əntəvurɐ] 《古》 *n.* [Sk.] ☞ಅಂತಃಪುರ (aṃtaḥpura)

ಅಂತಃಶೂನ್ಯ ⟦aṃtaḥśūnya アンタッシューニャ⟧ [əntəʃʃuːnjɐ] *adj.* **1** 中空の、うつろな **2** 心がうつろな [Sk.]

ಅಂತಸ್ತು ⟦aṃtastu アンタストゥ⟧ [əntəstu] *n.* **1** 垂直に積み重ねた物の一つ **2** (建物の) 階 **3** 社会的地位、威信 [Sk. *aṃtastha-*]

ಅಂತಹ ⟦aṃtaha アンタハ⟧ [əntəhɐ] 《文》 *adj.* あのような、そのような [Ka. *aṃtu* + *appa* D1] = ಅಂತ (aṃta)

ಅಂತಾ ⟦aṃtā アンター⟧ [əntɐː] 《口》 *pron.adj.* [Ka. *antu* + *appa* D1] ☞ಅಂತ (aṃta)

ಅಂತಿಕ ⟦aṃtika アンティカ⟧ [əntikɐ] 《文》 *n.* 近く、近所 ¶ ಮಂತ್ರಿ ಜನಾಂತಿಕಕ್ಕೆ ಬರೋದಿಲ್ಲ. (maṃtri janāṃtikakke barōdilla.) あの大臣は人々のいるところに近づかない。[Sk.]

ಅಂತಿಗೆ ⟦aṃtige アンティゲ⟧ [əntige] 《口》 *postp.* 《*gen./dat.*》 (ある人の) もとに、近くへ ¶ ಅವನು ಶಾಲೆಯ ಅಂತಿಗೇ ಹೋಗಿಲ್ಲ. (avanu śāleya aṃtigē hōgilla.) あの子は学校に近づきもしなかった。[Sk. *aṃtika-*]

ಅಂತಿಮ ⟦aṃtima アンティマ⟧ [əntimɐ] 《文》 *adj.* 最後の [Sk.]

ಅಂತು ⟦aṃtu アントゥ⟧ [əntu] 《文》 *adv.* **1** そのように、あのように (遠称) **2** とうとう、結局 ¶ ಅಂತು ಅವರಿಗೆ ಮಂತ್ರಿ ಪದವಿ ಸಿಗಲಿಲ್ಲ. (aṃtu avarige maṃtri padavi sigalilla.) 彼は結局大臣にはなれなかった。[Ka.1]

ಅಂತೂ ⟦aṃtū アントゥー⟧ [əntuː] *part.* …ときたら (よかれ悪しかれ、何かについて、特筆すべき資質があると熱心に語る際に用いる小辞) ¶ ನೆಟ್ಟನೆ ಮೂಗು, ಪುಟ್ಟ ಬಾಯಿ, ಕಪ್ಪನೆಯ ಗುಂಗುರು ಕೂದಲು, ಬಣ್ಣ ಅಂತೂ ಕೇಳೋದೇ ಬೇಡ. (neṭṭane mūgu, puṭṭa bāyi, kappaneya guṃguru kūdalu, baṇṇa aṃtū kēḷōdē bēḍa.) まっすぐな鼻、小さな口、黒い波打つ髪の毛、肌の色ときたら文句のいいようもない。[Ka.1]

ಅಂತೆ ⟦aṃte アンテ⟧ [ənte] *part.* …そうだ ¶ ಚಿಕ್ಕಪ್ಪ ಬೆಂಗಳೂರಿನಲ್ಲಿ ಇದ್ದಾರಂತೆ. (cikkappa beṃgaḷūrinalli iddāraṃte.) おじはベンガルールにいるそうだ。[Ka. *aṃtu* + *ĕ*?]

ಅಂತ್ಯ ⟦aṃtya アンティャ⟧ [əntjɐ] 《文》 *adj.* **1** 最後の **2** 最低の (地位や程度などが) **—*n.*** 終わり [Sk.]

ಅಂತ್ಯಪ್ರಾಸ ⟦aṃtyaprāsa アンティャプラーサ⟧ [əntjəprɐːsɐ] 《文》 *n.* 脚韻 [Sk.]

ಅಂಥ ⟦aṃtʰa アンタ⟧ [əntʰɐ] *pron.adj.* あのような、そのような [Ka. < *aṃtaha* D1] ☞ಅಂತಹ (aṃtaha)

ಅಂಥಾ ⟦aṃtʰā アンター⟧ [əntʰɐː] *adj.* [Ka. D1] ☞ಅಂಥ (aṃtʰa)

ಅಂದ ⟦aṃda アンダ⟧ [əndɐ] *n.* **1** 美、美しさ **2** やり方、形 ¶ ಅವನ ನಡತೆಯ ಅಂದ ಯಾರಿಗೂ ಒಪ್ಪಿಗೆ ಆಗುವುದಿಲ್ಲ. (avana naḍateya aṃda yārigū oppige āguvudilla.) だれも彼のやり方を好まない。 **3** 《古》 目的、ねらい **4** 自分の本当の姿、本性、本質 ¶ ಕೊನೆಗೂ ನಿಮ್ಮ ಅಂದವನ್ನು ನೀವು ತೋರಿದಿರಿ. (konegū nimma aṃdavannu nīvu tōridiri.) あなたはとうとう本性をさらけ出した。[Ka. D2328]

ಅಂದಗಾರ ⟦aṃdagāra アンダガーラ⟧ [əndə̆gɐːrɐ] *m.*《*f.* ಅಂದಗಾತಿ (aṃdagāti)》**1** 美男、美男子 **2** 美男のしゃれ者 [Ka. *aṃda* + *-gāra*]

ಅಂದಗಾತಿ ⟦aṃdagāti アンダガーティ⟧ [əndəgɐːti] *f.* 美人、美しい女性 [Ka. *aṃda* + *-gāti*]

ಅಂದಗೇಡಿ ⟦aṃdagēḍi アンダゲーディ⟧ [əndəgeːɖi] *n.* **1** 醜い人間 **2** 行儀の悪い人、無礼者 [Ka. *aṃda* + *gēḍi*] = ಚಂದಗೇಡಿ (caṃdagēḍi)

ಅಂದಣ ⟦aṃdaṇa アンダナ⟧ [əndə̆ɳɐ]《文》*n.* ☞ಅಂದಳ (aṃdaḷa)

ಅಂದಲ ⟦aṃdala アンダラ⟧ [əndə̆lɐ]《文》*n.* ☞ಅಂದಳ (aṃdaḷa)

ಅಂದಳ ⟦aṃdaḷa アンダラ⟧ [əndə̆ɭɐ] ಅಂದಣ, ಅಂದಲ《文》*n.*（人を運ぶ）駕籠 [Sk. *āndōla-*?]

ಅಂದಾಜು ⟦aṃdāju アンダージュ⟧ [əndɐːʤu] *n.* **1** 想像、推量 **2**（費用などの）見積もり ¶ ನಿಮ್ಮ ಮನೆಯ ಬೆಲೆಯ ಅಂದಾಜು ಎಷ್ಟು? (nimma maneya beleya aṃdāju eṣṭu?) お宅の見積価格はいくらですか。[Pe. *andāz*]

ಅಂದಿ ⟦aṃdi アンディ⟧ [əndi]《異》*n.* コクゾウ（ムシ）（穀物を食べる羽の生えた灰色の虫）[Ka. D150] = ನೆಲ್ಲುಚಿಟ್ಟಿ (nellu ciṭṭi)

ಅಂದಿಹುಱ ⟦aṃdihuṟa アンディフラ⟧ [əndihuɻɐ]《異》*n.* コクゾウ（ムシ）（穀物を食べる羽の生えた灰色の虫）[Ka. D150] = ನೆಲ್ಲುಚಿಟ್ಟಿ (nellu ciṭṭi)

ಅಂದಿಗೆ ⟦aṃdige アンディゲ⟧ [əndige]《口》*n.* [Sk. *aṃduka-*] ☞ಅಂದುಗೆ (aṃduge)

ಅಂದಿಪುನಾರುಮರ ⟦aṃdipunārumara アンディプナールマラ⟧ [əndipunɐːrumərɐ]《‡》*n.* ヒルギ科の常緑樹 (*St & Pl.* (*Kitt.*)) [?]

ಅಂದು[1] ⟦aṃdu アンドゥ⟧ [əndu] *adv.* あの日、その日 [Ka. D1]

ಅಂದು[2] ⟦aṃdu アンドゥ⟧ [əndu]《古》*vt.* 手が届く [Ka. D149] = ಎಟುಕು (eṭuku)〔汎〕

ಅಂದುಗು ⟦aṃdugu アンドゥグ⟧ [əndŭgu]《‡》*n.* マチン科マチン属の中型の木（種は薬用）→ 薬 (*Kitt.*) [Ka. D151]

ಅಂದುಗೆ ⟦aṃduge アンドゥゲ⟧ [ənduge] ಅಂದಿಗೆ《口》*n.* 足首につける装身具（一般）[Sk. *aṃduka-*]

ಅಂದೇಶ ⟦aṃdēśa アンデーシャ⟧ [əndeːʃɐ] *n.* 心配、懸念 [Pe. *ande:ša*]

ಅಂಧ ⟦aṃdʰa アンダ⟧ [əndʰɐ]《文》*m.*《*f.* ಅಂಧೆ (aṃdʰe)》目の不自由な人 —*n.* 闇 [Sk.]

ಅಂಧಕ ⟦aṃdʰaka アンダカ⟧ [əndʰəkɐ]《文》*m.*《*f.* ಅಂಧಕಿ (aṃdʰaki)》目の不自由な人 —*n.* 闇 [Sk.]

ಅಂಧಕಾರ ⟦aṃdʰakāra アンダカーラ⟧ [əndʰəkɐːrɐ]《文》*n.* 闇 [Sk.]

ಅಂಧಶ್ರದ್ಧೆ ⟦aṃdʰaśraddʰe アンダシュラッデ⟧ [əndʰəʃrəddʰe] *n.* **1** 盲信 **2** 迷信 [Sk.]

ಅಂಪಕ ⟦aṃpaka アンパカ⟧ [əmpəkɐ]《‡》*n.* **1** 送別 **2** 歓送会、送別会 [Ka. D329/←Te.?]

ಅಂಪು ⟦aṃpu アンプ⟧ [əmpu]《古》*n.* [Ka. *D96] ☞ಅಣ್ಪು (aṇpu)

ಅಂಬ ⟦aṃba アンバ⟧ [əmbɐ]《文》*f.* 母、母親 [Ka. D183, cf. Sk. *ambā-*]

ಅಂಬಕ ⟦aṃbaka アンバカ⟧ [əmbəkɐ]《文》*n.* 目 [Sk.]

ಅಂಬಕಳ ⟦aṃbakaḷa アンバカラ⟧ [əmbəkəɭɐ] ಅಂಬಳಕ《古》*n.* ヨーグルト入りの黍粥 [Ka. D174]

ಅಂಬಗಾಲು ⟦aṃbagālu アンバガール⟧ [əmbə̥gɐːlu]《‡》*n.* [Ka. D180] ☞ಅಂಬೆಗಾಲು (aṃbegālu)

ಅಂಬಗ ⟦aṃbaga アンバガ⟧ [əmbə̆gɐ]《‡》*m.*《*f.* *ಅಂಬಗಿತ್ತಿ (aṃbagitti)》舟人、船頭 (*Kitt.*) [Ka. D177]

ಅಂಬರ ⟦aṃbara アンバラ⟧ [əmbərɐ]《文》*n.* **1** 布、衣服 **2** 空 [Sk.]

ಅಂಬರಗಮನ ⟦aṃbaragamana アンバラガマナ⟧ [əmbərəgəmənɐ]《文》*n.* 空の旅 [Sk.]

ಅಂಬರಗಮನೆ ⟦aṃbaragamane アンバラガマネ⟧ [əmbərəgəməne]《文》*f.* 天に住む様々な女性の半神 [Sk.]

ಅಂಬಲ[1] ⟦aṃbala アンバラ⟧ [əmbə̆lɐ]《文》*n.* **1** 公的な問題が議論される屋根付きの開かれた場所 **2** 家や寺院の前にある前庭 [Ka. D173]

ಅಂಬಲ[2] ⟦aṃbala アンバラ⟧ [əmbə̆lɐ]《古》*n.* 米のとぎ汁、米を洗った水 [Ka. D174]

ಅಂಬಲಿ ⟦aṃbali アンバリ⟧ [əmbə̆li] ಅಂಬಲ, ಅಂಬಿಲ, ಅಂಬಿಲೆ *n.* ヨーグルト入りの黍粥 [Ka. D174]

ಅಂಬಷ್ಠ ⟦aṃbaṣṭʰa アンバシュタ⟧ [əmbəʂʈʰɐ]《文》*m.* 象使い [Sk. *aṃbaṣṭʰa*]

ಅಂಬಳಕ ⟦aṃbaḷaka アンバラカ⟧ [əmbəɭəkɐ]《古》*n.* ヨーグルト入りの黍粥 [< *aṃbakaḷa* *D174] = ಅಂಬಕಳ (aṃbakaḷa)

ಅಂಬಾ ⟦aṃbā アンバー⟧ [əmbɐː] *intrj.* [Ka. onom. D175] ☞ಅಂಬೇ (aṃbē)

ಅಂಬಾರಿ ⟦aṃbāri アンバーリ⟧ [əmbɐːri] *n.* 象の背中に乗せる天蓋付きの座席 [Ar.-Pe. *ʿamārī*]

ಅಂಬಾರುಣ್ಣಿ ⟦aṃbāruṇṇi アンバールンニ⟧ [əmbɐːruɳɳi]《‡》*n.* 枯れ木に住む虫の一種 (*C.* (*Kitt.*)) [Ka. D176]

ಅಂಬಾರೆ ⟦aṃbāre アンバーレ⟧ [əmbɐːre]《‡》*n.* 枯れ木に住む虫の一種 (*C.* (*Kitt.*)) [Ka. D176]

ಅಂಬಾಳು ⟦aṃbāḷu アンバール⟧ [əmbɐːɭu]《方》*vi.* 這う (*Coorg.*) [Ka. D180]

ಅಂಬಿ ⟦aṃbi アンビ⟧ [əmbi]《古》*n.* 小舟 [Ka. D177]

ಅಂಬಿಕೆ ⟦aṃbike アンビケ⟧ [əmbike] *f.* パールヴァティー女神 [Sk.]

ಅಂಬಿಗ ⟦aṃbiga アンビガ⟧ [əmbigɐ] *m.*《*f.* ಅಂಬಿಗಿತಿ (aṃbigiti)》舟人、船頭 (*Kitt.*) [Ka. D177]

ಅಂಬಿಗಾರ ⟦aṃbigāra アンビガーラ⟧ [əmbigɐːrɐ] *m.*《*f.* ಅಂಬಿಗಿತ್ತಿ (aṃbigitti)》舟人、船頭 (*Kitt.*) [Ka. D177]

ಅಂಬಿಗಿತ್ತಿ ⟦aṃbigitti アンビギッティ⟧ [əmbigitti] *f.* 舟人の妻、女性の舟人 [Ka. D177]

ಅಂಬಿಲ ⟦aṃbila アンビラ⟧ [əmbilɐ] 《希》 n. 1 ヨーグルト入りの黍粥 2 米のとぎ汁、米を洗った水 [Ka. D174]

ಅಂಬಿಲೆ ⟦aṃbile アンビレ⟧ [əmbile] 《希》 n. ヨーグルト入りの黍粥 [Ka. *D174]

ಅಂಬು ⟦aṃbu アンブ⟧ [əmbu] 《文》 n. 矢 [Ka. D178] = ಬಾಣ (bāṇa)

ಅಂಬುಗ ⟦aṃbuga アンブガ⟧ [əmbugɐ] 《‡》 m. 《f. *ಅಂಬುಗಿತ್ತಿ (aṃbugitti)》 舟人、船頭 [Ka. D177] = ನಾವಿಕ (nāvika)

ಅಂಬುಗಾಲು ⟦aṃbugālu アンブガール⟧ [əmbugɐːlu] 《‡》 n. [Ka. D180] ☞ಅಂಬೆಗಾಲು (aṃbegālu)

ಅಂಬುಜ ⟦aṃbuja アンブジャ⟧ [əmbudʒɐ] 《文》 n. 蓮、蓮の花、ハス科の諸植物およびその花 [Sk.]

ಅಂಬುದ ⟦aṃbuda アンブダ⟧ [əmbudɐ] 《文》 n. 雲 [Sk.]

ಅಂಬುಧರ ⟦aṃbudʰara アンブダラ⟧ [əmbudʰərɐ] 《文》 n. 雲 [Sk.]

ಅಂಬುಧಿ ⟦aṃbudʰi アンブディ⟧ [əmbudʰi] 《文》 n. 海、大洋 [Sk.]

ಅಂಬುಲಿ ⟦aṃbuli アンブリ⟧ [əmbuli] 《‡》 n. [Ka. D174] (My. (Kitt.)) ☞ಅಂಬಲಿ (aṃbali)

ಅಂಬೆ[1] ⟦aṃbe アンベ⟧ [əmbe] intrj. [Ka. onom. *D175] ☞ಅಂಬೇ (aṃbē)

ಅಂಬೆ[2] ⟦aṃbe アンベ⟧ [əmbe] f. 母、母親 [Ka. D183, cf. Sk. ambā- D574]

ಅಂಬೆಗಾಲು ⟦aṃbegālu アンベガール⟧ [əmbegɐːlu] ಅಂಬೆಗಾಲ್, ಅಂಬೇಗಾಲು n. 1 (這うために)両手両足を地につけた姿勢、四つんばい 2 這うこと、匍匐 [Ka. D180]

ಅಂಬೆಗಾಲಿಕ್ಕು ⟦aṃbegālikku アンベガーリック⟧ [əmbegɐːlikku] vi. 這う、匍匐する [+ *ikku*]

ಅಂಬೆಗಾಲಿಡು ⟦aṃbegāliḍu アンベガーリドゥ⟧ [əmbegɐːliḍu] vi. 這う、匍匐する [+ *iḍu*]

ಅಂಬೆರ್ಪು ⟦aṃberpu アンベルプ⟧ [əmberpu] 《方》 n. 急ぎ (Hav.) [Ka. D172]

ಅಂಬೇ ⟦aṃbē アンベー⟧ [əmbeː] ಅಂಬಾ, ಅಂಬೆ intrj. もー(牛の鳴き声を表す擬音語) [Ka. onom. D175]

ಅಂಬೇಗಾಲು ⟦aṃbēgālu アンベーガール⟧ [əmbeːgɐːlu] n. [Ka. *D180] ☞ಅಂಬೆಗಾಲು (aṃbegālu)

ಅಂಬ್ಯಾ ⟦aṃbyā アンビャー⟧ [əmbjɐː/ambæː] n. [Ka. onom. *D175] ☞ಅಂಬೇ (aṃbē)

ಅಂಭೋಜ ⟦aṃbʰōja アンボージャ⟧ [əmbʰoːdʒɐ] 《文》 n. 蓮、蓮の花 [Sk.]

ಅಂಭೋದ ⟦aṃbʰōda アンボーダ⟧ [əmbʰoːdɐ] 《文》 n. 雲 [Sk.]

ಅಂಭೋರುಹ ⟦aṃbʰōruha アンボールハ⟧ [əmbʰoːruhɐ] 《文》 n. 蓮、蓮の花 [Sk.]

ಅಂಶ ⟦aṃśa アンシャ⟧ [əmʃɐ] n. 1 部分、一部 2 分子 [Sk.]

ಅಂಹಾ ⟦aṃhā アンハー⟧ [əmmʰɐː] 《‡》 intrj. [Ka. onom. D175] ☞ಅಂಬೇ (aṃbē)

ಅಃ ⟦aḥ アッ⟧ [əhə] 《異》 intrj. 1 ああ(驚きや感嘆を表す間投詞) (Šmd.394 (Kitt.)) 2 ふん(軽蔑や無関心を表す間投詞) (My. (Kitt.)) = ಅಹ (aha) 〔汎〕 [Ka. D332]

ಅಕಚೆ ⟦akace アカチェ⟧ [əkə̆ʧe] 《‡》 n. [Ka. D5] (My. (Kitt.)) ☞ಅಗಸೆ (agase)[2]

ಅಕಟ ⟦akaṭa アカタ⟧ [əkəʈɐ] 《文》 intrj. [Ka. A1] ☞ಅಕ್ಕಟ (akkaṭa)

ಅಕಟಕಟ ⟦akaṭakaṭa アカタカタ⟧ [əkəʈəkəʈɐ] 《‡》 intrj. [A1] (Ršv.13,98 (Kitt.)) ☞ಅಕ್ಕಟ (akkaṭa)

ಅಕಟಕಟಾ ⟦akaṭakaṭā アカタカター⟧ [əkəʈəkəʈɐː] 《‡》 intrj. [Ka. A1] (Bp.46,59 (Kitt.)) ☞ಅಕ್ಕಟ (akkaṭa)

ಅಕಟಾ ⟦akaṭā アカター⟧ [əkə̆ʈɐː] 《文》 intrj. [Ka. A1] ☞ಅಕ್ಕಟ (akkaṭa)

ಅಕರಾಸ್ತೆ ⟦akarāste アカラーステ⟧ [əkə̆rɐːste] n. 愛、愛情 [Ka. *akkare* + *āste*]

ಅಕರುಣ ⟦akaruṇa アカルナ⟧ [əkəruɳɐ] 《文》 adj. むごい、無情な —n. 無情、苛酷 [Sk.]

ಅಕರ್ಣ ⟦akarṇa アカルナ⟧ [əkəruɳɐ] 《文》 adj. 耳のない —n. 《古》 蛇 [Sk.]

ಅಕರ್ಮ ⟦akarma アカルマ⟧ [əkərmɐ] 《文》 adj. 仕事のない、怠け者の —n. 1 仕事がないこと、活動しないこと 2 悪行、罪深い行い [Sk.]

ಅಕರ್ಮಕ ⟦akarmaka アカルマカ⟧ [əkərməkɐ] 《文》 adj. 〔言〕 自動詞の [Sk.]

ಅಕರ್ಮಕ ಕ್ರಿಯೆ ⟦akarmaka kriye アカルマカクリエ⟧ [əkərmə̆kə krije] 《文》 n. 〔言〕 自動詞 [Sk.]

ಅಕರ್ಮಿ ⟦akarmi アカルミ⟧ [əkərmi] 《文》 mf. 悪事をなす者、下劣なことをする人、悪人 [Sk.]

ಅಕಲಂಕ ⟦akalaṃka アカランカ⟧ [əkələŋkɐ] ಅಕಳಂಕ 《文》 adj. 1 汚れのない、清潔な 2 〔喩〕 潔白な、清廉な [Sk.]

ಅಕಲಾಯ ⟦akalāya アカラーヤ⟧ [əkəlɐːjɐ] 《‡》 《古》 (n.) 努力しない〈こと〉、難なくする〈こと〉 (KPN) [?]

ಅಕಸಾಲೆ ⟦akasāle アカサーレ⟧ [əkə̆sɐːle] 《古》 m. 《f. *ಅಕ್ಕಸಾಲಿತಿ (*akkasāliti)》 [Sk. *akṣaśālin-*?] = ಅಕ್ಕಸಾಲೆ (akkasāle)

ಅಕಸಾಲಿಗ ⟦akasāliga アカサーリガ⟧ [əkə̆sɐːlĭgɐ] m. 《f. ಅಕಸಾಲಗಿತ್ತಿ (akasālagitti)》 [*akkasāle* + *-iga*] = ಅಕ್ಕಸಾಲಿಗ (akkasāliga)

ಅಕಸ್ಮಾತ್ ⟦akasmāt アカスマート⟧ [əkəsmɐːt] adv. 1 急に、突然、不意に 2 偶然、たまたま ¶ ಅಕಸ್ಮಾತಾಗಿ ನೀವು ಫೇಲಾದರೆ ನನ್ನ ಹತ್ತಿರ ಬನ್ನಿ. (akasmātāgi nīvu pʰēlādare nanna hattira banni.) 万一試験に落ちたら僕のところに来てください。 [Sk.] = ಅಪ್ಪಿತಪ್ಪಿ (appitappi)

ಅಕಸ್ಮಾತ್ತು ⟦akasmāttu アカスマーットゥ⟧ [əkəsmɐːttu] 《文》 adv. [Sk.] ☞ಅಕಸ್ಮಾತ್ (akasmāt)

ಅಕಳ ⟦akaḷa アカラ⟧ [əkŏɭɐ] 《‡》 *n.*《*redup.*》こちょこちょ（くすぐる時に発する言葉）(*Kitt.*) [Ka. D2274]

ಅಕಳಚಕಳ ⟦akaḷacakaḷa アカラチャカラ⟧ [əkŏɭəʧəkŏɭɐ] *n.* こちょこちょ（くすぐる時に発する言葉）(*My.* (*Kitt.*)) [Ka. D2274]

ಅಕಳಸಕಳ ⟦akaḷasakaḷa アカラサカラ⟧ [əkŏɭəsəkŏɭɐ] *n.* こちょこちょ（くすぐる時に発する言葉）(*My.* (*Kitt.*)) [Ka. D2274]

ಅಕಳಂಕ ⟦akaḷaṃka アカランカ⟧ [əkəɭəŋkɐ] 《文》 *adj.* [Sk.] ☞ಅಕಲಂಕ (akalaṃka)

ಅಕಾರ ⟦akāra アカーラ⟧ [əkɐ:rɐ] *n.* カンナダその他のインド系文字体系で音素 /a/ を表す文字 [Sk.]

ಅಕಾರಣ ⟦akāraṇa アカーラナ⟧ [əkɐ:rəɳɐ] (*n.*) 理由のない〈こと〉[Sk.]

ಅಕಾರಣವಾಗಿ ⟦akāraṇavāgi アカーラナヴァーギ⟧ [əkɐ:rəɳəvɐ:gi] *adv.* 理由なく

ಅಕಾಲ ⟦akāla アカーラ⟧ [əkɐ:lɐ] (*adj.*) **1** 時をえない〈こと〉、(援助などが) 時期を逸した〈こと〉 **2** 時ならぬ、季節はずれの **3** 早すぎた (死など) [Sk.]

ಅಕಾಲಮರಣ ⟦akālamaraṇa アカーラマラナ⟧ [əkɐ:ləmərəɳɐ] *n.* 早すぎた死 [Sk.]

ಅಕಾಲವರ್ಷ ⟦akālavarṣa アカーラヴァルシャ⟧ [əkɐ:ləvərʂɐ] 《文》 *n.* 季節はずれの雨 [Sk.] = ಅಕಾಲವೃಷ್ಟಿ (akālavṛṣṭi)

ಅಕಾಲವೃಷ್ಟಿ ⟦akālavṛṣṭi アカーラヴルシュティ⟧ [əkɐ:ləvrɯʂʈi] 《文》 *n.* 季節はずれの雨 [Sk.] = ಅಕಾಲವರ್ಷ (akālavarṣa)

ಅಕಾಲಿಕ ⟦akālika アカーリカ⟧ [əkɐ:likɐ] 《文》 *adj.* **1** 季節はずれの **2** 不時の、尚早の、早すぎた (死など) [Sk.]

ಅಕಾಲೀನ ⟦akālīna アカーリーナ⟧ [əkɐ:li:nɐ] 《文》 *adj.* [Sk.] ☞ಅಕಾಲಿಕ (akālika)

ಅಕಿಂಚನ ⟦akiṃcana アキンチャナ⟧ [əkiɲʧənɐ] 《文》 *adj.*, *m.*《*f.* ಅಕಿಂಚನಳು (akiṃcanaḷu)》非常に貧しい〈人〉、一文なし〈の人〉、困窮した〈人 [Sk.]

ಅಕುಟಿಲ ⟦akuṭila アクティラ⟧ [əkuʈilɐ] 《文》 *adj.* まっすぐな (気性など)、率直な、正直な [Sk.]

ಅಕೃತ್ಯ ⟦akṛtya アクルティャ⟧ [əkrɯt̪ʲjɐ/əkrut̪ʲjɐ] 《文》 *adj.* してはならない、よこしまな、悪い **—*n.*** 悪行、悪業 [Sk.]

ಅಕೊ ⟦ako アコ⟧ [əko:] *intrj.* 見ろ、ほら (物を指し示すために用いる言葉) ¶ ಅಕೊ ನವಿಲು! (ako navilu!) ほら孔雀だ。 [Ka. *ade* + *koḷ* D1]

ಅಕ್ಕ ⟦akka アッカ⟧ [əkkɐ] *f.*《*gen.* ಅಕ್ಕನ (akkana) *pl.* ಅಕ್ಕಂದಿರು (akkaṃdiru)》 **1** 姉 **2** おねえさん (従姉妹など親類で年上の女性に話しかけたり言及したりする時に用いる言葉) **3** ねえさん (通常年上の女性に敬愛の念をもって話しかけたり言及したりする時に用いる言葉) **4** おねえちゃん (年上の人が小さな女の子に愛情を持って呼びかける言葉) [Ka. D23]

ಅಕ್ಕಜ[1] ⟦akkaja アッカジャ⟧ [əkkŏʤɐ] 《文》 *n.* 驚き、驚嘆 [Ka. D20] ☞ಅಱ್ಕಜ1 (aṟkaja1)

ಅಕ್ಕಜ[2] ⟦akkaja アッカジャ⟧ [əkkŏʤɐ] 《文》 *n.* 嫉妬 [Ka. D276] ☞ಅಱ್ಕಜ (aṟkaja)[2]

ಅಕ್ಕದ ⟦akkada アッカダ⟧ [əkkŏdɐ] 《文》 *n.* 驚き、びっくり (すること)、不思議 [Ka. *D20] ☞ಅಱ್ಕಜ (aṟkaja)[1]

ಅಕ್ಕಟ ⟦akkaṭa アッカタ⟧ [əkkŏʈɐ] ಅಕಟ, ಅಕಟಾ, ಅಕ್ಕಟಾ 《文》 *intrj.* **1** ああ、おお (悲しみや驚きを表す間投詞) **2** あれまあ、おやまあ、大変 (驚きを表す間投詞) [Ka. A1] = ಅಯ್ಯೋ (ayyō)〔汎〕

ಅಕ್ಕಟಕಟ ⟦akkaṭakaṭa アッカタカタ⟧ [əkkŏʈəkəʈɐ] 《‡》 *intrj.* あれまあ、おやまあ、大変 (驚きを表す間投詞) (*Bp.13,24* (*Kitt.*)) [A1] ☞= ಅಯ್ಯೋ (ayyō)〔汎〕

ಅಕ್ಕಟಕಟಾ ⟦akkaṭakaṭā アッカタカター⟧ [əkkŏʈəkəʈɐ:] 《‡》 *intrj.* [A1] (*Bp.48,9* (*Kitt.*)) ☞ಅಕ್ಕಟ (akkaṭa)

ಅಕ್ಕಟಾ ⟦akkaṭā アッカター⟧ [əkkŏʈɐ:] 《文》 *intrj.* [?] ☞ಅಕ್ಕಟ (akkaṭa)

ಅಕ್ಕಡ ⟦akkaḍa アッカダ⟧ [əkkŏɖɐ] ಅಕ್ಖಡ, ಅಖಾಡಾ *n.* 闘技場、リング [H. *akʰāṛā* < Sk. *akṣavāṭa-* T39]

ಅಕ್ಕಮೆ ⟦akkame アッカメ⟧ [əkkəme] 《古》 *n.* 不消化、消化不良 [Ka. D284, *D316(b)] ☞ಅಱ್ಕಮೆ (aṟkame)[2]

ಅಕ್ಕರ್ ⟦akkar アッカル⟧ [əkkər] 《古》 *n.* [Ka. *D281] ☞ಅಕ್ಕರೆ (akkare)

ಅಕ್ಕರ[1] ⟦akkara アッカラ⟧ [əkkŏrɐ] *n.* 愛、愛情 [Ka. *D281]

ಅಕ್ಕರ[2] ⟦akkara アッカラ⟧ [əkkŏrɐ] 《文》 *n.* 文字 [Sk. *akṣara-*] = ಅಕ್ಷರ (akṣara)

ಅಕ್ಕರಿಗ ⟦akkariga アッカリガ⟧ [əkkərĭgɐ] 《文》 *m.*《*f.* ಅಕ್ಕರಿಗಳು (akkarigaḷu)》読み書きのできる人 [*akkara* + *-iga*] = ಅಕ್ಷರಜ್ಞ (akṣarajña)

ಅಕ್ಕರು ⟦akkaru アッカル⟧ [əkkŏru] 《古》 *n.* [Ka. *D281] ☞ಅಕ್ಕರೆ (akkare)

ಅಕ್ಕರೆ ⟦akkare アッカレ⟧ [əkkŏre] ಅಕ್ಕರ್, ಅಕ್ಕರ[1], ಅಕ್ಕರು, ಅಕ್ಕಱ್, ಅಕ್ಕಱ, ಅಕ್ಕಱು, ಅಕ್ಕಱೆ, ಅರ್ಕಱು, ಅಳ್ಕರು, ಅಳ್ಕರೆ, ಅಳ್ಕಱು, ಅಱ್ಕಱ್, ಅಱ್ಕಱು *n.* 愛、愛情 ¶ ಮಕ್ಕಳ ಮೇಲೆ ನೆಹರುವಿಗೆ ಅಕ್ಕರೆಯಿತ್ತು. (makkaḷa mēle neharuvige akkareyittu.) ネールは国民を愛した。 [Ka. *D281]

ಅಕ್ಕಱ್ ⟦akkaṟ アッカル⟧ [əkkər̠] 《古》 *n.* [Ka. *D281] ☞ಅಕ್ಕರೆ (akkare)

ಅಕ್ಕಱ ⟦akkaṟa アッカラ⟧ [əkkŏr̠ɐ] 《古》 *n.* 愛、愛情 [Ka. D281] ☞ಅಕ್ಕಱ (akkaṟa)

ಅಕ್ಕಱು ⟦akkaṟu アッカル⟧ [əkkŏr̠u] 《古》 *n.* [Ka. D281] ☞ಅಕ್ಕರೆ (akkare)

ಅಕ್ಕಱೆ ⟦akkaṟe アッカレ⟧ [əkkər̠e] 《古》 *n.* [Ka. D21, D281] ☞ಅಕ್ಕರೆ (akkare)

ಅಕ್ಕಲು ⟦akkalu アッカル⟧ [əkkŏlu] *n.* 知力、弁別力 ¶ ದೇವಿಗೆ ದುಡ್ಡು ಕೊಟ್ಟಿಯಾ? ನಿನಗೆ ಅಕ್ಕಲಿಲ್ಲ. (dēvige duḍḍu koṭṭiyā? ninage akkalilla.) デーヴィに金を渡したのか。馬鹿だなあ。 [Ar. *aql*]

ಅಕ್ಕಸ¹ ⟦akkasa アッカサ⟧ [əkkə̆sɐ] 《古》 *n.* 哀れみ、同情 [Ka. D281]

ಅಕ್ಕಸ² ⟦akkasa アッカサ⟧ [əkkə̆sɐ] 《古》 *n.* 怒り [? cf. Sk. *ākrōśa-*]

ಅಕ್ಕಸಾಲ ⟦akkasāla アッカサーラ⟧ [əkkə̆sɐːlɐ] *m.* 《*f.* ಅಕ್ಕಸಾಲಿತಿ (akkasāliti)》金細工師、銀細工師 [Sk. *arkaśālā-*?] = ಅಕ್ಕಸಾಲಿಗ (akkasāliga)

ಅಕ್ಕಸಾಲಿ ⟦akkasāli アッカサーリ⟧ [əkkə̆sɐːli] 《古》 *m.* 《*f.* ಅಕ್ಕಸಾಲಿತಿ (akkasāliti)》 [Sk. *akṣaśālin-*?] ☞ಅಕ್ಕಸಾಲೆ (akkasāle)

ಅಕ್ಕಸಾಲಿಗ ⟦akkasāliga アッカサーリガ⟧ [əkkə̆sɐːlĭgɐ] *m.* 《*f.* ಅಕ್ಕಸಾಲಗಿತಿ/–ಗಿತ್ತಿ (akkasālagiti/–gitti)》金細工師、銀細工師 [*akkasāle* + *-iga*] = ಅಕ್ಕಸಾಲ (akkasāla)

ಅಕ್ಕಸಾಲೆ ⟦akkasāle アッカサーレ⟧ [əkkə̆sɐːle] ಅಕಸಾಲೆ, ಅಕ್ಕಸಾಲಿ, ಅಗಸಾಲೆ, ಅರ್ಕಸಾಲೆ —*m.* 《*f.* ಅಕ್ಕಸಾಲಿತಿ (akkasāliti)》金細工師、銀細工師 = ಅಕ್ಕಸಾಲಿಗ (akkasāliga) [Sk. *akṣaśālin-*?]

ಅಕ್ಕಳಿಕೆ¹ ⟦akkaḷike アッカリケ⟧ [əkkəɭĭke] *n.* しゃっくり [Ka. D774] ☞ಅಕ್ಕುಳಿಕೆ (akkuḷike)

ಅಕ್ಕಳಿಕೆ² ⟦akkaḷike アッカリケ⟧ [əkkəɭĭke] *n.* くすぐること (*My.* (*Kitt.*)) [Ka. 2274]

ಅಕ್ಕಳಿಸು¹ ⟦akkaḷisu アッカリス⟧ [əkkə̆ɭisu] *vi.* [Ka. D774] ☞ಅಕ್ಕುಳಿಸು (akkuḷisu)²

ಅಕ್ಕಳಿಸು² ⟦akkaḷisu アッカリス⟧ [əkkə̆ɭisu] 《‡》 *vt.* 〈水を〉振りまく (*My.* (*Kitt.*)) [Ka. D3008] = ಸಿಂಪಡಿಸು (siṃpaḍisu)〔汎〕

ಅಕ್ಕಳೆ ⟦akkaḷe アッカレ⟧ [əkkə̆ɭe] 《方》 *n.* ゴキブリ (*CK*) [Ka. D22] = ಜಿರಳೆ (jiraḷe)

ಅಕ್ಕಿ ⟦akki アッキ⟧ [əkki] *n.* (精米した)米 [Ka. D215]

ಅಕ್ಕಿಸು ⟦akkisu アッキス⟧ [əkkisu] 《古》 *vt.* 消化する [Ka. *aṛku* D284 + *isu*] ☞*aṛkisu*

ಅಕ್ಕು ⟦akku アック⟧ [əkku] 《古》 *vt.* 抑制する、押さえつける [Ka. D63]

ಅಕ್ಕುಡಿಸು ⟦akkuḍisu アックディス⟧ [əkkuɖisu] 《古》 *vi.* 小さくなる、縮小する [Ka. D252]

ಅಕ್ಕುಳಿಕೆ ⟦akkuḷike アックリケ⟧ [əkkuɭĭke] ಅಕ್ಕಳಿಕೆ¹ *n.* しゃっくり [Ka. D774]

ಅಕ್ಕುಳಿಸು¹ ⟦akkuḷisu アックリス⟧ [əkkŭɭisu] *vi.* おそれて尻込みする [Ka. D25]

ಅಕ್ಕುಳಿಸು² ⟦akkuḷisu アックリス⟧ [əkkŭɭisu] *vi.* しゃっくりする [Ka. D774]

ಅಕ್ಕೆ ⟦akke アッケ⟧ [əkke] 《古》 *n.* 泣くこと [Ka. D282] ☞ಅಱ್ಕೆ (aṛke)³

ಅಕ್ಖಡ ⟦akkʰaḍa アッカダ⟧ [əkkʰə̆ɖɐ] *n.* [Sk. *akṣavāṭa-*] ☞ಅಕ್ಕಡ (akkaḍa)

ಅಕ್ಟೋಬರ್ ⟦akṭōbar アクトーバル⟧ [əkʈoːbər] *n.* 10月 [Eg. *October*]

ಅಕ್ರಮ ⟦akrama アクラマ⟧ [əkˑrəmɐ] *adj.* 規則に反した、違法の —*n.* 違法または規則に違反した行為 [Sk.]

ಅಕ್ರಮಪ್ರವೇಶ ⟦akramapravēśa アクラマプラヴェーシャ⟧ [əkˑrəməprəveːʃɐ] *n.* 不法侵入 [Sk.]

ಅಕ್ಷ¹ ⟦akṣa アクシャ⟧ [əkʂɐ] *n.* **1** 回転軸 **2** 車軸 **3** 地軸、地球の回転軸 **4** 車 **5** 車輪 [Sk.]

ಅಕ್ಷ² ⟦akṣa アクシャ⟧ [əkʂɐ] *n.* **1** さいころ **2** 双六に使う駒 = ಪಗಡೆಕಾಯಿ (pagaḍekāyi) **3** 博打 [Sk.]

ಅಕ್ಷತ ⟦akṣata アクシャタ⟧ [əkʂətɐ] *adj.* **1** 丸のままの、割られていない；無傷の **2** (娘が)性体験のない —*n.* **1** 割れた米粒の混じらない生米(儀式に用いる) **2** ウコンの粉とサフランなどの赤い粉で色づけした生米(慶事の儀式に用いる) **3** 額の中央につける丸いしるし(聖灰を混ぜた米の粉を原料とする) [Sk.]

ಅಕ್ಷತೆ ⟦akṣate アクシャテ⟧ [əkʂəte] *n.* **1** 胚芽を残した生米(儀式に用いる) **2** ウコンの粉とサフランなどの赤い粉で色づけした生米(慶事の儀式に用いる) **3** 額の中央につける丸いしるし(聖灰を混ぜた米の粉を原料とする) —*f.* 《古》 処女、生娘 [Sk.]

ಅಕ್ಷಮ ⟦akṣama アクシャマ⟧ [əkʂəmɐ] 《文》 *adj., m.* 《*f.* ಅಕ್ಷಮೆ (akṣame)》能力のない〈人〉、無能な〈人〉 [Sk.]

ಅಕ್ಷಮ್ಯ ⟦akṣamya アクシャミャ⟧ [əkʂəmˑjɐ] 《文》 *adj.* 許すことができない [Sk.]

ಅಕ್ಷಯ ⟦akṣaya アクシャヤ⟧ [əkʂəjɐ] 《文》 *adj.* **1** 腐ることのない、不朽の、不滅の **2** 尽きることのない —*n.* 木星の60年周期の暦の最後の年の名前 [Sk.]

ಅಕ್ಷರ ⟦akṣara アクシャラ⟧ [əkʂərɐ] *n.* **1** 文字 **2** 音節 [Sk.]

ಅಕ್ಷರಜ್ಞ ⟦akṣarajña アクシャラジュニャ⟧ [əkʂərəʤɲɐ/əkʂərəgnɐ] 《文》 *adj., mf.* 《*f.* ಅಕ್ಷರಜ್ಞೆ (akṣarajñe)》 **1** 読み書きのできる〈人〉 **2** 学者〈の〉、学のある〈人〉 [Sk.] = ವಿದ್ಯಾವಂತ (vidyāvaṃta)

ಅಕ್ಷರಮಾಲೆ ⟦akṣaramāle アクシャラマーレ⟧ [əkʂərəmɐːle] *n.* 五十音図、アルファベット、ある特定の言語に用いられる文字の表 [Sk.]

ಅಕ್ಷರಶಃ ⟦akṣaraśaḥ アクシャラシャッ⟧ [əkʂərəʃəhɐ] *adv.* **1** 一字ごとに **2** 逐語的に、文字どおりに [Sk.]

ಅಕ್ಷರಶತ್ರು ⟦akṣaraśatru アクシャラシャトル⟧ [əkʂərəʃətˑru] 《文》 *mf.* 教育嫌い [Sk.]

ಅಕ್ಷರಸ್ಥ ⟦akṣarastʰa アクシャラスタ⟧ [əkʂərəstʰɐ] *adj., m.* 《*f.* ಅಕ್ಷರಸ್ಥೆ (akṣarastʰe)》読み書きのできる〈人〉 [Sk.] = ಓದಿದವನು (ōdidavanu)〔口〕

ಅಕ್ಷರೇಖೆ ⟦akṣarēkʰe アクシャレーケ⟧ [əkʂəreːkʰe] *n.* 緯度を表す線 [Sk.]

ಅಕ್ಷವಿದ್ಯೆ ⟦akṣavidye アクシャヴィディェ⟧ [əkʂəvidˑje] *n.* 賭博術 [Sk.]

ಅಕ್ಷಾಂಶ ⟦akṣāṃśa アクシャーンシャ⟧ [əkʂɐːmʃɐ] 《文》 *n.* 緯度 [Sk.]

ಅಕ್ಷಿ ⟦akṣi アクシ⟧ [əkʂi] 《文》 n. 目 [Sk.] = ಕಣ್ಣು (kaṇṇu) 〔口〕

ಅಕ್ಷುಣ್ಣ ⟦akṣuṇṇa アクシュンナ⟧ [əkʂuɳɳɐ] 《文》 adj. 1 踏みつぶされない 2 押さえることができない、制御不能な ¶ ಪೊಲೀಸರಿಗೂ ಮೀರಿದ ಅಕ್ಷುಣ್ಣ ಅಪರಾಧ ಆ ಪಟ್ಟಣದಲ್ಲಿ ನಡೆಯುತ್ತಿದೆ. (polīsarigū mīrida akṣuṇṇa aparādʰa ā paṭṭaṇadalli naḍeyuttide.) あの町では警察の手に余るほどの制御不能な犯罪が進行中である。 [Sk.]

ಅಕ್ಷೂಣ ⟦akṣūṇa アクシューナ⟧ [əkʂuːɳɐ] 《古》 adj. [Sk. akṣuṇṇa-] ☞ಅಕ್ಷುಣ್ಣ (akṣuṇṇa)

ಅಕ್ಷೋಹಿಣಿ ⟦akṣōhiṇi アクショーヒニ⟧ [əkʂoːhiɳi] 《文》 n. 21頭の象、21台の戦車、65頭の馬、109人の歩兵からなる軍隊 [Sk.]

ಅಕ್ಷೌಹಿಣಿ ⟦akṣauhiṇi アクシャウヒニ⟧ [əkʂəuhiɳi] 《文》 n. [Sk.] ☞ಅಕ್ಷೋಹಿಣಿ (akṣōhiṇi)

ಅಖ್ ⟦akʰ アク⟧ [əkʰ] 《‡》 intrj. ふん（軽蔑や無関心を表す間投詞）(My. (Kitt.)) [Ka. D332]

ಅಖಂಡ ⟦akʰaṃḍa アカンダ⟧ [əkʰəɳɖɐ] adj. 1 割れていない、そっくりそのままの 2 全部の、全体の [Sk.]

ಅಖಾಡಾ ⟦akʰāḍā アカーダー⟧ [əkʰɐːɖɐː] n. 闘技場、リング [←H. akʰāṛā < Sk. akṣavāṭa- T39] = ಅಕ್ಕಡ (akkaḍa)

ಅಖಿಲ ⟦akʰila アキラ⟧ [əkʰilɐ] 《文》 adj. 全部の、全体の、すべての [Sk.] = ಇಡೀ (iḍī)

ಅಗಚಾಟಲು ⟦agacāṭalu アガチャータル⟧ [əgəʧɐːʈəlu] n. いたずら [←Te.? D2]

ಅಗಚಾಟ್ಲು ⟦agacāṭlu アガチャートル⟧ [əgəʧɐːʈlu] 《口》 n. いたずら [←Te.? D2] = ಅಗಚಾಟಲು (agacāṭalu)

ಅಗಚಾಟಲೆ ⟦agacāṭale アガチャータレ⟧ [əgəʧɐːʈəle] n. [←Te.? D2] (R. (Kitt.)) ☞ಅಗಚಾಟಲು (agacāṭalu)

ಅಗಚಾಟು ⟦agacāṭu アガチャートゥ⟧ [əgəʧɐːʈu] n. [←Te.? D2] = ಅಗಚಾಟಲು (agacāṭalu)

ಅಗಚಾಟ್ಲೆ ⟦agacāṭle アガチャートレ⟧ [əgəʧɐːʈle] 《口》 n. [←Te.? D2] (R. (Kitt.)) ☞ಅಗಚಾಟಲು (agacāṭalu)

ಅಗಚು[1] ⟦agacu アガチュ⟧ [əgə̆ʧu] 《‡》 vt. 1 くっつける、接合する；押さえつける、強く押す (My. (Kitt.)) 2 〈本などを〉腕に抱きかかえる (My. (Kitt.)) [Ka. D2]

ಅಗಚು[2] ⟦agacu アガチュ⟧ [əgə̆ʧu] 《古》 vt. 広げる [Ka. < agalcu D8]

ಅಗಚೆ ⟦agace アガチェ⟧ [əgə̆ʧe] 《‡》 n. シロゴチョウ（赤や白の花が咲くマメ科植物）⇀ 食・薬 [Ka. D5] ☞ಅಗಸೆ (agase) = Sk. agasti- *[IMP 5.116]

ಅಗಡು ⟦agaḍu アガドゥ⟧ [əgə̆ɖu] (n.) 言うことをきかない〈こと〉、反抗的な〈こと〉 [Ka. D4]

ಅಗಣಿ ⟦agaṇi アガニ⟧ [əgə̆ɳi] n. かんぬき (My. (Kitt.)) [Pk. aggala-, Sk. argala-, A9, T629] ☞ಅಗಳಿ (agaḷi)

ಅಗಣಿತ ⟦agaṇita アガニタ⟧ [əgəɳitɐ] 《文》 adj. 無数の、数え切れない [Sk.]

ಅಗಣ್ಯ ⟦agaṇya アガニャ⟧ [əgəɳ·jɐ] 《文》 adj. 無数の、数え切れない [Sk.]

ಅಗತುಕೊಳ್ಳು ⟦agatukoḷḷu アガトゥコッル⟧ [əgə̆tukoɭɭu] vt. 1 飛びついてつかまえる、くらいつく 2 （建物などが）崩壊する ¶ ಕಟ್ಟಡ ಕಟ್ಟುತ್ತಿರುವಂತೆ ಅಗತುಕೊಂಡಿತು. (kaṭṭaḍa kaṭṭuttiruvaṃte agatukoṃḍitu.) その建物は建築中に崩壊した。 [Ka. agurtukoḷḷu]

ಅಗತೆ ⟦agate アガテ⟧ [əgə̆te] n. 1 掘ること 2 （城の周囲の）堀 [Ka. agaṛ + -te]

ಅಗತ್ಯ ⟦agatya アガティャ⟧ [əgət·jɐ] (n.) 1 必要〈な〉、無くてはならない〈こと〉 ¶ ನಮಗೆ ದಿನವೂ ಎರಡು ಕೆ. ಜಿ. ಅಕ್ಕಿ ಅಗತ್ಯವಾಗಿದೆ. (namage dinavū eraḍu ke. ji. akki agatyavāgide.) 我々には毎日2キロの米が必要だ。 2 必然〈の〉、不可避〈の〉¶ ನಮಗೆ ಮರಣ ಅಗತ್ಯವಾಗಿದೆ. (namage maraṇa agatyavāgide.) 我々に死は不可避である。 ◇ adj. ಅಗತ್ಯದ, ಅಗತ್ಯವಾದ (agatyada, agatyavāda) [Sk. agatya-/avaśya-?]

ಅಗಪೆ ⟦agape アガペ⟧ [əgə̆pe] 《古》 n. ココナツの殻や木材で作った杓 [Ka. D6] ☞ಆಪೆ (āpe)

ಅಗರಿ ⟦agari アガリ⟧ [əgə̆ri] 《古》 n. [? cf. Pk. aggala-, Sk. argala-, *A9, T629, M50] ☞ಅಗಳಿ (agaḷi)

ಅಗರು[1] ⟦agaru アガル⟧ [əgə̆ru] n. ふけ [Ka. D42]

ಅಗರು[2] ⟦agaru アガル⟧ [əgə̆ru] n. 沈香、伽羅 ⇀ 香 [Sk. T49 ←Dr. D13] = ಅಗಿಲು (agilu) *[IMP 1.172]

ಅಗರ್ತೆ ⟦agarte アガルテ⟧ [əgərte] 《古》 n. （城の周囲の）堀 (Hlā.107-27) [Ka. agaṛ + -te]

ಅಗಲ್[1] ⟦agal アガル⟧ [əgəl] 《古》 vi. 1 去る、遠ざかる 2 広がる [Ka. D8]

ಅಗಲ್[2] ⟦agal アガル⟧ [əgəl] 《方》 n. 食事用の金属の皿 (Hav.) [Ka. D9]

ಅಗಲ್[3] ⟦agal アガル⟧ [əgəl] 《古》 vi. 《過去語幹 agald-》 1 去る 2 大きくなる、広くなる [Ka. D14]

ಅಗಲ ⟦agala アガラ⟧ [əgə̥lɐ] n. 1 幅（見る側の視点に立った場合） 2 長方形の物体の短い方の辺の長さ（見る側の視点を考慮に入れない場合） 3 広がり ¶ ಈ ತೋಟದ ಅಗಲ ಎಷ್ಟು? (ī tōṭada agala eṣṭu?) この果樹園の面積はどのくらいですか —(n.) 1 幅が広い〈こと〉 2 広い〈こと〉、広大な〈こと〉 [Ka. D8]

ಅಗಲಿಕೆ ⟦agalike アガリケ⟧ [əgə̥lĭke] ಅಗಲ್ಕೆ n. 1 （道路などの）拡張 2 （夫婦や親子の）別離、別居 [Ka. agalu[1] D8 + -ike]

ಅಗಲಿಚು ⟦agalicu アガリチュ⟧ [əgəliʧu] 《古》 vt. 取り除く、除去する [Ka. D8]

ಅಗಲ್ಚು ⟦agalcu アガルチュ⟧ [əgəlʧu] ಅಗಚು, ಅಗಲಿಚು 《古》 vt. 1 取り除く、除去する 2 広げる —n. 分離、別離 [Ka. D8]

ಅಗಲು[1] ⟦agalu アガル⟧ [əgə̥lu] ಅಗಲ್ vi. （群れから）離れる、（愛人、家、党などから）遠ざかる [Ka. D8]
ಅಗಲಿಸು ⟦agalisu アガリス⟧ [əgə̥lĭsu] vt. 1 （道路や門を）広げる、拡張する 2 （夫婦や親子を）ひき

離す、別れさせる **3** (結び目などを)ゆるめる [+ *-isu*]

ಅಗಲು[2] ⟦agalu アガル⟧ [əg̥ə̆lu] 《古》 *n.* **1** 金属性の食事を盛る皿 **2** 食事 [Ka. D9]

ಅಗಲು[3] ⟦agalu アガル⟧ [əg̥ə̆lu] *n.* 幅、広がり [Ka. D8] ☞ಅಗಲ (agala)

ಅಗಲ್ಕೆ ⟦agalke アガルケ⟧ [əg̥ə̆lke] 《古》 *n.* 分離 [Ka. *agalu*[1] D8 + *-ike*] ☞ಅಗಲಿಕೆ (agalike)

ಅಗಲ್ಚು ⟦agalcu アガルチュ⟧ [əgəlʧu] ಅಗಚು, ಅಗಲಿಚು 《古》 *vt.* **1** 取り除く、除去する **2** 広げる **—***n.* 分離、別離 [Ka. *D8]

ಅಗಲ್ತೆ ⟦agalte アガルテ⟧ [əg̥ə̆lte] 《‡》 *n.* 濠、掘割 (DEDR) [Ka. D11]

ಅಗಸ ⟦agasa アガサ⟧ [əg̥ə̆sɐ] ಅಗಸಿಗ, ಅಸಗ *m.* 洗濯人、洗濯屋 [Ka. D36]

ಅಗಸಗಿತ್ತಿ ⟦agasagitti アガサギッティ⟧ [əg̥ə̆səgitti] 《方》 *f.* 洗濯女、洗濯屋の妻 [*agasa* + *-gitti*]

ಅಗಸಾಲ ⟦agasāla アガサーラ⟧ [əg̥ə̆sɐːlɐ] 《方》 *m.* ⟪*f.* ಅಗಸಾಲಿತಿ (agasāliti)⟫ [Sk. *akṣaśālā-*?] ☞ಅಕ್ಕಸಾಲ (akka-sāla)

ಅಗಸಾಲಿಗ ⟦agasāliga アガサーリガ⟧ [əg̥ə̆sɐːlĭgɐ] 《方》 *m.* ⟪*f.* ಅಗಸಾಲಗಿತ್ತಿ (agasālagitti)⟫ ☞ಅಕ್ಕಸಾಲ (akkasāla)

ಅಗಸಾಲೆ ⟦agasāle アガサーレ⟧ [əg̥ə̆sɐːle] 《口》 *m.* [Sk. *akṣaśālā-*?] ☞ಅಕ್ಕಸಾಲೆ (akkasāle)

ಅಗಸಿಗ ⟦agasiga アガシガ⟧ [əgəsĭgɐ] *m.* ⟪*f.* ಅಗಸಗಿತ್ತಿ (agasagitti)⟫ 洗濯人、洗濯屋 [Ka. *agasa* D36 + *-iga*]

ಅಗಸೆ[1] ⟦agase アガセ⟧ [əg̥ə̆se] *n.* 亜麻(実から亜麻仁油をとる) ⇀ 油 [Ka. D3]

ಅಗಸೆ[2] ⟦agase アガセ⟧ [əg̥ə̆se] ಅಗಚೆ *n.* 紅色や白色の大きな花が咲くマメ科の木の名 ⇀ 食・薬 [Ka. D5, cf. Sk. *agasti-*] = ಅಗಸಿ (agasi) (*NK*) *[IMP 1.116]

ಅಗಸೆ[3] ⟦agase アガセ⟧ [əg̥ə̆se] ಅಗುಸೆ *n.* 町や村や城の正門 = ಅಗಸಿ, ಹೆಬ್ಬಾಗಿಲು (agasi, hebbāgilu) (*NK*)

ಅಗಸ್ಟ್ ⟦agasṭ アガスト⟧ [əgəsʈ] *n.* 8月 [Eg. *August*]

ಅಗಳಂತಿ ⟦agaḷaṃti アガランティ⟧ [əg̥ə̆ḷənti] 《‡》 *n.* 濠、掘割 (*Sander*) [Ka. *D11] ☞ಅಗಳ (agaḷa)

ಅಗಳತೆ ⟦agaḷate アガラテ⟧ [əg̥əḷə̆te] ಅಗತೆ, ಅಗರ್ತೆ, ಅಗ-ಳಂತಿ, ಅಗಳ್ತೆ, ಅಗುಳಂತಿ *n.* 濠、掘割 [Ka. *D11] ☞ಅಗಳು (agaḷu)

ಅಗಳಿ ⟦agaḷi アガリ⟧ [əg̥ə̆ḷi] ಅಗಣಿ, ಅಗರಿ, ಅಗಱಿ, ಅಗಿಣಿ, ಅಗುಣಿ, ಅಗುಳಿ, ಅಗುಳಿ, ಅಗ್ಗಳಿ, ಅಗ್ಗಱಿ, ಅಗ್ಗಱಿಕೆ *n.* かんぬき [? cf. *A9, *T629]

ಅಗಳು[1] ⟦agaḷu アガル⟧ [əg̥ə̆ḷu] *n.* 米粒 [Ka. D270] ☞ಅಗುಳು (aguḷu)

ಅಗಳು[2] ⟦agaḷu アガル⟧ [əg̥ə̆ḷu] *n.* (城の周りの)堀 [Ka. *D11]

ಅಗಳ್ತೆ ⟦agaḷte アガルテ⟧ [əg̥ə̆ḷte] *n.* (城の周りの)堀 [Ka. *D11] = ಅಗಳು (agaḷu)

ಅಗಱ್ ⟦agaṟ アガル⟧ [əgəɻ] 《古》 *n.* 掘ること [Ka. D11] ☞ಅಗುಱ್ (aguṟ)

ಅಗಱತ ⟦agaṟata アガラタ⟧ [əg̥əɻətɐ] ಅಗಱತೆ 《‡》 *n.* **1** 掘ること **2** 濠、掘割 (*S.Mhr.* (*Kitt.*)) = ಅಗಳು (agaḷu) 〔現〕 [Ka. D11]

ಅಗಱತೆ ⟦agaṟate アガラテ⟧ [əg̥əɻəte] 《‡》 *n.* [Ka. D11] (*My.* (*Kitt.*)) ☞ಅಗಱತ (agaṟata)

ಅಗಱಿ ⟦agaṟi アガリ⟧ [əgəɻi] 《古》 *n.* [Pk. *aggala-*, Sk. *argala-*, A9, T629] ☞ಅಗ್ಗಱಿ (aggaṟi)

ಅಗಱ್ತೆ ⟦agaṟte アガルテ⟧ [əg̥əɻte] 《古》 *n.* **1** 掘ること **2** 濠、掘割 **3** (城の周りの)堀 = ಅಗಳು (agaḷu) 〔現〕 [Ka. D11]

ಅಗಾಧ ⟦agādʰa アガーダ⟧ [əgɐːdʰɐ] 《文》 *adj.* **1** 深い、底なしの、深さを測りしれない **2** 〔喩〕実行不能な ¶ ಈ ಕೆಲಸ ಅಗಾಧವಾಗಿದೆ. (ī kelasa agādʰavāgide.) この作業は不可能だ。 **—***n.* 《古》 穴 (*Hal. 103.2*) [Sk.]

ಅಗಿ[1] ⟦agi アギ⟧ [agi] 《口》 *vt.* (地面を)掘る、(地面に)穴を掘る (*NK*) [Ka. D11] ☞ಅಗೆ (age)[2]

ಅಗಿ[2] ⟦agi アギ⟧ [agi] 《古》 *vi.* 恐れおののく、震える [Ka. D12]

ಅಗಿ[3] ⟦agi アギ⟧ [agi] 《口》 *n.* 苗 [Ka. D15] (*NK*) ☞ಅಗೆ (age) = ಸಸಿ (sasi)

ಅಗಿ[4] ⟦agi アギ⟧ [agi] *vt.* 噛む、咀嚼する [Ka. D2265] = ಜಗಿ (jagi)

ಅಗಿಣಿ ⟦agiṇi アギニ⟧ [əgĭɳi] 《古》 *n.* かんぬき [Pk. *aggala-*, Sk. *argala-*, *A9, *T629] ☞ಅಗಳಿ (agaḷi)

ಅಗಿಲು ⟦agilu アギル⟧ [əgilu] 《古》 *n.* ジンコウ(ジンチョウゲ科ジンコウ属) ⇀ 香 [Ka. D13] = ಅಗರು (agaru)[2]

ಅಗಿಸೆ ⟦agise アギセ⟧ [əgise] 《‡》 *n.* [Ka. D5] (*My.* (*Kitt.*))

ಅಗು ⟦agu アグ⟧ [əgu] 《異》 *vi.* **1** 生じる、生まれる **2** 行われる、通用している、世の習いである **3** (あるものに)なる、変わる、など [Ka. D333] ☞ಆಗು (āgu)

ಅಗುಂತಿ ⟦aguṃti アグンティ⟧ [əgunti] 《古》 *n.* **1** 多数、多量 **2** 広大、壮大 (*Pb.1.139V*) [Ka. D8]

ಅಗುಂದಲೆ ⟦aguṃdale アグンダレ⟧ [əgundə̆le] 《古》 *n.* **1** 豊富 **2** 大きさ、広大、壮大 [Ka. D8]

ಅಗುಚು ⟦agucu アグチュ⟧ [əgŭʧu] 《‡》 *vt.* **1** くっつける、接合する；押さえつける、強く押す (*My.* (*Kitt.*)) **2** 〈本などを〉腕に抱きかかえる (*My.* (*Kitt.*)) [Ka. D2]

ಅಗುಣಿ ⟦aguṇi アグニ⟧ [əgŭɳi] 《古》 *n.* かんぬき [? cf. Pk. *aggala-*, Sk. *argala-*, *A9, *T629, M50] ☞ಅಗಳಿ (agaḷi)

ಅಗುರ್ ⟦agur アグル⟧ [əgur] 《古》 *vi.* **1** 勇猛さを示す **2** 増大する、大きくなる [Ka. *D12]

ಅಗುರ್ಬು ⟦agurbu アグルブ⟧ [əgurbu] 《古》 *n.* [Ka. *agur* + *-vu* D12] ☞ಅಗುರ್ವು (agurvu) 1, 2, 3

ಅಗುರ್ವಿಸು ⟦agurvisu アグルヴィス⟧ [əgurvisu] 《古》 *vt.* **1** 脅かす、怖がらせる **2** 増大させる、増やす **—***vi.* **1** 恐れる **2** 増える、増す [Ka. *agurvu* + *-isu* D12]

ಅಗುರ್ವು ⟦agurvu アグルヴ⟧ [əgurvu] ಅಗುರ್ಬು 《古》 *n.* 1 恐れ、恐ろしい姿 2 勇猛、剛勇 3 豊富、潤沢 4 驚き、驚嘆 [Ka. *agur* D12 + *-vu*]

ಅಗುಲು ⟦agulu アグル⟧ [əgulu] 《‡》 *vi.* (木釘などが)ゆるむ (*DEDR*) [Ka. D14]

ಅಗುಸು ⟦agusu アグス⟧ [əgusu] 《‡》 *vt.* しっかり押さえつける、監禁する、しっかりつかむ (*My.* (*Kitt.*)) [Ka. D2] = ಅಗುಚು (agucu)

ಅಗುಸೆ ⟦aguse アグセ⟧ [əgŭse] *n.* 町や村や城の大きな門 [?] ☞ಅಗಸೆ (agase)[3]

ಅಗುಳಂತಿ ⟦aguḷaṃti アグランティ⟧ [əgŭḷənti] 《古》 *n.* (城の周りの)堀 [Ka. *D11] ☞ಅಗಳ (agaḷa)

ಅಗುಳಿ ⟦aguḷi アグリ⟧ [əgŭḷi] 《古》 *n.* かんぬき [D9, cf. Pk. *aggala-*, Sk. *argala-*, *T629, M.50] ☞ಅಗಳಿ (agaḷi)

ಅಗುಳು ⟦aguḷu アグル⟧ [agŭḷu] *n.* 1 飯粒 2 一つまみの飯 ¶ ರೋಗಿ ಒಂದು ಅಗುಳೂ ತಿಂದಿಲ್ಲ. (rōgi oṃdu aguḷū tiṃdilla.) 病人はまったくご飯を口にしなかった。 [Ka. D270]

ಅಗುೞ್[1] ⟦aguṟ アグル⟧ [aguɻ] ಅಗಳ್, ಅಗಳು, ಅಗೞ್, ಅಗುಂಟರು 《古》 *vt.* 掘る [Ka. D11]

ಅಗುೞ್[2] ⟦aguṟ アグル⟧ [aguɻ] ಅಗುಳ್, ಅಗುಳು 《古》 *vi.* 水の中に沈む、水に飛び込む [Ka. D167]

ಅಗುೞಿ ⟦aguṟi アグリ⟧ [əgŭɻi] 《古》 *n.* かんぬき [Pk. *aggala-*, Sk. *argala-*, A9, T629] ☞ಅಗಳಿ (agaḷi)

ಅಗುೞ್ಚು ⟦aguṟcu アグルチュ⟧ [aguɻʧu] 《古》 *vt.* 水の中に沈める、水に浸ける [Ka. *aguṟ* D167 + *-cu*]

ಅಗೆ[1] ⟦age アゲ⟧ [əge] *vt.* (地面を)掘る、(地面に)穴を掘る [Ka. D11] = ಹಡ್ಡು (haḍḍu) (NK.)

ಅಗೆ[2] ⟦age アゲ⟧ [əge] *vt.* 木や草の根から出た若芽、実生、芽 [Ka. D15] ☞ಅಗಿ (agi)[4]

–ಅಗೆ ⟦-age -アゲ⟧ [əge] *suf.* 名詞や準名詞から副詞を作る接尾辞、例えば、ಕಮ್ಮು (kammu) 「芳香」 + –ಅಗೆ (-age) = ಕಮ್ಮಗೆ (kammage) 「芳しく、幸せに」 [Ø]

ಅಗೆತ ⟦ageta アゲタ⟧ [əgĕtɐ] *n.* 掘ること [Ka. *age* + *-ta*]

ಅಗೊ ⟦ago アゴ⟧ [əgo:] ಅಗೋ, ಅದುಗೋ, ಅದೋ *intrj.* それ、見ろ、ごらんなさい(比較的遠いものを指す)¶ ಅಗೊ, ಅಕ್ಕ ಬರುತ್ತಿದ್ದಾರೆ. (ago, akka baruttiddāre.) ほら、ねえさんがやってくる。 [Ka. *adu* D1 + *koḷ*]

ಅಗೋ ⟦agō アゴー⟧ [əgo:] *intrj.* [Ka. D1] ☞ಅಗೊ (ago)

ಅಗೋಚರ ⟦agōcara アゴーチャラ⟧ [əgo:ʧərɐ] 《文》 (*n.*) 目に入っていない〈こと〉、見えない〈こと〉 [Sk.]

ಅಗೌರವ ⟦agaurava アガゥラヴァ⟧ [əgəurəvɐ] *n.* 無礼、失礼 [Sk.]

ಅಗ್ಗ[1] ⟦agga アッガ⟧ [əggɐ] 《口》 *n.* 縄 [Pk. *paggaha-* < Sk. *pragrahá-* A2, T8478] (*SK*) ☞ಹಗ್ಗ (hagga) 〔汎〕

ಅಗ್ಗ[2] ⟦agga アッガ⟧ [əggɐ] *n.* 価格、値段 —(*n.*) 安価〈な〉、安い〈こと〉= ಸೋವಿ (sōvi) ◇ *adj.* —ದ (da), —ವಾದ (vāda) [Sk. *argha-*]

ಅಗ್ಗಡ ⟦aggaḍa アッガダ⟧ [əggəḍɐ] 《古》 (*n.*) 1 多数〈の〉、多量〈の〉 2 優れた〈こと〉、優秀〈な〉 [Pk. *aggala-* 「沢山」 A4] ☞ಅಗ್ಗಳ (aggaḷa)

ಅಗ್ಗರಣೆ[1] ⟦aggaraṇe アッガラネ⟧ [əggərəɳe] 《古》 *n.* 縄、綱 [Sk. *pragrahaṇa-* A2, *T8478] ☞ಹಗ್ಗ (hagga)

ಅಗ್ಗರಣೆ[2] ⟦aggaraṇe アッガラネ⟧ [əggərəɳe] *n.* 油で炒めたタマネギと香辛料で野菜料理に味つけをすること [A17] = ಒಗ್ಗರಣೆ (oggaraṇe)

ಅಗ್ಗಲ ⟦aggala アッガラ⟧ [əggəlɐ] 《古》 (*n.*) —*n.* ☞ಅಗ್ಗಳ (aggaḷa) [Pk. *aggala-* 「沢山」 A4]

ಅಗ್ಗಲಿಸು ⟦aggalisu アッガリス⟧ [əggəlisu] 《古》 *vi.* 1 秀でる 2 増す、増大する —*vt.* 1 増やす、増大させる 2 (称号などで)栄誉を与える [Sk. A4]

ಅಗ್ಗಳ ⟦aggaḷa アッガラ⟧ [əggəḷɐ] ಅಗ್ಗಡ, ಅಗ್ಗಲ, ಅಗ್ಗಳೆ, ಅಗ್ಗ್ಗಳ 《古》 (*n.*) 優秀〈な〉、卓越〈した〉 —*n.* 優秀、卓越、偉大さ [Pk. *aggala-* 「沢山」 A4]

ಅಗ್ಗಳಿ ⟦aggaḷi アッガリ⟧ [əgəḷi] ಅಗ್ಗಳಿ *n.* かんぬき [Ka. *A9, *T629, M50] ☞ಅಗಳಿ (agaḷi)

ಅಗ್ಗಳಿಕೆ ⟦aggaḷike アッガリケ⟧ [əggəḷĭke] 《古》 *n.* 優秀、偉大さ [*aggaḷa* A4 + *-ike*]

ಅಗ್ಗಳಿಸು ⟦aggaḷisu アッガリス⟧ [əggəḷĭsu] ಅಗ್ಗಲಿಸು 《古》 *vi.* 1 秀でる 2 増す、増大する —*vt.* 1 増やす、増大させる 2 (称号などで)栄誉を与える [*aggaḷa* A4, T68 + *-isu*]

ಅಗ್ಗಳೆ ⟦aggaḷe アッガレ⟧ [əggəḷe] 《古》 (*n.*) 1 多数〈の〉、多量〈の〉 2 優れた〈こと〉、優秀〈な〉 [A4] = ಅಗ್ಗಳ (aggaḷa)

ಅಗ್ಗಳೆಯ ⟦aggaḷeya アッガレヤ⟧ [əggəḷejɐ] 《古》 *m.* 偉大な人 [*aggaḷe* + *-a*]

ಅಗ್ಗೞಿ ⟦aggaṟi アッガリ⟧ [əggəɻi] ಅಗಣಿ, ಅಗರಿ, ಅಗಳಿ, ಅಗೞಿ, ಅಗಿಣಿ, ಅಗುಣಿ, ಅಗುಳಿ, ಅಗುೞಿ 《古》 *n.* (扉の)かんぬき [Sk. *argala-*. A9, T629] ☞ಅಗಳಿ (agaḷi) 〔汎〕

ಅಗ್ಗೞಿಕೆ ⟦aggaṟike アッガリケ⟧ [əggəɻike] 《古》 *n.* (扉の)かんぬき [Sk. *argala-*. A9, T629] ☞ಅಗಳಿ (agaḷi) 〔汎〕

ಅಗ್ಗಿ ⟦aggi アッギ⟧ [əggi] 《古》 *n.* 火、炎 [Sk. *agni-*]

ಅಗ್ಗಿಷ್ಟಗೆ ⟦aggiṣṭage アッギシュタゲ⟧ [əggiʂʈəge] *n.* 十能として用いられる鉄の鉢や土製の甕のかけら [Sk. *agni* + Sk. *iṣṭakā-*]

ಅಗ್ಗಿಷ್ಟಿಕೆ ⟦aggiṣṭike アッギシュティケ⟧ [əggiʂʈĭke] *n.* [Sk. *agni* + *iṣṭikā-*] ☞ಅಗ್ಗಿಷ್ಟಗೆ (aggiṣṭage)

ಅಗ್ಗು ⟦aggu アッグ⟧ [əggu] 《古》 *vi.* 1 朽ち果てる、滅びる;死ぬ 2 崩れ落ちる、減る [Ka. < *aṟugu* D284]

ಅಗ್ನಿ ⟦agni アグニ⟧ [əgni] 《文》 *n.* 火 = ಬೆಂಕಿ (beṃki) 〔汎〕 —*m.* 火神アグニ [Sk.]

ಅಗ್ನಿದಿವ್ಯ ⟦agnidivya アグニディヴィャ⟧ [əgnidivˑjɐ] 《文》 *n.* 火に飛び込んでも無事であることによって無罪を証明すること [Sk.]

ಅಗ್ನಿಪರ್ವತ ⟦agniparvata アグニパルヴァタ⟧ [əgnipərvətɐ] *n.* 火山 [Sk.]

ಅಗ್ನಿಭಕ್ಷಕ ⟦agnibʰakṣaka アグニバクシャカ⟧ [əgnibʰəkṣəkɐ] 《文》 *m.* 《*f.* ಅಗ್ನಿಭಕ್ಷಕಿ (agnibʰakṣaki)》(手品などで)火を食べる人 [Sk.]

ಅಗ್ನಿನಿಯಂತ್ರಣ ⟦agniniyaṃtraṇa アグニニヤントラナ⟧ [əgninijəntrəɳɐ] 《文》 *n.* 消防 [Sk.]

ಅಗ್ನಿನಿಯಂತ್ರಣಾಧಿಕಾರಿ ⟦agniniyaṃtraṇādʰikāri アグニニヤントラナーディカーリ⟧ [əgninijəntrəɳɐːdʰikɐːri] 《文》 *mf.* 消防局長 [Sk.]

ಅಗ್ನಿಶಾಮಕ ⟦agniśāmaka アグニシャーマカ⟧ [əgniʃɐːməkɐ] 《文》 *adj.* 消防の、火を消す [Sk.]

ಅಗ್ನಿಶಾಮಕದಳ ⟦agniśāmakadaḷa アグニシャーマカダラ⟧ [əgniʃɐːməkədəlɐ] 《文》 *n.* 消防隊 [Sk.]

ಅಗ್ರ[1] ⟦agra アグラ⟧ [əgrɐ] *n.* 口にできるできもの [Ka. A3, T62]

ಅಗ್ರ[2] ⟦agra アグラ⟧ [əgrɐ] 《文》 *n.* **1** 頂上、一番上 **2** 一番前 **—***adj.* **1** 一番上の、一番高い **2** 一番前の **3** 一番優秀な [Sk.]

ಅಗ್ರಗಣ್ಯ ⟦agragaṇya アグラガニャ⟧ [əgrəgəɳˑjɐ] 《文》 *adj.*, *m.* 《*f.* ಅಗ್ರಗಣ್ಯಳು (agragaṇyaḷu)》卓越した、優秀な、主だった〈人〉 [Sk.]

ಅಗ್ರಜ ⟦agraja アグラジャ⟧ [əgrəʤɐ] 《文》 *n.* 兄 [Sk.]

ಅಗ್ರಪೂಜೆ ⟦agrapūje アグラプージェ⟧ [əgˑrəpuːʤe] 《文》 *n.* 祭式を始める前に一家の最長老を称えること [Sk.]

ಅಗ್ರಸ್ಥಾನ ⟦agrastʰāna アグラスターナ⟧ [əgˑrəstʰɐːnɐ] 《文》 *n.* **1** (試験、スポーツなどの)首席、一位 **2** (社会で)一番高い地位 [Sk.]

ಅಗ್ರಾಸನ ⟦agrāsana アグラーサナ⟧ [əgrɐːsənɐ] 《文》 *n.* **1** 一番上位の席 **2** 議長の席 [Sk.]

ಅಗ್ರೇಸರ ⟦agrēsara アグレーサラ⟧ [əgreːsərɐ] *m.* 《*f.* ಅಗ್ರೇಸರೆ (agrēsare)》(学問などある部門で)最も優れた人、先駆者、第一人者 ¶ ಅವನು ವೀರರಲ್ಲೆ ಅಗ್ರೇಸರ. (avanu vīraralle agrēsara.) 彼は英雄のなかの英雄だ。 [Sk.]

ಅಘ ⟦agʰa アガ⟧ [əgʰɐ] 《文》 *n.* 罪、悪行 [Sk.]

ಅಚಲ ⟦acala アチャラ⟧ [əʧəlɐ] 《文》 *adj.* 不動の、揺るぎなき **—***n.* **1** 山、山岳 **2** 大地 [Sk.]

ಅಚಾತುರ್ಯ ⟦acāturya アチャートゥリヤ⟧ [əʧɐːturˑjɐ] 《文》 (*n.*) (技術不足や不運による)失策〈の〉、へま〈の〉、しくじり〈の〉 [Sk.]

ಅಚಾನಕ ⟦acānaka アチャーナカ⟧ [əʧɐːnəkɐ] 《文》 *adj.* 不意の、急な、突然の [Sk.]

ಅಚಿಂತ್ಯ ⟦aciṃtya アチンティャ⟧ [əʧinˑtjɐ] 《文》 *adj.* 想像の埒外にある、考えつかない、思いつかない [Sk.]

ಅಚಿರ ⟦acira アチラ⟧ [əʧirɐ] 《文》 *n.* 束の間の、はかない [Sk.]

ಅಚೇತನ ⟦acētana アチェータナ⟧ [əʧeːtənɐ] 《文》 *adj.*, *mf.*, (*n.*) **1** 意識をもたない〈こと〉 **2** 生命のない〈こと〉、無生物〈の〉 **3** 感覚のない〈こと〉、知覚がない〈こと〉 [Sk.]

ಅಚ್ಚ ⟦acca アッチャ⟧ [əʧʧɐ] *adj.* 純粋の、混ぜ物がない [Sk. accʰa-]

ಅಚ್ಚಕನ್ನಡ ⟦accakannaḍa アッチャカンナダ⟧ [əʧʧəkənnəɖɐ] *n.* (借用語のない)純粋のカンナダ語 [Ka. *acca* + *kannaḍa*]

ಅಚ್ಚಗನ್ನಡ ⟦accagannaḍa アッチャガンナダ⟧ [əʧʧəgənnəɖɐ] *n.* [*acca* + *kannaḍa*] ☞ಅಚ್ಚಕನ್ನಡ (accakannaḍa)

ಅಚ್ಚನ ⟦accana アッチャナ⟧ [ərʧʧənɐ] 《古》 *n.* [Sk.] ☞ಅರ್ಚನ (arcana)

ಅಚ್ಚನೆ ⟦accane アッチャネ⟧ [ərʧʧəne] 《古》 *n.* [Sk.] ☞ಅರ್ಚನ (arcana)

ಅಚ್ಚರಸಿ ⟦accarasi アッチャラシ⟧ [əʧʧərəsi] ಅಚ್ಚರಸೆ, ಅಚ್ಚರಿ, ಅಚ್ಚರಿಸಿ, ಅಚ್ಚರೆ 《文》 *f.* 天界の踊り子、アプサラス、飛天 [Sk. *apsaras-*]

ಅಚ್ಚರಸೆ ⟦accarase アッチャラセ⟧ [əʧʧərəse] 《文》 *f.* [Sk. *apsaras-*] ☞ಅಚ್ಚರಸಿ (accarasi)

ಅಚ್ಚರಿ[1] ⟦accari アッチャリ⟧ [əccəri] *n.* 不思議、驚き **—***vt.* 驚かす、びっくりさせる [Sk. *āścarya-*]

ಅಚ್ಚರಿ[2] ⟦accari アッチャリ⟧ [əccəri] 《古》 *n.* [Sk. *apsaras-*] ☞ಅಚ್ಚರಿಸಿ (accarisi)

ಅಚ್ಚಿ ⟦acci アッチ⟧ [əʧʧi] 《‡》 *f.* **1** 母、母親 **2** ケーララの女性 [Ka. D50] (*My. Prv.* (*Kitt.*))

ಅಚ್ಚಿಕೆ ⟦accike アッチケ⟧ [əʧʧike] 《方》 *n.* 不当な小作料などを払うこと (*SK*) [Ka. D216]

ಅಚ್ಚಿ ⟦acci アッチ⟧ [aʧʧi] 《古》 *n.* 目 [Sk. *akṣi-*]

ಅಚ್ಚಿಸು ⟦accisu アッチス⟧ [əʧʧisu] *vt.* 礼拝する [Sk. arc-]

ಅಚ್ಚು[1] ⟦accu アッチュ⟧ [əʧʧu] 《方》 *vt.* 〈野菜を〉きざむ (*Tipt. DEDR*) [Ka. 46]

ಅಚ್ಚು[2] ⟦accu アッチュ⟧ [əʧʧu] *n.* **1** 判で押した印影、印刷したもの **2** 印刷 **3** 判子、印章、(繊維製品などの印刷に使う)版 [Ka. D47]

ಅಚ್ಚಿಡು ⟦acciḍu アッチドゥ⟧ [əʧʧiɖu] *vt.* **1** 印刷する **2** 出版する [+ *iḍu*]

ಅಚ್ಚುಹಾಕು ⟦accuhāku アッチュハーク⟧ [əʧʧuhɐːku] *vt.* **1** 印刷する **2** 出版する [+ *hāku*]

ಅಚ್ಚು[3] ⟦accu アッチュ⟧ [əʧʧu] *n.* (織機の)おさ (*DEDR*) [Ka. D48]

ಅಚ್ಚು[4] ⟦accu アッチュ⟧ [əʧʧu] *n.* 車軸 [Sk. *akṣi*]

ಅಚ್ಚು[5] ⟦accu アッチュ⟧ [əʧʧu] *n.* **1** さいころ **2** 博打 [Sk. *akṣa-*]

ಅಚ್ಚು[6] ⟦accu アッチュ⟧ [əʧʧu] 《文》 *n.* 母音 [Sk. *ac-*]

ಅಚ್ಚು[7] ⟦accu アッチュ⟧ [əʧʧu] *n.* **1** 愛、愛情 **2** 愛するもの

ಅಚ್ಚು[8] ⟦accu アッチュ⟧ [əʧʧu] 《‡》 *n.* 不当に支払う (*Sanderson*) [Ka. D216]

ಅಚ್ಚುಕಟ್ಟು ⟦accukaṭṭu アッチュカットゥ⟧ [əʧʧukəʈʈu] ಅಚ್ಚುಗಟ್ಟು *n.* 整頓された状態、片付いた状態 ¶ ಮನೆಯನ್ನು ಅಚ್ಚುಕಟ್ಟಾಗಿಡಬೇಕು. (maneyannu accukaṭṭāgiḍabēku.) 家は整頓しておかねばならない。 [Ka. *accu?* + *kaṭṭu*]

ಅಚ್ಚುಕೂಟ ⟦accukūṭa アッチュクータ⟧ [əʧʧukuːʈɐ] *n.* 印刷所 [Ka. *accu* + *kūṭa*] = ಮುದ್ರಣಾಲಯ (mudraṇālaya) 〔汎〕

ಅಚ್ಚುಗಟ್ಟು ⟦accugaṭṭu アッチュガットゥ⟧ [əʧʧugəʈʈu] *n.* ☞ಅಚ್ಚುಕಟ್ಟು (accukaṭṭu)

ಅಚ್ಚುಪಡಿ ⟦accupaḍi アッチュパディ⟧ [əʧʧupəɖi] *n.* 写し、コピー、複写 [*accu* + *paḍi*]

ಅಚ್ಚುಮೆಚ್ಚು ⟦accumeccu アッチュメッチュ⟧ [əʧʧumeʧʧu] (*n.*) 親密〈な〉、深く愛しあっている〈こと〉 —*n.* 親密、深い愛情 [*accu*[7] + *meccu*]

ಅಚ್ಚುಮೊಳೆ ⟦accumoḷe アッチュモレ⟧ [əʧʧu] *n.* 活字 [*accu*[2] + *moḷe*]

ಅಚ್ಚುಳ[1] ⟦accuḷa アッチュラ⟧ [əʧʧŭɭɐ] 《文》 *n.* 1 革製品またはそれを作る仕事 2 馬の鞍の製造 [?]

ಅಚ್ಚುಳ[2] ⟦accuḷa アッチュラ⟧ [əʧʧŭɭɐ] 《文》 *n.* 親密、友情 [Ka. *accu*[7] + *-ḷa*]

ಅಚ್ಚುಳಾಯ್ತ ⟦acculāyta アッチュラーイタ⟧ [əʧʧuɭɐːĭtɐ] 《文》 *m.* 《*f.* ಅಚ್ಚುಳಾಯಿತಳು (acculāyitaḷu)》 1 従者、僕(しもべ) 2 馬丁 [Ka. *accuḷa* + *āyata*]

ಅಚ್ಚೊತ್ತು ⟦accottu アッチョットゥ⟧ [əʧʧottu] *vi.* 版を押す [Ka. *accu*[2] + *ottu*]

ಅಚ್ಛಿದ್ರ ⟦accʰidra アッチドラ⟧ [aʧʧʰid·rɐ] 《文》 *adj.* 1 壊れていない、ひびが入っていない 2 欠陥のない、欠点がない [Sk.]

ಅಚ್ಛಿನ್ನ ⟦accʰinna アッチンナ⟧ [əʧʧʰinnɐ] 《文》 *adj.* 1 壊れていない、傷ついていない 2 分断されていない、切り放すことができない [Sk.]

ಅಚ್ಚೋದ ⟦accōda アッチョーダ⟧ [əʧʧoːdɐ] 《文》 *n.* 《water》きれいな水、澄んだ水 [Sk.]

ಅಚ್ಯುತ ⟦acyuta アチュタ⟧ [əʧ·jutɐ] 《文》 *adj.* 1 落ちない 2 滅びることのない、永遠の、不滅の [Sk.]

ಅಜ[1] ⟦aja アジャ⟧ [əʤɐ] *n.* 1 雄羊 2 雄羊座 [Sk.]

ಅಜ[2] ⟦aja アジャ⟧ [əʤɐ] 《文》 *m.* 1 創造者、ブラフマー神 2 ヴィシュヌ神 —*n.* 我、アートマン [Sk.]

ಅಜಗಜಾಂತರ ⟦ajagajāṃtara アジャガジャーンタラ⟧ [əʤəgəʤɐːntərɐ] 《文》 *n.* 羊と象の違い、雲泥の差 [Sk.]

ಅಜಗರ[1] ⟦ajagara アジャガラ⟧ [əʤə̆gərɐ] 《文》 *n.* 大蛇（錦蛇、ボアなど）[Sk.]

ಅಜಗರ[2] ⟦ajagara アジャガラ⟧ [əʤə̆gərɐ] 《文》 *n.* タカサブロウ（キク科タカサブロウ属の雑草）⇀ 薬 [Sk.] *[IMP 2.351]

ಅಜಮಾಸು ⟦ajamāsu アジャマース⟧ [əʤə̆mɐːsu] *n.* 概算 —*adv.* およそ、約 [Pe. *āzmājiši*]

ಅಜಯ ⟦ajaya アジャヤ⟧ [əʤəjɐ] 《文》 *adj.* 負けた、敗北した —*n.* 敗北、敗戦 [Sk.]

ಅಜರ[1] ⟦ajara アジャラ⟧ [əʤə̆rɐ] 《‡》 *n.* インド原産のインド藍 ⇀ 染 (*M.,T.* (*Kitt.*)) [Ka. *D44] *[IMP 3.210]

ಅಜರನೀಲಿ ⟦ajaranīli アジャラニーリ⟧ [əʤərəniːli] 《‡》 *n.* [Ka. D44] (*M.,T.* (*Kitt.*)) ☞ಅಜುರನೀಲಿ (ajuranīli)

ಅಜರ[2] ⟦ajara アジャラ⟧ [əʤə̆rɐ] 《文》 *adj.* 古びることのない、老化しない —*mf.* 1 年を取らない人、不老の人 2 神 [Sk.]

ಅಜರಾಮರ ⟦ajarāmara アジャラーマラ⟧ [əʤərɐːmərɐ] 《文》 *adj.* 不老不死の —*n.* 不老不死 [Sk.]

ಅಜಸ್ರ ⟦ajasra アジャスラ⟧ [əʤəs·rɐ] 《文》 *adj.* ひっきりなしの、絶え間ない —*adv.* 絶えることなく、永遠に [Sk.]

ಅಜಾಗರೂಕ ⟦ajāgarūka アジャーガルーカ⟧ [əʤɐːgəruːkɐ] 《文》 *adj.*, *m.* 不注意な〈人〉、怠慢な〈人〉[Sk.]

ಅಜಾಗ್ರತೆ ⟦ajāgrate アジャーグラテ⟧ [əʤɐːgrəte] *n.* 不注意、怠慢 [Sk.] = ಅಜಾಗರೂಕತೆ (ajāgarūkate)

ಅಜಾತ ⟦ajāta アジャータ⟧ [əʤɐːtɐ] 《文》 *adj.* 1 生まれていない 2 生まれることがない —*m.* 1 ヴィシュヌ神の別名 2 クリシュナ神の別名 3 シヴァ神の別名 [Sk.]

ಅಜಾತಶತ್ರು ⟦ajātaśatru アジャータシャトル⟧ [əʤɐːtəʃətru] 《文》 *adj.*, *mf.* 敵のない〈人〉[Sk.]

ಅಜಿಗಿಜಿ ⟦ajigiji アジギジ⟧ [əʤigiʤi] ಅಜುಗಿಜಿ (*n.*) ぐじゃぐじゃ、ねちゃねちゃ（腐って半液体化した食物などを表す擬態語）¶ ಫ್ರಿಜ್ಜಿನಲ್ಲಿ ಅಜಿಗಿಜಿಯಾದ ತರಕಾರಿಗಳ ದುರ್ವಾಸನೆ ಹೊಡೆಯುತ್ತಿತ್ತು. (pʰrijjinalli ajigijiyāda tarakārigaḷa durvāsane hoḍeyuttittu.) 腐ってぐじゃぐじゃになった野菜が冷蔵庫で悪臭を放っていた。[Ka. mim.]

ಅಜಿನ ⟦ajina アジナ⟧ [əʤinɐ] 《文》 *n.* 虎、ライオン、象などの毛の付いた皮、特に黒いレイヨウの皮 [Sk.]

ಅಜೀರ್ಣ ⟦ajīrṇa アジールナ⟧ [əʤiːrɳɐ] *adj.* 消化されない、未消化の —*n.* 未消化、消化不良 [Sk.]

ಅಜುಗಿಜಿ ⟦ajugiji アジュギジ⟧ [əʤugiʤi] (*n.*) [Ka. mim.] ☞ಅಜಿಗಿಜಿ (ajigiji)

ಅಜುರ ⟦ajura アジュラ⟧ [əʤŭrɐ] ಅಜರ 《‡》 *n.* インド原産のインド藍 ⇀ 染 (*Z.* (*Kitt.*)) [Ka. *D44]

ಅಜುರನೀಲಿ ⟦ajuranīli アジュラニーリ⟧ [əʤŭrəniːli] ಅಜರನೀಲಿ 《‡》 *n.* [Ka. D44] (*Z.* (*Kitt.*)) ☞ಅಜುರ (ajura)

ಅಜೇಯ ⟦ajēya アジェーヤ⟧ [əʤeːyɐ] 《文》 *adj.*, *m.* 打ち破ることできない〈人〉、無敵の〈人〉[Sk.]

ಅಜ್ಜ[1] ⟦ajja アッジャ⟧ [əʤʤɐ] *m.* 1 祖父 2 敬愛の念をもって老人に呼びかけたり言及したりする言葉 [Ka. D50] = ತಾತ (tāta)

ಅಜ್ಜ[2] ⟦ajja アッジャ⟧ [əʤʤɐ] 《‡》 *n.*（ことを行う）機会、好機 (*S.Mhr.* (*Kitt.*)) [Ka. D53]

ಅಜ್ಜಪಾಲು ⟦ajjapālu アッジャパール⟧ [əʤʤəpɐːlu] *n.* ヒンドゥー相続法で子どもが親の財産を分割する際の祖父母の取り分 [Ka. *ajja*[1] + *pālu*]

ಅಜ್ಜಿ ⟦ajji アッジ⟧ [əʤʤi] *f.* 《*pl.* ಅಜ್ಜಿಯರು (ajjiyaru)》 1 祖母 2 敬愛の念をもって年取った女性に呼びかけたり言及したりする言葉 [Ka. D50]

ಅಜ್ಜು ⟦ajju アッジュ⟧ [əʤʤu] 《古》 vt. (水などに)つける、沈める [Ka. D285]

ಅಜ್ಞ ⟦ajña アジュニャ⟧ [əɟɲɐ/əgna] adj., m. 《f. ಅಜ್ಞೆ (ajñe)》無知な〈人〉[Sk.]

ಅಜ್ಞಾತ ⟦ajñāta アジュニャータ⟧ [əɟɲɐːtɐ/əgnɐːtɐ] 《文》 adj. 1 知られていない 2 認識されていない、認知されていない [Sk.]

ಅಜ್ಞಾತವಾಸ ⟦ajñātavāsa アジュニャータヴァーサ⟧ [əɟɲɐːtəvɐːsɐ] n. 身分を隠して暮らすこと [Sk.]

ಅಜ್ಞಾನ ⟦ajñāna アジュニャーナ⟧ [əʤɲɐːnɐ/əgnɐːnɐ] n. 無知 [Sk.]

ಅಜ್ಞಾನಿ ⟦ajñāni アジュニャーニ⟧ [əʤɲɐːni/əgnɐːni] mf. 1 無知な人、何も知らない人 2 愚かもの、馬鹿者 [Sk.]

ಅಜ್ಞೇಯ ⟦ajñēya アジュニェーヤ⟧ [əɟɲeːjɐ/əgneːjɐ] 《文》 adj. 不可解な、理解できない —n. 不可知〈なこと、もの〉、理解不能〈なこと、もの〉[Sk.]

ಅಟ ⟦aṭa アタ⟧ [əʈɐ] 《‡》 pron.adj., pron.n. これほど、あれほど (S.Mhr. (Kitt.)) [Ka. D1]

ಅಟಕಾಯಿಸು ⟦aṭakāyisu アタカーイス⟧ [əʈə̆kɐːjisu] vi. 邪魔する、妨害する [H. aṭăkānā]

ಅಟಕಾವು ⟦aṭakāvu アタカーヴ⟧ [əʈə̆kɐːvu] n. 邪魔、妨害 [H. aṭăkāvă]

ಅಟತಾಳ ⟦aṭatāḷa アタターラ⟧ [əʈə̆tɐːɭɐ] n. 《複合語頭で》[Sk. aṣṭatāla-] ☞ಅಟ್ಟತಾಳ (aṭṭatāḷa)

ಅಟನ ⟦aṭana アタナ⟧ [əʈənɐ] 《文》 n. 旅、旅行 [Sk.]

ಅಟನೆ ⟦aṭane アタネ⟧ [əʈəne] 《文》 n. 旅、旅行 [Sk.] ☞ಅಟಣ (aṭaṇa)

ಅಟಮಟ ⟦aṭamaṭa アタマタ⟧ [əʈə̆məʈɐ] 《古》 n. 1 嘘、虚言 2 欺くこと、詐欺 [?]

ಅಟಮಟಕಾರ ⟦aṭamaṭakāra アタマタカーラ⟧ [əʈə̆məʈə̆kɐːrɐ] 《古》 m. 《f. ಅಟಮಟಕಾರಳು (aṭamaṭakāraḷu)》 1 嘘つき、虚言者 2 詐欺師、いかさま師 [+ -kāṟa]

ಅಟಮಟಿಸು ⟦aṭamaṭisu アタマティス⟧ [əʈə̆məʈisu] 《古》 vt. 1 欺く、嘘をつく 2 騙す、騙し取る —vi. 《dat.》騙す、嘘をつく [aṭamaṭa + -su]

ಅಟಲಾಂಟಿಕ ಮಹಾಸಾಗರ ⟦aṭalāṃṭika mahāsāgara アタラーンティカマハーサーガラ⟧ [əʈ̆lɐːɳʈikə məhɐːsɐːgərɐ] n. 大西洋 [Eg. Atlantic + mahāsāgara]

ಅಟವಿ ⟦aṭavi アタヴィ⟧ [əʈəvi] 《古》 n. 森林 [Sk. aṭavī-] = ಅಡವಿ (aḍavi)

ಅಟಾಟೋಪ ⟦aṭāṭōpa アタートーパ⟧ [əʈɐːʈoːpɐ] n. 派手な見せびらかし、誇示 [aṭṭa「厚い」+ āṭōpa]

ಅಟಿಲ್ ⟦aṭil アティル⟧ [əʈil] 《‡》 n. 泥、土 (Šm. (Kitt.)) [Ka. D82]

ಅಟು ⟦aṭu アトゥ⟧ [əʈu] 《‡》 pron.adj., pron.n. これほど、あれほど (S.Mhr. (Kitt.)) [Ka. D1] = ಅಟ (aṭa)

ಅಟ್ಟ[1] ⟦aṭṭa アッタ⟧ [əʈʈɐ] n. 1 屋根の下にある棚状の構造物 (家財道具などをしまうためのもの) 2 2階 3 木の柱の上に張られた竹や木の板の台 4 口蓋 = ಅಂಗುಳು (aṃguḷu) —(adj.) 高い〈こと〉 [Ka. D93]

ಅಟ್ಟ[2] ⟦aṭṭa アッタ⟧ [əʈʈɐ] 《古》 numr., adj. 《複合語頭で》 8 [Sk. aṣṭa-]

ಅಟ್ಟ[3] ⟦aṭṭa アッタ⟧ [əʈʈɐ] 《古》 (adj.) 深い〈こと〉、濃密〈な〉¶ ಅಟ್ಟಡವಿ (aṭṭaḍavi) 深い森林 [?]

ಅಟ್ಟಣಿಗೆ ⟦aṭṭaṇige アッタニゲ⟧ [əʈʈə̆ɳige] n. (戸外に)板で組み立てた舞台や台座 [? cf. Sk. aṭṭālikā- ←Dr.?] ☞ಅಟ್ಟಳಿಗೆ (aṭṭaḷige)

ಅಟ್ಟತಾಳ ⟦aṭṭatāḷa アッタターラ⟧ [əʈʈə̆tɐːɭɐ] ಅಟತಾಳ n. 《複合語頭で》音楽の拍子の一種 [Sk. aṣṭatāla-]

ಅಟ್ಟಲು ⟦aṭṭalu アッタル⟧ [əʈʈə̆lu] 《異》 n. (戸外に)板で組み立てた舞台 [Ka. *D93]

ಅಟ್ಟಹಾಸ ⟦aṭṭahāsa アッタハーサ⟧ [əʈʈəhɐːsɐ] n. 1 高笑い、哄笑 ¶ ಅವರು ಮನೆಯನ್ನು ತುಂಬ ಬೆಲೆಗೆ ಮಾರಿ ಅಟ್ಟಹಾಸದಲ್ಲಿ ಮೆರೆಯುತ್ತಾರೆ. (avaru maneyannu tuṃba belege māri aṭṭahāsadalli mereyuttāre.) 家がとても高く売れて彼は大喜びだ。 2 好き勝手で豪奢な生活 ¶ ಅಪ್ಪ ತೀರಿಕೊಂಡ ಮೇಲೆ ಮಗ ಅಟ್ಟಹಾಸದಿಂದ ಮೆರೆದ. (appa tīrikoṃḍa mēle maga aṭṭahāsadiṃda mereda.) 父の死後、息子は好き勝手に贅沢に暮らした。 [Sk.]

ಅಟ್ಟಳಿಗೆ ⟦aṭṭaḷige アッタリゲ⟧ [əʈʈəɭige] ಅಟ್ಟಣಿಗೆ n. 1 畑の番をするために作られた高床式の小屋、番小屋 2 階段状の観客席 [? cf. Sk. aṭṭālikā- ←Dr.?]

ಅಟ್ಟು[1] ⟦aṭṭu アットゥ⟧ [əʈʈu] 《‡》 pron.adj. あれほどの、それほどの —pron.adj., n. あれほど、それほど (My. (Kitt.)) [Ka. D1]

ಅಟ್ಟು[2] ⟦aṭṭu アットゥ⟧ [əʈʈu] vi. 1 干上がる 2 (顔などが)やつれる、憔悴する [Ka. D76]

ಅಟ್ಟಿಸು[1] ⟦aṭṭisu アッティス⟧ [əʈʈisu] vt. 1 干上がらせる、煮つめる 2 やつれさせる、憔悴させる [Ka. D76]

ಅಟ್ಟು[3] ⟦aṭṭu アットゥ⟧ [əʈʈu] vt. 料理する、〈食事を〉作る —n. 料理 [Ka. D76]

ಅಟ್ಟು[4] ⟦aṭṭu アットゥ⟧ [əʈʈu] 《‡》 (n.) ふさわしい〈こと〉、適当〈な〉(Kitt.) [Ka. D78]

ಅಟ್ಟು[5] ⟦aṭṭu アットゥ⟧ [əʈʈu] vt. 1 追っかける、狩る、追う 2 〈家畜などを〉追い立てる 3 〈人または物を〉送る 4 〈手などを〉差し出す、伸ばす [Ka. D79]

ಅಟ್ಟಿಸು[2] ⟦aṭṭisu アッティス⟧ [aʈʈisu] vt. 追っかけさせる、後を追わせる、狩らせる [+ -su caus.]

ಅಟ್ಟು[6] ⟦aṭṭu アットゥ⟧ [əʈʈu] (n.) ぎゅうぎゅう詰め〈になった〉、締めつけられた〈こと〉[Ka. D84]

ಅಟ್ಟು[7] ⟦aṭṭu アットゥ⟧ [əʈʈu] vi. 《dat.》くっつく、粘着する [Ka. D96]

ಅಟ್ಟುಂಬಳ ⟦aṭṭuṃbaḷa アットゥンバラ⟧ [əʈʈumbəɭɐ] 《方》 n. 《n.》台所、厨房 (Hav.) [Ka. D76]

ಅಟ್ಟುಪ್ಪು ⟦aṭṭuppu アットゥップ⟧ [əʈʈuppu] n. 海からとった塩 [Ka. aṭṭu[2] D76 + uppu D2674(a)]

ಅಟ್ಟುಳಿ[1] ⟦aṭṭuḷi アットゥリ⟧ [əʈʈuḷi] 《古》 *n.* **1** 雑踏、群衆、おしあいへしあい **2** 悩ますこと、困らせること [Ka. D84]

ಅಟ್ಟುಳಿ[2] ⟦aṭṭuḷi アットゥリ⟧ [əʈʈuḷi] 《古》 *n.* 同じ種類の動物を狩るのに用いられる動物 (*Mr.380* (*Kitt.*)) "ಸೋಹುಮೃಗ" [?]

ಅಟ್ಟೆ[1] ⟦aṭṭe アッテ⟧ [əʈʈe] *n.* 平たくて弾力がある物質(靴の底、樹皮など) [Ka. D98]

ಅಟ್ಟೆ[2] ⟦aṭṭe アッテ⟧ [əʈʈe] 《‡》 *n.* 蛭 (*My.*(*Kitt.*)) [Ka. D99]

ಅಟ್ಟೆ[3] ⟦aṭṭe アッテ⟧ [əʈʈe] *n.* **1** 頭を切り落とされた胴体 **2** 骸骨 [Ka. D100]

ಅಟ್ಟೆ[4] ⟦aṭṭe アッテ⟧ [əʈʈe] *n.* (織機の)杼(ひ) [?] = ಲಾಳಿ (lāḷi)

ಅಟ್ಟೋಲೆ ⟦aṭṭōle アットーレ⟧ [əʈʈo:le] 《文》 *n.* 手紙(古くは貝葉(ばいよう)で書かれたことから) [*aṭṭu*[2] 「送る」 + *ōle*]

ಅಟ್ಲು ⟦aṭlu アトル⟧ [əʈlu] 《‡》 *n.* 泥、土 (*My.* (*Kitt.*)) [Ka. D82]

ಅಠಾರಾಕಚೇರಿ ⟦aṭʰārākacēri アターラーカチェーリ⟧ [əʈʰɐ:rɐ:kəʧe:ri] *n.* マイソール市にあるマイソール政府の役所 (18 省あることからこの名がついた) [H. *aṭʰārahā* + *kacēri*]

ಅಡ[1] ⟦aḍa アダ⟧ [əḍɐ] 《文》 (*n.*) 《複合語頭で》ಅಡ್ಡ (aḍḍa)[1] という語が合成語の第 1 要素として用いられる時に現れる形 ¶ ಅಡಜಾತಿ (aḍajāti) 品種間雑種 [Ka. D83]

ಅಡ[2] ⟦aḍa アダ⟧ [əḍɐ] 《‡》 *n.* 職人が様々なものを加工する際に用いる台 (*My.* (*Kitt.*)) [Ka. D86] ☞ಅಡೆ (aḍe)[8]

ಅಡ[3] ⟦aḍa アダ⟧ [əḍɐ] *n.* 《aḍike(ビンロウジュ)という語が k や g で始まる語の前につく際の形》ビンロウジュまたはそのの実 ¶ ಅಡಕೊತ್ತು (aḍakottu) ビンロウジュの実を割るために用いる鋏のような道具 [Ka. D88] ☞ಅಡಿಕೆ (aḍike)

ಅಡ[4] ⟦aḍa アダ⟧ [əḍɐ] 《‡》 *intrj.* オイ(男性の召し使いを呼ぶ時や最も下等とされる人間を呼ぶ時に用いる言葉) (*Kitt.*) [Ka. D70]

ಅಡ ಅಡಾ ⟦aḍa aḍā アダアダー⟧ [əḍə əḍɐ:] 《‡》 *intrj.* [Ka. rep. of *aḍa* D70] (*Kitt.*) ☞ಅಡ (aḍa)

ಅಡಂಗು ⟦aḍaṃgu アダング⟧ [əḍəŋgu] 《古》 *vi.* [Ka. D63] ☞ಅಡಗು (aḍagu)[2]

ಅಡಕ ⟦aḍaka アダカ⟧ [əḍə̆kɐ] *n.* **1** 抑制、規律、自制 **2** 規則 **—**(*n.*) **1** 簡潔〈な〉、(論文や本などが)縮刷されている〈こと〉¶ ಅಡಕ ಲೇಖನ (aḍaka lēkʰana) 縮約した論文 **2** (中に) 入れることができる〈こと〉、包含されている〈こと〉¶ ಈ ಲೇಖನದಲ್ಲಿ ಎಲ್ಲ ವಿಷಯಗಳೂ ಅಡಕವಾಗಿವೆ. (ī lēkʰanadalli ella viṣayagaḷū aḍakavāgive.) この論文はすべての問題をとりあつかっている。 [Ka. D63]

ಅಡಕತ್ತರಿ ⟦aḍakattari アダカッタリ⟧ [əḍəkəttə̆ri] *n.* ビンロウジ割り、ビンロウジュの実を割る胡桃割りのような道具 [Ka. *aḍake* + *kattari*] ☞ಅಡಕೆಕತ್ತರಿ (aḍakekattari)

ಅಡಕಿಲ್ ⟦aḍakil アダキル⟧ [əḍə̆kil] 《古》 *n.* [Ka. D80] ☞ಅಡಕಿಲು (aḍakilu)

ಅಡಕಲು ⟦aḍakalu アダカル⟧ [əḍə̆kəlu] *n.* 薪や壺や鍋を積み重ねること、薪や壺や鍋を積み重ねられている状態 [Ka. *D80] ☞ಅಡಕಿಲು (aḍakilu)

ಅಡಕಿಲು ⟦aḍakilu アダキル⟧ [əḍə̆kilu] ಅಡಕಲು, ಅಡಿಕಿಲ್, ಅಡಿಕಿಲ, ಅಡಿಕಿಲಿ, ಅಡಿಕಿಲು 《古》 *n.* **1** 薪や壺や鍋を積み重ねること、薪や壺や鍋を積み重ねられている状態 **2** 積み上げたもの、堆積、山 [Ka. *aḍaku* *D80 + *-ilu*]

ಅಡಕು[1] ⟦aḍaku アダク⟧ [əḍə̆ku] ಅಡಿಕು, ಅಡುಂಕು, ಅಡು-ಕು *vt.* **1** 抑圧する、抑制する、抑える **2** 〈衣類、本などを〉乱雑に詰め込む **3** 同封する [Ka. D63]

ಅಡಕು[2] ⟦aḍaku アダク⟧ [əḍə̆ku] *vt.* 〈薪、本、鍋などを〉積み重ねる [Ka. D80] ☞ಅಡುಕು (aḍuku)

ಅಡಕು[3] ⟦aḍaku アダク⟧ [əḍə̆ku] 《古》 *vt.* 運ぶ、輸送する [?] ☞ಅಡುಕು (aḍuku)

ಅಡಕೆ ⟦aḍake アダケ⟧ [aḍə̆ke] ಅಡಕ್ಕೆ, ಅಡಿಕೆ[2], ಅಡ್ಕೆ, ಅಳಕೆ *n.* ビンロウジ(檳榔子)、ビンロウジュ(檳榔樹)の種子 [Ka. D88]

ಅಡಕೆಕತ್ತರಿ ⟦aḍakekattari アダケカッタリ⟧ [aḍə̆kekəttə̆ri] ಅಡಕತ್ತರಿ *n.* **1** ビンロウジ割り、ビンロウジュの実を割る胡桃割りのような道具 [⇒図] **2** 〔喩〕 苦境、窮状、板挟みの状態 [+ *kattari*]

ಅಡಕೆಕತ್ತರಿ
ビンロウジ割り

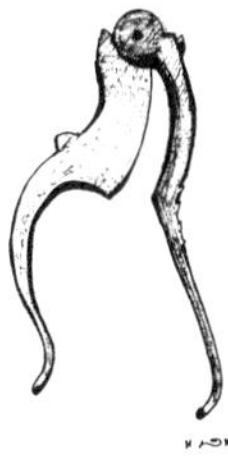

ಅಡಕೆಮರ ⟦aḍakemara アダケマラ⟧ [aḍə̆kemərɐ] *n.* ビンロウジュ(檳榔樹)の木、ビンロウジュ [+ *mara*]

ಅಡಕೆಲೆ ⟦aḍakele アダケレ⟧ [aḍə̆kele] *n.* キンマの葉とビンロウジュの実(これに生石灰などをつけて噛む) [Ka. *aḍake* D88 + *ele*]

ಅಡಕೊತ್ತು ⟦aḍakottu アダコットゥ⟧ [aḍə̆kottu] *n.* **1** ビンロウジ割り、ビンロウジュの実を割る胡桃割りのような道具 **2** 苦境、窮状 [Ka. *aḍake* D88 + *ottu*]

ಅಡಗತ್ತಿ ⟦aḍagatti アダガッティ⟧ [əḍə̆gətti] 《‡》 *n.* ビンロウジ割り、ビンロウジュの実を割る胡桃割りのような道具 (My. (Kitt.)) [Ka. *aḍake* D88 + *katti*] ☞ಅಡಕತ್ತಿ (aḍakatti)

ಅಡಗತ್ರಿ ⟦aḍagattri アダガットリ⟧ [əḍə̆gəttri] 《口》 *n.* ビンロウジ割り、ビンロウジュの実を割る胡桃割りのような道具 [Ka. *aḍake* D88 + *kattari*] ☞ಅಡಕತ್ತಿ (aḍakatti)

ಅಡಗಲ್ಲು ⟦aḍagallu アダガッル⟧ [əḍəgəllu] *n.* かなとこ、鉄敷 [Ka. D86]

ಅಡಗು[1] ⟦aḍagu アダグ⟧ [əḍə̆gu] 《文》 *n.* 筋肉；肉、食肉 [Ka. D60]

ಅಡಗು[2] ⟦aḍagu アダグ⟧ [əḍə̆gu] *vi.* **1** (ある容器などに) 入る、入れられる ¶ ಕರಿಯು ಕನ್ನಡಿಯೊಳಗೆ

ಅಡಗಿದಂತೆ (kariyu kannaḍiyoḷage aḍagidaṃte) (Bv.) 象が鏡におさまったように 2（人目を避けるために）身をかがめる 3 隠れる、身を隠す 4 押さえつけられる、鎮圧される 5（嵐、怒りなどが）和らぐ、落ち着く [Ka. D63]

ಅಡಗಿಸು ⟦aḍagisu アダギス⟧ [əɖə̆gisu] 《古》 *vt.* 1 押さえつける、鎮圧する 2 隠す、隠匿する 3〈怒りなどを〉なだめる、〈欲望などを〉静める、〈悲しみなどを〉慰める、〈苦痛などを〉和らげる [+ *-isu* caus.]

ಅಡಗು³ ⟦aḍagu アダグ⟧ [əɖə̆gu] 《希》 *n.* 1 ふさわしい、似合う 2 美しく見える [Ka. D78] (*Kitt.*)

ಅಡಚಣೆ ⟦aḍacaṇe アダチャネ⟧ [əɖə̆ʧəɳe] *n.* 1 障害、邪魔 2 困難、面倒 [M. *aḍăcaṇā*]

ಅಡಚು¹ ⟦aḍacu アダチュ⟧ [əɖəʧu] 《‡》 *vt.* 1 押さえつける、詰め込む 2 卑しめる、（の）高慢の鼻をへし折る、謙虚な気持ちにする、黙らせる 3〈口を〉つぐませる [Ka. D63] (*Kitt.*)

ಅಡಚು² ⟦aḍacu アダチュ⟧ [əɖəʧu] 《‡》 *vt.* コンと叩く、拳骨でコツンと叩く (*R.* (*Kitt.*)) [Ka. D77]

ಅಡತಡೆ ⟦aḍataḍe アダタデ⟧ [əɖə̆təɖe] ಅಡೆತಡೆ *n.* [*aḍa* + *taḍe*] = ಅಡೆತಡೆ (aḍetaḍe)

ಅಡನಾಡಿ ⟦aḍanāḍi アダナーディ⟧ [əɖə̆nɐːɖi] ಅಡ್ನಾಡಿ (*adj.*) 1《古》不整脈〈の〉 2 歓迎されない時間帯〈の〉 —*mf.* 1 つむじ曲がりの人、ひねくれた人、意固地な人 2 ろくでなし、ごくつぶし [Ka. *aḍḍa* + *nāḍi*]

ಅಡನೆ ⟦aḍane アダネ⟧ [əɖəne] 《‡》 *adv.* 横断するように (*Kitt.*) [Ka. D83]

ಅಡಪ ⟦aḍapa アダパ⟧ [əɖə̆pɐ] ಅಡೆಪ, ಹಡಪ *n.* 1 ビンロウジュの実とキンマの葉を入れる小さな袋 2 理髪師の剃刀などを入れる小さな袋 [Ka. D64, T1948] = ಹಡಪ (haḍapa)

ಅಡಪವಳ ⟦aḍapavaḷa アダパヴァラ⟧ [əɖə̆pəvəɭɐ] 《文》 *m.*《*f.* ಅಡಪವಳಿತಿ (aḍapavaḷiti)》 1 主人のビンロウジュの実とキンマの葉を入れる袋を運ぶ男性の召し使い 2 理髪師 [Ka. *aḍapa* + *-vaḷa*]

ಅಡಪಿಗ ⟦aḍapiga アダピガ⟧ [əɖə̆pigɐ] 《古》 *m.* 主人のビンロウジュの実とキンマの葉を入れる袋を運ぶ召し使い [Ka. *aḍapa* D64 + *-iga*] = ಅಡಪವಳ (aḍapavaḷa) 1

ಅಡಪು¹ ⟦aḍapu アダプ⟧ [əɖə̆pu] ಅಡವು, ಅಡರ್ಪು, ಅಡಹು *n.* 1 避難所、逃げ場 2 質物、担保 [Ka. D79]

ಅಡಪು² ⟦aḍapu アダプ⟧ [əɖə̆pu] 《古》 *n.* 踊りの姿態の一種 [Ka. *aḍaru* + *-pu*]

ಅಡಬಲ ⟦aḍabala アダバラ⟧ [əɖə̆bəlɐ] 《‡》 *n.* 肉、食肉 (*DEDR*) [Ka. D60] ☞ಅಡಬಳ (aḍabaḷa)

ಅಡಬಳ¹ ⟦aḍabaḷa アダバラ⟧ [əɖə̆bəɭɐ] 《古》 *n.* 肉、食肉 [Ka. *D60]

ಅಡಬಳ² ⟦aḍabaḷa アダバラ⟧ [əɖə̆bəɭɐ] 《古》 *m.* 料理人 [Ka. *D76] ☞ಅಡುವಳ (aḍuvaḷa)

ಅಡಬೆ ⟦aḍabe アダベ⟧ [əɖə̆be] 《‡》 *n.*〔タブー〕気まぐれで頑固で手におえない牛 (*My.* (*Kitt.*)) [Ka. D3869] ☞ಹಡಬೆ (haḍabe)

ಅಡಮಾನ ⟦aḍamāna アダマーナ⟧ [əɖə̆mɐːnɐ] *n.* 質、抵当 [Ka. *aḍa* + *māna*]

ಅಡಯಾಳ ⟦aḍayāḷa アダヤーラ⟧ [əɖəjɐːɭɐ] 《‡》 *n.* しるし (*Kitt.*) [Ka. D89]

ಅಡರ್¹ ⟦aḍar アダル⟧ [əɖər] 《古》 *vi.* 1 登る、上がる 2 跳びかかる、襲いかかる [Ka. D77] ☞ಅಡರು (aḍaru)

ಅಡರ್² ⟦aḍar アダル⟧ [əɖər] ಅಡರು 《古》 *vi.*〔言〕（音素や形態素が語根に）くっつく、接合する [Ka. D79]

ಅಡರ್³ ⟦aḍar アダル⟧ [əɖər] ಅಡರು 《古》 *vi.*（雲などが）広がる、覆う [Ka. D84]

ಅಡರಿ ⟦aḍari アダリ⟧ [əɖə̆ri] 《方》 *n.* 小枝 (*Gowda*) [Ka. D67]

ಅಡರು¹ ⟦aḍaru アダル⟧ [əɖə̆ru] 《方》 (*n.*) 小枝〈の〉 [Ka. D67] (Hav.)

ಅಡರು² ⟦aḍaru アダル⟧ [əɖə̆ru] ಅಡರ್ *vi.* 1 登る、上がる 2 跳びかかる、襲いかかる [Ka. D77]

ಅಡರಿಸು¹ ⟦aḍarisu アダリス⟧ [əɖə̆risu] *vt.* 上げる、登らせる [+ *-isu* caus.]

ಅಡರು³ ⟦aḍaru アダル⟧ [əɖə̆ru] ಅಡರ್ *vi.* 広がる、（ある場所を）覆う ¶ ಈ ಊರಿನಲ್ಲಿ ಮಲೇರಿಯಾ ಅಡರಿದೆ (ī ūrinalli maleriyā aḍaride) この町にはマラリアが広がっている。 [Ka. *D84] cf. ಅಡರು (aḍaru)²

ಅಡರಿಸು² ⟦aḍarisu アダリス⟧ [əɖə̆risu] *vt.* 広げる [+ *-isu*]

ಅಡರ್ಚು¹ ⟦aḍarcu アダルチュ⟧ [əɖərʧu] 《古》 *vt.* 上げる、持ち上げる [Ka. *D77]

ಅಡರ್ಚು² ⟦aḍarcu アダルチュ⟧ [əɖərʧu] 《古》 *vt.* 1 くっつける、接合する 2 押す、押しのける [Ka. D79]

ಅಡರ್ಪು ⟦aḍarpu アダルプ⟧ [əɖərpu] 《文》 *n.* 1 避難所、逃げ場 2 質物、担保 [Ka. D79] ☞ಅಡಪು (aḍapu)

ಅಡಲು¹ ⟦aḍalu アダル⟧ [əɖə̆lu] *vi.* 震える、揺れる —*n.* 振動、震え [Ka. D74]

ಅಡಲು² ⟦aḍalu アダル⟧ [əɖə̆lu] *n.* 泥、粘土 [Ka. D82]

ಅಡಲು³ ⟦aḍalu アダル⟧ [əɖə̆lu] *vi.* 悲しむ、苦悩する [Te. D276]

ಅಡಲು⁴ ⟦aḍalu アダル⟧ [əɖə̆lu] 《古》 *n.* しげみ、藪 [?]

ಅಡವಿ ⟦aḍavi アダヴィ⟧ [əɖəvi] 《文》 *n.* 森林 [Sk. *aṭavī*- M.25]

ಅಡವಿಪಾಲು ⟦aḍavipālu アダヴィパール⟧ [əɖə̆vipɐːlu] *n.* 苦境に陥り孤立無援なこと [*aḍavi* + *pālu*] = ಕಾಡುಪಾಲು (kāḍupālu)〔汎〕

ಅಡವಿಪಾಲಾಗು ⟦aḍavipālāgu アダヴィパーラーグ⟧ [əɖə̆vipɐːlɐːgu] *vi.* 1 逃亡する、夜逃げする 2 破滅する、身を滅ぼす [+ *āgu*]

ಅಡವಿಬೀಳು ⟦aḍavibīḷu アダヴィビール⟧ [əḍə̆vibiːɭu] *vi.* 1 森林に逃げ込む 2〔喩〕悪い道に入り込む、道を誤る 3（農地が）荒れ果てる [+ *bīḷu*]

ಅಡವು¹ ⟦aḍavu アダヴ⟧ [əḍə̆vu] 《古》 *n.*（綱などの太さなどが）適当であること、ふさわしいこと [Ka. D78]

ಅಡವು² ⟦aḍavu アダヴ⟧ [əḍə̆vu] ಅಡಹು *n.* 1 避難所、逃げ場 2 質、抵当 [Ka. D79] = ಅಡಪು (aḍapu)

ಅಡವಿಕ್ಕು ⟦aḍavikku アダヴィック⟧ [əḍə̆vikku] *vt.* 質入れする、抵当に入れる [*aḍavu* + *ikku*] = ಗಿರವಿ (giravi)

ಅಡವಿಡು ⟦aḍaviḍu アダヴィドゥ⟧ [əḍə̆viḍu] *vt.* 質に入れる、抵当に入れる [Ka.] = ಗಿರವಿ (giravi)

ಅಡವು³ ⟦aḍavu アダヴ⟧ [əḍə̆vu] *n.* 1 邪魔物、障害 2 扉が閉まらないように置いておく石や煉瓦 [Ka. D83]

ಅಡಸು ⟦aḍasu アダス⟧ [əḍə̆su] *vt.* 1 押さえつける、押しつける 2 詰め込む 3 踏みつける ¶ ಚಾಮುಂಡಿ ಮಹಿಷಾಸುರನನ್ನು ಅಡಸಿ ಹಿಡಿದಳು. (cāmuṃḍi mahiṣāsuranannu aḍasi hiḍidaḷu.) チャームンディー女神はマヒシャースラを足で踏みつけた。4〈敵などに〉襲いかかる —*vi.*（不幸や病気などが）起こる、降りかかる ¶ ನನಗೆ ನೀರಡಿಕೆ ಅಡಸಿತು. (nanage nīraḍike aḍasitu.) 私は喉が乾いた。 [?]

ಅಡಹು ⟦aḍahu アダフ⟧ [əḍəhu] 《古》 *n.* [Ka. *D79] ☞ಅಡಪು (aḍapu)¹

ಅಡಾವುಡಿ ⟦aḍāvuḍi アダーヴディ⟧ [əḍɐːvŭḍi] *n.* 1（敵や強盗の襲撃などによる）恐慌 2 大あわて [Ka. D71]

ಅಡಿ¹ ⟦aḍi アディ⟧ [əḍi] *n.* 1（足首から下の）足 2 フィート（長さの単位）3 歩み 4 底、基礎、下部 5（詩の）脚 6（心の）奥底 ¶ ಅವರು ಹಿತವಾದ ಮಾತು ಆಡುತ್ತಾರೆ, ಆದರೆ ಮನಸ್ಸಿನ ಅಡಿಯಲ್ಲಿ ಬೇರೆ ವಿಚಾರಗಳಿವೆ. (avaru hitavāda mātu āḍuttāre, ādare manassina aḍiyalli bēre vicāragaḷive.) 彼は口では親切だが、腹に一物持っている。 7 支え、支持物、土台 ¶ ಅವನ ಸಂಶೋಧನೆಗೆ ಅಡಿ ಇಲ್ಲ. (avana saṃśōdʰanege aḍi illa.) 彼の研究には基礎がない。 [Ka. D72] cf. NK *taḷa*

ಅಡಿ² ⟦aḍi アディ⟧ [əḍi] 《‡》 *n.* 料理、調理 (*Kitt.*) [Ka. D76]

ಅಡಿ³ ⟦aḍi アディ⟧ [əḍi] 《‡》 *n.* 殴ること、殴られること (*T.* (*Kitt.*)) [Ka. D77]

ಅಡಿ⁴ ⟦aḍi アディ⟧ [əḍi] 《‡》 *n.* 泥、粘土 [Ka. D82] (*Kitt.*)

ಅಡಿ⁵ ⟦aḍi アディ⟧ [əḍi] 《古》 *n.* 職人が仕事に用いる木製、石製、金属製の台 [Ka. D86?, *D72「基部」] = ಅಡಿಕಲ್ಲು (aḍikallu) ☞ಅಡೆ (aḍe)

ಅಡಿಕಬಾಱೆಗಿಡ ⟦aḍikabāṟegiḍa アディカバーレギダ⟧ [əḍikəbɐːɹegiḍɐ] 《‡》 *n.* [Ka. D62] (*DEDR*) ☞ಅಡಿಕೆಬಾಱೆಗಿಡ (aḍikebāṟegiḍa)

ಅಡಿಕಿಲ್ ⟦aḍikil アディキル⟧ [əḍĭkil] 《古》 *n.* [Ka. D80] ☞ಅಡಕಿಲು (aḍakilu)

ಅಡಿಕಿಲ ⟦aḍikila アディキラ⟧ [əḍĭkilɐ] 《古》 *n.* [Ka. *D80] ☞ಅಡಕಿಲು (aḍakilu)

ಅಡಿಕಿಲಿ ⟦aḍikili アディキリ⟧ [əḍĭkili] 《古》 *n.* [Ka. *D80] ☞ಅಡಕಿಲು (aḍakilu)

ಅಡಿಕಿಲು ⟦aḍikilu アディキル⟧ [əḍĭkilu] *n.* [Ka. *D80] ☞ಅಡಕಿಲು (aḍakilu)

ಅಡಿಕು ⟦aḍiku アディク⟧ [əḍĭku] 《古》 *vt.* 送る [Ka. ?]

ಅಡಿಕೆ¹ ⟦aḍike アディケ⟧ [əḍĭke] 《‡》 *n.* [Ka. *aḍu* D76 + *-ige*] (*Kitt.*) ☞ಅಡುಗೆ (aḍuge)

ಅಡಿಕೆ² ⟦aḍike アディケ⟧ [əḍĭke] *n.* [Ka. D88]

ಅಡಿಕೆಕತ್ತರಿ ⟦aḍikekattari アディケカッタリ⟧ [əḍĭkekəttəri] ಅಡಕತ್ತರಿ *n.* 1 ビンロウジ割り、ビンロウジュの実を割る胡桃割りのような道具 2 苦境、窮状 [Ka. *aḍike* D88 + *kattari*]

ಅಡಿಕೆಕಸ ⟦aḍikekasa アディケカサ⟧ [əḍikekəsɐ] 《方》 *n.* キク科の薬用植物（芳香の強い）→ 薬 (*KPN*) = ಬೋಡು ಕಡಲೆ ಸೊಪ್ಪು (bōḍu kaḍale soppu) [Ka. D62]

ಅಡಿಕೆಬಾಱೆಗಿಡ ⟦aḍikebāṟegiḍa アディケバーレギダ⟧ [əḍikebɐːɹegiḍɐ] 《‡》 *n.* つる草の一種《*St. & Pl.* (*Kitt.*)》 [Ka. D62]

ಅಡಿಗ ⟦aḍiga アディガ⟧ [əḍĭgɐ] 《文》 *m.*《*f.* ಅಡಿಗಳು (aḍigaḷu)》召し使い [Ka. *aḍi* D72 + *-ga*]

ಅಡಿಗಟ್ಟು ⟦aḍigaṭṭu アディガットゥ⟧ [əḍigəʈʈu] *n.* 基礎、礎 [*aḍi* D72 + *kaṭṭu*]

ಅಡಿಗಡಿಗೆ ⟦aḍigaḍige アディガディゲ⟧ [əḍigəḍĭge] *adv.* 1 一歩毎に、一歩一歩 2 何度も何度も、しばしば [Ka. *aḍige* + *aḍige*] = ಮೇಲಿಂದಮೇಲೆ (mēliṃdamēle)

ಅಡಿಗಲ್ ⟦aḍigal アディガル⟧ [əḍigəl] 《古》 *n.* [Ka. *aḍi* D72 + *kallu*] ☞ಅಡಿಗಲ್ಲು (aḍigallu)¹

ಅಡಿಗಲ್ಲು¹ ⟦aḍigallu アディガッル⟧ [əḍigəllu] ಅಡಿಕಲ್ *n.* 礎石、建物の基礎となる石 [Ka. *aḍi* D72 + *kallu*]

ಅಡಿಗಲ್ಲು² ⟦aḍigallu アディガッル⟧ [əḍigəllu] ಅಡಿಗಲ್, ಅಡೆಕಲು, ಅಡೆಗಲ್ *n.* かなとこ [Ka. *aḍe* D86 + *kallu*] ☞ಅಡೆಗಲ್ಲು (aḍegallu)

ಅಡಿಗಾಲು ⟦aḍigālu アディガール⟧ [əḍigɐːlu] 《古》 *n.* 膝から下の脚 [*aḍi*¹ + *kālu*]

ಅಡಿಗೆ ⟦aḍige アディゲ⟧ [əḍĭge] *n.* [Ka. *aḍu* + *-ge* D76] ☞ಅಡುಗೆ (aḍuge)

ಅಡಿಗೆಭಟ್ಟ ⟦aḍigebʰaṭṭa アディゲバッタ⟧ [əḍĭgebʰəʈʈɐ] *m.* バラモンの料理人 [Ka. *aḍige* + *bʰaṭṭa*]

ಅಡಿಗೆಮನೆ ⟦aḍigemane アディゲマネ⟧ [əḍĭgemənе] *n.* 台所 [+ *mane*]

ಅಡಿಗೆಮಾಡು ⟦aḍigemāḍu アディゲマードゥ⟧ [əḍĭgemɐːḍu] *vi.* 料理する、食事の支度をする [+ *māḍu*]

ಅಡಿಗೆರ ⟦aḍigera アディゲラ⟧ [əḍigerɐ] 《方》 *n.* 壺 (*Gowda*) [Ka. D75]

ಅಡಿಗೆವಜ್ರ ⟦aḍigevajra アディゲヴァジュラ⟧ [əḍĭgevəʤrɐ] 《古》 *n.* 人造ダイアモンド [Ka. *aḍige* D76 + *vajra*] = ಕೃತಕ ವಜ್ರ (kṛtaka vajra)〔汎〕

ಅಡಿಗೈ ⟦aḍigai アディガイ⟧ [əḍigəi] *n.* 物を受け取るために差しだした手の平 ¶ ಅವನು ಎಷ್ಟೇ ಪ್ರಯತ್ನಪಟ್ಟರೂ ಅವನದು ಅಡಿಗೈ. (avanu eṣṭē prayatnapaṭṭarū avanadu aḍigai.) いかに努力しても（貧しいままで）、彼は（施しを乞い求めて）人に手を差し出すしかない。[Ka. *aḍi*[1] + *kai*]

ಅಡಿಟಿಪ್ಪಣಿ ⟦aḍiṭippaṇi アディティッパニ⟧ [əḍiṭippəṇi] *n.*〈本の〉脚注 [Ka. *aḍi*[1] + *ṭippaṇi*]

ಅಡಿದೀಪ ⟦aḍidīpa アディディーパ⟧ [əḍidi:pɐ] 《文》 *n.* フットライト、脚光 [Ka. *aḍi*[1] + *dīpa*]

ಅಡಿಪಾಯ ⟦aḍipāya アディパーヤ⟧ [əḍipɐ:ja] *n.*（建物などの）基礎、礎 [Ka. *aḍi*[1] + *pāya* < Sk. *pāda-*]

ಅಡಿಮಟ್ಟ ⟦aḍimaṭṭa アディマッタ⟧ [əḍiməṭṭɐ] *adv.* 底まで ¶ ಅಡಿಮಟ್ಟ ನೋಡಿದರೆ ಸತ್ಯ ಗೊತ್ತಾಗಬಹುದು. (aḍimaṭṭa nōḍidare satya gottāgabahudu.) 底の底まで調べれば真実が分かるかもしれない。[Ka. *aḍi*[1] + *maṭṭa*]

ಅಡಿಮುಖ ⟦aḍimukʰa アディムカ⟧ [əḍimukʰɐ] *n.* 下面 [Ka. *aḍi*[1] + *mukʰa*]

ಅಡಿಮುಡಿ ⟦aḍimuḍi アディムディ⟧ [əḍimuḍi] *n.* 頭のてっぺんから足の先まで、初めから終わりまで ¶ ಅವನ ಅಡಿಮುಡಿ ವಿಷವೇ ಇದೆ. (avana aḍimuḍi viṣavē ide.) 彼は頭のてっぺんから足の先まで毒の塊だ。[Ka. *aḍi*[1] + *muḍi*]

ಅಡಿಮೆ ⟦aḍime アディメ⟧ [əḍĭme] *n.* 奴隷状態 —*mf.* 奴隷 [Ka. *aḍi*[1] + *-me*]

ಅಡಿಮೇಲಾಗು ⟦aḍimēlāgu アディメーラーグ⟧ [əḍime:lɐ:gu] *vi.* ひっくり返る、転覆する [Ka. *aḍi*[1] + *mēlu* + *āgu*]

ಅಡಿಯ ⟦aḍiya アディヤ⟧ [əḍijɐ] *m.*《*f.* ಅಡಿಯಳ್ (aḍiyaḷ)》 **1** 召し使い **2** 南カルナータカ地方の農業や肉体労働に従事するカーストに属する人々 (*SK*) [Ka. D72]

ಅಡಿಯಾಳು ⟦aḍiyāḷu アディヤール⟧ [əḍijɐ:ḷu] *mf.* **1** 召し使い、使用人 **2**〔喩〕子分、とりまき [Ka. *aḍi*[1] + *āḷu*[1]]

ಅಡಿಯಾಳುತನ ⟦aḍiyāḷutana アディヤールタナ⟧ [əḍijɐ:ḷŭtənɐ] *n.* **1** 召し使いであること、召し使いという身分 **2** 上司やボスに対して卑屈に仕えること [Ka. *aḍiyāḷu* + *-tana*] = ಚಾಕರಿ (cākari)

ಅಡಿಯಿಡು ⟦aḍiyiḍu アディイドゥ⟧ [əḍijiḍu] *vi.* 足を踏み出す [Ka. *aḍi*[1] + *iḍu*] = ಹೆಜ್ಜೆಯಿಡು (hejjeyiḍu)

ಅಡಿಯೂರು ⟦aḍiyūru アディユール⟧ [əḍiju:ru] *vi.* **1** '脚をしっかりふんばる' **2**（ある町などに）根をおろす [Ka. *aḍi*[1] + *ūru*]

ಅಡಿಹತ್ತು ⟦aḍihattu アディハットゥ⟧ [əḍihəttu] *vi.*（鍋の底などに飯などが）くっつく [Ka. *aḍi*[1] + *hattu*[2]]

ಅಡೀಸೇರು ⟦aḍīsēru アディーセール⟧ [əḍi:se:ru] *n.* 2.5 セール（穀物を計る単位、1セールの分量は地方によって異なる）(*NK*) [M. *aḍaśērī* < *aḍīcā śērā* T651.2 + T13106]

ಅಡು ⟦aḍu アドゥ⟧ [əḍu] 《文》 *vt.*《過去語幹 aṭṭ-》料理する = ಅಡಿಗೆ ಮಾಡು (aḍige māḍu) —*vi.* 煮える [Ka. D76]

ಅಡುಂಕು ⟦aḍuṃku アドゥンク⟧ [əḍuŋku] 《古》 *vt.* 積み重ねる [Ka. *D80] ☞ಅಡಕು (aḍaku)

ಅಡುಂಬುಬಳ್ಳಿ ⟦aḍuṃbubaḷḷi アドゥンブバッリ⟧ [əḍumbu bəḷḷi] 《文》 *n.* グンバイヒルガオ（ヒルガオ科サツマイモ属のつる草で岸の砂浜によく見られる）→薬 [Ka. D65] = ಬಂಗಡಿವಲ್ಲಿ (baṃgaḍivalli) *[IMP 234]

ಅಡುಕು ⟦aḍuku アドゥク⟧ [əḍŭku] ಅಡಕು[3], ಅಡಿಕು, ಅಡುಂಕು 《古》 *vt.* 運ぶ、輸送する [?] *[IMP 234]

ಅಡುಗೂಲಜ್ಜಿ ⟦aḍugūlajji アドゥグーラッジ⟧ [əḍŭugu:lədʤdʒi] *f.* **1**〔歴〕昔旅行者のために賄いをした老女 **2**〔俗〕老女 [Ka. *aḍu*「料理する」+ *kūlu* +「食事」*ajji*]

ಅಡುಗೆ ⟦aḍuge アドゥゲ⟧ [əḍŭge] ಅಡಿಗೆ, ಅಟ್ಟಿಗೆ *n.* **1** 料理〈すること〉 **2** 料理〈されたもの〉 [Ka. D76]

ಅಡುರು ⟦aḍuru アドゥル⟧ [əḍïru] 《方》 *n.* 小枝 (*Bark.*) [Ka. D67]

ಅಡುವಳ ⟦aḍuvaḷa アドゥヴァラ⟧ [əḍŭvəḷɐ] ಅಡಬಳ, ಅಡುವಳ್ಳ 《文》 *m.*《*f.* ಅಡುವಳಿತಿ (aḍuvaḷiti)》料理人 [Ka. *aḍu* D76 + *-vaḷa*]

ಅಡುಸು ⟦aḍusu アドゥス⟧ [əḍŭsu] 《‡》 *n.* 土、泥 (*My.* (*Kitt.*)) [Ka. D82 ←Te.]

ಅಡುಸೋಗೆ ⟦aḍusōge アドゥソーゲ⟧ [əḍə̆so:ge] *n.* [Ka. *D346] ☞ಆಡುಸೋಗೆ (āḍusōge)

ಅಡೆ¹ ⟦aḍe アデ⟧ [əḍe] 《‡》 *n.* 料理、調理 (*My* (*Kitt.*)) [Ka. D76]

ಅಡೆ² ⟦aḍe アデ⟧ [əḍe] *vi.*（脅かしたり警告したりするために）人差し指を前後に動かす ¶ ಅಮ್ಮ ಬೆರಳಿನಿಂದ ಅಡೆದು ಬುದ್ಧಿಮಾತು ಹೇಳಿದಳು. (amma beraḷiniṃda aḍedu buddimātu hēḷidaḷu.) 母親は人差し指をさし上げて子どもを叱った。[Ka. D77]

ಅಡೆ³ ⟦aḍe アデ⟧ [əḍe] 《古》 *vt.* 得る、獲得する —*vi.* 手にいる [Ka. ←D79]

ಅಡೆ⁴ ⟦aḍe アデ⟧ [əḍe] 《‡》 *n.* 土、泥 [Ka. D82] (*Kitt.*)

ಅಡೆ⁵ ⟦aḍe アデ⟧ [əḍe] 《古》 *vt.* 閉じ込める、幽閉する (*Kitt.*) —*vi.* 閉じ込められる、幽閉される (*Kitt.*) [Ka. D83]

ಅಡೆ⁶ ⟦aḍe アデ⟧ [əḍe] 《古》 *n.* 粘度の高いものの塊、ナツメヤシやタマリンドの実などを丸めて固めたもの [Ka. D84]

ಅಡೆ⁷ ⟦aḍe アデ⟧ [əḍe] *n.*（藁などでくるんで熟すように保管した）未熟のマンゴーやバナナなどの果物 [Ka. D85]

ಅಡೆಹಾಕು ⟦aḍehāku アデハーク⟧ [əḍehɐ:ku] *vt.*〈マンゴー、バナナなど熟していない果物が〉早く熟すように藁でくるんで保管する [+ *hāku*]

ಅಡೆ⁸ ⟦aḍe アデ⟧ [əḍe] ಅಡಿ⁵ 《古》 *n.* 職人が各種材料を加工する際に台として用いる短い丸太 [Ka. D86]

ಅಡೆ⁹ 〚aḍe アデ〛[əḍe] n. 細かく割った米と緑豆(あるいはその他の豆)を混ぜて作った練り粉を伸ばして焼いたもの [Ka. D87]

ಅಡೆ¹⁰ 〚aḍe アデ〛[əḍe] 《方》 n. 緯(よこ)糸を通さず残したサーリーなどの端の部分 (CK) [?]

ಅಡೆ¹¹ 〚aḍe アデ〛[əḍe] n. 庇護、保護 ¶ ಯಾವ ರಾಜರ ಅಡೆ ಇಲ್ಲದೆ ಅವನು ಸಾಹಿತ್ಯ ರಚಿಸಿದ. (yāva rājara aḍe illade avanu sāhitya racisida.) 彼はどの王からも庇護を受けずに文学作品を書いた。 [Ka.?]

ಅಡೆ¹² 〚aḍe アデ〛[əḍe] 《古》 n. 円盤状に丸めて干した牛糞(料理用の燃料) [Ka.? cf. aḍe⁶]

ಅಡೆ¹³ 〚aḍe アデ〛[əḍe] 《古》 n. 信頼、信用 (*Śmd. 91*) [?]

ಅಡೆ¹⁴ 〚aḍe アデ〛[əḍe] 《古》 vt. 無理矢理に詰め込む [Ka.?]

ಅಡೆಗಲ್ 〚aḍegal アデガル〛[əḍegəl] 《古》 n. かなとこ [Ka. D86]

ಅಡೆತಡೆ 〚aḍetaḍe アデタデ〛[əḍetəḍe] n. 1 邪魔、障害物、妨害 2 制限、拘束、束縛 [Ka. aḍe (echo)? + taḍe] ☞ಅಡತಡೆ (aḍataḍe)

ಅಡೆಪ 〚aḍepa アデパ〛[əḍĕpɐ] n. [Ka. D64, T1948] ☞ಅಡಪ (aḍapa)

ಅಡ್ಕೆಬೀಱುಬಳ್ಳಿ 〚aḍkebīṟuballi アドケビールバッリ〛[əḍkebiːɻubəḷḷi] 《‡》 n. サトイモ科のつる草(樹上で根を張る) (*St. & Pl. (Kitt.)*) [Ka. D90]

ಅಡ್ಡ¹ 〚aḍḍa アッダ〛[əḍḍɐ] (n.) 1 横切っていること、横断する〈こと〉 2 (木や柱が)横になった状態 3 邪魔している〈こと〉、道を塞いでいる〈こと〉 4 場違い〈の〉、不器用〈な〉、低水準〈の〉 ―n. 1 障害物 2《方》 木の梁(はり) (CK) [Ka.D83]

ಅಡ್ಡಂಬರು 〚aḍḍaṃbaru アッダンバル〛[əḍḍəmbəru] 《古》 vi. 《dat.》 1 道を塞ぐ 2 邪魔する、邪魔になる、障害となる [Ka. aḍḍa³ + baru]

ಅಡ್ಡಂಬೀಳು 〚aḍḍaṃbīḷu アッダンビール〛[əḍḍəmbiːḷu] 《古》 vi. [Ka. aḍḍa + -ṃ] ☞ಅಡ್ಡಬೀಳು (aḍḍabīḷu)

ಅಡ್ಡಕಟ್ಟು 〚aḍḍakaṭṭu アッダカットゥ〛[əḍḍəkəṭṭu] ಅಡ್ಡಂಗಟ್ಟು, ಅಡ್ಡಗಟ್ಟು vt. (倒木、盗賊などが)道を遮る、邪魔する [Ka. aḍḍa + kaṭṭu]

ಅಡ್ಡಕಥೆ 〚aḍḍakatʰe アッダカテ〛[əḍḍəkətʰe] n. 大きな物語に埋め込まれた小さな物語(マハーバーラタ中のナラ王物語など) [Ka. aḍḍa + katʰe]

ಅಡ್ಡಕಸಬಿ 〚aḍḍakasabi アッダカサビ〛[əḍḍəkəsə̆bi] 《古》 mf. 先祖伝来の本来の職業でない仕事に従事する人(未熟であることを含意する) [Ka. aḍḍakasabu + -i]

ಅಡ್ಡಕಸಬು 〚aḍḍakasabu アッダカサブ〛[əḍḍəkəsə̆bu] ಅಡ್ಡಕಸುಬು 《古》 n. 自分にとって先祖伝来の本来の職業でない仕事 [Ka. aḍḍa + kasabu]

ಅಡ್ಡಕಸುಬು 〚aḍḍakasubu アッダカスブ〛[əḍḍəkəsŭbu] 《古》 n. ☞ಅಡ್ಡಕಸಬು (aḍḍakasabu)

ಅಡ್ಡಂಗಟ್ಟು 〚aḍḍaṃgaṭṭu アッダンガットゥ〛[əḍḍəŋgəṭṭu] 《古》 vt. [Ka. aḍḍaṃ + kaṭṭu] ☞ಅಡ್ಡಕಟ್ಟು (aḍḍakaṭṭu)

ಅಡ್ಡಗಟ್ಟು 〚aḍḍagaṭṭu アッダガットゥ〛[əḍḍəgəṭṭu] vt. [Ka. aḍḍa + kaṭṭu]

ಅಡ್ಡಗಲ 〚aḍḍagala アッダガラ〛[əḍḍəgəlɐ] 《古》 n. (道などの)幅、横幅 [Ka. aḍḍa + agala]

ಅಡ್ಡಗವಿತೆ 〚aḍḍagavite アッダガヴィテ〛[əḍḍəgəvite] n. 稚拙な詩 [Ka. + kavite]

ಅಡ್ಡಗೀಚು 〚aḍḍagīcu アッダギーチュ〛[əḍḍəgiːʧu] n. 書いたことを取り消したり空いた場所に書き込めなくするために引いた線 [Ka. + gīcu]

ಅಡ್ಡಗೆರೆ 〚aḍḍagere アッダゲレ〛[əḍḍə̆gere] n. 書いたことを取り消したり空いた場所に書き込めなくするために引いた線 [Ka. + gere]

ಅಡ್ಡಗೊಂಬು 〚aḍḍagoṃbu アッダゴンブ〛[əḍḍəgombu] n. 変な方向に伸びた枝 [Ka. + koṃbu]

ಅಡ್ಡಗೋಡೆ 〚aḍḍagōḍe アッダゴーデ〛[əḍḍəgoːḍe] n. 部屋などを分割する壁、隔壁 [Ka.+ gōḍe]

ಅಡ್ಡಜಾತಿ 〚aḍḍajāti アッダジャーティ〛[əḍḍəʤɐːti] n.〔卑〕二つの品種を掛け合わせた植物や動物 [Ka. aḍḍa + jāti]

ಅಡ್ಡಜ್ಞಾನ 〚aḍḍajñāna アッダジュニャーナ〛[əḍḍəɟɲɐːnɐ/əḍḍəgnɐːnɐ] n. ぼんやりすること、上の空 ¶ ಓದುವಾಗ ಅಡ್ಡಜ್ಞಾನ ಇರಬಾರದು. (ōduvāga aḍḍajñāna irabāradu.) 勉強する時気を散らしてはいけない。 [Ka. aḍḍa + jñāna]

ಅಡ್ಡತಳಿ 〚aḍḍataḷi アッダタリ〛[əḍḍətəḷi] n. 二つの品種を掛け合わせた品種 [Ka. aḍḍa + taḷi]

ಅಡ್ಡತೊಡರು 〚aḍḍatoḍaru アッダトダル〛[əḍḍətoḍə̆ru] n. 邪魔、障害物 [Ka. aḍḍa + toḍaru]

ಅಡ್ಡದಾರಿ 〚aḍḍadāri アッダダーリ〛[əḍḍədɐːri] n. 1 本道を横切る道 2 間違った道 3〔喩〕悪い道、悪い行い [Ka. + dāri]

ಅಡ್ಡದುರುಬು 〚aḍḍadurubu アッダドゥルブ〛[əḍḍəḍurŭbu] n. (女性が)側頭部に結った髷(本来は後頭部に来るべきもの) [Ka. aḍḍa + turubu]

ಅಡ್ಡದೊಲೆ 〚aḍḍadole アッダドレ〛[əḍḍəḍole] n. 横梁(ばり) [Ka. aḍḍa + tole]

ಅಡ್ಡನಗೆ 〚aḍḍanage アッダナゲ〛[əḍḍənəge] n. 薄笑い、冷笑 [Ka. aḍḍa + nage]

ಅಡ್ಡನಾಮ 〚aḍḍanāma アッダナーマ〛[əḍḍənɐːmɐ] n. 1 姓、名字 2 通称、あだ名 3 シヴァ派の信者が灰や白い粘土で額につける宗派印(ヴィシュヌ派の印が縦であるのに対して、シヴァ派では横に3本引く) [Ka. aḍḍa + nāma] ☞ಅಡ್ಡ (aḍḍa) ☞ನಾಮ (nāma)

ಅಡ್ಡನಿಲುವು 〚aḍḍaniluvu アッダニルヴ〛[əḍḍənilŭvu] n. 縦横；経(たて)糸と緯糸 [Ka. aḍḍa + niluvu]

ಅಡ್ಡನುಡಿ 〚aḍḍanuḍi アッダヌディ〛[əḍḍənuḍi] n. 他人の話を中断する質問や意見や反論などの発言 [Ka. + nuḍi]

ಅಡ್ಡಪಂಕ್ತಿ 〚aḍḍapaṃkti アッダパンクティ〛[əḍḍəpəŋkti] n. 1 宴会や説教などにあたり、あまり重要でな

い人を座らせるためにはずれた場所に置いた列 2《文》詩文で本文中に挟まれた別の詩形の詩 [Ka. + paṃkti]

ಅಡ್ಡಪಲ್ಲಕ್ಕಿ ⟦aḍḍapallakki アッダパッラッキ⟧ [əɖɖəpəlləkki] *n.* （師への敬意を表するため）横向きに担いだ輿［⇒図］[Ka. *aḍḍa* + *pallakki*]

ಅಡ್ಡಪಲ್ಲಕ್ಕಿ 輿

ಅಡ್ಡಬರು ⟦aḍḍabaru アッダバル⟧ [əɖɖəbəru] *vi.* 人の道を横切る [Ka. *aḍḍa* + *baru*]

ಅಡ್ಡಬಾಯಿಹಾಕು ⟦aḍḍabāyihāku アッダバーイハーク⟧ [əɖɖəbɐːjihɐːku] *vi.* 人の言葉を遮る、口を挟む [Ka. *aḍḍa* + *bāyi* + *hāku*]

ಅಡ್ಡಬೀಳು ⟦aḍḍabīḷu アッダビール⟧ [əɖɖəbiːɭu] 《古》*vi.* 《過去語幹 bidd-》平伏する [Ka. *aḍḍa*¹ + *bīḷu*]

ಅಡ್ಡಮಾತು ⟦aḍḍamātu アッダマートゥ⟧ [əɖɖəmɐːtu] *n.* 主題と関係ない話、質問など [Ka. *aḍḍa* + *mātu*]

ಅಡ್ಡಮಾರ್ಗ ⟦aḍḍamārga アッダマールガ⟧ [əɖɖəmɐːrgɐ] *n.* 1 本道を横切る道、横道 2 間違った道 3〔喩〕悪い道、悪い行い [Ka. *aḍḍa* + *mārga*]

ಅಡ್ಡಮೋರೆ ⟦aḍḍamōre アッダモーレ⟧ [əɖɖəmoːre] *n.* 横を向いた顔 [Ka. *aḍḍa* + *mōre*]

ಅಡ್ಡರಸ್ತೆ ⟦aḍḍaraste アッダラステ⟧ [əɖɖərəste] *n.* 1 本道を横切る道路 2 十字路、二つの道路が交差する所 [Ka. *aḍḍa* + *raste*]

ಅಡ್ಡವೇಳೆ ⟦aḍḍavēḷe アッダヴェーレ⟧ [əɖɖəveːɭe] *n.* ありがたくない時間、時機を得ない時間 [Ka. *aḍḍa* + *vēḷe*]

ಅಡ್ಡಸುಳಿ ⟦aḍḍasuḷi アッダスリ⟧ [əɖɖəsuɭi] *vi.* 道草をくう [Ka. *aḍḍa* + *suḷi*]

ಅಡ್ಡಹಾಕು ⟦aḍḍahāku アッダハーク⟧ [əɖɖəhɐːku] *vt., vi.* 1 邪魔する、妨害する ¶ ನನಗೆ/ನನ್ನನ್ನು ಅವರು ಅಡ್ಡಹಾಕಿದರು. (nanage/nannannu avaru aḍḍahākidaru.) あの人は私の邪魔をした。 2 道をふさぐ ¶ ಕೃಷ್ಣ ರಾಧೆಗೆ/ರಾಧೆಯನ್ನು ಅಡ್ಡಹಾಕಿದ. (kṛṣṇa rādʰege/rādʰeyannu aḍḍahākida.) クリシュナはラーダーに通せんぼした。 [Ka. *aḍḍa* + *hāku*]

ಅಡ್ಡಹಾದಿ ⟦aḍḍahādi アッダハーディ⟧ [əɖɖəhɐːđi] 《口》*n.* 1 ‘本道を横切る道’ 2 脇道、側道 3 間違った道 4 悪い道、悪い行い [Ka. *aḍḍa* + *hādi*]

ಅಡ್ಡಹಾಯು ⟦aḍḍahāyu アッダハーユ⟧ [əɖɖəhɐːju] *vi.* 《*dat.*》目の前を通り過ぎる、前を横切る [Ka. *aḍḍa* + *hāyu*]

ಅಡ್ಡಹೆಸರು ⟦aḍḍahesaru アッダヘサル⟧ [əɖɖəhesə̆ru] *n.* 1 姓 2 あだ名、通称 [Ka. *aḍḍa* + *hesaru*]

ಅಡ್ಡಳತೆ ⟦aḍḍaḷate アッダラテ⟧ [əɖɖəɭə̆te] *n.* 幅 [Ka. *aḍḍa* + *aḷate*]

ಅಡ್ಡಾಗು ⟦aḍḍāgu アッダーグ⟧ [əɖɖɐːgu] *vi.* 1（昼寝などのため）横になる 2 邪魔になる、妨害する ¶ ವಿದ್ಯುತ್ ಉತ್ಪಾದನ ಕೇಂದ್ರದ ಸ್ಥಾಪನಕ್ಕೆ ಪರಿಸರವಾದಿಗಳು ಅಡ್ಡಾದರು. (vidyut utpādana kēṃdrada sthāpanakke parisaravādigaḷu aḍḍādaru.) 環境保護主義者は発電所の建設に反対した。 [Ka. *aḍḍa* + *āgu*]

ಅಡ್ಡಾಡು ⟦aḍḍāḍu アッダードゥ⟧ [əɖɖɐːɖu] *vi.* 散歩する、逍遥する、ぶらつく [Ka. *aḍḍa* + *āḍu*]

ಅಡ್ಡಾಯುಧ ⟦aḍḍāyudʰa アッダーユダ⟧ [əɖɖɐːjudʰɐ]《文》*n.* 湾刀 [Ka. *aḍḍa* + *āyudʰa*]

ಅಡ್ಡ² ⟦aḍḍa アッダ⟧ [əɖɖɐ]《古》*n.* イギリス統治時代以前の貨幣で $\frac{7}{16}$ ルーピーに当たる [Ka. D104/Sk. *ardha-*]

ಅಡ್ಡ³ ⟦aḍḍa アッダ⟧ [əɖɖɐ] (*n.*) 季節はずれ〈の〉[Ka. D84?/D83?]

ಅಡ್ಡಮಳೆ ⟦aḍḍamaḷe アッダマレ⟧ [əɖɖə̆məɭe] *n.* 季節はずれの雨 [+ *maḷe*]

ಅಡ್ಡಗಿಸು ⟦aḍḍagisu アッダギス⟧ [əɖɖəgisu]《古》*vi.* 邪魔する、妨害する、反対する [+ *-isu* D83 cf. Te. *aḍḍagiṃcu*] ☞ಅಡ್ಡಯಿಸು (aḍḍayisu)

ಅಡ್ಡಣ ⟦aḍḍaṇa アッダナ⟧ [əɖɖəɳɐ] ಅಡ್ಡಣಿ, ಅಡ್ಡಣೆ《古》*n.* 盾 [Ka. D83]

ಅಡ್ಡಣಿ ⟦aḍḍaṇi アッダニ⟧ [əɖɖə̆ɳi]《古》*n.* [Ka. *D83] ☞ಅದ್ದಣ (addaṇa)

ಅಡ್ಡಣಿಗೆ ⟦aḍḍaṇige アッダニゲ⟧ [əɖɖə̆ɳige] ಅಟ್ಟಣಿಕೆ, ಅಡಣಿಗೆ *n.* 膳、一人用の低い小さな食膳［⇒図］[Ka.?]

ಅಡ್ಡಣಿಗೆ 膳

ಅಡ್ಡಣೆ ⟦aḍḍaṇe アッダネ⟧ [əɖɖə̆ɳe]《古》*n.* [Ka. *D83] ☞ಅಡ್ಡಣ (aḍḍaṇa)

ಅಡ್ಡತರಂಗ ⟦aḍḍataraṃga アッダタランガ⟧ [əɖɖətərəŋgɐ]《文》*n.* 横波 [Ka. *aḍḍa* + *taraṃga*] ↔ ಅನುನೀಳ ತರಂಗ, ನೀಳಲೆ (anunīḷa taraṃga, nīḷale)

ಅಡ್ಡನ ⟦aḍḍana アッダナ⟧ [əɖɖə̆nɐ]《‡》*n.* 楯 (*Kitt.*) [Ka. D83]

ಅಡ್ಡನೆ ⟦aḍḍane アッダネ⟧ [əɖɖə̆ne] *adv.* 横切って、遮って ¶ ಒಂದು ಸೈಕಲ್ ರಸ್ತೆಗೆ ಅಡ್ಡನೆ ಬಂತು. (oṃdu saikal rastege aḍḍane baṃtu.) 自転車が前を横切った。 [Ka. D83]

ಅಡ್ಡಯಿಸು ⟦aḍḍayisu アッダイス⟧ [əɖɖəjisu] ಅಡ್ಡಗಿಸು, ಅಡ್ಡಯ್ಸು, ಅಡ್ಡವಿಸು, ಅಡ್ಡೈಸು《古》*vt.* 邪魔する、妨害する [Ka. D83]

ಅಡ್ಡಯಿಸುಹ ⟦aḍḍayisuha アッダイスハ⟧ [əɖɖəjisuhɐ]《‡》*n.* 妨害すること、邪魔すること [Ka. D83]

ಅಡ್ಡಯ್ಸು ⟦aḍḍaysu アッダイス⟧ [əɖɖəĭsu] *vt.* [Ka. D83] ☞ಅಡ್ಡಯಿಸು (aḍḍayisu)

ಅಡ್ಡಯ್ಸುಹ ⟦aḍḍaysuha アッダイスハ⟧ [əɖɖəĭsuhɐ]《‡》*n.* 妨害すること、邪魔すること (*Kitt.*) [Ka. D83]

ಅಡ್ಡಲ್ ⟦aḍḍal アッダル⟧ [əɖɖəl]《文》(*n.*)《複合語頭で》*aḍḍa* が *āgu* と結合する時に取る形 – ಅಡ್ಡ [Ka. D83]

ಅಡ್ಡವಿಸು ⟦aḍḍavisu アッダヴィス⟧ [əɖɖəvisu]《‡》*vi.* 邪魔する、妨害する [Ka. D83]

ಅಡ್ಡಾ ⟦aḍḍā アッダー⟧ [əɖɖɐː]《‡》(*n.*)《複合語頭で》横切る〈こと〉、交差した〈こと〉[Ka. D83] (*Kitt.*) ☞ಅಡ್ಡ (aḍḍa)

ಅಡ್ಡಾತಿಡ್ಡ ⟦aḍḍātiḍḍa アッダーティッダ⟧ [əḍḍɐːtiḍḍɐ] *adv.* [Ka. *aḍḍa* + echo D94] ☞ಅಡ್ಡಾದಿಡ್ಡಿ (aḍḍādiḍḍi)

ಅಡ್ಡಾತಿಡ್ಡಿ ⟦aḍḍātiḍḍi アッダーティッディ⟧ [əḍḍɐːtiḍḍi] *adv.* [Ka. *aḍḍa* + echo D94] ☞ಅಡ್ಡಾದಿಡ್ಡಿ (aḍḍādiḍḍi)

ಅಡ್ಡಾದಿಡ್ಡಿ ⟦aḍḍādiḍḍi アッダーディッディ⟧ [əḍḍɐːdiḍḍi] ಅಡ್ಡಾತಿಡ್ಡಿ, ಅಡ್ಡಾದುಡ್ಡಿ (*n.*) 無秩序〈な〉、不細工〈な〉、でたらめ〈な〉、無計画〈に〉 —*adv.* 無様に、不細工に、でたらめに ¶ ಅಡ್ಡಾದಿಡ್ಡಿ ಬಣ್ಣಗಳನ್ನು ಹಾಕಿದರೆ ಚಿತ್ರಕಲೆಯಾ? (aḍḍādiḍḍi baṇṇagaḷannu hākidare citrakaleyā?) でたらめに色を塗りたくるのが美術だって？ [Ka. *aḍḍa* + echo. D94]

ಅಡ್ಡಾದುಡ್ಡಿ ⟦aḍḍāduḍḍi アッダードゥッディ⟧ [əḍḍɐːduḍḍi] *adv.* [Ka. *aḍḍa* + echo D94] ☞ಅಡ್ಡಾದಿಡ್ಡಿ (aḍḍādiḍḍi)

ಅಡ್ಡಿ ⟦aḍḍi アッディ⟧ [əḍḍi] *n.* 障害；妨害 —(*n.*) **1** 横切っている〈こと〉、横断する〈こと〉 **2**（木や柱が）横になっている〈こと〉 **3** 邪魔している〈こと〉、道をふさいでいる〈こと〉 [Ka. D83]

ಅಡ್ಡಿತರು ⟦aḍḍitaru アッディタル⟧ [əḍḍitəru] *vt.* 《*dat.*》邪魔する、妨害する [Ka. *aḍḍi* + *taru*]

ಅಡ್ಡಿಮಾಡು ⟦aḍḍimāḍu アッディマードゥ⟧ [əḍḍimɐːḍu] *vi.* 《*dat.*》邪魔する、妨害する [Ka. *aḍḍi* + *māḍu*]

ಅಡ್ಡಿಕೆ ⟦aḍḍike アッディケ⟧ [əḍḍike] ಅಡ್ಡಿಗೆ, ಅಡ್ಡುಗೆ *n.* 首飾りの一種［⇒図］ [Ka. D95] (SK) = ಟೀಕೆ (ṭīke) (NK)

ಅಡ್ಡಿಕೆ 首飾り

ಅಡ್ಡಿಗೆ ⟦aḍḍige アッディゲ⟧ [əḍḍige] *n.* [Ka. D95] ☞ಅಡ್ಡಿಕೆ (aḍḍike)

ಅಡ್ಡುಗೆ ⟦aḍḍuge アッドゥゲ⟧ [əḍḍuge] *n.* [Ka. *D95] ☞ಅಡ್ಡಿಕೆ (aḍḍike)

ಅಡ್ಡೆ ⟦aḍḍe アッデ⟧ [əḍḍe] 《‡》 (*n.*) [Ka. D83] (*R.* (*Kitt.*)) ☞ಅಡ್ಡಿ (aḍḍi)

ಅಡ್ಡೇಟು ⟦aḍḍēṭu アッデートゥ⟧ [əḍḍeːṭu] *n.* 無差別に打つこと [Ka. *aḍḍa* + *ēṭu*「打つ」]

ಅಡ್ಡೈಸು ⟦aḍḍaisu アッダイス⟧ [əḍḍəisu] 《古》 *vt.* 邪魔する、妨害する [Ka. *D83] ☞ಅಡ್ಡಯಿಸು (aḍḍayisu)

ಅಡ್ನಾಡಿ ⟦aḍnāḍi アドナーディ⟧ [əḍnɐːḍi] 《口》 *mf.* ☞ಅಡನಾಡಿ (aḍanāḍi)

ಅಡ್ಲು ⟦aḍlu アドル⟧ [əḍlu] 《‡》 *n.* 泥、土 (*My.* (*Kitt.*)) [Ka. D82] ☞ಅಡಲು (aḍalu)

ಅಣ್ ⟦aṇ アン⟧ [əɳ] 《古》 *vt.* 〈香油、膏薬などを〉塗る [Ka. D96]

ಅಣ[1] ⟦aṇa アナ⟧ [əɳɐ] 《‡》 (*n.*) 優秀〈な〉(*DEDR*) [Ka. D110]

ಅಣ[2] ⟦aṇa アナ⟧ [əɳɐ] 《‡》 *m.* 《複合語末で》兄 (*Kitt.*) [Ka. D131]

-ಅಣ ⟦-aṇa -アナ⟧ [əɳɐ] 《文》 *suf.* 動詞語幹から動名詞を作る接尾辞 ¶ ಕೊಟ್ಟಣ (koṭṭaṇa)（米などを）搗くこと [Ø]

ಅಣಂಬಿ ⟦aṇambi アナンビ⟧ [əɳəmbi] 《古》 *n.* [Ka. *D300] ☞ಅಣಬೆ (aṇabe)

ಅಣಂಬೆ ⟦aṇambe アナンベ⟧ [əɳəmbe] 《古》 *n.* 茸 [Ka. D300] ☞ಅಣಬೆ (aṇabe)

ಅಣಕ ⟦aṇaka アナカ⟧ [əɳə̆kɐ] *n.* **1** からかい、嘲笑 **2** 冗談、悪ふざけ [Ka. D111]

ಅಣಕವಾಡು[1] ⟦aṇakavāḍu アナカヴァードゥ⟧ [əɳə̆kəvɐːḍu] *vt.* 嘲笑する、からかう [Ka. *aṇaka* + *māḍu*]

ಅಣಕವಾಡು[2] ⟦aṇakavāḍu アナカヴァードゥ⟧ [əɳə̆kəvɐːḍu] *n.* もじり歌 [Ka. *aṇaka* + *pāḍu*]

ಅಣಕವಾತು ⟦aṇakavātu アナカヴァートゥ⟧ [əɳə̆kəvɐːtu] *n.* **1** からかいの言葉 **2** 皮肉な言葉、当てこすり [Ka. *aṇaka* + *mātu*]

ಅಣಕಿಗ ⟦aṇakiga アナキガ⟧ [əɳə̆kigɐ] *m.* 《*f.* ಅಣಕಿಗಳು (aṇakigaḷu)》（職業的な）からかい屋、ふざけ屋 [Ka. *aṇaka* + *-iga*]

ಅಣಕಿಸು ⟦aṇakisu アナキス⟧ [əɳə̆kisu] *vt.* からかう、嘲弄する [Ka. *aṇaka* + *-isu* D111]

ಅಣಕಿಸುವಿಕೆ ⟦aṇakisuvike アナキスヴィケ⟧ [əɳəkisuvike] *n.* からかうこと、嘲弄すること [Ka. *aṇaka* + *-isu* + *-ike* D111]

ಅಣಕು ⟦aṇaku アナク⟧ [əɳə̆ku] 《古》 *vt.* **1** 詰め込む、狭い場所に押し込む **2** 抑制する、抑圧する [Ka. D112] ☞ಅಡಕು (aḍaku)

ಅಣಕುವೆ ⟦aṇakuve アナクヴェ⟧ [əɳəkuve] 《‡》 *n.* 謙虚、慎み深いこと (*R.* (*Kitt.*)) [Ka. D112]

ಅಣಗು ⟦aṇagu アナグ⟧ [əɳə̆gu] 《古》 *vi.* **1** 隠れる、身を隠す **2**（怒り、空腹、痛みが）やわらぐ [Ka. D112]

ಅಣಗಿಸು ⟦aṇagisu アナギス⟧ [əɳə̆gisu] 《古》 *vt.* **1** 隠す、隠匿する **2** 〈怒り、飢え、苦しみなどを〉やわらげる [+ *-isu* caus.]

ಅಣಚು[1] ⟦aṇacu アナチュ⟧ [əɳə̆ʧu] 《‡》 *vt.* 〈人の高慢を〉くじく (*Kitt.*) [Ka. D112]

ಅಣಚು[2] ⟦aṇacu アナチュ⟧ [əɳə̆ʧu] 《古》 *n.* 武器の柄 [Ka. *D120] ☞ಅಣಸು (aṇasu)

ಅಣಬೆ ⟦aṇabe アナベ⟧ [əɳə̆be] ಅಣಂಬಿ, ಅಣಂಬೆ, ಅಳಂಬೆ, ಆಣಂಬೆ, ಆಳಂಬಿ, ಆಳಂಬೆ, ಹಣಬೆ *n.* 茸 [Ka. D300]

ಅಣಲ್[1] ⟦aṇal アナル⟧ [əɳəl] ಅಣಲು 《古》 *n.* **1** 軟口蓋 (*Kitt.*) **2** 口の内部、口腔 (*RV 5.65*) [Ka. D117]

ಅಣಲ್[2] ⟦aṇal アナル⟧ [əɳəl] 《‡》 *n.* [Ka. D2315] (*My.* (*Kitt.*)) ☞ಅಳಿಲು (aḷilu)〔汎〕

ಅಣಲು ⟦aṇalu アナル⟧ [əɳə̆lu] 《古》 *n.* [Ka. D117] ☞ಅಣಲ್ (aṇal)

ಅಣಸು[1] ⟦aṇasu アナス⟧ [əɳə̆su] ಅಣಚು[1] 《古》 *vt.* 攻める、攻撃する [Ka. D112]

ಅಣಸು[2] ⟦aṇasu アナス⟧ [əɳə̆su] 《文》 *n.* **1** 武器の柄 **2** 杖や杵などの先についている金属の輪 **3** 武器の切っ先 [Ka. D120]

ಅಣಿ[1] ⟦aṇi アニ⟧ [əɳi] *n.* **1**（ある目的のために）ものをそろえ配置すること；準備 **2** 整頓、こぎれいなこと **3** 軍隊の配列 **4** 軍隊 [Ka. D116, D117, cf. D120]

ಅಣಿಗಟ್ಟು ⟦aṇigaṭṭu アニガットゥ⟧ [ɘɳigɘṭṭu] *vt.* 整頓する [+ *kaṭṭu*]

ಅಣಿಗಾರ ⟦aṇigāra アニガーラ⟧ [ɘɳigɐːrɐ] 《文》 *m.* 《*f.* ಅಣಿಗಾರಳು (aṇigāraḷu)》 **1** 準備をする人 **2** 準備を取りしきる人 [+ *-gāra*]

ಅಣಿಗೆಯ್ ⟦aṇigey アニゲイ⟧ [ɘɳigeĭ] 《古》 *vi.* 《*dat.*》 準備する [+ *gey*]

ಅಣಿಗೈ ⟦aṇigai アニガイ⟧ [ɘɳigɘi] 《古》 *vi.* 《*dat.*》 [+ *gai*] ☞ಅಣಿಗೆಯ್ (aṇigey)

ಅಣಿಮಾಡು ⟦aṇimāḍu アニマードゥ⟧ [ɘɳimɐːḍu] *vt.* **1** (部屋などを法事、会議などのために)整える **2** 準備する [Ka. *aṇi* + *māḍu*] = ತಯಾರಿಮಾಡು (tayārimāḍu)

ಅಣಿ[2] ⟦aṇi アニ⟧ [ɘɳi] 《方》 *n.* 悪魔の役を踊る踊り手が頭につける孔雀の羽のような飾り [⇒図] [Tu. D116] (SK)

ಅಣಿ[2]
踊りの飾り

ಅಣಿಗೆ ⟦aṇige アニゲ⟧ [ɘɳige] 《‡》 *n.* 櫛(くし) (*My.* (*Kitt.*)) [Ka. A49]

ಅಣಿಯರ ⟦aṇiyara アニヤラ⟧ [ɘɳijɘrɐ] 《古》 *n.* 多数、卓越、優越 [Ka. D120]

ಅಣಿಲ್ ⟦aṇil アニル⟧ [ɘɳil] 《古》 *n.* [Ka. D2315] ☞ಅಣಿಲು (aṇilu)

ಅಣಿಲು[1] ⟦aṇilu アニル⟧ [ɘɳĭlu] 《古》 *n.* [Ka. *D119] ☞ಅಳಲೆ (aḷale)[2]

ಅಣಿಲು[2] ⟦aṇilu アニル⟧ [ɘɳĭlu] 《古》 *n.* リス [Ka. D2315] ☞ಅಳಿಲು (aḷilu) 〔汎〕

ಅಣಿಲೆ ⟦aṇile アニレ⟧ [ɘɳĭle] 《文》 *n.* [Ka. D119] ☞ಅಳಲೆ (aḷale)[1]

ಅಣು ⟦aṇu アヌ⟧ [ɘɳu] *n.* **1** 微小な粒子 **2** 原子 [Sk.]

ಅಣುಗ ⟦aṇuga アヌガ⟧ [ɘɳugɐ] 《古》 *m.* 《*f.* ಅಣುಗಿ (aṇugi)》 **1** 「従う人」、召し使い、従者 **2** (神、政治家、宗教的指導者などの)信者、追従者 **3** 愛する人、慕う人 (*Pb.2.67*) **4** 息子 (*Pb.12.174*) [D113/Sk. *anuga-*]

ಅಣುಗಿ ⟦aṇugi アヌギ⟧ [ɘɳugi] 《古》 *f.* ಅಣುಗ (aṇuga) の女性形 [D113/Sk.]

ಅಣುಗು ⟦aṇugu アヌグ⟧ [ɘɳugu] 《古》 *n.* 愛情 [Ka. *D113]

ಅಣುಂಕು ⟦aṇuṃku アヌンク⟧ [ɘɳuŋku] 《‡》 *vt.* **1** 抑圧する、卑しめる **2** 滅ぼす、破滅させる (*R.* (*Kitt.*)) [Ka. D112]

ಅಣುಂಗು ⟦aṇuṃgu アヌング⟧ [ɘɳuŋgu] 《‡》 *vi.* 意気消沈する (*R.* (*Kitt.*)) [Ka. D112]

ಅಣುಬಾಂಬ್ ⟦aṇubāṃb アヌバーンブ⟧ [ɘɳubɐːmb] ಅಣುಬಾಂಬು *n.* 原子爆弾 [Sk. *aṇu* + Eg. *bomb*]

ಅಣುಮ ⟦aṇuma アヌマ⟧ [ɘɳumɐ] ಅಣುವ, ಅಣುವಂಟ 《古》 *m.* [Sk. *hanumaṃta-*] ☞ಅಣುವ (aṇuva)

ಅಣುವ ⟦aṇuva アヌヴァ⟧ [ɘɳuvɐ] ಅಣುಮ, ಅಣುವಂಟ 《古》 *m.* ラーマーヤナでラーマを助けた猿の王 [Sk. *hanumān*] ☞ಅನುಮ (anuma)

ಅಣುವಂತ ⟦aṇuvaṃta アヌヴァンタ⟧ [ɘɳuvɘntɐ] 《古》 *m.* [Sk. *hanumaṃt-*] ☞ಅನುಮ (anuma)

ಅಣುವ್ರತ ⟦aṇuvrata アヌヴラタ⟧ [ɘɳuvrɘtɐ] ಅಣುಬ್ರತ 《文》 *n.* ジャイナ教の在家信者が行う五つの小誓戒(不殺生・不妄語・不盗・不邪淫・無所有を可能な限り実践すること、出家者はこの五つを大誓戒として完全な形で行う) [Sk. *anuvrata*]

ಅಣುಶಕ್ತಿ ⟦aṇuśakti アヌシャクティ⟧ [ɘɳuʃɘkti] *n.* 原子力 [Sk.]

ಅಣೆ[1] ⟦aṇe アネ⟧ [ɘɳe] 《古》 *vt.* **1** (刀など先の尖った武器で)刺す **2** 拳骨でなぐる **3** (脅かしたり警告したりするため)人差し指を前後に動かす **4** 〈太鼓などを〉叩く [Ka. D77] = ಅಡೆ (aḍe)

ಅಣೆ[2] ⟦aṇe アネ⟧ [ɘɳe] 《‡》 *n.* 接近 (*Čt.I.37* (*Kitt.*)) [Ka. D120]

ಅಣೆ[3] ⟦aṇe アネ⟧ [ɘɳe] 《古》 *vi.* **1** (火が)消える **2** (喉の渇きが)静まる [Ka. D121]

ಅಣೆ[4] ⟦aṇe アネ⟧ [ɘɳe] 《口》 *n.* **1** ダム、堰 = ಡ್ಯಾಂ (ḍyāṃ) 〔口〕 **2** 高原、山麓の平地 [Ka. D122]

ಅಣೆ[5] ⟦aṇe アネ⟧ [ɘɳe] 《‡》 *intrj.* ねー(女性に呼びかける言葉) (*My.* (*Kitt.*)) [Ka. D124]

ಅಣೆ[6] ⟦aṇe アネ⟧ [ɘɳe] 《方》 *n.* 額 (*My.* (*Kitt.*)) [Ka. D3896] ☞ಹಣೆ (haṇe) 〔汎〕

-ಅಣೆ ⟦-aṇe -アネ⟧ [ɘɳe] *suf.* …すること(動詞語幹から抽象名詞を作る接尾辞) ¶ ಸಾಕಣೆ (sākaṇe) 養育; 養殖 [Sk. *-ana-*]

ಅಣೆಕಟ್ಟು ⟦aṇekaṭṭu アネカットゥ⟧ [ɘɳekɘṭṭu] ಅಣೆಗಟ್ಟು *n.* ダム、堰 [Ka. *aṇe*[4] + *kaṭṭu*] = ಡ್ಯಾಮ್ (ḍyām) 〔口〕

ಅಣೆಗಟ್ಟು ⟦aṇegaṭṭu アネガットゥ⟧ [ɘɳegɘṭṭu] *n.* [*aṇe*[4] + *kaṭṭu*] ☞ಅಣೆಕಟ್ಟು (aṇekaṭṭu)

ಅಣ್ಕೆ ⟦aṇke アンケ⟧ [ɘɳke] 《古》 *n.* 膏薬や香油などを体に塗ること [Ka. *aṇ* D96 + *-ke*]

ಅಣ್ಣ[1] ⟦aṇṇa アンナ⟧ [ɘɳɳɐ] 《‡》 *n.* 優秀性 (*Grj.2, after 71* (*Kitt.*)) [Ka. D110]

ಅಣ್ಣ[2] ⟦aṇṇa アンナ⟧ [ɘɳɳɐ] *m.* 《*pl.* ಅಣ್ಣಂದಿರು (aṇṇaṃdiru)》 **1** 兄 **2** にいさん(敬愛の念をもって自分より少し年上の従兄弟などに呼びかけたり言及したりする言葉) **3** にいさん(敬愛の念をもって自分より少し年上の男性に呼びかけたり言及したりする言葉) [Ka. D131]

ಅಣ್ಣಾಲಿಗೆ ⟦aṇṇālige アンナーリゲ⟧ [ɘɳɳɐːlige] 《‡》 *n.* 口蓋垂 (*DEDR*) [Ka. D110/< *aḍḍanālige*?]

ಅಣ್ಣಿ ⟦aṇṇi アンニ⟧ [ɘɳɳi] 《口》 *f.* ねえさん(敬愛の念をもって自分より少し年上の女性に呼びかけたり言及したりする言葉) [Ka. D131]

ಅಣ್ಣು ⟦aṇṇu アンヌ⟧ [ɘɳɳu] 《‡》 *f.* 女、女性 [Ka. D132] (*R.* (*Kitt.*))

ಅಣ್ಣೆ ⟦aṇṇe アンネ⟧ [ɘɳɳe] 《‡》 (*n.*) 卓越〈した〉 [Ka. D110]

ಅಣ್ಪಿತ ⟦aṇpita アンピタ⟧ [ɘɳpitɐ] 《‡》 *n.* 親族関係; 愛情 (*Čt.I.65* (*Kitt.*)) [Ka. D330]

ಅಣ್ಪು¹ ⟦aṇpu アンプ⟧ [əɳpu] ಅಂಪು 《古》 *n.* (香油や膏薬などを)塗ること [Ka. D96]

ಅಣ್ಪು² ⟦aṇpu アンプ⟧ [əɳpu] 《‡》 *n.* 親族関係；愛情 (*Kk 70* (*Kitt.*)) [Ka. D330]

ಅಣ್ಮು ⟦aṇmu アンム⟧ [əɳmu] ಅಮ್ಮು, ಅಟ್ಮು 《古》 *n.* 勇敢、男らしさ、勇猛 —*vi.* 男らしく振る舞う、勇敢に振る舞う [Ka. D399]

ಅಣ್ಮುಗಿಡು ⟦aṇmugiḍu アンムギドゥ⟧ [əɳmugiḍu] 《古》 *vi.* 《*nom.,dat.*》(恐れや不安などによって)勇気や勇敢さがくじける [*aṇmu + kiḍu*]

ಅಣ್ಮುಗುಂದು ⟦aṇmuguṃdu アンムグンドゥ⟧ [əɳmugundu] 《古》 *vi.* 《*dat.*》(恐れや不安などによって)勇気や勇敢さがくじける [*aṇmu + kuṃdu*]

ಅಣ್ಮುಕಾರ ⟦aṇmukāra アンムカーラ⟧ [əɳmukɐːrɐ] 《古》 *m.* 《*f.* ಅಣ್ಮುಕಾರ್ತಿ (aṇmukārti)》勇士、勇者、英雄 [Ka. *aṇmu + -kāra*]

ಅಣ್ವಸ್ತ್ರ ⟦aṇvastra アンヴァストラ⟧ [əɳvəstrɐ] *n.* 原子力兵器 [Sk.]

ಅಣ್ವಸ್ತ್ರ ಪರೀಕ್ಷೆ ⟦aṇvastra parīkṣe アンヴァストラパリークシェ⟧ [əɳvəstrə pəriːkʂe] *n.* 核実験 [Sk.]

ಅತನು ⟦atanu アタヌ⟧ [ətənu] 《文》 *m.* 愛神カーマの別名 [Sk.]

ಅತಲ¹ ⟦atala アタラ⟧ [ətəlɐ] ಅತಳ 《文》 *adj.* 底のない、底知れない —*n.* インドの神話的世界観でナーガなどの半神が住むパーターラと総称される7層の地下世界の一番上の世界 ☞ಪಾತಾಳ (pātāḷa) [Sk.]

ಅತಲ² ⟦atala アタラ⟧ [ətəlɐ] 《‡》 *n.* 騒ぎ、騒動 (*Kitt.*) [Ka. D135]

ಅತಳ ⟦ataḷa アタラ⟧ [ətəḷɐ] 《文》 *n.* インドの神話的世界観における七つの下界のうちの第一界 [Sk.] ☞ಅತಲ (atala)¹

ಅತಿ ⟦ati アティ⟧ [əti] (*n.*) 過度〈の〉¶ ನಿನ್ನ ಮಾತು ಅತಿಯಾಯಿತು. (ninna mātu atiyāyitu.) 君の話は言いすぎだった。 [Sk.]

ಅತಿಯಾಗಿ ⟦atiyāgi アティヤーギ⟧ [atijɐːgi] *adv.* 1 過度に、度を越して 2 とても、ひどく、極度に [+ *āgi*]

ಅತಿ– ⟦ati- アティ -⟧ [əti] 《文》 *pref.* 1 「極…」「超…」「とても」「すごい」「すごく」の意味を表す接頭辞 ¶ ಅತ್ಯುಕ್ತಿ (atyukti) 誇張 (法) 2 「大変」「とても」「すこぶる」の意味を表す接頭辞 ¶ ಅತಿಚತುರ (aticatura) とても利口な 3 「越えて」「彼方に」の意味を表す接頭辞 ¶ ಅತಿಕ್ರಮಣ (atikramaṇa) 侵入、不法侵入 [Sk.]

ಅತಿಕು ⟦atiku アティク⟧ [ətiku] 《‡》 *vi.* [Ka. D145] (*R.* (*Kitt.*)) ☞ಅತುಕು (atuku)

ಅತಿಕ್ರಮಣ ⟦atikramaṇa アティクラマナ⟧ [ətikrəmənɐ] *n.* 1 不法侵入 2〔喩〕規則や道徳律や法などに違反すること [Sk.]

ಅತಿಕ್ರಮಪ್ರವೇಶ ⟦atikramapravēśa アティクラマプラヴェーシャ⟧ [ətikrəməprəveːʃɐ] 《文》 *vt.* 不法侵入 [Sk.]

ಅತಿಕ್ರಮಿಸು ⟦atikramisu アティクラミス⟧ [ətikrəmisu] 《文》 *vt.* 1 不法侵入 ¶ ಅವನು ಪರವಾನಿಗೆ ಇಲ್ಲದೆ ಮೇರೆಯನ್ನು ಅತಿಕ್ರಮಿಸಿ ಬಂದ. (avanu paravānige illade mēreyannu atikramisi baṃda.) 彼は許可なく越境してきた。 2〔喩〕〈法や道徳や秩序に〉従わない [Sk.]

ಅತಿಥಿ ⟦atitʰi アティティ⟧ [ətitʰi] 《文》 *mf.* 客、客人 [Sk.]

ಅತಿಮಧುರ ⟦atimadʰura アティマドゥラ⟧ [ətimədʰurɐ] *adj.* 1 カンゾウ(甘草、乾燥した天草の根やそのエキス、薬用または香味料) 2 カンゾウ(マメ科カンゾウ属の植物、上記の原料となる、) ⇀ 香・甘・薬 *[IMP 3.85]

ಅತಿಮಾನುಷ ⟦atimānuṣa アティマーヌシャ⟧ [ətimɐːnuʂɐ] *adj.* 超人間的な、人間を越えた [Sk.]

ಅತಿಮೂತ್ರ ⟦atimūtra アティムートラ⟧ [ətimuːtrɐ] *n.* 瀕尿症 [Sk.]

ಅತಿರಂಜಿತ ⟦atiraṃjita アティランジタ⟧ [ətikrəɲdʒitɐ] 《文》 *adj.* 誇張された [Sk.]

ಅತಿರಥ ⟦atiratʰa アティラタ⟧ [ətirətʰɐ] 《文》 *n.* 《*f.* *ಅತಿರಥೆ (atiratʰe)》戦車に乗った無敵の戦士 [Sk.]

ಅತಿರಸ ⟦atirasa アティラサ⟧ [ətirəsɐ] *n.* 米とココナツと黒砂糖をつぶして円盤状に丸めたものを揚げた暗褐色で厚めの平たい菓子 [Sk.]

ಅತಿರಿಕ್ತ ⟦atirikta アティリクタ⟧ [ətiriktɐ] 《文》 *adj.* 1 過度の、極端な、過大な 2 余分の、控えの ¶ ನಿಯಮಿತ ಸೇವೆಗೆ ಅತಿರಿಕ್ತ ವಿಮಾನಗಳು ಬೇಕು. (niyamita sēvege atirikta vimānagaḷu bēku.) 時間どおりに運行するにはもっと飛行機が必要だ。 [Sk.]

ಅತಿರೇಕ ⟦atirēka アティレーカ⟧ [ətireːkɐ] 《文》 *n.* 1 過度、極端 ¶ ಅವನ ಮಾತಿನ ಅತಿರೇಕವನ್ನು ಜನ ಸಹಿಸುವುದಿಲ್ಲ. (avana mātina atirēkavannu jana sahisuvudilla.) 人は彼の行き過ぎたおしゃべりをゆるさない。 2 社会で受け入れられない行動 ¶ ನೌಕರಿ ಹೋದ ಮೇಲೆ ಅವನ ನಡತೆ ಅತಿರೇಕವಾಗಿದೆ. (naukari hōda mēle avana naḍate atirēkavāgide.) 職を失って以来、彼は社会が受け入れがたい行動をとるようになった。 —(*n.*) 1 過度〈の〉、極端〈な〉、過大〈な〉 2 変わった〈こと〉、風変わりな〈振る舞いなど〉¶ ಅವನ ನಡವಳಿಕೆ ಅತಿರೇಕವಾಗಿದೆ. (avana naḍavaḷike atirēkavāgide.) 彼の振る舞いは社会に受け入れられない。 [Sk.]

ಅತಿಶಯ ⟦atiśaya アティシャヤ⟧ [ətiʃəjɐ] *n.* 極端、過度、過大 —(*n.*) 極端〈な〉、過度〈の〉、過大〈な〉 [Sk.]

ಅತಿಶಯೋಕ್ತಿ ⟦atiśayōkti アティシャヨークティ⟧ [ətiʃəjoːkti] *n.* 誇張、誇張法 [Sk.]

ಅತಿಸಾರ ⟦atisāra アティサーラ⟧ [ətisɐːrɐ] 《文》 *n.* 下痢 [Sk.]

ಅತೀಂದ್ರಿಯ ⟦atīṃdriya アティーンドリヤ⟧ [ətiːndrijɐ] 《文》 *adj.* 1 感覚器官では捉えられない 2 超自

然的な —*n.*（サーンキヤ哲学における）我

ಅತೀಂದ್ರಿಯದೃಷ್ಟಿ ⟦atīṃdriyadṛṣṭi アティーンドリヤドゥルシュティ⟧ [əti:ndrijədrɯʂʈi] 《文》 *n.* 超自然的な視力 [Sk.]

ಅತೀತ ⟦atīta アティータ⟧ [əti:tɐ] 《文》 (*adj.*) **1** 越えた〈こと〉 **2** 越えた〈こと〉、卓越〈した〉 **3** 亡くなった〈こと〉、物故〈した〉 **4** 過ぎ去った〈こと〉、過去〈の〉 —*m.* 《*f.* ಅತೀತೆ (atīte)》感官の欲望を超越した人；世捨て人、隠遁者 [Sk.]

ಅತೀತಕಾಲ ⟦atītakāla アティータカーラ⟧ [əti:təkɐ:lɐ] 《文》 *n.* **1** 過去、過ぎ去った時 **2** 過去 [+ *kāla-*]

ಅತೀತಜನ್ಮ ⟦atītajanma アティータジャンマ⟧ [əti:təʤənmɐ] 《文》 *n.* 前世 [+ *janma*]

ಅತೀತಭವ ⟦atītabʰava アティータバヴァ⟧ [əti:təbʰəvɐ] 《文》 *n.* 前世 [+ *bʰava*]

ಅತೀತಮಠ ⟦atītamaṭʰa アティータマタ⟧ [əti:təməʈʰɐ] 《文》 *n.* 隠遁者の僧院 [+ *maṭʰa*]

ಅತೀವ ⟦atīva アティーヴァ⟧ [əti:vɐ] 《文》 (*adj.*) 極度〈の〉、過度〈の〉 [Sk.]

-ಅತು ⟦-atu -アトゥ⟧ [ətu] 《古》 *pron.n.* 準名詞や名詞や代名詞の所有格を名詞化する接尾辞（この接尾辞で名詞化した形は形容詞としても用いられる）(*Šmd.178* (*Kitt.*)) [Ka. D1] = -ಅದು (-adu)〔現〕

ಅತುಕು ⟦atuku アトゥク⟧ [ətŭku] ಅದುಕು 《古》 *vt.* くっつける、接合する (*Sd.*) [Ka. D145 cf. Te. *atuku*]

ಅತುಲ ⟦atula アトゥラ⟧ [ətulɐ] 《文》 *adj.* 比類なき、比べるもののない [Sk.]

ಅತುಳ ⟦atuḷa アトゥラ⟧ [ətuɭɐ] 《文》 (*adj.*) [Sk.] ☞ಅತುಲ (atula)

ಅತೃಪ್ತಿ ⟦atṛpti アトゥルプティ⟧ [ətrɯpti] *n.* 不満足 [Sk.]

-ಅತೆ ⟦-ate -アテ⟧ [-əte] *suf.* 語根から動名詞を作る接尾辞 ¶ ಅಳೆ (aḷe) 計る + -ಅತೆ (-ate) = ಅಳತೆ (aḷate) 分量 ¶ ಅಗಿ (agi) 掘る + -ಅತೆ (-ate) = ಅಗತೆ (agate) 掘ること [Ka.]

ಅತ್ತ ⟦atta アッタ⟧ [əttɐ] 《文》 *adv.* **1** 向こうで **2** 一方では、他方では ¶ ಇತ್ತ ಮುದುಕಿ ಬಟ್ಟೆ ಒಗೆಯುತ್ತಿದ್ದಾಗ, ಅತ್ತ ಮುದುಕ ಸೌದೆ ತರಲು ಹೋದ. (itta muduki baṭṭe ogeyuttiddāga, atta muduka saude taralu hōda.) おばあさんが洗濯している間おじいさんは薪を集めに行った。 **3** その時点以前に；その後で —*postp.* …に向かって、…の方に ¶ ಅಪ್ಪ ಮಾರ್ಕೆಟ್ಟಿನತ್ತ ಹೋಗುತ್ತಿದ್ದರು. (appa mārkeṭṭinatta hōguttiddaru.) 父は市場の方に歩いていった。 [Ka. D1]

ಅತ್ತಂ ⟦attaṃ アッタン⟧ [əttəm] 《古》 *adv.* 向こうで、向こうに [Ka. *D1]

ಅತ್ತಪರ ⟦attapara アッタパラ⟧ [əttəpərɐ] 《古》 *n.* 盾 [?]

ಅತ್ತರ್ ⟦attar アッタル⟧ [əttər] *n.* [Ar. *ʿaṭar*] ☞ಅತ್ತರು (attaru)

ಅತ್ತರು ⟦attaru アッタル⟧ [əttər] *n.* 香水 [Ar. *ʿaṭar*]

ಅತ್ತರದಾಣಿ ⟦attaradāṇi アッタラダーニ⟧ [əttərədɐ:ɳi] *n.* [M. *attarădāṇī* ←Pe.] ☞ಅತ್ತುರುದಾನಿ (attarudāni)

ಅತ್ತರುದಾನಿ ⟦attarudāni アッタルダーニ⟧ [əttərŭdɐ:ni] ಅತ್ತರದಾಣಿ, ಅತ್ತರದಾನು *n.* 香水入れ、香水を入れるガラス瓶 [M. *attarădānī* ←Pe.]

ಅತ್ತರದಾನು ⟦attaradānu アッタラダーヌ⟧ [əttərədɐ:nu] 《古》 *n.* [H. *atarădānā* ←Pe.] ☞ಅತ್ತರುದಾನಿ (attarudāni)

ಅತ್ತಲ್ ⟦attal アッタル⟧ [əttəl] 《古》 *adv.* [Ka. D1] ☞ಅತ್ತ (atta) 1,2

ಅತ್ತಲ ⟦attala アッタラ⟧ [əttəlɐ] 《‡》 *n.* 騒ぎ、騒動 (*Kitt.*) [Ka. D135]

ಅತ್ತಲು ⟦attalu アッタル⟧ [əttəlu] 《古》 *adv.* [Ka. *D1] ☞ಅತ್ತ (atta) 1, 2.

ಅತ್ತಿ[1] ⟦atti アッティ⟧ [ətti] 《方》 *f.* [Ka. D142] ☞ಅತ್ತೆ (atte)

ಅತ್ತಿ[2] ⟦atti アッティ⟧ [ətti] *n.* フサナリイチジク（クワ科イチジク属の赤い実のなる木またはその実、漢訳は優曇鉢樹（うどんばじゅ））→ 食・宗 [Ka. D144] *[IMP 3.35; IHT 267]

ಅತ್ತಿಕಾಯ್ ⟦attikāy アッティカーイ⟧ [əttikɐ:ĭ] *n.* フサナリイチジクの赤い実 [+ *kāy* *D144]

ಅತ್ತಿ[3] ⟦atti アッティ⟧ [ətti] 《古》 *n.* 満足、楽しみ [Ka. *arti*[1] D281] ☞ಅರ್ತಿ (arti)

ಅತ್ತಿಕೆ ⟦attike アッティケ⟧ [əttike] 《‡》 *f.* 姉 (*Kitt.*) [Ka. D142]

ಅತ್ತಿಗೆ ⟦attige アッティゲ⟧ [əttige] *f.* 《*pl.* ಅತ್ತಿಗೆಯರು (attigeyaru)》 **1** 兄嫁、義姉 **2** 夫の姉妹、義姉 **3** おねえさん（年齢や社会関係において自分の兄にあたる人の配偶者に敬愛の念をもって呼びかけたり言及したりする言葉） [Ka. D142] cf. ನಾದಿನಿ (nādini)

ಅತ್ತಿತ್ತ ⟦attitta アッティッタ⟧ [əttittɐ] *adv.* あちこち、あちらこちらに [Ka. *atta* + *itta*]

ಅತ್ತು ⟦attu アットゥ⟧ [əttu] 《‡》 *pron.n.* あれ、それ（指示代名詞あるいは前方照合代名詞、三人称単数形）(*Šmd.178* (*Kitt.*)) [Ka. D1]

-ಅತ್ತು ⟦-attu -アットゥ⟧ [əttu] 《古》 *suf.* 準名詞や名詞や代名詞の所有格を名詞化する接尾辞（*-attu* を付けた形は形容詞としても用いられる） ¶ ನಿನತ್ತು (ninattu) 汝の物 (*Šmd.178* (*Kitt.*)) [Ka. D1]

ಅತ್ತೆ ⟦atte アッテ⟧ [ətte] ಅತ್ತಿ *f.* 《*pl.* ಅತ್ತೆಯರು (atteyaru)》 **1** 姑 **2** 母の兄弟の配偶者 **3** 父の姉妹 **4** おばさん（自分よりほぼ一世代年上の女性に敬愛の念をもって呼びかけたり言及したりする言葉） [Ka. D142]

ಅತ್ತೆಮನೆ ⟦attemane アッテマネ⟧ [əttemənе] *n.* **1** 姑の実家 **2** 刑務所 [Ka. *atte* + *mane*]

ಅತ್ಯಂತ ⟦atyaṃta アティャンタ⟧ [ətʲəntɐ] 《文》 *adv.* とても、非常に、すこぶる ¶ ಸಿ.ವಿ. ರಾಮನ್ ಅತ್ಯಂತ ಬುದ್ಧಿವಂತರು. (si.vi. rāman atyaṃta buddʰivaṃtaru.) C.V. ラーマンは非常に頭がよい。 —*adj.* 極端な、非常な、ひどい [Sk.]

ಅತ್ಯಗತ್ಯ ⟦atyagatya アティャガティャ⟧ [ətʲəgətʲɐ] (*n.*) 絶対必要〈な〉 ◇ *adj.* —ವಾದ (vāda) [Sk.]

ಅತ್ಯಧಿಕ ⟦atyadʰika アティャディカ⟧ [ətˈjədʰikɐ] *adj.* とても多い [Sk.]

ಅತ್ಯದ್ಭುತ ⟦atyadbʰuta アティャドブタ⟧ [ətˈjədbʰutɐ] 《文》 *adj.* 驚嘆すべき、摩訶不思議な [Sk.]

ಅತ್ಯಲ್ಪ ⟦atyalpa アティャルパ⟧ [ətˈjəlpɐ] 《文》 (*adj.*) ほんの少し〈の〉、ごく微量〈の〉 [Sk.]

ಅತ್ಯಾಚಾರ ⟦atyācāra アティャーチャーラ⟧ [ətˈjɐːʧɐːrɐ] *n.* 暴虐、非道な行為、残虐行為 [Sk.]

ಅತ್ಯಾಶೆ ⟦atyāśe アティャーシェ⟧ [ətˈjɐːʃe] 《文》 *n.* どん欲、欲張り [Sk.]

ಅತ್ಯಾವಶ್ಯಕ ⟦atyāvaśyaka アティャーヴァシュヤカ⟧ [ətˈjɐːvəʃjəkɐ] *adj.* なくてはならない、必須の [Sk.]

ಅತ್ಯಾಸಕ್ತಿ ⟦atyāsakti アティャーサクティ⟧ [ətˈjɐːsəkti] 《文》 *n.* **1** 強い愛着や献身 **2** 強い熱意、深い関心 **3** ひどい迷妄、世俗に対する強い執着 [Sk.]

ಅತ್ಯುತ್ತಮ ⟦atyuttama アティュッタマ⟧ [ətˈjuttəmɐ] 《文》 *adj.* たいへん優れた、このうえなく卓越した [Sk.]

ಅತ್ಯುನ್ನತ ⟦atyunnata アティュンナタ⟧ [ətˈjunnətɐ] 《文》 *adj.* **1** とても高い **2** このうえなく卓越した [Sk.]

ಅತ್ಯುಕ್ತಿ ⟦atyukti アティュクティ⟧ [ətˈjukti] 《文》 *n.* **1** 誇張 **2** 修辞張法 [Sk.]

ಅತ್ವ ⟦atva アトヴァ⟧ [ətvɐ] *n.* 文字 ಅ (a) *a* [Sk.] = ಅಕಾರ (akāra)

ಅಥವಾ ⟦atʰavā アタヴァー⟧ [ətʰəvɐː] 《文》 *conj.* または、あるいは [Sk.]

ಅಥ್ಲೆಟಿಕ್ಸ್ ⟦atʰleṭiks アトレティクス⟧ [ətʰleṭiks] *n.* 陸上競技 [Eg. *athletic*]

ಅದಕು ⟦adaku アダク⟧ [əđə̆ku] *vt.* 〈布、体などを〉押さえつける、締めつける (SK) **—***vi.* (人が)打ち身を受ける、(金属容器が) ぶつかってへこむ [Ka. D133]

ಅದಕಿಸು ⟦adakisu アダキス⟧ [əđə̆kisu] *vt.* 押さえつけさせる、など [Ka. D133] (SK)

ಅದಕ್ಕಾಗಿ ⟦adakkāgi アダッカーギ⟧ [əđəkkɐːgi] *adv.* そのために [Ka. *adakke* + *āgi*] = ಅದಕ್ಕೆ (adakke)

ಅದಕ್ಕೆ ⟦adakke アダッケ⟧ [əđəkke] *adv.* そのために [dat. of *adu*]

ಅದಕ್ಷ ⟦adakṣa アダクシャ⟧ [ədəkʂɐ] 《文》 *adj., m.* 器用でない〈人〉、上手でない〈人〉 [Sk.]

ಅದಟ ⟦adaṭa アダタ⟧ [əđə̆ṭɐ] ಅದಟ್ಟ, ಅಧಟ 《古》 *m.* 《*f.* *ಅದಟೆ (*adaṭe)》 **1** 勇者、強い男、剛勇の人 **2** 傲慢な人、高慢な人 [Ka. D140/Sk. *adhṛṣṭa-*]

ಅದಟತನ ⟦adaṭatana アダタタナ⟧ [əđə̆ṭətənɐ] 《古》 *n.* 剛勇、武勇 [Ka. D140]

ಅದಟು [1] ⟦adaṭu アダトゥ⟧ [əđə̆ṭu] 《古》 *vt.* 叱る、叱責する [Ka. D137(b)]

ಅದಟು [2] ⟦adaṭu アダトゥ⟧ [əđə̆ṭu] 《古》 *n.* 剛勇、武勇 [Ka. D140]

ಅದಟ್ಟ ⟦adaṭṭa アダッタ⟧ [əđəṭṭɐ] 《古》 *m.* 《*f.* ಅದಟ್ಟೆ (adaṭṭe)》 [Ka. *D140] ☞ಅದಟ (adaṭa)

ಅದಪು [1] ⟦adapu アダプ⟧ [əđə̆pu] 《古》 *vt.* 押さえる、締めつける、絞る [Ka. D133]

ಅದಪು [2] ⟦adapu アダプ⟧ [əđə̆pu] ಅದುಹು 《古》 *vt.* 興奮して話す、叱りつける、非難する [Ka. D137(b)]

ಅದಬ್ ⟦adab アダブ⟧ [ədəb] ಅದಬ್ 《古》 *n.* **1** 謙虚、慎ましさ **2** 支配、取り締まり、管理 [Ar. *adab*]

ಅದಬ್ಬು ⟦adabbu アダッブ⟧ [ədəbbu] 《古》 *n.* ☞ಅದಬ್ (adab)

ಅದಮು ⟦adamu アダム⟧ [əđə̆mu] 《‡》 *vt.* 押さえる、締めつける、絞る (*My.* (*Kitt.*)) [Ka. D133] ☞ಅದುಮು (adumu)

ಅದರ ⟦adara アダラ⟧ [əđə̆rɐ] *pron.* 《*gen.*》 それの [Ka. gen. of *adu*] ☞ಅದು (adu)

ಅದರಲ್ಲಿ ⟦adaralli アダラッリ⟧ [əđə̆rəlli] *pron.* その中で [Ka. loc. of *adu*] ☞ಅದು (adu)

ಅದರಿಂದ ⟦adariṃda アダリンダ⟧ [əđə̆rindɐ] *adv.* それから [Ka. abl. of *adu*]

ಅದರು [1] ⟦adaru アダル⟧ [əđə̆ru] 《‡》 *n.* 雲脂(ふけ) (*DEDR*) [Ka. D42] ತಲೆ ಹೊಟ್ಟು〔汎〕

ಅದರು [2] ⟦adaru アダル⟧ [əđə̆ru] *vi.* **1** 震える、振動する (*C.* (*Kitt.*)) **2** 恐れる、驚愕する [Ka. D137(a)] ☞ಅದಿರು (adiru)

ಅದರಿಸು ⟦adarisu アダリス⟧ [əđə̆risu] 《‡》 *vt.* 震わす (*C.* (*Kitt.*)) [Ka. D137(a)]

ಅದರು [3] ⟦adaru アダル⟧ [əđə̆ru] 《‡》 *n.* 鉱石 (*My.* (*Kitt.*)) [Ka. *D192] ☞ಅದಿರು (adiru)

ಅದಲಾಬದಲು ⟦adalābadalu アダラーバダル⟧ [ədə̆lɐːbədə̆lu] *n.* 交換、取りかえっこ [echo + *badalu*]

ಅದಲು ⟦adalu アダル⟧ [əđə̆lu] 《‡》 *vi.* 震える、振動する (*C.* (*Kitt.*)) [Ka. D137(a)]

ಅದಲಿಸು ⟦adalisu アダリス⟧ [əđə̆lisu] 《‡》 *vt.* 振るわせる (*C.* (*Kitt.*)) [Ka. D137(a)]

ಅದಲುಬದಲು ⟦adalubadalu アダルバダル⟧ [ədə̆lubə̆də lu] *n.* 交換、取り替えっこ [echo + *badalu*] = ಅದಲಾಬದಲು (adalābadalu)

ಅದಿಮು ⟦adimu アディム⟧ [əđĭmu] 《‡》 *vt.* 押さえる、締めつける、絞る (*My.* (*Kitt.*)) [Ka. D133] ☞ಅದ್ದುಮು (addumu)

ಅದಿರ್ ⟦adir アディル⟧ [əđir] 《古》 *vi.* **1** 震える、**2** 恐れる、驚愕する **—***n.* 震え、振動 [Ka. D137(a)]

ಅದಿರು [1] ⟦adiru アディル⟧ [əđĭru] *vi.* 震える、振動する、揺れる [Ka. D137(a)]

ಅದಿರು [2] ⟦adiru アディル⟧ [əđĭru] ಅದುರು *n.* 鉱石 [Ka. *D192]

ಅದಿರು [3] ⟦adiru アディル⟧ [əđĭru] 《方》 *n.* 境、境界 (*Gowda*) [Ka. D2325]

ಅದಿರ್ಪು ⟦adirpu アディルプ⟧ [əđĭrpu] 《古》 *vt.* **1** 振るわせる、揺する **2** 抑制する、押さえつける **—***n.* **1** 震えること **2** 恐怖 [Ka. D137(a)]

ಅದು ⟦adu アドゥ⟧ [əđu] *pron. n.* **1** あれ ¶ ಅದು/ಅವರು ನಮ್ಮ ಅಜ್ಜಿ. (adu/avaru namma ajji.) あれが私

の祖母です。 2 それ(前方照応遠称の代名詞)¶ ಅದು ನಾನು ಸುಮ್ಮನೆ ಹೇಳಿದ್ದೆ. (adu nānu summane hēḷidde.) それは何となく言っただけでした。[Ka. D1]

ಅದುಕು ⟦aduku アドゥク⟧ [əɗŭku] 《‡》 *vt.* くっつける、接合する (*Sander*) [Ka. D145] ☞ಅತುಕು (atuku)

ಅದುಗು ⟦adugu アドゥグ⟧ [əɗŭgu] ಅದಿಗು 《古》 *vi.* 縮む、小さくなる [Ka. D133]

ಅದುಗಿಸು ⟦adugisu アドゥギス⟧ [əɗŭgisu] 《古》 *vt.* 縮ませる [Ka. D133]

ಅದುಪು ⟦adupu アドゥプ⟧ [əɗŭpu] 《‡》 *vt.* 押さえる、締めつける、絞る (*My.* (*Kitt.*)) [Ka. D133]

ಅದುಬು ⟦adubu アドゥブ⟧ [əɗŭbu] 《‡》 *vt.* 押さえる、締めつける、絞る (*My.* (*Kitt.*)) [Ka. D133] (*My.* (*Kitt.*))

ಅದುಮು ⟦adumu アドゥム⟧ [əɗŭmu] *vt.* 1 (スイッチなどを)押す 2 詰め込む、圧縮する 3 抑制する、抑える ¶ ಅಪ್ಪ ಕೋಪವನ್ನು ಅದುಮಿಕೊಂಡು ಹೇಳಿದರು "ಆಗಲಿ," (appa kōpavannu adumikoṃḍu hēḷidaru "āgali,") 父は怒りを抑えて「分かった」と言った。(*My.* (*Kitt.*)) [Ka. D133] = ಒತ್ತು (ottu)

ಅದುಮಿಸು ⟦adumisu アドゥミス⟧ [əɗŭmisu] *vt.* 押さえる [+ *-isu*]

ಅದುರು[1] ⟦aduru アドゥル⟧ [əɗŭru] 《‡》 *n.* 雲脂(ふけ) (*My.* (*Kitt.*)) [Ka. D42]

ಅದುರು[2] ⟦aduru アドゥル⟧ [əɗŭru] ಅದ್ರು *vi.* 震える [Ka. D137(a)] ☞ಅದಿರ್ (adir)

ಅದುರು[3] ⟦aduru アドゥル⟧ [əɗŭru] *n.* 鉱石 [Ka. D192] ☞ಅದಿರು (adiru)

ಅದುರು[4] ⟦aduru アドゥル⟧ [əɗŭru] 《方》 *n.* 境界 (*Gowda*) [Ka. D2325]

ಅದುರುವಾಯು ⟦aduruvāyu アドゥルヴァーユ⟧ [əɗŭru vɐːju] *n.* パーキンソン病 [Ka. *adiru*[1] + Sk. *vāyu-*]

ಅದುಹು[1] ⟦aduhu アドゥフ⟧ [əɗŭhu] 《古》 *vt.* 振るわせる、揺する [Ka. D137(a) < *adirpu*]

ಅದುಹು[2] ⟦aduhu アドゥフ⟧ [əɗŭhu] 《‡》 *vi.* 当惑する;疑う、疑念を抱く (*Râm. 6,53,27* (*Kitt.*)) [Ka. D139]

ಅದೃಢ ⟦adṛḍʰa アドゥルダ⟧ [ədrɯɖʰɐ/ədruɖʰɐ] 《文》 *adj.* 弱い、虚弱な [Sk.]

ಅದೃಶ್ಯ ⟦adṛśya アドゥルシュヤ⟧ [ədrɯʃ·jɐ/ədruʃ·jɐ] 《文》 *adj.* 見えない [Sk.]

ಅದೃಷ್ಟ ⟦adṛṣṭa アドゥルシュタ⟧ [ədrɯʂʈɐ/ədruʂʈɐ] (*adj.*) 目に見えない〈こと〉、不可視〈の〉、見えない〈こと〉、消えた〈こと〉 —*n.* 1 幸運 2 運命 [Sk.]

ಅದೃಷ್ಟಪರೀಕ್ಷೆ ⟦adṛṣṭaparīkṣe アドゥルシュタパリークシェ⟧ [ədrɯʂʈəpəriːkʂe] *n.* 自分の運命を試すこと [Sk.]

ಅದೃಷ್ಟವಂತ ⟦adṛṣṭavaṃta アドゥルシュタヴァンタ⟧ [ədrɯʂʈəvəntɐ] *m.*, *adj.* 幸運な〈人〉 [Sk.]

ಅದೃಷ್ಟವಶ ⟦adṛṣṭavaśa アドゥルシュタヴァシャ⟧ [ədrɯʂʈəvəʃɐ] 《文》 *n.* 幸運 [Sk.]

ಅದೃಷ್ಟವಶಾತ್ ⟦adṛṣṭavaśāt アドゥルシュタヴァシャート⟧ [ədrɯʂʈəvəʃɐːt] 《文》 *adv.* 幸運によって、幸運にも [Sk.]

ಅದೆ ⟦ade アデ⟧ [əɗeː] ಅದೇ *snt.* ご覧、ほらあそこ ¶ ಅದೆ! ಕೃತಿ ಬರುತ್ತಿದ್ದಾಳೆ. (ade! kṛti baruttiddāḷe.) ご覧、クリティがやってくる。[Ka. *adu* D1 + *-ē*]

ಅದೇ ⟦adē アデー⟧ [əɗeː] *snt.* [Ka. *adu* + *ē*] ☞ಅದೆ (ade)

ಅದೊ ⟦ado アド⟧ [əɗoː] ಅದೋ *snt.* ご覧、ほらあそこ ¶ ಅದೋ! ಹುಲಿ ಬಂತು. (adō! huli baṃtu.) 見ろ、虎が出た。[Ka. D1 *adu* + *kō*]

ಅದೋ ⟦adō アドー⟧ [əɗoː] *snt.* [Ka. *adu* + *kō*] ☞ಅದೊ (ado)

ಅದ್ದಯಿಸು ⟦addayisu アッダイス⟧ [əddəjisu] 《‡》 *vt.* 水などに浸ける (*Bh.4,2,58* (*Kitt.*)) [Ka. D285]

ಅದ್ದಿಕೆ ⟦addike アッディケ⟧ [əddike] 《‡》 *n.* 水などに浸かることまたは浸けること (*My.* (*Kitt.*)) [Ka. D285] ☞ಅದ್ದುಗೆ (adduge)

ಅದ್ದು ⟦addu アッドゥ⟧ [əddu] ಅಜ್ಜು ಅರ್ದು, ಅಟ್ಟು *vt.* (水などに)浸ける、沈める [Ka. D285]

ಅದ್ದುಗೆ ⟦adduge アッドゥゲ⟧ [əddugе] 《文》 *n.* 水などに浸かることまたは浸けること [Ka. D285]

ಅದ್ದೂರಿ ⟦addūri アッドゥーリ⟧ [əddu:ri] 《文》 *n.* [?] ☞ಅದ್ಧೂರಿ (addʰūri)

ಅದ್ಧುರಿ ⟦addʰuri アッドゥリ⟧ [əddʰuri] 《異》 (*n.*) [?] ☞ಅದ್ಧೂರಿ (addʰūri)

ಅದ್ಧೂರಿ ⟦addʰūri アッドゥーリ⟧ [əddʰu:ri] ಅದ್ದೂರಿ, ಅದ್ಧುರಿ (*n.*) 1 荘麗〈な〉、壮大〈な〉、華麗〈な〉 2 荘麗〈な〉、壮大〈な〉、華麗〈な〉 [?]

ಅದ್ಭುತ ⟦adbʰuta アドブタ⟧ [ədbʰutɐ] *adj.* 驚くべき、不思議な —*n.* 驚くべきこと、不思議 [Sk.]

ಅದ್ಭುತರಸ ⟦adbʰutarasa アドブタラサ⟧ [ədbʰutərəsɐ] 《文》 *n.* (文学的な作品や文言を特徴づける)「驚き」の情趣 [+ *rasa*]

ಅದ್ಯತನ ⟦adyatana アディヤタナ⟧ [əd·jətənɐ] 《文》 *adj.* 現在に関する、現在の [Sk.]

ಅದ್ಯಾಪಿ ⟦adyāpi アディャーピ⟧ [əd·jɐːpi] 《文》 *adv.* 今でも [Sk.]

ಅದ್ರಿ ⟦adri アドリ⟧ [əd·ri] 《文》 *n.* 山岳 [Sk.]

ಅದ್ರಿಕನ್ಯೆ ⟦adrikanye アドリカニェ⟧ [əd·rikən·je] 《文》 *f.* パールヴァティー女神 [Sk.]

ಅದ್ರಿಧರ ⟦adridʰara アドリダラ⟧ [əd·ridʰərɐ] 《文》 *m.* ヴィシュヌ神の別名 [Sk.]

ಅದ್ರಿರಾಜ ⟦adrirāja アドリラージャ⟧ [əd·rirɐːʤɐ] 《文》 *m.* 「山々の王」、ヒマラヤ [Sk.]

ಅದ್ರು ⟦adru アドル⟧ [əɗru] 《方》 *vi.* 震える [Ka. D137(a)] ☞ಅದುರು (aduru)[2]

ಅದ್ವಿತೀಯ ⟦advitīya アドヴィティーヤ⟧ [əd̪viti:jɐ] 《文》 (*n.*) 比類ない〈こと〉、類のない〈こと〉 [Sk.]

ಅದ್ವೈತ ⟦advaita アドヴァイタ⟧ [ədvəitɐ] 《文》 (*adj.*) 匹敵するものがない〈こと〉、同じようなものが存在しない〈こと〉 —*n.* 大我と個我が一つだとする哲学上の立場 [Sk.]

ಅಧಟ ⟦adʰaṭa アダタ⟧ [ədʰə̆ʈɐ] 《古》 *m.* [Ka. *D140] ☞ಅದಟ (adaṭa)

ಅಧಟು ⟦adʰaṭu アダトゥ⟧ [ədʰə̆ʈu] 《‡》 *n.* ☞ಅದಟು (adaṭu)[2]

ಅಧಃಪತನ ⟦adʰaḥpatana アダッパタナ⟧ [ədəppətənɐ] *n.* **1** 下に落ちること **2** 下落、没落、低落、堕落、退廃 [Sk.]

ಅಧಮ ⟦adʰama アダマ⟧ [ədʰəmɐ] *adj., m.* 最低の〈奴〉、卑しむべき〈奴〉、下劣な〈人〉 [Sk.]

ಅಧರ ⟦adʰara アダラ⟧ [ədʰə̆rɐ] 《文》 *adj.* **1** 低い、下の **2** 下等の、卑しい —*n.* 下唇 [Sk.]

ಅಧರ್ಮ ⟦adʰarma アダルマ⟧ [ədʰərmɐ] *n.* 不正な [Sk.]

ಅಧಿಕ ⟦adʰika アディカ⟧ [ədʰikɐ] *adj.* **1** 多くの、多数の、多量の **2** 優れた、卓越した、優越した **3** 優れた、卓越した、優越した [Sk.]

ಅಧಿಕದಿನ ⟦adʰikadina アディカディナ⟧ [ədʰikədinɐ] *n.* 閏日 [Sk.]

ಅಧಿಕಪಾಠ ⟦adʰikapāṭʰa アディカパータ⟧ [ədʰikəpɐːʈʰɐ] 《文》 *n.* 文章に新しい語句を挿入すること、挿入した語句 [Sk.]

ಅಧಿಕಪ್ರಸಂಗ ⟦adʰikaprasaṃga アディカプラサンガ⟧ [ədʰikəprəsəŋgɐ] *n.* でしゃばり、差し出がましいこと [Sk.]

ಅಧಿಕಪ್ರಸಂಗಿ ⟦adʰikaprasaṃgi アディカプラサンギ⟧ [ədʰikəprəsəŋgi] *adj., mf.* でしゃばりな〈人〉、差し出がましい〈人〉 [Sk.]

ಅಧಿಕಮಾಸ ⟦adʰikamāsa アディカマーサ⟧ [ədʰikəmɐːsɐ] *n.* 閏月 [Sk.]

ಅಧಿಕರಣ ⟦adʰikaraṇa アディカラナ⟧ [əʰikərəɳɐ] 《文》 *n.* **1**《古》 権利、所有権 **2**《古》 支配権、権力 **3** (ある特定の主題に関する)本の章や節 **4**〔言〕 於格 **5** 行政機関の部局 [Sk.]

ಅಧಿಕರಣಕಾರಕ ⟦adʰikaraṇakāraka アディカラナカーラカ⟧ [ədʰikərəɳəkɐːrəkɐ] 《文》 *n.*〔言〕 於格 [Sk.]

ಅಧಿಕರಿಸು ⟦adʰikarisu アディカリス⟧ [ədʰikərisu] 《文》 *vt.* **1** 〈権力を〉振るう ¶ ಅವರು ಆಹಾರ ಇಲಾಖೆಯನ್ನು ಅಧಿಕರಿಸುತ್ತಾರೆ. (avaru āhāra ilākʰeyannu adʰikarisuttāre.) 彼は食糧庁に権力を振るっている。 **2** (ある学問や技芸を)習得する、会得する ¶ ಕವಿಗಳು ವ್ಯಾಕರಣವನ್ನು ಅಧಿಕರಿಸಬೇಕು. (kavigaḷu vyākaraṇavannu adʰikarisabēku.) 詩人は文法に通じていなければならない。 **3**〔美〕 〈ある問題などを〉取り扱う ¶ ನೀವು ಇಂದು ಯಾವ ವಿಷಯವನ್ನು ಅಧಿಕರಿಸಿ ಮಾತಾಡುತ್ತೀರಿ? (nīvu iṃdu yāva viṣayavannu adʰikarisi mātāḍuttīri?) 今日は何についてお話しいただけますか。 [Sk.]

ಅಧಿಕಾರ ⟦adʰikāra アディカーラ⟧ [ədʰikɐːrɐ] *n.* **1** (所有、利用などの)権利、(相続などに関する)請求権 **2** 権力、支配(権) **3** 資格 **4** 職権 **5** (技芸などに対する)熟練、熟達 **6** (本や法律などの)章 [Sk.]

ಅಧಿಕಾರಕ್ಷೇತ್ರ ⟦adʰikārakṣētra アディカーラクシェートラ⟧ [ədʰikɐːrəkʂeːtrɐ] 《文》 *n.* (役所などの)管轄区 [Sk.]

ಅಧಿಕಾರವಾಣಿ ⟦adʰikāravāṇi アディカーラヴァーニ⟧ [ədʰikɐːrəvɐːɳi] 《文》 *n.* (権力や権威のある人物の)鶴の一声 [Sk.]

ಅಧಿಕಾರ ವ್ಯಾಪ್ತಿ ⟦adʰikāra vyāpti アディカーラヴィャープティ⟧ [ədʰikɐːrə vjɐːpti] 《文》 *n.* **1** (役所などの)管轄区 **2** 課された仕事の範囲 [Sk.]

ಅಧಿಕಾರಸೂತ್ರ ⟦adʰikārasūtra アディカーラスートラ⟧ [ədʰikɐːrəsuːtrɐ] 《文》 *n.* **1** 権力、支配(権) **2**〔言〕 パーニニの文法において下位規則を支配する上位規則 [Sk.]

ಅಧಿಕಾರಸ್ಥಾನ ⟦adʰikārastʰāna アディカーラスターナ⟧ [ədʰikɐːrə̆stʰɐːnɐ] 《文》 *n.* 役職 ¶ ಅಧಿಕಾರಸ್ಥಾನದಲ್ಲಿ ಯಾರಿದ್ದಾರೆ? (adʰikārastʰānadalli yāriddāre?) 責任者は誰だ。 [Sk.]

ಅಧಿಕಾರಸ್ಥ ⟦adʰikārastʰa アディカーラスタ⟧ [ədʰikɐːrə̆stʰɐ] *m.* 《*f.* ಅಧಿಕಾರಸ್ಥಳು (adʰikārastʰaḷu)》権限を持った人 [Sk.]

ಅಧಿಕಾರಿ ⟦adʰikāri アディカーリ⟧ [ədʰikɐːri] *mf.* 《*f.* ಅಧಿಕಾರಿತಿ/ ಅಧಿಕಾರ್ತಿ/ ಅಧಿಕಾರಿಣಿ (adʰikāriti/ adʰikārti/ adʰikāriṇi)》 **1** (あることについて)権力や資格のある人 **2** 役人、官僚 [Sk.]

ಅಧಿಕಾರಿವರ್ಗ ⟦adʰikārivarga アディカーリヴァルガ⟧ [ədʰikɐːrivərgɐ] 《文》 *n.* 官僚や役人の一団 [Sk.]

ಅಧಿಕೃತ ⟦adʰikṛta アディクルタ⟧ [ədʰikrɯtɐ/adʰikrutɐ] 《文》 *adj.* 権力や管轄権や資格のある、公認の [Sk.]

ಅಧಿಕೃತಭಾಷೆ ⟦adʰikṛtabʰāṣe アディクルタバーシェ⟧ [ədʰikrɯtəbʰɐːʂe] 《文》 *n.* 公用語、行政で用いられる言語 [Sk.]

ಅಧಿದೇವತೆ ⟦adʰidēvate アディデーヴァテ⟧ [ədʰideːvəte] *n.* (町、家族、個人などの)守護神 [Sk.]

ಅಧಿದೈವ ⟦adʰidaiva アディダイヴァ⟧ [ədʰidəivɐ] *m.* [Sk.] ☞ಅಧಿದೇವತೆ (adʰidēvate)

ಅಧಿನಾಥ ⟦adʰinātʰa アディナータ⟧ [ədʰinɐːtʰɐ] *mf.* 《*f.* *ಅಧಿನಾಥೆ (adʰinātʰe)》「至高の権力の持ち主」、王 [Sk.]

ಅಧಿಪ ⟦adʰipa アディパ⟧ [ədʰipɐ] *m.* 《*f.* *ಅಧಿಪಳು (*adʰipaḷu)》「至高の権力の持ち主」、王 [Sk.]

ಅಧಿಪತಿ ⟦adʰipati アディパティ⟧ [ədʰipəti] *mf.* 「至高の権力の持ち主」、王 [Sk.]

ಅಧಿಪತ್ರ ⟦adʰipatra アディパトラ⟧ [ədʰipətrɐ] *n.* 令状 [Sk.]

ಅಧಿರಾಜ ⟦adʰirāja アディラージャ⟧ [ədʰirɐːja] *mf.* 王の中の王、帝王 [Sk.]

ಅಧಿಷ್ಠಾನ ⟦adʰiṣṭʰāna アディシュターナ⟧ [ədʰiʂʈʰɐːnɐ] *n.* 公共の活動を担当する(公的、私的な)制度や組織

[Sk.]

ಅಧಿಷ್ಠಿತ ⟦adʰiṣṭʰita アディシュティタ⟧ [əsʰiʂʈitɐ] 《文》 *adj.* **1**〔美〕座った、席についた **2**〔喩〕確立した [Sk.]

ಅಧಿಸೂಚನೆ ⟦adʰisūcane アディスーチャネ⟧ [ədʰisuːʧəne] 《文》 *n.* (政府などからの) 通告 [Sk.]

ಅಧೀಕ್ಷಣ ⟦adʰīkṣaṇa アディークシャナ⟧ [ədʰiːkʂə̆ɳɐ] *n.* 監督、管理、指揮 [Sk.]

ಅಧೀನ ⟦adʰīna アディーナ⟧ [ədʰiːnɐ] *adj., m.* 《*f.* ಅಧೀನಳು (adʰīnaḷu)》(他人に) 依存した〈人〉; 服従した〈人〉、隷属した〈人〉 —*n.* 依存; 隷属、従属 ¶ ದೊಡ್ಡ ಕುಟುಂಬ ಅವನ ಅಧೀನದಲ್ಲಿದೆ. (doḍḍa kuṭuṃba avana adʰīnadallide.) 大家族が彼を頼りにしている。[Sk.]

ಅಧೀನತೆ ⟦adʰīnate アディーナテ⟧ [ədʰiːnəte] 《文》 *n.* 依存; 隷属、従属 [Sk.]

ಅಧೀರ ⟦adʰīra アディーラ⟧ [ədʰiːrɐ] 《文》 *adj.* (心が) 安定しない; 落ち着かない; 混乱した、動揺した —*adj., m.* 《*f.* ಅಧೀರಳು (adʰīraḷu)》落ち着かない〈人〉、そわそわした〈人〉、気が気でない〈人〉; うろたえている〈人〉、気もそぞろな〈人〉、当惑した〈人〉 [Sk.]

ಅಧೀರತೆ ⟦adʰīrate アディーラテ⟧ [ədʰiːrəte] 《文》 *n.* **1** 困惑、当惑、心の不安定、焦り **2** 心が落ち着かないこと、焦燥、じりじりすること; 心の混乱、動揺 [Sk.]

ಅಧೀಶ ⟦adʰīśa アディーシャ⟧ [ədʰiːʃɐ] *mf.* (国や地方などの) あるじ、支配者 [Sk.] = ಒಡೆಯ (oḍeya)

ಅಧುನಾತನ ⟦adʰunātana アドゥナータナ⟧ [ədʰunɐːtənɐ] 《文》 *adj.* 現在に関する、現在の [Sk.]

ಅಧೀಶ್ವರ ⟦adʰīśvara アディーシュヴァラ⟧ [ədʰiːʃvərɐ] *m.* 《*f.* ಅಧೀಶ್ವರಿ (adʰīśvari)》(国、地方などの) あるじ、支配者 [Sk.]

ಅಧೈರ್ಯ ⟦adʰairya アダイリヤ⟧ [ədʰəirʲjɐ] 《文》 *n.* 勇気がないこと、臆病 [Sk.]

ಅಧೋಗತಿ ⟦adʰōgati アドーガティ⟧ [ədʰoːgəti] 《文》 *n.* **1** 下がること **2** 悪化、低下、退歩、没落、転落 [Sk.]

ಅಧೋಗಮನ ⟦adʰōgamana アドーガマナ⟧ [ədʰoːgəmənɐ] 《文》 *n.* 下がること [Sk.]

ಅಧ್ಯಕ್ಷ ⟦adʰyakṣa アディャクシャ⟧ [ədʰjəkʂɐ] *m.* 《*f.* ಅಧ್ಯಕ್ಷೆ, ಅಧ್ಯಕ್ಷಿಣಿ (adʰyakṣe, adʰyakṣiṇi)》 **1** (議会や会議などの) 議長 **2** (組織体の) 長官 **3** 大統領 [Sk.]

ಅಧ್ಯಕ್ಷತೆ ⟦adʰyakṣate アディャクシャテ⟧ [ədʰjəkʂəte] *n.* (議会や会議などの) 議長の地位［身分、期間］[Sk.]

ಅಧ್ಯಕ್ಷಿಣಿ ⟦adʰyakṣiṇi アディャクシニ⟧ [ədʰjəkʂiɳi] 《文》 *f.* 女性の議長 [Sk.] ☞ಅಧ್ಯಕ್ಷೆ (adʰyakṣe)

ಅಧ್ಯಕ್ಷೆ ⟦adʰyakṣe アディャクシェ⟧ [ədʰjəkʂe] *f.* 《*m.* ಅಧ್ಯಕ್ಷ (adʰakṣa)》(議会や会議などの) 女性の議長 [Sk.]

ಅಧ್ಯಯನ ⟦adʰyayana アディャヤナ⟧ [adʰ·jəjənɐ] *n.* **1** ヴェーダの学習 **2** 学習、勉強 [Sk.]

ಅಧ್ಯಯನತಂಡ ⟦adʰyayanataṃḍa アディャヤナタンダ⟧ [adʰ·jəjənətənɖɐ] *n.* 研究班、学習班 [Sk.]

ಅಧ್ಯವಸಾನ ⟦adʰyavasāna アディャヴァサーナ⟧ [adʰ·jəvəsɐːnɐ] 《文》 *n.* **1** 決意、決心 **2** たゆまぬ努力 [Sk.]

ಅಧ್ಯವಸಾಯ ⟦adʰyavasāya アディャヴァサーヤ⟧ [adʰ·jəvəsɐːjɐ] 《文》 *n.* **1** 決意、決心 **2** たゆまぬ努力 [Sk.]

ಅಧ್ಯಾತ್ಮ ⟦adʰyātma アディャートマ⟧ [ədʰ·jɐːtmɐ] 《文》 *adj* アートマンに関する、ブラフマンに関する; 精神的な —*n.* **1** アートマンに関するもの **2** 絶対者に関する学説 [Sk.]

ಅಧ್ಯಾತ್ಮಿಕ ⟦adʰyātmika アディャートミカ⟧ [ədʰjɐːtmikɐ] 《文》 *adj.* アートマンに関する、ブラフマンに関する; 精神的な [Sk.]

ಅಧ್ಯಾಪಕ ⟦adʰyāpaka アディャーパカ⟧ [ədʰ·jɐːpəkɐ] *m.* 《*f.* ಅಧ್ಯಾಪಿಕೆ (adʰyāpike)》 **1** 教師、先生 **2** ヴェーダの教師 [Sk.]

ಅಧ್ಯಾಪನ ⟦adʰyāpana アディャーパナ⟧ [ədʰ·jɐːpənɐ] *n.* **1** ヴェーダを教えること **2** 教育、教えること [Sk.]

ಅಧ್ಯಾಪಿಕೆ ⟦adʰyāpike アディャーピケ⟧ [ədʰ·jɐːpike] *f.* 《*m.* ಅಧ್ಯಾಪಕ (adʰyāpaka)》女性教師 [Sk.]

ಅಧ್ಯಾಪಿಸು ⟦adʰyāpisu アディャーピス⟧ [ədʰ·jɐːpisu] 《古》 *vt.* **1** 〈ヴェーダを〉教える **2** 教える [Sk.]

ಅಧ್ಯಾಯ ⟦adʰyāya アディャーヤ⟧ [ədʰ·jɐːjɐ] *n.* (本の) 章 [Sk.]

ಅಧ್ಯಾರೋಪ ⟦adʰyārōpa アディャーローパ⟧ [ədʰ·jɐːroːpɐ] 《文》 *n.* **1** 上に載せること、積み重ねること **2** (本質や属性などを) 誤って捉えること、(あるものに対して、異なるものの性質があると) 誤って考えること [Sk.]

ಅಧ್ಯಾಹಾರ ⟦adʰyāhāra アディャーハーラ⟧ [ədʰ·jɐːhɐːrɐ] 《文》 *n.* **1** 推論 **2** 省略されたものを推し量って補うこと [Sk.]

ಅಧ್ರುವ ⟦adʰruva アドルヴァ⟧ [ədʰruvɐ] 《文》 *adj.* **1** 安定しない、固定していない **2** 変わりやすい、うつろいやすい [Sk.]

ಅಧ್ವ ⟦adʰva アドヴァ⟧ [ədʰ·vɐ] 《文》 *n.* 道 [Sk. *adʰvan-*]

ಅಧ್ವರ ⟦adʰvara アドヴァラ⟧ [ədʰ·vərɐ] 《文》 *n.* ヴェーダの祭式、特にソーマ祭式 [Sk.]

ಅಧ್ವರಿ ⟦adʰvari アドヴァリ⟧ [ədʰ·vəri] 《文》 *n.* ヴェーダ祭式の祭主、祭官 [Sk.]

ಅಧ್ವರ್ಯು ⟦adʰvaryu アドヴァリュ⟧ [ədʰvərju] 《文》 *m.* ヤジュルヴェーダに通じ、祭式を執行する祭官 [Sk.]

ಅಧ್ವಾನ[1] ⟦adʰvāna アドヴァーナ⟧ [ədʰ·vɐːnɐ] 《文》 *n.* 道 [Sk. *adʰvan-*]

ಅಧ್ವಾನ[2] ⟦adʰvāna アドヴァーナ⟧ [ədʰ·vɐːnɐ] 《文》 *n.* **1** 森、森林 **2** 困難、難儀、混乱 [Sk. *adʰvana-*]

ಅನ್ ⟦an アン⟧ [ən] 《‡》 *vt.* 《過去語幹 and-》言う、など [Ka. D868] *(Kitt.)* ☞ಅನ್ನು (annu)

ಅನ ⟦ana アナ⟧ [ənɐ] 《‡》 *suf.* [Ka. D1] (*Kitt.*) ☞ -ಅನ್ನ (-anna)

-ಅನ ⟦-ana -アナ⟧ [ənɐ] *suf.* [Ka. *D1] ☞ -ಅನ್ನ (-anna)[2]

ಅನಂಗ ⟦anaṃga アナンガ⟧ [ənəŋgɐ] 《文》 *adj.* 実体のない、肉体を持たない **—***m.* 愛神カーマの別名 [Sk.]

ಅನಂಗಪರವಶೆ ⟦anaṃgaparavaśe アナンガパラヴァシェ⟧ [ənəŋgəpərəvəʃe] 《文》 *f.* 恋のとりことなった女性 [Sk.]

ಅನಂಗಪಾಶ ⟦anaṃgapāśa アナンガパーシャ⟧ [ənəŋgəpɐːʃɐ] 《文》 *n.* 愛神カーマが使う投げ輪 [Sk.]

ಅನಂಗರಾಗ ⟦anaṃgarāga アナンガラーガ⟧ [ənəŋgərɐːgɐ] 《文》 *n.* 恋、恋情 [Sk.]

ಅನಂಗರಾಜ ⟦anaṃgarāja アナンガラージャ⟧ [ənəŋgərɐːʤɐ] 《文》 *m.* マンマタ、愛の神 [Sk.]

ಅನಂಗಾಗ್ನಿ ⟦anaṃgāgni アナンガーグニ⟧ [ənəŋgɐːgni] 《文》 *n.* 恋の苦しみ [Sk.]

ಅನಂತ ⟦anaṃta アナンタ⟧ [ənəntɐ] 《文》 *adj.* 終わりのない、果てのない、無限の **—***n.* 空 **—***m.* ヴィシュヌ、クリシュナ、シヴァ、バララーマ、アーディシェーシャなどの神々の別名 [Sk.]

ಅನಂತತ್ವ ⟦anaṃtatva アナンタトヴァ⟧ [ənəntətvɐ] 《文》 *n.* 無限、果てがないこと、終わりのないこと [Sk.]

ಅನಂತರ ⟦anaṃtara アナンタラ⟧ [ənəntərɐ] 《文》 *adj.* **1** 間に何もない **2** 中断されない、休みがない **3** 違いがない **—***adv.* その後、そこで **—***postp.* …の後で [Sk.]

ಅನಂತಶಯನ ⟦anaṃtaśayana アナンタシャヤナ⟧ [ənəntəʃəjənɐ] 《文》 *m.* 「シェーシャナーガの上に寝る神」、ヴィシュヌ神の別名 [Sk.]

ಅನಂತೆ ⟦anaṃte アナンテ⟧ [ənənte] 《文》 *n.* 大地 **—***f.* パールヴァティー女神の別名 [Sk.]

ಅನಕ ⟦anaka アナカ⟧ [ənəkɐ] *postp.* …まで **—***adv.* 《方》 しばらくの間 cf. ಅನ್ನಕಂ (annakaṃ) (NK) [Ka. *a*-*D1 + ?]

ಅನಕಾ ⟦anakā アナカー⟧ [ənəkɐː] *postp.* …まで **—***adv.* 《方》 しばらくの間 cf. ಅನ್ನಕಂ (annakaṃ) (NK) [Ka. -*a* D1 + ?]

ಅನಕ್ಷರ ⟦anakṣara アナクシャラ⟧ [ənəkʂərɐ] *adj., m.* 読み書きのできない〈人〉 [Sk.]

ಅನಕ್ಷರತೆ ⟦anakṣarate アナクシャラテ⟧ [ənəkʂərəte] *n.* 読み書きができないこと [Sk.]

ಅನಕ್ಷರಸ್ಥ ⟦anakṣarastʰa アナクシャラスタ⟧ [ənəkʂərəstʰɐ] *m.* 《*f.* ಅನಕ್ಷರಸ್ಥೆ (anakṣarastʰe)》 読み書きできない人 [Sk.]

ಅನಗತ್ಯ ⟦anagatya アナガティャ⟧ [ənəgətʲjɐ] (*n.*) 必要のない〈こと〉、要らない〈こと〉 [Sk.]

ಅನಘ ⟦anagʰa アナガ⟧ [ənəgʰɐ] 《文》 *adj., m.* 《*f.* ಅನಘೆ (anagʰe)》 **1** 罪のない〈人〉 **2** 落ち度のない〈人〉、完全な〈人〉 [Sk.]

ಅನತಿಕಾಲ ⟦anatikāla アナティカーラ⟧ [ənətikɐːlɐ] *n.* 短い期間 [Sk.]

ಅನತಿದೂರ ⟦anatidūra アナティドゥーラ⟧ [ənətiduːrɐ] 《文》 *adj.* あまり遠くない **—***n.* あまり遠くない所 ¶ ಅನತಿದೂರದಲ್ಲಿ ಚಿಕ್ಕ ದರಗಾ ಇತ್ತು. (anatidūradalli cikka daragā ittu.) 近くに小さなダルガー(ムスリム聖者の墓)があった。 [Sk.]

ಅನನುಕೂಲ ⟦ananukūla アナヌクーラ⟧ [ənənŭkuːlɐ] 《文》 (*n.*) **1** 不利〈な〉、逆境〈の〉、不都合〈な〉 **2** (家の設備などが)不便な、便の悪い [Sk.]

ಅನನುನಾಸಿಕ ⟦ananunāsika アナヌナーシカ⟧ [ənənunɐːsĭkɐ] 《文》 *adj.* 鼻音化してない [Sk.]

ಅನನ್ಯ ⟦ananya アナニャ⟧ [ənənʲjɐ] 《文》 *adj.* **1** 違いのない **2** 独特な、無比の、無双の、無類の [Sk.]

ಅನನ್ಯಸಾಧಾರಣ ⟦ananyasādʰāraṇa アナニャサーダーラナ⟧ [ənənʲjəsɐːdʰɐːrəɳɐ] 《文》 *adj.* 独特の、唯一の、例外的な [Sk.]

ಅನನ್ಯಸಾಮಾನ್ಯ ⟦ananyasāmānya アナニャサーマーニャ⟧ [ənənʲjəsɐːmɐːnʲjɐ] 《文》 *adj.* 独特の、唯一の、例外的な [Sk.] = ಅನನ್ಯಸಾಧಾರಣ (ananyasādʰāraṇa)

ಅನನ್ವಯ ⟦ananvaya アナンヴァヤ⟧ [ənənvəjɐ] 《文》 *n.* 首尾一貫しないこと、矛盾 [Sk.]

ಅನಪಾಯ ⟦anapāya アナパーヤ⟧ [ənəpɐːjɐ] 《文》 *adj.* **1** 安全な、危険のない **2** 永続的な、持続的な(職業など) [Sk.]

ಅನಪೇಕ್ಷಿತ ⟦anapēkṣita アナペークシタ⟧ [ənəpeːkʂitɐ] 《文》 *adj.* **1** 予期しない、思いもよらない **2** 求めなかった、願わなかった [Sk.]

ಅನಭಿಷಿಕ್ತ ⟦anabʰiṣikta アナビシクタ⟧ [ənəbʰiʂiktɐ] 《文》 *adj.* 戴冠式を行わなかった、正式に王位についていない、無冠の [Sk.]

ಅನಯ ⟦anaya アナヤ⟧ [ənəjɐ] 《文》 *n.* **1** 間違ったやり方 **2** 悪い行い、悪行 **3** 不運 [Sk.]

ಅನರ್ಘ ⟦anargʰa アナルガ⟧ [ənərgʰɐ] 《文》 *adj.* **1** 値段をつけられない、きわめて価値のある **2** 優れた [Sk.]

ಅನರ್ಘ್ಯ ⟦anargʰya アナルギャ⟧ [ənərgʰʲjɐ] 《文》 *adj.* [Sk.] ☞ ಅನರ್ಘ (anargʰa)

ಅನರ್ಥ ⟦anartʰa アナルタ⟧ [ənərtʰɐ] 《文》 *adj.* **1** 意味のない、無意味な **2** 役に立たない、無用の **—***n.* 不幸、災難 **—***m.* 《*f.* *ಅನರ್ಥಳು (*anartʰaḷu)》 貧乏人 [Sk.]

ಅನರ್ಥಕ ⟦anartʰaka アナルタカ⟧ [ənərtʰəkɐ] 《文》 (*n.*) 意味のない〈こと〉 [Sk.]

ಅನರ್ಥಕರ ⟦anartʰakara アナルタカラ⟧ [ənərtʰəkərɐ] 《文》 *adj.* **1** 役に立たない、無用の **2** 不幸をもたらす、危険な [Sk.]

ಅನರ್ಹ ⟦anarha アナルハ⟧ [ənərhɐ] 《文》 *adj., m.* ふさわしくない〈人〉、資格のない〈人〉 [Sk.]

ಅನಲ ⟦anala アナラ⟧ [ənəlɐ] 《文》 *n.* **1** 火 **2** 消化力 **—***m.* 火神アグニ [Sk.]

ಅನಲಜೆ ⟦analaje アナラジェ⟧ [ənələdʒe] 《文》 *f.* ドラウパディー [Sk.]

ಅನಲು ⟦analu アナル⟧ [ənəlu] 《古》 *vi.* 燃える —*n.* 熱 [Ka. D327, cf. Sk. *anala-*]

ಅನವು ⟦anavu アナヴ⟧ [ənəvu] 《‡》 *n.* ふさわしい場所、収容設備 (*C.* (*Kitt.*)) [Ka. D328] ☞ಅನು (anu)

ಅನವದ್ಯ ⟦anavadya アナヴァディャ⟧ [ənəvəd·jɐ] 《文》 *adj.* 非難の余地がない、欠陥がない [Sk.]

ಅನವರತ ⟦anavarata アナヴァラタ⟧ [ənəvərətɐ] 《文》 *adj.* ひっきりなしの、絶え間のない [Sk.]

ಅನವಶ್ಯ ⟦anavaśya アナヴァシュヤ⟧ [ənəvəʃ·jɐ] (*n.*) 必要がない〈こと〉、無用〈の〉 [Sk.] = ಅನಾವಶ್ಯಕ (anāvaśyaka)

ಅನವಶ್ಯಕ ⟦anavaśyaka アナヴァシュヤカ⟧ [ənəvəʃ·jəkɐ] (*n.*) 不必要〈な〉、無用〈な〉 ¶ ಅವನು ಅನವಶ್ಯಕವಾಗಿ ಮಾತಾಡುತ್ತಾನೆ. (avanu anavaśyakavāgi mātāḍuttāne.) 彼は役に立たない話をする。 [Sk.]

ಅನವು ⟦anavu アナヴ⟧ [ənə̆vu] 《文》 *n.* [Ka. D328] ☞ಅನುವು (anuvu)

ಅನಶನ ⟦anaśana アナシャナ⟧ [ənəʃənɐ] *n.* (宗教的上の理由、ストライキ、貧乏などの理由での)絶食、食べないこと —*adj.* (宗教上の理由、ストライキ、貧困などの理由で)食事をしない [Sk.]

ಅನಸು ⟦anasu アナス⟧ [ənəsu] 《‡》 *vt.*, *vi.* [Ka. D868] (*C.* (*Kitt.*)) ☞ಅನಿಸು, ಅನ್ನಿಸು (anisu, annisu)

ಅನಹ ⟦anaha アナハ⟧ [ənəhɐ] 《‡》 *pron.adj.* そのような、あのような (*DEDR*) [Ka. D1] ☞ಅಂಥ (aṃtʰa)

ಅನಾಕುಲ ⟦anākula アナークラ⟧ [ənɐːkulɐ] ಅನಾಕುಳ 《文》 *adj.* 落ち着いた、平静な [Sk.]

ಅನಾಕುಳ ⟦anākuḷa アナークラ⟧ [ənɐːkuɭɐ] 《文》 *adj.* [Sk.] ☞ಅನಾಕುಲ (anākula)

ಅನಾಗತ ⟦anāgata アナーガタ⟧ [ənɐːgətɐ] 《文》 *adj.* **1** まだ起こっていない、未来の **2** まだ手に入れていない、入手していない、確保していない **3** 知らない —*n.* 未来 [Sk.]

ಅನಾಗರಿಕ ⟦anāgarika アナーガリカ⟧ [ənɐːgərikɐ] *adj.*, *m.* 《*f.* ಅನಾಗರಿಕಳು (anāgarikaḷu)》教養のない、野蛮な〈人〉、田舎者〈の〉 [Sk.]

ಅನಾಚಾರ ⟦anācāra アナーチャーラ⟧ [ənɐːʧɐːrɐ] *n.* 悪い行い、不正な行い、人の道にもとる振る舞い [Sk.]

ಅನಾಚಾರವಂತ ⟦anācāravaṃta アナーチャーラヴァンタ⟧ [ənɐːʧɐːrəvəntɐ] *m.* 《*f.* ಅನಾಚಾರವಂತಳು (anācāravaṃtaḷu)》 [Sk.] ☞ಅನಾಚಾರಿ (anācāri)

ಅನಾಚಾರಿ ⟦anācāri アナーチャーリ⟧ [ənɐːʧɐːri] *adj.*, *mf.* 悪い行いをする〈人〉、人の道にもとる〈人〉 [Sk.]

ಅನಾಜು ⟦anāju アナージュ⟧ [ənɐːdʒu] *n.* 穀物 [H. *anājā* T398]

ಅನಾಥ ⟦anātʰa アナータ⟧ [ənɐːtʰɐ] *adj.* 身寄りのない、よる辺のない —*m.* 《*f.* ಅನಾಥೆ (anātʰe)》孤児、よる辺のない人 [Sk.]

ಅನಾಥಾಲಯ ⟦anātʰālaya アナーターラヤ⟧ [ənɐːtʰɐːləjɐ] *n.* 孤児院、よる辺のない人を収容する施設 [Sk.]

ಅನಾಥೆ ⟦anātʰe アナーテ⟧ [ənɐːtʰe] *f.* 《*m.* ಅನಾಥ (anātʰa)》女性の孤児、身寄りのない女性 [Sk.]

ಅನಾದರ ⟦anādara アナーダラ⟧ [ənɐːdərɐ] *n.* 無視、軽視、しかるべき敬意を示さないこと [Sk.]

ಅನಾದರಣ ⟦anādaraṇa アナーダラナ⟧ [ənɐːdərəɳɐ] ಅನಾದರಣೆ *n.* 無視、軽視、しかるべき敬意を示さないこと [Sk.] = ಅನಾದರ (anādara)

ಅನಾದರಣೆ ⟦anādaraṇe アナーダラネ⟧ [ənɐːdərəɳe] *n.* [Sk.] = ಅನಾದರ (anādara)

ಅನಾದಿ ⟦anādi アナーディ⟧ [ənɐːdi] *adj.* **1** 始まりのない **2** 原初の、いつとも知れない大昔からの [Sk.]

ಅನಾದಿಪುರುಷ ⟦anādipuruṣa アナーディプルシャ⟧ [ənɐːdipuruʂɐ] 《文》 *m.* 神、全能者(普通ヴィシュヌ神をさす) [Sk.]

ಅನಾನಸು ⟦anānasu アナーナス⟧ [ənɐːnəsu] ಅನನಸ, ಅನನಾಸು, ಅನಾನಸ, ಅನಾನಾಸು *n.* パイナップルまたはその実(アナナス科パイナップル属)⇀食 [Pt. *ananas*]

ಅನಾನಾಸು ⟦anānāsu アナーナース⟧ [ənɐːnɐːsu] *n.* パイナップル [Pt. *ananas*] ☞ಅನಾನಸು (anānasu)

ಅನಾಮತ್ತು ⟦anāmattu アナーマットゥ⟧ [ənɐːməttu] *adv.* 全部、そのまま ¶ ಕೃಷ್ಣ ಗೋವರ್ಧನ ಗಿರಿಯನ್ನು ಅನಾಮತ್ತಾಗಿ ಎತ್ತಿದ. (kṛṣṇa gōvardʰana giriyannu anāmattāgi ettida.) クリシュナはゴーヴァルダナ山を丸ごと持ち上げた。 ◇ *adv.* —ಆಗಿ (āgi) [Ar.-Pe. *amānat*]

ಅನಾಮಧೇಯ ⟦anāmadʰēya アナーマデーヤ⟧ [ənɐːmədʰeːjɐ] 《文》 *adj.*, *m.* 《*f.* ಅನಾಮಧೇಯಳು (anāmadʰēyaḷu)》無名の〈人〉 [Sk.]

ಅನಾಮಯ ⟦anāmaya アナーマヤ⟧ [ənɐːməjɐ] 《文》 *adj.*, *m.* 《*f.* ಅನಾಮಯಳು (anāmayaḷu)》健康な〈人〉 —*n.* 健康、達者 [Sk.]

ಅನಾಮಿಕ ⟦anāmika アナーミカ⟧ [ənɐːmikɐ] 《古》 *adj.*, *m.* 《*f.* ಅನಾಮಿಕೆ (anāmike)》 **1** 無名の〈人〉 **2** ハリジャン [Sk.]

ಅನಾಮಿಕೆ ⟦anāmike アナーミケ⟧ [ənɐːmike] 《文》 *n.* 薬指 = ಉಂಗುರಬೆರಳು (uṃguraberaḷu) 〔汎〕 —*f.* 《古》ハリジャンの女性 [Sk.]

ಅನಾಯಕತ್ವ ⟦anāyakatva アナーヤカトヴァ⟧ [ənɐːjəkətvɐ] 《文》 *n.* **1** 指導者を欠く状態、指導者不在 **2** 無秩序、大混乱 [Sk.]

ಅನಾಯಾಸ ⟦anāyāsa アナーヤーサ⟧ [ənɐːjɐːsɐ] (*n.*) 努力要らず〈の〉、容易である〈こと〉 [Sk.]

ಅನಾರೋಗ್ಯ ⟦anārōgya アナーローギャ⟧ [ənɐːroːg·jɐ] *n.* 体調不良、病気、病 [Sk.]

ಅನಾವರಣ ⟦anāvaraṇa アナーヴァラナ⟧ [ənɐːvərəɳɐ] *n.* (新しい彫像や肖像画の)除幕式 [Sk.]

ಅನಾವಶ್ಯಕ ⟦anāvaśyaka アナーヴァシュヤカ⟧ [ənɐːvəʃ·jəkɐ] 《文》 *adj.* 不必要なもの、無用なもの —(*n.*)

不必要〈な〉、無用〈の〉[Sk.]

ಅನಾವೃಷ್ಟಿ ⟦anāvṛṣṭi アナーヴルシュティ⟧ [ənɐːvruʂʈi] *n.* 雨がふらないこと、干ばつ [Sk.]

ಅನಾಸಕ್ತ ⟦anāsakta アナーサクタ⟧ [ənɐːsəktɐ] 《文》 *adj.*, *m.* 《*f.* ಅನಾಸಕ್ತಳು (anāsaktaḷu)》(世俗に)執着しない〈人〉[Sk.]

ಅನಾಸಕ್ತಿ ⟦anāsakti アナーサクティ⟧ [ənɐːsəkti] 《文》 *n.* (世俗に)執着しないこと、無執着 [Sk.]

ಅನಾಸ್ಥೆ ⟦anāstʰe アナーステ⟧ [ənɐːstʰe] *n.* 熱意不足、無関心 [Sk.]

ಅನಾಹತ ⟦anāhata アナーハタ⟧ [ənɐːhətɐ] 《文》 (*adj.*) **1** 無敵〈の〉、無傷〈の〉 **2** おろしたて〈の〉、(洗濯されたことのない)新しい〈もの〉 **3** (数学で)割ることができない [Sk.]

ಅನಾಹತ ನಾದ ⟦anāhata nāda アナーハタナーダ⟧ [ənɐːhə tə nɐːdɐ] 《文》 *n.* 打ち鳴らさずに発する響き、瞑想中に聞こえる音 [Sk.]

ಅನಾಹಾರ ⟦anāhāra アナーハーラ⟧ [ənɐːhɐːrɐ] *n.* 絶食、食を絶つこと [Sk.]

ಅನಾಹುತ ⟦anāhuta アナーフタ⟧ [ənɐːhutɐ] 《文》 *n.* **1** 事故 **2** 災難、災厄 [Sk.]

ಅನಿಕೇತನ ⟦anikētana アニケータナ⟧ [ənikeːtənɐ] 《文》 *m.* 《*f.* ಅನಿಕೇತನೆ (anikētane)》 **1** 家のない人、路上生活者 **2** 遊牧民、放浪者 [Sk.]

ಅನಿತು ⟦anitu アニトゥ⟧ [ənitu] ಅನಿತ್ತು 《文》 *adj.* それだけの、それほどの **—*n.*** それだけのこと、それほどのこと = ಅಷ್ಟು (aṣṭu) [Ka. *a-* D1 + ?]

ಅನಿತುಂ ⟦anituṃ アニトゥン⟧ [ənitum] 《文》 *pron.n.* 全体、すべて [Ka. *anitu* D1 + *-uṃ*]

ಅನಿತ್ತು ⟦anittu アニットゥ⟧ [ənittu] 《古》 *adj.* [Ka. *a-* D1 + ?] ☞ಅನಿತು (anitu)

ಅನಿತ್ಯ ⟦anitya アニティヤ⟧ [ənitu] *adj.* はかない、うつろいやすい [Sk.]

ಅನಿತ್ಯತೆ ⟦anityate アニティヤテ⟧ [ənitʲjəte] *n.* はかないこと、うつろいやすいこと [Sk.]

ಅನಿಬದ್ಧ ⟦anibaddʰa アニバッダ⟧ [ənibəddʰɐ] 《文》 *adj.* 無制限の、束縛されない [Sk.]

ಅನಿಬರ್ ⟦anibar アニバル⟧ [ənibər] 《古》 *quan.* 非常に大勢の人々 [Ka. *anitu* D1 + *-var*]

ಅನಿಮೇಷ ⟦animēṣa アニメーシャ⟧ [ənimeːʂɐ] 《文》 *adj.* 瞬きしない **—*mf.*** 神 **—*n.*** 魚 [Sk.]

ಅನಿಯಮಿತ ⟦aniyamita アニヤミタ⟧ [ənijəmitɐ] 《文》 *adj.* 不規則な [Sk.]

ಅನಿರೀಕ್ಷಿತ ⟦anirīkṣita アニリークシタ⟧ [əniriːkʂitɐ] 《文》 *adj.* 予想外の、予期しなかった [Sk.]

ಅನಿರ್ದಿಷ್ಟ ⟦anirdiṣṭa アニルディシュタ⟧ [ənirdiʂʈɐ] 《文》 *adj.* 限定されていない、不安定な [Sk.]

ಅನಿರ್ಬಂಧ ⟦anirbaṃdʰa アニルバンダ⟧ [ənirbəndʰɐ] 《文》 *adj.* 限定されない、束縛されない [Sk.]

ಅನಿರ್ವಚನೀಯ ⟦anirvacanīya アニルヴァチャニーヤ⟧ [ənirvəʧəniːjɐ] 《文》 *adv.* 言葉で言い表せない [Sk.]

ಅನಿಲ ⟦anila アニラ⟧ [ənilɐ] ಅನಿಳ 《文》 *n.* 風 **—*m.*** 風の神 [Sk.]

ಅನಿಲಪುತ್ರ ⟦anilaputra アニラプトラ⟧ [əniləputʳrɐ] *m.* **1** 風の神の子、ビーマセーナ **2** 風の神の子、ハヌマーン [Sk.]

ಅನಿವಾರಣೀಯ ⟦anivāraṇīya アニヴァーラニーヤ⟧ [ənivɐːrəɳiːjɐ] 《文》 *adj.* 不可避の **—*n.*** 不可避 [Sk.]

ಅನಿವಾರ್ಯ ⟦anivārya アニヴァーリヤ⟧ [ənivɐːrʲjɐ] *adj.* 不可避の、必然の **—*n.*** 不可避、必然 [Sk.]

ಅನಿಶ ⟦aniśa アニシャ⟧ [əniʃɐ] 《文》 (*adj.*) ひっきりなし〈の〉、絶え間のない〈こと〉[Sk.]

ಅನಿಶ್ಚಿತ ⟦aniścita アニシュチタ⟧ [əniʃʧitɐ] 《文》 *adj.* 不確実な、はっきり分からない [Sk.]

ಅನಿಷ್ಟ ⟦aniṣṭa アニシュタ⟧ [əniʂʈɐ] 《文》 *adj.* 望まれない **—*n.*** **1** 望まれないこと、欲しないこと **2** 不幸、災難 [Sk.]

ಅನಿಸಿಕೆ ⟦anisike アニシケ⟧ [ənisike] *n.* **1** 集団、群れ **2** 軍隊、兵隊 **3** 列 [Ka. *anisu* + *-ike*]

ಅನಿಸು ⟦anisu アニス⟧ [ənisu] *vt.* 言わせる **—*vi.*** …のように見える、…らしい ¶ ಅಧ್ಯಾಪಕರಿಗೆ ಐಶ್ವರ್ಯ ತುಂಬ ಇಷ್ಟ ಎಂದು ನನಗೆ ಅನಿಸುತ್ತದೆ. (adʰyāpakarige aiśvarya tuṃba iṣṭa eṃdu nanage anisuttade.) 先生はアイシュヴァリヤがとてもお気に入りのようだ。= ಅನ್ನಿಸು (annisu) [Ka. *annu* + *-isu*]

ಅನೀತಿ ⟦anīti アニーティ⟧ [əniːti] *n.* 不正、悪い行為 [Sk.]

ಅನು ⟦anu アヌ⟧ [ənu] ಅನುವು (*n.*) **1** 整頓〈された〉 **2**《口》今にも何かしそうな〈こと〉¶ ಆಟಗಾರರು ಆಡಲು ಅನುವಾದಾಗ ಮಳೆ ಬಂತು. (āṭagāraru āḍalu anuvādāga maḷe baṃtu.) 選手たちが試合を始めようとした時、雨が降りだした。 **3** (住居などが)住み心地がよいこと ¶ ಈ ಮನೆ ವಾಸಕ್ಕೆ ಅನುವಾಗಿದೆ. (ī mane vāsakke anuvāgide.) この家は住み心地がよい。 **4** (時間などが)都合がよい〈こと〉 **5**《口》(仕事、活動などに)便利な〈こと〉[Ka. D328 cf. Sk. *anu-*] ☞ಅನುಗೊಳಿಸು (anugoḷisu) (*vi.*)

ಅನು– ⟦anu- アヌ-⟧ [ənu] *pref.* 《for Sanskrit words》 **1** 「後に」「従って」の意味を意味する接頭辞 ¶ ಅನುಜ (anuja) 弟 **2** …毎に ¶ ಅನುದಿನ (anudina) 毎日、瞬間 [Sk.]

ಅನುವು ⟦anuvu アヌヴ⟧ [ənuvu] *n.* **1** 許可、何かを行うことに対して与えれた自由や認可、(行動の)余地 ¶ ಶಿಕ್ಷಕರು ಲೈಬ್ರರಿಯಲ್ಲಿ ಓದಲು ಅನುವು ಮಾಡಿ ಕೊಟ್ಟರು. (śikṣakaru laibrariyalli ōdalu anuvu māḍi koṭṭaru.) 先生は彼が図書館で勉強できるよう取り計らってくれた。 **2** 機会 ¶ ಅಮೇರಿಕೆಗೆ ಹೋಗಲು ಅನೇಕರಿಗೆ ಅನುವಾಗುವದಿಲ್ಲ. (amērikege hōgalu anēkarige anuvāguvadilla.) アメリカへ行く機会が得られない人は多い。[Ka. D328 cf. Sk. *anu-*]

ಅನುಕಂಪ ⟦anukaṃpa アヌカンパ⟧ [ənukəmpɐ] ಅನುಕಂಪೆ *n.* 同情、哀れみ [Sk.]

ಅನುಕಂಪೆ ⟦anukaṃpe アヌカンペ⟧ [ənukəmpe] *n.* [Sk.] ☞ಅನುಕಂಪ (anukaṃpa)

ಅನುಕರಣ ⟦anukaraṇa アヌカラナ⟧ [ənukərəɳɐ] *n.* 1 真似、模倣 2 類似、相似 3 擬音語、擬態語 [Sk.]

ಅನುಕರಣಪದ ⟦anukaraṇapada アヌカラナパダ⟧ [ənukərəɳəpədɐ] *n.* 擬音語、擬態語 [Sk.]

ಅನುಕರಣಶಬ್ದ ⟦anukaraṇaśabda アヌカラナシャブダ⟧ [ənukərəɳəʃəbdɐ] *n.* 擬音語、擬態語 [Sk.]

ಅನುಕರಿಸು ⟦anukarisu アヌカリス⟧ [ənukərisu] 《文》 *vt.* 1 真似する、模倣する 2〔喩〕似る、類似する ¶ ಅವಳ ಮುಖ ಚಂದ್ರನನ್ನು ಅನುಕರಿಸುತ್ತದೆ. (avaḷa mukʰa caṃdranannu anukarisuttade.) 彼女の顔は月のようだ。 [Sk.]

ಅನುಕೂಲ ⟦anukūla アヌクーラ⟧ [ənuku:lɐ] (*n.*) 1 好意的〈な〉¶ ನಮ್ಮ ಅಧಿಕಾರಿ ನನಗೆ ಅನುಕೂಲವಾಗಿದ್ದಾರೆ. (namma adʰikāri nanage anukūlavāgiddāre.) 私の上役は私に好意的だ。 2 便利〈な〉、好適〈な〉¶ ಈ ಮನೆ ನಮಗೆ ತುಂಬ ಅನುಕೂಲವಾಗಿದೆ. (ī mane namage tuṃba anukūlavāgide.) この家は私たちにはとても都合がいい。 3 裕福〈な〉、暮らしぶりがよい〈こと〉 [Sk.]

ಅನುಕೂಲತೆ ⟦anukūlate アヌクーラテ⟧ [ənuku:lĕte] *n.* 1 好都合、有利、便利 2 裕福、生活が安定していること [Sk.]

ಅನುಕೂಲಸಿಂಧು ⟦anukūlasiṃdʰu アヌクーラシンドゥ⟧ [ənuku:ləsindʰu] 《文》 *n.* ご都合主義、オポチュニズム [Sk. word created on the analogy to *Dʰarmasiṃdʰu*]

ಅನುಕೂಲಸ್ಥ ⟦anukūlastʰa アヌクーラスタ⟧ [ənuku:ləstʰɐ] 《文》 *adj., m.* 生活に心配ないだけの収入や資産がある〈人〉、裕福〈な〉 [Sk.]

ಅನುಕ್ರಮ ⟦anukrama アヌクラマ⟧ [ənukrəmɐ] (*n.*) 1 順を追った〈こと〉、順序に従った〈こと〉、連続する〈こと〉 2 それぞれ〈の〉 [Sk.]

ಅನುಕ್ರಮವಾಗಿ ⟦anukramavāgi アヌクラマヴァーギ⟧ [ənukrəməvɐ:gi] 《文》 *adv.* それぞれ ¶ ಕಾಂ, ಬಿ.ಜೆ.ಪಿ., ಸಿ.ಪಿಐ ಎಂದರೆ ಅನುಕ್ರಮವಾಗಿ ಕಾಂಗ್ರೆಸ್, ಭಾರತೀಯ ಜನತಾ ಪಕ್ಷ ಮತ್ತು ಕಮ್ಯುನಿಸ್ಟ್ ಪಾರ್ಟಿ ಆಫ್ ಇಂಡಿಯಾ. (kāṃ, bi.je.pi., si.pi'i eṃdare anukramavāgi kāṃgres, bʰāratīya janatā pakṣa mattu kamyunisṭ pārṭi āpʰ iṃḍiyā.) Con.、B.J.P.、C.P.I は、それぞれインド国民会議派、インド人民党、インド共産党を意味する。

ಅನುಕ್ರಮಣಿಕೆ ⟦anukramaṇike アヌクラマニケ⟧ [ənukrəməɳĭke] *n.* 目次 [Sk.]

ಅನುಗುಣ ⟦anuguṇa アヌグナ⟧ [ənuguɳɐ] (*n.*) 1 ふさわしい〈こと〉¶ ಅವನಿಗೆ ಅನುಗುಣ ಪತ್ನಿ ಸಿಕ್ಕಿದ್ದಾರೆ. (avanige anuguṇa patni sikkiddāre.) 彼は自分にふさわしい娘と結婚した。2 性質の類似〈がある〉、性質が似ている〈こと〉、似たもの ◇ *adj.* —ವಾದ (vāda); *adv., postp.* —ವಾಗಿ (vāgi) [Sk.]

ಅನುಗೊಳಿಸು ⟦anugoḷisu アヌゴリス⟧ [ənugoḷĭsu] 《古》 *vt.* 1 準備する、用意する 2〈部屋などを〉模様替えなどして用立てる [Ka. *anu* + *koḷisu*] = ಅಣಿಮಾಡು (aṇimāḍu)

ಅನುಗ್ರಹ ⟦anugraha アヌグラハ⟧ [ənugrəhɐ] *n.* 恩寵、引き立て、愛顧 [Sk.]

ಅನುಗ್ರಹಿಸು ⟦anugrahisu アヌグラヒス⟧ [ənugrəhisu] *vt., vi.* 1 恩寵を与える 2〔敬〕賜る、授ける ¶ ದೇವಾ, ನನಗೆ ನೌಕರಿಯನ್ನು ಅನುಗ್ರಹಿಸು. (dēvā, nanage naukariyannu anugrahisu.) 神よ、私に職を与えてください。 3〔敬〕〈自分の家などに〉おこし下さる [Sk.]

ಅನುಚರ ⟦anucara アヌチャラ⟧ [ənuʧərɐ] 《文》 *m.* 召し使い、従者 [Sk.]

ಅನುಚಿತ ⟦anucita アヌチタ⟧ [ənuʧitɐ] 《文》 (*n.*) 不適当〈な〉、ふさわしくない〈こと〉 ◇ *adj.* —ವಾದ (vāda) [Sk.]

ಅನುಜ ⟦anuja アヌジャ⟧ [ənuʤɐ] 《文》 *m.* 《*f.* ಅನುಜೆ (anuje)》弟 —*adj.* 後で生まれた [Sk.]

ಅನುಜಾತ ⟦anujāta アヌジャータ⟧ [ənuʤɐ:tɐ] 《文》 *m.* 《*f.* ಅನುಜಾತೆ (anujāte)》弟 [Sk.]

ಅನುಜಾತೆ ⟦anujāte アヌジャーテ⟧ [ənuʤɐ:te] 《文》 *f.* 《*m.* ಅನುಜಾತ (anujāta)》妹 [Sk.]

ಅನುಜೆ ⟦anuje アヌジェ⟧ [ənuʤe] 《文》 *f.* 《*m.* ಅನುಜ (anuja)》妹 [Sk.] = ತಂಗಿ (taṃgi)〔口〕

ಅನುಜ್ಞಿಸು ⟦anujñisu アヌジュニス⟧ [ənuɟɲisu/anugnisu] 《文》 *vt.* 1 許可する、認可する、承認する、同意する 2 命令する、言いつける、指令する [Sk.]

ಅನುಜ್ಞೆ ⟦anujñe アヌジュニェ⟧ [ənuɟɲe/anugne] 《文》 *n.* 1 許可、認可、承認、同意 2 命令、言いつけ、指令 [Sk.]

ಅನುತಾಪ ⟦anutāpa アヌターパ⟧ [ənutɐ:pɐ] *n.* 1 同情、哀れみ 2 後悔 3 苦悩、悲嘆 [Sk.]

ಅನುದಿನ ⟦anudina アヌディナ⟧ [ənudinɐ] *adv.* 毎日 [Sk.]

ಅನುನಯ ⟦anunaya アヌナヤ⟧ [ənunəjɐ] *n.* 1 怒りなどを穏やかに静めること、なだめること 2 おだてて相手を丸め込むこと、甘言 [Sk.]

ಅನುನಾಸಿಕ ⟦anunāsika アヌナーシカ⟧ [ənunɐ:sikɐ] 《文》 *adj.* 鼻音の —*n.* 鼻音化記号 [Sk.]

ಅನುಪಮ ⟦anupama アヌパマ⟧ [ənupəmɐ] 《文》 *adj., m* 無比の、比類がない、独特な —*adj., m.* 比類のない〈人〉、独特な〈人〉、比べようのない〈人〉 [Sk.]

ಅನುಪಯುಕ್ತ ⟦anupayukta アヌパユクタ⟧ [ənupəjuktɐ] 《文》 (*n.*) ふさわしくない〈こと〉、不適当〈な〉 ◇ *adj.* —ವಾದ (vāda) [Sk.]

ಅನುಪಲ್ಲವಿ ⟦anupallavi アヌパッラヴィ⟧ [ənupəlləvi] *n.* キールタナなどの音楽で折り返し句(*pallavi*)のすぐ後に来る詩句 [Sk.]

ಅನುಪಸ್ಥಿತಿ ⟦anupastʰiti アヌパスティティ⟧ [ənupəstʰiti] 《文》 *n.* その場にいないこと、不在、欠席 [Sk.]

ಅನುಪಾನ ⟦anupāna アヌパーナ⟧ [ənupɐːnɐ] *n.* 1 処方された薬の服用 2《希》薬を服用する時や服用した後に飲む水 [Sk.]

ಅನುಬಂಧ ⟦anubaṃdʰa アヌバンダ⟧ [ənubandʰɐ] 《文》*n.* 1（夫婦や友人などの）関係、結びつき 2（本の）付録 [Sk.]

ಅನುಭವ ⟦anubʰava アヌバヴァ⟧ [ənubʰəvɐ] *n.* 経験 [Sk.]

ಅನುಭವಸ್ಥ ⟦anubʰavastʰa アヌバヴァスタ⟧ [ənnubʰəvəstʰɐ] 《文》*m.*《*f.* ಅನುಭವಸ್ತೆ (anubʰavaste)》経験豊富な人 [Sk.]

ಅನುಭವಿಸು ⟦anubʰavisu アヌバヴィス⟧ [ənubʰəvĭsu] 《文》*vt.* 経験する、〈喜びや悲しみを〉味わう [Sk.]

ಅನುಭಾವ ⟦anubʰāva アヌバーヴァ⟧ [ənubʰɐːvɐ] 《文》*n.* 神を直接体験すること、神秘的体験 [Sk.]

ಅನುಭಾವಿ ⟦anubʰāvi アヌバーヴィ⟧ [ənubʰɐːvi] 《文》*mf.* 1 経験者、経験のある人、経験豊富な人 2 神を直接体験した人、神秘主義者 [Sk.]

ಅನುಮಾನ ⟦anumāna アヌマーナ⟧ [ənumɐːnɐ] *n.* 1《文》推理、推測 2 疑い、嫌疑 [Sk.]

ಅನುಮಾನಿಸು ⟦anumānisu アヌマーニス⟧ [ənumɐːnisu] *vt.* 1《文》推理する、推論する 2 ためらう、逡巡する ¶ ಈ ಮದುವೆಪ್ರಸ್ತಾಪವನ್ನು ಮುಂದುವರಿಸಬೇಕೋ ಬೇಡವೋ ಎಂದು ತಾಯಿ ತಂದೆ ಅನುಮಾನಿಸುತ್ತಿದ್ದರು. (ī maduveprastāpavannu muṃduvarisabēkō bēḍavō eṃdu tāyi taṃde anumānisuttiddaru.) この縁談を進めるべきかどうか、私の両親はためらっていた。 3 疑う、嫌疑をかける ¶ ಅಪ್ಪ ಮಗನನ್ನು ಕಳ್ಳನೆಂದು ಅನುಮಾನಿಸಿದ. (appa magananannu kaḷḷaneṃdu anumānisida.) 父は息子が泥棒ではないかと疑った。 [Sk.]

ಅನುಮೋದಕ ⟦anumōdaka アヌモーダカ⟧ [ənumoːdəkɐ] *m.*《*f.* ಅನುಮೋದಕಳು (anumōdakaḷu)》（動議などを）支持する人 [Sk.]

ಅನುಮೋದನ ⟦anumōdana アヌモーダナ⟧ [ənumoːdənɐ] *n.* 同意、承認 [Sk.] = ಅನುಮೋದನೆ (anumōdane)

ಅನುಮೋದನೆ ⟦anumōdane アヌモーダネ⟧ [ənumoːdəne] ಅನುಮೋದನ *n.* 1（人を）喜ばすこと 2 説得、説き伏せること 3 同意、承認 [Sk.]

ಅನುಮೋದಿಸು ⟦anumōdisu アヌモーディス⟧ [ənumoːdisu] 《文》*vt.* 1〈動議を〉支持する 2 承認する、同意する [Sk.] ☞ಅನುಮೋದನೆ (anumōdane)

ಅನುಯಾಯಿ ⟦anuyāyi アヌヤーイ⟧ [ənujɐːji] *mf.*（宗教、主義などの）追随者 [Sk.]

ಅನುರಕ್ತ ⟦anurakta アヌラクタ⟧ [ənurəktɐ] *adj.*, *m.* 1（ある人を）深く愛している〈人〉 2（あることに）熱中した〈人〉 [Sk.]

ಅನುರಕ್ತಿ ⟦anurakti アヌラクティ⟧ [ənurəkti] *n.* 1 愛情、恋 2〔喩〕（ある活動に）没頭すること [Sk.]

ಅನುರಕ್ತೆ ⟦anurakte アヌラクテ⟧ [ənurəkte] 《文》*f.*《*m.* ಅನುರಕ್ತ (anurakta)》恋する女性 [Sk.]

ಅನುರಣನ ⟦anuraṇana アヌラナナ⟧ [ənurəɳənɐ] 《文》*n.* 共振、共鳴 [Sk.]

ಅನುರಾಗ ⟦anurāga アヌラーガ⟧ [ənurɐːgɐ] *n.* 1 赤色 2（特に男女の）愛情、恋愛 [Sk.]

ಅನುರಾಗಿ ⟦anurāgi アヌラーギ⟧ [ənurɐːgi] *mf.* 恋する人 [Sk.]

ಅನುರೂಪ ⟦anurūpa アヌルーパ⟧ [ənuruːpɐ] *adj.*, *m.* ふさわしい〈人〉、適当な〈人〉、相応した〈人〉¶ ಲಕ್ಷ್ಮಿ ನಿನಗೆ ಅನುರೂಪಳಾಗಿದ್ದಾಳೆ. (lakṣmi ninage anurūpaḷāgiddāḷe.) ラクシュミーは君にお似合いだ。 [Sk.]

ಅನುಲೇಪ ⟦anulēpa アヌレーパ⟧ [ənuleːpɐ] 《文》*n.* 1（香油や膏薬や油などを体に）塗ること 2 香油、膏薬（など体に塗るもの）[Sk.]

ಅನುಲೇಪನ ⟦anulēpana アヌレーパナ⟧ [ənuleːpənɐ] 《文》*n.* [Sk.] ☞ಅನುಲೇಪ (anulēpa)

ಅನುಲೇಪಿಸು ⟦anulēpisu アヌレーピス⟧ [ənuleːpisu] 《文》*vt.*〈香油などを〉塗る [Sk.]

ಅನುಲೋಮ ⟦anulōma アヌローマ⟧ [ənuloːmɐ] 《文》(*n.*)（結婚において）夫のカーストが妻のカーストより高い〈こと〉[Sk.]

ಅನುಲ್ಲಂಘನೀಯ ⟦anullaṃgʰanīya アヌッランガニーヤ⟧ [ənulləŋgʰəniːjɐ] 《文》*adj.* 破ってはならない（掟など）[Sk.]

ಅನುವಂಶೀಯ ⟦anuvaṃśīya アヌヴァンシーヤ⟧ [ənuvəmʃiːjɐ] 《文》*adj.*（遺伝や文化を通して）先祖から伝来した [Sk.]

ಅನುವಂಶೀಯತೆ ⟦anuvaṃśīyate アヌヴァンシーヤテ⟧ [ənuvəmʃiːjəte] 《文》*n.*（遺伝や文化を通して）先祖から伝来した性質 [Sk.] = ವಂಶಪರಂಪರೆ (vaṃśaparaṃpare)

ಅನುವರ ⟦anuvara アヌヴァラ⟧ [ənuvərɐ] 《古》*n.* 戦争、戦い [?]

ಅನುವರ್ತಿ ⟦anuvarti アヌヴァルティ⟧ [ənuvərti] *mf.* 1 従者、随員 2 追随者、信奉者 [Sk.]

ಅನುವರ್ತಿಸು ⟦anuvartisu アヌヴァルティス⟧ [ənuvərtisu] 《文》*vt.*, *vi.* 1 従う、ついていく 2〈ある人物の学説や教えなどに〉従う、追従する [Sk.]

ಅನುವಾದ ⟦anuvāda アヌヴァーダ⟧ [ənuvɐːdɐ] *n.* 1《古》"確認したり反駁したりするために、他人の言葉を復唱すること" 2 翻訳 [Sk.]

ಅನುವಾದಕ ⟦anuvādaka アヌヴァーダカ⟧ [ənuvɐːdəkɐ] *m.* 翻訳者 [Sk.]

ಅನುವಾದಿಸು ⟦anuvādisu アヌヴァーディス⟧ [ənuvɐːdisu] 《文》*vt.* 翻訳する [Sk.]

ಅನುಶಾಸನ ⟦anuśāsana アヌシャーサナ⟧ [ənuʃɐːsənɐ] 《文》*n.* 1 命令、言いつけ、指令 2 指導 [Sk.]

ಅನುಷ್ಠಾನ ⟦anuṣṭʰāna アヌシュターナ⟧ [ənuʂʈʰɐːnɐ] *n.* 1 宗教的な実践 2 定期的に神を祀ったり瞑想したりすること [Sk.]

ಅನುಸಂಧಾನ ⟦anusaṃdʰāna アヌサンダーナ⟧ [ənusəndʰɐːnɐ] 《文》*n.* 1 探求、調査、研究 2 計画、案

3 準備、用意 [Sk.]

ಅನುಸರಣ 〚anusaraṇa アヌサラナ〛 [ənusəraɳɐ] 《文》 *n.* [Sk.] ☞ಅನುಸರಣೆ (anusaraṇe)

ಅನುಸರಣೆ 〚anusaraṇe アヌサラネ〛 [ənusəraɳe] ಅನುಸರಣ *n.* 1 従うこと、真似ること 2 従属、服従 3 習慣、慣習、しきたり [Sk.]

ಅನುಸರಿಸು 〚anusarisu アヌサリス〛 [ənusərisu] *vt.* 1 従う、ついていく 2 〈規則や原則などに〉従う [Sk.]

ಅನುಸಾರ 〚anusāra アヌサーラ〛 [ənusɐːrɐ] 《文》 *n.* 人について行くこと、人の言うことや習慣などに従うこと [Sk.] cf. ಅನುಸರಣ (anusaraṇa)

ಅನುಸಾರವಾಗಿ 〚anusāravāgi アヌサーラヴァーギ〛 [ənusɐːrəvɐːgi] 《文》 *postp.* 《gen.》 1 …に従って ¶ ಮಗ ಅಪ್ಪನ ಸೂಚನೆಯ ಅನುಸಾರವಾಗಿ ನಡೆಯಲಿಲ್ಲ (maga appana sūcaneya anusāravāgi naḍeyalilla.) 息子は父親のいいつけに従わなかった。 2 …によれば、によって ¶ ಪ್ರಜಾವಾಣಿ ಪತ್ರಿಕೆಯ ಅನುಸಾರವಾಗಿ ಕಳ್ಳಭಟ್ಟಿ ಕುಡಿದು 50 ಜನ ಸತ್ತರು. (prajāvāṇi patrikeya anusāravāgi kaḷḷabʰaṭṭi kuḍidu 50 jana sattaru.) プラジャーワーニ紙によれば、非合法な醸造酒を飲んで 50 人が死亡した。 [Sk.] cf. ಅನುಸರಣ (anusaraṇa)

ಅನುಸಾರಿ 〚anusāri アヌサーリ〛 [ənusɐːri] *adj.* 《複合語末で》 1 …に従う、を真似する 2 …に似た [Sk.]

ಅನುಸಾರಿಣಿ 〚anusāriṇi アヌサーリニ〛 [ənusɐːriɳi] *n.* タンブーラの左から 2 本目の弦 [Sk.]

ಅನುಸೂಚಿ 〚anusūci アヌスーチ〛 [ənusuːʧi] 《文》 *n.* 目録 [Sk.]

ಅನುಸೂಚಿತ 〚anusūcita アヌスーチタ〛 [ənusuːʧitɐ] 《文》 *adj.* 1 目録に載った、登録された 2 指定された、政府の優先採用などの対象となるカーストや部族や言語のリストに載った [Sk.]

ಅನುಸೂಚಿತ ಅಧಿನಿಯಮ 〚anusūcita adʰiniyama アヌスーチタアディニヤマ〛 [ənusuːʧitə ədʰinijəmɐ] 《文》 *n.* 指定留保法（特定のカーストや部族や少数言語を指定して留保枠を与える法）[Sk.]

ಅನುಸೂಚಿತ ಜಾತಿ 〚anusūcita jāti アヌスーチタジャーティ〛 [ənusuːʧitə ʤɐːti] 《文》 *n.* 指定カースト（政府の特別な保護の下に置くために、公式リストに載せられたカースト）[Sk.]

ಅನುಸ್ವಾರ 〚anusvāra アヌスヴァーラ〛 [ənusvɐːrɐ] 《文》 *n.* カンナダなどのインド系文字体系において鼻音を表す「◌ಂ (ṃ)」の文字 [Sk.]

ಅನೂಚಾನ 〚anūcāna アヌーチャーナ〛 [ənuːʧɐːnɐ] 《文》 *adj.* 勉学好きな [Sk. *anuvac-*]

ಅನೂನ 〚anūna アヌーナ〛 [ənuːnɐ] 《文》 *adj.* 不足のない、欠陥のない、十分な [Sk.]

ಅನೃತ 〚anṛta アヌルタ〛 [ənrɯtɐ/ənrutɐ] 《古》 *n.* 真実でないこと、嘘 [Sk.]

–ಅನೆ[1] 〚-ane -アネ〛 [əne] *suf.* 名詞や準名詞から副詞を作る接尾辞、例えば、ದಿಢೀರ್ (diḍʰīr) 「急」+ –ಅನೆ (-ane) = ದಿಢೀರನೆ (diḍʰīrane) 「急に」 [Ø]

–ಅನೆ[2] 〚-ane -アネ〛 [əne] *suf.* 基数詞から序数詞を作る接尾辞、例えば、ಮೂರು (mūru) + –ಅನೆ (-ane) = ಮೂರನೆ (mūrane) 第三の [Ø]

–ಅನೆ[3] 〚-ane -アネ〛 [əne] *suf.* [Ka. *D1] ☞–ಅನ್ನ (-anna)

–ಅನೆಯ[1] 〚-aneya -アネヤ〛 [ənejɐ] *suf.* 基数詞から序数詞を作る接尾辞、例えば、ಮೂರು (mūru) + –ಅನೆಯ (-aneya) = ಮೂರನೆಯ (mūraneya) 第三の [*-ane + -a*]

–ಅನೆಯ[2] 〚-aneya -アネヤ〛 [ənejɐ] *suf.* [Ka. *D1] ☞–ಅನ್ನ (-anna)

ಅನೇಕ 〚anēka アネーカ〛 [əneːkɐ] 《文》 (*adj.*) いくつかの〈こと〉、多くの〈こと〉[Sk.]

ಅನೈಕಮತ್ಯ 〚anaikamatya アナイカマティャ〛 [ənəikə̆mət̪jɐ] 《文》 *n.* 不統一、意見の不一致 [Sk.]

ಅನೈಚ್ಛಿಕ 〚anaiccʰika アナイッチカ〛 [ənəiʧʧʰikɐ] 《文》 *adj.* 義務的な、必修の、必須の [Sk.]

ಅನೈಸರ್ಗಿಕ 〚anaisargika アナイサルギカ〛 [ənəisərgikɐ] *adj.* 人工の [Sk.]

ಅನೋಕಹ 〚anōkaha アノーカハ〛 [ənoːkəhɐ] 《古》 *n.* 木、樹木 [Sk.]

ಅನ್ನ[1] 〚anna アンナ〛 [ənnɐ] 《古》 *pron.* 《*m.* ಅನ್ನಂ/ ಅನ್ನನ್ (annaṃ/ annan) *f.* ಅನ್ನಳ್ (annaḷ) *n.* ಅನ್ನದು (annadu)》そのような人、そのようなもの [*a-* D1 + ?]

ಅನ್ನ[2] 〚anna アンナ〛 [ənnɐ] *n.* 1 飯、ご飯 2 食物、食事 [Sk.]

–ಅನ್ನ 〚-anna -アンナ〛 [ənnɐ] –ಅನ, –ನೆ, –ಅನೆಯ, –ಆನೆ *suf.* 形容詞に付けて話者の主観を表現する接尾辞、例えば、saṇṇa 小さい ⇒ saṇṇanna ちっぽけな [*a-* D1 + ?]

ಅನ್ನಂ 〚annaṃ アンナン〛 [ənnəm] 《古》 *postp.* …まで —*adv.* 1 その間に、そうこうするうちに 2 そのように [Ka. *anna*[1] D1 + ?]

ಅನ್ನಕಂ 〚annakaṃ アンナカン〛 [ənnə̣m] ಅನಕ, ಅನಕಾ, ಅನ್ನಕ, ಅನ್ನಕ್ಕ 《古》 *postp.* …まで —*adv.* その間に [*anna*[1] D1 + *-kaṃ* < ?]

ಅನ್ನಕ 〚annaka アンナカ〛 [ənnəkɐ] 《古》 *postp.* …まで [*anna*[1] D1 + *-ka* < ?] cf. ಅನ್ನಕಂ (annakaṃ)

ಅನ್ನಕ್ಕ 〚annakka アンナッカ〛 [ənnəkkɐ] 《古》 *postp.* [*anna*[1] D1 + *-kka* < ?] ☞ಅನ್ನಕ (annaka)

ಅನ್ನಋಣ 〚annaṛṇa アンナルナ〛 [ənnərɯɳɐ/ənnəruɳɐ] 《文》 *n.* 1 この世で食べるように運命づけられた食物の量（これが尽きた時に人は死を迎えるという考え） 2 主人に対する恩 [Sk.]

ಅನ್ನನಾಳ 〚annanāḷa アンナナーラ〛 [ənnɐnɐːɭɐ] *n.* 食道 [Sk.]

ಅನ್ನಪ್ರಾಶನ 〚annaprāśana アンナプラーシャナ〛 [ənnəprɐːʃənɐ] *n.* お食い初め、生まれた子どもに初めてご飯を食べさせる儀式（生後 5 ～ 8 か月目までの間に行われる）[Sk.]

ಅನ್ನಿಗ ⟦anniga アンニガ⟧ [ənnigɐ] *m.* 《*f.* ಅನ್ನಿಗಳು (annigaḷu)》他人、局外者 [Sk. *anyaka-*]

ಅನ್ನು ⟦annu アンヌ⟧ [ənnu] *vi.* 《過去語幹 aṃdu》 1 言う 2 吟唱する ¶ ಒಂದು ಪದ್ಯ ಅನ್ನು. (oṃdu padya annu.) 詩を吟じなさい。 3 〈あるものを〉…と呼ぶ ¶ ಎಲ್ಲರೂ ಅವನನ್ನು ಮೂರ್ಖ ಅನ್ನುತ್ತಾರೆ. (ellarū avanannu mūrkʰa annuttāre.) みんなが彼を馬鹿だと言う。 [Ka. D868]

ಅನ್ನಿಸು ⟦annisu アンニス⟧ [ənnisu] *vt.* 1 言わせる 2 叱らせる ¶ ನನ್ನನ್ನು ಸುಮ್ಮನೆ ಅನ್ನಿಸಿದಿರಿ. (nannannu summane annisidiri.) 君のおかげで何も悪いことをしないのに叱られた。 —*vi.* 《*dat.*》思われる ¶ ಅವನು ಇನ್ನು ಬರುವದಿಲ್ಲ ಅನ್ನಿಸುತ್ತದೆ. (avanu innu baruvadilla annisuttade.) 彼はもう来ないようだ。 [+ *-isu* caus.]

ಅನ್ನುವಿಕೆ ⟦annuvike アンヌヴィケ⟧ [ənnuvike] *n.* 1 言うこと 2 あるものをあるものと言うこと、名づけること [Ka. *annu* D868 + *-ike*]

ಅನ್ನೆ ⟦anne アンネ⟧ [ənne] 《‡》 *adv.* その時、そこで (*Kitt.*) [Ka. D1]

ಅನ್ಯ ⟦anya アニャ⟧ [ən·jɐ] *adj.* 別の、違った —*m.* 《*f.* ಅನ್ಯೆ (anye)》 1 別人、別の人 2 他人、局外者 ¶ ಅವರು ನನಗೆ ಅನ್ಯರಾಗಿದ್ದರು. (avaru nanage anyarāgiddaru.) 私にとって彼は結局他人だった。 —*n.* 別の物 [Sk.]

ಅನ್ಯಕಾರ್ಯ ನಿಮಿತ್ತ ⟦anyakārya nimitta アニャカーリヤニミッタ⟧ [ən·jǝ̆kɐːrjə nimittɐ] 《文》 *adv.* 他の用で [Ka. *anya + kārya + nimitta*]

ಅನ್ಯತ್ರ ⟦anyatra アニャトラ⟧ [ən·jət·rɐ] 《文》 *adv.* 1 他の場所で、他の機会に 2 間違って ¶ ಅನ್ಯತ್ರ ಭಾವಿಸಬಾರದು. (anyatra bʰāvisa bāradu.) 誤解しないでください。 [Sk.]

ಅನ್ಯಥಾ ⟦anyatʰā アニャター⟧ [ən·jətʰɐː] 《文》 *adv.* 1 さもなくば、そうでないなら 2 別のやり方で [Sk.]

ಅನ್ಯದೇಶೀಯ ⟦anyadēśīya アニャデーシーヤ⟧ [ən·jədeːʃiːjɐ] 《文》 *adj.* [Sk.] ☞ಅನ್ಯದೇಶ್ಯ (anyadēśya)

ಅನ್ಯದೇಶ್ಯ ⟦anyadēśya アニャデーシュヤ⟧ [ən·jədeːʃjɐ] *adj.* 外国の、舶来の —*adj., m.* 《*f.* ಅನ್ಯದೇಶ್ಯಳು (anyadēśyaḷu)》外国人〈の〉 —*n.* 外国語からの借用語 [Sk.]

ಅನ್ಯಾಯ ⟦anyāya アニャーヤ⟧ [ən·jɐːjɐ] *n.* 不正、不法 —(*n.*) 不正〈な〉、不法〈な〉 [Sk.]

ಅನ್ಯಾಯಕಾರ ⟦anyāyakāra アニャーヤカーラ⟧ [ən·jɐːjəkɐːrɐ] *m.* 《*f.* ಅನ್ಯಾಯಕಾರಳು (anyāyakāraḷu)》不法行為や不正行為を行う人 [Sk.]

ಅನ್ಯೂನ ⟦anyūna アニューナ⟧ [ən·juːnɐ] 《文》 *adj.* 欠点のない、完全な [Sk.]

ಅನ್ಯೂನತೆ ⟦anyūnate アニューナテ⟧ [ən·juːnəte] 《文》 *n.* 完全、欠陥がないこと [Sk.]

ಅನ್ಯೆ ⟦anye アニェ⟧ [ən·je] 《文》 *f.* 1 別の女性、他の女性 2 他の男性のものである女性 [Sk.]

ಅನ್ಯೋಕ್ತಿ ⟦anyōkti アニョークティ⟧ [ən·joːkti] 《文》 *n.* 1 別の言葉、他の表現 2 別の人の表現や言葉 3 〔言〕三人称 4 偶意 [Sk.]

ಅನ್ಯೋನ್ಯ ⟦anyōnya アニョーニャ⟧ [ən·joːn·jɐ] (*adj.*) 1 お互いの、相互的な 2 仲のよい〈こと〉、親密〈な〉 —(*n.*) 親密〈な〉、仲よし〈の〉 [Sk.]

ಅನ್ವಯ ⟦anvaya アンヴァヤ⟧ [ən·vəjɐ] 《文》 *n.* 1 連続 2 関係づけること、連想すること 3 血統、家系 4 論理的関係 ¶ ನಾನು ಬಹಳ ಕುಡಿಯುತ್ತಿರಬಹುದು. ಆದರೆ ನನ್ನ ಮನಸಿನಲ್ಲಿ ದುಃಖ ಇದೆ ಎಂದು ಅನ್ವಯವಾಗುವುದಿಲ್ಲ. (nānu bahaḷa kuḍiyuttirabahudu. ādare nanna manasinalli duḥkʰa ide eṃdu anvayavāguvudilla.) 僕はよく酒を飲むかもしれない。けれどもだからといって、心に悲しみを抱いているという訳ではない。 5 〔言〕文中の語の自然な配列、文の構造が分かる配列 6 大意、主旨 ¶ ಈ ಪದ್ಯದ ಅನ್ವಯ ಏನು? (ī padyada anvaya ēnu?) この詩の主旨は何ですか。 [Sk.]

ಅನ್ವಯವಾಗು ⟦anvayavāgu アンヴァヤヴァーグ⟧ [ənvəjəvɐːgu] 《文》 *vi.* 当てはまる

ಅನ್ವಯಿಸು ⟦anvayisu アンヴァイス⟧ [ən·vəjisu] 《文》 *vt.* (詩文などを)自然な語の配列にかえる [Sk.]

ಅನ್ವರ್ಥ ⟦anvartʰa アンヴァルタ⟧ [ənvərtʰɐ] 《文》 *adj.* (名前などの)意味がはっきり分かる —*n.* 意味がはっきりした名前 [Sk.]

ಅನ್ವರ್ಥನಾಮ ⟦anvartʰanāma アンヴァルタナーマ⟧ [ənvərtʰənɐːmɐ] 《文》 *n.* 意味がはっきり分かる名前 ¶ ನಿಮ್ಮ ರಾಜಪುರೋಹಿತ ಎಂಬ ಹೆಸರು ಈಗ ಅನ್ವರ್ಥನಾಮವಲ್ಲ. (nimma rājapurōhita eṃba hesaru īga anvartʰanāmavalla.) 「ラージャプローヒタ」という名は今日実態を表していない。 [Sk.]

ಅನ್ವೀಕ್ಷಣ ⟦anvīkṣaṇa アンヴィークシャナ⟧ [ənviːkʂəɳɐ] 《文》 *n.* 1 捜索、捜すこと、探査 2 調査、取調べ [Sk.]

ಅನ್ವೀಕ್ಷೆ ⟦anvīkṣe アンヴィークシェ⟧ [ənviːkʂe] 《文》 *n.* 1 捜索、捜すこと、探査 2 調査、取調べ [Sk.]

ಅನ್ವೇಷಕ ⟦anvēṣaka アンヴェーシャカ⟧ [ənveːʂəkɐ] 《文》 *m.* 《*f.* ಅನ್ವೇಷಕಿ (anvēṣaki)》 1 探索者、捜す人 2 調査する人、取り調べる人 [Sk.]

ಅನ್ವೇಷಣ ⟦anvēṣaṇa アンヴェーシャナ⟧ [ənveːʂəɳɐ] 《文》 *n.* 1 捜索、捜すこと 2 調査、取調べ [Sk.]

-ಅಪ ⟦-apa -アパ⟧ [əpɐ] 《口》 *n.* ಅಪ್ಪ (appa) 口語における「父」の短縮形(男性の名の後ろに付けて接尾辞のように用いられる時に現れる形) [Ka. D156(a)]

ಅಪ- ⟦apa- アパ-⟧ [əpə] *pref.* 「去…」「戻…」「下…」「劣…」などの意味を表す接頭辞 ¶ ಅಪವ್ಯಯ (apavyaya) 無駄な出費 [Sk.]

ಅಪಕರ್ಷ ⟦apakarṣa アパカルシャ⟧ [əpəkərʂɐ] 《文》 *n.* 1 不名誉、恥辱、不面目 2 逆境、不運 [Sk.]

ಅಪಕಾರ ⟦apakāra アパカーラ⟧ [əpəkɐːrɐ] *n.* 恩を仇で返すこと [Sk.]

ಅಪಕಾರಿ ⟦apakāri アパカーリ⟧ [əpəkɐːri] *adj.*, *mf.* **1** 害を及ぼす〈人〉、迷惑になる〈人〉 **2** 恩を仇で返す〈人〉 [Sk.]

ಅಪಕೀರ್ತಿ ⟦apakīrti アパキールティ⟧ [əpəkiːrti] *n.* 悪評、悪名 [Sk.]

ಅಪಕೃತ ⟦apakṛta アパクルタ⟧ [əpŏkrɯtɐ] 《文》 *adj.*, *m.* 《*f.* ಅಪಕೃತಳು (apakṛtaḷu)》危害を与えられた〈人〉 [Sk.]

ಅಪಕ್ವ ⟦apakva アパクヴァ⟧ [əpəkvɐ] *adj.* **1** 生の、完全に煮えていない **2** (果物が)未熟な、熟れていない **3** 〔喩〕未熟な、下手な [Sk.]

ಅಪಖ್ಯಾತಿ ⟦apakʰyāti アパキャーティ⟧ [əpəkʰjɐːti] *n.* 悪名、悪評 [Sk.]

ಅಪಘಾತ ⟦apagʰāta アパガータ⟧ [əpəgʰɐːtɐ] *n.* 事故 [Sk.]

ಅಪಚಾರ ⟦apacāra アパチャーラ⟧ [əpətʃɐːrɐ] *n.* 悪い行為、よくない振る舞い [Sk.]

ಅಪಜಯ ⟦apajaya アパジャヤ⟧ [əpədʒəjɐ] 《文》 *n.* 敗北、敗戦 [Sk.]

ಅಪಥ್ಯ ⟦apatʰya アパティャ⟧ [əpətʰ·jɐ] (*n.*) **1** 健康によくない〈こと〉; 合わない〈こと〉、ためにならない〈こと〉 **2** 気に入らない〈こと〉¶ ಮಗ ಬೇರೆ ಜಾತಿಯ ಹುಡುಗಿಯನ್ನು ಮದುವೆ ಆದದ್ದು ತಂದೆಗೆ ಅಪಥ್ಯವಾಯಿತು. (maga bēre jātiya huḍugiyannu maduve ādaddu taṃdege apatʰyavāyitu.) 息子が他のカーストの娘と結婚したことが父親には気にいらなかった。 —*n.* 体によくないものを食べること、健康を害する食べ物 [Sk.]

ಅಪದಶೆ ⟦apadaśe アパダシェ⟧ [əpədəʃe] ಅಪದೆಶೆ, ಅಪದೆಸೆ 《文》 *n.* 苦境、惨めな状態 [Sk.]

ಅಪದೇಶೆ ⟦apadeśe アパデシェ⟧ [əpədeʃe] 《文》 *n.* [Sk.] ☞ಅಪದಶೆ (apadaśe)

ಅಪದೆಸೆ ⟦apadese アパデセ⟧ [əpədese] 《文》 *n.* [Sk.] ☞ಅಪದಶೆ (apadaśe)

ಅಪನಂಬಿಕೆ ⟦apanaṃbike アパナンビケ⟧ [əpənəmbike] *n.* 不信、信用がないこと [Sk. *apa-* + *naṃbike*]

ಅಪನಿಂದೆ ⟦apaniṃde アパニンデ⟧ [əpəninde] 《文》 *n.* 悪口、いわれのない非難 [Sk.] = ಅಪವಾದ (apavāda)

ಅಪಪಾಠ ⟦apapāṭʰa アパパータ⟧ [əpəpɐːʈʰɐ] 《文》 *n.* (写本などの)間違った読み方 [Sk.]

ಅಪಪ್ರಯೋಗ ⟦apaprayōga アパプラヨーガ⟧ [əpəprəjoːgɐ] 《文》 *n.* (語などの)間違った用法、誤用 [Sk.]

ಅಪಭ್ರಂಶ ⟦apabʰraṃśa アパブランシャ⟧ [əpəbʰrəmʃɐ] *n.* **1** 訛ってできた語形、例えば、Sk. ವಿನಾಯಕ (vināyaka) からできた Ka. ಬೆನಕ (benaka) など **2** プラークリット語の中で牛飼いなどが使う最も下層の人が使うもの **3** 中期インドアーリア語の最後の段階 [Sk.]

ಅಪಮಾನ ⟦apamāna アパマーナ⟧ [əpəmɐːnɐ] *n.* 不名誉、屈辱 [Sk.]

ಅಪಮೃತ್ಯು ⟦apamṛtyu アパムルティュ⟧ [əpəmrɯt·ju/əpəmrut·ju] 《文》 *n.* 不慮の死 [Sk.]

ಅಪರ ⟦apara アパラ⟧ [əpərɐ] 《文》 *adj.* **1** 他の、別の **2** 後の、それに続く **3** より劣った ¶ ಅಪರಕರ್ಮ (aparakarma) 死後儀礼 **4** 後ろの、後部の **5** 西の、西部の [Sk.]

ಅಪರಂಜಿ ⟦aparaṃji アパランジ⟧ [əpərəɲdʒi] *n.* **1** 純金 **2** 〔喩〕(性格などの)純真、純粋さ [Ka. D152]

ಅಪರಕ್ರಿಯೆ ⟦aparakriye アパラクリエ⟧ [əpərəkrije] *n.* 葬式、葬儀、弔い [Sk.] = ಉತ್ತರಕ್ರಿಯೆ (uttarakriye)

ಅಪರಗಿರಿ ⟦aparagiri アパラギリ⟧ [əpərəgiri] 《文》 *n.* 太陽が沈む西方の山 [Sk.]

ಅಪರದಿಕ್ಕು ⟦aparadikku アパラディック⟧ [əpərədikku] 《文》 *n.* 西方 [*apara* + *dikku*]

ಅಪರಪಕ್ಷ ⟦aparapakṣa アパラパクシャ⟧ [əpərəpəkʂɐ] 《文》 *n.* 太陰暦の月の後半、満月から新月まで [Sk.]

ಅಪರವಯಸ್ಸು ⟦aparavayassu アパラヴァヤッス⟧ [əpərəvəjəssu] 《文》 *n.* 老齢 [Sk.]

ಅಪರಸಂಧ್ಯೆ ⟦aparasaṃdʰye アパラサンディェ⟧ [əpərəsəndʰ·je] 《文》 *n.* 夕方 [Sk.]

ಅಪರಾಜಿತ ⟦aparājita アパラージタ⟧ [əpĕrɐːdʒitɐ] 《文》 *adj.*, *m.* 《*f.* ಅಪರಾಜಿತೆ (aparājite)》決して負けることのない〈者〉 —*m.* ヴィシュヌやシヴァやその他の神の別名 [Sk.]

ಅಪರಾಜಿತೆ ⟦aparājite アパラージテ⟧ [əpĕrɐːdʒĭte] 《文》 *f.* **1** 決して負けることのない女性 **2** ドゥルガー(女神)の別名 [Sk.]

ಅಪರಾಧ ⟦aparādʰa アパラーダ⟧ [əpərɐːdʰɐ] *n.* **1** 犯罪、罪 **2** 罰金 [Sk.]

ಅಪರಾಧ ಶೋಧನಾ ಇಲಾಖೆ ⟦aparādʰa śōdʰanā ilākʰe アパラーダショーダナーイラーケ⟧ [əpərɐːdʰə ʃoːdʰĕnɐː ilɐːkʰe] 《文》 *n.* 犯罪捜査局 [+ *śōdʰane* + *ilākʰe*]

ಅಪರಾಧಿ ⟦aparādʰi アパラーディ⟧ [əpərɐːdʰi] *mf.* 犯罪者、犯人 [Sk.]

ಅಪರಾರ್ಧ ⟦aparārdʰa アパラールダ⟧ [əpərɐːrdʰɐ] *n.* 後半、後ろの半分 [Sk.]

ಅಪರಾವತಾರ ⟦aparāvatāra アパラーヴァターラ⟧ [əpərɐːvətɐːrɐ] 《文》 *n.* 神の別の化身 [Sk.]

ಅಪರಾಹ್ನ ⟦aparāhna アパラーフナ⟧ [əpərɐːnnʰɐ] *n.* 午後、昼から [Sk.]

ಅಪರಿಗ್ರಹ ⟦aparigraha アパリグラハ⟧ [əpərigrəhɐ] 《文》 *n.* **1** 何も受け取らないこと **2** 誰からも何も受け取らないという宗教的な行、ジャイナ教の誓戒の一つである無所有 [Sk.]

ಅಪರಿಚಿತ ⟦aparicita アパリチタ⟧ [əpəritʃitɐ] *adj.* 知らない、未知の —*m.* 《*f.* ಅಪರಿಚಿತಳು (aparicitaḷu)》知らない人、未知の人 [Sk.]

ಅಪರಿಣತ ⟦apariṇata アパリナタ⟧ [əpəriɳətɐ] 《文》 *adj.*, *m.* 未熟な〈人〉、下手な〈人〉、しろうと臭い〈人〉 [Sk.]

ಅಪರಿಮಿತ ⟦aparimita アパリミタ⟧ [əpərimitɐ] 《文》 *adj.* 無限の、限りがない、果てしない [Sk.]

ಅಪರಿಶುದ್ಧ ⟦apariśuddʰa アパリシュッダ⟧ [əpəriʃuddʰɐ] 《文》 *adj.* 清潔でない、清浄でない [Sk.]

ಅಪರೂಪ ⟦aparūpa アパルーパ⟧ [əpəru:pɐ] ಅಪರೂಪು, ಅಪುರೂಪು (*n.*) 1 稀〈な〉、滅多にない〈こと〉、未曾有〈の〉 2 醜い〈こと〉、醜悪〈な〉 —*n.* 珍しいもの、稀少な品 ¶ ಇದು ಏನೂ ಅಪರೂಪ ಅಲ್ಲ. (idu ēnū aparūpa alla.) これは珍品とはほど遠い。 [Sk.]

ಅಪರೂಪು ⟦aparūpu アパループ⟧ [əpəru:pu] (*n.*) ☞ಅಪರೂಪ (aparūpa) [Sk.]

ಅಪರೋಕ್ಷ ⟦aparōkṣa アパロークシャ⟧ [əpəro:kʂɐ] 《文》 (*adj.*) 直接見ることができる〈こと〉、隠れていない〈こと〉、目に見える〈こと〉 [Sk.]

ಅಪರೋಕ್ಷಜ್ಞಾನ ⟦aparōkṣajñāna アパロークシャジュニャーナ⟧ [əpəo:kʂəɟɲɐ:nɐ/—gnɐ:nɐ] 《文》 *n.* 1 過去や未来や他界など、直接目で確かめられないものの知識 2 推論や直感で得た知識 [Sk.]

ಅಪರ್ಣೆ ⟦aparṇe アパルネ⟧ [əpərɳe] *f.* アパルナー(パールヴァティー女神の別名) [Sk.]

ಅಪಲಪನ ⟦apalapana アパラパナ⟧ [əpələpənɐ] 《文》 *n.* [Sk.] ☞ಅಪಲಾಪ (apalāpa)

ಅಪಲಪಿಸು ⟦apalapisu アパラピス⟧ [əpələpisu] 《文》 *vi.* 事実を隠して言い抜ける、事実をごまかす [Sk.]

ಅಪಲಾಪ ⟦apalāpa アパラーパ⟧ [əpəlɐ:pɐ] 《文》 *n.* 1 事実を隠すこと、話をそらして事実を話さないこと、言い抜けること 2 たわ言 [Sk.]

ಅಪವರ್ಗ ⟦apavarga アパヴァルガ⟧ [əpəvərgɐ] 《文》 *n.* 1 捨てること、放棄、断念 2 解脱 3 贈り物、喜捨 4 終わり、完結 [Sk.]

ಅಪವಾದ ⟦apavāda アパヴァーダ⟧ [əpəvɐ:dɐ] *n.* 1 悪名、悪い評判 2 非難、中傷 3 例外 [Sk.]

ಅಪವಿತ್ರ ⟦apavitra アパヴィトラ⟧ [əpəvit·rɐ] *adj.* 不潔な、不浄な、けがれた [Sk.]

ಅಪವ್ಯಯ ⟦apavyaya アパヴィヤヤ⟧ [əpəvjəjɐ] *n.* 1 無駄な出費、無駄使い、浪費 2 金使いが荒いこと、放蕩 [Sk.]

ಅಪಶಕುನ ⟦apaśakuna アパシャクナ⟧ [əpəʃəkunɐ] *n.* 凶兆、悪い予兆 [Sk.]

ಅಪಶಬ್ದ ⟦apaśabda アパシャブダ⟧ [əpəʃəbdɐ] *n.* 1 間違った用法、文法上間違った表現 2 人を非難する言葉、人を中傷する言葉 3 きたない表現 [Sk.]

ಅಪಸರ್ಪ ⟦apasarpa アパサルパ⟧ [əpəsərpɐ] 《文》 *mf.* 《ಅಪಸರ್ಪಿಣಿ (apasarpiṇi)》スパイ、間諜 [Sk.]

ಅಪಸಾಕ್ಷಿ ⟦apasākṣi アパサークシ⟧ [əpəsɐ:kʂi] 《文》 *n.* 間違った証言、嘘証 [Sk.]

ಅಪಸಿದ್ಧಾಂತ ⟦apasiddʰāṃta アパシッダーンタ⟧ [əpəsiddʰɐ:ntɐ] 《文》 *n.* 1 間違った結論、誤った決定 2 間違った学説 [Sk.]

ಅಪಸ್ಮಾರ ⟦apasmāra アパスマーラ⟧ [əpəsmɐ:rɐ] 《文》 *n.* 1 健忘症、もの忘れ 2 てんかん、引きつけ [Sk.]

ಅಪಸ್ವರ ⟦apasvara アパスヴァラ⟧ [əpəsvərɐ] *n.* 音楽的でない音や声、調子はずれの音や声 [Sk.]

ಅಪಹರಣ ⟦apaharaṇa アパハラナ⟧ [əpəhərəɳɐ] ಅಪಹರಣೆ *n.* 1 持ち去ること、つれ去ること 2 窃盗、盗み [Sk.]

ಅಪಹರಿಸು ⟦apaharisu アパハリス⟧ [əpəhərisu] *vt.* 1 持ち去る、つれ去る 2 盗む、盗み去る [Sk.]

ಅಪಹಾಸ್ಯ ⟦apahāsya アパハースヤ⟧ [əpəhɐ:s·jɐ] *n.* 嘲笑、嘲り笑うこと [Sk.]

ಅಪಾಂಗ ⟦apāṃga アパーンガ⟧ [əpɐ:ŋgɐ] *m.* 《*f.* ಅಪಾಂಗಳು (apāṃgaḷu)》身体障害者、体の不自由な人 —*n.* 1 一部が壊れたもの、歪んだもの 2 目尻 [Sk.]

ಅಪಾತ್ರ ⟦apātra アパートラ⟧ [əpɐ:t·rɐ] *adj., mf.* 1 贈り物や報酬などを受け取る資格のない〈人〉 2 資格のない〈人〉、ふさわしくない〈人〉 [Sk.]

ಅಪಾನವಾಯು ⟦apānavāyu アパーナヴァーユ⟧ [əpɐ:nəvɐ:ju] 《文》 *n.* 1 呼気、吐く息 2 屁 [Sk.] = ಹೂಸು (hūsu) 〔口〕

ಅಪಾಯ ⟦apāya アパーヤ⟧ [əpɐ:jɐ] *n.* 1 危険 2 災難、惨禍 [Sk.]

ಅಪಾಯಕರ ⟦apāyakara アパーヤカラ⟧ [əpɐ:jəkərɐ] 《文》 *adj.* 1 危険な 2 害のある、損害をもたらす [Sk.]

ಅಪಾಯಕಾರಕ ⟦apāyakāraka アパーヤカーラカ⟧ [əpɐ:jəkɐ:rŏkɐ] 《文》 *adj.* 1 危険な 2 害のある、損害をもたらす [Sk.]

ಅಪಾಯಕಾರಿ ⟦apāyakāri アパーヤカーリ⟧ [əpɐ:jəkɐ:ri] 《文》 *adj.* 1 危険な 2 害のある [Sk.]

ಅಪಾರ[1] ⟦apāra アパーラ⟧ [əpɐ:rɐ] *n.* (川の)対岸 [Ka. *-a* + Sk. *pāra*]

ಅಪಾರ[2] ⟦apāra アパーラ⟧ [əpɐ:rɐ] *adj.* 1 無限の、果てしのない 2 無尽蔵の、いくらでもある 3 越えられない 4 広大な [Sk.]

ಅಪಾರದರ್ಶಕ ⟦apāradarśaka アパーラダルシャカ⟧ [əpɐ:rədərʃəkɐ] 《文》 *adj.* 不透明な [Sk.]

ಅಪಾರದರ್ಶಕತ್ವ ⟦apāradarśakatva アパーラダルシャカトヴァ⟧ [əpɐ:rədərʃəkətvɐ] 《文》 *n.* 不透明 [Sk.]

ಅಪಾರ್ಥ ⟦apārtʰa アパールタ⟧ [əpɐ:rtʰɐ] 《文》 *adj.* 1 意味のない、無意味な 2 役に立たない、無用の —*n.* 間違った解釈、つじつまの合わない解釈 [Sk.]

ಅಪಾರ್ಥಿವ ⟦apārtʰiva アパールティヴァ⟧ [əpɐ:rtʰivɐ] 《文》 *adj.* この世のものならぬ [Sk.]

ಅಪಿಗೆ ⟦apige アピゲ⟧ [əpige] 《‡》 *n.* [Ka. D157] (*S.Mhr. (Kitt.)*) ☞ಅಪ್ಪುಗೆ (appuge)

ಅಪೀಮು ⟦apīmu アピーム⟧ [əpi:mu] *n.* [Ar. *afjūn* ←Gk.] ☞ಅಫೀಮು (apʰīmu)

ಅಪೀಲು ⟦apīlu アピール⟧ [əpi:lu] ಅಪೀಲ್ *n.* 上訴、上告 [Eg. *appeal*]

ಅಪೀಲು ನ್ಯಾಯಾಧಿಕರಣ ⟦apīlu nyāyādʰikaraṇa アピールニャーヤーディカラナ⟧ [əpi:lu njɐ:jɐ:dʰikərəɳɐ] 《文》 *n.* 裁判所などの上告する機関 [+ *nyāyādʰikaraṇa*]

ಅಪುರೂಪು 〚apurūpu アプループ〛 [əpuru:pu] (*n.*) ☞ಅಪರೂಪ (aparūpa) [Sk.]

ಅಪೂರ್ಣ 〚apūrṇa アプールナ〛 [əpu:rɳɐ] 《文》 *adj.* 不完全な、未完成な [Sk.]

ಅಪೂರ್ವ 〚apūrva アプールヴァ〛 [əpu:rvɐ] *adj.* 1 未曾有の、これまでにない 2 珍しい、たぐいまれな [Sk.]

ಅಪೇಕ್ಷಿಸು 〚apēkṣisu アペークシス〛 [əpe:kʂisu] *vt.* 望む、期待する、欲しがる [Sk.] = ಬಯಸು (bayasu)

ಅಪೇಕ್ಷೆ 〚apēkṣe アペークシェ〛 [əpe:kʂe] *n.* 望み、期待、欲しがること [Sk.] = ಬಯಕೆ (bayake)

ಅಪೇಯ 〚apēya アペーヤ〛 [əpe:jɐ] 《文》 *adj.* 飲むことができない、飲用には適さない [Sk.]

ಅಪ್ಪ[1] 〚appa アッパ〛 [əppɐ] *n.* 米の粉、ココヤシ、黒砂糖などを油やギーで揚げた丸くて平たい菓子 [Ka. D155]

ಅಪ್ಪ[2] 〚appa アッパ〛 [əppɐ] *m.* 《*gen.* ಅಪ್ಪನ (appana) *pl.* ಅಪ್ಪಂದಿರು (appaṃdiru)》 1 父、父親、お父さん 2 男子の名の後に接尾辞的に付ける敬称 ¶ ಬಂಗಾರಪ್ಪ (baṃgārappa) バンガーラッパ(バンガーラさん) [Ka. D156(a)]

ಅಪ್ಪ[3] 〚appa アッパ〛 [əppɐ] ಅಪ್ಪಾ *intrj.* ああ、おお(驚き、痛み、悲しみ等を表す間投詞) [Ka. D156(b)]

ಅಪ್ಪಚ್ಚಿ 〚appacci アッパッチ〛 [əppəʧʧi] *n.* 〔児〕 黍(きび)の練り粉を薄く延ばして焼いたもの [Ka. D155] = ರೊಟ್ಟಿ (roṭṭi)

ಅಪ್ಪಟ 〚appaṭa アッパタ〛 [əppəʈɐ] *adj.* 純粋な、混じりけのない [Sk. aspṛṣṭa-]

ಅಪ್ಪಟೆ 〚appaṭe アッパテ〛 [əppəʈe] 《‡》 (*n.*) 平ら〈な〉、平たい〈こと〉 (*My.* (*Kitt.*)) [Ka. D2331] ☞ಚಪ್ಪಟೆ (cappaṭe)

ಅಪ್ಪಡ 〚appaḍa アッパダ〛 [əppəɖɐ] 《‡》 *n.* パーパル(薬味を入れ塩味をつけたモスビーンの練り粉を薄く円形に延ばしたもの。油で揚げて食べる) [Ka. D3928] (*R.* (*Kitt.*)) ☞ಹಪ್ಪಳ (happaḷa) 〔汎〕

ಅಪ್ಪಡೆ 〚appaḍe アッパデ〛 [əppəɖe] 《‡》 *n.* 1 接合 2 (衣類の)継ぎあて (*My.* (*Kitt.*)) [Ka. D157]

ಅಪ್ಪಣೆ 〚appaṇe アッパネ〛 [əppəɳe] *n.* 1 命令、言いつけ 2 許可 [Sk. ājñāpana-]

ಅಪ್ಪಯಿಸು[1] 〚appayisu アッパイス〛 [əppəjisu] ಅಪ್ಪಯ್ಸು ಅಪ್ಪೈಸು 《文》 *vt.* 〈教えや宗教などを〉受け入れる [Ka. D158]

ಅಪ್ಪಯಿಸು[2] 〚appayisu アッパイス〛 [əppəjisu] 《文》 *vt.* 1 〔敬〕 引き渡す、手渡す、捧げる 2 …に頼る、…の庇護を受ける [Sk. arp-]

ಅಪ್ಪಯ್ಸು 〚appaysu アッパイス〛 [əppəĭsu] 《文》 *vt.* [Ka. D158] ☞ಅಪ್ಪಯಿಸು (appayisu)

ಅಪ್ಪರಿಸು 〚apparisu アッパリス〛 [əppərisu] 《方》 *vi.* ぶつかる、衝突する [Ka. D157] (NK) ☞ಅಪ್ಪಳಿಸು (appaḷisu)

ಅಪ್ಪವಂತ 〚appavaṃta アッパヴァンタ〛 [əppəvəntɐ] *m.* 《*f.* *ಅಪ್ಪವಂತಳು (appavaṃtaḷu)》 父親が生きている人 [*appa* + *-vanta*]

ಅಪ್ಪಳ 〚appaḷa アッパラ〛 [əppəɭɐ] 《‡》 *n.* パーパル(薬味を入れ塩味をつけた豆の練り粉を薄く円形に延ばしたもの。油で揚げて食べる) (*My.* (*Kitt.*)) [Ka. D3928] ☞ಹಪ್ಪಳ (happaḷa) 〔汎〕

ಅಪ್ಪಳಿಕೆ 〚appaḷike アッパリケ〛 [əppəɭike] *n.* 1 衝突、ぶつかること 2 平手打ち [Ka. + *-ike* D157]

ಅಪ್ಪಳಿಸು 〚appaḷisu アッパリス〛 [əppəɭisu] ಅಪ್ಪರಿಸು *vi.* 《*dat.*》 1 ぶつかる、衝突する 2 平手で打つ 3 〔喩〕 (音などが耳を)打つ [Ka. D157]

ಅಪ್ಪಾ 〚appā アッパー〛 [əppɐ:] *intrj.* [Ka. D156(b)] ☞ಅಪ್ಪ (appa)

ಅಪ್ಪಾಜಿ 〚appāji アッパージ〛 [əppɐ:ʤi] *m.* 1 敬愛の念をもって父親に呼びかけたり言及したりする言葉 2 坊や(幼い男の子に愛情をもって呼びかける言葉) [Ka. *appa* + H. *-ji*]

ಅಪ್ಪಿಗೆ 〚appige アッピゲ〛 [əppĭge] *n.* 抱擁、抱きしめること [Ka. *appu* D158 + *-ige*]

ಅಪ್ಪಿತಪ್ಪಿ 〚appitappi アッピタッピ〛 [əppitəppi] *adv.* 偶然に、ひょっとして ¶ ಅಪ್ಪಿತಪ್ಪಿ ಫೇಲಾದರೆ ಏನು ಮಾಡುತ್ತೀ. (appitappi pʰēlādare ēnu māḍuttī.) 万一試験に落ちたらどうしますか。 [Ka. *appi* echo + *tappi* D3071]

ಅಪ್ಪಪ್ಪ 〚appappa アッパッパ〛 [əppəppɐ] ಅಪ್ಪಪ್ಪಾ *intrj.* ああ、おお(驚きや哀れみなどを表す間投詞) [Ka. D156(b)]

ಅಪ್ಪಪ್ಪಾ 〚appappā アッパッパー〛 [əppəppɐ:] *intrj.* [Ka. D156(b)] ☞ಅಪ್ಪಪ್ಪ (appappa)

ಅಪ್ಪಾಡ 〚appāḍa アッパーダ〛 [əppɐ:ɖɐ:] 《希》 *intrj.* ああ、おお(痛みや驚きを表す間投詞) (*My.* (*Kitt.*)) [Ka. D156(b)]

ಅಪ್ಪಿಗೆ 〚appige アッピゲ〛 [əppĭge] 《‡》 *n.* 1 接合 2 継ぎ (*My.* (*Kitt.*)) [Ka. D157] ☞ಅಪ್ಪುವಿಗೆ (appuvige) 〔汎〕

ಅಪ್ಪು[1] 〚appu アップ〛 [əppu] *m.* 坊や(男の子に愛情をもって呼びかける言葉) [Ka. D156(a)]

ಅಪ್ಪು[2] 〚appu アップ〛 [əppu] ಅಙ್ಪು *vt.* 抱きしめる、抱擁する —*n.* 《古》 抱擁、抱きしめること [Ka. D158]

ಅಪ್ಪುಗೆ 〚appuge アップゲ〛 [əppŭge] ಅಪ್ಪಿಗೆ *n.* 抱擁、抱きしめること [Ka. *appu* D158 + *-ige*]

ಅಪ್ಪೈಸು 〚appaisu アッパイス〛 [əppəisu] 《文》 *vt.* [Ka. D158] ☞ಅಪ್ಪಯಿಸು (appayisu)[1]

ಅಪ್ರಕಟ 〚aprakaṭa アプラカタ〛 [əprəkəʈɐ] (*n.*) 未公表〈の〉、秘密〈の〉 [Sk.]

ಅಪ್ರಕಟಿತ 〚aprakaṭita アプラカティタ〛 [əprəkəʈitɐ] *adj.* 1 未公表の、未だ発表されない 2 まだ出版されていない [Sk.]

ಅಪ್ರತಿಬದ್ಧ 〚apratibaddʰa アプラティバッダ〛 [əprətibəddʰɐ] 《文》 *adj.* 妨げにならない、抵抗できない、妨害を受けない [Sk.]

ಅಪ್ರತಿಭ ⟦apratibʰa アプラティバ⟧ [əprətibʰɐ] *adj.* 呆然とした、啞然とした [Sk.]

ಅಪ್ರತಿಮ ⟦apratima アプラティマ⟧ [əprətimɐ] 《文》(*adj.*) 無類〈の〉、匹敵するものがない〈こと〉、誰にも負けない〈こと〉[Sk.]

ಅಪ್ರತಿಹತ ⟦apratihata アプラティハタ⟧ [əprətihətɐ] 《文》*adj.*, *m.* 《*f.* ಅಪ್ರತಿಹತಳು (apratihataḷu)》邪魔されない〈人〉、抵抗できない〈人〉[Sk.]

ಅಪ್ರತೀತ ⟦apratīta アプラティータ⟧ [əprəti:tɐ] 《文》*adj.* **1** 近寄ることのできない（城塞、山岳など）**2** 無名の、名もない、名が知れない **3** 理解しがたい、神秘的な **—*n.*** 詩の欠陥の一つ；理解できない言葉の使用 [Sk.]

ಅಪ್ರತೀತಿ ⟦apratīti アプラティーティ⟧ [əprəti:ti] 《文》*n.* **1** 理解できないこと **2** 有名でないこと、無名 **3** 悪名、悪評 (SK) [Sk.]

ಅಪ್ರದಕ್ಷಿಣೆ ⟦apradakṣiṇe アプラダクシネ⟧ [əprədəkʂiɳe] ಅಪ್ರದಕ್ಷಿಣ *n.* 反時計回りに神像などの周りを回ること [Sk.]

ಅಪ್ರದಕ್ಷಿಣೆ ಸುತ್ತು ⟦apradakṣiṇe suttu アプラダクシネスットゥ⟧ [— suttu] *vi.* 反時計回りに神像などの周りを回る [+ *suttu*]

ಅಪ್ರಬುದ್ಧ ⟦aprabuddʰa アプラブッダ⟧ [əprəbuddʰɐ] 《文》*adj.* **1** 目覚めていない **2** 啓蒙されていない、知らされていない **3** 馬鹿な、愚かな **4**（精神的に）未発達な、未成熟な [Sk.]

ಅಪ್ರಬುದ್ಧತೆ ⟦aprabuddʰate アプラブッダテ⟧ [əprəbuddʰəte] 《文》*n.* **1** 啓蒙されていない状態 **2** 愚鈍、馬鹿、愚かさ、無知 **3**（精神的な）未発達、未成熟 [Sk.]

ಅಪ್ರಮತ್ತ ⟦apramatta アプラマッタ⟧ [əprəməttɐ] 《文》*adj.* **1** 世間的な快楽に心を奪われていない **2** 注意深い、油断しない [Sk.]

ಅಪ್ರಸ್ತುತ ⟦aprastuta アプラストゥタ⟧ [əprəstutɐ] 《文》*adj.* **1** 称賛されない **2** 関係ない、問題や主題と無関係な [Sk.]

ಅಪ್ರಾಮಾಣಿಕ ⟦aprāmāṇika アプラーマーニカ⟧ [əprɐ:mɐ:ɳikɐ] 《文》*adj.*, *mf.* 《*f.* ಅಪ್ರಾಮಾಣಿಕಳು (aprāmāṇikaḷu)》信用できない〈人〉、正直でない〈人〉[Sk.]

ಅಪ್ರಿಯ ⟦apriya アプリヤ⟧ [əprijɐ] *adj.*, *m.* 《*f.* ಅಪ್ರಿಯಳು (apriyaḷu)》不快な〈人〉、嫌な〈人〉¶ ಸ್ಕೂಲ್ನಲ್ಲಿ ಸುಶೀಲಾ ಅಪ್ರಿಯಳಾಗಿದ್ದಾಳೆ. (skūlnalli suśīlā apriyaḷāgiddāḷe.) スシーラーは学校で嫌われるようになった。[Sk.]

ಅಪ್ಸರೆ ⟦apsare アプサレ⟧ [əpsəre] *f.* アプサラス、飛天、天界に住む踊り子 [Sk.]

ಅಬಚಿ ⟦abaci アバチ⟧ [əbəʧi] *f.* **1** 母の姉や妹 **2** 寡婦 (*Hav.*) [Ka. *abbe* D273 + *-ci* < ?]

ಅಬದ್ಧ ⟦abaddʰa アバッダ⟧ [əbəddʰɐ] (*n.*) **1**（話の）つじつまが合わない〈こと〉、首尾一貫していない〈こと〉**2** 嘘〈の〉◇ *adj.* —ವಾದ (vāda) [Sk.]

ಅಬಲೆ ⟦abale アバレ⟧ [əbəle] 《文》*f.* **1** 弱い女性 **2** 女性 [Sk.]

ಅಬುಕಾರ ⟦abukāra アブカーラ⟧ [əbukɐ:rɐ] 《‡》*n.* ほこりの中に棲む煩わしい虫の一種（特に人間と牛が一緒に暮らす場所に生息する）、ダニ (*S.Mhr.* (*Kitt.*)) [Ka. D176]

ಅಬುಜ ⟦abuja アブジャ⟧ [əbuʤɐ] 《文》*n.* 蓮 [Sk.]

ಅಬುಧಿ ⟦abudʰi アブディ⟧ [əbudʰi] 《文》*n.* 海、海洋 [Sk.]

ಅಬೆ ⟦abe アベ⟧ [əbe] 《口》*f.* **1** 母 **2** おばさん（年配の女性などに対して敬愛の念をもって呼びかける言葉 ¶ ಈ ಮಾವಿನ ಹಣ್ಣಿನ ಬೆಲೆ ಎಷ್ಟು ಬೆ (ī māvina haṇṇina bele eṣṭabe) おばさん、このマンゴーはいくらですか。[Ka. *D273] ☞ಅಬ್ಬೆ (abbe)

ಅಬ್ಜ ⟦abja アブジャ⟧ [əbʤɐ] 《文》*n.*「水から生まれたもの」、蓮 [Sk.]

ಅಬ್ದ ⟦abda アブダ⟧ [əbdɐ] 《文》*n.* **1**「水を与えるもの」、雲 **2** 年、暦年 [Sk.]

ಅಬ್ಧಿ ⟦abdʰi アブディ⟧ [əbdʰi] 《文》*n.* 海、大洋 [Sk.]

ಅಬ್ಬರ[1] ⟦abbara アッバラ⟧ [əbbərɐ] ಅಬ್ಬರು *n.* **1** 叫び、咆哮 ¶ ಈಗ ಮಳೆಯ ಅಬ್ಬರ ಹೆಚ್ಚಾಗಿದೆ. (īga maḷeya abbara heccāgide.) 今雨が土砂降りである。**2** 勢い、力、精力 ¶ ಹಣದ ಅಬ್ಬರದಿಂದ ಎಲ್ಲವನ್ನು ಗೆಲ್ಲುತ್ತೇನೆ ಎಂಬುದು ಸುಳ್ಳು. (haṇada abbaradiṃda ellavannu gelluttēne eṃbadu suḷḷu.) 金の力ですべてを手に入れられるというのは本当ではない [Ka. D367]

ಅಬ್ಬರ[2] ⟦abbara アッバラ⟧ [əbbərɐ] 《‡》*n.* 欲望、渇望 (*S.Mhr.* (*Kitt.*)) [Ka. D381]

ಅಬ್ಬರಣೆ ⟦abbaraṇe アッバラネ⟧ [əbbərəɳe] *n.* 大声、怒鳴り声 [Ka. *abbara* D367 + *-aṇe*[7]]

ಅಬ್ಬರಿಸು[1] ⟦abbarisu アッバリス⟧ [əbbərisu] *vi.*（人が）怒鳴る、（虎やライオンが）吼える、（雲が）雷鳴を発する [Ka. *abbara* D367 + *-isu*] = ಗರ್ಜಿಸು (garjisu)

ಅಬ್ಬರಿಸು[2] ⟦abbarisu アッバリス⟧ [əbbərisu] 《‡》*vi.* 欲しがる、渇望する (*S.Mhr.* (*Kitt.*)) [Ka. D381]

ಅಬ್ಬರು ⟦abbaru アッバル⟧ [əbbəru] 《文》*n.* 叫び、大声を出すこと [Ka. *D367]

ಅಬ್ಬಾ ⟦abbā アッバー⟧ [əbbɐ:] 《文》*f.* [Ka. *D273] ☞ಅಬ್ಬೆ (abbe)

ಅಬ್ಬಿ ⟦abbi アッビ⟧ [əbbi] *n.*（小さな）滝 [Ka. D226]

ಅಬ್ಬೆ ⟦abbe アッベ⟧ [əbbe] ಅಬೆ, ಅಬ್ಬ, ಅಬ್ಬಾ 《文》*f.* **1** 母 **2** おかあさん（敬愛の念をもって女性に呼びかける言葉）[Ka. D273]

ಅಭಂಗ ⟦abʰaṃga アバンガ⟧ [əbʰəŋgɐ] 《文》*adj.* 壊れることがない、ばらばらになることがない、各部分が完全に揃っている **—*n.*** **1** 壊れていない状態、ばらばらになっていない状態 **2** 舞踊における身ぶりの一種 [⇒図] **3** マラーティー語の詩形の一種 [Sk.]

ಅಭಂಗ
アバンガ

ಅಭದ್ರ ⟦ab^{h}adra アバドラ⟧ [əb^{h}əd·rɐ] (*n.*) **1** 不吉な〈こと〉 **2** 安全でない〈こと〉、危険〈な〉[Sk.]

ಅಭಯ ⟦ab^{h}aya アバヤ⟧ [əb^{h}əjɐ] (*adj.*) 恐れを知らない〈こと〉[Sk.]

ಅಭಯದಾನ ⟦ab^{h}ayadāna アバヤダーナ⟧ [əb^{h}əjədɐːnɐ] *n.* 保護の約束、安全の保証 [Sk.]

ಅಭಯಹಸ್ತ ⟦ab^{h}ayahasta アバヤハスタ⟧ [əb^{h}əjəhəstɐ] *n.* 「恐れるな」という意味を示す手によるしぐさ、施無畏印[⇒図] [Sk.]

ಅಭಯಹಸ್ತ
施無畏印

ಅಭವ ⟦ab^{h}ava アバヴァ⟧ [əb^{h}əvɐ] 《文》 *m.* **1** ジャイナ教の24祖(ジナあるいはティールタンカラと呼ばれる)の内の一人の名前 **2** シヴァ神の名前の一つ **—***n.* 不存在 [Sk.]

ಅಭವ್ಯ ⟦ab^{h}avya アバヴィャ⟧ [əb^{h}əv·jɐ] 《文》 *adj.* **1** あってはならない、不適当な **2** 豪華でない、壮大でない **3** 不吉な **—***n.* (ジャイナ教で)解脱を得られない魂 [Sk.]

ಅಭಾಗಿನಿ ⟦ab^{h}āgini アバーギニ⟧ [əb^{h}ɐːgini] 《文》 *f.* 不運な女性、不幸な女性 [Sk.]

ಅಭಾವ ⟦ab^{h}āva アバーヴァ⟧ [əb^{h}ɐːvɐ] 《文》 *n.* 不存在、無いこと [Sk.]

ಅಭಿಗಾರ ⟦ab^{h}igāra アビガーラ⟧ [əb^{h}igɐːrɐ] 《文》 *n.* [Sk.] ☞ಅಭಿಘಾರ (ab^{h}ig^{h}āra)

ಅಭಿಘಾತ ⟦ab^{h}ig^{h}āta アビガータ⟧ [əb^{h}ig^{h}ɐːtɐ] 《文》 *n.* **1** 打撃を加えること、怪我をさせること **2** 怪我 **3** 損害、損傷 [Sk.]

ಅಭಿಘಾತಿ ⟦ab^{h}ig^{h}āti アビガーティ⟧ [əb^{h}ig^{h}ɐːti] 《文》 *n.* [Sk.] ☞ಅಭಿಘಾತ (ab^{h}ig^{h}āta)

ಅಭಿಘಾರ ⟦ab^{h}ig^{h}āra アビガーラ⟧ [əb^{h}ig^{h}ɐːrɐ] ಅಭಿಗಾರ 《文》 *n.* **1**〔美〕祭式の供物にギーをかけること **2**〔美〕ギー **3**〔美〕通常慶事に際し、飯にかけるギー [Sk.]

ಅಭಿಜಾತ ⟦ab^{h}ijāta アビジャータ⟧ [əb^{h}ijɐːtɐ] *adj., m.* 《*f.* ಅಭಿಜಾತೆ (ab^{h}ijāte)》高貴な家系に生まれた〈人〉[Sk.]

ಅಭಿಜ್ಞ ⟦ab^{h}ijña アビジュニャ⟧ [əb^{h}iɟɲɐ/əb^{h}ignɐ] 《文》 *adj., m.* 《*f.* ಅಭಿಜ್ಞೆ(ab^{h}ijñe)》(あることを)よく知っている〈人〉、(あることに)精通した〈人〉[Sk.]

ಅಭಿಜ್ಞತೆ ⟦ab^{h}ijñate アビジュニャテ⟧ [əb^{h}iɟɲə̆te/ab^{h}ignəte] 《文》 *n.* 深い知識、(あることがらに)精通していること [Sk.]

ಅಭಿಜ್ಞಾನ ⟦ab^{h}ijñāna アビジュニャーナ⟧ [əb^{h}iɟɲɐːnɐ/əb^{h}iɟɲɐːnɐ] *n.* **1** 知識 **2** 意識 **3** 記憶、思い出 **4** (ある人やものをその人やものとして)認識すること、見覚え **5** 記念品、形見 [Sk.]

ಅಭಿಜ್ಞೆ[1] ⟦ab^{h}ijñe アビジュニェ⟧ [əb^{h}iɟɲe/əb^{h}igne] *n.* **1** 記憶、思い出 **2** 記念品、形見、思い出させる物 **3** 見覚え、見てそれと分かること [Sk.]

ಅಭಿಜ್ಞೆ[2] ⟦ab^{h}ijñe アビジュニェ⟧ [əb^{h}iɟɲe] 《文》 *f.* 《*m.* ಅಭಿಜ್ಞ(ab^{h}ijña)》物知りな女性、(あることに)精通した女性 [Sk.]

ಅಭಿಧಮನಿ ⟦ab^{h}id^{h}amani アビダマニ⟧ [əb^{h}id^{h}əməni] 《文》 *n.* 大静脈 [Sk.]

ಅಭಿಧಾನ ⟦ab^{h}id^{h}āna アビダーナ⟧ [əb^{h}id^{h}ɐːnɐ] 《文》 *n.* **1** 命名、名を付けること **2** 名前、名 [Sk.]

ಅಭಿನಂದನ ⟦ab^{h}inaṃdana アビナンダナ⟧ [əb^{h}inəndənɐ] *n.* **1** 賞賛、褒めること **2** 祝いの言葉 [Sk.]

ಅಭಿನಂದಿಸು ⟦ab^{h}inaṃdisu アビナンディス⟧ [əb^{h}inəndisu] *vt.* **1** 賞賛する、誉め称える **2** 祝いの言葉を述べる [Sk.]

ಅಭಿನಯ ⟦ab^{h}inaya アビナヤ⟧ [əb^{h}inəjɐ] *n.* **1** 芝居をすること **2** 演技、身ぶりなどを通した表現 [Sk.]

ಅಭಿನಯಿಸು ⟦ab^{h}inayisu アビナイス⟧ [əb^{h}inəjisu] *vi.* (劇などに)役者として参加する、芝居をする **—***vt.* (ある役やあることがらを)演じる [Sk.]

ಅಭಿನವ ⟦ab^{h}inava アビナヴァ⟧ [əb^{h}inəvɐ] 《文》 *adj.* 真新しい、まったく新しい [Sk.]

ಅಭಿನಿವೇಶ ⟦ab^{h}inivēśa アビニヴェーシャ⟧ [əb^{h}iniveːʃɐ] 《文》 *n.* **1** 強い関心、熱中 **2** 信念 ¶ ಅಮೆರಿಕೆಯ ವಿದೇಶನೀತಿ ಮಾನವಹಕ್ಕು ಎಂಬ ಅಭಿನಿವೇಶದ ಮೇಲೆ ಆಧಾರಿತವಾಗಿದೆ. (amerikeya vidēśanīti mānavahakku eṃba ab^{h}inivēśada mēle ād^{h}āritavāgide.) アメリカの外交政策は人権に対する信念に基づいている。 **3** 決心、目的を実現するための執拗さ、粘り強さ [Sk.]

ಅಭಿನೇತೃ ⟦ab^{h}inētṛ アビネートゥル⟧ [əb^{h}ineːtrɯ] 《文》 *m.* 《*f.* ಅಭಿನೇತ್ರಿ (ab^{h}inētri)》役者、俳優 [Sk.] = ನಟ (naṭa)

ಅಭಿನೇತ್ರಿ ⟦ab^{h}inētri アビネートリ⟧ [əb^{h}ineːtri] *f.* 《*m.* ಅಭಿನೇತೃ (ab^{h}inētṛ)》女優 [Sk.] = ನಟಿ (naṭi)

ಅಭಿಪ್ರಾಯ ⟦ab^{h}iprāya アビプラーヤ⟧ [əb^{h}iprɐːjɐ] *n.* **1** 意見、考え **2** 目的、意図 **3** 本当の意味、隠れた意味 [Sk.]

ಅಭಿಪ್ರಾಯಪಡು ⟦ab^{h}iprāyapaḍu アビプラーヤパドゥ⟧ [əb^{h}iprɐːjəpəɖu] *vi.* 考える、(…という)意見を持つ [+ *paḍu*]

ಅಭಿಭವ ⟦ab^{h}ib^{h}ava アビバヴァ⟧ [əb^{h}ib^{h}əvɐ] 《文》 *n.* **1** 敗北、負け **2** 窮状、難局、困難 **3** 屈辱、恥辱 [Sk.]

ಅಭಿಮತ ⟦ab^{h}imata アビマタ⟧ [əb^{h}imətɐ] *n.* 意見、考え **—***adj.* 望ましい、好ましい [Sk.]

ಅಭಿಮಾನ ⟦ab^{h}imāna アビマーナ⟧ [əb^{h}imɐːnɐ] *n.* **1** 自尊心、誇り **2** 愛情、敬愛 ¶ ನನಗೆ ಅಂಬೇಡ್ಕರ್ ಮೇಲೆ ಅಭಿಮಾನವಿದೆ. (nanage aṃbēḍkar mēle ab^{h}imānavide.) 私はアムベードカルを深く敬愛している。 **3** 誇りを伴った愛情 ¶ ಗಾಂಧೀಜೀಗೆ ದೇಶದಮೇಲೆ ಅಭಿಮಾನ ಇತ್ತು. (gāṃd^{h}ījīge dēśadamēle ab^{h}imāna ittu.) ガーンディーは祖国を愛した。 **4** 傲慢、高慢 [Sk.]

ಅಭಿಮಾನಿ ⟦ab^{h}imāni アビマーニ⟧ [əb^{h}imɐːni] *adj., mf.* **1** 自尊心の強い〈人〉、誇り高い〈人〉 **2** (映画スターやスポーツ選手などの)ファン、(政治家や芸術家などの)崇拝者 [Sk.]

ಅಭಿಮಾನಿಸಂಘ ⟦abʰimānisaṃgʰa アビマーニサンガ⟧ [əbʰimɐːnisaŋgʰa] *n.* (俳優、歌手などの) ファンクラブ [Sk.]

ಅಭಿಮುಖ ⟦abʰimukʰa アビムカ⟧ [əbʰimukʰɐ] *adj., m.* 《*f.* ಅಭಿಮುಖಳು (abʰimukʰaḷu)》 **1** 向かい合っている〈人〉 **2** (ある文化、思想などに) 傾倒した〈人〉 [Sk.]

ಅಭಿಯುಕ್ತ ⟦abʰiyukta アビユクタ⟧ [əbʰijuktɐ] *adj., m.* 《*f.* ಅಭಿಯುಕ್ತೆ (abʰiyukte)》 **1** 没頭した〈人〉、熱中した〈人〉 **2** 攻撃されている〈人〉 **3** 犯罪や罪を糾弾されている〈人〉 [Sk.]

ಅಭಿಯೋಗ ⟦abʰiyōga アビヨーガ⟧ [əbʰijoːgɐ] 《古》 *n.* **1** 没頭、熱中 **2** 努力、尽力 **3** 攻撃 **4** 非難、告発 [Sk.]

ಅಭಿರಾಮ ⟦abʰirāma アビラーマ⟧ [əbʰirɐːmɐ] *adj.* 魅力的な [Sk.]

ಅಭಿರುಚಿ ⟦abʰiruci アビルチ⟧ [əbʰirutʃi] *n.* **1** 興味、趣味 ¶ ಅವಳಿಗೆ ಕಾದಂಬರಿ ಓದುವ ಅಭಿರುಚಿ ಇತ್ತು. (avaḷige kādaṃbari ōduva abʰiruci ittu.) 彼女には小説を読む趣味がある。 **2** 芸術に対する理解力 [Sk.]

ಅಭಿಲಾಷೆ ⟦abʰilāṣe アビラーシェ⟧ [əbʰilɐːʂe] *n.* 願望、切望 [Sk.]

ಅಭಿಲೇಖ ⟦abʰilēkʰa アビレーカ⟧ [əbʰileːkʰɐ] 《文》 *n.* 売買などを証明する書類 [Sk.] = ದಾಖಲೆ (dākʰale)

ಅಭಿಲೇಖಕ ⟦abʰilēkʰaka アビレーカカ⟧ [əbʰileːkʰəkɐ] 《文》 *m.* 《*f.* ಅಭಿಲೇಖಕಿ (abʰilēkʰaki)》 登記所や裁判所などの役所で書類を書く役人 [Sk.]

ಅಭಿವಂದನೆ ⟦abʰivaṃdane アビヴァンダネ⟧ [əbʰivəndəne] *n.* 敬礼、恭しい挨拶 [Sk.]

ಅಭಿವಂದಿಸು ⟦abʰivaṃdisu アビヴァンディス⟧ [əbʰivəndisu] *vi.* 恭しく挨拶する [Sk.]

ಅಭಿವಾದ ⟦abʰivāda アビヴァーダ⟧ [əbʰivɐːdɐ] *n.* 恭しい挨拶、敬礼 [Sk.] = ಅಭಿವಂದನೆ (abʰivaṃdane)

ಅಭಿವಾದಕ ⟦abʰivādaka アビヴァーダカ⟧ [əbʰivɐːdəkɐ] *m.* 恭しく挨拶する人 [Sk.] ☞ಅಭಿವಂದನೆ (abʰivaṃdane)

ಅಭಿವಾದನ ⟦abʰivādana アビヴァーダナ⟧ [əbʰivɐːdənɐ] ಅಭಿವಾದನೆ *n.* [Sk.] = ಅಭಿವಾದ (abʰivāda)

ಅಭಿವಾದನೆ ⟦abʰivādane アビヴァーダネ⟧ [əbʰivɐːdəne] *n.* [Sk.] = ಅಭಿವಾದನ (abʰivādana)

ಅಭಿವಾದಿಸು ⟦abʰivādisu アビヴァーディス⟧ [əbʰivɐːdisu] *vi.* 恭しく挨拶する、敬礼する [Sk.] = ಅಭಿವಂದಿಸು (abʰivaṃdisu)

ಅಭಿವೃದ್ಧಿ ⟦abʰivṛddʰi アビヴルッディ⟧ [əbʰivrɯddʰi] 《文》 *n.* 発展、進歩 [Sk.]

ಅಭಿವೃದ್ಧಿ ಕಾಮಗಾರಿ ⟦abʰivṛddʰi kāmagāri アビヴルッディカーマガーリ⟧ [əbʰivrɯddʰi kɐːmə̆gɐːri] 《文》 *n.* ある地域の基幹構造を改良する事業 [+ H. *kāmăgāri*]

ಅಭಿವೃದ್ಧಿ ನಿರ್ಮಾಣ ಯೋಜನೆ ⟦abʰivṛddʰi nirmāṇa yōjane アビヴルッディニルマーナヨージャネ⟧ [əbʰivrɯddʰi nirmɐːɳəə joːdʒəne] 《文》 *n.* 開発計画、地域開発計画 [Sk.]

ಅಭಿವ್ಯಕ್ತ ⟦abʰivyakta アビヴィャクタ⟧ [əbʰivjəktɐ] 《文》 *adj.* はっきり表明された、明示された [Sk.]

ಅಭಿವ್ಯಕ್ತಗೊಳಿಸು ⟦abʰivyaktagoḷisu アビヴィャクタゴリス⟧ [əbʰivjəktəgoɭisu] 《文》 *vt.* はっきり表明する、明示する [*abʰivyakta + koḷisu*]

ಅಭಿವ್ಯಕ್ತಿ ⟦abʰivyakti アビヴィャクティ⟧ [əbʰivjəkti] 《文》 *n.* **1** 声明、表明 **2** 表現、言い表すこと [Sk.]

ಅಭಿಷೇಕ ⟦abʰiṣēka アビシェーカ⟧ [əbʰiʂeːkɐ] *n.* **1** 神像を水や牛乳で沐浴させる儀式 **2** 王の頭に聖水をふりかける戴冠の儀式 **3** 灌頂(かんじょう)のために準備された聖水 [Sk.]

ಅಭಿಷೇಕಿಸು ⟦abʰiṣēkisu アビシェーキス⟧ [əbʰiʂeːkĭsu] 《文》 *vt.* **1** (神像を) 水や牛乳で沐浴させる、灌頂(かんじょう)する **2** 戴冠のために (王の頭に) 聖水をふりかける [Sk.]

ಅಭಿಸರಣ ⟦abʰisaraṇa アビサラナ⟧ [əbʰisərəɳɐ] 《文》 *n.* **1** '近づくこと、会いに行くこと' **2** 逢い引き、デート [Sk.]

ಅಭಿಸಾರ ⟦abʰisāra アビサーラ⟧ [əbʰisɐːrɐ] 《文》 *n.* 逢い引き [Sk.]

ಅಭಿಸಾರಿ ⟦abʰisāri アビサーリ⟧ [əbʰisɐːri] 《文》 *f.* [Sk.] ☞ಅಭಿಸಾರಿಕೆ (abʰisārike)

ಅಭಿಸಾರಿಕೆ ⟦abʰisārike アビサーリケ⟧ [əbʰisɐːrike] 《文》 *f.* 逢い引きの約束を違えない女性 [Sk.]

ಅಭಿಸಾರಿಣಿ ⟦abʰisāriṇi アビサーリニ⟧ [əbʰisɐːriɳi] 《文》 *f.* 逢い引きの約束を違えない女性 [Sk.]

ಅಭೀಕ್ಷಣ ⟦abʰīkṣaṇa アビークシャナ⟧ [əbʰiːkʂəɳɐ] 《文》 *n.* 面と向かって見ること、正視すること [Sk.]

ಅಭೀಕ್ಷಿಸು ⟦abʰīkṣisu アビークシス⟧ [əbʰiːkʂisu] 《文》 *vt.* **1** 面と向かって見る、正視する **2** 徹底的に調べる、細かく調べる [Sk.]

ಅಭೀಕ್ಷ್ಣ ⟦abʰīkṣṇa アビークシュナ⟧ [əbʰiːkʂɳɐ] 《文》 *adj.* **1** 頻繁な、たびたびの **2** 継続的な、絶え間ない、不断の **3** 過剰な [Sk.]

ಅಭೀಕ್ಷ್ಣಂ ⟦abʰīkṣṇaṃ アビークシュナン⟧ [əbʰiːkʂɳəm] 《古》 *adv.* 頻繁に、しばしば、繰り返し [Sk.]

ಅಭೀಪ್ಸಿತ ⟦abʰīpsita アビープシタ⟧ [əbʰiːpsitɐ] 《文》 *adj.* 熱望された、あこがれの的である、切望された [Sk.]

ಅಭೀಪ್ಸೆ ⟦abʰīpse アビープセ⟧ [əbʰiːpse] 《文》 *n.* 熱望、あこがれ、願望、切望 [Sk.]

ಅಭೀಷ್ಟ ⟦abʰīṣṭa アビーシュタ⟧ [əbʰiːʂʈɐ] *adj.* 熱望された、あこがれの的である、切望された —*n.* 願い、願いごと [Sk.]

ಅಭೀಷ್ಟಸಿದ್ಧಿ ⟦abʰīṣṭasiddʰi アビーシュタシッディ⟧ [əbʰiːʂʈə siddʰi] 《文》 *n.* 願いがかなうこと、願いごとの成就 [Sk.]

ಅಭೂತಪೂರ್ವ ⟦abʰūtapūrva アブータプールヴァ⟧ [əbʰu:təpu:rvɐ] 《文》 *adj.* 未曾有の、これまでに例がない [Sk.]

ಅಭೇದ್ಯ ⟦abʰēdya アベーディャ⟧ [əbʰe:dˑjɐ] 《文》 *adj.* **1** 貫き通せない **2** 分割できない **3** 破壊できない、壊すことができない **4**〔喩〕解読不能の [Sk.]

ಅಭೋಜ್ಯ ⟦abʰōjya アボージュャ⟧ [əbʰo:ʤˑjɐ] *adj.* 食べられない、食用に適さない [Sk.]

ಅಭ್ಯಂಗ ⟦abʰyaṃga アビャンガ⟧ [əbʰˑjəŋgɐ] *n.* (沐浴前に)体に油を塗り込むこと [Sk.]

ಅಭ್ಯಂಗನ ⟦abʰyaṃgana アビャンガナ⟧ [əbʰˑjəŋgŏnɐ] 《文》 *n.* [Sk.] ☞ಅಭ್ಯಂಗ (abʰyaṃga)

ಅಭ್ಯಂಜನ ⟦abʰyaṃjana アビャンジャナ⟧ [əbʰˑjəɲʤənɐ] *n.* [Sk.] ☞ಅಭ್ಯಂಗ (abʰyaṃga)

ಅಭ್ಯಂತರ ⟦abʰyaṃtara アビャンタラ⟧ [əbʰˑjəntŏrɐ] *n.* **1** 内部 **2** 心、心のうち **3** (時間の)間隔、合間、(空間の)間隔、距離 **4** 障害、障害物 [Sk.]

ಅಭ್ಯರ್ಥಕ ⟦abʰyartʰaka アビャルタカ⟧ [əbʰjərtʰəkɐ] *m.* 《*f.* ಅಭರ್ಥಕಿ (abʰartʰaki)》 応募者、志願者、出願者 [Sk.]

ಅಭ್ಯರ್ಥನ ⟦abʰyartʰana アビャルタナ⟧ [əbʰjərtʰənɐ] ಅಭ್ಯರ್ಥನೆ *n.* 申し込み、出願、志願、申請 [Sk.]

ಅಭ್ಯರ್ಥನಪತ್ರ ⟦abʰyartʰanapatra アビャルタナパトラ⟧ [əbʰjərtʰənəpətˑrɐ] *n.* 申込書、出願書、志願書、申請書、嘆願書 [Sk.]

ಅಭ್ಯರ್ಥನಪ್ರತಿ ⟦abʰyartʰanaprati アビャルタナプラティ⟧ [əbʰjərtʰənəprəti] 《文》 *n.* (印刷した)出願用紙 [Sk.] = ಪ್ರವೇಶಪತ್ರ (pravēśapatra)

ಅಭ್ಯರ್ಥನೆ ⟦abʰyartʰane アビャルタネ⟧ [əbʰjərtʰəne] *n.* [Sk.] ☞ಅಭ್ಯರ್ಥನ (abʰyartʰana)

ಅಭ್ಯರ್ಥಿ ⟦abʰyartʰi アビャルティ⟧ [əbʰjərtʰi] 《文》 *mf.* 出願者、申請者、志願者、申込者、嘆願者、(選挙の)候補者 [Sk.]

ಅಭ್ಯಸಿಸು ⟦abʰyasisu アビャシス⟧ [əbʰjəsisu] 《文》 *vt.* 反復練習する [Sk.] = ಅಭ್ಯಸಿಸು (abʰyasisu)

ಅಭ್ಯಾಗತ ⟦abʰyāgata アビャーガタ⟧ [əbʰjɐ:gətɐ] 《文》 *adj.* 外来の、外部の —*m.* 《*f.* ಅಭಾಗತಳು (abʰāgataḷu)》(不意の)訪問客、客人 [Sk.]

ಅಭ್ಯಾಸ ⟦abʰyāsa アビャーサ⟧ [əbʰjɐ:sɐ] *n.* **1** 反復して学ぶこと **2** 習慣 **3** 勉学、勉強 **4** 練習、修練 **5** 繰り返し唱えて覚えること [Sk.]

ಅಭ್ಯಾಸಿ ⟦abʰyāsi アビャーシ⟧ [əbʰjɐ:si] *adj., mf.* **1** 学習する〈人〉、練習する〈人〉 **2** よく勉強する〈人〉、一生懸命学ぶ〈人〉 [Sk.]

ಅಭ್ಯಾಸಿಸು ⟦abʰyāsisu アビャーシス⟧ [əbʰˑjɐ:sisu] 《文》 *vt.* 練習する、繰り返し学ぶ [Sk.] ☞ಅಭ್ಯಸಿಸು (abʰyasisu)

ಅಭ್ಯುದಯ ⟦abʰyudaya アビュダヤ⟧ [əbʰjudəjɐ] *n.* **1** (太陽などが)昇ること **2** 進歩、発展、繁栄 [Sk.]

ಅಭ್ಯುದಿತ ⟦abʰyudita アビュディタ⟧ [əbʰjuditɐ] 《文》 (*adj.*) **1** (天体について)昇った〈こと〉 **2**〔喩〕(偉大な人について)誕生した〈こと〉 **3** (発展の遅れたカーストや部族について)社会的な地位を高めた —*n.* **1** 韻律の名 **2** うまく表現された言葉、名言 [Sk.]

ಅಭ್ರ ⟦abʰra アブラ⟧ [əbʰrɐ] 《文》 *n.* **1** 雲 **2** 空 **3** 雲母 [Sk.]

ಅಭ್ರಕ ⟦abʰraka アブラカ⟧ [əbʰrəkɐ] 《文》 *n.* 雲母 [Sk.]

ಅಮಂಗಳ ⟦amaṃgaḷa アマンガラ⟧ [əməŋgəɭɐ] *n.* 縁起の悪いもの、不運、不吉 —(*n.*) 不吉な〈こと〉 [Sk.]

ಅಮಂಗುರ ⟦amaṃgura アマングラ⟧ [əməŋgurɐ] 《‡》 *n.* [Ka. D168] (*Mr.129* (*Kitt.*)) ☞ಅಮಾಂಗುರ (amāṃgura) = ಅಶ್ವಗಂಧಿ (aśvagaṃdʰi)

ಅಮಂಡ ⟦amaṃḍa アマンダ⟧ [əmənɖɐ] 《文》 *n.* トウゴマ、ヒマ [Ka. *D360, cf. Sk. *amaṇḍa-*] = ಹರಳು (haraḷu)〔汎〕

ಅಮ ⟦ama アマ⟧ [əmɐ] 《古》 *intrj.* [Ka. D183] (*epig.*) ☞ಅಮ್ಮ (amma)

ಅಮಕಿರೆ ⟦amakire アマキレ⟧ [əmakire] 《‡》 *n.* 洋種ホオズキ(ナス科)→薬 (*St. & Pl.* (*Kitt.*)) [Ka. D168] ☞ಅಶ್ವಗಂಧಿ (aśvagaṃdʰi)

ಅಮಕೀರೆ ⟦amakīre アマキーレ⟧ [əmaki:re] 《‡》 *n.* [Ka. D168] (*My.* (*Kitt.*)) ☞ಅಮಕಿರೆ (amakire)

ಅಮಕ್ಕಳ ⟦amakkaḷa アマッカラ⟧ [əməkkŏɭɐ] 《‡》 *n.* 混乱 (*Sander*) [Ka. D166]

ಅಮಮ ⟦amama アママ⟧ [əməmɐ] 《古》 *intrj.* **1** へー(驚きを表す間投詞) **2** ああ(悲しみや苦しみを表す間投詞) **3** うわー(満足や喜びを表す間投詞) [Ka. < *ammamma* D183]

ಅಮರ್[1] ⟦amar アマル⟧ [əmər] 《古》 *vt.* 攻める、攻撃する [Ka. D160]

ಅಮರ್[2] ⟦amar アマル⟧ [əmər] 《古》 *vi.* **1** しっかりくっつく **2** ある; 生じる **3** 似合う、ふさわしい **4** 手でつかめる、(手の平に)おさまる [Ka. D162]

ಅಮರ ⟦amara アマラ⟧ [əmərɐ] 《文》 *adj.* 不死の、永遠に生きる —*m.* 神 —*n.* 金 [Sk.]

ಅಮರಾವತಿ ⟦amarāvati アマラーヴァティ⟧ [əmərɐ:vəti] *n.* 神の住む所、インドラ神の居城 [Sk.]

ಅಮರಿ ⟦amari アマリ⟧ [əməri] 《文》 *f.* **1** 女神 **2** 天界の踊り子、飛天 [Sk.]

ಅಮರಿಕೆ ⟦amarike アマリケ⟧ [əmərike] ಅಮರ್ಕೆ 《文》 *n.* **1** 人につきまとうこと、しつこくせがむこと **2** ふさわしいこと、適合性、おさまっていること [Ka. *D162]

ಅಮರು[1] ⟦amaru アマル⟧ [əmŏru] ಅಮರ್ 《文》 *vt.* **1** 攻撃する、攻める **2** 非難する、責める [Ka. D160]

ಅಮರು[2] ⟦amaru アマル⟧ [əmŏru] ಅಮರ್ *vi.* **1** (泥などが体に)くっついて離れない ¶ ಕೈಗೆ ಹತ್ತಿದ ಪೇಯಿಂಟ್ ಹಾಗೇ ಅಮರಿಕೊಂಡಿದೆ. (kaige hattida pēyiṃṭ hāgē amarikoṃḍide.) 手についたペンキがまだ取れない。 **2**〔蔑〕(人に)つきまとう、(話者がいまいましく思

うほど）ある場所から離れない ¶ ಸಾಲಗಾರರು ನನಗೆ ಅಮರಿದರು. (sālagāraru nanage amaridaru.) 金貸したちは（金を返せと）私をうるさく責めたてた。¶ ಆ ಹುಡುಗಿ ನನ್ನ ಮಗನಿಗೆ ಅಮರಿಕೊಂಡಿದ್ದಾಳೆ. (ā huḍugi nanna maganige amarikoṃḍiddāḷe.) あの娘が私の息子につきまとっている。 3〔蔑〕（話者にとって不快な形で人々が）集まる、集合する ¶ ಒಂದೇ ಟಿಕೆಟ್ ಕಿಡಕಿಗೆ ನೂರಾರು ಜನ ಅಮರಿದ್ದಾರೆ. (oṃdē ṭikeṭ kiḍakige nūrāru jana amariddāre.) 何百もの人々が、切符を買おうとわずか一つの切符売り場に押し寄せている。 4〔蔑〕（ある思想などに盲目的に）しがみつく [Ka. D162]

ಅಮರು³ ⟦amaru アマル⟧ [əmɘ̆ru] ಅಮರ್ *vi.* 1 はまる、合う ¶ ಈ ಉಂಗುರ ನನ್ನ ಬೆರಳಿಗೆ ಅಮರುವದಿಲ್ಲ. (ī uṃgura nanna beraḷige amaruvadilla.) この指輪は私の指に合わない。 2（両手で）抱えることができる、（手で）持つことができる ¶ ಈ ಮರ ನನ್ನ ತೋಳಿಗೆ ಅಮರುವದಿಲ್ಲ. (ī mara nanna tōḷige amaruvadilla.) この木は大きくて両手でも抱えられない。¶ ಫುಟ್ಬಾಲ್ ಒಂದು ಕೈಗೆ ಅಮರುವದಿಲ್ಲ. (pʰuṭbāl oṃdu kaige amaruvadilla.) サッカーのボールは片手では拾えない。3 手に入れる資力がある、手が届く ¶ ಆ ಮನೆ ನನಗೆ ಹಿಡಿಸಿತು, ಆದರೆ ಬೆಲೆ ಜಾಸ್ತಿ ಆದದರಿಂದ ನನಗೆ ಅಮರಲಿಲ್ಲ. (ā mane nanage hiḍisitu, ādare bele jāsti ādadarimda nanage amaralilla.) あの家は気に入ったが、高価で僕には手が出なかった。 [Ka. D162]

ಅಮರು⁴ ⟦amaru アマル⟧ [əmɘ̆ru] ಅಮುಚು, ಅವಚು《文》*vt.* 1（何かをさせないために）〈手などを〉強く握る 2（無理やりに）抱きしめる [Ka. D169]

ಅಮರಿಸು¹ ⟦amarisu アマリス⟧ [əmərĭsu]《古》*vt.* 1（借金の取立てで）〈人を〉困らせる ¶ ಸಾಹುಕಾರ ತನ್ನ ಹಣಕ್ಕಾಗಿ ಸಾಲಗಾರನಿಗೆ ಆಳನ್ನು ಅಮರಿಸಿದ. (sāhukāra tanna haṇakkāgi sālagāranige āḷannu amarisida.) 借金を取り立てようと、金貸しは債務者に自分の召し使いをつきまとわせた。 2〈いらないものを〉押しつける [+ *isu* *D162]

ಅಮರಿಸು² ⟦amarisu アマリス⟧ [əmərĭsu]《文》*vt.* とがめる、叱る、非難する [Ka. D160]

ಅಮರೆ ⟦amare アマレ⟧ [əmɘre]《文》*n.* フジマメ（藤豆、マメ科フジマメ属）[Ka. D264]

ಅಮರೇಂದ್ರ ⟦amarēṃdra アマレーンドラ⟧ [əmɘre:ndrɐ] *m.* 神々の王、インドラ神の別名 [Sk.]

ಅಮರ್ಕೆ ⟦amarke アマルケ⟧ [əmərke]《古》*n.* 1 組み合わされること、くっつくこと 2 合うこと、調和 [Ka. D162] ☞ಅಮರಿಕೆ (amarike)

ಅಮರ್ಚು ⟦amarcu アマルチュ⟧ [əmərʧu]《古》*vt.* 1 くっつける、接合する 2〈油などを〉塗る 3 授ける、与える 4〈冠などを〉かぶる 5〈視線などを〉（あるものに）向ける 6〈刀などを〉しっかり握る 7〈寝床などを〉整える、準備する 8〈戦争などを〉行う 9〈喜びなどを〉得る [caus. of *amar* D162, D169] = ಅಮರಿಸು (amarisu)〔現〕

ಅಮರ್ಯಾದೆ ⟦amaryāde アマリヤーデ⟧ [əmərjɐ:de] *n.*「限度を越えること」、無礼、失礼 [Sk.]

ಅಮರ್ಷ ⟦amarṣa アマルシャ⟧ [əmərʂɐ]《文》*n.* 狭量、非寛容 [Sk.]

ಅಮಲ ⟦amala アマラ⟧ [əmɘlɐ]《文》*adj.* 汚れがない、清潔な、澄んだ [Sk.]

ಅಮಲದಾರ ⟦amaladāra アマラダーラ⟧ [əmɘlɘ̆dɐ:rɐ] *m.*《*f.* ಅಮಲದಾರಳು (amaladāraḷu)》[Ar.-Pe. *ʿamaldār*] ☞ಅಮಲ್ದಾರ (amaldāra)

ಅಮಲಿನ ⟦amalina アマリナ⟧ [əmɘlinɐ]《文》*adj.* 汚れがない、清潔な、澄んだ [Sk.]

ಅಮಲು¹ ⟦amalu アマル⟧ [əmɘlu] ಅಮಲ್ *n.* 陶酔、酔い [H. *amalā* ←Ar. *ʿamal*「働きかける」] = ನಶೆ (naśe) (*NK*)

ಅಮಲೇರು ⟦amalēru アマレール⟧ [əmɘle:ru] *vi.* 陶酔する、酔う ¶ ಮದ್ಯವನ್ನು ಕುಡಿದವರಿಗೆ ಅಮಲೇರುತ್ತದೆ. (madyavannu kuḍidavarige amalēruttade.) 酒を飲むと酔う。 [*amal* + *ēru*]

ಅಮಲು² ⟦amalu アマル⟧ [əmɘlu] *n.* 行政上の権力、執行権 [Ar. *ʿamal*] (*NK*)

ಅಮಲದಾರ ⟦amaladāra アマラダーラ⟧ [əmɘlɘ̆dɐ:rɐ] *m.*《*f.* ಅಮಲದಾರಳು (amaladāraḷu)》[Ar.-Pe. *ʿamaldār*] ☞ಅಮಲ್ದಾರ (amaldāra)

ಅಮಲ್ದಾರ ⟦amaldāra アマルダーラ⟧ [əmɘldɐ:rɐ] ಅಮಲದಾರ, ಅಮಲುದಾರ, ಅಮಿಲ್ದಾರ *m.*《*f.* ಅಮಲ್ದಾರಳು (amaldāraḷu)》1 権力のある役人、高官 2 郡の長官 [Ar.-Pe. *ʿamaldār*]

ಅಮಳ್ ⟦amaḷ アマル⟧ [əmɘ̆ɭ]《古》*mfn.* [Sk. *yamala-*] ಅಮಳು (amaḷu)

ಅಮಳ ⟦amaḷa アマラ⟧ [əmɘ̆ɭɐ]《古》*mfn.* [Sk. *yamala-*] ಅಮಳು (amaḷu)

ಅಮಳು ⟦amaḷu アマル⟧ [əmɘ̆ɭu] ಅಮಳ, ಅಮಳ್, ಅವಳ್, ಅವಳ, ಅವಳಿ《古》*mfn.* 双子 [Sk. *yamala-*]

ಅಮಾಂಗುರ ⟦amāṃgura アマーングラ⟧ [əmɐ:ŋgurɐ]《文》*n.* 洋種ホオズキ（ナス科の低木、薬用）⇀薬 [Ka. *D168] = ಅಶ್ವಗಂಧಿ (aśvagaṃdʰi) *[IMP5.408]

ಅಮಾತ್ಯ ⟦amātya アマーティャ⟧ [əmɐ:tʲjɐ] *m.* 大臣、宰相 [Sk.]

ಅಮಾನತ್ತು ⟦amānattu アマーナットゥ⟧ [əmɐ:nəttu] *n.* 1 預かりもの、預けたもの 2 停職 [Ar.-Pe. *amānat*]

ಅಮಾನಿ ⟦amāni アマーニ⟧ [əmɐ:ni] *adj.* 政府の直接の管理下にある（土地などまたは事業）[Pe. *amānī*]

ಅಮಾನುಷ ⟦amānuṣa アマーヌシャ⟧ [əmɐ:nuʂɐ] *adj.* 1 人間でない、人間的でない 2 動物的な、残酷な、惨い 3 超自然的な（力など）[Sk.]

ಅಮಾವಾಸ್ಯೆ ⟦amāvāsye アマーヴァースエ⟧ [əmɐ:vɐ:sʲje] *n.* 新月 [Sk.]

ಅಮಿಕು ⟦amiku アミク⟧ [əmiku]《異》*vt.* 押す、押さえる [Ka. D169] ☞ಅಮುಕು (amuku)

ಅಮಿತ ⟦amita アミタ⟧ [əmitɐ]《文》*adj.* 限りない、際限ない [Sk.]

ಅಮಿಲ್ದಾರ ⟦amildāra アミルダーラ⟧ [əmildɐːrɐ] 《異》 *m.* 《*f.* ಅಮಿಲ್ದಾರಳು (amildāraḷu)》 [Ar.-Pe. *ʿamaldār*] ☞ಅಮಲ್ದಾರ (amaldāra)

ಅಮೀನ ⟦amīna アミーナ⟧ [əmiːnɐ] *mf.* 《*f.* *ಅಮೀನಳು (amīnaḷu)》民事裁判所や税務署で差し押さえや査定や競売などを司る下級官吏 [Ar. *ʾamīn*]

ಅಮೀರ ⟦amīra アミーラ⟧ [əmiːrɐ] *m.* 《*f.* ಅಮೀರಳು (amīraḷu)》 1 金持ち、金満家 2 身分の高い人、高貴な人 [Ar. *ʾamīr*]

ಅಮುಕು ⟦amuku アムク⟧ [əmŭku] ಅಮುಂಕು, ಅಮಿಕು, ಅಮುಗು, ಅವುಂಕು, ಅವುಕು, ಔಂಕು, ಔಕು *vt.* 1 押す、押さえつける 2 (捻らずに)押して水分を取る [Ka. D169] cf. ಹಿಂಡು (hiṃḍu)

ಅಮುಖ್ಯ ⟦amukʰya アムキャ⟧ [əmukʰ·jɐ] 《文》 *adj.* 重要でない、平凡な [Sk.]

ಅಮುಖ್ಯತೆ ⟦amukʰyate アムキャテ⟧ [əmukʰ·jĕte] 《文》 *n.* 重要でないこと、平凡 [Sk.]

ಅಮುಗು ⟦amugu アムグ⟧ [əmŭgu] *vi.* (果物やできものが押されて)つぶれる [Ka. D169]

ಅಮುಚು ⟦amucu アムチュ⟧ [əmŭʧu] 《‡》 *vt.* 〈手や果物などを〉固く握る [Ka. D169] ☞ಅವುಚು (avucu)

ಅಮುದ ⟦amuda アムダ⟧ [əmuđɐ] 《文》 *n.* 1 不満、不快、憤慨、腹立ち 2 悲しみ、悲嘆 [Sk.]

ಅಮೂರ್ತ ⟦amūrta アムールタ⟧ [əmuːrtɐ] 《文》 *adj.* 形がない、形を取らない [Sk.]

ಅಮೂಲ್ಯ ⟦amūlya アムーリャ⟧ [əmuːl·jɐ] *adj.* 貴重な、この上なく大切な [Sk.]

ಅಮೃತ ⟦amr̥ta アムルタ⟧ [əmrɯtɐ] —*adj.* 1 死んでいない 2 不死の —*m.*「不死のもの」、神 —*n.* 甘露、不老不死をもたらす神々の飲み物 [Sk.]

ಅಮೃತಕರ ⟦amr̥takara アムルタカラ⟧ [əmrɯtəkərɐ] 《文》 *mn.* 月の神、月(地球の衛星) [Sk.]

ಅಮೃತಕಿರಣ ⟦amr̥takiraṇa アムルタキラナ⟧ [əmrɯtəkirəɳɐ] 《文》 *mn.* 月の神、月(地球の衛星) [Sk.] = ಅಮೃತಕರ (amr̥takara)

ಅಮೃತಘಳಿಗೆ ⟦amr̥tagʰaḷige アムルタガリゲ⟧ [əmrɯtəgʰəɭige] 《文》 *n.* 吉祥の時間、めでたい時 [Sk.]

ಅಮೃತಮಥನ ⟦amr̥tamatʰana アムルタマタナ⟧ [əmrɯtəmətʰənɐ] *n.* 甘露を求めて海をかき混ぜること [Sk.]

ಅಮೃತಬಳ್ಳಿ ⟦amr̥taballi アムルタバッリ⟧ [əmrɯtəbəɭɭi] ಅಮೃತವಲ್ಲಿ, ಅಮೃತವಳ್ಳಿ *n.* ツヅラフジ科のつる草の一種 ⇀ 薬 [Sk. *amr̥tavalli-*] *[IMP 5.285]

ಅಮೃತವಲ್ಲಿ ⟦amr̥tavalli アムルタヴァッリ⟧ [əmrɯtəvəlli] *n.* ツヅラフジ科のつる草の一種 [Sk.] ☞ಅಮೃತಬಳ್ಳಿ (amr̥taballi)

ಅಮೃತವಳ್ಳಿ ⟦amr̥tavaḷḷi アムルタヴァッリ⟧ [əmrɯtəvəɭɭi] *n.* ツヅラフジ科のつる草の一種 [Sk.] ☞ಅಮೃತಬಳ್ಳಿ (amr̥taballi)

ಅಮೃತವೀಣೆ ⟦amr̥tavīṇe アムルタヴィーネ⟧ [əmrɯtəviːɳe] 《古》 *n.* 初期のヴィーナーの一種[⇒図] [Sk.]

ಅಮೃತಶಿಲೆ ⟦amr̥taśile アムルタシレ⟧ [əmrɯtəʃile] 《文》 *n.* 大理石 [Sk.] = ಚಂದ್ರಕಾಂತಶಿಲೆ, ಸಂಗಮವರಿ ಕಲ್ಲು (caṃdrakāṃtaśile, saṃgamavari kallu)

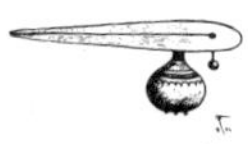

ಅಮೃತವೀಣೆ
ヴィーナー

ಅಮೃತಹಸ್ತ ⟦amr̥tahasta アムルタハスタ⟧ [əmrɯtəhəstɐ] 《文》 *m.* 《*f.* ಅಮೃತಹಸ್ತೆ (amr̥tahaste)》 1 手に甘露を持っている人 2 手で触れると病気が直るなど、霊力のある人 [Sk.]

ಅಮೃತಾಂಜನ ⟦amr̥tāṃjana アムルターンジャナ⟧ [əmrɯtɐːɲʤənɐ] *n.* (甘露のようにありがたい効果を上げる)塗り薬、目の周囲に塗る煤(すす)(ランプブラック) [Sk.]

ಅಮೆ ⟦ame アメ⟧ [əmɛ] 《方》 *n.* 子どもの誕生の後の清めの儀式 (*Gowda*) [Ka. D171]

ಅಮೃತಾಂಶು ⟦amr̥tāṃśu アムルターンシュ⟧ [amrɯtɐːmʃu] 《文》 *mn.* 月 [Sk.]

ಅಮೇಧ್ಯ ⟦amēdʰya アメーディャ⟧ [əmeːdʰ·jɐ] 《文》 *adj.* 生け贄として捧げるのにふさわしくない(何らかの欠陥のため) —*n.* 〔タブー〕くそ、大便 = ಹೇಲು (hēlu) 〔口〕 [Sk.]

ಅಮೋಘ ⟦amōgʰa アモーガ⟧ [əmoːgʰɐ] 《文》 *adj.* 1 的を外すことがない、百発百中の 2 必ず成果をもたらす 3 高価な、非常に貴重な [Sk.]

ಅಮೌಲ್ಯ ⟦amaulya アマウリャ⟧ [əməul·jɐ] *adj.* 1 高価な、非常に貴重な 2 優れた、優秀な [Sk.]

ಅಮ್ಮ ⟦amma アンマ⟧ [əmmɐ] *f.* 《*gen.* ಅಮ್ಮನ (ammana) *pl.* ಅಮ್ಮಂದಿರು (ammaṃdiru)》 1 母親 2 祖母、おばあさん (NK) 3 女性の名の終わりに付ける接尾辞のような言葉の一種、例えば、ಲಕ್ಕಮ್ಮ (lakkamma) 4 敬意をもって女性に呼びかける言葉(都市においてはこれは Madam に駆逐されている) 5 村や地方の女神 6 寡婦 7 天然痘、はしか、水疱瘡 [Ka. D183] = ಅಮ್ಮಾ, ಅವ್ವಾ (ammā, avvā)

ಅಮ್ಮಣಿ ⟦ammaṇi アンマニ⟧ [əmməɳi] *n.* 〔児〕乳首 [Ka. *D181]

ಅಮ್ಮಣ್ಣಿ ⟦ammaṇṇi アンマンニ⟧ [əmməɳɳi] ಅಮ್ಮಣಿ *n.* 〔児〕乳首 (*My.* (*Kitt.*)) [Ka. D181] ☞ಅಮ್ಮಣಿ (ammaṇi)

ಅಮ್ಮಮ್ಮ ⟦ammamma アンマンマ⟧ [əmməmmɐ] *intrj.* 1 ああ(悲しみを表す間投詞) 2 おやまあ、あれっ(驚きを表す間投詞) 3 まあ、かわいそうに(同情を表す間投詞) [Ka. D183]

ಅಮ್ಮಾಲೆ ⟦ammāle アンマーレ⟧ [əmmɐːle] 《古》 *n.* 手まりや石ころを空中に投げ上げそれを受け止める遊び [Ka. D182]

ಅಮ್ಮಾವು ⟦ammāvu アンマーヴ⟧ [əmmɐːvu] 《古》 *n.* 野生の雌牛 (*Kʰmd.13.63*) [Ka. *amma*? + *āvu* D334]

ಅಮ್ಮಿ¹ ⟦ammi アンミ⟧ [əmmi] *n.* 〔児〕母親の乳房、おっぱい [Ka. D181]

ಅಮ್ಮಿ² ⟦ammi アンミ⟧ [əmmi] *n.* 香辛料を粉にするための平たい長方形の石臼 [Ka. D184] = ಅಮ್ಮಿಕಲ್ಲು (ammikallu)

ಅಮ್ಮಿಕಲ್ಲು ⟦ammikallu アンミカッル⟧ [əmmikəllu] *n.* 香辛料を粉にするための平たい長方形の石臼 [+ *kallu* D1298]

ಅಮ್ಮು ⟦ammu アンム⟧ [əmmu] 《‡》 *vt.* 望む、欲する (*Kitt.*) ―*n.* 欲望、望み (*Bp.11,11* (*Kitt.*)) [Ka. D330]

ಅಮ್ಲಿ ⟦amli アムリ⟧ [əmli] 《‡》 *n.* [Ka. D174] ☞ಅಂಬಲಿ (ambali)

ಅಯ್- ⟦ay- アイ -⟧ [əĭ] *pref.* 《複合語頭で》 5 …¶ ಅಯ್ನೂರು (aynūru) 500 [Ka. D2826] ☞ಐ- (ai-)

ಅಯ ⟦aya アヤ⟧ [əjɐ] 《異》 *m.* 《複合語末で》時として、ಅಯ್ಯ (ayya)という語が合成語の第２要素として取る形 ¶ ಮಾದಯ್ಯ/ಮಾದಯ (mādayya/mādaya) 人名 [Ka. D196] ☞ಅಯ್ಯ (ayya)

ಅಯನ ⟦ayana アヤナ⟧ [əjənɐ] *n.* **1** 行くこと、動くこと **2** 道 **3** 太陽(具体的には日の出の位置)が北あるいは南に進む半年の動き、冬至から夏至(インドの暦では１月15日から７月14日ころ)が北行 (uttarāyaṇa)、夏至から冬至が南行 (dakṣiṇāyana) **4** 冬至から夏至、および夏至から冬至までの半年 [Sk.]

ಅಯಶ ⟦ayaśa アヤシャ⟧ [əjəʃɐ] 《文》 *n.* 汚名、悪名 [Sk.]

ಅಯಸ್ಕಾಂತ ⟦ayaskāṃta アヤスカーンタ⟧ [əjəskɐ:ntɐ] 《文》 *n.* 磁石 [Sk.]

ಅಯಾಚಿತ ⟦ayācita アヤーチタ⟧ [əjɐ:ʧitɐ] 《文》 *adj.*, (*n.*) 請われない〈こと〉、頼まれない〈こと〉¶ ನನಗೆ ಈ ನೌಕರಿ ಅಯಾಚಿತವಾಗಿ ಸಿಕ್ಕಿತು. (nanage ī naukari ayācitavāgi sikkitu.) 私はこの職を誰にも頼まずに手に入れた。 [Sk.]

ಅಯಿದು ⟦ayidu アイドゥ⟧ [əjiđu] *numr. adj.* 五つの、5… ―*numr.n.* 五つ、5 [Ka. D2826]

ಅಯಿನೂಱು ⟦ayinūṟu アイヌール⟧ [əjinu:ṟu] 《古》 *numr.adj.* ―*numr.n.* ☞ಐನೂರು (ainūru) [Ka. D2826, D3729]

ಅಯಿಬು ⟦ayibu アイブ⟧ [əjibu] 《古》 *n.* 欠陥、欠点 [Ar. *ʿaib*] ☞ಐಬ್ (aib)

ಅಯಿಲು ⟦ayilu アイル⟧ [əjilu] 《‡》 *n.* 狂気、熱狂、狼狽 (*My.* (*Kitt.*)) [Ka. D39]

ಅಯಿವಜು ⟦ayivaju アイヴァジュ⟧ [əjivəʤu] 《古》 *n.* [Ar. *ʿiwaḍ*] ☞ಐವಜು (aivaju)

ಅಯಿಸು ⟦ayisu アイス⟧ [əĭsu] ಅಯಿಸು, ಐಸು 《古》 *adj.* ―*n.* ☞ಅಯ್ಸು (aysu) [?]

ಅಯೋಗ್ಯ ⟦ayōgya アヨーギャ⟧ [əjo:g·jɐ] 《文》 *adj.*, *m* 《*f.* ಅಯೋಗ್ಯಳು (ayōgyaḷu)》 **1** (あることに) 値しない〈人〉 **2** ふさわしくない〈人〉、不適当な〈人〉、向かない〈人〉¶ ಸರಕಾರ ಅಯೋಗ್ಯ ಜನರಿಗೆ ಪದ್ಮವಿಭೂಷಣವನ್ನು ಕೊಟ್ಟಿತು. (sarakāra ayōgya janarige padmavibʰūṣaṇavannu koṭṭitu.) 政府はふさわしくない人にパドマヴィブーシャナの勲章を与えた。 **3** 無能な〈人〉、能力がない〈人〉 [Sk.]

ಅಯೋನಿಜ ⟦ayōnija アヨーニジャ⟧ [əjo:niʤɐ] 《文》 *adj.*, *mn.* 《*f.* ಅಯೋನಿಜೆ (ayōnije)》女性の腹から生まれなかった〈生き物〉 [Sk.]

ಅಯ್ಕಿಲ್ ⟦aykil アイキル⟧ [əĭkil] 《古》 *n.* **1** 寒さ、寒気 **2** 冷たい露、霜、雪 [Ka. D324]

ಅಯ್ತರ್ ⟦aytar アイタル⟧ [əĭtər] 《‡》 *vi.* 来る、到着する (*Kitt.*) [Ka. D809] ☞ಎಯ್ತರ್ (eytar)

ಅಯ್ದು[1] ⟦aydu アイドゥ⟧ [əĭđu] ಅಯಿದು, ಎಯಿದು, ಐದು 《古》 *vt.* **1** 着く、到着する **2** 得る、手に入れる (*Pb.1.13; 6.27; 11.104*) ☞ಎಯ್ದು (eydu) [Ka. D809]

ಅಯ್ದು[2] ⟦aydu アイドゥ⟧ [əĭđu] ಅಯಿದು, ಐದು *numr. adj.* 五つの、5… ―*numr.n.* 五つ、5 [Ka. D2826]

ಅಯ್ದೆ ⟦ayde アイデ⟧ [əĭđe] 《文》 *f.* 夫が生きている女性 [Sk. *āyattā-*?] = ಸುಮಂಗಲಿ, ಮುತ್ತೈದೆ (sumaṃgali, muttaide)

ಅಯ್ದೆತನ ⟦aydetana アイデタナ⟧ [əĭđetənɐ] 《文》 *n.* 夫が存命である状態、夫が生きている女性の地位 [Ka. *ayde* + *-tana*]

ಅಯ್ನೂರು ⟦aynūru アイヌール⟧ [əĭnu:ru] ಅಯ್ನೂಱು, ಅಯಿನೂಱು, ಐನೂರು, ಐನೂಱು *numr.adj.* 500 の ―*numr.n.* 500 [Ka. *ay-* D2826 + *nūru* *D3729]

ಅಯ್ನೂಱು ⟦aynūṟu アイヌール⟧ [əĭnu:ṟu] 《古》 *numr.adj.*, *numr.n.* ☞ಐನೂರು (ainūru) [Ka. D2826, D3729]

ಅಯ್ಬರು ⟦aybaru アイバル⟧ [əĭbər] *numr.mf.* 《複数形活用》 5人 [Ka. D2826] =ಅಯ್ವರ್ (ayvar) ☞ಐದು (aidu)

ಅಯ್ಬು ⟦aybu アイブ⟧ [əĭbu] 《方》 *n.* 疑い、嫌疑 (*Gul.*) [Ka. D190]

ಅಯ್ಮಡಿ ⟦aymaḍi アイマディ⟧ [əĭməḍi] *numr.adj.*, *mumr.n.* 5倍、5倍の ¶ ಭಾರತದ ಜನಸಂಖ್ಯೆ ಅಮೆರಿಕದ ಅಯ್ಮಡಿ. (bʰāratada janasaṃkʰye amerikada aymaḍi.) インドの人口はアメリカの人口の５倍である。 [*ai-* D2826 + *maḍi* D4645] ☞ಅಯ್ವಡಿ (ayvaḍi)

ಅಯ್ಯ ⟦ayya アイヤ⟧ [əĭjɐ] ಅಯ, ಐಯ, ಐಯ್ಯ *m.* 《*f.* ಅಮ್ಮ (amma)》 **1** 父親 **2** 祖父、おじいさん **3** ヴィーラシャイヴァ派の僧や聖者 **4** 教師、先生 **5** 男性の名の終わりに付ける接尾辞のような言葉の一種、例えば、ಹನುಮಂತಯ್ಯ (hanumaṃtayya) **6** 敬意をもって男性に呼びかける言葉(都市においてはこれは Sir に駆逐されている) [Ka. D196(a)]

ಅಯ್ಯಂಗಾರ್ ⟦ayyaṃgār アイヤンガール⟧ [əĭjəŋgɐ:r] ಐಯಂಗಾರ್ *m.* **1** シュリーヴァイシュナヴァ派のバラモン **2** ヴィシュヌ派のバラモンの名につける称号 [*ayya* + *-gāru* ←Te. *-gāru* (plural marker)]

ಅಯ್ಯಯ್ಯೇ ⟦ayyayyē アイヤイエー⟧ [əĭjəĭje:] *intrj.* **1** ああ(悲しみを表す間投詞) **2** おやまあ、あれっ(驚きを表す間投詞) **3** まあ、かわいそうに(同情を表す間投詞) [Ka. redup. of *ayyo* D196(b)]

ಅಯ್ಯಯ್ಯೋ ⟦ayyayyō アイヤイヨー⟧ [əĭjəĭjo:] *intrj.* **1** ああ(悲しみを表す間投詞) **2** おやまあ、あれ

っ（驚きを表す間投詞） **3** まあ、かわいそうに（同情を表す間投詞）[Ka. redup. of *ayyo* D196(b)]

ಅಯ್ಯೋ ⟦ayyō アイヨー⟧ [əĭjoː] *intrj.* **1** ああ（悲しみを表す間投詞） **2** おやまあ、あれっ（驚きを表す間投詞） **3** まあ、かわいそうに（同情を表す間投詞）[Ka. D196(b)]

ಅಯ್ಲು ⟦aylu アイル⟧ [əĭlu] 《‡》 *n.* 狂気、熱狂、狼狽 (*My.* (*Kitt.*)) [Ka. D39]

ಅಯ್ವಡಿ ⟦ayvaḍi アイヴァディ⟧ [əĭvəḍi] ಅಯ್ಮಡಿ, ಐಮಡಿ, ಐವಡಿ *numr.* 5倍、5倍の [*ai-* D2826 + *maḍi* D4645]

ಅಯ್ವತ್ತು ⟦ayvattu アイヴァットゥ⟧ [əĭvəttu] ಐವತ್ತು 《文》 *numr.adj.* 50の **—***numr.n.* 50 ☞ಐವತ್ತು (aivattu) [Ka. *ay-* D2826 + *pattu* D3918]

ಅಯ್ವರ್ ⟦ayvar アイヴァル⟧ [əĭvər] 《古》 *numr.mf.* 《*pl.*》5人、5人の人 [Ka. D2826]

ಅಯ್ಸು ⟦aysu アイス⟧ [əĭsu] ಅಯಿಸು, ಐಸು 《古》 *adj.* それほど多くの **—***n.* それほど多く〈のこと〉[?]

ಅರ್- ⟦ar- アル-⟧ [ər] 《古》 *numr.adj.* [Ka. D229] = ಅರ (ara)[2]

-ಅರ್ ⟦-ar -アル⟧ [ər] 《古》 *suf.* **1** 男性名詞［女性名詞、代名詞、関係形動詞、形容詞］の複数形を作る接尾辞、例えば、ಅವರ್ (avar)「彼ら」の -ಅರ್ (-ar) など **2** 動詞三人称複数の語尾の一種、例えば、-ಅರ್ (-ar) of ಬಂದರ್ (baṃdar)「来た」の -ಅರ್ (-ar) など [Ø] ☞-ಅರು (-aru)

ಅರ[1] ⟦ara アラ⟧ [ərɐ] *n.* やすり [Ka. D228(b)] ☞ಅರನ (arana)

ಅರ[2] ⟦ara アラ⟧ [ərɐ] *numr.adj* 半分の、半… [Ka. D229]

ಅರ[3] ⟦ara アラ⟧ [ərɐ] 《文》 *m.* アラナータ、ジャイナ教の18番目のジナの名 [Sk.]

ಅರ-[1] ⟦ara- アラ-⟧ [ərə] *n.* 《複合語頭で》ಅರಸ (arasa)「王」という語が合成語の第1要素として現れる時に取る形 ¶ ಅರಮನೆ (aramane) 宮殿 [Ka. D201 cf. Sk. *rājan-*]

ಅರ-[2] ⟦ara- アラ-⟧ [ərə] *pref.* 6…、例えば、ಅರವತ್ತು (aravattu)「60」など [Ka. *aṟa* D2485]

ಅರಕ ⟦araka アラカ⟧ [ərə̆kɐ] 《‡》 *n.* 米を水で洗い、石やゴミを取り除くこと (*My.* (*Kitt.*)) [Ka. D213]

ಅರಕಂಚಟ್ಟಿ ⟦arakaṃcaṭṭi アラカンチャッティ⟧ [ərəkəɲʧəʈʈi] 《方》 *n.* 炊く前に米をとぐための広口の鍋 [Ta. *arikkañcaṭṭi*] = ಗಂಗಾಳ (gaṃgāḷa) (NK)

ಅರಕೆ ⟦arake アラケ⟧ [ərə̆ke] *n.* **1** 半分、半分である状態 **2** 不完全、未完成 [Ka. *aṟa*[2] D229 + *-ke*]

ಅರಗಿಳಿ ⟦aragiḷi アラギリ⟧ [ərəgiḷi] *n.* 最も立派なオウム、美しいオウム [*ara*[7] + *giḷi*]

ಅರಗು[1] ⟦aragu アラグ⟧ [ərə̆gu] *n.* 封蝋 [Ka. D199]

ಅರಗು[2] ⟦aragu アラグ⟧ [ərə̆gu] 《方》 *n.* [Ka. D222] (*Mr.144* (*Kitt.*)) ☞ಅರುಗು (arugu)

ಅರಗು[3] ⟦aragu アラグ⟧ [ərə̆gu] *vi.* 消化される [Ka. D316]

ಅರಗಿಸು ⟦aragisu アラギス⟧ [ərə̆gisu] *vt.* 消化する [+ *-isu* caus. D316]

ಅರಚು ⟦aracu アラチュ⟧ [ərə̆ʧu] ಅರಚು, ಅಱಚು, ಅಱಚು, ಅಱುಚು *vi.* わめく、大声で叫ぶ [Ka. *D319]

ಅರಚ್ಚು ⟦araccu アラッチュ⟧ [ərəʧʧu] 《方》 *vt.* 押しつぶす、押し砕く (*Hav.*) [Ka. D228(a)]

ಅರಣ ⟦araṇa アラナ⟧ [ərə̆ɳɐ] 《方》 *n.* 結婚式の贈り物 (*KPN*) [Te. D203]

ಅರಣೆ ⟦araṇe アラネ⟧ [ərə̆ɳe] *n.* 緑色のトカゲ（なめられると皮膚障害を起こすと信じられている）[Ka. D204] = ಹಾವುರಾಣಿ (hāvurāṇi)

ಅರಣ್ಯ ⟦araṇya アラニャ⟧ [ərəɳ̆jɐ] *n.* 森林 [Sk.] = ಕಾಡು (kāḍu)

ಅರಣ್ಯಸಂರಕ್ಷಣ ⟦araṇyasaṃrakṣaṇa アラニャサンラクシャナ⟧ [ərəɳ̆jəsəmrəkʂəɳɐ] 《文》 *n.* 森林保護 [Sk.] = ಕಾಡು (kāḍu)

ಅರಣ್ಯಸಂರಕ್ಷಣಾಧಿಕಾರಿ ⟦araṇyasaṃrakṣaṇādʰikāri アラニャサンラクシャナーディカーリ⟧ [ərəɳ̆jəsəmrəkʂə̆ɳɐːdʰikɐːri] 《文》 *mf.* 森林保護官 [Sk.] = ಕಾಡು (kāḍu)

ಅರಣ್ಯರುದಿತ ⟦araṇyarudita アラニャルディタ⟧ [ərəɳ̆jəruditɐ] 《文》 *n.* 森林の中で泣き叫ぶこと、誰も聞いてくれない訴え [Sk.]

ಅರಣ್ಯರೋದನ ⟦araṇyarōdana アラニャローダナ⟧ [ərəɳ̆jəroːdənɐ] *n.* [Sk.] ☞ಅರಣ್ಯರುದಿತ (araṇyarudita)

ಅರತ ⟦arata アラタ⟧ [ərə̆tɐ] 《‡》 *n.* 臼で砕くこと (*C.* (*Kitt.*)) [Ka. *are* D228 + *-ta*]

ಅರತಿ ⟦arati アラティ⟧ [ərəti] 《文》 *n.* **1** 熱意の欠如 **2** 愛のないこと [Sk.]

ಅರತ್ನಿ ⟦aratni アラトニ⟧ [ərətni] 《文》 *n.* **1** 肘 **2** 肘から小指の先までの長さ（約45センチ）[Sk.]

ಅರದು ⟦aradu アラドゥ⟧ [ərəđu] 《‡》 (*n.*) [Ka. D221] ☞ಅರಿದು (aridu)

ಅರನ ⟦arana アラナ⟧ [ərə̆nɐ] *n.* やすり [Ka. *D228(b)]

ಅರಪ್ಪು ⟦arappu アラップ⟧ [ərəppu] 《方》 *n.* ココナツの実を糊状にすりつぶしたもの (*Hav.*) [Ka. D228(a)]

ಅರಬು ⟦arabu アラブ⟧ [ərə̆bu] *n.* [Ka. < *aṟubu* *D404] ☞ಅರುಬು (arubu)

ಅರಮಗ ⟦aramaga アラマガ⟧ [ərəməgɐ] *m.* 《*f.* ಅರಮಗಳು (aramagaḷu)》王子 [*arasa*[1] + *maga*]

ಅರಮನೆ ⟦aramane アラマネ⟧ [ərəmənɐ] *n.* 王宮、王の宮殿 [Ka. *ara*[1] D201 + *mane*]

ಅರಮರೆ ⟦aramare アラマレ⟧ [əramɔre] *n.* （すべてを打ち明けられない）ためらい、隠し立て [Ka. D3605(a)] ☞ಅರೆಮರೆ (aremare)

ಅರಮೆ[1] ⟦arame アラメ⟧ [ərə̆me] 《古》 *adv.* 少し [Ka. D229]

ಅರಮೆ[2] ⟦arame アラメ⟧ [ərə̆me] *n.* 愛情、可愛いこと [Ka. D381] ☞ಅರುಮೆ (arume)

ಅರರಿ ⟦arari アラリ⟧ [ərəri] 《文》 *n.* 扉 [Sk.]

ಅರಲ್ ⟦aral アラル⟧ [ərəl] 《古》 *vi.* （花などが）開く **—***n.* 花 [Ka. D247]

ಅರಲು¹ ⟦aralu アラル⟧ [ərə̆lu] 《古》 *vi.* (花などが) 開く、開花する [Ka. D247]

ಅರಲು² ⟦aralu アラル⟧ [ərə̆lu] ಅಲ್ಲ್ *n.* 泥、泥水 [Ka. D312] = ಕೆಸರು (kesaru)

ಅರಲು³ ⟦aralu アラル⟧ [ərə̆lu] 《‡》 *n.* 頭の混乱、呆然、茫然自失 (*My.* (*Kitt.*)) [Ka. *D3605]

ಅರಲುಣಿ ⟦araluṇi アラルニ⟧ [ərəluɳi] 《異》 *n.* [Ka. *aral* D247 + *uṇi*] ☞ಅಲರುಣಿ (alaruṇi)

ಅರವ ⟦arava アラヴァ⟧ [ərə̆vɐ] *n.* 《*f.* ಅರವಗಿತ್ತಿ, ಅರವಿತಿ (aravagitti, araviti)》〔卑〕 タミル人 —*n.*〔卑〕 タミル語 [Ka. D313]

ಅರವಭಾಷೆ ⟦aravabʰāṣe アラヴァバーシェ⟧ [ərə̆vəbʰɐːʂe] *n.*〔卑〕 タミル語 [+ *bʰāṣe*]

ಅರವಗಿತ್ತಿ ⟦aravagitti アラヴァギッティ⟧ [ərə̆vəgitti] *f.* [Ka. D313] ☞ಅರವಿತಿ (araviti)

ಅರವಿತಿ ⟦araviti アラヴィティ⟧ [ərə̆viti] *f.*〔卑〕 タミルの女性 [Ka. D313]

ಅರವಿಂದ ⟦araviṃda アラヴィンダ⟧ [ərə̆vindɐ] *n.* 蓮の花 [Sk.]

ಅರವು ⟦aravu アラヴ⟧ [ərə̆vu] *n.*〔卑〕 タミル語 [Ka. D313]

ಅರಶ ⟦araśa アラシャ⟧ [ərə̆ʃɐ] 《古》 *m.* 《*f.* *ಅರಸಿ (*arasi)》 [Ka. D201 cf. Sk. *rājan-*] ☞ಅರಸ (arasa)

ಅರಸ¹ ⟦arasa アラサ⟧ [ərə̆sɐ] ಅರಶ, ಅರಸು, ಅರಾಸ *m.* 《*f.* ಅರಸಿ, ಅರಸತಿ (arasi, arasati)》君主、王、王者 [Ka. D201 cf. Sk. *rājan-*] = ರಾಜಾ (rājā)

ಅರಸ² ⟦arasa アラサ⟧ [ərəsɐ] 《文》 *adj.* 詩的感興(ラサ)を欠いた(文学作品、劇など) [Sk.]

ಅರಸತಿ ⟦arasati アラサティ⟧ [ərəsə̆ti] 《‡》 *f.* 1 女王 2 王妃 [Ka. D201] (*C.* (*Kitt.*)) ☞ಅರಸಿ, ಅರಸಿತಿ (arasi, arasiti)〔汎〕

ಅರಸಿ ⟦arasi アラシ⟧ [ərə̆si] *f.* 1 女王 2 王妃 [Ka. cf. Sk. *rājñī-* D201] = ರಾಣಿ (rāṇi)

ಅರಸಿಕ ⟦arasika アラシカ⟧ [ərəsikɐ] 《文》 *m.* 《*f.* ಅರಸಿಕಳು (arasikaḷu)》趣味の悪い人、俗物 [Sk.]

ಅರಸಿಣ ⟦arasiṇa アラシナ⟧ [ərə̆siɳɐ] ಅರಸಿನ, ಅರಿಸಿಣ, ಅರಿಸಿನ *n.* ウコン ☞ಅರಿಸಿನ (arisina)

ಅರಸಿತಿ ⟦arasiti アラシティ⟧ [ərəsĭti] *f.* 《*m.* ಅರಸ (arasa)》 王妃;女性の国王 [f. of *arasa-*]

ಅರಸಿನ ⟦arasina アラシナ⟧ [ərə̆sinɐ] *n.* ☞ಅರಿಸಿಣ (arisiṇa)

ಅರಸು¹ ⟦arasu アラス⟧ [ərə̆su] ಅಱಸು 《文》 *vt.* 捜す、捜し求める、捜索する [Ka. D314]

ಅರಸು² ⟦arasu アラス⟧ [ərə̆su] *m.* 《*f.* ಅರಸಿ (arasi)》君主、王、王者 = ಅರಸ, ರಾಜಾ (arasa, rājā) —*n.* 君主であること、王の地位 [Ka. D201 cf. Sk. *rājan-*]

ಅರಸೆ ⟦arase アラセ⟧ [ərə̆se] ಅರಿಸೆ 《‡》 *n.* インドボダイジュ(菩提樹)⇀ 薬・宗 (*St.& Pl.* (*Kitt.*)) [Ka. 202]

ಅರಳ್ ⟦araḷ アラル⟧ [ərəɭ] 《古》 ポップコーン(黍(きび)、米、トウモロコシなどを熱ではぜさせたもの) [Ka. D202] ☞ಅರಳು (araḷu)

ಅರಳ ⟦araḷa アララ⟧ [ərəɭɐ] 《‡》 *n.* 頭の混乱、呆然、茫然自失 (*S.Mhr.* (*Kitt.*)) [Ka. (D3605)]

ಅರಳಿ ⟦araḷi アラリ⟧ [ərə̆ɭi] ಅರಳೆ, ಅಳರಿ *n.* インドボダイジュ(菩提樹、クワ科イチジク属)⇀ 薬・宗 [Ka. D202] = ಅಶ್ವತ್ಥವೃಕ್ಷ, ಬೋಧಿವೃಕ್ಷ (aśvattʰavr̥kṣa, bōdʰivr̥kṣa)

ಅರಳು ⟦araḷu アラル⟧ [ərə̆ɭu] ಅರಳ್ *n.* 1 花 2 ポップコーン(黍(きび)、米、トウモロコシなどを熱ではぜさせたもの) [Ka. *D247]

ಅರಳೆ¹ ⟦araḷe アラレ⟧ [ərə̆ɭe] ಅರಳಿ 《‡》 *n.* [Ka. D202] ☞ಅರಳಿ (araḷi)

ಅರಳೆ² ⟦araḷe アラレ⟧ [ərə̆ɭe] *n.* 種を取った綿の実 [? cf. *araḷu*]

ಅರಳೆ³ ⟦araḷe アラレ⟧ [ərə̆ɭe] *n.* 脇腹 [Ka.?]

ಅರಳೆ⁴ ⟦araḷe アラレ⟧ [ərə̆ɭe] 《古》 *n.* 柱 (*Bp. 578*) [Ka. D211]

ಅರಹಂತ ⟦arahaṃta アラハンタ⟧ [ərə̆hantɐ] 《文》 *m.* [Sk.] ☞ಅರ್ಹಂತ (arhaṃta)

ಅರಾಜಕ ⟦arājaka アラージャカ⟧ [ərɐːʤəkɐ] ಅರಾಜಿಕ 《文》 *adj.* 無政府状態の —*n.* 無政府状態 [Sk.]

ಅರಾಜಕತೆ ⟦arājakate アラージャカテ⟧ [ərɐːʤəkəte] 《文》 *n.* 無政府状態 [Sk.]

ಅರಾಜಿಕ ⟦arājika アラージカ⟧ [ərɐːʤĭkɐ] 《文》 *adj.* 無政府状態の [Sk.] ☞ಅರಾಜಕ (arājaka)

ಅರಾತಿ ⟦arāti アラーティ⟧ [ərɐːti] 《文》 *mf.* 敵 [Sk.]

ಅರಾಸ ⟦arāsa アラーサ⟧ [ərɐːsɐ] 《古》 *m.* 《*f.* *ಅರಾಸಿ (*arāsi)》 [Ka. D201 cf. Sk. *rājan-*] ☞ಅರಸ (arasa)

ಅರಿ¹ ⟦ari アリ⟧ [əri] 《文》 *vt.* 切る、切り落とす —*n.* 穂がついた穀物の束 [Ka. < *aṟi* D212]

ಅರಿಸು¹ ⟦arisu アリス⟧ [ərisu] 《文》 *vt.* 切り落とさせる [Ka. *ari*¹ + *-isu*]

ಅರಿ² ⟦ari アリ⟧ [əri] 《‡》 *vt.* 〈水などの〉濁りをなくす (*Kitt.*) [Ka. D213]

ಅರಿ³ ⟦ari アリ⟧ [əri] *n.* まぶたの裏にできる腫れ物、ものもらい、麦粒腫 [Ka. D218]

ಅರಿ⁴ ⟦ari アリ⟧ [əri] 《方》 *vt.* 1 矩形で平らな臼で〈香辛料を〉すりつぶす 2 〈綿などの〉(種をとるため)足で踏む [Ka. D228] (NK)

ಅರಿ⁵ ⟦ari アリ⟧ [əri] *vt.* 《過去語幹 arit-, arid》知る、理解する [Ka. < *aṟi* D314]

ಅರಿ⁶ ⟦ari アリ⟧ [əri] 《文》 *mf.* 敵 [Sk.]

ಅರಿಗು ⟦arigu アリグ⟧ [ərĭgu] 《‡》 *n.* (建物などの)横 [Ka. D222] (*Si.107* (*Kitt.*)) ☞ಅರುಗು (arugu)

ಅರಿಕೆ ⟦arike アリケ⟧ [ərike] 《文》 *n.* 請願、嘆願 [Ka. < *aṟike* D314] = ಬಿನ್ನಹ, ವಿಜ್ಞಾಪನೆ (binnaha, vijñāpane)

ಅರಿತ ⟦arita アリタ⟧ [ərĭtɐ] ಅಱಿತ *n.* 知力(知識、理解力、判断力、認識力、記憶などを含む) [Ka. < *aṟita* D314]

ಅರಿತ್ರ ⟦aritra アリトラ⟧ [əritˑrɐ] 《文》 *n.* 小舟、ボート [Sk.]

ಅರಿದು ⟦aridu アリドゥ⟧ [əriđu] 《古》 (*n.*) **1** 不可能な〈こと〉、難しい〈こと〉 **2** 稀な〈こと〉、めったにない〈こと〉、貴重な〈こと〉[Ka. D221]

ಅರಿಪು ⟦aripu アリプ⟧ [ərĭpu] ಅರುಪು, ಅರುಹು, ಅಱಿಹು, ಅಱುಪು, ಅಱುಹು 《文》 *vt.* **1** 分からせる、理解させる **2** 知らせる [Ka. *D314]

ಅರಿವಾಳ್ ⟦arivāḷ アリヴァール⟧ [ərivɐːɭ] 《古》 *n.* 鎌(かま) [Ka. D212]

ಅರಿವು ⟦arivu アリヴ⟧ [ərivu] ಅರುವು, ಅರುಹು, ಅಱಿವು, ಅಱುಹು *n.* 知力（知識、理解力、判断力、認識力、記憶などを含む）[Ka. < *aṟivu* D314]

ಅರಿವೆ ⟦arive アリヴェ⟧ [ərĭve] ಅರುಬೆ, ಅಱಿವೆ, ಅಱುವೆ 《方》 *n.* 着物、衣類 (NK) [Ka. *aṟive* *D318]

ಅರಿಷ್ಟ ⟦ariṣṭa アリシュタ⟧ [əriʂʈɐ] 《文》 *n.* 不運、不幸 [Sk. × *aniṣṭa-*]

ಅರಿಸಿಣ ⟦arisiṇa アリシナ⟧ [ərĭsiɳɐ] *n.* (*B.5,245* (*Kitt.*)) ☞ಅರಿಸಿನ (arisina)

ಅರಿಸಿನ ⟦arisina アリシナ⟧ [ərĭsinɐ] *n.* ウコン、ターメリック ⇀ 調・薬 [Ka. D220, cf. Sk. *haridrā-*]

ಅರಿಸಿನಕಾಮಾಲೆ ⟦arisinakāmāle アリシナカーマーレ⟧ [ərĭsinɐkɐːmɐːle] *n.* 黄疸 [Ka. *arisina* + *kāmāle*] = ಕಾಮಿನಿ (kāmini) (*NK*)

ಅರಿಸೆ ⟦arise アリセ⟧ [ərĭse] 《‡》 *n.* [Ka. D202] (*Kitt.*) ☞ಅರಳೆ (araḷe)

ಅರಿಹಂತ ⟦arihaṃta アリハンタ⟧ [ərihəntɐ] 《文》 *m.* [Sk.] ☞ಅರ್ಹಂತ (arhaṃta)

ಅರು- ⟦aru- アル-⟧ [əru] *pref.* 6…、例えば、ಅರುವತ್ತು (aruvattu)「60」など [Ka. < *aṟu* D2485]

-ಅರು ⟦-aru -アル⟧ [əru] -ಅರ್ *suf.* **1** 男性名詞［女性名詞、代名詞、関係形動詞、形容詞］の複数形を作る接尾辞、例えば、ಅವರು (avaru)「彼ら」など **2** 動詞三人称複数の語尾の一種、例えば、ಬರು (baru) + -ಅರು (-aru) = ಬಂದರು (baṃdaru)「来た」など [Ø]

ಅರುಂಬು ⟦aruṃbu アルンブ⟧ [ərumbu] 《‡》 *n.* 花のつぼみ (*R.* (*Kitt.*)) [Ka. D224]

ಅರುಗು ⟦arugu アルグ⟧ [ərŭgu] ಅರಗು² 《古》 *vi.* 脇に寄る **—*n.*** **1** 道路などの端 **2** 横、そば [Ka. D222]

ಅರುಚಿ ⟦aruci アルチ⟧ [əruʧi] *n.* **1** 味のないこと、まずいこと **2**（病気などの理由で）食べ物がまずく感じられること **3** 趣味のないこと、趣味が悪いこと [Sk.]

ಅರುಣ ⟦aruṇa アルナ⟧ [əruɳɐ] 《文》 (*n.*) 橙色〈の〉、暁の色〈の〉 **—*n.*** 《希》 **1** 夜明け、明け方 **2** 太陽 **—*m.*** **1** アルナ、太陽神の御者 **2** 太陽神 [Sk.]

ಅರುಣೋದಯ ⟦aruṇōdaya アルノーダヤ⟧ [əruɳoːdəjɐ] 《文》 *n.* 夜明け、明け方 [Sk.] = ಸೂರ್ಯೋದಯ (sūryōdaya)

ಅರುದು ⟦arudu アルドゥ⟧ [ərəđu] 《‡》 (*n.*). [Ka. D221] ☞ಅರಿದು (aridu)

ಅರುನೂರು ⟦arunūru アルヌール⟧ [ərunuːru] ಅಱುನೂಱು *numr.adj.* 600 の **—*numr.n.*** 600 [Ka. *aṟu-* + 2485 *nūṟu* D3729]

ಅರುಬು ⟦arubu アルブ⟧ [ərŭbu] ಅರಬು, ಅಱಂಬು, ಅಱಬು, ಅಱುಬು *n.* **1** 旱魃、水の欠乏 **2** 《古》 水の干上がった用水路や堀など [Ka. < *aṟubu* *D404]

ಅರುಬೆ ⟦arube アルベ⟧ [ərŭbe] *n.* きれ、布 [Ka. *D318] ☞ಅಱುವೆ (aṟuve)

ಅರುಪು ⟦arupu アルプ⟧ [ərŭpu] 《文》 *vt.* [Ka. *D314] ☞ಅರಿಪು (aripu)

ಅರುಮೆ ⟦arume アルメ⟧ [ərŭme] 《古》 *n.* 愛情、愛しく思うこと [Ka. D381] ☞ಅರುಮೆ (arume)

ಅರುಮೊಗ ⟦arumoga アルモガ⟧ [ərumogɐ] 《文》 *m.* 「六つの顔を持つ者」、カールティケーヤ神の別名 [Ka. *aṟu* + *moga*]

ಅರುಲು ⟦arulu アルル⟧ [ərŭlu] 《‡》 *n.* 頭の混乱、呆然、茫然自失 (*My.* (*Kitt.*)) [Ka. D3605]

ಅರುವತ್ತು ⟦aruvattu アルヴァットゥ⟧ [əruvəttu] ಅರವತ್ತು, ಅರ್ವತ್ತು, ಅಱುವತ್ತು *numr.adj.* 60 の **—*numr.n.*** 60 [Ka. *aṟu-* D2485 + *pattu* D3918]

ಅರುವಾಳ್ ⟦aruvāḷ アルヴァール⟧ [əruvɐːɭ] 《‡》 *n.* 鎌(かま) [Ka. D212] (*DEDR*) ☞ಅರಿವಾಳ್ (arivāḷ)

ಅರುವು¹ ⟦aruvu アルヴ⟧ [ərŭvu] 《‡》 *n.* タミル語 (*My.* (*Kitt.*)) [Ka. D313]

ಅರುವು² ⟦aruvu アルヴ⟧ [ərŭvu] 《異》 *n.* 知力（知識、理解力、判断力、認識力、記憶などを含む）[Ka. < *aṟivu* D314] ☞ಅರಿವು (arivu)²

ಅರುಹಂತ ⟦aruhaṃta アルハンタ⟧ [əruhəntɐ] 《文》 *m.* [Sk.] ☞ಅರ್ಹಂತ (arhaṃta)

ಅರುಹು¹ ⟦aruhu アルフ⟧ [əruhu] 《文》 *n.* 知力（知識、理解力、判断力、認識力、記憶などを含む）[Ka. < *aṟivu* D314] ☞ಅರಿವು (arivu)

ಅರುಹು² ⟦aruhu アルフ⟧ [əruhu] 《文》 *vt.* **1** 分からせる、理解させる **2** 知らせる [Ka. *D314] ☞ಅರಿಪು (aripu)

ಅರುಳ್ ⟦aruḷ アルル⟧ [əruɭ] 《古》 *n.* [Ta. D227] ☞ಅರುಳು (aruḷu)

ಅರುಳು¹ ⟦aruḷu アルル⟧ [ərŭɭu] ಅರುಳ್ 《文》 *n.* 哀れみ、同情、憐憫 [Ta. D227]

ಅರುಳು² ⟦aruḷu アルル⟧ [ərŭɭu] 《‡》 *n.* 頭の混乱、呆然、茫然自失 (*My.* (*Kitt.*)) [Ka. D3605]

ಅರೆ¹ ⟦are アレ⟧ [əre] *vt.* 《過去語幹 ared-; arad-〔口〕》四角い石の板の上で〈香辛料などを〉すりつぶす [Ka. D228(a)]

ಅರಯಿಸು ⟦arayisu アライス⟧ [ərəjisu] 《口》 *vt.* 〈穀物などを〉すりつぶさせる [+ *-isu* caus.]

ಅರಿಸು² ⟦arisu アリス⟧ [ərisu] *vt.* 〈穀物などを〉すりつぶさせる [+ *-isu*] = ಅರೆಯಿಸು (areyisu)

ಅರಿವಾಣ ⟦arivāṇa アリヴァーナ⟧ [ərivɐːɳɐ] 《‡》 *n.* 金属や木製の盆型の容器 (*My.* (*Kitt.*)) [Ka. D3971] ☞ಹರಿವಾಣ (harivāṇa)

ಅರೆ² 〚are アレ〛 [əre] *numr.* 半分、1/2 —(*n.*) 不十分〈な〉、中途半端〈な〉 [Ka. D229]

ಅರೆಚಂದ್ರ 〚arecaṃdra アレチャンドラ〛 [əreʧəndrɐ] *n.* 半月 [+ *caṃdra*] = ಅರ್ಧಚಂದ್ರ (ardʰacaṃdra)

ಅರೆತಲೆನೋವು 〚aretalenōvu アレタレノーヴ〛 [əretəleno:vu] ಅರೆದಲೆನೋವು *n.* 偏頭痛 [*are*² + *tale* + *nōvu*]

ಅರೆದಲೆನೋವು 〚aredalenōvu アレダレノーヴ〛 [əreḍəleno:vu] *n.* ☞ಅರೆತಲೆನೋವು (aretalenōvu)

ಅರೆಬಿರಿ 〚arebiri アレビリ〛 [ərebiri] ಅರೆವಿರಿ *vi.* (花が) 半分開く [*are*² D229 + *biri* D5411] ☞ಅರೆವಿರಿ (areviri)

ಅರೆವಾಸಿ 〚arevāsi アレヴァーシ〛 [ərevɐ:si] *n.* 約半分 —*adv.* 一部、途中まで [*are*² + *vāsi* < ?]

ಅರೆವಿರಿ 〚areviri アレヴィリ〛 [əreviri] *arebiri vi.* (花が)半分開く、半開である [*are* D229 + *biri* D5411]

ಅರೆಸರಕಾರಿ 〚aresarakāri アレサラカーリ〛 [əresərə̆kɐ:ri] *adj.* 半公営の、半官半民の；半公半私の [Ka. *are* + *sarkāri*]

ಅರೆಸ್ವಾಯತ್ತ 〚aresvāyatta アレスヴァーヤッタ〛 [əresvɐ:jəttɐ] *adj.* 半自治の [+ *svāyatta*]

ಅರೆಹೊಟ್ಟೆ 〚arehoṭṭe アレホッテ〛 [ərehoʈʈe] (*n.*) (金がなかったり減食したりしているため)腹半分〈の〉 —*adv.* 十分飯が食えずに、腹半分で [Ka. *are*² + *hoṭṭe*]

ಅರೆ³ 〚are アレ〛 [əre] ಅಱೆ² *n.* 岩 [Ka. < *aṟe* D321] = ಬಂಡೆ (baṃḍe)

ಅರೆ⁴ 〚are アレ〛 [əre] 《方》 *n.* 引き出し (SK) [Ka. < *aṟe* *D322]

ಅರೆ⁵ 〚are アレ〛 [əre] *n.* (車の)輻(や) [Sk. *ara*- M48]

ಅರೆ⁶ 〚are アレ〛 [əre] 《方》 *n.* 壁がん、神像や灯明などを置く壁の窪み [?] = ಗೂಡು (gūḍu)

ಅರೆ⁷ 〚are アレ〛 [əre] 《‡》 *n.* ためらい、逡巡、疑い (*Kitt.*) [Ka. D3605]

ಅರೆಕೊರೆ 〚arekore アレコレ〛 [ərekore] (*n.*) 不完全〈な〉、十分でない〈こと〉、不十分〈な〉 [Ka. *are*² + *kore*¹ 「欠陥」< *koṟe*²] = ಅರೆಬರೆ (arebare)

ಅರೆಬರ್ 〚arebar アレバル〛 [erebər] 《‡》 *mf.* 2、3人；2、3人の人 (*Čt.I.48* (*Kitt.*)) [+ *-bar*]

ಅರೆಮರೆ 〚aremare アレマレ〛 [əremərə] ಅರಮರೆ *n.* (すべてを打ち明けられない) ためらい、隠し立て ¶ ನಾನು ಅರೆಮರೆ ಇಲ್ಲದೆ ಎಲ್ಲ ಹೇಳಿದೆ. (nānu aremare illade ella hēḷide.) 私は隠し立てせずすべてをあなたに打ち明けた。 [Ka. *are*² D229 + *mare* D4760 *D3605(a)]

ಅರೋಗ 〚arōga アローガ〛 [əro:gɐ] *adj.* 健康な、健やかな —*n.* 健康 [Sk.]

ಅರ್ಕ 〚arka アルカ〛 [ərkɐ] 《文》 *n.* **1** 太陽 **2** 銅 **3** 光線 **4** 水晶 —*m.* **1** 太陽神 **2** インドラ神の別名 **3** 天国やインドラ神の楽園にあるとされる神話上の木(すべての願いがかなうとされている) = ಕಲ್ಪವೃಕ್ಷ (kalpavṛkṣa) **4** ヒマワリ(キク科ヒマワリ属) → 食・油・薬 = ಸೂರ್ಯಮುಖಿ (sūryamukʰi) 〔汎〕 *[IMP 3.129] [Sk.]

ಅರ್ಕಮೆ 〚arkame アルカメ〛 [ərkəme] 《古》 *n.* 未消化、消化不良 [Ka. D284, *D316(b)] ☞ಅಱ್ಕಮೆ (aṟkame)²

ಅರ್ಕಱು 〚arkaṟu アルカル〛 [ərkəṟu] 《古》 *n.* [Ka. *D281] ☞ಅಕ್ಕರೆ (akkare)

ಅರ್ಕಸಾಲೆ 〚arkasāle アルカサーレ〛 [ərkə̆sɐ:le] 《古》 *m.* 《*f.* *ಅರ್ಕಸಾಲಿತಿ (*arkasāliti)》 [Sk. *akṣaśālin*-?] ☞ಅಕ್ಕಸಾಲೆ (akkasāle)

ಅರ್ಕೆ 〚arke アルケ〛 [ərke] 《‡》 *n.* 泣くこと (*Mr.396* (*Kitt.*)) [Ka. D282] ☞ಅೞ್ಕೆ (aṟke)³

ಅರ್ಗಲ 〚argala アルガラ〛 [ərgə̆lɐ] ಅರ್ಗಳ 《文》 *n.* (扉の) かんぬき [Sk. *argala*-. A9, T629] ☞ಅಗಳಿ (agaḷi) 〔汎〕

ಅರ್ಗಲೆ 〚argale アルガレ〛 [ərgə̆le] 《‡》 *n.* (*Kitt.*) ☞ಅಗಳಿ (agaḷi) 〔汎〕

ಅರ್ಗಳ¹ 〚argaḷa アルガラ〛 [ərgə̆ɭɐ] 《文》 *n.* (扉の)かんぬき [Sk. *argala*-. A9, T629] ☞ಅಗಳಿ (agaḷi) 〔汎〕

ಅರ್ಗಳ² 〚argaḷa アルガラ〛 [ərgə̆ɭɐ] 《古》 *adj.*, *m.* 優秀〈な〉、卓越〈した〉 —*n.* 優秀、卓越、偉大さ ☞ಅಗ್ಗಳ (aggaḷa) [Pk. *aggala*- 「沢山」 A4]

ಅರ್ಗಱಿಕೆ 〚argaṟike アルガリケ〛 [ərgəɻike] 《‡》 *n.* (扉の)かんぬき (*Kitt.*) [Ka. A9] ☞ಅಗಳಿ (agaḷi) 〔汎〕

ಅರ್ಗಱೆ 〚argaṟe アルガレ〛 [ərgəʒe] 《‡》 *n.* (扉の)かんぬき (*Kitt.*) [Ka. A9] ☞ಅಗಳಿ (agaḷi) 〔汎〕

ಅರ್ಘ 〚argʰa アルガ〛 [ərgʰɐ] 《文》 *n.* **1** 値段、価格 **2** 神や偉人のための捧げもの [Sk.]

ಅರ್ಘ್ಯ 〚argʰya アルギャ〛 [ərgʰjɐ] 《文》 *adj.* 高価な、得難い、非常に値段が高い —*n.* 神や偉人のための捧げもの [Sk.]

ಅರ್ಚಕ 〚arcaka アルチャカ〛 [ərʧə̆kɐ] *m.* 《*f.* ಅರ್ಚಕಿ (arcaki)》 **1** 礼拝する人、礼拝者 **2** 僧侶 [Sk.]

ಅರ್ಚನ 〚arcana アルチャナ〛 [ərʧə̆nɐ] ಅಚ್ಚನ, ಅಚ್ಚನೆ, ಅರ್ಚನೆ *n.* **1** 神を祀ること **2** 賞賛や敬意を表すこと [Sk.]

ಅರ್ಚನೆ 〚arcane アルチャネ〛 [ərʧə̆ne] *n.* [Sk.] ☞ಅರ್ಚನ (arcana)

ಅರ್ಚಿಸು 〚arcisu アルチス〛 [ərʧisu] ಅಚ್ಚಿಸು *vt.* **1** 神を祀る、祈る **2** 〔喩〕尊敬する、敬う [Sk.]

ಅರ್ಚು 〚arcu アルチュ〛 [ərʧu] 《口》 *vi.* わめく、大声で叫ぶ [Ka. D319] ☞ಅರಚು (aracu)

ಅರ್ಜಿ 〚arji アルジ〛 [ərʤi] *n.* **1** 請願、陳情、嘆願 **2** (就職や大学への進学などのための)志願、志願書 [Ar.-Pe. *ʿarḍī*]

ಅರ್ಜಿ ಫಾರಂ 〚arji pʰāraṃ アルジパーラン〛 [ərʤi pʰɐ:rəm] *n.* (印刷された)願書、申請書 [+ *pʰāraṃ*]

ಅರ್ಜಿದಾರ 〚arjidāra アルジダーラ〛 [ərʤidɐ:rɐ] *m.* **1** 志願者 **2** 請願者 [*arji* + *-dāra*]

ಅರ್ಜಿಸು 〚arjisu アルジス〛 [ərʤisu] *vt.* 得る、獲得する、儲ける [Sk.]

ಅರ್ಣವ 〚arṇava アルナヴァ〛 [ərɳəvɐ] 《文》 *n.* 海、海洋 [Sk.]

ಅರ್ತಿ¹ 〚arti アルティ〛[ərti] ಅತ್ತಿ, ಅರ್ಥಿ, ಅಳ್ತಿ, ಅಟ್ತಿ *n.* **1** 愛、欲望、興味 **2** 満足、喜び ¶ ವನಿತಾಳಿಗೆ ಮಕ್ಕಳೆಂದರೆ ತುಂಬ ಅರ್ತಿ. (vanitāḷige makkaḷeṃdare tuṃba arti.) ヴァニターはとても子ども好きだ。[Ka. < D281]

ಅರ್ತಿ² 〚arti アルティ〛[ərti] 《文》 *n.* 悲しみ、悲嘆 [Sk.]

ಅರ್ಥ 〚art^ha アルタ〛[ərtʰɐ] *n.* **1** 意味 **2** 富、財産、金銭 **3** 目的、意向、動機 [Sk.]

ಅರ್ಥಕಾರಿ 〚art^hakāri アルタカーリ〛[ərtʰəkɐːri] *adj.* **1** 役に立つ、有用な **2** 意味のある、有意義な [Sk.]

ಅರ್ಥಗರ್ಭಿತ 〚art^hagarb^hita アルタガルビタ〛[ərtʰəgərbʰitɐ] 《文》 *adj.* **1** 意味深長な、隠れた意味のある **2** 意義深い [Sk.]

ಅರ್ಥವ್ಯಾಪ್ತಿ 〚art^havyāpti アルタヴィャープティ〛[ərtʰəvjɐːpti] 《文》 *n.* **1** 意味する範囲 **2** 含蓄、言外の意味 [Sk.]

ಅರ್ಥಶಾಸ್ತ್ರ 〚art^haśāstra アルタシャーストラ〛[ərtʰəʃɐːstrɐ] *n.* **1** 経済学 **2**《古》政治学 [Sk.]

ಅರ್ಥಶೂನ್ಯ 〚art^haśūnya アルタシューニャ〛[ərtʰəʃuːn̪jɐ] 《文》(*n.*)(文章について)意味がない〈こと〉[Sk.]

ಅರ್ಥಹೀನ 〚art^hahīna アルタヒーナ〛[ərtʰə̆hiːnɐ] *adj.* 無意味な、ばかばかしい [Sk.]

ಅರ್ಥಾತ್ 〚art^hāt アルタート〛[ərtʰɐːt] 《文》 *adv.* すなわち、換言すれば [Sk.]

ಅರ್ಥಿ¹ 〚art^hi アルティ〛[ərtʰi] 《異》 *n.* 愛、欲望、興味 [Ka. *arti*¹ D281 × *art^hi*²] ☞ಅರ್ತಿ (arti)¹

ಅರ್ಥಿ² 〚art^hi アルティ〛[ərtʰi] *mf.*《主に複合語の語末で》**1** 乞う人、願う人 **2** 志願者 [Sk.]

ಅರ್ಥೈಸು 〚art^haisu アルタイス〛[ərtʰəisu]《文》*vt.* **1** 説明する **2** 解釈する [Sk. *art^ha-* + *-isu*]

ಅರ್ದು 〚ardu アルドゥ〛[ərdu] 《古》 *vt.* (水などに) 浸ける、沈める [Ka. D285] ☞ಅಱ್ದು (aṟdu)

ಅರ್ಧ 〚ard^ha アルダ〛[ərdʰɐ] *numr.adj.* 半分の —*numr.n.* 半分 [Sk.]

ಅರ್ಧಚಂದ್ರ 〚ard^hacaṃdra アルダチャンドラ〛[ərdʰəʧəndrɐ] *n.* **1** 半月 **2**《異》弦月 [Sk.]

ಅರ್ಧರಾತ್ರಿ 〚ard^harātri アルダラートリ〛[ərdʰərɐːtri] *n.* 真夜中 [Sk.]

ಅರ್ಧವಿರಾಮ 〚ard^havirāma アルダヴィラーマ〛[ərdʰəvirɐːmɐ] *n.* セミコロン [Sk.]

ಅರ್ಧಾಂಗವಾಯು 〚ard^hāṃgavāyu アルダーンガヴァーユ〛[ərdʰɐːŋgəvɐːju] *n.* 中風 [Sk.]

ಅರ್ಧಾಂಗಿ 〚ard^hāṃgi アルダーンギ〛[ərdʰɐːgi] *f.* 妻 [Sk.]

ಅರ್ನ 〚arna アルナ〛[ərnɐ]《口》*n.* やすり [Ka. D228(b)] ☞ಅರನ (arana)

ಅರ್ಪಣ 〚arpaṇa アルパナ〛[ərpəɳɐ] *n.*〔美〕献呈、贈呈 [Sk.]

ಅರ್ಪಿತ 〚arpita アルピタ〛[ərpitɐ] 《文》 *adj.*〔美〕捧げられた —*n.* **1**〔美〕贈りもの、(本などの) 献呈 **2** (神などへの)捧げもの [Sk.]

ಅರ್ಪಿಸು 〚arpisu アルピス〛[ərpisu] 《文》 *vt.* 捧げる [Sk.]

ಅರ್ಪು¹ 〚arpu アルプ〛[ərpu] 《‡》 *vt.* 抱擁する、抱きしめる (*Šmd.264* (*Kitt.*)) [Ka. D158] ☞ಅಪ್ಪು (appu)

ಅರ್ಪು² 〚arpu アルプ〛[ərpu] 《方》 *vt.* 漉す、濾過する (*Bark.*) [Ka. D213]

ಅರ್ಪ್ಣೆ 〚arpṇe アルプネ〛[ərpɳe] 《方》 *n.* 濾過装置の一種 (*Bark.*) [Ka. D213]

ಅರ್ಬಿ 〚arbi アルビ〛[ərbi] ಅಬ್ಬಿ, ಅರ್ವಿ *n.* 滝 [Ka. D226]

ಅರ್ಬಿಸು 〚arbisu アルビス〛[ərbisu] 《‡》 *vi.* 怒鳴る、大声を出す (*C.* (*Kitt.*)) [Ka. D367]

ಅರ್ಬು 〚arbu アルブ〛[ərbu] 《‡》 *n.* 大声を出すこと、叫ぶこと (*C.* (*Kitt.*)) [Ka. D367]

ಅರ್ಬುದ¹ 〚arbuda アルブダ〛[ərbudɐ]《古》*n.* 癌、悪性腫瘍 [Sk.]

ಅರ್ಬುದ² 〚arbuda アルブダ〛[ərbudɐ] *numr.adj.* 1 億の —*numr.n.* 1 億 [Sk.]

ಅರ್ಬುದಾಂಶ 〚arbudāṃśa アルブダーンシャ〛[ərbudɐːmʃɐ] *n.* 1 億分の 1 [Sk.]

ಅರ್ಭಕ 〚arb^haka アルバカ〛[ərbʰəkɐ] 《文》 *n.* 乳児、乳飲み子、赤ん坊 [Sk.] = ಮಗು (magu)〔口〕

ಅರ್ಲ 〚arla アルラ〛[ərlɐ] 《‡》 *n.* 泥、泥水 (*DEDR*) [Ka. D312] = ಕೆಸರು (kesaru)

ಅರ್ಲು¹ 〚arlu アルル〛[ərlu] 《口》 *n.* 泥、泥水 [Ka. D312] = ಕೆಸರು (kesaru) cf. ಅರುಲು (arulu)

ಅರ್ಲು² 〚arlu アルル〛[ərlu] 《‡》 *n.* 当惑、恐怖、茫然自失 (*My.* (*Kitt.*)) [Ka. (D3605)]

ಅರ್ವ 〚arva アルヴァ〛[ərvɐ] 《口》 *n.*《*f.* ಅರ್ವಗಿತ್ತಿ, ಅರ್ವಿತಿ (arvagitti, arviti)》〔卑〕タミル人 [Ka. D313]

ಅರ್ವತ್ತು 〚arvattu アルヴァットゥ〛[ərvəttu] *numr.adj.* 60…、60 の —*numr.n.* 60 (*C.* (*Kitt.*)) [Ka. *aṟu-* D2485 + *pattu* D3918]

ಅರ್ವಾಚೀನ 〚arvācīna アルヴァーチーナ〛[ərvɐːʧiːnɐ] 《文》 *adj.* 近代の、現代の [Sk.]

ಅರ್ವಿ 〚arvi アルヴィ〛[ərvi] 《古》 *n.* 滝 [Ka. D226]

ಅರ್ಸಿಣ 〚arsiṇa アルシナ〛[ərsiɳɐ] 《口》 *n.* ☞ಅರಿಸಿನ (arisina)

ಅರ್ಹ 〚arha アルハ〛[ərhɐ] 《文》 *adj.* **1** (あることに)ふさわしい、値する **2** 貴重な、大切な —*m.* アルハット、ジャイナ教の祖師 (ジナあるいはティールタンカラとも呼ばれ 24 人が数えられる) [Sk.]

ಅರ್ಹಂತ 〚arhaṃta アルハンタ〛[ərhəntɐ] ಅರಹಂತ, ಅರಿಹಂತ, ಅರುಹಂತ 《文》 *m.* **1** ジャイナ教の祖師 (ジナあるいはティールタンカラとも呼ばれ 24 人が数えられる) **2** ブッダ、仏陀 [Sk.]

-ಅಲ್¹ 〚-al -アル〛[-əl] 《古》 *suf.* [Ka. D1] ☞-ಅಲು (-alu)¹

-ಅಲ್[2] ⟦-al -アル⟧ [-əl] 《古》 *suf.* [Ka. D1?] ☞-ಅಲು (-alu)[2]

ಅಲ ⟦ala アラ⟧ [əlɐ] 《‡》 *n.* 疲れ、疲労 (*Bp.18.42* (*Kitt.*)) [Ka. D236]

ಅಲಬು ⟦alabu アラブ⟧ [əlŏbu] 《古》 *vt.* 水ですすぐ、水でさらさらと洗う [Ka. D246] ☞ಅಲುಬು (alubu)[2]

ಅಲಂಕರಣ ⟦alaṃkaraṇa アランカラナ⟧ [əlaŋkərəɳɐ] 《文》 *n.* 装飾、飾り [Sk.]

ಅಲಂಕರಿಸು ⟦alaṃkarisu アランカリス⟧ [əlaŋkərisu] *vt.* 飾る、装飾する [Sk.]

ಅಲಂಕಾರ ⟦alaṃkāra アランカーラ⟧ [əlaŋkɐːrɐ] *n.* **1** 装飾 **2** 装身具 **3** 修辞法 [Sk.]

ಅಲಂಘ್ಯ ⟦alaṃgʰya アランギャ⟧ [əlaŋgʰjɐ] 《文》 *adj.* **1** 越えることのできない、越えてはならない **2** 犯してはならない、違反してはならない [Sk.]

ಅಲಂಪು ⟦alaṃpu アランプ⟧ [ələmpu] 《古》 *n.* **1** 愛情 **2** 歓喜、喜び **3** 美 **4** 恍惚、歓喜のあまりすべてを忘れること [Ka. D248]

ಅಲಂಬು ⟦alaṃbu アランブ⟧ [ələmbu] 《古》 *vt.* 水ですすぐ、水でさらさらと洗う [Ka. D246] ☞ಅಲುಬು (alubu)[2]

ಅಲಕ ⟦alaka アラカ⟧ [əlŏkɐ] 《文》 *n.* **1** 巻き毛 **2** 額の上の巻いた髪の毛 [Sk.] = ಮುಂಗುರುಳು (muṃguruḷu) 〔口〕

ಅಲಕು ⟦alaku アラク⟧ [əlŏku] *vi.* (家具が) ぐらぐらする、(家などが) 揺れる、(地面が) 揺れる [Ka. D240] ☞ಅಲುಕು (aluku)

ಅಲಕ್ಕು ⟦alakku アラック⟧ [ələkku] 《方》 (*n.*) **1** 離ればなれ **2** (役職などを) 外される〈こと〉、(カーストなどから) 排除される〈こと〉 **3** (仕事などに) 参加しない〈こと〉、遠ざかる〈こと〉 **4** とってき〈の〉 **5** 別〈の〉、違った [M./H. *alagā* T700]

ಅಲಕ್ಕಾಗು ⟦alakkāgu アラッカーグ⟧ [ələkkɐːgu] 《方》 *vi.* **1** 離れる **2** (役職などを) 外される、(カーストなどから) 排除される **3** (仕事などに) 参加しない、(仕事などから) 遠ざかる **4** 別のものになる、違ってくる [+ *āgu*]

ಅಲಕ್ಷ ⟦alakṣa アラクシャ⟧ [ələkʂjɐ] *n.* 無視、軽視、蔑視 [Sk.]

ಅಲಕ್ಷಿತ ⟦alakṣita アラクシタ⟧ [ələkʂitɐ] 《文》 *adj.* 無視された、軽視された [Sk.]

ಅಲಕ್ಷಿಸು ⟦alakṣisu アラクシス⟧ [ələkʂisu] 《文》 *vt.* 無視する、軽視する、蔑視する [Sk.]

ಅಲಕ್ಷ್ಯ ⟦alakṣya アラクシュヤ⟧ [ələkʂjɐ] *adj.* **1** 無視された、軽視された、蔑視された **2** 取るに足らない、つまらない —*n.* 無視、軽視、蔑視 ¶ ಅವರು ಸಭೆಯಲ್ಲಿ ನನ್ನನ್ನು ಅಲಕ್ಷ್ಯ ಮಾಡಿದರು. (avaru sabʰeyalli nannannu alakṣyamāḍidaru.) 彼は会議で私を無視した。 ◇ *vt.* —ಮಾಡು (māḍu) [Sk.]

ಅಲಗು[1] ⟦alagu アラグ⟧ [əlŏgu] *n.* (刀や剃刀などの) 刃 [Ka. D237] = ಸಾಣಿ (sāṇi) (*NK*)

ಅಲಗು[2] ⟦alagu アラグ⟧ [əlŏgu] *vi.* [Ka. D240] ☞ಅಲುಗು (alugu)

ಅಲಚು ⟦alacu アラチュ⟧ [əlŏʧu] 《古》 *vt.* 水の中で揺り動かす [Ka. D240]

ಅಲಪಟೆ ⟦alapaṭe アラパテ⟧ [ələpəʈe] 《‡》 *n.* 疲労、倦怠 [Ka. D236] (*My.* (*Kitt.*))

ಅಲಪು ⟦alapu アラプ⟧ [əlŏpu] 《‡》 *n.* 疲労、倦怠 [Ka. D236] (*My.* (*Kitt.*)) = ಅಲುಪು (alupu)

ಅಲಬು[1] ⟦alabu アラブ⟧ [əlŏbu] ಅಲುಬು 《希》 *n.* ササハギ(笹萩、マメ科ササハギ属の各種雑草の名) [Ka. D244]

ಅಲಬು[2] ⟦alabu アラブ⟧ [əlŏbu] ಅಲಂಬು, ಅಲುಂಬು, ಅಲುಬು 《古》 *vt.* 水ですすぐ、水でさらさらと洗う ☞ಅಲುಬು (alubu)

ಅಲಭ್ಯ ⟦alabʰya アラビャ⟧ [ələbʰjɐ] (*n.*) **1** 手に入らない〈こと〉 **2** 珍しい〈こと〉、珍奇な〈こと〉 [Sk.]

ಅಲಮರ್ ⟦alamar アラマル⟧ [əlŏmər] 《‡》 *n.* ノボタン科の小木 (*St. & Pl.* (*Kitt.*)) [Ka. D257]

ಅಲರ್ ⟦alar アラル⟧ [ələr] 《古》 *vi.* 《過去語幹 alard-》 (花が) 咲く —*n.* 花 ☞ಅಲರು (alaru) [Ka. D247]

ಅಲರಿಸು ⟦alarisu アラリス⟧ [ələrisu] 《古》 *vt.* 咲かせる、開花させる [+ *-isu* D429]

ಅಲರಂಬು ⟦alaraṃbu アラランブ⟧ [əlŏrəmbu] 《文》 *n.* マンマタの矢、愛の神の矢 [Ka. *alar* + *aṃbu*]

ಅಲರಿಕೆ ⟦alarike アラリケ⟧ [əlŏrike] *n.* 花が咲くこと、開花 [Ka. D247]

ಅಲರು ⟦alaru アラル⟧ [əlŏru] ಅರಲ್, ಅರಲು, ಅರಳ್, ಅರಳು, ಅಲರು 《古》 *vi.* 《過去語幹 alard-》 (花が) 咲く —*n.* 花 [Ka. *D247]

ಅಲರುಣಿ ⟦alaruṇi アラルニ⟧ [ələruɳi] ಅರಲುಣಿ 《文》 *n.* 大型のハチの一種 [Ka. D247]

ಅಲರ್ಚು ⟦alarcu アラルチュ⟧ [ələrʧu] 《古》 *vt.* 〈花を〉咲かせる、開花させる、など [Ka. *alar* D247 + *-cu*]

ಅಲಲ್ ⟦alal アラル⟧ [ələl] 《‡》 *n.* 花 (*Šmd.42* (*Kitt.*)) [Ka. D247] ☞ಅಲರು (alaru)

ಅಲವಿಕೆ ⟦alavike アラヴィケ⟧ [əlŏvike] 《‡》 *n.* 疲れ、疲労 (*R.* (*Kitt.*)) [Ka. D236]

ಅಲವು ⟦alavu アラヴ⟧ [ələvu] 《‡》 *n.* 力、体力、能力 (*R.* (*Kitt.*)) [Ka. D236, D291] ☞ಅಳವು (aḷavu)

ಅಲಸ ⟦alasa アラサ⟧ [əlŏsɐ] 《文》 *m.* 《*f.* ಅಲಸಿ (alasi)》 怠け者 [Sk. *alasa-*]

ಅಲಸಂದಿ ⟦alasaṃdi アラサンディ⟧ [əlŏsəndi] *n.* [Ka. D242] (*Si.304* (*Kitt.*)) ☞ಅಲಸಂದೆ (alasaṃde)

ಅಲಸಂದಿಗೆ ⟦alasaṃdige アラサンディゲ⟧ [əlŏsəndige] *n.* [Ka. D242] ☞ಅಲಸಂದೆ (alasaṃde)

ಅಲಸಂದೆ ⟦alasaṃde アラサンデ⟧ [əlŏsənde] ಅಲಸಂದಿ, ಅಲಸಂದಿಗೆ *n.* ササゲ (マメ科ササゲ属、人間の食用であると共に牛などの飼料でもある) → 飼・食 [Ka. D242]

ಅಲಸಟೆ ⟦alasaṭe アラサテ⟧ [ələsəʈe] 《‡》 *n.* 疲れ、疲労 (*R.* (*Kitt.*)) [Ka. D236]

ಅಲಸಿ ⟦alasi アラシ⟧ [ələ̆si] *mf.* 怠け者 [Sk. *alasin-]

ಅಲಸಿಕೆ ⟦alasike アラシケ⟧ [ələ̆sike] *n.* 1 怠惰、怠け 2 疲れ、疲労 [*alasu* D236 + *-ike*] = ಆಲಸಿ (ālasi)

ಅಲಸಿಗ ⟦alasiga アラシガ⟧ [ələ̆sigɐ] *m.* 《*f.* ಅಲಸಿಗಳು (alasigaḷu)》怠け者 [*alasu* + *-iga*]

ಅಲಸು¹ ⟦alasu アラス⟧ [ələ̆su] *vi.* 1 疲れる、疲労する 2 怠ける、ぐずぐずする —*n.* 1 疲れ、疲労 2 怠惰、不精 ☞ಅಲಸಿಕೆ (alasike) [Ka. D236 cf. *alasa-* M55]

ಅಲಸು² ⟦alasu アラス⟧ [ələ̆su] 《方》 *vt.* 〈衣類、野菜などを〉(洗うために)水の中で揺する (SK) [Ka. D240, D246]

ಅಲಱು ⟦alaṟu アラル⟧ [ələṟu] 《古》 *vi.* 大声で叫ぶ (*Pb.11.33*) [Ka. D245]

ಅಲಾಯಿದ ⟦alāyida アラーイダ⟧ [əlɐːjidɐ] *adv.* 別に、別々に ¶ ಅಣ್ಣತಮ್ಮಂದಿರು ದುಕಾನುಗಳನ್ನು ಅಲಾಯಿದ ನಡೆಸುತ್ತಿದ್ದಾರೆ. (aṇṇa tammaṃdiru dukānugaḷannu alāyida naḍesuttiddāre.) 兄弟は別々に店を経営している。 [Ar.-Pe. *ʿalāḥida*]

ಅಲಾಲ್ಟೋಪಿ ⟦alālṭōpi アラールトーピ⟧ [əlɐːlʈoːpi] *n.* 無責任な人、いい加減な人、ろくでなし [H. *alalā-ṭappū*]

ಅಲಿ ⟦ali アリ⟧ [əli] 《古》 *adv.* あそこで、そこで [Ka. *D1]

ಅಲಿಪ್ತ ⟦alipta アリプタ⟧ [əliptɐ] 《文》 *adj., m.* 1 中立の〈人〉 2 無関係な〈人〉、第三者〈的な〉 3 世俗の欲を捨てた〈人〉 —*adj.* 中立の [Sk.]

ಅಲಿಪ್ತತೆ ⟦aliptate アリプタテ⟧ [əliptəte] 《文》 *n.* 1 超然としていること、執着がないこと 2 (国際政治における)非同盟、中立 [Sk.]

ಅಲಿಪ್ತ ನೀತಿ ⟦alipta nīti アリプタニーティ⟧ [əliptə niːti] 《文》 *n.* 1 非同盟政策、中立政策 2 (ジャワーハルラール・ネールがとった)非同盟政策 [Sk.]

ಅಲಿಪ್ತ ರಾಷ್ಟ್ರ ⟦alipta rāṣṭra アリプタラーシュトラ⟧ [əliptə rɐːʂʈrɐ] 《文》 *n.* 1 中立国、非同盟国 2 (第二次大戦後の冷戦時代の)非同盟国家 [Sk.]

-ಅಲು¹ ⟦-alu -アル⟧ [-əlu] -ಅಲ್¹ *suf.* 動詞の語根に付いて動作の起こる場所を示す接尾辞 ¶ ಒಟ್ಟು (oṭṭu) + -ಅಲು (-alu) = ಒಟ್ಟಲು (oṭṭalu) 「積み上げる」 + -alu [ものが積み上がった場所] = 堆積 ¶ ಕೂಡು (kūḍu) + -ಅಲು (-alu) = ಕೂಡಲು (kūḍalu) 「合う」 + -alu [川が出会う場所]= 合流点 ¶ ಮೂಡು (mūḍu) + -ಅಲು (-alu) = ಮೂಡಲು (mūḍalu) 「昇る」 + -alu [日が昇る場所]= 東 [Ka. *D1]

-ಅಲು² ⟦-alu -アル⟧ [-əlu] -ಅಲ್² *suf.* 1 動詞の語幹に付いて目的などを表す接尾辞 ¶ ನಾನು ನಿಮಗೆ ಸಹಾಯ ಮಾಡಲು ಬಂದೆ. (nānu nimage sahāya māḍalu baṃde.) お助けするために参りました。 2 動詞を補助動詞に結びつける際に用いられる接尾辞 ¶ ನಾನು ಒಡನೆ ಹೊರಡಲಾಗುವುದಿಲ್ಲ. (nānu oḍane horaḍalāguvudilla.) すぐ出発することはできません。 [Ka. *D1?] = -ಅಲಿಕ್ಕೆ (-alikke)

ಅಲುಂಬು ⟦aluṃbu アルンブ⟧ [əlumbu] ಅಲುಂಬು ಅಲಂಬು, ಅಲಬು, ಅಲುಬು 《古》 *vt.* 水ですすぐ、水でさらさらと洗う [Ka. D246] ☞ಅಲುಬು (alubu)²

ಅಲುಂಗು ⟦aluṃgu アルング⟧ [əluŋgu] 《古》 *vt.* (家具が)ぐらぐらする、(家などが)揺れる、(地面が)揺れる [Ka. D240] ☞ಅಲುಗು (alugu)²

ಅಲುಕು ⟦aluku アルク⟧ [əlŭku] ಅಲಕು *vi.* (家具が)ぐらぐらする、(家などが)揺れる、(地面が)揺れる —*vt.* 《*vt.*》揺する、揺らす、ぐらぐらさせる [Ka. D240]

ಅಲುಗು¹ ⟦alugu アルグ⟧ [əlŭgu] 《‡》 *n.* (刀や剃刀などの) 刃 [Ka. D237] = ಸಾಣಿ (sāṇi) (*NK*) ☞ಅಲಗು (alagu)

ಅಲುಗು² ⟦alugu アルグ⟧ [əlŭgu] ಅಲಗು, ಅಲು *vi.* (家具が)ぐらぐらする、(家などが)揺れる、(地面が)揺れる —*vt.* 《*vt.*》揺する、揺らす、ぐらぐらさせる —*n.* 揺れること、ぐらつくこと [Ka. D240]

ಅಲುಗಿಸು ⟦alugisu アルギス⟧ [əlŭgisu] *vt.* 《*vt.*》揺する、揺らす、ぐらぐらさせる [Ka. D240]

ಅಲುಗಾಟ ⟦alugāṭa アルガータ⟧ [əlŭgɐːʈɐ] *n.* (椅子などが) ぐらぐらすること、(家などが) 揺れること [Ka. + *āṭa*]

ಅಲುಗಾಡು ⟦alugāḍu アルガードゥ⟧ [əlŭgɐːɖu] *vi.* (椅子などが)ぐらぐらする、(家などが)揺れる [Ka. + *āḍu*]

ಅಲುಗಾಡಿಸು ⟦alugāḍisu アルガーディス⟧ [əlŭgɐːɖĭsu] *vt.* (家具などを)揺さぶる [caus.]

ಅಲುಗಿಸು ⟦alugisu アルギス⟧ [əlŭgisu] *vt.* (家具などを)揺さぶる、揺り動かす [caus.]

ಅಲುಪು ⟦alupu アルプ⟧ [əlŭpu] 《‡》 *n.* 疲労、倦怠 [Ka. D236] (*My.* (*Kitt.*))

ಅಲುಬು¹ ⟦alubu アルブ⟧ [əlŭbu] 《‡》 *n.* (*Z.* (*Kitt.*)) ☞ಅಲಬು (alabu)¹

ಅಲುಬು² ⟦alubu アルブ⟧ [əlŭbu] ಅಲಂಬು, ಅಲಬು, ಅಲುಂಬು 《古》 *vt.* 水ですすぐ、水でさらさらと洗う [Ka. D246]

ಅಲೆ¹ ⟦ale アレ⟧ [əle] 《古》 *vt.* からかう [Ka. D236]

ಅಲೆ² ⟦ale アレ⟧ [əle] *n.* 波 —*vi.* 1 揺れ動く 2 さまよう、彷徨する [Ka. D240]

ಅಲೆ³ ⟦ale アレ⟧ [əle] 《古》 *vt.* 洗う [Ka. D246]

ಅಲೆ⁴ ⟦ale アレ⟧ [əle] 《古》 *intrj.* 女性に呼びかける時に用いる言葉 [Ka. D251]

ಅಲೆತ ⟦aleta アレタ⟧ [əletɐ] 彷徨、さまようこと [Ka. *ale* D240 + *-ta*]

ಅಲೆಮಾರಿ ⟦alemāri アレマーリ⟧ [əlemɐːri] *adj., mf.* 1 さまよう〈人〉、彷徨する〈人〉 2 放浪する〈者〉、遊牧する〈民族〉 [Ka. *ale* D240 + *-māri* < ?]

ಅಲೇಖ ⟦alēkʰa アレーカ⟧ [əleːkʰɐ] 《古》 *n.* 棕櫚椰子の葉を束ねたもの(写本を作る材料) [Sk.?]

ಅಲೌಕಿಕ ⟦alaukika アラウキカ⟧ [əlaukikɐ] *adj.* 1 この世に属さない、この世のものでない 2 超自然

的な [Sk.]

-ಅಲ್ಕೆ ⟦-alke -アルケ⟧ [əlke] 《古》 *suf.* 《動詞語根に付く》…する時、…するや ¶ ಎಣ್ಟನೆಯ ವರುಷಮ್ ಆಗಲ್ಕೆ … (eṇṭaneya varuṣam āgalke …) 8年目になるや… [Ka. *-al* D1 + *-ke* (与格語尾)] (*J.29,7* (*Kitt.*))

ಅಲ್ಗು ⟦algu アルグ⟧ [əlgu] 《古》 *vi.* (家具が) ぐらぐらする、(家などが) 揺れる、(地面が) 揺れる ☞ಅಲುಗು (alugu)² [Ka. *D240]

ಅಲ್ಪ ⟦alpa アルパ⟧ [əlpɐ] (*adj.*) わずかな〈こと〉、ちっぽけな〈こと〉、取るに足らない〈こと〉 —*m.* 《*f.* ಅಲ್ಪಳು (alpaḷu)》卑しい奴 [Sk.]

ಅಲ್ಪಕಾಲಿಕ ⟦alpakālika アルパカーリカ⟧ [əlpəkɐːlikɐ] *adj.* しばらくの間の、一時的な [Sk.]

ಅಲ್ಪಜ್ಞ ⟦alpajña アルパジュニャ⟧ [əlpəɟɲɐ/əlpəgnɐ] *adj.*, *m.* 《*f.* ಅಲ್ಪಜ್ಞೆ(alpajñe)》知識の乏しい〈人〉 [Sk.]

ಅಲ್ಪತನ ⟦alpatana アルパタナ⟧ [əlpətənɐ] *n.* 1 小さいこと、些細なこと 2 卑しさ [Sk.]

ಅಲ್ಪಪ್ರಾಣ ⟦alpaprāṇa アルパプラーナ⟧ [əlpəprɐːɳɐ] 《文》 *adj.* 1 弱い、力のない 2 無気音の —*n.* 無気音 [Sk.]

ಅಲ್ಪವಿರಾಮ ⟦alpavirāma アルパヴィラーマ⟧ [əlpəvirɐːmɐ] *n.* コンマ [Sk.] = ಕೊಮ (koma) 〔汎〕

ಅಲ್ಪಾಯು ⟦alpāyu アルパーユ⟧ [əlpɐːju] *adj.*, *m.* 短命な〈人〉 —*n.* 短命 [Sk.]

ಅಲ್ಪಾವಧಿ ⟦alpāvadʰi アルパーヴァディ⟧ [əlpɐːvədi] 《文》 *n.* 短い期間 [Sk.]

ಅಲ್ಮೈರ ⟦almaira アルマイラ⟧ [əlməirɐ] *n.* 戸棚、衣装箪笥 [Pt. *almario*]

ಅಲ್ಮೀರ ⟦almīra アルミーラ⟧ [əlmiːrɐ] *n.* [Pt. *almario*] ☞ಅಲ್ಮೈರ (almaira)

ಅಲ್ಯೂಮಿನಿಯಂ ⟦alyūminiyaṃ アリューミニヤン⟧ [əljuːminijəm] *n.* アルミニウム [Eg. *aluminium*]

ಅಲ್ಲ¹ ⟦alla アッラ⟧ [əllɐ] *vi.* 《否定形のみの欠如動詞、連体否定分詞形 ಅಲ್ಲದ (allada) 連用否定分詞形 allade》…でない (ಅಲ್ಲ(alla)は性質を否定するのに対し、ಇಲ್ಲ(illa) は存在を否定する) ¶ ಇವನು ನನ್ನ ಮಗನಲ್ಲ (ivanu nanna maganalla.) この子は私の息子でない。 —*vi.* 既知の事項を確認したり聞き手に確認させたりするために用いる終助詞 ¶ ನೀನು ನನ್ನ ಮಗನಲ್ಲ? (nīnu nanna maganalla?) おまえはおれの息子だろ? ¶ ನೀನು ನನ್ನ ಮಗನಲ್ಲ, ಅಲ್ಲವಾ? (nīnu nanna maganalla, allavā?) おまえはおれの息子じゃないんだろ? [Ka. D234]

ಅಲ್ಲ² ⟦alla アッラ⟧ [əllɐ] *n.* ショウガ (ショウガ科ショウガ属) → 調・薬 [Pk. *allaya-* T1341.2]

ಅಲ್ಲಕಲ್ಲೊಳ ⟦allakalloḷa アッラカッロラ⟧ [əlləkalloɭɐ] 《古》 *n.* 1 大波を表す擬態語 2 混乱、騒動、動乱 [Ka. onom. *D241] = ಅಲ್ಲಕಲ್ಲೊಳ (allakalloḷa)

ಅಲ್ಲಕಲ್ಲೋಲ ⟦allakallōla アッラカッローラ⟧ [əlləkalloːlɐ] ಅಲ್ಲಕಲ್ಲೊಳ, ಅಲ್ಲೋಲಕಲ್ಲೋಲ *n.* 1 大波を表す擬態語 2 混乱、騒動、動乱 3 散り散りの状態 [Ka. onom. D241] = ಅಲ್ಲೋಲಕಲ್ಲೋಲ (allōlakallōla)

ಅಲ್ಲಗಳೆ ⟦allagaḷe アッラガレ⟧ [əllǝgəɭe] *vt.* 否定する ¶ ಮಂತ್ರಿಗಳು ಪತ್ರಕರ್ತರ ಸೂಚನೆಗಳನ್ನು ಅಲ್ಲಗಳೆದರು. (maṃtrigaḷu patrakartara sūcanegaḷannu allagaḷedaru.) 大臣たちは新聞記者の推測を否定した。 [Ka. *alla*¹ + *kaḷe* 「捨てる」]

ಅಲ್ಲದ ⟦allada アッラダ⟧ [əllǝdɐ] *adj.* 《*part. of* ಅಲ್ಲ (alla)¹》…でない ¶ ಮಕ್ಕಳು ಅಲ್ಲದ ಉತ್ತರಾಧಿಕಾರಿಗಳು (makkaḷu allada uttarādʰikārigaḷu) 故人の子ども以外の相続権者 [Ka. *alla*¹ + ? D234]

ಅಲ್ಲದೆ ⟦allade アッラデ⟧ [əllǝde] *part.* 《ಅಲ್ಲ(alla)¹ の連用否定分詞形》…でない ¶ ನಾನು ಲಕ್ಷ್ಮಿ ಅಲ್ಲದೆ ಯಾರನ್ನು ಕಟ್ಟಿಕೊಳ್ಳುವದಿಲ್ಲ. (nānu lakṣmi allade yārannu kaṭṭikoḷḷuvadilla.) 僕はラクシュミー以外の誰とも結婚しない。 [Ka. *alla*¹ + ? *D234]

ಅಲ್ಲರಿ ⟦allari アッラリ⟧ [əllǝri] 《‡》 *n.* 迷惑をかけられること (*R* (*Kitt.*)) [Ka. D236]

ಅಲ್ಲವಾ ⟦allavā アッラヴァー⟧ [əllǝvɐː] *part.* 文の後につけて確認を表す小辞 ¶ ನೀವು ಸಾನಿಯಾ. ಅಲ್ಲವಾ? (nīvu sāniyā. allavā?) あなたはサーニヤーですね? [Ka. *alla* + Ka. *-ā*]

ಅಲ್ಲಾಟ ⟦allāṭa アッラータ⟧ [əllɐːʈɐ] *n.* 揺れること、波打つこと [Ka.]

ಅಲ್ಲಾಡು ⟦allāḍu アッラードゥ⟧ [əllɐːɖu] *vi.* 1 揺れる、波打つ 2 〔喩〕 (心配で) 胸がどきどきする [Ka. D240 < *aledāḍu*]

ಅಲ್ಲಾಡಿಸು ⟦allāḍisu アッラーディス⟧ [əllɐːɖisu] *vt.* 1 揺らす、揺する 2 〔喩〕 揺さぶりをかける ¶ ಪತ್ರಕರ್ತರು ಮುಖ್ಯಮಂತ್ರಿಯನ್ನು ಪ್ರಶ್ನೆಗಳಿಂದ ಅಲ್ಲಾಡಿಸಿ ನೋಡಿದರು. (patrakartaru mukʰyamaṃtriyannu praśnegaḷiṃda allāḍisi nōḍidaru.) 記者たちは州知事に質問で揺さぶりをかけた。 [caus.]

ಅಲ್ಲಿ ⟦alli アッリ⟧ [əlli] ಅಲಿ *adv.* あそこで、そこで [Ka. D1]

ಅಲ್ಲು¹ ⟦allu アッル⟧ [əllu] ಅಳ್ಳು 《‡》 *vt.* 1 つなぐ、くっつける 2 編む、編み合わせる [Ka. D260] (*My.* (*Kitt.*))

ಅಲ್ಲು² ⟦allu アッル⟧ [əllu] ಅಳ್ಳು 《文》 *vi.* 揺れる [Ka. *D294]

ಅಲ್ಲೆ ⟦alle アッレ⟧ [əlle] 《‡》 *n.* ノボタン科メメキロン属の植物の一種 (*Lush.* (*DEDR*)) [Ka. D257]

ಅಲ್ಲೋಲಕಲ್ಲೋಲ ⟦allōlakallōla アッローラカッローラ⟧ [əlloːləkalloːlɐ] *n.* 1 大波を表す擬態語 2 混乱、騒動、動乱 [Ka. D241] = ಅಲ್ಲಕಲ್ಲೋಲ (allakallōla)

ಅವ ⟦ava アヴァ⟧ [əvɐ] *m.* 《*f.* ಅವಳ್ (avaḷ)》 1 あの男の人 (三人称単数男性の遠称の指示代名詞) 2 その男の人、彼 (三人称単数男性の遠称の前方照応代名詞) [Ka. 1]

ಅವಕಾಶ ⟦avakāśa アヴァカーシャ⟧ [əvǝkɐːʃɐ] *n.* 1 機会 2 暇、余暇 3 間隔 ¶ ಅವರು ಬರುವದುಕ್ಕೂ ನಾವು ಹೋಗುವದಕ್ಕೂ ನಡುವೆ ಅವಕಾಶವಿರಲಿಲ್ಲ. (avaru baruvadukkū nāvu hōguvadakkū naḍuve avakāśaviralilla.) 彼らが来るのと我々が出発するのはほとんど同時だった。[Sk.]

ಅವಕುಂಠನ ⟦avakuṃṭʰana アヴァクンタナ⟧ [əvə̆kuɳʈʰənɐ] *n.* [Sk.] ☞ಅವಗುಂಠನ (avaguṃṭʰana)

ಅವಗಡ ⟦avagaḍa アヴァガダ⟧ [əvə̆gəɖɐ] ಅವಘಡ *n.* 1 不幸、災難、事故 2（戦争や不況などによる）予期しない悪い結果 3 障害物、邪魔 ¶ ವಿದ್ಯುತ್ ಯೋಜನೆಗೆ ಅವಗಡಗಳು ಜಾಸ್ತಿ. (vidyut yōjanege avagaḍagaḷu jāsti.) 電力計画には障害が多い。[Sk. *apaghāta-*]

ಅವಗತ ⟦avagata アヴァガタ⟧ [əvəgətɐ] 《文》*adj.*《ಇಂದ (iṃda)》（あることに）精通した、（あることを）熟知している [Sk.]

ಅವಗಾಹನೆ ⟦avagāhane アヴァガーハネ⟧ [əvə̆gɐːhə̆ne] 《文》*n.* 1 物事を精査すること 2 審理、審議 [Sk.]

ಅವಗುಂಠನ ⟦avaguṃṭʰana アヴァグンタナ⟧ [əvə̆guɳʈʰənɐ] ಅವಕುಂಠಣ 《文》*n.* ヴェール [Sk.]

ಅವಗುಣ ⟦avaguṇa アヴァグナ⟧ [əvə̆guɳɐ] *n.* 欠陥、弱点 [Sk.]

ಅವಗುಣಿ ⟦avaguṇi アヴァグニ⟧ [əvə̆guɳi] *mf.* たちの悪い人、悪癖のある人 [Sk.]

ಅವಘಡ ⟦avagʰaḍa アヴァガダ⟧ [əvə̆gʰəɖɐ] *n.* 不幸、災難、事故 [Sk. *apaghāta-*]

ಅವಚು[1] ⟦avacu アヴァチュ⟧ [əvə̆ʧu] *vt.* 1 強く握る ¶ ಹೋಗಬಾರದು ಎಂದು ಅಮ್ಮ ಕೈಯನ್ನು ಅವಚಿ ಹಿಡಿದರು. (hōgabāradu eṃdu amma kaiyannu avaci hiḍidaru.) 母は行かないでといって私の手をしっかり握った。2 抱きしめる ¶ ಹೊರಗೆ ಹೋಗಬೇಡ ಎಂದು ಹೆಂಡತಿ ಮಗನನ್ನು ಅವಚಿದಳು. (horage hōgabēḍa eṃdu heṃḍati magananmu avacidaḷu.) 行かないでといって妻は息子を抱きしめた。[Ka. D169] ☞ಅವುಚು (avucu)

ಅವಚು[2] ⟦avacu アヴァチュ⟧ [əvə̆ʧu] 《‡》*vt.* [Ka. D169] (*Kitt.*) ☞ಅವುಚು (avucu)

ಅವಜ್ಞತೆ ⟦avajñate アヴァジュニャテ⟧ [əvəɟɲəte/əvəgnəte] *n.* 軽視、蔑視、軽蔑 [Sk.] = ಅವಜ್ಞೆ(avajñe)

ಅವಜ್ಞಾತ ⟦avajñāta アヴァジュニャータ⟧ [əvəɟɲɐːtɐ/əvəgnɐːtɐ] (*adj.*) 軽視された〈こと〉、蔑視された〈こと〉、軽蔑された〈こと〉[Sk.]

ಅವಜ್ಞೆ ⟦avajñe アヴァジュニェ⟧ [əvəɟɲe/əvəgne] *n.* 軽視、蔑視、軽蔑 [Sk.]

ಅವಡು ⟦avaḍu アヴァドゥ⟧ [əvəɖu] 《‡》*n.* 動物の足首やくるぶし (*DEDR*) [Ka. D262] ☞ಅವ್ಡು (avḍu)

ಅವತರಣ ⟦avataraṇa アヴァタラナ⟧ [əvə̆tərəɳɐ] *n.* 1 下りてくること、降下 2 神や女神が仮の姿でこの世に現れること、権化 3 引用 [Sk.]

ಅವತರಣಚಿಹ್ನೆ ⟦avataraṇacihne アヴァタラナチフネ⟧ [əvə̆tərəɳəʧinnʰe] *n.* 引用符 [Sk.]

ಅವತರಣಿಕೆ ⟦avataraṇike アヴァタラニケ⟧ [əvə̆tərəɳike] *n.* 序文 [Sk.]

ಅವತರಿಸು ⟦avatarisu アヴァタリス⟧ [əvə̆tərisu] *vi.* 1 下りてくる 2 仮の姿でこの世に現れる、権化する、人間の形を取って生まれる [Sk.]

ಅವತಾರ ⟦avatāra アヴァターラ⟧ [əvə̆tɐːrɐ] *n.* 1 下りてくること、（神などの）降臨 2 権化、化身 3 引用 [Sk.]

ಅವತಾರಣ ⟦avatāraṇa アヴァターラナ⟧ [əvə̆tɐːrəɳɐ] *n.* 1 下りてくること、（神などの）降臨 2 権化、化身 3 引用 [Sk.]

ಅವತಾರಿ ⟦avatāri アヴァターリ⟧ [əvə̆tɐːri] 《文》*mf.* 権化、化身 [Sk.]

ಅವತೀರ್ಣ ⟦avatīrṇa アヴァティールナ⟧ [əvə̆tiːrɳɐ] 《文》*adj.* 1 下りた、（神などの）降臨した 2 仮の姿でこの世に現れた、化身した 3 渡った 4 訳した、翻訳した [Sk.]

ಅವದರಿಸು ⟦avadarisu アヴァダリス⟧ [əvə̆dərisu] 《文》*vt.* 心に留めておく、留意する、気にかける [Sk.] ☞ಅವಧರಿಸು (avadʰarisu)

ಅವಧರಿಸು ⟦avadʰarisu アヴァダリス⟧ [əvə̆dʰərisu] ಅವದರಿಸು 《文》*vt.* 1 心に留めておく、留意する、気にかける = ಗಮನಿಸು (gamanisu) 2〔美〕（高貴な人物が）〈請願などを〉聴取する [Sk.]

ಅವಧಾನ ⟦avadʰāna アヴァダーナ⟧ [əvədʰɐːnɐ] *n.* 1 記憶しておくこと、覚えておくこと 2〔美〕（高貴な人物が）〈請願などを〉聴取すること [Sk.]

ಅವಧಾನಿ ⟦avadʰāni アヴァダーニ⟧ [əvə̆dʰɐːni] *mf.* 1 物覚えのよい人 2 注意力のある人 3 ヴェーダを深く学んだ人 [Sk.]

ಅವಧಾನಿಸು ⟦avadʰānisu アヴァダーニス⟧ [əvə̆dʰɐːnisu] 《文》*vt.* に注意する [Sk.] = ಗಮನಿಸು (gamanisu)

ಅವಧಾರಣ ⟦avadʰāraṇa アヴァダーラナ⟧ [əvə̆dʰɐːrəɳɐ] ಅವಧಾರಣೆ *n.* 1 理解、了解 2 決心、決断 3 強調、強め [Sk.]

ಅವಧಾರಣೆ ⟦avadʰāraṇe アヴァダーラネ⟧ [əvə̆dʰɐːrəɳe] *n.* 強調、強め [Sk.] ☞ಅವಧಾರಣ (avadʰāraṇa)

ಅವಧಿ ⟦avadʰi アヴァディ⟧ [əvə̆dʰi] *n.* 1 期間、期限、任期 2 機会 [Sk.]

ಅವಧಿದಿವಸ ⟦avadʰidivasa アヴァディディヴァサ⟧ [əvədʰidivəsɐ] *n.* 期間、期限、期日 [Sk.]

ಅವಧೂತ ⟦avadʰūta アヴァドゥータ⟧ [əvə̆dʰuːtɐ] *m.* 1 現世への執着をすっかり捨て去った人 2 一切の執着を捨てた出家者 [Sk.]

ಅವಧ್ಯ ⟦avadʰya アヴァディャ⟧ [əvədʰ·jɐ] 《文》*adj.*, *m.*《*f.* ಅವಧ್ಯಳು (avadʰyaḷu)》1 殺してはならない〈人〉2 殺すことができない〈人〉[Sk.]

ಅವನತ ⟦avanata アヴァナタ⟧ [əvə̆nətɐ] *adj.*, *mn.* 垂れた〈人〉、頭を垂れた〈人〉[Sk.]

ಅವನತಿ ⟦avanati アヴァナティ⟧ [əvə̆nəti] *n.* 1 衰え、衰微、衰退 2 逆境 [Sk.]

ಅವನಿ ⟦avani アヴァニ⟧ [əvə̆ni] 《文》*n.* 地球、大地 [Sk.]

ಅವನಿಚಕ್ರ ⟦avanicakra アヴァニチャクラ⟧ [əvəniʧək·rɐ] 《文》*n.* 地球、大地 [Sk.]

ಅವನಿಜ ⟦avanija アヴァニジャ⟧ [əvəniʤɐ] 《文》 *n.* 木、樹木 [Sk.]

ಅವನಿಜಾಪತಿ ⟦avanijāpati アヴァニジャーパティ⟧ [əvəniʤɐːpəti] 《文》 *n.* 木、樹木 [Sk.]

ಅವನಿಜೆ ⟦avanije アヴァニジェ⟧ [əvəniʤe] 《文》 *f.* シーター、ラーマの妻 [Sk.]

ಅವನು ⟦avanu アヴァヌ⟧ [əvə̆nu] *m.* 《*f.* ಅವಳು (avaḷu) 複数形(尊敬形) ಅವರು (avaru)》 1 あの男性(三人称単数男性の遠称の指示代名詞) 2 その男性、彼(三人称単数男性の遠称の前方照応代名詞) [Ka. *1]

ಅವಭೃಥ ⟦avabʰr̥tʰa アヴァブルタ⟧ [əvəbʰrɯtʰɐ/əvəbʰrutʰɐ] 《文》 *n.* 祭式の終わりの浄化儀礼 [Sk.]

ಅವಭೃಥಸ್ನಾನ ⟦avabʰr̥tʰasnāna アヴァブルタスナーナ⟧ [əvəbʰrɯtʰəsnɐːnɐ] 《文》 *n.* 祭式あるいは慶事の儀礼が終わった後に行う沐浴 [Sk.]

ಅವಮರ್ಯಾದೆ ⟦avamaryāde アヴァマリヤーデ⟧ [əvəmərʲjɐːde] *n.* 無礼、侮辱、失礼 [Sk.]

ಅವಮಾನ ⟦avamāna アヴァマーナ⟧ [əvə̆mɐːnɐ] *n.* 1 無礼、侮辱、失礼 2 不名誉、恥辱 [Sk.]

ಅವಮಾನಿತ ⟦avamānita アヴァマーニタ⟧ [əvə̆mɐːnitɐ] (*mf.*) 侮辱された〈人〉、無礼な振る舞いをされた〈人〉 [Sk.]

ಅವಮಾನಿಸು ⟦avamānisu アヴァマーニス⟧ [əvə̆mɐːnisu] *vt.* 侮辱する、失礼な振る舞いをする [Sk.]

ಅವಯವ ⟦avayava アヴァヤヴァ⟧ [əvjəvɐ] *n.* 1 四肢、臓器 2 部分 [Sk.]

ಅವರ್ ⟦avar アヴァル⟧ [əvər] 《古》 *pron.mf.* 《*pl.*》 [Ka. 1] ☞ಅವರು (avaru)

ಅವರು ⟦avaru アヴァル⟧ [əvə̆ru] *pron.mf.* 《*pl.*》 1 あの人たち(三人称複数男女の遠称の指示代名詞) 2 彼ら、その人たち(三人称複数男女の遠称の前方照応代名詞) 3 あの方、あの方々(敬語表現による、三人称男女複数の遠称の指示代名詞または前方照合代名詞、一人以上の人間をさす) [Ka. *1]

ಅವರಿ ⟦avari アヴァリ⟧ [əvə̆ri] 《口》 *n.* [Ka. D264] (*My.* (*Kitt.*)) ☞ಅವರೆ (avare)

ಅವರೆ ⟦avare アヴァレ⟧ [əvə̆re] ಅಮರೆ *n.* フジマメ(マメ科フジマメ属、食用の豆の一種) → 食 [Ka. D264]

ಅವರೋಧ ⟦avarōdʰa アヴァローダ⟧ [əvəroːdʰɐ] *n.* 1 妨害、邪魔、反対、障害物 2 後宮 [Sk.]

ಅವರೋಧಜನ ⟦avarōdʰajana アヴァローダジャナ⟧ [əvəroːdʰəʤənɐ] *mf.* 後宮の人々 [Sk.]

ಅವರ್ಗಳ್ ⟦avargaḷ アヴァルガル⟧ [əvərgəɭ] 《古》 *pron.mf.* 《*pl.*》 1 あの人たち(三人称複数男女の遠称の指示代名詞) 2 彼ら、その人たち(三人称複数男女の遠称の前方照応代名詞) 3 あの方、あの方々、その方、その方々(指示的および前方照応的意味を持つ三人称単数および複数代名詞の敬語) [Ka. *D1]

ಅವರೋಧಿಸು ⟦avarōdʰisu アヴァローディス⟧ [əvə̆roːdʰisu] *vt.* 1 妨害する、邪魔する 2 抵抗する、抗議する [Sk.]

ಅವರೋಹ ⟦avarōha アヴァローハ⟧ [əvə̆roːhɐ] 《文》 *n.* 1 降ること、下りること 2 (ベンガルボダイジュなどの)気根 [Sk.] = ಬಿಳಿಲು (biḷilu) 〔汎〕

ಅವರೋಹಣ ⟦avarōhaṇa アヴァローハナ⟧ [əvə̆roːhəɳɐ] *n.* 1 降ること、下りること 2 下降音階 [Sk.]

ಅವರ್ಗ ⟦avarga アヴァルガ⟧ [əvərgɐ] 《文》 (*adj.*) 1 群れや仲間や範疇などに属さない〈こと〉 2 〔言〕 インド文字の分類でka-varga, ca-varga, ṭa-varga, ta-varga, pa-varga(軟口蓋音類、口蓋音類、反り舌音類、歯音類、両唇音類) の 25 の子音に属さない〈こと〉 (すなわち ಯ (ya) から ಱ (ṟa) までの子音に属する) [Sk.]

ಅವರ್ಗೀಯ ವ್ಯಂಜನ ⟦avargīya vyaṃjana アヴァルギーヤヴィャンジャナ⟧ [əvərgiːjə vjəɲʤənɐ] 《文》 *n.* ಯ (ya) から ಱ (ṟa) までの)子音 [Sk.]

ಅವರ್ಜ್ಯ ⟦avarjya アヴァルジュャ⟧ [əvərʤʲjɐ] (*adj.*) 捨て去ってはならない〈こと〉、取り除いてはならない〈こと〉; 捨て去ることのできない〈こと〉、取り除くことのできない〈こと〉 [Sk.]

ಅವಲ್ ⟦aval アヴァル⟧ [əvəl] 《古》 *vt.* (臼で)つく、つぶす [Ka. D2391] ☞ಅವಲು (avalu)

ಅವಲಂಬ ⟦avalaṃba アヴァランバ⟧ [əvə̆ləmbɐ] *n.* 1 ぶら下がること 2 人に頼ること、あてにすること [Sk.]

ಅವಲಂಬನ ⟦avalaṃbana アヴァランバナ⟧ [əvə̆ləmbənɐ] *n.* 1 (傾いた木や家の) 支柱、支え 2 依存、頼り; (保護する立場から見た) 保護 ¶ ಮಗನ ಅವಲಂಬನದಲ್ಲಿ ತಂದೆ ಇದ್ದಾರೆ. (magana avalaṃbanadalli taṃde iddāre.) 父親は息子に依存している。 [Sk.] ☞ಅವಲಂಬ (avalaṃba)

ಅವಲಂಬಿತ ⟦avalaṃbita アヴァランビタ⟧ [əvə̆ləmbitɐ] *adj.* 1 ぶら下がった 2 保護された、支持された [Sk.]

ಅವಲಂಬಿತ ಕರಾರು ⟦avalaṃbita karāru アヴァランビタカラール⟧ [əvə̆ləmbitə kərɐːru] 《文》 *n.* 付帯契約 [+ *karāru*]

ಅವಲಂಬಿಸು ⟦avalaṃbisu アヴァランビス⟧ [əvə̆ləmbisu] 《文》 *vi.* 1 ぶら下がる 2 (人や物に)頼る [Sk.]

ಅವಲಕ್ಕಿ ⟦avalakki アヴァラッキ⟧ [əvə̆ləkki] *n.* 蒸して乾かして臼で押しつぶした米 [Ka. D2391]

ಅವಲಕ್ಷಣ ⟦avalakṣaṇa アヴァラクシャナ⟧ [əvə̆ləkʂəɳɐ] *adj.* みっともない、醜い —*n.* 不吉なもの、凶兆 [Sk.]

ಅವಲು ⟦avalu アヴァル⟧ [əvə̆lu] ಅವಲ್ 《古》 *n.* 臼で押しつぶすこと [Ka. *D2391] → ಅವಲಕ್ಕಿ (avalakki)

ಅವಲೋಕನ ⟦avalōkana アヴァローカナ⟧ [əvə̆loːkənɐ] *n.* 1 見ること 2 吟味、審議 [Sk.]

ಅವಲೋಕಿಸು ⟦avalōkisu アヴァローキス⟧ [əvə̆loːkisu] *vt.* 1 見る、観察する 2 吟味する、審議する [Sk.]

ಅವಶೇಷ ⟦avaśēṣa アヴァシェーシャ⟧ [əvə̆ʃeːʂɐ] *n.* 残り、残余 [Sk.]

ಅವಶ್ಯ ⟦avaśya アヴァシュヤ⟧ [əvəʃ·jɐ] (*n.*) 1 必然的〈なこと〉、不可欠〈な〉 2 必要〈な〉 ―*adv.* 必ず ¶ ನೀವು ನಮ್ಮ ಮನೆಗೆ ಅವಶ್ಯ ಬರಬೇಕು. (nīvu namma manege avaśya barabēku.) 必ず我が家においでください。 [Sk.]

ಅವಸನ್ನ ⟦avasanna アヴァサンナ⟧ [əvə̆sənnɐ] 《文》 *adj.*, *m.* 《*f.* ಅವಸನ್ನೆ (avasanne)》 1 沈んだ、引っ込んだ 2 意気消沈した〈人〉、落胆した〈人〉 [Sk.]

ಅವಸರ ⟦avasara アヴァサラ⟧ [əvə̆sərɐ] *n.* 1 機会、好機 2 状況、脈絡 ―(*n.*) 大急ぎ〈の〉、大慌て〈の〉 [Sk.]

ಅವಸಾಗಿ ⟦avasāgi アヴァサーギ⟧ [əvə̆sərəvɐːgi] *adv.* 大急ぎで、慌てて [+ *āgi*]

ಅವಸಾನ ⟦avasāna アヴァサーナ⟧ [əvə̆sɐːnɐ] 《文》 *n.* 1 終わり、終結 2 死 [Sk.]

ಅವಸ್ಥಾಂತರ ⟦avasthāṃtara アヴァスターンタラ⟧ [əvəstʰɐːntərɐ] 《文》 *n.* 新たな状況、新たな状態 [Sk.]

ಅವಸ್ಥೆ ⟦avasthe アヴァステ⟧ [əvəstʰe] *n.* 1 状況 2 窮状、苦境 [Sk.]

ಅವಹೇಳನ ⟦avahēḷana アヴァヘーラナ⟧ [əvə̆heːɭənɐ] 《文》 *n.* 蔑視、軽蔑、侮辱、無礼 [Sk.]

ಅವಳ್¹ ⟦avaḷ アヴァル⟧ [əvəɭ] 《古》 *pron.f.* 《*m.* ಅವನ್ (avan) *pl.* ಅವರ್ (avar)》〔言〕 女性単数の遠称の指示代名詞または前方照応代名詞 [Ka. D1] ☞ಅವಳು (avaḷu)

ಅವಳ್² ⟦avaḷ アヴァル⟧ [əvəɭ] 《古》 *mfn.* 双子 [Sk. *yamala*-?] ☞ಅವಳಿ (avaḷi)

ಅವಳ ⟦avaḷa アヴァラ⟧ [əvə̆ɭɐ] *mfn.* 双子 [Sk. *yamala*-] ಅಮಳು (amaḷu)

ಅವಳಿ ⟦avaḷi アヴァリ⟧ [əvə̆ɭi] 《古》 *mfn.* 双子 [Sk. *yamala*-] ಅಮಳು (amaḷu)

ಅವಳಿಜವಳಿ ⟦avaḷijavaḷi アヴァリジャヴァリ⟧ [əvəɭiʤəvə̆ɭi] *mf.pl.* 1 双子、双生児 2〔喩〕(遺伝子上の関係がなく) 瓜ふたつの人たち ―(*n.*) 同じもの二つ〈の〉 ¶ ಏರ್ ಇಂಡಿಯ ಮತ್ತು ಇಂಡಿಯನ್ ಏರ್ಲೈನ್ಸ್ ಅವಳಿಜವಳಿ ಸಂಸ್ಥೆಗಳು. (ēr iṃḍiya mattu iṃḍiyan ērlains avaḷijavaḷi saṃsthegaḷu.) エア・インディアとインディアン・エアラインズは双子の組織である。 [echo + *javaḷi* ←Sk. *yamala*-]

ಅವಳು ⟦avaḷu アヴァル⟧ [əvə̆ɭu] ಅವಳ್¹ 《古》 *pron.f.* 《*m.* ಅವನು (avanu) *pl.* ಅವರು (avaru)》〔言〕 女性単数の遠称の指示代名詞または前方照応代名詞 [Ka. D1]

ಅವಾಂತರ ⟦avāṃtara アヴァーンタラ⟧ [əvɐːntə̆rɐ] 《文》 *n.* 大混乱、大荒れ ¶ ಮದುವೆ ಪಾರ್ಟಿಯನ್ನು ತರುತ್ತಿದ್ದ ಬಸ್ಸು ದಾರಿ ತಪ್ಪಿಸಿಕೊಂಡದ್ದರಿಂದ ಅವಾಂತರವಾಯಿತು. (maduve pārṭiyannu taruttidda bassu dāri tappisikoṃḍaddariṃda avāṃtaravāyitu.) 結婚式の出席者を乗せたバスが道を間違えて混乱をきたした。 ―*adj.* 1 中間にある、中間の 2 下位の、従属する 3 2つの文章の間に挿入した(文章) [Sk.]

ಅವಾಚ್ಯ ⟦avācya アヴァーチュヤ⟧ [əvɐːʧjɐ] 《文》 *adj.* 口に出すこともはばかられる、きたなくて口に出せない ―*n.* きたない言葉、悪口雑言 [Sk.]

ಅವಿ¹ ⟦avi アヴィ⟧ [əvi] 《‡》 *vi.* 尽きる、使い尽くされる (*Kitt.*) [Ka. D267]

ಅವಿ² ⟦avi アヴィ⟧ [əvi] 《‡》 *vi.* 《過去語幹 avit-》腐る、だめになる (*T.*; *R.*; *Tĕ.* (*Kitt.*)) [Ka. D2341]

ಅವಿ³ ⟦avi アヴィ⟧ [əvi] 《文》 *n.* 羊 [Sk.]

ಅವಿ⁴ ⟦avi アヴィ⟧ [əvi] 《古》 *vi.* 隠れる [?]

ಅವಿಘ್ನ ⟦avighna アヴィグナ⟧ [əvigʰ·nɐ] (*adj.*) 障害のない〈こと〉、妨げのない〈こと〉 [Sk.]

ಅವಿಚಾರ ⟦avicāra アヴィチャーラ⟧ [əviʧɐːrɐ] *n.* 1 思慮のないこと 2 見境のないこと、前後を考えないこと [Sk.]

ಅವಿಚಾರಿ ⟦avicāri アヴィチャーリ⟧ [əviʧɐːri] *adj.*, *mf.* 考えのない〈人〉、思慮のない〈人〉 [Sk.]

ಅವಿಚ್ಛಿನ್ನ ⟦avicchinna アヴィッチンナ⟧ [əviʧʧʰinnɐ] *adj.* 1 完全な、そっくりそのままの 2 絶え間ない、切れ目のない、連続的な [Sk.]

ಅವಿದ್ಯಾವಂತ ⟦avidyāvaṃta アヴィディャーヴァンタ⟧ [əvid·jɐːvəntɐ] *m.* 学のない人 [Sk.]

ಅವಿದ್ಯೆ ⟦avidye アヴィディェ⟧ [əvid·je] *n.* 学がないこと [Sk.]

ಅವಿಧೇಯ ⟦avidhēya アヴィデーヤ⟧ [əvidʰeːjɐ] 《文》 *adj.* 1 従順でない、反抗的な 2 規則や法律に反する [Sk.]

ಅವಿಧೇಯತೆ ⟦avidhēyate アヴィデーヤテ⟧ [əvidʰeːjə̆te] 《文》 *n.* 反抗的であること、従順でないこと [Sk.]

ಅವಿನಾಶ ⟦avināśa アヴィナーシャ⟧ [əvinɐːʃɐ] *adj.* 滅びることのない、不死の、不滅の [Sk.]

ಅವಿನೀತ ⟦avinīta アヴィニータ⟧ [əviniːtɐ] *adj.* 1 謙虚でない、慎ましくない 2 従順でない、反抗的な [Sk.]

ಅವಿಭಕ್ತ ⟦avibhakta アヴィバクタ⟧ [əvibʰəktɐ] *adj.* 分割されてない [Sk.]

ಅವಿಭಕ್ತ ಕುಟುಂಬ ⟦avibhakta kuṭuṃba アヴィバクタクトゥンバ⟧ [əvibʰəktə kuʈumbɐ] 《文》 *n.* 合同家族、大家族 [Sk.]

ಅವಿಭಾಜ್ಯ ⟦avibhājya アヴィバージュヤ⟧ [əvibʰɐːʤ·jɐ] 《文》 *adj.* 1 分割してはならない 2 分割できない、分割不能の [Sk.]

ಅವಿರತ ⟦avirata アヴィラタ⟧ [əvirətɐ] 《文》 *adj.* 絶え間がない、連続的な、休みのない [Sk.]

ಅವಿರೋಧ ⟦avirōdha アヴィローダ⟧ [əviroːdʰɐ] 《文》 (*n.*) 1 異論がない〈こと〉 2 全員一致 [Sk.]

ಅವಿವೇಕ ⟦avivēka アヴィヴェーカ⟧ [əviveːkɐ] *n.* 1 判断力や弁別力がないこと 2 (深い)知恵がないこと 3 愚かであること、愚かさ [Sk.]

ಅವಿವೇಕಿ ⟦avivēki アヴィヴェーキ⟧ [əvive:ki] *adj., mf.* **1** 判断力や弁別力がない〈人〉 **2** (深い)知恵がない〈人〉 **3** 愚か者 [Sk.]

ಅವಿಶ್ರಾಂತ ⟦aviśrāṃta アヴィシュラーンタ⟧ [əviʃrɐ:ntɐ] 《文》 *adj., m.* 《*f.* ಅವಿಶ್ರಾಂತಳು (aviśrāṃtaḷu)》休みを取っていない〈人〉、休まず働き続ける〈人〉 **—**(*n.*) ひっきりなし〈の〉、絶え間ない〈こと〉[Ka.]

ಅವಿಶ್ವಾಸ ⟦aviśvāsa アヴィシュヴァーサ⟧ [əviʃvɐ:sɐ] *n.* 不信用、不信任 [Sk.]

ಅವಿಶ್ವಾಸ ನಿರ್ಣಯ ⟦aviśvāsa nirṇaya アヴィシュヴァーサニルナヤ⟧ [əviʃvɐ:sə nirɳəjɐ] *n.* 不信任決議 [Sk.]

ಅವಿಶ್ವಾಸ ಮಸೂದೆ ⟦aviśvāsa masūde アヴィシュヴァーサマスーデ⟧ [əviʃvɐ:sə məsu:de] *n.* 不信任案 [+ *masūde*]

ಅವು ⟦avu アヴ⟧ [əvu] *pron.n.* 《*pl.*》 **1** あれら ¶ ಅವು ನಾವು ಕಟ್ಟಿಸಿದ ಮನೆಗಳು. (avu nāvu kaṭṭisida manegaḷu.) (あそこにある)あれらは私たちが立てさせた家々です。 **2** それら(前方照応遠称の複数代名詞) ¶ ಅವನ್ನು ನಾನು ಸ್ನೇಹಿತರಿಗೆ ಕೊಟ್ಟುಬಿಟ್ಟೆ. (avannu nānu snēhitarige koṭṭubiṭṭe.) それらは僕の友達にやってしまった。 [Ka. D1]

ಅವುಂಕು ⟦avuṃku アヴンク⟧ [əvuŋku] 《古》 *vt.* 押す、押さえつける、押さえる、しっかり握る [Ka. D169] ☞ಅಮುಕು (amuku)

ಅವುಂಡು ⟦avuṃḍu アヴンドゥ⟧ [əvunɖu] 《古》 *n.* **1** 下唇 **2** (下唇を含めて)下あご [Ka. D2265, D3596]

ಅವುಂಕು ⟦avuṃku アヴンク⟧ [əvuŋku] 《古》 *vt.* **1** 押しつける、絞る、強く握る **2** 苦しめる **—***n.* 押しつけること、強く抱くこと [Ka. D169]

ಅವುಂಡಲ ⟦avuṃḍala アヴンダラ⟧ [əvunɖə̆lɐ] 《‡》 *n.* ヒマ (*Mr.136* (*Kitt.*)) [Ka. *D360] ☞ಹರಳು (haraḷu)

ಅವುಂಡ್ಲ ⟦avuṃḍla アヴンドラ⟧ [əvunɖlɐ] 《‡》 *n.* ヒマ (ヒマシ油の材料)(*My.* (*Kitt.*)) [Ka. D360]

ಅವುಕು ⟦avuku アヴク⟧ [əvŭku] *vt.* 押しつける、絞る、強く握る [Ka. D169]

ಅವುಗು ⟦avugu アヴグ⟧ [əvugu] ಅವಗು 《‡》 *vi.* (果物やできものなどが押されて)つぶれる (*My.* (*Kitt.*)) [Ka. D169]

ಅವುಚು ⟦avucu アヴチュ⟧ [əvŭʧu] ಅಮುಚು, ಅವಚು *vt.* つかまえる、つかむ ¶ ಹೋಗಬಾರದು ಎಂದು ಅಮ್ಮ ಕೈಯನ್ನು ಅವುಚಿ ಹಿಡಿದರು. (hōgabāradu eṃdu amma kaiyannu avuci hiḍidaru.) 母は行かないでと言って私の手をしっかりつかんだ。 [Ka. D169]

ಅವುಡಲ ⟦avuḍala アヴダラ⟧ [əvŭɖəlɐ] ಔಡಲ *n.* ヒマ (ヒマシ油の材料) [Ka. D360]

ಅವುಡ್ಲ ⟦avuḍla アヴドラ⟧ [əvuɖlɐ] 《口》 *n.* ヒマ [Ka. D360]

ಅವುಡು[1] ⟦avuḍu アヴドゥ⟧ [əvŭɖu] 《‡》 *n.* 穀物の一粒 (*R.*; *T.* (*Kitt.*)) [K. D270] = ಕಾಳು (kāḷu)

ಅವುಡು[2] ⟦avuḍu アヴドゥ⟧ [əvŭɖu] ಅವುಂಡು, ಔಂಡು, ಔಡು *n.* 下唇 [Ka. D2265, D3596]

ಅವುಡುಗಚ್ಚು ⟦avuḍugaccu アヴドゥガッチュ⟧ [əvŭɖugəʧʧu] *vi.* **1** 下唇を噛む **2** 〔喩〕攻撃するために恐ろしい形相をする [*avuḍu* + *kaccu*]

ಅವುಸು ⟦avusu アヴス⟧ [əvusu] 《‡》 *n.* 適当、整頓 (*R.*; *T.* (*Kitt.*)) [Ka. D271]

ಅವೇಳೆ ⟦avēḷe アヴェーレ⟧ [əve:ɭe] *n.* 都合の悪い時間、時機を失した時間 ¶ ಜಪಾನಿನಲ್ಲಿ ಆಸ್ಪತ್ರೆಯಲ್ಲಿ ಅವೇಳೆಯಲ್ಲಿ ರಾತ್ರಿಯೂಟ ಕೊಡುತ್ತಾರೆ. (japāninalli āspatreyalli avēḷeyalli rātriyūṭa koḍuttāre.) 日本の病院では夕食が変な時間に出される。 [Sk.]

ಅವೈಜ್ಞಾನಿಕ ⟦avaijñānika アヴァイジュニャーニカ⟧ [əvəiɟɲɐ:nikɐ/əvəignɐ:nikɐ] *adj.* 非科学的な、学問的でない [Sk.]

ಅವ್ಡು ⟦avḍu アヴドゥ⟧ [əvɖu] 《方》 *n.* 動物の足首 (*Gowda*) [Ka. D262] ☞ಅವಡು (avaḍu)

ಅವ್ಯಕ್ತ ⟦avyakta アヴィャクタ⟧ [əvˑjəktɐ] *adj.* **1** 表現されていない、はっきりしない **2** 隠れている、見えない **—***n.* 神 [Sk.]

ಅವ್ಯಯ ⟦avyaya アヴィャヤ⟧ [əvˑjəjɐ] 《文》 *adj.* 変化しない **—***n.* 〔言〕不変化詞(性・数・格や時制などによって変化しない語);(インド語文法体系での)小辞 [Sk.]

ಅವ್ಯಯಕ್ರಿಯಾಪದ ⟦avyayakriyāpada アヴィャヤクリヤーパダ⟧ [əvjəjəkrijɐ:pədɐ] 《文》 *n.* 〔言〕語尾変化しない動詞、不変化動詞、例えば、ಉಂಟು, ಇಲ್ಲ, ಅಲ್ಲ (uṃṭu, illa, alla,) など [Sk.]

ಅವ್ಯವಸ್ಥಿತ ⟦avyavasthita アヴィャヴァスティタ⟧ [əvˑjəvəsthitɐ] 《文》 *adj.* 混乱した、無秩序な、混沌とした [Sk.]

ಅವ್ಯವಸ್ಥೆ ⟦avyavasthe アヴィャヴァステ⟧ [əvˑjəvəsthe] *n.* 無秩序、混乱、混沌 [Sk.]

ಅವ್ಯವಹಾರ ⟦avyavahāra アヴィャヴァハーラ⟧ [əvˑjəvəhɐ:rɐ] *n.* **1** 間違った行為、よくない振る舞い **2** (役人や政治家などの)規則に反した処置や行為 [Sk.]

ಅವ್ಯಾಜ ⟦avyāja アヴィャージャ⟧ [əvjɐ:ʤɐ] 《文》 (*adj.*) (性格が)まっすぐ〈な〉、飾り気がない〈こと〉[Sk.]

ಅವ್ಯಾವಹಾರಿಕ ⟦avyāvahārika アヴィャーヴァハーリカ⟧ [əvˑjɐ:vəhɐ:rikɐ] *adj.* 実現性のない、実際的でない [Sk.]

ಅವ್ವ ⟦avva アッヴァ⟧ [əvvɐ] 《古》 *f.* **1** 母、母親 **2** 敬愛をもって女性に呼びかけたり言及したりする言葉 [Ka. D273] ☞ಅವ್ವೆ (avve)

ಅವ್ವಲ್ ⟦avval アッヴァル⟧ [əvvəl] *adj.* 極上の、最高級の [Ar. *awwal*]

ಅವ್ವೆ ⟦avve アッヴェ⟧ [əvve] ಅವ್ವ 《古》 *f.* **1** 母、母親 **2** 敬意と親しみをもって女性に言及したり呼びかけたりする言葉 [Ka. D273] = ಅವ್ವಾ (avvā) 〔口〕

ಅಶಕ್ತ ⟦aśakta アシャクタ⟧ [əʃəktɐ] *adj., m.* **1** 力のない〈人〉、弱い〈人〉 **2** 能力のない〈人〉 **3** (社会的

に）無力な〈人〉、勢力のない〈人〉 4 性的に無能力な〈人〉[Sk.]

ಅಶಕ್ತತೆ ⟦aśaktate アシャクタテ⟧ [əʃəktəte] *n.* 1 力がないこと、弱いこと、虚弱 2 無能力 3（政治的、社会的に）無力なこと [Sk.]

ಅಶಕ್ಯ ⟦aśakya アシャキャ⟧ [əʃəkˑjɐ] *adj.* できない、する能力がない ¶ ಹಿಮಾಲಯವನ್ನು ಏರುವುದು ನನಗೆ ಅಶಕ್ಯ ಕೆಲಸ. (himālayavannu ēruvudu nanage aśakya kelasa.) 私にはヒマラヤには登れない。[Sk.] = ಅಸಾಧ್ಯ (asādʰya)

ಅಶನ ⟦aśana アシャナ⟧ [əʃənɐ] 《文》 *n.* 1 食べること 2 食物、食べ物 [Sk.]

ಅಶನಾರ್ಥಿ ⟦aśanārtʰi アシャナールティ⟧ [əʃənɐːrtʰi] 《文》 *mf.* 食物を請う者、食べ物を求める者 [Sk.]

ಅಶರೀರ ⟦aśarīra アシャリーラ⟧ [əʃəriːrɐ] *adj.* 体のない、肉体から分離した、姿の消えた [Sk.]

ಅಶರೀರವಾಣಿ ⟦aśarīravāṇi アシャリーラヴァーニ⟧ [əʃəriːrəvɐːɳi] *n.* 姿のない声、天からの声 [Sk.]

ಅಶಾಂತ ⟦aśāṃta アシャーンタ⟧ [əʃɐːntɐ] *adj.* 1 静かでない 2（心が）動揺した、落ち着きのない [Sk.]

ಅಶಾಸ್ತ್ರೀಯ ⟦aśāstrīya アシャーストリーヤ⟧ [əʃɐːstriːjɐ] *adj.* 1 聖典に従っていない、聖典に反する 2 非科学的な [Sk.]

ಅಶಿಕ್ಷಿತ ⟦aśikṣita アシクシタ⟧ [əʃikʂitɐ] *adj.* 教育のない、教養のない、訓練を受けていない [Sk.]

ಅಶುಚಿ ⟦aśuci アシュチ⟧ [əʃuʧi] *adj.* 汚れた、けがれた —*n.* 不潔、不浄 [Sk.]

ಅಶುದ್ಧ ⟦aśuddʰa アシュッダ⟧ [əʃudʰɐ] *adj.* 1 不純な、純粋でない 2 きたない、汚染された 3（儀礼上の観念として）不浄な 4（人、個人として）不純な [Sk.]

ಅಶುಭ ⟦aśubʰa アシュバ⟧ [əʃubʰɐ] *adj.* 不吉な [Sk.]

ಅಶೇಷ ⟦aśēṣa アシェーシャ⟧ [əʃeːʂɐ] 《文》 (*adj.*) 1 何も残っていない〈こと〉、跡形もない〈こと〉 2 全部〈の〉、全体〈の〉[Sk.]

ಅಶೋಕ ⟦aśōka アショーカ⟧ [əʃoːkɐ] *adj.* 悲しみのない —*n.* ムユウジュ（無憂樹、ジャケツイバラ科ムユウジュ属）→ 宗 *[IMP 5.67;『花綴り』41] —*m.*《*f.* ಅಶೋಕೆ (aśōke)》1《古》出家者、行者 2《古》神 3 アショーカ（マウリヤ朝の有名な王の名前）[Sk.]

ಅಶೌಚ ⟦aśauca アシャウチャ⟧ [əʃəuʧɐ] *n.* 1《希》不潔 2（死、出産などを原因とする）不浄 [Sk.]

ಅಶ್ರದ್ಧೆ ⟦aśraddʰe アシュラッデ⟧ [əʃrəddʰe] *n.* 1 信頼のないこと 2 無関心 ¶ ಅವನು ಅಭ್ಯಾಸದಲ್ಲಿ ಅಶ್ರದ್ಧೆ ತೋರಿಸುತ್ತಾನೆ. (avanu abʰyāsadalli aśraddʰe tōrisuttāne.) あの子は勉強に興味がない。[Sk.]

ಅಶ್ರಾವ್ಯ ⟦aśrāvya アシュラーヴィャ⟧ [əʃrɐːvˑjɐ] *adj.* 耳に心地よく響かない、音楽的でない [Sk.]

ಅಶ್ರು ⟦aśru アシュル⟧ [əʃru] 《文》 *n.* 涙 [Sk.]

ಅಶ್ರುವಾಯು ⟦aśruvāyu アシュルヴァーユ⟧ [əʃruvɐːju] *n.* 催涙ガス [Sk.]

ಅಶ್ಲೀಲ ⟦aślīla アシュリーラ⟧ [əʃliːlɐ] 《文》 *adj.* 1 醜い 2 卑猥な、性的な刺激の強い（絵など）[Sk.]

ಅಶ್ವ ⟦aśva アシュヴァ⟧ [əʃvɐ] 《文》 *n.* 馬 [Sk.] = ಕುದುರೆ (kudure)〔口〕

ಅಶ್ವತ್ಥ ⟦aśvattʰa アシュヴァッタ⟧ [əʃvəttʰɐ] 《文》 *n.* インドボ菩提樹 [Sk.] ☞ ಅರಳಿಮರ (araḷimara)〔口〕*[IHT 33]

ಅಶ್ವಬಲ ⟦aśvabala アシュヴァバラ⟧ [əʃˑvəbəlɐ] 《文》 *n.* 1 馬力 2 騎兵 [Sk.]

ಅಶ್ವವೈದ್ಯ ⟦aśvavaidya アシュヴァヴァイディャ⟧ [əʃvəvəidˑjɐ] 《文》 *n.* 馬の治療 —*m.*《*f.* ಅಶ್ವವೈದ್ಯಳು (aśvavaidyaḷu)》獣医 [Sk.]

ಅಶ್ವಾರೂಢ ⟦aśvārūḍʰa アシュヴァールーダ⟧ [əʃvɐːruːɖʰɐ] 《文》 *adj.*, *m.*《*f.* ಅಶ್ವಾರೂಢೆ (aśvārūḍʰe)》馬に乗った〈人〉[Sk.]

ಅಶ್ವಾರೋಹಿ ⟦aśvārōhi アシュヴァーローヒ⟧ [əʃvɐːroːhi] 《文》 *mf.* 騎手、馬の乗り手 [Sk.]

ಅಶ್ವಿನಿ ⟦aśvini アシュヴィニ⟧ [əʃvini] *f.* アシュヴィニー女神（アシュヴィン双神の母、太陽神の妻の一人） —*n.* 27 の星宿の第 1 の星宿 [Sk.]

ಅಷಡ್ಡಾಳ ⟦aṣaḍḍāḷa アシャッダーラ⟧ [əʂəɖɖɐːɭɐ] *n.* 混乱、乱雑 [*asaḍḍe* + ?] ☞ ಅಸಡ್ಡಾಳ (asaḍḍāḷa)

ಅಷಡ್ಢಾಳ ⟦aṣaḍḍʰāḷa アシャッダーラ⟧ [əʂəɖɖʰɐːɭɐ] *n.* 混乱、乱雑 [*asaḍḍe* + ?] ☞ ಅಸಡ್ಡಾಳ (asaḍḍāḷa)

ಅಷ್ಟ ⟦aṣṭa アシュタ⟧ [əʂʈɐ] 《文》 *numr.adj.* 8 [Sk.]

ಅಷ್ಟಪದಿ ⟦aṣṭapadi アシュタパディ⟧ [əʂʈəpədi] *n.* 1 蛸 2 8 行詩 [Sk.]

ಅಷ್ಟಷಟ್ಪದಿ ⟦aṣṭaṣaṭpadi アシュタシャトパディ⟧ [əʂʈəʂəʈpədi] 《文》 *n.* 6+8 行の詩形 [Sk.]

ಅಷ್ಟಮಿ ⟦aṣṭami アシュタミ⟧ [əʂʈəmi] *n.* 白分（月が満ちていく 15 日間）または黒分（月が欠けていく 15 日間）の 8 日目 [Sk.]

ಅಷ್ಟಾವಂಕ ⟦aṣṭāvaṃka アシュターヴァンカ⟧ [əʂʈɐːvəŋkɐ] 《文》 *m.*《*f.* ಅಷ್ಟಾವಂಕಳು (aṣṭāvaṃkaḷu)》[Sk.] ☞ ಅಷ್ಟಾವಕ್ರ (aṣṭāvakra)

ಅಷ್ಟಾವಕ್ರ ⟦aṣṭāvakra アシュターヴァクラ⟧ [əʂʈɐːvəkˑrɐ] ಅಷ್ಟಾವಂಕ *m.*《*f.* ಅಷ್ಟಾವಕ್ರಳು (aṣṭāvakraḷu)》恐ろしく奇形の人、身体上異常な奇形が見られる人 [Sk.]

ಅಷ್ಟು ⟦aṣṭu アシュトゥ⟧ [əʂʈu] ಅಯಿಷ್ಟು ಆಯೀಷ್ಟು *pron.adj.* それほどの、それほど多くの —*pron.n.* それほど、それほどの多さ —*pron.adv.* それほど [Ka. D1, *āsu* + *-ṭu*?]

ಅಷ್ಟೈಶ್ವರ್ಯ ⟦aṣṭaiśvarya アシュタイシュヴァリヤ⟧ [əʂʈəiʃvərˑjɐ] *n.* 際立った豊かさ、あり余る財産 [Sk.]

ಅಷ್ಟೊಂದು ⟦aṣṭoṃdu アシュトンドゥ⟧ [əʂʈondu] *pron.adj.* それほど多くの（感嘆、抗議などの感情を伴う） —*pron.n.* それほどの多さ（感嘆、抗議などの感情を伴う）[Ka. *aṣṭu* + *oṃdu*]

ಅಸ[1] 〚asa アサ〛 [əsɐ] 《‡》 *pron.adj.* それほど多数、多量の (*S.Mhr.* (*Kitt.*)) [Ka. D1]

ಅಸ[2] 〚asa アサ〛 [əsɐ] 《‡》 *n.* 適当なこと (*Kitt.*) [Ka. D43]

ಅಸ[3] 〚asa アサ〛 [əsɐ] 《‡》 *n.* か細さ、華奢 (*My.;S.Mhr.* (*Kitt.*)) [Ka. 341]

ಅಸಂಖ್ಯ 〚asaṃkʰya アサンキャ〛 [əsəŋkʰ·jɐ] *adj.* 数えきれない [Sk.]

ಅಸಂಖ್ಯಾತ 〚asaṃkʰyāta アサンキャータ〛 [əsəŋkʰjɐːtɐ] 《文》 *adj.* 数えきれない [Sk.]

ಅಸಂಗತ 〚asaṃgata アサンガタ〛 [əsəŋgətɐ] *adj.* **1** つながっていない、ばらばらの **2** 脈絡のない、辻褄の合わない、矛盾の多い **3** 不条理の [Sk.]

ಅಸಂಗತ ನಾಟಕ 〚asaṃgata nāṭaka アサンガタナータカ〛 [əsəŋgətə nɐːʈəkɐ] *n.* (カフカ、カミュ、イヨネスコなどに触発された)不条理劇

ಅಸಂತುಷ್ಟ 〚asaṃtuṣṭa アサントゥシュタ〛 [əsəntuʂʈɐ] *adj.* 喜んでいない;不満足な [Sk.]

ಅಸಂತುಷ್ಟಿ 〚asaṃtuṣṭi アサントゥシュティ〛 [əsəntuʂʈi] *n.* 喜んでいないこと、不快 [Sk.]

ಅಸಂತೋಷ 〚asaṃtōṣa アサントーシャ〛 [əsəntoːʂɐ] *n.* 喜んでいないこと、不快;不満足 [Sk.]

ಅಸಂದಿಗ್ಧ 〚asaṃdigdʰa アサンディグダ〛 [əsəndigdʰɐ] 《文》 *adj.* **1** 疑いのない、はっきりした ¶ ಹಸುವಿಗೆ ಎರಡು ಕೋಡು ಇವೆ ಎಂಬುದು ಅಸಂದಿಗ್ಧವಾದ ವಿಷಯ. (hasuvige eraḍu kōḍu ive eṃbudu asaṃdigdʰavāda viṣaya.) 牛に角が2本あることは、疑いようのない事実である。 **2** 意味が曖昧でない、意味が2つ以上に解釈されることがない [Sk.]

ಅಸಂಬದ್ಧ 〚asaṃbaddʰa アサンバッダ〛 [əsəmbəddʰɐ] 《文》 *adj.* **1** 首尾一貫しない、矛盾した **2** 関係がない、無関係な [Sk.]

ಅಸಂಬದ್ಧಪ್ರಲಾಪ 〚asaṃbaddʰapralāpa アサンバッダプララーパ〛 [əsəmbəddʰəprəlɐːpɐ] 《文》 *n.* ちぐはぐなおしゃべり、矛盾に満ちたおしゃべり、たわごと [Sk.]

ಅಸಂಭವ 〚asaṃbʰava アサンバヴァ〛 [əsəmbʰəvɐ] *adj.* 有り得ない、ありそうにない、不可能な —*n.* **1** 有り得ないこと **2** 特異な出来事 [Sk.]

ಅಸಂಸ್ಕೃತ 〚asaṃskṛta アサンスクルタ〛 [əsəmskrɯtɐ/əsəmskrutɐ] 《文》 *adj., m.* 《*f.* ಅಸಂಸ್ಕೃತೆ (asaṃsṛte)》無教育な〈人〉、無教養な〈人〉 [Sk.]

ಅಸಗ 〚asaga アサガ〛 [əsəgɐ] 《古》 *m.* 洗濯人、洗濯屋 [Ka. D36] ☞ಅಗಸ (agasa)

ಅಸಕೊಳ್ಳು 〚asakoḷḷu アサコッル〛 [əsəkoɭɭu] 《古》 *vi.* [Sk. *vaśa-*? + *koḷ*] ☞ಅಸಗೊಳ್ಳು (asagoḷḷu)

ಅಸಗೊಳ್ಳು 〚asagoḷḷu アサゴッル〛 [əsəgoɭɭu] ಅಸಕೊಳ್ಳು, ಅಸುಗೊಳ್ಳು *vi.* 《*in neg. sentences*》(暴れる動物や人間が)人の言うことを聞くようになる ¶ ಸದ್ದಾಂ ಹುಸೇನ್ ಎಷ್ಟೋ ದಿವಸ ಅಮೆರಿಕೆಗೆ ಅಸಗೊಂಡಿರಲಿಲ್ಲ. (saddāṃ husēn eṣṭō divasa amerikege asagoṃḍiralilla.) サッダーム・フセインは長い間アメリカの支配を拒んでいた。 [Sk. *vaśa-*? + *koḷḷu*]

ಅಸಡ 〚asaḍa アサダ〛 [əsəɖɐ] 《‡》 *m.* 《*f.* ಅಸಡಿ (asaḍi)》 愚か者 (*My.* (*Kitt.*)) [Ka. D38]

ಅಸಡಿ 〚asaḍi アサディ〛 [əsəɖi] 《‡》 *f.* 愚かな女性 (*My.* (*Kitt.*)) [Ka. D38]

ಅಸಡು 〚asaḍu アサドゥ〛 [əsəɖu] 《‡》 *n.* 愚かであること (*My.* (*Kitt.*)) [Ka. D38]

ಅಸಡಾಳ 〚asaḍāḷa アサダーラ〛 [əsəɖɐːɭɐ] 《古》 (*adj.*) 卑しい〈こと〉、くだらない〈こと〉、矮小な〈こと〉 [?] ☞ಅಸಡ್ಡಾಳ (asaḍḍāḷa)

ಅಸಡ್ಡಾಳ 〚asaḍḍāḷa アサッダーラ〛 [əsəɖɖɐːɭɐ] ಅಷಡ್ಡಾಳ, ಅಷಡ್ಡಾಳ, ಅಸಡಾಲ, ಅಸಡ್ಡಾಳು (*n.*) **1** 醜い〈こと〉、醜悪〈な〉、ぞっとするような〈こと〉 **2** 混乱〈した〉、乱雑〈な〉 **3** 卑しい〈こと〉、くだらない〈こと〉、矮小な〈こと〉 [?]

ಅಸಡ್ಡಾಳು 〚asaḍḍāḷu アサッダール〛 [əsəɖɖɐːɭu] (*n.*) 混乱〈した〉、乱雑〈な〉 [?] ☞ಅಸಡ್ಡಾಳ (asaḍḍāḷa)[1]

ಅಸಡ್ಡಿಸು 〚asaḍḍisu アサッディス〛 [əsəɖɖisu] 《文》 *vt.* 無視する、軽視する [*asaḍḍe* + *-isu*]

ಅಸಡ್ಡೆ 〚asaḍḍe アサッデ〛 [əsəɖɖe] *n.* 無視、冷淡 [Sk. *aśraddhā-*] = ಅಲಕ್ಷ್ಯ (alakṣya)

ಅಸಡ್ಢಾಳ 〚asaḍḍʰāḷa アサッダーラ〛 [əsəɖɖʰɐːɭɐ] (*adj.*) [?] ☞ಅಸಡ್ಡಾಳ (asaḍḍāḷa)[2]

ಅಸತ್ತು 〚asattu アサットゥ〛 [əsəttu] 《古》 *n.* **1** 存在しない〈こと〉 **2** よくない〈こと〉、邪悪〈な〉 [Sk. *asat-*]

ಅಸತ್ಯ 〚asatya アサティャ〛 [əsət·jɐ] *n.* 嘘 [Sk.]

ಅಸದಳ 〚asadaḷa アサダラ〛 [əsədəɭɐ] 《古》 (*n.*) 実行不能〈な〉、不可能〈な〉 [?]

ಅಸಭ್ಯ 〚asabʰya アサビャ〛 [əsəb·ʰjɐ] *adj., m.* 《*f.* ಅಸಭ್ಯೆ (asabʰye)》無教養な〈人〉、下品な〈人〉 [Sk.]

ಅಸಭ್ಯತನ 〚asabʰyatana アサビャタナ〛 [əsəbʰ·jətənɐ] *n.* 無教養、下品 [Sk.]

ಅಸಮ 〚asama アサマ〛 [əsəmɐ] 《文》 (*adj.*) **1** 等しくない〈こと〉、同じでない〈こと〉 **2** 奇数〈の〉 **3** 無類〈の〉、比類ない〈こと〉 [Sk.]

ಅಸಮಂಜಸ 〚asamaṃjasa アサマンジャサ〛 [əsəməɲʤəsɐ] (*n.*) ふさわしくない〈こと〉、(談話などが)不適切〈な〉 [Sk.]

ಅಸಮರ್ಥ 〚asamartʰa アサマルタ〛 [əsəmərtʰɐ] *adj., m.* **1** 無能な〈人〉、できない〈人〉 **2** 力のない〈人〉、弱い〈人〉 [Sk.]

ಅಸಮರ್ಪಕ 〚asamarpaka アサマルパカ〛 [əsəmərpəkɐ] 《文》 (*n.*) (製品、作業などが)不十分〈な〉、満足がゆかない〈こと〉 ¶ ವಿದ್ಯಾರ್ಥಿಗಳ ಪ್ರಶ್ನೆಗೆ ಕುಲಪತಿಯ ಉತ್ತರ ಅಸಮರ್ಪಕವಾಗಿತ್ತು. (vidyārtʰigaḷa praśnege kulapatiya uttara asamarpakavāgittu.) 学生たちの質問に対する学長の答えは満足の行くものでなかった。 [Sk.]

ಅಸಮಾನ ⟦asamāna アサマーナ⟧ [əsəmɐːnɐ] 《文》(*n.*) 同じでない〈こと〉、同様でない〈こと〉[Sk.]

ಅಸಮಾನತೆ ⟦asamānate アサマーナテ⟧ [əsəmɐːnəte] *n.* 同じでないこと、同様でないこと、似てないこと [Sk.]

ಅಸಮ್ಮತ ⟦asammata アサンマタ⟧ [əsəmmətɐ] (*n.*) 賛意を得られない〈こと〉、同意を得られない〈こと〉¶ ನಿಮ್ಮ ವಿಚಾರ ನನಗೆ ಅಸಮ್ಮತ. (nimma vicāra nanage asammata.) あなたの考えには賛成できない。[Sk.]

ಅಸಮ್ಮತಿ ⟦asammati アサンマティ⟧ [əsəmməti] *n.* 異議、不承認、不賛成、見解の相違 [Sk.]

ಅಸಲು ⟦asalu アサル⟧ [əsəlu] (*adj.*) 1 元〈の〉、最初〈の〉、根元〈の〉 2 自然〈の〉、本物〈の〉、正真正銘〈の〉 3 混ざりけのない〈こと〉、純粋〈の〉 —*n.* 資本、資本金 [Ar. *aṣl*]

ಅಸವಸ ⟦asavasa アサヴァサ⟧ [əsəvəsɐ] 《古》*n.* 急ぐこと、慌てること (*Pb.13.13*) [Ka. D37] = ಗಡಿಬಿಡಿ (gaḍibiḍi)

ಅಸಹಕಾರ ⟦asahakāra アサハカーラ⟧ [əsəhəkɐːrɐ] *n.* 1 協力しないこと 2 ガーンディーが推進した非協力運動 [Sk.]

ಅಸಹನೀಯ ⟦asahanīya アサハニーヤ⟧ [əsəhəniːjɐ] 《文》*adj.* 我慢できない、耐えられない [Sk.]

ಅಸಹನೀಯತೆ ⟦asahanīyate アサハニーヤテ⟧ [əsəhəniːjəte] 《文》*n.* 我慢できないこと、耐えられないこと [Sk.]

ಅಸಹನೆ ⟦asahane アサハネ⟧ [əsəhəne] *n.* 我慢しないこと、非寛容、狭量 [Sk.]

ಅಸಹಾಯ ⟦asahāya アサハーヤ⟧ [əsəhɐːjɐ] 《文》*adj.*, *m.* 頼る者のない〈人〉、身寄りのない〈人〉[Sk.]

ಅಸಹಾಯಸ್ಥಿತಿ ⟦asahāyastʰiti アサハーヤスティティ⟧ [əsəhɐːjəstʰiti] 《文》*n.* 助けてくれる者のない状態、頼りになる者のない状態 [Sk.]

ಅಸಹ್ಯ ⟦asahya アサヒャ⟧ [əsəhˑjɐ] *adj.* 1 我慢のできない 2 嫌悪感をもよおす、胸が悪くなるような、嫌な [Sk.]

ಅಸಾದೃಶ್ಯ ⟦asādṛśya アサードゥルシュヤ⟧ [əsɐːdrɯʃˑjɐ] 《文》*n.* 似ていないこと [Sk.]

ಅಸಾಧಾರಣ ⟦asādʰāraṇa アサーダーラナ⟧ [əsɐːdʰɐːrə̆ɳɐ] *adj.* 1 普通でない、異常な 2 非凡な、並外れた [Sk.] = ಅಸಾಮಾನ್ಯ (asāmānya)

ಅಸಾಧು ⟦asādʰu アサードゥ⟧ [əsɐːdʰu] *adj.* 1 悪い、よくない(考え、思想、行動など) 2 正直でない、率直でない 3 (語形や言葉が)正しくない [Sk.]

ಅಸಾಧ್ಯ ⟦asādʰya アサーディヤ⟧ [əsɐːdʰˑjɐ] *adj.* 1 できない、実現不能な 2 如才ない、手際のよい ¶ ಅವನು ಅಸಾಧ್ಯ ವ್ಯಕ್ತಿ. (avanu asādʰya vyakti.) 彼は如才のない男だ。 3 過度の、法外な、ものすごい ¶ ಅಸಾಧ್ಯ ಮಳೆಯಿಂದ ನದಿಗಳಲ್ಲಿ ಮಹಾಪೂರ ಬಂದಿದೆ. (asādʰya maḷeyiṃda nadigaḷalli mahāpūra baṃdide.) すごい雨で川があふれている。[Sk.]

ಅಸಾಮಾನ್ಯ ⟦asāmānya アサーマーニャ⟧ [əsɐːmɐnˑjɐ] *adj.* 1 普通でない、異常な 2 非凡な、並外れた [Sk.] = ಅಸಾಧಾರಣ (asādʰāraṇa)

ಅಸಿ[1] ⟦asi アシ⟧ [əsi] 《古》*vi.* 揺れる、振動する、ぶらぶら揺れる [Ka. D37]

ಅಸಿ[2] ⟦asi アシ⟧ [əsi] (*n.*) (体が)細い〈こと〉 —*vi.* (体が)細くなる、痩せる [Ka. D341]

ಅಸಿ[3] ⟦asi アシ⟧ [əsi] 《文》*n.* 剣、刀 [Sk.]

ಅಸಿದು ⟦asidu アシドゥ⟧ [əsiđu] 《古》(*adj.*) 痩せている〈こと〉、弱い〈こと〉、細い〈こと〉(*Pb.2.39.V*) [Ka. D341]

ಅಸಿಧಾರೆ ⟦asidʰāre アシダーレ⟧ [əsidʰɐːre] 《文》*n.* 刀の刃 [Sk.]

ಅಸಿಧಾರಾವ್ರತ ⟦asidʰāravrata アシダーラヴラタ⟧ [əsidʰɐːrəvrətɐ] 《文》*n.* 1 刀の刃の上に立つ行 2〔喩〕非常に困難な業、不可能に近い難しい業 [Sk.]

ಅಸಿಮಿಸಿ ⟦asimisi アシミシ⟧ [əsimisi] *n.* 躊躇、とまどい [Ka. D37]

ಅಸಿಯಂ ⟦asiyaṃ アシヤン⟧ [əsijəm] 《古》*m.* 《*f.* ಅಸಿಯಳ್ (asiyaḷ)》か細い男性、華奢な男性 (*Pb.7.62*) [Ka. D341]

ಅಸಿಯಳ್ ⟦asiyaḷ アシヤル⟧ [əsijəɭ] 《古》*f.* 《*m.* ಅಸಿಯಂ (asiyaṃ)》か細い女性、華奢な女性 (*Pb.1.6*) [Ka. D341]

ಅಸಿಯರ್ ⟦asiyar アシヤル⟧ [əsijər] 《古》*mf.* 《*pl.*》か弱き人々 (*Pb.6.32.V*) [Ka. D341]

ಅಸು[1] ⟦asu アス⟧ [əsu] 《古》*n.* 速いこと (*Šmd.II (There is another reading)*) [Ka. D37, cf. Sk. *āśú*]

ಅಸು[2] ⟦asu アス⟧ [əsu] 《文》*n.* 1 命、生命 2 心 [Sk.]

ಅಸುನೀಗು ⟦asunīgu アスニーグ⟧ [əsuniːgu] 《文》*vi.* 息を引き取る [+ *nīgu*]

ಅಸುಂಬು ⟦asuṃbu アスンブ⟧ [əsumbu] 《古》*vt.* 振動させる、揺する [Ka. D37]

ಅಸುಖ ⟦asukʰa アスカ⟧ [əsukʰɐ] *n.* 不幸、悲しみ [Sk.]

ಅಸುಗೊಳ್ಳು ⟦asugoḷḷu アスゴッル⟧ [əsugoɭɭu] 《古》*vi.* [Sk. *vaśa-*? + *koḷḷu*] ☞ಅಸಗೊಳ್ಳು (asagoḷḷu)

ಅಸುರ್ ⟦asur アスル⟧ [əsur] 《古》*vi.* 1 嫌悪感をもよおす、不快に感じる 2 疲れる、疲れ果てる、憔悴する [Ka. D39]

ಅಸುರುಸುರು ⟦asurusuru アスルスル⟧ [əsŭrusŭru] 《古》*n.* 疲労困憊した時の息づかい；疲労困憊 [Ka. D39]

ಅಸುರ ⟦asura アスラ⟧ [əsurɐ] *m.* 《*f.* ಅಸುರಳು (asuraḷu)》悪魔 [Sk.]

ಅಸೂಯೆ ⟦asūye アスーエ⟧ [əsuːje] *n.* 嫉妬、妬み、羨み [Sk.] = ಹೊಟ್ಟೆಕಿಚ್ಚು (hoṭṭekiccu)

ಅಸ್ಖಲಿತ ⟦askʰalita アスカリタ⟧ [əskʰəlitɐ] 《文》*adj.* 1 安定した 2 言いよどんだり言い間違えたりしない、書き損じがない [Sk.]

ಅಸ್ತ ⟦asta アスタ⟧ [əstɐ] (n.) 1 (太陽が)沈んだ〈こと〉 2 (王朝などが)滅びた〈こと〉、消滅した〈こと〉[Sk.]

ಅಸ್ತ ಆಗು ⟦asta āgu アスタアーグ⟧ [əstə ɐːgu] vi. 1 惑星が太陽に接近する 2 (日)が沈む 3 〔美〕(偉人が)逝去する [Sk.]

ಅಸ್ತಂಗತ ⟦astaṃgata アスタンガタ⟧ [əstəŋgətɐ] adj. 1 (太陽が)沈む 2 〔喩〕(王朝などが)滅びた、消滅した [Sk.]

ಅಸ್ತಮಯ ⟦astamaya アスタマヤ⟧ [əstəməjɐ] 《文》 n. 1 (太陽が) 沈むこと 2 〔喩〕 滅亡、滅びること 3 太陽と惑星が接近すること [Sk.]

ಅಸ್ತಮಿಸು ⟦astamisu アスタミス⟧ [əstəmisu] 《文》 vi. 1 (太陽などが)沈む 2 〔喩〕(王国などが)滅びる、滅亡する 3 〔喩〕〔美〕(偉人が)逝去する、息を引き取る [Sk.]

ಅಸ್ತವ್ಯಸ್ತ ⟦astavyasta アスタヴィャスタ⟧ [əstəvjəstɐ] adj. あちこちに散らばった、散乱した [Sk.]

ಅಸ್ತಾದ್ರಿ ⟦astādri アスタードリ⟧ [əstɐːdˑri] n. 西山(日がその後ろに沈むと信じられている山) [Sk.]

ಅಸ್ತಿತ್ವ ⟦astitva アスティトヴァ⟧ [əstitˑvɐ] n. 存在 [Sk.]

ಅಸ್ತಿಭಾರ ⟦astibʰāra アスティバーラ⟧ [əstibʰɐːrɐ] n. 土台、基礎 [Sk.]

ಅಸ್ತೇಯ ⟦astēya アステーヤ⟧ [əsteːjɐ] 《文》 n. 泥棒しないこと、盗みをしないこと [Sk.]

ಅಸ್ತ್ರ ⟦astra アストラ⟧ [əstrɐ] 《文》 n. 1 飛び道具 2 矢 3 武器 [Sk.]

ಅಸ್ಥಿ ⟦astʰi アスティ⟧ [əstʰi] 《文》 n. 骨 [Sk.]

ಅಸ್ಥಿಪಂಜರ ⟦astʰipaṃjara アスティパンジャラ⟧ [əstʰipəɲʤərɐ] 《文》 n. 骸骨 [Sk.]

ಅಸ್ಪಷ್ಟ ⟦aspaṣṭa アスパシュタ⟧ [əspəʂʈɐ] adj. はっきりしない、おぼろ気な、はっきり見えない、はっきり聞こえない [Sk.]

ಅಸ್ಪೃಶ್ಯ ⟦aspr̥śya アスプルシュヤ⟧ [əsprɯʃˑjɐ] adj. 触れてはならない、触れることができない —adj., m. ⟪f. ಅಸ್ಪೃಶ್ಯಳು (aspr̥śyaḷu)⟫ハリジャン〈の〉= ದಲಿತ (dalita) [Sk.]

ಅಸ್ವತಂತ್ರ ⟦asvataṃtra アスヴァタントラ⟧ [əsvətəntrɐ] adj., m. 自由でない〈人〉、解放されていない〈人〉 [Sk.]

ಅಸ್ವಾಭಾವಿಕ ⟦asvābʰāvika アスヴァーバーヴィカ⟧ [əsvɐːbʰɐːvikɐ] adj. 自然でない、不自然な、気取った [Sk.]

ಅಹಂ ⟦ahaṃ アハン⟧ [əhəm] n. 1 自分、我 2 自己中心主義 ¶ ಅವನಿಗೆ ಅಹಂ ತುಂಬ ಜಾಸ್ತಿ. (avanige ahaṃ tuṃba jāsti.) 彼はひどく我が強い。 3 高慢、傲慢 [Sk.]

ಅಹಂಕಾರ ⟦ahaṃkāra アハンカーラ⟧ [əhəŋkɐːrɐ] n. 1 自己中心主義 2 傲慢、高慢 3 自我の意識 [Sk.]

ಅಹಂಕಾರಿ ⟦ahaṃkāri アハンカーリ⟧ [əhəŋkɐːri] adj., m. 高慢な〈人〉、傲慢な〈人〉 [Sk.]

ಅಹಂಗೆ ⟦ahaṃge アハンゲ⟧ [əhəŋge] 《古》 adv. あのように、ああして [Ka. ā D1 + pāṃgu + -e] ☞ಅಹಾಂಗೆ (ahāṃge) 〔汎〕

ಅಹಂಭಾವ ⟦ahaṃbʰāva アハンバーヴァ⟧ [əhəmbʰɐːvɐ] n. 「私」という感情、自意識 [Sk.] ☞ಅಹಂಕಾರ (ahaṃkāra)

ಅಹಗೆ ⟦ahage アハゲ⟧ [əhəge] 《古》 adv. あのように、ああして [Ka. ā D1 + pāṃgu + -e D1] ☞ಹಾಗೆ (hāge) 〔汎〕

ಅಹಮಹಮಿಕೆ ⟦ahamahamike アハマハミケ⟧ [əhəməhəmike] n. 1 他者を顧みない性格、他者を顧みない振る舞い 2 自己中心主義 [Sk.]

ಅಹರ್ನಿಶ ⟦aharniśa アハルニシャ⟧ [əhərniʃɐ] ಅಹರ್ನಿಶಂ, ಅಹರ್ನಿಶಿ 《文》 adv. 日夜、夜も昼も [Sk. aharniśaṃ]

ಅಹರ್ನಿಶಂ ⟦aharniśaṃ アハルニシャン⟧ [əhərniʃəm] 《文》 adv. 日夜、夜も昼も [Sk. aharniśaṃ]

ಅಹರ್ನಿಶಿ ⟦aharniśi アハルニシ⟧ [əhərniʃi] 《文》 adv. 日夜、夜も昼も [Sk. aharniśaṃ] ☞ಅಹರ್ನಿಶ (aharniśa)

ಅಹವಾಲು ⟦ahavālu アハヴァール⟧ [əhəvɐːlu] n. 1 状態、状況 2 報告、知らせ (NK) 3 陳情 [Ar. aḥwāl, pl. of ḥāl]

ಅಹಾಂಗೆ ⟦ahāṃge アハーンゲ⟧ [əhɐːŋge] 《古》 adv. あのように、ああして [Ka. ā D1 + pāṃgu + -e] ☞ಹಾಂಗೆ (hāṃge) 〔汎〕

ಅಹಿ ⟦ahi アヒ⟧ [əhi] 《文》 n. 蛇 [Sk.]

ಅಹಿಂಸೆ ⟦ahiṃse アヒンセ⟧ [əhimse] n. 1 非暴力主義 2 不殺生 [Sk.]

ಅಹಿಂಸಾವ್ರತ ⟦ahiṃsāvrata アヒンサーヴラタ⟧ [əhimsɐːvrətɐ] n. 不殺生の行、不殺生の誓い [Sk.]

ಅಹಿತ ⟦ahita アヒタ⟧ [əhitɐ] (n.) ⟪f. ಅಹಿತಳು (ahitaḷu)⟫ 1 (状況などが)不都合〈な〉、不適当〈な〉、不利〈な〉 ¶ ಚುನಾವಣೆಗೆ ಈಗ ಕಾಲ ಅಹಿತವಾಗಿದೆ. (cunāvaṇege īga kāla ahitavāgide.) 今は選挙には不利なタイミングだ。 2 (体などに) 合わない〈こと〉、(住居などが) 不便な〈こと〉 ¶ ಬಾಳೆಹಣ್ಣು ನನ್ನ ಪ್ರಕೃತಿಗೆ ಅಹಿತ. (bāḷehaṇṇu nanna prakr̥tige ahita.) バナナは私の体に合わない。 3 敵対的〈な〉 ¶ ಅಹಿತಕುಲ (ahitakula) 敵対的な一族 [Sk.]

ಅಹುದು ⟦ahudu アフドゥ⟧ [əhuɗu] 《文》 intrj. はい(そのとおりです) [OKa. appudu]

ಅಹೋರಾತ್ರಿ ⟦ahōrātri アホーラートリ⟧ [əhoːrɐːtri] 《文》 adv. 日夜 [Sk.]

ಅಳ್¹ ⟦aḷ アル⟧ [əɭ] 《古》 vi. ☞ಅಳು (aḷu) 〔汎〕 [Ka. *D282]

ಅಳ್² ⟦aḷ アル⟧ [əɭ] 《‡》 n. 揺れること [Ka. D294] ☞ಅಳ್ಳು (aḷḷu) 〔汎〕

ಅಳ¹ ⟦aḷa アラ⟧ [əɭɐ] 《‡》 n. [Ka. D291] (Bhn.28.29 (Kitt.)) ☞ಅಳವು (aḷavu)¹

ಅಳ² 〚aḷa アラ〛[əḷɐ]《‡》*n.* [Ka. D296] (*Bhn.29* (*Kitt.*)) ☞ಅಳವು (aḷavu)³

ಅಳಂಚು 〚aḷaṃcu アランチュ〛[əḷəɲʧu]《方》*vi.*（液体が）波立つ [Ka. D294]

ಅಳಂಬೆ 〚aḷaṃbe アランベ〛[əḷəmbe]《古》*n.* [Ka. *D300] ☞ಅಣಬೆ (aṇabe)

ಅಳಕ 〚aḷaka アラカ〛[əḷə̆kɐ] (*n.*)（粥など）水分量が多く薄い〈こと〉[Ka. D298] ☞ಅಳ್ಳಕ (aḷḷaka)

ಅಳಕು¹ 〚aḷaku アラク〛[əḷə̆ku]《‡》*vi.* 揺れる、震える (*C.* (*Kitt.*)) [K. D240] ☞ಅಲುಕು (aḷuku)¹

ಅಳಕು² 〚aḷaku アラク〛[əḷə̆ku] *vi.*（刺などが）ちくちくする (*C.* (*Kitt.*)) [Ka. D304] ☞ಅಲುಕು (aḷuku)²

ಅಳಕು³ 〚aḷaku アラク〛[əḷə̆ku] *vi.*（悪いことが起こらないかと）心配する、びくびくする (*My.* (*Kitt.*)) [Ka. D306] ☞ಅಲುಕು (aḷuku)³

ಅಳಕಿಸು 〚aḷakisu アラキス〛[əḷə̆kisu] ಅಳಿಕಿಸು《古》*vt.*（危険や恐ろしい結果に言及して）脅かす、恐怖を与える [+ -*isu* caus. D306]

ಅಳಗೆ 〚aḷage アラゲ〛[əḷə̆ge] ಅಳಿಗೆ《古》*n.* 水や穀物を蓄えるための大型の土製の甕 [Ka. D303]

ಅಳತೆ 〚aḷate アラテ〛[əḷə̆te] *n.* 寸法、サイズ [Ka. D295 *aḷe* + -*te*]

ಅಳತೆಕಡ್ಡಿ 〚aḷatekaḍḍi アラテカッディ〛[əḷə̆tekəḍḍi] *n.* 物差し [Ka. *aḷate* + *kaḍḍi*]

ಅಳತೆಗೋಲು 〚aḷategōlu アラテゴール〛[əḷə̆tego:lu] *n.* 長さを測る棒 [Ka. *aḷate* + *kōlu*] ☞ಅಳತೆಕಡ್ಡಿ (aḷatekaḍḍi)

ಅಳಬು 〚aḷabu アラブ〛[əḷə̆bu]《‡》*n.* 寸法、サイズ (*DEDR*) [Ka. D295]

ಅಳರು 〚aḷaru アラル〛[əḷə̆ru] ಅಳರು, ಅಳಱು《古》*vi.* 恐れる、怖じ気づく [Ka. *D277] ☞ಅಳಱ್ (aḷar̤)

ಅಳರ್ಪು 〚aḷarpu アラルプ〛[əḷərpu]《古》*n.* 1 恐れ、怖じ気、驚愕　2 悲嘆、苦悩 [Ka. *aḷar̤* + -*pu*]

ಅಳಲಿ 〚aḷali アラリ〛[əḷə̆li]《方》*n.* インド菩提樹（クワ科）→薬・宗 (*My.* (*Kitt.*)) [Ka. D202] *[IMP 39; IHT 33]

ಅಳಲಿಕೆ 〚aḷalike アラリケ〛[əḷə̆like] *n.* 悲しみ、嘆き、悲嘆 [Ka. < *ar̤alu* + -*ike*]

ಅಳಲು 〚aḷalu アラル〛[əḷəlu] ಅಱಲ್, ಅಱಲು《文》*vi.* 悲しむ、嘆く —*n.* 悲しみ、嘆き、悲痛、悲嘆 [Ka. < *ar̤alu* *D276]

ಅಳಲಿಸು 〚aḷalisu アラリス〛[əḷəlisu]《文》*vt.* 悲しませる、不幸にする [Ka. caus.]

ಅಳಲೆ¹ 〚aḷale アラレ〛[əḷə̆le] ಅಣಲು, ಅಣಲೆ, ಅಳಿಲೆ *n.* ミロバラン、カリロク（シクンシ科モモタマナ属、熱帯アジア産のシクンシ科の落葉喬木、乾燥した実はミロバランの原料となる）→洗・薬 [Ka. D119] *[IMP 5.264]

ಅಳಲೆ² 〚aḷale アラレ〛[əḷə̆le]《‡》*n.* リス [Ka. D2315] (*S.Mhr.* (*Kitt.*)) ☞ಅಳಿಲು (aḷilu)

ಅಳವಡಿಕೆ 〚aḷavaḍike アラヴァディケ〛[əḷə̆vəḍike] *n.*（環境や相手などに）合わせること、適応すること [Ka. *aḷa* + *paḍike*?]

ಅಳವಡು 〚aḷavaḍu アラヴァドゥ〛[əḷə̆vəḍu] *vi.*《*dat.*》 1（家などが趣味、要求、健康などに）適合する、合う ¶ ಈ ಆಫೀಸಿನ ವಾತಾವರಣಕ್ಕೆ ಅವನು ಇನ್ನೂ ಅಳವಟ್ಟಿಲ್ಲ. (ī āpʰīsina vātāvaraṇakke avanu innū aḷavaṭṭilla.) 彼はこの事務所の雰囲気にまだ順応していない。 2 合う ¶ ಇಡ್ಲಿಗೆ ಚಟ್ನಿ ಅಳವಡುತ್ತದೆ. (iḍlige caṭni aḷavaḍuttade.) イドリーにはチャトニーがお似合いだ。 3（環境、配偶者などに）合わせる [*aḷavu* + *paḍu*¹]

ಅಳವಡಿಸು 〚aḷavaḍisu アラヴァディス〛[əḷə̆vəḍisu] *vt.* 合わせる、適合させる [+ -*isu* caus.]

ಅಳವಿ¹ 〚aḷavi アラヴィ〛[əḷə̆vi] *n.* 1 力　2 能力 [Ka. D291] ☞ಅಳವು (aḷavu)¹

ಅಳವಿ² 〚aḷavi アラヴィ〛[əḷə̆vi] *n.* 近いこと、隣接 ¶ ಮನೆಯ ಅಳವಿಯಲ್ಲಿ ಬಾವಿ ಇದೆ. (maneya aḷaviyalli bāvi ide.) 家のそばに井戸がある。 [Ka. D296] ☞ಅಳವು (aḷavu)³

ಅಳವಿಗ¹ 〚aḷaviga アラヴィガ〛[əḷə̆vigɐ]《古》*m.*《*f.* *ಅಳವಿಗಳ್ (aḷavigaḷ)》剛勇の人 [Ka. *aḷavi*¹ D291 + -*ga*]

ಅಳವಿಗ² 〚aḷaviga アラヴィガ〛[əḷə̆vigɐ]《‡》*m.* 友達、友人 (*R.* (*Kitt.*)) [Ka. D301/D296]

ಅಳವು¹ 〚aḷavu アラヴ〛[əḷə̆vu] *n.* 1 能力 ¶ ಈ ಕೆಲ್ಸ ನನ್ನ ಅಳವಿನಲ್ಲಿ ಇಲ್ಲ. (ī kelsa nanna aḷavinalli illa.) この仕事は私の能力を超えている。 2 武勇、勇敢、剛勇 [Ka. D291, cf. D295]

ಅಳವು² 〚aḷavu アラヴ〛[əḷə̆vu] *n.* 1 大きさ　2 分量 (SK) [Ka. D295, cf. D296] ☞ಅಳ (aḷa)¹

ಅಳವು³ 〚aḷavu アラヴ〛[əḷə̆vu] *n.* 1 手の届く範囲　2 近いこと [Ka. D296, cf. D295] ☞ಅಳ (aḷa)¹

ಅಳಸು 〚aḷasu アラス〛[əḷə̆su]《古》*vi.* 性交中に声を発する —*n.* 性交中に発する声 [Ka. D306?]

ಅಳಱ್ 〚aḷar̤ アラル〛[əḷər̤] ಅಳರು, ಅಳಱು《古》*vi.* 1 恐れる、怖じ気づく　2 震える、振動する [Ka. D306]

ಅಳಱಿಸು 〚aḷar̤isu アラリス〛[əḷər̤isu]《古》*vt.* 怖がらせる、脅かす [Ka. *aḷar̤* D306 + -*isu*]

ಅಳಱು¹ 〚aḷar̤u アラル〛[əḷər̤u] ಅಳರು, ಅಳಱು《古》*vt.* 破壊する (*Pb.11.10*) —*vi.* 破壊される (*Pb.10.65*) [? cf. *aḷi*, *ar̤i* D277]

ಅಳಱು² 〚aḷar̤u アラル〛[əḷər̤u] ಅಳರು, ಅಳಱು《古》*vi.* [Ka. *D306] ☞ಅಳಱ್ (aḷar̤)

ಅಳಿ 〚aḷi アリ〛[əḷi] *vi.* 1 滅びる、滅亡する、朽ち果てる　2〔美〕死滅する —*vt.* 滅ぼす、滅亡させる [Ka. < *ar̤i* *D277]

ಅಳಿಯಿಸು 〚aḷiyisu アリイス〛[əḷijisu] ಅಳಿಸು *vt.* 1 破壊する、滅ぼす　2（痕跡、字などを）消す [caus. *D282]

ಅಳಿಸು¹ 〚aḷisu アリス〛[əḷĭsu] *vt.* 1 破壊する、滅ぼす　2（痕跡、字などを）消す [caus. D282]

ಅಳಿಕಿಸು 〚aḷikisu アリキス〛[əḷĭkisu]《古》*vt.* 脅かす、恐怖を与える [Ka. *aḷaku*³ + -*isu* D306] ☞ಅಳಕಿಸು

(aḷakisu)

ಅಳಿಕ 〚aḷika アリカ〛 [əḷikɐ] 《古》 *m.* 《*f.* ಅಳಿಕಿ (aḷiki)》 意気地なし、弱虫、卑怯者 [Ka. *aḷuku* D306 + *-a*?/*aḷu* *D282 + *-ka*?]

ಅಳಿಗೆ 〚aḷige アリゲ〛 [əḷĭge] *n.* [Ka. D303] ☞ಅಳಗೆ (aḷage)

ಅಳಿಪು¹ 〚aḷipu アリプ〛 [əḷipu] ಅಳಿಹು, ಅಳ್ಪು², ಅಱಿಪು 《古》 *vt.* 破壊する、滅ぼす [Ka. D277]

ಅಳಿಪು² 〚aḷipu アリプ〛 [əḷipu] ಅಳಿಹು, ಅಳುಪು, ಅಳುಹು 《古》 *vt.* 欲しがる、渇望する —*n.* 欲望、渇望 [Ka. D301]

ಅಳಿಯ 〚aḷiya アリヤ〛 [əḷijɐ] *m.* **1** 娘婿 **2** 姉や妹の息子 **3** 妻の兄弟の息子 [Ka. D2410]

ಅಳಿಯತನ 〚aḷiyatana アリヤタナ〛 [əḷijətənɐ] *n.* **1** 娘婿の地位 **2** 結婚後最初のディワーリーに花婿を呼んでもてなすこと [Ka. + *aḷiya* D2410 + *-tana*]

ಅಳಿಲು 〚aḷilu アリル〛 [əḷilu] ಅಣಿಲ್, ಅಣಿಲು² *n.* リス [Ka. D2315] 〔汎〕

ಅಳಿಲೆ 〚aḷile アリレ〛 [əḷĭle] *n.* ミロバラン、カリロク（熱帯アジア産のシクンシ科の落葉喬木、乾燥した実はミロバランの原料となる）[D119] ☞ಅಳಲೆ (aḷale)

ಅಳಿವು 〚aḷivu アリヴ〛 [əḷivu] ಅಱಿವು *n.* **1** 滅亡、衰微、衰退 **2** 〔美〕死、死去 [Ka. *aṟi* *D277 + *-vu*]

ಅಳಿಹು¹ 〚aḷihu アリフ〛 [əḷihu] 《古》 *vt.* 破壊する、滅ぼす [Ka. *D277] ☞ಅಳಿಪು (aḷipu)

ಅಳಿಹು² 〚aḷihu アリフ〛 [əḷihu] 《古》 *vt.* —*n.* ☞ಅಳಿಪು (aḷipu) [Ka. *D301]

ಅಳಿಱ್ 〚aḷiṟ アリル〛 [əḷiṟ] ಅರಲು, ಅಲರ್, ಅಱಲು, ಅಱಿಲ್ 《古》 *n.* 泥、泥水 [Ka. *D312] = ಕೆಸರು (kesaru)

ಅಳು 〚aḷu アル〛 [əḷu] ಅಳು, ಅೞ್, ಅೞು *vi.* **1** 泣く **2** 嘆く、悲しむ [Ka. *D282]

ಅಳಿಸು² 〚aḷisu アリス〛 [əḷĭsu] *vt.* **1** 泣かせる **2** 悲しませる [*aḷu* + *-isu*]

ಅಳುಂಬ 〚aḷuṃba アルンバ〛 [əḷumbɐ] ಅಳುಂಬು 《古》 (*n.*) **1** 極度〈の〉 **2** 魅力的〈な〉 [Ka. D287]

ಅಳುಂಬಂ 〚aḷuṃbaṃ アルンバン〛 [əḷumbəm] 《古》 *adv.* 極度に、とても [Ka. *D287]

ಅಳುಕು¹ 〚aḷuku アルク〛 [əḷuku] ಅಳ್ಕು *vi.* 恐れる、怖がる [Ka. D240]

ಅಳುಕು² 〚aḷuku アルク〛 [əḷuku] ಅಳಕು *vi.*（体に刺さったとげなどが）うずく、ちくちく痛む [Ka. D304]

ಅಳುಕು³ 〚aḷuku アルク〛 [əḷuku] ಅಳ್ಕು *vi.* **1** 恐れる、怖がる **2** 後ずさりする、ためらう **3** 震える —*n.* 恐れ、心配 [Ka. D306]

ಅಳುಕುಳಿ 〚aḷukuḷi アルクリ〛 [əḷukuḷi] *mf.* 泣き虫、すぐ泣く人 [Ka. *aḷu* *D282 + *kuḷi*]

ಅಳುಪು 〚aḷupu アルプ〛 [əḷupu] 《古》 *vt.* —*n.* ☞ಅಳಿಪು (aḷipu) [Ka. D301]

ಅಳುಬುರುಕ 〚aḷuburuka アルブルカ〛 [əḷuburukɐ] *m.* 《*f.* ಅಳುಬುರುಕಿ (aḷuburuki)》泣き虫、いつも泣き言を言う人 [Ka. *aṟu* Sk. *puruṣa-*?]

ಅಳುಲ್ 〚aḷul アルル〛 [əḷul] 《‡》 *n.* リス (*My.* (*Kitt.*)) [Ka. D2315] ☞ಅಳಿಲು (aḷilu)

ಅಳುಲೆ 〚aḷule アルレ〛 [əḷŭle] 《‡》 *n.* [Ka. D119] (*My.* (*Kitt.*)) ☞ಅಣಿಲೆ (aṇile) *[IMP 5.264]

ಅಳುಹು 〚aḷuhu アルフ〛 [əḷuhu] 《古》 *vt.* [Ka. *D301] ☞ಅಳಿಪು (aḷipu)²

ಅಳುವಿಕೆ 〚aḷuvike アルヴィケ〛 [əɭuvike] *n.* 泣くこと、など [Ka. *aḷu* + *-ike*, *D282]

ಅಳೆ¹ 〚aḷe アレ〛 [əḷe] *vt.* 計る、寸法を取る = ಅಳತೆ-ಮಾಡು (aḷatemāḍu) —*n.* 寸法 [Ka. D295]

ಅಳೆ² 〚aḷe アレ〛 [əḷe] 《古》 *n.* 脱脂乳；薄めたヨーグルト = ಮಜ್ಜಿಗೆ (majjige) 〔汎〕 [Ka. D2411]

ಅಳ್ಕಜ 〚aḷkaja アルカジャ〛 [əḷkəʤɐ] 《古》 *n.* 嫉妬 [Ka. D276] ☞ಅಱ್ಕಜ (aṟkaja)²

ಅಳ್ಕಮೆ 〚aḷkame アルカメ〛 [əḷkəme] 《古》 *n.* 未消化、消化不良 [Ka. D284, *D316(b)] ☞ಅಱ್ಕಮೆ (aṟkame)²

ಅಳ್ಕರೆ 〚aḷkare アルカレ〛 [əḷkəre] 《古》 *n.* [Ka. *D281] ☞ಅಕ್ಕರೆ (akkare)

ಅಳ್ಕಱ್ 〚aḷkaṟ アルカル〛 [əḷkəṟ] 《‡》 *vi.* 恐れる (*Šmd.Dh.* (*Kitt.*)) [Ka. D306]

ಅಳ್ಕಱು 〚aḷkaṟu アルカル〛 [əḷkəṟu] 《古》 *n.* [Ka. *D281] ☞ಅಕ್ಕರೆ (akkare)

ಅಳ್ಕು¹ 〚aḷku アルク〛 [əḷku] 《‡》 *vi.* 揺れる、がたつく (*My.* (*Kitt.*)) [Ka. D240]

ಅಳ್ಕು² 〚aḷku アルク〛 [əḷku] 《古》 *vi.* **1** 恐れる、恐怖を覚える **2** 萎縮する、すくむ、ひるむ **3** 力を失う —*n.* 恐れ、強い恐怖 [Ka. D306]

ಅಳ್ಕೆ¹ 〚aḷke アルケ〛 [əḷke] 《‡》 *n.* 押しあいへしあい [Ka. D158]

ಅಳ್ಕೆ² 〚aḷke アルケ〛 [əḷke] ಅಕ್ಕೆ, ಅರ್ಕೆ, ಅಱ್ಕೆ 《古》 *n.* 泣くこと [Ka. *D282] ☞ಅಱ್ಕೆ (aṟke)²

ಅಳ್ಗು 〚aḷgu アルグ〛 [əḷgu] ಅಗ್ಗು, ಅಱುಗು, ಅಱ್ಗು 《古》 *vi.* **1** 風化する、朽ち果てる **2** 崩壊する、崩れ落ちる [Ka. *D284] ☞ಅಱ್ಗು (aṟgu)²

ಅಳ್ತಿ 〚aḷti アルティ〛 [əḷti] 《古》 *n.* **1** 愛、欲望、興味 **2** 満足を与えるもの、楽しみ [Ka. *D281] ☞ಅರ್ತಿ (arti)¹

ಅಳ್ತೆ 〚aḷte アルテ〛 [əḷte] 《口》 *n.* 寸法、サイズ (*Šmd.49* (*Kitt.*)) [Ka. D295 *aḷe* + *-te*] ☞ಅಳತೆ (aḷate)

ಅಳ್ಪು¹ 〚aḷpu アルプ〛 [əḷpu] 《古》 *n.* 抱きしめること、抱擁 (*Čt.II.53* (*Kitt.*)) [Ka. D158] ☞ಅಪ್ಪು (appu)²

ಅಳ್ಪು² 〚aḷpu アルプ〛 [əḷpu] 《古》 *vt.* 破壊する、滅ぼす [Ka. *D277] ☞ಅಳಿಪು (aḷipu)¹

ಅಳ್ಳಕ 〚aḷḷaka アッラカ〛 [əllŏkɐ] (*n.*) **1**（ねり粉や、カレーとご飯を混ぜたものなどの）水分量が多すぎて薄い〈こと〉 **2**（服や結び目などが）ゆるい〈こと〉(SK) **3**（規則などの適用が）ゆるい〈こと〉 [Ka. D298]

ಅಳ್ಳನೆಲ 〚aḷḷanela アッラネラ〛 [əḷḷənelɐ] *n.* 沼地、湿地、泥沼 [Ka. D2412]

ಅಳ್ಳಿ ⟦aḷḷi アッリ⟧ [əḷḷi] 《‡》 *n.* [Ka. D119] (*My.* (*Kitt.*)) ☞ಅಳಿಲೆ (aḷile)

ಅಳ್ಳು ⟦aḷḷu アッル⟧ [əḷḷu] 《古》 *vi.* 揺れる [Ka. D294]

ಅಳ್ಳೂಮ ⟦aḷḷūma アッルーマ⟧ [əḷḷu:mɐ] 《方》 *n.* リス [Ka. D2315] (SK) ☞ಅಳಿಲು (aḷilu)

ಅಳ್ಳೆ[1] ⟦aḷḷe アッレ⟧ [əḷḷe] 《‡》 *n.* [Ka. D119] (*My.* (*Kitt.*)) ☞ಅಳಿಲೆ (aḷile)

ಅಳ್ಳೆ[2] ⟦aḷḷe アッレ⟧ [əḷḷe] 《‡》 *n.* インド菩提樹(クワ科イチジク属)(*My.* (*Kitt.*)) [Ka. D202] ☞ಅಳಲಿ (aḷali) *[IMP 3.39; IHT 33]

ಅಳ್ಳೆ[3] ⟦aḷḷe アッレ⟧ [əḷḷe] *n.* (あばら骨のすぐ下の)脇腹 [Ka. D294]

ಅಳ್ಳೆದೆ ⟦aḷḷede アッレデ⟧ [əḷḷeɗe] *n.* 意気地のない心、臆病、弱虫 [Ka. *aḷ*[2] + *ede*]

ಅಱ್ ⟦aṟ アル⟧ [əṟ] 《‡》 *vi.* 《過去語幹 art-, aṟat-, aṟut-》 1 乾く、干上がる (*Šmd.286; II, o.r.* ಅಱತು; *Kk.60* (*Kitt.*)) 2 消えてなくなる、消失する [Ka. D404]

ಅಱ[1] ⟦aṟa アラ⟧ [əṟɐ] 《古》 *n.* 1 徳、善行 2 慈善、喜捨 [Ka. D311]

ಅಱ[2] ⟦aṟa アラ⟧ [əṟɐ] 《古》 *n.* 衣類 (*Šmd.75*) [Ka. D318]

ಅಱ[3] ⟦aṟa アラ⟧ [əṟɐ] ಅರ 《古》 *n.* 干ばつ、飢饉 [Ka. D404]

ಅಱಂಬು ⟦aṟaṃbu アランブ⟧ [əṟəmbu] 《古》 *n.* 水の干上がった用水路や堀 [Ka. *D404] ☞ಅರುಬು (arubu)

ಅಱಂಬೆ ⟦aṟaṃbe アランベ⟧ [əṟəmbe] 《古》 *n.* 未消化、消化不良 [Ka. D316] ☞ಅಱಮೆ (aṟame)

ಅಱಕ ⟦aṟaka アラカ⟧ [əṟəkɐ] 《‡》 *n.* 瓦や玉などが壊れている状態 (*C.* (*Kitt.*)) [Ka. D315]

ಅಱಕೆ[1] ⟦aṟake アラケ⟧ [əṟəke] 《古》 *n.* 探すこと、捜索 [Ka. D314]

ಅಱಕೆ[2] ⟦aṟake アラケ⟧ [əṟəke] 《‡》 *n.* 砕片、割れたかけら (*Kitt.*) [Ka. D315]

ಅಱಚು ⟦aṟacu アラチュ⟧ [əṟəʧu] 《古》 *vi.* [Ka. D319] ☞ಅರಚು (aracu)

ಅಱಬು ⟦aṟabu アラブ⟧ [əṟəbu] 《古》 *n.* 旱魃；飢饉 [Ka. D404] ☞ಅರುಬು (arubu)

ಅಱಬೆ ⟦aṟabe アラベ⟧ [əṟəbe] 《古》 *n.* 未消化、消化不良 [Ka. D316] ☞ಅಱಮೆ (aṟame)

ಅಱಮೆ ⟦aṟame アラメ⟧ [əṟəme] ಅಱಂಬೆ, ಅಱಬೆ, ಅಱವೆ 《古》 *n.* 未消化、消化不良 [Ka. D316]

ಅಱಲ್[1] ⟦aṟal アラル⟧ [əṟəl] ಅಱಲು 《古》 *n.* 泥、泥水 [Ka. D312] ☞ಅಳಿಱ್ (aḷiṟ)

ಅಱಲ್[2] ⟦aṟal アラル⟧ [əṟəl] ಅಱಲು 《古》 *n.* 1 干上がること、乾燥すること 2 のどの渇き [Ka. *D404]

ಅಱವಟ್ಟಿಗೆ ⟦aṟavaṭṭige アラヴァッティゲ⟧ [əṟəvəṭṭige] 《古》 *n.* 無料給水所、旅行者に無料で水やバターミルクを供給する小屋 [Ka. *aṟa* + *vaṭṭige* ←Sk. *vāṭikā*-?]

ಅಱವತ್ತು ⟦aṟavattu アラヴァットゥ⟧ [əṟuvəttu] 《‡》 *numr.adj.* —*numr.n.* ☞ಅರುವತ್ತು (aruvattu) [Ka. D2485, D3918]

ಅಱವು[1] ⟦aṟavu アラヴ⟧ [əṟəvu] 《‡》 *n.* 1 知識 2 知覚、知覚作用 [Ka. D314] (*My.* (*Kitt.*))

ಅಱವು[2] ⟦aṟavu アラヴ⟧ [əṟəvu] 《‡》 *n.* 旱魃；飢饉 (*My.* (*Kitt.*)) [Ka. D404] ☞ಅರುಬು (arubu)

ಅಱವೆ[1] ⟦aṟave アラヴェ⟧ [əṟəve] 《古》 *n.* 未消化、消化不良 [Ka. D316] ☞ಅಱಮೆ (aṟame)

ಅಱವೆ[2] ⟦aṟave アラヴェ⟧ [əṟəve] 《‡》 *n.* きれ、布 (*C.* (*Kitt.*)) [Ka. D318] ☞ಅಱುವೆ (aṟuve)

ಅಱಸು ⟦aṟasu アラス⟧ [əṟəsu] 《古》 *vt.* 探す、捜し求める [Ka. D314]

ಅಱಿ ⟦aṟi アリ⟧ [əṟi] 《古》 *vt.* 《過去語幹 arit-, arid》知る、理解する [Ka. D314]

ಅಱಿಸು ⟦aṟisu アリス⟧ [əṟisu] 《古》 *vt.* 知らせる、通知する [Ka. D314]

ಅಱಿಕೆ[1] ⟦aṟike アリケ⟧ [əṟike] 《古》 *n.* 1 知識 2 名声、有名 3 慣習、慣わし 4 欲望、欲求、願望 [Ka. D314]

ಅಱಿಕೆ[2] ⟦aṟike アリケ⟧ [əṟike] 《‡》 *n.* 乾燥、水分がなくなること (*Kitt.*) [Ka. D404] ☞ಬಾಯಾಱಿಕೆ (bāyāṟike)

ಅಱಿಚು ⟦aṟicu アリチュ⟧ [əṟəʧu] 《古》 [Ka. D319] ☞ಅಱುಚು (aṟucu)

ಅಱಿತ ⟦aṟita アリタ⟧ [əṟitɐ] 《古》 *n.* [Ka. D314] ☞ಅರಿತ (arita)

ಅಱಿಪ ⟦aṟipa アリパ⟧ [əṟipɐ] ಅಱಿಹ 《古》 *n.* 1 知識；知ること 2 嘆願、陳情 [Ka. *D314] ☞ಅಱಿಪ (aṟipa)

ಅಱಿಪು ⟦aṟipu アリプ⟧ [əṟipu] ಅಱಿಹು, ಅಱುಪು, ಅಱುಹು 《古》 *vt.* 1 分からせる、理解させる 2 知らせる [Ka. D314] ☞ಅರಿಪು (aripu)

ಅಱಿಮೆ ⟦aṟime アリメ⟧ [əṟime] 《‡》 *n.* 知識 (*My.* (*Kitt.*)) [Ka. D314]

ಅಱಿಯಮಿಕೆ ⟦aṟiyamike アリヤミケ⟧ [əṟijəmike] 《古》 *n.* 無知、理解力の欠如 [Ka. 314]

ಅಱಿಲ್ ⟦aṟil アリル⟧ [əṟil] 《古》 *n.* 泥、泥水 (*Kk 24* (*Kitt.*)) [Ka. D312] ☞ಅಳಿಱ್ (aḷiṟ)

ಅಱಿವು ⟦aṟivu アリヴ⟧ [əṟivu] ಅಱುಹು 《古》 *n.* 知力(知識、理解力、判断力、認識力、記憶などを含む) [Ka. D314]

ಅಱಿವೆ[1] ⟦aṟive アリヴェ⟧ [əṟive] 《‡》 *n.* 未消化、消化不良 (*S.Mhr.* (*Kitt.*)) [Ka. D316] ☞ಅಱಮೆ (aṟame)

ಅಱಿವೆ[2] ⟦aṟive アリヴェ⟧ [əṟive] 《古》 *n.* きれ、布 [Ka. D318] ☞ಅಱುವೆ (aṟuve)[2]

ಅಱಿಹ ⟦aṟiha アリハ⟧ [əṟihɐ] 《古》 *n.* 嘆願、陳情 [Ka. D314] ☞ಅಱಿಪ (aṟipa)

ಅಱು[1] ⟦aṟu アル⟧ [əṟu] 《‡》 *n.* [Ka. D311] (*Kitt.*) ☞ಅಱ (aṟa)[1]

ಅಱು[2] ⟦aṟu アル⟧ [əṟu] 《‡》 *vi.* 切り落とされる、切断される (*Kitt.*) [Ka. D315]

ಅಱು[3] ⟦aṟu アル⟧ [əṟu] 《‡》 *n.* 旱魃；飢饉 [Ka. D404] (*Kitt.*) ☞ಅಱ (aṟa)[1]

ಅಱು ⟦aṟu アル⟧ [əṟu] 《古》 *numr. adj.*《複合語頭で》6、六つの ¶ ಅಱುದಿಂಗಳ್ (aṟudiṃgaḷ) 6 か月 [Ka. *D2485]

ಅಱುಂಬು ⟦aṟuṃbu アルンブ⟧ [əṟumbu] 《古》 *n.* 旱魃；飢饉 [Ka. *D404] ☞ಅರುಬು (arubu)

ಅಱುಚು ⟦aṟucu アルチュ⟧ [əṟuʧu] ಅರಚು, ಅಱಚು, ಅಱಿಚು 《古》 *vi.* わめく、大声で叫ぶ [Ka. D319]

ಅಱುನೂಱು ⟦aṟunūṟu アルヌール⟧ [əṟunu:ṟu] 《古》 *numr.adj.* 600 の —*numr.n.* 600 [Ka. *āṟu* + *nūṟu*]

ಅಱುಪು ⟦aṟupu アルプ⟧ [əṟupu] 《古》 *vt.* 分からせる、理解させる [Ka. D314] ☞ಅಱಿಪು (aṟipu)

ಅಱುಬು ⟦aṟubu アルブ⟧ [əṟubu] 《古》 *n.* 旱魃；飢饉 [Ka. D404] ☞ಅರುಬು (arubu)

ಅಱುವತ್ತು ⟦aṟuvattu アルヴァットゥ⟧ [əṟuvəttu] ಅಱ-ವತ್ತು 《古》 *numr.* 60 —*numr.n.* 60 ☞ಅರುವತ್ತು (aruvattu) [Ka. *aṟu*- D2485 + *pattu* D3918]

ಅಱುವರ್ ⟦aṟuvar アルヴァル⟧ [əṟvar] 《古》 *numr.* 6 人 [Ka. *āṟu* 2485 + -*var*] ☞ಆರ್ವರು (ārvaru)

ಅಱುವು ⟦aṟuvu アルヴ⟧ [əṟŭvu] 《古》 *n.* [Ka. D314] ☞ಅಱಿವು (aṟivu)

ಅಱುವೆ ⟦aṟuve アルヴェ⟧ [əṟuve] ಅರಿವೆ, ಅರುಬೆ, ಅಱಿವೆ 《古》 *n.* きれ、布 [Ka. D318]

ಅಱುಹು¹ ⟦aṟuhu アルフ⟧ [əṟuhu] 《古》 *n.* [Ka. < *aṟivu* D314] ☞ಅಱಿವು (aṟivu)

ಅಱುಹು² ⟦aṟuhu アルフ⟧ [əṟuhu] 《古》 *vt.* [Ka. *D314] ☞ಅಱಿಪು (aṟipu)

ಅಱುಲು ⟦aṟulu アルル⟧ [əṟulu] 《‡》 *n.* 泥、泥水 (*Kitt.*) [Ka. D312] ☞ಅಳಿಱ್ (aḷiṟ)

ಅಱೆ¹ ⟦aṟe アレ⟧ [əṟe] 《古》 *vt.* 殴る、(平手で)叩く —*n.* 殴ること、(平手で)叩くこと [Ka. *aṟe* D320]

ಅಱೆ² ⟦aṟe アレ⟧ [əṟe] 《古》 *n.* 岩、岩石 [Ka. D321]

ಅಱೆ³ ⟦aṟe アレ⟧ [əṟe] 《古》 *vi.*《過去語幹 aṟat-, aṟet-》 1 乾く、干上がる 2 痩せ衰える、衰弱する [Ka. *D404] = ಬತ್ತು (battu)

ಅೞ್¹ ⟦aḻ アル⟧ [əɻ] ಅಳ್, ಅಳು, ಅೞು 《古》 *vi.* 1 泣く 2 嘆く、悲しむ ☞ಅಳು (aḷu)〔汎〕[Ka. D282]

ಅೞ್² ⟦aḻ アル⟧ [əɻ] 《‡》 *vi.*《過去語幹 aḻd-》(水中などに)沈む、浸かる (*Šmd.I.; Ršv.13, after 96 (Kitt.)*) [Ka. D396]

ಅೞ ⟦aḻa アラ⟧ [əɻɐ] 《‡》 *vi.* [Ka. D282] (*Kitt.*) ☞ಅೞ್ (aḻ)

ಅೞಟು ⟦aḻaṭu アラトゥ⟧ [əɻəʈu] 《‡》 *vi.* 苦悶する、高熱に苛まれるように苦しむ (*R.; T., M. (Kitt.)*) [Ka. D276]

ಅೞಲ್ ⟦aḻal アラル⟧ [əɻəl] ಅಳಲು, ಅೞಲು 《古》 *vi.* 悲しむ、嘆く (*Pb.12.16*) —*n.* 1 悲しみ、悲嘆 (*Pb.3.7*) 2 恐れ [Ka. D276]

ಅೞಲಿಕೆ ⟦aḻalike アラリケ⟧ [əɻə̆like] 《‡》 *n.* 悲しみ、嘆き、悲嘆 (*C. (Kitt.)*) [Ka. < *aḻalu* + -*ike*]

ಅೞಲ್ ⟦aḻal アラル⟧ [əɻəl] 《古》 *vi.* —*n.* ☞ಅಳಲು (aḷalu) [Ka. D276]

ಅೞಲಿಸು ⟦aḻalisu アラリス⟧ [əɻəlisu] 《古》 *vt.* 悲しませる、不幸にする [+ -*isu* caus.]

ಅೞಲ್ಚು ⟦aḻalcu アラルチュ⟧ [əɻəlʧu] 《古》 *vt.* 悲しませる、不幸にする [Ka. caus. D276] = ಅೞಲಿಸು (aḻalisu)

ಅೞವು ⟦aḻavu アラヴ⟧ [əɻəvu] 《‡》 *vt.* 破壊する、滅ぼす (*S.Mhr. (Kitt.)*) [Ka. D277]

ಅೞವೆ ⟦aḻave アラヴェ⟧ [əɻəve] 《‡》 *n.* 潮の満ち干きがある河口の湿地帯 (*Mg. (Kitt.)*) [Ka. D278]

ಅೞಸು¹ ⟦aḻasu アラス⟧ [əɻə̆su] 《‡》 *vt.* (痕跡、字などを)消す (*My. (Kitt.)*) [*aḻi* + -*su* caus. D277]

ಅೞಸು² ⟦aḻasu アラス⟧ [əɻə̆su] 《‡》 *vt.* 泣かせる (*C. (Kitt.)*) [*aḻi* + -*su* D282]

ಅೞಿ ⟦aḻi アリ⟧ [əɻi] ಅಳಿ 《古》 *vi.* 1 滅びる、滅亡する、朽ち果てる 2〔美〕死滅する —*vt.* 滅ぼす、滅亡させる [Ka. D277]

ಅೞಿಯಿಸು ⟦aḻiyisu アリイス⟧ [əɻijisu] ಅಳಿಯಿಸು 《古》 *vt.* 1 破壊する、滅ぼす 2 (痕跡、字などを)消す [+ -*isu* caus. D282]

ಅೞಿಸು¹ ⟦aḻisu アリス⟧ [əɻĭsu] 《古》 *vt.* 1 破壊する、滅ぼす 2 (痕跡、字などを)消す [+ -*su* caus. D282]

ಅೞಿಕ ⟦aḻika アリカ⟧ [əɻikɐ] 《古》 *m.*《*f.* *ಅೞಿಕಿ (aḻiki)》 やくざ者、ろくでなし [Ka. *aḻi* + -*ka* D282]

ಅೞಿಕಿಸು ⟦aḻikisu アリキス⟧ [əɻikisu] 《‡》 *vt.*〈書いた字などを〉消す (*S.Mhr (Kitt.)*) [Ka. *aḻi* + ? D277]

ಅೞಿಚು ⟦aḻicu アリチュ⟧ [əɻiʧu] 《‡》 *vt.* 破壊する、滅ぼす (*My. (Kitt.)*) [Ka. D277]

ಅೞಿಪು¹ ⟦aḻipu アリプ⟧ [əɻipu] 《古》 *vt.* 破壊する —*n.* 破壊 [Ka. D277]

ಅೞಿಪು² ⟦aḻipu アリプ⟧ [əɻipu] 《‡》 *n.* 愛、愛情 [Ka. D281]

ಅೞಿವು ⟦aḻivu アリヴ⟧ [əɻivu] 《古》 *vt.* 破壊する —*n.* 死、死亡 ☞ಅಳಿವು (aḷivu) [Ka. D277]

ಅೞಿಹು ⟦aḻihu アリフ⟧ [əɻihu] 《‡》 *n.* 破壊 (*My. (Kitt.)*) [Ka. D277]

ಅೞು ⟦aḻu アル⟧ [əɻu] 《古》 *vi.* [Ka. D282] ☞ಅಳು (aḷu)

ಅೞಿಸು² ⟦aḻisu アリス⟧ [əɻĭsu] *vt.* 1 泣かせる 2 悲しませる [*aḻu* + -*isu*] ☞ಅಳಿಸು (aḷisu)

ಅೞುಸು ⟦aḻusu アルス⟧ [əɻŭsu] 《‡》 *vt.* 泣かせる (*My. (Kitt.)*) [+ -*su* caus. *D282]

ಅೞುಕುೞಿ ⟦aḻukuḻi アルクリ⟧ [əɻukuɭi] 《‡》 *mf.* 泣き虫、すぐ泣く人 (*Kitt.*) [Ka. *aḻu* D282 + *kuḻi*] ☞ಅಳುಕುಳಿ (aḷukuḷi)

ಅೞುಗು¹ ⟦aḻugu アルグ⟧ [əɻugu] 《‡》 *vt.* 愛する (*Šmd.II (Kitt.)*) [Ka. D281]

ಅೞುಗು² ⟦aḻugu アルグ⟧ [əɻugu] ಅಗ್ಗು, ಅಳ್ಗು, ಅೞ್ಗು 《古》 *vi.* 滅びる、滅亡する [Ka. D284] ☞ಅಳ್ಗು (algu)

ಅೞುಪು ⟦aḻupu アルプ⟧ [əɻupu] 《‡》 *vt.* 破壊する (*My. (Kitt.)*) [Ka. D277]

ಅೞುವಿಕೆ ⟦aḻuvike アルヴィケ⟧ [əZuvike] 《‡》 *n.* 泣くこと、など (*My. (Kitt.)*) [Ka. *aḻu* D282 + -*ike*]

ಅಱುವು ⟦aṟuvu アルヴ⟧ [əɻuvu] 《‡》 *vt.* 破壊する (*My.* (*Kitt.*)) [Ka. D277]

ಅಱುಹು ⟦aṟuhu アルフ⟧ [əɻuhu] 《‡》 *n.* 破壊 (*My.* (*Kitt.*)) [Ka. D277]

ಅಱ್ಕಜ[1] ⟦aṟkaja アルカジャ⟧ [əɻkədʒɐ] ಅಕ್ಕಜ, ಅಕ್ಕದ 《古》 *n.* 驚き、驚嘆 [Ka. D20]

ಅಱ್ಕಜ[2] ⟦aṟkaja アルカジャ⟧ [əɻkədʒɐ] ಅಕ್ಕಜ, ಅಳ್ಕದ 《古》 *n.* 羨むこと、嫉妬 [Ka. D276]

ಅಱ್ಕಮೆ[1] ⟦aṟkame アルカメ⟧ [əɻkəme] 《‡》 *n.* 朽ちること [Ka. D284]

ಅಱ್ಕಮೆ[2] ⟦aṟkame アルカメ⟧ [əɻkəme] ಅಕ್ಕಮೆ, ಅಕ್ಕ-ವೆ, ಅರ್ಕಮೆ, ಅಳ್ಕಮೆ 《古》 *n.* 未消化、消化不良 [Ka. D316(b)]

ಅಱ್ಕಱ್ ⟦aṟkaṟ アルカル⟧ [əɻkəɾ] 《古》 *n.* [Ka. D281] (*Pb.1.116; 4.109*) ☞ಅಕ್ಕರೆ (akkare)

ಅಱ್ಕಱು ⟦aṟkaṟu アルカル⟧ [əɻkəɾu] 《古》 *n.* [Ka. *D281] ☞ಅಕ್ಕರೆ (akkare)

ಅಱ್ಕಾಡು ⟦aṟkāḍu アルカードゥ⟧ [əɻkɐːɖu] 《古》 *vi.* 完全に消費される、跡形なく消え失せる [Ka. *aṟku* + *āḍu* D277]

ಅಱ್ಕಿಸು ⟦aṟkisu アルキス⟧ [əʒkisu] ಅಕ್ಕಿಸು 《古》 *vt.* 消化する [Ka. D284]

ಅಱ್ಕು[1] ⟦aṟku アルク⟧ [əɻku] 《古》 *vi.* 風化する、朽ち果てる [Ka. *D277]

ಅಱ್ಕು[2] ⟦aṟku アルク⟧ [əɻku] 《古》 *vi.* 消化される [Ka. D284]

ಅಱ್ಕೆ[1] ⟦aṟke アルケ⟧ [əɻke] 《‡》 *n.* 料理すること、煮ること (*Kitt.*) [Ka. D76]

ಅಱ್ಕೆ[2] ⟦aṟke アルケ⟧ [əɻke] ಅಕ್ಕೆ, ಅರ್ಕೆ, ಅಳ್ಕೆ 《古》 *n.* 泣くこと (*Pb.8.82.V*) [Ka. D282] ☞ಅಳ್ಕೆ (aḷke)

ಅಱ್ಗು ⟦aṟgu アルグ⟧ [əɻgu] 《古》 *vi.* **1** 風化する、朽ち果てる **2** 崩壊する、崩れ落ちる [Ka. D284] ☞ಅಳ್ಗು (aḷgu)

ಅಱ್ಗೆ ⟦aṟge アルゲ⟧ [əɻge] 《古》 *n.* 調理、料理 (*Pb.11.64* (*in alliteration position*)) [Ka. *aḍu -ige* *D76] ☞ಅಡುಗೆ (aḍuge)

ಅಱ್ತಿ ⟦aṟti アルティ⟧ [əɻti] 《古》 *n.* **1** 愛、欲望、興味 (*Pb.1.14*) **2** 満足、喜び (*Pb.6.71.V*) [Ka. D281] ☞ಅರ್ತಿ (arti)[1]

ಅಱ್ದು ⟦aṟdu アルドゥ⟧ [əɻdu] 《古》 *vt.* 水などに浸ける、浸す (*Pb.1.72*) —*vi.* 水などに浸かる、もぐる (*Pb.2.32*) ☞ಅದ್ದು (addu) [Ka. D285]

ಅಱ್ವ್ ⟦aṟv アルヴ⟧ [əɻv] 《古》 *vi.* 燃える (*Pb.13.71*) [Ka. D277]

ಅಱ್ವು ⟦aṟvu アルヴ⟧ [əɻvu] 《古》 *vi.* 燃える [Ka. D277]

ಆ

ಆ[1] ⟦ā アー⟧ [ɐː] *n.* カンナダその他のインド系言語で音素 /ā/ またはそれを表す文字 [Ka.]

ಆ[2] ⟦ā アー⟧ [ɐː] *pron.adj.* **1** あの (遠称の代名詞) ¶ ಆ ಹುಡುಗಿ ಅವನ ತಂಗಿ. (ā huḍugi avana taṃgi.) あの女の子はあの男の妹だ。 **2** その (前方照応の代名詞) ¶ ಆ ಹುಡುಗಿಗೆ ಈ ತಿಂಗಳು ಮದುವೆ ಇದೆ. (ā huḍugige ī tiṃgaḷu maduve ide.) 彼女は今月結婚する。 —*dem. morph.* 〔言〕 遠称または前方照応の代名詞語幹、ಆಕೆ (āke)「彼女」、ಆಗ (āga)「あの時」など [Ka. D1]

ಆ[3] ⟦ā アー⟧ [ɐː] *intrj.* ああ (驚きや痛みを表す間投詞) ¶ ಆ, ಜೇಬುಕಳ್ಳ! (ā, jēbukaḷḷa!) あっ、すりだ! [Ka. D332]

ಆ[4] ⟦ā アー⟧ [ɐː] 《古》 *n.* 《*pl.* ಆಕಳ್ (ākaḷ)》 雌牛 [Ka. D334] = ಆವು (āvu)

ಆ-[5] ⟦ā- アー-⟧ [ɐː] 《古》 *pron.adj.* 何…、何の (疑問を表す形態素) ¶ ಆವಂ (āvaṃ) どの人 (男性) ¶ ಆವಳ್ (āvaḷ) どの人 (女性) (*Pb.1.27*) (*Pb.8.63*) [Ka. D5151] ☞ಯಾ (yā)

-ಆ[6] ⟦-ā -アー⟧ [ɐː] *suf.* 普通文末に付く疑問詞、「か」 ¶ ಅವರು ನಿಮ್ಮ ಅಕ್ಕನಾ? (avaru nimma akkanā?) あの方があなたのおねえさんなのですか。 [Ka.] = -ಏ (-ē) 〔口〕

ಆಂ[1] ⟦āṃ アーン⟧ [ɔ̃ː] 《文》 *intrj.* **1** そう、うん (賛成、同意、承諾を表す間投詞) ¶ ನೀವು ನಿನ್ನೆ ಬಂದಿರಾ? – ಆಂ, ನಿನ್ನೆ ಬಂದೆ. (nīvu ninne baṃdirā? – āṃ, ninne baṃde.) 昨日いらっしゃったのですか。— はい、昨日来ました。 **2** ああ ¶ ಆಂ, ಅದು ನಿಜ! (āṃ, adu nija!) ああ、それは本当だ。 [Ka. Ø]

ಆಂ[2] ⟦āṃ アーン⟧ [ɐːm] 《古》 *pron.mf.* 私は、僕は、俺は (人称代名詞一人称単数) (*Pb.1.93*) [Ka. *D5160] ☞ನಾನು (nānu)

ಆಂಕೆ[1] ⟦āṃke アーンケ⟧ [ɐːŋke] 《古》 *n.* **1** 命令、指令 **2** 制御、管理、支配 **3** 反対 (*Pb.11.76*) [Ka. D408]

ಆಂಕೆ[2] ⟦āṃke アーンケ⟧ [ɐːŋke] ಆಕೆ 《古》 *n.* **1** 敵対、反抗 **2** 〔喩〕 支持、援助、後援 **3** 《古》 つかむこと、(球などを) 受けること [Ka. D409] = ಆನಿಕೆ (ānike)

ಆಂಗಿಕ ⟦āṃgika アーンギカ⟧ [ɐːŋgikɐ] 《文》 *adj.* 体に関した、肉体的な [Sk.]

ಆಂಗ್ಲ ⟦āṃgla アーングラ⟧ [ɐːŋglɐ] *adj.*, *m.* 《*f.* ಆಂಗ್ಲಳು (āṃglaḷu)》 イギリス〈の〉、イギリス人〈の〉 [Eg. *Anglo*]

ಆಂಗ್ಲೇಯ ⟦āṃglēya アーングレーヤ⟧ [ɐːŋgleːjɐ] 《古》

adj. イギリスの [Eg. anglo- + Sk. -ēya-] = ಆಂಗ್ಲ (āṃgla)

ಆಂಡಾರಿ ⟦āṃḍāri アーンダーリ⟧ [ɐːɳɖɐːri] 《古》 mf. 1 神に（特にシヴァ神に）深く帰依した人 2 シヴァに帰依した人の名 [Ka. D5157, cf. Ta. āṇṭār]

ಆಂಡಿ ⟦āṃḍi アーンディ⟧ [ɐːɳɖi] 《古》 mf. シヴァ派の托鉢修道者 [Ka. D356] = ಜಂಗಮ (jaṃgama)

ಆಂತರ ⟦āṃtara アーンタラ⟧ [ɐːntərɐ] 《文》 (adj.) 1 内部…、内部〈の〉、内部的な〈こと〉 2 中間〈の〉、中間的な〈こと〉 3 内面的な〈こと〉、内在的な〈こと〉 [Sk.]

ಆಂತರಿಕ ⟦āṃtarika アーンタリカ⟧ [ɐːntərikɐ] 《文》 adj. 1 内部の、内部的な 2（時間的に、場所的に、社会的に）中間の、中間的な 3 内面的な、内在的な [Sk.]

ಆಂತರಿಕಶಕ್ತಿ ⟦āṃtarikaśakti アーンタリカシャクティ⟧ [ɐːntərikəʃəkti] n. 精神力（肉体的な力に対比して）¶ ಕುಮಾರಗಂಧರ್ವರಿಗೆ ಒಂದೇ ಫುಪ್ಫುಸವಿದ್ದರೂ ಆಂತರಿಕ ಶಕ್ತಿಯಿಂದ ಹಾಡುತ್ತಾರೆ. (kumāragaṃdʰarvarige oṃdē pʰuppʰusaviddarū āṃtarika śaktiyiṃda hāḍuttāre.) クマーラガンダルヴァには肺が一つしかないが、精神力で歌っている。[Sk.]

ಆಂತರ್ಯ ⟦āṃtarya アーンタリヤ⟧ [ɐːntərjɐ] n. 言外の意図、意味、真意 [Sk.]

ಆಂತ್ರ ⟦āṃtra アーントラ⟧ [ɐːntrɐ] adj. はらわたや臓物に関する —n. 1 内臓、（特に）腸 2 心中、内心 ¶ ಅವನು ಆಂತ್ರದಲ್ಲಿ ಹಗೆ ಇಟ್ಟುಕೊಂಡು ಮೇಲೆ ಸ್ನೇಹ ತೋರಿಸುತ್ತಾನೆ. (avanu āṃtradalli hage iṭṭukoṃḍu mēle snēha tōrisuttāne.) 彼は心中に敵意を抱いているが、表面的には友情を装っている。[Sk.]

ಆಂದೆ ⟦āṃde アーンデ⟧ [ɐːnde] 《文》 n. 白い小型のフクロウの一種 [Ka. *D359] = ಹಾಲಕ್ಕಿ (hālakki)〔汎〕*[BIB 35.6]

ಆಂದೆಗ ⟦āṃdega アーンデガ⟧ [ɐːndĕgɐ] n. 白い小型のフクロウの一種 [Ka. D359] *[BIB 35.6]

ಆಂದೋಲ ⟦āṃdōla アーンドーラ⟧ [ɐːndoːlɐ] n. 1 揺れること、揺れ動くこと、（長い周期での）振動 2 ブランコ 3（人を乗せる）駕籠（かご） 4〔喩〕動揺、心が揺れ動くこと [Sk.]

ಆಂದೋಲನ ⟦āṃdōlana アーンドーラナ⟧ [ɐːndoːlənɐ] ಆಂದೋಳನ n. 1 揺れること、揺れ動くこと、（長い周期での）振動 2 ブランコ = ಉಯ್ಯಾಲೆ (uyyāle) 3（人を乗せる）駕籠（かご） 4（政治的、社会的な）運動 [Sk.]

ಆಂದೋಳನ ⟦āṃdōḷana アーンドーラナ⟧ [ɐːndoːɭənɐ] n. [Sk.] ☞ಆಂದೋಲನ (āṃdōlana)

ಆಂಧ್ರ ⟦āṃdʰra アーンドラ⟧ [ɐːndʰrɐ] n. 1 アーンドラ・プラデーシュ州の沿岸部 2 アーンドラ・プラデーシュ州（アーンドラとラーヤルシーマーからなる）[Sk.]

ಆಃ ⟦āḥ アーッ⟧ [ɐːh] intrj. ああ（驚きまたは苦痛を表す間投詞）¶ ಆಃ, ಹೊಟ್ಟೆ ನೋಯುತ್ತೆ. (āḥ, hoṭṭe nōyutte.) ああ、おなかが痛い。[Ka. D332]

ಆಕರ ⟦ākara アーカラ⟧ [ɐːkărɐ] n. 1 鉱山 2〔喩〕何かを豊かに産み出す場所やもの、宝庫 3（組織化されていない）人の集まり、雑踏 4（引用や着想などの）出典、源泉 ¶ ನಿಮ್ಮ ಉದಾಹರಣೆಗಳಿಗೆ ಯಾವಾಗಲೂ ಆಕರ ಕೊಡಬೇಕು. (nimma udāharaṇegaḷige yāvāgalū ākara koḍabēku.) 図版には必ず出典を付さなければならない。[Sk.]

ಆಕರಗ್ರಂಥ ⟦ākaragraṃtʰa アーカラグランタ⟧ [ɐːkărəgrəntʰɐ] n.（情報や論文などの）出典となる本 [Sk.]

ಆಕರ್ಷ ⟦ākarṣa アーカルシャ⟧ [ɐːkərʂɐ] n. 1 引っ張ること、引きつけること 2 魅力、魅惑、心を惹きつけること 3《文》（弓を）引くこと [Sk.]

ಆಕರ್ಷಕ ⟦ākarṣaka アーカルシャカ⟧ [ɐːkərʂăkɐ] adj. 魅力的な、心を惹きつける —n. 磁石 [Sk.]

ಆಕರ್ಷಣ ⟦ākarṣaṇa アーカルシャナ⟧ [ɐːkərʂăɳɐ] n. 1 引っ張ること、引きつけること 2 魅力、魅惑 [Sk.] = ಆಕರ್ಷಣೆ (ākarṣaṇe)

ಆಕರ್ಷಣೆ ⟦ākarṣaṇe アーカルシャネ⟧ [ɐːkərʂăɳe] ಆಕರ್ಷಣ n. 1 引っ張ること、引きつけること 2 魅力、魅惑 [Sk.] ☞ākarṣaṇa

ಆಕರ್ಷಿತ ⟦ākarṣita アーカルシタ⟧ [ɐːkərʂĭtɐ] 《文》 adj. 魅惑された、魅了された [Sk.]

ಆಕರ್ಷಿಸು ⟦ākarṣisu アーカルシス⟧ [ɐːkərʂisu] vt. 1〈ものを〉引き寄せる 2（磁石などが）〈鉄などを〉引きつける 3〈人を〉魅惑する、〈心を〉惹きつける [Sk.]

ಆಕಲನ ⟦ākalana アーカラナ⟧ [ɐːkələnɐ] n. 1 結合、接合 2（書物、芸術作品、切手などの）収集、集めること [Sk.]

ಆಕಸ್ಮಿಕ ⟦ākasmika アーカスミカ⟧ [ɐːkəsmikɐ] adj. 1 突然の、不意の 2 偶然の、たまたまの —n. 偶然の出来事、予期しない出来事 [Sk.]

ಆಕಳ್ ⟦ākaḷ アーカル⟧ [ɐːkəɭ] 《古》 n. 雌牛 [Ka. āvu + kaḷ ?, D334] ☞ಆಕಳು (ākaḷu)

ಆಕಳ ⟦ākaḷa アーカラ⟧ [ɐːkăɭɐ] 《古》 n. [Ka. D334] ☞ಆಕಳ್

ಆಕಳಿ ⟦ākaḷi アーカリ⟧ [ɐːkăɭi] n. 残りもの [Ka. āyke *D363 + uḷi] ☞ಆಯ್ಕುಳಿ (āykuḷi)

ಆಕಳಿಕೆ ⟦ākaḷike アーカリケ⟧ [ɐːkəɭĭke] ಆಕುಳಿಕೆ, ಆಗಳಿಕೆ, ಆಗುಳಿಕೆ, ಆಗುಳಿಕ್ಕೆ, ಆಗುಳಿರ್ಕೆ n. あくび [Ka. D392 ākaḷ + -ike] = ಆಗುಳಿಕೆ (āguḷike)

ಆಕಳಿಸು ⟦ākaḷisu アーカリス⟧ [ɐːkəɭisu] ಆಕುಳಿಸು, ಆಗಳಿಸು, ಆಗುಳಿಸು, ಆವಳಿಸು vi. あくびする [Ka. D392]

ಆಕಳು ⟦ākaḷu アーカル⟧ [ɐːkăɭu] ಆಕಳ್, ಆಕಳ n. 雌牛 [Ka. āvu + kaḷ ?, *D334] = ಹಸು (hasu)

ಆಕಾಂಕ್ಷಿಸು ⟦ākāṃkṣisu アーカーンクシス⟧ [ɐːkɐːŋkʂisu] vi. 《dat.》希求する、切望する ¶ ಹಣಕ್ಕಾಗಿ ಎಲ್ಲರೂ ಆಕಾಂಕ್ಷಿಸುತ್ತಾರೆ. (haṇakkāgi ellarū ākāṃkṣisuttāre.) 誰でもお金は欲しがるものだ。[Sk.]

ಆಕಾಂಕ್ಷೆ ⟦ākāṃkṣe アーカーンクシェ⟧ [ɐːkɐːŋkʂe] *n.* 望み、願い、希望 [Sk.]

ಆಕಾರ[1] ⟦ākāra アーカーラ⟧ [ɐːkɐːrɐ] *n.* 形、形状 [Sk.]

ಆಕಾರ[2] ⟦ākāra アーカーラ⟧ [ɐːkɐːrɐ] *n.* カンナダその他のインド系文字で /ā/ を表す文字 [Sk.]

ಆಕಾಶ ⟦ākāśa アーカーシャ⟧ [ɐːkɐːʃɐ] *n.* 空、大空 [Sk.] = ಬಾನು (bānu)〔口〕

ಆಕಾಶಕಾಯ ⟦ākāśakāya アーカーシャカーヤ⟧ [ɐːkɐːʃə̆kɐːjɐ] *n.* 天体 [Sk.]

ಆಕಾಶಗಾಮಿ ⟦ākāśagāmi アーカーシャガーミ⟧ [ɐːkɐːʃə̆gɐːmi] *adj., mf.* **1** 空を飛ぶ〈人や神〉) **2** 宇宙飛行士 [Sk.]

ಆಕಾಶದೀಪ ⟦ākāśadīpa アーカーシャディーパ⟧ [ɐːkɐːʃə̆diːpɐ] 《文》 *n.* ディワーリーの祭りにあたり、高い柱の上で灯す吊り灯籠[⇒図] [Sk.]

ಆಕಾಶದೀಪ
吊り灯籠

ಆಕಾಶಪುರಾಣ ⟦ākāśapurāṇa アーカーシャプラーナ⟧ [ɐːkɐːʃə̆purɐːɳɐ] 《文》 *n.* (人を騙したり感服させたりするための) 作り話 ¶ ರಾಜಕಾರಣಿಗಳು ಬರೀ ಆಕಾಶಪುರಾಣವನ್ನು ಹೇಳುತ್ತಾರೆ. (rājakāraṇigaḷu barī ākāśapurāṇavannu hēḷuttāre.) 政治家の話は夢物語ばかりだ。 [Sk.]

ಆಕಾಶಮಂಡಲ ⟦ākāśamaṃḍala アーカーシャマンダラ⟧ [ɐːkɐːʃə̆məɳɖə̆lɐ] 《文》 *n.* 天球 [Sk.]

ಆಕಾಶಯಾನ ⟦ākāśayāna アーカーシャヤーナ⟧ [ɐːkɐːʃə̆jɐːnɐ] *n.* **1** 空の旅、宇宙旅行 **2** 空を飛ぶ車 [Sk.]

ಆಕಾಶವಾಣಿ ⟦ākāśavāṇi アーカーシャヴァーニ⟧ [ɐːkɐːʃə̆vɐːɳi] *n.* **1** 天からの声 **2** ラジオ放送 **3** オールインディア・レイディオ (インド政府の管理下にあるラジオ放送機関の名) [Sk.]

ಆಕು ⟦āku アーク⟧ [ɐːku] 《古》 *n.* **1** 葉、薬草 **2** まだ移植していない稲の苗 **3** 芽生えた穀物 **4** 繊維 [Te. D335] *(Kitt.)*

ಆಕುಲ ⟦ākula アークラ⟧ [ɐːkulɐ] (*n.*) 心が動揺した〈こと〉、狼狽した〈こと〉 **—*n.*** 心の動揺、狼狽 ¶ ಅವನ ನಡುಗುತ್ತಿರುವ ಕೈ ಮನಸ್ಸಿನ ಆಕುಲವನ್ನು ತೋರಿಸುತ್ತಿದೆ. (avana naḍuguttiruva kai manassina ākulavannu tōrisuttide.) 彼の震える手が、心の動揺を表している。 [Sk.]

ಆಕುಳಿ ⟦ākuḷi アークリ⟧ [ɐːkŭɭi] *n.* 残りもの [Ka. *āyke* *D363 + *uḷi*] ☞ಆಯ್ಕುಳಿ (āykuḷi)

ಆಕುಳಿಕೆ ⟦ākuḷike アークリケ⟧ [ɐːkuɭike] *n.* あくび [Ka. *āguḷ-* + *-ike* D392] = ಆಕಳಿಕೆ (ākaḷike)

ಆಕುಳಿಸು ⟦ākuḷisu アークリス⟧ [ɐːkuɭĭsu] *vi.* あくびする [Ka. D392]

ಆಕೃತಿ ⟦ākṛti アークルティ⟧ [ɐːkrɯti] *n.* 形、形状 [Sk.]

ಆಕೆ[1] ⟦āke アーケ⟧ [ɐːke] *pron.f.* 《*m.* ಆತ (āta)》 **1** 彼女 (小説などで、社会的文脈内に位置づけずに文中で既に現れている女性を受ける前方照応代名詞、あるいは社会的文脈なしに女性を指す指示代名詞) **2** 彼女 (妻や娘など親しい女性を指す前方照応代名詞、あるいはそうした女性を指す指示代名詞) **3** 彼女 (夫が自分の妻を指して用いる代名詞、妻、家内など) [Ka. *ā*[1] + *-ke* D1]

ಆಕೆ[2] ⟦āke アーケ⟧ [ɐːke] 《古》 *n.* 力、剛勇 [Ka. *āṟ* D407 + *-ke*]

ಆಕೆ[3] ⟦āke アーケ⟧ [ɐːke] 《古》 *n.* 敵対、反抗 [Ka. D408] = ಆಂಕೆ, ಆನಿಕೆ (āṃke, ānike)

ಆಕ್ರಂದನ ⟦ākraṃdana アークランダナ⟧ [ɐːkrəndə̆nɐ] 《文》 *n.* 声を出して泣くこと、号泣、泣き叫ぶこと [Sk.]

ಆಕ್ರಂದಿಸು ⟦ākraṃdisu アークランディス⟧ [ɐːkrəndĭsu] 《文》 *vi.* 声を出して泣く、泣き叫ぶ [Sk.]

ಆಕ್ರಮಣ ⟦ākramaṇa アークラマナ⟧ [ɐːkrəməɳɐ] *n.* **1** 攻撃、襲撃、侵略、侵入 **2** 攻略、占領 **3** (国際法上違法とみなされる) 侵略 [Sk.]

ಆಕ್ರಮಿಸು ⟦ākramisu アークラミス⟧ [ɐːkrə̆misu] *vt.* **1** 攻撃する、襲撃する **2** 〈町や国を〉攻略する、占領する **3** 侵略する、侵入する [Sk.]

ಆಕ್ರೋಶ ⟦ākrōśa アークローシャ⟧ [ɐːkroːʃɐ] 《文》 *n.* **1** 大声でわめくこと **2** 怒り、激怒 [Sk.]

ಆಕ್ಷೇಪ ⟦ākṣēpa アークシェーパ⟧ [ɐːkʂeːpɐ] *n.* **1** 投げること **2** 非難、悪口 **3** 反対、抗議 ¶ ಶಾಲೆಯ ಬಳಿ ಮದ್ಯದ ಅಂಗಡಿ ತೆರೆಯುವುದಕ್ಕೆ ಜನ ಆಕ್ಷೇಪ ಮಾಡಿದರು. (śāleya baḷi madyada aṃgaḍi tereyuvudakke jana ākṣēpa māḍidaru.) 学校の近所に酒屋を開くことに人々は反対した。 [Sk.]

ಆಕ್ಷೇಪಣೀಯ ⟦ākṣēpaṇīya アークシェーパニーヤ⟧ [ɐːkʂeːpə̆ɳiːjɐ] 《文》 *adj.* 反対の余地のある、非難の余地のある [Sk.]

ಆಕ್ಷೇಪಣೆ ⟦ākṣēpaṇe アークシェーパネ⟧ [ɐːkʂeːpə̆ɳe] *n.* **1** 反対、抗議 **2** 非難、とがめ [Sk.]

ಆಕ್ಷೇಪಿಸು ⟦ākṣēpisu アークシェーピス⟧ [ɐːkʂeːpĭsu] 《文》 *vt.* **1** 反対する、抗議する **2** 非難する、とがめる [Sk.]

ಆಕೈರು ⟦ākairu アーカイル⟧ [ɐːkəiru] *n.* [Ar. *āḫir*] ☞ಆಖೈರು (ākʰairu)

ಆಖರಿ ⟦ākʰari アーカリ⟧ [ɐːkʰəri] 《方》 *n.* 終わり、終結；結末 [Ar. *āḫir*] ☞ಆಖರು (ākʰaru)

ಆಖಿರು ⟦ākʰiru アーキル⟧ [ɐːkʰiru] ಆಖರಿ *n.* **1** 終わり、最後 **2** 最後の決断 ¶ ಈ ವಿಷಯದಲ್ಲಿ ನಿಮ್ಮ ಆಖಿರು ಏನು. (ī viṣayadalli nimma ākʰiru ēnu.) この件に関してあなたは最終的にどんな決断をしましたか。 **—*adv.*** 最後に、とうとう、ついに ¶ ಅವನು ಎಲ್ಲಕಡೆ ಹತಾಶನಾಗಿ ಆಖಿರು ರಾಜಕಾರಣಿಯಾದ. (avanu ellakaḍe hatāśanāgi ākʰiru rājakāraṇiyāda.) あらゆる所で失敗した後、彼は結局政治家になった。 [Ar. *āxir*]

ಆಖೈರಿ ⟦ākʰairi アーカイリ⟧ [ɐːkʰəiri] *adj.* 最後の、終わりの [Ar. *āḫirī*]

ಆಖೈರು ⟦ākʰairu アーカイル⟧ [ɐːkʰəiru] ಆಕೈರು *n.* 終わり、終結；結末 [Ar. *āḫir*]

ಆಖ್ಯಾತ 〚ākʰyāta アーキャータ〛 [ɐːkʰjɐːtɐ] 《文》 *adj.* **1** 物語られた、朗誦された **2** 有名な、著名な [Sk.]

ಆಖ್ಯಾನ 〚ākʰyāna アーキャーナ〛 [ɐːkʰjɐːnɐ] *n.* **1** 話すこと、知らせること、伝えること **2** 大きな物語や叙事詩に埋め込まれた散文や韻文の物語 **3** (名字などでない個人の)名前 [Sk.]

ಆಖ್ಯಾನಕ 〚ākʰyānaka アーキャーナカ〛 [ɐːkʰjɐːnə̆kɐ] 《文》 *n.* 大きな物語や叙事詩に埋め込まれた散文や韻文の物語 [Sk.] ☞ಆಖ್ಯಾನ್ (ākʰyān)

ಆಖ್ಯಾಯಿಕೆ 〚ākʰyāyike アーキャーイケ〛 [ɐːkʰjɐːjĭke] 《文》 *n.* 大きな物語や叙事詩に埋め込まれた散文の物語 [Sk.]

ಆಖ್ಯೆ 〚ākʰye アーキェ〛 [ɐːkʰ·je] 《文》 *n.* 名前 [Sk.]

ಆಗಂತುಕ 〚āgaṃtuka アーガントゥカ〛 [ɐːgəntŭkɐ] *adj., mf.* 予期しない〈訪問者〉、不意にたずねてきた見知らぬ〈人〉 [Sk.]

ಆಗ¹ 〚āga アーガ〛 [ɐːgɐ] *adv.* 《*gen.* ಆಗಿನ (āgina)》あの時、当時 [Ka. *ā*¹ + *-ga*]

-ಆಗ² 〚-āga -アーガ〛 [ɐːgɐ] 《口》 *suf.* …で、…の中で ¶ ನನ್ನ ಮೈಯಾಗ ಆರಾಮಿಲ್ಲ. (nanna maiyāga ārāmilla.) 私は体の調子が悪い。 [?]

ಆಗದ 〚āgada アーガダ〛 [ɐːgə̆ɗɐ] *adj.* できない (仕事、企てなど) ¶ ಇದು ಶಿಕ್ಷಕನಿಂದ ಆಗದ ಕೆಲಸ. (idu śikṣakanim̩da āgada kelasa.) これは教師にできる仕事ではない。 [Ka., neg. participle of ಆಗು (āgu)]

ಆಗಡು 〚āgaḍu アーガドゥ〛 [ɐːgə̆ḍu] 《古》 *adv.* あの時、当時 [Ka. *āga*¹ + *-ḍu*~*-ḷu*]

ಆಗದು 〚āgadu アーガドゥ〛 [ɐːgə̆ɗu] *vi.* 《-ಅಲು (-alu)で終わる連用希求分詞と伴に》 **1** …してはならない、すべきでない ¶ ಗುಡಿಯಲ್ಲಿ ನಿದ್ರೆ ಮಾಡಲಾಗದು. (guḍiyalli nidre māḍalāgadu.) お寺で居眠りするのはよくない。 **2** 不可能である、だめだ ¶ ಅವನಿಂದ ಈ ಕೆಲಸ ಆಗದು. (avanim̩da ī kelasa āgadu.) 彼にはこの仕事ができない。 [Ka., neg. of *āgu*]

ಆಗಮ 〚āgama アーガマ〛 [ɐːgə̆mɐ] *n.* **1** 到着、到来、出現 **2** 未来、今後 **3** 収入、収益 **4** 神聖な本、特にヴェーダ **5** アーガマ文献(特にジャイナ教やシヴァ教の聖典の名前にしばしば用いられる) **6** いわゆるタントラ、秘儀書(特にマントラと呼ばれる神秘的呪文を説くものとされる) [Sk.]

ಆಗಮನ 〚āgamana アーガマナ〛 [ɐːgə̆mənɐ] *n.* 到着、到来 [Sk.]

ಆಗಮಿಕ 〚āgamika アーガミカ〛 [ɐːgəmĭkɐ] 《文》 *adj., m.* 《*f.* ಆಗಮಿಕಳು (āgamikaḷu)》 **1** ヴェーダに通じた〈人〉 **2** 寺院で祭祀を司るバラモン僧 [Sk.]

ಆಗಮಿಸು 〚āgamisu アーガミス〛 [ɐːgəmĭsu] 《文》 *vi.* 〔美〕来駕する、いらっしゃる、お越しになる [Sk.]

ಆಗರ 〚āgara アーガラ〛 [ɐːgə̆rɐ] 《文》 *n.* **1** 住居、家 **2** (困った人、孤児などの)避難所、庇護が与えられる場所、逃げ場 [Sk. *āgāra-*]

ಆಗರ್ಭ 〚āgarbʰa アーガルバ〛 [ɐːgə̆rbʰɐ] 《文》 *adj.* 生来の、生まれつきの **—*adv.*** 生まれつき、生来 [Sk.]

ಆಗಲ್ 〚āgal アーガル〛 [ɐːgəl] 《古》 *adv.* あの時、その時 [Ka. *ā*¹ + ? D1] = ಆಗ (āga)

ಆಗಲಿ 〚āgali アーガリ〛 [ɐːgə̆li] *vi.* 《3人称単数命令形》それでよい、そうしておけ、そうなれ [Ka. imperative 3rd person singular of ಆಗು (āgu)]

ಆಗಸ 〚āgasa アーガサ〛 [ɐːgə̆sə] 《古》 *n.* 空 [Sk.] = ಆಕಾಶ (ākāśa)〔汎〕

ಆಗಸವಕ್ಕಿ 〚āgasavakki アーガサヴァッキ〛 [ɐːgə̆səvəkki] 《古》 *n.* ヒバリ [Sk. *ākāśapakṣin-*] = ಬಾನಾಡಿ (bānāḍi)

ಆಗಸ್ಟ್ 〚āgasṭ アーガスト〛 [ɐːgəsʈ] *n.* 8月 [Eg. *August*]

ಆಗಳ್ 〚āgaḷ アーガル〛 [ɐːgəɭ] 《古》 *adv.* その時、あの時 (*Pb.1.43*) [Ka. *ā*¹ D1 + ?] = ಆಗ (āga)

ಆಗಳಿಕೆ 〚āgaḷike アーガリケ〛 [ɐːgəlĭke] *n.* [Ka. D392] ☞ಆಕಳಿಕೆ

ಆಗಾರ 〚āgāra アーガーラ〛 [ɐːgɐːrɐ] *n.* **1** 家、住居 **2** 貯蔵庫、なにかが潤沢に手に入る場所 [Sk.]

ಆಗಿನ 〚āgina アーギナ〛 [ɐːginɐ] *adj.* その時の、あの時の [gen. of *āga*]

ಆಗು 〚āgu アーグ〛 [ɐːgu] *vi.* **1** 生じる、生まれる ¶ ಹತ್ತಿಯಿಂದ ಬಟ್ಟೆ ಆಗುತ್ತದೆ. (hattiyim̩da baṭṭe āguttade.) その布は木綿でできている。 **2** (事故や損害などが)起きる、発生する ¶ ಸಾರಾಯಿ ಕುಡಿದು ವಾಹನ ಓಡಿಸಿದರೆ ಅಪಘಾತ ಆಗುತ್ತದೆ. (sārāyi kuḍidu vāhana ōḍisidare apagʰāta āguttade.) 酒を飲んで車を運転すれば事故が起きる。 **3** (変化して、発展して)…となる ¶ ಮಜ್ಜಿಗೆ ಸ್ವಲ್ಪ ಸಮಯದ ನಂತರ ಹುಳಿಯಾಗುತ್ತೆ. (majjige svalpa samayada nam̩tara huḷiyāgutte.) 脱脂乳はしばらく置くと酸っぱくなる。 **4** 得られる、(結果として)生じる ¶ ಹೊಸ ವಿಮಾನನಿಲ್ದಾಣದ ನಿರ್ಮಾಣದಿಂದ ರಾಜಕಾರಣಿಗಳಿಗೆ ಲಾಭ ಆಗುತ್ತದೆ. (hosa vimānanildāṇada nirmāṇadim̩da rājakāraṇigaḷige lābʰa āguttade.) 新しい飛行場の建設で、政治家は潤うことになる。 **5** …である ¶ ಸುಂದರವಾದ ರೂಪ. (sum̩daravāda rūpa.) 美しい容貌 **6** (仕事などが)出来上がる、完成する ¶ ಕೆಲಸ ಆಯಿತಾ? (kelasa āyitā?) 仕事はできたか。 **7** (時間などが)たつ、経過する ¶ ಅವರು ಹೋಗಿ ಹತ್ತು ವರ್ಷ ಆಯಿತು. (avaru hōgi hattu varṣa āyitu.) 彼が亡くなって10年たった。 **8** 足りる、十分である ¶ ಒಂದೇ ಮುಂಬಾಗಿಲು ಎರಡು ಮನೆಗೂ ಆಗುತ್ತೆ. (om̩dē mum̩bāgilu eraḍu manegū āgutte.) 2軒の家に表門は一つで十分だ。 **9** ふさわしい、似合う ¶ ಈ ಅಂಗಿ ನಿಮಗೆ ಆಗುತ್ತೆ. (ī am̩gi nimage āgutte.) このシャツはあなたに似合う。 **10** 実行できる、可能である ¶ ಈ ಕೆಲಸ ಹತ್ತು ದಿವಸದಲ್ಲಿ ನನ್ನಿಂದ ಆಗೋದಿಲ್ಲ. (ī kelasa hattu divasadalli nannim̩da āgōdilla.) 私にはこの仕事を10日ではできない。 **11** …という親族関係である。¶ ನಿಮಗೆ ಅವನು ಏನು ಆಗಬೇಕು.? (nimage avanu ēnu āgabēku.?) あの人は君の何に当たるのだ。 [Ka. D333]

ಆಗಿಸು 〚āgisu アーギス〛 [ɐːgĭsu] *vt.* 〈あることを〉可

能にする、ひきおこす [caus.]

ಆಗುಮಾಡು ⟦āgumāḍu アーグマードゥ⟧ [ɐːgumɐːɖu] *vt.* 1〈仕事などを〉片付ける、終える ¶ ಕೊಟ್ಟ ಕೆಲಸವನ್ನು ಆಳುಗಳು ಒಂದೇ ದಿವಸದಲ್ಲಿ ಆಗುಮಾಡಿದರು. (koṭṭa kelasavannu āḷugaḷu oṃdē divasadalli āgumāḍidaru.) 労働者たちは与えた仕事を1日で片付けた。 2〈食料などを〉食べてしまう、食い尽くす ¶ ನಾಲ್ಕು ಜನ ಮಾಡಿದ ಚಪಾತಿಗಳನ್ನು ಇಬ್ಬರೇ ಆಗುಮಾಡಿದರು. (nālku jana māḍida capātigaḷannu ibbarē āgumāḍidaru.) 4人で準備したチャパーティーを二人ですべて食べてしまった。 [*āgu* + *māḍu*]

ಆಗುವ ⟦āguva アーグヴァ⟧ [ɐːguvɐ] *v.adj.* 1 āgu「なる」の連体未来分詞形、可能な、できる ¶ ಆಗುವ ಕೆಲಸವನ್ನು ಮುಂಚೆ ಮಾಡಿರಿ. (āguva kelasavannu muṃce māḍiri.) できる仕事を先にやりたまえ。 2 実現可能な [Ka. pres. part. of *āgu*]

ಆಗುವಳಿ ⟦āguvaḷi アーグヴァリ⟧ [ɐːgŭvəɭi] *n.* 出来高、産物、収穫、収入 [*āgu* + *-vaḷi*]

ಆಗುವಿಕೆ ⟦āguvike アーグヴィケ⟧ [ɐːguvĭke] *n.* あること、なること、起こること [*āgu* + *-ike*]

ಆಗುಳಿಕೆ ⟦āguḷike アーグリケ⟧ [ɐːgulĭke] *n.* [Ka. D392] ☞ಆಕುಳಿಕೆ

ಆಗುಳಿಸು ⟦āguḷisu アーグリス⟧ [ɐːguɭĭsu] *vi.* [Ka. D392] ☞ಆಕುಳಿಸು

ಆಗುಹ ⟦āguha アーグハ⟧ [ɐːguhɐ] 《古》 *n.* なること、起こること、など (*Šmd.2*) [Ka. *āgu* + *-ha* D333]

ಆಗುಹೋಗು ⟦āguhōgu アーグホーグ⟧ [ɐːguhoːgu] *n.* 1 (政界や財界などの一連の)出来事、動き、動静、消息 ¶ ಈಗ ರಾಜಕೀಯದ ಆಗುಹೋಗು ಏನು? (īga rājakīyada āguhōgu ēnu?) 政治に今何が起きているのだろう。 2 生や死、生まれたり死んだりすること ¶ ಸೂರ್ಯಚಂದ್ರರಿಗೆ ಆಗುಹೋಗಿಲ್ಲ. (sūryacaṃdrarige āguhōgilla.) 太陽や月には生死がない。 3 利害得失 ¶ ಶಾಲಾ ಮಕ್ಕಳಿಗೆ ಮಧ್ಯಾಹ್ನದ ಊಟ ಕೊಡುವದರ ಆಗುಹೋಗು ಏನು? (śālā makkaḷige madʰyāhnada ūṭa koḍuvadara āguhōgu ēnu?) 学校の児童に給食を与えることには、どんな利害得失がありますか。 4 実現可能性 ¶ ಇದು ಅವನಿಂದ ಆಗುಹೋಗುವ ಕೆಲಸವಲ್ಲ. (idu avaniṃda āguhōguva kelasavalla.) この仕事は彼にできることではない。 ¶ ಯಾವುದೇ ಕಾರ್ಖಾನೆಯನ್ನು ಸ್ಥಾಪಿಸುವಾಗ ಅದರ ಆಗುಹೋಗುಗಳನ್ನು ಚೆನ್ನಾಗಿ ವಿಚಾರಿಸಬೇಕು. (yāvudē kārkʰāneyannu stʰāpisuvāga adara āguhōgugaḷannu cennāgi vicārisabēku.) どのような工場であれ、工場設立にあたっては実現可能性を熟考しなければならない。 [*āgu* + *hōgu* D333]

-ಆಗೆ ⟦-āge -アーゲ⟧ [ɐːge] 《方》 *suf.* …で、…の中で [Ka. D7] = ಆಗ (āga)²

ಆಗ್ಗೆ ⟦āgge アーッゲ⟧ [ɐːgge] *adv.* その時 [Ka. *āgalige* 1]

ಆಗ್ನೇಯ ⟦āgnēya アーグネーヤ⟧ [ɐːgneːjɐ] *adj.* 火に関する —*n.* 東南 [Sk.]

ಆಗ್ನೇಯ ದಿಕ್ಕು ⟦āgnēya dikku アーグネーヤディック⟧ [ɐːgneːjə dikku] *n.* 東南、東南の方角 [+ *dikku*]

ಆಗ್ರಹ ⟦āgraha アーグラハ⟧ [ɐːgrə̆hɐ] *n.* 1 つかむこと、捕えること 2 せがむこと、強要 3《希》攻撃、襲撃 4 怒り、憤り、腹立ち ¶ ಅವನು ದೇವಿಯ ಆಗ್ರಹಕ್ಕೆ ತುತ್ತಾದ. (avanu dēviya āgrahakke tuttāda.) 彼は女神の怒りの的となった。 [Sk.]

ಆಗ್ರಹಿಸು ⟦āgrahisu アーグラヒス⟧ [ɐːgrə̆hisu] *vt.* 1 つかむ、捕える 2 強いる、強要する ¶ ಗೃಹಸ್ಥ ಅತಿಥಿಗಳಿಗೆ ಆಗ್ರಹಿಸಿ ಊಟ ಹಾಕಿದರು. (gr̥hastʰa atitʰigaḷige āgrahisi ūṭa hākidaru.) 主人は客にどんどん勧めて食べさせた。 3 怒る、憤る、腹を立てる 4《希》攻撃する、襲撃する —*vi.* 言い張る、(あくまで)主張する ¶ ಲೋಕಸಭೆಯಲ್ಲಿ ಮಹಿಳೆಯರಿಗೆ ಮೀಸಲು ಬೇಕು ಎಂದು ಮಹಿಳಾಸಂಘಟನೆ ಆಗ್ರಹಿಸಿತು. (lōkasabʰeyalli mahiḷeyarige mīsalu bēku eṃdu mahiḷāsaṃgʰaṭane āgrahisitu.)¶ 議会には女性議員のための議席を確保すべきだと女性団体が主張した。 [Sk.]

ಆಘಟಿತ ⟦āgʰaṭita アーガティタ⟧ [ɐːgʰəʈĭtɐ] 《古》 *adj.* 接合された、くっつけられた [Sk.]

ಆಘಾತ ⟦āgʰāta アーガータ⟧ [ɐːgʰɐːtɐ] *n.* 1 打撃、衝撃 2〔喩〕精神的な打撃、衝撃、ショック [Sk.]

ಆಘ್ರಾಣ ⟦āgʰrāṇa アーグラーナ⟧ [ɐːgʰrɐːɳɐ] 《文》 *n.* 匂いを嗅ぐこと [Sk.]

ಆಘ್ರಾಣಿಸು ⟦āgʰrāṇisu アーグラーニス⟧ [ɐːgʰrɐːɳĭsu] 《文》 *vt.* (の)匂いをかぐ [Sk.]

ಆಚ ⟦āca アーチャ⟧ [ɐːʧɐ] *n.* 沙羅双樹 [Ka. D343] = ಸಾಲಮರ (sālamara)

ಆಚರಣ ⟦ācaraṇa アーチャラナ⟧ [ɐːʧərə̆ɳɐ] ಆಚರಣೆ *n.* 1 行動、振る舞い 2 社会的慣習の遵守 3 慣習、慣行、習慣 [Sk.]

ಆಚರಣೆ ⟦ācaraṇe アーチャラネ⟧ [ɐːʧərə̆ɳe] *n.* [Sk.] ☞ಆಚರಣ (ācaraṇa)

ಆಚರಿಸು ⟦ācarisu アーチャリス⟧ [ɐːʧərĭsu] *vt.* 実行する、行う —*vi.* 振る舞う、行動する [Sk.]

ಆಚಾರ ⟦ācāra アーチャーラ⟧ [ɐːʧɐːrɐ] *n.* 1 行動、振る舞い 2 習慣、慣習、しきたり、儀礼的実践 3 (社会的に認められた)正しい行い、善行 ¶ ಮನುಷ್ಯನಿಗೆ ಆಚಾರವಿರಬೇಕು. (manuṣyanige ācāravirabēku.) 人は正しい行いをしなければならない。 [Sk.]

ಆಚಾರ್ಯ ⟦ācārya アーチャーリヤ⟧ [ɐːʧɐːrjɐ] *m.* 1 (精神的、霊的な)師、師匠 2 宗派の創始者、開祖 3 優れた学者や教育者などの称号 4 僧職者 5 (自分の)師匠、先生 [Sk.]

ಆಚಾರ್ಯಪುರುಷ ⟦ācāryapuruṣa アーチャーリヤプルシャ⟧ [ɐːʧɐːrjə̆puruʂɐ] *m.* 《*f.* ಆಚಾರ್ಯಸ್ತ್ರಿ (ācāryastri)》 尊敬すべき学者、宗教家、宗派の開祖など [Sk.]

ಆಚು¹ ⟦ācu アーチュ⟧ [ɐːʧu] 《‡》 *vi.* 大声で叫ぶ、わめく [Ka. ←D367] (*Kitt.*)

ಆಚು² ⟦ācu アーチュ⟧ [ɐːʧu] 《方》 *n.* 不足、欠乏、心配 ¶ ಈಗ ಭಾರತದಲ್ಲಿ ಆಹಾರ ಧಾನ್ಯಗಳ ಆಚಿಲ್ಲ. (īga bʰāratadalli āhāra dʰānyagaḷa ācilla.) 今インドは現在食糧不足ではない。(NK) [M. ācă, H. ācă < Sk. arcís- T635]

ಆಚೆ ⟦āce アーチェ⟧ [ɐːʧe] (n.) 向こう側〈の〉、あちら側〈の〉 —adv., postp. …の向こう側で ¶ ಈ ರಸ್ತೆಯ ಆಚೆ ಮನೆಗಳಿಲ್ಲ. (ī rasteya āce manegaḷilla.) この道のあちら側には家がない。[Ka. D1]

ಆಚ್ಛಾದನ ⟦ācchādana アーッチャーダナ⟧ [ɐːʧʧɐːdǝn̪ɐ] n. 1 覆うこと、覆いかくすこと 2 (布などの)覆い、カバー [Sk.]

ಆಚ್ಛಾದಿತ ⟦ācchādita アーッチャーディタ⟧ [ɐːʧʧʰɐːdĭtɐ] adj. (布などで)覆われた、覆い隠された [Sk.]

ಆಚ್ಛಾದಿಸು ⟦ācchādisu アーッチャーディス⟧ [ɐːʧʧʰɐːdĭsu] vt. (布、ヴェールなどで)覆う、覆い隠す [Sk.]

ಆಜನ್ಮ ⟦ājanma アージャンマ⟧ [ɐːʤǝnmɐ] 《文》 adj. 1 生まれた時からの、生来の、生まれつきの 2 死ぬまでの —adv. 1 生まれつき、生来 2 生きている限り [Sk.]

ಆಜಾನುಬಾಹು ⟦ājānubāhu アージャーヌバーフ⟧ [ɐːʤɐːnubɐːhu] 《文》 adj., mf. 1 腕が膝まで届く〈人〉、腕の長い〈人〉(強い戦士のしるしとされている) 2 屈強な〈男性〉 —n. 膝まで届く腕、長い腕 [Sk.]

ಆಜ್ಞಾಪಿಸು ⟦ājñāpisu アージュニャーピス⟧ [ɐːɟɲɐːpĭsu/ɐːgnˑɐːpisu] 《文》 vt. 命令する、命じる、言いつける [Sk.]

ಆಜ್ಞೆ ⟦ājñe アージュニェ⟧ [ɐːɟɲe/ɐːgne] n. 命令、指令、言いつけ [Sk.]

ಆಜ್ಯ ⟦ājya アージュヤ⟧ [ɐːʤˑjɐ] 《文》 n. ギー [Sk.] = ತುಪ್ಪ (tuppa) 〔口〕

ಆಟ ⟦āṭa アータ⟧ [ɐːʈɐ] n. 1 遊び、娯楽 2 (踊り、芝居など) 舞台芸術 3 上演、上映 (第1回上映、第2回上映などに用いる) 4 演技 5 博打 6 話すこと 7 振る舞い ¶ ಅವನ ಆಟಕ್ಕೆ ಬೇಸತ್ತು ಜನ ಬೈಯುತ್ತಾರೆ. (avana āṭakke bēsattu jana baiyuttāre.) 人々はその振る舞いに苛立って彼の悪口をいっている。 8 危害を加える行為、いたずら ¶ ನಿನ್ನ ಆಟ ನನ್ನ ಹತ್ರ ನಡೆಯೋದಿಲ್ಲ. (ninna āṭa nanna hatra naḍeyōdilla.) 君のいたずらは私には効かんよ。[Ka. D347]

ಆಟಂಕ ⟦āṭaṃka アータンカ⟧ [ɐːʈǝŋkɐ] 《古》 n. 邪魔、障害 ¶ ನುಂಗುವಾಗ ಗಂಟಲಲ್ಲಿ ಏನೋ ಆಟಂಕ. (nuṃguvāga gaṃṭalalli ēnō āṭaṃka.) 飲み込む時に何かがひっかかる。[Sk. āṭaṃka-, etc. D83]

ಆಟಂಗುಳಿ ⟦āṭaṃguḷi アータングリ⟧ [ɐːʈǝŋguḷi] mf. 踊りや芝居などの常連、博打の常習者など [Ka. + kuḷi D347]

ಆಟಕ ⟦āṭaka アータカ⟧ [ɐːʈǝ̆kɐ] 《文》 n. 役者、俳優、踊り手 (B.5.39) [Ka. āṭa + -ka]

ಆಟಗಾರ ⟦āṭagāra アータガーラ⟧ [ɐːʈǝ̆gɐːrɐ] m. 《f. ಆಟಗಾತಿ》演者、役者、(スポーツの)選手、舞踊家、博徒 [Ka. āṭa D347 + -gāra]

ಆಟಗುಳಿ ⟦āṭaguḷi アータグリ⟧ [ɐːʈǝ̆guḷi] mf. 踊りや芝居の常連、博打の常習者など [āṭa D347 + -kuḷi] ಆಟಂಗುಳಿ (āṭaṃguḷi)

ಆಟಪಾಟ ⟦āṭapāṭa アータパータ⟧ [ɐːʈǝ̆pɐːʈɐ] n. 歌と踊り、娯楽一般 [Ka. āṭa + pāṭa 「歌うこと」]

ಆಟರ್ ⟦āṭar アータル⟧ [ɐːʈǝr] 《古》 n. 襲う、攻める (Pb.12.18V) [Ka. D347]

ಆಟಲು ⟦āṭalu アータル⟧ [ɐːʈǝ̆lu] 《‡》 n. 動き回ること、など (Kitt.) [Ka. D347]

ಆಟಲೆ ⟦āṭale アータレ⟧ [ɐːʈǝ̆le] 《‡》 n. 動き回ること [Ka. D347]

ಆಟವಿಕ ⟦āṭavika アータヴィカ⟧ [ɐːʈǝ̆vikɐ] 《古》 m. 《f. ಆಟವಿಕಳು (āṭavikaḷu)》競技者、役者、演者 [Ka. āṭa + -ika D347]

ಆಟಿ¹ ⟦āṭi アーティ⟧ [ɐːʈi] 《古》 mf. 競技者、役者、演者, 博徒 (Kk. (Kitt.)) [āṭa + -i]

ಆಟಿ² ⟦āṭi アーティ⟧ [ɐːʈi] 《希》 n. タミル暦の第4月、グレゴリオ暦の7月の半ばから8月の半ばに当たる [Sk. āṣāḍʰa-]

ಆಟಿಕೆ ⟦āṭike アーティケ⟧ [ɐːʈĭke] n. おもちゃ、玩具、遊び道具 [āṭa + -ike]

ಆಟು¹ ⟦āṭu アートゥ⟧ [ɐːʈu] 《口》 pron.adj. それだけの、あれだけの —pron.n. それだけ、あれだけ [Ka. D1, cf. aṣṭu 「そんなに」]

ಆಟು² ⟦āṭu アートゥ⟧ [ɐːʈu] 《‡》 vi. ☞ಆಡು (āḍu) —n. ☞ಆಟ (āṭa) [Ka. D347]

ಆಟೋಪ ⟦āṭōpa アートーパ⟧ [ɐːʈoːpɐ] n. 1 (豪邸や祝祭などによる富や地位の) 見せびらかし、虚飾 2 尊大、傲慢 ¶ ಅವನ ಆಟೋಪ ಯಾರು ಕೇಳುತ್ತಾರೆ? (avana āṭōpa yāru kēḷuttāre?) やつがいくら威張っても誰も意に介さない。[Sk.]

ಆಟ್ಲು ⟦āṭlu アートル⟧ [ɐːʈlu] 《‡》 n. 動き回ること (Kitt.) [Ka. D347]

ಆಟ್ಲೆ ⟦āṭle アートレ⟧ [ɐːʈle] 《‡》 n. 動き回ること (Kitt.) [Ka. D347]

ಆಡಂಗಿ ⟦āḍaṃgi アーダンギ⟧ [ɐːɖǝŋgi] 《古》 f. 女性、女 (R. (Kitt.)) [Ka. D400, cf. Te. āḍadi]

ಆಡಂಬರ ⟦āḍaṃbara アーダンバラ⟧ [ɐːɖǝmbǝ̆rɐ] n. (豪邸や祝祭などによる富や地位の) 見せびらかし、虚飾 [Sk.]

ಆಡಲು ⟦āḍalu アーダル⟧ [ɐːɖǝ̆lu] 《異》 n. トウゴマ、ヒマ (ヒマシ油の材料) [Ka. D360] ☞ಅವುಡಲ (avuḍala)

ಆಡಳತೆ ⟦āḍaḷate アーダラテ⟧ [ɐːɖǝḷǝ̆te] 《異》 n. [?] ☞ಆಡಳಿತ (āḍaḷita)

ಆಡಳಿತ ⟦āḍaḷita アーダリタ⟧ [ɐːɖǝḷĭtɐ] ಆಡಳತೆ, ಆಡಳಿತೆ n. 行政、組織体の運営 [?]

ಆಡಳಿತಗಾತಿ ⟦āḍaḷitagāti アーダリタガーティ⟧ [ɐːɖǝḷitǝ̆gɐːti] f. 《m. ಆಡಳಿತಗಾರ (āḍaḷitagāra)》女性行政官、(組織体の) 女性運営者 [āḍalita + -gāti]

ಆಡಳಿತಗಾರ ⟦āḍaḷitagāra アーダリタガーラ⟧ [ɐːɖǝḷitǝ̆gɐːrɐ] m. 《f. ಆಡಳಿತಗಾತಿ (āḍaḷitagāti)》行政官、(組織体の) 運営者 [āḍalita + -gāra-Sk.]

ಆಡಳಿತೆ ⟦āḍaḷite アーダリテ⟧ [ɐːɖəɭĭte] 《異》 *n.* [?] ☞ಆಡಲಿತ (āḍalita)

ಆಡಸೊಗೆ ⟦āḍasoge アーダソゲ⟧ [ɐːɖə̆soge] *n.* [D346] ☞ಆಡುಸೋಗೆ (āḍusōge)

ಆಡಸೋಗೆ ⟦āḍasōge アーダソーゲ⟧ [ɐːɖə̆soːge] *n.* [Ka. D346] ☞ಆಡುಸೋಗೆ (āḍusōge)

–ಆಡಿ ⟦-āḍi -アーディ⟧ [ɐːɖi] *suf.* 動いたり［遊んだり、演じたり、何かをしたり、話したり］する者を意味する接尾辞、ಕಾಲಾಡಿ (kālāḍi) 速く歩く人など [Ka. D347]

ಆಡಿಕೆ ⟦āḍike アーディケ⟧ [ɐːɖĭke] *n.* **1** 言葉、陳述、声明 **2** 嘲弄、名誉棄損 [Ka.347]

–ಆಡಿಗ ⟦-āḍiga -アーディガ⟧ [ɐːɖĭgɐ] *suf.* (*f.* ಆಡಿಗಳು (āḍigaḷu)) 花屋 [*āḍu*[1] + *-iga*]

ಆಡಿಟರ್ ⟦āḍiṭar アーディタル⟧ [ɐːɖiʈər] *n.* 会計検査官、監査役 [Eg. *auditor*]

ಆಡುಂಗುಳಿ ⟦āḍuṃguḷi アードゥングリ⟧ [ɐːɖuŋguɭi] 《文》 *mf.* 踊りや芝居の常連、博打などの常習者など [Ka. *āḍuṃ* + *-kuḷi* D347] ☞ಆಡುಕುಳಿ (āḍukuḷi)

ಆಡುಂಬೊಲ ⟦āḍuṃbola アードゥンボラ⟧ [ɐːɖumbolɐ] ಆಡುಮೊಲ 《文》 *n.* **1** 運動場 = ಗ್ರೌಂಡ್ (grauṃḍ) 〔口〕 **2** 〔喩〕 活動の分野や舞台 ¶ ಗಾಂಧೀಜಿಗೆ ದಕ್ಷಿಣ ಆಫ್ರಿಕ ಆಡುಂಬೊಲವಾಗಿತ್ತು. (gāṃdʰījige dakṣiṇa āpʰrika āḍuṃbolavāgittu.) ガーンジーの最初の活動の舞台は南アフリカだった。 **3** 避難場所、庇護が得られる場所 [*āḍu* + OKa. *pola*]

ಆಡು[1] ⟦āḍu アードゥ⟧ [ɐːɖu] *vi.* **1** 揺れる、振動する、ぐらつく **2** 遊ぶ、ゲームをする、スポーツをする **3** 踊る **4** 舞台で演じる、芝居する **5** 約束する、言質を与える ¶ ಆಡಿದಂತೆ ಮಾಡಬೇಕು. 約束をまもらねばならない。 **6** 博打をうつ —*vt.* **1** 〈ゲーム、運動、芝居、踊りなどを〉する ¶ ನೀನು ಹೊರಗೆ ಆಟ ಆಡು! (nīnu horage āṭa āḍu!) 外で遊びなさい。 **2** 悪口をいう、誹謗する、謗(そし)る ¶ ಭಕ್ತರನ್ನು ಆಡಬಾರದು. (bʰaktarannu āḍabāradu.) 神に帰依した人を悪く言ってはいけない。 [Ka. D347]

ಆಡಿಸು ⟦āḍisu アーディス⟧ [ɐːɖĭsu] *vt.* 動かす、揺らす、遊ばせる、踊らせる、など [caus.]

ಆಡಿಸುವಿಕೆ ⟦āḍisuvike アーディスヴィケ⟧ [ɐːɖĭsuvike] *n.* **1** 動かすこと、揺らすこと **2** 遊ばせる、踊らせる、言わせる、など [+ *-ike*]

ಮಾತನಾಡು ⟦mātanāḍu マータナードゥ⟧ [mɐːtə̆nɐːɖu] *vi.* 話す、しゃべる

ಆಡು[2] ⟦āḍu アードゥ⟧ [ɐːɖu] *n.* 山羊 [Ka. D5152]

ಆಡುಕುಳಿ ⟦āḍukuḷi アードゥクリ⟧ [ɐːɖukuɭi] ಆಡುಂಗುಳಿ *mf.* 〔蔑〕 (遊び、博打などに)ふける人 [Ka. *āḍu* D347 + *-kuḷi*]

ಆಡುಗಬ್ಬ ⟦āḍugabba アードゥガッバ⟧ [ɐːɖŭgəbbɐ] *n.* 一部は語り唄い、一部は舞台で演じる物語詩 [Ka. *āḍu* + *kabba* < Sk. *kāvya-*]

ಆಡುನುಡಿ ⟦āḍunuḍi アードゥヌディ⟧ [ɐːɖunuɖi] *n.* 話し言葉、専ら話し言葉で用いる語法 [*āḍu* D347 + *nuḍi*]

ಆಡುಭಾಷೆ ⟦āḍubʰāṣe アードゥバーシェ⟧ [ɐːɖubʰɐːʂe] *n.* 話し言葉、専ら話し言葉で用いる語法 [*āḍu* + *bʰāṣe*] = ಆಡುನುಡಿ (āḍunuḍi)

ಆಡುಮಾತು ⟦āḍumātu アードゥマートゥ⟧ [ɐːɖumɐːtu] *n.* [*āḍu* + *mātu*] ☞ಆಡುಭಾಷೆ (āḍubʰāṣe)

ಆಡುವಿಕೆ ⟦āḍuvike アードゥヴィケ⟧ [ɐːɖuvĭke] *n.* **1** 動くこと **2** 遊ぶこと、歌うこと、話すこと [Ka. *āḍu* + *-ike* D347]

ಆಡುಮೊಲ ⟦āḍuvola アードゥヴォラ⟧ [ɐːɖuvolɐ] 《古》 *n.* [*āḍu* + OKa. *pola*] ☞ಆಡುಂಬೊಲ (āḍuṃbola)

ಆಡುಸೋಗೆ ⟦āḍusōge アードゥソーゲ⟧ [ɐːɖŭsoːge] ಆ–ಡುಸೋಗೆ, ಆಡಸೋಗೆ *n.* キツネノマゴ科の低木(その葉は山羊も食べないほど苦いとされている) [Ka. D346] = ಆಡಸೋಗೆ (āḍasōge)

ಆಡುಹ ⟦āḍuha アードゥハ⟧ [ɐːɖuhɐ] 《古》 *n.* **1** 動くこと **2** 遊ぶこと、歌うこと、話すこと [Ka. *āḍu* D347 + *-ha*]

ಆಡೆ ⟦āḍe アーデ⟧ [ɐːɖe] 《方》 *n.* ヒル(蛭、環形動物)ヒル綱に属する吸血動物 [Ka. D99] = ಜಿಗುಣಿ (jiguṇi) 〔口〕

ಆಡೇಲು ⟦āḍēlu アーデール⟧ [ɐːɖeːlu] 《‡》 *n.* フクロウの一種 (*Tĕ.* (*Kitt.*)) [Ka. D349(a)]

ಆಢ್ಯ ⟦āḍʰya アーディャ⟧ [ɐːɖʰjɐ] 《文》 *adj.*, *m.* **1** 裕福な〈人〉、富裕な〈人〉 **2** (ある)能力に長けた〈人〉、有能な〈人〉 ¶ ಅಂಥ ಕೆಲಸ ಮಾಡುವವರಲ್ಲಿ ಅವರು ಆಢ್ಯರು. (aṃtʰa kelasa māḍuvavaralli avaru āḍʰyaru.) 彼はこの種の仕事に長けている。 [Sk.]

ಆಢ್ಯತೆ ⟦āḍʰyate アーディャテ⟧ [ɐːɖʰjəte] 《文》 *n.* **1** 裕福、富裕 **2** 傲慢、横柄 **3** 影響力が強いこと、有力であること [Sk.]

ಆಣ್ ⟦āṇ アーン⟧ [ɐːɳ] 《古》 *m.* (*f.* ಪೆಣ್ (peṇ)) 男性、男子、男 [Ka. D399]

ಆಣಂತಿ ⟦āṇaṃti アーナンティ⟧ [ɐːɳənti] 《文》 *n.* ジャイナ教の行の一種 [Sk. *ājñapti-*] ☞ಆಣತ್ತಿ (āṇatti)

ಆಣಂಬೆ ⟦āṇaṃbe アーナンベ⟧ [əɳəmbe] 《古》 *n.* [Ka. *D300] ☞ಅಣಬೆ (aṇabe)

ಆಣತಿ ⟦āṇati アーナティ⟧ [ɐːɳə̆ti] 《文》 *n.* 命令、指令 [Sk. *ājñapti-*] ☞ಆಣತ್ತಿ (āṇatti)

ಆಣತ್ತಿ ⟦āṇatti アーナッティ⟧ [ɐːɳətti] ಆಣಂತಿ, ಆಣತಿ, ಆಣ್ಣೆ 《文》 *n.* 命令、指令 [Sk. *ājñapti-*]

ಆಣಿ[1] ⟦āṇi アーニ⟧ [ɐːɳi] 《‡》 *n.* 丸いこと (*Kitt.*) [Ka. D398]

ಆಣಿ[2] ⟦āṇi アーニ⟧ [ɐːɳi] *n.* **1** 釘、(荷車などの)輪止め楔(くさび) **2** 魚の目 [Sk. *āṇi-*]

ಆಣಿ[3] ⟦āṇi アーニ⟧ [ɐːɳi] *n.* 優秀、卓越 ¶ ಆಣಿಮುತ್ತು (āṇimuttu) 最上級の真珠 [?]

ಆಣಿಪೊನ್ ⟦āṇipon アーニポン⟧ [ɐːɳipon] 《古》 *n.* 極上の金 [+ *pon*]

ಆಣಿಮುತ್ತು ⟦āṇimuttu アーニムットゥ⟧ [ɐːɳimuttu] *n.* 極上の真珠 [+ *muttu*]

ಆಣಿಕಲ್ಲು ⟦āṇikallu アーニカッル⟧ [ɐːɳikəllu] *n.* 雹(ひょう)、あられ [Ka. D355]

ಆಣಿಸು ⟦āṇisu アーニス⟧ [ɐːɳisu] 《文》 *vi.* (木材やココヤシの殻などが)乾燥して割れる、ひび割れする [Ka. *āṇe*[1] D353 + *-isu*] = ಆಣೆಬಿಡು (āṇebiḍu)

ಆಣೆ[1] ⟦āṇe アーネ⟧ [ɐːɳe] 《古》 *n.* 乾燥による(木材やココナツの殻の)ひび、割れ目 [Ka. D353] ☞ಬಿಡುಕು (biḍuku)

ಆಣೆ[2] ⟦āṇe アーネ⟧ [ɐːɳe] *n.* **1** 命令、令状 **2** 宣誓、誓約 [Sk. *ājñā-*]

ಆಣೆಮಾಡು ⟦āṇemāḍu アーネマードゥ⟧ [ɐːɳemɐːɖu] *vi.* 宣誓する、誓約する [+ *māḍu*]

ಆಣೆಮೀರು ⟦āṇemīru アーネミール⟧ [ɐːɳemiːru] *vi.* 宣誓を破る、誓約に背く [+ *mīru*]

ಆಣೆಕಲ್ಲು ⟦āṇekallu アーネカッル⟧ [ɐːɳekəllu] *n.* 雹(ひょう)、あられ [Ka. *D384] ☞ಆಲಿಕಲ್ಲು (ālikallu)

ಆಣೆಗಲ್ಲು ⟦āṇegallu アーネガッル⟧ [ɐːɳegəllu] 《古》 *n.* 雹(ひょう)、あられ [Ka. *D384] ☞ಆಲಿಕಲ್ಲು (ālikallu)

ಆಣ್ತೆ ⟦āṇte アーンテ⟧ [ɐːɳte] 《文》 *n.* [Sk. *ājñapti-*] ☞ಆಣತ್ತಿ (āṇatti)

ಆಣ್ಬ ⟦āṇba アーンバ⟧ [ɐːɳbɐ] 《古》 *m.* **1** 君主、支配者 **2** 主人、持ち主 **3** 夫、主人 [Ka. D399] ☞ಆಣ್ಮ (āṇma)

ಆಣ್ಮ ⟦āṇma アーンマ⟧ [ɐːɳmɐ] 《古》 *m.* **1** 君主、支配者 **2** 主人、持ち主 **3** 夫、主人 (*Pb.7.36*) [Ka. D399] ☞ಆಳ್ಮ (āḷma)

ಆಣ್ಮೆ ⟦āṇme アーンメ⟧ [ɐːɳme] 《古》 *n.* 勇気、剛勇 [Ka. *āṇ* D399 + *-me*] ☞ಆಳ್ಮೆ (āḷme)

ಆತಂಕ ⟦ātaṃka アータンカ⟧ [ɐːtəŋkɐ] ಆಟಂಕ *n.* **1** 恐れ、恐怖 **2** 心配、苦悩 **3** 妨害、邪魔 ¶ ಅವನು ಜೀವನದಲ್ಲಿ ಎಷ್ಟೋ ಆತಂಕಗಳನ್ನು ಎದುರಿಸಿದ. (avanu jīvanadalli eṣṭō ātaṃkagaḷannu edurisida.) 彼はその人生で多くの障害に直面した。 [Sk.] cf. ಆಟಂಕ (āṭaṃka)

ಆತ ⟦āta アータ⟧ [ɐːtɐ] *pron.m.* 《*f.* ಆಕೆ (āke)》あの方、その方(三人称単数尊称の指示代名詞、前方照合代名詞) [Ka. D1]

ಆತತಾಯಿ ⟦ātatāyi アータターイ⟧ [ɐːtə̆tɐːji] *mf.* **1** 人の命を狙う人、刺客 **2** 強盗、放火魔、強姦魔など危険な犯罪者、重罪人 [Sk.]

ಆತಪ ⟦ātapa アータパ⟧ [ɐːtə̆pɐ] *n.* 日差しによる熱、熱い日差し [Sk.]

ಆತಪತ್ರ ⟦ātapatra アータパトラ⟧ [ɐːtə̆pətrɐ] 《文》 *n.* 日傘、パラソル [Sk.]

-ಆತಿ ⟦-āti -アーティ⟧ [ɐːti] *suf.* 抽象名詞を作る接尾語 ¶ ಕಬೂಲಾತಿ, ಠೇವಣಾತಿ, ಹಾಜರಾತಿ (kabūlāti, ṭʰēvaṇāti, hājarāti) 同意、寄託、出席 [?]

ಆತಿಥೇಯ ⟦ātitʰēya アーティテーヤ⟧ [ɐːtitʰeːjɐ] 《文》 *m.* 《*f.* ಆತಿಥೇಯಳು (ātitʰēyaḷu)》客をもてなす家の主人 —*n.* 客の歓待、客のもてなし [Sk.]

ಆತಿಥೇಯಿ ⟦ātitʰēyi アーティテーイ⟧ [ɐːtitʰeːji] 《文》 *m.* 客をもてなす家の主人 [Sk.] = ಆತಿಥೇಯ (ātitʰēya)

ಆತಿಥ್ಯ ⟦ātitʰya アーティティャ⟧ [ɐːtitʰjɐ] *n.* **1** 客の歓待、手厚いもてなし **2** 客であること —*m.* 《希》 **1** 客をもてなす家の主人 **2** 客 [Sk.]

ಆತುರ ⟦ātura アートゥラ⟧ [ɐːturɐ] *adj., m.* 《*f.* ಆತುರೆ (āture)》 **1** 動転した〈人〉、狼狽した〈人〉¶ ಆ ಸಮಾಚಾರ ಕೇಳಿ ಅವನು ಆತುರನಾಗಿದ್ದಾನೆ. (ā samācāra kēḷi avanu āturanāgiddāne.) その知らせを聞いて彼は狼狽している。 **2** (何かが)したくてたまらない〈人〉、(何かが)欲しくてたまらない〈人〉¶ ನಿಮ್ಮ ಪತ್ರಕ್ಕಾಗಿ ನಾನು ಆತುರನಾಗಿದ್ದೇನೆ. (nimma patrakkāgi nānu āturanāgiddēne.)¶ お手紙を切にお待ちしています。 —(*n.*) 大急ぎ〈の〉、大慌て〈の〉¶ ಫೋನ್ ಕರೆ ಬಂದಾಗ ಅವನು ಆತುರವಾಗಿ ಎದ್ದು ಹೋದ. (pʰōn kare baṃdāga avanu āturavāgi eddu hōda.) 電話が入って彼は慌てて出ていった。 —*n.* **1** 渇望、熱望 ¶ ಕಾರಿಗಾಗಿ ನನಗೆ ಏನೂ ಆತುರವಿಲ್ಲ. (kārigāgi nanage ēnū āturavilla.) 私は車など全然欲しくない。 **2** 急ぎ、慌てること ¶ ಏನೂ ಆತುರವಿಲ್ಲ, ನಿದಾನವಾಗಿ ಹೋಗಿ. (ēnū āturavilla. nidānavāgi hōgi.) 急ぐ必要はまったくありません。ゆっくり行きなさい。 = ಗಡಿಬಿಡಿ (gaḍibiḍi) (NK) [Sk.]

ಆತುರಗೊಳ್ಳು ⟦āturagoḷḷu アートゥラゴッル⟧ [ɐːturə̆goɭɭu] *vi.* **1** 心が動転した ¶ ಟ್ರೈನು ಬರುವಾಗ ಬರುತ್ತೆ. ಆತುರಗೊಂಡು ಪ್ರಯೋಜನವಿಲ್ಲ. (ṭrainu baruvāga barutte. āturagoṃḍu prayōjanavilla.) 列車は来る時に来る、苛々しても益はない。 **2** 急ぐ、慌てる **3** 渇望する、熱望する [*ātura* + *koḷḷu*]

ಆತುರಪಡು ⟦āturapaḍu アートゥラパドゥ⟧ [ɐːturə̆pəɖu] *vi.* **1** 動転する、狼狽する **2** 急ぐ、慌てる **3** 渇望する、熱望する [*ātura* + *paḍu*]

ಆತೆ ⟦āte アーテ⟧ [ɐːte] 《方》 *n.* ゴキブリ (SK) [?] = ಹಾತೆ, ಜಿರಲೆ (hāte, jirale)

ಆತ್ಮ ⟦ātma アートマ⟧ [ɐːtmɐ] *n.* **1** 魂、霊魂 **2** 自分、自分自身 **3** 我 **4** 最高我、至上者 [Sk.]

ಆತ್ಮಕಥೆ ⟦ātmakatʰe アートマカテ⟧ [ɐːtməkətʰe] *n.* 自叙伝、自伝 [Sk.]

ಆತ್ಮಗೌರವ ⟦ātmagaurava アートマガゥラヴァ⟧ [ɐːtməgəurəʋɐ] *n.* 自尊心、誇り [Sk.]

ಆತ್ಮಘಾತ ⟦ātmagʰāta アートマガータ⟧ [ɐːtməgʰɐːtɐ] *n.* **1** 自殺、自決 **2** 〔喩〕自殺的行為 ¶ ತುರ್ತುಶಾಸನವನ್ನು ಜಾರಿಗೊಳಿಸಿದ್ದು ಸರಕಾರಕ್ಕೆ ಆತ್ಮಘಾತವಾಯಿತು. (turtuśāsanavannu jārigoḷisiddu sarakārakke ātmagʰātavāyitu.) 緊急事態宣言は中央政府にとって自殺行為だった。 [Sk.]

ಆತ್ಮಚರಿತೆ ⟦ātmacarite アートマチャリテ⟧ [ɐːtmətʃərite] *n.* 自伝、自叙伝 [Sk.] = ಆತ್ಮಕಥೆ (ātmakatʰe)

ಆತ್ಮಜ ⟦ātmaja アートマジャ⟧ [ɐːtmədʒɐ] 《文》 *m.* 《*f.* ಆತ್ಮಜೆ (ātmaje)》息子 [Sk.]

ಆತ್ಮಜಾತ ⟦ātmajāta アートマジャータ⟧ [ɐːtmədʒɐːtɐ] 《文》 *m.* 《*f.* ಆತ್ಮಜಾತೆ (ātmajāte)》息子 [Sk.]

ಆತ್ಮಜಾತೆ ⟦ātmajāte アートマジャーテ⟧ [ɐ:tmədʒɐ:te] 《文》 *f.* 《*m.* ಆತ್ಮಜಾತ (ātmajāta)》娘 [Sk.]

ಆತ್ಮಜೆ ⟦ātmaje アートマジェ⟧ [ɐ:tmədʒe] 《文》 *f.* 《*m.* ಆತ್ಮಜ (ātmaja)》娘 [Sk.]

ಆತ್ಮಜ್ಞಾನ ⟦ātmajñāna アートマジュニャーナ⟧ [ɐ:tmǝ̆ɟɲɐ:nɐ/ɐ:tməg·nɐ:nɐ] 《文》 *n.* 自分自身に関する知識、アートマン(絶対者)に関する知識 [Sk.]

ಆತ್ಮತೃಪ್ತಿ ⟦ātmatṛpti アートマトゥルプティ⟧ [ɐ:tmətrɯpti] *n.* 自己満足 [Sk.]

ಆತ್ಮದ್ರೋಹ ⟦ātmadrōha アートマドローハ⟧ [ɐ:tməd·ro:hɐ] 《文》 *n.* 自己欺瞞、自分自身を欺くこと [Sk.]

ಆತ್ಮದ್ರೋಹಿ ⟦ātmadrōhi アートマドローヒ⟧ [ɐ:tmədro:hi] 《文》 *mf.* 自己欺瞞者、自分自身を欺く人 [Sk.]

ಆತ್ಮಧ್ಯಾನ ⟦ātmadʰyāna アートマディャーナ⟧ [ɐ:tmədʰ·jɐ:nɐ] 《文》 *n.* **1** 我の本性について考えること **2** 神について考えること [Sk.]

ಆತ್ಮನಿಂದೆ ⟦ātmaniṃde アートマニンデ⟧ [ɐ:tməninde] *n.* 自己批判、自分自身を非難すること [Sk.]

ಆತ್ಮನಿವೇದನ ⟦ātmanivēdana アートマニヴェーダナ⟧ [ɐ:tmənive:dǝ̆nɐ] *n.* 神に完全に服従すること、神に自分を捧げること [Sk.]

ಆತ್ಮಪ್ರತಿಷ್ಠೆ ⟦ātmapratiṣṭʰe アートマプラティシュテ⟧ [ɐ:tməprətiʂʈʰe] *n.* 自分を誇示すること、自慢、自己顕示 [Sk.]

ಆತ್ಮಪ್ರತ್ಯಯ ⟦ātmapratyaya アートマプラティャヤ⟧ [ɐ:tməprət·jəjɐ] *n.* 自信 [Sk.]

ಆತ್ಮಪ್ರಶಂಸೆ ⟦ātmapraśaṃse アートマプラシャンセ⟧ [ɐ:tməprəʃəmse] *n.* 自慢、自分で自分を誉め称えること [Sk.]

ಆತ್ಮರಕ್ಷಣೆ ⟦ātmarakṣaṇe アートマラクシャネ⟧ [ɐ:tmərəkʂǝ̆ɳe] *n.* 自衛、自分で自分を護ること [Sk.]

ಆತ್ಮರತಿ ⟦ātmarati アートマラティ⟧ [ɐ:tmərəti] *n.* **1** 自己愛、自分自身を愛すること、ナルシシズム **2** アートマンについて考える喜びにひたることに満足を覚えること [Sk.]

ಆತ್ಮವಂಚಕ ⟦ātmavaṃcaka アートマヴァンチャカ⟧ [ɐ:tməvəɲʧəkɐ] *m.* 《*f.* ಆತ್ಮವಂಚಕಿ (ātmavaṃcaki)》自己欺瞞的な人、自分自身を欺く人 [Sk.]

ಆತ್ಮವಂಚನೆ ⟦ātmavaṃcane アートマヴァンチャネ⟧ [ɐ:tməvəɲʧəne] *n.* 自分自身を欺くこと、自己欺瞞 [Sk.]

ಆತ್ಮಶ್ಲಾಘನೆ ⟦ātmaślāgʰane アートマシュラーガネ⟧ [ɐ:tməʃlɐ:gʰne] *n.* 自慢、自画自賛、自分自身を誉め称えること [Sk.]

ಆತ್ಮಸಂಯಮ ⟦ātmasaṃyama アートマサンヤマ⟧ [ɐ:tməsəmjəmɐ] *n.* 自制、自制心 [Sk.]

ಆತ್ಮಸಾಕ್ಷಿ ⟦ātmasākṣi アートマサークシ⟧ [ɐ:tməsɐ:kʂi] *n.* 良心 [Sk.]

ಆತ್ಮಸಾಧನೆ ⟦ātmasādʰane アートマサーダネ⟧ [ɐ:tməsɐ:dʰəne] *n.* 自己実現 [Sk.]

ಆತ್ಮಸ್ತುತಿ ⟦ātmastuti アートマストゥティ⟧ [ɐ:tməstuti] *n.* 自慢、自我自賛、自分自身を誉め称えること [Sk.]

ಆತ್ಮಹತ್ಯೆ ⟦ātmahatye アートマハティェ⟧ [ɐ:tməhət·je] *n.* 自殺 [Sk.]

ಆತ್ಮಾರ್ಪಣ ⟦ātmārpaṇa アートマールパナ⟧ [ɐ:tmɐ:rpəɳɐ] *n.* **1** 神に身を捧げること、神に一切をゆだねること **2** 自己犠牲、献身 [Sk.]

ಆತ್ಮಾಹುತಿ ⟦ātmāhuti アートマーフティ⟧ [ɐ:tmɐ:huti] *n.* 自己犠牲、献身、大義や国のために自分の命を捨てること [Sk.]

ಆತ್ಮೀಯ ⟦ātmīya アートミーヤ⟧ [ɐ:tmi:jɐ] *adj.* 自分に属する、自分の —*n.* 自分のもの、自分に属するもの —*adj.*, *m.* 《*f.* ಆತ್ಮೀಯಳು (ātmīyaḷu)》近親の〈人〉、近親者、親しい〈友人〉[Sk.]

ಆತ್ಮೀಯತೆ ⟦ātmīyate アートミーヤテ⟧ [ɐ:tmi:jəte] *n.* 近親者や親友に感じる一体感 [Sk.]

ಆತ್ವ ⟦ātva アートヴァ⟧ [ɐ:tvɐ] *n.* 文字 ಆ (ā) *ā* [Sk.] = ಆಕಾರ (ākāra)

ಆದರ ⟦ādara アーダラ⟧ [ɐ:dǝ̆rɐ] *n.* **1** 尊敬、敬愛 **2** (子どもなどを)可愛がること (*AdP 12.120*) **3** (客などを)親切にもてなすこと ¶ ನಾನು ಸ್ನೇಹಿತರ ಮನೆಗೆ ಹೋದಾಗ ತುಂಬ ಆದರ ಮಾಡಿದರು. (nānu snēhitara manege hōdāga tuṃba ādara māḍidaru.) 彼を尋ねた時、彼は私をとてもよくもてなしてくれた。 **4** 関心、重視 ¶ ಇತ್ತೀಚೆಗೆ ಕಾವ್ಯದ ಬಗ್ಗೆ ಆದರ ಕಡಿಮೆಯಾಗಿದೆ. (ittīcege kāvyada bagge ādara kaḍimeyāgide.) 最近詩に対する関心が薄らいでいる。 [Sk.]

ಆದರಣೀಯ ⟦ādaraṇīya アーダラニーヤ⟧ [ɐ:dǝ̆rəɳi:jɐ] *adj.* 尊敬すべき ¶ ಆದರಣೀಯ ಸಭಾಸದರೇ! (ādaraṇīya sabʰāsadarē!) 尊敬すべき会場の皆様！ [Sk.]

ಆದರಣೆ ⟦ādaraṇe アーダラネ⟧ [ɐ:dərǝ̆ɳe] *n.* 尊敬、敬愛 [Sk.]

ಆದರಿಸು ⟦ādarisu アーダリス⟧ [ɐ:dərisu] *vt.* **1** 敬う、敬意を示す、尊敬する **2** 〈客などを〉心からもてなす [Sk.]

ಆದರ್ಶ ⟦ādarśa アーダルシャ⟧ [ɐ:dǝ̆rʃɐ] *n.* **1** 理想 **2** 鏡 [Sk.]

ಆದರ್ಶವಾದ ⟦ādarśavāda アーダルシャヴァーダ⟧ [ɐ:dǝ̆rʃəvɐ:dɐ] *n.* 理想主義 [Sk.]

ಆದರ್ಶವಾದಿ ⟦ādarśavādi アーダルシャヴァーディ⟧ [ɐ:dǝ̆rʃəvɐ:di] *adj.*, *mf.* 理想主義者〈の〉[Sk.]

ಆದರ್ಶೀಕರಣ ⟦ādarśīkaraṇa アーダルシーカラナ⟧ [ɐ:dǝ̆rʃi:kərǝ̆ɳɐ] *n.* 理想化 [Sk.]

ಆದರ್ಶೀಕರಿಸು ⟦ādarśīkarisu アーダルシーカリス⟧ [ɐ:dǝ̆rʃi:kərĭsu] *vt.* 理想化する [Sk.]

ಆದಾನ ⟦ādāna アーダーナ⟧ [ɐ:dɐ:nɐ] *n.* (贈り物などを)受け取ること [Sk.]

ಆದಾಯ ⟦ādāya アーダーヤ⟧ [ɐ:dɐ:jɐ] *n.* 収入、収益 [Sk.]

ಆದಿ¹ ⟦ādi アーディ⟧ [ɐ:di] *adj.* **1** 最初の、第一の **2** 昔からあった、太古の —*n.* **1** 始まり、開始 **2** 起源、根元、もと [Sk.]

ಆದಿ² ⟦ādi アーディ⟧ [ɐːđi] 《方》 n. 道 [Ka. D2417, *D4087] (SK) = ಹಾದಿ (hādi)〔汎〕

ಆದಿತ್ಯ ⟦āditya アーディティャ⟧ [ɐːditˑjɐ] 《文》 mn. 太陽〈神〉 [Sk.] = ರವಿ (ravi)

ಆದಿತ್ಯವಾರ ⟦ādityavāra アーディティャヴァーラ⟧ [ɐːditˑjə̆vɐːrɐ] n. 日曜、日曜日 [Sk.] = ಭಾನುವಾರ (bʰānuvāra)

ಆದಿವಾಸಿ ⟦ādivāsi アーディヴァーシ⟧ [ɐːdivɐːsi] adj., mf. 原住民〈の〉、原住民〈に関する〉、特にドラヴィダ人やアーリア人の来着以前にインドに移住した部族に属する〈人〉 [Sk.]

ಆದಿಶಕ್ತಿ ⟦ādiśakti アーディシャクティ⟧ [ɐːdiʃəkti] f. マヘーシュヴァリー女神(「原初の力」として理解される形で) [Sk.]

ಆದೇಯ ⟦ādēya アーデーヤ⟧ [ɐːdeːjɐ] 《文》 adj. 受けいれられる、許容可能な、許容範囲内の —n. 贈り物、寄贈品、進物 [Sk.]

ಆದೇಶ ⟦ādēśa アーデーシャ⟧ [ɐːdeːʃɐ] n. 1 命令、指令、指図 2〔言〕置換、置き換わること [Sk.]

ಆದೇಶಿಸು ⟦ādēśisu アーデーシス⟧ [ɐːdeːʃisu] 《文》 vt. 命令する、指令する、指図する [Sk.]

ಆದ್ಯ ⟦ādya アーディャ⟧ [ɐːdˑjɐ] 《文》 adj. 1 最初の、最古の ¶ ಆದ್ಯ ಕಾಲದಲ್ಲಿ ಬರೀ ಕತ್ತಲು. (ādya kāladalli barī kattalu.) 原初はすべて闇であった。 2 第一になすべき、最も重要な ¶ ಗುರುಹಿರಿಯರನ್ನು ಆದರಿಸುವುದು ಮಕ್ಕಳ ಆದ್ಯ ಕರ್ತವ್ಯ. (guruhiriyarannu ādarisuvudu makkaḷa ādya kartavya.) 年長者を敬うことが、子どもの第一の義務である。 —mf. 《f. ಆದ್ಯಳು (ādyaḷu)》 1 最初の人、最古の人 ¶ ನಮ್ಮ ವಂಶದ ಆದ್ಯರು ವಸಿಷ್ಠ ಋಷಿ. (namma vaṃśada ādyaru vasiṣṭa ṛṣi.) 我が家系の始祖はヴァシシュタ仙である。 2 最も重要な人 ¶ ನಮ್ಮ ಮನೆತನದಲ್ಲಿ ಅಪ್ಪ ಆದ್ಯರು. (namma manetanadalli appa ādyaru.) 父は家族で最も重要な人物だ。 —n. 最も大切なこと ¶ ಮನುಷ್ಯನಿಗೆ ಶುದ್ಧ ಚಾರಿತ್ರ್ಯ ಆದ್ಯ. (manuṣyanige śuddʰa cāritrya ādya.) 立派な人格を持つことが、人にとって最も大事なことである。 [Sk.]

ಆದ್ಯತೆ ⟦ādyate アーディャテ⟧ [ɐːdˑjə̆te] n. 1 (選択などで)優先すること、優先権 ¶ ಈ ಸ್ಥಾನಗಳಿಗೆ ಮಹಿಳೆಯರಿಗೆ ಆದ್ಯತೆ. (ī sthānagaḷige mahiḷeyarige ādyate.) この役職は女性優先だ。 2 重要視、重視 ¶ ನೀನು ವಿದ್ಯೆಗೆ ಆದ್ಯತೆ ಕೊಡು. (nīnu vidyege ādyate koḍu.) 学問をもっと重視しなさい。 [Sk.]

ಆಧರಿಸು ⟦ādʰarisu アーダリス⟧ [ɐːdʰərisu] vt. (に)基礎を置く、(の)上に立つ、(に)基づく ¶ ವಿವೇಕಾನಂದರ ತತ್ತ್ವಗಳು ಅದ್ವೈತ ಸಿದ್ಧಾಂತವನ್ನು ಆಧರಿಸಿವೆ. (vivēkānaṃdara tattvagaḷu advaita siddʰāṃtavannu ādʰarisive.) ヴィヴェーカーナンダの哲学はアドヴァイタ哲学に基づいている。 [Sk.]

ಆಧಾನ ⟦ādʰāna アーダーナ⟧ [ɐːdʰɐːnɐ] 《文》 n. (弓に矢を)つがえること [Sk.]

ಆಧಾರ ⟦ādʰāra アーダーラ⟧ [ɐːdʰɐːrɐ] n. 1 (建物などの)基礎、礎 2 支え、支持物 ¶ ಬೀಳುವ ಗೋಡೆಗೆ ಕಟ್ಟಿಗೆಯ ಆಧಾರ ಕೊಟ್ಟರು. (bīḷuva gōḍege kaṭṭigeya ādʰāra koṭṭaru.) 彼らは傾いた壁に木の支えを施した。 3 (自分の主張や理論などの) 根拠、拠り所 4 保護や庇護や援助などを与える人 ¶ ಮುಪ್ಪಿನ ಕಾಲದಲ್ಲಿ ಮಗನು ತಂದೆಗೆ ಆಧಾರವಾದನು. (muppina kāladalli maganu taṃdege ādʰāravādanu.) 老後の父親の面倒は、息子がみていた。 5 (借金などのための)保証、担保、抵当 ¶ ನನ್ನ ಸಾಲಕ್ಕೆ ಸ್ನೇಹಿತ ಆಧಾರ ಕೊಟ್ಟ. (nanna sālakke snēhita ādʰāra koṭṭa.) 友達が私の借金の保証人になってくれた。 [Sk.]

ಆಧಿ¹ ⟦ādʰi アーディ⟧ [ɐːdʰi] 《文》 n. 担保、質、抵当、頭金 [Sk. ādʰi-]

ಆಧಿ² ⟦ādʰi アーディ⟧ [ɐːdʰi] 《文》 n. 苦悩、(心の)苦しみ、心配 [Sk. ādʰī-]

ಆಧಿವ್ಯಾಧಿ ⟦ādʰivyādʰi アーディヴィャーディ⟧ [ɐːdʰivjɐːdʰi] n. 心配事や病気 ¶ ಪ್ರಸಿದ್ಧ ಸಂಗೀತಗಾರ ಈಗ ಬಗೆಬಗೆಯ ಆಧಿವ್ಯಾಧಿಗಳಲ್ಲಿ ಸಿಲುಕಿ ನರಳುತ್ತಿದ್ದಾರೆ. (prasiddʰa saṃgītagāra īga bagebageya ādʰivyādʰigaḷalli siluki naraḷuttiddāre.) あの有名な音楽家は今ありとあらゆる困難に苦しんでいる。 [ādʰi² + vyādʰi]

ಆಧಿಕ್ಯ ⟦ādʰikya アーディキャ⟧ [ɐːdʰikˑjɐ] n. 1 多数、多量 2 過多、多すぎること 3 豊富、潤沢 [Sk.]

ಆಧಿದೈವಿಕ ⟦ādʰidaivika アーディダイヴィカ⟧ [ɐːdʰidəivĭkɐ] 《文》 adj. 神に関する、神に起因する [Sk.]

ಆಧಿಪತ್ಯ ⟦ādʰipatya アーディパティャ⟧ [ɐːdʰipətˑjɐ] n. 1 支配権、覇権、主権 2 (君主の)支配地 [Sk.]

ಆಧಿಭೌತಿಕ ⟦ādʰibʰautika アーディバウティカ⟧ [ɐːdʰibʰəutĭkɐ] 《文》 adj. 物質世界に関する、物質世界に起因する、物質的な [Sk.]

ಆಧೀನ ⟦ādʰīna アーディーナ⟧ [ɐːdʰiːnɐ] adj., mf. 支配されている〈人〉、支配下にある〈人〉 —n. (他人を) 支配すること、(他人に) 従属すること ¶ ಅವನ ಆಧೀನದಲ್ಲಿ ಮೂವರು ಅಧಿಕಾರಿಗಳು ಇದ್ದಾರೆ. (avana ādʰīnadalli mūvaru adʰikārigaḷu iddāre.) 彼のの配下には3人の役人がいる。 = ಅಧೀನ (adʰīna) [Sk.]

ಆಧುನಿಕ ⟦ādʰunika アードゥニカ⟧ [ɐːdʰunikɐ] adj. 現代の [Sk.]

ಆಧುನಿಕತೆ ⟦ādʰunikate アードゥニカテ⟧ [ɐːdʰunikə̆te] n. 現代性、現代的であること [Sk.]

ಆಧುನೀಕರಣ ⟦ādʰunīkaraṇa アードゥニーカラナ⟧ [ɐːdʰuniːkərə̆ɳɐ] 《文》 n. 近代化 [Sk.]

ಆಧ್ಯಾತ್ಮಿಕ ⟦ādʰyātmika アーディャートミカ⟧ [ɐːdʰˑjɐːtmikɐ] adj. 1 精神上の、精神的な 2 哲学的な [Sk.]

ಆನ್¹ ⟦ān アーン⟧ [ɐːn] ಆನು vi. —vt. ☞ಆನು (ānu) [Ka. D408, D409]

ಆನ್² ⟦ān アーン⟧ [ɐːn] 《古》 pron., mf. 《obl. ಎನ್ (en)》私(一人称単数の代名詞) [Ka. D5160]

ಆನಂದ ⟦ānaṃda アーナンダ⟧ [ɐːnəndɐ] n. 喜び、歓喜 [Sk.] = ಸಂತೋಷ (saṃtōṣa)

ಆನಂದಿಸು ⟦ānaṃdisu アーナンディス⟧ [ɐːnəndisu] vi. 喜ぶ、楽しむ ¶ ಹಾಡನ್ನು ಕೇಳಿ ಆನಂದಿಸು. (hāḍannu kēḷi ānaṃdisu.) 歌を聞いて楽しみなさい。[Sk.]

ಆನತ ⟦ānata アーナタ⟧ [ɐːnətɐ] 《文》 *adj.* 曲げられた、頭を垂れた —*adj., m.* 《*f.* ಆನತಳು (ānataḷu)》 **1** 言うことを聞く〈人〉、服従する〈人〉 **2** 降参した〈人〉、降伏した〈人〉[Sk.]

ಆನನ ⟦ānana アーナナ⟧ [ɐːnənɐ] 《文》 *n.* **1** 顔 **2** 口 [Sk.]

ಆನಿಕ ⟦ānika アーニカ⟧ [ɐːnikɐ] 《‡》 *n.* つかむこと [Ka. D409]

ಆನಿಕಲ್ ⟦ānikal アーニカル⟧ [ɐːnikəl] 《古》 *n.* 雹(ひょう)、あられ [Ka. D355]

ಆನಿಕೆ ⟦ānike アーニケ⟧ [ɐːnike] *n.* **1** もたれ掛かること **2** 杖など支えるもの **3** つかむこと [Ka. *ānu* + *-ike* D408, D409]

ಆನಿಕೆಗಂಭ ⟦ānikegaṃbʰa アーニケガンバ⟧ [ɐːnikegəmbʰɐ] *n.* 壁などの支えに用いられる支柱、壁などのつっかえ棒 [+ *kaṃbʰa*] = ಊರೆಗಂಭ (ūregambʰa)

ಆನು ⟦ānu アーヌ⟧ [ɐːnu] ಆನ್¹ *vi.* 《過去語幹ānt-(古カンナダ語形) / āt-(現代)》 **1** (壁、椅子の背などに)もたれる、(杖などに)すがる ¶ ಗೋಡೆಗೆ ಆನಬೇಡಿರಿ. (gōḍege ānabēḍiri.) 壁にもたれないでください。 **2** (人に)頼る、(人の)庇護を受ける ¶ ಉದ್ಯಮಗಳು ಕೇವಲ ಸರಕಾರದ ಮೇಲೆ ಆನಿಕೊಂಡರೆ ಅಭಿವೃದ್ಧಿ ಆಗುವದಿಲ್ಲ (udyamagaḷu kēvala sarakārada mēle ānikoṃḍare abʰivṛddʰi āguvadilla.) 企業が政府に依存していたら発展はない。 **3** 手などが届く ¶ ಸ್ವಿಚ್ಚುಗಳು ಮಕ್ಕಳ ಕೈಗೆ ಆನದಂತೆ ಇರಬೇಕು. (sviccugaḷu makkaḷa kaige ānadaṃte irabēku.) スイッチは子どもの手が届かない所につけるべきだ。 **4**《古》反抗する、抵抗する —*vt.* **1**《文》(物をうけ取ったりつかんだりしようとして)〈手などを〉差し出す、伸ばす ¶ ಕಂಡಕಂಡವರಿಗೆ ಕೈ ಆನಬಾರದು. (kaṃḍakaṃḍavarige kai ānabāradu.) 誰彼かまわず[もの乞いのために]手を差し出してはいけない。 **2**《古》(ものを口に入れてもらうために)口をあけて下を出す。 **3**《古》〈耳を〉そばだてる **4**《古》〈困難、苦しみなどに〉耐える、堪え忍ぶ (*Kr. 3.15*) **5** (手などで)押さえる、抱く (*Kr. 3.161*) **6**《古》反抗する、抵抗する [Ka. D408, D409]

ಆನಿಸು ⟦ānisu アーニス⟧ [ɐːnĭsu] *vt.* **1** 〈ものや人を〉もたれ掛からせる **2** 〈あるものを〉支え棒に用いる ¶ ಈ ಗೋಡೆಗೆ ಮರವನ್ನು ಆನಿಸಿ. (ī gōḍege maravannu ānisi.) あの壁の支えに丸太を使いなさい。 **3** 〈石などを〉置いて扉などが動かないようにする ¶ ಟೈರಿಗೆ (ṭairige)〔口〕/ಚಕ್ರಕ್ಕೆ ಕಲ್ಲು ಆನಿಸು. (cakrakke kallu ānisu.) [車が動かないように] タイヤに石をかませなさい。[Ka. caus. D408]

ಆನುವಂಶ ⟦ānuvaṃśa アーヌヴァンシャ⟧ [ɐːnuvəmʃɐ] 《文》 *adj.* **1** 世襲の、親譲りの、代々の **2** 遺伝性〈の〉、遺伝的な [Sk.]

ಆನುವಂಶಿಕ ⟦ānuvaṃśika アーヌヴァンシカ⟧ [ɐːnuvəmʃikɐ] 《文》 *adj.* **1** 世襲の、親譲りの、代々の **2** 遺伝性〈の〉、遺伝的な [Sk.]

ಆನುವಂಶಿಕತೆ ⟦ānuvaṃśikate アーヌヴァンシカテ⟧ [ɐːnuvəmʃikŏte] 《文》 *n.* **1** 世襲、(財産などを)親から子どもに代々受け継いでいくこと **2** 遺伝 [Sk.] = ಅನುವಂಶೀಯತೆ (anuvaṃśīyate)

ಆನುಷಂಗಿಕ ⟦ānuṣaṃgika アーヌシャンギカ⟧ [ɐːnuʂəŋgikɐ] 《文》 (*n.*) (あることに)付随した〈こと〉、付随して生じる〈こと〉(雑費など) ¶ ದೊಡ್ಡ ಯೋಜನೆಗೆ ಆನುಷಂಗಿಕ ಸಣ್ಣ ಯೋಜನೆಗಳು ಇರುತ್ತವೆ. (doḍḍa yōjanege ānuṣaṃgika saṇṇa yōjanegaḷu iruttave.) 普通、大きな計画には小さな計画がつながっている。[Sk.]

ಆನೆ ⟦āne アーネ⟧ [ɐːne] *n.* **1** 象 **2**〔喩〕巨大なもの(の例えとして用いられる言葉) ¶ ಮುಂದೆ ಆನೆಯಂಥ ಖರ್ಚು ಇದೆ. (muṃde āneyaṃtʰa kʰarcu ide.) この先莫大な支出が必用だ。[Ka. D5161]

-ಆನೆ ⟦-āne -アーネ⟧ [ɐne] 《古》 *suf.* [Ka. *D1] ☞ -ಅನ್ನ (-anna)

ಆನೆಕಲ್ಲು ⟦ānekallu アーネカッル⟧ [ɐːnekəllu] *n.* 雹(ひょう)、あられ [Ka. D355]

ಆನೆಕಾಲು ⟦ānekālu アーネカール⟧ [ɐːnekɐːlu] *n.* 象皮病 [*āne* + *kālu*]

ಆಪ ⟦āpa アーパ⟧ [ɐːpɐ] 《古》 *n.* 強いこと、有能 [Ka. fut.part. of *āṟ*² D407]

ಆಪತ್ತು ⟦āpattu アーパットゥ⟧ [ɐːpəttu] *n.* **1** 不幸、災難 **2** 危険、緊急事態 [Sk.]

ಆಪತ್ಕಾಲ ⟦āpatkāla アーパトカーラ⟧ [ɐːpətkɐːlɐ] *n.* 苦難の時、緊急事態 [Sk.]

ಆಪದ್ಧನ ⟦āpaddʰana アーパッダナ⟧ [ɐːpəddʰŏnɐ] *n.* 緊急事態に備えた貯金 [Sk.]

ಆಪದ್ಧರ್ಮ ⟦āpaddʰarma アーパッダルマ⟧ [ɐːpəddʰərmɐ] *n.* 通常は認められない緊急措置、緊急避難 [Sk.]

ಆಪದ್ಬಂಧು ⟦āpadbaṃdʰu アーパドバンドゥ⟧ [ɐːpədbəndʰu] *mf.* 困った時に助けてくれる友 [Sk.] = ಆಪದ್ಬಾಂಧವ (āpadbāṃdʰava)

ಆಪದ್ಬಾಂಧವ ⟦āpadbāṃdʰava アーパドバーンダヴァ⟧ [ɐːpədbɐːndʰŏvɐ] *n.* 困難な時に力になってくれる人、困った時に助けてくれる友 [Sk.] = ಆಪದ್ಬಂಧು (āpadbaṃdʰu)

ಆಪಾದನೆ ⟦āpādane アーパーダネ⟧ [ɐːpɐːdŏne] *n.* (真偽の如何を問わず)問責、非難 [Sk.]

ಆಪಾದಿತ ⟦āpādita アーパーディタ⟧ [ɐːpɐːdĭtɐ] *adj., mf.* 非難された〈人〉、問責された〈人〉[Sk.]

ಆಪಾದಿಸು ⟦āpādisu アーパーディス⟧ [ɐːpɐːdĭsu] *vt.* 非難する、問責する [Sk.]

ಆಪು¹ ⟦āpu アープ⟧ [ɐːpu] 《古》 *n.* 大声でわめくこと [Ka. *D367]

ಆಪು² ⟦āpu アープ⟧ [ɐːpu] 《古》 *n.* 止めること、制御、阻害 (*Kitt.*) [Ka. D340,*D408,*D409]

ಆಪು³ ⟦āpu アープ⟧ [ɐːpu] 《‡》 *n.* よりかかるもの、支え (*Kitt.*) [Ka. D408]

ಆಪು⁴ ⟦āpu アープ⟧ [ɐːpu] *n.* 大型の草(葉を象の飼料にしたり籠やむしろの制作に用いたりする) [Ka. D2347]

ಆಪೆ ⟦āpe アーペ⟧ [ɐːpe] ಅಗಪೆ, ಹಾಪೆ *n.* ココナツの殻や木材で作った柄杓 [⇒図] [Ka. D6]

ಆಪೆ 柄杓

ಆಪ್ತ ⟦āpta アープタ⟧ [ɐːptɐ] *adj., m.* 《*f.* ಆಪ್ತಳು (āptaḷu)》ごく親しい〈友達〉¶ ಅವಳು ನನಗೆ ಆಪ್ತಳಾಗಿದ್ದಾಳೆ. (avaḷu nanage āptaḷāgiddāḷe.) 彼女は私の親友だ。 [Sk.]

ಆಪ್ಯಾಯಮಾನ ⟦āpyāyamāna アーピャーヤマーナ⟧ [ɐːpjɐːjəmɐːnɐ] 《文》 *adj.* **1** 面白い、満足を与える、楽しい **2** (飲み物などが)元気を回復させる、爽快な [Sk.]

ಆಬಲ್ ⟦ābal アーバル⟧ [ɐːbəl] 《古》 *n.* 赤いハスの一種 [Ka. D362] ☞ಆವಲ್ (āval)

ಆಬಲು ⟦ābalu アーバル⟧ [ɐːbə̆lu] 《古》 *n.* [Ka. *D362] ☞ಆವಲ್ (āval)

ಆಬಾದು ⟦ābādu アーバードゥ⟧ [ɐːbɐːdu] (*n.*) (町や村や農地などが) 開発されている〈こと〉、改良されている〈こと〉¶ ಶಂಕರ ಅಭಿವೃದ್ಧಿ ಮಂಡಳಿಯ ಸದಸ್ಯನಾದ ಮೇಲೆ ಈ ಊರು ಆಬಾದಾಗಿದೆ. (śaṃkara abʰivr̥ddʰi maṃḍaḷiya sadasyanāda mēle ī ūru ābādāgide.) シャンカラが開発委員会の一員となってからこの町は発展した。 [Pe. *ābād*]

ಆಭರಣ ⟦ābʰaraṇa アーバラナ⟧ [ɐːbʰərə̆ɳɐ] *n.* 装身具 [Sk.]

ಆಭಾರ ⟦ābʰāra アーバーラ⟧ [ɐːbʰɐːrɐ] *n.* **1**《希》 重荷、責務 **2** 恩、恩義、義理 [Sk.]

ಆಭಾರಮನ್ನಣೆ ⟦ābʰāramannaṇe アーバーラマンナネ⟧ [ɐːbʰɐːrəmənnə̆ɳe] *n.* 会議などのしめくくりの感謝の表明 [*ābʰāra* + *mannaṇe*]

ಆಭಾರಿ ⟦ābʰāri アーバーリ⟧ [ɐːbʰɐːri] *adj., mf.* 恩義を受けた〈人〉¶ ನಿಮ್ಮ ಸಹಾಯಕ್ಕಾಗಿ ನಾನು ನಿಮಗೆ ಆಭಾರಿ ಆಗಿದ್ದೇನೆ. (nimma sahāyakkāgi nānu nimage ābʰāri āgiddēne.) お力添えいただいて感謝しています。 [Sk.]

ಆಭಾಸ ⟦ābʰāsa アーバーサ⟧ [ɐːbʰɐːsɐ] *n.* **1** '光、輝き' **2** 外観、類似 ¶ ಆ ಕಟ್ಟಡ ಗಟ್ಟಿಮುಟ್ಟಾಗಿದೆಯೆಂದು ಆಭಾಸವಾಗುತ್ತದೆ. (ā kaṭṭaḍa gaṭṭimuṭṭāgideyeṃdu ābʰāsavāguttade.) あの建物は堅牢に見える。 **3** (事実と違う) 外観やみかけ上の類似 ¶ ಕತ್ತಲಲ್ಲಿ ಹಗ್ಗ ಹಾವೆಂದು ಆಭಾಸವಾಗುತ್ತದೆ. (kattalalli hagga hāveṃdu ābʰāsavāguttade.) 暗闇では縄が蛇に見える。 **4** ほのめかし、暗示 ¶ ಅವನ ಮಾತು ಲಂಚ ಬಯಸುವಂತೆ ಆಭಾಸವಾಯಿತು. (avana mātu laṃca bayasuvaṃte ābʰāsavāyitu.) あの人の話は暗に賄賂を要求しているようだった。 [Sk.]

ಆಮ್ ⟦ām アーム⟧ [ɐːm] 《古》 *pron.mf. pl.* 《*sg.* ಆನ್ (ān)》我々は、私たちは、僕らは (*Pb.4.48*) [Ka. D5154]

ಆಮಂತ್ರಣ ⟦āmaṃtraṇa アーマントラナ⟧ [ɐːməntrəɳɐ] *n.* **1** 招待 **2** 招待状(その他招待を告げるすべての手段) [Sk.]

ಆಮಂತ್ರಿಸು ⟦āmaṃtrisu アーマントリス⟧ [ɐːməntrĭsu] *vt.* 招待する [Sk.]

ಆಮಂಡ ⟦āmaṃḍa アーマンダ⟧ [ɐːmənɖɐ] *n.* ヒマ [Ka. D360]

ಆಮ¹ ⟦āma アーマ⟧ [ɐːmɐ] 《文》 (*adj.*) **1** (食物が) 生煮え〈の〉 **2** (果物が)半熟〈の〉 **—*n.*** **1** 不消化 **2** 病気、病 **3** 便秘、便通が悪いこと [Sk.]

ಆಮ² ⟦āma アーマ⟧ [ɐːmɐ] 《‡》 *n.* 壺焼きの竈 (*Kitt.*) [Ka. A12]

ಆಮದು ⟦āmadu アーマドゥ⟧ [ɐːmədu] *n.* **1** 輸入 **2** 輸入品 **3**《古》 収入 [Pe. *āmad*] ↔ ನಿರ್ಯಾತ (niryāta)

ಆಮಲಕ ⟦āmalaka アーマラカ⟧ [ɐːmələkɐ] 《文》 *n.* アンマロクの木やその果実(トウダイグサ科コミカンソウ属、根の皮、樹皮、葉、実は薬用で、実は漬物の材料ともなる) ⇀ 食・薬 [Sk.] = ನೆಲ್ಲಿಕಾಯಿ (nellikāyi) *[IMP 4.257]

ಆಮಶಂಕೆ ⟦āmaśaṃke アーマシャンケ⟧ [ɐːmə̆ʃəŋke] 《文》 *n.* 膿のような便を伴う激しい下痢 [Sk.]

ಆಮಿಷ ⟦āmiṣa アーミシャ⟧ [ɐːmiʂɐ] *n.* **1** 食肉、(他の動物の) 餌食、獲物 **2** (魚などを捕らえるための) 餌 **3** 人を誘惑して何かさせるための餌 ¶ ಲಂಚನಿರೋಧ ಇಲಾಖೆಯವರು ಆಮಿಷ ತೋರಿಸಿ ಭ್ರಷ್ಟ ಅಧಿಕಾರಿಗಳನ್ನು ಹಿಡಿಯುತ್ತಾರೆ. (laṃcanirōdʰa ilākʰeyavaru āmiṣa tōrisi bʰraṣṭa adʰikārigaḷannu hiḍiyuttāre.) 汚職防止課の人々は餌を仕掛けて汚職を摘発する。 **4** 〔喩〕 賄賂 ¶ ಅವರು ಆಮಿಷ ಕೊಟ್ಟು ತಮ್ಮ ಕೆಲಸ ಮಾಡಿಸಿಕೊಂಡರು. (avaru āmiṣa koṭṭu tamma kelasa māḍisikoṃḍaru.) 彼は賄賂を贈って自分の仕事を肩がわりさせた。 **5** 強い欲望、渇望 ¶ ಮನುಷ್ಯರಿಗೆ ಆಮಿಷ ಇರಬಾರದು. (manuṣyarige āmiṣa irabāradu.) 人間は欲望を持つべきではない。 [Sk.]

ಆಮುಷ್ಮಿಕ ⟦āmuṣmika アームシュミカ⟧ [ɐːmuʂmikɐ] *adj.* 来世に関する、死後の世界に関する **—*n.*** 異界、来世、死後の世界 [Sk.]

ಆಮೆ ⟦āme アーメ⟧ [ɐːme] ಆವೆ² *n.* 亀 [Ka. D5155]

ಆಮೇಲೆ ⟦āmēle アーメーレ⟧ [ɐːmeːle] *adv.* **1** その後に、それから **2** 後で ¶ ಆಮೇಲೆ ನೋಡೋಣ. (āmēle nōḍōṇa.) 後で考えよう。 [Ka. *ā* + *mēle*]

ಆಮೋದ ⟦āmōda アーモーダ⟧ [ɐːmoːdɐ] 《文》 *n.* 喜び、悦楽、楽しみ、幸福 **—*adj.*** 楽しい、喜ばしい、愉快な、娯楽の ¶ ಇಸ್ಪೀಟು ಚದುರಂಗ ಮೊದಲಾದವು ಆಮೋದದ ಬಗೆಗಳು. (ispīṭu caduraṃga modalādavu āmōdada bagegaḷu.) トランプやチェスなどは楽しみのためのものである。 [Sk.]

ಆಮೋದಿಸು ⟦āmōdisu アーモーディス⟧ [ɐːmoːdisu] 《文》 *vi.* 楽しむ、大いに楽しむ、悦楽に耽る [Sk.]

ಆಮ್ರ ⟦āmra アームラ⟧ [ɐːmrɐ] 《文》 *n.* マンゴー、マンゴーの木、マンゴーの実 [Sk.] = ಮಾವು (māvu)

ಆಮ್ಲ ⟦āmla アームラ⟧ [ɐːmrɐ] 《文》 *n.* **1** 酸味のあるもの、すっぱいもの **2** 酸 [Sk.] = ಹುಳಿ (huḷi)

ಆಮ್ಲಜನಕ ⟦āmlajanaka アームラジャナカ⟧ [ɐːmləʤənə̆kɐ] 《文》 *n.* 酸素 [Sk.]

ಆಮ್ಲೀಕರಣ ⟦āmlīkaraṇa アームリーカラナ⟧ [ɐːmliːkərə̆ɳɐ] 《文》 *n.* 酸化 [Sk.]

ಆಮ್ಲೀಕರಿಸು ⟦āmlīkarisu アームリーカリス⟧ [ɐːmliːkərisu] 《文》 *vt.* 酸化する [Sk.]

ಆಮ್ಲೇಟು ⟦āmlēṭu アームレートゥ⟧ [ɐːmleːʈu] *n.* オムレツ [Eg. *omelette*]

ಆಯ್ ⟦āy アーイ⟧ [ɐːĭ] 《古》 *vt.* **1** (ある集合体から)〈訳にたつものを〉集める **2** 選ぶ、選び取る **3** 〈落ち穂などを〉拾う、(混ざり合ったものの中から)〈使うものや捨てるものを〉選び出す、拾い出す [Ka. D363] = ಆಯಿ (āyi)[1]

ಆಯ[1] ⟦āya アーヤ⟧ [ɐːjɐ] *n.* **1**《古》内部 **2**《古》秘密、内緒ごと **3** 陰部、秘所 **4**《古》急所 **5**《古》策略、欺瞞、ずるさ **6**《古》詳細 (*Tē* (*Kitt.*)) [Ka. D7]

ಆಯ[2] ⟦āya アーヤ⟧ [ɐːjɐ] *n.* **1** 大きさ、規模 **2** 力、体力 (*Pb.11.1*) **3** 規則、決まり (*Kitt.*) **4** 構成、設計 **5** 順序、方法 **6** 妥当、適正、適当 [Ka. D366]

ಆಯ[3] ⟦āya アーヤ⟧ [ɐːjɐ] *n.* 利益、収入 [Sk.] = ಆದಾಯ (ādāya)

ಆಯಕಟ್ಟು[1] ⟦āyakaṭṭu アーヤカットゥ⟧ [ɐːjəkəʈʈu] *n.* 急所 [Ka. *āya*[1] + *kaṭṭu*]

ಆಯಕಟ್ಟಿನ ಸ್ಥಳ ⟦āyakaṭṭina st^hala アーヤカッティナスタラ⟧ [ɐːjəkəʈʈinɐ st^həɭɐ] *n.* 急所 [+ *st^hala*] = -ಆಯಕಟ್ಟು (-āyakaṭṭu)[2]

ಆಯಕಟ್ಟು[2] ⟦āyakaṭṭu アーヤカットゥ⟧ [ɐːjəkəʈʈu] *n.* **1** 組織、体系、構造 **2** 秩序、整頓 **3** 構成の美しさ **4** 村や貯水池などの面積 [Ka. *āya*[2] + *kaṭṭu*]

ಆಯಕಟ್ಟುಗಾರ ⟦āyakaṭṭugāra アーヤカットゥガーラ⟧ [ɐːjəkəʈʈuɡɐːrɐ] *m.* 《*f.* ಆಯಕಟ್ಟುಗಾರ್ತಿ (āyakaṭṭugārti)》 きちんとした仕事をする人 [*āyakaṭṭu*[1] + *-kāṟa* D366]

ಆಯಕಟ್ಟುಗಾರ್ತಿ ⟦āyakaṭṭugārti アーヤカットゥガールティ⟧ [ɐːjəkəʈʈuɡɐːrti] *f.* 《*m.* ಆಯಕಟ್ಟುಗಾರ (āyakaṭṭugāra)》きちんとした仕事をする女性 [*āyakaṭṭu*[1] + *-kāṟa* Ka. D366]

ಆಯಗಾರ[1] ⟦āyagāra アーヤガーラ⟧ [ɐːjə̆ɡɐːrɐ] 《‡》 *m.* 《*f.* ಆಯಗಾರ್ತಿ (āyagārti)》ずる賢い人 (*Kitt.*) [Ka. *āya*[1] + *-kāṟa* D366]

ಆಯಗಾರ[2] ⟦āyagāra アーヤガーラ⟧ [ɐːjə̆ɡɐːrɐ] *m.* 《*f.* ಆಯಗಾರ್ತಿ (āyagārti)》 **1** 先祖代々村の様々な仕事をしている人 **2** (村落で)仕事をして穀物や他の労働などの対価を得る人 [Sk. *āya-*[3]? + *-kāṟa*]

ಆಯತ[1] ⟦āyata アーヤタ⟧ [ɐːjətɐ] (*n.*) 適当な〈こと〉、ふさわしい〈こと〉 —*adv.* **1** 即刻、すぐに、遅滞や支障なく ¶ ದರ್ಜಿ ಅಂಗಿಯನ್ನು ಆಯತ ಹೊಲಿದು ಕೊಟ್ಟನು. (darji aṃgiyannu āyata holidu koṭṭanu.) 仕立屋はすぐにシャツを縫ってくれた。 **2** どのみち、どちらにせよ ¶ ನಾವು ಆಯತ ಮಾರ್ಕೆಟ್ಟಿಗೆ ಹೋಗುತ್ತೇವೆ. ಆದ್ದರಿಂದ ನಿಮ್ಮ ಕೆಲಸವನ್ನೂ ಮಾಡುತ್ತೇವೆ. (nāvu āyata mārkeṭṭige hōguttēve. āddariṃda nimma kelasavannū māḍuttēve.) いずれにせよ私は商店街に向かいます。ですからあなたの御用も済ませられます。 [*āya*[2] D366 + *-ta*]

ಆಯತಕಾಲ [āyatakāla アーヤタカーラ⟧ [ɐːjətəkɐːlɐ] *n.* ちょうどよい時 ¶ ಆಯತ ಕಾಲದಲ್ಲಿ ನೀವು ಬಂದಿರಿ. (āyata kāladalli nīvu baṃdiri.) ちょうどよい時にいらっしゃいましたね。 [+ *kāla*]

ಆಯತ[2] ⟦āyata アーヤタ⟧ [ɐːjətɐ] 《文》 (*n.*) **1** 広い〈こと〉、広大〈な〉 **2** 長々とした〈こと〉 —*n.* 多数、豊富 [Sk.]

ಆಯತ[3] ⟦āyata アーヤタ⟧ [ɐːjətɐ] ಆಯತ್ತ[2] 《口》 *adv.* たやすく、簡単に (NK) [M. *āyătā* < MIA *āyatta-*「依存した」< Sk. T1286]

ಆಯತ್ತ[1] ⟦āyatta アーヤッタ⟧ [ɐːjəttɐ] 《文》 (*n.*) [Ka. D366] ☞ಆಯತ (āyata)[3]

ಆಯತ್ತ[2] ⟦āyatta アーヤッタ⟧ [ɐːjəttɐ] 《文》 *adj.*, *mf.* 依存した〈人〉、従順な〈人〉 —*adj.* 関係した、関係のある [Sk.]

ಆಯತ್ತ[3] ⟦āyatta アーヤッタ⟧ [ɐːjəttɐ] 《口》 *adv.* たやすく、簡単に (NK) [M. *āyătā* < MIA *āyatta-*「依存した」< Sk. T1286] = ಆಯತ (āyata)[3]

ಆಯವ್ಯಯ ⟦āyavyaya アーヤヴィャヤ⟧ [ɐːjə̆vjəjɐ] *n.* 収入と支出、経費と収益 [Sk.]

ಆಯವ್ಯಯಪಟ್ಟಿ ⟦āyavyayapaṭṭi アーヤヴィャヤパッティ⟧ [ɐːjəvjəjəpəʈʈi] *n.* 貸借対照表 [Sk.]

ಆಯಸ್ಕಾಂತ ⟦āyaskāṃta アーヤスカーンタ⟧ [ɐːjəskɐːntɐ] 《文》 *n.* 磁石 [Sk.]

ಆಯಸ್ಸು ⟦āyassu アーヤッス⟧ [ɐːjəssu] *n.* [Sk.] ☞ಆಯುಸ್ಸು (āyussu)

ಆಯಾ ⟦āyā アーヤー⟧ [ɐːjɐː] *pron.adj.* それぞれの ¶ 〈ಶಾಲೆಗಳಿಂದ ಬಂದ (śālegaḷiṃda baṃda)〉 ಹುಡುಗಿಯರು ಸಮಾರಂಭ ಮುಗಿದ ಮೇಲೆ ಆಯಾ ಶಾಲೆಗಳಿಗೆ ತಿರುಗಿ ಹೋದರು. (huḍugiyaru samāraṃb^ha mugida mēle āyā śālegaḷige tirugi hōdaru.) 様々な学校から来た少女たちは、大会終了後はそれぞれの学校へ帰っていった。= ತಮ್ಮ ತಮ್ಮ (tamma tamma) [Ka. *ā* D1 + *ā* D1]

ಆಯಾಮ ⟦āyāma アーヤーマ⟧ [ɐːjɐːmɐ] 《文》 *n.* **1** (時間的、場所的な)大きさ、広がり、長さ、幅 **2** 広がり、広大さ [Sk.]

ಆಯಾಸ ⟦āyāsa アーヤーサ⟧ [ɐːjɐːsɐ] *n.* **1** 努力、がんばること **2** 疲れ、疲労 [Sk.]

ಆಯಿ[1] ⟦āyi アーイ⟧ [ɐːji] ಆಯ್, ಆಯು *vt.* **1** (ある集合から)〈必要なものを〉集める **2** 選ぶ、選び取る **3** 〈落ち穂などを〉拾う、(混ざり合ったものの中から)〈使うものや捨てるものを〉選び出す、拾い出す [Ka. D363]

ಆಯಿ[2] ⟦āyi アーイ⟧ [ɐːji] 《古》 *f.* 母、母親 [Ka. D364] = ತಾಯಿ (tāyi)

ಆಯಿಕುಳಿ ⟦āyikuḷi アーイクリ⟧ [ɐːĭkuɭi] 《古》 *mf.* 乞食、乞食者 —*n.* 選択、選ぶこと ☞ಆಯ್ಕುಳಿ (āykuḷi)

[Ka. *āyi* D363 + *-kuḷi*]

ಆಯಿತು ⟦āyitu アーイトゥ⟧ [ɐːjitu] *vi.* なった、起こった、できたなど ಆಗು (āgu) 三人称単数中性の現在形 **—***snt.* よろしい、分かりました。= ಸರಿ (sari) [Ka.]

-ಆಯಿಸು ⟦-āyisu -アーイス⟧ [ɐːjisu] *suf.* 現代インド諸語からの借用動詞をカンナダ語化する接尾辞 ¶ ಬದಲಾಯಿಸು (badalāyisu) 変わる（自動詞）、変える（他動詞）[?]

ಆಯು¹ ⟦āyu アーユ⟧ [ɐːju] *n.* **1** 生きてきた年数 **2** 年齢、年 **3** 長命、長生き [Sk.]

ಆಯು² ⟦āyu アーユ⟧ [ɐːju] *vt.* 《過去語幹 āyd-》 **1** 集める、収集する ¶ ಅವನು ಅಂಚೆ ಚೀಟಿಗಳನ್ನು ಆಯುತ್ತಾನೆ. (avanu aṃce cīṭigaḷannu āyuttāne.) 彼は郵便切手を集めている。**2** 〈落ち穂などを〉拾う、(混ざり合ったものの中から)〈使うものや捨てるものを〉選び出す、拾い出す ¶ ಅಮ್ಮ ಅಕ್ಕಿಯಿಂದ ಕಲ್ಲುಗಳನ್ನು ಆಯುತ್ತಿದ್ದಾಳೆ. (amma akkiyiṃda kallugaḷannu āyuttiddāḷe.) お母さんは米から石を拾いだしている。 **3** 選ぶ、選択する ¶ ಬಿ.ಜೆ.ಪಿ. ವಾಜಪಾಯಿಯವರನ್ನು ಅಧ್ಯಕ್ಷರನ್ನಾಗಿ ಆಯ್ದಿತು. (bi.je.pi. vājapāyiyavarannu adʰyakṣarannāgi āyditu.) ＢＪＰはヴァジュパーイーを総裁に選んだ。[Ka. *D363]

ಆಯ್ದುಕೊಳ್ಳು ⟦āydukoḷḷu アーイドゥコッル⟧ [ɐːĭɗukoɭɭu] *vt.* (自分のために)選ぶ、選び取る [+ *koḷḷu*]

ಆಯುಗ ⟦āyuga アーユガ⟧ [ɐːjugɐ] 《‡》 *n.* 刀の柄 [Ka. D342] (*Kitt.*)

ಆಯುಧ ⟦āyudʰa アーユダ⟧ [ɐːjudʰɐ] *n.* 武器 [Sk.]

ಆಯುಧಶಾಲೆ ⟦āyudʰaśāle アーユダシャーレ⟧ [ɐːjudʰəʃɐːle] *n.* 武器庫、武器を貯蔵する場所 [Sk.]

ಆಯುರೇಖೆ ⟦āyurēkʰe アーユレーケ⟧ [ɐːjureːkʰe] *n.* (手の平の)生命線 [Sk.]

ಆಯುರ್ವೇದ ⟦āyurvēda アーユルヴェーダ⟧ [ɐːjurveːdɐ] *n.* インドの伝統医学、アーユルヴェーダ [Sk.]

ಆಯುಷ್ಕರ್ಮ ⟦āyuṣkarma アーユシュカルマ⟧ [ɐːjuʂkərmɐ] 《文》 *n.* 〔婉〕(儀礼的目的のために)初めて髪を剃ること [Sk.] = ಕ್ಷೌರಕರ್ಮ (kṣaurakarma)

ಆಯುಷ್ಕರ್ಮಶಾಲೆ ⟦āyuṣkarmaśāle アーユシュカルマシャーレ⟧ [ɐːjuʂkərməʃɐːle] 《文》 *n.* 巡礼の集まる寺院に設けられた剃髪場 [Sk.]

ಆಯುಷ್ಯ ⟦āyuṣya アーユシュヤ⟧ [ɐːjuʂjɐ] *adj.* 命を永らえる **—***n.* **1** (人の)一生の長さ ¶ ನಿಮ್ಮ ಆಯುಷ್ಯ ದೀರ್ಘವಾಗಲಿ. (nimma āyuṣya dīrgʰavāgali.) あなたの寿命を延ばしなさい。 **2** 長命、長生き = ಆಯಸ್ಸು (āyassu) [Sk.]

ಆಯುಸ್ಸು ⟦āyussu アーユッス⟧ [ɐːjussu] ಆಯಸ್ಸು *n.* **1** (人の)一生の長さ **2** 長命 [Sk.]

ಆಯೋಗ ⟦āyōga アーヨーガ⟧ [ɐːjoːgɐ] *n.* (特定の問題の調査などを委託された)委員会 [Sk.]

ಆಯ್ಕುಳಿ¹ ⟦āykuḷi アーイクリ⟧ [ɐːĭkuɭi] ಆಕಳಿ, ಆಕುಳಿ, ಆಯಿಕುಳಿ 《古》 *mf.* 乞食、乞食者 **—***n.* 選択、選ぶこと [Ka. *āy* D363 + *-kuḷi*]

ಆಯ್ಕುಳಿ² ⟦āykuḷi アーイクリ⟧ [ɐːĭkuɭi] ಆಕಳಿ, ಆಕುಳಿ, ಆಯಿಕುಳಿ *n.* 残りもの [Ka. *āyke* *D363 + *uḷi*]

ಆಯ್ಕೆ ⟦āyke アーイケ⟧ [ɐːĭke] *n.* 選択、選び取ること [Ka. D363]

ಆಯ್ಕೆಗೊಳ್ಳು ⟦āykegoḷḷu アーイケゴッル⟧ [ɐːĭkeg̥oɭɭu] *vi.* 選ばれる、選び取られる [+ *koḷḷu*]

ಆರ್¹ ⟦ār アール⟧ [ɐːr] 《古》 *vi.* 大声で叫ぶ、わめく (*Pb.3.59*) [Ka. D367] = ಒದರು (odaru)

ಆರ್² ⟦ār アール⟧ [ɐːr] 《古》 *pron.mf.* 誰、どの人 (*Pb.1.22*) [Ka. D5151] ☞ ಯಾರು (yāru)

ಆರ್³ ⟦ār アール⟧ [ɐːr] 《古》 *vi.* 満ちる、いっぱいになる（現代カンナダ語においてこの語を用いるのは、-ಆರ, -ಆರೆ (-āra, -āre) という二つの不定詞形と、動名詞 -ಆರು (-āru) のみ）[Ka. D368]

ಆರ್⁴ ⟦ār アール⟧ [ɐːr] 《‡》 *vi.* 結ばれる (*Kitt.*) [Ka. D2460]

ಆರ್⁵ ⟦ār アール⟧ [ɐːr] 《方》 *n.* 鋤につながれた一対の牛 [Ka. D2815] = ಏರು (ēru)

ಆರಂಬ ⟦āraṃba アーランバ⟧ [ɐːrəmbɐ] 《文》 *n.* 耕作、農業、[Sk.]

ಆರಂಬಗಾರ ⟦āraṃbagāra アーランバガーラ⟧ [ɐːrəmbəğɐːrɐ] 《文》 *m.* 《*f.* ಆರಂಬಗಾರ್ತಿ (āraṃbagārti)》耕作者、農民 [*āraṃba* + *-gāra*]

ಆರಂಭ ⟦āraṃbʰa アーランバ⟧ [ɐːrəmbʰɐ] *n.* **1** 開始、始まり、最初 = ಪ್ರಾರಂಭ (prāraṃbʰa), = ಶುರು (śuru)〔口〕「始まり」アラビア語起源の借用語 **2** 耕作、農業、農民 [Sk.]

ಆರಂಭಿಸು ⟦āraṃbʰisu アーランビス⟧ [ɐːrəmbʰisu] *vt.* 始める **—***v.aux.* 《-ಅಲು/-ಅಲಿಕ್ಕೆ (-alu/-alikke) ~》…しはじめる ¶ ಅವಳು ನನ್ನನ್ನು ನೋಡಿ ಅಳಲು ಆರಂಭಿಸಿದಳು. (avaḷu nannannu nōḍi aḷalu āraṃbʰisidaḷu.) 彼女は私を見て泣きだした。[Sk.]

ಆರಂಭೋತ್ಸವ ⟦āraṃbʰōtsava アーランボートサヴァ⟧ [ɐːrəmbʰoːtsəvɐ] *n.* 開会式、開所式、建設工事などを始める式 [Sk.]

-ಆರ ⟦-āra -アーラ⟧ [ɐːrɐ] *suf.* 思う存分、満足するまで ¶ ಅಕ್ಕ ತಿರುಗಿ ಬಂದ ವಿಗ್ರಹವನ್ನು ಕಣ್ಣಾರ ನೋಡಿದಳು. (akka tirugi baṃda vigrahavannu kaṇṇāra nōḍidaḷu.) 姉は戻ってきた神像を心ゆくまで眺めた。[Ka. D368] = -ಆರೆ (-āre)

ಆರಕ್ತ ⟦ārakta アーラクタ⟧ [ɐːrəktɐ] 《文》 *adj.* 赤味を帯びた、赤らんだ [Sk.]

ಆರಡಿ¹ ⟦āraḍi アーラディ⟧ [ɐːrəɖi] 《古》 *n.* 強盗、強奪 [?] ☞ ಆಱಡಿ (āṟaḍi)[1]

ಆರಡಿ² ⟦āraḍi アーラディ⟧ [ɐːrəɖi] 《古》 *n.* '六足の'、ぶんぶんいう音を出す大きな黒いハチ [*āru* D2485 + *aḍi* D72] ☞ ಆಱಡಿ (āṟaḍi)[2]

ಆರಡಿ³ ⟦āraḍi アーラディ⟧ [ɐːrəɖi] 《文》 *n.* 迷惑、うるさがらせること [? cf. *ār*「叫ぶ」D367] ☞ ಆಱಡಿ (āṟaḍi)[3]

ಆರಡಿಗಳ್ಳ ⟦āraḍigaḷḷa アーラディガッラ⟧ [ɐːrəḍigəḷḷɐ] 《古》 *m.* 《*f.* *ಆರಡಿಗಳ್ಳಿ (āraḍigaḷḷi)》 強盗、追いはぎ (*Kitt.*) [*āraḍi*[1] + *kaḷḷa*]

ಆರತಿ ⟦ārati アーラティ⟧ [ɐːrə̆ti] *n.* (神像や人間の前で) 灯火を回す儀式や、その灯 [H./M. *ārtī* < Sk. *ārātrika-*? T1315]

ಆರಯ್ ⟦āray アーライ⟧ [ɐːrəĭ] ಆರಯಿ, ಆರಯ್ಯು, ಆರೈ 《古》 *vt.* 1 探す 2 考える、思案する —*n.* 《古》 1 調査、研究 2 熟考、吟味 3 (子どもなどの)養育、保護監督 = ಆರಯಿಸು (ārayisu) [Ka. D377]

ಆರಯಿ ⟦ārayi アーライ⟧ [ɐːrəji] 《古》 *vt.* 1 調べる、吟味する 2 〈子どもなどを〉育てる、養育する、世話する、保護監督する [Ka. *D377] ☞ಆರಯ್ (āray)

ಆರಯಿಕೆ ⟦ārayike アーライケ⟧ [ɐːrəjike] *n.* 1 《古》 調査、研究 2 熟考、吟味 3 (子どもなどの)養育、保護監督 [Ka. D377]

ಆರಯಿಸು[1] ⟦ārayisu アーライス⟧ [ɐːrəjisu] ಆರಯ್ಸು, ಆರೈಸು *vt.* 1 吟味する、検討する 2 よく考える、熟考する 3 検討させる、思案させる、など [Ka. D377]

ಆರಯಿಸು[2] ⟦ārayisu アーライス⟧ [ɐːrəjisu] 《口》 *vt.* 希望する、希求する [Ka. < *hārayisu* *D4091(a)] = ಹಾರಯಿಸು (hārayisu) 〔汎〕

ಆರಯು ⟦ārayu アーラユ⟧ [ɐːrəju] 《古》 *vt.* [Ka. D377] ☞ಆರಯ್ (āray)[1]

ಆರಯ್ಕೆ ⟦ārayke アーライケ⟧ [ɐːrəĭke] 《文》 *n.* [Ka. D377] ☞ಆರಯಿಕೆ (ārayike)

ಆರಯ್ಯು ⟦ārayyu アーライユ⟧ [ɐːrəĭju] 《文》 *vt.* [Ka. D377] ☞ಆರಯ್ (āray) 1, 2, 3

ಆರಯ್ಸು ⟦āraysu アーライス⟧ [ɐːrəĭsu] 《‡》 *vt.* 〈子どもなどを〉育てる、養育する、世話する、保護監督する (*My.* (*Kitt.*)) [Ka. D377] ☞ಆರಯಿಸು (ārayisu)

ಆರವಾರ[1] ⟦āravāra アーラヴァーラ⟧ [ɐːrə̆vɐːrɐ] 《‡》 *n.* 騒動、大騒ぎ、泣き叫ぶこと (*My.* (*Kitt.*)) [Ka. D367]

ಆರವಾರ[2] ⟦āravāra アーラヴァーラ⟧ [ɐːrə̆vɐːrɐ] 《‡》 *n.* (不動産の) 抵当、担保 (*SK, Mg.* (*Kitt.*)) [? cf. Tu. *āravāra*]

ಆರಾಧಕ ⟦ārādʰaka アーラーダカ⟧ [ɐːrɐːdʰəkɐ] *m.* 《*f.* ಆರಾಧಕಿ (ārādʰaki)》 1 (神や聖者などの)礼拝者、崇拝者 2 〔喩〕 (理想や芸術家などの)信奉者 [Sk.]

ಆರಾಧನ ⟦ārādʰana アーラーダナ⟧ [ɐːrɐːdʰənɐ] *n.* 1 礼拝 2 (役者、歌手などの)崇拝、(芸術作品などを)崇めること [Sk.]

ಆರಾಧಿಸು ⟦ārādʰisu アーラーディス⟧ [ɐːrɐːdʰisu] *vt.* 1 礼拝する 2 〔喩〕 〈芸術家、芸術作品、俳優、歌手などを〉崇める、崇拝する [Sk.]

ಆರಾಧ್ಯ ⟦ārādʰya アーラーディヤ⟧ [ɐːrɐːdʰjɐ] *adj.* 尊敬すべき、敬愛すべき [Sk.]

ಆರಾಮ ⟦ārāma アーラーマ⟧ [ɐːrɐːmɐ] *adj.* 《文》 喜びを与える、喜ばしい —*n.* 1 喜び、楽しみ 2 暇、休息、やすらぎ ¶ ಅವರು ನಿವೃತ್ತಿಯ ನಂತರ ಆರಾಮಾಗಿ ಇದ್ದಾರೆ. (avaru nivṛttiya naṃtara ārāmāgi iddāre.) あの人は退職後のんびり暮らしている。 3 健康、無病息災 ¶ ಇತ್ತೀಚೆಗೆ ನನಗೆ ಆರಾಮವಿಲ್ಲ. (ittīcege nanage ārāmavilla.) 最近私は体調を崩している。 4 《古》 庭園 [Sk.]

ಆರಾಮು ⟦ārāmu アーラーム⟧ [ɐːrɐːmu] *n.* 休息、休むこと [Sk.] ☞ಆರಾಮ (ārāma)

ಆರಿಕಲ್ ⟦ārikal アーリカル⟧ [ɐːrikəl] 《‡》 *n.* 雹(ひょう)、あられ (*Bp.61,66* (*Kitt.*)) [Ka. *āri* + *kal* D378]

ಆರಿಕಲ್ಲು ⟦ārikallu アーリカッル⟧ [ɐːr̥ikəllu] 《方》 *n.* 雹(ひょう)、あられ [Ka. *D378] ☞ಆಲಿಕಲ್ಲು (ālikallu)

ಆರಿಕೆ ⟦ārike アーリケ⟧ [ɐːrĭke] 《‡》 *n.* コドラ (イネ科スズメノヒエ属の草本、飼料として利用される) (*St. & Pl.* (*Kitt.*)) [Ka. D379] = ಆರಿಕೆ, ಹಾರಕ (arike, hāraka) *[IMP 4.227]

ಆರಿವರಲ್ ⟦ārivaral アーリヴァラル⟧ [ɐːrivərəl] 《古》 *n.* 雹(ひょう)、あられ [Ka. *āri* D378 + *paral* D3959]

ಆರಿಸು[1] ⟦ārisu アーリス⟧ [ɐːrĭsu] *vt.* 1 集める、収集する 2 選ぶ、選び取る、選択する 3 (落ち穂などを)拾い集める、(使うものや捨てるものを)拾い出す [Ka. D377]

ಆರು[1] ⟦āru アール⟧ [ɐːru] ಆಱ್, ಆಱು *vi.* 1 (茶、飯などが)冷える、冷める 2 (電球、灯などが)消える 3 (喉の渇きや怒りや悲しみが)静まる 4 乾く、干上がる 5 (傷が乾いて)治る、癒える 6 (悲しみなどが)和らぐ [Ka. < *āṟu* D404]

ಆರಿಸು[2] ⟦ārisu アーリス⟧ [ɐːrĭsu] *vt.* 1 〈茶、飯などを〉冷やす、冷ます 2 〈電球、灯などを〉消す 3 〈喉の渇きや怒りや悲しみを〉静める、和らげる [+ *-isu* caus.]

-ಆರು ⟦-āru -アール⟧ [ɐːru] 《古》 *vi.* いっぱいになる、満ちる —*suf.* 数詞 10 や 100 や 1000 などにつく接尾語で、この数を話者が多数あるいは大量だと思っていることを示す。 ಹತ್ತಾರು (hattāru) (10 + -ಆರು (-āru)) "10 もの、何十もの", ನೂರಾರು (nūrāru) (100 + -ಆರು (-āru)) 100 もの、何百もの, ಸಾವಿರಾರು (sāvirāru)何千もの, ಹಲವಾರು (halavāru) (ಹಲವು (halavu) + -ಆರು (-āru)) いくつもの、など ¶ ನೂರಾರು ಜನ ಬಂದಿದ್ದರು. (nūrāru jana baṃdiddaru.) 何百人もの人が来ていた。 [Ka. D368]

ಆರು[2] ⟦āru アール⟧ [ɐːru] *v.aux.* 《否定時制のみの欠如動詞で/alu/型の希求分詞と共に用いられる》 できない ¶ ನಾನು ಈ ಮರವನ್ನು ಕಡಿಯಲಾರೆನು. (nānu ī maravannu kaḍiyalārenu.) 私はこの木を切ることができない(切る能力がない)。

ಆರು[3] ⟦āru アール⟧ [ɐːru] *numr. adj.* 六つの、6… —*numr. n.* 6、六つ [Ka. < ಆಱು D2485]

ಆರು[4] ⟦āru アール⟧ [ɐːru] 《古》 *n.* 牛を飼いならすためのくびきとして用いられる木の部品 [Ka. D2815]

ಆರುಕಟ್ಟು ⟦ārukaṭṭu アールカットゥ⟧ [ɐːrŭkəʈʈu] *vi.* 牛を鋤につなぐ、畑を耕す準備する [Ka. *āru*[6] + *kaṭṭu*]

ಆರುನೂರು ⟦ārunūru アールヌール⟧ [ɐːrŭnuːru] *numr. adj.* 600 の、600… —*numr.n.* 600 [Ka. *āṟu* + *nūṟu* Ka. D2485]

ಆರುಬು ⟦ārubu アールブ⟧ [ɐːrŭbu] 《‡》 *n.* 大声で叫ぶこと [Ka. *āru* + *-bu* D367]

ಆರ್ವರು ⟦ārvaru アールヴァル⟧ [ɐːrvəru] ಆಱುವರ್ 《文》 *numr.mf.* 6 人 [Ka. < *āṟu* D2485 + *-varu*]

ಆರುವಾರ ⟦āruvāra アールヴァーラ⟧ [ɐːruvɐːrɐ] 《古》 *n.* (不動産の)抵当、担保 (SK) [? cf. Tu. *āravāra*] = ಭೋಗ್ಯ (bʰōgya)

ಆರುಹ ⟦āruha アールハ⟧ [ɐːrŭhɐ] 《‡》 *vi.* 大声で叫ぶこと (*Nr.* (*Kitt.*)) [Ka. D367]

ಆರೂಢ ⟦ārūḍʰa アールーダ⟧ [ɐːruːɖʰɐ] 《文》 *adj.* 登った、(馬などに)乗った [Sk.]

ಆರೆ[1] ⟦āre アーレ⟧ [ɐːre] *n.* (車輪の)輻(や) [Sk. *āra-*]

ಆರೆ[2] ⟦āre アーレ⟧ [ɐːre] *n.* マメ科ハカマカズラ属の植物 [Ka. D372(a)]

ಆರೆ[3] ⟦āre アーレ⟧ [ɐːre] *n.* マメ科ハカマカズラ属の様々な植物 [Ka. D372(b.)]

-ಆರೆ[4] ⟦-āre -アーレ⟧ [ɐːre] *suf.* [Ka. D368] ☞-ಆರ (-āra)

ಆರೆಕಾಱ ⟦ārekāṟa アーレカーラ⟧ [ɐːrekɐːɾɐ] 《古》 *m.* 《*f.* ಆರೆಕಾರ್ತಿ (ārekārti)》養育者、養う人 (*S.Mhr.* (*Kitt.*)) [Ka. *āray*? + *-kāṟa*, D377?]

ಆರೆಕಲ್ ⟦ārekal アーレカル⟧ [ɐːrekəl] 《古》 *n.* 雹(ひょう)、あられ [Ka. D378]

ಆರೈ ⟦ārai アーライ⟧ [ɐːrəĭ] 《文》 *vt.* [Ka. *D377] ☞ಆರಯ್ (āray)

ಆರೈಸು ⟦āraisu アーライス⟧ [ɐːrəisu] 《文》 *vt.* 1 探す 2 考える、思案する 3 調べる、吟味する [Ka. D377] ☞ಆರಯಿಸು

ಆರೋಗಣ ⟦ārōgaṇa アーローガナ⟧ [ɐːroːgəɳɐ] ಆರೋಗಣೆ 《文》 *n.* [M. *ārōgaṇă* < OIA *ārōgyati*「挨拶」T1330.2] ☞ಆರೋಗಣೆ (ārōgaṇe)

ಆರೋಗಣೆ ⟦ārōgaṇe アーローガネ⟧ [ɐːroːgəɳe] 《文》 *n.* 食事、ご飯(を食べること) [M. *ārōgaṇă* T1330.2] ☞ಆರೋಗಣೆ (ārōgaṇe)

ಆರೋಗಿಸು ⟦ārōgisu アーローギス⟧ [ɐːroːgĭsu] 《文》 *vi.* 食事する、ご飯を食べる [*ārōgaṇa* T1330.2 + *-isu*]

ಆರೋಗ್ಯ ⟦ārōgya アーローギャ⟧ [ɐːroːgʲja] *n.* 健康、無病息災 [Sk.]

ಆರೋಗ್ಯಕರ ⟦ārōgyakara アーローギャカラ⟧ [ɐːroːgʲjəkərɐ] (*n.*) 健康によい〈こと〉、衛生によい〈こと〉 [Sk.]

ಆರೋಗ್ಯಧಾಮ ⟦ārōgyadʰāma アーローギャダーマ⟧ [ɐːroːgʲjədʰɐːmɐ] 《文》 *n.* 保養地 [Sk.]

ಆರೋಪ ⟦ārōpa アーローパ⟧ [ɐːroːpɐ] *n.* 1 あるものを何かだと思うこと、あるものが(一定の性質などを)持つと考えること 2 非難、告発、問責 ¶ ಪತ್ರಿಕೆಗಳು ಮಂತ್ರಿಗಳನ್ನು ಭ್ರಷ್ಟಾಚಾರಕ್ಕಾಗಿ ಆರೋಪ ಮಾಡಿದರು. (patrikegaḷu maṃtrigaḷannu bʰraṣṭācārakkāgi ārōpa māḍidavu.) 新聞は大臣を汚職で告発した。 [Sk.]

ಆರೋಪಣ ⟦ārōpaṇa アーローパナ⟧ [ɐːroːpəɳɐ] ಆರೋಪಣೆ *n.* 非難、告発、問責 [Sk.]

ಆರೋಪಣೆ ⟦ārōpaṇe アーローパネ⟧ [ɐːroːpɳe] *n.* [Sk.] ☞ಆರೋಪಣ (ārōpaṇa)

ಆರೋಪಿ ⟦ārōpi アーローピ⟧ [ɐːroːpi] *mf.* (法廷や公衆によって)告発された人 [Sk.]

ಆರೋಪಿಸು ⟦ārōpisu アーローピス⟧ [ɐːroːpisu] *vt.* 1 〈あることをある人の〉せいにする、ものであると考える ¶ ವ್ಯಕ್ತಿ ದೊಡ್ಡವನಾದರೆ ಅವನ ಹಿಂಬಾಲಕರು ಎಲ್ಲ ಸದ್ಗುಣಗಳನ್ನು ಆರೋಪ ಮಾಡುತ್ತಾರೆ. (vyakti doḍḍavanādare avana hiṃbālakaru ella sadguṇagaḷannu ārōpa māḍuttāre.) その人物が大物であれば、追随者はあらゆる美徳を彼に帰するものである。 2 問責する、告発する ¶ ಪತ್ರಿಕೆಗಳು ಮಂತ್ರಿ ಲಂಚವನ್ನು ತೆಗೆದುಕೊಂಡರೆಂದು ಆರೋಪ ಮಾಡಿದವು. (patrikegaḷu maṃtri laṃcavannu tegedukoṃḍareṃdu ārōpa māḍidavu.) 新聞は大臣を収賄で告発した。 [Sk.] = ಆಪಾದಿಸು (āpādisu)

ಆರೋಹಣ ⟦ārōhaṇa アーローハナ⟧ [ɐːroːhəɳɐ] *n.* 1 登ること、乗ること 2 梯子、階段、エレベータ(など人を上方に運ぶ道具) 3 低い音から高い音へ駆け上がるように演奏すること [Sk.]

ಆರೋಹಿ ⟦ārōhi アーローヒ⟧ [ɐːroːhi] *mf.* (馬などに)乗る人、(山などに)登る人 [Sk.]

ಆರ್ಚು ⟦ārcu アールチュ⟧ [ɐːrʧu] 《古》 *vi.* 大声で叫ぶ、わめく [Ka. D367]

ಆರ್ಜನೆ ⟦ārjane アールジャネ⟧ [ɐːrʤəne] *n.* 1 入手、獲得 2 儲けること、儲け、稼ぎ [Sk. *ārjana-*]

ಆರ್ಜಿತ ⟦ārjita アールジタ⟧ [ɐːrʤitɐ] *adj.* 1 入手した、獲得した、調達した 2 儲けた、(働いて)稼いだ [Sk. *ārjita-*]

ಆರ್ಜಿಸು ⟦ārjisu アールジス⟧ [ɐːrʤisu] *vt.* 1 獲得する、入手する 2 (働いて)稼ぐ、儲ける 3 貯める、蓄積する [Sk. *arj-*]

ಆರ್ತ ⟦ārta アールタ⟧ [ɐːrtɐ] *adj.*, *m.* 《*f.* ಆರ್ತಳು (ārtaḷu)》苦悩する〈人〉、悩んでいる〈人〉 [Sk.]

ಆರ್ತನಾದ ⟦ārtanāda アールタナーダ⟧ [ɐːrtənɐːdɐ] *n.* 苦悩の叫び声、嘆き悲しむ声 [Sk.]

ಆರ್ಥಿಕ ⟦ārtʰika アールティカ⟧ [ɐːrtʰikɐ] *adj.* 経済的な、財政的な [Sk.]

ಆರ್ದ್ರ ⟦ārdra アールドラ⟧ [ɐːrdrɐ] *adj.* 1 湿った、湿気を帯びた 2 優しい、哀れみ深い [Sk.]

ಆರ್ದ್ರತೆ ⟦ārdrate アールドラテ⟧ [ɐːrdrăte] *n.* 1 湿気、湿り気 2 優しさ、哀れみ深さ [Sk.]

ಆರ್ದ್ರಪೊರೆ ⟦ārdrapore アールドラポレ⟧ [ɐːrdrăpore] 《文》 *n.* 粘膜 [*ārdra* + *pore*]

ಆರ್ಪು[1] ⟦ārpu アールプ⟧ [ɐːrpu] 《古》 *n.* 大声で叫ぶこと、わめくこと [Ka. D367]

ಆರ್ಪು² ⟦ārpu アールプ⟧ [ɐːrpu] 《古》n. 1 力、体力、強さ；武勇、勇敢、剛勇 2 猛烈さ、ひどさ [Ka. D407]

ಆರ್ಬಟ ⟦ārbaṭa アールバタ⟧ [ɐːrbəʈɐ] n. 大声で叫ぶこと、わめくこと [Ka. D367]

ಆರ್ಬಟಿಸು ⟦ārbaṭisu アールバティス⟧ [ɐːrbəʈisu] vi. 大声で叫ぶ、わめく [Ka. D367] ☞ಆರ್ಭಟಿಸು (ārbʰaṭisu)

ಆರ್ಬಾಟ ⟦ārbāṭa アールバータ⟧ [ɐːrbɐːʈɐ] n. 大声で叫ぶこと、わめくこと [Ka. D367]

ಆರ್ಬು ⟦ārbu アールブ⟧ [ɐːrbu] 《古》n. 大声で叫ぶこと、わめくこと、[Ka. D367] = ಆರುಬು (ārubu)

ಆರ್ಭಟ ⟦ārbʰaṭa アールバタ⟧ [ɐːrbʰəʈɐ] ಆರಭಟೆ, ಆರುಬ-ಟೆ, ಆರುಬಟೆ, ಆರುಭಟಿ, ಆರುಭಟೆ, ಆರ್ಬಟ, ಆರ್ಬಟೆ, ಆರ್ಭ-ಟೆ, n. わめくこと、大声で叫ぶこと、怒鳴ること、(ライオンなどが)咆哮すること [āru² + bʰaṭa-]

ಆರ್ಭಟಿಸು ⟦ārbʰaṭisu アールバティス⟧ [ɐːrbʰəʈisu] ಆ-ರ್ಬಟಿಸು, ಆರ್ಭಡಿಸು vi. わめく、怒鳴る、大声で叫ぶ、(ライオンなどが)咆哮する [denm. of ārbʰaṭa]

ಆರ್ಯ ⟦ārya アーリヤ⟧ [ɐːrjɐ] 《文》adj., m. 《f. ಆರ್ಯೆ (ārye)》 1 善良な〈人〉、有徳の〈人〉 2 尊敬すべき〈人〉、敬うべき〈人〉 3 高貴な生まれの〈人〉 4 アーリア人〈の〉、アーリア人〈に関する〉、印欧語族のインド・イラン語派に属する言葉を話す部族に属する〈人〉[Sk.]

ಆರ್ಯೆ ⟦ārye アーリェ⟧ [ɐːrje] 《文》f. ārya の女性形、尊敬すべき〈女性〉[Sk.]

ಆರ್ಷ ⟦ārṣa アールシャ⟧ [ɐːrʂɐ] 《文》adj. 1 聖者に関する 2 太古に遡る、大昔からの 3 聖なる、神聖な [Sk.]

ಆರ್ಷೇಯ ⟦ārṣēya アールシェーヤ⟧ [ɐːrʂeːjɐ] 《文》adj. 1 聖者に関する 2 太古に遡る、大昔からの —m. 《f. ಆರ್ಷೇಯಳು (ārṣēyaḷu)》大昔の人、太古の人 [Sk.]

ಆರ್ಸೆ ⟦ārse アールセ⟧ [ɐːrse] 《文》n. サラノキ(沙羅双樹、フタバガキ科の高木)(My. (Kitt.)) [Ka. D343] = ಸಾಲ (sāla) *[IMP 5.125; IHT 29]

ಆಲ್¹ ⟦āl アール⟧ [ɐːl] 《古》n. [Ka. D382] ☞ಆಲ (āla)

ಆಲ್² ⟦āl アール⟧ [ɐːl] ಆಲು 《古》vi. 叫ぶ、わめく [Ka. D386]

ಆಲ¹ ⟦āla アーラ⟧ [ɐːlɐ] 《‡》n. 赤い睡蓮の一種 (Šm.26 (Kitt.)) [Ka. D362]

ಆಲ² ⟦āla アーラ⟧ [ɐːlɐ] ಆಲ್ n. ベンガルボダイジュ(枝からたくさんの気根が垂れ下がっているクワ科の植物、聖木の一つ) [Ka. D382]

ಆಲದಮರ ⟦āladamara アーラダマラ⟧ [ɐːlǝđəmərɐ] n. ベンガルボダイジュ [+ -ದ "of" + mara *D382] ☞ಆಲ (āla)²

ಆಲಮರ ⟦ālamara アーラマラ⟧ [ɐːlǝmərɐ] n. ベンガルボダイジュ [+ mara D382] ☞ಆಲ (āla)²

ಆಲಂಕಾರಿಕ ⟦ālaṃkārika アーランカーリカ⟧ [ɐːləŋkɐːrikɐ] 《文》adj. 1 飾りとなる、装飾的な ¶ ಅವರ ಮನೆಯಲ್ಲಿ ಆಲಂಕಾರಿಕ ವಸ್ತುಗಳು ತುಂಬಾ ಇವೆ. (avara maneyalli ālaṃkārika vastugaḷu tuṃbā ive.) 彼の家には装飾品が多い。 2 比喩的な —m. 《f. ಆಲಂಕಾರಿಕಳು (ālaṃkārikaḷu)》修辞学者 ¶ ಮಮ್ಮಟ ಒಬ್ಬ ಆಲಂಕಾರಿಕ. (mammaṭa obba ālaṃkārika.) マンマタは修辞学者の一人である。 [Sk.]

ಆಲಂಗಿಸು ⟦ālaṃgisu アーランギス⟧ [ɐːləŋgisu] 《文》vt. 抱擁する、抱きしめる [Sk.] ☞ಆಲಿಂಗಿಸು (āliṃgisu)

ಆಲಂಬನ ⟦ālaṃbana アーランバナ⟧ [ɐːləmbǝnɐ] n. 1 支えること、支えるもの、支持 2 保護、後援、後援者、パトロン ¶ ಕೃಷ್ಣದೇವರಾಯ ಅನೇಕ ಕವಿಗ-ಳಿಗೆ ಆಲಂಬನವಾಗಿದ್ದನು. (kṛṣṇadēvarāya anēka kavigaḷige ālaṃbanavāgiddanu.) クリシュナデーヴァラーヤは大勢の詩人のパトロンだった。 [Sk.]

ಆಲಪಿಸು ⟦ālapisu アーラピス⟧ [ɐːləpisu] vi. [Sk.] ☞ಆಲಾಪಿಸು (ālāpisu)

ಆಲಯ ⟦ālaya アーラヤ⟧ [ɐːləjɐ] 《文》n. 《複合語末で》住居、家(普通合成語の後半部に用いられる)¶ ದೇವಾಲಯ (dēvālaya) 寺院 ¶ ನ್ಯಾಯಾಲಯ (nyāyālaya) 裁判所 [Sk.]

ಆಲಯಿಸು ⟦ālayisu アーライス⟧ [ɐːləjĭsu] 《文》vt. [Ka. D383] ☞ಆಲಿಸು (ālisu)1

ಆಲಯ್ಸು ⟦ālaysu アーライス⟧ [ɐːləjisu] 《文》vt. 1 聞く、傾聴する 2 注意して聞く、耳を傾ける ¶ ಅಧಿಕಾರಿ ರೈತರ ಕೋರಿಕೆಯನ್ನು ಆಲಯ್ಸಿದರು. (adʰikāri raitara kōrikeyannu ālaysidaru.) 王は農民たちの陳情に耳を傾けた。 [Ka. D383] ☞ಆಲಿಸು (ālisu) 1

ಆಲಸ ⟦ālasa アーラサ⟧ [ɐːləsɐ] adj., m. 《f. ಆಲಸಿ (ālasi)》怠け者〈の〉、怠惰な〈人〉 —n. 怠惰、不精、無気力 ¶ ಉಷ್ಣ ಹವಾಮಾನ ಆಲಸವನ್ನು ಉಂಟುಮಾಡು-ತ್ತದೆ. (uṣṇa havāmāna ālasavannu uṃṭumāḍuttade.) 暑さのせいで、だるくなる。 [Sk.]

ಆಲಸಿ ⟦ālasi アーラシ⟧ [ɐːləsi] adj., mf. 怠け者〈の〉、怠惰な〈人〉[Sk.]

ಆಲಸಿಕೆ ⟦ālasike アーラシケ⟧ [ɐːləsike] n. 1 怠惰、ものぐさ、不精 2 疲れ、疲労 ¶ ಮನೆಗೆಲಸ ಮಾಡಿ ಮಾ-ಡಿ ನನಗೆ ಆಲಸಿಕೆ ಅನಿಸುತ್ತೆ. (manegelasa māḍi māḍi nanage ālasike anisutte.) 山のような家事をこなし、私は疲れきっていた。 3 病弱、元気がないこと [ālasa + -ike]

ಆಲಸ್ಯ ⟦ālasya アーラスヤ⟧ [ɐːləsˑjɐ] n. 1 怠惰、ものぐさ、不精 2 疲れ、疲労、病弱 [Sk.]

ಆಲಸ್ಯಗಾರ ⟦ālasyagāra アーラスヤガーラ⟧ [ɐːləsˑjəgɐːrɐ] m. 《f. ಆಲಸ್ಯಗಾರ್ತಿ (ālasyagārti)》 1 怠け者、怠惰な人 2 元気のない人、無気力な人、病弱な人 [+ -gāra]

ಆಲಾಪ ⟦ālāpa アーラーパ⟧ [ɐːlɐːpɐ] ಅಳಾಪ n. 1《文》談話、おしゃべり 2 古典音楽で曲の「序」の部分、打楽器のないゆっくりした演奏で主題が提示される [Sk.]

ಆಲಾಪನೆ ⟦ālāpane アーラーパネ⟧ [ɐːlɐːpǝne] n. 1 談話、語り合い、おしゃべり 2 古典音楽で曲の「序」

の部分、打楽器のないゆっくりした演奏で主題が提示される [Sk.] = ಆಲಾಪ (ālāpa)

ಆಲಾಪಿಸು ⟦ālāpisu アーラーピス⟧ [ɐːlɐːpisu] ಆಲಪಿಸು, ಆಳವಿಸು, ಆಳಾಪಿಸು, ಆಳೈಸು *vi.* **1** 語り合う、おしゃべりする **2** 古典音楽で曲の「序」の部分、打楽器のないゆっくりした演奏で主題が提示される [Sk.]

ಆಲಿಂಗನ ⟦āliṃgana アーリンガナ⟧ [ɐːliŋgənɐ] 《文》 *n.* 抱きしめること、抱擁、抱き合うこと [Sk.]

ಆಲಿಂಗಿಸು ⟦āliṃgisu アーリンギス⟧ [ɐːliŋgisu] ಆಲಂಗಿಸು 《文》 *vt.* 抱きしめる、抱擁する [Sk.] = ಅಪ್ಪಿಕೊಳ್ಳು (appikoḷḷu)

ಆಲಿ[1] ⟦āli アーリ⟧ [ɐːli] *n.* 雹(ひょう)、あられ [Ka. D384]

ಆಲಿ[2] ⟦āli アーリ⟧ [ɐːli] ಆಳಿ 《文》 *n.* 女性の女友達 [Sk., cf. D400]

ಆಲಿ[3] ⟦āli アーリ⟧ [ɐːli] *n.* **1** (目の)黒目(目の虹彩と瞳孔の部分、インドではたいてい黒色) **2** 瞳(ひとみ) **3** 眼球、眼窩とまぶたに収まっている目玉 **4** 《希》 目 [?]

ಆಲಿಕಲ್ ⟦ālikal アーリカル⟧ [ɐːlikəl] 《古》 *n.* 雹(ひょう)、あられ [Ka. *āli* + *kal* D384] ☞ಆಲಿಕಲ್ಲು

ಆಲಿಕಲ್ಲು ⟦ālikallu アーリカッル⟧ [ɐːlikəllu] ಆಣಿಕಲ್ಲು, ಆಣೆಕಲ್ಲು, ಆಣೆಗಲ್ಲು, ಆರಿಕಲ್ಲು, ಆಲಿಕಲ್, ಆಲಿಕಲ್ಲು *n.* 雹(ひょう)、あられ [Ka. *D384]

ಆಲಿನೀರ್ ⟦ālinīr アーリニール⟧ [ɐːliniːr] 《文》 *n.* **1** 露 **2** 氷のように冷たい水 [Ka. D384]

ಆಲಿಸು ⟦ālisu アーリス⟧ [ɐːlisu] ಆಲಯಿಸು, ಆಲಯ್ಸು, ಆಲೈಸು 《文》 *vt.* **1** 耳を傾ける、傾聴する **2** 考える、熟考する [Ka. D383]

ಆಲುಗಡ್ಡೆ ⟦ālugaḍḍe アールガッデ⟧ [ɐːlugəɖɖe] ಆಲೂಗಡ್ಡೆ, ಆಲೂಗೆಡ್ಡೆ *n.* じゃがいも [H./M. *ālū* + *gaḍḍe*] = ಬಟಾಟೆ (baṭāṭe) (*NK*)

ಆಲುಹ ⟦āluha アールハ⟧ [ɐːluhɐ] 《‡》 *n.* 大声で叫ぶこと、わめくこと (*Kitt.*) [Ka. D386]

ಆಲೂಗಡ್ಡೆ ⟦ālūgaḍḍe アールーガッデ⟧ [ɐːluːgəɖɖe] *n.* [H./M. *ālū* + *gaḍḍe*] ☞ಆಲುಗಡ್ಡೆ (ālugaḍḍe)

ಆಲೂಗೆಡ್ಡೆ ⟦ālūgeḍḍe アールーゲッデ⟧ [ɐːluːgeɖɖe] *n.* [H./M. *ālū* + *geḍḍe*] ☞ಆಲುಗಡ್ಡೆ (ālugaḍḍe)

ಆಲೆ[1] ⟦āle アーレ⟧ [ɐːle] 《‡》 *n.* [Ka. D382] (*Si.* (*Kitt.*)) ☞ಆಲ (āla)[2]

ಆಲೆ[2] ⟦āle アーレ⟧ [ɐːle] *n.* サトウキビを搾る作業場 [Ka. D387]

ಆಲೆ[3] ⟦āle アーレ⟧ [ɐːle] *n.* 耳たぶ [Ka. Sk. *pālī*?] ☞ಹಾಲೆ (hāle)[2]

ಆಲೆಕಲ್ಲು ⟦ālekallu アーレカッル⟧ [ɐːlekəllu] 《‡》 *n.* 雹(ひょう)、あられ (*G.* (*Kitt.*)) [Ka. D384] ☞ಆಲಿಕಲ್ಲು (ālikallu)

ಆಲೆಮನೆ ⟦ālemane アーレマネ⟧ [ɐːleməne] ಆಲೇಮನೆ *n.* サトウキビを搾る藁屋根付きの作業場 [Ka. *āle* D387 + *mane*]

ಆಲೇಖ್ಯ ⟦ālēkʰya アーレーキャ⟧ [ɐːleːkʰjɐ] 《文》 *adj.* 書かれるべき、描かれるべき —*n.* 絵画作品、文芸作品 [Sk.]

ಆಲೇಪನ ⟦ālēpana アーレーパナ⟧ [ɐːleːpə̆nɐ] *n.* **1** (油、ペンキ、牛糞などを)塗ること、塗りつけること、塗布 **2** 塗料、顔料、漆喰 [Sk.]

ಆಲೇಪಿಸು ⟦ālēpisu アーレーピス⟧ [ɐːleːpĭsu] *vt.* (油、ペンキ、牛糞などを)塗る、塗りつける [Sk.]

ಆಲೇಮನೆ ⟦ālēmane アーレーマネ⟧ [ɐːleːməne] *n.* [Ka. D387] ☞ಆಲೆಮನೆ (ālemane)

ಆಲೈಸು ⟦ālaisu アーライス⟧ [ɐːləĭsu] 《文》 *vt.* [Ka. *D383] ☞ಆಲಿಸು (ālisu) 1

ಆಲೋಕ ⟦ālōka アーローカ⟧ [ɐːloːkɐ] 《文》 *n.* **1** 見ること、観察 **2** 輝き、光輝 [Sk.]

ಆಲೋಕನ ⟦ālōkana アーローカナ⟧ [ɐːloːkənɐ] *n.* 見ること、観察 [Sk.] = ಆಲೋಕ (ālōka)

ಆಲೋಕಿಸು ⟦ālōkisu アーローキス⟧ [ɐːloːkisu] *vt.* 見る、眺める、観察する [Sk.]

ಆಲೋಚನ ⟦ālōcana アーローチャナ⟧ [ɐːʉloːʧənɐ] *n.* [Sk.] ☞ಆಲೋಚನೆ (ālōcane)

ಆಲೋಚನೆ ⟦ālōcane アーローチャネ⟧ [ɐːloːʧəne] ಆಲೋಚನ *n.* **1** 考えること、考察 **2** 考え、意見 [Sk.]

ಆಲೋಚಿಸು ⟦ālōcisu アーローチス⟧ [ɐːloːʧisu] *vt.* 考える、考察する [Sk.]

ಆವ ⟦āva アーヴァ⟧ [ɐːvɐ] 《古》 *pron.adj.* どの (*Pb.4.28*) [Ka. *D5151]

ಆವಂ ⟦āvaṃ アーヴァン⟧ [ɐːvəm] 《文》 *pron.m.* (*f.* ಆವಳ್ (āvaḷ)) どの男性ですか [Ka. D5151] (*Pb.1.27*)

ಆವಗೆ[1] ⟦āvage アーヴァゲ⟧ [ɐːvə̆ge] ಆವಿಗೆ, ಆವುಗೆ 《文》 *n.* 壺作りの炉 [? cf. Sk. *āpāka-* (lex.) A12]

ಆವಗೆ[2] ⟦āvage アーヴァゲ⟧ [ɐːvə̆ge] 《文》 *n.* **1** (隠者などが履く)インドの下駄 **2** 草履や下駄一般 [Sk. *pādukā-*] ☞ಹಾವುಗೆ (hāvuge)

ಆವಟ ⟦āvaṭa アーヴァタ⟧ [ɐːvə̆ʈɐ] ಆವುಟ 《文》 *n.* 口実、言い訳、もっともらしい理屈 [?]

ಆವಡೆ ⟦āvaḍe アーヴァデ⟧ [ɐːvə̆ɖe] 《方》 *n.* ツルレイシ、ニガウリ [Ka. D389] = ಹಾಗಲಕಾಯಿ (hāgalakāyi) 〔汎〕

ಆವಣಿ ⟦āvaṇi アーヴァニ⟧ [ɐːvə̆ɳi] 《方》 *n.* シュラーヴァナ月、インドの伝統的太陽太陰暦の第5月(グレゴリオ暦の7月から8月 [Ta. *āvaṇi* Sk. *śrāvaṇa-*] ☞ಚೈತ್ರ (caitra)

ಆವತ್ತು ⟦āvattu アーヴァットゥ⟧ [ɐːvəttu] *adv.* **1** その日、その日に **2** その時、その時に [*ā* + *hottu*] = ಆಹೊತ್ತು (āhottu)

ಆವರಣ ⟦āvaraṇa アーヴァラナ⟧ [ɐːvərə̆ɳɐ] *n.* **1** 覆い隠すこと、隠すこと **2** 構内、周りを塀などで囲った場所、キャンパス **3** ヴェール、被り物 [Sk.]

ಆವರಣಚಿಹ್ನೆ ⟦āvaraṇacihne アーヴァラナチフネ⟧ [ɐːvərə̆ɳə̆ʧinnʰe] 《文》 *n.* 括弧 [Sk.] = ಕಂಸ (kaṃsa) 〔口〕

ಆವರಣಪತ್ರ ⟦āvaraṇapatra アーヴァラナパトラ⟧ [ɐːvərəɳə̆pətˑrɐ] *n.* (封入物に添えた)添え状 [Sk.]

ಆವರಿ ⟦āvari アーヴァリ⟧ [ɐːvə̆ri] 《文》 *n.* 1 蒸気、湯気 2 炉、タンドゥールなどの熱い物体から出る熱気 [Ka. D393] = ಆವಿ (āvi)

ಆವರಿಕೆ ⟦āvarike アーヴァリケ⟧ [ɐːvərike] 《文》 *n.* マタラチャ（黄色い房状の花が咲くジャケツイバラ科の低木）[Ka. D391] = ತಂಗೇಡು (taṃgēḍu)〔汎〕*[IMP 2.7]

ಆವರಿಸು ⟦āvarisu アーヴァリス⟧ [ɐːvərisu] *vt.* 1 覆う、覆い隠す 2 取り巻く、包囲する 3 いっぱいに広がる、充満する ¶ ಹೂವಿನ ಸುಗಂಧ ತೋಟವನ್ನು ಆವರಿಸಿದೆ. (hōvina sugaṃdʰa tōṭavannu āvariside.) 花の芳香が庭園に満ちている。[Sk.]

ಆವರೆ ⟦āvare アーヴァレ⟧ [ɐːvə̆re] 《‡》 *n.* フジマメ（藤豆、食用の豆の一種）(*Kitt.*) [Ka. D264] ☞ಅವರೆ (avare)

ಆವರ್ತ ⟦āvarta アーヴァルタ⟧ [ɐːvərtɐ] *n.* [Sk.] ☞ಆವರ್ತನ (āvartana)

ಆವರ್ತನ ⟦āvartana アーヴァルタナ⟧ [ɐːvərtənɐ] *n.* 1 回転、ぐるぐる回ること 2 渦、渦巻き [Sk.]

ಆವರ್ತಿ ⟦āvarti アーヴァルティ⟧ [ɐːvərti] *n.* 1 回転、ぐるぐる回ること 2（自分の番、人の番などという意味での）番 3（1回目、2回目目などという意味での）回 4（本の）版 [Sk. *āvṛtti-*] = ಆವೃತ್ತಿ (āvṛtti)〔汎〕

ಆವಲ್ ⟦āval アーヴァル⟧ [ɐːvəl] ಆಬಲ್, ಆಬಲು, ಆವಲು 《古》 *n.* 赤い睡蓮 [Ka. D362] ☞ಆವಲು (āvalu)

ಆವಲು ⟦āvalu アーヴァル⟧ [ɐːvə̆lu] 《古》 *n.* 赤い睡蓮 [Ka. *D362]

ಆವಳ್ ⟦āvaḷ アーヴァル⟧ [ɐːvəɭ] 《古》 *pron.f.* 《*m.* ಆವಂ (āvaṃ)》どの女性ですか (*Pb.8.63*) [Ka. D5151]

ಆವಳಿ ⟦āvaḷi アーヴァリ⟧ [ɐːvəɭi] *n.* 《*mostly* 複合語末で》1 列、並び 2（本や映画の連作など時間的に）列に並んだ状態や列に並んだもの 3 積み重なったもの、多数 ¶ ಮರದ ಕೆಳಗೆ ಪತ್ರಾವಳಿ ಬಿದ್ದಿದೆ. (marada keḷage patrāvaḷi biddide.) 木の下には木の葉が積み重なっている。[Sk.]

ಆವಶ್ಯ ⟦āvaśya アーヴァシュヤ⟧ [ɐːvəʃ·jɐ] (*n.*) 1 必要〈な〉、不可欠〈の〉¶ ತಮ್ಮ ಇಲ್ಲಿಗೆ ಬಂದು ಕ್ಷಮೆ ಕೇಳುವುದು ಆವಶ್ಯ. (tamma illige baṃdu kṣame kēḷuvudu āvaśya.) 弟がここに来て私に許しを乞うことが必要だ。2 必然〈の〉、避けられない〈こと〉、不可避〈の〉[Sk.] = ಅಗತ್ಯ (agatya)

ಆವಶ್ಯವಾದ ⟦āvaśyavāda アーヴァシュヤヴァーダ⟧ [ɐːvəʃ·jəvɐːdɐ] *adj.* 1 必要な、無くてはならない 2 必然の [Sk.] = ಅಗತ್ಯದ (agatyada)〔汎〕

ಆವಶ್ಯಕ ⟦āvaśyaka アーヴァシュヤカ⟧ [ɐːvəʃ·jəkɐ] *adj.* 1 必要な、無くてはならない、不可欠な 2 不可避の、必然の —*n.* 宗教的義務（ジャイナ教で基本的なものとして六つ項目にまとめて述べられる規則）[Sk.]

ಆವಶ್ಯಕತೆ ⟦āvaśyakate アーヴァシュヤカテ⟧ [ɐːvəʃ·jkə̆te] *n.* 1 必要（性）、無くてはならないこと 2 必然性、不可避性 [Sk.]

ಆವಾಗ[1] ⟦āvāga アーヴァーガ⟧ [ɐːvɐːgɐ] *adv.* あの時、当時 [Ka. *āva* + *āga* D1]

ಆವಾಗ[2] ⟦āvāga アーヴァーガ⟧ [ɐːvɐːgɐ] 《古》 *adv.* 1 いつですか 2 いつでも [Ka. *āva* D5151 + *āga* D1]

ಆವಾರ ⟦āvāra アーヴァーラ⟧ [ɐːvɐːrɐ] *n.* 構内、囲い込まれた区画、中庭 [Sk.]

ಆವಾಸಿ ⟦āvāsi アーヴァーシ⟧ [ɐːvɐːsi] *mf.* 住民、住んでいる人 [Sk.]

ಆವಾಹನ ⟦āvāhana アーヴァーハナ⟧ [ɐːvɐːhənɐ] ಆವಾಹನೆ *n.* 1 呼びかけること、呼び寄せること、召喚 2 神像に神を呼び入れる儀式（開眼儀礼の一環）[Sk.]

ಆವಾಹನೆ ⟦āvāhane アーヴァーハネ⟧ [ɐːvɐːhəne] *n.* [Sk.] ☞ಆವಾಹನ (āvāhana)

ಆವಿ[1] ⟦āvi アーヴィ⟧ [ɐːvi] *n.* 1 蒸気、湯気 2 炉やタンドーリ窯など熱い物体から出る熱気 [Ka. D393]

ಆವಿ[2] ⟦āvi アーヴィ⟧ [ɐːvi] ಆವೆ *n.* 壺焼きの炉 [? cf. Sk. *āpāka-* (lex.) A12]

ಆವಿ[3] ⟦āvi アーヴィ⟧ [ɐːvi] 《異》 *n.* ノミ（蚤）[Pk. *āviā-*] = ಚಿಕ್ಕಟ (cikkaṭa)〔汎〕

ಆವಿಗೆ[1] ⟦āvige アーヴィゲ⟧ [ɐːvĭge] *n.* 壺作りの炉 [? cf. Sk. *āpāka-* (lex.) A12] ☞ಆವಗೆ (āvage)[1]

ಆವಿಗೆ[2] ⟦āvige アーヴィゲ⟧ [ɐːvĭge] ಆವಗೆ *n.* 1 木製のサンダル 2 草履や下駄一般 [Sk. *pādukā-*] = ಆವಿಗೆ (āvige)

ಆವಿದ್ಧ ⟦āviddʰa アーヴィッダ⟧ [ɐːviddʰɐ] 《文》 *adj.* 1 穴をあけられた、突き刺された 2 曲がった、歪んだ 3 胸を引き裂くような、悲痛な（物語や劇など）[Sk.]

ಆವಿದ್ಧನಾಟಕ ⟦āviddʰanāṭaka アーヴィッダナータカ⟧ [ɐːviddʰənɐːʈə̆kɐ] 《文》 *n.* 悲劇 [Sk.] = ಟ್ರಾಜಿಡಿ (ṭrājiḍi)〔口〕

ಆವಿದ್ಧಪ್ರಯೋಗ ⟦āviddʰaprayōga アーヴィッダプラヨーガ⟧ [ɐːviddʰəprəjoːgɐ] 《文》 *n.* 悲劇（文学や映画などにおける悲劇的要素）[Sk.]

ಆವಿರ್ಭವಿಸು ⟦āvirbʰavisu アーヴィルバヴィス⟧ [ɐːvirbʰəvisu] *vi.* 1 姿を現す、見えてくる、出現する 2（神が）権化する、（偉人や聖者などが）生まれる [Sk.]

ಆವಿರ್ಭಾವ ⟦āvirbʰāva アーヴィルバーヴァ⟧ [ɐːvirbʰɐːvɐ] *n.* 1 姿を現すこと、出現、見えてくること 2（偉人や聖者などの）誕生、（神などの）権化 [Sk.]

ಆವಿಷ್ಕರಣ ⟦āviṣkaraṇa アーヴィシュカラナ⟧ [ɐːviʂkərəɳɐ] *n.* 1 姿を現すこと、出現、見えてくること 2 発明 3 表現、表出、顕現 ¶ ಅವನ ಸುಪ್ತ ಪ್ರತಿಭೆ ಶಿಲ್ಪಕಲೆಯಲ್ಲಿ ಆವಿಷ್ಕರಣಗೊಂಡಿತು. (avana supta pratibʰe śilpakaleyalli āviṣkaraṇagoṃḍitu.) 彼の隠れた才能が彫

刻の中に表出している。[Sk.]

ಆವಿಷ್ಕರಿಸು ⟦āviṣkarisu アーヴィシュカリス⟧ [ɐːviʂkəri su] 《文》 *vt.* 発明する [Sk.]

ಆವಿಷ್ಕಾರ ⟦āviṣkāra アーヴィシュカーラ⟧ [ɐːviʂkɐːrɐ] *n.* 1 姿を現すこと、顕現、見えてくること 2 発明 [Sk.]

ಆವಿಷ್ಕೃತ ⟦āviṣkṛta アーヴィシュクルタ⟧ [ɐːviʂkrɯtɐ] 《文》 *adj.* 1 目に見えるようにされた、(隠れていたものが)表出した、顕現した 2 現れる、生じる [Sk.]

ಆವಿಷ್ಟ ⟦āviṣṭa アーヴィシュタ⟧ [ɐːviʂʈɐ] 《文》 *adj.* 1 (喜びや怒りなどで)いっぱいになった、(熱狂や超自然的な力で)満ちた 2 (悪鬼、幽霊などに)とり憑かれた、悩まされた [Sk.]

ಆವು ⟦āvu アーヴ⟧ [ɐːvu] *n.* 雌牛 [Ka. D334] = ಹಸು, ಆಕಳು (hasu, akaḷu)

ಆವುಗೆ ⟦āvuge アーヴゲ⟧ [ɐːvŭge] 《文》 *n.* 壺作りの炉 [? cf. Sk. *āpāka-* (lex.) A12] ☞ಆವಗೆ (āvage)[1]

ಆವುಟ ⟦āvuṭa アーヴタ⟧ [ɐːvuʈɐ] 《文》 *n.* [?] ☞ಆವಟ (āvaṭa)

ಆವುದು ⟦āvudu アーヴドゥ⟧ [ɐːvuđu] 《古》 *pron.n.* どれですか、何ですか [Ka. D5151]

ಆವುವು ⟦āvuvu アーヴヴ⟧ [ɐːvuvu] 《古》 *pron.n.pl.* どれですか(複数) [Ka. D5151]

ಆವೃತ ⟦āvṛta アーヴルタ⟧ [ɐːvrɯtɐ/ɐːvrutɐ] *adj.* 1 覆われた、封入された、覆い隠された 2 (垣根や塀などで)取り囲まれた [Sk.]

ಆವೃತಿ ⟦āvṛti アーヴルティ⟧ [ɐːvrɯti/ɐːvruti] *n.* 1 覆うもの、覆うこと 2 (垣根や塀などで)取り囲まれた状態や取り囲んでいるもの [Sk.]

ಆವೃತ್ತ ⟦āvṛtta アーヴルッタ⟧ [ɐːvrɯttɐ] *adj.* 1 回転した、回った 2 戻った、帰った 3 反復された、繰り返された [Sk.]

ಆವೃತ್ತಿ ⟦āvṛtti アーヴルッティ⟧ [ɐːvrɯtti/ɐːvrutti] *n.* 1 反復、繰り返し 2 回転(運動) 3 (本などの)版または刷 [Sk.]

ಆವೃಷ್ಟಿ ⟦āvṛṣṭi アーヴルシュティ⟧ [ɐːvrɯʂʈi/ɐːvruʂʈi] 《希》 *n.* 雨、雨が降ること [Sk.]

ಆವೆ[1] ⟦āve アーヴェ⟧ [ɐːve] 《古》 *pron.mfn.* だれですか、どれですか (*Šmd. II*) [Ka. D5151]

ಆವೆ[2] ⟦āve アーヴェ⟧ [ɐːve] 《古》 *n.* 亀 [Ka. D5155] ☞ಆಮೆ (āme)

ಆವೇಗ ⟦āvēga アーヴェーガ⟧ [ɐːveːgɐ] *n.* 1 興奮、熱情、感情の高揚 2 感激、熱中、熱狂 [Sk.]

ಆವೇದನ ⟦āvēdana アーヴェーダナ⟧ [ɐːveːdənɐ] *n.* 1 陳情、(あることを)考慮してもらうために役所などに提出したり知らせたりすること 2 (入学や職や地位のための)出願、願書の提出 [Sk.] = ಮನವಿ (manavi)

ಆವೇದನಪತ್ರ ⟦āvēdanapatra アーヴェーダナパトラ⟧ [ɐːveːdănəpət̚rɐ] *n.* 1 陳情書 2 (入学、就職などの)願書 [Sk.]

ಆವೇಶ ⟦āvēśa アーヴェーシャ⟧ [ɐːveːʃɐ] *n.* 1 興奮 2 怒り、激高 [Sk.]

ಆಶಂಕಿಸು ⟦āśaṃkisu アーシャンキス⟧ [ɐːʃəŋkisu] *vi.* 1 恐れる、危惧を抱く 2 疑う、嫌疑を抱く ¶ ಹಣ ದುರುಪಯೋಗ ಮಾಡಿದನೆಂದು ಗುಮಾಸ್ತೆಯ ಮೇಲೆ ಅಧಿಕಾರಿ ಆಶಂಕಿಸಿದ. (haṇa durupayōga māḍidanemdu gumāsteya mēle adʰikāri āśaṃkisida.) 上級官吏は部下による金の横領を疑った。[Sk.]

ಆಶಂಕೆ ⟦āśaṃke アーシャンケ⟧ [ɐːʃəŋke] *n.* 1 心配、恐れ、危惧 2 疑い、嫌疑、疑惑 [Sk.]

ಆಶಂಸನ ⟦āśaṃsana アーシャンサナ⟧ [ɐːʃəmsənɐ] 《文》 *n.* 1 望み、希望 2 言うこと、言明、宣言 [Sk.]

ಆಶಯ ⟦āśaya アーシャヤ⟧ [ɐːʃəjɐ] *n.* 1 意図、意味する所 ¶ ನನಗೆ ಅವರ ಮಾತಿನ ಆಶಯ ಗೊತ್ತಾಗಲಿಲ್ಲ. (nanage avara mātina āśaya gottāgalilla.) 彼の話の真意が分からなかった。2 望み、希望 ¶ ಸಾಯುವ ಮೊದಲು ಅವನು ತನ್ನ ಆಶಯವನ್ನು ಬರೆದಿಟ್ಟ. (sāyuva modalu avanu tanna āśayavannu bareditta.) 彼は死ぬ前に遺言を書き残した。 3 《文》 容器、入れ物 ¶ ಅಂಡಾಶಯ (aṃḍāśaya) 陰嚢 [Sk.]

ಆಶಾಜನಕ ⟦āśājanaka アーシャージャナカ⟧ [ɐːʃɐːʤənəkɐ] 《文》 (*adj.*) 有望〈な〉、見込みのある〈こと〉、希望のある〈こと〉 [Sk.]

ಆಶಾಭಂಗ ⟦āśābʰaṃga アーシャーバンガ⟧ [ɐːʃɐːbʰŋgɐ] *n.* 失望 [Sk.]

ಆಶಾವಾದ ⟦āśāvāda アーシャーヴァーダ⟧ [ɐːʃɐːvɐːdɐ] *n.* 楽観主義、楽観視 [Sk.]

ಆಶಾವಾದಿ ⟦āśāvādi アーシャーヴァーディ⟧ [ɐːʃaːvɐːdi] *adj., mf.* 楽観主義的〈な人〉、楽観主義者〈の〉 [Sk.]

ಆಶಿಸು ⟦āśisu アーシス⟧ [ɐːʃisu] 《文》 *vt.* 1 望む、希望する ¶ ನಿಮ್ಮ ವಿವಾಹ ಬೇಗನೆ ಆಗಲಿ ಎಂದು ಆಶಿಸುತ್ತೇನೆ. (nimma vivāha bēgane āgali eṃdu āśisuttēne.) 早く結婚なさるよう願っています。 2 欲求する、欲しがる ¶ ಯಾವ ಪದಾರ್ಥವನ್ನೂ ಹೆಚ್ಚು ಆಶಿಸಬಾರದು. (yāva padārtʰavannū heccu āśisabāradu.) 何に対しても強欲になってはならない。 [Sk.]

ಆಶೀರ್ವಚನ ⟦āśīrvacana アーシールヴァチャナ⟧ [ɐːʃiːrvəʧənɐ] *n.* 祝福(の言葉) [Sk.]

ಆಶೀರ್ವದಿಸು ⟦āśīrvadisu アーシールヴァディス⟧ [ɐːʃiːrvədisu] *vt.* 祝福する [Sk.]

ಆಶೀರ್ವಾದ ⟦āśīrvāda アーシールヴァーダ⟧ [ɐːʃiːrvɐːdɐ] *n.* 祝福(の言葉) [Sk.]

ಆಶು ⟦āśu アーシュ⟧ [ɐːʃu] 《文》 (*adj.*) 1 迅速〈な〉、すばやい〈こと〉 2 即興の、即席の(演奏や思索など) —*adv.* 速く、すばやく、神速に [Sk.]

ಆಶುಕವಿ ⟦āśukavi アーシュカヴィ⟧ [ɐːʃukəvi] *mf.* 即興詩人 [Sk.]

ಆಶುಕವಿತೆ ⟦āśukavite アーシュカヴィテ⟧ [ɐːʃukəvite] *n.* 即興詩 [Sk.]

ಆಶುಭಾಷಣ ⟦āśubʰāṣaṇa アーシュバーシャナ⟧ [ɐːʃubʰɐːʂăɳɐ] 《文》 *n.* 即席の演説や講演や挨拶 [Sk.]

ಆಶೆ 〚āśe アーシェ〛[ɐːʃe] n. 1 欲望、欲求 2 希望、期待 [Sk.] = ಆಸೆ (āse)

ಆಶೆಬುರುಕ 〚āśeburuka アーシェブルカ〛[ɐːʃeburukɐ] m. 《f. ಆಶೆಬುರುಕಿ (āśeburuki)》欲張り、貪欲な人 [āse + puruka < puruṣa <? cf. Sk. puruṣa]

ಆಶ್ಚರ್ಯ 〚āścarya アーシュチャリヤ〛[ɐːʃtʃərjɐ] n. 1 驚き、驚嘆 2 驚くべきこと、不思議、驚異 ¶ ಪಿರಾಮಿಡ್ ಜಗತ್ತಿನ ಏಳು ಆಶ್ಚರ್ಯಗಳಲ್ಲಿ ಒಂದು. (pirāmiḍ jagattina ēḷu āścaryagaḷalli omdu.) ピラミッドは世界の七不思議の一つである。[Sk.]

ಆಶ್ಚರ್ಯಕರ 〚āścaryakara アーシュチャリヤカラ〛[ɐːʃtʃərjɐkərɐ] adj. 驚くべき、びっくりさせる [Sk.]

ಆಶ್ರಮ 〚āśrama アーシュラマ〛[ɐːʃrəmɐ] n. 1 隠者の住処、庵 2 バラモンの人生の四つの段階 (宗教的学習期、家住期、林棲期、遊行期) 3 避難所、〈収容〉施設 ¶ ಮಠಾಧೀಶರು ಅನಾಥ ಮಹಿಳೆಯರಿಗೆ ಆಶ್ರಮ ಕಟ್ಟಿಸಿದರು. (maṭhādhīśaru anātha mahiḷeyarige āśrama kaṭṭisidaru.) 僧院長は寄る辺のない女性たちの居場所を設立した。[Sk.]

ಆಶ್ರಯ 〚āśraya アーシュラヤ〛[ɐːʃrəjɐ] n. 1 後援、保護 ¶ ಮೈಸೂರು ಅರಸರು ವಿದ್ವಾಂಸರಿಗೆ ಕಲಾವಿದರಿಗೆ ಆಶ್ರಯ ಕೊಟ್ಟರು. (maisūru arasaru vidvāṃsarige kalāvidarige āśraya koṭṭaru.) マイソールの王は学者や芸術家に庇護を与えた。 2 〔喩〕(人や派閥などの) 故地、本場 ¶ ಯೋಗಿಗಳಿಗೆ ಭಾರತವೇ ಆಶ್ರಯ. (yōgigaḷige bʰāratavē āśraya.) インドはヨーガの行者の本場である。[Sk.]

ಆಶ್ರಯಗೊಳ್ಳು 〚āśrayagoḷḷu アーシュラヤゴッル〛[ɐːʃrəjɐɡoḷḷu] 《文》 vi. 《gen.》保護を求める、保護下に入る [Sk.]

ಆಶ್ರಯದಾತ 〚āśrayadāta アーシュラヤダータ〛[ɐːʃrəjɐdɐːtɐ] mf. 保護を与える人、保護者 [Sk.]

ಆಶ್ರಯಿಸು 〚āśrayisu アーシュライス〛[ɐːʃrəjisu] vt. 保護を求める、保護下に入る ¶ ಅನೇಕ ಕವಿಗಳು ರಾಜರನ್ನು ಆಶ್ರಯಿಸಿದರು. (anēka kavigaḷu rājarannu āśrayisiddaru.) 王の庇護を受けていた詩人は多い。[Sk.]

ಆಶ್ರಿತ 〚āśrita アーシュリタ〛[ɐːʃritɐ] 《文》 adj., m. 《f. ಆಶ್ರಿತೆ (āśrite)》保護を受けた〈人〉、被保護者〈の〉 [Sk.]

ಆಶ್ಲೇಷ 〚āśleṣa アーシュレーシャ〛[ɐːʃleʂɐ] 《文》 n. 1 抱擁、抱き合うこと 2 (男女の) 親密な関係 3 (インドの占星術で) 第9の星座 [Sk.]

ಆಶ್ವಯುಜ 〚āśvayuja アーシュヴァユジャ〛[ɐːʃvəjudʒɐ] 《文》 n. アーシュヴィナ月 (インドの伝統的太陽太陰暦の第7番目の月、グレゴリオ暦の9月から10月に当たる) [Sk.]

ಆಶ್ವಾಸ 〚āśvāsa アーシュヴァーサ〛[ɐːʃvɐːsɐ] n. 1 息を吸うこと 2 慰め、元気づけ 3 安全や保護の確約 4 (本などの) 章、節 [Sk.]

ಆಶ್ವಾಸನ 〚āśvāsana アーシュヴァーサナ〛[ɐːʃvɐːsənɐ] n. 1 慰め、元気づけ 2 安全や保護の確約、言質 ¶ ಮಂತ್ರಿಗಳು ಆಶ್ವಾಸನ ಕೊಟ್ಟು ಸಮಾಧಾನ ಮಾಡಿದರು. (mamtrigaḷu āśvāsana koṭṭu samādhāna māḍidaru.) 大臣は善処することを約束して人々を静めた。[Sk.]

ಆಶ್ವಾಸನೆ 〚āśvāsane アーシュヴァーサネ〛[ɐːʃvɐːsəne] n. 安全や保護の確約、言質 [Sk.]

ಆಷಾಢ 〚āṣāḍha アーシャーダ〛[ɐːʂɐːɖʰɐ] n. 1 アーシャーダ月 (インドの伝統的太陽太陰暦の第4月、グレゴリオ暦の6月から7月に当たる) ☞ ಚೈತ್ರ (caitra) 2 (隠者が使う) パラーシャ樹 (ハナモツヤクノキ) の杖 3 第20および第21宿 pūrvāṣāḍha および uttarāṣāḍha [Sk.]

ಆಷಾಢಭೂತಿ 〚āṣāḍhabhūti アーシャーダブーティ〛[ɐːʂɐːɖʰɐbʰuːti] mf. 偽善者、ペテン師 [Sk.?]

ಆಸಕ್ತ 〚āsakta アーサクタ〛[ɐːsəktɐ] adj., mf. 1 (ある人を) 深く愛する〈人〉、熱愛する〈人〉 2 (仕事などに) 熱中する〈人〉、専心する〈人〉 [Sk.]

ಆಸಕ್ತಿ 〚āsakti アーサクティ〛[ɐːsəkti] n. 1 愛着、思慕、深い愛情 2 (あることに対する) 熱意、熱中、専心 ¶ ಅವನಿಗೆ ಕೆಲಸದಲ್ಲಿ ನಿಜವಾಗಿ ಆಸಕ್ತಿ ಇಲ್ಲ. (avanige kelasadalli nijavāgi āsakti illa.) 彼は仕事に熱意がない。 3 関心、興味 ¶ ಅಣ್ಣನ ವ್ಯವಹಾರದಲ್ಲಿ ತಮ್ಮನಿಗೆ ಏಕೆ ಆಸಕ್ತಿ? (aṇṇana vyavahāradalli tammanige ēke āsakti?) 弟は兄の商売にどんな興味を持っているのだろうか [Sk.]

ಆಸನ 〚āsana アーサナ〛[ɐːsənɐ] n. 1 座っていること 2 座席 (通常10cm位の高さの木製の座席を指す) 3 肛門；尻の穴 4 (ヨーガなどの) 座法 [Sk.]

ಆಸನ್ನ 〚āsanna アーサンナ〛[ɐːsənnɐ] 《文》(n.) (距離的にまたは時間的に) 近く〈の〉、近い〈こと〉 ¶ ಅವನಿಗೆ ಮರಣ ಆಸನ್ನವಾಗಿದೆ. (avanige maraṇa āsannavāgide.) 彼には死が近づいている。[Sk.]

ಆಸರೆ 〚āsare アーサレ〛[ɐːsəre] n. 生活の糧などを頼ること、食べさせてもらうこと、生活上の保護 ¶ ನಾನು ಮಗನ ಆಸರೆಯಲ್ಲಿ ಜೀವಿಸುವದಕ್ಕೆ ಇಷ್ಟಪಡುವದಿಲ್ಲ. (nānu magana āsareyalli jīvisuvadakke iṣṭapaḍuvadilla.) 私は息子に頼って生きたくはない。[H./M. āsārā ← Sk. āśraya- cf. T1455] = ಆಶ್ರಯ (āśraya)

ಆಸವ 〚āsava アーサヴァ〛[ɐːsəvɐ] 《文》 n. 1 材料を蒸留して作った薬、アルコールを含む薬 2 煎じ汁、煎じ薬 [Sk.]

ಆಸರ್ 〚āsar アーサル〛[ɐːsər] ಆಸಱು 《古》 vi. 1 疲れる 2 気だるい、倦怠感を覚える 3 あきあきする、うんざりする ― n. 1 疲れ 2 けだるさ、倦怠 [Ka. D39]

ಆಸಾಮಿ 〚āsāmi アーサーミ〛[ɐːsɐːmi] ಆಸಾಮಿ m. 人 (感情的な表現に) ¶ ನಾನು ಒಂದು ಘಂಟೆ ಕಾದು ಕುಳಿತಿದ್ದರೂ ಒಬ್ಬ ಅಸಾಮಿ ಬರಲಿಲ್ಲ. (nānu omdu ghamṭe kādu kuḷitiddarū obba āsāmi baralilla.) 1時間も待っていたのに、誰一人姿を見せなかった。[Ar. pl. of ism「名前」]

ಆಸು¹ 〚āsu アース〛[ɐːsu] 《方》 pron.adj. それほど多くの (ಮಲ್ಲಿಗೆ 103 (KPN)) [Ka. D1] = ಅಷ್ಟು (aṣṭu)

ಆಸು² ⟦āsu アース⟧ [ɐːsu] 《古》 *n.* サラノキ(沙羅双樹、フタバガキ科) [Ka. D343] ☞ಸಾಲ (sāla) *[IHT 29]

ಆಸು³ ⟦āsu アース⟧ [ɐːsu] *n.* (織物の) 経糸 [Ka. D4088]

ಆಸುರ ⟦āsura アースラ⟧ [ɐːsurɐ] 《文》 (*adj.*) 1 悪魔の側に立つ〈こと〉、悪魔的な〈こと〉¶ ವೀರಪ್ಪನ್ ಆಸುರ ಕರ್ಮದಲ್ಲಿ ತೊಡಗಿದ್ದ. (vīrappan āsura karmadalli toḍagidda.) ヴィーラッパンは悪魔的な活動を続けていた。 2 恐ろしい、ものすごい、身の毛もよだつ —*n.* 《古》 1 激しさ、強烈、過度 2 傲慢、尊大 [Sk.]

ಆಸೆ ⟦āse アーセ⟧ [ɐːse] ಆಶೆ *n.* 1 欲望、欲求、渇望；貪欲 ¶ ಆಸೆಯಿಂದ ದುಃಖ ಉಂಟಾಗುತ್ತದೆ. (āseyiṃda duḥkʰa uṃṭāguttade.) 欲望が不幸の原因である。 2 (成功、合格、利潤、繁盛などの) 見こみ、望み ¶ ನಾನು ಬದುಕಿರುವಾಗ ಮಗ ತಿರುಗಿ ಬರುವ ಆಸೆ ಇಲ್ಲ. (nānu badukiruvāga maga tirugi baruva āse illa.) 私の息のあるうちに息子が帰ってくることは望めない。 [Sk.] = ಆಶೆ (āśe)

ಆಸೆಗೇಡು ⟦āsegēḍu アーセゲードゥ⟧ [ɐːseg̥eːɖu] *n.* 失望 [*āse* + *kēḍu*]

ಆಸೆದೋರಿಸು ⟦āsedōrisu アーセドーリス⟧ [ɐːseḓoːrisu] *vi.* 欲で釣る、餌で釣る ¶ ಆಡಳಿತ ಪಕ್ಷ ಆಸೆದೋರಿಸಿ ಸಂಸದರನ್ನು ತನ್ನ ಕಡೆ ಎಳೆಯುತ್ತಿದೆ. (āḍaḷita pakṣa āsedōrisi saṃsadarannu tanna kaḍe eḷeyuttide.) 与党は議員を餌で釣って自分の側に取りこもうとしている。 [*āse* + *tōrlisu*]

ಆಸೆಪಡು ⟦āsepaḍu アーセパドゥ⟧ [ɐːsepəɖu] *vi.* 《*dat.*》 渇望する、ひどく欲しがる [*āse* + *paḍu*]

ಆಸೆಗಾರ ⟦āsegāra アーセガーラ⟧ [ɐːsegɐːrɐ] *n.* (あるものを)渇望する人、欲張り [*asē* + *-kāṟa*]

ಆಸೆಬುರುಕ ⟦āseburuka アーセブルカ⟧ [ɐːseḅurukɐ] *m.* 《*f.* ಆಸೆಬುರುಕಿ (āseburuki)》欲張り、物欲の強い人 [*āse* + *-puruka* <? cf. Sk. *puruṣa*]

ಆಸೇಚನ ⟦āsēcana アーセーチャナ⟧ [ɐːseːʧə̆nɐ] 《文》 *n.* (けがれを清めるために聖水を)振りまく [Sk.]

ಆಸ್ತಿ ⟦āsti アースティ⟧ [ɐːsti] *n.* 財産 [Sk.]

ಆಸ್ತಿಕ ⟦āstika アースティカ⟧ [ɐːstikɐ] *m.* 《*f.* ಆಸ್ತಿಕಳು (āstikaḷu)》 1 神や来世を信じる人、有神論者 2 信仰心の篤い人、敬虔な人 [Sk.]

ಆಸ್ತಿಕ್ಯ ⟦āstikya アースティキャ⟧ [ɐːstikʲjɐ] 《文》 *n.* 1 有神論 2 信神、敬虔、信仰心 ¶ ಇತ್ತೀಚೆ ಸಮಾಜದಲ್ಲಿ ಆಸ್ತಿಕ್ಯ ಕಡಿಮೆ ಆಗುತ್ತಿದೆ. (ittīce samājadalli āstikya kaḍime āguttide.) 最近人々の間で信仰心が薄れつつある。 [Sk.]

ಆಸ್ತಿವಂತ ⟦āstivaṃta アースティヴァンタ⟧ [ɐːstivəntɐ] *adj.*, *m.* 《*f.* ಆಸ್ತಿವಂತೆ (āstivaṃte)》財産家〈の〉、金持ち〈な〉 [Sk.]

ಆಸ್ತೆ¹ ⟦āste アーステ⟧ [ɐːste] *n.* 1 愛情 2 熱意、熱心、深い関心 [Sk. *ästʰā-*] ☞ಆಸ್ಥೆ (āstʰe)

ಆಸ್ತೆ² ⟦āste アーステ⟧ [ɐːste] *adv.* ゆっくり〈と〉、そろそろ〈と〉 [Pe. *āhista*]

ಆಸ್ಥಾನ ⟦āstʰāna アースターナ⟧ [ɐːstʰɐːnɐ] 《文》 *n.* 1 場所 2 会議、会合 3 謁見の間；宮廷、宮廷会議 [Sk.] = ದರ್ಬಾರು (darbāru)

ಆಸ್ಥಾನಿಕ ⟦āstʰānika アースターニカ⟧ [ɐːstʰɐːnikɐ] 《文》 *adj.* 宮廷の、宮廷に関する —*m.* 《*f.* ಆಸ್ಥಾನಿಕಳು (āstʰānikaḷu)》宮廷人、廷臣 [Sk.]

ಆಸ್ಥೆ ⟦āstʰe アーステ⟧ [ɐːstʰe] ಆಸ್ತೆ¹, ಆಸ್ಥಾ *n.* 1 愛、愛情 ¶ ಅವಳಿಗೆ ಮಕ್ಕಳ ಮೇಲೆ ತುಂಬಾ ಆಸ್ಥೆ. (avaḷige makkaḷa mēle tuṃbā āstʰe.) 彼女はとても子ども好きだ。 2 熱意、熱心 ¶ ಅವನಿಗೆ ಕಂಪ್ಯೂಟರಿನಲ್ಲಿ ತುಂಬ ಆಸ್ಥೆ. (avanige kaṃpyūṭarinalli tuṃba āstʰe.) 彼はコンピューターに強い関心がある。 [Sk. *āstʰā-*]

ಆಸ್ಪತ್ರೆ ⟦āspatre アースパトレ⟧ [ɐːspət̪re] *n.* 病院 [Pt./Eg. *hospital* × Sk. *-tra-*?] = ದವಾಖಾನೆ (davākʰāne) (NK)

ಆಸ್ಪದ ⟦āspada アースパダ⟧ [ɐːspəd̪ɐ] *n.* 1 (人や物を入れる) 場所 ¶ ನಮ್ಮ ಮನೆಯಲ್ಲಿ ಅತಿಥಿಗಳಿಗೆ ಆಸ್ಪದವಿಲ್ಲ. (namma maneyalli atitʰigaḷige āspadavilla.) うちには客人を泊める場所がない。 2 機会、(仕事などをする) 余地 ¶ ಕೆಲಸ ಮಾಡಲು ಅವನು ನನಗೆ ಆಸ್ಪದ ಕೊಡಲಿಲ್ಲ. (kelasa māḍalu avanu nanage āspada koḍalilla.) あの人は私に仕事をする機会をくれなかった。 3 庇護、保護 ¶ ಕುವೇಟ್ ದೇಶ ಆತಂಕವಾದಿಗಳಿಗೆ ಆಸ್ಪದ ಕೊಡುವದಿಲ್ಲ. (kuvēṭ dēśa ātaṃkavādigaḷige āspada koḍuvadilla.) クウェート国はテロリストに活動の余地を与えない。 [Sk.]

ಆಸ್ಫಾಲನ ⟦āspʰālana アースパーラナ⟧ [ɐːspʰɐːlənɐ] 《文》 *n.* 平手で(肩や膝や頬などを)叩くこと [Sk.]

ಆಸ್ಫೋಟ ⟦āspʰōṭa アースポータ⟧ [ɐːspʰoːʈɐ] 《文》 *n.* 爆発 [Sk.]

ಆಸ್ಫೋಟನ ⟦āspʰōṭana アースポータナ⟧ [ɐːspʰoːʈə̆nɐ] 《文》 *n.* 爆発 [Sk.] ☞ಆಸ್ಫೋಟ (āspʰōṭa)

ಆಸ್ಫೋಟಿಸು ⟦āspʰōṭisu アースポーティス⟧ [ɐːspʰoːʈisu] 《文》 *vt.* 爆発する [Sk.] = ಸ್ಫೋಟಿಸು (spʰōṭisu)

ಆಸ್ವಾದ ⟦āsvāda アースヴァーダ⟧ [ɐːsvɐːd̪ɐ] *n.* 1 味わうこと、賞味 ¶ ಆಸ್ವಾದ ಮಾಡಿ ನೋಡು. (āsvāda māḍi nōḍu.) 味を見てごらんなさい。 2 風味、よい味 3 (あるものの味を)楽しむこと、享受すること [Sk.]

ಆಸ್ವಾದನ ⟦āsvādana アースヴァーダナ⟧ [ɐːsvɐːd̪ə̆nɐ] *n.* 1 味わうこと、賞味 ¶ ಉಪ್ಪಿನ ಕಾಯಿಯ ಆಸ್ವಾದನ ಊಟಕ್ಕೆ ರುಚಿ ಕೊಡುತ್ತದೆ. (uppina kāyiya āsvādana ūṭakke ruci koḍuttade.) 漬物を[添えて]食べると食べ物は更においしくなる。 2 (あるものの味を)楽しむこと、享受すること [Sk.]

ಆಸ್ವಾದಿಸು ⟦āsvādisu アースヴァーディス⟧ [ɐːsvɐːd̪isu] *vt.* 1 味わう 2 〈食べ物や飲み物の〉味を楽しむ、享受する [Sk.]

ಆಹಂಗೆ ⟦āhaṃge アーハンゲ⟧ [ɐːhəŋge] 《古》 *adv.* あのように、ああして [Ka. *ā* D1 + *pāṃgu* D4053 + *-e*]

☞ಹಾಂಗೆ (hāmge)〔汎〕

ಆಹವ 〚āhava アーハヴァ〛[ɐːhəvɐ] 《古》 *n.* 戦い、戦争 [Sk.]

ಆಹಾರ 〚āhāra アーハーラ〛[ɐːhɐːrɐ] *n.* 食事 [Sk.]

ಆಹುತಿ 〚āhuti アーフティ〛[ɐːhuti] *n.* **1** 火中にギーなどを投じて神に捧げること、神に供えものを捧げること **2**〔喩〕犠牲、生け贄 ¶ ಅಮೃತಸರದ ಘಟ-ನೆ ಇಂದಿರಾ ಗಾಂಧಿಯನ್ನು ಆಹುತಿ ತೆಗೆದುಕೊಂಡಿತು. (amr̥tasa-rada gʰaṭane iṃdirā gāṃdʰiyannu āhuti tegedukoṃḍitu.) インディラー・ガーンディーはアムリトサルの事件で生け贄となった。[Sk.] = ಬಲಿ (bali)

ಆಹ್ನಿಕ 〚āhnika アーフニカ〛[ɐːnnʰikɐ] 《文》 *adj.* **1** 毎日の、毎日行われる **2** 昼間の、日中の **—*n.*** 毎日定時に行われる宗教儀式 [Sk.]

ಆಹ್ಲಾದ 〚āhlāda アーフラーダ〛[ɐːllʰɐːdɐ] *n.* 喜び、歓喜 [Sk.]

ಆಹ್ಲಾದಕರ 〚āhlādakara アーフラーダカラ〛[ɐːllʰɐːdəkərɐ] (*n.*) 喜ばしい〈こと〉、喜びを与える〈こと〉[Sk.]

ಆಹ್ಲಾದಿಸು 〚āhlādisu アーフラーディス〛[ɐːllʰɐːdisu] *vi.* (あるものを見たり聞いたりして)楽しむ ¶ ನಾವು ಜೋಗದ ಜಲಪಾತವನ್ನು ನೋಡಿ ಆಹ್ಲಾದಿಸಿದೆವು. (nāvu jōgada jalapātavannu nōḍi āhlādisidevu.) 私たちはジョーグの滝を見て楽しんだ。 **—*vt.*** 〈あるものを〉楽しむ ¶ ಇಂಥ ಬರಗಾಲ ಪರಿಸ್ಥಿತಿಯಲ್ಲಿ ಕಲೆಯನ್ನು ಆಹ್ಲಾದಿಸಲಾಗು-ವುದಿಲ್ಲ. (iṃtʰa baragāla paristʰitiyalli kaleyannu āhlādisa-lāguvudilla.) このような旱魃状態では芸術を楽しむことができない。[Sk.]

ಆಹ್ವಾನ 〚āhvāna アーフヴァーナ〛[ɐːvhɐːnɐ] *n.* **1** 呼びかけ、招待 **2** 戦いなどに挑むこと ¶ ಭೀಮ ದು-ರ್ಯೋಧನನಿಗೆ ಯುದ್ಧಕ್ಕೆ ಆಹ್ವಾನ ಕೊಟ್ಟ. (bʰīma duryōdʰa-nanige yuddʰakke āhvāna koṭṭa.) ビーマはドゥルヨーダナに戦いを挑んだ。[Sk.]

ಆಹ್ವಾನಿಸು 〚āhvānisu アーフヴァーニス〛[ɐːvhɐːnĭsu] *vt.* **1** 呼びかける、招待する **2** (に)戦いを挑む [Sk.]

ಆಳ್[1] 〚āḷ アール〛[ɐːɭ] 《古》 *m.* 《*f.* ಪೆಣ್ (peṇ)》 **1** 男性、大人 **2** 召し使い **3** 兵士 **4** 使者 **—*n.*** 将棋の歩 [Ka. D399]

ಆಳ್[2] 〚āḷ アール〛[ɐːɭ] 《古》 *vt.* 《過去語幹 āḷd-》 **1** 支配する、統治する、管理する (*Pb.1.16*) **2** 獲得する、得る、所有する (*Pb.7.59*) [Ka. D5157]

ಆಳ 〚āḷa アーラ〛[ɐːɭɐ] (*n.*) 深い〈こと〉、深遠な〈こと〉 **—*n.*** **1** (淵などの)深み、底 **2**〔喩〕(心などの)奥底、秘密、(哲学などの)深い意味 [Ka. D396]

ಆಳಂಬೆ 〚āḷaṃbe アーランベ〛[ɐːɭəmbe] 《文》 *n.* 茸 [Ka. D300] ☞ಅಣಬೆ (aṇabe)

ಆಳವಿಸು 〚āḷavisu アーラヴィス〛[ɐːɭəvisu] ಆಳೈಸು *vi.* 語り合う、おしゃべりする [Sk.]

ಆಳಾಪ 〚āḷāpa アーラーパ〛[ɐːɭɐːpɐ] *n.* [Sk.] ☞ಆಲಾಪ (ālāpa)

ಆಳಾಪಿಸು 〚āḷāpisu アーラーピス〛[ɐːɭɐːpisu] *vi.* [Sk.] ☞ಆಲಾಪಿಸು (ālāpisu)

ಆಳಿ[1] 〚āḷi アーリ〛[ɐːɭi] 《古》 *n.* 欺瞞、ペテン [Ka. *D396] ☞ಆಱಿ (āṟi)[1]

ಆಳಿ[2] 〚āḷi アーリ〛[ɐːɭi] *f.* (女性の)女友達 [Ka. D400] ☞ಆಲಿ (āli)[2]

-ಆಳಿ 〚-āḷi -アーリ〛[ɐːɭi] *suf.* 「…する習慣のある人」「…する性格を持つ人」という意味の名詞を作る接尾辞 ¶ ಓದಾಳಿ, ಮಾತಾಳಿ (ōdāḷi, mātāḷi) 学のある人、おしゃべりな人 [?]

ಆಳಿಂದಕಿ 〚āḷiṃdaki アーリンダキ〛[ɐːlindăki] 《‡》 *n.* リス (*My.* (*Kitt.*)) [Ka. D2315]

ಆಳಿಕೆ[1] 〚āḷike アーリケ〛[ɐːɭĭke] 《‡》 *n.* 人間であること (*Kitt.*) [Ka. D399]

ಆಳಿಕೆ[2] 〚āḷike アーリケ〛[ɐːɭĭke] 《古》 *n.* 支配、統治 [Ka. D5157] ☞ಆಳ್ಕೆ (āḷke)

ಆಳು[1] 〚āḷu アール〛[ɐːɭu] ಆಳ್ *m.* 《*f.* ಹೆಣ್ಣಾಳು (heṇṇ-āḷu)》 **1** 人間、人 ¶ ಅವನು ಒಳ್ಳೆ ಆಳು. (avanu oḷḷe āḷu.) 彼はよい人間だ。 **2** 召し使い ¶ ಮನೆಯಲ್ಲಿ ಕೆಲಸಕ್ಕೆ ಆಳು ಇಲ್ಲ. (maneyalli kelasakke āḷu illa.) うちには召し使いがいない。 **3** 兵士、戦士 ¶ ರಾಜರು ಯುದ್ಧಕ್ಕೆ ಆಳು ಕಳಿಸಿದ್ದಾರೆ. (rājaru yuddʰakke āḷu kaḷisiddāre.) 王たちは戦争に兵士を派遣した。[Ka. D399]

ಆಳು[2] 〚āḷu アール〛[ɐːɭu] *vt.* 統治する、(王などが)支配する **—*vi.*** 国を治める、支配する [Ka. D5157]

ಆಳಿಸು 〚āḷisu アーリス〛[ɐːɭisu] 《文》 *vt.* **1** 統治する、(王などが)支配する **2** 獲得させる、得させる、供給する **3** 《古》 体につける、着る [+ -*isu* caus.]

ಆಳು[3] 〚āḷu アール〛[ɐːɭu] 《文》 *vi.* **1** (液体の中に)沈む **2**〔喩〕(考えなどに)沈潜する、(悲嘆などに)沈み込む [Ka. *āṟu* D396] ☞ಆಱ್ (āṟ)

ಆಳುತನ[1] 〚āḷutana アールタナ〛[ɐːɭŭtənɐ] *n.* **1** 召し使いとして雇われること、奉公 **2** 豪勇、男らしさ [Ka. *āḷu*[1] + -*tana* D399] ☞ಆಳ್ತನ (āḷtana)

ಆಳುತನ[2] 〚āḷutana アールタナ〛[ɐːɭŭtənɐ] 《‡》 *n.* 支配、支配権、統治、統治権 (*Rśv.14,52* (*Kitt.*)) [Ka. *āḷu*[2] + -*tana* D5157]

ಆಳುಮಗ 〚āḷumaga アールマガ〛[ɐːɭŭməɡɐ] *m.* 《*f.* ಆಳುಮಗಳು (āḷumagaḷu)》愛情をもって召し使いに言及したり、呼びかけたりする言葉、自分の息子同様の召し使い [*āḷu*[1] + *maga*]

ಆಳುವರಿ 〚āḷuvari アールヴァリ〛[ɐːɭŭvəri] 《古》 *n.* 濠に囲まれた城壁 (*Bp.16.14*) [*āḷu* + *pari*/*ēṟi*?]

ಆಳುವಾರು 〚āḷuvāru アールヴァール〛[ɐːɭŭvɐːru] 《古》 *mf.* 《*honorific pl.*》 [Ta. *āṟvār* *D396] ☞ಆೞ್ವಾರ್ (āṟvār)

ಆಳುವಿಕೆ 〚āḷuvike アールヴィケ〛[ɐːɭŭvike] ಆಳ್ವಿಕೆ *n.* (王などの)支配、治世、世を治めること [*āḷu* + -*ike*]

ಆಳುವೇರಿ 〚āḷuvēri アールヴェーリ〛[ɐːɭŭveːri] 《古》 *n.* [*āḷu*[1] + *ēri*?] ☞ಆಳ್ವೇರಿ (āḷvēri)

ಆಳೈಸು ⟦āḷaisu アーライス⟧ [ɐːḷəĭsu] 《古》 *vi.* 語り合う、おしゃべりする [Sk.]

ಆಳ್ಕೆ ⟦āḷke アールケ⟧ [ɐːḷke] ಆಳಿಕೆ² 《古》 *n.* 1 支配、統治 2 領土 [Ka. D5157]

ಆಳ್ತನ¹ ⟦āḷtana アールタナ⟧ [ɐːḷtənɐ] ಆಳುತನ 《古》 *n.* 1 召し使いとして雇われること、奉公 2 豪勇、男らしさ 3 人間の形 [Ka. D399]

ಆಳ್ತನ² ⟦āḷtana アールタナ⟧ [ɐːḷtənɐ] 《‡》 *n.* 支配、支配権、統治、統治権 [Ka. D5157] (*My.* (*Kitt.*)) ☞ಆಳುತನ (āḷutana)²

ಆಳ್ಮ ⟦āḷma アールマ⟧ [ɐːḷmɐ] ಆಣ್ಮ, ಆಟ್ಮ 《古》 *m.* 1 支配者、統治者 2 主人 3 夫、主人 [Ka. D5157]

ಆಳ್ಮೆ ⟦āḷme アールメ⟧ [ɐːḷme] ಆಣ್ಮೆ 《古》 *n.* 勇気、剛勇 [Ka. *āḷ* D399 *-me*]

ಆಳ್ವರಿ ⟦āḷvari アールヴァリ⟧ [ɐːḷvəri] 《古》 *n.* [*āḷu*³ + *ēri*?] ☞ಆಳ್ವೇರಿ (āḷvēri)

ಆಳ್ವರೆ ⟦āḷvare アールヴァレ⟧ [ɐːḷvəre] 《古》 *n.* [*āḷu*¹ + *ēri*?] ☞ಆಳ್ವೇರಿ (āḷvēri)

ಆಳ್ವಾರ್ ⟦āḷvār アールヴァール⟧ [ɐːḷvɐːr] 《古》 *mf.* 《*honorific pl.*》 [Ta. *āṟvār* *D396] ☞ಆೞ್ವಾರ್ (āṟvār)

ಆಳ್ವಾರು ⟦āḷvāru アールヴァール⟧ [ɐːḷvɐːru] *mf.* 《*honorific pl.*》 [Ta. *āṟvār* *D396] ☞ಆೞ್ವಾರು (āṟvāru)

ಆಳ್ವಿಕೆ ⟦āḷvike アールヴィケ⟧ [ɐːḷvike] *n.* [Ka.*āḷ* + *-ike*] ☞ಆಳುವಿಕೆ (āḷuvike)

ಆಳ್ವೆರಿ ⟦āḷveri アールヴェリ⟧ [ɐːḷveri] 《古》 *n.* [*āḷu*³ + *ēri*?] ☞ಆಳ್ವೇರಿ (āḷvēri)

ಆಳ್ವೆರೆ ⟦āḷvere アールヴェレ⟧ [ɐːḷvere] 《古》 *n.* [*āḷu*³ + *ēri*?] ☞ಆಳ್ವೇರಿ (āḷvēri)

ಆಳ್ವೇರಿ ⟦āḷvēri アールヴェーリ⟧ [ɐːḷveːri] ಆಳುವೇರಿ, ಆಳ್ವರಿ, ಆಳ್ವೆರಿ, ಆಳ್ವರೆ *n.* 濠に囲まれた城壁 [Ka. *āḷu*¹ + *ēri*?]

ಆೞ್¹ ⟦āṟ アール⟧ [ɐːr] 《古》 *vi.* [Ka. D404] ☞ಆಱು (āṟu)

ಆೞ್² ⟦āṟ アール⟧ [ɐːr] 《古》 *vi.* 強い、力強い —*vt.* (に)耐える、(を)我慢する —*v.aux.* 《否定形のみの欠如動詞-ಅಲು (-alu) 型の連用希求分詞と伴に、一人称単数否定ಆಱೆನು (āṟenu)肯定形には一人称単数現在ಆಪೆನು (āpenu)などの形が用いられる》できない ¶ ಇವನ ಪಾಂಗಂ ಮೆಚ್ಚಲಾಱೆನ್. (ivana pāṃgaṃ meccalāṟen.) 彼のやり方を私は評価できない。 *Pb.3.29* [Ka. < ಆೞ್ (āṟ) D407]

ಆಱಟ ⟦āṟaṭa アーラタ⟧ [ɐːrə̆ʈɐ] 《‡》 *n.* 病苦 (*Tĕ*; *R.* (*Kitt.*)) [Ka. D402]

ಆಱಡಿ¹ ⟦āṟaḍi アーラディ⟧ [ɐːrə̆ɖi] ಆರಡಿ² 《古》 *n.* 1 強盗、追いはぎ 2 面倒、難儀 3 憎しみ、敵意 [?]

ಆಱಡಿಗೊಳ್ ⟦āṟaḍigoḷ アーラディゴル⟧ [ɐːrəɖigol̥] 《古》 *vi.* 敵意を抱く [+ *koḷ*]

ಆಱಡಿ² ⟦āṟaḍi アーラディ⟧ [ɐːrə̆ɖi] ಆರಡಿ² 《古》 *n.* (「六足の」という意味から)ぶんぶんいう音を出す大きな黒いハチ [*āṟu* D2485 + *aḍi* D72]

ಆಱಡಿಗ ⟦āṟaḍiga アーラディガ⟧ [ɐːrəɖigɐ] 《古》 *m.* 《*f.* *ಆಱಡಿಗಿತ್ತಿ (āṟaḍigitti)》強盗、追いはぎ [*āṟaḍi*¹ + *-ga*]

ಆಱಡಿತನ ⟦āṟaḍitana アーラディタナ⟧ [ɐːrəɖitənɐ] 《古》 *n.* 憎しみ、敵意 [*āṟaḍi*¹ + *-tana*]

ಆಱಾಟ ⟦āṟāṭa アーラータ⟧ [ɐːrɐːʈɐ] ಆರಟ 《‡》 *n.* 病苦 (*T.*, *Tĕ.*; *R.* (*Kitt.*)) [Ka. D402] = ಆಱಟ (āṟaṭa)

ಆಱಿಕೆ ⟦āṟike アーリケ⟧ [ɐːrike] 《古》 *n.* 乾燥(状態) (ಬಾಯಾಱಿಕೆ) [Ka. D404]〔現〕

ಆಱು¹ ⟦āṟu アール⟧ [ɐːru] 《古》 *vi.* 1 (火や灯などが)消える 2 (湯や飯などが)冷える、冷たくなる 3 (怒り、悲しみ、激情などが)静まる、治まる 4 (水などが)干上がる 5 (傷が乾いて)治る [Ka. D404] = ಆೞ್, ಆರು (āṟ, āru)¹

ಆಱಿಸು ⟦āṟisu アーリス⟧ [ɐːrisu] 《古》 *vt.* 1 〈火や灯などを〉消す 2 〈湯、飯などを〉冷やす、冷ます 3 〈怒りなどを〉なだめる、〈激情などを〉冷ます、冷却させる、〈悲しみなどを〉慰める、癒す 4 〈地面や池の水などを〉干上がらせる 5 〈傷などを〉治す [Ka. caus. D404]

ಆಱು² ⟦āṟu アール⟧ [ɐːru] *numr.adj.* 六つの、6… —*numr.n.* 六つ ಆರು (āru)⁵〔現〕[Ka. D2485]

ಆಱಿಸು ⟦āṟisu アーリス⟧ [ɐːrĭsu] 《‡》 *vt.* 跳ばせる、飛ばす (*My.* (*Kitt.*)) [Ka. < *pāṟ* D4020] = ಹಾಱಿಸು (hāṟisu)

ಆೞ್ ⟦āḻ アール⟧ [ɐːɻ] ಆಳ್, ಆಳು 《古》 *vi.* 《過去語幹 āṟd-/ add- 未来語幹 āṟv-》 1 (液体の中に)沈む、飛び込む 2 (怒り、悲しみなどに)はまり込む [Ka. D396]

ಆೞಾಕ್ಕು ⟦āḻākku アーラーック⟧ [ɐːɻɐːkku] 《‡》 *n.* 1 セールの8分の1 (1セールは約1リットルあるいは1キログラム) (*My.* (*Kitt.*)) [Ka. D397]

ಆೞಿ¹ ⟦āḻi アーリ⟧ [ɐːɻi] ಆಳಿ 《‡》 *n.* 深さ、深み (*T.*, *M.* (*Kitt.*)) [Ka. D396]

ಆೞಿ² ⟦āḻi アーリ⟧ [ɐːɻi] ಆಣಿ¹ 《古》 *n.* 円、円盤、丸いこと [Ka. D398]

ಆೞಿ³ ⟦āḻi アーリ⟧ [ɐːɻi] ಆಳಿ 《古》 *n.* 1 欺瞞、ペテン 2 頑固、強情 [? Ka. cf. D396]

ಆೞ್ದು ⟦āḻdu アールドゥ⟧ [ɐːɻɗu] 《‡》 *vi.* (液体の中などに)沈む (*DEDR*) [Ka. D396]

ಆೞ್ವರ್ ⟦āṟvar アールヴァル⟧ [ɐːɻvər] 《古》 *mf.* 《*honorific pl.*》 [Ta. *āṟvār* D396] ☞ಆೞ್ವಾರ್ (āṟvār)

ಆೞ್ವಾರ್ ⟦āṟvār アールヴァール⟧ [ɐːɻvɐːr] ಆಳುವಾರ್, ಆಳ್ವಾರ್, ಆಳ್ವಾರು, ಆೞ್ವರ್ 《古》 *mf.* 《尊敬の複数形》アールワール、タミルナードの12人のヴィシュヌ教の聖者(神に沈潜する人という意味で、神を称える多くの詩を作った) [Ta. *āṟvār* *D396]

ಇ

ಇ ⟦i イ⟧ [i] *n.* カンナダその他のインド語で音素 /i/ またはそれを表す文字 [Ka.]

ಇ- ⟦i- イ-⟧ [i] *pron.pref.* 近接指示代名詞「この」の基本要素(たとえばivanuは「この男」となる) [Ka. D410]

-ಇ¹ ⟦-i -イ⟧ [i] *suf.* pākistān「パキスタン」からpākistāni「パキスタンの、パキスタン人」あるいはdēśa「地方」からdēśi「土地の、土地の言葉」などのように、名詞から形容詞やそのものに関わる人間などの名詞を作る接尾辞 [Sk. *-in-* Ar. *-ī* Pe. *-ī*]

-ಇ² ⟦-i -イ⟧ [i] *suf.* 女性名詞を構成する接尾辞 ಹೆಡ್ಡ (heḍḍa)「愚かな男性」から ಹೆಡ್ಡಿ (heḍḍi)「愚かな女性」, ಬಾಲಕ (bālaka)「少年」から ಬಾಲಕಿ (bālaki)「少女」など [Ka./Sk.]

ಇಂ- ⟦iṃ- イン-⟧ [im] 《古》 *pref.* **1** 「甘い」を表す接頭辞 **2** 「(声、言葉などが)甘い」を表す接頭辞 ¶ ಇಂಗೊರಲ್ (iṃgoral) 甘い声 [Ka. *D530(a)]

ಇಂಕು ⟦iṃku インク⟧ [iŋku] *n.* インク [Eg. *ink*]

ಇಂಕೆ ⟦iṃke インケ⟧ [iŋke] 《古》 *n.* 水などが蒸発したり吸収されたりして干上がること [Ka. D430]

ಇಂಗಣ ⟦iṃgaṇa インガナ⟧ [iŋgəɳɐ] 《文》 *n.* ☞ಇಂಗಳ (iṃgaḷa)

ಇಂಗಲ ⟦iṃgala インガラ⟧ [iŋgəlɐ] 《文》 *n.* ☞ಇಂಗಳ (iṃgaḷa)

ಇಂಗಲೀಷು ⟦iṃgalīṣu インガリーシュ⟧ [iŋgəli:ʂu] *n.* [Eg. *English*] ☞ಇಂಗ್ಲೀಷು (iṃglīṣu)

ಇಂಗಲು ⟦iṃgalu インガル⟧ [iŋgəlu] 《文》 *n.* ☞ಇಂಗಳ (iṃgaḷa)

ಇಂಗಳ¹ ⟦iṃgaḷa インガラ⟧ [iŋgə̆ɭɐ] ಇಂಗಣ, ಇಂಗಲ, ಇಂಗಲು, ಇಂಗಱ *n.* **1** 火 **2** 赤く燃える炭 ¶ ಅವನು ಕೋಪದಿಂದ ಇಂಗಳವಾದ. (avanu kōpadiṃda iṃgaḷavāda.) 彼は怒りで烈火のごとくになった。**3** 〔喩〕焦眉の問題 ¶ ಕಾವೇರಿ ಜಲಪ್ರಶ್ನೆ ಕರ್ನಾಟಕ ತಮಿಳ್ನಾಡು ನಡುವೆ ಇಂಗಳ ಆಯಿತು. (kāvēri jalapraśne karnāṭaka tamiḷnāḍu naḍuve iṃgaḷa āyitu.) カーヴェーリ河の水に関するカルナータカ州とタミルナード州の間の争いは焦眉の問題となった。 [Pk. *iṃgāla-*]

ಇಂಗಳ² ⟦iṃgaḷa インガラ⟧ [iŋgə̆ɭɐ] *n.* [Sk. *iṃguda-*] ☞ಇಂಗುದ (iṃguda)

ಇಂಗಱ ⟦iṃgaṟa インガラ⟧ [iŋgəɽɐ] 《古》 *n.* ☞ಇಂಗಳ (iṃgaḷa)

ಇಂಗಾಲ ⟦iṃgāla インガーラ⟧ [iŋgɐ:lɐ] *n.* **1** 炭、木炭 **2** 炭素 = ಇದ್ದಲು (iddalu) [Sk.]

ಇಂಗಾಲಾಮ್ಲ ⟦iṃgālāmla インガーラームラ⟧ [iŋgɐ:lɐ:mlɐ] 《文》 *n.* 炭酸 [*iṃgāla* + *amla*]

ಇಂಗಾಲಾಮ್ಲವಾಯು ⟦iṃgālāmlavāyu インガーラームラヴァーユ⟧ [iŋgɐ:lɐ:mləvɐ:ju] 《文》 *n.* 二酸化炭素、炭酸ガス [*iṃgālāmla* + *vāyu*]

ಇಂಗಿತ ⟦iṃgita インギタ⟧ [iŋgitɐ] *n.* **1** 暗示、ほのめかし **2** 隠れた目的、本当の目的、下心 ¶ ಮಂತ್ರಿಗಳು ಕಾರ್ಯಕ್ರಮ ರದ್ದು ಮಾಡಿದ್ದರ ಇಂಗಿತ ತಿಳಿಯಲಿಲ್ಲ. (maṃtrigaḷu kāryakrama raddu māḍiddara iṃgita tiḷiyalilla.) 大臣が予定の行事を取り消した真意が分からなかった。 [Sk.]

ಇಂಗಿತ ಅಂಗೀಕಾರ ⟦iṃgita aṃgīkāra インギタアンギーカーラ⟧ [iŋgitə əŋgi:kɐ:rɐ] *n.* 言外の承認、無言の承認 [Sk.]

ಇಂಗಿತಾಧಿಕಾರ ⟦iṃgitādʰikāra インギターディカーラ⟧ [iŋgitɐ:dʰikɐ:rɐ] *n.* (明文化されてはいないが)当然の前提となっている職権 [Sk.]

ಇಂಗಿತಜ್ಞ ⟦iṃgitajña インギタジュニャ⟧ [iŋgitəɟɲɐ] *adj.*, *m.* 他人の心の奥が読める〈人〉 [Sk.]

ಇಂಗಿಲೀಷು ⟦iṃgilīṣu インギリーシュ⟧ [iŋgĭli:ʂu] *n.* 英語 [Eg. *English*] ☞ಇಂಗ್ಲೀಷು (iṃglīṣu)

ಇಂಗು¹ ⟦iṃgu イング⟧ [iŋgu] *vi.* (水などが蒸発したり地面などに吸収されたりして)乾いてしまう、なくなってしまう [Ka. D430] = ಹಿಂಗು (hiṃgu)

ಇಂಗಿಸು ⟦iṃgisu インギス⟧ [iŋgisu] *vt.* 〈水などを〉煮つめる、吸収させる、蒸発させる [Ka. caus. D430]

ಇಂಗು² ⟦iṃgu イング⟧ [iŋgu] *n.* **1** アギの木(イラン、アフガニスタンに産するオオウイキョウの類) ⇀ 調・薬 **2** アギ、オオウイキョウ(アギの木の気根から出る乳液から作る物質)(セリ科オオウイキョウ属)) ⇀ 調・薬 = ಹಿಂಗು (hiṃgu) *[IMP 3.14] [Sk. *hiṃgu-* <? M.3.38]

ಇಂಗು³ ⟦iṃgu イング⟧ [iŋgu] 《古》 *vt.* 与える [Ka. D416]

ಇಂಗಿಸು ⟦iṃgisu インギス⟧ [iŋgisu] 《古》 *vt.* 与えさせる [Ka. caus. D430]

ಇಂಗುದ ⟦iṃguda イングダ⟧ [iŋgudɐ] 《古》 *n.* 薬用となる果物の一種 (*lex.*) [Sk.] = ಗಾರೇಗಿಡ (gārēgiḍa) ☞ಇಂಗುದಿ (iṃgudi)

ಇಂಗುದಿ ⟦iṃgudi イングディ⟧ [iŋgudi] ಇಂಗುದ, ಇಂಗುಳ 《古》 *n.* 種から食用油がとれ果肉が絹織物の洗剤となる小木 ⇀ 油・洗 (*lex.*) [Sk. *iṃgudī-*]

ಇಂಗುಳ ⟦iṃguḷa イングラ⟧ [iŋgŭɭɐ] *n.* [Sk. *iṃguda-*] ☞ಇಂಗುದಿ (iṃgudi)

ಇಂಗ್ಲಿಷ್ ⟦iṃgliṣ イングリシュ⟧ [iŋgliʂ] *n.* 英語 [Eg. *English*] ☞ಇಂಗ್ಲೀಷು (iṃglīṣu)

ಇಂಗ್ಲೀಷು ⟦iṃglīṣu イングリーシュ⟧ [iŋgliːʂu] ಇಂಗಲೀಷು, ಇಂಗಿಲೀಷು, ಇಂಗ್ಲಿಷ್ *n.* 英語 [Eg. *English*]

ಇಂಚರ ⟦iṃcara インチャラ⟧ [iɲʧərɐ] *n.* (話し声、歌声などが)甘美なこと、(インドカッコウなどの鳴き声の)甘くて美しいこと [*iṃ-* + *sara* Sk. *svara-*]

ಇಂಚು ⟦iṃcu インチュ⟧ [iɲʧu] *n.* インチ [Eg. *inch*] ☞ಅಂಗುಲ (aṃgula)

ಇಂಚುಪಟ್ಟಿ ⟦iṃcupaṭṭi インチュパッティ⟧ [iɲʧupəʈʈi] *n.* インチが刻まれた尺、インチ尺 [*iṃcu* + *paṭṭi*]

ಇಂಟರ್‌ಪೋಲ್ ⟦iṃṭarpōl インタルポール⟧ [intərpoːl] *n.* インターポール、国際刑事警察機構 [Eg. *Interpol*]

ಇಂಡು ⟦iṃḍu インドゥ⟧ [iɳɖu] 《古》 *n.* かけら、砕片 [Ka. D432] ☞ಇಂಡೆ (iṃḍe)[1] 2

ಇಂಡೆ[1] ⟦iṃḍe インデ⟧ [iɳɖe] ಇಂಡು 《古》 *n.* **1** かけら、砕片 **2**《†》割れ目、裂け目、隙間 (*Kitt.*) [Ka. D432]

ಇಂಡೆ[2] ⟦iṃḍe インデ⟧ [iɳɖe] 《古》 *n.* 花輪 [Ka. D458]

ಇಂಡೆ[3] ⟦iṃḍe インデ⟧ [iɳɖe] 《古》 *n.* 堆積、塊、山 (*PB^h 8.78*) [Ka. D538]

ಇಂಡಿಯಾ ⟦iṃḍiyā インディヤー⟧ [iɳɖijɐː] *n.* インド、インド連邦共和国 [Eg. *India*] = ಹಿಂದೂಸ್ಥಾನ, ಭಾರತ (hiṃdūst^{h}āna, b^{h}ārata)

ಇಂತ ⟦iṃta インタ⟧ [intɐ] *pron.adj.* このような、こんな [Ka. D410(a)]

ಇಂತಹ ⟦iṃtaha インタハ⟧ [intəhɐ] ಇಂತ, ಇಂತಹ, ಇಂತಾ, ಇಂಥ, ಇಂಥಾ *pron.adj.* このような、こんな [Ka. D410(a) < *iṃtu* + *appa*]

ಇಂತಾ ⟦iṃtā インター⟧ [intɐː] *adj.* このような、こんな [Ka. D410(a) < *iṃtaha*]

ಇಂತು ⟦iṃtu イントゥ⟧ [intu] ಇತ್ತು *pron. adv.* このように、このようにして [Ka. D410(a)]

ಇಂತುಟು ⟦iṃtuṭu イントゥトゥ⟧ [intuʈu] 《古》 *pron.adj.* これだけの、これほどの —*adv.* このように、こうして (*Pb.2.27*) [Ka. D410(a) *iṃtu* + *-ṭu*]

ಇಂಥ ⟦iṃt^{h}a インタ⟧ [int^{h}ɐ] *adj.* このような、こんな [Ka. D410(a)] ☞ಇಂತಹ (iṃtaha)

ಇಂಥಾ ⟦iṃt^{h}ā インター⟧ [int^h ɐː] *adj.* このような、こんな [Ka. D410(a)] ☞ಇಂತಹ (iṃtaha)

ಇಂದು[1] ⟦iṃdu インドゥ⟧ [indu] *adv.* **1** 今日(きょう)、本日 (*Pb.1.73*) **2** 今日(こんにち)、この頃 [Ka. D410(b)]

ಇಂದು[2] ⟦iṃdu インドゥ⟧ [indu] 《文》 *mn.* 月 [Sk.]

ಇಂದ್ರ ⟦iṃdra インドラ⟧ [indrɐ] *m.* インドラ神、神々の王 [Sk.]

ಇಂದ್ರಚಾಪ ⟦iṃdracāpa インドラチャーパ⟧ [indrəʧɐːpɐ] 《文》 *n.* 虹 [Sk.]

ಇಂದ್ರಜಾಲ ⟦iṃdrajāla インドラジャーラ⟧ [indrə̆ʤɐːlɐ] *n.* **1** 魔法、魔術、妖術 **2** 手品、奇術 **3**〔喩〕詐術、詐欺 [Sk.]

ಇಂದ್ರಜಾಲಿಕ ⟦iṃdrajālika インドラジャーリカ⟧ [indrə̆ʤɐːlikɐ] *m.* 《*f.* ಇಂದ್ರಜಾಲಿಕಳು (iṃdrajālikaḷu)》 **1** 魔術師、魔法使い、妖術師 **2** 手品師、奇術師 **3** 詐術師、詐欺師 —*adj.* うその、まやかしの [Sk.]

ಇಂದ್ರಜಾಲಿಗ ⟦iṃdrajāliga インドラジャーリガ⟧ [indrə̆ʤɐːlĭgɐ] *m.* 《*f.* ಇಂದ್ರಜಾಲಿಗಳು (iṃdrajāligaḷu)》 [Sk.] ☞ಇಂದ್ರಜಾಲಿಕ (iṃdrajālika)

ಇಂದ್ರನೀಲ ⟦iṃdranīla インドラニーラ⟧ [indrə̆niːlɐ] *n.* サファイア、青石 [Sk.]

ಇಂದ್ರಾಣಿ ⟦iṃdrāṇi インドラーニ⟧ [indrɐːɳi] *f.* インドラ神の妻 [Sk.]

ಇಂದ್ರಾಯುಧ ⟦iṃdrāyud^{h}a インドラーユダ⟧ [indrɐːjud^{h}ɐ] 《文》 *n.* 雷電 [Sk.]

ಇಂದ್ರಿಯ ⟦iṃdriya インドリヤ⟧ [indrijɐ] *n.* **1** 感覚器官 **2** 精液 [Sk.]

ಇಂದ್ರಿಯನಿಗ್ರಹ ⟦iṃdriyanigraha インドリヤニグラハ⟧ [indrijənigrəhɐ] *n.* 感覚器官の欲望を制御すること、自制 [Sk.]

ಇಂದ್ರಿಯವ್ಯಾಪಾರ ⟦iṃdriyavyāpāra インドリヤヴィャーパーラ⟧ [indrijəvjɐːpɐːrɐ] *n.* 諸感覚器官の働き [Sk.]

ಇಂದ್ರಿಯಸಂಯಮ ⟦iṃdriyasaṃyama インドリヤサンヤマ⟧ [indrijəsəmjəmɐ] 《文》 *n.* 感覚器官の欲望を制御すること、自制 [Sk.] = ಇಂದ್ರಿಯನಿಗ್ರಹ (iṃdriyanigraha)

ಇಂದ್ರಿಯಸೌಖ್ಯ ⟦iṃdriyasauk^{h}ya インドリヤサウキャ⟧ [indrijəsəuk^h·jɐ] 《文》 *n.* 感覚器官の満足、飲食や性交による喜び、肉体的な悦楽 [Sk.]

ಇಂಧನ ⟦iṃd^{h}ana インダナ⟧ [ind^{h}ə̆nɐ] 《文》 *n.* **1** 点火、火をつけること **2** 薪 **3** 燃料(一般) [Sk.]

ಇಂಪು ⟦iṃpu インプ⟧ [impu] ಇಂಬು[2], ಇಮ್ಮು *n.* **1** (特に声などの) 甘さ、愛らしさ (*Pb.4.84*) **2** 耳や目に心地よいこと、魅力 ¶ ಸುಬ್ಬುಲಕ್ಷ್ಮಿಯ ಸಂಗೀತ ಕಿವಿಗೆ ಇಂಪು ಮನಕ್ಕೆ ತಂಪು. (subbulakṣmiya saṃgīta kivige iṃpu manakke taṃpu.) スッブラクシュミーの音楽は、耳に心地よく心をなごませる。 [Ka. D530(a)]

ಇಂಬ ⟦iṃba インバ⟧ [imbɐ] 《口》 *n.* 広がり、幅 ¶ ಹಾರುವರಿಗೆ ಎಲೆ ಇಂಬ, ಒಕ್ಕಲಿಗರಿಗೆ ಕಣ ಇಂಬ. (hāruvarige ele iṃba, okkaligarige kaṇa iṃba.) バラモンには[食べ物をもる]バナナの葉の幅が大事であり、農民には脱穀場の幅が大事(どちらも自分の小さな事にしか関心がないという格言) (*My.* (*Kitt.*)) [Ka. D467, cf. D480]

ಇಂಬು[1] ⟦iṃbu インブ⟧ [imbu] 《文》 *n.* **1** 場所、区域；活動場所 (*Pb.7.30*) **2** 庇護、庇護を与える場所、庇護者 ¶ ಪ್ರಭೂ, ನನಗೆ ಇಂಬು ಕೊಡು. (prab^{h}ū, nanage iṃbu koḍu.) 神よ、我らに庇護を与え給え。 **3** 広々していること、大きいこと ¶ ಇಂಬಾದ ಮನೆ (iṃbāda mane) 広々とした家 **4** 程度、水準 ¶ ತನ್ನ ಇಂಬು ಅರಿತು ಕೆಲಸ ಮಾಡಬೇಕು. (tanna iṃbu aritu kelasa māḍabēku.) 自分の分にあった仕事をしなければならない。 [Ka. D467, cf. D480]

ಇಂಬಾಗು ⟦iṃbāgu インバーグ⟧ [imbɐːgu] *vi.* 《*dat.*》助ける、庇護する、支持する [+ *āgu*]

ಇಂಬುಕೊಡು ⟦iṃbukoḍu インブコドゥ⟧ [imbukoḍu] 《文》 *vi.* 保護する、庇護を与える [+ *koḍu*]

ಇಂಬುಗೊಡು ⟦iṃbugoḍu インブゴドゥ⟧ [imbugoḍu] 《文》 *vi.* 保護する、庇護を与える [+ *koḍu*] = ಇಂಬುಕೊಡು (iṃbukoḍu)

ಇಂಬು² ⟦iṃbu インブ⟧ [imbu] ಇನ್ಬು 《文》 *n.* **1** 気持ちよいこと、満足 (*Pb.14.16*) **2** 愛情、優しさ **3**《古》便宜、設備 ¶ ಮನೆಯಲ್ಲಿ ಓದಲು ಇಂಬು ಇಲ್ಲ. (maneyalli ōdalu iṃbu illa.) 家には勉強するための設備［場所］がない。[Ka. D530(a)] ☞ಇಂಪು (iṃpu)

ಇಂಬನೆ ⟦iṃbane インバネ⟧ [imbə̆ne] 《文》 *adv.* 優しく (*Kitt.*) [Ka. D530(a)]

ಇಂಬು³ ⟦iṃbu インブ⟧ [imbu] 《希》 *n.* 言葉、発話 (*Śmd.II* (*Kitt.*)) [Ka. D868]

ಇಕಾರ ⟦ikāra イカーラ⟧ [ikɐːrɐ] *n.* カンナダなどのインド系言語で音素 /i/ を表す文字 [Sk.]

－ಇಕೆ ⟦-ike -イケ⟧ [ike] *suf.* 形容詞や動詞語幹などから名詞を作る接尾辞 ¶ ಬುದ್ಧಿವಂತ (buddʰivaṃta) 知恵がある + －ಇಕೆ (-ike) = ಬುದ್ಧಿವಂತಿಕೆ (buddʰivaṃtike) 知恵があること ¶ ಹೆಣೆ (heṇe)《髪などを》編む + －ಇಕೆ (-ike) = ಹೆಣಿಕೆ (heṇike) 髪などを編むこと [Ka. Ø]

ಇಕೊ ⟦iko イコ⟧ [ikoː] *snt.* [Ka. D410(a)] ☞ಇಕೋ (ikō)

ಇಕೋ ⟦ikō イコー⟧ [ikoː] ಇಕೊ, ಇಕ್ಕೊ, ಇಗಾ, ಇಗೊ, ಇಗೋ *snt.* ほらここに、そらここに、見ろ ¶ ಇಕೋ ಇಲ್ಲಿ ನೋಡು. (ikō illi nōḍu.) そら 10 ルーピーだ。[Ka. < *ide* + *koḷ* *D410(a)]

ಇಕ್ಕಟ್ಟು ⟦ikkaṭṭu イッカットゥ⟧ [ikkəṭṭu] ಇರ್ಕಟ್ಟು *n.* **1** 狭いこと、窮屈 ¶ ಈ ಬಸ್ಸಿನಲ್ಲಿ ಸೀಟುಗಳು ಇಕ್ಕಟ್ಟಾಗಿವೆ. (ī bassinalli sīṭugaḷu ikkaṭṭāgive.) このバスは席が窮屈だ。 **2** 窮地、窮境；板ばさみ ¶ ಅವನು ಪರೀಕ್ಷೆಗೆ ಓದುವದೋ ರಾಷ್ಟ್ರೀಯ ಆಟ ಆಡುವದೋ ಎಂಬ ಇಕ್ಕಟ್ಟಿನಲ್ಲಿ ಸಿಕ್ಕಿದ್ದಾನೆ. (avanu parīkṣege ōduvadō rāṣṭrīya āṭa āḍuvadō emba ikkaṭṭinalli sikkiddāne.) 彼は試験勉強と（クリケットの）全国大会への出場との間で板ばさみに陥っている。[Ka. < *irkaṭṭu* D524 < **iṟkaṭṭu*]

ಇಕ್ಕಣ್ಣು ⟦ikkaṇṇu イッカンヌ⟧ [ikkəṇṇu] 《文》 *n.* 両眼、両方の目 [*ir-* + *kaṇṇu*]

ಇಕ್ಕಲು ⟦ikkalu イッカル⟧ [ikkə̆lu] *n.* ☞ಇಕ್ಕಳ (ikkaḷa) 〔汎〕

ಇಕ್ಕಳ ⟦ikkaḷa イッカラ⟧ [ikkə̆ḷɐ] ಇಕ್ಕಲು, ಇಕ್ಕುಳ, ಇಕ್ಕುಳಿ, ಇಕ್ಕುಳು, ಇಕ್ಕುಲ್, ಇರ್ಕುಲ್, ಇರ್ಕುಟಿ, ಇರ್ಕುಟಿ, ಇರ್ಕುಟು, ಇಟ್ಕುಟು} *n.* **1** やっとこ［⇒図］ **2** 苦境、難局 ¶ ಮಂತ್ರಿಗಳ ಹೇಳಿಕೆಯಿಂದ ಪ್ರಧಾನಮಂತ್ರಿ ಇಕ್ಕಳದಲ್ಲಿ ಸಿಕ್ಕಿದರು. (maṃtrigaḷa hēḷikeyiṃda pradʰānamaṃtri ikkaḷadalli sikkidaru.) 大臣たちの発言で、総理は苦境に立たされた。[Ka. *iḍaku* D444 + *kuṟa* D2147]

ಇಕ್ಕಳ
やっとこ

ಇಕ್ಕಟಿ ⟦ikkaṟa イッカラ⟧ [ikkə̆ɽɐ] 《古》 *n.* やっとこ [Ka. D444] ☞ಇಕ್ಕಳ (ikkaḷa) 〔汎〕

ಇಕ್ಕು¹ ⟦ikku イック⟧ [ikku] *vt.* **1** 置く、下におろす、付ける (*Pb.11.145*) **2** 〈装身具などを〉身につける、〈着物を〉着る ¶ ಅವನು ತಲೆಯ ಮೇಲೆ ಟೋಪಿ ಇಕ್ಕಿ ಹೊರಟ. (avanu taleya mēle ṭōpi ikki horaṭa.) 彼は帽子をかぶって出ていった。 **3** 〈油などを〉塗る ¶ ಭಕ್ತರು ದೇವರ ವಿಗ್ರಹಕ್ಕೆ ಶ್ರೀಗಂಧವನ್ನು ಇಕ್ಕಿದರು. (bʰaktaru dēvara vigrahakke śrīgaṃdʰavannu ikkidaru.) 信者たちは神像に白檀の練り粉をぬった。 **4** 〈花などを〉髪の毛にさす ¶ ಹೆಂಗಸರು ಜಡೆಗೆ ಹೂವನ್ನು ಇಕ್ಕಿಕೊಳ್ಳುತ್ತಾರೆ. (heṃgasaru jaḍege hūvannu ikkikoḷḷuttāre.) 女性は編んだ髪に花をさす。 **5** 〈食事を〉出す、供する ¶ ಈ ದೇವಸ್ಥಾನದಲ್ಲಿ ಸಾವಿರಾರು ಜನಕ್ಕೆ ಊಟವಿಕ್ಕುತ್ತಾರೆ. (ī dēvastʰānadalli sāvirāru janakke ūṭavikkuttāre.) この寺院では何千もの人々に食事を供している。 **6** 〈金銭や施しものを〉与える、〈名を〉つける ¶ ಜಂಗಮರಿಗೆ ಭಿಕ್ಷೆ ಇಕ್ಕಬೇಕು. (jaṃgamarige bʰikṣe ikkabēku.) ジャンガマ（ヴィーラシャイヴァ派の修行者）には布施を与えねばならない。 **7** 〈不要物、ゴミなどを〉捨てる、投げ捨てる、投棄する ¶ ಸಿಂಗಾಪುರದಲ್ಲಿ ರಸ್ತೆಯಲ್ಲಿ ಕಸ ಇಕ್ಕಿದರೆ ದಂಡಹಾಕುತ್ತಾರಂತೆ. (siṃgāpuradalli rasteyalli kasa ikkidare daṃḍahākuttāraṃte.) シンガポールでは路上にゴミを捨てると罰せられるそうだ。 **8** 〈団扇などを〉動かす **9** 〈漁網や敷布などを〉広げる **10** 〈扉を〉閉める、閉ざす ¶ ರಾತ್ರಿ ಮನೆಯ ಕದ ಇಕ್ಕಬೇಕು. (rātri maneya kada ikkabēku.) 夜には家の戸を閉めねばならない。 **11** 雇う、任命する ¶ ಆ ನಟಿ ಮನೆಗಾವಲಿಗೆ ಮೂರು ಜನರನ್ನು ಇಕ್ಕಿದ್ದಾಳೆ. (ā naṭi manegāvalige mūru janarannu ikkiddāḷe.) この女優は家の守衛に 3 人雇っている。[Ka. D492]

ಇಕ್ಕಿಸು¹ ⟦ikkisu イッキス⟧ [ikkisu] *vt.* 《*caus.*》置かせる、など [Ka. caus. D492]

ಇಕ್ಕು² ⟦ikku イック⟧ [ikku] *vt.* 殺す、破壊する ¶ ಡಕಾಯಿತರು ಊರಿನ ಗೌಡರನ್ನು ನಿರ್ದಯದಿಂದ ಇಕ್ಕಿದರು. (ḍakāyitaru ūrina gauḍarannu nirdayadiṃda ikkidaru.) 強盗たちは情け容赦なく村長を殺害した。(*Pb.2.90*) [Ka. D514]

ಇಕ್ಕಿಸು² ⟦ikkisu イッキス⟧ [ikkisu] *vt.* 《*caus.*》殺させる、殺害させるなど [Ka. caus. D514]

ಇಕ್ಕು³ ⟦ikku イック⟧ [ikku] 《古》 *n.* 狭いこと、狭苦しいこと、窮屈なこと (*Kitt.*) [Ka. D524] = ಇಱುಕು (iṟuku)

ಇಕ್ಕುವ ⟦ikkuva イックヴァ⟧ [ikkuvɐ] 《古》 *n.* 横たえること、下に置くこと (*Kitt.*) [Ka. D492]

ಇಕ್ಕುಹ ⟦ikkuha イックハ⟧ [ikkuhɐ] 《古》 *n.* 置かせる、など (*Nr.* (*Kitt.*)) [Ka. D492]

ಇಕ್ಕುಳ ⟦ikkuḷa イックラ⟧ [ikkə̆ḷɐ] *n.* ☞ಇಕ್ಕಳ (ikkaḷa) 〔汎〕

ಇಕ್ಕುಳಿ ⟦ikkuḷi イックリ⟧ [ikkə̆ḷi] 《古》 *n.* ☞ಇಕ್ಕಳ (ikkaḷa) 〔汎〕

ಇಕ್ಕುಳು ⟦ikkuḷu イックル⟧ [ikkə̆ɭu] *n.* ☞ಇಕ್ಕಳ (ikkaḷa) 〔汎〕

ಇಕ್ಕುಟ್ ⟦ikkuṟ イックル⟧ [ikkuɽ] 《古》 *n.* 物を挟む道具、やっとこ、釘抜きなど [Ka. D444] = ಇಕ್ಕಳ (ikkaḷa) 〔汎〕

ಇಕ್ಕುಟ ⟦ikkuṟa イックラ⟧ [ikkŭɽɐ] 《古》 *n.* やっとこ、物を挟む道具 [Ka. D444] ☞ಇಕ್ಕಳ (ikkaḷa) 〔汎〕

ಇಕ್ಕೆ ⟦ikke イッケ⟧ [ikke] ಇರ್ಕೆ 《古》 *n.* **1** いること、とどまること **2** 住処、居場所、避難所、安息所 **3** 状況、状態 [Ka. D480] = ಇರ್ಕೆ (irke)

ಇಕ್ಕೆಲ ⟦ikkela イッケラ⟧ [ikkelɐ] ಇರ್ಕೆಲ *n.* 両側 [*ir* + *kela*]

ಇಕ್ಕೊ ⟦ikko イッコ⟧ [ikko:] ಇಕೊ, ಇಕೋ, ಇಕ್ಕೋ, ಇಗಾ, ಇಗೊ, ಇಗೋ, ಇದಕೊ, ಇದಕೋ, ಇದಿಕೊ, ಇದಿಗೊ, ಇದೆಕೊ, ಇದೆಕೊಳ್, ಇದೆಕೋ, ಇದೆಗೋ *snt.* [Ka. *idu* *D410(a) + *koḷ* D2151] ☞ಇಕೋ (ikō)

ಇಕ್ಕೋ ⟦ikkō イッコー⟧ [ikko:] *snt.* ほら、それ見ろ、そらごらん（近くにあるものを見せたり注意を喚起したりする言葉）¶ ಇಕ್ಕೋ, ನಿನ್ನ ಪುಸ್ತಕ. (ikkō, ninna pustaka.) それ、おまえの本だ。 [Ka. *D410(a)]

ಇಕ್ಟ ⟦ikṟa イクラ⟧ [ikɽɐ] 《‡》 *n.* 火箸、やっとこ (*My. (Kitt.)*) [Ka. D444] ☞ಇಕ್ಕಟ (ikkaṟa)

ಇಕ್ಷು ⟦ikṣu イクシュ⟧ [ikʂu] 《文》 *n.* サトウキビ → 甘 [Sk.] = ಕಬ್ಬು (kabbu) 〔汎〕

-ಇಗ ⟦-iga -イガ⟧ [iga] *suf.* 男性名詞を作る接尾辞 ¶ ಗಾಣಿಗ (gāṇiga) 搾油業者 [Ka.]

ಇಗರು[1] ⟦igaru イガル⟧ [igə̆ru] 《‡》 *vi.* **1** （水などが蒸発したり土などに吸収されたりして）干上がる、乾く **2** （できものなどが）治る **3** 〔喩〕（心配などで健康が）衰える、（力、財産などが）尽きる [Ka. D430] (*Tĕ. (Kitt.)*) ☞ಇಮರು (imaru)

ಇಗರು[2] ⟦igaru イガル⟧ [igə̆ru] 《‡》 *n.* 歯茎 (*My. (Kitt.)*) [Ka. D554] = ಹಲ್ಲಿನ ಒಸಡು (hallina osaḍu)

ಇಗರು[3] ⟦igaru イガル⟧ [igə̆ru] 《‡》 *vi.* （新芽、若枝が）出る (*Tĕ. (Kitt.)*) [Ka. D2489]

ಇಗರ್ಜಿ ⟦igarji イガルジ⟧ [igərʤi] *n.* 教会、聖堂、キリスト教徒の礼拝所 [Pt. *igreja*]

ಇಗೊ ⟦igo イゴ⟧ [igo] *snt.* [Ka. *D410(a)] ☞ಇಕೋ (ikō)

ಇಗೋ ⟦igō イゴー⟧ [igo:] *snt.* 見なさい、ほらここに、ちょっと、もしもし [Ka. < *idu kō* D410(a)]

ಇಗ್ಲು ⟦iglu イグル⟧ [iglu] 《方》 *n.* 石炭 (*LSB 1.3*) [Ka. D2552] ☞ಇಜ್ಜಲು (ijjalu)

ಇಚ್ಛಾಮರಣ ⟦iccʰāmaraṇa イッチャーマラナ⟧ [iʧʧʰɐ:mərə̆ɳɐ] *n.* （ビーシュマの死のように）自分の選んだ時間に世を去ること [Sk.]

ಇಚ್ಛಾಶಕ್ತಿ ⟦iccʰāśakti イッチャーシャクティ⟧ [iʧʧʰɐ:ʃəkti] *n.* 意志の力 [Sk.]

ಇಚ್ಛಾನುಸಾರ ⟦iccʰānusāra イッチャーヌサーラ⟧ [iʧʧʰɐ:nusɐ:rɐ] *adv.* 自分の意志に従って、好きなように [Sk.]

ಇಚ್ಛಿಸು ⟦iccʰisu イッチス⟧ [iʧʧʰisu] *vt.* 望む、希望する [Sk.]

ಇಚ್ಛೆ ⟦iccʰe イッチェ⟧ [iʧʧʰe] *n.* 望み、意志 [Sk.]

ಇಜಾರ[1] ⟦ijāra イジャーラ⟧ [iʤɐ:rɐ] *n.* [Pe. *izār*] ☞ಇಜಾರು (ijāru)

ಇಜಾರ[2] ⟦ijāra イジャーラ⟧ [iʤɐ:rɐ] ಇಜಾರೆ 《古》 *n.* 賃貸契約、リース [Ar. *iğāra*]

ಇಜಾರು ⟦ijāru イジャール⟧ [iʤɐ:ru] ಇಜಾರ *n.* 中近東風のズボン、パージャーマー [Pe. *izār*]

ಇಜಾರೆ ⟦ijāre イジャーレ⟧ [iʤɐ:re] 《古》 *n.* [Ar. *ijāra*] ☞ಇಜಾರ (ijāra)[2]

ಇಜ್ಜತ್ ⟦ijjat イッジャト⟧ [iʤʤət] *n.* 尊敬、敬意 [Ar.-Pe. *ʿizzat*] ☞ಇಜ್ಜತ್ತು (ijjattu)

ಇಜ್ಜತ್ತು ⟦ijjattu イッジャットゥ⟧ [iʤʤəttu] ಇಜ್ಜತ್ *n.* 名誉、尊敬、敬意 [Ar.-Pe. *ʿizzat*] ☞ಇಜ್ಜತ್ (ijjat)

ಇಜ್ಜಲು ⟦ijjalu イッジャル⟧ [iʤʤəlu] *n.* 炭、木炭 [Ka. D2552] = ಕರಿ (kari) ☞ಇದ್ದಲು (iddalu)

ಇಜ್ಜೊತೆ ⟦ijjote イッジョテ⟧ [iʤʤote] *n.* かみ合わない一対 [*ir*-「2」+ *jote*]

ಇಜ್ಜೋಡಿ ⟦ijjōḍi イッジョーディ⟧ [iʤʤo:ɖi] *n.* [*ir*-「2」+ *jōḍi*] ☞ಇಜ್ಜೋಡು (ijjōḍu)

ಇಜ್ಜೋಡು ⟦ijjōḍu イッジョードゥ⟧ [iʤʤo:ɖu] ಇಜ್ಜೋಡಿ *n.* かみ合わない一対 [*ir*-「2」+ *jōḍu*]

ಇಜ್ಯಾಶೀಲ ⟦ijyāśīla イジュャーシーラ⟧ [iʤʲjɐ:ʃi:lɐ] 《文》 *adj., m.* 《*f.* *ಇಜ್ಯಾಶೀಲೆ (ijyāśīle)》頻繁に供犠を行う〈人〉[Sk.]

ಇಜ್ಯೆ ⟦ijye イジェ⟧ [iʤʲje] 《文》 *n.* 生け贄を捧げること、供犠 [Sk.] = ಯಜ್ಞ (yajña)

ಇಜ್ಲು ⟦ijlu イジュル⟧ [iʤlu] 《口》 *n.* 石炭 (*LSB 1.3*) [Ka. D2552] ☞ಇಜ್ಜಲು (ijjalu)

ಇಟ ⟦iṭa イタ⟧ [iʈɐ] 《‡》 *pron.adj.* これだけの、これだけ多くの (*S.Mhr. (Kitt.)*) [Ka. D410]

ಇಟಕು ⟦iṭaku イタク⟧ [iʈə̆ku] *n.* **1** （場所が）窮屈なこと ¶ ಈ ಬೆಂಚಿನಲ್ಲಿ ಮೂರುಜನ ಕೂತುಕೊಂಡರೆ ಇಟಕು ಆಗುತ್ತ-ದೆ. (ī beṃcinalli mūrujana kūtukoṃdare iṭaku āguttade.) この長椅子は3人座ると窮屈だ。 **2** 〔喩〕窮地、窮局 ¶ ಕೊನೆಯ ದಿನದೊಳಗೆ ದೊಡ್ಡ ಹಣ ಕಟ್ಟಲು ಇಟಕು ಆಯಿ-ತು. (koneya dinadoḷage doḍḍa haṇa kaṭṭalu iṭaku āyitu.) 期日までに大金を払い込まねばならないという窮地に立たされた。 [Ka. D445]

ಇಟು ⟦iṭu イトゥ⟧ [iʈu] 《‡》 *pron.adj.* これだけの、これだけ多くの (*S.Mhr. (Kitt.)*) [Ka. D410(a)] ☞ಈಟು (īṭu) 〔汎〕

ಇಟುಕು ⟦iṭuku イトゥク⟧ [iʈŭku] *n.* [Ka. D445] ☞ಇಟಕು (iṭaku)

ಇಟ್ಟಂಗಿ ⟦iṭṭaṃgi イッタンギ⟧ [iʈʈəŋgi] 《古》 *n.* マチンの木（マチン科マチン属、黄色くオレンジ程度の大きさで苦みがある実は、ストリキニーネとブルチンからなるアルカロイドを含み薬剤の原料）→ 薬 (*Kitt.*) [Ka. D780] = ಇಟ್ಟಿಮರ (iṭṭimara) *[IMP 5.203]

ಇಟ್ಟಣ ⟦iṭṭaṇa イッタナ⟧ [iʈʈəɳɐ] 《古》 *n.* 群れ、群衆、大勢 [Ka. D445]

ಇಟ್ಟಣಿಸು ⟦iṭṭaṇisu イッタニス⟧ [iʈʈəɳisu] 《古》 *vi.* **1** 群れる、大勢集まる、群がる、混み合う **2** (スーツケースの中の衣類などが)ぎっしりいっぱいになる、ぎゅうぎゅう詰めになる [Ka. *iṭṭaṇa*[1] + *-isu* D445]

ಇಟ್ಟಳ ⟦iṭṭaḷa イッタラ⟧ [iʈʈəɭɐ] 《古》 *n.* 群れ、群衆、大勢 [Ka. D445] ☞ಇಟ್ಟಣ (iṭṭaṇa)

ಇಟ್ಟಳಿಸು ⟦iṭṭaḷisu イッタリス⟧ [iʈʈəɭisu] ಇಟ್ಟಣಿಸು 《古》 *vi.* (道路、会場などが)混み合う、人でいっぱいになる。 [*iṭṭaḷa* + *-isu*]

ಇಟ್ಟಿ ⟦iṭṭi イッティ⟧ [iʈʈi] ಇಟ್ಟಿ 《古》 *n.* マチンの木(マチン科マチン属、黄色くオレンジ程度の大きさで苦みがある実は、ストリキニーネとブルチンからなるアルカロイドを含み薬剤の原料) → 薬 [Ka. D780] = ಇಟ್ಟಂಗಿ (iṭṭaṃgi)

ಇಟ್ಟಿಗೆ ⟦iṭṭige イッティゲ⟧ [iʈʈige] *n.* 煉瓦 [Sk. *iṣṭikā-*, Pk. *iṭṭagā-* ←Dr.? M94]

ಇಟ್ಟಿಮರ ⟦iṭṭimara イッティマラ⟧ [iʈʈimərɐ] 《文》 *n.* [Ka. *iṭṭi* + *mara*] ☞ಇಟ್ಟಿ (iṭṭi)

ಇಟ್ಟು¹ ⟦iṭṭu イットゥ⟧ [iʈʈu] 《‡》 (*n.*) (間隔が取れず)狭苦しい〈こと〉、窮屈な〈こと〉、押し合いへし合い〈の〉 (*Kitt.*) [Ka. D445]

ಇಟ್ಟು² ⟦iṭṭu イットゥ⟧ [iʈʈu] 《古》 *vt.* ಇಡು (iḍu)の連用完了分詞形(「置いて、残して」など) [Ka. D442]

ಇಟ್ಟೆ ⟦iṭṭe イッテ⟧ [iʈʈe] 《文》 *n.* [Ka. D782] ☞ಇಟ್ಟಿ (iṭṭi)

ಇಡಂಕು ⟦iḍaṃku イダンク⟧ [iɖəŋku] 《‡》 *n.* 狭いこと、窮屈なこと (*My.* (*Kitt.*)) [Ka. D445]

ಇಡಕು¹ ⟦iḍaku イダク⟧ [iɖəku] 《‡》 *vt.* ひねる、つねる (*T.,M.* (*Kitt.*)) **—*n.*** (サソリ、ロブスターなどの)尾のはさみ (*DEDR*) [Ka. D444]

ಇಡಕು² ⟦iḍaku イダク⟧ [iɖəku] 《‡》 *vt.* 打つ、平手打ちする (*My.* (*Kitt.*)) [Ka. D445?]

ಇಡರು ⟦iḍaru イダル⟧ [iɖəru] 《‡》 *n.* **1** 邪魔、妨害 (*My.* (*Kitt.*)) **2** 困難、災難 (*My.* (*Kitt.*)) **3** 憎しみ、憎悪 (*S.Mhr.* (*Kitt.*)) [Ka. D435]

ಇಡಱು ⟦iḍaṟu イダル⟧ [iɖəṟu] 《‡》 *vi.* つまずく (*T., M., R.* (*Kitt.*)) [Ka. D437]

ಇಡಿ¹ ⟦iḍi イディ⟧ [iɖi] 《文》 *vi.* (入れ物に)ぎっしり詰まっている、ぎゅうぎゅう詰めである、(人間や動物が)ひしめき合う ¶ ಬಸ್ ಜನರಿಂದ ಇಡಿದಿದೆ. (bas janariṃda iḍidide.) バスは人でぎゅうぎゅう詰めだ。 **—*vt.*** 〈ものを〉(入れ物に)詰め込む [Ka. D440]

ಇಡಿ² ⟦iḍi イディ⟧ [iɖi] (*adj.*) 全体〈の〉、全部〈の〉 ¶ ಅವನು ಇಡೀ ಶ್ರೋತೃಗಳನ್ನು ಮೋಹಗೊಳಿಸಿದ. (avanu iḍī śrōtr̥gaḷannu mōhagoḷisida.) 彼は全聴衆を魅了した。 [Ka. D440] = ಇಡೀ (iḍī) (expressive)

ಇಡಿ³ ⟦iḍi イディ⟧ [iɖi] *vt.* **1** (臼の中を)つき砕く、つき砕いて粉にする **2** (サソリや蛇などが)咬む **3** (牛などが角で)突き刺す [Ka. D432, D443]

ಇಡಿಸು¹ ⟦iḍisu イディス⟧ [iɖisu] *vt.* 《*caus.*》乳棒などで押しつぶす [Ka. caus. D432, D443]

ಇಡಿಕಿರಿ ⟦iḍikiri イディキリ⟧ [iɖikiri] ಇಡಿಕಿಱಿ, ಇಡಿಗಿರಿ, ಇಡಿಗಿಱಿ, ಇಡುಕಿಱಿ *vi.* ぎっしり詰まっている、(乗客、会衆などが)ぎゅうぎゅう詰めである [Ka. *iḍi* + ?] ☞ಇಡಿಕಿಱಿ (iḍikiṟi)

ಇಡಿಕಿಱಿ ⟦iḍikiṟi イディキリ⟧ [iɖikiṟi] 《古》 *vi.* [Ka. *iḍi* + *kiṟi* <?] ☞ಇಡಿಕಿರಿ (iḍikiri)

ಇಡಿಕು ⟦iḍiku イディク⟧ [iɖiku] 《古》 *vt.* [Ka. D445] ☞ಇಡುಕು (iḍuku)[3]

ಇಡಿಗೆ ⟦iḍige イディゲ⟧ [iɖige] 《古》 *n.* **1** 置くこと、着ること、身につけること **2** 装身具 **3** (銀行などの)預金 [Ka. D442]

ಇಡೀ ⟦iḍī イディー⟧ [iɖiː] (*adj.*) 全部〈の〉、全体〈の〉 (ಇಡಿ (iḍi) の主情形) [Ka. D440]

ಇಡು¹ ⟦iḍu イドゥ⟧ [iɖu] *vt.* **1** 〈箪笥や机などを〉置く、据える、〈機械や設備などを〉配置する **2** (今後使うために)取っておく、貯蔵する ¶ ದಿನಸಿ ಪದಾರ್ಥಗಳನ್ನು ಇಟ್ಟು ಬಳಸಬೇಕು. (dinasi padārtʰagaḷannu iṭṭu baḷasabēku.) 食料品は(全部使い切らずに)いつも一部残しておかねばならない。 **3** 寄託する、預ける、預金する **4** 〈装身具などを〉つける、〈花などを〉髪の毛にさす ¶ ದಕ್ಷಿಣ ಭಾರತದಲ್ಲಿ ಹೆಂಗಸರು ಜಡೆಗೆ ಹೂವನ್ನು ಇಟ್ಟುಕೊಳ್ಳುತ್ತಾರೆ. (dakṣiṇa bʰāratadalli heṃgasaru jaḍege hūvannu iṭṭukoḷḷuttāre.) 南インドの女性は編んだ髪に花をさす。 **5** 〈油などを〉塗る ¶ ಭಕ್ತರು ದೇವರ ವಿಗ್ರಹಕ್ಕೆ ಶ್ರೀಗಂಧವನ್ನು ಇಟ್ಟರು. (bʰaktaru dēvara vigrahakke śrīgaṃdʰavannu iṭṭaru.) 信者たちは神像に白檀の練り粉を塗った。 **6** 〈食事を〉出す、供する ¶ ಈ ದೇವಸ್ಥಾನದಲ್ಲಿ ಸಾವಿರಾರು ಜನಕ್ಕೆ ಊಟವಿಡುತ್ತಾರೆ. (ī dēvastʰānadalli sāvirāru janakke ūṭaviḍuttāre.) この寺院では何千もの人々に食事を供している。 **7** 投げる ¶ ಬಾಣವನ್ನು ಇಡು (bāṇavannu iḍu) 矢を射る **8** 〈金銭や施しものを〉与える、〈名を〉付ける ¶ ಜಂಗಮರಿಗೆ ಭಿಕ್ಷೆ ಇಡಬೇಕು. (jaṃgamarige bʰikṣe iḍabēku.) ジャンガマ(ヴィーラシャイヴァ派の修行者)に施しを与えねばならない。 **9** 〈漁網、敷布などを〉広げる **10** 雇う、任命する ¶ ಆ ನಟಿ ಮನೆಗಾವಲಿಗೆ ಮೂರು ಜನರನ್ನು ಇಟ್ಟಿದ್ದಾಳೆ. (ā naṭi manegāvalige mūru janarannu iṭṭiddāḷe.) この女優は家の守衛に3人雇っている。 **—*v.aux.*** 〔言〕ある行為が準備や用心のためになされたことを示す補助動詞 ¶ ನಾನು ಈ ಸೀರೆಯನ್ನು ನಿನ್ನೆ ನೋಡಿಟ್ಟಿದ್ದೆ. (nānu ī sīreyannu ninne nōḍiṭṭidde.) 私はこのサーリーを昨日見ておいた。 [Ka. D442]

ಇಟ್ಟುಕೊಳ್ಳು ⟦iṭṭukoḷḷu イットゥコッル⟧ [iʈʈukoɭɭu] *vt.* **1** 〈帽子を〉かぶる、〈めがねを〉かける、〈装身具を〉身につける ¶ ಅವನು ತಲೆ ಮೇಲೆ ಟೋಪಿ ಇಟ್ಟು/ಇಟ್ಟುಕೊಂಡು ಹೊರಟ. (avanu tale mēle ṭōpi iṭṭu/iṭṭukoṃḍu horaṭa.) 彼は帽子をかぶって出ていった。 **2** 〈金銭その他のものを〉自分の物として受け取る ¶ ಈ ಹಣವನ್ನು ನೀವು ಇಟ್ಟುಕೊಳ್ಳಿ. (ī haṇavannu nīvu iṭṭukoḷḷi.) このお金

を取っておきなさい。 3〈女性を〉(自分の妾として)かこう 4〈現実に反することを〉仮定する [+ *koḷḷu*]

ಇಡಿಸು² ⟦iḍisu イディス⟧ [iḍĭsu] *vt.* 1 置かせる、など 2〈装身具、衣類などを〉身につけさせる [caus.D442]

ಇಡು² ⟦iḍu イドゥ⟧ [iḍu] 《古》*vt.* 打つ、殴る (*Pb.5.51*) [Ka. D443]

ಇಡುಕ ⟦iḍuka イドゥカ⟧ [iḍŭkɐ] 《‡》*n.* 1 狭いこと 2 窮地(追い込まれた状況を切り抜けて問題を解決せねばならない状態) [Ka. D445] (*C.* (*Kitt.*)) ☞ಇಟಕು (iṭaku)

ಇಡುಕು¹ ⟦iḍuku イドゥク⟧ [iḍŭku] 《文》*vt.* つねる、ねじる (*Kitt.*) [Ka. D444]

ಇಡುಕು² ⟦iḍuku イドゥク⟧ [iḍŭku] ಇಟುಕು, ಇಡುಗು *vt.* (ものを容器などに)詰め込む ¶ ಸೂಟ್ಕೇಸಿನಲ್ಲಿ ಬಟ್ಟೆಯನ್ನು ಇಡುಕಿದನು. (sūṭkēsinalli baṭṭeyannu iḍukidanu.) 彼は衣類をスーツケースに詰めこんだ。 —*n.* 1 狭いこと、窮屈 2 板ばさみ、窮地(追い込まれた状況を切り抜けて問題を解決せねばならない状態) 3 究極、苦境 = ಇಕ್ಕಟ್ಟು (ikkaṭṭu) [Ka. D445]

ಇಡುಕು³ ⟦iḍuku イドゥク⟧ [iḍŭku] 《古》*vt.* 投げ捨てる [Ka.]

ಇಡುಗಂಟು ⟦iḍugaṃṭu イドゥガントゥ⟧ [iḍugənṭu] *n.* 1 (銀行の) 預金 2 手付け金、(選挙の) 供託金、(入札や競売の)証拠金 [*iḍu*¹ + *gaṃṭu*]

ಇಡುಕುಗಬ್ಬ ⟦iḍukugabba イドゥクガッバ⟧ [iḍukugəbbɐ] 《古》*n.* 独立した節 [*iḍuku*? + *kabba*]

ಇಡುಗಾಯಿ ⟦iḍugāyi イドゥガーイ⟧ [iḍugɐːji] *n.* 神への捧げ物として、寺院の前で石にぶつけて割ったココヤシの実 [*iḍu*³ + *kāyi*]

ಇಡುಗು ⟦iḍugu イドゥグ⟧ [iḍŭgu] *n.*《古》 1 狭さ、狭いこと 2 究極、苦境 —*vi.* (臭いや煙などがある場所に)充満する、いっぱいになる、(名声などが)知れ渡る ☞ಇಡುಕು (iḍuku)² [Ka. D445]

ಇಡುಗೆ ⟦iḍuge イドゥゲ⟧ [iḍŭge] *n.* 1 (身につけた) 装身具 2 預けること [Ka. D442]

ಇಡುಪು ⟦iḍupu イドゥプ⟧ [iḍŭpu] 《‡》*n.* 割れ目、裂け目 (*Kitt.*) [Ka. D432]

ಇಡುರು ⟦iḍuru イドゥル⟧ [iḍŭru] 《古》*n.* 1 障害、邪魔 2 困難、難儀 3 敵意、憎しみ [Ka. D435]

ಇಡುವಿಕೆ ⟦iḍuvike イドゥヴィケ⟧ [iḍŭvĭke] *n.* 置くこと、など [Ka. D442]

ಇಡುವು ⟦iḍuvu イドゥヴ⟧ [iḍuvu] 《古》*n.* 堆積、集まり (*Pb.13.53.V*) [Ka. D440]

ಇಡೆ ⟦iḍe イデ⟧ [iḍe] 《古》*n.* 1 場所 2 (何かを入れる)場所や余地 [Ka. D434]

ಇಡ್ಡಲಿ ⟦iḍḍali イッダリ⟧ [iḍḍə̆li] ಇಡ್ಡಲಿ, ಇಡ್ಡಲಿಗೆ, ಇಡ್ಲಿ *n.* 米とブラックグラム豆粉を混ぜて作った練り粉を発酵させ、蒸し器で蒸して作った一種の蒸しパン [Ka. D455]

ಇಡ್ಡಲಿತಟ್ಟೆ ⟦iḍḍalitaṭṭe イッダリタッテ⟧ [iḍḍə̆litaṭṭe] *n.* イドゥリを蒸し器に入れて蒸すための穴のあいた金属製の皿 [*iḍḍali* + *taṭṭe*]

ಇಡ್ಡಳಿಗೆ ⟦iḍḍaḷige イッダリゲ⟧ [iḍḍəḷĭge] 《‡》*n.* [Ka. D455] (*My.* (*Kitt.*)) ☞ಇಡ್ಡಲಿ (iḍḍali)

ಇಡ್ರು ⟦iḍru イドル⟧ [iḍru] 《‡》*n.* 1 障害、邪魔 2 敵意、憎しみ (*DEDR*) [Ka. D435]

ಇಡ್ಲಿ ⟦idli イドリ⟧ [iḍḍli] *n.* [Ka. *D455] ☞ಇಡ್ಡಲಿ (iḍḍali)

ಇಡ್ಲಿ ಸ್ಟ್ಯಾಂಡ್ ⟦idli styāṃḍ イドリスティヤーンド⟧ [idli stæːnḍ] *n.* イドゥリ・スタンド(イドゥリを作るための型を持つ金属製の皿を重ねたもの、これを蒸し器に入れる) [⇒図] [+ Eg. *stand*]

ಇಡ್ಲಿ ಸ್ಟ್ಯಾಂಡ್
イドゥリ・スタンド

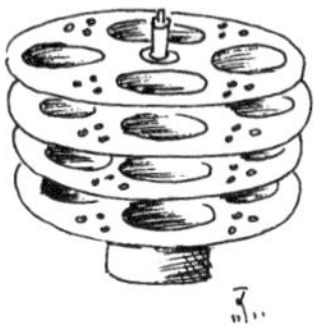

ಇಣಕು ⟦iṇaku イナク⟧ [iṇə̆ku] ಇಣಿಕು, ಇಣುಕು *vi.* 覗く、覗き見る、狭い隙間から見る、隠れて見る [Ka.?]

ಇಣಚಿ ⟦iṇaci イナチ⟧ [iṇətʃi] *n.* リス [Ka. D2315] = ಅಳಿಲು (aḷilu)

ಇಣಿಕು ⟦iṇiku イニク⟧ [iṇĭku] *vi.* ☞ಇಣಕು (iṇaku)

ಇಣುಕು ⟦iṇuku イヌク⟧ [iṇĭku] *vi.* ☞ಇಣಕು (iṇaku)

ಇತರ ⟦itara イタラ⟧ [itərɐ] 《文》(*adj.*) 他の〈こと〉 [Sk.] = ಬೇರೆಯ (bēreya)〔口〕

ಇತರೇತರ ⟦itarētara イタレータラ⟧ [itəreːtərɐ]《文》*adj.* 互いの、相互の ¶ ಮಿತ್ರರು ಇತರೇತರ ಉಪಕಾರ ಮಾಡಿದರು. (mitraru itarētara upakāra māḍidaru.) 友達は互いに助け合っていた。 [Sk.]

ಇತಿ ⟦iti イティ⟧ [iti] *adv.* このように ¶ … ಇತಿ ನಿಮ್ಮ ವಿಶ್ವಾಸಿ (… iti nimma viśvāsi) …敬具 —*n.* 終わり、終結 ¶ ಈ ಪ್ರಸ್ತಾಪಕ್ಕೆ ಇತಿ ಆಗಿದೆ. (ī prastāpakke iti āgide.) これはもう終わったことだ。 [Sk.]

-ಇತಿ ⟦-iti -イティ⟧ [iti] *suf.* 男性名詞から女性名詞を作る接尾辞の一種 ¶ ಮಡಿವಳ (maḍivaḷa) 洗濯屋 ⇒ ಮದಿವಳಿತಿ (madivaḷiti) 洗濯婦

ಇತಿಮಿತಿ ⟦itimiti イティミティ⟧ [itimiti] *n.* 限界、限り ¶ ಅವನ ಆಸೆಗೆ ಇತಿಮಿತಿಯೆ ಇಲ್ಲ. (avana āsege itimitiye illa.) 彼の欲望には限りがない。 [Sk.]

ಇತಿಶ್ರೀ ⟦itiśrī イティシュリー⟧ [itiʃriː] *n.* 終わり、終結、完結 ¶ ಅವನ ಕಷ್ಟದ ಬಾಳಿಗೆ ಇತಿಶ್ರೀ ಆಯಿತು. (avana kaṣṭada bāḷige itiśrī āyitu.) 彼の苦難の人生は終わりを告げた。 [Sk.]

ಇತಿಹಾಸ ⟦itihāsa イティハーサ⟧ [itihɐːsa] *n.* 歴史 [Sk.]

ಇತಿಹಾಸಕಾರ ⟦itihāsakāra イティハーサカーラ⟧ [itihɐːskɐːrɐ] *m.* 《*f.* ಇತಿಹಾಸಕಾರ್ತಿ (itihāsakārti)》歴史家 [Sk.]

-ಇತು ⟦-itu -イトゥ⟧ [itu] *suf.*〔言〕三人称中性単数単純過去の語尾 ¶ ಮಳೆ ಬಂದಿತು. (maḷe baṃditu.) 雨が降った。 [Ka.]

ಇತ್ತಂಡವಾದ ⟦ittaṃḍavāda イッタンダヴァーダ⟧ [ittənḍə̆vɐːdɐ] *n.* (議論において) 自分の意見を持たずに、双方の立場に立って発言すること [*ir-* + *taṃḍa*

+ *vāda*]

ಇತ್ತ ⟦itta イッタ⟧ [ittɐ] *adv.* 1 こちらへ、こちらで ¶ ಅತ್ತ ದರಿ ಇತ್ತ ಹುಲಿ. (atta dari itta huli.) あちらは断崖、こちらは虎 2 一方 ¶ ಇತ್ತ ಹಣವೂ ಹೋಯಿತು, ಅತ್ತ ಮಾಲೂ ಬರಲಿಲ್ಲ. (itta haṇavū hōyitu, atta mālū baralilla.) お金はなくなり、品物も来なかった。3 今後 ¶ ಇತ್ತ ನೀವಿನ್ನು ನಿಶ್ಚಿಂತ ಇರಬಹುದು. (itta nīvinnu niścimta irabahudu.) もうこれで心配はいりません。[Ka. D410(a)] ↔ ಅತ್ತ (atta)

ಇತ್ತಕಡೆ ⟦ittakaḍe イッタカデ⟧ [ittəkəḍe] *adv.* こちらで、こちらへ ¶ ನೀನು ಇತ್ತಕಡೆ ಬಾ. (nīnu ittakaḍe bā.) こちらに来なさい。[*itta* + *kaḍe*]

ಇತ್ತಲ್ ⟦ittal イッタル⟧ [ittəl] *adv.* 1 こちら側で、こちら側へ 2 今後 [Ka. D410] ☞ಇತ್ತ (itta)

–ಇತ್ತಿ ⟦-itti -イッティ⟧ [itti] *suf.* 女性名詞を作る接尾辞の一種 ¶ ಒಕ್ಕಲಗಿತ್ತಿ, ಅಗಸಗಿತ್ತಿ, ಮದಲಗಿತ್ತಿ (okkalagitti, agasagitti, madalagitti) 農婦、洗濯婦、花嫁 [?]

ಇತ್ತೀಚಿನ ⟦ittīcina イッティーチナ⟧ [itti:ʧinɐ] *adj.* 現在の ¶ ಇತ್ತೀಚಿನ ರೇಟಿನಲ್ಲಿ ಒಂದು ಡಾಲರಿಗೆ 100 ಯೆನ್ ಸಿಗುತ್ತದೆ. (ittīcina rēṭinalli omdu ḍālarige 100 yen siguttade.) 最近の為替レートでは1ドルで100円が買える。[*ittīce* + *-na*]

ಇತ್ತೀಚೆ ⟦ittīce イッティーチェ⟧ [itti:ʧe] *adv.* 最近、近頃 [Ka. *itta* + *īce*]

ಇತ್ತೀಚೆಗೆ ⟦ittīcege イッティーチェゲ⟧ [itti:ʧĕge] *adv.* 最近、近頃 ¶ ಅವರು ದೆಹಲಿಗೆ ಇತ್ತೀಚೆಗೆ ಹೋಗಿ ಬಂದರು. (avaru dehalige ittīcege hōgi bamdaru.) あの人は最近デリーへ行ってきた。[*ittaīce* + *-ge*]

ಇತ್ತು¹ ⟦ittu イットゥ⟧ [ittu] 《古》 *adv.* このように [Ka. *D410(a)] ☞ಇಂತು (imtu)

ಇತ್ತು² ⟦ittu イットゥ⟧ [ittu] 《‡》 *pron.n.* これ (*DEDR*) [Ka. *D410(a)] ☞ಇದು (idu)

–ಇತ್ತು³ ⟦-ittu -イットゥ⟧ [ittu] *vi.* 動詞 ಇರು (iru) (「ある」「いる」) の三人称単数過去形 [Ka. D480]

ಇತ್ತು⁴ ⟦ittu イットゥ⟧ [ittu] 《文》 *vt.* 与えて(動詞 ಈ (ī)「与える」の連用完了分詞形) [Ka. D2598]

ಇತ್ಯರ್ಥ ⟦ityartʰa イティャルタ⟧ [itʲjərtʰɐ] *n.* (争いなどの)解決、(法廷などの)判決 [Sk.]

ಇತ್ಯಾದಿ ⟦ityādi イティャーディ⟧ [itʲjɐ:di] *part.* など、およびその他 ¶ ವರಾಹಮಿಹಿರ, ಭಾಸ್ಕರ, ಇತ್ಯಾದಿ ಜ್ಯೋತಿಷ್ಕರು (varāhamihira, bʰāskara, ityādi jyōtiṣkaru) ヴァラーハミヒラ、バースカラなどの天文学者 [Sk.]

ಇತ್ವ ⟦itva イトヴァ⟧ [itvɐ] *n.* 文字 ಇ (i) *i* [Sk.] = ಇಕಾರ (ikāra)

ಇದ ⟦ida イダ⟧ [iđɐ] 《‡》 *snt.* それ、ほら、それごらん (*S.Mhr.* (*Kitt.*)) ☞ಇದಾ (idā) [Ka. D410(a)]

ಇದರು ⟦idaru イダル⟧ [iđəru] 《‡》 (*n.*) 1 向き合った〈こと〉、目の前にある〈こと〉 2 敵対〈する〉、敵対的〈な〉 [Ka. D795] (*Kitt.*) ☞ಇದಿರ್ (idir)

ಇದಾ ⟦idā イダー⟧ [iđɐ:] 《‡》 *snt.* それ、ほら、それごらん (*S.Mhr.* (*Kitt.*)) [Ka. D410(a)]

ಇದಿರ್ ⟦idir イディル⟧ [iđĭr] ಇದಿರು, ಇದುರು 《古》 (*n.*) 1 向き合った〈こと〉、目の前にある〈こと〉 2 敵対〈する〉、敵対的〈な〉 [Ka. D795]

ಇದಿರು ⟦idiru イディル⟧ [iđĭru] (*n.*) 1 向き合った〈こと〉、目の前にある〈こと〉、直面〈した〉 2 対立〈した〉、敵対〈する〉、敵対的〈な〉 —*adv.* 1 面と向かって ¶ ಇದಿರು ಹಳಿಯಬೇಡ. (idiru haḷiyabēḍa.) 面と向かって相手を罵ってはいけません。 2 反対して ¶ ಹಿರಿಯರಿಗೆ ಇದಿರು ವಾದಿಸಬೇಡ. (hiriyarige idiru vādisabēḍa.) 年長者に口答えしてはいけません。[Ka. D795]

ಇದಿರಾಗು ⟦idirāgu イディラーグ⟧ [iđĭrɐ:gu] *vi.* 《*dat.*》 1 (に)向かい合う、(に)面する、(に)直面する 2 (に)対抗する、(に)敵対する [*idiru* + *āgu*]

ಇದಿರಿಸು ⟦idirisu イディリス⟧ [iđĭsu] *vi.* 《*dat.*》 1 (困難などに)直面する 2 反対する、抵抗する ¶ ಓಟದ ಪಂದ್ಯದಲ್ಲಿ ಜಾಣ ಆಮೆಯು ಅಹಂಕಾರಿ ಮೊಲವನ್ನು ಇದಿರಿಸಿ ಸೋಲಿಸಿತು. (ōṭada paṃdyadalli jāṇa āmeyu ahaṃkāri molavannu idirisi sōlisitu.) 賢い亀はかけっこで傲慢な兎に勝った。[Ka. caus. D795]

ಇದಿರಾಡು ⟦idirāḍu イディラードゥ⟧ [iđĭrɐ:ḍu] *vi.* 《*dat.*》 反対を表明する、反対の論陣を張る、抗議する [*idiru* + *āḍu*]

ಇದಿರುತ್ತರ ⟦idiruttara イディルッタラ⟧ [iđĭruttərɐ] *n.* 口答え、言い返し;反駁、反論 ¶ ಪೂರ್ತಿ ಕೇಳದೆ ಇದಿರುತ್ತರ ಕೊಡಬೇಡ. (pūrti kēḷade idiruttara koḍabēḍa.) 最後まで聞かないで反論しないで。[*idiru* + *uttara*]

ಇದಿರುಪ್ರತಿ ⟦idiruprati イディルプラティ⟧ [iđĭruprəti] *n.* (小切手帳や入場券などの)半券 [*idiru* + *prati*]

ಇದಿರುಗೊಳ್ಳು ⟦idirugoḷḷu イディルゴッル⟧ [iđĭgoḷḷu] *vi.* 〈特に花嫁の家に向かう花婿側の参列者の一団などを〉(尊敬や愛情をもって)出迎える [*idiru* + *koḷ*]

ಇದಿರ್ಚು ⟦idircu イディルチュ⟧ [iđĭrʧu] 《古》 *vi.* 《*dat.*》 1 反対する、抵抗する 2 (困難などに)直面する [caus. D795]

ಇದೀಗ ⟦idīga イディーガ⟧ [iđi:gɐ] *pron.n.* これこそ、これこそ本当に —*adv.* ついさっき ¶ ಟ್ರೈನ್ ಇದೀಗ ಬಂದಿದೆ. (ṭrain idīga bamdide.) 列車はついさっき到着した。[Ka. *idu* + *īga*]

ಇದು ⟦idu イドゥ⟧ [iđu] ಈದು *pron.n.* 1 これ(三人称単数中性の近称の代名詞) ¶ ಇದು ನನ್ನ ಮನೆ. (idu nanna mane.) これが僕の家だ。 2 これ(農村地域では、女性に中性の代名詞が用いられる) ¶ ಇದು ಶಾಲೆಗೆ ಹೋಗೋದಿಲ್ಲ. (idu śālege hōgōdilla.) この子は学校へ行かない。[Ka. D410(a)]

ಇದುರು ⟦iduru イドゥル⟧ [iđŭru] 《古》 (*n.*) 1 向かい[正面]にいる〈こと〉 2 敵対的〈な〉 [Ka. D795] ☞ಇದಿರು (idiru)

ಇದೆ¹ ⟦ide イデ⟧ [iđe:] *snt.* ほら、それ見ろ、そらごらん(近くにあるものを見せたり注意を喚起したりする言葉) [Ka. D410(a)]

ಇದೆ² ⟦ide イデ⟧ [iđe] *vi.* である、がある（ಇರು (iru) の三人称中性の単数形）¶ ಮದುರೆಯಲ್ಲಿ ಮೀನಾಕ್ಷಿಯಮ್ಮನ ದೇವಸ್ಥಾನ ಇದೆ. (madureyalli mīnākṣiyammana dēvast^hā-na ide.) マドゥライにはミーナークシー女神のお寺がある。[Ka. D480]

ಇದೆಕೋ ⟦idekō イデコー⟧ [iđeko:] *snt.* ほら、それ見ろ、そらごらん ¶ ಖಂಡವು ಇದೆಕೋ, ಮಾಂಸವುಇದೆಕೋ. (k^hamḍavu idekō, māmsavuidekō .) (folk poem) そら肉だ。持っていけ。[Ka. < *idekoḷ* *D410(a)] ☞ಇಕ್ಕೊ (ikko)

ಇದೋ ⟦idō イドー⟧ [iđo:] *snt.* ほら、それ見ろ、そらごらん（近くにあるものを見せたり注意を喚起したりする言葉）¶ ಇದೋ, ನಿನ್ನ ಪುಸ್ತಕ. (idō, ninna pustaka.) ほら、おまえの本だ。[Ka. D410(a)]

ಇದ್ದಲಿ ⟦iddali イッダリ⟧ [iddəli] *n.* [Ka. *D2552] ☞ಇದ್ದಲು (iddalu)

ಇದ್ದಲು ⟦iddalu イッダル⟧ [iddəlu] ಇಜ್ಜಲು, ಇದ್ದಲ್, ಇದ್ದಲಿ, ಇದ್ದಿಲ್, ಇದ್ದಿಲು, ಇರ್ದಿಲ್ *n.* 炭、木炭 [Ka. D2552] = ಕರಿ (kari)

ಇದ್ದಿಲು ⟦iddilu イッディル⟧ [iddĭlu] *n.* [Ka. *D2552] ☞ಇದ್ದಲು (iddalu)

ಇನ್ ⟦in イン⟧ [in] 《古》 *adv.* 1 なお 2 さらに、その上 3 今後 4 もっと [Ka. *D410(c)] ☞ಇನ್ನು (innu)〔現〕

ಇನ್- ⟦in- イン-⟧ [in] *pref.* 1「甘い」「甘…」の意味を表す接頭辞 ¶ ಇನ್ನುಡಿ (innuḍi) 甘い言葉 2「感じのよい」「(歌声などが) 甘い」の意味を表す接頭辞 [Ka. 530(a)]

ಇನಾಂ ⟦ināṃ イナーン⟧ [inɐ:m] *n.* 1 召し使いや家臣や学生などの功績に対して与えるご褒美、奉仕や業績を認めて与える褒賞や報酬 2 ムスリムやイギリス人の支配者が功績をあげた人物に与えた土地や村 [Ar. *inʿām*]

ಇನಾಂದಾರ ⟦ināṃdāra イナーンダーラ⟧ [inɐ:mdɐ:rɐ] *m.* 《*f.* ಇನಾಂದಾರಳು (ināṃdāraḷu)》ムスリムやイギリス支配の時代に支配者から贈られた土地や村の所有者 [Ar.-Pe. *inʿāmdār*]

ಇನಿ ⟦ini イニ⟧ [ini] (*n.*) 1 甘い〈こと〉、甘味〈のある〉 2 感じのよい〈こと〉、(歌声などが) 甘い〈こと〉[Ka. D530(a)]

ಇನಿತು ⟦initu イニトゥ⟧ [initu] 《文》 *pron.adj.* これだけの；ちっとも、これっぽっちも ¶ ಸೂಳೆಗೆ ಇನಿತು ನಾಚಿಕೆ ಇಲ್ಲ. (sūḷege initu nācike illa.) 娼婦にはまったく恥じらいがない。 —*pron.n.* これだけ、これほど多く、たったこれだけ ¶ ಅವರು ಇನಿತು ಕೊಟ್ಟರು. (avaru initu koṭṭaru.)¶ 彼はくれたのはたったこれだけだった。

ಇನಿತುಂ ⟦inituṃ イニトゥン⟧ [initum] 《古》 *adv.* (否定文で) これっぽっちも、ちっとも ¶ ಅವಳಿಗೆ ಇನಿತುಂ ನಾಚಿಕೆ ಇಲ್ಲ. (avaḷige inituṃ nācike illa.) 彼女はまったく恥を知らない。[Ka. D410(a)]

ಇನಿತ್ತು ⟦inittu イニットゥ⟧ [inittu] 《文》 *pron.adj.* ☞ಇನಿತು (initu) [Ka. D410(a)]

ಇನಿದು ⟦inidu イニドゥ⟧ [iniđu] *adj.* 1 甘い、甘味のある 2 (声、容姿などが) 甘い、可愛い ¶ ಅವಳ ಇನಿದು ಮುಖ ಸದಾ ನನ್ನ ಮನದಲ್ಲಿ ಇದೆ. (avaḷa inidu muk^ha sadā nanna manadalli ide.) あの子の可愛い顔がいつも心に浮かぶ。 3 可愛がっている (犬、馬など) —*n.* 1 甘いもの 2 大事なもの、愛するもの 3 花の蜜 [Ka. D530(a)]

ಇನಿಬರ್ ⟦inibar イニバル⟧ [inibəru] 《古》 *mf.* これだけの人々、これほど多くの人々 [Ka. D410(a)] = ಇಷ್ಟುಜನ (iṣṭujana)

ಇನಿಯ ⟦iniya イニヤ⟧ [inijɐ] *m.* 《*f.* ಇನಿಯಳು (iniya-ḷu)》 1 愛する男、愛人 2 夫 —*adj.* 愛しい、(女の子、子どもなどが) 可愛い [Ka. gen. of *ini* D530(a)]

ಇನಿಸು ⟦inisu イニス⟧ [inisu] 《文》 *adj.* これだけの、これほど多くの、こんなに少ない；(否定文で) これっぽっちも、ちっとも ¶ ನನಗೆ ಇನಿಸು ಹೆದರಿಕೆ ಇಲ್ಲ. (nanage inisu hedarike illa.) 僕は全然怖くない。 —*adv.* これだけ, これほど多く、たったこれだけ；(否定文で) これっぽっちも ¶ ಅವನು ಇನಿಸೂ ಕೊಡಲಿಲ್ಲ. (avanu inisū koḍalilla.) あいつはこれっぽっちもくれなかった。[Ka. D410(a)]

ಇನು¹ ⟦inu イヌ⟧ [inu] 《古》 *adv.* さて、それから (*DEDR*) [Ka. D410(a)]

ಇನು² ⟦inu イヌ⟧ [inu] 《古》 *adv.* 韻文に現れる ಇನ್ನು (innu) の縮小形 [Ka. D410(c)] ☞ಇನ್/ಇನ್ನು (in/innu)

ಇನೆ¹ ⟦ine イネ⟧ [ine] 《古》 *adv.* 今まで (*Kitt.* (*Ap.I,66*)) [Ka. D410(a)]

ಇನೆ² ⟦ine イネ⟧ [ine] 《‡》 (*n.*) [Ka. D530(a)] (*Bp.11,47* (*Kitt.*)) ☞ಇನಿ (ini)

ಇನ್ನಂ ⟦innaṃ インナン⟧ [innəm] 《古》 *m.* 《*f.* ಇನ್ನಳ್ (innaḷ)》こんな人 (*Śmd.192*) [Ka. D410(a)] = ಇನ್ನನ್ (innan)

ಇನ್ನುಂ ⟦innuṃ インヌン⟧ [innum] 《古》 *adv.* なお、今なお [Ka. D410(c)]

ಇನ್ನು¹ ⟦innu インヌ⟧ [innu] 《古》 *adv.* さて、それから [Ka. D410(c)]

ಇನ್ನು² ⟦innu インヌ⟧ [innu] ಇಂ, ಇನ್, ಇನು, ಇನ್ನು, ಇನ್ನೂ *adv.* 1 今なお、まだ ¶ ಈ ತಿಂಗಳಲ್ಲಿ ಇನ್ನು ಸಂಬಳ ಸಿಕ್ಕಿಲ್ಲ. (ī timgaḷalli innu sambaḷa sikkilla.) 今月まだ月給をもらっていない。¶ ಅವನು ಇನ್ನೂ ಮುಗ್ಧ. (avanu innū mug-d^ha.) あの子はまだまだ無邪気だ。 2 さらに、その上、それとは別に ¶ ಹಾಲುಂಡ ಮೇಲೆ ಇನ್ನು ಉಣ್ಣುವದಿಲ್ಲ. (hālumḍa mēle innu uṇṇuvadilla.) (食事の終わりに) 牛乳を飲んだらもうそれ以上口に入れるべきではない。¶ ಇನ್ನು ಹತ್ತು ಸಾವಿರ ರೂಪಾಯಿ ಕೊಡಬೇಕು. (innu hattu sāvira rūpāyi koḍabēku.) もう 10000 ルーピー私に払わなければいけません。 3 今後、これからは ¶ ಇನ್ನು ನಮ್ಮ ಮನೆಗೆ ಬರಬೇಡ. (innu namma manege barabēḍa.) 金輪際うちには来るな。[Ka. D410(c)]

ಇನ್ನೂರು ⟦innūru インヌール⟧ [innu:ru] *numr.adj., n.* 200〈の〉[Ka. *ir* D474 + *nūru* *D3729]

ಇನ್ನೂಱು ⟦innūṟu インヌール⟧ [innu:ṟu]《古》*numr.adj., n.* 200〈の〉[Ka. D474 *ir* + *nūṟu* D3729]

ಇನ್ನೆ ⟦inne インネ⟧ [inne]《古》*adv.* 今、現在、今日 (*DEDR*) [Ka. D410(b)]

ಇನ್ನೇನು ⟦innēnu インネーヌ⟧ [inne:nu] *adv.* ただもう（…するだけ）¶ ಇನ್ನೇನು ಭೂಮಿಗೆ ಇಳಿಯಬೇಕು ಎನ್ನುವಾಗ ಆಕಾಶನೌಕೆ ಒಡೆಯಿತು. (innēnu bʰūmige iḷiyabēku ennuvāga ākāśanauke oḍeyitu.) あとは着地するだけという時に、宇宙船は爆発した。(*Pra.Vā. 2.2.2003*) [Ka. *innū* + *ēnu*]

ಇಪ್ಪತ್ತು ⟦ippattu イッパットゥ⟧ [ippəttu] *numr.adj., n.* 20〈の〉[Ka. D474, D3918]

ಇಪ್ಪೆ ⟦ippe イッペ⟧ [ippe] *n.* マフアー（アカテツ科マフアー属、蒸留酒を作ったり油を取ったりする有用な植物の一種）⇀ 嗜 [Ka. D485]

ಇಬಡಿ ⟦ibaḍi イバディ⟧ [ibə̆ḍi]《‡》*n.* シタン（紫檀、マメ科ヒルギカズラ属）[Ka. D483] (*Z.* (*Kitt.*))

ಇಬ್ಬಂದಿ ⟦ibbaṃdi イッバンディ⟧ [ibbəndi] *adj., mf.* **1** 混血の〈人〉 **2** 性別不明な〈人〉 **3** 敵味方両陣営に属する〈人〉、二股をかけた〈人〉 **—*n.*** **1** 両性動物 **2** ジレンマ、二律背反 [*ir-*? + ?]

ಇಬ್ಬಗೆ ⟦ibbage イッバゲ⟧ [ibbə̆ge] *n.* 同じでないこと、違うこと ¶ ಕೆಲಸ ಮಾಡಬೇಕೋ ಮಾಡಬಾರದೋ ಎಂದು ಮನಸ್ಸು ಇಬ್ಬಗೆಯಾಯಿತು. (kelasa māḍabēkō māḍabāradō eṃdu manassu ibbageyāyitu.) この仕事をするべきかすべきでないか、（私は）進退きわまった。[*ir-* + *bage*]

ಇಬ್ಬಡಿ ⟦ibbaḍi イッバディ⟧ [ibbə̆ḍi]《‡》*n.* [Ka. D483] (*My.* (*Kitt.*)) = ಒಬಡಿ (obaḍi)¹

ಇಬ್ಬನಿ ⟦ibbani イッバニ⟧ [ibbəni] *n.* 露、霜、霧 [Ka. *iṟ* D522「滴る」+ *pani* D4035 /*nīru* + *pani* (KPN)]

ಇಬ್ಬರು ⟦ibbaru イッバル⟧ [ibbə̆ru] *mf.*《*pl.*》2人 [Ka. *iru* + *-*varu* D474]

ಇಬ್ಬುಡ್ಲುಬಳ್ಳಿ ⟦ibbuḍluballi イッブドルバッリ⟧ [ibbuḍlu bəḷḷi]《‡》*n.* メロンのつる草 (*Kitt.*) [Ka. D464] = ಇಬ್ಬುಳ್ಳೆ (ibbuḷḷe)

ಇಬ್ಬುಳ್ಳೆ ⟦ibbuḷḷe イッブッレ⟧ [ibbuḷḷe]《文》*n.* メロン、メロンのつる草 ⇀ 食 (*KPN*) [Ka. *D464]

ಇಮರು ⟦imaru イマル⟧ [imə̆ru] ಇಮಿರು, ಇಮುರು《古》*vi.* **1**（水などが）干上がる **2**（できものが）治る **3**〔喩〕（財産、元気、健康などが）少しずつなくなる ¶ ಅಪ್ಪನ ಸಂಪತ್ತೆಲ್ಲ ಅವರು ಸತ್ತ ಮೇಲೆ ಇಮರಿಹೋಯಿತು. (appana saṃpattella avaru satta mēle imarihōyitu.) 父親の財産はその死後に使い尽くされた。[Ka. D430]

ಇಮಿರು ⟦imiru イミル⟧ [imĭru]《古》*vi.* [Ka. D430] ☞ಇಮರು (imaru) 1

ಇಮುರು ⟦imuru イムル⟧ [imŭru]《古》*vi.* [Ka. D430] ☞ಇಮರು (imaru) 1

ಇಮೆ ⟦ime イメ⟧ [ime]《古》*n.* **1** まつげ **2** 瞼(まぶた) [Ka. D2545]

ಇಮ್ಮಡಿ ⟦immaḍi インマディ⟧ [imməḍi] (*n.*) **1** 2倍〈の〉¶ ನಿನ್ನನ್ನು ನೋಡಿ ಸಂತೋಷ ಇಮ್ಮಡಿಯಾಯಿತು. (ninnannu nōḍi saṃtōṣa immaḍiyāyitu.) 君に会って嬉しさ倍増だ。 **2**（王などの名に付ける）2世〈の〉¶ ಇಮ್ಮಡಿ ಪುಲಕೇಶಿ (immaḍi pulakēśi) プラケーシ2世 [*ir-* + *maḍi*]

ಇಮ್ಮು ⟦immu インム⟧ [immu]《古》*n.*（若い娘などの声などの）甘さ、優しさ [Ka. D530(a)] ☞ಇಂಪು (iṃpu)

ಇಮ್ಮನೆ¹ ⟦immane インマネ⟧ [immə̆ne]《古》*adv.* 優しく、甘く [Ka. D530(a)]

ಇಮ್ಮನೆ² ⟦immane インマネ⟧ [immə̆ne]《古》*n.* '二つ目の家'、二つ目の家庭 ¶ ಇಮ್ಮನೆ ವರ (immane vara) 妻をなくして再婚した花婿 [Ka. D530(a)]

ಇಮ್ಮೆ ⟦imme インメ⟧ [imme]《古》*adv.* 2度 [Ka. *ir-* D474 + *-me*「…回」]

ಇಯತ್ತೆ ⟦iyatte イヤッテ⟧ [ijətte] *n.* 学年 [M. *iyattā* ←Sk. *iyattā-*「これだけの程度であること」] (NK) = ತರಗತಿ (taragati)

ಇರ್¹ ⟦ir イル⟧ [ir] (*numr.adj.*)「両…〈の〉」または「2…〈の〉」を表す数形容詞 ¶ ಇರ್ಕಡೆ (irkaḍe) 両側 [Ka. D474]

ಇರ್² ⟦ir イル⟧ [ir]《古》*vi.* [Ka. D480] ☞ಇರು (iru)

ಇರಕು ⟦iraku イラク⟧ [irə̆ku]《異》*vi.* [Ka. *D524] ☞ಇರುಕು (iruku)

ಇರಚಲು ⟦iracalu イラチャル⟧ [irə̆tʃəlu] *n.* しぶき雨 [Ka. *D522] ☞ಇರಿಸಲು (irisalu)

ಇರಚು ⟦iracu イラチュ⟧ [irə̆tʃu] *n.* 鉄の車軸 [Ka. D484] ☞ಇರಸು (irasu)

ಇರಟು ⟦iraṭu イラトゥ⟧ [irə̆ṭu]《‡》*n.* 夜 (*T.;R.* (*Kitt.*)) [Ka. D2552]

ಇರಪು ⟦irapu イラプ⟧ [irə̆pu]《‡》*n.* **1** 存在、人生、生きること (*DEDR*) **2** 状態、事情、事態 [Ka. D480] (*Mr.82* (*Kitt.*))

ಇರವು ⟦iravu イラヴ⟧ [irə̆vu]《古》*n.* **1** 存在、人生、生きること **2** 状況、状態 [Ka. D480]

ಇರವೆ ⟦irave イラヴェ⟧ [irə̆ve] *n.* 蟻 [Ka. *D864] ☞ಇರುವೆ (iruve)

ಇರಸಾಲು ⟦irasālu イラサール⟧ [irə̆sɐ:lu] *n.* 地租の支払い、支払われた地租 [Ar. *irsāl*]

ಇರಸು ⟦irasu イラス⟧ [irə̆su] ಇರಚು, ಇರಿಚು, ಇರುಸು, ಇರ್ಚ್, ಇರ್ಚು *n.* 鉄の車軸 [Ka. D484]

ಇರಳು ⟦iraḷu イラル⟧ [irə̆ḷu]《‡》*n.* 夜 (*Bp.47,4* (*Kitt.*)) [Ka. D2552]

ಇರಾದೆ ⟦irāde イラーデ⟧ [irɐ:de] *n.* 目的、意図 [Ar. *irāda*]

ಇರಿ¹ ⟦iri イリ⟧ [iri] ಇಱಿ *vt.*（刀で）刺す、（角で）刺す ¶ ಅವನನ್ನು ಇರಿ. (avanannu iri.) 彼を刺せ。[Ka. D859]

ಇರಿದಾಡು ⟦iridāḍu イリダードゥ⟧ [iridɐːɖu] *vt.* 刺し合う [+ *āḍu*]

-ಇರಿ² ⟦-iri -イリ⟧ [iri] *suf.*〔言〕命令法二人称の尊称形、ಮಾಡಿರಿ, ಬನ್ನಿರಿ (māḍiri, banniri) など [Ka.]

ಇರಿಚಲು ⟦iricalu イリチャル⟧ [irĭʧəlu] *n.* しぶき雨 [Ka. *D522] ☞ಇರಸಲು (irasalu)

ಇರಿಚು ⟦iricu イリチュ⟧ [iriʧu] *n.* 鉄の車軸 [Ka. D484]

ಇರಿತ ⟦irita イリタ⟧ [iritɐ] ಇಱಿತ *n.* (刀、角などで)刺すこと [*iri* + -*ta*]

ಇರಿವೆ ⟦irive イリヴェ⟧ [irĭve] *n.* 蟻 [Ka. *D864] ☞ಇರುವೆ (iruve)

ಇರಿಸಲು ⟦irisalu イリサル⟧ [irə̆səlu] ಇರಚಲು, ಇರಿಸಿಲು, ಇಱಿಸಿಲ್ *n.* しぶき雨 [Ka. *D522]

ಇರಿಸಿಲು ⟦irisilu イリシル⟧ [irĭsilu] *n.* [Ka. *D522] ☞ಇರಿಸಲು (irisalu)

ಇರು¹ ⟦iru イル⟧ [iru] *vi.* 《過去語幹 *idd-* 未来語幹 iruv-》 **1** いる、存在する、とどまる、滞在する ¶ ಸ್ವರ್ಗ ಎಲ್ಲಿದೆ? (svarga ellide?) 極楽はどこにあるのですか **2** …である ¶ ಅವನು ಪ್ರಾಮಾಣಿಕನಾಗಿದ್ದಾನೆ. (avanu prāmāṇikanāgiddāne.) あの人は正直だ。 **3** 生きている、生存している ¶ ಕೆಂಪಮ್ಮ ಇನ್ನೂ ಇದ್ದಾಳೆಯೇ? (kempamma innū iddāḷeyē?) ケンパンマはまだ生きているのですか。 **4** 住んでいる ¶ ಸಾಯಿಬಾಬಾ ಪುಟ್ಟಪರ್ತಿಯಲ್ಲಿ ಇದ್ದಾರೆ. (sāyibābā puṭṭapartiyalli iddāre.) サーイバーバーはプッタパルティに住んでいる。 **5** 待つ ¶ ಇರಿ, ಕತ್ತಿ ತೊಗೊಂಡು ಬರುತ್ತೀನಿ. (iri, katti togoṃḍu baruttīni.) 待ってください、刀を持ってきます。 —*v.aux.*〔言〕時制や相を表す様々な動詞形を構成する補助動詞、たとえば ¶ 現在進行形：ನಾನು ಕೆಲಸ ಮಾಡುತ್ತಿದ್ದೇನೆ. (nānu kelasa māḍuttiddēne.) 私は仕事をしている。¶ 過去進行形：ನಾನು ಕೆಲಸ ಮಾಡುತ್ತಿದ್ದೆನು. (nānu kelasa māḍuttiddenu.) 私は仕事をしていた。¶ 現在完了形：ನಾನು ಕೆಲಸ ಮಾಡಿದ್ದೇನೆ. (nānu kelasa māḍiddēne.) 私は仕事をしてしまった。¶ 過去完了形：ನಾನು ಕೆಲಸ ಮಾಡಿದ್ದೆನು. (nānu kelasa māḍiddenu.) 私は仕事をしてしまっていた。¶ 現在予定形：ನಾನು ಕೆಲಸ ಮಾಡಲಿದ್ದೇನೆ. (nānu kelasa māḍaliddēne.) 私は仕事をしようとしている。¶ 過去予定形：ನಾನು ಕೆಲಸ ಮಾಡಲಿದ್ದೆನು. (nānu kelasa māḍaliddenu.) 私は仕事をしようとしていた。¶ 現在保留形：ನಾನು ಕೆಲಸ ಮಾಡದೆ ಇದ್ದೇನೆ. (nānu kelasa māḍade iddēne.) 私は仕事をしないでいる。¶ 過去保留形：ನಾನು ಕೆಲಸ ಮಾಡದೆ ಇದ್ದೆನು. (nānu kelasa māḍade iddenu.) 私は仕事をしないでいた。 [Ka. D480]

ಇರಿಸು ⟦irisu イリス⟧ [irisu] *vt.* 《*caus.*》 **1** いさせる、とどまらせる、滞在させる **2** 〈召し使いや愛妾などを〉おく、〈動物などを〉飼う **3** 保存する **4** 蓄える、必要な時のために取っておく ¶ ಅಪ್ಪ ತಂಗಿಯ ಮದುವೆಗೆ ಹಣವನ್ನು ಇರಿಸಿದರು. (appa taṃgiya maduvege haṇavannu irisidaru.) 父は妹の結婚のために貯金した。 [Ka. caus. D480]

ಇರಿಸುಹ ⟦irisuha イリスハ⟧ [irisuhɐ] 《古》 *n.* 保存(すること)、滞在(させること) [Ka. D480]

ಇರು² ⟦iru イル⟧ [iru] *numr.* 《複合語頭で》「両…」または「2…」(合成語の第1要素として) [Ka. D474]

ಇರುಂಬೆ ⟦iruṃbe イルンベ⟧ [irumbe] 《古》 *n.* 蟻 [Ka. *D864] ☞ಇರುವೆ (iruve)

ಇರುಕು ⟦iruku イルク⟧ [irŭku] ಇರಕು, ಇರುಂಕು, ಇಱಿಕು, ಇಱುಂಕು, ಇಱುಕು *vt.* **1** 両足や脇の下で挟みつける、締めつける、押さえつける **2** 〈人々や物を〉狭いところに詰め込む —*vi.* **1** 狭くなる **2** (指などが扉と扉の枠の間などに)挟まれる —(*n.*) 挟まれたり狭い所に閉じ込められたりする〈こと〉；にっちもさっちもゆかない〈状態〉 [Ka. < *iṟuku* D524]

ಇರುಕಾಗು ⟦irukāgu イルカーグ⟧ [irukɐːgu] *vi.*〔喩〕挟まれる ¶ ಆಡಳಿತಪಕ್ಷ ಮತ್ತು ವಿರೋಧಪಕ್ಷದ ನಡುವೆ ಸಭಾಪತಿಗೆ ಇರುಕಾಯಿತು. (āḍaḷitapakṣa mattu virōdʰapakṣada naḍuve sabʰāpatige irukāyitu.) 議長は与野党の板ばさみになって右往左往した。 [Ka. *iruku* + *āgu*]

ಇರುಗುಂಡಿ ⟦iruguṃḍi イルグンディ⟧ [iruguɳɖi] 《‡》 *n.* マメ科の樹木の名 (*St. & Pl.* (*Kitt.*)) [Ka. D483] = ಬಿರಿಡಿ (biriḍi) *[IMP 2.301]

ಇರುಚು ⟦irucu イルチュ⟧ [irŭʧu] *n.* 鉄の車軸 [Ka. D484]

ಇರುಬಾಯಿ ⟦irubāyi イルバーイ⟧ [irubɐːji] *n.* **1** ガンダベールンダ、神話上の双頭の鳥 **2** 両刃の刀 [*iru-* + *bāyi*]

ಇರುವಿಕೆ ⟦iruvike イルヴィケ⟧ [iruvike] *n.* 存在、存在すること、いること ¶ ಅವಳಿಲ್ಲದೆ ನನ್ನ ಇರುವಿಕೆ ಅರ್ಥ ಇಲ್ಲ. (avaḷillade nanna iruvike artʰa illa.) 彼女がいなかったら僕の人生に意味はない。 [Ka. *iru* D480 + -*ike*]

ಇರುವು ⟦iruvu イルヴ⟧ [irŭvu] *n.* 蟻 [Ka. *D864] ☞ಇರುವೆ (iruve)

ಇರುವೆ ⟦iruve イルヴェ⟧ [irŭve] ಇರವೆ, ಇರಿವೆ, ಇರುಂಪೆ, ಇರುವು, ಇಱಿವೆ, ಇಱುಂಪು, ಇಱುಪೆ, ಇಱುವು, ಇಱುವೆ, ಇಱುಹು, ಇಱುಹೆ *n.* 蟻 [Ka. D864]

ಇರುಸು ⟦irusu イルス⟧ [irŭsu] *n.* 鉄の車軸 [Ka. *D484] ☞ಇರಸು (irasu)

ಇರುಹ ⟦iruha イルハ⟧ [iruhɐ] 《古》 *n.* 存在、存在すること、いること [Ka. D480]

ಇರುಳ್¹ ⟦iruḷ イルル⟧ [iruɭ] 《古》 *n.* テツザイノキ、セイロン鉄木(オトギリソウ科メスア属、非常に硬質の樹木)(*DCV*) [Ka. D482]

ಇರುಳ್² ⟦iruḷ イルル⟧ [iruɭ] 《古》 *n.* 夜 [Ka. D2552] = ರಾತ್ರಿ (rātri)

ಇರುಳು ⟦iruḷu イルル⟧ [iruɭu] 《文》 *n.* 夜 [Ka. *D2552] = ರಾತ್ರಿ (rātri)

ಇರುಳುಕುರುಡು ⟦iruḷukuruḍu イルルクルドゥ⟧ [iruɭukuruɖu] 《文》 *n.* 夜盲症 [*iruḷu* + *kuruḍu*]

ಇರುಳುಗಣ್ಣ ⟦iruḷugaṇṇa イルルガンナ⟧ [iruɭugəɳɳɐ] *m.* 《*f.* ಇರುಳುಗಣ್ಣಿ (iruḷugaṇṇi)》 夜盲症の人 [*iruḷugaṇṇu* +

-a]

ಇರುಳುಗಣ್ಣು ⟦iruḷugaṇṇu イルルガンヌ⟧ [iruɭugəɳɳu] n. 夜盲症 [iruḷu + kaṇṇu]

ಇರ್ಕಟ್ಟು ⟦irkaṭṭu イルカットゥ⟧ [irkaʈʈu] 《文》 n. 1 狭いこと、窮屈 2〔喩〕板ばさみ、窮地、ジレンマ [Ka. ir- + kaṭṭu, D524] ☞ಇಕ್ಕಟ್ಟು (ikkaṭṭu)

ಇರ್ಕು¹ ⟦irku イルク⟧ [irku] 《‡》 vt. 1 置く、下に置く (Šm.78 (Kitt.)) 2 殺す、滅ぼす (Šm.78 (Kitt.)) —n. 殺すこと、滅ぼすこと ☞ಇಕ್ಕು (ikku)¹ [Ka. D492]

ಇರ್ಕಿಸು ⟦irkisu イルキス⟧ [irkisu] 《‡》 vt. 《caus.》置かせる (Kitt.) [Ka. caus. D492, Kitt.]

ಇರ್ಕು² ⟦irku イルク⟧ [irku] 《古》 vt. 1 両足や脇の下などで挟みつける、締めつける、押さえつける 2〈人や物を〉狭い場所に詰め込む —vi. (指などが扉と扉の枠の間などに)挟まれる —n. 挟まれたり狭い所に閉じ込められたりすること ☞ಇಕ್ಕು (ikku) (DEDR) [Ka. D524]

ಇರ್ಕಿಸು ⟦irkisu イルキス⟧ [irkisu] vt. 締めつける、〈指などを〉挟ませる [+ -isu caus. D524]

ಇರ್ಕುಱ್ ⟦irkuṟ イルクル⟧ [irkuɻ] 《古》 n. ☞ಇಕ್ಕಳ (ikkaḷa)〔汎〕

ಇರ್ಕುಱ ⟦irkuṟa イルクラ⟧ [irkuɻɐ] 《古》 n. ☞ಇಕ್ಕಳ (ikkaḷa)〔汎〕

ಇರ್ಕುಱಿ ⟦irkuṟi イルクリ⟧ [irkuɻi] 《古》 n. ☞ಇಕ್ಕಳ (ikkaḷa)〔汎〕

ಇರ್ಕುಱು ⟦irkuṟu イルクル⟧ [irkuɻu] 《古》 n. ☞ಇಕ್ಕಳ (ikkaḷa)〔汎〕

ಇರ್ಕೆ ⟦irke イルケ⟧ [irke] ಇಕ್ಕೆ 《古》 n. 1 いること、とどまること 2 住処、居場所、避難所 3 状況、状態 [Ka. D480] = ಇರುವಿಕೆ (iruvike)

ಇರ್ಕೆಲ ⟦irkela イルケラ⟧ [irkelɐ] 《古》 n. 両側 [ir + kela D1969] ☞ಇಕ್ಕೆಲ (ikkela)

ಇರ್ಚಿ ⟦irci イルチ⟧ [irʧi] 《古》 n. 鉄の車軸 [Ka. D484] ☞ಇರಸು (irasu)〔汎〕

ಇರ್ಚಿಲು ⟦ircilu イルチル⟧ [irʧilu] 《方》 n. 糠雨(ぬかあめ)、細かい雨のしずく (Tipt. LSB 18.16) [Ka. *D522]

ಇರ್ಚು ⟦ircu イルチュ⟧ [irʧu] n. 鉄の車軸 [Ka. D484] ☞ಇರಸು (irasu)

ಇರ್ಪತ್ತು ⟦irpattu イルパットゥ⟧ [irpəttu] numr.adj., n. 20〈の〉 [Ka. D474 + D3918] ☞ಇಪ್ಪತ್ತು (ippattu)

ಇರ್ಪು¹ ⟦irpu イルプ⟧ [irpu] 《‡》 n. 甘美さ、愛らしさ (Čt.1,52 (Kitt.)) [Ka. D530(a)]

ಇರ್ಪು² ⟦irpu イルプ⟧ [irpu] 《古》 n. 湿り気、湿気 [Ka. īr *D3690(a) + -pu]

ಇರ್ಬರ್ ⟦irbar イルバル⟧ [irbər] 《古》 mf. 《pl.》二人 [Ka. D474]

ಇರ್ಮೆ¹ ⟦irme イルメ⟧ [irme] 《古》 adv. 2度 [Ka. D474] = ಎರಡು ಸಲ (eraḍu sala)

ಇರ್ಮೆ² ⟦irme イルメ⟧ [irme] 《古》 n. 可愛らしさ、愛らしさ (Kitt.) [Ka. D530(a)]

ಇರ್ವರ್ ⟦irvar イルヴァル⟧ [irvər] 《古》 numr., mf. 《pl.》二人 [Ka. D474]

ಇರ್ವು ⟦irvu イルヴ⟧ [irvu] n. 蟻 [Ka. D864] = ಇರುವೆ (iruve)

ಇರ್ವೆ ⟦irve イルヴェ⟧ [irve] 《古》 n. [Ka. D864] ☞ಇರುವೆ (iruve)

ಇರ್ಳು ⟦irḷu イッル⟧ [irɭu] 《‡》 n. 夜 (My. (Kitt.)) [Ka. D2552] ☞ಇರುಳು (iruḷu)

ಇರ್ಳೆ ⟦irḷe イッレ⟧ [irɭe] 《方》 n. ハチの巣 (Jenu Kuruba) [Ka. D518]

ಇಲ್¹ ⟦il イル⟧ [il] 《古》 n. 《複合語末で》家 [Ka. *D2560]

-ಇಲ್² ⟦-il -イル⟧ [il] 《古》 suf. 古代カンナダ語で動名詞を作る接尾辞 ¶ ಪುಗಿಲ್ (pugil) 入ること [Ka.]

-ಇಲ ⟦-ila -イラ⟧ [ilɐ] suf. 「…に属する」「…を職業とする」などを表す語形成接尾辞 [Ka.]

ಇಲಾಖೆ ⟦ilākʰe イラーケ⟧ [ilɐːkʰe] n. 省に従属する「局」 [Ar. ʿalāqa]

ವಿದ್ಯಾ ಇಲಾಖೆ ⟦vidyā ilākʰe ヴィディャーイラーケ⟧ [vidʲjɐː ilɐːkʰe] 《口》 n. (文部省の)教育局 [vidyā + ilākʰe]

ಇಲಾಜು ⟦ilāju イラージュ⟧ [ilɐːʤu] n. 病気の治療 [Ar. ʿilāğ]

ಇಲಿ¹ ⟦ili イリ⟧ [ili] n. ネズミ [Ka. D833]

ಇಲಿ² ⟦ili イリ⟧ [ili] 《古》 adv. ここで [Ka. D410(a)] = ಇಲ್ಲಿ (illi)〔現〕

-ಇಲಿ³ ⟦-ili -イリ⟧ [ili] suf. 「…を持っていない」という意味を表す語形成接尾辞 ¶ ಪಲ್ಲಿಲಿ ವಾಯಿ (pallili vāyi) 歯がない口 [Ka. D(2559)]

ಇಲಿಚಿ ⟦ilici イリチ⟧ [iliʧi] 《‡》 n. イヌナツメの木やその実 (St. & Pl.; My. (Kitt.)) [Ka. D475]

ಇಲಿಮಿಂಚಿ ⟦ilimiṃci イリミンチ⟧ [ilimiɲʧi] 《希》 n. ライムまたはその実(ピンポンボール大の黄緑色の柑橘類の一種) (T. (Kitt.)) [Ka. D836]

ಇಲುಕು ⟦iluku イルク⟧ [ilŭku] 《‡》 n. 痙攣、捻挫、(手や足を)くじくこと (Tĕ (Kitt.)) [Ka. D2702] ☞ಉಳುಕು (uḷuku)³

ಇಲುವು ⟦iluvu イルヴ⟧ [ilŭvu] 《古》 n. 骨 [Ka. D839] = ಎಲುಬು (elubu)〔汎〕

ಇಲ್ಲ ⟦illa イッラ⟧ [illɐ] vi. 《否定形のみの欠如動詞、連体否定分詞形ಇಲ್ಲದ (illada)連用否定分詞形ಇಲ್ಲದೆ (illade)》 1 ない、いない ¶ ಭಾರತದಲ್ಲಿ ಜ್ವಾಲಾಮುಖಿ ಇಲ್ಲ. (bʰāratadalli jvālāmukʰi illa.) インドには火山がない。 2 …しない ¶ ಮಗ ನನಗೆ ದುಡ್ಡು ಕೊಡೋದಿಲ್ಲ. (maga nanage duḍḍu koḍōdilla.) 息子は私にお金をくれない。 —snt. いいえ、いや ¶ "ಊಟ ಆಯಿತಾ?" – "ಇಲ್ಲ, ಈಗಲೇ ಮನೆಗೆ ಬಂದೆ." ("ūṭa āyitā?" – "illa, īgalē manege baṃde.") 「ご飯はまだ食べていませんか。」「いえ、もう食べました。」 [Ka. D2559]

ಇಲ್ಲಂ ⟦illaṃ イッラン⟧ [illəm] 《古》 vi. 《def.》 1 ない、(に)いない 2 …しない (Pb.3.60V) —snt. いいえ(違います)= ಇಲ್ಲ (illa) [Ka. D2559]

ಇಲ್ಲಣ ⟦illaṇa イッラナ⟧ [illəɳɐ] 《古》 *n.* すす [Ka. D498]

ಇಲ್ಲದ ⟦illada イッラダ⟧ [illə̆ɖɐ] *v.adj.* …がない(…を持たない) (ಇಲ್ಲ(illa)の連体否定分詞形) ¶ ಈ ಪ್ರದೇಶದಲ್ಲಿ ದೇವಸ್ಥಾನ ಇಲ್ಲದ ಹಳ್ಳಿ ಇಲ್ಲ. (ī pradēśadalli dēvastʰāna illada haḷḷi illa.) このあたりにお寺のない村はない。[Ka. D2599]

ಇಲ್ಲದೆ ⟦illade イッラデ⟧ [illə̆ɖe] *v.adv.* 《ಇಲ್ಲ(illa)の連用否定分詞形》 …なくして ¶ ಅವನು ಇಲ್ಲದೆ ಈ ಕೆಲಸ ಆಗುವುದಿಲ್ಲ. (avanu illade ī kelasa āguvudilla.) 彼なくしてこの任務は遂行できない。[Ka. D2559]

ಇಲ್ಲಮೆ ⟦illame イッラメ⟧ [illə̆me] ಇಲ್ಲವೆ 《古》 *n.* 1 ないこと 2 何も持っていないこと [Ka. *D2559]

ಇಲ್ಲವು ⟦illavu イッラヴ⟧ [illə̆vu] 《文》 *vi.* 《*pl.*》ない、存在しない ¶ ಈ ಪುಸ್ತಕದಲ್ಲಿ ಸಾರ ಇಲ್ಲವು. (ī pustakadalli sāra illavu.) この本には内容がない。[Ka. D2559]

ಇಲ್ಲವೆ ⟦illave イッラヴェ⟧ [illə̆ve] 《古》 *n.* [Ka. D2559] ☞ಇಲ್ಲವೆ (illave)

ಇಲ್ಲಾಮಲ್ಲಿ ⟦illāmalli イッラーマッリ⟧ [illɐːməlli] *n.* 告げ口、密告 —*mf.* 告げ口する人、密告屋 [Ka. D499]

ಇಲ್ಲಾಮಲ್ಲಿತನ ⟦illāmallitana イッラーマッリタナ⟧ [illɐːməllitanɐ] *n.* 告げ口すること、告げ口の習慣 [Ka. D499]

ಇಲ್ಲಿ ⟦illi イッリ⟧ [illi] *adv.* ここで、ここに [Ka. D410(a)]

ಇವ ⟦iva イヴァ⟧ [ivɐ] 《口》 *m.* 《*f.* ಇವಳು (ivaḷu)》 この人 [Ka. D410(a)] = ಇವನು (ivanu)

ಇವನು ⟦ivanu イヴァヌ⟧ [ivənu] ಇವ *m.* 《*f.* ಇವಳು (ivaḷu)》 この人 [Ka. *D410(a)] = ಇವನು (ivanu)

ಇವರ್ ⟦ivar イヴァル⟧ [ivər] 《古》 *pron.mf.* 《*pl.*》 1 この人たち 2 この方、この方々 [Ka. D410(a)] ☞ಇವರು (ivaru) 〔汎〕

ಇವರು ⟦ivaru イヴァル⟧ [ivə̆ru] ಇವರ್ *pron.mf.* 《*pl.*》 1 この人たち 2 この方、この方々 [Ka. *D410(a)]

ಇವರ್ಗಳ್ ⟦ivargaḷ イヴァルガル⟧ [ivərgəɭ] 《古》 *pron. mf.* 《*pl.*》 この人たち [Ka. D410(a)]

ಇವಳ್ ⟦ivaḷ イヴァル⟧ [ivəɭ] 《古》 *pron.f.* この女性、この女の人 [Ka. D410] ☞ಇವಳು (ivaḷu)

ಇವಳು ⟦ivaḷu イヴァル⟧ [ivə̆ɭu] ಇವಳ್ *pron.f.* この女性、この女の人 [Ka. *D410]

ಇವು ⟦ivu イヴ⟧ [ivu] *pron.n.* 《*pl.*》 これらのもの [Ka. D410(a)]

ಇಷ್ಟ ⟦iṣṭa イシュタ⟧ [iʂʈɐ] *n.* 望み、欲望、願い —*adj.*, *mf.* 好きな〈人〉、いとしい〈人〉 —*adj.*, *n.* 好きな〈もの〉、望まれた〈もの〉 [Sk.]

ಇಷ್ಟದೇವತೆ ⟦iṣṭadēvate イシュタデーヴァテ⟧ [iʂʈɐdeːvəte] *mf.* 一族や個人が自分で選んだ守護神 [Sk.]

ಇಷ್ಟಸಿದ್ಧಿ ⟦iṣṭasiddʰi イシュタシッディ⟧ [iʂʈə̆siddʰi] *n.* 望みの成就, 願望が満たされること [Sk.]

ಇಷ್ಟಾರ್ಥ ⟦iṣṭārtʰa イシュタールタ⟧ [iʂʈɐːrtʰɐ] *n.* 望んだもの、望み、願い ¶ ಇಷ್ಟಾರ್ಥ ಸಿದ್ಧಿಯಾಗಲಿ! (iṣṭārtʰa siddʰiyāgali!) 願いがかないますように。[Sk.]

ಇಷ್ಟು ⟦iṣṭu イシュトゥ⟧ [iʂʈu] ಈಟು *pron.adj.* 1 これだけの ¶ ನಿನಗೆ ಇಷ್ಟು ಹಣ ಯಾಕೆ ಬೇಕು? (ninage iṣṭu haṇa yāke bēku?) どうしてこんなにお金が要るのですか。 2 ほんの少しだけの、ほんのちょっとの —*pron.n.* 1 これだけ 2 ほんの少し、たったこれだけ [Ka. *īsu* 「これだけ」 D410(a) + -*ṭu* (<?)]

ಇಷ್ಟೊಂದು ⟦iṣṭomdu イシュトンドゥ⟧ [iʂʈondu] *pron.adj.* 1 これだけの ¶ ಇಷ್ಟೊಂದು ಹಣ ನಿಮ್ಮ ಮನೆಗೆ ಬೇಕಾ? (iṣṭomdu haṇa nimma manege bēkā?) 君の家にはこんなにたくさんお金が必要なのですか。 2 たったこれだけの、ほんの少しの —*n.* 1 これだけ 2 ほんの少し、たったこれだけ [Ka. *iṣṭu* + *omdu*]

ಇಸ್ ⟦is イス⟧ [is] *intrj.* イーッ (嫌悪感を表現する言葉) ¶ ಇಸ್! ಎಡಗೈಯಿಂದ ನೀರನ್ನು ಕುಡಿಯುತ್ತಿದ್ದಾನೆ. (is! eḍagaiyimda nīrannu kuḍiyuttiddāne.) イーッ、やつは左手から水を飲んでいる。[Ka. D424]

ಇಸಂ ⟦isaṃ イサン⟧ [isəm] ಇಸಮು *mf.* 奴、人 ¶ ಅಂಥ ಇಸಂ ಇನ್ನು ಸಿಗುವದಿಲ್ಲ. (amtʰa isaṃ innu siguvadilla.) あんな人には二度とお目にかかれない。[M. *isamă* ←Ar. *ism*] = ಆಸಾಮಿ, ವ್ಯಕ್ತಿ (āsāmi, vyakti)

ಇಸ ⟦isa イサ⟧ [isɐ] 《‡》 *adj.* これだけの、こんなに多くの (*S.Mhr.* (*Kitt.*)) [Ka. D410(a)]

ಇಸಗೆಲೆ ⟦isagele イサゲレ⟧ [isə̆gele] 《‡》 *n.* 低木の一種 (*DCV*) [Ka. D421]

ಇಸಬು ⟦isabu イサブ⟧ [isə̆bu] *n.* 白癬菌症 (水虫、たむし、しらくもなど) [M. *isapă* ←Pk. *visappa-* Sk. *visarpa-*]

ಇಸವಿ ⟦isavi イサヴィ⟧ [isə̆vi] *n.* 西暦 ¶ 1942ನೇ ಇಸವಿಯಲ್ಲಿ (1942nē isaviyalli) "ಕ್ವಿಟ್ ಇಂಡಿಯಾ" ಚಳುವಳಿ ನಡೆಯಿತು. ("kviṭ imḍiyā" caḷuvaḷi naḍeyitu.) 「インドを立ち去れ運動」は西暦1942年におこった。[Ar. *ʿīsawī*]

ಇಸು [1] ⟦isu イス⟧ [isu] 《古》 *vt.* 弓を射る [Ka. D805] = ಎಸೆ (ese) 〔現〕

-ಇಸು [2] ⟦-isu -イス⟧ [isu] *suf.* 1 動詞の語根から使役形を作る接尾辞 ¶ ಇಳಿ (iḷi) + -ಇಸು (-isu) = ಇಳಿಸು (iḷisu) →「降りる」→「おろす」 2 サンスクリット語の動詞をカンナダ語化する接尾辞 ¶ ರಕ್ಷ್- (rakṣ-) + -ಇಸು (-isu) = ರಕ್ಷಿಸು (rakṣisu) 「護る」 3 (たいていはサンスクリット語の) 名詞から動詞を作る接尾辞 ¶ ರೂಪ- (rūpa-) + -ಇಸು (-isu) = ರೂಪಿಸು (rūpisu) →「形」→「形づくる」 [Ka.]

ಇಸ್ತ್ರಿ ⟦istri イストリ⟧ [istri] *n.* アイロンをかけること [?, cf. Pt. *estirar*]

ಇಸ್ತ್ರಿ ಮಾಡು ⟦istri māḍu イストリマードゥ⟧ [istri mɐːɖu] *vt.* アイロンをかける ¶ ಆಮಿರ್ ಅಂಗಿಯನ್ನು ಇಸ್ತ್ರಿ ಮಾಡಿಕೊಂಡು ಹೊರಟ. (āmir amgiyannu istri māḍikomḍu horaṭa.) アーミルは自分のシャツにアイロンをかけて

出て行った。

ಇಸ್ತ್ರಿ ಹಾಕು ⟦istri hāku イストリハーク⟧ [istri hɐːku] *vi.* ⟪*dat.*⟫(に)アイロンをかける

ಇಸ್ತ್ರಿಪೆಟ್ಟಿಗೆ ⟦istripeṭṭige イストリペッティゲ⟧ [istripeʈʈige] *n.* アイロン

ಇಸ್ಪೀಟು ⟦ispīṭu イスピートゥ⟧ [ispiːʈu] *n.* トランプ(の遊び) [Eg. *spades*]

ಇಸ್ಪೀಟು ಆಡು ⟦ispīṭu āḍu イスピートゥアードゥ⟧ [ispiːʈ ɐːɖu] *vi.* トランプをして遊ぶ

ಇಸ್ಸಿ ⟦issi イッシ⟧ [issi] *intrj.* ちぇっ、くそっ、イーッ ¶ ಇಸ್ಸಿ ನಮ್ಮ ಗೋಡೆಗೆ ಉಚ್ಚೆ ಮಾಡುತ್ತಿದ್ದಾರೆ. (issi, namma gōḍege ucce māḍuttiddāre.) イーッ、あいつら、うちの壁に小便している。[Ka. D424]

ಇಹ¹ ⟦iha イハ⟧ [ihɐ] 《古》 *v.adj.* あるところの、…であるところの [Ka. *D480 < *irpa*] = ಇರ್ಪ, ಇಪ್ಪ (irpa, ippa)

ಇಹ² ⟦iha イハ⟧ [ihɐ] 《文》 *n.* この世、現世 ¶ ಇಹದಲ್ಲಿ ಸುಖವಿಲ್ಲ. (ihadalli sukʰavilla.) 現世に幸福はない。[Sk.]

ಇಹಂಗೆ ⟦ihaṃge イハンゲ⟧ [ihəŋge] 《古》 *adv.* このように、こうして [Ka. D410]

ಇಹಗೆ ⟦ihage イハゲ⟧ [ihəge] 《古》 *adv.* このように、こうして [Ka. *ī* D410 + *pāṃgu* + *-e*]

ಇಹಲೋಕ ⟦ihalōka イハローカ⟧ [ihəloːkɐ] *n.* この世、現世 [Sk.]

ಇಹಿಂಗೆ ⟦ihiṃge イヒンゲ⟧ [ihiŋge] 《古》 *adv.* このように、こうして [Ka. *ī* D410 + *pāṃgu* + D4053 *-e*]

ಇಹಿಗೆ ⟦ihige イヒゲ⟧ [ihĭge] 《古》 *adv.* このように、こうして [Ka. *ī* D410 + *pāṃgu* + *-ge*]

ಇಳಕಲ ⟦iḷakala イラカラ⟧ [iɭə̆kələ] *n.* [Ka. D502 *iḷi* + *-kala*] ☞ ಇಳಕಲು (iḷakalu)

ಇಳಕಲು ⟦iḷakalu イラカル⟧ [iɭə̆kəlu] ಇಳಕಲ, ಇಳುಕಲು *n.* 下り坂、坂、傾斜地 [Ka. *D502 *iḷi* + *-kalu*]

ಇಳಕು ⟦iḷaku イラク⟧ [iɭə̆ku] 《古》 *vt.* 下ろす [Ka. D502]

ಇಳವಾರೆ ⟦iḷavāre イラヴァーレ⟧ [iɭəvɐːre] *n.* 下り坂、傾斜地、山腹 [Ka. *iḷi* + *vāre* (= *ōre*「側面」)]

ಇಳಿ¹ ⟦iḷi イリ⟧ [iɭi] *vi.* **1** 下りる、降る **2** (乗り物から)降りる **3** (旅などで)宿泊する、宿を取る **4** (金額などが)減少する、減る **5** (病気などが)快方に向かう、軽くなる **6** (嵐、洪水などが)静まる **7** (神が地上に)権化する ¶ ದೇವರು ಮಾನವನ ರೂಪದಲ್ಲಿ ಭೂಮಿಗೆ ಇಳಿದು ಬಂದ. (dēvaru mānavana rūpadalli bʰūmige iḷidu baṃda.) 神は人間の姿を取ってこの世に生まれて来た。**8** 痩せ細る **9** 面目を失う、恥をかく ¶ ತಪ್ಪು ಮಾಡಿದ ಗೌಡ ಜನರ ಕಣ್ಣಲ್ಲಿ ಇಳಿದು ಹೋದ. (tappu māḍida gauḍa janara kaṇṇalli iḷidu hōda.) 過ちを犯した村長は村で面目を失った。**10** (炊いた米などが)食べ頃になる **11** (マンゴーが)熟れすぎてまずくなる **12** 揺れる、ぶら下がる [Ka. D502]

ಇಳಿಸು¹ ⟦iḷisu イリス⟧ [iɭĭsu] *vt.* **1** 下ろす **2** (人を地位などから)引きずり下ろす **3** 蒸留する、など [Ka. caus. D502]

ಇಳಿ² ⟦iḷi イリ⟧ [iɭi] *vi.* 元気を失う (*Pb. 8.69V*) [Ka. D856]

ಇಳಿಸು² ⟦iḷisu イリス⟧ [iɭĭsu] *vt.* けなす、罵倒する；辱める (*Pb. 10.47*) [Ka. caus. D856]

ಇಳಿಮೋಗು ⟦iḷivōgu イリヴォーグ⟧ [iɭivoːgu] 《古》 *vi.* 屈辱を味わう、無視される (*Pb. 8.69V*) [Ka. *iḷi* + *hōgu* D856]

ಇಳಿಗಾಲ ⟦iḷigāla イリガーラ⟧ [iɭĭgɐːlɐ] *vi.* (王朝などの)衰退期、(人生の)晩年 [*iḷi* + *kāla*]

ಇಳಿಜಾರು ⟦iḷijāru イリジャール⟧ [iɭijɐːru] *n.* **1** 下り坂 **2** 滑り台 [*iḷi* + *jāru*] = ಇಳಕಲು (iḷakalu)

ಇಳಿತ ⟦iḷita イリタ⟧ [iɭitɐ] *n.* 減ること、減少 [*iḷi* D502 + *-ta*] ☞ ಇಳಿತ (iṛita)

ಇಳಿತಾಯ ⟦iḷitāya イリターヤ⟧ [iɭitɐːjɐ] *n.* 減少、(価格や収入などの)下落 [*iḷita* < *iṛita* + *-āya*]

ಇಳಿದಾಣ ⟦iḷidāṇa イリダーナ⟧ [iɭĭdɐːɳɐ] 《文》 *n.* 飛行場 [*iḷi* + *tāṇa*] = ವಿಮಾನ ನಿಲ್ದಾಣ (vimāna nildāṇa) 〔汎〕

ಇಳಿದು ⟦iḷidu イリドゥ⟧ [iɭiđu] (*n.*) **1** 減った〈こと〉、減少した〈こと〉¶ ಅವನ ಖ್ಯಾತಿ ಇಳಿದಾಯಿತು. (avana kʰyāti iḷidāyitu.) 彼の名声は地に落ちた。**2** 衰えた〈こと〉、衰退した〈こと〉¶ ಹೆಂಡತಿ ಸತ್ತ ಮೇಲೆ ಅವನ ಆರೋಗ್ಯ ಇಳಿದಾಯಿತು. (heṃdati satta mēle avana ārōgya iḷidāyitu.) 奥さんを亡くした後、彼は健康を損なった。**3** (病気などで味が)落ちた〈こと〉¶ ರೋಗಿಗೆ ಹಾಲು ಇಳಿದಾಯಿತು. (rōgige hālu iḷidāyitu.) 病人は牛乳さえ飲めなくなった。[Ka. *iḷi* + *-du*]

ಇಳಿಮುಖ ⟦iḷimukʰa イリムカ⟧ [iɭimukʰɐ] *n.* **1** 下落、減少 ¶ ಬೇಡಿಕೆ ಇಳಿಮುಖವಾಗುತ್ತಿದೆ. (bēḍike iḷimukʰavāguttide.) 需要は減少している。**2** がっかりした顔 [*iḷi* + *mukʰa*]

ಇಳಿಮೇಜು ⟦iḷimēju イリメージュ⟧ [iɭimeːʤu] 《文》 *n.* 奥が手前より高い机 [*iḷi* D502 + *mēju*]

ಇಳಿಮೊಗ ⟦iḷimoga イリモガ⟧ [iɭĭmogɐ] *n.* **1** 下落、減少 **2** がっかりした顔 [*iḷi* + *moga*]

ಇಳಿಮೋರೆ ⟦iḷimōre イリモーレ⟧ [iɭĭmoːre] *n.* がっかりした顔、元気のない顔 [*iḷi* + *mōre*]

ಇಳಿವಯಸು ⟦iḷivayasu イリヴァヤス⟧ [iɭĭvəjə̆su] *n.* 老齢、老年 [*iḷi* + *vayasu*]

ಇಳಿವರಿ ⟦iḷivari イリヴァリ⟧ [iɭĭvəri] *n.* **1** 減少、減ること ¶ ಒಳ್ಳೆಯ ನಡತೆಗಾಗಿ ಕೈದಿಯ ಶಿಕ್ಷೆಯಲ್ಲಿ ಇಳಿವರಿ ಆಯಿತು. (oḷḷeya naḍategāgi kaidiya śikṣeyalli iḷivari āyitu.) 行いがよかったため、その受刑者の刑期は短縮された。**2** 収穫、収穫量 ¶ ಐ. ಆರ್. 8 ಬತ್ತವು ಅಧಿಕ ಇಳಿವರಿ ಕೊಡುತ್ತದೆ. (ai. ār. 8 battavu adʰika iḷivari koḍuttade.) I.R. 8号の米は収穫量が高い。[*iḷi* + *-vari*]

ಇಳಿಹೊತ್ತು ⟦iḷihottu イリホットゥ⟧ [iɭĭhottu] *n.* **1** 午後、昼からの時間帯 **2** 夕方、日没 [*iḷi* + ಹೊತ್ತು]

ಇಳುಕಲು ⟦iḷukalu イルカル⟧ [iḷŭkəlu] *n.* [Ka. *D502 *iḷi + -kala*] ☞ಇಳಕಲು (iḷakalu)

ಇಳುಕು ⟦iḷuku イルク⟧ [iḷŭku] ಇಳಕು, ಇಳಿಗು, ಇಳುಗು《古》*vt.* 下ろす [Ka. *D502]

ಇಳೆ ⟦iḷe イレ⟧ [iḷe]《文》*n.* **1** 大地、地球 (*Pb.8.87*) **2** 雌牛 [Sk. *ilā-*]

ಇಱ¹ ⟦iṟa イラ⟧ [iṟɐ]《古》(*n.*) 狭い〈こと〉、狭苦しい〈こと〉[Ka. D524]

ಇಱ² ⟦iṟa イラ⟧ [iṟɐ]《‡》*n.*（雄牛などの）頭突き (*S.Mhr.* (*Kitt.*)) [Ka. D859]

ಇಱಂಕು ⟦iṟaṃku イランク⟧ [iṟəŋku]《‡》*vt.*, *vi.* [Ka. D524] (*Šmd. Dh.* (*Kitt.*)) ☞ಇಱಕು (iṟaku)¹

ಇಱಕಿಸು ⟦iṟakisu イラキス⟧ [iṟəkisu]《‡》*vt.* 締めつける、搾る (*C.* (*Kitt.*)) [Ka. D524]

ಇಱಕು¹ ⟦iṟaku イラク⟧ [iṟəku]《‡》*vi.* 狭い場所に閉じ込められる、締めつけられる、押しつけられる **—***vt.* **1** 狭い場所に閉じ込める (*Kitt.*) **2** 締めつける、押しつける、絞る **3** ひねる、つねる (*Kitt.*) **—**(*n.*) 狭い場所に閉じ込められた〈こと〉、締め付けられた〈こと〉、押しつけられた〈こと〉(*My.* (*Kitt.*)) [Ka. D524]

ಇಱಕು² ⟦iṟaku イラク⟧ [iṟəku]《‡》*n.*（牛の）頭突き (*S.Mhr.* (*Kitt.*)) [Ka. D859]

ಇಱತ ⟦iṟata イラタ⟧ [iṟətɐ]《‡》*n.* 刺すこと、（牛などの）頭突き [Ka. D859] (*C.* (*Kitt.*)) ☞ಇಱಿತ (iṟita)

ಇಱವೆ ⟦iṟave イラヴェ⟧ [iṟəve]《‡》*n.* 蟻 (*My.* (*Kitt.*)) [Ka. D864] ☞ಇರುವೆ (iruve)〔汎〕

ಇಱಿ¹ ⟦iṟi イリ⟧ [iṟi]《‡》*vi.* ぎゅうぎゅう詰めになる **—***vt.* 締めつける (*Tĕ.* (*Kitt.*)) [Ka. D524]

ಇಱಿ² ⟦iṟi イリ⟧ [iṟi] *vt.* **1** 打つ、殴る **2**（刃物で）突き刺す、（角で）突き刺す **3** 頭突きを食らわす **4** 殺す、殺害する **5** 投げる **—***vi.*（できものが）ずきずき痛む、うずく **—***n.*（牛などの）頭突き [Ka. D859]

ಇಱಿಯಿಸು ⟦iṟiyisu イリイス⟧ [iṟijisu] ಇಱಿಸು《古》*vt.* 刺させる；殺させる、など [caus.]

ಇಱಿಸು ⟦iṟisu イリス⟧ [iṟisu]《古》*vt.* 刺させる；殺させる、など [caus.] ☞ಇಱಿಯಿಸು (iṟiyisu)

ಇಱಿಂಕು ⟦iṟiṃku イリンク⟧ [iṟiŋku]《古》*vt.*（脇の下などで）締めつける、押さえつける [Ka. D524] ☞ಇಱಿಕು (iṟiku)

ಇಱಿಕಿಸು ⟦iṟikisu イリキス⟧ [iṟikisu]《‡》*vt.* 押さえつける (*C.* (*Kitt.*)) [Ka. D524]

ಇಱಿಕು ⟦iṟiku イリク⟧ [iṟiku]《古》*vt.*（脇の下などに）挟む、挟んで運ぶ [Ka. D524]

ಇಱಿಕೆ ⟦iṟike イリケ⟧ [iṟike]《‡》*n.* 打つこと、刺すこと、頭突きを食らわすこと、など (*My.* (*Kitt.*)) [Ka. D859]

ಇಱಿತ ⟦iṟita イリタ⟧ [iṟitɐ]《古》*n.* **1** 打つこと、殴ること、刺すこと、頭突きを食らわすこと、など **2** ずきずき痛むこと [Ka. D859] (*Râm. 6,30,32*) ☞ಇರಿತ (irita)

ಇಱಿಪು ⟦iṟipu イリプ⟧ [iṟipu]《‡》*n.* 打つこと、殴ること、刺すこと (*My.* (*Kitt.*)) [Ka. D859]

ಇಱಿವೆ ⟦iṟive イリヴェ⟧ [iṟive]《古》*n.* 蟻 [Ka. D864] ☞ಇರುವೆ (iruve)〔汎〕

ಇಱಿಸಿಲ್ ⟦iṟisil イリシル⟧ [iṟisil]《古》*n.* しぶき雨 [Ka. *D522] ☞ಇರಿಸಲು (irisalu)

ಇಱು¹ ⟦iṟu イル⟧ [iṟu]《‡》*vi.* とどまる；ためらう (*Bp.28.26* (*Kitt.*)) [Ka. D523]

ಇಱಿಸು ⟦iṟisu イリス⟧ [iṟisu]《‡》*vt.*《*caus.*》とどまらせる、置く (*Šmd. 47 Mdb.* (*Kitt.*)) [Ka. D523]

ಇಱು² ⟦iṟu イル⟧ [iṟu]《古》(*n.*) 狭苦しい〈こと〉[Ka. D524]

ಇಱು³ ⟦iṟu イル⟧ [iṟu]《‡》*n.* 頭突き (*Šmd.40* (*Kitt.*)) [Ka. D859]

ಇಱುಂಕು ⟦iṟuṃku イルンク⟧ [iṟuŋku]《古》*vt.* 両足で、脇の下で挟みつける、締めつける、押さえつける (*Pb.4.35, 8.104*) **—***vi.*（指などが）挟まる [Ka. D524]

ಇಱುಂಪು ⟦iṟuṃpu イルンプ⟧ [iṟumpu]《古》*n.* 蟻 [Ka. D864] ☞ಇರುವೆ (iruve)〔汎〕

ಇಱುಂಪೆ ⟦iṟuṃpe イルンペ⟧ [iṟumpe]《古》*n.* 蟻 [Ka. D864] ☞ಇರುವೆ (iruve)〔汎〕

ಇಱುಂಬು ⟦iṟuṃbu イルンブ⟧ [iṟumbu] ಇರುಬು, ಇರುಬೆ, ಇಱ¹, ಇಱು, ಇಱುಂಬ, ಇಱುಬು, ಇಱುಬೆ《古》*n.* **1** 狭いこと、狭い場所に閉じ込められた状態 **2** 群衆、人混み [Ka. D524]

ಇಱುಕು ⟦iṟuku イルク⟧ [iṟuku]《古》*vt.* 両足で、脇の下で挟みつける、締めつける、押さえつける (*Pb. 4.35, 8.104*) **—***vi.*（指などが）挟まれる、挟まる ☞ಇರುಕು (iruku) [Ka. D524]

ಇಱುಪೆ ⟦iṟupe イルペ⟧ [iṟupe]《古》*n.* 蟻 [Ka. D864] ☞ಇರುವೆ (iruve)〔汎〕

ಇಱುಬು¹ ⟦iṟubu イルブ⟧ [iṟubu]《古》*n.* **1** 狭い場所に閉じ込められた状態 **2** 不如意な状態 [Ka. *D524]

ಇಱುಬು² ⟦iṟubu イルブ⟧ [iṟubu]《古》*vt.* 刺さる [Ka. *D859] ☞ಚುಚ್ಚು (cuccu)〔汎〕

ಇಱುಬೆ ⟦iṟube イルベ⟧ [iṟube]《古》*n.* 群、群衆、大量、多数 [Ka. D524]

ಇಱುವು¹ ⟦iṟuvu イルヴ⟧ [iṟuvu]《古》*n.* 群、群衆、大量、多数 [Ka. D524]

ಇಱುವು² ⟦iṟuvu イルヴ⟧ [iṟuvu]《古》*n.* 蟻 [Ka. D864] ☞ಇರುವೆ (iruve)〔汎〕

ಇಱುವೆ¹ ⟦iṟuve イルヴェ⟧ [iṟuve]《‡》*n.* 群、群衆 (*My.* (*Kitt.*)) [Ka. D524]

ಇಱುವೆ² ⟦iṟuve イルヴェ⟧ [iṟuve]《古》*n.* 蟻 [Ka. D864] ☞ಇರುವೆ (iruve)〔汎〕

ಇಱುಹು ⟦iṟuhu イルフ⟧ [iṟuhu]《古》*n.* 蟻 [Ka. *D864] ☞ಇರುವೆ (iruve)〔汎〕

ಇಱುಹೆ 〚iṟuhe イルヘ〛 [iṟuhe] 《古》 *n.* 蟻 (*Mr.165* (*Kitt.*)) [Ka. *D864] ☞ಇರುವೆ (iruve) 〔汎〕

ಇಱ್ 〚iṟ イル〛 [iɻ] 《‡》 *vt.* 引っ張る、引きつける、ひったくる (*Śs.* (*Kitt.*)) **—***n.* 引っ張ること、引きつけること (*Śs.* (*Kitt.*)) [Ka. D504]

ಇಱ 〚iṟa イラ〛 [iɻɐ] 《‡》 *n.* **1** 下がること、低下 **2** がっかりすること、意気消沈 **3** 面目がつぶれること、名誉失墜 **4** 減少、低下 [Ka. D502] (*Kitt.*)

ಇಱಕು 〚iṟaku イラク〛 [iɻəku] 《‡》 *vt.* 下げる、おろす (*My.* (*Kitt.*)) **—***vi.* 下がる、おりる、低下する (*C.* (*Kitt.*)) [Ka. D502]

ಇಱಕಿಸು 〚iṟakisu イラキス〛 [iɻəkisu] 《‡》 *vt.* 下げる、おろす (*My.* (*Kitt.*)) [Ka. D502]

ಇಱತ 〚iṟata イラタ〛 [iɻətɐ] 《‡》 *n.* 下りること、傾くこと (*My.* (*Kitt.*)) [Ka. D502]

ಇಱಪು 〚iṟapu イラプ〛 [iɻəpu] 《‡》 *vt.* 下げる、おろす (*Bp.47,46* (*Kitt.*)) [Ka. D502]

ಇಱಿ 〚iṟi イリ〛 [iɻi] ಇೞಿ 《古》 *vi.* 《過去語幹 iṟid-》 **1** 下がる、下りる **2** (乗り物や空から)降り立つ **3** (太陽などが)沈む **4** 減少する、(高熱などが)おさまる **5** がっかりする、うぬぼれをくじかれる **6** 痩せ衰える [Ka. D502]

ಇಱಿಕು 〚iṟiku イリク〛 [iɻiku] 《古》 *vt.* 下げる、低下させる；はずかしめる [Ka. D502] (*Pb.1.27*)

ಇಱಿಕೆ 〚iṟike イリケ〛 [iɻike] 《古》 *n.* **1** 下りること、降下 **2** 惨めな状態 **3** 減少 (*Pb.10.19*) [Ka. D502]

ಇಱಿತ 〚iṟita イリタ〛 [iɻitɐ] ಇೞಿತ 《古》 *n.* 下りること、低下 [Ka. D502]

ಇಱಿಪು 〚iṟipu イリプ〛 [iɻipu] ಇೞಿಪು, ಇೞಿಹು, ಇೞುಪು, ಇೞುವು, ಇೞುಹು, ಇೞಿಂಪು, ಇೞಿಪ್ಪು 《古》 *vt.* **1** 下げる、下ろす **2** 失う、手放す [Ka. D502]

ಇಱಿಯುವಿಕೆ 〚iṟiyuvike イリユヴィケ〛 [iɻijuvike] 《‡》 *n.* 下りること、下がること (*Si.182* (*Kitt.*)) [Ka. D502]

ಇಱು 〚iṟu イル〛 [iɻu] 《‡》 *n.* 下りること、下がること (*My.* (*Kitt.*)) [Ka. D502]

ಇಱುಕು 〚iṟuku イルク〛 [iɻuku] 《‡》 *vt.* 下げる、下ろす **—***vi.* 下がる、下りる (*My.* (*Kitt.*)) [Ka. D502]

ಇಱುಪು 〚iṟupu イルプ〛 [iɻupu] 《‡》 *vt.* 下げる、下ろす (*Grj.9,91* (*Kitt.*)) [Ka. D502]

ಇಱ್ಕುಳಿ 〚iṟkuḷi イルクリ〛 [iɭkuɭi] ಈಱ್ಕುಳಿ 《古》 *n.* 魅惑、魅力 [Ka. D504(a)]

ಇಱ್ಕುಱ್ 〚iṟkuṟ イルクル〛 [iɻkuɻ] 《古》 *n.* やっとこ、釘抜き (*Pb.11.3*) [Ka. *iṟ* + *kuṟ* D444]

ಈ

ಈ[1] 〚ī イー〛 [iː] *n.* カンナダその他のインド系言語で音素/ī/、またはそれを表す文字 [Ka.]

ಈ[2] 〚ī イー〛 [iː] *dem.pron.adj.* この、これらの ¶ ಈ ಮನೆ ನಮಗೆ ತುಂಬಾ ಅನುಕೂಲವಾಗಿದೆ. (ī mane namage tuṃbā anukūlavāgide.) この家は私たちにはとても都合がよい。[Ka.D410(a)]

ಈ[3] 〚ī イー〛 [iː] *vt.* 《過去語幹 īd-》(動物が)〈子どもを〉産む [Ka.D555]

ಈಯಿಸು[1] 〚īyisu イーイス〛 [iːjisu] *vt.* 《*caus.*》〈動物に〉子どもを産ませる [Ka. caus.D555] = ಈಸು (īsu)

ಈ[4] 〚ī イー〛 [iː] 《文》 *vt.* 《過去語幹 itt-》与える、やる **—***v.aux.* (ある人に)〈あることを〉させてやる、するのを許す、するがままにさせる ¶ ತಲೆನೋವು ನಿದ್ದೆ ಮಾಡಲು ಈಯಲಿಲ್ಲ. (talenōvu nidde māḍalu īyalilla.) 頭痛で[夜]眠れなかった。[Ka.D2598]

ಈಯಿಸು[2] 〚īyisu イーイス〛 [iːjisu] *vt.* 《*caus.*》与えさせる [Ka. caus. D2598]

ಈ- 〚ī- イー-〛 [iː] *dem.pron.pref.* この(近称の代名接頭辞) ¶ ಈದಿನ (īdina) 今日 [Ka.D410(a)]

ಈಂಚಲ್ 〚īṃcal イーンチャル〛 [iːɲʧəlɐ] 《古》 *n.* [Ka. *D2617] ☞ಈಚಲು (īcalu)

ಈಂಚು 〚īṃcu イーンチュ〛 [iːɲʧu] 《古》 (*n.*) [Ka.D430] ☞ಈಚು (īcu)

ಈಂಚುವೋಗು 〚īṃcuvōgu イーンチュヴォーグ〛 [iːɲʧu voːgu] 《古》 *vi.* 乾く、干からびる、(水不足で)しおれる [Ka.D430]

ಈಂಟು 〚īṃṭu イーントゥ〛 [iːɳʈu] 《文》 *vt.* 飲む [?]

ಈಂಟಿಸು 〚īṃṭisu イーンティス〛 [iːɳʈĭsu] 《文》 *vt.* 飲ませる [+ *-isu* caus.]

ಈಕಾರ 〚īkāra イーカーラ〛 [iːkɐːrɐ] *n.* カンナダその他のインド系の文字で音素 /ī/ を表す文字 [Sk.]

ಈಕೆ 〚īke イーケ〛 [iːke] *dem.pron.f.* この女性(主に自分の妻を指す) ¶ ಈಕೆ ನನ್ನ ಹೆಂಡತಿ. (īke nanna heṃḍati.) これが妻です。[Ka. *ī* D410(a) + *-ke*]

ಈಕ್ಷಕ 〚īkṣaka イークシャカ〛 [iːkʂə̆kɐ] *m.* 《*f.* ಈಕ್ಷಕಿ (īkṣaki)》見る人、観察者、観客 [Sk.]

ಈಕ್ಷಣ 〚īkṣaṇa イークシャナ〛 [iːkʂə̆ɳɐ] *n.* 見ること、観察 [Sk.]

ಈಕ್ಷಣಿಕ 〚īkṣaṇika イークシャニカ〛 [iːkʂə̆ɳikɐ] *m.* 《*f.* ಈಕ್ಷಣಿಕಿ (īkṣaṇiki)》易者、八卦見 [Sk.]

ಈಕ್ಷಿಸು 〚īkṣisu イークシス〛 [iːkʂĭsu] 《文》 *vt.* 見る、観察する [Sk.]

ಈಗ 〚īga イーガ〛 [iːgɐ] *adv.* 《母音で始まる接尾辞の前では īgal-》今、現在 ¶ ಈಗ ನನಗೆ ಮರಣಕಾಲ ಬಂದಿದೆ.

(īga nanage maraṇakāla baṃdide.) 私は死期が迫っている。[ī Ka.D410(a) + ?] = ಈವಾಗ (īvāga)〔口〕

ಈಗಡು ⟦īgaḍu イーガドゥ⟧ [i:gəḍu] 《古》*adv.* 今、現在 [Ka. ī D410(a) + ?]

ಈಗಲ್ ⟦īgal イーガル⟧ [i:gəl] 《古》*adv.* 今、現在 [Ka. ī D410(a) + ?]

ಈಗಾಗಲೇ ⟦īgāgalē イーガーガレー⟧ [i:gɐ:gale:] *adv.* すでに、もう ¶ ಈಗಾಗಲೇ ಗಾಡಿ ಬಂದಿರಬಹುದು. (īgāgalē gāḍi baṃdirabahudu.) 列車はもう到着しているかもしれない。[Ka. *īga* D410(a) + *āgal* + *-ē*]

ಈಗ್ಯೆ ⟦īgye イーギェ⟧ [i:gʲje] 《口》*adv.* 今、現在 [Ka. ī D410(a) + ?]

ಈಚ ⟦īca イーチャ⟧ [i:ʧɐ] 《古》*n.* [Ka.*D2617] ☞ಈಚಲು (īcalu)

ಈಚಲ್ ⟦īcal イーチャル⟧ [i:ʧəl] 《‡》*n.* 羽の生えた白蟻 [Ka.D536] *(Kitt., DEDR)*

ಈಚಲ ⟦īcala イーチャラ⟧ [i:ʧə̆lɐ] *n.* [Ka. D2617] ☞ಈಚಲು (īcalu)

ಈಚಲು ⟦īcalu イーチャル⟧ [i:ʧə̆lu] ಇಂಚಲ್, ಈಂಚಲ್, ಈಚ, ಈಚಲ್. ಈಚಲ, ಈಚಲೆ, ಈಚಿಲ್, ಈಚೆಲ *n.* サトウナツメヤシ(ヤシ科ナツメヤシ属、ヤシ酒の原料) ⟶ 嗜 [Ka.*D2617] = ಶಿಂದಿ (śiṃdi) (NK)

ಈಚಲೆ ⟦īcale イーチャレ⟧ [i:ʧə̆le] *n.* [Ka.D2617] ☞ಈಚಲು (īcalu)

ಈಚಿಲ್ ⟦īcil イーチル⟧ [i:ʧĭl] *n.* [Ka.D2617] ☞ಈಚಲು (īcalu)

ಈಚು[1] ⟦īcu イーチュ⟧ [i:ʧu] 《口》*n.* 受粉したばかりのまだごく小さい実 *(My. (Kitt.))* [Ka.D4145 < *hīcu*] = ಹೀಚು (hīcu)

ಈಚು[2] ⟦īcu イーチュ⟧ [i:ʧu] 《口》*vt.* 〈綿を〉すく、〈木綿を〉けば立てる [Ka.D4171] *(DEDR)*

ಈಚು[3] ⟦īcu イーチュ⟧ [i:ʧu] ಈಂಚು 《古》(*n.*) 1 しおれる〈こと〉、しなびる〈こと〉 2 (顔などが)やつれる〈こと〉[Ka.D430]

ಈಚೆ ⟦īce イーチェ⟧ [i:ʧe] *adv.* こちら側で、こちらで、こちらへ ¶ ಈಚೆ ಬಾ. (īce bā.) こちらへいらっしゃい。[Ka. ī D410(a) + ?] = ಈಕಡೆ (īkaḍe)

ಈಚೆಗೆ ⟦īcege イーチェゲ⟧ [i:ʧege] *adv.* 1 最近、この頃 ¶ ಈಚೆಗೆ ಅಪಘಾತ ಜಾಸ್ತಿಯಾಗಿದೆ. (īcege apag^hāta jāstiyāgide.) 最近事故が多い。2《口》今まで ¶ ಆಚೆಯಿಂದ ಈಚೆಗೆ ಎಂಟು ದಿವಸ ಆಗಿದೆ. (āceyiṃda īcege eṃṭu divasa āgide.) あの時から今まで8日たった. [Ka. *īce* + *-ge*] cf. ಇತ್ತೀಚೆಗೆ (ittīcege) "recently, now-a-days"

ಈಚೆಲ ⟦īcela イーチェラ⟧ [i:ʧelɐ] 《古》*n.* [Ka.*D2617] ☞ಈಚಲು (īcalu)

ಈಜು ⟦īju イージュ⟧ [i:ʤu] *vi.* 泳ぐ (NK) —*n.* 水泳、泳ぐこと = ಈಸು (īsu) (NK) [Ka. 3687]

ಈಜಾಡು ⟦ījāḍu イージャードゥ⟧ [i:ʤɐ:ḍu] *vi.* 泳ぎ回る [+ *āḍu*] = ಈಸು (īsu)

ಈಜಿಸು ⟦ījisu イージス⟧ [i:ʤĭsu] *vt.* 《*caus.*》泳がせる [Ka.D3687]

ಈಟಂಗಿ ⟦īṭaṃgi イータンギ⟧ [i:ṭəŋgi] 《口》*n.* マチン(マチン科マチン属、ストリキニーネの木、神経刺激薬) ⟶ 薬 [Ka.D782] *(DEDR (Kitt.))* = ಇಟ್ಟಿ (iṭṭi)

ಈಟಿ ⟦īṭi イーティ⟧ [i:ṭi] *n.* 槍 [Sk. *ṛṣṭi*] = ಬರ್ಚಿ (barci)

ಈಟು ⟦īṭu イートゥ⟧ [i:ṭu] 《口》*adv.* 1 それだけの、それほど多くの 2 ほんの少し ¶ ಈಟು ಹಾಲು ಕೊಡಿ. (īṭu hālu koḍi.) 牛乳を少しください。 —*adv.* ちょっと(ものを頼む時に用いて遠慮の意を表す言葉) ¶ ಈಟು ಇಲ್ಲೇ ಕುಳಿತಿರಿ. (īṭu illē kuḷitiri.) ちょっとここに座ってください。[Ka. *īsu* D410(a) + *-ṭu* <?]

ಒಂದೀಟು ⟦oṃdīṭu オンディートゥ⟧ [ondi:ṭu] *adv.* ちょっと(ものを頼む時に用いて遠慮の意を表す言葉) ¶ ನೀವು ನನಗೆ ಒಂದೀಟು ಸಹಾಯ ಮಾಡುತ್ತೀರಾ? (nīvu nanage oṃdīṭu sahāya māḍuttīrā?) ちょっと助けていただけないでしょうか。[Ka. *oṃdu* + *īṭu*]

ಈಡಿ ⟦īḍi イーディ⟧ [i:ḍi] *n.* ヤシ酒(ヤシの樹液を発酵させたアルコール飲料) [Ka.D549] cf. ನೀರ (nīra)

ಈಡಿಗ ⟦īḍiga イーディガ⟧ [i:ḍĭgɐ] *m.* 《*f.* ಈಡಿಗಿತ್ತಿ (īḍigitti)》ヤシ酒を作ったり売ったりする人、あるいはそのカーストに属する人 [Ka. *īḍi* D549 + *-ga*]

ಈಡಿಗಿತ್ತಿ ⟦īḍigitti イーディギッティ⟧ [i:ḍĭgitti] *f.* ヤシ酒を作る人や売る人の妻、ヤシ酒を作ったり売ったりするカーストに属する人の妻 [Ka.D549]

ಈಡು[1] ⟦īḍu イードゥ⟧ [i:ḍu] 《古》*n.* 引っ張ること [Ka.D504]

ಈಡಾಡು ⟦īḍāḍu イーダードゥ⟧ [i:ḍɐ:ḍu] *vi.* 1 〈草木などを〉引き抜く、引き抜いて捨てる 2 投げ捨てる [*īḍu* + *āḍu*]

ಈಡು[2] ⟦īḍu イードゥ⟧ [i:ḍu] *n.* 1 置くこと(炉の上に鍋を置くなど) 2 据えること、(鉄砲などを)装填すること 3 (射撃の)的、標的 4 (鉄砲を)射つこと、(矢を)放つこと 5 同等のもの ¶ ಮೈಕ್ ಟೈಸನ್ನಿಗೆ ಈಡಾದವರು ಯಾರೂಇರಲಿಲ್ಲ. (maik ṭaisannige īḍādavaru yārūiralilla.) マイク・タイソンに匹敵する者は誰もいなかった。 6 質(しち)、抵当 ¶ ಅವಳು ತನ್ನ ಚಿನ್ನವನ್ನು ಈಡಿಟ್ಟಳು. (avaḷu tanna cinnavannu īḍiṭṭaḷu.) 彼女は金の装身具を質に入れた。[Ka.D442]

ಈಡು[3] ⟦īḍu イードゥ⟧ [i:ḍu] *n.* 1 (米を炊くことなどで)嵩が増すこと ¶ ಅನ್ನ ಈಡಾಯಿತು. (anna īḍāyitu.) お米が膨らんだ。 2 ふんだんであること、潤沢 3 丈夫で肉づきのよいこと [Ka.D538]

ಈಡುಕಾರ ⟦īḍukāra イードゥカーラ⟧ [i:ḍŭkɐ:rɐ] 《古》*m.* 《*f.* ಈಡುಕಾರ್ತಿ (īḍukārti)》 [Ka. + *-kāra*] ☞ಈಡುಗಾರ (īḍugāra)

ಈಡುಗಾರ ⟦īḍugāra イードゥガーラ⟧ [i:ḍugɐ:rɐ] *m.* 《*f.* ಈಡುಗಾರಳು (īḍugāraḷu)》 1 射撃や弓の名人 2 腕力の強い人 [+ *-gāra*]

ಈಡುಜೋಡು ⟦īḍujōḍu イードゥジョードゥ⟧ [i:ḍuʤo:ḍu] *mfn.* 1 (友達同志、夫婦、雌雄の牛などが)好一対であること 2 好敵手、匹敵する人 ¶ ಚತುರಂಗದಾಟದಲ್ಲಿ ಆನಂದನಿಗೆ ಇಂಡಿಯಾದಲ್ಲಿ ಈಡುಜೋಡಿಲ್ಲ

(caturaṃgadāṭadalli ānaṃdanige iṃḍiyādalli īḍujōḍilla.) アーナンドに匹敵するチェスの打ち手はインドにいない。[*īḍu*[3] + *jōḍu*]

ಈಡೇರು ⟦īḍēru イーデール⟧ [i:ḍe:ru] *vi.* 完成する、成就する ¶ ಮೈಸೂರಿನಲ್ಲಿ ಮನೆ ಕಟ್ಟಬೇಕೆಂಬ ಅವರ ಆಸೆ ಈಡೇರಿತು. (maisūrinalli mane kaṭṭabēkeṃba avara āse īḍēritu.) マイソールに家を建てるという彼の望みはかなった。 –ಯಿಸು (-yisu) [Ka. *īḍu*[3] + *ēṟu*]

ಈಡೇರಿಸು ⟦īḍērisu イーデーリス⟧ [i:ḍe:rĭsu] *vt.* かなえる、実現する、成就する ¶ ನನ್ನ ಆಸೆಯನ್ನು ಈಡೇರಿಸು. (nanna āseyannu īḍērisu.) 私の望みをかなえてください。¶ ನನ್ನಾಸೆಯನ್ನು ಈಡೇರಿಸಿಕೊಂಡೆ. (nannāseyannu īḍērisikoṃḍe.) 僕は望みを実現させた。[+ caus. *-isu*]

ಈತ[1] ⟦īta イータ⟧ [i:tɐ] *dem. pron. m.* 《*f.* ಈಕೆ (īke)》 この人 [*ī* D410(a) + *-ta*] = ಇವನು (ivanu)

ಈತ[2] ⟦īta イータ⟧ [i:tɐ] *n.* (動物の)出産 [Ka. *ī* D410(a) + *-ta*]

ಈತಿ ⟦īti イーティ⟧ [i:ti] 《文》 *n.* (大雨、干ばつ、外敵の侵入、収穫物を荒らす害鳥や害獣や害虫などによる)災難 [Sk.]

ಈತಿಬಾಧೆ ⟦ītibādʰe イーティバーデ⟧ [i:tibɐ:dʰe] 《口》 *n.* 大雨、干ばつ、外敵の侵入や、収穫物を荒らす害鳥や害獣や害虫などによる災厄、困難、困窮 [+ *bādʰe*]

ಈತ್ವ ⟦ītva イートヴァ⟧ [i:tvɐ] *n.* 文字 ಈ (ī) *ī* [Sk.] = ಈಕಾರ (ikāra)

ಈದು ⟦īdu イードゥ⟧ [i:dʰu] 《古》 *adv.* [Ka.*D410(a)] ☞ ಇದು (idu)

ಈದುವಿಕೆ ⟦īduvike イードゥヴィケ⟧ [i:duvĭke] *n.* (動物が子どもを)産むこと [Ka. *īyu* + *-ike*] = ಈಯುವಿಕೆ (īyuvike) 〔汎〕

ಈನು ⟦īnu イーヌ⟧ [i:nu] 《方》 *vt.* (動物が)〈子どもを〉産む [Ka.D555] = ಈಯು (īyu)

ಈಪಾಟಿ ⟦īpāṭi イーパーティ⟧ [i:pɐ:ṭi] 《方》 *adj.* たったこれだけの、これほど多くの、これほど多数の、これほど多量の ¶ ಈಪಾಟಿ ನೀರಿದೆ. (īpāṭi nīride.) このくらいの水がある。¶ ಮಕ್ಕಳು ಈಪಾಟಿ ಪುಸ್ತಕಗಳನ್ನು ಓದಬೇಕೇ? (makkaḷu īpāṭi pustakagaḷannu ōdabēkē?) 子どもたちはこんなにたくさん本を読まねばならないのですか。 —*adv.* これほど大量に、これほど多く ¶ ಮಳೆ ಈಪಾಟಿ ಆದರೆ ಜನಜೀವನ ಅಸ್ತವ್ಯಸ್ತ ಆಗುತ್ತದೆ. (maḷe īpāṭi ādare janajīvana astavyasta āguttade.) もしこんな風に雨が降ったら市民の生活は混乱するだろう。= ಇಷ್ಟೊಂದು (iṣṭoṃdu) [Ka. *ī* D410(a) + *pāṭi* D4067]

ಈಪಿ ⟦īpi イーピ⟧ [i:pi] 《古》 *n.* シラミの卵 [Ka.D2625]

ಈಪ್ಸಿತ ⟦īpsita イープシタ⟧ [i:psitɐ] 《文》 (*adj.*) 望んだ〈こと〉、欲しがっていた〈こと〉 [Sk.]

ಈಪ್ಸೆ ⟦īpse イープセ⟧ [i:pse] *n.* 望み、欲望、欲求 [Sk.]

ಈಯು ⟦īyu イーユ⟧ [i:ju] *vt.* (動物が)〈子を〉産む [Ka.D555] = ಈನು (īnu)

ಈರ್[1] ⟦īr イール⟧ [i:r] 《古》 *vt.* 引く、引っ張る [Ka.D542]

ಈರ್[2] ⟦īr イール⟧ [i:r] 《古》 *n.* シラミの卵 [Ka.D2625]

ಈರ್[3] ⟦īr イール⟧ [i:r] 《古》 *n.* [Ka.D3690] ☞ ಈರ (īra)

ಈರ್– ⟦īr- イール-⟧ [i:r] 《文》 *numr.*(*adj.*) 《母音の前の形》 2〈の〉¶ ಈರಡಿ (īraḍi) 2本の足 [Ka.D474]

ಈರ ⟦īra イーラ⟧ [i:rɐ] ಈರ್ 《文》 *n.* 湿気、湿り気 [Ka.D3690] = ತೇವ (tēva) 〔汎〕

ಈರಣಿಗೆ ⟦īraṇige イーラニゲ⟧ [i:rəɳĭge] *n.* シラミ、シラミの卵を取るための櫛 [⇒図] [Ka. *īr* D2625 + *haṇige* A49]

ಈರಣಿಗೆ
シラミ取り櫛

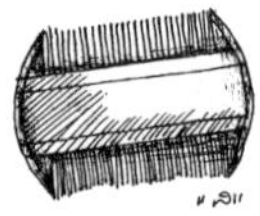

ಈರುಳ್ಳಿ ⟦īruḷḷi イールッリ⟧ [i:ruḷḷi] *n.* タマネギ(ユリ科ネギ属)⇀食 [Ka. *īr* *D3690 + *uḷḷi*] = ಉಳ್ಳಾಗಡ್ಡಿ (uḷḷāgaḍḍi) (NK)

ಈರೆ ⟦īre イーレ⟧ [i:re] 《方》 *n.* ヘチマ(ウリ科ヘチマ属) [Ka.D4224] ☞ ಹೀರೆ (hīre)

ಈರೆಕಾಯಿ ⟦īrekāyi イーレカーイ⟧ [i:rekɐ:ji] 《方》 *n.* ヘチマ(ウリ科ヘチマ属) [Ka.D4224] ☞ ಹೀರೆ (hīre)

ಈರ್ಷ್ಯೆ ⟦īrṣye イールシュエ⟧ [i:rʂje] *n.* 嫉妬、羨み [Sk.]

ಈಱು ⟦īṟu イール⟧ [i:ṟu] 《‡》 *n.* 歯茎 [Ka.D554] (*My.* (*Kitt.*)) = ಒಸಡು (osaḍu) 〔現〕

ಈಲು ⟦īlu イール⟧ [i:lu] *n.* (動物が人に対して、あるいは子どもが親に対して)なつくこと、抱く愛情 ¶ ನಿಮ್ಮ ನಾಯಿ ಇನ್ನೂ ನನಗೆ ಈಲಾಗಿಲ್ಲ. (nimma nāyi innū nanage īlāgilla.) お宅の犬はまだ私になつかない。¶ ಮಗುವಿಗೆ ಮಲತಾಯಿ ಮೇಲೆ ತುಂಬಾ ಈಲು. (maguvige malatāyi mēle tuṃbā īlu.) 子どもは義母にとてもなついている。[Ka. D471]

ಈವಾಗ ⟦īvāga イーヴァーガ⟧ [i:vɐ:gɐ] 《口》 *adv.* 今、現在 ¶ ಬಸ್ ಹೋಗಿಬಿಟ್ಟಿತು. ಈವಾಗ ಏನು ಮಾಡೋಣ? (bas hōgibiṭṭitu. īvāga ēnu māḍōṇa?) バスが行ってしまいました。さてどうしましょうか。[Ka. *ī* D410(a) + *āga*]

ಈಶ ⟦īśa イーシャ⟧ [i:ʃɐ] *m.* **1** (王国などの)統治者、支配者 **2** 主、シヴァ神 [Sk.]

ಈಶತ್ವ ⟦īśatva イーシャトヴァ⟧ [i:ʃət̪vɐ] *n.* 君主としての地位や権力や支配権 [Sk.]

ಈಶಾನ್ಯ ⟦īśānya イーシャーニャ⟧ [i:ʃɐ:ɲjɐ] 《文》 (*adj.*) 北東〈の〉 —*n.* 北東 [Sk.]

ಈಶ್ವರ ⟦īśvara イーシュヴァラ⟧ [i:ʃvərɐ] *n.* **1** (王国などの)支配者、統治者 **2** 最高神 **3** 主、シヴァ神 **4** 夫 —*n.* **1** 大我 **2** シヴァ・リンガ [Sk.]

ಈಶ್ವರಿ ⟦īśvari イーシュヴァリ⟧ [i:ʃvŏri] *f.* 主宰神の妻たる女神、パールヴァティー女神、主宰神である女神 [Sk.]

ಈಷತ್ತು ⟦īṣattu イーシャットゥ⟧ [i:ʂəttu] 《文》 *adv.* 少し、わずかに ¶ ರಾಜಕಾರಣಿಗೆ ನಾಚಿಕೆ ಈಷತ್ತೂ ಇಲ್ಲ. (rājakāraṇige nācike īṣattū illa.) 政治家は羞恥心をまった

く持ち合わせていない。 —(*adj.*) 少し〈の〉、いくらか〈の〉¶ ಈ ಕೆಲಸದಲ್ಲಿ ಅವನಿಗೆ ಈಷತ್ತು ಜಯವಿದೆ. (ī kelasadalli avanige īṣattu jayavide.) 彼はこの仕事でちょっと成功した。[Sk.]

ಈಷದಪಿ ⟦īṣadapi イーシャダピ⟧ [i:ʂədəpi] 《文》 *adv.* 少しも ¶ ತಿನ್ನಬೇಕೆಂದು ಈಷದಪಿ ಅಜ್ಜನಿಗೆ ಆಶೆ ಇಲ್ಲ. (tinnabēkeṃdu īṣadapi ajjanige āśe illa.) 祖父はまったく食欲がない。[Sk.]

ಈಸ ⟦īsa イーサ⟧ [i:sɐ] 《方》 *n.* [Ka. D5449] ☞ ವೀಸ (vīsa)

ಈಸಗುಂಬಳಕಾಯಿ ⟦īsaguṃbaḷakāyi イーサグンバラカーイ⟧ [i:sə̆gumbə̆ḷəkɐ:ji] *n.* [Ka. *īsu* D3687 + *kuṃbaḷakāyi*] ☞ ಈಸುಗುಂಬಳಕಾಯಿ (īsuguṃbaḷakāyi)

ಈಸಾಯಿ ⟦īsāyi イーサーイ⟧ [i:sɐ:ji] *adj., mf.* キリスト教徒〈の〉[Pe. *ʿīsāī*]

ಈಸು¹ ⟦īsu イース⟧ [i:su] 《口》 *pron.adj.* これだけの、これほど多くの ¶ ಅವನು ಈಸು ಅನ್ನ ತಿಂದನು. (avanu īsu anna tiṃdanu.) 彼はたったこれだけしかご飯を食べなかった。 —*n.* これだけ、これほど多く ¶ ನೀನು ಈಸು ತಿಂದು ಬದುಕಲಾರೆ. (nīnu īsu tiṃdu badukalāre.) そんなにたくさん食べていては、おまえは生き抜くことができないよ。↔ ಇನಿಸು (inisu) [Ka.D410(a)]

ಈಸು² ⟦īsu イース⟧ [i:su] ಈಜು *vi.* 泳ぐ —*n.* 泳ぎ、泳ぐこと [Ka.D3687]

ಈಸು³ ⟦īsu イース⟧ [i:su] *vt.* 《*caus.*》与えさせる [Ka. caus.D2598] ☞ ಈಯಿಸು (īyisu)²

ಈಸುಕುಂಬಳಕಾಯಿ ⟦īsukuṃbaḷakāyi イースクンバラカーイ⟧ [i:sŭkumbə̆ḷəkɐ:ji] *n.* [Ka. *īsu* D3687 + *kuṃbaḷakāyi*] ☞ ಈಸುಗುಂಬಳಕಾಯಿ (īsuguṃbaḷakāyi)

ಈಸುಗುಂಬಳಕಾಯಿ ⟦īsuguṃbaḷakāyi イースグンバラカーイ⟧ [i:sŭgumbə̆ḷəkɐ:ji] ಈಸಗುಂಬಳಕಾಯಿ, ಈಸುಕುಂಬಳಕಾಯಿ *n.* 水泳を習う人が使う乾いたカボチャで作った浮き [Ka.D3687]

ಈಳ್ ⟦īḷ イール⟧ [i:ḷ] 《古》 *vt.* [Ka.*D504] ☞ ಈಱ್ (īṟ)

ಈಳ ⟦īḷa イーラ⟧ [i:ḷɐ] 《古》 *n.* ランカー(セイロン島) [←Pk. *sīhala-* < Sk. *siṃhala-*]

ಈಳಿಗೆ ⟦īḷige イーリゲ⟧ [i:ḷige] *n.* 野菜を切る道具[⇒図] [? cf. Sk. *īlikā-* (Kitt., KPN)]

ಈಳಿಗೆ 野菜切り

ಈಳೆ ⟦īḷe イーレ⟧ [i:ḷe] 《古》 *n.* ミカン科ミカン属に属する様々なオレンジ [Ka.D552]

ಈಱ್ ⟦īṟ イール⟧ [i:ɻ] ಈಳ್ 《古》 *vt.* 引っ張る、引きずる、ひったくる [Ka.D504]

ಉ

ಉ ⟦u ウ⟧ [u] *n.* カンナダ語その他のインド系言語で音素 /u/ の音またはそれを表す文字

ಉ- ⟦u- ウ-⟧ [u] 《古》 *pref.* それ(語頭に立ち中間称を表す形態素)¶ ಉದು (udu) それ [Ka. D557(a)]

ಉಂಕೆ ⟦uṃki ウンキ⟧ [uŋki] ಉಂಕೆ, ಊಂಕೆ², *ūki, ūke* 《古》 *n.* 広げて糊をかけた経糸(たて) [Ka.? cf. Ta. *ūṭai*, Ma. *ūḍa*]

ಉಂಕಿಸು ⟦uṃkisu ウンキス⟧ [uŋkisu] 《古》 *vt.* 思う、考える [Ka. D727] = ಊಂಕಿಸು (ūṃkisu)

ಉಂಗರ ⟦uṃgara ウンガラ⟧ [uŋgə̆rɐ] 《口》 *n.* 指輪 [Ka. D572] ☞ ಉಂಗುರ (uṃgura)

ಉಂಗುಟ ⟦uṃguṭa ウングタ⟧ [uŋguṭɐ] *n.* 足の親指 [? cf. Sk. *aṅguṣṭha-*「親指」, Ka. *uṃgura*「爪」] = ಹೆಬ್ಬೆಟ್ಟು (hebbeṭṭu)

ಉಂಗುರ ⟦uṃgura ウングラ⟧ [uŋgŭrɐ] ಉಂಗರ, ಉಂಗ್ರ *n.* 指輪 [Ka. D572, cf. Sk. *aṅgurīyaka*]

ಉಂಗುರಗೂದಲು ⟦uṃguragūdalu ウングラグーダル⟧ [uŋgurəgu:ɖəlu] *n.* 巻毛 [*uṃgura* + *kūdalu*]

ಉಂಗುರವುಡಿಕೆ ⟦uṃguravuḍike ウングラヴディケ⟧ [uŋgurəvuḍĭke] 《文》 *n.* (欧米風の)婚約、婚約式 [*uṃgura* + *uḍike*]

ಉಂಗುಷ್ಠ ⟦uṃguṣṭʰa ウングシュタ⟧ [uŋguʂʈʰɐ] *n.* 指輪 [Sk.]

ಉಂಗ್ರ ⟦uṃgra ウングラ⟧ [uŋgrɐ] 《口》 *n.* 指輪 [Ka. D572] ☞ ಉಂಗುರ (uṃgura)

ಉಂಛವೃತ್ತಿ ⟦uṃcʰavṛtti ウンチャヴルッティ⟧ [uɲʧʰəvrɯtti/–vrutti] 《文》 *n.* 物乞いして生きること、托鉢して暮らすこと [Sk.]

ಉಂಟಾಗು ⟦uṃṭāgu ウンターグ⟧ [uɳʈɐ:gu] *vi.* 生まれる、生じる ¶ ಲೋಭದಿಂದ ಹಗೆತನ ಉಂಟಾಗುತ್ತದೆ. (lōbʰadiṃda hagetana uṃṭāguttade.) 強欲は憎しみを生む。[*uṃṭu* + *āgu*]

ಉಂಟು¹ ⟦uṃṭu ウントゥ⟧ [uɳʈu] ಉಣ್ಟು *vi.* 《*dat.*》ある、存在する(動詞ಉಳ್(uḷ)の継続相現在三人称単複数形、与格支配動詞)¶ ನಿಮ್ಮ ಹತ್ತಿರ ಹತ್ತು ರೂಪಾಯಿಯ ನೋಟು ಉಂಟಾ? (nimma hattira hattu rūpāyiya nōṭu uṃṭā?) 10ルーピー札をお持ちですか。¶ ಅವನಿಗೆ ದೊಡ್ಡ ಸ್ವತ್ತು ಉಂಟು. (avanige doḍḍa svattu uṃṭu.) 彼には莫大な財産がある。 —*n.* 存在、あること [Ka. D697]

ಉಂಟುಮಾಡು ⟦uṃṭumāḍu ウントゥマードゥ⟧ [uɳʈumɐ:ɖu] *vt.* 創る、創造する、創設する ¶ ಮಹಾತ್ಮ ಗಾಂಧಿ ಭಾರತೀಯರಲ್ಲಿ ಸ್ವಾತಂತ್ರ್ಯಕ್ಕಾಗಿ ಹೋರಾಡುವ ಧೈರ್ಯವನ್ನು ಉಂಟುಮಾಡಿದರು. (mahātma gāṃdʰi bʰāratīyaralli svātaṃtryakkāgi hōrāḍuva dʰairyavannu uṃṭumāḍidaru.) マハートマー・ガーンディーは独立のために

戦う勇気をインド人に植えつけた。[*umṭu* + *māḍu*]

ಉಂಟು[2] ⟦umṭu ウントゥ⟧ [uɳʈu] 《口》*vi.* 転がる [Ka. D664(a)] (*Kitt.*) = ಉರುಟು (uruṭu)

ಉಂಡಲಿಗೆ ⟦umḍalige ウンダリゲ⟧ [uɳɖəlĭge] *n.* 米の粉を蒸したりゆでたりして作る円盤型の甘い菓子 [Ka. D664(b)] = ಕಡುಬು (kaḍubu)

ಉಂಡಾಡಿ ⟦umḍāḍi ウンダーディ⟧ [uɳɖɐːɖi] *mf.* ごくつぶし、働かずに大飯を食らう怠け者 [Ka. *umḍu* + *āḍu* + *-i*]

ಉಂಡಾಡಿಗ ⟦umḍāḍiga ウンダーディガ⟧ [uɳɖɐːɖĭgɐ] *mf.* [Ka. *umḍu* + *āḍiga*] ☞ಉಂಡಾಡಿ (umḍāḍi)

ಉಂಡಾಡಿಭಟ್ಟ ⟦umḍāḍibʰaṭṭa ウンダーディバッタ⟧ [uɳɖɐːɖibʰəʈʈɐ] *mf.* 「大飯くらいのバラモン」、ごくつぶし [*umḍāḍi* + *bʰaṭṭa*]

ಉಂಡಿಗೆ[1] ⟦umḍige ウンディゲ⟧ [uɳɖĭge] 《異》*n.* [*umḍe*[2] + *-ige*] ☞ಉಂಡೆ (umḍe)

ಉಂಡಿಗೆ[2] ⟦umḍige ウンディゲ⟧ [uɳɖĭge] ಉಂಡುಗೆ *n.* 1（指輪などに彫った）王の印章 2 王の印が押されている命令書 3（通行などの）許可証、無料入場券 [?]

ಉಂಡಿಗೆ[3] ⟦umḍige ウンディゲ⟧ [uɳɖĭge] 《方》*n.* 果物の味を調べるためにあけた穴、果物のできを見るために取りだした一片 [?]

ಉಂಡಿಗೆ[4] ⟦umḍige ウンディゲ⟧ [uɳɖĭge] 《古》*n.* 税金 [?]

ಉಂಡುಗೆ ⟦umḍuge ウンドゥゲ⟧ [uɳɖŭge] 《異》*n.* [?] ☞ಉಂಡಿಗೆ (umḍige)[2]

ಉಂಡೆ ⟦umḍe ウンデ⟧ [uɳɖe] *n.*（粗糖、タマリンド、土、牛糞などの）団子 [Ka. D664(b)]

ಉಂತು ⟦umtu ウントゥ⟧ [untu] 《古》*adv.* 1 そのように（中間称）；そのように（前方照応）(*Pb.13.75, AdP 1.25*) 2 何も理由なく、いたずらに [Ka. D557(a)]

ಉಂತೆ ⟦umte ウンテ⟧ [unte] 《古》*adv.* 1 何もしないで ¶ ನೀಮಿಲ್ಲಿರ್ದುಂತೆ ನೋಡುತ್ತುಂ … (nīmillirdumte nōḍuttum …) あなた方がここにいて何もしないで見ていて…(*P. 177.15*) 2 そのように 3 何も理由なく、いたずらに [Ka. *umtu*「そのように」+ *-e*（強調）*D557(a)]

ಉಂದು ⟦umdu ウンドゥ⟧ [undu] 《古》*adv.*（ずっと先でもすぐでもない）その時（時間を表す中間称代名副詞）[Ka. D557(a)]

ಉಂಬಳಿ ⟦umbaḷi ウンバリ⟧ [umbə̆ɭi] 《古》*n.*（王や政府から贈られた）賃貸料のいらない土地や村 [Sk. *udbali-*, *umṅaḷi* + *-ge* *A16] = ಜಹಗೀರು (jahagīru) ☞ಉಂಬಟಿ (umbaṟi)

ಉಂಬಳಿಗೆ ⟦umbaḷige ウンバリゲ⟧ [umbə̆ɭige] 《古》*n.* [Sk. *udbali-*, *umṅaḷi* + *-ge* *A16] = ಉಂಬಳಿಗೆ (umbaḷige)

ಉಂಬಟಿ ⟦umbaṟi ウンバリ⟧ [umbə̆ɻi] 《‡》*n.* [Sk. *udbali-*, A16] (*My.* (*Kitt.*)) ☞ಉಂಬಳಿ (umbaḷi)

ಉಂಬಟಿಗೆ ⟦umbaṟige ウンバリゲ⟧ [umbəɻige] 《古》*n.*（王や政府から贈られた）賃貸料のいらない土地や村 [Sk. *udbali-*, A16] ☞ಉಂಬಳಿಗೆ (umbaḷige)

ಉಂಬು ⟦umbu ウンブ⟧ [umbu] 《口》*vt.*《過去語幹 umḍ-》1 食べる、食う、〈母乳を〉飲む 2〔喩〕（善悪の行為の結果としての）〈苦楽を〉甘受する [Ka. D600]

ಉಂಬುಟಿ ⟦umbuṟi ウンブリ⟧ [umbuɻi] 《‡》*n.* [Sk. *udbali-*, *A16] (*My.* (*Kitt.*)) ☞ಉಂಬಟಿ (umbaṟi)

ಉಕಾರ ⟦ukāra ウカーラ⟧ [ukɐːrɐ] *n.* カンナダその他のインド系の言語で音素/u/を表す文字 [Sk.]

ಉಕ್ಕಂದ ⟦ukkamda ウッカンダ⟧ [ukkəndɐ] 《古》*n.* 1（容器などから）満ちあふれた状態、いっぱい、ふんだん 2 熱狂、熱意、意気の高揚 [Ka. D666(a)]

ಉಕ್ಕಡ[1] ⟦ukkaḍa ウッカダ⟧ [ukkə̆ɖɐ] *n.* 1 軍営の周りの小哨、軍営の周りの塹壕で固めた陣地、衛兵の詰め所 2 村や町の境界、村はずれ 3（町外れの）通行税徴収所 4 極端、極度 [Ka. D565]

ಉಕ್ಕಡ[2] ⟦ukkaḍa ウッカダ⟧ [ukkə̆ɖɐ] *n.* 井戸水を汲むバケツと水汲み用の縄をつなぐ細目の縄 [Ka. D570 cf. Ka. *ugga*]

ಉಕ್ಕಡ[3] ⟦ukkaḍa ウッカダ⟧ [ukkə̆ɖɐ] ಉಕ್ಕುಡ《文》*adj.* 極度の [Sk. *utkaṭa-*? M1.101]

ಉಕ್ಕಡಿಸು ⟦ukkaḍisu ウッカディス⟧ [ukkə̆ɖisu] *vi.* ひどくなる、（怒りや悲しみが）こみあげる、制御できなくなる ¶ ಮಗನಿಗೆ ಆದ ಗಾಯವನ್ನು ನೋಡಿ ಅವಳ ದು:ಖ ಉಕ್ಕಡಿಸಿತು. (maganige āda gāyavannu nōḍi avaḷa du:kʰa ukkaḍisitu.) 彼女は息子の怪我を見てわっと泣き出した。[*ukkaḍa* + *-isu*]

ಉಕ್ಕರಿಸು ⟦ukkarisu ウッカリス⟧ [ukkə̆risu] *vt.* 1〈穀物を〉湯に浸けて乾かす 2〈穀物を〉さっと茹でる [? + *-isu*]

ಉಕ್ಕಿವ ⟦ukkiva ウッキヴァ⟧ [ukkivɐ] 《‡》*n.*, *m.* [Sk. *utsava-* × Ka.*ukku*[2] D666(a)?] (*Śmd.* (*Kitt.*)4) ☞ಉಕ್ಕೆವ (ukkeva)[1]

ಉಕ್ಕು[1] ⟦ukku ウック⟧ [ukku] ಉರ್ಕು[2] *vi.*（金属などが）熱で熔ける、液化する (*DEDR*) —*n.* 鋼、鋼鉄 [Ka. < *urku* D661]

ಉಕ್ಕು[2] ⟦ukku ウック⟧ [ukku] ಉರ್ಕು[3] *vi.* 1（牛乳や煮物などが）沸き上がる、（潮などが）満ちてくる、（パン種などが）膨れる 2 激昂する ¶ ದುರ್ಯೋಧನನ ಮಾತು ಕೇಳಿ ಭೀಮ ಕ್ರೋಧದಿಂದ ಉಕ್ಕಿದ. (duryōdʰanana mātu kēḷi bʰīma krōdʰadimda ukkida.) ドゥルヨーダナの言葉を聞いてビーマは激昂した。 —*n.* 1（潮などが）満ちること 2 喜び、歓喜でいっぱいになること 3 力; 勇気 4 高圧的な態度、傲慢、尊大 [Ka. < *urku* D666(a)]

ಉಕ್ಕಿಸು ⟦ukkisu ウッキス⟧ [ukkisu] *vt.* 煮こぼす、〈牛乳などを〉ふきこぼす、〈パン種など〉膨らませる [caus.]

ಉಕ್ಕೇರು ⟦ukkēru ウッケール⟧ [ukkeːru] *vi.* 1（潮などが）満ちる、（お湯などが）沸き上がる 2（怒

り、喜びなどが）あふれる ¶ ತನ್ನ ವೈರಿಯನ್ನು ನೋಡಿದಾಗ ಕೋಪ ಉಕ್ಕೇರಿತು. (tanna vairiyannu nōḍidāga kōpa ukkēritu.) 敵を見て彼は怒りに燃えた。 [*ukku* + *ēru*]

ಉಕ್ಕುಡ ⟦ukkuḍa ウックダ⟧ [ukkŭɖɐ] 《古》(*adj.*) [Ka.] ☞ಉಕ್ಕಡ (ukkaḍa)[3]

ಉಕ್ಕುಡಿಸು ⟦ukkuḍisu ウックディス⟧ [ukkuɖĭsu] *vi.* [*ukkaḍa* + *-isu*] ☞ಉಕ್ಕಡಿಸು (ukkaḍisu)

ಉಕ್ಕುವಿಕೆ ⟦ukkuvike ウックヴィケ⟧ [ukkŭvike] 《口》 *n.* （水位が）上がること、（潮が）満ちること、（パン種などが）膨れること [Ka. D666(a)]

ಉಕ್ಕೆ[1] ⟦ukke ウッケ⟧ [ukke] 《古》 *n.* 耕すこと、耕作 [Ka. *uṟke* D688] ☞ಉಱ್ಕೆ (uṟke)

ಉಕ್ಕೆಹೊಡೆ ⟦ukkehoḍe ウッケホデ⟧ [ukkehoɖe] 《古》 *vi.* 鋤く、耕作する [*ukke* + *hoḍe*]

ಉಕ್ಕೆ[2] ⟦ukke ウッケ⟧ [ukke] 《文》 *n.* 残り、残余 (*Kitt.*) [Ka. *uṟike* D1009]

ಉಕ್ಕೆವ[1] ⟦ukkeva ウッケヴァ⟧ [ukkevɐ] 《古》 *n.* 騙すこと、狡猾、万着 —*m.* 詐欺師、ペテン師 [Ka. < *urkeva* D566]

ಉಕ್ಕೆವ[2] ⟦ukkeva ウッケヴァ⟧ [ukkevɐ] 《古》 *n.* 1 熱中、熱狂、感激 2 祝祭 [Sk. *utsava-* × Ka.*ukku*[2] D666(a)?]

ಉಕ್ತ ⟦ukta ウクタ⟧ [uktɐ] 《文》 *adj.* 先に述べた、前述の —*n.* 言葉 ¶ ಈ ಪುಸ್ತಕದಲ್ಲಿ ಉಕ್ತವಾದದ್ದು ಇನ್ನು ಎಲ್ಲಿಯೂ ಇಲ್ಲ. (ī pustakadalli uktavādaddu innu elliyū illa.) この本で述べられていることはすべて、他のどこにも見あたらない。 [Sk.]

ಉಕ್ತಲೇಖನ ⟦uktalēkʰana ウクタレーカナ⟧ [uktəle:kʰənɐ] 《文》 *n.* 書き取り、口述 [Sk.]

ಉಕ್ತಲೇಖನ ಕೊಡು ⟦uktalēkʰana koḍu ウクタレーカナコドゥ⟧ [— koɖu] 《文》 *vi.* 書き取らせる、口述する

ಉಕ್ತಲೇಖನ ಬರೆ ⟦uktalēkʰana bare ウクタレーカナバレ⟧ [— bəre] 《文》 *vi.* 人の言葉を書き取る ¶ ಮೇಷ್ಟ್ರು ದಿನವೂ ಉಕ್ತಲೇಖನ ಬರೆಸುತ್ತಾರೆ. (mēṣṭru dinavū uktalēkʰana baresuttāre.) 先生は毎日書き取りをさせる。

ಉಕ್ತಿ ⟦ukti ウクティ⟧ [ukti] 《文》 *n.* 言葉、特に偉い人の言葉 [Sk.]

ಉಗ ⟦uga ウガ⟧ [ugɐ] *n.* 湯気、蒸気 [Ka. D568]

ಉಗರಿಸು ⟦ugarisu ウガリス⟧ [ugărisu] *vi.* あえぐ、苦しい息をする [Ka. D569]

ಉಗಮ ⟦ugama ウガマ⟧ [ugəmɐ] *n.* 1 出生地 2 出生、誕生 ¶ ತಲಕಾವೇರಿಯಲ್ಲಿ ಕಾವೇರಿ ನದಿ ಉಗಮವಾಗಿದೆ. (talakāvēriyalli kāvēri nadi ugamavāgide.) カーヴェーリ河はタラカーヴェーリに源を発する。 [Sk. *udgama-*]

ಉಗಱ್ ⟦ugaṟ ウガル⟧ [ugəɻ] 《古》 *vt.* 〈唾などを〉吐く —*n.* 唾、唾液 [Ka. D636]

ಉಗಾದಿ ⟦ugādi ウガーディ⟧ [ugɐ:di] *n.* インド暦の新年、太陽暦では4月14日ころ、太陽太陰暦ではチャイトラ月白分1日 [Sk. *yugādi-*] ☞ಯುಗಾದಿ (yugādi) ☞ಚೈತ್ರ (caitra)

ಉಗಿ[1] ⟦ugi ウギ⟧ [ugi] *vi.* 爪で引っ掻く、爪で引き裂く ¶ ನರಸಿಂಹ ಹಿರಣ್ಯಕಶಿಪುವಿನ ಹೊಟ್ಟೆಯನ್ನು ಉಗಿದು ನೋಡಿದ. (narasiṃha hiraṇyakaśipuvina hoṭṭeyannu ugidu nōḍida.) ナラシンハはヒラニヤカシプの腹を引き裂いて調べた。 [Ka. D561]

ಉಗಿ[2] ⟦ugi ウギ⟧ [ugi] *n.* 湯気、蒸気 [Ka. D568]

ಉಗಿ[3] ⟦ugi ウギ⟧ [ugi] *vt.* 1 〈痰や血や煙などを〉吐き出す、〈音を〉出す 2 〔喩〕〈怒りや恨みごとなどを〉ぶちまける 3 叱りつける —*vi.* 1 つばを吐く ¶ ಊರಿನ ಜನವೆಲ್ಲ ಅವನ ಮುಖಕ್ಕೆ ಉಗಿದರು. (ūrina janavella avana mukʰakke ugidaru.) 村人全員が彼の顔に唾を吐きかけた。 2 （血などが）噴き出す、ほとばしる cf. ಉಗುಳು (uguḷu) [Ka. D636]

ಉಗಿ[4] ⟦ugi ウギ⟧ [ugi] 《文》 *vt.* 1 引き裂く 2 〈皮を〉剥く、はぎ取る 3 〔喩〕はぎ取る、略奪する 4 引き抜く、引き出す [Ka. D2644]

ಉಗಿಬಂಡಿ ⟦ugibaṃḍi ウギバンディ⟧ [ugibənɖi] *n.* （蒸気機関に引っ張られた）列車 [*ugi*[4] + *baṃḍi*]

ಉಗಿಯಂತ್ರ ⟦ugiyaṃtra ウギヤントラ⟧ [ugijəntrɐ] 《文》 *n.* 蒸気機関 [*ugi* + *yaṃtra*]

ಉಗು ⟦ugu ウグ⟧ [ugu] ಒಗು 《古》 *vi.* 《*okk-*》〈水や涙などが〉流れ出る —*vt.* 〈水を〉流す [Ka. D562]

ಉಗಿಸು ⟦ugisu ウギス⟧ [ugisu] 《古》 *vt.* 〈水などを〉流す、こぼす [caus.] ☞ಹುಗಿ (hugi)

ಉಗುನಿ ⟦uguni ウグニ⟧ [uguni] 《古》 *n.* 薬用植物の一種 → 薬 [Ka. D560] IMP 1.381

ಉಗುರಿಸು ⟦ugurisu ウグリス⟧ [ugŭrisu] 《文》 *vt.* （どうしてよいか分からず）〈頭を〉かく、〈乱れた髪を〉指で整える [Ka. D561]

ಉಗುರು ⟦uguru ウグル⟧ [uguru] *n.* （足や手の）指、（猫などの）鉤爪 [Ka. D561]

ಉಗುರುಕಣ್ಣು ⟦ugurukaṇṇu ウグルカンヌ⟧ [ugŭrukəɳɳu] *n.* 指と爪の間の隙間、爪の下のなま身 [*uguru* + *kaṇṇu*]

ಉಗುರುಬೆಚ್ಚಗೆ ⟦ugurubeccage ウグルベッチャゲ⟧ [ugŭru beʧʧəge] *n.* 生ぬるいこと ¶ ಉಗುರುಬೆಚ್ಚಗೆ ನೀರಿನಿಂದ ಕನ್ನಡಕವನ್ನು ತೊಳೆಯಿರಿ. (ugurubeccage nīriniṃda kannaḍakavannu toḷeyiri.) めがねは生ぬるいお湯で洗ってください。 [*uguru* + *beccage*]

ಉಗುರುಸುತ್ತು ⟦ugurusuttu ウグルスットゥ⟧ [ugŭrusuttu] *n.* ひょうそ [*uguru* + *suttu*]

ಉಗುಳು ⟦uguḷu ウグル⟧ [uguɭu] *vt.* 1 〈つばなどを〉吐く、吐き出す 2 〈血や煙などを〉放出する —*n.* 唾、唾液 = ಉಗಿ (ugi) [(NK) Ka. *uguṟ* D636]

ಉಗುಱ್ ⟦uguṟ ウグル⟧ [ugŭɻ] 《古》 *vt.* 《過去語幹 uguṟid-》〈唾などを〉吐く、〈食べ物や種などを〉口から吐き出す —*n.* 唾、唾液 [Ka. D636]

ಉಗುಱಿಸು ⟦uguṟisu ウグリス⟧ [ugŭɻisu] 《古》 *vt.* 《*caus.*》〈食べ物や唾などを〉口から吐き出させる [Ka. D636]

ಉಗುಱುವಿಕೆ ⟦uguṟuvike ウグルヴィケ⟧ [ugŭɻuvike] 《古》 *n.* 唾などを吐くこと [Ka. D636]

ಉಗೆ ⟦uge ウゲ⟧ [uge] 《口》 *n.* 湯気、蒸気 [Ka. D568]

ಉಗ್ಗ¹ 〚ugga ウッガ〛[uggɐ] *m.*《*f.* ಉಗ್ಗಿ(uggi)》吃音者 [Ka. *D571]

ಉಗ್ಗ² 〚ugga ウッガ〛[uggɐ] *n.*（運んだり吊るしたりするために）籠や壺や甕の首に付ける縄 ಉಗ್ಗ(ugga) [Dr.? cf. Ta. *ukkam* Tu. *uggi* D570]

ಉಗ್ಗಡ¹ 〚uggaḍa ウッガダ〛[uggə̆ɖɐ]《古》(*adj.*) **1** 過度〈の〉、多くの〈こと〉 **2** 優れた〈こと〉、卓越した〈こと〉 **—*n.*** 過度、多数、大量 [Sk. *utkaṭa-*]

ಉಗ್ಗಡ² 〚uggaḍa ウッガダ〛[uggə̆ɖɐ]《文》*n.* [Ka. D571] ☞ಉಗ್ಗಡಣೆ(uggaḍaṇe)

ಉಗ್ಗಡಣೆ 〚uggaḍaṇe ウッガダネ〛[uggə̆ɖəɳe]《文》*n.* 繰り返しあがる大声や喚声（デモ隊など喚声、歌い手が音楽や踊りの調子を取るために発する「タイ、タイ」というような意味のない音など）[Ka. D571, cf. Sk. *udghōṣaṇa-*]

ಉಗ್ಗಡಣಿಸು 〚uggaḍaṇisu ウッガダニス〛[uggə̆ɖəɳisu]《文》*vi.* 高い声で繰り返し叫ぶ（デモ隊などの声、歌い手が音楽や踊りの調子を取るために出す「タイ、タイ」というような意味のない声など）[*uggaḍaṇe* D571 + *-isu*]

ಉಗ್ಗಡಿಸು 〚uggaḍisu ウッガディス〛[uggə̆ɖisu] ಉಗ್ಗಳಿಸು, ಉಗ್ಘಡಿಸು, ಉಗ್ಘಳಿಸು《文》*vi.* 大声で叫ぶ [*uggaḍa* D571 + *-isu*]

ಉಗ್ಘಡಿಸು 〚ugghaḍisu ウッガディス〛[ugghəɖisu]《文》*vi.* [Ka. *D571] ☞ಉಗ್ಗಳಿಸು(uggaḷisu)

ಉಗ್ಗಳಿಸು 〚uggaḷisu ウッガリス〛[uggə̆ɭisu]《文》*vi.* [Ka. *D571] ☞ಉಗ್ಗಳಿಸು(uggaḷisu)

ಉಗ್ಘಳಿಸು 〚ugghaḷisu ウッガリス〛[ugghə̆ɭisu]《文》*vi.* [Ka. *D571] ☞ಉಗ್ಗಳಿಸು(uggaḷisu)

ಉಗ್ಗಿ¹ 〚uggi ウッギ〛[uggi] *f.*《*m.* ಉಗ್ಗ(ugga)》女性の吃音者 [Ka. *D570]

ಉಗ್ಗಿ² 〚uggi ウッギ〛[uggi]《古》*n.* ある種の宗教儀式、勤行 [Ka. D680] = ಉರ್ಗಿ(uṛgi)

ಉಗ್ಗು¹ 〚uggu ウッグ〛[uggu] *vi.* **1**（赤ん坊などが）意味のない言葉を繰り返す **2**（遠慮やためらいなどで）口ごもる **3**（言語能力の欠陥で）どもる **—*n.*** **1** 赤ん坊をあやす時に使うような無意味な音の繰り返し **2** 怒鳴る、口ごもる = ತೊದಲು (todalu) [Ka. D571]

ಉಗ್ಗು² 〚uggu ウッグ〛[uggu] *vt.*〈水などを〉振りかける、浴びせる [Ka. D1010] = ಚೆಲ್ಲು(cellu)

ಉಗ್ರ 〚ugra ウグラ〛[ugrɐ] *adj.* **1** 恐ろしい、恐るべき **2** 残酷な、酷い **3** 怒った、激怒した **4** 猛烈な、激しい **5** 急進的な **—*m.*** シヴァ神の別名 **—*n.*** 激怒、憤激 [Sk.]

ಉಗ್ರಗಾಮಿ 〚ugragāmi ウグラガーミ〛[ugrəgɐːmi] *adj., mf.* **1** 猪突猛進する〈人〉 **2** 急進主義者、過激派、急進的な、過激な [Sk.]

ಉಗ್ರತೆ 〚ugrate ウグラテ〛[ugrəte] *n.* **1** 恐ろしさ、凄味 **2** 残酷さ、酷いこと **3** 怒り、激怒 **4** 猛烈さ、激しさ **5** 急進性 [Sk.]

ಉಗ್ರತ್ವ 〚ugratva ウグラトヴァ〛[ugrətvɐ]《文》*n.* [Sk.] ☞ಉಗ್ರತೆ(ugrate)

ಉಗ್ರಲೋಚನ 〚ugralōcana ウグラローチャナ〛[ugrə̆loːʧənɐ]《文》*m.*「恐ろしい目を持った者」（シヴァ神の別名）[Sk.]

ಉಗ್ರಶಾಸನ 〚ugraśāsana ウグラシャーサナ〛[ugrəʃɐːsənɐ]《文》*n.* **1** 厳命 **2** 専制政治 **—*adj., m.***《*f.* ಉಗ್ರಶಾಸನಳು(ugraśāsanaḷu)》厳命を下す〈人〉[Sk.]

ಉಗ್ರಾಣ 〚ugrāṇa ウグラーナ〛[ugrɐːɳɐ] *n.* 倉庫、貯蔵庫 [? cf. Sk. *udgrahaṇa-*]

ಉಚಾಯಿಸು 〚ucāyisu ウチャーイス〛[uʧɐːjĭsu]《方》*vt.*〈制限や範囲などを〉越える、逸脱する、〈規範や規則などを〉破る、〈法律を〉犯す ¶ ಅವನು ಯಜಮಾನರ ಮಾತನ್ನು ಉಚಾಯಿಸಿ ಕೆಂಪಯ್ಯನಿಗೆ ಸಾಲ ಕೊಟ್ಟ (avanu yajamānara mātannu ucāyisi keṃpayyanige sāla koṭṭa) 彼は主人の言いつけに反してケンパイヤに金を貸した。[M. *ucāvăṇē*]

ಉಚಿತ 〚ucita ウチタ〛[uʧitɐ]《文》(*adj.*) ふさわしい〈こと〉、適当な〈こと〉 **—(*n.*)** ただ〈の〉、無料〈の〉[Sk.]

ಉಚಿತವಾಗಿ 〚ucitavāgi ウチタヴァーギ〛[uʧitə̆vɐːgi] *adv.* ただで、無料で [Ka. *ucita* + *āgi*]

ಉಚ್ಚ 〚ucca ウッチャ〛[uʧʧɐ] *adj.* **1** 高い **2** 高尚な、高邁な **—*n.*** 高所、高尚さ [Sk.]

ಉಚ್ಚರಣ 〚uccaraṇa ウッチャラナ〛[uʧʧərəɳɐ] *n.* [Sk.] ☞ಉಚಾರಣೆ(ucāraṇe)

ಉಚ್ಚರಣೆ 〚uccaraṇe ウッチャラネ〛[uʧʧərəɳe] *n.* **1** ものを言うこと、陳述、発言 ¶ ಬೆಲೆ ಏರಿಕೆಯ ಬಗ್ಗೆ ಮಂತ್ರಿಗಳ ಉಚ್ಚರಣೆ ತೀವ್ರ ವಿರೋಧ ತಂದಿತು. (bele ērikeya bagge maṃtrigaḷa uccaraṇe tīvra virōdha taṃditu.) 物価上昇をめぐる大臣の声明が激しい反対を呼んだ。 **2** 発音 [Sk.]

ಉಚ್ಚರಿಸು 〚uccarisu ウッチャリス〛[uʧʧərĭsu] *vt.* **1** ものを言う、発言する **2** 発音する [Sk.]

ಉಚ್ಚಲಿತ 〚uccalita ウッチャリタ〛[uʧʧəlitɐ]《文》*adj.* **1** 上に移動した **2** 揺れた、揺らいだ **3** 去った [Sk.]

ಉಚ್ಚಲಿಸು 〚uccalisu ウッチャリス〛[uʧʧəlĭsu] ಉಚ್ಚಳಿಸು, ಉಚ್ಚಲಿಸು《文》*vi.* **1** 上に移動する、向こうに移動する **2** 揺れる、揺らぐ **3** 去る、立ち去る [Sk.]

ಉಚ್ಚಳಿತ 〚uccaḷita ウッチャリタ〛[uʧʧəɭitɐ]《文》*adj.* [Sk.] ☞ಉಚ್ಚಲಿತ(uccalita)

ಉಚ್ಚಳಿಸು 〚uccaḷisu ウッチャリス〛[uʧʧəɭĭsu]《文》*vi.* [Sk.] ☞ಉಚ್ಚಲಿಸು(uccalisu)

ಉಚ್ಚಾಟ 〚uccāṭa ウッチャータ〛[uʧʧɐːʈɐ]《口》*n.*（家畜の）下痢 (*DEDR*) [Ka. D696]

ಉಚ್ಚಾಟನ 〚uccāṭana ウッチャータナ〛[uʧʧɐːʈənɐ] *n.* [Sk.] ☞ಉಚ್ಚಾಟನೆ(uccāṭane)

ಉಚ್ಚಾಟನೆ ⟦uccāṭane ウッチャータネ⟧ [uʧʧɐːʈəne] ಉ–ಚ್ಚಾಟನೆ *n.* 1 追放、追い払うこと 2 悪霊などを祓うこと 3 しつこく悩ますこと [Sk.]

ಉಚ್ಚಾಟಿಸು ⟦uccāṭisu ウッチャーティス⟧ [uʧʧɐːʈisu] *vt.* 1 追い出すこと、追放すること 2〈悪霊などを〉呪文などで祓う [Sk.]

ಉಚ್ಚಾರ ⟦uccāra ウッチャーラ⟧ [uʧʧɐːrɐ] *n.* 1 ものを言うこと、陳述、発言 2 発音 [Sk.]

ಉಚ್ಚಾರಣೆ ⟦uccāraṇe ウッチャーラネ⟧ [uʧʧɐːrəɳe] *n.* 1 ものを言うこと、陳述、発言 2 発音 [Sk.] = ಉಚ್ಚರಣೆ (uccaraṇe)

ಉಚ್ಚಾಸನ ⟦uccāsana ウッチャーサナ⟧ [uʧʧɐːsə̆nɐ] 《文》 *n.* 1 高い席 2 (大統領、総理大臣などの)高い官職 [Sk.]

ಉಚ್ಚಿ¹ ⟦ucci ウッチ⟧ [uʧʧi] 《‡》 *n.* 頭のてっぺん、脳天 (*My.* (*Kitt.*)) [Ka. D579]

ಉಚ್ಚಿ² ⟦ucci ウッチ⟧ [uʧʧi] 《文》 *snt.* 犬を呼ぶ声 [Ka. D580]

ಉಚ್ಚಿಕೆ ⟦uccike ウッチケ⟧ [uʧʧĭke] *n.* (家畜の) 下痢 (*My.* (*Kitt.*)) [Ka. D696]

ಉಚ್ಚು¹ ⟦uccu ウッチュ⟧ [uʧʧu] ಉಚ್ಚರ್, ಉಚ್ಚು *vt.* 1〈刀を〉抜く、(脱皮のために)〈殻を〉脱ぎ捨てる 2〈結び目を〉解く、ゆるめる [Ka. D652] —*vi.* 1 (本のページや縫い目などが) ゆるむ 2 (殻などが)脱ぎ捨てられる

ಉಚ್ಚು² ⟦uccu ウッチュ⟧ [uʧʧu] ಉಚ್ಚರ್ 《古》 *vt.* 突き抜ける (*J.13,18* (*Kitt.*)) [Ka. D663]

ಉಚ್ಚು³ ⟦uccu ウッチュ⟧ [uʧʧu] 《古》 *vi.* (家畜が)下痢する —*n.*〔俗〕尿、小便 ☞ಉಚ್ಚೆ(ucce) [Ka. D696]

ಉಚ್ಚಿಕೊಳ್ಳು ⟦uccikoḷḷu ウッチコッル⟧ [uʧʧikoɭɭu] *vi.* (家畜が)下痢する [Ka. D696]

ಉಚ್ಚೆ ⟦ucce ウッチェ⟧ [uʧʧe] ಉಚ್ಚು *n.*〔俗〕尿、小便 [Ka. D696] = ಮೂತ್ರ (mūtra)

ಉಚ್ಚೆಕಟ್ಟು ⟦uccekaṭṭu ウッチェカットゥ⟧ [uʧʧekəʈʈu] *n.* 尿が出ないこと [Ka. *ucce* + *kaṭṭu*]

ಉಚ್ಚೆಗುಣಿ ⟦ucceguṇi ウッチェグニ⟧ [uʧʧeguɳi] *n.*〔俗〕女性の陰部 [Ka. *ucce* + *kuṇi*]

ಉಚ್ಚೆಚೀಲ ⟦uccecīla ウッチェチーラ⟧ [uʧʧeʧiːlɐ] *n.* 膀胱 [Ka. *ucce* + *cīla*]

ಉಚ್ಚೆಪೀಡೆ ⟦uccepīḍe ウッチェピーデ⟧ [uʧʧepiːɖe] *n.* 泌尿器系疾患 [Ka. *ucce* + *pīḍe*]

ಉಚ್ಚೆಪುರುಕ ⟦uccepuruka ウッチェプルカ⟧ [uʧʧepurŭkɐ] *n.* 《*f.* ಉಚ್ಚೆಪುರುಕಿ (uccepuruki)》 [Ka.] ☞ಉಚ್ಚೆಬುರುಕ (ucceburuka)

ಉಚ್ಚೆಬುರುಕ ⟦ucceburuka ウッチェブルカ⟧ [uʧʧeburŭkɐ] *m.* 《*f.* ಉಚ್ಚೆಪುರುಕಿ (uccepuruki)》尿を失禁してしまう男性 [Ka. *ucce* + *-puruka* <?]

ಉಚ್ಚೆರೋಗ ⟦uccerōga ウッチェローガ⟧ [uʧʧeroːgɐ] *n.* 泌尿器系疾患 [Ka. *ucce* + *rōga*]

ಉಚ್ಛಿಷ್ಟ ⟦uccʰiṣṭa ウッチシュタ⟧ [uʧʧʰiʂʈɐ] 《文》 *adj.* 食べ残された —*n.* (他人には不浄とみなされる)食べ残し = ಎಂಜಲು (eṃjalu) [Sk.]

ಉಚ್ಛೃಂಖಲ ⟦uccʰr̥ṃkʰala ウッチュルンカラ⟧ [uʧʧh rɯŋkʰəlɐ] 《文》 *adj.* 気ままな、御しがたい、手におえない [Sk.]

ಉಚ್ಛ್ರಾಯ ⟦uccʰrāya ウッチュラーヤ⟧ [uʧʧrɐːjɐ] 《文》 *n.* 裕福、繁栄 [Sk.]

ಉಚ್ಛ್ರಾಯಸ್ಥಿತಿ ⟦uccʰrāyastʰiti ウッチュラーヤスティティ⟧ [uʧʧrɐːjəstʰiti] 《文》 *n.* 裕福、繁栄 [Sk.]

ಉಚ್ಛ್ವಾಸ ⟦uccʰvāsa ウッチュヴァーサ⟧ [uʧʧvɐːsɐ] 《文》 *n.* 1 呼気 2 ため息 [Sk.]

ಉಜ್ಜೀವನ ⟦ujjīvana ウッジーヴァナ⟧ [uʤʤiːvə̆nɐ] 《文》 *n.* 1 生き返ること 2 元気を回復すること [Sk.]

ಉಜ್ಜೀವಿಸು ⟦ujjīvisu ウッジーヴィス⟧ [uʤʤiːvĭsu] 《文》 *vt.* 1 生き返らせる、蘇生させる 2〔喩〕〈滅びかけた国や法人などを〉立て直す —*vi.* 生き返る、蘇生する [Sk.]

ಉಜ್ಜು ⟦ujju ウッジュ⟧ [uʤʤu] ಉದ್ದು ಉರ್ದು *vt.* 1 こする 2 こすって磨く —*n.* こすること、こすって磨くこと = ತಿಕ್ಕು (tikku)〔口〕[Ka. D665]

ಉಜ್ಜಿಸು ⟦ujjisu ウッジス⟧ [uʤʤĭsu] *vt.* 《*caus.*》こすらせる [Ka. caus. D665] = ತಿಕ್ಕು (tikku)〔口〕

ಉಜ್ಜುತೈಲ ⟦ujjutaila ウッジュタイラ⟧ [uʤʤutəilɐ] *n.* (薬液、ローションなどの)外用塗り薬、塗布剤 [+ *taila*]

ಉಜ್ಜುಗ ⟦ujjuga ウッジュガ⟧ [uʤʤugɐ] 《古》 *n.* 1 努力、試み 2 職業 3《古》始めること、開始 [Sk. *udyōga*-]

ಉಜ್ಜುಗಿಸು ⟦ujjugisu ウッジュギス⟧ [uʤʤugĭsu] 《古》 *vt.* 1 努力する、試みる 2 始める [*udyōgisu* Sk.]

ಉಜ್ಜುಗೊರಡು ⟦ujjugoraḍu ウッジュゴラドゥ⟧ [uʤʤugorə̆ɖu] *n.* 鉋(かんな) [*ujju* + *koraḍu*「木片」] = ಉಜ್ಜುಗೊರಡು (ujjugoraḍu)

ಉಜ್ವಲ ⟦ujjvala ウッジュヴァラ⟧ [uʤʤvəlɐ] 《文》 *adj.* 1 明るい、輝く 2〔喩〕輝かしい [Sk.] = ಹೊಳಪು (hoḷapu)

ಉಜ್ವಲಿಸು ⟦ujjvalisu ウッジュヴァリス⟧ [uʤʤvəlisu] 《文》 *vi.* 輝く、まばゆく光る [Sk.]

ಉಟಜ ⟦uṭaja ウタジャ⟧ [uʈəʤɐ] 《文》 *n.* 木の葉を編んで作った小屋、隠者の庵 [Sk.]

ಉಟ್ಟಿ ⟦uṭṭi ウッティ⟧ [uʈʈi] *n.* 縄や籐(とう)を目の粗い網状に結んだもの(容器を梁(はり)につるしたり天秤棒でかついだりするのに用いられる) [Ka. D708]

ಉಟ್ಟು¹ ⟦uṭṭu ウットゥ⟧ [uʈʈu] 《口》 (*n.*) 1 (布、髪の毛などが) ごわごわしている〈こと〉(*DEDR*) 2 (布などが) 分厚い〈こと〉 3 粗暴〈な〉(*S.Mhr.* (*Kitt.*)) [Ka. D649] = ಒರಟು (oraṭu)

ಉಟ್ಟು² 〚uṭṭu ウットゥ〛[uʈʈu] 《文》*n.* 錨(いかり)に用いる丸い石、碇 (*Si.85* (*Kitt.*)) [Ka. D664(a)]

ಉಟ್ಟು³ 〚uṭṭu ウットゥ〛[uʈʈu] 《方》*vi.* 生まれる (*My.* (*Kitt.*)) [Ka. < *huṭṭu* D4264] ☞ಹುಟ್ಟು (huṭṭu)

ಉಟ್ಟು⁴ 〚uṭṭu ウットゥ〛[uʈʈu] 《方》*n.* 幅の広い櫂 (*My.* (*Kitt.*)) [Ka. < *huṭṭu* D4265] ☞ಹುಟ್ಟು (huṭṭu)

ಉಡ¹ 〚uḍa ウダ〛[uɖɐ] *n.* [D592] ☞ಉಡು (uḍu)

ಉಡ² 〚uḍa ウダ〛[uɖɐ] 《‡》*n.* 腰 (*DEDR*) [D947] ☞ಉಡಿ (uḍi)⁴

ಉಡಗು¹ 〚uḍagu ウダグ〛[uɖəgu] 《異》*vt.* [Ka. D953] (*Bp.23.18* (*Kitt.*)) ☞ಉಡುಗು (uḍugu)¹

ಉಡಗು² 〚uḍagu ウダグ〛[uɖəgu] 《異》*vt.*, *vi.* [Ka. D954] ☞ಉಡುಗು (uḍugu)²

ಉಡಗಿಸು 〚uḍagisu ウダギス〛[uɖəgisu] 《異》*vt.* 1 縮める 2 減らす、減少させる [Ka. caus. D954] ☞ಉಡುಗಿಸು (uḍugisu)²

ಉಡಚು 〚uḍacu ウダチュ〛[uɖətʃu] 《異》*n.* 横根(よこね)(性病のために鼠けい部にできた腫れ物) [Ka. D950] ☞ಉಡುಚು (uḍucu)

ಉಡಪು 〚uḍapu ウダプ〛[uɖəpu] 《異》*n.* 衣類、着物 (*My.* (*Kitt.*)) [Ka. D587] ☞ಉದುಪು (udupu)

ಉಡಲು 〚uḍalu ウダル〛[uɖəlu] 《‡》*n.* [Ka. D947] (*Kittel.,C.*) ☞ಉಡಿಲು (uḍilu)

ಉಡಾಫೆ 〚uḍāpʰe ウダーペ〛[uɖɐːpʰe] *n.* 1 相手が喜びそうなことを場当たり的に言う無責任な発言 ¶ ಆಚಾರಿ ಸಮಯಕ್ಕೆ ಸರಿಯಾಗಿ ಆಭರಣ ಕೊಡದೆ ಉಡಾಫೆ ಹೊಡೆಯುತ್ತಿದ್ದಾನೆ. (ācāri samayakke sariyāgi ābʰaraṇa koḍade uḍāpʰe hoḍeyuttiddāne.) 金細工師は約束の時間までに仕事を終わらせず、あれこれ遁辞を弄している。 2 自慢、法螺(ほら) 3 自分の言ったことを否定すること ¶ ಮಂತ್ರಿಗಳು ನಾನು ಆ ಅಭಿಪ್ರಾಯದಲ್ಲಿ ಹೇಳಲಿಲ್ಲ ಎಂದು ಉಡಾಫೆ ಹೊಡೆದರು. (maṃtrigaḷu nānu ā abʰiprāyadalli hēḷalilla eṃdu uḍāpʰe hoḍedaru.) 大臣は「そんな意味で言ったわけではない」と言ってごまかそうとした。 4 言い抜け、いい加減な嘘 ¶ ಕಳ್ಳ ಸಿಕ್ಕಿಬಿದ್ದಾಗ ಏನೋ ಉಡಾಫೆ ಹೇಳಿ ಪಾರಾಗಲು ನೋಡಿದ. (kaḷḷa sikkibiddāga ēnō uḍāpʰe hēḷi pārāgalu nōḍida.) つかまると、泥棒は下手な言い訳をして逃げようとした。 [M. *uḍāpʰū*? *T1697.4]

ಉಡಾಯಿಸು 〚uḍāyisu ウダーイス〛[uɖɐːjisu] *vt.* 1 投げる、〈ロケットなどを〉発射する、〈岩や橋などを〉爆薬で吹き飛ばす 2 〈提案・忠告などを〉一蹴する、無視する ¶ ಅರ್ಥಮಂತ್ರಿ ವಿರೋಧಪಕ್ಷದವರನ್ನು ಧನವಿಲ್ಲ ಎಂದು ಉಡಾಯಿಸಿದರು. (artʰamaṃtri virōdʰapakṣadavarannu dʰanavilla eṃdu uḍāyisidaru.) 大蔵大臣は財源がないと述べて反対派を一蹴した。 [M. *uḍāviṇē*]

ಉಡಾವಣೆ 〚uḍāvaṇe ウダーヴァネ〛[uɖɐːvəɳe] *n.* 1 飛行、跳ぶこと 2 (ロケットなどの)発射、(ハトなどを)放つこと [M. *uḍāviṇē*]

ಉಡಾವಣೆ ಸಂಖ್ಯೆ 〚uḍāvaṇe saṃkʰye ウダーヴァネサンキェ〛[uɖɐːvəɳe səŋkʰje] 《文》*n.* 飛行番号、フライトナンバー [+ *saṃkʰye*]

ಉಡಾಳ 〚uḍāḷa ウダーラ〛[uɖɐːɭɐ] *mf.* 1 ろくでなし、のらくら者 2 放蕩者、道楽者 [M. *uḍāḷā*]

ಉಡಿ¹ 〚uḍi ウディ〛[uɖi] *n.* サーリーの裾を重ねて袋状にしたもの [Ka. D587] = ಮಡಿಲು (maḍilu)

ಉಡಿ² 〚uḍi ウディ〛[uɖi] 《文》*n.* ウルシ科高木ウダノキ ⇀ 薬 [Ka. D614] *[IMP 3.298]

ಉಡಿ³ 〚uḍi ウディ〛[uɖi] 《文》*vi.* 割れる、壊れる、ひびが入る、粉々に割れる —*vt.* 割る、粉砕する = ಒಡೆ (oḍe)〔汎〕[Ka. D946]

ಉಡಿಸು 〚uḍisu ウディス〛[uɖisu] 《文》*vt.* 粉砕させる、粉々に割らせる [+ *-isu* D946]

ಉಡಿ⁴ 〚uḍi ウディ〛[uɖi] *n.* 1 腰 2 (腰の高さのところで)サーリーの端を折り込んで袋のようにしたところ [Ka. D947] = ಉಡಿಲು (uḍilu)

ಉಡಿತುಂಬು 〚uḍitumbu ウディトゥンブ〛[uɖitumbu] *vi.* 《*dat.*》膝上を満たす、お祝いの席などでサーリーの端を袋のようにしたところに贈り物を入れる [*uḍi* + *tumbu*] ☞ಉಡೆ (uḍe)

ಉಡಿ⁵ 〚uḍi ウディ〛[uɖi] 《文》*n.* 腫れ物の一種 [Ka. D950] = ಉಡುಚು (uḍucu)

ಉಡಿಕೆ 〚uḍike ウディケ〛[uɖike] *n.* 1 (衣類の)着つけ 2 (一定の方法で着つけた)衣服、衣装 3 衣服(一般) 4 (サーリーを贈ることによって)寡婦と内縁関係を結ぶ(非バラモン諸カーストの慣習) [Ka. D587] = ಉಡಿಗೆ (uḍige)

ಉಡಿಗೆ 〚uḍige ウディゲ〛[uɖige] *n.* ☞ಉಡುಗೆ (uḍuge)

ಉಡಿದಾರ 〚uḍidāra ウディダーラ〛[uɖidɐːrɐ] *n.* [Ka. D947 *uḍu*¹ + *dāra*] = ಉಡೆದಾರ (uḍedāra)

ಉಡಿಲ್ 〚uḍil ウディル〛[uɖil] ಉಡಲು 《古》*n.* [Ka. *D947] ☞ಉಡಿಲು (uḍilu)

ಉಡಿಲು 〚uḍilu ウディル〛[uɖilu] ಉಡಿಲ್ *n.* (腰の高さのところで)サーリーやドーティーの端を折りこんで袋のようにしたところ [Ka. D947]

ಉಡು¹ 〚uḍu ウドゥ〛[uɖu] *vt.* 《(*uṭṭ-*)》〈サーリーやドーティーを〉(体に巻きつけて)着る [Ka. D587]

ಉಡಿಸು 〚uḍisu ウディス〛[uɖisu] *vt.* 《*caus.*》〈サーリーやドーティーを〉(体に巻きつけて)着せる [caus. D587]

ಉಡು² 〚uḍu ウドゥ〛[uɖu] *n.* 大型のトカゲの一種 [Ka. D592] = ಗೋಧ (gōdʰa)

ಉಡು³ 〚uḍu ウドゥ〛[uɖu] ಉಡ 《‡》*n.* 腰 (*Kitt.*) [Ka. D947] ☞ಉಡಿ (uḍi)⁴

ಉಡುಕ 〚uḍuka ウドゥカ〛[uɖukɐ] *n.* 縮むこと、収縮 (*Šmd.249*) [Ka. 0*D954, *D587] = ಉಡುಗುವಿಕೆ (uḍuguvike)

ಉಡುಕಿಸು 〚uḍukisu ウドゥキス〛[uɖukisu] 《‡》*vt.* 1 押さえる、しつける 2 制御する、抑制する 3 悩ます、苦しめる 4 まっすぐに伸ばす [Ka. D954]

ಉಡುಕು ⟦uḍuku ウドゥク⟧ [uɖŭku] 《古》 *n.* 太鼓の一種 [Ka. *D587, onom.] ☞ಉಡುಗೆ (uḍuge)

ಉಡುಕೆ ⟦uḍuke ウドゥケ⟧ [uɖŭke] *n.* ☞ಉಡುಗೆ (uḍuge)

ಉಡುಗು¹ ⟦uḍugu ウドゥグ⟧ [uɖŭgu] *vt.* 〈床などを〉箒で掃く、〈ゴミなどを〉箒で掃いて片付ける [Ka. D953] = ಗುಡಿಸು (guḍisu)

ಉಡುಗಿಸು¹ ⟦uḍugisu ウドゥギス⟧ [uɖŭgisu] *vt.* 掃かせる [Ka. caus. *D953]

ಉಡುಗು² ⟦uḍugu ウドゥグ⟧ [uɖŭgu] *vt.* **1** 〈放った矢などを〉(超自然的な力で)引き戻す **2** 〈伸ばした手足を〉引っ込める **—***vi.* **1** 縮む、縮小する ¶ ಹೊಸ ಬಟ್ಟೆ ಮೊದಲ ಸಲ ನೀರಿಗೆ ಹಾಕಿದರೆ ಉಡುಗುತ್ತದೆ. (hosa baṭṭe modala sala nīrige hākidare uḍuguttade.) 新しい布は最初に水に浸けた時に縮む。 **2** (心が恐れ、遠慮などで)萎縮する、恐縮する ¶ ಮಾವನನ್ನು ದುಡ್ಡು ಕೇಳುವಾಗ ಮನಸ್ಸು ಉಡುಗಿತು. (māvanannu duḍḍu kēḷuvāga manassu uḍugitu.) 妻の父親に金の無心をした時は恐縮した。 **3** 減る、減少する ¶ ಪೆಟ್ರೋಲಿನಲ್ಲಿ ಕಸ ಸೇರಿದ್ದರಿಂದ ವಾಹನದ ವೇಗ ಉಡುಗಿತು. (peṭrōlinalli kasa sēriddariṃda vāhanada vēga uḍugitu.) ガソリンにほこりが溜まって車のスピードが落ちた。 **4** (花などが)しおれる ¶ ವಿರಹದ ತಾಪದಿಂದ ಎದೆಯ ಮೇಲಿನ ಮಾಲೆ ಉಡುಗಿತು. (virahada tāpadiṃda edeya mēlina māle uḍugitu.) 胸に飾った花輪は、別離の苦しみでしおれてしまった。 **5** 弱る、(力などが)なくなる ¶ ನಡೆದು ನಡೆದು ನನ್ನ ಶಕ್ತಿಯೆಲ್ಲ ಉಡುಗಿತು. (naḍedu naḍedu nanna śaktiyella uḍugitu.) ずっと歩いて来たので私は力を使い果たしてしまった。 [Ka. D954]

ಉಡುಗಿಸು² ⟦uḍugisu ウドゥギス⟧ [uɖŭgisu] *vt.* 縮小させる、減少させる、萎縮させる ¶ ರೋಗ ಅವನನ್ನು ತುಂಬ ಉಡುಗಿಸಿದೆ. (rōga avanannu tuṃba uḍugiside.) 彼は病気ですっかり衰えた。 [Ka. caus.*D954]

ಉಡುಗೆ ⟦uḍuge ウドゥゲ⟧ [uɖŭge] ಉಡಿಕೆ, ಉಡಿಗೆ, ಉಡುಕೆ *n.* **1** (着物の)着つけ ¶ ಅವಳ ಸೀರೆಯ ಉಡುಗೆಯೇ ಒಂದು ಕಲೆ (avaḷa sīreya uḍugeyē oṃdu kale) 彼女のサーリーの着方自体、一個の芸術だ。 **2** 着物、衣装 [Ka. *uḍu* + *-ge* D587]

ಉಡುಗೊರೆ ⟦uḍugore ウドゥゴレ⟧ [uɖŭgore] *n.* (結婚などの)祝いの贈り物、お祝い [Ka. *uḍu*¹ + **koṟe* 「衣類」 D1925]

ಉಡುಚು ⟦uḍucu ウドゥチュ⟧ [uɖŭʧu] *n.* リンパ腺炎、特に鼠けい部および脇の下の腫れ物 [Ka. D950]

ಉಡುತ ⟦uḍuta ウドゥタ⟧ [uɖŭtɐ] 《‡》 *n.* 衣類を腰に巻くこと (*XX My.* (*Kitt.*)) [Ka. D587]

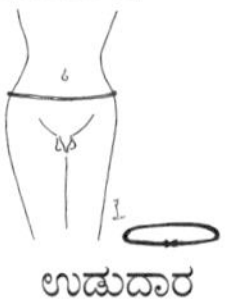

ಉಡುದಾರ
腰紐

ಉಡುತೆ ⟦uḍute ウドゥテ⟧ [uɖŭte] 《‡》 *n.* リス (*My.* (*Kitt.*)) [Ka. D590]

ಉಡುದಾರ ⟦uḍudāra ウドゥダーラ⟧ [uɖŭdɐːrɐ] *n.* (男子が)腰に巻く綿や絹や金でできた紐 [⇒図] [Ka. D947 *uḍu* + *dāra*] = ಉಡೆದಾರ (uḍedāra)

ಉಡುಪ ⟦uḍupa ウドゥパ⟧ [uɖŭpɐ] 《文》 *mn.* 月、月の神 [Sk.]

ಉಡುಪು ⟦uḍupu ウドゥプ⟧ [uɖŭpu] *n.* 衣服、着物 [Ka. D587]

ಉಡುಲು ⟦uḍulu ウドゥル⟧ [uɖŭlu] *n.* サーリーやドーティーの裾でものを受け取るために作った袋 [Ka. D947]

ಉಡ್ಲು ⟦uḍlu ウドル⟧ [uɖlu] 《口》 *n.* [Ka. D947] ☞ಉಡುಲು (uḍulu)

ಉಡೆ¹ ⟦uḍe ウデ⟧ [uɖe] 《文》 *n.* **1** (衣類の)着つけ **2** (一定の方法で着つけた)衣服、服装 **3** 衣服(一般) [Ka. D587] = ಉಡಿಗೆ (uḍige)

ಉಡೆ² ⟦uḍe ウデ⟧ [uɖe] ಉಡಿ 《古》 *n.* 腰 [Ka. D947] = ಸೊಂಟ (soṃṭa)

ಉಡೆದಾರ ⟦uḍedāra ウデダーラ⟧ [uɖĕdɐːrɐ] *n.* =ಉಡುದಾರ (uḍudāra)

ಉಡ್ಡಿ ⟦uḍḍi ウッディ⟧ [uɖɖi] *n.* 四つ、ものを数えたりゲームをしたりする時に小石や棒を四つずつまとめて積み上げたりしたもの [Ka. D599] = ಒಡ್ಡಿ (oḍḍi)

ಉಡ್ಡೀನ ⟦uḍḍīna ウッディーナ⟧ [uɖɖiːnɐ] 《文》 *adj.* 飛ぶ、飛び上がった **—***n.* 跳ぶこと、飛翔、飛び上がること [Sk.]

ಉಣ್ ⟦uṇ ウン⟧ [uɳ] 《古》 *vt.* 《過去語幹 uṇḍ-》 [Ka. D600] ☞ಉಣ್ಣು (uṇṇu)

ಉಣಚಿಮೀನು ⟦uṇacimīnu ウナチミーヌ⟧ [uɳɐ̆ʧimiːnu] *n.* イルカ [Ka. D602] = ಕಡಲುಹಂದಿ (kaḍaluhaṃdi)

ಉಣಿ ⟦uṇi ウニ⟧ [uɳi] *mf.* 《複合語末で》…を食べる人 [Ka. *uṇ* D600 + *-i*¹]

ಉಣಿಕೆ ⟦uṇike ウニケ⟧ [uɳike] 《‡》 *n.* 食事(をすること)(*My.* (*Kitt.*)) [Ka. D600] ☞ಉಣ್ಣುವಿಕೆ (uṇṇuvike) 〔汎〕

ಉಣಿಸು¹ ⟦uṇisu ウニス⟧ [uɳĭsu] *n.* 食事 [*uṇ* + *-isu* D600]

ಉಣಿಸು² ⟦uṇisu ウニス⟧ [uɳĭsu] *vt.* 《*caus.*》食べさせる [*uṇ* + *-isu* D600]

ಉಣುಂಗು ⟦uṇuṃgu ウヌング⟧ [uɳuŋgu] 《方》 *n.* ダニ (*Hav.*) [Ka. D604]

ಉಣುಗು ⟦uṇugu ウヌグ⟧ [uɳugu] 《文》 *n.* 犬、羊、牛などにつくダニ [Ka. D604] = ಉಣ್ಣಿ (uṇṇi) 〔汎〕

ಉಣುಗೋಲು ⟦uṇugōlu ウヌゴール⟧ [uɳugoːlu] ಉಣು-ಗೋಲ್ *n.* (果樹園などの門に)横に渡した棒 [*uṇu* < ? + *kōlu*]

ಉಣ್ಣಿ¹ ⟦uṇṇi ウンニ⟧ [uɳɳi] 《‡》 *n.* 食事 (*Kitt.*) [Ka. D600]

ಉಣ್ಣಿ² ⟦uṇṇi ウンニ⟧ [uɳɳi] ಉಣ್ಣೆ *n.* 犬、羊、牛などに付くダニ [Ka. D604]

ಉಣ್ಣು ⟦uṇṇu ウンヌ⟧ [uɳɳu] *vt.* 《過去語幹 uṃḍ-》 **1** 食べる、食う、〈母乳を〉飲む **2** 〈利息などを〉得る **3** 〈富などを〉享受する、〈悪事などの結果を〉味わう ¶ ಮಾಡಿದ್ದುಣ್ಣೋ ಮಹಾರಾಯ (māḍidduṇṇō mahārāya) 自業自得 [Ka. D600]

ಉಣ್ಣೆ¹ ⟦uṇṇe ウンネ⟧ [uɳɳe] *n.* 羊毛、羊などの柔らかい毛 [Sk. *ūrṇā-*]

ಉಣ್ಣೆ² ⟦uṇṇe ウンネ⟧ [uɳɳe] *n.* [Ka. D604] ☞ಉಣ್ಣಿ (uṇṇi)²

ಉಣ್ಮು ⟦uṇmu ウンム⟧ [uɳmu] ಉಮ್ಮು² 《古》 *vi.* **1** ほとばしる、湧き出る、染み出る **2**〔喩〕(悲しみなどが) 湧き出る、あふれ出る [Ka. onom. D697?, D4482?] = ಉಮ್ಮು (ummu)

ಉಣ್ಮೆ ⟦uṇme ウンメ⟧ [uɳme] 《古》 *n.* 存在 [*uḷ* D697 + *-me*]

ಉತ್ಕಂಠಿತ ⟦utkaṃṭʰita ウトカンティタ⟧ [utkəɳʈʰitɐ] 《文》 *adj.* あこがれた、切望した [Sk.]

ಉತ್ಕಂಠೆ ⟦utkaṃṭʰe ウトカンテ⟧ [utkəɳʈʰe] 《文》 *n.* 憧れ、熱望 [Sk.]

ಉತ್ಕಟ ⟦utkaṭa ウトカタ⟧ [utkəʈɐ] 《文》 (*n.*) **1** 過度〈の〉、ひどい〈こと〉 ¶ ನನಗೆ ಮಾನಸಸರೋವರಕ್ಕೆ ಹೋಗಬೇಕೆಂಬ ಇಚ್ಛೆ ಉತ್ಕಟವಾಯಿತು. (nanage mānasasarōvarakke hōgabēkeṃba iccʰe utkaṭavāyitu.) マナサロワル湖に行きたいという私の願いは強まった。**2** 優れた〈こと〉、卓越した〈こと〉¶ ಮಾಸ್ತಿ ಕನ್ನಡದಲ್ಲಿ ಉತ್ಕಟ ಕಥಾಲೇಖಕರು. (māsti kannaḍadalli utkaṭa katʰālēkʰakaru.) マースティーはカンナダ語による素晴らしい物語作者である。 —*n.* 猛烈さ、激烈さ [Sk.]

ಉತ್ಕಟತೆ ⟦utkaṭate ウトカタテ⟧ [utkəʈəte] 《文》 *n.* **1** 過度、ひどさ **2** 卓越性、優秀性 **3** 熱望、渇望 ¶ ಅವನಲ್ಲಿ ಸಂಗೀತ ಕಲಿಯಬೇಕೆಂಬ ಉತ್ಕಟತೆ ಇದೆ. (avanalli saṃgīta kaliyabēkeṃba utkaṭate ide.) 彼は音楽を学ぶことを熱望している。 [Sk.]

ಉತ್ಕರ್ಷ ⟦utkarṣa ウトカルシャ⟧ [utkərʂɐ] 《文》 *n.* **1** 卓越、優越 **2** 繁栄、幸福、人生における成功 ¶ ಮಗನ ಉತ್ಕರ್ಷವನ್ನು ನೋಡಿ ತಂದೆ ಹಿಗ್ಗಿದರು. (magana utkarṣavannu nōḍi taṃde higgidaru.) 息子の成功を見て父親は大喜びであった。 **3** (繁栄などの) 頂点 ¶ ಹದಿನೈದನೇ ಶತಮಾನ ವಿಜಯನಗರದ ಉತ್ಕರ್ಷಕಾಲ. (hadinaidanē śatamāna vijayanagarada utkarṣakāla.) 15 世紀はヴィジャヤナガラ王国の絶頂期であった。 [Sk.]

ಉತ್ಕೃಷ್ಟ ⟦utkṛṣṭa ウトクルシュタ⟧ [utkrɯʂʈɐ] 《文》 *adj.* **1** 引き上げられた **2** 優れた、優秀な、卓越した [Sk.]

ಉತ್ಕ್ರಮಣ ⟦utkramaṇa ウトクラマナ⟧ [utkrəməɳɐ] 《文》 *n.* 死ぬ時、世を去る時 [Sk.]

ಉತ್ಕ್ರಾಂತಿ ⟦utkrāṃti ウトクラーンティ⟧ [utkrɐːnti] 《文》 *n.* **1** 立ち去ること **2** 死ぬ時、世を去る時 [Sk.]

ಉತ್ತಂಡ ⟦uttaṃḍa ウッタンダ⟧ [uttəɳɖɐ] 《文》 *n.* 数珠状の金でできた首飾りの一種 [Ka. D618]

ಉತ್ತಂಡಾಲು ⟦uttaṃḍālu ウッタンダール⟧ [uttəɳɖɐːlu] 《‡》 *n.* 数珠上の金でできた首飾りの一種 [Ka. D618]

ಉತ್ತಂಸ ⟦uttaṃsa ウッタンサ⟧ [uttəmsɐ] 《文》 *n.* **1** 頭頂につけていた昔の飾り [⇒図] **2** 昔の耳飾りの一種 **3**〔喩〕ある部族やカーストなどの中で最も優れた人 [Sk.]

ಉತ್ತಂಸ 頭飾り

ಉತ್ತ¹ ⟦utta ウッタ⟧ [uttɐ] 《古》 *adv.* そちらで、そちらに (*Pb.1.75*) [Ka. *D557(a)]

ಉತ್ತ² ⟦utta ウッタ⟧ [uttɐ] 《方》 *n.* シロアリの巣 (*Nr.* (*Kitt.*)) [Ka. D4335] ☞ಹುತ್ತ (hutta)

ಉತ್ತಣ ⟦uttaṇa ウッタナ⟧ [uttəɳɐ] 《古》 *adj.* そちらの、遠くも近くもない地点の [Ka. *D557(a)]

ಉತ್ತತ್ತಿ ⟦uttatti ウッタッティ⟧ [uttətti] ಉತ್ತುತ್ತೆ, ಉತ್ತೊತ್ತೆ *n.* 乾燥したナツメヤシの実 [Ka. D620] = ಖರ್ಜೂರ (kʰarjūra)

ಉತ್ತಪ್ಪ ⟦uttappa ウッタッパ⟧ [uttəppɐ] *n.* (様々な香辛料のきいたソースをかけて食べる) 米粉とブラックグラムの粉で焼いた塩味のきいたホットケーキ [Ta. *uttappam*]

ಉತ್ತಮ ⟦uttama ウッタマ⟧ [uttəmɐ] *adj.* 最も優れた、最高の —*adj.*, *m.* 《*f.* ಉತ್ತಮಳು (uttamaḷu)》最も優れた〈人〉、最優秀の〈人〉 [Sk.]

ಉತ್ತಮಾಂಗ ⟦uttamāṃga ウッタマーンガ⟧ [uttəmɐːŋgɐ] 《文》 *n.* 頭 [Sk.]

ಉತ್ತಮಿಕೆ ⟦uttamike ウッタミケ⟧ [uttəmike] *n.* 優越性、優秀性、卓越 [Sk. *uttama-* + *-ike*]

ಉತ್ತರ ⟦uttara ウッタラ⟧ [uttərɐ] 《文》 *adj.* **1** より高い **2** より優れた、卓越した **3** 余分の、余った ¶ ಅಷ್ಟೋತ್ತರಶತ (aṣṭōttaraśata) 108 **4** 後の、次の ¶ ಉತ್ತರಕರ್ಮ (uttarakarma) 葬儀、葬式 **5** 北の、北方の —*adj.*, *m.* 《*f.* ಉತ್ತರಳು (uttaraḷu)》北インド人〈の〉 —*postp.* …の後で ¶ ಗಾಳಿಯ ಉತ್ತರ ಮಳೆ ಬರುತ್ತದೆ. (gāḷiya uttara maḷe baruttade.) 風が止んだら雨が降る。 —*n.* **1** 行為の結果、成りゆき ¶ ಈ ಔಷಧಿ ಸೇವಿಸಿದ ಉತ್ತರದಲ್ಲಿ ತಲೆಕೂದಲು ಉದುರಬಹುದು. (ī ausadʰi sēvisida uttaradalli talekūdalu udurabahudu.) この薬を飲んだ結果として髪の毛が抜け落ちる可能性がある。 **2** 答え、返事 ¶ ನಾನು ಬರೆದ ಕಾಗದಕ್ಕೆ ಸ್ನೇಹಿತನಿಂದ ಉತ್ತರ ಬರಲಿಲ್ಲ. (nānu bareda kāgadakke snēhitanimda uttara baralilla.) 私の手紙に友達は返事をよこさなかった。 **3** 北、北部 [Sk.]

ಉತ್ತರಕ್ರಿಯೆ ⟦uttarakriye ウッタラクリエ⟧ [uttərəkrije] *n.* 葬式、葬儀、弔い [Sk.] = ಶವಸಂಸ್ಕಾರ (śavasaṃskāra)

ಉತ್ತರಗಿಗೆ ⟦uttaragige ウッタラギゲ⟧ [uttərə̆gige] 《‡》 *n.* 女性用の金の首飾り (*Kitt.*) [Ka. D618] ☞ಉತ್ತಂಡ (uttaṃḍa)

ಉತ್ತರಣ ⟦uttaraṇa ウッタラナ⟧ [uttərəɳɐ] 《文》 *n.* (川などを) 渡ること [Sk.]

ಉತ್ತರಣಿ ⟦uttaraṇi ウッタラニ⟧ [uttərəɳi] *n.* [Ka. D619] ☞ಉತ್ತರಣೆ (uttaraṇe)

ಉತ್ತರಣೆ ⟦uttaraṇe ウッタラネ⟧ [uttərə̆ɳe] ಉತ್ತರಣಿ, ಉತ್ತರಾಣಿ, ಉತ್ತರೇಣಿ *n.* ヒユ科イノコズチ属の雑草 (ディヴァーリーの祭りに用いる) ⇀ 宗・薬 [Ka. D619] *[IMP 1.40]

ಉತ್ತರಧ್ರುವ ⟦uttaradʰruva ウッタラドルヴァ⟧ [uttɐrədʰruvɐ] *n.* 北極 [Sk.]

ಉತ್ತರಪೂಜೆ ⟦uttarapūje ウッタラプージェ⟧ [uttərəpuːʤe] *n.* 1 ある行事をしめくくる礼拝 2 (祭りの最後に)祀った(土製などの)神像を水に沈めること [Sk.]

ಉತ್ತರಭಾಗ ⟦uttarabʰāga ウッタラバーガ⟧ [uttərəbʰɐːgɐ] *n.* (二部からなる本などの)第二部 [Sk.]

ಉತ್ತರಮುಖಿ ⟦uttaramukʰi ウッタラムキ⟧ [uttərəmukʰi] 《文》 *n.* 羅針盤 [Sk.]

ಉತ್ತರವಯಸ್ಸು ⟦uttaravayassu ウッタラヴァヤッス⟧ [uttərəvəjəssu] 《文》 *n.* 晩年、後半生 [Sk.]

ಉತ್ತರಾಣಿ ⟦uttarāṇi ウッタラーニ⟧ [uttə̆rɐːɳi] *n.* [Ka. D619] ☞ಉತ್ತರಣೆ (uttaraṇe)

ಉತ್ತರಾಧಿಕಾರ ⟦uttarādʰikāra ウッタラーディカーラ⟧ [uttərɐːdʰikɐːrɐ] 《文》 *n.* 相続権;(王国、学派、流派などの)継承権 [Sk.]

ಉತ್ತರಾಧಿಕಾರಿ ⟦uttarādʰikāri ウッタラーディカーリ⟧ [uttərɐːdʰikɐːri] *mf.* 1 相続人、相続権者;王位などの継承者 2 (学派、僧院、伝統などの)継承者 [Sk.]

ಉತ್ತರಾಭಾದ್ರೆ ⟦uttarābʰādre ウッタラーバードレ⟧ [uttərɐːbʰɐːdre] *n.* 第 26 星宿ウッタラ・バードラパダ [Sk. *uttarabʰādrā*-]

ಉತ್ತರಾಭಿಮುಖ ⟦uttarābʰimukʰa ウッタラービムカ⟧ [uttərɐːbʰimukʰɐ] *adj., mfn.* 東を向いた〈人〉、顔を東に向けた〈人〉 [Sk.]

ಉತ್ತರಾಯಣ ⟦uttarāyaṇa ウッタラーヤナ⟧ [uttərɐːjə̆ɳɐ] *n.* (太陽の)北行、太陽が北進する半年 [Sk.]

ಉತ್ತರಾರ್ಧ ⟦uttarārdʰa ウッタラールダ⟧ [uttərɐːrdʰɐ] 《文》 *n.* 後半部 [Sk.]

ಉತ್ತರಾಷಾಢ ⟦uttarāṣāḍʰa ウッタラーシャーダ⟧ [uttərɐːʂɐːɖʰɐ] *n.* 第 21 星宿ウッタラ・アーシャーダ [Sk.]

ಉತ್ತರಿಸು ⟦uttarisu ウッタリス⟧ [uttərisu] *vi.* 答える、返事する [Sk.]

ಉತ್ತರೀಯ ⟦uttarīya ウッタリーヤ⟧ [uttəriːjɐ] 《文》 *n.* 男子が肩にかける長方形の布、伝統的上衣 [⇒図] [Sk.]

ಉತ್ತರೀಯ 伝統的上衣

ಉತ್ತರೇಣಿ ⟦uttarēṇi ウッタレーニ⟧ [uttəreːɳi] 《口》 *n.* [Ka. D619] ☞ಉತ್ತರಣೆ (uttaraṇe)

ಉತ್ತರೋತ್ತರ ⟦uttarōttara ウッタローッタラ⟧ [uttəroːttərɐ] *adv.* ますます [Sk.]

ಉತ್ತಲ್ ⟦uttal ウッタル⟧ [uttəl] 《古》 (*n.*) そちら〈の〉、遠くも近くもない地点〈の〉 [Ka. *D557(a)]

ಉತ್ತೀರ್ಣ ⟦uttīrṇa ウッティールナ⟧ [uttiːrɳɐ] *adj., m.* 《*f.* ಉತ್ತೀರ್ಣಳು (uttīrṇaḷu)》(自分の目的を)達成した〈人〉、(試験に)合格した〈人〉¶ ತನ್ನ ಗುರಿ ಸಾಧಿಸಿ ಅವನು ಉತ್ತೀರ್ಣನಾಗಿದ್ದಾನೆ. (tanna guri sādʰisi avanu uttīrṇanāgiddāne.) 彼は自分の目的を達成した。¶ ನನ್ನ ಮಗ ಐ. ಎ. ಎಸ್. ಪರೀಕ್ಷೆಯಲ್ಲಿ ಉತ್ತೀರ್ಣನಾದ. (nanna maga ai. e. es. parīkṣeyalli uttīrṇanāda.) 息子はインド高等文官試験に合格した。 [Sk.]

ಉತ್ತುಂಗ ⟦uttuṃga ウットゥンガ⟧ [uttuŋgɐ] 《文》 *adj.* (山などが)高い、そびえたつ [Sk.]

ಉತ್ತುತ್ತೆ ⟦uttutte ウットゥッテ⟧ [uttutte] *n.* [Ka. D620] ☞ಉತ್ತತ್ತಿ (uttatti)

ಉತ್ತೇಜಕ ⟦uttējaka ウッテージャカ⟧ [utteːʤəkɐ] *adj.* 1 刺激する、刺激的な 2 奨励する、励ます —*n.* 刺激剤、興奮剤 [Sk.]

ಉತ್ತೇಜನ ⟦uttējana ウッテージャナ⟧ [utteːʤənɐ] *n.* 1 奨励、励まし 2 刺激 [Sk.]

ಉತ್ತೇಜಿಸು ⟦uttējisu ウッテージス⟧ [utteːʤisu] *vt.* 奨励する、励ます、そそのかす [Sk.]

ಉತ್ತೊತ್ತೆ ⟦uttotte ウットッテ⟧ [uttotte] *n.* [Ka. D620] ☞ಉತ್ತತ್ತಿ (uttatti)

ಉತ್ಥಾನ ⟦uttʰāna ウッターナ⟧ [uttʰɐːnɐ] *n.* 1 立ち上がること、起き上がること、起立 2 (王国や民族などの)成立、(有名人などの)出現 3 渾身の努力、尽力 4 勇気、剛勇 5 前庭、中庭 [Sk.]

ಉತ್ಪತ್ತಿ ⟦utpatti ウトパッティ⟧ [utpətti] *n.* 1 生まれること、誕生 2 (農業の)収穫、(商業の)収益、(工業の)生産高 ¶ ನಿನ್ನ ವ್ಯಾಪಾರದ ಉತ್ಪತ್ತಿ ಎಷ್ಟು? (ninna vyāpārada utpatti eṣṭu?) 商売でいくら儲かりましたか。 [Sk.]

ಉತ್ಪನ್ನ ⟦utpanna ウトパンナ⟧ [utpənnɐ] 《文》 *adj.* 生まれた、誕生した —*n.* (農業の)収穫、(商業の)儲け、(工業の)生産高 [Sk.]

ಉತ್ಪಲ ⟦utpala ウトパラ⟧ [utpəlɐ] 《文》 *n.* ムラサキスイレン(紫睡蓮)(スイレン科、仏教で青蓮華) [Sk.]

ಉತ್ಪಾಟನ ⟦utpāṭana ウトパータナ⟧ [utpɐːʈənɐ] 《文》 *n.* 根こそぎにすること、完全に滅ぼすこと [Sk.]

ಉತ್ಪಾತ ⟦utpāta ウトパータ⟧ [utpɐːtɐ] 《文》 *n.* 1 飛ぶこと、飛び上がること、飛翔、跳躍 2 (サイクロンや地震などの)自然災害 3 (凶事の)前兆、凶兆 [Sk.]

ಉತ್ಪಾದಕ ⟦utpādaka ウトパーダカ⟧ [utpɐːdəkɐ] 《文》 *adj.* 生産の、生産に関する、生産的な [Sk.]

ಉತ್ಪಾದನ ⟦utpādana ウトパーダナ⟧ [utpɐːdənɐ] ಉತ್ಪಾದನೆ *n.* 生産〈高〉 [Sk.]

ಉತ್ಪಾದನೆ ⟦utpādane ウトパーダネ⟧ [utpɐːdəne] *n.* [Sk.] ☞ಉತ್ಪಾದನ (utpādana)

ಉತ್ಪಾದಿಸು ⟦utpādisu ウトパーディス⟧ [utpɐːdisu] 《文》 *vt.* 生産する、(鉱工業製品などを)作る [Sk.]

ಉತ್ಪ್ರೇಕ್ಷಿಸು ⟦utprēkṣisu ウトプレークシス⟧ [utpreːkʂisu] 《文》 *vt.* 1 無関心である、冷淡に扱う 2〈あるものを〉何か別のものであると(譬えて)思う(美女の顔を月であると思う、など) 3 誇張する、大げさに言う [Sk.]

ಉತ್ಪ್ರೇಕ್ಷೆ ⟦utprēkṣe ウトプレークシェ⟧ [utpreːkʂe] 《文》 *n.* 1 無関心、冷淡 2 比較法(修辞的表現法の一

種、譬えること全般も含んで使われる、美女の顔を月であると言うことは月と美女を比較していることでもあるので）[Sk.]

ಉತ್ವ ⟦utva ウトヴァ⟧ [utvɐ] *n.* 文字 ಉ (u) *u* [Sk.] = ಉಕಾರ (ukāra)

ಉತ್ಸಂಗ ⟦utsaṃga ウトサンガ⟧ [utsəŋgɐ] 《文》*n.* **1** 膝（座った時の腰から膝頭までの太股の上の部分全体を指す、子どもやものを載せる場所）**2** 腰の上のくびれた部分 **3**《希》抱擁、交わり **4**《希》〔美〕会合 **5**《希》（山の）斜面 (*Kitt.*) [Sk.]

ಉತ್ಸಂಗಸ್ಥೆ ⟦utsaṃgastʰe ウトサンガステ⟧ [utsəŋgəstʰe] 《文》*f.* 膝に載せた女性［⇒図］[Sk.]

ಉತ್ಸಂಗಸ್ಥೆ
膝に載せた女性

ಉತ್ಸವ ⟦utsava ウトサヴァ⟧ [utsəvɐ] *n.* **1** 祝祭、祭り **2** 祭りの行列 ¶ ಜಾತ್ರೆಯ ದಿನ ಸಂಜೆ ದೇವರ ಉತ್ಸವ ಹೊರಟಿತು. (jātreya dina saṃje dēvara utsava horaṭitu.) 祭りの日の夕方に神像の巡行があった。[Sk.]

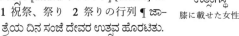

ಉತ್ಸಾಹ ⟦utsāha ウトサーハ⟧ [utsɐːhɐ] *n.* **1** 力、精力 ¶ ಅವರಿಗೆ ಹಿಂದೆ ಇದ್ದ ಉತ್ಸಾಹ ಈಗಿಲ್ಲ. (avarige hiṃde idda utsāha īgilla.) 彼はもうかつての精力を失っている。**2** 熱中、熱狂、熱意、感激 **3** 意気揚々 [Sk.]

ಉತ್ಸಾಹಭಂಗ ⟦utsāhabʰaṃga ウトサーハバンガ⟧ [utsɐːhəbʰəŋgɐ] *n.* **1** 意気や熱意がくじけること **2** 熱意を失わせること ¶ ತರಬೇತುಗಾರ ಏನೋ ಹೇಳಿ ಅವರ ಉತ್ಸಾಹಭಂಗ ಮಾಡಿದ. (tarabētugāra ēnō hēḷi avara utsāhabʰaṃga māḍida.) コーチが何かを言ったために、彼らの熱意はくじけてしまった。[Sk.]

ಉತ್ಸಾಹಿಸು ⟦utsāhisu ウトサーヒス⟧ [utsɐːhisu] 《文》*vt.* **1** 元気づける、励ます **2** 喜ばす **—***vi.* 元気づく、意気が高揚する ¶ ಒಳ್ಳೆಯ ಪರಿಣಾಮದಿಂದ ಅವನು ಉತ್ಸಾಹಿಸಿದನು. (oḷḷeya pariṇāmadiṃda avanu utsāhisidanu.) よい結果がでたので彼は意気高揚した [Sk.]

ಉತ್ಸುಕ ⟦utsuka ウトスカ⟧ [utsukɐ] *adj., m.*（あることに）熱心な〈人〉、（あることを）切望する〈人〉[Sk.]

ಉತ್ಸುಕತೆ ⟦utsukate ウトスカテ⟧ [utsukəte] *n.* 熱心、熱意、切望 ¶ ವಿದ್ಯಾರ್ಥಿಗಳಿಗೆ ಭಾಷಾವಿಜ್ಞಾನದಲ್ಲಿ ಉತ್ಸುಕತೆ ಇಲ್ಲದೇ ಹೋಗಿದೆ. (vidyārtʰigaḷige bʰāṣāvijñānadalli utsukate illadē hōgide.) 学生たちは言語学に熱意を失っていた。[Sk.]

ಉದ ⟦uda ウダ⟧ [udɐ] 《古》*n.* 水 [Sk.]

ಉದಕ ⟦udaka ウダカ⟧ [udəkɐ] 《文》*n.* 水 [Sk.]

ಉದಧಿ ⟦udadʰi ウダディ⟧ [udədʰi] 《文》*n.* 海、大洋 [Sk.]

ಉದಯ ⟦udaya ウダヤ⟧ [udəjɐ] *n.* **1**（太陽、月などが）昇ること **2**（偉人などの）誕生、生誕 ¶ ಹದಿನಾಲ್ಕನೇ ಶತಮಾನದಲ್ಲಿ ವಿಜಯನಗರದ ಉದಯವಾಯಿತು. (hadinālkanē śatamānadalli vijayanagarada udayavāyitu.) 14世紀にヴィジャヤナガラ王国が誕生した。**3** 繁栄に向かうこと ¶ ಉದಯವಾಗಲಿ ನಮ್ಮ ಚೆಲುವ ಕನ್ನಡನಾಡು. (udayavāgali namma celuva kannaḍanāḍu.) 我らの美しいカルナータカが栄えますように。[Sk.]

ಉದಯಕಾಲ ⟦udayakāla ウダヤカーラ⟧ [udəjəkɐːlɐ] *n.* 明け方、暁 [Sk.]

ಉದಯಗಿರಿ ⟦udayagiri ウダヤギリ⟧ [udəjəgiri] *n.* 伝説で太陽や月が昇るとされる東方の山 [Sk.]

ಉದಯರಾಗ ⟦udayarāga ウダヤラーガ⟧ [udəjərɐːgɐ] *n.* **1** 朝焼け、日の出前後の赤く染まった空 **2** 明け方や早朝に歌うラーガ [Sk.]

ಉದಯಿಸು ⟦udayisu ウダイス⟧ [udəjisu] 《文》*vi.*（太陽や月が）昇る [Sk.]

ಉದಯೋನ್ಮುಖ ⟦udayōnmukʰa ウダヨーンムカ⟧ [udəjoːnmukʰɐ] 《文》*adj., mf.* 前途洋々の〈人〉[Sk.]

ಉದರ ⟦udara ウダラ⟧ [udərɐ] 《文》*n.* 腹、胃、子宮 [Sk.] = ಹೊಟ್ಟೆ (hoṭṭe)〔口〕

ಉದರಂಭರಣ ⟦udaraṃbʰaraṇa ウダランバラナ⟧ [udərəmbʰərəɳɐ] 《文》*n.* [Sk.] ☞ಉದರಭರಣ (udarabʰaraṇa)

ಉದರಪೋಷಣೆ ⟦udarapōṣaṇe ウダラポーシャネ⟧ [udərəpoːʂəɳe] 《文》*n.* 生計、暮らし、糊口の資 [Sk.]

ಉದರಭರಣ ⟦udarabʰaraṇa ウダラバラナ⟧ [udərəbʰərəɳɐ] ಉದರಂಭರಣ 《古》*n.* 生計、暮らし、糊口の資 [Sk.]

ಉದರವೈರಾಗ್ಯ ⟦udaravairāgya ウダラヴァイラーギャ⟧ [udərəvəirɐːgʲjɐ] 《文》*n.* 生計を立てるために、この世への執着を絶った風を装うこと [Ka.]

ಉದರು ⟦udaru ウダル⟧ [uđəru] 《異》*vi.*（木から花や葉が）散る；（歯が）抜ける (*Bp.19,52* (*Kitt.*)) [Ka. D615] ☞ಉದಿರು (udiru)

ಉದರಿಸು ⟦udarisu ウダリス⟧ [uđərisu] 《異》*vt.*〈花や葉を〉散らせる (*B.3,52* (*Kitt.*)) [+ *-isu*] ☞ಉದಿರಿಸು (udirisu)

ಉದರ್ಚು ⟦udarcu ウダルチュ⟧ [uđərʧu] 《‡》*vt.*《*caus.*》[Ka. caus. D615] (*B.18,32* (*Kitt.*)) ☞ಉದಿರ್ಚು (udircu)

ಉದಹರಿಸು ⟦udaharisu ウダハリス⟧ [udəhərisu] *vt.* [Sk.] ☞ಉದಾಹರಿಸು (udāharisu)

ಉದಾತ್ತ ⟦udātta ウダーッタ⟧ [udɐːttɐ] 《文》*adj.* **1** 高貴な、高邁な **2** 寛大な、心の広い **—***n.* ヴェーダ語の高音調 [Sk.]

ಉದಾತ್ತಗೊಳಿಸು ⟦udāttagoḷisu ウダーッタゴリス⟧ [udɐːttəgoɭisu] 《文》*vt.* 高貴なものとして描写する、称揚する ¶ ನಾಗಚಂದ್ರ ರಾವಣನ ಪಾತ್ರವನ್ನು ಉದಾತ್ತಗೊಳಿಸಿದ್ದಾನೆ. (nāgacaṃdra rāvaṇana pātravannu udāttagoḷisiddāne.) ナーガチャンドラは［彼の詩の中で］ラーヴァナの性格を称揚した。[Sk.]

ಉದಾರ ⟦udāra ウダーラ⟧ [udɐːrɐ] *adj.* **1** 寛大な、心の広い **2** 物惜しみしない、気前のいい [Sk.]

ಉದಾರತೆ ⟦udārate ウダーラテ⟧ [udɐːrəte] *n.* **1** 心が広いこと、寛大なこと **2** 物惜しみしないこと、気前のいいこと [Sk.]

ಉದಾರಶೀಲ ⟦udāraśīla ウダーラシーラ⟧ [udɐːrəʃiːlɐ] 《文》*adj., m.* **1** 寛大な〈人〉、心の広い〈人〉**2** 気前のいい〈人〉、物惜しみしない〈人〉[Sk.]

ಉದಾರಿ ⟦udāri ウダーリ⟧ [udɐːri] *mf.* 1 寛大な人、心の広い人 2 惜しみなく与える人、物惜しみしない人 [Sk.]

ಉದಾಸೀನ ⟦udāsīna ウダーシーナ⟧ [udɐːsiːnɐ] *adj., m.* 《*f. udāsīne*》 1 中立の〈人〉、巻き込まれていない〈人〉 2 無関心な〈人〉、興味を持たない〈人〉 [Sk.]

ಉದಾಸೀನತೆ ⟦udāsīnate ウダーシーナテ⟧ [udɐːsiːnəte] *n.* 無関心、興味を持たないこと [Sk.]

ಉದಾಹರಣ ⟦udāharaṇa ウダーハラナ⟧ [udɐːhəraɳɐ] ಉದಾಹರಣೆ *n.* 1 例、実例、見本 2 理想像、典型、模範、かがみ、手本 ¶ ದಾನಕ್ಕೆ ಕರ್ಣ ಉದಾಹರಣ ಪುರುಷ. (dānakke karṇa udāharaṇa puruṣa.) カルナは気前のよさのお手本である。 3 引用 [Sk.]

ಉದಾಹರಣೆ ⟦udāharaṇe ウダーハラネ⟧ [udɐːhəraɳe] *n.* [Sk.]

ಉದಾಹರಿಸು ⟦udāharisu ウダーハリス⟧ [udɐːhərisu] ಉದಹರಿಸು *vt.* 例を挙げて説明する、例証する [Sk.] = ಉದಹರಿಸು (udaharisu)

ಉದಿತ ⟦udita ウディタ⟧ [uditɐ] 《文》 *adj.* 1〔美〕(偉人などが)生まれた、生誕した 2 有名になった、繁栄に至った [Sk.]

ಉದಿರ್ ⟦udir ウディル⟧ [uđir] 《古》 *vi.* (花、葉などが)散る、(実が)落ちる、(雹(ひょう)が)降る [Ka. D615] ☞ಇದಿರು (idiru)

ಉದಿರು ⟦udiru ウディル⟧ [uđĭru] ಉದಿರ್, ಉದುರ್, ಉದುರು *vi.* (花、葉などが) 散る、(実が) 落ちる、(雹(ひょう)が)降る [Ka. D615]

ಉದಿರಿಸು ⟦udirisu ウディリス⟧ [uđirisu] ಉದುರಿಸು *vt.* (花、葉、実などを)散らせる、〈実などを〉揺り落とす [Ka. caus. D615]

ಉದಿರ್ಚು ⟦udircu ウディルチュ⟧ [uđĭrʧu] 《古》 *vt.* 《*caus.*》〈花、葉、実などを〉散らせる、〈実などを〉揺り落とす [Ka. caus. D615]

ಉದಿಸು ⟦udisu ウディス⟧ [udisu] *vi.* (太陽や月が)昇る [Sk.] = ಉದಯಿಸು (udayisu)

ಉದು ⟦udu ウドゥ⟧ [uđu] 《古》 *pron.n.* それ(中性中間称の指示代名詞)(*Šmd.78*)

ಉದುರ್ ⟦udur ウドゥル⟧ [uđur] 《古》 *vi.* (木の葉や花が)散る、(歯が)抜ける、(雨粒や霰(あられ)が)降る [Ka. D615]

ಉದುರು[1] ⟦uduru ウドゥル⟧ [uđŭru] *vi.* (木の葉や花が) 散る、(歯が) 抜ける、(雨粒や霰(あられ)が) 降る [Ka. D615]

ಉದುರಿಸು ⟦udurisu ウドゥリス⟧ [uđŭrisu] *vt.* 《*caus.*》〈木の葉や花を〉散らせる、〈実などを〉揺り落とさせる、〈歯などを〉抜け落ちさせる [Ka. caus. D615]

ಉದುರು[2] ⟦uduru ウドゥル⟧ [uđŭru] (*adj.*) (飯などが) ぱらぱらしている〈こと〉¶ ಅನ್ನ ಉದುರಾಗಿದೆ. (anna udurāgide.) ご飯がぱらぱらだ。 [Ka. *D615]

ಉದ್ಗಮ ⟦udgama ウドガマ⟧ [udgəmɐ] 《文》 *n.* 1 上へ向かうこと、上昇、昇ること、登ること 2 現れること、出現、姿を現すこと、(偉人などが)世に現れること ¶ ಬುದ್ಧನ ಉದ್ಗಮ ಮಾನವೇತಿಹಾಸದಲ್ಲಿ ಮಹತ್ತ್ವದ ಘಟನೆ. (buddʰana udgama mānavētihāsadalli mahattvada gʰaṭane.) 仏陀の誕生は人類の歴史で重大な出来事であった。 3 起源、源、出自 4《古》花 [Sk.]

ಉದ್ಗಮನ ⟦udgamana ウドガマナ⟧ [udgəmĕnɐ] 《文》 *n.* 昇ること、上昇、登ること [Sk.]

ಉದ್ಗಮಿಸು ⟦udgamisu ウドガミス⟧ [udgəmisu] 《文》 *vi.* 1 上へ向かうこと、上昇、昇ること、登ること 2 現れる、出現する、姿を現す、(偉人などが)世に現れる [Sk.]

ಉದ್ಗರಿಸು ⟦udgarisu ウドガリス⟧ [udgərisu] 《文》 *vt.* 1 (驚嘆、悲しみ、絶望などの)声をあげる ¶ ಪರೀಕ್ಷೆ ಪರಿಣಾಮ ನೋಡಿ ಮಗ ಅಯ್ಯೋ ಎಂದು ಉದ್ಗರಿಸಿದ. (parikṣe pariṇāma nōḍi maga ayyō eṃdu udgarisida.) 息子は試験の結果を見て「ああ」と叫んだ。 2 自分の感情をぶちまける ¶ ಚುನಾವಣೆಯಲ್ಲಿ ಸೋತ ಮೇಲೆ ಅವನು ತನ್ನ ಅಸಂತೋಷವನ್ನು ಉದ್ಗರಿಸಿದ. (cunāvaṇeyalli sōta mēle avanu tanna asaṃtōṣavannu udgarisida.) 選挙で負けた後、彼は不満をぶちまけた。 [Sk.]

ಉದ್ಗಾರ ⟦udgāra ウドガーラ⟧ [udgɐːrɐ] 《文》 *n.* 強い感情をぶちまけること、激白 ◇ *vi.* —ಮಾಡು (māḍu) 激白する [Sk.]

ಉದ್ಗೀಥ ⟦udgītʰa ウドギータ⟧ [udgiːtʰɐ] 《文》 *n.* サーマヴェーダを朗唱すること [Sk.]

ಉದ್ಗ್ರಂಥ ⟦udgraṃtʰa ウドグランタ⟧ [udgrantʰɐ] 《文》 *n.* 大きな本、優れた本 [Sk.]

ಉದ್ಘ ⟦udgʰa ウドガ⟧ [udgʰɐ] 《古》 (*adj.*) 《複合語頭で》優秀〈な〉、卓越〈した〉 [Sk.]

ಉದ್ಘಾಟನೆ ⟦udgʰāṭane ウドガータネ⟧ [udgʰɐːʈəne] *n.* 落成〈式〉、開通〈式〉、除幕〈式〉¶ ನಾಳೆ ಈ ಸಂಸ್ಥೆಯ ಉದ್ಘಾಟನೆ ನಡೆಯಲಿದೆ. (nāḷe ī saṃstʰeya udgʰāṭane naḍeyalide.) 明日この研究所の除幕式がある。 [Sk.]

ಉದ್ಘಾಟಿಸು ⟦udgʰāṭisu ウドガーティス⟧ [udgʰɐːʈisu] *vt.* (建物その他の) 落成式、開通式、除幕式を行う [Sk.]

ಉದ್ಘೋಷ ⟦udgʰōṣa ウドゴーシャ⟧ [udgʰoːʂɐ] *n.* 1 声高に布告すること 2 宣言、宣告、布告 3〔喩〕(海や群衆の)轟々たるうなり [Sk.]

ಉದ್ಘೋಷಿಸು ⟦udgʰōṣisu ウドゴーシス⟧ [udgʰoːʂisu] *vt.* 1 声高に布告する 2 厳粛に布告、宣告する [Sk.]

ಉದ್ದಂಡ ⟦uddaṃḍa ウッダンダ⟧ [uddəɳɖɐ] 《文》 *adj.* 1 高く掲げられた、高い 2 力強い、強力な 3 誇り高い；傲慢な、高慢な —*n.* 高慢、傲慢 [Sk.]

ಉದ್ದ ⟦udda ウッダ⟧ [uddɐ] (*n.*) 1 (立っているものが) 高い〈こと〉、背が高い〈こと〉 2 長さが長い〈こと〉、奥行きが深い〈こと〉 —*n.* 1 高さ、身長 2 長さ、(建物、土地などの) 奥行き [Ka. D621/Sk.

ūrdʰva-?]

ಉದ್ದನೀರು ⟦uddanīru ウッダニール⟧ [uddəni:ru] 《文》 *n.* 深い水 [+ *nīru*]

ಉದ್ದರಿ ⟦uddari ウッダリ⟧ [uddə̆ri] ಉದ್ದರೆ *n.* 1 信用取引 2 貸付金、借金 [M./H. *udʰārā̆* T2018] (NK)

ಉದ್ದರೆ ⟦uddare ウッダレ⟧ [uddə̆re] *n.* [M./H. *udʰārā̆* T2018] ☞ಉದ್ದರಿ (uddari)

ಉದ್ದಳತೆ ⟦uddaḷate ウッダラテ⟧ [uddəḷə̆te] *n.* 1 (山や建物の)高さ 2 (建物や土地などの)奥行きの深さ [*udda* + *aḷate*]

ಉದ್ದಾಮ ⟦uddāma ウッダーマ⟧ [uddɐ:mɐ] 《文》 *adj.* 優れた、高尚な、高邁な、卓越した ¶ ಅವರು ಉದ್ದಾಮ ಕವಿ. (avaru uddāma kavi.) 彼は卓越した詩人である。 [Sk.]

ಉದ್ದಿ¹ ⟦uddi ウッディ⟧ [uddi] 《‡》 (*n.*) [Ka. D621/Sk. *ūrdʰva-/vr̥ddhi-*?] (*Mn.* (*Kitt.*)) ☞ಉದ್ದ (udda)

ಉದ್ದಿ² ⟦uddi ウッディ⟧ [uddi] 《古》 *n.* 田に水を通すための溝の両側の小さな畦(あぜ) [Ka. D622]

ಉದ್ದಿ³ ⟦uddi ウッディ⟧ [uddi] 《古》 *n.* 増大、成長 [Sk. *vr̥ddhi-*]

ಉದ್ದಿಗೆ¹ ⟦uddige ウッディゲ⟧ [uddige] 《‡》 *n.* 田に水を通すための溝の両側の小さな畦(あぜ) (*Nr.* (*Kitt.*)) [Ka. D622]

ಉದ್ದಿಗೆ² ⟦uddige ウッディゲ⟧ [uddige] *n.* (車の)ながえ (*Mr.* (*Kitt.*)) [? cf. *udda*] = ಈಸು, ಈಸುಮರ (īsu, īsumara)

ಉದ್ದಿಮೆ ⟦uddime ウッディメ⟧ [uddime] *n.* 1《古》職業 2 産業、商業 [Sk. *udyama-*]

ಉದ್ದಿಮೆಗಾರ ⟦uddimegāra ウッディメガーラ⟧ [uddimegɐ:rɐ] *m.* 《*f.* ಉದ್ದಿಮೆಗಾರ್ತಿ (uddimegārti)》 1 実業家 2 各種産業の労働者 [*uddime* + *-gāra*]

ಉದ್ದಿಮೆಗಾರಿಕೆ ⟦uddimegārike ウッディメガーリケ⟧ [uddimegɐ:rike] *n.* 産業 ¶ ಭಾರತ ಸರಕಾರ ಚಿಕ್ಕ ಉದ್ದಿಮೆಗಾರಿಕೆಗೆ ಪ್ರೋತ್ಸಾಹ ಕೊಡುತ್ತದೆ. (bʰārata sarakāra cikka uddimegārikege prōtsāha koḍuttade.) インド政府は中小企業を奨励している。 [+ *-ike*]

ಉದ್ದಿಶ್ಯ ⟦uddiśya ウッディシュヤ⟧ [uddiʃ·jɐ] *n.* 目的、意図 [Sk. *uddēśa-/uddēśya-*]

ಉದ್ದಿಷ್ಟ ⟦uddiṣṭa ウッディシュタ⟧ [uddiṣṭɐ] *adj.* 意図された、目的の [Sk.] —*n.* 目的、意図

ಉದ್ದೀಪನ ⟦uddīpana ウッディーパナ⟧ [uddi:pənɐ] 《文》 *n.* 1 明るく輝かすこと、明るく照らすこと 2 刺激、鼓舞 [Sk.]

ಉದ್ದೀಪ್ತ ⟦uddīpta ウッディープタ⟧ [uddi:ptɐ] 《文》 *adj.* 1 明るく照らされた、燃え上がった 2 刺激された、鼓舞された 3 焦眉の、さし迫った(問題など) ¶ ಜಾತಿಯ ವಿಷಯ ಇತ್ತೀಚಿನ ದಿನಗಳಲ್ಲಿ ಉದ್ದೀಪ್ತವಾಗಿದೆ. (jātiya viṣaya ittīcina dinagaḷalli uddīptavāgide.) カースト問題が今日焦眉の問題となっている。 [Sk.]

ಉದ್ದು¹ ⟦uddu ウッドゥ⟧ [uddu] 《‡》 (*n.*) 《複合語頭で》☞ಉದ್ದ (udda) (*S.Mhr.* (*Kitt.*)) [Ka. D621]

ಉದ್ದು² ⟦uddu ウッドゥ⟧ [uddu] 《古》 *vt.* 1 こする 2 磨く、研磨する [Ka. D665] ☞ಉಜ್ಜು (ujju)

ಉದ್ದು³ ⟦uddu ウッドゥ⟧ [uddu] *n.* ケツルアズキ(マメ科ササゲ属、ドーサやイドリーを作る時に使うインドで常食の豆) ⇀ 食 [Ka. D690, T1693]

ಉದ್ದುರುಟ ⟦udduruṭa ウッドゥルタ⟧ [udduruṭɐ] *m.* 《*f.* ಉದ್ದುರುಟಳು (udduruṭaḷu)》粗野な人、無礼者 [*udduruṭu* + *-a*]

ಉದ್ದುರುಟು ⟦udduruṭu ウッドゥルトゥ⟧ [udduruṭu] (*n.*) 1 粗野〈な〉、無作法〈な〉、無法〈な〉 2 意志を曲げない〈こと〉、頑固〈な〉 [*udda* + *uruṭu* ? cf. Sk. *ud-*]

ಉದ್ದುರುಟುತನ ⟦udduruṭutana ウッドゥルトゥタナ⟧ [udduruṭŭtənɐ] *n.* 1 粗野なこと、無骨なこと、無作法なこと 2 意志を曲げない〈こと〉、頑固〈な〉 [*udduruṭu* + *-tana*]

ಉದ್ದೇಶ¹ ⟦uddēśa ウッデーシャ⟧ [udde:ʃɐ] *n.* 1 目的、意図 2 意見、見解 ¶ ಮೀಸಲಾತಿ ಬಗ್ಗೆ ನಿಮ್ಮ ಉದ್ದೇಶ ಏನು? (mīsalāti bagge nimma uddēśa ēnu?) (指定カーストなどのための)留保制度についてあなたはどう思いますか。 [Sk.]

ಉದ್ದೇಶಪೂರ್ವಕ ⟦uddēśapūrvaka ウッデーシャプールヴァカ⟧ [udde:ʃəpu:rvəkɐ] (*n.*) 1 意図的〈な〉、故意〈の〉、わざと〈の〉 2 当てこすり〈の〉、意味深長〈な〉 —*adv.* 1 故意に、わざと 2 当てこすって、意味深長に ¶ "ಅಮೀನ್ ಸಾಬರು ಮಹಾಶೂರರು" ಎಂದು ಹೇಳಿ ಮಂತ್ರಿಗಳು ಉದ್ದೇಶಪೂರ್ವಕ ನಕ್ಕರು. ("amīn sābaru mahāśūraru" eṃdu hēḷi maṃtrigaḷu uddēśapūrvaka nakkaru.) 大臣は「アミーン・サーハブは英雄です」と言って意味ありげに微笑んだ。 [+ Sk. *pūrvaka*]

ಉದ್ದೇಶಪೂರ್ವಕವಾಗಿ ⟦uddēśapūrvakavāgi ウッデーシャプールヴァカヴァーギ⟧ [udde:ʃəpu:rvəkəvɐ:gi] *adv.* 故意に、意図的に [+ *pūrvaka* + *āgi*]

ಉದ್ದೇಶ² ⟦uddēśa ウッデーシャ⟧ [udde:ʃɐ] 《古》 *n.* 高い場所 [Sk. *ud-* + *dēśa*]

ಉದ್ದೇಶಿಸು ⟦uddēśisu ウッデーシス⟧ [udde:ʃisu] *vt.* (話などで)〈あるものを〉指す ¶ ಮಂತ್ರಿಗಳು ಬಡವರನ್ನು ಉದ್ದೇಶಿಸಿ ಮಾತನಾಡಿದರು. (maṃtrigaḷu baḍavarannu uddēśisi mātanāḍidaru.) 大臣は貧困層の人々について話をした。 [Sk.]

ಉದ್ಧಟ ⟦uddʰaṭa ウッダタ⟧ [uddʰəṭɐ] *adj., m.* 《*f.* ಉದ್ಧಟಳು (uddʰaṭaḷu)》粗野な〈人間〉、無礼者〈の〉 [Sk. *uddʰata-*]

ಉದ್ಧತ ⟦uddʰata ウッダタ⟧ [uddʰətɐ] 《文》 *adj.* 〈植物を〉引き抜く、〈花を〉摘み取る —*adj., m.* 《*f.* ಉದ್ಧತಳು (uddʰataḷu)》 1 傲慢不遜な〈人〉 2 粗野な〈人〉、無作法な〈人〉 3 興奮した〈人〉 4 熱中した〈人〉、熱狂した〈人〉 [Sk.]

ಉದ್ಧರಣ ⟦uddʰaraṇa ウッダラナ⟧ [uddʰərəṇɐ] *n.* 1

(とげなどを)抜くこと、(歯、目玉などを)抜くこと、(衣服などを)はぎ取ること **2** 持ち上げること **3** (危険や不幸からの)救済 **4** 根こそぎにすること、完全に破壊すること、滅ぼすこと、全滅(させること) **5** 嘔吐 **6** 引用 [Sk.]

ಉದ್ಧರಣಚಿಹ್ನ 〚uddʰaraṇacihna ウッダラナチフナ〛[uddʰərəɳəʧinnʰɐ] 《文》 *n.* 引用符 [Sk.]

ಉದ್ಧರಿಸು 〚uddʰarisu ウッダリス〛[uddərĭsu] *vt.* **1** (危険や不幸から) 救う、救済する **2** 引用する；例証する ¶ ಗರ್ವಪಡಬಾರದು ಎಂಬುದಕ್ಕೆ ಅಧ್ಯಾಪಕರು ಕಂಸನ ಕಥೆಯನ್ನು ಉದ್ಧರಿಸಿದರು. (garvapaḍabāradu eṃbudakke adʰyāpakaru kaṃsana katʰeyannu uddʰarisidaru.) 傲慢であってはならないと示すため、教師はカンサの物語りを引き合いに出した。[Sk.]

ಉದ್ಧಾರ 〚uddʰāra ウッダーラ〛[uddʰɐːrɐ] *n.* **1** 持ち上げること **2** (危険や不幸からの)救済 [Sk.]

ಉದ್ಧಾರಕ 〚uddʰāraka ウッダーラカ〛[uddʰɐːrəkɐ] *m.* 《*f.* ಉದ್ಧಾರಕಿ (uddʰāraki)》救済者、救命者 [Sk.]

ಉದ್ಧೃತ 〚uddʰr̥ta ウッドゥルタ〛[uddʰrɯtɐ] 《文》 *adj.* **1** 引っ張り出した、引き抜かれた、抜かれた **2** 引用された [Sk.]

ಉದ್ಬುದ್ಧ 〚udbuddʰa ウドブッダ〛[udbuddʰɐ] 《文》 *adj.* **1** (眠りや無知から) 覚醒した **2** (花が) 咲いた、(つぼみが)開いた ¶ ಶೋಕದಿಂದ ಕರುಣರಸ ಉದ್ಬುದ್ಧ ಆಗುತ್ತದೆ. (śōkadiṃda karuṇarasa udbuddʰa āguttade.) 悲しみから悲愴な感情が生まれる。[Sk.]

ಉದ್ಬೋಧ 〚udbōdʰa ウドボーダ〛[udboːdʰɐ] 《文》 *n.* **1** 目覚め、覚醒 **2** (無知からの)目覚め、啓蒙されること ¶ ಮಹಾಭಾರತದಿಂದ ನೀತಿಯ ಉದ್ಬೋಧ ಉಂಟಾಗುತ್ತದೆ. (mahābʰāratadiṃda nītiya udbōdʰa uṃṭāguttade.) マハーバーラタは常に人を啓蒙する。[Sk.]

ಉದ್ಬೋಧಕ 〚udbōdʰaka ウドボーダカ〛[udboːdʰəkɐ] 《文》 *adj.* 教育的な、啓蒙的な [Sk.]

ಉದ್ಭವ 〚udbʰava ウドバヴァ〛[udbʰəvɐ] *n.* **1** 生まれること、誕生 **2** 源、起源 [Sk.]

ಉದ್ಭವಮೂರ್ತಿ 〚udbʰavamūrti ウドバヴァムールティ〛[udbʰə̆vəmuːrti] *n.* 土の中から現れ出た神像 [Sk.]

ಉದ್ಭವಿಸು 〚udbʰavisu ウドバヴィス〛[udbʰəvisu] 《文》 *vi.* **1** 生まれる、誕生する **2** 〔美〕 (偉人などが) 誕生する、世に現れる [Sk.]

ಉದ್ಭಿಜ 〚udbʰija ウドビジャ〛[udbʰiʤɐ] 《文》 *n.* 「芽生えるもの」、植物 [Sk. *udbʰijja-*] ☞ಉದ್ಭಿಜ್ಜ (udbʰijja)

ಉದ್ಭಿಜ್ಜ 〚udbʰijja ウドビッジャ〛[udbʰiʤʤɐ] ಉದ್ಭಿಜ 《文》 *n.* [Sk. *udbʰijja-*] ☞ಉದ್ಭಿಜ (udbʰija)

ಉದ್ಭೂತ 〚udbʰūta ウドブータ〛[udbʰuːtɐ] 《文》 *adj.* **1** 生まれた、発生した **2** 現れる、出現する、(問題などが)発生する ◇ *n.* ಉದ್ಭೂತಿ (udbʰūti) 出現 [Sk.]

ಉದ್ಯಮ 〚udyama ウディャマ〛[udʲəmɐ] *n.* 産業、企業 ¶ ನೀವು ಮಾಡುತ್ತಿರುವ ಉದ್ಯಮ ಯಾವುದು? (nīvu māḍuttiruva udyama yāvudu?) あなたはどの事業に携わっていらっしゃるのですか。[Sk.]

ಉದ್ಯಮಿ 〚udyami ウディャミ〛[udʲəmi] *adj.*, *mf.* 勤勉な〈人〉、努力する〈人〉、努力家〈の〉 —*mf.* 実業家、産業資本家、生産業者、ある事業に携わる人 ¶ ಮುಂಬೈಯಲ್ಲಿ ಅನೇಕ ಉದ್ಯಮಿಗಳಿದ್ದಾರೆ (muṃbaiyalli anēka udyamigaḷiddāre) ムンバイには大勢の実業家がいる。[Sk.]

ಉದ್ಯಾನ 〚udyāna ウディャーナ〛[udʲɐːnɐ] 《文》 *n.* 庭園、公園 [Sk.]

ಉದ್ಯುಕ್ತ 〚udyukta ウディュクタ〛[udʲuktɐ] *adj.*, *m.* 《*f.* ಉದ್ಯುಕ್ತೆ (udyukte)》(ある仕事に)熱中した〈人〉、没頭した〈人〉 [Sk.]

ಉದ್ಯೋಗ 〚udyōga ウディョーガ〛[udʲoːgɐ] *n.* 職業、仕事 ¶ ನನ್ನ ಉದ್ಯೋಗ ಶಿಕ್ಷಣ. (nanna udyōga śikṣaṇa.) 私の仕事は教育だ。[Sk.]

ಉದ್ಯೋಗಪರ್ವ 〚udyōgaparva ウディョーガパルヴァ〛[udʲoːgəpərvɐ] 《文》 *n.* **1** マハーバーラタの「努力の巻」(第5巻) **2** 活発な活動 ¶ ಬ್ಯಾಂಕಿನಲ್ಲಿ ಸಿಬ್ಬಂದಿಯ ಉದ್ಯೋಗಪರ್ವ ಎರಡು ಘಂಟೆಯ ನಂತರ ಶುರುವಾಗುತ್ತದೆ. (byāṃkinalli sibbaṃdiya udyōgaparva eraḍu gʰaṃṭeya naṃtara śuruvāguttade.) 銀行員の本格的な仕事は午後2時から始まる。[Sk.]

ಉದ್ಯೋಗಶೀಲ 〚udyōgaśīla ウディョーガシーラ〛[udʲoːgəʃiːlɐ] *adj.*, *m.* 《*f.* ಉದ್ಯೋಗಶೀಲೆ (udyōgaśīle)》勤勉な〈人〉 [Sk.]

ಉದ್ಯೋಗಸ್ಥ 〚udyōgastʰa ウディョーガスタ〛[udʲoːgəstʰɐ] *m.* 《*f.* ಉದ್ಯೋಗಸ್ಥೆ (udyōgastʰe)》 **1** 職業に従事している人、職業人 **2** 役づきの人 [Sk.]

ಉದ್ಯೋಗಿ 〚udyōgi ウディョーギ〛[udʲoːgi] *adj.*, *mf.* 勤勉な〈人〉、努力する〈人〉、努力家〈の〉 ¶ ಬೇಗ ಏಳುವುದು ಉದ್ಯೋಗಿಯ ಲಕ್ಷಣ. (bēga ēḷuvudu udyōgiya lakṣaṇa.) 早起きは勤勉な人のしるしである。—*mf.* 労働者、仕事のある人 [Sk.]

ಉದ್ಯೋಗಿಸು 〚udyōgisu ウディョーギス〛[udʲoːgisu] *vi.* (仕事に)従事する、(ある仕事に)就く —*vt.* **1** 〈ある人を〉(あることに)雇い入れる ¶ ಅಪ್ಪ ಅವನನ್ನು ಈ ಕೆಲಸಕ್ಕೆ ಉದ್ಯೋಗಿಸಿದರು. (appa avanannu ī kelasakke udyōgisidaru.) 父は彼をこの仕事のために雇った。 **2** 〈ある物を〉(ある目的に) 用いる ¶ ಆ ಸಿನೆಮ ನಟ ತನ್ನ ದುಡಿಮೆ ಹಣವನ್ನು ವ್ಯಾಪಾರದಲ್ಲಿ ಉದ್ಯೋಗಿಸಿದ್ದಾನೆ. (ā sinema naṭa tanna duḍime haṇavannu vyāpāradalli udyōgisiddāne.) その映画俳優は稼ぎを事業に投資している。[Sk.]

ಉದ್ಯೋತಿಸು 〚udyōtisu ウディョーティス〛[udʲoːtisu] 《文》 *vi.* 明るく輝く [Sk.]

ಉದ್ರಿ 〚udri ウドリ〛[udri] 《方》 *n.* 信用貸し、掛売り [H.M. *udʰārā*] (NK) = ಉದ್ದರಿ (uddari)

ಉದ್ರಿಕ್ತ 〚udrikta ウドリクタ〛[udriktɐ] *adj.* **1** 興奮した、激した **2** 過多の、過剰な [Sk.]

ಉದ್ರಿಸು 〚udrisu ウドリス〛[uđrisu] 《口》 *vt.* 〈花、葉などを〉散らせる、〈実を〉揺り落とす [Ka. caus. D615]

ಉದ್ರೇಕ ⟦udrēka ウドレーカ⟧ [udˑre:kɐ] *n.* **1** 興奮、熱情、感情の高まり **2**《文》(海や川の水面が)高まること [Sk.]

ಉದ್ರೇಕಿಸು ⟦udrēkisu ウドレーキス⟧ [udˑre:kisu]《文》*vt.* 興奮させる、激昂させる **—***vi.* 興奮する、激昂する [Sk.]

ಉದ್ವಾಹ ⟦udvāha ウドヴァーハ⟧ [udˑvɐ:hɐ]《文》*n.* 結婚 [Sk.]

ಉದ್ವಿಗ್ನ ⟦udvigna ウドヴィグナ⟧ [udˑvignɐ]《文》*adj.*, *m.*《*f.* ಉದ್ವಿಗ್ನೆ (udvigne)》**1** 興奮した〈人〉 **2** 動揺した〈人〉、心をかき乱された〈人〉 **3** 悲しみに悶える〈人〉 [Sk.]

ಉನಿ ⟦uni ウニ⟧ [uni]《口》*vi.* (水などに)浸かる [Ka. D726]

ಉನಿಸು ⟦unisu ウニス⟧ [unisu] *vt.* (水などに)浸す、浸ける [Ka. caus. D726]

ಉನಿತು ⟦unitu ウニトゥ⟧ [unitu]《‡》*pron.n.* それほど、それだけ(中間称) (*Kâvy. 1.4.33* (*Kitt.*)) [Ka. D557(a)]

ಉನ್ನತ ⟦unnata ウンナタ⟧ [unnətɐ]《文》*adj.* **1** 高い **2** 高尚な、優れた、偉大な ¶ ಜೀವನದಲ್ಲಿ ಉನ್ನತವಾದ ಧ್ಯೇಯ ಇರಬೇಕು. (jīvanadalli unnatavāda dʰyēya irabēku.) 人生には高い理想があるべきである。 [Sk.]

ಉನ್ನತಿ ⟦unnati ウンナティ⟧ [unnəti] *n.* **1** 高いこと、高い所 **2** 優越、卓越 **3** 進歩、発展、栄達 ¶ ಈ ಕಚೇರಿಯಲ್ಲಿ ನನಗೆ ಉನ್ನತಿಯ ಅವಕಾಶವಿಲ್ಲ. (ī kacēriyalli nanage unnatiya avakāśavilla.) この職場では僕に栄達の可能性はない。 [Sk.]

ಉನ್ನತಿಕೆ ⟦unnatike ウンナティケ⟧ [unnətike] *n.* **1** 卓越、優秀 **2** 進歩、発展 **3**《古》勇気、剛勇 [*unnata + -ike*]

ಉನ್ನಯಿಸು ⟦unnayisu ウンナイス⟧ [unnəjisu]《古》*vt.* 考える、思案する [Ka. *D727]

ಉನ್ನವಿಸು ⟦unnavisu ウンナヴィス⟧ [unnəvisu]《古》*vt.* 考える、思案する [Ka. *D727]

ಉನ್ನು ⟦unnu ウンヌ⟧ [unnu]《古》*vt.* 考える、思案する [Ka. *D727]

ಉನ್ನಿಸು ⟦unnisu ウンニス⟧ [unnisu] ಉನ್ನಯಿಸು, ಉನ್ನವಿಸು《文》*vt.* 考える、思案する [Ka. D727]

ಉನ್ನೆ ⟦unne ウンネ⟧ [unne]《古》*n.* その時(中間称) (*ಕವಿಕಂ 220, 221* (*KPN*)) [Ka. D557(a)]

ಉನ್ನೆಗಂ ⟦unnegaṃ ウンネガン⟧ [unnegəm]《古》*adv.* その時(中間称)、その時まで(中間称) (*KŚR 26.547* (*KPN*)) [Ka. *unne + -gaṃ* *D557(a)]

ಉನ್ಮತ್ತ ⟦unmatta ウンマッタ⟧ [unməttɐ]《文》*adj.*, *m.*《*f.* ಉನ್ಮತ್ತಳು (unmattaḷu)》**1** 気の狂った〈人〉 **2** 傲慢な〈人〉、自惚れた〈人〉 [Sk.]

ಉನ್ಮತ್ತತೆ ⟦unmattate ウンマッタテ⟧ [unməttəte]《文》*n.* **1** 狂気、精神錯乱 **2** 傲慢、自惚れ [Sk.]

ಉನ್ಮಾದ ⟦unmāda ウンマーダ⟧ [unmɐ:dɐ]《文》*n.* 狂気、精神錯乱 [Sk.] = ಹುಚ್ಚು (huccu)〔汎〕

ಉನ್ಮೀಲ ⟦unmīla ウンミーラ⟧ [unmi:lɐ]《文》*n.* (目や花などが)開くこと [Sk.]

ಉನ್ಮೀಲನ ⟦unmīlana ウンミーラナ⟧ [unmi:lənɐ]《文》*n.* [Sk.]

ಉನ್ಮೀಲಿತ ⟦unmīlita ウンミーリタ⟧ [unmi:litɐ]《文》*adj.* (目や花などが)開いた [Sk.]

ಉಪ– ⟦upa- ウパ-⟧ [upə] *pref.* 「近い」「劣った」「下位の」などの意味を表す接頭辞、例えば ಉಪಕ್ರಮ, ಉಪಗ್ರಾಮ, ಉಪಪುರಾಣ, ಉಪಕ್ರಮಿಸು (upakrama, upagrāma, upapurāṇa, upakramisu) [Sk.]

ಉಪಕಥೆ ⟦upakatʰe ウパカテ⟧ [upəkətʰe] *n.* 物語の中に組み込まれた別の物語、挿話 [Sk.]

ಉಪಕರಣ ⟦upakaraṇa ウパカラナ⟧ [upəkərəɳɐ] *n.* 道具 [Sk.]

ಉಪಕರಿಸು ⟦upakarisu ウパカリス⟧ [upəkərisu] *vi.* **1** (ある人のためになる)行為をする、(ある人に)恩恵を与える **2**〔敬〕(あるものを)恵んで下さる ¶ ನನಗೆ ನೂರು ರೂಪಾಯಿ ಉಪಕರಿಸುವಿರಾ? (nanage nūru rūpāyi upakarisuvirā?) 100 ルーピーお恵みくださいませんか。 [Sk.]

ಉಪಕಸಬು ⟦upakasabu ウパカサブ⟧ [upəkəsəbu] *n.* 副業 [Sk. *upa-* + Ar. *kasb*]

ಉಪಕಾರ ⟦upakāra ウパカーラ⟧ [upɐkɐ:rɐ] *n.* 恩恵、親切な行為 [Sk.]

ಉಪಕಾರಿ ⟦upakāri ウパカーリ⟧ [upəkɐ:ri] *mf.* 恩恵を与える人 [Sk.]

ಉಪಕುಲಪತಿ ⟦upakulapati ウパクラパティ⟧ [upəkuləpəti]《古》*mf.* (大学の)学長 [Sk.] = ಕುಲಪತಿ (kulapati)〔現〕

ಉಪಕೃತ ⟦upakṛta ウパクルタ⟧ [upəkrutɐ/–krutɐ]《文》*adj.*, *m.*《*f.* ಉಪಕೃತೆ (upakṛte)》助けられた〈人〉、恩恵を受けた〈人〉 [Sk.]

ಉಪಕೃತಿ ⟦upakṛti ウパクルティ⟧ [upəkruti/–kruti] *n.* **1** 親切、恩恵、ある人のためにする行為 **2** あまり重要でない文学作品 (*Kitt.*) [Sk.]

ಉಪಕ್ರಮ ⟦upakrama ウパクラマ⟧ [upəkrəmɐ] *n.* **1** 開始、始めること ¶ ಇಂದಿನಿಂದ ಮದುವೆಯ ತಯಾರಿ ಉಪಕ್ರಮವಾಗಬೇಕು. (iṃdiniṃda maduveya tayāri upakramavāgabēku.) 今日から結婚式の準備を始めなければならない。 **2** 計画 ¶ ಸರಕಾರ ಅಣೆಕಟ್ಟಿನ ಉಪಕ್ರಮವನ್ನು ಕೈಕೊಂಡಿದೆ. (sarakāra aṇekaṭṭina upakramavannu kaikoṃḍide.) 政府はダム建設計画に動き出した。 [Sk.]

ಉಪಖಂಡ ⟦upakʰaṃḍa ウパカンダ⟧ [upəkʰəɳɖɐ] *n.* 亜大陸 [Sk.]

ಉಪಗ್ರಹ ⟦upagraha ウパグラハ⟧ [upəgrəhɐ] *n.* **1** 衛星 **2** 人工衛星 [Sk.]

ಉಪಗ್ರಾಮ ⟦upagrāma ウパグラーマ⟧ [upəgrɐ:mɐ]《文》*n.* 一つの村に属する小さな村、集落 [Sk.]

ಉಪಚರಿಸು ⟦upacarisu ウパチャリス⟧ [upəʧərisu] *vt.* **1**〈客などを〉歓待する **2**〈子どもや病人などの〉世話をする [Sk.]

ಉಪಚಾರ ⟦upacāra ウパチャーラ⟧ [upəʧɐːrɐ] *n.* 1 (客などの)歓待 2 (子どもや病人などの)世話 [Sk.]

ಉಪಚುನಾವಣೆ ⟦upacunāvaṇe ウパチュナーヴァネ⟧ [upəʧunɐːvəɳe] *n.* 補欠選挙 [Sk.]

ಉಪಜಿಹ್ವೆ ⟦upajihve ウパジフヴェ⟧ [upəʤivhe] 《文》 *n.* 1 口蓋垂、のどびこ 2 口蓋垂に炎症を起こす病気 3 蛇の体にくっついたままの脱皮した皮 [Sk.] = ಉಪನಾಲಿಗೆ (upanālige)

ಉಪಜೀವನ ⟦upajīvana ウパジーヴァナ⟧ [upəʤiːvənɐ] *n.* 生活の糧を稼ぐこと [Sk.]

ಉಪಜೀವಿ ⟦upajīvi ウパジーヴィ⟧ [upəʤiːvi] *n.* 1 寄生虫、寄生動物 2 〔喩〕寄生虫、自分では働かず他人に依存して生活している人 [Sk.]

ಉಪಜ್ಞ ⟦upajña ウパジュニャ⟧ [upəɟɲɐ] *adj., m.* 《*f.* ಉಪಜ್ಞಳು (upajñaḷu)》独創的な〈人〉 [Sk.]

ಉಪಜ್ಞತೆ ⟦upajñate ウパジュニャテ⟧ [upəɟɲəte] *n.* 独創性 [Sk.]

ಉಪಟಲ ⟦upaṭala ウパタラ⟧ [upəʈəlɐ] ಉಪಟಳ *n.* 面倒、悩みの種、面倒 [?]

ಉಪಟಳ ⟦upaṭaḷa ウパタラ⟧ [upəʈəɭɐ] *n.* [?] ☞ಉಪಟಲ (upaṭala)

ಉಪದಂಶ ⟦upadaṃśa ウパダンシャ⟧ [upədəmʃɐ] 《文》 *n.* 食物や飲み物にアクセントをつける食物、ピクルスやチャツネなど [Sk.]

ಉಪದೇಶ ⟦upadēśa ウパデーシャ⟧ [upədeːʃɐ] *n.* 1 説教、宗教的な教えを説くこと 2 言い聞かせること 3 師から弟子入りの式をしてもらうこと ¶ ಸ್ವಾಮಿಗಳು ಶಿಷ್ಯನಿಗೆ ಉಪದೇಶ ಕೊಟ್ಟರು. (svāmigaḷu śiṣyanige upadēśa koṭṭaru.) 師は弟子に入門式を行った。[Sk.]

ಉಪದೇಶಕ ⟦upadēśaka ウパデーシャカ⟧ [upədeːʃəkɐ] *m.* 《*f.* ಉಪದೇಶಕಿ (upadēśaki)》 1 説教者、宗教的な教えを説く人 2 言って聞かせる人、忠告者、助言者、相談役 3 宗派や信仰などへの加入儀礼を行う導師 [Sk.]

ಉಪದೇಶಿಸು ⟦upadēśisu ウパデーシス⟧ [upədeːʃisu] *vt.* 1 〈宗教的な教えを〉説く、説教する 2 〈正しい振る舞いなどを〉教え聞かせる、言い聞かせる 3 (弟子の)加入儀礼を行う ¶ ಸಮರ್ಥ ರಾಮದಾಸರು ಶಿವಾಜಿಗೆ ಮಂತ್ರವನ್ನು ಉಪದೇಶಿಸಿದರು. (samart^ha rāmadāsaru śivājige maṃtravannu upadēśisidaru.) サマルタ・ラーマダーサは、シヴァージーにマントラを与えて入門させた。[Sk.]

ಉಪದ್ರವ ⟦upadrava ウパドラヴァ⟧ [upədrəvɐ] *n.* 1 (邪魔したり、うるさくねだったりして)悩ますこと、厄介、面倒 ¶ ಅಧಿಕಾರಿ ತನ್ನ ಕೈಕೆಳಗೆನವರಿಗೆ ಉಪದ್ರವ ಕೊಡುತ್ತಿದ್ದಾರೆ. (ad^hikāri tanna kaikeḷagenavarige upadrava koḍuttiddāre.) あの上役はいつも部下を悩ませている。 2 災難、災厄 [Sk.] = ತೊಂದರೆ (toṃdare)

ಉಪದ್ವ್ಯಾಪ ⟦upadvyāpa ウパドヴィャーパ⟧ [upədvjɐːpɐ] *n.* (よけいな)干渉、お節介 [M. *upadvyāpā*? < ?] (NK)

ಉಪದ್ವ್ಯಾಪಿ ⟦upadvyāpi ウパドヴィャーピ⟧ [upədvjɐːpi] *mf.* よけいなお節介をする人、他人のことに干渉する人 [M. *upadvyāpī*] (NK)

ಉಪನಗರ ⟦upanagara ウパナガラ⟧ [upənəgərɐ] *n.* (大都会の)郊外の町 [Sk.]

ಉಪನದಿ ⟦upanadi ウパナディ⟧ [upənədi] *n.* (川の)支流 [Sk.]

ಉಪನಯನ ⟦upanayana ウパナヤナ⟧ [upənəjənɐ] *n.* 男の子に聖紐をつける儀式(師からヴェーダを学ぶための入門式) [Sk.]

ಉಪನಾಲಿಗೆ ⟦upanālige ウパナーリゲ⟧ [upənɐːlige] 《希》 *n.* 口蓋垂、のどびこ [Sk.] = ಕಿರುನಾಲಿಗೆ (kirunālige)

ಉಪನಿಷತ್ತು ⟦upaniṣattu ウパニシャットゥ⟧ [upəniʂəttu] *n.* ウパニシャッド、ヴェーダに属する哲学的思考を記した一群の文献 [Sk.]

ಉಪನ್ಯಾಸ ⟦upanyāsa ウパニャーサ⟧ [upənʲjɐːsɐ] *n.* 1 講演、講義、講話 2 (大学での)講義 [Sk.] = ಉಪಾಖ್ಯಾನ, ಭಾಷಣ (upāk^hyāna, b^hāṣaṇa)

ಉಪನ್ಯಾಸಕ ⟦upanyāsaka ウパニャーサカ⟧ [upənʲjɐːsəkɐ] 《文》 *m.* 《*f.* ಉಪನ್ಯಾಸಕಿ (upanyāsaki)》 1 講演者、講義する人 2 (大学の)講師 [Sk.] = ಭಾಷಣಕಾರ (b^hāṣaṇakāra)

ಉಪನ್ಯಾಸಕಾರ ⟦upanyāsakāra ウパニャーサカーラ⟧ [upənʲjɐːsəkɐːrɐ] *m.* 《*f.* ಉಪನ್ಯಾಸಕಾರ್ತಿ (upanyāsakārti)》講演者、講義する人 [Sk.] = ಭಾಷಣಕಾರ (b^hāṣaṇakāra)

ಉಪನ್ಯಾಸಮಾಲೆ ⟦upanyāsamāle ウパニャーサマーレ⟧ [upənʲjɐːsɐmɐːle] *n.* 連続講義 [Sk.]

ಉಪಪತಿ ⟦upapati ウパパティ⟧ [upəpəti] *m.* 《*f.* ಉಪಪತ್ನಿ (upapatni)》間男、情夫 [Sk.] = ಮಿಂಡ (miṃḍa)

ಉಪಪತ್ನಿ ⟦upapatni ウパパトニ⟧ [upəpətni] *f.* 妾 [Sk.]

ಉಪಪಾದನೆ ⟦upapādane ウパパーダネ⟧ [upəpɐːdəne] 《文》 *n.* 数学的仮説の証明 [Sk.]

ಉಪಪಾದಿಸು ⟦upapādisu ウパパーディス⟧ [upəpɐːdisu] 《文》 *vt.* 証明する、正当化する [Sk.]

ಉಪಪ್ರಶ್ನೆ ⟦upapraśne ウパプラシュネ⟧ [upəprəʃne] 《文》 *n.* 1 補足的な質問 2 大きな質問の一部分をなす質問 [Sk.]

ಉಪಪ್ಲವ ⟦upaplava ウパプラヴァ⟧ [upəpləvɐ] 《文》 *n.* 1 攻撃、侵略、侵攻 2 災害、災難 3 ラーフ(日蝕や月蝕の原因となると信じられている想像上の惑星) [Sk.]

ಉಪಭೋಗ ⟦upab^hōga ウパボーガ⟧ [upəb^hoːgɐ] *n.* 享楽、快楽 [Sk.]

ಉಪಭೋಗಿಸು ⟦upab^hōgisu ウパボーギス⟧ [upəb^hoːgisu] 《文》 *vt.* 1 楽しむ、享受する ¶ ಬಂದ ಸಂಬಳವನ್ನೆಲ್ಲ ತಾನೇ ಉಪಭೋಗಿಸುತ್ತಾನೆ. (baṃda saṃbaḷavannella tānē upab^hōgisuttāne.) 彼は自分の給料を自分で使ってしまう。 2 食べる、味わう [Sk.]

ಉಪಮಂತ್ರಿ ⟦upamaṃtri ウパマントリ⟧ [upəməntri] *mf.* 副大臣 [Sk.]

ಉಪಮಾತೀತ ⟦upamātīta ウパマーティータ⟧ [upəmɐ:ti:tɐ] 《文》 *adj.* 比較するもののない、例えようもない [Sk.]

ಉಪಮಾನ ⟦upamāna ウパマーナ⟧ [upəmɐ:nɐ] 《文》 *n.* 比喩、比喩において譬えられている対象(顔を月に譬える場合の月) [Sk.]

ಉಪಮೆ ⟦upame ウパメ⟧ [upəme] *n.* 比喩、直喩 [Sk.]

ಉಪಮೇಯ ⟦upamēya ウパメーヤ⟧ [upəme:jɐ] 《文》 *n.* 比喩において(あるものと)比較される対象 [Sk.]

ಉಪಯುಕ್ತ ⟦upayukta ウパユクタ⟧ [upəjuktɐ] 《文》 (*n.*) ふさわしい〈こと〉、適した〈こと〉、適当〈な〉、適切〈な〉 [Sk.]

ಉಪಯೋಗ ⟦upayōga ウパヨーガ⟧ [upəjo:gɐ] *n.* **1** 使うこと、使用、利用 **2** 役に立つこと、有用性 ¶ ಈ ಪಟ್ಟಣದಲ್ಲಿ ಬಾವಿಯ ಉಪಯೋಗ ಇಲ್ಲ. (ī paṭṭaṇadalli bāviya upayōga illa.) この町では井戸はいらない。 [Sk.]

ಉಪಯೋಗಿಸು ⟦upayōgisu ウパヨーギス⟧ [upəjo:gĭsu] *vt.* 使う、利用する [Sk.]

ಉಪರಾಗ ⟦uparāga ウパラーガ⟧ [upərɐ:gɐ] 《文》 *n.* (太陽や月の)蝕 [Sk.]

ಉಪರಾಷ್ಟ್ರಪತಿ ⟦uparāṣṭrapati ウパラーシュトラパティ⟧ [upərɐ:ʂʈrəpəti] *mf.* 副大統領 [Sk.]

ಉಪರಿ ⟦upari ウパリ⟧ [upəri] 《文》 (*adj.*) **1** 上〈の〉、上部〈の〉 **2** 表面〈の〉;表面的な〈こと〉 —*adv.* 後で [Sk.]

ಉಪರಿಜೀವಿ ⟦uparijīvi ウパリジーヴィ⟧ [upəridʒi:vi] 《文》 *n.* 動物の体表に住む生き物、体表寄生虫、体表寄生動物 [Sk.]

ಉಪರಿಲೋಕ ⟦uparilōka ウパリローカ⟧ [upərilo:kɐ] *n.* 極楽、天国 [Sk.]

ಉಪಲ ⟦upala ウパラ⟧ [upəlɐ] 《文》 *n.* 石、岩 [Sk.]

ಉಪಲಾಲನೆ ⟦upalālane ウパラーラネ⟧ [upəlɐ:ləne] 《文》 *n.* 愛撫 [Sk.]

ಉಪಲಾಲಿಸು ⟦upalālisu ウパラーリス⟧ [upəlɐ:lĭsu] 《文》 *vt.* 愛撫する、優しく撫でる [Sk.]

ಉಪವಾಸ ⟦upavāsa ウパヴァーサ⟧ [upəʋɐ:sɐ] *n.* 絶食 [Sk.]

ಉಪವಾಸಮುಷ್ಕರ ⟦upavāsamuṣkara ウパヴァーサムシュカラ⟧ [upəʋɐ:səmuʂkɘ̆rɐ] 《文》 *n.* ハンガーストライキ [Sk. + *muṣkara*]

ಉಪವಾಸಿ ⟦upavāsi ウパヴァーシ⟧ [upəʋɐ:si] *mf.* 絶食している人、断食している人 [Sk.]

ಉಪವೀತ ⟦upavīta ウパヴィータ⟧ [upəʋi:tɐ] *n.* 聖紐(主にバラモンが左の肩から右の脇の下へかける紐) [Sk.]

ಉಪವೃತ್ತಿ ⟦upavṛtti ウパヴルッティ⟧ [upəʋruttí/upəʋrutti] 《文》 *n.* 副業 [Sk.]

ಉಪಶಮನ ⟦upaśamana ウパシャマナ⟧ [upəʃəmənɐ] 《文》 *n.* (痛みなどが)和らぐこと [Sk.] cf. ಗುಣ (guṇa)

ಉಪಶಾಂತಿ ⟦upaśāṃti ウパシャーンティ⟧ [upə̆ʃɐ:nti] 《文》 *n.* 心の静謐、落ち着き [Sk.]

ಉಪಸಂಹಾರ ⟦upasaṃhāra ウパサンハーラ⟧ [upəsəmhɐ:rɐ] *n.* **1** まとめること、要約 **2** 破壊、死 **3** 終結、終わり [Sk.]

ಉಪಸಚಿವ ⟦upasaciva ウパサチヴァ⟧ [upəsətʃivɐ] *m.* (*f.* ಉಪಸಚಿವೆ (upasacive)) 副大臣 [Sk.] = ಸಹಾಯಕ ಸಚಿವ (sahāyaka saciva)

ಉಪಸಭಾಧ್ಯಕ್ಷ ⟦upasabʰādʰyakṣa ウパサバーディャクシャ⟧ [upəsəbʰɐ:dʰjəkʂɐ] 《文》 *m.* (*f.* ಉಪಸಭಾಧ್ಯಕ್ಷಳು (upasabʰādʰyakṣaḷu)) (会議の)副議長 [Sk.]

ಉಪಸಭಾಪತಿ ⟦upasabʰāpati ウパサバーパティ⟧ [upəsəbʰɐ:pəti] *mf.* (会議の)議長 [Sk.]

ಉಪಸಮಿತಿ ⟦upasamiti ウパサミティ⟧ [upəsəmiti] *n.* 部科委員会、小委員会 [Sk.]

ಉಪಸ್ಕರ ⟦upaskara ウパスカラ⟧ [upəskərɐ] 《文》 *n.* **1** 道具、器具 **2** 調味料 **3** 装置、道具 **4** 家財道具(箒、鍋など) **5** 装身具 [Sk.] = ಉಪಕರಣ (upakaraṇa) 〔汎〕

ಉಪಹತಿ ⟦upahati ウパハティ⟧ [upəhəti] 《文》 *n.* **1** 打撃 **2** 怪我、傷 **3** (音素や形態素の)脱落 [Sk.]

ಉಪಹಾರ ⟦upahāra ウパハーラ⟧ [upəhɐ:rɐ] *n.* **1** 《古》 贈り物 **2** 間食(として食べる軽食や菓子の類) = ತಿಂಡಿ (tiṃḍi) 〔汎〕 [Sk. *upāhāra-*]

ಉಪಹಾರಗೃಹ ⟦upahāragṛha ウパハーラグルハ⟧ [upəhɐ:rəgruhɐ/–gruhɐ] 《文》 *n.* 茶菓や軽食の類を食べさせる店 [Sk. *upāhāra-*]

ಉಪಹಾಸ ⟦upahāsa ウパハーサ⟧ [upəhɐ:sɐ] *n.* **1** 諧謔、風刺、滑稽 **2** あざ笑うこと、馬鹿にして笑うこと、嘲笑 [Sk.]

ಉಪಾಖ್ಯಾನ ⟦upākʰyāna ウパーキャーナ⟧ [upɐ:kʰjɐ:nɐ] 《文》 *n.* 長い物語に埋め込まれた短い物語、ちょっとした挿話 [Sk.]

ಉಪಾದಾನ ⟦upādāna ウパーダーナ⟧ [upɐ:dɐ:nɐ] 《文》 *n.* **1** 受け取ること、受領 **2** 施物を受け取ること [Sk.]

ಉಪಾಧಿ ⟦upādʰi ウパーディ⟧ [upɐ:dʰi] *n.* **1** 称号(人に敬意を示したり、その特性を示したりするために権力者や社会一般から与えられた呼び名) ¶ ನೇತಾಜಿ ಎಂಬುದು ಸುಭಾಸಚಂದ್ರರ ಉಪಾಧಿಯಾಗಿತ್ತು. (nētāji eṃbudu subʰāsacaṃdrara upādʰiyāgittu.) スバーシュチャンドラの称号はネータージーだった。 **2** (俳優などの)特徴や性格などを表す言葉 ¶ "ಕೋಪಿಷ್ಠ ಯುವಕ" ಎಂದರೆ ಅಮಿತಾಭ ಬಚ್ಚನರ ಉಪಾಧಿ. ("kōpiṣṭʰa yuvaka" eṃdare amitābʰa baccanara upādʰi.) 「怒れる若者」がアミターブ・バッチャンの得意な役柄である。 **3** 言い訳、口実 ¶ ಪೋಲೀಸರಿಗೆ ಜನರನ್ನು ಪೀಡಿಸಲು ಒಂದು ಉಪಾಧಿ ಬೇಕು, ಅಷ್ಟೆ. (pōlīsarige janarannu pīḍisalu oṃdu upādʰi bēku, aṣṭe.) 警察は人々を困らせる口実が欲しいだけさ。 **4**《古》厄介、迷惑、困らせること [Sk.]

ಉಪಾಧ್ಯಕ್ಷ ⟦upādʰyakṣa ウパーディャクシャ⟧ [upɐːdʰjˑə kʂɐ] *m.*《*f.* ಉಪಾಧ್ಯಕ್ಷೆ (upādʰyakṣe)》副会長、副議長、副委員長 [Sk.]

ಉಪಾಧ್ಯಾಯ ⟦upādʰyāya ウパーディャーヤ⟧ [upɐːdˑʰjɐː jɐ] *m.*《*f.* ಉಪಾಧ್ಯಾಯಿನಿ (upādʰyāyini)》教師、教員、師匠 [Sk.]

ಉಪಾಧ್ಯಾಯಿನಿ ⟦upādʰyāyini ウパーディャーイニ⟧ [upɐː dˑʰjɐːjini] 《文》 *f.*《*m.* ಉಪಾಧ್ಯಾಯ (upādʰyāya)》女性教師、女性教員、女性の先生 [Sk.]

ಉಪಾಯ ⟦upāya ウパーヤ⟧ [upɐːjɐ] 《古》 *n.* **1** 策略 **2** 方法、やり方 ¶ ಉಪಾಯವಿಲ್ಲದೆ ಈ ಕೆಲಸಕ್ಕೆ ಕೈ ಹಾಕಿದೆ. (upāyavillade ī kelasakke kai hākide.) ほかに選択肢がなかったのでこの仕事を始めた。 [Sk.]

ಉಪಾಸನ ⟦upāsana ウパーサナ⟧ [upɐːsənɐ] ಉಪಾಸನೆ *n.* **1** 付き添って世話すること **2** 神への供養、神や聖人を崇めること [Sk.]

ಉಪಾಸನೆ ⟦upāsane ウパーサネ⟧ [upɐːsəne] *n.* [Sk.] ☞ಉಪಾಸನ (upāsana)

ಉಪಾಹಾರ ⟦upāhāra ウパーハーラ⟧ [upɐːhɐːrɐ] ಉಪಹಾರ 《文》 *n.* 間食として食べる軽食や菓子の類、間食 [Sk.] = ತಿಂಡಿ (tiṃḍi)〔汎〕☞ಉಪಹಾರ (upahāra)

ಉಪೇಕ್ಷಿತ ⟦upēkṣita ウペークシタ⟧ [upeːkʂitɐ]《文》*adj.*, *m.*, *n.*《*f.* ಉಪೇಕ್ಷಿತೆ (upēkṣite)》無視された〈人〉、軽視された〈人〉¶ ಕೆಲವು ಶಾಲೆಗಳಲ್ಲಿ ಶುದ್ಧ ವಿಜ್ಞಾನದ ವಿಷಯಗಳು ಉಪೇಕ್ಷಿತವಾಗಿವೆ. (kelavu śālegaḷalli śuddʰa vijñānada viṣayagaḷu upēkṣitavāgive.) 最近、純粋科学の学科をなおざりにする学校がある。 [Sk.]

ಉಪೇಕ್ಷಿಸು ⟦upēkṣisu ウペークシス⟧ [upeːkʂisu] 《文》 *vt.* 無視する、軽視する [Sk.]

ಉಪೇಕ್ಷೆ ⟦upēkṣe ウペークシェ⟧ [upeːkʂe] 《文》 *n.* 無視、軽視 [Sk.]

ಉಪೇತ ⟦upēta ウペータ⟧ [upeːtɐ] 《文》 *adj.*《複合語末で》(あるものを)伴った [Sk.]

ಉಪೋದ್ಘಾತ ⟦upōdgʰāta ウポードガータ⟧ [upoːdgʰɐːtɐ] 《文》 *n.* **1** 始まり、開始 **2** 序言、前書き、端書き [Sk.]

ಉಪ್ಪಗಚಿ ⟦uppagaci ウッパガチ⟧ [uppə̆gəʧi] 《‡》 *n.* とげのあるつる草 (*My.* (*Kitt.*)) [Ka. *uppu* + *egaci* D421]

ಉಪ್ಪಚ್ಚಿ ⟦uppacci ウッパッチ⟧ [uppəʧʧi] 《‡》 *n.* [Ka. D421] (*My.* (*Kitt.*)) ☞ಉಪ್ಪಗಚಿ (uppagaci)

ಉಪ್ಪಡ ⟦uppaḍa ウッパダ⟧ [uppə̆ɖɐ] 《‡》 *n.* 野菜に塩味をつけて干した食物(油で揚げて食べる)(*My.* (*Kitt.*)) [Ka. D2674] = ಬಾಳಕ (bāḷaka)

ಉಪ್ಪರಿಗೆ ⟦upparige ウッパリゲ⟧ [uppə̆rige] *n.* **1** 2階以上の立派な家 = ಮಹಡಿಯ ಮನೆ (mahaḍiya mane) **2** 2階(または3階) **3** (涼んだり洗濯物を干したりできる)平たい屋根、屋上 [*uppari* + *-ge*]

ಉಪ್ಪಲಿಕ ⟦uppalika ウッパリカ⟧ [uppə̆likɐ] *m.* 《*f.* *ಉಪ್ಪಲಿಗಿತ್ತಿ (uppaligitti)》 [Ka. *D2674(a)] ☞ಉಪ್ಪಲಿಗ (uppaliga)

ಉಪ್ಪಲಿಗ ⟦uppaliga ウッパリガ⟧ [uppə̆ligɐ] *m.*《*f.* ಉಪ್ಪಲಿಗಿತ್ತಿ (uppaligitti)》塩作りのカーストに属する人(同時に漁夫でもある) [Ka. D2674(a)]

ಉಪ್ಪಲಿಗೆ ⟦uppalige ウッパリゲ⟧ [uppə̆lige] 《文》 *n.* トウダイグサ科の小木 [Ka. D627]

ಉಪ್ಪಾರ ⟦uppāra ウッパーラ⟧ [uppɐːrɐ] ಉಪ್ಪಾಱ *m.*《*f.* ಉಪ್ಪಾರ್ತಿ (uppārti)》 **1** (岩塩からの)製塩業者やそのカーストに属する人(池堀りなどの作業にも従事する) **2** 左官屋 [Ka. D628]

ಉಪ್ಪಾರಿಕೆ ⟦uppārike ウッパーリケ⟧ [uppɐːrĭke] *n.* **1** 岩塩作りの仕事 **2** 左官業 [Ka. *D628]

ಉಪ್ಪಾಱ ⟦uppāṟa ウッパーラ⟧ [uppɐːṟɐ] 《古》 *m.*《*f.* ಉಪ್ಪಾರ್ತಿ (uppārti)》 **1** (岩塩からの)製塩業者やそのカーストに属する人(池堀りなどの作業にも従事する) **2** 左官屋 [Ka. D628] = ಉಪ್ಪಾರ (uppāra)

ಉಪ್ಪಾರ್ತಿ ⟦uppārti ウッパールティ⟧ [uppɐːrti] *f.* 《*m.* ಉಪ್ಪಾರ (uppāra)》 **1** (岩塩からの)製塩業者の妻や、そのカーストに属する女性(池堀りなどの作業にも従事する) **2** 左官屋の妻 [Ka. < *uppāṟati* D628]

ಉಪ್ಪಾಱಿಕೆ ⟦uppāṟike ウッパーリケ⟧ [uppɐːṟike] 《‡》 *n.* **1** 岩塩作りの仕事 (*S.Mhr.* (*Kitt.*)) **2** 左官業 My. (Kitt.) [Ka. < *uppāṟike* D628]

ಉಪ್ಪಿ ⟦uppi ウッピ⟧ [uppi] 《文》 *n.* とげのある灌木の一種 (*My.* (*Kitt.*)) [Ka. D629] = ಎಗಚಿ (egaci)

ಉಪ್ಪಿಟ್ಟು ⟦uppiṭṭu ウッピットゥ⟧ [uppiʈʈu] *n.* 粗挽きの小麦や米、ラーギーなどを炒めたあと塩や香辛料と混ぜて炊いた軽食 [*uppu* + *hiṭṭu*] = Ta. *uppumā*

ಉಪ್ಪಿನಕಾಯಿ ⟦uppinakāyi ウッピナカーイ⟧ [uppinəkɐː ji] *n.* (香辛料のきいたインドの)漬物 [gen. of *uppu* + genitive marker + *kāyi*]

ಉಪ್ಪು¹ ⟦uppu ウップ⟧ [uppu] *n.* 愛、特に溺愛 [? cf. Ka. *uṟugu*「愛」D691] = ಮುದ್ದು (muddu)

ಉಪ್ಪು² ⟦uppu ウップ⟧ [uppu] 《古》 *n.* **1** 存在、永続 (*Kitt.*) **2** ティッリという遊び(地面に線を引いて子どもたちが遊ぶ)での勝利 (*Kitt.*) [Ka. D710]

ಉಪ್ಪು³ ⟦uppu ウップ⟧ [uppu] *n.* **1** 塩、食塩 **2** 塩からい味(六つの味の一種) **3** 恩、恩義 ¶ ಗೆಳೆಯನ ಉಪ್ಪನ್ನು ನಾನು ಹೇಗೆ ತೀರಿಸಲಿ? (geḷeyana uppannu nānu hēge tīrisali?) どうやったら友達に恩返しできるだろうか。 = ಉಪ್ಪಿನ ಋಣ (uppina ṛṇa) [Ka. D2674(a)]

ಉಪ್ಪಿಕ್ಕು ⟦uppikku ウッピック⟧ [uppikku] *vi.* 養う、扶養する ¶ ಉಪ್ಪಿಕ್ಕಿದವನನ್ನು ಮುಪ್ಪಿನತನಕ ನೆನೆ. (uppikkidavanannu muppinatanaka nene.)〔諺〕歳を取っても育ててくれた人は忘れるな。 [*uppu*³ + *ikku*]

ಉಪ್ಪಿಲ್ಲದ ಮಾತು ⟦uppillada mātu ウッピッラダマートゥ⟧ [uppilləɖə mɐːtu] *n.*〔喩〕内容のない言葉

ಉಪ್ಪುಕಾರ ಹಚ್ಚಿ ಬಣ್ಣಿಸು ⟦uppukāra hacci baṇṇisu ウップカーラハッチバンニス⟧ [uppukɐːrə həʧʧi bəɳɳisu] *vi.* 尾

ひれをつけて話す

ಉಪ್ಪುಗಡಲೆ ⟦uppugaḍale ウップガダレ⟧ [uppug̥əḍ̥əle] *n.* 茹でたヒヨコマメを塩と香辛料と一緒に煎ったもの [*uppu* + *kaḍale*]

ಉಪ್ಪುಗಾಯಿ ⟦uppugāyi ウップガーイ⟧ [uppug̥ɐːji] ಉಪ್ಪುಗಾಯ್, ಉರ್ಪುಗಾಯ್ 《古》 *n.* 熟れていない果実と塩と香辛料で作った漬物 (*Mr.65.6*) [*uppu* + *kāyi*] = ಉಪ್ಪಿನಕಾಯಿ (uppinakāyi)〔汎〕

ಉಪ್ಪುಕಾಗದ ⟦uppukāgada ウップカーガダ⟧ [uppukɐːgədɐ] *n.* 紙やすり、研磨紙 [*uppu*³ + *kāgada*]

ಉಪ್ಪುನೆಲ ⟦uppunela ウップネラ⟧ [uppunelɐ] *n.* 塩分の多い(不毛の)土地 [*uppu* D2674(b) + *nela*]

ಉಪ್ಪೆಗಚಿ ⟦uppegaci ウッペガチ⟧ [uppegə̆tʃi] ಉಪ್ಪಗಚಿ, ಉಪ್ಪಚ್ಚಿ 《方》 *n.* **1** とげがあり実をつける灌木の一種 **2** 灌木の一種 (*My.* (*Kitt.*)) [Ka. *uppu* D2674(b) + D421 *egaci*]

ಉಫ್¹ ⟦upʰ ウプ⟧ [uɸ] (*n.*) ふっ(埃を吹き飛ばす息の音を真似た擬音語) (*C*; *Ršv.* (*Kitt.*)) [Ka. D633]

ಉಫ್² ⟦upʰ ウプ⟧ [uɸ] *intrj.* わっ(嫌悪を示す叫び声)

ಉಫಿ ⟦upʰi ウピ⟧ [uɸi] 《‡》 (*n.*) [Ka. D633] (*My.* (*Kitt.*)) ☞ಉಫ್ (upʰ)

ಉಬಲು ⟦ubalu ウバル⟧ [ubə̆lu] 《‡》 *n.* 稲や小麦の籾殻 (*DEDR*) [Ka. D637] ☞ಉಬ್ಬಲು (ubbalu)

ಉಬಿಕು ⟦ubiku ウビク⟧ [ubĭku] 《‡》 *vi.* (水かさなどが)増す (*Si.115* (*Kitt.*)) [Ka. D666(b)]

ಉಬ್ಬಟೆ¹ ⟦ubbaṭe ウッバテ⟧ [ubbə̆ṭe] ಉರ್ಬಟೆ¹ 《古》 *n.* **1** 膨れ上がること；腫れ物 (*KK*) **2** 多数、多量、潤沢 **3** 勇敢、大胆不敵 [Ka. *urvu* + *-aṭe*? D666(b)]

ಉಬ್ಬಟೆ² ⟦ubbaṭe ウッバテ⟧ [ubbə̆ṭe] 《古》 *n.* 災難、難儀 [Sk. *utpāta-*?]

ಉಬ್ಬಟ್ಟೆ ⟦ubbaṭṭe ウッバッテ⟧ [ubbə̆ṭṭe] 《‡》 *n.* [Ka. D666(b)] (*My.* (*Kitt.*)) ☞ಉಬ್ಬಟೆ (ubbaṭe)¹

ಉಬ್ಬಡಿಗ ⟦ubbaḍiga ウッバディガ⟧ [ubbəḍĭgɐ] 《古》 *n.* 過度 [Ka. D666(b)] ☞ಉಬ್ಬದಿಗ (ubbadiga)

ಉಬ್ಬಣ¹ ⟦ubbaṇa ウッバナ⟧ [ubbəɳɐ] 《古》 *n.* **1** 木製のかんぬき **2** 先の尖った武器の一種 [Ka. D683]

ಉಬ್ಬಣ² ⟦ubbaṇa ウッバナ⟧ [ubbəɳɐ] 《古》 *n.* 大量、ふんだん、潤沢 [Ka. *D701]

ಉಬ್ಬಣಿಸು ⟦ubbaṇisu ウッバニス⟧ [ubbə̆ɳisu] 《古》 *vi.* 増える、増大する；程度が増す [Ka. *ubbaṇa*² D701 + *-isu*]

ಉಬ್ಬದಿಗ ⟦ubbadiga ウッバディガ⟧ [ubbədĭgɐ] o.rs. ಉಬ್ಬಡಿಗ, ಉಬ್ಬರಿಗ 《古》 *n.* 増大、偉大 (*Pb.5.15*) [Ka. *D666(b)]

ಉಬ್ಬರ ⟦ubbara ウッバラ⟧ [ubbə̆rɐ] ಉರ್ವರ *n.* **1** 大量、ふんだん、過度 **2** 増大、嵩が増すこと ¶ ಕಳೆದ ವರ್ಷದ ಇದೇ ತಿಂಗಳಲ್ಲಿ ಹಣದ ಉಬ್ಬರ ಹೆಚ್ಚಾಗಿತ್ತು. (kaḷeda varṣada idē timgaḷalli haṇada ubbara heccāgittu.) 去年のこの月はインフレがひどかった。 **3**《古》 感情の高まり、興奮 **4** 満ち潮 [Ka. D666(b) cf. Sk. *urvarā-*]

ಉಬ್ಬರವಿಳಿತ ⟦ubbaraviḷita ウッバラヴィリタ⟧ [ubbə̆rəviḷĭtɐ] *n.* 満潮と干潮、潮の満干 [*ubbara* + *iḷita*]

ಉಬ್ಬರಿಗ ⟦ubbariga ウッバリガ⟧ [ubbərĭgɐ] o.r. ಉಬ್ಬಡಿಗ 《古》 *n.* [Ka. D666(b)] ☞ಉಬ್ಬದಿಗ (ubbadiga)

ಉಬ್ಬರಿಸು ⟦ubbarisu ウッバリス⟧ [ubbərĭsu] *vi.* **1** 嵩が増す、膨れ上がる、(水位などが)増す ¶ ಕಡಲೆಬೇಳೆ ತಿಂದು ಹೊಟ್ಟೆ ಉಬ್ಬರಿಸಿತು. (kaḍalebēḷe timdu hoṭṭe ubbarisitu.) ヒヨコマメの割り豆を食べて腹が(ガスで)膨れ上がった。 **2** (喜び、うぬぼれなどで)胸がいっぱいになる ¶ ಅವನು ಹಣದ ಮದದಿಂದ ಉಬ್ಬರಿಸಿದ್ದಾನೆ. (avanu haṇada madadimda ubbarisiddāne.) 彼は金持ちだといううぬぼれでいっぱいだ。 ¶ ಮಗಳು ಒಂದನೆ ವರ್ಗದಲ್ಲಿ ಪಾಸಾದದ್ದನ್ನು ನೋಡಿ ತಂದೆ ಸಂತೋಷದಿಂದ ಉಬ್ಬರಿಸಿದನು. (magaḷu omdane vargadalli pāsādaddannu nōḍi tamde samtōṣadimda ubbarisidanu.) 娘が優等で試験に合格したのを見て父親は喜びに満ちあふれた。 [*ubbara* + *-isu*]

ಉಬ್ಬಲು¹ ⟦ubbalu ウッバル⟧ [ubbə̆lu] *n.* 稲や小麦の籾殻 [Ka. D637]

ಉಬ್ಬಲು² ⟦ubbalu ウッバル⟧ [ubbə̆lu] *n.* 虫さされや打撲で体の一部が腫れること [Ka. *D666(b)]

ಉಬ್ಬಸ ⟦ubbasa ウッバサ⟧ [ubbə̆sɐ] ಉಬ್ಬುಸ, ಉಬ್ಬುಸು *n.* **1** あえぐこと、あえぎ **2** 喘息 [Ka. D632]

ಉಬ್ಬಳ ⟦ubbaḷa ウッバラ⟧ [ubbə̆ḷɐ] 《‡》 *n.* むかつき、吐き気 (R; Mhr. (Kitt.)) [Ka. D678, cf. T2346]

ಉಬ್ಬಳಿಕೆ ⟦ubbaḷike ウッバリケ⟧ [ubbəḷĭke] *n.* むかつき、吐き気、嘔吐 [*ubbaḷa* + *-ike* D678, cf. T2344, T2345, T2346]

ಉಬ್ಬಳಿಸು ⟦ubbaḷisu ウッバリス⟧ [ubbəḷisu] *vi.* **1** むかつく、吐き気をもよおす **2**〔喩〕嫌悪をもよおす [Ka. D678] (SK)

ಉಬ್ಬಾಳಿಕೆ ⟦ubbāḷike ウッバーリケ⟧ [ubbɐːḷike] *n.* 専制、専制的支配 [*ubbāḷu* + *-ike*]

ಉಬ್ಬಾಳು ⟦ubbāḷu ウッバール⟧ [ubbɐːḷu] 《文》 *mf.* **1** 高慢な戦士 **2** 褒められると有頂天になる人 **3** 偉大な人 [*ubbu* D666(b) + *āḷu* D399]

ಉಬ್ಬಿಕೆ ⟦ubbike ウッビケ⟧ [ubbike] 《‡》 *n.* 膨れ上がること、水嵩などが上がること (*My.* (*Kitt.*)) [Ka. D666(b)] ☞ಉಬ್ಬುವಿಕೆ (ubbuvike)

ಉಬ್ಬು ⟦ubbu ウッブ⟧ [ubbu] *vi.* **1** 嵩が増す、膨れ上がる **2** (水嵩などが)上がる **3** 喜びでいっぱいになる、誇りや高慢がつのる ¶ ತನಗೆ ಲಾಟರಿಯಲ್ಲಿ ಬಹುಮಾನ ಬಂದದ್ದು ಕೇಳಿ ಅವನು ಉಬ್ಬಿದ. (tanage lāṭariyalli bahumāna bamdaddu kēḷi avanu ubbida.) 彼は自分がくじにに当たったことを聞いて喜びでいっぱいになった。 **—*n.*** **1** 膨れ上がること、膨れた状態、膨れ ¶ ಜೋಪಾನ! ರಸ್ತೆಯಲ್ಲಿ ಉಬ್ಬು ಇದೆ. (jōpāna! rasteyalli ubbu ide.) 気をつけなさい。道路に出っ張りがあり

ますよ。 2 喜びでいっぱいになること、誇りや高慢さがつのること [Ka. D666(b)]

ಉಬ್ಬಿಸು ⟦ubbisu ウッビス⟧ [ubbisu] *vt.* 1〈風船などを〉膨らます 2 へつらって元気づける [Ka. caus.]

ಉಬ್ಬುದಿಗ ⟦ubbudiga ウッブディガ⟧ [ubbuďiǧɐ] 《‡》*n.* [Ka. D666(b)] (*Kk.84* (*Kitt.*)) ☞ಉಬ್ಬದಿಗ (ubbadiga)

ಉಬ್ಬುವಿಕೆ ⟦ubbuvike ウッブヴィケ⟧ [ubbuvǐke] *n.* 膨れ上がること、水嵩などが上がること [Ka. D666(b)]

ಉಬ್ಬುಸ ⟦ubbusa ウッブサ⟧ [ubbŭsɐ] 《‡》*n.* 1 あえぐこと、あえぎ 2 喘息 [Ka. D632] (*My.* (*Kitt.*)) ☞ಉಬ್ಬಸ (ubbasa)

ಉಬ್ಬುಸು ⟦ubbusu ウッブス⟧ [ubbŭsu] 《‡》*n.* [Ka. D632] (*My.* (*Kitt.*)) ☞ಉಬ್ಬಸ (ubbasa)

ಉಬ್ಬುಹಲ್ಲು ⟦ubbuhallu ウッブハッル⟧ [ubbuhəllu] *n.* 出っ張った歯、出っ歯 [Ka. *ubbu* + *hallu*]

ಉಬ್ಬುಳಿಸು ⟦ubbuḷisu ウッブリス⟧ [ubbuḷisu] 《異》*vi.* [Ka. D678] ☞ಉಬ್ಬಳಿಸು (ubbaḷisu)

ಉಬ್ಬೆ[1] ⟦ubbe ウッベ⟧ [ubbe] *n.* 1《古》熱、暖かさ 2《古》心配、悩み、苦悩、悲痛、悲嘆 3 衣類を洗濯前に煮沸すること [? cf. Sk. *ūṣman-*, Tu. *ubbe*, Te. *ubba*]

ಉಬ್ಬೆಹಾಕು ⟦ubbehāku ウッベハーク⟧ [ubbehɐːku] *vt.* 衣類を洗濯前に煮沸する

ಉಬ್ಬೆ[2] ⟦ubbe ウッベ⟧ [ubbe] 《‡》*n.* 雨 (*Šm.101* (*Kitt.*)) [Ka. D761?]

ಉಬ್ಬೆಗ ⟦ubbega ウッベガ⟧ [ubbĕgɐ] 《古》*n.* 心配、悩み、苦悩、悲痛、悲嘆 [Sk. *udvēga-*]

ಉಭಯ ⟦ubʰaya ウバヤ⟧ [ubʰəjɐ] 《文》*numr.*(*adj.*) 両方〈の〉[Sk.]

ಉಭಯ ಪಾರ್ಶ್ವ ⟦ubʰaya pārśva ウバヤパールシュヴァ⟧ [ubʰəjə pɐːrʃvɐ] 《文》*n.* 両側 [Sk.]

ಉಭಯಲೋಕ ⟦ubʰayalōka ウバヤローカ⟧ [ubʰəjəloːkɐ] *n.* この世とあの世 [Sk.]

ಉಮಿ ⟦umi ウミ⟧ [umi] 《古》*n.* 稲や小麦の籾殻(もみがら)または糠(ぬか) [Ka. *D637] = ಹೊಟ್ಟು, ಉಬ್ಬಲು, ಸಿಪ್ಪೆ (hoṭṭu, ubbalu, sippe)

ಉಮೇದು ⟦umēdu ウメードゥ⟧ [umeːdu] ಉಮೇದ, ಉಮೇದಿ *n.* 1（希望の成就などの）可能性が高いこと ¶ ನನಗೆ ಪರೀಕ್ಷೆಯಲ್ಲಿ ಪಾಸಾಗುವೆ ಎಂಬ ಉಮೇದು ಇದೆ. (nanage parīkṣeyalli pāsāguve eṃba umēdu ide.) 僕には試験に合格する可能性が十分ある。 2 熱意 ¶ ಅವನು ಉಮೇದಿನಿಂದ ಕೆಲಸ ಮಾಡುತ್ತಾನೆ. (avanu umēdinimda kelasa māḍuttāne.) 彼は熱意をもって仕事をしている。 [Pe. *umēd*]

ಉಮೇದುವಾರ ⟦umēduvāra ウメードゥヴァーラ⟧ [umeːdŭvɐːrɐ] *mf.* 1（選挙などの）候補者、（大学、職などの）志願者 2（危険な仕事や困難な仕事などに対する）志願者、志望者 [Pe. *umēdwār*]

ಉಮೇದುವಾರಿ ⟦umēduvāri ウメードゥヴァーリ⟧ [umeːdŭvɐːri] *n.*（就職、大学入学などの）志願、（選挙の）立候補 [Pe. *ummēdwārī*]

ಉಮೇದುವಾರಿಕೆ ⟦umēduvārike ウメードゥヴァーリケ⟧ [umeːdŭvɐːrǐke] *n.*（大学入学、就職などのために）願書を出すこと、（社会奉仕、任務などのための）志願 [*ummēdwār* + *-ike*]

ಉಮ್ಮನೆ ⟦ummane ウンマネ⟧ [ummə̆ne] 《古》*adv.* 黙って (*Pb.2.82V;7.5V;12.91V*) [Ka. D2678]

ಉಮ್ಮಲು[1] ⟦ummalu ウンマル⟧ [ummə̆lu] 《‡》*n.* 1 あえぐこと、呼吸困難 2 喘息 [Ka. D632] (*My.* (*Kitt.*))

ಉಮ್ಮಲು[2] ⟦ummalu ウンマル⟧ [ummə̆lu] ಉಮ್ಮುಲು 《‡》*n.*（生物体内の）粘液 [Ka. D636] (*My.* (*Kitt.*))

ಉಮ್ಮಳ ⟦ummaḷa ウンマラ⟧ [ummə̆ḷɐ] *n.* 1 蒸し暑いこと 2 苦悩、心の苦しみ、苦痛 [Ka. D656 cf. Sk. *ūśman-*]

ಉಮ್ಮಳಿಕೆ ⟦ummaḷike ウンマリケ⟧ [umməḷǐke] *n.* 1 蒸し暑いこと 2 苦悩、心の苦しみ、苦痛 [*ummaḷa* + *-ike* D656]

ಉಮ್ಮಳಿಸು ⟦ummaḷisu ウンマリス⟧ [ummə̆ḷisu] *vi.* 《*dat.*》1 蒸し暑い ¶ ಈ ಕಾಲದಲ್ಲಿ ಮಂಗಳೂರಿನಲ್ಲಿ ಹೆಚ್ಚು ಉಮ್ಮಳಿಸುತ್ತದೆ. (ī kāladalli maṃgaḷūrinalli heccu ummaḷisuttade.) この季節のマンガロールはとても蒸し暑い。2（心で）苦しむ、苦悩する [*ummaḷa* + *-isu* D656]

ಉಮ್ಮಱಿ ⟦ummaṟi ウンマリ⟧ [umməɻi] 《古》*n.*（王や政府から贈られた）賃貸料なしの土地や村 [Sk. *udbali-* A16] ☞ಉಂಬಳಿ (uṃbaḷi)

ಉಮ್ಮಱಿಗೆ ⟦ummaṟige ウンマリゲ⟧ [umməɻige] 《‡》*n.* [Ka. *ummaṟi* A16 + *-ge*] (*My.* (*Kitt.*)) = ಉಮ್ಮಱಿ (ummaṟi) ☞ಉಂಬಳಿಗೆ (uṃbaḷige)

ಉಮ್ಮಿ ⟦ummi ウンミ⟧ [ummi] ಉಮಿ, ಉವಿ *n.* 稲や小麦の籾殻(もみがら)や糠(ぬか) [Ka. D637] = ಉಬ್ಬಲು (ubbalu)

ಉಮ್ಮು[1] ⟦ummu ウンム⟧ [ummu] *n.*〔児〕ご飯 [Ka. D600]

ಉಮ್ಮು[2] ⟦ummu ウンム⟧ [ummu] 《文》*vi.* 1 ほとばしる、湧き出る 2〔喩〕（悲しみなどが）湧き出る、あふれ出る [Ka. D697, D4482?] ☞ಉಣ್ಮು (uṇmu)

ಉಮ್ಮು[3] ⟦ummu ウンム⟧ [ummu] *n.*〔児〕キス、口づけ (*Kitt.*) [Ka. D2621(b)]

ಉಮ್ಮುಣಿ ⟦ummuṇi ウンムニ⟧ [ummŭɳi] 《方》*n.* 昆虫 [Ka. D638] (Gowda)

ಉಮ್ಮುಲು ⟦ummulu ウンムル⟧ [ummŭlu] 《‡》*n.*（生物体内の）粘液 (*My.* (*Kitt.*)) [Ka. D636]

ಉಮ್ಮುಱಿ ⟦ummuṟi ウンムリ⟧ [ummuɻi] 《‡》*n.*（王や政府から贈られた）賃貸料なしの土地や村 (*Kitt.*) [Ka. A16]

ಉಮ್ಮುಱಿಗೆ ⟦ummuṟige ウンムリゲ⟧ [ummuɻige] 《‡》*n.*（王や政府から贈られた）賃貸料なしの土地や村 (*My.* (*Kitt.*)) [Ka. A16]

ಉಮ್ಮೆ ⟦umme ウンメ⟧ [umme] 《古》*n.* 1 蒸し暑いこと 2 苦悩、心の苦しみ、苦痛 [Sk. *ūṣman-*/Ka. *D656]

ಉಯ್¹ ⟦uy ウイ⟧ [uĭ] ಉಯಿ, ಉಯ್ಯು 《古》 *n.* 稲その他の穀物の殻 (*My.* (*Kitt.*)) [Ka. D637]

ಉಯ್² ⟦uy ウイ⟧ [uĭ] ಒಯ್ಯು 《古》 *vt.* 運び去る [Ka. D984]

ಉಯಿಲು ⟦uyilu ウイル⟧ [ujilu] *n.* 遺言、遺書 = ಇಚ್ಛಾಪತ್ರ (icc^hāpatra) [Eg. *will*]

ಉಯ್ಯಲ್ ⟦uyyal ウイヤル⟧ [uĭjəl] 《古》 *n.* ブランコ [Ka. D731] ☞ಉಯ್ಯಾಲೆ (uyyāle)

ಉಯ್ಯಲು ⟦uyyalu ウイヤル⟧ [uĭjəlu] 《文》 *n.* [Ka. D731] ☞ಉಯ್ಯಾಲೆ (uyyāle)

ಉಯ್ಯಲೆ ⟦uyyale ウイヤレ⟧ [uĭjəle] 《文》 *n.* ブランコ [Ka. D731] ☞ಉಯ್ಯಾಲೆ (uyyāle)

ಉಯ್ಯಾಲು ⟦uyyālu ウイヤール⟧ [uĭjɐːlu] 《‡》 *n.* ブランコ (*My.* (*Kitt.*)) [Ka. D731] ☞ಉಯ್ಯಾಲೆ (uyyāle)

ಉಯ್ಯಾಲೆ ⟦uyyāle ウイヤーレ⟧ [uĭjɐːle] ಉಯ್ಯಲ್, ಉಯ್ಯಲು, ಉಯ್ಯಲೆ, ಉಯ್ಯಾಲು *n.* ブランコ [Ka. D731]

ಉಯ್ಯು ⟦uyyu ウイユ⟧ [ujju] 《‡》 *n.* 稲その他の穀物の殻 (*My* (*Kitt.*)) [Ka. D637] ☞ಉಯ್ (uy)[1]

ಉರ¹ ⟦ura ウラ⟧ [urɐ] 《‡》 *n.* 叫び (in ಉರವಣಿ (*Kitt.*)) [Ka. D648]

ಉರ² ⟦ura ウラ⟧ [urɐ] 《‡》 *n.* 激烈、猛烈、性急さなど (in ಉರವಣಿ (*Kitt.*)) [Ka. D650]

ಉರ³ ⟦ura ウラ⟧ [urɐ] 《文》 *n.* 胸、胸部 [Sk. *uras-*] ☞ಉರಸ್ (uras)

ಉರಂಟು ⟦uraṃṭu ウラントゥ⟧ [urəɳʈu] 《‡》 *vi.* [Ka. D664(a)] (*My.* (*Kitt.*)) ☞ಉರುಟು (uruṭu)[2]

ಉರಗ ⟦uraga ウラガ⟧ [urə̆gɐ] 《文》 *n.* ヘビ(蛇) [Sk.]

ಉರಗಿ ⟦uragi ウラギ⟧ [urə̆gi] 《文》 *n.* 雌の蛇 [Sk.]

ಉರಟ ⟦uraṭa ウラタ⟧ [urə̆ʈɐ] 《‡》 (*n.*) [Ka. D649] (*My.* (*Kitt.*)) ☞ಉಱಟ (uṟaṭa)

ಉರಟು¹ ⟦uraṭu ウラトゥ⟧ [urə̆ʈu] 《‡》 (*n.*) (布・髪の毛などが) ごわごわしている〈こと〉、(紐などが)丈夫な〈こと〉(*My.* (*Kitt.*)) [Ka. D649] ☞ಒಱಂಟು, ಒರಟು (oṟaṃṭu, oraṭu)

ಉರಟು² ⟦uraṭu ウラトゥ⟧ [urə̆ʈu] 《方》 (*n.*) 丸い〈こと〉(*SK, My.* (*Kitt.*)) [Ka. D664(a)] ☞ಉರುಟು (uruṭu)[3]

ಉರಣೆ ⟦uraṇe ウラネ⟧ [urə̆ɳe] 《‡》 *n.* 丸太を動かす時に使うところ(丸太の下に入れて転がす)(*My.* (*Kitt.*)) [Ka. D664(a)]

ಉರಪು ⟦urapu ウラプ⟧ [urə̆pu] 《口》 *n.* 燃えること、燃焼 (*C.* (*Kitt.*)) [Ka. D656] ☞ಉರಿಪು (uripu)

ಉರಬಸ ⟦urabasa ウラバサ⟧ [urə̆bəsɐ] 《‡》 *n.* **1** 呼吸困難、あえぐこと **2** 喘息 (*Bp.55,29* (*Kitt.*)) [Ka. D632] ☞ಉಬ್ಬಸ (ubbasa) 〔現〕

ಉರಲ್¹ ⟦ural ウラル⟧ [urə̆l] 《‡》 *n.* 引けば締まるように結ばれた縄 (*Si.383* (*Kitt.*)) [Ka. D655] ☞ಉರುಲು (urulu)[1]

ಉರಲ್² ⟦ural ウラル⟧ [urə̆l] 《古》 *n.* 燃料、薪 (*S.Mhr.* (*Kitt.*)) [Ka. *D656] = ಉರುವಲು (uruvalu)

ಉರಲ್³ ⟦ural ウラル⟧ [urə̆l] 《‡》 *n.* 転がること —(*n.*) 丸い〈こと〉(*St. & Pl.* (*Kitt.*)) [Ka. D664]

ಉರಲು ⟦uralu ウラル⟧ [urə̆lu] 《古》 *n.* 引き結び [Ka. D655] ☞ಉರುಲು (urulu)[1]

ಉರವಣಿ ⟦uravaṇi ウラヴァニ⟧ [urə̆vəɳi] *n.* [Ka. *D650] ☞ಉರವಣೆ (uravaṇe)

ಉರವಣಿಗೆ ⟦uravaṇige ウラヴァニゲ⟧ [urə̆vəɳige] 《‡》 *n.* [*uravaṇi* + *-ge*] ☞ಉರವಣಿ (uravaṇi)

ಉರವಣಿಸು ⟦uravaṇisu ウラヴァニス⟧ [urə̆vəɳisu] *vi.* **1** 慌てる、急ぐ、性急に振る舞う **2** (病気などが) ひどくなる ¶ ಶಕ್ತಿ ಕಡಿಮೆ ಆಗಿ ರೋಗ ಉರವಣಿಸಿತು. (śakti kaḍime āgi rōga uravaṇisitu.) 力が衰え病気がひどくなった。 **3** 傲慢に振る舞う、偉そうに振る舞う **4** 《古》 (軍隊が)突進する [*uravaṇi* + *-isu* D650]

ಉರವಣೆ ⟦uravaṇe ウラヴァネ⟧ [urə̆vəɳe] *n.* **1** 急ぐこと、慌てること、性急 **2** 激しく大げさな振る舞い ¶ ಅಳಿಯನ ಉರವಣೆಯನ್ನು ತಾಳಲಾರರು. (aḷiyana uravaṇeyannu tāḷalāraru.) 娘婿の傲慢な振る舞いに彼らは我慢できなかった。 [Ka. D650/Sk. + *ravaṇa-* 「吠えること」]

ಉರವಲ ⟦uravala ウラヴァラ⟧ [urə̆vəlɐ] 《古》 *n.* 燃料、薪 [Ka. D656] ☞ಉರುವಲ (uruvala)

ಉರಸ್ಸು ⟦urassu ウラッス⟧ [urəssu] ಉರ 《文》 *n.* 胸、胸部 [Sk. *uras-*] = ಎದೆ (ede) 〔汎〕

ಉರಸ್ಸ್ಥಳ ⟦urassthala ウラッスタラ⟧ [urəsst^həlɐ] ಉರಃಸ್ಥಳ 《文》 *n.* 胸、胸部 [Sk. *urassthala-*] = ಎದೆ (ede) 〔汎〕

ಉರಸ್ತ್ರಾಣ ⟦urastrāṇa ウラストラーナ⟧ [urəstrɐːɳɐ] 《文》 *n.* **1** 鎖帷子 **2** 防弾チョッキ [Sk.] = ಕವಚ (kavaca)

ಉರಳಿ ⟦uraḷi ウラリ⟧ [urəɭi] 《古》 *n.* [Ka. D664] ☞ಉರುಳಿ (uruḷi)

ಉರಳು ⟦uraḷu ウラル⟧ [urə̆ɭu] 《異》 *vi.* 転がる、転げ落ちる [Ka. D664(a)] ☞ಉರುಳು (uruḷu)

ಉರಿ ⟦uri ウリ⟧ [uri] *n.* **1** 炎、火炎 **2** 〔喩〕 (恨みや嫉妬や別離などによる)苦悩、懊悩 ¶ ಸೊಸೆಯ ಏಳ್ಗೆ ಕಂಡು ಅತ್ತೆಗೆ ಉರಿ. (soseya ēlge kaṃḍu attege uri.) 嫁の幸福を見て姑はやきもちを焼いている。 —*vi.* **1** 燃える、燃焼する **2** (香辛料などで舌が) ひりひりする、(傷が)ひりひり痛む **3** (恨みや嫉妬で) 懊悩する、苦悩する ¶ ಶಕುಂತಳೆ ವಿರಹದಿಂದ ಉರಿಯುತ್ತಿದ್ದಳು. (śakuṃtaḷe virahadiṃda uriyuttiddaḷu.) シャクンタラーは別離の苦しみにもだえていた。**4** 慢心する、高慢な態度を取る ¶ ಚುನಾವಣೆಯಲ್ಲಿನ ಜಯದಿಂದ ಅವನು ಉರಿದ. (cunāvaṇeyallina jayadiṃda avanu urida.) 彼は選挙の勝利で慢心していた。 [Ka. D656]

ಉರಿಸು ⟦urisu ウリス⟧ [urisu] *vt.* 燃やす、火をつける、点火する [caus.]

ಉರಿಕ ⟦urika ウリカ⟧ [urikɐ] 《古》 *m.* 《*f.* ಉರಿಕಿ (uriki)》 **1** 火をつける人 **2** 嫉妬する人、やきもち焼き [Ka. D656]

ಉರಿಗೊಳಿಸು ⟦urigoḷisu ウリゴリス⟧ [urigoɭisu] 《文》 *vt.* 燃やす、火をつける、点火する [*uri* + *koḷisu*]

ಉರಿಚು 〚uricu ウリチュ〛[uriʧu] 《‡》 *vt.* 〈皮などを〉剥ぐ、脱ぎ捨てる、〈鞘を〉はらう (*My.* (*Kitt.*)) [Ka. D652]

ಉರಿತ 〚urita ウリタ〛[uritɐ] *n.* 1 燃焼、燃えること 2〔喩〕(恨み、嫉妬、別離などの)苦悩、懊悩、苦しみ [*uri* + *-ta*]

ಉರಿನಂಜು 〚urinaṃju ウリナンジュ〛[urinəɲʤu] *n.* 猛毒 [*uri* + *naṃju*]

ಉರಿಪು[1] 〚uripu ウリプ〛[urĭpu] ಉರುಪು, ಉರುವು, ಉರುಹು *n.* 燃えること、燃焼 ◇ *vi.* —ಬರು (baru) 燃やせる [Ka. D656]

ಉರಿಪು[2] 〚uripu ウリプ〛[urĭpu] ಉರುಪು, ಉರುವು, ಉರುಹು *vt.* 燃やす [Ka. D656]

ಉರಿಲ್ 〚uril ウリル〛[uril] 《古》 *n.* 引っ張れば締まるように結んだ縄 [Ka. D655] ☞ಉರುಲು (urulu)

ಉರಿಶೀತ 〚uriśīta ウリシータ〛[uriʃi:tɐ] 《古》 *n.* 悪寒を伴う高熱 [*uri* + *śīta*]

ಉರು[1] 〚uru ウル〛[uru] 《‡》 *n.* 大声で読み上げて暗記すること ◇ *vi.* —ಹಾಕು (hāku) 暗唱する [Ka. D648]

ಉರು[2] 〚uru ウル〛[uru] 《‡》 (*n.*) 猛烈〈な〉、激烈〈な〉(*Kitt.*) [Ka. D650]

ಉರು[3] 〚uru ウル〛[uru] 《‡》 *n.* 《複合語頭で》火 (*My.* (*Kitt.*)) [Ka. D656]

ಉರುಂಟು 〚uruṃṭu ウルントゥ〛[uruɳʈu] 《方》 *vi.* (頭や壺など丸いものが)ころりと落ちる (SK) —(*n.*) 丸い〈こと〉 —*n.* 転がること (SK) [Ka. D664(a)]

ಉರುಗು[1] 〚urugu ウルグ〛[urŭgu] 《‡》 *n.* (人間や動物の)怒り [Ka. D656] (*My.* (*Kitt.*))

ಉರುಗು[2] 〚urugu ウルグ〛[urŭgu] 《文》 *vi.* 曲がる、ゆがむ [Ka. *D707] ☞ಉಱುಗು (uṟugu)

ಉರುಟ 〚uruṭa ウルタ〛[urŭʈɐ] 《‡》 (*n.*) (衣類や髪の毛などが)ごわごわしていること〈こと〉[Ka. D649] (*My.* (*Kitt.*)) ☞ಉರುಟು (uruṭu)[1]

ಉರುಟಣೆ 〚uruṭaṇe ウルタネ〛[urŭʈəɳe] ಉರಟಣೆ, ಉರಟಾಣೆ, ಊಟಣೆ, ಊಟಣೆ *n.* 結婚式の行事の一つ(新郎新婦が毬遊びをしたり、香油を塗りあったり、菓子を食べさせあったりして親密さを深める) [*uruṭu*[1] + *-aṇe*]

ಉರುಟು[1] 〚uruṭu ウルトゥ〛[urŭʈu] (*n.*) 1 (布や髪の毛などが) ごわごわしている〈こと〉、(紐などが)丈夫なこと 2 粗暴、粗野、ぶっきらぼう [Ka. D649, D650]

ಉರುಟು[2] 〚uruṭu ウルトゥ〛[urŭʈu] 《方》 (*n.*) 丸い〈こと〉(SK) —*n.* (手や足の)指輪 —*vi.* (頭、壺など丸いものが)ころりと落ちる [Ka. D664(a)]

ಉರುಟು[3] 〚uruṭu ウルトゥ〛[urŭʈu] 《古》 *vi.* 越える [?]

ಉರುಟುತನ 〚uruṭutana ウルトゥタナ〛[urŭuʈutənɐ] *n.* 1 (道路、織物、石などが)なめらかでないこと、でこぼこしていること、ごわごわしていること、ごつごつしていること 2 粗暴なこと、粗野なこと、ぶっきらぼう [*uruṭu* + *-tana*] = ಒರಟುತನ (oraṭutana)

ಉರುಟುಮುಖ 〚uruṭumukʰa ウルトゥムカ〛[uruʈumukʰɐ] *n.* 丸顔 [*uruṭu*[2] + *mukʰa*]

ಉರುಡು 〚uruḍu ウルドゥ〛[urŭɖu] 《方》 *vi.* 組み討ちする、格闘する (*Hav.*) [Ka. D669]

ಉರುಪು[1] 〚urupu ウルプ〛[urŭpu] *n.* 燃えること、燃焼 [Ka. D656] ☞ಉರಿಪು (uripu)[1]

ಉರುಪು[2] 〚urupu ウルプ〛[urŭpu] *vt.* 燃やす [Ka. *D656] ☞ಉರಿಪು (uripu)[2]

ಉರುಬು 〚urubu ウルブ〛[urŭbu] 《方》 *vi.* 口から息を強く吹く (*Nanj.*) [Ka. D751]

ಉರುಲ್ 〚urul ウルル〛[urul] 《古》 *n.* 引き結び [Ka. D655] ☞ಉರುಲು (urulu)[1]

ಉರುಲು[1] 〚urulu ウルル〛[urŭlu] ಉರಲು, ಉರಳು, ಉರಿಲ್, ಉರುಲ್, ಉರುಳ್, ಉರುಳು *n.* 引き結び [Ka. *D655] = ಸರಿಗುಣಿಕೆ (sariguṇike)

ಉರುಲು[2] 〚urulu ウルル〛[urŭlu] 《古》 *n.* [Ka. *D656] ☞ಉರುವಲು (uruvalu)

ಉರುವಣಿ[1] 〚uruvaṇi ウルヴァニ〛[urŭvəɳi] 《‡》 *n.* 大声で叫ぶこと (*My.* (*Kitt.*)) [Ka. D648/Sk. *ravaṇa-*]

ಉರುವಣಿ[2] 〚uruvaṇi ウルヴァニ〛[urŭvəɳi] 《異》 *n.* 1 急ぎ、緊急、慌てること 2 猛烈、激烈 3 傲慢、うぬぼれ、高圧的な振る舞い [Ka. D650] ☞ಉರವಣೆ (uravaṇe)〔汎〕

ಉರುವಣಿಸು 〚uruvaṇisu ウルヴァニス〛[urŭvəɳisu] 《異》 *vi.* 1 急いでことを行う、慌ててことを行う 2 横柄に振る舞う [Ka. D650]

ಉರುವಣೆ 〚uruvaṇe ウルヴァネ〛[urŭvəɳe] 《異》 *n.* [Ka. D650] ☞ಉರವಣಿ (uravaṇi)

ಉರುವಲ 〚uruvala ウルヴァラ〛[urŭvəlɐ] 《古》 *n.* [Ka. D656] = ಉರುವಲು (uruvalu)

ಉರುವಲು 〚uruvalu ウルヴァル〛[urŭvəlu] ಉರವಲ, ಉರುಲು, ಉರುವಲ 《古》 *n.* 薪、竈(かまど)の燃料 [Ka. *D656] = ಉರುವಲ (uruvala)

ಉರುವು 〚uruvu ウルヴ〛[urŭvu] 《異》 *n.* [Ka. D656] ☞ಉರಿಪು (uripu)[1]

ಉರುಹಾಕು 〚uruhāku ウルハーク〛[uruhɐ:ku] *vt.* 丸暗記する、暗唱する ¶ ಅವರು ಅಮರಕೋಶವನ್ನು ಉರುಹಾಕಿದರು. (avaru amarakōśavannu uruhākidaru.) あの人はアマラコーシャを丸暗記した。 [*uru*[1] + *hāku*]

ಉರುಳ್[1] 〚uruḷ ウルル〛[uruɭ] ಉರುಳು 《古》 *n.* 引けば締まるように結んだ結び目 [Ka. D655] ☞ಉರುಲು (urulu)

ಉರುಳ್[2] 〚uruḷ ウルル〛[uruɭ] 《古》 *vi.* 1 転がる、転がり落ちる 2 死ぬ、滅びる、破滅する [Ka. D664(a)] ☞ಉರುಳು (uruḷu)

ಉರುಳಿ 〚uruḷi ウルリ〛[uruɭi] ಉರಳಿ, ಉರುಳೆ, ಉಳ್ಳಿ 《希》 *n.* 1 (こねた粉や泥などの)団子 2 土製や金属製の丸い容器 [Ka. D664(a)]

ಉರುಳಿಕೆ ⟦uruḷike ウルリケ⟧ [uruɭĭke] 《‡》 *n.* 転がること、回転すること *(C. (Kitt.))* [Ka. D664(a)]

ಉರುಳು¹ ⟦uruḷu ウルル⟧ [uruɭu] ಉರುಳು 《異》 *n.* 引けば締まるように結んだ結び目 [Ka. *D655] ☞ಉರುಲು (urulu)

ಉರುಳು² ⟦uruḷu ウルル⟧ [uruɭu] ಉರುಳ್ *vi.* 1 転がる、転がり落ちる 2 倒れる（死ぬこと）、死ぬ、滅びる [Ka. D664(a)]

ಉರುಳಿಚು ⟦uruḷicu ウルリチュ⟧ [uruɭĭʧu] ಉರುಳ್ಚು *vt.* 転がす、転がり落とす [+ *-icu* caus.]

ಉರುಳಿಸು ⟦uruḷisu ウルリス⟧ [uruɭisu] *vt.* 転がす、転がり落とす [+ *-isu* caus.]

ಉರುಳುಗಿಂಡಿ ⟦uruḷugiṃḍi ウルルギンディ⟧ [urŭɭugiɳɖi] *n.* 神に食物を捧げるために用いる小型の丸い金属製の容器［⇒図］[*uruḷu* D664(a) + *giṃḍi*]

ಉರುಳುಗಿಂಡಿ
丸容器

ಉರುಳುಸೇವೆ ⟦uruḷusēve ウルルセーヴェ⟧ [urŭɭuse:ve] *n.* 地に横たわってごろごろ転がりながら神殿の周囲を回るなどの行 [*uruḷu* + *sēve*]

ಉರುಳ್ಚು ⟦uruḷcu ウルルチュ⟧ [uruɭʧu] 《文》 *vt.* 《*caus.*》 転がらせる、など [Ka. caus. D664(a)]

ಉರೆ ⟦ure ウレ⟧ [ure] 《古》 *adv.* ひどく、十分に、極度に [Ka. *D711] ☞ಉಱೆ (uṟe)²

ಉರೋಜ ⟦urōja ウロージャ⟧ [uro:ʤɐ] 《文》 *n.* 乳房 [Sk.] = ಮೊಲೆ (mole)〔口〕

ಉರ್ಕು¹ ⟦urku ウルク⟧ [urku] 《‡》 *n.* 力、勇気、剛気 *(Kitt.)* [Ka. D649?] ☞ಉಕ್ಕು (ukku)²

ಉರ್ಕು² ⟦urku ウルク⟧ [urku] 《古》 *n.* 鋼、鋼鉄 [Ka. D661] = ಉಕ್ಕು (ukku)

ಉರ್ಕು³ ⟦urku ウルク⟧ [urku] 《古》 *vi.* 1（海や川などが）増水する；沸騰して沸き上がる 2 意気盛んになる、意気高揚する *(Pb.8.60)* 3 高慢になる、うぬぼれる —*n.* 1 増大、（水面などの）上昇 2 高慢、傲慢、うぬぼれ 3 力、勇気、意気 ☞ಉಕ್ಕು (ukku)² [Ka. D666(a)]

ಉರ್ಗು ⟦urgu ウルグ⟧ [urgu] 《方》 *vi.*（火の勢いを増すため）火を吹く [Ka. D751] *(Gowda)*

ಉರ್ಚು¹ ⟦urcu ウルチュ⟧ [urʧu] 《古》 *vt.* 1〈刀を〉抜く 2《古》割る —*vi.* ゆるむ、外れる [Ka. D652]

ಉರ್ಚು² ⟦urcu ウルチュ⟧ [urʧu] 《古》 *vi.* 突き抜ける [Ka. D663] ☞ಉಚ್ಚು (uccu)²

ಉರ್ಚು³ ⟦urcu ウルチュ⟧ [urʧu] 《古》 *vi.* 下痢する [Ka. D696] ☞ಉಚ್ಚು (uccu)³

ಉರ್ಟು¹ ⟦urṭu ウルトゥ⟧ [urʈu] 《‡》 (*n.*)（布や髪の毛などが）ごわごわしている〈こと〉*(My. (Kitt.))* [Ka. D649] ☞ಉರಟು (uraṭu)

ಉರ್ಟು² ⟦urṭu ウルトゥ⟧ [urʈu] 《‡》 *vi.* 転がる *(My. (Kitt.))* [Ka. D664(a)]

ಉರ್ದಿಕೆ ⟦urdike ウルディケ⟧ [urdĭke] 《‡》 *n.* こすること、磨くこと *(My. (Kitt.))* [Ka. D665]

ಉರ್ದು¹ ⟦urdu ウルドゥ⟧ [urdu] 《古》 *vt.* こする、磨く [Ka. D665] ☞ಉದ್ದು (uddu)²

ಉರ್ದು² ⟦urdu ウルドゥ⟧ [urdu] 《古》 *n.* ケツルアズキ（マメ科植物の一種、インドで常食の食物）→食 [Ka. D690] ☞ಉದ್ದು (uddu)³

ಉರ್ಪು¹ ⟦urpu ウルプ⟧ [urpu] 《‡》 *n.* 燃焼、燃えること *(C. (Kitt.))* [Ka. D656] ☞ಉರಿಪು (uripu)¹

ಉರ್ಪು² ⟦urpu ウルプ⟧ [urpu] 《方》 *n.*〔俗〕飲む *(Hav.)* [Ka. D709]

ಉರ್ಬರ ⟦urbara ウルバラ⟧ [urbərɐ] 《‡》 *n.* [Ka. D666(b)] *(DEDR)* ☞ಉಬ್ಬರ (ubbara)

ಉರ್ಬಸ ⟦urbasa ウルバサ⟧ [urbəsɐ] 《‡》 *n.* 1 呼吸困難、あえぐこと 2 喘息 *(My. (Kitt.))* [Ka. D632] ☞ಉಬ್ಬಸ (ubbasa)

ಉರ್ಬಿನಂ ⟦urbinaṃ ウルビナン⟧ [urbinam] 《古》 *adv.* ひどく、大変 [Ka. D711] ☞ಉರ್ವಿನಂ (urvinaṃ)

ಉರ್ಬು¹ ⟦urbu ウルブ⟧ [urbu] 《古》 *vi.* ☞ಉಬ್ಬು (ubbu) [Ka. D666(b)]

ಉರ್ಬು² ⟦urbu ウルブ⟧ [urbu] 《方》 *vi.* 息を強く吹きつける *(Nanj.)* [Ka. D751]

ಉರ್ಮ್ಬು ⟦urmbu ウルンブ⟧ [urmbu] 《方》 *vt.*〈葉を〉むしる *(Hav.)* [Ka. D652]

ಉರ್ಲು¹ ⟦urlu ウルル⟧ [urlu] 《口》 *n.* 引けば締まるように結んだ結び目 [Ka. D655] ☞ಉರುಲು (urulu)¹

ಉರ್ಲು² ⟦urlu ウルル⟧ [urlu] 《‡》 *n.* 薪、竈(かまど)の燃料 *(S.Mhr. (Kitt.))* [Ka. D656] ☞ಉರುಲು (urulu)²

ಉರ್ಲು³ ⟦urlu ウルル⟧ [urlu] 《‡》 *n.* 転がること ☞ಉರುಳು (uruḷu) —(*adj.*) 丸い〈こと〉*(DEDR)* ☞ಉರುಳು (uruḷu) [Ka. D664(a)]

ಉರ್ವರ ⟦urvara ウルヴァラ⟧ [urvərɐ] 《古》 *n.* [Ka. D666?, cf. Sk. *urvarā-*] ☞*ubbara*

ಉರ್ವರೆ ⟦urvare ウルヴァレ⟧ [urvəre] 《文》 *n.* 1 沃野、肥沃な土地 2 大地、土地 [Sk. *urvarā-*]

ಉರ್ವಸಿ ⟦urvasi ウルヴァシ⟧ [urvəsi] *f.* アプサラスの一人（一時プルーラヴァス王の妻となった。）[Sk.]

ಉರ್ವಿ ⟦urvi ウルヴィ⟧ [urvi] 《文》 *n.* 大地、（海に対して）陸 [Sk.]

ಉರ್ವಿನಂ ⟦urvinaṃ ウルヴィナン⟧ [urvinam] ಉರ್ಬಿನಂ 《古》 *adv.* ひどく、大変 [Ka. D711]

ಉರ್ವಿಸು ⟦urvisu ウルヴィス⟧ [urvisu] 《古》 *vt.* 増大させる、増やす [Ka. D711]

ಉರ್ವು¹ ⟦urvu ウルヴ⟧ [urvu] 《古》 *vi.* —*n.* ☞ಉಬ್ಬು (ubbu) [Ka. D666(b)]

ಉರ್ವು² ⟦urvu ウルヴ⟧ [urvu] 《‡》 *n.* うぬぼれ、傲慢 [Ka. D711? cf. D711]

ಉರ್ವೇಲು ⟦urvēlu ウルヴェール⟧ [urve:lu] 《方》 *n.* 可動式の丸い柱のある門 *(Hav.)* [Ka. D683]

ಉರ್ಳಿ ⟦urḷi ウッリ⟧ [urɭi] 《口》 *n.* [Ka. D664(a)] ☞ಉರುಳಿ (uruḷi)

ಉರ್ಳು¹ ⟦urḷu ウッル⟧ [urɭu] 《‡》 *n.* 引けば締まるように結んだ結び目 *(My. (Kitt.))* [Ka. D655]

ಉಳುರ್² ⟦urḷu ウッル⟧ [urḷu] 《口》 *vi.* ☞ಉರುಳು (uruḷu) [Ka. D664(a)]

ಉಲಕು¹ ⟦ulaku ウラク⟧ [ulǝku] *vi.* [Ka. D703/*D1003] ☞ಉಲುಕು (uluku)

ಉಲಕು² ⟦ulaku ウラク⟧ [ulǝku] 《異》 *n.* 捻挫 (*My.* (*Kitt.*)) [Ka. D2702] ☞ಉಳುಕು (uḷuku)[1]

ಉಲಿ ⟦uli ウリ⟧ [uli] 《古》 *n.* 1 音、(人間や動物の)声 2 言葉 [Ka. D996] —*vi.* 《過去語幹 ulid-》声を出す、音を出す

ಉಲಿಕು ⟦uliku ウリク⟧ [uliku] 《古》 *vi.* [Ka. *D703/*D1003] ☞ಉಲುಕು (uluku)[1]

ಉಲಿಪ ⟦ulipa ウリパ⟧ [ulipɐ] ಉಲಿಹ 《古》 *n.* 音、声、言葉 [*uli* + *-pa* D996]

ಉಲಿಪು ⟦ulipu ウリプ⟧ [ulipu] ಉಲಿವು, ಉಲುಪು, ಉಲುವು, ಉಲುಹು 《古》 *n.* 音、声 [*uli* + *-pu* D996]

ಉಲಿಮಿರಿ ⟦ulimiri ウリミリ⟧ [ulĭmiri] 《文》 *n.* 木の名 [Ka. D675]

ಉಲುಟು ⟦uluṭu ウルトゥ⟧ [ulŭṭu] 《‡》 *vt.* 転がす (*My.* (*Kitt.*)) [Ka. D664(a)]

ಉಲಿವು ⟦ulivu ウリヴ⟧ [ulĭvu] 《古》 *n.* 音、声 [*uli* + *-vu* D996] = ಉಲಿಪು (ulipu)

ಉಲಿಹ ⟦uliha ウリハ⟧ [ulĭhɐ] 《古》 *n.* 音、声、言葉 [*uli* + *-ha* *D996] = ಉಲಿಪ (ulipa)

ಉಲಿಹು ⟦ulihu ウリフ⟧ [ulĭhu] 《古》 *n.* [*uli* + *-hu* *D996]

ಉಲುಕು¹ ⟦uluku ウルク⟧ [ulŭku] ಉಲಕು, ಉಲಿಕು 《古》 *vi.* 1 震える、振動する 2 震え上がる、恐れる [Ka. *D703/D1003]

ಉಲುಕು² ⟦uluku ウルク⟧ [ulŭku] 《‡》 *n.* 捻挫 (*My.* (*Kitt.*)) [Ka. D2702] = ಉಳುಕು (uḷuku)

ಉಲುಗು ⟦ulugu ウルグ⟧ [ulŭgu] (Hav.) [ulĭgu] ಉಳಿಗು 《方》 *vi.* 唾を吐く (Hal.) [Ka. < *uguḷu* D687]

ಉಲುಪು ⟦ulupu ウルプ⟧ [ulŭpu] ಉಲಿಪು, ಉಲಿವು, ಉಲುವು, ಉಲುಹು 《古》 *n.* 声、叫び [*uli* + *-pu* *D996]

ಉಲುವು ⟦uluvu ウルヴ⟧ [ulŭvu] 《古》 *n.* 声、叫び [*uli* + *-vu* D996] ☞ಉಲಿಪು (ulipu)

ಉಲುಹು ⟦uluhu ウルフ⟧ [ulŭuhu] 《古》 *n.* 声、叫び [*uli* + *-hu* *D996] = ಉಲುಪು (ulupu)

ಉಲೂಕ ⟦ulūka ウルーカ⟧ [ulu:kɐ] 《文》 *n.* フクロウ [Sk.] = ಗೂಗೆ (gūge)

ಉಲ್ಕ ⟦ulka ウルカ⟧ [ulkɐ] ಉಲ್ಕೆ, ಉಳ್ಕ, ಉಳ್ಕೆ *n.* 流れ星、流星 [Sk.]

ಉಲ್ಕಾಪಾತ ⟦ulkāpāta ウルカーパータ⟧ [ulkɐ:pɐ:tɐ] 《文》 *n.* 流れ星が落ちること [Sk.]

ಉಲ್ಕು¹ ⟦ulku ウルク⟧ [ulku] 《口》 *vi.* (体が)震える [Ka. D1003] ☞ಉಲುಕು (uluku)[1]

ಉಲ್ಕು² ⟦ulku ウルク⟧ [ulku] 《‡》 *vi.* 捻挫 (*Kitt.*) KK [Ka. D2702] ☞ಉಳುಕು (uḷuku)

ಉಲ್ಕೆ ⟦ulke ウルケ⟧ [ulke] ಉಲ್ಕ, ಉಳ್ಕ, ಉಳ್ಕೆ *n.* 流れ星、流星 [Sk.]

ಉಲ್ಬಣ ⟦ulbaṇa ウルバナ⟧ [ulbǝɳɐ] 《文》 *adj.* 激しい、猛烈な、強烈な ¶ ರೋಗ ಉಲ್ಬಣ ಅವಸ್ಥೆ ಮುಟ್ಟಿದೆ. (rōga ulbaṇa avastʰe muṭṭide.) 病気は重症という状態に入った。 —*n.* 激烈、強烈、強度 ¶ ಬೆಲೆ ಏರಿಕೆಯ ಉಲ್ಬಣವನ್ನು ತಡೆಯಬೇಕು. (bele ērikeya ulbaṇavannu taḍeyabēku.) 強度のインフレは押さえねばならない。(*Mr.446*) [Sk.]

ಉಲ್ಬಣಿಸು ⟦ulbaṇisu ウルバニス⟧ [ulbǝɳisu] 《文》 *vi.* 激しくなる;(インフレなどが)深刻化する、(病気などが)ひどく悪化する [Sk.]

ಉಲ್ಲಂಗಿ ⟦ullaṃgi ウッランギ⟧ [ullǝŋgi] 《文》 *n.* 鳥の一種 [Ka. D704]

ಉಲ್ಲಂಘನ ⟦ullaṃgʰana ウッランガナ⟧ [ullaŋgʰǝnɐ] ಉಲ್ಲಂಘನೆ 《文》 *n.* 1 (川などを)跳び越えること 2 (他人の土地や領土などに)侵入すること、越境 3 (他人の権利などの)侵害、(法などの)無視 [Sk.] = ಅತಿಕ್ರಮಣ (atikramaṇa)

ಉಲ್ಲಂಘನೆ ⟦ullaṃgʰane ウッランガネ⟧ [ullaŋgʰǝne] 《文》 *n.* 越境、規則無視 [Sk.] ☞ಉಲ್ಲಂಘನ (ullaṃgʰana)

ಉಲ್ಲಂಘಿಸು ⟦ullaṃgʰisu ウッランギス⟧ [ullaŋgʰisu] 《文》 *vt.* 1 〈川などを〉飛び越える 2 〈他人の領土や土地などに〉許可なく入る、〈他人の領土や土地などを〉侵犯する 3 〈法などを〉犯す [Sk.]

ಉಲ್ಲಾಸ ⟦ullāsa ウッラーサ⟧ [ullɐ:sɐ] 《文》 *n.* 喜び、楽しみ [Sk.]

ಉಲ್ಲಿ ⟦ulli ウッリ⟧ [ulli] 《古》 *adv.* そこに(中間称の代名副詞)(*Kr.1.62*; *Šmd.119*) [Ka. D557]

ಉಲ್ಲೇಖ ⟦ullēkʰa ウッレーカ⟧ [ulle:kʰɐ] 《文》 *n.* 1 言及 2 (文書による)記録、記載 3 引用 ¶ ಈ ಲೇಖನದಲ್ಲಿ ಕಾಲಿದಾಸನ ಅನೇಕ ಉಲ್ಲೇಖಗಳಿವೆ. (ī lēkʰanadalli kālidāsana anēka ullēkʰagaḷive.) この記事にはカーリダーサからの多くの引用がある。 [Sk.]

ಉಲ್ಲೇಖನ ⟦ullēkʰana ウッレーカナ⟧ [ulle:kʰǝnɐ] 《文》 *n.* 1 (文書による)記録、記載 2 言及、(言葉や文書で)触れること 3 引用 [Sk.]

ಉಲ್ಲೇಖಿತ ⟦ullēkʰita ウッレーキタ⟧ [ulle:kʰitɐ] 《文》 *adj.* 1 言及された、(文書で)記録された 2 言及された、(言葉や文書で)触れられた 3 引用された [Sk.]

ಉಲ್ಲೇಖಿಸು ⟦ullēkʰisu ウッレーキス⟧ [ulle:kʰisu] 《文》 *vt.* 1 記録する、記載する 2 言及する 3 引用する [Sk.]

ಉವ ⟦uva ウヴァ⟧ [uvɐ] 《古》 *pron.m.* 《*f.* ಉವಳ್ (uvaḷ)》その男の人、その男性(中間称の男性指示代名詞)(Šmd.154) [Ka. D557]

ಉವರ್ ⟦uvar ウヴァル⟧ [uvǝr] 《古》 *pron.m.* 《*pl.*》それらの人々(中間称の複数指示代名詞)(Šmd.154) [Ka. D557]

ಉವಳ್ ⟦uvaḷ ウヴァル⟧ [uvǝḷ] 《古》 *pron.f.* その女の人、その女性(中間称の女性指示代名詞)(Šmd.154) [Ka. D557]

ಉವಾಲೆ ⟦uvāle ウヴァーレ⟧ [uvɐːle] 《‡》 *n.* [Ka. D731] (*My.* (*Kitt.*)) ☞ಉಯ್ಯಾಲೆ (uyyāle)

ಉವು ⟦uvu ウヴ⟧ [uvu] 《古》 *pron.n.* それら（中間称の中性複数の指示代名詞）(Šmd.154) [Ka. D557]

ಉವಿ ⟦uvi ウヴィ⟧ [uvi] 《古》 *n.* 稲や小麦の籾殻(もみがら)や糠(ぬか) [Ka. *D637] ☞ಉಮ್ಮಿ (ummi)

ಉವು ⟦uvu ウヴ⟧ [uvu] 《古》 *pron.n.* これら（中間称の中性複数の指示代名詞）(*Šmd.117*) [Ka. D557(a)]

ಉವ್ವಾಲೆ ⟦uvvāle ウッヴァーレ⟧ [uvvɐːle] 《‡》 *n.* [Ka. D731] (*My.* (*Kitt.*)) ☞ಉಯ್ಯಾಲೆ (uyyāle)

ಉಷಃಕಾಲ ⟦uṣaḥkāla ウシャッカーラ⟧ [uʂəkkɐːlɐ] 《文》 *n.* 明け方、夜明け [Sk.]

ಉಷಸ್ ⟦uṣas ウシャス⟧ [uʂəs] 《文》 *n.* [Sk.] ☞ಉಷೆ (uṣe)

ಉಷೆ ⟦uṣe ウシェ⟧ [uʂe] 《文》 *n.* 夜明け、明け方、早朝 —*f.* 暁の女神 [Sk.]

ಉಷ್ಟ್ರ ⟦uṣṭra ウシュトラ⟧ [uʂʈrɐ] 《文》 *n.* ラクダ [Sk.] = ಒಂಟೆ (omṭe) 〔汎〕

ಉಷ್ಟ್ರಪಕ್ಷಿ ⟦uṣṭrapakṣi ウシュトラパクシ⟧ [uʂʈrəpəkʂi] *n.* ダチョウ（駝鳥）[Sk.]

ಉಷ್ಣ ⟦uṣṇa ウシュナ⟧ [uʂɳɐ] (*n.*) 暖かい〈こと〉、暑い〈こと〉¶ ಬಿಸಿನೀರೆಂದರೆ ಉಷ್ಣವಾದ ನೀರು. (bisinīremdare uṣṇavāda nīru.) "Bisinīru"「湯」とは「熱い水」という意味である。 —*n.* 1 熱 2 暑さ [Sk.]

ಉಷ್ಣಮಾಪಕ ⟦uṣṇamāpaka ウシュナマーパカ⟧ [uʂɳə̆mɐːpəkɐ] 《文》 *n.* 温度計（寒暖計、体温計双方を含む）[Sk.]

ಉಸ್ ⟦us ウス⟧ [us] (*n.*) ため息の音を表す擬音語 [Ka. D573]

ಉಸಕು ⟦usaku ウサク⟧ [usə̆ku] 《‡》 *n.* 砂 (*C.* (*Kitt.*)) [Ka. D575 492] ☞ಉಸುಕು (usuku)

ಉಸಬು ⟦usabu ウサブ⟧ [usə̆bu] 《‡》 *n.* 砂 (*Čb.* (*Kitt.*)) [Ka. D575]

ಉಸಲು ⟦usalu ウサル⟧ [usə̆lu] 《‡》 *n.* 息 (*S.Mhr.* (*Kitt.*)) [Ka. D645]

ಉಸಿಗೆ ⟦usige ウシゲ⟧ [usĭge] 《‡》 *n.* 砂 (*My.* (*Kitt.*)) [Ka. *D575]

ಉಸಿರ್ ⟦usir ウシル⟧ [usir] 《古》 *vi.* —*n.* ☞ಉಸಿರು (usiru) [Ka. D645]

ಉಸಿರು ⟦usiru ウシル⟧ [usĭru] ಉಸಿರ್, ಉಸುರ್, ಉಸುರು *vi.* 1 息をする 2 ものを言う 3 音を立てる、声を出す ¶ ಪ್ಲೀಸರು ಎಷ್ಟು ಹೊಡೆದರೂ ಕಳ್ಳ ಉಸಿರು ಬಿಡಲಿಲ್ಲ. (plīsaru eṣṭu hoḍedarū kaḷḷa usiru biḍalilla.) 警官がどれほどいためつけようとも泥棒は一言も発しなかった。 —*n.* 1 息、呼吸 2 命、生命 ¶ ಮಗ ಬಂದು ಹತ್ತು ನಿಮಿಷ ಆದಮೇಲೆ ತಂದೆಯ ಉಸಿರು ಹೋಯಿತು. (maga baṃdu hattu nimiṣa ādamēle taṃdeya usiru hōyitu.) 息子が到着して 10 分後に父は息を引き取った。 3 行中休止 [Ka. D645]

ಉಸಿರು ಬಿಡು ⟦usiru biḍu ウシルビドゥ⟧ [— biḍu] *vi.* 1 息を吐く 2〔喩〕死ぬ [+ *biḍu*]

ಉಸಿರು ಹಿಡಿ ⟦usiru hiḍi ウシルヒディ⟧ [usĭru hiɖi] *vi.* [+ *hiḍi*] ☞ಉಸಿರು ಹಿಡಿ (usiru hiḍi)

ಉಸಿರೆತ್ತು ⟦usirettu ウシレットゥ⟧ [usĭrettu] *vi.* （反対の）声をあげる、異議を唱える [+ *ettu*] ☞ಉಸಿರು ಹಿಡಿ (usiru hiḍi)

ಉಸುಕು ⟦usuku ウスク⟧ [usŭku] ಉಸುಗು, ಉಸುಬು *n.* 砂 [Ka. D575] = ಮರಳು (maraḷu)

ಉಸುಗು ⟦usugu ウスグ⟧ [usŭgu] 《口》 *n.* [Ka. D575] ☞ಉಸುಕು (usuku)

ಉಸುಬು ⟦usubu ウスブ⟧ [usŭbu] 《口》 *n.* [Ka. D575] ☞ಉಸುಕು (usuku)

ಉಸುರ್ ⟦usur ウスル⟧ [usur] 《古》 *vi.* 息をする —*n.* 1 息、呼吸 2 命、生命 ☞ಉಸಿರು (usiru)[1] [Ka. D645]

ಉಸುರು¹ ⟦usuru ウスル⟧ [usŭru] *vi.* 1 息をする 2 ものを言う —*n.* 1 息、呼吸 2 命、生命 ☞ಉಸಿರು (usiru)[1] [Ka. D645]

ಉಸುರು ಕಟ್ಟು ⟦usuru kaṭṭu ウスルカットゥ⟧ [usŭru kəʈʈu] 《口》 *vi.* 息を止める —*vt.* 〈食べ物を〉蒸す

ಉಸುರು ಕಡುಬು ⟦usuru kaḍubu ウスルカドゥブ⟧ [usŭru kəɖŭbu] *n.* 餡(あん)入りの米の粉で蒸して作った菓子

ಉಸುರು ಹಿಡಿ ⟦usuru hiḍi ウスルヒディ⟧ [usŭru hiɖi] *vi.* 息を止める ☞ಉಸಿರು ಹಿಡಿ (usiru hiḍi)

ಉಸುರು² ⟦usuru ウスル⟧ [usŭru] 《口》 *vi.* 1 口を開く 2 音を立てる [Ka. D937] = ಉಸಿರು (usiru)[2]

ಉಸುವು ⟦usuvu ウスヴ⟧ [usŭvu] 《‡》 *n.* [Ka. D575] (*R.* (*Kitt.*)) ☞ಉಸುಕು (usuku)

ಉಸ್ತಾದ ⟦ustāda ウスターダ⟧ [ustɐːdɐ] *m.* 《*f.* ಉಸ್ತಾದಳು (ustādaḷu)》 1 教師、先生 2 名人、達人、優れた職人 3〔皮〕札付きの悪党 [Pe. *ustād*]

ಉಸ್ತುವಾರಿ ⟦ustuvāri ウストゥヴァーリ⟧ [ustŭvɐːri] ಉಸ್ತವಾರಿ *n.* 管理、経営 [Pe. *ustwārī*]

ಉಸ್ತುವಾರಿಕೆ ⟦ustuvārike ウストゥヴァーリケ⟧ [ustuvɐːrĭke] 《‡》 *n.* [*ustuvār* + *-ike*] ☞ಉಸ್ತುವಾರಿ (ustuvāri)

ಉಳ್¹ ⟦uḷ ウル⟧ [uɭ] *vi.* 《三人称単数形ಉಂಟು (umṭu) のみ（否定形*illa*）が用いられる欠如かつ非人称動詞、連体分詞形ಉಳ್ಳ (uḷḷa)》ある、いる [Ka. D697]

ಉಳ್² ⟦uḷ ウル⟧ [uɭ] (*adj.*) 中〈の〉、内部〈の〉 —*n.* 中、内部 [Ka. D698]

ಉಳಿ¹ ⟦uḷi ウリ⟧ [uɭi] *n.* 鑿(のみ)) [Ka. D699]

ಉಳಿ² ⟦uḷi ウリ⟧ [uɭi] ಉಟಿ *vi.* 1 残る、余る 2 生きている、生き残る、（品質などが）保たれる ¶ ನಾವು ಚಿರಕಾಲ ಉಳಿಯುವಂಥ ಕೆಲಸ ಮಾಡಬೇಕು. (nāvu cirakāla uḷiyuvaṃtʰa kelasa māḍabēku.) 我々は長く残るような仕事をするべきだ。¶ ಈ ಚಪ್ಪಲಿ ಒಂದು ತಿಂಗಳು ಉಳಿಯುವುದಿಲ್ಲ. (ī cappali oṃdu tiṃgaḷu uḷiyuvudilla.) このサンダルは 1 か月ももたない。 3 滞在する、留まる ¶ ಅವರು ಜಪಾನಿಗೆ ಹೋಗುವಾಗ ಸಿಂಗಾಪೂರಿನಲ್ಲಿ ಹತ್ತು ದಿವಸ ಉಳಿದರು. (avaru japānige hōguvāga siṃgāpūrinalli hattu divasa uḷidaru.) 彼は日本への途上、シンガポールに 10 日間留まった。 —*vt.* 捨てる；去る ¶

ಸಂದೀಪ ತನ್ನ ದೇಶವನ್ನು ಉಳಿದು ಹೊರದೇಶಕ್ಕೆ ಹೋದನು. (saṃdīpa tanna dēśavannu uḷidu horadēśakke hōdanu.) サンディープは自分の国を去り外国へ行った。[Ka. < *uṟi* D1009]

ಉಳಿಸು¹ ⟦uḷisu ウリス⟧ [uɭisu] *vt.* 1〈金銭や食品などを〉(未来の使用のために)取っておく ¶ ಈ ಹಣವನ್ನು ನಾಳೆಗೆ ಉಳಿಸೋಣ (ī haṇavannu nāḷege uḷisōṇa) このお金を明日のために取っておこう。 2 助ける、救助する [Ka. caus. *D1009]

ಉಳಿ³ ⟦uḷi ウリ⟧ [uɭi] *vi.* 隠れる、潜む ―*n.* 1 隠れること、潜伏 2 隠れ家 [Ka. D1015]

ಉಳಿಗ ⟦uḷiga ウリガ⟧ [uɭĭgɐ] 《‡》 *m.* 《*f.* ಉಳಿಗಿ (uḷigi)》 隠れている人、潜伏者 (*Čt.I,20* (*Kitt.*)) [Ka. D1015]

-ಉಳಿಗ ⟦-uḷiga -ウリガ⟧ [uɭĭgɐ] 《古》 *suf.* 《*f.* ಉಳಿಗಿ (uḷigi); 複合語末で》あるものを生活の糧としている人を表す語 (*Šmd.237* (*Kitt.*)) [Ka. *D1009]

ಉಳಿಗಾಲ ⟦uḷigāla ウリガーラ⟧ [uɭigɐːlɐ] *n.* 生き残る可能性 ¶ ಈ ವನದಲ್ಲಿ ಹುಲಿಗಳಿಗೆ ಉಳಿಗಾಲವಿಲ್ಲ (ī vanadalli huligaḷige uḷigālavilla.) この森林で虎が生き残る可能性はない。[*uḷi* + *kāla*]

ಉಳಿಗು ⟦uḷigu ウリグ⟧ [uɭigu] 《方》 *vi.* 唾を吐く (*HavS.*) [Ka. D687] = ಉಗುಳು (uguḷu)

ಉಳಿತ ⟦uḷita ウリタ⟧ [uɭĭtɐ] *n.* 隠れること、潜伏 [Ka. D1015]

ಉಳಿತಾಯ ⟦uḷitāya ウリターヤ⟧ [uɭitɐːjɐ] *n.* 1 利潤、利益 2 貯金 [*uḷita* + *-āya* *D1009]

ಉಳಿವು ⟦uḷivu ウリヴ⟧ [uɭĭvu] *n.* 生き残り、生存 [*uḷi*² + *-vu*]

ಉಳಿಹು ⟦uḷihu ウリフ⟧ [uɭĭhu] 《文》 *vt.* 〈命などを〉救う、助ける [Ka. *D1009] = ಉರಿಪು (uripu)

ಉಳು ⟦uḷu ウル⟧ [uɭu] ಉಳ್, ಉೞ್, ಊಳು *vt.* 耕す、耕作する [*uṟu* Ka. *D688]

ಉಳಿಸು² ⟦uḷisu ウリス⟧ [uɭisu] *vt.* 《*caus.*》耕させる [Ka. caus. *D688]

ಉಳುಕು¹ ⟦uḷuku ウルク⟧ [uɭŭku] 《‡》 *vi.* 震える、振動する (*My.* (*Kitt.*)) [Ka. D1003] ☞ ಉಲುಕು (uluku)¹

ಉಳುಕು² ⟦uḷuku ウルク⟧ [uɭŭku] *n.* 流星 [Ka. D1016, cf. Sk. *ulkā-*] ☞ ಉಳ್ಕು (uḷku)

ಉಳುಕು³ ⟦uḷuku ウルク⟧ [uɭŭku] *vi.* 捻挫する ―*n.* 捻挫 [Ka. D2702]

ಉಳುಪು ⟦uḷupu ウルプ⟧ [uɭŭpu] 《文》 *vt.* 残す、余らせる [Ka. *D1009]

ಉಳುಮೆ ⟦uḷume ウルメ⟧ [uɭume] 《‡》 *n.* 耕すこと、耕作 [*uṟu* + *-me*]

ಉಳುಹು ⟦uḷuhu ウルフ⟧ [uɭŭhu] 《古》 *vt.* 〈命などを〉救う、助ける [Ka. *D1009]

ಉಳ್ಕ ⟦uḷka ウルカ⟧ [uɭkɐ] *n.* 流れ星、流星 [Sk.]

ಉಳ್ಕು¹ ⟦uḷku ウルク⟧ [uɭku] 《‡》 *vi.* (体が)震える (*My.* (*Kitt.*)) [Ka. D1003] ☞ ಉಲುಕು (uluku)

ಉಳ್ಕು² ⟦uḷku ウルク⟧ [uɭku] 《古》 *vi.* 輝く、まばゆく輝く ―*n.* 流星 [Ka. D1016 cf. Sk. *ulkā-*]

ಉಳ್ಕು³ ⟦uḷku ウルク⟧ [uɭku] 《‡》 *n.* 捻挫 (*Kitt.*) [Ka. D2702]

ಉಳ್ಕೆ¹ ⟦uḷke ウルケ⟧ [uɭke] 《古》 *n.* 耕作、耕すこと [Ka. *D688] ☞ ಉೞ್ಕೆ (uṟke)

ಉಳ್ಕೆ² ⟦uḷke ウルケ⟧ [uɭke] *vi.* 流星 [Ka. D1016/Sk. *ulkā-*]

ಉಳ್ಙು ⟦uḷṅgu ウルング⟧ [uɭŋgu] 《方》 *n.* (シラミなどの)卵 (Gowda) [Ka. D700]

ಉಳ್ಳ¹ ⟦uḷḷa ウッラ⟧ [uɭɭɐ] 《‡》 *n.* 1 球状のもの (*S.Mhr.* (*Kitt.*)) 2 土製や金属製の丸い容器 (*DEDR*) [Ka. D664(a)]

ಉಳ್ಳ² ⟦uḷḷa ウッラ⟧ [uɭɭɐ] 《古》 *adj.* 1 ある 2 実在の、本当の ―*m.* 《*f.* ಉಳ್ಳಳ್ (uḷḷaḷ)》(…で)ある人、(…に)いる人;(…を)持つ人 [Ka. present participle of *uḷ* D697]

ಉಳ್ಳತನ ⟦uḷḷatana ウッラタナ⟧ [uɭɭɘtənɐ] *n.* 《複合語末で》(何かが)ある状態、(何かを)持っている状態 [Ka. D697]

ಉಳ್ಳಿ¹ ⟦uḷḷi ウッリ⟧ [uɭɭi] *n.* 球根(特にタマネギとニンニクの球根) [Ka. D705]

ಉಳ್ಳಿ² ⟦uḷḷi ウッリ⟧ [uɭɭi] *n.* ミミズトカゲ属の動物の一種 [Ka. D1018]

ಉಳ್ಳು ⟦uḷḷu ウッル⟧ [uɭɭu] 《‡》 *vi.* 転がる、転げ落ちる (*C.* (*Kitt.*)) [Ka. D664(a)] ☞ ಉರುಳು (uruḷu)〔汎〕

ಉಳ್ಳೆ ⟦uḷḷe ウッレ⟧ [uɭɭe] *n.* 1 球状のもの 2 土製または金属製の丸い容器 (*G.* (*Kitt.*)) [Ka. D664(b)] ☞ ಉಂಡೆ (umḍe)〔汎〕

ಉಱಳಿ ⟦uṟaḷi ウラリ⟧ [uṟəɭi] 《古》 *n.* 群、集まり、大勢 [Ka. D711]

ಉಱಿ ⟦uṟi ウリ⟧ [uṟi] 《古》 *n.* 縄や籐(とう)を目の粗い網状に結んだもの(容器を梁(はり)につるしたり天秤棒でかついだりするのに用いられる) [Ka. D708]

ಉಱಿತ ⟦uṟita ウリタ⟧ [uṟitɐ] 《古》 *n.* 吸うこと [Ka. D709?]

ಉಱಿಸು ⟦uṟisu ウリス⟧ [uṟisu] 《古》 *vt.* 我慢する、こらえる [Ka. caus. D715] = ಸೈರಿಸು, ಸಹಿಸು (sairisu, sahisu)

ಉಱು¹ ⟦uṟu ウル⟧ [uṟu] 《古》 *vi.* 《過去語幹 urt-, utt-》 1 いる、ある、存在する 2 ふさわしい (*Pb.12.197, 13.23*) [Ka. D710]

ಉಱು² ⟦uṟu ウル⟧ [uṟu] 《古》 *vi.* 増える、増大する (*Pb.6.71V*) [Ka. D711]

ಉಱು³ ⟦uṟu ウル⟧ [uṟu] 《古》 *vt.* 気にかける ¶ ಉಱದೆ (uṟade) 気にかけないで (*Pb.2.78*) [Ka. D712]

ಉಱುಂಬು ⟦uṟuṃbu ウルンブ⟧ [uṟumbu] 《古》 *n.* [Ka. *D711] ☞ ಉಱುಬು (uṟubu)

ಉಱುಗು ⟦uṟugu ウルグ⟧ [uṟugu] ಉರುಗು, ಉಱುಂಗು 《古》 *vi.* 曲がっている、ゆがむ [Ka. D707]

ಉಱುಬು ⟦uṟubu ウルブ⟧ [uṟubu] ಉಱುಂಬು 《古》 *n.* 猛烈さ、激烈さ、元気 [Ka. D711] = ರಭಸ (rabʰasa)

ಉಱುಬೆ ⟦uṟube ウルベ⟧ [uṟube] ಉರುಬೆ 《古》 *n.* 猛烈さ、激烈さ、元気 [Ka. D711] = ರಭಸ (rabʰasa)

ಉಱುಮಿಕೆ ⟦uṟumike ウルミケ⟧ [uṟumĭke] 《古》 *n.* 猛烈さ、激烈さ、元気 [Ka. D711]

ಉಱುವು ⟦uṟuvu ウルヴ⟧ [uṟuvu] 《‡》 *n.* [Ka. D711] (*Kitt.*) ☞ಉಱುಬು (uṟubu)

ಉಱೆ¹ ⟦uṟe ウレ⟧ [uṟe] 《古》 *adv.* 立派に、うまく (*Kitt.*) [Ka. D710]

ಉಱೆ² ⟦uṟe ウレ⟧ [uṟe] ಉರೆ 《古》 *adv.* ひどく、十分に、極度に (*Pb.4.71V, 11.133V*) [Ka. D711]

ಉೞ್ ⟦uḻ ウル⟧ [uɭ] 《古》 *vt.* 《過去語幹 urt-, utt-》鋤く、耕す、耕作する [Ka. D688] ☞ಉೞು (uḷu)

ಉೞಿಸು¹ ⟦uḻisu ウリス⟧ [uɭisu] *vt.* 《*caus.*》耕させる [Ka. caus. D688]

ಉೞಕಿ ⟦uḻaki ウラキ⟧ [uɭəki] 《‡》 *n.* 残り、残余 (*C.* (*Kitt.*)) [Ka. D1009]

ಉೞತ ⟦uḻata ウラタ⟧ [uɭətɐ] 《‡》 *n.* 耕作 (*My.* (*Kitt.*)) [Ka. D688]

ಉೞತೆ ⟦uḻate ウラテ⟧ [uɭəte] 《‡》 *n.* 残り、残余 [Ka. D1009]

ಉೞಮೆ ⟦uḻame ウラメ⟧ [uɭəme] 《‡》 *n.* 耕作 (*My.* (*Kitt.*)) [Ka. D688]

ಉೞಲ್¹ ⟦uḻal ウラル⟧ [uɭəl] 《‡》 *n.* 耕作 (*Nr.* (*Kitt.*)) [Ka. D688]

ಉೞಲ್² ⟦uḻal ウラル⟧ [uɭəl] 《‡》 *vi.* **1** ぐらぐらする、揺れる、ぐるぐる回る **2** 外れて飛び去る (*Kitt.*) [Ka. D2698(b)]

ಉೞವೆ ⟦uḻave ウラヴェ⟧ [uɭəve] 《‡》 *n.* 残り、残余 (*Bp.61,74* (*Kitt.*)) [Ka. D1009]

ಉೞಸು ⟦uḻasu ウラス⟧ [uɭəsu] 《‡》 *vt.* 《*caus.*》耕させる、耕作させる [Ka. caus. D688]

ಉೞಿ ⟦uḻi ウリ⟧ [uɭi] 《古》 *vi.* **1** 残る、余る **2** 生きている、生き残る **3** なくならない、残る —*vt.* **1** 棄てる、去る **2** 除く、除外する **3** 〈命令に〉そむく ☞ಉಳಿ (uḷi)² 〔現〕 [Ka. D1009]

ಉೞಿಸು² ⟦uḻisu ウリス⟧ [uɭisu] 《古》 *vt.* 残す；助ける、など [Ka. caus. D1009] ☞ಉಳಿಸು (uḷisu)¹

ಉೞಿಕಿ ⟦uḻiki ウリキ⟧ [uɭiki] 《‡》 *n.* 残り、残余 [Ka. D1009]

ಉೞಿಕೆ¹ ⟦uḻike ウリケ⟧ [uɭike] 《‡》 *n.* 耕すこと、耕作 [Ka. *uḻ* D688 + *-ke*]

ಉೞಿಕೆ² ⟦uḻike ウリケ⟧ [uɭike] 《古》 *n.* 残り、残余 [Ka. *uḻi* D1009 + *-ke*]

ಉೞಿಗು ⟦uḻigu ウリグ⟧ [uɭigu] 《‡》 *vt.* 愛する、可愛がる —*n.* 愛、愛情 (*Šmd.II, o.r. uḻigu*) ☞ಉೞ್ಗು (uḻgu) [Ka. D691]

ಉೞಿಪು ⟦uḻipu ウリプ⟧ [uɭipu] ಉಳಿಹು, ಉಳುಪು, ಉಳು–ಹು 《古》 *vt.* 〈命などを〉救う、助ける [Ka. D1009]

ಉೞಿಮೆ ⟦uḻime ウリメ⟧ [uɭime] 《‡》 *n.* 耕作、耕すこと (*My.* (*Kitt.*)) [Ka. D688]

ಉೞುಕೆ ⟦uḻuke ウルケ⟧ [uɭuke] 《‡》 *n.* 耕すこと、耕作 (*My.* (*Kitt.*)) [Ka. D688] ☞ಉೞ್ಕೆ (uḻke)

ಉೞುಗು ⟦uḻugu ウルグ⟧ [uɭugu] ಉೞುಂಗು, ಉೞ್ಗು 《古》 *vt.* 愛する —*n.* 愛、愛情 ☞ಉಱುಗು (uṟugu) [Ka. D691]

ಉೞುತ ⟦uḻuta ウルタ⟧ [uɭutɐ] 《古》 *n.* 耕すこと、耕作 [Ka. D688]

ಉೞುಮೆ ⟦uḻume ウルメ⟧ [uɭume] ಉಳಮೆ, ಉಳುಮೆ 《古》 *n.* 耕作、耕すこと [Ka. D688]

ಉೞುವಿಕೆ ⟦uḻuvike ウルヴィケ⟧ [uɭuvike] 《‡》 *n.* 耕作、耕すこと (*My.* (*Kitt.*)) [Ka. D688]

ಉೞುಸು ⟦uḻusu ウルス⟧ [uɭusu] 《‡》 *vt.* 耕させる (*My.* (*Kitt.*)) [Ka. D688] ☞ಉೞಿಸು (uḻisu)

ಉೞ್ಕೆ¹ ⟦uḻke ウルケ⟧ [uɭke] ಉಕ್ಕೆ, ಉಳ್ಕೆ 《古》 *n.* 耕作、耕すこと [Ka. D688]

ಉೞ್ಕೆ² ⟦uḻke ウルケ⟧ [uɭke] ಉಕ್ಕೆ, ಉಳ್ಕೆ 《‡》 *n.* 残り、残余 (*Kitt.*) [Ka. D1009]

ಉೞ್ಗಿ ⟦uḻgi ウルギ⟧ [uɭgi] ಉಗ್ಗಿ 《古》 *n.* 宗教的儀式や勤行の一種 (*Šmd. appendix 2*) [Ka. D680]

ಉೞ್ಗು ⟦uḻgu ウルグ⟧ [uɭgu] 《古》 *vt.* 愛する —*n.* 愛、愛情 [Ka. D691]

ಉೞ್ಗೆ ⟦uḻge ウルゲ⟧ [uɭge] 《古》 *n.* 愛、愛情 [Ka. D691]

ಊ

ಊ ⟦ū ウー⟧ [u:] *n.* カンナダその他のインド系言語で音素 /ū/またはそれを表す文字 [Ka.]

ಊ– ⟦ū- ウー -⟧ [u:] 《古》 *pref.* それ（中間称を表す語頭に立つ形態素）¶ ಊಕೆ (ūke) その女性 [Ka. D557(a)]

ಊಕಾರ ⟦ūkāra ウーカーラ⟧ [u:kɐ:rɐ] *n.* カンナダその他のインド系の文字で音素/ū/ を表す文字 [Sk.]

ಊಕಿ ⟦ūki ウーキ⟧ [u:ki] 《古》 *n.* ☞ಊಕೆ (ūke)²

ಊಕೆ¹ ⟦ūke ウーケ⟧ [u:ke] 《古》 *pron.f.* 《*m.* ಊತ (ūta)》その女性、その婦人、彼女（中間称三人称女性の代名詞）(*Šm.78* (*Kitt.*)) [Ka. *ū* D557(a) + *-ke*]

ಊಕೆ² ⟦ūke ウーケ⟧ [u:ke] ಉಂಕಿ, ಉಂಕೆ, ಊಕಿ, ಊಕೆ 《古》 *n.* 広げて糊をかけた経糸(たて) [Dr.? cf. Ta. *ūṭai* Ma. *ūḍe*]

ಊಟ ⟦ūṭa ウータ⟧ [u:ʈɐ] *n.* **1** 食事すること、食事

として食べるもの 2（たいていの場合精進料理の）定食（南インドの食堂で金属製の盆やバナナの葉などの上に載せて供する）[Ka. *ūḍu* D600 + *-ta*]

ಊಟೆ ⟦ūṭe ウーテ⟧ [uːʈe] *n.* 1 泉 2 噴水 [Ka. D761]

ಊಡು[1] ⟦ūḍu ウードゥ⟧ [uːɖu] 《文》 *vt.* 1 食事を出す、食べさせる ¶ ಮನೆಯೊಡತಿ ಅತಿಥಿಗೆ ಅನ್ನವನ್ನು ಊಡಿದರು. (maneyoḍati atitʰige annavannu ūḍidaru.) 主婦は客に食事を出した。 2 食べる —*n.* 食事、食べること [Ka. D600]

ಊಡಿಸು ⟦ūḍisu ウーディス⟧ [uːɖisu] 《文》 *vt.* 1〈乳や離乳食を〉食べさせる、飲ませる ¶ ಮಗುವಿಗೆ ಹಾಲೂಡಿಸು. (maguvige hālūḍisu.) 子どもに乳を飲ませなさい。 2 食べさせる、飲ませる [Ka. caus. D600]

ಊಡು[2] ⟦ūḍu ウードゥ⟧ [uːɖu] 《古》 *vt.* 1〈香油などを〉塗る (*Pb.3.83*) 2 水で濡らす [Ka. D686(a)]

ಊಡು[3] ⟦ūḍu ウードゥ⟧ [uːɖu] 《古》 *n.*（生計などの）支え [Ka. D763, cf. 600]

ಊಡುಗು ⟦ūḍugu ウードゥグ⟧ [uːɖugu] 《‡》 *n.* [Ka. *D739] (*Kitt.*) ☞ಊಡುಗುಚೆಟ್ಟು (ūḍuguceṭṭu)

ಊಡುಗುಚೆಟ್ಟು ⟦ūḍuguceṭṭu ウードゥグチェットゥ⟧ [uːɖuguʧeʈʈu] 《‡》 *n.* ナガバウリノキ（ウリノキ科ウリノキ属）(*Si.127*(*Kitt.*)) [Ka. D739] = ಅಂಕೋಲೆ (aṃkōle) *[IMP 1.78]

ಊಡೆ ⟦ūḍe ウーデ⟧ [uːɖe] 《‡》 *n.* ベンガルボダイジュの枝からぶら下がった気根 (*Sd.* (*Kitt.*)) [Ka. D5431]

ಊತ[1] ⟦ūta ウータ⟧ [uːtɐ] 《古》 *pron.m.* その男性、彼 [Ka. D557]

ಊತ[2] ⟦ūta ウータ⟧ [uːtɐ] 《‡》 *n.* 確固不動、意志の強さ (*My.* (*Kitt.*)) [Ka. D763]

ಊತ[3] ⟦ūta ウータ⟧ [uːtɐ] *n.* 膨れること、膨張、腫れること [Ka. *ūdu* D741 + *-ta*]

ಊತಪ್ಪ ⟦ūtappa ウータッパ⟧ [uːtəppɐ] *n.* [Ta. *ūttappam*] ☞ಉತ್ತಪ್ಪ (uttappa)

ಊತ್ವ ⟦ūtva ウートヴァ⟧ [uːtvɐ] *n.* 文字 ಊ (ū) *ū* [Sk.] = ಊಕಾರ (ūkāra)

ಊದ ⟦ūda ウーダ⟧ [uːdɐ] (*adj.*) [H. *ūdā* T1986] ☞ಊದಾ (ūdā)

ಊದಕಡ್ಡಿ ⟦ūdakaḍḍi ウーダカッディ⟧ [uːđdəkəɖɖi] *n.* [Ka.] ☞ಊದುಕಡ್ಡಿ (ūdukaḍḍi)

ಊದರ ⟦ūdara ウーダラ⟧ [uːdərɐ] ಊದರೆ, ಊದಲು, ಊದಿಲು *n.*（芳香のためや害虫をいぶすための）煙 [? cf. *ūdu*[2]]

ಊದರಹಾಕು ⟦ūdarahāku ウーダラハーク⟧ [uːdərəhɐːku] *vi.* 《*dat.*》いぶす ¶ ಸೊಳ್ಳೆ ಓಡಿಸಲು ನಾವು ಊದರಹಾಕಿ ನೋಡಿದೆವು. (soḷḷe ōḍisalu nāvu ūdarahāki nōḍidevu.) 私たちは部屋を煙でいっぱいにして蚊を追い払おうとした。 [+ *hāku*]

ಊದರೆ[1] ⟦ūdare ウーダレ⟧ [uːđəre] 《文》 *n.* 麦畑や田に生える雑草の名 (*My.* (*Kitt.*)) [Ka. D740]

ಊದರೆ[2] ⟦ūdare ウーダレ⟧ [uːđəre] 《古》 *n.* [? cf. *ūdu*[2]] ☞ಊದರ (ūdara)

ಊದಲು[1] ⟦ūdalu ウーダル⟧ [uːđəlu] *n.* 1 吹くこと 2 膨れること、膨張 [Ka. D741]

ಊದಲು[2] ⟦ūdalu ウーダル⟧ [uːđəlu] 《古》 *n.* [? cf. *ūdu*[2]] ☞ಊದರ (ūdara)

ಊದಾ ⟦ūdā ウーダー⟧ [uːdɐː] ಊದ, ಊದಿ (*adj.*) 1 紫〈の〉 2 灰色〈の〉 [H. *ūdā* T1986] = ಊದಿ (ūdi)

ಊದಾಬಣ್ಣ ⟦ūdābaṇṇa ウーダーバンナ⟧ [uːdɐːbəɳɳɐ] *n.* 1 紫色 2 灰色 (*Kitt.*) [H. *ūdā* + *baṇṇa*] = ಊದಿ (ūdi)

ಊದಿ ⟦ūdi ウーディ⟧ [uːdi] (*adj.*) [H. *ūdā* T1986] ☞ಊದಾ (ūdā)

ಊದಿಕೆ ⟦ūdike ウーディケ⟧ [uːđĭke] *n.* 1 吹くこと 2 膨れること、膨張 [Ka. D741] = ಊದುವಿಕೆ (ūduvike)

ಊದಿಲು ⟦ūdilu ウーディル⟧ [uːdilu] 《古》 *n.* [? cf. *ūdu*[2]] ☞ಊದರ (ūdara)

ಊದು[1] ⟦ūdu ウードゥ⟧ [uːđu] *vt.* 1（口をまるめて）〈息を〉吹く、〈ほこりなどを〉吹き飛ばす 2〈管楽器を〉吹く、鳴らす 3〈香の煙などを〉手であおいで（神像などの方へ）流す 4〈秘密などを〉こっそりささやく ¶ ಪಕ್ಕದ ಮನೆಯವಳು ನಮ್ಮ ಸೊಸೆಗೆ ಏನೋ ಊದಿದಳು. (pakkada maneyavaḷu namma sosege ēnō ūdidaḷu.) 隣の奥さんがうちの嫁にこっそり何かささやいた。 —*vi.*（傷などが）腫れる、膨れる —*n.* 1《古》吹くこと 2 腫れること 3〈香の煙などを〉手であおいで（神像などの方へ）流すこと [Ka. D741]

ಊದಿಸು ⟦ūdisu ウーディス⟧ [uːđisu] *vt.* 1〈管楽器などを〉吹かせる 2 息を吹いて〈火を〉おこす 3〈金や銀を〉精錬する [+ *-isu* caus.]

ಊದು[2] ⟦ūdu ウードゥ⟧ [uːđu] *n.* 乳香（カンラン科の *Boswellia* 属の樹脂）[Ar. *ʿūd*]

ಊದುಕಡ್ಡಿ ⟦ūdukaḍḍi ウードゥカッディ⟧ [uːđŭkəɖɖi] *n.* 線香、細い竹ひごに乳香を巻いて乾かしたもの [M. *ūdăkaḍḍī* = Ar. *ʿūd*/D741 + *kaḍḍi*]

ಊದುಕೊಳವೆ ⟦ūdukoḷave ウードゥコラヴェ⟧ [uːđŭkoɭəve] *n.* 火吹き、吹き竹 [*ūdu*[1] D741 + *koḷave*] = ಊದುಗೊಳವೆ (ūdugoḷave)

ಊದುಬತ್ತಿ ⟦ūdubatti ウードゥバッティ⟧ [uːđŭbətti] *n.* 線香、細い竹ひごに乳香を巻いて乾かしたもの [*ūdu*[2] + H. *batti* T11359] = ಊದುಕಡ್ಡಿ (ūdukaḍḍi)

ಊದ್ರ ⟦ūdra ウードラ⟧ [uːđrɐ] 《方》 *n.* 蚊を追い払うための煙 (*Tipt.*) [Ka. D744]

ಊನ ⟦ūna ウーナ⟧ [uːnɐ] 《文》 *n.* 1 短所、欠点 ¶ ಅವಳ ಶೀಲದಲ್ಲಿ ಏನೂ ಊನವಿಲ್ಲ. (avaḷa śīladalli ēnū ūnavilla.) 彼女の人格には何の欠点もない。 2 身体障害 ¶ ಅಪಘಾತ ಆದ ಮೇಲೆ ಪಂಢರಿಬಾಯಿ ಊನವಾದರು. (apagʰāta āda mēle paṃḍʰaribāyi ūnavādaru.) パンダリバーイーは事故の後身体障害者になった。 —(*adj.*) 不十分〈な〉 ¶ ಊನವಿಶ್ವಾಸದಿಂದ ಪೂಜಾ ಮಾಡಿದರೆ ದೇವರು ಒಲಿಯನು. (ūnaviśvāsadiṃda pūjā māḍidare dēvaru oliyanu.) 信心不足では、神を祀っても神は喜ばないだろう。 ◇ *vi.* —ವಾಗು (vāgu) 足りない [Sk.]

ಊನತೆ ⟦ūnate ウーナテ⟧ [u:nəte] 《文》 *n.* 短所、欠点 [Sk.]

ಊನತ್ವ ⟦ūnatva ウーナトヴァ⟧ [u:nət·vɐ] 《文》 *n.* 短所、欠点 [Sk.]

ಊಪು ⟦ūpu ウープ⟧ [u:pu] 《方》 *vt.* 吹く、吹いて膨らます (*Hav.*) [Ka. D741]

ಊಬಲು ⟦ūbalu ウーバル⟧ [u:bəlu] *n.* 稲や小麦の籾殻 [Ka. *D637] = ಉಬ್ಬಲು (ubbalu)

ಊಬು¹ ⟦ūbu ウーブ⟧ [u:bu] 《口》 *vt.* (口で)吹く [Ka. D741]

ಊಬು² ⟦ūbu ウーブ⟧ [u:bu] *n.* **1** 小麦や稲や大麦などの穂の芒 **2** スピアグラス(箒を作るのに用いるとげの多いイネ科の草) [?]

ಊಬಿನ ಕಡ್ಡ ⟦ūbina kaḍḍa ウービナカッダ⟧ [u:bĭnə kəḍḍɐ] *n.* スピアグラス(箒を作るのに用いるとげの多いイネ科の草) [+ *kaḍḍa* D1275]

ಊಬುಹುಲ್ಲು ⟦ūbuhullu ウーブフッル⟧ [u:bŭhullu] *n.* 箒を作るために使う禾本科の草 [*ūbina* (gen.) + *hullu*] = ಊಬು (ūbu)² 2

ಊಮ ⟦ūma ウーマ⟧ [u:mɐ] *m.* ⟪*f.* ಊಮೆ (ūme)⟫ [Ka. D746]

ಊಮೆ ⟦ūme ウーメ⟧ [u:me] ಊಮ *mf.* ⟪*m.* ಊಮ (ūma)⟫ 耳の聞こえない人 [Ka. D746]

ಊರ್ ⟦ūr ウール⟧ [u:r] 《古》 *n.* [Ka. D752] ☞ ಊರು (ūru)

ಊರು¹ ⟦ūru ウール⟧ [u:ru] ಊರ್ *n.* 人が集まって住んでいる場所、村、町、都市、国など [Ka. *D752]

ಊರು² ⟦ūru ウール⟧ [u:ru] ಊಱು² *vi.* (水などが甕などから)漏れる、滲み出る ¶ ಜಿಲೇಬಿ ನೋಡಿ ಬಾಯಿಯಲ್ಲಿ ನೀರು ಊರಿತು. (jilēbi nōḍi bāyiyalli nīru ūritu.) ジャレービーを見てよだれが出た。 [Ka. *D761 < *ūṟu*²]

ಊರಿಸು ⟦ūrisu ウーリス⟧ [u:risu] 《古》 *vt.* ⟪*caus.*⟫ (水など液体に)漬ける、漬けてしみ込ませる [Ka. caus. D761]

ಊರು³ ⟦ūru ウール⟧ [u:ru] ಊಱು³ *vt.* **1** 根などを張る、〈植物を〉植える **2** 〈杖などに〉もたれる、杖などに〈体重を〉かける ¶ ಅವನು ಕೋಲಿನ ಮೇಲೆ ಭಾರ ಊರಿ ನಡೆದ. (avanu kōlina mēle bʰāra ūri naḍeda.) 彼は杖によりかかって歩いた。 —*vi.* **1** しっかり立つ ; (ある場所に)定住する、根を下ろす **2** (櫛の歯が)毛根まで届く ¶ ಈ ಹಣಿಗೆ ಊರೋಲ್ಲ. ನನಗೆ ಇದು ಬೇಡ. (ī haṇige ūrōlla. nanage idu bēḍa.) この櫛は歯が髪の毛の根元まで届きません。これはいりません。 [Ka. *D763 < *ūṟu*³]

ನೆಲೆಯೂರು ⟦neleyūru ネレユール⟧ [neleju:ru] *vi.* (ある所に)定着する [*nele* +]

ಬೇರೂರು ⟦bērūru ベールール⟧ [be:ru:ru] *vi.* 〔喩〕 深く根を下ろす ¶ ಪುಕ್ಕಲುತನ ಅವನಲ್ಲಿ ಬೇರೂರಿಬಿಟ್ಟಿದೆ. (pukkalutana avanalli bērūribiṭṭide.) あの男の臆病さは根が深い。 [*bēru* +]

ಊರು⁴ ⟦ūru ウール⟧ [u:ru] 《文》 *n.* 太股 [Sk.]

ಊರುಕೋಲು ⟦ūrukōlu ウールコール⟧ [u:rŭko:lu] *n.* (歩行を助けるための)杖、ステッキ [Ka. *ūru*³ + *kōlu*]

ಊರುಗ ⟦ūruga ウールガ⟧ [u:rŭgɐ] 《古》 *m.* ⟪*f.* *ಊರುಗಿ (*ūrugi)⟫ 田舎に住む人、田舎者 [Ka. *ūru*¹ + *-ga*]

ಊರುಗಾಯಿ ⟦ūrugāyi ウールガーイ⟧ [u:rŭgɐ:ji] 《古》 *n.* 漬物 [*ūru*⁴ + *kāyi*] = ಉಪ್ಪಿನಕಾಯಿ (uppinakāyi) 〔汎〕

ಊರುಗೋಲು ⟦ūrugōlu ウールゴール⟧ [u:rŭgo:lu] ಊರುಗೋಲು, ಊಱುಂಗೋಲು, ಊಱುಗೋಲು *n.* [Ka.] ☞ ಊರುಕೋಲು (ūrukōlu)

ಊರುಬಸವಿ ⟦ūrubasavi ウールバサヴィ⟧ [u:rŭbəsə̆vi] *f.* **1** 寺院に属する女性の踊り手 **2** (一般に)娼婦、淫売婦 [*ūru*¹ + *basavi*]

ಊರೂಟ ⟦ūrūṭa ウールータ⟧ [u:ru:ṭɐ] *n.* 大勢の人が招かれる饗宴 [*ūru*¹ + *ūṭa*]

ಊರೆ ⟦ūre ウーレ⟧ [u:re] 《古》 *n.* 避難所、頼り [*ūru*³ + ?] = ಆಶ್ರಯ (āśraya)

ಊರೆಗೋಲು ⟦ūregōlu ウーレゴール⟧ [u:rego:lu] *n.* (歩くための)杖、ステッキ ¶ ನೀನು ಅವನಿಗೆ ಊರೆಗೋಲಾಗಿರಬೇಕು. (nīnu avanige ūregōlāgirabēku.) 〔比〕 君はあの人の杖とならなければならない。 [*ūre* D763 + *kōlu*]

ಊರೊಡೆಯ ⟦ūroḍeya ウーロデヤ⟧ [u:roḍejɐ] *m.* 町の所有者、町の主 [*ūru* + *oḍeya*]

ಊರ್ಜಸ್ವಿ ⟦ūrjasvi ウールジャスヴィ⟧ [u:rdʒəsvi] 《文》 *adj., mf.* **1** 強力な〈人〉、強い〈人〉 **2** 有能な〈人〉、できる〈人〉 [Sk.]

ಊರ್ಜಿತ ⟦ūrjita ウールジタ⟧ [u:rdʒitɐ] 《文》 (*n.*) **1** 力強い〈こと〉、力が強い〈こと〉、有能〈な〉 **2** 繁栄〈した〉、栄えた〈こと〉 **3** 巨大〈な〉、とても大きい〈こと〉 ¶ ಊರ್ಜಿತ ಪುಣ್ಯ (ūrjita puṇya) 大きな功徳 **4** 通用〈している〉、通る〈こと〉 ¶ ಈ ಪದ್ಧತಿಗಳೆಲ್ಲ ಊರ್ಜಿತವಾದವುಗಳು. (ī paddʰatigaḷella ūrjitavādavugaḷu.) これらの習慣はすべて一般に受けいれられている。 [Sk.]

ಊರ್ಜಿತವಾಗು ⟦ūrjitavāgu ウールジタヴァーグ⟧ [u:rdʒitəvɐ:gu] 《文》 *vi.* **1** (手紙や証明書として)効力が生じる ¶ ಹೋದ ವರ್ಷ ಕೊಟ್ಟ ಈ ಪ್ರಮಾಣಪತ್ರ ಈ ವರ್ಷವೂ ಊರ್ಜಿತವಾಗಿದೆ. (hōda varṣa koṭṭa ī pramāṇapatra ī varṣavū ūrjitavāgide.) 去年発行されたこの証明書は今年もまだ有効である。 **2** 栄える、繁栄する ¶ ಈ ಊರಿಗೆ ಬಂದ ಮೇಲೆ ಅವನು ಊರ್ಜಿತವಾಗಲಿಲ್ಲ. (ī ūrige baṃda mēle avanu ūrjitavāgalilla.) この町に来た後、彼は成功できなかった。 [+ *āgu*]

ಊರ್ಣ ⟦ūrṇa ウールナ⟧ [u:rṇɐ] 《文》 *n.* 羊毛、ウール [Sk.]

ಊರ್ಣನಾಭ ⟦ūrṇanābʰa ウールナナーバ⟧ [u:rnrṇɐ:bʰɐ] 《文》 *n.* クモ(蜘蛛) [Sk.]

ಊರ್ಧ್ವ ⟦ūrdʰva ウールドヴァ⟧ [u:rdʰvɐ] 《文》(*n.*) 高い〈こと〉、高尚〈な〉、高邁〈な〉¶ ಊರ್ಧ್ವ ವಿಚಾರ (ūrdʰva vicāra) 高尚な考え —*n.* 上、高所 [Sk.]

ಊರ್ಧ್ವಗತ ⟦ūrdʰvagata ウールドヴァガタ⟧ [u:rdʰvəgətɐ] 《文》*adj.* 上昇した、上へ登った ¶ ಅವನ ಪ್ರಾಣ ಊರ್ಧ್ವಗತವಾಯಿತು. (avana prāṇa ūrdʰvagatavāyitu.) 彼は今にも死にそうだ。[Sk.]

ಊರ್ಧ್ವಗತಿ ⟦ūrdʰvagati ウールドヴァガティ⟧ [u:rdʰvəgəti] 《文》*n.* 1 高い所へ昇ること、上昇 2 解脱 [Sk.]

ಊರ್ಧ್ವಶ್ವಾಸ ⟦ūrdʰvaśvāsa ウールドヴァシュヴァーサ⟧ [u:rdʰvəʃvɐ:sɐ] 《文》*n.* 虫の息 [Sk.]

ಊರ್ಧ್ವಲೋಕ ⟦ūrdʰvalōka ウールドヴァローカ⟧ [u:rdʰvəlo:kɐ] 《文》*n.* 天国、極楽 [Sk.]

ಊರ್ಮಿ ⟦ūrmi ウールミ⟧ [u:rmi] 《文》*n.* 1 波、波浪 2〔喩〕(大衆運動などの)高波 ¶ ಸ್ವಾತಂತ್ರ್ಯಾಂದೋಳನದ ಊರ್ಮಿ ದೇಶವನ್ನು ವ್ಯಾಪಿಸಿತು. (svātaṃtryāṃdōḷanada ūrmi dēśannu vyāpisitu.) 独立運動の波が国中を飲み込んだ。[Sk.]

ಊರ್ಮೆ ⟦ūrme ウールメ⟧ [u:rme] 《古》*n.* 優越性、威光、威勢 (*Pb.1.71*) [Ka. *ūṟu*[3] *D763]

ಊಷ್ಮ ⟦ūṣma ウーシュマ⟧ [u:ʂmɐ] 《文》*n.* 熱、暖かさ [Sk.]

ಊಸ್ ⟦ūs ウース⟧ [u:s] *snt.* 1 動物を追い払う時に発する音 2 疲れてため息をつく時に発する音 [Ka. D573]

ಊಸರವಳ್ಳಿ ⟦ūsaravaḷḷi ウーサラヴァッリ⟧ [u:sərəvəɭɭi] ಊಸರುಳ್ಳಿ, ಊಸುರವಳ್ಳಿ, ಊಸುರುವಳ್ಳಿ *n.* カメレオン [Ka. D732, cf. Sk. *dhūsara-*]

ಊಸರುಳ್ಳಿ ⟦ūsaruḷḷi ウーサルッリ⟧ [u:səruɭɭi] *n.* [Ka. D732, cf. Sk. *dhūsara-*] ☞ ಊಸರವಳ್ಳಿ (ūsaravaḷḷi)

ಊಹನೀಯ ⟦ūhanīya ウーハニーヤ⟧ [u:həni:jɐ] 《文》*adj.* 推理できる、推論可能な ¶ ನನ್ನ ಸ್ನೇಹಿತನ ಉತ್ತರ ಊಹನೀಯ ರೀತಿಯಲ್ಲಿತ್ತು. (nanna snēhitana uttara ūhanīya rītiyallittu.) 友人の返事は予想した通りだった。[Sk.]

ಊಹಾಬಲ ⟦ūhābala ウーハーバラ⟧ [u:hɐ:bəlɐ] 《文》*n.* 推理力 [Sk.]

ಊಹಿಸು ⟦ūhisu ウーヒス⟧ [u:hisu] 《文》*vt.* 推測する、推し量る、推理する [Sk.]

ಊಹೂ ⟦ūhū ウーフー⟧ [ũ:hũ:] *snt.* 1 ううん、いえ、いや ¶ "ನೀವು ಹೋಗುತ್ತೀರಾ?" — "ಊಹೂ, ಇಲ್ಲ." ("nīvu hōguttīrā?" – "ūhū, illa.")「あなたは行きますか。」「いえ行きません。」2 いたい、いたたっ(痛みや苦悩を表す間投詞) [Ka.]

ಊಹೆ ⟦ūhe ウーヘ⟧ [u:he] 《文》*n.* 1 推測、推し量ること 2 推論 [Sk.]

ಊಳ್ ⟦ūḷ ウール⟧ [u:ɭ] 《古》*vi.* (*Pb.4.48*) —*n.* ☞ ಊಳು (ūḷu) [Ka. D760]

ಊಳವೆ ⟦ūḷave ウーラヴェ⟧ [u:ɭə̆ve] 《古》*n.* 絶叫、怒号 [Ka. D760]

ಊಳಿಗ ⟦ūḷiga ウーリガ⟧ [u:ɭĭgɐ] ಉಳಿಗ, ಊಱಿಗ *n.* 仕事、労働、奉公(たいていは肉体労働) [Ka. D758]

ಊಳಿಗಗಿತ್ತಿ ⟦ūḷigagitti ウーリガギッティ⟧ [u:ɭĭgəgitti] *f.* 《*m.* ಊಳಿಗಗಾರ (ūḷigagāra)》女性労働者 [*ūḷiga* + *-gitti*]

ಊಳಿಗಮಾನ್ಯ ⟦ūḷigamānya ウーリガマーニャ⟧ [u:ɭigəmɐ:nʲjɐ] *n.* 奉公の対価として与えられた不動産 [*ūḷiga* + *mānya*]

ಊಳು ⟦ūḷu ウール⟧ [u:ɭu] ಊಳ್ *vi.* 1 (犬やジャッカルやオオカミが)吼える、うなる 2 (悲痛などで)はっきりしない発音でわめく、泣きわめく 3 (遠くの人を)大声で呼ぶ —*n.* 1 犬、ジャッカル、狼などの鳴き声 2 大声でわめくこと、怒号 [Ka. onom. D760]

ಊಱು[1] ⟦ūṟu ウール⟧ [u:ṟu] 《‡》*vi.* いる、留まる、存在する (*C.;śmd. Dʰ. (Kitt.)*) [Ka. D710]

ಊಱು[2] ⟦ūṟu ウール⟧ [u:ṟu] *vi.* 1 (水などが)湧き出る、浸出する、(小さな割れ目や素焼きの土器の穴から)しみ出す 2 (水などの液体に)浸けられる、浸けられて十分柔らかくなる、浸けられて十分しみ込む (*My. (Kitt.)*) [Ka. D761]

ಊಱಿಸು ⟦ūṟisu ウーリス⟧ [u:ṟisu] 《‡》*vt.* 《*caus.*》(水など液体に)浸ける、浸けてしみ込ませる (*My. (Kitt.)*) [Ka. caus. D761]

ಊಱು[3] ⟦ūṟu ウール⟧ [u:ṟu] 《古》*vt.* 1〈旗竿、杭などを〉地面に埋め込む、〈植物を〉植える 2〈杖を〉つく、〈あるものを〉支えとして何かにあてがう —*vi.* 1 (根を)下ろす、張る 2 (ある所に)住み着く、定住する [Ka. D763]

ಊಱುಂಗೋಲು ⟦ūṟuṃgōlu ウールンゴール⟧ [u:ṟuŋgo:lu] 《古》*n.* (歩行を助ける)杖 [Ka. *ūṟu*[3] + *kōlu*] ☞ ಊರುಗೋಲು (ūrugōlu)

ಊಱುಗೋಲು ⟦ūṟugōlu ウールゴール⟧ [u:ṟugo:lu] 《古》*n.* (歩行を助ける)杖 [Ka. *ūṟu*[3] + *kōlu* D763] ☞ ಊರುಗೋಲು (ūrugōlu)

ಊಱಗ ⟦ūṟaga ウーラガ⟧ [u:ɻəgɐ] 《‡》*n.* [Ka. D758] (*My. (Kitt.)*) ☞ ಊಱಿಗ (ūṟiga)

ಊಱಿಗ ⟦ūṟiga ウーリガ⟧ [u:ɻigɐ] 《古》*n.* 労働、(多くは肉体的な)勤め [Ka. D758]

ಊಱಿಗಗಿತ್ತಿ ⟦ūṟigagitti ウーリガギッティ⟧ [u:ɻigəgitti] 《‡》*f.* 《*m.* ಊಱಿಗಗಾರ (ūṟigagāra)》(女性の)召し使い (*My. (Kitt.)*) [Ka. *D758]

ಊಱಿಗತನ ⟦ūṟigatana ウーリガタナ⟧ [u:ɻigətənɐ] 《‡》*n.* 召し使いや労働者の地位、あるいはその仕事 (*G.551 (Kitt.)*) [Ka. D758]

ಊಱಿಗಿ ⟦ūṟigi ウーリギ⟧ [u:ɻigi] 《‡》*m.* 《*f.* ಊಱಿಗಗಿತ್ತಿ (ūṟigagitti)》(男性の)召し使い (*My. (Kitt.)*) [Ka. D758]

ಊೞು ⟦ūḻu ウール⟧ [u:ɻu] 《‡》*vi.* 埋める;埋葬する (*My. (Kitt.)*) [Ka. D4376] ☞ ಹೂೞು (hūḻu)

ಋ

ಋ ⟦ṛ ル⟧ [rɯ/ru] *n.* カンナダまたはその他のインド系言語で音素 /ṛ/ またはそれを表す文字 [Sk.]

ಋಕಾರ ⟦ṛkāra ルカーラ⟧ [rɯkɐːrɐ] 《口》 *n.* カンナダまたはその他のインド系の文字で音素 /ṛ/ を表す文字 [Sk.]

ಋಗ್ವೇದ ⟦ṛgvēda ルグヴェーダ⟧ [rɯgveːdɐ/rugveːdɐ] 《口》 *n.* リグヴェーダ [Sk.]

ಋಜು ⟦ṛju ルジュ⟧ [rɯʤu/ruʤu] 《文》 (*adj.*) **1** まっすぐ〈な〉、直線的な〈こと〉 **2** 率直〈な〉 **3** 正直〈な〉、廉直〈な〉 **4** 素朴〈な〉、飾り気のない〈こと〉 [Sk.]

ಋಜುತೆ ⟦ṛjute ルジュテ⟧ [rɯʤute/ruʤute] 《文》 *n.* **1** まっすぐなこと **2** 率直さ **3** 正直なこと、廉直さ **4** 素朴なこと、飾り気がないこと [Sk.]

ಋಜುತ್ವ ⟦ṛjutva ルジュトヴァ⟧ [rɯʤutvɐ/ruʤutvɐ] 《文》 *n.* [Sk.] ☞ಋಜುತೆ (ṛjute)

ಋಜುದೃಷ್ಟಿ ⟦ṛjudṛṣṭi ルジュドゥルシュティ⟧ [rɯʤŭdrɯʂʈi/ruʤŭdruʂʈi] *n.* **1** まっすぐな視線 **2** 〔喩〕 まっすぐなものの見方 [Sk.]

ಋಣ ⟦ṛṇa ルナ⟧ [rɯɳɐ/ruɳɐ] ರಿಣ, ರುಣ 《文》 *n.* **1** 借金、借り **2** 恩義、義理 [Sk.] = ಹಂಗು (haṃgu)

ಋಣತ್ರಯ ⟦ṛṇatraya ルナトラヤ⟧ [rɯɳətrəjɐ/ruɳətrəjɐ] 《文》 *n.* 「3つの義務」(神々、祖霊、聖仙に対する義務) [Sk.]

ಋಣಮೋಚನೆ ⟦ṛṇamōcane ルナモーチャネ⟧ [rɯɳə̆moːʧə̆ne/ruɳə̆moːʧə̆ne] 《文》 *n.* **1** 借金の完済 **2** 恩返し、恩に報いること [Sk.]

ಋಣಾದಾನ ⟦ṛṇādāna ルナーダーナ⟧ [rɯɳɐːdɐːnɐ/ruɳɐːdɐːnɐ] 《文》 *n.* 貸し金を取り戻すこと [Sk.]

ಋಣಾನುಬಂಧ ⟦ṛṇānubaṃdʰa ルナーヌバンダ⟧ [rɯɳɐːnubəndʰɐ/ruɳɐːnubəndʰɐ] 《文》 *n.* 前生から互いに恩寵を与えあってきた縁 ¶ ಅವರಿಬ್ಬರ ಋಣಾನುಬಂಧ ಅವರನ್ನು ಮತ್ತೆ ಒಂದುಮಾಡಿತು. (avaribbara ṛṇānubaṃdʰa avarannu matte oṃdumāḍitu.) 前生で互いに恩寵を与えあっていた縁が、彼らを再び結びつけた。[Sk.]

ಋಣಿ ⟦ṛṇi ルニ⟧ [rɯɳi/ruɳi] 《口》 *mf.* **1** (他人に)借金している人、金を借りている人 **2** 〔喩〕 恩義を被っている人 [Sk.]

ಋತ ⟦ṛta ルタ⟧ [rɯtɐ/rutɐ] 《文》 *n.* **1** 真実、まこと **2** 正しいこと、公正 **—***adj.* 神聖な、聖なる [Sk.]

ಋತು ⟦ṛtu ルトゥ⟧ [rɯtu/rutu] 《口》 *n.* **1** 季節(インドの伝統的季節観では、1年は、春・暑季・雨季・秋・冬・寒季の六季節からなるとされる) **2** 月経、月のもの [Sk.]

ಋತುಮತಿ ⟦ṛtumati ルトゥマティ⟧ [rɯtuməti/rutuməti] 《口》 *f.* 初潮の期間中の女性、初潮を迎えた女性 [Sk.]

ಋತ್ವಿಕ್ಕು ⟦ṛtvikku ルトヴィック⟧ [rɯtvikku/rutvikku] ಋತ್ವಿಜ 《文》 *m.* ヴェーダ祭式を執りおこなう祭官 [Sk. *ṛtvij-*]

ಋತ್ವಿಜ ⟦ṛtvija ルトヴィジャ⟧ [rɯtviʤɐ/rutviʤɐ] 《文》 *m.* [Sk. *ṛtvij-*] ☞ಋತ್ವಿಕ್ಕು (ṛtvikku)

ಋಷಿ ⟦ṛṣi ルシ⟧ [rɯʂi/ruʂi] 《口》 *m.* 聖仙、聖者 [Sk.] = ಮುನಿ (muni)

ೠ

ೠ ⟦ṝ ルー⟧ [rɯː/ruː] 《口》 *n.* カンナダ語その他のインド系言語で音素 /ṝ/ またはそれを表す文字 [Ø]

ೠಕಾರ ⟦ṝkāra ルーカーラ⟧ [rɯːkɐːrɐ/ruːkɐːrɐ] 《口》 *n.* カンナダまたはその他のインド系の文字で音素 /ṝ/ を表す文字 [Sk.]

ಎ

ಎ ⟦e エ⟧ [e] *n.* カンナダその他のインド系言語で音素 /e/ またはそれを表す文字 [Ka.]

ಎ- ⟦e- エ -⟧ [e] *pron.morph.* なに？（疑問を表す形態素）¶ ಎಷ್ಟು (eṣṭu) どこで [Ka. D5151]

ಎಂಗೆ ⟦eṃge エンゲ⟧ [eŋge] 《口》 *pron. adv.* どのように ☞ಹೇಗೆ (hēge)

ಎಂಜಲು ⟦eṃjalu エンジャル⟧ [eɲʤə̆lu] *n.* **1** 人が口をつけた食べ物（不浄とされている） **2** 唾、唾液（それに接触したものを不浄なものとする物質という意味で用いる場合に限定して用いる）¶ ಅವನು ಎಂಜಲು ಹಚ್ಚಿ ಪೋಸ್ಟ್ ಕವರು ಮುಚ್ಚಿದ. (avanu eṃjalu hacci pōsṭ kavaru muccida.) 彼は封筒を唾をつけて閉じた。 **3** 残飯 [Ka. D780]

ಎಂಜಲಿಸು ⟦eṃjalisu エンジャリス⟧ [eɲʤəlisu] *vt.* （食物に）触れたり唾をつけたりして〈その食物を〉他人にとって不浄なものとする [+ *-isu*]

ಎಂಜಲುಹಾಳೆ ⟦eṃjaluhāḷe エンジャルハーレ⟧ [eɲʤəluhɐːḷe] *n.* 使用済みのバナナの葉（バナナの葉は食事の際の皿として用いる）[+ *hāḷe*]

ಎಂಜಲೆಲೆ ⟦eṃjalele エンジャレレ⟧ [eɲʤəlele] *n.* 使用済みのバナナの葉（バナナの葉は食事の際の皿として用いる）[+ *ele*]

ಎಂಜಿನಿಯರಿಕೆ ⟦eṃjiniyarike エンジニヤリケ⟧ [eɲʤinijərike] *n.* 技師の仕事や地位 [Eg. *engineer* + *-ike*]

ಎಂಟಾಣೆ ⟦eṃṭāṇe エンターネ⟧ [eɳʈɐːɳe] *n.* 50 パイサまたは 50 パイサ硬貨 [*eṃṭu* + H. *ānā*]

ಎಂಟು¹ ⟦eṃṭu エントゥ⟧ [eɳʈu] *numr. adj.* 8、8…、八つ、八つの —*numr.n.* 8 [Ka. D784]

ಎಂಟು² ⟦eṃṭu エントゥ⟧ [eɳʈu] 《‡》 *n.* 傲慢 (*Čh.v.21* (*Kitt.*)) [Ka. D794]

ಎಂತ ⟦eṃta エンタ⟧ [entɐ] 《古》 *pron.adj.* [Ka. D5151] ☞ಎಂಥ (eṃtʰa)

ಎಂತಪ್ಪ ⟦eṃtappa エンタッパ⟧ [entəppɐ] 《古》 *pron.adj.* いったいどのような [Ka. *eṃta* + *appa* *D5151] ☞ಎಂಥ (eṃtʰa)

ಎಂತಹ ⟦eṃtaha エンタハ⟧ [entə̆hɐ] 《古》 *pron. adj.* [Ka. D5151] ☞ಎಂಥ (eṃtʰa)

ಎಂತಾ ⟦eṃtā エンター⟧ [entɐː] 《古》 *pron. adj.* [Ka. D5151] ☞ಎಂಥ (eṃtʰa)

ಎಂತು ⟦eṃtu エントゥ⟧ [entu] *adv.* どのように、いかに [Ka. D5151]

ಎಂತುಮ್ ⟦eṃtum エントゥム⟧ [entum] 《古》 *adv.* どうしても、どのようにしてでも [+ *-m*]

ಎಂಥ ⟦eṃtʰa エンタ⟧ [entʰɐ] ಎಂತ, ಎಂತಹ, ಎಂತಾ, ಎಂಥಾ *pron. adj.* どのような ¶ ಅವನು ಎಂಥ ವ್ಯಕ್ತಿ? (avanu eṃtʰa vyakti?) あの人はどんな人ですか。¶ ಇದು ಎಂಥ ವ್ಯಕ್ತಿ! (idu eṃtʰa vyakti!) こいつはいったい何様だ。 [Ka. < *emtʰa* < *eṃtu* D5151 + *appa*]

ಎಂಥಾ ⟦eṃtʰā エンター⟧ [entʰɐː] *pron. adj.* いったいどのような [Ka. D5151] ☞ಎಂಥ (eṃtʰa)

ಎಂದರೆ ⟦eṃdare エンダレ⟧ [endə̆re] *cond.verb.part.* （と）言えば —*part.* …は、…について言えば（ある単語や文言に意識を集中させるために用いる小詞）¶ ಲಕ್ಷ್ಮಿ ಎಂದರೆ ನನಗೆ ತುಂಬಾ ಇಷ್ಟ. (lakṣmi eṃdare nanage tuṃbā iṣṭa.) ラクシュミーは僕の大のお気に入りだ。= ಅಂದರೆ (aṃdare) [Ka. ಎನ್ನು (ennu)「言う」の連用条件分詞形]

ಎಂದು¹ ⟦eṃdu エンドゥ⟧ [endu] 《文》 *adv.* 何時、どの日に [Ka. D5151]

ಎಂದುಮ್ ⟦eṃdum エンドゥム⟧ [endum] 《古》 *adv.* 何時も、いつでも [+ *-m*]

ಎಂದು² ⟦eṃdu エンドゥ⟧ [endu] *vt.* 言って —*conj.* …と（引用などの従属文を導く小詞）¶ ಅವನು "ಈ-ಕೂಡಲೆ ಬಂದೆ" ಎಂದು ಹೇಳಿದ. (avanu "īkūḍale baṃde" eṃdu hēḷida.) 彼は「すぐ参ります」と言った。 [ಎನ್ನು (ennu)の連用完了分詞形]

ಎಂಪಲಿ ⟦eṃpali エンパリ⟧ [empə̆li] 《文》 *n.* ナンバンクサフジ（マメ科ナンバンクサフジ属、道端などに生える小木）→ 薬 (*R.* (*Kitt.*)) [Ka. D804] = ಕೊಗ್ಗಿ (koggi) *IMP 5.250*

ಎಂಬ ⟦eṃba エンバ⟧ [embɐ] *v.adj.* と言う、と呼ばれる ¶ ಅವನಿಗೆ ಹಣವನ್ನು ಸೇರಿಸಬೇಕೆಂಬ ಯೋಚನೆಯೇ ಇಲ್ಲ. (avanige haṇavannu sērisabēkeṃba yōcaneyē illa.) 彼には貯金をしようなどという考えはまったくない。[ಎನ್ನು (ennu)「言う」の連体未来分詞]

ಎಂಬದಾಗಿ ⟦eṃbadāgi エンバダーギ⟧ [embəddɐːgi] ಎಂ-ಬುದಾಗಿ *conj.* …のために、ということのために ¶ ಯಾರೋ ಒಬ್ಬರು ತಮ್ಮ ಸ್ನೇಹಿತನ ಮನೆ ಎಲ್ಲಿದೆ ಎಂಬದಾಗಿ ಕೇ-ಳುತ್ತಾ ವೀದಿಯಲ್ಲಿ ನಡೆಯುತ್ತಿದ್ದಾರೆ. (yārō obbaru tamma snēhitana mane ellide eṃbadāgi kēḷuttā vīdiyalli naḍeyuttiddāre.) ある人が、友達の家はどこかということを尋ねながら道を歩いている。 [+ *-adu* + *āgi*]

ಎಂಬುದಾಗಿ ⟦eṃbudāgi エンブダーギ⟧ [embuddɐːgi] *conj.* [+ *-adu* + *āgi*] ☞ಎಂಬದಾಗಿ (eṃbadāgi)

ಎಂಬತ್ತು ⟦eṃbattu エンバットゥ⟧ [embəttu] ಎಣ್ಬತ್ತು *numr.adj.* 80 の —*numr.n.* 80、80 個 [Ka. D784, D3918]

ಎಂಬುಕೆಯ್ ⟦eṃbukey エンブケイ⟧ [embukeĭ] 《古》 *vi.* 《*gen.*》言ったことを実行する、有言実行を実践する (*Šmd.*) [Ka. D868]

ಎಕರೆ ⟦ekare エカレ⟧ [ekə̆re] *n.* エーカー [Eg. *acre*]

ಎಕಾರ ⟦ekāra エカーラ⟧ [ekɐːrɐ] *n.* カンナダその他のインド系の文字で音素 /e/ を表す文字 [Sk.]

ಎಕ್ಕ¹ ⟦ekka エッカ⟧ [ekkɐ] 《古》 *n.* [Ka. D814] ☞ಎಕ್ಕೆ (ekke)¹

ಎಕ್ಕ² ⟦ekka エッカ⟧ [ekkɐ] 《古》 *numr.adj.* 一つの、唯一の、独りぼっちの [Pk. *ekka-*] ☞ಒಂದು (oṃdu)

ಎಕ್ಕಟಿ ⟦ekkaṭi エッカティ⟧ [ekkəʈi] ಎಕ್ಕಟೆ (*n.*) **1** 孤独〈な〉 **2** 秘密〈の〉 —*mf.* 孤独な人 —*adv.* 一人で；こっそりと [Ka. D768, cf. M. *ekāṭā*]

ಎಕ್ಕಟಿಗ ⟦ekkaṭiga エッカティガ⟧ [ekkəʈĭgɐ] 《古》 *m.* 《*f.* ಎಕ್ಕಟಿಗಳು (ekkaṭigaḷu)》 **1** 孤独な人、人と交わらない人、はみ出し者、孤独な生活を好む人 **2** 高貴な人 **3** 間諜、スパイ [*ekkaṭi* + *-ga*]

ಎಕ್ಕಟೆ ⟦ekkaṭe エッカテ⟧ [ekkə̆ʈe] 《古》(*n.*) [Ka. D768] ☞ಎಕ್ಕಟಿ (ekkaṭi)

ಎಕ್ಕಡ ⟦ekkaḍa エッカダ⟧ [ekkəɖɐ] *n.* [?] ☞ಎಕ್ಕವಡ (ekkavaḍa)

ಎಕ್ಕತಾಳ ⟦ekkatāḷa エッカターラ⟧ [ekkə̆tɐːɭɐ] *n.* **1** 拍子が合うこと **2** 七つのリズムの一種 [Sk. *ēkatāla-*]

ಎಕ್ಕತಾಳಿ ⟦ekkatāḷi エッカターリ⟧ [ekkə̆tɐːɭi] 《‡》*n.* [Ka. D767] ☞ಎಗತಾಳಿ (egatāḷi)

ಎಕ್ಕರಿಸು ⟦ekkarisu エッカリス⟧ [ekkərisu] 《古》*vi.* 嘲弄する、からかう [Ka. D767]

ಎಕ್ಕಲ[1] ⟦ekkala エッカラ⟧ [ekkə̆lɐ] 《‡》(*adj.*) 巨大〈な〉、非常に大きい〈こと〉〈木や人〉(*S.Mhr.*) [Ka. D766]

ಎಕ್ಕಲ[2] ⟦ekkala エッカラ⟧ [ekkə̆lɐ] *n.* イノシシ（猪）[Ka. D771]

ಎಕ್ಕವಡ ⟦ekkavaḍa エッカヴァダ⟧ [ekkəvə̆ɖɐ] ಎಕ್ಕಡ 《異》*n.* 皮製のサンダルの一種［⇒図］[?] (NK)

ಎಕ್ಕವಡ
皮サンダル

ಎಕ್ಕಸಕ್ಕ ⟦ekkasakka エッカサッカ⟧ [ekkəsəkkɐ] ಎಕ್ಕಸಿಕ್ಕ, ಎಕ್ಕಸಿರ್ಕ, ಎಕ್ಕಸೆಕ್ಕ 《古》*n.* **1** 滅茶苦茶な、でたらめな、根も葉もないこと ¶ ಎಕ್ಕಸಕ್ಕದ ಮಾತುಗಳು (ekkasakkada mātugaḷu) でたらめの話 (*KPN*) **2** からかうこと、人を騙すこと [Ka. D767]

ಎಕ್ಕಸಿಕ್ಕ ⟦ekkasikka エッカシッカ⟧ [ekkə̆sikkɐ] 《古》(*n.*) [Ka. *D767] ☞ಎಕ್ಕಸಕ್ಕ (ekkasakka) 1

ಎಕ್ಕಸಿರ್ಕ ⟦ekkasirka エッカシルカ⟧ [ekkə̆sirkɐ] 《古》(*n.*) [Ka. *D767] ☞ಎಕ್ಕಸಕ್ಕ (ekkasakka) 1

ಎಕ್ಕಸೆಕ್ಕ ⟦ekkasekka エッカセッカ⟧ [ekkə̆sekkɐ] 《古》(*n.*) [Ka. D767] ☞ಎಕ್ಕಸಕ್ಕ (ekkasakka) 1

ಎಕ್ಕಳ ⟦ekkaḷa エッカラ⟧ [ekkə̆ɭɐ] 《‡》*n.* 大量、過多、豊富 (*Abh.P.3,116* (*Kitt.*)) [Ka. D768]

ಎಕ್ಕಿಕೆ ⟦ekkike エッキケ⟧ [ekkĭke] 《‡》*n.* 綿を梳(す)くこと (*My.* (*Kitt.*)) [Ka. D765]

ಎಕ್ಕು[1] ⟦ekku エック⟧ [ekku] 《古》*vt.* **1** 分ける、分離する **2** 〈木綿や羊毛を〉梳(す)く **3** 殴る、打ちのめす [Ka. D765]

ಎಕ್ಕು[2] ⟦ekku エック⟧ [ekku] 《古》*vi.* 背伸びをする [Ka. D766]

ಎಕ್ಕು[3] ⟦ekku エック⟧ [ekku] *vi.* 下痢をする、腹をくだす [Ka. D813]

ಎಕ್ಕೆ[1] ⟦ekke エッケ⟧ [ekke] ಎಕ್ಕ, ಎರ್ಕ *n.* アコン（ガガイモ科カイガンタバコ属の植物の名）⇀ 繊・薬 [Ka. D814, cf. Sk. *arka-*] *IMP 3.342*

ಎಕ್ಕೆಗಿಡ ⟦ekkegiḍa エッケギダ⟧ [ekkegiɖɐ] 《古》*n.* [Ka. D814] ☞ಎಕ್ಕೆ (ekke)[1]

ಎಕ್ಕೆ[2] ⟦ekke エッケ⟧ [ekke] 《‡》*n.* 卓越、優越 (*Abh.P.13,21* (*Kitt.*)) [Ka. D768]

ಎಕ್ಸುಕ್ಯ ⟦eksukya エクスキャ⟧ [eksukʲjɐ] 《‡》*n.* からかい、冗談 (*My.* (*Kitt.*)) [Ka. D767] ☞ಎಕ್ಕಸಕ್ಕ (ekkasakka)

ಎಗಚಿ[1] ⟦egaci エガチ⟧ [egə̆ʧi] 《‡》*n.* 灌木の一種 (*My.*, (*Kitt.*)) [Ka. D421]

ಎಗಚಿ[2] ⟦egaci エガチ⟧ [egə̆ʧi] *n.* イヌナツメ（クロウメモドキ科ナツメ属）⇀ 食・薬 [Ka. D475] = ಬೋರೆ (bōre) *[IMP 5.440]

ಎಗಚಿಗ ⟦egaciga エガチガ⟧ [egəʧigɐ] 《‡》*m.* 《*f.* *ಎಗಚಿಗಿತ್ತಿ (*egacigitti)》からかう人 (*My.* (*Kitt.*)) [Ka. D767]

ಎಗತಾಳ ⟦egatāḷa エガターラ⟧ [egə̆tɐːɭɐ] 《‡》*n.* 冗談、からかい (*My.* (*Kitt.*)) [Ka. D767]

ಎಗತಾಳಿ ⟦egatāḷi エガターリ⟧ [egə̆tɐːɭi] ಎಕ್ಕತಾಳಿ 《‡》*n.* 冗談、からかい (*My.* (*Kitt.*)) [Ka. D767]

ಎಗರಿಕೆ ⟦egarike エガリケ⟧ [egərĭke] 《古》*n.* 飛び上がること、空を飛ぶこと [Ka. D3730] ☞ಎಗರು (egaru)

ಎಗರು ⟦egaru エガル⟧ [egə̆ru] *vi.* **1** 飛び上がる **2** （怒って）ある人を攻撃する [Ka. D3730] cf. ಹಾರು (hāru)

ಎಗರಿಸು ⟦egarisu エガリス⟧ [egərisu] *vt.* 《*caus.*》 **1** 〈人などを〉飛び上がらせる **2** 〔喩〕盗む ¶ ಖಜಾಂಚಿ ಪೆಟ್ಟಿಗೆಯಿಂದ ಹಣವನ್ನು ಎಗರಿಸಿದ. (kʰajāṃci peṭṭigeyiṃda haṇavannu egarisida.) 会計係はこの箱から金を盗んだ。 [+ caus. *-isu*] = ಅಪಹರಿಸು (apaharisu)

ಎಗ್ಗ ⟦egga エッガ⟧ [eggɐ] ಎರ್ಗ *m.* 《*f.* ಎಗ್ಗಿ (eggi)》野卑な人、下品な人 [Ka. D776]

ಎಗ್ಗತನ ⟦eggatana エッガタナ⟧ [eggə̆tənɐ] *n.* 野卑なこと、下品、品性の卑しいこと [+ *-tana*]

ಎಗ್ಗಳ ⟦eggaḷa エッガラ⟧ [eggə̆ɭɐ] ಎಗ್ಗಲ 《古》(*n.*) **1** おびただしい〈量〉、おびただしい〈数〉 **2** 偉大〈な〉¶ ಎಗ್ಗಳ ರಾಮನಾಮ (eggaḷa rāmanāma) 偉大なラーマの名 (*KPN*) [Ka. D768/D5467]

ಎಗ್ಗು ⟦eggu エッグ⟧ [eggu] *n.* **1** 恥、恥じらい ¶ ಎಷ್ಟು ಬೈದರೂ ಅವನಿಗೆ ಎಗ್ಗಿಲ್ಲ. (eṣṭu baidarū avanige eggilla.) どんなに罵っても彼は恥を知ることがない。 **2** 愚かな振る舞い、失敗、しくじり ¶ ವರ್ಗದಲ್ಲಿ ಅವನ ಎಗ್ಗು ನೋಡಿ ಹುಡುಗರೆಲ್ಲ ನಗುತ್ತಿದ್ದರು. (vargadalli avana eggu nōḍi huḍugarella naguttiddaru.) 彼のしくじりを見て生徒はみな笑った。 [Ka. D776]

ಎಗ್ಗುಳಿ ⟦egguḷi エッグリ⟧ [egguɭi] 《古》*mf.* **1** 内気な人、恥ずかしがり屋 **2** 野卑な人、下品な人 (*Č.t.I.5* (*Kitt.*)) [Ka. *eggu* D776 + ?]

ಎಗ್ಗುಳಿತನ ⟦egguḷitana エッグリタナ⟧ [egguɭĭtənɐ] 《古》*n.* **1** 内気であること、恥ずかしがり屋であること **2** 野卑なこと、下品 *JŚ 23* [*egguḷi* + *-tana*]

ಎಚೆ ⟦ece エチェ⟧ [eʧe] 《古》*vt.* [Ka. D805] ☞ಎಸೆ (ese)[1]

ಎಚೈವಿ ವೈರಸ್ ⟦ecaivi vairas エチャイヴィヴァイラス⟧ [eʧəivi vəirəs] *n.* エイズをおこすウイルス [Eg. *HIV virus*]

ಎಚ್ಚರ ⟦eccara エッチャラ⟧ [eʧʧə̆rɐ] *n.* **1** 覚醒、目覚めること、目覚めていること **2** 警戒、注意深いこと [Ka. *eccara* D851(b)]

ಎಚ್ಚರಗೊಳಿಸು ⟦eccaragoḷisu エッチャラゴリス⟧ [eʧʧərəgoḷisu] *vt.* 1 目覚めさせる、起こす 2 警戒させる 3〔喩〕目覚めさせる [+ *koḷisu*]

ಎಚ್ಚರಗೊಳ್ಳು ⟦eccaragoḷḷu エッチャラゴッル⟧ [eʧʧərəgoḷḷu] *vi.* 1 目覚める 2 注意する、警戒する [+ *koḷḷu*]

ಎಚ್ಚರತಪ್ಪು ⟦eccaratappu エッチャラタップ⟧ [eʧʧə̆rətəppu] *vi.* 1 注意力を失う、うっかりする ¶ ನನಗೆ ಎಚ್ಚರತಪ್ಪಿ ಅಪಘಾತ ಆಯಿತು. (nanage eccaratappi apagʰāta āyitu.) 私はうっかり事故を起こした。 2 意識を失う ¶ ಜ್ವರದಿಂದ ಅವನು ಎಚ್ಚರ ತಪ್ಪಿದ. (jvaradiṃda avanu eccara tappida.) 高熱のために彼は意識を失った。[+ *tappu*]

ಎಚ್ಚರಿಕೆ ⟦eccarike エッチャリケ⟧ [eʧʧərike] *n.* 1 覚醒、目覚めること、目覚めていること 2 油断ないこと、用心、警戒 [*eccaṟa* + *-ike*]

ಎಚ್ಚರಿಸು ⟦eccarisu エッチャリス⟧ [eʧʧərisu] *vt.* 1 目覚めさせる、起こす 2 注意を促す、警告する 3〔喩〕(近代的思考や新しい時代などに)目を開かせる、気づかせる [*eccaṟa* + *-isu*]

ಎಚ್ಚಱ್ ⟦eccaṟ エッチャル⟧ [eʧʧəṟ]《古》*vi.* [Ka. D851(b)] ☞ಎಱ್ಚಱ್ (eṟcaṟ)

ಎಚ್ಚು[1] ⟦eccu エッチュ⟧ [eʧʧu] ಎಸು《古》*vt.* 1 塗る 2 平らにする、整える [Ka. D505]

ಎಚ್ಚು[2] ⟦eccu エッチュ⟧ [eʧʧu]《口》*vi.* (量や数や嵩などが)増す、増える —*n.* 過多、過剰、余分、過度 (*Bp.28.47*) ☞ಹೆಚ್ಚು (heccu) [Ka. D4411]

ಎಟಕು ⟦eṭaku エタク⟧ [eṭə̆ku] ಎಟುಕು *vi.* 1 (物理的あるいは金銭的に)手が届く ¶ ಟ್ಯೂಬ್ಲೈಟ್ ಕೈಗೆ ಎಟಕಲಿಲ್ಲ. (tyūblaiṭ kaige eṭakalilla.) 蛍光灯に手が届かなかった。 2 十分である、足りる ¶ ಬಂದ ಸಂಬಳದಲ್ಲಿ ಸಂಸಾರದ ಖರ್ಚು ಎಟಕುತ್ತದೆ. (baṃda saṃbaḷadalli saṃsārada kʰarcu eṭakuttade.) 月給で家計はまかなえるだろう。[Ka. D783]

ಎಟಕಿಸು ⟦eṭakisu エタキス⟧ [eṭə̆kisu] *vt.* 1 (つま先立ちなどして)〈あるものに〉手が届くようにする ¶ ಎಲೆಕ್ಟ್ರಿಶನ್ ಮೇಜಿನ ಮೇಲೆ ಹತ್ತಿ ಟ್ಯೂಬನ್ನು ಎಟಕಿಸಿದ. (elektriśan mējina mēle hatti ṭyūbannu eṭakisida.) 電気屋は机に上って電球に手が届くようにした。 2 手を伸ばして〈何かを〉取る [Ka. caus.]

ಎಟುಕು ⟦eṭuku エトゥク⟧ [eṭŭku]《古》*vi.* [Ka. D783] ☞ಎಟಕು (eṭaku)

ಎಟ್ಟಿಕೆ ⟦eṭṭike エッティケ⟧ [eṭṭike] *n.* (高い所などに)届くこと [Ka. D783]

ಎಟ್ಟು[1] ⟦eṭṭu エットゥ⟧ [eṭṭu] *vi.* 高い所にある物に手が届く (*Śmd.Dh.* (*Kitt.*)) [Ka. D783]

ಎಟ್ಟು[2] ⟦eṭṭu エットゥ⟧ [eṭṭu]《‡》*n.* (道具を使ってまたは素手で)打つこと、殴ること (*C.,T.* (*Kitt.*)) [Ka. *D859] ☞ಏಟು, (ēṭu,) cf. ಗುದ್ದು (guddu)

ಎಟ್ಟು[3] ⟦eṭṭu エットゥ⟧ [eṭṭu]《‡》*pron.n.* どれだけ、幾つ (*KPN*) [Ka. *D5151] ☞ಎಷ್ಟು (eṣṭu)

ಎಡ-[1] ⟦eḍa- エダ-⟧ [eḍɐ]《古》*n.*《複合語頭で》1 場所、所 2 間、中間、隙間 [Ka. D434]

ಎಡ[2] ⟦eḍa エダ⟧ [eḍɐ]《‡》*n.* 腰 (*T.* (*Kitt.*)) [Ka. D448]

ಎಡ[3] ⟦eḍa エダ⟧ [eḍɐ] (*adj.*) 1 左〈の〉、左側〈の〉 2 左手〈の〉(マーディガというカーストを指す言葉) [Ka. D449]

ಎಡಗಡೆ ⟦eḍagaḍe エダガデ⟧ [eḍə̆gəḍe] *n.* 左、左側 —*adv.* 左側で、左側に、左側へ ¶ ಎಡಗಡೆ ತಿರುಗಿರಿ. (eḍagaḍe tirugiri.) 左へ曲がってください。[+ *kaḍe*]

ಎಡಗಣ್ ⟦eḍagaṇ エダガン⟧ [eḍə̆gəɳ]《古》*n.* 左目 [+ *kaṇ*]

ಎಡಗಯ್ ⟦eḍagay エダガイ⟧ [eḍə̆gəĭ] *n.* 左手 [+ *kay*] ☞ಎಡಗೈ (eḍagai)

ಎಡಗೆಯ್ ⟦eḍagey エダゲイ⟧ [eḍə̆geĭ]《古》*n.* [+ *key*] ☞ಎಡಗೈ (eḍagai)

ಎಡಗೈ ⟦eḍagai エダガイ⟧ [eḍə̆gəĭ] ಎಡಗಯ್, ಎಡಗೆಯ್ *n.* 左手 [+ *kai*]

ಎಡದೆಸೆ ⟦eḍadese エダデセ⟧ [eḍədese] *n.* 左、左側 [+ *dese*]

ಎಡಂಪು ⟦eḍaṃpu エダンプ⟧ [eḍə̆mpu]《古》*vi.* つまずく、つまずいて転ぶ [Ka. *D437] ☞ಎಡವು (eḍavu)

ಎಡಗು ⟦eḍagu エダグ⟧ [eḍə̆gu]《‡》*n.* (話している最中の)言葉のつまずき、言い間違い、吃音(きつおん) (*DEDR*) [Ka. D437]

ಎಡಚ ⟦eḍaca エダチャ⟧ [eḍəʧɐ] *m.*《*f.* ಎಡಚಿ (eḍaci)》左利き、左利きの人 [Ka. *D449] = ರೊಡ್ಡ (roḍḍa) (NK)〔pej.〕

ಎಡಚು[1] ⟦eḍacu エダチュ⟧ [eḍə̆ʧu] *n.* 1 右利きの人が左側のものを扱う際に経験する不具合 2 邪魔、邪魔になるもの [Ka. D437/D449]

ಎಡಚು[2] ⟦eḍacu エダチュ⟧ [eḍə̆ʧu] *n.* 左利き、左利きであること [Ka. D449] = ರೊಡ್ಡು (roḍḍu) (NK)〔pej.〕

ಎಡತರಿ ⟦eḍatari エダタリ⟧ [eḍətəri] ಒಡತರೆ《文》*n.* インドの乾燥地に広く分布するネムノキ科の灌木 ⇀ 薬 [Ka. *D5391] = ಒಡತರೆ, ವಡುವಾರದ ಗಿಡ (oḍatare, vaḍuvārada giḍa) *[IMP 2.331]

ಎಡತರೆ ⟦eḍatare エダタレ⟧ [eḍətəre]《文》*n.* [Ka. *D5391] ☞ಎಡತರಿ (eḍatari)

ಎಡತಱಿ ⟦eḍataṟi エダタリ⟧ [eḍətəṟi]《‡》*n.* [Ka. D5391] (*St. & Pl.* (*Kitt.*)) ☞ಎಡತರಿ (eḍatari)

ಎಡತಿ ⟦eḍati エダティ⟧ [eḍə̆ti]《古》*f.* 中年の女の人、中年の女性 (*Śmd.*) [Ka. D448]

ಎಡಪಕ್ಷ ⟦eḍapakṣa エダパクシャ⟧ [eḍə̆pəkʂɐ] *n.* 1 左翼政党 2 反対党 [*eḍa* + *pakṣa*]

ಎಡಪು ⟦eḍapu エダプ⟧ [eḍə̆pu]《古》*vi.* つまずく [Ka. D437] ☞ಎಡವು (eḍavu)

ಎಡರ್ ⟦eḍar エダル⟧ [eḍər]《古》*vi.* 貧窮する、貧乏になる [←Ka. ←*eḍar*[2] D435]

ಎಡರು ⟦eḍaru エダル⟧ [eḍə̆ru]《古》*n.* 難儀、困難、障害、邪魔 [Ka. D435]

ಎಡಱ್ ⟦eḍaṟ エダル⟧ [eḍə̆ṟ] 《古》 *n.* 貧乏、貧窮 [Ka. D435]

ಎಡಱು¹ ⟦eḍaṟu エダル⟧ [eḍə̆ṟu] 《古》 *n.* 貧窮、困窮、窮乏 [Ka. D435]

ಎಡಱು² ⟦eḍaṟu エダル⟧ [eḍə̆ṟu] 《‡》 *vi.* **1** 邪魔する、困らせる **2** 障害を置く **3** 妨げる **4** 邪魔になる **5** つまずく (*My.* (*Kitt.*)) [Ka. D437]

ಎಡಲ ⟦eḍala エダラ⟧ [eḍə̆lɐ] 《‡》 *n.* モクセイ科オリーブ属の植物の一種 (*DCV*) [Ka. D436]

ಎಡವಟ್ಟ ⟦eḍavaṭṭa エダヴァッタ⟧ [eḍə̆vəṭṭɐ] 《古》 *m.* **1** 馬鹿者、愚か者、凡人 **2** 粗野な男性、不器用な男性 [Ka. *eḍa*¹ + *paṭṭa* < *paḍu*?]

ಎಡವಟ್ಟತನ ⟦eḍavaṭṭatana エダヴァッタタナ⟧ [eḍə̆vəṭṭə tənɐ] 《古》 *n.* [Ka. *eḍavaṭṭa* + *-tana*] ☞ಎಡವಟ್ಟುತನ (eḍavaṭṭutana)

ಎಡವಟ್ಟು ⟦eḍavaṭṭu エダヴァットゥ⟧ [eḍə̆vəṭṭu] (*n.*) きちんとできていない〈こと〉、何か抜けている〈こと〉¶ ಕೆಲಸ ಎಡವಟ್ಟು ಆಯಿತು. (kelasa eḍavaṭṭu āyitu.) 仕事は失敗に終わった。 —*n.* 失敗、しくじり ¶ ನಾವು ಎಣಿಸಿದ್ದೆಲ್ಲ ಎಡವಟ್ಟು ಆಯಿತು. (nāvu eṇisiddella eḍavaṭṭu āyitu.) 私の計画はすべて失敗した。 [Ka. *eḍa*³ + *paṭṭu* < *paḍu*?]

ಎಡವಟ್ಟುತನ ⟦eḍavaṭṭutana エダヴァットゥタナ⟧ [eḍə̆və ṭṭutənɐ] ಎಡವಟ್ಟತನ 《古》 *n.* 失敗、しくじり [Ka. *eḍavaṭṭu* + *-tana*]

ಎಡವು ⟦eḍavu エダヴ⟧ [eḍə̆vu] ಎಡಪು, ಎಡಂಪು, ಎಡಹು *vi.* つまずく、つまずいて転ぶ [Ka. D437]

ಎಡಹು ⟦eḍahu エダフ⟧ [eḍə̆hu] 《古》 *vi.* つまずく、つまずいて転ぶ —*n.* つまずくこと ☞ಎಡವು (eḍavu) [Ka. D437]

ಎಡಹುಹ ⟦eḍahuha エダフハ⟧ [eḍəhŭhɐ] 《古》 *n.* **1** つまずくこと、つまずき **2** 〔喩〕正しい道からそれること (*Kitt.*) [Ka. D437]

ಎಡಿ ⟦eḍi エディ⟧ [eḍi] 《方》 *v.aux.* …することができる (*Hav.*) [Ka. D78]

ಎಡೆ¹ ⟦eḍe エデ⟧ [eḍe] *n.* **1** 場所、地点；もと ¶ ಇವರ ಎಡೆಯಲ್ಲಿ ಕೆಲಸ ಮಾಡುವುದಕ್ಕಾಗುವುದಿಲ್ಲ. (ivara eḍeyalli kelasa māḍuvudakkāguvudilla.) あの人のもとでは仕事などとてもできない。 **2** 隙間、合間 **3** 機会、(活動の)余地 [Ka. D434]

ಎಡೆ² ⟦eḍe エデ⟧ [eḍe] *n.* (神や祖霊に対する)供え物 ◇ *vi.* —ಮಾಡು/ನೀಡು/ಇಡು (māḍu/nīḍu/iḍu) 供え物を捧げる [Ka.?]

ಎಡೆಗ ⟦eḍega エデガ⟧ [eḍegɐ] 《‡》 *m.* 《*f.* ಎಡತಿ (eḍati)》 ろくでなし (*Kk.37* (*Kitt.*)) [Ka. D792, cf. D449]

ಎಡ್ಗು ⟦eḍgu エドグ⟧ [eḍgu] 《方》 *vi.* つまずく (*Nanj.*) [Ka. D437] ☞ಎಡವು (eḍavu)

ಎಡ್ಡ¹ ⟦eḍḍa エッダ⟧ [eḍḍɐ] *m.* 《*f.* ಎಡ್ಡತಿ (eḍḍati)》 愚か者、阿呆 [Ka. D792, cf. *heḍḍa*「馬鹿」]

ಎಡ್ಡ² ⟦eḍḍa エッダ⟧ [eḍḍɐ] 《古》 *n.* 美、美しさ (*Kk.18* (*Kitt.*)) [Ka. D848]

ಎಡ್ಡತನ ⟦eḍḍatana エッダタナ⟧ [eḍḍə̆tənɐ] *n.* 馬鹿なこと、愚かさ [Ka. *eḍḍa* + *-tana*]

ಎಡ್ಡತಿ ⟦eḍḍati エッダティ⟧ [eḍḍə̆ti] 《方》 *f.* 《*m.* ಎಡ್ಡ (eḍḍa)》 愚かな女性 (*SK*, (*Kitt.*)) [Ka. D792]

ಎಡ್ಡಿಸು¹ ⟦eḍḍisu エッディス⟧ [e:ḍḍisu] 《古》 *vt.* けなす、悪く言う、非難する [Ka. D791] = ಏಡಿಸು; ನಿಂದಿಸು (ēḍisu; niṃdisu) 〔汎〕

ಎಡ್ಡಿಸು² ⟦eḍḍisu エッディス⟧ [e:ḍḍisu] 《古》 *vt.* からかう、愚弄する [Ka. D792]

ಎಡ್ಡು ⟦eḍḍu エッドゥ⟧ [eḍḍu] *n.* 馬鹿なこと、愚かさ [Ka. D792]

ಎಡ್ಡುತನ ⟦eḍḍutana エッドゥタナ⟧ [eḍḍutənɐ] *n.* 馬鹿なこと、愚かさ [*eḍḍu* + *-tana*]

ಎಡ್ರು ⟦eḍru エドル⟧ [eḍru] 《‡》 *vi.* 難儀、困難、障害、邪魔 [Ka. D435] (*My.* (*Kitt.*)) ☞ಎಡರು (eḍaru)

ಎಣ್ ⟦eṇ エン⟧ [eɳ] 《古》 *vt.* **1** 数える、計算する **2** 考える、思う [Ka. D793] ☞ಎಣ್ಣು (eṇṇu)

ಎಣ ⟦eṇa エナ⟧ [eɳɐ] 《古》 *n.* [Ka. D457] (*DEDR*) ☞ಎಣೆ (eṇe)

ಎಣಸು ⟦eṇasu エナス⟧ [eɳə̆su] 《古》 *vi.* [Ka. D793] (*Bp.22.18* (*Kitt.*)) ☞ಎಣಿಸು (eṇisu)

ಎಣಿಕೆ ⟦eṇike エニケ⟧ [eɳike] *n.* **1** 数えること、計算 **2** 考え、思考、思案 **3** 予期、期待、当てにすること ¶ ಹೀಗಾಗುವುದೆಂದು ಎಣಿಕೆ ಮಾಡಿದ್ದೆ. (hīgāguvudeṃdu eṇike māḍidde.) こうなる気がしていた。 [Ka. *eṇ* *D793 + *-ike*]

ಎಣಿಸು ⟦eṇisu エニス⟧ [eɳisu] ಎಣ್ಣಿಸು *vi.* **1** 計算する、勘定する = ಲೆಕ್ಕ ಹಾಕು (lekka hāku) **2** 考える、思う、予期する = ¶ ಜಿಯಾ ಸಾಯುತ್ತಾರೆಂದು ನಾನು ಎಣಿಸಿರಲಿಲ್ಲ. (jiyā sāyuttāreṃdu nānu eṇisiralilla.) 私はジヤーが死ぬとは思わなかった。ಭಾವಿಸು (bʰāvisu) [Ka. *eṇ* *D793 + *-isu*]

ಎಣುಸು ⟦eṇusu エヌス⟧ [eɳŭsu] 《‡》 *vi.* [Ka. D793] (*Bp.9,49*) ☞ಎಣಿಸು (eṇisu)

ಎಣೆ ⟦eṇe エネ⟧ [eɳe] 《古》 *n.* **1** 仲間、連れ ¶ ಈ ಹುಡುಗನಿಗೆ ಎಣೆ ಇಲ್ಲದೆ ಕಷ್ಟ ಆಗಿದೆ. (ī huḍuganige eṇe illade kaṣṭa āgide.) この男の子は連れがなくて困っている。 **2** 同等のもの、匹敵するもの ¶ ಅವನ ಸಂತೋಷಕ್ಕೆ ಎಣೆಯೇ ಇಲ್ಲ. (avana saṃtōṣakke eṇeyē illa.) 彼は他と比べようのないくらい喜んだ。 [Ka. D457]

ಎಣ್ಟು ⟦eṇṭu エントゥ⟧ [eɳʈu] 《古》 *numr.* [Ka. D784] ☞ಎಂಟು (eṃṭu) 〔汎〕

ಎಣ್ಡ್ರಕಾಯಿ ⟦eṇḍrakāyi エンドラカーイ⟧ [eɳɖrə̆kɐ:ji] 《方》 *n.* カニ(蟹) [←Te. *eṃḍrakāya* D2901] = ಏಡಿ (ēḍi) 〔汎〕

ಎಣ್ಣಿಕೆ ⟦eṇṇike エンニケ⟧ [eɳɳike] *n.* [Ka. *eṇṇu* + *-ike*] ☞ಎಣಿಕೆ (eṇike)

ಎಣ್ಣು ⟦eṇṇu エンヌ⟧ [eɳɳu] ಎಣ್ 《古》 *vi.* **1** 数える、計算する **2** 思う、予想する [Ka. D793]

ಎಣ್ಣೆ ⟦eṇṇe エンネ⟧ [eɳɳe] *n.* 油 [Ka. D854]

ಎಣ್ಪತ್ತು ⟦eṇpattu エンパットゥ⟧ [eɳpəttu] 《古》 *numr.* [Ka. D784, D3918] ☞ಎಂಬತ್ತು (eṃbattu) 〔汎〕

ಎಣ್ಬರ್ ⟦eṇbar エンバル⟧ [eɳbər] 《古》 *numr.mf.* 8人 [Ka. D784] = ಎಂಟುಜನ (emṭujana)〔現〕

ಎತ್ತಂ ⟦ettaṃ エッタン⟧ [ettəm] 《古》 *adv.* どちらでも、どちらへも (*Pb.4.40*) [Ka. D5151]

ಎತ್ತ[1] ⟦etta エッタ⟧ [ettɐ] *adv.* どちらで、どちらへ [Ka. D5151]

ಎತ್ತ[2] ⟦etta エッタ⟧ [ettɐ] 《‡》 *n.* 持ち上げること (*My.* (*Kitt.*)) [Ka. D796] ☞ಎತ್ತು (ettu)

ಎತ್ತರ ⟦ettara エッタラ⟧ [ettərɐ] ಎತ್ತರ, ಎಳ್ತರ, ಏಳ್ತರ, ಎಟ್ಟರ, ಏಟ್ಟರ *n.* 高さ —(*n.*) 高い〈こと〉¶ ಮನೆ ಎತ್ತರವಾಗಿದೆ. (mane ettaravāgide.) その家は高さが高い。 [Ka. *D796/ēṟ D851(a) + Sk. *stara-*]

ಎತ್ತರಿಸು ⟦ettarisu エッタリス⟧ [ettərĭsu] 《文》 *vt.* 〈壁や水位などを〉高くする、高める ¶ ಈ ರಸ್ತೆಯನ್ನು ಸ್ವಲ್ಪ ಎತ್ತರಿಸಬೇಕು. (ī rasteyannu svalpa ettarisabēku.) この道路を少し嵩上げすべきだ。 [Ka. *ettara* + *-isu*]

ಎತ್ತಿಕೆ ⟦ettike エッティケ⟧ [ettĭke] 《文》 *n.* 持ち上げること [Ka. D796]

ಎತ್ತು[1] ⟦ettu エットゥ⟧ [ettu] ಎತ್ತು, ಎಳ್ತು, ಎಟ್ಟು *n.* 去勢牛(農業などに使われる) [Ka. D815]

ಎತ್ತು[2] ⟦ettu エットゥ⟧ [ettu] *vt.* 1 上げる、持ち上げる 2 〈募金や義援金などを〉集める 3 選ぶ、選び出す ¶ ಅನೇಕ ಉತ್ತರಗಳಲ್ಲಿ ಒಂದನ್ನು ಎತ್ತಿದರು. (anēka uttaragaḷalli oṃdannu ettidaru.) 多くの答えの中から一つが選ばれた。4 (神などが)〈人間の姿などを〉取る ¶ ವಿಷ್ಣು ಅವತಾರ ಎತ್ತಿದ. (viṣṇu avatāra ettida.) ヴィシュヌ神が化身なさった。 5 〈兵士などを〉募集する ¶ ಯುದ್ಧಕ್ಕೆ ಪಡೆ ಎತ್ತಿದರು. (yuddʰakke paḍe ettidaru.) 戦いのために彼らは軍隊を集めた。 [Ka. D796]

ಎತ್ತಿಸು ⟦ettisu エッティス⟧ [ettisu] *vt.* 1 持ち上げる、高める ¶ ಈ ಪುಸ್ತಕವನ್ನು ಎತ್ತಿಸಿ. (ī pustakavannu ettisi.) この本を持ち上げてください。 2〔喩〕〈ある人を〉(その地位から)排除する ¶ ಪ್ರಧಾನಿ ಅವನನ್ನು ಮಂತ್ರಿಪದವಿಯಿಂದ ಎತ್ತಿಸಿಹಾಕಿದರು. (pradʰāni avanannu maṃtripadaviyiṃda ettisihākidaru.) 総理大臣は彼から大臣の職を取り上げた。 [+ *-isu*]

ಎತ್ತುವಿಕೆ ⟦ettuvike エットゥヴィケ⟧ [ettuvike] *n.* 持ち上げること [Ka. D796] ☞ಎತ್ತಿಕೆ (ettike)

ಎತ್ವ ⟦etva エトヴァ⟧ [etvɐ] *n.* 文字 ಎ (e) *e* [Sk.] = ಎಕಾರ (ekāra)

ಎದರು ⟦edaru エダル⟧ [edə̆ru] 《異》 (*n.*), *postp.* [Ka. D795] (*My.* (*Kitt.*)) ☞ಎದಿರು (ediru)

ಎದರಿಸು ⟦edarisu エダリス⟧ [edə̆risu] 《異》 *vt.* [Ka. D795] (*My.* (*Kitt.*)) ☞ಎದಿರಿಸು (edirisu)

ಎದಿರಾಯಿಸು ⟦edirāyisu エディラーイス⟧ [edĭrɐːjisu] 《‡》 *vt.* [Ka. D795] (*My.* (*Kitt.*)) ☞ಎದುರಾಯಿಸು (edurāyisu)

ಎದಿರಿಸು ⟦edirisu エディリス⟧ [edĭrisu] ಎದುರಿಸು *vt.* [Ka. D795] ☞ಎದುರಿಸು (edurisu)

ಎದಿರು ⟦ediru エディル⟧ [edĭru] (*n.*) 向かい合う〈こと〉 —*postp.* 《*dat./gen.*》…の前で、…に向かい合って ☞ಎದುರು (eduru) [Ka. D795]

ಎದಿರುಗೊಳ್ಳು ⟦edirugoḷḷu エディルゴッル⟧ [edirug̊oɭɭu] 《文》 *vt.* [+ *koḷḷu*] ☞ಎದಿರ್ಗೊಳ್ಳು (edirgoḷḷu)

ಎದಿರ್ಗೊಳ್ಳು ⟦edirgoḷḷu エディルゴッル⟧ [edirg̊oɭɭu] ಎದಿರುಗೊಳ್ಳು 《文》 *vt.* 〈客などを〉丁重に迎える、恭しく迎える [+ *koḷḷu*]

ಎದುರಾಡು ⟦edurāḍu エドゥラードゥ⟧ [edurɐːɖu] *vi.* 口答えする、反駁する、言い返す ¶ ಚಿಕ್ಕ ಮಕ್ಕಳು ದೊಡ್ಡವರಿಗೆ ಎದುರಾಡಬಾರದು. (cikka makkaḷu doḍḍavarige edurāḍabāradu.) 小さな子どもは大人に口答えをしてはならない。 [Ka. *eduru* + *āḍu*]

ಎದುರಾಯಿಸು ⟦edurāyisu エドゥラーイス⟧ [edŭrɐːjisu] *vt.* 反対する、逆らう [Ka. *D795] = ಎದಿರಿಸು (edirisu)

ಎದುರಾಳಿ ⟦edurāḷi エドゥラーリ⟧ [edurɐːɭi] *mf.* 競争者、敵対者 [*eduru* + *-āḷi*]

ಎದುರಿ ⟦eduri エドゥリ⟧ [edŭri] *mf.* 1 敵 2 反対者 [Ka. *D795]

ಎದುರಿಸು ⟦edurisu エドゥリス⟧ [edŭrisu] ಎದಿರಿಸು *vt.* 1〈困難などに〉直面する 2 反対する、逆らう [Ka. D795]

ಎದುರು ⟦eduru エドゥル⟧ [edŭru] ಎದಿರ್, ಎದುರ್, ಎದುರು (*n.*) 向かい合う〈こと〉 —*postp.* 《*dat./gen.*》…の前で、…に向かい合って [Ka. D795]

ಎದುರುಕ್ಲೇಮು ⟦eduruklēmu エドゥルクレーム⟧ [edurŭ kleːmu] *n.* 反対要求、反訴 [+ Eg. *claim*] = ಎದುರುವ್ಯಾಜ್ಯ (eduruvyājya)

ಎದುರುಗಡೆ ⟦edurugaḍe エドゥルガデ⟧ [edurug̊əɖe] *n.* 向かい側、反対側 —*adv.* 目の前に ¶ ಎದುರ್ಕಡೆ ಒಂದು ಮನೆ ಇತ್ತು. (edurkaḍe oṃdu mane ittu.) 目の前に家があった。 —*postp.* 《*gen./dat.*》…の前に、…の前方に ¶ ದೇವಸ್ಥಾನದ ಎದುರುಗಡೆ ನಮ್ಮ ಶಾಲೆ ಇದೆ. (dēvastʰānada edurugaḍe namma śāle ide.) 私たちの家はお寺の向かいにある。 [Ka. *eduru* + *kaḍe*]

ಎದುರುತ್ತರ ⟦eduruttara エドゥルッタラ⟧ [edŭruttərɐ] *n.* 反駁、反論、口答え、言い返すこと [+ *uttara*] = ಎದಿರುಮಾತು (edirumātu)

ಎದುರುದಾವೆ ⟦edurudāve エドゥルダーヴェ⟧ [edŭrudɐːve] *n.* 反対要求、反訴 [+ *dāve*] = ಎದುರ್ವ್ಯಾಜ್ಯ (edurvyājya)

ಎದುರುಬೀಳು ⟦edurubīḷu エドゥルビール⟧ [edŭrubiːɭu] *vi.* 《bidd-》(…に)反抗する、(…に)対立する [+ *bīḷu*]

ಎದುರುಮಾತು ⟦edurumātu エドゥルマートゥ⟧ [edŭrumɐːtu] *n.* 反論、口答え [+ *mātu*] = ಎದುರುತ್ತರ (eduruttara)

ಎದುರು ಎದುರು ⟦eduru eduru エドゥルエドゥル⟧ [edŭru edŭru] *adv.* 向かい合って —*postp.* 《*dat./gen.*》…の前で、…に向かい合って [*eduru* の繰り返し表現]

ಎದುರುವ್ಯಾಜ್ಯ ⟦eduruvyājya エドゥルヴィヤージュヤ⟧ [eduruvjɐːʤjɐ] 《方》 *n.* 反対要求、反訴 (*SK*, (*Kitt.*)) [+ *vyājya*] = ಎದುರ್ದಾವೆ (edurdāve)

ಎದೆ ⟦ede エデ⟧ [ede] *n.* 1 胸 2 心臓 3〔喩〕勇気、剛胆、大胆さ ¶ ವೈರಿಯನ್ನು ಎದುರಿಸುವ ಎದೆ ಅವನಲ್ಲಿ

ಇಲ್ಲ. (vairiyannu edurisuva ede avanalli illa.) 彼には敵に直面する勇気がない。[Ka. D827]

ಎದೆಬಡಿತ 〚edebaḍita エデバディタ〛[eđebəḍitɐ] *n.* 心臓の鼓動、胸がどきどきすること ¶ ಪರೀಕ್ಷಾಹಾಲ್ ಒಳಗೆ ಹೋಗುವಾಗ ಎದೆಬಡಿತ ಹೆಚ್ಚಾಯಿತು. (parīkṣāhāl oḷage hōguvāga edebaḍita heccāyitu.) 試験場に入る時、胸がどきどきした。[+ *baḍita* D827]

ಎದೆಗಾರ 〚edegāra エデガーラ〛[eđegɐːrɐ] *m.* 《*f.* ಎದೆಗಾರಳು (edegāraḷu)》勇敢な人、大胆な人 [*ede* + *-gāra*]

ಎದೆಗಾರತನ 〚edegāratana エデガーラタナ〛[eđegɐːrətənɐ] *n.* 大胆さ、勇猛さ [*edegāra* + *-tana*]

ಎದೆಗಾರಿಕೆ 〚edegārike エデガーリケ〛[eđegɐːrĭke] *n.* 勇敢さ、勇気のあること [*edegāra* + *-ike*]

ಎದೆಗಾರ್ತಿ 〚edegārti エデガールティ〛[eđegɐːrti] *f.* 《*m.* ಎದೆಗಾರ (edegāra)》勇敢な女性、勇気のある女性 [f. of *edegāra*]

ಎದೆಗುದಿ 〚edegudi エデグディ〛[eđeguđi] *n.* (心配などで)胸がどきどきすること ¶ ಅತಿಥಿಗಳು ಬರುವ ವರೆಗೆ ಎದೆಗುದಿ ಇತ್ತು. (atitʰigaḷu baruva varege edegudi ittu.) 客が来るまで胸騒ぎがした。 —*vi.* (心配などで)胸がどきどきする [*ede* + *kudi*]

ಎದ್ದು[1] 〚eddu エッドゥ〛[eddu] *vt.* (液体に)浸ける、浸す [Ka. D285]

ಎದ್ದು[2] 〚eddu エッドゥ〛[eddu] 《‡》 *n.* [Ka. D815] ☞ಎತ್ತು (ettu)

ಎದ್ದು[3] 〚eddu エッドゥ〛[eddu] *vi.* 起き上がって(ಏಳು (ēḷu) の連用完了分詞形) [*ēṟ* D851 + *-du*]

ಎದ್ದೆ 〚edde エッデ〛[edde] 《‡》 *n.* [Ka. D827] (*Šs.* (*Kitt.*)) ☞ಎದೆ (ede)

ಎನಸು 〚enasu エナス〛[enə̆su] 《‡》 *vt.* 言わせる —*vi.* 言われる ☞ಎನಿಸು (enisu) (*My.* (*Kitt.*)) [Ka. caus. D868]

ಎನಿತು 〚enitu エニトゥ〛[enitu] ಎನಿತ್ತು, ಎನೆತು, ಎನೆತ್ತು 《古》 *adj.* どれだけの、どれ程の、いくらの ¶ ಈ ಹಣ್ಣು ಎನಿತು ಸಿಹಿ! (ī haṇṇu enitu sihi!) この果物は何と甘いのだろう。 —*pron.n.* どれだけ、どれ程、いかほど (*Pb.2.26*) [Ka. D5151]

ಎನಿತ್ತು 〚enittu エニットゥ〛[enittu] 《古》 *adj.* —*pron. n.* ☞ಎನಿತು (enitu) [Ka. D5151]

ಎನಿಸು[1] 〚enisu エニス〛[enisu] 《古》 *adj.* 幾つの —*pron.n.* 幾つ cf. ಎನಿತು (enitu) "how much" [Ka. D5151]

ಎನಿಸು[2] 〚enisu エニス〛[enisu] 《古》 *vt.* 言わせる —*vi.* 1 (…と)言われる 2 (…のように)見える、(…のように)思われる ¶ ಶಂಕರನೇ ಕಳ್ಳ ಎನಿಸುತ್ತಾನೆ. (śaṃkaranē kaḷḷa enisuttāne.) シャンカラが泥棒のように思われる。☞ಎನ್ನಿಸು (ennisu) [Ka. caus. D868]

ಎನುಹ 〚enuha エヌハ〛[enuhɐ] 《古》 *n.* 言うこと [Ka. D868]

ಎನ್ನ 〚enna エンナ〛[ennɐ] 《古》 *pron.adj.* どんな [Ka. D5151] = ಎಂಥ (eṃtʰa)

ಎನ್ನಿಕೆ 〚ennike エンニケ〛[ennike] *n.* 1 言うこと 2 (…と)呼ぶこと、(…と)名づけること [*ennu* + *-ike*]

ಎನ್ನು 〚ennu エンヌ〛[ennu] *vt.* 1 言う 2 (…と)呼ぶ、(…と)名づける ¶ ಅವನಿಗೆ/ಅವನನ್ನು ಏನು ಎನ್ನಬೇಕು. (avanige/avanannu ēnu ennabēku.) あの人は何と呼ばれるべきだろうか。(賢いかしら馬鹿かしら？) [Ka. D868]

ಎನ್ನಿಸು 〚ennisu エンニス〛[ennisu] *vt. caus.* 言わせる ¶ ತಾನು ಅನ್ನಬೇಕಾದುದನ್ನು ಅವಳಿಂದ ಎನ್ನಿಸಿದ. (tānu annabēkādudannu avaḷiṃda ennisida.) 彼は言いたいことは自分で言った。 —*vi.* (…と)思われる、(…に)見える ¶ ಅವನು ಒಳ್ಳೆಯವನು ಎಂದು ನನಗೆ ಎನ್ನಿಸುತ್ತದೆ. (avanu oḷḷeyavanu eṃdu nanage ennisuttade.) 彼はよい人だと私は思う。¶ ನಿನಗೆ ಅದರ ಬಗ್ಗೆ ಏನು ಎನ್ನಿಸುತ್ತದೆ? (ninage adara bagge ēnu ennisuttade?) あなたはそれをどうお思いですか。[+ *-isu* caus.]

ಎನ್ನುವಿಕೆ 〚ennuvike エンヌヴィケ〛[ennŭvike] 《‡》 *n.* [*ennu* + *-ike*] ☞ಎನ್ನಿಕೆ (ennike)

ಎಪ್ಪತ್ತು 〚eppattu エッパットゥ〛[eppəttu] ಎರ್ಪತ್ತು, ಏರ್ಪತ್ತು, ಎಬ್ಬತ್ತು, ಏಬ್ಬತ್ತು *numr.adj.* 70…、70の —*numr. n.* 70 [Ka. D910, D3918]

ಎಬಡ 〚ebaḍa エバダ〛[ebə̆ḍɐ] *m.* 《*f.* ಎಬಡಿ (ebaḍi)》時宜をわきまえた言動のできない人 [Ka. D803]

ಎಬಡತನ 〚ebaḍatana エバダタナ〛[ebə̆ḍə̆tənɐ] *n.* 時宜をわきまえた言動ができないこと [*ebaḍa* + *-tana*]

ಎಬಡು 〚ebaḍu エバドゥ〛[ebə̆ḍu] *n.* 《*f.* ಎಬಡಿ (ebaḍi)》時宜をわきまえた言動ができないこと [Ka. *D803]

ಎಬ್ಬು[1] 〚ebbu エッブ〛[ebbu] 《方》 *vt.* 〈皮を〉剥く (*Tipt.*) [Ka. D843?]

ಎಬ್ಬು[2] 〚ebbu エッブ〛[ebbu] ಎರ್ಬು, ಎರ್ವು, ಎಟ್ಬು *vt.* 1 起こす、立ち上がらせる 2《古》起こす、目を覚まさせる 3〈イモなどを〉土から掘り出す；(パラミツの実などの)固い殻を壊して〈中身を〉取り出す ¶ ತಮ್ಮ ಭೂಮಿಯಿಂದ ಆಲುಗಡ್ಡೆ ಎಬ್ಬಿದ. (tamma bʰūmiyiṃda ālugaḍḍe ebbida.) 弟は畑からジャガイモを掘り出した。 4〈とげなどを〉(指などから)抜く 5《古》〈有害な分子などを〉追放する、追い出す [Ka. < *eṟbu* D851(a)]

ಎಬ್ಬಿಸು 〚ebbisu エッビス〛[ebbĭsu] ಎರ್ಬಿಸು, ಎಳ್ಬಿಸು, ಎಟ್ಬಿಸು *vt.* 1 目を覚まさせる 2〈寝ている人などを〉起こす、立ち上がらせる [caus. D851(a)]

ಎಬ್ರಾಸಿ 〚ebrāsi エブラーシ〛[ebrɐːsi] *mf.* 愚か者、常識のない人 [Ka.? D803] = ಎಬಡ (ebaḍa)

ಎಮಕೆ 〚emake エマケ〛[emə̆ke] 《古》 *n.* 骨 [Ka. D839] ☞ಎಮಿಕೆ (emike)

ಎಮಿಕೆ 〚emike エミケ〛[emĭke] ಎಮಕೆ 《古》 *n.* 骨 [Ka. D839] = ಎಲುಬು (elubu)

ಎಮೆ 〚eme エメ〛[eme] ಎವೆ 《古》 *n.* 1 まつげ 2 まぶた [Ka. D2545] = ಕಣ್ಣಿನ ರೆಪ್ಪೆ (kaṇṇina reppe)〔現〕

ಎಮ್ಮೆ 〚emme エンメ〛[emme] ಎರ್ಮೆ *n.* 1 水牛 2〔喩〕怠け者、ぐうたら 3 巨大な ¶ ಎಮ್ಮೆಗುಂಡು(合

成語の第１構成要素として）(emmegumḍu（合成語の第１構成要素として））巨大な石の塊 [Ka. ←*erme* D816]

ಎಮ್ಮೆತಮ್ಮ 〚emmetamma エンメタンマ〛[emmetəmmɐ] *n.* **1** 雄の水牛 **2**〔喩〕愚か者、馬鹿な人 [Ka. D784, D3918]

ಎಮ್ಮೆತಮ್ಮಣ್ಣ 〚emmetammaṇṇa エンメタンマンナ〛[emmetəmməɳɳɐ] *n.* [Ka. D784, D3918] ☞ಎಮ್ಮೆತಮ್ಮ (emmetamma)

ಎಯ್ 〚ey エイ〛[eĭ]《古》*n.* ヤマアラシ [Ka. D2776] ☞ಮುಳ್ಳುಹಂದಿ (muḷḷuhaṃdi)

ಎಯ್ದು 〚eydu エイドゥ〛[eĭđu] ಅಯ್ದು, ಎಯಿದು, ಐದು《古》*vt.* **1** 着く、達する、到着する (*Pb.1.13; 6.27*) **2** 得る、手に入れる (*Pb.11.104*) [Ka. D809]

ಎಯ್ಯಿ 〚eyyi エイイ〛[eĭji]《‡》*n.* [Ka. D2776] (*Hlā*) ☞ಎಯ್ (ey)

ಎಯ್ಯು 〚eyyu エイユ〛[eĭju]《古》*n.* [Ka. D2776] (*Kitt.*) ☞ಎಯ್ (ey)

ಎರ[1] 〚era エラ〛[erɐ]《‡》*n.* [Ka. D472] (*My.* (*Kitt.*)) ☞ಎರವು (eravu)

ಎರ[2] 〚era エラ〛[erɐ]《文》*n.* ナツメの木またはその実 ⇀ 食・薬 (*Mr.520* (*Kitt.*)) [Ka. D475] = Ka. *bōre*, H. *bērā* ☞ಎಲಚಿ (elaci)

ಎರಕೋಲು 〚erakōlu エラコール〛[erə̆koːlu]《‡》*n.* 鉄の車軸 (*S.Mhr.* (*Kitt.*)) [Ka. D484]

ಎರಕ[1] 〚eraka エラカ〛[erə̆kɐ]《文》*n.* 愛、愛情 (*Pb.8.23*) [Ka. *D862]

ಎರಕ[2] 〚eraka エラカ〛[erə̆kɐ] *n.* **1** 鋳造 **2** 鋳造物 [Ka. < *eṟaka* D866]

ಎರಗು 〚eragu エラグ〛[erə̆gu] ಎರ್ಗು, ಎಱಗು *vi.* **1** 礼をする；平伏する ¶ ಕಾಲಿಗೆ ಎರಗು (kālige eragu) 足元にひれ伏す **2** 襲いかかる、跳びかかる ¶ ಜಿಂಕೆಯ‐ಮೇಲೆ ಹುಲಿ ಎರಗಿತು. (jiṃkeyamēle huli eragitu.) 虎が鹿に襲いかかった。[Ka. < *eṟagu* D516]

ಎರಗಿಸು 〚eragisu エラギス〛[erə̆gisu] *vt.*《*caus.*》礼をさせる、平伏させる [+ *-isu* caus.]

ಎರಗುಹ 〚eraguha エラグハ〛[erə̆guhɐ] ಎಱಂಗುಹ, ಎ‐ಱಗುಹ《古》*n.* 襲いかかること、飛びかかること [Ka. *D516]

ಎರಚಲು 〚eracalu エラチャル〛[erə̆ʧə̆lu] *n.*（雨などの）しぶき [Ka. *eracu* *D866 + *-alu*]

ಎರಚು 〚eracu エラチュ〛[erə̆ʧu] ಎಱಚು *vt.*〈水などを〉振りかける；振り撒く、〈種を〉蒔く [< {Ka. *eṟacu* D866]

ಎರಚಾಡು 〚eracāḍu エラチャードゥ〛[erə̆ʧɐːɖu] *vt.*〈水などを〉振りかけ合う [+ *āḍu*]

ಎರಡು 〚eraḍu エラドゥ〛[erəɖu] *numr.adj.* ２、二つの **—***numr.n.* ２、二つ [Ka. D474]

ಎರಡನೆ 〚eraḍane エラダネ〛[erəɖə̆ne] *numr.card.adj.* 第２の [+ *-ane*]

ಎರಣ 〚eraṇa エラナ〛[erə̆ɳɐ]《古》*n.* 子牛の糞 (*Śmd.35*) [Ka. D813]

ಎರಪು 〚erapu エラプ〛[erə̆pu]《‡》*n.* 求められているもの (*My.* (*Kitt.*)) [Ka. D472] ☞ಎರವು (eravu)

ಎರಲ್ 〚eral エラル〛[erəl]《古》*n.* 空気、風 (*Pb.3.37*) [Ka. D810] ☞ಎಲರ್ (elar)

ಎರಲು 〚eralu エラル〛[erəlu]《古》*n.* 空気、風 [Ka. *D810] ☞ಎಲರ್ (elar)

ಎರಲೆ 〚erale エラレ〛[erəle] ಎರಳೆ《文》*n.* 鹿 [Ka. D476] = ಜಿಂಕೆ (jiṃke)

ಎರವಲು 〚eravalu エラヴァル〛[erə̆vəlu] *n.* [Ka. ಎರವು (eravu) + *-alu* D472] ☞ಎರವು (eravu)

ಎರವು[1] 〚eravu エラヴ〛[erə̆vu] (*n.*) 利子を伴わない〈金銭や傘や本など〉、一時的に借りた〈もの〉[Ka. D472]

ಎರವಾಗಿ ಕೊಡು 〚eravāgi koḍu エラヴァーギコドゥ〛[erə̆vɐːgi koɖu] *vt.*〈利子を伴わない金銭や傘や本などを〉一時的に貸す [+ *āgi* + *koḍu*]

ಎರವುಕೊಡು 〚eravukoḍu エラヴコドゥ〛[erə̆vŭkoɖu] *vt.*〈利子を伴わない金銭や傘や本などを〉一時的に貸す [+ *koḍu*]

ಎರವು[2] 〚eravu エラヴ〛[erə̆vu] *n.* **1** 欠点、欠陥、不足 ¶ ತಾಯಿಯ ಪ್ರೀತಿಯಲ್ಲಿ ಎರವಿಲ್ಲ. (tāyiya prītiyalli eravilla.) 母の愛は完全無欠である。**2** 相違、不一致 ¶ ಯಾರಿಗೆ ಯಾರುಂಟು ಎರವಿನ ಸಂಸಾರ. (yārige yāruṃṭu eravina saṃsāra.) 相違ばかりのこの世の中で誰が誰に（忠実だろうか＝友というものはいない）。（プランダラダーサの言葉）[?]

ಎರವಾಗು 〚eravāgu エラヴァーグ〛[erə̆vɐːgu] *vi.* 疎外される、疎遠になる ¶ ಕೋಪ ಮಾಡಿಕೊಂಡು ತವರು ಮನೆ‐ಗೆ ಎರವಾದೆ. (kōpa māḍikoṃḍu tavaru manege eravāde.) あなたは怒って実家を離れた。[Ka.?]

ಎರಳ್ 〚eraḷ エラル〛[erə̆ɭ]《‡》*n.* [Ka. D810] (*Śmd.41* (*Kitt.*)) ☞ಎರಲ್ (eral)

ಎರಳೆ 〚eraḷe エラレ〛[erə̆ɭe]《古》*n.* 鹿 [Ka. D476] ☞ಎರಲೆ (erale)

ಎರೞ್ 〚eraṟ エラル〛[erəɻ]《古》(*n.*)《複合語頭で》２…、二つ [Ka. D474] ☞ಎರಡು (eraḍu)

ಎರುಬು 〚erubu エルブ〛[erubu]《古》*n.* 糞 (ವೀಶೈಪು 4.25.63 (*KPN*)) [Ka. D813]

ಎರೆ[1] 〚ere エレ〛[ere]《古》*vt.*《過去語幹 erad-》〈物を〉乞う、ねだる (*Pb.7.95*) [Ka. D472]

ಎರೆ[2] 〚ere エレ〛[ere] *n.* 動物の餌 (Śmd. ḍʰ) [Ka. D490]

ಎರೆ[3] 〚ere エレ〛[ere] *n.* 黒土 [Ka. D817]

ಎರೆ[4] 〚ere エレ〛[ere] ಎಱೆ *vt.*〈水を〉注ぐ、〈熔かした金属を〉（型に）注ぎ入れる [Ka. < *eṟe* *D866] = ಸುರಿ (suri)

ಎರ್ಕೆ 〚erke エルケ〛[erke]《古》*n.* [Ka. D814] ☞ಎಕ್ಕೆ (ekke)[1]

ಎರ್ಗು 〚ergu エルグ〛[ergu]《古》*vi.* 礼をする；平伏する [Ka. < *eṟagu* *D516] ☞ಎರಗು (eragu)

ಎರ್ಚು¹ ⟦ercu エルチュ⟧ [erʧu] 《‡》 *vt.* 塗る (*DEDR*) [Ka. D505]

ಎರ್ಚು² ⟦ercu エルチュ⟧ [erʧu] 《口》 *vt.* 〈水などを〉振りかける；振り撒く、〈種を〉蒔く [Ka. D866] ☞ಎರಚು (eracu)²

ಎರ್ಡು ⟦erḍu エルドゥ⟧ [erḍu] 《口》 *numr.adj.* —*numr.n.* ☞ಎರಡು (eraḍu) (*B.5,33* (*Kitt.*)) [Ka. D474]

ಎರ್ತರ ⟦ertara エルタラ⟧ [ertǝrɐ] 《古》 *n.* 高さ —(*n.*) 高い〈こと〉☞ಎತ್ತರ (ettara)〔汎〕[Ka. *D796/*ēṟ* D851(a) + Sk. *stara*-?]

ಎರ್ದೆ ⟦erde エルデ⟧ [erđe] 《古》 *n.* [Ka. D827] ☞ಎದೆ (ede)

ಎರ್ಪತ್ತು ⟦erpattu エルパットゥ⟧ [erpǝttu] 《古》 *pron.adj.;pron.n.* [Ka. *D910, *D3918] ☞ಎಪ್ಪತ್ತು (eppattu)〔現〕

ಎರ್ಬು ⟦erbu エルブ⟧ [erbu] 《古》 *vt.* [Ka. D851] ☞ಎಬ್ಬು (ebbu)

ಎರ್ಮೆ ⟦erme エルメ⟧ [erme] 《古》 *n.* **1** 水牛 **2**〔喩〕怠け者、ぐうたら [Ka. D816] ☞ಎಮ್ಮೆ (emme)

ಎಲ¹ ⟦ela エラ⟧ [elɐ] 《古》 *n.* 《ಎಲೆ (ele)の音韻変異形》[Ka. D497] ☞ಎಲೆ (ele)

ಎಲ² ⟦ela エラ⟧ [elɐ] *intrj.* [Ka. *D831] ☞ಎಲಾ (elā)

ಎಲಂಚೆ ⟦elaṃce エランチェ⟧ [elǝɲʧe] 《古》 *n.* [Ka. *D475] ☞ಎಲಚಿ (elaci)

ಎಲಗೆ ⟦elage エラゲ⟧ [elǝ̆ge] 《古》 *intrj.* おい（自分の妻や女性一般に対して尊大な態度で呼びかける言葉）[Ka. D831] = ಎಲೆಗೆ (elege)

ಎಲಗೇ ⟦elagē エラゲー⟧ [elǝge:] 《古》 *intrj.* [Ka. *D831] ☞ಎಲೆಗೆ (elege)

ಎಲಚಿ ⟦elaci エラチ⟧ [elǝʧi] ಎಗಚಿ², ಎಲಂಚೆ, ಎಲಚೆ, ಎಲ್ಚಿ ಎಳಚಿ *n.* ナツメの木またはその実 → 食・薬 [Ka. D475] = Ka. *bōre*, H. *bērā* ☞ಎಲಚಿ (elaci)

ಎಲಚೆ ⟦elace エラチェ⟧ [elǝʧe] 《古》 *n.* [Ka. *D475] ☞ಎಲಚಿ (elaci)

ಎಲರ್ ⟦elar エラル⟧ [elǝr] ಎರಲ್. ಎರಲು, ಎಲರು 《古》 *n.* そよ風 [Ka. D810]

ಎಲಲ್ ⟦elal エラル⟧ [elǝl] 《古》 *n.* [Ka. D810] ☞ಎಲರ್ (elar)

ಎಲವ ⟦elava エラヴァ⟧ [eḷǝvɐ] 《‡》 *n.* インドワタノキ（印度綿木）(*Šmd.16?* (*Kitt.*)) [Ka. D495] = ಬೂರುಗ (būruga) *[IMP 1.288]

ಎಲಾ ⟦elā エラー⟧ [elɐ:] ಎಲ *intrj.* ねえ（人に親しく呼びかける言葉）¶ ಎಲಾ, ಏನಾಯಿತು! (elā, ēnāyitu!) おい、どうしたのだ。 [Ka. D831]

ಎಲಿ ⟦eli エリ⟧ [eli] 《古》 *n.* [Ka. D833] ☞ಇಲಿ (ili)〔汎〕

ಎಲು ⟦elu エル⟧ [elu] 《古》 *n.* [Ka. D839] ☞ಎಲುಬು (elubu)

ಎಲುಗು ⟦elugu エルグ⟧ [elugu] 《‡》 *n.* [Ka. D839] (*DEDR index*) ☞ಎಲುವು (eluvu)

ಎಲುಬು ⟦elubu エルブ⟧ [elŭbu] ಎಲವು, ಎಲು, ಎಲುವು, ಎಲ್ವು *n.* 骨 [Ka. D839]

ಎಲುವು ⟦eluvu エルヴ⟧ [elŭvu] 《古》 *n.* [Ka. D839] ☞ಎಲುಬು (elubu)〔汎〕

ಎಲೆ¹ ⟦ele エレ⟧ [ele] *n.* **1** 葉、木の葉 **2** キンマの葉 **3** トランプの札 [Ka. D497]

ಎಲೆ² ⟦ele エレ⟧ [ele] *intrj.* [Ka. D831] ☞ಎಲೇ (elē)

ಎಲೆಕಳ್ಳಿ ⟦elekaḷḷi エレカッリ⟧ [elekǝḷḷi] 《‡》 *n.* [*ele + kaḷḷi*] (*St. & Pl.* (*Kitt.*))

ಎಲೆಗಳ್ಳಿ ⟦elegaḷḷi エレガッリ⟧ [elegǝḷḷi] *n.* トウダイグサ科トウダイグサ属の平たい葉の植物（葉をちぎると白い乳液が出る、とげがある場合もない場合もある）[Ka.]

ಎಲೆಗಾರ ⟦elegāra エレガーラ⟧ [elegɐ:rɐ] *m.* 《*f.* ಎಲೆಗಾರ್ತಿ (elegārti)》キンマの葉を売る人 [Ka. *ele + -kāṟa*]

ಎಲೆಗೆ ⟦elege エレゲ⟧ [elege] ಎಲಗೆ, ಎಲಗೇ, ಎಲೆಗೇ 《古》 *intrj.* おい（自分の妻や女性一般に対して尊大な態度で呼びかける言葉）[Ka. *D831] = ಎಲೆ (ele)〔現〕

ಎಲೆಗೇ ⟦elegē エレゲー⟧ [elege:] 《古》 *intrj.* [Ka. *D831] ☞ಎಲೆಗೆ (elege)

ಎಲೇ ⟦elē エレー⟧ [ele:] ಎಲೆ, ಎಲ್ಲೆ *intrj.* **1** 人に親しく呼びかける言葉 ¶ ಎಲೇ ಇಲ್ಲಿ ನೋಡು! (elē illi nōḍu!) ねえ、こちらをご覧なさい。 **2** おお、ああ（驚きや思い出や疑いなどを表す間投詞）[Ka. D831]

ಎಲೊ ⟦elo エロ⟧ [elo] *intrj.* [Ka. D831] ☞ಎಲೋ (elō)

ಎಲೋ ⟦elō エロー⟧ [elo:] ಎಲೊ *intrj.* おい（年下の人や親しい人に呼びかけたり、敬意を示さずに呼びかけたりする言葉）¶ ಎಲೋ ನೀರು ಕೊಡು. (elō nīru koḍu.) おい、水を持ってこい。 [Ka. D831]

ಎಲ್ಚಿ ⟦elci エルチ⟧ [elʧi] 《口》 *n.* [Ka. D475] (*My.* (*Kitt.*)) ☞ಎಲಚಿ (elaci)

ಎಲ್ಲ ⟦ella エッラ⟧ [ellɐ] *pron. adj.* すべての、全部の —*n.* すべて、全体 —*pron.n.* そのすべて、その全体 [Ka. D844]

ಎಲ್ಲರು ⟦ellaru エッラル⟧ [ellǝru] ಎಲ್ಲರೂ, ಎಲ್ಲವರು, ಎಲ್ಲಾರು, ಎಲ್ಲವರು *pron.mf.* 《*pl.*》皆、全員 [Ka. *D844]

ಎಲ್ಲರುಮ್ ⟦ellarum エッラルム⟧ [ellǝ̆rum] 《古》 *pron.mf.* 皆、全員 [Ka. D844, *ella + -r + -m*]

ಎಲ್ಲಾರು ⟦ellāru エッラール⟧ [ellɐ:ru] *pron.mf.* [Ka. *D844] (*C.* (*Kitt.*)) ☞ಎಲ್ಲರು (ellaru)

ಎಲ್ಲಿ ⟦elli エッリ⟧ [elli] *adv.* 《与格形ಎಲ್ಲಿಗೆ (ellige)》どこで、どこに [Ka. D5151]

ಎಲ್ಲಿಗೆ ⟦ellige エッリゲ⟧ [ellige] *adv.* 《ಎಲ್ಲಿ (elli)の与格形》どこへ、どちらへ [Ka. *elli + -ge*]

ಎಲ್ಲೆ ⟦elle エッレ⟧ [elle] *n.* 境、境界 [Ka. D846] = ಗಡಿ (gaḍi)

ಎಲ್ವು ⟦elvu エルヴ⟧ [elvu] 《古》 *n.* [Ka. D839] ☞ಎಲುಬು (elubu)

ಎವೆ ⟦eve エヴェ⟧ [eve] *n.* **1** 睫 **2** まぶた ☞ಎಮೆ (eme) = ಕಣ್ಣಿನ ರೆಪ್ಪೆ (kaṇṇina reppe) [Ka. D2545]

ಎಷ್ಟು ⟦eṣṭu エシュトゥ⟧ [eʂʈu] ಎಟ್ಟು³, ಏಟು³ *pron.adj.* 幾つの、どれほどの ¶ ಆ ಸೈಟು ಎಷ್ಟು ರೂಪಾಯಿ? (ā saitu eṣṭu rūpāyi?) その土地の値段は何ルーピーですか。 —*inter.pron.n.* 幾つ、どれだけ ¶ ಹತ್ತು ರೂಪಾಯಿಗೆ ಬಾಳೆಹಣ್ಣು ಎಷ್ಟು? (hattu rūpāyige bāḷehaṇṇu eṣṭu?) 10 ルーピーでバナナは幾つ売ってくれますか。 [Ka. D5151]

ಎಷ್ಟೊಂದು ⟦eṣṭoṃdu エシュトンドゥ⟧ [eʂʈondu] *adj.* とてもたくさんの、とても多数の ¶ ಎಷ್ಟೊಂದು ಬಸ್ಸುಗಳು ಸುಟ್ಟುಹೋದವು. (eṣṭoṃdu bassugaḷu suṭṭu hōdavu.) たくさんのバスが焼かれた。 [*eṣṭu* + *oṃdu*]

ಎಸಕ¹ ⟦esaka エサカ⟧ [esə̆kɐ] 《文》 *n.* 行動、仕事 (*Pb.1.21*) [Ka. D471]

ಎಸಕ² ⟦esaka エサカ⟧ [esə̆kɐ] 《古》 *n.* **1** 光輝、輝き **2** 美、美しさ **3** ありさま、状態 (*Pb.1.139*) **4** 多いこと、おびただしいこと **5** (王などの) 威光 [Ka. D778]

ಎಸಕಮ್ ⟦esakam エサカム⟧ [esəkəm] 《古》 *n.* 栄光ある行動 (*Pb.11.83*) [Ka. D870]

ಎಸಗು¹ ⟦esagu エサグ⟧ [esəgu] 《雅》 *vt.* **1** 行う **2** 引き起こす、惹起する [Ka. D471]

ಎಸಗು² ⟦esagu エサグ⟧ [esəgu] 《古》 *vt.* 〈戦車、家畜などを〉駆る *Pb.11.65* [Ka. D469]

ಎಸಗೆ ⟦esage エサゲ⟧ [esəge] 《古》 *n.* [Ka. D805] (*My.* (*Kitt.*)) ☞ಎಸುಗೆ (esuge)

ಎಸಡಿ ⟦esaḍi エサディ⟧ [esə̆ɖi] 《古》 *n.* カニ(蟹) [Ka. D2901]

ಎಸರು ⟦esaru エサル⟧ [esə̆ru] *n.* **1** 料理するために鍋の中にいれた水 **2** (鍋の中の水が) 沸騰すること ¶ ಎಸರು ಬಂದ ಮೇಲೆ ಬೇಳೆ ಹಾಕು. (esaru baṃda mēle bēḷe hāku.) 鍋の水が沸騰したらダールを入れなさい。 **3** 〔喩〕 隠れた動機 ¶ ಅವನು ಸುಮ್ಮನೆ ಬರೋದಿಲ್ಲ. ಏನಾದ್ರೂ ಎಸರಿಟ್ಟಿರುತ್ತಾನೆ. (avanu summane barōdilla. ēnādrū esariṭṭiruttāne.) 彼は目的なくしては来ない。何かを企んでいる。 [Ka. D777]

ಎಸಳು ⟦esaḷu エサル⟧ [esəɭu] *n.* **1** 花弁、花びら **2** 雄しべと雌しべ **3** 花弁のような両円錐形をモチーフとした耳飾り [⇒図] [Ka. D459 < *esaṛ*]

ಎಸಳು 耳飾り

ಎಸಿಗೆ ⟦esige エシゲ⟧ [esige] 《‡》 *n.* (矢を) 放つこと、(槍を) 投げること (*My.* (*Kitt.*)) [Ka. D805] ☞ಎಸುಗೆ (esuge)

ಎಸು ⟦esu エス⟧ [esu] 《古》 *vt.* 《過去語幹 ecc-》〈槍などを〉投げる、〈矢を〉放つ [Ka. D805]

ಎಸುಗೆ ⟦esuge エスゲ⟧ [esŭge] ಎಸಗೆ 《古》 *n.* (矢を) 放つこと、(槍) を投げること [Ka. D805]

ಎಸೆ¹ ⟦ese エセ⟧ [ese] *vt.* 〈槍などを〉投げる、〈矢やミサイルなどを〉放つ —*n.* 〈矢を〉放つこと、〈槍などを〉投げること [Ka. D805]

ಎಸೆ² ⟦ese エセ⟧ [ese] 《古》 *vi.* **1** 輝く、光る **2** 映える、美しく見える (*Pb.1.5*) [Ka. D778]

ಎಸೆ³ ⟦ese エセ⟧ [ese] 《古》 *vi.* 音がする、音を出す (*Pb.2.13*) [Ka. D470]

ಎಹಂಗೆ ⟦ehaṃge エハンゲ⟧ [ehəŋge] 《古》 *adv.* どのように、どうして [Ka. D5151] ☞ಹೇಗೆ (hēge) 〔汎〕

ಎಹೆಂಗೆ ⟦ehemge エヘンゲ⟧ [eheŋge] 《古》 *adv.* [Ka. D5151] ☞ಹೇಗೆ (hēge) 〔汎〕

ಎಹಗೆ ⟦ehage エハゲ⟧ [ehəge] 《古》 *adv.* どのように、どうして [Ka. D5151] ☞ಹೇಗೆ (hēge) 〔汎〕

ಎಳ್ ⟦eḷ エル⟧ [eɭ] 《古》 *n.* ゴマ (胡麻) [Ka. D854] ☞ಎಳ್ಳು (eḷḷu)

ಎಳ್- ⟦eḷ- エル-⟧ [eɭ] 《古》 (*adj.*) [Ka. D513] ☞ಎಳ, ಎಳೆ (eḷa, eḷe)

ಎಳ ⟦eḷa エラ⟧ [eɭɐ] (*adj.*) **1** 幼い〈こと〉、初々しい〈こと〉(乳児期を終えて 12 歳になるまで) ¶ ಎಳಮಗ (eḷamaga) ごく幼い息子 ¶ ಎಳಗಾಯಿ (eḷagāyi) まだ熟れていない果物 **2** 熟していない〈こと〉、成長していない〈こと〉 **3** (色が) 淡い〈こと〉、薄い〈こと〉 ¶ ಎಳಗೆಂಪು (eḷagempu) 薄赤 [Ka. D513] = ಎಳೆ (eḷe)

ಎಳಕ ⟦eḷaka エラカ⟧ [eɭə̆kɐ] *adj.*, *m.* 《*f.* *eḷaki*》 幼い〈少年〉(子ども時代を終えて青春時代が始まる前) [Ka. *D513]

ಎಳಕು ⟦eḷaku エラク⟧ [eɭəku] (*n.*) 幼い〈こと〉(およそ 12 歳まで)、若くて初々しい〈こと〉 [Ka. D513]

ಎಳಕ್ಕು ⟦eḷakku エラック⟧ [eɭəkku] 《方》 *vt.* 〈くっついていたものを〉引き離す、はがす (*Hav.*) [Ka. D510]

ಎಳಗು ⟦eḷagu エラグ⟧ [eɭə̆gu] 《方》 *vi.* 興奮する [Ka. D509]

ಎಳಚಿ ⟦eḷaci エラチ⟧ [eɭə̆ʧi] 《古》 *n.* [Ka. D475] ☞ಎಲಚಿ (elaci)

ಎಳತನ ⟦eḷatana エラタナ⟧ [eɭ̆tənɐ] *n.* [*eḷe*¹ + *-tana*] ☞ಎಳೆತನ (eḷetana)

ಎಳತು ⟦eḷatu エラトゥ⟧ [eɭə̆tu] 《古》 *n.* [Ka. D513] ☞ಎಳದು (eḷadu)¹

ಎಳದು¹ ⟦eḷadu エラドゥ⟧ [eɭə̆ɗu] ಎಳತು, ಎಳೆದು (*n.*) 未熟で柔らかい〈もの〉、未熟で柔らかい〈こと〉 [Ka. D513]

ಎಳದು² ⟦eḷadu エラドゥ⟧ [eɭə̆ɗu] ಎಳಿದು 《古》 *adv.* 震えながら、不安定に、ぐらぐらと [Ka. D509]

ಎಳನಗೆ ⟦eḷanage エラナゲ⟧ [eɭənəge] ಎಳೆನಗೆ 《文》 *n.* 微笑み、微笑 [Ka. *eḷa* + *nage*]

ಎಳನಾಗ ⟦eḷanāga エラナーガ⟧ [eɭənɐːgɐ] 《文》 *n.* 若いコブラ [Ka. *eḷa* + *nāga*]

ಎಳನೀರು ⟦eḷanīru エラニール⟧ [eɭə̆niːru] ಎಳನೀರ್, ಎಳೆನೀರ್, ಎಳೆನೀರು *n.* ココナツ・ウォーター [Ka. *eḷa* D513 + *nīru* D3690]

ಎಳವಿಸಿಲ್ ⟦eḷavisil エラヴィシル⟧ [eɭəvisil] 《古》 *n.* 朝の穏やかな日射し [*eḷa* + *visil*]

ಎಳಸು¹ ⟦eḷasu エラス⟧ [eɭə̆su] 《古》 *vt.* 欲しがる、欲求する (*Pb. 2.30*) [Ka. D507]

ಎಳಸು² ⟦eḷasu エラス⟧ [eḷə̆su] 《文》(*n.*) 幼い〈こと〉(子ども時代が終わってまだ成熟していない)、未成熟で柔らかい〈こと〉[*eḷa* D513 + *-su*]

ಎಳವು ⟦eḷavu エラヴ⟧ [eḷə̆vu] 《古》*vt.* 1 こする、ぬぐい取る、〈油などを〉塗る 2 撫でる [Ka. D505] ☞ಎಱವು (eṟavu)² = ನೀವು, ಸವರು, ಲೇಪಿಸು (nīvu, savaru, lēpisu)

ಎಳಿದು ⟦eḷidu エリドゥ⟧ [eḷiđu] 《古》*n.* [Ka. D509] ☞ಎಳದು (eḷadu)²

ಎಳರು ⟦eḷaru エラル⟧ [eḷə̆ru] 《古》*vi.* [Ka. *D858] ☞ಎಳಱು (eḷaṟu)

ಎಳಱು ⟦eḷaṟu エラル⟧ [eḷə̆ṟu] ಎಳರು 《古》*vi.* 恐れる、恐怖を覚える [Ka. D858]

ಎಳೆ¹ ⟦eḷe エレ⟧ [eḷe] ಎಟೆ¹ *vt.* 1 引っ張る、無理に引っ張る 2〔喩〕魅了する、惹きつける [Ka. *eṟe* *D504(a)]

ಎಳೆಯಿಸು ⟦eḷeyisu エレイス⟧ [eḷejisu] ಎಟೆಯಿಸು *vt.* 引っ張らせる [Ka. ಎಳೆ (eḷe)¹ *D504(a) + *-isu*]

ಎಳೆ² ⟦eḷe エレ⟧ [eḷe] ಎಟೆ² *n.* (織物の)繊維 [Ka. *D506]

ಎಳೆ³ ⟦eḷe エレ⟧ [eḷe] ಎಳ (*adj.*) 1 幼い〈こと〉、初々しい〈こと〉(子ども時代を終えて青春時代が始まる前)¶ ごく幼い子ども ¶ ಎಳೆಗಾಯಿ (eḷegāyi) 時期が早く熟れていない果物 2 優しい〈こと〉、柔らかい〈こと〉 3 (色が)淡い〈こと〉、薄い〈こと〉¶ ಎಳೆಗೆಂಪು (eḷegempu) 薄赤 [Ka. D513] = ಎಳೆ (eḷe)

ಎಳೆನಗೆ ⟦eḷenage エレナゲ⟧ [eḷenəge] 《文》*n.* 微笑み、微笑 [Ka. *eḷe* + *nage*³]

ಎಳೆ⁴ ⟦eḷe エレ⟧ [eḷe] 《方》*n.* 垂木(たるき) (NK.) [Ka. D854A]

ಎಳೆತ ⟦eḷeta エレタ⟧ [eḷĕtɐ] *n.* 1 引くこと、引っ張ること、牽引 2〔喩〕魅力、魅惑 [Ka. *eḷe*¹ D504(a) + *-ta*]

ಎಳೆತನ ⟦eḷetana エレタナ⟧ [eḷetənɐ] ಎಳತನ *n.* 少年時代(10〜14歳)、少女時代(8〜12歳) [*eḷe*³ D513 + *-tana*]

ಎಳೆದಾಟ ⟦eḷedāṭa エレダータ⟧ [eḷeđɐːʈɐ] *n.* 1 引っ張り合うこと、引き合うこと 2〔喩〕(心の中の)葛藤、ジレンマ ¶ ಲಂಚ ತೆಗೆದುಕೊಳ್ಳಲೋ ಬೇಡವೋ ಎಂದು ಅವನ ಮನಸ್ಸಿನಲ್ಲೇ ಎಳೆದಾಟವಾಯಿತು. (laṃca tegedukoḷḷalō bēḍavō eṃdu avana manassinallē eḷedāṭavāyitu.) 賄賂を取ろうか取るまいか、彼は煩悶した。[Ka. *eḷedu* *D504 + *āṭa*]

ಎಳೆದು ⟦eḷedu エレドゥ⟧ [eḷeđu] *n./(n.)* 未成熟で柔らかい〈もの〉/未成熟で柔らかい〈こと〉[Ka. D513] ☞ಎಳದು (eḷadu)¹

ಎಳೆನೀರು ⟦eḷenīru エレニール⟧ [eḷeniːru] *n.* ココナツ・ウォーター [Ka. *eḷe*² D513 + *nīru* D3690] ☞ಎಳನೀರು (eḷanīru)

ಎಳೆಬಿಸಿಲು ⟦eḷebisilu エレビシル⟧ [eḷebisilu] ಎಳವಿಸಿಲ್, ಎಟೆವಿಸಿಲ್ *n.* 朝の穏やかな日射し [*eḷe*³ + *bisilu*]

ಎಳೆಯ ⟦eḷeya エレヤ⟧ [eḷejɐ] *adj.* 1 幼い(子ども時代の後期)、初々しい(少年、乙女など) 2 まだ完全に成長していない(実野菜や未熟の果物の初期段階) 3 (色が)浅い [*eḷe*² + *-a*]

ಎಳೆವಿಸಿಲ್ ⟦eḷevisil エレヴィシル⟧ [eḷevisil] 《古》*n.* 朝の穏やかな日射し [*eḷe*³ + *bisil* *D5517]

ಎಳ್ತರ ⟦eḷtara エルタラ⟧ [eḷʈə̆rɐ] 《古》*n.* 高さ —(*n.*) 高い〈こと〉☞ಎತ್ತರ (ettara)〔汎〕[Ka. *D796/*ēṟ* D851(a) + Sk. *stara-*]

ಎಳ್ಳು ⟦eḷḷu エッル⟧ [eḷḷu] ಎಳ್ *n.* ゴマ(胡麻)またはその種 ⇀ 油・薬 [Ka. D854]

ಎಳ್ಳುಚಿಗಳಿ ⟦eḷḷucigaḷi エッルチガリ⟧ [eḷḷuʧigə̆ḷi] *n.* ゴマや粗糖などで作った菓子の一種 [+ *cigaḷi*]

ಎಱಂಕೆ ⟦eṟaṃke エランケ⟧ [eṟəŋke] 《古》*n.* [Ka. D2591] ☞ಎಱಕೆ (eṟake)²

ಎಱಕ¹ ⟦eṟaka エラカ⟧ [eṟə̆kɐ] 《古》*n.* 挨拶;平服 [Ka. *eṟagu* + *-ka* D516]

ಎಱಕ² ⟦eṟaka エラカ⟧ [eṟə̆kɐ] ಎರಕ 《古》*n.* 愛、愛情 (*Pb.8.23*) [Ka. D862]

ಎಱಕಿಲ್ ⟦eṟakil エラキル⟧ [eṟəkil] 《‡》*n.* 草葺(ぶ)き屋根;屋根 (*My.* (*Kitt.*)) [Ka. D528]

ಎಱಕೆ¹ ⟦eṟake エラケ⟧ [eṟəke] 《‡》*n.* 差し掛け屋根、軒から屋根を差しかけた下屋(げや) [Ka. D528] (*Nr.* (*Kitt.*)) = ಎಱಕಿಲ್ (eṟakil)

ಎಱಕೆ² ⟦eṟake エラケ⟧ [eṟəke] 《古》*n.* 鳥の翼、鳥の羽根 [Ka. < D2591]

ಎಱಗು ⟦eṟagu エラグ⟧ [eṟə̆gu] 《古》*vi.* 1 礼をする;平伏する 2 襲いかかる、跳びかかる [Ka. D516]

ಎಱತಿ ⟦eṟati エラティ⟧ [eṟə̆ti] 《古》*f.* 《*m.* ಎಱೆ (eṟe)》 1 女主人 2 愛人、恋人 [Ka. D527]

ಎಱವ ⟦eṟava エラヴァ⟧ [eṟəvɐ] 《‡》*m.* 《*f.* ಎಱವತಿ, ಎಱತಿ (eṟavati, eṟati)》クルグ地方の山岳民族の名 (*M.*, *T.* (*Kitt.*)) [Ka. D519]

ಎಱು ⟦eṟu エル⟧ [eṟu] 《古》*vi.* 満ちている、いっぱいになる (Śmd. ḍʰ) [Ka. D863]

ಎಱುಕ ⟦eṟuka エルカ⟧ [eṟukɐ] 《‡》*n.* [Ka. D862] (*Kitt.*) ☞ಎಱಕ (eṟaka)

ಎಱೆ¹ ⟦eṟe エレ⟧ [eṟe] 《古》*m.* 《*f.* ಎಱತಿ (eṟati)》 1 主人、王 2 夫 3 恋人、愛人 —*n.* 1 支配権、主権 (*Pb.4.42*) 2 主人であること、夫であること (Śmd.Dʰ) [Ka. D527]

ಎಱೆ² ⟦eṟe エレ⟧ [eṟe] *vt.* 1〈水、牛乳、愛などを〉注ぐ、〈熔けた金属などを〉(型に)注ぎ入れる 2 (人の体に)〈香油などを〉塗る、沐浴させる [Ka. D866] ☞ಎರೆ (ere)⁴

ಎಱೆಯ ⟦eṟeya エレヤ⟧ [eṟejɐ] 《古》*m.* 《*f.* ಎಱತಿ (eṟati)》 1 主人、王 2 夫 3 恋人、愛人 [Ka. *eṟe*¹ + *-a*]

ಎಱ್ ⟦eṟ エル⟧ [eɽ] 《古》*vi.* 《ಏಱ್ (ēṟ)の音韻変異形》 1 目覚める、目を覚ます 2 起きる 3 生じる、生まれる [Ka. D851]

ಎಱ ⟦eṟa エラ⟧ [eɻɐ] 《古》 *n.* 引っ張ること [Ka. D504(a)]

ಎಱತ ⟦eṟata エラタ⟧ [eɻətɐ] 《‡》 *n.* 引っ張ること (*C. (Kitt.)*) [Ka. D504(a)]

ಎಱವು[1] ⟦eṟavu エラヴ⟧ [eɻəvu] 《‡》 *n.* 1 引っ張ること、牽引 2 痙攣 (*My. (Kitt.)*) [Ka. D504(a)]

ಎಱವು[2] ⟦eṟavu エラヴ⟧ [eɻəvu] ಎಳವು 《古》 *vt.* 1 こする、ぬぐい取る、〈油などを〉塗る 2 撫でる [Ka. D505]

ಎಱಸು ⟦eṟasu エラス⟧ [eɻəsu] 《‡》 *vt.* 引っ張らせる [Ka. *eṟe*[1] D504(a) + *-isu*] (*Bp.58,66 (Kitt.)*)

ಎಱಿಸು ⟦eṟisu エリス⟧ [eɻisu] 《‡》 *vt.* 《*caus.*》 [Ka. *eṟe*[1] D504(a) + *-isu*] (*C. (Kitt.)*) ☞ಎಱಸು (eṟasu)

ಎಱೆ[1] ⟦eṟe エレ⟧ [eɻe] 《古》 *vt.* 1 引っ張る、無理に引っ張る 2 〔喩〕 魅了する、惹きつける [Ka. D504(a)] ☞ಎಳೆ (eḷe)[1]

ಎಱೆಯಿಸು ⟦eṟeyisu エレイス⟧ [eɻejisu] *vt.* 引っ張らせる [Ka. ಎಱೆ (eṟe) D504(a) + *-isu*]

ಎಱೆ[2] ⟦eṟe エレ⟧ [eɻe] 《古》 *n.* (織物の) 繊維 [Ka. D506] ☞ಎಳೆ (eḷe)[2]

ಎಱ್ಚರ್ ⟦eṟcar エルチャル⟧ [eɻʧər] 《古》 *vi.* 1 目が覚める、起きる 2 注意深い、警戒する、用心する 3 健康を回復する [Ka. D851(b)]

ಎಱ್ತು[1] ⟦eṟtu エルトゥ⟧ [eɻtu] 《古》 *n.* インドの簡易寝台を編む経(たて)の紐 (*Šmd. I*) [Ka. D506]

ಎಱ್ತು[2] ⟦eṟtu エルトゥ⟧ [eɻtu] 《古》 *n.* 雄牛、去勢牛 (*Pb.7.34*) [Ka. D815] ☞ಎತ್ತು (ettu)[1]

ಎಱ್ತು[3] ⟦eṟtu エルトゥ⟧ [eɻtu] 《古》 *n.* 字、文字 [Ka. *D853] = ಬರಹ, ಅಕ್ಷರ (baraha, akṣara)

ಎಱ್ಪತ್ತು ⟦eṟpattu エルパットゥ⟧ [eɻpattu] 《古》 *pron.adj.* 70 の —*pron.n.* 70 ☞ಎಪ್ಪತ್ತು (eppattu) 〔現〕 [Ka. D910]

ಎಱ್ಬು ⟦eṟbu エルブ⟧ [eɻbu] 《古》 *vt.* 揚げる、持ち上げる [Ka. D851(a)] ☞ಎಬ್ಬು (ebbu)[2]

ಎಱ್ಬಿಸು ⟦eṟbisu エルビス⟧ [eɻbisu] 《古》 *vt.* 《*caus.*》 1 目を覚まさせる、起こす 2 持ち上げる 3 持ち去る 4 蘇生させる、生き返らせる [caus.] ☞ಎಬ್ಬಿಸು (ebbisu)

ಎಱ್ವಿಸು ⟦eṟvisu エルヴィス⟧ [eɻvisu] 《古》 *vt.* 上らせる [Ka. caus. D851(a)] ☞ಎಬ್ಬಿಸು (ebbisu)

ಏ

ಏ ⟦ē エー⟧ [e:] *n.* カンナダその他のインド系言語において音素 /ē/ またはそれを表す文字 [Ka.]

ಏ– ⟦ē- エー-⟧ [e:] (*adj.*) 《複合語頭で》どの、何の (ಏನು (ēnu) の合成語の始めに来る形) ¶ ಏಕಾರಣ? (ēkāraṇa?) 何のために？ [Ka. D5151]

–ಏ[1] ⟦-ē -エー⟧ [e:] *part.* …か (文の終わりに現れ疑問を表す小辞、肯定または否定の答えを期待して用いられる) ¶ ಅವನು ನಿನ್ನ ಮಗನೇ? (avanu ninna maganē?) あの男がおまえの息子か？ [Ka.< *ēnu* D5151]

–ಏ[2] ⟦-ē -エー⟧ [e:] *part.* …こそ、まさに… (この語がつけられた語の指示物にはっきりと焦点をあてるための小詞) ¶ ಅವನೇ ನನ್ನ ವೈರಿ. (avanē nanna vairi.) 彼こそ私の敵だ。 [Ka.]

–ಏ[3] ⟦-ē -エー⟧ [e:] *part.* …よ (呼格を表す接尾辞) ¶ ಸ್ನೇಹಿತರೇ, ನಿಮಗೆ ಹೇಳಲು ಒಂದು ಒಳ್ಳೆಯ ಸುದ್ದಿ ಇದೆ. (snēhitarē, nimage hēḷalu oṃdu oḷḷeya suddi ide.) 皆さん、いい知らせがあります。 [Ka.]

ಏಕ ⟦ēka エーカ⟧ [e:kɐ] (*adj.*) 1、一つ〈の〉、一人〈の〉 [Sk.]

ಏಕಾರ ⟦ēkāra エーカーラ⟧ [e:kɐ:rɐ] *n.* カンナダその他のインド系の文字で音素 /ē/ を表す文字 [Sk.]

ಏಕೆ ⟦ēke エーケ⟧ [e:ke / jæ:ke] *pron. adv.* 何のために、どうして [Ka. dat. of *ēnu* D5151] = ಯಾಕೆ (yāke)

ಏಕಕಾಲ ⟦ēkakāla エーカカーラ⟧ [e:kəkɐ:lɐ] *n.* 同じ時間、同時 [Sk.]

ಏಕಕಾಲದಲ್ಲಿ ⟦ēkakāladalli エーカカーラダッリ⟧ [e:kəkɐ:lədəlli] *adv.* 同時に ¶ ಗುಡುಗು ಮತ್ತು ಮಳೆ ಏಕಕಾಲದಲ್ಲಿ ಬಂದವು. (guḍugu mattu maḷe ēkakāladalli baṃdavu.) 雨と雷が同時に来た。 [loc.]

ಏಕತಾನ ⟦ēkatāna エーカターナ⟧ [e:kətɐ:nɐ] *n.* 1 複数の人が同じピッチで演奏すること 2 単調、一本調子 ¶ ಈ ಕಾದಂಬರಿ ಏಕತಾನವಾಗಿದೆ. (ī kādaṃbari ēkatānavāgide.) この小説は退屈だ。 [Sk.]

ಏಕತಾರ ⟦ēkatāra エーカターラ⟧ [e:kətɐ:rɐ] *n.* [H./M. *ēkătārā*] ☞ಏಕತಾರಿ (ēkatāri)

ಏಕತಾರಿ ⟦ēkatāri エーカターリ⟧ [e:kətɐ:ri] ಏಕತಾರೆ, ಏಕದಾರಿ *n.* (民族音楽に用いられる) 一弦琴の一種、エークターラ [⇒図] [H./M. *ēkătārā*] = ಏಕನಾದ (ēkanāda)

ಏಕತಾರಿ
エークターラ

ಏಕತಾರೆ ⟦ēkatāre エーカターレ⟧ [e:kətɐ:re] *n.* [H./M. *ēkătārā*] ☞ಏಕತಾರಿ (ēkatāri)

ಏಕತಾರೆ ⟦ēkatāre エーカターレ⟧ [e:kətɐ:re] *n.* [Sk.] ☞ಏಕತಾರಿ (ēkatāri)

ಏಕತಾಲ ⟦ēkatāla エーカターラ⟧ [e:kətɐ:lɐ] *n.* ☞ಏಕತಾಳ (ēkatāḷa)

ಏಕತಾಳ ⟦ēkatāḷa エーカターラ⟧ [e:kətɐ:ɭɐ] *n.* 1 歌、踊り、楽器などのリズムが合うこと 2 古典音楽で

七つのリズムの一種 [Sk.] = ಏಕತಾಲ (ēkatāla)

ಏಕತೆ ⟦ēkate エーカテ⟧ [e:kəte] *n.* 統一、統合、同一性 [Sk.]

ಏಕತ್ರ ⟦ēkatra エーカトラ⟧ [e:kət·rɐ] 《文》*adv.* 同じ場所で、同じ場所に、集まって [Sk.]

ಏಕತ್ರಕುಟುಂಬ ⟦ēkatrakuṭuṃba エーカトラクトゥンバ⟧ [e:kətrə̆kuʈumbɐ] 《文》*n.* 拡大家族、大家族 [Sk.]

ಏಕತ್ವ ⟦ēkatva エーカトヴァ⟧ [e:kə̆t·vɐ] *n.* 一つであること、均一性、統一、団結 [Sk.]

ಏಕದಂ ⟦ēkadaṃ エーカダン⟧ [e:kədam] ಏಕ್‌ದಂ *adv.* **1** 突然、急に ¶ ಭಾರ ಎತ್ತುವಾಗ ಏಕದಮ್ ಚಳುಕು ಹಿಡಿಯಿತು. (bʰāra ettuvāga ēkadam caḷuku hiḍiyitu.) 荷物を持ち上げようとした時急に腰がつった。 **2** ただちに ¶ ಸುದ್ದಿ ತಿಳಿದು ಏಕದಂ ಹೊರಟರು. (suddi tiḷidu ēkadaṃ horaṭaru.) その知らせを聞くやいなや彼は出発した。 [H. *ēkădamă*, *ēkă* + Pe. *dam*]

ಏಕದಾರಿ ⟦ēkadāri エーカダーリ⟧ [e:kə̆dɐ:ri] *n.* （民族音楽に用いられる）一弦琴の一種 [H./M. *ēkătārā*] = ಏಕತಾರಿ (ēkatāri)

ಏಕದೇಹ ⟦ēkadēha エーカデーハ⟧ [e:kɐde:hɐ] *n.* 「一つの体」、同体、一つの生、など **—**(*n.*)〔喩〕一体〈の〉、愛情で一つに結ばれた〈こと〉¶ ರಾಮ ಮತ್ತು ಶ್ಯಾಮರು ಏಕದೇಹವಾಗಿದ್ದಾರೆ. (rāma mattu śyāmaru ēkadēhavāgiddāre.) ラーマとシャーマは一心同体だ。 [Sk.]

ಏಕನಾದ ⟦ēkanāda エーカナーダ⟧ [e:kə̆nɐ:dɐ] *n.* （民族音楽に用いられる）一弦琴の一種 [Sk.] = ಏಕತಾರಿ (ēkatāri)

ಏಕಪಕ್ಷೀಯ ⟦ēkapakṣīya エーカパクシーヤ⟧ [e:kə̆pəkʂi:jɐ] *adj.* **1** 一党からなる、一つのグループからなる **2** 一方的な、他方の意見などを聞かない ¶ ನ್ಯಾಯಾಧೀಶರು ಏಕಪಕ್ಷೀಯ ನಿರ್ಣಯ ಕೊಟ್ಟರು. (nyāyādʰīśaru ēkapakṣīya nirṇaya koṭṭaru.) 裁判官は一方に偏した判決を下した。 [Sk.]

ಏಕಪ್ರಕಾರ ⟦ēkaprakāra エーカプラカーラ⟧ [e:kəprəkɐ:rɐ] (*n.*) 同様〈の〉¶ ಈ ಮನೆಗಳು ಏಕಪ್ರಕಾರವಾಗಿವೆ. (ī manegaḷu ēkaprakāravāgive.) これらの家は同じ形である。 [Sk.]

ಏಕಮುಖ ⟦ēkamukʰa エーカムカ⟧ [e:kə̆mukʰɐ] (*n.*) **1** 全員一致〈の〉、異議のない〈こと〉¶ ಸಭೆ ಏಕಮುಖವಾಗಿ ಮಂತ್ರಿಯನ್ನು ಟೀಕಿಸಿತು. (sabʰe ēkamukʰavāgi maṃtriyannu ṭīkisitu.) 会議は全員一致で大臣を非難した。 **2** 一方的〈な〉、双方の意見や関係者全員の意見を聞かない〈こと〉 **3** 一方通行〈の〉¶ ಈ ರಸ್ತೆ ಏಕಮುಖವಾಗಿದೆ. (ī raste ēkamukʰavāgide.) この道は一方通行だ。 [Sk.]

ಏಕಮುಖತೆ ⟦ēkamukʰate エーカムカテ⟧ [e:kə̆mukʰə̆te] 《文》*n.* 一面性、一方的なこと [Sk.]

ಏಕರೂಪ ⟦ēkarūpa エーカルーパ⟧ [e:kəru:pɐ] (*n.*) 同型〈の〉¶ ಅಧ್ಯಕ್ಷರ ಮತ್ತು ಪ್ರಧಾನಿಯ ವಿಚಾರಗಳು ಏಕರೂಪವಾಗಿವೆ. (adʰyakṣara mattu pradʰāniya vicāragaḷu ēkarūpavāgive.) 大統領と首相の意見はほぼ一致している。 [Sk.]

ಏಕರೂಪವಾದ ⟦ēkarūpavāda エーカルーパヴァーダ⟧ [e:kəru:pə̆vɐ:dɐ] *adj.* **1** 同じ形の、同型の **2**（多数の物について形状や型や色などが）一様の、揃いの、均質の、むらのない、画一的な [Sk.]

ಏಕರೂಪತೆ ⟦ēkarūpate エーカルーパテ⟧ [e:kə̆ru:pə̆te] *n.* 同型、一律、一様性、画一性 [Sk.]

ಏಕವಚನ ⟦ēkavacana エーカヴァチャナ⟧ [e:kə̆vəʧə̆nɐ] *n.*〔言〕単数 [Sk.]

ಏಕವಾಕ್ಯ ⟦ēkavākya エーカヴァーキャ⟧ [e:kəvɐ:k·jɐ] *n.* 一つの文または言葉 **—***m.*《*f.* ಏಕವಾಕ್ಯಳು (ēkavākyaḷu)》自分の約束を守る人、言葉が信用できる人 [Sk.]

ಏಕವಾಸ ⟦ēkavāsa エーカヴァーサ⟧ [e:kəvɐ:sɐ] *n.* 一人暮らし、独身生活 [Sk.]

ಏಕಸ್ವಾಮ್ಯ ⟦ēkasvāmya エーカスヴァーミャ⟧ [e:kəs+vɐ:m·jɐ] *n.* **1** 一人の人間にすべての統治権が集中していること **2** 独裁〈の〉独裁政治〈の〉¶ ಆ ಕಾಲದಲ್ಲಿ ಜರ್ಮನಿಯಲ್ಲಿ ಹಿಟ್ಲರನ ಏಕಸ್ವಾಮ್ಯವಿತ್ತು. (ā kāladalli jarmaniyalli hiṭlarana ēkasvāmyavittu.) その時ドイツはヒトラーの独裁下にあった。 [Sk.]

ಏಕಾಂಗಿ ⟦ēkāṃgi エーカーンギ⟧ [e:kɐ:ŋgi] *adj.*, *mf.* 孤独な〈人〉、一人暮らしの〈人〉、未婚の〈人〉 **—***adj.* 一面的な、片寄った（ものの見方など）[Sk.]

ಏಕಾಂತ ⟦ēkāṃta エーカーンタ⟧ [e:kɐ:ntɐ] *n.* 誰もいない場所、隠れた場所 **—**(*n.*) **1** 孤独〈な〉、一人ぼっち〈の〉 **2** 内密〈の〉、内緒〈の〉、秘密〈の〉¶ ಪ್ರಕಾಶ ನನಗೆ ಏಕಾಂತದಲ್ಲಿ ಈ ವಿಷಯವನ್ನು ಹೇಳಿದರು. (prakāśa nanage ēkāṃtadalli ī viṣayavannu hēḷidaru.) プラカーシュは私にこのことをこっそり打ち明けた。 [Sk.]

ಏಕಾಂತವಾಗಿ ⟦ēkāṃtavāgi エーカーンタヴァーギ⟧ [e:kɐ:ntə̆vɐ:gi] *adv.* こっそりと、誰もいないところで、内密に

ಏಕಾಏಕಿ ⟦ēkāēki エーカーエーキ⟧ [e:kɐ:e:ki] ಏಕಾಯೇಕಿ *adv.* 急に、突然、不意に ¶ ನಾನು ಏಕಾಏಕಿ ಮುಂಬೈಗೆ ಹೋಗಬೇಕಾಯಿತು. (nānu ēkāēki muṃbaige hōgabēkāyitu.) 私は突然ムンバイへ行かねばならなかった。 [H. *ēkāēkā*]

ಏಕಾಕಿ ⟦ēkāki エーカーキ⟧ [e:kɐ:ki] *m.*《*f.* ಏಕಾಕಿನಿ (ēkākini)》 **1** 孤独な人、一人で暮らす人 **2** 一匹狼 **3** 独り者、独身者 [Sk.] = ಏಕಾಂಗಿ, ಒಂಟಿ (ēkāṃgi, oṃṭi)

ಏಕಾಕಿತನ ⟦ēkākitana エーカーキタナ⟧ [e:kɐ:kitənɐ] *n.* **1** 孤独、一人で暮らすこと **2** 一匹狼であること **3** 独り者であること、独身 [*ēkāki* + *-tana*] = ಒಂಟಿತನ (oṃṭitana)

ಏಕಾಗ್ರ ⟦ēkāgra エーカーグラ⟧ [e:kɐ:grɐ] *adj.* 一つのことに集中した [Sk.]

ಏಕಾಗ್ರಚಿತ್ತ ⟦ēkāgracitta エーカーグラチッタ⟧ [e:kɐ:grəʧittɐ] *n.* 一点に集中した心、専心 **—**(*n.*) 専心し

た〈人〉、心を集中した〈人〉¶ ಪ್ರಸನ್ನ ಓದುವಾಗ ಏಕಾಗ್ರಚಿತ್ತವಾಗಿ ಓದುತ್ತಾನೆ. (prasanna ōduvāga ēkāgracittavāgi ōduttāne.) プラサンナは、勉強する時には一心に勉強する。[Sk.]

ಏಕಾದಶಿ ⟦ēkādaśi エーカーダシ⟧ [eːkɐːdəʃi] *n.* インド暦のひと月の白分（月が満ちていく朔日から望日までの 15 日間）と黒分（月が欠けていく 15 日間）それぞれの 11 番目の日 [Sk.]

ಏಕಾಧಿಪತಿ ⟦ēkādʰipati エーカーディパティ⟧ [eːkɐːdʰipəti] *m.* 独裁者、専制者 [Sk.]

ಏಕಾಧಿಪತ್ಯ ⟦ēkādʰipatya エーカーディパティヤ⟧ [eːkɐːdʰipət̚jɐ] *n.* 絶対的な支配権 [Sk.]

ಏಕಾಣುಜೀವಿ ⟦ēkāṇujīvi エーカーヌジーヴィ⟧ [eːkɐːɳudʒiːvi] 《文》 *n.* 単細胞生物 [Sk.]

ಏಕಾಭಿಮುಖ ⟦ēkābʰimukʰa エーカービムカ⟧ [eːkɐːbʰimukʰɐ] *adj., m.* 1 一方向だけを向いた〈人〉 2 視野がせまい〈人〉[Sk.]

ಏಕಾಯೇಕಿ ⟦ēkāyēki エーカーエーキ⟧ [eːkɐːjeːki] *adv.* [H. *ēkāēkă*] ☞ಏಕಾಏಕಿ (ēkāēki)

ಏಕಾವಲಿ ⟦ēkāvali エーカーヴァリ⟧ [eːkɐːvəli] *n.* [Sk.] ☞ಏಕಾವಳಿ (ēkāvaḷi)

ಏಕಾವಳಿ ⟦ēkāvaḷi エーカーヴァリ⟧ [eːkɐːvəɭi] ಏಕಾವಲಿ *n.* 鎖 1 本からなる首飾りの一種、あるいは 1 本からなる真珠の首飾り［⇒図］[Sk.]

ಏಕಾವಳಿ 首飾り

ಏಕೀಕರಣ ⟦ēkīkaraṇa エーキーカラナ⟧ [eːkiːkərəɳɐ] *n.* 統一、統合、合体 [Sk.]

ಏಕೀಕರಿಸು ⟦ēkīkarisu エーキーカリス⟧ [eːkiːkərisu] *vt.* 一つにする、統一する、合体する [Sk.]

ಏಕೀಕೃತ ⟦ēkīkṛta エーキークルタ⟧ [eːkiːkrɯtɐ/eːkiːkrutɐ] *adj.* 統一された、合体された、統合された [Sk.]

ಏಕೀಭೂತ ⟦ēkībʰūta エーキーブータ⟧ [eːkiːbʰuːtɐ] *adj.* 統一された、合体された、統合された [Sk.]

ಏಕೈಕ ⟦ēkaika エーカイカ⟧ [eːkəikɐ] *adj.* 無類の、似たものがない、ほかに類がない [Sk.]

ಏಕ್‌ದಂ ⟦ēkdaṃ エークダン⟧ [eːkdam] *adv.* [H. *ēkădamă, ēkă* + Pe. *dam*] ☞ಏಕದಂ (ēkadaṃ)

ಏಗು¹ ⟦ēgu エーグ⟧ [eːgu] *vi.* うまく対処する、仲よくやっていく ¶ ನನಗೆ ಈ ಮಕ್ಕಳ ಜೊತೆ ಏಗುವುದಕ್ಕೆ ಆಗುವುದಿಲ್ಲ. (nanage ī makkaḷa jote ēguvudakke āguvudilla.) 私はこの子どもたちと一緒にやっていくことはできない。 —*vt.* 行う、実行する、執行する [?]

ಏಗು² ⟦ēgu エーグ⟧ [eːgu] *vi.* 1 沸騰する 2（怒り、嫉妬などで腹が）煮えくりかえる、（辛いものを食べて腹が）ひりひりする [?]

ಏಗು³ ⟦ēgu エーグ⟧ [eːgu] *vi.* あえぐ、苦しい息づかいをする [?] = ಏದು (ēdu)

ಏಟು¹ ⟦ēṭu エートゥ⟧ [eːʈu] ಏಟ್ಟು *n.* 1（道具を使ってまたは素手で）打つこと、殴ること 2 さいころをもってする博打の一種 [Ka. D859] cf. ಗುದ್ದು (guddu)

ಏಟುಹಾಕು ⟦ēṭuhāku エートゥハーク⟧ [eːʈŭhɐːku] *vi.* 《*dat.*》打つ、殴る

ಏಟು² ⟦ēṭu エートゥ⟧ [eːʈu] 《古》 *pron.adj.* 幾つの、どれだけの、どれほどの ☞ಎಷ್ಟು (eṣṭu) [Ka. D5151]

ಏಡಿ¹ ⟦ēḍi エーディ⟧ [eːɖi] *n.* 蟹 [Ka. D2901]

ಏಡಿ² ⟦ēḍi エーディ⟧ [eːɖi] 《口》 *mf.* 臆病者、意気地なし [Ka. < *hēḍi* D4434] = ಹೇಡಿ (hēḍi)

ಏಡಿಸು ⟦ēḍisu エーディス⟧ [eːɖisu] ಎಡ್ಡಿಸು *vt.* けなす、悪く言う、非難する [Ka. D791] = ನಿಂದಿಸು (niṃdisu)

ಏಡು ⟦ēḍu エードゥ⟧ [eːɖu] 《古》 *n.* 年、暦年 [Ka. D5153]

ಏಡ್ಸ್ ⟦ēḍs エードス⟧ [eːɖz] *n.* エイズ、後天的免疫不全症 [Eng. *aids*]

ಏಣ್ ⟦ēṇ エーン⟧ [eːɳ] 《古》 *n.* 机や石などの端、角 [Ka. *D886] = ಏಣು (ēṇu)

ಏಣ ⟦ēṇa エーナ⟧ [eːɳɐ] *n.*（きれいな目と短い足と黒い体色を持つとして文学作品に現れる）鹿の一種 [Sk.]

ಏಣಿ ⟦ēṇi エーニ⟧ [eːɳi] *n.* 梯子 [Ka.? cf. Ta., Ma. Tu. *ēṇi*, Sk. *śrēṇi-*] = ನಿಚ್ಚಣಿಕೆ (niccaṇike) (SK)

ಏಣು ⟦ēṇu エーヌ⟧ [eːɳu] ಏಣ್ *n.* 机や石などの端、角 [Ka. D886]

ಏತ ⟦ēta エータ⟧ [eːtɐ] ಯಾತ *n.* 1 のぼること、上がること 2 てこを利用して井戸の水を汲み上げる装置、シーソー揚水［⇒図］ 3 唐臼（からうす）（梃子を利用して足で踏んで米をつく道具） [Ka. D916] = ಯಾತ (yāta)

ಏತ
シーソー揚水

ಏತಕ್ಕೆ ⟦ētakke エータッケ⟧ [eːtəkke]/[æːtəkke] *pron.* なぜ、どうして、何のために ¶ ಅಪ್ಪ ಏತಕ್ಕೆ ಮುಂಬೈಗೆ ಹೋದರು? (appa ētakke mumbaige hōdaru?) お父さんはどうしてムンバイへ行ったの？ [Ka. D5151] = ಯಾತಕ್ಕೆ (yātakke)

ಏತ್ವ ⟦ētva エートヴァ⟧ [eːtvɐ] *n.* 文字 ಏ (ē) *ē* [Sk.] = ಏಕಾರ (ēkāra)

ಏದು¹ ⟦ēdu エードゥ⟧ [eːđu] *vi.* あえぐ、苦しい息をする [?] = ಏಗು (ēgu)³

ಏದು² ⟦ēdu エードゥ⟧ [eːđu] *n.* ハリネズミ [Ka.D2776]

ಏದುಸಿರು ⟦ēdusiru エードゥシル⟧ [eːđŭsiru] ಏದುಸುರು *n.* あえぎ [*ēdu* + *usiru*]

ಏದುಸುರು ⟦ēdusuru エードゥスル⟧ [eːđŭsuru] *n.* [*ēdu* + *usiru*] ☞ಏದುಸಿರು (ēdusiru)

ಏನ್ ⟦ēn エーン⟧ [eːn] 《古》 *pron.n.* 《*gen.* ಏತರ (ētara) *dat.* ಏತಕ್ಕೆ/ ಏಕೆ (ētakke/ ēke) *acc.* ಏನು (ēnu) *ins.* ಏತರಿಂದ (ētariṃda) *loc.* ಏತರಲ್ಲಿ (ētaralli)》なに —*pron.adj.* 何の —*adv.* なぜ = ಏನು (ēnu)〔現〕[Ka. D5151]

ಏನು ⟦ēnu エーヌ⟧ [eːnu] ಏನ್ *pron.n.* 《*gen.* ಏತರ (ētara) *dat.* ಏತಕ್ಕೆ/ ಏಕೆ (ētakke/ ēke) *acc.* ಏನು (ēnu) *ins.* ಏತರಿಂದ (ētariṃda) *loc.* ಏತರಲ್ಲಿ (ētaralli)》なに ¶ ನಿನಗೆ ಏನು ಆಯಿತು? (ninage ēnu āyitu?) 君はどうしたの

だ？ —*pron.adj.* 何の ¶ ಯಾಕೆ ಬರಲಿಲ್ಲ? ಏನು ವಿಚಾರ? (yāke baralilla? ēnu vicāra?) なぜいらっしゃらなかったのですか。どうなさったのですか。 —*adv.* なぜ ¶ ಇದೇನು ಮಾಡಿದೆ? (idēnu māḍide?) どうしてそうしたのか。[Ka. *D5151]

ಏನಾದರೂ [ēnādarū エーナーダルー] [e:nɐ:ɖǝru:] *adv.* 何がどうあろうとも ¶ ಏನಾದರೂ ಈ ಕೆಲಸವನ್ನು ನಾಳೆ ಮುಗಿಸಬೇಕು. (ēnādarū ī kelasavannu nāḷe mugisabēku.) 何としても私はこの仕事を明日には終わらせねばならない。[Ka. + *ādarū*]

ಏಪಿ [ēpi エーピ] [e:pi] 《‡》 *n.* マホガニーのような固い木の一種 (*My* (*Kitt.*)) [Ka. D896]

ಏಪ್ರಿಲ್ [ēpril エープリル] [e:pril] *n.* 4月 [Eg. *April*]

ಏಬ್ರಾಸಿ [ēbrāsi エーブラーシ] [e:brɐ:si] 《口》 *mf.* 馬鹿者、愚か者 [?, Ka. D803]

ಏಮಾರಿಕೆ [ēmārike エーマーリケ] [e:mɐ:rĭke] *n.* 騙されることまたは騙すこと、欺瞞 [Ka.*ēmāru* + *-ike*]

ಏಮಾರು [ēmāru エーマール] [e:mɐ:ru] 《古》 *vi.* 騙される、欺かれる [Ka. ←*ēmāṟu* D898]

ಏಮಾರಿಸು [ēmārisu エーマーリス] [e:mɐ:risu] *vt.caus.* 騙す、かつぐ、欺く [Ka. caus.]

ಏಮೆ [ēme エーメ] [e:me] 《方》 *n.* 亀 [Ka. D5155] (Hav.)

ಏಯ್ [ēy エーイ] [e:ĭ] 《古》 *vt.* 〈矢を〉放つ、〈槍などを〉投げる [Ka. D805]

ಏರಾಟ [ērāṭa エーラータ] [e:rɐ:ʈɐ] ಏಱಾಟ *n.* 1 (木や山に)登ること、(馬などに)乗ること 2 あるものを得るために押し合いへし合いすること ¶ ಸಿನೆಮಾ ಟಿಕೆಟ್ಟಿಗೆ ಕೌಂಟರ್ ಮುಂದೆ ತುಂಬಾ ಏರಾಟ ನಡೆಯಿತು. (sinemā ṭikeṭṭige kaumṭar mumde tumbā ērāṭa naḍeyitu.) 窓口の前で映画の切符をめぐって人々が押し合いへし合いをしていた。[Ka. *ēṟu* + *āṭa*] cf. ಕಚ್ಚಾಟ, ಎಳೆದಾಟ, ಕಿತ್ತಾಟ (kaccāṭa, eḷedāṭa, kittāṭa)

ಏರಾಟಿಕೆ [ērāṭike エーラーティケ] [e:rɐ:ʈĭke] ಏಱಾಟಿಕೆ *n.* 1 (木や山に)登ること、(馬などに)乗ること 2 あるものを得るために押し合いへし合いすること 3 ひどく叱る、叱責すること [Ka. *ērāṭa* + *-ike*] ☞ಏರಾಟ (ērāṭa)

ಏರಾಡು [ērāḍu エーラードゥ] [e:rɐ:ɖu] *vi.* 1 あるものを得るために押し合いへし合いする 2《異》(風が)吹く (*Bendre*: *Gaṃgāvataraṇa*) [Ka. *ēṟu²* + *āḍu*?]

ಏರಿ¹ [ēri エーリ] [e:ri] *n.* (貯水池の)堤防 [Ka. D901]

ಏರಿ² [ēri エーリ] [e:ri] 《方》 *n.* 空っぽのミツバチの巣箱 [Ka. D518] (Hal.)

ಏರಿಕೆ [ērike エーリケ] [e:rĭke] *n.* のぼること、(水かさなどが)増すこと [Ka. *ēru²* + *-ike*]

ಏರಿಳಿತ [ēriḷita エーリリタ] [e:riḷitɐ] *n.* 浮き沈み、浮沈、上がり下がり ¶ ಜೀವನದಲ್ಲಿ ಏರಿಳಿತಗಳು ಜಾಸ್ತಿ. (jīvanadalli ēriḷitagaḷu jāsti.) 人生には浮き沈みが多い。[Ka. *ēru²* + *iḷita*]

ಏರು¹ [ēru エール] [e:ru] *n.* 1 1対の牛を鋤につなぐくびき 2 くびきで鋤につながれた1対の役牛 [Ka. D2815]

ಏರು² [ēru エール] [e:ru] *vt.* 1 〈山や木などに〉登る、〈馬などに〉乗る 2〔卑〕〈女と〉寝る —*vi.* 《…の上に … ಮೇಲೆ (… mēle)》 1 (馬、木、山などに)乗る、登る 2 跳びかかる、襲う ¶ ಹುಲಿ ಹಸುವಿನ ಮೇಲೆ ಏರಿತು. (huli hasuvina mēle ēritu.) 虎が雌牛に跳びかかった。3 (水かさなどが)増す、増大する 4 (雄の動物が交尾のために雌の動物の上に)乗る、(雄牛が) 交尾する ¶ ಹೋರಿ ಆಕಳ ಮೇಲೆ ಏರಿತು. (hōri ākaḷa mēle ēritu.) 雄牛が雌牛の上に乗った。 —*n.* 1 のぼること 2 登り坂、登り道 [Ka. ←*ēṟu* D916]

ಏರಿಸು [ērisu エーリス] [e:rĭsu] *vt.* 1 揚げる、持ち上げる 2 高い所に載せる、〈人を〉昇進させる 3 〈弓弦を〉つける 4 〈水面、価格などを〉上げる 5 〈帽子、ターバンなどを〉かぶる、〈背広を〉着る、〈靴を〉履く、引っ掛ける [Ka. caus.]

ಏರು³ [ēru エール] [e:ru] 《‡》 *n.* 牛糞 (*Kitt.*) [Ka. D813]

ಏರು⁴ [ēru エール] [e:ru] *n.* 傷、怪我 [Ka. *ēṟu* D906]

ಏರುತ [ēruta エールタ] [e:rŭtɐ] 《文》 *n.* のぼること、(水かさなどが)増すこと [*ēru²* + *-ta*]

ಏರುಪೇರು [ērupēru エールペール] [e:rŭpe:ru] *n.* 1 上がり下がり、浮き沈み 2 (価格などの) 上がり下がり、変動 ¶ ವಿದ್ಯುತ್ತಿನಲ್ಲಿ ಏರುಪೇರು ಇರಬಾರದು. (vidyuttinalli ērupēru irabāradu.) 配電には電圧のゆらぎがあってはならない。 3 不均衡、不同 [Ka. *ēru²* + echo.]

ಏರುವಿಕೆ [ēruvike エールヴィケ] [e:rŭvike] *n.* のぼること、(水かさなどが) 増すこと [Ka. *ēru²* *D916 + *-ike*]

ಏರ್‌ಕಂಡೀಷನ್ [ērkamḍiṣan エールカンディーシャン] [e:rkǝɳɖi:ʂǝn] *n.* 空気調節、空調 [Eng. *air conditioning*]

ಏರ್ಪಡು [ērpaḍu エールパドゥ] [e:rpǝɖu] *vi.* 《過去語幹 ērpaṭṭ-》(会議、結婚式などが)準備される、手はずが整えられる [Ka. D905]

ಏರ್ಪಡಿಸು [ērpaḍisu エールパディス] [e:rpǝɖĭsu] *vt.caus.* の手はずを整える、準備する [Ka. caus.]

ಏರ್ಪಾಟು [ērpāṭu エールパートゥ] [e:rpɐ:ʈu] *n.* [Ka. D905]

ಏರ್ಪಾಡು [ērpāḍu エールパードゥ] [e:rpɐ:ɖu] ಏರ್ಪಾಟು *n.* 準備、手はず [Ka. D905] = ಏರ್ಪಾಟು (ērpāṭu)

ಏಲಂ [ēlaṃ エーラン] [e:lǝm] ಏಲ *n.* 競売 [Pt. *leilão* ←Ar. *al-a'lām*]

ಏಲಕ್ಕಿ [ēlakki エーラッキ] [e:lǝkki — ɛ:lǝkki] ಏಳಕ್ಕಿ, ಯಾಲಕ್ಕಿ *n.* カルダモン、ショウズクまたはその実(ショウガ科ショウズク属)→ 香・薬 [Ka. D907] = ಯಾಲಕ್ಕಿ (yālakki)

ಏಲು [ēlu エール] [e:lu] 《‡》 *vi.* 《過去語幹 *ಏತ್- (*ēt-)》 ぶら下がる (*Sd.* (*Kitt.*)) [Ka. D2912 < *nēl*] =

ತೂಗಾಡು, ನೇತಾಡು (tūgāḍu, nētāḍu)

ಏವ ⟦ēva エーヴァ⟧ [e:vɐ] 《古》 *n.* 1 嫌悪、嫌うこと 2 悲しみ、悲嘆 3 嫌な物、嫌いな物 4 憎しみ [Ka. D908]

ಏವಯಿಸು ⟦ēvayisu エーヴァイス⟧ [e:vəjisu] ಏವಯ್ಸು, ಏವಿಸು, ಏವೈಸು 《古》 *vi.* 嫌悪をもよおす [Ka. *ēva* + *-isu*]

ಏವಿಸು ⟦ēvisu エーヴィス⟧ [e:visu] 《古》 *vi.* [Ka. *ēva* + *-isu*] ☞ಏವಿಸು (ēvisu)

ಏವು ⟦ēvu エーヴ⟧ [e:vu] 《‡》 *pron. n.* ಏನು (ēnu) の複数、なになに (*B.2.45 (Kitt.)*) [Ka. D5151]

ಏವೆ ⟦ēve エーヴェ⟧ [e:ve] 《‡》 *n.* 亀 [Ka. D908]

ಏವೈಸು ⟦ēvaisu エーヴァイス⟧ [e:vəisu] 《古》 *vi.* [Ka. *ēva* + *-isu*] ☞ಏವಿಸು (ēvisu)

ಏಸಿಕೆ ⟦ēsike エーシケ⟧ [e:sĭke] 《‡》 *n.* 1 嫌悪、嫌悪感、いとわしさ 2 いとわしい物、嫌悪をもよおさせる物 [Ka. D4431 < *hēsike* < *pēsike*]

ಏಸು[1] ⟦ēsu エース⟧ [e:su] 《文》 *pron. adj.* どれだけの、どれほどの、幾つの [Ka. D5151] = ಎಷ್ಟು (eṣṭu)

ಏಸು[2] ⟦ēsu エース⟧ [e:su] 《古》 *vt.* 投げる —*n.* (弓で)射ること、(槍を)投げること [Ka. D805]

ಏಳಕ್ಕಿ ⟦ēḷakki エーラッキ⟧ [e:ɭəkki — ɛ:ɭəkki] *n.* [Ka. *D907] ☞ಏಲಕ್ಕಿ (ēlakki)

ಏಳನೆ ⟦ēḷane エーラネ⟧ [e:ɭəne] *numr. ord. adj.* 7番目の、第7の [*ēḷu*[2] *D910 + *-ane*]

ಏಳಿಗೆ ⟦ēḷige エーリゲ⟧ [e:ɭĭge] ಏಱ್ಗೆ *n.* 1 繁栄 2 進歩 [Ka *ēḷu*[2] *D851(a) + *-ige*] = ಏಳ್ಗೆ (ēḷge)

ಏಳು[1] ⟦ēḷu エール⟧ [e:ɭu] ಏಳ್, ಏೞು, ಏೞ್ *numr. adj.* 七つの —*numr. n.* 七つ、7 [Ka. *D910]

ಏಳು[2] ⟦ēḷu エール⟧ [e:ɭu] ಏಳ್, ಏಱ್ *vi.* 《過去語幹 edd-》 1 起き上がる、立ち上がる 2 (眠っていた人が)起きる、覚める [←Ka. *ēṟ* *D851(a)]

ಏಳಿಸು ⟦ēḷisu エーリス⟧ [e:ɭisu] ಏಱಿಸು *vt.caus.* 1 〈寝た人を〉起こす、目覚めさせる 2 持ち上げる [Ka. caus.] = ಎಬ್ಬಿಸು (ebbisu)

ಏಳುನೂರು ⟦ēḷunūru エールヌール⟧ [e:ɭŭnu:ru] ಏಳು-ನೂಱು, ಏಳ್ನೂರು, ಏಳ್ನೂಱು, ಏಱ್ನೂರು, ಏಱ್ನೂಱು *numr.adj.* 700の —*numr.n.* 700 [Ka. *ēḷu* *910 + *nūru* *D3729]

ಏಳುನೂಱು ⟦ēḷunūṟu エールヌール⟧ [e:ɭunu:ṟu] 《古》 *numr.adj.* 700の —*numr.n.* 700 [Ka. *ēḷu* *D910 + *nūṟu* D3729]

ಏಳೆ ⟦ēḷe エーレ⟧ [e:ɭe] 《文》 *n.* 七つの韻脚からなる行を二つ重ねたカンナダ語の詩の韻律の一つ [Ka. D913]

ಏಳ್ತರ ⟦ēḷtara エールタラ⟧ [e:ɭtərɐ] 《古》 *n.* 高さ —(*n.*) 高い〈こと〉☞ಎತ್ತರ (ettara)〔汎〕 [Ka. *796/*ēṟ* 851(a) + Sk. *stara*-?]

ಏಳ್ನೂಱು ⟦ēḷnūṟu エールヌール⟧ [e:ɭnu:ṟu] 《古》 *numr.adj.* 700の —*numr.n.* 700 = ಏಳುನೂರು (ēḷunūru) [Ka. *ēḷu* *D910 + *nūṟu* D3729]

ಏಳ್ವತ್ತು ⟦ēḷvattu エールヴァットゥ⟧ [e:ɭvəttu] 《古》 *pron.adj.* 70の —*pron.n.* 70 = ಎಪ್ಪತ್ತು (eppattu)〔現〕 [Ka. *ēṟu* D910 + *pattu* D3918]

ಏಱ್[1] ⟦ēṟ エール⟧ [e:ṟ] 《古》 *vi.* 《dat.》(と)争う、(と)対決する —*n.* 敵と向かい合うこと = ಏರು (ēru)〔口〕 [Ka. D906]

ಏಱ್[2] ⟦ēṟ エール⟧ [e:ṟ] 《古》 *vt.* 1 摘む、〈落ち穂などを〉拾い集める、採集する (*DEDR*) 2 選ぶ、選び取る (*DEDR*) [Ka. D914]

ಏಱಾಟ ⟦ēṟāṭa エーラータ⟧ [e:ṟɐ:ʈɐ] 《古》 *n.* 1 (木や山に)登ること、(馬などに)乗ること 2 戦い、戦争 [Ka. *ēṟu* + *āṭa*]

ಏಱಾಟಿಕೆ ⟦ēṟāṭike エーラーティケ⟧ [e:ṟɐ:ʈĭke] 《古》 *n.* (木や山に) 登ること、(馬などに) 乗ること [Ka. *ēṟāṭa* + *-ike*]

ಏಱಿ ⟦ēṟi エーリ⟧ [e:ri] 《‡》 *mf.* 登る人 (*Kitt.*) [Ka. D916]

ಏಱಿಗೆ ⟦ēṟige エーリゲ⟧ [e:ɻige] 《古》 *n.* [Ka. D851(a)] = ಏಳಿಗೆ (ēḷige)

ಏಱುವಿಕೆ ⟦ēṟuvike エールヴィケ⟧ [e:ɻŭvike] 《古》 *n.* 起き上がること [Ka. D851(a)]

ಏಱುಹ ⟦ēṟuha エールハ⟧ [e:ɻuhɐ] 《古》 *n.* [Ka. D851] ☞ಏಱುವಿಕೆ (ēṟuvike)

ಏಱ್ಗೆ ⟦ēṟge エールゲ⟧ [e:ɻge] 《古》 *n.* [Ka. *ēṟ* D851(a) + *-ge*] = ಏಳಿಗೆ (ēḷige)

ಏಱ್ತರ ⟦ēṟtara エールタラ⟧ [e:ɻtərɐ] 《古》 *n.* 高さ —(*n.*) 高い〈こと〉☞ಎತ್ತರ (ettara)〔汎〕 [Ka. *796/*ēṟ* 851(a) + Sk. *stara*-?]

ಏಱ್ನೂರು ⟦ēṟnūru エールヌール⟧ [e:ɻnu:ru] 《古》 *numr.adj.* 700の —*numr.n.* 700 [Ka. *ēṟ* D910 + *nūru* D3729]

ಏಱ್ನೂಱು ⟦ēṟnūṟu エールヌール⟧ [e:ɻnu:ṟu] 《古》 *numr.adj.* 700の —*numr.n.* 700 [Ka. *ēṟ* D910 + *nūṟu* 3729]

ಏಱ್ಪತ್ತು ⟦ēṟpattu エールパットゥ⟧ [e:ɻpəttu] 《古》 *pron.adj.* 70の —*pron.n.* 70 = ಎಪ್ಪತ್ತು (eppattu)〔現〕 [Ka. *ēṟu* D910 + *pattu* D3918]

ಏಱ್ಬರ್ ⟦ēṟbar エールバル⟧ [e:ɻbər] 《古》 *numr. mf.* 7人 [Ka. *ēṟ* D910 + *-bar*]

ಏಱ್ಮೆ ⟦ēṟme エールメ⟧ [e:ɻme] 《古》 *adv.* 7回 [Ka. *ēṟ* D910 + *-me*] = ಏಳು ಸಲ (ēḷu sala)〔現〕

ಏಱ್ವರ್ ⟦ēṟvar エールヴァル⟧ [e:ɻvər] 《古》 *numr.mf.* [Ka. D910 + *-var*] ☞ಏಱ್ಬರ್ (ēṟbar)

ಏಱ್ವಿಕೆ ⟦ēṟvike エールヴィケ⟧ [e:ɻvike] 《古》 *n.* [Ka. *ēṟ* D851(a) + *-ike*] ☞ಏಱುವಿಕೆ (ēṟuvike)

ಐ

ಐ ⟦ai アイ⟧ [əi] *n.* カンナダその他のインド系言語で二重母音 /ai/またはそれを表す文字 [Ka. Ø]

ಐ– ⟦ai- アイ -⟧ [əi] *pref.* 5…¶ ಐವತ್ತು (aivattu) 50 [Ka. *D2826] ☞ಅಯ್- (ay-)

ಐಂದವ ⟦aiṃdava アインダヴァ⟧ [əində̆vɐ] 《文》 *adj.* 月に関する、月の [Sk.]

ಐಂದ್ರ ⟦aiṃdra アインドラ⟧ [əindrɐ] 《文》 *adj.* インドラ神に関する、インドラ神の [Sk.]

ಐಂದ್ರಜಾಲ ⟦aiṃdrajāla アインドラジャーラ⟧ [əindrədʒɐːlɐ] 《文》 *n.* **1** 魔法、魔術、妖術、邪術 **2** 手品 [Sk.]

ಐಂದ್ರಜಾಲಿಕ ⟦aiṃdrajālika アインドラジャーリカ⟧ [əindrajɐːlĭka] *m.* **1** 魔法使い、魔術師、妖術師 **2** 手品師 [Sk.] = ಇಂದ್ರಜಾಲಿಕ (iṃdrajālika)

ಐಂದ್ರಶರ ⟦aiṃdraśara アインドラシャラ⟧ [əindrəʃərɐ] 《文》 *n.* 「インドラ神の矢」、雷電 [Sk.]

ಐಂದ್ರಾಯುಧ ⟦aiṃdrāyudʰa アインドラーユダ⟧ [əindrɐːjudʰɐ] 《文》 *n.* インドラ神の武器、雷電 [Sk.]

ಐಕಾರ ⟦aikāra アイカーラ⟧ [əikɐːrɐ] *n.* カンナダその他のインド系文字で /ai/ を表す文字 [Sk.]

ಐಕ್ಯ ⟦aikya アイキャ⟧ [əikˑjɐ] *n.* **1** 一つであること **2** 1を表す数字 —*m.* 《*f.* ಐಕ್ಯಳು (aikyaḷu)》神と合一した人 [Sk.]

ಐಕ್ಯಭಾವ ⟦aikyabʰāva アイキャバーヴァ⟧ [əikˑjəbʰɐːvɐ] *n.* 同一意識、同一性、同族意識、同族性 [Sk.]

ಐಕ್ಯಸ್ಥಿತಿ ⟦aikyastʰiti アイキャスティティ⟧ [əikˑjəstʰiti] 《文》 *n.* 一つである状態、同一である状態 [Sk.]

ಐಚ್ಛಿಕ ⟦aiccʰika アイッチカ⟧ [əitʃtʃʰikɐ] 《文》 (*adj.*) **1** 自ら望んだ〈こと〉、選び取った〈こと〉 **2** 選択…、自由に選べる〈こと〉¶ ಪರೀಕ್ಷೆಯಲ್ಲಿ ಎಷ್ಟು ಐಚ್ಛಿಕ ವಿಷಯಗಳಿವೆ? (parīkṣeyalli eṣṭu aiccʰika viṣayagaḷive?) 試験に選択科目がいくつありますか。 [Sk.]

ಐತಿಹಾಸಿಕ ⟦aitihāsika アイティハーシカ⟧ [əitihɐːsikɐ] *adj.* 歴史的な、歴史上の [Sk.]

ಐತಿಹಾಸಿಕತೆ ⟦aitihāsikate アイティハーシカテ⟧ [əitihɐːsikə̆te] *n.* 歴史性、歴史的根拠、歴史的事実 ¶ ಈ ಕಥೆಯಲ್ಲಿ ಐತಿಹಾಸಿಕತೆ ಇಲ್ಲ. (ī katʰeyalli aitihāsikate illa.) この話は歴史性がない。 [Sk.]

ಐತಿಹ್ಯ ⟦aitihya アイティヒャ⟧ [əitiçˑjɐ] *n.* 言い伝え、伝統的な教訓、伝説、神話 [Sk.]

ಐತ್ವ ⟦aitva アイトヴァ⟧ [əitvɐ] *n.* ಐ (ai) を表す文字 [Sk.] = ಐಕಾರ (aikāra)

ಐದು[1] ⟦aidu アイドゥ⟧ [əiđu] 《古》 *vt.* **1** 着く、到着する **2** 得る、手に入れる ☞ಎಯ್ದು (eydu) [Ka. *D809]

ಐದು[2] ⟦aidu アイドゥ⟧ [əiđu] *numr. adj.* 五つの、5… —*numr.n.* 五つ、5 ☞ಅಯ್ದು (aydu) [Ka. *D2826]

ಐದು ನೂರು ⟦aidu nūru アイドゥヌール⟧ [əiđu nuːru] ಅಯ್ದು ನೂರು 《文》 *numr.adj.* 500 の（主として紙幣などの有価証券に用いられる ಐನೂರು (ainūru) の異形）¶ ಐದು ನೂರು ರೂಪಾಯಿಗಳು ಮಾತ್ರ (aidu nūru rūpāyigaḷu mātra) 金 500 ルーピー也 —*numr.n.* 500（主として紙幣などの有価証券に用いられる ಐನೂರು (ainūru) の異形）= ಐನೂರು (ainūru) 〔汎〕 [+ *nūru* *D2826]

ಐದೆ ⟦aide アイデ⟧ [əiđe] 《古》 *f.* 夫の生きている女性 —*n.* 夫が生きていること = ಅಯ್ದೆ (ayde) [Sk. *avidʰavā-*?]

ಐದೆತನ ⟦aidetana アイデタナ⟧ [əiđĕtənɐ] 《古》 *f.* 夫が生きていること [Ka. *aide* + *-tana*] = ಐದೆತನ (aidetana)

ಐನಾತಿ ⟦ aināti アイナーティ⟧ [əinɐːti] ಅಯಿನಾತಿ (*adj.*) 主な〈こと〉、重要な〈こと〉¶ ಐನಾತಿ ವ್ಯಕ್ತಿಗಳನ್ನು ಇಲ್ಲಿ ಕೂರಿಸೋಣ. (aināti vyaktigaḷannu illi kūrisōṇa.) お偉方はここに座ってもらおうよ。 [? cf. M. *aināti*]

ಐನೂರು ⟦ainūru アイヌール⟧ [əinuːru] ಐನೂಱು *numr.adj.* 500 の —*numr.n.* 500 の ☞ಅಯ್ನೂರು (aynūru) [Ka. *ai-* D2826 + *nūru* D3729]

ಐನೂಱು ⟦ainūṟu アイヌール⟧ [əinuːṟu] 《古》 *numr.adj.* 500 の —*numr.n.* 500 ☞ಐನೂರು (ainūru) [Ka. D2826, D3729]

ಐಬರು ⟦aibaru アイバル⟧ [əibəru] 《文》 *numr.mf.* 5人 [Ka. *ai-* + *-bar* *D2826] = ಅಯ್ಬರು (aybaru)

ಐಬು ⟦aibu アイブ⟧ [əibu] ಅಯಿಬು 《古》 *n.* 欠陥、欠点 [Ar. *ʿaib*] = ಕೊರತೆ (korate)

ಐಮಡಿ ⟦aimaḍi アイマディ⟧ [əĭməḍi] *numr.adj.*, *n.* 5倍、5倍の [*ai-* D2826 + *maḍi* D4645] ☞ಅಯ್ವಡಿ (ayvaḍi)

ಐಯ ⟦aiya アイヤ⟧ [əĭjɐ] 《異》 *m.* 《*f.* ಅಮ್ಮ (amma)》ಅಯ್ಯ (ayya)のあまり一般的でない綴り [Ka. *D196(a)] ☞ಅಯ್ಯ (ayya)

ಐಯ್ಯ ⟦aiyya アイイヤ⟧ [əĭjɐ] 《異》 *m.* 《*f.* ಅಮ್ಮ (amma)》 ಅಯ್ಯ (ayya) のあまり一般的でない綴り [Ka. *D196(a)] ☞ಅಯ್ಯ (ayya)

ಐರಾವಣ ⟦airāvaṇa アイラーヴァナ⟧ [əirɐːvəɳɐ] 《文》 *n.* インドラ神の乗り物である象 [Sk.]

ಐರಾವತ ⟦airāvata アイラーヴァタ⟧ [əirɐːvatɐ] *n.* アイラーヴァタ象、インドラ神の乗り物で、七つ鼻を持つとされる [Sk.]

ಐರಾವತೀಶ 〚airāvatīśa アイラーヴァティーシャ〛 [əirɐːvə tiːʃɐ] 《文》 *m.* 「アイラーヴァタ象の主人」、インドラ神の別名 [Sk.]

ಐಲ 〚aila アイラ〛 [əilɐ] 《古》 *m.* 精神病者、精神異常者 [Ka. *ailu* + *-a*]

ಐಲಬಿಲ 〚ailabila アイラビラ〛 [əiləbilɐ] ಐಳಬಿಳ 《文》 *m.* クベーラ(富の神) [Sk. *ailavila*]

ಐಲು 〚ailu アイル〛 [əilu] 《古》 *n.* 精神病、精神異常 [Ka. D39] = ಹುಚ್ಚು (huccu) 〔汎〕

ಐಲುಗಾರ 〚ailugāra アイルガーラ〛 [əilugɐːrɐ] 《古》 *n.* 《*f.* *ಐಲುಗಾರ್ತಿ (*ailugārti)》 精神病者、精神異常者 [Ka. D39]

ಐವಜು 〚aivaju アイヴァジュ〛 [əivəʤu] ಆಯಿವಜು, ಐವೆಜು, ಐವೇಜು 《古》 *n.* **1** 元金と利子を合わせての合計 ¶ ಅಸಲು ಬಡ್ಡಿ ಸೇರಿ ಐವಜು ಐನೂರು ಆಗಿದೆ. (asalu baḍḍi sēri aivaju ainūru āgide.) 元金と利子を合わせて 500 ルーピーになっている。 **2** 農地からの収穫 [Ar. *ʿiwaẓ*]

ಐವಡಿ 〚aivaḍi アイヴァディ〛 [əĭvəḍi] 《文》 *numr.adj.*, *n.* 5 倍、5 倍の [*ai-* D2826 + *maḍi* D4645] ☞ಅಯ್ವಡಿ (ayvaḍi)

ಐವತ್ತು 〚aivattu アイヴァットゥ〛 [əivəttu] *numr. adj.* 50 の **—***numr. n.* 50 = ಅಯ್ವತ್ತು (ayvattu) [Ka. *ai-* D2826 + *pattu* D3918]

ಐವೆಜು 〚aiveju アイヴェジュ〛 [əiveʤu] 《古》 *n.* [Ar. *ʿiwaẓ*] ☞ಐವಜು (aivaju)

ಐವೇಜು 〚aivēju アイヴェージュ〛 [əiveːʤu] 《古》 *n.* [Ar. *ʿiwaẓ*] ☞ಐವಜು (aivaju)

ಐಶಾನಿ 〚aiśāni アイシャーニ〛 [əiʃɐːni] 《文》 *n.* 北東、北東の方角 [Sk.]

ಐಶ್ವರ್ಯ 〚aiśvarya アイシュヴァリヤ〛 [əiʃvərjɐ] *n.* 富、富裕 [Sk.]

ಐಶ್ವರ್ಯವಂತ 〚aiśvaryavaṃta アイシュヴァリヤヴァンタ〛 [əiʃvərjəʋəntɐ] *m.* 《*f.* ಐಶ್ವರ್ಯವಂತೆ/ ಐಶ್ವರ್ಯವಂತಳು (aiśvaryavaṃte/ aiśvaryavaṃtaḷu)》 金持ち、裕福な人、金満家 [Sk.]

ಐಷಾರಾಮ 〚aiṣārāma アイシャーラーマ〛 [əiʂɐːrɐːmɐ] *n.* 贅沢と安楽 [Ar. *ʿaiš* + Sk. *ārāma-*]

ಐಸಾಯಿ 〚aisāyi アイサーイ〛 [əisɐːji] 《古》 *mf.* キリスト教徒、キリスト教の信者 [< *īsāyi*] = ಈಸಾಯಿ (īsāyi) 〔汎〕

ಐಸು 〚aisu アイス〛 [əisu] 《古》 *adj.* **—***n.* ☞ಅಯ್ಸು (aysu) [?]

ಐಹಿಕ 〚aihika アイヒカ〛 [əihikɐ] 《文》 (*n.*) 現世〈の〉、この世〈の〉¶ ಮಗ ಐಹಿಕ ಸುಖವನ್ನು ಅನುಭವಿಸದೆ ಸತ್ತ. (maga aihika sukʰavannu anubʰavisade satta.) 息子はこの世の楽しみを知らずに死んでしまった。 [Sk.]

ಐಹಿಕಸೌಖ್ಯ 〚aihikasaukʰya アイヒカサウキャ〛 [əihikə saukʰjɐ] 《文》 *n.* 俗世の楽しみ、世間的な快楽 [Sk.]

ಒ

ಒ 〚o オ〛 [oˑ] *n.* カンナダその他のインド系言語で音素 /o/ またはそれを表す文字 [Ka.]

ಒಂಕಿ 〚oṃki オンキ〛 [oŋki/ʋʌŋki] *n.* **1** 鈎(かぎ)、フック **2** 女性がはめる馬蹄系の金の腕飾り [Ka. D5210] ☞ವಂಕಿ (vaṃki)

ಒಂಗು 〚oṃgu オング〛 [oŋgu/ʋʌŋgu] 《‡》 *n.* 乳首、乳頭 (*Kitt.*) [Ka. D943]

ಒಂಚು 〚oṃcu オンチュ〛 [oɲʧu/ʋʌɲʧu] 《方》 *vt.* 篩(ふる)う [Ka. D980] (Gowda)

ಒಂಟಿ¹ 〚oṃṭi オンティ〛 [oɳʈi/ʋʌɳʈi] (*n.*) **1** 孤独〈な〉、連れのない〈こと〉 **2** 一人〈の〉(配偶者、友達などと一緒であることが期待される場合) ¶ ಲಕ್ಷ್ಮಿ ಒಂಟಿಯಾಗಿ ಮನೆಗೆ ಬಂದಳು. (lakṣmi oṃṭiyāgi manege baṃdaḷu.) ラクシュミーは一人で家に帰ってきた。 [Ka. D990(c)]

ಒಂಟಿ
耳飾り(左下)

ಒಂಟಿ² 〚oṃṭi オンティ〛 [oɳʈi/ʋʌɳʈi] 《古》 *n.* 大きな耳飾りの一種(男性用) [⇒図] [Ka. D968]

ಒಂಟಿಗ 〚oṃṭiga オンティガ〛 [oɳʈĭgɐ/ʋʌɳʈĭgɐ] *m.* 《*f.* ಒಂಟಿಗಿತ್ತಿ (oṃṭigitti)》 **1** 孤独な人、孤独を選んだ人 **2** 独身者、独り者 [Ka. *oṃṭi*¹ D990 + *-ga*]

ಒಂಟಿಗತನ 〚oṃṭigatana オンティガタナ〛 [oɳʈigətənɐ/ʋʌɳʈigətənɐ] *n.* 孤独、寂しいこと [Ka. *oṃṭiga* + *-tana*] = ಒಂಟಿತನ (oṃṭitana)

ಒಂಟಿಗಿತ್ತಿ 〚oṃṭigitti オンティギッティ〛 [oɳʈigitti] *f.* 《*m.* ಒಂಟಿಗ (oṃṭiga)》 **1** 孤独な人 **2** 独身者、独り者 [Ka. *oṃṭiga*¹ D990 + *-itti*]

ಒಂಟಿತನ 〚oṃṭitana オンティタナ〛 [oɳʈitənɐ] *n.* 孤独、寂しいこと [Ka. *oṃṭi* + *-tana*] = ಒಂಟಿಗತನ (oṃṭigatana)

ಒಂಟಿಬಾಳು 〚oṃṭibāḷu オンティバール〛 [oɳʈĭbɐːɭu/ʋʌɳʈi bɐːɭu] *n.* **1** 一人で生きること、孤独な生活 **2** 独身生活 [*oṃṭi* + *bāḷu*]

ಒಂಟು 〚oṃṭu オントゥ〛 [oɳʈu/ʋʌɳʈu] 《文》 *vi.* (気候や食べ物などが) 体に合う ¶ ಮೈಸೂರಿನ ಹವ ಅವರ ಹೆಂಡತಿಗೆ ಒಂಟೋದಿಲ್ಲ. (maisūrina hava avara heṃḍatige oṃṭōdilla.) マイソールの気候はあの人の奥さんに合わない。 [Ka. D970]

ಒಂಟೆ 〚oṃṭe オンテ〛 [oɳʈe/ʋʌɳʈe] *n.* ラクダ [? cf. Sk.

uṣṭra-] ☞ಒಟ್ಟೆ(oṭṭe)

ಒಂಡಿ ⟦oṃḍi オンディ⟧ [oṇḍi/vʌṇḍi] *n.* 岸、海岸 [Ka. D965] = ಒಟ್ಟೆ(oṭṭe)

ಒಂಡು ⟦oṃḍu オンドゥ⟧ [oṇḍu/vʌṇḍu] 《文》 *n.* 1 泥、ぬかるみ 2 (川、池、洪水などの)堆積物、沈澱物 [Ka. D5237]

ಒಂತಿ ⟦oṃti オンティ⟧ [onti/vʌnti] 《‡》 *n.* カメレオン 《*Kitt.*²》 [Ka. D1053] ☞ಓತಿ (ōti)

ಒಂತು ⟦oṃtu オントゥ⟧ [ontu/vʌntu] *n.* 分け前、割り前 [Ka. D979]

ಒಂದರಿ ⟦oṃdari オンダリ⟧ [ondəri/vʌndəri] *n.* 篩(ふるい) [Ka. D980] = ಒನಲಿ (onali)

ಒಂದಾಗು ⟦oṃdāgu オンダーグ⟧ [ondɐːgu/vʌndɐːgu] *vi.* 1 一つになる、合併する 2 同じになる [*oṃdu* + *āgu*]

ಒಂದಾಗಿಸು ⟦oṃdāgisu オンダーギス⟧ [ondɐːgisu] *vt.* 一つにする、統合する、統一する [+ Ka. *-isu* caus.]

ಒಂದಾವಣೆ ⟦oṃdāvaṇe オンダーヴァネ⟧ [ondɐːvəɳe/vʌndɐːvəɳe] *n.* 統合、統一 [*oṃdu* + *-āvaṇe*]

ಒಂದಿಕೆ ⟦oṃdike オンディケ⟧ [ondike/vʌndike] *n.* 調和、適応 —*postp.* = ಒಂದಿಗೆ (oṃdige) [Ka. D990]

ಒಂದಿಗ ⟦oṃdiga オンディガ⟧ [ondigɐ/vʌndigɐ] 《古》 *m.* 《複合語の語末で(女性形はಒಂದಿಗಳು (oṃdigaḷu))》 1 …とつながりのある人、…を持つ人 2 仲間、伴侶 [Ka. *oṃdu*² + *-iga*]

ಒಂದಿಗೆ ⟦oṃdige オンディゲ⟧ [ondige/vʌndige] *postp.* 《gen》…と共に、…と一緒に ¶ ಅವಳ ಒಂದಿಗೆ ಯಾರೂ ಮಾತಾಡೋದಿಲ್ಲ. (avaḷa oṃdige yārū mātāḍōdilla.) 誰も彼女と話をする者はない。 [Ka. dat. of *oṃdu*]

ಒಂದಿಸು ⟦oṃdisu オンディス⟧ [ondisu/vʌndisu] *vt.* 混ぜる、混ぜ合わす、混合する、一つにする [Ka. *oṃdu* 「1」由来の名詞起源動詞] = ಒಂದುಗೂಡಿಸು (oṃdugūḍisu)

ಒಂದಿಷ್ಟು ⟦oṃdiṣṭu オンディシュトゥ⟧ [ondiʂʈu/vʌndiʂʈu] *adj.* 1 ほんの少し ¶ ಒಂದಿಷ್ಟು ಉಪ್ಪು ಹಾಕಿದರೆ ರುಚಿ ಬರುತ್ತೆ. (oṃdiṣṭu uppu hākidare ruci barutte.) ほんの少し塩を入れたらおいしくなる。 2 ちょっと(人にものを頼む時に遠慮を表す言葉) ¶ ಒಂದಿಷ್ಟು ನೀರು ಕೊಡಿ. (oṃdiṣṭu nīru koḍi.) ちょっと水をください。 [Ka. *oṃdu* + *iṣṭu*]

ಒಂದು¹ ⟦oṃdu オンドゥ⟧ [ondu/vʌndu] *pron.adj.* 一つの —*pron.n.* 一つ [Ka. D990(d)]

ಒಂದು² ⟦oṃdu オンドゥ⟧ [ondu/vʌndu] 《古》 *vi.* 得る、獲得する、(満足などを) 得る [Ka. D4541] ☞ಹೊಂದು

ಒಂದುಗೂಡು ⟦oṃdugūḍu オンドゥグードゥ⟧ [ondugu:ḍu/vʌndugu:ḍu] *vi.* 1 集まる、集合する 2 結合する、連合する [Ka. *oṃdu* D990(d) + *kūḍu*]

ಒಂದುಗೂಡಿಸು ⟦oṃdugūḍisu オンドゥグーディス⟧ [ondugu:ḍisu] *vt.* 1 集める、集合させる、結合する 2 結合させる、結び合わせる [+ *-isu* caus.]

ಒಂದುಗೊಳಿಸು ⟦oṃdugoḷisu オンドゥゴリス⟧ [ondugoḷisu/vʌndu— goḷisu] *vt.* 結合する、一つにする [Ka. *oṃdu* D990(d) + *koḷisu*]

ಒಂದೊಮ್ಮೆ ⟦oṃdomme オンドンメ⟧ [ondomme/vʌndomme] *adv.* ときどき、時たま [*oṃdu* + *omme*]

ಒಂದ್ರಿ ⟦oṃdri オンドリ⟧ [ondri/vʌndri] 《方》 *n.* 篩(ふるい) [Ka. D980] (SK) = ಜಲ್ಲಡಿ (jallaḍi)

ಒಂಬತ್ತು ⟦oṃbattu オンバットゥ⟧ [ombəttu/vʌmbəttu] ಒಂಭತ್ತು *numr.adj.* —*numr.n.* ☞ಒಂಭತ್ತು (oṃbʰattu) [Ka. D1025]

ಒಂಬೈನೂರು ⟦oṃbainūru オンバイヌール⟧ [ombəinu:ru/vʌmbəinu:ru] *numr.adj.* 900 の —*numr.n.* 900 ☞ಒಂಬತ್ತುನೂರು (oṃbattunūru) [Ka. D1025]

ಒಂಭತ್ತು ⟦oṃbʰattu オンバットゥ⟧ [ombʰəttu/vʌmbʰəttu] *numr.adj.* 九つの —*numr.n.* 九つ [Ka. D1025]

ಒಕಾರ ⟦okāra オカーラ⟧ [okɐːrɐ] *n.* カンナダその他のインド系言語において音素 /o/ を表す文字 [Sk.]

ಒಕ್ಕಟ್ಟು ⟦okkaṭṭu オッカットゥ⟧ [okkəʈʈu/vʌkkəʈʈu] *n.* 統一(性) [Ka. *or-* + *kaṭṭu*]

ಒಕ್ಕಣಿಕೆ¹ ⟦okkaṇike オッカニケ⟧ [okkəɳike/vʌkkəɳike] *n.* 脱穀 (*Kitt.*) [Ka. D927]

ಒಕ್ಕಣಿಕೆ² ⟦okkaṇike オッカニケ⟧ [okkəɳike/vʌkkəɳike] *n.* 1 文体 2 手紙の呼び掛け(例えば「拝啓」) [Ka. *okkaṇe* + *-ike*]

ಒಕ್ಕಣಿಸು ⟦okkaṇisu オッカニス⟧ [okkəɳisu/vʌkkəɳisu] 《古》 *vt.* 説明する、描写する [Sk. *vyākʰyāna-* + *-isu*]

ಒಕ್ಕಣೆ¹ ⟦okkaṇe オッカネ⟧ [okkəɳe/vʌkkəɳe] *n.* 1 手紙の呼び掛け(例えば「拝啓」) 2 大きな業績を上げた人を称える称号 [Sk. *vyākʰyāna-*]

ಒಕ್ಕಣೆ² ⟦okkaṇe オッカネ⟧ [okkəɳe/vʌkkəɳe] *n.* 脱穀 [Ka. D927]

ಒಕ್ಕಣ್ಣ ⟦okkaṇṇa オッカンナ⟧ [okkəɳɳɐ/vʌkkəɳɳɐ] *m.* 《*f.* ಒಕ್ಕಣ್ಣಿ(okkaṇṇi)》〔蔑〕 隻眼の人 [Ka. *okkaṇṇu* < *orkaṇ* + *-a*²]

ಒಕ್ಕಣ್ಣಿ ⟦okkaṇṇi オッカンニ⟧ [okkəɳɳi/vʌkkəɳɳi] *f.* 《*m.* ಒಕ್ಕಣ್ಣ(okkaṇṇa)》〔蔑〕 隻眼の女性 [Ka. *okkaṇṇu orkaṇ* + *-i*²]

ಒಕ್ಕತನ ⟦okkatana オッカタナ⟧ [okkətənɐ] *n.* 伝統的な居住形態の一つで大きな屋敷地の中に親戚や友達などが(別々の家を構えて)集まって住むこと [Ka. *okka* <? + *-tana*]

ಒಕ್ಕರಿಸು¹ ⟦okkarisu オッカリス⟧ [okkərisu/vʌkkərisu] 《古》 *vt.* 1 〈食べた物を〉もどす、吐く 2 〈痰などを〉吐き出す (*Bh.1,5,5* (*Kitt.*)) [Ka. D1029] ☞ಓಕರಿಸು (ōkarisu)¹

ಒಕ್ಕರಿಸು² ⟦okkarisu オッカリス⟧ [okkərisu/vʌkkərisu] 《古》 *vi.* 1 (天体が)逆行する 2 (嫌な奴が)座り込む、やってくる ¶ ಆ ಆಸಾಮಿ ಬೆಳಗ್ಗೇ ಬಂದು ಒಕ್ಕರಿಸಿದ. (ā āsāmi beḷaggē baṃdu okkarisida.) あの連中がやってきた。 [Sk. *vakra-* + *-su* D1029] ☞ವಕ್ಕರಿಸು (vakkarisu)²

ಒಕ್ಕಲ್ 〚okkal オッカル〛[okkəl/vʌkkəl] 《古》 *n.* 脱穀 (*Pb.12.9V*) [Ka. *D926]

ಒಕ್ಕಲ 〚okkala オッカラ〛[okkǝ̆lɐ/vʌkkǝ̆lɐ] 《古》 *m.* 《*f.* ಒಕ್ಕಲ್ತಿ (okkalti)》小作人 [Ka. D925]

ಒಕ್ಕಲತನ 〚okkalatana オッカラタナ〛[okkǝ̆lətənɐ] 《古》 *n.* 農業、耕作 [+ *-tana*]

ಒಕ್ಕಲಿಗ 〚okkaliga オッカリガ〛[okkəligɐ/vʌkkəligɐ] *m.* 《*f.* ಒಕ್ಕಲಗಿತ್ತಿ (okkalagitti)》 1 農夫、農業経営者 2 オッカリガのカーストに属する人 [Ka. *okkal* + *-iga*]

ಒಕ್ಕಲಗಿತಿ 〚okkalagiti オッカラギティ〛[okkəlǝ̆giti/vʌkkəlǝ̆giti] 《古》 *f.* 《*m.* ಒಕ್ಕಲಿಗ (okkaliga)》[Ka. *okkala* D925 + *-gitti*] (*Šmd.244*) ☞ಒಕ್ಕಲಗಿತ್ತಿ (okkalagitti)

ಒಕ್ಕಲಗಿತ್ತಿ 〚okkalagitti オッカラギッティ〛[okkəlǝ̆gitti/vʌkkəlǝ̆gitti] ಒಕ್ಕಲಗಿತಿ, ಒಕ್ಕಲಿಗಿತಿ, ಒಕ್ಕುಲಗಿತ್ತಿ *f.* 1 農民の妻 2 女性の召し使い 3 オッカリガのカーストに属する人の妻 [Ka.*okkala* D925 + *-gitti*]

ಒಕ್ಕಲಿಗಿತಿ 〚okkaligiti オッカリギティ〛[okkəlĭgiti/vɣkkəlĭgiti] 《古》 *f.* [Ka. *D925] ☞ಒಕ್ಕಲಗಿತ್ತಿ (okkalagitti)

ಒಕ್ಕಲಿತಿ 〚okkaliti オッカリティ〛[okkəlĭti/vʌkkəliti] 《古》 *f.* [Ka. D925] ☞ಒಕ್ಕಲಗಿತ್ತಿ (okkalagitti)

ಒಕ್ಕಲು¹ 〚okkalu オッカル〛[okkǝ̆lu/vʌkkǝ̆lu] 《古》 *n.* 1 居住、住居、家 2 家族、家庭 ¶ ಈ ಹಳ್ಳಿಯಲ್ಲಿ ಮೂರು-ನೂರು ಒಕ್ಕಲುಗಳು ಇವೆ. (ī haḷḷiyalli mūrunūru okkalugaḷu ive.) この村には 300 家族が住んでいる。(*Pb.9.10*) 3 農業 4 農地からの収穫 —*m.* 1 小作人、農民 2 (大地主に対して)支配下の人々 [Ka. D925]

ಒಕ್ಕಲು² 〚okkalu オッカル〛[okkǝ̆lu/vʌkkǝ̆lu] *n.* 脱穀 [Ka. D927]

ಒಕ್ಕಲುತನ 〚okkalutana オッカルタナ〛[okkəlŭtənɐ] *n.* 1 小作 2 農業 [Ka. *okkalu*¹ D927 + *-tana*]

ಒಕ್ಕಲಿರು 〚okkaliru オッカリル〛[okkəliru/vʌkkəliru] *vi.* 借家に住む、働きの代償として与えられた家に住む [Ka. *okkal* + *iru*]

ಒಕ್ಕಲೆತ್ತು 〚okkalettu オッカレットゥ〛[okkəlettu] *vt.* 借家(特に小作人に地主から与えられている家)をたたんで引っ越す、農地などを明け渡して村を去る [Ka. *okkalu* + *ettu*]

ಒಕ್ಕಲೇಳು 〚okkalēḷu オッカレール〛[okkəle:ɭu] *vi.* (小作人が)家をたたんで引っ越す、農地および家を明け渡して村を去る [*okkalu* + *ēḷu*]

ಒಕ್ಕಲೇಳಿಸು 〚okkalēḷisu オッカレーリス〛[okkəle:ɭĭsu] *vt.* 1 貸している農地を取り上げて村から追い出す 2 〔喩〕〈人を〉すっからかんにする、貧乏にする [*okkalu* + *ēḷisu*]

ಒಕ್ಕಿಕೆ 〚okkike オッキケ〛[okkike/vʌkkike] 《‡》 *n.* 脱穀 (*My.* (*Kitt.*)) [Ka. *okku* D927 + *-ike*]

ಒಕ್ಕಿಲ್ 〚okkil オッキル〛[okkil/vʌkkil] 《古》 *n.* 脱穀 (*Pb.12.145.v*) [Ka. D927]

ಒಕ್ಕು¹ 〚okku オック〛[okku/vʌkku] 《方》 *vt.* 1 掘る (Hav.) 2 (ニワトリなどが)〈地面を〉引っ掻く (Bark.) [Ka. D926]

ಒಕ್ಕು² 〚okku オック〛[okku/vʌkku] *vt.* 脱穀する [Ka. D927]

ಒಕ್ಕಿಸು 〚okkisu オッキス〛[okkisu/vʌkkisu] *vt.* 《*caus.*》脱穀させる [Ka. caus.]

ಒಕ್ಕು³ 〚okku オック〛[okku/vʌkku] 《古》 *vt.* (川が)流れる [Ka. *D1010]

ಒಕ್ಕುಯಂತ್ರ 〚okkuyaṃtra オックヤントラ〛[okkŭjəntrɐ] *n.* 脱穀機 [*okku* + *yaṃtra*]

ಒಕ್ಕುಳಿಸು 〚okkuḷisu オックリス〛[okkuɭĭsu/vʌkkuɭĭsu] *vi.* げっぷを出す、おくびをする [Ka. D678]

ಒಕ್ಕೂಗು 〚okkūgu オックーグ〛[okku:gu] *n.* 1 声を揃えること 2 〔喩〕全員一致、満場一致 ¶ ಒಕ್ಕೂಗಿನಿಂದ ಒಪ್ಪಿದರು. (okkūginiṃda oppidaru.) 彼らは全員一致でそれを受け入れた。 [Ka. *or-* (= *oṃdu*) + *kūgu*]

ಒಕ್ಕೂಟ 〚okkūṭa オックータ〛[okku:ʈɐ] *n.* 1 (労働者や学生などの)組合 2 (ソビエト連邦式の)連邦 [Ka. *or-* (= *oṃdu*) + *kūṭa*]

ಒಕ್ಕೊರಳು 〚okkoraḷu オッコラル〛[okkorǝ̆ɭu/vʌkkorǝ̆ɭu] (*n.*) 1 声を揃える〈こと〉2 異口同音〈の〉、全員一致〈の〉¶ ಸಭೆ ನಿರ್ದೇಶಕರ ನೇಮಕವನ್ನು ಒಕ್ಕೊರಳಿನಿಂದ ಸ್ವಾಗ-ತಿಸಿತು. (sabʰe nirdēśakara nēmakavannu okkoraḷiniṃda svāgatisitu.) 会議は全員一致で会長の任命を歓迎した。 [Ka. *or-* + *koraḷu*]

ಒಗಂಟು 〚ogaṃṭu オガントゥ〛[ognʈu] 《古》 *n.* 謎、謎々 [Ka. *D932] ☞ಒಗಟು (ogaṭu)

ಒಗಂಟೆ 〚ogaṃṭe オガンテ〛[ogənʈe] 《古》 *n.* [Ka. *D932] ☞ಒಗಟು (ogaṭu)

ಒಗಟು 〚ogaṭu オガトゥ〛[ogǝ̆ʈu] ಒಗಂಟು, ಒಗಂಟೆ, ಒಗ-ಟು, ಒಗಟೆ *n.* 謎、謎々 [Ka. D932]

ಒಗಟೆ 〚ogaṭe オガテ〛[ogǝ̥ʈe] *n.* [Ka. D932] ☞ಒಗಟು (ogaṭu)

ಒಗಡಿಕೆ 〚ogaḍike オガディケ〛[ogǝ̆ɖĭke] 《古》 *n.* 嘔吐、(食べたものを) 吐くこと [Ka. D678] = ಓಕರಿಕೆ (ōkarike)〔汎〕

ಒಗಡು 〚ogaḍu オガドゥ〛[ogǝ̆ɖu] 《古》 *vt.* 〈食べたものを〉もどす、吐く (ಕೌ.ಶಿ.ರಾ ((kauẓirā)19.37) [Ka. *D678]

ಒಗಡಿಸು 〚ogaḍisu オガディス〛[ogǝ̆ɖisu] 《古》 *vt.* 〈食べたものを〉もどす、吐く [+ *-isu* caus., D678] (KRa.19.37)

ಒಗನಿ 〚ogani オガニ〛[ogǝ̆ni] 《古》 *n.* 植物の一種 [Ka. D560] ☞ಒಗುನಿ (oguni)

ಒಗರು 〚ogaru オガル〛[ogǝ̆ru] ಒಗರು *n.* 渋み [Ka. D2674]

ಒಗರುಕಾಯಿ 〚ogarukāyi オガルカーイ〛[ogǝ̆rukɐ:ji] *n.* 未熟で渋い果実 [+ *kāyi*]

ಒಗು¹ 〚ogu オグ〛[ogu] 《古》 *vt.* [Ka. D562] ☞ಉಗು (ugu)

ಒಗಿಸು 〚ogisu オギス〛[ogisu] 《古》 *vt.* 《*caus.*》[Ka. caus.] = ಒಗು (ogu)¹

ಒಗು² ⟦ogu オグ⟧ [ogu] 《‡》 *vi.* [Ka. D4238] (*My.* (*Kitt.*)) ☞ಪೊಗು (pogu)

ಒಗುನಿ ⟦oguni オグニ⟧ [ogŭni] ಒಗನಿ 《古》 *n.* 若枝が歯ブラシとして用いられる灌木の一種(アカザ科ハマアカザ属の低木)→ 薬・具 [Ka. *D560] = ಗೋಣಿಮರ, ಪೀಲುಮರ (gōṇimara, pīlumara) *[IMP 5.50]

ಒಗೆ¹ ⟦oge オゲ⟧ [oge] 《文》 *vi.* 生まれる、生じる、発生する (*Pb.2.33*) [Ka. D559] = ಹುಟ್ಟು (huṭṭu)

ಒಗೆ² ⟦oge オゲ⟧ [oge] *vt.* **1** 〈布などを〉両手で叩きつけて洗う、叩き洗いする［⇒図］ **2** 洗濯する(一般的に) ―*n.* 洗濯、(布などを)洗うこと [Ka. D933]

ಒಗೆತ¹ ⟦ogeta オゲタ⟧ [ogĕtɐ] 《文》 *n.* 誕生、出生 [Ka. *oge*¹ D559 + *-ta*]

ಒಗೆ
叩き洗い

ಒಗೆತ² ⟦ogeta オゲタ⟧ [ogĕtɐ/vʌgĕtɐ] *n.* **1** 叩きつけること **2** 洗濯、布などを洗うこと [Ka. *oge*² D933 + *-ta*] cf. ಜಾಲಿಸುವುದು, ಕುಸುರುವುದು (jālisuvudu, kusuruvudu)

ಒಗ್ಗರಣೆ ⟦oggaraṇe オッガラネ⟧ [oggərə̆ɳe/vʌggərə̆ɳe] *n.* マスタードシード、ターメリックなどを炒めたものや塩などで副食物に味をつけること ◇ *vi.* ―ಹಾಕು (hāku) [Pk. **vagg*ʰ*āraṇā-* A13]

ಒಗ್ಗರಿಸು ⟦oggarisu オッガリス⟧ [oggərĭsu/vʌggərĭsu] *vt.* 炒めたからしだね、ウコン、塩などで副食物に味をつける [Sk. *vyāg*ʰ*ārayati* App.13]

ಒಗ್ಗು¹ ⟦oggu オッグ⟧ [oggu/vʌggu] ಒಗುರ್, ಒಟ್ಟು *vi.* 《*dat.*》 **1** 《古》 合一する、一つになる;集合する (*Kitt.*) = ಒಂದುಗೂಡು (oṃdugūḍu) **2** (気候、水などが)合う ¶ ನಮ್ಮ ಹುಡುಗನಿಗೆ ಈ ಊರಿನ ಹವ ಒಗ್ಗಲಿಲ್ಲ. (namma huḍuganige ī ūrina hava oggalilla.) ここの気候が息子に合わなかった。 [Ka. D990(a)?]

ಒಗ್ಗು² ⟦oggu オッグ⟧ [oggu/vʌggu] *vt.* **1** 〈顔などを〉向ける **2** 《‡》 曲げる、〈頭を〉垂れる (*Kitt.*) ―*vi.* **1** (動物が)馴らされる、(ペン、機械などが)使用によって慣れてくる ¶ ಈ ಪೆನ್ನು ಇನ್ನು ಒಗ್ಗಿಲ್ಲ. (ī pennu innu oggilla.) このペンはまだ慣れていない。 **2** (気の強い女性などが)馴らされる [Ka. D991]

ಒಗ್ಗಿಸು ⟦oggisu オッギス⟧ [oggisu/vʌggisu] *vt.* **1** 〈動物などを〉馴らす、飼い慣らす **2** 〈気の強い女性などを〉馴らす [+ *-isu* caus.]

ಒಗ್ಗೂಡು ⟦oggūḍu オッグードゥ⟧ [oggu:ḍu] *vi.* 集まる、集合する [Ka. *or-* + *kūḍu*] = ಒಂದುಗೂಡು (oṃdugūḍu)

ಒಗ್ಗೂಡಿಸು ⟦oggūḍisu オッグーディス⟧ [oggu:ḍĭsu] *vt.* 集める、集合させる [Ka. caus.] = ಒಂದುಗೂಡಿಸು (oṃdugūḍisu)

ಒಚ್ಚಯ¹ ⟦occaya オッチャヤ⟧ [oʧʧə̆jɐ] 《古》 *n.* 親切、友情 (*Kitt.*) [cf. Sk. *vatsala-*?]

ಒಚ್ಚಯ² ⟦occaya オッチャヤ⟧ [oʧʧə̆jɐ] 《古》 *n.* 不名誉、不面目、恥辱 (Bp.16.2) [Ka. D942]

ಒಚ್ಚಿ ⟦occi オッチ⟧ [oʧʧi] 《‡》 *n.* [Ka. D942] (*Kitt.*) ☞ಒಚ್ಚಯ (occaya)

ಒಚ್ಚಿಯ ⟦occiya オッチヤ⟧ [oʧʧijɐ] 《‡》 *n.* [Ka. D942] (Kitt.) ☞ಒಚ್ಚಯ (occaya)²

ಒಚ್ಚು ⟦occu オッチュ⟧ [oʧʧu] 《方》 *vt.* 〈舟を〉漕ぐ (*Hav.*) [Ka. D984]

ಒಚ್ಚೆಯ ⟦occeya オッチェヤ⟧ [oʧʧejɐ] 《古》 *n.* [Ka. D942] (Bp.16.2 (Kitt.)) ☞ಒಚ್ಚಯ (occaya)

ಒಜ್ಜರ ⟦ojjara オッジャラ⟧ [oʤʤə̆rɐ/vʌʤʤə̆rɐ] 《文》 *n.* **1** 谷間の急流 **2** 泉 [Ka. D761, cf. Pk. *ojj*ʰ*ara-*]

ಒಟ್ಟಂದ ⟦oṭṭaṃda オッタンダ⟧ [oʈʈənda/vʌʈʈənda] *n.* 完全な美 [Ka. *oṭṭu*¹ + *aṃda*]

ಒಟ್ಟಜ¹ ⟦oṭṭaja オッタジャ⟧ [oʈʈə̆ʤɐ] 《古》 *n.* **1** 貢ぎもの (Šm. 39) **2** 質物、抵当 [Ka. D952]

ಒಟ್ಟಜ² ⟦oṭṭaja オッタジャ⟧ [oʈʈə̆ʤɐ] 《古》 *n.* 堆積、山 [Ka. *D958]

ಒಟ್ಟಜಿ ⟦oṭṭaji オッタジ⟧ [oʈʈə̆ʤi] 《古》 *n.* 勇気、剛胆、英雄性 [Ka. *D958]

ಒಟ್ಟಜೆ ⟦oṭṭaje オッタジェ⟧ [oʈʈə̆ʤe] ಒಟ್ಟಜ,² ಒಟ್ಟಜಿ 《古》 *n.* **1** 極度、偉大性 **2** 堆積、山 (Kk.) **3** 勇気、剛胆、英雄性 (*Pb.1.25*) [Ka. D958]

ಒಟ್ಟಲ್ ⟦oṭṭal オッタル⟧ [oʈʈəl] 《古》 *n.* 堆積、山 ―*vt.* 積み上げる (*Pb.1.117*) [Ka. D958 *oṭṭu* + *-al*]

ಒಟ್ಟರೆ ⟦oṭṭare オッタレ⟧ [oʈʈəre] 《古》 *adv.* 全体として、概して [Ka. *oṭṭu*¹ *-āre*] ☞ಒಟ್ಟಾರೆ (oṭṭāre)

ಒಟ್ಟಾರೆ ⟦oṭṭāre オッターレ⟧ [oʈʈɐ:re/vʌʈʈɐ:re] ಒಟ್ಟರೆ *adv.* **1** 完全に **2** 全体として、概して ¶ ನೀವು ಮಾಡಿದ ಕೆಲಸ ಒಟ್ಟಾರೆ ಚನ್ನಾಗಿದೆ. (nīvu māḍida kelasa oṭṭāre cannāgide.) あなたの仕事は全体としてよい。 [Ka. *oṭṭu*¹ *-āre*]

ಒಟ್ಟಿ ⟦oṭṭi オッティ⟧ [oʈʈi/vʌʈʈi] 《‡》 *n.* ゆりかごを吊るす枠組み (*Kitt.*) [Ka. D708]

ಒಟ್ಟಿಕೆ ⟦oṭṭike オッティケ⟧ [oʈʈĭke/vʌʈʈĭke] 《古》 *n.* (後で使うために)積み上げておくこと [Ka. D958]

ಒಟ್ಟಿಗೆ ⟦oṭṭige オッティゲ⟧ [oʈʈĭge/vʌʈʈĭge] *adv.* **1** 一緒に ¶ ನೀನು ಒಟ್ಟಿಗೆ ಹೋಗು. (nīnu oṭṭige hōgu.) 一緒に行け。 **2** いっぺんに、一緒に ¶ ಆ ಕೆಲಸವನ್ನೂ ಈ ಕೆಲಸವನ್ನು ಒಟ್ಟಿಗೆ ಮಾಡಿ ಬಿಡು. (ā kelasavannū ī kelasavannu oṭṭige māḍi biḍu.) あの仕事とこの仕事を一緒にやってしまえ。 ―*postp.* 《*gen.*》 …と一緒に ¶ ಅವಳೊಟ್ಟಿಗೆ ಅಂಗಡಿಗೆ ಹೋಗು. (avaḷoṭṭige aṃgaḍige hōgu.) あの人と一緒に店へ行って来なさい。 [Ka. *oṭṭu*¹ *D958 + *-ige*]

ಒಟ್ಟಿಲ್ ⟦oṭṭil オッティル⟧ [oʈʈĭl/vʌʈʈĭl] ಒಟ್ಟಲ್, ಒಟ್ಟಿಲು 《古》 *n.* **1** (積んだ)山、堆積 **2** 合計、総計 [Ka. *oṭṭu*¹ D958 + *-il*]

ಒಟ್ಟಿಸು ⟦oṭṭisu オッティス⟧ [oʈʈĭsu/vʌʈʈĭge] *vt.* **1** 〈ゴミなどを〉かき集める、〈レンガなどを〉集めて積んでおく **2** 〔喩〕〈徳、罪などを〉集積する、集める ¶ ಅವನು ಒಟ್ಟಿಸಿದ ಪಾಪ ಈಗ ಪರ್ವತ ಆಗಿದೆ. (avanu oṭṭisida pāpa īga parvata āgide.) あの男が犯した罪は今では

山のようになった。 ―vi. 集まる、蓄積される ¶ ಸೀತೆಯ ಮನಸಿನಲ್ಲಿ ದುಃಖ ಒಟ್ಟಿಸಿದೆ. (sīteya manasinalli duḥkʰa oṭṭiside.) シーターの心に悲しみが蓄積されている。[Ka. D958]

ಒಟ್ಟು¹ ⟦oṭṭu オットゥ⟧ [oʈʈu/vʌʈʈu] *vt.* 1 積む、積んでおく 2《異》あるものの中に〈あるものを〉(整頓せずに)詰め込む 3 つなぐ、くっつける(*Śmd.Dʰā.*) ―*vi.* くっつく、接合する(*Rśv.5,66*) ―*n.* 1 結合、連結、合同 2 堆積、山 3 合計、総計 4 「開いていないもの」、芽、胚、胚芽 5 (粘土の塊などの)粘着、粘着力 ―*adv.* 全部で ¶ ಒಟ್ಟು ಎಷ್ಟು ರೂಪಾಯಿ? (oṭṭu eṣṭu rūpāyi?) 全部でいくらですか。[Ka. D958]

ಒಟ್ಟುಲೆಕ್ಕ ⟦oṭṭulekka オットゥレッカ⟧ [oʈʈŭlekkɐ] *n.* 合計、総計 [+ *lekka*]

ಒಟ್ಟು² ⟦oṭṭu オットゥ⟧ [oʈʈu/vʌʈʈu] 《古》*n.* 誓い、誓約 [Ka. D959]

ಒಟ್ಟೆ¹ ⟦oṭṭe オッテ⟧ [oʈʈe/vʌʈʈe] ಒಂಟೆ 《古》*n.* ラクダ (*Śmd.355*) [Sk. *uṣṭra-*] = ಒಂಟೆ (oṃṭe)

ಒಟ್ಟೆ² ⟦oṭṭe オッテ⟧ [oʈʈe/vʌʈʈe] *n.* 割れ目、裂け目 (*Pb.10.4*) [Ka. D946] = ಓಟೆ (ōṭe)

ಒಟ್ಟಯ್ಸು ⟦oṭṭaysu オッタイス⟧ [oʈʈəĭsu] 《古》*vt.* (きっちりと整頓せずに)一か所に集める、積んでおく [Ka. D958] = ಒಟ್ಟಿಸು (oṭṭisu)

ಒಡ ⟦oḍa オダ⟧ [oɖɐ] 《古》(*adj.*)《複合語頭で》一緒〈の〉、同伴〈の〉[Ka. D945]

ಒಡಂ ⟦oḍaṃ オダン⟧ [oɖəm] ಒಡ, ಒಡನ್ 《古》*soc.* 1 一緒に 2 直ちに ―*postp.* 1 …と共に 2 …するや否や(動詞の連用完了分詞形に付いて) [Ka. D945]

ಒಡಂಬಡಿಕೆ ⟦oḍaṃbaḍike オダンバディケ⟧ [oɖəmbəɖĭke/vʌɖəmbəɖĭke] *n.* 1 合意、取り決め、契約 2 新約聖書、旧約聖書 3 慰撫、慰めること、なだめること [Ka.D945 *oḍambaḍu* + *-ike*]

ಒಡಂಬಡು ⟦oḍaṃbaḍu オダンバドゥ⟧ [oɖəmb̥əɖu/vʌɖəmb̥əɖu] *vi.* 同意する、承諾する [Ka. *oḍam* D945 + *paḍu*]

ಒಡಂಬಡಿಸು ⟦oḍaṃbaḍisu オダンバディス⟧ [oɖəmbəɖĭsu] *vt.*《*caus.*》承諾させる、同意させる ¶ ಅವನನ್ನು ಈ ಕೆಲಸಕ್ಕೆ ಒಡಂಬಡಿಸು. (avanannu ī kelasakke oḍaṃbaḍisu.) 彼にこの仕事を承諾させろ。[+ *-isu* caus.]

ಒಡಂಬಿ ⟦oḍaṃbi オダンビ⟧ [oɖəmbi/vʌɖəmbi] 《古》*n.* [Ka. D586] ☞ಒಡಂಬು (oḍaṃbu)

ಒಡಂಬು ⟦oḍaṃbu オダンブ⟧ [oɖəmbu] ಒಡಂಬಿ, ಒಡಮು 《古》*n.* 体、身体 [Ka. D586]

ಒಡಂಬೆ ⟦oḍaṃbe オダンベ⟧ [oɖəmbe] 《‡》*n.* [Ka. D586] (*Kitt.*) ☞ಒಡಂಬು (oḍaṃbu)

ಒಡಕ¹ ⟦oḍaka オダカ⟧ [oɖə̆kɐ/vʌɖə̆kɐ] (*adj.*) 一部あるいは全部が破損した〈こと〉、ひびの入った〈こと〉[Ka. *oḍe* *D946 + *-ka*]

ಒಡಕ² ⟦oḍaka オダカ⟧ [oɖə̆kɐ/vʌɖə̆kɐ] *m.*《*f.* ಒಡಕಿ (oḍaki)》壊す人、破壊する人 ¶ ಮೂರ್ತಿ ನಮ್ಮ ಪಕ್ಷದ ಒಡಕ. (mūrti namma pakṣada oḍaka.) ムールティは我々の党に不和をもたらす人間だ。[Ka. *oḍe* *D946 + *-aka*]

ಒಡಕಲು ⟦oḍakalu オダカル⟧ [oɖəkəlu/vʌɖəkəlu] (*n.*) 割れた〈こと〉、折れた〈こと〉、壊れた〈こと〉¶ ಒಡಕಲು ವಿಗ್ರಹ ಪೂಜೆಗೆ ಅರ್ಹವಲ್ಲ. (oḍakalu vigraha pūjege arhavalla.) 損傷した偶像は礼拝に使えない。 ―*n.* (壺、神像などの)欠損物 [Ka. *oḍaku* D946 + *-alu*]

ಒಡಕು ⟦oḍaku オダク⟧ [oɖə̆ku/vʌɖə̆ku] *n.* 1 割れ目、ひび 2 仲たがい、内輪もめ ―(*n.*) 1 壊れた状態〈の〉、欠けた状態〈の〉 2 仲違い〈した〉[Ka. D946]

ಒಡಕುಕಾಸು ⟦oḍakukāsu オダクカース⟧ [oɖə̆kukɐːsu] *n.* 1 壊れた貨幣、ちびた貨幣 2 1ルーピー以下の少額の貨幣 [+ *kāsu*]

ಒಡಕುಡೋಣಿ ⟦oḍakuḍōṇi オダクドーニ⟧ [oɖə̆kuɖoːɳi] *n.* 穴の空いた舟 [+ *dōṇi*]

ಒಡಕುದನಿ ⟦oḍakudani オダクダニ⟧ [oɖə̆kudəni] *n.* 1 割れた声、擦れた声 2 調子はずれの声 3 一般人の意見に反する意見;その場に合わない発話 [+ *dani*]

ಒಡಕುಬಾಯಿ ⟦oḍakubāyi オダクバーイ⟧ [oɖə̆kubɐːji] *n.* 1 壺などの壊れた首 2 口の軽い人、秘密が守れない人 [+ *bāyi*]

ಒಡಕುಹರವಿ ⟦oḍakuharavi オダクハラヴィ⟧ [oɖə̆kuhərə̆vi] *n.* 壊れた土製の壺 [+ *haravi*]

ಒಡಗೂಡು ⟦oḍagūḍu オダグードゥ⟧ [oɖə̆g̊uːɖu/vʌɖə̆g̊uːɖu] 《文》*vi.* 1 結びつく、結合する、くっつく 2 混ざる、混合する [*oḍa* D945 + *kūḍu*]

ಒಡಗೂಡಿಸು ⟦oḍagūḍisu オダグーディス⟧ [oɖə̆g̊uːɖisu] 《文》*vt.* 1 結合する、一つにする、一緒にする 2 混ぜる、混合する [+ *-isu* caus.]

ಒಡಚು ⟦oḍacu オダチュ⟧ [oɖə̆ʧu/vʌɖə̆ʧu] 《‡》*n.* 横根(よこね) (*DEDR*) [Ka. D950] ☞ಒಡುಸೆ (oḍuse)

ಒಡತನ ⟦oḍatana オダタナ⟧ [oɖə̆tənɐ/vʌɖə̆tənɐ] *n.* [Ka. D593] ☞ಒಡೆತನ (oḍetana)

ಒಡತರೆ ⟦oḍatare オダタレ⟧ [oɖətəre] 《文》*n.* 盛んに枝分かれした棘のあるマメ科の低木 ⇁ 薬 [Ka. *D5391] *[IMP 2.330]

ಒಡತಿ ⟦oḍati オダティ⟧ [oɖə̆ti/vʌɖə̆ti] *f.*《*m.* ಒಡೆಯ (oḍeya)》1 女主人、女性の監督者、女性の持ち主 2 妻 [Ka. f. of *oḍeya*]

ಒಡನ್ ⟦oḍan オダン⟧ [oɖən/vʌɖən] 《古》*adv.* 1 一緒に、共に 2 ただちに、たちまち ―*postp.*《*gen.*》1 …と共に 2 …するや否や [Ka. D945]

ಒಡನಾಟ ⟦oḍanāṭa オダナータ⟧ [oɖə̆nɐːʈɐ/vʌɖə̆nɐːʈɐ] *n.* 交友、交際 [*oḍan* + *āṭa*]

ಒಡನಾಡಿ ⟦oḍanāḍi オダナーディ⟧ [oɖə̆nɐːɖi/vʌɖə̆nɐːɖi] *mf.* 仲間、連れ、いつも付き合っている人 [Ka.

oḍanāḍu + -*i*²]

ಒಡನಾಡು ⟦oḍanāḍu オダナードゥ⟧ [oḍə̆nɐːḍu/vʌḍə̆nɐːḍu] *vi.* 《*gen.*》付き合う、交わる [Ka. *oḍan* + *āḍu*]

ಒಡನೆ ⟦oḍane オダネ⟧ [oḍə̆ne/vʌḍə̆ne] *postp.* **1** …と一緒に、…と共に ¶ ಅವನು ರಮೇಶನ ಒಡನೆ ಸಿನಿಮಾಕ್ಕೆ ಹೋದ. (avanu ramēśana oḍane sinimākke hōda.) あの子はラメーシャと一緒に映画を見にいった。**2** …するや否や ¶ ಆಕೆ ಬಂದ ಒಡನೆ ನಾನು ಹೊರಡುತ್ತೇನೆ. (āke baṃda oḍane nānu horaḍuttēne.) 妻が帰りしだい出発します。 —*adv.* 直ちに、すぐ ¶ ಅಣ್ಣ ಒಡನೆ ಹೊರಟರು. (aṇṇa oḍane horaṭaru.) 兄は直ちに出発した。[Ka. *oḍan* + -*e*]

ಒಡಪು ⟦oḍapu オダプ⟧ [oḍə̆pu/vʌḍə̆pu] (*n.*) **1** 壊れた状態〈の〉、欠けた状態〈の〉、割れた状態〈の〉 **2** 仲違い〈した〉 ◇ *vi.* —ಇಡು (iḍu) 仲違いする —*n.* **1** 凝固した牛乳の固形部分 **2** 謎、謎々

ಒಡಮು ⟦oḍamu オダム⟧ [oḍəmu/vʌḍəmu] 《古》*n.* 体、身体 [Ka. *D586] ☞ಒಡಂಬು (oḍambu)

ಒಡಮೆ ⟦oḍame オダメ⟧ [oḍə̆me] 《古》*n.* **1** 所有、所有権 **2** 富、財 **3** 装身具 [Ka. *oḍe* D593 + -*me*]

ಒಡರಿಚು ⟦oḍaricu オダリチュ⟧ [oḍəriʧu] 《古》*vt.* [Ka. D944] ☞ಒಡರ್ಚು (oḍarcu)

ಒಡರಿಸು ⟦oḍarisu オダリス⟧ [oḍə̆risu] 《古》*vt.* 行う、する [Ka. caus. D944]

ಒಡರ್ ⟦oḍar オダル⟧ [oḍər] 《古》*vt.* **1** 行う、する **2**〈あることに〉関わる、携わる —*v.aux.* …し始める (*J. 2.31*) [Ka. 944]

ಒಡರ್ಚಿಸು ⟦oḍarcisu オダルチス⟧ [oḍərʧisu] 《古》*vt.* **1** 供給する、提供する、与える **2** 始める、開始する、〈あることに〉取りかかる **3**〈あることに〉関わる、携わる、従事する —*v.aux.* …し始める [Ka. caus. D944]

ಒಡರ್ಚು ⟦oḍarcu オダルチュ⟧ [oḍərʧu] ಒಡರಿಚು 《古》*vt.* **1** 行う **2** 提供する、供給する **3**〈あることに〉従事する、企てる (*Pb.1.11*) —*v.aux.* 《-*al*》…し始める [Ka. D944]

ಒಡಲ್ ⟦oḍal オダル⟧ [oḍəl] 《古》*n.* **1** 体、身体 **2** 胃 [Ka. D586]

ಒಡವೆ ⟦oḍave オダヴェ⟧ [oḍə̆ve/vʌḍə̆ve] *n.* **1** 所有、所有権 **2** 富、財 **3** 装身具 [Ka. *oḍe* D593 + -*me*]

ಒಡಹುಟ್ಟು ⟦oḍahuṭṭu オダフットゥ⟧ [oḍə̆huṭṭu/vʌḍə̆huṭṭu] *mf.* 兄弟または姉妹、兄や弟や姉や妹 —*n.* 兄弟姉妹として生まれること —*vi.*「一緒に生まれる」、兄弟姉妹として生まれる、同じ親から生まれる [Ka. *oḍa* + *huṭṭu*]

ಒಡಿ¹ ⟦oḍi オディ⟧ [oḍi/vʌḍi] 《口》*vi.* —*vt.* ☞ಒಡೆ (oḍe)¹ (*C.* (*Kitt.*)) [Ka. D946]

ಒಡಿಸು ⟦oḍisu オディス⟧ [oḍisu/vʌḍisu] 《口》*vt.* 《*caus.*》粉砕させる (*C.* (*Kitt.*)) [caus. D946] (*C.* (*Kitt.*)) ☞ಒಡೆಸು (oḍesu)〔汎〕

ಒಡಿ² ⟦oḍi オディ⟧ [oḍi] 《‡》*n.* 熱 (*Sd.* (*Kitt.*)) [Ka. D5225] ☞ವಡಿ (vaḍi)

ಒಡಿ³ ⟦oḍi オディ⟧ [oḍi] 《‡》*vi.* **1** 滴る、ちょろちょろ流れる (*C.* (*Kitt.*)) **2** にじみ出る、(インクが) にじむ (*C.* (*Kitt.*)) [Ka. D5221]

ಒಡಿಗಟ್ಟು ⟦oḍigaṭṭu オディガットゥ⟧ [oḍigəṭṭu] 《古》*vt.* 漉す、布で漉す [Ka. *oḍi* D5221 + *kaṭṭu*]

ಒಡಿಸೆ ⟦oḍise オディセ⟧ [oḍĭse] ಒಡಚು, ಒಡುಚು 《古》*n.* 横根(よこね)(脇の下や腿の付け根のリンパ節の腫れを伴う炎症) [Ka. D950]

ಒಡುಚು ⟦oḍucu オドゥチュ⟧ [oḍŭʧu] 《古》*n.* 横根(よこね)、脇の下や腿の付け根のリンパ節の腫れを伴う炎症 (*Reeve*) [Ka. D950] ☞ಒಡಿಸೆ (oḍise)

ಒಡೆ¹ ⟦oḍe オデ⟧ [oḍe/vʌḍe] *vi.* **1** 壊れる、割れる **2** (つぼみや芽が) 開く **3** (交友関係などが) 切れる、終わる ¶ ಅವರ ಸ್ನೇಹ ಒಡೆಯಿತು. (avara snēha oḍeyitu.) 彼らの友情は終わった。 **4** (牛乳が) 酸敗などで水と固体に分離する **5** (勇気が) くじける ¶ ಕೊಲೆಗಡುಕನನ್ನು ನೋಡಿದಾಗ ಅವನ ಎದೆ ಒಡೆಯಿತು. (kolegaḍukanannu nōḍidāga avana ede oḍeyitu.) 殺人者を見て彼の勇気がくじけた。 **6** (枝が) 別れる、(道路が) 枝分かれする —*vt.* **1** 割る、壊す **2** 割る、分ける、分離する **3**〈交友関係などを〉絶つ、終わらせる —*n.* **1** 破片、砕片 **2** 酸敗などのために固まった(牛)乳

ಒಡಿಸು ⟦oḍisu オディス⟧ [oḍisu] 《口》*vt.* 《*caus.*》粉砕させる [caus. D946]

ಒಡೆ² ⟦oḍe オデ⟧ [oḍe] 《古》*m.* **1** 所有者 **2** 支配者 [Ka. *D593]

ಒಡೆಜಾಲಿ ⟦oḍejāli オデジャーリ⟧ [oḍĕʤɐːli] 《文》*n.* 刺のあるマメ科の植物の一種(ネムノキ科アカシア属) [Ka. D594, D2474]

ಒಡೆತ ⟦oḍeta オデタ⟧ [oḍĕtɐ/vʌḍĕtɐ] *n.* **1** 破壊すること、割ること、折ること、壊れること、割れること、折れること **2** 血管や腱または神経がねじれることで生じると信じられている痛み [Ka. *oḍe* + -*ta*]

ಒಡೆತನ ⟦oḍetana オデタナ⟧ [oḍetə̆nɐ/vʌḍetə̆nɐ] ಒಡತನ *n.* **1** 支配、統御、支配権 **2** 所有権、所有 **3** (ある技術の) 熟達 [Ka. D593 *oḍe* + -*tana*]

ಒಡೆಯ ⟦oḍeya オデヤ⟧ [oḍejɐ/vʌḍejɐ] *m.* 《*f.* ಒಡತಿ (oḍati)》 **1** 所有者 **2** 君主、支配者 [Ka. *oḍe*² D593 + -*a*]

ಒಡೆಯತನ ⟦oḍeyatana オデヤタナ⟧ [oḍejətənɐ] *n.* [Ka. *oḍeya* + -*tana*] ☞ಒಡೆತನ (oḍetana)

ಒಡೆಯಿಸು ⟦oḍeyisu オデイス⟧ [oḍejisu] *vt.* (*caus.*) 破壊させる、など [Ka. caus. of *oḍe*]

ಒಡ್ಡ¹ ⟦oḍḍa オッダ⟧ [oḍḍɐ/vʌḍḍɐ] ಒಟ್ಟ *m.* 《*f.* ಒಡ್ಡಿ/ಒಡ್ಡತಿ (oḍḍi/oḍḍati)》 **1** 石を切り出したり井戸を掘ったりため池を作ったりするカーストに属する人 **2**〔蔑〕粗野な人 [?]

ಒಡ್ಡ² 〚oḍḍa オッダ〛 [oɖɖɐ] 《古》 *n.* **1** 積み重ね、(積まれたものの)山 **2** 軍隊 [Ka. D958] *(Pb.11.86)*

ಒಡ್ಡ³ 〚oḍḍa オッダ〛 [oɖɖɐ] 《古》 *n.* 博打での賭け金 [Ka. D959] = ಪಂದ್ಯ (paṃdya) 〔汎〕

ಒಡ್ಡಣ¹ 〚oḍḍaṇa オッダナ〛 [oɖɖə̆ɳɐ] 《古》 *n.* **1** 積み重ねたもの、(積まれたものの)山 **2** 軍隊 [Ka. D958] ☞ಒಡ್ಡವಣೆ (oḍḍavaṇe)

ಒಡ್ಡಣ² 〚oḍḍaṇa オッダナ〛 [oɖɖə̆ɳɐ] *n.* [Ka. D961] *(My. (Kitt.))* ☞ಒಡ್ಯಾಣ (oḍyāṇa)

ಒಡ್ಡಣ³ 〚oḍḍaṇa オッダナ〛 [oɖɖə̆ɳɐ] 《古》 *n.* 楯 [Ka. D963]

ಒಡ್ಡತನ 〚oḍḍatana オッダタナ〛 [oɖɖə̆tənɐ/vʌɖɖə̆tənɐ] *n.* 粗野なこと [Ka. *oḍḍa* + *-tana*]

ಒಡ್ಡವಾಣ 〚oḍḍavāṇa オッダヴァーナ〛 [oɖɖə̆vɐːɳɐ] 《古》 *n.* 昔(主として)女性が腰に巻いていた金や銀の帯 *(My. (Kitt.))* [Ka. D961] ☞ಒಡ್ಯಾಣ (oḍyāṇa)

ಒಡ್ಡಿ 〚oḍḍi オッディ〛 [oɖɖi/vʌɖɖi] *n.* ものを数えたり遊戯をしたりする時に使う四つずつの集まり [⇒図] [Ka. D599]

ಒಡ್ಡಿ四つずつ

ಒಡ್ಡಿಕೆ 〚oḍḍike オッディケ〛 [oɖɖĭke] 《‡》 *n.* ものを積み重ねること *(My. (Kitt.))* [Ka. D962]

ಒಡ್ಡಿವಾಣ 〚oḍḍivāṇa オッディヴァーナ〛 [oɖɖĭvɐːɳɐ] 《‡》 *n.* [Ka. D961] *(My. (Kitt.))* ☞ಒಡ್ಯಾಣ (oḍyāṇa)

ಒಡ್ಡು 〚oḍḍu オッドゥ〛 [oɖɖu/vʌɖɖu] *vt.* **1** 〈ゴミや土を〉(水の流れを止めたり、動物の侵入を防いだりするために)積み重ねる **2** 物を受け取るため〈両手を〉合わせて差し出す **3** (博打で)〈あるものを〉賭ける **4** 前に置く、差し出す **—*n.*** **1** (水の流れを止めたり、動物の侵入を防いだりするなどのために)積み重ねた土などの堆積、山 **2** 敵の進入を防ぐために配置された軍隊 **3** 博打で賭ける物や掛け金 **4** 脱穀場に集められた穀物 [Ka. D958, D959, D962, D963]

ಒಡ್ಡಿಸು 〚oḍḍisu オッディス〛 [oɖɖĭsu] *vt.* 《*caus.*》置かせる、差し出させる、など [+ *-isu* caus.]

ಒಡ್ಡೋಲಗ 〚oḍḍōlaga オッドーラガ〛 [oɖɖoːlə̆gɐ/vʌɖɖoːlə̆gɐ] *n.* 宮廷 [Pk. *vaḍḍa-*]

ಒಡ್ಡ್ಯಾಣ 〚oḍḍyāṇa オッディャーナ〛 [oɖɖjɐːɳɐ/vʌɖɖjɐːɳɐ] *n.* 昔(主として)女性が腰に巻いていた金や銀の帯 *(Kitt.)* [Ka. D962] ☞ಒಡ್ಯಾಣ (oḍyāṇa)

ಒಡ್ಯಾಣ 〚oḍyāṇa オディャーナ〛 [oɖjɐːɳɐ/vʌɖjɐːɳɐ] ಒಡಿಯಾಣ, ಒಡ್ಡಣ *n.* **1** 昔(主として)女性が腰に巻いていた金や銀の帯 [⇒図] **2** (一般的に)腰に巻く帯 = ನಡುಕಟ್ಟು (naḍukaṭṭu) [Ka. D961]

ಒಡ್ಯಾಣ
金の帯

ಒಡ್ವಾಣ 〚oḍvāṇa オドヴァーナ〛 [oɖvɐːɳɐ] 《‡》 *n.* 昔(主として)女性が腰に巻いていた金や銀の帯 *(My. (Kitt.))* [Ka. D961] ☞ಒಡ್ಯಾಣ (oḍyāṇa)

ಒಣ 〚oṇa オナ〛 [oɳɐ/vʌɳɐ] *(n.)* **1** 乾燥した〈こと〉、(乾いて)からからである〈こと〉 **2** 内容のない〈こと〉、無用〈の〉 [Ka. D601]

ಒಣಕ 〚oṇaka オナカ〛 [oɳə̆kɐ/vʌɳə̆kɐ] *m.* 《*f.* ಒಣಕಿ (oṇaki)》(病気または体質で)痩せた男 [Ka. D601 *oṇaku* + *-a*]

ಒಣಕಲು 〚oṇakalu オナカル〛 [oɳəkəlu/vʌɳəkəlu] *(n.)* **1** 乾燥した〈こと〉、(乾いて)からからである〈こと〉 **2** 内容のない〈こと〉、無用〈の〉 [Ka. D601 *oṇa* + *-kalu*]

ಒಣಕು¹ 〚oṇaku オナク〛 [oɳə̆ku/vʌɳə̆ku] *(n.)* **1** 乾燥した〈こと〉、(乾いて)からからである〈こと〉 **2** 内容のない〈こと〉、無用〈の〉 [Ka. D601 *oṇaku* + *-ku*]

ಒಣಕು² 〚oṇaku オナク〛 [oɳə̆ku] 《古》 *(n.)* 震える〈こと〉 *(Si.389 (Kitt.))* [Ka. D5307]

ಒಣಗಿಲು 〚oṇagilu オナギル〛 [oɳəgilu/vʌɳəgilu] *(n.)* 《*caus.*》 **1** 乾いた〈こと〉、乾燥〈した〉 **2** 内容のない〈こと〉、無用 [Ka. caus.]

ಒಣಕೆಮ್ಮು 〚oṇakemmu オナケンム〛 [oɳə̆kemmu] *n.* 痰の出ない咳 [Ka. *oṇa* + *kemmu*]

ಒಣಗು 〚oṇagu オナグ〛 [oɳə̆gu/vʌɳə̆gu] *vi.* **1** 乾く、乾燥する **2** しおれる、やつれる、弱る [Ka. D601]

ಒಣಗಿಸು 〚oṇagisu オナギス〛 [oɳə̆gisu] *vt.* 《*caus.*》乾かす、乾燥させる [Ka. caus.]

ಒಣಚರ್ಚೆ 〚oṇacarce オナチャルチェ〛 [oɳə̆ʧərʧe] *n.* 無駄な議論、無用の議論 [*oṇa* + *carce*]

ಒಣಜಂಬ 〚oṇajaṃba オナジャンバ〛 [oɳə̆ʤəmbɐ] *n.* ほら、内容のない自慢 [*oṇa* + *jaṃba*]

ಒಣಪಾಂಡಿತ್ಯ 〚oṇapāṃḍitya オナパーンディティャ〛 [oɳə̆pɐːndit̪jɐ] *n.* 役に立たない学問、見せかけの学問、衒学 [*oṇa* + *pāṃḍitya*]

ಒಣಮಾತು 〚oṇamātu オナマートゥ〛 [oɳə̆mɐːtu] *n.* 無駄話、内容のない話 [*oṇa* + *mātu*]

ಒಣರ್ 〚oṇar オナル〛 [oɳər] 《古》 *vt.* 感じる、感知する、理解する *(Pb.6.51)* [Ka. D603]

ಒಣಹರಟೆ 〚oṇaharaṭe オナハラテ〛 [oɳəhərə̆ʈe] *n.* 無駄話、くだらないおしゃべり [*oṇa* + *haraṭe*]

ಒಣಹೆಮ್ಮೆ 〚oṇahemme オナヘンメ〛 [oɳəhemme] *n.* 虚栄、威張りたがること、くだらない自惚れ [*oṇa* + *hemme*]

ಒಣಿಕೆ 〚oṇike オニケ〛 [oɳikɛ] 《方》 *n.* 杵(きね) [Ka. D672] (Gowda) = ಒನಕೆ (onake)

ಒಣೆ 〚oṇe オネ〛 [oɳe] 《‡》 *vt.* 〈穀物を〉簸(ひ)る、〈穀物を〉箕(み)に載せて石ころその他の不要なものを取り除く *(My. (Kitt.))* [Ka. D980]

ಒತ್ತಕ್ಷರ 〚ottakṣara オッタクシャラ〛 [ottəkʂərɐ/vʌttəkʂərɐ] *n.* カンナダその他のインド系文字で子音連接の２番目の子音を表す文字 [*ottu* + *akṣara*]

ಒತ್ತಟ್ಟು ⟦ottaṭṭu オッタットゥ⟧ [ottəʈʈu/vʌttəʈʈu] *adv.* 別に、別の場所に ¶ ಈ ಹಣವನ್ನು ಒತ್ತಟ್ಟು ಹಾಕು. (ī haṇavannu ottaṭṭu hāku.) この金を別に取って置け。[Ka. D990(a) *or-* + *taṭṭu*?]

ಒತ್ತಡ ⟦ottaḍa オッタダ⟧ [ottə̆ɖɐ/vʌttə̆ɖɐ] *n.* **1** 押さえつけること、押さえつけ **2** 湿布 **3** (仕事などの)圧力 [Ka. D1021] = ಒತ್ತಾಯ (ottāya)

ಒತ್ತರ¹ ⟦ottara オッタラ⟧ [ottə̆rɐ/vʌttə̆rɐ] 《古》*n.* **1** 同じやり方 **2** 一列 **3** 人々の集まり [*or-* + *tara*]

ಒತ್ತರ² ⟦ottara オッタラ⟧ [ottə̆rɐ/vʌttə̆rɐ] 《古》*n.* **1** 猛烈、激烈 (*Pb.5.46V*) **2** 急ぎ、性急、緊急 —*adv.* 急いで (*C.* (*Kitt.*)) [< *ottaḍa*?]

ಒತ್ತರಿಸು¹ ⟦ottarisu オッタリス⟧ [ottə̆risu/vʌttə̆risu] *vt.* **1** 〈邪魔などを〉押しのける、脇に寄せる **2**〔喩〕〈敵などを〉ものともしない ¶ ಅಗಣ್ಯ ವೈರಿಗಳನ್ನು ಒತ್ತರಿಸಿ ವೀರಣ್ಣ ಮುಂದುವರಿಸಿದ. (agaṇya vairigaḷannu ottarisi vīraṇṇa muṃduvarisida.) ヴィーランナは物の数に入らない敵たちをものともせずに前進した。[Ka. D1021]

ಒತ್ತರಿಸು² ⟦ottarisu オッタリス⟧ [ottərĭsu/vʌttərĭsu] *vi.* **1** たまる、増大する、増える **2** 命令的になる、高圧的に振る舞う [?]

ಒತ್ತಲ ⟦ottala オッタラ⟧ [ottə̆lɐ/vʌttə̆lɐ] *n.* **1** 押さえること **2** 湿布 (*Kitt.*) [Ka. *ottu* D1021 + *-la*]

ಒತ್ತಳ ⟦ottaḷa オッタラ⟧ [ottə̆ɭɐ/ vʌttə̆ɭɐ] *n.* [Ka. *ottu* D1021 + *-ḷa*] ☞ಒತ್ತಲ (ottala)

ಒತ್ತಾಯ ⟦ottāya オッターヤ⟧ [ottɐːjɐ/vʌttɐːjɐ] *n.* 圧迫、押しつけること、無理強い ◇ *vi.* —ಮಾಡು (māḍu) 無理強いする [*ottu* + *-āya*]

ಒತ್ತಾಯಿಸು ⟦ottāyisu オッターイス⟧ [ottɐːjĭsu/vʌt°] *vt.* 無理強いする、強いる、強制する、圧力をかける ¶ ಡಾಕ್ಟರ್ ಮದುವೆಯಾಗೆಂದು ತಮ್ಮ ಮಗನನ್ನು ಒತ್ತಾಯಿಸಿದರು. (ḍākṭar maduveyāgeṃdu tamma magananu ottāyisidaru.) 医者は自分の息子に結婚を強いた。[denm. of *ottāya*]

ಒತ್ತಾಸೆ¹ ⟦ottāse オッターセ⟧ [ottɐːse/vʌttɐːse] *n.* 隠れた欲望 [*ottu* + *āse*]

ಒತ್ತಾಸೆ² ⟦ottāse オッターセ⟧ [ottɐːse/vʌttɐːse] *n.* 助け、援助、支持 [Ka. D972]

ಒತ್ತುಂಗುರ
押さえ指輪

ಒತ್ತಾಸೆಗಾಱ ⟦ottāsegāṟa オッターセガーラ⟧ [ottɐːsegɐːṟɐ] *m.* 《*f.* ಒತ್ತಾಸೆಗಾ (ottāsegā)〈ರ್ (r)〉ತಿ (ti)》助ける人、援助者、助手、手伝い [*ottāse* + *-kāṟa*]

ಒತ್ತಿಕೆ ⟦ottike オッティケ⟧ [ottĭke/vʌttĭke] 《古》*n.* 押さえること ◇ *vi.* —ಇಡು (iḍu) 押さえる [Ka. D1021]

ಒತ್ತುಂಗುರ ⟦ottuṃgura オットゥングラ⟧ [ottuŋgurɐ/vʌttuŋgurɐ] *n.* 押さえ指輪(指輪がすべり落ちるのを防ぐためにはめる) [⇒図] [*ottu* + *uṃgura*]

ಒತ್ತು¹ ⟦ottu オットゥ⟧ [ottu/vʌttu] *vi.* 退く、脇へよる [Ka. D973]

ಒತ್ತು² ⟦ottu オットゥ⟧ [ottu/vʌttu] *vt.* 〈ビンロウジュの実などを〉はさみのような機械で押しつぶす [Ka. D975]

ಒತ್ತು³ ⟦ottu オットゥ⟧ [ottu/vʌttu] *vt.* **1** 締めつける、上から押しつける、圧力を加える **2** 〈判を〉押す **3** 押す **4** 〈液体を〉布にしみ込ませてぬぐい取る **5** (話したり、呼んだり、祈ったりする時に)力を込める **6** 強調する、強める ¶ ಇದು ಸಾಲ ಅಲ್ಲ ಎಂದು ಒತ್ತಿ ಹೇಳಿ ಅಣ್ಣ ನನ್ನ ಕೈಗೆ ದುಡ್ಡು ಕೊಟ್ಟರು. (idu sāla alla eṃdu otti hēḷi aṇṇa nanna kaige duḍḍu koṭṭaru.) 兄は「これは返さなくてよい」と強調して私にお金を手渡した。 **7** (沐浴の時に)〈香油を〉頭皮に塗り込む **8** 温湿布する —*n.* **1** 締めつけ、絞ること **2** 上から押さえること、中へ押し込むこと **3** 人の注意を促すために体に触れること、雑踏などで体が接触すること **4** 川などの岸 **5** 州、中州 **6** 満ち潮 **7** 近接、近いこと ¶ ನಮ್ಮ ಹೊಲದ ಒತ್ತಿನಲ್ಲಿ ಗೋವಿಂದ ರಾಯರ ತೋಟ ಇದೆ. (namma holada ottinalli gōviṃda rāyara tōṭa ide.) ゴーヴィンダラーヤの果樹園はうちの畑の近くにある。 **8** カンナダその他のインド系文字で子音連接の２番目または３、４番目の子音を表す文字 = ಒತ್ತಕ್ಷರ (ottakṣara) **9** 雑踏、人混み **10** 《古》支持、援助、後援 **11** 堆積物、集まり **12** 箙(えびら)、矢筒 (*Mr.87.34*) **13** (判を)押すこと、印影 **14** 積 **15** ある音節や単語を強く発音すること、ある語や節などの意味を強調すること [Ka. D1021]

ಒತ್ತುಕೊಡು ⟦ottukoḍu オットゥコドゥ⟧ [ottukoɖu] *vi.* **1** 支える **2**〔喩〕支持する、助ける、助力する、後援する ¶ ನನ್ನ ಅಭಿಪ್ರಾಯಕ್ಕೆ ಯಾರೂ ಒತ್ತು ಕೊಡಲಿಲ್ಲ. (nanna abʰiprāyakke yārū ottu koḍalilla.) 誰も私の意見を支持しなかった。 **3** 子音連接の第２の子音の文字を加える **4** (ある語や節などの意味を)強調する、(ある音節や単語を)強く発音する [Ka.]

ಒತ್ತುಗೊಡು ⟦ottugoḍu オットゥゴドゥ⟧ [ottuɡoɖu] *vi.* [Ka. D973] ☞ಒತ್ತುಕೊಡು (ottukoḍu)

ಒತ್ತುವರಿ ⟦ottuvari オットゥヴァリ⟧ [ottuvə̆ri/vʌttuvə̆ri] *n.* 蚕食、不法拡張 [*ottu* + *vari* < *paṟi*]

ಒತ್ತುಹ ⟦ottuha オットゥハ⟧ [ottuhɐ] 《古》*n.* 押さえること [Ka. D1021]

ಒತ್ತೆ ⟦otte オッテ⟧ [otte/vʌtte] *n.* 質物、担保 [Ka. D1020]

ಒತ್ತೆಯಿಡು ⟦otteyiḍu オッテイドゥ⟧ [ottejiɖu] *vt.* 質入れする、担保として差し出す [+ *iḍu*]

ಒತ್ತೆಯಾಳು ⟦otteyāḷu オッテヤール⟧ [ottĕjɐːɭu] *mf.* 人質 [Ka. *otte* + *āḷu*]

ಒತ್ವ ⟦otva オトヴァ⟧ [otvɐ] *n.* 文字 ಒ (o) *o* [Sk.] = ಒಕಾರ (okāra)

ಒದಗು¹ ⟦odagu オダグ⟧ [ođə̆gu/vʌđə̆gu] *vi.* **1** 増大する、増える ¶ ಈ ಅಕ್ಕಿ ಬೇಯಿಸಿದರೆ ಒದಗುತ್ತದೆ. (ī akki bēyisidare odaguttade.) この米は炊くととても増え

る。 **2** 繁栄する、栄える [Ka. D605]

ಒದಗು[2] ⟦odagu オダグ⟧ [ođə̆gu/vʌđə̆gu] *vi.* **1** 手に入る ¶ ಅರ್ಜುನನಿಗೆ ಯಶಸ್ಸು ಒದಗಿತು. (arjunanige yaśassu odagitu.) アルジュナは名声を得た。 **2** 助けになる、役に立つ ¶ ನೆರಮನೆಯವರು ಕಷ್ಟದಲ್ಲಿ ಒದಗುತ್ತಾರೆ. (neramaneyavaru kaṣṭadalli odaguttāre.) 近所の人は困った時助けになる。 **3** (ある時まで)十分である、(ある時まで)もつ ¶ ಈ ಕಾಳು ಒಂದು ತಿಂಗಳಿಗೆ ಒದಗುತ್ತೆ. (ī kāḷu oṃdu tiṃgaḷige odagutte.) これだけの穀物があれば1か月はもつ。 **—*n.*** **1** 得られた物、手に入ったもの、収穫 ¶ ಲಾಟರಿಯ ಒದಗಿನಿಂದ ಅವನ ದೈವ ಬದಲಾಯಿತು. (lāṭariya odaginiṃda avana daiva badalāyitu.) (彼が)籤(くじ)で勝利を得て以来、彼の運命が変わった。 **2** 助け、保護 [Ka. D609]

ಒದಗಿಸು ⟦odagisu オダギス⟧ [ođə̆gisu] *vt.* ⟪*caus.*⟫ 〈食料、エネルギーなどを〉供給する、提供する [Ka. caus.]

ಒದಡು ⟦odaḍu オダドゥ⟧ [ođə̆ḍu] ⟪古⟫ *n.* 唇 [Ka. D606] = ತುಟಿ (tuṭi)

ಒದರಾಟ[1] ⟦odarāṭa オダラータ⟧ [ođə̆rɐːʈɐ] *n.* **1** 手足を盛んに振ること **2** (寒さや恐れで)震えること [+ *-āṭa*]

ಒದರಾಟ[2] ⟦odarāṭa オダラータ⟧ [ođə̆rɐːʈɐ] *n.* 大声でわめきちらすこと、大声でわめき合うこと [*odaru*[2] + *-āṭa*] (NK)

ಒದರಾಡು[1] ⟦odarāḍu オダラードゥ⟧ [ođə̆rɐːḍu] *vi.* **1** 手足などをばたばたさせる **2** (寒さや恐れで)震える [*odaru*[1] + *āḍu*]

ಒದರಾಡು[2] ⟦odarāḍu オダラードゥ⟧ [ođə̆rɐːḍu] *vi.* 大声でわめきちらす、大声でわめき合う [*odaru*[2] + *āḍu*] (NK)

ಒದರು[1] ⟦odaru オダル⟧ [ođə̆ru/vʌđə̆ru] *vt.* (ゴミや水などを振り払うなどのため)〈手、衣服、傘などを〉激しく振る [Ka. < *odaṟu* D613] (SK)

ಒದರಿಸು[1] ⟦odarisu オダリス⟧ [ođə̆risu] *vt.* ⟪*caus.*⟫ 激しく揺さぶる [+ *-isu* caus.]

ಒದರು[2] ⟦odaru オダル⟧ [ođə̆ru/vʌđə̆ru] *vi.* **1** 弓弦を鳴らす **2** 叫ぶ、わめく (*NK, Pb.11.10*) [Ka. < *odaṟu* D5244] = ಕೂಗು (kūgu)

ಒದರಿಸು[2] ⟦odarisu オダリス⟧ [ođə̆risu] *vt.* ⟪*caus.*⟫ 叫ばせる、わめかせる (NK) [+ *-isu* caus.] = ಕೂಗಿಸು (kūgisu)

ಒದರು[3] ⟦odaru オダル⟧ [ođə̆ru] ⟪‡⟫ *n.* 唇 [Ka. D606] (*My.* (*Kitt.*)) ☞ಒದಡು (odaḍu)

ಒದರುವಿಕೆ ⟦odaruvike オダルヴィケ⟧ [ođə̆ruvĭke] *n.* 叫ぶこと、わめくこと [Ka. *odaṟu* D5244 + *-ike*] (NK) = ಕೂಗು (kūgu)

ಒದವು[1] ⟦odavu オダヴ⟧ [ođə̆vu/vʌđə̆vu] *vi.* 栄える、繁栄する [Ka. D605] ☞ಒದಗು (odagu)[1]

ಒದವು[2] ⟦odavu オダヴ⟧ [ođə̆vu/vʌđə̆vu] ⟪古⟫ *vi.* [Ka. D609] ☞ಒದಗು (odagu)[2]

ಒದವಿಸು ⟦odavisu オダヴィス⟧ [ođə̆visu] *vt.* 〈食料、エネルギーなどを〉供給する、提供する [+ *-isu* caus.] = ಒದಗಿಸು (odagisu)

ಒದಹ ⟦odaha オダハ⟧ [ođə̆hɐ] ⟪古⟫ *n.* 蹴ること、足蹴り (*Kitt.*) [Ka. D616]

ಒದಿ ⟦odi オディ⟧ [ođi] ⟪方⟫ *vt.* 蹴る (NK) **—*n.*** 蹴ること = ಒದೆತ (odeta) [Ka. D616]

ಒದುಗು ⟦odugu オドゥグ⟧ [ođŭgu/vʌđŭgu] *vi.* [Ka. D605] ☞ಒದಗು (odagu)[1]

ಒದುಡು ⟦oduḍu オドゥドゥ⟧ [ođŭḍu] ⟪古⟫ *n.* [Ka. D606] ☞ಒದಡು (odaḍu)

ಒದೆ ⟦ode オデ⟧ [ođe/vʌđe] *vt.* 蹴る **—*n.*** 蹴ること = ಒದಿಕೆ (odike) [Ka. D616]

ಒದೆತ ⟦odeta オデタ⟧ [ođetɐ/vʌđetɐ] *n.* 蹴ること、足蹴り [Ka. *ode* + *-ta*]

ಒದ್ದಾಟ ⟦oddāṭa オッダータ⟧ [oddɐːʈɐ/vʌddɐːʈɐ] *n.* **1** 蹴り合うこと **2** (痛みや苦痛などで)足をばたばたさせてもがくこと **3** 〔喩〕苦闘、悪戦苦闘、一生懸命骨を折ること [Ka. < *odedāṭa*]

ಒದ್ದಾಡು ⟦oddāḍu オッダードゥ⟧ [oddɐːḍu/vʌddɐːḍu] *vi. refl.* **1** 蹴り合う **2** (痛みや苦痛などで)足をばたばたさせてもがく **3** 〔喩〕苦闘する、苦悶する ¶ ಅವನು ಕೆಲಸಕ್ಕಾಗಿ ಒದ್ದಾಡುತ್ತಾನೆ. (avanu kelasakkāgi oddāḍuttāne.) 彼は就職のために苦闘している。 [Ka. *odedāḍu*]

ಒದ್ದೆ ⟦odde オッデ⟧ [odde/vʌdde] (*n.*) 湿っている〈こと〉、濡れている〈こと〉 ◇ *vt.* —ಮಾಡು (māḍu) 湿らせる [Ka. D1047]

ಒನಕೆ ⟦onake オナケ⟧ [onə̆ke/vʌnə̆ke] ಒನಿಕೆ *n.* 米などをつく杵(きね) [⇒図] [Ka. D672 cf. Sk. *ulūkʰala-*] = ಒನಿಕೆ, ಒಲಕೆ (onike, olake)

ಒನಕೆ 杵

ಒನಪು ⟦onapu オナプ⟧ [onə̆pu/vʌnə̆pu] *n.* なまめき、媚態、しな [Ka. *D1003] ☞ಒಲಪು (olapu)

ಒನಸು ⟦onasu オナス⟧ [onə̆su/vʌnə̆su] *vt.* ⟪*caus.*⟫ 〈穀物を〉簸(ひ)らせる [Ka. caus.]

ಒನಿಕೆ ⟦onike オニケ⟧ [onĭke/vʌnĭke] *n.* [Ka. D672] ☞ಒನಕೆ (onake)

ಒನೆ ⟦one オネ⟧ [one/vʌne] *vt.* 〈穀物を〉簸(ひ)る [Ka. D980]

ಒನಿಸು ⟦onisu オニス⟧ [onisu/vʌnisu] *vt.* ⟪*caus.*⟫ 〈穀物を〉簸(ひ)らせる [Ka. caus.]

ಒನಲಿ ⟦onali オナリ⟧ [onə̆li/vʌnə̆li] ಒಂದರಿ *n.* 篩(ふるい) [Ka. D980]

ಒಪ್ಪ ⟦oppa オッパ⟧ [oppɐ/vʌppɐ] *n.* **1** 適当、妥当 ¶ ಏನೇ ಹೇಳಿದರೂ ಒಪ್ಪ ಆಗಿರಬೇಕು. (ēnē hēḷidarū oppa āgirabēku.) 言うことは何でも、それが正しくなければならない。 **2** 整頓、きちんと片付いていること **3** (金属や宝石などの)輝き、光輝 **4** ⟪古⟫ 同意、許可 (*Pb.7.52*) **5** (磨きをかけたり化粧したり飾っ

たりした時に発現する）内なる美しさや隠れた美しさ [Ka. D924, A19]

ಒಪ್ಪಂದ ⟦oppaṃda オッパンダ⟧ [oppəndɐ/ʌppəndɐ] *n.* 合意、契約、条約 [Ka. D924]

ಒಪ್ಪಯ್ಸು ⟦oppaysu オッパイス⟧ [oppəĭsu] 《文》 *vt.* 同意させる、受け入れさせる [*oppu* + *-is*]

ಒಪ್ಪಯಿಸು ⟦oppayisu オッパイス⟧ [oppəjisu] 《文》 *vt.* 〔美〕手渡す、提出する [*oppu* + *-is*]

ಒಪ್ಪರೆ ⟦oppare オッパレ⟧ [oppəre/ʌppəre] (*n.*)（舟などで）一方に荷重が偏った〈こと〉¶ ಎಲ್ಲರೂ ಹುಲಿಯನ್ನು ನೋಡಲು ಒಂದು ಕಡೆಗೆ ಬಂದದ್ದರಿಂದ ನಾವೆ ಒಪ್ಪರೆ ಆಯಿತು. (ellarū huliyannu nōḍalu oṃdu kaḍege baṃdaddariṃda nāve oppare āyitu.) みんなが虎を見ようとして一方に寄ったので船が傾いた。[*or-* + ? cf. *oppāru*]

ಒಪ್ಪವಿಡು ⟦oppaviḍu オッパヴィドゥ⟧ [oppə̆viḍu/ʌppə̆viḍu] *vt.* 1 磨く、磨きをかける 2 洗練させる、美しくする、飾りつける [Ka. *oppa* + *iḍu*]

ಒಪ್ಪಹಾಕು ⟦oppahāku オッパハーク⟧ [oppə̆hɐːku/ʌppə̆hɐːku] *vi.* 1《口》（同意したしるしに）署名する、サインする 2 磨く、磨いて光らせる 3 美しくする、飾りつける [Ka. *oppa* + *hāku*]

ಒಪ್ಪಾರು ⟦oppāru オッパール⟧ [oppɐːru/ʌppɐːru] *n.* 1 一方 2 一方に傾斜した屋根 [*or-* + *pāru*³?]

ಒಪ್ಪಿಕೆ ⟦oppike オッピケ⟧ [oppike/ʌppike] 《‡》 *n.* 同意、許可 (*C.* (*Kitt.*)) [Ka. *oppu* D924 + *-ke*] ☞ಒಪ್ಪಿಗೆ (oppige)

ಒಪ್ಪಿಗೆ ⟦oppige オッピゲ⟧ [oppĭge/ʌppĭge] ಒಪ್ಪಿಕೆ, ಒಪ್ಪುಗೆ *n.* 同意、許可 [Ka. *oppu* D924 + *-ige*]

ಒಪ್ಪಿತ ⟦oppita オッピタ⟧ [oppitɐ/ʌppitɐ] *n.* 同意、許可 [Ka. *oppu* D924 + Sk. *-ita*]

ಒಪ್ಪು ⟦oppu オップ⟧ [oppu] *vi.* 《*dat.*》 1 似合う、ふさわしい ¶ ಕಪ್ಪು ಸೀರೆ ಅವಳಿಗೆ ಒಪ್ಪುತ್ತದೆ. (kappu sīre avaḷige opputtade.) 黒いサーリーがあの子に似合う。2 気にいる、好きになる ¶ ಆ ಬಣ್ಣದ ಸೀರೆ ನನಗೆ ಒಪ್ಪಿತು. (ā baṇṇada sīre nanage oppitu.) 私にはあの色のサーリーが気に入った。3 同意する、認める ¶ ಆ ಮದುವೆಗೆ ಅವರು ಒಪ್ಪಲಿಲ್ಲ. (ā maduvege avaru oppalilla.) 彼はその結婚に同意しなかった。 —*n.* 1 同意、承認 2 整頓されていてきれいなこと、こぎれいなこと [Ka. D924]

ಒಪ್ಪಿಸು ⟦oppisu オッピス⟧ [oppisu] ಒಪ್ಪಯಿಸು, ಒಪ್ಪಯ್ಸು, ಒಪ್ಪೈಸು *vt.* 1 同意させる、説得する ¶ ಹೆಂಡತಿ ಗಂಡನನ್ನು ರಜೆ ಪಡೆಯಲು ಒಪ್ಪಿಸಿದರು. (heṃdati gaṃḍanannu raje paḍeyalu oppisidaru.) 妻が夫に休暇を取るように説得した。2〔美〕手渡す、提出する 3〈任務などを〉委託する ¶ ಪ್ರಬಂಧಕ ನನಗೆ ಪೇಟೆವ್ಯವಹಾರವನ್ನು ಒಪ್ಪಿಸಿದರು. (prabaṃdʰaka nanage pēṭevyavahāravannu oppisidaru.) 店長は私にマーケティングの仕事を与えた。[Ka. caus.]

ಒಪ್ಪುಗೆ ⟦oppuge オップゲ⟧ [oppuge] 《異》 *n.* 同意、許可 (*My.* (*Kitt.*)) [Ka. *oppu* D924 + *-ge*] ☞ಒಪ್ಪಿಗೆ (oppige)

ಒಪ್ಪುವಿಕೆ ⟦oppuvike オップヴィケ⟧ [oppuvĭke] *n.* 同意、許可 [Ka. *oppu* D924 + *-ike*]

ಒಪ್ಪೈಸು ⟦oppaisu オッパイス⟧ [oppəisu] 《文》 *vt.* 1〔美〕手渡す、提出する 2〈任務などを〉委託する [*oppu* + *-is*]

ಒಬ್ಬಂಟಿಗ ⟦obbaṃṭiga オッバンティガ⟧ [obbəɲʈigɐ] *m.* 《*f.* ಒಬ್ಬಂಟಿಗಳು (obbaṃṭigaḷu)》 1 孤独な人 2 独身者、独り者 [Ka. *obba* + *oṃṭiga*]

ಒಬ್ಬ ⟦obba オッバ⟧ [obbɐ] ಒಬ್ಬ *numr.adj.*, *m.* 《*f.* ಒಬ್ಬಳು (obbaḷu)》一人〈の〉、一人の〈人〉[Ka. D990]

ಒಬ್ಬಟ್ಟು ⟦obbaṭṭu オッバットゥ⟧ [obbʌʈʈu] *n.* 中にヒヨコマメの餡（あん）が詰めてある小麦粉で作った平べったい菓子 [Ka. D983] = ಹೋಳಿಗೆ (hōḷige)

ಒಬ್ಬನು ⟦obbanu オッバヌ⟧ [obbə̆nu] *numr.m.* 《*f.* ಒಬ್ಬಳು (obbaḷu)》一人、一人の人 ¶ ನೀನು ಒಬ್ಬನೇ ಬಂದಿ, ಯಾಕೆ? (nīnu obbanē baṃdi, yāke?) 君は一人で来たね、どうしてですか。[Ka. D990]

ಒಬ್ಬರು ⟦obbaru オッバル⟧ [obbə̆ru] *numr.mf.pl.* 〔敬〕一人、一人の方（かた）¶ ಮಂತ್ರಿಗಳಲ್ಲಿ ಒಬ್ಬರು ನಮ್ಮ ಊರಿನವರು. (maṃtrigaḷalli obbaru namma ūrinavaru.) 大臣たちの一人は我々の町の人だ。[Ka. D990]

ಒಬ್ಬಳು ⟦obbaḷu オッバル⟧ [obbə̆ɭu] *numr.f.* 《*m.* ಒಬ್ಬನು (obbanu)》一人の女性 [Ka. D990]

ಒಬ್ಬಾನೊಬ್ಬ ⟦obbānobba オッバーノッバ⟧ [obbɐːnobbɐ] *pron.adj.* 1 たった一人の人 ¶ ನಮ್ಮ ಪಾರ್ಟಿಯಲ್ಲಿ ಒಬ್ಬಾನೊಬ್ಬ ಗೆದ್ದ. (namma pārṭiyalli obbānobba gedda.) 我々の党からたった一人だけ当選した。2 誰も ¶ ಈ ಪಾರ್ಟಿಯಲ್ಲಿ ನಮ್ಮ ವಿಭಾಗದಿಂದ ಒಬ್ಬಾನೊಬ್ಬ ಬರಲಿಲ್ಲ. (ī pārṭiyalli namma vibʰāgadiṃda obbānobba baralilla.) このパーティーにうちの学科からは誰も姿を見せなかった。[Ka. redup.]

ಒಬ್ಬಿಟ್ಟು ⟦obbiṭṭu オッビットゥ⟧ [obbiʈʈu] *n.* [Ka. D983] ☞ಒಬ್ಬಟ್ಟು = ಹೋಳಿಗೆ (hōḷige)

ಒಬ್ಬೊಬ್ಬರು ⟦obbobbaru オッボッバル⟧ [obbobbəru] *pron.mf.pl.* 銘々、各人 ¶ ಒಬ್ಬೊಬ್ಬರಿಗೆ ಹತ್ತು ರೂಪಾಯಿ ಕೊಡಿ. (obbobbarige hattu rūpāyi koḍi.) 一人一人に 10 ルーピーあげてください。 —*adv.* 順番に、一人ずつ ¶ ಒಬ್ಬೊಬ್ಬರಾಗಿ ಬಂದು ಹಣ ಪಡೆಯಿರಿ. (obbobbarāgi baṃdu haṇa paḍeyiri.) 一人ずつ来てお金を受け取ってください。= ಒಬ್ಬೊಬ್ಬರಾಗಿ (obbobbarāgi) [Ka. *obba* + *obbaru*]

ಒಮ್ಬು ⟦ombu オンブ⟧ [ombu] 《方》 *vi.* 気に入る、好きだ (*Hav.*) [Ka. D924]

ಒಮ್ಮತ ⟦ommata オンマタ⟧ [ommə̆tɐ] (*n.*) 同意見〈の〉¶ ಅಧ್ಯಾಪಕರೆಲ್ಲ ಒಮ್ಮತವಾಗಿ ಅವನನ್ನು ಮಹಾವಿದ್ಯಾಲಯದಿಂದ ಅಟ್ಟಿಬಿಟ್ಟರು. (adʰyāpakarella ommatavāgi avanannu mahāvidyālayadiṃda aṭṭibiṭṭaru.) 教授たちは全員一致で彼を大学から追放した。[*or-* + *mata*]

ಒಮ್ಮನ ⟦ommana オンマナ⟧ [ommənɐ] (*n.*) 1 精神集中〈の〉¶ ಒಮ್ಮನವಾಗಿ ಓದಬೇಕು. (ommanavāgi ōdabēku.)

心を集中して勉強せねばならない。 2 全員同意見〈の〉、満場一致〈の〉 [*or-* + *mana*] = ಒಮ್ಮನಸ್ಸು (ommanassu)

ಒಮ್ಮನಸ್ಸು ⟦ommanassu オンマナッス⟧ [ommənəssu] (*n.*) [*or-* + *manassu*] = ಒಮ್ಮನ (ommana)

ಒಮ್ಮು ⟦ommu オンム⟧ [ommu] 《古》 *vi.* 《*dat.*》 1 (人に)従う 2 同意する、了承する [Ka. D924]

ಒಮ್ಮುಖ ⟦ommuk^{h}a オンムカ⟧ [ommuk^{h}ɐ] (*n.*) 1 異口同音〈の〉、全員一致〈の〉 2 (意見などが)一方的な〈こと〉¶ ಪಂಚಾಯತಿಯ ನಿರ್ಣಯ ಒಮ್ಮುಖವಾಯಿತು. (paṃcāyatiya nirṇaya ommuk^{h}avāyitu.) パンチャーヤットの決定は一方的であった。 [*or-* + *muk^{h}a*]

ಒಮ್ಮೆ ⟦omme オンメ⟧ [omme] ಒರ್ಮೆ *adv.* 一度 ¶ ನಮ್ಮ ಅಂಗಡಿಯ ತಿಂಡಿಯನ್ನು ಒಮ್ಮೆ ತಿಂದು ನೋಡಿ. (namma aṃgaḍiya tiṃḍiyannu omme tiṃdu nōḍi.) 私たちの店のお菓子を一度食べてみてください。 [Ka. D990 *or-* + *-me*]

ಒಮ್ಮೊಮ್ಮೆ ⟦ommomme オンモンメ⟧ [ommomme] *adv.* 時々、時折、時たま ¶ ಒಮ್ಮೊಮ್ಮೆ ಪಕ್ಕದ ಮನೆಯವಳ ಕಿರಿಚಾಟ ಕೇಳಿಸುತ್ತಿತ್ತು. (ommomme pakkada maneyavaḷa kiricāṭa kēḷisuttittu.) 時々隣の奥さんのキーキーわめく声が聞こえた。 [Ka. *omme* + *omme*]

ಒಯ್¹ ⟦oy オイ⟧ [oĭ] 《古》 *vt.* 《過去語幹 oyd-》運び去る、持ち去る、連れ去る (*Pb.3.34*) [Ka. D984]

ಒಯ್² ⟦oy オイ⟧ [oĭ] 《‡》 *vt.* 《過去語幹 oyd-》 1 預ける、寄託する、取っておく 2 隠す、隠匿する [Ka. D5549] (*Kitt.*)

ಒಯ್ಕನೆ ⟦oykane オイカネ⟧ [oĭkŏne] 《古》 *adv.* 適当に、正しく (*Pb.2.65*) [Ka. D986]

ಒಯ್ಯನೆ ⟦oyyane オイヤネ⟧ [oĭjŏne] 《文》 *adv.* ゆっくりと、そろそろと、慎重に ¶ ಗಾಳಿ ಒಯ್ಯನೆ ತೀಡುತ್ತಿತ್ತು. (gāḷi oyyane tīḍuttittu.) 風が穏やかに吹いていた。(*Pb.2.76*) [Ka. D985(a)]

ಒಯ್ಯಾರ ⟦oyyāra オイヤーラ⟧ [oĭjɐːrɐ/vʌĭjɐːrɐ] ಒಯ್ಯರ *n.* なまめかしさ、あだっぽさ、粋なこと [? cf. Ta. *oyyāram*, Te. *oyyāramu*]

ಒಯ್ಯಾರಿ ⟦oyyāri オイヤーリ⟧ [oĭjɐːri/vʌĭjɐːri] *f.* あだっぽい女性、なまめかしい女性 [*oyyāra* + *-i*]

ಒಯ್ಯಾಳಿ ⟦oyyāḷi オイヤーリ⟧ [oĭjɐːɭi/vʌĭjɐːɭi] 《古》 *n.* 1 乗馬、馬術 2 馬術が披露される馬場 [? cf. Sk. *vaihālī-* M.3.577] = ವೈಹಾಳಿ (vaihāḷi)

ಒಯ್ಯು¹ ⟦oyyu オイユ⟧ [oĭju] ಉಯ್² *vt.* [Ka. D984] ☞ಒಯ್ (oy)

ಒಯ್ಯು² ⟦oyyu オイユ⟧ [oĭju] 《‡》 *vt.* 《過去語幹 oyd-》置く、取っておく、隠す (*Kitt.*) [Ka. D5549]

ಒರ್- ⟦or- オル-⟧ [or] *numr.pref.* 《母音の前では ಓರ್- (ōr-)》一つの、1… [Ka. D990(a)]

ಒರಂಗು ⟦oraṃgu オラング⟧ [orəŋgu] 《古》 *vi.* [Ka. D707] ☞ಒರಗು (oragu)

ಒರಗು ⟦oragu オラグ⟧ [orəgu] ಒಱಂಗು, ಒಱಗು *vi.* 1 傾く、もたれる、もたれ掛かる 2 横になる、休む 3〔喩〕死ぬ、死亡する [Ka. *oṟagu* D707]

ಒರಟ ⟦oraṭa オラタ⟧ [orŏʈɐ] *m.* 《*f.* ಒರಟಿ (oraṭi)》粗野な人、野卑な人 [Ka. *oraṭu* + *-a*²]

ಒರಟಿ ⟦oraṭi オラティ⟧ [orŏʈi] *f.* 《*m.* ಒರಟ (oraṭa)》粗野な女性、野卑な女性 [Ka. *oraṭu* + *-i*²]

ಒರಟು ⟦oraṭu オラトゥ⟧ [orŏʈu] (*n.*) 粗野〈な〉、無骨〈な〉、野卑〈な〉 —*n.* 粗野な振る舞い、横柄(な態度) [Ka. D649, D650]

ಒರಂಟು ⟦oranṭu オラントゥ⟧ [orəɳʈu] 《古》 *n.* 粗野な振る舞い、横柄(な態度)(*Pb.1.81*) [Ka. D650]

ಒರಂಟುತನಮ್ ⟦oranṭutanam オラントゥタナム⟧ [orəɳʈutənəm] 《古》 *n.* 粗野な振る舞い、横柄、横柄な態度 (*Pb.10.10*) [Ka. D650]

ಒರತೆ ⟦orate オラテ⟧ [orŏte] ಒಱಂತೆ, ಒಱತೆ *n.* 1 泉 2 干上がった川床に掘った穴で何とか水がしみ出るところ [Ka. < *oṟate* *D761]

ಒರಲು¹ ⟦oralu オラル⟧ [orŏlu] ಒರಲ್, ಒರಳ್, ಒರಳು *n.* 石や固い木でできた臼 [Ka. D651] = ಒರಳು (oraḷu)²

ಒರಲು² ⟦oralu オラル⟧ [orŏlu] *vi.* 悲鳴をあげる —*n.* 悲鳴 = ನರಳು (naraḷu) ☞ಒರಳು (oraḷu) [Ka. D718]

ಒರಲೆ ⟦orale オラレ⟧ [orŏle] 《方》 *n.* シロアリ [Ka. *D988] = *geddalu*〔汎〕☞*oṟale*

ಒರಸು ⟦orasu オラス⟧ [orŏsu] ಒರಿಸು, ಒರ್ಸು *vt.* 1 撫でる 2 拭き取る、こすり取る 3 磨く、磨いて光らせる 4〈穀物などを〉押しつぶす、押しつぶして脱穀する 5《古》〔喩〕悩ます、困らせる —*n.* 1 こすること、摩擦 2 こすり取ること、拭き取ること 3 磨くこと、磨いて光らせること 4《古》悩ませること、困らせること [Ka. D665]

ಒರಳು¹ ⟦oraḷu オラル⟧ [orŏɭu] *n.* (米などをつく)臼[⇒図] [Ka. *D651]

ಒರಳು臼

ಒರಳು² ⟦oraḷu オラル⟧ [orŏɭu] ಒರಲ್, ಒರಲು, ಒಳರ್, ಒಱಲು, ಒಱಳು 《古》 *vi.* 悲鳴をあげる —*n.* 悲鳴 = ನರಳು, ಒರಲು (naraḷu, oralu) [Ka. *D718]

ಒರಳುಕಲ್ಲು ⟦oraḷukallu オラルカッル⟧ [orŏɭŭkallu] *n.* [+ *kallu*] = ಒರಳು (oraḷu)²

ಒರಿಸು ⟦orisu オリス⟧ [orisu] *vt.* [Ka. *ore* D665 + *-isu*] ☞ಒರಸು (orasu)

ಒರೆ¹ ⟦ore オレ⟧ [ore] 《古》 *vt.* 話す、言う [Ka. D648]

ಒರೆ² ⟦ore オレ⟧ [ore] 《古》 *vt.* 引っ張る (*Śmd.D^{h}ā.*) [Ka. D652]

ಒರೆ³ ⟦ore オレ⟧ [ore] *vt.* 1〈油や膏薬を〉塗る、塗布する 2〈金や銀を〉試金石でこする 3 試験する、試す、試練にかける 4 やすりなどにかけて削る —*n.* 1 試金石でこすること 2 試練、真価を確かめる試験 [Ka. D665]

ಒರೆಗಲ್ಲು ⟦oregallu オレガッル⟧ [oregəllu] *n.* 試金石 [Ka. *ore*¹ D665 + *kallu*]

ಒರೆಹಚ್ಚು ⟦orehaccu オレハッチュ⟧ [orehəʧʧu] *vt.* 1〈金を〉試金石で試す 2〔喩〕試験する、試す、試練にかける ¶ ರಾಮ ಸೀತೆಯ ಪಾವಿತ್ರ್ಯವನ್ನು ಒರೆಹಚ್ಚಿದ. (rāma sīteya pāvitryavannu orehaccida.) ラーマはシーターの貞節を試した。[Ka. *ore* + *haccu* ""to test by comparing"]

ಒರೆ⁴ ⟦ore オレ⟧ [ore] ಒಱೆ *n.* 刀などの鞘 [Ka. < *oṟe* D723]

ಒರೆ⁵ ⟦ore オレ⟧ [ore] ಒಱೆ《古》*vi.* 1（液体や湿気などが）にじみ出る、滲出する 2 滴る、滴り落ちる [Ka. < *oṟe* D761]

ಒರೆ⁶ ⟦ore オレ⟧ [ore]《古》*mfn.* 同様のもの、匹敵するもの [?]

ಒರ್ಗು ⟦orgu オルグ⟧ [orgu]《古》*n.* 集合する、集まる [Ka. D990(a)?] ☞ಒಟ್ಟು (oṭṭu)

ಒರ್ಟು ⟦orṭu オルトゥ⟧ [orʈu]《口》*n.* [Ka. D649, D650] (*My.* (*Kitt.*)) ☞ಒರಟು (oraṭu)

ಒರ್ಪು¹ ⟦orpu オルプ⟧ [orpu]《古》*n.* 1（衣類の）きめが粗いこと、ごつごつしていること (*Kitt.*) 2 丈夫さ、耐久性 (*Kitt.*) [Ka. D649]

ಒರ್ಪು² ⟦orpu オルプ⟧ [orpu]《古》*n.* [Ka. D924] (*Č̌h.v.244* (*Kitt.*)) ☞ಒಪ್ಪು (oppu)

ಒರ್ಬ ⟦orba オルバ⟧ [orbɐ]《古》*m.*《*f.* ಒರ್ಬಳು (orbaḷu)》一人 [Ka. *or*- D990(a) + -*va*] ☞ಒಬ್ಬ (obba)〔現〕

ಒರ್ಮೆ ⟦orme オルメ⟧ [orme]《古》*adv.* 1度、1回 (*Pb.1.70*) [Ka.*or*- D990(a) + -*me*] ☞ಒಮ್ಮೆ (omme)〔現〕

ಒರ್ಲು ⟦orlu オルル⟧ [orlu]《口》*n.* [Ka. D718] (*Kitt.*) ☞ಒರಲು (oralu)

ಒರ್ಸು ⟦orsu オルス⟧ [orsu]《口》*vt.* [Ka. D665] ☞ಒರಸು (orasu)

ಒರ್ಳು ⟦orḷu オッル⟧ [orɭu]《口》*n.* [Ka. D651] (*G.* (*Kitt.*)) ☞ಒರಳು (oraḷu)²

ಒರ್ವನ್ ⟦orvan オルヴァン⟧ [orvən]《古》*m.*《*f.* ಒರ್ವಳು (orvaḷu)》一人 [Ka. *or*- D990(a) + -*van*]

ಒಲ್¹ ⟦ol オル⟧ [ol] ಒಲಿ, ಒಲು《文》*vi.* 好きである、好む、愛する、望む (*Bv.296; AlVc.88*) —*v.aux.*《否定のみの欠如補助動詞、過去語幹old- 連用否定分詞形ollade 一人称単数否定形 ollenu》…したくない ¶ ನಾನು ಅಲ್ಲಿಗೆ ಹೋಗಲೊಲ್ಲೆನು. (nānu allige hōgalollenu.) 私はあそこへ行きたくない。[Ka. D1006]

ಒಲ್² ⟦ol オル⟧ [ol]《古》*postp.*《*gen.*》…のように、…の如く [Ka. D4597]

ಒಲಕೆ ⟦olake オラケ⟧ [olə̆ke]《‡》*n.* [Ka. D672] (*My.* (*Kitt.*)) ☞ಒನಕೆ (onake)

ಒಲಪು ⟦olapu オラプ⟧ [olə̆pu] ಒಲವು, ಒಲಹು, ಒಲ್ಪು《古》*n.* 1 揺れること 2 なまめき、媚態、しな [Ka. *ole*² D1003 + -*pu*]

ಒಲವರ ⟦olavara オラヴァラ⟧ [olə̆vərɐ] *n.* 1 愛情、愛着 2 性質、気質 3 贔屓、偏愛 [Ka. *olavu* D1006 + ?]

ಒಲವು ⟦olavu オラヴ⟧ [olə̆vu] *n.* 1 満足、満ち足りたこと、充足 2 愛情、愛 (*Pb.4.79*) 3 熱意、興味 4 親切、好意 ¶ ಈ ಪುಸ್ತಕ ಈ ಸಂಸ್ಥೆಯ ಒಲವಿನಿಂದ ಆಗಿದೆ. (ī pustaka ī saṃsthʰeya olaviniṃda āgide.) この本はこの研究所の好意によって出版された。[Ka. D1006]

ಒಲಸೆ ⟦olase オラセ⟧ [olə̆se/vʌlə̆se] *n.*（過剰人口や外敵などを避けるため、あるいは、生計のために）他国へ逃亡したり移住したりすること [Ka. D5278] ☞ವಲಸೆ (valase)

ಒಲಹು ⟦olahu オラフ⟧ [olə̆hu]《古》*n.* 揺れること [Ka. D1003] ☞ಒಲಪು (olapu)

ಒಲಿ ⟦oli オリ⟧ [oli] *vt.* 1 愛する、愛情をかける、可愛がる ¶ ದ್ರೌಪದಿ ಅರ್ಜುನನನ್ನು ಒಲಿದಳು. (draupadi arjunanannu olidaḷu.) ドラウパディーはアルジュナを愛した。2 溺愛する、…に目がない 3 喜ばす —*vi.*（人に）恋をする、（人に）惚れる ¶ ದ್ರೌಪದಿ ಅರ್ಜುನನಿಗೆ ಒಲಿದಳು. (draupadi arjunanige olidaḷu.) ドラウパディーはアルジュナに恋した。[Ka. D1006]

ಒಲಿಸು ⟦olisu オリス⟧ [olĭsu] *vt.* 1 喜ばす、満足させる ¶ ಅರ್ಜುನ ತಪಸ್ಸಿನಿಂದ ಶಿವನನ್ನು ಒಲಿಸಿಕೊಂಡ. (arjuna tapassiniṃda śivanannu olisikoṃḍa.) アルジュナは苦行でシヴァ神を満足させた。2 説得する、説きふせる ¶ ಮುಖ್ಯೋಪಾಧ್ಯಾಯರು ಮಂತ್ರಿಗಳನ್ನು ಕಾರ್ಯಕ್ರಮದಲ್ಲಿ ಪಾಲ್ಗೊಳ್ಳಲು ಒಲಿಸಿದರು. (mukʰyōpādʰyāyaru maṃtrigaḷannu kāryakramadalli pālgoḷḷalu olisidaru.) 校長は大臣にその行事に参加するよう説得した。[Ka. caus. *D1006]

ಒಲಿಮೆ ⟦olime オリメ⟧ [olime]《文》*n.* [Ka. D1006] (*My.* (*Kitt.*)) ☞ಒಲುಮೆ (olume)

ಒಲಿಸಿಕೊಳ್ಳು ⟦olisikoḷḷu オリシコッル⟧ [olisĭkoɭɭu] *vt.* 取り入る、気に入られるようにする ¶ ಅವನು ಅವಳನ್ನು ಒಲಿಸಿಕೊಳ್ಳುವದಕ್ಕೆ ಪ್ರಯತ್ನಮಾಡುತ್ತಾನೆ. (avanu avaḷannu olisikoḷḷuvadakke prayatnamāḍuttāne.) 彼女は彼に気に入られるよう努力する。[+ *koḷḷu*]

ಒಲು ⟦olu オル⟧ [olu]《文》*postp.* …のように、…の如く [Ka. D4597] = ಒಲ್ (ol)

ಒಲುಮೆ ⟦olume オルメ⟧ [olŭme] ಒಲ್ಮೆ《文》*n.* 1 愛（親子、男女間などの）愛、愛情 (*AmVc.69, MVa. 124*) 2 親切、恩寵 [Ka. D1006]

ಒಲೆ¹ ⟦ole オレ⟧ [ole] *n.*（煙突のない）炉、竈 (*Bv.26; 114*) [Ka. D2857]

ಕೋಡೊಲೆ ⟦kōḍole コードレ⟧ [koːɖole] *n.* 同時に二つの鍋を温めるように、もう一つ鍋を置く場所のある竈 [Ka. D2857] ☞ಒಲೆ (ole)

ಗುಂಡೊಲೆ ⟦guṃḍole グンドレ⟧ [ɡuɳɖole] *n.* 三つの大きい石で鍋を支えるようにできた大型の竈 [Ka. D2857] ☞ಒಲೆ (ole)

ಹರಿವೊಲೆ ⟦harivole ハリヴォレ⟧ [hərivole] *n.* 多くの鍋を1列に載せることができる竈 [*hari* "trench"" + D2857] ☞ಒಲೆ (ole)

ಒಲೆ² ⟦ole オレ⟧ [ole] *vi.* 揺れる、ぶらぶら揺れる —*vt.* 揺する、ゆすぶる [Ka. D1003]

ಒಲೆ³ ⟦ole オレ⟧ [ole] 《古》 *vt.* 言う、話す (*Pb.11.73*) [Ka. D996]

ಒಲೆ⁴ ⟦ole オレ⟧ [ole] 《‡》 *vi.* 現れる、分かる、はっきりする (*Kitt.*) [Ka. D997]

ಒಲೆ⁵ ⟦ole オレ⟧ [ole] *vt.* —*vi.* ☞ಒಲಿ (oli) [Ka. D1006]

ಒಲೆತ ⟦oleta オレタ⟧ [olĕtɐ] *n.* 揺れること、ぶらぶら揺れること [Ka. *ole*² D1003 + *-ta*]

ಒಲ್ಪು ⟦olpu オルプ⟧ [olpu] 《古》 *n.* なまめき、媚態、しな [Ka. *ole*² D1003 + *-pu*]

ಒಲ್ಲಣಿಗೆ ⟦ollaṇige オッラニゲ⟧ [ollənĭge] ಒಲ್ಲವಣಿಗೆ 《古》 *n.* 屋外の沐浴場で体を洗う時に、田舎で腰に巻く布 (*Pb.12.48.V*) [Ka. D1005/< Pk. *olla-*「濡れた」+ ?] + ಪಂಚೆ, ಪಂಜೆ (paṃce, paṃje)

ಒಲ್ಲನೆ ⟦ollane オッラネ⟧ [ollə̆ne] 《古》 *adv.* ゆっくりと、そろそろと、慎重に (*Pb.2.76*) [Ka. D985(b)]

ಒಲ್ಲಿ ⟦olli オッリ⟧ [olli/vʌlli] *n.* 男性が肩にかけたり腰に巻いたりする白い布 [Ka. D1005] (NK) = ಉತ್ತರೀಯ/ಧೋತ್ರ (uttarīya/dʰōtra) ವಲ್ಲಿ (valli)

ಒಲ್ಲೆ ⟦olle オッレ⟧ [ɔlle] 《方》 *n.* シロアリ [Ka. D988] (Hav.) ☞*oṟale*

ಒಸಗು ⟦osagu オサグ⟧ [osəgu] 《古》 *vi.* 喜ぶ、満足する [Ka. *D558]

ಒಸಗೆ¹ ⟦osage オサゲ⟧ [osə̆ge] 《文》 *n.* **1** めでたい行事、祝い事 **2** 喜び、幸福、楽しみ **3** めでたい行事のための招待または招待状 **4** めでたい行事のための贈り物 [Ka. D558]

ಒಸಗೆ² ⟦osage オサゲ⟧ [osə̆ge] 《文》 *n.* 嬉しい知らせ [Ka. D558, D937?]

ಒಸಡು ⟦osaḍu オサドゥ⟧ [osə̆ɖu] ವಸಡು *n.* 歯茎 [Ka. *D606]

ಒಸರು ⟦osaru オサル⟧ [osəru] *vi.* (壺などから水などが)にじみ出る、滴る —*n.* にじみ出ること、滲出 [Ka. D761]

ಒಸೆ ⟦ose オセ⟧ [ose] 《古》 *vt.* **1** 喜ぶ **2** (神や聖者が)満足して賜物を賜わろうとする **3** 〔喩〕輝いて見える、映える [Ka. D558]

ಒಳ್¹ ⟦oḷ オル⟧ [oɭ] 《古》 *vi.* 《現在では欠如動詞として、三人称単数形ಉಂಟು(uṇṭu)のみが用いられる。三人称複数形 ಒಳವು (oḷavu)》ある ¶ ಒಳೆಮ್ (oḷem) 我々がいる (*Pb.3.26*) (*Pb.13.23*) [Ka. D697]

ಒಳ್² ⟦oḷ オル⟧ [oɭ] 《古》 *postp.* 《*gen.*》…の中で、…で ¶ ಬಂಡಿಯೊಳ್ (baṃḍiyoḷ) 車の中で (*Pb.11.19V*) [Ka. D698]

ಒಳ್³ ⟦oḷ オル⟧ [oɭ] (*adj.*) よい〈こと〉[Ka. D1017]

ಒಳ¹ ⟦oḷa オラ⟧ [oɭɐ] (*adj.*) **1** 内部〈の〉 **2** 心の奥〈の〉、秘密〈の〉[Ka. D698]

ಒಳ² ⟦oḷa オラ⟧ [oɭɐ] *n.* 光、光輝 [Ka. D1016]

ಒಳಅರಿವು ⟦oḷaarivu オラアリヴ⟧ [oɭəərĭvu] *n.* 直感 [Ka. *oḷa*¹ D698 + *arivu*]

ಒಳಕಥೆ ⟦oḷakatʰe オラカテ⟧ [oɭə̆kətʰe] 《文》 *n.* 枠になる物語にはめ込まれた物語 [*oḷa*¹ D698 + *katʰe*]

ಒಳಗಡೆ ⟦oḷagaḍe オラガデ⟧ [oɭə̆gəɖe] *n.* **1** 内部、内側 **2** 心の奥底 —*adv.* **1** 中で、内側で、内部で **2** 心の中で、心の奥底で —*postp.* …の中で、…の内側で [Ka. *oḷa*¹ D698 + *kaḍe*]

ಒಳಗಣ್ಣು ⟦oḷagaṇṇu オラガンヌ⟧ [oɭə̆gəɳɳu] *n.* 内なる目、心の目 [Ka. *oḷa*¹ D698 + *kaṇṇu*]

ಒಳಗಾಗು ⟦oḷagāgu オラガーグ⟧ [oɭə̆gɐːgu] *vi.* **1** (の)一部となる、(の)配下に入る **2** (ある好ましくないことを)被る ¶ ಅವನು ಶಿಕ್ಷೆಗೆ ಒಳಗಾದನು. (avanu śikṣege oḷagādanu.) あの人は刑罰を受けた。[Ka. *oḷagu* D698 + *āgu*]

ಒಳಗು ⟦oḷagu オラグ⟧ [oɭə̆gu] *n.* **1** 内部、内側 **2** 心、心の中 **3** 秘密、秘密の計略 [Ka. D698]

ಒಳಗುಟ್ಟು ⟦oḷaguṭṭu オラグットゥ⟧ [oɭəguʈʈu] *n.* 秘密、隠れた事実 [Ka. ¹ D698 + *guṭṭu*]

ಒಳಗುದಿ ⟦oḷagudi オラグディ⟧ [oɭə̆guɖi] *n.* 心の中の苦悩 [Ka.*oḷa*¹ D698 + *kudi*]

ಒಳಗುಮಾಡು ⟦oḷagumāḍu オラグマードゥ⟧ [oɭəgŭmɐːɖu] *vt.* **1** 含める、支配下に入れる、占拠する **2** 従える、隷属させる、自分の側に取り込む **3** 〈あるものを〉(ある人や国に)引き渡す ¶ ಸೇನಾಪತಿ ಗುಪ್ತಚರನನ್ನು ಹಿಡಿದು ರಾಜನಿಗೆ ಒಳಗುಮಾಡಿದ. (sēnāpati guptacarananannu hiḍidu rājanige oḷagumāḍida.) 隊長はスパイを捕まえて王に引き渡した。[*oḷagu* D698 + *māḍu*]

ಒಳಗೆ ⟦oḷage オラゲ⟧ [oɭə̆ge] *adv.* **1** 中で、内部で **2** 心の中で、内心 —*postp.* …の中で、…の内部で [Ka. D698]

ಒಳಚರಂಡಿ ⟦oḷacaraṃḍi オラチャランディ⟧ [oɭə̆ʧərəɳɖi] *n.* 地下の下水道 [*oḷa*¹ D698 + *caraṃḍi*]

ಒಳಜಗಳ ⟦oḷajagaḷa オラジャガラ⟧ [oɭə̆ʤəgəɭɐ] *n.* 内部闘争、内輪もめ [*oḷa*¹ D698 + *jagaḷa*]

ಒಳತಂತ್ರ ⟦oḷataṃtra オラタントラ⟧ [oɭə̆tənʈrɐ] *n.* 陰謀 [*oḷa*¹ D698 + *taṃtra*]

ಒಳತು ⟦oḷatu オラトゥ⟧ [oɭə̆tu] 《古》 *n.* —(*n.*) ☞ಒಳಿತು (oḷitu) [Ka. D1017]

ಒಳತೆರಿಗೆ ⟦oḷaterige オラテリゲ⟧ [oɭə̆terige] 《文》 *n.* 内税 [Ka. *oḷa* + *terige*]

ಒಳತೋಟಿ ⟦oḷatōṭi オラトーティ⟧ [oɭə̆toːʈi] *n.* **1** 内部闘争、内輪もめ **2** 心の中の葛藤、煩悶 [*oḷa*¹ D698 + *tōṭi*]

ಒಳದನಿ ⟦oḷadani オラダニ⟧ [oɭə̆dəni] *n.* 心の中から聞こえる声 [*oḷa*¹ D698 + *dani*] = ಒಳಧ್ವನಿ (oḷadʰvani)

ಒಳದಾರಿ ⟦oḷadāri オラダーリ⟧ [oɭə̆dɐːri] *n.* 近道 [Ka.*oḷa*¹ D698 + *dāri*]

ಒಳದೇಶ ⟦oḷadēśa オラデーシャ⟧ [oɭə̆deːʃɐ] *n.* 内陸の国や地方 [*oḷa*¹ D698 + *dēśa*]

ಒಳಧ್ವನಿ ⟦oḷadʰvani オラドヴァニ⟧ [oɭə̆dʰvəni] *n.*（直感に基づく警告など）心の中からの声 [*oḷa*¹ D698 + *dani*] = ಒಳದನಿ (oḷadani)

ಒಳನಾಡು ⟦oḷanāḍu オラナードゥ⟧ [oɭə̆nɐːɖu] *n.* 内陸の国や地方 [*oḷa*¹ D698 + *nāḍu*]

ಒಳನೀರಾವರಿ ⟦oḷanīrāvari オラニーラーヴァリ⟧ [oɭə̆niːrɐːvə̆ri] 《文》 *n.* 地下灌漑 [*oḷa*¹ D698 + *nīrāvari*]

ಒಳಪಡು ⟦oḷapaḍu オラパドゥ⟧ [oɭə̆pəɖu] 《文》 *vi.*（の）支配下に入る、（に）降伏する、（に）陥る ¶ ದುಂದುವೆಚ್ಚ ಮಾಡಿ ಕಷ್ಟಕ್ಕೆ ಒಳಪಡಬೇಡ. (duṃduvecca māḍi kaṣṭakke oḷapaḍabēḍa.) 無駄使いをして不幸に陥るな。[Ka. *oḷa*¹ D698 + *paḍu*]

ಒಳಪಡಿಸು ⟦oḷapaḍisu オラパディス⟧ [oɭə̆pəɖi̯su] 《文》 *vt.* 《*caus.*》 **1** 支配下におさめる、屈服させる **2**（苦しみなどを）被らせる ¶ ಅಪರಾಧಿಯನ್ನು ಶಿಕ್ಷೆಗೆ ಒಳಪಡಿಸಲಾಯಿತು. (aparādʰiyannu śikṣege oḷapaḍisalāyitu.) 罪人たちは罰せられた。[+ *-isu* caus.]

ಒಳಪು ⟦oḷapu オラプ⟧ [oɭə̆pu] 《古》 *n.* 輝き、光輝 [Ka. D1016] = ಹೊಳಪು (hoḷapu)

ಒಳಭಾಗ ⟦oḷabʰāga オラバーガ⟧ [oɭə̆bʰɐːgɐ] *n.* 内部、内側 [*oḷa*¹ D698 + *bʰāga*]

ಒಳಯುದ್ಧ ⟦oḷayuddʰa オラユッダ⟧ [oɭə̆juddʰɐ] *n.* 内戦、内部闘争 [*oḷa*¹ D698 + *yuddʰa*]

ಒಳರ್ ⟦oḷar オラル⟧ [oɭə̆r] 《古》 *vi.* [Ka. D760] ☞ಒಳಱು (oḷaṟu)

ಒಳಱು ⟦oḷaṟu オラル⟧ [oɭə̆ru] ಒಳರ್ 《古》 *vi.* 叫ぶ、わめく [Ka. D760]

ಒಳವಿಸ್ತೀರ್ಣ ⟦oḷavistīrṇa オラヴィスティールナ⟧ [oɭə̆visti:rɳɐ] *n.* 運動場や建物などの内部の面積 [*oḷa*¹ D698 + *vistīrṇa*]

ಒಳವು ⟦oḷavu オラヴ⟧ [oɭə̆vu] *n.* **1** 内部 **2** 心の中、内心、心の奥底 [Ka. D698]

ಒಳಸಂಚು ⟦oḷasaṃcu オラサンチュ⟧ [oɭə̆səɲʧu] *n.* 陰謀、秘密の策略 [*oḷa*¹ D698 + *saṃcu*]

ಒಳಸುದ್ದಿ ⟦oḷasuddi オラスッディ⟧ [oɭə̆suddi] *n.* 内部情報 [Ka. *oḷa* + *suddi*]

ಒಳಹೊಗು ⟦oḷahogu オラホグ⟧ [oɭə̆hogu] *vi.* **1** 入る、中へ入る **2**（の）一部となる、（に）取り込まれる **3**（に）隷属する、（の）支配下に入る [*oḷa*¹ D1017 + *hogu*]

ಒಳಿತು ⟦oḷitu オリトゥ⟧ [oɭi̯tu] *n.* 適当なこと、よいこと —(*n.*) よい〈こと〉、適当〈な〉[Ka. D1017]

ಒಳು ⟦oḷu オル⟧ [oɭu] *n.* —(*n.*) ☞ಒಳ್- (oḷ-)² [Ka. D1017]

ಒಳುಪು¹ ⟦oḷupu オルプ⟧ [oɭŭpu] 《古》 *n.* **1** 本質、精髄 (*Dʰ.1.192*) **2** 所有すること、所有物、財 (*Kitt.*) **3** 真実 (*Kitt.*) [Ka. D697]

ಒಳುಪು² ⟦oḷupu オルプ⟧ [oɭŭpu] ಒಳುಹು, ಒಳ್ಪು, ಒಳ್ವು 《古》 *n.* **1** 善良、徳 **2** 美、美しいこと [Ka. D1017]

ಒಳುಹು¹ ⟦oḷuhu オルフ⟧ [oɭŭhu] 《古》 *n.* [Ka. D697] ☞ಒಳುಪು (oḷupu)¹

ಒಳುಹು² ⟦oḷuhu オルフ⟧ [oɭŭhu] 《古》 *n.* [Ka. D1017] ☞ಒಳುಪು (oḷupu)²

ಒಳ್ತನ ⟦oḷtana オルタナ⟧ [oɭʈənɐ] 《文》 *n.* よいこと [Ka. *oḷ*² D1017 + *-tana*]

ಒಳ್ನಗೆ ⟦oḷnage オルナゲ⟧ [oɭnəge] 《古》 *n.* 悪意のない笑いや微笑み [Ka. *oḷ*¹「内」D698/*oḷ*²「良い」D1017 + *nage*]

ಒಳ್ನಡತೆ ⟦oḷnaḍate オルナダテ⟧ [oɭnəɖə̆te] 《文》 *n.* よい行い、正しい行動 [*oḷ*² D1017 + *naḍate*]

ಒಳ್ನುಡಿ ⟦oḷnuḍi オルヌディ⟧ [oɭnuɖi] 《文》 *n.* 優しい言葉、慰めになる言葉 [Ka. *oḷ-*² D1017 + *nuḍi*]

ಒಳ್ಪು¹ ⟦oḷpu オルプ⟧ [oɭpu] 《古》 *n.* [Ka. D697] ☞ಒಳುಪು (oḷupu)¹

ಒಳ್ವು² ⟦oḷpu オルプ⟧ [oɭpu] 《古》 *n.* [Ka. D1017] ☞ಒಳುಪು (oḷupu)²

ಒಳ್ಳಿ ⟦oḷḷi オッリ⟧ [oɭɭi] *n.* **1** タマネギやニンニクの類（ネギ属） **2** 金属性や土製の玉葱型の容器 [Ka. D664(a)]

ಒಳ್ಳಿತು ⟦oḷḷitu オッリトゥ⟧ [oɭɭitu] 《古》 *n.* 適当なこと、よいこと *Pb.4.68* —(*n.*) よい〈こと〉、適当〈な〉[Ka. *oḷḷe* D1017 + *-tu*]

ಒಳ್ಳಿತ್ತು ⟦oḷḷittu オッリットゥ⟧ [oɭɭittu] ಒಳಿತು, ಒಳ್ಳಿತು 《古》 *n.* —(*n.*) ☞ಒಳ್ಳಿತು (oḷḷitu) [Ka. *oḷḷe* D1017 + *-ttu*]

ಒಳ್ಳಿದ ⟦oḷḷida オッリダ⟧ [oɭɭiđɐ] 《古》 *m.* 《*f.* ಒಳ್ಳಿದಳು (oḷḷidaḷu)》よい人、善人 (*Pb.1.10*) [Ka. D1017 + *-da*]

ಒಳ್ಳು ⟦oḷḷu オッル⟧ [oɭɭu] 《‡》 *n.* [Ka. D651] (*C.* (*Kitt.*)) ☞ಒರಳು (oraḷu)

ಒಳ್ಳೆ¹ ⟦oḷḷe オッレ⟧ [oɭɭe] 《古》 *n.* ウミヘビ [Ka. D1018]

ಒಳ್ಳೆ² ⟦oḷḷe オッレ⟧ [oɭɭe] (*adj.*) よい〈こと〉、優れた〈こと〉、善良〈な〉[Ka. D1017]

ಒಳ್ಳೆಯ ⟦oḷḷeya オッレヤ⟧ [oɭɭejɐ] *adj.* よい、優れた、善良な [Ka. *oḷḷe* D1017 + *-a*¹ D1017]

ಒಳ್ಳೆಣ್ಣೆ ⟦oḷḷeṇṇe オッレンネ⟧ [oɭɭeɳɳe] *n.*（落花生油やごま油など）食用油 [*oḷḷe* D1017 + *eṇṇe*]

ಒಳ್ಳೆತನ ⟦oḷḷetana オッレタナ⟧ [oɭɭĕtənɐ] *n.* 徳、善良さ、よい行い [Ka. *oḷḷe* D1017 + *-tana*]

ಒಳ್ಳೆಯದು ⟦oḷḷeyadu オッレヤドゥ⟧ [oɭɭejəđu] *n.* よいもの [Ka. *oḷḷe* D1017 + *-a* + *-du*] = ಒಳ್ಳಿತ್ತು (oḷḷittu)

ಒಳ್ಳೆಯವನು ⟦oḷḷeyavanu オッレヤヴァヌ⟧ [oɭɭejəvənu] *m.* 《*f.* ಒಳ್ಳೆಯವಳು (oḷḷeyavaḷu)》よい人、善人 [Ka. *oḷḷe* D1017 + *-a* + *-vanu*]

ಒಳ್ಳೇದು ⟦oḷḷēdu オッレードゥ⟧ [oɭɭeːđu] *n.* よいもの —*snt.* よろしい、合点だ、いいよ、結構です [Ka. *oḷḷe* D1017 + *ya* + *-du*]

ಒಱಂಗು ⟦oṟaṃgu オラング⟧ [orəŋgu] 《古》 *vi.* 眠る；横になる [Ka. D707] ☞ಒರಗು (oragu)〔現〕

ಒಱಂತೆ ⟦oṟaṃte オランテ⟧ [orənte] 《古》 *n.* [Ka. D761] ☞ಒರತೆ (orate)〔現〕

ಒಱಗು ⟦oṟagu オラグ⟧ [oṟə̆gu] 《古》 *vi.* 1 眠る；横になる 2 傾く、曲がる、腰をかがめる 3 死ぬ [Ka. D707] ☞ಒರಗು (oragu)〔現〕

ಒಱತೆ ⟦oṟate オラテ⟧ [oṟəte] 《古》 *n.* [Ka. D761] ☞ಒರತೆ (orate)〔現〕

ಒಱಲ್[1] ⟦oṟal オラル⟧ [oṟəl] 《古》 *vt.* 愛する (*Šmd.107*) —*n.* 愛、愛情 [Ka. D710]

ಒಱಲ್[2] ⟦oṟal オラル⟧ [oṟəl] 《古》 *vi.* 叫ぶ、わめく、怒鳴る —*n.* 叫ぶこと、わめくこと、怒鳴ること [Ka. D718]

ಒಱಲು ⟦oṟalu オラル⟧ [oṟəlu] 《古》 *vi.* [Ka. D718] ☞ಒಱಳು (oṟaḷu)[2]

ಒಱಲೆ[1] ⟦oṟale オラレ⟧ [oṟə̆le] 《古》 *n.* 滲出、にじみ出ること [Ka. *oṟe*[5] D761 + *-le*]

ಒಱಲೆ[2] ⟦oṟale オラレ⟧ [oṟə̆le] ಒರಲೆ, ಒರಳೆ 《古》 *n.* シロアリ [Ka. *D988] = ಗೆದ್ದಲು (geddalu)〔汎〕 ☞ಒರಲೆ (orale)

ಒಱವು ⟦oṟavu オラヴ⟧ [oṟə̆vu] 《古》 *n.* 泉 [Ka. *oṟavu* D761]

ಒಱಳು ⟦oṟaḷu オラル⟧ [oṟəḷu] ಒರಲು, ಒರಳು, ಒಱಲು 《古》 *vi.* 叫ぶ、わめく、怒鳴る —*n.* 叫ぶこと、わめくこと、怒鳴ること [Ka. D718]

ಒಱೆ[1] ⟦oṟe オレ⟧ [oṟe] 《古》 *n.* 刀などの鞘 [Ka. D723] ☞ಒರೆ (ore)[4]〔現〕

ಒಱೆ[2] ⟦oṟe オレ⟧ [oṟe] 《古》 *vi.* 1 (液体や湿気などが)にじみ出る、滲出する 2 滴る、滴り落ちる [Ka. D761] ☞ಒರೆ (ore)[5]〔現〕

ಒೞ್ಕು ⟦oḻku オルク⟧ [oɻku] 《古》 *vi.* 流れる (*Pb.1.52*) [Ka. D1010]

ಒೞ್ಗು ⟦oḻgu オルグ⟧ [oɻgu] 《古》 *n.* 集まり、群れ [Ka. D990(a)?]

ಓ

ಓ[1] ⟦ō オー⟧ [oː] *n.* カンナダその他のインド系言語において音素 /ō/ またはそれを表す文字 [Ka.]

ಓ[2] ⟦ō オー⟧ [oː] 《古》 *vt.* 《過去語幹 ōt-/ ōvid-, 未来語幹 ōp-》愛する、愛着を覚える (*Pb.4.79*) [Ka. D558]

ಓ[3] ⟦ō オー⟧ [oː] *intrj.* 1 おお(驚きや感嘆を表す間投詞) ¶ ಓ, ಪ್ರಧಾನಿ ಚುನಾವಣೆಯಲ್ಲಿ ಸೋತು ಹೋದರಾ! (ō, pradʰāni cunāvaṇeyalli sōtu hōdarā!) ああ、首相は選挙に負けたか。 2 ねえ、おお(人の注意を引く言葉、多くは呼格の前に用いられる) ¶ ಓ, ನನ್ನ ದೇಶ ಬಾಂಧವರೆ! ಮುಂದಿನ ಸಂತತಿಗಾಗಿ ಹಸಿರು ಉಳಿಸಿ! (ō, nanna dēśa bāṃdʰavare! muṃdina saṃtatigāgi hasiru uḷisi!) おお、わが同胞よ。次の世代のために緑を残そうではありませんか。 3 はい(誰かが呼んだ時に答える言葉) [Ka.]

-ಓ ⟦-ō -オー⟧ [-oː] *part.* 1 (文末または焦点となる語に付けて)疑問や疑いを表す小詞 ¶ ಅವರು ಬರುತ್ತಾರೋ? (avaru baruttārō?) あの人たち来るかしら。 2 疑問代名詞や疑問副詞などから不定代名詞や不定副詞を作るための小詞 ¶ ಏನೋ ತಿಂದಿರಬಹುದು. (ēnō tiṃdirabahudu.) 何か(悪いものでも)食べたのかもしれない。¶ ಏನೋ ಮಾಡಲು ಹೋಗಿ ಏನೋ ಆಯಿತು. (ēnō māḍalu hōgi ēnō āyitu.) 私はあることをしようとしたが、別のことが起こった。 [Ka.]

ಓಂಟೆ ⟦ōṃṭe オーンテ⟧ [oːɳʈe] 《古》 *n.* マンゴーやジャックフルーツなどの皮 [Ka.?] ☞ಓಟೆ (ōṭe)[4]

ಓಕರ ⟦ōkara オーカラ⟧ [oːkərɐ] ಓಕರೆ *n.* 嘔吐、食べた物をもどすこと [Ka. *D1029] = ವಾಂತಿ (vāṃti)

ಓಕರಣ ⟦ōkaraṇa オーカラナ⟧ [oːkərəɳɐ] *n.* 嘔吐、食べた物をもどすこと [Ka. *D1029] = ವಾಂತಿ (vāṃti)

ಓಕರಿ ⟦ōkari オーカリ⟧ [oːkəri] 《‡》 *n.* 嘔吐、食べた物をもどすこと (*Bp.19.51* (*Kitt.*)) [Ka. D1029] ☞ಓಕರೆ (ōkare), = ವಾಂತಿ (vāṃti)

ಓಕರಿಕೆ ⟦ōkarike オーカリケ⟧ [oːkərĭke] ಓಗಡಿಕೆ *n.* 嘔吐、食べた物をもどすこと [Ka. *ōkara* + *-ike* D1029] = ವಾಂತಿ (vāṃti)

ಓಕರಿಸು ⟦ōkarisu オーカリス⟧ [oːkərĭsu] ಓಂಕರಿಸು, ಓಗಡಿಸು *vt.* 〈食べた物を〉吐く、もどす [Ka. D1029] = ವಾಕರಿಸು (vākarisu)

ಓಕರಿಸುಹ ⟦ōkarisuha オーカリスハ⟧ [oːkərisŭhɐ] 《‡》 *n.* 嘔吐、食べた物をもどすこと (*Nr.* (*Kitt.*)) [Ka. D1029] = ವಾಕರಿಕೆ (vākarike)

ಓಕರೆ ⟦ōkare オーカレ⟧ [oːkə̆re] 《口》 *n.* 嘔吐、食べた物をもどすこと [Ka. *D1029]

ಓಕಾರ ⟦ōkāra オーカーラ⟧ [oːkɐːrɐ] *n.* カンナダその他のインド系の文字で音素 /ō/ を表す文字 [Sk.]

ಓಕಳಿ ⟦ōkaḷi オーカリ⟧ [oːkəḷi] *n.* [Ka. D1028] ☞ಓಕುಳಿ (ōkuḷi)

ಓಕಾಳ ⟦ōkāḷa オーカーラ⟧ [oːkɐːḷɐ] 《‡》 *n.* 嘔吐、食べた物をもどすこと (*My.* (*Kitt.*)) [Ka. D1029] ☞ಓಕರಿಕೆ (ōkarike)〔汎〕

ಓಕುಳಿ ⟦ōkuḷi オークリ⟧ [oːkuḷi] ಓಕಳಿ *n.* 寺の祭りの終わりや結婚式で振りまく赤い色の水、ホーリーの祭りで振り掛け合う色(本来赤)のついた水 [Ka D1028.]

ಓಗ[1] ⟦ōga オーガ⟧ [oːgɐ] 《古》 *n.* [Sk. *ōgʰa-*] ☞ಓಘ (ōgʰa)

ಓಗ² ⟦ōga オーガ⟧ [oːgɐ] 《‡》 *n.* 誇り (*DEDR*) [Ka. D1033]

ಓಗಟೆ ⟦ōgaṭe オーガテ⟧ [oːgə̆ʈe] 《文》 *n.* 謎 [Ka. D932]

ಓಗಡಿಕೆ ⟦ōgaḍike オーガディケ⟧ [oːgəɖĭke] *n.* 嘔吐、食べた物をもどすこと [Ka. D1029] ☞ಓಕರಿಕೆ, (ōkarike,) = ವಾಕರಿಕೆ (vākarike)

ಓಗಡಿಸು ⟦ōgaḍisu オーガディス⟧ [oːgəɖĭsu] *vt.* 〈食べた物を〉吐く、もどす [Ka. D1029] ☞ಓಕರಿಸು, (ōkarisu,) = ವಾಕರಿಸು (vākarisu)

ಓಗರ ⟦ōgara オーガラ⟧ [oːgə̆rɐ] 《文》 *n.* **1** 飯、ご飯、炊いた米 **2** 調理された料理 [Ka. D1930]

ಓಗು ⟦ōgu オーグ⟧ [oːgu] 《口》 *vi.* [Ka. D4572] ☞ಹೋಗು (hōgu)

ಓಗೊಡು ⟦ōgoḍu オーゴドゥ⟧ [oːgoɖu] *vi.* **1** (誰かが呼んだ時)「はい」と言って応答する **2** 〔喩〕(提案などを)受け入れる [Ka. *ō*³ + *koḍu*]

ಓಘ ⟦ōgʰa オーガ⟧ [oːgʰɐ] ಓಗ¹ 《文》 *n.* **1** 洪水、水流、水の流れ、奔流 **2** 勢い、速さ **3** 速いテンポ、アレグロ [Sk.]

ಓಜ¹ ⟦ōja オージャ⟧ [oːʤɐ] 《古》 *m.* **1** 教師、師匠 **2** 彫刻師 **3** 金細工師 [H. *ōjʰā* T2301]

ಓಜ² ⟦ōja オージャ⟧ [oːʤɐ] 《文》 *n.* [Sk.] ☞ಓಜಸ್ಸು

ಓಜಸ್ಸು ⟦ōjassu オージャッス⟧ [oːʤəssu] ಓಜ 《文》 *n.* **1** 威光、威力 **2** (ダンディンが散文の精髄と考えた)合成語を多用した文体 [Sk. *ojas-*]

ಓಜಾಯಿಲ ⟦ōjāyila オージャーイラ⟧ [oːʤɐːjilɐ] 《古》 *m.* 《*f.* ಓಜಾಯಿಲಿತಿ (ōjāyiliti)》 **1** 大工 (*Śmd.215*) **2** 金細工師 **3** 〔皮〕詐欺師、いかさま師 [*ōja*¹ + *-āyila* D1038]

ಓಜಿಸು ⟦ōjisu オージス⟧ [oːʤĭsu] 《古》 *vi.* 念入りに準備する、とどこおりなく準備する (*Bp.31.21*) [Ka. denm. of *ōje* D1038]

ಓಜೆ ⟦ōje オージェ⟧ [oːʤe] 《古》 *n.* **1** 列、並び **2** 規則正しいこと、秩序 (*Pn. 3.75*) **3** 適切性、ふさわしいこと [Ka. D1038]

ಓಟ ⟦ōṭa オータ⟧ [oːʈɐ] *n.* **1** 走ること、逃走 **2** 競走、徒競走 [Ka. *ōḍu* + *-ta* D1941]

ಓಟಕೀಳು ⟦ōṭakīḷu オータキール⟧ [oːʈə̆kiːɭu] *vi.* 逃げる、逃走する、ずらかる ¶ ಕಳ್ಳ ಓಟ ಕಿತ್ತ. (kaḷḷa ōṭa kitta.) 泥棒は逃げ去った。 [Ka. + *kīḷu*]

ಓಟೆ¹ ⟦ōṭe オーテ⟧ [oːʈe] ಒಟ್ಟೆ² 《古》 *n.* かかとや唇などの皮膚の割れ目、ひび ¶ ಮೂಡು ಗಾಳಿಯ ದಿನಗಳಲ್ಲಿ ಹಿಮ್ಮಡಿಯಲ್ಲಿ ಓಟೆ ಬರುತ್ತದೆ. (mūḍu gāḷiya dinagaḷalli himmaḍiyalli ōṭe baruttade.) 東北の風が吹く時、踵が(乾燥のために)割れてくる。 [Ka. D946]

ಓಟೆ² ⟦ōṭe オーテ⟧ [oːʈe] 《‡》 *n.* オトギリソウ科フクギ属の木の名 (*Mr.139* (*Kitt.*)) [Ka. D1044]

ಓಟೆಪುಳಿ ⟦ōṭepuḷi オーテプリ⟧ [oːʈepuɭi] 《‡》 *n.* オトギリソウ科フクギ属の木の木の実 (*My.* (*Kitt.*)) [+ *puḷi*]

ಓಟೆ³ ⟦ōṭe オーテ⟧ [oːʈe] ವಾಟೆ 《古》 *n.* 葦の一種 (*lex.*) [Ka. D1043]

ಓಟೆ⁴ ⟦ōṭe オーテ⟧ [oːʈe] ಓಂಟೆ *n.* **1** マンゴーの堅い種 **2** ココヤシの実などの固い外皮 **3** マンゴーやジャックフルーツなどの皮 [Ka.?]

ಓಡ ⟦ōḍa オーダ⟧ [oːɖɐ] ಓಡು, ಓಡೆ 《文》 *n.* 小舟 [Ka. D1039]

ಓಡಾಟ ⟦ōḍāṭa オーダータ⟧ [oːɖɐːʈɐ] *n.* **1** 走り回ること、奔走、(役所などをあちこち)走り回ること **2** さまようこと、彷徨、ぶらつくこと [Ka. *ōḍu* + *-āṭa*]

ಓಡಾಡು ⟦ōḍāḍu オーダードゥ⟧ [oːɖɐːɖu] *vi.* **1** 走り回る **2** 奔走する、(役所などをあちこち)走り回る [Ka. *ōḍu* + *āḍu*]

ಓಡಿಕೆ ⟦ōḍike オーディケ⟧ [oːɖĭke] *n.* **1** 走ること **2** 逃げること、逃走 [Ka. *ōḍu* + *-ike* 1041]

ಓಡು¹ ⟦ōḍu オードゥ⟧ [oːɖu] 《文》 *n.* 小舟 [Ka. *D1039] = ಓಡ (ōḍa)

ಓಡು² ⟦ōḍu オードゥ⟧ [oːɖu] *vi.* **1** 走る **2** 逃げる、逃走する [Ka. D1041]

ಓಡಿಸು ⟦ōḍisu オーディス⟧ [oɖisu] *vt.* 《*caus.*》 **1** 走らせる、奔走させる **2** 追い払う [Ka. caus.]

ಓಡು³ ⟦ōḍu オードゥ⟧ [oːɖu] 《古》 *n.* **1** 割れた壺、陶片 **2** 壺、鍋、フライパン **3** 頭蓋骨、しゃれこうべ [Ka. D1042]

ಓಡುಕುಳಿ ⟦ōḍukuḷi オードゥクリ⟧ [oːɖŭkuɭi] ಓಡುಗುಳಿ *mf.* **1** いつも走り回っている人 **2** 〔喩〕すぐ逃げ出す人、意気地なし [Ka. *ōḍu* + *-kuḷi* D1041]

ಓಡುಗುಳಿ ⟦ōḍuguḷi オードゥグリ⟧ [oːɖŭguɭi] *mf.* 〔喩〕すぐ逃げ出す人、意気地なし [Ka. *ōḍu* + *-kuḷi* *D1041] ☞ಓಡುಕುಳಿ (ōḍukuḷi)

ಓಡುವಿಕೆ ⟦ōḍuvike オードゥヴィケ⟧ [oːɖŭvike] *vi.* **1** 走ること **2** 逃げること、逃走 [Ka. *ōḍu* + *-ike* D1041]

ಓಡೆ¹ ⟦ōḍe オーデ⟧ [oːɖe] 《文》 *n.* 小舟 [Ka. *D1039] = ಓಡ (ōḍa)

ಓಡೆ² ⟦ōḍe オーデ⟧ [oːɖe] *n.* **1** 井戸を作るための土製の井戸枠 **2** 穀物を保存するための土製の枠を積み重ねた容器 [Ka. D1042]

ಓಣಿ ⟦ōṇi オーニ⟧ [oːɳi] *n.* **1** 列、並び **2** 小路、家と家の間の(比較的)狭い路 [Ka. D1046]

ಓತ ⟦ōta オータ⟧ [oːtɐ] *n.* **1** 勉強、学習 **2** 読むこと、読書 [Ka. *ōdu* + *-ta*] = ಅಭ್ಯಾಸ (abʰyāsa)

ಓತಿ ⟦ōti オーティ⟧ [oːti] *n.* 喉の下に赤い袋のようなものを持つトカゲの一種 [Ka. D1053]

ಓತು ⟦ōtu オートゥ⟧ [oːtu] 《古》 *n.* **1** 勉強、学習 **2** 読むこと、読書 [Ka. *ōdu* + *-tu*]

ಓತ್ವ ⟦ōtva オートヴァ⟧ [oːtvɐ] *n.* 文字 ಓ (ō) *ō* [Sk.] = ಓಕಾರ (ōkāra)

ಓದ ⟦ōda オーダ⟧ [oːđɐ] ವಾದ² 《‡》 *n.* 堀割り、壕 (*My.* (*Kitt.*)) [Ka. D1048] = ವಾದ (vāda)

ಓದು ⟦ōdu オードゥ⟧ [oːđu] *vi.* **1** 読む **2** 学ぶ、勉強する —*n.* **1** 読むこと **2** 勉強、学ぶこと [Ka. D1052]

ಓದಿಸು ⟦ōdisu オーディス⟧ [oːđĭsu] *vt.* 《*caus.*》 1 読ませる 2 学ばせる；教育する 3（祝いなどで）〈贈り物を〉する（贈り物をした人の名が大声で読み上げられたことによる）¶ ಮದುವೆಯಲ್ಲಿ ಅವನು ಮುಯ್ಯಿ ಓದಿಸಿದ. (maduveyalli avanu muyyi ōdisida.) 彼は結婚式で贈り物をした。[Ka. caus.]

ಓದಿಕೆ ⟦ōdike オーディケ⟧ [oːđĭke] *n.* 1 読むこと、読書 2 勉強、勉学 [Ka. *ōdu* *D1052 + *-ike*] = ಅಭ್ಯಾಸ (abʰyāsa)

ಓದುಗ ⟦ōduga オードゥガ⟧ [oːđdŭgɐ] *m.* 《*f.* ಓದುಗಳು (ōdugaḷu)》読者 [Ka. *ōdu* *D1052 + *-ga*]

ಓದುಗಾರ ⟦ōdugāra オードゥガーラ⟧ [oːđŭgɐːrɐ] *m.* 《*f.* ಓದುಗಾರ್ತಿ (ōdugārti)》 1（本などを）読む人 2（ある特定の本や雑誌の）読者 3《古》学ぶ人、勉学する人 [Ka. *ōdu* *D1052 + *-kāra*]

ಓದುಗಾರಿಕೆ ⟦ōdugārike オードゥガーリケ⟧ [oːđŭgɐːrĭke] *n.* 1 読むこと、読書 2《古》勉強、勉学 [Ka. *ōdugāra* *D1052 + *-ike*] ಅಭ್ಯಾಸ (abʰyāsa)

ಓದುವಿಕೆ ⟦ōduvike オードゥヴィケ⟧ [oːđuvike] *n.* 1 読むこと、読書 2 勉強、学習 [Ka. *ōdu* *D1052 + *-ike*] = ಅಭ್ಯಾಸ (abʰyāsa)

ಓಪ ⟦ōpa オーパ⟧ [oːpɐ] 《古》 *m.* 《*f.* ಓಪಳ್ (ōpaḷ)》愛人、恋人 (*Pb.4.97*) [Ka. *ōpu* + *-a* *D558]

ಓಪಾದಿ ⟦ōpādi オーパーディ⟧ [oːpɐːđi] 《文》 *postp.* …のような ¶ ಅರ್ಜುನನೋಪಾದಿ ಶೂರ ಮತ್ತೊಬ್ಬನಿಲ್ಲ. (arjunanōpādi śūra mattobbanilla.) アルジュナのような勇者はいない。[Ka. D924]

ಓಪಾದಿಯಲ್ಲಿ ⟦ōpādiyalli オーパーディヤッリ⟧ [oːpɐːđijəlli] 《文》 *postp.* [Ka. D924] ☞ಓಪಾದಿ (ōpādi)

ಓಪು ⟦ōpu オープ⟧ [oːpu] 《古》 *n.* 愛、愛情、愛着 [Ka. *ō* + *-pu*]

ಓಮ¹ ⟦ōma オーマ⟧ [oːmɐ] ಓಮು, ಓವ, ಓವು *n.* アジュワーイン（シソ科の多年草）、その種を乾燥させたもの ⇀ 薬 [Ka. D1054] *[IMP 5.300]

ಓಮ² ⟦ōma オーマ⟧ [oːmɐ] *n.* 神や師匠の同情や祝福 [Ka. D1054]

ಓಮು ⟦ōmu オーム⟧ [oːmu] 《古》 *n.* [Ka. *D1054] ☞ಓಮ (ōma)¹

ಓಯಿ ⟦ōyi オーイ⟧ [oːji] 《方》 *intrj.* おい（親しい人を呼ぶ時に使う言葉）(SK) [Ka. D1058]

ಓರ್- ⟦ōr- オール-⟧ [oːr] 《古》 *numr.pref.* 《母音の前の形》一つの、1… [Ka. D990(a)] ☞ಒರ್- (or-)

ಓರ¹ ⟦ōra オーラ⟧ [oːrɐ] 《‡》 *n.*（路や机などの）端、縁、へり (*DEDR*) [Ka. D1060] ☞ಓರೆ (ōre)

ಓರ² ⟦ōra オーラ⟧ [oːrɐ] 《‡》 (*n.*) [Ka. D1062] (*DEDR*) ☞ಓರೆ (ōre)

ಓರಗಿತ್ತಿ ⟦ōragitti オーラギッティ⟧ [oːrə̆gitti] *f.* 夫の兄弟の妻、義理の姉妹 [Ka. D7, D990(a)] = ವಾರಗಿತ್ತಿ (vāragitti)〔口〕

ಓರಗೆ ⟦ōrage オーラゲ⟧ [oːrə̆ge] ಓರಿಗೆ (*n.*) 1 同い年である〈こと〉¶ ಅವನು ನನ್ನ ಓರಗೆಯವನು. (avanu nanna ōrageyavanu.) あの人は私と同い年だ。 2 結婚相手に釣り合った年齢である〈こと〉[Ka. D990(a)] = ವಾರಿಗೆ (vārige)

ಓರಡಿ ⟦ōraḍi オーラディ⟧ [oːrə̆ɖi] *n.* 1 下り坂 2 山の斜面 3《古》差 (*Kitt.*) [Ka. D1062]

ಓರಣ ⟦ōraṇa オーラナ⟧ [oːrə̆ɳɐ] 《文》 *n.* 1 列、並び 2 整頓（した状態）[Ka. D990(a)]

ಓರಿಗೆ ⟦ōrige オーリゲ⟧ [oːrĭge] (*n.*) [Ka. *D990(a)] ☞ಓರಗೆ (ōrage)

ಓರು ⟦ōru オール⟧ [oːru] 《‡》 *vi.* 考える、考察する、調べる (*My.* (*Kitt.*)) [Ka. D1059]

ಓರೆ ⟦ōre オーレ⟧ [oːre] (*n.*) 1 傾斜〈の〉、坂になっている〈こと〉¶ ಗುಡ್ಡದ ಓರೆಯಲ್ಲಿ ತೇಗಿನ ಮರದ ಕಾಡು ಇದೆ. (guḍḍada ōreyalli tēgina marada kāḍu ide.) 小高い丘の斜面にチークの林がある。 2 曲がった〈こと〉、湾曲した〈こと〉¶ ಹುಶಾರು! ಮುಂದೆ ರಸ್ತೆ ಓರೆ ಆಗಿದೆ. (huśāru! muṃde raste ōre āgide.) 気をつけて。この先道が曲がっているよ。 3〔喩〕よこしま〈な〉¶ ಮಗನ ಸ್ವಭಾವದಲ್ಲಿಯ ಓರೆಯನ್ನು ತಂದೆಗೆ ತಿದ್ದಲಿಕ್ಕೆ ಆಗಲಿಲ್ಲ. (magana svabʰāvadalliya ōreyannu taṃdege tiddalikke āgalilla.) 父親は息子の心のねじれを直すことができなかった。 —*n.*（山の）斜面 [Ka. D1062]

ಓರೆಕೋರೆ ⟦ōrekōre オーレコーレ⟧ [oːrĕkoːre] *n.* 1（道などが）曲がっていること、湾曲、まっすぐでないこと 2 欠点、欠陥 ¶ ಓರೆಕೋರೆ ಇಲ್ಲದ ಸಂಸಾರ (ōrekōre illada saṃsāra) ちゃんとした家族 [Ka. *ōre* + *kōṟe*]

ಓರೆಗಣ್ಣು ⟦ōregaṇṇu オーレガンヌ⟧ [oːrĕgəɳɳu] *n.* 1 横目、横目で見ること 2 斜視 [Ka. *ōre* + *kaṇṇu*] = ಓರೆನೋಟ (ōrenōṭa)

ಓರೆನೋಟ ⟦ōrenōṭa オーレノータ⟧ [oːrĕnoːʈɐ] *n.* 1 横目、横目で見ること 2 斜視 [Ka. *ōre* + *nōṭa*]

ಓಱೆ ⟦ōṟe オーレ⟧ [oːr̠e] 《古》 *n.* 壁の下を幅木のように赤く塗った装飾 (*Kitt.*) [Ka. D1074]

ಓಱೆಗಾಱ ⟦ōṟegāṟa オーレガーラ⟧ [oːr̠egɐːr̠ɐ] 《古》 *m.* 芸術画家、絵描き [Ka. D1074]

ಓಲ್ ⟦ōl オール⟧ [oːl] ಓಲು, ಒಲ್ 《古》 *suf.* …のように [Ka. D4597] ☞ವೋಲ್ (vōl)

ಓಲಗ¹ ⟦ōlaga オーラガ⟧ [oːlə̆gɐ] 《古》 *n.*（王の）御前会議 (*Pb.3.80*) [?. cf. Sk. *avalōka-*]

ಓಲಗಶಾಲೆ ⟦ōlagaśāle オーラガシャーレ⟧ [oːlə̆gəʃɐːle] ಓಲಗಸಾಲೆ 《古》 *n.* 宮廷 (*Pb.3.80*) [*ōlaga* + *śāle*]

ಓಲಗಸಾಲೆ ⟦ōlagasāle オーラガサーレ⟧ [oːlə̆gə̆sɐːle] 《古》 *n.* [*ōlaga* + *sāle*] ☞ಓಲಗಶಾಲೆ (ōlagaśāle)

ಓಲಗ² ⟦ōlaga オーラガ⟧ [oːlə̆gɐ] *n.* 1 ナーダスワラム（結婚式などのめでたい行事によく使われる、オーボエなどに似た木管楽器）［⇒図］ 2 この楽器や太鼓などを含む楽団 [?]

ಓಲಗ
ナーダスワラム

ಓಲಗ ಊದಿಸು ⟦ōlaga ūdisu オーラガウーディス⟧ [oːlə̆gə uːđĭsu] *vi.* (ナーダスワラムを演奏させることから)結婚する、結婚式を挙げる [+ *ūdisu*]

ಓಲಗ³ ⟦ōlaga オーラガ⟧ [oːlə̆gɐ] 《古》 *n.* 〔歴〕(王に)仕えること、臣従 (*Pb.3.80*) [Sk. *avalagna-*]

ಓಲಗಿಸು ⟦ōlagisu オーラギス⟧ [oːləgĭsu] 《古》 *vt.* **1** 仕える、臣従する (*Pb.12.92*) **2** 〈勢力ある人に〉贈り物を贈る ¶ ದೊರೆ ಪಂಡಿತರನ್ನು ಓಲಗಿಸಿದರು. (dore paṃḍitarannu ōlagisidaru.) 王は学者たちを宮廷に招いてもてなした。 [*ōlaga*³ + *-isu*]

ಓಲಾಟ¹ ⟦ōlāṭa オーラータ⟧ [oːlɐːʈɐ] 《古》 *n.* 水遊び [Ka. D1068]

ಓಲಾಟ² ⟦ōlāṭa オーラータ⟧ [oːlɐːʈɐ] 《古》 *n.* **1** (ブランコなどが)揺れること **2** 有頂天 ¶ ಅವನ ಓಲಾಟ ಜಾಸ್ತಿ ಆಗಿದೆ. (avana ōlāṭa jāsti āgide.) 彼の有頂天はひどくなった。 [Ka. D5369]

ಓಲಾಡು¹ ⟦ōlāḍu オーラードゥ⟧ [oːlɐːɖu] 《古》 *vi.* 水遊びする (*Pb.4.18v*) [Ka. D1068]

ಓಲಾಡು² ⟦ōlāḍu オーラードゥ⟧ [oːlɐːɖu] 《古》 *vt.* **1** (ブランコなどが)揺れる **2** 〔喩〕(心が)迷う、揺れる **3** 有頂天になる [Ka. D5369]

ಓಲಾಡು³ ⟦ōlāḍu オーラードゥ⟧ [oːlɐːɖu] 《古》 *vt.* 愛する、可愛く思う (*DEDR*) [Ka. D1006]

ಓಲು¹ ⟦ōlu オール⟧ [oːlu/vɐːlu] ವಾಲು *vi.* (木、家などが)傾く、(道が)坂になっている [Ka. D5369]

ಓಲು² ⟦ōlu オール⟧ [oːlu] 《古》 *vt.* 〈ある人やものに〉似る、類似する [Ka. D4597] = ಹೋಲು (hōlu)

ಓಲೆ ⟦ōle オーレ⟧ [oːle] *n.* **1** シュロヤシの葉 **2** 鉄筆で字を書くのに用いられるシュロヤシの葉 **3** 手紙 = ಪತ್ರ (patra) **4** シュロヤシの葉を巻いて作った一種の耳飾り(現在は金で作る) [Ka. D1070] = ಪತ್ರ (patra)

ಓಲೆಕಾರ ⟦ōlekāra オーレカーラ⟧ [oːlĕkɐːrɐ] *m.* 《*f.* ಓಲೆಕಾರ್ತಿ (ōlekārti)》 [Ka. *ōle* *D1070 + *-kāra*] ☞ಓಲೆಗಾರ (ōlegāra) = ಅಂಚೆಯವ (aṃceyava)

ಓಲೆಕಾಱ ⟦ōlekāṟa オーレカーラ⟧ [oːlĕkɐːṟɐ] 《古》 *m.* 《*f.* *ಓಲೆಕಾರ್ತಿ (*ōlekārti)》 [Ka. *ōle* *D1070 + *-kāṟa*] ☞ಓಲೆಗಾರ (ōlegāra)

ಓಲೆಗಾರ ⟦ōlegāra オーレガーラ⟧ [oːlegɐːrɐ] ಓಲೆಕಾರ, ಓಲೆಕಾಱ *m.* 《*f.* ಓಲೆಗಾರ್ತಿ (ōlegārti)》郵便配達人、郵便屋 [Ka. *ōle* *D1070 + *-kāra*] = ಅಂಚೆಯವ (aṃceyava)

ಓಲೆಗರಿ ⟦ōlegari オーレガリ⟧ [oːlegəri] *n.* 鉄筆で字を書くのに用いられるシュロヤシの葉 [Ka. *ōle* *D1070 + *gari*] = ಓಲೆ, ಓಲೆಯ ಗರಿ (ōle, ōleya gari)

ಓವ ⟦ōva オーヴァ⟧ [oːvɐ] 《古》 *n.* [Ka. *D1054] ☞ಓಮ (ōma)¹

ಓವು¹ ⟦ōvu オーヴ⟧ [oːvu] 《古》 *n.* [Ka. D1054] ☞ಓಮ (ōma)¹

ಓವು² ⟦ōvu オーヴ⟧ [oːvu] 《古》 *vt.* 護る、保護する (*Pb.9.57*) [Ka. D1056]

ಓಸರಿಸು ⟦ōsarisu オーサリス⟧ [oːsərĭsu] 《古》 *vi.* **1** 脇へ避ける、道を空ける (*Pb.3.50*) **2** 退却する、引き下がる ―*vt.* 押し退ける [Sk. *avasṛ-*]

ಓಸುಕರ ⟦ōsukara オースカラ⟧ [oːsŭkərɐ] *postp.* [Ka. *D1034] ☞ಓಸ್ಕರ (ōskara)

ಓಸುಗ ⟦ōsuga オースガ⟧ [oːsŭgɐ] 《文》 *postp.* 《与格あるいは語幹形と》…のために、…の故に ¶ ಮೇಷ್ಟರು ತಮ್ಮ ದುಃಖವನ್ನು ಮರೆಯಲೋಸುಗ ಊಟಿಗೆ ಹೋದರು. (mēṣṭaru tamma duḥkʰavannu mareyalōsuga ūṭige hōdaru.) 先生は自分の苦しみを忘れるためにウーティへ行かれた。 [Ka. D1034] = ಓಸ್ಕರ (ōskara)

ಓಸುಗರ ⟦ōsugara オースガラ⟧ [oːsŭgərɐ] 《文》 *postp.* [Ka. D1034] ☞ಓಸ್ಕರ (ōskara)

ಓಸ್ಕರ ⟦ōskara オースカラ⟧ [oːskə̆rɐ] ಓಸುಕರ, ಓಸುಗ, ಓಸುಗರ *n.* 原因、理由 ―*postp.* 《与格あるいは語幹形と》…のために、…の故に ¶ ದ್ರೌಪದಿಗೋಸುಕರ ಮಹಾಭಾರತವಾಯಿತು. (draupadigōsukara mahābʰāratavāyitu.) ドラウパディーゆえにマハーバーラタの戦争が起こった。 [Ka. D1034]

ಓಹೊ ⟦ōho オーホ⟧ [oːhoː] *intrj.* [Ka.] ☞ಓಹೋ (ōhō)

ಓಹೋ ⟦ōhō オーホー⟧ [oːhoː] ಓಹೊ *intrj.* おお、ああ、おや(驚き、喜び、悲しみなどを表す間投詞) ¶ ಓಹೋ ಅವರು ಬಂದರಾ? (ōhō avaru baṃdarā?) ほお、あの人はやって来たのですか。 [Ø]

ಓಳ್ ⟦ōḷ オール⟧ [oːl] 《古》 *vi.* まぐわう、性交する (*Šmd.Dh.*) [Ka. D1071]

ಔ

ಔ ⟦au アゥ⟧ [əu] *n.* カンナダその他のインド系言語で音素の連続 /au/ またはそれを表す文字 [Ka.]

ಔಕಾರ ⟦aukāra アゥカーラ⟧ [əukɐːrɐ] *n.* カンナダその他のインド系の文字で音素 /au/ を表す文字 [Sk.]

ಔಚಿತ್ಯ ⟦aucitya アゥチティャ⟧ [əuʧitʲjɐ] 《文》 *n.* 適当なこと、適切性 [Sk.] = ಉಚಿತ (ucita) 〔口〕

ಔಡಲ ⟦auḍala アゥダラ⟧ [əuɖə̆lɐ] *n.* ヒマ、またはその種や油 [Ka. *D360] = ಹರಳು (haraḷu)

ಔಡು ⟦auḍu アゥドゥ⟧ [əuɖu] *n.*, *vt.* [Ka. D2265] ☞ಅವುಡು (avuḍu)²

ಔತಣ ⟦autaṇa アゥタナ⟧ [əutə̆ɳɐ] *n.* **1** 食事や宴会に招待すること **2** 宴会、供宴 ◇ *vi.* ―ಕೊಡು (koḍu)

食事や宴会に招待する [Sk.]

ಔತ್ವ ⟦autva アウトヴァ⟧ [əutvɐ] *n.* 文字 ಔ (au) *au* [Sk.] = ಔಕಾರ (aukāra)

ಔದಾರ್ಯ ⟦audārya アウダーリヤ⟧ [əudɐːrˑjɐ] 《文》 *n.* **1** 寛容、寛大さ **2** 気前がよいこと、物惜しみしないこと [Sk.] = ಉದಾರತೆ (udārate)

ಔದಾಸೀನ್ಯ ⟦audāsīnya アウダーシーニャ⟧ [əudɐːsiːnˑjɐ] 《文》 *n.* 無関心、無頓着 = ಉದಾಸೀನತೆ (udāsīnate) [Sk.]

ಔದ್ಯಮಿಕ ⟦audyamika アウディャミカ⟧ [əudˑjəmikɐ] 《文》 *adj.* 産業の [Sk.]

ಔದ್ಯೋಗಿಕ ⟦audyōgika アウディョーギカ⟧ [əudˑjoːgikɐ] *adj.* **1** 技術的な **2** 職業の、職業上の、職業的な [Sk.]

ಔನ್ನತ್ಯ ⟦aunnatya アウンナティャ⟧ [əunnətˑjɐ] 《文》 *n.* **1** 崇高さ **2** 偉大さ [Sk.]

ಔಪಚಾರಿಕ ⟦aupacārika アウパチャーリカ⟧ [əupəʧɐːrikɐ] *adj.* **1** 儀式上の、儀礼上の **2** 儀式の、格式張った [Sk.]

ಔಪಾಸನ ⟦aupāsana アウパーサナ⟧ [əupɐːsənɐ] *adj.* (宗教的な)勤行に関する [Sk.]

ಔರಸ ⟦aurasa アウラサ⟧ [əurəsɐ] 《文》 *adj.* 「乳房に関する」、腹を痛めた、自分の本当の(子ども) [Sk.]

ಔರಸಚೌರಸ ⟦aurasacaurasa アウラサチャウラサ⟧ [əurə̆səʧəurə̆sɐ] 《文》 *adv.* 至る所に、所狭しと ¶ ಮನೆಯಲ್ಲಿ ಔರಸಚೌರಸ ಕಾಳನ್ನು ಒಟ್ಟಿದ್ದಾರೆ. (maneyalli aurasacaurasa kāḷannu oṭṭiddāre.) この家では穀物が至る所に積んである。 [H. *aurasă-caurasă* < ?]

ಔಷಧ ⟦auṣad^{h}a アウシャダ⟧ [əuʂə̆d^{h}ɐ] *n.* **1** 薬草 **2** 薬、薬剤 [Sk.] = ಮದ್ದು (maddu)

ಔಷಧಾಲಯ ⟦auṣad^{h}ālaya アウシャダーラヤ⟧ [əuʂə̆d^{h}ɐːləjɐ] *n.* **1** 薬局 **2** 《古》 医院、診療所 [Sk.]

ಔಷಧಿ ⟦auṣad^{h}i アウシャディ⟧ [əuʂə̆d^{h}i/əuʂə̆ḍi] *n.* 薬、薬剤 [Sk.]

ಔಷಧಿಶಾಸ್ತ್ರ ⟦auṣad^{h}iśāstra アウシャディシャーストラ⟧ [əuʂə̆d^{h}iʃɐːstˑrɐ] 《文》 *n.* **1** 薬学 **2** 《古》 医学、医術 [Sk.]

ಔಷಧಿಶಾಸ್ತ್ರಜ್ಞ ⟦auṣad^{h}iśāstrajña アウシャディシャーストラジュニャ⟧ [əuʂə̆d^{h}iʃɐːstrəʤɲɐ/–gnɐ] 《文》 *m.* 《*f.* ಔಷಧಿಶಾಸ್ತ್ರಜ್ಞೆ (auṣad^{h}iśāstrajñe)》薬学者 [Sk.]

ಕ

ಕ ⟦ka カ⟧ [kəˑ] *n.* カンナダその他のインド系言語において音素の連続 /ka/, またはそれを表す文字

–ಕ ⟦-ka -カ⟧ [kɐ] *suf.* 《*f.* –ಕಿ (-ki)》 **1** 動詞語根に付加されて行為者名詞を作る接尾辞の一種 ¶ ಕದಿಕ (kadika) (*kadi* "to steal" + *-ka*) 盗人 **2** 準名詞 (本辞典で品詞 (n.) として表される語) に付加されて「…という性質を持つ男性」という意味の名詞を作る接尾辞 ¶ ಕರಿಕ (karika) (*kari* "black" + *-ka*) 色黒な男性 [Ka.]

ಕಂಕ ⟦kaṃka カンカ⟧ [kəŋkɐ] 《古》 *n.* ものを挟む道具(ピンセット、やっとこ、釘抜きなど) [?] ತಂಡಸ (taṃḍasa) 〔汎〕

ಕಂಕಣ ⟦kaṃkaṇa カンカナ⟧ [kəŋkəɳɐ] *n.* **1** 結婚の時に新郎新婦が腕に巻く聖紐 **2** 女性が手首につける貴金属の腕飾り [⇒図] [Sk. M136]

ಕಂಕಣ 2 腕飾り

ಕಂಕಣಗಟ್ಟು ⟦kaṃkaṇagaṭṭu カンカナガットゥ⟧ [kəŋkəɳəgəʈʈu] ಕಂಕಣಕಟ್ಟು *vi.* **1** 結婚のようなめでたい行事の時に手首に腕輪をつける **2** ある難しい仕事をしようと誓う [+ *kaṭṭu*]

ಕಂಕಣಬದ್ಧ ⟦kaṃkaṇabadd^{h}a カンカナバッダ⟧ [kəŋkəɳəbədd^{h}ɐ] 《文》 *adj.*, *m.* 《*f.* ಕಂಕಣಬದ್ಧಳು (kaṃkaṇabadd^{h}aḷu)》自分の使命を果たすべく決心した〈人〉¶ ಆರ್. ಎಸ್. ಎಸ್ ನವರು ಹಿಂದೂ ಸಂಸ್ಕೃತಿಯನ್ನು ರಕ್ಷಿಸಲು ಕಂಕಣಬದ್ಧರಾಗಿದ್ದಾರೆ. (ār. es. es navaru hiṃdū saṃskṛtiyannu rakṣisalu kaṃkaṇabadd^{h}arāgiddāre.) アール・エス・エスの人々はヒンドゥー文化を守ろうと決心している。 [Sk.]

ಕಂಕಟ್ ⟦kaṃkaṟ カンカル⟧ [kəŋkəɻ] 《古》 *n.* 脇の下 [Ka. D1234]

ಕಂಕಾಲ ⟦kaṃkāla カンカーラ⟧ [kəŋkɐːlɐ] ಕಂಕಾಳ *n.* **1** 骸骨またはどくろ **2** 音楽の様式の一種 **—***m.* 悪魔の名 [Sk.]

ಕಂಕಾಲತೆ ⟦kaṃkālate カンカーラテ⟧ [kəŋkɐːɭəte] 《文》 *n.* 骸骨状態 [Sk.]

ಕಂಕಾಲಿ ⟦kaṃkāli カンカーリ⟧ [kəŋkɐːli] 《文》 *m.* シヴァ神の別名 [Sk.]

ಕಂಕಾಳ ⟦kaṃkāḷa カンカーラ⟧ [kəŋkɐːɭɐ] *n.* 骸骨またはどくろ [Sk.] ☞ ಕಂಕಾಲ (kaṃkāla)

ಕಂಕಾಳದಂಡ ⟦kaṃkāḷadaṃḍa カンカーラダンダ⟧ [kəŋkɐːɭədənɖɐ] 《文》 *n.* 柄の部分にしゃれこうべを使った棍棒(シヴァ神の武器) [Sk.]

ಕಂಕಾಳಿಕೆ ⟦kaṃkāḷike カンカーリケ⟧ [kəŋkɐːɭɐ̆ike] *n.* 骸骨 [Sk.]

ಕಂಕಿ ⟦kaṃki カンキ⟧ [kəŋki] ಕಂಕು, ಕಂಕೆ *n.* 穀粒を取り去った粟類や稗類の穂(牛の飼料となる) [Ka. D1084]

ಕಂಕು ⟦kaṃku カンク⟧ [kəŋku] *n.* 粟類の穂から穀物

を取り除いたもの [Ka. D1084] ☞ಕಂಕಿ (kaṃki)

ಕಂಕುಳು ⟦kaṃkuḷu カンクル⟧ [kəŋkuɭu] ಕಂಕಳ್, ಕಂಕುಳ್, ಕಂಕುೞಿ, ಕವುಂಕುಳ್ *n.* 脇の下 [Ka. *D1234]

ಕಂಕುೞ್ ⟦kaṃkuṟ カンクル⟧ [həŋkuɭ] 《古》 *n.* 脇の下 [Ka. D1234] ☞ಕಂಕುಳು (kaṃkuḷu)

ಕಂಕುೞ ⟦kaṃkuṟa カンクラ⟧ [həŋkuɭɐ] 《古》 *n.* 脇の下 [Ka. D1234] ☞ಕಂಕುಳು (kaṃkuḷu)

ಕಂಗಾಡು ⟦kaṃgāḍu カンガードゥ⟧ [kəŋgɐːɖu] 《口》 *n.* 虚弱 [?]

ಕಂಗಾಲ ⟦kaṃgāla カンガーラ⟧ [kəŋgɐːlɐ] *adj., m.* 《*f.* ಕಂಗಾಲಳು (kaṃgālaḷu)》極貧の〈人〉、一文なしの〈人〉 [H./M. *kaṃgālā* ←Sk. *kaṃkāla-*?]

ಕಂಗಾಲು ⟦kaṃgālu カンガール⟧ [kəŋgɐːlu] (*n.*) 1 一文なし〈の〉、極貧〈の〉 2 〔喩〕身寄りのない〈人〉¶ ಹೊಸ ಊರಿಗೆ ಬಂದು ನಾನು ಕಂಗಾಲಾದೆ. (hosa ūrige baṃdu nānu kaṃgālāde.) この新しい町に来て私は身寄りのない人のようだ。 3 (疲れなどで)憔悴した〈人〉、(絶望などで)ぐったりした〈人〉¶ ಊರು ಊರು ಸುತ್ತಿ ನಾನು ಕಂಗಾಲಾದೆ. (ūru ūru sutti nānu kaṃgālāde.) あちこち歩き回って私は疲れ果てた。 [? cf. H. *kaṃgālā*]

ಕಂಗು[1] ⟦kaṃgu カング⟧ [kəŋgu] 《‡》 *n.* 悪臭 (*S.Mhr.* (*Kitt.*)) [Ka. D1405 cf. M. *kaṃku*] ☞ಕನುಗು (kanugu)

ಕಂಗು[2] ⟦kaṃgu カング⟧ [kəŋgu] 《古》 *n.* アワ(イネ科エノコログサ属の雑穀の一種) ⇀ 食 [Sk.] = ಬರಗು, ನವಣೆ (baragu, navaṇe)

ಕಂಗು[3] ⟦kaṃgu カング⟧ [kəŋgu] ಕಂಗುಂಟೆ, ಕಂಗೊಂಗೆ, ಕಂಗುಂಡಿ *n.* フウセンカズラ(風船蔓、小さな種をつけるつる草の一種、ムクロジ科フウセンカズラ属) ⇀ 薬 [Ka.?] *[IMP 1.378]

ಕಂಗೆಡು ⟦kaṃgeḍu カンゲドゥ⟧ [kəŋgeɖu] *vi.* 《属格支配》頭が混乱する、慌てる、狼狽する ¶ ಅವನು ಕಂಗೆಟ್ಟಿದ್ದಾನೆ. (avanu kaṃgeṭṭiddāne.) 彼は狼狽している。 [Ka. *kaṇ* D1159(a) + *keḍu*] ☞ಕಣ್ಗೆಡು (kaṇgeḍu)

ಕಂಗೆಡಿಸು ⟦kaṃgeḍisu カンゲディス⟧ [kəŋgeɖisu] *vt.* 心を混乱させる、当惑させる [Ka. *kaṇ*[1] D1159(a) + *keḍisu*]

ಕಂಗೇಡು ⟦kaṃgēḍu カンゲードゥ⟧ [kəŋgeːɖu] *n.* 狼狽、頭の混乱 [Ka. *kaṇ*[1] D1159(a) + ಕೇಡು]

ಕಂಗೊಳ್ ⟦kaṃgoḷ カンゴル⟧ [kəŋgoɭ] 《古》 *vi.* 1 目を開いて見る、注意して見る 2 人の目をひきつける、美しく見える、映える [Ka. *kaṇ*[1] D1159(a) + *koḷ*] ☞ಕಣ್ಗೊಳು (kaṇgoḷu)

ಕಂಗೊಳಿಸು ⟦kaṃgoḷisu カンゴリス⟧ [kəŋgoɭisu] *vi.* 人の目をひきつける、美しく見える、映える [*kaṇ*[1] D1159(a) + *koḷisu*] ☞ಕಣ್ಗೊಳಿಸು (kaṇgoḷisu)

ಕಂಚಿ[1] ⟦kaṃci カンチ⟧ [kəɲʧi] *n.* 漬物の材料として用いられる大型で苦味のあるライム ⇀ 薬 [Ka. D1108] = ಕಂಚೀಳೆ, ಕಂಚಿನಿಂಬೆ, ಕಾಡುನಿಂಬೆ (kaṃcīḷe, kaṃcinimbe, kāḍunimbe)

ಕಂಚಿ[2] ⟦kaṃci カンチ⟧ [kəɲʧi] *n.* カンジープラム(タミルナードゥの町の名) [Sk. *kāṃcī-*]

ಕಂಚಿಕೆ ⟦kaṃcike カンチケ⟧ [kəɲʧike] 《古》 *n.* 水ぶくれ [Sk.] = ಗುಳ್ಳೆ, ಬೊಬ್ಬೆ (guḷḷe, bobbe)

ಕಂಚೀಳೆ ⟦kaṃcīḷe カンチーレ⟧ [kəɲʧiːɭe] 《古》 *n.* [Ka. *kaṃci* D1108 + *īḷe*] ☞ಕಂಚಿ (kaṃci)[1]

ಕಂಚು ⟦kaṃcu カンチュ⟧ [kəɲʧu] *n.* 青銅、銅と錫(すず)の合金 [Sk. *kāṃsya-*]

ಕಂಚುಕ ⟦kaṃcuka カンチュカ⟧ [kəɲʧukɐ] 《文》 *n.* 1 (昔の)胴着[⇒図] 2 鎖帷子 [Sk.]

ಕಂಚುಕ 胴着

ಕಂಚುಕಿ ⟦kaṃcuki カンチュキ⟧ [kəɲʧuki] 《古》 *m.* 1 後宮を司る役人 2 (宮殿などの)門番 [Sk. *kaṃcukin-*]

ಕಂಚುಗಾರ ⟦kaṃcugāra カンチュガーラ⟧ [kəɲʧugɐːrɐ] *m.* 《*f.* ಕಂಚುಗಾರ್ತಿ (kaṃcugārti)》青銅、黄銅などで神像その他を作る人 [Sk.]

ಕಂಚುಳಿ ⟦kaṃcuḷi カンチュリ⟧ [kəɲʧuɭi] 《方》 *n.* すっぱい果物の一種(おそらく = kaṃcīḷe) [Ka. D1108] (Hav.)= ಕಂಚಿ (kaṃci)

ಕಂಚುಳಿಕ ⟦kaṃcuḷika カンチュリカ⟧ [kəɲʧuɭikɐ] 《文》 *m.* 後宮を司る役人 [?]

ಕಂಚುಳಿಕೆ ⟦kaṃcuḷike カンチュリケ⟧ [kəɲʧuɭike] 《文》 *n.* 肩から胸までを覆う女性のブラウス [Sk.]

ಕಂಜ ⟦kaṃja カンジャ⟧ [kəɲɐ] 《文》 *n.* ハス(蓮) [Sk.]

ಕಂಜರಿ ⟦kaṃjari カンジャリ⟧ [kəɲʤǝ̆ri] 《口》 *n.* タンバリンの一種 [Pe. *xanǧarī*] ☞ಖಂಜರಿ (kʰaṃjari)

ಕಂಜೂಷ್ ⟦kaṃjūṣ カンジューシュ⟧ [kəɲʤuːS] ಕಂಜೂಷಿ *mf.* 吝嗇な人、けちん坊 [H./M. *kaṃjūsā*] = ಜಿಪುಣ (jipuṇa)

ಕಂಜೂಷಿ ⟦kaṃjūṣi カンジューシ⟧ [kəɲʤuːSi] *mf.* 吝嗇な人、けちん坊 [H./M. *kaṃjūsā*] = ಕಂಜೂಷ್ (kaṃjūṣ)

ಕಂಟ[1] ⟦kaṃṭa カンタ⟧ [kəɳʈɐ] *n.* シュロヤシ(棕櫚椰子)の葉に字を書くための鉄筆[⇒図] [Sk. *kaṃtha-*]

ಕಂಟ 鉄筆

ಕಂಟ[2] ⟦kaṃṭa カンタ⟧ [kəɳʈɐ] *n.* 容器の首 [Sk. *kaṃtha-*]

ಕಂಟಕ ⟦kaṃṭaka カンタカ⟧ [kəɳʈəkɐ] 《文》 *n.* 1 (バラなどの) 刺、木や竹や骨などの細片 2 〔喩〕悩みの種 ¶ ಇಂದಿರಾ ಗಾಂಧೀ ಚುನಾವಣೆ ಗೆದ್ದ ಮೇಲೆ ದೇವರಾಜ ಅರಸು ಕಂಟಕ ಎಂದು ಅವಳಿಗೆ ಅನಿಸಿತು. (iṃdirā gāṃdʰī cunāvaṇe gedda mēle dēvarāja arasu kaṃṭaka eṃdu avaḷige anisitu.) 選挙での勝利の後、デーヴァラージャ・アラスはインディラ・ガンディーにとって悩みの種となった。 3 喜び、恐怖などで身の毛がよだつこと 4 〔喩〕自分を裏切る恐れがある危険な人物、獅子身中の虫 ¶ ನಮ್ಮ ತಮ್ಮನೇ ನನಗೆ ಕಂಟಕವಾಗಿದ್ದಾನೆ. (namma tammanē nanage kaṃṭakavāgiddāne.) 他ならぬ自分の弟が獅子身中の虫となっている。 [Sk.]

ಕಂಟಲೆ ⟦kaṃṭale カンタレ⟧ [kəɳʈəle] ಕಂಟಣೆ, ಕಂಟಲಿ, ಕಂಟಾಳ, ಕಂಡಾಲ 《文》 *n.* 口が真ん中にあり肩で担ぐ振り分け袋[⇒図] [Ka. *D1174] = ಹಸುಬೆ (hasube) 〔汎〕

ಕಂಟಳೆ ⟦kaṃṭaḷe カンタレ⟧ [kəɳʈəɭe] 《‡》 *n.* [Ka. D1174] (*My.* (*Kitt.*)) ☞ಕಂಟಲೆ (kaṃṭale)

ಕಂಟಾ ⟦kaṃṭā カンター⟧ [kəɳʈɐː] 《方》 *n.* 雄猫 [Ka. D1140] (Hav.)

ಕಂಟಾಳ ⟦kaṃṭāḷa カンターラ⟧ [kəɳʈɐːɭa] 《古》 *n.* 口が真ん中にあり肩に載せると二つに分かれる袋 [Ka. D1174] ☞ಕಂಟಲೆ (kaṃṭale)

ಕಂಟಲೆ
振り分け袋

ಕಂಟಾಳೆ ⟦kaṃṭāḷe カンターレ⟧ [kəɳʈɐːɭe] 《古》 *n.* [Ka. D1174] ☞ಕಂಟಲೆ (kaṃṭale)

ಕಂಟಿ¹ ⟦kaṃṭi カンティ⟧ [kəɳʈi] *n.* 首飾りの一種[⇒図] [Sk. *kaṃṭʰī-*]

ಕಂಟಿ
首飾り

ಕಂಟಿ² ⟦kaṃṭi カンティ⟧ [kəɳʈi] *n.* 刺のある低木；低木の茂み [Sk. *kaṃṭʰin-*]

ಕಂಟಿಕೆ¹ ⟦kaṃṭike カンティケ⟧ [kəɳʈike] 《‡》 *n.* 糸だま (*My.* (*Kitt.*)) [Ka. D1177] ☞ಕಂಡಿಕೆ (kaṃḍike)²

ಕಂಟಿಕೆ² ⟦kaṃṭike カンティケ⟧ [kəɳʈike] 《古》 *n.* [Sk. *kaṃṭʰikā-*] ☞ಕಂಠಿಕೆ (kaṃṭʰike)

ಕಂಟು ⟦kaṃṭu カントゥ⟧ [kəɳʈu] 《異》 *n.* すえた悪臭、(特に)汚れた布や焦げた油やギーの悪臭 [Ka. D1405] ☞ಕಮಟು (kamaṭu)

ಕಂಟ್ಲೆ ⟦kaṃṭle カントレ⟧ [kəɳʈle] 《‡》 *n.* [Ka. D1174] (*My.* (*Kitt.*)) ☞ಕಂಟಲೆ (kaṃṭale)

ಕಂಠ ⟦kaṃṭʰa カンタ⟧ [kəɳʈʰɐ] 《文》 *n.* **1** 喉 **2** 声 **3** 容器の縁または首状部 **4** 川岸、海岸 **5** シュロヤシ(棕櫚椰子)の葉に字を書くための鉄筆 [Sk.]

ಕಂಠಪಾಠ ⟦kaṃṭʰapāṭʰa カンタパータ⟧ [kəɳʈʰ əpɐːʈʰɐ] *n.* 暗記、丸暗記 [Sk.]

ಕಂಠಶೋಷಣೆ ⟦kaṃṭʰaśōṣaṇe カンタショーシャネ⟧ [kəɳʈʰəʃoːʂəɳe] *n.* **1** 叫び声をあげて喉をからすこと **2** 無駄な忠告、馬の耳に念仏 ¶ ಮಗನಿಗೆ "ಓದು ಓದು" ಹೇಳುವುದು ಬರೀ ಕಂಠಶೋಷಣೆ. (maganige "ōdu ōdu" hēḷuvudu barī kaṃṭʰaśōṣaṇe.) 息子に「勉強せよ、勉強せよ」と言っても馬に耳に念仏だ。 [Sk.]

ಕಂಠಿಕೆ ⟦kaṃṭʰike カンティケ⟧ [kəɳʈʰike] ಕಂಟಿಕೆ 《古》 *n.* 一重の真珠で作った首につける装身具 [Sk.]

ಕಂಠೀರವ ⟦kaṃṭʰīrava カンティーラヴァ⟧ [kəɳʈʰiːrəvɐ] 《文》 *n.* **1** 獅子、ライオン = ಸಿಂಹ (siṃha) **2** さかりのついた象 [Sk.]

ಕಂಠ್ಯ ⟦kaṃṭʰya カンティャ⟧ [kəɳˑʈʰˑjɐ] 《文》 *adj.* **1** 喉の **2** 軟口蓋の、軟口蓋音の [Sk.]

ಕಂಡ ⟦kaṃḍa カンダ⟧ [kəɳɖɐ] ಕಂಡು *n.* **1** かけら、大きなものを切った一部 = ತುಂಡು (tuṃḍu) **2** 筋肉、骨なしの肉 [Sk. *kʰaṃḍa-* T3792 cf. D1175]

ಕಂಡರಣೆ ⟦kaṃḍaraṇe カンダラネ⟧ [kəɳɖərəɳe] 《文》 *n.* 鑿(のみ)で削ること、像を刻むこと [?, cf. Sk. *kʰaṃḍa-*]

ಕಂಡರಿಸು ⟦kaṃḍarisu カンダリス⟧ [kəɳɖərisu] 《文》 *vt.* **1** 鑿(のみ)で削る、〈彫像を〉刻む **2** 刻む、小さく切る [? + *-isu* cf. ಕಂಡರಣೆ (kaṃḍaraṇe)] = ಕೆತ್ತು (kettu)

ಕಂಡಸಕ್ಕರೆ ⟦kaṃḍasakkare カンダサッカレ⟧ [kəɳɖəsəkkəre] *n.* 氷砂糖 [Sk. *kʰaṃḍa-*/Ka *kaṃḍa* + Sk. *śarkarā-*]

ಕಂಡಾಬಟ್ಟೆ ⟦kaṃḍābaṭṭe カンダーバッテ⟧ [kəɳɖəbəʈʈe] *adv.* 手当たり次第、見さかいなく ¶ ಅವನು ಕಂಡಾಬಟ್ಟೆ ಕುಡಿದು ತನ್ನ ಆರೋಗ್ಯ ಹಾಳುಮಾಡಿಕೊಂಡ. (avanu kaṃḍābaṭṭe kuḍidu tanna ārōgya hāḷumāḍikoṃḍa.) 彼は手当たり次第酒を飲んで体を壊した。 [Ka. *kaṃḍa* 「見られた」 + ?]

ಕಂಡಿ ⟦kaṃḍi カンディ⟧ [kəɳɖi] ಖಂಡಿ 《文》 *n.* 割れ目、裂け目 [Ka. D1176] = ಕಿಂಡಿ (kiṃḍi)

ಕಂಡಿಕೆ¹ ⟦kaṃḍike カンディケ⟧ [kəɳɖike] 《文》 *n.* 茎、幹 [Ka. D1165]

ಕಂಡಿಕೆ² ⟦kaṃḍike カンディケ⟧ [kəɳɖike] *n.* 糸だま [Ka. D1177]

ಕಂಡಿಸು¹ ⟦kaṃḍisu カンディス⟧ [kəɳɖisu] *vt.* 鑿(のみ)で削る、〈彫像を〉刻む [*kaṃḍarisu*? + *-isu*]

ಕಂಡಿಸು² ⟦kaṃḍisu カンディス⟧ [kəɳɖisu] *vt.* 〈肉などを〉刻む、ぶち切る [*kaṃḍa* + *-isu*] = ತುಂಡು ಮಾಡು (tuṃḍu māḍu)

ಕಂಡು¹ ⟦kaṃḍu カンドゥ⟧ [kəɳɖu] 《異》 *n.* かけら、大きなものを切った一部 = ತುಂಡು (tuṃḍu) [Ka. D1175, cf. Sk. *kʰaṇḍa-* T3792]

ಕಂಡು² ⟦kaṃḍu カンドゥ⟧ [kəɳɖu] 《‡》 *n.* 糸だま (*My.* (*Kitt.*)) [Ka. D1177]

ಕಂಡು³ ⟦kaṃḍu カンドゥ⟧ [kəɳɖu] *vt.* 見て ಕಾಣ್ (kāṇ) の連用完了分詞形 [Ka. D1443] ☞ಕಾಣ್ (kāṇ)

ಕಂಡು⁴ ⟦kaṃḍu カンドゥ⟧ [kəɳɖu] 《古》 *n.* 痒み、痒いこと [Sk. *kaṃḍū-* M147] = ನವೆ (nave) 〔汎〕

ಕಂಡೂತಿ ⟦kaṃḍūti カンドゥーティ⟧ [kəɳɖuːti] *n.* **1** 痒いところを掻くこと **2** 痒み、痒いこと **3** 〔喩〕(戦いや喧嘩などをしたくて) うずうずすること [Sk.]

ಕಂತ ⟦kaṃta カンタ⟧ [kəntɐ] *n.* 分割払い [Ka. D1209]

ಕಂತಿ ⟦kaṃti カンティ⟧ [kənti] *n.* 子牛を産み授乳中の雌牛 [Ka. D1411] = ಕಂದಿ (kaṃdi)

ಕಂತಿಸು ⟦kaṃtisu カンティス⟧ [kəntisu] 《古》 *vt.* 〈灯を〉消す [Ka. D1211] = ಆರಿಸು (ārisu)

ಕಂತು¹ ⟦kaṃtu カントゥ⟧ [kəntu] *n.* 分割払い ¶ ಬ್ಯಾಂಕಿನ ಸಾಲವನ್ನು ಮೂರು ಕಂತಿನಲ್ಲಿ/ಕಂತುಗಳಲ್ಲಿ ತೀರಿಸಿದೆ. (byāṃkina sālavannu mūru kaṃtinalli/kaṃtugaḷalli tīriside.) 私は銀行からの借金を3回に分けて返した。 [Ka. D1209]

ಕಂತು² ⟦kaṃtu カントゥ⟧ [kəntu] 《文》 *vi.* (太陽が)沈む ¶ ಹೊತ್ತು ಕಂತಿತು. (hottu kaṃtitu.) 日が沈んだ。 [Ka. D1211]

ಕಂತು³ ⟦kaṃtu カントゥ⟧ [kəntu] 《文》 *m.* マンマタ(愛の神) [Sk.]

ಕಂತುಕ ⟦kaṃtuka カントゥカ⟧ [kəntukɐ] 《文》 *n.* 毬(まり)遊びに使う毬 [Sk. *kaṃduka-*] ☞ಕಂದುಕ (kaṃduka)

ಕಂತುಕಕ್ರೀಡೆ ⟦kaṃtukakrīḍe カントゥカクリーデ⟧ [kəntukəkriːɖe] 《文》 *n.* 毬遊び [+ krīḍe]

ಕಂತೆ¹ ⟦kaṃte カンテ⟧ [kənte] *n.*（札や藁や牧草などの）束 ¶ ರೈತರು ಹುಲ್ಲಿನ ಕಂತೆಗಳನ್ನು ಜೋಡಿಸಿದ್ದಾರೆ. (raitaru hullina kaṃtegaḷannu jōḍisiddāre.) 農夫が干草の束を積み上げている。[Ka. D1400]

ಕಂತೆ² ⟦kaṃte カンテ⟧ [kənte] kaṃtʰe *n.* 1 ヨーガ行者や苦行者が着るつぎはぎの衣 2 施し物を受け取るために使う四隅を結んで使う風呂敷[⇒図] 3 役に立たないもの；つまらぬ話 [Sk. *kaṃtʰā-*] = ಕಂಥೆ (kaṃtʰe)

ಕಂತೆ 風呂敷

ಕಂತ್ರಾಟು ⟦kaṃtrāṭu カントラートゥ⟧ [kəntrɐːʈu] 《口》 *n.*〔俗〕契約、請負の契約 [Eg. *contract*]

ಕಂತ್ರಾಟುದಾರ ⟦kaṃtrāṭudāra カントラートゥダーラ⟧ [kəntrɐːʈŭdɐːrɐ] ಕಂಟ್ರಾಟದಾರ 《口》 *m.* 《*f.* ಕಂತ್ರಾಟುದಾರ–ಳು (kaṃtrāṭudāraḷu)》請負人 [Eg. + *-dāra*] = ಗುತ್ತಿಗೆದಾರ (guttigedāra)

ಕಂತ್ರಿ ⟦kaṃtri カントリ⟧ [kəntri] 《口》 (*adj.*)《複合語頭で》「国産の」、粗悪〈な〉（工業製品） —*mf.* 詐欺師、ペテン師 [Eg. *country*]

ಕಂತ್ರಿನಾಯಿ ⟦kaṃtrināyi カントリナーイ⟧ [kəntrinɐːji] *n.* 野良犬 [+ *nāyi*]

ಕಂಥೆ ⟦kaṃtʰe カンテ⟧ [kəntʰe] 《文》 *n.* [Sk. *kaṃtʰā-*] ☞ಕಂತೆ (kaṃte)²

ಕಂದ¹ ⟦kaṃda カンダ⟧ [kəndɐ] *mf.* 1 子ども、赤ん坊 2 自分より年下の人に愛情をもって呼びかける言葉 [Ka. D1411]

ಕಂದ² ⟦kaṃda カンダ⟧ [kəndɐ] 《文》 *n.* 芋や根や地下茎が太くなったり丸くなったりしたもの [Sk. ←Dr. M152] = ಗೆಡ್ಡೆ (geḍḍe)〔汎〕

ಕಂದ³ ⟦kaṃda カンダ⟧ [kəndɐ] 《文》 *n.* 肩 [Pk. *kʰaṃdʰa-* < Sk. *skaṃdʰa-*]

ಕಂದ⁴ ⟦kaṃda カンダ⟧ [kəndɐ] 《文》 *n.* 韻律の一種

ಕಂದಕ ⟦kaṃdaka カンダカ⟧ [kəndəkɐ] *n.* 城の周囲の堀；壕、塹壕 [Ar. *xandaq* ←Pe.]

ಕಂದನೆ ⟦kaṃdane カンダネ⟧ [kəndŏne] 《方》 *n.* 潤滑油 [? cf. Te. *kaṃdena*] = ಕೀಲೆಣ್ಣೆ (kīleṇṇe)

ಕಂದರ¹ ⟦kaṃdara カンダラ⟧ [kəndərɐ] 《文》 *n.* 1 谷、谷間 2 洞穴、洞窟 [Sk.]

ಕಂದರ² ⟦kaṃdara カンダラ⟧ [kəndərɐ] 《文》 *n.* 首；喉 [Sk. *kaṃdʰara* <?]

ಕಂದರ್ಪ ⟦kaṃdarpa カンダルパ⟧ [kəndərpɐ] 《文》 *m.* 愛の神カーマデーヴァの別名 [Sk.]

ಕಂದಲ್ ⟦kaṃdal カンダル⟧ [kəndəl] ಕಂಡ–ಲು 《古》 *n.* 小型の素焼きの器［⇒図］ [Ka. D1415] = ಗಿಂಡಿ (giṃḍi)

ಕಂದಲ್ 素焼きの器

ಕಂದಾಚಾರ ⟦kaṃdācāra カンダーチャーラ⟧ [kəndɐːʧɐːrɐ] 《古》 *n.* 1 伝統、しきたり 2 軍隊 [?]

ಕಂದಾಯ ⟦kaṃdāya カンダーヤ⟧ [kəndɐːjɐ] ಕಂಧಾಯ *n.* 税金 [?]

ಕಂದಿ ⟦kaṃdi カンディ⟧ [kəndi] ಕಂತಿ *n.* 子牛を産み授乳中の雌牛 [Ka. D1411]

ಕಂದೀಲು ⟦kaṃdīlu カンディール⟧ [kəndiːlu] *n.* 1 ガラスのほやの付いたランプ = ಲಾಟೀನು (lāṭīnu) 2 ろうそく [Ar. *qindīl*]

ಕಂದು¹ ⟦kaṃdu カンドゥ⟧ [kəndu] *n.* 1 子牛 2 バナナの主株から出た子株 [Ka. D1279(?)/D1411]

ಕಂದು² ⟦kaṃdu カンドゥ⟧ [kəndu] *vi.* 1（水不足で植物が枯れて）茶色になる 2（体が日焼けして）黒くなる 3（顔や体が病気や栄養不足で）元気を失う —(*n.*) 暗褐色〈の〉 —*n.* 1 斑点、汚点 2〔喩〕汚点、（経歴などの）傷 ¶ ಅವಳಿಗೆ ಮಾಡಿದ ಸಹಾಯದಿಂದ ಅವನ ಜೀವನದಲ್ಲಿ ಕಂದು ಉಂಟಾಯಿತು. (avaḷige māḍida sahāyadiṃda avana jīvanadalli kaṃdu uṃṭāyitu.) 彼女のためにしたえこひいきが彼の経歴の汚点となった。[Ka. D1410]

ಕಂದಿಸು ⟦kaṃdisu カンディス⟧ [kəndisu] *vt.*（食べ物を与えなかったり病気にしたりいじめたりして）元気を失わせる、弱らせる [+ *-isu* caus.]

ಕಂದುಕ ⟦kaṃduka カンドゥカ⟧ [kəndukɐ] ಕಂತುಕ 《文》 *n.* 毬遊びに使う毬 [Sk. *kaṃduka-* ←Dr. M152] = ಚೆಂಡು (ceṃḍu)〔汎〕

ಕಂದುಕಕ್ರೀಡೆ ⟦kaṃdukakrīḍe カンドゥカクリーデ⟧ [kəndukəkriːḍe] ಕಂತುಕಕ್ರೀಡೆ 《文》 *n.* 毬遊び [+ krīḍe]

ಕಂಧರ ⟦kaṃdʰara カンダラ⟧ [kəndʰɚrɐ] 《文》 *n.* 首 [Sk.]

ಕಂಪ¹ ⟦kaṃpa カンパ⟧ [kəmpɐ] *n.* 震えること、振動すること [Sk.]

ಕಂಪ² ⟦kaṃpa カンパ⟧ [kəmpɐ] 《方》 *n.* 粘土 [Sk. *paṃka-*?] (SK)

ಕಂಪಣ ⟦kaṃpaṇa カンパナ⟧ [kəmpəɳɐ] 《古》 *n.* 王国の一地方 [Ka. D1237]

ಕಂಪನ ⟦kaṃpana カンパナ⟧ [kəmpənɐ] *n.* 震え、戦慄 [Sk.] = ಕಂಪ (kaṃpa)

ಕಂಪನಿ ⟦kaṃpani カンパニ⟧ [kəmpəni] *n.* 1 営利目的のために設立された人々の組織体 ¶ ನಾಟಕದ ಕಂಪನಿ (nāṭakada kaṃpani) 劇団 2《口》人と一緒にいること ¶ ನನಗೆ ನೀವು ಕಂಪನಿ ಕೊಡಬೇಕು. (nanage nīvu kaṃpani koḍabēku.) 一緒にいてください。[Eg. *company*]

ಕಂಪಾಸು ⟦kaṃpāsu カンパース⟧ [kəmpɐːsu] *n.* 1 コンパス（製図器）= ಕೈವಾರ (kaivāra) 2 羅針盤 [Eg. *compass*]

ಕಂಪಿತ ⟦kaṃpita カンピタ⟧ [kəmpitɐ] 《文》 (*adj.*) 震える〈こと〉、戦慄する〈こと〉¶ ಕಂಪಿತ ಸ್ವರ (kaṃpita svara) 震え声 [Sk.]

ಕಂಪಿಸು¹ ⟦kaṃpisu カンピス⟧ [kəmpisu] 《古》 *vi.* 芳香を放つ [Ka. D1247]

ಕಂಪಿಸು² ⟦kaṃpisu カンピス⟧ [kəmpisu] 《文》 *vi.* 震える、おののく、戦慄する [Sk.]

ಕಂಪು ⟦kaṃpu カンプ⟧ [kəmpu] *n.* 芳香、よい匂い [Ka. D1247(a)]

ಕಂಪ್ಯೂಟರ್ ⟦kaṃpyūṭar カンピュータル⟧ [kəmpju:ṭər] *n.* 電算機、コンピューター [Eg. *computer*] = ಪರಿಗಣಕ (pariganaka)〔稀〕

ಕಂಪ್ಯೂಟರೀಕರಣ ⟦kaṃpyūṭarīkaraṇa カンピュータリーカラナ⟧ [kəmpju:ṭə̆ri:kərəṇɐ]《文》*n.* 電算化 [*kaṃpyūṭar* + *karaṇa*]

ಕಂಪ್ಯೂಟರೀಕರಿಸು ⟦kaṃpyūṭarīkarisu カンピュータリーカリス⟧ [kəmpju:ṭə̆ri:kərisu]《文》*vt.* 電算化する [*kaṃpyūṭar* + *-isu*]

ಕಂಬ ⟦kaṃba カンバ⟧ [kəmbɐ] *n.* **1** 柱 **2** 農地を計る単位の一種 [Sk. *skaṃbʰa-*] ☞ಕಂಭ (kaṃbʰa)

ಕಂಬಚ್ಚು ⟦kaṃbaccu カンバッチュ⟧ [kəmbəʧʧu] *n.* 金属板に穴があいた金糸や銀糸を作る道具 [*kaṃbi* + *accu*] = ಕಂಬಿಯಚ್ಚು (kaṃbiyaccu)

ಕಂಬನಿ ⟦kaṃbani カンバニ⟧ [kəmbəni]《古》*n.* 涙 [Ka. *kaṇ* + *pani*「しずく」] = ಕಣ್ಣೀರು (kaṇṇīru)

ಕಂಬನಿಗಱೆ ⟦kaṃbanigaṟe カンバニガレ⟧ [kəmbənigəṟe]《古》*vi.* 涙をながす [Ka.]

ಕಂಬಳ¹ ⟦kaṃbaḷa カンバラ⟧ [kəmbəḷɐ]《古》*n.* 日給 [Ka. D1238]

ಕಂಬಳ² ⟦kaṃbaḷa カンバラ⟧ [kəmbəḷɐ]《方》*n.* 水田で行われる雄の水牛の競走、農業始めの祭り (*SK.*) [Ka. D1239]

ಕಂಬಳಿ ⟦kaṃbaḷi カンバリ⟧ [kəmbəḷi] *n.* 毛布 [Sk. *kaṃbala* <? M161]

ಕಂಬಳಿಹುಳು ⟦kaṃbaḷihuḷu カンバリフル⟧ [kəmbəḷihuḷu] *n.* 毛虫 [Ka. *kaṃbaḷi* + *huḷu*]

ಕಂಬಾರ ⟦kaṃbāra カンバーラ⟧ [kəmbɐ:rɐ] *m.*《*f.* ಕಂಬಾರಿತಿ (kaṃbāriti)》鍛冶屋 [Pk. *kammāra-* < Sk. *karmāra-*] = ಕಮ್ಮರ (kammara)

ಕಂಬಿ ⟦kaṃbi カンビ⟧ [kəmbi] *n.* **1** 鉄や鋼などの細い棒 **2** 金や銀の糸 **3** 鼻柱、鼻梁 **4**（サーリーなどの端につけられた）縞模様 **5** 馬の口に入れるくつわのはみ **6** 天秤棒、両端に荷物をかけて担ぐ棒 [Ka. D1241]

ಕಂಬಿಕೀಳು ⟦kaṃbikīḷu カンビキール⟧ [kəmbiki:ḷu] *vi.* ある場所を捨てて逃げ出す [+ *kīḷu*]

ಕಂಬಿಯಚ್ಚು ⟦kaṃbiyaccu カンビヤッチュ⟧ [kəmbijəʧʧu] ಕಂಬಚ್ಚಿ, ಕಂಬಚ್ಚು *n.* 金属板に穴があいた金糸や銀糸を作る道具 [*kaṃbi* + *accu*] = ಕಂಬಚ್ಚು (kaṃbaccu)

ಕಂಬು¹ ⟦kaṃbu カンブ⟧ [kəmbu]《古》*n.* パールミレット、トウジンビエ（穀物の一種、イネ科チカラシバ属）⇀ 飼・食 [Ka. D1242] = ಸಜ್ಜೆ (sejje)

ಕಂಬು² ⟦kaṃbu カンブ⟧ [kəmbu]《古》*n.* 巻き貝 [Sk.] = ಶಂಖ (śaṃkʰa)

ಕಂಭ ⟦kaṃbʰa カンバ⟧ [kəmbʰɐ] ಕಂಬ《文》*n.* **1** 柱 **2** 面積 **3** 農地を計る単位 [? Sk. *skaṃbʰa-*] = ಕಂಬ (kaṃba)

ಕಂಭಪೂಜೆ ⟦kaṃbʰapūje カンバプージェ⟧ [kəmbʰəpu:ʤe] ಕಂಬಪೂಜೆ *n.* 新しい家の柱を立てる時の儀式 [+ *pūje*]

ಕಂಯಿ ⟦kaṃyi カンイ⟧ [kə̃ji]《口》(*n.*) 苦い〈こと〉 —*n.* 苦み = ಕಹಿ (kahi)〔汎〕[Ka. D1249]

ಕಂಸ¹ ⟦kaṃsa カンサ⟧ [kəmsɐ] *n.* **1** 弧、円弧 **2** 円括弧 [Sk.]

ಕಂಸ² ⟦kaṃsa カンサ⟧ [kəmsɐ] *n.* カンサ（マトゥラーの王でクリシュナの義父）[Sk.]

ಕಂಸ³ ⟦kaṃsa カンサ⟧ [kəmsɐ] *n.* **1** 青銅および鐘青銅（銅と錫（すず）の合金）**2** 水を飲むために使う金属製の容器 [Sk. *kāṃsya-*]

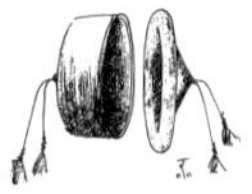

ಕಂಸಾಳೆ シンバル

ಕಂಸಾಳೆ ⟦kaṃsāḷe カンサーレ⟧ [kəmsɐ:ḷe] *n.* シンバルの一種〔⇒図〕[Sk. *kāṃsyakāhalā-*]

ಕಕಲಾತೆ ⟦kakalāte カカラーテ⟧ [kəkəlɐ:te] *n.* 愛 (*C.* (*Kitt.*)) [Ka. D1075] ☞ಕಕ್ಕುಲತೆ (kakkulate) worry, anxiety

ಕಕವ ⟦kakava カカヴァ⟧ [kəkə̆vɐ]《古》*m.*《*f.* ಕಕವಿ (kakavi)》白痴

ಕಕಾರ ⟦kakāra カカーラ⟧ [kəkɐ:rɐ] *n.* カンナダその他のインド系の文字で音素の連続 /ka/ を表す文字 [Sk.]

ಕಕುಲತೆ ⟦kakulate カクラテ⟧ [kəkŭləte]《口》*n.* **1** 心配、懸念、不安 **2**（主として子どもに対する保護者の）いとしく思う気持ち [Ka. D1075] ☞ಕಕ್ಕುಲತೆ (kakkulate)

ಕಕುಲಾತಿ ⟦kakulāti カクラーティ⟧ [kəkŭlɐ:ti] *n.* = ಕಕ್ಕುಲತೆ (kakkulate)

ಕಕುಲಾತೆ ⟦kakulāte カクラーテ⟧ [kəkŭlɐ:te] *n.* = ಕಕ್ಕುಲತೆ (kakkulate)

ಕಕುಳತೆ ⟦kakuḷate カクラテ⟧ [kəkŭḷəte] *n.* (C. (Kitt.)) = ಕಕ್ಕುಲತೆ (kakkulate)

ಕಕ್ಕ ⟦kakka カッカ⟧ [kəkkɐ]《方》*m.* おじ（父親の弟）[H./M. *kākā* T2998] (NK) ☞ಚಿಕ್ಕಪ್ಪ (cikkappa)〔汎〕(〔汎〕)

ಕಕ್ಕಡ ⟦kakkaḍa カッカダ⟧ [kəkkə̆ḍɐ] *n.* ねじった布を油につけて作ったたいまつ [Sk. *kākăṛā*/M. *kākăḍā* T2817]

ಕಕ್ಕಡೆ ⟦kakkaḍe カッカデ⟧ [kəkkə̆ḍe]《古》*n.* 武器の一種 [Ka. D1076, cf. Sk. *karkaśa-*「剣」] ☞ಕರ್ಕಡೆ (karkaḍe)

ಕಕ್ಕಲಾತೆ ⟦kakkalāte カッカラーテ⟧ [kəkkə̆lɐ:te] *n.* = ಕಕ್ಕುಲತೆ (kakkulate)

ಕಕ್ಕಸ ⟦kakkasa カッカサ⟧ [kəkkə̆sɐ] ಕಕ್ಕಶ, ಕರ್ಕಸ《文》*n.* **1** 努力、骨折り **2** 無慈悲、残酷 **3** 尊大、横柄、傲慢 **4** 激しさ、強烈 [Sk. *karkaśa-*]

ಕಕ್ಕಸು ⟦kakkasu カッカス⟧ [kəkkə̆su] ಕಕ್ಕಸ್ಸು *n.* **1** 便所、厠（かわや）、手洗い **2**〔俗〕大便、くそ [Dt. *kakhuis*]

ಕಕ್ಕಾಬಿಕ್ಕಿ ⟦kakkābikki カッカービッキ⟧ [kəkkɐ:bikki] ಕಕ್ಕಾಬಿಕ್ಕು, ಕಕ್ಕುಬಿಕ್ಕು, ಕಕ್ಕವಿಕ್ಕಿ, ಕಕ್ಕಾವಿಕ್ಕಿ *n.* 狼狽、慌てること ¶ ಈ ತಿಂಗಳಿನ ಟೆಲೆಫೋನ್ ಬಿಲ್ ನೋಡಿ ನಾನು ಕಕ್ಕಾಬಿಕ್ಕಿ ಆದೆ. (ī tiṃgaḷina ṭelepʰōn bil nōḍi nānu kakkābikki āde.) 今月の電話代の請求書を見てびっくりした。[Ka. mim.]

= *gābari*

ಕಕ್ಕಾವಿಕ್ಕಿ 〚kakkāvikki カッカーヴィッキ〛[kəkkɐːvikki] *n.* 狼狽、慌てること [Ka. mim.] ☞ಕಕ್ಕಾಬಿಕ್ಕಿ (kakkābikki)

ಕಕ್ಕಿ[1] 〚kakki カッキ〛[kəkki] 《‡》*n.* [Ka. D1081] ☞ಕಕ್ಕೆ (kakke)

ಕಕ್ಕಿ[2] 〚kakki カッキ〛[kəkki] 《方》*f.* **1** 母親の妹 **2** 父親の弟の妻 [H./M. *kākī* T2998] = ಚಿಕ್ಕಮ್ಮ (cikkamma) 〔汎〕

ಕಕ್ಕು[1] 〚kakku カック〛[kəkku] *vt.* **1** 嘔吐する、〈食べたものを〉吐く、もどす **2**〔喩〕〈横領、窃取したものなどを〉返却する **3**〈思っていることを〉ぶちまける、白状する ¶ ಅವನ ಬಗ್ಗೆ ಇರುವ ದ್ವೇಷಭಾವವನ್ನೆಲ್ಲಾ ಕಕ್ಕಿಬಿಡು. (avana bagge iruva dvēṣabʰāvavannellā kakkibiḍu.) 彼に対する憎しみをみんなぶちまけてしまえ。 **—*n.*** 嘔吐、食べたものを吐くこと [Ka. D1079]

ಕಕ್ಕಿಸು 〚kakkisu カッキス〛[kəkkisu] *vt.* **1** 嘔吐させる **2**〈横領、窃取したものなどを〉返却させる **3** 白状させる、吐く；〈隠し事などを〉打ち明けさせる ¶ ಪೋಲೀಸರು ಅಧಿಕಾರಿಯಿಂದ ಲಂಚ ತಿಂದದ್ದನ್ನೆಲ್ಲ ಕಕ್ಕಿಸಿದರು. (polīsaru adʰikāriyiṃda laṃca tiṃdaddannella kakkisidaru.) 警察は役人に収賄事件をすべて吐かせた。 [Ka. D1079]

ಕಕ್ಕು[2] 〚kakku カック〛[kəkku] *n.* (のこぎりの) 刃、やすり、碾(ひ)き臼などの刻み目 [Ka. D1265]

ಕಕ್ಕುಲತೆ 〚kakkulate カックラテ〛[kəkkuləte] ಕಕುಲತೆ, ಕ–ಕುಲಾತಿ, ಕಕುಲಾತೆ, ಕಕುಳತೆ, ಕಕ್ಕುಲಾತಿ, ಕಕ್ಕುಲಾತೆ, ಕಕ್ಕುಲಿತೆ, ಕಾ–ಕುಲತೆ, ಕಾಕುಲಾತಿ *n.* **1** 心配、懸念、不安 **2** (主として子どもに対する保護者の) いとしく思うこと **3** かわいそうでたまらない気持ち [Ka. D1075]

ಕಕ್ಕುಲಾತೆ 〚kakkulāte カックラーテ〛[kəkkulɐːte] *n.* = ಕಕ್ಕುಲತೆ (kakkulate)

ಕಕ್ಕುಲಿತೆ 〚kakkulite カックリテ〛[kəkkəlite] *n.* **1** 心配、懸念、不安 **2** (主として子どもに対する保護者の) いとしい気持ち **3** 欲しくてたまらない気持ち **4** 悪いことをしていないかと心配なこと [Ka. D1075] ☞ಕಕ್ಕುಲತೆ (kakkulate)

ಕಕ್ಕೆ 〚kakke カッケ〛[kəkke] ಕಕ್ಕಿ[1] *n.* ナンバンサイカチ(センナの一種、高さ 18m に達する落葉中高木、花は大きく芳香があり鮮黄色で、垂下した花序に着生する、ジャケツイバラ科)→ 薬 [Ka. D1081] *[IMP 2.10,13]

ಕಕ್ಷ 〚kakṣa カクシャ〛[kəkʂɐ] 《文》*n.* **1** 脇の下 **2** (体の) 脇 **3** 部屋 **4** 着用する際、股の下を通すサーリーまたはドーティーの部分 **5** 下帯、ふんどし **6** 腰に巻く帯 **7** 中庭 **8** (論理学において) 論者と反論者 [Sk.]

ಕಕ್ಷಿ 〚kakṣi カクシ〛[kəkʂi] *mf.* (議論の) 論者または反論者；(裁判の) 原告または被告 [Sk. *kakṣin*-?]

ಕಕ್ಷಿಗಾರ 〚kakṣigāra カクシガーラ〛[kəkʂigɐːrɐ] *m.* (弁護士に対しての) 弁護依頼人 [Sk.]

ಕಕ್ಷೆ 〚kakṣe カクシェ〛[kəkʂe] 《文》*n.* **1** 脇の下 **2** 役所や役人の権限 **3** 部屋 **4** 衛星の軌道 [Sk.]

ಕಕ್ಷ್ಯೆ 〚kakṣye カクシュエ〛[kəkʂje] 《文》*n.* **1** 象の腹帯 **2** 中庭 **3** 役所や役人の権限 [Sk.]

ಕಗ್ಗ[1] 〚kagga カッガ〛[kəggɐ] (*adj.*) 役に立たない〈こと〉、無用〈の〉 **—*n.*** 無用なもの ¶ ಯಶಸ್ಸು ಎಂಬುದೆಲ್ಲ ಬರಿಯ ಕಗ್ಗ. (yaśassu eṃbudella bariya kagga.) 名声なんて何の役にも立たない。 [Ka.]

ಕಗ್ಗ[2] 〚kagga カッガ〛[kəggɐ] 《古》*n.* 刀 [Sk. *khaḍga*-]

ಕಗ್ಗಂಟು 〚kaggaṃṭu カッガントゥ〛[kəggənṭu] *n.* **1** 固い結び目、ほどくのが難しい結び目 **2**〔喩〕困難な問題、解決が難しい問題 [*kaḍi* D1135 + *gaṃṭu*]

ಕಗ್ಗತ್ತಲೆ 〚kaggattale カッガッタレ〛[kəggəttəle] *n.* 真っ暗闇 [Ka. *kaḍi* D1135 + *kattale*]

ಕಗ್ಗಲಿ 〚kaggali カッガリ〛[kəggəli] 《文》*n.* アセンヤクノキ(ネムノキ科アカシア属)→ 染・薬 [Ka. D1282] *[IMP 1.20]

ಕಗ್ಗು 〚kaggu カッグ〛[kəggu] *n.* 嫌な臭い (*S.Mhr.* (*Kitt.*)) [Ka. D1405]

ಕಗ್ಗೊಲೆ 〚kaggole カッゴレ〛[kəggole] 《文》*n.* むごい殺人、虐殺 [Ka. *kaḍi* D1135 + *kole*]

ಕಚ 〚kaca カチャ〛[kətʃɐ] 《文》*n.* 女性の頭の毛、女性の頭髪 [Sk. <? M1.138]

ಕಚಕ್ 〚kacak カチャク〛[kətʃək] (*n.*) ぽちゃん(石を泥の中に落とした時の音を表す擬音語) (*My.* (*Kitt.*)) [Ka. onom. D1086]

ಕಚಕ್ಕನೆ 〚kacakkane カチャッカネ〛[kətʃəkkǝne] *adv.* **1** ぽちゃんと(石を泥の中に落とした時の音を表す擬音語) **2** ちくっと(とげが刺さる様子を表す擬態語) [Ka. onom., mim. D1086]

ಕಚಗುಳಿ 〚kacaguḷi カチャグリ〛[kətʃǝguḷi] *n.* **1** (脇の下などを) くすぐること ◇ *vt.* —ಇಡು (iḍu) くすぐる **2** くすぐったいこと ◇ *vi.* —ಆಗು (āgu) くすぐったくなる [?]

ಕಚಡ 〚kacaḍa カチャダ〛[kətʃǝḍɐ] ಕಚಡಾ, ಕಚರಾ *n.* ゴミ —(*adj.*) **1** きたない〈こと〉、不潔〈な〉 **2** くだらない、役に立たない、低級な ¶ ಬಹುಮಾನವಾಗಿ ನನಗೆ ಕಚಡ ಕಾಗದ ಸಿಕ್ಕಿತು. (bahumānavāgi nanage kacaḍa kāgada sikkitu.) 賞品として私は役に立たない紙をもらった。 [H. *kacărā* T2615.1 ←Dr.? M138]

ಕಚಪಿಚಿ 〚kacapici カチャピチ〛[kətʃəpitʃi] ಕಚಪಚ (*n.*) 火を通した食物を手で混ぜ合わせる音を表す擬音語 [Ka. onom. D1086]

ಕಚಿಕ್ 〚kacik カチク〛[kətʃik] (*n.*) ぽちゃん(石を泥の中に落とした時の音を表す擬音語)(*My.* (*Kitt.*)) [Ka. onom. D1086]

ಕಚುಂಕ್ 〚kacuṃk カチュンク〛[kətʃuŋk] 《‡》(*n.*) ぽちゃん(石を泥の中に落とした時の音を表す擬音語) (*My.* (*Kitt.*)) [Ka. onom. D1086]

ಕಚೇರಿ ⟦kacēri カチェーリ⟧ [kəʧe:ri] ಕಚ್ಚೇರಿ, ಕಛೇರಿ *n.* 1 役所 2（特に古典音楽の）演奏会 ¶ ಇಂದಿನ ಸಂಗೀತ ಕಚೇರಿಗೆ ಹೋಗಲು ನನಗೆ ಇಷ್ಟ. (iṃdina saṃgīta kacērige hōgalu nanage iṣṭa.) 僕は今日の演奏会に行きたい。[H. *kacaharī* T3429]

ಕಚ್ಚನೆ ⟦kaccane カッチャネ⟧ [kəʧʧəne] *adv.* 1 ぱちゃんと 2 ちくっと（とげが刺さる様子を表す擬態語）[Ka. onom. D1086]

ಕಚ್ಚಾ ⟦kaccā カッチャー⟧ [kəʧʧɐ:] *adj.* 1（果物などが）未熟の ¶ ಕಚ್ಚಾ ಮಾವಿನ ಕಾಯನ್ನು ತಿನ್ನಬಾರದು. (kaccā māvina kāyannu tinnabāradu.) 未熟のマンゴーを食べてはならない。 2（道具、機械などが）丈夫でない 3（道路が）舗装していない、敷石が引いていない 4 生の、完全に煮えていない ¶ ಅಡಿಗೆ ಇನ್ನು ಕಚ್ಚಾ ಇದೆ. (aḍige innu kaccā ide.) 料理がまだ生煮えです。 5 未完成の 6 経験の浅い、未熟な = ಹಸಿ (hasi) [H. *kaccā* T2613]

ಕಚ್ಚಾಟ ⟦kaccāṭa カッチャータ⟧ [kəʧʧɐ:ʈɐ] *n.* 1 噛み合い、噛み合うこと 2 喧嘩、口論 [Ka. *kaccu* + *āṭa*]

ಕಚ್ಚಾಡು ⟦kaccāḍu カッチャードゥ⟧ [kəʧʧɐ:ɖu] *vi.* ⟪*conf.*⟫ 1 噛み合う 2 争う、喧嘩する [Ka. *kaccu* D1097 + *āḍu*]

ಕಚ್ಚಿಕೆ ⟦kaccike カッチケ⟧ [kəʧʧĭke] *n.* 噛むこと ¶ ಈ ಗೋಡೆಗೆ ಗಾರೆಯ ಕಚ್ಚಿಕೆ ಸರಿಯಿಲ್ಲ. (ī gōḍege gāreya kaccike sariyilla.) 壁に漆喰がよくくっついていない。[Ka. *kaccu* + *-ike* D1097]

ಕಚ್ಚು¹ ⟦kaccu カッチュ⟧ [kəʧʧu] ಕರ್ಚು¹ *vt.* 1（歯で）噛む 2（蚊、さそりなどが）刺す —*n.* 1《古》（食物などの）一口 2 切り傷、刺し傷、傷 = ಕರ್ಚು (karcu)¹ [Ka. D1097]

ಕಚ್ಚು² ⟦kaccu カッチュ⟧ [kəʧʧu] *vi.*（レンガ製の壁とセメントなどが）しっかりくっつく ¶ ಹಳೆಯ ಗೋಡೆಗೆ ಗಾರೆ ಕಚ್ಚುವುದಿಲ್ಲ. (haḷeya gōḍege gāre kaccuvudilla.) 古い壁には漆喰がくっつかない。[Ka. D1097, D1099]

ಕಚ್ಚು³ ⟦kaccu カッチュ⟧ [kəʧʧu] *vt.*〈客人の足、米などを〉洗う —*n.* 米を洗った水、米のとぎ汁 [Ka. < *kaṟcu* D1369]

ಕಚ್ಚೆ ⟦kacce カッチェ⟧ [kəʧʧe] *n.* 1 ドーティーなどを腰に巻いた後、陰部を覆うためにその端を股の間に通した部分 2 腰に巻いた衣類の端を腰帯に押し込んだ部分 [A20, T2592]

ಕಚ್ಚೆಹರುಕು ⟦kacceharuku カッチェハルク⟧ [kəʧʧehərŭku] *m.* 性的に放埒な男性、身持ちの悪い男性 [Ka. *kacce* + *haruku*「裂けた」]

ಕಛೇರಿ ⟦kacʰēri カチェーリ⟧ [kəʧe:ri] *n.* [H. *kacahărī* T3429] ☞ಕಚೇರಿ (kacēri)

ಕಜಕಸ್ತಾನ್ ⟦kajakastān カジャカスターン⟧ [kəʤəkəstɐ:n] *n.* カザフスタン（中央アジアの国）[Eg. ←Pe.]

ಕಜ್ಜ ⟦kajja カッジャ⟧ [kəʤʤɐ]《文》*n.* 任務、なすべきこと；仕事 [Sk. *kārya-*] = ಕೆಲಸ (kelasa)〔汎〕

ಕಜ್ಜಲ ⟦kajjala カッジャラ⟧ [kəʤʤə̆lɐ] *n.* [Sk. <? My139] ☞ಕಜ್ಜಳ (kajjaḷa)

ಕಜ್ಜಳ ⟦kajjaḷa カッジャラ⟧ [kəʤʤə̆ɭɐ] ಕಜ್ಜಲ *n.*（薬用または化粧用に目の縁に塗る）すす [Sk. *kajjala-* <? M139]

ಕಜ್ಜಿ ⟦kajji カッジ⟧ [kəjji] ಖಜ್ಜಿ, ಗಜ್ಜಿ *n.* 疥癬 [Ka. D1104, cf. Sk. *kharju-* Pk. *khajjū-* T3827]

ಕಟ¹ ⟦kaṭa カタ⟧ [kəʈɐ] *n.* ⟪in one example⟫ 端、角 ¶ ಕಟಬಾಯಿ (kaṭabāyi) 口の角 [Ka. D1109] = ಕಡೆ (kaḍe)

ಕಟ² ⟦kaṭa カタ⟧ [kəʈɐ] ಅಕಟ, ಅಕ್ಕಟ, ಅಕಟಕಟ《古》*intrj.* ああ（悲しみ、不快、驚きなどを表す間投詞）(Bp.18.9 (Kitt.)) [Sk. *kaṣṭa-* A1, Sk.]

ಕಟಕ¹ ⟦kaṭaka カタカ⟧ [kəʈə̆kɐ]《古》*n.* 一種の腕輪 [Sk. *kaṭaka-* T2629, A21] = ಕಡಗ (kaḍaga)

ಕಟಕ² ⟦kaṭaka カタカ⟧ [kəʈə̆kɐ]《古》*n.* オディシャ州の州都、カタック [Sk.]

ಕಟಕ³ ⟦kaṭaka カタカ⟧ [kəʈə̆kɐ]《古》*n.* 山の斜面 [Sk. ←Dr.?]

ಕಟಕ⁴ ⟦kaṭaka カタカ⟧ [kəʈə̆kɐ]《古》*n.* 1 集まり、集合、群れ 2 軍隊 [Sk.]

ಕಟಕಟ ⟦kaṭakaṭa カタカタ⟧ [kəʈəkəʈɐ] (*n.*) 1 かりかり（固いものを噛む時の音を表す擬音語） 2 かちかち（歯が鳴る時の音を表す擬音語）[Ka. D1110(b)]

ಕಟಕಟ ಕಡಿ ⟦kaṭakaṭa kaḍi カタカタカディ⟧ [kəʈəkəʈɐ kəɖi] *vt.* 1〈固いものを〉かりかり噛む 2（寒さまたは恐れで）歯をかちかち鳴らす [+ *kaḍi*]

ಕಟಕಟಿಸು ⟦kaṭakaṭisu カタカティス⟧ [kəʈəkəʈisu]《文》*vi.* かたかた音を立てる [+ *-isu* denm.]

ಕಟಕಟಾ ⟦kaṭakaṭā カタカター⟧ [kəʈəkəʈɐ:]《古》*intrj.* ああ（悲しみ、不快、驚きなどを表す間投詞）[Sk. *kaṣṭa-* A1]

ಕಟಕನೆ ⟦kaṭakane カタカネ⟧ [kəʈəkəne]《‡》*adv.* バリっと（硬くてもろいものが噛まれた時に出る音）(*C.* (*Kitt.*)) [Ka. D1110(b)]

ಕಟಕಿ ⟦kaṭaki カタキ⟧ [kəʈəki] *n.* 皮肉、あてこすり、刺のある言葉 [?]

ಕಟಕು¹ ⟦kaṭaku カタク⟧ [kəʈə̆ku] (*n.*)（食べ物などが）固くてもろい〈こと〉[Ka. mim. D1110(b)] ☞ಕಟುಕು (kaṭuku)

ಕಟಕು² ⟦kaṭaku カタク⟧ [kəʈə̆ku]《‡》*n.* 中央に宝石や真珠をちりばめた耳環の一種 (*T.* (*Kitt.*)) [Ka. D1138] ☞ಕಡುಕು (kaḍuku)²

ಕಟಕುಟ ⟦kaṭakuṭa カタクタ⟧ [kəʈəkuʈɐ] (*n.*) ぽちゃぽちゃ（水を飲みすぎた時に胃で鳴る音を表す擬音語）[Ka. onom. D1110(a)]

ಕಟವಾಯಿ ⟦kaṭavāyi カタヴァーイ⟧ [kəʈəʋɐ:ji] *n.* 口の角 [Ka. *kaṭa* D1109 + *vāy*] = ಕಟಬಾಯಿ (kaṭabāyi)

ಕಟಾಕ್ಷ ⟦kaṭākṣa カタークシャ⟧ [kəʈɐ:kʂɐ] *n.* 1 横目、流し目 2 恩寵（のこもったまなざし）[Sk.]

ಕಟಾರ ⟦kaṭāra カターラ⟧ [kəʈɐ:rɐ] ಕಟಾರಿ, ಕಠಾರ, ಕಠಾರಿ, ಕಡಾರ, ಕಾಠಾರಿ《文》*n.* 短刀 [H. *kaṭārā* T2860]

ಕಟಾವು ⟦kaṭāvu カターヴ⟧ [kəʈɐːvu] *n.* 収穫、取り入れ [*kaṭāvă* *T2854]

ಕಟಾಹ ⟦kaṭāha カターハ⟧ [kəʈɐːhɐ] 《古》 *n.* 半球形の釜[⇒図] [Sk. <? M1.142]

ಕಟಾಹ 釜

ಕಟಿ ⟦kaṭi カティ⟧ [kəʈi] 《文》 *n.* 腰 [Sk. <? M141] = ನಡು (naḍu)

ಕಟಿಕಟಿ ⟦kaṭikaṭi カティカティ⟧ [kəʈikəʈi] (*n.*) (パンなどの食物が)固くてもろい〈こと〉[Ka. mim.]

ಕಟು ⟦kaṭu カトゥ⟧ [kəʈu] 《文》 (*n.*) **1** (味が)きつい〈こと〉; (臭いが)鼻を突く〈こと〉、刺激性〈の〉 ¶ ಈ ಹೂವಿನ ವಾಸನೆ ಬಹಳ ಕಟುವಾಗಿದೆ. (ī hūvina vāsane bahaḷa kaṭuvāgide.) この花の香りはとても強烈だ。 **2** (味が)苦い〈こと〉 **3** (人に対する態度や言葉などが)厳しい〈こと〉、冷酷〈な〉、無情〈な〉、過酷〈な〉 ¶ ಅವಳೊಂದಿಗೆ ಕಟುವಾಗಿ ನಡೆದುಕೊಳ್ಳಬೇಡ. (avaḷomdige kaṭuvāgi naḍedukoḷḷabēḍa.) あの女の人を冷酷に扱わないで。ನಿನ್ನ ಕಟು ನುಡಿಯನ್ನು ಕೇಳಿ ಬೇಸರವಾಗಿದೆ. (ninna kaṭu nuḍiyannu kēḷi bēsaravāgide.) 君のきつい言葉を聞いて悲しいよ。 **4** 厳しい〈こと〉 [Sk. M142]

ಕಟುನುಡಿ ⟦kaṭunuḍi カトゥヌディ⟧ [kəʈunuḍi] 《文》 *n.* 厳しい言葉 [+ *nuḍi*]

ಕಟುಕ ⟦kaṭuka カトゥカ⟧ [kəʈukɐ] *m.* 《*f.* ಕಟುಕಿ (kaṭuki)》 屠畜者 [Ka. *kaḍi*[2] D1125 + -*ka*]

ಕಟುಕತನ ⟦kaṭukatana カトゥカタナ⟧ [kəʈukətənɐ] *n.* むごいこと、残酷さ [Ka. *kaṭuka* + -*tana*]

ಕಟುಕು ⟦kaṭuku カトゥク⟧ [kəʈŭku] ಕಟಕು[1] (*n.*) (パンその他の食品が)硬くてもろい〈こと〉 [Ka. mim. D1110(b)]

ಕಟೆಕಟೆ ⟦kaṭekaṭe カテカテ⟧ [kəʈekəʈe] *n.* 手すり (*DEDR*) [Ka. D1153]

ಕಟೌಟ್ ⟦kaṭauṭ カタゥト⟧ [kəʈəuʈ] *n.* 紙などの切り抜き絵、(特に映画俳優、政治家などの)巨大な切り抜き広告板 [Eg. *cut-out*]

ಕಟ್ಟ[1] ⟦kaṭṭa カッタ⟧ [kəʈʈɐ] ಕಟ್ಟು (*adj.*) 《複合語頭で》 **1** 厳しい〈こと〉、厳重な〈命令など〉 ¶ ಕಟ್ಟಪ್ಪಣೆ (kaṭṭappaṇe) 厳しい命令 **2** 極端〈な〉、究極〈の〉; 最後〈の〉 ¶ ಕಟ್ಟಕೊನೆ (kaṭṭakone) まったくの終わり [Ka. D1135]

ಕಟ್ಟಕಡೆ ⟦kaṭṭakaḍe カッタカデ⟧ [kəʈʈəkəḍe] *n.* まったくの終わり [+ *kaḍe*]

ಕಟ್ಟಕೊನೆ ⟦kaṭṭakone カッタコネ⟧ [kəʈʈəkone] *n.* まったくの終わり [+ *kone*]

ಕಟ್ಟಪ್ಪಣೆ ⟦kaṭṭappaṇe カッタッパネ⟧ [kəʈʈəppəɳe] *n.* 厳しい命令 [Ka. *kaṭṭa* + *appaṇe*]

ಕಟ್ಟ[2] ⟦kaṭṭa カッタ⟧ [kəʈʈɐ] 《古》 *n.* 難儀、困難 [Sk. *kaṣṭa*]

ಕಟ್ಟಕಟ್ಟ ⟦kaṭṭakaṭṭa カッタカッタ⟧ [kəʈʈɐkəʈʈɐ] (*n.*) かりかり(硬くてもろいものを嚙んだ時に出る音を表す擬音語) (*S.Mhr.* (*Kitt.*)) [Ka. onom. D1110(b)]

ಕಟ್ಟಕಟ್ಟ ಕಡಿ ⟦kaṭṭakaṭṭa kaḍi カッタカッタカディ⟧ [kəʈʈɐkəʈʈə kəḍi] *vi.* **1** かりかり歯軋りする **2** (硬いものを)かりかり嚙む (*S.Mhr.* (*Kitt.*)) [+ *kaḍi*]

ಕಟ್ಟಡ ⟦kaṭṭaḍa カッタダ⟧ [kəʈʈəḍɐ] *n.* 建物、建築物 [Ka. D1147]

ಕಟ್ಟಣ ⟦kaṭṭaṇa カッタナ⟧ [kəʈʈəɳɐ] ಕಟ್ಟಣೆ, ಕಟ್ಟೋಣ *n.* 建築物 [Ka. *kaṭṭu* + -*aṇa*, D1147]

ಕಟ್ಟನೆ ⟦kaṭṭane カッタネ⟧ [kəʈʈə̆ne] *adv.* かりっと(硬くてもろいものを嚙んだ時に出る音を表す擬音語) [Ka. onom. D1110]

ಕಟ್ಟನೆ ಕಡಿ ⟦kaṭṭane kaḍi カッタネカディ⟧ [kəʈʈə̆ne kəḍi] *vi.* **1** かりかり歯軋りする **2** (硬いものを)かりっと嚙む [+ *kaḍi*] (*S.Mhr.* (*Kitt.*))

ಕಟ್ಟನೆ ಕರಗು ⟦kaṭṭane karagu カッタネカラグ⟧ [kəʈʈə̆ne kərə̆gu] *vi.* さっと、あっという間に消える ¶ ಸೂರ್ಯೋದಯ ಆದಕೂಡಲೆ ಮಂಜು ಕಟ್ಟನೆ ಕರಗಿತು. (sūryōdaya ādakūḍale mamju kaṭṭane karagitu.) 太陽が昇るや霧がさっと消えた。 [Ka. *kaṭṭane* D1110 + *karagu*]

ಕಟ್ಟಮಸ್ತು ⟦kaṭṭamastu カッタマストゥ⟧ [kəʈʈəməstu] ಕಟ್ಟುಮಸ್ತು (*n.*) 体が頑丈〈な〉 [*kaṭʰămastă*]

ಕಟ್ಟರೆ ⟦kaṭṭare カッタレ⟧ [kəʈʈəre] ಕಟರೆ, ಕಟ್ಟಜೆ, ಕಟ್ರೆ *n.* 消化不良 [Ka. *kaṭṭa*[1]「激しい」D1135? + *arave*] = ಅಜೀರ್ಣ (ajīrṇa)

ಕಟ್ಟರವೆ ⟦kaṭṭarave カッタラヴェ⟧ [kəʈʈərəve] 《古》 *n.* ひどい消化不良 [Ka. *kaṭṭa*[1]? + *arame*] ಅಜೀರ್ಣ (ajīrṇa)

ಕಟ್ಟಲ್ ⟦kaṭṭal カッタル⟧ [kəʈʈəl] ಕಟ್ಟಲು 《‡》 *n.* 縛られた状態 (*Nr.* (*Kitt.*)) [Ka. D1147]

ಕಟ್ಟಳೆ ⟦kaṭṭaḷe カッタレ⟧ [kəʈʈəɭe] ಕಟಲೆ, ಕಟಳೆ, ಕಟ್ಟಣೆ, ಕಟ್ಟಲೆ, ಕಟ್ಳೆ *n.* 規則、命令、抑制 [Ka. *kaṭṭa*[1] + *aḷe*[1]]

ಕಟ್ಟಾಳ್ ⟦kaṭṭāḷ カッタール⟧ [kəʈʈɐːɭ] 《古》 *m.* 強い男性、勇者 [Ka. *kaṭṭa*[1] + *āḷ*]

ಕಟ್ಟಾಳು ⟦kaṭṭāḷu カッタール⟧ [kəʈʈɐːɭu] *m.* **1** 強い男性、勇者 **2** 家来、従者 [Ka. *kaṭṭa*[1] + *āḷu*]

ಕಟ್ಟಿಗೆ ⟦kaṭṭige カッティゲ⟧ [kəʈʈige] ಕಟಿಗೆ, ಕಟ್ಟಿಕೆ *n.* 木切れ、薪 [Sk. *kāṣṭʰikā*-?]

ಕಟ್ಟಿದಿರು ⟦kaṭṭidiru カッティディル⟧ [kəʈʈidiru] ಕಟ್ಟಿದಿರ್ *adv.* すぐ目の前に、真ん前に —*postp.* 《*gen.,dat.*》 …の真ん前に [Ka. *kaṭṭa*[1] + *idiru*]

ಕಟ್ಟು[1] ⟦kaṭṭu カットゥ⟧ [kəʈʈu] (*adj.*) 極端〈な〉、大変〈な〉 ¶ ಕಟ್ಟುದ್ದ (kaṭṭudda) とても長い —*adv.* ひどく、とても ☞ಕಟ್ಟ (kaṭṭa) [Ka. D1135]

ಕಟ್ಟು[2] ⟦kaṭṭu カットゥ⟧ [kəʈʈu] *vt.* **1** 結ぶ、くくる、結う **2** 〈無縫製の衣類を〉身につける、巻きつける ¶ ಮಗುವಿಗೆ ಸ್ಕಾರ್ಫನ್ನು ಕಟ್ಟು (maguvige skārpʰannu kaṭṭu.) 子どもにスカーフをつけなさい。 **3** 〈家などを〉建てる、〈橋などを〉架ける **4** 〈あるものの〉道をふさぐ ¶ ವಿರೋಧಿಗಳು ಮಂತ್ರಿಗಳನ್ನು ದಾರಿಯಲ್ಲಿ ಕಟ್ಟಿದರು. (virōdʰigaḷu mamtrigaḷannu dāriyalli kaṭṭidaru.) 反対者たちが大臣を途中で阻止した。 **5** 〈話を〉でっち上げる —*vi.* (腫れ物などが)できる —*n.*

1 命令、言いつけ；制限、抑制 ¶ ಅಪ್ಪ ಹತ್ತು ಗಂಟೆಯ ಮೇಲೆ ಟಿ.ವಿ. ನೋಡಬಾರದೆಂದು ಕಟ್ಟು ಹಾಕಿದರು. (appa hattu gaṃṭeya mēle ṭi.vi. nōḍabārademḍu kaṭṭu hākidaru.) 父は10時以後テレビを見てはならないという制限を設けた。2（紙などの）束 3 枠、縁 ¶ ಈ ಫೋಟೋ ಕಟ್ಟು ಚನ್ನಾಗಿದೆ (ī pʰōṭō kaṭṭu cannāgide) この写真の額はきれいだ。[Ka. D1147, D1148]

ಕಟ್ಟು[3] ⟦kaṭṭu カットゥ⟧ [kəʈʈu] *n.* 1 豆類を煮た汁 2 豆類を煮た汁で作った汁物 [Ka. D1150]

ಕಟ್ಟುಕ ⟦kaṭṭuka カットゥカ⟧ [kəʈʈ̆kɐ] 《古》*m.*《*f.* *ಕಟ್ಟುಕಿ (kaṭṭuki)》結ぶ人 —*n.* 作り話、嘘 [Ka. D1147]

ಕಟ್ಟುಕತೆ ⟦kaṭṭukate カットゥカテ⟧ [kəʈʈukəte] *n.* ☞ಕಟ್ಟುಕಥೆ (kaṭṭukatʰe)

ಕಟ್ಟುಕಥೆ ⟦kaṭṭukatʰe カットゥカテ⟧ [kəʈʈukətʰe] ಕಟ್ಟುಕತೆ *n.* 作り話、でたらめな話、まゆつば物の話 [Ka. *kaṭṭu*[2] + *katʰe*]

ಕಟ್ಟುನಿಟ್ಟು ⟦kaṭṭuniṭṭu カットゥニットゥ⟧ [kəʈʈuniʈu] *n.* 制限、抑制 [Ka. *kaṭṭu*[1] + echo.]

ಕಟ್ಟುಪಾಡು ⟦kaṭṭupāḍu カットゥパードゥ⟧ [kəʈʈupɐːɖu] *n.* 規律、しつけ、秩序 [Ka. *kaṭṭu*[1] + *pāḍu*]

ಕಟ್ಟುಬೀಳು ⟦kaṭṭubīḷu カットゥビール⟧ [kəʈʈubiːɭu] *vi.* （規律、規則などに）従う ¶ ನಾನು ಅಪ್ಪನ ಮಾತಿಗೆ ಕಟ್ಟು-ಬೀಳುತ್ತೇನೆ. (nānu appana mātige kaṭṭubīḷuttēne.) 僕はお父さんの言いつけを守ります。[Ka. *kaṭṭu*[1] + *bīḷu*]

ಕಟ್ಟುಮಸ್ತು ⟦kaṭṭumastu カットゥマストゥ⟧ [kəʈʈuməstu] ಕಟ್ಟಮಸ್ತು (*n.*) たくましい〈こと〉、頑丈〈な〉[H. *kaṭʰāmastă*] = ಕಟ್ಟಮಸ್ತು (kaṭṭamastu)

ಕಟ್ಟುವಿಕೆ ⟦kaṭṭuvike カットゥヴィケ⟧ [kəʈʈuvike] *n.* 結ぶこと、など [Ka. *kaṭṭu* D1147 + *-ike*]

ಕಟ್ಟೆ ⟦kaṭṭe カッテ⟧ [kəʈʈe] *n.* 1 ダム、堰（せき） 2 貯水池、溜め池 ¶ ಈ ಸಾರಿ ಜೋರಾಗಿ ಮಳೆಬಂದು ಕೆರೆ ಕಟ್ಟೆ ತುಂಬಿದೆ (ī sāri jōrāgi maḷebaṃdu kere kaṭṭe tuṃbide) こんどの大雨で池や貯水池がいっぱいになっている。3 座るために石を積んで作った台、腰掛け石［⇒図］ 4 木の根の周りに作った灌漑用の池のようなもの [Ka. D1147]

ಕಟ್ಟೆ3 腰掛け石

ಕಟ್ನ ⟦kaṭna カトナ⟧ [kəʈɳɐ] 《口》*n.* 建物 [Ka. D1147]

ಕಠಾರಿ ⟦kaṭʰāri カターリ⟧ [kəʈʰɐːri] *n.* 短刀 [Sk. *kaṭāra-* D2860]

ಕಠಿಣ ⟦kaṭʰiṇa カティナ⟧ [kəʈʰiɳɐ] ಕಠಿನ (*n.*) 1（物質などが）固い〈こと〉 2（扱いなどが）きつい〈こと〉、（命令などが）厳しい〈こと〉 3（言葉や心が）冷酷な〈こと〉 ¶ ಔರಂಗಜೇಬ್ ಕಠಿಣ ಹೃದಯದವನು. (auraṃgajēb kaṭʰiṇa hṛdayadavanu.) アウラングゼーブは心が冷酷な人であった。4 解決が難しい〈こと〉、実行が難しい〈こと〉¶ ಪೆಲಸ್ತೀನದ ಪ್ರಶ್ನೆ ಅತಿ ಕಠಿಣ ವಿಷಯ. (pelastīnada praśne ati kaṭʰiṇa viṣaya.) パレスティナの問題はとても難しい問題だ。 —*n.* 固いこと [Sk. *kaṭʰina-* ←Dr.? M144]

ಕಠಿನ ⟦kaṭʰina カティナ⟧ [kəʈʰinɐ] 《古》(*adj.*) 堅い〈こと〉、荒い〈こと〉[Sk. *kaṭʰina-*] (*lex.*) ☞ಕಠಿಣ (kaṭʰiṇa)

ಕಠೋರ ⟦kaṭʰōra カトーラ⟧ [kəʈʰoːrɐ] (*n.*) 1（扱いなどが）きつい〈こと〉、（命令などが）厳しい〈こと〉 2（言葉や心が）冷酷な〈こと〉[Sk. ←Dr.? M144]

ಕಡ[1] ⟦kaḍa カダ⟧ [kəɖɐ] 《文》*n.* 対岸 [Ka. D1109]

ಕಡ[2] ⟦kaḍa カダ⟧ [kəɖɐ] *n.* 借金、債務 [Ka. D1113] = ಸಾಲ (sāla)

ಕಡ[3] ⟦kaḍa カダ⟧ [kəɖɐ] 《‡》*n.* 切ること (*My.* (*Kitt.*)) [Ka. D1125]

ಕಡ[4] ⟦kaḍa カダ⟧ [kəɖɐ] 《‡》*n.* 牛乳をかき混ぜること (*Kitt.*) [Ka. D1141] ☞ಕಡೆ (kaḍe)

ಕಡಂಗು[1] ⟦kaḍaṃgu カダング⟧ [kəɖəŋgu] 《古》*vi.* 1 興奮する 2 怒る、激昂する [Ka. D1111] = ಕಡಗು (kaḍagu)[1]

ಕಡಂಗು[2] ⟦kaḍaṃgu カダング⟧ [kəɖəŋgu] ಕಡಂಗ, ಕಡಗು 《古》*n.*（城壁の周りなどの）堀 [Ka. D1526]

ಕಡಂಜ ⟦kaḍaṃja カダンジャ⟧ [kəɖəɲʤɐ] 《古》*n.* スズメバチ、ジガバチ [Ka. *D1117] ☞ಕಡಜ (kaḍaja)

ಕಡಂದುಱು ⟦kaḍaṃduṟu カダンドゥル⟧ [kəɖənduṟu] ಕ-ಡಂಡುರುತೆ, ಕಡದುಱು, ಕಡುದುಱು 《古》*n.* スズメバチ、ジガバチ [Ka. D1117]

ಕಡಂದುಱುತೆ ⟦kaḍaṃduṟute カダンドゥルテ⟧ [kəɖəndu ṟute] 《古》*n.* スズメバチ、ジガバチ [Ka. D1117] = ಕಡಂಡುಱುತೆ (kaḍaṃḍuṟute)

ಕಡಂಬ ⟦kaḍaṃba カダンバ⟧ [kəɖəmbɐ] ಕಡಬೆ, ಕಡವ, ಕಡವು, ಕಡವೆ, ಕಡಹ 《文》*n.* カダンバ樹、クビナガタマバノキ（5月から6月に黄色や橙色の花をつけるアカネ科の木）⇀ 食・薬 [Ka. D1116, cf. Sk. *kadamba-*, T2710] *[IMP 4.121; IHK 79]

ಕಡಕಲ್ ⟦kaḍakal カダカル⟧ [kəɖəkəl] 《古》*n.* 塀や生垣の下部に取りつけた人の出入りする小さな扉 [Ka. D1109]

ಕಡಕು ⟦kaḍaku カダク⟧ [kəɖə̆ku] 《古》*n.* 中心に宝石や真珠をつけた男性用の耳飾り [Ka. D1138] ☞ಕಡುಕು (kaḍuku)[2]

ಕಡಗ ⟦kaḍaga カダガ⟧ [kəɖəgɐ] *n.* 足首や手首にはめる腕環 [Sk. *kaṭaka* T2629, A21] ಬಳೆ (baḷe)

ಕಡಗು[1] ⟦kaḍagu カダグ⟧ [kəɖə̆gu] ಕಡಂಗು[1] 《古》*vi.* 1 興奮する 2 怒る、激昂する [Ka. D1111]

ಕಡಗು[2] ⟦kaḍagu カダグ⟧ [kəɖə̆gu] 《古》*n.* 大きい水路から木の根元に水を引く細い水路 [Ka. D1526]

ಕಡಜ ⟦kaḍaja カダジャ⟧ [kəɖəʤɐ] ಕಡಂಜ, ಕಣಜ[1] 《古》*n.* スズメバチ、ジガバチ [Ka. D1117]

ಕಡತ[1] ⟦kaḍata カダタ⟧ [kəɖətɐ] *n.* 1（虫などが）噛むこと (*Kitt.*) 2 痒み、痒いこと (*B.3,124* (*Kitt.*)) [Ka. D1124] ☞ಕಡಿತ (kaḍita)[1]

ಕಡತ[2] ⟦kaḍata カダタ⟧ [kəɖətɐ] 《‡》*n.* 切り傷 (*B.3,124* (*Kitt.*)) [Ka. D1125]

ಕಡತ[3] ⟦kaḍata カダタ⟧ [kəɖətɐ] *n.* 1 《古》石墨で字を書くために用いる

ಕಡತ 紙やすり

黒い炭素の塗料を塗った布 **2**《古》昔会計簿に用いられた石墨で字を書く布に黒い炭素の塗料を塗った本 **3** やすり、紙やすり[⇒図] [Sk. *kaḍitra-* (lex.) A23] ☞ಕಡಿತ (kaḍita)[3]

ಕಡದು ⟦kaḍadu カダドゥ⟧ [kəɖəđu] 《‡》 *n.* 猛烈 (*My.* (*Kitt.*)) [Ka. D1135] ☞ಕಡಿದು (kaḍidu)

ಕಡಬ ⟦kaḍaba カダバ⟧ [kəɖəbɐ] 《古》 *n.* [Ka. D1114] ☞kaḍave

ಕಡಬು ⟦kaḍabu カダブ⟧ [kəɖəbu] *n.* 蒸気で蒸した菓子の一種(ガネーシャ(象の顔を持った神)の好物) [Ka. D1139] ☞ಕಡುಬು (kaḍubu)

ಕಡಬೆ ⟦kaḍabe カダベ⟧ [kəɖəbe] *n.* [Ka. D1114] ☞ಕಡವೆ (kaḍave)

ಕಡಮೆ ⟦kaḍame カダメ⟧ [kəɖə̆me] ಕಡಿಮೆ 《口》 (*n.*) **1** 足らない〈こと〉、不足〈の〉 **2** 劣等〈の〉、下位〈の〉¶ ಕಡಮೆ ದರ್ಜೆಯ ಅಕ್ಕಿ (kaḍame darjeya akki) 品質の劣る米 ¶ ಕಡಮೆ ದರ್ಜೆಯ ಅಧಿಕಾರಿ (kaḍame darjeya adʰikāri) 下級官吏 = ಕಡಿಮೆ (kaḍime) [Ka. D1109]

ಕಡಯಿಸು ⟦kaḍayisu カダイス⟧ [kəɖəjisu] *vt.* 〈牛乳を〉(バターを作るために)かき混ぜる [Ka. caus. *kaḍe* + *-isu* D1141]

ಕಡಲ್ ⟦kaḍal カダル⟧ [kəɖəl] ಕಡಲು 《古》 *n.* 海 [Ka. D1118] ☞ಕಡಲು (kaḍalu)

ಕಡಲು ⟦kaḍalu カダル⟧ [kəɖəlu] *n.* 海 [Ka. *D1118]

ಕಡಲುಗಳ್ಳ ⟦kaḍalugaḷḷa カダルガッラ⟧ [kəɖəlugəɭɭɐ] *m.* 海賊 [Ka. *kaḍalu* + *kaḷḷa*]

ಕಡಲೆ ⟦kaḍale カダレ⟧ [kəɖə̆le] *n.* ヒヨコマメ(マメ科の植物でその実は黄色く芳香があり料理や菓子の餡(あん)を作るために広く用いられる、マメ科ヒヨコマメ属)⇀ 食 [Ka. D1120]

ಕಡಲೆಕಾಯಿ ⟦kaḍalekāyi カダレカーイ⟧ [kəɖəlekɐːji] *n.* 落花生、南京豆、ピーナツ(マメ科ラッカセイ属)⇀ 食・油 [Ka. *D1120] = ನೆಲಗಡಲೆ (nelagaḍale)

ಕಡಲ್ಗಾಲುವೆ ⟦kaḍalgāluve カダルガールヴェ⟧ [kəɖəlg͡ɐːlŭve] *n.* 海峡 [Ka. *kaḍal* + *kāluve*]

ಕಡವ[1] ⟦kaḍava カダヴァ⟧ [kəɖə̆vɐ] *n.* [Ka. D1114] ☞ಕಡವೆ (kaḍave)

ಕಡವ[2] ⟦kaḍava カダヴァ⟧ [kəɖə̆vɐ] 《古》 *n.* [Ka. D1116] ☞ಕಡಂಬ (kaḍaṃba)

ಕಡವಸ ⟦kaḍavasa カダヴァサ⟧ [kəɖəvə̆sɐ] 《古》 *n.* 行者たちが座るために用いる皮製の敷物 [Ka. D1122]

ಕಡವಳ್ ⟦kaḍavaḷ カダヴァル⟧ [kəɖəvəɭ] 《‡》 *m.* 神 (*Bp.9,36; 27,7* (*Kitt.*)) [Ka. D1109]

ಕಡವು[1] ⟦kaḍavu カダヴ⟧ [kəɖə̆vu] 《古》 *n.* [Ka. D1114] ☞ಕಡವೆ (kaḍave)

ಕಡವು[2] ⟦kaḍavu カダヴ⟧ [kəɖə̆vu] 《古》 *n.* [Ka. D1116] ☞ಕಡಂಬ (kaḍaṃba)

ಕಡವೆ ⟦kaḍave カダヴェ⟧ [kəɖə̆ve] ಕಡ, ಕಡಬ, ಕಡಬೆ, ಕಡವ, ಕಡವು, ಕಡಹ *n.* サンバー(スイロク、インドから東南アジアにかけて生息する大型の鹿、インドの鹿類の中では最も大型) [Ka. D1114] *[BIA 63]

ಕಡವೊಡ ⟦kaḍavoḍa カダヴォダ⟧ [kəɖəvoɖɐ] 《‡》 *n.* [Ka. D1116] (*DEDR*) ☞ಕಡಂಬ (kaḍaṃba)

ಕಡಸು ⟦kaḍasu カダス⟧ [kəɖəsu] 《古》 *n.* まだ子を産んでない雌牛や水牛 (*epig.*) [Ka. D1123]

ಕಡಹ[1] ⟦kaḍaha カダハ⟧ [kəɖəhɐ] 《古》 *n.* [Ka. D1114] ☞ಕಡವೆ (kaḍave)

ಕಡಹ[2] ⟦kaḍaha カダハ⟧ [kəɖəhɐ] 《古》 *n.* [Ka. D1116] ☞ಕಡಂಬ (kaḍaṃba)

ಕಡಾಣಿ ⟦kaḍāṇi カダーニ⟧ [kəɖɐːɳi] *n.* **1** (車の)車軸ボルト **2** (くつわの)はみ [Ka. *kaḍe*[1] + *āṇi*]

ಕಡಾಯ ⟦kaḍāya カダーヤ⟧ [kəɖɐːjɐ] ಕಡಾಯಿ *n.* 大きな銅製の容器の一種、大銅鍋[⇒図] [? cf. Sk. *kaṭāha-* T2638, A22]

ಕಡಾಯ 大銅鍋

ಕಡಾಯಿ ⟦kaḍāyi カダーイ⟧ [kəɖɐːji] *n.* [? cf. Sk. *kaṭāha-* T2638, A22] ☞ಕಡಾಯ (kaḍāya)

ಕಡಾಯಿಸು ⟦kaḍāyisu カダーイス⟧ [kəɖɐːjisu] *vt.* 〈釘などを〉打ち込む [Ka. D1109]

ಕಡಾಸು ⟦kaḍāsu カダース⟧ [kəɖɐːsu] 《古》 *n.* 行者たちが座るために用いる皮製の敷物 [Ka. D1122] = ಕಡವಸ (kaḍavasa)

ಕಡಿ[1] ⟦kaḍi カディ⟧ [kəɖi] *vt.* 噛む、(虫などが)刺す ―*vi.* 痒い [Ka. D1124]

ಕಡಿ[2] ⟦kaḍi カディ⟧ [kəɖi] *vt.* **1** 〈木や薪など硬いものを〉切る **2** 〈井戸などを〉掘る ―*n.* **1**《古》切ること **2** 砂利 ¶ ರಸ್ತೆಗೆ ಟಾರುಹಾಕುವ ಮುಂಚೆ ಕಡಿ ಹಾಕಬೇಕು. (rastege ṭāruhākuva muṃce kaḍi hākabēku.) 道路にアスファルトを敷く前に砂利を敷かねばならない。= ಜಲ್ಲಿ (jalli) [Ka. D1125]

ಕಡಿಯಿಸು ⟦kaḍiyisu カディイス⟧ [kəɖijisu] 《古》 *vt.* 刻む、切り刻む [Ka. caus. D1125]

ಕಡಿಸು ⟦kaḍisu カディス⟧ [kəɖisu] *vt.* 切らせる [Ka. caus. D1125] = ಕಡಿಯಿಸು (kaḍiyisu) ಕಡಿ (kaḍi)[2]

ಕಡಿ[3] ⟦kaḍi カディ⟧ [kəɖi] 《古》 *n.* ヨーグルトに塩、トウガラシ、からし、米の粉などを混ぜて熱して味をつけた一種のソース (*My.* (*Kitt.*)) [Ka. D1128, cf. H. *kaṛ'ī*] = ಮಜ್ಜಿಗೆ ಹುಳಿ (majjige huḷi)

ಕಡಿ[4] ⟦kaḍi カディ⟧ [kəɖi] (*n.*) 厳しい〈こと〉¶ ಕಡಿಗಂಟು (kaḍigaṃṭu) ほどけない結び目 [Ka. D1135] = ಕಡು (kaḍu)

ಕಡಿ[5] ⟦kaḍi カディ⟧ [kəɖi] 《方》 *vt.* 〈牛乳などを〉かき回す (*S.Mhr.* (*Kitt.*)) [Ka. D1141] ☞ಕಡೆ (kaḍe)

ಕಡಿ[6] ⟦kaḍi カディ⟧ [kəɖi] *vt.* 〈井戸などを〉掘る ―*n.* 搗(つ)くこと [?]

ಕಡಿಕ ⟦kaḍika カディカ⟧ [kəɖikɐ] ಕಟಿಕ, ಕಟಿಗ, ಕಟುಕ, ಕಟುಗ, ಕಡಿಗ, ಕಡುಕ 《古》 *m.* (*f.* ಕಡಿಕಿ (kaḍiki)) 屠畜する者、食肉処理をする者 [Ka. *kaḍi*[2] D1125 + *-ka*]

ಕಡಿತ[1] ⟦kaḍita カディタ⟧ [kəɖitɐ] ಕಡತ[1] *n.* **1** (虫などが)噛むこと、噛んだ跡 **2** 痒み [Ka. D1124]

ಕಡಿತ[2] ⟦kaḍita カディタ⟧ [kəɖitɐ] ಕಡಿತ[2] *n.* **1** 切ること、切断すること **2** 殴打 **3** すごろくなどの遊

びで相手の駒を食ってしまうこと 4（手形などの）割引；値引き [Ka. *kaḍi*² + *-ta* D1125]

ಕಡಿತ³ ⟦kaḍita カディタ⟧ [kəɖitɐ] ಕಡತ *n.* 1《古》黒い塗料を塗った布を折りたたんで作った本（昔、会計簿に用いられ、石墨で字を書いた） 2《古》布製の将棋盤 3 やすり、紙やすり [Sk. *kaḍitra-* (lex.) A23]

ಕಡಿತಲೆ ⟦kaḍitale カディタレ⟧ [kəɖitəle]《古》*n.* 1 刀 (*Pb.3.55.V,10.80.V*) 2 盾 [Ka. D1125]

ಕಡಿತಿ ⟦kaḍiti カディティ⟧ [kəɖiti]《古》*n.* 鹿の一種 (*Si.169 (Kitt.)*) [Ka. D1114]

ಕಡಿದು ⟦kaḍidu カディドゥ⟧ [kəɖiđu] (*n.*) 1 激しい〈こと〉、猛烈〈な〉、強烈〈な〉 2 険阻〈な〉 3 難しい〈こと〉 [Ka. D1135]

ಕಡಿನುಚ್ಚು ⟦kaḍinuccu カディヌッチュ⟧ [kəɖinuʧʧu] *n.* 割れた米；割れた穀物 [*kaḍi*⁶ + *nuccu*]

ಕಡಿಪು ⟦kaḍipu カディプ⟧ [kəɖipu]《古》*n.* 猛烈、激しいこと、強烈 (*Abh.P.13.74 (Kitt.)*) [Ka. *kaḍi* + *-pu* D1135]

ಕಡಿಮೆ ⟦kaḍime カディメ⟧ [kəɖime] *n.* [Ka. D1109] ☞ಕಡಮೆ (kaḍame)

ಕಡಿಯಣ ⟦kaḍiyaṇa カディヤナ⟧ [kəɖijəɳɐ]《古》*n.* [Ka. D1133] ☞ಕಡಿವಾಣ (kaḍivāṇa)

ಕಡಿಯಾಣ ⟦kaḍiyāṇa カディヤーナ⟧ [kəɖijɐːɳɐ] ಕಡಿಯಣ, ಕಡಿವಣ, ಕಡಿವಾಣ *n.* [Ka. D1133] ☞ಕಡಿವಾಣ (kaḍivāṇa)

ಕಡಿಯುವಿಕೆ ⟦kaḍiyuvike カディユヴィケ⟧ [kəɖijuvike] *n.* 切ること [Ka. *kaḍi* + *-yu* + *-ke*]

ಕಡಿಸ ⟦kaḍisa カディサ⟧ [kəɖisɐ]《‡》*n.* 実が耳飾りの飾り玉として使われる木の一種 (*T. (Kitt.)*) [Ka. D1131]

ಕಡಿವಣ ⟦kaḍivaṇa カディヴァナ⟧ [kəɖivəɳɐ]《古》*n.* [Ka. D1133] ☞ಕಡಿವಾಣ (kaḍivāṇa)

ಕಡಿವಾಣ ⟦kaḍivāṇa カディヴァーナ⟧ [kəɖivɐːɳɐ] ಕಡಿಯಣ, ಕಡಿಯಾಣ, ಕಡಿವಣ *n.* 1（くつわの）はみ 2 制御、管理 [Ka. D1133]

ಕಡುಂಬು ⟦kaḍuṃbu カドゥンブ⟧ [kəɖumbu]《古》*n.* 蒸したり油で揚げたりした菓子の一種（ガネーシャ（象の顔を持った神）の好物）☞ಕಡುಬು (kaḍubu) [Ka. D1139]

ಕಡು ⟦kaḍu カドゥ⟧ [kəɖu] (*adj.*) 猛烈な〈こと〉、激しい〈こと〉、過度〈な〉 [Ka. D1135] = ಕಟ್ಟು (kaṭṭu)

ಕಡುಕು¹ ⟦kaḍuku カドゥク⟧ [kəɖŭku]《古》*n.* 切ったもの、切片、かけら [Ka. D1125]

ಕಡುಕು² ⟦kaḍuku カドゥク⟧ [kəɖŭku] ಕಟಕು, ಕಟುಕು, ಕಡಕು, ಕಡುಕ《古》*n.* 中心に宝石や真珠をつけた男性用の耳飾り [Ka. D1138]

ಕಡುಕು³ ⟦kaḍuku カドゥク⟧ [kəɖŭku]《‡》*n.* 頭のない胴体 (*lex.*) [Ka. D1152, cf. Sk. *kaṭa-*]

ಕಡುಗಲಿ ⟦kaḍugali カドゥガリ⟧ [kəɖugəli]《文》*m.* 剛勇な人、英雄 [Ka. *kaḍu* + *gali*]

ಕಡುಗಲಿತನ ⟦kaḍugalitana カドゥガリタナ⟧ [kəɖugəlitənɐ]《文》*n.* 剛勇、勇敢なこと [Ka. *kaḍugali* + *-tana*]

ಕಡುಗು¹ ⟦kaḍugu カドゥグ⟧ [kəɖŭgu]《古》*vi.* 1 興奮する 2 怒る ☞ಕಡಗು (kaḍagu)¹ [Ka. D1111]

ಕಡುಗು² ⟦kaḍugu カドゥグ⟧ [kəɖŭgu]《‡》*vi.* 硬くなる、凝固する [Ka. D1148] (*Kk.41 (Kitt.)*)

ಕಡುಪು ⟦kaḍupu カドゥプ⟧ [kəɖupu]《古》*n.* 1 猛烈さ、すさまじさ 2 激情、熱意、熱中、熱狂 [Ka. *kaḍu* D1135 + *-pu*]

ಕಡುಬು ⟦kaḍubu カドゥブ⟧ [kəɖubu] ಕಡುಂಬು, ಕಡುವು *n.* 蒸したり油で揚げたりした菓子の一種（ガネーシャ（象の顔を持った神）の好物） [Ka. D1139]

ಕಡುಮೆ ⟦kaḍume カドゥメ⟧ [kəɖume]《古》*n.* 猛烈さ、激しさ、荒々しさ [Ka. D1135]

ಕಡುಹು ⟦kaḍuhu カドゥフ⟧ [kəɖuhu]《古》*n.* 1 猛烈、激しいこと 2 興奮、激情 3 勇敢、剛勇 [Ka. D1135]

ಕಡೆ¹ ⟦kaḍe カデ⟧ [kəɖe] *vt.* 〈川などを〉渡る = ದಾಟು (dāṭu) **—***n.* 1 終わり、最後、終末 2 サーリーなど無縫製の衣類の両端（織り始めと織り終わりの部分） 3 側、方向 4 場所、地方、…の方 ¶ ಉತ್ತರ ಭಾರತದ ಕಡೆ ಹಿಂದಿ ಭಾಷೆ ಹೆಚ್ಚು ಬಳಕೆ ಇದೆ. (uttara bʰāratada kaḍe hiṃdi bʰāṣe heccu baḷake ide.) 北インドの方ではヒンディー語がよく使われる。 5〔喩〕（順位の）最後、最低、最も劣ったもの ¶ ಅವರು ದುಡ್ಡಿನ ವಿಷಯದಲ್ಲಿ ಎಲ್ಲರಿಗಿಂತ ಕಡೆ. (avaru duḍḍina viṣayadalli ellarigiṃta kaḍe.) 彼は金銭については最低だ。 **—***postp.* …で、…のところでは、…のもとでは ¶ ನಮ್ಮ ಮನೆ ಕಡೆ ಇಂಥ ವಾತಾವರಣ ಇಲ್ಲ. (namma mane kaḍe iṃtʰa vātāvaraṇa illa.) 私たちのうちにはそのような雰囲気がない。 [Ka. D1109]

ಕಡೆನೋಟ ⟦kaḍenōṭa カデノータ⟧ [kəɖenoːʈɐ] *n.* 横目 [+ *nōṭa*]

ಕಡೆ² ⟦kaḍe カデ⟧ [kəɖɛ]《方》*n.* 雄鹿 (*Gowda*) [Ka. D1114]

ಕಡೆ³ ⟦kaḍe カデ⟧ [kəɖe] *vt.* 1〈牛乳を〉（バターを作るために）かき混ぜる 2〈お茶などを〉かき回す、攪拌する 3（火をおこすために）〈木を〉すり合わせる = ತಿಕ್ಕು (tikku) 4 旋盤で削って形を作る 5（布などで）〈煮た豆類を〉漉す [Ka. D1141]

ಕಡೆಯಿಸು ⟦kaḍeyisu カデイス⟧ [kəɖejisu] *vt.* 〈牛乳を〉（バターを作るために）かき混ぜるなど [+ *-isu*]

ಕಡೆ⁴ ⟦kaḍe カデ⟧ [kəɖe]《‡》*vi.* 落ちる、沈む (*S.Mhr. (Kitt.)*) [Ka. D1524] ☞ಕೆಡೆ (keḍe)¹

ಕಡೆ⁵ ⟦kaḍe カデ⟧ [kəɖe]《古》*n.*（男性が使う）腕輪 [? cf. Sk. *kaṭaka-*, Sk. *karā* A21, T2629, M140] ☞ಕಡೆಯ (kaḍeya)

ಕಡೆಗಣಿಕೆ ⟦kaḍegaṇike カデガニケ⟧ [kəɖegɐɳike] *n.* 軽視、無視 [Ka. *kaḍe* + *gaṇike*]

ಕಡೆಗಣಿಸು ⟦kaḍegaṇisu カデガニス⟧ [kəɖegɐɳisu] *vt.* 無視する、軽視する [*kaḍe*¹ + *gaṇisu*] ☞ಕಡೆಗಾಣಿಸು

(kaḍegāṇisu)

ಕಡೆಗಾಣು ⟦kaḍegāṇu カデガーヌ⟧ [kɘɖeɡɐːɳu] ಕಡೆಗಾಣ್ 《文》 *vi.* (仕事が)終わる、完成する —*vt.* 無視する、軽視する [Ka. *kaḍe*[1] + *kāṇ*]

ಕಡೆಗಾಣಿಸು ⟦kaḍegāṇisu カデガーニス⟧ [kɘɖeɡɐːɳisu] 《文》 *vt.* **1** 完成する **2** 無視する、軽視する [+ *-isu* caus.] ☞ಕಡೆಗಾಣಿಸು (kaḍegāṇisu)

ಕಡೆಗಾಲ ⟦kaḍegāla カデガーラ⟧ [kɘɖeɡɐːlɐ] *n.* **1** 終わりの時 **2** この世の最後の時 = ಪ್ರಲಯ (pralaya) [Ka. *kaḍe*[1] + *-kāla*]

ಕಡೆಗೋಲ್ ⟦kaḍegōl カデゴール⟧ [kɘɖeɡoːl] 《古》 *n.* ☞ಕಡೆಗೋಲು (kaḍegōlu)

ಕಡೆಗೋಲು ⟦kaḍegōlu カデゴール⟧ [kɘɖeɡoːlu] ಕಡೆಗೋಲ್ *n.* 牛乳をかき混ぜてバターを作るための攪拌棒[⇒図] [Ka. *kaḍe*[3] + *kōlu*]

ಕಡೆತ ⟦kaḍeta カデタ⟧ [kɘɖetɐ] *n.* **1** (バターを取るために) 牛乳をかき混ぜること **2** 旋盤で形を整えること [Ka. *kaḍe* + *-ta* D1141]

ಕಡೆಗೋಲು
攪拌棒

ಕಡೆಯ ⟦kaḍeya カデヤ⟧ [kɘɖejɐ] ಕಡೆ, ಖಡಿಯ, ಖಡೆ, ಖಡೆಯ 《古》 *n.* 足首につける輪 [? cf. Sk. *kaṭaka-*, H. *kaṛā* A21, T2629]

ಕಡೆಹಾಯು ⟦kaḍehāyu カデハーユ⟧ [kɘɖehɐːju] ಕಡೆವಾಯ್ *vi.* **1** 終わりに達する **2** 救われる、救済される [Ka. *kaḍe*[1] + *hāyu*]

ಕಡೆಹಾಯಿಸು ⟦kaḍehāyisu カデハーイス⟧ [kɘɖehɐːjisu] *vt.* **1** 〈人に〉川などを渡らせる **2**〔喩〕救う、救済する [+ *hāyisu*]

ಕಡ್ಡ[1] ⟦kaḍḍa カッダ⟧ [kɘɖɖɐ] *n.* 干し草 [Ka. D1275 < *karaḍa*]

ಕಡ್ಡ[2] ⟦kaḍḍa カッダ⟧ [kɘɖɖɐ] 《古》 *n.* 大胆さ、豪胆 (*lex.*) [?]

ಕಡ್ಡಾಯ ⟦kaḍḍāya カッダーヤ⟧ [kɘɖɖɐːjɐ] *n.* 強制、無理じい [Ka. D1157 {Ta. *Kaṭṭāyam*}]

ಕಡ್ಡಿ[1] ⟦kaḍḍi カッディ⟧ [kɘɖɖi] 《口》 *n.* 熊 (NK, S.Mhr. (Kitt.)) [Ka. < *karaḍi* D1263]

ಕಡ್ಡಿ[2] ⟦kaḍḍi カッディ⟧ [kɘɖɖi] *n.* **1** 小さな木の棒、木切れ ¶ ಅವಳು ಕಡ್ಡಿ ಹಾಗೆ ಇದ್ದಾಳೆ. (avaḷu kaḍḍi hāge iddāḷe.) 彼女は骨と皮だ。 **2** 鉛筆 = ಸೀಸಕಡ್ಡಿ (sīsakaḍḍi) **3** マッチ(の棒) **4** 織機の杼(ひ)の中に入れる小さな糸巻き [Ka. D1370?, A24]

ಕಡ್ಡಿಪುಡಿ ⟦kaḍḍipuḍi カッディプディ⟧ [kɘɖɖipuɖi] 《方》 *n.* タバコの茎を細かく切ったもの(口に入れて味わう) [Ka. *kaḍḍi* + *puḍi*] (SK)

ಕಡ್ಲೆ ⟦kaḍle カドレ⟧ [kɘɖle] 《口》 *n.* ヒヨコマメ(マメ科の植物、その実は黄色く芳香があり、料理や菓子の餡(あん)を作るために広く用いられる) [Ka. D1120] ☞ಕಡಲೆ (kaḍale)

ಕಣ್ ⟦kaṇ カン⟧ [kɘɳ] *n.* **1** 目 **2** ココナツの殻に3つある目のように見える柔らかい場所 **3** 小さな穴、針の穴など **4** 孔雀の羽の上の丸い模様 **5** 爪の付け根の白い部分 **6** (葦などの)目のような模様のある節 [Ka. D1159(a), D1160] ☞ಕಣ್ಣು (kaṇṇu)

ಕಣ್ಗೆಡು ⟦kaṇgeḍu カンゲドゥ⟧ [kɘɳɡeɖu] ಕಂಗೆಡು, ಕಣ್ಣುಗೆಡು, ಕಣ್ಗೆಡು 《古》 *vi.* 《属格支配》 **1** 視力を失う、視力が弱る **2**〔喩〕 [+ *keḍu*]

ಕಣ್ಗೊಳ್ ⟦kaṇgoḷ カンゴル⟧ [kɘɳɡoɭ] ಕಂಗೊಳು 《古》 *vi.* 人の目をひきつける、美しく見える、映える [+ ಕೊಳ್ (koḷ)]

ಕಣ್ಗೊಳಿಸು ⟦kaṇgoḷisu カンゴリス⟧ [kɘɳɡoɭisu] ಕಂಗೊಳಿಸು, ಕಣ್ಣುಗೊಳಿಸು 《古》 *vi.* 人の目をひきつける、美しく見える、映える [+ ಕೊಳಿಸು (koḷisu)]

ಕಣ[1] ⟦kaṇa カナ⟧ [kɘɳɐ] 《‡》 *n.* 《繰り返し表現》擬音語の一種 [Ka. onom. D1162] (*Kitt.*) ☞ಕಣಕಣ (kaṇakaṇa)

ಕಣ[2] ⟦kaṇa カナ⟧ [kɘɳɐ] 《‡》 *n.* 棒 (*M.* (*Kitt.*)) [Ka. D1166]

ಕಣ[3] ⟦kaṇa カナ⟧ [kɘɳɐ] 《‡》 *n.* インドナガコショウ、ヒハツ(コショウ科コショウ属) [Ka. D1167] = ಹಿಪ್ಪಲಿ (hippali) ☞ಕಣೆ (kaṇe)[2]

ಕಣ[4] ⟦kaṇa カナ⟧ [kɘɳɐ] *n.* 脱穀場 [Ka. D1376] ☞ಕಳ (kaḷa)[3]

ಕಣ[5] ⟦kaṇa カナ⟧ [kɘɳɐ] ಖಣ *n.* 女性用のブラウスを作る布 [M. *kʰaṇă* <?] ☞ಕಣ (kaṇa)

ಕಣ[6] ⟦kaṇa カナ⟧ [kɘɳɐ] *n.* 小さな粒子、小さな粒 [Sk.]

ಕಣಂಜ ⟦kaṇaṃja カナンジャ⟧ [kɘɳɘɲʤɐ] 《古》 *n.* 穀物を蓄えるための大きな籠 [Ka. *D1375] ☞ಕಣಜ (kaṇaja)[2]

ಕಣಂಜು ⟦kaṇaṃju カナンジュ⟧ [kɘɳɘɲʤu] 《古》 *n.* 珊瑚[真珠、香]などの重さを計る単位 [Ka. D1348]

ಕಣಕಣ ⟦kaṇakaṇa カナカナ⟧ [kɘɳɘɳɐ] 《古》 (*n.*) かんかん(金属製や土製の器や鐘などを指の関節などで打つ音) [Ka. onom. D1162]

ಕಣಕಣಿಸು ⟦kaṇakaṇisu カナカニス⟧ [kɘɳɘɳisu] 《‡》 *vi.* かんかん(金属の器や鐘などを打つ音)という音を立てる [Ka. onom. *D1162]

ಕಣಕಾಲು ⟦kaṇakālu カナカール⟧ [kɘɳɘkɐːlu] 《古》 *n.* 向こうずね [Ka. D1166]

ಕಣಗಲ ⟦kaṇagala カナガラ⟧ [kɘɳɘɡɘlɐ] *n.* [Ka. D1164] cf. ಕಣಗಿಲೆ (kaṇagile)

ಕಣಗಿಲ್ ⟦kaṇagil カナギル⟧ [kɘɳɘɡil] 《古》 *n.* [Ka. D1164] ☞ಕಣಗಿಲೆ (kaṇagile)

ಕಣಗಿಲ ⟦kaṇagila カナギラ⟧ [kɘɳɘɡilɐ] *n.* [Ka. D1164] ☞ಕಣಗಿಲೆ (kaṇagile)

ಕಣಗಿಲೆ ⟦kaṇagile カナギレ⟧ [kɘɳɘɡile] ಕಣಗಲು, ಕಣಗಿಲ್, ಕಣಗಿಲಿ, ಕಣಗಿಲು, ಕಣಲಿಗೆ, ಕಣಿಗಿಲ್, ಕಣಿಗಿಲ, ಕಣಿಗಿಲೆ, ಗಣಿಗಲು, ಗಣಿಗಲೆ, ಗಣಿಗಿಲು *n.* キョウチクトウ(キョウチクトウ科)→観・薬 [Ka. D1164] *[IMP 4.127]

ಕಣಜ[1] ⟦kaṇaja カナジャ⟧ [kɘɳɘʤɐ] 《方》 *n.* スズメバチ、ジガバチなど [Ka. D1117] ☞ಕಡಜ (kaḍaja)

ಕಣಜ[2] ⟦kaṇaja カナジャ⟧ [kəɳədʒɐ] ಕಣಂಜ *n.* 穀物を蓄えるための円錐形の籠 [Ka. D1375]

ಕಣಜು ⟦kaṇaju カナジュ⟧ [kəɳədʒu] ಕಣಂಜು, ಕಣಜು *n.* 珊瑚[真珠、香]などを計るための重さの単位 [Ka. D1348]

ಕಣಮೆ ⟦kaṇame カナメ⟧ [kəɳəme] 《古》 *n.* 峡谷、山と山の間の狭い谷間 [Ka. D1163] ☞*kaṇive*

ಕಣಯ ⟦kaṇaya カナヤ⟧ [kəɳəjɐ] 《古》 *n.* サーリーを腰に巻いて結んだ結び目 [Ka. D1183]

ಕಣಲಿಗೆ ⟦kaṇalige カナリゲ⟧ [kəɳəlige] *n.* [Ka. D1164] ☞ಕಣಗಿಲೆ (kaṇagile)

ಕಣವೆ ⟦kaṇave カナヴェ⟧ [kəɳəve] *n.* 峡谷、山と山の間の狭い谷間 [Ka. D1163] ☞ಕಣಿವೆ (kaṇive)

ಕಣಿ[1] ⟦kaṇi カニ⟧ [kəɳi] 《‡》 *n.* 場所 [Ka. D1161] (*Śm. 96* (*Kitt.*)) (*S.Mhr.* (*Kitt.*))

ಕಣಿ[2] ⟦kaṇi カニ⟧ [kəɳi] 《‡》 *n.* 搾油所で用いる直立してぐるぐる回るローラー [Ka. D1168] (*S.Mhr.* (*Kitt.*)) ☞ಕಣೆ (kaṇe)[3]

ಕಣಿ[3] ⟦kaṇi カニ⟧ [kəɳi] 《‡》 *n.* 結び目 [Ka. D1183] (*My.* (*Kitt.*))

ಕಣಿ[4] ⟦kaṇi カニ⟧ [kəɳi] *n.* **1** 見ること、光景 **2** 占い、八卦 [Ka. D1443]

ಕಣಿ[5] ⟦kaṇi カニ⟧ [kəɳi] 《古》 *n.* 鉱山 [Sk. *khani-* M.301,302] ☞ಖಣಿ (kʰaṇi)

ಕಣಿಕೆ ⟦kaṇike カニケ⟧ [kəɳike] *n.* 穂を切り取ったモロコシビエの茎 (*S.Mhr.* (*Kitt.*)) [Ka. D1165]

ಕಣಿಗಲು ⟦kaṇigalu カニガル⟧ [kəɳigal] 《古》 *n.* [Ka. D1164] ☞ಕಣಗಿಲೆ (kaṇagile)

ಕಣಿಗಿನು ⟦kaṇiginu カニギヌ⟧ [kəɳiginu] 《‡》 *n.* [Ka. D1164] (*St. & Pl.* (*Kitt.*)) ☞ಕಣಗಿಲೆ (kaṇagile)

ಕಣಿಗಿಲ್ ⟦kaṇigil カニギル⟧ [kəɳigil] 《古》 *n.* [Ka. D1164] ☞ಕಣಗಿಲೆ (kaṇagile)

ಕಣಿಗಿಲ ⟦kaṇigila カニギラ⟧ [kəɳigilɐ] *n.* [Ka. D1164] ☞ಕಣಗಿಲೆ (kaṇagile)

ಕಣಿಗಿಲಿ ⟦kaṇigili カニギリ⟧ [kəɳigili] *n.* [Ka. D1164] ☞ಕಣಗಿಲೆ (kaṇagile)

ಕಣಿಗಿಲೆ ⟦kaṇigile カニギレ⟧ [kəɳigile] *n.* [Ka. D1164] ☞ಕಣಗಿಲೆ (kaṇagile)

ಕಣಿಮೆ ⟦kaṇime カニメ⟧ [kəɳime] 《‡》 *n.* 二つの山に挟まれた峻厳な谷間 (*My.* (*Kitt.*)) [Ka. D1163]

ಕಣಿಯ ⟦kaṇiya カニヤ⟧ [kəɳijɐ] 《古》 *m.* 占い師、易者、八卦見 [Ka. *kaṇi* D1443 + *-a*]

ಕಣಿಲೆ ⟦kaṇile カニレ⟧ [kəɳile] 《古》 *n.* タケノコ [Ka. *D1353] = ಕಳಲು (kaḷalu) ☞ಕಟಿಲೆ (kaṛile)

ಕಣಿವೆ ⟦kaṇive カニヴェ⟧ [kəɳive] ಕಣಮೆ, ಕಣವೆ, ಕಣುವೆ *n.* 峡谷、険しい谷間 [Ka. D1163]

ಕಣುಕು ⟦kaṇuku カヌク⟧ [kəɳuku] 《‡》 *n.* 穂を切り取ったモロコシビエの茎 (*Bp.60,27* (*Kitt.*)) [Ka. D1165]

ಕಣುವೆ ⟦kaṇuve カヌヴェ⟧ [kəɳŭve] *n.* 峡谷、険しい谷間 [Ka. *D1163] = ಕಂದರ (kaṃdara) ☞ಕಣಿವೆ (kaṇive)

ಕಣೆ[1] ⟦kaṇe カネ⟧ [kəɳe] ಕಣ[2] 《古》 *n.* 細い棒；矢 [Ka. D1166]

ಕಣೆ[2] ⟦kaṇe カネ⟧ [kəɳe] 《文》 *n.* インドナガコショウ、ヒハツ (*lex.*) [Ka. D1167] = ಹಿಪ್ಪಲಿ (hippali) cf. ಕಣ (kaṇa)[1]

ಕಣೆ[3] ⟦kaṇe カネ⟧ [kəɳe] ಗಣಿ, ಗಣೆ *n.* 油を搾る機械の直立した太い木製のローラー [Ka. D1370, cf. D1166, D1168]

ಕಣೆ[4] ⟦kaṇe カネ⟧ [kəɳe] 《古》 *n.* サーリーを体に巻き固定するために腰の周りに結んだ結び目 [Ka. D1183]

ಕಣೆಗಿಲೆ ⟦kaṇegile カネギレ⟧ [kəɳegile] *n.* [Ka. D1164] ☞ಕಣಗಿಲೆ (kaṇagile)

ಕಣ್ಗಟ್ಟು ⟦kaṇgaṭṭu カンガットゥ⟧ [kəɳgəʈʈu] *kaṇkaṭṭu* 《古》 *vi.* 《*gen.*》 **1** 目隠しをする **2** (手品で)目をごまかす —*n.* **1** 目隠し、手ぬぐいなどで目が見えないようにすること **2** 魔法、魔術、妖術 **3** (手品で)目をごまかすこと [Ka. *kaṇ* + *kaṭṭu*]

ಕಣ್ಗಿಡಿಸು ⟦kaṇgiḍisu カンギディス⟧ [kəɳgiɖisu] 《古》 *vt.* (心を)混乱させる、狼狽させる [Ka. *kaṇ* + *kiḍisu*] ☞ಕಣ್ಗೆಡಿಸು (kaṇgeḍisu)

ಕಣ್ಗೆಡು ⟦kaṇgeḍu カンゲドゥ⟧ [kəɳgeɖu] *vi.* 《属格支配》 **1** 視力が落ちる ¶ ಅವನ ಕಣ್ಗೆಟ್ಟಿದೆ. (avana kaṇgeṭṭide.) 彼は視力が低下している。 **2** 〔喩〕頭が混乱する、心が動揺する、狼狽する [Ka. *kaṇ* + *keḍu*]

ಕಣ್ಣಡಕ ⟦kaṇṇaḍaka カンナダカ⟧ [kəɳɳəɖəkɐ] ಕನ್ನಡಕ *n.* めがね [Ka. *kaṇṇu* + *aḍaka*「くっつけた」, *D1182]

ಕಣ್ಣಿ ⟦kaṇṇi カンニ⟧ [kəɳɳi] *n.* (普通牛に使う)縄、綱 [Ka. D1184]

ಕಣ್ಣಿಡು ⟦kaṇṇiḍu カンニドゥ⟧ [kəɳɳiɖu] *vi.* **1** じっと見る **2** 警戒する、監視する ¶ ದಯವಿಟ್ಟು ನನ್ನ ಸೂಟ್ಕೇಸಿನ ಮೇಲೆ ಕಣ್ಣಿಡಿ. (dayaviṭṭu nanna sūṭkēsina mēle kaṇṇiḍi.) すみませんが僕のスーツケース見ていてくださいませんか。 **3** 悪意を持った目で見る ¶ ಅಧಿಕಾರಿ ನನ್ನ ಮೇಲೆ ಕಣ್ಣಿಟ್ಟಿದ್ದಾನೆ. (adʰikāri nanna mēle kaṇṇiṭṭiddāne.) 上役は彼をにらんでいる。 [Ka. *kaṇṇu* + *iḍu*]

ಕಣ್ಣೀರ್ ⟦kaṇṇīr カンニール⟧ [kəɳɳiːr] 《古》 *n.* 涙 [Ka. *kaṇ* + *nīr* D1159(b)]

ಕಣ್ಣೀರು ⟦kaṇṇīru カンニール⟧ [kəɳɳiːr] *n.* 涙 [Ka. *kaṇ* + *nīru*, *D1159(b)]

ಕಣ್ಣು ⟦kaṇṇu カンヌ⟧ [kəɳɳu] ಕಂ, ಕಣ್, ಕಣು *n.* **1** 目 **2** ココナツやオウギヤシの実にある目のような開口部 **3** 小さな穴、針の穴など **4** 孔雀の羽の上の丸い模様 **5** 爪の付け根の白い部分 **6** 葦などの目のような模様のある節 [Ka. D1159(a)]

ಕಣ್ಣುಗುಡ್ಡೆ ⟦kaṇṇuguḍḍe カンヌグッデ⟧ [kəɳɳuguɖɖe] ಕಣ್ಣುಗುಡ್ಡು *n.* 目玉、瞳または白目の中に浮かんだビー玉大の球のように見える部分 [+ *guḍḍe*]

ಕಣ್ಣುಪಟ್ಟಿ ⟦kaṇṇupaṭṭi カンヌパッティ⟧ [kəɳɳupəʈʈi] *n.* 目隠し布 [+ *paṭṭi*[3]]

ಕಣ್ಣುಬಡಿ ⟦kaṇṇubaḍi カンヌバディ⟧ [kəɳɳubəḍi] ಕಣ್ಬಡಿ *vi.* 瞬きする [+ *baḍi*]

ಕಣ್ಣುಬಿಡು ⟦kaṇṇubiḍu カンヌビドゥ⟧ [kəɳɳubiḍu] ಕಣ್ಬಿಡು *vi.* **1** 目を開く、注意してみる **2**（現実に）目を開く ¶ ಇಷ್ಟು ಅನಾಹುತವಾದಮೇಲೆ ಮಂತ್ರಿ ಕಣ್ಬಿಟ್ಟನು. (iṣṭu anāhutavādamēle maṃtri kaṇbiṭṭanu.) 大臣は、それほどの事故が起こった後で、（やっと）事態の重大さを認識した。 **3** びっくり仰天する [+ *biḍu*]

ಕಣ್ಣುಮುಚ್ಚಾಟ ⟦kaṇṇumuccāṭa カンヌムッチャータ⟧ [kəɳɳumuʧɐːʈɐ] *n.* かくれんぼ [Ka. *kaṇṇu* + *muccu* + *āṭa*]

ಕಣ್ಣುಮುಚ್ಚಾಲೆ ⟦kaṇṇumuccāle カンヌムッチャーレ⟧ [kəɳɳumuʧɐːle] *n.* かくれんぼ [Ka. *kaṇṇu* + *muccu* + ?]

ಕಣ್ಣುರಿ ⟦kaṇṇuri カンヌリ⟧ [kəɳɳuri] *n.* **1** 目のひどい痛み **2**〔喩〕嫉妬、ねたみ [Ka.]

ಕಣ್ಣೆ ⟦kaṇṇe カンネ⟧ [kəɳɳe] 《‡》 *n.*（黒砂糖、肉、ヨーグルトなどの）塊 (*C.* (*Kitt.*)) [Ka. < *karaṇe* D1266] ☞ಕರಣೆ (karaṇe)

ಕಣ್ಣೆಂಜಲು ⟦kaṇṇemjalu カンネンジャル⟧ [kəɳɳeɲʤəlu] 《古》 *n.* 凶眼の影響 [Ka. *kaṇṇu* + *emjalu*] = ದೃಷ್ಟಿದೋಷ (dṛṣṭidōṣa)

ಕಣ್ತಪ್ಪು ⟦kaṇtappu カンタップ⟧ [kəɳʈəppu] *vi.* 目を離す ¶ ಸ್ವಲ್ಪ ಕಣ್ತಪ್ಪಿದರೆ ದನಗಳು ಹುಲಿಗೆ ಬಲಿಯಾಗುತ್ತದೆ. (svalpa kaṇtappidare danagaḷu hulige baliyāguttade.) ちょっとでも目を離せば牛たちが虎の餌食となる。 —*n.* 見逃し、見逃すこと [Ka. *kaṇ* + *tappu*]

ಕಣ್ಮಣಿ ⟦kaṇmaṇi カンマニ⟧ [kəɳməɳi] *n.* **1** 眼球、瞳または目の中に見えるビー球大の黒い玉（虹彩＋瞳孔）**2**〔喩〕いとしい人、可愛い子 [Ka. *kaṇ* + *maṇi*] = ಕಣ್ಣುಗುಡ್ಡೆ (kaṇṇuguḍḍe)

ಕತಿ ⟦kati カティ⟧ [kəti] 《古》 *n.* 怒り [Ka. D1186]

ಕತೆ ⟦kate カテ⟧ [kəte] *n.* 物語 [Sk. *katʰe*] ☞ಕಥೆ (katʰe)

ಕತೆಗಾರ ⟦kategāra カテガーラ⟧ [kəteɡɐːrɐ] *m.* 《*f.* ಕತೆಗಾರ್ತಿ (kategārti)》話し手 [Ka. *kate* + *-gārti*]

ಕತೆಗಾರಿಕೆ ⟦kategārike カテガーリケ⟧ [kategaːrike] *n.* 物語を語る技術、話術 [Ka. *kategāra* + *-ike*]

ಕತ್ತರಿ ⟦kattari カッタリ⟧ [kəttəri] *n.* **1** 鋏 **2** 先が叉（また）になった矢の一種＝ಕವಲುಬಾಣ (kavalubāṇa) **3** 木製のローラーを回す搾油機のレバー [Pk. *kattarī-* T2858 {Sk. *kartarī*}]

ಕತ್ತರಿಸು ⟦kattarisu カッタリス⟧ [kəttərisu] *vt.* **1**（鋏などで）切る **2**〈出費などを〉切り詰める [Ka. *kattri* + *-isu*]

ಕತ್ತ ⟦katta カッタ⟧ [kəttɐ] 《古》 *n.* ココナツの繊維 (*Bark, LSB 11.8*) [Ka. D1446] = ತೆಂಗಿನ ನಾರು (teṃgina nāru)〔汎〕

ಕತ್ತಲ್ ⟦kattal カッタル⟧ [kəttəl] 《古》 *n.* 闇 [Ka. D1278(b)] (*C.* (*Kitt.*)) ☞ಕತ್ತಲೆ (kattale)

ಕತ್ತಲ ⟦kattala カッタラ⟧ [kəttəlɐ] *n.* 闇 (*S.Mhr.* (*Kitt.*)) [Ka. D1278(b)] ☞ಕತ್ತಲೆ (kattale)

ಕತ್ತಲಿಸು ⟦kattalisu カッタリス⟧ [kəttəlisu] ಕರ್ತಲಿಸು, ಕಳ್ತಲಿಸು, ಕಟ್ತಲಿಸು *vi.* 暗くなる [Ka. D1278(b)]

ಕತ್ತಲೆ ⟦kattale カッタレ⟧ [kəttəle] ಕತ್ತಲು, ಕರ್ತಲೆ, ಕಳ್ತಲ್, ಕಳ್ತಲೆ, ಕಟ್ತಲೆ *n.* 闇、暗闇 [Ka. D1278(b)]

ಕತ್ತಿ ⟦katti カッティ⟧ [kətti] *n.* 刀、短刀 [Ka. D1204]

ಕತ್ತಿಕಟ್ಟು ⟦kattikaṭṭu カッティカットゥ⟧ [kəttikəʈʈu] *vi.* **1** 刀を身に帯びる **2**《古》〔喩〕敵対する

ಕತ್ತಿವರಸೆ ⟦kattivarase カッティヴァラセ⟧ [kəttivərə̆se] *n.* **1** 剣術、剣術の訓練 **2** 剣術の型を実演すること [Ka.]

ಕತ್ತು[1] ⟦kattu カットゥ⟧ [kəttu] 《‡》 *vi.* 叫ぶ、大声を出す (*T;R.* (*Kitt.*)) [Ka. D1206]

ಕತ್ತು[2] ⟦kattu カットゥ⟧ [kəttu] 《古》 *vi.* 炎をあげる、火がつく —*vt.* 炎をあげて燃え上がらせる [Ka. D1207]

ಕತ್ತಿಸು ⟦kattisu カッティス⟧ [kəttisu] 《古》 *vt.* 火をつける [Ka. caus. D1207]

ಕತ್ತು[3] ⟦kattu カットゥ⟧ [kəttu] ಕಟ್ಟು *n.* 喉 [Ka. D1366]

ಕತ್ತುಪಟ್ಟಿ ⟦kattupaṭṭi カットゥパッティ⟧ [kəttupəʈʈi] *n.* **1** カラー、襟 **2** ネクタイ [Ka. *kattu* + *paṭṭi*]

ಕತ್ತೆ ⟦katte カッテ⟧ [kətte] ಕರ್ತೆ, ಕಳ್ತೆ, ಕಟ್ತೆ *n.* **1** ろば（驢馬）**2** 間抜け（人を罵る言葉の一種）[Ka. D1364]

ಕತ್ತೆಕಿರುಬ ⟦kattekiruba カッテキルバ⟧ [kəttekirŭbɐ] ಕತ್ತೆಗಿರುಬ, ಕತ್ತೆಗುರುವ *n.* ハイエナ [Ka. *katte*「ロバ」D1364 + *kiruba* *D1599"leopard"]

ಕತ್ತೆಕಿಱಬ ⟦kattekiṟaba カッテキラバ⟧ [kəttekiṟəbɐ] 《‡》 *n.* ハイエナ (*C.* (*Kitt.*)) [Ka. *katte* D1364 + *kiṟaba* D1599] ☞ಕತ್ತೆಕಿರುಬ (kattekiruba)

ಕತ್ತೆಗಿರುಬ ⟦kattegiruba カッテギルバ⟧ [kətteɡirubɐ] *n.* [Ka. *katte* D1364「ロバ」+ *kiruba* *D1599「豹」] ☞ಕತ್ತೆಕಿರುಬ (kattekiruba)

ಕತ್ತೆಚಾಕರಿ ⟦kattecākari カッテチャーカリ⟧ [kətteʧɐːkə̆ri] *n.* ろばのように働かされる労働 [Ka.]

ಕತ್ವ ⟦katva カトヴァ⟧ [kət·vɐ] *n.* カンナダその他のインド系言語の文字で音素の連続 /ka/ を表す文字 [Sk.]

ಕಥನ ⟦katʰana カタナ⟧ [kətʰənɐ] 《文》 *n.* 物語ること [Sk.]

ಕಥನಕವನ ⟦katʰanakavana カタナカヴァナ⟧ [kətʰənəkəvanɐ] 《文》 *n.* 物語詩 [Sk.]

ಕಥಾನಾಯಕ ⟦katʰānāyaka カターナーヤカ⟧ [kətʰɐːnɐːjəkɐ] 《文》 *m.* 《*f.* ಕಥಾನಾಯಕಿ (katʰānāyaki)》物語の主人公 [Sk.]

ಕಥೆ ⟦katʰe カテ⟧ [kətʰe] *n.* 物語 [Sk.] = ಕತೆ (kate)

ಕದಂಪು ⟦kadaṃpu カダンプ⟧ [kəɗəmpu] ಕದಪು 《古》 *n.* 頬 [Ka. D1199] = ಕೆನ್ನೆ, ಗಲ್ಲ (kenne, galla)

ಕದ ⟦kada カダ⟧ [kəɗɐ] *n.* 扉 [Ka. D1187] = ಕದವು (kadavu)

ಕದಕ ⟦kadaka カダカ⟧ [kəɗə̆kɐ] *n.* 《*f.* ಕದಿಕಿ (kadiki)》盗人、詐欺師 [Ka. D1200]

ಕದಕತನ ⟦kadakatana カダカタナ⟧ [kəɗə̆kətənɐ] *n.* 窃盗、詐欺 [Ka. *kadaka* D1200 + *-tana*]

ಕದಡು ⟦kaḍaḍu カダドゥ⟧ [kəđəḍu] *vt.* 1〈水などを〉かき混ぜる 2〈心を〉動転させる、懊悩させる ¶ ಮಗ ಫೇಲಾದ ಸಮಾಚಾರ ಅಪ್ಪನ ಮನಸ್ಸನ್ನು ಕದಡಿತು. (maga pʰēlāda samācāra appana manassannu kadaḍitu.) 父親は息子が試験に落ちた知らせを受けて心が動転している。 —*vi.* 心が動転する、懊悩する ¶ ಮಗ ಫೇಲಾದ ಸಮಾಚಾರದಿಂದ ಅಪ್ಪನ ಮನಸ್ಸು ಕದಡಿದೆ. (maga pʰēlāda samācāradiṃda appana manassu kadaḍide.) 父親は息子が試験に落ちた知らせを受けて心が動転している。 —*n.* 1 かき混ぜられて濁った水などの液体 2 水や油などをかき混ぜた時に舞い上がるおり 3 (心の)懊悩、転倒 [Ka. D1188]

ಕದನ ⟦kadana カダナ⟧ [kədənɐ] 《文》 *n.* 1 殺戮、破壊 2 戦争、戦い [Sk.]

ಕದಪು ⟦kadapu カダプ⟧ [kəđə̆pu] 《文》 *n.* 頬 [Ka. D1199]

ಕದರ್ ⟦kadar カダル⟧ [kəđər] ಕದರು 《‡》 *vi.* かき混ぜられる、攪拌される (*J.11,25 (Kitt.)*) [Ka. D1188]

ಕದರು[1] ⟦kadaru カダル⟧ [kəđə̆ru] 《‡》 *vi.* かき混ぜられる、攪拌される (*My. (Kitt.)*) [Ka. D1188]

ಕದರು[2] ⟦kadaru カダル⟧ [kəđə̆ru] 《古》 *n.* 輝き、光輝 [Ka. D1193] (*Kitt.*)

ಕದರು[3] ⟦kadaru カダル⟧ [kəđə̆ru] *n.* (紡績用の)つむ、紡錘 [Ka. D1195]

ಕದಲು ⟦kadalu カダル⟧ [kəđə̆lu] *vi.* 1 揺れる 2 震える、振動する 3 立ち去る ¶ ನೀನು ಈ ಜಾಗ ಬಿಟ್ಟು ಕದಲು. (nīnu ī jāga biṭṭu kadalu.) この場所から出て行きなさい。 ¶ ಗಾಳಿಗೆ ಗಿಡದ ಎಲೆಗಳು ಕದಲಿದಂತೆ ಶಬ್ದವಾಗುತ್ತಿದೆ. (gāḷige giḍada elegaḷu kadalidaṃte śabdavāguttide.) 木の葉が風でそよいでいるような音がする。 [Ka. D1188]

ಕದಲಿಸು ⟦kadalisu カダリス⟧ [kəđə̆lisu] *vt.* 1 揺すぶる、振動させる 2 去らせる [Ka. + *-isu* caus.]

ಕದಲುಬದಲು ⟦kadalubadalu カダルバダル⟧ [kədəlubədəlu] ಕದಬದಲು, ಅದಲುಬದಲು *n.* (内閣やスポーツのチームなどで)人員を入れ替えること [Ka. echo. + *badalu*]

ಕದಲೆ ⟦kadale カダレ⟧ [kəđə̆le] 《‡》 *n.* 群れ、集合、多数 [Ka. D1198] (*Kk.17 (Kitt.)*) ☞ಕದಳಿ (kadaḷi)

ಕದವು ⟦kadavu カダヴ⟧ [kəđə̆vu] ಕದ, ಕದಹು *n.* 扉 [Ka. D1187]

ಕದಹು ⟦kadahu カダフ⟧ [kəđəhu] 《古》 *n.* 扉 [Ka. D1187]

ಕದಳಿ[1] ⟦kadaḷi カダリ⟧ [kəđə̆ḷi] ಕದಲೆ 《古》 *n.* 集まり、多数 [Ka. D1198]

ಕದಳಿ[2] ⟦kadaḷi カダリ⟧ [kəđə̆ḷi] ಕದಲಿ 《文》 *n.* バナナの木またはその実(バショウ科バショウ属) ⇀ 食・薬 [Sk.] = ಬಾಳೆ (bāḷe) *[IMP 4.79]

ಕದಿ ⟦kadi カディ⟧ [kəđi] *vt.* 《過去語幹 kadd-》 盗む [Ka. D1200]

ಕದಿಕ ⟦kadika カディカ⟧ [kəđĭkɐ] *m.* 《*f.* ಕದಿಕಿ (kadiki)》 泥棒、盗人 [Ka. *kadi* + *-ka*, D1200] = ಕಳ್ಳ (kaḷḷa) 〔汎〕

ಕದಿಕಿ ⟦kadiki カディキ⟧ [kəđĭki] *f.* 《*m.* ಕದಿಕ (kadika)》 女性の盗人 [Ka. D1200]

ಕದಿಕೆ ⟦kadike カディケ⟧ [kəđĭke] 《方》 *n.* 割り竹で編んだ穀物貯蔵用の大きな入れ物籠 [Tu. *kadike* D1192]

ಕದಿಕ್ಕೆ ⟦kadikke カディッケ⟧ [kəđikke] 《方》 *n.* 割り竹で編んだ穀物貯蔵用の入れ物 (*Hav.*) [Ka. D1192]

ಕದಿರು[1] ⟦kadiru カディル⟧ [kəđĭru] ಕದಿರ್ *vi.* 輝く、光る —*n.* 1 光、光線 2 輝き、光沢、つや [Ka. D1193]

ಕದಿರು[2] ⟦kadiru カディル⟧ [kəđĭru] ಕದರು, ಕದಿರ್ *n.* (穀物の)穂 [Ka. D1194]

ಕದಿರು[3] ⟦kadiru カディル⟧ [kəđĭru] ಕದಿರ್, ಕದುರು *n.* (紡績用の)つむ、紡錘 [⇒図] [Ka. D1195]

ಕದಿರು 紡錘

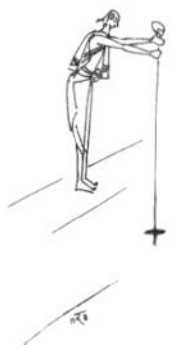

ಕದೀಮ ⟦kadīma カディーマ⟧ [kədi:mɐ] *mf.* 《*f.* ಕದೀಮಳು (kadīmaḷu)》 1 古くから住んでいる人、古くから勤務している人 2 抜け目のない人、ずるい人 [Ar. *qadīm*]

ಕದುಕು[1] ⟦kaduku カドゥク⟧ [kəđŭku] 《‡》 *vt.* 押す、圧迫する (*J.4,44 (Kitt.)*) [Ka. D1201]

ಕದುಕು[2] ⟦kaduku カドゥク⟧ [kəđŭku] ಕದುಕು, ಕರ್ದುಕು *vt.* くちばしでついばむ、くちばしで軽く突っつく [?]

ಕದುಪು[1] ⟦kadupu カドゥプ⟧ [kəđŭpu] 《古》 *n.* (獣の)群れ [Ka. D1198]

ಕದುಪು[2] ⟦kadupu カドゥプ⟧ [kəđŭpu] 《古》 *vi.* 恋しがる [?]

ಕದುಬು[1] ⟦kadubu カドゥブ⟧ [kəđŭbu] 《古》 *vt.* 1 押さえる、押す、圧縮する、しっかりつかむ 2 覆う、覆い隠す 3 数が増す、増大する [Ka. D1200, *D1201]

ಕದುಬು[2] ⟦kadubu カドゥブ⟧ [kəđŭbu] 《古》 *vi.* 恋しがる、欲しがる [Ka. *D1200, D1201]

ಕದೆ ⟦kade カデ⟧ [kəđe] 《古》 *vi.* 数が増す、増大する [Ka. D1201]

ಕದುರು[1] ⟦kaduru カドゥル⟧ [kəđŭru] 《‡》 *n.* 輝き (*My. (Kitt.)*) [Ka. D1193]

ಕದುರು[2] ⟦kaduru カドゥル⟧ [kəđŭru] *n.* (糸を紡ぐ)つむ、紡錘 [Ka. D1195] ☞ಕದಿರು (kadiru)[3]

ಕನ ⟦kana カナ⟧ [kənɐ] 《古》 *n.* 夢 [Ka. D1407]

ಕನಕ ⟦kanaka カナカ⟧ [kənəkɐ] 《文》 *n.* 金(純金または合金) [Sk.] = ಚಿನ್ನ (cinna)

ಕನಗು ⟦kanagu カナグ⟧ [kənə̆gu] *n.* きたない衣類などの嫌な臭い、すえた臭い [Ka. D1405] = ಕಮಟು (kamaṭu)

ಕನಡಕ ⟦kanaḍaka カナダカ⟧ [kənəḍəkɐ] 《‡》 *n.* めがね (*My. (Kitt.)*) [Ka. D1182] ☞ಕನ್ನಡಕ (kannaḍaka)

ಕನಡಿ ⟦kanaḍi カナディ⟧ [kənəḍi] 《口》 *n.* 1 鏡 2 板ガラス 3 《希》 めがね [Ka. D1182] (*C. (Kitt.)*)

ಕನರ್ ⟦kanar カナル⟧ [kənər] 《古》 *vi.* —*n.* ☞ಕನರು (kanaru) [Ka. D1405]

ಕನರು ⟦kanaru カナル⟧ [kənə̆ru] ಕನರ್ *vi.* 嫌な臭い(特に不潔な衣類やすえた焦げた油などの臭い)を発する —*n.* 1 (熟れていない果物の)渋くて苦い味 2 きたない衣類などの嫌な臭い、すえた臭い [Ka. D1405]

ಕನಲ್ ⟦kanal カナル⟧ [kənəl] 《古》 *vi.* 《過去語幹 kanald-》 1 熱くなる、沸騰する 2 怒る、腹を立てる、立腹する *(Pb.5.16,10.98)* 3 苦しむ、悩む、もだえる —*n.* 1 火、炎 2 怒り、立腹 = ಸಿಟ್ಟು (siṭṭu) ☞ಕನಲು (kanalu) [Ka. D1406]

ಕನಲು ⟦kanalu カナル⟧ [kənəlu] ಕನಲ್ *vi.* 1 腹を立てる、立腹する 2 悩む、苦しむ —*vt.* 苦しめる、悩ます [Ka. D1406]

ಕನಲಿಸು ⟦kanalisu カナリス⟧ [kənəlisu] *vt.* 怒らせる、腹立たせる [+ *-isu* caus.]

ಕನಲ್ಕೆ ⟦kanalke カナルケ⟧ [kənəlke] *n.* 怒り、腹立ち [Ka. D1406]

ಕನವರ ⟦kanavara カナヴァラ⟧ [kənəvərɐ] ಕಲವರ *n.* 寝言、睡眠中に話すこと [Ka.]

ಕನವರಿಕೆ ⟦kanavarike カナヴァリケ⟧ [kənəvərike] *n.* 寝言を言うこと [Ka.]

ಕನವರಿಸು ⟦kanavarisu カナヴァリス⟧ [kənəvərisu] ಕನಕರಿಸು, ಕನವನಿಸು, ಕನವರಸು, ಕಲವರಿಸು *vi.* 寝言を言う [Ka. D1407]

ಕನಸ ⟦kanasa カナサ⟧ [kənəsɐ] 《‡》 *n.* 夢 [Ka. D1407] *(B.5,41 (Kitt.))* ☞ಕನಸು (kanasu)

ಕನಸಿಗ ⟦kanasiga カナシガ⟧ [kənəsigɐ] *m.* 《*f.* ಕನಸಿಗಳು (kanasigaḷu)》夢見る人、非現実的な空想に生きる人 [Ka. *kanasu* + *-iga*] = ಕನಸುಗಾರ (kanasugāra)

ಕನಸು¹ ⟦kanasu カナス⟧ [kənəsu] 《方》 *vi.* (壺が)黒くなる *(Hav.)* [Ka. D1406]

ಕನಸು² ⟦kanasu カナス⟧ [kənəsu] ಕಣಸು *n.* 1 夢 2 〔喩〕非現実的な希望 [Ka. D1407]

ಕನಸುಗಾರ ⟦kanasugāra カナスガーラ⟧ [kənə̆sugɐːrɐ] *m.* 《*f.* ಕನಸುಗಾರ್ತಿ (kanasugārti)》夢見る人、非現実的な空想に生きる人 [Ka. *kanasu* + *-gāra*]

ಕನಸುಗಾರಿಕೆ ⟦kanasugārike カナスガーリケ⟧ [kənəsugɐːrĭke] *n.* 夢想にふけること、非現実的な空想にふけること [Ka. *kanasugāra* + *-ike*]

ಕನಿ¹ ⟦kani カニ⟧ [kəni] 《古》 *vi.* 1 輝く、光る 2 焼き焦がされる —*n.* 光、輝き [Ka. D1406]

ಕನಿ² ⟦kani カニ⟧ [kəni] 《古》 *vi.* 1 熟する、熟れる 2 融ける、融けて流れる —*n.* 《‡》 同情、哀れみ、情け *(T.,M. (Kitt.))* [Ka. D1408]

ಕನಿಕರ ⟦kanikara カニカラ⟧ [kənikərɐ] 《文》 *n.* 哀れみ、同情 [Ka. D1408] = ದಯೆ, ಕರುಣೆ (daye, karuṇe)

ಕನಿಕರಿಸು ⟦kanikarisu カニカリス⟧ [kənikərisu] 《文》 *vt.* 哀れむ、同情する [Ka. *kanikara* + *-isu*]

ಕನಿಷ್ಟ ⟦kaniṣṭa カニシュタ⟧ [kəniʂʈɐ] *adj., mf.* —*adv.* =ಕನಿಷ್ಠ (kaniṣṭʰa) [Sk.]

ಕನಿಷ್ಠ ⟦kaniṣṭʰa カニシュタ⟧ [kəniʂʈʰɐ] ಕನಿಷ್ಟ *adj., m.* 《*f.* ಕನಿಷ್ಠಳು (kaniṣṭʰaḷu)》 1 とても卑しい〈人〉、最低の〈人〉 2 (兄弟姉妹などの中で)最も年少の〈人〉 —*adv.* 少なくとも ¶ ಬಸ್ ಆಳವಾದ ಕಂದಕಕ್ಕೆ ಬಿದ್ದು, ಕನಿಷ್ಠ ಹನ್ನೆರಡು ಜನ ಸತ್ತರು. (bas āḷavāda kaṃdakakke biddu, kaniṣṭʰa hanneraḍu jana sattaru.)¶ 少なくとも 10 時間前にバスが深い堀に落ちた。cf. ಕನಿಷ್ಠ (kaniṣṭʰa) [Sk. *kaniṣṭʰa-*]

ಕನಿಷ್ಠತೆ ⟦kaniṣṭʰate カニシュタテ⟧ [kəniʂʈʰəte] 《文》 *n.* 人格などが最低であること [Sk.]

ಕನಿಷ್ಠವೃತ್ತಿ ⟦kaniṣṭʰavr̥tti カニシュタヴルッティ⟧ [kəniʂʈʰə vruttɪ] 《文》 *n.* 最低限の生活 ¶ ನಮ್ಮ ಆದಾಯದಿಂದ ಕನಿಷ್ಟವೃತ್ತಿಯನ್ನು ನಡೆಸಿಕೊಳ್ಳಲು ಆಗುವುದಿಲ್ಲ. (namma ādāyadiṃda kaniṣṭavr̥ttiyannu naḍesikoḷḷalu āguvudilla.) 私たちの収入では最低限の生活を維持することができない。 [Sk.]

ಕನಿಷ್ಠಾಚರಣ ⟦kaniṣṭʰācaraṇa カニシュターチャラナ⟧ [kəniʂʈʰɐːʧərə̆ɳɐ] 《文》 *n.* 下劣きわまる振る舞い [Sk.]

ಕನಿಷ್ಠೆ ⟦kaniṣṭʰe カニシュテ⟧ [kəniʂʈʰe] 《文》 *f.* 1 最下層の女性 2 文学作品の女主人公の種類の一種 —*n.* 小指 [Sk.]

ಕನೀನಿಕೆ ⟦kanīnike カニーニケ⟧ [kəniːnike] 《文》 *n.* 瞳孔 [Sk.]

ಕನ್ಜೆಮೆ ⟦kanjeme カンジェメ⟧ [kəndʒɛme] 《方》 *n.* まぶた *(Hal.)* [Ka. D2545]

ಕನ್ನ¹ ⟦kanna カンナ⟧ [kənnɐ] *n.* 泥棒などが壁にあけた穴 ◇ *vi.* —ಹಾಕು (hāku) 壁に穴をあける [Ka. D1412]

ಕನ್ನಮಿಕ್ಕು ⟦kannamikku カンナミック⟧ [kənnəmikku] ಕನ್ನವಿಕ್ಕು 《古》 *vi.* 夜盗を行うために壁に穴をあける [+ *ikku*]

ಕನ್ನ² ⟦kanna カンナ⟧ [kənnɐ] 《‡》 *n.* 頬の上部(頬骨がある部分) *(Mr. 226 (Kitt.))* [Ka. D1413]

ಕನ್ನಡ ⟦kannaḍa カンナダ⟧ [kənnəɖɐ] *n.* 1 カンナダ語 2《古》カルナータカ、カンナダ語が話される地方 = ಕರ್ನಾಟಕ (karnāṭaka) [Ka. D1284]

ಕನ್ನಡಕ ⟦kannaḍaka カンナダカ⟧ [kənnəɖəkɐ] *n.* めがね [Ka. *D1182]

ಕನ್ನಡಿ ⟦kannaḍi カンナディ⟧ [kənnəɖi] *n.* 1 鏡 2《希》板ガラス 3《希》めがねのレンズまたはめがね [Ka. D1182]

ಕನ್ನಡಿಗ ⟦kannaḍiga カンナディガ⟧ [kənnəɖigɐ] *m.* 《*f.* ಕನ್ನಡತಿ (kannaḍati)》カルナータカの人、カンナダ語を母語とする人 [Ka. D1284]

ಕನ್ನಡಿಸು¹ ⟦kannaḍisu カンナディス⟧ [kənnəɖisu] *vt.* 反映する、映す ¶ ಮಾಲತಿಯ ಕಾದಂಬರಿ ಅವಳ ಬಾಲ್ಯದ ಅನುಭವ ಕನ್ನಡಿಸುತ್ತದೆ. (mālatiya kādaṃbari avaḷa bālyada anubʰava kannaḍisuttade.) マーラティーの小説には幼い時の経験が反映している。 [Ka. *kannaḍi* D1182 + *-isu* caus.]

ಕನ್ನಡಿಸು² ⟦kannaḍisu カンナディス⟧ [kənnəḍisu] *vt.* カンナダ語に訳す [Ka. *kannaḍa* D1284 + *-isu*]

ಕನ್ನಿಕೆ ⟦kannike カンニケ⟧ [kənnike] *f.* 生娘、処女 [Sk. *kanyakā-*] = ಕನ್ನೆ, ಕನ್ಯೆ (kanne, kanye)

ಕನ್ನೆ ⟦kanne カンネ⟧ [kənne] *f.* 生娘、処女 [Sk. *kanyā-*] = ಕನ್ನೆ, ಕನ್ಯೆ (kanne, kanye)

ಕನ್ನೆತನ ⟦kannetana カンネタナ⟧ [kənnetənɐ] *n.* 処女性、処女であること [Ka. *kanne* + *-tana*]

ಕನ್ಯಾದಾನ ⟦kanyādāna カニャーダーナ⟧ [kənˑjɐːdɐːnɐ] *n.* **1** 娘を嫁にやること **2** 結婚式で娘の父親が花婿に娘を引き渡す儀式 [Sk.]

ಕನ್ಯಾಶುಲ್ಕ ⟦kanyāśulka カニャーシュルカ⟧ [kənˑjɐːʃulkɐ] 《文》 *n.* 結婚において花嫁の父親に支払う結納金 [Sk.]

ಕನ್ಯೆ ⟦kanye カニェ⟧ [kənˑje] 《文》 *f.* **1** 未婚の少女または娘 **2** 処女、生娘 **—***n.* 12宮の6番目すなわちおとめ座 = ಕನ್ನೆ (kanne) [Sk. *kanyā-*]

ಕಪ ⟦kapa カパ⟧ [kəpɐ] 《‡》 (*n.*) 《ふつう繰り返して用いられる》ごくん(すばやく飲み込む音を表す擬音語) (*Kitt.*) [Ka. D1222] ☞ಗಪ (gapa)

ಕಪಕಪ ⟦kapakapa カパカパ⟧ [kəpəkəpɐ] 《異》 (*n.*) ごくごく(物を続けて飲み込む音を表す擬音語) (*C.* (*Kitt.*)) [Ka. onom. D1222] ☞ಕಬಕಬ (kabakaba)

ಕಪಟ ⟦kapaṭa カパタ⟧ [kəpəʈɐ] *n.* ペテン、詐欺、瞞着 [Sk. ←Dr.]

ಕಪಟಸನ್ಯಾಸಿ ⟦kapaṭasanyāsi カパタサニャーシ⟧ [kəpə̆ʈəsənˑjɐːsi] ಕಪಟಸಂನ್ಯಾಸಿ *m.* 偽善的な苦行者、偽善者 [+ *saṃnyāsi*]

ಕಪಟೆ ⟦kapaṭe カパテ⟧ [kəpəʈe] 《古》 *n.* 小さなコウモリ [Ka. D1216] ಕಪ್ಪಡಿ (kappaḍi)

ಕಪಾಟು ⟦kapāṭu カパートゥ⟧ [kəpɐːʈu] ಕಪಾಟ *n.* **1** 扉 **2** 出入り口 **3** 馬につける皮製の目隠し **4** 壁に作りつけの戸棚 [Sk.]

ಕಪಾಲ¹ ⟦kapāla カパーラ⟧ [kəpɐːlɐ] ಕಪಾಳ 《文》 *n.* 頬、ほっぺた [Sk. *kapōla-*] = ಕೆನ್ನೆ, ಗಲ್ಲ (kenne, galla)

ಕಪಾಲ² ⟦kapāla カパーラ⟧ [kəpɐːlɐ] ಕಪಾಳ *n.* **1** 頭骸骨 **2** 土製の壺や陶器の破片 [Sk.]

ಕಪಿ ⟦kapi カピ⟧ [kəpi] 《文》 *n.* 猿 [Sk.] = ಮಂಗ (maṃga)

ಕಪಿತಾನ್ ⟦kapitān カピターン⟧ [kəpitɐːn] *mf.* [Eg. *captain*] ☞ಕಪಿತಾನ (kapitāna)

ಕಪಿಮುಷ್ಟಿ ⟦kapimuṣṭi カピムシュティ⟧ [kəpimuʂʈi] 《文》 *n.* **1** 「猿の握り」、つかんだものを放さないこと **2** 〔喩〕 けちん坊 ¶ ಅವನದ್ದು ಕಪಿಮುಷ್ಟಿ, ಹಿಡಿದರೆ ಬಿಡುವದಿಲ್ಲ (avanaddu kapimuṣṭi, hiḍidare biḍuvadilla.) やつは実に強欲だ。一度握ったら放さない。 [Sk.]

ಕಪಿಲೆ¹ ⟦kapile カピレ⟧ [kəpile] ಕಪಿಳೆ 《文》 *n.* 茶色の牛 [Sk.]

ಕಪಿಲೆ² ⟦kapile カピレ⟧ [kəpile] ಕಪಲಿ, ಕಪಲೆ, ಕಪಿಲು, ಕಪ್ಪಲಿ 《希》 *n.* (斜面で去勢牛に引かせて)水を汲む装置(滑車と綱と皮製のバケツからなる) [?]

ಕಪೋತ ⟦kapōta カポータ⟧ [kəpoːtɐ] 《文》 *n.* ハト(鳩) [Sk.] = ಪಾರಿವಾಳ (pārivāḷa)

ಕಪೋತಿ ⟦kapōti カポーティ⟧ [kəpoːti] 《古》 *mf.* 目の見えない人 [Ka. *D1226]

ಕಪ್ತಾನ ⟦kaptāna カプターナ⟧ [kəptɐːnɐ] ಕಪಿತ, ಕಪಿತಾನ್ *mf.* **1** (客船や貨物船の)船長 **2** (陸軍の)大尉 **3** (スポーツチームの)選手長 **4** (旅客機の)機長 [Eg. *captain*]

ಕಪ್ಪ¹ ⟦kappa カッパ⟧ [kəppɐ] ಕಪ್ಪು *n.* 封建領主から王への貢ぎ物 [Ka. D1218] = ಕಪ್ಪು (kappu)

ಕಪ್ಪಕಾಣಿಕೆ ⟦kappa kāṇike カッパカーニケ⟧ [kappə kɐːɳike] ಕಪ್ಪುಕಾಣಿಕೆ *n.* 貢ぎ物など [+ *kāṇike*]

ಕಪ್ಪ² ⟦kappa カッパ⟧ [kəppɐ] ಕಪ್ಪು³, ಕರ್ಪು 《古》 *n.* 象や鹿を捕らえるための落とし穴 (*My.* (*Kitt.*)) [Ka. D1223, cf. T3817] ☞ಕಪ್ಪು (kappu)³

ಕಪ್ಪ³ ⟦kappa カッパ⟧ [kəppɐ] 《口》 *n.* 誓いのしるしまたは装身具として用いられる金や銀の腕輪 [?]

ಕಪ್ಪಟೆ ⟦kappaṭe カッパテ⟧ [kəppəʈe] 《古》 *n.* [Ka. D1216] ☞ಕಪ್ಪಡಿ (kappaḍi)

ಕಪ್ಪಡಿ ⟦kappaḍi カッパディ⟧ [kəppəɖi] ಕಪಟ, ಕಪಟೆ, ಕಪ್ಪಟೆ, ಕಬ್ಬಟೆ *n.* 小型のコウモリの一種 [Ka. D1216]

ಕಪ್ಪಡೆ ⟦kappaḍe カッパデ⟧ [kəppəɖe] 《‡》 *n.* 小型のコウモリの一種 (*Kitt.*) [Ka. D1216]

ಕಪ್ಪನೆ ⟦kappane カッパネ⟧ [kəppə̆ne] *adv.* **1** ぱくっと(急に引ったくる様子を表す擬態語) **2** ごくりと(急いで飲み込む音を表す擬音語) (*C.* (*Kitt.*)) [Ka. mim. D1222]

ಕಪ್ಪಲ್¹ ⟦kappal カッパル⟧ [kəppəl] ಕಪ್ಪಲು 《古》 *n.* 舟 [Ka. *D1219]

ಕಪ್ಪಲ್² ⟦kappal カッパル⟧ [kəppəl] ಕಪ್ಪಲು 《古》 *n.* 象や鹿を捕らえるための落とし穴 [Ka. D1223]

ಕಪ್ಪು¹ ⟦kappu カップ⟧ [kəppu] *n.* 貢ぎ物 [Ka. D1218] ☞ಕಪ್ಪು (kappu)¹

ಕಪ್ಪುಕಾಣಿಕೆ ⟦kappu kāṇike カップカーニケ⟧ [kəppu kɐːɳike] ಕಪ್ಪಕಾಣಿಕೆ *n.* [+ *kāṇike*] ☞ಕಪ್ಪಕಾಣಿಕೆ (kappa kāṇike)

ಕಪ್ಪು² ⟦kappu カップ⟧ [kəppu] 《‡》 *vt.* 覆う、覆い隠す [Ka. D1221] (*DEDR*) ☞ಕವಿ (kavi)

ಕಪ್ಪು³ ⟦kappu カップ⟧ [kəppu] ಕಪ್ಪ², *karpu* *n.* 地面の穴、象や鹿を捕らえるための落とし穴 [Ka. D1223, cf. T3817]

ಕಪ್ಪು⁴ ⟦kappu カップ⟧ [kəppu] ಕರ್ಪು (*n.*) 黒い〈こと〉 **—***n.* **1** 目の周りに塗るすすで作った塗料またはそれで施した額につけるしるし **2** 闇 = ಕರಿ (kari) [Ka. D1395]

ಕಪ್ಪುರ ⟦kappura カップラ⟧ [kəppurɐ] *n.* 樟脳(しょうのう) [Sk.] = ಕರ್ಪೂರ (karpūra)

ಕಪ್ಪುಸಂತೆ ⟦kappusaṃte カップサンテ⟧ [kəppusənte] *n.* 闇市、闇市場 [Ka. *kappu*⁴ + *saṃte*]

ಕಪ್ಪುಹಣ ⟦kappuhaṇa カップハナ⟧ [kəppuhəɳɐ] *n.* 黒い金、隠し所得 [Ka. *kappu*⁴ + *haṇa*]

ಕಪ್ಪುಹಲಗೆ ⟦kappuhalage カップハラゲ⟧ [kəppuhələge] *n.* 黒板 [Ka. *kappu*[4] + *halage*] cf. ಬೋರ್ಡ್ (bōrḍ)〔口〕

ಕಪ್ಪೆ ⟦kappe カッペ⟧ [kəppe] *n.* カエル(蛙) [Ka. D1224]

ಕಪ್ಪೆಚಿಪ್ಪು ⟦kappecippu カッペチップ⟧ [kəppetʃippu] *n.* 二枚貝の一種(赤ん坊に牛乳を飲ませる時にその片方を使うことがある) [Ka.]

ಕಫ ⟦kapʰa カパ⟧ [kəpʰɐ] ಕಪ *n.* 痰 [Sk.]

ಕಬ ⟦kaba カバ⟧ [kəbɐ] 《‡》 (*n.*) 《ふつう繰り返して》ごくん、ごくり(物をすばやく飲み込む音を表す擬音語) (*My.* (*Kitt.*)) [Ka. onom. D1222] ☞ಕಬಕ್ಕನೆ, ಗಪಕ್ಕನೆ (kabakkane, gapakkane)

ಕಬಕಬ ⟦kabakaba カバカバ⟧ [kəbəkəbɐ] (*n.*) ごくごく(物を続けて飲み込む音を表す擬音語) [Ka. onom. D1222]

ಕಬಕ್ಕನೆ ⟦kabakkane カバッカネ⟧ [kəbəkkĕne] *adv.* 1 ぱくっと(急に引ったくる様子を表す擬態語) 2 ごくりと(急いで飲み込む音を表す擬音語) [Ka. onom, mim. D1222]

ಕಬಜಾ ⟦kabajā カバジャー⟧ [kəbĕdʒɐː] ಕಬಜೆ, ಕಬ್ಜಾ, ಕಬ್ಜೆ *n.* 占領、支配、占有 [Ar. *qabḍa*「つかむ」]

ಕಬಜೆ ⟦kabaje カバジェ⟧ [kəbĕdʒe] *n.* [Ar. *qabḍa*] ☞ಕಬಜಾ (kabajā)

ಕಬಟೆ ⟦kabaṭe カバテ⟧ [kəbəʈe] 《‡》 *n.* 小型のコウモリの一種 (*DEDR*) [Ka. D1216] ☞ಕಪ್ಪಡಿ (kappaḍi)

ಕಬಡ್ಡಿ ⟦kabaḍḍi カバッディ⟧ [kəbəɖɖi] *n.* カバディ遊び(野外ゲームの一種) [H. *kabaḍḍī* <?] = ಗುಡುಗಿನಾಟ (guḍugināṭa)

ಕಬರಿ ⟦kabari カバリ⟧ [kəbĕri] *n.* 1 編んだ髪の毛、辮髪(べんぱつ) 2 (髪の毛の)まげ [Ka. D1327, cf. *kavara-*]

ಕಬರು ⟦kabaru カバル⟧ [kəbĕru] 《古》 *vt.* 力ずくで奪う、もぎ取る、奪い取る [Ka. D1326] ☞ಕವರ್ (kavar)

ಕಬಲ ⟦kabala カバラ⟧ [kəbĕlɐ] ಕಬಳ *n.* 一口、一口の分量 [Sk. *kavala-* ←Dr./Md.? cf. D1222, M186] = ತುತ್ತು (tuttu)

ಕಬಳ ⟦kabaḷa カバラ⟧ [kəbĕɭɐ] *n.* 1 一口、一口の分量 2《文》うがい [Ka. D1222/Sk. *kavala-* ←Dr.? cf. D1222, T2960]

ಕಬಳಿಸು ⟦kabaḷisu カバリス⟧ [kəbəɭisu] *vt.* 1 飲み込む;貪り食う 2 横領する [*kabaḷa* + *-isu*]

ಕಬೂಲಿ ⟦kabūli カブーリ⟧ [kəbuːli] *n.* 同意 [Ar.-Pe *qabūlī*]

ಕಬೋಜಿ ⟦kabōji カボージ⟧ [kəboːdʒi] ಕಪೋತಿ《古》*mf.* 目の見えない人 [Ka. D1226]

ಕಬ್ಬ ⟦kabba カッバ⟧ [kəbbɐ] 《古》 *n.* 詩 [Sk. *kāvya-*] = ಕಾವ್ಯ (kāvya)〔汎〕

ಕಬ್ಬಟೆ ⟦kabbaṭe カッバテ⟧ [kəbbəʈe] 《‡》 *n.* 小型のコウモリの一種 (*Si.175* (*Kitt.*)) [Ka. D1216]

ಕಬ್ಬಿಗ ⟦kabbiga カッビガ⟧ [kəbbigɐ] 《古》*m.* 《*f.* *ಕಬ್ಬಿಗಿತ್ತಿ (kabbigitti)》詩人 [*kabba* + *-iga*] = ಕವಿ (kavi)〔汎〕

ಕಬ್ಬಿಣ ⟦kabbiṇa カッビナ⟧ [kəbbiɳɐ] *n.* 鉄 [Ka. D1278]

ಕಬ್ಬಿಲ ⟦kabbila カッビラ⟧ [kəbbilɐ] ಕಬಳ《古》*m.* 1 猟師 2 漁師 [Ka. D1227]

ಕಬ್ಬಿಲಿಗ ⟦kabbiliga カッビリガ⟧ [kəbbiligɐ] ಕಬ್ಬಲಿಗ, ಕಬ್ಬುಲಿಗ, ಕಬ್ಬುಲಿಗ《古》*m.* 《*f.* ಕಬ್ಬಲಗಿತ್ತಿ/ ಕಬ್ಬಿಲಗಿತ್ತಿ (kabbalagitti/ kabbilagitti)》漁師 [Ka. D1227]

ಕಬ್ಬು ⟦kabbu カッブ⟧ [kəbbu] ಕರ್ಬು, ಕರ್ವು, ಖರ್ವು *n.* サトウキビ ⇀ 甘 [Ka. D1288]

ಕಬ್ಬೆಯ ⟦kabbeya カッベヤ⟧ [kəbbejɐ] 《古》 *m.* 《*f.* ಕಬ್ಬೆಗಿತ್ತಿ (kabbegitti)》 1 船子、舟人、船頭 = ಅಂಬಿಗ (aṃbiga) 2 漁師 = ಮೀನುಗಾರ (mīnugāra) [Ka. D1227]

ಕಮಂಡಲ ⟦kamaṃḍala カマンダラ⟧ [kəmənɖəlɐ] *n.* [Sk.]

ಕಮಂಡಲು ⟦kamaṃḍalu カマンダル⟧ [kəmənɖəlu] ಕಮಂಡಲ *n.* 苦行者が持つ水を入れる壺 [Sk.]

ಕಮಟು ⟦kamaṭu カマトゥ⟧ [kəməʈu] ಕಂಟು, ಕಮುಟು *n.* すえた悪臭、汚れた布や古いココナツなどの悪臭 [Ka. D1334]

ಕಮಠ ⟦kamaṭʰa カマタ⟧ [kəməʈʰɐ] 《文》 *n.* 亀 [Ka.] ಆಮೆ (āme)〔汎〕

ಕಮನ ⟦kamana カマナ⟧ [kəməmɐ] 《文》(*adj.*) 1 魅力的な〈こと〉 2 あるものを渇望する〈こと〉 —*m.* 《*f.* ಕಮನಳು (kamanaḷu)》 1 官能の喜びにふける人 2 マンマタ(愛の神)の別名 [Sk.]

ಕಮನೀಯ ⟦kamanīya カマニーヤ⟧ [kəməniːjɐ] 《文》 *adj., mf.* 《*f.* ಕಮನೀಯಳು (kamanīyaḷu)》愛らしい〈人〉、可愛い〈人〉、魅力的な〈人〉[Sk.]

ಕಮನೀಯತೆ ⟦kamanīyate カマニーヤテ⟧ [kəməniːjĕte] 《文》 *n.* 可愛いこと、愛らしさ、魅力 [Sk.]

ಕಮರ ⟦kamara カマラ⟧ [kəmĕrɐ] 《‡》 *n.* 1 焦げた状態、など 2 焦げた油やギーや髪の毛などの強い臭い (*B.5.164* (*Kitt.*)) [Ka. D1230] ☞ಕಮರು (kamaru)

ಕಮರಬಂದ ⟦kamarabaṃda カマラバンダ⟧ [kəmərĕbəndɐ] *n.* 腰帯、腰につける帯 [Pe. *kamarband*] = ನಡುಪಟ್ಟಿ (naḍupaṭṭi)

ಕಮರಿ ⟦kamari カマリ⟧ [kəmĕri] *n.* 急な崖、断崖 [Ka. D1229] = ಕಮ್ಮರಿ (kammari)

ಕಮರಿಕೆ[1] ⟦kamarike カマリケ⟧ [kəmərike] 《‡》 *n.* 焦げた状態、など (*Si.137*: *My.* (*Kitt.*)) [Ka. D1230]

ಕಮರಿಕೆ[2] ⟦kamarike カマリケ⟧ [kəmərike] ಕಮರಿಕ《古》 *n.* キョウチクトウ科の植物の一種 ⇀ 薬 = ಕರಂಡೆ (karaṃḍe) *[IMP 1.387]

ಕಮರಿಗೆ ⟦kamarige カマリゲ⟧ [kəmərige] 《‡》 *n.* 焦げた状態、など [Ka. D1230] (*My.* (*Kitt.*))

ಕಮರು ⟦kamaru カマル⟧ [kəmĕru] ಕಮಱು, ಕವುರು, ಕವುಱು, ಕೌರು, ಕೌಱು *vi.* (焦げた油やギーや髪の毛などが)刺激的な悪臭を発する —*n.* 油やギーや髪の毛などが焦げた悪臭、焦げ臭い悪臭 [Ka. D1230 < *kamaṟu*]

ಕಮಲ ⟦kamala カマラ⟧ [kəməlɐ] ಕಮಳ *n.* ハチス、ハス、またはその花 ⇀ 食・観 [Sk. ←Dr.] = ತಾವರೆ (tāvare) *[IHKI 223; IMP 4.111]

ಕಮಳ ⟦kamaḷa カマラ⟧ [kəməḷɐ] *n.* [Sk. ←Dr.] ☞ಕಮಲ (kamala)

ಕಮಱು ⟦kamaṟu カマル⟧ [kəməṟu] ಕಮರು, ಕವುರು, ಕವುಱು, ಕೌರು, ಕೌಱು 《古》 *vi.* (焦げた油やギーや髪の毛などが)刺激的な悪臭を発する —*n.* 油や髪の毛などが焦げた時の悪臭 [Ka. *D1230]

ಕಮಾನು ⟦kamānu カマーヌ⟧ [kəmɐːnu] *n.* 1 弧形 2 アーチ、せりもち 3 馬車のほろ 4 擦弦楽器の弓 [Pe. *bow*]

ಕಮಾಯಿ ⟦kamāyi カマーイ⟧ [kəmɐːji] *n.* 1 収入、金儲け 2〔喩〕術策、姦策 [Sk. *kamāī* T2897]

ಕಮಾಯಿಸು ⟦kamāyisu カマーイス⟧ [kəmɐːjisu] *vt.* 〈金を〉儲ける、稼ぐ [Sk. *kamānā* + *-isu*]

ಕಮಾಲ್ ⟦kamāl カマール⟧ [kəmɐːl] ಕಮಾಲ *n.* 1 (芸術や芸能や武術などでの)驚くべき手練 ¶ ತೆಂಡುಲಕರ ಇವತ್ತಿನ ಆಟದಲ್ಲಿ ಕಮಾಲ್ ತೋರಿಸಲಾಗಲಿಲ್ಲ. (teṃḍulakara ivattina āṭadalli kamāl tōrisalāgalilla.) テンドゥルカルは今日の試合ではその至芸を見せることができなかった。 2 奇跡、驚くべき業績 [Ar. *kamāl*「完成」]

ಕಮಾಲ ⟦kamāla カマーラ⟧ [kəmɐːlɐ] *n.* [Ar. *kamāl*] ☞ಕಮಾಲ್ (kamāl)

ಕಮೀಜ್ ⟦kamīj カミージュ⟧ [kəmiːdʒ] *n.* カミーズ、女性が上半身に着るゆったりとしたシャツ(もと北インドの衣服、男性用の同種の衣服は aṃgi と呼ばれる) [Ar. *qamīṣ*]

ಕಮುಟು ⟦kamuṭu カムトゥ⟧ [kəmŭṭu] *n.* 汚れた衣類などのすえた臭い [Ka. D1334] ☞ಕಮಟು (kamaṭu)

ಕಮ್ಮ ⟦kamma カンマ⟧ [kəmmɐ] 《‡》 *n.* 1 悪臭 2 芳香 [Ka. D1247] (*Šmd.209, 210 (Kitt.)*) ☞ಕಂಪು (kaṃpu)

ಕಮ್ಮಟ ⟦kammaṭa カンマタ⟧ [kəmməṭɐ] ಕಮ್ಮಳ, ಕಮ್ಮಾಟ *n.* 1 貨幣鋳造所 2 金細工師の仕事場 [Ka. D1236]

ಕಮ್ಮಟಿ ⟦kammaṭi カンマティ⟧ [kəmməṭi] *mf.* 硬貨鋳造者 [Ka. D1236]

ಕಮ್ಮತ ⟦kammata カンマタ⟧ [kəmmătɐ] ಕಮತ, ಕಮ್ಮತ್ತ 《希》 *n.* 1 自営農業 2 自営農業をしている土地 [? cf. M. *kāmată*, Te. *kamatamu*]

ಕಮ್ಮರಿ ⟦kammari カンマリ⟧ [kəmməri] *n.* 急な崖、断崖 [Ka. D1229]

ಕಮ್ಮಾರ ⟦kammāra カンマーラ⟧ [kəmmɐːrɐ] ಕಂಬಳಿ, ಕಂಬಾರ, ಕಂಬಾಳಿ, ಕಮ್ಮರ, ಕಮ್ಮಱ, ಕಮ್ಮಾರ *m.* 《*f.* ಕಮ್ಮಾರಿತಿ (kammāriti)》鍛冶屋 [Sk. *karmakāra-*]

ಕಮ್ಮಿ ⟦kammi カンミ⟧ [kəmmi] *n.* 1 不足、数量の不足 ¶ ಲೆಕ್ಕದಲ್ಲಿ ಹತ್ತು ರೂಪಾಯಿ ಕಮ್ಮಿ ಇದೆ. (lekkadalli hattu rūpāyi kammi ide.) 会計に 10 ルーピーの不足がある。 2 欠陥、欠点 ¶ ನಿಮ್ಮ ಗಂಡನಿಗೆ ಏನು ಕಮ್ಮಿ ಇದೆ? (nimma gaṃḍanige ēnu kammi ide?) あなたの御主人には何の不足がありますか。 [Pe. *kamī*]

ಕಮ್ಮಿತು ⟦kammitu カンミトゥ⟧ [kəmmitu] 《古》 *adj.* 芳しい —*n.* 芳香 [Ka. D1247]

ಕಮ್ಮು ⟦kammu カンム⟧ [kəmmu] *vi.* 芳香を放つ —*n.* 芳香、よい香り [Ka. D1247]

ಕಮ್ಮಗೆ ⟦kammage カンマゲ⟧ [kəmmăge] *adv.* 1 芳しく 2 幸せに、幸福に ¶ ನಿವೃತ್ತನಾಗಿ ಗೋವಿಂದ ಮನೆಯಲ್ಲಿ ಕಮ್ಮಗೆ ಕುಳಿತಿದ್ದಾನೆ. (nivṛttanāgi gōviṃda maneyalli kammage kuḷitiddāne.) ゴーヴィンダは退職して幸せに暮らしている。 [Ka. D1247]

ಕಮ್ಮನೆ ⟦kammane カンマネ⟧ [kəmmăne] *adv.* 芳しく [Ka. D1247]

ಕಯ್[1] ⟦kay カイ⟧ [kəĭ] 《口》 (*n.*) 苦い〈こと〉 [Ka. D1249] = ಕಹಿ (kahi)

ಕಯ್[2] ⟦kay カイ⟧ [kəĭ] 《古》 *vt.* する、など [Ka. *D1957] ☞ಕೆಯ್ (key)[2]

ಕಯ್[3] ⟦kay カイ⟧ [kəĭ] 《古》 *n.* 農地(特に田) [Ka. D1958] ☞ಕೆಯ್ (key)[3]

ಕಯ್[4] ⟦kay カイ⟧ [kəĭ] *n.* 1 手、腕 2〔喩〕名詞の前につけて「小規模の、ちょっとした」という意味を表す語 ¶ ಕಯ್ಕಡ, ಕಯ್ಕೂಲಿ (kaykaḍa, kaykūli) ちょっとした借りもの [Ka. D2023] ☞ಕೈ (kai)[4]〔汎〕

ಕಯ್ಕೂಲಿ ⟦kaykūli カイクーリ⟧ [kəĭkuːli] ಕಯ್ಗೂಲಿ *n.* 小さな賃仕事 [+ *kūli* D1905]

ಕಯ್[5] ⟦kay カイ⟧ [kəĭ] 《古》 *n.* 装飾、など [Ka. D2024] ☞ಕೆಯ್ (key)[5]

ಕಯ ⟦kaya カヤ⟧ [kəjɐ] 《方》 *n.* 川の深み (*Hav.*) [Ka. D1251]

ಕಯ್ಕಟೆ ⟦kaykaṭe カイカテ⟧ [kəjkəṭe] 《方》 *adj.* 苦い (*Hav.*) [Ka. D1249]

ಕಯಿ ⟦kayi カイ⟧ [kəji] 《口》 (*n.*) 苦味〈の〉 [Ka. D1249]

ಕಯ್ಕು ⟦kayku カイク⟧ [kəĭku] 《方》 *vi.* 苦い (*Hav.*) [Ka. D1249]

ಕಯ್ಕೂಲಿ ⟦kaykūli カイクーリ⟧ [kəĭkuːli] ಕಯ್ಗೂಲಿ 《古》 *n.* 日給を対価とする簡単な労働 [Ka. *kay*[4] + *kūli*, D1905]

ಕಯ್ಕೆ ⟦kayke カイケ⟧ [kəĭke] 《方》 *adj.* 苦い (*Hav.*) [Ka. D1249]

ಕಯ್ಗೂಲಿ ⟦kaygūli カイグーリ⟧ [kəĭguːli] *n.* [*kay*[4] + *kūli*, D1905] ☞ಕಯ್ಕೂಲಿ (kaykūli)

ಕಯ್ಪು ⟦kaypu カイプ⟧ [kəĭpu] 《古》 *n.* 苦味、苦いこと [Ka. D1249]

ಕಯ್ಪೆ ⟦kaype カイペ⟧ [kəĭpe] 《古》 *n.* 苦味 [Ka. D1249]

ಕಯ್ಯಿ[1] ⟦kayyi カイイ⟧ [kəĭji] 《口》 (*n.*) 苦い〈こと〉 [Ka. D1249] ☞ಕಹಿ (kahi)

ಕಯ್ಯಿ[2] ⟦kayyi カイイ⟧ [kəĭji] *n.* 手 [Ka. D2023] ☞ಕೈ (kai)[2]

ಕಯ್ವಾಡ ⟦kayvāḍa カイヴァーダ⟧ [kəĭvɐːḍɐ] ಕಯಿವಾಡ, ಕೆಯ್ವಾಡ, ಕೈವಾಡ *n.* 1 器用、熟練 2 上手になされた仕事 3 (特定の犯罪や計画などに)携わること ¶ ಬಾಂಬ್ ಸ್ಫೋಟದಲ್ಲಿ ರಾಜಕಾರಣಿಗಳ ಕಯ್ವಾಡವಿತ್ತಂತೆ. (bāṃb sphōṭadalli rājakāraṇigaḷa kayvāḍavittaṃte.) 爆発

物の破裂には政治家たちの関与があったということだ。[*kai* + ?]

ಕರ್ 〚kar カル〛[kər]《古》(*adj.*) 黒…、黒〈の〉¶ ಕರ್ಪು (karpu) 黒い〈こと〉[Ka. D1278(a)]

ಕರ[1] 〚kara カラ〛[kərɐ]《文》(*n.*) 猛烈〈な〉、強烈〈な〉[Ka. D1287 cf. Sk. *khara-*]

ಕರ[2] 〚kara カラ〛[kərɐ]《文》*n.*〔喩〕手(手首から先)[Sk.]

ಕರ[3] 〚kara カラ〛[kərɐ]《文》*n.* ろば[Sk. k^h*ara-*]

ಕರಂ 〚karaṃ カラン〛[kərəm] ಕರ《古》*adv.* ひどく、非常に (*Pb.1.77*) [Ka. *D1287]

ಕರಂಗು 〚karaṃgu カラング〛[kərəŋgu]《古》*vi.* 1 (水などに)とける、溶解する、(熱で)とける、溶融する、液化する 2 痩せ細る [Ka. D1292] ☞ಕರಗು (karagu)〔現〕

ಕರಂಚಟೆ 〚karaṃcaṭe カランチャテ〛[kərəɲʧəʈe]《方》*adj.* 焦げる (*Hav.*) [Ka. D1278(a), cf. *D1395]

ಕರಂಚು 〚karaṃcu カランチュ〛[kərəɲʧu]《方》*vi.* 焦げる (*Hav.*) [Ka. D1278(a), cf. *D1395]

ಕರಂಡೆ[1] 〚karaṃḍe カランデ〛[kərəɳɖe] *n.* カリッサ(キョウチクトウ科カリッサ属の植物の一種で薬用)⇀薬 [Ka. D1269] *[IMP 1.387]

ಕರಂಡೆ[2] 〚karaṃḍe カランデ〛[kərəɳɖe] *n.* 香りのよいキク科の草本⇀食・薬 [Ka. D1271] = ಗೋರಕ್ಮುಂಡಿ (gōrakmuṃḍi) *[IMP 5.180]

ಕರಕರ 〚karakara カラカラ〛[kərəkərɐ] (*n.*) 1 かりかり(歯ぎしりの音やキュウリを噛む時の音を表す擬音語) 2 かりかり(皮膚を引っ掻いたり、ペンや鉄筆で字を書く時の音を表す擬音語) [Ka. onom. D1386]

ಕರಕು 〚karaku カラク〛[kərəǒku] *n.* 焼け焦げて黒くなったもの、焼け焦げ [Ka. D1278(a), cf. *D1395?] ☞ಕರಿಕು (kariku)

ಕರಗ 〚karaga カラガ〛[kərəgɐ] *n.* 1 水甕 2 信者たちが水甕を頭に載せて歩く祭り 3 頭の上に花で飾った水甕を載せて踊る民族舞踊 [Ka.]

ಕರಗು 〚karagu カラグ〛[kərǒgu] ಕರಂಗು, ಕರುಗು, ಕರ್ಗು[2] *vi.* 1 (水などに)とける、溶解する、(熱で)とける、溶融する、液化する 2 痩せ細る 3 (霧やもやなどが)消える、消えうせる 4 (心が)とろける ¶ ಮಗುವನ್ನು ನೋಡಿ ಅವನು ಕರಗಿಹೋದ. (maguvannu nōḍi avanu karagihōda.) 彼は赤ん坊を見て、めろめろになってしまった。ಸೊಸೆಯ ರೂಪ ಮತ್ತು ನಮ್ರ ವ್ಯವಹಾರವನ್ನು ನೋಡಿ ತಾಯಿತಂದೆಯ ಮನಸು ಕರಗಿತು. (soseya rūpa mattu namra vyavahāravannu nōḍi tāyitaṃdeya manasu karagitu.) 嫁の美しさと慎ましい態度を見て、両親は心を和らげた。[Ka. D1292]

ಕರಗಿಸು 〚karagisu カラギス〛[kərǒgisu] *vt.* 1 溶解させる、溶かす、溶融させる 2 〈体を〉痩せさせる ¶ ಮಗನ ಸಾವು ತಂದೆಯ ದೇಹವನ್ನು ಕರಗಿಸಿತು. (magana sāvu taṃdeya dēhavannu karagisitu.) 息子の死(の衝撃で)で父親は体重を減らした。¶ ಸೂಕ್ತ ವ್ಯಾಯಾಮದಿಂದ ಬೊಜ್ಜನ್ನು ಕರಗಿಸಿ ಆರೋಗ್ಯ ಜೀವನವನ್ನು ನಡೆಸಿ. (sūkta vyāyāmadiṃda bojjannu karagisi ārōgya jīvanavannu naḍesi.) 適切な運動によって肥満を改善し、健康的な生活を送りなさい。[+ *-isu* caus. D1292]

ಕರಡ 〚karaḍa カラダ〛[kərǒɖɐ] ಕರಡು, ಕರಡೆ *n.* (飼料にする)干し草 [Ka. D1275]

ಕರಡಚ್ಚು 〚karaḍaccu カラダッチュ〛[kərǒɖəʧʧu] *n.* 校正刷り [Ka. *karaḍu* + *accu*] = ಪ್ರೂಫ್ (prūp[h])〔口〕

ಕರಡಿ[1] 〚karaḍi カラディ〛[kərǒɖi] *n.* 熊(クマ科の哺乳類一般) [Ka. D1263]

ಕರಡಿ[2] 〚karaḍi カラディ〛[kərǒɖi] *n.* (一人の人が打つ)一対の太鼓の一種 [Ka. D1264]

ಕರಡು[1] 〚karaḍu カラドゥ〛[kərǒɖu] (*n.*) (芸術や文章などが)磨かれていない〈こと〉 —*n.* 1 草稿、下書き 2 取引日記帳 (*inscr.*) [Ka. D1265, cf. M. k^h*arăḍā* T2819, M1.302]

ಕರಡುಪ್ರತಿ 〚karaḍuprati カラドゥプラティ〛[kərəɖuprəti] *n.* 草稿、下書き [F.]

ಕರಡು[2] 〚karaḍu カラドゥ〛[kərǒɖu] *n.* (飼料にする)干し草 [Ka. D1275]

ಕರಡು[3] 〚karaḍu カラドゥ〛[kərǒɖu]《方》*vi.* 溶ける、溶解する、溶融する (*Hav.*) [Ka. D1292]

ಕರಡೆ 〚karaḍe カラデ〛[kərǒɖe] ಕರಡಿ[2], ಕರಾಡಿ《古》*n.* 両側から打つビヤ樽型の太鼓の一種[⇒図] [Ka. D1264]

ಕರಡೆ 太鼓

ಕರಣ 〚karaṇa カラナ〛[kərəɳɐ]《文》*n.* 1 すること、行うこと 2 方法、道具 3 感覚器官 4 合図 5〔言〕具格(道具または手段を表す格) 6 占星術上の1日の分割(5部からなる占星術書の最後の部分) —*m.* 村の会計や記録を司る役人 (*epigr.*) = ಕರಣಿಕ (karaṇika) [Sk.]

ಕರಣಶಾಲೆ 〚karaṇaśāle カラナシャーレ〛[kərəɳəʃɐːle] ಕರಣಸಾಲೆ《古》*n.* 会計や記録を司る役人の事務所 (*lex.*) [Sk.]

ಕರಣಿಕ 〚karaṇika カラニカ〛[kərəɳikɐ] ಕರಣೀಕ《文》*m.* 会計や記録を司る役人の事務所または事務員一般 [Sk. *karaṇa* + *-ika*]

ಕರಣೀಕ 〚karaṇīka カラニーカ〛[kərəɳiːkɐ]《文》*m.* [Sk.] ☞ಕರಣಿಕ (karaṇika)

ಕರಣೆ[1] 〚karaṇe カラネ〛[kərəɳe] ಕರಣಿ, ಕರ್ಣ, ಗರಣೆ *n.* 1 (血液や粘液などの)塊 2 太鼓がよく鳴るように皮に塗る団子状のもの(細かい鉄粉や焦げた米や小麦を練り固めて作る) [Ka. D1266]

ಕರಣೆ[2] 〚karaṇe カラネ〛[kərəɳe] ಕರಣಿ, ಕರ್ಣ, ಗರಣೆ *n.* 真鍮でできた大きな低音用のラッパ [M. *karaṇā* ←Pe.-Ar. *qarnāy*] = ಗರಣೆ (garaṇe)

ಕರಣೇಂದ್ರಿಯ 〚karaṇēṃdriya カラネーンドリヤ〛[kərəɳeːndrijɐ] *n.* 感覚器官(皮膚、舌、目、耳および鼻) [Sk.] = ಜ್ಞಾನೇಂದ್ರಿಯ (jñānēṃdriya)

ಕರತಲ ⟦karatala カラタラ⟧ [kərətəlɐ] ಕರತಳ《文》*n.* 手の平 [Sk.]

ಕರತಲಾಮಲಕ ⟦karatalāmalaka カラタラーマラカ⟧ [kələ təlɐːmələ̆kɐ] ಕರತಳಾಮಳಕ《文》*n.*「手の平の上のアーマラカの実」、疑いのない事実 [Sk.]

ಕರತಾಡನ ⟦karatāḍana カラターダナ⟧ [kərətɐːḍənɐ]《文》*n.* 拍手 [Sk.] = ಚಪ್ಪಾಳೆ (cappāḷe)

ಕರತಾಳ¹ ⟦karatāḷa カラターラ⟧ [kərətɐːḷɐ] ಕರತಾಳಿ, ಕರ–ತಾಳೆ *n.* コウリバヤシ(行李葉椰子、ヤシ科、扇型の葉を持ったヤシの一種)⇀ 材 [Ka. D1270]

ಕರತಾಳ² ⟦karatāḷa カラターラ⟧ [kərətɐːḷɐ] ಕರತಾಲ *n.* **1** 両手を叩いて拍子を取ること **2** 一種の小型のシンバル[⇒図] [Sk.]

ಕರತಾಳ² シンバル

ಕರತಾಳೆ ⟦karatāḷe カラターレ⟧ [kərətɐːḷe] *n.* [Ka. *D1270] ☞ಕರತಾಳ (karatāḷa)

ಕರತ್ರಾಣ ⟦karatrāṇa カラトラーナ⟧ [kərətrɐːṇɐ]《文》*n.* 手を保護するための小型の鎖帷子(かたびら) [Sk.]

ಕರನಿರಾಕರಣೆ ⟦karanirākaraṇe カラニラーカラネ⟧ [kərə nirɐːkərə̆ṇe]《文》*n.* 納税拒否または納税拒否運動 [Sk.]

ಕರಪತ್ರ¹ ⟦karapatra カラパトラ⟧ [kərəpət·rɐ] *n.* (広告などの)ちらし [Sk.] =〔口〕

ಕರಪತ್ರ² ⟦karapatra カラパトラ⟧ [kərəpət·rɐ]《文》*n.* のこぎり [Sk.] = ಗರಗಸ (garagasa)〔汎〕

ಕರಪಾಣಿ ⟦karapāṇi カラパーニ⟧ [kərəpɐːṇi] *n.* 湿疹 [?]

ಕರಬೂಜ ⟦karabūja カラブージャ⟧ [kərəbuːʤɐ] ಕರ–ಬೂಜು, ಕರಭೂಜ, ಕರಿಬುಜ, ಕರುಬೂಜು, ಕರ್ಬುಜ, ಕರ್ಬೂಜ, ಖರಬುಜ, ಖರಬೂಜು, ಖರ್ಬೂಜ *n.* 網メロン、マスクメロン ⇀ 食 [Pe. *xarbūza*]

ಕರಮಾಪಕ ⟦karamāpaka カラマーパカ⟧ [kərəmɐːpəkɐ]《文》*n.* タクシーメーター [Sk.] = ಟ್ಯಾಕ್ಸಿ ಮೀಟರ್ (tyāksi mīṭar)〔口〕

ಕರವಸ್ತ್ರ ⟦karavastra カラヴァストラ⟧ [kərəvəstrɐ]《文》*n.* ハンカチ [Sk.] = ಕರ್ಚೀಫ್ (karcīpʰ)〔口〕

ಕರವಾಲ ⟦karavāla カラヴァーラ⟧ [kərəvɐːlɐ] ಕರವಾಳ《文》*n.* 刀、剣 [Sk.] ಕರವಾಳ (karavāḷa)

ಕರವಾಳ ⟦karavāḷa カラヴァーラ⟧ [kərəvɐːḷɐ]《文》*n.* [Sk.] ☞ಕರವಾಲ (karavāla)

ಕರಸಾಣೆ ⟦karasāṇe カラサーネ⟧ [kərəsɐːṇe] ಖರಸಾಣೆ《古》*n.* 砥石 [Sk. *kharaśāṇa-*] = ಸಾಣಗಲ್ಲು (sāṇagallu)

ಕರಸು ⟦karasu カラス⟧ [kərə̆su]《口》*vt.* 呼ばせる [Ka. caus. D1291] ☞ಕರೆಯಿಸು (kareyisu)

ಕರಹ ⟦karaha カラハ⟧ [kərəhɐ]《古》*n.* 呼ぶこと、など [Ka. D1291] ☞ಕರೆಹ (kareha)

ಕರಳು ⟦karaḷu カラル⟧ [kərəḷu]《‡》*n.* [Ka. D1274] (*C.* (*Kitt.*)) ☞ಕರುಳು (karuḷu)

ಕರಾಮತಿ ⟦karāmati カラーマティ⟧ [kərɐːməti] *n.* 巧みさ、巧妙さ [Ar.-Pe. *karāmat*] ☞ಕರಾಮತ್ತು (karāmattu)

ಕರಾಮತ್ತು ⟦karāmattu カラーマットゥ⟧ [kərɐːməttu] ಕ–ರಾಮತಿ, ಖರಾಮತ್ತು, ಖರಾಮತ್, ಖರಾಮತಿ, ಖರಾಮತ್ತು *n.* 巧みさ、巧妙さ [Ar.-Pe. *karāmat*「奇跡」]

ಕರಾರು ⟦karāru カラール⟧ [kərɐːru] ಕರಾರ, ಖರಾರು *n.* 協定、契約 [Ar. *qarār*]

ಕರಾರುನಾಮೆ ⟦karārunāme カラールナーメ⟧ [kərɐːrunɐː me] *n.* 協定書、契約書 [Ar.-Pe. *qarārnāma*]

ಕರಾರುವಾಕ್ಕು ⟦karāruvākku カラールヴァーック⟧ [kərɐː ruvɐːkku] (*n.*) 正確〈な〉¶ ನಾನು ಬರುವ ತಾರೀಖು ಕರಾ–ರುವಾಕ್ಕಾಗಿ ಹೇಳಲಾಗುವದಿಲ್ಲ (nānu baruva tārīkʰu karāru-vākkāgi hēḷalāguvadilla.) 私の到着の日にちは正確には言えません。[Ar.-Pe. *qarārwāqiʿ*]

ಕರಾಲ ⟦karāla カラーラ⟧ [kərɐːlɐ]《文》*adj.* (見かけが)恐ろしい、畏怖の念を起こさせる [Ka.]

ಕರಾವು ⟦karāvu カラーヴ⟧ [kərɐːvu] *n.* 乳を出す雌牛 [Ka. *kare*⁵ + *āvu* *D1385]

ಕರಾಳ ⟦karāḷa カラーラ⟧ [kərɐːḷɐ] ಕರಾಲ《文》(*n.*) **1** 恐ろしい〈こと〉、ぞっとするような〈こと〉 **2** (外見の) 身の毛もよだつような〈こと〉 [Sk. *karāla-*] ☞ಕರಾಲ (karāla)

ಕರಿಂಕು ⟦kariṃku カリンク⟧ [kəriŋku]《古》*n.* 焼け焦げて黒くなったもの、焼け焦げ [Ka. *D1278(a)]

ಕರಿಂಕುವರಿ ⟦kariṃkuvari カリンクヴァリ⟧ [kəriŋkuvə ri]《古》*vi.* 焼けて黒くなる、焼け焦げる [+ *pa-ri* *D1278(a)]

ಕರಿ¹ ⟦kari カリ⟧ [kəri] *vi.*《未来語幹 kariv-, 過去語幹 karint-》焦げる、焼ける —*vt.* **1** 油やギーで揚げる、油でいためる **2**〈食物の調理のために〉火で焼く、火であぶる —(*n.*) **1** 焦げた〈こと〉、焼け焦げた〈こと〉 **2** 黒色〈の〉 **3** 不吉〈な〉¶ ಕರಿಗಾಲ (karigāla) 不吉な人 —*n.* 冬至、夏至、日蝕、月蝕、新月などの後の時間 [Ka. D1278(a)]

ಕರಿ² ⟦kari カリ⟧ [kəri]《口》*vt.* **1** 呼ぶ **2** 招く —*vi.* (インドカッコウ、カラスなどが)鳴く ☞ಕರೆ (kare) [Ka. D1291]

ಕರಿ³ ⟦kari カリ⟧ [kəri]《文》*n.* 象 [Sk. *karin-*] = ಆನೆ (āne)〔汎〕

ಕರಿಕ ⟦karika カリカ⟧ [kərikɐ]《*f.* ಕರಿಕಿ (kariki)》色の黒い男性 [Ka. *kari* + *-ka*¹ [PART] m.]

ಕರಿಕಿ ⟦kariki カリキ⟧ [kəriki]《‡》*f.*《*m.* ಕರಿಕ (karika)》色の黒い女性 [Ka. *karika* + *-i*]

ಕರಿಕು ⟦kariku カリク⟧ [kəriǐku] ಕರಕು, ಕರಿಂಕು, ಕರುಕು *vi.* 焼け焦げて黒くなる —(*n.*) 焼けて黒くなった〈こと〉 ◇ *vi.* ಕರಿಗಾಗು (karigāgu) 焼けて黒くなる —*n.* 焼けて黒くなったもの、焼け焦げ [Ka. D1278(a)]

ಕರಿಗ ⟦kariga カリガ⟧ [kərigɐ] *m.*《*f.* *ಕರಿಗಿ (karigi)》色の黒い男性 [Ka. *kari* + *-ga*¹]

ಕರಿಗಾಡು ⟦karigāḍu カリガードゥ⟧ [kəriğɐːḍu] *n.* 焼け野原 [Ka. *kari* + *kāḍu*] = ಬೆಂಗಾಡು (beṃgāḍu)

ಕರಿಗಿಸು ⟦karigisu カリギス⟧ [kərigisu] 《‡》 *vt.* [Ka. caus. D1292] (*My.* (*Kitt.*)) ☞ಕರಗಿಸು (karagisu)

ಕರಿಜಾಣ ⟦karijāṇa カリジャーナ⟧ [kəriʤɐːɳɐ] 《‡》 *n.* [Ka. D2451] (*DEDR*) ☞ಕರಿಜಾಣೆ (karijāṇe)

ಕರಿಜಾಣೆ ⟦karijāṇe カリジャーネ⟧ [kəriʤɐːɳe] *n.* シナノキ科シナノキ属の木の一種 [Ka. D2451]

ಕರಿದು ⟦karidu カリドゥ⟧ [kəridu] *adj.* 黒い [Ka. D1278(a)]

ಕರಿಪು ⟦karipu カリプ⟧ [kəripu] 《古》 *n.* 黒いこと (*Pb.10.36*) [Ka. D1278(a)]

ಕರಿಮರ ⟦karimara カリマラ⟧ [kərimərɐ] *n.* コクタン（黒檀、カキノキ科カキノキ属）→ 材 [Ka. D1282]

ಕರಿಯ ⟦kariya カリヤ⟧ [kərijɐ] *m.* 《*f.* ಕರಿಗಿ (karigi)》 1 色が真っ黒な男性 2 黒人 [Ka. *kari*[1] + *-a* *D1278(a)]

ಕರಿಸು ⟦karisu カリス⟧ [kərisu] 《口》 *vt.* 1 呼ばせる、呼んで来させる 2 大声で叫ばせる [Ka. caus. D1291]

ಕರು[1] ⟦karu カル⟧ [kəru] 《文》 *n.* 1 鋳型 2 鋳造した偶像 3 浮き彫り [Ka. D1280]

ಕರುವಿಕ್ಕು ⟦karuvikku カルヴィック⟧ [kəruvikku] *vi.* 鋳造する、鋳型で作る [Ka. *karu* + *ikku*]

ಕರುವಿಡು ⟦karuviḍu カルヴィドゥ⟧ [kəruviɖu] *vi.* 鋳造する、鋳型で作る [Ka. *karu* + *iḍu*, D1280]

ಕರು[2] ⟦karu カル⟧ [kəru] 《‡》 *vt.* 《ಕರುತ್ತ್- (karutt-)》狙う、目的とする (*T.* (*Kitt.*)) [Ka. D1283]

ಕರು[3] ⟦karu カル⟧ [kəru] ಕಱ 《古》 (*n.*) 1 高い〈こと〉 2 広大〈な〉、偉大〈な〉¶ ಕರುನಾಡು (karunāḍu) カルナータカ（広大な国）[Ka. D1287]

ಕರು[4] ⟦karu カル⟧ [kəru] ಕಱು, ಕಱುವು *n.* 子牛、牛または水牛の子 [Ka. *D1411]

ಕರುಗು[1] ⟦karugu カルグ⟧ [kərŭgu] *vi.* 黒くなる、黒ずむ [Ka. *D1278(a)/*D1494] ☞ಕರುಗು (karugu)[1]

ಕರುಗು[2] ⟦karugu カルグ⟧ [kərŭgu] *n.* （印刷用の）ブロック [*karu*[1] D1280 + *-gu*?]

ಕರುಗು[3] ⟦karugu カルグ⟧ [kərŭgu] *vi.* [Ka. *D1292] ☞ಕರಗು (karagu)

ಕರುಣ ⟦karuṇa カルナ⟧ [kəruɳɐ] 《文》 *n.* 1 同情、哀れみ 2 詩論で言う情感の一種、悲哀（感）、ペーソス —(*adj.*) 哀れむべき〈こと〉、悲しい〈こと〉¶ ಕರುಣಕಥೆ (karuṇakatʰe) かわいそうな話 = ಕರುಣೆ (karuṇe) [Sk.]

ಕರುಣಾಜನಕ ⟦karuṇājanaka カルナージャナカ⟧ [kəruɳɐːʤənəkɐ] *adj.* 哀れむべき、かわいそうな [Sk.]

ಕರುಣಾಲು ⟦karuṇālu カルナール⟧ [kəruɳɐːlu] *mf.* 慈悲心の強い人、情け深い人 [Sk.]

ಕರುಣಾಳು ⟦karuṇāḷu カルナール⟧ [kəruɳɐːɭu] ಕರುಣಾಲು *mf.* 慈悲心の強い人、情け深い人 [Sk.] ☞ಕರುಣಾಳು (karuṇāḷu)

ಕರುಣಿಸು ⟦karuṇisu カルニス⟧ [kəruɳisu] 《文》 *vt.* 1 同情する、哀れむ 2 慈悲をかけて恵む ¶ ದಯಮಾಡಿ ನನಗೆ ಕೆಲಸ ಕರುಣಿಸಬೇಕು. (dayamāḍi nanage kelasa karuṇisabēku.) どうか働き口をお恵みください。¶ ಸ್ವಾಮೀ ನನ್ನನ್ನು ಕರುಣಿಸಬೇಕು. (svāmī nannannu karuṇisabēku.) 尊師よ、私に哀れみをかけたまえ。[Sk.]

ಕರುಣೆ ⟦karuṇe カルネ⟧ [kəruɳe] *n.* 1 哀れみ、慈悲、同情 2 試論で言う情感の一種、悲哀〈感〉、ペーソス [Sk.]

ಕರುನಾಡು ⟦karunāḍu カルナードゥ⟧ [kərunɐːɖu] 《古》 *n.* 1 高地にある国 2 広い国、カルナータカ [Ka. *karu*[3] + *nāḍu*]

ಕರುಬು ⟦karubu カルブ⟧ [kərŭbu] 《古》 *vi.* 嫉妬する、焼きもちを焼く —*n.* 嫉妬、焼きもち ☞ಕಱುಂಬು (kaṟumbu) [Ka. *D1396]

ಕರುಮಾಡು ⟦karumāḍu カルマードゥ⟧ [kərumɐːɖu] 《古》 *n.* 1 上階、2階以上の階 2 2階建て以上の立派な家 [Ka. *karu*[3] 「高い」 + *māḍu*]

ಕರುಳ್ ⟦karuḷ カルル⟧ [kərŭɭ] ಕರುಳ್ 《古》 *n.* 1 腸、はらわた 2〔喩〕優しさ、愛情、哀れみ [Ka. D1274]

ಕರುಳು ⟦karuḷu カルル⟧ [kəruɭu] ಕರುಳ್, ಕರ್ಳ್ *n.* 1 腸、はらわた 2〔喩〕優しさ、愛情、哀れみ [Ka. *D1274]

ಕರೆ[1] ⟦kare カレ⟧ [kəre] *vi.* 隠れる [Ka. D1258]

ಕರೆ[2] ⟦kare カレ⟧ [kəre] ಕಱೆ[3], ಕಱೆ[2] *n.* 衣類などに付いた（しみ）[Ka. D1278(a)/D1395]

ಕರೆ[3] ⟦kare カレ⟧ [kəre] ಕರಿ[1] *vt.* 1 呼ぶ、来るように言う 2 呼び出す、招待する —*vi.* （インドカッコウ、カラスなどが）鳴く —*n.* 1 呼ぶこと、呼び声 2 招待、招請 [Ka. D1291]

ಕರೆಯಿಸು ⟦kareyisu カレイス⟧ [kərejisu] ಕರಯಿಸು, ಕರ-ಸು, ಕರಿಸು, ಕರೆಸು *vt.* 呼ばせる、呼びにやる [Ka. caus. D1291] = ಕರೆಸು (karesu)

ಕರೆ[4] ⟦kare カレ⟧ [kəre] *n.* 1 岸（海岸や河岸）2 境、境界 3 布の縁（横糸が走る始めと終わり）= ಅಂಚು (aṃcu) [Ka. D1293]

ಕರೆ[5] ⟦kare カレ⟧ [kəre] ಕಱೆ[2] *vt.* 1〈乳を〉搾る 2〈矢や光線などを〉雨のように降らせる [Ka. *D1385]

ಕರೆ[6] ⟦kare カレ⟧ [kəre] ಕಱಿ, ಕಱಿ 《‡》 *n.* 1 黒色 2 汚れ、しみ [Ka. *D139]

ಕರೆಗಂಟೆ ⟦karegaṃṭe カレガンテ⟧ [kəregəɳʈe] *n.* 呼び鈴；ベル一般 [Ka. *kare*[3] + *g*ʰ*aṃṭe*]

ಕರೆಯುವಿಕೆ ⟦kareyuvike カレユヴィケ⟧ [kərejuvike] *n.* 呼ぶこと、など [Ka. D1291]

ಕರೆಯೋಲೆ ⟦kareyōle カレヨーレ⟧ [kərejoːle] *n.* 招待状 [Ka. *kare*[3] + *ōle*] = ನಿಮಂತ್ರಣಪತ್ರ (nimaṃtraṇapatra)

ಕರೆಸು ⟦karesu カレス⟧ [kəresu] *vt.* 1 呼びにやる、呼ばせる 2 呼び声を出させる、大声を出させる [Ka. caus. D1291]

ಕರೆಹ ⟦kareha カレハ⟧ [kərehɐ] ಕರಪ, ಕರಹ, ಕರೆಪ, ಕರೆಯ 《古》 *n.* 呼ぶこと、など [Ka. *D1291]

ಕರ್ಕಡೆ ⟦karkaḍe カルカデ⟧ [kərkəɖe] ಕಕ್ಕಡೆ 《古》 *n.* 武器の一種 [Ka. D1076, cf. Sk. *karkaśa*-(lex.)]

ಕರ್ಕಶ ⟦karkaśa カルカシャ⟧ [kərkǎʃɐ] 《文》(*n.*) 荒っぽい〈こと〉、きつい〈こと〉、厳しい〈こと〉[Sk. ←Dr.? M1.170]

ಕರ್ಕು ¹ ⟦karku カルク⟧ [kərku] 《‡》*n.* のこぎりの歯、やすり、碾き臼などの刻み目、ぎざぎざ [Ka. D1265] (*My.* (*Kitt.*))

ಕರ್ಕು ² ⟦karku カルク⟧ [kərku] 《方》*n.* 未熟な実 [Ka, D1281] (Gowda)

ಕರ್ಗು ¹ ⟦kargu カルグ⟧ [kərgu] ಕಂಗು, ಕಗ್ಗು, ಕರುಗು, ಕಳ್ಗು, ಕಟ್ಗು *vi.* 黒くなる、黒ずむ —*n.* 黒いこと [Ka. D1278(a)/D1494]

ಕರ್ಗು ² ⟦kargu カルグ⟧ [kərgu] 《口》*vi.* [Ka. D1292] ☞ಕರಗು (karagu)

ಕರ್ಗಿಸು ⟦kargisu カルギス⟧ [kərgisu] 《口》*vt.* [Ka. caus. D1292] ☞ಕರಗಿಸು (karagisu)

ಕರ್ಚು ¹ ⟦karcu カルチュ⟧ [kərʧu] 《古》*vt.* **1** 噛む、(蚊などの虫が)刺す **2** 接吻する、キスする [Ka. D1097] ☞ಕಚ್ಚು(kaccu)¹

ಕರ್ಚು ² ⟦karcu カルチュ⟧ [kərʧu] 《古》*vt.* 〈容器、傷などを〉(水で)洗う = ಕಚ್ಚು(kaccu)³〔汎〕[Ka. D1369]

ಕರ್ಚು ³ ⟦karcu カルチュ⟧ [kərʧu] *n.* 出費、支出、費用 [Pe. *xarč* ←Ar. *xarǧ*] = ಖರ್ಚು (kʰarcu)

ಕರ್ಣ ¹ ⟦karṇa カルナ⟧ [kərɳɐ] 《文》*n.* **1** 耳 = ಕಿವಿ (kivi)〔汎〕 **2** 船の舵 **3** 容器の取っ手 **4** 直角三角形の斜辺または四角形の対角線 [Sk.]

ಕರ್ಣಭೂಷಣ ⟦karṇabʰūṣaṇa カルナブーシャナ⟧ [kərɳə bʰu:ʂəɳɐ] 《文》*n.* 耳につける装身具、耳飾り [Sk.]

ಕರ್ಣಮಲ ⟦karṇamala カルナマラ⟧ [kərɳəməlɐ] 《文》*n.* 耳垢；耳くそ [Sk.]

ಕರ್ಣಮೂಲ ⟦karṇamūla カルナムーラ⟧ [kərɳəmu:lɐ] 《文》*n.* 耳の付け根 [Sk.]

ಕರ್ಣರೋಗ ⟦karṇarōga カルナローガ⟧ [kərɳəro:gɐ] 《文》*n.* 耳の病 [Sk.]

ಕರ್ಣ ² ⟦karṇa カルナ⟧ [kərɳɐ] *m.* カルナ(太陽神とクンティーの息子、アンガの王、もの惜しみしないことで知られている) [Sk.]

ಕರ್ಣಕುಂಡಲ ⟦karṇakuṃḍala カルナクンダラ⟧ [kərɳəkuɳɖəlɐ] *n.* **1** 耳輪の一種 **2** ホウセンカ(鳳仙花ツリフネソウ科ツリフネソウ属) → 観 (*My.* (*Kitt.*)) → garden [Sk.]

ಕರ್ಣಗತ ⟦karṇagata カルナガタ⟧ [kərɳəgətɐ] 《文》(*adj.*) 耳にした〈こと〉[Sk.]

ಕರ್ಣಗತ ಮಾಡು ⟦karṇagata māḍu カルナガタマードゥ⟧ [kərɳəgətə mɐ:ɖu] 《文》*vt.* 耳に入れる [+ *māḍu*]

ಕರ್ಣಪತ್ರ
耳飾り

ಕರ್ಣಧಾರ ⟦karṇadʰāra カルナダーラ⟧ [kərɳə̆ dʰɐ:rɐ] 《文》*m.* 《*f.* ಕರ್ಣಧಾರಿ (karṇadʰāri)》船の舵取りをする人 [Sk.]

ಕರ್ಣಪತ್ರ ⟦karṇapatra カルナパトラ⟧ [kərɳəpət·rɐ] 《文》*n.* 耳飾りの一種 [⇒図] [Sk.]

ಕರ್ಣಪರಂಪರೆ ⟦karṇaparaṃpare カルナパランパレ⟧ [kərɳəpərəmpəre] 《文》*n.* 口承の伝統 [Sk.]

ಕರ್ಣಪೂರ ⟦karṇapūra カルナプーラ⟧ [kərɳəpu:rɐ] 《文》*n.* 耳飾りの一種 [Sk.]

ಕರ್ಣರೇಖೆ ⟦karṇarēkʰe カルナレーケ⟧ [kərɳə̆re:kʰe] 《文》*n.* 対角線 [Sk.]

ಕರ್ಣಾಕರ್ಣಿ ⟦karṇākarṇi カルナーカルニ⟧ [kərɳɐ:kərɳi] *n.* 耳から耳へ伝わる噂 [Ka. *karṇa* + echo]

ಕರ್ಣಾಟ ⟦karṇāṭa カルナータ⟧ [kərɳɐ:ʈɐ] *n.* **1** カンナダ語 **2** カルナータカの国 —*m.* 《*f.* ಕರ್ಣಾಟಿ (karṇāṭi)》カルナータカ人 = ಕನ್ನಡಿತಿ (kannaḍiti) [Ka. D1284]

ಕರ್ಣಾಟಕ ⟦karṇāṭaka カルナータカ⟧ [kərɳɐ:ʈəkɐ] *n.* **1** カルナータカの国 **2** カンナダ語 = ಕರ್ನಾಟ (karnāṭa) [Ka. D1284]

ಕರ್ಣೇಂದ್ರಿಯ ⟦karṇēṃdriya カルネーンドリヤ⟧ [kər5e:ndrijɐ] 《文》*n.* 聴覚 [Sk.]

ಕರ್ಣ್ಟು ⟦karṇṭu カルントゥ⟧ [kərɳʈu] 《方》*vi.* 黒焦げになる [Ka. D1278(a)] (Gowda)

ಕರ್ತ ⟦karta カルタ⟧ [kərtɐ] 《文》*m.* 《*f.* ಕರ್ತಳು/ಕರ್ತ್ರೀ (kartaḷu/kartrī)》**1** する人 **2** 作る人 **3** 神、創造者 **4** 代行者、代理人 **5** 家長、戸主; 主人、主君 **6**〔言〕主語 [Sk. *kartṛ-*]

ಕರ್ತರಿಪ್ರಯೋಗ ⟦kartariprayōga カルタリプラヨーガ⟧ [kərtəriprəjo:gɐ] 《文》*n.*〔言〕能動態 [Sk.]

ಕರ್ತಲಿಸು ⟦kartalisu カルタリス⟧ [kərtəlisu] 《古》*vi.* 暗い [Ka. D1278(b)] = ಕತ್ತಲಿಸು (kattalisu)

ಕರ್ತಲೆ ⟦kartale カルタレ⟧ [kərtəle] 《古》*vi.* 闇、暗闇 [Ka. D1278(b)] = ಕತ್ತಲೆ (kattale)〔汎〕

ಕರ್ತವ್ಯ ⟦kartavya カルタヴィャ⟧ [kərtəv·jɐ] *n.* 義務 [Sk.]

ಕರ್ತೃ ⟦kartṛ カルトゥル⟧ [kərtrɯ] 《文》*mf.* **1** する人、作る人、創造する人 **2** 所有者、主人 **3** (僧院や流派などの)創始者、開祖 **4**〔言〕主語または主格 [Sk.]

ಕರ್ತೃಪದ ⟦kartṛpada カルトゥルパダ⟧ [kərtrɯpədɐ] 《文》*n.*〔言〕主語 [Sk.]

ಕರ್ದುಂಕು ⟦karduṃku カルドゥンク⟧ [kərduŋku] 《古》*vt.* **1** くちばしでついばむ、突っつく **2** 口づけをする、キスする、接吻する [?] ☞ಕದುಕು (kaduku)²

ಕರ್ಪು ⟦karpu カルプ⟧ [kərpu] 《古》*n.* 黒いこと、黒色 [Ka. D1395] ☞ಕಪ್ಪು (kappu)

ಕರ್ನಾಟಕ ⟦karnāṭaka カルナータカ⟧ [kərnɐ:ʈə̆kɐ] *n.* [Sk. *D1284] = ಕರ್ಣಾಟಕ (karṇāṭaka)

ಕರ್ಪೂರ ⟦karpūra カルプーラ⟧ [kərpu:rɐ] *n.* 樟脳(しょうのう) [Sk.]

ಕರ್ಬ ⟦karba カルバ⟧ [kərbɐ] 《方》*m.* 《*f.* ಕರ್ಬಿ (karbi)》けちん坊 (*Tipt. LSB 17.18*) [Ka. D1277]

ಕರ್ಬಾಳ ⟦karbāḷa カルバーラ⟧ [kərbɐ:ɭɐ] *n.* ベチベルソウ、カスカスカヤ(根に芳香を持つイネ科の植

物)→香・油 [Ka. D5374] *[IMP 5.361; 熱帯の有用植物 83]

ಕರ್ಬ ⟦karba カルバ⟧ [kərbɐ] 《古》 *numr.adj., n.* 100億 [Sk. *kʰarva-*]

ಕರ್ಬು ⟦karbu カルブ⟧ [kərbu] 《古》 *n.* サトウキビ [Ka. D1288] ☞ಕಬ್ಬು (kabbu)〔汎〕

ಕರ್ಬುಗರ್ದೆ ⟦karbugarde カルブガルデ⟧ [kərbugərde] 《古》 *n.* サトウキビ畑 [+ *garde* D1288]

ಕರ್ಮ ⟦karma カルマ⟧ [kərmɐ] *n.* **1** 行動、仕事 **2** (犠牲祭、斎戒、葬儀などの)宗教儀式や行事や祭典 **3** 業(ごう)、現世の幸不幸を決める前世での行為 **4**〔言〕目的格で表される文法関係 [Sk.]

ಕರ್ಮಠ ⟦karmaṭʰa カルマタ⟧ [kərməʈʰɐ] 《‡》 *m.* **1** 仕事に熟達した人 **2** 宗教上の儀式を厳格に行う保守的な人 **3** 宗教儀式を取り仕切る人 [Sk.]

ಕರ್ಮಣಿಪ್ರಯೋಗ ⟦karmaṇiprayōga カルマニプラヨーガ⟧ [kərməɳiprəjo:gɐ] 《文》 *n.*〔言〕受動態 [Sk.]

ಕರ್ಮದೋಷ ⟦karmadōṣa カルマドーシャ⟧ [kərmədo:ʂɐ] 《文》 *n.* **1** 行為の落ち度 **2** 前世での行為の悪い結果 **3** 行為から生まれた罪、罪のある行為 [Sk.]

ಕರ್ಮಧಾರಯ ⟦karmadʰāraya カルマダーラヤ⟧ [kərmədʰɐ:raya] 《文》 *n.*〔言〕同格複合語 (第1要素と第2要素が同格の関係に立つ合成語)、例えば *nīlōtpala* "青蓮" [Sk.]

ಕರ್ಮಪದ ⟦karmapada カルマパダ⟧ [kərməpədɐ] 《文》 *n.*〔言〕目的語 [Sk.]

ಕರ್ಮಪರಿಪಾಕ ⟦karmaparipāka カルマパリパーカ⟧ [kərməpəripɐ:kɐ] 《文》 *n.* 前世での行為の結果 [Sk.]

ಕರ್ಮಪಾಕ ⟦karmapāka カルマパーカ⟧ [kərməpɐ:kɐ] 《文》 *n.* 前世での行為の結果 [Sk.]

ಕರ್ಮಫಲ ⟦karmapʰala カルマパラ⟧ [kərməpʰəlɐ] ಕರ್ಮಫಳ 《文》 *n.* 前世での行為の結果 [Sk.]

ಕರ್ಮಬಂಧ ⟦karmabaṃdʰa カルマバンダ⟧ [kərməbəndʰɐ] 《文》 *n.* 行為による束縛 (すなわち行為に結果による輪廻転生) [Sk.]

ಕರ್ಮಬಂಧನ ⟦karmabaṃdʰana カルマバンダナ⟧ [kərməbəndʰənɐ] 《文》 *n.* 行為による束縛(すなわち行為に結果による輪廻転生) [Sk.]

ಕರ್ಮಯೋಗ ⟦karmayōga カルマヨーガ⟧ [kərməjo:gɐ] *n.* **1** 世俗的あるいは宗教的な行為の実行 **2** 積極的に自分の仕事に打ち込むこと [Sk.]

ಕರ್ಮಯೋಗಿ ⟦karmayōgi カルマヨーギ⟧ [kərməjo:gi] 《文》 *mf.* 積極的に自分の義務の実行に打ち込む人 [Sk.]

ಕರ್ಮಾಂತರ ⟦karmāṃtara カルマーンタラ⟧ [kərmɐ:ntərɐ] 《文》 *n.* **1** 他の仕事 **2** 葬儀、葬式 ಉತ್ತರಕ್ರಿಯೆ (uttarakriye) [Sk.]

ಕರ್ಮಿ ⟦karmi カルミ⟧ [kərmi] *mf.* **1** 仕事をする人または仕事に没入した人 **2** 功徳ある行為あるいは罪ある行為をする人、行為によって功徳または罪を作る人 **3** 罪人、悪行をなす人 [Sk.]

ಕರ್ಮಿಗ ⟦karmiga カルミガ⟧ [kərmi] *mf.* (工場や役所などの)従業員 [Sk.] = ಕೆಲಸಗಾರ, ಕಾರ್ಮಿಕ (kelasagāra, kārmika)

ಕರ್ಮಿಷ್ಠ ⟦karmiṣṭʰa カルミシュタ⟧ [kərmiʂʈʰɐ] *m.* 《*f.* ಕರ್ಮಿಷ್ಠೆ (karmiṣṭʰe)》 仕事熱心な〈人〉、活動的な〈人〉、仕事に打ち込んだ〈人〉 [Sk.]

ಕರ್ಲು ⟦karlu カルル⟧ [kərlu] ಕಱಲ್ 《方》 *n.* 塩分の多い土地 (*UNR*) [Ka. D1466, cf. D1504] = ಉಪ್ಪು ನೆಲ (uppu nela)

ಕರ್ವು ⟦karvu カルヴ⟧ [kərvu] 《古》 *n.* サトウキビ [Ka. D1288] = ಕಬ್ಬು (kabbu)〔汎〕

ಕರ್ಷಕ ⟦karṣaka カルシャカ⟧ [kərʂəkɐ] 《文》 *n.* 牽引車、機関車 [Sk.]

ಕರ್ಷಣ ⟦karṣaṇa カルシャナ⟧ [kərʂəɳɐ] 《文》 *n.* 引っ張ること、牽引 **—**(*adj.*) 引っ張る〈こと〉 [Sk.]

ಕರ್ಳು ⟦karḷu カッル⟧ [kərɭu] 《口》 *n.* **1** 腸、はらわた **2**〔喩〕優しい心、愛情、哀れみ [Ka. D1274] ☞ಕರುಳು (karuḷu)

ಕಲ್¹ ⟦kal カル⟧ [kəl] 《古》 *vt.* 《過去語幹 kalt-, kalit》 学ぶ [Ka. D1297] ☞ಕಲಿ (kali)

ಕಲ್² ⟦kal カル⟧ [kəl] 《古》 *n.* 石 [Ka. D1298] ಕಲ್ಲು (kallu)¹

ಕಲ¹ ⟦kala カラ⟧ [kəlɐ] 《古》 *n.* ごちゃ混ぜ ಕಲಬೆರಕೆ [Ka. D1299]

ಕಲ² ⟦kala カラ⟧ [kəlɐ] 《古》 *n.* 土製の壺 [Ka. D1305]

ಕಲಂ¹ ⟦kalaṃ カラン⟧ [kələm] ಕಲಮು¹, ಖಲಮು *n.* ペン [Ar. *qalam*]

ಕಲಂ² ⟦kalaṃ カラン⟧ [kələm] ಕಲಮು, ಖಲಮು² *n.* (文章の)節、段落 [Eg. *column*]

ಕಲಂಕ ⟦kalaṃka カランカ⟧ [kələŋkɐ] ಕಳಂಕ *n.* **1** しみ、汚れ、斑点 **2**〔喩〕汚点、汚名、不名誉 **3** 鉄のさび [Sk. ←Dr.]

ಕಲಂಕು ⟦kalaṃku カランク⟧ [kələŋku] 《古》 *vt.* **1** かき混ぜる、かき混ぜて濁らせる **2**〈心を〉かき乱す **3** 台無しにする **—***vi.* **1** かき混ぜられて濁る **2** (心などが)かき乱される [Ka. D1303]

ಕಲಂಜಿ ⟦kalaṃji カランジ⟧ [kələɲji] 《‡》 *n.* 穀物を蓄えるための円錐形の大型の籠 (*Mr.208 (Kitt.)*) [Ka. D1375] ☞ಕಳಂಜಿ (kaḷaṃji)

ಕಲಂದಾನಿ ⟦kalaṃdāni カランダーニ⟧ [kələmdɐ:ni] ಕಲಮುದಾನಿ *n.* ペンやインキを入れる木製の箱、筆箱 [*qalam* + *-dāni* ←Pe. *-dān*]

ಕಲಕ ⟦kalaka カラカ⟧ [kələkɐ] 《‡》 *n.* 混合物 (*My. (Kitt.)*) [Ka. D1299]

ಕಲಕಲ ⟦kalakala カラカラ⟧ [kələkəlɐ] ಕಳಕಳ 《‡》 (*n.*) **1** 小鳥や大型のハチなどの甘い声の合唱 **2** 人々のがやがや言う声 **3** 心の混乱、心の動揺 [Sk. cf. D1302]

ಕಲಕಲಿಸು ⟦kalakalisu カラカリス⟧ [kələkəlisu] ಕಳಕಳಿಸು¹ *vi.* **1** (小鳥やハチなどが)さんざめく **2** 朗

らかに笑う **3** (心が)混乱する [Ka. *D1302]

ಕಲಕಲಿಸಿ ನಗು ⟦kalakalisi nagu カラカリシナグ⟧ [kələkəli si nəgu] *vi.* あははと笑う、からからと笑う、朗らかに笑う [+ *nagu*]

ಕಲಕು ⟦kalaku カラク⟧ [kələku] *vt.* **1** 〈茶と砂糖などを〉混ぜる、〈トランプのカードを〉混ぜる、きる **2** 〈水などを〉かき混ぜて濁らせる **3** 〈心を〉かき乱す **4** 台無しにする **—*vi.*** **1** (水などが)かき混ぜられて濁る **2** (心が)かき乱される [Ka. D1303]

ಕಲಕಿಸು ⟦kalakisu カラキス⟧ [kələ̆kisu] 《‡》 *vt.* 〈水などを〉かき混ぜて濁らせる [Ka. caus. D1303]

ಕಲಗಚ್ಚು ⟦kalagaccu カラガッチュ⟧ [kələgəʧʧu] *n.* **1** 米のとぎ汁 **2** 家畜に与えるために糠や籾殻を混ぜた水 [Ka. *kala*[2] + *karcu*[2]]

ಕಲಗರ್ಚು ⟦kalagarcu カラガルチュ⟧ [kələgərʧu] 《古》 *n.* 家畜に与えるために糠や籾殻を混ぜた水 [Ka. *kala*[2] + *karcu*[2]]

ಕಲಡು ⟦kalaḍu カラドゥ⟧ [kələḍu] *vi.* **1** (水など)かき混ぜられて泥が巻き上がる、濁る **2** (心が)かき乱される、動揺する **—*n.*** 心の混乱、懊悩 [Ka. D1188, D1303]

ಕಲಧೌತ ⟦kaladʰauta カラダゥタ⟧ [kələdʰəutɐ] ಕಳಧೌತ 《文》 *n.* **1** 金 **2** 銀 [Sk.]

ಕಲನ ⟦kalana カラナ⟧ [kələnɐ] 《文》 *n.* **1** くっつけること、接続 **2** しみ、汚点 **3** 受胎したばかりの胎児 **4** 微積分学 [Sk.]

ಕಲನೆ ⟦kalane カラネ⟧ [kələne] 《文》 *n.* くっつけること、接続 [Sk.]

ಕಲತ್ರ ⟦kalatra カラトラ⟧ [kələt̪rɐ] 《文》 *n.* 妻 [Sk.]

ಕಲಪು[1] ⟦kalapu カラプ⟧ [kələ̆pu] 《古》 *n.* 寄せ集められたもの、集積 [Ka. D1299]

ಕಲಪು[2] ⟦kalapu カラプ⟧ [kələ̆pu] 《‡》 *n.* 家や鋤の材料 *(Kitt.)* [Ka. D1304]

ಕಲಪು[3] ⟦kalapu カラプ⟧ [kələ̆pu] *n.* 髪の毛を黒くするための薬剤の混合物 [Pe. *kalaf*?]

ಕಲಬತ್ತು ⟦kalabattu カラバットゥ⟧ [kələbəttu] ಖಲಬತ್ತು *n.* 薬やビンロウジなどを砕くために用いる小型の臼と杵、乳鉢 [M. *kalābattā* Sk. *khalva-*「乳鉢」T3851? ←Dr.「石」? + Mr. *battā*「乳棒、すりこぎ」<? ; cf. K. *kala* D1305「ポット」]

ಕಲಬೆರಕೆ ⟦kalaberake カラベラケ⟧ [kələberəke] *n.* **1** ご た混ぜ **2** (茶などの商品に質の劣るものの)混ぜ物をすること [Ka. *kala*[1] + *berake*]

ಕಲಭ ⟦kalabʰa カラバ⟧ [kələ̆bʰɐ] ಕಳಭ 《文》 *n.* **1** 子象 **2** 動物の子ども [Sk.]

ಕಲಮಲ ⟦kalamala カラマラ⟧ [kələməlɐ] *n.* 心の動揺、不安 [Ka.? mim.]

ಕಲಮು[1] ⟦kalamu カラム⟧ [kələmu] *n.* ペン [Ar. *galam*] ☞ಕಲಂ (kalaṃ)[1]

ಕಲಮು[2] ⟦kalamu カラム⟧ [kələmu] *n.* (文章の)節、段落 [Eg. *column*] ☞ಕಲಂ (kalaṃ)[2]

ಕಲಮುದಾನಿ ⟦kalamudāni カラムダーニ⟧ [kələmŭdɐːni] *n.* [*qalam* + *-dāni* ←Pe. *-dān*] ☞ಕಲಂದಾನಿ (kalaṃdāni)

ಕಲರವ ⟦kalarava カララヴァ⟧ [kələ̆rəvɐ] 《文》 *n.* (鳥や小川の流れなどの出す)心地よい音 [Sk.]

ಕಲವೆ ⟦kalave カラヴェ⟧ [kələ̆ve] ಕಲುವೆ 《古》 *n.* スイレン(睡蓮)(スイレン科スイレン属の植物の一種) → 観 [Ka. D1307]

ಕಲಶ ⟦kalaśa カラシャ⟧ [kələʃɐ] *n.* **1** 水を入れる壺 **2** 寺院の塔の最上部の装飾用の構造物、頂華[⇒図] **3** 礼拝に使う水を入れた壺 [Sk.]

ಕಲಶ2 頂華

ಕಲಶಪೂಜೆ ⟦kalaśapūje カラシャプージェ⟧ [kələʃəpuːʤe] *n.* 多くの宗教儀式の前に行われる壺(水甕)の供養 [Sk.]

ಕಲಸ ⟦kalasa カラサ⟧ [kələsɐ] *n.* 礼拝に使う水を入れた壺 [Sk. *kalaśa*]

ಕಲಸನ್ನ ⟦kalasanna カラサンナ⟧ [kələsənnɐ] *n.* **1** 混ぜご飯 **2** 米飯に野菜を混ぜて炒めた後に塩とタマリンドなどで味をつけた料理 = ಚಿತ್ರಾಣ್ಣ (citrāṇṇa) [Sk.] = ಚಿತ್ರಾನ್ನ (citrānna)

ಕಲಸು ⟦kalasu カラス⟧ [kələsu] *vt.* 混ぜる、混合する **—*n.*** 混合した状態、混合物 [Ka. D1299]

ಕಲಸುಮೆಲಸು ⟦kalasumelasu カラスメラス⟧ [kələsume ləsu] *n.* 混乱 [Ka. *kalasu* + echo] = ಗಜಿಬಿಜಿ, ಅವ್ಯವಸ್ಥೆ (gajibiji, avyavaste)

ಕಲಸುಮೇಲೋಗರ ⟦kalasumēlōgara カラスメーローガラ⟧ [kələ̆sumeːloːgərɐ] 《‡》 *n.* **1** 様々な野菜を煮て塩や胡椒を加えた副食物 **2** 混ぜご飯 **3** 〔喩〕ごた混ぜ [Ka. *kalasu* + *mēlōgara*]

ಕಲಹ ⟦kalaha カラハ⟧ [kələhɐ] 《文》 *n.* 喧嘩、争い；戦争 [Sk.] = ಜಗಳ (jagaḷa)

ಕಲಾಕೃತಿ ⟦kalākṛti カラークルティ⟧ [kəlɐːkruti/–kruti] 《文》 *n.* 芸術作品 [Sk.]

ಕಲಾಪತ್ತು ⟦kalāpattu カラーパットゥ⟧ [kəlɐːpəttu] *n.* ☞ಕಲಾಬತ್ತು (kalābattu)

ಕಲಾಬತ್ತು ⟦kalābattu カラーバットゥ⟧ [kəlɐːbəttu] ಕಲಾಪತ್ತು *n.* (サーリー刺繍などに用いる)金糸や銀糸 [H. *kalābattū* ←Tk. *qala-batın*] = ಜರಿ (jari)

ಕಲಾಯಿ ⟦kalāyi カラーイ⟧ [kəlɐːji] ಕಲಾಯ *n.* **1** 銅などでできた鍋、椀などに錫のメッキを施すこと **2** メッキ(様々な金属による) ◊ *vi.* —ಮಾಡು (māḍu) メッキする [Ar. *qalʿī*]

ಕಲಾಯಿಗಾರ ⟦kalāyigāra カラーイガーラ⟧ [kəlɐːjigɐːrɐ] *n.* 《*f.* *ಕಲಾಯಿಗಾರ್ತಿ (kalāyigārti)》 銅などでできた鍋、椀などに錫のメッキを施す人 [*kalāyi* + *-gāra*]

ಕಲಾಲ ⟦kalāla カラーラ⟧ [kəlɐːlɐ] *n.* 蒸留酒を作る人；(酒の原料となる)ヤシの樹液を集める人 [H. *kalālā* T2951]

ಕಲಾವಂತ ⟦kalāvaṃta カラーヴァンタ⟧ [kəlɐːvəntɐ] *adj.*, *m.* 《*f.* ಕಲಾವಂತಳು (kalāvaṃtaḷu)》 **1** 芸術家〈の〉、美

術家〈の〉、彫刻や絵画の制作に通じた〈人〉 2 舞台芸術家〈の〉；音楽家〈の〉[Sk.]

ಕಲಾವಿದ ⟦kalāvida カラーヴィダ⟧ [kəlɐːvidɐ] *m.* 《*f.* ಕಲಾವಿದೆ (kalāvide)》美術家、画家、彫刻家 [Sk.]

ಕಲಾವಿಮರ್ಶಕ ⟦kalāvimarśaka カラーヴィマルシャカ⟧ [kəlɐːvimərʃəkɐ] 《文》 *m.* 《*f.* ಕಲಾವಿಮರ್ಶಕಿ (kalāvimarśaki)》美術評論家 [Sk.]

ಕಲಾಸಿ ⟦kalāsi カラーシ⟧ [kəlɐːsi] ಕಳಾಸಿ *mf.* 船員 [Pe. *xalāṣī*]

ಕಲಾಸು ⟦kalāsu カラース⟧ [kəlɐːsu] *n.* 1 終わり、終了 2 死、死去 [Ar. *xalāṣ*]

ಕಲಿ¹ ⟦kali カリ⟧ [kəli] ಕಲ್ *vt.* 《過去語幹 kalit-》学ぶ [Ka. D1297] ☞ಕಲಿ (kali)¹

ಕಲಿ² ⟦kali カリ⟧ [kəli] 《口》 *vi.* 加わる、一緒になる [Ka. D1299] ☞ಕಲೆ (kale)²

ಕಲಿ³ ⟦kali カリ⟧ [kəli] 《文》 *m.* 勇者、英雄 [Ka. D1308]

ಕಲಿ⁴ ⟦kali カリ⟧ [kəli] 《口》 *n.* 1 傷跡、(天然痘の)痘痕 (NK) 2 (泥や油などの)しみ、汚れ、汚点；(道義上の)汚点 [Ka. D1313] ☞ಕಲೆ (kale)³

ಕಲಿಕೆ¹ ⟦kalike カリケ⟧ [kəlike] *n.* 1 学ぶこと、学習、勉強 2 巧妙さ、器用さ 3 本来の自分でない態度、不自然な態度 [Ka. D1297] ☞ಕಲ್ಕೆ (kalke)

ಕಲಿಕೆ² ⟦kalike カリケ⟧ [kəlike] ಕಳಿಕೆ 《文》 *n.* 花のつぼみ [Sk.]

ಕಲಿಗಾಲ ⟦kaligāla カリガーラ⟧ [kəligɐːlɐ] *n.* 1 カリユガ、世界の歴史の最後の時代 2 罪と不幸の時代 [Sk.]

ಕಲಿತ ⟦kalita カリタ⟧ [kəlitɐ] *n.* 1 学ぶこと、学習 2 知識、学識 [Ka. *kali* + *-ta*, D1297]

ಕಲಿತನ ⟦kalitana カリタナ⟧ [kəlitənɐ] *n.* 英雄性、剛勇 [Ka. caus. D1308]

ಕಲಿಯುವಿಕೆ ⟦kaliyuvike カリユヴィケ⟧ [kəlijuvike] *n.* 学ぶこと、学習 [Ka. D1297]

ಕಲಿವು ⟦kalivu カリヴ⟧ [kəlĭvu] *n.* 学ぶこと、学習 [Ka. *D1297] = ಕಲಿಕೆ (kalike)

ಕಲಿಸು ⟦kalisu カリス⟧ [kəlisu] *vt.* 教える、教育する [Ka. caus. D1297]

ಕಲು ⟦kalu カル⟧ [kəlu] 《古》 *n.* [Ka. D1298] ☞ಕಲ್ಲು (kallu)¹

-ಕಲು ⟦-kalu -カル⟧ [kəlu] -ಕಲ್ *suf.* 名詞や準名詞を作る接尾辞 ¶ ಉಳುಕಲು (uḷukalu) 残り、残余 ¶ ಸವಕಲು (savakalu) ちびた〈こと〉、磨耗した〈こと〉[Ka. Ø]

ಕಲುಂಬು ⟦kaluṃbu カルンブ⟧ [kəlumbu] 《古》 *vt.* 1 〈水などを〉かき混ぜる、かき混ぜて濁らせる 2 〈心を〉かき乱す、動揺させる —*n.* 1 (水などが)濁っていること、濁り 2 汚染、汚濁 [Ka. D1303]

ಕಲುವೆ ⟦kaluve カルヴェ⟧ [kəluve] 《‡》 *n.* スイレン(睡蓮)(スイレン科スイレン属) → 観 (*Kitt.*) [Ka. D1307] ☞ಕಲವೆ (kalave)

ಕಲುಷ ⟦kaluṣa カルシャ⟧ [kəluʂɐ] 《文》 (*adj.*) 1 濁った〈こと〉、混濁した〈こと〉 2 不潔な〈こと〉 3 悪い〈こと〉、邪悪な〈こと〉 —*n.* 1 不潔、汚れ ¶ ಮನದ ಕಲುಷವನ್ನು ತೊಳೆದುಕೊಳ್ಳಬೇಕು. (manada kaluṣavannu toḷedukoḷḷabēku.) 私たちは心の汚れを取り去らねばならない。 2 罪 [Sk. ←Dr.]

ಕಲುಷತೆ ⟦kaluṣate カルシャテ⟧ [kəluʂəte] 《文》 *n.* かす、おり、混濁、(水などが)濁っていること [Sk. ←Dr.]

ಕಲುಷಿತ ⟦kaluṣita カルシタ⟧ [kəluʂitɐ] 《文》 (*adj.*) 1 きたない〈こと〉、汚れた〈こと〉 2 腹を立てた〈こと〉 [Sk. ←Dr.]

ಕಲುಸು ⟦kalusu カルス⟧ [kəlŭsu] 《‡》 *vt.* 教える、教育する (*My.* (*Kitt.*)) [Ka. caus. D1297] ☞ಕಲಿಸು (kalisu)

ಕಲುಹೆ¹ ⟦kaluhe カルヘ⟧ [kəluhe] 《‡》 *n.* 混濁、汚濁；不潔 [Ka. D1303] (*Bh.8,23,10* (*Kitt.*))

ಕಲುಹೆ² ⟦kaluhe カルヘ⟧ [kəluhe] *n.* 学問、知識 [Ka. D1297]

ಕಲೆ¹ ⟦kale カレ⟧ [kəle] *n.* 美術 [Sk./Ka. D1297]

ಕಲೆ² ⟦kale カレ⟧ [kəle] ಕಲಿ² *vi.* 加わる、会う [Ka. D1299]

ಕಲೆಗೂಡು ⟦kalegūḍu カレグードゥ⟧ [kalegu̥ːḍu] *vi.* 集まる、集合する [*kale* + *kūḍu*]

ಕಲೆಹಾಕು ⟦kalehāku カレハーク⟧ [kəlehɐːku] *vt.* 収集する、集める [Ka. *kale*² + *hāku*]

ಕಲೆ³ ⟦kale カレ⟧ [kəle] *n.* 1 傷跡、(天然痘の)痘痕 2 (泥や油などの)しみ、汚れ、汚点；(道義上の)汚点 ◇ *vi.* —ಬೀಳ್ (bīḷ) 汚点が付く [Ka. D1313]

ಕಲೆ⁴ ⟦kale カレ⟧ [kəle] ಕಳೆ⁴ *n.* 1 月の直径の 16 分の 1 2 輝き [Sk.]

ಕಲೆಗುಂದು ⟦kaleguṃdu カレグンドゥ⟧ [kəle̥gundu] *vi.* 輝きを失う [*kale* + *kuṃdu*]

ಕಲೆಗಾರ ⟦kalegāra カレガーラ⟧ [kəlegɐːrɐ] *m.* 《*f.* ಕಲೆಗಾರ್ತಿ (kalegārti)》美術家、絵描き、彫刻家 [*kale*¹ + *-gāra*] = ಕಲಾವಿದ (kalāvida)

ಕಲೆಗಾರಿಕೆ ⟦kalegārike カレガーリケ⟧ [kəlegɐːrike] *n.* 芸術上の優れた技術、腕のさえ ¶ ಹಾಸನ ಜಿಲ್ಲೆ ಹೊಯ್ಸಳ ಕಲೆಗಾರಿಕೆಯ ಗಣಿಯಾಗಿದೆ. (hāsana jille hoysaḷa kalegārikeya gaṇiyāgide.) ハサン県はホイサラ芸術の宝庫である。 [*kalegāra* + *-ike*]

ಕಲೆತ ⟦kaleta カレタ⟧ [kəletɐ] *n.* 収集、集めること [Ka. *kale*² D1299 + *-ta*]

ಕಲೇವರ ⟦kalēvara カレーヴァラ⟧ [kəleːvərɐ] ಕಳೇವರ 《文》 *n.* 1 体、身体 2 遺体 [Sk.]

ಕಲೋಪಾಸಕ ⟦kalōpāsaka カローパーサカ⟧ [kəloːpɐːsəkɐ] 《文》 *m.* 《*f.* ಕಲೋಪಾಸಕಿ (kalōpāsaki)》芸術に打ち込む芸術家、芸術を大事にする人 [Sk.]

ಕಲೋಪಾಸನೆ ⟦kalōpāsane カローパーサネ⟧ [kəloːpɐːsəne] 《文》 *n.* 芸術(特に美術)に献身すること [Sk.]

ಕಲ್ಕ¹ ⟦kalka カルカ⟧ [kəlkɐ] 《‡》 *n.* 混合物 (*My.* (*Kitt.*)) [Ka. D1299]

ಕಲ್ಕ² ⟦kalka カルカ⟧ [kəlkɐ] *n.* 1 不潔物 2 かす、沈殿物 3 耳垢 4 不潔 5 罪 6 嘘、虚言 [Sk.

←Dr., M1.183]

ಕಲ್ಕುಟಿಗ ⟦kalkuṭiga カルクティガ⟧ [kəlkuṭigɐ] ಕಲುಕುಟಿಕ, ಕಲುಕುಟಿಗ, ಕಲುಕುಟ್ಟಿಗ, ಕಲ್ಕುಟಿಕ, ಕಲ್ಲುಕುಟಿಗ, ಕಲ್ಲುಕುಟುಕ, ಕಲ್ಲುಕುಟ್ಟಿಗ *m.* 石工；石に彫刻する人 [Ka. *kal* + *kuṭṭiga*]

ಕಲ್ಕೆ ⟦kalke カルケ⟧ [kəlke] ಕಲ್ಕೆ *n.* 学ぶこと、学習 [Ka. *D1297] = ಕಲಿವು (kalivu)

ಕಲ್ನಾರು ⟦kalnāru カルナール⟧ [kəlnɐːru] *n.* 1 石綿 2 カンタラアサ（リュウゼツラン科リュウゼツラン属）→ 繊 [Ka. *kal*「石」+ *nāru*「糸」]

ಕಲ್ಪಕ ⟦kalpaka カルパカ⟧ [kəlpəkɐ] 《文》*adj.*, *m.* 創造性のある〈人〉 —*m.* 《*f.* ಕಲ್ಪಕಳು (kalpakaḷu)》哀れみ深い人 —*n.* 神に願をかけること [Sk.]

ಕಲ್ಪಕತೆ ⟦kalpakate カルパカテ⟧ [kəlpəkəte] 《文》*n.* 創造性 [Sk.]

ಕಲ್ಪನೆ ⟦kalpane カルパネ⟧ [kəlpəne] *n.* 1 作ること、形づくること 2 計画 3 想像、空想 [Sk.]

ಕಲ್ಪವೃಕ್ಷ ⟦kalpavṛkṣa カルパヴルクシャ⟧ [kəlpəvrɯkʂɐ/—vrukʂɐ] 《文》*n.* 空想上のすべての願いをかなえるという天国にある木 [Sk.]

ಕಲ್ಪಿ ⟦kalpi カルピ⟧ [kəlpi] 《古》*n.* 学習、学ぶこと [Ka. D1297]

ಕಲ್ಪಿತ ⟦kalpita カルピタ⟧ [kəlpitɐ] 《文》(*adj.*) 空想上の〈こと〉；でっち上げ〈の〉；仮説上の〈こと〉 —*n.* 決心、計画 [Sk.]

ಕಲ್ಪಿಸು¹ ⟦kalpisu カルピス⟧ [kəlpisu] 《文》*vt.* 〈あることを〉教える、教授する [Ka. *kalpi* + *-isu*, *D1297] (*Si.313*)

ಕಲ್ಪಿಸು² ⟦kalpisu カルピス⟧ [kəlpisu] 《‡》*vt.* 加える、混ぜる、混ぜ合わせる [Ka. caus. D1299] (*Si.313 (Kitt.)*)

ಕಲ್ಪಿಸು³ ⟦kalpisu カルピス⟧ [kəlpisu] *vt.* 1 作る、創造する ¶ ನನಗೆ ಹಾಡಲು ಅವಕಾಶವನ್ನು ಕಲ್ಪಿಸಿಕೊಡು. (nanage hāḍalu avakāśavannu kalpisikoḍu.) 私に歌う機会を作ってくれ。 2 想像する、空想する [Sk. *kḷp-*]

ಕಲ್ಮಷ ⟦kalmaṣa カルマシャ⟧ [kəlməʂɐ] 《文》(*adj.*) 1 きたない〈こと〉、汚れた〈こと〉、不潔な〈こと〉 2 〔喩〕不潔〈な〉、汚れた〈心など〉 —*n.* 不潔な物、汚物 [Sk.]

ಕಲ್ಯಾಣ ⟦kalyāṇa カリャーナ⟧ [kəlʲjɐːɳɐ] *n.* 1 繁栄、幸福 2 結婚、婚礼 3 華麗、絢爛 4 金 —(*adj.*) 1 きれいな〈こと〉、美しい〈こと〉 2 幸運をもたらす〈こと〉、縁起のよい〈こと〉 [Sk.]

ಕಲ್ಲಂಗಡಿ ⟦kallaṃgaḍi カッランガディ⟧ [kəlləŋgəɖi] *n.* スイカ（西瓜）またはその果実 [M. *kaliṃgaḍa*, *kaliṃgaḍē* ṭ*3100.2*]

ಕಲ್ಲಚ್ಚು ⟦kallaccu カッラッチュ⟧ [kəllətʧʧu] *n.* 石版印刷 [Ka. *kallu* + *accu*]

ಕಲ್ಲತ್ತಿ ⟦kallatti カッラッティ⟧ [kəllətti] *n.* クワ科イチジク属の植物の一種 [*kallu*¹ + *atti*]

ಕಲ್ಲಿ ⟦kalli カッリ⟧ [kəlli] *n.* 1 粗い編み織物の一種 2 粗い編み織物で作った袋 [Ka. D1317]

ಕಲ್ಲಿದ್ದಲು ⟦kalliddalu カッリッダル⟧ [kəlliddə̆lu] *n.* 石炭 [Ka. *kallu* + *iddalu* 2552「炭」]

ಕಲ್ಲು¹ ⟦kallu カッル⟧ [kəllu] ಕಲ್² ಕಲು, ಕಲ್ಲು *n.* 1 石 2 宝石 [Ka. D1298]

ಕಲ್ಲು² ⟦kallu カッル⟧ [kəllu] 《‡》*n.* [Ka. D1374] (*Si.348 (Kitt.)*) ☞ಕಳ್ಳು (kaḷḷu)

ಕಲ್ಲುಮನಸ್ಸು ⟦kallumanassu カッルマナッス⟧ [kəllumənəssu] *adj.*, *mf.* 心が冷たい〈人〉、冷酷な〈人〉 —*n.* 冷酷な心 ಕಲ್ಲೆದೆ (kallede) [Ka. *kallu*¹ + *manassu*]

ಕಲ್ಲುಸಕ್ಕರೆ ⟦kallusakkare カッルサッカレ⟧ [kəllusəkkəre] *n.* 氷砂糖 [Ka. *kallu*¹ + *sakkare*]

ಕಲ್ಲುಹೂವು ⟦kalluhūvu カッルフーヴ⟧ [kəlluhuːvu] *n.* 石の上に生えた地衣類 [Ka. *kallu*¹ + *hūvu*]

ಕಲ್ಲೆದೆ ⟦kallede カッレデ⟧ [kəlledđe] *adj.*, *mf.* 冷酷な〈人〉 —*n.* 冷酷な心 ಕಲ್ಲುಮನಸ್ಸು (kallumanassu) [Ka. *kallu* + *ede*]

ಕಲ್ಲೊತ್ತು ⟦kallottu カッロットゥ⟧ [kəllottu] *n.* 魚の目（皮膚病の一種）[Ka. *kallu* + *ottu*³]

ಕಲ್ಲೋಲ ⟦kallōla カッローラ⟧ [kəlloːlɐ] 《文》*n.* 大波 [Sk.]

ಕವ ⟦kava カヴァ⟧ [kəvɐ] 《‡》(*n.*) 《*redp.*》がみがみ（腹を立てて話す声を表す擬音語）(*Kitt.*) [Ka. onom. D1341] ☞ಕವಕವ (kavakava)

ಕವಕವ ⟦kavakava カヴァカヴァ⟧ [kəvəkəvɐ] (*n.*) がみがみ（腹を立てて話す声を表す擬音語）[Ka. onom. D1341, cf. M. *kʰavakʰava*]

ಕವಕವ ಅನ್ನು ⟦kavakava annu カヴァカヴァアンヌ⟧ [kəvə kəvə ənnu] *vi.* がみがみ言う [Ka. D1341]

ಕವಕವ ಮಾಡು ⟦kavakava māḍu カヴァカヴァマードゥ⟧ [kəvəkəvə mɐːɖu] *vi.* がみがみ言う [Ka. D1341]

ಕವಕ್ಕನೆ ⟦kavakkane カヴァッカネ⟧ [kəvəkkə̆ne] *adv.* 1 突然、ぱくっと 2 ぱくっと（急に飲み込んだ時の音や様子を表す擬音語や擬態語）[Ka. *kavak* + *-ane*]

ಕವಚ ⟦kavaca カヴァチャ⟧ [kəvəʧɐ] 《文》*n.* 1 覆い、覆うもの 2 鎧（よろい）、鎖帷子 3 蛇などの抜け殻 [Sk. ←Dr.]

ಕವಚು¹ ⟦kavacu カヴァチュ⟧ [kəvə̆ʧu] 《‡》*vt.* 覆う、着せる (*My.* (*Kitt.*)) [Ka. D1221] ☞ಕವಿಚು (kavicu)¹

ಕವಚು² ⟦kavacu カヴァチュ⟧ [kəvə̆ʧu] 《‡》*vi.* 転覆する、ひっくり返る、裏返る (*My.* (*Kitt.*)) [Ka. D1335] ☞ಕವಿಚು (kavicu)²

ಕವಟು ⟦kavaṭu カヴァトゥ⟧ [kəvə̆ʈu] ಕವಾಟು *n.* 扉 [Sk. *kapāṭa-* ←Dr.? M1.187] = ಬಾಗಿಲು, ಕದ (bāgilu, kada)

ಕವಡ ⟦kavaḍa カヴァダ⟧ [kəvə̆ɖɐ] *n.* 詐取、詐欺、瞞着 [Sk. *kapaṭa-* ←Dr.] ☞ಕವಡು (kavaḍu)²

ಕವಡಿ¹ ⟦kavaḍi カヴァディ⟧ [kəvə̆ɖi] *n.* 覆う布 [Ka. *D1221] = ಕೌದಿ (kaudi)

ಕವಡಿ² ⟦kavaḍi カヴァディ⟧ [kəvə̆ɖi] *mf.* 詐欺師、ペテン師 [*kavaḍu*² + *-i*]

ಕವಡಿ³ ⟦kavaḍi カヴァディ⟧ [kəvə̆ḍi] n. 農園などの垣根の途中に２本の柱を立てて作った通用口 [?]

ಕವಡಿ⁴ ⟦kavaḍi カヴァディ⟧ [kəvə̆ḍi] n. カバディの試合で勝者が出す叫び [?]

ಕವಡಿಕೆ¹ ⟦kavaḍike カヴァディケ⟧ [kəvə̆ḍike] n. 1 叉(また)になること 2 鏃(やじり)が叉になった矢 [Ka. *kavaḍu*[1] + *-ike*]

ಕವಡಿಕೆ² ⟦kavaḍike カヴァディケ⟧ [kəvə̆ḍike] n. 1 インド洋に生息する小さな貝（貝殻はアフリカおよび南アジアで貨幣として使われていた） 2 上記の貝殻でする遊び [Sk. *kapardikā-* ←Dr.]

ಕವಡಿಕೆ³ ⟦kavaḍike カヴァディケ⟧ [kəvəḍike] ಕವಡ² n. 詐取、詐欺、瞞着 [*kavaḍu*[2] + *-ike*]

ಕವಡಿಸು ⟦kavaḍisu カヴァディス⟧ [kəvəḍisu] vt. 騙す、詐取する [Ka. *kavḍu*[2] + *-isu*]

ಕವಡು¹ ⟦kavaḍu カヴァドゥ⟧ [kəvə̆ḍu] n. 叉(また)、叉になった枝 [Ka. D1325] ☞ಕವಲು (kavalu)

ಕವಡುಮಾತು¹ ⟦kavaḍumātu カヴァドゥマートゥ⟧ [kəvə̆ḍumɐːtu] n. 本題を外れた話、横道に外れた話 [+ *mātu*]

ಕವಡು² ⟦kavaḍu カヴァドゥ⟧ [kəvə̆ḍu] ಕವಡ, ಕೌಡಿ n. 詐取、詐欺、瞞着 [Sk. *kapaṭa-* ←Dr. M1.154]

ಕವಡುಬೀಳ್ ⟦kavaḍubīḷ カヴァドゥビール⟧ [kəvə̆ḍubiːḷ] 《古》 vi. 騙される、詐取される [+ *bīḷ*]

ಕವಡುಮಾತು² ⟦kavaḍumātu カヴァドゥマートゥ⟧ [kəvə̆ḍumɐːtu] n. 人を騙すための話 [+ *māṭu*]

ಕವಡುನಿದ್ದೆ ⟦kavaḍunidde カヴァドゥニッデ⟧ [kəvə̆ḍunidde] n. 狸寝入り、眠っているふりをすること [+ *nidde*]

ಕವಡುಗ ⟦kavaḍuga カヴァドゥガ⟧ [kəvəḍugɐ] m. 《f. ಕವಡುಗಿತ್ತಿ (kavaḍugitti)》ペテン師、詐欺師 [*kavaḍu*[2] + *-ga*]

ಕವಡುತನ ⟦kavaḍutana カヴァドゥタナ⟧ [kəvəḍutənɐ] n. 詐欺性、欺瞞性 [*kavaḍu*[2] + *-tana*]

ಕವಡೆ ⟦kavaḍe カヴァデ⟧ [kəvəḍe] n. インド洋に生息する小さな貝（貝殻はアフリカおよび南アジアで貨幣として使われていた） [Dr. cf. Sk. *kaparda-*]

ಕವಣ¹ ⟦kavaṇa カヴァナ⟧ [kəvə̆ṇɐ] 《‡》 n. 一口、一口の食物 (*Si.146 (Kitt.)*) ☞ಕವಲ (kavala) [Ka. D1222]

ಕವಣ² ⟦kavaṇa カヴァナ⟧ [kəvə̆ṇɐ] ಕವಣೆ² n. 1 牧草地、牧場 2 放牧料からの収入 = ಕವಣಾಯ (kavaṇāya) [?]

ಕವಣಾಯ ⟦kavaṇāya カヴァナーヤ⟧ [kəvəṇɐːjɐ] n. 放牧料からの収入 [*kavaṇa* + *-āya*]

ಕವಣೆ¹ ⟦kavaṇe カヴァネ⟧ [kəvə̆ṇe] ಕವಣಿ n. パチンコ [Ka. D1322]

ಕವಣೆ² ⟦kavaṇe カヴァネ⟧ [kəvə̆ṇe] n. 放牧料からの収入 [?] ☞ಕವಣ (kavaṇa)

ಕವತೆ¹ ⟦kavate カヴァテ⟧ [kəvə̆te] n. 叉(また)になった状態 [Ka. *kaval* + *-te*, D1325]

ಕವತೆ² ⟦kavate カヴァテ⟧ [kəvə̆te] n. 無理やりに奪い取ること、略奪 [Ka. < *kavarte* D1326]

ಕವದಿ ⟦kavadi カヴァディ⟧ [kəvə̆dđi] ಕವುಂದಿ, ಕವಿದಿ, ಕವುದಿ, ಕೌಂದಿ, ಕೌದಿ n. キルトの掛け布団 [Ka. D1324]

ಕವನ ⟦kavana カヴァナ⟧ [kəvənɐ] n. 1 詩、詩文；詩作 2 空想、考え [Sk.] ↔ ಪದ್ಯ (padya)

ಕವನಿಸು ⟦kavanisu カヴァニス⟧ [kəvənisu] 《文》 vi. 詩を作る [*kavana* + *-isu*]

ಕವಯಿತ್ರಿ ⟦kavayitri カヴァイトリ⟧ [kəvəjitʳri] 《文》 f. 《m. ಕವಿ (kavi)》女性詩人 [Sk.]

ಕವರ್ ⟦kavar カヴァル⟧ [kəvər] ಕಬರು, ಕವರು 《古》 vt. 1 力ずくで奪う、もぎ取る、奪い取る 2 横領する、着服する [Ka. D1326]

ಕವರಿ ⟦kavari カヴァリ⟧ [kəvə̆ri] 《‡》 n. 辮髪(べんぱつ) [Ka. D1327/Sk. ←Dr., M.1.186]

ಕವರು¹ ⟦kavaru カヴァル⟧ [kəvə̆ru] 《古》 vt. 1 力ずくで奪う、もぎ取る、奪い取る 2 横領する [Ka. D1326] ☞ಕವರ್ (kavar)

ಕವರು² ⟦kavaru カヴァル⟧ [kəvəru] 《口》 n. 1 覆い 2 封筒 [Eg. *cover*]

ಕವರು³ ⟦kavaru カヴァル⟧ [kəvə̆ru] ಕೌರು 《古》 vt. 1 攻撃する；（よからぬ欲望や考えなどが）取りつく 2 噛みつく [?]

ಕವರ್ತೆ ⟦kavarte カヴァルテ⟧ [kəvərte] ಕವತೆ 《古》 n. 強奪、略奪 ◇ vt. —ಗೊಳ್ (goḷ) 略奪する [Ka. D1326]

ಕವಲ್ ⟦kaval カヴァル⟧ [kəvəl] 《古》 vi. 枝分かれする —n. 1 枝分かれ、分枝；枝分かれした枝 2 （人生などにおいての）転回、方向転換 [Ka. D1325]

ಕವಲ ⟦kavala カヴァラ⟧ [kəvə̆lɐ] ಕವಳ n. 一口 [Ka. D1222]

ಕವಲು ⟦kavalu カヴァル⟧ [kəvə̆lu] ಕವಡು, ಕವಲ್, ಕವಲೆ, ಕೌಲು n. 1 枝分かれ、分枝；枝分かれした枝 2 （人生などにおいての）転回、方向転換 ¶ ಗಂಡ ಸತ್ತಮೇಲೆ ಅವಳ ಬಾಳು ಕವಲಾಗಿ ಹೋಯ್ತು. (gaṃḍa sattamēle avaḷa bāḷu kavalāgi hōytu.) 夫の死後彼女の人生は転機を迎えた。 [Ka. *D1325] = ತಿರುವು (tiruvu)

ಕವಲುದಾರಿ ⟦kavaludāri カヴァルダーリ⟧ [kəvəludɐːri] n. 枝分かれした道、脇道 [Ka. *kavalu* + *dāri*]

ಕವಲೊಡೆ ⟦kavaloḍe カヴァロデ⟧ [kəvəloḍe] vi. 1 分枝を出す、枝分かれする、ばらばらになる 2 分裂する [Ka.]

ಕವಳ ⟦kavaḷa カヴァラ⟧ [kəvəḷɐ] n. 1 一口の食べ物 ತುತ್ತು (tuttu) 2 キンマの葉とビンロウジュの実 [Ka.] ☞ಕವಳ (kavaḷa)

ಕವಳಿ¹ ⟦kavaḷi カヴァリ⟧ [kəvəḷi] n. 気絶、気を失うこと [Ka. D1336]

ಕವಳಿ² ⟦kavaḷi カヴァリ⟧ [kəvəḷi] 《‡》 n. 1 くるくる回ること、渦巻くこと 2 混乱 (*DEDR*) [Ka. D1340] ☞ಕವ್ವರೆ (kavvare)

ಕವಾಟ¹ ⟦kavāṭa カヴァータ⟧ [kəvɐːṭɐ] n. 扉 [Sk.] ಕಪಾಟು (kapāṭu)

ಕವಾಟ² ⟦kavāṭa カヴァータ⟧ [kəvɐːṭɐ] n. 壁に切り込まれた戸棚、作りつけの戸棚 [Eg. *cupboard*] ಕಪಾಟು

(kapāṭu)

ಕವಾಟು ⟦kavāṭu カヴァートゥ⟧ [kəvɐːʈu] *n.* 扉 [Sk. *kavāṭa-*] = ಕವಾಟ (kavāṭa)

ಕವಾಡಗಿತ್ತಿ ⟦kavāḍagitti カヴァーダギッティ⟧ [kəvɐːɖəgitti] *f.* 《*m.* ಕವಾಡಿಗ (kavāḍiga)》牛乳売りの女性、牛飼いのカーストに属する女性；牛飼いの妻 (*My.* (*Kitt.*)) [Ka.] ☞ಹಾಲುಗಿತ್ತಿ, ಗವಳಗಿತ್ತಿ (hālugitti, gavaḷagitti)

ಕವಾಡಿಗ ⟦kavāḍiga カヴァーディガ⟧ [kəvɐːɖigɐ] *m.* 《*f.* ಕವಾಡಗಿತ್ತಿ (kavāḍagitti)》牛乳屋、牛飼いのカーストに属する男性 (*My.* (*Kitt.*)) [Ka.]

ಕವಾಯಿತು ⟦kavāyitu カヴァーイトゥ⟧ [kəvɐːjitu] ಕವಾತು, ಕವಾಯತು, ಕವಾಯಿತ *n.* 1 訓練 2 軍隊の演習 [Ar. *qawāyid*]

ಕವಿ¹ ⟦kavi カヴィ⟧ [kəvi] *vt.* 1 覆う、覆い隠す ¶ ಹಿಮ ಮನೆಯನ್ನು ಕವಿದಿದೆ. (hima maneyannu kavidide.) 雪が家に積もっている。 2 取り巻く ¶ ರಾಜನ ಸೈನಿಕರು ಶತ್ರುಗಳನ್ನು ಕವಿದರು. (rājana sainikaru śatrugaḷannu kavidaru.) 王の兵が敵軍を包囲した。 3 攻撃する —*vi.* (煙などが) 濃くなる、満ちる —*n.* 1 覆い、覆い隠すもの 2 馬につける皮製の目隠し [Ka. D1221]

ಕವಿಸು ⟦kavisu カヴィス⟧ [kəvisu] *vt.* 〈体などを〉覆い隠す、〈敷物などを〉広げる [Ka.]

ಕವಿ² ⟦kavi カヴィ⟧ [kəvi] *m.* 《*f.* ಕವಯಿತ್ರಿ (kavayitri)》 1 詩人 2 賢者、学識ある人、利口な人 [Sk.] = ಕಬ್ಬಿಗ (kabbiga)

ಕವಿಚು¹ ⟦kavicu カヴィチュ⟧ [kəviʧu] ಕವುಚು, ಕೌಚು *vt.* 覆う、被せる、着せる [Ka. D1221]

ಕವಿಚು² ⟦kavicu カヴィチュ⟧ [kəviʧu] ಕವಚು, ಕವುಚು, ಕೌಚು *vi.* 転覆する、ひっくり返る、裏返る [Ka. D1335]

ಕವಿತಾಗೋಷ್ಠಿ ⟦kavitāgōṣṭʰi カヴィターゴーシュティ⟧ [kəvitɐːgoːʂʈʰi] 《文》 *n.* 詩の会 [Sk.]

ಕವಿತೆ ⟦kavite カヴィテ⟧ [kəvite] *n.* 詩、詩文、韻文 [Sk.]

ಕವಿತ್ವ ⟦kavitva カヴィトヴァ⟧ [kəvitvɐ] 《文》 *n.* 詩、詩文、韻文 [Sk.]

ಕವಿದಿ ⟦kavidi カヴィディ⟧ [kəvĭđhi] ಕವುಂದಿ, ಕವದಿ, ಕವುದಿ, ಕೌಂದಿ, ಕೌದಿ *n.* キルトの掛け布団、布を継ぎ合わせて作った布団 [Ka. D1324]

ಕವುಂಕುಳ್ ⟦kavuṃkuḷ カヴンクル⟧ [kəvuŋkuɭ] 《古》 *n.* 脇の下 [Ka. *D1234] ☞ಕಂಕುಳು (kaṃkuḷu)

ಕವುಚು¹ ⟦kavucu カヴチュ⟧ [kəvŭʧu] *vt.* 覆う、覆い隠す ¶ ಕೋಳಿಮರಿಗಳ ಮೇಲೆ ಬುಟ್ಟಿಯನ್ನು ಕವುಚು. (kōḷimarigaḷa mēle buṭṭiyannu kavucu.) ひよこに籠を被せなさい。 [Ka. D1221]

ಕವುಚು² ⟦kavucu カヴチュ⟧ [kəvŭʧu] *vi.* 転覆する、ひっくり返る、裏返る [Ka. D1335]

ಕವುಟು ⟦kavuṭu カヴトゥ⟧ [kəvuʈu] 《‡》 *n.* 汗のついた衣料、油やギーの焦げる嫌な臭い (*My.* (*Kitt.*)) [Ka. D1334]

ಕವುರು ⟦kavuru カヴル⟧ [kəvuru] 《‡》 *n.* 強い悪臭 [Ka. D1334] (*Bh.1,20,61*; *Râm. 5,8,64* (*Kitt.*))

ಕವುದಿ ⟦kavudi カヴディ⟧ [kəvəŭđi] *n.* キルトの掛け布団、布を継ぎ合わせて作った布団 [Ka. D1324]

ಕವೆ ⟦kave カヴェ⟧ [kəve] *n.* 1 叉(また)になった棒 2 〔喩〕二枚舌 [Ka. D1325]

ಕವ್ವರೆ ⟦kavvare カッヴァレ⟧ [kəvvəre] ಕವ್ವರಿ, ಕಾವ್ವರಿ, ಕೋವರಿ, ಕೌವರಿ, ಕೌವರೆ *n.* 1 渦巻くこと、渦巻き 2 興奮、熱中 [Ka. D1340]

ಕವ್ವಲ್ ⟦kavval カッヴァル⟧ [kəvvəl] 《‡》 *n.* 悪臭 [Ka. D1334] (*Mr.118* (*Kitt.*))

ಕವ್ವಳೆ ⟦kavvaḷe カッヴァレ⟧ [kəvvəɭe] 《‡》 *n.* 1 渦巻くこと、渦巻き 2 (心の)動揺、混乱 (*Kitt.*) [Ka. D1340]

ಕಶೇರು ⟦kaśēru カシェール⟧ [kəʃeːru] 《文》 *n.* 1 背骨 2 食用カヤツリ (根が薬として用いられるカヤツリグサ科カヤツリグサ属植物の一種) ⇀ 食・薬 [Sk.] = ನೆಲ ಬಾದಾಮಿ (nela bādāmi)

ಕಶ್ಮಲ ⟦kaśmala カシュマラ⟧ [kəʃməlɐ] 《文》 *adj.* きたない、不潔な —*n.* 不潔なもの、汚物 cf. ಕಲ್ಮಷ (kalmaṣa) [Sk.]

ಕಷಾಯ ⟦kaṣāya カシャーヤ⟧ [kəʂɐːjɐ] *n.* 1 薬草を煎じたもの 2 〔喩〕強く出しすぎた茶やコーヒー ¶ ಚಹಾ ಕಷಾಯ ಆಗಿದೆ. (cahā kaṣāya āgide.) お茶が煎じ薬のようになっている。 [Sk.]

ಕಷಾಯವರ್ಣ ⟦kaṣāyavarṇa カシャーヤヴァルナ⟧ [kəʂɐːjəvərɳɐ] *n.* 黒褐色、焦げ茶色 [Sk.]

ಕಷ್ಟ¹ ⟦kaṣṭa カシュタ⟧ [kəʂʈɐ] *n.* 1 困難、難儀 2 骨折り、苦しい仕事 3 不幸、窮状 —(*n.*) 1 困難〈な〉、難しい〈こと〉 2 (人生や生活などが)苦しい〈こと〉 [Sk.]

ಕಷ್ಟಕಾರ ⟦kaṣṭakāra カシュタカーラ⟧ [kəʂʈəkɐːrɐ] *m.* 《*f.* ಕಷ್ಟಕಾರಳು (kaṣṭakāraḷu)》農業労働者 [+ *kāra*]

ಕಷ್ಟಕಾರಿ ⟦kaṣṭakāri カシュタカーリ⟧ [kəʂʈəkɐːri] *mf.* 災いや難儀をもたらす人 [Sk. *kaṣṭakārin-*]

ಕಷ್ಟಪಡು ⟦kaṣṭapaḍu カシュタパドゥ⟧ [kəʂʈəpəɖu] ಕಷ್ಟಂಬಡು, ಕಷ್ಟಬಡು *vi.* 1 苦しむ、苦しみを味わう 2 努力する [Sk.]

ಕಷ್ಟಪಡಿಸು ⟦kaṣṭapaḍisu カシュタパディス⟧ [kəʂʈə̆pəɖĭsu] *vt.* 苦しめる、悩ます [+ *-isu* caus.]

ಕಷ್ಟಸಂಧಿ ⟦kaṣṭasaṃdʰi カシュタサンディ⟧ [kəʂʈəsəndʰi] *n.* 困難な時、苦境 [+ *saṃdʰi*]

ಕಷ್ಟಸಾಧ್ಯ ⟦kaṣṭasādʰya カシュタサーディャ⟧ [kəʂʈəsɐːdʰjɐ] 《文》 *adj.* 成就するのが難しい、努力して成就すべき [Sk.]

ಕಷ್ಟ² ⟦kaṣṭa カシュタ⟧ [kəʂʈɐ] 《方》 *n.* ひげそり [?]

ಕಸ¹ ⟦kasa カサ⟧ [kəsɐ] ಕಸವು *n.* 1 ゴミ、廃棄物 2 田畑の雑草 3 後産 [Ka. D1088(a)]

ಕಸ² ⟦kasa カサ⟧ [kəsɐ] 《‡》 *n.* 渋い〈こと〉 [Ka. D1249] (C. (Kitt.))

ಕಸಕಸೆ ⟦kasakase カサカセ⟧ [kəsəkəse] ಕಸಕಸಿ, ಖಸಖಸಿ, ಗಸಗಸೆ n. ケシ(芥子)、アヘン(阿片)の取れるケシ→観・薬 [Pe. xašxaš] ☞*[IMP 4.214]

ಕಸಕಿಲ್ ⟦kasakil カサキル⟧ [kəsəkil] ಕಸಕಿಲು, ಕಸಿಕಿಲ್, ಕಿ-ಸಿಕಿಲ್ 《古》 n. 箒 [Ka. kasa1 D1088(a) + ?]

ಕಸಕಿಲು ⟦kasakilu カサキル⟧ [kəsəkilu] n. 箒 [Ka. kasa1 D1088(a) + ?]

ಕಸಕು ⟦kasaku カサク⟧ [kəsə̆ku] n. 渋いこと (My. (Kitt.)) [Ka. D1249]

ಕಸಗು ⟦kasagu カサグ⟧ [kəsəgu] vt. 磨く [Ka. *D1087] = ತೀಡು (tīḍu)

ಕಸಪರಿಗೆ ⟦kasaparige カサパリゲ⟧ [kəsɐpərige] 《‡》 n. 箒 [kasa1 + parige *D4415] (My. (Kitt.))

ಕಸಪೊರಕೆ ⟦kasaporake カサポラケ⟧ [kəsəporəke] ಕಸಪ-ರಿಕೆ, ಕಸಬರಿಕೆ, ಕಸಬರಿಗೆ n. 箒 [kasa1 + porake D4415]

ಕಸಪೊರಿಗೆ ⟦kasaporige カサポリゲ⟧ [kəsɐporige] 《‡》 n. 箒 (My. (Kitt.)) [kasa1 + porige *D4415]

ಕಸಪೋರಿಗೆ ⟦kasapōrige カサポーリゲ⟧ [kəsɐpoːrige] 《‡》 n. 箒 (C. (Kitt.)) [kasa1 + *D4415]

ಕಸಬ ⟦kasaba カサバ⟧ [kəsə̆bɐ] 《‡》 n. 県や郡の役所のある町 [Ar. qasba] ಕಸಬೆ (kasabe)

ಕಸಬರಲು ⟦kasabaralu カサバラル⟧ [kəsəbərəlu] n. 箒 [kasa1 + baralu「乾いた茎」*D5320]

ಕಸಬರಿಕೆ ⟦kasabarike カサバリケ⟧ [kəsəbərike] n. 箒 [kasa1 + parake D4415]

ಕಸಬರಿಗೆ ⟦kasabarige カサバリゲ⟧ [kəsəbarige] n. 箒 [kasa1 + parake D4415]

ಕಸಬಿ ⟦kasabi カサビ⟧ [kəsə̆bi] 《‡》 mf. 1 職業 2 売春婦 [kasabu + -i] ಕಸುಬು (kasubu)

ಕಸಬಿಣಿ ⟦kasabiṇi カサビニ⟧ [kə̆sə̆biṇi] f. 慰安婦、芸者、玄人の女性 [M. kasabīṇă]

ಕಸಬಿಸಿ ⟦kasabisi カサビシ⟧ [kəsə̆bisi] n. 慌てること、どぎまぎすること [? cf. M. kāsāvīsă] ☞ಕಸವಿಸಿ (kasavisi)

ಕಸಬು ⟦kasabu カサブ⟧ [kəsə̆bu] ಕಸುಬು 《‡》 n. 1 職業 2 売春して生きていくこと、売春業 [Ar. kasb]

ಕಸಬುಗಾರ ⟦kasabugāra カサブガーラ⟧ [kəsə̆bugɐːrɐ] m. 《f. ಕಸಬುಗಾತಿ (kasabugāti)》職人 [kasabu + -gāra]

ಕಸಬುಗಾರಿಕೆ ⟦kasabugārike カサブガーリケ⟧ [kəsə̆bugɐːrike] ಕಸುಬುಗ್ಗರಿಕೆ n. 職人としての生活、職人の地位 [kasabugāra + -ike]

ಕಸಬುಶಾಲೆ ⟦kasabuśāle カサブシャーレ⟧ [kəsə̆buʃɐːle] n. 職業学校 [+ śāle]

ಕಸಬೆ1 ⟦kasabe カサベ⟧ [kəsə̆be] ಕಂಸಬೆ, ಕಸಬ, ಕಸಬಾ 《‡》 n. 県や郡の中心都市 [Ar. qaṣba]

ಕಸಬೆ2 ⟦kasabe カサベ⟧ [kəsə̆be] n. 職業に従事する人、職人 [Ar. kasb + -be] = ಕಸಬಿ (kasabi)

ಕಸಬೊರಿಗೆ ⟦kasaborige カサボリゲ⟧ [kəsəborige] 《‡》 n. 箒 [kasa1 + porake D4415]

ಕಸಬೋರಿಗೆ ⟦kasabōrige カサボーリゲ⟧ [kəsəboːrige] 《‡》 n. 箒 (C. (Kitt.)) [kasa1 + porake *D4415]

ಕಸಮರ ⟦kasamara カサマラ⟧ [kəsɐmərɐ] 《‡》 n. 箒 [kasa + mara?] (Kitt.)

ಕಸಮುಸುರೆ ⟦kasamusure カサムスレ⟧ [kəsɐmusŭre] n. 家事、家事の仕事 [+ musure *D5029]

ಕಸರ್ ⟦kasar カサル⟧ [kəsər] 《古》 n. 渋み [Ka. D1249] ☞ತಸ್ತೆ (taste)

ಕಸರತ್ತು ⟦kasarattu カサラットゥ⟧ [kəsərəttu] n. 1 肉体の鍛錬、体操 ವ್ಯಾಯಾಮ (vyāyāma) 2 (スポーツでの)離れ業 [Ar.-Pe. kasrat]

ಕಸರು1 ⟦kasaru カサル⟧ [kəsə̆ru] ಕಸರ್, ಕಸುರ್ n. ちりや埃などの汚れ [Ka. D1088]

ಕಸರು2 ⟦kasaru カサル⟧ [kəsə̆ru] ಕಸುರು n. 1 渋み、(果物が)熟れておらず渋いこと 2 (完熟したビンロウジュの実が)完全に乾燥していない〈こと〉 3 不快、不機嫌 4 災い、災難 [Ka. D1089, D1249]

ಕಸರು3 ⟦kasaru カサル⟧ [kəsə̆ru] n. 欠陥、欠点 [Ar. kasr]

ಕಸವರಿಗೆ ⟦kasavarige カサヴァリゲ⟧ [kəsəvərige] 《‡》 n. 箒 (my. (Kitt.)) [+ *parike *D4415]

ಕಸವಿಸಿ ⟦kasavisi カサヴィシ⟧ [kəsəvisi] ಕಸಿಬಿಸಿ, ಕಸಿವಿಸಿ, ಕಾಸಾವೀಶಿ, ಕಾಸಾವೀಸಿ n. 1 慌てること、どぎまぎすること 2 (物をねだる時など)どきどきすること [Ka. mim.] ☞ ಕಸಿವಿಸಿ (kasivisi)

ಕಸವು ⟦kasavu カサヴ⟧ [kəsə̆vu] 《文》 n. [Ka. D1088(a)] ☞ಕಸ (kasa)

ಕಸಾಯಿ ⟦kasāyi カサーイ⟧ [kəsɐːji] m. 屠畜者、肉屋 [Sk. kasāī ←Ar. qaṣṣāb]

ಕಸಾಯಿಖಾನೆ ⟦kasāyikʰāne カサーイカーネ⟧ [kəsɐːjikʰɐːne] n. 屠畜場;肉屋の店 [H. kasāī-kʰānā]

ಕಸಿ1 ⟦kasi カシ⟧ [kəsi] 《‡》 vi. 滴る、滴り落ちる [Ka. D1091] (Šm.110 (Kitt.))

ಕಸಿ2 ⟦kasi カシ⟧ [kəsi] ಕಸು (n.) 熟れてなくて渋い〈こと〉 [Ka. D1249]

ಕಸಿ3 ⟦kasi カシ⟧ [kəsi] 《古》 vi. 〈建造物が〉崩れ落ちる、崩壊する [Ka. *D1636?]

ಕಸಿ4 ⟦kasi カシ⟧ [kəsi] ಕಶಿ, ಕಸೆ, ಖಸಿ vt. 1 余分な枝をおろすこと、木の枝を刈り込むこと 2 接木 [Ar. xaṣṣi]

ಕಸಿವಿಸಿ ⟦kasivisi カシヴィシ⟧ [kəsivisi] n. 1 慌てること、どぎまぎすること 2 (物をねだる時など)どきどきすること [?] ☞ಕಸವಿಸಿ (kasavisi)

ಕಸು ⟦kasu カス⟧ [kəsu] ಕಸುವು n. 精力、元気 [?]

ಕಸುಬು ⟦kasubu カスブ⟧ [kəsŭbu] ಕಸಬು n. 職業 [Ar. kasb] ☞ಕಸಬು (kasabu)

ಕಸುರು1 ⟦kasuru カスル⟧ [kəsŭru] n. ちりや埃などの汚れ [Ka. D1088] ☞ಕಸರು (kasaru)1

ಕಸುರು2 ⟦kasuru カスル⟧ [kəsŭru] n. (熟れていない果物の)渋み [Ka. D1249] ☞ಕಸರು (kasaru)2

ಕಸುವು ⟦kasuvu カスヴ⟧ [kəsuvu] n. 1 精力、元気 2 精力がつく食べ物 [Ka.] ☞ಶಕ್ತಿ (śakti)

ಕಸುಗಾಯಿ ⟦kasugāyi カスガーイ⟧ [kəsuğɐːji] *n.* 熟れていない小さな果実 [*kasi*² + *kāyi*]

ಕಸೂತಿ ⟦kasūti カスーティ⟧ [kəsuːti] *n.* 刺繍 [Pe. *kašīda*]

ಕಸೂತಿ ತೆಗೆ ⟦kasūti tege カスーティテゲ⟧ [kəsuːti tege] *vi.* 刺繍する [+ *tege*]

ಕಸ್ತಲೆ ⟦kastale カスタレ⟧ [kəstəle] 《方》 *n.* 闇、暗闇 (*Hav.*) [Ka. D1278(b)]

ಕಸ್ತೂರಿ ⟦kastūri カストゥーリ⟧ [kəstuːri] *n.* 麝香（じゃこう） [Sk.]

ಕಹಳೆ ⟦kahaḷe カハレ⟧ [kəhəɭe] ಕಾಳೆ *n.* 長いトランペットの一種[⇒図] [Sk. *kāhalā*-? <?]

ಕಹಳೆ
トランペット

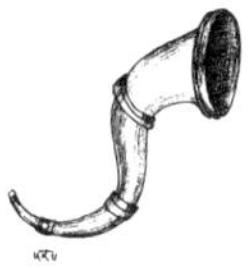

ಕಹಿ ⟦kahi カヒ⟧ [kəhi] (*n.*) 苦い〈こと〉 —*n.* 苦味 [Ka. *D1249]

ಕಹಿಪಡವಲ ⟦kahipaḍavala カヒパダヴァラ⟧ [kəhipəɖə̆vəlɐ] *n.* ヘビウリ（蛇瓜、ウリ科カラスウリ属）⇀ 食・薬 [*hahi* + *paḍavala*] *[IMP 5.321]

ಕಳ್¹ ⟦kaḷ カル⟧ [kəɭ] 《古》 *vt.* 《過去語幹 kaḷd-》盗む —*n.* 1 盗むこと 2 嘘、欺瞞 [Ka. D1372]

ಕಳ್² ⟦kaḷ カル⟧ [kəɭ] 《古》 *n.* ヤシの樹液を集めて発酵させたもの [Ka. D1374] ☞ಕಳ್ಳು (kaḷḷu)

ಕಳ¹ ⟦kaḷa カラ⟧ [kəɭɐ] 《‡》 (*n.*) 全体から離れた〈こと〉、緩んだ〈こと〉(*Kitt.*) [Ka. D1349]

ಕಳ² ⟦kaḷa カラ⟧ [kəɭɐ] *mf.* 悪漢、悪人 [Sk. *khala*- ←Dr. D1372]

ಕಳ³ ⟦kaḷa カラ⟧ [kəɭɐ] ಕಣ⁴, ಕಣವು *n.* 1 脱穀場 2 闘技場、アリーナ 3〔喩〕戦場 [Ka. D1376]

ಕಳ⁴ ⟦kaḷa カラ⟧ [kəɭɐ] *m.* 悪人 [Sk. *khala*- ←Dr.]

ಕಳಂಕ ⟦kaḷaṃka カランカ⟧ [kəɭəŋkɐ] ಕಲಂಕ *n.* 1 しみ、汚れ、斑点 2〔喩〕汚点、汚名、不名誉 [Sk. *kalaṃka*-]

ಕಳಂಜಿ ⟦kaḷaṃji カランジ⟧ [kəɭəɲji] ಕಲಂಜಿ *n.* 穀物を蓄えるための大きな籠 [Ka. D1375]

ಕಳಕಳ¹ ⟦kaḷakaḷa カラカラ⟧ [kəɭəkəɭɐ] (*n.*) 1 ミツバチや小鳥の出す音が交じり合った甘いささめき 2 ざわざわ（群衆の出すつぶやき音を表す擬音語）[Ka. onom. D1302]

ಕಳಕಳ² ⟦kaḷakaḷa カラカラ⟧ [kəɭəkəɭɐ] *n.* 心の懊悩、苦悩 [Ka. mim. D1306]

ಕಳಕಳ³ ⟦kaḷakaḷa カラカラ⟧ [kəɭəkəɭɐ] (*n.*) ふつふつ（お湯が泡を立てて沸騰する音を表す擬音語）[Ka. onom.] = ಕಳಕಳ (kaḷakaḷa)

ಕಳಕಳನೆ ⟦kaḷakaḷane カラカラネ⟧ [kəɭə̆kəɭə̆ne] *adv.* ふつふつと [+ *-ane*]

ಕಳಕಳಿ ⟦kaḷakaḷi カラカリ⟧ [kəɭəkəɭi] *n.* 深い関心 ¶ ಅಕ್ಕ ನನ್ನ ಮದುವೆ ಬಗ್ಗೆ ಕಳಕಳಿಯಿಂದ ಫೋನ್ ಮಾಡಿದರು. (akka nanna maduve bagge kaḷakaḷiyiṃda pʰōn māḍidaru.) 姉は私の結婚について心配して手紙をくれた。[Ka. mim.]

ಕಳಕಳಿಸು¹ ⟦kaḷakaḷisu カラカリス⟧ [kəɭəkəɭĭsu] *vi.* 1（小鳥やハチなどが）さんざめく 2 朗らかに笑う 3《古》心配する [Ka. onom. cf. D1302]

ಕಳಕಳಿಸು² ⟦kaḷakaḷisu カラカリス⟧ [kəɭəkəɭĭsu] ಕಟಕಟಿಸು 《古》 *vi.* 輝く、きらきら光る [Ka. D1346]

ಕಳಗೆ ⟦kaḷage カラゲ⟧ [kəɭə̆ge] 《‡》 *n.* 穀物を蓄える大型の円錐形の籠 (*DEDR*) [Ka. D1375]

ಕಳಚು¹ ⟦kaḷacu カラチュ⟧ [kəɭəʧu] 《‡》 *vi.* はずれる (*Rām. 6,1,13* (*Kitt.*)) [Ka. D1349]

ಕಳಚು² ⟦kaḷacu カラチュ⟧ [kəɭəʧu] ಕಳಲಿಚು, ಕಳಲ್ಚು, ಕಟಚು, ಕಟಲ್ಚು *vt.* 1 外す ¶ ಸರದ ಕೊಂಡಿಯನ್ನು ಕಳಚು. (sarada koṃḍiyannu kaḷacu.) 首飾りの留め金をはずせ。 2 取り除く、〈雑草などを〉引き抜く 3〔喩〕〈関係などを〉絶つ ¶ ಅವಳ ಸಂಬಂಧವನ್ನು ಕಳಚಿಕೋ. (avaḷa saṃbaṃdʰavannu kaḷacikō.) 彼女との関係を絶て。[Ka. D1373]

ಕಳಪೆ ⟦kaḷape カラペ⟧ [kəɭə̆pe] (*n.*) 安物〈の〉、がらくた〈の〉¶ ಕಡಿಮೆ ದುಡ್ಡೆಂದು ಕಳಪೆ ಸಾಮಾನನ್ನು ತರಬೇಡ. (kaḍime duḍḍeṃdu kaḷape sāmānannu tarabēḍa.) 安かろう悪かろうという品を買って来ないで。[?]

ಕಳಭ ⟦kaḷabʰa カラバ⟧ [kəɭəbʰɐ] 《文》 *n.* 1 子象、象の子ども 2（一般に）動物の子ども [Sk.] = ಕಲಭ (kalabʰa)

ಕಳವಳ ⟦kaḷavaḷa カラヴァラ⟧ [kəɭə̆vəɭɐ] *n.* 1（急ぎ、希望、欲求、心配、苦悩などで）心がじりじりすること、いても立ってもいられないこと、動揺すること、懊悩すること 2 心配、不安 ¶ ಅವನ ದಿಟ್ಟನುಡಿ ಸಭಿಕರನ್ನು ಕಳವಳಗೊಳಿಸಿತು. (avana diṭṭanuḍi sabʰikarannu kaḷavaḷagoḷisitu.) 彼の大胆な発言が聴衆を心配させた。 3 心の混乱、錯覚、妄想 [Ka. mim. *D1306]

ಕಳವಳಗೊಳ್ಳು ⟦kaḷavaḷagoḷḷu カラヴァラゴッル⟧ [kəɭə̆vəɭəgoɭɭu] *vi.* 混乱に陥る ¶ ಅಪ್ಪ ಸಮಯಕ್ಕೆ ಸರಿಯಾಗಿ ಮನೆಗೆ ಬರದಿದ್ದರೆ ನಾನು ಕಳವಳಗೊಳ್ಳುತ್ತೇನೆ. (appa samayakke sariyāgi manege baradiddare nānu kaḷavaḷagoḷḷuttēne.) 父が帰るといった時間に帰ってこないと、私は心配でいても立ってもいられなかったものだ。[+ *koḷḷu*]

ಕಳವಳಿಕೆ ⟦kaḷavaḷike カラヴァリケ⟧ [kəɭə̆vəɭike] *n.*（急ぎ、希望、欲求、心配、苦悩などで）心がじりじりすること、いても立ってもいられないこと、動揺すること、懊悩すること [Ka. mim. D1306]

ಕಳವಳಿಸು ⟦kaḷavaḷisu カラヴァリス⟧ [kəɭəvəɭĭsu] *vi.*（希望、欲求、心配、苦悩などで）いても立ってもいられない、心が動揺する、懊悩する [Ka. D1306]

ಕಳವು ⟦kaḷavu カラヴ⟧ [kəɭəvu] *n.* 盗むこと（窃盗、詐欺、強盗など）[Ka. D1372]

ಕಳವೆ ⟦kaḷave カラヴェ⟧ [kəɭə̆ve] ಕವಳ, ಕವಳೆ, ಕಳವಿ *n.* カリッサ（紺色の液果をつける低木、キョウチクトウ科カリッサ属）⇀ 食・薬 [Ka. D1377] (*Mr.208* (*Kitt.*)) *[IMP 1.387]

ಕಳವಿ ⟦kaḷivi カリヴィ⟧ [kəɭĭvi] 《文》 *n.* キョウチクトウ科の刺のある低木の一種 = ಚಿಕ್ಕ ಕಳವಿ (cikka kaḷavi)

ಕಳಹು ⟦kaḷahu カラフ⟧ [kəɭəhu] 《古》 *n.* 盗むこと（窃盗、詐欺、強盗など）[Ka. D1372]

ಕಳಿ¹ ⟦kaḷi カリ⟧ [kəḷi] 《‡》 *vt.* 1 捨てる、放棄する 2〈時間を〉過ごす [Ka. < *kaṟi* D1356] *(DEDR)* ☞ಕಳೆ (kaḷe)

ಕಳಿ² ⟦kaḷi カリ⟧ [kəḷi] ಕಟಿ⁵ *vi.* (普通漬物などが)熟する [Ka. < *kaṟi*⁵ D1380]

ಕಳಿಂಜಿಕಾಯೆ ⟦kaḷiṃjikāye カリンジカーエ⟧ [kəḷiɳdʒikɐːjɛ] 《方》 *n.* ケンタッキーコーヒーの木 ⇀ 薬 [Ka. D1347] *[IMP 1.321]

ಕಳಿಗೆ ⟦kaḷige カリゲ⟧ [kəḷĭge] *n.* 穀物を蓄える大型の籠 [Ka. D1375]

ಕಳಿಲೆ ⟦kaḷile カリレ⟧ [kəḷile] ಕಣಿಲೆ, ಕಳಲು, ಕಳಲೆ, ಕಳಿಲು, ಕಳಿಲೆ, ಕಟಿಲೆ *n.* タケノコ(筍) [Ka. *D1353] = ಬಿದಿರಿನ ಮೊಳಕೆ (bidirina moḷake) 〔汎〕

ಕಳಿಯಡಿಕೆ ⟦kaḷiyaḍike カリヤディケ⟧ [kəḷijəḍike] ಕಳಿ ಅಡಕೆ *n.* 若いうちに収穫してゆでたビンロウジュの実(きわめて上等とされている) [Ka. *kaḷi*² + *aḍike* D1380]

ಕಳುಬು ⟦kaḷubu カルブ⟧ [kəḷubu] *n.* 穀物の間の雑草 [Ka. D1373] *(UNR)*

ಕಳಿಸು ⟦kaḷisu カリス⟧ [kəḷisu] *vt.* 送る、発送する [Ka. < *kaḷuhisu*] ☞ಕಳುಹಿಸು (kaḷuhisu)

ಕಳುಹಿಸು ⟦kaḷuhisu カルヒス⟧ [kəḷuhisu] 《文》 *vt.* 送る、発送する [Ka. *kaḷuhu* + *-isu*]

ಕಳುಹು ⟦kaḷuhu カルフ⟧ [kəḷuhu] *vt.* 〈人を〉送る [Ka. *D1346]

ಕಳೆ¹ ⟦kaḷe カレ⟧ [kəḷe] *vi.* (全体から)離れる、分離する —*vt.* 1〈刀などを〉引き抜く 2 取り除く、捨て去る [Ka. D1349, cf. D1356]

ಕಳೆ² ⟦kaḷe カレ⟧ [kəḷe] *vt.* 1 送り出す、 2 捨てる、放棄する 3〈金を〉使う 4〈時間を〉過ごす —*vi.* 1 (困難や問題などが)解消する 2 (時が)経つ、(年数が)満ちる 3 (輝きが)あせる [Ka. D1356, cf. D1349]

ಕಳೆ³ ⟦kaḷe カレ⟧ [kəḷe] *vt.* 〈雑草などを〉引き抜く、取り除く —*n.* (田畑に生える)雑草 [Ka. D1373]

ಕಳೆಗೀಳು ⟦kaḷegīḷu カレギール⟧ [kəḷegiːḷu] *vi.* 除草する、草取りをする [Ka. *kaḷe*³ + *kīḷu*]

ಕಳೆ⁴ ⟦kaḷe カレ⟧ [kəḷe] *n.* (顔などの)輝き、光輝 [Sk. cf. D1346] = ಕಲೆ (kale)

ಕಳೆಕಟ್ಟು ⟦kaḷekaṭṭu カレカットゥ⟧ [kəḷekəṭṭu] *vi.* 《*dat.*》 [+ *kaṭṭu*] ☞ಕಲೆಗಟ್ಟು (kalegaṭṭu)

ಕಳೆಗಟ್ಟು ⟦kaḷegaṭṭu カレガットゥ⟧ [kəḷegəṭṭu] ಕಳೆಕಟ್ಟು *vi.* 《*dat.*》より美しく見せる ¶ ಆ ಹಾರ ಅವಳ ಸೌಂದರ್ಯಕ್ಕೆ ಕಳೆಗಟ್ಟಿದೆ. (ā hāra avaḷa saumdaryakke kaḷegaṭṭide.) その首飾りが彼女をますます美しく見せている。 [+ *kaṭṭu*]

ಕಳೆಗುಂದಿಸು ⟦kaḷeguṃdisu カレグンディス⟧ [kəḷegundisu] *vt.* 《*caus.*》美しさを失わせる ¶ ಅವನ ವಿರಹ ದೀಪ್ತಿಯನ್ನು ಕಳೆಗುಂದಿಸಿದೆ. (avana viraha dīptiyannu kaḷeguṃdiside.) 彼との別離がディープティの輝きを失わせた。 [+ *kuṃdisu*]

ಕಳೆಗುಂದು ⟦kaḷeguṃdu カレグンドゥ⟧ [kəḷegundu] *vi.* 1 (月などが)輝きを失う 2 (顔などが)輝きを失う [+ *kuṃdu*]

ಕಳೆಗೆಡು ⟦kaḷegeḍu カレゲドゥ⟧ [kəḷeğeḍu] *vi.* 1 輝きを失う 2 (心配などで)顔色が悪くなる [+ *keḍu*]

ಕಳೆಯೇರು ⟦kaḷeyēru カレエール⟧ [kəḷejeːru] *vi.* 《*dat.*》輝きを増す [+ *ēru*]

ಕಳೆ⁵ ⟦kaḷe カレ⟧ [kəḷe] *vt.* 1〈関係、希望その他を〉捨てる 2〈敵などを〉取り除く、片付ける 3 差し引く、控除する [Ka. D1356]

ಕಳೇಬರ ⟦kaḷēbara カレーバラ⟧ [kəḷeːbərɐ] ಕಲೇವರ, ಕಳೆ-ಬರ, ಕಳೆವರ 《文》 *n.* 亡骸、遺体 [Sk. *kalēvara* ←Md.?]

ಕಳ್ಳ¹ ⟦kaḷḷa カッラ⟧ [kəḷḷɐ] *m.* 《*f.* ಕಳ್ಳತಿ, ಕಳ್ಳಿ (kaḷḷati, kaḷḷi)》1 泥棒、盗人(窃盗、詐欺師、強盗など) 2 偽の、偽造の、違法な [Ka. D1372]

ಕಳ್ಳನಾಣ್ಯ ⟦kaḷḷanāṇya カッラナーニャ⟧ [kəḷḷənɐːɳjɐ] *n.* 偽の貨幣、偽造貨幣 [+ *nāṇya*]

ಕಳ್ಳನೆವ ⟦kaḷḷaneva カッラネヴァ⟧ [kəḷḷənevɐ] *n.* 口実、嘘の言い訳 [+ *neva*]

ಕಳ್ಳನೋಟ ⟦kaḷḷanōṭa カッラノータ⟧ [kəḷḷənoːṭɐ] *n.* 盗み見 [+ *nōṭa*]

ಕಳ್ಳಬಟ್ಟಿ ⟦kaḷḷabaṭṭi カッラバッティ⟧ [kəḷḷə̆bəṭṭi] *n.* 闇の蒸留、非合法の蒸留 [+ *baṭṭi*]

ಕಳ್ಳಮಾಲು ⟦kaḷḷamālu カッラマール⟧ [kəḷḷəmɐːlu] *n.* 1 盗品 2 闇市に出た商品 [+ *mālu*]

ಕಳ್ಳರುಜು ⟦kaḷḷaruju カッラルジュ⟧ [kəḷḷərudʒu] *n.* 偽の署名 [+ *ruju*]

ಕಳ್ಳಸಂತೆ ⟦kaḷḷasaṃte カッラサンテ⟧ [kəḷḷəsənte] *n.* 闇市 [+ *saṃte*]

ಕಳ್ಳಸಾಗಣೆ ⟦kaḷḷasāgaṇe カッラサーガネ⟧ [kəḷḷəsɐːgəɳe] *n.* 密輸入、密輸出 [+ *sāgaṇe*]

ಕಳ್ಳಸಾಗಣೆಗಾರ ⟦kaḷḷasāgaṇegāra カッラサーガネガーラ⟧ [kəḷḷə̆sɐːgəɳegɐːrɐ] *m.* 《*f.* ಕಳ್ಳಸಾಗಣೆಗಾತಿ (kaḷḷasāgaṇe-gāti)》密輸業者 [+ *sāgaṇe* + *-gāra*]

ಕಳ್ಳ² ⟦kaḷḷa カッラ⟧ [kəḷḷɐ] 《‡》 *n.* 草の一種 *(Mr.40.32 (Kitt.))* [Ka. D1384] = ಕಾಹಳಿ (kāhaḷi)

ಕಳ್ಳತಿ ⟦kaḷḷati カッラティ⟧ [kəḷḷə̆ti] *f.* 《*m.* ಕಳ್ಳ (kaḷḷa)》女性の泥棒 [Ka. *kaḷḷa* + *-ti* < *-itti* D1372]

ಕಳ್ಳತನ ⟦kaḷḷatana カッラタナ⟧ [kəḷḷətənɐ] *n.* 泥棒行為(窃盗、強盗、詐欺など) [Ka. *kaḷḷa* + *-tana*]

ಕಳ್ಳನಗಿಡ ⟦kaḷḷanagiḍa カッラナギダ⟧ [kəḷḷənəgiḍɐ] *n.* ヒルガオ科の小さな植物の一種 [Ka. D1384]

ಕಳ್ಳಿ¹ ⟦kaḷḷi カッリ⟧ [kəḷḷi] *f.* 《*m.* ಕಳ್ಳ (kaḷḷa)》女性の泥棒 [Ka. *D1372]

ಕಳ್ಳಿ² ⟦kaḷḷi カッリ⟧ [kəḷḷi] *n.* 乳液を出す生垣用の植物(トウダイグサ科トウダイグサ属) ⇀ 材・薬 [Ka. D1383] *[MPI 2.175]

ಕಳ್ಳು¹ ⟦kaḷḷu カッル⟧ [kəḷḷu] *n.* 1 内臓、はらわた 2 愛情 ¶ ಅಪ್ಪನಿಗೆ ತಮ್ಮನ ಮೇಲೆ ಕಳ್ಳು ಇಲ್ಲದೆ ಹೋಗಿದೆ. (appanige tammana mēle kaḷḷu illade hōgide.) 父は弟に対してもう愛情を持っていない。 [Ka. D1274]

ಕಳ್ಳು² ⟦kaḷḷu カッル⟧ [kəḷḷu] *n.* 新鮮なヤシの樹液、その樹液が発酵したもの [Ka. D1374] = ಹೆಂಡ (heṃḍa)

ಕಳ್ಳೆ ⟦kaḷḷe カッレ⟧ [kəḷḷe] *f.* ⟪*m.* ಕಳ್ಳ (kaḷḷa)⟫ 女性の泥棒、女泥棒 [Ka. D1372]

ಕಱ ⟦kaṟa カラ⟧ [kəṟɐ] 《‡》 *n.* 子牛、牛や水牛の子ども (*C.* (*Kitt.*)) [Ka. D1411] ☞ಕಱು (kaṟu)

ಕಱಂಗು¹ ⟦kaṟaṃgu カラング⟧ [kəṟəŋgu] 《‡》 *vi.* 衰弱する [Ka. D1388] (*Kitt.*²)

ಕಱಂಗು² ⟦kaṟaṃgu カラング⟧ [kəṟəŋgu] 《古》 *vi.* 黒くなる [Ka. D1395]

ಕಱಕು ⟦kaṟaku カラク⟧ [kəṟəku] 《‡》 *n.* 臼、のこぎりなどのぎざぎざ [Ka. D1265] (*Tĕ.,R.* (*Kitt.*))

ಕಱಮೆ ⟦kaṟame カラメ⟧ [kəṟəme] 《古》 *n.* 腫れ物、腫瘍 [Ka. D1273]

ಕಱಲ್ ⟦kaṟal カラル⟧ [kəṟəl] ಕಲ್ಲುಗ, ಕಱಳು 《‡》 *n.* 塩気があること、しょっぱいこと (*Kitt.*) [Ka. D1504, cf. D1466]

ಕಱಲು ⟦kaṟalu カラル⟧ [kəṟəlu] ಕರಲು, ಕಲ್ಲುಗ, ಕಱಳ್ 《古》 *n.* 塩分の多い土地 [Ka. *D1466]

ಕಱಸು ⟦kaṟasu カラス⟧ [kəṟəsu] 《古》 *vt.* 〈雨を〉降らせる [Ka. caus. D1385] ☞ಕಱೆಸು (kaṟesu)

ಕಱಾವು ⟦kaṟāvu カラーヴ⟧ [kəṟɐːvu] 《‡》 *n.* 乳を搾ること [Ka. D1385] (*My.* (*Kitt.*)) ☞ಕರಾವು (karāvu)

ಕಱಿ¹ ⟦kaṟi カリ⟧ [kəṟi] 《‡》 *vt.* 〈乳を〉搾る (*Si. 322* (*Kitt.*)) [Ka. D1385] ☞ಕಱೆ (kaṟe)

ಕಱಿ² ⟦kaṟi カリ⟧ [kəṟi] 《‡》 *n.* **1**（生または調理した）野菜 (*Kitt.,M.,T.*) **2** 肉 (*T.,R.* (*Kitt.*)) [Ka. D1391]

ಕಱಿ³ ⟦kaṟi カリ⟧ [kəṟi] 《古》 (*n.*) 黒〈い〉 [Ka. D1395]

ಕಱಿಕೆ ⟦kaṟike カリケ⟧ [kəṟike] ಕಱುಂಕೆ, ಕಱುಕೆ, ಗರಿಕೆ, ಗರುಕೆ, ಗಱಿಕೆ, ಗಱುಂಕೆ 《古》 *n.* バーミューダグラス（イネ科ギョウギシバ属、動物の飼料として用いられるイネ科の草）⇀ 被・飼 [Ka. D1397(a)] = ಗರಿಕೆ ಹುಲ್ಲು (garike hullu) 〔汎〕

ಕಱು ⟦kaṟu カル⟧ [kəṟu] 《古》 *n.* **1** 子牛、牛や水牛の子ども **2** 〔喩〕 子ども [Ka. D1411] ☞ಕರು (karu)⁴

ಕಱುಂಬು ⟦kaṟuṃbu カルンブ⟧ [kəṟumbu] ಕರುಂಬು, ಕರುಬು, ಕಱುಬು 《古》 *vt.* そねむ、嫉妬する ―*n.* 嫉妬 [Ka. D1986]

ಕಱುಪು ⟦kaṟupu カルプ⟧ [kərupu] 《古》 *n.* 羨み、嫉妬 [Ka. D1396]

ಕಱುಬ ⟦kaṟuba カルバ⟧ [kəṟubɐ] 《古》 *m.* ⟪*f.* ಕಱುಬಿ (kaṟubi)⟫ 嫉妬深い人、人をそねむ人 [Ka. D1396]

ಕಱುಬಿ ⟦kaṟubi カルビ⟧ [kəṟubi] 《古》 *f.* ⟪*m.* ಕರುಬ (karuba)⟫ 嫉妬深い女性、人をそねむ女性 [Ka. D1396]

ಕಱುಬತನ ⟦kaṟubatana カルバタナ⟧ [kəṟŭbətənɐ] 《古》 *n.* 嫉妬、嫉み [Ka. *kaṟuba* + *-tana* D1396]

ಕಱುಬು ⟦kaṟubu カルブ⟧ [kəṟubu] 《古》 *vi.* 嫉む、嫉妬する [Ka. D1986]

ಕಱುವು ⟦kaṟuvu カルヴ⟧ [kəṟuvu] 《古》 *n.* 子牛 [Ka. D1411]

ಕಱುಹು ⟦kaṟuhu カルフ⟧ [kəṟuhu] 《古》 *n.* 嫉妬、羨み [Ka. D1396]

ಕಱೆ¹ ⟦kaṟe カレ⟧ [kəṟe] *n.* **1** 黒、黒色 **2**（衣類、紙などについた）黒っぽいしみ、斑点 **3** マンゴーの実の花梗（かこう）から出る黒っぽい分泌物 [Ka. *D1278(a)/D1395] ☞ಕರೆ (kare)³

ಕಱೆ² ⟦kaṟe カレ⟧ [kəṟe] 《古》 *vt.* **1** 〈牛乳を〉搾る **2** 〔喩〕 〈矢や賞賛や光などを〉ふり注ぐ ☞ಕರೆ (kare)⁵ [Ka. D1385]

ಕಱೆಸು ⟦kaṟesu カレス⟧ [kəṟesu] ಕಱಸು 《古》 *vt.* 〈雨を〉降らせる [+ *-su* caus.]

ಕಱ್ಱಗೆ ⟦kaṟṟage カッラゲ⟧ [kəṟṟəge] 《古》 *adv.* 黒く [Ka. D1395]

ಕಱ್ಱನೆ ⟦kaṟṟane カッラネ⟧ [kəṟṟəne] 《古》 *adv.* 黒く [Ka. D1395]

ಕೞ¹ ⟦kaṟ カル⟧ [kəɻ] ಕೞು 《‡》 *n.* 象の耳に穴をあける道具 [Ka. D1361] (*Šmd.* (*Kitt.*))

ಕೞ² ⟦kaṟ カル⟧ [kəɻ] 《古》 *pref.* 黒…¶ ಕೞ್ಪು (kaṟpu) 黒 (*K*)² [Ka. < *kar-* D1494]

ಕೞಕೞಿಸು ⟦kaḻakaḻisu カラカリス⟧ [kəɻəkəɻisu] 《古》 *vi.* きらめく、きらきら光る [Ka. mim. *kaḷakaḷisu* D1346] = ತಳತಳಿಸು (taḷataḷisu) ☞ಕಳಕಳಿಸು (kaḷakaḷisu)²

ಕೞಕುೞ ⟦kaḻakuḻa カラクラ⟧ [kəɻəkuɻɐ] ಕಳಕುಳ 《古》 *n.* 混乱、混乱；狼狽 [Ka. *D2147]

ಕೞಲ್¹ ⟦kaḻal カラル⟧ [kəɻəl] ಕಳಲ್, ಕಳಲು 《古》 *vi.* **1** しおれる、衰える、やつれる **2** ずり落ちる、抜け落ちる **3** 落胆する、気力を失う、がっかりする、元気を失う [Ka. D1349]

ಕೞಲಿಸು ⟦kaḻalisu カラリス⟧ [kəɻəlĭsu] ಕಳಲಿಸು 《古》 *vt.* 弛める、抜け落ちさせる [+ *-isu* caus. D1349, D1356]

ಕೞಲ್² ⟦kaḻal カラル⟧ [kəɻəl] ಕೞಲು 《古》 *n.* 足首の飾り [Ka. D1351]

ಕೞಲ್³ ⟦kaḻal カラル⟧ [kəɻəl] ಕಳಲು 《古》 *n.* ヨーグルト；脱脂乳、牛乳からバターを取った後の液体 [Ka. D1580]

ಕೞಲು ⟦kaḻalu カラル⟧ [kəʒalu] 《‡》 *n.* サトウキビの上から２、３の水っぽい節 (S.Mhr. (Kitt.)) [Ka. D1352]

ಕೞಲೆ ⟦kaḻale カラレ⟧ [kəɻəle] 《‡》 *n.* 刺のある小枝 (*Šmd.I.* (*Kitt.*)) [Ka. D1353]

ಕೞಲ್ಚು ⟦kaḻalcu カラルチュ⟧ [kəɻəltʃu] 《古》 *vt.* **1** 引き離す、取り除く **2** 取り除く、〈雑草などを〉引き抜く [Ka. D1349, D1356] ☞ಕಳಚು (kaḷacu)²

ಕೞಿ¹ ⟦kaḻi カリ⟧ [kəɻi] 《古》 *vt.* 緩める、取り外す [Ka. D1349] ☞ಕಳೆ (kaḷe)¹

ಕೞಿ² ⟦kaḻi カリ⟧ [kəɻi] ಕಳಿ² 《古》 *vi.* **1** 去る **2** 死ぬ、亡くなる ―*vt.* 下剤できれいにする ―*vt.* 緩める、取り外す [Ka. D1356]

ಕೞಿ³ ⟦kaḻi カリ⟧ [kəɻi] *vi.* 手におえない [Ka. D1358]

ಕೞಿ⁴ ⟦kaḻi カリ⟧ [kəɻi] 《古》 *n.* 粥 [Ka. D1379]

ಕಱಿ[5] ⟦kaṟi カリ⟧ [kəɻi] 《古》*vi.* 1 熟れる、完熟する 2 しおれる、しなびる [Ka. *D1380] ☞ಕಳಿ (kaḷi)[2]

ಕಱಿಪು ⟦kaṟipu カリプ⟧ [kəɻipu] 《古》*vt.* 1 暇を与える、出発の許しを与える；(非難して)立ち去らせる 2 〈時を〉過ごす 3 〈海などを〉越える [Ka. D1356]

ಕಱಿಲೆ ⟦kaṟile カリレ⟧ [kəɻile] ಕಣಿಲೆ, ಕಳಲು, ಕಳಲೆ, ಕಳಿಲೆ 《古》*n.* タケノコ(筍) [Ka. D1353] = ಬಿದಿರಿನ ಮೊಳಕೆ (bidirina moḷake) 〔汎〕(〔汎〕)

ಕಱಿವು ⟦kaṟivu カリヴ⟧ [kəɻivu] ಕಳಿವು 《古》*n.* 1 死、死亡 2 敗北、負けること [Ka. D1356]

ಕಱಿಹ ⟦kaṟiha カリハ⟧ [kəɻiha] 《‡》*n.* 優越 (*Kitt.*) [Ka. D1158]

ಕಱು ⟦kaṟu カル⟧ [kəɻu] 《‡》*n.* 象の耳に穴をあける道具 [Ka. D1361] (*Kitt.*)

ಕಱ್ಕು ⟦kaṟku カルク⟧ [kəɻku] 《‡》*vi.* 嘔吐する [Ka. < anal. *kakku* D1079] (*Kitt.*) ☞ಕಕ್ಕು (kakku) 〔汎〕

ಕಱ್ಗು ⟦kaṟgu カルグ⟧ [kəɻgu] 《‡》*vi.* 黒くなる、(顔などが)日焼けする (*KPN*) [Ka. *kargu* D1494/D1278(a)]

ಕಱ್ತಲೆ ⟦kaṟtale カルタレ⟧ [kəɻtəle] 《古》*n.* 闇、暗闇 [Ka. *kartale* D1278(b)] ☞ಕತ್ತಲೆ (kattale)

ಕಱ್ತೆ ⟦kaṟte カルテ⟧ [kəɻte] 《古》*n.* ろば [Ka. D1364] = ಕತ್ತೆ (katte)

ಕಱ್ಪು ⟦kaṟpu カルプ⟧ [kəɻpu] 《‡》*n.* 黒いこと、黒色 (*Pb.4.49;4.51*) (*KPN*) [Ka. *karpu* D1494]

ಕಾ[1] ⟦kā カー⟧ [kɐː] 《古》*vt.* 《過去語幹 kād- 未来語幹 kāv-》1 救う、救助する 2 番をする 3 隠す、隠匿する —*vi.* 待つ；ぐずぐずする ☞ಕಾಯು (kāyu) [Ka. D1416]

ಕಾ[2] ⟦kā カー⟧ [kɐː] 《古》*n.* 《複合語頭で》野生の ¶ ಕಾಬೆಕ್ಕು (kābekku) 山猫 [Ka. D1418]

ಕಾ[3] ⟦kā カー⟧ [kɐː] (*n.*) 《通常繰り返し表現で》かあ(カラスの鳴き声を表す擬音語) [Ka. onom. D1425]

ಕಾಂಕೆ[1] ⟦kāṃke カーンケ⟧ [kɐːŋke] 《‡》*n.* 熱、高温 [Ka. D1458] (*My.* (*Kitt.*))

ಕಾಂಕೆ[2] ⟦kāṃke カーンケ⟧ [kɐːŋke] 《古》*n.* 熱望、望み、欲望 [Sk. *kāṃkṣā-*]

ಕಾಂಕ್ರೀಟು ⟦kāṃkrīṭu カーンクリートゥ⟧ [kɐːŋkriːʈu] *n.* コンクリート [Eg. *concrete*]

ಕಾಂಕ್ಷಿತ ⟦kāṃkṣita カーンクシタ⟧ [kɐːŋkʂĭtɐ] 《文》*adj.* 熱望された、希求された、欲しがっている [Sk.]

ಕಾಂಕ್ಷಿಸು ⟦kāṃkṣisu カーンクシス⟧ [kɐːŋkʂĭsu] 《文》*vt.* 望む、欲しがる、希求する [Sk.]

ಕಾಂಕ್ಷೆ ⟦kāṃkṣe カーンクシェ⟧ [kɐːŋkʂe] 《文》*n.* 願望、憧れ [Sk.]

ಕಾಂಗರೂ ⟦kāṃgarū カーンガルー⟧ [kɐːŋgəruː] *n.* カンガルー(オーストラリアに住む有袋類の動物) [Eg. *kangaroo*]

ಕಾಂಗು ⟦kāṃgu カーング⟧ [kɐːŋgu] ಕಾಗು 《古》*n.* 濃い青または濃い黒 [Ka. *D1428]

ಕಾಂಗ್ರೆಸ್ಸು ⟦kāṃgressu カーングレッス⟧ [kəːŋgressu] *n.* 1 会議 2 国民会議派 [Eg. *congress/ Congress*]

ಕಾಂಚನ ⟦kāṃcana カーンチャナ⟧ [kɐːɲʧənɐ] 《文》*n.* 金 [Sk.] = ಚಿನ್ನ/ಬಂಗಾರ (cinna/baṃgāra)

ಕಾಂಚನಾದ್ರಿ ⟦kāṃcanādri カーンチャナードリ⟧ [kɐːɲʧənɐːdri] 《文》*n.* 「金の山」、メール山 [Sk.]

ಕಾಂಚಾಳ ⟦kāṃcāḷa カーンチャーラ⟧ [kɐːɲʧɐːɭɐ] ಕಾಂಚಾಣ, ಕಾಂಚಾರ, ಕಾಂಚನಾಳ 《文》*n.* ジャケツイバラ科ハマカズラ属の木の名 ⇀ 薬 [Sk. *kāṃcanāra-*] *[IMP 1.257]

ಕಾಂಚಾಣ ⟦kāṃcāṇa カーンチャーナ⟧ [kɐːɲʧɐːɳɐ] 《文》*n.* 1 金 2 〔喩〕金銭、富 [Sk.]

ಕಾಂಚಿ ⟦kāṃci カーンチ⟧ [kɐːɲʧi] ಕಾಮಂಚ, ಕಾಮಂಚಿ, ಕಾವುಂಚಿ 《‡》*n.* トウダイグサ科の草本 (*DCV*) [Ka. D1433]

ಕಾಂಚಿಯ ಹುಲ್ಲು ⟦kāṃciya hullu カーンチヤフッル⟧ [kɐːɲʧijə hullu] *n.* レモングラス(イネ科オガルカヤ属) ⇀ 香・薬 (*Nr.* (*Kitt.*)) [Ka. D1485] = ಮಜ್ಜಿಗೆ ಹುಲ್ಲು, ನಿಂಬೆ ಹುಲ್ಲು (majjige hullu, niṃbe hullu) *[IMP 2.282]

ಕಾಂಚೆ ⟦kāṃce カーンチェ⟧ [kɐːɲʧe] 《文》*n.* 女性が腰に巻く帯 [Sk. *kāṃcī-*]

ಕಾಂಜಿರ ⟦kāṃjira カーンジラ⟧ [kɐːɲʤirɐ] ಕಾಂಜೀರ 《古》*n.* マチン(その種子はストリキニーネの原料) ⇀ 薬 [Ka. D1434] *[IMP 5.203]

ಕಾಂಡ ⟦kāṃḍa カーンダ⟧ [kɐːɳɖɐ] 《文》*n.* 1 木の幹 2 本の章 ¶ ಅಯೋಧ್ಯಾಕಾಂಡ ರಾಮಾಯಣದ ಮೊದಲ ಕಾಂಡ. (ayōdʰyākāṃḍa rāmāyaṇada modala kāṃḍa.) アヨーディヤーカーンダはラーマーヤナの第1章である。 3 矢 [Sk.]

ಕಾಂತ[1] ⟦kāṃta カーンタ⟧ [kɐːntɐ] 《文》*adj.*, *m.* 《*f.* ಕಾಂತೆ (kāṃte)》1 愛する〈人〉、いとしい〈人〉 2 見目麗しい〈人〉、可愛い〈人〉 —*m.* 《*f.* ಕಾಂತೆ (kāṃte)》 1 愛人、恋人 = ಪ್ರೇಮಿ (prēmi) 2 夫、主人 [Sk.]

ಕಾಂತ[2] ⟦kāṃta カーンタ⟧ [kɐːntɐ] *n.* 1 磁石 = ಸೂಜಿಕಾಂತ (sūjikāṃta) 2 トタン [Sk.]

ಕಾಂತಕ್ಷೇತ್ರ ⟦kāṃtakṣētra カーンタクシェートラ⟧ [kɐːntəkʂeːtrɐ] 《文》*n.* 磁場 [Sk.]

ಕಾಂತಚೋದನೆ ⟦kāṃtacōdane カーンタチョーダネ⟧ [kɐːntəʧoːdəne] 《文》*n.* 電磁誘導 [Sk.]

ಕಾಂತತ್ವ ⟦kāṃtatva カーンタトヴァ⟧ [kɐːntətvɐ] 《文》*n.* 磁性 [Sk.]

ಕಾಂತಾರ ⟦kāṃtāra カーンターラ⟧ [kɐːntɐːrɐ] 《文》*n.* 1 森林 = ಕಾಡು/ಅರಣ್ಯ (kāḍu/araṇya) 2 難路 [Sk. ←Dr.]

ಕಾಂತಿ ⟦kāṃti カーンティ⟧ [kɐːnti] *n.* 1 輝き、光輝 2 輝き(顔の美しさの一要素) [Sk.]

ಕಾಂತಿಗುಂದು ⟦kāṃtiguṃdu カーンティグンドゥ⟧ [kɐːnti ǧundu] *vi.* 1 輝きを失う 2 (病気や心配などで顔色が)悪くなる、(顔が)輝きを失う [+ *guṃdu*] = ಕಳೆಗುಂದು (kaḷeguṃdu)

ಕಾಂತಿಗೂಡು ⟦kāṃtigūḍu カーンティグードゥ⟧ [kɐːntiğuː ḍu] 《文》 *vi.* 1 輝きを増す 2〔喩〕(顔が)輝きを増す [+ *gūḍu*]

ಕಾಂತಿವರ್ಧಕ ⟦kāṃtivardʰaka カーンティヴァルダカ⟧ [kɐːntivərdʰəkɐ] 《文》 *adj.* 1 輝きを増す、光沢を増す 2 美しさを増す ¶ ಕಾಂತಿವರ್ಧಕ ಔಷಧಿ? (kāṃtivardʰaka auṣadʰi?) 美容のための薬 —*n.* 化粧品 [Sk.]

ಕಾಂತಿಹೀನ ⟦kāṃtihīna カーンティヒーナ⟧ [kɐːntihiːnɐ] 《文》 (*adj.*) 1 輝きのない〈こと〉¶ ಕಾಂತಿಹೀನ ಒಡವೆ. (kāṃtihīna oḍave.) 輝かない装身具 2 (顔などが)輝きがない〈こと〉¶ ಕಾಂತಿಹೀನ ಮುಖ (kāṃtihīna mukʰa) 元気のない顔 [Sk.]

ಕಾಂತೆ ⟦kāṃte カーンテ⟧ [kɐːnte] 《文》 *f.* 《*m.* ಕಾಂತ (kāṃta)》 1 恋人 2 美しい女性、美女 [Sk.]

ಕಾಂಸ್ಯ ⟦kāṃsya カーンスヤ⟧ [kɐːmsʲjɐ] 《文》 *n.* 鐘銅；青銅 [Sk.] = ಕಂಚು (kaṃcu)〔汎〕

ಕಾಂಸ್ಯಯುಗ ⟦kāṃsyayuga カーンスヤユガ⟧ [kɐːmsʲjɐju gɐ] 《文》 *n.* 青銅器時代 [Sk.]

ಕಾ ಕಾ ⟦kā kā カーカー⟧ [kɐːkɐː] (*n.*) かあかあ(カラスの鳴き声を表す擬音語) [Ka. onom. D1425]

ಕಾಕಂಬಿ ⟦kākaṃbi カーカンビ⟧ [kɐːkəmbi] ಕಾಕವಿ, ಕಾಕಿವೆ *n.* 糖蜜 [? cf. Mr. *kāvavī?*]

ಕಾಕ ⟦kāka カーカ⟧ [kɐːkɐ] 《文》 *n.* 1 カラス = ಕಾಗೆ (kāge)〔汎〕 2〔喩〕悪人、悪漢 [Sk.]

ಕಾಕತಾಲೀಯ ⟦kākatālīya カーカターリーヤ⟧ [kɐːkə̆tɐːliː jɐ] *n.* 偶然の一致 [Sk.]

ಕಾಕತಾಳೀಯನ್ಯಾಯ ⟦kākatāḷīyanyāya カーカターリーヤニャーヤ⟧ [kɐːkə̆tɐːḷiːjənijɐːĭɐ] *n.* 偶然、巡り合わせ [Sk.]

ಕಾಕಿ¹ ⟦kāki カーキ⟧ [kɐːki] ಕಾಕೆ, ಕಾಗಿ *n.* 1 雌のカラス 2〔喩〕下等な女性、卑しい女性 [Ka. D1425]

ಕಾಕಿ² ⟦kāki カーキ⟧ [kɐːki] *f.* カーキ色の —*n.* (兵士などの)カーキ色の制服 ☞ಖಾಕಿ (kʰāki) [Pe. *xākī*]

ಕಾಕು¹ ⟦kāku カーク⟧ [kɐːku] 《‡》 (*n.*) 日光によって熱せられた〈こと〉、日光によって憔悴した〈こと〉 [Ka. D1458] (*S.Mhr.* (*Kitt.*))

ಕಾಕು² ⟦kāku カーク⟧ [kɐːku] 《‡》 *n.* (タマネギなどの)鋭いむせかえるような臭い [Ka. D1492] (*S.Mhr.* (*Kitt.*))

ಕಾಕು³ ⟦kāku カーク⟧ [kɐːku] 《文》 *n.* 1 恐怖や怒りや苦悩などを表す時の発話の抑揚 2 皮肉、あてこすり 3 地方の方言 4 ぶつぶつ言うこと 5 わめき声 6 破壊、災厄 7 下等なこと、劣等 —*m.* 《*f.* ಕಾಕಿ (kāki)》卑しい人、下等な人 [Sk.]

ಕಾಕುನುಡಿ ⟦kākunuḍi カークヌディ⟧ [kɐːkunuḍi] 《文》 *n.* 1 皮肉 2 嘲笑的な言葉、愚弄する言葉 [+ ನುಡಿ (nuḍi)]

ಕಾಕೆ ⟦kāke カーケ⟧ [kɐːke] 《文》 *n.* 雌のカラス [Ka. D1425]

ಕಾಗಡಿ ⟦kāgaḍi カーガディ⟧ [kɐːgəḍi] *n.* 天秤棒 [Ka. D1417] ☞ಕಾವಡಿ (kāvaḍi)

ಕಾಗದ ⟦kāgada カーガダ⟧ [kɐːgə̆dɐ] *n.* 1 紙 2 手紙、信書 3 証書、特に契約書または契約それ自身 [Pe. *kāgaḍa*]

ಕಾಗದಪತ್ರ ⟦kāgadapatra カーガダパトラ⟧ [kɐːgədəpətʳrɐ] *n.* 1 文通 2 文書、記録 [+ *patra*]

ಕಾಗಿ ⟦kāgi カーギ⟧ [kɐːgi] *n.* 雌のカラス [Ka. D1425] ಕಾಕ (kāka)

ಕಾಗು ⟦kāgu カーグ⟧ [kɐːgu] ಕಾಂಗು 《古》 *n.* 濃い青または濃い黒 [Ka. D1428]

ಕಾಗುಣಿತ ⟦kāguṇita カーグニタ⟧ [kɐːguɳitɐ] *n.* インド系の文字で用いられる母音記号 [Ka. *kā* + *guṇita*]

ಕಾಗೆ ⟦kāge カーゲ⟧ [kɐːge] *n.* カラス [Ka. D1425] ಕಾಕ (kāka)

ಕಾಗೆಬಂಗಾರ ⟦kāgebaṃgāra カーゲバンガーラ⟧ [kɐːgebə ŋgɐːrɐ] *n.* 雲母、(絶縁体としては)マイカ [Ka. *kāge* + *baṃgāra*]

ಕಾಚ¹ ⟦kāca カーチャ⟧ [kɐːʧɐ] 《文》 *n.* ガラス [Sk.]

ಕಾಚ² ⟦kāca カーチャ⟧ [kɐːʧɐ] 《文》 *n.* サーリーやドーティーの端を股の下を通して後ろに押し込んで着る時に、その股の下を通す部分 [M. *kācā*]

ಕಾಚಿಹುಲ್ಲು ⟦kācihullu カーチフッル⟧ [kɐːʧihullu] *n.* パルマローザ(うちわを作る材料となるイネ科オガルカヤ属の植物で香水の原料としても用いられる)→ 香 [Ka. D1485] *[IMP 2.286]

ಕಾಚು ⟦kācu カーチュ⟧ [kɐːʧu] *n.* アセンヤクノキ(亜仙薬木、ネムノキ科アカシア属)、アセンヤクノキの凝縮した樹液 [Ka. D1432]

ಕಾಜ ⟦kāja カージャ⟧ [kɐːjɐ] *n.* ボタンの穴 [Pt. *casa* (*de botAo*)]

ಕಾಜವಾರ ⟦kājavāra カージャヴァーラ⟧ [kɐːʤəvɐːrɐ] 《‡》 *n.* マチン(その種子はストリキニーネの原料) (*G.* (*Kitt.*)) [Ka. D1434]

ಕಾಜಿ ⟦kāji カージ⟧ [kɐːji] ಖಾಜಿ *m.* イスラーム教の裁判官 [Ar. *qāḍī*] ಖಾಜಿ (kʰāji)

ಕಾಜಿನ್ಯಾಯ ⟦kājinyāya カージニャーヤ⟧ [kɐːjinjɐːyə] ಖಾಜಿನ್ಯಾಯ *n.* 原告被告の両者が妥協するような判決 [+ *nyāya*]

ಕಾಜಿವಾರ ⟦kājivāra カージヴァーラ⟧ [kɐːʤivɐːrɐ] 《‡》 *n.* マチン(その種子はストリキニーネの原料) (*G.* (*Kitt.*)) [Ka. D1434] = ಕಾಸರಿಕೆ (kāsarike)

ಕಾಟ¹ ⟦kāṭa カータ⟧ [kɐːṭɐ] *m.* 《*f.* ಕಾಟಿ (kāṭi)》猟師、狩人 [Ka. D1438]

ಕಾಟ² ⟦kāṭa カータ⟧ [kɐːṭɐ] *n.* 《*f.* ಕಾಟಕಿ (kāṭaki)》面倒、困らせること [Ka. *kāḍu*² + *-ta* D1440]

ಕಾಟ³ ⟦kāṭa カータ⟧ [kɐːṭɐ] 《‡》 *n.* タバコやトウガラシなどの強い刺激臭 (*S.Mhr.* (*Kitt.*)) [Ka. D1492]

ಕಾಟಕ¹ ⟦kāṭaka カータカ⟧ [kɐːṭə̆kɐ] *m.* 《*f.* ಕಾಟಕಿ (kāṭaki)》猟師、狩人 [Ka. *kāṭa*¹ + *-ka*, D1438]

ಕಾಟಕ² ⟦kāṭaka カータカ⟧ [kɐːṭə̆kɐ] *m.* 《*f.* ಕಾಟಕಿ (kāṭaki)》面倒を起こす人 [Ka. *kāṭa* + *-ka*, D1440]

ಕಾಟಕಾಯಿ ⟦kāṭakāyi カータカーイ⟧ [kɐːṭə̆kɐːji] ಕಾಟಕಾ-ಯ, ಕಾಟಗಾಯಿ《‡》n. 強奪、略奪 [M. kāṭăkāī]

ಕಾಟಾಚಾರ ⟦kāṭācāra カーターチャーラ⟧ [kɐːṭɐːʧəarɐ] n. いいかげんな仕事 [Ka. kāṭa² + Sk. ācāra]

ಕಾಟು ⟦kāṭu カートゥ⟧ [kɐːṭu]《‡》n. 噛み傷; 切り傷 [Ka. D1124]

ಕಾಟೆ ⟦kāṭe カーテ⟧ [kɐːṭe] ಕಾಟಿ, ಕಾಡೆ n. シコクビエ(ラーギー)を醗酵させた粥の一種 [Ka. D1436]

ಕಾಠಿಣ್ಯ ⟦kāṭʰiṇya カーティニャ⟧ [kɐːṭʰiṇ·jɐ] n. [Sk.] ☞ಕಾಠಿನ್ಯ (kāṭʰinya)

ಕಾಠಿನ್ಯ ⟦kāṭʰinya カーティニャ⟧ [kɐːṭʰin·jɐ] ಕಾಠಿಣ್ಯ《文》n. 1 固いこと、堅牢 2 残酷さ、むごいこと 3 困難、難しいこと [Sk.] ಕಾಠಿನ್ಯ (kāṭʰinya)

ಕಾಡ ⟦kāḍa カーダ⟧ [kɐːḍɐ]《‡》m.《f. *ಕಾಡಿ (kāḍi)》森林や荒野に住む人 (C. (Kitt.)) [Ka. D1438]

ಕಾಡತ್ತಿ ⟦kāḍatti カーダッティ⟧ [kɐːḍətti] n. イチジクの一種(クワ科イチジク属)→ 薬 [Ka. D372(b)]

ಕಾಡಿಕೆ ⟦kāḍike カーディケ⟧ [kɐːḍike] n. 面倒を起こすこと、悩ますこと [Ka. kāḍu + -ike D1440]

ಕಾಡಿಗ ⟦kāḍiga カーディガ⟧ [kɐːḍigɐ] m. 迷惑をかける人 [Ka. kāḍu+ -iga D1440]

ಕಾಡಿಗೆ ⟦kāḍige カーディゲ⟧ [kɐːḍige] n. 1 油煙、すす 2 目の周りに塗る黒い顔料(普通はすす) ಕಣ್ಣುಕಪ್ಪು (kaṇṇukappu)〔口〕[Ka. D1437]

ಕಾಡು¹ ⟦kāḍu カードゥ⟧ [kɐːḍu] n. 森林、荒野、原野、未開地 [Ka. D1438]

ಕಾಡುಗಿಚ್ಚು ⟦kāḍugiccu カードゥギッチュ⟧ [kɐːḍugiʧʧu] n. 山火事 [Ka. kāḍu + kiccu]

ಕಾಡುದಾರಿ ⟦kāḍudāri カードゥダーリ⟧ [kɐːḍudɐːri] n. 林道、森林の中の道、荒地の中の道 [+ dāri]

ಕಾಡು² ⟦kāḍu カードゥ⟧ [kɐːḍu] vt. 悩ます、困らせる、うるさがらせる [Ka. D1440]

ಕಾಡಿಸು ⟦kāḍisu カーディス⟧ [kɐːḍisu] vt. 悩ます、困らせる、うるさがらせる [+ -isu *D1440]

ಕಾಡು³ ⟦kāḍu カードゥ⟧ [kɐːḍu] ಕಾಡ (n.) 色黒の〈顔など〉) ¶ ಕಾಡುಮುಖ/ಕಾಡುಬಣ್ಣದ ಮುಖ (kāḍumukʰa/kāḍubaṇṇada mukʰa) 色黒の顔 [Ka. D1494, cf. Sk. kāla-/Ka. kāḍu D1438「荒れ地」]

ಕಾಡುಬೆಕ್ಕು ⟦kāḍubekku カードゥベック⟧ [kɐːḍubekku] ಕಾಬೆಕ್ಕು n. 山猫、特にジャングル山猫 [Sk.]

ಕಾಡುಹರಟೆ ⟦kāḍuharaṭe カードゥハラテ⟧ [kɐːḍuhərə̆ṭe] n. 無駄話、役に立たない世間話 [Ka. kāḍu¹ + hara]

ಕಾಡೆ ⟦kāḍe カーデ⟧ [kɐːḍe] n. シコクビエ(ラーギー)を醗酵させた粥の一種 [Ka. D1436] ☞ಕಾಟೆ (kāṭe)

ಕಾಣ್ ⟦kāṇ カーン⟧ [kɐːɳ]《古》vt.《過去語幹 kaṃḍ- 未来語幹 kāṃb-/ kāb-》1 見る 2 会う 3 知る、悟る 4〈条件、事情などを〉考える、考慮する —vi. 見える ☞ಕಾಣು (kāṇu) [Ka. D1443]

ಕಾಣಿ ⟦kāṇi カーニ⟧ [kɐːɳi] n. 1 1ルーピーの64分の1(イギリス統治時代の貨幣制度で) 2 財産、相続権 (KPN) [Ka. D1444]

ಕಾಣು ⟦kāṇu カーヌ⟧ [kɐːɳu] ಕಾಣ್ vt.《過去語幹 kaṃḍ-, fut. kāṃb-》1 見る 2〈人に〉会う 3 知る、悟る 4〈条件、事情などを〉考える、考慮する 5〈変化などを〉経験する ¶ ಪ್ರಾಥಮಿಕ ಸರಕುಗಳಿಗೆ ಸಂಬಂಧಿಸಿ ಹಣದುಬ್ಬರ ಅಲ್ಪ ಇಳಿಕೆ ಕಂಡಿತು. (prātʰamika sarakugaḷige saṃbaṃdʰisi haṇadubbara alpa iḷike kaṃḍitu.) 第一次商品に関してはインフレーションが少し沈静化している。(ಪ್ರಜಾ ವಾಣಿ 98.08.31) —vi. 見える [Ka. D1443]

ಕಾಣಿಕೆ ⟦kāṇike カーニケ⟧ [kɐːɳike] n. 1 贈り物 2 貢ぎ物 [Ka. D1443]

ಕಾಣಿಸು ⟦kāṇisu カーニス⟧ [kɐːɳisu] vt. 見せる —vi. 1 見える、観察される ¶ ಇಪ್ಪತ್ತು ಕಿಲೊಮೀಟರ್ನಿಂದ ಚಾಮುಂಡಿಬೆಟ್ಟ ಕಾಣಿಸುತ್ತದೆ. (ippattu kilomīṭarniṃda cāmuṃḍibeṭṭa kāṇisuttade.) チャームンディ丘は20キロメートル先から見える。= ತೋರು (tōru) 2 …のように思われる ¶ ಅಪ್ಪ ಬಂದಿರಬಹುದು ಎಂದು ಕಾಣಿಸುತ್ತದೆ. (appa baṃdirabahudu eṃdu kāṇisuttade.) 父が来ているかもしれないようだ。[Ka. caus. D1443]

ಕಾಣುವಿಕೆ ⟦kāṇuvike カーヌヴィケ⟧ [kɐːɳuvike] n. 見ること [Ka. D1443]

ಕಾಣ್ಕೆ ⟦kāṇke カーンケ⟧ [kɐːɳke]《方》n. 1 見ること 2 贈り物 3 貢ぎ物、支配者その他権力者に対しての贈り物 [Ka. D1443]

ಕಾತರ ⟦kātara カータラ⟧ [kɐːtə̆rɐ] adj., m.《f. ಕಾತರೆ (kātare)》1 恐慌状態にある〈人〉2 心配でいても立ってもいられない〈人〉3 何かが欲しくていても立ってもいられない〈人〉◇ vi.—ಪಡು (paḍu) いても立ってもいられなくなる —n. 1 恐慌、恐れおののくこと ¶ ಸೋತರೂ ನಮ್ಮ ಮನೇಜರಿಗೆ ಏನೂ ಕಾತರ ಇಲ್ಲ. (sōtarū namma manējarige ēnū kātara illa.) チームが負けても監督は平然としている。2 心配でいても立ってもいられないこと 3 何かが欲しくていても立ってもいられないこと [Sk.]

ಕಾತರತೆ ⟦kātarate カータラテ⟧ [kɐːtərəte] n. 1 恐慌、恐れうろたえること 2 心配でいても立ってもいられないこと 3 あるものを求めていても立ってもいられないこと [Sk.]

ಕಾತರಿಕೆ ⟦kātarike カータリケ⟧ [kɐːtərike] n. 1 恐慌、恐れうろたえること 2 心配でいても立ってもいられないこと 3 あるものを求めていても立ってもいられないこと [Sk.]

ಕಾತರಿಸು ⟦kātarisu カータリス⟧ [kɐːtə̆risu]《文》vi. 1 恐れうろたえる、怖くていても立ってもいられない 2 心配でいても立ってもいられない 3 何かが欲しくていても立ってもいられない [Sk.]

ಕಾತಿ¹ ⟦kāti カーティ⟧ [kɐːti]《古》n. 怒り [Ka. D1186] = ಸಿಟ್ಟು (siṭṭu) ☞ಖತಿ (kʰati)

ಕಾತಿ² ⟦kāti カーティ⟧ [kɐːti] n. 1 ココナツの繊維(縄などを作る) 2 ココナツなどの繊維で作られた縄 [Ka. D1446]

-ಕಾತಿ ⟦-kāti -カーティ⟧ [kɐːti] -ಕಾರ್ತಿ, -ಗಾತಿ *suf.* 《*m.* *-kāra,-kāṟa*》 名詞の後ろに付いて「…する女性」「…を持つ女性」などの意味を表す接尾辞 [Ka. < *-kārti*]

ಕಾದಂಬರಿ[1] ⟦kādaṃbari カーダンバリ⟧ [kɐːdəmbəri] 《文》 *n.* **1** カダンバの花で作った酒 **2** 酒、アルコール飲料(一般) [Sk.]

ಕಾದಂಬರಿ[2] ⟦kādaṃbari カーダンバリ⟧ [kɐːdəmbəri] *n.* **1** バーナ作のサンスクリット語で書かれた散文小説 **2** 小説 [Sk.]

ಕಾದಲ್ ⟦kādal カーダル⟧ [kɐːdʰəl] ಕಾದಲೆ 《古》 *n.* 愛、恋、恋愛 [Ka. D1445]

ಕಾದಲ ⟦kādala カーダラ⟧ [kɐːđə̆lɐ] 《文》 *m.* 《*f.* ಕಾದಲೆ (kādale)》 **1** 恋人 **2** 夫 [Ka. D1445]

ಕಾದಲೆ ⟦kādale カーダレ⟧ [kɐːđə̆le] 《文》 *f.* 《*m.* ಕಾದಲ (kādala)》 **1** 恋人 **2** 妻 [Ka. D1445]

ಕಾದಲ್ಮೆ ⟦kādalme カーダルメ⟧ [kɐːđəlme] 《古》 *n.* 愛、恋、恋愛 [Ka. D1445]

ಕಾದು ⟦kādu カードゥ⟧ [kɐːđu] 《古》 *vi.* 戦う、戦争する；争う **—***n.* 戦うこと、戦争；争い [Ka. D1447]

ಕಾದಾಟ ⟦kādāṭa カーダータ⟧ [kɐːđɐːʈə] *n.* 攻め合うこと、責め合うこと ◇ *vi.* —ಮಾಡು (māḍu) 互いに責め合う [+ *-āṭa*]

ಕಾದಾಡು ⟦kādāḍu カーダードゥ⟧ [kɐːđɐːɖu] *vi.* (続けてまたは繰り返し)争うこと、戦うこと [+ *-āḍu*]

ಕಾದಿಸು ⟦kādisu カーディス⟧ [kɐːđisu] *vt.* 戦わせる；争わせる [Ka. caus.]

ಕಾದಿಡು ⟦kādiḍu カーディドゥ⟧ [kɐːđiɖu] *vt.* (ある目的のために)取っておく [Ka. pp. of *kā*[1] + *-iḍu*] = ಕಾದಿರಿಸು (kādirisu)

ಕಾದಿರಿಸು ⟦kādirisu カーディリス⟧ [kɐːđĭrisu] (ある目的のために) 取っておく [Ka. pp. of *kā*[1] + *-irisu*] = ಕಾದಿಡು (kādiḍu)

ಕಾದುಹ ⟦kāduha カードゥハ⟧ [kɐːđŭhɐ] 《古》 *n.* 戦うこと、戦争 [Ka. D1447]

ಕಾನ್ ⟦kān カーン⟧ [kɐːn] *n.* 森、木立 [Ka. *D1418]

ಕಾನಗು ⟦kānagu カーナグ⟧ [kɐːnəgu] 《‡》 *n.* マメ科に属する材木用の木の名 ⇀ 材 (*St. & Pl.* (*Kitt.*)) [Ka. D1507. cf. Te. *kānugu*]

ಕಾನಡಾ ⟦kānaḍā カーナダー⟧ [kɐːnəɖɐː] *n.* ラーガの名 [M. *kānaḍā*/H. *kānăḍā* T2848]

ಕಾನನ ⟦kānana カーナナ⟧ [kɐːnənɐ] 《文》 *n.* 森、林、森林 [Sk. ←Dr.]

ಕಾನು ⟦kānu カーヌ⟧ [kɐːnu] ಕಾನ, ಕಾನಿ, ಕಾನು 《文》 *n.* 山の斜面の森、森林、林 [Ka. D1418]

ಕಾನೂನು ⟦kānūnu カーヌーヌ⟧ [kɐːnuːnu] *n.* 法、法律 [Ar. *qānūn*]

ಕಾನೂನು ಸಚಿವ ⟦kānūnu saciva カーヌーヌサチヴァ⟧ [kɐːnuːnu səʧivɐ] *m.* 法務大臣 [+ *saciva*]

ಕಾನೂನುಬಾಹಿರ ⟦kānūnubāhira カーヌーヌバーヒラ⟧ [kɐːnuːnubɐːhirɐ] (*n.*) 非合法〈の〉、超法規的〈な〉 [+ H.*bāhirā*]

ಕಾಪಾಡು ⟦kāpāḍu カーパードゥ⟧ [kɐːpɐːɖu] *vt.* **1** 守る、保護する **2** 救う、救済する **3** 養う、養育する [Ka. *kāpu* + *āḍu* D1416]

ಕಾಪಾಲ ⟦kāpāla カーパーラ⟧ [kɐːpɐːlɐ] 《文》 *n.* **1** しゃれこうべ、どくろ **2** (シヴァ神が用いた)施し物を受ける入れ物 **—**(*adj.*) 托鉢〈の〉 [Sk.]

ಕಾಪಾಲಿ ⟦kāpāli カーパーリ⟧ [kɐːpɐːli] 《文》 *m.* 「しゃれこうべを持つもの」、シヴァ神の別名 [Sk.]

ಕಾಪಾಲಿಕ ⟦kāpālika カーパーリカ⟧ [kɐːpɐːlikɐ] ಕಾಪಾಳಿಕ 《文》 *m.* 《*f.* *ಕಾಪಾಲಿಕೆ (kāpālike)》 **1** 施しを受ける入れ物としてしゃれこうべを使う人 **2** カーパーリカ派(施しを受けるのにしゃれこうべを用いることを特徴とするシヴァ教の一派)に属する人 [Sk.]

ಕಾಪಿ[1] ⟦kāpi カーピ⟧ [kɐːpi] ಕಾಫಿ *n.* ラーガの名 [? cf. Ta. *kāpi*, H. *kāpʰī* M. *kāpʰī*]

ಕಾಪಿ[2] ⟦kāpi カーピ⟧ [kɐːpi] ಕಾಫಿ *n.* 《drink》コーヒー [Eg. *coffee*]

ಕಾಪಿ[3] ⟦kāpi カーピ⟧ [kɐːpi] *n.* **1** 写し、模造、贋造品 **2** (印刷物の)部 **3** 手本にのっとって書いたもの [Eg. *copy*]

ಕಾಪಿಡು ⟦kāpiḍu カーピドゥ⟧ [kɐːpiɖu] *vt.* **1** 救う、救助する **2** 保護する、守る **3** 〈番人などを〉おく [Ka.]

ಕಾಪು ⟦kāpu カープ⟧ [kɐːpu] ಕಾಂಪು, ಕಾ–ವು, ಕಾಹು *n.* **1** 保護；番、見張り **2** 家の周囲の垣や塀など **3** 邪眼除け(邪眼から身を守るためにほほにつける黒色のしるし) [⇒図] [Ka. D1416]

ಕಾಪು 邪眼除け

ಕಾಪುಗಾಡು ⟦kāpugāḍu カープガードゥ⟧ [kaːpugɐːɖu] *n.* 保護林 [Ka. *kāpu* + *kāḍu*]

ಕಾಪುರುಷ ⟦kāpuruṣa カープルシャ⟧ [kɐːpuruʂɐ] 《文》 *mf.* 下等な軽蔑すべき人、卑怯者 [Sk.]

ಕಾಬ ⟦kāba カーバ⟧ [kɐːbɐ] *n.* メッカのカーバ神殿(ムスリムの巡礼の最も重要な目的地) [Ar. *kaʿba*]

ಕಾಬೆಕ್ಕು ⟦kābekku カーベック⟧ [kɐːbekku] 《文》 *n.* 山猫、特にジャングル山猫 [Sk.] = ಕಾಡುಬೆಕ್ಕು (kāḍubekku)

ಕಾಮಂಚ ⟦kāmaṃca カーマンチャ⟧ [kɐːməɲʧɐ] 《‡》 *n.* レモングラス(イネ科オガルカヤ属の多年草、シトラールを含む精油をとる)⇀ 香・薬 (*Kitt.,St. & Pl.*) [Ka. D1485] = ನಿಂಬೆ ಹುಲ್ಲು (niṃbe hullu)

ಕಾಮಂಚಿ ⟦kāmaṃci カーマンチ⟧ [kɐːməɲʧi] 《‡》 *n.* レモングラス (*R.* (*Kitt.*)) [Ka. D1485] = ನಿಂಬೆ ಹುಲ್ಲು (niṃbe hullu)

ಕಾಮ ⟦kāma カーマ⟧ [kɐːmɐ] *n.* **1** 欲望、望み **2** 色欲、愛欲(人生の四つの目的のうちの一つとされる) **—***m.* マンマタ(愛の神) [Sk.]

ಕಾಮಕೇರಿ ⟦kāmakēri カーマケーリ⟧ [kɐːməkeːri] 《文》 *n.* 色町、赤線地帯 [+ *kēri*]

ಕಾಮಕೇಲಿ ⟦kāmakēli カーマケーリ⟧ [kɐːməkeːli] 《文》 *n.* 性を楽しむこと、性交 [Sk.]

ಕಾಮಜ್ವರ ⟦kāmajvara カーマジュヴァラ⟧ [kɐːməʤ·vərɐ] 《文》 *n.* 別離の苦しみ [Sk.] = ವಿರಹತಾಪ (virahatāpa)

ಕಾಮತೃಷ್ಣೆ ⟦kāmatr̥ṣṇe カーマトゥルシュネ⟧ [kɐːmətrɯ ʂNe] 《文》 *n.* 性欲 [Sk.]

ಕಾಮಬಾಣ ⟦kāmabāṇa カーマバーナ⟧ [kɐːməbɐːɳɐ] 《文》 *n.* 愛神の矢、これに当たると強い愛の症状を引き起こすと信じられている [Sk.]

ಕಾಮವಾಸನೆ ⟦kāmavāsane カーマヴァーサネ⟧ [kɐməvɐːsə ne] 《文》 *n.* 《feel》愛欲の欲望；色欲 [Sk.]

ಕಾಮಶಾಸ್ತ್ರ ⟦kāmaśāstra カーマシャーストラ⟧ [kɐːməʃɐː strɐ] *n.* 愛と性に関する教科書や研究書 [Sk.]

ಕಾಮಸೂತ್ರ ⟦kāmasūtra カーマスートラ⟧ [kɐːməsuːt·rɐ] *n.* サンスクリット語で書かれた愛と性に関するいくつかの本の名、中でもヴァーツサーヤナの書が有名 [Sk.]

ಕಾಮಾತುರ ⟦kāmātura カーマートゥラ⟧ [kɐːmɐturɐ] 《文》 *adj.m*, 《*f.* ಕಾಮಾತುರೆ (kāmāture)》恋心や性欲でいても立ってもいられない〈人〉[Sk.]

ಕಾಮಕರ ⟦kāmakara カーマカラ⟧ [kɐːməkərɐ] 《文》 *n.* 傲慢 [Sk.]

ಕಾಮಕಸ್ತೂರಿ ⟦kāmakastūri カーマカストゥーリ⟧ [kɐːmə kəstuːri] *n.* バジル（シソ科メボウキ属）⇀ 香・染・薬 [Sk.]

ಕಾಮಕಾತರತೆ ⟦kāmakātarate カーマカータラテ⟧ [kɐːmə kɐːtərəte] 《文》 *n.* 恋焦がれた状態、恋しくていても立ってもいられない状態 [Sk.]

ಕಾಮಕಾತರೆ ⟦kāmakātare カーマカータレ⟧ [kɐːməkɐːtə re] 《文》 *f.* 《*m.* ಕಾಮಕಾತರ (kāmakātara)》恋焦がれる女性 [Sk.]

ಕಾಮಗಾರ ⟦kāmagāra カーマガーラ⟧ [kɐːmə̆gɐːrɐ] *m.* 《*f.* 》労働者、工場などの従業者 [H./M. *kāmăgārā* < Sk. *karmakāra-*]

ಕಾಮಗಾರಿ ⟦kāmagāri カーマガーリ⟧ [kɐːmə̆gɐːri] *n.* 労働、工場などで働くこと [H./M. *kāmăgārī* < Sk. *karmakārin-*]

ಕಾಮಚಾಪ ⟦kāmacāpa カーマチャーパ⟧ [kɐːməʧɐːpɐ] 《文》 *n.* 「愛の神カーマの弓」、虹 [Sk.]

ಕಾಮಣಿ ⟦kāmaṇi カーマニ⟧ [kɐːməɳi] 《‡》 *n.* 黄疸 [? cf. Ta. *kāmāle* Sk. *kāmala-* M. *kāmīṇa*] = ಕಾಮಾಲೆ (kāmāle)

ಕಾಮತಿ ⟦kāmati カーマティ⟧ [kɐːməti] *mf.* 農業主、農業経営者 [M. *kāmatī*, agricultural labourer]

ಕಾಮದೇವ ⟦kāmadēva カーマデーヴァ⟧ [mɐːmədeːvɐ] *m.* マンマタ、愛の神 [Sk.]

ಕಾಮಧೇನು ⟦kāmadʰēnu カーマデーヌ⟧ [kɐːmədʰeːnu] *n.* すべての願いをかなえる神話上の雌牛 [Sk.]

ಕಾಮನೆ ⟦kāmane カーマネ⟧ [kɐːməne] 《文》 *n.* 希望、欲望、望み [Sk.]

ಕಾಮರೂಪ ⟦kāmarūpa カーマルーパ⟧ [kɐːməruːpɐ] 《文》 *m.* 《f ಕಾಮರೂಪಳು (kāmarūpaḷu)》 1 自分の姿を思いのままに変えることができる人 2 美男子、魅力的な姿をした人 —*n.* 1 思いのままに姿を変えることができる超自然的な能力 2 カーマルーパ（アッサム州の一地方）[Sk.]

ಕಾಮರೂಪಿ ⟦kāmarūpi カーマルーピ⟧ [kɐːməruːpi] 《文》 *mf.* 《f ಕಾಮರೂಪಿಣಿ (kāmarūpiṇi)》 1 自分の姿を思いのままに変えることができる人 2 愛の神カーマデーヴァのような美男子 [Sk.]

ಕಾಮಲ ⟦kāmala カーマラ⟧ [kaːməlɐ] 《文》 *adj.*, *m.* 《*f.* ಕಾಮಲೆ (kāmale)》性欲が強い〈人〉、肉欲が強い〈人〉 [Sk. *kāmala-*]

ಕಾಮಲತೆ ⟦kāmalate カーマラテ⟧ [kɐːmələte] 《文》 *n.* 陰茎、男根 [Sk.]

ಕಾಮಲದೋಷ ⟦kāmaladōṣa カーマラドーシャ⟧ [kɐːmə lədoːʂɐ] 《文》 *n.* 黄疸に伴う諸症状 [Sk.]

ಕಾಮವೈರಿ ⟦kāmavairi カーマヴァイリ⟧ [kɐːməvəiri] 《文》 *m.* 「愛の神の敵」、シヴァ神の別名 [Sk.]

ಕಾಮಾಟ ⟦kāmāṭa カーマータ⟧ [kɐːmɐːʈɐ] 《古》 *n.* 労働、肉体労働；賃金労働 —*m.* 《*f.* ಕಾಮಾಟಗಿತ್ತಿ (kāmāṭagitti)》労働者 (*inscr.*) [H./M.? *kāmă* + ?]

ಕಾಮಾರಿ ⟦kāmāri カーマーリ⟧ [kɐːmɐːri] 《文》 *m.* 「愛の神の敵」、シヴァ神の別名 [Sk.]

ಕಾಮಾಲೆ ⟦kāmāle カーマーレ⟧ [kɐːmɐːle] ಕಾಮಣಿ, ಕಾಮನಿ, ಕಾಮಲೆ, ಕಾಮಳೆ, ಕಾಮಿಣಿ, ಕಾಮಿಲೆ *n.* 黄疸 [Ka.? cf. Ta. *kāmālai*, Sk. *kāmala-*]

ಕಾಮಿ¹ ⟦kāmi カーミ⟧ [kɐːmi] 《文》 *adj.*, *mf.* 好色な〈人〉[Sk.]

ಕಾಮಿ² ⟦kāmi カーミ⟧ [kɐːmi] *n.* 〔児〕猫 [?]

ಕಾಮಿತ ⟦kāmita カーミタ⟧ [kɐːmitɐ] 《文》 (*adj.*) 望まれた〈こと〉、欲求された〈こと〉 —*n.* 1 欲望、欲求 2 欲求の対象、欲求されたもの [Sk.]

ಕಾಮಿನಿ ⟦kāmini カーミニ⟧ [kɐːmini] 《文》 *f.* 1 好色な女性 2 女性 3 美女 [Sk.]

ಕಾಮಿಸು ⟦kāmisu カーミス⟧ [kɐːmisu] 《文》 *vt.* 欲求する [Sk.]

ಕಾಮು ⟦kāmu カーム⟧ [kɐːmu] 《古》 *n.* 茎、幹 [Ka. D1454] ☞ಕಾವು (kāvu)[1]

ಕಾಮುಕ ⟦kāmuka カームカ⟧ [kɐːmukɐ] 《文》 *m.*, *adj.* 《*f.* ಕಾಮುಕಿ (kāmuki)》色欲が強い〈人〉；放蕩な〈人〉 [Sk.]

ಕಾಮುಕಿ ⟦kāmuki カームキ⟧ [kɐːmuki] 《文》 *f.* 《*m.* ಕಾಮುಕ (kāmuka)》色欲が強い女性；淫乱な女性 [Sk.]

ಕಾಮೇಶ ⟦kāmēśa カーメーシャ⟧ [kɐːmeːʃɐ] 《文》 *m.* クベーラ、北方の守護神、富の神とされる [Sk.]

ಕಾಮ್ಯ ⟦kāmya カーミャ⟧ [kɐːm·jɐ] 《文》 (*n.*) 1 望むに値する〈こと〉 2 心地よい〈こと〉、きれいな〈こと〉 —*n.* 望み、欲求 [Sk.]

ಕಾಯ್¹ ⟦kāy カーイ⟧ [kɐːĭ] *vt.* 《過去語幹 kād-, kāyd-》 1 守る、保護する 2 待つ 3 （未来の必要のために）取っておく 4 監視する；〈牧草地に家畜

ಕಾಯ್²

を〉放牧する —*vi.* 1 待つ ¶ ನಾನು ಬಸ್ಸಿಗೆ ಕಾಯುತ್ತಿದ್ದೇನೆ. (nānu bassige kāyuttiddēne.) 僕はバスを待っている。 2 のろのろする ¶ ಕಾಯದೆ ಕೆಲಸವನ್ನು ಆರಂಭಿಸು. (kāyade kelasavannu āraṃbisu.) すぐ仕事を始めろ。☞ಕಾಯು (kāyu) [Ka. D1416]

ಕಾಯಿಸು¹ ⟦kāyisu カーイス⟧ [kɐːjĭsu] *vt.* 1 守らせる、番をさせる 2 待たせる [Ka. caus. D1416]

ಕಾಯ್² ⟦kāy カーイ⟧ [kɐːĭ] *vi.*《過去語幹 kāyd-, kād-》1 熱くなる、熱する 2〔喩〕腹を立てる [Ka. caus. D1458]

ಕಾಯಿಸು² ⟦kāyisu カーイス⟧ [kɐːjĭsu] *vt.* 1 熱する、暖める 2〔喩〕腹を立てさせる [Ka. caus. D1458]

ಕಾಯ್³ ⟦kāy カーイ⟧ [kɐːĭ]《古》*n.*《過去語幹 kāt-, kāyt-》熟れていない果実 —*vi.*《過去語幹 kāyt-》実をつける [Ka. D1459]

ಕಾಯಿಸು³ ⟦kāyisu カーイス⟧ [kɐːjĭsu]《文》*vt.* 実をつけさせる [Ka. caus. *D1459]

ಕಾಯ್⁴ ⟦kāy カーイ⟧ [kɐːĭ] *n.* 皮膚の肥厚、胼胝(べんち)、タコ [Ka. D1460, cf. D1459]

ಕಾಯ್⁵ ⟦kāy カーイ⟧ [kɐːĭ] *n.* すごろくなどで用いるコマ [Ka. D1461, cf. D1459]

ಕಾಯಂ ⟦kāyaṃ カーヤン⟧ [kɐːjəm] *kʰāyaṃ* (*adj.*) 1 永続する〈こと〉、永久〈の〉、不変〈の〉、常置〈の〉 2（試用期間中やパートタイムの従業員に対して）正規〈の〉[Ar. *qāʾim*]

ಕಾಯಂಗುತ್ತಾ ⟦kāyaṃguttā カーヤングッター⟧ [kɐːjəmguttɐː] ಖಾಯಂಗುತ್ತಾ *n.* 定額の地租や小作料 [+ H. *guttā*] (NK)

ಕಾಯಂಗುತ್ತಾದಾರ ⟦kāyaṃguttādāra カーヤングッターダーラ⟧ [kɐːjəmguttɐːdɐːrɐ] ಖಾಯಂಗುತ್ತಾದಾರ *mf.* 無期限の借地または借家人 [+ *guttādāra*]

ಕಾಯಂ ಪರಭಾರೆ ⟦kāyaṃ parabʰāre カーヤンパラバーレ⟧ [kɐːjəm pərəbʰɐːre] ಖಾಯಂ ಪರಭಾರೆ *n.* 占有権の無期限の譲渡 [+ *parabʰāre*]

ಕಾಯ¹ ⟦kāya カーヤ⟧ [kɐːjɐ]《‡》*n.*（大きくなったが）熟れていない果実 [Ka. D1459] (*Pb 7.48*)

ಕಾಯ² ⟦kāya カーヤ⟧ [kɐːjɐ]《文》*n.* 体、身体 [Sk.] ದೇಹ, ಶರೀರ (dēha, śarīra)

ಕಾಯಕ ⟦kāyaka カーヤカ⟧ [kɐːjəkɐ]《文》(*adj.*) 体に関する〈こと〉 —*n.* 1 体、身体 2 手作業、肉体労働 3 自分の労働で稼いだもの 4〔喩〕不道徳な行為 [Sk.]

ಕಾಯಕಲ್ಪ ⟦kāyakalpa カーヤカルパ⟧ [kɐːĭəkəlpɐ] *n.* 1（特に超自然的な方法による）若返り 2 アーユルヴェーダ（インド伝統医療）による人間の体を若返らせる治療 [Sk.]

ಕಾಯದೆ ⟦kāyade カーヤデ⟧ [kɐːjəde] *n.* 法、規則、法律、法規 [Ar. *qāʿida*] ☞ಕಾಯಿದೆ (kāyide)

ಕಾಯಿ¹ ⟦kāyi カーイ⟧ [kɐːji]《‡》*vt.* 守る、番をする、など (*Bp.48,16; Si.423 (Kitt.)*) [Ka. D1416] ☞ಕಾಯು (kāyu)

ಕಾಯಿ² ⟦kāyi カーイ⟧ [kɐːji]《‡》*vi.* 1 熱くなる、熱する 2 腹を立てる (*Kitt.*) [Ka. D1458]

ಕಾಯಿ³ ⟦kāyi カーイ⟧ [kɐːji] ಕಾಯ್, ಕಾಯ, ಕಾಯು *n.*（大きくなったが熟れていない）果実 [Ka. D1459]

ಕಾಯಿಕೆ ⟦kāyike カーイケ⟧ [kɐːjike]《‡》*n.* 守ること、など (*My. (Kitt.)*) [Ka. D1416] ☞ಕಾಯುವಿಕೆ (kāyuvike)

ಕಾಯಿದೆ ⟦kāyide カーイデ⟧ [kɐːjĭde] ಕಾಯದೆ *n.* 規則、規範、法、法律、法規 [H.] = ಕಾಯದೆ (kāyade)

ಕಾಯದೆಭಂಗ ⟦kāyadebʰaṃga カーヤデバンガ⟧ [kɐːjĭde bʰəŋgɐ] *n.* 1 法規を破ること 2（ガーンディーの指導による）不服従運動 [+ *bʰaṃga*]

ಕಾಯಿಪಲ್ಯ ⟦kāyipalya カーイパリャ⟧ [kɐːjĭpəlʲjɐ] ಕಾಯಿಪಲ್ಲೆ *n.* 野菜類（葉野菜と実野菜）[Ka.]

ಕಾಯಿರಸ ⟦kāyirasa カーイラサ⟧ [kɐːjirəsɐ] *n.* 1 アンマロク（按摩ろく）の実やにがうりの実などから作った香辛料の効いた副食物 (NK) 2 ココナツの実からとった乳 [Ka. *kāyi* + *rasa*]

ಕಾಯಿಲೆ ⟦kāyile カーイレ⟧ [kɐːjĭle] ಕಾಹಿಲೆ *n.* 病、病気、健康でないこと [Ar.-Pe *kāhilī*]

ಕಾಯಿಸು⁴ ⟦kāyisu カーイス⟧ [kɐːjĭsu] *n.* 放牧 [Ka. caus. D1416]

ಕಾಯು¹ ⟦kāyu カーユ⟧ [kɐːju] ಕಾ, ಕಾಯ್ *vt.* 1 保護する、守る 2〈…の〉面倒を見る 3 番をする —*vi.* 待つ ¶ ಒಮರು ನಾನು ಕಾಯುತ್ತಿರುವಾಗ ಬರದೆ ಈಗ ಬಂದ. (omaru nānu kāyuttiruvāga barade īga baṃda.) オマルは、私が待っていた時には来なかったのに、たった今やってきた。[Ka. D1416]

ಕಾಯಿಸು⁵ ⟦kāyisu カーイス⟧ [kɐːjĭsu] *vt.* 1 守らせる、番をさせる 2 待たせる [Ka. caus. D1416]

ಕಾಯು² ⟦kāyu カーユ⟧ [kɐːju] *vi.* 1 熱くなる、熱する 2 怒る、腹を立てる [Ka. D1458]

ಕಾಯಿಸು⁶ ⟦kāyisu カーイス⟧ [kɐːjĭsu] *vt.* 1 熱する、暖める 2 立腹させる [+ *-isu* caus., D1458]

ಕಾಯು³ ⟦kāyu カーユ⟧ [kɐːju]《‡》*n.* 熟れていない果物 (Dp.54 (Kitt.)) [Ka. D1459]

ಕಾಯ್ಪು ⟦kāypu カーイプ⟧ [kɐːĭpu] ಕಾಯ್ಪು, ಕಾಯಿಪು, ಕಾವು, ಕಾಹು《古》*n.* 1 熱、暖かさ 2 怒り、腹立ち 3 興奮 [Ka. D1458]

ಕಾರ್¹ ⟦kār カール⟧ [kɐːr]《古》*vt.* 噛む；食べる、食う [Ka. *D1474]

ಕಾರ್² ⟦kār カール⟧ [kɐːr] ಕಾರ್《古》(*n.*)《複合語頭で》黒…、黒〈の〉 —*n.* 雨季 [Ka. D1278(c)]

ಕಾರ್ಹುಣ್ಣಿಮೆ ⟦kārhuṇṇime カールフンニメ⟧ [kɐːrhuɳɳime] *n.*「雨季の満月」、インドの太陽太陰暦での新年から数えて第3番目の満月の日 [+ *huṇṇime*]

ಕಾರಂಜಿ ⟦kāraṃji カーランジ⟧ [kɐːrəɲdʒi] ಕಾರಾಂಜಿ *n.* 噴水 [? cf. M. *kāraṃjē*]

ಕಾರಂಡ ⟦kāraṃḍa カーランダ⟧ [kɐːrəɳɖɐ]《文》*n.* ガチョウの一種 [Sk.]

ಕಾರ¹ ⟦kāra カーラ⟧ [kɐːrɐ]《文》*n.*《複合語末で》雨季 [Ka. *D1278(c)] = ಮಳೆಗಾಲ (maḷegāla)〔汎〕

ಕಾರ² ⟦kāra カーラ⟧ [kɐːrɐ] *n.* 1 刺激物の味、辛さ 2 刺激物、香辛料 3 腐食薬、焼灼薬 4 腹立ち、怒り ¶ ಅಪ್ಪನಿಗೆ ನನ್ನ ಮೇಲೆ ಕಾರ. (appanige nanna mēle kāra.) 父は私に立腹している。[Ka. D1466]

-ಕಾರ ⟦-kāra -カーラ⟧ [kɐːrɐ] *suf.* 名詞を「…を持つ者」または「…に関わる者」という意味の名詞に変える接尾辞 ¶ ಕೆಯ್ದುಕಾಱ (keydukāṟa) 武器を持った人 [Ka. ←-*kāṟa*]

ಕಾರಕೂನ ⟦kārakūna カーラクーナ⟧ [kɐːrǝ̆kuːnɐ] ಕರಖೂನ *mf.* 記録や会計などの仕事をする人 [Pe. *kārkun*]

ಕಾರಕೂನಿಕೆ ⟦kārakūnike カーラクーニケ⟧ [kɐːrǝ̆kuːnike] *n.* 記録や会計などの仕事をする人の地位や仕事 [Pe. *kārkun*]

ಕಾರಖಾನೆ ⟦kārakʰāne カーラカーネ⟧ [kɐːrǝ̆kʰɐːne] ಕಾರುಖಾನೆ, ಕಾರ್ಖಾನೆ *n.* 工場、製造所 [Pe. *kārxāne*]

ಕಾರಣ ⟦kāraṇa カーラナ⟧ [kɐːrǝ̆ɳɐ] *n.* 1 原因、理由 2 方法、道具 ¶ ಮರ ಕಡಿಯಲು ಕೊಡಲಿಯೇ ಕಾರಣವಾಯ್ತು. (mara kaḍiyalu koḍaliyē kāraṇavāytu.) 斧が木を切るための道具だった。 3 目的、動機 [Sk.]

ಕಾರಣಪುರುಷ ⟦kāraṇapuruṣa カーラナプルシャ⟧ [kɐːrǝ̆ɳǝpuruʂɐ] *m.* 1 創造神、万物の原因となった最高の存在 2 偉人、偉大なことを成就した人 [Sk.]

ಕಾರಣಿಕ ⟦kāraṇika カーラニカ⟧ [kɐːrǝ̆ɳikɐ] (*adj.*) 原因に関する〈こと〉、原因となる〈こと〉 —*m.* 《*f.* ಕಾರಣಿಕಳು (kāraṇikaḷu)》 1 試験する人、批評家 2 偉人、偉大なことを成就した人、偉大な使命を持って生まれてきた人 [Sk.]

ಕಾರಣೆ ⟦kāraṇe カーラネ⟧ [kɐːrǝɳe] ಕಾರಳೆ, ಕಾರುಳಿ, ಗಾರಣೆ *n.* 家の内部の壁の下部に塗った色(多くは赤色) [?]

ಕಾರಬಾರು ⟦kārabāru カーラバール⟧ [kɐːrǝ̆bʰɐːru] *n.* (企業などの組織の)経営、管理 [Pe. *kār-o-bār*]

ಕಾರಭಾರ ⟦kārabʰāra カーラバーラ⟧ [kɐːrǝ̆bʰɐːrɐ] ಕಾರಬಾರ, ಕಾರಬಾರು, ಕಾರಭಾರು, ಕಾರುಬಾರು *n.* (企業などの組織の)経営、管理 [Pe. *kār-o-bār* ↔ Sk. *bʰāra-*]

ಕಾರಭಾರಿ ⟦kārabʰāri カーラバーリ⟧ [kɐːrǝ̆bʰɐːri] *mf.* (企業などの組織の)経営者、管理者 [*kārbʰāru* + *-i*]

ಕಾರಭಾರು ⟦kārabʰāru カーラバール⟧ [kɐːrǝ̆bʰɐːru] *n.* ☞ಕಾರಭಾರ (kārabʰāra)

ಕಾರವಾನ್ ⟦kāravān カーラヴァーン⟧ [kɐːrǝ̆vɐːn] ಕಾರವಾನ *n.* 隊商、キャラバン [Pe. *kārwān*]

ಕಾರಸ್ಥಾನ ⟦kārastʰāna カーラスターナ⟧ [kɐːrǝstʰɐːnɐ] *n.* 1 仕事の現場 2 陰謀、謀略 ¶ ಅಧ್ಯಕ್ಷರು ನನ್ನ ವಿರುದ್ಧ ಕಾರಸ್ಥಾನವನ್ನು ನಡೆಸಿದರು. (adʰyakṣaru nanna viruddʰa kārastʰānavannu naḍesidaru.) 所長は僕に対して陰謀を企てた。[Pe. *kār* + Sk *stʰāna*]

ಕಾರಸ್ಥಾನಿ ⟦kārastʰāni カーラスターニ⟧ [kɐːrǝstʰɐːni] *mf.* 陰謀家 [*kārastʰāna* + *-i*]

ಕಾರಹುಲ್ಲು ⟦kārahullu カーラフッル⟧ [kɐːrǝhullu] *n.* 雨季に生える草 [Ka. D1278(b)]

ಕಾರಾಗಾರ¹ ⟦kārāgāra カーラーガーラ⟧ [kɐːrɐːgɐːrɐ] *n.* 牢獄、監獄 [Sk.] = ಕಾರಾಗೃಹ (kārāgṛha)

ಕಾರಾಗಾರ² ⟦kārāgāra カーラーガーラ⟧ [kɐːrɐːgɐːrɐ] *n.* 工場、仕事場 [Sk. *kāryāgāra*] = ಕಾರಾಗೃಹ (kārāgṛha)

ಕಾರಾಗೃಹ ⟦kārāgṛha カーラーグルハ⟧ [kɐːrɐːgrɯhɐ/—gruhɐ] 《文》 *n.* 監獄、牢獄 [Sk.] = ಕಾರಾಗಾರ (kārāgāra)

ಕಾರಾಗೃಹವಾಸ ⟦kārāgṛhavāsa カーラーグルハヴァーサ⟧ [kɐːrɐːgrɯhǝ̆vɐːsɐ] 《文》 *n.* 獄中生活、刑務所生活 [Sk.]

ಕಾರಿ¹ ⟦kāri カーリ⟧ [kɐːri] 《‡》 *n.* 雨季 (*S.Mhr.* (*Kitt.*)) [Ka. D1278(c)]

ಕಾರಿ² ⟦kāri カーリ⟧ [kɐːri] ಖಾರಿ 《口》 *n.* 湾 [Ka. D1471, cf. H. *kʰārī* T3674] ☞ಖಾರಿ (kʰāri) 〔汎〕

ಕಾರಿರುಳು ⟦kāriruḷu カーリルル⟧ [kɐːrirŭɭu] 《文》 *n.* 真っ暗闇 [Ka. *kār*² + *iruḷu*]

ಕಾರು¹ ⟦kāru カール⟧ [kɐːru] ಕಾರ್ (*n.*)《複合語頭で》 1 黒…、黒〈の〉 2 雨季〈の〉 [Ka. *D1278(c)]

ಕಾರು² ⟦kāru カール⟧ [kɐːru] 《‡》 *n.* やっとこ、ペンチ (*Tĕ.* (*Kitt.*)) [Ka. D1473]

ಕಾರು³ ⟦kāru カール⟧ [kɐːru] ಕಾಱು, ಕಾಱ್, ಕಾಱು¹ *vt.* 1 〈食べたものを〉嘔吐する、吐く 2 〈煙などを〉吐き出す [Ka. < *kāṟ*, *D1477]

ಕಾರಿಸು ⟦kārisu カーリス⟧ [kɐːrisu] *vt.* 〈食べたものを〉吐かせる [+ *-isu* caus.]

ಕಾರು⁴ ⟦kāru カール⟧ [kɐːru] *n.* 乗用車 [Eg. *car*]

ಕಾರುಣ್ಯ ⟦kāruṇya カールニャ⟧ [kɐːruɳʲɐ] 《文》 *n.* 同情、哀れみ、憐憫 [Sk.]

ಕಾರುಭೂಮಿ ⟦kārubʰūmi カールブーミ⟧ [kɐːrubʰuːmi] *n.* 塩分が多い土地 [Ka. *kāri*² + *bʰūmi*]

ಕಾರೆ ⟦kāre カーレ⟧ [kɐːre] *n.* アカネ科の刺のある低木 ⇀ 薬 [Ka. D1475] *[IMP 1.367]

ಕಾರೆಮುಳ್ಳು ⟦kāremuḷḷu カーレムッル⟧ [kɐːremuɭɭu] *n.* [+ *muḷḷu*] = ಕಾರೆ (kāre)

ಕಾರ್ಖಾನೆ ⟦kārkʰāne カールカーネ⟧ [kɐːrkʰɐːne] *n.* 工場 [Pe. *kārxāna*] ☞ಕಾರಖಾನೆ (kārakʰāne)

ಕಾರ್ಗಾಲ ⟦kārgāla カールガーラ⟧ [kɐːrgɐːlɐ] *n.* 雨季、モンスーン [*kār*² 「モンスーン」 + *kāla*]

ಕಾರ್ಪಣ್ಯ ⟦kārpaṇya カールパニャ⟧ [kɐːrupǝɳʲɐ] 《文》 *n.* 1 貧乏、貧窮 2 どうすることもできない状態、困窮 3 吝嗇、けち 4 同情、憐憫、哀れみ [Sk.]

ಕಾರ್ಮಿಕ ⟦kārmika カールミカ⟧ [kɐːrmikɐ] *m.* 《*f.* ಕಾರ್ಮಿಕಳು (kārmikaḷu)》従業員、労働者

ಕಾರ್ಮಿಕಸಂಘ ⟦kārmikasaṃgʰa カールミカサンガ⟧ [kɐːrmikǝsaŋgɐ] *n.* 労働組合 [Sk.]

ಕಾರ್ಮುಕ¹ ⟦kārmuka カールムカ⟧ [kɐːrmukɐ] 《文》 *n.* 弓 [*kār*¹ + *muka* ←Sk. *mukʰa-*]

ಕಾರ್ಮುಕ² ⟦kārmuka カールムカ⟧ [kɐːrmukɐ] 《文》 *n.* 弓 [Sk.] = ಬಿಲ್ಲು (billu) 〔汎〕

ಕಾರ್ಮುಗಿಲು ⟦kārmugilu カールムギル⟧ [kɐːrmugilu] 《文》 *n.* 雨季の雲 [Ka. *kār*² + *mugilu*] = ಕಾರ್ಮೋಡ (kārmōḍa)

ಕಾರ್ಮೋಡ ⟦kārmōḍa カールモーダ⟧ [kɐːrmoːɖɐ] 《文》 *n.* 雨季の雲 [Ka. *kār*² + *mōḍa*] = ಕಾರ್ಮುಗಿಲು (kārmugilu)

ಕಾರ್ಯ ⟦kārya カーリヤ⟧ [kɐːrʲjɐ] 《文》 *n.* **1** なすべきつとめ、仕事 **2** 儀式、宗教的行事 [Sk.]

ಕಾರ್ಯಕಲಾಪ ⟦kāryakalāpa カーリヤカラーパ⟧ [kɐːrjəkəlɐːpɐ] 《文》 *n.* なすべき諸事項 [Sk.]

ಕಾರ್ಯಕಾರಿ ⟦kāryakāri カーリヤカーリ⟧ [kɐːrjəkɐːri] 《文》 (*adj.*) 仕事を実行する〈こと〉、実行〈のための〉 [Sk. *kāryakārin-*]

ಕಾರ್ಯಕಾರಿ ಮಂಡಲ ⟦kāryakāri maṃḍala カーリヤカーリマンダラ⟧ [kɐːrjəkɐːri mənɖəlɐ] 《文》 *n.* 実行委員会 [Sk.] = ಕಾರಕಾರಿಸಮಿತಿ (kārakārisamiti)

ಕಾರ್ಯಕಾರಿ ಸಮಿತಿ ⟦kāryakāri samiti カーリヤカーリサミティ⟧ [kɐːrʲjə̆kɐːri səmiti] 《文》 *n.* 実行委員会 [Sk.] = ಕಾರಕಾರಿಮಂಡಲ (kārakārimaṃḍala)

ಕಾರ್ಯಕ್ರಮ ⟦kāryakrama カーリヤクラマ⟧ [kɐːrjəkrəmɐ] 《文》 *n.* 予定表、計画表；(会議などの)議事日程、会議事項 [Sk.]

ಕಾರ್ಯಕ್ಷೇತ್ರ ⟦kāryakṣētra カーリヤクシェートラ⟧ [kɐːrjəkʂeːtʳrɐ] 《文》 *n.* (役所などの)管轄権、管轄区域 [Sk.]

ಕಾರ್ಯದರ್ಶಿ ⟦kāryadarśi カーリヤダルシ⟧ [kɐːrjədərʃi] *mf.* 事務長、秘書官(組織体の事務を総括する人物、役人) [Sk.]

ಕಾರ್ಯನಿರ್ವಾಹಕ ⟦kāryanirvāhaka カーリヤニルヴァーハカ⟧ [kɐːrjənirvɐːhəkɐ] *adj.* 管理上の、経営に関する **—***adj., mf.* (会社などの)管理者〈の〉、経営者〈の〉 [Sk.]

ಕಾರ್ಯಪಟು ⟦kāryapaṭu カーリヤパトゥ⟧ [kɐːrʲjəpəʈu] 《文》 *mf.* 仕事に熟練した人 [Sk.]

ಕಾರ್ಯಸಾಧನೆ ⟦kāryasādʰane カーリヤサーダネ⟧ [kɐːrʲjəsɐːdʰəne] 《文》 *n.* 目的の成就、仕事の完成 [Sk.]

ಕಾರ್ಯಸೂಚಿ ⟦kāryasūci カーリヤスーチ⟧ [kɐːrjəsuːʧi] 《文》 *n.* 予定表、計画表；(会議などの)議事日程、会議事項 [Sk.]

ಕಾರ್ಯಾಂಗ ⟦kāryāṃga カーリヤーンガ⟧ [kɐːrjɐːŋgɐ] *n.* (政党や労働組合などの)執行部、(会社などの)幹部、役員 [Sk.]

ಕಾರ್ಯಾಲಯ ⟦kāryālaya カーリヤーラヤ⟧ [kɐːrjɐːləjɐ] *n.* 役所、事務所 [Sk.]

ಕಾಲ್¹ ⟦kāl カール⟧ [kɐːl] 《古》 *n.* **1** 足(足のつま先から膝まで) **2** 足(足のつま先から足首まで) **—**(*adj.*) 4分の1〈の〉☞ಕಾಲು (kālu) [Ka. D1479]

ಕಾಲುಕೊಳಗ ⟦kālukoḷaga カールコラガ⟧ [kɐːlukoɭə̆gɐ] *n.* (馬の)ひづめ [+ *koḷaga*]

ಕಾಲ್ಚೆಂಡು ⟦kālcemḍu カールチェンドゥ⟧ [kɐːlʧenɖu] *n.* **1** フットボール、サッカーのボール **2** フットボール、サッカー；蹴球 [+ *ceṃḍu*]

ಕಾಲ್ದಳ ⟦kāldaḷa カールダラ⟧ [kɐːldəɭɐ] *n.* (集合的に)歩兵 [+ *daḷa*] = ಕಾಲುಬಲ (kālubala)

ಕಾಲ್ದಾರಿ ⟦kāldāri カールダーリ⟧ [kɐːlŭdɐːri] *n.* **1** 歩道 **2** 人が歩いて自然にできた小道 [+ *daḷa*] ☞ಕಾಲುಹಾದಿ (kāluhādi)

ಕಾಲ್ದೆಗೆ ⟦kāldege カールデゲ⟧ [kɐːlŭdege] ಕಾಲುತೆಗೆ *vi.* 逃げ出す、逃走する [+ *tege*] = ಕಾಲುತೆಗೆ (kālutege)

ಕಾಲ್ಮಣೆ ⟦kālmaṇe カールマネ⟧ [kɐːlməɳe] *n.* (王座に座った王が)足を載せる台 [Ka. *kāl*¹ + *maṇe*]

ಕಾಲ್ಸರ ⟦kālsara カールサラ⟧ [kɐːlsərɐ] *n.* 足首につける鎖状の装身具 [Ka. *kāl*¹ + *sara*]

ಕಾಲ್² ⟦kāl カール⟧ [kɐːl] ಕಾಲು 《古》 *n.* (池や川などからの)用水路 [Ka. D1480]

ಕಾಲ್³ ⟦kāl カール⟧ [kɐːl] ಕಾಲು 《古》 *n.* 髪の毛を編む時にその部分となる髪の毛の束；縄を編む時にその一部となる撚った繊維の束 [Ka. D1482]

ಕಾಲ ⟦kāla カーラ⟧ [kɐːlɐ] *n.* **1** 時間、時の長さ **2** 時代 **3** 死 **—***m.* ヤマ、死神、閻魔 [Sk.]

ಕಾಲಂ ⟦kālaṃ カーラン⟧ [kɐːləm] *n.* **1** (印刷物のページを分ける縦の)欄 **2** コラム、(新聞などの)定期特約寄稿欄 [Eg. *column*]

ಕಾಲಕ್ರಮೇಣ ⟦kālakramēṇa カーラクラメーナ⟧ [kɐːləkrəmeːɳa] 《文》 *adv.* 時が経つにつれて [Sk.]

ಕಾಲಕ್ಷೇಪ ⟦kālakṣēpa カーラクシェーパ⟧ [kɐːləkʂeːpɐ] 《文》 *n.* **1** ぐずぐずすること **2** 時間を過ごすこと、時間をつぶすこと [Sk.]

ಕಾಲಗಣನೆ ⟦kālagaṇane カーラガナネ⟧ [kɐːləgəɳəne] 《文》 *n.* 時間の計算 ¶ ಹೆಂಡತಿ ಗಂಡನ ಬರುವಿಗಾಗಿ ಕಾಲಗಣನೆ ಮಾಡುತ್ತಿದ್ದಾಳೆ. (heṃdati gaṃḍana baruvigāgi kālagaṇane māḍuttiddāḷe.) 妻は夫の帰りを指折り数えて待っている。 [Sk.]

ಕಾಲಗತಿ ⟦kālagati カーラガティ⟧ [kɐːləgəti] 《文》 *n.* **1** 時間の流れ **2** 神の摂理 [Sk.]

ಕಾಲಚಕ್ರ ⟦kālacakra カーラチャクラ⟧ [kɐːləʧəkʳrɐ] 《文》 *n.* ぐるぐる回る時の流れ ¶ ಕಾಲಚಕ್ರದಲ್ಲಿ (kālacakradalli) 時の流れが父を連れ去った。 [Sk.]

ಕಾಲಜ್ಞ ⟦kālajña カーラジュニャ⟧ [kɐːləʤɲɐ] 《文》 *m.* 《*f.* ಕಾಲಜ್ಞೆ (kālajñe)》 **1** ことを行う時宜が分かっている人物 **2** 占星術師 [Sk.]

ಕಾಲಡಿ¹ ⟦kālaḍi カーラディ⟧ [kɐːləɖi] *n.* **1** 足首から下の部分 = ಪಾದ (pāda) **2** 足の下 [*kālu* + *aḍi*]

ಕಾಲತ್ರಯ ⟦kālatraya カーラトラヤ⟧ [kɐːlətʳrĭɐ] 《文》 *n.* 「三つの時」、過去と現在と未来 [Sk.]

ಕಾಲತ್ರಯವೇದಿ ⟦kālatrayavēdi カーラトラヤヴェーディ⟧ [kɐːlətrəĭəveːdi] 《文》 *mf.* 超自然的な能力によって過去と現在と未来を知る人 [Sk.]

ಕಾಲದರ್ಶಕ ⟦kāladarśaka カーラダルシャカ⟧ [kɐːlədərʃəkɐ] 《文》 *n.* クロノスコープ(光速などを測る秒時計) [Sk.] = ಕಾಲಮಾಪಕ (kālamāpaka)

ಕಾಲದರ್ಶಿ ⟦kāladarśi カーラダルシ⟧ [trikɐːlədərʃi] 《文》 *adj., mf.* 超自然的な能力によって過去と現在と未来を知る〈人〉[Sk.]

ಕಾಲದೂತ ⟦kāladūta カーラドゥータ⟧ [kɐːlədu:tɐ] *m.* ヤマ(死の神)の使い [Sk.]

ಕಾಲನಿ ⟦kālani カーラニ⟧ [kɐːləni] 《口》 *n.* 植民地 [Eg. *colony*]

ಕಾಲಪಾಶ ⟦kālapāśa カーラパーシャ⟧ [kɐːləpɐːʃɐ] 《文》 *n.* ヤマ(死の神)が人を冥界に連れてゆく輪縄(引けば閉まる) [Sk.]

ಕಾಲಮಾಪಕ ⟦kālamāpaka カーラマーパカ⟧ [kɐːlə̆mɐːpə̆kɐ] 《文》 *n.* クロノメーター(正確な緯度測定用の時計) [Sk.]

ಕಾಲಯಂತ್ರ ⟦kālayaṃtra カーラヤントラ⟧ [kɐːləjən·trɐ] 《文》 *n.* 1 クロノグラフ(時間を図形的に表示する装置) 2 ストップウォッチ [Sk.]

ಕಾಲರಾ ⟦kālarā カーララー⟧ [kɐːlərɐː] ಚೊಲೆರ *n.* コレラ [Eg. *cholera*]

ಕಾಲರಾಜ ⟦kālarāja カーララージャ⟧ [kɐːlərɐːʤɐ] ಕಾಳ್‌-ರಾಜ 《文》 *m.* 1 時を司る神 2 ヤマ(死の神) [Sk.]

ಕಾಲರು ⟦kālaru カーラル⟧ [kɐːləru] *n.* (シャツの)襟 [Eg. *cholera*]

ಕಾಲವಶ ⟦kālavaśa カーラヴァシャ⟧ [kɐːləvəʃɐ] 《文》 *n.* 時間や死の支配(下にあること) —*adj., m.* 亡くなった〈人〉、死亡した〈人〉[Sk.]

ಕಾಲವಾಚಕ ⟦kālavācaka カーラヴァーチャカ⟧ [kɐːləvɐːʧəkɐ] 《文》 *adj.* 〔言〕時制(時や相)を表す —*n.* 〔言〕時制を表す語 [Sk.]

ಕಾಲವಾಚಿ ⟦kālavāci カーラヴァーチ⟧ [kɐːləvɐːʧi] 《文》 *n.* 〔言〕時制(時や相)を表す語 [Sk.]

ಕಾಲವಿಪರ್ಯಾಸ ⟦kālaviparyāsa カーラヴィパリヤーサ⟧ [kɐːləvipər·jɐːsɐ] 《文》 *n.* 運命の暗転 [Sk.]

ಕಾಲವಿಳಂಬ ⟦kālaviḷaṃba カーラヴィランバ⟧ [kɐːləviləmbɐ] 《文》 *n.* 遅れ、遅滞 [Sk.]

ಕಾಲಹರಣ ⟦kālaharaṇa カーラハラナ⟧ [kɐːləhərəɳɐ] 《文》 *n.* 1 時間を過ごすこと、時間をつぶすこと 2 ぐずぐず延ばすこと、遷延、遅延 [Sk.]

ಕಾಲಹಾಕು ⟦kālahāku カーラハーク⟧ [kɐːləhɐːku] 《文》 *vi.* 1 何とか生きてゆく 2 時間をつぶす、無駄に時を過ごす ¶ ಕೇಶವ ಜೂಜಾಟದಲ್ಲಿ ಕಾಲಹಾಕುತ್ತಾನೆ. (kēśava jūjāṭadalli kālahākuttāne.) ケーシャヴァは博打で時を過ごしている。 [Ka.]

ಕಾಲಾಂತ ⟦kālāṃta カーラーンタ⟧ [kɐːlɐːntɐ] 《文》 *n.* 死 [Sk.]

ಕಾಲಾಂತರ ⟦kālāṃtara カーラーンタラ⟧ [kɐːlɐːntərɐ] 《文》 *n.* 別の時、後 [Sk.]

ಕಾಲಾಧೀನ ⟦kālādʰīna カーラーディーナ⟧ [kɐːlɐːdʰiːnɐ] 《文》 *adj., m.* 1 時間や死の支配下にある〈人〉 2 亡くなった〈人〉、死亡した〈人〉 ◇ *vi.* —ಆಗು (āgu) 鬼籍に入る [Sk.]

ಕಾಲಾಗ್ನಿ ⟦kālāgni カーラーグニ⟧ [kɐːlɐːgni] 《文》 *n.* 宇宙周期の終わりに世界を消滅させるとされる火 [Sk.]

ಕಾಲಾಟಿ ⟦kālāṭi カーラーティ⟧ [kɐːlɐːʈi] 《古》 *mf.* 寺院の事務を司る人 (*epigr.*) [? cf. Ta. *kālāṭi*]

ಕಾಲಾನುಕೂಲ ⟦kālānukūla カーラーヌクーラ⟧ [kɐːlɐːnukuːlɐ] 《文》 *adj., mf.* 機会主義〈的な〉、日和見主義〈的な〉 —*mf.* 機会主義的な〈人〉、日和見主義者〈の〉[Sk.]

ಕಾಲಾನುಕ್ರಮ ⟦kālānukrama カーラーヌクラマ⟧ [kɐːlɐːnukrə̆mɐ] 《文》 (*adj.*) 年代順〈の〉 —*n.* 年代順 [Sk.]

ಕಾಲಾನುಕ್ರಮೇಣ ⟦kālānukramēṇa カーラーヌクラメーナ⟧ [kɐːlɐːnukrə̆meːɳɐ] 《文》 *adv.* 時と共に [Sk.]

ಕಾಲಾನುಕ್ರಮಣಿ ⟦kālānukramaṇi カーラーヌクラマニ⟧ [kɐːlɐːnukrə̆məɳi] 《文》 *n.* 年表 [Sk.]

ಕಾಲಾಪಾನಿ ⟦kālāpāni カーラーパーニ⟧ [kɐːlɐːpɐːni] *n.* 島流し、刑罰としての国外追放 ¶ ಬ್ರಿಟಿಶರು ಸ್ವತಂತ್ರ ಆಂದೋಳನಕಾರರಿಗೆ ಕಾಲಾಪಾನಿ ಶಿಕ್ಷೆ ಕೊಟ್ಟು ಅಂಡಮಾನ್ ದ್ವೀಪಕ್ಕೆ ಕಳುಹಿಸುತ್ತಾ ಇದ್ದರು. (briṭiśaru svatamtra āṃdōḷanakārarige kālāpāni śikṣe koṭṭu aṃḍamān dvīpakke kaḷuhisuttā iddaru.) イギリス人たちは独立運動の闘士たちを島流しの刑に処しアンダマン諸島へ送った。 [H. *kālāpānī*「黒い水」(海)]

ಕಾಲಾಯಸ ⟦kālāyasa カーラーヤサ⟧ [kɐːlɐːjəsɐ] 《文》 *n.* 「黒い金属」、鉄 [Sk.]

ಕಾಲಾವಧಿ ⟦kālāvadʰi カーラーヴァディ⟧ [kɐːlɐːvədʰi] 《文》 *n.* 期限 [Sk.]

ಕಾಲಾಹಿ ⟦kālāhi カーラーヒ⟧ [kɐːlɐːhi] ಕಾಳಾಹಿ 《文》 *n.* 黒色のコブラの一種 [Sk.]

ಕಾಲಾಳ್ ⟦kālāḷ カーラール⟧ [kɐːlɐːɭ] 《古》 *m.* 歩兵 [Ka. D1479] ☞ಕಾಲಾಳು (kālāḷu)

ಕಾಲಾಳು ⟦kālāḷu カーラール⟧ [kɐːlɐːɭu] ಕಾಲಾಳ್ *m.* 歩兵 [Ka. *D1479]

ಕಾಳಿಂದಿ ⟦kāḷiṃdi カーリンディ⟧ [kɐːɭindi] 《文》 *n.* 1 ヤムナー河 2 ラーガの一種 [Sk.]

ಕಾಲಿ ⟦kāli カーリ⟧ [kɐːli] ಕಾಳಿ *f.* ドゥルガー女神 [Sk.]

ಕಾಲಿಕ ⟦kālika カーリカ⟧ [kɐːlĭkɐ] 《文》 (*n.*) 1 時に関する〈こと〉 2 時機を得た〈こと〉、時節にふさわしい〈こと〉[Sk.]

ಕಾಲಿಕೆ ⟦kālike カーリケ⟧ [kɐːlike] ಕಾಳಿಕೆ 《文》 *n.* 1 黒いこと 2 汚れ；欠点、欠陥 3 黒い雲の集まり —*f.* ドゥルガー女神 [Sk.]

ಕಾಲಿಗೆ ⟦kālige カーリゲ⟧ [kɐːlige] 《文》 *n.* 農産物の輪作 [?]

ಕಾಲಿವೆ ⟦kālive カーリヴェ⟧ [kɐːlive] 《口》 *n.* (池や川から水を引く)用水路 [Ka. D1480] ☞ಕಾಲ್ವೆ (kālve)

ಕಾಲು ⟦kālu カール⟧ [kɐːlu] ಕಾಲ್[1] *n.* 1 足(つま先から膝まで) 2 足(足首からつま先まで)¶ ಈ ಊರಿಗೆ ಅವನು ಕಾಲಿಟ್ಟಿದ್ದು ಇದೇ ಮೊದಲು. (ī ūrige avanu kāliṭṭiddu idē modalu.) 彼がここに足を踏み入れたのはこ

れが始めてであった。 3 机や椅子や寝台などの脚 —*numr.* 4分の1の [Ka. *D1479]

ಕಾಲಡಿ² ⟦kālaḍi カーラディ⟧ [kɐːləɖi] *n.* 1フィートの4分の1、3インチ [*kālu* + *aḍi*]

ಕಾಲಾಟ ⟦kālāṭa カーラータ⟧ [kɐːlɐːʈɐ] *n.* 1 歩き回ること、放浪 2 踊ること；踊りでステップを踏むこと 3 (虎などが)前足でじゃれて獲物を苦しめること [+ *āṭa*]

ಕಾಲಾಡು ⟦kālāḍu カーラードゥ⟧ [kɐːlɐːɖu] *vi.* 1 歩き回る、走り回る、さまよう 2 喧嘩をしかける

ಕಾಲಿಡು ⟦kāliḍu カーリドゥ⟧ [kɐːliɖu] *vi.* (ある場所に)足を踏み入れる [+ *iḍu*]

ಕಾಲುಂಗುರ ⟦kālumgura カールングラ⟧ [kɐːluŋgurɐ] ಕಾಲುಂಗರ *n.* 結婚した女性が足の人差し指につける指輪 [+ *umgura*]

ಕಾಲುಕೀಳು ⟦kālukīḷu カールキール⟧ [kɐːlŭkiːɭu] ಕಾಲ್ಕೀಳು *vi.* 逃げ出す、逃走する [Ka.]

ಕಾಲುಕೆದರು ⟦kālukedaru カールケダル⟧ [kɐːlŭkeđə̆ru] ಕಾಲ್ಕೆದರು *vi.* 1 足で地面を引っ掻く 2〔喩〕喧嘩を売る [+ *kedaru*]

ಕಾಲುಕೆರೆ ⟦kālukere カールケレ⟧ [kɐːlŭkere] ಕಾಲ್ಕೆರೆ *vi.* 1 足で地面を引っ掻く 2〔喩〕喧嘩を売る [+ *kere*]

ಕಾಲುಕೊಳಗ ⟦kālukoḷaga カールコラガ⟧ [kɐːlukoɭə̆gɐ] *n.* (馬の)ひづめ [+ *koḷaga*]

ಕಾಲುನೆಕ್ಕು ⟦kālunekku カールネック⟧ [kɐːlŭnekku] *vi.* 《*gen.*》足をなめる；へつらう [+ *nekku*]

ಕಾಲುಬೀದಿ ⟦kālubīdi カールビーディ⟧ [kɐːlubiːdi] *n.* 1 歩道 2 人が歩いて自然にできた小道 [*kālu* + *bīdi* ←Sk. *vītʰī-*]

ಕಾಲುಸರ ⟦kālusara カールサラ⟧ [kɐːlusərɐ] ಕಾಲ್ಸರ *n.* 足首につける鎖状の装身具 [+ *sara*]

ಕಾಲುಹಾಕು ⟦kāluhāku カールハーク⟧ [kɐːluhɐːku] *vi.* 1 前進する、前へ進む 2 (家や寺院などに)足を踏み入れる ¶ ಅವರು ನನ್ನ ಮನೆಗೆ ಕಾಲುಹಾಕುವದಿಲ್ಲ. (avaru nanna manege kāluhākuvadilla.) 彼は私の家に足を踏み入れない。 3 (他人の問題に) 干渉する [+ *hāku*]

ಕಾಲುಚೀಲ ⟦kālucīla カールチーラ⟧ [kɐːlŭʧiːlɐ] 《文》 *n.* 靴下 [Ka. *kālu* + *cīla*] = ಸಾಕ್ಸ್ (sāks)〔口〕

ಕಾಲುಜಾರು ⟦kālujāru カールジャール⟧ [kɐːluʤɐːru] *vi.* 1 足を滑らせる 2〔喩〕道を踏み誤る [+ ಜಾರು (jāru)]

ಕಾಲುತೆಗೆ ⟦kālutege カールテゲ⟧ [kɐːlŭtege] ಕಾಲ್ದೆಗೆ *vi.* 1 逃げ出す、逃走する 2 (勤め先や委員会などを)去る、(縁談や商談などから)手を引く [+ *tege*]

ಕಾಲುಬೆರಳು ⟦kāluberaḷu カールベラル⟧ [kɐːlŭberə̆ɭu] *n.* 足の指 [+ *beraḷu*]

ಕಾಲುಮಣೆ ⟦kālumaṇe カールマネ⟧ [kɐːlŭməɳe] ಕಾಲ್ಮಣೆ *n.* 1 (王座に座った王が) 足を載せる台 2 脚のついた低い机 [+ *maṇe*]

ಕಾಲೂರು¹ ⟦kālūru カールール⟧ [kɐːluːru] ಕಾಲೂರ್ 《古》 *n.* (車で行けないような)小さな村、寒村 [Ka. *kālu* + *ūru*]

ಕಾಲೂರು² ⟦kālūru カールール⟧ [kɐːluːru] ಕಾಲೂರ್, ಕಾಲೂಱು *vi.* 1 足を踏み入れる、入る、着陸する 2〔喩〕(ある場所に)根をおろす、定住する [Ka. *kāl* + *ūru* < *ūṟu*]

ಕಾಲೆಳೆ ⟦kāleḷe カーレレ⟧ [kɐːlɐːɭe] *vi.* 足を引きずる [+ *eḷe*「引く」]

ಕಾಲುದಾರಿ ⟦kāludāri カールダーリ⟧ [kɐːlŭdɐːri] ಕಾಲ್ದಾರಿ *n.* 1 歩道 2 人が歩いて自然にできた小道 [+ *dāri*] = ಕಾಲ್ದಾರಿ, ಕಾಲುಹಾದಿ (kāldāri, kāluhādi)

ಕಾಲುನಡೆ ⟦kālunaḍe カールナデ⟧ [kɐːlunəɖe] *n.* 1 徒歩で歩くこと 2《希》(牛などの) 四足動物 [Ka. D1479]

ಕಾಲುಬಲ ⟦kālubala カールバラ⟧ [kɐːlŭbəlɐ] *n.* (集合的に)歩兵 [Ka. *kālu* + *bala*]

ಕಾಲುಬೀದಿ ⟦kālubīdi カールビーディ⟧ [kɐːlubiːdi] *n.* 1 歩道 2 人が歩いて自然にできた小道 [*kālu* + *bīdi* ←Sk. *vītʰī-*]

ಕಾಲುಮರೆ ⟦kālumare カールマレ⟧ [kɐːlŭməre] ಕಾಲ್ಮರೆ 《文》 *n.* 靴 [Ka.] = ಶೂ (śū)〔汎〕

ಕಾಲುವೆ ⟦kāluve カールヴェ⟧ [kɐːlŭve] ಕಾರ್ವೆ, ಕಾಲಿವೆ, ಕಾಲ್ವೆ, ಕಾವಲಿ, ಕಾವಲೆ *n.* (池や川などからの)用水路 [Ka. D1480]

ಕಾಲೇಜು ⟦kālēju カーレージュ⟧ [kɐːleːʤu] *n.* 大学(たいていは総合大学の管理下にある) [Eg. *college*] = ಮಹಾವಿದ್ಯಾಲಯ (mahāvidyālaya)〔文〕

ಕಾಲೈಕ್ಯ ⟦kālaikya カーライキャ⟧ [kɐːleikʸyɐ] 《文》 *n.* (ギリシャ劇における)時間の一致 [Sk.]

ಕಾಲೊರಸು ⟦kālorasu カーロラス⟧ [kɐːlorə̆su] *n.* 扉の側に置く足拭き [Ka.]

ಕಾಲೋಚಿತ ⟦kālōcita カーローチタ⟧ [kɐːloːʧĭtɐ] 《文》 (*n.*) 時宜に適した〈こと〉[Sk.]

ಕಾಲ್ನಡೆ ⟦kālnaḍe カールナデ⟧ [kɐːlnəɖe] *n.* 1 徒歩で歩くこと 2《希》(牛などの)四足動物 [+ *naḍe*]

ಕಾಲ್ಪಡೆ ⟦kālpaḍe カールパデ⟧ [kɐːlpəɖe] *n.* (集合的に)歩兵 [+ *paḍe*]

ಕಾಲ್ಪನಿಕ ⟦kālpanika カールパニカ⟧ [kɐːlpənikɐ] 《古》(*n.*) 空想的な〈こと〉[Sk.]

ಕಾಲ್ವಟ್ಟೆ ⟦kālvaṭṭe カールヴァッテ⟧ [kɐːlvəʈʈe] 《古》 *n.* 狭い歩行者用の道 [Ka. *kāl*¹ + *vaṭṭe* ←Pk. *vaṭṭā-* Sk.「道」, Ka. *baṭṭe* < Sk. *vartman*]

ಕಾಲ್ವೆ ⟦kālve カールヴェ⟧ [kɐːlve] ಕಾರ್ವೆ, ಕಾಲಿವೆ, ಕಾಲುವೆ, ಕಾಲ್ವೆ, ಕಾವಲಿ, ಕಾವಲೆ, ಕಾವುಲಿ *n.* (川や池から水を引くための)用水路 [Ka. D1480]

ಕಾವಂಚಿ ⟦kāvamci カーヴァンチ⟧ [kɐːvəɲʧi] 《‡》 *n.* レモングラス (*St. & Pl.* (*Kitt.*)) [Ka. D1485] = ನಿಂಬೆ ಹುಲ್ಲು (nimbe hullu)

ಕಾವ ⟦kāva カーヴァ⟧ [kɐːvɐ] 《古》 *m.* カーマデーヴァ(愛の神) [Sk. *kāma-*]

ಕಾವಡಿ ⟦kāvaḍi カーヴァディ⟧ [kɐːvəɖi] ಕಾಗಡಿ *n.* 天秤棒 [Ka. D1417]

ಕಾವಣ¹ ⟦kāvaṇa カーヴァナ⟧ [kɐːvə̆ɳɐ] 《古》 *n.* 1 祝祭などのために一時的に建てる簡単な日よけのための建造物 = ಹಂಡರ (haṃḍara)〔汎〕 2 小さな森、庭園 [Ka. D1486]

ಕಾವಣ² ⟦kāvaṇa カーヴァナ⟧ [kɐːvə̆ɳɐ] 《古》 *n.* 霜 [? D1489] = ಮಂಜು (maṃju)〔汎〕

ಕಾವರ ⟦kāvara カーヴァラ⟧ [kaːvərɐ] ಕಾವುರ, ಕಾಹುರ 《古》 *n.* 怒り、腹立ち [Ka. D1458]

ಕಾವಲ್ ⟦kāval カーヴァル⟧ [kɐːvəl] ಕಾವಲು 《古》 *n.* 1 保護、防護、番 2 牛を放牧するための土地 ―*mf.* 番人、警備員 (*epigr.*) [Ka. D1416]

ಕಾವಲ ⟦kāvala カーヴァラ⟧ [kɐːvə̆lɐ] 《‡》 *m.* 番人、警備員 [Ka. D1416] (*S.Mhr.* (*Kitt.*)) ☞ಕಾವಲು (kāvalu)

ಕಾವಲಿ¹ ⟦kāvali カーヴァリ⟧ [kɐːvə̆li] 《‡》 *mf.* 番人、警備員 (*C.* (*Kitt.*)) [Ka. D1416] ☞ಕಾವಲು (kāvalu)

ಕಾವಲಿ² ⟦kāvali カーヴァリ⟧ [kɐːvə̆li] ಕಾವಲೆ *n.* フライパン [Ka. D1488]

ಕಾವಲಿಗೆ ⟦kāvalige カーヴァリゲ⟧ [kɐːvəlige] 《方》 *n.* フライパン (*Hav.*) [Ka. D1488]

ಕಾವಲು ⟦kāvalu カーヴァル⟧ [kɐːvəalugaaʔalu] *n.* 1 保護、防護、番 2 牛を放牧するために取っておいた土地 3 番をする場所 (*epigr.*) [Ka. D1416]

ಕಾವಲುಗಾರ ⟦kāvalugāra カーヴァルガーラ⟧ [kɐːvəlŭgɐːrɐ] ಕಾವಲುಗಾಱ *m.* 《*f.* ಕಾವಲುಗಾತಿ (kāvalugāti)》番人、警備員 [Ka. *kāvalu* + *-gāra*]

ಕಾವಲೆ¹ ⟦kāvale カーヴァレ⟧ [kɐːvə̆le] *n.* (池や川から水を引く)用水路 [Ka. D1480] ☞ಕಾಲ್ವೆ (kālve)

ಕಾವಲೆ² ⟦kāvale カーヴァレ⟧ [kɐːvə̆le] *n.* フライパン [Ka. D1488] = ಬಾಣಲಿ (bāṇali) ☞ಕಾವಲಿ (kāvali)

ಕಾವಲೆ³ ⟦kāvale カーヴァレ⟧ [kɐːvə̆le] ಕಾವಟಿ 《古》 *n.* 1 塩田 2 塩田にかかる税金 [?]

ಕಾವಳ¹ ⟦kāvaḷa カーヴァラ⟧ [kɐːvə̆ɭɐ] ಕಾವಣ, ಕಾವುಳ, ಗಾವಳ *n.* 闇、暗闇 [Ka. D1489]

ಕಾವಳಗವಿಸು ⟦kāvaḷagavisu カーヴァラガヴィス⟧ [kɐːvəɭəgəvisu] 《文》 *vi.* 闇が広がる、暗闇が広がる [+ *kavisu*]

ಕಾವಳ² ⟦kāvaḷa カーヴァラ⟧ [kɐːvə̆ɭɐ] ಕಾವುಳ *n.* 音楽で4種の声のうちの一つ [?]

ಕಾವಿ ⟦kāvi カーヴィ⟧ [kɐːvi] *n.* 1 赭土(しやど)、オーカー 2 赤みがかった茶色 3 赭土(しやど)で赤く染めた衣 [Ka. D1490]

ಕಾವಿಕಲ್ಲು ⟦kāvikallu カーヴィカッル⟧ [kɐːvikəllu] ಕಾವಿ-ಗಲ್ *n.* 鶏冠石 [Ka. *kāvi* + *kallu*]

ಕಾವು¹ ⟦kāvu カーヴ⟧ [kɐːvu] ಕಾಮು *n.* 1 茎、幹 2 (道具の)取っ手 [Ka. D1454]

ಕಾವು² ⟦kāvu カーヴ⟧ [kɐːvu] ಕಾಯಿಪು, ಕಾಯ್ಪು, ಕಾಹು *n.* 1 熱、熱さ 2 怒り、腹立ち = ಹಿಡಿ (hiḍi)〔汎〕 [Ka. D1458]

ಕಾವುಪೆಟ್ಟಿಗೆ ⟦kāvupeṭṭige カーヴペッティゲ⟧ [kɐːvupeʈʈige] 《文》 *n.* 孵卵器、孵化器;未熟児のための保育器 [+ *peṭṭige*]

ಕಾವುತೆರೆ ⟦kāvutere カーヴテレ⟧ [kɐːvutere] 《文》 *n.* 暖炉の火熱よけの衝立 [+ *tere*]

ಕಾವೇರು ⟦kāvēru カーヴェール⟧ [kɐːveːru] *vi.* 1 (議論などが)熱くなる ¶ ಸಂಸತ್ತಿನಲ್ಲಿ ಚರ್ಚೆ ಕಾವೇರಿತು. (saṃsattinalli carce kāvēritu.) 議会で議論が熱を帯びた。 2 腹を立てる ¶ ಚರ್ಚೆಯಲ್ಲಿ ಮುಖ್ಯಮಂತ್ರಿಯರಿಗೆ ಕಾವೇರಿತು. (carceyalli mukʰyamaṃtriyarige kāvēritu.) 議論で州首相が激昂した。 [Ka.]

ಕಾವುಗಣ್ಣು ⟦kāvugaṇṇu カーヴガンヌ⟧ [kɐːvuˀgəɳɳu] *n.* (全身ヴィタミンA欠乏による)眼球乾燥症 [+ *kaṇṇu*]

ಕಾವು ಕಾವು ⟦kāvu kāvu カーヴカーヴ⟧ [kɐːvu kɐːvu] (*n.*) かあかあ(カラスの鳴き声を表す擬音語) [Ka. onom. D1425]

ಕಾವುಬಚ್ಚಲು ⟦kāvubaccalu カーヴバッチャル⟧ [kɐːvubəʧʧəlu] *n.* ツルムラサキ(蔓紫) ⇀ 染 [+ *baccalu*] *[IMP 1.254]

ಕಾವು ಮನೆ ⟦kāvu mane カーヴマネ⟧ [kɐːvu məne] 《文》 *n.* (農業用の)温室 [*kāvu* + *mane*]

ಕಾವುರ ⟦kāvura カーヴラ⟧ [kaːvurɐ] 《古》 *n.* 怒り、立腹 [Ka. D1458] ☞ಕಾವರ (kāvara)

ಕಾವುಳ ⟦kāvuḷa カーヴラ⟧ [kɐːvŭɭɐ] *n.* 闇、暗闇 [Ka. D1489] ☞ಕಾವಳ (kāvaḷa)[1]

ಕಾವೇರಿ ⟦kāvēri カーヴェーリ⟧ [kɐːveːri] *n.* カーヴェーリ河(カルナータカ州の山岳地帯に発しタミルナードのタンジャーヴールでベンガル湾に注ぐ) [?]

ಕಾವ್ಯ ⟦kāvya カーヴィャ⟧ [kɐːvʲjɐ] *n.* 詩(特に練られた文体によるもの) [Sk.]

ಕಾವ್ಯಗಾಯನ ⟦kāvyagāyana カーヴィャガーヤナ⟧ [kɐːvʲjə̆gɐːjə̆nɐ] 《文》 *n.* 節をつけて詩を吟唱すること [Sk.]

ಕಾವ್ಯನಾಮ ⟦kāvyanāma カーヴィャナーマ⟧ [kɐːvʲjə̆nɐːmɐ] 《文》 *n.* 詩人の筆名、雅号 ¶ ಬೇಂದ್ರೆಯವರ ಕಾವ್ಯನಾಮ "ಅಂಬಿಕಾತನಯದತ್ತ". (bēṃdreyavara kāvyanāma "aṃbikātanayadatta".) ベーンドレの筆名はアンビカータナヤダッタである。 [Sk.]

ಕಾವ್ಯಪ್ರಯೋಗ ⟦kāvyaprayōga カーヴィャプラヨーガ⟧ [kɐːvʲjəprəjoːgɐ] 《文》 *n.* 1 詩における特殊な用法 2 詩を作ること、詩作 [Sk.]

ಕಾವ್ಯಮೀಮಾಂಸೆ ⟦kāvyamīmāṃse カーヴィャミーマーンセ⟧ [kɐːvʲjə̆miːmɐːmse] 《文》 *n.* 詩論 [Sk.]

ಕಾವ್ಯವಸ್ತು ⟦kāvyavastu カーヴィャヴァストゥ⟧ [kɐːvʲjəvəstu] 《文》 *n.* 詩の主題 [Sk.]

ಕಾವ್ಯವಾಚನ ⟦kāvyavācana カーヴィャヴァーチャナ⟧ [kɐːvʲjə̆vɐːʧə̆nɐ] 《文》 *n.* 詩の朗読 [Sk.] cf. ಕಾವ್ಯಗಾಯನ (kāvyagāyana)

ಕಾವ್ಯಾನುಭವ ⟦kāvyānubʰava カーヴィャーヌバヴァ⟧ [kɐːvjɐːnubʰəvɐ] 《文》 *n.* 詩を味わうこと [Sk.]

ಕಾವ್ಯಾಭಾಸ ⟦kāvyābʰāsa カーヴィャーバーサ⟧ [kɐːvʲjɐːbʰɐːsɐ] 《文》 *n.* 詩を風刺的にもじること [Sk.]

ಕಾವ್ವರಿ ⟦kāvvari カーッヴァリ⟧ [kɐːvvəri] 《古》 n. 渦巻くこと、渦巻き [Ka. *D1340] ☞ಕವ್ವರೆ (kavvare)

ಕಾಶ ⟦kāśa カーシャ⟧ [kɐːʃɐ] 《文》 n. (屋根を葺いたり、筵を作ったりするのに用いる)イネ科サトウキビ属の草本 → 材 [Sk.]

ಕಾಶಿ ⟦kāśi カーシ⟧ [kɐːʃi] 《文》 n. カーシー(聖地ベナーレスの別名) [Sk.]

ಕಾಶೀಯಾತ್ರೆ ⟦kāśīyātre カーシーヤートレ⟧ [kɐːʃiːjɐːtre] 《文》 n. 1 聖地カーシーへの旅行 2 結婚式の前に花婿がカーシー(ベナーレス)への旅立ちを演じる儀式(旅立つところで新婦側の兄や父の説得で戻ってくる) [Sk.]

ಕಾಷಾಯ ⟦kāṣāya カーシャーヤ⟧ [kɐːʂɐːjɐ] (adj.) (苦行者がまとう布に用いられるような)赤茶色〈の〉 —n. (苦行者が着るような)赭土で赤く染めた衣 = ಕಾವಿ (kāvi) [Sk.]

ಕಾಷ್ಠ ⟦kāṣṭʰa カーシュタ⟧ [kɐːʂʈʰɐ] 《文》 n. 1 木の棒、材木 2 薪 [Sk.]

ಕಾಷ್ಠವ್ಯಸನ ⟦kāṣṭʰavyasana カーシュタヴィャサナ⟧ [kɐːʂʈʰəvjəsənɐ] 《文》 n. 杞憂、無意味な心配、無用な心配 [Sk.]

ಕಾಸದಾರ ⟦kāsadāra カーサダーラ⟧ [kɐːsə̆dɐːrɐ] ಕಾಸುದಾರ, ಕಾಸ್ತಾರ, ಕಾಸ್ದಾರ 《古》 m. 馬番、馬の飼育係 [H. ←Pe. xāṣdār]

ಕಾಸರ ⟦kāsara カーサラ⟧ [kɐːsə̆rɐ] ಕಾಸರು 《文》 n. マチン(マチン科マチン属) → 薬 [Ka. D1434] *[IMP 5.203]

ಕಾಸರಿಕೆ¹ ⟦kāsarike カーサリケ⟧ [kɐːsərike] ಕಾಚರಿಕೆ, ಕಾಸಲಿಕೆ 《文》 n. ブドウ科の植物(茎が食用となる) → 食 [Ka. D1429] = ಮಂಗರವಳ್ಳಿ (maṃgaravaḷḷi)

ಕಾಸರಿಕೆ² ⟦kāsarike カーサリケ⟧ [kɐːsərike] 《‡》 n. マチン(マチン科マチン属、種からストリキニーネなどを取る薬用植物)(St. & Pl.) [Ka. D1434] = ಕಾಸರ (kāsara)

ಕಾಸರು ⟦kāsaru カーサル⟧ [kɐːsəru] 《文》 n. マチン(種からストリキニーネなどを取る薬用植物、マチン科マチン属) → 薬 [Ka. *D1434] ☞ಕಾಸರ (kāsara)

ಕಾಸರ್ಕ ⟦kāsarka カーサルカ⟧ [kɐːsərkɐ] 《‡》 n. マチン (St. & Pl. (Kitt.)) [Ka. D1434] ☞ಕಾಸರ (kāsara)

ಕಾಸಾರ¹ ⟦kāsāra カーサーラ⟧ [kɐːsɐːrɐ] 《文》 n. 池、貯水池 [Sk.]

ಕಾಸಾರ² ⟦kāsāra カーサーラ⟧ [kɐːsɐːrɐ] 《文》 m. 《f. *ಕಾಸಾರಗಿತ್ತಿ (kāsāragitti)》銅[青銅、鐘銅、黄銅]などの細工をする人、銅細工師 [Sk. kāṃsyakāra-]

ಕಾಸಾರಕ ⟦kāsāraka カーサーラカ⟧ [kɐːsɐːrə̆kɐ] 《‡》 n. マチン (Kitt.) [Ka. D1434] ☞ಕಾಸರ (kāsara)

ಕಾಸಿಗ ⟦kāsiga カーシガ⟧ [kɐːsigɐ] 《古》 m. 《f. *ಕಾಸಿಗಿತ್ತಿ (kāsigitti)》鍛冶屋、職人 (S.I.I.) [?]

ಕಾಸು¹ ⟦kāsu カース⟧ [kɐːsu] n. 1 英領期の最小の銅貨($\frac{1}{128}$ ルーピー) 2 貨幣、コイン 3 金銭(一般) [Ka. D1431] = ದುಡ್ಡು, ಹಣ (duḍḍu, haṇa)

ಕಾಸು² ⟦kāsu カース⟧ [kɐːsu] vt. 暖める、熱する、など [Ka. < kāyisu D1458] = ಕಾಯಿಸು (kāyisu)

ಕಾಸುದಾರ ⟦kāsudāra カースダーラ⟧ [kɐːsŭdɐːrɐ] 《古》 m. 馬番、馬の飼育係 [Pe. xāṣdār] ☞ಕಾಸದಾರ (kāsadāra)

ಕಾಸೆ¹ ⟦kāse カーセ⟧ [kɐːse] n. サーリーやドーティーの端を股の下を通して後ろに押し込んで着る時にその股の下を通す部分 [< kāca²]

ಕಾಸೆ² ⟦kāse カーセ⟧ [kɐːse] 《古》 n. 赭土で赤茶色に染めた布 [Sk. kāṣāya-]

ಕಾಸ್ತಾರ ⟦kāstāra カースターラ⟧ [kɐːstɐːra] 《古》 m. 馬番、馬の飼育係 [H. < Pe. xāṣdār]

ಕಾಸ್ರ ⟦kāsra カースラ⟧ [kɐːsrɐ] 《‡》 n. マチン(その種からストリキニーネなどを取る薬用植物)(Kitt.,St.& Pl.) [Ka. D1434] = ಕಂಜಿರ (kaṃjira) ☞ಕಾಸರು (kāsaru)

ಕಾಹಲ ⟦kāhala カーハラ⟧ [kɐːhəlɐ] ಕಾಹಳ, ಕಾಹಳೆ 《古》 n. 長い曲がったラッパ [Sk.] = ಕಹಳೆ〔汎〕

ಕಾಹಲೆ ⟦kāhale カーハレ⟧ [kɐːhəle] 《古》 n. [Sk.] ☞ಕಾಹಲ (kāhala)

ಕಾಹಿ ⟦kāhi カーヒ⟧ [kɐːhi] ಕಾಯಿ 《古》 mf. 守る人、保護者、護衛、番人 [Ka. kāhu + -i D1416]

ಕಾಹಿಲೆ ⟦kāhile カーヒレ⟧ [kɐːhile] n. 病、病気、健康でないこと [Ar.-Pe kāhilī] = ಕಾಯಿಲೆ (kāyile)

ಕಾಹು¹ ⟦kāhu カーフ⟧ [kɐːhu] 《古》 n. 守ること、保護すること、番 [Ka. D1416]

ಕಾಹು² ⟦kāhu カーフ⟧ [kɐːhu] 《古》 n. 1 熱 2 怒り、腹立ち [Ka. D1458]

ಕಾಳ್¹ ⟦kāḷ カール⟧ [kɐːɭ] 《古》 n. 《複合語頭で》未開発の原野、森林 ¶ ಕಾಳ್ನಾಯಿ (kāḷnāyi) 山犬 [Ka. *D1438] = ಕಾಡು (kāḍu)

ಕಾಳ್² ⟦kāḷ カール⟧ [kɐːɭ] 《古》 n. (丸のままの)穀物、穀物の種 [Ka. D1493] ☞ಕಾಳು (kāḷu)

ಕಾಳ ⟦kāḷa カーラ⟧ [kɐːɭɐ] kāla (adj.) 黒い〈こと〉、黒… ¶ ಕಾಳಸಂತೆ (kāḷasaṃte) 闇市 [Sk. kāla ←Dr.] = ಕಪ್ಪು (kappu)

ಕಾಳಂಜಿ ⟦kāḷaṃji カーランジ⟧ [kɐːɭəɲʤi] ಕಾಲಾಂಜಿ 《古》 n. 1 香料を混ぜた水を振り撒くための銀の入れ物 2 痰壺 [Ka. D1498] ☞ಕಾಳಾಂಜಿ (kāḷāṃji)

ಕಾಳಗ ⟦kāḷaga カーラガ⟧ [kɐːɭə̆gɐ] ಕಾಳೆಗ n. 戦い、戦争 [Ka. D1501] = ಯುದ್ಧ (yuddʰa)

ಕಾಳಜಿ ⟦kāḷaji カーラジ⟧ [kɐːɭə̆ʤi] n. 1 心配 ¶ ಮಗು ಶಾಲೆಯಿಂದ ಇನ್ನು ಬಂದಿಲ್ಲ ಎಂದು ಅಮ್ಮನಿಗೆ ಕಾಳಜಿ. (magu śāleyiṃda innu baṃdilla eṃdu ammanige kāḷaji.) 子どもがまだ学校から帰ってこないので母親が心配していた。 2 注意、留意、用心 [M. kāḷājī T3103]

ಕಾಳಸಂತೆ ⟦kāḷasaṃte カーラサンテ⟧ [kɐːɭəsənte] n. 闇市 [Ka.] = ಕಪ್ಪುಸಂತೆ (kappusaṃte)

ಕಾಳಾಂಜಿ ⟦kāḷāṃji カーラーンジ⟧ [kɐːɭɐːɲʤi] ಕಾಳಂಜಿ 《古》 n. 1 香料を混ぜた水を振り撒くための銀の入れ物 2 痰壺 [Ka. D1498]

ಕಾಳಿಮೆ¹ ⟦kāḷime カーリメ⟧ [kɐːɭime] 《‡》 n. 「心が固いこと」、頑固さ、傲慢 (DEDR) [Ka. D1491]

ಕಾಳಿಮೆ² ⟦kāḷime カーリメ⟧ [kɐːḷime] ಕಾಲಿಮ, ಕಾಲಿಮೆ《文》n. 1 黒いこと 2〔喩〕汚点、汚辱 [Sk. *kāliman-*]

ಕಾಳು ⟦kāḷu カール⟧ [kɐːḷu] ಕಾಳ್², ಕಾೞ್ n.（丸のままの）穀物、穀物の種 [Ka.]

ಕಾಳುಕಡ್ಡಿ ⟦kāḷukaḍḍi カールカッディ⟧ [kɐːḷukəḍḍi] ಕಾಳುಕಡಿ n. 穀物と藁、など [+ *kaḍḍi*]

ಕಾಳೆ ⟦kāḷe カーレ⟧ [kɐːḷe] n. 長いトランペットの一種 [Sk. *kāhalā*-? <?] ☞ಕಹಳೆ (kahaḷe)

ಕಾಳೆಗ ⟦kāḷega カーレガ⟧ [kɐːḷĕgɐ] 《文》n. 戦い、戦争 [Ka. D1501]

ಕಾಳ್ಗಿಚ್ಚು ⟦kāḷgiccu カールギッチュ⟧ [kɐːḷgiʧʧu] n. 山火事、森林火災 [Ka. *kāḷ* + *kiccu*]

ಕಾಳ್ನಾಯಿ ⟦kāḷnāyi カールナーイ⟧ [kɐːḷnɐːĭi] n. アカオオカミ、インドの山犬 [*kāḷ*¹ + *nāyi*] = ಕಾಡುನಾಯಿ (kāḍunāyi) *[BIA p.25]

ಕಾಳ್ನುಡಿ ⟦kāḷnuḍi カールヌディ⟧ [kɐːlnuḍi] 《文》n. 無意味な話 [Ka. *kāḷ*² + *nuḍi*]

ಕಾಳ್ಪಂದಿ ⟦kāḷpaṃdi カールパンディ⟧ [kɐːḷpəndi] 《文》n. イノシシ [Ka. *kāḷ*¹ + *paṃdi*] = ಕಾಡುಹಂದಿ (kāḍuhaṃdi)〔汎〕*[BIA P68]

ಕಾಳ್ಮಾತು ⟦kāḷmātu カールマートゥ⟧ [kɐːḷmɐːtu] 《古》n. 無意味な話 [Ka. *kāḷ*¹ + *mātu*]

ಕಾಱ್ ⟦kāṟ カール⟧ [kɐːṟ] 《古》vt.《過去語幹 kārd-》〈食べたものを〉吐く、嘔吐する [Ka. D1477] ☞ಕಾರು (kāru)³

ಕಾಱಿಸು ⟦kāṟisu カーリス⟧ [kɐːṟisu] 《古》vt. 嘔吐させる、吐き出させる [+ *-isu* caus., D1477]

-ಕಾಱ ⟦-kāṟa -カーラ⟧ [kɐːṟɐ] -ಕಾರ, -ಗಾರ, -ಗಾಱ《古》*suf.* 名詞を「…を持つ者」または「…に関わる者」という意味の名詞に変える接尾辞 ¶ ಕೆಯ್ದುಕಾಱ (keydukāṟa) 武器を持った人 [Ka.?]

ಕಾಱಿಕೆ ⟦kāṟike カーリケ⟧ [kɐːṟike] 《‡》n. 嘔吐 (*My.* (*Kitt.*)) [Ka. D1477]

ಕಾಱು¹ ⟦kāṟu カール⟧ [kɐːṟu] 《古》n.〈食べたものを〉吐く、戻す [Ka. D1477]

ಕಾಱು² ⟦kāṟu カール⟧ [kɐːṟu] 《古》n. 鋤先、鋤歯 [Ka. D1505]

ಕಾಱುಹ ⟦kāṟuha カールハ⟧ [kɐːṟuha] 《‡》n. 嘔吐すること (*Nr.* (*Kitt.*)) [Ka. D1477]

ಕಾೞ್¹ ⟦kāḻ カール⟧ [kɐːɻ] ಕಾಳ್, ಕಾಳು, ಕಾೞು《古》n.《複合語頭で》森林、未開発地 [Ka. *D1438]

ಕಾೞ್² ⟦kāḻ カール⟧ [kɐːɻ] 《古》n.（丸のままの）穀物、穀物の種 [Ka. D1493] ☞ಕಾಳು (kāḷu)

ಕಾೞ್³ ⟦kāḻ カール⟧ [kɐːɻ] ಕಾಳ್, ಕಾಳು《古》(*adj.*)《(複合語頭で)》黒い〈こと〉、黒… [Ka. D1494]

ಕಾೞಿಮೆ ⟦kāḻime カーリメ⟧ [kɐːɻime] 《‡》n.「心が固いこと」、頑固さ、傲慢 (*Kitt.*) [Ka. D1491]

ಕಿಂಕರ ⟦kiṃkara キンカラ⟧ [kiŋkərɐ] 《文》m.《*f.* ಕಿಂಕರಿ, ಕಿಂಕರೆ (kiṃkari, kiṃkare)》召し使い、使用人、しもべ [Sk.] = ಸೇವಕ (sēvaka)

ಕಿಂಕರತೆ ⟦kiṃkarate キンカラテ⟧ [kiŋkərə̆te] 《文》n. 召し使いの地位または仕事、人に仕えること [Sk.]

ಕಿಂಕರಿ ⟦kiṃkari キンカリ⟧ [kiŋkəri] 《文》*f.*《*m.* ಕಿಂಕರ (kiṃkara)》女性の召し使い［使用人］[Sk.] = ಸೇವಕಿ (sēvaki)

ಕಿಕ್ಕಱಿಸು ⟦kikkaṟisu キッカリス⟧ [kikkəṟisu] 《‡》vi. いっぱいである、ぎゅうぎゅう詰まっている (*My.* (*Kitt.*)) —*vt.*〈大きいものを〉圧縮する (*My.* (*Kitt.*)) [Ka. D1509]

ಕಿಂಕಿಣಿ ⟦kiṃkiṇi キンキニ⟧ [kiŋkiṇi] (*n.*) じゃらじゃら（装身具につけた小型の鈴などが鳴るの音を表す擬音語） —*n.* 装身具につけたじゃらじゃら鳴る小型の鈴；小型の鈴がついた装身具（一般）[Sk./Dr? onom.]

ಕಿಂಕಿಣಿ ಬೆರಳು ⟦kiṃkiṇi beraḷu キンキニベラル⟧ [kiŋkiṇi berəḷu] 《方》n. 小指 (*Hav.*) [Ka. D1603]

ಕಿಂಕಿನಿ ⟦kiṃkini キンキニ⟧ [kiŋkini] 《古》n. 腹立ち [Ka. mim.] ☞ಕಿನಿಕಿನಿ (kinikini)

ಕಿಂಕಿರಿ ⟦kiṃkiri キンキリ⟧ [kiŋkiri] 《古》n. 腹立ち [Ka. mim.] ☞ಕಿನಿಕಿನಿ (kinikini)

ಕಿಂಕ್ಲೆಡೆ ⟦kiṃkleḍe キンクレデ⟧ [kiŋkleḍe] 《方》n. 脇の下 (*Hav.*) [Ka. D1234]

ಕಿಂಕೃತಿ ⟦kiṃkṛti キンクルティ⟧ [kiŋkrɯti/kiŋkruti] 《文》n. 困惑、当惑 [Sk.]

ಕಿಂಚಿತ್ತು ⟦kiṃcittu キンチットゥ⟧ [kiɲʧittu] ಕಿಂಚಿತ, ಕಿಂಚಿತು (*adj.*) 少し〈の〉¶ ಅವನ ನಡತೆಯಲ್ಲಿ ಕಿಂಚಿತ್ತು ಸುಧಾರಣೆ ಆಗಿದೆ/ಆಗಿಲ್ಲ. (avana naḍateyalli kiṃcittu sudʰāraṇe āgide/āgilla.) 彼の振る舞いに少し改善が見られる。¶ ಅವನಿಗೆ ಅಪ್ಪಮ್ಮನ ಮೇಲೆ ಕಿಂಚಿತ್ ವಿಶ್ವಾಸವಿಲ್ಲ. (avanige appammana mēle kiṃcit viśvāsavilla.) 彼は両親を全然愛していない。 —*n.* 少し —*adv.* ちょっと、少し（ものを頼む時に用いる遠慮を表す言葉）¶ ದಯವಿಟ್ಟು ಕಿಂಚಿತ್ತು ಜಾಗ ಬಿಡಿರಿ. (dayaviṭṭu kiṃcittu jāga biḍiri.) ちょっと場所を空けてくださいませんか。= ಸ್ವಲ್ಪ (svalpa)〔汎〕[Sk.]

ಕಿಂಡಿ ⟦kiṃḍi キンディ⟧ [kiṇḍi] n. 小さな穴、隙間 [Ka. D1176] cf. ಕಂಡಿ (kaṃḍi)

ಕಿಂಡಿಹಲ್ಲು ⟦kiṃḍihallu キンディハッル⟧ [kiṇḍihəllu] n. 穴のあいた歯 [+ *hallu*]

ಕಿಂತು ⟦kiṃtu キントゥ⟧ [kintu] 《文》*conj.* しかし —*n.* 1 欠点、十分でない点 2 疑い、嫌疑 [Sk.]

ಕಿಂದರಿ ⟦kiṃdari キンダリ⟧ [kindəri] n. ウリ科植物の実で胴を作る弦の小さな擦弦楽器 [< *kinnarī*?] ☞ಕಿನ್ನರಿ (kinnari)

ಕಿಂಪಾಕ ⟦kiṃpāka キンパーカ⟧ [kimpɐːkɐ] 《文》(*adj.*) 1 熟していない〈こと〉2 未成熟〈の〉、子どもっぽい〈こと〉 —*n.* 1 下手な料理、まずい料理 2 マチン = ಕಾಸರ, ಕಾಸರ ಕಾಯಿ (kāsara, kāsara kāyi) [Sk.]

ಕಿಂಪುರುಷ ⟦kiṃpuruṣa キンプルシャ⟧ [kimpuruʂɐ] 《文》*m.* 馬の顔と人間の体あるいは人間の顔と馬の体を持った半神 [Sk.] = ಕಿನ್ನರ (kinnara)

ಕಿಂಬಹುನಾ ⟦kiṃbahunā キンバフナー⟧ [kimhəhunɐː] 《文》 *snt.* 問答無益(「これ以上多くの言葉に何の必要があるだろうか、いやない」) [Sk.]

ಕಿಂವದಂತಿ ⟦kiṃvadaṃti キンヴァダンティ⟧ [kimvədənti] 《文》 *n.* 噂、噂話 [Sk.]

ಕಿಂಶುಕ ⟦kiṃśuka キンシュカ⟧ [kimʃukɐ] 《文》 *n.* クライミング・スタッフ・ツリー(ニシキギ科ニシキギ属)→ 薬 [Sk.] = ಗುರುಂಗೆ ಬಲ್ಲಿ (guruṃge balli) *[IMP 2.48]

ಕಿಕ್ಕಿಂದ ⟦kikkiṃda キッキンダ⟧ [kikkindɐ] ಕಿಕ್ಕಿಂದೆ, ಕಿಷ್ಕಿಂದ, ಕಿಷ್ಕಿಂಧ, ಕಿಷ್ಕಿಂಧೆ *n.* 狭いこと、狭苦しいこと [Ka. D1509]

ಕಿಕ್ಕಿರಿ ⟦kikkiri キッキリ⟧ [kikkiri] ಕಿಕ್ಕಿಱಿ *vi.* (群衆などが)狭い所に集まる、集まっている ―*n.* 狭い所に集まった群衆 [Ka. mim. *D1509]

ಕಿಕ್ಕಿಱಿ ⟦kikkiṟi キッキリ⟧ [kikkiṟi] 《古》 *vi.* (群衆などが)狭いところに集まる、集まっている ―*n.* 狭いところに集まった群衆 ☞ಕಿಕ್ಕಿರಿ (kikkiri) [Ka. mim. D1509]

ಕಿಚ ⟦kica キチャ⟧ [kiʧɐ] 《‡》 (*n.*) 《*redp.*》 きーきー(鳥の鳴き声、猿の叫び声を表す擬音語) (*My.* (*Kitt.*)) [Ka. onom. D1515] ☞ಕಿಚಕಿಚ, ಕಿಚಗುಟ್ಟು (kicakica, kicaguṭṭu)

ಕಿಚಕ್ ⟦kicak キチャク⟧ [kiʧək] (*n.*) ぴちゃっ(泥土を踏んだ時の音を表す擬音語) (*DEDR*) [Ka. onom.]

ಕಿಚಕ್ಕನ್ನು ⟦kicakkannu キチャッカンヌ⟧ [kiʧəkkənnu] *vi.* 1 (泥土を踏んで)ぴちゃっという音を立てる 2 (鳥などが)さえずる (*My.* (*Kitt.*)) [Ka. onom. *kicak* + *annu* D1515]

ಕಿಚಕಿಚ ⟦kicakica キチャキチャ⟧ [kiʧəkiʧɐ] (*n.*) ぴちゃぴちゃ(泥土の上を歩く時に出る音を表す擬音語) [Ka. onom. D1515]

ಕಿಚಕಿಚ ⟦kicakica キチャキチャ⟧ [kiʧəkiʧɐ] (*n.*) きーきー(小鳥の鳴き声や猿の叫び声を表す擬音語) (*My.* (*Kitt.*)) [Ka. onom. D1515]

ಕಿಚಕಿಚ ಅನ್ನು ⟦kicakica annu キチャキチャアンヌ⟧ [kiʧəkiʧə ənnu] 《‡》 *vi.* 上記の鳴き声を出す [Ka. onom. + *annu* D1515] (*My.* (*Kitt.*))

ಕಿಚಗುಟ್ಟು ⟦kicaguṭṭu キチャグットゥ⟧ [kiʧə̆guṭṭu] 《文》 *vi.* きーきー言う [Ka. *kica* onom. + *kuṭṭu* 「言う」+ onom. D1515] (*My.* (*Kitt.*))

ಕಿಚಿಕ್ ⟦kicik キチク⟧ [kiʧik] (*n.*) 鳥のさえずりまたは猿のきゃっきゃっと鳴く声を表す擬音語 (*DEDR*) [Ka. onom.]

ಕಿಚಿಕಿಚಿ ⟦kicikici キチキチ⟧ [kiʧikiʧi] (*n.*) 鳥のさえずりまたは猿のきゃっきゃっと鳴く声を表す擬音語 [Ka. onom. *D1515] (*My.* (*Kitt.*))

ಕಿಚಿಕಿಚಿ ಅನ್ನು ⟦kicikici annu キチキチアンヌ⟧ [kiʧikiʧi ənnu] *vi.* (小鳥が)きーきーさえずる、(猿が)きゃっきゃっと鳴く [Ka. onom. D1515] (*My.* (*Kitt.*))

ಕಿಚಿಗುಟ್ಟು ⟦kiciguṭṭu キチグットゥ⟧ [kiʧiguṭṭu] 《文》 *vi.* (小鳥が)さえずる、(猿が)きゃっきゃっと鳴く [Ka. onom. *kicikici* + *kuṭṭu* 「言う」 D1515] (*My.* (*Kitt.*))

ಕಿಚಿಕಿಲ್ ⟦kicikil キチキル⟧ [kiʧikil] 《古》 *vi.* (馬が)いななく [Ka. onom. D1510]

ಕಿಚುಕಿಚು ⟦kicukicu キチュキチュ⟧ [kiʧukiʧu] (*n.*) 小鳥のさえずりや猿のきーきーと鳴く声を表す擬音語 [Ka. onom. D1515] (*My.* (*Kitt.*))

ಕಿಚ್ಚಡಿ ⟦kiccaḍi キッチャディ⟧ [kiʧʧə̆ḍi] ಕಿಚಡಿ, ಕಿಚ್ಚಿಡಿ, ಖಿಚಡಿ *n.* 米と豆類を混ぜて炊いた料理(日本の雑炊に近い) [H. *kʰicăṛī* T3880]

ಕಿಚ್ಚು ⟦kiccu キッチュ⟧ [kiʧʧu] ಕಿಚ್ಚ *n.* 火、火炎、燃焼 [Ka. D1514]

ಕಿಟಕಿ ⟦kiṭaki キタキ⟧ [kiṭə̆ki] *n.* [H. *kʰiṛăkī* T3770] ☞ಕಿಡಿಕಿ (kiḍiki)[1]

ಕಿಟಿಕಿಟಿ ⟦kiṭikiṭi キティキティ⟧ [kiṭikiṭi] ಕಟಕಟಿ *n.* 困らせること、悩ますこと [Ka. mim.]

ಕಿಟ್ಟ ⟦kiṭṭa キッタ⟧ [kiṭṭɐ] *n.* 1 金属のさび 2 人間や動物の糞 [Sk. <?]

ಕಿಟ್ಟಿ ⟦kiṭṭi キッティ⟧ [kiṭṭi] 《‡》 *n.* 手や耳や鼻などを二つの棒で挟んで苦しめること (*My.* (*Kitt.*)) [Ka. D1538]

ಕಿಟ್ಟು ⟦kiṭṭu キットゥ⟧ [tiṭṭu] ಗಿಟ್ಟು, ಗೀಟು 《古》 *vt.* 1 触れる、さわる 2 塗る ―*vi.* 手に入る、得られる [Ka. D1538]

ಕಿಡ ⟦kiḍa キダ⟧ [kiḍɐ] 《‡》 *m.* 《複合語末で, *f.* *ಕಿಡಿ (kiḍi)》破産した人、など (*Kitt.*) [Ka. D1942]

ಕಿಡಿ¹ ⟦kiḍi キディ⟧ [kiḍi] 《‡》 *mf.* 破壊する人 (*Kitt.*) [Ka. D1942]

ಕಿಡಿ² ⟦kiḍi キディ⟧ [kiḍi] *n.* 火花 [Ka. D1528]

ಕಿಡಿಯಿಡು ⟦kiḍiyiḍu キディイドゥ⟧ [kiḍijiḍu] *vi.* 火花を出す、火花を散らす [Ka.]

ಕಿಡಿಕಿ¹ ⟦kiḍiki キディキ⟧ [kiḍiki] ಕಿಟಕಿ, ಕಿಡಕಿ, ಕಿಡಿಕೆ *n.* 天井のすぐ下に作られた換気用の小さな隙間 [Pk. *kʰaḍakiā-*/H. *kʰiṛăkī* T3770] = ಗವಾಕ್ಷ (gavākṣa)

ಕಿಡಿಕಿ² ⟦kiḍiki キディキ⟧ [kiḍiki] *f.* 不貞な女性、姦婦、性的に放埒な女性 [Ka. *D1942?] = ಜಾರೆ, ಹಾದರಗಿತ್ತಿ (jāre, hādaragitti)

ಕಿಡಿಗೇಡಿ ⟦kiḍigēḍi キディゲーディ⟧ [kiḍĭgeːḍi] ಕಿಡುಗೇಡಿ *mf.* 1 問題や不和などを引き起こす人 2 いたずらっ子 [*kiḍi* <? + *kēḍi*?]

ಕಿಡಿಗೇಡಿತನ ⟦kiḍigēḍitana キディゲーディタナ⟧ [kiḍĭgeːḍitənɐ] *n.* 1 問題や不和などを引き起こす性分や行為 2 (子どもなどの)いたずらやいたずらっぽさ [*kiḍi* <? + *kēḍi*?]

ಕಿಡು¹ ⟦kiḍu キドゥ⟧ [kiḍu] 《‡》 *n.* さわること、接触 (*T.,M.* (*Kitt.*)) [Ka. D1538]

ಕಿಡು² ⟦kiḍu キドゥ⟧ [kiḍu] 《古》 *vi.* 《過去語幹 keṭṭ-》 1 悪くなる、悪化する 2 失敗する、うまく行かない 3 滅びる、滅亡する 4 (望ましい性質や望ましくない性質が)無くなる、消える、消滅する

5 一文なしになる、貧窮する 6（病や悲しみが）終息する、終了する 7 死ぬ [Ka. D1942] ☞ಕೆಡು (keḍu)〔汎〕

ಕಿಡಿಸು ⟦kiḍisu キディス⟧ [kiɖisu] *vt.* 1 だめにする、破壊する 2〈灯明や火などを〉消す 3〈穢れや汚点などを〉取り除く [Ka. caus. D1942]

ಕಿಡುಕ ⟦kiḍuka キドゥカ⟧ [kiɖukɐ]《古》*m.*《*f.* ಕೆಡುಕಿ (keḍuki)》[Ka. D1942] ☞ಕೆಡುಕ (keḍuka)

ಕಿಡುಗೇಡಿ ⟦kiḍugēḍi キドゥゲーディ⟧ [kiɖu̥ge:ɖi] *mf.* 1 いたずら好きな人 2 問題や不和などを引き起こす人 [*kiḍu* <? + *kēḍi*] ☞ಕಿಡಿಗೇಡಿ (kiḍigēḍi)

ಕಿಣ ⟦kiṇa キナ⟧ [kiɳɐ]《古》*n.* 傷跡；皮膚がこすれてできたたこ = *kale*〔汎〕[Sk.]

ಕಿಣಿ ⟦kiṇi キニ⟧ [kiɳi]《古》*n.* 歯糞 [Ka. D1606] ☞ಕೀಣಿ (kīṇi)

ಕಿಣಿಕಿಣಿ ⟦kiṇikiṇi キニキニ⟧ [kiɳikiɳi] (*n.*) ちんちん（小さな鈴の音を表す擬音語）[Ka. D1545]

ಕಿಣಿಕಿಣಿ ಎನ್ನು ⟦kiṇikiṇi ennu キニキニエンヌ⟧ [kiɳikiɳi ennnu] *vi.*（小さな鈴などが）ちんちん鳴る [+ *ennu* onom. *D1545]

ಕಿಣಿಗುಟ್ಟು ⟦kiṇiguṭṭu キニグットゥ⟧ [kiɳiguʈʈu]《文》*vi.*（小さな鈴が）ちんちん鳴る (*My.* (*Kitt.*)) [Ka. *kiṇikiṇi* + *kuṭṭu* 1545]

ಕಿಣ್ವ ⟦kiṇva キンヴァ⟧ [kiɳvɐ]《文》*n.* 1 醸造のために使う酵母などの菌 2 酒を作る容器 [Sk.]

ಕಿತ್ತಡ ⟦kittaḍa キッタダ⟧ [kittəɖɐ] ಕಿತ್ತಟ《古》*n.* 1 嫌悪 2 欺瞞、瞞着、いんちき、ペテン [Ka. D1511]

ಕಿತ್ತಲೆ ⟦kittale キッタレ⟧ [kittǝ̆le] *n.* ミカン（ミカン科ミカン属）⇀食・薬 [Ka. *D1512] ☞ಕಿತ್ತಳೆ (kittaḷe)

ಕಿತ್ತಳೆ ⟦kittaḷe キッタレ⟧ [kittǝ̆ʎe] ಕಿತ್ತಲೆ, ಕಿತ್ತಿಳೆ, ಕಿತ್ತೀಳೆ *n.* ミカン（ミカン科ミカン属）⇀食・薬 [Ka. *kiṟidu* D1594 + *īḷe* D552「オレンジ」, D1512] *[IMP 2.109]

ಕಿತ್ತಾಟ ⟦kittāṭa キッタータ⟧ [kittɐ:ʈɐ] *n.* 取っ組み合い；争い [Ka. *kittu* (p.part. of *kiṟ* D1581) + *āṭa*]

ಕಿತ್ತಾಡು ⟦kittāḍu キッタードゥ⟧ [kittɐ:ɖu] *vi.* 争う；取っ組み合いする [Ka. *kittu* (p.part. of *kiṟ* D1581) + *āḍu*]

ಕಿತ್ತಾನಾರು ⟦kittānāru キッターナール⟧ [kittɐ:nɐ:ru]《古》*n.* 亜麻の繊維 [Ar. *kattān*「亜麻」+ Ka. *nāru*]

ಕಿತ್ತಿಳೆ ⟦kittiḷe キッティレ⟧ [kittǝ̆ʎe] *n.* ミカン [Ka. D1512] ☞ಕಿತ್ತಳೆ (kittaḷe)

ಕಿತ್ತೀಳೆ ⟦kittīḷe キッティーレ⟧ [kitti:ʎe] *n.* ミカン [Ka. *D1512] ☞ಕಿತ್ತಳೆ (kittaḷe)

ಕಿತ್ತು[1] ⟦kittu キットゥ⟧ [kittu] *vt.* 引っこ抜く、引き抜く [Ka. D1581 p.part. of < *kiṟ*]

ಕಿತ್ತು[2] ⟦kittu キットゥ⟧ [kittu] (*adj.*) 小さい〈こと〉、成長していない〈こと〉、劣った〈こと〉¶ ಕಿತ್ತಯ್ಯ (kittayya) 若旦那 [Ka. D1594, *kiṟu* + *-tu*?]

ಕಿನಾರ ⟦kināra キナーラ⟧ [kinɐ:rɐ] ಕಿನಾರಿ, ಕಿನರು, ಕಿನಾರೆ *n.* 1 岸、岸辺 = ದಂಡೆ, ತೀರ (daṃḍe, tīra) 2 はし；サーリーのへり（長辺）[Pe. *kinār, kināra*]

ಕಿನಾರೆ ⟦kināre キナーレ⟧ [kinɐ:re] *n.* 岸、岸辺、海岸 [Pe. *kinār, kināra*] ☞ಕಿನಾರ (kināra)

ಕಿನಿಕಿನಿ ⟦kinikini キニキニ⟧ [kinikini] ಕಿಂಕಿನಿ, ಕಿಂಕಿರಿ《古》*n.* 怒りからくる心のいらいら [Ka. mim.]

ಕಿನಿಸು ⟦kinisu キニス⟧ [kinisu]《文》*vi.* 腹を立てる —*n.* 怒りからくる心のいらいら、腹を立てること [Ka. D1260]

ಕಿನಿಸ್ಮಾತು ⟦kinismātu キニスマートゥ⟧ [kinisumɐ:tu] *n.* 腹を立てて言った言葉、ぴりぴりした言葉 [+ *mātu*]

ಕಿನ್ನರ ⟦kinnara キンナラ⟧ [kinnərɐ] *m.*《*f.* ಕಿನ್ನರಿ (kinnari)》クベーラ（富の神）に仕える半神の一種 [Sk.]

ಕಿನ್ನರಪತಿ ⟦kinnarapati キンナラパティ⟧ [kinnərɐpəti]《文》*n.* クベーラ（富の神）[+ *pati*]

ಕಿನ್ನರವೀಣೆ ⟦kinnaravīṇe キンナラヴィーネ⟧ [kinnərəvi:ɳe]《文》*n.* キンナラたちのひくヴィーナー [+ *vīṇe*]

ಕಿನ್ನರಿ ⟦kinnari キンナリ⟧ [kinnəri] *f.* 半神キンナラ族に属する女性 —*n.* キンナリ（ウリ科ヒョウタン属の植物の実で胴を作る小さな一弦の擦弦楽器）[Sk.]

ಕಿನ್ನರಿಕಾಯಿ ⟦kinnarikāyi キンナリカーイ⟧ [kinnərikɐ:ji] *n.* キンナリを作るために用いられるヒョウタン（ウリ科）の実 [Sk.]

ಕಿನ್ನರಿಗಲ್ಲು ⟦kinnarigallu キンナリガッル⟧ [kinnərigə̥llu] ಕಿನ್ನರಿಗಲ್ *n.* 畑の境界線を表す石（通常キンナリの姿が刻まれている）[*kināri*「境界」× *kinnari* + *kallu*]

ಕಿಪ್ಪರಿ ⟦kippari キッパリ⟧ [kippəri]《古》*vi.* 飛び降りる (Râm. 5,8,48 (Kitt.)) [Ka. *kiṟ* + *pari* D1736]

ಕಿಫಾಯತಿ ⟦kipʰāyati キパーヤティ⟧ [kipʰɐ:jəti] ಕಿಫಾಯತು《方》*n.* 利益 [Ar.-Pe. *kifāyat*]

ಕಿಬ್ಬಿ ⟦kibbi キッビ⟧ [kibbi] ಕಿಬ್ಬೆ《古》*n.* 山の斜面 (*epigr.*) [?]

ಕಿಬ್ಬೊಟ್ಟೆ ⟦kibboṭṭe キッボッテ⟧ [kibboʈʈe]《古》*n.* 下腹 [Ka. *kiṟ* *D1619 + *poṭṭe*] ☞ಕೆಳಹೊಟ್ಟೆ (keḷahoṭṭe)

ಕಿಮಿ ⟦kimi キミ⟧ [kimi]《異》*n.* 耳または聴覚 [Ka. D1977] ☞ಕಿವಿ (kivi)

ಕಿಮುಳ್ ⟦kimuṟ キムル⟧ [kimuɻ] ಕುಮುಳ್《古》*n.* 押しつぶされた状態 [Ka. D1556]

ಕಿಮುಱ್ಚು ⟦kimuṟcu キムルチュ⟧ [kimuɻʧu]《古》*vt.* 手で握りつぶす [Ka. D1556]

ಕಿಮ್ಮತ್ತು ⟦kimmattu キンマットゥ⟧ [kimməttu] *n.* 1 価格、値段 2〔喩〕価値 ¶ ಅವನ ಕಾದಂಬರಿಯಲ್ಲಿ ಕಿಮ್ಮತ್ತಿಲ್ಲ. (avana kādaṃbariyalli kimmattilla.) 彼の助言は価値がなかった。[Ar.-Pe. *qīmat*]

ಕಿರಚು ⟦kiracu キラチュ⟧ [kirǝ̆ʧu] ಕಿರಿಚು, ಕಿರುಚು, ಕಿಱಿಚು *vi.* 甲高い声で叫ぶ [Ka. *D1590/*D1593]

ಕಿರಣ ⟦kiraṇa キラナ⟧ [kirəɳɐ]《文》*n.* 光線 [Sk.]

ಕಿರಲು ⟦kiralu キラル⟧ [kirəlu]《古》*vi.* 鋭い声で叫ぶ (*Dʰvanyālo. 201* (*KPN*)) [Ka. *1590/*D1593]

ಕಿರಸ್ತಾನ ⟦kirastāna キラスターナ⟧ [kirəstɐ:nɐ]《古》(*adj.*) キリスト教徒〈の〉[←Sk. *kristān*] ☞ಕಿರಿಸ್ತಾನ (kiristāna)

ಕಿರಾಣಿ ⟦kirāṇi キラーニ⟧ [kirɐ:ɳi] *n.* 保存の利く食料品(米、麦、塩、砂糖、香辛料など) [M. *kirāṇā* ←Pk. *kiriāṇa*- T3584]

ಕಿರಾತ ⟦kirāta キラータ⟧ [kirɐ:tɐ]《文》*m.*《*f.* ಕಿರಾತಳು (kirātaḷu)》1 山の中に住む部族の一種 2 特に背が低い人 —*n.* チレッタソウ(リンドウ科センブリ属)→ 薬 *[IMP 5.213] [Sk. ←Dr.?]

ಕಿರಾತಕಡ್ಡಿ ⟦kirātakaḍḍi キラータカッディ⟧ [kirɐ:təkəɖɖi]《文》*n.* チレッタソウの根 → 薬 [+ *kaḍḍi*]

ಕಿರಿ¹ ⟦kiri キリ⟧ [kiri]《古》*vi.* 歯を見せる [Ka. D1562] = ಹಲ್ಲು/ಕಿರಿ/ಕಿಸಿ (hallu /kiri/kisi)

ಕಿರಿ² ⟦kiri キリ⟧ [kiri]《古》*vt.*〈髪の毛を〉剃る [Ka. D1564]

ಕಿರಿಯಿಸು ⟦kiriyisu キリイス⟧ [kiriyisu]《古》*vt.*〈髪の毛を〉剃らせる [+ *-isu*]

ಕಿರಿಸು¹ ⟦kirisu キリス⟧ [kirisu]《古》*vt.*〈髪の毛を〉剃らせる [Ka. caus. *D1564]

ಕಿರಿ³ ⟦kiri キリ⟧ [kiri] ಕಿಱಿ (*adj.*) 小さい〈こと〉、小… ¶ ಕಿರಿಗೂಸು (kirigūsu) 小さな子ども [Ka. < *kiṟi* *D1594] = ಸಣ್ಣ (saṇṇa) ☞ಕಿಱಿ (kiṟi)

ಕಿರಿಕಿರಿ ⟦kirikiri キリキリ⟧ [kirikiri] ಕಿರ್‌ರಿ, ಕಿಱಿಕಿಱಿ (*n.*) (扉、椅子などの)きーきーいう音 —*n.* 悩ませること、迷惑 ¶ ಮಗು ತುಂಬ ಕಿರಿಕಿರಿ ಕೊಡುತ್ತಾ ಇದೆ. (magu tuṃba kirikiri koḍuttā ide.) 子どもが駄々をこねて困っている。[Ka. onom.]

ಕಿರಿಕು ⟦kiriku キリク⟧ [kiriku]《‡》*n.* 歯を見せること、歯をむくこと (*DEDR*) [Ka. D1562]

ಕಿರಿಗೆ ⟦kirige キリゲ⟧ [kirige] *n.* 普段着のサーリー [Ka. < *kiṟige* *D1592]

ಕಿರಿಚಾಟ ⟦kiricāṭa キリチャータ⟧ [kirĭʧɐ:ʈɐ] *n.* 甲高い声で叫ぶこと、金切り声をあげること [Ka. *kiricu* + *āṭa*]

ಕಿರಿಚು ⟦kiricu キリチュ⟧ [kirĭʧu] ಕಿರಚು, ಕಿರುಚು, ಕಿಱಿಚು *vi.* 甲高い声で叫ぶ [Ka. < *kiṟicu* *D1593]

ಕಿರಿದು ⟦kiridu キリドゥ⟧ [kiriđu] ಕಿಱಿದು *adj.* 1 小さい、ちっぽけな 2 些細な、つまらぬ [Ka. *kiri* *D1594 + *-du*]

ಕಿರಿಬೆರಳು ⟦kiriberaḷu キリベラル⟧ [kiriberə̆ɭu] *n.* 小指 [Ka. *kiri* *D1594 + *beraḷu*]

ಕಿರಿಮೆ ⟦kirime キリメ⟧ [kirime]《文》*n.* 小さいこと、僅少、矮小 [Ka. *kiri* *D1594 + *-me*]

ಕಿರಿಯ ⟦kiriya キリヤ⟧ [kirijɐ] *m.*《*f.* ಕಿರಿಯಳು (kiriya-ḷu)》年少の人、若い人 [Ka. *kiri* *D1594 + *-a*]

ಕಿರಿಸು² ⟦kirisu キリス⟧ [kirisu]《‡》*vt.* 歯をむく (*DEDR*) [Ka. caus. D1562]

ಕಿರಿಸ್ತಾನ ⟦kiristāna キリスターナ⟧ [kiristɐ:nɐ] ಕಿರಸ್ತಾನ *adj.*, *m.* キリスト教徒〈の〉[←Sk. *kristān*]

ಕಿರೀಟ ⟦kirīṭa キリータ⟧ [kiri:ʈɐ] *n.* 1 冠、王冠 2〔喩〕大きな栄誉 ¶ ಅವನಿಗೆ ದೊಡ್ಡ ಕಿರೀಟ ಬಂದಿದೆ. (avanige doḍḍa kirīṭa baṃdide.) 彼は大きな王冠を被せてもらった(表彰に値しない人物が表彰された時に嘲笑の意で用いる言葉)。[Sk.]

ಕಿರೀಟಧಾರಣೆ ⟦kirīṭadʰāraṇe キリータダーラネ⟧ [kiri:θə dʰɐ:rə̆ɳe]《文》*n.* 戴冠、戴冠式 [Sk.]

ಕಿರು ⟦kiru キル⟧ [kiru] ಕಿಱು¹ *adj.* 小さい、小…¶ ಕಿರುಗತ್ತಿ (kirugatti) 小刀 [Ka. < *kiṟu* *D1594]

ಕಿರುಕುಳ ⟦kirukuḷa キルクラ⟧ [kirukuɭɐ] ಕಿಱುಕುಳ *adj.*, *mf.* つまらぬ〈人〉、取るに足らない〈人〉、低い〈地位〉 —(*n.*) 取るに足らない〈こと〉、低級〈な〉、平凡〈な〉[Ka. *kiru* < *kiṟu* + *kuḷa* extended <Dr.?]

ಕಿರುಗ್ರಹ ⟦kirugraha キルグラハ⟧ [kirugrəhɐ]《文》*n.* 小惑星 [Ka. *kiru* + *graha*]

ಕಿರುಚು ⟦kirucu キルチュ⟧ [kirŭʧu] ಕಿಱಿಚು, ಕಿರಚು, ಕಿರಿಚು, ಕಿರುಚು *vi.* 甲高い声で叫ぶ、金切り声をあげる [Ka. *D1590]

ಕಿರುಚಾಟ ⟦kirucāṭa キルチャータ⟧ [kirŭʧɐ:ʈɐ] *n.* 甲高い声で呼ばわること [+ *āṭa*]

ಕಿರುಚಾಡು ⟦kirucāḍu キルチャードゥ⟧ [kiruʧɐ:ɖu] *vi.* 甲高い声で呼ばわる [+ *āḍu*] = ಕಿರಚು (kiracu)

ಕಿರುಚಿಸು ⟦kirucisu キルチス⟧ [kirŭʧisu] *vt.* 甲高い声を張りあげさせる [+ *-isu* caus.]

ಕಿರುದಾರಿ ⟦kirudāri キルダーリ⟧ [kirŭdɐ:ri] *n.* 側道、(踏みならされてできた)小道 [Ka.]

ಕಿರುನಗೆ ⟦kirunage キルナゲ⟧ [kirunəge] *n.* 微笑み [Ka. *kiṟu*¹ + *nage*] ☞ಕಿಱುನಗೆ (kiṟunage)

ಕಿರುನಾಲಿಗೆ ⟦kirunālige キルナーリゲ⟧ [kirunɐ:lige] ಕಿ-ಱುನಾಲಿಗೆ *n.* 口蓋垂、のどびこ [Ka. *kiṟu*¹ + *nālige*]

ಕಿರುಬ ⟦kiruba キルバ⟧ [kirubu] ಕಿಱುಬ *n.* ハイエナ [Ka. *D1599]

ಕಿರೆ ⟦kire キレ⟧ [kire]《‡》*n.* [Ka. D1617] (*St. & Pl.* (*Kitt.*)) ☞ಕೀರೆ (kīre)

ಕಿರ್ಗು ⟦kirgu キルグ⟧ [kirgu]《古》*vi.* 背が低い [Ka. D1619] ☞ಕಿಱ್ಗು (kiṟgu)

ಕಿರ್ಗುಟ್ಟು ⟦kirguṭṭu キルグットゥ⟧ [kirguʈʈu]《‡》*vi.* 甲高い声で叫ぶ (*My.* (*Kitt.*)) [Ka. onom. D1590]

ಕಿರ್ಚು¹ ⟦kircu キルチュ⟧ [kirʧu]《古》*n.* 火 (*Kk.21* (*Kitt.*)) [Ka. ← D1514] ☞ಕಿಚ್ಚು (kiccu)

ಕಿರ್ಚು² ⟦kircu キルチュ⟧ [kirʧu]《‡》*vi.* 甲高い声で叫ぶ (*My.* (*Kitt.*)) [Ka. D1590]

ಕಿರ್ಞ್ಚಿ ⟦kirñci キルニュチ⟧ [kirɲʧi]《‡》《方》*n.* どろどろの土 (*Hav.*) [Ka. D1565]

ಕಿರ್ದಿ ⟦kirdi キルディ⟧ [kirdi] ಖಿರದಿ, ಖಿರ್ದಿ *n.* 1 日々の金銭出納 2 元帳、原簿 [M. *kirdā* ←Pe. *kard*]

ಕಿರ್ದು ⟦kirdu キルドゥ⟧ [kirdu]《‡》(*adj.*) 小さい〈もの〉、幼い〈もの〉(*Kitt.*) [Ka. < *kiṟidu* D1594]

ಕಿರ್ರ್ ⟦kirr キルル⟧ [kirr] (*n.*) きー(機械が出す高いピッチの雑音を表す擬音語) [Ka. onom. *D1593.]

ಕಿರ್ರನೆ ⟦kirrane キッラネ⟧ [kirrə̆ne] *adv.* きーっと音を立てて [+ *-ane*]

ಕಿಲಕಿಲ ⟦kilakila キラキラ⟧ [kiləkilɐ] (n.) きゃあきゃあ（明るく高い大声の笑い声を表す擬音語）[Ka. D1575]

ಕಿಲಕಿಲ ನಗು ⟦kilakila nagu キラキラナグ⟧ [kiləkilə nəgu] vi. きゃあきゃあ笑う [+ nagu]

ಕಿಲಬು ⟦kilabu キラブ⟧ [kilŏbu] n. 緑青 [Ka. D1586] ☞ಕಿಲುಬು (kilubu)

ಕಿಲಾಡಿ ⟦kilāḍi キラーディ⟧ [kilɐːḍi] ಖಿಲಾಡಿ mf. 1 抜け目がない人 2 いたずら好きな人 3 ずる賢い人、ペテン師 4 ヒンディー語で演者を意味する言葉 [M. kʰilāḍī]

ಕಿಲಾಡಿತನ ⟦kilāḍitana キラーディタナ⟧ [kilɐːḍitənɐ] n. 1 抜け目がないこと 2 いたずら [Ka.]

ಕಿಲಿಕಿಲಿ ⟦kilikili キリキリ⟧ [kilikili] n. ひっひっひっ（口を大きく開かずに音程は高くとも音量を押えながら笑う声を表す擬音語、主に女性について使われる）[Ka. D1575]

ಕಿಲಿಕಿಲಿ ನಗು ⟦kilikili nagu キリキリナグ⟧ [kilikili nəgu] vi. ひっひっひっと笑う（女性について用いられる事が多い）[+ nagu]

ಕಿಲಿಬಿಲಿ ⟦kilibili キリビリ⟧ [kilibili] (n.) ちーちー（多くの小鳥のさざめく声を表す擬声語）、わいわい（子どもたちがざわめく声を表す擬音語）[Ka. onom. D1575]

ಕಿಲುಂಬು ⟦kiluṃbu キルンブ⟧ [kilumbu] ಕಿಲಬು, ಕಿಲುಬು《古》n. 緑青 [Ka. D1186] ☞ಕಿಲುಬು (kilubu)

ಕಿಲುಬ ⟦kiluba キルバ⟧ [kilŭbɐ] m.《f. ಕಿಲುಬಿ (kilubi)》汚名を着せられた人、名誉を失った人 [Ka. kilubu + -a *D1586]

ಕಿಲುಬು ⟦kilubu キルブ⟧ [kilubu] ಕಿಲಬು, ಕಿಲುಬು, ಕಿಲಿಬು, ಕಿಲುಂಬು, ಕಿಲುವು n. 緑青 —vi. 緑青が出る [Ka. D1586]

ಕಿಲುವು ⟦kiluvu キルヴ⟧ [kilŭvu]《‡》n. 緑青 (My. (Kitt.)) [Ka. D1586] ☞ಕಿಲುಬು (kilubu)

ಕಿಲೊ ⟦kilo キロ⟧ [kilo] n. [Eg. kilo] ☞ಕಿಲೊಗ್ರಾಂ (kilogrāṃ)

ಕಿಲೊಗ್ರಾಂ ⟦kilogrāṃ キログラーン⟧ [kilogrɐːm] n. キログラム [Eg. kilogramme]

ಕಿಲೊಮೀಟರು ⟦kilomīṭaru キロミータル⟧ [kilomiːṭəru] n. キロメートル [Eg. kilometre]

ಕಿಲೊಲೀಟರ್ ⟦kilolīṭar キロリータル⟧ [kiloliːṭər] n. キロリットル [Eg. kilolitre]

ಕಿಲೊವ್ಯಾಟ್ ⟦kilovyāṭ キロヴィャート⟧ [kilovæːṭ] n. キロワット（1000 ワットに等しい電力の単位）[Eg. kilowatt]

ಕಿಲೊಸೈಕಲ್ ⟦kilosaikal キロサイカル⟧ [kilosəikəl] n. キロヘルツ（1000 ヘルツに等しい波の周波数の単位）[Eg. kilocycle]

ಕಿಲ್ಲತ್ತು ⟦killattu キッラットゥ⟧ [killəttu]《古》n. 栄誉のしるしとして高位の人や功労者に贈るガウン [Ar.-Pe. xilʿat]

ಕಿಲ್ಲೆದಾರ ⟦killedāra キッレダーラ⟧ [killedɐːrɐ] m.《f. *ಕಿಲ್ಲೆದರಳು (killedaraḷu)》城砦の守備隊長、城主 [Ar. qalʿa]

ಕಿವಡ ⟦kivaḍa キヴァダ⟧ [kivəḍɐ]《‡》m.《f. ಕಿವಡಿ (kivaḍi)》耳の聞こえない人 (C. (Kitt.)) [Ka. D1977(c)] ☞ಕಿವುಡ (kivuḍa)

ಕಿವಡಿ ⟦kivaḍi キヴァディ⟧ [kivəḍi]《‡》f.《m. ಕಿವಡ (kivaḍa)》耳の聞こえない女性 (C. (Kitt.)) [Ka. D1977] ☞ಕಿವುಡ (kivuḍa)

ಕಿವಡು ⟦kivaḍu キヴァドゥ⟧ [kivəḍu]《‡》n. —mf. ☞ಕಿವುಡು (kivuḍu) (My. (Kitt.)) [Ka. D1977]

ಕಿವಿ ⟦kivi キヴィ⟧ [kivi] n. 1 耳または聴覚 2〔喩〕耳に似た構造物、フライパンの耳、銃の点火装置、など —vt.《古》聞く [Ka. D1977]

ಕಿವಿಕಚ್ಚು ⟦kivikaccu キヴィカッチュ⟧ [kivikəʧʧu] ಕಿವಿಗಚ್ಚು n. 耳元にささやくこと [+ kaccu]

ಕಿವಿಕುಣಿ ⟦kivikuṇi キヴィクニ⟧ [kivikuɳi] n. 耳の穴 [+ kuṇi]

ಕಿವಿಕೆಡಿಸು ⟦kivikeḍisu キヴィケディス⟧ [kivikeḍisu] ಕಿವಿ–ಗೆಡಿಸು vi. 1 耳をつんざくような音を発する 2 間違った考えを吹き込む ¶ ಮಂಥರೆ ಕೈಕೇಯಿಯ ಕಿವಿಕೆಡಿಸಿ–ದಳು. (maṃtʰare kaikēyiya kivikeḍisidaḷu.) マンタラーはカイケーイーの耳によこしまな考えを吹き込んだ。[+ keḍisu]

ಕಿವಿಗಡಿ ⟦kivigaḍi キヴィガディ⟧ [kivigəḍi] vi. 耳たぶの縁 [+ gaḍi]

ಕಿವಿಗೇಳಿಸು ⟦kivigēḷisu キヴィゲーリス⟧ [kivigeːḷĭsu] vi. 1 聞こえる ¶ ಮಗನಿಗೆ ಒಳ್ಳೇ ಮಾತುಗಳು ಕಿವಿಗೇಳಿಸುವದಿಲ್ಲ (maganige oḷḷē mātugaḷu kivigēḷisuvadilla.) 息子は忠告に耳をかさない。 2〔喩〕（忠告などが）聞き入れられる —vt. 聞かせる [+ kēḷisu]

ಕಿವಿಗೊಡು ⟦kivigoḍu キヴィゴドゥ⟧ [kivigoḍu] vi.《dat.》注意して聞く、耳を傾ける [+ koḍu]

ಕಿವಿಗೊಳ್ ⟦kivigoḷ キヴィゴル⟧ [kivigoḷ]《古》vi.《dat.》注意して聞く、耳を傾ける [+ koḷ]

ಕಿವಿಚಟ್ಟೆ ⟦kivicaṭṭe キヴィチャッテ⟧ [kiviʧəṭṭe] n. 耳たぶの上部 [+ caṭṭe]

ಕಿವಿಚಾಚು ⟦kivicācu キヴィチャーチュ⟧ [kiviʧɐːʧu] vi.《dat.》注意して聞く、耳を傾ける [+ cācu]

ಕಿವಿಚುಚ್ಚು ⟦kivicuccu キヴィチュッチュ⟧ [kiviʧuːʧu] vi.（耳飾りをつけるために）耳に穴をあける [+ cuccu]

ಕಿವಿದಾಗು ⟦kividāgu キヴィダーグ⟧ [kiviḍɐːgu] vi.《gen.》（悪い噂などが）耳に入る ¶ ಫಾತಿಮಾಳ ವಿಷಯ ತಂದೆಯ ಕಿವಿದಾಗಿತು. (pʰātimāḷa viṣaya taṃdeya kividāgitu.) ファーティマのことが父の耳に入った。[+ tāgu「触れる」]

ಕಿವಿನುಡಿ ⟦kivinuḍi キヴィヌディ⟧ [kivinuḍi] n. ひそひそ話、そっと耳打ちされた秘密 [+ nuḍi]

ಕಿವಿಮಾತು ⟦kivimātu キヴィマートゥ⟧ [kivimɐːtu] n. ひそひそ話、そっと耳打ちされた秘密 [+ mātu]

ಕಿವಿಮುಚ್ಚು ⟦kivimuccu キヴィムッチュ⟧ [kivimuʧʧu] *vi.* 耳を覆う [+ *muccu*]

ಕಿವಿಮೂಳ ⟦kivimūḷa キヴィムーラ⟧ [kivimuːḷɐ] *m.* 《*f.* ಕಿವಿಮೂಳಿ (kivimūḷi)》耳を切られた人 [+ *mūḷa*「不具にされた」*D5049]

ಕಿವಿಮೂಳಿ ⟦kivimūḷi キヴィムーリ⟧ [kivimuːḷi] *f.* 《*m.* ಕಿವಿಮೂಳ (kivimūḷa)》 耳を切られた女性 [+ *mūḷi* *D5049]

ಕಿವಿಯೂದು ⟦kiviyūdu キヴィユードゥ⟧ [kivijuːđu] *vi.* 1〈秘密を〉耳打ちする、そっと知らせる 2（仲たがいさせるために）あることないことをそっと耳に入れる [+ *ūdu*「吹く」]

ಕಿವಿವಾಲೆ ⟦kivivāle キヴィヴァーレ⟧ [kivivɐːle] *n.* 耳たぶ [+ *pāle*] = ಪಾಲೆ (pāle)

ಕಿವಿಹರಕ ⟦kiviharaka キヴィハラカ⟧ [kivihərǎkɐ] *m.* 《*f.* ಕಿವಿಹರಕಿ (kiviharaki)》 1 耳を切られた人 2 自分自身の判断力がなく誰の言うことでも聞き入れる男性 [+ *haraka*「切られた」]

ಕಿವಿಹರಕಿ ⟦kiviharaki キヴィハラキ⟧ [kivikərǎki] *f.* 《*m.* ಕಿವಿಮೂಳ (kivimūḷa)》 1 耳を切られた女性 2 自分自身の判断力がなく誰の言うことでも聞き入れる女性 [+ *haraki*]

ಕಿವಿಹಿಡಿ ⟦kivihiḍi キヴィヒディ⟧ [kivihiḍi] *vi.* 《*gen.*》 1 耳を引っ張る 2〔喩〕強制する、無理やりに動かす ¶ ನಾವು ಮಗನ ಕಿವಿಹಿಡಿದು ಶಾಲೆಗೆ ಕರೆದುಕೊಂಡುಹೋಗಲಾಗುವುದಿಲ್ಲ. (nāvu magana kivihiḍidu śālege karedu-koṃḍuhōgalāguvudilla.) 息子の耳を引っ張って学校へ連れて行くわけにはいかない。[+ *hiḍi*]

ಕಿವಿಕೊಪ್ಪು ⟦kivikoppu キヴィコップ⟧ [kivi koppu] 《古》 *n.* 耳飾りの一種［⇒図］[+ *koppu*] = ಕೊಪ್ಪು (koppu)

ಕಿವಿಕೊಪ್ಪು
耳飾り

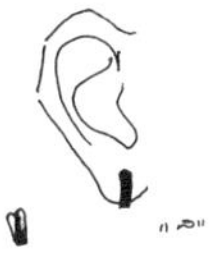

ಕಿವಿಚು ⟦kivicu キヴィチュ⟧ [kiviʧu] ಕಿಮುರ್ಚು, ಕಿವುಚು, ಕಿವುಚ್ಚು, ಗಿವುಚು *vt.*（普通片手で）握りつぶす [Ka.]

ಕಿವುಂಡ ⟦kivuṃḍa キヴンダ⟧ [kivǔṇḍɐ] 《古》 *m.* 《*f.* *ಕಿವುಂಡಿ (kivuṃḍi)》耳の聞こえない人 [Ka. D1977(c)] ☞ಕಿವುಡ (kivuḍa)

ಕಿವುಚು ⟦kivucu キヴチュ⟧ [kivǔʧu] *vt.* [Ka.] ☞ಕಿವಿಚು (kivicu)

ಕಿವುಡ ⟦kivuḍa キヴダ⟧ [kivǔḍɐ] ಕಿವುಂಡ *m.* 《*f.* ಕಿವುಡಿ (kivuḍi)》耳の聞こえない人 [Ka. D1977(c)]

ಕಿವುಡಿ ⟦kivuḍi キヴディ⟧ [kivǔḍi] *f.* 《*m.* ಕಿವುಡ (kivuḍa)》耳の聞こえない女性 [Ka. D1977(c)]

ಕಿವುಡು ⟦kivuḍu キヴドゥ⟧ [kivǔḍu] *n.* 耳が聞こえないこと [Ka. D1977(c)]

ಕಿವುಡುಕೇಳ್ ⟦kivuḍukēḷ キヴドゥケール⟧ [kivuḍukeːḷ] ಕಿವುಡುಗೇಳ್ 《古》 *vi.* 《*dat.*》聞こえないふりをする；人の言葉に注意を払わない [Ka. D1977(c)]

ಕಿವುಡುತನ ⟦kivuḍutana キヴドゥタナ⟧ [kivuḍǔtənɐ] *n.* 耳の聞こえないこと [Ka. *D1977(c)]

ಕಿವುಱ್ ⟦kivuṟ キヴル⟧ [kivuḻ] 《古》 (*n.*) 《複合語頭で》つんぼ… [Ka. D1977(c)]

ಕಿವುಱ್ಕೇಳ್ ⟦kivuṟkēḷ キヴルケール⟧ [kivuḻkeːḷ] ಕಿವುಱ್ಗೇಳ್ 《古》 *vi.* 《*dat.*》聞こえないふりをする；人の言葉に注意を払わない [Ka. D1977(c)]

ಕಿಶೋರ ⟦kiśōra キショーラ⟧ [kiʃoːrɐ] 《文》 *m.* 《*f.* ಕಿಶೋರಿ (kiśōri)》少年、思春期の少年 [Sk.]

ಕಿಶೋರಾವಸ್ಥೆ ⟦kiśōrāvastʰe キショーラーヴァステ⟧ [kiʃoːrɐːvəstʰe] 《文》 *n.* 思春期 [Sk.]

ಕಿಶೋರಿ ⟦kiśōri キショーリ⟧ [kiʃoːri] 《文》 *f.* 《*f.* ಕಿಶೋರ (kiśōra)》少女、思春期の少女 [Sk.]

ಕಿಷ್ಕಿಂದ ⟦kiṣkiṃda キシュキンダ⟧ [kiʂkindɐ] *n.* [Sk./Ka. D1509] ☞ಕಿಷ್ಕಿಂಧ (kiṣkiṃdʰa)

ಕಿಷ್ಕಿಂಧ ⟦kiṣkiṃdʰa キシュキンダ⟧ [kiʂkindʰɐ] ಕಿಷ್ಕಿಂದ, ಕಿಷ್ಕಿಂಧೆ *n.* 1 猿の王ヴァーリンが住む洞窟があった南インドの山の名前 2 狭いこと、狭苦しいこと ¶ ಟ್ರೈನ್ನಲ್ಲಿ ತುಂಬ ಕಿಷ್ಕಿಂದ ಆಯಿತು. (ṭrainnalli tuṃba kiṣkiṃda āyitu.) 列車はぎゅうぎゅう詰めだった。[Sk./*D1509]

ಕಿಸ ⟦kisa キサ⟧ [kisɐ] 《‡》 (*adj.*) 《複合語頭で》口や股などが開いている〈こと〉(*Kitt.*) [Ka. D1510] ☞ಕಿಸಿ (kisi)

ಕಿಸಬಾಯಿ ⟦kisabāyi キサバーイ⟧ [kisǝbɐːji] *n.* 歯が見えるように口の両脇を横に引いた口の形 [Ka. < **kisibāyi* D1510] ☞ಕಿಸಿಬಾಯಿ (kisibāyi)

ಕಿಸಿ ⟦kisi キシ⟧ [kisi] ಕಿಸು 《古》 *vt.* 〈口や股などを〉開く = ಅಗಲಿಸು (agalisu) —(*adj.*) 《複合語頭で》歯が見えるように口の両脇を横に引いた形で口が開いている〈こと〉；がにまた〈の〉[Ka. D1510]

ಕಣ್ಣುಕಿಸಿ ⟦kaṇṇu kisi カンヌキシ⟧ [kəṇṇu] *vi.*（目を）大きく開く [+ *kisi*]

ಕಿಸಿಗಾಲು ⟦kisigālu キシガール⟧ [kisiğɐːlu] *n.* がにまたの [+ *kālu*]

ಕಿಸಿಬಾಯಿ ⟦kisibāyi キシバーイ⟧ [kisibɐːji] *n.* 歯が見えるように口の両脇を横に引いて開いた口 [+ *bɔːji*] ☞ಕಿಸಬಾಯಿ (kisabāyi)

ಹಲ್ಲುಕಿಸಿ ⟦hallu kisi ハッルキシ⟧ [həllu kisi] *vi.* 歯が見えるように口の両脇を横に引いて開く = ಅಗಲಿಸು (agalisu) [*hallu* +]

ಕಿಸಿಕಿಸಿ ⟦kisikisi キシキシ⟧ [kisikisi] (*n.*) いひひ（歯をむいて笑う声を表す擬音語）[Ka. onom. D1510]

ಕಿಸಿಕಿಸಿ ನಗು ⟦kisikisi nagu キシキシナグ⟧ [kisikisi nəgu] *vi.* いひひと笑う [Ka. D1510]

ಕಿಸಿಗಾಲು ⟦kisigālu キシガール⟧ [kisigɐːlu] *n.*（歩行中）大きく開いた両脚、がにまた [*kisi* *D1510 + *kālu*]

ಕಿಸು¹ ⟦kisu キス⟧ [kisu] 《古》 *vt.* 〈口や股などを〉開く —(*adj.*) 《複合語頭で》口や股などが開いている〈こと〉☞ಕಿಸಿ (kisi) [Ka. D1510]

ಕಿಸು² ⟦kisu キス⟧ [kisu] 《‡》 (*n.*) 《*redp.*》ひそひそ（ささやき声を表す擬音語）(*My.* (*Kitt.*)) [Ka. D1638]

ಕಿಸು³ ⟦kisu キス⟧ [kisu] 《古》(n.)《複合語頭で》赤い〈こと〉¶ ಕಿಸುಗಣ್ (kisugaṇ) 赤目 —n. 1「赤い金属」、銅 2 赤い土 3 紅玉、ルビー 4〔喩〕怒り、激怒 [Ka. D1931]

ಕಿಸುಕಿಸು ⟦kisukisu キスキス⟧ [kisukisu] (n.) ひそひそ(ささやき声を表す擬音語) [Ka. onom. *D1638]

ಕಿಸುಗಣ್ ⟦kisugaṇ キスガン⟧ [kisugəɳ] ಕಿಸುಗಣ್ಣು 《古》 n. (怒りによる)赤い目 [Ka. kisu + kaṇ] = ಕಿಸುಗಣ್ಣು (kisugaṇṇu)

ಕಿಸುಗಣ್ಚು ⟦kisugaṇcu キスガンチュ⟧ [kisgəɳʧu] ಕಿಸುಗ–ಣ್ಚು 《古》 vi. 腹を立てる、立腹する [Ka. kisugaṇ + -cu]

ಕಿಸುಗಣ್ಣ ⟦kisugaṇṇa キスガンナ⟧ [kisugəɳɳɐ] m. 《f. ಕಿಸುಗಣ್ಣಿ (kisugaṇṇi)》赤い目をした男性 [Ka. kisugaṇ + -a]

ಕಿಸುಗಣ್ಣು ⟦kisugaṇṇu キスガンヌ⟧ [kisugəɳɳu] 《古》 n. 赤い目 [Ka. kisu + kaṇṇu]

ಕಿಸುಗಲ್ಲು ⟦kisugallu キスガッル⟧ [kisugəllu] 《古》 n. 紅玉、ルビー [Ka. kisu + kallu] = ಕೆಂಪುಮಣಿ (kempumaṇi)〔汎〕

ಕಿಸುಗುಳ ⟦kisuguḷa キスグラ⟧ [kisuguɭɐ] ಕಿಸುಕುಳ 《古》 n. 汚物、不潔物 —m. 《f. ಕಿಸುಗುಳಿ (kisuguḷi)》下劣な人間 [?]

ಕಿಸುಗುಳಿ ⟦kisuguḷi キスグリ⟧ [kisuguɭi] 《古》 mf. 下劣な人間 [?]

ಕಿಸುಗುಳಿಗ ⟦kisuguḷiga キスグリガ⟧ [kisuguɭigɐ] 《古》 m. 《f. *ಕಿಸುಗುಳಿಗಿತ್ತಿ (kisuguḷigitti)》下劣な人間 [?]

ಕಿಸುರ್ ⟦kisur キスル⟧ [kisur] ಕಿಸರು, ಕಿಸುರು 《古》 vi. 1 とても嫌である、嫌悪をもよおさせる 2 憎らしい、憎々しい —n. 1 嫌悪、嫌い 2 憎しみ；嫉妬 3 邪魔、妨害 [Ka. D1511]

ಕಿಸುರು ⟦kisuru キスル⟧ [kisuru] ಕಿಸರು, ಕಿಸುರ್ 《古》 n. 1 嫌悪、嫌い 2 憎しみ；嫉妬 [Ka. *D1511]

ಕಿಸುವೊನ್ ⟦kisuvon キスヴォン⟧ [kisuvon] 《古》 n. 「あかがね」、銅 [Ka. kisu + pon]

ಕಿಸುಱ್ ⟦kisuṟ キスル⟧ [kisur̠] 《‡》 n. 嫌なこと、厭わしいこと (Kk.72 (Kitt.)) [Ka. D1511]

ಕಿಸೆ ⟦kise キセ⟧ [kise] n. ポケット [Pe. kīsa]

ಕಿಸೆಗಳ್ಳ ⟦kisegaḷḷa キセガッラ⟧ [kisegəɭɭɐ] m. 《f. ಕಿಸೆಗಳ್ಳಿ (kisegaḷḷi)》すり [kise + kaḷḷa]

ಕಿಸ್ಗಾರ ⟦kisgāra キスガーラ⟧ [kisgɐːrɐ] ಕಿಸ್ಕಾರ n. 真紅の花が咲くアカネ科サンタンカ属の低木 → 薬 [Ka. kisu D1931 + ?] *[IMP 3.240]

ಕಿಸ್ತು ⟦kistu キストゥ⟧ [kistu] 《古》 n. 月賦払い、年賦払い = ಕಂತು (kaṃtu)〔汎〕[Ar. qisṭ]

ಕಿಳಿರ್ ⟦kiḷir キリル⟧ [kiɭir] 《古》 vi. (馬が)いななく [Ka. D1831/D2017(b)] = ಕೆನೆ (kene)〔汎〕

ಕಿಳಿಱು ⟦kiḷiṟu キリル⟧ [kiɭir̠u] ಕಿಳಿರು, ಕಿಳಿರ್, ಕಿಳಿರು 《古》 vi. (馬が)いななく —n. (馬の)いななき = ಕೆನೆ (kene)〔汎〕[Ka. D1831/D2017(b)]

ಕಿಳ್ಳಿ ⟦kiḷḷi キッリ⟧ [kiɭɭi] n. いたずら [?] (NK)

ಕಿಳ್ಳಿಕೇತ ⟦kiḷḷikēta キッリケータ⟧ [kiɭɭikeːtɐ] ಕಿಳ್ಳೇಕೇತ, ಕಿಳ್ಳೆಕೇತ n. 操り人形 —m. 《f. ಕಿಳ್ಳಿಕೇತಳು (kiḷḷikētaḷu)》人形遣い [kiḷḷi + kēta <?]

ಕಿಱ್ ⟦kiṟ キル⟧ [kir̠] 《‡》 vt. 《過去語幹 kett-》[Ka. D1980] (Abh.P.10.8 (Kitt.)) ☞ಕಿಱು (kiṟu)²

ಕಿಱ¹ ⟦kiṟa キラ⟧ [kir̠ɐ] 《‡》 n. 《redp》きーきー鳴る音、きしむ音 (Kitt.) [Ka. D1593] ☞ಕಿಱಿಕಿಱಿ (kiṟikiṟi)

ಕಿಱ² ⟦kiṟa キラ⟧ [kir̠ɐ] 《‡》 (adj.) 小さな〈こと〉、劣った〈こと〉、など (My. (Kitt.)) [Ka. D1594] ☞ಕಿಱು (kiṟu)¹

ಕಿಱಕಿಱ ⟦kiṟakiṟa キラキラ⟧ [kir̠əkir̠ɐ] 《‡》 (n.) きゅうきゅう(靴の鳴る音を表す擬音語)、きいきい(車輪や扉のきしむ音を表す擬音語) (My. (Kitt.)) [Ka. onom. *D1593]

ಕಿಱಕು ⟦kiṟaku キラク⟧ [kir̠ə̆ku] 《‡》 (n.) ぎい(扉などの出す高い雑音を表す擬音語) (My. (Kitt.)) [Ka. onom. D1593] ☞ಕಿರುಕು (kiruku)

ಕಿಱಚು ⟦kiṟacu キラチュ⟧ [kir̠əʧu] 《‡》 vi. 甲高い声で叫ぶ (Si.294 (Kitt.)) [Ka. D1590]

ಕಿಱಚುವಿಕೆ ⟦kiṟacuvike キラチュヴィケ⟧ [kir̠əʧuvike] 《‡》 n. 甲高い声で叫ぶこと (Si.295 (Kitt.)) [Ka. kiṟacu + -ike, D1590]

ಕಿಱಬ ⟦kiṟaba キラバ⟧ [kir̠ə̆bɐ] 《‡》 n. ハイエナ (S.Mhr. (Kitt.)) [Ka. D1599] ☞ಕಿರುಬ (kiruba)

ಕಿಱಬು ⟦kiṟabu キラブ⟧ [kir̠əbu] 《‡》 n. ハイエナ (S.Mhr. (Kitt.)) [Ka. D1599] ☞ಕಿರುಬ (kiruba)

ಕಿಱಿ ⟦kiṟi キリ⟧ [kir̠i] 《古》 (adj.) 小さな〈こと〉、小… [Ka. D1594] ☞ಕಿರಿ (kiri)³

ಕಿಱಿಕಿ ⟦kiṟiki キリキ⟧ [kir̠iki] 《‡》 (n.) きーきーいう音、きしむ音 (My. (Kitt.)) [Ka. D1593]

ಕಿಱಿಕಿಱಿ ⟦kiṟikiṟi キリキリ⟧ [kir̠ikir̠i] ಕಿರಿಕಿರಿ, ಕಿರ್ಕಿರಿ 《古》 (n.) いらいら(心が落ち着かない様子を表す擬態語) [Ka. mim.]

ಕಿಱಿಗೆ ⟦kiṟige キリゲ⟧ [kir̠ige] ಕಿರಿಗೆ, ಕಿರುಗೆ, ಕಿಱುಗೆ 《古》 n. 未成年の女子が着る小さなサーリー [Ka. D1592] ☞ಕಿರಿಗೆ (kirige)

ಕಿಱಿಚು ⟦kiṟicu キリチュ⟧ [kir̠iʧu] 《古》 vi. 甲高い声で叫ぶ [Ka. D1590] ☞ಕಿರುಚು (kirucu)

ಕಿಱಿದು ⟦kiṟidu キリドゥ⟧ [kir̠idu] ಕಿರಿದು 《古》 adj. 1 小さい、ちっぽけな 2 些細な、つまらぬ [Ka. kiri D1594 + -du]

ಕಿಱಿಯಂ ⟦kiṟiyaṃ キリヤン⟧ [kir̠ijəm] 《古》 adj., m. 《f. ಕಿಱಿಯಳ್ (kiṟiyaḷ)》若い〈男性〉(Pb.1.75.V; 2.33.V; 9.44) [Ka. D1594]

ಕಿಱಿಯರ್ ⟦kiṟiyar キリヤル⟧ [kir̠ijər] 《古》 adj., m. 《pl.》若者たち〈の〉(Pb.4.87.V) [Ka. D1594]

ಕಿಱಿಯಳ್ ⟦kiṟiyaḷ キリヤル⟧ [kir̠ijəɭ] 《古》 f. 《m. ಕಿಱಿ–ಯಂ (kiṟiyaṃ)》若い女性 (Śmd.245 (Kitt.)) [Ka. D1594]

ಕಿಱು¹ ⟦kiṟu キル⟧ [kir̠u] ಕಿರು 《古》 (adj.) 小…、若い〈こと〉、背が低い〈こと〉、些細〈な〉、劣った〈こと〉¶ ಕಿಱುವಕ್ಕಿ (kiṟuvakki) 小鳥 [Ka. *D1594] ☞ಕಿರು

(kiru)[1]

ಕಿಱು² ⟦kir̲u キル⟧ [kir̲u] 《古》 *vt.* 《過去語幹 kett-》〈扉を〉閉める、〈容器に〉蓋をする、〈口を〉閉ざす [Ka. *D1980]

ಕಿಱುಕು ⟦kir̲uku キルク⟧ [kir̲uku] 《古》 *vt.* 掻く、引っ掻く [Ka. D1623]

ಕಿಱುಕುಳ ⟦kir̲ukuḷa キルクラ⟧ [kir̲ukuɭɐ] 《古》 (*adj.*) 小さな〈こと〉、取るに足らぬ〈こと〉、わずか〈な〉；小売〈の〉[Ka. *kir̲u* + *kuḷa*「人」]

ಕಿಱುಗುಟ್ಟು ⟦kir̲uguṭṭu キルグットゥ⟧ [kir̲uguʈʈu] 《‡》 *vi.* 1 甲高い声で叫ぶ 2（扉が）きしむ (*My.* (*Kitt.*)) [Ka. *kir̲u* + *guṭṭu*]

ಕಿಱುಚು ⟦kir̲ucu キルチュ⟧ [kir̲uʧu] 《‡》 *vi.* 甲高い声で叫ぶ (*My.* (*Kitt.*)) [Ka. D1590] ☞ಕಿರುಚು (kirucu)

ಕಿಱುನಗೆ ⟦kir̲unage キルナゲ⟧ [kir̲unəge] ಕಿರುನಗೆ 《古》 *n.* 微笑み (*Pb.2.8;9.28.V*) [Ka. *kir̲u* + *nage*]

ಕಿಱುನಾಲಿಗೆ ⟦kir̲unālige キルナーリゲ⟧ [kir̲unɐːlige] ಕಿ-ರುನಾಲಗೆ 《古》 *n.* 1 口蓋垂、のどびこ 2 扁桃腺炎または上気道炎 [Ka. *kir̲u* + *nālige*] ☞ಕಿರುನಾಲಿಗೆ (kirunālige)

ಕಿಱುಬ ⟦kir̲uba キルバ⟧ [kir̲ubɐ] 《古》 *n.* ハイエナ [Ka. D1599] = ನಾಯಿಹುಲಿ (nāyihuli)〔汎〕☞ಕಿರುಬ (kiruba)

ಕಿಱ್ಱನೆ ⟦kir̲r̲ane キッラネ⟧ [kir̲r̲əne] 《‡》 *adv.* がらがらと（音を立てて）(*J.13,35* (*Kitt.*)) [Ka. onom. D1593] ☞ಕಿರ್ರನೆ (kirrane)

ಕಿೞ್ ⟦kiḻ キル⟧ [kiɻ] 《古》 (*n.*) 《複合語頭で》低い〈こと〉、劣った〈こと〉、など ¶ ಕಿೞ್ನೆಲ (kiḻnela) 低地 [Ka. D1619]

ಕಿೞ್ಗು ⟦kiḻgu キルグ⟧ [kiɻgu] ಕಿರ್ಗು 《古》 *vi.* 低い、背が低い；下がる [Ka. D1619]

ಕಿೞ್ನೆಲ ⟦kiḻnela キルネラ⟧ [kiɻnela] ಕಿನ್ನೆಲ, ಕಿಳ್ನೆಲ 《古》 *n.* 低地 [Ka. *kiḻ* + *nela*]

ಕಿೞ್ಪಡು ⟦kiḻpaḍu キルパドゥ⟧ [kiɻpəɖu] ಕಿಳ್ಪಡು, ಕೀಳ್ಪಡು 《古》 *vi.* 隷属する、卑しめられる、屈従する [Ka. *kiḻ-* + *paḍu*]

ಕಿೞ್ಬಸಿಱ್ ⟦kiḻbasir̲ キルバシル⟧ [kiɻbəsir̲] ಕಿಬ್ಬಸಿರು, ಕಿಬ್ಬ-ಸಿಱ್, ಕಿಬ್ಬಸಿಱು, ಕಿಬ್ಬಸುರ್, ಕಿಬ್ಬಸುಱ್, ಕಿಬ್ಬಸುಱು, ಕಿರ್ಬಸಿಱ್ 《古》 *n.* 下腹、下腹部 [Ka. *kiḻ-* + *basir̲*]

ಕೀ ⟦kī キー⟧ [kiː] 《古》 *vi.* 《過去語幹 kīt-》化膿する、膿む [Ka. D1606]

ಕೀ ಕೀ ⟦kī kī キーキー⟧ [kiː kiː] (*n.*) きーきー、ちーちー（小鳥の鳴き声、豚が鳴く声を表す擬音語）[Ka. onom. D1607]

ಕೀಚಲು ⟦kīcalu キーチャル⟧ [kiːʧəlu] *n.* （特に女性の）甲高い声、（インドカッコウなどの）高い鳴き声 [Ka. *D1515]

ಕೀಚು¹ ⟦kīcu キーチュ⟧ [kiːʧu] ಖೀಚು *n.* 鳥のちゅーちゅー、ちーちーと鳴く声 [Ka. onom. *D1515]

ಕೀಚು² ⟦kīcu キーチュ⟧ [kiːʧu] ಖೀಚು 《古》 *n.* 歯糞 [?]

ಕೀಚು ಕೀಚು ⟦kīcu kīcu キーチュキーチュ⟧ [kiːʧu kiːʧu] (*n.*) ちゅーちゅー（鳥の鳴く声、ネズミの鳴く声などを表す擬音語）[Ka. D1515]

ಕೀಟ ⟦kīṭa キータ⟧ [kiːʈɐ] *n.* 1 昆虫、虫 2〔喩〕（虫けら同然の）つまらぬ人間 [Sk. <? M1.214]

ಕೀಟಕ ⟦kīṭaka キータカ⟧ [kiːʈə̆kɐ] *n.* 面倒を起こす人、（告げ口などで）人の仲を裂く人 [Ka. *D1942]

ಕೀಟಕತನ ⟦kīṭakatana キータカタナ⟧ [kiːʈəkətənɐ] *n.* 面倒を起こすこと、面倒を起こす性格 [Ka. D1942]

ಕೀಟನಾಶಕ ⟦kīṭanāśaka キータナーシャカ⟧ [kiːʈənɐːʃəkɐ] 《文》 *n.* 殺虫剤 [Sk.]

ಕೀಟಲೆ ⟦kīṭale キータレ⟧ [kiːʈəle] *n.* （噂話などで）人の仲を裂くこと、面倒を起こすこと [Ka. D1942]

ಕೀಟಾಹಾರಿ ⟦kīṭāhāri キーターハーリ⟧ [kiːʈɐːhɐːri] 《文》 *adj.* 食虫性の、虫を食べて生きている —*n.* 食虫生物 [Sk.]

ಕೀಟಾಣು ⟦kīṭāṇu キーターヌ⟧ [kːʈɐːɳu] 《文》 *n.* 微生物（顕微鏡で観察される細菌やウイルスなどの小型生物）[Sk.]

ಕೀಟು ⟦kīṭu キートゥ⟧ [kiːʈu] 《‡》 *n.* 軽蔑、侮辱 (*Tĕ.* (*Kitt.*)) [Ka. D1609]

ಕೀಡಿಕಿ ⟦kīḍiki キーディキ⟧ [kiːɖiki] 《‡》 *f.* 不貞な女性、姦婦 (*Hlâ.* (*Kitt.*)) [Ka. D1942] ☞ಕಿಡಿಕಿ (kiḍiki)

ಕೀಡೆ ⟦kīḍe キーデ⟧ [kiːɖe] ಕೀಡಿ *n.* 虫 [Pk. *kīḍa-*, H. *kīṛā* T3193]

ಕೀಣ ⟦kīṇa キーナ⟧ [kiːɳɐ] 《古》 *n.* 検討、熟考 [Ka. D1089] cf. ಕೇಣ (kēṇa)

ಕೀಣಿ ⟦kīṇi キーニ⟧ [kiːɳi] ಕಿಣಿ, ಕೀಣೆ, ಕೀಣೆ, ಕೀನಿ 《古》 *n.* 歯糞 [Ka. *D1606] = ಕರೆ (kare)〔汎〕

ಕೀತು ⟦kītu キートゥ⟧ [kiːtu] 《方》 *n.* 果物、肉などの細切れ [Ka. D1624] = ಹೋಳು (hōḷu)〔汎〕

ಕೀನಿ ⟦kīni キーニ⟧ [kiːni] ಕಿಣಿ, ಕೀಣಿ, ಕೀಣೆ 《古》 *n.* 歯糞 [Ka. *D1606] = ಕರೆ (kare)〔汎〕

ಕೀನಿಕೆ ⟦kīnike キーニケ⟧ [kiːnike] ಕಿನಿಕೆ 《古》 *n.* 歯糞 [Ka. *D1606]

ಕೀನ್ಯಾ ⟦kīnyā キーニャー⟧ [kiːnijɐː] *n.* ケニア（東アフリカの国）[Eg.]

ಕೀಮು ⟦kīmu キーム⟧ [kiːmu] *n.* 膿み、化膿 [Ka. D1606] = ಕೀವು (kīvu)

ಕೀರ¹ ⟦kīra キーラ⟧ [kiːrɐ] ಕೀರಿ 《文》 *n.* マングース、ジャコウネコ科に属する数種の動物 [Ka. *D1613] = ಮುಂಗುಸಿ (muṃgusi) *[BIA P24]

ಕೀರ² ⟦kīra キーラ⟧ [kiːrɐ] 《古》 *n.* オウム [Sk. ←Dr.] = ಗಿಳಿ (giḷi)〔汎〕

ಕೀರಲು ⟦kīralu キーラル⟧ [kiːrəlu] ಕೀಲುರ್ (*adj.*) 金切り声〈の〉、甲高い〈こと〉、耳障りな〈声〉[Ka. *kīru* *D1590]

ಕೀರಿ ⟦kīri キーリ⟧ [kiːri] 《‡》 *n.* ジャコウネコ科に属する数種の動物、マングース (*DEDR*) [Ka. D1613] = ಮುಂಗುಸಿ (muṃgusi)

ಕೀರು¹ ⟦kīru キール⟧ [ki:ru] ಕೀಱು¹ *vi.* 金切り声で叫ぶ、悲鳴をあげる [Ka. onom. *D1590] cf. ಚೀರು (cīru)

ಕೀರು² ⟦kīru キール⟧ [ki:ru] ಕೀಱು³ 《古》 *vt.* 掻く、引っ掻く [Ka. *D1623]

ಕೀರೆ ⟦kīre キーレ⟧ [ki:re] *n.* アマランサス(ヒユ科ヒユ属)の植物の一種 ⇀ 食 [Ka. D1617]

ಕೀರೆಸೊಪ್ಪು ⟦kīresoppu キーレソップ⟧ [ki:resoppou] *n.* アマランサス(葉野菜の一種、ヒユ科ヒユ属) ⇀ 食 [+ *soppu*]

ಕೀರ್ಣ ⟦kīrṇa キールナ⟧ [ki:rɳɐ] 《文》 (*n.*) **1** 《古》 散らばった〈こと〉 **2** (あるもので) いっぱいである〈こと〉、満ちている〈こと〉¶ ಜಟಿಲ ವಿಚಾರಗಳಿಂದ ಕೀರ್ಣವಾಗಿರುವ ಪುಸ್ತಕ ಇದು. (jaṭila vicāragaḷiṃda kīrṇavāgiruva pustaka idu.) この本は複雑な問題でいっぱいだ。 [Sk.]

ಕೀರ್ತನ ⟦kīrtana キールタナ⟧ [ki:rtənɐ] *n.* **1** 賞賛、賛美 **2** 神への賛歌 **3** 楽器の伴奏のもとで交互に語ったり歌ったりするクリシュナとして化身したヴィシュヌ神の物語 = ಹರಿಕಥೆ (harikatʰe) [Sk.]

ಕೀರ್ತನಂಗೆಯ್ ⟦kīrtanaṃgey キールタナンゲイ⟧ [ki:rtəŋgeĭ] 《古》 *vt.* 褒める、賞賛する、誉め称える

ಕೀರ್ತನಗಾರ ⟦kīrtanagāra キールタナガーラ⟧ [ki:rtənəga:rɐ] *m.* 歌をまじえながら語るクリシュナ神の物語の語り手 [*kīrtana* + *-kāra*]

ಕೀರ್ತನೆ ⟦kīrtane キールタネ⟧ [ki:rtəne] *n.* **1** 賞賛、賛美 **2** 神の賛歌 **3** 楽器の伴奏のもとで交互に語ったり歌ったりするクリシュナ神の物語 = ಹರಿಕಥೆ (harikatʰe) [Sk.]

ಕೀರ್ತಿ ⟦kīrti キールティ⟧ [ki:rti] *n.* 名声、声望 [Sk.]

ಕೀರ್ತಿಕಾಮ ⟦kīrtikāma キールティカーマ⟧ [ki:rtikɐ:mɐ] 《文》 *adj., m.* 《*f.* ಕೀರ್ತಿಕಾಮಳು (kīrtikāmaḷu)》 名声を求める〈人〉 [Sk.]

ಕೀರ್ತಿವಡೆ ⟦kīrtivaḍe キールティヴァデ⟧ [ki:rtivəḍe] 《古》 *vi.* 名声を得る [+ *paḍe*]

ಕೀರ್ತಿವಲ್ಲಭ ⟦kīrtivallabʰa キールティヴァッラバ⟧ [ki:rtivəlləbʰɐ] 《文》 *m.* 《*f.* ಕೀರ್ತಿವಲ್ಲಭೆ (kīrtivallabʰe)》 名声を得た〈人〉、栄光ある〈人〉 [Sk.]

ಕೀರ್ತಿಶಾಲಿ ⟦kīrtiśāli キールティシャーリ⟧ [ki:rtiʃɐ:li] *adj., mf.* 名声ある〈人〉 [Sk.]

ಕೀರ್ತಿಶೇಷ ⟦kīrtiśēṣa キールティシェーシャ⟧ [ki:rtiʃe:ʂɐ] 《文》 *adj., m.* 《*f.* ಕೀರ್ತಿಶೇಷಳು (kīrtiśēṣaḷu)》 **1** 名声を後世に残した〈人〉 **2** 〔美〕 物故した〈人〉 [Sk.]

ಕೀರ್ತಿಸು ⟦kīrtisu キールティス⟧ [ki:rtisu] 《文》 *vt.* 誉め称える、賞賛する [Sk.]

ಕೀರ್ತಿಸ್ತಂಭ ⟦kīrtistaṃbʰa キールティスタンバ⟧ [ki:rtistəmbʰɐ] *n.* 勝利などを記念して建てられた塔 [Sk.]

ಕೀಲ್ ⟦kīl キール⟧ [ki:l] 《古》 *n.* **1** かんぬき、かけ釘 **2** 南京錠 [? A26, cf. T3202, Sk. *kīla-*]

ಕೀಲ ⟦kīla キーラ⟧ [ki:lɐ] 《古》 *n.* かんぬき、かけ釘 [Sk. *kīla-* cf. A26, T3202]

ಕೀಲಣ ⟦kīlaṇa キーラナ⟧ [ki:ləɳɐ] ಕೀಲಣೆ, ಕೀಲಣೆ 《古》 *n.* **1** 杭で固定する、くっつける、固定する **2** 秘密 [Sk. *kīlana*]

ಕೀಲಿ ⟦kīli キーリ⟧ [ki:li] ಕೀಲ್, ಕೀಲು *n.* **1** かんぬき、かけ釘 **2** 南京錠 **3** (時計などの) ぜんまい [Sk. *kīla-*?]

ಕೀಲಿಕೊಡು ⟦kīlikoḍu キーリコドゥ⟧ [ki:likoḍu] *vi.* 《*dat.*》 **1** (時計、おもちゃなどに) ぜんまいを巻く **2** (あることをさせるために) おだてる、そそのかす [Ka.]

ಕೀಲಿಕೈ ⟦kīlikai キーリカイ⟧ [ki:likəi] *n.* 鍵 [*kīli* + *kai*] = ಕೀ (kī) 〔口〕

ಕೀಲಿಸು ⟦kīlisu キーリス⟧ [ki:lisu] ಕೀಲೈಸು 《古》 *vt.* **1** くっつける、接合する **2** 〈槍、刀などを〉突き刺す [*kīl* + *-isu*]

ಕೀಲು ⟦kīlu キール⟧ [ki:lu] ಕೀಲ್, ಕೀಲಿ 《古》 *n.* [A26, cf. T3202, Sk. *kīla-*] ☞ಕೀಲ್ (kīl)

ಕೀಲುಗೊಂಬೆ ⟦kīlugoṃbe キールゴンベ⟧ [ki:lugombe] *n.* 機械仕掛けで動く人形;操り人形 [+ *goṃbe*]

ಕೀಲುಸೇತುವೆ ⟦kīlusētuve キールセートゥヴェ⟧ [ki:lŭse:tuve] *n.* 可動橋、吊り上げ橋 [+ *sētuve*]

ಕೀಲೆಣ್ಣೆ ⟦kīleṇṇe キーレンネ⟧ [ki:leɳɳe] *n.* 潤滑油 [+ *eṇṇe*]

ಕೀವ ⟦kīva キーヴァ⟧ [ki:vɐ] 《口》 *n.* (傷の) 膿み、化膿 (*My.* (*Kitt.*)) [Ka. D1606]

ಕೀವು ⟦kīvu キーヴ⟧ [ki:vu] ಕೀಮು, ಕೀವ್ವ 《文》 *n.* (傷の) 膿み [Ka. D1606]

ಕೀವುಗಟ್ಟು ⟦kīvugaṭṭu キーヴガットゥ⟧ [ki:vugəʈʈu] *vi.* (傷が) 膿む、化膿する [+ *kaṭṭu*]

ಕೀಶ ⟦kīśa キーシャ⟧ [ki:ʃɐ] 《文》 *n.* 猿 [Sk.]

ಕೀಸು ⟦kīsu キース⟧ [kiisu] 《古》 *vt.* (磨くためや薄くするために) 削る、すり落とす ―*n.* **1** 削ること **2** 耳たぶの穴に入れるパルミラヤシの葉を巻いたもの = ಕೀಸೋಲೆ (kīsōle) [Ka. D1612]

ಕೀಸುಳಿ ⟦kīsuḷi キースリ⟧ [ki:suḷi] 《古》 *n.* 線を引いたり、小さな穴をうがったりするための小型の鑿(のみ) [Ka. D1612]

ಕೀಳರಿಮೆ ⟦kīḷarime キーラリメ⟧ [ki:ḷərĭme] *n.* 劣等感、自分が劣っているという意識 [Ka. *kīḻ*² + *arime* D1619]

ಕೀಳು¹ ⟦kīḷu キール⟧ [ki:ḷu] ಕಿೞ್, ಕೀಳ್, ಕೀೞು 《古》 *vt.* 《kitt-, kiṟt-, kīrt-, kīṟt-》 **1** 根元から引き抜く、根こそぎにする **2** 〔喩〕 撲滅する [Ka. D1581]

ಕೀಳಿಸು ⟦kīḷisu キーリス⟧ [ki:ḷisu] *vt.* **1** 根元から引き抜かせる、根こそぎにさせる **2** 〈井戸などを〉掘らせる (〈井戸などを〉掘らせる) **3** (音が) 〈耳を〉つんざく [+ *-isu* caus.]

ಕೀಳು² ⟦kīḷu キール⟧ [ki:ḷu] ಕೀೞ್, ಗೀಳು, ಕೀೞ್ (*n.*) (高度、生まれ、社会的地位、道義性などが) 低い〈こと〉¶ ಕೀಳುಜಾತಿ (kīḷujāti) 低いカースト [Ka. D1619]

ಕೀಳುಕರ್ಮ ⟦kīḷukarma キールカルマ⟧ [kiːɭŭkərmɐ] *n.* 卑しい行い [+ *karma*]

ಕೀಳುಜಾತಿ ⟦kīḷujāti キールジャーティ⟧ [kiːɭuʤɐːti] *n.* 卑しい生まれ、卑しいカースト [+ *jāti*]

ಕೀಳುದನಿ ⟦kīḷudani キールダニ⟧ [kiːɭudʌni] *n.* 低音または弱い音、低音または弱い声 [+ *dani* ←Sk. *dvani*]

ಕೀಳುದರ್ಜೆ ⟦kīḷudarje キールダルジェ⟧ [kiːɭŭdərʤe] *n.* 下等、下劣 [+ Ar. *darağa*]

ಕೀಳುದಸೆ ⟦kīḷudase キールダセ⟧ [kiːɭŭdəse] 《文》 *n.* 窮状、惨めな状態 [+ *dase* ←Sk. *daśā-*]

ಕೀಳುದೆಸೆ ⟦kīḷudese キールデセ⟧ [kiːɭŭdese] 《文》 *n.* 体の下部(*vacana*) [+ *dese* ←Sk. *diśā-*]

ಕೀಳುಮಟ್ಟ ⟦kīḷumaṭṭa キールマッタ⟧ [kiːɭŭməʈʈɐ] *n.* 低級、低い水準 [+ *maṭṭa*]

ಕೀಱು¹ ⟦kīṟu キール⟧ [kiːɾu] 《古》 *vi.* 金切り声で叫ぶ、悲鳴をあげる [Ka. onom. D1590]

ಕೀಱು² ⟦kīṟu キール⟧ [kiːɾu] ಕೀರು¹ 《古》 *vi.* 腹を立てる、怒る [Ka. D1597]

ಕೀಱು³ ⟦kīṟu キール⟧ [kiːɾu] 《古》 *vt.* 1 掻く、引っ掻く 2 突っつく 3〈線を〉引く 4〈金属などに〉(純度を調べるために)掻き傷をつける ādipu. *13.85* 5 強制する (See KPN *vaḍḍārā* 82.6) [Ka. D1623] ☞ಕೀರು (kīru)²

ಕೀೞ್¹ ⟦kīḻ キール⟧ [kiːɻ] 《古》 *vt.* 《過去語幹 kīrt-, kiḻt-, kīṟt-》根元から引き抜く、引っこ抜く [Ka. D1581]

ಕೀೞ್² ⟦kīḻ キール⟧ [kiːɻ] 《古》 (*n.*) 1 (場所が)低い〈こと〉;(あるものの)下〈の〉 2 (社会的地位が)低い〈こと〉、(生まれが)卑しい〈こと〉 3 (品性が)卑しい〈こと〉、卑劣 [Ka. D1619]

ಕೀೞೊಳ್ ⟦kīḻoḷ キーロル⟧ [kiːɻoɭ] 《古》 *postp.* …の下に、…の下で [Ka. *kīḻ*² + *-oḷ*]

ಕೀೞ್³ ⟦kīḻ キール⟧ [kiːɻ] 《古》 *n.* 馬ろくのはみ [Ka. D1620]

ಕೀೞ ⟦kīḻa キーラ⟧ [kiːɻɐ] 《古》 *m.* 《*f.* *ಕೀೞಿ (kīḻi)》身分が低い人、卑しい人、下劣な人 [Ka. D1619]

ಕೀೞ್ತನ ⟦kīḻtana キールタナ⟧ [kiːɻtənɐ] 《‡》 *n.* 卑しいこと、卑劣さ (*My.* (*Kitt.*)) [Ka. *kīḻa* + *-tana* D1619]

ಕೀೞಾಳ್ ⟦kīḻāḷ キーラール⟧ [kiːɻɐːɭ] 《古》 *mf.* 1 身分が低い人、卑しい人、下劣な人 2 召し使い [Ka. *kīḻ*² + *āḷ*]

ಕೀೞೆ ⟦kīḻe キーレ⟧ [kiːɻe] 《古》 *postp.* …の下に、…の下で [Ka. *kīḻ*² + *-e*]

ಕೀೞ್ತನ ⟦kīḻtana キールタナ⟧ [kiːɻtənɐ] 《古》 *n.* 卑しいこと、卑劣さ [Ka. *kīḻ* + *-tana* *D1619]

ಕುಂಕುಮ ⟦kuṃkuma クンクマ⟧ [kuŋkumɐ] *n.* 女子が額に赤い丸い点をつけるための辰砂(しんしゃ)(硫化水銀)の粉 [Sk.]

ಕುಂಕೆ ⟦kuṃke クンケ⟧ [kuŋke] 《古》 *n.* 首の後ろ側 [Ka. D1645] = ಗೊಂಕೆ (goṃke)

ಕುಂಗು ⟦kuṃgu クング⟧ [kuŋgu] 《古》 *vi.* 1 水の中に潜る、沈む 2 かがむ、小さくなる [Ka. D1767]

ಕುಂಚ ⟦kuṃca クンチャ⟧ [kuɲʧɐ] *n.* 1 (果物、花などの)房 2 孔雀の羽で作った飾り房 3 一種の団扇(高位の象徴)= ಚಾಮರ (cāmara) 4 絵筆 [Ka. D1639]

ಕುಂಚಿಕೆ¹ ⟦kuṃcike クンチケ⟧ [kuɲʧike] ಕುಂಚಿಗೆ 《文》 *n.* 絵筆 [Sk.]

ಕುಂಚಿಕೆ² ⟦kuṃcike クンチケ⟧ [kuɲʧike] 《希》 *n.* 鍵 [Sk. <? M1.220]

ಕುಂಚಿಗೆ ⟦kuṃcige クンチゲ⟧ [kuɲʧige] 《文》 *n.* 絵筆 [Sk.] ☞ಕುಂಚಿಕೆ (kuṃcike)¹

ಕುಂಚಿತ ⟦kuṃcita クンチタ⟧ [muɲʧitɐ] 《文》 (*adj.*) 曲がった〈こと〉、波打った〈こと〉 [Sk.]

ಕುಂಚಿತಕೇಶ ⟦kuṃcitakēśa クンチタケーシャ⟧ [kuɲʧitəkeːʃɐ] 《文》 *n.* 波打った髪の毛 [Sk.] = ಸುಳಿಗುರುಳು (suḷiguruḷu)

ಕುಂಚು ⟦kuṃcu クンチュ⟧ [kuɲʧu] *vi.* 屈する、屈服する [Ka. D1767 cf. Sk. *kuñcati*]

ಕುಂಜ ⟦kuṃja クンジャ⟧ [kuɲɒɐ] 《文》 *n.* (庭園などにある)木陰の休息所、亭(ちん)、あずまや [Sk. <? M1.220]

ಕುಂಟ ⟦kuṃṭa クンタ⟧ [kuɳʈɐ] *m.* 《*f.* ಕುಂಟಿ (kuṃṭi)》片足が不自由な人 [Ka. D1688]

ಕುಂಟಣಿ ⟦kuṃṭaṇi クンタニ⟧ [kuɳʈəɳi] ಕುಂಟಲಿ, ಕುಂಟಣಿ, ಕುಂಠಣಿ, ಕೂಂಟಣಿ, ಕೂಟಣಿ *f.* 売春を周旋する女性、女衒 [Sk. *kuṭṭanī-* <? cf. Ka. *kūḍu* D1882; T3240, M1.222]

ಕುಂಟಣಿಕೆ ⟦kuṃṭaṇike クンタニケ⟧ [kuɳʈəɳike] ಕುಂಟಳಿಕೆ *n.* 片足跳び (*S.Mhr.* (*Kitt.*)) [Ka. D1688]

ಕುಂಟಾಟ ⟦kuṃṭāṭa クンタータ⟧ [kuɳʈɐːʈɐ] *n.* 片足跳び遊び、けんけん遊び [Ka. *kuṃṭu*² + *āṭa*]

ಕುಂಟಿ ⟦kuṃṭi クンティ⟧ [kuɳʈi] *mf.* 片足が不自由な女性 [Ka. D1688]

ಕುಂಟಿತನ ⟦kuṃṭitana クンティタナ⟧ [kuɳʈitənɐ] *n.* 片足が不自由であること [Ka. D1688]

ಕುಂಟು¹ ⟦kuṃṭu クントゥ⟧ [kuɳʈu] 《方》 (*n.*) 背が低い〈こと〉 [Ka. D1670] (*Hav.*)

ಕುಂಟು² ⟦kuṃṭu クントゥ⟧ [kuɳʈu] ಕೂಂಟು *vi.* 1 片足跳びをする、けんけんして進む 2 よろめきながら歩く [Ka. D1688] = ಕೂಂಟು (kūṃṭu)

ಕುಂಟಿಸು ⟦kuṃṭisu クンティス⟧ [kuɳʈisu] *vt.* 片足跳びをさせる、けんけんさせる [Ka. D1688]

ಕುಂಟುನೆಪ ⟦kuṃṭunepa クントゥネパ⟧ [kuɳʈunepɐ] *n.* 下手な言い訳、口実 [Ka. *kuṃṭu* + *nepa*]

ಕುಂಟುಪಂಕ್ತಿ ⟦kuṃṭupaṃkti クントゥパンクティ⟧ [kuɳʈŭpəŋkti] *n.* (証明書などの)行間の書き込み [Ka. *kuṃṭu* + *paṃkti*] = ಕುಂಟುಸಾಲು (kuṃṭusālu)

ಕುಂಟುಸಾಲು ⟦kuṃṭusālu クントゥサール⟧ [kuɳʈŭsɐːlu] *n.* (証明書などの)行間の書き込み [Ka. *kuṃṭu* + *sālu*] = ಕುಂಟುಪಂಕ್ತಿ (kuṃṭupaṃkti)

ಕುಂಟೆ¹ ⟦kuṃṭe クンテ⟧ [kuɳʈe] *n.* 水溜り、池、堰 [Ka. D1669]

ಕುಂಟೆ² ⟦kuṃṭe クンテ⟧ [kuɳʈe] *n.* 織機で一はた分の糸を巻き取る巻き軸 [Ka. D1689]

ಕುಂಟೆ³ ⟦kuṃṭe クンテ⟧ [kuɳʈe] *n.* 熊手のような形をした土地を掻きならす農具 [Dr.?]

ಕುಂಠಿತ ⟦kuṃṭʰita クンティタ⟧ [kunʈʰitɐ] 《文》 *adj.* **1** 切り詰められた、縮小された ¶ ಅಪ್ಪ ಸತ್ತಮೇಲೆ ದಾನಕ್ಕೆ ಅವನ ಉತ್ಸಾಹ ಕುಂಠಿತವಾಯಿತು. (appa sattamēle dānakke avana utsāha kuṃṭʰitavāyitu.) 父親が亡くなった後、彼の喜捨に対する熱意がしぼんでしまった。 **2** (発展などが)止められた、(勢いが)そがれた [Sk.]

ಕುಂಡ ⟦kuṃḍa クンダ⟧ [kuɳɖɐ] *n.* **1** 植木鉢 **2** 火を用いる祭式のための火壇 **3** 土製の壺 [Ka. D1669, cf. Sk. *kuṇḍa-* ←Dr. M1.226]

ಕುಂಡರು ⟦kuṃḍaru クンダル⟧ [kuɳɖə̆ru] ಕುಂಡ್ರು, ಕೂಡರು, ಕೂಡ್ರು 《口》 *vi.* (床の上や椅子に)座る [Ka. D1835] = ಕುಳ್ಳಿರು (kuḷḷiru) 〔文〕

ಕುಂಡರಿಸು ⟦kuṃḍarisu クンダリス⟧ [kuɳɖə̆risu] 《口》 *vt.* (椅子や床に)座る [+ *-isu* caus.]

ಕುಂಡಲ ⟦kuṃḍala クンダラ⟧ [kuɳɖə̆lɐ] ಕುಂಡಳ *n.* ヨーガ行者がつけるような大きな耳輪 [⇒図] [Sk.]

ಕುಂಡಲ
大耳輪

ಕುಂಡಿಗೆ ⟦kuṃḍige クンディゲ⟧ [kuɳɖige] 《方》 *n.* バナナの花のつぼみ (*Hav.*) [Ka. D1694]

ಕುಂಡೆ ⟦kuṃḍe クンデ⟧ [kuɳɖe] ಕುಂಡಿ *n.* **1** 尻、でん部 **2** 容器の底 [Ka. D1693A]

ಕುಂಡ್ರು ⟦kuṃḍru クンドル⟧ [kuɳɖru] 《口》 *vi.* (床の上や椅子に)座る [Ka. D1835] = ಕುಳ್ಳಿರು (kuḷḷiru) 〔文〕 ☞ಕುಂಡರು (kuṃḍaru)

ಕುಂತಳ ⟦kuṃtaḷa クンタラ⟧ [kuntəɭɐ] ಕುಂತಲ 《文》 *n.* 頭髪、頭髪の房 [Sk. *kuṃtala-* ←Dr. cf. *kūṃdal*「髪」]

ಕುಂತು ⟦kuṃtu クントゥ⟧ [kuntu] 《口》 *p.part.* 《ಕುಳ್ (kuḷ)の連用完了分詞形》座って、座ってから [Ka. D1728]

ಕುಂದ ⟦kuṃda クンダ⟧ [kundɐ] 《‡》 *n.* レンガなどの柱 (*My.* (*Kitt.*)) [Ka. D1723]

ಕುಂದಕ ⟦kuṃdaka クンダカ⟧ [kundə̆kɐ] ಕುಂದುಕ *n.* **1** 欠陥、欠点 **2** 邪魔、妨げ [Ka. D1851]

ಕುಂದಣ ⟦kuṃdaṇa クンダナ⟧ [kundəɳɐ] ಕುಂದಣ, ಕುಂದಳ, ಕುಂದನ, ಕುಂದಾಣ *n.* **1** 金の装身具に貴金属をはめ込むこと **2** 純金 [Ka. D1725] = ಚೊಕ್ಕ ಚಿನ್ನ (cokka cinna) 〔汎〕

ಕುಂದನ ⟦kuṃdana クンダナ⟧ [kundənɐ] *n.* 純金 [Ka. D1725] = ಚೊಕ್ಕ ಚಿನ್ನ (cokka cinna) 〔汎〕

ಕುಂದಳ ⟦kuṃdaḷa クンダラ⟧ [kundəɭɐ] *n.* 純金 [Ka. D1725] = ಚೊಕ್ಕ ಚಿನ್ನ (cokka cinna) 〔汎〕

ಕುಂದಾಣ ⟦kuṃdāṇa クンダーナ⟧ [kundɐːɳɐ] *n.* 純金 [Ka. D1725] = ಚೊಕ್ಕ ಚಿನ್ನ (cokka cinna) 〔汎〕

ಕುಂದಣಿ ⟦kuṃdaṇi クンダニ⟧ [kundəɳi] ಕುಂದಳಿ, ಕುಂದಾಣಿ. ಕುಂದಾಣಿ 《古》 *n.* 臼の中の穀物がはじき出されないようにつけた枠 [Ka. D1726]

ಕುಂದಣಿಗೆ ⟦kuṃdaṇige クンダニゲ⟧ [kundəɳige] 《古》 *n.* 臼の中の穀物がはじき出されないようにつけた枠 [Ka. D1726] ☞ಕುಂದಣಿ (kuṃdaṇi)

ಕುಂದಳಿಗೆ ⟦kuṃdaḷige クンダリゲ⟧ [kundəɭige] 《古》 *n.* [Ka. D1726] ☞ಕುಂದಣಿ (kuṃdaṇi)

ಕುಂದು ⟦kuṃdu クンドゥ⟧ [kundu] ಕುಂತು, ಕುಂದ *vi.* **1** (勇気や熱意などが)衰える、くじける、しぼむ **2** (顔などが悲しみや病気で)元気を失う **3** 《古》 減る、減少する (*Pb.2.92.V; 4.8.V*) **—*n.*** 欠陥、欠点 ¶ ಈ ಕಾವ್ಯದಲ್ಲಿ ಕುಂದು ಇಲ್ಲದೆ ಇದ್ದರೂ ಮನಸ್ಸನ್ನು ಸೆಳೆಯುವುದಿಲ್ಲ. (ī kāvyadalli kuṃdu illade iddarū manassannu seḷeyuvudilla.) この詩には欠点がないものの心を惹かない。 [Ka. D1851]

ಕುಂದಿಸು ⟦kuṃdisu クンディス⟧ [kundisu] *vt.* **1** 減らす、減少させる = ಇಳಿಸು (iḷisu) **2** 〈体や顔を〉やつれさせる ¶ ಈ ಸಂಗತಿ ಸರಸ್ವತಿಯ ಮುಖವನ್ನು ಕುಂದಿಸಿತು. (ī saṃgati sarasvatiya mukʰavannu kuṃdisitu.) この知らせでサラスヴァティーの顔は曇った。 **—*vi.*** 破壊される、滅びる ¶ ಈ ಹಗರಣದಿಂದ ಮುಖ್ಯಮಂತ್ರಿಯ ಶ್ರೇಯಸ್ಸು ಕುಂದಿತು. (ī hagaraṇadiṃda mukʰyamaṃtriya śrēyassu kuṃditu.) この汚職事件で州首相の威信が地に落ちた。 [+ *-isu* caus.]

ಕುಂದುಕ ⟦kuṃduka クンドゥカ⟧ [kundŭkɐ] *n.* 邪魔、妨害 [Ka. D1851]

ಕುಂದುವಿಕೆ ⟦kuṃduvike クンドゥヴィケ⟧ [kunduvike] 《‡》 *n.* 減少、など [Ka. D1851] (*Kitt.*)

ಕುಂದುಹ ⟦kuṃduha クンドゥハ⟧ [kunduhɐ] *n.* 減少、縮小 (*Nr.* (*Kitt.*)) [Ka. D1851]

ಕುಂಪಟಿ ⟦kuṃpaṭi クンパティ⟧ [kumpə̆ʈi] 《古》 *n.* [Ka. D1751] ☞ಕುಂಪಟೆ (kuṃpaṭe)

ಕುಂಪಟೆ ⟦kuṃpaṭe クンパテ⟧ [kumpəʈe] ಕುಂಪಟಿ, ಕುಪ್ಪಡಿ, ಕುಮಟಿ, ಕುಮುಟಿ, ಕುಮ್ಮಟ, ಕುಮ್ಮಟೆ 《古》 *n.* 金細工師が用いる持ち運び可能なコンロ [Ka. D1751]

ಕುಂಬಱ ⟦kuṃbaṟa クンバラ⟧ [kuɱbərɐ] ಕುಂಬರ, ಕುಂಬಾಱ 《古》 *m.* 《*f.* ಕುಂಬಱಿತಿ (kuṃbaṟiti)》土製の壺を作る壺作り、または壺作りのカーストに属する人 [Sk. *kumbʰakāra-*] = ಕುಂಭಾರ (kuṃbʰāra) 〔汎〕

ಕುಂಬಳ ⟦kuṃbaḷa クンバラ⟧ [kumbə̆ɭɐ] *n.* 西洋カボチャ(植物およびその実) → 食 [A28, T3374]

ಕುಂಬಳಕಾಯಿ ⟦kuṃbaḷakāyi クンバラカーイ⟧ [kumbə̆ɭəkɐːji] *n.* 西洋カボチャ(果実) [+ *kkāyi*]

ಕುಂಬಳಮರ¹ ⟦kuṃbaḷamara クンバラマラ⟧ [kumbə̆ɭəmərɐ] 《‡》 *n.* 西洋カボチャ(植物) [Pk. *kumhaṃḍa-* ←Sk. *kuṣmāṃḍa-* T3374.1 ←As.]

ಕುಂಬಳಮರ² ⟦kuṃbaḷamara クンバラマラ⟧ [kumbə̆ɭəmərɐ] 《‡》 *n.* ベルの木やその実(ミカン科の小木) → 薬 (*St. & Pl.* (*Kitt.*)) [Ka. D1910?] *[IMP 1.63]

ಕುಂಬಳಮರ³ ⟦kuṃbaḷamara クンバラマラ⟧ [kumbə̆ɭəmərɐ] 《‡》 *n.* トウダイグサ科カンコノキ属の薬草 → 薬(ವೈಔಗ.39-776 (KPN)) [? + *mara*]

ಕುಂಬಾರ ⟦kuṃbāra クンバーラ⟧ [kuɱbɐːrɐ] ಕುಂಬರ, ಕುಂಭಾರ, ಕುಮ್ಮರ, ಕುಮ್ಮಾರ *m.* 《*f.* ಕುಂಬಾರಗಿತ್ತಿ (kuṃbāragitti)》土製の壺を作る壺作り、または壺作りのカーストに属する人 [Sk. *kumbʰakāra-*]

ಕುಂಬು¹ 〚kuṃbu クンブ〛 [kumbu] 《古》 *vi.* 礼をする、お辞儀する **—*n.*** 礼、お辞儀 [Ka. D1750]

ಕುಂಬಿಡು 〚kuṃbiḍu クンビドゥ〛 [kumbiḍu] 《古》 *vi.* 合掌して礼をする、お辞儀する [+ *iḍu*, D1750]

ಕುಂಬು² 〚kuṃbu クンブ〛 [kumbu] 《古》 *n.* (木などが)弱ること (*My.* (*Kitt.*)) (*KPN*) [Ka. D1753]

ಕುಂಬೆ 〚kuṃbe クンベ〛 [kumbe] *n.* 平屋根の周囲に築かれた障壁 [Ka. D2118]

ಕುಂಬುಡಿ 〚kuṃbuḍi クンブディ〛 [kumbuḍi] 《方》 *n.* クマツヅラ科の木の名 ⇀ 食 (*Lush.*) [Ka. D1742] *[IMP 3.91]

ಕುಂಭ 〚kuṃbʰa クンバ〛 [kumbʰɐ] 《文》 *n.* **1** 壺；土製の壺 **2** (十二宮の)宝瓶宮 **3** 象の額の上部の丸い突出部 [Sk.]

ಕುಂಭಕರ್ಣ 〚kuṃbʰakarṇa クンバカルナ〛 [kumbʰəkərɳɐ] *m.* ラーマーヤナに出てくる悪魔の名(ラーヴァナの弟) [Sk.]

ಕುಂಭಕೋಣ 〚kuṃbʰakōṇa クンバコーナ〛 [kumbʰəko:ɳɐ] *n.* クンバコーナム、タミルナード州タンジャーヴール県の町(寺院で有名) [Sk.]

ಕುಂಭದ್ರೋಣ 〚kuṃbʰadrōṇa クンバドローナ〛 [kumbʰədro:ɳɐ] 《文》 *n.* 壺をぶちまけたような雨、土砂降りの雨 [Sk.]

ಕುಂಭಸ್ಥಲ 〚kuṃbʰastʰala クンバスタラ〛 [kumbʰəstʰəlɐ] ಕುಂಭಸ್ಥ *n.* 象の額の上部の丸い隆起部[⇒図] [Sk.]

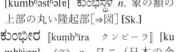

ಕುಮ್ಭಸ್ಥಲ
象の額の隆起

ಕುಂಭೀರ 〚kuṃbʰīra クンビーラ〛 [kumbʰi:rɐ] 《文》 *n.* ワニ (日本の金毘羅の元になった言葉) [Sk.]

ಕು- 〚ku- ク-〛 [ku] 《文》 *pref.* 「悪い」「無用」または「劣等」の意味を表す接頭辞 ¶ ಕುಕವಿ (kukavi) 劣った詩人 [Sk. *ku-*]

ಕುಈ 〚kuī クイー〛 [kuji:] ಕುಯೀ 《文》 *n.* クイ族、マディヤ・プラデーシュ州のドラヴィダ系言語を話す部族の名 [?]

ಕುಕಿಲು 〚kukilu クキル〛 [kukilu] ಕುಕಿಲ್, ಕುಕ್ಕಿಲ್ 《古》 *vi.* (インドカッコウのように)カッコーと鳴く **—*n.*** **1** インドカッコウ(セグロカッコウ、ホトトギス科、雨季に狂わしいような美声で鳴き文学作品で広く言及される) **2** インドカッコウの鳴き声 = ಕೋಗಿಲೆ (kōgile) koel (*BIB P33*) [Ka. D1764]

ಕುಕ್ಕಟಿ 〚kukkaṭi クッカティ〛 [kukkəʈi] 《古》 *n.* モズの一種 (*Ei.130* (*Kitt.*)) (*lex.*) [Ka. D1627] = ಕಲಿಂಗ ಪಕ್ಷಿ (kaliṃga pakṣi)

ಕುಕ್ಕಣಿ 〚kukkaṇi クッカニ〛 [kukkəɳi] *n.* 耳垢 [Ka. *D1855] ☞ಕೂಕಣಿ (kūkaṇi)

ಕುಕ್ಕರ್ 〚kukkar クッカル〛 [kukkər] *n.* 圧力釜 [Eg. *cooker*]

ಕುಕ್ಕರಿಸು 〚kukkarisu クッカリス〛 [kukkərisu] ಕುಕ್ಕುಱಿಸು *vi.* **1** へたり込む **2** 座る **—*vt.*** **1** 〈子どもを〉(無理やりに)座らせる **2** 〔蔑〕〈嫌な訪問者などを〉座らせる [Ka. D1628]

ಕುಕ್ಕಿ 〚kukki クッキ〛 [kukki] *n.* 竹製の小さな籠 [Ka. D1629] ☞ಕುಕ್ಕೆ (kukke)

ಕುಕ್ಕು¹ 〚kukku クック〛 [kukku] *vt.* 〈布を〉静かに打って洗う [Ka. D1637 < *kusuku*?] = ಕುಡುಕು, ಕುಸುಕು (kuḍuku, kusuku)

ಕುಕ್ಕು² 〚kukku クック〛 [kukku] *vt.* 〈瓶などを〉振る、〈体を〉揺する、揺すぶる **—*n.*** ゆすること、振り動かすこと [Ka. < *kuluku* D1806]

ಕುಕ್ಕು³ 〚kukku クック〛 [kukku] *vt.* **1** (虫などが)刺す **2** くちばしで突っつく、ついばむ **3** (光などが)〈目を〉くらませる [Ka. < *kuṭuku* D2064]

ಕುಕ್ಕು⁴ 〚kukku クック〛 [kukku] *n.* サギ、鶴、など [Ka. D2125] ☞ಕೊಕ್ಕು (kokku)¹

ಕುಕ್ಕುಟ 〚kukkuṭa クックタ〛 [kukkuʈɐ] 《文》 *n.* ニワトリ [Sk. onom.] ಕೋಳಿ (kōḷi)

ಕುಕ್ಕುಱಿಸು 〚kukkuṟisu クックリス〛 [kukkuṟisu] 《古》 *vi.* へたり込む **—*vt.*** **1** 無理やりに座らせる **2** 〔喩〕〈敵を〉滅ぼす [Ka. *D1628]

ಕುಕ್ಕುಲು 〚kukkulu クックル〛 [kukkulu] ಕುಕ್ಕಲು *n.* 跳ぶこと、跳ねること [Dr.? cf. D1705]

ಕುಕ್ಕುಲೋಟ 〚kukkulōṭa クックロータ〛 [kukkulo:ʈɐ] ಕು-ಕ್ಕೋಟ *n.* (馬その他の四足動物の)速足、(人間の)急ぎ足 [Ka. *kukkulu* *D1705 + *ōṭa*] cf. ನಾಗಾಲೋಟ (nāgālōṭa) "gallop"

ಕುಕ್ಕೆ 〚kukke クッケ〛 [kukke] ಕುಕ್ಕಿ *n.* 竹製の小さな籠 [Ka. D1629]

ಕುಕ್ಷಿ 〚kukṣi ククシ〛 [kukʂi] 《文》 *n.* 腹、胃、下腹 [Sk.]

ಕುಗ್ಗಟೆ 〚kuggaṭe クッガテ〛 [kuggəʈe] 《文》 *n.* ムクロジ、ムクロジの実(ムクロジ科ムクロジ属) ⇀ 材・薬 (*My.* (*Kitt.*)) [Ka. D1631] ☞ಕೂಗಟೆ (kūgaṭe) = ಅಂತವಲ (aṃtavala) *[IMP 5.64]

ಕುಗ್ಗು 〚kuggu クッグ〛 [kuggu] *vi.* **1** 縮む、小さくなる **2** 頭を垂れる、かがむ **3** 〔喩〕意気消沈する、意気阻喪する ¶ ವೀರರು ಯಶಸ್ಸಿನಲ್ಲಿ ಹಿಗ್ಗುವದಿಲ್ಲ ಸೋಲಿನಲ್ಲಿ ಕುಗ್ಗುವದಿಲ್ಲ. (vīraru yaśassinalli higguvadilla sōlinalli kugguvadilla.) 勇者は勝っても有頂天にならないし負けても卑屈にならない。 **4** (声が)消える、消え入りそうになる [Ka. < *kuṟgu* D1767]

ಕುಗ್ಗಿಸು 〚kuggisu クッギス〛 [kuggisu] ಕುಗ್ಗಿಸು *vt.* **1** 縮ませる、縮小させる **2** 〈声を〉ひそめる **3** 意気消沈させる、意気阻喪させる [Ka. caus. D1767]

ಕುಗ್ರಾಮ 〚kugrāma クグラーマ〛 [kugrɐ:mɐ] 《文》 *n.* 寒村、人里はずれた村、寂れた小村 [Sk.]

ಕುಚ 〚kuca クチャ〛 [kuʧɐ] 《文》 *n.* (女子の)乳房 [Sk.] = ಮೊಲೆ/ಸ್ತನ (mole/stana)

ಕುಚು 〚kucu クチュ〛 [kuʧu] 《†》 (*n.*) 《繰り返し表現》ひそひそ(ささやき声を表す擬音語) (*Kitt.*) [Ka. onom. D1638] ☞ಕುಚುಕುಚು (kucukucu)

ಕುಚುಕುಚು ⟦kucukucu クチュクチュ⟧ [kuʧukuʧu] (*n.*) ひそひそ(ささやき声を表す擬音語) [Ka. *D1638]

ಕುಚೇಷ್ಟೆ ⟦kucēṣṭe クチェーシュテ⟧ [kuʧeːʂʈe] 《文》*n.* 姦計、姦策 [Sk.]

ಕುಚೋದ್ಯ ⟦kucōdya クチョーディャ⟧ [kuʧoːd̪jɐ] 《文》*n.* 愚弄、からかい [Sk.]

ಕುಚ್ಚಕ್ಕಿ ⟦kuccakki クッチャッキ⟧ [kuʦʧəkki] *n.* ざっと茹でたのち干した籾からとった米 [Ka. *kuccu*² + *akki*] = *kudupalakki*

ಕುಚ್ಚು¹ ⟦kuccu クッチュ⟧ [kuʧʧu] *n.* 1 (花や果物の)房 2 装身具や弁髪に付ける房飾り = ಗೊಂಡೆ (goṃḍe)² [Ka. D1639]

ಕುಚ್ಚು² ⟦kuccu クッチュ⟧ [kuʧʧu] 《口》*vt.* 沸騰させる [Ka. *kudi*² *D2084 + *-su*] = ಕುದಿಸು (kudisu)

ಕುಜ್ಜೆ ⟦kujje クッジェ⟧ [kuʤʤe] 《方》*n.* 熟れていないパラミツの実 → 食 [Ka. D1854]

ಕುಞ್ಞಿ ⟦kuññi クニュニ⟧ [kuɲɲi] 《方》*n.* 動物の子ども [Ka. D1646] (Hav.) = ಕುನ್ನಿ (kunni)

ಕುಟಿಲ ⟦kuṭila クティラ⟧ [kuʈilɐ] ಕುಟಿಳ *mf.* 《*f.* ಕುಟಿಲೆ (kuṭile)》性悪な〈人〉、よこしまな〈人〉 —*adj.* 曲がった、湾曲した —*n.* 詐欺、ペテン [Sk. <? M1.221]

ಕುಟೀರ ⟦kuṭīra クティーラ⟧ [kuʈiːrɐ] 《文》*n.* 小屋 [Sk.] ಗುಡಿಸಲು (guḍisalu) 〔汎〕

ಕುಟುಂಬ ⟦kuṭuṃba クトゥンバ⟧ [kuʈumbɐ] *n.* 1 家族;家系 2 家族の個々の成員、または集合的に家族成員 3 妻、家の女主人 ¶ ನಿಮ್ಮ ಕುಟುಂಬ ಜೊತೆಗೆ ಹೋಗಿದ್ದೀರಾ. (nimma kuṭuṃba jotege hōgiddīrā.) 奥さんと一緒に行かれたのですか。 [Sk. cf. D1655 ←Dr.]

ಕುಟುಂಬವರ್ಗ ⟦kuṭuṃbavarga クトゥンバヴァルガ⟧ [kuʈumbəvərgɐ] 《文》*n.* 《集合的意味で単数形、あるいは個々の成員を考えて複数形も可能》家族の成員 ¶ ಸುರೇಂದ್ರ ಕುಟುಂಬವರ್ಗ ಜೊತೆಗೆ ಅತ್ತೆಮನೆಗೆ ಹೋಗಿಬಂದ. (surēṃdra kuṭuṃbavarga jotege attemanege hōgibaṃda.) スレーンドラは妻の実家へ家族と共に行ってきた。 [Sk.]

ಕುಟುಂಬಸ್ಥ ⟦kuṭuṃbastʰa クトゥンバスタ⟧ [kuʈumbəstʰɐ] 《文》*m.* 《*f.* ಕುಟುಂಬಿನಿ (kuṭuṃbini)》(男性の)世帯主、家長 [Sk.]

ಕುಟುಂಬಿ ⟦kuṭuṃbi クトゥンビ⟧ [kuʈumbi] 《文》*m.* 《*f.* ಕುಟುಂಬಿನಿ (kuṭuṃbini)》 1 (男性の)世帯主、家長 2 農業主 [Sk.]

ಕುಟುಂಬಿಕ ⟦kuṭuṃbika クトゥンビカ⟧ [kuʈumbikɐ] 《古》*m.* 《*f.* *ಕುಟುಂಬಿಕಳು (kuṭuṃbikaḷu)》農業主 [Sk.]

ಕುಟುಂಬಿಗ ⟦kuṭuṃbiga クトゥンビガ⟧ [kuʈumbigɐ] 《文》*m.* 《*f.* ಕುಟುಂಬಿಗಳು (kuṭuṃbigaḷu)》 1 (男性の)世帯主、家長 2 農業主 [Sk.]

ಕುಟುಂಬಿನಿ ⟦kuṭuṃbini クトゥンビニ⟧ [kuʈumbini] 《文》*f.* 世帯主の夫人;(女性の)世帯主 [Sk.]

ಕುಟುಕಿಸು ⟦kuṭukisu クトゥキス⟧ [kuʈukisu] ಗುಟುಕಿಸು 《古》*vt.* 〈食物や水などを〉ごくんと飲む [Ka. D1658] ☞ಗುಟುಕಿಸು (guṭukisu)

ಕುಟುಕು¹ ⟦kuṭuku クトゥク⟧ [kuʈŭku] ಕುಟುಕ್ಕು, ಕುಡುಕು, ಗುಟಕು, ಗುಟುಕು *n.* 1 (水その他の液体の)一口、一飲み;一口の分量、一飲みの分量 2 鳥がその雛に与える一口の食べ物 [Ka. D1658] ☞ಗುಟುಕು (guṭuku)

ಕುಟುಕುದಂಬುಲ ⟦kuṭukudaṃbula クトゥクダンブラ⟧ [kuʈukuḍəbulɐ] ಕುಡುಕುತಂಬುಲ, ಗುಡುಕುತಂಬುಲ 《文》*n.* 口移しで与える巻いたキンマの葉 [+ *taṃbula*]

ಕುಟುಕು² ⟦kuṭuku クトゥク⟧ [kuʈŭku] ಕಟುಕು, ಕುಡುಕು *vt.* (とげなどが)刺す、突っつく、(くちばしで)突っつく [Ka. D2064]

ಕುಟುಕುಮಾತು ⟦kuṭukumātu クトゥクマートゥ⟧ [kuʈukumɐːtu] *n.* 心に刺さるような皮肉 [+ *mātu*]

ಕುಟುಕುಮುಳ್ಳು ⟦kuṭukumuḷḷu クトゥクムッル⟧ [kuʈukumuɭɭu] *n.* 1 刺さったとげ 2 悩ませることまたは悩ませるもの = ಕಿರಿಕಿರಿ, ತೊಂದರೆ (kirikiri, toṃdare) [+ *muḷḷu*]

ಕುಟುರು ⟦kuṭuru クトゥル⟧ [kuʈuru] ಕುಟ್ರು, ಗುಟರು, ಗುಟುರು, ಗುಟ್ಟರು (*n.*) くーくー(ハトなどの鳴き声を表す擬音語) [Ka. *D1667]

ಕುಟ್ಟು¹ ⟦kuṭṭu クットゥ⟧ [kuʈʈu] *vt.* 1 (普通往復運動で繰り返し)打つ 2 (臼の上で)〈米などを〉(杵や機械で)搗く 3 殴る 4 〈音を〉出す、立てる ¶ ಕಿಣಿಗುಟ್ಟು (kiṇiguṭṭu) ちんちん鳴る —*n.* 1 打つこと、打撃 2 粉砕したもの [Ka. D1671]

ಕುಟ್ಟು² ⟦kuṭṭu クットゥ⟧ [kuʈʈu] *vi.* 刺さる、きりきり痛む —*n.* 腹痛、胃や腸が痛むこと [Ka. D1672, cf. D1671]

ಕುಟ್ಟು³ ⟦kuṭṭu クットゥ⟧ [kuʈʈu] 《方》*n.* イネなどを刈った後の切り株 (*Coorg.*) [Ka. D1676]

ಕುಟ್ಟುವಿಕೆ ⟦kuṭṭuvike クットゥヴィケ⟧ [kuʈʈuvike] *n.* 打つこと、搗くこと、など [Ka. D1671]

ಕುಟ್ಟುಹ ⟦kuṭṭuha クットゥハ⟧ [kuʈʈuhɐ] *n.* 打つこと、搗くこと、など [Ka. D1671]

ಕುಟ್ಟೆ ⟦kuṭṭe クッテ⟧ [kuʈe] ಕಟ್ಟೆ *n.* キクイムシ(木食い虫) [Ka. D1675]

ಕುಟ್ಟೆಹಿಡಿ ⟦kuṭṭehiḍi クッテヒディ⟧ [kuʈʈehiḍi] *vi.* 《*dat.*》(ある組織体が)じわじわと破壊する病に冒されている [+ *hiḍi*]

ಕುಟ್ಟೆಹುಳು ⟦kuṭṭehuḷu クッテフル⟧ [kuʈʈehuɭu] ಕುಟ್ಟೆಹುಱು *n.* キクイムシ(木食い虫) [Ka. *D1675]

ಕುಟ್ಟೆಹುಱು ⟦kuṭṭehuṟu クッテフル⟧ [kuʈʈehuɻu] 《古》*n.* [Ka. D1675] = ಕುಟ್ಟೆಹುಳು (kuṭṭehuḷu)

ಕುಟ್ರು ⟦kuṭru クトル⟧ [kuʈru] 《口》(*n.*) くーくー(ハトなどの鳴き声を表す擬音語) [Ka. D1667] ☞ಕುಟುರು (kuṭuru)

ಕುಠಾರ ⟦kuṭʰāra クターラ⟧ [kuʈʰɐːrɐ] *n.* 1 斧 2 つるはしの一種 3 鉞(まさかり)や斧の形をした武器 [Sk.]

ಕುಡ¹ ⟦kuḍa クダ⟧ [kuḍɐ] 《‡》(n.) 曲がった〈こと〉、鉤状〈の〉(My. (Kitt.)) [Ka. D2054(a)] ☞ಕುಡು (kuḍu)

ಕುಡ² ⟦kuḍa クダ⟧ [kuḍɐ] n. 1 鋤の刃 2 焼灼に用いる鉄の棒 [Ka. *D2147] ☞ಕುಳ (kuḷa)²

ಕುಡಕ ⟦kuḍaka クダカ⟧ [kuḍə̆kɐ] 《口》 m. 《f. ಕುಡಕಿ (kuḍaki)》酒飲み (C. (Kitt.)) [Ka. D1654] ☞ಕುಡುಕ (kuḍuka)

ಕುಡಗ ⟦kuḍaga クダガ⟧ [kuḍə̆gɐ] m. 《f. ಕುಡಗಿ (kuḍagi)》コダグ地方の人 [koḍagu + -a] = ಕೊಡವ (koḍava)

ಕುಡತ ⟦kuḍata クダタ⟧ [kuḍə̆tɐ] 《口》 n. 飲むこと (C. (Kitt.)) [Ka. D1654] ☞ಕುಡಿತ (kuḍita)

ಕುಡತೆ ⟦kuḍate クダテ⟧ [kuḍəte] n. 物を受け取るために椀のように丸めた手の平 [Ka. D1660] ☞kuḍite

ಕುಡಿ¹ ⟦kuḍi クディ⟧ [kuḍi] vt. 飲む —vi. 酒を飲む [Ka. D1654]

ಕುಡಿಸು¹ ⟦kuḍisu クディス⟧ [kuḍisu] vt. 飲ませる [Ka. caus. D1654]

ಕುಡಿ² ⟦kuḍi クディ⟧ [kuḍi] n. 1 先、先端 2 (つる草の)芽 3 家系 4 一番年少の家族員 [Ka. D2049]

ಕುಡಿಮೀಸೆ ⟦kuḍimīse クディミーセ⟧ [kuḍimi:se] n. 口ひげの先 [+ mīse]

ಕುಡಿ³ ⟦kuḍi クディ⟧ [kuḍi] 《口》 (n.) 曲がった〈こと〉(Kitt.) [Ka. D2054] ☞ಕುಡು (kuḍu)

ಕುಡಿಕ ⟦kuḍika クディカ⟧ [kuḍikɐ] ಕುಡುಕ 《口》 m. 《f. ಕುಡಿಕಿ (kuḍiki)》酒飲み [Ka. D1654]

ಕುಡಿಕತನ ⟦kuḍikatana クディカタナ⟧ [kuḍikətənɐ] n. 酒飲みであること [Ka. kuḍika + -tana]

ಕುಡಿಕೆ ⟦kuḍike クディケ⟧ [kuḍike] ಕುಡುಕೆ n. 土製の壺 [Ka. D1651] = ಮಡಿಕೆ (maḍike)

ಕುಡಿತ ⟦kuḍita クディタ⟧ [kuḍĭtɐ] n. (酒を)飲むこと [Ka. D1654 kuḍi + -ta]

ಕುಡಿತೆ ⟦kuḍite クディテ⟧ [kuḍite] ಕುಡುತೆ n. 物を受け取るために椀のように丸めた手の平 [kuḍi D1660 + -te] = ಬೊಗಸೆ (bogase)

ಕುಡಿನೋಟ ⟦kuḍinōṭa クディノータ⟧ [kuḍino:ʈɐ] n. 1 横目 2 好意を持って見ること、好意 ¶ ನನ್ನಮೇಲೆ ಅವಳು ಕುಡಿನೋಟ ಬೀರಿದಳು. (nannamēle avaḷu kuḍinōta bīridaḷu.) 彼女は私に好意を示した。 [kuḍi² + nōṭa]

ಕುಡಿಮಿಂಚು ⟦kuḍimiṃcu クディミンチュ⟧ [kuḍimiɲʧu] n. 枝分かれした稲光 [Ka. kuḍi² + miṃcu]

ಕುಡಿಯ ⟦kuḍiya クディヤ⟧ [kuḍijɐ] ಕುಡೆಯ m. 《f. ಕುಡಿಯಳು (kuḍiyaḷu)》農業主 [Ka. D1655]

ಕುಡಿಯುವಿಕೆ ⟦kuḍiyuvike クディユヴィケ⟧ [kuḍijuvike] n. 飲むこと [Ka. D1654]

ಕುಡಿಲು ⟦kuḍilu クディル⟧ [kuḍilu] n. (木から出る)芽、新芽 [Ka. D2049] = ಕುಡಿ (kuḍi)

ಕುಡು¹ ⟦kuḍu クドゥ⟧ [kuḍu] 《‡》 m. 《f. ಕುಡುಗಾತಿ (kuḍugāti)》農民 (S.Mhr. (Kitt.)) [Ka. D1655]

ಕುಡು² ⟦kuḍu クドゥ⟧ [kuḍu] 《古》 vt. 《過去語幹 koṭṭ-》与える [Ka. D2053]

ಕುಡಿಸು² ⟦kuḍisu クディス⟧ [kuḍisu] 《古》 vt. 与えさせる [Ka. caus. D2053]

ಕುಡು³ ⟦kuḍu クドゥ⟧ [kuḍu] 《文》 (n.) 曲がった〈こと〉¶ ಕುಡುವಾಳ್ (kuḍuvāḷ) 湾刀 [Ka. D2054]

ಕುಡು⁴ ⟦kuḍu クドゥ⟧ [kuḍu] 《古》 vt. 打つ、叩く [Ka. D2063/abbr. of *kēṭu kuḍu D2062]

ಕುಡುಕ ⟦kuḍuka クドゥカ⟧ [kuḍŭkɐ] m. 《f. ಕುಡುಕಿ (kuḍuki)》酒飲み [Ka. *D1654] ☞ಕುಡಿಕ (kuḍika)

ಕುಡುಕು¹ ⟦kuḍuku クドゥク⟧ [kuḍŭku] 《‡》 vt. 〈布を両手で〉そっと石に打ちつけて洗う (Kitt.) [Ka. D1637]

ಕುಡುಕು² ⟦kuḍuku クドゥク⟧ [kuḍŭku] vt. 鳥のようについばむ (Šmd. Dh. (Kitt.)) [Ka. D2064]

ಕುಡುತ ⟦kuḍuta クドゥタ⟧ [kuḍŭtɐ] ಕುಡತಿ, ಕುಡತಾ, ಕುಡುತೆ, ಕುಡ್ತಾ, ಕುರ್ತಾ n. 襟のない中近東風のシャツ [Pe. kurta]

ಕುಡುತೆ ⟦kuḍute クドゥテ⟧ [kuḍute] n. 物を受け取るために椀のように丸めた手の平 [Ka. D1660] ☞ಕುಡಿತೆ (kuḍite)

ಕುಡುದು ⟦kuḍudu クドゥドゥ⟧ [kuḍuḍu] 《‡》 n. 険しいこと (R.,M. (Kitt.)) [Ka. D2055?]

ಕುಡುಪು¹ ⟦kuḍupu クドゥプ⟧ [kuḍŭpu] ಕುಡುವು, ಕುಡುಹು 《古》 n. 曲がっていること [Ka. *D2054(a)]

ಕುಡುಪು² ⟦kuḍupu クドゥプ⟧ [kuḍŭpu] ಕುಡುವು, ಕುಡುಹು 《古》 n. 1 打楽器を叩く撥、ばち 2 線を引くための金属製の定規 [Ka. D1684]

ಕುಡ್ಡ ⟦kuḍḍa クッダ⟧ [kuḍḍɐ] 《口》 m. 《f. ಕುಡ್ಡಿ (kuḍḍi)》目の見えない人 [Ka. D1787] = ಕುರುಡ (kuruḍa) 〔汎〕

ಕುಡ್ಡಿ ⟦kuḍḍi クッディ⟧ [kuḍḍi] 《口》 f. 《m. ಕುಡ್ಡ (kuḍḍa)》盲目の女性、目の見えない女性 [Ka. D1787] = ಕುರುಡಿ (kuruḍi) 〔汎〕

ಕುಡ್ಡು ⟦kuḍḍu クッドゥ⟧ [kuḍḍu] 《口》 n. 盲目、目が見えないこと [Ka. D1787] = ಕುರುಡು (kuruḍu) 〔汎〕

ಕುಡ್ಪು ⟦kuḍpu クドプ⟧ [kuḍpu] 《方》 n. 小さな籠 (Gowda) [Ka. D1653]

ಕುಣಿ¹ ⟦kuṇi クニ⟧ [kuɳi] ಕುಳಿ, ಕುಟಿ n. (垂直の)穴、窪み [Ka. D1818]

ಕುಣಿ² ⟦kuṇi クニ⟧ [kuɳi] vi. 1 跳び回る、跳ね回る 2 踊る [Ka. D1863]

ಕುಣಿಸು ⟦kuṇisu クニス⟧ [kuɳisu] vt. 1 踊らせる 2 〔喩〕〈人を〉自分の思い通りに操る 3 〈足、眉毛、尻尾などを〉振る [+ -isu caus.]

ಕುಣಿಕೆ¹ ⟦kuṇike クニケ⟧ [kuɳĭke] ಕುಳಿಕೆ 《古》 n. (垂直の)穴、窪み [Ka. D1818] ☞ಕುಳಿಕೆ (kuḷike)

ಕುಣಿಕೆ² ⟦kuṇike クニケ⟧ [kuɳĭke] ಕುಳಿಕೆ n. 1 結び目 2 引けば閉まるように結んだ縄 [Ka. D1824] = ಕುಳಿಕೆ (kuḷike)

ಕುಣಿತ ⟦kuṇita クニタ⟧ [kuɳitɐ] n. 踊ること [Ka. kuṇi + -ta]

ಕುಣಿಯುವಿಕೆ ⟦kuṇiyuvike クニユヴィケ⟧ [kuɳijuvike] n. 踊ること [Ka. D1863]

ಕುಣಿಲ್ ⟦kuṇil クニル⟧ [kuɳil] 《‡》 n. 棍棒 (Abh.P.13 (Kitt.)) [Ka. D1684]
ಕುಣಿಲು ⟦kuṇilu クニル⟧ [kuɳilu] 《古》 n. 管 [Ka. *D1684?]
ಕುಣಿಹ ⟦kuṇiha クニハ⟧ [kuɳihɐ] 《古》 n. 踊ること [Ka. D1863] = ಕುಣಿತ (kuṇita)
ಕುಣುಕು ⟦kuṇuku クヌク⟧ [kuɳŭku] 《古》 vt. 搗く、搗いて粉にする [?] = ಕುಟ್ಟು (kuṭṭu)
ಕುಣ್ಣೆ ⟦kuṇṇe クンネ⟧ [kuɳɳe] 《口》 n. 〔タブー〕性器 (Katre 1968.95) [Ka. D1639] = ತುಣ್ಣೆ (tuṇṇe)
ಕುಣ್ಣೆಮರಿ ⟦kuṇṇe mari クンネマリ⟧ [kuɳɳe məri] 《方》 n. 陰茎、男根 (Nanj.) [Ka. D1697]
ಕುತಂತ್ರ ⟦kutaṃtra クタントラ⟧ [kutəntrɐ] n. 姦策、姦計 [Sk.]
ಕುತಕುತ ⟦kutakuta クタクタ⟧ [kutəkutɐ] (n.) ことこと（水が沸騰する時の音を表す擬音語）[Ka. onom. D2084]
ಕುತರ್ಕ ⟦kutarka クタルカ⟧ [kutərkɐ] 《文》 n. 誤った推論、謬論 [Sk.]
ಕುತುಕ ⟦kutuka クトゥカ⟧ [kutukɐ] 《文》 n. **1** 好奇心、何か普通でないものに対する強い関心 **2** 不思議、強い好奇心や関心を呼び起こすもの [Sk. <?]
ಕುತೂಹಲ ⟦kutūhala クトゥーハラ⟧ [kutu:həlɐ] ಕುತೂಹಳ n. **1** 好奇心、何か普通でないものに対する強い関心 **2** 不思議、強い好奇心や関心を呼び起こすもの **3** ラーガの一種 [Sk. <?]
ಕುತೂಹಲಕಾರಿ ⟦kutūhalakāri クトゥーハラカーリ⟧ [kutu:halakɐ:ri] adj. 好奇心を呼び起こす [Sk.]
ಕುತ್ತ¹ ⟦kutta クッタ⟧ [kuttɐ] 《方》 adv. 掛け値なしで (HavS.) [Ka. D1716]
ಕುತ್ತ² ⟦kutta クッタ⟧ [kuttɐ] ಕುತ್ತು² 《古》 n. **1** 欠点、欠陥 **2** 病、病気 **3** 危険、難儀、災難（占星術師などがよく使う言葉）[Ka. D1851]
ಕುತ್ತಂಗುಳಿ ⟦kuttaṃguḷi クッタングリ⟧ [kuttəŋguḷi] 《‡》 n. よく人を殴る人 (Šmd.238 (Kitt.)) [Ka. D1850(b)]
ಕುತ್ತಱ್ ⟦kuttaṟ クッタル⟧ [kuttər] ಕುತ್ತುಱ್ 《‡》 n. 藪、茂み (Šm.24 (Kitt.)) [Ka. D1721] ☞ಕುತ್ತುಱ್ (kuttuṟ)
ಕುತ್ತರೆ ⟦kuttare クッタレ⟧ [kuttəre] ಕುತ್ತರಿ, ಕುತ್ತಱಿ, ಕುತ್ತುರೆ n. 干し草や藁などを積み上げたもの [Ka. *D1724]
ಕುತ್ತಱಿ ⟦kuttaṟi クッタリ⟧ [kuttəṟi] 《古》 n. 干し草や藁などを積み上げたもの [Ka. D1724] ☞ಕುತ್ತರೆ (kuttare)
ಕುತ್ತಿ ⟦kutti クッティ⟧ [kutti] 《方》 n. 切り株 (Hav.) [Ka. D1640]
ಕುತ್ತಿಗೆ ⟦kuttige クッティゲ⟧ [kuttige] n. 首 [Ka. D1718]
ಕುತ್ತು¹ ⟦kuttu クットゥ⟧ [kuttu] vt. **1** 先の尖ったもので突く、突き刺す **2** 殴る、打つ **3** 詰め込む = ತುರುಕು (turuku) **4** 〈目を〉くらます —n. 打つこと、など [Ka. D1850(b)]
ಕುತ್ತು² ⟦kuttu クットゥ⟧ [kuttu] n. 難儀, 災難 ☞ಕುತ್ತ (kutta)² [Ka. D1851]
ಕುತ್ತುಂಗುಳಿ¹ ⟦kuttuṃguḷi クットゥングリ⟧ [kuttuŋguḷi] 《‡》 n. よく人を殴る人 (Kitt.,Šmd.238) [Ka. D1850(b)] –
ಕುತ್ತುಂಗುಳಿ² ⟦kuttuṃguḷi クットゥングリ⟧ [kuttuŋguḷi] ಕುತ್ತಂಗುಳಿ² 《古》 n. いつも病気や災難で苦しんでいる人 [Ka. D1851]
ಕುತ್ತುಗೆ ⟦kuttuge クットゥゲ⟧ [kuttuge] n. 打つこと、打撲 [Ka. D1850]
ಕುತ್ತುರೆ ⟦kutture クットゥレ⟧ [kutture] n. 干し草や藁などを積み上げたもの [Ka. *D1724] ☞ಕುತ್ತರೆ (kuttare)
ಕುತ್ತುಱ್ ⟦kuttuṟ クットゥル⟧ [kuttuṟ] 《‡》 n. 灌木などの茂み (Kitt.,J.J.28,48) [Ka. D1721]
ಕುತ್ಸಿತ ⟦kutsita クトシタ⟧ [kutsitɐ] 《文》 (adj.) （行い、習慣などが）軽蔑すべき〈こと〉 —adj., m. 《f. ಕುತ್ಸಿತೆ (kutsite)》軽蔑すべき〈人〉 —n. **1** 中傷、非難 (lex.) **2** 軽蔑すべきこと、嫌悪すべきもの [Sk.]
ಕುದಕಲ್ ⟦kudakal クダカル⟧ [kuđəkəl] ಕುದುಕಲು n. （茹でて）熱が通った状態 (C. (Kitt.)) [Ka. D2084] ☞ಕುದುಕಲ್ (kudukal)
ಕುದಪಲ್ ⟦kudapal クダパル⟧ [kuđəpəl] ಕುದುಪಲು n. （茹でて）熱が通った状態 (My. (Kitt.)) [Ka. D2084] ☞ಕುದುಪಲ್ (kudupal)
ಕುದರು ⟦kudaru クダル⟧ [kuđəru] 《‡》 n. 低地、窪地、川床 (My. (Kitt.)) [Ka. D1700] ☞ಕುದುರು (kuduru)
ಕುದರೆ ⟦kudare クダレ⟧ [kuđəre] 《口》 n. 馬 (C. (Kitt.)) [Ka. D1711(a)] ☞ಕುದುರೆ (kudure)
ಕುದಸು ⟦kudasu クダス⟧ [kuđəsu] 《口》 vt. 茹でる、沸騰させる (C. (Kitt.)) [Ka. caus. D2084] ☞ಕುದಿಸು (kudisu)
ಕುದಿ¹ ⟦kudi クディ⟧ [kuđi] 《方》 n. （順番の回ってくる）番 (Hav.) [Ka. D1706]
ಕುದಿ² ⟦kudi クディ⟧ [kuđi] vi. **1** （水などが）沸く、沸騰する **2** 怒りで煮えくり返る **3** 懊悩する、苦悩する [Ka. D2084]
ಕುದಿಯಿಸು ⟦kudiyisu クディイス⟧ [kuđijisu] vt. 〈水などを〉沸かす、沸騰させる [+ -isu caus. D2084]
ಕುದಿಗೆ ⟦kudige クディゲ⟧ [kuđige] 《文》 n. 沸騰すること [Ka. D2084]
ಕುದಿತ ⟦kudita クディタ⟧ [kuđitɐ] 《文》 n. **1** 沸騰、煮えたぎること **2** 怒りで煮えくり返ること **3** 〔喩〕心の懊悩、苦悩 **4** あるものが欲しくていても立ってもいられないこと、じりじりすること [Ka. kudi² + -ta]
ಕುದಿಹ ⟦kudiha クディハ⟧ [kuđihɐ] 《文》 n. 沸騰、など [kudi D2084 + -pa]
ಕುದಿರ್ ⟦kudir クディル⟧ [kuđir] ಕುದಿರು 《古》 n. 土製の環や籠状に編んだ竹でできた円錐形の穀物の保存容器 [Ka. D1710]
ಕುದಿರು¹ ⟦kudiru クディル⟧ [kuđĭru] ಕುದಿರ್, ಕುದುರ್, ಕುದುರು 《‡》 n. 川床 (My. (Kitt.)) [Ka. *D1700] ☞ಕುದುರು (kuduru)

ಕುದಿರು² ⟦kudiru クディル⟧ [kuđĭru] ಕುದಿರು, ಕುದುರು《古》*n.* 土製の環や籠状に編んだ竹でできた穀物の円錐形の保存容器 (*lex.*) [Ka. *D1710]

ಕುದಿರೆ ⟦kudire クディレ⟧ [kuđĭre] 《口》 *n.* 馬 [Ka. D1711(a)] ☞ಕುದುರೆ (kudure)

ಕುದಿಸು ⟦kudisu クディス⟧ [kuđĭsu] *vt.* 沸かす、沸騰させる [Ka. caus. D2084]

ಕುದುಕಲಕ್ಕಿ ⟦kudukalakki クドゥカラッキ⟧ [kuđŭpələkki] *n.* 半茹でにしたのち天日で干してから精米した米 [Ka. *kudukal*「茹でた」+ *akki*] = ಕುದಿಸಿದ ಅಕ್ಕಿ, ಕುದುಪಲಕ್ಕಿ (kudisida akki, kudupalakki)

ಕುದುಕು ⟦kuduku クドゥク⟧ [kuđuku] 《古》 *vi.* (馬などの四足動物が) 速足で走る、(人間が) 急ぎ足で歩く —*vt.* 〈馬を〉早足で走らせる —*n.* (馬などの) 早足 = ಕುಕ್ಕುಲೋಟ (kukkulōṭa) [Ka. D1705]

ಕುದುಕುಳಿ ⟦kudukuḷi クドゥクリ⟧ [kuđŭkuḷ[i]] *mf.* [Ka. *D2084] ☞ಕುದುಗುಳಿ (kuduguḷi)

ಕುದುಗುಳಿ ⟦kuduguḷi クドゥグリ⟧ [kuđŭguḷ[i]] ಕುದುಕು-ಳಿ *mf.* 1 怒りや嫉妬で心が煮えたぎりやすい人 2 興奮しやすい人、激昂しやすい人 [Ka. *kudi*² 「茹でる」 D2084 + *-kuḷi*]

ಕುದುಪಲಕ್ಕಿ ⟦kudupalakki クドゥパラッキ⟧ [kuđŭpələkki] *n.* 半茹でにしたのち天日で干してから精米した米 [Ka. *kudupal*「茹でた」+ *akki*] = ಕುದಿಸಿದ ಅಕ್ಕಿ, ಕುದುಪಲಕ್ಕಿ (kudisida akki, kudupalakki)

ಕುದುರು¹ ⟦kuduru クドゥル⟧ [kuđŭru] 《‡》 *n.* 川床 (*My.* (*Kitt.*)) [Ka. *D1700]

ಕುದುರು² ⟦kuduru クドゥル⟧ [kuđŭru] *vi.* 1 (事業や計画などが) はかどる、うまく行く ¶ ಒಂದು ವರ್ಷ ಆದಮೇಲೆ ವ್ಯಾಪಾರ ಕುದುರಿತು. (oṃdu varṣa ādamēle vyāpāra kuduritu.) 1年後、事業は安定した。2 (病気から) 回復する ¶ ನಾನು ಮೈಸೂರಿಗೆ ಬಂದಮೇಲೆ ಆರೋಗ್ಯ ಕುದುರಿತು. (nānu maisūrige baṃdamēle ārōgya kuduritu.) マイソールへ来てから私の健康状態がよくなった。 [Ka. D1709]

ಕುದುರಿಸು ⟦kudurisu クドゥリス⟧ [kuđŭrisu] *vt.* 1 取り決める、手はずを整える ¶ ಅಪ್ಪ ಕಷ್ಟಪಟ್ಟು ಮಗಳ ಮದುವೆ ಕುದುರಿಸಿದ. (appa kaṣṭapaṭṭu magaḷa maduve kudurisida.) 父親は苦労して自分の娘の結婚を取り決めた。 2 成功させる、軌道に載せる ¶ ಅವನು ಅರಸು ರೋಡಿಗೆ ಬಂದು ವ್ಯಾಪಾರ ಕುದುರಿಸಿದ. (avanu arasu rōḍige baṃdu vyāpāra kudurisida.) 彼はアラス・ロードに来てから事業を軌道に載せた。 [+ *-isu* caus.]

ಕುದುರೆ ⟦kudure クドゥレ⟧ [kuđŭre] ಕುದಿರೆ *n.* 1 馬 2 チェスのナイト 3 (銃の) うちがね、撃鉄 [Ka. D1711]

ಕುದೆ ⟦kude クデ⟧ [kuđe] 《‡》 *n.* 束縛、拘束 (*R.* (*Kitt.*)) [Ka. D1713]

ಕುದ್ಕ ⟦kudka クドカ⟧ [kuđkɐ] 《方》 *n.* ジャッカル (*Hav.*) [Ka. D1851] *[BIA P25]

ಕುದ್ರಿ ⟦kudri クドリ⟧ [kuđri] 《‡》 *n.* 決着、など (*My.* (*Kitt.*)) [Ka. D1709]

ಕುನಿ ⟦kuni クニ⟧ [kuni] 《古》 *vi.* 1 体を縮める 2 頭を垂れる、かがむ、お辞儀する 3 引き下がる (*lex.*) —*n.* へこんだ土地、窪地 (*lex.*) [Ka. D1927]

ಕುನುಂಗು ⟦kunuṃgu クヌング⟧ [kunuŋgu] ಕುನುಗು, ಕುಲಿಗು, ಕುಲುಂಗು《古》*vi.* 1 体を縮める、かがむ 2 頭を垂れる、かがむ、お辞儀する [Ka. D1927] (*lex.*)

ಕುನುಗು ⟦kunugu クヌグ⟧ [kunŭgu] 《古》 *vi.* 体を縮める、かがむ [Ka. *D1927] (*lex.*) ☞ಕುನುಂಗು (kunuṃgu)

ಕುನ್ನಿ¹ ⟦kunni クンニ⟧ [kunni] *n.* 1 子犬 2 哺乳類の動物の子ども 3〔蔑〕下等な人間 [Ka. D1646]

ಕುನ್ನಿ² ⟦kunni クンニ⟧ [kunni] 《文》 *n.* [Ka. D1865] ☞ಕುನ್ನೆ (kunne)

ಕುನ್ನೆ ⟦kunne クンネ⟧ [kunne] ಕುನ್ನಿ 《文》 *n.* トウアズキ (唐小豆、マメ科トウアズキ属のツル植物) → 薬 [Ka. D1865] = ಗುರುಗುಂಜಿ (gurugumji) *[IMP 1.11]

ಕುಪಿತ ⟦kupita クピタ⟧ [kupitɐ] 《文》 *adj.*, *m.* 《*f.* ಕುಪಿತಳು (kupitaḷu)》怒った〈人〉 —*n.* 怒り [Sk.]

ಕುಪ್ಪಟೆ ⟦kuppaṭe クッパテ⟧ [kuppŏṭe] 《‡》 *n.* 金細工師が用いる移動可能なコンロ (*My.* (*Kitt.*)) [Ka. D1751] ☞ಕುಂಪಟೆ (kuṃpaṭe)

ಕುಪ್ಪಡಿಗೆ ⟦kuppaḍige クッパディゲ⟧ [kuppəḍige] 《‡》 *n.* 金細工師が用いる移動可能なコンロ [Ka. D1751] (*Kitt.*) ☞ಕುಂಪಟೆ (kuṃpaṭe)

ಕುಪ್ಪರಿಸು ⟦kupparisu クッパリス⟧ [kupparisu] ಕೊಪ್ಪರಿಸು, ಖೊಪ್ಪರಿಸು *vi.* 1 足をそろえて前へ跳ぶ 2 (事業や計画などが) 崩壊する、倒れる [Ka. D1736] = ಕುಪ್ಪಳಿಸು (kuppaḷisu)²

ಕುಪ್ಪಸ ⟦kuppasa クッパサ⟧ [kuppəsɐ] ಕುಪುಸ, ಕುಪ್ಪುಸ, ಕುಬಸ, ಕುಬುಸ 《古》 *n.* 1 インドの女性が着るブラウス [⇒図] 2 鎖帷子 [Ka.]

ಕುಪ್ಪಸ
ブラウス

ಕುಪ್ಪಳ ⟦kuppaḷa クッパラ⟧ [kuppŏḷɐ] *n.* (皮膚の) 水ぶくれ、水泡 [Ka. *D1736] = ಬೊಕ್ಕೆ (bokke)

ಕುಪ್ಪಳಿ ⟦kuppaḷi クッパリ⟧ [kuppəḷ[i]] 《古》 *n.* 積み重なったもの、山、堆積 [Ka. *D1731(a)]

ಕುಪ್ಪಳಿಸು¹ ⟦kuppaḷisu クッパリス⟧ [kuppəḷisu] 《古》 *vi.* 積み重なる、堆積する、山となる —*vt.* 集める、積み重ねる [Ka. *kuppaḷi* D1731(a) + *-isu*]

ಕುಪ್ಪಳಿಸು² ⟦kuppaḷisu クッパリス⟧ [kuppəḷisu] ಕುಪ್ಪುಳಿಸು *vi.* 1 足を揃えて前へ跳ぶ 2 (事業や計画などが) 崩壊する、倒れる [Ka. D1736] = ಕುಪ್ಪಳಿಸು (kuppaḷisu)²

ಕುಪ್ಪಳಿಸು³ ⟦kuppaḷisu クッパリス⟧ [kuppəḷisu] *vt.* (熱いものとの接触で) 水ぶくれを作る [Ka. *kuppaḷa* + *-isu*, D2106]

ಕುಪ್ಪಿ ⟦kuppi クッピ⟧ [kuppi] *n.* 1 箙(えびら)、矢筒 2 ビン；缶 [Ka.]

ಕುಪ್ಪಿಸು ⟦kuppisu クッピス⟧ [kuppisu] 《‡》 *vt.* 〈動物を〉両足を揃えて跳ばせる [Ka. D1736] (*My.* (*Kitt.*))

ಕುಪ್ಪು¹ ⟦kuppu クップ⟧ [kuppu] *vt.* 〈ゴミなどを〉積み上げる [Ka. D1731(a)]

ಕುಪ್ಪು² ⟦kuppu クップ⟧ [kuppu] 《古》 *vi.* 跳ぶ、跳ねる [Ka. D1736]

ಕುಪ್ಪು³ ⟦kuppu クップ⟧ [kuppu] 《古》 *n.* こぶ、たんこぶ [Ka. D1743] (*lex.*)

ಕುಪ್ಪುಳು ⟦kuppuḷu クップル⟧ [kuppuɭu] 《方》 *n.* 鳥の一種 (*Hav.*) [Ka. D1735]

ಕುಪ್ಪೆ¹ ⟦kuppe クッペ⟧ [kuppe] ಕುಂಪೆ, ಕುಪ್ಪಿ, ಗುಂಪೆ, ಗುಪ್ಪೆ ಗೊಪ್ಪೆ *n.* 1 積み重なったもの、堆積、山 2 ゴミ、廃物；ゴミの山、掃き溜め 3 塚、こぶのように高まった土地 [Ka. D1731(a)]

ಕುಪ್ಪೆ² ⟦kuppe クッペ⟧ [kuppe] 《文》 *n.* キダチアミガサ(木立編笠、トウダイグサ科エノキグサ属)⇀食・薬 [Ka. D1737] *[IMP 1.37]

ಕುಪ್ಪೆಗಿಡ ⟦kuppegiḍa クッペギダ⟧ [kuppegiɖɐ] 《文》 *n.* キダチアミガサ(木立編笠、トウダイグサ科エノキグサ属)⇀食・薬 [Ka. *kuppe* + *giḍa* D1737] *[IMP 1.37]

ಕುಪ್ರಸಿದ್ಧ ⟦kuprasiddʰa クプラシッダ⟧ [kuprəsiddʰɐ] *adj.*, *mn.* 《*f.* ಕುಪ್ರಸಿದ್ಧಳು (kuprasiddʰaḷu)》悪名高い〈人〉[Sk.]

ಕುಪ್ರಸಿದ್ಧಿ ⟦kuprasiddʰi クプラシッディ⟧ [kuprəsiddʰi] *n.* 悪名、汚名 [Sk.]

ಕುಬಿಬಿ ⟦kubibi クビビ⟧ [kubibi] 《‡》 *n.* 叫び声の一種 (*Bp.58,23* (*Kitt.,Bp.58,23*)) [Ka. D1868]

ಕುಬುಬು ⟦kububu クブブ⟧ [kububu] 《‡》 *n.* 叫び声の一種 (*Bp.8,23,13* (*Kitt.*)) [Ka. D1868]

ಕುಬ್ಜ ⟦kubja クブジャ⟧ [kubdʒɐ] 《文》 *adj.*, *m.* 《*f.* ಕುಬ್ಜಿ (kubji)》 1 脊柱後湾の〈人〉 2 小人のように背が低い〈人〉[Sk. ←Md.]

ಕುಭಾಷೆ ⟦kubʰāṣe クバーシェ⟧ [kubʰɐ:] 《文》 *n.* きたない言葉 [Sk.]

ಕುಮಕು ⟦kumaku クマク⟧ [kuməku] 《古》 *n.* 助け、援助 [Pe. *kumak*] = ಸಹಾಯ (sahāya)

ಕುಮರಿ ⟦kumari クマリ⟧ [kuməri] 《古》 *n.* 焼畑 (*My.* (*Kitt.*)) [Ka. D1740] ☞ಕುಮ್ಮರಿ (kummari)

ಕುಮಾರ ⟦kumāra クマーラ⟧ [kumɐ:rɐ] *m.* 《*f.* ಕುಮಾರಿ (kumāri)》 1 若い未婚の青年、年少の少年 2 幼年期の少年 3〔美〕息子、子息 4 皇太子、世継ぎの王子(演劇用語) 5 カールッティケーヤ(シャンムカ)神 [Sk.]

ಕುಮಾರಕ ⟦kumāraka クマーラカ⟧ [kumɐ:rəkɐ] 《文》 *m.* 1 幼い少年 2 王子；皇太子 3〔美〕令息 [Sk.]

ಕುಮಾರಕಾಲ ⟦kumārakāla クマーラカーラ⟧ [kumɐ:rəkɐ:lɐ] 《文》 *n.* 少年期 [Sk.]

ಕುಮಾರಿ ⟦kumāri クマーリ⟧ [kumɐ:ri] *f.* 《*m.* ಕುಮಾರ (kumāra)》 1 年少の少女 2 未婚の少女；処女 3〔美〕令嬢、息女 —*n.* アロエ、ロカイ(ユリ科アロエ属)⇀薬 [Sk.]

ಕುಮಾರಿಕೆ ⟦kumārike クマーリケ⟧ [kumɐ:rike] *f.* 1 年少の少女 2 未婚の少女 3〔美〕令嬢、息女 —*n.* アロエ、ロカイ(ユリ科アロエ属)⇀薬 *[IMP 1.102] [Sk.]

ಕುಮಾರಿತಿ ⟦kumāriti クマーリティ⟧ [kumɐ:riti] ಕುಮಾರತಿ, ಕುಮಾರ್ತಿ, ಕೊಮಾರತಿ, ಕೊಮಾರತ್ತಿ *f.* 1 未婚の娘 2〔美〕娘、息女 3 皇女、王女 [*kumāra* + *iti* < -*itti*]

ಕುಮಾರ್ಗ ⟦kumārga クマールガ⟧ [kumɐ:rgɐ] 《文》 *n.* 1 悪い道路 2〔喩〕悪い道、道義的に悪い進路 [Sk.]

ಕುಮುಟು ⟦kumuṭu クムトゥ⟧ [kumuʈu] 《‡》 *n.* (古い油などの)悪臭 (*Kitt.*) [Ka. D1739] ☞ಕಮಟು (kamaṭu)

ಕುಮುದ ⟦kumuda クムダ⟧ [kumudɐ] *n.* 小型で白い花が咲く夜開性のスイレン(睡蓮)(スイレン科スイレン属)⇀薬・観 [Sk.]

ಕುಮುದನಾಥ ⟦kumudanātʰa クムダナータ⟧ [kumudənɐ:tʰɐ] 《文》 *mn.* 月 [Sk.]

ಕುಮುದಪ್ರಿಯ ⟦kumudapriya クムダプリヤ⟧ [kumudəprijɐ] 《文》 *mn.* 月 [Sk.]

ಕುಮುದಿನಿ ⟦kumudini クムディニ⟧ [kumudini] 《文》 *n.* 1 蓮 2 群生した蓮の花 [Sk.]

ಕುಮುದಿನೀಕಾಂತ ⟦kumudinīkāṃta クムディニーカーンタ⟧ [kumudini:kɐ:ntɐ] 《文》 *mn.* 月 [Sk.]

ಕುಮುದಿನೀಪತಿ ⟦kumudinīpati クムディニーパティ⟧ [kumudini:pəti] 《文》 *mn.* 月 [Sk.]

ಕುಮುದಿನೀಶ್ವರ ⟦kumudinīśvara クムディニーシュヴァラ⟧ [kumudini:ʃvərɐ] 《文》 *mn.* 月 [Sk.]

ಕುಮುಳೆ ⟦kumuḷe クムレ⟧ [kumuɭe] ಕುಂಬುಡಿ, ಕೂಳೆ 《方》 *n.* メリナ、キダチョウラク(クマツヅラ科の木の名)⇀食 (*Lush.*) [Ka. D1742]

ಕುಮ್ಮಕ್ಕು ⟦kummakku クンマック⟧ [kumməkku] 《古》 *n.* 助け、助力、援助 [Pe. *kumak*] (NK) = ಸಹಾಯ (sahāya)

ಕುಮ್ಮಟ ⟦kummaṭa クンマタ⟧ [kumməʈɐ] *n.* 金細工師が用いる移動可能なコンロ [Ka. D1751] ☞ಕುಂಪಟೆ (kuṃpaṭe)

ಕುಮ್ಮಟೆ ⟦kummaṭe クンマテ⟧ [kummǝ̆ʈe] 《古》 *n.* 金細工師が用いる移動可能なコンロ [Ka. D1751] ☞ಕುಂಪಟೆ (kuṃpaṭe)

ಕುಮ್ಮರಿ ⟦kummari クンマリ⟧ [kumməri] ಕುಮರ, ಕುಮರಿ, ಕುಮ್ಮಟಿ 《古》 *n.* 焼畑用農地 (*Pb.10.88*) [Ka. D1740]

ಕುಮ್ಮಸು ⟦kummasu クンマス⟧ [kumməsu] *vt.* 〈穀物などを〉杵で搗かせる [Ka. caus. D1850(c)]

ಕುಮ್ಮು ⟦kummu クンム⟧ [kummu] ಗುಮ್ಮು² *vt.* 杵で搗く —*n.* 杵で搗くこと [Ka. D1850(c)]

ಕುಮ್ಮಿಸು ⟦kummisu クンミス⟧ [kummisu] *vt.* 杵で搗かせる [+ -*isu* caus., D1850(c)]

ಕುಮ್ಮೇರಿ ⟦kummēri クンメーリ⟧ [kumme:ri] 《方》 *n.* 焼畑農業 (*Hav.*) [Ka. D1740] ☞ಕುಮ್ಮರಿ (kummari)

ಕುಯ್ ⟦kuy クイ⟧ [kuĭ] *vt.* 1〈草などを〉刈る 2〈穀物や果物などを〉もぐ、刈る、収穫する 3〔喩〕〈弦楽器を〉弓で鳴らす [Ka. D2119] ☞ಕೊಯ್ (koy)

ಕುಯಕ ⟦kuyaka クヤカ⟧ [kujəkɐ] ಕುವಕ, ಕೂಕ, ಕೊಯಕ, ಕೊಯ್ಕ《文》*n.* ペテン、詐欺 [Sk. *kuhaka*- <? M1.249]

ಕುಯಿಲು ⟦kuyilu クイル⟧ [kujilu]《文》*n.*（農作物の）収穫 [Ka. D2119] ☞ಕೊಯ್ಲು (koylu)

ಕುಯುಕ್ತಿ ⟦kuyukti クユクティ⟧ [kujukti] *n.* 姦計、姦策 [Sk.]

ಕುಯ್ಯುವಿಕೆ ⟦kuyyuvike クイユヴィケ⟧ [kuĭjuvike] *n.*（農作物を）収穫すること、など (*Si.387* (*Kitt.*)) [Ka. D2119]

ಕುಯ್ಲು ⟦kuylu クイル⟧ [kuĭlu] *n.*《複合語頭で》（穀物や果物の）収穫 [Ka. D2119] ☞ಕೊಯಿಲು (koyilu)

ಕುಯ್ಲುಗಾಲ ⟦kuylugāla クイルガーラ⟧ [kuĭlugɐːlɐ] *n.* 収穫期 [+ *kāla*]

ಕುರಂಗ ⟦kuraṃga クランガ⟧ [kurəŋgɐ]《文》*n.* 鹿 [Sk. ←Md.? M1.235] = ಜಿಂಕೆ (jiṃke)

ಕುರಂಟಕ ⟦kuraṃṭaka クランタカ⟧ [kurəɳʈəkɐ]《文》*n.* [Ka. D1849(b), cf. Sk. *kuraṃṭaka*-] ☞ಕುರಂಟಿಗೆ (kuraṃṭige) = ಮುಳ್ಳು ಗೋರಂಟಿ (muḷḷu gōraṃṭi)

ಕುರಂಟಿಗೆ ⟦kuraṃṭige クランティゲ⟧ [kurəɳʈĭge] ಕುರಂಟಿಕೆ, ಕುರುಟಿಗೆ, ಕುರುಡಿಗೆ, ಕೊರಟಿಗೆ《文》*n.* トゲバレリア（キツネノマゴ科の刺のある低木）⇀ 染 [Ka. *D1849(b), cf. Sk. *kuraṃṭaka*-] = ಮುಳ್ಳು ಗೋರಂಟಿ (muḷḷu gōraṃṭi)

ಕುರಡ ⟦kuraḍa クラダ⟧ [kurŏɖɐ]《‡》*m.*《*f.* ಕುರಡಿ, ಕುರುಡಿ, ಕುಡ್ಡಿ (kuraḍi, kuruḍi, kuḍḍi)》目の見えない人 (*C.* (*Kitt.*)) [Ka. D1787] ☞ಕುರುಡ (kuruḍa)

ಕುರಡಿ ⟦kuraḍi クラディ⟧ [kurəɖi]《‡》*f.*《*m.* ಕುರಡ, ಕುರುಡ, ಕುಡ್ಡ (kuraḍa, kuruḍa, kuḍḍa)》目の見えない女性 (*C.* (*Kitt.*)) [Ka. D1787] ☞ಕುರುಡಿ (kuruḍi)

ಕುರಡು ⟦kuraḍu クラドゥ⟧ [kurəɖu]《‡》*n.* 盲目、目の見えないこと (*C.* (*Kitt.*)) [Ka. D1787] ☞ಕುರುಡು (kuruḍu)

ಕುರಲ್ ⟦kural クラル⟧ [kurəl]《‡》*vi.* 叫ぶ (*Abh.P.11.147* (*Kitt.*)) [Ka. D1774] ☞ಕೊರಲು (koralu)

ಕುರಾನು ⟦kurānu クラーヌ⟧ [kurɐːnu] ಕುರಾನ್, ಖುರಾನ್, ಖುರಾಣ *n.* コーラン、クルアーン（イスラーム教の聖書）[Ar. *qur'ān*]

ಕುರಿ ⟦kuri クリ⟧ [kuri] ಕುಱಿ² *n.* 羊 [Ka. < *kuṟi* *D2165]

ಕುರಿಮರಿ ⟦kurimari クリマリ⟧ [kuriməri] *n.* 子羊 [+ *mari*]

ಕುರಿಗೆ ⟦kurige クリゲ⟧ [kurige]《方》*n.* キツネノマゴ科イセハナビ属の各種植物（藍色の染料として用いられる）⇀ 染・薬 (*Lush.*) [Ka. D1849(a)] *[IMP 4.143]

ಕುರಿತನ ⟦kuritana クリタナ⟧ [kuritənɐ]《古》*n.* 単純で頭が悪いこと [Ka. *kuri*「羊」+ *-tana* D2165]

ಕುರು¹ ⟦kuru クル⟧ [kuru] ಕುರುವು *n.* 血や膿みの混じったできもの [Ka. D1780]

ಕುರು² ⟦kuru クル⟧ [kuru] (*adj.*) 小…、小さな〈こと〉¶ ಕುರುಗೆರೆ (kurugere) 細い線 [Ka. < *kuṟu* *D1851]

ಕುರುಂಟ ⟦kuruṃṭa クルンタ⟧ [kuruɳʈɐ] *n.* トゲバレリア（キツネノマゴ科の刺のある低木）⇀ dye [Ka. D1849(b), cf. Sk. *kuruṃṭa*- L. (Acanthaceae)] = ಮುಳ್ಳು ಗೋರಂಟಿ

ಕುರುಂಟಕ ⟦kuruṃṭaka クルンタカ⟧ [kuruɳʈəkɐ] *n.* トゲバレリア（キツネノマゴ科の刺のある低木）(*Kitt.*) [Ka. D1849(b), cf. Sk.*kuruṃṭaka*-]

ಕುರುಂಬೆ ⟦kuruṃbe クルンベ⟧ [kurumbe]《‡》*n.* ごく若い熟れていないココナツ (*My.* (*Kitt.*)) [Ka. D1791] ☞ಕುರುಬೆ (kurube)

ಕುರುಕು ⟦kuruku クルク⟧ [kurŭku] ಕುರಿಕು, ಕುಱುಂಕು, ಕುಱುಕು, ಕೊರಕು *vt.* かじる、少しずつ噛む [Ka. *D2164]

ಕುರುಚು ⟦kurucu クルチュ⟧ [kuruʧu] ಕುಱುಚು《古》(*n.*) 小さい〈こと〉[Ka. < *kuṟucu* *D1851]

ಕುರುಚಲು ⟦kurucalu クルチャル⟧ [kurŭʧəlu] (*adj.*) 小さな〈こと〉—*n.* 灌木の茂み、叢林 [Ka. *kurucu* *D1851 + *-alu*]

ಕುರುಜು ⟦kuruju クルジュ⟧ [kuruʤu]《文》*n.* 1 神像を据えたり新郎新婦を座らせたりするために紙や布や木の葉などで飾った割り竹製の構造物 2 2階以上の建物の上に建てた屋根のある構造物 [Ka. D1786]

ಕುರುಟಿಗ ⟦kuruṭiga クルティガ⟧ [kuruʈigɐ]《文》*n.* その種を駆虫剤として用いるキョウチクトウ科の薬用植物 ⇀ 薬 (*G.* (*Kitt.*)) [Ka. D1650]

ಕುರುಟಿಗೆ ⟦kuruṭige クルティゲ⟧ [kuruʈige]《文》*n.* ペルグラリア（ガガイモ科ウスイロカズラ属のつる草）⇀ 薬 [Sk. *kurūṭaka*-] = ಹಾಲು ಕುರುಟಿಗೆ, ಹಾಲು ಕೊರಟಿಗೆ (hālu kuruṭige, hālu koraṭige) *[IMP 4.237]

ಕುರುಡ ⟦kuruḍa クルダ⟧ [kurŭɖɐ] *m.*《*f.* ಕುರುಡಿ (kuruḍi)》目の見えない人 [Ka. D1787]

ಕುರುಡಾಗು ⟦kuruḍāgu クルダーグ⟧ [kuruðɐːgu] *vi.* 失明する、目が見えなくなる [+ ಆಗು (āgu)]

ಕುರುಡಿ ⟦kuruḍi クルディ⟧ [kurŭɖi] *f.*《*m.* ಕುರುಡ (kuruḍa)》盲目の女性、目の見えない女性 [Ka. D1787]

ಕುರುಡು ⟦kuruḍu クルドゥ⟧ [kurŭɖu] ಕುರುಳು *n.* 盲目、目が見えないこと [Ka. D1787] ಕುರುಡುತನ (kuruḍutana)

ಕುರುಡುತನ ⟦kuruḍutana クルドゥタナ⟧ [kuruɖŭtənɐ] *n.* 盲目であること [*kuruḍu* + *-tana*]

ಕುರುಡು ನಂಬಿಕೆ ⟦kuruḍu naṃbike クルドゥナンビケ⟧ [kuruɖu nəmbike] *n.* 迷信；盲信、無批判に信じること [Ka. *kuruḍu* + *naṃbike*]

ಕುರುಣೆ¹ ⟦kuruṇe クルネ⟧ [kuruɳe]《古》*n.* 動物や鳥の子ども —(*adj.*) 幼い〈こと〉¶ ಕುರುಣೆವಱಿ (kuruṇevaṟi) ごく幼い動物の子ども [Ka. D1791]

ಕುರುಣೆ² ⟦kuruṇe クルネ⟧ [kuruɳe]《方》*n.* ネズミや犬などの大便 [?]

ಕುರುದಿ ⟦kurudi クルディ⟧ [kurudi] 《方》 *n.* 赤い色をつけた水 (*Hav.*) [Ka. D1788]

ಕುರುಬ ⟦kuruba クルバ⟧ [kurŭbɐ] ಕುರುಂಬ, ಕುಱುಂಬ *m.* 《*f.* ಕುರುಬಿತ್ತಿ (kurubitti)》 **1** 羊飼い、または羊飼いのカーストに属する人 **2**〔喩〕愚か者 [Ka.]

ಕುರುಬತನ ⟦kurubatana クルバタナ⟧ [kurubŏtənɐ] *n.* **1** 羊飼いであること、または羊飼いのカーストに属すること **2**〔喩〕愚かであること [Ka. *kuruba* + *tana*]

ಕುರುಬೆ ⟦kurube クルベ⟧ [kurŭbe] ಕುರುಬು 《‡》 *n.* 非常に若く熟れていないココヤシの実 (*Kitt.* (*My.*)) [Ka. D1791]

ಕುರುವು ⟦kuruvu クルヴ⟧ [kuruvu] *n.* 血や膿みの混じったできもの [Ka. D1780]

ಕುರುಹು ⟦kuruhu クルフ⟧ [kuruhu] *n.* しるし [Ka. < *kuṟipu*]

ಕುರುಳ್ ⟦kuruḷ クルル⟧ [kuruḷ] *n.* 巻き毛、波を打った髪の毛 [Ka. D1794]

ಕುರುಳು[1] ⟦kuruḷu クルル⟧ [kurŭḷu] *n.* 盲目、目が見えないこと [Ka. D1787] = ಕುರುಡುತನ (kuruḍutana) ☞ಕುರುಡು (kuruḍu)

ಕುರುಳು[2] ⟦kuruḷu クルル⟧ [kurŭḷu] ಕುರುಳ್ *n.* 巻き毛、波を打った髪の毛 [Ka. *D1794] ಗುಂಗುರು (guṃguru)

ಕುರುಳೆ ⟦kuruḷe クルレ⟧ [kuruḷe] 《方》 *n.* バナナの芽生え (*Bark, Hav. LSB 11.8*) [Ka. D1791]

ಕುರೂಪ ⟦kurūpa クルーパ⟧ [kuru:pɐ] *n.* 醜い容貌；容貌が醜いこと —*adj., m.* 《*f.* ಕುರೂಪಿ (kurūpi)》醜い〈人〉[Sk.]

ಕುರೂಪಿ ⟦kurūpi クルーピ⟧ [kuru:pi] *adj., mf.* 醜い〈人〉[Sk.]

ಕುರೂಪು ⟦kurūpu クループ⟧ [kuru:pu] 《文》 *n.* 容貌が醜いこと [< *kurūpa*]

ಕುರೆ ⟦kure クレ⟧ [kure] *snt.* 犬を呼ぶ時に用いる言葉 [Ka. D1796]

ಕುರೆ ಕುರೆ ⟦kure kure クレクレ⟧ [kure kure] *snt.* 犬を呼ぶ時に出す声 [Ka. D1876]

ಕುರ್ಕ್ಸು ⟦kurksu クルクス⟧ [kurksu] 《方》 *vt.* 振る、揺さぶる (*Hav.*) [Ka. < *kulikisu* D1806]

ಕುರ್ಗು ⟦kurgu クルグ⟧ [kurgu] 《古》 *vi.* 縮む、縮小する、減る、減少する [Ka. D1767]

ಕುರ್ಗಿಸು ⟦kurgisu クルギス⟧ [kurgisu] 《古》 *vt.* 縮める、縮小させる、など [Ka. caus. D1767]

ಕುರ್ವ ⟦kurva クルヴァ⟧ [kurvɐ] 《古》 *n.* 島 [Ka. < *kuṟuva*, D1860] ☞ಕುಱವ (kuṟava)

ಕುರ್ವೆ ⟦kurve クルヴェ⟧ [kurve] 《方》 *n.* 小さな籠 (*Hav.*) [Ka. D1779]

ಕುರ್ಚಿ ⟦kurci クルチ⟧ [kurʧi] *n.* 椅子 [Ar. *kursī*]

ಕುರ್ಳು ⟦kurḷu クッル⟧ [kurḷu] 《文》 *n.* 波を打った髪の毛、巻き毛 [Ka. *D1794] = ಗುಂಗುರು (guṃguru)

ಕುಲ ⟦kula クラ⟧ [kulɐ] 《文》 *n.* **1** ものの集まり、群れ **2** 部族、氏族 **3** 家族 **4** 由緒ある家系、よい家 [Sk.]

ಕುಲಕರಣಿ ⟦kulakaraṇi クラカラニ⟧ [kuləkərŏṉi] *m.* 村の記録や会計を司る役人 [Sk.]

ಕುಲಕಸುಬು ⟦kulakasubu クラカスブ⟧ [kuləkəsŭbu] *n.* 先祖代々の仕事 [*kula* + *kasabu*]

ಕುಲಕು ⟦kulaku クラク⟧ [kuləku] *vt.* —*vi.* ☞ಕುಲುಕು (kuluku)[2] (*My.* (*Kitt.*)) [Ka. D1806]

ಕುಲಕಿಸು ⟦kulakisu クラキス⟧ [kulŏkisu] *vt.* [Ka. caus. D1806] (*My.* (*Kitt.*)) ☞ಕುಲುಕಿಸು (kulukisu)

ಕುಲಗೆಡು ⟦kulageḍu クラゲドゥ⟧ [kuləğeḍu] *vi.* **1** 自分のカーストを傷つける **2** カーストを失う **3**〔喩〕破滅する、滅びる [*kula* + *keḍu*]

ಕುಲಗೆಡಿಸು ⟦kulageḍisu クラゲディス⟧ [kuləğeḍisu] *vt.* **1** 自分のカーストを傷つける **2** カーストを失うように振る舞う **3** 破滅させる [+ *-isu* caus.]

ಕುಲಗೇಡಿ ⟦kulagēḍi クラゲーディ⟧ [kuləğe:ḍi] *mf.* **1** 自分のカーストを傷つける人 **2** 自分のカーストを失った人 [*kula* + *kēḍi*]

ಕುಲಟೆ ⟦kulaṭe クラテ⟧ [kuləʈe] 《文》 *f.* 不倫な女性、貞節でない女性 [Sk. <?]

ಕುಲಪತಿ ⟦kulapati クラパティ⟧ [kuləpəti] *mf.* **1** 家族の長 **2** 寺院の僧侶の長 **3** 大学の副学長（旧制度においては学長は名誉職で副学長が実質的な学長）[Sk.]

ಕುಲಮೆ ⟦kulame クラメ⟧ [kulŏme] *n.* 鍛冶屋が使う炉 (*B.4,140* (*Kitt.*)) [Ka. D2133] ☞ಕೊಲಿಮೆ (kolime)

ಕುಲಿ[1] ⟦kuli クリ⟧ [kuli] ಕುಂಬುಡಿ, ಕೊಳೆ 《文》 *n.* メリナ、キダチョウラク（クマツヅラ科の木の名）⸺薬 [Ka. *D1742]

ಕುಲಿ[2] ⟦kuli クリ⟧ [kuli] 《文》 *adj., mf.* 家柄のよい〈人〉[Sk. *kulin-*] = ಕುಲೀನ (kulīna)〔汎〕

-ಕುಲಿ[3] ⟦-kuli -クリ⟧ [kuli] 《文》 *mf.* 《複合語末で》…を殺す者、…を破壊する者 ¶ ಅಱಗುಲಿ (aṟaguli) 宗教の破壊者 [Ka. D2132]

ಕುಲಿಕು ⟦kuliku クリク⟧ [kuliku] *vt.* —*vi.* ☞ಕುಲುಕು (kuluku) (*My.* (*Kitt.*)) [Ka. D1806]

ಕುಲಿಕಿಸು ⟦kulikisu クリキス⟧ [kulĭkisu] 《‡》 *vt.* [Ka. caus. D1806] (*My.* (*Kitt.*)) ☞ಕುಲುಕಿಸು (kulukisu)

ಕುಲಿಕೆ ⟦kulike クリケ⟧ [kulike] 《‡》 *n.* 鉤（かぎ）、留め金 (*My.* (*Kitt.*)) [Ka. D2151] ☞ಕೊಳಿಕೆ (koḷike)

ಕುಲಿಮೆ ⟦kulime クリメ⟧ [kulime] *n.* [Ka. D2133] (*My.* (*Kitt.*)) ☞ಕೊಲಿಮೆ (kolime)

ಕುಲೀನ ⟦kulīna クリーナ⟧ [kuli:nɐ] *adj.m.* 《*f.* ಕುಲೀನೆ (kulīne)》由緒ある家に生まれた〈人〉、高貴な家に生まれた〈人〉[Sk.]

ಕುಲುಕಾಟ ⟦kulukāṭa クルカータ⟧ [kulŭkɐ:ʈɐ] *n.*（瓶や自分の体などを）盛んに振ること [Ka. *kuluku* + *āṭa*]

ಕುಲುಕಾಡಿಸು ⟦kulukāḍisu クルカーディス⟧ [kulukɐ:ḍĭsu] *vt.* 〈瓶などを〉振る、〈自分の体などを〉盛

んに振る ¶ ಸಿನೆಮಾದಲ್ಲಿ ಹೆಂಗಸರು ತಮ್ಮ ಸೊಂಟವನ್ನು ಕುಲುಕಾಡಿಸುತ್ತಾ ಹಾಡುತ್ತಾರೆ. (sinemādalli heṃgasaru tamma soṃṭavannu kulukāḍisuttā hāḍuttāre.) 映画では女性たちが尻を振りながら歌を歌う。[Ka. *kuluku*¹ + *āḍisu*]

ಕುಲುಕು¹ ⟦kuluku クルク⟧ [kulŭku] *vi.* 〈瓶などを〉振る ―*vi.* 体を小刻みに震わす；歌で声を小刻みに震わせる [Ka. D1806]

ಕುಲುಕಿಸು ⟦kulukisu クルキス⟧ [kulŭkisu] *vt.* 〈瓶などを〉振る [Ka. caus. D1806]

ಕುಲುಕು² ⟦kuluku クルク⟧ [kulŭku] *vt.* 入れ物に無理やりに詰める、ぎっしり詰める [Ka. D1923]

ಕುಲುಕುಲು ⟦kulukulu クルクル⟧ [kulukulu] (*n.*) くすくす(笑いを表す擬音語) [Ka. onom.]

ಕುಲುಕುಗಾತಿ ⟦kulukugāti クルクガーティ⟧ [kulukugɐːti] 《‡》 *f.* 媚びを弄する女性、しなを作る女性；色好みの女性 (*My.* (*Kitt.*)) [Ka. D1806]

ಕುಲುಮೆ ⟦kulume クルメ⟧ [kulŭme] *n.* 鍛冶屋や金細工師の炉床 [Ka. D2133] ☞ಕೊಲಿಮೆ (kolime)

ಕುಲ್ಕು ⟦kulku クルク⟧ [kulku] 《口》 *vt.* [Ka. D1806] ☞ಕುಲುಕು (kuluku)

ಕುಲ್ಮೆ ⟦kulme クルメ⟧ [kulme] 《口》 *n.* [Ka. D2133] (*My.* (*Kitt.*)) ☞ಕೊಲಿಮೆ (kolime)

ಕುವರ¹ ⟦kuvara クヴァラ⟧ [kuvǝ̆rɐ] ಕೊವರ 《古》 *m.* 《*f.* *ಕುವರಿತಿ (kuvariti)》壺作り [Ka. D1762]

ಕುವರ² ⟦kuvara クヴァラ⟧ [kuvǝ̆rɐ] 《古》 *m.* 《*f.* ಕುವರಿ (kuvari)》 1 息子 2 少年、青年 3 シャンムカ神(シヴァ神の息子カールッティケーヤ神) [Sk. *kumāra-*] = ಕುಮಾರ (kumāra)

ಕುವರಿ ⟦kuvari クヴァリ⟧ [kuvǝri] 《古》 *f.* 《*m.* ಕುವರ (kuvara)²》 1 娘 2 処女 [Sk. *kumāri-*] = ಕುಮಾರಿ (kumāri)

ಕುವಿ ⟦kuvi クヴィ⟧ [kuvi] 《古》 *vi.* 大声で叫ぶ [Ka. D1868]

ಕುವಿಚಾರ ⟦kuvicāra クヴィチャーラ⟧ [kuviʧɐːrɐ] 《文》 *n.* よこしまな考え [Sk.]

ಕುವ್ವೆ¹ ⟦kuvve クッヴェ⟧ [kuvve] ಕೂವೆ 《文》 *n.* 1 インドアロールート(ショウガ科ウコン属、根は食用および薬用)⇀食・薬 2 クズウコン(クズウコン科クズウコン属の草本)⇀食・薬 [Ka. D1872, D2184]

ಕುವ್ವೆ² ⟦kuvve クッヴェ⟧ [kuvve] ಕೂವ 《方》 *n.* 帆柱 [Dr. cf. *kūpa-*]

ಕುಶ ⟦kuśa クシャ⟧ [kuʃɐ] *n.* クシャ草、インド吉祥草(イネ科の植物で神聖な草とみなされている)⇀薬・宗 [Sk.] = ದರ್ಭ (darbʰa) *[IMP 2.327]

ಕುಶಲ ⟦kuśala クシャラ⟧ [kuʃǝlɐ] *adj.* (手技や声などが)熟練した ―*adj.*, *m.* 《*f.* ಕುಶಲಳು (kuśalaḷu)》 1 熟練した〈人〉、器用な〈人〉 2 無病息災で幸せな〈人〉 ―*n.* 1 熟練、器用 2 無病息災、健康で幸福なこと ¶ ಕುಶಲ ಸಮಾಚಾರ (kuśala samācāra) 元気であることの知らせ [Sk.]

ಕುಶಲಕರ್ಮ ⟦kuśalakarma クシャラカルマ⟧ [kuʃǝlǝkǝrmɐ] 《文》 *n.* 美術、工芸、職人仕事 [Sk.]

ಕುಶಲಕರ್ಮಿ ⟦kuśalakarmi クシャラカルミ⟧ [kuʃǝlǝkǝrmi] 《文》 *mf.* 芸術家、職人、技術工、熟練した職人 [Sk.]

ಕುಶಲತನ ⟦kuśalatana クシャラタナ⟧ [kuʃǝ̆lǝtǝnɐ] *n.* 利口さ、狡猾さ [Sk.] = ಜಾಣತನ (jāṇatana)

ಕುಶಲತೆ ⟦kuśalate クシャラテ⟧ [kuʃǝ̆lǝte] *n.* 巧みさ、巧妙さ [Sk.]

ಕುಶಲವಿದ್ಯೆ ⟦kuśalavidye クシャラヴィディェ⟧ [kuʃǝ̆lǝvidʲje] *n.* 芸術および工芸 [Sk.]

ಕುಶಾಮತ್ ⟦kuśāmat クシャーマト⟧ [kuʃɐːmǝt] ಕುಶಾಮತ್ತು, ಖುಷಾಮತಿ, ಖುಷಾಮತು *n.* お世辞、へつらい [Pe. *xuš-āmad*]

ಕುಶಾಲು ⟦kuśālu クシャール⟧ [kuʃɐːlu] ಕುಶಾಲ್, ಕುಶಾಲ, ಖುಶಾಲ್, ಖುಶಾಲ, ಖುಶಾಲು 《口》 *n.* 1 幸福、楽しみ、喜び 2 遊び、娯楽 ¶ ಗೋಪಾಲ ಊಟಿಗೆ ಕುಶಾಲಿಗೆ ಹೋಗಿದ್ದಾನೆ. (gōpāla ūṭige kuśālige hōgiddāne.) ゴーパーラはウーティーへ遊びに行った。 3 無病息災、元気で幸せなこと ¶ ಮನೆಯಲ್ಲಿ ಎಲ್ಲರೂ ಕುಶಾಲಾಗಿದ್ದಾರೆಯೆ? (maneyalli ellarū kuśālāgiddāreye?) お宅では皆さんお元気ですか。 [Pe. *ḫušḥāl*]

ಕುಶಾಲ ⟦kuśāla クシャーラ⟧ [kuʃɐːlɐ] *n.* ☞ಕುಶಾಲು (kuśālu)

ಕುಷ್ಕಿ ⟦kuṣki クシュキ⟧ [kuʂki] *n.* 灌漑設備のない農地 [Sk.]

ಕುಷ್ಠ ⟦kuṣṭʰa クシュタ⟧ [kuʂʈʰɐ] *n.* ハンセン病 ―*m.* 《*f.* ಕುಷ್ಠೆ (kuṣṭʰe)》ハンセン病の患者 [Sk.]

ಕುಸ ⟦kusa クサ⟧ [kusɐ] 《‡》 (*n.*) 《繰り返し表現》ひそひそ(ささやき声を表す擬音語) (*Kitt.*) [Ka. onom. D1638] ☞ಕುಸಕುಸ (kusakusa)

ಕುಸಕು ⟦kusaku クサク⟧ [kusǝ̆ku] 《‡》 *vt.* 1 ことごと打つ、ぽんぽん打つ 2 〈洗いものを〉両手で持って軽く打って洗う [Ka. D1637] (*C.* (*Kitt.*))

ಕುಸಕುಸ ⟦kusakusa クサクサ⟧ [kusǝkusɐ] (*n.*) ひそひそ(ささやき声を表す擬音語) [Ka. *D1638]

ಕುಸಿ ⟦kusi クシ⟧ [kusi] *vi.* 1 倒壊する、崩壊する(倒壊する、崩壊する) 2 〔喩〕(政府や市場などが)崩壊する 3 (元気や熱意などが)消える、くじける ―*n.* 1 (建物や橋などの)崩壊 2 (元気や熱意などの)喪失 [Ka. D1636]

ಕುಸಿಕು ⟦kusiku クシク⟧ [kusiku] *vt.* 1 ことことと打つ 2 〈布を〉両手で持って打ちながら洗う (*Bp.56,29* (*Kitt.*)) [Ka. D1637]

ಕುಸಿತ ⟦kusita クシタ⟧ [kusitɐ] *n.* 1 (建物などの)崩壊、崩れること 2 (政府や市場などの)崩壊 [Ka.]

ಕುಸಿವಿಷ್ಠೆ ⟦kusiviṣṭʰe クシヴィシュテ⟧ [kusiviʂʈʰe] 《文》 *n.* 自慢；得意げであること [Sk. *kuśraviṣṭʰā-*]

ಕುಸು ⟦kusu クス⟧ [kusu] 《‡》 (*n.*) 《*redp.*》ひそひそ(ささやき声を表す擬音語) (My. (Kitt.)) [Ka. *D1638]

ಕುಸುಂಕು ⟦kusuṃku クスンク⟧ [kusuŋku] 《古》 *vt.* **1** ことこと打つ、ぽんぽん打つ **2** 〈布を〉両手で持ってとんとんと平たい石の上で打って洗う [Ka. D1637]

ಕುಸುಕು¹ ⟦kusuku クスク⟧ [kusuku] 《‡》 *n.* 扉などが下がった〈こと〉(*My.* (*Kitt.*)) [Ka. D1636]

ಕುಸುಕು² ⟦kusuku クスク⟧ [kusuku] *vt.* **1** ことこと打つ、ぽんぽん打つ **2** 〈布を〉両手で持ってとんとんと打って洗う [Ka. D1637]

ಕುಸುಕುಸು ⟦kusukusu クスクス⟧ [kusukusu] (*n.*) ひそひそ(ささやき声を表す擬音語) [Ka. *D1638]

ಕುಸುಬಲಕ್ಕಿ ⟦kusubalakki クスバラッキ⟧ [kusubəlәkki] ಕುಸುವಲಕ್ಕಿ *n.* 籾を茹でてから乾かした後で精米した米 [Ka. *kusubu*² + *-al* + *akki*]

ಕುಸುಬು¹ ⟦kusubu クスブ⟧ [kusubu] 《古》 *vt.* **1** 〈布を〉両手で持って平らな石の上にとんとんと打って洗う **2** 〔喩〕殴り倒す [Ka. D1637]

ಕುಸುಬು² ⟦kusubu クスブ⟧ [kusubu] *vt.* 煮る、茹でる (*KPN*) [?] = ಕುಸುವು (kusuvu)

ಕುಸುಮ ⟦kusuma クスマ⟧ [kusumɐ] 《文》 *n.* **1** 花 **2** 花びら **3** 月経 [Sk. <?]

ಕುಸುಮಿತ ⟦kusumita クスミタ⟧ [kusumitɐ] 《文》 *adj.* 花が咲いた、開花した [Sk.]

ಕುಸುಮಿಸು ⟦kusumisu クスミス⟧ [kusumisu] 《文》 *vi.* 花が咲く、開花する [Sk.]

ಕುಸುಮು ⟦kusumu クスム⟧ [kusumu] 《古》 *vt.* 〈布を〉両手で持って平たい石の上に打ち付けて洗う (*My.* (*Kitt.*)) [Ka. D1637]

ಕುಸುರಿ ⟦kusuri クスリ⟧ [kusuri] ಕುಸುರು *n.* **1** ミカンなどの小さな繊維状の果肉、削ったココナツの果肉 **2** 柔らかな花糸 **3** 刺繍や彫刻の細かな細工 **4** 複雑な彫刻や宝石細工で飾った装身具 [Ka. D1880]

ಕುಸುರಿಕೆಲಸ ⟦kusurikelasa クスリケラサ⟧ [kusurikelə̆sɐ] *n.* 彫刻や刺繍などのこまやかな細工 [+ *kelasa*]

ಕುಸುರು ⟦kusuru クスル⟧ [kusuru] *n.* [Ka. D1880] ☞ಕುಸುರಿ (kusuri)

ಕುಸುವು ⟦kusuvu クスヴ⟧ [kusuvu] ಕುಲ್ಸುಬು 《古》 *vt.* 煮る [?]

ಕುಸ್ತಿ ⟦kusti クスティ⟧ [kusti] *n.* レスリング、特にインドのレスリング [Pe. *kušti*]

ಕುಹಕ ⟦kuhaka クハカ⟧ [kuhəkɐ] 《文》 *m.* 《*f.* ಕುಹಕಿ (kuhaki)》ペテン師、詐欺師 —*n.* **1** ペテン、欺瞞 **2** 魔術、妖術 [Sk. <? M1.249]

ಕುಹಕಿ ⟦kuhaki クハキ⟧ [kuhəki] 《文》 *mf.* **1** ペテン師、詐欺師 **2** 魔術師、妖術師 [Sk. *kuhaka-* + Ka *-i*]

ಕುಹರ ⟦kuhara クハラ⟧ [kuhərɐ] 《文》 *n.* **1** (木などの)洞、洞穴、洞窟 = ಗುಹೆ (guhe) **2** 穴、裂け目 [Sk.]

ಕುಹೂರವ ⟦kuhūrava クフーラヴァ⟧ [kuhu:rəvɐ] 《文》 *n.* **1** インドカッコウ **2** インドカッコウの鳴き声 [Sk.] = ಕೋಗಿಲೆ (kōgile) 〔汎〕

ಕುಳ್ ⟦kuḷ クル⟧ [kuɭ] ಕುಳ್ಳು 《古》 *vi.* 《過去語幹 kuḷit-/ kuḷitt-/ kuḷid-/ kuḷutt-/ kuḷt-/ kūt-》座る [Ka. *D1835]

ಕುಳ¹ ⟦kuḷa クラ⟧ [kuɭɐ] *n.* 容積の単位の一種(4バッラに等しい) [Ka. D1827(a)] = ಕೊಳಗ (koḷaga) ☞ಬಳ್ಳ (baḷḷa)

ಕುಳ² ⟦kuḷa クラ⟧ [kuɭɐ] ಕುಡ, ಕುಳ, ಕುೞ, ಕುೞು, ಗುಳ, ಗುಳು, ಗುೞು *n.* **1** 鋤の刃 **2** 焼灼(しゃく)に用いる鉄の棒 [Ka. *D2147]

ಕುಳ³ ⟦kuḷa クラ⟧ [kuɭɐ] 《古》 *n.* 税金、料金 (*inscr.*) [?]

ಕುಳ⁴ ⟦kuḷa クラ⟧ [kuɭɐ] *n.* カンナダその他のインド系の文字で音素の連続 /ḷa/ を表す文字 [?] = ಳಕಾರ (ḷakāra)

ಕುಳವಾಡಿ ⟦kuḷavāḍi クラヴァーディ⟧ [kuɭəvɐ:ɖi] ಕುಲವಾಡಿ, ಕುಳವಾಡಿ, ಕುಳುವಾಡಿ 《古》 *mf.* 村の雑役夫 [?]

ಕುಳಿ ⟦kuḷi クリ⟧ [kuɭi] ಕುೞಿ, ಗುಳಿ *n.* (垂直の)穴、窪み [Ka. *D1818] ☞ಕುಣಿ (kuṇi)

-ಕುಳಿ ⟦-kuḷi -クリ⟧ [kuɭi] -ಗುಳಿ *suf.* 「…の習慣がある」「…の習慣がある人」という意味の名詞を作る接尾辞 ¶ ಓಡುಕುಳಿ (ōḍukuḷi) 走る人 [?]

ಕುಳಿಕೆ¹ ⟦kuḷike クリケ⟧ [kuɭĭke] ಕುಣಿಕೆ *n.* (垂直の)穴、窪み [Ka. *D1818] ☞ಕುಣಿಕೆ (kuṇike)

ಕುಳಿಕೆ² ⟦kuḷike クリケ⟧ [kuɭĭke] *n.* **1** 結び目 **2** 引けば閉まるように結んだ縄 (*Pb.1.143*) = ಜೀರುಗುಣಿಕೆ (jīruguṇike) [Ka. D1824] ☞ಕುಣಿಕೆ (kuṇike)

ಕುಳಿರ್¹ ⟦kuḷir クリル⟧ [kuɭir] ಕುಳಿರು 《古》 *vi.* 冷える;冷たくなる —*n.* **1** 冷たいこと;寒いこと;涼しいこと **2** 雪、霜 [Ka. D1834]

ಕುಳಿರ್² ⟦kuḷir クリル⟧ [kuɭir] 《古》 *vi.* (床の上や椅子の上に)座る [Ka. *kuḷ* *D1835 + *ir*²] ☞ಕುಳ್ಳಿರ್ (kuḷḷir)

ಕುಳುಂಪೆ ⟦kuḷuṃpe クルンペ⟧ [kuɭumpe] 《古》 *n.* 水たまり [Ka. D1818]

ಕುಳ್ಳ ⟦kuḷḷa クッラ⟧ [kuɭɭɐ] *m.* 《*f.* ಕುಳ್ಳಿ (kuḷḷi)》背の低い人 [Ka. D1839]

ಕುಳ್ಳಿ ⟦kuḷḷi クッリ⟧ [kuɭɭi] *f.* 《*m.* ಕುಳ್ಳ (kuḷḷa)》背の低い女性 [Ka. *D1839]

ಕುಳ್ಳಿರ್ ⟦kuḷḷir クッリル⟧ [kuɭɭir] ಕುಳಿರ್, ಕುಳ್ಳಿರು 《古》 *vi.* 《過去語幹 kuḷḷird- 未来語幹kuḷḷirv-》(床の上や椅子の上に)座る [Ka. D1835]

ಕುಳ್ಳಿರು ⟦kuḷḷiru クッリル⟧ [kuɭɭiru] 《古》 *vi.* 《過去語幹 kuḷḷird- 未来語幹kuḷḷirv-》(床の上や椅子の上に)座る [Ka. D1835]

ಕುಳ್ಳಿರಿಸು ⟦kuḷḷirisu クッリリス⟧ [kuɭɭirĭsu] *vt.* (床の上や椅子の上に)座らせる [Ka. caus. *D1835]

ಕುಳ್ಳು¹ ⟦kuḷḷu クッル⟧ [kuɭɭu] 《古》 *vi.* 《過去語幹 kuḷit-/ kuḷitt-/ kuḷidu/ kuḷutt-/ kuḷtu/ kuḷḷit-/ kuḷḷid-/ kūt-》(床の上や椅子の上に)座る [Ka. D1835]

ಕುಳ್ಳು² ⟦kuḷḷu クッル⟧ [kuɭɭu] (*n.*) 背が低い〈こと〉 [Ka. D1839] ☞ಕುಱಳ್ (kuṟaḷ)

ಕುಳ್ಳೆಡೆ ⟦kuḷḷeḍe クッレデ⟧ [kuḷḷeḍe] *n.* 座る場所、座るための木製の低い座席 [Ka. *kuḷḷu*[1] + *eḍe*]

ಕುಱಚಿ ⟦kuṟaci クラチ⟧ [kuṟətʃi] 《‡》 (*n.*) 小さい〈こと〉(*My.* (*Kitt.*)) [Ka. D1851]

ಕುಱವ ⟦kuṟava クラヴァ⟧ [kuṟəvɐ] 《古》 *n.* 島 [Ka. D1860] ☞ಕುಱುವ (kuṟuva)[2]

ಕುಱಳ್ ⟦kuṟaḷ クラル⟧ [kuṟəḷ] ಕುಳ್ಳ 《古》 *n.* 小さいこと、短いこと [Ka. D1851]

ಕುಱಿ[1] ⟦kuṟi クリ⟧ [kuṟi] 《古》 *n.* しるし、跡 —*vt.* **1** 狙う **2** しるしをつける = ಗುರಿ (guri)〔現〕[Ka. D1847]

ಕುಱಿ[2] ⟦kuṟi クリ⟧ [kuṟi] 《古》 *n.* 羊 [Ka. D2165] ☞ಕುರಿ (kuri)〔現〕

ಕುಱಿತನ ⟦kuṟitana クリタナ⟧ [kuṟitənɐ] 《古》 *n.* 単純で頭が悪いこと [Ka. *kuṟi*[2] + *-tana* D2165]

ಕುಱಿಪು ⟦kuṟipu クリプ⟧ [kuṟipu] ಕುರುಪು, ಕುರುವು, ಕುರುಹ, ಕುರುಹು, ಕುಱುಪು, ಕುಱುವು, ಕುಱುಹು 《古》 *n.* しるし [Ka. D1847]

ಕುಱಿಕೆ ⟦kuṟike クリケ⟧ [kuṟike] ಕುಱುಕಿ, ಕುಱುಕೆ, ಕುಋುಉಕ್ಕಿ 《古》 *n.* 村、村落 [Ka. D1844]

ಕುಱು ⟦kuṟu クル⟧ [kuṟu] 《古》 (*adj.*) 小さな〈こと〉 ¶ ಕುಱುಗಣ್ (kuṟugaṇ) 小さな目 [Ka. D1851]

ಕುಱುಂಕು ⟦kuṟuṃku クルンク⟧ [kuṟuŋku] 《古》 *vt.* かじる、少しずつ噛む [Ka. D2164] ☞ಕೊರಕು (koraku)

ಕುಱುಂಬ[1] ⟦kuṟuṃba クルンバ⟧ [kuṟumbɐ] 《古》 *m.* 《*f.* ಕುಱುಂಬಿತಿ (kuṟuṃbiti)》羊飼い、羊飼いのカーストに属する人 [Ka. D1844]

ಕುಱುಂಬ[2] ⟦kuṟuṃba クルンバ⟧ [kuṟumbɐ] 《古》 *m.* 砦を護る人 [Ka. D1857 *kuṟuṃbu*「砦」+ *-a*]

ಕುಱುಂಬಿ ⟦kuṟuṃbi クルンビ⟧ [kuṟumbi] 《‡》 *n.* 愚かなこと、頑固なこと (*Šmd.48* (*Kitt.*)) [Ka. D1856]

ಕುಱುಂಬಿತಿ ⟦kuṟuṃbiti クルンビティ⟧ [kuṟumbiti] ಕುರುಬಿತಿ, ಕುರುಬಿತ್ತಿ, ಕುಱುಬಿತ್ತಿ 《古》 *f.* 《*m.* ಕುಱುಂಬ (kuṟuṃba)》羊飼いのカーストの女性 [Ka. *D1844]

ಕುಱುಂಬು ⟦kuṟuṃbu クルンブ⟧ [kuṟumbu] 《古》 *n.* 憎しみ、嫉妬 [Ka. D1856]

ಕುಱುಕುಳಿ ⟦kuṟukuḷi クルクリ⟧ [kuṟukuḷi] 《古》 *mf.* 人をけなす癖のある人 [Ka. *kuṟu*? + *kuḷi*, D1851]

ಕುಱುಕೆ ⟦kuṟuke クルケ⟧ [kuṟuke] 《古》 *n.* いびき (*R.* (*Kitt.*)) [Ka. D1852] ☞ಗುಱುಕೆ (guṟuke)

ಕುಱುಕು ⟦kuṟuku クルク⟧ [kuṟuku] 《古》 *vt.* かじる、かりかり食う [Ka. D2164] ☞ಕುರುಕು (kuruku)

ಕುಱುಗಣ್ ⟦kuṟugaṇ クルガン⟧ [kug̥əɳ] ಕುರುಗಣ್, ಕುಱುಗಣ್ಣು 《古》 *n.* 小さな目 [Ka. *kuṟu* + *kaṇ*]

ಕುಱುಗಣಿ[1] ⟦kuṟugaṇi クルガニ⟧ [kuṟugəɳi] 《‡》 *n.* 短くなった状態、減少した状態、だめになった状態 (*R.* (*Kitt.*)) [Ka. D1851]

ಕುಱುಗಣಿ[2] ⟦kuṟugaṇi クルガニ⟧ [kuṟugəɳi] 《‡》 *n.* 耳垢 (*DEDR*) [Ka. D1855] ☞ಕೂಗಣಿ (kūgaṇi)

ಕುಱುಚು ⟦kuṟucu クルチュ⟧ [kuṟutʃu] ಕುರಚಿ, ಕುರುಚು, ಕುರುಜು, ಕುಱುಜು, ಕುಱುಜೆ 《古》 (*n.*) 小さい〈こと〉 [Ka. D1851]

ಕುಱುಜೆ ⟦kuṟuje クルジェ⟧ [kuṟudʒe] 《‡》 *n.* 熟れていないハラミツの実 (*My.* (*Kitt.*)) [Ka. D1854]

ಕುಱುಪು ⟦kuṟupu クルプ⟧ [kuṟupu] 《古》 *n.* しるし、符号 [Ka. D1847]

ಕುಱುಬ[1] ⟦kuṟuba クルバ⟧ [kuṟubɐ] 《‡》 *n.* ハイエナ (*Kitt.*) [Ka. D1599] ☞ಕಿಱುಬ (kiṟuba)

ಕುಱುಬ[2] ⟦kuṟuba クルバ⟧ [kuṟubɐ] 《古》 *m.* 《*f.* *ಕುಱುಬಿತಿ (kuṟubiti)》羊飼い、または羊飼いのカーストに属する人 [Ka. D1844]

ಕುಱುಬ[3] ⟦kuṟuba クルバ⟧ [kuṟubɐ] 《古》 *m.* 《*f.* ಕುಱುಬಿ (kuṟubi)》頑固で愚かな男 [Ka. D1856]

ಕುಱುಕ ⟦kuṟuka クルカ⟧ [kuṟukɐ] 《古》 *m.* 小さな男 [Ka. *kuṟu* + *-ka*]

ಕುಱುಕಲು ⟦kuṟukalu クルカル⟧ [kuṟukəlu] ಕುರುಕಲು 《古》 *n.* いり豆 [Ka. *kuṟuku* + *-alu*]

ಕುಱುಬ ⟦kuṟuba クルバ⟧ [kuṟhɐ] 《‡》 *n.* ハイエナ (*Kitt.*) [Ka. D1599]

ಕುಱುವ[1] ⟦kuṟuva クルヴァ⟧ [kuṟuvɐ] 《‡》 *n.* ハイエナ (*Kitt.*) [Ka. D1599] = ಕಿರುಬ (kiruba)〔汎〕

ಕುಱುವ[2] ⟦kuṟuva クルヴァ⟧ [kuṟuvɐ] ಕುರುವ, ಕುರುವೆ, ಕುರ್ವ, ಕುಱವ, ಕುಱುಂಬ, ಕುಱುವು 《古》 *n.* 島 (*Kitt.*) [Ka. D1860] ☞ಕುಱವ (kuṟava)

ಕುಱುವು ⟦kuṟuvu クルヴ⟧ [kuṟuvu] 《古》 *n.* しるし、跡 [Ka. D1847]

ಕುಱುಹ ⟦kuṟuha クルハ⟧ [kuṟuhɐ] 《古》 *n.* **1** 島 **2** 盛り上がった土地 [Ka. D1860]

ಕುಱುಹು ⟦kuṟuhu クルフ⟧ [kuṟuhu] 《古》 *n.* しるし、記号、跡 [Ka. D1847]

ಕುೞ[1] ⟦kuḻa クラ⟧ [kuɻɐ] 《‡》 *n.* 《複合語末で》混乱、混沌、慌てふためくこと (*Kitt.*) [Ka. D1817] ☞ಕೞಕುೞ (kaḻakuḻa)

ಕುೞ[2] ⟦kuḻa クラ⟧ [kuɻɐ] 《古》 *n.* 鋤の刃 [Ka. D2147] ☞ಕುಳ (kuḷa)[2]

ಕುೞಿ ⟦kuḻi クリ⟧ [kuɻi] 《古》 *vi.* 穴になる —*vt.* (に)穴をうがつ —*n.* 穴、窪み ☞ಕುಳಿ (kuḷi)[1] [Ka. D1818]

ಕುೞು ⟦kuḻu クル⟧ [kuɻu] 《古》 *n.* **1** 鋤の刃 **2** 焼灼(しゃく)用の鉄の棒 [Ka. D2147] ☞ಕುಳ (kuḷa)[2]

ಕುೞ್ಗು ⟦kuḻgu クルグ⟧ [kuɻgu] 《古》 *vi.* 縮む、小さくなる [Ka. D1767] = ಕುಗ್ಗು (kuggu)〔現〕

ಕೂ[1] ⟦kū クー⟧ [ku:] *n.* クー(ある種の鳥の鳴き声を表す擬音語) [Ka. D1868]

ಕೂ[2] ⟦kū クー⟧ [ku:] 《古》 *n.* 帆柱 [Sk. *kūpa-*/Dr.?] cf. ಕೂಕಂಬ (kūkaṃba) ☞ಕೂವೆ (kūve)

ಕೂಂಟು ⟦kūṃṭu クーントゥ⟧ [ku:ɳʈu] ಕುಂಟು 《古》 *vi.* 片足とびをする、けんけんして進む —*n.* 片足とび、けんけん [Ka. D1688]

ಕೂಂತು ⟦kūṃtu クーントゥ⟧ [ku:ntu] 《‡》 (*n.*) 曲がっている〈こと〉(*Nr.* (*Kitt.*)) [Ka. D1927]

ಕೂಕ ⟦kūka クーカ⟧ [ku:kɐ] 《口》 *m.* 《*f.* *ಕೂಕಿ (kūki)》 ペテン師、詐欺師 [Sk. *kuhaka-*] ☞ಕುಯಕ (kuyaka)

ಕೂಕಣಿ ⟦kūkaṇi クーカニ⟧ [ku:kə̆ɳi] ಕುಕ್ಕಣಿ, ಕೂಕಟೆ, ಕೂ-ಗಣಿ, ಕೂಗಳಿ *n.* 耳垢 [Ka. D1855]

ಕೂಕಲು ⟦kūkalu クーカル⟧ [ku:kəlu] 《‡》 *n.* 叫ぶこと (*Te.* (*Kitt.*)) [Ka. D1868]

ಕೂಕು ⟦kūku クーク⟧ [ku:ku] 《古》 *n.* 叫び声 [Ka. D1868]

ಕೂಗಟೆ¹ ⟦kūgaṭe クーガテ⟧ [ku:gə̆ʈe] 《文》 *n.* ムクロジ、無患子 (ムクロジ科ムクロジ属) 薬・材 [Ka. D1631]

ಕೂಗಟೆ² ⟦kūgaṭe クーガテ⟧ [ku:gə̆ʈe] 《希》 *n.* 耳垢 (*Kitt.*) [Ka. D1855]

ಕೂಗಣಿ ⟦kūgaṇi クーガニ⟧ [ku:gə̆ɳi] *n.* 耳垢 [Ka. D1855]

ಕೂಗಳತೆ ⟦kūgaḷate クーガラテ⟧ [ku:gəɭəte] *n.* 声の届く距離 [Ka. *kūgu* + *aḷate*]

ಕೂಗಾಟ ⟦kūgāṭa クーガータ⟧ [ku:gɐ:ʈɐ] *n.* 盛んに呼ばわること、喧々囂々(けんけんごうごう) [Ka. *kūgu* + *āḍu*]

ಕೂಗಾಡು ⟦kūgāḍu クーガードゥ⟧ [ku:gɐ:ɖu] *vi.* **1** 呼ばわる、繰り返し叫ぶ **2** (怒りで)怒鳴りまくる ¶ ನಾನು ಮಾಡಿದ ಕೆಲಸ ಸರಿ ಇಲ್ಲ ಎಂದು ತಂದೆ ಕೂಗಾಡಿದರು. (nānu māḍida kelasa sari illa eṃdu taṃde kūgāḍidaru.) 父は僕のした仕事がよくないと怒鳴りまくった。[Ka. *kūgu* + *āḍu*]

ಕೂಗು ⟦kūgu クーグ⟧ [ku:gu] *vi.* 大声で叫ぶ —*vt.* 叫んで呼ぶ、大声で呼び寄せる —*n.* **1** 叫び **2** 叫んで呼び寄せること [Ka. D1868]

ಕೂಗುದಾರಿ ⟦kūgudāri クーグダーリ⟧ [ku:gudɐ:ri] *n.* 声の届く距離 [*kūgu* + *dāri*]

ಕೂಗುಬಂಡೆ ⟦kūgubaṃḍe クーグバンデ⟧ [ky:gubaɱɖe] *n.* 叫べば反響する岩 [*kūgu* + *baṃḍe*]

ಕೂಗುಲ ⟦kūgula クーグラ⟧ [ku:gulɐ] 《方》 *n.* インドカッコウ (*Kmt. U.P.U.*) [Ka. D1764] = ಕೋಗಿಲೆ (kōgile)

ಕೂಗುವಿಕೆ ⟦kūguvike クーグヴィケ⟧ [ku:guvike] *n.* 大声で叫ぶこと [Ka. D1868]

ಕೂಚ ⟦kūca クーチャ⟧ [ku:ʧɐ] 《古》 *n.* 梁(はり)を支える柱 [Ka. D1878] ☞ಕೂಚು (kūcu)

ಕೂಚು¹ ⟦kūcu クーチュ⟧ [ku:ʧu] 《‡》 *n.* 小さいこと (*My.* (*Kitt.*)) [Ka. D1851]

ಕೂಚು² ⟦kūcu クーチュ⟧ [ku:ʧu] ಕೂಚ 《‡》 *n.* 梁(はり)を支える柱 [Ka. D1878]

ಕೂಚು³ ⟦kūcu クーチュ⟧ [ku:ʧu] 《文》 *n.* (軍隊の)行進 [Pe. *kūč*]

ಕೂಚು⁴ ⟦kūcu クーチュ⟧ [ku:ʧu] 《古》 *n.* 準備 [?]

ಕೂಜ
水差し

ಕೂಜ ⟦kūja クージャ⟧ [ku:ʤɐ] ಕೂಜೆ *n.* 首の長い素焼きの水差しの一種(水を冷たく保つことができる) [⇒図] [Pe. *kūza*] ಹೂಜ (hūja)

ಕೂಜಿತ ⟦kūjita クージタ⟧ [ku:ʤitɐ] 《文》 *n.* くーくー、かーかーなどの鳥の鳴き声 [Sk.]

ಕೂಜಿಸು ⟦kūjisu クージス⟧ [ku:jənɐ] 《文》 *vi.* (鳥が) クークー、カーカーと鳴く [Sk.]

ಕೂಟ¹ ⟦kūṭa クータ⟧ [ku:ʈɐ] ಕೂಟು *n.* **1** 接合、合同、くっつくこと、合一 **2** ものの集まり、ものの山、堆積 **3** 仲間であること、団体、組合 **4** 会合、集合、集会 **5** 交接、性愛行為、性交 **6** 交差道路 **7** 十二2宮図の相性 [Ka. D1882]

ಕೂಟ² ⟦kūṭa クータ⟧ [ku:ʈɐ] 《文》 *n.* 山の頂上、山頂 [Sk. ←Dr.]

ಕೂಟ³ ⟦kūṭa クータ⟧ [ku:ʈɐ] 《文》 *n.* 槌、金槌 [Sk. ←Dr.]

ಕೂಟ⁴ ⟦kūṭa クータ⟧ [ku:ʈɐ] 《文》 *n.* 鋤の刃 [Sk. ←Dr.]

ಕೂಟ⁵ ⟦kūṭa クータ⟧ [ku:ʈɐ] 《文》 *n.* 姦計、姦策 [Sk. ←Dr.]

ಕೂಟಗಾನ ⟦kūṭagāna クータガーナ⟧ [ku:ʈəgɐ:nɐ] 《文》 *n.* 合唱 [*kūṭa*¹ + *gāna*]

ಕೂಟತರ್ಕ ⟦kūṭatarka クータタルカ⟧ [ku:ʈətərkɐ] 《文》 *n.* 詭弁 [Sk. *kūṭa*⁵ + *tarka*]

ಕೂಟನೀತಿ ⟦kūṭanīti クータニーティ⟧ [ku:ʈəni:ti] *n.* 姦策、よこしまな計略 [Sk. *kūṭa*⁵ + *nīti*]

ಕೂಟಪತ್ರ ⟦kūṭapatra クータパトラ⟧ [ku:ʈəpət·rɐ] 《文》 *n.* 偽造書類、偽の書類 [Sk. *kūṭa*⁵ + *patra*]

ಕೂಟಪ್ರಶ್ನೆ ⟦kūṭapraśne クータプラシュネ⟧ [ku:ʈəprəʃne] 《文》 *n.* 謎、解決が難しい問題 [Sk. *kūṭa*⁵ + *praśne*]

ಕೂಟಶಾಸನ ⟦kūṭaśāsana クータシャーサナ⟧ [ku:ʈəʃɐ:sə̆nɐ] 《文》 *n.* 偽の碑文 [Sk. *kūṭa*⁵ + *śāsana*]

ಕೂಟು ⟦kūṭu クートゥ⟧ [ku:ʈu] *n.* **1** ものの集まり、ものの山、堆積 **2** 交接、性愛行為、性交 **3** (割り豆、ココナツなどを混ぜて作った)野菜料理(半流動体の副食物として供される) [Ka. D1882] ☞ಕೂಟ (kūṭa)

ಕೂಡ ⟦kūḍa クーダ⟧ [ku:ɖɐ] ಕೂಡೆ *adv.* **1** 一緒に ¶ ನೀನು ಕೂಡ ಬಂದರೆ ಕೆಲಸ ಬೇಗ ಆಗುತ್ತೆ. (nīnu kūḍa baṃdare kelasa bēga āgutte.) おまえが一緒に来てくれれば仕事がはかどるよ。 **2** …も (また) ¶ ನೀವು ಕೂಡ ನಮ್ಮ ಜಾತಿಯವರಾ. (nīvu kūḍa namma jātiyavarā.) あなたも我々のカーストの方ですか。 **3** …(で) さえも、…も ¶ ನನ್ನ ಹಾತ್ತಿರ ಒಂದು ರೂಪಾಯಿ ಕೂಡ ಇರಲಿಲ್ಲ. (nanna hāttira oṃdu rūpāyi kūḍa iralilla.) 私は1ルーピーも持ち合わせていなかった。 —*postp.* …と共に ¶ ಅವನ ಕೂಡ ಅಪ್ಪ ಬಂದಿದ್ದಾರೆ. (avana kūḍa appa baṃdiddāre.) あの人と一緒に父が来ています。[Ka. D1882]

ಕೂಡರು ⟦kūḍaru クーダル⟧ [ku:ɖəru] 《口》 *vi.* (床の上や椅子に) 座る (*B.5,96.283.294* (*Kitt.*)) [Ka. D1835] ☞ಕುಂಡರು (kuṃḍaru)

ಕೂಡಲ್ ⟦kūḍal クーダル⟧ [ku:ɖəl] 《古》 *n.* 結合、連携、関与 [Ka. D1882]

ಕೂಡಲು ⟦kūḍalu クーダル⟧ [ku:ḍəlu] ಕೂಡಲ್《古》*n.* 1 結合、連携、関与 2 河の合流地点(特にクリシュナー河とマラプラバー河の合流地点) [Ka. D1882]

ಕೂಡಲೆ ⟦kūḍale クーダレ⟧ [ku:ḍəle] *adv.* 直ちに ¶ ನೀವು ಕೂಡಲೆ ಹೊರಡಬೇಕು. (nīvu kūḍale horaḍabēku.) 今すぐ出発なさらなければなりません。 —*postp.* …の直後に ¶ ಕರೆದ ಕೂಡಲೆ ವಿಕ್ಕಿ ಬಂದ. (kareda kūḍale vikki baṃda.) ヴィッキーは呼ぶや否ややってきた。 [Ka. D1882]

ಕೂಡಸು ⟦kūḍasu クーダス⟧ [ku:ḍəsu] 《口》*vt.* 接合する、くっつける (*S.Mhr.*; *Šb.30* (*Kitt.*)) [Ka. < *kūḍisu* D1882] ☞ಕೂಡಿಸು (kūḍisu)

ಕೂಡಿಕೆ ⟦kūḍike クーディケ⟧ [ku:ḍike] *n.* 1 合一、合同、くっつくこと 2 寡婦の再婚、離婚した女性の再婚 [Ka. D1882]

ಕೂಡಿಡು ⟦kūḍiḍu クーディドゥ⟧ [ku:ḍiḍu] *vt.* 集める、貯蔵する、収集する [Ka.]

ಕೂಡು[1] ⟦kūḍu クードゥ⟧ [ku:ḍu] *vi.* 1 くっつく、接合する 2 加わる 3 (男女が)まぐわう、性交する 4《古》できる、可能である 5 集まる、集合する ¶ ಅವನಲ್ಲಿ ಎಲ್ಲ ಗುಣಗಳೂ ಕೂಡಿವೆ. (avanalli ella guṇagalū kūḍive.) 彼はあらゆる長所をそなえている。 6 合う、適合する ¶ ಉಂಗುರ ಬೆರಳಿಗೆ ಕೂಡಲಿಲ್ಲ (uṃgura beraḷige kūḍalilla) 指輪が指に合わなかった。 —*vt.* 加える、足す ¶ ಎರಡಕ್ಕೆ ಮೂರನ್ನು ಕೂಡಿರಿ. (eraḍakke mūrannu kūḍiri.) 2に3を足してください。 —*v.aux.*《古》《否定形のみの欠如補助動詞》…できない;…してはならない ¶ ಬಸ್ಸಿನಲ್ಲಿ ಸಿಗರೆಟ್ಟು ಸೇದಕೂಡದು. (bassinalli sigareṭṭu sēdakūḍadu.) バスの中でタバコを吸ってはならない。 —*n.*《古》結合、接合 [Ka. D1882]

ಕೂಡಿಸು ⟦kūḍisu クーディス⟧ [ku:ḍisu] *vt.* 1 接合する、くっつける 2 集める、収集する、貯蔵する 3 加える、足す [+ *-isu*]

ಕೂಡು[2] ⟦kūḍu クードゥ⟧ [ku:ḍu] 《口》*vi.*《命令形のみで》(床の上や椅子に)座れ [Ka. *D1835] = ಕುಂಡರು (kuṃḍaru)

ಕೂಡುಕೊಂಡಿ ⟦kūḍukoṃḍi クードゥコンディ⟧ [ku:ḍugoṇḍi] 《文》*n.* 連結器 [Ka. *kūḍu*[1] + *koṃḍi*]

ಕೂಡುಗಂಬಿ ⟦kūḍugaṃbi クードゥガンビ⟧ [ku:ḍugəmbi] 《文》*n.* (鳥の)止まり木 [Ka. *kūḍu*[2] + *kaṃbi*]

ಕೂಡುಗಣ್ಣು ⟦kūḍugaṇṇu クードゥガンヌ⟧ [ku:ḍugəṇṇu] 《文》*n.* 複眼の目玉 [Ka. *kūḍu*[1] + *kaṇṇu*]

ಕೂಡುಗೆರೆ ⟦kūḍugere クードゥゲレ⟧ [ku:ḍugere] 《文》*n.* ハイフン、連辞符 [Ka. *kūḍu* + *gere*]

ಕೂಡುದಲೆ ⟦kūḍudale クードゥダレ⟧ [ku:ḍudale] 《‡》*n.* 成功、繁栄 (*My.* (*Kitt.*)) [Ka. *kūḍu*[1] D1882 + ?]

ಕೂಡುದೊಡ್ಡಿ ⟦kūḍudoḍḍi クードゥドッディ⟧ [ku:ḍudoḍḍi] 《‡》*n.* 共同利用の牛の囲い場 [Ka. *kūḍu*[1] + *doḍḍi*]

ಕೂಡುಪಾಲು ⟦kūḍupālu クードゥパール⟧ [ku:ḍupɐ:lu] 《文》*n.* 共同所有 [Ka. *kūḍu*[1] + *pālu*]

ಕೂಡುನುಡಿ ⟦kūḍunuḍi クードゥヌディ⟧ [ku:ḍŭnuḍi] 《文》*n.* 〔言〕合成語 [Ka. *kūḍu*[1] + *nuḍi*] = ಸಮಾಸ (samāsa)

ಕೂಡುಬಂಡವಾಳ ⟦kūḍubaṃḍavāḷa クードゥバンダヴァーラ⟧ [ku:ḍubəṇḍəvɐ:ḷɐ] *n.* 共同資本 [*kūḍu*[1] + *baṃḍavāḷa*]

ಕೂಡುಬೆಣೆ ⟦kūḍubeṇe クードゥベネ⟧ [ku:ḍubeṇe] 《‡》*n.* 固定用の楔(くさび) [Ka. *kūḍu* + *beṇe*]

ಕೂಡುಲಗಾಮು ⟦kūḍulagāmu クードゥラガーム⟧ [ku:ḍuləgɐ:mu] *n.* 2頭の馬のはみを結ぶ手綱 [*kūḍu* + *lagāmu*]

ಕೂಡುವಿಕೆ ⟦kūḍuvike クードゥヴィケ⟧ [ku:ḍuvike] *n.* 結合、接合、合うこと、など [Ka. D1882]

ಕೂಡುಹ ⟦kūḍuha クードゥハ⟧ [ku:ḍuhɐ] 《‡》*n.* 合うこと、結びつくこと (*Nr.* (*Kitt.*)) [Ka. D1882]

ಕೂಡುಹಿಡಿಕೆ ⟦kūḍuhiḍike クードゥヒディケ⟧ [ku:ḍuhiḍike] *n.* かすがい [*kūḍu* + *hiḍike*]

ಕೂಡುಹಿಡುವಳಿ ⟦kūḍuhiḍuvaḷi クードゥヒドゥヴァリ⟧ [ku:ḍuhiḍuvəḷi] *n.* 共同借地;共同借家 [Ka. *kūḍu* + *hiḍuvaḷi*]

ಕೂಡುಹಿಡುವಳಿದಾರ ⟦kūḍuhiḍuvaḷidāra クードゥヒドゥヴァリダーラ⟧ [ku:ḍuhiḍuvəḷidɐ:rɐ] *m.* 《*f.* *ಹಿಡುವಳಿದಾರಳು (hiḍuvaḷidāraḷu)》共同借地人;共同借家人 [Ka. *hiḍuvaḷi* + Pe. *-dār*]

ಕೂಡೊಕ್ಕಲು ⟦kūḍokkalu クードッカル⟧ [ku:ḍokkŏlu] *n.* 1 共同借地または共同借家 2 複合家族、大家族 [*kūḍu*[1] + *okkalu*]

ಕೂಡ್ರು ⟦kūḍru クードル⟧ [ku:ḍru] 《口》*vi.* (床の上や椅子に)座る (*C. B.1,3.17*; *4,202* (*Kitt.*)) [Ka. D1835] ☞ಕುಂಡರು (kuṃḍaru)

ಕೂತ ⟦kūta クータ⟧ [ku:tɐ] 《古》*n.* 踊り [Ka. *D1890] ☞ಕೂತು (kūtu)

ಕೂತು[1] ⟦kūtu クートゥ⟧ [ku:tu] *p.part.*《ಕುಳ್ಳು (kuḷḷu)の連用完了分詞形》座って [Ka. D1728]

ಕೂತು[2] ⟦kūtu クートゥ⟧ [ku:tu] ಕೂತ《古》*n.* 踊り [Ka. D1890]

ಕೂತುರು ⟦kūturu クートゥル⟧ [ku:turu] 《‡》*n.* 匍匐(ほふく)植物の一種 (*Si.152* (*Kitt.*)) [Ka. D1889]

ಕೂದಲ್ ⟦kūdal クーダル⟧ [ku:đəl] 《古》*n.* 髪の毛 [Ka. D1892]

ಕೂದಲು ⟦kūdalu クーダル⟧ [ku:đŏlu] ಕೂದಲ್ *n.* 髪の毛 [Ka. *D1892]

ಕೂನ್[1] ⟦kūn クーン⟧ [ku:n] 《希》*n.* 1 しるし、記号 2 面識 [Ka. D1847? cf. M. *kʰūṇă*]

ಕೂನ್[2] ⟦kūn クーン⟧ [ku:n] 《古》*vi.*《過去語幹 kūnt-》(背中などが)曲がる [Ka. D1927]

ಕೂನ[1] ⟦kūna クーナ⟧ [ku:nɐ] ಕೂನು, ಖೂನ *n.* 1 しるし、記号 2 面識 [Ka. D1847? cf. M. *kʰūṇă*]

ಕೂನ[2] ⟦kūna クーナ⟧ [ku:nɐ] *vi.*《*f.* ಕೂನಿ (kūni)》背中が湾曲した人 [Ka. D1927]

ಕೂನಿ[1] ⟦kūni クーニ⟧ [kuːni] ಗೂನಿ *f.* 《*m.* ಕೂನ (kūna)》 背中が湾曲した女性 [Ka. D1927] = ಬಾನಿ (bāni)

ಕೂನಿ[2] ⟦kūni クーニ⟧ [kuːni] 《古》 *n.* 土製のたらい [Ka. D1928]

ಕೂನು[1] ⟦kūnu クーヌ⟧ [kuːnu] ಕೂನ್, ಕೂನ midasiskip 《希》 *n.* **1** しるし、記号 **2** 面識 [Ka. D1847? cf. M. *kʰūṇă*] ☞ಖೂನ (kʰūna)[1]

ಕೂನು[2] ⟦kūnu クーヌ⟧ [kuːnu] 《方》 *n.* キノコ (*Bhattacharya*) [Ka. D1893]

ಕೂನು[3] ⟦kūnu クーヌ⟧ [kuːnu] ಕೂನು *vi.* (背中などが)曲がる [Ka. D1927]

ಕೂನುಬೆನ್ನು ⟦kūnubennu クーヌベンヌ⟧ [kuːnubennu] *n.* 湾曲した背中 [+ *bennu*]

ಕೂಪ[1] ⟦kūpa クーパ⟧ [kuːpɐ] 《古》 *m.* 《*f.* ಕೂಪಳು (kūpaḷu)》 愛人、恋人 [Ka. < *kūrpa* D1897] ☞ಕೂರ್ಪ (kūrpa)

ಕೂಪ[2] ⟦kūpa クーパ⟧ [kuːpɐ] 《文》 *n.* 井戸 [Sk.] = ಬಾವಿ (bāvi) 〔汎〕

ಕೂಪ[3] ⟦kūpa クーパ⟧ [kuːpɐ] *n.* (船の)帆柱 [Sk.]

ಕೂಪಿ ⟦kūpi クーピ⟧ [kuːpi] 《方》 *n.* 理髪師のかみそり (*Bark.*) [Ka. D1898]

ಕೂರ್[1] ⟦kūr クール⟧ [kuːr] ಕೂರು 《古》 *vt.* 《過去語幹kūrt- 未来語幹kūrp-》愛する **—***vi.* 《*dat.*》好きである **—***n.* 愛、愛情 [Ka. D1897]

ಕೂರ್[2] ⟦kūr クール⟧ [kuːr] 《古》 (*n.*) (刃物などが)鋭い〈こと〉 **—***vi.* 鋭くなる、尖る [Ka. D1898]

ಕೂರ್[3] ⟦kūr クール⟧ [kuːr] 《口》 *vi.* 《過去語幹 kūt-》座る (*C. B.1,3.17; 4,202 (Kitt.)*) (*My.* (*Kitt.*)) [Ka. D1900] ☞ಕೂರು (kūru)[3]

ಕೂರ[1] ⟦kūra クーラ⟧ [kuːrɐ] 《‡》 (*adj.*) 厳しい〈こと〉、残酷〈な〉(*Mr.515 (Kitt.)*) [Ka. D1913]

ಕೂರ[2] ⟦kūra クーラ⟧ [kuːrɐ] 《古》 *n.* ご飯；食事 (*lex.*) [Sk. ←Dr.]

ಕೂರಹು ⟦kūrahu クーラフ⟧ [kuːrəhu] 《‡》 *n.* 刀 (*Mr.383 (Kitt.)*) [Ka. D1898]

ಕೂರಿಕೆ ⟦kūrike クーリケ⟧ [kuːrike] 《‡》 *n.* (刃物などが)鋭利であること、鋭いこと [Ka. D1898]

ಕೂರಿಗೆ ⟦kūrige クーリゲ⟧ [kuːrige] ಕೂ–ಱಿಗೆ *n.* 播種用の穴あけ器、あるいは牛などにひかせる種蒔き機[⇒図] [?]

ಕೂರಿಗೆ
播種穴あけ器

ಕೂರಿತು ⟦kūritu クーリトゥ⟧ [kuːritu] ಕೂರಿತ್ತು 《古》 (*n.*) (刃物などが)鋭利な〈こと〉、鋭い〈こと〉 [Ka. D1898]

ಕೂರಿತ್ತು ⟦kūrittu クーリットゥ⟧ [kuːrittu] 《古》 *n.* (刃物などが)鋭利な、鋭い [Ka. D1898]

ಕೂರಿದ ⟦kūrida クーリダ⟧ [kuːrid̪] 《古》 *m.* 《*f.* *ಕೂರಿದಳ್ (kūridaḷ)》鋭い人、勇者 [Ka. D1898]

ಕೂರಿಸು ⟦kūrisu クーリス⟧ [kuːrisu] *vt.* 〈2片の木材を〉接合する (*My.* (*Kitt.*)) [Ka. D1882]

ಕೂರು[1] ⟦kūru クール⟧ [kuːru] 《文》 *n.* ほぞ [Ka. D1882]

ಕೂರು[2] ⟦kūru クール⟧ [kuːru] 《古》 *vt.* 《過去語幹 kūrt- 未来語幹 kūrp-》愛する **—***n.* 愛、愛情 ☞ಕೂರ್ (kūr) [Ka. D1897]

ಕೂರು[3] ⟦kūru クール⟧ [kuːru] *vi.* 《過去語幹 kūt-》座る [Ka. D1900]

ಕೂರಿಸು ⟦kūrisu クーリス⟧ [kuːrisu] *vt.* 座らせる [+ *-isu* D1900]

ಕೂರೆ ⟦kūre クーレ⟧ [kuːre] ಕೂಱೆ, ಕೊರೆ, ಕೊಱೆ[4] *n.* コロモジラミ [Ka. D1926]

ಕೂರ್ಪ ⟦kūrpa クールパ⟧ [kuːrpɐ] ಕೂಪ[1] 《古》 *m.* 《*f.* ಕೂರ್ಪಳ್ (kūrpaḷ)》愛人、恋人、愛する人 [Ka. D1897]

ಕೂರ್ಪು[1] ⟦kūrpu クールプ⟧ [kuːrpu] 《古》 *n.* 愛、愛情 [Ka. D1897 *kūr*[1] + *-pu*]

ಕೂರ್ಪು[2] ⟦kūrpu クールプ⟧ [kuːrpu] *n.* (刃物などが)鋭いこと、鋭利なこと [Ka. D1898 *kūr*[2] + *-pu*]

ಕೂರ್ಪುಗಿಡು ⟦kūrpugiḍu クールプギドゥ⟧ [kuːrpugiḍu] 《古》 *vi.* **1** (刃物などの)切れ味が鈍くなる **2** 〔喩〕(知力などが)切れ味を失う [+ *kiḍu*]

ಕೂರ್ಮ ⟦kūrma クールマ⟧ [kuːrmɐ] 《文》 *n.* カメ [Sk.] ಆಮೆ (āme) 〔汎〕

ಕೂರ್ಮಪುರಾಣ ⟦kūrmapurāṇa クールマプラーナ⟧ [kuːrməpurɐːɳɐ] *n.* 18のプラーナの一種 [Sk.]

ಕೂರ್ಮೆ ⟦kūrme クールメ⟧ [kuːrme] 《古》 *n.* 愛、愛情 [Ka. D1897]

ಕೂಲ್ ⟦kūl クール⟧ [kuːl] 《古》 *n.* 長いこと (*Bp.51,73 (Kitt.)*) [Ka. D2239]

ಕೂಲಂಕಷ ⟦kūlaṃkaṣa クーランカシャ⟧ [kuːləŋkəʂɐ] 《文》 (*adj.*) すべて〈の〉、まったき…、完全〈な〉¶ ಮೈಸೂರಿನ ಕೂಲಂಕಷ ಚರಿತ್ರೆ (maisūrina kūlaṃkaṣa caritre) マイソールの全史 [Sk.]

ಕೂಲಿ ⟦kūli クーリ⟧ [kuːli] *n.* 労賃、特に日給 **—***mf.* 日雇い労働者、苦力 [Ka. D1905]

ಕೂಲಿಕಾರ ⟦kūlikāra クーリカーラ⟧ [kuːlikɐːrɐ] *mf.* 《*f.* ಕೂಲಿಕಾರಳು (kūlikāraḷu)》(特に日雇いの)労働者 [Ka. *kūli* + *-kāra* D1905]

ಕೂಲಿಗಾರ ⟦kūligāra クーリガーラ⟧ [kuːligɐːrɐ] ಕೂಲಿಕಾ–ರ, ಕೂಲಿಕಾಱ, ಕೂಲಿಗಾಱ *m.* 《*f.* ಕೂಲಿಗಾರಳು (kūligāraḷu)》(特に日雇いの)労働者 [Ka. *kūli* + *-kāṟa* D1905]

ಕೂಲು[1] ⟦kūlu クール⟧ [kuːlu] 《古》 *vi.* (建物などが)崩壊する、崩れ落ちる [Ka. D1907(a)]

ಕೂಲಿಸು ⟦kūlisu クーリス⟧ [kuːlisu] 《古》 *vt.* 崩壊させる、破壊する [+ *-isu* caus., D1907(a)]

ಕೂಲು[2] ⟦kūlu クール⟧ [kuːlu] 《方》 *n.* 階段ಜಾನಕೋ. 40. [Ka. D1908]

ಕೂವಕಂಭ ⟦kūvakaṃbʰa クーヴァカンバ⟧ [kuːvəkəmbʰɐ] ಕೂಕಂಬ, ಕೂಕಂಭ, ಕೂಕುಂಬ, ಕೂವಕಂಬ, ಕೂವೆಕಂಭ 《方》 *n.* 帆柱 [*kūva* + *kaṃbʰa*]

ಕೂವೆ[1] ⟦kūve クーヴェ⟧ [kuːve] 《文》 *n.* クズウコン(ショウガ科ウコン属) ⇀ 食・薬 [Ka. D1872] ☞ಕುವ್ವೆ (kuvve)

ಕೂವೆ² ⟦kūve クーヴェ⟧ [kuːve] *n.* （船の）帆柱 [Sk. *kūpa* ←Dr.] = ಕೂಪ (kūpa)

ಕೂಸು ⟦kūsu クース⟧ [kuːsu] *n.* **1** 幼児、赤ん坊 **2** 自分の成長した子どもに呼びかけたり言及したりする時に用いる言葉(日本語の「…ちゃん」に近い) [Ka. D1873]

ಕೂಳ ⟦kūḷa クーラ⟧ [kuːɭɐ] ಕೂಱ, ಖೂಳ, ಖೂಱ 《古》 *m.* 《*f.* *ಕೂಳೆ (kūḷe)》悪人、下劣な人 [Ka. < *kūṟa* D1913]

ಕೂಳಿ ⟦kūḷi クーリ⟧ [kuːɭi] 《古》 *n.* 漁業用の籠 [Ka. D1884] ☞ಕೂಳೆ (kūḷe)

ಕೂಳು ⟦kūḷu クール⟧ [kuːɭu] *n.* **1** ご飯、炊いた米 **2** 〔蔑〕食事、ご飯 [Ka. < *kūṟ* D1911] = ಕೂೞ್ (kūḻ)

ಕೂಳೆ¹ ⟦kūḷe クーレ⟧ [kuːɭe] 《文》 *n.* メリナ、キダチョウラク(クマツヅラ科の高木、材木として使われる)⇀材 (*Lush*) [Ka. D1742]

ಕೂಳೆ² ⟦kūḷe クーレ⟧ [kuːɭe] ಕೂಣೆ, ಕೂಳಿ, ಗೂಳಿ 《方》 *n.* 漁業用の魚捕り籠[⇒図] [Ka. D1884]

ಕೂಳೆ 魚捕り籠

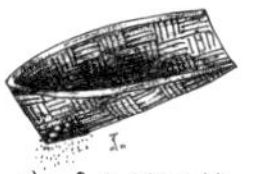

ಕೂಳೆ³ ⟦kūḷe クーレ⟧ [kuːɭe] ಕುಳೆ *n.* **1** (穀物を収穫した後の)切り株 **2** 穀物を収穫した後の切り株から出た新芽 [Ka. D1914]

ಕೂಱಿಗೆ ⟦kūṟige クーリゲ⟧ [kuːṟige] 《古》 *n.* 播種機、２頭の牛にひかせる種蒔き機 [?] = ಕೂರಿಗೆ (kūrige) *[kūrige]

ಕೂಱೆ ⟦kūṟe クーレ⟧ [kuːṟe] 《古》 *n.* 汚れた衣類 [Ka. D1925, D1926] ☞ಕೂರೆ (kūre)

ಕೂೞ್¹ ⟦kūḻ クール⟧ [kuːɻ] ಕೂಳ್, ಕೂಳು 《古》 *n.* **1** ご飯、炊いた米 **2** 食事、ご飯 [Ka. D1911]

ಕೂೞ್² ⟦kūḻ クール⟧ [kuːɻ] 《古》 (*n.*) 獰猛〈な〉、凶暴〈な〉 [Ka. D1913?]

ಕೂಱ ⟦kūṟa クーラ⟧ [kuːɻɐ] ಕೂಳ, ಖೂಳ, ಖೂಱ 《古》 *m.* 《*f.* ಕೂಱೆ (kūṟe)》 **1** 低俗な人、愚かな人、粗暴な人、粗野な人 **2** 卑劣な人、悪い人 [Ka. D1913]

ಕೂಱನಾಯಿ ⟦kūṟanāyi クーラナーイ⟧ [kuːɻənɐːji] 《古》 *n.* 獰猛でたちの悪い犬 (Prv. (Kitt.)) [Ka. *kūṟa* D1913 + *nāyi*]

ಕೂಱೆ¹ ⟦kūṟe クーレ⟧ [kuːɻe] 《古》 *f.* 《*m.* ಕೂಱ (kūṟa)》 粗野な女性、愚かな女性、悪い女性 (*Bp.40,54 (Kitt.)*) [Ka. D1913]

ಕೂಱೆ² ⟦kūṟe クーレ⟧ [kuːɻe] 《古》 *n.* 畑に残ったキビの切り株(これより新しい芽が出る)、切り株一般 (*DEDR*) [Ka. D1914] ☞ಕೂಳೆ (kūḷe)³

ಕೃತಕ ⟦kṛtaka クルタカ⟧ [krɯtəkɐ/krutətɐ] 《文》 (*adj.*) **1** 人工〈の〉、人造〈の〉 **2** 偽〈の〉 —*n.* **1** 欺瞞、ペテン、詐欺 **2** 創造 [Sk.]

ಕೃತಕನಾಣ್ಯ ⟦kṛtakanāṇya クルタカナーニャ⟧ [krɯtə̆kənɐːɳjɐ/krutkə̆–] 《文》 *n.* 偽の硬貨、偽造硬貨 [Sk.]

ಕೃತಕೃತ್ಯ ⟦kṛtakṛtya クルタクルティャ⟧ [krɯtəkrɯtjɐ/krutəkrutjɐ] 《古》 *adj.*, *m.* 《*f.* ಕೃತಕೃತ್ಯೆ (kṛtakṛtye)》自分の任務や目的を成就した人 [Sk.] = ಕೃತಾರ್ಥ (kṛtārtʰa)

ಕೃತಕೃತ್ಯತೆ ⟦kṛtakṛtyate クルタクルティャテ⟧ [krɯtəkrɯtjəte/krutəkrutjəte] 《古》 *n.* 自分の任務や目的の成就 [Sk.] ಕೃತಾರ್ಥತೆ (kṛtārtʰate)

ಕೃತಘ್ನ ⟦kṛtagʰna クルタグナ⟧ [krɯtə̆gʰnɐ/krutə–] 《文》 *adj.*, *m.* 《*f.* ಕೃತಘ್ನೆ (kṛtagʰne)》恩知らずな〈人〉、忘恩の〈人〉 [Sk.]

ಕೃತಘ್ನತೆ ⟦kṛtagʰnate クルタグナテ⟧ [krɯtə̆gʰnəte/krutə–] 《文》 *n.* 恩知らずなこと [Sk.]

ಕೃತಜ್ಞ ⟦kṛtajña クルタジュニャ⟧ [krɯtəɟɲɐ/krutəgnɐ] 《文》 *adj.*, *m* 恩を知る〈人〉、感謝を忘れない〈人〉 [Sk.]

ಕೃತಜ್ಞತೆ ⟦kṛtajñate クルタジュニャテ⟧ [krɯtəɟɲəte] 《文》 *n.* 恩を忘れないこと [Sk.]

ಕೃತಾರ್ಥ ⟦kṛtārtʰa クルタールタ⟧ [krɯtɐːrtʰɐ/krutɐːrtʰɐ] 《文》 *adj.*, *m* 《*f.* ಕೃತಾರ್ಥೆ (kṛtārtʰe)》自分の目的を達した〈人〉 [Sk.]

ಕೃತಾರ್ಥತೆ ⟦kṛtārtʰate クルタールタテ⟧ [krɯtɐːrtʰə̆te] 《文》 *n.* 自分の目的を達すること [Sk.]

ಕೃತಿ ⟦kṛti クルティ⟧ [krɯti/kruti] *n.* **1** 行為、行い ¶ ತನ್ನ ಕೃತಿಯ ಫಲವನ್ನು ತಾನು ಉಣ್ಣಲೇಬೇಕು. (tanna kṛtiya pʰalavannu tānu uṇṇalēbēku.) 人は自分の行為の結果を味わわねばならない。 **2** 業績 **3** 詩作 [Sk.]

ಕೃತಿಕಾರ ⟦kṛtikāra クルティカーラ⟧ [krɯtikɐːrɐ/krutikɐːrɐ] *m.* 《*f.* ಕೃತಿಕಾರ್ತಿ (kṛtikārti)》文学作品の著者 [Sk.]

ಕೃತಿಚೌರ್ಯ ⟦kṛticaurya クルティチャウリャ⟧ [krɯtiʧəurjɐ/kruti–] 《文》 *n.* 剽窃、盗作 [Sk.]

ಕೃತಿಸ್ವಾಮ್ಯ ⟦kṛtisvāmya クルティスヴァーミャ⟧ [krɯtisvɐːmjɐ/kruti–] 《文》 *n.* 著作権 [Sk.]

ಕೃತ್ಯ ⟦kṛtya クルティャ⟧ [krɯtjɐ/krutjɐ] 《文》 (*n.*) **1** なされるべき〈こと〉、することが必要な〈こと〉 **2** するに値する〈こと〉、する価値がある〈こと〉 ¶ ಅವರು ಇದಕ್ಕೆ ಕೃತ್ಯ ನಡುವಳಿಕೆಯನ್ನು ಕೈಕೊಂಡರು. (avaru idakke kṛtya naḍuvaḷikeyannu kaikoṃḍaru.) 彼はそれを達成するために適切な対策を取った。 **3** 実際的な、実行できる ¶ ಇದು ಕೃತ್ಯ ಕೆಲಸವಲ್ಲ. (idu kṛtya kelasavalla.) それは実行できることではない。 —*n.* （やるべき）仕事、義務、任務 [Sk.]

ಕೃತ್ರಿಮ ⟦kṛtrima クルトリマ⟧ [krɯtrimɐ/krutrimɐ] 《文》 *adj.* 不自然な、わざとらしい —*n.* 欺瞞、詐欺、ペテン —*m.* ペテン師、詐欺師 [Sk.]

ಕೃತ್ರಿಮತೆ ⟦kṛtrimate クルトリマテ⟧ [krɯtrimə̆te] 《文》 *n.* 不自然さ、うわべだけのこと、気取り ¶ ಉಪಕುಲಪತಿ ಆದ ಮೇಲೆ ಅವರ ರೀತಿಯಲ್ಲಿ ಕೃತ್ರಿಮತೆ ಹೆಚ್ಚಾಗಿದೆ. (upakulapati āda mēle avara rītiyalli kṛtrimate heccāgide.) 学長になった後、彼の振る舞いには不自然さが増した。 [Sk.]

ಕೃಪಣ ⟦kṛpaṇa クルパナ⟧ [krɯpəɳɐ/krupəɳɐ] 《文》 *adj.*, *m.* 《*f.* ಕೃಪಣೆ (kṛpaṇe)》 **1** けちな〈人〉、吝嗇な〈人〉、けちん坊〈の〉 **2** 哀れな〈人〉、惨めな〈人〉 **3** 卑しい〈人〉、低劣な〈人〉 [Sk.]

ಕೃಪಣತೆ ⟦kṛpaṇate クルパナテ⟧ [krɯpəɳəte/krupəɳəte] *n.* **1** けちん坊であること、吝嗇(であること) **2** 貧窮、窮乏 **3** 見捨てられたような状態 [Sk.]

ಕೃಪಾಣ ⟦kṛpāṇa クルパーナ⟧ [krɯpɐːɳɐ/krupɐːɳɐ] 《文》 *n.* 刀 [Sk.]

ಕೃಪೆ ⟦kṛpe クルペ⟧ [krɯpe/krupe] *n.* 恩寵、親切 [Sk.]

ಕೃಮಿ ⟦kṛmi クルミ⟧ [krɯmi/krumi] 《文》 *n.* **1** 虫 **2** 蚕 **3** ラック虫 **4** 取るに足らないちっぽけな[矮小な]もの ¶ ರಾಜಕೀಯದಲ್ಲಿ ಅವನು ಒಬ್ಬ/ಒಂದು ಕೃಮಿ. (rājakīyadalli avanu obba/oṃdu kṛmi.) 政界では彼はほんの小物である。[Sk.]

ಕೃಶ ⟦kṛśa クルシャ⟧ [krɯʃɐ/kruʃɐ] 《文》 (*n.*) 痩せた〈こと〉、ほっそりした〈こと〉 [Sk.]

ಕೃಶಕಾಯೆ ⟦kṛśakāye クルシャカーエ⟧ [krɯʃəkɐːje/kruʃə–] 《文》 *f.* ほっそりした体の女性 [Sk.]

ಕೃಶಮಧ್ಯೆ ⟦kṛśamadʰye クルシャマディェ⟧ [krɯʃəmədʰ·je] 《文》 *f.* 腰が細くくびれた女性 [Sk.]

ಕೃಶರೋಗ ⟦kṛśarōga クルシャローガ⟧ [krɯʃəroːgɐ] 《文》 *n.* 体が痩せる病気 [Sk.]

ಕೃಷಿ ⟦kṛṣi クルシ⟧ [krɯʂi/kruʂi] *n.* **1** 農業、耕作 = ಒಕ್ಕಲುತನ (okkalutana) **2** 職業 [Sk.]

ಕೃಷಿಕ ⟦kṛṣika クルシカ⟧ [krʂikɐ] *m.* 《*f.* ಕೃಷಿಕಿ (kṛṣiki)》 農業に従事する人、農民 [Sk.] = ರೈತ (raita)

ಕೃಷ್ಣ ⟦kṛṣṇa クルシュナ⟧ [krɯʂɳɐ/kruʂɳɐ] (*adj.*) **1** 黒い〈こと〉¶ ದ್ರೌಪದಿ ಬಣ್ಣದಿಂದ ಕಪ್ಪು, ಆದಕ್ಕೆ ಅವಳನ್ನು ಕೃಷ್ಣೆ ಎನ್ನುತ್ತಾರೆ. (draupadi baṇṇadiṃda kappu, adakke avaḷannu kṛṣṇe ennuttāre.) ドラウパディーは色黒だったので「黒い人」と呼ばれていた。 **2** 〔喩〕邪悪な、よこしまな ―*m.* クリシュナ(ヴィシュヌ神の化身として顕現した神の名) [Sk.]

ಕೃಷ್ಣಪಕ್ಷ ⟦kṛṣṇapakṣa クルシュナパクシャ⟧ [krʂɳə̆pəkʂɐ] *n.* (月の)黒分、満月から新月までの月が欠けていく 15 日間 [Sk.] ☞ಶುಕ್ಲಪಕ್ಷ (śuklapakṣa)

–ಕೆ¹ ⟦-ke -ケ⟧ [ke] 《古》 *suf.* 動詞の語幹から三人称の命令形を作る接尾辞 ¶ ಬರ್– (bar-) 「来る」 + –ಕೆ (-ke) 「…ように」 = ಬರ್ಕೆ (barke) 来るように [Ka.]

–ಕೆ² ⟦-ke -ケ⟧ [ke] *suf.* 名詞や代名詞の与格形を作る格語尾 ¶ ಮರ (mara) 「木」 + –ಕೆ (-ke) 「に」 = ಮರಕ್ಕೆ (marakke) 「木に」 [Ka. Ø]

–ಕೆ³ ⟦-ke -ケ⟧ [ke] 《古》 *suf.* 動詞の語幹から「…すること」という意味の名詞を作る接尾辞 ¶ ಹೆದರ್ (hedar) 恐れる + –ಕೆ (-ke) …すること = ಹೆದರ್ಕೆ (hedarke) 恐れ [Ka. Ø]

ಕೆಂ– ⟦keṃ- ケン-⟧ [kem] *pref.* 「赤い」「赤…」の意味を表す接頭辞 ¶ ಕೆಂಗಣ್ (keṃgaṇ) 赤目 [Ka. D1931]

ಕೆಂಕ ⟦keṃka ケンカ⟧ [keŋkɐ] 《古》 *n.* 赤いこと、赤色 (*lex.*) [Ka. D1931]

ಕೆಂಗಣ್ಣು ⟦keṃgaṇṇu ケンガンヌ⟧ [keŋgəɳɳu] 《文》 *n.* 赤い目、血走った目 [Ka.]

ಕೆಂಗಲ್¹ ⟦keṃgal ケンガル⟧ [keŋgəl] ಕೆಂಗಲು 《古》 *n.* ルビー [Ka. *keṃ* + *kal*]

ಕೆಂಗಲ್² ⟦keṃgal ケンガル⟧ [keŋgəl] 《古》 *n.* 赤いこと [Ka. *keṃ* D1931+ *-kal*]

ಕೆಂಗಲಿಸು ⟦keṃgalisu ケンガリス⟧ [keŋgəlisu] 《古》 *vi.* 赤くなる [Ka. *keṃgal* + *-isu*, D1931]

ಕೆಂಚ ⟦keṃca ケンチャ⟧ [keɲʧɐ] ಕೆಂಜ *m.* 《*f.* ಕೆಂಚಿ (keṃci)》 **1** (ヨーロッパ人のように)赤ら顔の人 **2** (栄養不良で)髪の毛が赤い人 **3** 美男子 **4** 無教育な人 [Ka. *keṃcu* + *-a* D1931]

ಕೆಂಚಗೆ ⟦keṃcage ケンチャゲ⟧ [keɲʧə̆ge] *adv.* 赤く [Ka. D1931]

ಕೆಂಚನೆ ⟦keṃcane ケンチャネ⟧ [keɲʧə̆ne] *adv.* 赤く [Ka. D1931]

ಕೆಂಚಿ ⟦keṃci ケンチ⟧ [keɲʧi] *f.* 《*m.* ಕೆಂಚ (keṃca)》 **1** (ヨーロッパ人のように)赤ら顔の人 **2** (栄養不良で)髪の毛の赤い女性 **3** 無学な女性 **4** 美女 [Ka. D1931]

ಕೆಂಚು ⟦keṃcu ケンチュ⟧ [keɲʧu] (*n.*) 赤色〈の〉 [Ka. *keṃ* *D1931 + *-cu*] = ಕೆಂಪು (kempu)

ಕೆಂಡ ⟦keṃḍa ケンダ⟧ [keɳɖɐ] *n.* 燃えている炭 [Ka. D1950]

ಕೆಂಡಕಾರು ⟦keṃḍakāru ケンダカール⟧ [keŋɖakɐːru] *vi.* **1** 火を吐く **2** 〔喩〕怒りで燃え上がる [+ *kāru*]

ಕೆಂಡವಿಸು ⟦keṃḍavisu ケンダヴィス⟧ [keɳɖəvisu] 《‡》 *vt.* 燃えた石炭を置いて〈岩を〉破壊する (*Râm. 6,53,87 (Kitt.)*) [Ka. D1950]

ಕೆಂಡಸಂಪಿಗೆ ⟦keṃḍasaṃpige ケンダサンピゲ⟧ [keɳɖəsəmpige] *n.* キンコウボク(チャンパカの木および花、黄色い炎のような花を咲かせる、モクレン科オガタマノキ属の常緑樹) ⇀ 香・観・薬・材 [Ka. *keṃḍa* *D1950 + *saṃpige*] *[IMP 4.32; IHT 289]

ಕೆಂದಾರೆ¹ ⟦keṃdāre ケンダーレ⟧ [kendɐːre] 《‡》 *n.* こめかみ (*My. (Kitt.)*) [Ka. D1989]

ಕೆಂದಾರೆ² ⟦keṃdāre ケンダーレ⟧ [kendɐːre] 《文》 *n.* 赤い星、火星 [Ka. *keṃ* *D1931 + *tāre?*]

ಕೆಂದು¹ ⟦keṃdu ケンドゥ⟧ [kendu] (*n.*) 赤い〈こと〉、赤色化〈の〉 [Ka. *keṃ* D1931 + *-du*]

ಕೆಂದು² ⟦keṃdu ケンドゥ⟧ [kendu] *n.* まぐわい、性交 (K^2) [Ka. D1990]

ಕೆಂದು³ ⟦keṃdu ケンドゥ⟧ [kendu] 《文》 *vi.* **1** もたれる、もたれかかる **2** 眠る [Ka. D2012]

ಕೆಂಪು ⟦keṃpu ケンプ⟧ [kempu] (*n.*) 赤い〈こと〉 [Ka. D1931]

ಕೆಂಬರು ⟦keṃbaru ケンバル⟧ [kembɐːrɐ] ಕೆಂಬಾರ, ಕೆಂಬಾರೆ 《古》 *n.* 夕焼け [Ka. *keṃ* D1931 + ?]

ಕೆಂಬಾರ ⟦keṃbāra ケンバーラ⟧ [kembɐːrɐ] ಕೆಂಬರು, ಕೆಂ–ಬಾರೆ 《古》 *n.* 夕焼け [Ka. *keṃ* D1931 + ?]

ಕೆಂಬಾರೆ ⟦keṃbāre ケンバーレ⟧ [kembɐːre] 《古》 *n.* [Ka. *keṃ* D1931 + ?] = ಕೆಂಬಾರ (keṃbāra)

ಕೆಂಯ್ಯು ⟦keṃyyu ケンイユ⟧ [kɛmǐju] 《方》 *n.* 稲 (*Hal.*) [Ka. D1936] ☞ಬತ್ತ (batta) 〔汎〕

ಕೆಕ್ಕರ ⟦kekkara ケッカラ⟧ [kekkərɐ] ಕೆಕ್ಕಳ (*adj.*) **1** 赤〈の〉、赤色〈の〉 **2** 怒り〈の〉、腹立ち〈の〉[Ka. *ke-* *D1931]

ಕೆಕ್ಕರಿಸು[1] ⟦kekkarisu ケッカリス⟧ [kekkərisu] 《文》 *vi.* **1** 赤くなる **2** 怒る [Ka. D1931]

ಕೆಕ್ಕರಿಸು[2] ⟦kekkarisu ケッカリス⟧ [kekkərisu] 《文》 *vi.* (痰を吐くためなどに)咳払いする [Ka. onom. **kekku* D1992 + ?]

ಕೆಕ್ಕಳ ⟦kekkaḷa ケッカラ⟧ [kekkəɭɐ] ಕೆಕ್ಕರ 《古》 *n.* **1** 赤、赤色 **2** 怒り、腹立ち [Ka. *-ke* *D1931 + ??]

ಕೆಕ್ಕಳಿಸು ⟦kekkaḷisu ケッカリス⟧ [kekkəɭisu] 《古》 *vi.* **1** 赤くなる **2** 怒る [Ka. *kekkaḷa* *D1931 + *-isu*]

ಕೆಕ್ಕು ⟦kekku ケック⟧ [kekku] 《古》 *vi.* 家畜に大声で叫ぶ [Ka. D1992]

ಕೆಕ್ಕೆ ⟦kekke ケッケ⟧ [kekke] 《古》 *n.* 頬 [Ka. D1989]

ಕೆಚ್ಚಕ್ಕಿ ⟦keccakki ケッチャッキ⟧ [keʧʧəkki] *n.* 赤い米 [Ka. *keccu*[2] D1931 + *akki*] = ಕೇಸಕ್ಕಿ (kēsakki)

ಕೆಚ್ಚನೆ ⟦keccane ケッチャネ⟧ [keʧʧə̆ne] 《古》 (*adj.*) 赤い〈こと〉¶ ಕೆಚ್ಚನೆ ಆದ ಕಣ್ (keccane āda kaṇ) 赤い目 [Ka. *keccu* D1931 + *-ane*]

ಕೆಚ್ಚಲ್ ⟦keccal ケッチャル⟧ [keʧʧəl] 《古》 *n.* (人間以外の哺乳類の)乳房 [Ka. D1962] ☞ಕೆಚ್ಚಲು (keccalu)

ಕೆಚ್ಚಲು ⟦keccalu ケッチャル⟧ [keʧʃə̆lu] ಕೆಂಚಲು, ಕೆಚ್ಚಲ, ಕೆಚ್ಚಲು *n.* (人間以外の哺乳類の)乳房 [Ka. D1962]

ಕೆಚ್ಚು[1] ⟦keccu ケッチュ⟧ [keʧʧu] *n.* **1** (木の)髄 **2** 〔喩〕勇気、胆力 ¶ ನನಗೆ ಅಪ್ಪನಿಗೆ ಬುದ್ಧಿ ಹೇಳಲು ಕೆಚ್ಚಿಲ್ಲ. (nanage appanige budd^{h}i hēḷalu keccilla.) 僕は父に忠告する勇気がない。 **3** 傲慢、高慢 [Ka. < *kercu* D1596]

ಕೆಚ್ಚು[2] ⟦keccu ケッチュ⟧ [keʧʧu] (*n.*) 赤〈の〉、赤色〈の〉¶ ಕೆಚ್ಚಕ್ಕಿ (keccakki) 赤い米 [Ka. D1931]

ಕೆಚ್ಚು[3] ⟦keccu ケッチュ⟧ [keʧʧu] *vt.* **1** 端を指でよじって〈2本の糸を〉つなぐ **2** つなぐ、接合する **3** 〈宝石などを〉埋め込む **—*n.*** 糸をよじってつないだ継ぎ目 [Ka. D1965, D1985]

ಕೆಚ್ಚೆದೆ ⟦keccede ケッチェデ⟧ [keʧceđe] *n.* 勇気、胆力 [Ka. *keccu*[1] + *ede* *D1596] = ಧೈರ್ಯ (d^{h}airya)

ಕೆಟ್ಟ ⟦keṭṭa ケッタ⟧ [keʈʈɐ] *adj.* **1** 悪い、邪悪な **2** 壊れた、堕落した **3** 激しい、猛烈な ¶ ಕೆಟ್ಟ ಬಿಸಿಲು (keṭṭa bisilu) 焼けつくような日ざし [Ka. D1942, p.part. of *keḍu*]

ಕೆಟ್ಟತನ ⟦keṭṭatana ケッタタナ⟧ [keʈʈɐ] *n.* 悪いこと [Ka. *keṭṭa* + *-tana* D1942]

ಕೆಟ್ಟೆ ⟦keṭṭe ケッテ⟧ [keʈʈe] 《‡》 *n.* 不運、不幸 [Ka. D1942] (*My.* (*Kitt.*) *Kittel*)

ಕೆಡಕ ⟦keḍaka ケダカ⟧ [keɖə̆kɐ] 《異》 *m.* 《*f.* ಕೆಡಕಿ (keḍaki)》損害や不幸をもたらす人；悪人、悪い人 (*C.* (*Kitt.*)) [Ka. D1942] ☞ಕೆಡುಕ (keḍuka)

ಕೆಡಕತನ ⟦keḍakatana ケダカタナ⟧ [keɖə̆kətənɐ] 《異》 *n.* 悪い行い、悪い性質、よこしまな行動、よこしまな性質 (*Kitt.,Č.Bp.43,59*) [Ka. D1942]

ಕೆಡಕಿ ⟦keḍaki ケダキ⟧ [keɖə̆ki] 《異》 *f.* 《*m.* ಕೆಡಕ (keḍaka)》損害や不幸をもたらす女性、悪女、悪い女性 (*C* (*Kitt.*)) [Ka. D1942] ☞ಕೆಡುಕಿ (keḍuki)

ಕೆಡಕು ⟦keḍaku ケダク⟧ [keɖə̆ku] 《口》 *n.* 害や損害や不幸をもたらすこと [Ka. D1942] ☞ಕೆಡುಕು (keḍuku)

ಕೆಡಕುತನ ⟦keḍakutana ケダクタナ⟧ [keɖə̆kutənɐ] *n.* 悪い行い、悪い性質、よこしまな行動、よこしまな性質 [Ka. D1942] ☞ಕೆಡುಕತನ (keḍukatana)

ಕೆಡಪು ⟦keḍapu ケダプ⟧ [keɖə̆pu] ಕೆಡಂಪು, ಕೆಡವು, ಕೆಡಹು 《古》 *vt.* 落とす、倒す [Ka. D1524] = ಕೆಡಹು (keḍahu) 〔現〕

ಕೆಡವು ⟦keḍavu ケダヴ⟧ [keɖuə̆vu] *vt.* 落とす、〈家などを〉倒す [Ka. D1524]

ಕೆಡಹು ⟦keḍahu ケダフ⟧ [keɖə̆hu] *vt.* **1** 落とす、〈家などを〉倒す、〈木を〉切り倒す **2** 押し倒す **3** 殺す **4** 〈王国などを〉滅ぼす [Ka. D1524]

ಕೆಡಿ ⟦keḍi ケディ⟧ [keɖi] 《方》 *n.* 火花 (*Hav.*) [Ka. D1528]

ಕೆಡಿಕ ⟦keḍika ケディカ⟧ [keɖĭkɐ] 《口》 *m.* 《*f.* ಕೆಡಿಕೆ (keḍike)》災難や不幸をもたらす人；よこしまな人、悪い人 [Ka. D1942]

ಕೆಡಿಕಿ ⟦keḍiki ケディキ⟧ [keɖĭki] 《口》 *f.* 《*m.* ಕೆಡಿಕ (keḍika)》災難や不幸をもたらす女性、姦婦 [Ka. D1942]

ಕೆಡಿಕೆ ⟦keḍike ケディケ⟧ [keɖĭke] 《‡》 *f.* 《*m.* ಕೆಡಕ (keḍaka)》災難や不幸をもたらす女性、姦婦 [Ka. D1942]

ಕೆಡಿವು ⟦keḍivu ケディヴ⟧ [keɖivu] 《‡》 *vt.* 落とす、〈木や家を〉倒す (*My.* (*Kitt.*)) [Ka. D1524] ☞ಕೆಡಪು (keḍapu)

ಕೆಡು ⟦keḍu ケドゥ⟧ [keɖu] ಕಿಡು *vi.* 《過去語幹 keṭṭ-》 **1** 悪くなる、悪化する ¶ ಬೇಸಿಗೆಯಲ್ಲಿ ಕಿತ್ತಳೆ ಹಣ್ಣು ಬೇಗ ಕೆಡುತ್ತದೆ. (bēsigeyalli kittaḷe haṇṇu bēga keḍuttade.) 夏にはミカンが早く腐る。 **2** 失敗する、うまくゆかない ¶ ಎಣ್ಣೆಯ ಬೆಲೆ ಹೆಚ್ಚಾದದರಿಂದ ನಮ್ಮ ವ್ಯಾಪಾರ ಕೆಟ್ಟಿತು. (eṇṇeya bele heccādadariṃda namma vyāpāra keṭṭitu.) 油の値段が高騰したのでうちの事業がだめになった。 **3** 故障する、壊れる ¶ ಬಳಸದೆ ಇದ್ದದರಿಂದ ಈ ಗಡಿಯಾಳ ಕೆಟ್ಟಿತು. (baḷasade iddadariṃda ī gaḍiyāḷa keṭṭitu.) この時計は使わなかったので故障した。 **4** 滅びる、滅亡する ¶ ಮಗ ಗೆಳೆಯರಿಂದ ಕೆಟ್ಟ. (maga geḷeyariṃda keṭṭa.) 息子は悪友のために堕落した。 **5** (望ましい性質または望ましくない性質が)無くなる、消える、消滅する ¶ ವೈರಿಗಳನ್ನು ನೋಡಿದ ಕೂಡಲೇ ಅವನು ಧೈರ್ಯ ಕೆಟ್ಟ. (vairigaḷannu nōḍida kūḍalē avanu d^{h}airya keṭṭa.) 彼は敵の姿を見るや勇気がくじけた。 **6** 失われる、滅失する ¶ ಬಾಯಿಹುಣ್ಣಿನಿಂದ ರುಚಿ ಕೆಟ್ಟಿದೆ. (bāyihuṇṇinimda ruci keṭṭide.) 口の腫れ物で味覚がなくなった。 **7** 一文無しになる、貧窮する ¶ ಅವನು ಕುದುರೆ ಜೂಜಿನಿಂದ ಕೆಟ್ಟ. (avanu kudure jūjiniṃda keṭṭa.) 彼は競馬で一文無しになった。 **8** 《古》 死ぬ [Ka. D1942]

ಕೆಡಿಸು ⟦keḍisu ケディス⟧ [keḍisu] ಕಿಡಿಸು, ಕೆಡಸು *vt.* **1** 破壊する、滅ぼす **2** だめにする、台無しにする、不潔にする **3** 強姦する、手籠めにする；〈女性を〉誘惑する [Ka.]

ಕೆಡುಕ ⟦keḍuka ケドゥカ⟧ [keḍŭkɐ] ಕಿಡುಕ *m.* 《*f.* ಕೆಡುಕಿ (keḍuki)》災いをもたらす人；悪人、よこしまな人 [Ka. D1942]

ಕೆಡುಕತನ ⟦keḍukatana ケドゥカタナ⟧ [keḍukətənɐ] ಕೆ-ಡಕುತನ, ಕೆಡುಕುತನ *n.* 邪悪なこと、悪行 [Ka. *D1942]

ಕೆಡುಕಿ ⟦keḍuki ケドゥキ⟧ [keḍŭki] ಕೆಡುಕೆ *f.* 《*m.* ಕೆಡುಕ (keḍuka)》姦婦、悪い女性；身持ちの悪い女性 [Ka. D1942]

ಕೆಡುಕು ⟦keḍuku ケドゥク⟧ [keḍuku] ಕೆಡಕು *n.* 災いをもたらすこと；災難、災厄 [Ka. D1942]

ಕೆಡುಕುತನ ⟦keḍukutana ケドゥクタナ⟧ [keḍukŭtənɐ] *n.* よこしまな振る舞い、悪行 [Ka. D1942]

ಕೆಡುಕೆ ⟦keḍuke ケドゥケ⟧ [keḍŭke] 《‡》 *f.* 《*m.* ಕೆಡುಕ (keḍuka)》姦婦、悪い女性；身持ちの悪い女性 [Ka. D1942] ☞ಕೆಡುಕಿ (keḍuki)

ಕೆಡುವಿಕೆ ⟦keḍuvike ケドゥヴィケ⟧ [keḍuvike] *n.* だめになること、など [Ka. *keḍu* + *-ike* D1942] (*Si.265 (Kitt.)*)

ಕೆಡುಹ ⟦keḍuha ケドゥハ⟧ [keḍuhɐ] *n.* 破壊、滅失 [Ka. *keḍu* + *-ha* D942]

ಕೆಡೆ¹ ⟦keḍe ケデ⟧ [keḍe] 《古》 *vi.* **1** 落ちる、倒れる **2** 眠る **3** 死ぬ **—*vt.*** **1** 倒す、倒れさせる **2** 〈約束などを〉反故にする **—*n.*** 倒れること [Ka. D1524]

ಕೆಡೆನೂಕು ⟦keḍenūku ケデヌーク⟧ [keḍenu:ku] 《古》 *vt.* 押し倒す [+ *nūku*]

ಕೆಡೆ² ⟦keḍe ケデ⟧ [keḍe] 《古》 *vi.* でまかせをしゃべる [Ka. D1524]

ಕೆಡೆನುಡಿ ⟦keḍenuḍi ケデヌディ⟧ [keḍenuḍi] 《古》 *n.* 思慮のない言葉、軽率な言葉 [+ *nuḍi*]

ಕೆಣಕು ⟦keṇaku ケナク⟧ [keɳəku] *vt.* (言葉や動作で)挑発する、いらだたせる **—*n.*** 挑発 [Ka. D1944]

ಕೆಣಕುಗೊಡು ⟦keṇakugoḍu ケナクゴドゥ⟧ [keɳəkugoḍu] 《古》 *vt.* 挑発する、いらだたせる [+ *koḍu*]

ಕೆಣಕುನಗೆ ⟦keṇakunage ケナクナゲ⟧ [keɳəkunəge] 《‡》 *n.* 挑発的な笑い [+ *nage*]

ಕೆಣಿ ⟦keṇi ケニ⟧ [keɳi] 《方》 *n.* 策略、ごまかし、ペテン (*Hav.*) [Ka. D1183]

ಕೆತ್ತಣ ⟦kettaṇa ケッタナ⟧ [kettŏɳɐ] ಕೆತ್ತಣೆ, ಕೆತ್ತನೆ 《古》 *n.* **1** 宝石などをはめ込むこと、宝石などをはめ込んだ出来栄え (*insc.*) **2** 細かい彫刻 [Ka. D1985] = ಕೆತ್ತಣ (kettaṇa)

ಕೆತ್ತನೆ ⟦kettane ケッタネ⟧ [kettəne] *n.* **1** 宝石などをはめ込むこと、宝石などをはめ込んだ出来栄え **2** 細かい彫刻 [Ka. D1985] = ಕೆತ್ತಣ (kettaṇa)

ಕೆತ್ತಿ ⟦ketti ケッティ⟧ [ketti] 《方》 *n.* 卵 (*Hav.*) [Ka. D3413]

ಕೆತ್ತಿಕೆ¹ ⟦kettike ケッティケ⟧ [kettike] *n.* (板を)削ること、(草を)刈って低くすること、など [Ka. D1953]

ಕೆತ್ತಿಕೆ² ⟦kettike ケッティケ⟧ [kettike] *n.* **1** 宝石などをはめ込むこと、宝石などをはめ込んだ出来栄え **2** 細かい彫刻 [Ka. D1985]

ಕೆತ್ತಿಗೆ ⟦kettige ケッティゲ⟧ [ketttige] *n.* **1** 宝石などをはめ込むこと、宝石などをはめ込んだ出来栄え **2** 細かい彫刻 [Ka. D1985]

ಕೆತ್ತು¹ ⟦kettu ケットゥ⟧ [kettu] *vt.* **1** 〈板などを〉削る、〈草などを〉刈って低くする、(鉄筆で)字を刻む **2** 彫刻を施す [Ka. D1953]

ಕೆತ್ತಿಸು ⟦kettisu ケッティス⟧ [kettisu] *vt.* **1** 彫刻させる、彫らせる **2** 削らせる、など [+ *-isu* D1953]

ಕೆತ್ತು² ⟦kettu ケットゥ⟧ [kettu] 《古》 *vi.* (目尻や口ひげの先が)震える **—*n.*** 震え = ಸ್ಪಂದಿಸು (spaṃdisu) [Ka. D1954]

ಕೆತ್ತು³ ⟦kettu ケットゥ⟧ [kettu] *vt.* 〈宝石などを〉はめ込む、埋め込む [Ka. D1985]

ಕೆತ್ತೆ ⟦kette ケッテ⟧ [kette] 《方》 *n.* 切り屑、削り屑 [Ka. D1953]

ಕೆತ್ನೆ ⟦ketne ケトネ⟧ [ketŏne] 《口》 *n.* 宝石などをはめ込むこと、宝石などをはめ込んだ出来栄え (*My.* (*Kitt.*)) [Ka. D1985]

ಕೆದಕು ⟦kedaku ケダク⟧ [keđŏku] *vt.* **1** (ニワトリなどが)〈地面を〉掻き回す、つつき回す **2** 〔喩〕〈事実や真実を〉掘り出す [Ka. D1953]

ಕೆದರು ⟦kedaru ケダル⟧ [keđəru] *vt.* **1** ばらまく、撒き散らす = ಕೆದಕು (kedaku) ¶ ಪುಸ್ತಕಗಳನ್ನೆಲ್ಲಾ ಕೆದರಿಬಿಟ್ಟ (pustakagaḷannellā kedaribiṭṭa.) 彼は本を全部ばらまいた。 **2** 爪で引っ掻く **—*vi.*** 散らばる、散乱する ☞ಕೆದಱ್ (kedaṟ) [Ka. *D1546]

ಕೆದಱ್ ⟦kedaṟ ケダル⟧ [keđərṟu] ಕೆದರು, ಕೆದಱು, ಚದರು, ಚದಲು, ಚದಱು, ಚೆದಱು, ಚೆದುರು, ಚೆದುಱು 《古》 *vt.* **1** ばらまく、撒き散らす **2** (ニワトリなどが)〈地面を〉掻く、つつき回す [Ka. D1546]

ಕೆದಱಿ ⟦kedaṟi ケダリ⟧ [keđəṟi] 《‡》 *f.* 髪の毛がばらばらに乱れている女性 (*Kitt.*) [Ka. D1546]

ಕೆದಱಿಕೆ ⟦kedaṟike ケダリケ⟧ [keđəṟike] 《古》 *n.* (髪の毛などが)ばらばらに乱れていること [Ka. D1546]

ಕೆದಱು ⟦kedaṟu ケダル⟧ [keđərṟu] 《古》 *vt.* **1** 撒き散らす、ばらまく **2** 爪で引っ掻く **3** 追い散らす **—*vi.*** 散り散りになる、ばらばらになる [Ka. D1546]

ಕೆನಡ ⟦kenaḍa ケナダ⟧ [kenəḍɐ] *n.* カナダ(北米にある国) [Eg. *Canada*]

ಕೆನೆ¹ ⟦kene ケネ⟧ [kene] *vi.* (馬が)ヒヒーンと鳴く [Ka. D1409]

ಕೆನೆ² ⟦kene ケネ⟧ [kene] *vi.* 乳脂、牛乳のクリーム [Ka. D1987]

ಕೆನೆಹಾಲು ⟦kenehālu ケネハール⟧ [kenehɐ:lu] ಕೆನೆವಾಲ್, ಕೆನೆವಾಲು *n.* 表面に乳脂が張った牛乳 [+ *hālu*]

ಕೆನೆ³ ⟦kene ケネ⟧ [kene] 《古》 n. 美(ಶಬ್ದಸಾರ 11.211) [?]

ಕೆನ್ನ¹ ⟦kenna ケンナ⟧ [kennɐ] 《文》 (adj.) 赤い〈こと〉 [Ka. cf. D1931] colour

ಕೆನ್ನ² ⟦kenna ケンナ⟧ [kennɐ] 《古》 n. 悲しみ、(心の)苦しみ [Sk. k^hinna-]

ಕೆನ್ನಂ ⟦kennaṃ ケンナン⟧ [kennam] ಕೆನ್ನ 《古》 adv. 1 ひどく、非常に 2 ただ、目的もなく [?]

ಕೆನ್ನಕ್ಕಿ ⟦kennakki ケンナッキ⟧ [kennəkki] 《古》 n. 赤い米 [Ka. kenna + akki] = ಕೇಸಕ್ಕಿ (kēsakki)

ಕೆನ್ನನೆ ⟦kennane ケンナネ⟧ [kennəne] 《古》 adv. ただ何となく、特に目的もなく (ಧರ್ಮಾಮೃತ 4.13) [Ka. kennaṃ + -ane] 1

ಕೆನ್ನೆ ⟦kenne ケンネ⟧ [kenne] n. 頬 [Ka. D1409, D1989]

ಕೆಪ್ಪ ⟦keppa ケッパ⟧ [keppɐ] m. 《f. ಕೆಪ್ಪಿ (keppi)》 耳の聞こえない人 [Ka. D1977(c)] = ಕಿವುಡ (kivuḍa)

ಕೆಪ್ಪಟೆ ⟦keppaṭe ケッパテ⟧ [keppəṭe] 《方》 n. 頬 (Hav.) [Ka. D1989]

ಕೆಪ್ಪಿ ⟦keppi ケッピ⟧ [keppi] f. 《m. ಕೆಪ್ಪ (keppa)》 耳の聞こえない女性 [Ka. D1977(c)]

ಕೆಪ್ಪು¹ ⟦keppu ケップ⟧ [keppu] 《古》 n. 履物 [Ka. < kerpu D1963]

ಕೆಪ್ಪು² ⟦keppu ケップ⟧ [keppu] n. 耳が聞こえないこと [Ka. D1977]

ಕೆಪ್ಪೆ¹ ⟦keppe ケッペ⟧ [keppe] 《方》 n. カエル(蛙) (Hav.) [Ka. D1224]

ಕೆಪ್ಪೆ² ⟦keppe ケッペ⟧ [keppe] 《方》 n. こめかみ [Ka. D1989] (Tipt.)

ಕೆಬ್ಬೆ ⟦kebbe ケッベ⟧ [kebbe] 《古》 n. 赤い土 [Ka. D1931] (insc.)

ಕೆಮಿ ⟦kemi ケミ⟧ [kemi] 《方》 n. 耳 (Hav.) [Ka. D1977]

ಕೆಮ್ಮಗೆ ⟦kemmage ケンマゲ⟧ [kemməge] 《古》 adv. 1 何とはなしに、ただ 2 黙って [? + -age] = ಸುಮ್ಮನೆ (summane) 〔汎〕

ಕೆಮ್ಮಟ್ಟಿ ⟦kemmaṭṭi ケンマッティ⟧ [kemməṭṭi] n. 赤土 [keṃ- + maṭṭi]

ಕೆಮ್ಮಣಿ ⟦kemmaṇi ケンマニ⟧ [kemməṇi] 《古》 n. 紅玉、ルビー [keṃ-] = ಕೆಂಪುಮಣಿ (keṃpumaṇi) 〔汎〕

ಕೆಮ್ಮಣ್ಣು ⟦kemmaṇṇu ケンマンヌ⟧ [kemməṇṇu] n. 赤土 [keṃ- + maṇṇu]

ಕೆಮ್ಮನೆ ⟦kemmane ケンマネ⟧ [kemməne] 《古》 adv. 1 何とはなしに、ただ 2 黙って [? + -ane] = ಸುಮ್ಮನೆ (summane) 〔汎〕

ಕೆಮ್ಮೀನು ⟦kemmīnu ケンミーヌ⟧ [kemmi:nu] n. 赤い魚の一種 [keṃ- + mīnu]

ಕೆಮ್ಮು ⟦kemmu ケンム⟧ [kemmu] vi. 咳をする —n. 咳 [Ka. D1964]

ಕೆಮ್ಮುಗಿಲ್ ⟦kemmugil ケンムギル⟧ [kemmugilu] 《古》 n. (夕焼けや朝焼けの)赤く染まった雲 [keṃ- + mugilu]

ಕೆಮ್ಮೆಯ್ ⟦kemmey ケンメイ⟧ [kemmeĭ] 《古》 n. 赤い体 [keṃ- + mey]

ಕೆಯ್¹ ⟦key ケイ⟧ [keĭ] 《方》 n. 収穫物 [Ka. D1936] (Hav.)

ಕೆಯ್² ⟦key ケイ⟧ [keĭ] 《古》 vt. する、行う [Ka. D1957]

ಕೆಯ್³ ⟦key ケイ⟧ [keĭ] ಕಯ್, ಕೆಇ, ಕೆಯಿ, ಕೆಯ್ಯಿ, ಕೈ, ಗೆಯ್ 《古》 n. 農地、田畑 [Ka. D1958]

ಕೆಯ್⁴ ⟦key ケイ⟧ [keĭ] n. 1 手、腕 2 (象の)鼻 3 取っ手 [Ka. D2023] ☞ಕೈ (kai)

ಕೆಯ್ದೆಗೆ ⟦keydege ケイデゲ⟧ [keĭḍege] 《古》 vi. 1〔喩〕助けの手を引っ込める 2〔喩〕手を引く [+ key + tege]

ಕೆಯ್ನೀಡು ⟦keynīḍu ケイニードゥ⟧ [keĭni:ḍu] ಕೈನೀಡು vi. 1 手を伸ばす、手を差し出す 2 保護の手を差し伸べる、助ける、支える [+ nīḍu]

ಕೆಯ್ಮಿಗು ⟦keymigu ケイミグ⟧ [keĭmigu] ಕಯ್ಮಿಗು, ಕೈಮಿಗು vi. 限度を超えて増える、増えすぎる ¶ ಖರ್ಚು ಕೆಯ್ಮಿಕ್ಕಿತು. (k^harcu keymikkitu.) 出費が増えすぎた。 [+ migu]

ಕೆಯ್ಮೀರು ⟦keymīru ケイミール⟧ [keĭmi:ru] ಕಯ್ಮೀಱು, ಕೈಮೀರು 《古》 vi. 《gen.》手に負えなくなる、制御できなくなる ¶ ಮಗನ ನಡತೆ ಕೆಯ್ಮೀರಿದೆ. (magana naḍate keymīride.) 息子の振る舞いはもう手に負えなくなった。 [+ mīṟu]

ಕೆಯ್⁵ ⟦key ケイ⟧ [keĭ] ಕಯ್, ಕಯಿ, ಕೈ 《古》 n. 装飾;飾ること [Ka. D2024]

ಕೆಯ್ಗೆಯ್ ⟦keygey ケイゲイ⟧ [keĭgeĭ] 《古》 vt. 飾る [Ka. key⁵ + key²]

ಕೆಯಿ ⟦keyi ケイ⟧ [keji] 《古》 n. 農地、田畑 [Ka. D1958] ☞ಕೆಯ್ (key)³

ಕೆಯ್ಕೂಲಿ ⟦keykūli ケイクーリ⟧ [keĭku:li] ಕೆಯ್ಗೂಲಿ n. 日給を対価とする簡単な労働 [Ka. kay⁴ + kūli D1905]

ಕೆಯ್ಕೊಳ್ ⟦keykoḷ ケイコル⟧ [keĭkoḷ] ಕಯ್ಕೊಳ್, ಕೆಯ್ಗೊಳ್, ಕೆಯ್ಗೊಳು, ಕೈಕೊಳ್, ಕೈಕೊಳು, ಕೈಕೋ, ಕೈಗೊಳ್, ಕೈಗೊಳ್ಳು 《古》 vt. 1 受け取る 2 取り上げる 3 引き受ける 4〈計画や事業などに〉着手する、手を染める [Ka. key⁴ + koḷ]

ಕೆಯ್ಗಂಪು ⟦keygaṃpu ケイガンプ⟧ [keĭgəmpu] 《古》 n. 田から来るよい香り [key³ + kampu]

ಕೆಯ್ಗಾಣ್ಕೆ ⟦keygāṇke ケイガーンケ⟧ [kəĭgɐ:ṇke] 《古》 n. 手土産 [Ka. key⁴ + kāṇke]

ಕೆಯ್ಗೂಡಿಸು ⟦keygūḍisu ケイグーディス⟧ [keĭgu:ḍisu] ಕಯ್ಗೂಡಿಸು, ಕೈಗೂಡಿಸು 《文》 vt. 1 結婚させる ¶ ಬಸವಯ್ಯ ನನಗೂ ತನ್ನ ಮಗಳಿಗೂ ಕೆಯ್ಗೂಡಿಸಿದರು. (basavayya nanagū tanna magaḷigū keygūḍisidaru.) バサヴァッヤが自分の娘と私とを結婚させた。 2 得させる、獲得させる ¶ ಹೆದ್ದಾರಿ ಯೋಜನೆಯನ್ನು ಮುಖ್ಯಮಂತ್ರಿ ಕೆಯ್ಗೂಡಿಸಿದರು. (heddāri yōjaneyannu muk^hyamaṃtri keygūḍisidaru.) 州首相は幹線道路の計画を実現させた。 [Ka. key⁴ + kūḍisu]

ಕೆಯ್ಗೂಡು ⟦keygūḍu ケイグードゥ⟧ [keĭgu:ḍu] ಕಯ್ಗೂಡು, ಕೆಯ್ಗುಡು, ಕೈಗೂಡು《文》*vi.* **1** 手に入る ¶ ಬೇಂದ್ರೆಯ ಚಿತ್ರ ನನ್ನ ಕೆಯ್ಗೂಡಿತು. (bēṃdreya citra nanna keygūḍitu.) 私はベーンドレの絵を手に入れた。 **2** 成功する、成功裏に終わる ¶ ವಿದ್ಯುತ್ ಉತ್ಪಾದನೆಯ ಯೋಜನೆ ನನ್ನ ಕೆಯ್ಗೂಡಿತು. (vidyut utpādaneya yōjane nanna keygūḍitu.) 発電(所)の計画は成功裏に終了した。[Ka. *key*⁴ + *kūḍu*]

ಕೆಯ್ಗೂಲಿ ⟦keygūli ケイグーリ⟧ [keĭgu:li] *n.* 日給を対価とする簡単な労働 [Ka. *key*⁴ + *kūli* D1905] = ಕೆಯ್ಕೂಲಿ (keykūli)

ಕೆಯ್ಗೊಡು ⟦keygoḍu ケイゴドゥ⟧ [keĭgoḍu] ಕೈಗುಡು, ಕಯ್ಗೊಡು, ಕೆಯ್ಕೊಡು, ಕೆಯ್ಗುಡು, ಕೈಗುಡು, ಕಯ್ಗೊಡು 《古》*vi.*《*dat.*》**1** 恭しく手を取って迎え入れる **2**〔喩〕保護の手を差し伸べる、助け舟を出す [Ka. *key*⁴ + *koḍu*]

ಕೆಯ್ಜೋಡಿಸು ⟦keyjōḍisu ケイジョーディス⟧ [keĭʤo:ḍisu] ಕೆಯ್ಜೋಳಿಸು, ಕೈಜೋಡಿಸು《古》*vi.* 両手を合わせる、手を合わせて挨拶する [+ *jōḍisu*]

ಕೆಯ್ತ¹ ⟦keyta ケイタ⟧ [keĭtɐ] 《‡》*n.* 詐術、ペテン、詐欺 (*Šm.52* (*Kitt.*)) [Ka. D1250/*key*² D1957 + *-ta*, cf. Sk. *kaitava-*]

ಕೆಯ್ತ² ⟦keyta ケイタ⟧ [keĭtɐ] ಕೈತ, ಗೆಯ್ತ, ಗೈತ 《古》*n.* すること、行うこと [Ka. *key*² + *-ta* D1957]

ಕೆಯ್ದಿ ⟦keydi ケイディ⟧ [keĭdi] 《‡》*n.* 装い、装飾を施した状態 (*Mr.457* (*Kitt.*)) [Ka. *key* D2024 + *-di*]

ಕೆಯ್ದಾಳು ⟦keydāḷu ケイダール⟧ [keĭdɐ:ḷu] 《‡》*n.* 詐術、ペテン (*Kitt.,Čt.I.82*) [Ka. D1250]

ಕೆಯ್ದೀವಿಗೆ ⟦keydīvige ケイディーヴィゲ⟧ [keĭdi:vige] ಕಯ್ದೀವಿಗೆ, ಕೈದೀವಿಗೆ《古》*n.* 携帯用の灯明 [*key*⁴ + *dīvige*] = ಕೈದೀಪ (kaidīpa)

ಕೆಯ್ದು ⟦keydu ケイドゥ⟧ [keĭdu] ಕಯ್ದು, ಕೈದು 《古》*n.* 武器 [Ka. D2027]

ಕೆಯ್ದುಕಾಱ ⟦keydukāṟa ケイドゥカーラ⟧ [keĭdukɐ:ṟɐ] 《古》*m.*《*f.* *ಕೆಯ್ದುಕಾರ್ತಿ (keydukārti)》兵士、武装した人 [Ka. *keydu* D2027 + *-kāṟa*]

ಕೆಯ್ದುಗೆಯ್ ⟦keydugey ケイドゥゲイ⟧ [keĭdugeĭ] ಕಯ್ದುಗೆಯ್, ಕೆಯ್ದುಕೆಯ್, ಕೈದುಗೆಯ್, ಕೆಇದುಗೈ《古》*vi.* 武器で攻撃する [Ka. *keydu* + *key*]

ಕೆಯ್ದುಗೊಳ್ ⟦keydugoḷ ケイドゥゴル⟧ [keĭdugoḷ] ಕೈದುಕೊಳ್, ಕೈದುಗೊಳ್ 《古》*vi.* 武器を取る、武力に訴える [Ka. *keydu* + *koḷ*]

ಕೆಯ್ಪಿಡಿ ⟦keypiḍi ケイピディ⟧ [keĭpiḍi] ಕೆಯ್ಬಿಡಿ, ಕಯ್ಪಿಡಿ, ಕೈಪಿಡಿ《古》*n.* **1** 鏡 **2** 寄る辺、よすが、頼り **3** 便覧、案内書 [Ka. *key*² + *piḍi*]

ಕೆಯ್ಮಱೆ ⟦keymaṟe ケイマレ⟧ [keĭməṟe] ಕಯ್ಮರೆ, ಕಯ್ಮಱೆ, ಕೈಮಱೆ 《古》*vi.* 驚嘆する、あっけに取られる (*lex.*) [Ka. *key*⁴ + *maṟe*]

ಕೆಯ್ಮಾಡು ⟦keymāḍu ケイマードゥ⟧ [keĭmɐ:ḍu] ಕಯ್ಮಾಡು, ಕೈಮಾಡು 《古》*vi.* **1** 身ぶり手ぶりで知らせる **2** 手を出す、物理的に攻撃する **3** 武器を振り回す [*key*⁴ + *māḍu*]

ಕೆಯ್ಮೆ¹ ⟦keyme ケイメ⟧ [kejme] 《‡》*n.* 術策、姦策 (*Kitt.*) [Ka. D1250] ☞ಕೈಮೆ (kaime)¹

ಕೆಯ್ಮೆ² ⟦keyme ケイメ⟧ [kejme] 《‡》*n.* 行うこと、実行、業績 (*Kitt.*) [Ka. D1957] ☞ಕೈಮೆ (kaime)²

ಕೆಯ್ಯಿ ⟦keyyi ケイイ⟧ [keĭji] 《‡》*n.* 田畑、農場 [Ka. D1958] ☞ಕೆಯ್ (key)³

ಕೆಯ್ವರ್ ⟦keyvar ケイヴァル⟧ [keĭvər] 《古》*vi.* 手に入る；占有される [*key*⁴ + *var* *D5270] ☞ಕೈಬರು (kaibaru)

ಕೆಯ್ವಸ ⟦keyvasa ケイヴァサ⟧ [keĭvəsɐ] 《古》*n.* 支配、所有 [*key*⁴ + *vasa*]

ಕೆಯ್ಸನ್ನೆ ⟦keysanne ケイサンネ⟧ [keĭsənne] ಕಯ್ಸನ್ನೆ, ಕೈಸನ್ನೆ《古》*n.* 手まね、手ぶり [*key*⁴ + *sanne*]

ಕೆರಂಟು ⟦keraṃṭu ケラントゥ⟧ [kerəɳʈu] ಕೆರಟು 《古》*vt.* 爪で引っ掻く、爪でほじくる [Ka. D1564]

ಕೆರ ⟦kera ケラ⟧ [kerɐ]《古》*n.* 履物 [Ka. D1963] ☞ಕೆರ್ಪು (kerpu)

ಕೆರಕಲು ⟦kerakalu ケラカル⟧ [kerəkəku] *n.* 鍋底にくっついて黒焦げになった米 [Ka. D1564]

ಕೆರಕು ⟦keraku ケラク⟧ [kerəku] ಕೆರಂಕು, ಕೆರಕು *n.* 痒み [Ka. D1560]

ಕೆರಕುಗಲ್ಲು ⟦kerakugallu ケラクガッル⟧ [kerə̆kugəllu] ಕೆರಂಕುಕಲ್ಲು *n.* 表面が粗い石 [*keraku* + *kallu*?]

ಕೆರವು ⟦keravu ケラヴ⟧ [kerəvu] *n.* 履物 [Ka. D1963] ☞ಕೆರ್ಪು (kerpu)

ಕೆರಸಿ ⟦kerasi ケラシ⟧ [kerə̆si] *n.* [Ka. *D1261] ☞ಕೆರಸೆ (kerase)

ಕೆರಸೆ ⟦kerase ケラセ⟧ [kerə̆se] ಕೆರಸಿ, ಗೆರಸೆ, ಗೆರಸೆ, ಗರಸಿ, ಗರಿಸೆ *n.* **1** 穀物を貯蔵したり計ったりするための四角い竹製の籠 **2** (穀物を簸(ひ)るための) 箕(み) [Ka. D1966]

ಕೆರಹು ⟦kerahu ケラフ⟧ [kerəhu] *n.* 履物 [Ka. D1963] ☞ಕೆರ್ಪು (kerpu)

ಕೆರಳ್¹ ⟦keraḷ ケラル⟧ [kerəḷ] 《古》*vi.* 腹を立てる [Ka. D1597/D1961]

ಕೆರಳ್² ⟦keraḷ ケラル⟧ [kerəḷ] 《古》*vi.* (高い声で)叫ぶ [Ka. D1960]

ಕೆರಳು¹ ⟦keraḷu ケラル⟧ [kerə̆ḷu] 《古》*vi.* (痛み、怒りなどが) 増す、(腫れ物が) 大きくなる ¶ ಹುಣ್ಣು ಮತ್ತಷ್ಟು ಕೆರಳಿದೆ. (huṇṇu mattaṣṭu keraḷide.) できものはずっと大きくなった。= ಬಹಳಷ್ಟು ಮತ್ತಷ್ಟು (bahaḷaṣṭu, mattaṣṭu) [Ka. D1583]

ಕೆರಳು² ⟦keraḷu ケラル⟧ [kerə̆ḷu] *vi.* 腹を立てる、いらだつ [Ka. *D1961]

ಕೆರಳ್ಚು¹ ⟦keraḷcu ケラルチュ⟧ [kerəḷʧu] ಕೆರಳಿಚು, ಕೆರಳ್ಚು, ಕೆಳರ್ಚು, ಕೆಳರಿಚು 《古》*vt.* 腹を立てさせる、いらだたせる [Ka. D1597/D1961]

ಕೆರಳ್ಚು² ⟦keraḷcu ケラルチュ⟧ [kerəɭʧu] 《‡》 *vi.* (力士が) 自分の腕を叩いて闘志を表す (*Kitt.,Šmd.Dh.*) [Ka. D1961]

ಕೆರೆ¹ ⟦kere ケレ⟧ [kere] *vt.* 1 爪で引っ掻く 2〈痒い所を〉掻く 3〈皮を〉剥く、〈表面を〉削る 4 剃る [Ka. D1564]

ಕೆರೆ² ⟦kere ケレ⟧ [kere] ಕೆಱೆ *n.* (主として灌漑用の) 貯水池 [Ka. *D1980]

ಕೆರೆತ ⟦kereta ケレタ⟧ [keretɐ] *n.* 1 (痒い所を)掻くこと 2 痒み [Ka. *kere* + *-ta* D1564]

ಕೆರ್ಪು ⟦kerpu ケルプ⟧ [kerpu] ಕೆಪ್ಪು, ಕೆರ, ಕೆರಪು, ಕೆರವು, ಕೆರಹು 《古》 *n.* 履物 [Ka. D1963]

ಕೆರ್ಶಿ ⟦kerśi ケルシ⟧ [kerʃi] 《方》 *n.* 箕 (*Hav.*) [Ka. D2019]

ಕೆಲ¹ ⟦kela ケラ⟧ [kelɐ] *n.* 1 横、脇 2 近く [Ka. D1969]

ಕೆಲ² ⟦kela ケラ⟧ [kelɐ] ಕೆಲವು, ಕೆಲು (*adj.*) いくらか〈の〉、数個〈の〉、数人〈の〉 [Ka. D1571]

ಕೆಲಕಡೆ ⟦kelakaḍe ケラカデ⟧ [kelǝkəɖe] *pron.* 近く ¶ ನನ್ನ ಮನೆಯ ಕೆಲಕಡೆ ಚಿಕ್ಕ ದೇವಸ್ಥಾನ ಇದೆ. (nanna maneya kelakaḍe cikka dēvastʰāna ide.) うちのそばに小さなお寺がある。 [Ka. *kela*¹ + *kaḍe*]

ಕೆಲದನ್ ⟦keladan ケラダン⟧ [kelədən] 《古》 *m.* 《*f.* *ಕೆಲದಳ್ (keladaḷ)》側にいる人 [Ka. *kela*¹ D1969 + *-dan*]

ಕೆಲಬರ್ ⟦kelabar ケラバル⟧ [keləbər] 《古》 *pron.* 何人かの人 [Ka. *kela*² + *-bar* 1571]

ಕೆಲಬಲ ⟦kelabala ケラバラ⟧ [keləbəlɐ] 《文》 *n.* 近く、近所、近くのどこか [Ka. *kela*¹ + *bala* ech.]

ಕೆಲರ್ಮೆ ⟦kelarme ケラルメ⟧ [kelərme] 《古》 *adv.* 何回か、数回 [Ka. *kela*² + *-me*]

ಕೆಲವು ⟦kelavu ケラヴ⟧ [keləvu] *adj.* 若干の、いくらかの ¶ ಕೆಲವು ಜನ ಸತ್ತರು, ಕೆಲವು ಜನ ಗಾಯಗೊಂಡರು. (kelavu jana sattaru, kelavu jana gāyagoṃḍaru.) 何人かは死に何人かは負傷した。 —*n.* 若干、いくらか ☞ಕೆಲ (kela) [Ka. D1571]

ಕೆಲಸ ⟦kelasa ケラサ⟧ [kelǝsɐ] *n.* 1 仕事、行為 2 職業、働くこと ¶ ನಿಮ್ಮ ಕೆಲಸ ಏನು? (nimma kelasa ēnu?) 何のお仕事をしていらっしゃいますか。 3 技術、技、出来栄え、仕事 ¶ ಇದು ನನ್ನ ಶಿಷ್ಯ ಮಾಡಿದ ಕೆಲಸ. (idu nanna śiṣya māḍida kelasa.) これは私の弟子の仕事です。 4 奉公、仕えること 5 (利害) 関係 ¶ ಇಲ್ಲಿ ನಿಮಗೆ ಏನು ಕೆಲಸ? (illi nimage ēnu kelasa?) 何をしにここへ来られたのですか。 [Ka. D1970]

ಕೆಲಸಗಳ್ಳ ⟦kelasagaḷḷa ケラサガッラ⟧ [kelǝsəgəɭɭɐ] *m.* 《*f.* ಕೆಲಸಗಳ್ಳಿ (kelasagaḷḷi)》怠け者 [Ka.]

ಕೆಲಸಗಾರ ⟦kelasagāra ケラサガーラ⟧ [kelǝsəgɐːrɐ] *m.* 《*f.* ಕೆಲಸಗಿತ್ತಿ (kelasagitti)》 1 従業員 2 職人、技能者 [Ka. *kelasa* + *kāra*]

ಕೆಲಸಗಿತ್ತಿ ⟦kelasagitti ケラサギッティ⟧ [kelǝsəgitti] *f.* 《*m.* ಕೆಲಸಗಾರ (kelasagāra)》家庭の仕事などをする女性、女性の召し使い [Ka.]

ಕೆಲಸಿ¹ ⟦kelasi ケラシ⟧ [kelǝsi] 《古》 *mf.* 仕事をする人 [Ka. *kelasa* D1970 + *-i*] = ಕೆಲಸಗಾರ (kelasagāra)

ಕೆಲಸಿ² ⟦kelasi ケラシ⟧ [kelǝsi] *mf.* 散髪屋、理髪師 [Ka. D1971]

ಕೆಲಸಿಗ ⟦kelasiga ケラシガ⟧ [kelǝsigɐ] *m.* 《*f.* *ಕೆಲಸಗಿತ್ತಿ (kelasagitti)》散髪屋、理髪師 [Ka. *D1971]

ಕೆಲಸಿಗೆ ⟦kelasige ケラシゲ⟧ [kelǝsige] 《‡》 *m.* 散髪屋、理髪師 (*DEDR*) [Ka. D1971]

ಕೆಲಸ್ಯ ⟦kelasya ケラスヤ⟧ [keləsjɐ] 《‡》 *m.* 散髪屋、理髪師 (*S.Mhr.* (*Kitt.*)) [Ka. D1971]

ಕೆಲೆ ⟦kele ケレ⟧ [kele] *vi.* きゃあきゃあと歓声をあげる [Ka. D1574]

ಕೆಲೆತ ⟦keleta ケレタ⟧ [keletɐ] *n.* きゃあきゃあという歓声 [Ka. D1574]

ಕೆಲ್ಲ ⟦kella ケッラ⟧ [kellɐ] *n.* 頬の頬骨のある部分 [D1989]

ಕೆಲ್ಲಯಿಸು ⟦kellayisu ケッライス⟧ [kelləĭsu] 《古》 *vi.* 1 《‡》 木っ端みじんになる (*Kitt.*) 2 狼狽する、混乱する、慌てる [Ka. D1577]

ಕೆಲ್ಲೆ¹ ⟦kelle ケッレ⟧ [kelle] 《古》 *n.* (木や材木などの)砕片、裂片、木っ端、そぎ [Ka. D1577]

ಕೆಲ್ಲೆ² ⟦kelle ケッレ⟧ [kelle] *n.* 横、側 [Ka. *kela*¹ D1969 + ?]

ಕೆಲ್ಲೆನೋಟ ⟦kellenōṭa ケッレノータ⟧ [kelleno:ʈɐ] 《‡》 *n.* 横目、流し目 [+ < *nōṭa*]

ಕೆವಲ ⟦kevala ケヴァラ⟧ [kevǝlɐ] 《‡》 *n.* 真紅の花を咲かせるアカネ科の小木 ⇀ 薬 (*St. & Pl.* (*Kitt.*)) [Ka. D1931] ☞ಕೇಪಲ (kēpala) *[IMP 3.240]

ಕೆವ್ವನೆ ⟦kevvane ケッヴァネ⟧ [kevvəne] 《‡》 *adv.* ひゅう(石などが投げられ空中を飛ぶ時の音を表す擬音語) (*C.* (*Kitt.*)) [Ka. D1978]

ಕೆಸ ⟦kesa ケサ⟧ [kesɐ] 《‡》 *n.* タロイモ(サトイモ科) ⇀ 食・薬 [Ka. D2004] ☞ಮರಕೆಸ (marakesa)

ಕೆಸರು¹ ⟦kesaru ケサル⟧ [kesǝru] 《‡》 *n.* 耐えられない状態、とても嫌な状態 (*Kitt.*) [Ka. D1511] = ಕಿಸುರು (kisuru)

ಕೆಸರು² ⟦kesaru ケサル⟧ [kesǝru] ಕೆಸಱ್, ಕೆಸಱು *n.* 泥水、泥んこ [Ka. < *kesaṟ* *D2020] = ರಾಡಿ (rāḍi)

ಕೆಸರುಕಾಪು ⟦kesarukāpu ケサルカープ⟧ [kesərukɐ:pu] 《文》 *n.* 乗り物の泥除け [Ka. *kesaru* + *kāpu*]

ಕೆಸವು¹ ⟦kesavu ケサヴ⟧ [kesəvu] 《‡》 *n.* キノコ (*Mr.149* (*Kitt.*)) [Ka. D1935] = ಅಣಬೆ (aṇabe) 〔汎〕

ಕೆಸವು² ⟦kesavu ケサヴ⟧ [kesəvu] ಕೆಸವೆ, ಕೆಸು, ಕೇಸು *n.* サトイモ (サトイモ科サトイモ属) ⇀ 食・薬 [Ka. D2004] *[IMP 2.161]

ಕೆಸವೆ ⟦kesave ケサヴェ⟧ [kesǝve] *n.* サトイモ(サトイモ科サトイモ属) [Ka. *D2004] ☞ಕೆಸವು (kesavu)

ಕೆಸಱ್ ⟦kesaṟ ケサル⟧ [kesər] ಕೆಸಱು 《古》 *n.* 1 泥、泥水、泥んこ 2 〔喩〕 泥、汚点 [Ka. D2020] ☞ಕೆಸರು (kesaru)

ಕೆಸಱಿಗೆ ⟦kesaṟige ケサリゲ⟧ [kesəṟige] 《古》 *n.* **1** 浴室の排水の排水路 **2**（伝統的な）浴室 [Ka. D2020]

ಕೆಸು ⟦kesu ケス⟧ [kesu] ಕೆಸುವು *n.* サトイモ（サトイモ科サトイモ属）[Ka. D2004] ☞ಕೆಸವು (kesavu)

ಕೆಳಗು ⟦keḷagu ケラグ⟧ [keɭə̆gu] ಕೆೞಗು *n.* 下部 [Ka. D1619] low

ಕೆಳಗೆ ⟦keḷage ケラゲ⟧ [keɭə̆ge] ಕೆೞಗೆ *adv.* **1** 下で、下に **2** 以前、前に —*postp.* **1** …の下で、…の下に ¶ ಮೇಜಿನ ಕೆಳಗೆ ಸೀಸಕಡ್ಡಿ ಬಿದ್ದಿದೆ. (mējina keḷage sīsakaḍḍi biddide.) 机の下に鉛筆が落ちている。**2**《文》前に、以前に ¶ ಹತ್ತು ವರ್ಷದ ಕೆಳಗೆ ಇಲ್ಲಿ ಮನೆಗಳು ಇರಲಿಲ್ಲ. (hattu varṣada keḷage illi manegaḷu iralilla.) 10 年前ここに家はなかった。[Ka *D1619]

ಕೆಳದಿ ⟦keḷadi ケラディ⟧ [keɭəđi] 《古》 *f.* 《*m.* ಕೆಳೆಯ (keḷeya)》（通常は女性の）女友達 [Ka. D2018] = ಗೆಳತಿ (geḷati)〔汎〕

ಕೆಳರ್¹ ⟦keḷar ケラル⟧ [keɭər] 《古》 *vi.* **1** 口をあける、口を開く **2**（花などが）開く **3**（傷などが）開く、広がる [Ka. D1583]

ಕೆಳರ್² ⟦keḷar ケラル⟧ [keɭər] ಕೆರಳ್, ಕೆರಳು, ಕೆಳರ್, ಕೆಳರು, ಕೆಳಲ್, ಕೆಳಲು《古》*vi.* **1** 腹を立てる、いらだつ **2** 叫ぶ、わめく [Ka. D1831/D2017(b)]

ಕೆಳಹೊಟ್ಟೆ ⟦keḷahoṭṭe ケラホッテ⟧ [keɭəhoʈʈe] *n.* 下腹 [Ka. *keḷa*「下」*D1619 + *hoṭṭe*]

ಕೆಳೆ ⟦keḷe ケレ⟧ [keɭe] 《文》 *vt.* 引き寄せる —*n.* 友情、友達であること ¶ ನನ್ನ ಅವಳ ಕೆಳೆ ಬಹಳ ದಿನ ಇರಲಿಲ್ಲ. (nanna avaḷa keḷe bahaḷa dina iralilla.) 彼女と私の友情は長く続かなかった。= ಗೆಳೆ (geḷe) [Ka. D2018]

ಕೆಳೆತನ ⟦keḷetana ケレタナ⟧ [keɭetənɐ] 《文》 *n.* 友情；友達であること、友達関係 [Ka. *keḷe* + *-tana* D2018]

ಕೆಳೆಯ ⟦keḷeya ケレヤ⟧ [keɭejɐ] 《文》 *m.* 《*f.* keḷadi》（男の）友達 [Ka. D2018]

ಕೆಳರು ⟦keḷaru ケラル⟧ [keɭəru] 《‡》 *vi.* 腹を立てる、いらだつ [Ka. D1831/2017(b)]

ಕೆಱೆ ⟦keṟe ケレ⟧ [keṟe] 《古》 *n.* 貯水池 [Ka. D1980] ☞ಕೆರೆ (kere)²

ಕೆೞಗು ⟦keḻagu ケラグ⟧ [keɻəgu] 《古》 *n.* 下部、底 [Ka. *D1619] ☞ಕೆಳಗು (keḷagu)

ಕೆೞಗೆ ⟦keḻage ケラゲ⟧ [keɻəge] 《古》 *adv.* 下で、下に (*Pb.3.10.V; 3.12; 8.27.V*) [Ka. D1619] ☞ಕೆಳಗೆ (keḷage)

ಕೆೞವ ⟦keḻava ケラヴァ⟧ [keɻəvɐ] 《古》 *m.* 《*f.* ಕೆೞವಿ (keḻavi)》 **1** 老人、年取った男 **2** 長老 [Ka. D1579]

ಕೆೞಿವ ⟦keḻiva ケリヴァ⟧ [keɻivɐ] 《‡》 *m.* 《*f.* *ಕೆೞವಿ (*keḻavi)》老人、年取った男 (*Kitt., Ct.I.3*) [Ka. D1579]

ಕೇ ⟦kē ケー⟧ [ke:] ಕೇಯು 《古》 *vi.* 《過去語幹 keṃd-》 **1** 横になる、寝る **2** まぐわう、性交する [Ka. D1990]

ಕೇಂಕರಿಸು ⟦kēṃkarisu ケーンカリス⟧ [ke:ŋkərisu] ಕೆಕ್ಕರಿಸು, ಕೇಕರಿಸು, ಖೇಕರಿಸು 《文》 *vi.* 咳払いして痰を吐く [Ka. onom. *D1991] = ಕೇಕರಿಸು (kēkarisu)

ಕೇಂದ್ರ ⟦kēṃdra ケーンドラ⟧ [ke:ndrɐ] *n.* **1** 中心、真ん中 **2** 中枢、中核、本部、本局 **3** 中央政府 = ಕೇಂದ್ರಸರ್ಕಾರ (kēṃdrasarkāra) [Sk.]

ಕೇಂದ್ರವ್ಯಕ್ತಿ ⟦kēṃdravyakti ケーンドラヴィヤクティ⟧ [ke:ndrəvjəkti] 《文》 *mf.* 中心人物 ¶ ಮಹಾಭಾರತದ ಕೇಂದ್ರವ್ಯಕ್ತಿ ಕೃಷ್ಣ ಎನ್ನಬಹುದು. (mahābʰāratada kēṃdravyakti kṛṣṇa ennabahudu.) クリシュナがマハーバーラタの中心人物だと言うことができる。[Sk.]

ಕೇಂದ್ರಸರ್ಕಾರ ⟦kēṃdrasarkāra ケーンドラサルカーラ⟧ [ke:ndrəsərkɐ:rɐ] *n.* 中央政府 [Sk.]

ಕೇಂದ್ರಿಕೆ ⟦kēṃdrike ケーンドリケ⟧ [ke:ndrike] 《文》 *n.* **1** 中心 **2** 原子核 [Sk.]

ಕೇಂದ್ರೀಕರಣ ⟦kēṃdrīkaraṇa ケーンドリーカラナ⟧ [ke:ndri:kərəɳɐ] 《文》 *n.* **1** 中心に集めること **2** 中央政府に権力を集中すること、中央集権制にすること [Sk.]

ಕೇಂದ್ರೀಕರಿಸು ⟦kēṃdrīkarisu ケーンドリーカリス⟧ [ke:ndri:kərisu] 《文》 *vt.* **1** 中心に集める **2** 中央政府に権力を集中する、中央集権制にする [Sk.]

ಕೇಂದ್ರೀಕೃತ ⟦kēṃdrīkṛta ケーンドリークルタ⟧ [ke:ndri:krɯtɐ] 《文》 *adj.* **1** 中央に集めた、集中制御にした **2** 中央政府に権力を集中した、中央集権制にした [Sk.]

ಕೇಕರಿಕೆ ⟦kēkarike ケーカリケ⟧ [ke:kərike] 《文》 *n.* 咳払いして痰を吐くこと [Ka. onom. D1991]

ಕೇಕರಿಸು ⟦kēkarisu ケーカリス⟧ [ke:kərisu] ಕೆಕ್ಕರಿಸು, ಕೇಂಕರಿಸು 《文》 *vi.* 咳払いして痰を吐く [Ka. onom. D1991]

ಕೇಕು¹ ⟦kēku ケーク⟧ [ke:ku] 《文》 *n.* 孔雀の鳴き声 [Ka. onom. D1992]

ಕೇಕು² ⟦kēku ケーク⟧ [ke:ku] 《文》 *n.*（ヨーロッパ起源の）ケーキ [Eg. cake]

ಕೇಕೆ ⟦kēke ケーケ⟧ [ke:ke] 《文》 (*n.*) **1** 孔雀の鳴き声 **2** きゃあきゃあ（甲高い声で笑う声を表す擬音語）[Ka. onom. D1992]

ಕೇಕೆ ಹಾಕು ⟦kēke hāku ケーケハーク⟧ [ke:ke hɐ:ku] *vi.* きゃあきゃあ笑う、甲高い声で笑う [+ *hāku*]

ಕೇಗು ⟦kēgu ケーグ⟧ [ke:gu] 《文》 *vi.*（孔雀が）鳴く —*n.* 孔雀の鳴き声 [Ka. onom. D1992]

ಕೇಡಾಳಿ ⟦kēḍāḷi ケーダーリ⟧ [ke:ɖɐ:ɭi] 《古》 *mf.* 悪いことをする人、いたずらする人、不幸や災難をもたらす人 [Ka. *kēḍu* + *-āḷi*]

ಕೇಡಿ¹ ⟦kēḍi ケーディ⟧ [ke:ɖi] *mf.* 《複合語末で》 **1** 悪いことをする人、いたずらをする人、不幸や災難をもたらす人 **2** 自分に属するものをだめにする人 ¶ ಕುಲಗೇಡಿ (kulagēḍi) 自分の家門やカーストの名誉を傷つけた人 [Ka. D1942]

ಕೇಡಿ² ⟦kēḍi ケーディ⟧ [ke:ɖi:] 《古》 *mf.* 常習犯として警察の記録にある人 [Eg. *K.D.*]

ಕೇಡಿಗ ⟦kēḍiga ケーディガ⟧ [ke:ɖĭgɐ] *m.* 《*f.* ಕೀಡಿಗಳು (kīḍigaḷu)》悪いことをする人、いたずらする人、不

幸や災難をもたらす人 [Ka. D1942]

ಕೇಡಿಗತನ ⟦kēḍigatana ケーディガタナ⟧ [ke:ḍigətənɐ] *n.* 害をもたらす人であること、不幸をもたらす人であること [Ka. D1942]

ಕೇಡಿತನ ⟦kēḍitana ケーディタナ⟧ [ke:ḍitənɐ] *n.* 災いや不幸をもたらすこと [Ka. D1942]

ಕೇಡು ⟦kēḍu ケードゥ⟧ [ke:ḍu] *n.* **1** 災難、不幸、惨禍 ¶ ಕೋಬೆಯ ಕೇಡಿನಲ್ಲಿ ನಮಗೆ ಏನೂ ಆಗಲಿಲ್ಲ. (kōbeya kēḍinalli namage ēnū āgalilla.) 神戸の災害で私たちはまったく無事であった。**2** 損失、損害 **3** 滅亡、破滅；死 ¶ ಕೇಡು ಬರುವ ಕಾಲಕ್ಕೆ ಪೆಟ್ಟಿಗೇಲಿದ್ದರೂ ತಪ್ಪದು. (kēḍu baruva kālakke peṭṭigēliddarū tappadu.) 死ぬ時が来たら箱の中に隠れていても助からない。[Ka. D1942]

ಕೇಡುಗ ⟦kēḍuga ケードゥガ⟧ [ke:ḍŭgɐ] ಕೇಡಿಗ *mf.* 《*f.* ಕೇಡುಗಳು (kēḍugaḷu)》悪いことをする人、いたずらする人、不幸や災難をもたらす人 [Ka. D1942]

ಕೇಡುಗಾಲ ⟦kēḍugāla ケードゥガーラ⟧ [ke:ḍugɐ:lɐ] *n.* 災厄の時 [+ *kāla*]

ಕೇಡುಸುದ್ದಿ ⟦kēḍusuddi ケードゥスッディ⟧ [ke:ḍusuddi] *n.* 悪い知らせ、凶報 [+ *suddi*]

ಕೇಣ[1] ⟦kēṇa ケーナ⟧ [ke:ɳɐ] ಕೇಣಿ 《古》 *n.* **1** 嫉妬、恨み **2** 怒り、不快 **3** 貪欲、強欲 **4** 熟考、熟慮、検討 [Ka. D1089]

ಕೇಣ[2] ⟦kēṇa ケーナ⟧ [ke:ɳɐ] ಕೇಣಂಗೊಳ್ 《文》 *n.* 欠点、欠陥 [Sk. *kṣīṇa*-?]

ಕೇಣಂಗೊಳ್ ⟦kēṇaṃgoḷ ケーナンゴル⟧ [ke:ɳəŋgoḷ] 《古》 *vi.* 嫉妬する、羨む [Ka. *kēṇa*[1] + *koḷ*]

ಕೇಣಂಬಡೆ ⟦kēṇaṃbaḍe ケーナンバデ⟧ [ke:ɳəmbəḍe] 《古》 *n.* 嫉妬する、羨む [Ka. *kēṇa*[1] + *paḍe*]

ಕೇಣಕಾಱ ⟦kēṇakāṟa ケーナカーラ⟧ [ke:ɳəkɐ:rɐ] 《古》 *m.* 強欲な人、欲張りな人、けちん坊 [Ka. *kēṇa*[1] + *kāṟa*]

ಕೇಣಸರ ⟦kēṇasara ケーナサラ⟧ [ke:ɳəsərɐ] 《古》 *n.* 嫉妬、羨み [Ka. *kēṇa*[1] + ?]

ಕೇಣಿ[1] ⟦kēṇi ケーニ⟧ [ke:ɳi] 《‡》 *n.* 水を得るために川床に一時的に掘った穴 (*M.,T.,R.* (*Kitt.*)) [Ka. D1998]

ಕೇಣಿ[2] ⟦kēṇi ケーニ⟧ [ke:ɳi] 《古》 *n.* 友情 [?]

ಕೇಣಿ[3] ⟦kēṇi ケーニ⟧ [ke:ɳi] ಖೇಣಿ, ಗೇಣಿ, ಗೇನಿ, ಚೇಣಿ 《古》 *n.* **1** 売り買い、商売 **2** 農地などの使用権を与える契約 [cf. Sk. *krēṇī*- (lex.)]

ಕೇಣಿ[4] ⟦kēṇi ケーニ⟧ [ke:ɳi] 《古》 *n.* 列、群れ、集まり [Ka. *D1979] = ಶ್ರೇಣಿ (śrēṇi) ☞ಕೇಱಿ (kēṟi)

ಕೇಣಿಗಾಱ ⟦kēṇigāṟa ケーニガーラ⟧ [ke:ɳigɐ:rɐ] 《古》 *m.* 《*f.* ಕೇಣಿಗಾಱುಇತಿ (kēṇigāṟiti)》請負人、(不動産や農地の耕作権などの)貸主 [Ka. *kēṇi* + *-kāṟa*]

ಕೇತಕಿ ⟦kētaki ケータキ⟧ [ke:tə̆ki] 《‡》 *n.* タコノキ属の木の一種(花は黄色で強い芳香を放つ) [Sk. *kētakī*- ←Dr.] = ಕೇತಗೆ (kētage) 〔汎〕 *[IMP 4.207]

ಕೇತನ ⟦kētana ケータナ⟧ [ke:tənɐ] 《文》 *n.* **1** 家、住居 **2** 旗 **3** しるし、標章 [Sk.]

ಕೇತು ⟦kētu ケートゥ⟧ [ke:tu] 《文》 *n.* **1** 光線、輝き **2** 流星、流れ星 **3** すい星、ほうき星 **4** 九つの惑星の一つ **5** 旗、標章 [Sk.]

ಕೇತುದಂಡ ⟦kētudaṃḍa ケートゥダンダ⟧ [ke:tudənḍɐ] 《文》 *n.* 旗竿 [Sk.]

ಕೇದಗಿ ⟦kēdagi ケーダギ⟧ [ke:də̆gi] *n.* [Ka. D2026, cf. Sk. *kētaka*-, *kētakī*- T3462] ☞ಕೇದಗೆ (kēdage)

ಕೇದಗೆ ⟦kēdage ケーダゲ⟧ [ke:də̆ge] ಕೇದಂಗೆ, ಕೇದಕೆ, ಕೇದಗಿ, ಕೇದಿಗೆ *n.* トゲナシアダン(タコノキ科タコノキ属の低木、花は黄色で強い芳香を放つ) ⇀ 観・薬 [Ka. D2026, cf. Sk. *kētaka*-, *kētakī*- T3462] *[IMP 4.207]

ಕೇದಿಗೆ ⟦kēdige ケーディゲ⟧ [ke:dĭge] *n.* [Ka. D2026, cf. Sk. *kētaka*-, *kētakī*- T3462] ☞ಕೇದಗೆ (kēdage)

ಕೇನೆ ⟦kēne ケーネ⟧ [ke:ne] 《古》 *n.* ゾウコンニャク(サトイモ科コンニャク属、鏡餅のような形で少々えぐ味のある大型の芋) ⇀ 食・薬 (*DCV*) [Ka. D2022] = ಸುವರ್ಣಗೆಡ್ಡೆ (suvarṇageḍḍe) 〔汎〕 *[IMP I.133]

ಕೇಪಲ ⟦kēpala ケーパラ⟧ [ke:pə̆lɐ] ಕೇವಲ, ಕೇಪಳ 《文》 *n.* 真紅の花を咲かせるアカネ科の小木 ⇀ 薬 [Ka. D1931] ☞*[IMP 3.240]

ಕೇಪಳ ⟦kēpaḷa ケーパラ⟧ [ke:pəḷɐ] 《文》 *n.* [Ka. *D1931] ☞ಕೇಪಲ (kēpala)

ಕೇಪು[1] ⟦kēpu ケープ⟧ [ke:pu] 《希》 *n.* 商品 [M. *kʰēpʰă* < Sk. *kṣēpya*- T3742]

ಕೇಪು[2] ⟦kēpu ケープ⟧ [ke:pu] 《古》 *n.* (銃の)雷管 [Eg. *cap*]

ಕೇಪುತೊಟ್ಟು ⟦kēputoṭṭu ケープトットゥ⟧ [ke:putoṭṭu] 《古》 *n.* (銃の)火門座 [*kēpu*[2] + *toṭṭu*]

ಕೇಬಲ್ ⟦kēbal ケーバル⟧ [ke:bəl] *n.* 海底や地中や空中に通される被覆電線 [Eg. *cable*]

ಕೇಮ[1] ⟦kēma ケーマ⟧ [ke:mɐ] 《‡》 *n.* 皮膚肥厚、ベンチ (*Te.* (*Kitt.*)) [Ka. D2003]

ಕೇಮ[2] ⟦kēma ケーマ⟧ [ke:mɐ] ಕೇವ 《古》 *n.* つつがないこと、健康で幸福なこと [Sk. *kṣēma*-]

ಕೇರ್[1] ⟦kēr ケール⟧ [ke:r] 《古》 *n.* 壁、塀 (*lex.*) [Ka. D1975]

ಕೇರ್[2] ⟦kēr ケール⟧ [ke:r] ಕೇರು 《古》 *n.* スミウルシノキ(ウルシ科の小木) ☞ಗೇರು (gēru)[1] [Ka. D2005]

ಕೇರಳ ⟦kēraḷa ケーララ⟧ [ke:rəḷɐ] *n.* ケーララ、ケーララ州 [Ka.]

ಕೇರಿ ⟦kēri ケーリ⟧ [ke:ri] *n.* **1** 街路、家の間の細い道 **2** 村落で同じカーストの人の住む集落 [Ka. D2007]

ಕೇರು[1] ⟦kēru ケール⟧ [ke:ru] ಕೇಱು *vt.* 箕(み)で穀物をふるい、くずを選り分ける [Ka. *D2019]

ಕೇರು[2] ⟦kēru ケール⟧ [kɛ:ru] 《方》 *vt.* 掻く、引っ掻く (*Gowda*) [Ka. D1564]

ಕೇರು[3] ⟦kēru ケール⟧ [ke:ru/kæ:ru] ಕೇರ್ *n.* ウルシ科の植物(実は薬用) [Ka. *D2005] ☞ಗೇರು (gēru)[1]

ಕೇರೆ ⟦kēre ケーレ⟧ [ke:re] *n.* ムチヘビ(尾が鞭のように細い蛇) [Ka. D2011] = ಕೇರೆಹಾವು (kerehāvu) *[BIRA 90]

ಕೇರೆಹಾವು ⟦kērehāvu ケーレハーヴ⟧ [ke:re] *n.* ムチヘビ(尾が鞭のように細い蛇) [+ *hāvu* *D2011]

ಕೇರೆಮೀನು ⟦kēremīnu ケーレミーヌ⟧ [ke:remi:nu] *n.* ウナギ [*kēre* + *mīnu*]

ಕೇಲ್ ⟦kēl ケール⟧ [ke:l] 《古》*n.* [Ka. D2015] ☞ಕೇಲು (kēlu)

ಕೇಲ ⟦kēla ケーラ⟧ [ke:lɐ] 《古》*n.* [Ka. *D2015] ☞ಕೇಲ (kēla)

ಕೇಲಿ ⟦kēli ケーリ⟧ [ke:li] ಕೇಳಿ 《文》*n.* 1 遊び、遊戯、気晴らし 2 男女の戯れ [Sk.]

ಕೇಲು ⟦kēlu ケール⟧ [ke:lu] ಕೇಲ್, ಕೇಲ 《古》*n.* 大きな土製の水甕の一種 [Ka. *D2015]

ಕೇವಲ ⟦kēvala ケーヴァラ⟧ [ke:vəlɐ] 《文》(*adj.*) 1 ただ、ほんの、たった ¶ ಈ ಪುಸ್ತಕಕ್ಕೆ ಕೇವಲ ಹತ್ತು ರುಪಾಯಿಗಳು. (ī pustakakke kēvala hattu rupāyigaḷu.) この本はたった10ルーピーである。2 純粋〈な〉、本当〈の〉¶ ಜೈನರು ಮೋಕ್ಷಗಾಮಿಗಳನ್ನು ಕೇವಲ ಮುನಿಗಳೆನ್ನುತ್ತಾರೆ. (jainaru mōkṣagāmigaḷannu kēvala munigaḷennuttāre.) ジャイナ教信者は解脱する人を真の聖者という。[Sk.]

ಕೇವು ⟦kēvu ケーヴ⟧ [ke:vu] 《‡》*n.* 性交、まぐわい (*My.* (*Kitt.*)) [Ka. D1990]

ಕೇಶ ⟦kēśa ケーシャ⟧ [ke:ʃɐ] 《文》*n.* 髪の毛 [Sk.] = ಕೂದಲು (kūdalu) 〔汎〕

ಕೇಶಬಂಧ ⟦kēśabaṃdʰa ケーシャバンダ⟧ [ke:ʃəbəndʰɐ] 《文》*n.* 1 髪を結うこと、髪の結い方、髪のスタイル 2 (舞踊の所作で)髪を結う手の動きの一種 [Sk.]

ಕೇಸಕ್ಕಿ ⟦kēsakki ケーサッキ⟧ [ke:səkki] 《古》*n.* 赤い米 [Ka. *kēsu* 1931 + *akki*]

ಕೇಸರ ⟦kēsara ケーサラ⟧ [ke:sərɐ] 《文》*n.* 1 花糸、花のおしべ 2 花粉 3 馬やライオンのたてがみ 4 ミサキ(アカテツ科)の花またはその実 ⇀ 観・薬 [Sk.] *[IHT 477; IMP 4.41]

ಕೇಸರಮಂಡಲ ⟦kēsaramaṃḍala ケーサラマンダラ⟧ [ke:sərəməɳɖəlɐ] 《文》*n.* (集合的に)おしべ [Sk.]

ಕೇಸರಿ ⟦kēsari ケーサリ⟧ [ke:səri] 《文》*n.* 1 ライオン、獅子 2 馬 3 サフラン;サフラン色 [Sk. *kēsarin-*]

ಕೇಸರಿಭಾತು ⟦kēsaribʰātu ケーサリバートゥ⟧ [ke:səribʰɐ:tu] *n.* 粗挽きの小麦とサフラン砂糖で作る食べ物 [*kēsar* + *bʰātu*]

ಕೇಸವೆ ⟦kēsave ケーサヴェ⟧ [ke:səve] 《‡》*n.* タロイモ(サトイモ科) ⇀ 食 (*St. & Pl.* (*Kitt.*)) [Ka. D2004] ☞ಕೆಸವು (kesavu)[2]

ಕೇಸು[1] ⟦kēsu ケース⟧ [ke:su] (*n.*) 赤い〈こと〉、赤〈の〉¶ ಕೇಸುಳ್ಳಿ (kēsuḷḷi) 赤タマネギ [Ka. D1931]

ಕೇಸು[2] ⟦kēsu ケース⟧ [ke:su] 《‡》*n.* タロイモ(サトイモ科) (*Kitt.*) [Ka. D2004] ☞ಕೆಸವು (kesavu)[2]

ಕೇಸು[3] ⟦kēsu ケース⟧ [ke:su] *n.* 1 (物事の)個々の例 2 (裁判所の個々の)訴訟事件 3 (医療において個々の)病例 4 (主としてヨーロッパ式のめがねや宝石などの)入れ物 [Eg. *case*]

ಕೇಸುಳ್ಳಿ ⟦kēsuḷḷi ケースッリ⟧ [ke:suɭɭi] *n.* 赤色のタマネギ [Ka. *uḷḷi*]

ಕೇಳ್ ⟦kēḷ ケール⟧ [ke:ɭ] 《古》*vt.* 《過去語幹 kēḷd-》1 聞く、聴取する 2 〈人の言葉に〉従う、聞き入れる 3 尋ねる、聞く、問う 4 〈物を〉請う、請求する [Ka. D2017(a)] ☞ಕೇಳು (kēḷu)

ಕೇಳ ⟦kēḷa ケーラ⟧ [ke:ɭɐ] 《古》*m.* 仲間、友達、友人 [Ka. D2018]

ಕೇಳಿ ⟦kēḷi ケーリ⟧ [ke:ɭi] *n.* 遊び、気晴らし、遊戯 ¶ ಸರಸ ಕೇಳಿ (sarasa kēḷi) 愛の戯れ [Sk. *kēli-*] = ಕೇಲಿ (kēli)

ಕೇಳಿಕೆ ⟦kēḷike ケーリケ⟧ [ke:ɭike] *n.* 1 聞くこと 2 請うこと、請求すること、求めること [Ka. *kēḷ* + *-ike* D2017(a)]

ಕೇಳು ⟦kēḷu ケール⟧ [ke:ɭu] ಕೇಳ್ *vt.* 《過去語幹 kēḷd-》1 聞く 2 〈人の言葉に〉従う、聞き入れる ¶ ಅಪ್ಪ ನಾನು ಹೇಳಿದ್ದನ್ನು ಕೇಳಿದರು. (appa nānu hēḷiddannu kēḷidaru.) 父は私が言ったことを受け入れてくれた。3 尋ねる、聞く、問う 4 〈物を〉乞う、請求する [Ka. D2017(a)]

ಕೇಳಿಸು ⟦kēḷisu ケーリス⟧ [ke:ɭisu] *vt.* 聞かせる、など —*vi.* 聞こえる ¶ ನಾನು ಹೇಳಿದ್ದು ಅಪ್ಪನಿಗೆ ಕೇಳಿಸಿತು. (nānu hēḷiddu appanige kēḷisitu.) 僕の言ったことがお父さんに聞こえてしまった。[Ka. caus. D2017(a)]

ಕೇಳುಗ ⟦kēḷuga ケールガ⟧ [ke:ɭugɐ] *mf.* 聞く人 [Ka. *kēḷu* + *-ga* 2017(a)]

ಕೇಳುವಿಕೆ ⟦kēḷuvike ケールヴィケ⟧ [ke:ɭuvike] *n.* 聞くこと、問うこと、など [Ka. *kēḷu* D2017(a) + *-ike*]

ಕೇಳುಹ ⟦kēḷuha ケールハ⟧ [ke:ɭuhɐ] 《文》*n.* 聞くこと、問うこと、など [Ka. *kēḷu* + *-ha* D2017(a)]

ಕೇಳ್ವಿಕೆ ⟦kēḷvike ケールヴィケ⟧ [ke:ɭvike] *n.* 聞くこと、問うこと、など (*My.* (*Kitt.*)) [Ka. *kēḷu* + *-ike* 2017(a)]

ಕೇಳ್ವೆ ⟦kēḷve ケールヴェ⟧ [ke:ɭve] 《古》*n.* 聞くこと、問うこと、など [Ka. *kēḷu* + *-ve* D2017(a)]

ಕೇಱು ⟦kēṟu ケール⟧ [ke:ṟu] 《古》*vt.* 箕(み)で穀物をふるい、くずを選り分ける [Ka. D2019] ☞ಕೇರು (kēru)[1]

ಕೇಱಿ ⟦kēṟi ケーリ⟧ [ke:ṟi] ಶ್ರೇಣಿ 《古》*n.* 列、群れ、集まり [Ka. D1979] = ಶ್ರೇಣಿ (śrēṇi)

ಕೈ[1] ⟦kai カイ⟧ [kəĭ] 《古》*vt.* する、行う = ಕೆಯ್ (key)[2] [Ka. D1957]

ಕೈ[2] ⟦kai カイ⟧ [kəĭ] ಕಯ್, ಕಯಿ, ಕಯ್ಯಿ, ಕೆಯ್, ಕೈಯ್, ಕೈಯಿ, ಕೈಯ್ಯಿ *n.* 1 手、腕 2 (象の)鼻 3 取っ手 4 臨時の、仮の、一時的な ¶ ಕೈಗಡ (kaigaḍa) 利息や保証のない一時的な金銭や物品の貸し借り《複合語頭で》[Ka. *D2023] = ಕೆಯ್ (key)[4]

ಕೈಂಕರ್ಯ ⟦kaiṃkarya カインカリヤ⟧ [kəiŋkərˑjɐ] 《文》*n.* 仕えること、召し使いの仕事や身分 [Sk.]

ಕೈಕಸಬು ⟦kaikasabu カイカサブ⟧ [kəĭkəsəbu] *n.* 1 手細工(品)、手工芸(品)、手仕事 2 使い走り、様々な小さい仕事 [+ *kasabu*]

ಕೈಕುಲುಕಾಟ ⟦kaikulukāṭa カイクルカータ⟧ [kəĭkulŭkɐ:ʈɐ] *n.* 握手して手を振ること [+ *kulukāṭa*]

ಕೈಕುಲುಕು ⟦kaikuluku カイクルク⟧ [kəĭkulŭku] *vi.* 握手して手を振る [+ *kuluku*]

ಕೈಕೊಡು ⟦kaikoḍu カイコドゥ⟧ [kəĭkoḍu] ಕೈಗುಡು, ಕಯ್ಯೊಡು, ಕಯ್ಯೊಡು, ಕಯ್ಯುಡು, ಕೈಗುಡು, ಕಯ್ಯೊಡು *vi.* 《*dat.*》 1「手を差し伸べる」、恭しく手を取って迎え入れる 2 援助の手を差し伸べる、保護の手を差し伸べる ¶ ಗಂಡ ಸತ್ತ ಮೇಲೆ ಆಶ್ರಮ ಆಕೆಗೆ ಕೈಕೊಟ್ಟಿತು. (gaṃḍa satta mēle āśrama ākege kaikoṭṭitu.) 夫の死後アーシュラマが彼女を保護した。 3〔喩〕騙す、ペテンにかける、裏切る ¶ ನನ್ನ ಗೆಳೆಯ ನನಗೆ ಕೈಕೊಟ್ಟ. (nanna geḷeya nanage kaikoṭṭa.) 友人が私を裏切った。 [+ *koḍu*]

ಕೈಕೊಳ್ಳು ⟦kaikoḷḷu カイコッル⟧ [kəĭkoḷḷu] ಕಯ್ಯೊಳ್, ಕಯ್ಯೊಳ್, ಕಯ್ಯೊಳ್, ಕಯ್ಯೊಳು, ಕಯ್ಯೊಳ್, ಕೈಕೊಳ್, ಕೈಕೊಳು, ಕೈಕೋ, ಕೈಗೊಳ್, ಕೈಗೊಳ್ಳು *vt.* 〈ある仕事や任務を〉引き受ける、請け負う ¶ ಅವರು ಪ್ರಧಾನಿಯ ಬಂದೋಬಸ್ತಿನ ಕೆಲಸವನ್ನು ಕೈಕೊಂಡಿದ್ದಾರೆ. (avaru pradʰāniya baṃdōbastina kelasavannu kaikoṃḍiddāre.) 夫は総理の警護の仕事を引き受けています。 [+ *koḷḷu*]

ಕೈಕೋಳ ⟦kaikōḷa カイコーラ⟧ [kəĭkoːḷɐ] *n.* 手錠 [+ *kōḷa*[2]]

ಕೈಕಡ ⟦kaikaḍa カイカダ⟧ [kəĭkəḍɐ] ಕೈಗಡ *n.* 利息や保証のない小額の金銭などの貸し借り ¶ ನನ್ನ ಗೆಳತಿ 50 ರೂಪಾಯಿಗಳನ್ನು ಕೈಗಡಕೊಟ್ಟಿದ್ದಳು. (nanna geḷati 50 rūpāyigaḷannu kaigaḍakoṭṭiddaḷu.) 私の女友達が 50 ルピー貸してくれていた。 [+ *kaḍa*[2]]

ಕೈಗಂಬ ⟦kaigaṃba カイガンバ⟧ [kəĭgəmbɐ] *n.* 道しるべ、道標 [+ *kaṃba*]

ಕೈಗಡ ⟦kaigaḍa カイガダ⟧ [kəĭgəḍɐ] *n.* 利息や保証のない小額の金銭などの貸し借り [+ *kaḍa*[2]] ☞ಕೈಕಡ (kaikaḍa)

ಕೈಗಡಿಯಾರ ⟦kaigaḍiyāra カイガディヤーラ⟧ [kəĭgəḍijɐːrɐ] *n.* 腕時計 [+ *gaḍiyāra*]

ಕೈಗವಸು ⟦kaigavasu カイガヴァス⟧ [kəĭgəvŏsu] 《文》 *n.* 手袋、(手首まで覆う)長手袋、(スポーツ選手がはめる)長い保護用の手袋 [+ *gavasu* < *kavicu* D1221]

ಕೈಗುರುತು ⟦kaigurutu カイグルトゥ⟧ [kəĭgurutu] *n.* 身ぶり、身ぶり手ぶり [+ *gurutu*]

ಕೈಗೂಡಿಸು ⟦kaigūḍisu カイグーディス⟧ [kəĭguːḍisu] ಕಯ್ಯೂಡಿಸು, ಕೈಗೂಡಿಸು *vt.* 1 結婚させる 2 得させる、獲得させる [+ *kūḍisu*]

ಕೈಗೂಡು ⟦kaigūḍu カイグードゥ⟧ [kəĭguːḍu] ಕಯ್ಯೂಡು, ಕಯ್ಯುಡು, ಕಯ್ಯೂಡು *vi.* 1 手に入る 2 (事業や計画などが)成就する 3 (時や運などが)好転する。¶ ನನ್ನ ದೈವ ಕೈಗೂಡಲಿಲ್ಲ. (nanna daiva kaigūḍalilla.) 私の運は好転しなかった。 [+ *kūḍu*]

ಕೈಗೊಂಬೆ ⟦kaigoṃbe カイゴンベ⟧ [kəĭgombe] *n.* 1 小さな人形 2〔喩〕操り人形 3〔喩〕操り人形、傀儡 ¶ ಅಧ್ಯಕ್ಷ ಹೆಂಡತಿಯ ಕೈಗೊಂಬೆ. (adʰyakṣa heṃḍatiya kaigoṃbe.) (学科) 長は奥さんの操り人形だ。 [+ *goṃbe*]

ಕೈಗೊಡಲಿ ⟦kaigoḍali カイゴダリ⟧ [kəĭgoḍəli] *n.* 手斧 [+ *koḍali*]

ಕೈಗೊಳ್ಳು ⟦kaigoḷḷu カイゴッル⟧ [kəĭgoḷḷu] *vt.* 1 手に取る、手でつかむ 2〈ある計画や仕事などを〉企てる、始める、引き受ける ¶ ಅಪ್ಪ ಪ್ರಧಾನಿಯ ಬಂದೋಬಸ್ತನ್ನು ಕೈಗೊಂಡಿದ್ದಾರೆ. (appa pradʰāniya baṃdōbastannu kaigoṃḍiddāre.) 父は首相の警護の仕事を引き受けている。 [+ *koḷḷu*] ☞ಕೈಕೊಳ್ಳು (kaikoḷḷu)

ಕೈಚಳಕ ⟦kaicaḷaka カイチャラカ⟧ [kəĭʧəḷə̆kɐ] ಕೈಚಳಕು *n.* 手先の器用さ、機敏さ、早業 [+ *calaka*]

ಕೈಚಾಚು ⟦kaicācu カイチャーチュ⟧ [kəĭʧɐːʧu] *vi.* 1 手を伸ばす、手を差し出す 2 物を乞う、物乞いする [+ *cacu*]

ಕೈಚೆಲ್ಲು ⟦kaicellu カイチェッル⟧ [kəĭʧellu] ಕೈಚಲ್ಲು *vi.* 万策尽きて手を引く [+ *cellu*]

ಕೈಜೋಡಿಸು ⟦kaijōḍisu カイジョーディス⟧ [kəĭʤoːḍisu] ಕಯ್ಯೋಡಿಸು, ಕಯ್ಯೋಳಿಸು *vi.* 両手を合わせる; 手を合わせて挨拶する [+ *jōḍisu*]

ಕೈತಡೆ ⟦kaitaḍe カイタデ⟧ [kəĭtəḍe] *vt.* 妨げる、制止する ¶ ನೀನು ಯಾವುದೇ ಕಾರಣಕ್ಕಾಗಿ ಅವನ ಕೈತಡೆಯಬೇಡ. (nīnu yāvudē kāraṇakkāgi avana kaitaḍeyabēḍa.) 何がどうあろうとも彼のすることを妨げてはなりません。 [+ *taḍe*]

ಕೈತಪ್ಪು ⟦kaitappu カイタップ⟧ [kəĭtəppu] *vi.* 手から滑り落ちる、手からすり抜ける ¶ ಪ್ಲೇಟು ಕೈತಪ್ಪಿ ನೆಲದ ಮೇಲೆ ಬಿತ್ತು. (plēṭu kaitappi nelada mēle bittu.) 皿は手が滑って床の上に落ちた。 [+ *tappu*]

ಕೈತೆಗೆ ⟦kaitege カイテゲ⟧ [kəĭtege] ಕೈದೆಗೆ *vi.* 1 手を引っ込める 2 助けの手を引っ込める、手を引く ¶ ಯಜಮಾನರು ವಿದ್ಯುತ್ ಉತ್ಪಾದನಾ ಯೋಜನೆಯಿಂದ ಕೈತೆಗೆದರು. (yajamānaru vidyut utpādanā yōjaneyiṃda kaitegedaru.) 経営者は発電事業から手を引いた。 [+ *tege*]

ಕೈದೀಪ ⟦kaidīpa カイディーパ⟧ [kəĭdiːpɐ] *n.* 1 小さな携帯用のランプ 2 懐中 [+ *dīpa*] = ಕೈದೀವಿಗೆ (kaidīvige)

ಕೈದೀವಿಗೆ ⟦kaidīvige カイディーヴィゲ⟧ [kəĭdiːvĭge] *n.* 携帯用ランプの一種 [+ *dīvige*] = ಕೈದೀಪ (kaidīpa)

ಕೈನೀಡು ⟦kainīḍu カイニードゥ⟧ [kəĭniːḍu] ಕಯ್ನೀಡು *vi.* 1 手を伸ばす、手を差し伸べる 2 手を置く 3 保護の手を差し伸べる ¶ ಕಷ್ಟದಲ್ಲಿ ಕೈನೀಡಿದವರನ್ನು ಮರೆಯಬಾರದು. (kaṣṭadalli kainīḍidavarannu mareyabāradu.) 人は苦難の時に手を差し伸べてくれた人を忘れてはならない。 [+ *nīḍu*]

ಕೈಬಂಡಿ ⟦kaibaṃḍi カイバンディ⟧ [kəĭbənḍi] *n.* 手車、手押し車 [+ *baṃḍi*]

ಕೈಬರಹ ⟦kaibaraha カイバラハ⟧ [kəĭbərəhɐ] *n.* 手跡、筆跡 [+ *baraha*]

ಕೈಬರು ⟦kaibaru カイバル⟧ [kəĭbəru] ಕಯ್ವರ್, ಕಯ್ವರ್, ಕೈವರ್ 《古》 *vi.* 手に入る [+ *baru*] = ಕೈಗೆ ಬರು (kaige baru)〔現〕

ಕೈಬಾಂಬು ⟦kaibāṃbu カイバーンブ⟧ [kəĭbɐːmbu] *n.* 手榴弾 [+ Eg. *bomb*]

ಕೈಬಿಚ್ಚು ⟦kaibiccu カイビッチュ⟧ [kəĭbiʧʧu] *vi.* 1 手の平を開く 2〔喩〕物惜しみをしない ¶ ಹೆಂಡತಿ ಸತ್ತ ಮೇಲೆ ಯಜಮಾನ ಕೈಬಿಚ್ಚಿ ಬಡವರಿಗೆ ಸಹಾಯ ಮಾಡಲು ತೊಡಗಿದರು. (heṃḍati satta mēle yajamāna kaibicci baḍavarige sahāya māḍalu toḍagidaru.) 連れ合いが亡くなってから地主は惜しみなく貧乏人を助け始めた。[+ *biccu*]

ಕೈಬಿಡು ⟦kaibiḍu カイビドゥ⟧ [kəĭbiḍu] *vt.* 《過去語幹 kaibiṭṭ-》 1 手を放す 2〔喩〕〈財産などを〉手放す ¶ ತನ್ನ ಮನೆ ಕೈಬಿಟ್ಟ ಸಂತಾಪದಲ್ಲಿ ಅಪ್ಪ ಪ್ರಾಣಬಿಟ್ಟರು. (tanna mane kaibiṭṭa saṃtāpadalli appa prāṇabiṭṭaru.) 父は自分の家を手放して苦悶のうちに亡くなった。 3〔喩〕援助や保護の手を引く ¶ ಪತ್ರಕಾರರ ಟೀಕೆಗಳನ್ನು ನೋಡಿ ಮಂತ್ರಿಗಳು ನಮ್ಮ ಯೋಜನೆಗಳನ್ನು ಕೈಬಿಟ್ಟರು. (patrakārara ṭīkegaḷannu nōḍi maṃtrigaḷu namma yōjanegaḷannu kaibiṭṭaru.) 報道関係者たちの反対を見て大臣は我々の計画から手を引いた。[+ *biḍu*]

ಕೈಬೆತ್ತ ⟦kaibetta カイベッタ⟧ [kəĭbettɐ] *n.* 杖、ステッキ [+ *betta*]

ಕೈಬೇಡಿ ⟦kaibēḍi カイベーディ⟧ [kəĭbe:ḍi] *n.* 手錠 [+ *bēḍi*]

ಕೈಮಗ್ಗ ⟦kaimagga カイマッガ⟧ [kəĭməggɐ] *n.* 手織りばた [+ *magga*]

ಕೈಮರ ⟦kaimara カイマラ⟧ [kəĭmərɐ] *n.* 道しるべ、道標 [+ *mara*] ಕೈಗಂಬ (kaigaṃba)

ಕೈಮಾಟ ⟦kaimāṭa カイマータ⟧ [kəımɐ:ṭɐ] *n.* 1 手細工(品)、手工芸(品)、手仕事 2 手の器用さ、手練 [+ *māṭa*] = ಕೈಕೆಲಸ (kaikelasa)

ಕೈಮಾಡು ⟦kaimāḍu カイマードゥ⟧ [kəĭmɐ:ḍu] ಕಯ್ಮಾಡು, ಕೆಯ್ಮಾಡು《古》*vi.* 1 身ぶり手ぶりで知らせる 2 手を出す、物理的に攻撃する [+ *māḍu*]

ಕೈಮಿಂಚು ⟦kaimiṃcu カイミンチュ⟧ [kəĭimiɲʧu] *vi.* 《*gen.*》(問題などが)制御できなくなる ¶ ಇರಾಕಿನಲ್ಲಿ ಉಗ್ರವಾದಿಗರ ಚಟುವಟಿಕೆ ಕೈಮಿಂಚಿದೆ. (irākinalli ugravādigara caṭuvaṭike kaimiṃcide.) イラクでテロリストたちの活動が手に負えなくなっている。[+ *miṃcu*]

ಕೈಮಿಗು ⟦kaimigu カイミグ⟧ [kəĭmigu] ಕಯ್ಮಿಗು, ಕೆಯ್ಮಿಗು《古》*vi.* 限度を超えて増える、増えすぎる ¶ ಅವನ ಸಿಹಿಮೂತ್ರರೋಗ ಕೈಮಿಕ್ಕಿದೆ. (avana sihimūtrarōga kaimikkide.) あの人の糖尿病は抑えられない状態になった。[+ *migu*]

ಕೈಮೀರು ⟦kaimīru カイミール⟧ [kəĭmi:ru] ಕಯ್ಮೀಱು, ಕೆಯ್ಮೀಱು, ಕೈಮೀಱು *vi.* 《*gen.*》手に負えなくなる、制御できなくなる ¶ ಈ ವಿಷಯ ನಮ್ಮ ಕೈಮೀರಿದೆ. (ī viṣaya namma kaimīride.) この問題は私たちの手に負えなくなった。[+ *mīru*]

ಕೈವಶ ⟦kaivaśa カイヴァシャ⟧ [kəĭvəʃɐ] ಕೆಯ್ವಸ, ಕೈವಸ *n.* 制御；支配、占有 ¶ ಆ ಭೂಮಿ ನನ್ನ ಕೈವಶವಾಗಿದೆ. (ā bʰūmi nanna kaivaśavāgide.) この土地は私が占有している。[+ *vaśa*]

ಕೈವಸ ⟦kaivasa カイヴァサ⟧ [kəĭvəsɐ] ಕೆಯ್ವಸ《古》*n.* 支配；占有 [+ *vasa*]

ಕೈವಸ್ತ್ರ ⟦kaivastra カイヴァストラ⟧ [kəĭvəstrɐ]《文》*n.* ハンカチ [+ *vastra*] = ಕರವಸ್ತ್ರ (karavastra)

ಕೈಸನ್ನೆ ⟦kaisanne カイサンネ⟧ [kəĭsənne] ಕಯ್ಸನ್ನೆ, ಕೆಯ್ಸನ್ನೆ *n.* 手ぶり、手まね [+ *sanne*]

ಕೈ³ ⟦kai カイ⟧ [kəĭ]《古》*n.* 飾り、装飾 [Ka. D2024] = ಕೆಯ್ (key)⁵

ಕೈ⁴ ⟦kai カイ⟧ [kəĭ]《古》*n.* 農地、田畑 [Ka. D1958] ☞ಕೆಯ್ (key)³

ಕೈಕೆಳಗು ⟦kaikeḷagu カイケラグ⟧ [kəĭkeḷəgu] (*n.*) 従属〈の〉、従位〈の〉、支配下にある〈こと〉¶ ಆ ಅರಸನ ಕೈಕೆಳಗಿನ ಜನ ಇಂದು ಲಕ್ಷವನ್ನು ಮೀರಲಿಲ್ಲ. (ā arasana kaikeḷagina jana iṃdu lakṣavannu mīralilla.) その王の支配下にある人口は10万人を超えなかった。[Ka. *kai*² + *keḷagu*] = ಅಧೀನತೆ (adʰīnate)

ಕೈಗಾರ ⟦kaigāra カイガーラ⟧ [kəĭgɐ:rɐ] *m.* 熟練した腕を持った人 [Ka. *kai* + *-kāra*]

ಕೈಗಾರಿಕೆ ⟦kaigārike カイガーリケ⟧ [kəĭgɐ:rĭke] *n.* 1 産業 2 手工業 3 腕力 [Ka. *kaigara* + *-ike*]

ಕೈಗಾರಿಕೋದ್ಯಮಿ ⟦kaigārikōdyami カイガーリコーディャミ⟧ [kəĭgɐ:riko:dʲjəmi] *mf.* 生産業者、産業資本家 [Sk.]

ಕೈಗಾವಲು ⟦kaigāvalu カイガーヴァル⟧ [kəĭgɐ:vəlu] *n.* 1 予備、予備品、予備人員；緊急事態のためにとっておいた物品や人材 2 護衛 3 予備軍 ☞ಕೈಗಾವಲು ಸೈನ್ಯ (kaigāvalu sainya) [Ka. *kai* + *kāvalu*]

ಕೈಗಾವಲುಚಕ್ರ ⟦kaigāvalucakra カイガーヴァルチャクラ⟧ [kəĭgɐ:vəluʧək·rɐ]《文》*n.* 予備のタイヤ [+ *cakra*]

ಕೈಗಾವಲು ಆಟಗಾರ ⟦kaigāvalu āṭagāra カイガーヴァルアータガーラ⟧ [kəĭgɐ:vəlu ɐ:ṭəgɐ:rɐ]《文》*m.* 《*f.* —ಆಟಗಾರ್ತಿ (—āṭagārti)》代役の役者 [+ *āṭagāra*]

ಕೈಗಾವಲು ದಾಸ್ತಾನು ⟦kaigāvalu dāstānu カイガーヴァルダースターヌ⟧ [kəĭgɐ:vəlu dɐ:stɐ:nu]《文》*n.* 予備の在庫；(供給変動に備える)緩衝在庫 [+]

ಕೈಗಾವಲು ಮೊಬಲಗು ⟦kaigāvalu mobalagu カイガーヴァルモバラグ⟧ [kəĭgɐ:vəlu mobələgu]《文》*n.* 予備費 [+ *mobalagu*「合計」]

ಕೈಗಾವಲುವಸ್ತು ⟦kaigāvaluvastu カイガーヴァルヴァストゥ⟧ [kəĭgɐ:vəluvəstu]《文》*n.* 予備品 [+ *vastu*]

ಕೈಗಾವಲು ಸೈನ್ಯ ⟦kaigāvalu sainya カイガーヴァルサイニャ⟧ [kəĭgɐ:vəlu səin·jɐ]《文》*n.* 予備軍 [+ *sainya*]

ಕೈಗಾವಲುಹಣ ⟦kaigāvaluhaṇa カイガーヴァルハナ⟧ [kəĭgɐ:vəluhəṇɐ]《文》*n.* 予備費 [+ *haṇa*]

ಕೈತ ⟦kaita カイタ⟧ [kəĭtɐ]《古》*n.* すること、行うこと [Ka. *kai* + *-ta* D1957] ☞ಕೆಯ್ತ (keyta)

ಕೈತವ ⟦kaitava カイタヴァ⟧ [kəĭtəvɐ]《文》*n.* 1 欺瞞、詐欺、瞞着 2 言い訳、申し訳 [Sk.]

ಕೈತೋಟ ⟦kaitōṭa カイトータ⟧ [kəĭto:ṭɐ] ಕೈದೋಟ *n.* (家の裏庭などにある)家庭用の菜園、家庭菜園 [Ka.]

ಕೈದಿ ⟦kaidi カイディ⟧ [kəĭdi] ಖೈದಿ *mf.* 囚人 [Ar. *qaidī*] = ಸೆರೆಯಾಳು (sereyāḷu)〔口〕

ಕೈದು[1] ⟦kaidu カイドゥ⟧ [kəĭđu] ಕಯ್ದು, ಕೆಯ್ದು 《古》 *n.* 武器 [Ka. D2027]

ಕೈದು[2] ⟦kaidu カイドゥ⟧ [kəĭdu] ಖೈದು 《文》 *n.* 逮捕、拘束、監禁、禁固 ◇ *vt.* —ಮಾಡು (māḍu) [Ar. *qaid*] = ಸೆರೆ (sere)

ಕೈದುಗೆಯ್ ⟦kaidugey カイドゥゲイ⟧ [kəĭdugeĭ] ಕೆಯ್ದು-ಗೆಯ್, ಕೆಯ್ದುಕ್ಕೆಯ್, ಕೈದುಗೆಯ್, ಕೈದುಗೈ 《古》 *vi.* 武器で攻撃する [Ka. *kaidu* + *key*]

ಕೈದುಗೊಳ್ ⟦kaidugoḷ カイドゥゴル⟧ [kəĭduɡoɭ] ಕೈದು-ಕೊಳ್ 《古》 *vi.* 武器を取る、武力に訴える [Ka. *keydu* + *koḷ*]

ಕೈಪತ್ರ ⟦kaipatra カイパトラ⟧ [kəĭpətrɐ] *n.* **1** 手渡しの手紙 **2** 約束手形 [Ka. *kai* + *patra*]

ಕೈಪಿಡಿ ⟦kaipiḍi カイピディ⟧ [kəĭpiɖi] ಕೆಯ್ಪಿಡಿ, ಕಯ್ಪಿಡಿ, ಕಯ್ಪಿಡಿ 《古》 *n.* **1** 手鏡 **2** 寄る辺、よすが、頼り **3** 手を握ること、手で握ること **4** 小型で簡潔な教則本 [Ka. *key*[2] + *piḍi*] = ಕೈಹೊತ್ತಗೆ (kaihottage)

ಕೈಫಿಯತ್ತು ⟦kaipʰiyattu カイピヤットゥ⟧ [kəĭpʰijəttu] *n.* 裁判や事件などに関する宣誓供述書 [Ar.-Pe. *kaifiyat*]

ಕೈಮ ⟦kaima カイマ⟧ [kəĭmɐ] *n.* **1** みじん切りにした肉 **2** みじん切りした肉のカレー [Ar. *qīma*]

ಕೈಮೆ ⟦kaime カイメ⟧ [kəĭme] ಕಯ್ಮೆ, ಕೈಮ್ಮೆ, ಗೆಯ್ಮೆ, ಗೇಮೆ, ಗೈಮೆ 《古》 *n.* **1** 仕事、業績 **2** 器用なこと、利口なこと、巧妙なこと **3** ごまかし、ペテン [Ka. *D1250, D1957]

ಕೈವಲ್ಯ ⟦kaivalya カイヴァリャ⟧ [kəĭvəljɐ] 《文》 *n.* 悟りを開いてあらゆる束縛から脱すること、解脱 [Sk.]

ಕೈವಾರ[1] ⟦kaivāra カイヴァーラ⟧ [kəĭvɐːrɐ] ಕಯಿವಾರ, ಕಯ್ವಾರ, ಕೆಯ್ವಾರ 《古》 *n.* **1** 賞賛 (*Pb.9.19*) **2** 物惜しみしない手 **3** 能力 [Ka. *kai* + ?, D2029]

ಕೈವಾರ[2] ⟦kaivāra カイヴァーラ⟧ [kəĭvɐːrɐ] ಕಯಿವಾರ, ಕವೆಯರ, ಕವೆಯಾರ, ಕೆಯ್ವಾರ 《古》 *n.* コンパス（製図器）[?] = ಕಂಪಾಸು (kampāsu)

ಕೈವಾರಿ ⟦kaivāri カイヴァーリ⟧ [kaivɐːri] 《文》 *m.* **1** 誉め称える人、賞賛者 **2** 強い人、剛勇の人、勇者 **3** 支持者 [Ka. *kaivāra*1 + *-i*]

ಕೈವಾರಿಸು ⟦kaivārisu カイヴァーリス⟧ [kaivɐːrisu] 《文》 *vt.* **1** 褒める、賞賛する **2** 支持する [Ka. *kaivāra*[1] + *-isu*]

ಕೈಸಾಲೆ ⟦kaisāle カイサーレ⟧ [kəĭsɐːle] ಕೈಸಾರೆ, ಕೆಯ್ಸಾಲೆ 《古》 *n.* 家の外に設けた人が座るための台 [Ka. *kai* + *sāle*] = ಜಗಲಿ (jagali)

ಕೈಸೆರೆ ⟦kaisere カイセレ⟧ [kəĭsere] ಕೆಯ್ಸೆಱೆ, ಕಯ್ಯಿಸೆಱೆ, ಕೈ-ಶೆರೆ, ಕೈಸೆಱೆ *n.* 捕らわれ、収監 ◇ *vi.* —ಆಗು (āgu) 捕囚となる [Ka. *kai*[2] + *sere*]

ಕೊಂಕ ⟦komka コンカ⟧ [koŋkɐ] 《古》 *n.* [Ka. *D2037] ☞ಕೊಂಗು (komgu)

ಕೊಂಕಣ ⟦komkaṇa コンカナ⟧ [koŋkə̆ɳɐ] ಕೊಂಗಣ *n.* コンカン（マハーラーシュトラ州ムンバイの南の海岸地帯） **—***m.* コンカン地方の人 [Sk. *kōmkaṇa-*]

ಕೊಂಕಣಿ ⟦komkaṇi コンカニ⟧ [koŋkə̆ɳi] *n.* コーンカニー語（インド・アーリア語派の一種） **—***mf.* コンカン地方の人 [?]

ಕೊಂಕಱ್ ⟦komkaṟ コンカル⟧ [koŋkəɽ] 《古》 *n.* 脇の下 [Ka. D1234]

ಕೊಂಕಟಿ ⟦komkaṟa コンカラ⟧ [koŋkəɽɐ] 《古》 *n.* 脇の下 [Ka. D1234]

ಕೊಂಕಿ ⟦komki コンキ⟧ [koŋki] *n.* 鉤（かぎ）；釣り針 **—***mf.* よこしまな人；へそ曲がりな人、つむじ曲がりな人 = ಕೊಂಕಿಗ (komkiga) [Ka. D2032]

ಕೊಂಕಿಗ ⟦komkiga コンキガ⟧ [koŋkiɡɐ] 《古》 *m.* 《*f.* ಕೊಂಕುಗಿತ್ತಿ (komkugitti)》 よこしまな人；へそ曲がりな人、つむじ曲がりな人 [Ka. *komku* + *-iga*]

ಕೊಂಕಿಸು ⟦komkisu コンキス⟧ [koŋkĭsu] ಕೊಂಕೆ, ಕೊಂಗು *vt.* **1** 曲げる、よじる **2** 〈事実や真実などを〉歪曲する **3** 苦しめる、悩ます [Ka. *komku* + *-isu*, D2032]

ಕೊಂಕು ⟦komku コンク⟧ [koŋku] *vi.* **1** 曲がる、湾曲する **2** 後ずさりする、退く **3** 興奮する **4** 痛む、痛い **5** 足りない、不足する **6** (比喩的に)曲がる、ひねくれた、真実でない ¶ ಅವನ ಸಹಾಯದಲ್ಲಿ ಏನೂ ಕೊಂಕಿಲ್ಲ. (avana sahāyadalli ēnū komkilla.) 彼の助けには何の二心もない。 **—***n.* **1** 曲がり、曲がっていること **2** 当てこすり、掛け詞 = ವಕ್ರೋಕ್ತಿ (vakrōkti) **3** 皮肉、嫌味 **4** 難儀、苦しみ [Ka. D2032]

ಕೊಂಕುಕೊಸರು ⟦komkukosaru コンクコサル⟧ [koŋkukosəru] ಕೊಂಕೊಸರು *n.* あれやこれやの欠点 [Ka. *komku* + *kosaru*]

ಕೊಂಕುನೋಟ ⟦komkunōṭa コンクノータ⟧ [koŋkunoːʈɐ] *n.* 横目、流し目 [+ ನೋಟ (nōṭa)]

ಕೊಂಕುನಗೆ ⟦komkunage コンクナゲ⟧ [koŋkunəɡe] *n.* 冷笑、あざ笑い [+ ನಗೆ (nage)]

ಕೊಂಕುನುಡಿ ⟦komkunuḍi コンクヌディ⟧ [koŋkunuɖi] *n.* 皮肉、あてこすり [+ ನುಡಿ (nuḍi)]

ಕೊಂಕುಮಾತು ⟦komkumātu コンクマートゥ⟧ [koŋkumɐːtu] *n.* 皮肉、あてこすり [+ ಮಾತು (mātu)]

ಕೊಂಕುವಂಕು ⟦komkuvamku コンクヴァンク⟧ [koŋkuvəŋku] (*n.*) 曲がりくねった〈こと〉 ¶ ಮಲನಾಡಿನಲ್ಲಿ ರಸ್ತೆಗಳು ಕೊಂಕುವಂಕಾಗಿವೆ. (malanāḍinalli rastegaḷu komkuvamkāgive.) マレナードゥ（西ガート山脈の山地）では道路が曲がりくねっている。[Ka. *komku* + ech.] = ಅಂಕುಡೊಂಕು, ಓರೆಕೋರೆ (amkuḍomku, ōrekōre)

ಕೊಂಕುಳು ⟦komkuḷu コンクル⟧ [koŋkuɭu] ಕೊಂಕಱ್, ಕೊಂಕಟಿ, ಕೊಂಕುಱ್ *n.* 脇の下 [Ka. *D1234]

ಕೊಂಕುಱ್ ⟦komkuṟ コンクル⟧ [koŋkuɽ] 《古》 *n.* 脇の下 [Ka. D1234]

ಕೊಂಗ[1] ⟦komga コンガ⟧ [koŋɡɐ] 《‡》 *n.* 曲がっていること (*DEDR*) [Ka. D2032]

ಕೊಂಗ[2] ⟦komga コンガ⟧ [koŋɡɐ] 《古》 *n.* コング（今日のタミルナードゥ州のコインバトール地方に当たる国） **—***m.* 《*f.* ಕೊಂಗಿತಿ (komgiti)》 コングの国に属する人 [Ka. D2037]

ಕೊಂಗರಿ ⟦koṃgari コンガリ⟧ [koŋgəri] 《古》(*n.*) 曲がった〈こと〉[Ka. D2032]

ಕೊಂಗಿ ⟦koṃgi コンギ⟧ [koŋgi] 《文》*mf.* へそ曲がりの人、つむじ曲がりの人 [Ka. *D2032]

ಕೊಂಗು[1] ⟦koṃgu コング⟧ [koŋgu] 《古》(*n.*) 曲がっている〈こと〉[Ka. D2032]

ಕೊಂಗು[2] ⟦koṃgu コング⟧ [koŋgu] ಕೊಂಕ, ಕೊಂಗ 《古》*n.* コング(今日のタミルナード州のコインバトール地方に当たる国) [Ka. D2037]

ಕೊಂಚ ⟦koṃca コンチャ⟧ [koɲʧɐ] ಕೊಂಚೆ (*adj.*) 少し〈の〉、わずか〈の〉¶ ಕೊಂಚ ಉಪ್ಪು ಹಾಕಿದರೆ ರುಚಿಯಾಗುತ್ತದೆ. (koṃca uppu hākidare ruciyāguttade.) ちょっと塩を入れたら味がよくなるよ。 —*adv.* **1** 少し **2** ちょっと(ものを頼む時遠慮を表す言葉) ¶ ಕೊಂಚ ಈ ಪೆಟ್ಟಿಗೆಯನ್ನು ತೆಗೆಯಿರಿ. (koṃca ī peṭṭigeyannu tegeyiri.) ちょっとこの箱をあけて。= ಸ್ವಲ್ಪ (svalpa) [Ka. D2041]

ಕೊಂಚೆ ⟦koṃce コンチェ⟧ [koɲʧe] 《古》(*adj.*), *adv.* = ಕೊಂಚ (koṃca) [Ka. D2041]

ಕೊಂಟು ⟦koṃṭu コントゥ⟧ [koɳʈu] 《古》*n.* 丸太、枝や葉が落ちた枯れ木の幹 [? cf. *koraḍu*]

ಕೊಂಡ[1] ⟦koṃḍa コンダ⟧ [koɳɖɐ] 《文》*n.* **1** 池、貯水池 **2** 犠牲祭のための穴 [Ka. D1669]

ಕೊಂಡ[2] ⟦koṃḍa コンダ⟧ [koɳɖɐ] *n.* 山、丘 [Ka. D1864]

ಕೊಂಡಾಡು ⟦koṃḍāḍu コンダードゥ⟧ [koɳɖɐːɖu] *vt.* **1** 褒める、称える **2** 愛する、〈…に〉愛情をかける **3** 付き合う、交際する、かかわり合う [Ka. *koṃḍu past p.* of *koḷḷu* + *āḍu*, D2151]

ಕೊಂಡಿ[1] ⟦koṃḍi コンディ⟧ [koɳɖi] ಕೊಂಡೆ *n.* **1** 鉤(かぎ)(壁から突き出た物など);鎖の環;南京錠の U 字型の部分 **2** (サソリやハチの)針 **3** 曲がり、曲がったところ [Ka. D2080/D2151?]

ಕೊಂಡಿ[2] ⟦koṃḍi コンディ⟧ [koɳɖi] ಕೊಂಡಿ 《文》*n.* [Ka. *D3499] ☞ಕೊಂಡೆ (koṃḍe)[3]

ಕೊಂಡಿಸು ⟦koṃḍisu コンディス⟧ [koɳɖisu] 《古》*vt.* 中傷する、〈…の〉悪口を言う [Ka. D2251]

ಕೊಂಡೆ[1] ⟦koṃḍe コンデ⟧ [koɳɖe] ಗೊಂಡೆ, ಗೊಂಡು, ಗೊಂಡೆ 《古》*n.* **1** 房、飾り房 **2** 装身具の一種 [Ka. D2081]

ಕೊಂಡೆ[2] ⟦koṃḍe コンデ⟧ [koɳɖe] ಕೊಂಡೆ 《古》*n.* 中傷、悪口 [Ka. D2251]

ಕೊಂಡೆ[3] ⟦koṃḍe コンデ⟧ [koɳɖe] ಕೊಂಡಿ 《文》*n.* ヤサイカラスウリ、またはその実(ウリ科)⇀食・薬 [Ka. D3499] *[IMP 2.134]

ಕೊಂಡೆಕಾಯಿ ⟦koṃḍekāyi コンデカーイ⟧ [koɳɖekɐːji] ಕೊಂಡಿಕಾಯಿ 《文》*n.* ヤサイカラスウリの実 ⇀食・薬 [+ Ka. *kāyi*] *[IMP 2.134]

ಕೊಂಡೆಗ ⟦koṃḍega コンデガ⟧ [koɳɖegɐ] 《古》*m.* (*f.* ಕೊಂಡೆಗಿತ್ತಿ (koṃḍegitti))(陰で)悪口を言う人、中傷する人 [Ka. D2251]

ಕೊಂಡೆಯ ⟦koṃḍeya コンデヤ⟧ [koɳɖejɐ] 《古》*m.* (*f.* *ಕೊಂಡೆಯಳ್ (koṃḍeyaḷ))(陰で)悪口を言う人、中傷者、抽象する人 —*n.* 中傷、悪口 [Ka. D2251]

ಕೊಂದಲೆ ⟦koṃdale コンダレ⟧ [kondəle] 《古》*n.* 黒味がかった赤い花を咲かせるユリ科の草本 ⇀ 観・薬 [Ka. D1451] = ಕೋಳಿಕುಟುಮ (kōḷikuṭuma)〔汎〕*[IMP 3.77]

ಕೊಂದೆ ⟦koṃde コンデ⟧ [konde] 《‡》*n.* ナンバンサイカチ(ジャケツイバラ科カワラケツメイ属、5月〜8月に花が咲き、2月〜5月に実を結ぶ、その実は下剤)⇀ 薬 (*St. & Pl.* (*Kitt.*)) [Ka. D2175] = ಕಕ್ಕೆ ಮರ (kakke mara) *[IMP 2.13]

ಕೊಂಪೆ[1] ⟦koṃpe コンペ⟧ [kompe] *n.* 小さな刺の生えた灌木の茂み (*S.Mhr.* (*Kitt.*)) [Ka. D1235]

ಕೊಂಪೆ[2] ⟦koṃpe コンペ⟧ [kompe] *n.* **1** ゴミの山 **2** 小屋 [Ka. *D1731(a)]

ಕೊಂಪೆ[3] ⟦koṃpe コンペ⟧ [kompe] *n.* 小さな村、寒村 [Ka. D1732]

ಕೊಂಬ ⟦koṃba コンバ⟧ [kombɐ] 《古》*vt.* (koḷ, koḷu, koḷḷuの連用未来分詞) [Ka. *komba*] ☞ಕೊಳ್, ಕೊಳು, ಕೊಳ್ಳು (koḷ, koḷu, koḷḷu)

ಕೊಂಬು ⟦koṃbu コンブ⟧ [kombu] *n.* **1** 動物の角 **2** 角笛 **3** 象の牙 **4** 角でできた水筒 **5** 木の枝 **6** 子音文字に加えて母音「ウ」を表す文字 **7** 山の頂上;頭のてっぺん [Ka. D2115]

ಕೊಂಬುಗತ್ತಿ ⟦koṃbugatti コンブガッティ⟧ [kombugətti] *n.* 象の牙につけた刀 [+ *katti*]

ಕೊಂಬುಗಲ್ಲು ⟦koṃbugallu コンブガッル⟧ [kombugəllu] 《文》*n.* チャート、すい岩、角石 [+ *kallu*]

ಕೊಂಬುಗಹಳೆ ⟦koṃbugahaḷe コンブガハレ⟧ [kombugəhəɭe] *n.* 角笛 [⇒図] [+ *kahaḷe*]

ಕೊಂಬುಗಹಳೆ
角笛

ಕೊಂಬುಗೊಡು ⟦koṃbugoḍu コンブゴドゥ⟧ [kombugoɖu] 《古》*vi.* (*dat.*)(困った人を)庇護する [Ka. *koṃbu* + *koḍu*]

ಕೊಂಬೆ ⟦koṃbe コンベ⟧ [kombe] *n.* 木の枝 [Ka. D2115]

ಕೊಕ್ಕರ ⟦kokkara コッカラ⟧ [kokkərɐ] 《古》*n.* 嫌悪、憎悪(*śabdānu.* (KPN)) [? cf. *kokkarisu* D2031]

ಕೊಕ್ಕರಿ ⟦kokkari コッカリ⟧ [kokkəri] 《古》*n.* 曲がり [Ka. D2032]

ಕೊಕ್ಕರಿಕೆ ⟦kokkarike コッカリケ⟧ [kokkərike] 《古》*n.* 嫌悪、憎悪 [? *kokkara* + *-ike*]

ಕೊಕ್ಕರಿಸು ⟦kokkarisu コッカリス⟧ [kokkərisu] 《古》*vi.* (*dat.*) **1** 嫌悪する、嫌でたまらない **2** 恐れる、恐怖を覚える **3** ひるむ、小さくなる **4** 痛癪を起こす —*vt.* 脅かす [Ka. D2031]

ಕೊಕ್ಕರೆ ⟦kokkare コッカレ⟧ [kokkəre] *n.* 鶴や白鷺など首が長い鳥 [Ka. D2125]

ಕೊಕ್ಕಿ ⟦kokki コッキ⟧ [kokki] 《‡》*n.* 曲がっていること、曲がり、鉤(かぎ) (*S.Mhr.* (*Kitt.*)) [Ka. D2032]

ಕೊಕ್ಕು¹ ⟦kokku コック⟧ [kokku] *n.* 鳥のくちばし [Ka. D2034]

ಕೊಕ್ಕು² ⟦kokku コック⟧ [kokku] ಕುಕ್ಕು⁴, ಕುರ್ಕು, ಕೊಕ್ಕು, ಕೊರ್ಕು 《古》 *n.* 鶴や白鷺、およびそれに似た長い首を持った鳥 [Ka. D2125]

ಕೊಕ್ಕೆ ⟦kokke コッケ⟧ [kokke] *n.* 1 曲がっていること、曲がり 2 鉤(かぎ)、鉤型の道具 3 引けば閉まるように結んだ縄 4 鳥のくちばし 5 (高い場所にある果物を取ったり、葉を採取したりするための)先に鉤がついた棒 = ದೋಟಿ (dōṭi) [Ka. D2032]

ಕೊಕ್ಕೆಕೋಲು ⟦kokkekōlu コッケコール⟧ [kokkeko:lu] *n.* (高いところの果物を取ったり、葉を採取するための)先に鉤(かぎ)がついた棒 = ದೋಟಿ (dōṭi) [+ *kōlu*]

ಕೊಕ್ಕೆಮಾತು ⟦kokkemātu コッケマートゥ⟧ [kokkemɐ:tu] *n.* 1 皮肉、当てこすり 2 非難の言葉 [+ *mātu*]

ಕೊಕ್ಕೆಮೂಗು ⟦kokkemūgu コッケムーグ⟧ [kokkemu:gu] *n.* 鉤鼻(かぎ) [+ *mūgu*]

ಕೊಕ್ಕೆಗಿಡ ⟦kokkegiḍa コッケギダ⟧ [kokkegiɖɐ] *n.* キョウチクトウ科の灌木(薬用および観賞用) → 観・薬 [Ka. D2035] *[IMP 5.233]

ಕೊಕ್ಕೆಹುಳು ⟦kokkehuḷu コッケフル⟧ [kokkehuɭu] *n.* 鉤虫(こうちゅう)、十二指腸虫 [Ka. *kokke* + *huḷu*]

ಕೊಕ್ಕೊಕೆನ್ನು ⟦kokkokennu コッコケンヌ⟧ [kokkokkennu] midasiskip *vi.* (ニワトリが) こっこっと鳴く [Ka. *kokkoku* onom. + *-ennu*, D2031]

ಕೊಕ್ಕೋಕಶಾಸ್ತ್ರ ⟦kokkōkaśāstra コッコーカシャーストラ⟧ [kokko:kəʃɐ:strɐ] 《文》 *n.* 性の指南書の一つ(コッコーカの著とされる) [*kokkōka* + Sk. *śāstra*]

ಕೊಗ್ಗ ⟦kogga コッガ⟧ [koggɐ] 《古》 *n.* 曲がったこと、曲がり [Ka. D2032]

ಕೊಗ್ಗಿ¹ ⟦koggi コッギ⟧ [koggi] 《古》 *n.* [Ka. D2145] ☞ಕೊಗ್ಗಿಲಿ (koggili)

ಕೊಗ್ಗಿ² ⟦koggi コッギ⟧ [koggi] 《古》 *n.* [Ka. *D1855] ☞ಕೊಗ್ಗು (koggu)

ಕೊಗ್ಗಿಡಿ ⟦koggiḍi コッギディ⟧ [koggiɖi] 《文》 *n.* [Ka. D2145] ☞ಕೊಗ್ಗಿಲಿ (koggili) *[IMP 5.250]

ಕೊಗ್ಗಿಲಿ ⟦koggili コッギリ⟧ [koggili] ಕೊಗ್ಗಿ, ಕೊಗ್ಗಿಡಿ, ಕೊಗ್ಗಿಲ, ಕೊಗ್ಗೆ 《文》 *n.* ナンバンクサフジ(インド国内で広く見られる、紫色の花をつける多年生低木、マメ科ナンバンクサフジ属、道路脇に生える) → 薬 [Ka. D2145] *[IMP 5.250]

ಕೊಗ್ಗು ⟦koggu コッグ⟧ [koggu] ಕುಗ್ಗಿ, ಕುಗ್ಗು, ಕುಗ್ಗೆ, ಕೊಗ್ಗಿ², ಗುಗ್ಗೆ 《古》 *n.* 耳垢 [Ka. D1855]

ಕೊಗ್ಗೆ ⟦kogge コッゲ⟧ [kogge] 《古》 *n.* [Ka. D2145] ☞ಕೊಗ್ಗಿಲಿ (koggili)

ಕೊಚ್ಚಿಕೆ ⟦koccike コッチケ⟧ [koʧʧike] *n.* 切ること (*My.* (*Kitt.*)) [Ka. D1859] = ಕೊಚ್ಚುವಿಕೆ (koccuvike)

ಕೊಚ್ಚು¹ ⟦koccu コッチュ⟧ [koʧʧu] ಕೊರ್ಚು¹ *n.* 房、飾り房 [Ka. D1639]

ಕೊಚ್ಚು² ⟦koccu コッチュ⟧ [koʧʧu] ಕೊರ್ಚು² *vt.* ちょん切る、切り落とす;〈野菜等を〉小さく刻む、細切りにする、切り刻む —*n.* 1 切り落としたり切り刻んだりする道具 2 (カレー料理に入れる肉や野菜の細切れなど)小さく刻んだもの [Ka. D1859]

ಕೊಚ್ಚು³ ⟦koccu コッチュ⟧ [koʧʧu] ಕೊರ್ಚು³ *vt.* 自慢する、法螺(ほら)を吹く [Ka. D2043] = ಜಂಬಕೊಚ್ಚು (jaṃbakoccu) "to boast"

ಕೊಚ್ಚಿಕೊಳ್ಳು ⟦koccikoḷḷu コッチコッル⟧ [koʧʧikoɭɭu] *vt.* 自慢する ¶ ಅವನು ತನ್ನ ಕೆಲಸವನ್ನು ಕೊಚ್ಚಿಕೊಳ್ಳುತ್ತಾನೆ. (avanu tanna kelasavannu koccikoḷḷuttāne.) 彼は自分の業績を自慢する。 [+ *koḷḷu*]

ಕೊಚ್ಚು⁴ ⟦koccu コッチュ⟧ [koʧʧu] 《‡》 *n.* 小便の臭い (*R.* (*Kitt.*)) [Ka. < *korcu* D2128] ☞ಕೊರ್ಚು (korcu)⁴

ಕೊಚ್ಚು⁵ ⟦koccu コッチュ⟧ [koʧʧu] *vt.* 〈穀物や豆類を〉箕に入れてゴミや不純物を取り除くために揺する [Ka. D2144]

ಕೊಚ್ಚೆ ⟦kocce コッチェ⟧ [koʧʧe] ಗೊಚ್ಚೆ, ಗೊಜ್ಜೆ *n.* 1 泥、ぬかるみ 2 排水管、汚水を流す溝 [Ka. < *koṟace*, D1822]

ಕೊಜಂಟಿ ⟦kojaṃṭi コジャンティ⟧ [koʤənʈi] 《方》 *n.* 果物のかす (*Hav.*) [Ka. D2039]

ಕೊಞ್ಞೆ ⟦koññe コニュニェ⟧ [koɲɲe] 《方》 *n.* 1 (乳児の)片言 (Gowda) 2 ぺちゃくちゃしゃべること (*Hav.*) [Ka. D2043]

ಕೊಟಡಿ ⟦koṭaḍi コタディ⟧ [koʈəɖi] ಕೊಟ್ಟಡಿ, ಕೊಠಡಿ *n.* (家の奥の)小部屋 [M. *kōṭʰāḍī* M3546] = ಕೊಠಡಿ, ಕೋಣೆ (koṭʰaḍi, kōṇe)

ಕೊಟಿಗೆ ⟦koṭige コティゲ⟧ [koʈĭige] 《口》 *n.* [Ka. D2058] ☞ಕೊಟ್ಟಗೆ (koṭṭage)

ಕೊಟ್ಟ¹ ⟦koṭṭa コッタ⟧ [koʈʈɐ] (*adj.*) 《ಕೊನೆ (kone)とのみ用いられる》まったくの、極限〈の〉 ¶ ಕೊಟ್ಟಕೊನೆ (koṭṭakone) 一番端 [Ka. D2049]

ಕೊಟ್ಟಕೊನೆ ⟦koṭṭakone コッタコネ⟧ [koʈʈə̆kone] *n.* 一番端、一番終わり ¶ ರಸ್ತೆಯ ಕೊಟ್ಟಕೊನೆಯಲ್ಲಿ ಚಿಕ್ಕ ದೇವಸ್ಥಾನ ಇದೆ. (rasteya koṭṭakoneyalli cikka dēvastʰāna ide.) 道路のどん詰まりに小さなお寺がある。 [Ka. D2049]

ಕೊಟ್ಟ² ⟦koṭṭa コッタ⟧ [koʈʈɐ] 《古》 *n.* 冷たいこと、寒いこと [Ka. *D2056] ☞ಕೋಡು (kōḍu)

ಕೊಟ್ಟ³ ⟦koṭṭa コッタ⟧ [koʈʈɐ] ಗೊಟ್ಟ *n.* 家畜に薬などを与えるための竹の管 [Ka. D2059]

ಕೊಟ್ಟ⁴ ⟦koṭṭa コッタ⟧ [koʈʈɐ] 《‡》 *n.* 野生のナツメの一種(クロウメモドキ科ナツメ属) [Ka. D2070] (*St. & Pl.* (*Kitt.*)) = ಕೊಡಚಿ (koḍaci)

ಕೊಟ್ಟ⁵ ⟦koṭṭa コッタ⟧ [koʈʈɐ] 《古》 *n.* 城壁、塁壁、町の防御のため周囲に設けられた丈夫な壁 [Ka. *D2207] = ಕೋಟೆ (kōṭe)

ಕೊಟ್ಟ⁶ ⟦koṭṭa コッタ⟧ [koʈʈɐ] ಗೊಟ್ಟ 《古》 *n.* 住処、住居 [Sk. *kōṣṭʰa-*]

ಕೊಟ್ಟ⁷ ⟦koṭṭa コッタ⟧ [koʈʈɐ] ಕೊಟ್ಟೆ 《古》 *n.* **1** 高慢、傲慢 **2** いたずら、悪さ —*mf.* いたずら者、悪さをする人、害を及ぼす人 [Dr.]

ಕೊಟ್ಟಗೆ ⟦koṭṭage コッタゲ⟧ [koʈʈə̆ge] *n.* 家の外部に作られた家畜小屋（月経中の女性が過ごす場所としても用いられる）；家の外に建てられた小部屋 [Ka. D2058] ☞ಕೊಟ್ಟಿಗೆ (koṭṭige)

ಕೊಟ್ಟಣ¹ ⟦koṭṭaṇa コッタナ⟧ [koʈʈə̆ɳɐ] 《古》 *n.* **1** 稲などを脱穀するために搗くこと **2** 米などを搗く臼 **3** 米などを搗く杵 **4** 米などを搗く仕事 [Ka. D2063]

ಕೊಟ್ಟಣ² ⟦koṭṭaṇa コッタナ⟧ [koʈʈə̆ɳɐ] 《古》 *n.* 庇護を与える場所、庇護を受ける場所、（苦しい時の）避難所 [?]

ಕೊಟ್ಟಾರ ⟦koṭṭāra コッターラ⟧ [koʈʈɐːrɐ] ಕೊಟಾರ, ಕೊಟ್ಟರ, ಕೊಟ್ಟಾರ, ಕೊಠಾರ, ಕೋಟಾರ, ಕೋಠಾರ 《古》 *n.* 穀物の倉庫、穀物を蓄える部屋；倉庫 [Sk. *kōṣṭʰāgāra*- T3550]

ಕೊಟ್ಟಾರಿ ⟦koṭṭāri コッターリ⟧ [koʈʈɐːri] *mf.* 倉庫を司る人 [Sk. *kōṣṭʰāgārin*-]

ಕೊಟ್ಟಿ¹ ⟦koṭṭi コッティ⟧ [koʈʈi] ಖೊಟ್ಟಿ (*n.*) 偽〈の〉、偽造〈の〉 —*mf.* 悪い人、不正直な人 [H./M. *kʰōṭā* T3931.2]

ಕೊಟ್ಟಿ² ⟦koṭṭi コッティ⟧ [koʈʈi] 《古》 *n.* （家の奥の）小部屋 [Ka. *D2058]

ಕೊಟ್ಟಿಗೆ ⟦koṭṭige コッティゲ⟧ [koʈʈige] ಕೊಟಿಗೆ, ಕೊಟ್ಟಗೆ *n.* 家の外部に作られた家畜小屋（月経中の女性が過ごす場所としても用いられる）；家の外に建てられた小部屋 [Ka. D2058]

ಕೊಟ್ಟು¹ ⟦koṭṭu コットゥ⟧ [koʈʈu] *n.* **1** 乳首 **2**（ニワトリや孔雀などの）とさか **3**（コブラの）からかさ状の頸部 [Ka. D2049]

ಕೊಟ್ಟು² ⟦koṭṭu コットゥ⟧ [koʈʈu] 《‡》 *mf.* 恥知らずな人 (*DEDR*) [Ka. D2079]

ಕೊಟ್ಟು³ ⟦koṭṭu コットゥ⟧ [koʈʈu] 《古》 *n.* 占いに用いられる小型のオウムの一種 (*lex.*) [?]

ಕೊಟ್ಟು⁴ ⟦koṭṭu コットゥ⟧ [koʈʈu] 《古》 *n.* 太鼓の一種 [?]

ಕೊಟ್ಟುಹ ⟦koṭṭuha コットゥハ⟧ [koʈʈuhɐ] 《‡》 *n.* 打つこと (*Kitt.*) [Ka. D2063] = ಕುಟ್ಟುಹ (kuṭṭuha)

ಕೊಟ್ಟೆ¹ ⟦koṭṭe コッテ⟧ [koʈʈe] ಗೊಟ್ಟ, ಗೊಟ್ಟು, ಗೊಟ್ಟೆ *n.* マンゴーなど固くて大きい果物の内果皮（通常「種」とか「核」と呼ぶ）[Ka. D2069] (SK)

ಕೊಟ್ಟೆ² ⟦koṭṭe コッテ⟧ [koʈʈe] *n.* ビンロウジュの枝の根元の仏炎苞で作った使い捨ての椀 [?]

ಕೊಟ್ಟೆ³ ⟦koṭṭe コッテ⟧ [koʈʈe] 《古》 *n.* 高慢、うぬぼれ [?] = ಕೊಟ್ಟ (koṭṭa)⁶

ಕೊಠಡಿ ⟦koṭʰaḍi コタディ⟧ [koʈʰə̆ɖi] *n.* [M. *kōṭʰāḍī* M3546] ☞ಕೊಟಡಿ (koṭaḍi)

ಕೊಠಾರ ⟦koṭʰāra コターラ⟧ [koʈʰɐːrɐ] 《異》 *n.* [Sk. *kōṣṭʰāgāra*- T3550] ☞ಕೊಟ್ಟಾರ (koṭṭāra)

ಕೊಠಾರಿ ⟦koṭʰāri コターリ⟧ [koʈʰɐːri] 《異》 *mf.* [Sk. *kōṣṭʰāgārin*- T3550] ☞ಕೊಟ್ಟಾರಿ (koṭṭāri)

ಕೊಡ¹ ⟦koḍa コダ⟧ [koɖɐ] *n.* 土製や金属製の壺 [Ka. D1651]

ಕೊಡ² ⟦koḍa コダ⟧ [koɖɐ] (*adj.*) 《ಕೊಡಗೂಸು (koḍagūsu) と ಕೊಡವಿ (koḍavi) の２語にのみ現れる》若い〈こと〉[Ka. D2149]

ಕೊಡಂತಿ ⟦koḍaṃti コダンティ⟧ [koɖənti] 《古》 *n.* 木槌 [Ka. D2063] ☞ಕೊಡತಿ (koḍati)

ಕೊಡಂಬೆ ⟦koḍaṃbe コダンベ⟧ [koɖəmbe] 《古》 *n.* 魚を獲るための対になった籠 [Ka. D2047] ☞ಕೊಡವೆ (koḍave)

ಕೊಡಗ ⟦koḍaga コダガ⟧ [koɖə̆gɐ] *m.* 《*f.* ಕೊಡಗಿತಿ (koḍagiti)》コダグ地方の人 [*koḍagu* + *-a* D1649]

ಕೊಡಗು ⟦koḍagu コダグ⟧ [koɖə̆gu] *n.* コダグ（南カルナータカのガート山脈中の一地方）[Ka. D1649]

ಕೊಡಗುಕತ್ತಿ ⟦koḍagukatti コダグカッティ⟧ [koɖə̆gukətti] *n.* コダグ人が使う幅の広い剣 [+ *katti*]

ಕೊಡಗುಮಲೆ ⟦koḍagumale コダグマレ⟧ [koɖə̆guməle] *n.* コダグ地方の山 [+ *male*]

ಕೊಡಗೂಸು ⟦koḍagūsu コダグース⟧ [koɖə̆guːsu] *n.* 幼い女の子、幼女 [Ka. *koḍa*² + *kūsu*]

ಕೊಡಗೂಸುತನ ⟦koḍagūsutana コダグースタナ⟧ [koɖə̆guːsutənɐ] ಕೊಡುಗೂಸುತನ *n.* 処女であること；未婚の女性であること [Ka. *koḍagūsu* + *-tana*]

ಕೊಡಗಿಮಾನ್ಯ ⟦koḍagimānya コダギマーニャ⟧ [koðə̆gimɐːnʲjɐ] ಕೊಡಗೆಮಾನ್ಯ 《文》 *n.* 全額あるいは一部税を免除されている贈与された土地 [Ka. *koḍagi* + Sk. *mānya*]

ಕೊಡಗೆ ⟦koḍage コダゲ⟧ [koɖə̆ge] 《口》 *n.* 贈り物 [Ka. D2053] ☞ಕೊಡಿಗೆ (koḍige)

ಕೊಡಗೆಮಾನ್ಯ ⟦koḍagemānya コダゲマーニャ⟧ [koɖə̆gemɐːnʲjɐ] 《文》 *n.* [Ka. *koḍage* + Sk. *mānya*-] ☞ಕೊಡಗಿಮಾನ್ಯ (koḍagimānya)

ಕೊಡಚಿ ⟦koḍaci コダチ⟧ [koɖə̆ʧi] ಕೊಡಂಚಿ, ಕೊಡಚೆ *n.* 野生のナツメの一種（クロウメモドキ科ナツメ属）[Ka. D2070]

ಕೊಡಚಿಗಿಡ ⟦koḍacigiḍa コダチギダ⟧ [koɖə̆ʧigiɖɐ] *n.* 野生のナツメの一種（クロウメモドキ科ナツメ属）の木 [Ka. D2070]

ಕೊಡಚು ⟦koḍacu コダチュ⟧ [koɖə̆ʧu] 《‡》 *vt.* 〈耳垢を〉ほじくる (*My.* (*Kitt.*)) [Ka. D1660]

ಕೊಡತ¹ ⟦koḍata コダタ⟧ [koɖə̆tɐ] ಕೊಡೆತ 《古》 *n.* （できものや傷などの）ずきずきした痛み [Ka. *koḍe*¹ + *-ta* D1661]

ಕೊಡತ² ⟦koḍata コダタ⟧ [koɖə̆tɐ] *n.* 牛や牛の首にくくりつけて自由に動き回れないようにする棒 [Ka. D2045]

ಕೊಡತ³ ⟦koḍata コダタ⟧ [koɖə̆tɐ] 《古》 *n.* 冷たいこと、寒いこと [Ka. D2056]

ಕೊಡತಿ ⟦koḍati コダティ⟧ [koḍə̆ti] ಕೊದಂತಿ, ಕೊಡತೆ, ಕೊಣಚಿ *n.* 木槌 [Ka. D2063]

ಕೊಡಪಾನ ⟦koḍapāna コダパーナ⟧ [koḍə̆pɐːnɐ] 《‡》 *n.* 土製や金属製の壺 [Ka. *koḍa*[1] + *pāna*「壺」] = ಕೊಡ (koḍa)

ಕೊಡಪು ⟦koḍapu コダプ⟧ [koḍə̆pu] ಕೊಡವು, ಕೊಡಹು 《文》 *vt.* 振る、振り落とす [Ka. D1662] = ಝಾಡಿಸು (jʰāḍisu)

ಕೊಡಪ್ಪು ⟦koḍappu コダップ⟧ [koḍəppu] 《方》 *vt.* くちばしで突く (*Hav.*) [Ka. D2064]

ಕೊಡಮೆ ⟦koḍame コダメ⟧ [koḍə̆me] 《‡》 *n.* 魚を獲るための対になった籠 (*Sd.* (*Kitt.*)) [Ka. D2047] ☞ಕೊಡವೆ (koḍave)

ಕೊಡಲಿ ⟦koḍali コダリ⟧ [koḍə̆li] *n.* 斧 [A32, cf. T3244]

ಕೊಡವ ⟦koḍava コダヴァ⟧ [koḍə̆vɐ] *m.* 《*f.* ಕಿಡವತಿ (kiḍavati)》 コダグ地方の人 [< *koḍaga* *D1649] = ಕೊಡಗ (koḍaga)

ಕೊಡವಿ ⟦koḍavi コダヴィ⟧ [koḍə̆vi] *f.* 若い未婚の少女 [Ka. *koḍa*[2] + *-vi*]

ಕೊಡವತಿ ⟦koḍavati コダヴァティ⟧ [koḍəv] *f.* コダグの女性 [Ka. *koḍava* + *-itti*]

ಕೊಡವು ⟦koḍavu コダヴ⟧ [koḍə̆vu] 《文》 *vt.* 振る、振り落とす [Ka. D1662] = ಜಾಡಿಸು (jāḍisu) ☞ಕೊಡಪು (koḍapu)

ಕೊಡವೆ ⟦koḍave コダヴェ⟧ [koḍə̆ve] ಕೊಡಂಬೆ, ಕೊಡಮೆ *n.* 魚を獲るための対になった籠 [Ka. D2047] ☞ಕೊಡವೆ (koḍave)

ಕೊಡಸಿಗು ⟦koḍasigu コダシグ⟧ [koḍəsigu] 《文》 *n.* コネッシ（キョウチクトウ科の低木）(*St.& Pl.* (*Kitt.*)) [Ka. D1650] ☞ಕೊಡಸಿಗೆ (koḍasige)

ಕೊಡಸಿಗೆ ⟦koḍasige コダシゲ⟧ [koḍə̆sige] ಕೊಡಸಿಕೆ, ಕೊಡಸಿಗ, ಕೊಡಸಿಗು, ಕೊಡ್ಸೀಗೆ *n.* コネッシ（キョウチクトウ科の低木）→ 染・薬 [Ka. D1650] *[IMP 5.418]

ಕೊಡಸು ⟦koḍasu コダス⟧ [koḍəsu] 《‡》 *vt.* [Ka. D1660] (*My.* (*Kitt.*)) ☞ಕೊಡಚು (koḍacu)

ಕೊಡಿ[1] ⟦koḍi コディ⟧ [koḍi] *n.* **1** 旗 **2**（種からの）萌芽、芽生え (*Hav.*) [Ka. D2049]

ಕೊಡಿ[2] ⟦koḍi コディ⟧ [koḍi] 《文》 *n.* カールッティカ月、インドの伝統的太陽太陰暦の第 8 月（グレゴリオ暦の 10 月～ 11 月にあたる）[?] ☞ಚೈತ್ರ (caitra)

ಕೊಡಿಗೆ[1] ⟦koḍige コディゲ⟧ [kɔḍige] 《方》 *n.* 普通バラモンでない人々がつける耳飾り (*Bark. LSB*) [Ka. D1823] ☞ಕೊಡುಗೆ (koḍuge)

ಕೊಡಿಗೆ[2] ⟦koḍige コディゲ⟧ [koḍige] ಕೊಡಿಗೆ *n.* 贈り物、贈与 [Ka. D2053] ☞ಕೊಡುಗೆ (koḍuge)

ಕೊಡಿಮರ ⟦koḍimara コディマラ⟧ [koḍimərɐ] *n.* 寺院の前に立っている旗竿 [Ka. *koḍi* + *mara*]

ಕೊಡಿಮರಹುಲ್ಲು ⟦koḍimarahullu コディマラフッル⟧ [koḍiməlǝhullu] *n.* 旗竿のようにまっすぐに伸びるイネ科の草の名 [Ka. *koḍimara* + *hullu*]

ಕೊಡಿಸುವಿಕೆ ⟦koḍisuvike コディスヴィケ⟧ [koḍisuvĭke] *n.* 与えさせること、など [Ka. D2053]

ಕೊಡು ⟦koḍu コドゥ⟧ [koḍu] ಕುಡು *vt.* **1** 与える；手渡す **2**（…に）〈娘を〉嫁がせる **3** 売る、処分する **4**〈料金、税金、未納金などを〉支払う **5**〈命令などを〉出す **6**〈子どもを〉産む ¶ ನಮ್ಮ ಹಸು ನಾಲ್ಕು ಮರಿ ಕೊಟ್ಟಿದೆ. (namma hasu nālku mari koṭṭide.) うちの雌牛は子牛を 4 頭産んでいる。 **7** 割る **8**〈打撃を〉与える ¶ ನಾನು ಅವನಿಗೆ ನಾಲ್ಕು ಕೊಟ್ಟರೆ ಕಕ್ಕಿದ. (nānu avanige nālku koṭṭare kakkida.) 殴ってやったら奴は真実を吐いた。 **9**〈罰を〉与える ―*v.aux.* 本動詞によって表される動作をある人のためにしたことを表す補助動詞、…してやる/してあげる ¶ ಅಕ್ಕ ತಂಗಿಗೆ ಹೋಮುವರ್ಕು ಮಾಡಿಕೊಟ್ಟಳು. (akka taṃgige hōmuvarku māḍikoṭṭaḷu.) 姉は妹に宿題をしてやった。 [Ka. D2053]

ಕೊಡಿಸು ⟦koḍisu コディス⟧ [koḍisu] *vt.* 与えさせる [Ka. caus. D2053]

ಕೊಡುಕೊಳೆ ⟦koḍukoḷe コドゥコレ⟧ [koḍukoḷe] ಕೊಡಕೊಳು, ಕೊಡುಕೊಳ್ಳಿ *n.* 与えたり受け取ったりすること、貸し借り、取引 [Ka. *koḍu* + *koḷ* + *-e*]

ಕೊಡುಕೊಳ್ಳು ⟦koḍukoḷḷu コドゥコッル⟧ [koḍukoḷḷu] *n.* 金の貸し借り、取引 ¶ ಅವನಿಗೆ ನನಗೆ ಕೊಡುಕೊಳ್ಳು ಇಲ್ಲ. (avanige nanage koḍukoḷḷu illa.) 僕と彼の間に金のやり取りはない。 [Ka. *koḍu* + *koḷḷu*]

ಕೊಡುಗೆ ⟦koḍuge コドゥゲ⟧ [koḍuge] *n.* **1** 与えること **2** 贈られたもの、与えられたもの、贈り物 [Ka. D2053]

ಕೊಡುಗೈ ⟦koḍugai コドゥガイ⟧ [koḍugəi] 《古》 *n.* 物惜しみしない人 [Ka. *koḍu* + *kai*]

ಕೊಡುವಳಿ ⟦koḍuvaḷi コドゥヴァリ⟧ [koḍŭvəḷi] *n.* **1** 与えること、贈与、贈り物 **2** 娘を嫁にやること [Ka. *koḍu* + *-vaḷi*] = ಧಾರೆ (dʰāre)

ಕೊಡುವಿಕೆ ⟦koḍuvike コドゥヴィケ⟧ [koḍuvike] *n.* 与えること、贈与 [Ka. D2053]

ಕೊಡುಹ ⟦koḍuha コドゥハ⟧ [koḍuhɐ] 《古》 *n.* 与えること、贈与 [Ka. D2053]

ಕೊಡೆ[1] ⟦koḍe コデ⟧ [koḍe] *vt.* **1**〈に〉穴を掘る、穴をうがつ **2**〈ココナツの核を〉削り取る **3**（さそりが）刺す ―*vi.*（傷などが）ずきずき痛む、きりきり痛む [Ka. D1660, D1960]

ಕೊಡೆ[2] ⟦koḍe コデ⟧ [koḍe] *n.* **1** 傘（日傘を含む）**2** 太陽や月の周りの暈（かさ） [Ka. D1663]

ಕೊಡೆತ ⟦koḍeta コデタ⟧ [koḍetɐ] ಕೊಡತ 《古》 *n.* ずきずき痛むこと [Ka. D1661]

ಕೊಡೆಯೊಡೆಯ ⟦koḍeyoḍeya コデヨデヤ⟧ [koḍeyoḍejɐ] 《文》 *m.* 《*f.* ಕೊಡೆಯೊಡತಿ (koḍeyoḍati)》「旗の持ち主」、王、王者 [Ka. *koḍe*[3] + *oḍeya*]

ಕೊಡೆಹುಲ್ಲು ⟦koḍehullu コデフッル⟧ [koḍehullu] 《古》 *n.* きのこ (*lex.*) [Ka. *koḍe* + *hullu*] = ಅಣಬೆ (aṇabe)〔汎〕

ಕೊಡ್ಡ ⟦koḍḍa コッダ⟧ [koḍḍɐ] 《‡》 *n.* 直線的な虹 (*S.Mhr.* (*Kitt.*)) [Ka. D2124]

ಕೊಣ ⟦koṇa コナ⟧ [koɳɐ] 《‡》 *n.* 池 (*My.* (*Kitt.*)) [Ka. D1828] ☞ಕೊಳ (koḷa)

ಕೊಣಕು ⟦koṇaku コナク⟧ [koɳəku] 《古》 *vi.* 跳ぶ、跳ねる —*n.* 跳ぶこと、跳ねること (Šmd. Dh. (Kitt.)) [Ka. D1863]

ಕೊಣಗು ⟦koṇagu コナグ⟧ [koɳə̆gu] 《古》 *n.* ひづめ [Ka. D1829] ☞ಕೊಳಗು (koḷagu)〔汎〕

ಕೊಣತ ⟦koṇata コナタ⟧ [koɳə̆tɐ] 《古》 *n.* 筋力をつけるために振り回す木製や金属製の棍棒[⇒図] [?]

ಕೊಣತ
棍棒

ಕೊಣಪಿ ⟦koṇapi コナピ⟧ [koɳə̆pi] 《‡》 *n.* 唐竿(からさお) (豆類や穀物の脱穀に使う道具) (*Mangalore* Moral Class-book p.133 (Kitt.)) [Ka. D2076]

ಕೊಣಬು ⟦koṇabu コナブ⟧ [koɳə̆bu] 《古》 *n.* ご飯にかけて食べる野菜入りの濃いスープの一種 [Ka. *D1829]

ಕೊಣಬೆ ⟦koṇabe コナベ⟧ [koɳəbe] 《古》 *n.* 干し草の山 (ಗರುಡಾ.127) [Ka. *D3886] = ಮೆದೆ, ಬಣಬೆ (mede, baṇabe)

ಕೊಣಲು ⟦koṇalu コナル⟧ [koɳəlu] 《古》 *vi.* 曲がる [? cf. Ta. *kuṇukku* D2209]

ಕೊಣಸು ⟦koṇasu コナス⟧ [koɳə̆su] 《古》 *n.* 小鹿、鹿の子ども (*lex.*) [Ka. D2149]

ಕೊಣಿ ⟦koṇi コニ⟧ [koɳi] 《方》 *n.* 踊る (*Hav.*) [Ka. D1863] ☞ಕುಣಿ (kuṇi)

ಕೊಣಿಪ್ಪೆ ⟦koṇippe コニッペ⟧ [koɳnippe] 《方》 *n.* ちょこちょこ跳ねる幼児 (*Hav.*) [Ka. D1863]

ಕೊತಕೊತ ⟦kotakota コタコタ⟧ [kotəkotɐ] (*n.*) ことこと (沸騰する水などの出す音を表す擬音語) [Ka. onom. D2084]

ಕೊತವಾಲ ⟦kotavāla コタヴァーラ⟧ [kotavɐːlɐ] ಕೊಟ್ವವಳ, ಕೊತ್ತವಾಲ, ಕೋತ್ವಾಲ್, ಕೊತ್ವಾಲ, ಕೋಟ್ವವಳ 《古》 *mf.* **1** 城砦や町の衛兵 **2** 衛兵 [Pe. *kōtwāl*]

ಕೊತ್ತಣಿ ⟦kottaṇi コッタニ⟧ [koʈʈəɳi] 《古》 *n.* カラスの群れ (*Šmd. pari.2*) [Ka. < *kottaṛi* D2092] ☞ಕೊತ್ತಟಿ (kottaṛi)

ಕೊತ್ತಲ ⟦kottala コッタラ⟧ [kottəlɐ] *n.* [Ka. D2090] ☞ಕೊತ್ತಳ (kottaḷa)

ಕೊತ್ತಳ ⟦kottaḷa コッタラ⟧ [kottə̆ɭɐ] ಕೊತ್ತಣ, ಕೊತ್ತಲ, ಕೊ–ತ್ತಲು *n.* 城壁の上の小塔 [Ka. D2090]

ಕೊತ್ತಳಿಕೆ ⟦kottaḷike コッタリケ⟧ [kottəɭike] ಕೊತ್ತಳಿಗೆ 《方》 *n.* 小葉を取り除いたココヤシの葉柄 [Ka. *D2089] (CK)

ಕೊತ್ತಳಿಗೆ ⟦kottaḷige コッタリゲ⟧ [kottəɭige] 《方》 *n.* [Ka. D2089] ☞ಕೊತ್ತಳಿಕೆ (kottaḷike)

ಕೊತ್ತಟಿ ⟦kottaṛi コッタリ⟧ [koʈʈəɽi] ಕೊತ್ತಣಿ, ಕೊತ್ತಳ, ಕೊ–ತ್ತಳಿ, ಕೊತ್ಥಳಿ, ಕೊಳ್ಳಳಿ, ಕೊಟ್ಟಲೆ, ಕೊಟ್ಟಟಿ 《古》 *n.* **1** カラスの群れ **2** 職業集団 (*lex.*) [Ka. D2092]

ಕೊತ್ತಿ¹ ⟦kotti コッティ⟧ [kotti] 《方》 *n.* 《田舎での語法》猫 [Ka. D2170] ಬೆಕ್ಕು (bekku)〔汎〕

ಕೊತ್ತಿ² ⟦kotti コッティ⟧ [kotti] *n.* (銃の)撃鉄 [?]

ಕೊತ್ತು¹ ⟦kottu コットゥ⟧ [kottu] 《古》 *vt.* 鈍器で切る、刻む [Ka. D2091] = ಕೊಚ್ಚು (koccu)〔汎〕

ಕೊತ್ತು² ⟦kottu コットゥ⟧ [kottu] 《‡》 *n.* 房、束 (*My.* (*Kitt.*)) [Ka. D2092] = ಗೊಂಚಲು (goṃcalu)

ಕೊದಂಟಿ ⟦kodaṃṭi コダンティ⟧ [kođənʈi] ಕೋದಂಟಿ 《方》 *n.* **1** 丸太 **2** 木槌 [Ka. D1842] (*Hav.*)

ಕೊದಲ ⟦kodala コダラ⟧ [kođəlɐ] 《‡》 *m.* 《*f.* *ಕೊದಲಿ (kodali)》どもる人、吃音者 (*DEDR*) [Ka. D1702]

ಕೊದಲು ⟦kodalu コダル⟧ [kođə̆lu] 《‡》 *vi.* どもる、口籠もる (*My.* (*Kitt.*)) —*n.* どもること、口籠もること (*My.* (*Kitt.*)) [Ka. D1702]

ಕೊದಳ್ ⟦kodaḷ コダル⟧ [kođəɭ] 《‡》 *vi.* どもる、口籠もる —*n.* どもること、口籠もること (*Čpr.3,59;4.2* (*Kitt.*)) [Ka. D1702]

ಕೊದಿ ⟦kodi コディ⟧ [kođi] 《方》 *vi.* (水などが)沸騰する (*Hav.*) —*n.* 沸騰 (*Hav.*) [Ka. D2084]

ಕೊದಿಪ್ಪಾಟು ⟦kodippāṭu コディッパートゥ⟧ [kođippɐːʈu] 《方》 *mf.* 大食いの人 (*Hav.*) [Ka. D2084]

ಕೊದಿಲು ⟦kodilu コディル⟧ [kođilu] ಕೊದ್ದೆಲ್ 《方》 *n.* ご飯にかけて食べるためのソース (ダール入りの場合もダールが入っていないこともある) [Ka. D2085 cf. Tu. *koddel*] (CK) = (Hav.) ಕೊದಿಲು, ಕೊದ್ಲು (kodilu, kodlu)

ಕೊದ್ಲು ⟦kodlu コドル⟧ [kođlu] 《‡》 *vi.* [Ka. D1702] (*My.* (*Kitt.*)) ☞ಕೊದಲು (kodalu)

ಕೊನರ್ ⟦konar コナル⟧ [konər] 《古》 *vi.* 芽を出す、新しい枝を出す —*n.* (枝からの)新芽 [Ka. D1810]

ಕೊನರು ⟦konaru コナル⟧ [konəru] 《文》 *vi.* 芽を出す、新しい枝などを出す —*n.* (枝からの) 新芽 [Ka. D1810]

ಕೊನಿಮಿ ⟦konimi コニミ⟧ [konimi] 《方》 *m.* 鍛冶屋 (*Bell. U.P.U.*) [Ka. D2133]

ಕೊನೆ¹ ⟦kone コネ⟧ [kone] *n.* (バナナ、マンゴー、ブドウ、ココヤシなどの実の)房 [Ka. *D1810] ☞ಗೊಲೆ (gole)¹

ಕೊನೆ² ⟦kone コネ⟧ [kone] *n.* **1** 先、先端 **2** (道の)終わり、(物語などの)終わり、結末 **3** (枝からの)新芽、若枝 [Ka. D2174]

ಕೊನೆಗಾಣಿಸು ⟦konegāṇisu コネガーニス⟧ [konegɐːnisu] *vt.* **1** 終わらせる、完成する **2** 〈計画や夢などを〉実現する、成就する ¶ ಮಗನು ಕೊನೆಗೂ ತಂದೆಯ ಆಸೆಯನ್ನು ಕೊನೆಗಾಣಿಸಲಿಲ್ಲ. (maganu konegū taṃdeya āseyannu konegāṇisalilla.) 息子はとうとう父親の夢を実現しなかった。 **3** 片付ける、殺す [+ *kāṇisu*]

ಕೊನೆಗಾಣು ⟦konegāṇu コネガーヌ⟧ [konegɐːnu] *vi.* 終わる、終結する [+ *kāṇu*]

ಕೊನೆಗಾಲ ⟦konegāla コネガーラ⟧ [konegɐːlɐ] *n.* 終わりの時、死の時、死期 [+ *kāla*]

ಕೊನೆಗೂ ⟦konegū コネグー⟧ [konegu:] *adv.*《否定的結果の構文で》結局、とうとう ¶ ಅವನು ಕೊನೆಗೂ ತನ್ನ ಗುರಿಯನ್ನು ಸಾಧಿಸಲಾಗಿಲ್ಲ. (avanu konegū tanna guriyannu sādʰisalāgilla.) 彼は結局自分の目的を達成することができなかった。[+ *-ge* + *-ū*]

ಕೊನೆಗೊಳಿಸು ⟦konegoḷisu コネゴリス⟧ [konegoḷisu] *vt.* **1** 終わらせる、終える、終結させる **2**〈計画や夢などを〉実現する、成就する **3** 片付ける、殺す [+ Ka.]

ಕೊನೆಗೊಳ್ಳು ⟦konegoḷḷu コネゴッル⟧ [konegoḷḷu] *vi.* 終わる、終結する [+ *koḷḷu*]

ಕೊನೆಯುಸಿರು ⟦koneyusiru コネユシル⟧ [konejusĭru] *n.* 最後の息 [+ *usiru*]

ಕೊಪ್ಪ ⟦koppa コッパ⟧ [koppɐ] *n.* 小さな村、小村、集落（村の名前の終わりによく用いられる）[Ka. D1732]

ಕೊಪ್ಪಟ ⟦koppaṭa コッパタ⟧ [koppəṭṭɐ]《‡》*n.* 弓の両端 (*DEDR*) [Ka. D2156]

ಕೊಪ್ಪರ ⟦koppara コッパラ⟧ [koppərɐ]《希》*n.* 水や油やギーなどを入れる広口の金属製の容器 [Ka. D2104]

ಕೊಪ್ಪರಿಗೆ 大鍋

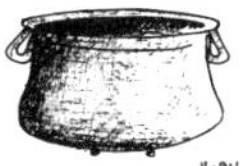

ಕೊಪ್ಪರಿಗೆ ⟦kopparige コッパリゲ⟧ [koppərĭge] *n.* 水を沸かしたり油やギーで揚げるための広口で金属製の大釜や大鍋［⇒図］[Ka. D2104]

ಕೊಪ್ಪಲ್ ⟦koppal コッパル⟧ [koppəl]《古》*n.* **1**（集積物の）山 **2** 小村、集落 **3**（灌木の）木立 [Ka. D1731, 1732]

ಕೊಪ್ಪಲು ⟦koppalu コッパル⟧ [koppə̆lu] ಕೊಪ್ಪಲ್, ಕೊಪಲ, ಕೊಪ್ಪಳ *n.* **1**（集積物の）山 **2** 小村、集落 **3**（灌木の）木立 [Ka. D1731, D1732]

ಕೊಪ್ಪಳ ⟦koppaḷa コッパラ⟧ [koppə̆ḷɐ] *n.* 小村（村の名前の末尾につく）[Ka. D1731, D1732]

ಕೊಪ್ಪು¹ ⟦koppu コップ⟧ [koppu] *n.* 髪をくるくる巻いて頭の後ろに固定した女性の髪型 [Ka. D1110]

ಕೊಪ್ಪು² ⟦koppu コップ⟧ [koppu] *n.* **1** 耳たぶの頂点につける耳飾り = ಕಿವಿಕೊಪ್ಪು (kivikoppu) **2** 首飾りの一種 [Ka. D1111]

ಕೊಪ್ಪು³ ⟦koppu コップ⟧ [koppu] ಕೋಪು *n.* **1** 切り欠きのある弓の両端 **2** 先、先端 [Ka. D2156]

ಕೊಬರಿ ⟦kobari コバリ⟧ [kobə̆ri]《口》*n.* [Ka. D2105] ☞ ಕೊಬ್ಬರಿ (kobbari)

ಕೊಬಳು ⟦kobaḷu コバル⟧ [kobəḷu] ಕೊಗಳು《古》*n.* 小屋 [Ka. D1731(b)]

ಕೊಬೆ ⟦kobe コベ⟧ [kobe]《方》*n.* 梢、特にパルミラヤシの木の梢 [Ka. D1731(b)] (Hav.)

ಕೊಬ್ಬರಿ ⟦kobbari コッバリ⟧ [kobbə̆ri] ಕೊಪರಿ, ಕೊಪ್ಪರಿ, ಕೊಬರಿ, ಕೊಬಿರಿ, ಖಬರಿ *n.* ココナツの核（乾いたココナツの内部の黒い部分）[Ka. D2105]

ಕೊಬ್ಬಿಗ ⟦kobbiga コッビガ⟧ [kobbigɐ] *m.*《*f.* ಕೊಬ್ಬಿಗಳು (kobbigaḷu)》傲慢な男 [Ka. D2146]

ಕೊಬ್ಬು ⟦kobbu コッブ⟧ [kobbu] ಕುರ್ವು, ಕೊರ್ಬು, ಕೊರ್ವು *vi.* **1** 太る、肥満する **2** 増す、増大する、増殖する、（悪習などが）はびこる ¶ ನಮ್ಮ ಊರಿನಲ್ಲಿ ಏಕೆ ಲಂಚಾಚಾರ ಕೊಬ್ಬಿದೆ? (namma ūrinalli ēke laṃcācāra kobbide?) どうしてわが国では賄賂がはびこっているのですか。**3** うぬぼれる、傲慢になる、尊大になる —*n.* **1** 脂肪、脂 **2** 増大、（悪習などが）はびこること **3** うぬぼれ、傲慢、尊大 [Ka. < *korbu, korvu* D2146]

ಕೊಬ್ಬಿಸು ⟦kobbisu コッビス⟧ [kobbisu] ಕೊರ್ಬಿಸು, ಕೊರ್ವಿಸು *vt.* 肥やす、増やす、うぬぼれさせる、など [Ka. caus. D2146]

ಕೊಮೆ¹ ⟦kome コメ⟧ [kome]《古》*vi.* **1** くすぶる **2** 不平や不満や嫉妬などが鬱積する [Ka. D1752]

ಕೊಮೆ² ⟦kome コメ⟧ [kome]《方》*n.* 枝 (*Nanj.*) [Ka. < *koṃbe* D2115]

ಕೊಮ್ಮೆ 大竹籠

ಕೊಮ್ಮೆ ⟦komme コンメ⟧ [komme] *n.* 穀物を貯蔵するための大きな竹製の籠［⇒図］[Ka. D2117]

ಕೊಯ್ ⟦koy コイ⟧ [koĭ] ಕುಯ್, ಕುಯಿ, ಕೊಯಿ, ಕೊಯ್ಯು *vt.*《過去語幹 koyd-, kōd》**1** 切る、ちょん切る **2**〈穀物などを〉刈り取る、収穫する、〈実を〉摘み取る **3**〈草などを〉刈る [Ka. D2119]

ಕೊಯಿಕ¹ ⟦koyika コイカ⟧ [kojikɐ] ಕೊಯಿಕ *m.*《*f.* ಕೊಯಿಕೆ (koyike)》切る人、刈る人、など = ಕೊಯ್ಕ (koyka) [Ka. D2119]

ಕೊಯಿಕ² ⟦koyika コイカ⟧ [kojikɐ] ಕೊಯಿಕ *m.*《*f.* ಕೊಯಿಕೆ (koyike)》詐欺師 [Sk. *kuhaka-* <? M.249] = ಕೊಯ್ಕ (koyka)

ಕೊಯಿಕತನ ⟦koyikatana コイカタナ⟧ [kojikətənɐ] ಕೊಯಿಕತನ *n.* ペテン、詐取、詐欺 [Ka. D2119] = ಕೊಯ್ಕತನ (koykatana)

ಕೊಯಿಕೆ ⟦koyike コイケ⟧ [kojike] *f.*《*m.* ಕೊಯಿಕ (koyika)》切る女性、刈る女性、など [Ka. *D2119] = ಕೊಯ್ಕ (koyka)

ಕೊಯಿತ ⟦koyita コイタ⟧ [kojitɐ]《‡》*n.* **1** 切ること、刈ること、摘むこと、など (*My.* (*Mitt.*)) **2** 切る道具（刀など）(*S.Mhr.* (*Mitt.*)) [Ka. D2119] ☞ ಕೊಯ್ತ (koyta)

ಕೊಯಿಲು ⟦koyilu コイル⟧ [kojilu] *n.* **1**（植物の）刈り入れ **2** 収穫の後に残された切り株 [Ka. D2119] ☞ ಕೊಯ್ಲು (koylu)

ಕೊಯ್ಕ¹ ⟦koyka コイカ⟧ [koĭkɐ] ಕೊಯಿಕ *m.*《*f.* ಕೊಯ್ಕೆ (koyke)》切る人、刈る人、収穫する人など [Ka. *D2119]

ಕೊಯ್ಕ² ⟦koyka コイカ⟧ [koĭkɐ] ಕೊಯಿಕ *m.*《*f.* ಕೊಯ್ಕೆ (koyke)》詐欺師、ペテン師 [Sk. *kuhaka-* <? M.249]

ಕೊಯ್ಕತನ ⟦koykatana コイカタナ⟧ [koĭkətənɐ] ಕೊಯ್ಕತನ *n.* ペテン、詐取、詐欺 [*koyka*² + *-tana*]

ಕೊಯ್ಕಿ ⟦koyki コイキ⟧ [koĭki] *f.*《複合語末で》（鼻や耳などを）辱めるために切られた女性 ¶ ಕಿವಿಗೊಯ್ಕಿ

(kivigoyki) 耳を切り落とされた女性 [Ka. D2119]

ಕೊಯ್ಕೆ ⟦koyke コイケ⟧ [koĭke] ಕೊಯಿಕೆ f. 《m. ಕೊಯ್ಕ (koyka); 複合語末で》切る女性、刈る女性、など ¶ ಗಂಟುಗೊಯ್ಕೆ (gaṃṭugoyke) すり [Ka. D2119]

ಕೊಯ್ತ ⟦koyta コイタ⟧ [koĭtɐ] ಕೊಯತ n. 1 切ること、刈ること、摘むこと、など 2 切る道具(刀など) [Ka. *D2119]

ಕೊಯ್ಯು ⟦koyyu コイユ⟧ [koĭju] vt. 1 (斧や刀やのこぎりなどで)切る 2〈穀物などを〉刈り取る、収穫する、〈実を〉摘み取る 3〈ヴァイオリンを〉弾く、〈楽器を〉弓で弾く [Ka. *D2119] = ಕೊಯ್ (koy)

ಕೊಯ್ಯಿಸು ⟦koyyisu コイイス⟧ [koĭisu] ಕುಯಿಸು, ಕುಯ್ಯಿಸು, ಕೊಯಿಸು, ಕೊಯ್ಸು vt. 《caus.》切らせる、刈らせる、摘ませる、収穫させる、など [Ka. caus. *D2119]

ಕೊಯ್ಲು ⟦koylu コイル⟧ [koĭlu] ಕುಯಲು, ಕುಯಿಲು, ಕುಯ್ಯಲು, ಕುಯ್ಲು, ಕೊಯಲು, ಕೊಯಿಲ್, ಕುಯಿಲಿ, ಕೊಯಿಲು, ಕೊಯ್ಯಲ್ 《文》 n. 1 切り傷 2 (植物の)刈り入れ [Ka. *D2119]

ಕೊರ ⟦kora コラ⟧ [korɐ] 《‡》 n. 《redp.》 [Ka. onom. D2122] (My. (Kitt.)) ☞ಕೊರಕೊರ (korakora)

ಕೊರಂಗಿ ⟦koraṃgi コランギ⟧ [korəŋgi] ಕೊರಂಗು 《古》 n. 猿 [Ka. D1769] = ಕೋತಿ (kōti) 〔汎〕

ಕೊರಂಗು ⟦koraṃgu コラング⟧ [korəŋgu] ಕೊರಗು vi. 1 憔悴する、痩せ衰える 2 悩み苦しむ、懊悩する [Ka. *D1778]

ಕೊರಂಟು ⟦koraṃṭu コラントゥ⟧ [korəɳʈu] 《古》 n. 枝葉を失い幹だけになった木 [Ka. D1778] ☞ಕೊರಟು (koraṭu)

ಕೊರಕು ⟦koraku コラク⟧ [korə̆ku] ಕುಱುಂಕು, ಕುರಿಕು, ಕುರುಕು, ಕುಱುಕು vt. かじる、少しずつかじって食べる [Ka. *D2164]

ಕೊರಕೊರ ⟦korakora コラコラ⟧ [korəkorɐ] (n.) 1 耳障りなしわがれた声を表す擬音語 2 ごろごろ(猫が喉を鳴らす音を表す擬音語) [Ka. onom. D2122]

ಕೊರಕೊರ ಎನ್ನು ⟦korakora ennu コラコラエンヌ⟧ [korəkorə ennu] vi. しわがれた声を出す [+ ennu]

ಕೊರಕಲು ⟦korakalu コラカル⟧ [korəkəlu] ಕೊರಕಲ್, ಕೊರಕಲು n. 流水や車輪などで削られた土地 [Ka. *D1841]

ಕೊರಗು ⟦koragu コラグ⟧ [korə̆gu] ಕೊರಂಗು vi. 1 憔悴する、痩せ衰える 2 悩み苦しむ、懊悩する、動転する 3 (水分を失って)しおれる、弱る —n. 悩み、苦悩、懊悩 ☞ಕೊರಗು (koragu) [Ka. D1778]

ಕೊರಗಿಸು ⟦koragisu コラギス⟧ [korə̆gisu] vt. 憔悴させる [Ka. caus. *D1778]

ಕೊರಚ ⟦koraca コラチャ⟧ [korə̆ʧɐ] m. 木製の櫛を売るなどして生活する手癖の悪い山岳部族の一員 [Ka. *D1844]

ಕೊರಟು ⟦koraṭu コラトゥ⟧ [korəʈu] (n.) (道路や農地などが)乾いてがさがさな〈こと〉 [Ka. D1778]

ಕೊರಡು¹ ⟦koraḍu コラドゥ⟧ [korə̆ɖu] 《古》 n. 人間には見えない愛の神のまっすぐな虹 [Ka. D2124]

ಕೊರಡು² ⟦koraḍu コラドゥ⟧ [korə̆ɖu] ಕೊರ್ಱಡು, ಕೊಱಡು n. 1 枝葉を刈り取った枯れ木の幹、丸太 2 除草の後穀物の畑を平らにするために用いる砕土機 = ಹಲುಬೆ (halube) [Ka. *D1842]

ಕೊರತೆ ⟦korate コラテ⟧ [korə̆te] ಕೊಱಂತೆ, ಕೊಱತೆ n. 1 不足、過少 2 欠点、欠陥 [Ka. *D1851]

ಕೊರನಾರಿಗಡ್ಡೆ ⟦koranārigaḍḍe コラナーリガッデ⟧ [korənɐːrigəɖɖe] ಕೊಡನಾರಿಗಡ್ಡೆ 《文》 n. ハマスゲ(浜菅、カヤツリグサ科カヤツリグサ属の草本、その塊茎は薬用) ⇀ 食・薬 (R. (Kitt.)) [Ka. D2235] *[IMP 2.297]

ಕೊರಪ ⟦korapa コラパ⟧ [korə̆pɐ] 《‡》 n. (馬などの)毛梳き櫛 (R. (Kitt.)) [Ka. D1771]

ಕೊರಮುಟ್ಟು ⟦koramuṭṭu コラムットゥ⟧ [korəmuʈʈu] 《方》 n. 穴をうがつ道具(鑿など) [Ka. kore² + muṭṭu「道具」, D2161]

ಕೊರಲ್ ⟦koral コラル⟧ [korəl] 《古》 n. 1 喉、首 2 声 [Ka. D1774]

ಕೊರಲು ⟦koralu コラル⟧ [korə̆lu] 《古》 n. [Ka. *D1774] ☞ಕೊರಲ್ (koral)

ಕೊರಲೆ ⟦korale コラレ⟧ [korə̆le] ಕೊರ್ಲೆ, ಕೊಱಲೆ 《文》 n. アワ(粟、イネ科エノコログサ属) ⇀ 食 [Ka. *D2163]

ಕೊರಲ್ಚು ⟦koralcu コラルチュ⟧ [korəlʧu] 《古》 vi. 大声で叫ぶ [Ka. D1774]

ಕೊರಳ್ ⟦koraḷ コラル⟧ [korəɭ] 《古》 n. 1 喉、首 2 声 [Ka. D1774]

ಕೊರವ ⟦korava コラヴァ⟧ [korə̆vɐ] ಕೊರಬ, ಕೊರಬು, ಕೊರಮ, ಕೊರವೆ, ಕೊಱಮ m. 《f. ಕೊರವಂಜಿ (koravaṃji)》 コラヴァ(ござや毛布などを作って売ったり、占いをしたりするカースト)、コラヴァの一員 [Ka. *D1844]

ಕೊರವಂಜಿ ⟦koravaṃji コラヴァンジ⟧ [korəvəɲɖ̥i] f. コラヴァの女性(多く占いに従事する) [Ka. *D1844]

ಕೊರಳು ⟦koraḷu コラル⟧ [korəɭu] ಕೊರಲ್, ಕೊರಳ್, ಕೊರ್ಳ, ಕೊಳ್ಳು n. 1 喉、首 2 声 3 会話、おしゃべり ¶ ನಾವು ಅಷ್ಟು ಮಾತಾಡಿದರೂ ಅವನು ಮಾತ್ರ ಕೊರಳೆತ್ತಲೇ ಇಲ್ಲ. (nāvu aṣṭu mātāḍidarū avanu mātra koraḷettalē illa.) 我々はあれだけしゃべったのに彼は口を開こうともしなかった。 [Ka. *D1774]

ಕೊರಳುಪಟ್ಟಿ ⟦koraḷupaṭṭi コラルパッティ⟧ [korəɭŭpəʈʈi] n. 1 シャツのカラー 2 (犬などの)首輪 [Ka.]

ಕೊರಿಸಿಗು ⟦korisigu コリシグ⟧ [korisigu] 《‡》 n. キョウチクトウ科の低木 ⇀ 薬 (St.& Pl. (Kitt.)) [Ka. D1650] ☞ಕೊಡಸಿಗೆ (koḍasige)

ಕೊರೆ¹ ⟦kore コレ⟧ [kore] 《古》 n. 1 欠点、欠陥 2 不足、足りないこと [Ka. *D1851]

ಕೊರೆ² ⟦kore コレ⟧ [kore] ಕೊಱೆ², ಕೊಱೆ² vt. 1 ちょん切る;細切れにする 2 穴をあける 3 (言葉

などが）心に突き刺さる ¶ ಅವನು ಆಡಿದ ಮಾತು ನನಗೆ ಕೊರೆಯಿತು. (avanu āḍida mātu nanage koreyitu.) あの人の言葉が私の心を傷つけた。4〈マッチを〉する 5〔喩〕しゃべり続けてうんざりさせる ¶ ಅವನು ಬೆಳಗಿನಿಂದ ಮಾತಿನಿಂದ ನನ್ನನ್ನು ಕೊರೆದ. (avanu beḷaginiṃda mātiniṃda nannannu koreda.) 彼は朝からずっとしゃべり続けでうんざりした。[Ka. *D1859]

ಕೊರೆ³ ⟦kore コレ⟧ [kore] *vi.* いびきをかく [Ka. D2122] = ಗೊರಕೆ ಹೊಡೆ (gorake hoḍe)

ಕೊರೆನೋಟ ⟦korenōṭa コレノータ⟧ [koreno:ṭɐ] *n.* 鋭い目、鋭い目つき [Ka. *kore*[2] + *nōṭa*]

ಕೊರೆಬೀಳು ⟦korebīḷu コレビール⟧ [korebi:ḷu] 《古》 *vi.* 不足する ¶ ತಿಂಗಳು ಕೊನೆಗೆ ನನಗೆ ಹಣ ಕೊರೆ ಬಿತ್ತು. (tiṃgaḷu konege nanage haṇa kore bittu.) 月の終わりに私は金欠になった。[Ka.]

ಕೊರ್ಚು¹ ⟦korcu コルチュ⟧ [kortʃu] 《古》 *n.* 1 房、飾り房 2 ブラシ、刷毛 [Ka. *D1639] ☞ಕೊಚ್ಚು (koccu)[1]

ಕೊರ್ಚು² ⟦korcu コルチュ⟧ [kortʃu] 《古》 *vt.* 切り落とす、切り刻む [Ka. D1859] ☞ಕೊಚ್ಚು (koccu)[2]

ಕೊರ್ಚು³ ⟦korcu コルチュ⟧ [kortʃu] 《古》 *vi.* 自慢する、法螺(ほら)を吹く [Ka. D2043] ☞ಕೊಚ್ಚು (koccu)[3]

ಹೆಮ್ಮೆ ಕೊರ್ಚು ⟦hemme korcu ヘンメコルチュ⟧ [hemme kortʃu] 《古》 *vi.* 自慢する、法螺(ほら)を吹く [Ka. D2043]

ಕೊರ್ಚು⁴ ⟦korcu コルチュ⟧ [kortʃu] 《‡》 *n.* 小便の臭い (*DEDR*) [Ka. D2128]

ಕೊರ್ಬು ⟦korbu コルブ⟧ [korbu] 《古》 *vi.* 1 太る、体重を増す、脂肪がつく 2 増大する、増える、膨れる 3 うぬぼれる、傲慢になる ―*n.* 1 脂肪、脂 2 肥満、肥えること 3 傲慢、高慢 [Ka. D2146]

ಕೊರ್ವು ⟦korvu コルヴ⟧ [korvu] 《古》 *vi.* 1 太る、体重を増す、脂肪がつく 2 増大する、増える、膨れる 3 うぬぼれる、傲慢になる ―*n.* 1 脂肪、脂 2 肥満、肥えること 3 傲慢、高慢 [Ka. D2146]

ಕೊರ್ಲೆ ⟦korle コルレ⟧ [korle] 《口》 *n.* アワ（粟）[Ka. D2163] ☞ಕೊರಲೆ (korale)

ಕೊರ್ಳು ⟦korḷu コッル⟧ [korḷu] 《口》 *n.* 1 首 2 声 ¶ ನಾವು ಅಷ್ಟು ಮಾತಾಡಿದರೂ ಅವನು ಮಾತ್ರ ಕೊರಳೆತ್ತಲೇ ಇಲ್ಲ. (nāvu aṣṭu mātāḍidarū avanu mātra koraḷettalē illa.) 我々があれほどしゃべったのに彼だけが口を開かなかった。[Ka. D1774] ☞ಕೊರಳು (koraḷu)

ಕೊಲ್ ⟦kol コル⟧ [kol] ಕುಲ್ಲು, ಕೊಲ್, ಕೊಲ್ಲು 《古》 *vt.* 《過去語幹 koṃd-》殺す、殺害する [Ka. D2132] ☞ಕೊಲ್ಲು (kollu)

ಕೊಲಿಸು ⟦kolisu コリス⟧ [kolisu] *vt.* 1 殺させる 2 悩ませる、うるさがらせる [+ *-isu* caus. D2132] ☞ಕೊಲ್ಲಿಸು (kollisu)〔汎〕

ಕೊಲಿಕೆ ⟦kolike コリケ⟧ [kolike] 《‡》 *n.* 留め金、締めがね、鉤(かぎ) (*My.* (*Kitt.*)) [Ka. D2151] ☞ಕೊಳಿಕೆ (koḷike)

ಕೊಲಿಮೆ ⟦kolime コリメ⟧ [kolime] ಕುಲಮೆ, ಕುಲಿಮೆ, ಕುಲುಮೆ, ಕೊಲುಮೆ *n.* 鍛冶屋や金細工師の炉床 (*Bell.; U.P.U.*) [Ka. D2133]

ಕೊಲು ⟦kolu コル⟧ [kolu] 《文》 *vt.* 《過去語幹 koṃd-》殺す、殺害する [Ka. D2132] ☞ಕೊಲ್, ಕೊಲ್ಲು (kol, kollu)

ಕೊಲುಮೆ ⟦kolume コルメ⟧ [kolume] *n.* [Ka. D2133] ☞ಕೊಲಿಮೆ (kolime)

ಕೊಲೆ¹ ⟦kole コレ⟧ [kole] 《方》 *n.* 幽霊、化け物 (*Hav.*) [Ka. D1918]

ಕೊಲೆ² ⟦kole コレ⟧ [kole] *n.* 殺人、殺害 ◇ *vt.* ―ಮಾಡು (māḍu) 殺害する [Ka. D2132]

ಕೊಲೆಗ ⟦kolega コレガ⟧ [kolegɐ] *m.* 殺人者 [Ka. D2132]

ಕೊಲೆಗಡಿಕ ⟦kolegaḍika コレガディカ⟧ [koleɡəɖĭkɐ] ಕೆಲೆಗಡಕ, ಕೊಲೆಗಡಿಗ *m.* 《*f.* ಕೊಲೆಗಡುಕಿ, ಕೊಲೆಗಡಿತಿ (kolegaḍuki, kolegaḍiti)》殺人者 [Ka. *kole* + *-gaḍika*] ಕೊಲೆಗಾರ (kolegāra)

ಕೊಲೆಗಡಿಕತನ ⟦kolegaḍikatana コレガディカタナ⟧ [kole ɡəɖĭkətənɐ] *n.* 殺人者であること、殺人者としての性格 [Ka. *k9ilegaḍika* + *-tana*]

ಕೊಲೆಗಡಿಗ ⟦kolegaḍiga コレガディガ⟧ [koleɡəɖiɡɐ] *m.* 《*f.* ಕೊಲೆಗಡಿಗಿ (kolegaḍigi)》殺人者 [Ka. *kole* + *gaḍiga*] = ಕೊಲ್ಗಡಿಕ, ಕೊಲೆಗಾರ (kolgaḍika, kolegāra)

ಕೊಲೆಗಡುಕ ⟦kolegaḍuka コレガドゥカ⟧ [koleɡəɖŭkɐ] *m.* 《*f.* ಕೊಲೆಗಡುಕಿ (kolegaḍuki)》殺人者 [Ka. *kole* + *gaḍuka*] = ಕೊಲೆಗಾರ/ಕೊಲೆಪಾತಕ (kolegāra/kolepātaka)

ಕೊಲೆಗಾರ ⟦kolegāra コレガーラ⟧ [kolĕɡɐ:rɐ] *m.* 《*f.* ಕೊಲೆಗಾತಿ (kolegāti)》殺人者 [ಕೊಲೆ (kole) + *-kāra*] = ಕೊಲೆಗಡಿಕ (kolegaḍika)

ಕೊಲೆಪಾತಕ ⟦kolepātaka コレパータカ⟧ [kolĕpɐ:tĕkɐ] *m.* 《*f.* ಕೊಲೆಪಾತಕಿ (kolepātaki)》殺人者 [Ka. *kole* + *pātaka*] = ಕೊಲೆಗಡಿಕ (kolegaḍika)

ಕೊಲೆಪಾತಕಿ ⟦kolepātaki コレパータキ⟧ [kolepɐ:tĕki] *f.* 女性の殺人者 ―*mf.* 殺人者 [Ka. *kole* + *pātaki*]

ಕೊಲ್ಲ ⟦kolla コッラ⟧ [kəllɐ] 《方》 *m.* 鍛冶屋 (*Gowda*) [Ka. D2133]

ಕೊಲ್ಲಿ ⟦kolli コッリ⟧ [kolli] ಕೊಲ್ಲೆ *n.* 1 曲がり、曲がったところ 2 小川、せせらぎ 3 湾、陸に三方を囲まれた海 [Ka. D2137]

ಕೊಲ್ಲು ⟦kollu コッル⟧ [kollu] ಕುಲ್ಲು, ಕೊಲ್, ಕೊಲು *vt.* 《過去語幹 koṃd-》殺す、殺害する [Ka. D2132]

ಕೊಲ್ಲಿಸು ⟦kollisu コッリス⟧ [kollisu] ಕೊಲಿಸು *vt.* 殺させる [Ka. caus. D2132]

ಕೊಲ್ಲುವಿಕೆ ⟦kolluvike コッルヴィケ⟧ [kolluvike] *n.* 殺すこと [Ka. D2132]

ಕೊಲ್ಲುಗ ⟦kolluga コッルガ⟧ [kollugɐ] *m.* 《*f.* ಕೊಲ್ಲುಗಿತ್ತಿ (kollugitti)》殺人者 [Ka. *kollu* + *-ga*]

ಕೊಲ್ಲುಗೊಲೆ ⟦kollugole コッルゴレ⟧ [kollŭɡole] 《古》 *n.* 虐殺 [Ka. *kollu* + *kole*]

ಕೊಲ್ಲೆ ⟦kolle コッレ⟧ [kolle] 《古》 *n.* 隅、先端 [Ka. D2137] ☞ಕೊಲ್ಲಿ (kolli)[1]

ಕೊಲ್ಸು ⟦kolsu コルス⟧ [kolsu] 《口》 *vt.* 殺させる [Ka. D2132]

ಕೊಸಕು ⟦kosaku コサク⟧ [kosəku] 《古》*n.* [?] ☞ಕೊಸಗು (kosagu)

ಕೊಸಗು ⟦kosagu コサグ⟧ [kosə̆gu] ಕೊಸಕು 《古》*n.* フヨウ(芙蓉、アオイ科フヨウ属)のバラのような花を咲かせる灌木およびその花 ⇀ 繊・観 (*lex.*) [?] = ಬೆಟ್ಟದಾವರೆ (beṭṭadāvare)〔汎〕

ಕೊಸರಾಟ ⟦kosarāṭa コサラータ⟧ [kosə̆rɐːʈɐ] *n.* 売り買いの値段交渉、かけひき [Ka. *kosaru* + *āṭa*]

ಕೊಸರಾಡು[1] ⟦kosarāḍu コサラードゥ⟧ [kosə̆rɐːɖu] *vi.* (捕まえられたものが)腕をすり抜けて逃れようとする [Ka. D2232]

ಕೊಸರಾಡು[2] ⟦kosarāḍu コサラードゥ⟧ [kosə̆rɐːɖu] *vi.* 商売上のかけひきをする [Ka. *kosaru* + *āḍu*]

ಕೊಸರು ⟦kosaru コサル⟧ [kosə̆ru] *vt.* **1** (売買において)〈商品を〉おまけとして余分に要求する **2** 〈あるものを〉受け取った後もっと欲しがる ―*vi.* (売り買いにおいて)駆け引きする ―*n.* 物を買った時にくれるおまけ [Ka. D2232/Ar *kasr*]

ಕೊಸ್ಟರಿಕ ⟦kosṭarika コスタリカ⟧ [kosʈərikɐ] *n.* コスタリカ(中米の国) [Sp.]

ಕೊಳ್[1] ⟦koḷ コル⟧ [koɭ] 《‡》*n.* 《複合語頭で》首 ¶ ಕೊಳ್ಪಟ್ಟಿ (koḷpaṭṭi) シャツのカラー (*My.* (*Kitt.*)) [Ka. D1774] = ಕೊಳ್ಳು (koḷḷu)

ಕೊಳ್[2] ⟦koḷ コル⟧ [koɭ] ಕೊಣು, ಕೊಳು, ಕೊಳ್ಳು 《古》*vt.* 《過去語幹 koṇḍ- 未来語幹 koṃb-/ koluv-/ koḷv-》 **1** 手に取る、受け取る **2** 買う、購入する **3** 捕まえる、占領する、占有する **4** (容器が)入れる ―*v.aux.* 動詞の連用完了分詞形について再帰的意味を表す補助動詞 [Ka. D2151]

ಕೊಳಿಸು ⟦koḷisu コリス⟧ [koɭisu] 《文》*vt.* 《*caus.*》分捕らせる、など [Ka. caus. D. 2151]

ಕೊಳಿಸುವಿಕೆ ⟦koḷisuvike コリスヴィケ⟧ [koisuvike] 《文》*n.* 分捕らせること、など (*Kitt.*) [Ka. D2151]

ಕೊಳ ⟦koḷa コラ⟧ [koɭɐ] ಕೊಣ *n.* 池、溜め池 [Ka. D1828] cf. ಕೆರೆ, ಸರೋವರ (kere, sarōvara)

ಕೊಳಕು ⟦koḷaku コラク⟧ [koɭə̆ku] *n.* 汚物、不潔物 ―(*n.*) きたない〈こと〉、不潔〈な〉 [Ka. < *koṛaku* *D1822]

ಕೊಳಕುತನ ⟦koḷakutana コラクタナ⟧ [koɭəkutənɐ] *n.* きたないこと、不潔なこと [Ka. *koḷaku* + *-tana*]

ಕೊಳಕೆ ⟦koḷake コラケ⟧ [koɭə̆ke] ಕೊಳ್ಕೆ 《方》*n.* 1年で3度目の稲の収穫 [Ka. D2154] (SK, NK)

ಕೊಳಗ[1] ⟦koḷaga コラガ⟧ [koɭəgɐ] *n.* **1** 穀物を計る容積単位の一つ(バッラの4倍、約16リットルに相当する) ☞ಬಳ್ಳ (baḷḷa) **2** 金属製の大きな貯水容器[⇒図] [Ka. D1827(a)]

ಕೊಳಗ
貯水容器

ಕೊಳಗ[2] ⟦koḷaga コラガ⟧ [koɭəgɐ] *n.* (動物の)ひづめ [Ka. D1829] = ಕೊಳಗು (koḷagu)

ಕೊಳಗು ⟦koḷagu コラグ⟧ [koɭəgu] ಕೊಣಗು, ಕೊಳಗ *n.* (動物の)ひづめ [Ka. D1829]

ಕೊಳಚೆ ⟦koḷace コラチェ⟧ [koɭəʧe] *n.* どろ、汚れ ―(*n.*) きたない〈こと〉、不潔〈な〉 [Ka. < *koṛace* *D1822]

ಕೊಳಬೆ ⟦koḷabe コラベ⟧ [koɭə̆be] *n.* 竹などで作った管、吹き竿、火吹き竹 [Ka. < *koṛave* *D1818] ☞ಕೊಳವೆ (koḷave)

ಕೊಳಲು ⟦koḷalu コラル⟧ [koɭəlu] ಕೊಳಲ್, ಕೊಟಲ್ *n.* (竹製の)横笛 [Ka. < *koṛal* *D1818]

ಕೊಳವಿ ⟦koḷavi コラヴィ⟧ [koɭə̆ve] *n.* [Ka. < *koṛavi* D1818] ☞ಕೊಳವೆ (koḷave)

ಕೊಳವೆ ⟦koḷave コラヴェ⟧ [koɭə̆ve] ಕೊಳಬೆ, ಕೊಳವಿ, ಕೊಳವೆ, ಕೊಳಾಯಿ, ಕೊಟವಿ, ಕೊಟವೆ *n.* (火吹き竹や吹き竿などに用いられる)竹などで作った管 [Ka. < *koṛave* *D1818]

ಕೊಳವೆಬಾವಿ ⟦koḷavebāvi コラヴェバーヴィ⟧ [koɭə̆vebɐːvi] *n.* 管井戸 [Ka. *koḷave* + *bāvi*]

ಕೊಳಹೆ ⟦koḷahe コラヘ⟧ [koɭəhe] ಕೊಳಹ 《古》*n.* 小さな池、溜め池 [Ka. D1828]

ಕೊಳಾಯಿ ⟦koḷāyi コラーイ⟧ [koɭɐːĭ] *n.* (水道の)蛇口 [Ka. *D1818]

ಕೊಳಿ ⟦koḷi コリ⟧ [koɭi] 《‡》*n.* 差し押さえ (*Kitt.*) [Ka. D2151]

ಕೊಳಿಕೆ ⟦koḷike コリケ⟧ [koɭike] 《文》*n.* 鉤(かぎ)、留め金 [Ka. D2151] = *komḍi*

ಕೊಳು ⟦koḷu コル⟧ [koɭu] 《古》*vt.* [Ka. D2151] ☞ಕೊಳ್ (koḷ)

ಕೊಳುಹ ⟦koḷuha コルハ⟧ [koɭuhɐ] 《古》*n.* 受け取ること、など (*Mr.346* (*Kitt.*)) [Ka. D2151]

ಕೊಳೆ ⟦koḷe コレ⟧ [koɭe] ಕೊಟೆ *vi.* **1** (食品などが)腐る、腐敗する **2** 自分の能力を発揮できずにいる ¶ ವಿಜಯ ತನ್ನ ಯೋಗ್ಯತೆಯನ್ನು ತೋರಿಸಲಾಗದೆ ಆಫೀಸಿನಲ್ಲಿ ಕೊಳೆಯುತ್ತಿದ್ದಾನೆ. (vijaya tanna yōgyateyannu tōrisalāgade āpʰīsinalli koḷeyuttiddāne.) ヴィジャヤは自分の能力を発揮できず役所で腐っている。 ―*n.* (台所や下水などの)悪臭を放つ生ゴミ ―(*n.*) きたない〈こと〉 [Ka. < *koṛe* *D1822]

ಕೊಳೆಗೇರಿ ⟦koḷegēri コレゲーリ⟧ [koɭeğeːri] *n.* 貧民窟、スラム街 [Ka. *koḷe* + *kēri*] = ಸ್ಲಮ್ (slam)〔口〕

ಕೊಳ್ಕು ⟦koḷku コルク⟧ [koɭku] 《‡》*vt.* 手でかき回す (*DEDR*) [Ka. D1817]

ಕೊಳ್ಕೆ ⟦koḷke コルケ⟧ [koɭke] 《方》*n.* 1年で3度目の稲の収穫 (*NK, SK; My.* (*Kitt.*)) [Ka. D2154] ☞ಕೊಳಕೆ (koḷake)

ಕೊಳ್ಪು ⟦koḷpu コルプ⟧ [koɭpu] 《‡》*n.* 弓の上下の先端 (*Abh.P.5,86* (*Kitt.*)) [Ka. D2156] ☞ಕೊಪ್ಪು (koppu)[3]

ಕೊಳ್ಬು ⟦koḷbu コルブ⟧ [koɭbu] 《方》*n.* ひづめ (*EK, LSB 1.3*) [Ka. D1829]

ಕೊಳ್ಳ ⟦koḷḷa コッラ⟧ [koɭɭɐ] *n.* 窪地、険しい谷間、渓谷 [Ka. D2157]

ಕೊಳ್ಳಿ ⟦koḷḷi コッリ⟧ [koɭɭi] *n.* たいまつ [Ka. D2158]

ಕೊಳ್ಳಿದೆವ್ವ ⟦koḷḷidevva コッリデッヴァ⟧ [koɭɭidevvɐ] *n.* 鬼火、狐火 [Ka. *koḷḷi* + *devva*]

ಕೊಳ್ಳು[1] ⟦koḷḷu コッル⟧ [koɭɭu] 《口》 *n.* 1 喉、首 2 声 (*My.* (*Kitt.*)) [Ka. D1774]

ಕೊಳ್ಳು[2] ⟦koḷḷu コッル⟧ [koɭɭu] *vt.* 1 手に取る、受け取る 2 買う、購入する 3 捕まえる、占領する、占有する ¶ ಭಾರತೀಯ ಸೇನೆ ಆರು ತಿಂಗಳಲ್ಲಿ ಢಾಕಾವನ್ನು ಕೊಂಡಿತು. (bʰāratīya sēne āru tiṃgaḷalli ḍʰākāvannu koṃḍitu.) インド軍は6か月でダッカを占領した。 4 (容器に) 入る ¶ ಈ ಸೂಟ್ಕೇಸು ನಲ್ವತ್ತು ಲೀಟರ್ ಕೊಳ್ಳುತದೆ. (ī sūṭkēsu nalvattu līṭar koḷḷutade.) このスーツケースは40リットルの収容力がある。 —*v. aux.* 動詞の連用完了分詞形について再帰的意味を表す補助動詞 ¶ ಊಟ ಫ್ರಿಜ್ಜಿನಲ್ಲಿ ಇದೆ, ತಿಂದುಕೋ. (ūṭa pʰrijjinalli ide, tiṃdukō.) ご飯は冷蔵庫よ。自分で食べて。[Ka. D2151]

ಕೊಳ್ಳಿಸು ⟦koḷḷisu コッリス⟧ [koɭɭisu] *vt.* 奪い取らせる、など [Ka. caus. D2151]

ಕೊಳ್ಳು[3] ⟦koḷḷu コッル⟧ [koɭɭu] 《方》 *vt.* 飲む (*Hav.*) [Ka. D2233]

ಕೊಳ್ಳೆ[1] ⟦koḷḷe コッレ⟧ [koɭɭe] *n.* 1 略奪、略奪行為 2 略奪品、戦利品、分捕り品 [Ka. D2151]

ಕೊಳ್ಳೆ[2] ⟦koḷḷe コッレ⟧ [koɭɭe] *n.* たいまつ [Ka. D2158]

ಕೊಳ್ಳೆಹೊಡೆ ⟦koḷḷehoḍe コッレホデ⟧ [koɭɭehoɖe] *vt.* 1 略奪する、分捕る 2 〔喩〕 大量に横領する ¶ ಅಧಿಕಾರಿ ಸರಕಾರದ ಹಣವನ್ನು ಕೊಳ್ಳೆಹೊಡೆದು ಸೆರೆಮನೆಗೆ ಹೋದರು. (adʰikāri sarakārada haṇavannu koḷḷehoḍedu seremanege hōdaru.) 局長は公金を横領したあげくに刑務所へ行った。 [Ka.]

ಕೊಳ್ಳುವಿಕೆ ⟦koḷḷuvike コッルヴィケ⟧ [koɭɭuvike] *n.* 受け取る、など [Ka. D2151]

ಕೊಱಂತೆ ⟦koṟaṃte コランテ⟧ [koṟənte] 《古》 *n.* 1 不足、過少 2 欠点、欠陥 [Ka. D1851] ☞ಕೊರತೆ (korate)

ಕೊಱಂಡು ⟦koṟaṃḍu コランドゥ⟧ [koṟəɳɖu] 《古》 *n.* 枯れた木の幹、木の切り株 [Ka. *D1842]

ಕೊಱಕಲು ⟦koṟakalu コラカル⟧ [koṟəkəlu] 《‡》 *n.* 流水や車輪などで削られた土地 (*C.,B.* (*Kitt.*)) [Ka. D1841]

ಕೊಱಕು ⟦koṟaku コラク⟧ [koṟəku] 《‡》 *vt.* かじる、少しずつかじって食べる (*My.* (*Kitt.*)) [Ka. D2164] ☞ಕೊರಕು (koraku)

ಕೊಱಚ[1] ⟦koṟaca コラチャ⟧ [koṟəʧɐ] 《古》 *m.* 木製の櫛(くし)を売るなどして生活する手癖の悪い山岳部族 (*M.* (*Kitt.*)) [Ka. D1844] ☞ಕೊರಚ (koraca)

ಕೊಱಚ[2] ⟦koṟaca コラチャ⟧ [koṟəʧɐ] 《古》 *n.* 悪口を言う人、中傷する人 (*lex.*) [Ka. *koṟe*[2] + *-ca*]

ಕೊಱಡು ⟦koṟaḍu コラドゥ⟧ [koṟəɖu] ಕೊರಡು, ಕೊಱಂಡು 《古》 *n.* 枝葉のない枯れ木 (*My.* (*Kitt.*)) [Ka. D1842]

ಕೊಱತ ⟦koṟata コラタ⟧ [koṟətɐ] 《‡》 *n.* 身にしみるような寒さ (*My.* (*Kitt.*)) [Ka. D1859,2168]

ಕೊಱತೆ ⟦koṟate コラテ⟧ [koṟəte] 《古》 *n.* 1 不足、数が足りないこと 2 欠陥、欠点 [Ka. D1851] ☞ಕೊರತೆ (korate)

ಕೊಱಮ ⟦koṟama コラマ⟧ [koṟəmɐ] 《古》 *m.* コラヴァ (ござや籠を作って売ったり占いをしたりするカースト)、コラヴァの一員 [Ka. D1844] ☞ಕೊರವ (korava)

ಕೊಱಲೆ[1] ⟦koṟale コラレ⟧ [koṟə̆le] 《‡》 *n.* 蟻の一種 (*DEDR*) [Ka. D2096]

ಕೊಱಲೆ[2] ⟦koṟale コラレ⟧ [koṟə̆le] 《古》 *n.* 粟 [Ka. D2163] ☞ಕೊರಲೆ (korale)

ಕೊಱವ ⟦koṟava コラヴァ⟧ [koṟəvɐ] 《古》 *m.* 《*f.* ಕೊಱವಂಜಿ, ಕೊಱವಜ್ಜಿ (koṟavaṃji, koṟavajji)》 コラヴァ (ござや籠を作って売ったり占いをしたりするカースト)、コラヴァの一員 [Ka. D1844] ☞ಕೊರವ (korava)

ಕೊಱವಂಜಿ ⟦koṟavaṃji コラヴァンジ⟧ [koṟəvəɲʤi] 《古》 *f.* コラヴァの女性 (多くは占いに従事する) [Ka. D1844]

ಕೊಱವತಿ ⟦koṟavati コラヴァティ⟧ [koṟəvəti] 《‡》 *f.* コラヴァの女性 (多くは占いに従事する) (*My.* (*Kitt.*)) [Ka. D1844] ☞ಕೊರವಂಜಿ (koravaṃji)

ಕೊಱವಿತಿ ⟦koṟaviti コラヴィティ⟧ [koṟəviti] 《‡》 *f.* コラヴァの女性 (多くは占いに従事する) (*My.* (*Kitt.*)) [Ka. D1844]

ಕೊಱಿ[1] ⟦koṟi コリ⟧ [koṟi] 《古》 *vi.* くるくる回る [Ka. D1387] ☞ಕೊಱೆ (koṟe)[1]

ಕೊಱಿ[2] ⟦koṟi コリ⟧ [koṟi] 《古》 *vt.* 1 〈木を〉のこぎりで切る、〈喉を〉刃物で切る、〈稲や粟などを〉鎌で刈る 2 穴をあける、浸食する (*C.* (*Kitt.*)) —*n.* 切られたもの (*S.Mhr.* (*Kitt.*)) ☞ಕೊರೆ (kore)[2] [Ka. D1859]

ಕೊಱಿ[3] ⟦koṟi コリ⟧ [koṟi] 《‡》 *n.* 羊 (*Kitt.*) [Ka. D2165]

ಕೊಱುಕು ⟦koṟuku コルク⟧ [koṟuku] 《‡》 *vt.* 少しずつかじる [Ka. D2164] (*My.* (*Kitt.*)) ☞ಕೊರಕು (koraku)

ಕೊಱೆ[1] ⟦koṟe コレ⟧ [koṟe] ಕೊಱಿ[1] 《古》 *vi.* くるくる回る;彷徨する [Ka. D1387]

ಕೊಱೆ[2] ⟦koṟe コレ⟧ [koṟe] 《古》 *vi.* 減る、減少する —*n.* 1 減少 2 不足、欠点 ☞ಕೊರೆ (kore)[1] [Ka. D1851]

ಕೊಱೆ[3] ⟦koṟe コレ⟧ [koṟe] 《古》 *vt.* 1 〈木を〉のこぎりで切る、〈喉を〉刃物で切る、〈稲や粟などを〉鎌で刈る 2 穴をあける、浸食する [Ka. D1859] ☞ಕೊರೆ (kore)[2]

ಕೊಱೆ[4] ⟦koṟe コレ⟧ [koṟe] ಕೂರೆ, ಕೂಱೆ, ಕೊರೆ 《古》 *n.* 1 汚れた布 2 コロモジラミ [Ka. D1925, D1926]

ಕೊಱೆತ ⟦koṟeta コレタ⟧ [koṟetɐ] 《古》 *n.* 1《‡》 切ること (*My.* (*Kitt.*)) 2 寒さが身を切ること [Ka. D1859/2168]

ಕೊಱೆಯುವಿಕೆ ⟦koṟeyuvike コレユヴィケ⟧ [koṟejuvike] 《古》 *n.* 切ること、など (*Si.388* (*Kitt.*)) [Ka. D1859]

ಕೊಱ್ ⟦koṟ コル⟧ [koɻ] 《古》(n.)（食物などが）腐ってべたべたになった〈こと〉[Ka. D1822] = ಕೊಳೆತು (koḷetu)

ಕೊಱಂಬ ⟦koṟaṃba コランバ⟧ [koɻəmbɐ] 《‡》n. 妨害 (S.Mhr. (Kitt.)) [Ka. D1817]

ಕೊಱಕು ⟦koṟaku コラク⟧ [koɻəku] ಕೊಳಕು 《古》(n.) 腐って臭くてぐじゃぐじゃになった〈もの〉[Ka. D1822] = ಕೊಳಕು (koḷaku)

ಕೊಱಕುತನ ⟦koṟakutana コラクタナ⟧ [koɻəkutənɐ] 《‡》(n.) 腐って臭くてぐじゃぐじゃになった〈こと〉(My. (Kitt.)) [Ka. D1822] ☞ಕೊಳಕುತನ (koḷakutana)

ಕೊಱಚಿ ⟦koṟaci コラチ⟧ [koɻəʧi] 《古》(n.) ☞ಕೊಱಚೆ (koṟace) (Kitt. (S.Mhr.)) [Ka. D1822]

ಕೊಱಚೆ ⟦koṟace コラチェ⟧ [koɻəʧe] 《古》(n.) 腐ってねばねばで悪臭を放つ〈こと〉 —n. 汚物、不潔なもの = ಕೊಳಚೆ (koḷace) [Ka. D1822]

ಕೊಱಲ್ ⟦koṟal コラル⟧ [koɻəl] 《古》n.（竹などで作った）横笛 [Ka. D1818] ☞ಕೊಳಲು (koḷalu)

ಕೊಱವಿ ⟦koṟavi コラヴィ⟧ [koɻə̆vi] 《古》n.（竹などで作った）管 [Ka. D1818] ☞ಕೊಳವೆ (koḷave)

ಕೊಱವೆ ⟦koṟave コラヴェ⟧ [koɻəve] 《古》n.（竹などで作った）管 [Ka. D1818] ☞ಕೊಳವೆ (koḷave)

ಕೊಱಾಯಿ ⟦koṟāyi コラーイ⟧ [koɻɐːji] 《‡》n. 水道などの蛇口 (My. (Kitt.)) [Ka. D1818] ☞ಕೊಳಾಯಿ (koḷāyi)

ಕೊಱಿವಿ ⟦koṟivi コリヴィ⟧ [koɻivi] 《‡》n.（竹などで作った）管 (B.5,238 (Kitt.)) [Ka. D1818] ☞ಕೊಳವೆ (koḷave)

ಕೊಱೆ[1] ⟦koṟe コレ⟧ [koɻe] 《‡》n. 障害 (Si.202 (Kitt.)) [Ka. D1817]

ಕೊಱೆ[2] ⟦koṟe コレ⟧ [koɻe] vi.（食物や死体などが）腐る、（木材や繊維などが）ぼろぼろになる —(n.) 最低〈の〉、低級〈な〉¶ ಕೊಱೆಗಬ್ಬಿಗ (koṟegabbiga) へぼ詩人 —n. 腐ったもの; 汚物 = ಕೊಳೆ (koḷe) [Ka. D1822]

ಕೋ ⟦kō コー⟧ [koː] vt.《過去語幹 kōt-, kōd-》1〈真珠や玉などに〉糸を通す 2〔喩〕（共通の目的やイデオロギーなどで）結びつける 3 ちくりと刺す、（先のとがったもので）突っつく 4〔喩〕つなぐ、連携させる —vi.〔喩〕（語や文などが）つながる [Ka. D2176]

ಕೋಂಟೆ ⟦kōṃṭe コーンテ⟧ [koːɳʈe] ಕೊಟ್ಟ, ಕೋಟೆ, ಕೋಟ್ಟ, ಕೋಟ್ಟೆ 《古》n. 城砦、城壁 [Ka. D2207] ☞ಕೋ (kō)

ಕೋಕಿಲೆ ⟦kōkile コーキレ⟧ [koːkile] n. インドカッコウ（セグロカッコウ、ホトトギス科、雨季に狂わしい美声で鳴き文学作品で広く言及される）[Sk. kōkila-] = ಕೋಗಿಲೆ (kōgile) *[BIB P33]

ಕೋಕೋ ⟦kōkō コーコー⟧ [koːkoː] n. 1 ココアの木およびその実 2 ココア飲料 [Eg. cocoa]

ಕೋಗಿಲೆ[1] ⟦kōgile コーギレ⟧ [koːgile] 《方》n. 硬い繊維質の内果皮に包まれたマンゴーの種 (Hav.) [Ka. D2179]

ಕೋಗಿಲೆ[2] ⟦kōgile コーギレ⟧ [koːgile] ಕೋಕಿಲೆ, ಕೋಗಿಲು n. インドカッコウ（セグロカッコウ、ホトトギス科、雨季に狂わしい美声で鳴き文学作品で広く言及される）[Sk. kōkila-]

ಕೋಗಿಲೇ ಗಿಡ ⟦kōgilē giḍa コーギレーギダ⟧ [koːgileːgiɖɐ] 《‡》n. 木の一種（葉が皿の代わりに用いられる）(My. (Kitt.)) [kōgile + giḍa D2184] = ಕೋಗಿಲೆಬಾಳೆ (kōgilebāḷe)

ಕೋಗಿಲೆಯೆಲೆ ⟦kōgileyele コーギレエレ⟧ [koːgilejele] 《‡》n. 乾燥させて雨合羽として用いられる上記の木の葉 (My. (Kitt.)) [kōgile + ele D2184]

ಕೋಗೀರು ⟦kōgīru コーギール⟧ [koːgiːru] ಕೋಗಿರು, ಖೋಗೀರು 《古》n. 馬の鞍 [Pe. xōgīr ね「鞍」]

ಕೋಚು ⟦kōcu コーチュ⟧ [koːʧu] (n.)（まっすぐであるべきものが）曲がっている〈こと〉[Ka. D2186]

ಕೋಚು ⟦kōcu コーチュ⟧ [koːʧu] mf. コーチ [Eg. coach]

ಕೋಟ[1] ⟦kōṭa コータ⟧ [koːʈɐ] 《‡》n. 寒いこと、涼しいこと (Šm.36.o.r. (Kitt.)) [Ka. D2056]

ಕೋಟ[2] ⟦kōṭa コータ⟧ [koːʈɐː] n.（輸出入や生産などの）割当量 [Eg. quota]

ಕೋಟಲಿಗ ⟦kōṭaliga コータリガ⟧ [koːʈəligɐ] 《‡》m.《f. *ಕೋಟಲಿಗಳು (kōṭaligaḷu)》面倒をもたらす人 (My. (Kittel)) [Ka. kōṭale D2204 + -iga]

ಕೋಟಲೆ ⟦kōṭale コータレ⟧ [koːʈəle] n. 面倒、困難、難儀 [Ka. D2204]

ಕೋಟ್ಲೆ ⟦kōṭle コートレ⟧ [koːʈle] 《口》n. 面倒、困難、難儀 [Ka. D2204]

ಕೋಟಿ[1] ⟦kōṭi コーティ⟧ [koːʈi] numr.adj./numr.n. 千万〈の〉[Sk.]

ಕೋಟಿ[2] ⟦kōṭi コーティ⟧ [koːʈi] n. 倉庫 [H./M. kōṭʰī T3546]

ಕೋಟು[1] ⟦kōṭu コートゥ⟧ [koːʈu] 《口》n. 引用 ◇ vt. —ಮಾಡು (māḍu) [Eg. quote]

ಕೋಟು[2] ⟦kōṭu コートゥ⟧ [koːʈu] n.（洋風の）上着 [Eg. coat]

ಕೋಟೆ ⟦kōṭe コーテ⟧ [koːʈe] ಕೊಟ್ಟ[5], ಕೋಂಟೆ, ಕೋಟ್ಟ, ಕೋಟ್ಟೆ n. 城砦、とりで [Ka. D2207]

ಕೋಟೆಮನೆ ⟦kōṭemane コーテマネ⟧ [koːʈeməne] n. 城 [Ka. kō + mane]

ಕೋಡಂಗಿ ⟦kōḍaṃgi コーダンギ⟧ [koːɖəŋgi] ಕೋಡಗಿ, ಕೋಡಿಂಗ, ಕೋಡಿಗ mf. 1 道化師 2 容貌の悪い人、醜い人 3 馬鹿で間抜けな人、愚かな振る舞いをする人 [Ka. D2206]

ಕೋಡಗ ⟦kōḍaga コーダガ⟧ [koːɖə̆gɐ] 《文》n. 猿 [Ka. D2196] = ಮಂಗ, ಕೋತಿ (maṃga, kōti)〔汎〕

ಕೋಡಗಿ ⟦kōḍagi コーダギ⟧ [koːɖə̆gi] mf. [Ka. D2206] ☞ಕೋಡಂಗಿ (kōḍaṃgi)

ಕೋಡಿ ⟦kōḍi コーディ⟧ [koːɖi] n. 1 貯水池などで余分な水を流す水門 2 水の流れ、水流 [Ka. D2197]

ಕೋಡು[1] ⟦kōḍu コードゥ⟧ [koːɖu] 《文》n.（山の）頂上 (T.,M. (Kitt.)) [Ka. D2049]

ಕೋಡು[2] ⟦kōḍu コードゥ⟧ [ko:ɖu] 《文》 *n.* 贈与、贈り物を与えること [Ka. D2053]

ಕೋಡು[3] ⟦kōḍu コードゥ⟧ [ko:ɖu] 《古》 *vi.* 寒い、冷たい **—***n.* 冷たいこと、寒いこと [Ka. D2056]

ಕೋಡು[4] ⟦kōḍu コードゥ⟧ [ko:ɖu] ಕೋಳು, ಕೋಟ್ *n.* **1** 動物の角 **2** 象の牙 **3** 木の枝 **4** カニやエビのはさみ **5**〔喩〕高慢、傲慢 [Ka. D2200]

ಕೋಡು[5] ⟦kōḍu コードゥ⟧ [ko:ɖu] 《古》 *vi.* 恐れる、ひるむ **—***n.* 恐れること、ひるむこと [Ka. D2250]

ಕೋಡೆ ⟦kōḍe コーデ⟧ [ko:ɖe] 《方》 *n.* 西風、冷たい風 [Ka. D2203] (NK, SK)

ಕೋಣ್ ⟦kōṇ コーン⟧ [ko:ɳ] 《古》 *n.* 角(かど)、隅 [Ka. D2209] ☞ಕೋಣು (kōṇu)

ಕೋಣ[1] ⟦kōṇa コーナ⟧ [ko:ɳɐ] 《文》 *n.* **1** 角(かど)、隅 **2** 方角図の角に当たる方角(すなわち北東、北西、南東、南西) [Ka. D2209] ☞ಕೋಣು (kōṇu)

ಕೋಣ[2] ⟦kōṇa コーナ⟧ [ko:ɳɐ] *n.* **1** 雄の水牛 **2**〔罵〕愚か者 [Ka. D2212 cf. T3504]

ಕೋಣು ⟦kōṇu コーヌ⟧ [ko:ɳu] ಕೋಣ್, ಕೋಣಿ, ಕೋಣೆ, ಕೋನ, ಕೋನಿ 《文》 *n.* **1** 角(かど)、隅 **2** 方角図の角に当たる方角(すなわち北東、北西、南東、南西) [Ka. D2209, cf. T3504]

ಕೋಣೆ[1] ⟦kōṇe コーネ⟧ [ko:ɳe] 《文》 *n.* **1** 角(かど)、隅 **2** 方角図の角に当たる方角(すなわち北東、北西、南東、南西) [Ka. D2209, cf. T3504]

ಕೋಣೆ[2] ⟦kōṇe コーネ⟧ [ko:ɳe] *n.* **1** 小屋 **2** 小さな部屋 **3** 厨房、炊事場 [Ka. D2221, cf. T3504]

ಕೋತ ⟦kōta コータ⟧ [ko:tɐ] *m.* コータ(ニールギリに住む部族の一つ) **—***n.* コータ語、コータ族の話す言葉 [?]

ಕೋತಿ ⟦kōti コーティ⟧ [ko:ti] *n.* 猿 [Ka. D1769] = ಮಂಗ (maṃga)

ಕೋದಂಡ[1] ⟦kōdaṃḍa コーダンダ⟧ [ko:dəɳɖɐ] 《方》 *n.* 学校で悪い生徒の手を縛るために上からつるされた縄 (NK) [Ka. D2213]

ಕೋದಂಡ[2] ⟦kōdaṃḍa コーダンダ⟧ [ko:dəɳɖɐ] 《文》 *n.* 弓 [Sk.]

ಕೋನ ⟦kōna コーナ⟧ [ko:nɐ] *n.* **1** 角(かど)、隅 **2** 四維(しい)(北東、南東、南西、北西の方角) **3** 角度 ¶ ಈ ಕೋನಕ್ಕೆ ಮೂವತ್ತು ಅಂಶಗಳು. (ī kōnakke mūvattu aṃśagaḷu.) この角(度)は30度だ。 [Ka. D2209 cf. T3504]

ಕೋನಮಾನ ⟦kōnamāna コーナマーナ⟧ [k:nəmɐ:nɐ] 《文》 *n.* 角度 [Sk. *kōṇamāna-*]

ಕೋನಶಿಲೆ ⟦kōnaśile コーナシレ⟧ [ko:nəʃile] 《文》 *n.* 隅石 [*kōna* + Sk. *śilā-*]

ಕೋನಾಂಶ ⟦kōnāṃśa コーナーンシャ⟧ [ko:nɐ:mʃɐ] 《文》 *n.* 度(角度の単位) [*kōna* + Sk. *aṃśa-*]

ಕೋನಿ ⟦kōni コーニ⟧ [ko:ni] 《古》 *n.* 角(かど)、隅 [Ka. D2209 cf. T3504]

ಕೋನೇರಿ ⟦kōnēri コーネーリ⟧ [ko:ne:ri] ಕೋನೇರು 《‡》 *n.* 石段で取り囲まれた四角形の寺院の池 (*My.* (*Kitt.*)) [Te. *kōna* + *ēri* D2215]

ಕೋನೇರು ⟦kōnēru コーネール⟧ [ko:ne:ru] 《‡》 *n.* 石段で取り囲まれた四角形の寺院の池 (*My.* (*Kitt.*)) [Te. *kōna* + *ēri*, D2215] ☞ಕೋನೇರಿ (kōnēri)

ಕೋಪ ⟦kōpa コーパ⟧ [ko:pɐ] *n.* 怒り、立腹 [Sk.]

ಕೋಪಗೃಹ ⟦kōpagṛha コーパグルハ⟧ [ko:pəgrɯhɐ/ —gruhɐ] 《文》 *n.* 立腹した女性がそれを表現するために一人閉じこもった部屋 [Sk.]

ಕೋಪಿ ⟦kōpi コーピ⟧ [ko:pi] *adj., mf.* **1** 怒りっぽい〈人〉、気短かな〈人〉 **2** 怒った〈人〉 [Sk. *kōpin-*]

ಕೋಪಿಷ್ಠ ⟦kōpiṣṭʰa コーピシュタ⟧ [ko:piʂʈʰɐ] 《文》 *adj., m.* 《*f.* ಕೋಪಿಷ್ಠೆ (kōpiṣṭʰe)》憤激した〈人〉、怒りっぽい〈人〉 [Sk.]

ಕೋಪಿಸು ⟦kōpisu コーピス⟧ [ko:pĭsu] 《文》 *vi.* 怒る [Sk. *kōpa* + *-isu*]

ಕೋಬಿ ⟦kōbi コービ⟧ [ko:bi] *n.* キャベツ(アブラナ科アブラナ属)→ 食 [M. *kōbī* ←Pt. *couve* cf. T4270 < Sk. *gōjihvikā-*]

ಕೋಮಟಿ ⟦kōmaṭi コーマティ⟧ [ko:məʈi] ಕೊಮಟಿ, ಕೋವಟಿ *mf.* **1** 商人 **2**〔喩〕けちん坊、吝嗇な人 [Ka. D2220]

ಕೋಮಟಿಗ ⟦kōmaṭiga コーマティガ⟧ [ko:məʈigɐ] *kōvaṭiga m.* 商人 [Ka. D2220]

ಕೋಮಣ ⟦kōmaṇa コーマナ⟧ [ko:məɳɐ] 《古》 *n.* ふんどし [A34/Sk. *kaupīna-*] = ಲಂಗೋಟಿ (laṃgōṭi) ☞ಕೋವಣ (kōvaṇa)

ಕೋಮಲ ⟦kōmala コーマラ⟧ [ko:mălɐ] ಕೋಮಳ *adj.* 《*f.* ಕೋಮಳೆ (kōmaḷe)》 **1** (人間の皮膚やものの表面が)柔らかい、(体が)繊細な、か弱い **2** 繊細で上品な、優雅な **3** (歌声などが)甘くて優しい [Sk.]

ಕೋಮಲಕಾಯ ⟦kōmalakāya コーマラカーヤ⟧ [ko:mələkɐ:jɐ] 《文》 *n.* 繊細な体、か弱い体 **—***adj., m.* 《*f.* ಕೋಮಲಕಾಯೆ (kōmalakāye)》か弱い体を持った〈人〉、繊細な体を持った〈人〉 [Sk.]

ಕೋಮಲತೆ ⟦kōmalate コーマラテ⟧ [ko:məlĕte] ಕೋಮಳತೆ 《文》 *n.* 繊細さ、か弱いこと [Sk.]

ಕೋಮಲತ್ವ ⟦kōmalatva コーマラトヴァ⟧ [ko:məɭət·vɐ] 《文》 *n.* 繊細さ、か弱いこと [Sk.]

ಕೋಮಲಾಂಗ ⟦kōmalāṃga コーマラーンガ⟧ [ko:məlɐ:ŋgɐ] 《文》 *n.* 繊細な体、か弱い体 **—***adj., m.* 《*f.* ಕೋಮಲಾಂಗಿ (kōmalāṃgi)》繊細な体を持った〈人〉、か弱い体を持った〈人〉 [Sk.]

ಕೋಮಲಾಂಗಿ ⟦kōmalāṃgi コーマラーンギ⟧ [ko:məlɐ:ŋgi] 《文》 *f.* 繊細な体を持った女性、か弱い体の女性 [Sk.]

ಕೋಮಲೆ ⟦kōmale コーマレ⟧ [ko:məle] 《文》 *f.* 繊細で可愛い女性、優美な女性 [Sk.]

ಕೋಮಳ ⟦kōmaḷa コーマラ⟧ [ko:məɭɐ] *adj., mfn.* [Sk.] ☞ಕೋಮಲ (kōmala)

ಕೋಮಳತೆ ⟦kōmaḷate コーマラテ⟧ [ko:məɭɐ] 《文》 *n.* 繊細さ [Sk. *kōmalate-*]

ಕೋಮಳಾಂಗಿ ⟦kōmaḷāṃgi コーマラーンギ⟧ [ko:məɭɐ:ŋgi] 《文》 *f.* 繊細な体を持った女性 [Sk. *kōmalāṃgin-*]

ಕೋಮಳೆ[1] ⟦kōmaḷe コーマレ⟧ [ko:məɭe] 《古》 *n.* アオスイレン(青睡蓮)(スイレン科スイレン属) [Ka. D1894] = ನೈದಿಲೆ (naidile) ☞ಕೋವಳೆ (kōvaḷe)

ಕೋಮಳೆ[2] ⟦kōmaḷe コーマレ⟧ [ko:məɭe] 《文》 *f.* 繊細で可愛い女性 [Sk. *kōmalā-*]

ಕೋಮು ⟦kōmu コーム⟧ [ko:mu] *n.* カースト、部族、共同社会 [Ar. *qaum*]

ಕೋಮುವಾದ ⟦kōmuvāda コームヴァーダ⟧ [ko:muvɐ:dɐ] 《文》 *adj., mf.* 自分の共同社会中心の考えの〈人〉、コミュナリズム〈の〉 [Ar. *qaum* + *vāda*]

ಕೋಮುವಾದಿ ⟦kōmuvādi コームヴァーディ⟧ [ko:muvɐ:di] 《文》 *adj., mf.* 自分の共同社会中心の考えを持つ〈人〉 [Ar. *qaum* + Sk. *vādin-*]

ಕೋಮುವಾರು ⟦kōmuvāru コームヴァール⟧ [koomuvɐ:ru] *adj.* カーストなどの帰属集団に関する ¶ ಈ ಹಳ್ಳಿಯಲ್ಲಿ ಕೋಮುವಾರುಗಲಭೆ ನಡೆಯಿತು. (ī haḷḷiyalli kōmuvārugalabʰe naḍeyitu.) この村でカースト間の衝突が起こった。 —*adv.* カーストごとに ¶ ಅಂಕಿಸಂಖ್ಯೆಯನ್ನು ಕೋಮುವಾರು ಕೊಡಬೇಕು. (aṃkisaṃkʰyeyannu kōmuvāru koḍabēku.) 統計はカーストごとでなければならない。 [Ar. *qaum* + ?]

ಕೋಯಿಲ್ ⟦kōyil コーイル⟧ [ko:jil] ಕೋಯಿಲು, ಕೋವಿಲ್, ಕೋವಿಲು, ಕೋವಿಲೆ 《古》 *n.* 寺、寺院 [Ka. *D2177]

ಕೋರ[1] ⟦kōra コーラ⟧ [ko:rɐ] (*adj.*) ☞ಕೋರಾ (kōrā)

-ಕೋರ[2] ⟦-kōra -コーラ⟧ [ko:rɐ] -ಖೋರ *suf.* 「常に…を受け取る」または「…する」という意味を表す接尾辞 ¶ ಲಂಚಕೋರ (laṃcakōra) 賄賂を取る人 [Pe. *-xwur*]

ಕೋರಾ ⟦kōrā コーラー⟧ [ko:rɐ:] ಕೋರ (*adj.*) **1** まっさらの〈布など〉、何も書いていない〈紙など〉 **2** さらしてない〈布〉、アイロンをかけていない〈布〉 [←H./M. *kōrā* <? T3526]

ಕೋರಾನ್ನ ⟦kōrānna コーラーンナ⟧ [ko:rɐ:nnɐ] ಕೋರಾಣ, ಕೋರಾನ *n.* バラモンやヴィーラシャイヴァ派の苦行者への布施として精製しない穀類を贈ること、およびその穀物 [Ka. *kōru*[1]? + *anna*]

ಕೋರಿ ⟦kōri コーリ⟧ [ko:ri] *n.* **1** 古い布切れ、ぼろきれ **2** 使い古した毛布 **3** 〔喩〕役に立たないもの [Ka. < *kōṟi* *D2255] ☞ಕೋಱಿ (kōṟi)

ಕೋರಿಂದೆ ⟦kōriṃde コーリンデ⟧ [ko:rinde] ಕೋರಿಂದ 《文》 *n.* シロザ(白藜、アカザ科アカザ属) ⇀ 食・薬 [Ka. D2234] *[IMP 2.62]

ಕೋರಿಕೆ ⟦kōrike コーリケ⟧ [ko:rike] *n.* 願い、頼み、懇請、懇願 [Ka. *kōru*[2] + *-ike* *D2232]

ಕೋರು[1] ⟦kōru コール⟧ [ko:ru] *n.* **1** 小作契約で地主の取り分 **2** 小作契約 **3** 小作 [Ka. < **kōṟu*[1] D1924] = ವಾರ ಸಾಗುವಳಿ (vāra sāguvaḷi) ☞ಕೋಱು (kōṟu)[1]

ಕೋರು[2] ⟦kōru コール⟧ [ko:ru] *vt.* 請う、願う、懇請する、要請する、懇願する [Ka. D2232]

ಕೋರೆ[1] ⟦kōre コーレ⟧ [ko:re] *n.* (部屋などの)隅、片隅 [?]

ಕೋರೆ[2] ⟦kōre コーレ⟧ [ko:re] ಕೋಱೆ (*n.*) **1** 鋭い〈こと〉、鋭利〈な〉 **2** (象やイノシシや肉食動物や鬼などの)牙〈の〉 [Ka. D2257]

ಕೋರೆಹಲ್ಲು ⟦kōrehallu コーレハッル⟧ [ko:rehəllu] *n.* (象や蛇やトラや犬などの)牙 [Ka. < *kōṟe* *D2257? + *hallu*]

ಕೋರೈಸು ⟦kōraisu コーライス⟧ [ko:rəisu] *vt.* 〈目を〉くらませる ¶ ಬರುತ್ತಿರುವ ಕಾರಿನ ದೀಪದ ಬೆಳಕು ಕಣ್ಣನ್ನು ಕೋರೈಸುತ್ತಿದೆ. (baruttiruva kārina dīpada beḷaku kaṇṇannu kōraisuttide.) 前から来る車のヘッドライトの光が目をくらませている。 [? + *-isu*]

ಕೋರ್ಟು ⟦kōrṭu コールトゥ⟧ [ko:rʈu] *n.* 裁判所 [Eg. *court*] = ನ್ಯಾಯಾಲಯ (nyāyālaya)

ಕೋಲ್[1] ⟦kōl コール⟧ [ko:l] ಕೋಲು 《古》 *n.* **1** 棒、竿 **2** 矢がら、矢の軸、矢 **3** 長さを測る棒 [Ka. D2237]

ಕೋಲ್[2] ⟦kōl コール⟧ [ko:l] 《‡》 *n.* 舟、いかだなど水の上を行く手段 (*Kitt.*) [Ka. D2238]

ಕೋಲ್[3] ⟦kōl コール⟧ [ko:l] 《‡》 (*adj.*) 長い〈こと〉 (*My.* (*Kitt.*)) [Ka. D2239]

ಕೋಲ[1] ⟦kōla コーラ⟧ [ko:lɐ] *n.* **1** (特に幽鬼や悪霊の踊りに用いられる)装飾 **2** 幽鬼や悪霊のための祭礼 **3** 幽鬼や悪霊の衣装を着けて演じる踊り [Ka. D2240]

ಕೋಲ[2] ⟦kōla コーラ⟧ [ko:lɐ] ಕೋಳ 《古》 *n.* イノシシ [Sk.] (*lex.*)

ಕೋಲ[3] ⟦kōla コーラ⟧ [ko:lɐ] *n.* コーラ(飲料) [Eg. *cola*]

ಕೋಲಾಟ ⟦kōlāṭa コーラータ⟧ [ko:lɐ:ʈɐ] *n.* 少女達が2本ずつ棒を持って踊る民族舞踊 [Ka. *kōlu* + *āṭa*]

ಕೋಲಾಹಲ ⟦kōlāhala コーラーハラ⟧ [ko:lɐ:] *n.* (一人一人が勝手に声を出す)大騒ぎ [Ka.]

ಕೋಲಿ[1] ⟦kōli コーリ⟧ [ko:li] *n.* 穀類を収穫した後に残る切り株 [Ka. D2242]

ಕೋಲಿ[2] ⟦kōli コーリ⟧ [ko:li] 《文》 *n.* モクセイ科の植物名 (*Lush.*) [Ka. D2245]

ಕೋಲಿ[3] ⟦kōli コーリ⟧ [ko:li] 《方》 *n.* イヌナツメ、(犬棗、クロウメモドキ科ナツメ属) ⇀ 食・薬 (*Lush.*) [Sk. *kōlī-* <?]

ಕೋಲು[1] ⟦kōlu コール⟧ [ko:lu] ಕೋಲ್[1] *n.* **1** 棒、竿 **2** 矢がら、矢の軸、矢 **3** 長さを測る棒 [Ka. D2237]

ಕೋಲು[2] ⟦kōlu コール⟧ [ko:lu] ಕೋಲ್[2] 《希》 *n.* 舟やいかだなど水上を行く手段 [Ka. D2238]

ಕೋಲುಳಿ ⟦kōluḷi コールリ⟧ [ko:luɭi] 《文》 *n.* 一種の長い鑿(のみ) [Ka. *kōl*[1] + *uḷi*]

ಕೋಲ್ದೋಣಿ ⟦kōldōṇi コールドーニ⟧ [ko:ld·ŋi] *n.* 竿で動かす小舟 [Ka. *kōl*[2] + *dōṇi*]

ಕೋಲ್ಮಿಂಚು ⟦kōlmiṃcu コールミンチュ⟧ [koːlmiɲʧu] 《文》 *n.* 《詩的表現で》まっすぐに走る稲妻 ¶ ಕಾರ್ಮುಗಿಲಿನ ಮಧ್ಯೆ ಕೋಲ್ಮಿಂಚಿನ ಸಂಚಾರವಾಯಿತು. (kārmugilina madʰye kōlmiṃcina saṃcāravāyitu.) 黒雲の中にまっすぐに走る稲妻が走った。[Ka. *kōl*[1] + *miṃcu*]

ಕೋವ ⟦kōva コーヴァ⟧ [koːvɐ] 《古》 *m.* 壺作り (*lex.*) [Ka. D1762]

ಕೋವಟಿ ⟦kōvaṭi コーヴァティ⟧ [koːvəʈi] 《異》 *mf.* 1 商人 2〔喩〕けちん坊、吝嗇な人 [Ka. D2220] = ಕೋಮಟಿಗ (kōmaṭiga)

ಕೋವಟಿಗ ⟦kōvaṭiga コーヴァティガ⟧ [koːvəʈigɐ] 《異》 *m.* 《*f.* ಕೋವಟಿಗಿತ್ತಿ (kōvaṭigitti)》 [Ka. D2220] ☞ಕೋಮಟಿ (kōmaṭi)

ಕೋವಣ ⟦kōvaṇa コーヴァナ⟧ [koːvə̆ɳɐ] ಕೋಮಣ, ಕೋವಳ 《古》 *n.* ふんどし [Sk. *kaupīna-*/A34]

ಕೋವರಿ ⟦kōvari コーヴァリ⟧ [koːvə̆ri] 《古》 *n.* (心の)動揺、混乱、興奮 [Ka. D1340] ☞ಕೌವರೆ (kauvare)

ಕೋವಳೆ ⟦kōvaḷe コーヴァレ⟧ [koːvə̆ɭe] ಕೋಮಳೆ, ಕೋವಳ, ಕೋಹಳ, ಕೋಳೆ 《古》 *n.* アオスイレン(青睡蓮)(スイレン科スイレン属) (*Šm.* (*Kitt.*)) [Ka. D1894] = ನೈದಿಲೆ (naidile) ☞ಕೋವಳೆ (kōvaḷe)

ಕೋವಳ[1] ⟦kōvaḷa コーヴァラ⟧ [koːvəɭɐ] 《‡》 *n.* アオスイレン(青睡蓮)(スイレン科スイレン属) (*Šm.* (*Kitt.*)) [Ka. *D1894] = ನೈದಿಲೆ (naidile) ☞ಕೋವಳೆ (kōvaḷe)

ಕೋವಳ[2] ⟦kōvaḷa コーヴァラ⟧ [koːvəɭɐ] 《古》 *n.* ふんどし [Sk. *kaupīna-*/*A34]

ಕೋವಳ[3] ⟦kōvaḷa コーヴァラ⟧ [koːvəɭɐ] 《古》 *adj.* [Sk. *kōmala-*] ☞ಕೋಮಲ (kōmala)

ಕೋವಳೆ ⟦kōvaḷe コーヴァレ⟧ [koːvəɭe] ಕೋಮಳೆ[1], ಕೋವಳ, ಕೋಹಳ, ಕೋಳೆ 《文》 *n.* アオスイレン(青睡蓮)(スイレン科スイレン属) ⇀ 観・食 [Ka. *D1894] = ನೈದಿಲೆ (naidile)

ಕೋವಿ ⟦kōvi コーヴィ⟧ [koːvi] *n.* 1 管 2 水鉄砲 3 横笛、フルート 4 火吹き竹 5 火縄銃 [Ka. D1818]

ಕೋವಿದ ⟦kōvida コーヴィダ⟧ [koːvidɐ] 《文》 *m.* 《*f.* ಕೋವಿದೆ (kōvide)》専門家、学者、専門の知識がある人 [Sk.] = ಪರಿಣತ (pariṇata)

ಕೋವೆ[1] ⟦kōve コーヴェ⟧ [koːve] 《古》 *n.* 坩堝(るつぼ) [Ka. D1816] = *mūse*〔汎〕

ಕೋವೆ[2] ⟦kōve コーヴェ⟧ [koːve] 《‡》 *n.* 美しい赤い実をつけるつる草の一種 (*M.;T.* (*Kitt.*)) [Ka. D2247]

ಕೋಶ ⟦kōśa コーシャ⟧ [koːʃɐ] *n.* 1 (刀などの)さや 2 鳥の卵 3 睾丸または陰嚢 4 (蚕などの)繭 5 倉庫、宝庫 6 金庫、大蔵省、財務省 7 穀物の籾殻(もみがら)、豆類のさや、落花生の殻 8 子宮 9 細胞 10 (動物の)甲、甲殻 11 花の果皮、蓮の種袋 [Sk.]

ಕೋಶಾಧಿಕಾರಿ ⟦kōśādʰikāri コーシャーディカーリ⟧ [koːʃɐːdʰikɐːri] *mf.* 会計係、出納係 [Sk.]

ಕೋಷ್ಟಕ ⟦kōṣṭaka コーシュタカ⟧ [koːʂʈə̆kɐ] *n.* 計算表 [Sk. *kōṣṭʰaka*]

ಕೋಷ್ಠ[1] ⟦kōṣṭʰa コーシュタ⟧ [koːʂʈʰɐ] *n.* 1 ハンセン病 = ಕುಷ್ಠರೋಗ (kuṣṭʰarōga) 2 白斑(皮膚が斑点状に色素を失う病気) = ತೊನ್ನು (tonnu) [Sk. *kuṣṭʰa*]

ಕೋಷ್ಠ[2] ⟦kōṣṭʰa コーシュタ⟧ [koːʂʈʰɐ] 《古》 *n.* 1 おなか、腹の内部 2 部屋、家の奥 3 穀物の貯蔵庫、倉庫 [Sk.]

ಕೋಷ್ಠಕ ⟦kōṣṭʰaka コーシュタカ⟧ [koːʂʈʰkɐ] 《古》 *n.* 1 奥の部屋 2 穀物倉庫 3 建物の周りの塀 [Sk.]

ಕೋಸು[1] ⟦kōsu コース⟧ [koːsu] (*n.*) 1 (まっすぐであるべきものが)曲がっている〈こと〉、歪んでいる〈こと〉¶ ಕತ್ತಿ ಕೋಸಾಗಿದೆ. (katti kōsāgide.) 刀がひん曲がってっている。2 (真四角であるべきものが)歪んでいる〈こと〉¶ ಈ ಕವಾಟ ಕೋಸಾಗಿದೆ, ಮುಚ್ಚುವದಿಲ್ಲ. (ī kavāṭa kōsāgide, muccuvadilla.) この扉は歪んでいる、閉じられない。[Ka. D2186]

ಕೋಸು[2] ⟦kōsu コース⟧ [koːsu] *n.* 距離の単位(およそ 4 ㎞) [Sk. *krōśa-*]

ಕೋಸು[3] ⟦kōsu コース⟧ [koːsu] *n.* キャベツ(アブラナ科アブラナ属) ⇀ 食 [? cf. Pt. *couve*, Eg. *cabbage* Sk. *gōjihvikā-*]

ಕೋಸುಗಡ್ಡೆ ⟦kōsugaḍḍe コースガッデ⟧ [koːsugəɖɖe] *n.* キャベツ [*kōsu*[2] + Ka. ಗಡ್ಡೆ (gaḍḍe)]

ಕೋಹಳ್ ⟦kōhaḷ コーハル⟧ [koːhəɭ] 《‡》 *n.* アオスイレン(青睡蓮)(スイレン科スイレン属) (*Bp.18.39* (*Kitt.*)) [Ka. D1894] = ನೈದಿಲೆ (naidile) ☞ಕೋವಳೆ (kōvaḷe)

ಕೋಳ್[1] ⟦kōḷ コール⟧ [koːɭ] ಕೋಳು 《古》 *n.* 1 略奪、強奪、分捕り 2 殴打 3 捕縛、逮捕、監禁 4 人間や肉食獣に狩られる諸動物 5 (虫などが)噛むこと 6 支配、従属させること (*epig.*) 7 魅惑、誘惑 [Ka. D2151]

ಕೋಳ್[2] ⟦kōḷ コール⟧ [koːɭ] 《‡》 *n.* 中傷、悪口 (*My.* (*Kitt.*)) [Ka. D2251]

ಕೋಳ[1] ⟦kōḷa コーラ⟧ [koːɭɐ] *n.* 1 手かせ、足かせ、手錠 2 制約、拘束 [?]

ಕೋಳ[2] ⟦kōḷa コーラ⟧ [koːɭɐ] 《古》 *n.* イノシシ [Sk. *kōla-*]

ಕೋಳಿ ⟦kōḷi コーリ⟧ [koːɭi] ಕೋಟಿ *n.* 1 雌鳥 2 家禽(一般) [Ka. < *kōṟi* *D2248]

ಕೋಳಿಕಾಳಗ ⟦kōḷikāḷaga コーリカーラガ⟧ [koːɭikɐːɭə̆gɐ] *n.* 闘鶏 [+ *kāḷaga*]

ಕೋಳಿಕುಟುಮ ⟦kōḷikuṭuma コーリクトゥマ⟧ [koɭikuʈumɐ] ಕೋಳಿಕುತ್ತುಮ, ಕೋಟಿಕುಟುಮ, ಕೋಟಿಕುಟುಂಬ *n.* 赤と黄色の見事な花が咲くユリ科のはんえん性の植物(観賞用および薬用) ⇀ 観・薬 (*St. & Pl.* (*Kitt.*)) [Ka. *kōḷi* + *kuṭuma*?] = ಕೋಳಿಕುತ್ತುಮ (kōḷikuttuma) *[IMP 3.77]

ಕೋಳು ⟦kōḷu コール⟧ [koːɭu] *n.* 1 略奪、強奪、分捕り 2 殴打 3 捕縛、逮捕、監禁 4 魅惑、誘惑 [Ka. *D2151]

ಕೋಳೆ ⟦kōḷe コーレ⟧ [koːɭe] 《古》 *n.* アオスイレン(青睡蓮)(スイレン科スイレン属) ⇀ 観 [Ka. D1894] = ನೈದಿಲೆ (naidile) ☞ಕೋವಳೆ (kōvaḷe)

ಕೋಱಿ ⟦kōṟi コーリ⟧ [koːri] ಕೋರಿ 《古》 *n.* **1** 古い布切れ、ぼろきれ **2** 使い古した毛布 [Ka. D2255]

ಕೋಱು[1] ⟦kōṟu コール⟧ [koːru] ಕೋರಿ, ಕೋರು[1], ಕೋಱಿ 《古》 *n.* **1** 小作契約で地主の取り分 **2** 小作、小作契約 [Ka. D1924]

ಕೋಱು[2] ⟦kōṟu コール⟧ [koːru] 《古》 *vt.* 請う、願う、懇請する、要請する、懇願する (*Mr.2* (*Kitt.*)) —*vt.* (バラモンや苦行者への布施として)精製しない穀類を贈ること、およびその穀物 ☞ಕೋರು (kōru)[2] [Ka. D2232]

ಕೋಱೆ ⟦kōṟe コーレ⟧ [koːre] 《古》 *n.* **1** 鋭いこと、鋭利なこと **2** 象やイノシシや肉食動物や鬼などの牙 —(*n.*) 鋭い〈こと〉、鋭利〈な〉 [Ka. D2257]

ಕೋೞ್ ⟦kōḻ コール⟧ [koːɻ] 《古》 *n.* 《複合語頭で》動物の角 (*Kitt.*) (*Śmd.28* (*Kitt.*)) [Ka. D2200]

ಕೋೞಿ ⟦kōḻi コーリ⟧ [koːɻi] 《古》 *n.* **1** ニワトリ **2** (一般的に)家禽 [Ka. D2248] ☞ಕೋಳಿ (kōḷi)

ಕೋೞೆ ⟦kōḻe コーレ⟧ [koːɻe] 《‡》 *n.* 濃い痰 (*My.* (*Kitt.*)) [Ka. D2249]

ಕೌಂಗು ⟦kauṃgu カウング⟧ [kəuŋgu] 《古》 *n.* ビンロウジュの木 ⇀ 嗜・薬・材 (*Pb.3.41;5.47.V*) [Ka. D1233]

ಕೌಚು ⟦kaucu カウチュ⟧ [kəuʧu] *vi.* 裏向きになる、裏返る、転覆する [Ka. *D1335] = ಕವಿಚು (kavicu)

ಕೌಚಿಕ್ಕು ⟦kaucikku カウチック⟧ [kəuʧikku] *vt.* ひっくり返す、裏返す [+ ಇಕ್ಕು (ikku)]

ಕೌಟಿಲ್ಯ ⟦kauṭilya カウティリャ⟧ [kəuʈilʲjɐ] *n.* ずるさ、不正直 ¶ ಅವನ ಕೌಟಿಲ್ಯ ನನ್ನ ಹತ್ತಿರ ನಡೆಯಲಿಲ್ಲ. (avana kauṭilya nanna hattira naḍeyalilla.) 彼の悪知恵は我々には通用しない。 [Sk.]

ಕೌಟಿಲ್ಯವೃತ್ತಿ ⟦kauṭilyavr̥tti カウティリャヴルッティ⟧ [kəuʈilʲjəvɯtti] *n.* ずるいこと、悪知恵を使うこと、姦計を用いること [Sk.]

ಕೌಟುಂಬಿಕ ⟦kauṭuṃbika カウトゥンビカ⟧ [kəuʈumbikɐ] 《文》 *adj.* 家族に関する、家庭の、家族を持った —*m.* 《*f.* ಕೌಟುಂಬಿಕಳು (kauṭuṃbikaḷu)》 **1** 家族を持った人 **2** 家族の長 [Sk.]

ಕೌತುಕ ⟦kautuka カウトゥカ⟧ [kəutukɐ] *n.* **1** 好奇心 **2** 驚異、驚嘆 **3** 驚異の対象、驚嘆すべき景色 [Sk.]

ಕೌತೂಹಲ ⟦kautūhala カウトゥーハラ⟧ [kəutuːhəlɐ] ಕುತೂಹಳ 《文》 *n.* **1** 驚異、驚嘆 **2** 好奇心 **3** 驚異の対象、驚嘆すべき光景 [Sk.]

ಕೌಪೀನ ⟦kaupīna カウピーナ⟧ [kəupiːnɐ] 《文》 *n.* ふんどし [Sk.]

ಕೌಮಾರ ⟦kaumāra カウマーラ⟧ [kəumɐːrɐ] 《文》 (*adj.*) **1** 少年や少女に関する〈こと〉 **2** カールッティケーヤ(シャンムカ)神に関する —*n.* **1** 少年や少女の年齢、少年や少女であること **2** 処女性、処女であること [Sk.]

ಕೌಮಾರ್ಯ ⟦kaumārya カウマーリャ⟧ [kəumɐːrʲjɐ] 《文》 *n.* **1** 少年や少女の年齢または少年や少女であること **2** 処女性、処女であること [Sk.]

ಕೌಮುದಿ ⟦kaumudi カウムディ⟧ [kəumudi] 《文》 *n.* 月光、月の光 [Sk.]

ಕೌಲು ⟦kaulu カウル⟧ [kəulu] ಕವಲು, ಕವುಲು, ಕೌಲ್ 《古》 *n.* 契約 [Ar. *qaul*] = ಒಪ್ಪಂದ (oppaṃda)

ಕೌಲುಕರಾರು ⟦kaulukarāru カウルカラール⟧ [kəulukərɐːru] ಕವುಲುಕರಾರು *n.* 契約書 [*kaulu* + *karāru*]

ಕೌವರಿ ⟦kauvari カウヴァリ⟧ [kəuvəri] 《古》 *n.* 興奮 [Ka. *D1340] ☞ಕೌವರೆ (kauvare)

ಕೌವರೆ ⟦kauvare カウヴァレ⟧ [kəuvəre] ಕವ್ವರಿ, ಕವ್ವರೆ, ಕಾವರಿ, ಕೋವರಿ, ಕೌವರಿ 《古》 *n.* 興奮 [Ka. D1340]

ಕೌಶಲ ⟦kauśala カウシャラ⟧ [kəuʃəlɐ] 《文》 *n.* 熟練、巧妙、老練 [Sk.] = ಕೌಶಲ್ಯ (kauśalya)

ಕೌಶಲ್ಯ[1] ⟦kauśalya カウシャリャ⟧ [kəuʃəlʲjɐ] 《文》 *n.* 熟練、巧妙、老練 [Sk.]

ಕೌಶಲ್ಯ[2] ⟦kauśalya カウシャリャ⟧ [kəuʃəlʲjɐː] 《文》 *f.* ダシャラタ王の一番年長の妻の名、ラーマの母 [Sk.]

ಕ್ರಂದನ ⟦kraṃdana クランダナ⟧ [krəŋdənɐ] 《文》 *n.* **1** 叫び、叫び声 ¶ ಪ್ರಜೆಯ ಕ್ರಂದನಕ್ಕೆ ರಾಜ ಮರುಗಿದ. (prajeya kraṃdanakke rāja marugida.) 人民の泣き声をきいて王は悲しんだ。 **2** 号泣、声を出して泣くこと [Sk.]

ಕ್ರತು ⟦kratu クラトゥ⟧ [krətu] 《文》 *n.* **1** 犠牲祭 **2** 決心、決意 [Sk.]

ಕ್ರತುಶಕ್ತಿ ⟦kratuśakti クラトゥシャクティ⟧ [krətuʃəkti] 《文》 *n.* 意思の力 [Sk.]

ಕ್ರಮ ⟦krama クラマ⟧ [krəmɐ] *n.* **1**《文》歩み、歩むこと **2**《古》足(足首から下)(lex.) **3**《文》進むこと **4** 順序、正しい順序 **5** 処置、対策 ¶ ಮಾದಕ ಪದಾರ್ಥ ನಿಯಂತ್ರಣಕ್ಕೆ ಸರಕಾರ ಕ್ರಮ ತೆಗೆದುಕೊಳ್ಳಬೇಕು. (mādaka padārt^ha niyaṃtraṇakke sarakāra krama tegedukoḷḷabēku.) 政府は麻薬の流入に対して処置を取らねばならない。 **6** 方法、やり方 [Sk.]

ಕ್ರಮಗೊಳಿಸು ⟦kramagoḷisu クラマゴリス⟧ [krəməgolisu] 《文》 *vt.* **1** 順番に並べる **2**〔喩〕整理する、直す [+ *koḷisu*]

ಕ್ರಮತಪ್ಪು ⟦kramatappu クラマタップ⟧ [krəmətəppu] ಕ್ರಮಂದಪ್ಪು, ಕ್ರಮದಪ್ಪು 《文》 *vi.* 決まった順序に従わない ¶ ಕ್ರಮತಪ್ಪಿದರೆ ಕೆಲಸವನ್ನು ಸಿದ್ಧಿಸಲು ಆಗುವುದಿಲ್ಲ. (kramatappidare kelasavannu sidd^hisalu āguvudilla.) 物事の順序を間違えば仕事は成就しない。 [+ *tappu*]

ಕ್ರಮಪಡಿಸು ⟦kramapaḍisu クラマパディス⟧ [krəməpəɖisu] 《文》 *vt.* **1** 順序だてる **2**〈非合法に出来上がったスラム街などを〉再開発して合法化する ¶ ಸರ್ಕಾರವು ನಿವೇಶನಗಳನ್ನು ಕ್ರಮಪಡಿಸಿತು. (sarkāravu nivēśanagaḷannu kramapaḍisitu.) 政府は宅地を規則にのっとって整理した。 [*krama* + *paḍisu*]

ಕ್ರಮಬದ್ಧ ⟦kramabaddʰa クラマバッダ⟧ [krɐ̆məbəddʰɐ] 《文》(*n.*) 1 順に並べられた〈こと〉、順序正しい〈こと〉 2 規則に従った〈こと〉[Sk.]

ಕ್ರಮಬದ್ಧತೆ ⟦kramabaddʰate クラマバッダテ⟧ [krɐ̆məbəddʰə̆te] 《文》 *n.* 1 順序正しいこと 2 規則に従っていること [Sk.]

ಕ್ರಮಭಂಗ ⟦kramabʰaṃga クラマバンガ⟧ [krəməbʰəŋgɐ] 《文》 *n.* 1 順番を破ること、順序に従わないこと 2 規則を破ること、規則違反 [Sk.]

ಕ್ರಮಯೋಜನೆ ⟦kramayōjane クラマヨージャネ⟧ [krəməjoːʤəne] 《文》 *n.* 順列 [Sk.]

ಕ್ರಮಾಂಕ ⟦kramāṃka クラマーンカ⟧ [krəmɐːŋkɐ] *n.*（格づけの）序列 [Sk.]

ಕ್ರಮೇಣ ⟦kramēṇa クラメーナ⟧ [krəmeːɳɐ] *adv.* 1 順番に、順序に従って 2 だんだんと、漸次 [Sk.]

ಕ್ರಯ ⟦kraya クラヤ⟧ [krəĭɐ] *n.* 1 買うこと 2 値段 [Sk.]

ಕ್ರಯವಿಕ್ರಯ ⟦krayavikraya クラヤヴィクラヤ⟧ [krəjɐ] *n.* 売り買い、売買 [Sk.]

ಕ್ರಾಂತದರ್ಶನ ⟦krāṃtadarśana クラーンタダルシャナ⟧ [krɐːntədərʃənaɐ] 《文》 *n.* 五感で捉えられないものを神通力を用いて見ること [Sk.] = ಅತೀಂದ್ರಿಯದೃಷ್ಟಿ (atīṃdriyadṛṣṭi)

ಕ್ರಾಂತದರ್ಶಿ ⟦krāṃtadarśi クラーンタダルシ⟧ [krɐːntədərʃi] 《文》 *mf.* 五感で捉えられないものを神通力を用いて見る能力がある人 [Sk.]

ಕ್ರಾಂತಿ ⟦krāṃti クラーンティ⟧ [krɐːnti] *n.* 1《文》前進 2《文》攻撃、攻めること 3《文》黄道 4 革命、動乱 [Sk.]

ಕ್ರಾಂತಿಕಾರ ⟦krāṃtikāra クラーンティカーラ⟧ [krɐːntikɐːrɐ] *m.* 《*f.* ಕ್ರಾಂತಿಕಾರ್ತಿ/ ಕ್ರಾಂತಿಕಾತಿ/ ಕ್ರಾಂತಿಕಾರಿಣಿ (krāṃtikārti/ krāṃtikāti/ krāṃtikāriṇi)》 1 革命家 2〔喩〕（学問や芸術などで）大変革を起こした人 [Sk.]

ಕ್ರಾಂತಿಕಾರಕ ⟦krāṃtikāraka クラーンティカーラカ⟧ [krɐːntikɐːrəkɐ] 《文》 *adj.* 革命的な [Sk.] = ಕ್ರಾಂತಿಕಾರಿ (krāṃtikāri)

ಕ್ರಾಂತಿಕಾರಿ ⟦krāṃtikāri クラーンティカーリ⟧ [krɐːntikɐːri] 《文》 *adj.* 革命的な、革命をもたらす ¶ ಪರಿಗಣಕವು ಜೀವನದಲ್ಲಿ ಕ್ರಾಂತಿಕಾರಿ ಬದಲಾವಣೆಯನ್ನು ಉಂಟುಮಾಡಿದೆ. (parigaṇakavu jīvanadalli krāṃtikāri badalāvaṇeyannu uṃṭumāḍide.) コンピューターは人間生活に革命的な変化をもたらした。[Sk.]

ಕ್ರಾಂತಿಕಾಲ ⟦krāṃtikāla クラーンティカーラ⟧ [krɐːntikɐːlɐ] 《文》 *n.* 移行期、激しく変化する時代、革命期 [Sk.]

ಕ್ರಾಂತಿಪಥ ⟦krāṃtipatʰa クラーンティパタ⟧ [krɐːntipətʰɐ] 《文》 *n.* 1 黄道 2 革命家としての道 [Sk.]

ಕ್ರಾಂತಿಯುಗ ⟦krāṃtiyuga クラーンティユガ⟧ [krɐːntijugɐ] 《文》 *n.* 移行期、激しく変化する時代、革命期 [Sk.]

ಕ್ರಾಂತಿವಾದಿ ⟦krāṃtivādi クラーンティヴァーディ⟧ [krɐːntivɐːdi] 《文》 *mf.* 革命主義者、革命の必要性を説く人 [Sk.]

ಕ್ರಾಂತಿವೃತ್ತ ⟦krāṃtivṛtta クラーンティヴルッタ⟧ [krɐːntivrɯttɐ] 《文》 *n.* 黄道 [Sk.]

ಕ್ರಿಮಿ ⟦krimi クリミ⟧ [krimi] ಕೃಮಿ 《文》 *n.* 1 虫 = huḷu〔汎〕 2 セラック（ワニスなどの原料）[Sk. *krimi*]

ಕ್ರಿಮಿನಾಶಕ ⟦krimināśaka クリミナーシャカ⟧ [kriminɐːʃəkɐ] 《文》 (*adj.*) 殺虫性〈の〉 —*n.* 殺虫剤 [Sk.]

ಕ್ರಿಮಿರೋಗ ⟦krimirōga クリミローガ⟧ [krimiroːga] 《文》 *n.* 寄生虫病 [Sk.]

ಕ್ರಿಮಿಶಾಸ್ತ್ರ ⟦krimiśāstra クリミシャーストラ⟧ [krimiʃɐːstrɐ] 《文》 *n.* 昆虫学 [Sk.]

ಕ್ರಿಯಾಕಾಲ ⟦kriyākāla クリヤーカーラ⟧ [krijɐːkɐːlɐ] 《文》 *n.* 活動期 [Sk.]

ಕ್ರಿಯಾಕುಶಲ ⟦kriyākuśala クリヤークシャラ⟧ [krijɐːkuʃəlɐ] 《文》 *adj.*, *mf.* 仕事をうまくこなす〈人〉[Sk.]

ಕ್ರಿಯಾತ್ಮಕ ⟦kriyātmaka クリヤートマカ⟧ [krijɐːtməkɐ] 《文》 *adj.* 1 行動を伴った、実行する、機能的な 2 活動的な = ಕ್ರಿಯಾಶೀಲ (kriyāśīla) 3 動詞的な意味を持つ [Sk.]

ಕ್ರಿಯಾಧಿಕಾರ ⟦kriyādʰikāra クリヤーディカーラ⟧ [krijɐːdʰikɐːrɐ] 《文》 *n.* ジャイナ教哲学における 10 のアーガマの一つ [Sk.]

ಕ್ರಿಯಾನಿವೃತ್ತಿ ⟦kriyānivṛtti クリヤーニヴルッティ⟧ [krijɐːnivrɯtti/—nivrutti] 《文》 *n.* 活動から身をひくこと [Sk.]

ಕ್ರಿಯಾಪಟು ⟦kriyāpaṭu クリヤーパトゥ⟧ [kriyɐːpəʈu] 《文》 *adj.*, *mf.* 行動が巧みな〈人〉、巧みに行動する〈人〉[Sk.]

ಕ್ರಿಯಾಪದ ⟦kriyāpada クリヤーパダ⟧ [krijɐːpədɐ] 《文》 *n.*〔言〕動詞 [Sk.]

ಕ್ರಿಯಾಪೂರ್ವಕ ⟦kriyāpūrvaka クリヤープールヴァカ⟧ [krijɐːpuːrvəkɐ] 《文》 *adj.* 活動を伴った [Sk.]

ಕ್ರಿಯಾಭ್ರಮೆ ⟦kriyābʰrame クリヤーブラメ⟧ [krijɐːbʰrəme] 《文》 *n.* 輪廻の苦しみをもたらす三つの苦の一つ [Sk.]

ಕ್ರಿಯಾಭ್ರಷ್ಟ ⟦kriyābʰraṣṭa クリヤーブラシュタ⟧ [krijɐːbʰrəʂʈɐ] 《文》 *adj.*, *mf.* 《*f.* ಕ್ರಿಯಾಭ್ರಷ್ಟೆ (kriyābʰraṣṭe)》自分の義務をないがしろにした〈人〉[Sk.]

ಕ್ರಿಯಾಮಾರ್ಗ ⟦kriyāmārga クリヤーマールガ⟧ [krijɐːmɐːrgɐ] 《文》 *n.* シャイヴァ・シッダーンタ派の四つの道の一つ [Sk.]

ಕ್ರಿಯಾರೂಪ ⟦kriyārūpa クリヤールーパ⟧ [krijɐːruːpɐ] 《文》 *n.* シャイヴァ・シッダーンタ派の四つの道の一つ

ಕ್ರಿಯಾಯೋಗ ⟦kriyāyōga クリヤーヨーガ⟧ [krijɐːjoːgɐ] 《文》 *n.* 1 結果にこだわることなく自分の義務に励むこと = ಕರ್ಮಯೋಗ (karmayōga) 2 文中の語の動詞との関係 [Sk.]

ಕ್ರಿಯಾಲೋಪ ⟦kriyālōpa クリヤーローパ⟧ [krijɐːloːpɐ] 《文》 *n.* 1 業務や祭事などに一部抜けた部分があること、仕事の一部の欠落 2 議論において正しい手続きが踏まれたかどうかという動議 [Sk.]

ಕ್ರಿಯಾವಂತ ⟦kriyāvaṃta クリヤーヴァンタ⟧ [krijɐːvəntɐ] 《文》 *adj., m.* 《*f.* ಕ್ರಿಯಾವಂತಳು (kriyāvaṃtaḷu)》 1 活動的な〈人〉、精力的な〈人〉 2 自分の義務の実行に励む〈人〉 3 恩を忘れない〈人〉 [Sk.]

ಕ್ರಿಯಾವಾಚಕ ⟦kriyāvācaka クリヤーヴァーチャカ⟧ [krijɐːvɐːʧəkɐ] 《文》 *n.* 動詞の語幹、動詞の語根、動名詞 [Sk.]

ಕ್ರಿಯಾವಾಹಿನಿ ⟦kriyāvāhini クリヤーヴァーヒニ⟧ [krijɐːvɐːhini] 《文》 *n.* 輸出性の血管；遠心性の神経 [Sk.]

ಕ್ರಿಯಾವಿಭಕ್ತಿ ⟦kriyāvibʰakti クリヤーヴィバクティ⟧ [krijɐːvibʰəkti] 《文》 *n.* 〔言〕動詞の活用語尾 [Sk.]

ಕ್ರಿಯಾವಿಶೇಷಣ ⟦kriyāviśēṣaṇa クリヤーヴィシェーシャナ⟧ [krijɐːviʃeːʂə̆ɳɐ] 《文》 *adv.* 〔言〕副詞、副詞的修飾語 [Sk.]

ಕ್ರಿಯಾವಿಶ್ರಾಂತಿ ⟦kriyāviśrāṃti クリヤーヴィシュラーンティ⟧ [krijɐːviʃrɐːnti] 《文》 *n.* 解脱（ヴィーラシャイヴァ派の定義の一つ）[Sk.]

ಕ್ರಿಯಾವೃತ್ತಿ ⟦kriyāvṛtti クリヤーヴルッティ⟧ [krijɐːvruɯtti /—vrutti] 《文》 *n.* 活動的なこと [Sk.] = ಕ್ರಿಯಾಶೀಲತೆ (kriyāśīlate)

ಕ್ರಿಯಾಶಕ್ತಿ ⟦kriyāśakti クリヤーシャクティ⟧ [krijɐːʃəkti] 《文》 *n.* 1 仕事をする能力、実行力、行動力 ¶ ಮಂತ್ರಿಗಳು ವಾಕ್ಪಟುವಾಗಿದ್ದಾರೆ, ಆದರೆ ಅವರಿಗೆ ಕ್ರಿಯಾಶಕ್ತಿ ಇಲ್ಲ. (maṃtrigaḷu vākpaṭuvāgiddāre, ādare avarige kriyāśakti illa.) 大臣は演説がうまいが実行力に欠けている。 2 ヴィーラシャイヴァ派の教説においてシヴァ神のシャクティを六つに細分する時の一つの分類 [Sk.]

ಕ್ರಿಯಾಶಬ್ದ ⟦kriyāśabda クリヤーシャブダ⟧ [krijɐːʃəbdɐ] 《文》 *n.* 動詞 [Sk.]

ಕ್ರಿಯಾಶೀಲ ⟦kriyāśīla クリヤーシーラ⟧ [krijɐːʃiːlɐ] 《文》 *adj., m.* 《*f.* ಕ್ರಿಯಾಶೀಲಳು (kriyāśīlaḷu)》活動的な〈人〉 [Sk.]

ಕ್ರಿಯಾಶೂನ್ಯ ⟦kriyāśūnya クリヤーシューニャ⟧ [krijɐːʃuːnʲjɐ] 《文》 *adj., m.* 《*f.* ಕ್ರಿಯಾಶೂನ್ಯಳು (kriyāśūnyaḷu)》活動的でない〈人〉 [Sk.]

ಕ್ರಿಯಾಸಕ್ತ ⟦kriyāsakta クリヤーサクタ⟧ [krijɐːsəktɐ] 《文》 *adj., m.* 《*f.* ಕ್ರಿಯಾಸತ್ತಳು (kriyāsattaḷu)》仕事に没入した〈人〉 [Sk.]

ಕ್ರಿಯಾಸಮಾಸ ⟦kriyāsamāsa クリヤーサマーサ⟧ [krijɐːsəmɐːsɐ] 《文》 *n.* 〔言〕複合動詞 ¶ ಅಪ್ಲೈ ಮಾಡು (aplai māḍu) 申し込む ¶ ಕೊನೆಗೊಳ್ಳು (konegoḷḷu) 終わる ¶ ಬಂದುಬಿಡು (baṃdubiḍu) 到着する [Sk.]

ಕ್ರಿಯಾಸಮಿತಿ ⟦kriyāsamiti クリヤーサミティ⟧ [krijɐːsəmiti] 《文》 *n.* 実行委員会 [Sk.]

ಕ್ರಿಯಾಸಿದ್ಧಿ ⟦kriyāsiddʰi クリヤーシッディ⟧ [krijɐːsiddʰi] 《文》 *n.* 業務や任務の遂行 [Sk.]

ಕ್ರಿಯೆ ⟦kriye クリエ⟧ [krije] 《文》 *n.* 1 仕事、働き 2 行動 3 詩作 = ಕೃತಿ (kṛti) 4 動詞で表される概念 5 〔言〕動詞 6 （ヴィーラシャイヴァ派の）三種の受戒のうちの一つ [Sk.]

ಕ್ರಿಯಾತಂಡ ⟦kriyātaṃḍa クリヤータンダ⟧ [krijɐːtəɳɖɐ] 《文》 *n.* 実行集団 [Sk.]

ಕ್ರಿಶ್ಚಿಯನ್ ⟦kriściyan クリシュチヤン⟧ [kriʃʧijən] ಕಿರಿಶ್ಚನ್ *mf.* キリスト教徒、クリスチャン [Eg. *Christian*]

ಕ್ರಿಷ್ಣ ⟦kriṣṇa クリシュナ⟧ [kriʂɳɐ] 《異》 (*adj.*) —*m.* ☞ಕೃಷ್ಣ (kṛṣṇa) [Sk.]

ಕ್ರಿಸ್ತ ⟦krista クリスタ⟧ [kristɐ] 《文》 *m.* イエス・キリスト [Pt. *Cristo*]

ಕ್ರಿಸ್ತಪೂರ್ವ ⟦kristapūrva クリスタプールヴァ⟧ [kristəpuːrvɐ] (*adj.*) 紀元前〈の〉 ¶ ಕ್ರಿಸ್ತಪೂರ್ವ ಮೂರನೆಯ ಶತಮಾನದಲ್ಲಿ ಅಶೋಕನ ಶಾಸನಗಳು ಬರೆಯಲ್ಪಟ್ಟವು. (kristapūrva mūraneya śatamānadalli aśōkana śāsanagaḷu bareyalpaṭṭavu.) アショーカ王の碑文は紀元前３世紀に書かれた。 [*krista* + Sk. *pūrva-*]

ಕ್ರಿಸ್ತಮತ ⟦kristamata クリスタマタ⟧ [kristəmətɐ] *n.* キリスト教 [*krista* + *mata*]

ಕ್ರಿಸ್ತಶಕ ⟦kristaśaka クリスタシャカ⟧ [kristəʃətəkɐː] *n.* キリスト暦、西暦 [Sk.]

ಕ್ರಿಸ್ತಾನ ⟦kristāna クリスターナ⟧ [kristɐːnɐ] ಕಿರಿಸ್ತಾನ *m.* キリスト教徒、キリスト者 [Sk. *kristānā* < Pt. *cristAo* × *musalāmānā*]

ಕ್ರಿಸ್ತಿಯ ⟦kristiya クリスティヤ⟧ [kristijɐ] ಕ್ರಿಸ್ತೀಯ 《方》 *adj.* キリスト教徒、キリスト者 [*krista* + Sk.*-īya-*]

ಕ್ರಿಸ್ಮಸ್ ⟦krismas クリスマス⟧ [krisməs/krisməssu] *n.* クリスマス；キリスト降誕節 [Eg. *Christmas*]

ಕ್ರೀಂಕಾರ ⟦krīṃkāra クリーンカーラ⟧ [kriːŋkɐːrɐ] 《古》 (*n.*) 白鳥の鳴き声を表す擬音語 [Sk. onom.]

ಕ್ರೀಡಾಂಗಣ ⟦krīḍāṃgaṇa クリーダーンガナ⟧ [kriːɖɐːŋgə̆ɳɐ] 《文》 *n.* 競技場、（学校その他の）運動場 [Sk.] = ಆಟದ ಬಯಲು (āṭada bayalu) 〔汎〕

ಕ್ರೀಡಾಗೃಹ ⟦krīḍāgṛha クリーダーグルハ⟧ [krijɐːgruɯhɐ/—gruhɐ] 《文》 *n.* 体育館 [Sk.]

ಕ್ರೀಡಾಪಟು ⟦krīḍāpaṭu クリーダーパトゥ⟧ [kriːɖɐːpəʈu] 《文》 *mf.* ゲームやスポーツのうまい人 [Sk.] = ಆಟಗಾರ (āṭagāra) 〔汎〕

ಕ್ರೀಡಾವನ ⟦krīḍāvana クリーダーヴァナ⟧ [kriːɖɐːvənɐ] 《文》 *n.* 公園 [Sk.]

ಕ್ರೀಡಿಸು ⟦krīḍisu クリーディス⟧ [kriːɖĭsu] 《文》 *vi.* 遊ぶ、スポーツなどを楽しむ [Sk.]

ಕ್ರೀಡೆ ⟦krīḍe クリーデ⟧ [kriːɖe] 《文》 *n.* 遊び、スポーツ、ゲーム [Sk.]

ಕ್ರುದ್ಧ ⟦kruddʰa クルッダ⟧ [kruddʰɐ] 《文》 *adj., mf.* 《*f.* ಕ್ರುದ್ಧಳು (kruddʰaḷu)》怒った〈人〉 [Sk.]

ಕ್ರುದ್ಧಮುದ್ರೆ ⟦kruddʰamudre クルッダムドレ⟧ [kruddʰəmudˑre] 《文》 *n.* 怒った表情 [Sk.]

ಕ್ರೂಜೆ ⟦krūje クルージェ⟧ [kruːʤe] ಕ್ರೂಶ, ಕ್ರೂಸ, ಕ್ರೋಸು 《文》 *n.* 1 十字架 2 キリストが磔(はりつけ)になった十字架 3 キリスト教徒が首にかける十字形の垂れ飾り [Pt. *cruz*]

ಕ್ರೂರ ⟦krūra クルーラ⟧ [kruːrɐ] *adj.mfn.* むごい〈こと〉、残酷〈な〉 [Sk.]

ಕ್ರೂರಿ ⟦krūri クルーリ⟧ [kruːri] 《文》 *mf.* 残酷な人、むごい人 [Sk.]

ಕ್ರೂಶ ⟦krūśa クルーシャ⟧ [kruːʃɐːroːhənɐ] 《文》 *n.* キリストの磔(はりつけ) [Pt. *cruz*] ☞ಕ್ರೂಶಾರೋಹಣ (krūśārōhaṇa)

ಕ್ರೂಶಾರೋಹಣ ⟦krūśārōhaṇa クルーシャーローハナ⟧ [kruːʃɐːroːhənɐ] 《文》 *n.* 磔刑(たくけい)、特にキリストの磔(はりつけ) [+ *ārōhaṇa*]

ಕ್ರೂಸ ⟦krūsa クルーサ⟧ [kruːsɐ] 《文》 *n.* [Pt. *cruz*] ☞*krūje*

ಕ್ರೇಂಕಾರ ⟦krēṃkāra クレーンカーラ⟧ [kreːŋkɐːrɐ] 《文》 (*n.*) 白鳥の鳴き声を表す擬音語 [? onom.]

ಕ್ರೇತವ್ಯ ⟦krētavya クレータヴィャ⟧ [kreːtəvˑjɐ] 《文》 *adj.* 買うに値する、買うことができる [Sk.]

ಕ್ರೈಸ್ತ ⟦kraista クライスタ⟧ [krəistɐ] *adj.* キリスト教徒 [Eng *Christ*]

ಕ್ರೊವೇಶಿಯ ⟦krovēśiya クロヴェーシヤ⟧ [kroveːʃijɐ] *n.* クロアチア(東南ヨーロッパの国) [Eg. *Croatia*]

ಕ್ರೋಂ ⟦krōṃ クローン⟧ [kroːm] *n.* 一種のマントラ [Sk. onom.]

ಕ್ರೋಡ[1] ⟦krōḍa クローダ⟧ [kroːɖɐ] 《文》 *n.* 胸、胸部 [Sk. *krōḍa*- <?]

ಕ್ರೋಡ[2] ⟦krōḍa クローダ⟧ [kroːɖɐ] 《文》 *n.* 豚 [Sk. *krōḍa*- <?]

ಕ್ರೋಡಪತ್ರ ⟦krōḍapatra クローダパトラ⟧ [kroːɖəpətˑrɐ] 《文》 *n.* 1 新しく追加したり書き直したりしたページ 2 補逸、追記、付録 [Sk.]

ಕ್ರೋಡೀಕರಣ ⟦krōḍīkaraṇa クローディーカラナ⟧ [kroːɖiːkərəɳɐ] 《文》 *n.* 1 (本などを)綴じ合わせること、合本にすること 2 抱擁、抱きしめること [Sk.]

ಕ್ರೋಡೀಕರಿಸು ⟦krōḍīkarisu クローディーカリス⟧ [kroːɖiːkərĭsu] 《文》 *vt.* 〈本などを〉綴じ合わせる、合本にする [Sk.]

ಕ್ರೋಡೀಕೃತ ⟦krōḍīkṛta クローディークルタ⟧ [kroːɖiːkrɯtɐ/—krutɐ] 《文》 *adj.* 綴じ合わされた [Sk.]

ಕ್ರೋಧ ⟦krōdʰa クローダ⟧ [kroːdʰɐ] 《文》 *n.* 怒り [Sk.]

ಕ್ರೋಧನ ⟦krōdʰana クローダナ⟧ [kroːdʰənɐ] 《文》 *adj.* 怒った〈人〉 —*n.* 怒り [Sk.]

ಕ್ರೋಧಿ ⟦krōdʰi クローディ⟧ [kroːdʰi] 《文》 *mf.* 怒りっぽい〈人〉 [Sk. *krōdʰin*]

ಕ್ರೋಶ ⟦krōśa クローシャ⟧ [kroːʃɐ] 《文》 *n.* 1 叫ぶこと、叫び声 2 距離を表す単位の一つ(約 4 km) [Sk.]

ಕ್ರೋಷಾ ⟦krōṣā クローシャー⟧ [kroːʂɐː] *n.* 刺繍 [Eg. ←Fr. *crochet*/Pt. *croché*]

ಕ್ರೋಸು ⟦krōsu クロース⟧ [kroːsu] *n.* キリストがかけられた十字架またはキリスト教徒が用いる十字形のしるし [Eg. *cross*]

ಕ್ರೌಂಚ ⟦kraumca クラウンチャ⟧ [krəuɲʧɐ] 《文》 *n.* 古典サンスクリット文学に現れる大きな水鳥の一種 [Sk.] = ಕೊಂಚೆ (koṃce)

ಕ್ರೌಂಚಪದ ⟦kraumcapada クラウンチャパダ⟧ [krəuɲʧəpədɐ] 《文》 *n.* ターラの一種 [Sk.]

ಕ್ರೌರ್ಯ ⟦kraurya クラウリヤ⟧ [krəurjɐ] 《文》 *n.* 1 残酷さ、むごいこと 2 獰猛さ [Sk.]

ಕ್ಲಬ್ಬು ⟦klabbu クラッブ⟧ [kləbbu] *n.* 1 カード遊びで用いる三つ葉のデザイン、その三つ葉のデザインがついたカード 2 (スポーツや芸術など)共通の目的のために集まる人々の協会 [Eg. *club*]

ಕ್ಲಾಂತ ⟦klāṃta クラーンタ⟧ [klɐːntɐ] 《文》 *adj.*, *mf.* 疲れた〈人〉、疲労した〈人〉 [Sk.] = ದಣಿದ (daṇida)

ಕ್ಲಾಂತಿ ⟦klāṃti クラーンティ⟧ [klɐːnti] 《文》 *n.* 疲れ、疲労 [Sk.]

ಕ್ಲಾರ್ಕು ⟦klārku クラールク⟧ [klɐːrku] *mf.* 事務員(インドの雇用制度で中位に属する人、下級の非肉体労働者) [Sk.]

ಕ್ಲಾಸ್ ⟦klās クラース⟧ [klɐːs] *n.* 1 学級 2 学年 [Eg. *class*]

ಕ್ಲಿಷ್ಟ ⟦kliṣṭa クリシュタ⟧ [kliʂʈɐ] 《文》 (*adj.*) 難しい〈こと〉、困難な〈こと〉 —*n.* 悲しみ、悩み、心痛 [Sk.]

ಕ್ಲಿಷ್ಟಕ ⟦kliṣṭaka クリシュタカ⟧ [kliʂʈəkɐ] 《文》 *m.* 《*f.* ಕ್ಲಿಷ್ಟಕಿ (kliṣṭaki)》問題を起こす人 [Sk.]

ಕ್ಲಿಷ್ಟತೆ ⟦kliṣṭate クリシュタテ⟧ [kliʂʈəte] 《文》 *n.* (問題などの)解決が難しいこと、複雑なこと [Sk.]

ಕ್ಲೀಬ ⟦klība クリーバ⟧ [kliːbɐ] 《文》 *m.* 《*f.* ಕ್ಲೀಬಳು (klībaḷu)》 1 性的不能者 2 弱虫、臆病者 3 怠け者、怠惰な人 —*n.* 〔言〕中性 [Sk.]

ಕ್ಲೀಬತನ ⟦klībatana クリーバタナ⟧ [kliːbətənɐ] 《文》 *n.* 1 性的不能 2 臆病、勇気がないこと [Sk.]

ಕ್ಲುಪ್ತ ⟦klupta クルプタ⟧ [kluptɐ] ಕ್ಲಪ್ತ 《文》 (*adj.*) 前もって定められた〈こと〉、指定された〈こと〉¶ ಕ್ಲುಪ್ತ ಸಮಯದಲ್ಲಿ ಬರಬೇಕು. (klupta samayadalli barabēku.) 指定された時間に来るように。 [Sk.]

ಕ್ಲೇಶ ⟦klēśa クレーシャ⟧ [kleːʃɐ] 《文》 *n.* 苦悩、(心の)苦痛 [Sk.]

ಕ್ಲೇಶಗೊಳ್ ⟦klēśagoḷ クレーシャゴル⟧ [kleːʃəgoḷ̥] 《古》 *vi.* 悲しむ、苦悩する [Sk.]

ಕ್ಲೇಶಪಡು ⟦klēśapaḍu クレーシャパドゥ⟧ [kleːʃəpəɖu] 《文》 *vi.* 悲しむ、苦悩する [Sk.]

ಕ್ಲೋನ್ ⟦klōn クローン⟧ [kloːn] *n.* クローン、遺伝子的に同一の先祖から無性生殖で作られた生物や細胞 [Eg. *clone*]

ಕ್ಲೋರೋಫಾರ್ಮು ⟦klōrōpʰārmu クローローパールム⟧ [kloːroːfɐːrmu] *n.* クロロホルム [Eg. *chloroform*]

ಕ್ಲೋವರ್ ⟦klōvar クローヴァル⟧ [klo:vər] 《文》 *n.* クローバー(シャジクソウ属の小型の花頭を持つ三小葉の牧草) [Eg. clover]

ಕ್ವಚಿತ ⟦kvacita クヴァチタ⟧ [kvəʧitɐ] ಕ್ವಚಿತ್ತ, ಕ್ವಚಿತ್ತು *adv.* 時たま、たまに ¶ ಅವರು ನನ್ನ ಮನೆಗೆ ಕ್ವಚಿತ್ತಾಗಿ ಬರುತ್ತಾರೆ. (avaru nanna manege kvacittāgi baruttāre.) 彼はうちへ時たま来る。 [Sk. *kvacit*]

ಕ್ವಚಿತ್ತ ⟦kvacitta クヴァチッタ⟧ [kvəʧittɐ] *adv.* 時たま、たまに [Sk. *kvacit*]

ಕ್ವಚಿತ್ತು ⟦kvacittu クヴァチットゥ⟧ [kvəʧittu] 《文》 *adv.* 時たま、たまに [Sk. *kvacit*]

ಕ್ವಥನ ⟦kvatʰana クヴァタナ⟧ [kvətʰənɐ] 《文》 *n.* 沸騰 [Sk.]

ಕ್ವಥನಬಿಂದು ⟦kvatʰanabiṃdu クヴァタナビンドゥ⟧ [kvətʰənəbindu] 《文》 *n.* 沸点 [Sk.]

ಕ್ವಥಿತ ⟦kvatʰita クヴァティタ⟧ [kvətʰitɐ] 《文》 (*adj.*) 沸騰〈した〉 [Sk.]

ಕ್ವಾಥ ⟦kvātʰa クヴァータ⟧ [kvɐ:tʰɐ] 《文》 *n.* 煎じ汁、煎じ薬 [Sk.] = ಕಷಾಯ (kaṣāya)

ಕ್ವಾಥರಸ ⟦kvātʰarasa クヴァータラサ⟧ [kvɐ:tərəsɐ] 《文》 *n.* 煎じ汁、煎じ薬 [Sk.]

ಕ್ವಾಥೋದ್ಭವ ⟦kvātʰōdbʰava クヴァートードバヴァ⟧ [kvɐ:tʰo:dbʰəvɐ] 《文》 *n.* 胆礬(たんばん)、硫酸銅 [Sk.]

ಕ್ವಿಂಟಲ್ ⟦kviṃṭal クヴィンタル⟧ [kvinʈəl] *n.* [Eg. *quintal*] ☞ಕ್ವಿಂಟಾಲ್ (kviṃṭāl)

ಕ್ವಿಂಟಾಲ್ ⟦kviṃṭāl クヴィンタール⟧ [kvinʈɐ:l] ಕ್ವಿಂಟಲ್ *n.* 重量の単位(昔はハンドレッドウェイト、今は100kg) [Eg. *quintal*]

ಕ್ವಿನೀನು ⟦kvinīnu クヴィニーヌ⟧ [kvini:nu] ಕ್ವಯನು, ಕ್ವಿನಾಯಿನ್ 《文》 *n.* キニーネ(抗マラリア薬、抗熱薬) [Eg. *quinine*]

ಕ್ಷಕಾರ ⟦kṣakāra クシャカーラ⟧ [kʂəkɐ:rɐ] *n.* カンナダその他のインド系の文字で音素の連続 /kṣa/ を表す文字 [Sk.]

ಕ್ಷಕಿರಣ ⟦kṣakiraṇa クシャキラナ⟧ [kʂəkirəɳɐ] 《文》 *n.* エックス線 [Sk.]

ಕ್ಷಕಿರಣಪಟ ⟦kṣakiraṇapaṭa クシャキラナパタ⟧ [kʂəkirəɳəpəʈɐ] 《文》 *n.* エックス線写真 [Sk.]

ಕ್ಷಣ ⟦kṣaṇa クシャナ⟧ [kʂəɳɐ] *n.* **1** 刹那、1秒の $\frac{4}{5}$ **2** 瞬間 [Sk.]

ಕ್ಷಣದಾಚರ ⟦kṣaṇadācara クシャナダーチャラ⟧ [kʂəɳədɐ:ʧərɐ] 《文》 *m.* (*f.* ಕ್ಷಣದಾಚರಿ (kṣaṇadācari)) 悪魔、悪鬼 [Sk.]

ಕ್ಷಣದೆ ⟦kṣaṇade クシャナデ⟧ [kʂəɳəde] 《文》 *n.* 夜 [Sk.]

ಕ್ಷಣಪ್ರಭೆ ⟦kṣaṇaprabʰe クシャナプラベ⟧ [kʂəɳəprəbʰe] 《文》 *n.* 稲光 [Sk.]

ಕ್ಷಣಭಂಗುರ ⟦kṣaṇabʰaṃgura クシャナバングラ⟧ [kʂəɳəbʰəŋgurɐ] 《文》 *adj.* つかの間の、はかない [Sk.] = ಕ್ಷಣಿಕ (kṣaṇika)

ಕ್ಷಣಮಾತ್ರ ⟦kṣaṇamātra クシャナマートラ⟧ [kʂəɳəmɐ:trɐ] 《文》 *adv.* 一瞬 [Sk.]

ಕ್ಷಣವೀಕ್ಷಣ ⟦kṣaṇavīkṣaṇa クシャナヴィークシャナ⟧ [kʂəɳəvi:kʂəɳɐ] 《文》 *n.* ちらっと見ること、瞥見 [Sk.]

ಕ್ಷಣಾಂಶ ⟦kṣaṇāṃśa クシャナーンシャ⟧ [kʂəɳɐ:mʃɐ] 《文》 *n.* 一刹那の何分の一か、非常に短い間 [Sk.]

ಕ್ಷಣಿಕ ⟦kṣaṇika クシャニカ⟧ [kʂəɳikɐ] 《文》 (*n.*) **1** 一瞬〈の〉 **2** はかない〈こと〉、移ろいやすい〈こと〉 = ಕ್ಷಣಭಂಗುರ (kṣaṇabʰaṃgura) [Sk.]

ಕ್ಷತ ⟦kṣata クシャタ⟧ [kʂətɐ] 《文》 *adj.* 傷ついた —*n.* 打撃、怪我 [Sk.]

ಕ್ಷತತ್ರಾಣ ⟦kṣatatrāṇa クシャタトラーナ⟧ [kʂətətrɐ:ɳɐ] 《古》 *n.* 危険からの救出 [Sk.]

ಕ್ಷತವಿಕ್ಷತ ⟦kṣatavikṣata クシャタヴィクシャタ⟧ [kʂətəvikʂətɐ] 《文》 *adj.*, *m.* (*f.* ಕ್ಷತವಿಕ್ಷತಳು (kṣatavikṣataḷu)) ひどく怪我をした〈人〉 [Sk.]

ಕ್ಷತಿ ⟦kṣati クシャティ⟧ [kʂəti] 《文》 *n.* **1** 怪我、負傷 **2** 損害、損失 [Sk.]

ಕ್ಷತ್ರ ⟦kṣatra クシャトラ⟧ [kʃət·rɐ] 《文》 *n.* **1** 武士階級、四つの階級のうち第二のもの **2** (国家や国民の)保護、防衛 —*m.* 武士階級に属する人 [Sk.]

ಕ್ಷತ್ರಧರ್ಮ ⟦kṣatradʰarma クシャトラダルマ⟧ [kʂətrədʰərmɐ] 《文》 *n.* 王者や武士階級に属する人の義務 [Sk.]

ಕ್ಷತ್ರಪ ⟦kṣatrapa クシャトラパ⟧ [kʂət·rəpɐ] 《文》 *n.* 王国の下位区分 —*m.* サトラプの長官 [Sk.]

ಕ್ಷತ್ರಿಯ ⟦kṣatriya クシャトリヤ⟧ [kʂətrijɐ] 《文》 *m.* (*f.* ಕ್ಷತ್ರಾಣಿ (kṣatrāṇi)) クシャトリヤ、四つの階級の第二のもの、武士階級 [Sk.]

ಕ್ಷತ್ರಿಯಾಣಿ ⟦kṣatriyāṇi クシャトリヤーニ⟧ [kʂətrijɐ:ɳi] 《文》 *f.* 武士階級に属する女性 [Sk.]

ಕ್ಷಪಕ ⟦kṣapaka クシャパカ⟧ [kʂəpəkɐ] 《文》 *m.* (ジャイナ教で) 自分の前世の業の影響を取り除いた人 [Sk.]

ಕ್ಷಪಾಕರ ⟦kṣapākara クシャパーカラ⟧ [kʂəpɐ:kərɐ] 《文》 *mn.* 月、月の神 [Sk.]

ಕ್ಷಪಾನಾಥ ⟦kṣapānātʰa クシャパーナータ⟧ [niʂɐ:nɐ:tʰɐ] 《文》 *mn.* 月、月の神 [Sk.]

ಕ್ಷಪಿತ ⟦kṣapita クシャピタ⟧ [kʂəpitɐ] 《文》 *adj.* **1** 破壊した、壊した、なくした **2** 弱った、衰えた [Sk.]

ಕ್ಷಪಿತಕಾಯ ⟦kṣapitakāya クシャピタカーヤ⟧ [kʂəpitəkɐ:jɐ] 《文》 *m.* (*f.* ಕ್ಷಪಿತಕಾಯೆ (kṣapitakāye)) 体が衰えた人 [Sk.]

ಕ್ಷಪಿತವಯಸ ⟦kṣapitavayasa クシャピタヴァヤサ⟧ [kʂəpitəvəǐəsɐ] 《文》 *m.* (*f.* ಕ್ಷಪಿತವಯಸಿ (kṣapitavayasi)) 高齢の〈人〉 [Sk. *kṣapitavayas-* + *-a*]

ಕ್ಷಪಿಯಿಸು ⟦kṣapiyisu クシャピイス⟧ [kʂəpijisu] ಕ್ಷಪಿಸು 《文》 *vt.* **1** 破壊する、壊す **2** 弱らせる [Sk.]

ಕ್ಷಪಿಸು ⟦kṣapisu クシャピス⟧ [kʂəpisu] 《文》 *vt.* [Sk.] ☞ಕ್ಷಪಿಯಿಸು (kṣapiyisu)

ಕ್ಷಪೆ ⟦kṣape クシャペ⟧ [kʂəpe] 《文》 *n.* 夜 [Sk.]

ಕ್ಷಮ[1] ⟦kṣama クシャマ⟧ [kʂəmɐ] 《文》 *n.* [Sk. *kṣamā-*] ☞ ಕ್ಷಮೆ (kṣame)[1]

ಕ್ಷಮ[2] ⟦kṣama クシャマ⟧ [kʂəmɐ] 《文》 *adj., mfn.* 《*f.* ಕ್ಷಮಳು (kṣamaḷu); 複合語末で》 1 できる〈人〉 2 我慢強い〈人〉、耐えることができる〈人〉 [Sk. *kṣama-*]

ಕ್ಷಮತೆ ⟦kṣamate クシャマテ⟧ [kʂəmɐ] 《文》 *n.* 能力 [Sk.]

ಕ್ಷಮಾಗುಣ ⟦kṣamāguṇa クシャマーグナ⟧ [kʂəmɐːguɳɐ] 《文》 *n.* 他人の失敗や悪行を許す性質 [Sk.]

ಕ್ಷಮಾದಾನ ⟦kṣamādāna クシャマーダーナ⟧ [kʂəmɐːdɐːɳɐ] 《文》 *n.* 赦し、寛恕すること [Sk.]

ಕ್ಷಮಾಪ ⟦kṣamāpa クシャマーパ⟧ [kʂəmɐːpɐ] 《文》 *m.* 王 [Sk.]

ಕ್ಷಮಾಪಣೆ ⟦kṣamāpaṇe クシャマーパネ⟧ [kʂəmɐːpŏɳe] ಕ್ಷಮಾಪಣ 《文》 *n.* 赦し、温情的処置；寛容 [Sk.]

ಕ್ಷಮಾಪ್ರಾರ್ಥನೆ ⟦kṣamāprārtʰane クシャマープラールタネ⟧ [kʂəmɐːprɐːrtʰəne] 《文》 *n.* 許しを請うこと [Sk.]

ಕ್ಷಮಾಭಿಕ್ಷೆ ⟦kṣamābʰikṣe クシャマービクシェ⟧ [kʂəmɐːbʰikʂe] 《文》 *n.* 許しを嘆願すること [Sk.]

ಕ್ಷಮಾರ್ಹ ⟦kṣamārha クシャマールハ⟧ [kʂəmɐːrhɐ] 《文》 *adj.* 許すに値する [Sk.]

ಕ್ಷಮಿಸು ⟦kṣamisu クシャミス⟧ [kʂəmisu] *vt.* 1 許す、寛恕する ¶ ಪ್ರಿನ್ಸಿಪಾಲರು ವಿದ್ಯಾರ್ಥಿಗಳ ತಪ್ಪನ್ನು ಕ್ಷಮಿಸಿದರು. (prinsipālaru vidyārtʰigaḷa tappannu kṣamisidaru.) 学生たちの過ちを校長は許した。 2 我慢する、耐える = ಸೈರಿಸು (sairisu) [Sk.]

ಕ್ಷಮೆ ⟦kṣame クシャメ⟧ [kʂəme] 《文》 *n.* 大地、(天に対して)地 [Sk.]

ಕ್ಷಮ್ಯ ⟦kṣamya クシャミャ⟧ [kʂəmˑjɐ] 《文》 (*n.*) 許せる〈こと〉、許すに値する〈こと〉 [Sk.]

ಕ್ಷಯ ⟦kṣaya クシャヤ⟧ [kʂəjɐ] 《文》 *n.* 1 弱ること、衰えること 2 破滅、滅亡 ¶ ಹೊಯ್ಸಳ ಸಾಮ್ರಾಜ್ಯ ಹದಿಮೂರನೆ ಶತಮಾನದಲ್ಲಿ ಹಠಾತ್ತಾಗಿ ಕ್ಷಯಹೊಂದಿತು. (hoysaḷa sāmrājya hadimūrane śatamānadalli haṭʰāttāgi kṣayahoṃditu.) ホイサラ帝国は 13 世紀に突然滅びた。 3 結核 [Sk.] = ಕ್ಷಯರೋಗ (kṣayarōga)

ಕ್ಷಯರೋಗ ⟦kṣayarōga クシャヤローガ⟧ [kʂəjəroːgɐ] 《文》 *n.* 結核 [Sk.]

ಕ್ಷಯರೋಗಾಣು ⟦kṣayarōgāṇu クシャヤローガーヌ⟧ [kʂəjəroːgɐːɳu] 《文》 *n.* 結核菌 [Sk.]

ಕ್ಷಯಿಸು ⟦kṣayisu クシャイス⟧ [kʂəjisu] 《文》 *vi.* 1 消耗する、衰弱する 2 (王朝や国が)滅びる、滅亡する ―*vt.* 滅ぼす [Sk.]

ಕ್ಷರ ⟦kṣara クシャラ⟧ [kʂərɐ] 《文》 (*adj.*) (地、水、火、風、空からなり)滅びる運命にある〈こと〉 [Sk.]

ಕ್ಷಾಂತ ⟦kṣāṃta クシャーンタ⟧ [kʂɐːntɐ] 《古》 *adj.* 忍耐力がある、我慢強い [Sk.]

ಕ್ಷಾಂತಿ ⟦kṣāṃti クシャーンティ⟧ [kʂɐːnti] 《文》 *n.* 我慢、忍耐 [Sk.]

ಕ್ಷಾತ್ರ ⟦kṣātra クシャートラ⟧ [kʂɐːtrɐ] 《文》 (*adj.*) クシャトリヤ(武士階級)〈の〉、クシャトリヤに属する〈こと〉 [Sk.]

ಕ್ಷಾತ್ರಧರ್ಮ ⟦kṣātradʰarma クシャートラダルマ⟧ [kʂɐːtrădʰərmɐ] 《文》 (*adj.*) 武士階級(クシャトリヤ)の義務〈の〉 [Sk.]

ಕ್ಷಾಮ ⟦kṣāma クシャーマ⟧ [kʂɐːmɐ] 《文》 (*adj.*) 痩せ細った〈こと〉、やつれた〈こと〉 ―*n.* 1 痩せ衰えること、衰弱、無気力 2 飢饉 [Sk.]

ಕ್ಷಾರ ⟦kṣāra クシャーラ⟧ [kʂɐːrɐ] 《文》 (*n.*) 1 塩辛い〈こと〉、塩気を含んだ〈こと〉 2 腐食性〈の〉、侵食性〈の〉 ―*n.* 1 塩、塩分 2 辛いもの(アルカリ、ソーダ、硝石など) [Sk.]

ಕ್ಷಾರದ್ರವ್ಯ ⟦kṣāradravya クシャーラドラヴィャ⟧ [kʂɐːrədrəvˑjɐ] 《文》 *n.* 1 塩辛い味がするもの、塩分 2 腐食性の物質、侵食性の物質 [Sk.]

ಕ್ಷಿತಿ ⟦kṣiti クシティ⟧ [kʂiti] 《文》 *n.* 1 大地 2 土地、地面 3 21 桁の数字(*līlāvati* (KPN)) [Sk.] = ಭೂಮಿ, ಪೃಥ್ವಿ (bʰūmi, pr̥tʰvi)

ಕ್ಷಿತಿಕಂಪ ⟦kṣitikaṃpa クシティカンパ⟧ [kʂitikəmpɐ] 《文》 *n.* 地震 [Sk.] = ಭೂಕಂಪ (bʰūkaṃpa)

ಕ್ಷಿತಿಚಕ್ರ ⟦kṣiticakra クシティチャクラ⟧ [kʂiti] 《文》 *n.* 大地 [Sk.] = ಭೂಮಿ, ಪೃಥ್ವಿ (bʰūmi, pr̥tʰvi)

ಕ್ಷಿತಿಜ ⟦kṣitija クシティジャ⟧ [kʂitijɐ] 《文》 *n.* 1 木、樹木 2 地平線 [Sk.]

ಕ್ಷಿತಿನಾಥ ⟦kṣitinātʰa クシティナータ⟧ [kʂiti] 《文》 *m.* 王、王者 [Sk.]

ಕ್ಷಿತಿಸುತೆ ⟦kṣitisute クシティステ⟧ [kʂiti] 《文》 *f.* シーター(叙事詩ラーマーヤナに出てくるラーマの妻) [Sk.]

ಕ್ಷಿತೀಶ ⟦kṣitīśa クシティーシャ⟧ [kʂiti] 《文》 *m.* 「大地の支配者」、王 [Sk.] = ಅರಸ (arasa)〔汎〕

ಕ್ಷಿಪಣಿ ⟦kṣipaṇi クシパニ⟧ [kʂipəɳi] 《文》 *n.* 1 投げること 2 ミサイル、飛び道具 [Sk.]

ಕ್ಷಿಪ್ತ ⟦kṣipta クシプタ⟧ [kʂiptɐ] 《文》 *adj.* 1 投げられた 2 散らばった、散在した [Sk.]

ಕ್ಷಿಪ್ರ ⟦kṣipra クシプラ⟧ [kʂiprɐ] 《文》 (*n.*) すばやい〈こと〉、迅速〈な〉 ¶ ಕ್ಷಿಪ್ರಗತಿ (kṣipragati) すばやい動き ―*n.* すばやさ、迅速さ ¶ ನಾನು ಕ್ಷಿಪ್ರದಲ್ಲಿ ಮನೆಗೆ ಬಂದೆ. (nānu kṣipradalli manege baṃde.) 私は急いで家へ帰ってきた。 [Sk.]

ಕ್ಷೀಣ ⟦kṣīṇa クシーナ⟧ [kʂiːɳɐ] 《文》 *adj.mf.* 痩せ衰えた〈人〉、弱った〈人〉 ―(*n.*) 1 痩せ衰えた〈こと〉、弱った〈こと〉 2 弱々しい〈こと〉、消え入りそうな〈こと〉(声など) [Sk.]

ಕ್ಷೀಣಿಸು ⟦kṣīṇisu クシーニス⟧ [kʂiːɳisu] 《文》 *vi.* 1 衰える、弱る 2 (声などが)弱くなる [Sk.]

ಕ್ಷೀರ ⟦kṣīra クシーラ⟧ [kʂiːrɐ] 《文》 *n.* 1 乳 2 (植物が分泌する)乳液、(ココナツの実などから作った)乳 [Sk.] ಹಾಲು (hālu)〔汎〕

ಕ್ಷೀರಪಥ ⟦kṣīrapatʰa クシーラパタ⟧ [kʂi:rəpətʰɐ] 《文》*n.* 天の川、銀河 [Sk.] = ಆಕಾಶಗಂಗೆ (ākāśagaṃge)〔汎〕

ಕ್ಷೀರಶರ್ಕರ ⟦kṣīraśarkara クシーラシャルカラ⟧ [kʂi:rəʃərkarɐ] 《文》*n.* 乳糖 [Sk.]

ಕ್ಷುಣ್ಣ ⟦kṣuṇṇa クシュンナ⟧ [kʂuɳɳɐ] 《文》*adj.* **1** 踏み砕かれた **2**（心が）踏みにじられた [Sk.]

ಕ್ಷುಣ್ಣತೆ ⟦kṣuṇṇate クシュンナテ⟧ [kʂuɳɳəte] 《文》*n.*（心が）踏みにじられた状態、打ちひしがれた気持ち、虐げられた状態 [Sk.]

ಕ್ಷುತ್ತು ⟦kṣuttu クシュットゥ⟧ [kʂuttu] 《文》*n.* 空腹 [Sk. *kṣudʰ-*]

ಕ್ಷುದ್ಬಾಧೆ ⟦kṣudbādʰe クシュドバーデ⟧ [kʂudbɐ:dʰe] 《文》*n.* 空腹の苦しみ [Sk.]

ಕ್ಷುದ್ರ ⟦kṣudra クシュドラ⟧ [kʂud·rɐ] 《文》*adj., mf.* 《*f.* ಕ್ಷುದ್ರಳು (kṣudraḷu)》 **1** ちっぽけな〈人〉、矮小な〈人〉、取るに足らない〈人〉 **2** 卑しい〈人〉、卑劣な〈人〉 **3** 貧しい〈人〉、貧窮した〈人〉 [Sk.]

ಕ್ಷುದ್ರಕ ⟦kṣudraka クシュドラカ⟧ [kʂud·rəkɐ] 《文》*adj.* **1** 微小な **2** ちっぽけな、矮小な、取るに足らない **3** 卑しい、卑劣な ―*adj., m.* 中傷者〈の〉 [Sk.]

ಕ್ಷುದ್ರಗ್ರಹ ⟦kṣudragraha クシュドラグラハ⟧ [kʂudrɐ] 《文》*adj., m.* 小惑星〈の〉

ಕ್ಷುದ್ರತನ ⟦kṣudratana クシュドラタナ⟧ [kʂudrətənɐ] 《文》*n.*（考えなどの）矮小さ、卑しさ、卑劣さ [Sk.] = ಕ್ಷುದ್ರತೆ (kṣudrate)

ಕ್ಷುದ್ರತೆ ⟦kṣudrate クシュドラテ⟧ [kʂudrəte] 《文》*n.*（考えなどの）矮小さ、卑しさ、卑劣さ [Sk.] = ಕ್ಷುದ್ರತನ (kṣudratana)

ಕ್ಷುಧಿತ ⟦kṣudʰita クシュディタ⟧ [kʂudʰitɐ] 《文》*adj., mfn.* 《*f.* ಕ್ಷುಧಿತಳು (kṣudʰitaḷu)》空腹〈な〉 [Sk.]

ಕ್ಷುಧೆ ⟦kṣudʰe クシュデ⟧ [kʂudʰe] 《文》*n.* 空腹 [Sk.] = ಹಸಿವು (hasivu)〔汎〕

ಕ್ಷುಬ್ಧ ⟦kṣubdʰa クシュブダ⟧ [kʂubdʰɐ] 《文》(*adj.*)（心が）動揺した〈こと〉、（心の）落ち着きを失った〈こと〉、（睡眠が）不安定な〈こと〉、（大気が）不安定な〈こと〉 [Sk.]

ಕ್ಷುಬ್ಧಚಿತ್ತ ⟦kṣubdʰacitta クシュブダチッタ⟧ [kʂubdʰətʃittɐ] 《文》*adj., mfn.* 《*f.* ಕ್ಷುಬ್ಧಚಿತ್ತಳು (kṣubdʰacittaḷu)》（心が）動揺した〈こと〉、（心の）落ち着きを失った〈こと〉、（大気が）不安定な〈こと〉 [Sk.]

ಕ್ಷುರ ⟦kṣura クシュラ⟧ [kʂurɐ] 《文》*n.* **1** 短刀 **2**（馬や牛などの）ひづめ [Sk.]

ಕ್ಷುರಿಕೆ ⟦kṣurike クシュリケ⟧ [kʂurike] 《文》*n.* 小刀、ナイフ [Sk.]

ಕ್ಷುಲ್ಲ ⟦kṣulla クシュッラ⟧ [kʂullɐ] 《文》(*adj.*) **1** 矮小〈な〉、わずかな〈こと〉、取るに足りない〈こと〉 **2** 卑しい、くだらない [Sk.] = ಕ್ಷುಲ್ಲಕ (kṣullaka)

ಕ್ಷುಲ್ಲಕ ⟦kṣullaka クシュッラカ⟧ [kʂullŏkɐ] 《文》(*adj.*) **1** 矮小な〈こと〉、わずか〈な〉、取るに足らない〈こと〉 **2** 卑しい、くだらない ―*adj., m.* 《*f.* ಕ್ಷುಲ್ಲಕಳು (kṣullakaḷu)》 **1** 卑しい〈人〉、下劣な〈人〉 **2**《古》社会的地位の低い〈人〉= ಕ್ಷುಲ್ಲ (kṣulla) [Sk.]

ಕ್ಷುಲ್ಲಕತನ ⟦kṣullakatana クシュッラカタナ⟧ [kʂulləkətənɐ] 《文》*n.* 卑しいこと、卑劣なこと [Sk.]

ಕ್ಷೇತ್ರ ⟦kṣētra クシェートラ⟧ [kʂe:trɐ] 《文》*n.* **1** 農地、耕地 **2** 地方、領域 ¶ ಈ ಕ್ಷೇತ್ರದಲ್ಲಿ ಬಾವಿಯ ನೀರು ವಿಷಕರವಾಗುತ್ತದೆ. (ī kṣētradalli bāviya nīru viṣakaravāguttade.) この地方の井戸水は有毒である。 **3** 巡礼地、霊地 **4** 妻 **5** 体、身体 **6** 面積 ¶ ನಿಮ್ಮ ಜಮೀನಿನ ಕ್ಷೇತ್ರ ಎಷ್ಟು? (nimma jamīnina kṣētra eṣṭu?) お宅の農地の面積はどのくらいですか。= ಕ್ಷೇತ್ರಫಲ (kṣētrapʰala) [Sk.]

ಕ್ಷೇತ್ರಗಣಿತ ⟦kṣētragaṇita クシェートラガニタ⟧ [kʂe:trəgəɳitɐ] *n.* 測定法、測量法、求積〈法〉 [Sk.]

ಕ್ಷೇತ್ರಜ್ಞ ⟦kṣētrajña クシェートラジュニャ⟧ [kʂe:trəɟɲɐ] 《文》*n.* 最高神、最高我 [Sk.]

ಕ್ಷೇತ್ರಫಲ ⟦kṣētrapʰala クシェートラパラ⟧ [kʂe:trəpʰəlɐ] *n.* **1** 面積 = ವಿಸ್ತೀರ್ಣ, ಆಯ (vistīrṇa, āya) **2** 商 [Sk.]

ಕ್ಷೇತ್ರಫಲಮಾಪಕ ⟦kṣētrapʰalamāpaka クシェートラパラマーパカ⟧ [kʂe·trəpʰələmɐ:pəkɐ] *n.* 面積計、プラニメーター [Sk.]

ಕ್ಷೇತ್ರಮಾಪನ ⟦kṣētramāpana クシェートラマーパナ⟧ [kʂe:trəmɐ:pŏnɐ] 《文》*n.*（土地や建物の）測量 [Sk.]

ಕ್ಷೇತ್ರಸಂಸ್ಕಾರ ⟦kṣētrasaṃskāra クシェートラサンスカーラ⟧ [kʂe:trəsəmskɐ:rɐ] 《文》*n.* 妊婦のための儀式 [Sk.]

ಕ್ಷೇಪ ⟦kṣēpa クシェーパ⟧ [kʂe:pɐ] 《文》*n.* 投げること [Sk.]

ಕ್ಷೇಮ ⟦kṣēma クシェーマ⟧ [kʂe:mɐ] *n.* **1** 幸福な暮らし、快適な暮らし、安寧 **2** 健康 ¶ ನಿಮ್ಮ ಕ್ಷೇಮವನ್ನು ತಿಳಿಸಿರಿ. (nimma kṣēmavannu tiḷisiri.) ご健康を祈願しています。 **3** めでたいこと [Sk.]

ಕ್ಷೇಮನಿಧಿ ⟦kṣēmanidʰi クシェーマニディ⟧ [kʂe:mənidʰi] *n.* 積み立て準備金（被雇用者の福利を目的に、被雇用者の給与の一部と雇用者の拠出金を積み立て、被雇用者の退職時に一定額をまとめて支払う） [Sk.]

ಕ್ಷೇಮಸಮಾಚಾರ ⟦kṣēmasamācāra クシェーマサマーチャーラ⟧ [kʂe:məsəmɐ:tʃɐ:rɐ] *n.* 無事の知らせ ¶ ನಿಮ್ಮ ಕ್ಷೇಮಸಮಾಚಾರವನ್ನು ತಿಳಿಸಿರಿ. (nimma kṣēmasamācāravannu tiḷisiri.) ご無事をお報せください [Sk.]

ಕ್ಷೇಮಾಕಾಂಕ್ಷೆ ⟦kṣēmākāṃkṣe クシェーマーカーンクシェ⟧ [kʂe:mɐ:kɐ:ŋkʂe] 《文》*n.* ある人の幸いを願うこと [Sk.]

ಕ್ಷೋಣಿ ⟦kṣōṇi クショーニ⟧ [kʂo:ɳi] 《文》*n.*（空に対して）大地 [Sk.]

ಕ್ಷೋಭಿತ ⟦kṣōbʰita クショービタ⟧ [kʂo:bʰitɐ] 《文》*adj.*（心配、悲しみ、感激などで）心が動揺した、心が乱れた [Sk.]

ಕ್ಷೋಭೆ ⟦kṣōbʰe クショーベ⟧ [kʂo:bʰe] 《文》*n.*（心配、悲しみ、感激などでの）心の動揺、気持ちの乱れ [Sk.]

ಕ್ಷೋಭಿಸು ⟦kṣōbʰisu クショービス⟧ [kʂoːbʰisu] 《文》 *vi.* (心配、悲しみ、感激などで心が)動揺する、乱れる [Sk.]

ಕ್ಷೌಮ ⟦kṣauma クシャウマ⟧ [kʂəumɐ] 《文》 *n.* 絹の布 [Sk.]

ಕ್ಷೌರ ⟦kṣaura クシャウラ⟧ [kʂəurɐ] *n.* **1** 髪の毛を剃ること、剃髪 **2** 〔喩〕不必要な大出費 [Sk.]

ಕ್ಷೌರಕ ⟦kṣauraka クシャウラカ⟧ [kʂəurəkɐ] 《文》 *m.* 《*f.* *ಕ್ಷೌರಕಿ (kṣauraki)》理髪師 [Sk.] = ನಾವಳಿಗ, ಕ್ಷೌರಿಕ, ಬಾರ್ಬರು (nāvaḷiga, kṣaurika, bārbaru)

ಕ್ಷೌರಗೃಹ ⟦kṣauragr̥ha クシャウラグルハ⟧ [kʂəurəgrɯhɐ/—gruhɐ] 《文》 *n.* 理髪店 [Sk.]

ಕ್ಷೌರಿಕ ⟦kṣaurika クシャウリカ⟧ [kʂəurikɐ] 《文》 *m.* 《*f.* *ಕ್ಷೌರಿಕಿ (kṣauriki)》理髪師 [Sk.] ನಾವಲಿಗ/ಕ್ಷೌರಿಕ (nāvaliga/kṣaurika)

ಕ್ಷ್ಮಾ ⟦kṣmā クシュマー⟧ [kʂmɐː] 《文》 *n.* 大地 [Sk.]

ಕ್ಷ್ಮಾಚರ ⟦kṣmācara クシュマーチャラ⟧ [kʂmɐːʧərɐ] 《文》 *n.* 人間 [Sk.]

ಕ್ಷ್ಮಾಧರ ⟦kṣmādʰara クシュマーダラ⟧ [kʂmɐːdʰərɐ] 《文》 *n.* 山、山岳 [Sk.]

ಖ

ಖ ⟦kʰa カ⟧ [kʰə·] *n.* カンナダその他のインド系言語において音素の連続 /kʰa/, またはそれを表す文字 [Ø]

ಖಂಜನ ⟦kʰaṃjana カンジャナ⟧ [kʰəɲʤə̆nɐ] 《文》 *n.* セキレイの一種 [Sk.]

ಖಂಜರಿ ⟦kʰaṃjari カンジャリ⟧ [kʰəɲʤə̆ri] ಕಂಜರಿ *n.* 一種の小型のタンバリン [Pe. *xanǧarī*]

ಖಂಡ ⟦kʰaṃḍa カンダ⟧ [kʰəɳɖɐ] *n.* **1** 一部、部分 **2** 大陸 **3** (本の)章 **4** 氷砂糖 **5** 肉 [Sk.]

ಖಂಡಕಾವ್ಯ ⟦kʰaṃḍakāvya カンダカーヴィャ⟧ [kʰəɳɖə̆kɐːv·jɐ] 《文》 *n.* 叙事詩の一つの挿話を題材にした詩 [Sk.]

ಖಂಡಗ್ರಹಣ ⟦kʰaṃḍagrahaṇa カンダグラハナ⟧ [kʰəɳɖə̆grəhə̆ɳɐ] 《文》 *n.* 部分蝕 [Sk.]

ಖಂಡತುಂಡು ⟦kʰaṃḍatuṃḍu カンダトゥンドゥ⟧ [kʰəɳɖə̆tuɳɖu] (*n.*) (断る時など) 無愛想〈な〉、けんもほろろ〈な〉¶ ನಾನು ದುಡ್ಡಿಗಾಗಿ ಪೀಡಿಸಿದಾಗ ಮಾಮ ಖಂಡ-ತುಂಡಾಗಿ ಇಲ್ಲ ಎಂದರು. (nānu duḍḍigāgi pīḍisidāga māma kʰaṃḍatuṃḍāgi illa eṃdaru.) 僕がお金をねだった時おじはけんもほろろに嫌だと言った。[Sk.]

ಖಂಡನ ⟦kʰaṃḍana カンダナ⟧ [kʰəɳɖə̆nɐ] *n.* **1** 切ること、切断、砕くこと **2** 非難、論破、反論 [Sk.] = ಖಂಡನೆ (kʰaṃḍane)

ಖಂಡನೀಯ ⟦kʰaṃḍanīya カンダニーヤ⟧ [kʰəɳɖə̆niːjɐ] 《文》 *adj.* **1** 砕くべき **2** 論破すべき、反論すべき ◇ *vt.* —ಮಾಡು (māḍu) 反論する [Sk.]

ಖಂಡನೆ ⟦kʰaṃḍane カンダネ⟧ [kʰəɳɖə̆ne] *n.* 非難、論破、反論 [Sk.]

ಖಂಡಿಕ ⟦kʰaṃḍika カンディカ⟧ [kʰəɳɖikɐ] 《文》 *n.* **1** エンドウ豆 → 食 ಬಟ್ಟಕಡಲೆ, ಬಟಾಣಿ (baṭṭakaḍale, baṭāṇi) **2** 落花生 → 食 ನೆಲಕಡಲೆ, ಸೇಂಗಾ (nelakaḍale, sēṃgā) **3** ヒヨコ豆 → 食 ಕಡಲೆ, ಚಣಕ (kaḍale, caṇaka) [Sk.]

ಖಂಡಿತ ⟦kʰaṃḍita カンディタ⟧ [kʰəɳɖitɐ] *adj.* **1** 砕かれた、粉砕された **2** 滅ぼされた、せん滅された **3** 論破された —(*n.*) 確か〈な〉、間違いない〈こと〉◇ *adv.* —ವಾಗಿ (vāgi) —*adv.* 確かに、間違いなく = ಖಂಡಿತವಾಗಿ (kʰaṃḍitavāgi) [Sk.]

ಖಂಡಿತವಾದಿ ⟦kʰaṃḍitavādi カンディタヴァーディ⟧ [kʰəɳɖitə̆vɐːdi] *adj.*, *mf.* はっきりものを言う性格の〈人〉、ずけずけものを言う性格の〈人〉、歯に衣きせぬ性格の〈人〉[Sk.]

ಖಂಡಿಸು ⟦kʰaṃḍisu カンディス⟧ [kʰəɳɖĭsu] *vt.* **1** 砕く、切り刻む、粉砕する **2** けなす、そしる、中傷する **3** 論破する、責める、非難する [Sk.]

ಖಂಡುಗ ⟦kʰaṃḍuga カンドゥガ⟧ [kʰəɳɖŭgɐ] *n.* 約 4 トンに相当する穀物の単位(収穫時に用いられる) [?]

ಖಕಾರ ⟦kʰakāra カカーラ⟧ [kʰəkɐːrɐ] *n.* カンナダその他のインド系の文字で音素の連続 /kʰa/ を表す文字 [Sk.]

ಖಗ ⟦kʰaga カガ⟧ [kʰəgɐ] 《文》 *n.* **1** 空を飛ぶもの **2** 鳥 **3** 神、半神、天人 [Sk.]

ಖಗೋಳ ⟦kʰagōḷa カゴーラ⟧ [kʰəgoːɭɐ] ಖಗೋಲ 《文》 *n.* **1** 天球 **2** 天文学 [Sk.]

ಖಗೋಳಜ್ಞ ⟦kʰagōḷajña カゴーラジュニャ⟧ [kʰəgoːɭəɟɲɐ/kʰəgoːləgnɐ] 《文》 *m.* 《*f.* ಖಗೋಳಜ್ಞೆ (kʰagōḷajñe)》天文学者 [Sk.]

ಖಗೋಳಶಾಸ್ತ್ರ ⟦kʰagōḷaśāstra カゴーラシャーストラ⟧ [kʰəgoːɭə̆ʃɐːstrɐ] 《文》 *n.* 天文学 [Sk.]

ಖಗ್ರಾಸ ⟦kʰagrāsa カグラーサ⟧ [kʰəgrɐːsɐ] 《文》 *n.* 皆既食 [Sk.]

ಖಗ್ರಾಸಗ್ರಹಣ ⟦kʰagrāsagrahaṇa カグラーサグラハナ⟧ [kʰəgrɐːsə̆grəhəɳɐ] 《文》 *n.* 皆既食 [Sk.]

ಖಚರ ⟦kʰacara カチャラ⟧ [kʰəʧərɐ] 《文》 *adj.* 空を飛ぶ —*n.* 鳥 —*m.* 《*f.* ಖಚರೆ (kʰacare)》**1** 天人、ガンダルヴァ **2** 太陽、日 [Sk.]

ಖಚಿತ ⟦kʰacita カチタ⟧ [kʰəʧĭtɐ] *adj.* (宝石などを) ちりばめた、はめ込んだ —(*n.*) 確か〈な〉、確実

〈な〉[Sk.]

ಖಚಿತಗೊಳಿಸು ⟦kʰacitagoḷisu カチタゴリス⟧ [kʰəʧĭtəgoḽĭsu] 《文》 *vt.* 確かめる、確認する [+ *koḷisu*] = ಖಚಿತಪಡಿಸು (kʰacitapaḍisu)

ಖಚಿತಪಡಿಸು ⟦kʰacitapaḍisu カチタパディス⟧ [kʰəʧĭtəpəḍĭsu] 《文》 *vt.* 確かめる、確認する [+ *paḍisu*] = ಖಚಿತಗೊಳಿಸು (kʰacitagoḷisu)

ಖಚಿತವಾಗಿ ⟦kʰacitavāgi カチタヴァーギ⟧ [kʰəʧĭtĕvɐːgi] *adv.* 確かに、必ず、間違いなく [+ *-āgi*]

ರತ್ನಖಚಿತ ⟦ratnakʰacita ラトナカチタ⟧ [rətnŏkʰəʧĭtɐ] *adj.* 宝石をちりばめた [Sk.]

ಖಜಾಂಚಿ ⟦kʰajāṃci カジャーンチ⟧ [kʰəʤɐːɲʧi] ಖಜಾಂಜಿ *mf.* 現金出納係、会計係 [Ar. *ḫizān* + Tk. *-ci*] = ಕ್ಯಾಸಿಯರ್ (kyāsiyar)〔口〕

ಖಜಾನೆ ⟦kʰajāne カジャーネ⟧ [kʰəʤɐːne] ಖಜಾನ, ಖಜೀನಿ, ಖಜೀನೆ *n.* 1 宝庫、宝物の貯蔵所、金庫 2〔喩〕(政府、法人、個人の) 資金、資産 [Ar. *ḫizāna*] = ತಿಜೋರಿ (tijōri) ←Eg. *treasury*〔口〕

ಖಜಾನೆ ಬಂಧ ಪತ್ರ ⟦kʰajāne baṃdʰa patra カジャーネバンダパトラ⟧ [kʰəʤɐːne bəndʰə pəʼtrɐ] *n.* 《文》不動産などの売買に用いられる政府の印章を印刷した紙 = ಸ್ಟ್ಯಾಂಪು ಕಾಗದ (sṭyāṃpu kāgada)〔口〕

ಕಟಪಟಿ ⟦kaṭapaṭi カタパティ⟧ [kəʈəpəʈi] *n.* [M. *kʰaṭāpaṭā* T3771] ☞ಖಟಿಪಿಟಿ (kʰaṭipiṭi)

ಖಟಬಾಕಿ ⟦kʰaṭabāki カタバーキ⟧ [kʰəʈŏbɐːki] *n.* 返済期限の過ぎた借金、貸金、売掛金 ―*mf.* 借金を返せない人 [H./M. *kaṭṭā*「たくましい」<? + Ar. *bāqī*]

ಖಟಿಪಿಟಿ ⟦kʰaṭipiṭi カティピティ⟧ [kʰəʈipiʈi] ಕಟಪಟಿ, ಕಟಪಟೆ, ಕಟಿಪಟಿ, ಖಟಪಟಿ *n.* 奔走 ¶ ಅಪ್ಪ ನನ್ನ ಎಂಜಿನಿಯರಿಂಗ್ ಸೀಟಿಗಾಗಿ ತುಂಬ ಖಟಿಪಿಟಿ ಮಾಡಬೇಕಾಯಿತು. (appa nanna eṃjiniyariṃg sīṭigāgi tuṃba kʰaṭipiṭi māḍabēkāyitu.) 僕の工学部入学のために父は一生懸命奔走しなければならなかった。 [M. *kʰaṭāpaṭā* T3771]

ಖಡ್ಗ ⟦kʰaḍga カドガ⟧ [kʰəɖgɐ] 《文》 *n.* 短刀 [Sk.]

ಖಡ್ಗಧಾರೆ ⟦kʰaḍgadʰāre カドガダーレ⟧ [kʰəɖgŏdʰɐːre] 《文》 *n.* 短刀の刃 [Sk.]

ಖಡ್ಗಮೃಗ ⟦kʰaḍgamṛga カドガムルガ⟧ [kʰəɖgəmrɯgɐ] *n.* サイ(犀) [Sk.]

ಖಣಿ ⟦kʰaṇi カニ⟧ [kʰəɳi] ಕಣಿ, ಗಣಿ, ಗನಿ 《古》 *n.* 鉱山 [Sk. *kʰani-*? M.301,302] ಖನಿ (kʰani)

ಖತಿ ⟦kʰati カティ⟧ [kʰəti] ಕತಿ, ಕಾತಿ 《文》 *n.* 怒り、憤激 [Ka. D1186]

ಖತಿಗೊಳ್ಳು ⟦kʰatigoḷḷu カティゴッル⟧ [kʰətigoḽḽu] 《文》 *vi.* 怒る、憤激する [+ *koḷḷu*]

ಖತ್ನ ⟦kʰatna カトナ⟧ [kʰətnɐ] *n.* (イスラーム教徒の) 割礼 [Ar. *ḫatna*]

ಖದ್ದರ ⟦kʰaddara カッダラ⟧ [kʰəddərɐ] *n.* カーディー (手紡ぎ手織りの布) [H. *kʰaddarā* T3808.2]

ಖನನ ⟦kʰanana カナナ⟧ [kʰənŏnɐ] 《文》 *n.* 穴堀り、発掘、掘り出すこと [Sk.]

ಖನಿ ⟦kʰani カニ⟧ [kʰəni] *n.* 鉱山 [Sk.]

ಖನಿಜ ⟦kʰanija カニジャ⟧ [kʰəniʤɐ] 《文》 *n.* 鉱物 [Sk.]

ಖನಿಜತೈಲ ⟦kʰanijataila カニジャタイラ⟧ [kʰəniʤŏtəĭlɐ] 《文》 *n.* 鉱物油 [Sk.]

ಖಬರು ⟦kʰabaru カバル⟧ [kʰəbŏru] ಕಬರು, ಖಬರ *n.* 1 知らせ、ニュース ¶ ನಿಮ್ಮ ಕಡೆ ಖಬರು ಏನು? (nimma kaḍe kʰabaru ēnu?) お宅から何か新しい知らせがありますか。 2 知覚、意識 ¶ ಅವನಿಗೆ ತನ್ನ ಮಗನ ಪ್ರೇಮ ವ್ಯವಹಾರಗಳ ಖಬರು ಇಲ್ಲ. (avanige tanna magana prēma vyavahāragaḷa kʰabaru illa.) 彼は息子の情事について何も知らない。 3 用心、気をつけること ¶ ನಿಮ್ಮ ಆರೋಗ್ಯದ ಬಗ್ಗೆ ನಿಮಗೆ ಖಬರು ಇರಲಿ. (nimma ārōgyada bagge nimage kʰabaru irali.) お体に気をつけて下さいませ。 [Ar. *ḫabar*]

ಖಯಾಲಿ[1] ⟦kʰayāli カヤーリ⟧ [kʰəjɐːli] ಖಯಲ್, ಖಯಾಲ್, ಖಯಾಲು, ಖಯ್ಯಾಲಿ, ಖ್ಯಾಲ್, ಖ್ಯಾಲ, ಖ್ಯಾಲಿ, ಖ್ಯಾಲು *n.* 1 気に入ること、心を惹かれること、好ましく思うこと ¶ ಅವನಿಗೆ ಹಿಂದುಸ್ತಾನಿ ಸಂಗೀತದ ಮೇಲೆ ಖಯಾಲಿ. (avanige hiṃdustāni saṃgītada mēle kʰayāli.) 彼は北インドの古典音楽が特に好きだ。2 考え、思いつき; 気まぐれ 3 快楽主義、快楽を好むこと [Ar. *ḫajāl*]

ಖಯಾಲಿ[2] ⟦kʰayāli カヤーリ⟧ [kʰəjɐːli] ಖಯಲ್, ಖಯಾಲ್, ಖಯಾಲು, ಖಯ್ಯಾಲಿ, ಖ್ಯಾಲ್, ಖ್ಯಾಲ, ಖ್ಯಾಲಿ, ಖ್ಯಾಲು *adj.*, *mf.* 1 快楽を好む〈人〉、快楽を好む〈こと〉、人生を楽しむ〈人〉、人生を楽しむ〈こと〉、快楽主義〈の〉 2 気まぐれな〈人、こと〉¶ ಚಿಕ್ಕಪ್ಪ ಒಬ್ಬ ಖಯಾಲಿ ಮನುಷ್ಯ. (cikkappa obba kʰayāli manuṣya.) おじは気まぐれな人だ。 3 快楽主義の、快楽を好む ¶ ಬಹಾದುರಶಾ ಜಫರ್ ತುಂಬಾ ಖಯಾಲಿ ದೊರೆ ಆಗಿದ್ದ. (bahāduraśā japʰar tuṃbā kʰayāli dore āgidda.) バハードゥルシャー・ザファル皇帝は快楽を好む皇帝であった。 [Ar. *ḫajālī*]

ಖರ[1] ⟦kʰara カラ⟧ [kʰərɐ] 《文》 *n.* 1 ロバ = ಕತ್ತೆ (katte)〔汎〕 2 ラバ [Sk.]

ಖರ[2] ⟦kʰara カラ⟧ [kʰərɐ] 《文》 (*adj.*) 1 硬い〈こと〉、荒い〈こと〉 2 (刀などが) 鋭い〈こと〉、鋭利〈な〉[Sk.]

ಖರೀದಿ ⟦kʰarīdi カリーディ⟧ [kʰəriːdi] *n.* 買い物、購入 ◇ *vt.* ―ಮಾಡು (māḍu) [Pe. *ḫarīd*]

ಖರೀದಿಪತ್ರ ⟦kʰarīdipatra カリーディパトラ⟧ [kʰəriːdipəʼtrɐ] 《文》 売買を証明する書類 = ಕ್ರಯಪತ್ರ (krayapatra)

ಖರೀದಿಸು ⟦kʰarīdisu カリーディス⟧ [kʰəriːdĭsu] 《文》 *vt.* 買う、購入する [Pe. *ḫarīdan*] = ಖರೀದಿ ಮಾಡು, ಕೊಂಡುಕೊಳ್ಳು (kʰarīdi māḍu, koṃḍu koḷḷu)

ಖರೋಷ್ಠಿ ⟦kʰarōṣṭʰi カローシュティ⟧ [kʰaroːʂʈʰi] 《文》 *n.* カローシュティー文字 (アショーカ王の碑文その他に使われた昔の文字) [Sk.]

ಖರ್ಚು ⟦kʰarcu カルチュ⟧ [kʰərʧu] *n.* 1 支出 2 貸し方 [Ar. *ḫarğ*]

ಖರ್ಜು ⟦kʰarju カルジュ⟧ [kʰərʤu] 《文》 *n.* 痒み [Sk.] = ಕಜ್ಜಿ (kajju)

ಖರ್ಜೂರ ⟦kʰarjūra カルジューラ⟧ [kʰərdʒuːrɐ] *n.* ナツメヤシまたはその実 [Sk.] cf. ಉತ್ತತ್ತಿ (uttatti)

ಖಳ ⟦kʰaḷa カラ⟧ [kʰəɭɐ] *mf.* 悪者、悪漢 [Sk. *kʰala-*]

ಖಳನಾಯಕ ⟦kʰaḷanāyaka カラナーヤカ⟧ [kʰəɭə̆nɐːjə̆kɐ] *m.* 《*f.* ಖಳನಾಯಕಿ (kʰaḷanāyaki)》(劇や小説などの)悪役 [Sk.]

ಖಾಕಿ ⟦kʰāki カーキ⟧ [kʰɐːki] ಕಾಕಿ² *(adj.)* カーキ色〈の〉 **—***n.* (兵士などの)カーキ色の制服 [Pe. *ẖākī*]

ಖಾತರಿ ⟦kʰātari カータリ⟧ [kʰɐːtə̆ri] ಖಾತರು, ಖಾತ್ರಿ *n.* 1 (債務や最低限の収入などの) 保証 ¶ ಮಾಮ ನನ್ನ ಋಣಕ್ಕೆ ಖಾತರಿ ಕೊಟ್ಟರು. (māma nanna r̥ṇakke kʰātari koṭṭaru.) 私の(母方の)おじさんは私の負債の保証をしてくれた。 2 (口での)保証、請け合うこと ¶ ನಾನು ಪರೀಕ್ಷೆಯಲ್ಲಿ ಪಾಸ್ ಆಗುತ್ತೇನೆ ಎಂದು ಅಧ್ಯಾಪಕರು ಖಾತರಿ ಕೊಟ್ಟರು. (nānu parīkṣeyalli pās āguttēne eṃdu adʰyāpakaru kʰātari koṭṭaru.) 先生は僕が試験に通ると保証してくれた。3 確信、信念 **—***adv.* 確かに、間違いなく、絶対に ¶ ನಾನು ನಾಳೆ ಖಾತರಿ ಬರುತ್ತೇನೆ. (nānu nāḷe kʰātari baruttēne.) 僕は明日絶対に来る。 [M. *kʰātărī* ←Ar. *ẖāṭir*]

ಖಾತಿ ⟦kʰāti カーティ⟧ [kʰɐːti] 《文》 *n.* 怒り、憤激 [Ka.D1186] ☞ಖತಿ (kʰati)

ಖಾತೆ ⟦kʰāte カーテ⟧ [kʰɐːte] ಖಾತ *n.* 1 元帳、原簿 2 元帳の項目 3 (行政機関の)省、局、課 4 大臣の職や地位 [Sk. *kṣatra-*]

ಖಾದಿ ⟦kʰādi カーディ⟧ [kʰɐːdi] ಕಾದಿ *n.* 手で紡いで手で織った布 [H. *kʰādī*] = ಖದ್ದರ (kʰaddara)

ಖಾನಾವಳಿ ⟦kʰānāvaḷi カーナーヴァリ⟧ [kʰɐːnɐːvə̆ɭi] *n.* 1日2回食事どきだけ開かれる(昔ながらの)食堂(現在大都市ではほとんど残っていない) [M. *kʰānāvaḷī*] (NK) = ಭೋಜನಗೃಹ (bʰōjanagr̥ha)〔口〕

ಖಾನೆ ⟦kʰāne カーネ⟧ [kʰɐːne] ಕಾನೆ, ಖಾನಿ *n.* 1 部屋、戸棚、引き出しなどの区画 2 (机や箪笥の)引き出し [Pe. *ẖāna*]

ಖಾನೇಶುಮಾರಿ ⟦kʰānēśumāri カーネーシュマーリ⟧ [kʰɐːneːʃumɐːri] ಖಾನೆಸುಮಾರಿ *n.* 国勢調査、人口調査 [Pe. *ẖāna-šumārī*] = ಜನಗಣತಿ (janagaṇati)

ಖಾಯಂ ⟦kʰāyaṃ カーヤン⟧ [kʰɐːjəm] ಖಾಯಮು, ಖಾಯಮ್ಮು *(adj.)* (雇用関係や賃貸契約などが)永続する〈こと〉、無期限〈の〉 [Ar. *qāyim*] ☞ಕಾಯಂ (kāyaṃ)

ಖಾಯಂಗುತ್ತಾ ⟦kʰāyaṃguttā カーヤングッター⟧ [kʰɐːjə̆mguttɐː] ಕಾಯಂಗುತ್ತ 《文》 *n.* 政府の土地や建物についての定額の地租・小作料、借料 (NK) ☞ಕಾಯಂಗುತ್ತಾದಾರ (kāyaṃguttādāra)

ಖಾಯಂಗುತ್ತಾದಾರ ⟦kʰāyaṃguttādāra カーヤングッターダーラ⟧ [kʰɐːjə̆mguttɐːdɐːrɐ] 《文》 *mf.* 政府の土地や建物を無期限に借りる権利を持つ人 [+ *guttādāra*] ☞ಕಾಯಂಗುತ್ತಾ (kāyaṃguttā)

ಖಾಯಂ ಪರಭಾರೆ ⟦kʰāyaṃ parabʰāre カーヤンパラバーレ⟧ [kʰɐːjəm pərə̆bʰɐːre] 《文》 *n.* ☞ಕಾಯಂ ಪರಭಾರೆ (kāyaṃ parabʰāre)

ಖಾಯಿಷ್ ⟦kʰāyiṣ カーイシュ⟧ [kʰɐːjiʂ] ಖಾಯಿಸು *n.* 望み、希望、欲求 [Pe. *ẖwāhiš*] (NK)

ಖಾರಿ ⟦kʰāri カーリ⟧ [kʰɐːri] ಕಾರಿ 《口》 *n.* 1 湾 = ಕೊಳ್ಳಿ (koḷḷi) 2 沼地、湿地 [Ka. D1471, cf. H. *kʰārī* T3674]

ಖಾಲಿ ⟦kʰāli カーリ⟧ [kʰɐːli] *adj.* 1 空っぽの、うつろな 2 人が住んでいない(家など)、空いた(席、地位など) 3 暇な、仕事のない 4 〔喩〕無駄な、内容のない **—***adv.* 1 手ぶらで、何物も得ず 2 いたずらに、虚しく、ただ単に ¶ ಅವರು ಯಾವಾಗಲೂ ಖಾಲಿ ಹರಟೆ ಹೊಡೆಯುತ್ತಾರೆ. (avaru yāvāgalū kʰāli haraṭe hoḍeyuttāre.) あの人はいつも無駄口を叩く。 [Ar. *ẖālin*]

ಖಾಲಿ ವಿನಿಮಯಪತ್ರ ⟦kʰāli vinimayapatra カーリヴィニマヤパトラ⟧ [kʰɐːli vinimə̆jəpətˑrɐ] 《文》 *n.* 無記名手形 [+ vinimayapatra]

ಖಾಸಗಿ ⟦kʰāsagi カーサギ⟧ [kʰɐːsə̆gi] ಕಾಸಗಿ *adj.* 1 個人的な、自分だけの、個人の 2 民間の、私設の、私有の [Ar.-Pe. *ẖāṣagī*]

ಖಾಸಗಿಕರಣ ⟦kʰāsagikaraṇa カーサギカラナ⟧ [kʰɐːsə̆gi kərə̆ɳɐ] *n.* (国有企業などの) 私有化 (ಪ್ರಜಾ ವಾಣಿ, 13.09.2005) [+ Sk. *karaṇa-*]

ಖಾಸಗಿಕ್ಷೇತ್ರ ⟦kʰāsagikṣētra カーサギクシェートラ⟧ [kʰɐːsə̆gikʂeːtrɐ] *n.* (公有企業に対する)私的部門 [+ *kṣētra*]

ಖಾಸಗಿಪತ್ರ ⟦kʰāsagipatra カーサギパトラ⟧ [kʰɐːsə̆gipətˑrɐ] *n.* 私的な手紙 [+ ಪತ್ರ]

ಖಾಸಾ ⟦kʰāsā カーサー⟧ [kʰɐːsɐː] ಕಾಸ, ಕಾಸಾ, ಖಾಸ್, ಖಾಸ *adj.* 1 個人的な、私的な 2 実の(父や母など) ¶ ಅವನು ನನ್ನ ಖಾಸಾ ಅಣ್ಣ. (avanu nanna kʰāsā aṇṇa.) あの人は僕の実の父だ。 [Ar. *ẖāṣṣa*]

ಖಿನ್ನ ⟦kʰinna キンナ⟧ [kʰinnɐ] 《文》 *adj.* 悲しい、悲しそうな、意気消沈した [Sk.]

ಖಿನ್ನತೆ ⟦kʰinnate キンナテ⟧ [kʰinnəte] 《文》 *n.* 意気消沈、悲しみ、悲哀 [Sk.]

ಖಿಲ ⟦kʰila キラ⟧ [kʰilɐ] 《文》 *n.* 1 荒れ地、不毛の土地 2 空白、隙間 3 補足、追加、補遺 **—***(adj.)* 壊れた〈こと〉、荒廃〈した〉、崩れかかった〈こと〉 [Sk.]

ಖುದ್ದು ⟦kʰuddu クッドゥ⟧ [kʰuddu] ಖುದ, ಖುದ್ದ *adj.* 自分の ¶ ನಿಮ್ಮ ಖುದ್ದು ಊರು ಯಾವುದು? (nimma kʰuddu ūru yāvudu?) あなたの故郷はどこですか。 **—***adv.* 自分で、自ら [Pe. *ẖwud*]

ಖುಲಾಯಿಸು ⟦kʰulāyisu クラーイス⟧ [kʰulɐːjĭsu] 《文》 *vi.* 1 (花などが)開く 2 (運などが)開ける [H. *kʰulănā* T3945 + *-isu*]

ಖುಲಾಸೆ ⟦kʰulāse クラーセ⟧ [kʰulɐːse] ಖುಲಾಸಾ, ಖುಲಾಸು *n.* 釈放、無罪放免 [Ar. *ẖulāṣa*]

ಖುಶಿ ⟦kʰuśi クシ⟧ [kʰuʃi] ಕುಶಿ, ಕುಷಿ, ಕುಸಿ, ಖುಷಿ, ಖುಸಿ *n.* 1 幸福、喜び、満足 2 望み、希望、好みのもの ¶ ಅಧಿಕಾರಿ ಹೇಳಿದಂತೆ ಅವನು ಮಾಡಬೇಕು. ಅವನ ಖುಷಿ ಏನು ಇಲ್ಲ. (adʰikāri hēḷidaṃte avanu māḍabēku. avana kʰuṣi ēnu illa.) 彼は上役が言った通りにしなければならない。自分の望みは通らない。 **3** 楽しみ、歓楽 ◇ *vi.* —ಮಾಡು (māḍu) 楽しむ、好きなことをする [*Pe. ḫušī*]

ಖುಷಿ ⟦kʰuṣi クシ⟧ [kʰuʂi] *n.* [*Pe. ḫušī*] ☞ಖುಶಿ (kʰuśi)

ಖೂನ ⟦kʰūna クーナ⟧ [ku:n] 《希》 *n.* **1** しるし、記号 **2** 面識 [Ka. D1847? cf. M. *kʰūṇā*] ☞ಕೂನ (kūna)[1]

ಖೂನಿ ⟦kʰūni クーニ⟧ [kʰu:ni] ಖೂನ್, ಖೂನು *n.* 殺人、人を殺すこと [Pe. *ḫūn*] ☞ಕೊಲೆ (kole)

ಖೂನಿಗಾರ ⟦kʰūnigāra クーニガーラ⟧ [kʰu:nigɐ:rɐ] *m.* 《*f.* ಖೂನಿಗಾರ್ತಿ (kʰūnigārti)》殺人者、人殺し [+ *-kāra*]

ಖೇಚರ ⟦kʰēcara ケーチャラ⟧ [kʰe:ʧərɐ] 《文》 *n.* 「空を飛ぶもの」、鳥など —*m.* 《*f.* ಖೇಚರಿ (kʰēcari)》天人、ガンダルヴァ(天界の楽士) [Sk.]

ಖೇದ ⟦kʰēda ケーダ⟧ [kʰe:dɐ] 《文》 *n.* 悲しみ、悲嘆 [Sk.]

ಖೈದಿ ⟦kʰaidi カイディ⟧ [kʰəidi] *mf.* 囚人、受刑者;捕虜 ☞ಕೈದಿ (kaidi)

ಖೈದು ⟦kʰaidu カイドゥ⟧ [kʰəidu] *n.* 投獄、禁固刑、収監、留置 ☞ಕೈದು (kaidu)

ಖೊಟ್ಟಿ ⟦kʰoṭṭi コッティ⟧ [kʰoʈʈi] ಕೊಟ್ಟಿ (*n.*) **1** 偽物〈の〉、まがい〈の〉 **2** (約束などが)嘘〈の〉¶ ಸಾಹುಕಾರ ದುಡ್ಡು ಕೊಡುವೆ ಎಂದು ಹೇಳಿದ ಮಾತು ಖೊಟ್ಟಿ ಆಯಿತು. (sāhukāra duḍḍu koḍuve eṃdu hēḷida mātu kʰoṭṭi āyitu.) お金をくれるといった約束は反故となった。[H./M. *kʰōṭā* T3931.2]

ಖೋಟಾ ⟦kʰōṭā コーター⟧ [kʰo:ʈɐ:] *adj.* **1** 偽の、偽造の **2** 不正直な [H./M. *kʰōṭā* D3931.2]

ಖೋಟಾ ದಸ್ತಾವೇಜು ⟦kʰōṭā dastāvēju コーターダスターヴェージュ⟧ [kʰo:ʈɐ: dəstɐ:ve:ʤu] *n.* 偽造書類 [+ *dastāvēju*]

ಖೋಟಾನಾಣ್ಯ ⟦kʰōṭānāṇya コーターナーニャ⟧ [kʰo:ʈɐ:nɐ:ɳ·jɐ] *n.* 偽造貨幣 [+ *nāṇya*]

ಖೋಡಿ ⟦kʰōḍi コーディ⟧ [kʰo:ɖi] ಕೋಡಿ *adj.*, *mf.* 悪い〈人〉、よこしまな〈人〉¶ ಖೋಡಿ ಹುಡುಗರು ಕಿಟಕಿ ಗಾಜನ್ನು ಒಡೆದರು. (kʰōḍi huḍugaru kiṭaki gājannu oḍedaru.) 悪童たちが窓ガラスを割った。 —(*n.*) よこしまな〈こと〉¶ ಅವನು ಖೋಡಿ ಮನುಷ್ಯ. ನಂಬಬೇಡಿರಿ. (avanu kʰōḍi manuṣya. naṃbabēḍiri.) あの人は悪い人です。信用しないでください。 —*n.* 過ち、過失 [M. *kʰōḍă* T3931.1]

ಖೋತಾ ⟦kʰōtā コーター⟧ [kʰo:tɐ:] ಕೋತ, ಖೋತಾ *n.* (費用などを)切り詰めること、(額面の金額などから)割り引くこと ¶ ಸಾಹುಕಾರ ಚೆಕ್ಕಿನಿಂದ ಐದು ಸೇಕಡ ಖೋತಾ ಮಾಡಿ ಹಣವನ್ನು ಕೊಟ್ಟರು. (sāhukāra cekkiniṃda aidu sēkaḍa kʰōtā māḍi haṇavannu koṭṭaru.) 銀行家は小切手から5分割り引いてお金をくれた。 [Pe. *kōtāh*] (NK)

ಖೋತಾ ಬಜೆಟ್ ⟦kʰōtā bajeṭ コーターバジェト⟧ [kʰo:tɐ: bəʤeʈ] *n.* 赤字予算 [+ *bajeṭ*] (NK)

ಖೋತಾಸೂಚನೆ ⟦kʰōtāsūcane コータースーチャネ⟧ [kʰo:tɐ: su:ʧə̆ne] *n.* (予算などからの)切り詰め令 [+ *sūcane*]

ಖೋಲಿ[1] ⟦kʰōli コーリ⟧ [kho:li] 《文》 *n.* 箙(えびら) [Sk.]

ಖೋಲಿ[2] ⟦kʰōli コーリ⟧ [kho:li] *n.* 奥の小部屋 [M. *kʰōlī* T3946] (NK) = ಕೋಣೆ (kōṇe) 〔汎〕

ಖ್ಯಾತ ⟦kʰyāta キャータ⟧ [kʰjɐ:tɐ] 《文》 *adj.* 著名な、有名な [Sk.]

ಖ್ಯಾತನಾಮ ⟦kʰyātanāma キャータナーマ⟧ [kʰjɐ:tə̆nɐ:mɐ] 《文》 *n.* 有名な、著名な、あるいはよく知られた人物 [Sk.]

ಖ್ಯಾತಿ ⟦kʰyāti キャーティ⟧ [kʰjɐ:ti] *n.* 名声 [Sk.]

ಖ್ಯಾಲ್ ⟦kʰyāl キャール⟧ [kʰjɐ:l] ಖ್ಯಾಲ, ಖ್ಯಾಲು *n.* 北インドの古典音楽のジャンルの一つ(短いテーマの変奏からなる) [Ar. *ḫajāl*]

ಗ

ಗ ⟦ga ガ⟧ [gə·] *n.* カンナダその他のインド系言語において音素の連続/ga/またはそれを表す文字

-ಗ ⟦-ga -ガ⟧ [gɐ] *suf.* 《*f.* -ಗಿ (-gi)》名詞または準名詞に付加されて「…という性質を持つ男性」という意味の名詞を作る接尾辞 ¶ ಕರಿಗ (kariga) (*kari* "black" + *-ga*) 色黒な男性 [Ka.]

ಗಕಾರ ⟦gakāra ガカーラ⟧ [gəkɐ:rɐ] *n.* カンナダその他のインド系の文字で音素の連続 /ga/ を表す文字 [Sk.]

ಗಂಕಲು ⟦gaṃkalu ガンカル⟧ [gəŋkə̆lu] 《方》 *n.* 脇の下 [Ka. D1234] (Hal.)

ಗಂಗಳ ⟦gaṃgaḷa ガンガラ⟧ [gəŋgəɭɐ] *n.* ☞ಗಂಗಾಳ (gaṃgāḷa)

ಗಂಗಾಳ ⟦gaṃgāḷa ガンガーラ⟧ [gəŋgɐ:ɭɐ] *n.* **1** 金属製(普通は銅製)で両側に取っ手がついた丸い水入れ [⇒図] **2** (ヴィーラシャイヴァ派の人々が使う)食事を盛るための丸い金属製の盆 [M. *gaṃgāḷā*]

ಗಂಗಾಳ
取っ手付き水入れ

ಗಂಗೆದೊಗಲು ⟦gaṃgedogalu ガンゲドガル⟧ [gəŋgedogəlu] *n.* (牛などの)喉の下の垂れ肉、喉袋 [*gaṃge* + *togalu*]

ಗಂಜಣಿಕೆ ⟦gaṃjaṇike ガンジャニケ⟧ [gənʤə̆ɳike] 《‡》

n. [Ka. D1105] (*Nr.* (*KPN*)) ☞ಗಂಜಳಿಕೆ (gaṃjaḷike)

ಗಂಜಳ ⟦gaṃjaḷa ガンジャラ⟧ [gəɲʤəḷɐ] *n.* **1** 牛の小便 **2** 悪臭 **3** (一般に)汚物、不潔なもの [Sk. *gōjala-*]

ಗಂಜಳಿಕೆ ⟦gaṃjaḷike ガンジャリケ⟧ [gəɲʤə̆ḷike] 《文》 *n.* 匂いのよいイネ科の草の一種 ⇀ 薬(ಔಷಧಿ. (*Kitt.*)) [Ka. *D1105]

ಗಂಜಿ ⟦gaṃji ガンジ⟧ [gəɲʤi] *n.* **1** 粥 **2** 砕いた米や麦などの穀物で作った粥(牛乳を入れることもある) **3** (アイロンをかける前に衣類につける)糊 [Ka. D1107]

ಗಂಜಿಣಿಕೆ ⟦gaṃjiṇike ガンジニケ⟧ [gəɲʤĭṇike] 《‡》 *n.* [Ka. D1105] (*Kitt.*) ☞ಗಂಜಳಿಕೆ (gaṃjaḷike)

ಗಂಜೀಫು ⟦gaṃjīpu ガンジープ⟧ [gəɲʤi:pu] *n.* インドの円形のトランプ [⇒図] [M. *gaṃjīp^{h}ă* ←Pe. *gañǰīfah*]

ಗಂಜೀಫು トランプ

-ಗಂಟ ⟦-gaṃṭa -ガンタ⟧ [gəɳʈɐ] *suf.* 《*f.* -ಗಂಟಿ (-gaṃṭi)》「あることをする性癖がある」という意味を表す名詞を作る接尾辞 ¶ ಜಗಳಗಂಟ (jagaḷ-agaṃṭa) 喧嘩好きな人 [?]

ಗಂಟಲ ⟦gaṃṭala ガンタラ⟧ [gəɳʈəlɐ] *n.* 喉 [Ka. D1366]

ಗಂಟಲು ⟦gaṃṭalu ガンタル⟧ [gəɳʈəlu] ಗಂಟಲ್, ಗಂತಲ *n.* **1** 喉(普通は内部をさす) **2** 声 [Ka. D1366]

ಗಂಟು ⟦gaṃṭu ガントゥ⟧ [gəɳʈu] *n.* **1** (竹やサトウキビなどの節) **2** (紐などの)結び目 **3** (体の)関節 **4** 富、金、財産、隠された金 ¶ ಅವನು ಅಬಕಾರಿ ಅಧಿಕಾರಿಯಾಗಿ ತುಂಬ ಗಂಟು ಮಾಡಿದ್ದಾನೆ. (avanu abakāri ad^{h}ikāriyāgi tuṃba gaṃṭu māḍiddāne.) 彼は税関吏になって大金をためた。 **5** 出血によって体にできたこぶや腫れ **6** (よくない目的のためにできた)仲間、ぐる ¶ ಸುಳ್ಳ ರಾಜನಿಗೆ ಕಳ್ಳ ಮಂತ್ರಿ ಗಂಟುಬಿದ್ದ. (suḷḷa rājanige kaḷḷa maṃtri gaṃṭubidda.) (*Prv.*) 〔諺〕 嘘つきの王に泥棒の大臣が手をかした。 **7** 解決するのが難しい問題 ¶ ಕಾಶ್ಮೀರ ಸಮಸ್ಯೆ ಭಾರತ ಮತ್ತು ಪಾಕಿಸ್ತಾನಕ್ಕೆ ಗಂಟು ಆಗಿದೆ. (kāśmīra samasye b^{h}ārata mattu pākistānakke gaṃṭu āgide.) カシュミール問題がインドとパキスタンの間の難問題となっている。 [Ka. D1946]

ಗಂಟಿಕ್ಕು ⟦gaṃṭikku ガンティック⟧ [gəɳʈikku] 《文》 *vt.* 〈紐などを〉結び合わせる ¶ ಮದುವೆಯಲ್ಲಿ ಹೆಣ್ಣು ಮತ್ತು ಗಂಡಿನ ಸೆರಗನ್ನು ಗಂಟಿಕ್ಕುತ್ತಾರೆ. (maduveyalli heṇṇu mattu gaṃḍina seragannu gṃṭikkuttāre.) 結婚式で花婿と花嫁の衣の端が結び合わされる。 —*vi.* しかめ面をする [Ka.]

ಗಂಟು ಹೊಡೆ ⟦gaṃṭu hoḍe ガントゥホデ⟧ [gəɳʈu hoḍe] *vi.* 金を不正な手段で奪い取る [+ *hoḍe*]

ಗಂಟುಗಳ್ಳ ⟦gaṃṭugaḷḷa ガントゥガッラ⟧ [gəɳʈugəḷḷɐ] *m.* 《*f.* ಗಂಟುಗಳ್ಳಿ (gmṭugaḷḷi)》詐欺師または横領者 [Ka. *gaṃṭu* + *kaḷḷa*]

ಗಂಟುಬೀಳು ⟦gaṃṭubīḷu ガントゥビール⟧ [gəɳʈubi:ḷu] *vi.* **1** (糸などが)もつれる **2** (人に金などをせがむために)つきまとう、しつこくせがむ ¶ ಅಪ್ಪನಿಗೆ ದುಡ್ಡು ಕೇಳೆಂದು ಹೆಂಡತಿ ಗಂಟು ಬಿದ್ದಿದ್ದಾಳೆ. (appanige duḍḍu kēḷeṃdu heṃḍati gaṃṭu biddiddāḷe.) 父に金を無心するようにと妻がしつこく言ってくる。 [Ka. *gaṃṭu* + *bīḷu*]

ಗಂಟುಹಾಕು ⟦gaṃṭuhāku ガントゥハーク⟧ [gəɳʈuhɐ:ku] *vt.* **1** 〈金などを〉貯め込む、集めて隠しておく **2** 〈人々を〉仲立ちする、引き合わせる、〈男女の〉縁を結ぶ ¶ ವಧೂವರಕಾರ್ಯಾಲಯದವರು ಕೊನೆಗೂ ಆ ಹುಡುಗಿಗೆ ಗಂಡು ಗಂಟುಹಾಕಿದರು. (vad^{h}ūvarakāryālayada-varu konegū ā huḍugige gaṃḍu gaṃṭuhākidaru.) とうとう仲人屋はその娘に結婚相手を見つけた。 [+ *hāku*]

ಗಂಟುಬೇನೆ ⟦gaṃṭubēne ガントゥベーネ⟧ [gəɳʈube:ne] *n.* ペスト、腺ペスト [Ka. *gaṃṭu* + *bēne*]

ಗಂಟುಮುಖ ⟦gaṃṭumuk^{h}a ガントゥムカ⟧ [gəɳʈumuk^{h}ɐ] *n.* しかめ面 [Ka. *gaṃṭu* + *muk^{h}a*]

ಗಂಟೆ[1] ⟦gaṃṭe ガンテ⟧ [gəɳʈe] 《文》 *n.* (薬用の)球根 ⇀ 薬 [Ka. D1148]

ಗಂಟೆ[2] ⟦gaṃṭe ガンテ⟧ [gəɳʈe] *n.* **1** 鐘 **2** 時間 [Sk. *g^{h}aṃṭā-*]

ಗಂಟೆಹೂವು ⟦gaṃṭehūvu ガンテフーヴ⟧ [gəɳʈehu:vu] *n.* 釣り鐘型の花(一般) [Ka. *gaṃṭe* + *hūvu*]

ಗಂಟ್ಲು ⟦gaṃṭlu ガントル⟧ [gəɳʈlu] 《口》 *n.* **1** 喉(普通は内部をさす。外部をさす場合は普通 ಕುತ್ತಿಗೆ (kuttige) を用いる) **2** 声 = ಗಂಟಲು (gaṃṭalu) [Ka. D1366]

ಗಂಡ[1] ⟦gaṃḍa ガンダ⟧ [gəɳɖɐ] *m.* **1** 《古》 勇者、豪勇の人、強い男性 **2** 夫 **3** 男性、男子 [Ka. D1173]

ಗಂಡ[2] ⟦gaṃḍa ガンダ⟧ [gəɳɖɐ] *n.* **1** 《古》 頬、ほっぺた **2** 象のこめかみ [側頭部] **3** 腫れ物、腫瘍 [Sk.]

ಗಂಡ[3] ⟦gaṃḍa ガンダ⟧ [gəɳɖɐ] 《文》 *n.* **1** 障害 **2** 面倒、揉め事、事件 ¶ ಮಗ ಸುಮ್ಮನೆ ಹೋಗಿ ಗಂಡಕ್ಕೆ ಸಿಕ್ಕಿಕೊಂಡ. (maga summane hōgi gaṃḍakke sikkikoṃḍa.) 息子はわけもないのに面倒に巻き込まれた。 [cf.*gaṃḍa*[2]]

ಗಂಡಗೊಡಲಿ ⟦gaṃḍagoḍali ガンダゴダリ⟧ [gəɳɖəgoḍə̆li] *n.* ☞ಗಂಡುಗೊಡಲಿ (gaṃḍugoḍali)

ಗಂಡಭೇರುಂಡ ⟦gaṃḍab^{h}ēruṃḍa ガンダベールンダ⟧ [gəɳɖə̆b^{h}e:ruɳɖɐ] *n.* 伝説上の双頭の鳥(マイソールの王のしるし、現在はカルナータカ州のしるし) [Sk.]

ಗಂಡಮಾಲೆ ⟦gaṃḍamāle ガンダマーレ⟧ [gəɳɖə̆mɐ:le] *n.* **1** 甲状腺腫 **2** 出産時に子どもの首にへその緒が巻きついた状態 [Sk.]

ಗಂಡಸ ⟦gaṃḍasa ガンダサ⟧ [gəɳɖə̆sɐ] 《口》 *m.* 男性、男子 [Ka. D1173]

ಗಂಡಸು ⟦gaṃḍasu ガンダス⟧ [gəɳɖə̆su] ಗಂಡುಸು *m.* 《*f.* ಹೆಂಗಸು (heṃgasu)》男性、男子 [Ka. D1173 < *gaṃḍagūsu*]

ಗಂಡಸುತನ ⟦gaṃḍasutana ガンダスタナ⟧ [gəɳɖə̆sutənɐ] *n.* 勇敢、勇猛、男らしさ [Ka. *gaṃḍasu* + *-tana*]

ಗಂಡಸ್ಥಲ ⟦gaṃḍastʰala ガンダスタラ⟧ [gəɳɖəstʰəlɐ] ಗಂಡಸ್ಥಳ *n.* **1** 頬(頬骨付近、頬全体を広くさす場合もある) **2** 象のこめかみ(発情した雄がすい液を分泌する場所) [Sk.]

ಗಂಡಸ್ಥಳ ⟦gaṃḍastʰaḷa ガンダスタラ⟧ [gəɳɖəstʰəɭɐ] *n.* [Sk.] ☞ಗಂಡಸ್ಥಲ (gaṃḍʰastʰala)

ಗಂಡಾಂತ ⟦gaṃḍāṃta ガンダーンタ⟧ [gəɳɖɐːntɐ] 《文》 *n.* 占星術で言う悪い時間の一つ [Sk.]

ಗಂಡಾಂತರ ⟦gaṃḍāṃtara ガンダーンタラ⟧ [gəɳɖɐːntərɐ] *n.* 危機、大きな災難の危険 [Sk.]

ಗಂಡಾಗುಂಡಿ ⟦gaṃḍāguṃḍi ガンダーグンディ⟧ [gəɳɖɐːguɳɖi] *n.* **1** (目的を達するための) 合法非合法の努力 ¶ ಗಂಡಾಗುಂಡಿ ಮಾಡಿ ಗಂಡಿಗೆ ಒಂದು ಹೆಣ್ಣು ಗಂಟು ಹಾಕಿದ. (gaṃḍāguṃḍi māḍi gaṃḍige oṃdu heṇṇu gaṃṭu hākida.) 彼はいいこと悪いこと何でもやって娘を嫁がせた。 **2** 困難、面倒 ¶ ಅವನು ಬಹಳ ಮಾತನಾಡಿ ಗಂಡಾಗುಂಡಿಯಲ್ಲಿ ಸಿಕ್ಕಿಕೊಂಡ. (avanu bahaḷa mātanāḍi gaṃḍāguṃḍiyalli sikkikoṃḍa.) 彼はしゃべりすぎて難儀を招いた。 [?]

ಗಂಡಾಳು ⟦gaṃḍāḷu ガンダール⟧ [gəɳɖɐːɭu] *m.* 《*f.* ಹೆಣ್ಣಾಳು (heṇṇāḷu)》男性労働者 [Ka. *gaṃḍa* + *āḷu*]

ಗಂಡಿ[1] ⟦gaṃḍi ガンディ⟧ [gəɳɖi] *n.* **1** 穴、隙間 **2** 洞穴、洞窟 **3** (採光あるいは換気を目的として)壁や天井や二つの部屋の間に設けた小さな穴や隙間 = ಕಂಡಿ (kaṃḍi) [Ka. D1176]

ಗಂಡಿ[2] ⟦gaṃḍi ガンディ⟧ [gəɳɖi] *n.* 枝分かれする前の木の幹 [Ka. ←*kaṃḍi*]

ಗಂಡಿಕೆ ⟦gaṃḍike ガンディケ⟧ [gəɳɖĭke] *n.* 勇敢、豪勇 [Ka. D1173 *gaṃḍu* + *-ike*]

ಗಂಡಿಗ ⟦gaṃḍiga ガンディガ⟧ [gəɳɖigɐ] *m.* 勇者、勇敢な人 [Ka. D1173 *gaṃḍu* + *-iga*]

ಗಂಡು ⟦gaṃḍu ガンドゥ⟧ [gəɳɖu] *n.* **1** 勇敢、男らしさ、大胆 **2** 木の髄、心材 —*m.* 《*f.* ಹೆಣ್ಣು (heṇṇu)》 **1** 男性、男子 **2** 勇者、勇敢な男性 **3** 花婿 = ವರ (vara) —(*n.*) (飯などが)硬い(芯がある)〈こと〉 [Ka. D1173]

ಗಂಡುಕೂಸು ⟦gaṃḍukūsu ガンドゥクース⟧ [gəɳɖŭkuːsu] *n.* ☞ಗಂಡುಗೂಸು (gaṃḍugūsu)

ಗಂಡುಕೊಡಲಿ ⟦gaṃḍukoḍali ガンドゥコダリ⟧ [gəɳɖukoɖəli] *n.* 戦闘用の半月型の斧 ☞ಗಂಡುಗೊಡಲಿ (gaṃḍugoḍali)

ಗಂಡುಗೂಸು ⟦gaṃḍugūsu ガンドゥグース⟧ [gəɳɖŭguːsu] ಗಂಡುಕೂಸು *m.* 《f ಹೆಂಗಸು (heṃgasu)》 **1** 男の子 **2** 《古》 男子、男性

ಗಂಡುಗೊಡಲಿ ⟦gaṃḍugoḍali ガンドゥゴダリ⟧ [gəɳɖugoɖəli] *n.* 戦闘用の半月形の斧 [*gaṃḍu* + *koḍali*]

ಗಂಡುತನ ⟦gaṃḍutana ガンドゥタナ⟧ [gəɳɖutənɐ] *n.* 勇気、豪胆、勇猛 [Ka. *gaṃḍu* + *-tana*]

ಗಂಡುಬೀರಿ ⟦gaṃḍubīri ガンドゥビーリ⟧ [gəɳɖubiːri] *f.* 女らしくない女性、男勝りの女性 [Ka. *gaṃḍu* + *vīra* + *-i*]

ಗಂಡುಬೀರಿತನ ⟦gaṃḍubīritana ガンドゥビーリタナ⟧ [gəɳɖubiːritənɐ] *n.* 男勝り、女性でありながら女性らしさを欠いていること [Ka. *gaṃḍu* + *bīri* + *-tana*]

ಗಂಡುಭಾಷೆ ⟦gaṃḍubʰāṣe ガンドゥバーシェ⟧ [gəɳɖubʰɐːʂe] *n.* 男性的な言い回し [*gaṃḍu* + *bʰāṣe*]

ಗಂಡುಮಗ ⟦gaṃḍumaga ガンドゥマガ⟧ [gəɳɖuməgɐ] *m.* **1** 男の子、息子 **2** 男性の召し使い [*gaṃḍu* + *maga*]

ಗಂಡುಮೆಟ್ಟು ⟦gaṃḍumeṭṭu ガンドゥメットゥ⟧ [gəɳɖumeʈʈu] *n.* 勇者を生む土地 [Ka. *gaṃḍu* + *meṭṭu*]

ಗಂಡುಸ ⟦gaṃḍusa ガンドゥサ⟧ [gəɳɖŭsɐ] 《口》 *m.* [Ka. D1173] (*Kitt., Si.192*) ☞ಗಂಡಸ (gaṃḍasa)

ಗಂಡುಸು ⟦gaṃḍusu ガンドゥス⟧ [gəɳɖŭsu] *m.* 《*f.* ಹೆಂಗಸು (heṃgasu)》 **1** 男子、男性 **2** 勇士、勇敢な男性 [Ka. D1173] ☞ಗಂಡಸ (gaṃḍasa)

ಗಂಡೆದೆ ⟦gaṃḍede ガンデデ⟧ [gəɳɖeđe] *n.* 男らしさ、勇敢、勇猛 [Ka. *gaṃḍu* + *ede*]

ಗಂತು ⟦gaṃtu ガントゥ⟧ [gəntu] 《古》 *n.* **1** 道 **2** 動き回ること —*mf.* 旅行者 [Sk. *gaṃtṛ*-? D1212]

ಗಂದ ⟦gaṃda ガンダ⟧ [gəndʰɐ] 《口》 *n.* [Sk. *gandha*-] ☞ಗಂಧ (gaṃdʰa)

ಗಂದಿಗ ⟦gaṃdiga ガンディガ⟧ [gəndigɐ] ಗ್ರಂದಿಗ 《古》 *m.* 《*f.* ಗಂದಿಗಳು (gaṃdigaḷu)》 **1** 香水を売る商人、香水商 **2** (昔の)医師、医者 [Sk. *grantʰika*- or *gaṃdʰa* + *-iga*]

ಗಂದಿಗೆ ⟦gaṃdige ガンディゲ⟧ [gəndige] 《古》 *n.* **1** 香水類 **2** 香水の商い **3** 薬草類 **4** 薬草類を売る店、薬屋 [*gaṃḍa* + *-ige*]

ಗಂದೆ ⟦gaṃde ガンデ⟧ [gənde] *n.* できもの [Sk. *graṃtʰi*-]

ಗಂಧ ⟦gaṃdʰa ガンダ⟧ [gəndʰɐ] *n.* **1** 匂い、香り **2** 芳香、よい匂い **3** 白檀の木 = ಶ್ರೀಗಂಧ (śrīgaṃdʰa) **4** (額など体の部分につける)白檀の練り粉 **5** 白檀の練り粉を薄めた水(客を歓待するために振りかける) **6** 象のすい液(さかりのついた雄の象がこめかみから出す体液) **7**《古》 傲慢、うぬぼれ **8** ほんのちょっぴり(のこと) ¶ ಅವಳಿಗೆ ಇಂಗ್ಲೀಶ್ನ ಗಂಧವೇ ಇಲ್ಲ. (avaḷige iṃglīśna gaṃdʰavē illa.) あの人は英語のえの字も知らない。 [Sk.]

ಗಂಧದ ಕಲ್ಲು ⟦gaṃdʰada kallu ガンダダカッル⟧ [gəndʰəđə kəllu] *n.* 白檀の木片を擂って白檀の練り粉を作るための丸くて平たい石 [+ *kallu*]

ಗಂಧಕ ⟦gaṃdʰaka ガンダカ⟧ [gəndʰəkɐ] *n.* 硫黄 [Sk.]

ಗಂಧಕಾಮ್ಲ ⟦gaṃdʰakāmla ガンダカームラ⟧ [gəndʰəkɐːmlɐ] 《文》 *n.* 硫酸 [Sk.]

ಗಂಧರ್ವ ⟦gaṃdʰarva ガンダルヴァ⟧ [gəndʰərvɐ] 《文》 *m.* 《*f.* ಅಪ್ಸರೆ (apsare)》 **1** 天界の音楽家、天界に住む半神の一種 **2** 幽霊 **3** 音楽家 [Sk.]

ಗಂಧಶಾಲಿ ⟦gaṃdʰaśāli ガンダシャーリ⟧ [gəndʰʃɐːli] 《文》 *n.* 香り米、芳香を発する米の品種 [Sk.]

ಗಂಪು ⟦gaṃpu ガンプ⟧ [gəmpu] *n.* 1 芳香、よい匂い 2 悪臭、嫌な臭い = ಕಂಪು (kampu) [Ka. D1247]

ಗಂಪೆ ⟦gaṃpe ガンペ⟧ [gəmpe] 《文》 *n.* ゴミを運ぶかご [Ka. D1243]

ಗಂಬು¹ ⟦gaṃbu ガンブ⟧ [gəmbu] 《方》 *n.* 木の洞 [Ka. D1223, T3817] (Sholiga, LSB 6.18)

ಗಂಬು² ⟦gaṃbu ガンブ⟧ [gəmbu] 《方》 *n.* 野獣の住む洞穴 [Ka. D1332] (Nanj.)

ಗಂಭೀರ ⟦gaṃbʰīra ガンビーラ⟧ [gəmbʰi:rɐ] *adj.* 1 低い(声) 2 深い、深遠な(思想など) 3 荘厳な(寺院、人の外観など) 4 真面目な(性格)、考え深い(性格) 5 重大な、深刻な ¶ ಗಂಭೀರ ತುರ್ತುಪರಿಸ್ಥಿತಿ (gaṃbʰīra turtuparistʰiti) 重大な緊急事態 [Sk.]

ಗಂಭೀರತೆ ⟦gaṃbʰīrate ガンビーラテ⟧ [gəmbʰi:rə̆te] *n.* 1 (思想などの)深さ、深淵 2 (問題や危険などの)深刻さ、重大性 [Sk.]

ಗಗನ ⟦gagana ガガナ⟧ [gəgə̆nɐ] 《文》 *n.* 1 空 = ಆಕಾಶ, ಮುಗಿಲು (ākāśa, mugilu) 2 零、ゼロ(零を表す文字が天空の形に似ていることから) 3 長長短の音節からなる詩脚 = ತಗಣ (tagaṇa) [Sk.]

ಗಗನಕುಸುಮ ⟦gaganakusuma ガガナクスマ⟧ [gəgənə kusumɐ] 《文》 *n.* 1 天界の花、天界に咲く花 2 〔喩〕有り得ない話 [Sk.]

ಗಗನಗಮನ ⟦gaganagamana ガガナガマナ⟧ [gəgənə̆gə mənɐ] 《文》 *n.* 1 空を飛ぶこと 2 宇宙旅行 [Sk.]

ಗಗನಗಾಮಿ ⟦gaganagāmi ガガナガーミ⟧ [gəgə̆nəgɐ:mi] 《文》 *m.* 《*f.* ಗಗನಗಾಮಿನಿ (gaganagāmini)》 1 空を飛ぶ人、神 2 宇宙飛行士 [Sk.]

ಗಗನಚಾಪ ⟦gaganacāpa ガガナチャーパ⟧ [gəgə̆nəʧɐ:pɐ] 《文》 *n.* 虹 = ಕಾಮನಬಿಲ್ಲು (kāmanabillu) 〔汎〕 [Sk.]

ಗಗನಚುಂಬಕ ⟦gaganacuṃbaka ガガナチュンバカ⟧ [gəgə nəʧumbə̆kɐ] 《文》 *n.* 摩天楼、超高層ビル [Sk.]

ಗಗನಚುಂಬಿ ⟦gaganacuṃbi ガガナチュンビ⟧ [gəgənəʧu mbi] 《文》 *n.* 摩天楼、超高層ビル [Sk.]

ಗಗನಮಂಡಲ ⟦gaganamaṃḍala ガガナマンダラ⟧ [gəgə̆ nəmənɖə̆lɐ] ಗಗನಮಂಡಲ *n.* (円盤として理解された)天、天空 [Sk.]

ಗಗನಮಂಡಳ ⟦gaganamaṃḍaḷa ガガナマンダラ⟧ [gəgə̆ nəmənɖə̆ɭɐ] *n.* [Sk.] ☞ಗಗನಮಂಡಲ (gaganamaṃḍala)

ಗಗನಮಣಿ ⟦gaganamaṇi ガガナマニ⟧ [gəgə̆nəməɳi] 《文》 *mn.* 太陽；太陽神 [Sk.]

ಗಗನವಿಜ್ಞಾನಿ ⟦gaganavijñāni ガガナヴィジュニャーニ⟧ [gə gənəviʤɲɐ:ni] 《文》 *mf.* 天文学者 [Sk.]

ಗಗನವಿಹಾರ ⟦gaganavihāra ガガナヴィハーラ⟧ [ggəgə̆nə vihɐ:rɐ] 《文》 *n.* 1 (神や天人などのように)空を飛ぶこと 2 宇宙旅行 [Sk.]

ಗಗನವಿಹಾರಿ ⟦gaganavihāri ガガナヴィハーリ⟧ [gəgə̆nə vihɐ:ri] 《文》 *m.* 《*f.* ಗಗನವಿಹಾರಿಣಿ (gaganavihāriṇi)》 1 天人、天界に住む半神 2 宇宙飛行士 [Sk.]

ಗಗನಸಖಿ ⟦gaganasakʰi ガガナサキ⟧ [gəgənəsəkʰi] 《文》 *f.* 《*m.* ಗಗನಸಖ (gaganasakʰa)》 (飛行機の)スチュワーデス、女性の客室乗務員 [Sk.]

ಗಚ್ಚು ⟦gaccu ガッチュ⟧ [gəʧʧu] *n.* (壁などに塗る)漆喰 [Pe. *gač*]

ಗಜ¹ ⟦gaja ガジャ⟧ [gəʤɐ] 《文》 *n.* 象 = ಆನೆ (āne) 〔汎〕 [Sk.]

ಗಜ² ⟦gaja ガジャ⟧ [gəʤɐ] *n.* 1 ヤード (0.9144 メートル) 2 大版洋紙 (17×13inch) の2倍の大きさの紙 [Pe. *gaz*]

ಗಜಕಡ್ಡಿ ⟦gajakaḍḍi ガジャカッディ⟧ [gəʤə̆kəɖɖi] *n.* ヤード尺 [*gaja* + *kaḍḍi*]

ಗಜಕರ್ಣ ⟦gajakarṇa ガジャカルナ⟧ [gəʤəkərɳɐ] *n.* 白癬、いんきん、田虫 [Sk.]

ಗಜಗ ⟦gajaga ガジャガ⟧ [gəʤə̆gɐ] ಗಜಗು, ಗಜಿಗ, ಗಜುಗ, ಗಜ್ಜಗ, ಗಜ್ಜಿಗ, ಗಜ್ಜುಗ, ಗೆಜ್ಜಗ *n.* 1 ケンタッキーコーヒーの木 ☞ಗಜಗ (gajaga) 3 *[IMP 1.321] 2 ケンタッキーコーヒーの木の実を使った遊び 3 《古》 ひどい白内障で目に白いまめができたように見える様子 [Ka. *D1347]

ಗಜಗಡ್ಡಿ ⟦gajagaḍḍi ガジャガッディ⟧ [gəʤə̆gəɖɖi] *n.* ヤード尺 [*gaja* + *kaḍḍi*]

ಗಜಗರ್ಭ ⟦gajagarbʰa ガジャガルバ⟧ [gəʤəgərbʰɐ] 《文》 *n.* 1 象の受胎、象の胎児 2 ひどくゆっくりしていること ¶ ತನಿಖೆಯ ವರದಿ ಗಜಗರ್ಭದಲ್ಲಿದೆ. (tanikʰeya varadi gajagarbʰadallide.) 調査報告はまだまだ作成中である。 [Sk.]

ಗಜಗಮನ ⟦gajagamana ガジャガマナ⟧ [gəʤəgəmənɐ] 《文》 *n.* 象の歩み、ゆっくりした歩み —*m.* インドラ神 [Sk.]

ಗಜಗಮನೆ ⟦gajagamane ガジャガマネ⟧ [gəʤəgəmə̆ne] 《文》 *f.* 象のようにゆっくり歩く女性 [Sk.]

ಗಜಗು ⟦gajagu ガジャグ⟧ [gəʤə̆gu] *n.* 豆などを使った遊び [Ka. *D1347]

ಗಜನಿ ⟦gajani ガジャニ⟧ [gəʤə̆ni] 《古》 *n.* 痩せた農地の一種 [Ka. D1103]

ಗಜಬಜ ⟦gajabaja ガジャバジャ⟧ [gəʤəbəʤɐ] (*n.*) がやがや(多くの人が雑談する声)、わあわあ(多くの人が勝手気儘に叫ぶ声を表す擬音語) [Ka. onom.]

ಗಜಬಜಿಸು ⟦gajabajisu ガジャバジス⟧ [gəʤəbəʤĭsu] *vi.* 1 (多くの人が)がやがや話す 2 (会議場などが)どよめく、大騒ぎになる [Ka. *gajabaja* + *-isu*]

ಗಜಮದ ⟦gajamada ガジャマダ⟧ [gəʤəmədɐ] 《文》 *n.* 1 象のさかり 2 さかりのついた象のこめかみから出る分泌液 [Sk.]

ಗಜಯೋಧ ⟦gajayōdʰa ガジャヨーダ⟧ [gəʤəjo:dʰɐ] 《文》 *m.* 象に乗って戦う兵士、象兵 [Sk.]

ಗಜರಿಪು ⟦gajaripu ガジャリプ⟧ [gəʤəripu] 《文》 *n.* 「象の敵」、獅子、ライオン [Sk.]

ಗಜಱು ⟦gajaṟu ガジャル⟧ [gəʤəṟu] 《古》 *vi.* 怒鳴る、わめく、叱りつける —*n.* 怒鳴ること、怒鳴り声

[Ka. D1089]

ಗಜಲ್ ⟦gajal ガジャル⟧ [gəzəl/gədʒəl] *n.* 歌の一種(恋愛を主題とするものが多い) [Ar. *gazal*]

ಗಜಶಾಲೆ ⟦gajaśāle ガジャシャーレ⟧ [gədʒə̆ʃɐːle] *n.* 象舎 [Sk.]

ಗಜಹಸ್ತ ⟦gajahasta ガジャハスタ⟧ [gədʒəhəstɐ] 《文》 *n.* 象の鼻 [Sk.]

ಗಜಿಗ ⟦gajiga ガジガ⟧ [gədʒĭgɐ] 《異》 *n.* ひどい白内障で目に白いまめができたように見える様子 ☞ಗಜಗ (gajaga) [Ka. D1347]

ಗಜಿಗೆ ⟦gajige ガジゲ⟧ [gədʒĭge] 《‡》 *n.* [Ka. D1347] (*St. & Pl.* (*Kitt.*)) ☞ಗಜಗ (gajaga)

ಗಜುಗ ⟦gajuga ガジュガ⟧ [gədʒŭgɐ] *n.* **1** ☞ಗಜಗ (gajaga) 2 **2** ☞ಗಜಗ (gajaga) 3 [Ka. D1347]

ಗಜ್ಜಗ ⟦gajjaga ガッジャガ⟧ [gədʒdʒə̆gɐ] *n.* [Ka. *D1347] ☞ಗಜಗ (gajaga) 1

ಗಜ್ಜಿ ⟦gajji ガッジ⟧ [gədʒdʒi] *n.* 疥癬 = ಕಜ್ಜಿ ಖಜ್ಜಿ (kajji, kʰajji) [Ka. D1104, C 2621, cf. Sk. *kʰarju-*]

ಗಜ್ಜಿಗ ⟦gajjiga ガッジガ⟧ [gədʒdʒĭgɐ] 《‡》 *n.* [Ka. D1347] (*Kitt.*) ☞ಗಜಗ (gajaga) 1

ಗಜ್ಜುಗ ⟦gajjuga ガッジュガ⟧ [gədʒdʒŭgɐ] 《‡》 *n.* [Ka. D1347] ☞ಗಜಗ (gajaga) 1

ಗಜ್ಜೆ ⟦gajje ガッジェ⟧ [gədʒdʒe] ಗೆಜ್ಜೆ *n.* **1** 直径1センチほどの小さな丸型の鈴またはぶら下がった小さな銀の玉(普通装身具の一部として用いられる) **2** たくさんの小さな鈴がついた足首につける装身具(舞踏用)、小さな銀の玉がぶら下がった足首につける銀鎖(舞踏用)= ಗೆಜ್ಜೆ (gejje) [Ka. A31]

ಗಟಗಟ ⟦gaṭagaṭa ガタガタ⟧ [gəʈəgəʈɐ] (*n.*) ごくごく(水などを続けざまに飲み下す時の音を表す擬音語) [Ka. onom.]

ಗಟಗಟನೆ ⟦gaṭagaṭane ガタガタネ⟧ [gəʈəgəʈə̆ne] *adv.* ごくごくと [+ *-ane*]

ಗಟಗಟಿಸು ⟦gaṭagaṭisu ガタガティス⟧ [gəʈəgəʈĭsu] *vt.* ごくごく飲む [+ -ಇಸು]

ಗಟವಾಣಿ ⟦gaṭavāṇi ガタヴァーニ⟧ [gəʈəvɐːɳi] *f.* 《*m.* Ø》 **1** 有能な女性、強い女性、勇敢な女性 **2** (ある事に)熟達した女性 ¶ ಅವಳು ಬ್ಯಾಂಕಿನ ವ್ಯವಹಾರದಲ್ಲಿ ಗಟವಾಣಿ. (avaḷu byāṃkina vyavahāradalli gaṭavāṇi.) 彼女は銀行の業務に精通している。 [Ka. < *gaṭṭivāḷi*]

ಗಟಾರ ⟦gaṭāra ガターラ⟧ [gəʈɐːrɐ] *n.* 下水、どぶ [Eg. *gutter*]

ಗಟಾರು ⟦gaṭāru ガタール⟧ [gəʈɐːru] *n.* 下水、どぶ [Eg. *gutter*]

ಗಟ್ಟ[1] ⟦gaṭṭa ガッタ⟧ [gəʈʈɐ] ಗಟ್ಟು *n.* (商品の)梱(こり) [Ka. *D1147]

ಗಟ್ಟ[2] ⟦gaṭṭa ガッタ⟧ [gəʈʈɐ] *n.* **1** 山脈 **2** 山脈を越えるためのつづら折りの道や道路 **3** 川や池の水際に設けられた階段 [?]

ಗಟ್ಟಿ ⟦gaṭṭi ガッティ⟧ [gəʈʈi] ಘಟ್ಟಿ (*n.*) **1** 固体である〈こと〉、凝固した〈こと〉、固まった〈こと〉¶ ಶೀತಕಾಲದಲ್ಲಿ ತುಪ್ಪ ಗಟ್ಟಿ ಆಗುತ್ತದೆ. (śītakāladalli tuppa gaṭṭi āguttade.) 冬にはギーが固まる。 **2** (石や鉄などのように)硬い〈こと〉 **3** (牛乳、茶などが)濃い〈こと〉 **4** ごつごつした〈こと〉、塊〈の〉 **5** (綱や板などが)丈夫〈な〉¶ ದಾರ ಗಟ್ಟಿ ಇದೆ. (dāra gaṭṭi ide.) この紐は丈夫だ。 **6** 有能〈な〉¶ ಅವನು ವ್ಯಾಪಾರದಲ್ಲಿ ಗಟ್ಟಿ. (avanu vyāpāradalli gaṭṭi.) 彼は商売がよくできる。 **7** (声などが)大きい〈こと〉 **8** (結び目や握りなどが)堅い〈こと〉 **9** (証拠などが)堅い〈こと〉¶ ಅವನ ಕತೆಯಲ್ಲಿ ಗಟ್ಟಿ ಅನುಭವ ಇದೆ. (avana kateyalli gaṭṭi anubʰava ide.) あの人の話は(読者に)強い現実感を与える。 [Ka. D1148]

ಗಟ್ಟಿಕುಳ ⟦gaṭṭikuḷa ガッティクラ⟧ [gəʈʈikuɭɐ] *mf.* **1** 裕福な人、金満家 **2** 手に負えない人、思うように操ることができない人 [Ka. *gaṭṭi* + *kuḷa*]

ಗಟ್ಟಿಗ ⟦gaṭṭiga ガッティガ⟧ [gəʈʈigɐ] *m.* 《*f.* ಗಟ್ಟಿಗಿತ್ತಿ (gaṭṭigitti)》 **1** 強い男性、勇敢な男性 **2** 熟練者、達人 **3** 手に負えない人、思うように操ることができない人 [Ka. *gaṭṭi* + *-ga* D1144]

ಗಟ್ಟಿಗತನ ⟦gaṭṭigatana ガッティガタナ⟧ [gəʈʈigə̆tənɐ] *n.* **1** 勇敢、豪勇 **2** 熟達、熟練 **3** 思うように操ることができない人であること [*gaṭṭiga* + *tana*]

ಗಟ್ಟಿಗಿತ್ತಿ ⟦gaṭṭigitti ガッティギッティ⟧ [gəʈʈigitti] *f.* **1** 勇敢な女性、強い女性、気の強い女性 **2** 熟練した女性、(女性の)達人 **3** 手に負えない女性、思うように操ることができない女性 = ಗಟ್ಟಿವಾಳಿ (gaṭṭivāḷi) [Ka. *gaṭṭi* + *-gitti*]

ಗಟ್ಟಿವಾಳ ⟦gaṭṭivāḷa ガッティヴァーラ⟧ [gəʈʈivɐːɭɐ] *m.* 《*f.* ಗಟ್ಟಿವಾಳಿ (gaṭṭivāḷi)》 **1** 強い男性、勇敢な男性 **2** 熟練者、達人 **3** 手に負えない人、思うように操ることができない人 [*gaṭṭi* + *-vāḷa*]

ಗಟ್ಟಿವಾಳಿ ⟦gaṭṭivāḷi ガッティヴァーリ⟧ [gəʈʈivɐːɭi] *f.* 《*m.* ಗಟ್ಟಿವಾಳ (gaṭṭivāḷa)》 **1** 有能な女性、強い女性、勇敢な女性 **2** 熟練者、達人 **3** 手に負えない女性、思うように操ることができない女性 [*gaṭṭi* + *-vāḷi*]

ಗಟ್ಟಿಹಾಲು ⟦gaṭṭihālu ガッティハール⟧ [gəʈʈihɐːlu] *n.* 水で薄められていない牛乳 [Ka. *gaṭṭi* + *hālu*]

ಗಟ್ಟು ⟦gaṭṭu ガットゥ⟧ [gəʈʈu] *n.* 川や池の水際に設けられた階段 [Ka. D1147]

ಗಟ್ಟೆ ⟦gaṭṭe ガッテ⟧ [gəʈʈe] *n.* (商品の)梱(こり) ☞ಗಟ್ಟ (gaṭṭa)[1] [Ka. D1147]

ಗಡ[1] ⟦gaḍa ガダ⟧ [gəɖɐ] 《‡》 *n.* **1** 限界 **2** 期限、期日 **3** 分割払い込み金、賦払い金 (*Kitt.*) [Ka. D1109]

ಗಡ-[2] ⟦gaḍa- ガダ-⟧ [gəɖɐ] 《‡》 (*n.*) 混乱を表す形態素 (*Kitt.*) [Ka. D1112]

ಗಡ[3] ⟦gaḍa ガダ⟧ [gəɖɐ] *n.* 打楽器としても使われる水を貯えるための土製の丸い壺 = ಘಟ (gʰaṭa) [Sk. *ghaṭa-*]

ಗಡ[4] ⟦gaḍa ガダ⟧ [gəɖɐ] *n.* 小さな城塞(特に山の上の城塞) [M. *gaḍā*]

ಗಡ⁵ ⟦gaḍa ガダ⟧ [gəɖɐ] 《古》 *intrj.* 実に、確かに (*Pb. 1.55, 2.61, 10.45*) [?]

ಗಡಂ ⟦gaḍaṃ ガダン⟧ [gəɖɐ̃] 《古》 *intrj.* 実に、確かに (*Pb 2.28, 2.57, 3.62, 4.2, 10.45*) [?]

ಗಡಂಗ ⟦gaḍaṃga ガダンガ⟧ [gəɖəŋgɐ] *n.* (インド土着の)蒸留酒の店 ☞ಗಡಂಗು (gaḍaṃgu) [Ka. D1525]

ಗಡಂಗು ⟦gaḍaṃgu ガダング⟧ [gəɖəŋgu] *n.* **1** 倉庫、貯蔵所 **2** (インド土着の)蒸留酒の店 (*Kitt.*) [Ka. D1525]

ಗಡಗಡ ⟦gaḍagaḍa ガダガダ⟧ [gəɖăgəɖɐ] (*n.*) **1** ごろごろ(雷の音を表す擬音語)、がたがた(車の走る音を表す擬音語) **2** ぶるぶる、がたがた(激しく身震いする様子を表す擬態語) ◇ *vi.* —ಎನ್ನು (ennu) がたがた音を立てる [Ka. D1110]

ಗಡಗಡಿಸು ⟦gaḍagaḍisu ガダガディス⟧ [gəɖəgəɖisu] 《文》 *vi.* **1** (雷が)ごろごろ鳴る、(車が)がたがた音を立てる **2** (恐怖や寒さなどで)がたがた震える [*daḍagaḍa* + *-isu*]

ಗಡಚಿಕ್ಕು ⟦gaḍacikku ガダチック⟧ [gəɖə̆ʧikku] *vi.* (爆竹、爆弾などの音で)耳をつんざかれる ¶ ಪಟಾಕಿ ಶಬ್ದ ಕೇಳಿ ಕಿವಿ ಗಡಚಿಕ್ಕಿದೆ. (paṭāki śabda kēḷi kivi gaḍacikkide.) 爆竹の音が耳をつんざいた。 [Ka. *gaḍacu* + *ikku*]

ಗಡಚು ⟦gaḍacu ガダチュ⟧ [gəɖə̆ʧu] 《古》 (*n.*) [Ka. D1148] ☞ಗಡುಸು (gaḍusu)

ಗಡಣ ⟦gaḍaṇa ガダナ⟧ [gəɖəɳɐ] 《文》 *n.* (人々や動物の)群れ、(物の)集まり [Sk. *ghaṭana-*]

ಗಡದ್ದು ⟦gaḍaddu ガダッドゥ⟧ [gəɖəddu] (*adj.*) **1** (暗闇が)深い〈こと〉 **2** (眠りなどが)深い〈こと〉 ¶ ಅಥಿತಿ ಗಡದ್ದು ನಿದ್ದೆ ಮಾಡಿ ಎದ್ದರು. (atʰiti gaḍaddu nidde māḍi eddaru.) 客はぐっすり眠った後で起きてきた。 **3** ふんだんな〈食事、褒美など〉 —*n.* 豪奢(結婚式など)、豪勢(結婚式など) [M. *gaḍadā*]

ಗಡಬ ⟦gaḍaba ガダバ⟧ [gəɖə̆bɐ] *n.* **1** (借金返済などの)期限、期日 **2** 分割払い、分割払いの1回分 ¶ ಈ ಹಣ ನಾಲಕೈದು ಗಡಬಗಳಲ್ಲಿ ಸಂದಾಯ ಮಾಡಿ ಕೊಡುತ್ತೇನೆ. (ī haṇa nālakaidu gaḍabagaḷalli saṃdāya māḍi koḍuttēne.) このお金を4回か5回に分けてお返しいたします。 [Ka. D1109] = ಗಡುವು (gaḍuvu)

ಗಡಬಡ ⟦gaḍabaḍa ガダバダ⟧ [gəɖəbəɖɐ] ಗಡ್ಡಬಡಿ, ಗಡಬಡೆ, ಗಡಿಬಿಡಿ *n.* **1** 大慌て、大急ぎ ¶ ತಂತಿ ಬಂದು ಗಡಬಡದಲ್ಲಿ ಹೊರಟೆ. (taṃti baṃdu gaḍabaḍadalli horaṭe.) 電報を受け取って私は慌てて出発した。 **2** 騒ぎ、騒動 ¶ ಬಸ್ಸು ಬಂದಕೂಡಲೇ ಜನ ಗಡಬಡ ಮಾಡಿ ಹತ್ತಿದರು. (bassu baṃdakūḍalē jana gaḍabaḍa māḍi hattidaru.) バスがつくやいなや人々は我先に乗り始めた。 **3** 混乱 ¶ ಪರೀಕ್ಷೆ ನಡೆಸುವಾಗ ಕಾಲೇಜು ಸಿಬ್ಬಂದಿ ತುಂಬ ಗಡಬಡ ಮಾಡಿದರು. (parīkṣe naḍesuvāga kālēju sibbaṃdi tuṃba gaḍabaḍa māḍidaru.) 試験を行う時に大学の職員たちが混乱を起こした。 **4** 恐怖、恐慌 ¶ ಪಟಾಕಿ ಶಬ್ದ ಕೇಳಿ ಕುದುರೆಗಳಿಗೆ ಗಡಬಡ ಉಂಟಾಯಿತು. (paṭāki śabda kēḷi kuduregaḷige gaḍabaḍa uṃṭāyitu.) 爆竹の音を聞いて馬たちが恐慌をきたした。 [Ka. mim. 1112, CDIAL 3974, 933] = ಗಡಬಿಡಿ (gaḍabiḍi)

ಗಡಬಡಿ ⟦gaḍabaḍi ガダバディ⟧ [gəɖə̆bəɖi] *n.* せかせかすること [Ka. mim.]

ಗಡಬಾರೆ ⟦gaḍabāre ガダバーレ⟧ [gəɖə̆bɐːre] ಗಡಪಾರೆ, ಗಡಹಾರೆ, ಗಡಾರಿ *n.* かなてこ、バール [Ka.? cf. Te. *gaḍḍapāra*] = ಹಾರಿ (hāri)

ಗಡಬಿಡಿ ⟦gaḍabiḍi ガダビディ⟧ [gəɖə̆biɖi] *n.* せかせかすること [(*Kitt.*)] ☞ಗಡಬಡ (gaḍabaḍa)

ಗಡವ ⟦gaḍava ガダヴァ⟧ [gəɖə̆vɐ] *n.* 大きな雄猿 ¶ ಒಳ್ಳೆಯ ಗಡವ ಬೆಳೆದಂತೆ ಬೆಳೆದಿದ್ದಾನೆ. (oḷḷeya gaḍava beḷedaṃte beḷediddāne.) あの子は丈夫な雄猿のように成長した。 [Ka. D1140]

ಗಡವು ⟦gaḍavu ガダヴ⟧ [gəɖə̆vu] *n.* **1** 限界 **2** (借金などの)期日、期限 **3** 分割払い、分割払いの1回分 [Ka. D1107]

ಗಡಸು ⟦gaḍasu ガダス⟧ [gəɖə̆su] *adj., n.* ☞ಗಡುಸು (gaḍusu) [Ka. D1148, T2650]

ಗಡಸುತನ ⟦gaḍasutana ガダスタナ⟧ [gəɖəsŭtənɐ] *n.* ☞ಗಡುಸುತನ (gaḍusutana) [Ka. *gaḍasu* + *-tana*]

ಗಡಾ ⟦gaḍā ガダー⟧ [gəɖɐː] 《古》 *intrj.* 実に、確かに [?] (*Pb 1.55, 2.61, 10.45*)

ಗಡಾರಿ ⟦gaḍāri ガダーリ⟧ [gəɖɐːri] *n.* かなてこ、バール = ಹಾರಿ (hāri) [< *gaḍḍabāre*?]

ಗಡಾವಣೆ ⟦gaḍāvaṇe ガダーヴァネ⟧ [gəɖɐːvəɳe] ಗಢಾವಣೆ, ಘಡಾವಣೆ *n.* **1** 喧騒、騒ぎ **2** 興奮 [Ka. D1110(a)]

ಗಡಿ¹ ⟦gaḍi ガディ⟧ [gəɖi] *n.* **1** 境界、境 **2** 守ってくれる場所、頼りになるもの (*Śs, 15.290*) [Ka. D1109]

ಗಡಿ² ⟦gaḍi ガディ⟧ [gəɖi] 《‡》 *n.* 混乱を表す形態素 (ಗಡಿಬಿಡಿ (gaḍibiḍi)「混乱、騒ぎ」などに表れる) [Ka. D1112] (*Kitt.*)

ಗಡಿ³ ⟦gaḍi ガディ⟧ [gəɖi] ಗಡೆ 《‡》 *n.* (竹などの)棒 (*Kitt., Si.*) [Ka. D1370]

ಗಡಿಗೆ ⟦gaḍige ガディゲ⟧ [gəɖĭge] *n.* 水や食料を貯える広口の土製の壺 [Sk. *ghaṭikā-*]

ಗಡಿನಾಡು ⟦gaḍināḍu ガディナードゥ⟧ [gəɖinɐːɖu] *n.* 辺境地帯 [Ka. *gaḍi*¹ + *nāḍu*]

ಗಡಿಪಾರು ⟦gaḍipāru ガディパール⟧ [gəɖipɐːru] *n.* 国外追放 [Ka. *gaḍi* + *pāru* 「越えて」]

ಗಡಿಬಿಡಿ ⟦gaḍibiḍi ガディビディ⟧ [gəɖibiɖi] *n.* **1** 急ぐこと、慌てること **2** 混乱、騒ぎ ¶ ಸಭೆಯಲ್ಲಿ ಗಡಿಬಿಡಿ ಉಂಟಾಯಿತು. (sabʰeyalli gaḍibiḍi uṃṭāyitu.) 会議で混乱が起こった。 **3** 恐慌、狼狽 = ಗಡಬಡ (gaḍabaḍa) [Ka. D1112, cf. T3974]

ಗಡಿಭದ್ರತೆ ⟦gaḍibʰadrate ガディバドラテ⟧ [gəɖibʰə·drəte] *n.* 国境の安全、国境警備 [*gaḍi* + *bʰadrate*]

ಗಡಿಭದ್ರತಾ ಪಡೆ ⟦gaḍibʰadratā paḍe ガディバドラターパデ⟧ [gəɖibʰədrətɐːpəɖe] *n.* 国境警備隊 [+ *paḍe*]

ಗಡಿಮೀರು ⟦gaḍimīru ガディミール⟧ [gəɖimiːru] *vi.* 程度を超える ¶ ಅವನ ಆಟವನ್ನು ನೋಡಿ ನನ್ನ ತಾಳ್ಮೆ ಗಡಿಮೀರಿತು. (avana āṭavannu nōḍi nanna tāḷme gaḍimīritu.) 彼

の振る舞いを見て私はもう我慢できなくなった。[Ka. *gaḍi*[1] + *mīru*]

ಗಡಿಯಾರ ⟦gaḍiyāra ガディヤーラ⟧ [gəɖijɐːrɐ] 《‡》 *n.* 時計 [?, cf. M. *gʰaḍyāḷā*, H. *gʰaṛiyālā*,Ta. *kaṭikāram*]

ಗಡಿಸು ⟦gaḍisu ガディス⟧ [gəɖĭsu] *adj.*, *n.* [Ka.] ಗಡುಸು (gaḍusu) 1

ಗಡು¹ ⟦gaḍu ガドゥ⟧ [gəɖu] *n.* [D1109] ☞ಗಡುವು (gaḍuvu)

ಗಡು² ⟦gaḍu ガドゥ⟧ [gəɖu] 《‡》 *n.* (川などの)渡り場 [?]

ಗಡುಬ ⟦gaḍuba ガドゥバ⟧ [gəɖŭbɐ] 《古》 *n.* ☞ಗಡುವು (gaḍuvu) [Ka. D1109]

ಗಡವು ⟦gaḍavu ガダヴ⟧ [gəɖəvu] *n.* [Ka. D1109] ☞ಗಡುವು (gaḍuvu)

ಗಡುವು ⟦gaḍuvu ガドゥヴ⟧ [gəɖŭvu] ಗಡಬ, ಗಡಬು, ಗಡವು, ಗಡು, ಗಡುಬ, ಗಡುಬು *n.* 1 (借金などの)期日、期限 2 分割払い、分割払いの 1 回分 [Ka. D1109]

ಗಡುಸು ⟦gaḍusu ガドゥス⟧ [gəɖŭsu] ಗಡಚು, ಗಡಸು, ಗಡಿಸು, ಗಡುಚು (*n.*) 1 (金属などが)硬い〈こと〉、(鉄、木材などが)硬い〈こと〉 2 (仕事などが)困難〈な〉¶ ಈಗಿನ ಪರೀಕ್ಷೆಯಲ್ಲಿ ಪ್ರಶ್ನೆಗಳು ಗಡುಸಾಗಿದ್ದವು. (īgina parīkṣeyalli praśnegaḷu gaḍusāgiddavu.) この間の試験の問題は難しかった。 3 頑固〈な〉 4 (雨など)猛烈〈な〉、激しい〈こと〉¶ ನಾನು ಹೊರಗೆ ಹೊರಟಾಗ ಮಳೆ ಗಡುಸಾಗಿ ಬಂತು. (nānu horage horaṭāga maḷe gaḍusāgi baṃtu.) 私が外へ出た時に雨がひどく降ってきた。 ◇ *n.* —ತನ (tana) [Ka. D1148]

ಗಡುಸುತನ ⟦gaḍusutana ガドゥスタナ⟧ [gəɖusŭtənɐ] *n.* 1 硬いこと 2 傲慢、高慢、頑固、断固 ¶ ಅವನು ಮಾತನಾಡುವ ರೀತಿ ಗಡುಸುತನವನ್ನು ತೋರಿಸುತ್ತದೆ. (avanu mātanāḍuva rīti gaḍusutanavannu tōrisuttade.) 彼のものの言い方が傲慢さを表している。 [Ka. *gaḍusu* + *-tana*]

ಗಡೆ¹ ⟦gaḍe ガデ⟧ [gəɖe] 《‡》 *n.* 竹の棒、竹竿 (*Kitt., Si.84*) [Ka. D1370] ☞ಗಡಿ (gaḍi)³

ಗಡೆ² ⟦gaḍe ガデ⟧ [gəɖe] 《‡》 *n.* 同等、匹敵 (*Kitt., Sš*) [Ka. D1538]

ಗಡೆ³ ⟦gaḍe ガデ⟧ [gəɖe] *n.* 井戸水をくみ上げる滑車 [cf. Sk. *gʰaṭiyaṃtra-*]

ಗಡ್ಡ ⟦gaḍḍa ガッダ⟧ [gəɖɖɐ] *n.* 1 あごひげ 2 おとがい = ದಾಡಿ (dāḍi) [Ka. D1156]

ಗಡ್ಡಿಗೆ ⟦gaḍḍige ガッディゲ⟧ [gəɖɖuŭge] ಗಡ್ಡುಗೆ *n.* (水や食物を貯える)壺 [Sk. *gaḍḍuka-*]

ಗಡ್ಡೆ¹ ⟦gaḍḍe ガッデ⟧ [gəɖɖe] *n.* 1 塊、しこり ¶ ಬಟ್ಟೆಯನ್ನು ಗಡ್ಡೆ ಕಟ್ಟಬೇಡ. (baṭṭeyannu gaḍḍe kaṭṭabēḍa.) 衣類を丸めてくくらないで。 2 芋(一般)= ಗೆಡ್ಡೆಗೆಣಸು (geḍḍegeṇasu) [Ka. D1171]

ಗಡ್ಡೆ² ⟦gaḍḍe ガッデ⟧ [gəɖɖe] *n.* 島 [1148]

ಗಣ¹ ⟦gaṇa ガナ⟧ [gəɳɐ] 《‡》 (*n.*) かん(中くらいの大きさの鐘が 1 回鳴る音を表す擬音語) [Ka. onom. 1162]

ಗಣ² ⟦gaṇa ガナ⟧ [gəɳɐ] 《‡》 *n.* 1 小さな棒、竹の小さな枝、(槍や槌などの)柄 2 矢 [Ka. D1166] (*Kitt.*)

ಗಣ³ ⟦gaṇa ガナ⟧ [gəɳɐ] *n.* 1 集まり、集合、群れ 2 シヴァ神の従者たち 3 幽霊 4 27 台の戦車、27 頭の象、81 頭の馬、135 人の歩兵からなる軍隊 5 詩脚 6 仲間、類、似たものの集まり —*m.* ヴィーラシャイヴァ派の遍歴する修道者 [Sk.]

ಗಣಕ ⟦gaṇaka ガナカ⟧ [gəɳəkɐ] *m.* 《*f.* ಗಣಕಿ (gaṇaki)》 1 算術のできる人、会計係 2 占星術師 [Sk.]

ಗಣಕಯಂತ್ರ ⟦gaṇakayaṃtra ガナカヤントラ⟧ [gəɳəkəjəntrɐ] 《文》 *n.* 1 計算機 2 コンピューター [Sk.]

ಗಣಕಾಲು ⟦gaṇakālu ガナカール⟧ [gəɳə̆kɐːlu] 《‡》 *n.* 脹脛(ふくらはぎ) (*Kitt., Nr.*) [Ka. D1166] = ಕಣಕಾಲು (kaṇakālu)

ಗಣಗಣ ⟦gaṇagaṇa ガナガナ⟧ [gəɳə̆gəɳɐ] (*n.*) かんかん(中くらいの大きさの鐘が続けざまに鳴る音を表す擬音語) [Ka. onom. 1162]

ಗಣಗಣಿಸು ⟦gaṇagaṇisu ガナガニス⟧ [gəɳə̆gəɳɐ] *vi.* (中くらいの鐘が)かんかん鳴る [Ka. *gaṇagaṇa* + *-isu*]

ಗಣಜೆ ⟦gaṇaje ガナジェ⟧ [gəɳə̆ʤe] 《‡》 *n.* 鹿の一種 (*Kitt., Nr.*) [Ka. D1114]

ಗಣತಂತ್ರ ⟦gaṇataṃtra ガナタントラ⟧ [gəɳətəntrɐ] *n.* 民主主義、共和制 [Sk.]

ಗಣತಿ ⟦gaṇati ガナティ⟧ [gəɳə̆ti] ಗಣಿತಿ, ಗಣಿತೆ *n.* 1 数えること、計算 2 人口調査 = ಜನಗಣತಿ (janagaṇati) [M. *gaṇātī*]

ಗಣನಯಂತ್ರ ⟦gaṇanayaṃtra ガナナヤントラ⟧ [gəɳənəjəntrɐ] *n.* 計算機(一般) [Sk.]

ಗಣನಶಾಸ್ತ್ರ ⟦gaṇanaśāstra ガナナシャーストラ⟧ [gəɳənəʃɐːstrɐ] 《文》 *n.* 統計学 [Sk.]

ಗಣನಾಘಟಕ ⟦gaṇanāgʰaṭaka ガナナーガタカ⟧ [gəɳənɐːrhə gʰəʈə̆kɐ] *n.* 人口などを数えるための区分け [Sk.]

ಗಣನಾರ್ಹ ⟦gaṇanārha ガナナールハ⟧ [gəɳənɐːrha] *adj.* かなりの数の、相当の [Sk.]

ಗಣನೀಯ ⟦gaṇanīya ガナニーヤ⟧ [gəɳəniːjɐ] 《文》 *adj.* 1 かなりの数の、相当の ¶ ಜನಗಳು ಗಣನೀಯ ಪ್ರಮಾಣದಲ್ಲಿ ಹಾಜರಿದ್ದರು. (janagaḷu gaṇanīya pramāṇadalli hājariddaru.) かなりの人が出席していた。 2 著しい、かなりの、無視できない ¶ ಶಸ್ತ್ರಚಿಕಿತ್ಸೆಯಾದ ಮೇಲೆ ಗಣನೀಯ ಬದಲಾವಣೆ ಕಾಣಿಸುತ್ತಿದೆ. (śastracikitseyāda mēle gaṇanīya badalāvaṇe kāṇisuttide.) 手術の後かなりの変化が見られる。 [Sk.]

ಗಣನೆ ⟦gaṇane ガナネ⟧ [gəɳəne] 《文》 *n.* 1 数えること、計算 2 注意を払うこと、気にかけること ¶ ಜನರು ಎಷ್ಟೇ ಕೂಗಿದರೂ ಮಂತ್ರಿಗಳು ಗಣನೆಗೆ ತೆಗೆದುಕೊಳ್ಳಲಿಲ್ಲ. (janaru eṣṭē kūgidarū maṃtrigaḷu gaṇanege tegedukoḷḷalilla.) 人々がいくら叫んでも大臣は気にかけなかった。 3 評価 ¶ ಈ ಕೃತಿಯಿಂದ ಅವನಿಗೆ ತುಂಬಾ ಗಣನೆ ಸಿಕ್ಕಿತು. (ī kṛtiyiṃda avanige tuṃbā gaṇane sikkitu.) この作品によって彼は高い評価を受けた。 [Sk.]

ಗಣಪತಿ ⟦ganapati ガナパティ⟧ [gəɳəpəti] *m.* 1 神の従者や僕(しもべ)たちの長 2 ガネーシャ神 [Sk.]

ಗಣಬರು ⟦gaṇabaru ガナバル⟧ [gəɳə̆bəru] 《口》 *vi.* 悪鬼に取り憑かれる ¶ ಅವನು ಗಣಬಂದ ಹಾಗೆ ಆಡುತ್ತಾನೆ. (avanu gaṇabaṃda hāge āḍuttāne.) 彼は悪鬼に取り憑かれたように振る舞う。 [Ka. *gaṇa* + *baru*]

ಗಣರಾಜ್ಯ ⟦gaṇarājya ガナラージュャ⟧ [gəɳərɐːʤjɐ] 《口》 *n.* 共和国 [Sk.]

ಗಣಲ್ ⟦gaṇal ガナル⟧ [gəɳəl] (*n.*) かん(中型の鐘を1回打つ音を表す擬音語) [Ka. onom. 1162]

ಗಣಲು ⟦gaṇalu ガナル⟧ [gəɳəlu] *n.* 1 竹やサトウキビの節 2 指の関節 = ಗಣಿಕೆ (gaṇike) [Ka. D11670]

ಗಣಿ¹ ⟦gaṇi ガニ⟧ [gəɳi] *n.* 油や糖蜜を搾る機械にある太い木製のローラー [Ka. D1168]

ಗಣಿ² ⟦gaṇi ガニ⟧ [gəɳi] ಖಣಿ, ಕಣಿ *n.* 1 鉱山 2〔喩〕(あるものの)豊かな供給源 ¶ ಅವನು ಸದ್ಗುಣಗಳ ಗಣಿ. (avanu sadguṇagaḷa gaṇi.) 彼は徳でいっぱいである。 [Sk. *kʰani-*]

ಗಣಿಕೆ¹ ⟦gaṇike ガニケ⟧ [gəɳike] *n.* 竹やサトウキビの節 [Ka. D1160]

ಗಣಿಕೆ² ⟦gaṇike ガニケ⟧ [gəɳike] *f.* 男性を音楽や踊りで楽しませる女性(普通高級娼婦でもある) [Sk.]

ಗಣಿಗಲು ⟦gaṇigalu ガニガル⟧ [gəɳigəlu] 《古》 *n.* キョウチクトウ(夾竹桃、キョウチクトウ科キョウチクトウ属)⇀ 観・薬 (*Si.114* (*KPN*)) [Ka. D1164] *[IMP 4.127]

ಗಣಿಗಲೆ ⟦gaṇigale ガニガレ⟧ [gəɳigəle] 《古》 *n.* キョウチクトウ(夾竹桃、キョウチクトウ科キョウチクトウ属)⇀ 観・薬(ಸಕವೈ.*69* (*KPN*)) [Ka. *D1164] ☞ಗಣಿಗಲು (gaṇigalu)

ಗಣಿಗಿಲು ⟦gaṇigilu ガニギル⟧ [gəɳigilu] 《古》 *n.* (*Si.114* (*KPN*)) ☞ಗಣಿಗಲು (gaṇigalu) [Ka. D1164]

ಗಣಿಗೆ ⟦gaṇige ガニゲ⟧ [gəɳĭge] *n.* 小さな籠 [Ka. *D1375] ☞ಗಳಿಗೆ (gaḷige)〔汎〕

ಗಣಿತ ⟦gaṇita ガニタ⟧ [gəɳitɐ] *n.* 1 算数、算術 2 数えること、計算 —*adj.* 数えられた、計量された [Sk.]

ಗಣಿತವಿಜ್ಞಾನ ⟦gaṇitavijñāna ガニタヴィジュニャーナ⟧ [gəɳitəviɟɲɐːnɐ] 《文》 *n.* 数学、算術 = ಗಣಿತಶಾಸ್ತ್ರ (gaṇitaśāstra) [Sk.]

ಗಣಿತಶಾಸ್ತ್ರ ⟦gaṇitaśāstra ガニタシャーストラ⟧ [gəɳitə̆ʃɐːstrɐ] *n.* 算術 = ಗಣಿತವಿಜ್ಞಾನ (gaṇitavijñāna) [Sk.]

ಗಣಿಲ್ ⟦gaṇil ガニル⟧ [gəɳil] (*n.*) かん(中型の鐘を1回打つ音を表す擬音語)(*Kitt.*) [Ka. onom. 1162]

ಗಣಿಸು ⟦gaṇisu ガニス⟧ [gəɳisu] *vt.* 1 数える 2 勘定に入れる、数に加える 3〈ある人やあるものを〉…と見なす、…と思う ¶ ನನ್ನನ್ನು ಅವನು ಮನುಷ್ಯನೆಂದೇ ಗಣಿಸಿಲ್ಲ. (nannannu avanu manuṣyaneṃdē gaṇisilla.) 彼は私を人間として認めてくれていない。 4〈あるものに〉気がつく ¶ ನಾನು ಎಷ್ಟು ಹೊತ್ತು ಕಾದರೂ ಅವನು ಗಣಿಸಲಿಲ್ಲ. (nānu eṣṭu hottu kādarū avanu gaṇisalilla.) 私がどんなに長く待ってもあの人は私に気がつかなかった。 = ಗಣಿಸು (gaṇisu) [Sk.]

ಗಣೆ ⟦gaṇe ガネ⟧ [gəɳe] *n.* 1 竹の棒、棒、棍棒 2 キビなどの茎 3 (弓の)矢 [Ka. *D1166, cf. D1168, D1370] ☞ಗಣೆ (gaṇe)

ಗಣೆಯ ⟦gaṇeya ガネヤ⟧ [gəɳejɐ] 《古》 *n.* 農業労働者の作業量を計るために用いる土地の大きさを測る単位の一種(通常棒で計測する) [Ka. *D1166]

ಗಣ್ಣ ⟦gaṇṇa ガンナ⟧ [gəɳɳɐ] 《方》 *n.* 畦(あぜ)で囲まれた田の一区画 [Ka. D1355]

ಗಣ್ಯ ⟦gaṇya ガニャ⟧ [gəɳ̆jɐ] 《文》 (*adj.*) 1 数えることができる〈こと〉 2 注意に値する〈こと〉、かなりの〈こと〉、無視できない〈こと〉 3 (人、町など)重要〈な〉、有力〈な〉 —*adj.*, *m.* (*f.* ಗಣ್ಯಳು (gaṇyaḷu)) 重要な〈人〉、有力な〈人〉= ಗಣನೀಯ (gaṇanīya) [Sk.]

ಗಣ್ಯತೆ ⟦gaṇyate ガニャテ⟧ [gəɳjə̆te] 《文》 *n.* 評価(されること)、尊敬(されること) ¶ ಈ ಸಂಸ್ಥೆಯಲ್ಲಿ ಪಂಡಿತರಿಗೆ ಗಣ್ಯತೆ ಇಲ್ಲ. (ī saṃstʰeyalli paṃḍitarige gaṇyate illa.) この協会では学者が評価されない。 [Sk.]

ಗತ ⟦gata ガタ⟧ [gətɐ] 《文》 (*adj.*) 1 過去〈の〉、過ぎ去った〈こと〉 2 昨… —*n.* 過去 [Sk.]

ಗತಕಾಲ ⟦gatakāla ガタカーラ⟧ [gətə̆kɐːlɐ] 《文》 *n.* 過去 [Sk.]

ಗತವೈಭವ ⟦gatavaibʰava ガタヴァイバヴァ⟧ [gətəvəibʰəɐ] 《文》 *n.* 昔の繁栄、過去の栄光 [Sk.]

ಗತಿ ⟦gati ガティ⟧ [gəti] *n.* 1 動き、運動 2 状態、ありさま;窮状、惨めなありさま ¶ ನನಗೆ ಇಂಥ ಗತಿ ಬರುತ್ತದೆ ಎಂದು ಊಹಿಸಿರಲಿಲ್ಲ. (nanage iṃtʰa gati baruttade eṃdu ūhisiralilla.) 私はこのような惨めな状態に陥るとは思わなかった。 3 助けてくれる人や場所、逃げ込む場所 ¶ ಎಲ್ಲವನ್ನು ಕಳೆದುಕೊಂಡವನಿಗೆ ದೇವರೇ ಗತಿ. (ellavannu kaḷedukoṃḍavanige dēvarē gati.) すべてを失った人には神だけが頼りだ。 4 (音楽や踊りの)リズム [Sk.]

ಮಂದಗತಿ ⟦maṃdagati マンダガティ⟧ [məndə̆gəti] 《文》 *n.* (音楽や踊りで)遅いテンポ [Sk.]

ಗತಿಗೆಡು ⟦gatigeḍu ガティゲドゥ⟧ [gətigeɖu] *vi.* 1 悪い場所に到達する 2 破産する ¶ ಕುದುರೆ ಜೂಜಿನಲ್ಲಿ ಸೋತು ಅವನು ಗತಿಗೆಟ್ಟ. (kudure jūjinalli sōtu avanu gatigeṭṭa.) あの男は競馬に負けて一文無しになった。 [Ka. *gati* + *keḍu*]

ಗತಿಗೇಡಿ ⟦gatigēḍi ガティゲーディ⟧ [gətigeːɖi] *mf.* 1 自分の運や繁栄を失った人 2 他人の幸運を台無しにする人 [*gati* + *kēḍi*]

ಗತಿಗೇಡಿಗ ⟦gatigēḍiga ガティゲーディガ⟧ [gətigeːɖĭgɐ] *mf.* 他人の幸運や成功を台無しにする人 [*gati* + *hēḍi* + *-ga*]

ಗತಿಗೇಡು ⟦gatigēḍu ガティゲードゥ⟧ [getigeːɖu] *n.* 自分や他人の幸運や成功を台無しにすること ¶ ಅತಿಯಾಶೆ ಗತಿಗೇಡು. (atiyāśe gatigēḍu.) (*Prv.*)〔諺〕貪欲は

破滅を招く。[*gati* + *kēḍu*]

ಗತಿಗೊಳ್ಳು ⟦gatigoḷḷu ガティゴッル⟧ [gətigoḷḷu] *vi.* 1 動き始める、勢いがつき始める ¶ ಬಟ್ಟೆ ಒಗೆಯುವ ಯಂತ್ರದ ಮಾರಾಟ ಇತ್ತೀಚೆಗೆ ಗತಿಗೊಂಡಿದೆ. (baṭṭe ogeyuva yaṃtrada mārāṭa ittīcege gatigoṃḍide.) 電気洗濯機の売り上げが最近伸び始めた。 2 解脱する [*gati* + *koḷ*]

ಗತಿಪಡೆ ⟦gatipaḍe ガティパデ⟧ [gətipəḍe] ಗತಿವಡೆ *vi.* 困難から逃れる；地位を得る ¶ ಹೂವಿಂದ ನಾರು ಗತಿಪಡೆಯಿತು. (hūviṃda nāru gatipaḍeyitu.) (Prv.) 花を結わえていた紐も［花のおかげで］高い地位を得た。〔諺〕「親の光は七光り」 [*gati* + *paḍe*]

ಗತಿಭಂಗ ⟦gatibʰaṃga ガティバンガ⟧ [gətibəŋgɐ] *n.* 動きがとまること、頓挫、つまずき ¶ ದ್ವಿತೀಯಮಹಾಯುದ್ಧದಿಂದ ಜಪಾನಿನ ಅಭಿವೃದ್ಧಿಯಲ್ಲಿ ಗತಿಭಂಗ ಆಯಿತು. (dvitīyamahāyuddʰadiṃda japānina abʰivṛddʰiyalli gatibʰaṃga āyitu.) 第二次世界大戦で敗れて日本はその発展に頓挫を経験した。[Sk.]

ಗತಿಮುಟ್ಟು ⟦gatimuṭṭu ガティムットゥ⟧ [gətimuṭṭu] *vi.* 心の平安を得る、（精神的に）救われる ¶ ನಾನು ಸ್ನೇಹಿತನಿಗೆ ಎಲ್ಲ ಗುಟ್ಟನ್ನು ಹೇಳಿ ಗತಿಮುಟ್ಟಿದೆ. (nānu snēhitanige ella guṭṭannu hēḷi gatimuṭṭide.) すべての秘密を友達に打ち明けて私は心の平安を得た。[*gati* + *muṭṭu*]

ಗತಿವಡೆ ⟦gativaḍe ガティヴァデ⟧ [gətivəḍe] 《文》 *vi.* [*gati* + *paḍe*] ☞ಗತಿಪಡೆ (gatipaḍe)

ಗತಿಶೀಲ ⟦gatiśīla ガティシーラ⟧ [gətiʃiːlɐ] 《文》 *adj.* 常時動いている ¶ ಗತಿಶೀಲ ಸಮಾಜ ದೇಶದ ಅಭಿವೃದ್ಧಿಗೆ ಬೇಕಾಗಿದೆ. (gatiśīla samāja dēśada abʰivṛddʰige bēkāgide.) 活動的な社会組織が国の発展に必要である。[Sk.]

ಗತಿಸು ⟦gatisu ガティス⟧ [gətisu] 《文》 *vi.* 1 動く、歩む、行く 2 （時代などが）過ぎる ¶ ಭಾರತಕ್ಕೆ ಸ್ವಾತಂತ್ರ್ಯ ಬಂದು ಐವತ್ತಕ್ಕೂ ಹೆಚ್ಚು ವರ್ಷ ಗತಿಸಿವೆ. (bʰāratakke svātaṃtrya baṃdu aivattakkū heccu varṣa gatisive.) インドの独立後 50 年以上がたった。 3 （人が）亡くなる、この世を去る [*gati* + -ಇಸು]

ಗತಿಹೀನ ⟦gatihīna ガティヒーナ⟧ [gətihiːnɐ] *m.* 《*f.* ಗತಿಹೀನೆ (gatihīne)》身寄りのない人、守ってくれる人がない人 [Sk.]

ಗತ್ತು ⟦gattu ガットゥ⟧ [gəttu] *n.* 1 動き、動作 2 気取り、傲慢、うぬぼれ ¶ ನಮ್ಮ ಪ್ರಿನ್ಸಿಪಾಲರಿಗೆ ತುಂಬ ಗತ್ತಿದೆ. (namma prinsipālarige tuṃba gattide.) 我々の校長はひどく気取っている。 3 ペテン、姦策、術策 ¶ ಕಾರ್ಮಿಕ ಮುಖಂಡರ ಗತ್ತು ಬೇಗ ಅರ್ಥವಾಗಲಿಲ್ಲ. (kārmika mukʰaṃḍara gattu bēga artʰavāgalilla.) 労働組合の指導者たちのペテンはすぐさま見抜けはしなかった。 4 節とリズムの一致 5 （スポーツや芸能での）高い技術と能力 [H./M. *gatā* ←Sk *gati-*]

ಗತ್ತುಗಾರ ⟦gattugāra ガットゥガーラ⟧ [gəttugɐːrɐ] *m.* 《*f.* ಗತ್ತುಗಾರ್ತಿ (gattugārti)》 1 うぬぼれ屋 2 ずるがしこい人 [*gattu* + *-kāra*]

ಗತ್ತುಗಾರಿಕೆ ⟦gattugārike ガットゥガーリケ⟧ [gəttugɐːrĭke] *n.* 1 威張ること、高慢 2 ずるがしこいこと [*gattugāra* + *-ike*]

ಗತ್ಯಂತರ ⟦gatyaṃtara ガティャンタラ⟧ [gətjəntərɐ] *n.* 他に取りうる道、代案 ¶ ನಾನು ಗತ್ಯಂತರವಿಲ್ಲದೆ ಇವನ ಸಹಾಯ ಕೇಳಿದೆ. (nānu gatyaṃtaravillade ivana sahāya kēḷide.) 私は他に取りうる道がなく、この人に助けを乞うた。[Sk.]

ಗತ್ವ ⟦gatva ガトヴァ⟧ [gətˑvɐ] *n.* カンナダその他のインド系の文字で音素の連続 /ga/ を表す文字 [Sk.]

ಗದರಿಕೆ ⟦gadarike ガダリケ⟧ [gəđərĭke] *n.* 怒鳴ること、家畜を大声で追い払うこと [Ka.*gadaṟu* + *-ike* *D1189]

ಗದರು ⟦gadaru ガダル⟧ [gəđəru] *vt.* 1 〈悪いことをした人などに〉怒鳴りつける、（警告として）怒鳴る 2 大声をあげて〈家畜を〉追い払う [Ka. *D1189]

ಗದರಿಸು ⟦gadarisu ガダリス⟧ [gəđərisu] *vi.* 1 怒鳴る 2 （ライオンなどが）吼える、（ライオンなどが）咆哮する、（雷雲が）どかんと鳴る [Ka. *D1189]

ಗದಱಿಕೆ ⟦gadaṟike ガダリケ⟧ [gəđəṟĭke] 《‡》 *n.* 大声で怒鳴ること [Ka. D1189] (*Kitt.*)

ಗದಱು ⟦gadaṟu ガダル⟧ [gəđəṟru] 《古》 *vi.* 怒鳴る —*n.* 1 怒鳴り、わめき 2 騒動、騒ぎ [Ka. D1189]

ಗದಱಿಸು ⟦gadaṟisu ガダリス⟧ [gəđəṟisu] 《‡》 *vt.* 怒鳴る [Ka. D1189] (*Kitt., My.*) ☞ಗದರಿಸು (gadarisu)

ಗದಿಗೆ ⟦gadige ガディゲ⟧ [gədige] 《文》 *n.* 1 王や宗教的指導者などが座る豪奢な椅子 2 ヴィーラシャイヴァ派の遊行修道者の墓 ☞ಗದ್ದುಗೆ (gadduge) [Sk. *gárta-*, **garda-* C4053]

ಗದು ⟦gadu ガドゥ⟧ [gəđu] *n.* （打撲や虫刺されでできた）こぶ、腫れ物、腫瘍 [Ka. D1196]

ಗದುಗ ⟦gaduga ガドゥガ⟧ [gədŭgɐ] 《文》 *n.* ケンタッキーコーヒーの木またはその実（ジャケツイバラ科ジャケツイバラ属）→ 嗜・薬 [Ka. *D1347?] ☞ಗರ್ದುಗ (garduga) 1 = ಗಜಗ (gajaga) *[IMP 1.321]

ಗದುಗು ⟦gadugu ガドゥグ⟧ [gədŭgu] 《文》 *n.* [Ka. *D1347?] ☞ಗರ್ದುಗ (garduga) 1

ಗದುಗೆ ⟦gaduge ガドゥゲ⟧ [gəduge] 《文》 *n.* 王や宗教的指導者などが座る豪奢な椅子 [Dr.? cf. Sk. *gárta-*, T4053, M327] ☞ಗದ್ದುಗೆ (gadduge)

ಗದುವು ⟦gaduvu ガドゥヴ⟧ [gəđŭvu] *n.* （打撲でできた）こぶ、腫れ物、腫瘍 [Ka. D1196] (*My.* (*Kitt.*))

ಗದೆ ⟦gade ガデ⟧ [gəde] *n.* 棍棒（武器の一種）［⇒図］[Sk.]

ಗದೆ
棍棒

ಗದ್ಗದ ⟦gadgada ガドガダ⟧ [gədgədɐ] 《文》 *n.* 胸がいっぱいになって詰まった声 [Sk.]

ಗದ್ಗದಸ್ವರ ⟦gadgadasvara ガドガダスヴァラ⟧ [gədgədəsˑvrɐ] 《文》 *n.* 胸がいっぱいになって詰まった声 [Sk.]

ಗದ್ದ ⟦gadda ガッダ⟧ [gəddɐ] *n.* あご [Ka. D1156]

ಗದ್ದಕಟ್ಟು ⟦gaddakaṭṭu ガッダカットゥ⟧ [gəddəkəṭṭu] *n.* 流行性耳下腺炎、おたふく風邪 [Ka. *gadda* + *kaṭṭu*]

ಗದ್ದರಿಸು¹ ⟦gaddarisu ガッダリス⟧ [gəddərĭsu] *vi.* 怒鳴る —*vt.* 〈家畜を〉大声を上げて追い払う = ಗದರಿಸು (gadarisu) [Ka. *D1189]

ಗದ್ದರಿಸು² ⟦gaddarisu ガッダリス⟧ [gəddərĭsu] *vi.* (顔や手足などが)腫れる [Ka. D1196]

ಗದ್ದಱಿಸು ⟦gaddaṟisu ガッダリス⟧ [gəddəṟisu] 《‡》 *vi.* 怒鳴る、(虎などが)吼える [Ka. D1189] *(Kitt., S.Mhr.)*

ಗದ್ದಲ ⟦gaddala ガッダラ⟧ [gəddəlɐ] *n.* 騒ぎ、騒動 [Ka. D1189]

ಗದ್ದಿಗೆ ⟦gaddige ガッディゲ⟧ [gəddĭge] *n.* 王や宗教的指導者などが座る大きな豪奢な椅子 ☞ಗದ್ದುಗೆ (gadduge) [Sk. *garda- T4053]

ಗದ್ದಿಸು ⟦gaddisu ガッディス⟧ [gəddĭsu] *vi.* 怒鳴る、わめく [Ka. D1189]

ಗದ್ದುಗೆ ⟦gadduge ガッドゥゲ⟧ [gəddŭge] ಗದಿಗೆ, ಗದುಗೆ, ಗದ್ದಿಗೆ, ಗದ್ದಿಗೆ *n.* **1** 王や宗教的指導者などが座る大きな豪奢な椅子 **2** ヴィーラシャイヴァ派の遊行修道者の墓 = ಗದಿಗೆ (gadige) [Sk. *garda- *C4053]

ಗದ್ದೆ ⟦gadde ガッデ⟧ [gədde] *n.* 田、イネなどを育てる水を張った農地 [Ka. D1355]

ಗದ್ಯ ⟦gadya ガディャ⟧ [gəd·jɐ] *n.* 散文 [Sk.]

ಗದ್ಯಕಾವ್ಯ ⟦gadyakāvya ガディャカーヴィャ⟧ [gədjəkɐːvjɐ] 《文》 *n.* 散文詩 [Sk.]

ಗದ್ಯತನ ⟦gadyatana ガディャタナ⟧ [gədjətənɐ] 《文》 *n.* **1** 散文であること、散文的であること **2** 記述にめりはりがないこと、作品の単調さ [*gadya* + *-tana*]

ಗನೆ ⟦gane ガネ⟧ [gəne] 《‡》 *vi.* わめく、怒号する *(Abh.P. 13,21.49)* [Ka. D1409] cf. ಕೆನೆ (kene)[1]

ಗನ್ನೇರಳೆ ⟦gannēraḷe ガンネーラレ⟧ [gənneːrəḷe] 《古》 *n.* キョウチクトウ(夾竹桃、キョウチクトウ科キョウチクトウ属)→観・薬 [Ka. *D1164 cf. Pk. *kaṇavīra-* T2800] = ಕಣಗಿಲು (kaṇagilu)〔汎〕

ಗನ್ನೇಱಳೆ ⟦gannēṟaḷe ガンネーラレ⟧ [gənneːṟəḷe] 《‡》 *n.* [Ka. D1164] *(DEDR)* ☞ಗನ್ನೇರಳೆ (gannēraḷe)

ಗಪ ⟦gapa ガパ⟧ [gəpɐ] 《‡》 (*n.*) ごくり、ごくん(ものを飲み込む時の音を表す擬音語) *(Kitt.)* [Ka. D1222] ☞ಗಪಗಪ (gapagapa)

ಗಪಗಪ ⟦gapagapa ガパガパ⟧ [gəpəgəpɐ] *adv.* ごくんごくん、ごくりごくり(連続的にものを丸飲みする時の音を表す擬音語) ¶ ಮಗ ಗಪಗಪ ತಿಂಡಿ ತಿಂದು ಸಿನೆಮಕ್ಕೆ ಹೊರಟ. (maga gapagapa timḍi timdu sinemakke horaṭa.) 大急ぎでおやつを食べて息子は映画を見に出かけた。= ಗಬಗಬ (gabagaba) [Ka. D1222]

ಗಪ್‌ಚಿಪ್ ⟦gapcip ガプチプ⟧ [gəpʧip] *adv.* 黙って [M.*gapacīpā* T4864]

ಗಪ್ಪ ⟦gappa ガッパ⟧ [gəppɐ] 《‡》 (*n.*) ごくん、ごくり(ものを一口で飲み込む時の音を表す擬音語) *(Kitt.)* [Ka. D1222]

ಗಪ್ಪು¹ ⟦gappu ガップ⟧ [gəppu] (*n.*) さっ(突然の動きを表す擬態語) [Ka. mim. *D1320]

ಗಪ್ಪನೆ ⟦gappane ガッパネ⟧ [gəppəne] *adv.* 急に、突然、さっと ¶ ಯಾರೋ ನನ್ನ ಪರ್ಸನ್ನು ಗಪ್ಪನೆ ಕಿತ್ತುಕೊಂಡರು. (yārō nanna parsannu gappane kittukomḍaru.) 誰かが私の財布を引ったくった。[Ka. *gappu* + *-ane*]

ಗಪ್ಪು² ⟦gappu ガップ⟧ [gəppu] *n.* 根も葉もない話、無駄話、おしゃべり [H./M. *gapă* T4022]

ಗಪ್ಪುಚಿಪ್ಪು ⟦gappucippu ガップチップ⟧ [gəpʧip] *adv.* 黙って [M. *gapacīpă* *C4864]

ಗಪ್ಪಾ ⟦gappʰā ガッパー⟧ [gəppʰɐː] *n.* 根も葉もない話, 無駄話、おしゃべり [M. *gappʰā* *C4022]

ಗಬ ⟦gaba ガバ⟧ [gəbɐ] 《‡》 (*n.*) ごくっと [Ka. D1222] ☞ಗಬಗಪ (gabagapa)

ಗಬಕ್ಕನೆ ⟦gabakkane ガバッカネ⟧ [gəbəkkəne] *adv.* さっと(ものをすばやく引ったくる様子を表す擬態語) [Ka. mim. *gabak* + *-ane* D1222]

ಗಬಗಬ ⟦gabagaba ガバガバ⟧ [gəbəgəbɐ] *adv.* がつがつと(急いで食べる様子を表す擬態語) ¶ ಕೊಟ್ಟದ್ದನ್ನು ಗಬಗಬ ತಿಂದನು. 彼は私のあげたものをがつがつと食べた。= ಗಪಗಪ (gapagapa) [Ka. onom.]

ಗಬ್ಬ¹ ⟦gabba ガッバ⟧ [gəbbɐ] *n.* 妊娠(家畜やペットにのみ使う) = ಬಸಿರು (basiru) [Sk. *garbʰa-*]

ಗಬ್ಬ² ⟦gabba ガッバ⟧ [gəbbɐ] 《文》 *n.* 高慢 —*m.* うぬぼれ屋 *(Kitt.,Bh.8.23.3)* [Sk. *garva-*]

ಗಬ್ಬರ ⟦gabbara ガッバラ⟧ [gəbbərɐ] 《文》 *n.* 洞窟 [Sk. *gahvara-*?]

ಗಬ್ಬರಣೆ¹ ⟦gabbaraṇe ガッバラネ⟧ [gəbbərəɳe] 《古》 *n.* **1** 堀ること **2** 隠すこと [*gabbarisu* + *-aṇe*?]

ಗಬ್ಬರಣೆ² ⟦gabbaraṇe ガッバラネ⟧ [gəbbərəɳe] 《古》 *n.* 広がること [*gabbarisu* + *-aṇe*?]

ಗಬ್ಬರಿಸು¹ ⟦gabbarisu ガッバリス⟧ [gəbbərisu] 《古》 *vt.* 〈地面などを〉掘る、掘り起こす —*vi.* 陥没する [? D1223, cf. T3817, Sk. *gahvara-*]

ಗಬ್ಬರಿಸು² ⟦gabbarisu ガッバリス⟧ [gəbbərisu] *vi.* 鬨(とき)の声を揚げる [? onom.]

ಗಬ್ಬರಿಸು³ ⟦gabbarisu ガッバリス⟧ [gəbbərisu] 《古》 *vi.* 威張る、高慢である [?]

ಗಬ್ಬರಿಸು⁴ ⟦gabbarisu ガッバリス⟧ [gəbbərisu] 《古》 *vi.* 広がる [?]

ಗಬ್ಬರಿಸು⁵ ⟦gabbarisu ガッバリス⟧ [gəbbərisu] 《古》 *vt.* **1** 割る **2** 罪をはらう [? cf. D1223, T3817, Sk. *gahvara-*]

ಗಬ್ಬಿಲ ⟦gabbila ガッビラ⟧ [gəbbĭlɐ] 《文》 *n.* コウモリ [Ka. *D1216]

ಗಬ್ಬಿಲಾಯಿ ⟦gabbilāyi ガッビラーイ⟧ [gəbbĭlɐːji] 《‡》 *n.* コウモリ *(Kitt., Si.175)* [Ka. D1216]

ಗಬ್ಬು¹ ⟦gabbu ガッブ⟧ [gəbbu] *n.* **1** 悪臭、嫌な臭い **2** 不潔 [Ka. D1247]

ಗಬ್ಬು² ⟦gabbu ガッブ⟧ [gəbbu] 《古》 *n.* 高慢 [Sk. *garva-*]

ಗಬ್ಬುನಾತ ⟦gabbunāta ガッブナータ⟧ [gəbbŭnɐːtɐ] *n.* 悪臭、嫌な臭い [Ka. *gabbu* + *nāta*]

ಗಭೀರ 〚gabʰīra ガビーラ〛 [gəbʰi:rɐ] 《文》 *adj.* [Sk.] ☞ಗಂಭೀರ (gaṃbʰīra)

ಗಮ 〚gama ガマ〛 [gəmɐ] 《‡》 (*n.*) 強い芳香を表す擬態語(合成語の一部として用いられる)(*Kitt.*) [Ka. D1247(a)] ☞ಗಮಗಮ (gamagama)

ಗಮಕ 〚gamaka ガマカ〛 [gəməkɐ] *adj.* 説得力がある、納得させる **—*n.*** 1 人に感銘を与えるように詩を書いたり、朗誦したりする術 2 トレモロ 3〔言〕合成語の一種 [Sk.]

ಗಮಕಿ 〚gamaki ガマキ〛 [gəməki] *mf.* 人に感銘を与えるように詩を朗誦する人 [Sk.]

ಗಮಗಮ 〚gamagama ガマガマ〛 [gəməgəmɐ] (*n.*) 強い芳香を表す擬態語 [Ka. *D1247(a)]

ಗಮಗಮಿಸು 〚gamagamisu ガマガミス〛 [gəməgəmisu] *vi.* 強い芳香を出す [Ka. *gamagama* + *-isu* *D1247(a)]

ಗಮನ¹ 〚gamana ガマナ〛 [gəmənɐ] *n.* 芳香 [Ka. D1247(a)]

ಗಮನ² 〚gamana ガマナ〛 [gəmənɐ] *n.* 1 歩くこと、行くこと 2 歩きぶり、足取り 3 性交、まぐわい 4 注意、留意、気にかけること ¶ ಗಮನವಿಟ್ಟು ಕೇಳಿ. (gamanaviṭṭu kēḷi.) 注意して聞け。

ಗಮನಸೆಳೆ 〚gamanaseḷe ガマナセレ〛 [gəmənəseḷe] *vi.* 《*gen.*》注意をひく ¶ ಅವಳ ಕಪ್ಪು ಕನ್ನಡಕ ಎಲ್ಲರ ಗಮನಸೆಳೆ-ಯಿತು. (avaḷa kappu kannaḍaka ellara gamanaseḷeyitu.) 彼女の色めがねがみんなの注意を引いた。[*gamana* + *seḷe*]

ಗಮನಾರ್ಹ 〚gamanārha ガマナールハ〛 [gəmənɐ:rhɐ] 《文》 *adj.* 著しい、無視することができない [Sk.]

ಗಮನಿಸು 〚gamanisu ガマニス〛 [gəmənisu] *vt.* 〈…に〉注意を払う ¶ ಪರ್ವೀನ್ ಸುಲ್ತಾನಾಳ ಸಂಗೀತದಲ್ಲಿ ಶ್ರುತಿ-ಪ್ರಾಧಾನ್ಯವನ್ನು ಗಮನಿಸಬಹುದು. (parvīn sultānāḷa saṃgīta-dalli śrutiprādʰānyavannu gamanisabahudu.) パルヴィーン・スルターナーの歌い方には音程の正確さが見てとれる。[*gamana*² + *-isu* 1328, cf. Sk. *gamana-*]

ಗಮನೀಯ 〚gamanīya ガマニーヤ〛 [gəməni:jɐ] 《文》 *adj.* 著しい、無視することができない [Sk.]

ಗಮಾರ 〚gamāra ガマーラ〛 [gəmɐ:rɐ] *m.* 《*f.* ಗಮಾರಿ (gamāri)》 1 田舎者 2 粗野な人 [Pk. *gāmāra-* T4371]

ಗಮ್ಮತ್ತು 〚gammattu ガンマットゥ〛 [gəmməttu] *n.* 1 気取った態度、もったいぶった態度 2 楽しみ、愉快、享楽、楽しみの対象 [M. *gammatā*/H. *gammatā*]

ಗಮ್ಮನೆ¹ 〚gammane ガンマネ〛 [gəmmǝ̆ne] 《文》 *adv.* 1 すばやく 2 黙って [? mim.]

ಗಮ್ಮನೆ² 〚gammane ガンマネ〛 [gəmmǝ̆ne] *adv.* くんくんと、いい香りで ¶ ಮನೆಗೆ ಬಂದು ಬಾಗಿಲು ತೆಗೆದಾಗ ಗಮ್ಮನೆ ವಾಸನೆ ಬಂತು. (manege baṃdu bāgilu tegedāga gammane vāsane baṃtu.) 扉を開けた時に芳香が鼻を突いた。[*gammu* + *-ane* *D1247(a)]

ಗಯಾಳ 〚gayāḷa ガヤーラ〛 [gəjɐ:ḷɐ] 《文》 *m.* ☞ಗಯ್ಯಾಳ (gayyāḷa)

ಗಯಾಳಿ 〚gayāḷi ガヤーリ〛 [gəjɐ:ḷi] 《文》 *f.* ☞ಗಯ್ಯಾಳಿ (gayyāḷi)

ಗಯಾಳಿತನ 〚gayāḷitana ガヤーリタナ〛 [gəjɐ:ḷitənɐ] 《文》 *n.* ☞ಗಯ್ಯಾಳಿತನ (gayyāḷitana)

ಗಯ್ಯಾಳ 〚gayyāḷa ガイヤーラ〛 [gəijɐ:ḷɐ] *m.* 《*f.* ಗಯ್ಯಾಳಿ (gayyāḷi)》 1 弱々しい男性、女々しい男性 2 卑怯者 3 ペテン師、詐欺師 [? cf. Te.*gayyāḷamu*]

ಗಯ್ಯಾಳಿ 〚gayyāḷi ガイヤーリ〛 [gəijɐ:ḷi] ಗೈಯಾಳಿ *f.* がみがみ言う女性、口やかましい女性、喧嘩好きな女性 [? cf. Te. *gayyāḷi*]

ಗಯ್ಯಾಳಿತನ 〚gayyāḷitana ガイヤーリタナ〛 [gəjjɐ:ḷitəɐ] *n.* (女性が)口やかましいこと [*gayyāḷi* + *-tana*]

ಗರ್ 〚gar ガル〛 [gərr] (*n.*) 油搾り機やサトウキビ搾り機が立てる騒音を表す擬音語 (*Kitt.*) [Ka. onom.]

ಗರ¹ 〚gara ガラ〛 [gərɐ] *n.* さいころの目の数 [?] (SK)

ಗರ² 〚gara ガラ〛 [gərɐ] *n.* 1 惑星 2 悪鬼 [Sk. *graha-*]

ಗರಕು 〚garaku ガラク〛 [gərǝ̆ku] ಗರ್ಕು *n.* (表面などが)なめらかでないこと、粗いこと (*Kitt.,My.*) [Ka. D1265]

ಗರಗರ¹ 〚garagara ガラガラ〛 [gərǝ̆gərɐ] 《古》 *n.* 1 美、美しさ 2 きれいなこと、清潔 = ಗರಗರಿ (garagari) [Ka. *D1259]

ಗರಗರ² 〚garagara ガラガラ〛 [gərǝ̆gərɐ] *adv.* ぐるぐると ◇ *adv.* ಗರಗರನೆ (garagarane) [Ka. onom.]

ಗರಗರ³ 〚garagara ガラガラ〛 [gərǝ̆gərɐ] (*n.*) がらがら(でこぼこの道を荷車などが動く時の音を表す擬音語)

ಗರಗರಿಕೆ 〚garagarike ガラガリケ〛 [gərǝ̆gərǐke] 《古》 *n.* 1 愉快なこと、美しいこと 2 整頓できていること 3 清潔 [Ka. D1259]

ಗರಗರಿಸು 〚garagarisu ガラガリス〛 [gərəgərisu] 《古》 *vi.* きれいになる、整頓される [*garagara* + *-isu*]

ಗರಗಸ 〚garagasa ガラガサ〛 [gərəgəsɐ] *n.* のこぎり [Sk. *krakaca-*]

ಗರಗು 〚garagu ガラグ〛 [gərǝ̆gu] 《古》 (*n.*) 揚げたり焼いたりして乾いてもろくなった〈こと〉、ぱりぱりである〈こと〉 [Ka. *D1386] ☞ಗರುಗು (garugu)

ಗರಜು 〚garaju ガラジュ〛 [gərəʤu] *n.* 必要 ¶ ತಮ್ಮನಿ-ಗೆ ದುಡ್ಡಿನ ಗರಜು ಬಂದಾಗ ನನ್ನ ಹತ್ತಿರ ಬರುತ್ತಾನೆ. (tammanige duḍḍina garaju baṃdāga nanna hattira baruttāne.) 弟は金が必要な時にうちへ来る。[Ar. *garaḍ*]

ಗರಟ 〚garaṭa ガラタ〛 [gərǐṭɐ] 《方》 *n.* ココナツの殻 (*Bark.*) [Ka. D2550]

ಗರಡಿ 〚garaḍi ガラディ〛 [gərǝ̆ḍi] *n.* 1 体育館、武道館、剣道場 ☞ಗರುಡಿ (garuḍi) 2《古》村の精霊のための寺院 [Ka. D1262]

ಗರಣೆ 〚garaṇe ガラネ〛 [gərəɳe] 《古》 *n.* (飯や粗糖などの)塊 = ಕರಣೆ (karaṇe) [Ka. *D1266]

ಗರತಿ 〚garati ガラティ〛 [gərǝ̆ti] *f.* 1 (家庭の) 主婦 2 貞女、貞節な女性 [Sk. *gṛhastʰe-*]

ಗರತಿತನ ⟦garatitana ガラティタナ⟧ [gərətitənɐ] *n.* 貞節 [*garati* + *-tana*]

ಗರಮ್ ⟦garam ガラム⟧ [gərəm] ಗರಂ, ಗರಮು, ಗರಮ *adj.* 1 暖かい、暑い、温度が高い 2〔喩〕激昂した、腹を立てた ¶ ಇವತ್ತು ಸಾಹೇಬರು ಬಹಳ ಗರಮ್ ಆಗಿದ್ದಾರೆ. (ivattu sāhēbaru bahaḷa garam āgiddāre.) 今日所長はとても怒っている。 [Pe. *garm*]

ಗರಸು ⟦garasu ガラス⟧ [gərə̆su] *n.* 礫、砂礫 [? cf. Te. *garusu*]

ಗರಸೆ ⟦garase ガラセ⟧ [gərə̆se] *n.* 穀物を貯蔵したり運んだりする浅い籠（農業労働者に穀物を与える際の升としても使われる）[Ka. D1261] = ಕೆರಸಿ (kerasi)

ಗರಲ ⟦garala ガララ⟧ [gələlɐ] ಗರಳ *n.* 1 毒、毒物 2 蛇の毒 [Sk.]

ಗರಲಗ್ರೀವ ⟦garalagrīva ガララグリーヴァ⟧ [gərələgri:vɐ] ಗರಳಗ್ರೀವ *m.*「のどに毒を持つもの」、シヴァ神の別名 [Sk.]

ಗರಲಧರ ⟦garaladʰara ガララダラ⟧ [gərələdʰərɐ] ಗರಳ-ಧರ《文》*m.*「のどに毒を持つもの」、シヴァ神の別名 —*n.* 蛇 [Sk.]

ಗರಲಭುಕ್ಕು ⟦garalabʰukku ガララブック⟧ [gərələbʰukku]《古》*m.*「毒を飲み下したもの」、シヴァ神の別名 [Sk. *viṣabhuj-*]

ಗರಸು ⟦garasu ガラス⟧ [gərə̆su] *n.* 砂礫、細かい石と砂の混じったもの [Ka. *D1260] = ಕರಲು (karalu)

ಗರಳ ⟦garaḷa ガララ⟧ [gərə̆ḷɐ] *n.* [Sk.] ☞ಗರಲ (garala)

ಗರಿ ⟦gari ガリ⟧ [gəri] ಗಱಿ *n.* 1 鳥の翼 2 鳥の羽 [Ka. < *gaṟi* *D1394] = ಪುಚ್ಚ (pucca)

ಗರಿಗಟ್ಟು ⟦garigaṭṭu ガリガットゥ⟧ [gərigəṭṭu] *vi.* 1 矢に矢羽をつける 2 力を増す、勢力を増大する、増大する ¶ ಅವನ ಅಭಿಮಾನ ಗರಿಗಟ್ಟಿತು. (avana abʰimāna garigaṭṭitu.) 彼の傲慢さはひどくなった。[Ka. *gaṟi* + *kaṭṭu*]

ಗರಿಗರಿ ⟦garigari ガリガリ⟧ [gərigəri] (*n.*) がらがら（でこぼこの道を荷車などが動く時の音を表す擬音語）[Ka. onom.]

ಗರಿಷ್ಠ ⟦gariṣṭʰa ガリシュタ⟧ [gəriṣṭʰɐ]《文》*adj.* 最も重い、ひどく重い —*adj.*, *m.*《*f.* ಗರಿಷ್ಠಳು (gariṣṭʰaḷu)》尊敬に値する〈人〉、立派な〈人〉

ಗರೀಬ ⟦garība ガリーバ⟧ [gəri:bɐ] *m.*《*f.* ಗರೀಬಳು (garībaḷu)》貧乏人 [Ar. *garīb*]

ಗರುಗು ⟦garugu ガルグ⟧ [gərŭgu] ಗರಗು, ಗಱುಗು《古》(*n.*) 1 揚げたり焼いたりして乾いてもろくなった〈こと〉、ぱりぱりである〈こと〉 2（日光などで）からからになった〈こと〉、かさかさである〈こと〉[Ka. *D1386]

ಗರುಡ ⟦garuḍa ガルダ⟧ [gəruḍɐ] *n.* ガルダ鳥、ヴィシュヌ神の乗り物 [Sk.]

ಗರುಡಿ ⟦garuḍi ガルディ⟧ [gərŭḍi] ಗರಡಿ *n.* 1 体育館、武道館、剣道場 2《古》住居、避難所 [Ka. D1262]

ಗರುವಲಿ ⟦garuvali ガルヴァリ⟧ [gərŭvəli]《古》*n.* 1 風 2 空気 [Ka. D5312]

ಗರುಸು ⟦garusu ガルス⟧ [gərŭsu]《‡》*n.* [Ka. D1260] (*Kitt.,My.*) ☞ಗರಸು (garasu)

ಗರ್ಕು ⟦garku ガルク⟧ [gərku] *n.* [Ka. D1265] (*Kitt.,My.*) ☞ಗರಕು (garaku)

ಗರ್ಜನ ⟦garjana ガルジャナ⟧ [gərʤə̆nɐ] *n.* 1 大きな声で怒鳴ること；（ライオンなどの）咆哮 2（雷雲が）ごろごろいうこと = ಗರ್ಜನೆ (garjane) [Sk.]

ಗರ್ಜನೆ ⟦garjane ガルジャネ⟧ [gərʤə̆ne] *n.* 1 大きな声で怒鳴ること；（ライオンなどの）咆哮 2（雷雲が）ごろごろいうこと [Sk.]

ಗರ್ಜಿಸು ⟦garjisu ガルジス⟧ [gərʤĭsu] *vi.* 1 怒鳴る、（ライオンなどが）吼える = ಗದರಿಸು (gadarisu) 2 声をあげて叱りつける [Sk.]

ಗರ್ದಭ ⟦gardabʰa ガルダバ⟧ [gərdəbʰɐ] *n.* ロバ [Sk.] = ಕತ್ತೆ (katte)〔汎〕

ಗರ್ತ ⟦garta ガルタ⟧ [gərtɐ]《文》*n.* 1（水流の）渦 2 窪地、地面の穴 (*Mr.116-2*) [Sk.]

ಗರ್ದುಗ ⟦garduga ガルドゥガ⟧ [gərdugɐ] ಗದುಗ, ಗದು-ಗು, ಗರ್ದುಗು《文》*n.* ケンタッキーコーヒーの木（ジャケツイバラ科ジャケツイバラ属）またはその種 ⇀ 薬 [Ka. *D1347?] ☞ಗರ್ದುಗು (gardugu) 1 = ಗಜಗ (gajaga)

ಗರ್ದುಗು ⟦gardugu ガルドゥグ⟧ [gərdugu] ಗದುಗ, ಗ-ದುಗು, ಗರ್ದುಗ《文》*n.* [Ka. *D1347?] = ಗಜಗ (gajaga) ☞ಗರ್ದುಗ (garduga)

ಗರ್ದುಗೆ ⟦garduge ガルドゥゲ⟧ [gərdŭge]《文》*n.* 王や宗教的指導者などが座る豪奢な椅子 ☞ಗದ್ದುಗೆ (gadduge) [Dr., T4053]

ಗರ್ನಾಲು ⟦garnālu ガルナール⟧ [gərnɐ:lu] *n.* 1 祝祭日に用いられる爆竹 2 臼砲 [H.,M. *garănālŭ*]

ಗರ್ದೆ ⟦garde ガルデ⟧ [gərde] *n.*（イネ、サトウキビなどを栽培する）田、田んぼ = ಗಱ್ದೆ; ಗದ್ದೆ (gaṟde; gadde)〔現〕[Ka. D1355]

ಗರ್ಪು ⟦garpu ガルプ⟧ [gərpu]《方》*vt.* 掘る [Ka. D1223] (Hav.)

ಗರ್ಬು ⟦garbu ガルブ⟧ [gərbu]《古》*n.* 悪臭、嫌な臭い [Ka. D1247]

ಗರ್ಭ ⟦garbʰa ガルバ⟧ [gərbʰɐ] *n.* 1 子宮 2 胎児 [Sk.]

ಗರ್ಭಕೋಶ ⟦garbʰakōśa ガルバコーシャ⟧ [gərbʰə̆ko:ʃɐ] ಗರ್ಭಕೋಶ《文》*n.* 子宮 = ಗರ್ಭಾಶಯ (garbʰāśaya) [Sk.]

ಗರ್ಭಗುಡಿ ⟦garbʰaguḍi ガルバグディ⟧ [gərbʰə̆guḍi] *n.*（寺院の）本殿 [*garbʰa* + *guḍi*]

ಗರ್ಭಭೇದ ⟦garbʰacʰēda ガルバチェーダ⟧ [gərbʰəʧ e:dɐ]《文》*n.* 1 堕胎、妊娠中絶 2 流産 [Sk.]

ಗರ್ಭನಿರೋಧ ⟦garbʰanirōdʰa ガルバニローダ⟧ [gərbʰəniro:dʰɐ]《文》*n.* 避妊 [Sk.]

ಗರ್ಭನಿರೋಧಕ ⟦garbʰanirōdʰaka ガルバニローダカ⟧ [gərbʰə̆niro:dʰə̆kɐ] 《文》 *adj.* 避妊の —*n.* 避妊薬、避妊器具 [Sk.]

ಗರ್ಭಪತನ ⟦garbʰapatana ガルバパタナ⟧ [gərbʰəpətənɐ] 《文》 *n.* 流産 = ಗರ್ಭಸ್ರಾವ (garbʰasrāva) [Sk.]

ಗರ್ಭಪಾತ ⟦garbʰapāta ガルバパータ⟧ [gərbʰəpɐ:tɐ] 《文》 *n.* 流産 = ಗರ್ಭಸ್ರಾವ (garbʰasrāva) [Sk.]

ಗರ್ಭಪಿಂಡ ⟦garbʰapiṃḍa ガルバピンダ⟧ [gərbʰəpiŋḍɐ] 《文》 *n.* 胎児 [Sk.]

ಗರ್ಭವತಿ ⟦garbʰavati ガルバヴァティ⟧ [gərbʰə̆vəti] *f.* 妊婦、お腹が大きい女性 = ಬಸುರಿ, ಗರ್ಭಿಣಿ (basuri, garbʰiṇi) [Sk.]

ಗರ್ಭಶಾಸ್ತ್ರ ⟦garbʰaśāstra ガルバシャーストラ⟧ [gərbʰə̆ʃɐ:strɐ] 《文》 *n.* 胎生学 [Sk.]

ಗರ್ಭಸ್ರಾವ ⟦garbʰasrāva ガルバスラーヴァ⟧ [gərbʰə̆srɐ:vɐ] 《文》 *n.* 流産 = ಗರ್ಭಪಾತ (garbʰapāta) [Sk.]

ಗರ್ಭಾಂಕ ⟦garbʰāṃka ガルバーンカ⟧ [gərbʰɐ:ŋkɐ] 《文》 *n.* 劇中劇 [Sk.]

ಗರ್ಭಾದಾನ ⟦garbʰādāna ガルバーダーナ⟧ [gərbʰɐ:dɐ:nɐ] *n.* 1 受精させること 2 受胎しやすいと考えられている時期に受胎することを願って行う儀式 = ಶೋಭನ (śōbʰana) [Sk.]

ಗರ್ಭಾಶಯ ⟦garbʰāśaya ガルバーシャヤ⟧ [gərbʰɐ:ʃə̆jɐ] 《文》 *n.* 子宮 [Sk.] = ಗರ್ಭಕೋಶ; ಹೊಟ್ಟೆ (garbʰakōśa; hoṭṭe)〔口〕

ಗರ್ಭಿಣಿ ⟦garbʰiṇi ガルビニ⟧ [gərbʰĭɳi] *f.* 妊娠した女性、妊婦 = ಬಸುರಿ, ಗರ್ಭವತಿ (basuri, garbʰavati) [Sk.]

ಗರ್ಭಿತ ⟦garbʰita ガルビタ⟧ [gərbʰitɐ] 《文》 *adj.* 《複合語頭で》 1 妊娠した、お腹が大きい 2 隠された、隠れた ¶ ಅವನ ಕಾವ್ಯಕ್ಕೆ ಅನೇಕ ಗರ್ಭಿತ ಅರ್ಥಗಳು ಇವೆ. (avana kāvyakke anēka garbʰita artʰagaḷu ive.) 彼の詩には多くの隠れた意味がある。 [Sk.]

ಗರ್ಭೀಕರಿಸು ⟦garbʰīkarisu ガルビーカリス⟧ [gərbʰi:kərisu] 《文》 *vt.* 同化する、同化して取り込む ¶ ಕನ್ನಡ ಸಾಹಿತ್ಯ ಅನೇಕ ಸಾಹಿತ್ಯಗಳನ್ನು ಗರ್ಭೀಕರಿಸಿಕೊಂಡಿದೆ. (kannaḍa sāhitya anēka sāhityagaḷannu garbʰīkarisikoṃḍide.) カンナダ文学は多くの文学を取り込んでいる。 ಅಡಗಿಸಿಕೊಳ್ಳು (aḍagisikoḷḷu) [Sk.]

ಗರ್ರನೆ¹ ⟦garrane ガッラネ⟧ [gərrə̆ne] *adv.* げふっ(げっぷを出す音を表す擬音語) [Ka. onom. *D1401]

ಗರ್ರನೆ² ⟦garrane ガッラネ⟧ [gərrə̆ne] *adv.* ぐるぐると ¶ ಪಾರ್ಕ್‌ನಲ್ಲಿ ಕುದುರೆಜೀಕ ಗರ್ರನೆ ತಿರುಗುತ್ತಿತ್ತು. (pārknalli kudurejīka garrane tiruguttittu.) 公園でメリーゴーラウンドがぐるぐる回っていた。 [Ka. mim.]

ಗರ್ವ ⟦garva ガルヴァ⟧ [gərvɐ] *n.* 1 高慢、傲慢 2 (自分の徳や地位や財産などを) 見せびらかすこと、誇示すること ¶ ಅವನ ಗರ್ವವನ್ನು ಯಾರೂ ಲೆಕ್ಕಿಸುವದಿಲ್ಲ. (avana garvavannu yārū lekkisuvadilla.) あの男は大人物のように振る舞うが誰も彼を大人物と思わない。 [Sk.]

ಗರ್ವಪಡು ⟦garvapaḍu ガルヴァパドゥ⟧ [gərvə̆pəḍu] *vi.* 威張る、傲慢になる = ಗರ್ವಿಸು (garvisu) [Sk.]

ಗರ್ವಭಂಗ ⟦garvabʰaṃga ガルヴァバンガ⟧ [gərvəbʰəbʰəŋgɐ] *n.* 傲慢をくじくことまたはくじかれること、面目を失うことまたは失わせること ¶ ಮಗನು ಫೇಲು ಆದ್ದರಿಂದ ಅವನಿಗೆ ಗರ್ವಭಂಗ ಆಯಿತು. (maganu pʰēlu āddariṃda avanige garbʰabʰaṃga āyitu.) 息子が試験に落ちて彼は面目を失った。 [Sk.]

ಗರ್ವಿಸು ⟦garvisu ガルヴィス⟧ [gərvisu] 《文》 *vi.* 1 威張る、高慢になる 2 虚勢を張る = ಗರ್ವಪಡು (garvapaḍu) [Sk.]

ಗಲಗಲ ⟦galagala ガラガラ⟧ [gələ̆gələ] 《‡》 (*n.*) がやがや (多くの人が勝手にしゃべる声を表す擬音語) (*Kitt., C., Mhr.*) ◇ *adv.* ಗಲಗಲನೆ (galagalane) [Ka. D1302]

ಗಲಬರಿಸು ⟦galabarisu ガラバリス⟧ [gələbərisu] *vt.* 〈食器を〉すすぎ洗いする [Ka.? + *-isu*]

ಗಲಬಲಿ ⟦galabali ガラバリ⟧ [gələ̆bali] *n.* 騒動、騒ぎ ¶ ಸಿನೆಮ ನೋಡುತ್ತಿದ್ದಾಗ ವಿದ್ಯುತ್ ಹೋಗಿ ಗಲಬಲಿ ಉಂಟಾಯಿತು. (sinema nōḍuttiddāga vidyut hōgi galabali uṃṭāyitu.) 映画上映中に停電があって、わっと騒ぎがあった。 [Ka. D1310] ☞ಗಲಿಬಿಲಿ (galibili)

ಗಲಬಿಲಿ ⟦galabili ガラビリ⟧ [gələ̆bili] *n.* ☞ಗಿಲಬಿಲಿ (gilabili) [Ka. *D1310]

ಗಲಬೆ ⟦galabe ガラベ⟧ [gələ̆be] ಗಲಭೆ *n.* 騒ぎ、騒動 ¶ ಲೋಕಸಭೆಯಲ್ಲಿ ಬೆಲೆಯೇರಿಕೆಯನ್ನು ಪ್ರತಿಭಟಿಸಿ ಗಲಬೆ ಉಂಟಾಯಿತು. (lōkasabʰeyalli beleyērikeyannu pratibʰaṭisi galabe uṃṭāyitu.) 議員たちが物価上昇に抗議して議会で騒ぎが起きた。 [Ka. *D1310]

ಗಲಭೆ ⟦galabʰe ガラベ⟧ [gələ̆bʰe] *n.* ☞ಗಲಬೆ (galabe) [Ka. D1310]

ಗಲಭೆಪೀಡಿತ ಪ್ರದೇಶಗಳು ⟦galabʰepīḍita pradēśagaḷu ガラベピーディタプラデーシャガル⟧ [gələbʰepi:ḍ̆tə prəde:ʃə̆gəḷu] 《文》 *n.* 政情不安地方(特にインド連邦内の政情不安で危険な地方) [*galabʰe* + Sk.]

ಗಲಾಟೆ ⟦galāṭe ガラーテ⟧ [gəlɐ:ṭe] *n.* 1 騒動、騒ぎ、混乱 ¶ ಬೀಗರು ಸಮಯಕ್ಕೆ ಸರಿಯಾಗಿ ಬಾರದೆ ಇದ್ದದರಿಂದ ಮದುವೆ ಮನೆಯಲ್ಲಿ ಗಲಾಟೆ ಆಯಿತು. (bīgaru samayakke sariyāgi bārade iddadariṃda maduve maneyalli galāṭe āyitu.) 花婿の行列が時間通りに到着しなかったので花嫁の家で混乱が起きた。 2 平和をかき乱すこと、騒ぎを起こすこと ¶ ಆ ಹುಡುಗ ಸಭೆಯಲ್ಲಿ ಯಾವಾಗಲೂ ಗಲಾಟೆ ಮಾಡುತ್ತಾನೆ. (ā huḍuga sabʰeyalli yāvāgalū galāṭe māḍuttāne.) あの若者は会議でいつも騒ぎを起こす。 [M. *gaḷāṭā*]

ಗಲಿಬಿಲಿ ⟦galibili ガリビリ⟧ [gəlibili] ಗಲಬಲಿ, ಗಲಬಿಲಿ *n.* 1 混乱、騒動 ¶ ಸಭೆಯಲ್ಲಿ ಇದ್ದಕ್ಕಿದ್ದಂತೆ ಗಲಿಬಿಲಿವುಂಟಾಯಿತು. (sabʰeyalli iddakkiddaṃte galibilivuṃṭāyitu.) 会議で突然騒ぎが起きた。 2 茫然自失 ¶ ಮಂತ್ರಿಗಳು ಗಲಿಬಿಲಿಯಲ್ಲಿ ಉತ್ತರ ಆಡಲಾಗದೆ ನಿಂತರು. (maṃtrigaḷu galibiliyalli uttara āḍalāgade niṃtaru.) 大臣は茫然自失で、質問

に答えられずに立っていた。[Ka. D1310 mim. cf. H. *gaṛăbaṛă* M. *galăbală* T3974]

ಗಲೀಜು ⟦galīju ガリージュ⟧ [gəli:ʤu] *n.* 汚物、不潔なもの = ಹೊಲಸು (holasu) [Ar. *galīẓ*]

ಗಲ್ಲ ⟦galla ガッラ⟧ [gəllɐ] *n.* 1 頬；ほっぺた 2 あご [Sk.?]

ಗಲ್ಲಗುಳಿ ⟦gallaguḷi ガッラグリ⟧ [gəllǝguḷi] *n.* えくぼ [Ka. *galla* + *kuḷi*]

ಗಲ್ಲಾಪೆಟ್ಟಿಗೆ ⟦gallāpeṭṭige ガッラーペッティゲ⟧ [gəllɐ:peṭṭige] *n.* (店に置く)銭函、現金箱 [*galle* + *peṭṭige*]

ಗಲ್ಲಿ ⟦galli ガッリ⟧ [gəlli] *n.* 小路、路地、両側に家が建った細い道 = ಓಣಿ, ಬಡಾವಣೆ (ōṇi, baḍāvaṇe) [M. *gallī* T4085]

ಗಲ್ಲು ⟦gallu ガッル⟧ [gəllu] *n.* 1 絞首台 2 死刑 [? cf. *gaḷă* Eg. *gallows*]

ಗಲ್ಲುಗಂಬ ⟦gallugaṃba ガッルガンバ⟧ [gəllugəmbɐ] *n.* 絞首台 = ಗಲ್ಲುಮರ (gallumara) [Ka. *gallu* + *kaṃba*]

ಗಲ್ಲುಮರ ⟦gallumara ガッルマラ⟧ [gəllumərɐ] *n.* 絞首台 = ಗಲ್ಲುಗಂಬ (gallugaṃba) [Ka. *gallu* + *mara*]

ಗಲ್ಲೆ ⟦galle ガッレ⟧ [gəlle] *n.* (店に置く)銭函、現金箱 [Pe. *gallah* ←Ar.]

ಗವನ¹ ⟦gavana ガヴァナ⟧ [gəvǝ̆nɐ] 《古》 *n.* 注意 [Ka. D1328]

ಗವನ² ⟦gavana ガヴァナ⟧ [gəvǝ̆nɐ] 《古》 *n.* 歩くこと、行くこと [Sk.]

ಗವನಿಸು ⟦gavanisu ガヴァニス⟧ [gəvǝ̆nisu] 《‡》 *vt.* 〈…に〉注意する、留意する、気にかける (*My.* (*Kitt.*)) [*gavana* + Sk./Ka. D1328 *-isu*] ☞ಗಮನಿಸು (gamanisu)

ಗವಲು ⟦gavalu ガヴァル⟧ [gəvǝ̆lu] *n.* におい(一般) [Ka. D1334] ☞ಗವುಲು (gavulu)

ಗವಸಣಿ ⟦gavasaṇi ガヴァサニ⟧ [gəvǝ̆səɳi] *n.* 1 覆い、カバー 2 (刀の)さや [Ka. D1221]

ಗವಸಣಿಕೆ ⟦gavasaṇike ガヴァサニケ⟧ [gəvǝ̆səɳike] *n.* [Ka. *gavasaṇi* D1221 + *-ke*] ☞ಗವಸಣಿಗೆ (gavasaṇige)

ಗವಸಣಿಗೆ ⟦gavasaṇige ガヴァサニゲ⟧ [gəvǝ̆səɳige] ಗವಸಣಿಕೆ, ಗವುಸಣಿಗೆ, ಗೌಸಣಿಕೆ, ಗೌಸಣಿಗೆ *n.* 1 覆い、カバー 2 (刀の)さや [Ka. *gavasaṇi* D1221 + *-ke*]

ಗವಳಿ¹ ⟦gavaḷi ガヴァリ⟧ [gəvǝ̆ḷi] 《方》 *n.* ヤモリ (*My.* (*Kitt.*)) [Ka. D1338]

ಗವಳಿ² ⟦gavaḷi ガヴァリ⟧ [gəvǝ̆ḷi] *m.* 《*f.* ಗವಳಿಗಿತ್ತಿ (gavaḷigitti)》牛飼い [Sk. *gōpāla-*]

ಗವಸಣಿಸು ⟦gavasaṇisu ガヴァサニス⟧ [gəvǝ̆səɳisu] 《文》 *vt.* 覆う、包む [Ka. D1221]

ಗವಸು ⟦gavasu ガヴァス⟧ [gəvǝ̆su] *n.* 1 覆い、カバー 2 (刀の)さや [Ka. *D1221]

ಗವಱಿಗ ⟦gavaṟiga ガヴァリガ⟧ [gəvǝ̆ṟigɐ] 《古》 *n.* 竹で籠や箕を編むカーストに属する人 [Ka. D1330]

ಗವಱೆ ⟦gavaṟe ガヴァレ⟧ [gəvǝ̆ṟe] 《古》 *n.* 籠 [Ka. *D1330]

ಗವಾಕ್ಷಿ ⟦gavākṣi ガヴァークシ⟧ [gəvɐ:kʂi] *n.* 採光や換気のための小窓 [Sk. *gavākṣa-*]

ಗವಿ ⟦gavi ガヴィ⟧ [gəvi] *n.* 洞窟 [Ka. D1332]

ಗವಿಸು¹ ⟦gavisu ガヴィス⟧ [gəvĭsu] 《‡》 *vt.* 注意する、留意する (*Kk.* (*Kitt.*)) [Ka. D1328]

ಗವಿಸು² ⟦gavisu ガヴィス⟧ [gəvĭsu] 《古》 *vt.* 覆う、覆い隠す [Ka. *D1221]

ಗವುಲು ⟦gavulu ガヴル⟧ [gəvŭlu] ಗವಲು, ಗೌಲು *n.* におい(一般) [Ka. D1334]

ಗವುಳಿ ⟦gavuḷi ガヴリ⟧ [gəvŭḷi] ಗವಳಿ, ಗೌಳಿ *n.* ヤモリ [Ka. D1338]

ಗವುಜಿ ⟦gavuji ガヴジ⟧ [gəvuʤi] *n.* [Ka. D1341] ☞ಗೌಜು (gauju) 2

ಗವುಜು ⟦gavuju ガヴジュ⟧ [gəvuʤu] ಗವುಜಿ, ಗೌಜಿ, ಗೌಜು *n.* 騒ぎ、騒動 sound [Ka. D1341] ☞ಗೌಜು (gauju)

ಗವುಸಣಿಗೆ ⟦gavusaṇige ガヴサニゲ⟧ [gəvŭsəɳgke] *n.* [Ka. *gavasaṇi* D1221 + *-ke*] ☞ಗವಸಣಿಗೆ (gavasaṇige) 1

ಗಷ್ಟು ⟦gaṣṭu ガシュトゥ⟧ [gəʂṭu] *n.* 油やギーなどの澱(おり) ¶ ಚರ್ಚೆ ಮಾಡಿ ಮಾಡಿ ಏನೂ ಗಷ್ಟು ಉಳಿಯಲಿಲ್ಲ. (carce māḍi māḍi ēnū gaṣṭu uḷiyalilla.) 長い議論の果てに積み残した問題はすべて片付いた。[Ka. D1088] = ಗಸಿ (gasi)

ಗಸಿ ⟦gasi ガシ⟧ [gəsi] *n.* 1 油やギーなどの澱(おり)、かす 2 ご飯にかけたソースの残り 3 タバコの葉のつけ根から出る芽 4 ペテン、詐欺 ¶ ಅವನು ಪೊಲೀಸರಿಗೆ ಗಸಿಕೊಟ್ಟು ಓಡಿದ. (avanu polīsarige gasikoṭṭu ōḍida.) 彼は警察官をまいて逃げ去った。 [Ka. D1088]

ಗಸ್ತಿ ⟦gasti ガスティ⟧ [gəstu] *n.* (警官や番人などの)巡察、警ら、巡視、パトロール [Pe. *gaštī*]

ಗಸ್ತು ⟦gastu ガストゥ⟧ [gəstu] *n.* (警官や番人などの)巡察、警ら、巡視、パトロール [Pe. *gašt*]

ಗಸ್ತುತಿರುಗು ⟦gastutirugu ガストゥティルグ⟧ [gəstutirŭgu] *vi.* 巡察する、警らする、パトロールする [+ *koḍu*]

ಗಸ್ತುಕೊಡು ⟦gastukoḍu ガストゥコドゥ⟧ [gəstukoḍu] *vi.* 《*dat.*》騙す、ペテンにかける、〈追跡者を〉まく ¶ ಅವನು ಪೋಲೀಸರಿಗೆ ಗಸ್ತು ಕೊಟ್ಟು ಓಡಿದ. (avanu pōlīsarige gastu koṭṭu ōḍida.) 彼は警察官をまいて逃げ去った。[+ *koḍu*]

ಗಹನ ⟦gahana ガハナ⟧ [gəhənɐ] 《文》 (*adj.*) 1 深い〈こと〉(森や闇) ¶ ಗಹನ ಕಾನನದಲ್ಲಿ ಅವರ ಆಶ್ರಮ ಇತ್ತು. (gahana kānanadalli avara āśrama ittu.) その(隠者の)庵は深い森の中にあった。 2 深い〈こと〉、深遠〈な〉(思想など) ¶ ಅವರು ಗಹನ ವಿಚಾರದಲ್ಲಿ ತೊಡಗಿದ್ದಾರೆ. (avaru gahana vicāradalli toḍagiddāre.) 彼は深い思索にふけっている。 3 理解しがたい〈こと〉¶ ತತ್ತ್ವಜ್ಞಾನ ಅಂಥ ಗಹನ ವಿಷಯವಲ್ಲ. (tattvajñāna aṃtʰa gahana viṣayavalla.) 哲学は神秘的な学問ではない。 4 実現しがたい〈こと〉、行いがたい〈こと〉、困難〈な〉¶ ಗಗಾರಿನ್ ಅವರು ಆಕಾಶಯಾನ ಮಾಡಿ ಗಹನ ಕಾರ್ಯ ಸಾಧಿಸಿದರು. (gagārin avaru ākāśayāna māḍi gahana kārya sādʰisidaru.) ガガーリンは宇宙旅行という難しい仕事をやってのけた。 —*n.* 密林、深い森 —*m.* 尊敬に値する人 [Sk.]

ಗಹನತೆ ⟦gahanate ガハナテ⟧ [gəhənəte] 《文》 *n.* 1 (森や闇の)深さ 2 理解することが難しいこと、神秘 [Sk.]

ಗಹನಪಥ ⟦gahanapatʰa ガハナパタ⟧ [gəhənəpətʰɐ] 《文》 *n.* 通ることが難しい道 [Sk.]

ಗಹನಮಾರ್ಗ ⟦gahanamārga ガハナマールガ⟧ [gəhənəmɐːrgɐ] 《文》 *n.* 通ることが難しい道 [Sk.] ☞ಗಹನಪಥ (gahanapatʰa)

ಗಹ್ವರ ⟦gahvara ガフヴァラ⟧ [gəvhərɐ] 《文》 *adj.* 1 深い 2 (森林などが)深い、踏み込めない —*n.* 1 (川、穴などの)深み、深淵 2 密林 3 洞穴、洞窟 = ಗವಿ (gavi) [Sk.]

ಗಳ ⟦gaḷa ガラ⟧ [gəḷɐ] *n.* 1 竹の棒、竹竿 2 くびきと鋤を結びつける2本の棒、ながえ = ಗಳೆ (gaḷe) [Ka. *D1370]

ಗಳಗಳ¹ ⟦gaḷagaḷa ガラガラ⟧ [gəḷə̆gəḷɐ] 《‡》 (*n.*) がやがや(多くの人が勝手にしゃべる声を表す擬音語) (*DEDR*) ◇ *adv.* ಗಳಗಳನೆ (gaḷagaḷane) [Ka. D1302] (*Kitt.,My.*)

ಗಳಗಳ² ⟦gaḷagaḷa ガラガラ⟧ [gəḷə̆gəḷɐ] (*n.*) ぽろぽろ(涙などがあふれる様子を表す擬態語) ¶ ಅವರು ಸತ್ತ ಸಮಾಚಾರ ಕೇಳಿ ಶೀಲಾಳ ಕಣ್ಣೀರು ಗಳಗಳ ಸುರಿಯಿತು. (avaru satta samācāra kēḷi śīlāḷa kaṇṇīru gaḷagaḷa suriyitu.) 彼の訃報を聞いて、シーラの涙がぽろぽろとあふれ出た。 ◇ *adv.* ಗಳಗಳನೆ (gaḷagaḷane) [Ka. mim.]

ಗಳಗೆ ⟦gaḷage ガラゲ⟧ [gəḷə̆ge] *n.* 1 穀物を貯える口の狭い大型の籠[⇒図] 2 小さな籠 [Ka. D1375]

ಗಳಗೆ 穀物籠

ಗಳಲೆ ⟦gaḷale ガラレ⟧ [gəḷə̆lɛ] 《方》 *n.* 腺炎 [Ka. D1350] (Gowda)

ಗಳಿಕೆ ⟦gaḷike ガリケ⟧ [gəḷike] *n.* 収入、儲け = ಆದಾಯ (ādāya) [Ka. *gaḷisu* + *-isu*]

ಗಳಿಗೆ¹ ⟦gaḷige ガリゲ⟧ [gəḷĭge] *n.* 1 (新しい衣類の)折り目、たたみ目 ¶ ಇನ್ನೂ ಹೊಸ ಸೀರೆ ಗಳಿಗೆಯನ್ನು ಮುರಿದಿಲ್ಲ. (innū hosa sīre gaḷigeyannu muridilla.) 新しいサーリーはまだたたんだままである。 2 (石灰を塗りビンロウジュの実と香料を入れて)折りたたんで食べる準備ができたキンマの葉 [? cf. Tu. *gaḷige*] = ಮಡಿಕೆ (maḍike)

ಗಳಿಗೆಮುರಿ ⟦gaḷigemuri ガリゲムリ⟧ [gəḷigemuri] *vi.* 《*gen.*》新しいサーリーなどを(包装から出して折り目を)開く [+ *muri*]

ಗಳಿಗೆ² ⟦gaḷige ガリゲ⟧ [gəḷĭge] ಗಣಿಗೆ, ಗಳಗೆ, ಘಳಿಗೆ *n.* 穀物を貯蔵するための籠 [Ka. D1375]

ಗಳಿಬಿಳಿ ⟦gaḷibiḷi ガリビリ⟧ [gəḷibiḷi] (*n.*) 流暢な話しぶりを表す擬態語 ¶ ಪ್ರಿಯಾಂಕಳ ಗಳಿಬಿಳಿ ಮಾತಿನಿಂದ ಸೀತಮ್ಮನವರಿಗೆ ತುಂಬಾ ಖುಶಿಯಾಯಿತು. (priyāṃkaḷa gaḷibiḷi mātinimda sītammanavarige tumbā kʰuśiyāyitu.) シータンマはプリヤーンカの流暢な話しぶりを喜んだ。 [Ka. mim.]

ಗಳಿಸು ⟦gaḷisu ガリス⟧ [gəḷisu] *vt.* 〈金を〉儲ける、(働いて)〈収入を〉得る = ಘಟಿಸು (gʰaṭisu) [Sk. *gʰaṭisu*]

ಗಳು ⟦gaḷu ガル⟧ [gəḷu] *n.* 1 竹竿 2 キビなどの茎 [Ka. *D1166] = ಗಳೆ (gaḷe)

ಗಳೆ ⟦gaḷe ガレ⟧ [gəḷe] ಕಣೆ, ಗಡಿ, ಗಡೆ, ಗಣಿ, ಗಣೆ, ಗಣೆಯ, ಗಳ, ಗಳು, ಗಱು, ಘಳಿ, ಘಳೆ, ಘಳೆಯ *n.* 1 竹竿 2 牛乳を攪拌する棒 3 (弓の)矢 4 地面の長さを計る単位の一種、またはそれを計る棒 = ಗಳು (gaḷu) [Ka. *D1370]

ಗರ್ ⟦gar̤ ガル⟧ [gər̤ː] 《古》 (*n.*) げふっ(げっぷを出す音を表す擬音語) ◇ *adv.* ಗಱ್ಱನೆ (gaṟṟane) げっぷの音を立てながら [Ka. onom. *D1401]

ಗಱ ⟦gaṟa ガラ⟧ [gəṟɐ] 《‡》 *adv.* ぐるぐる [Ka. D1387] (*Kitt.*)

ಗಱಕು ⟦gaṟaku ガラク⟧ [gəṟə̆ku] 《‡》 *n.* (岩、のこぎりの目、碾き臼などの)ぎざぎざ (*DEDR*) [Ka. D1265]

ಗಱಗಱ¹ ⟦gaṟagaṟa ガラガラ⟧ [gəṟə̆gəṟɐ] 《‡》 (*n.*) ばりばり(パーパルなど薄くて硬くてもろいものを噛んだ時に出る音を表す擬音語) [Ka. *D1386] (*Kitt., My.*)

ಗಱಗಱ² ⟦gaṟagaṟa ガラガラ⟧ [gəṟə̆gəṟɐ] 《‡》 *adv.* ぐるぐると [Ka. *D1387] (*Kitt., My.*) = ಗರಗರ (garagara) 〔現〕

ಗಱಗು ⟦gaṟagu ガラグ⟧ [gəṟə̆gu] 《‡》 (*n.*) [Ka. D1386] ☞ಗರುಗು, ಗಱುಗು (garugu, gaṟugu)

ಗಱಿ ⟦gaṟi ガリ⟧ [gəṟi] 《古》 *n.* 1 鳥の翼 = ಗರಿ (gari) 〔現〕 2 鳥の羽 = ಪುಚ್ಚ (pucca) [Ka. D1394]

ಗಱುಗು ⟦gaṟugu ガルグ⟧ [gəṟŭgu] 《古》 (*n.*) 1 (揚げたり焼いたりして)乾いてもろくなった〈こと〉、ぱりぱりである〈こと〉 2 (日光などで)からからになった〈こと〉、かさかさである〈こと〉 [Ka. D1386] ☞ಗರುಗು (garugu)

ಗಱ್ಱ ⟦gaṟṟa ガッラ⟧ [gəṟṟɐ] 《‡》 (*n.*) げふっ(大きな音でげっぷを出す音を表す擬音語) [Ka. onom. D1401] (*Kitt.*)

ಗಱ್ಱಗಱ್ಱನೆ ⟦gaṟṟagaṟṟane ガッラガッラネ⟧ [gəṟṟəgəṟṟəne] 《古》 *adv.* げふげふと(大きな音でげっぷを繰り返す様子を示す) [Ka. onom. *D1401] (*Kitt., Bp.59,19*)

ಗಱ್ಱನೆ ⟦gaṟṟane ガッラネ⟧ [gəṟṟəne] 《‡》 *adv.* げふっと (*My.* (*Kitt.*)) [Ka. onom. *D1401]

ಗೞ್ ⟦gaḻ ガル⟧ [gaɻ] 《‡》 *n.* [Ka. D1370] (*DEDR*) ☞ಗೞು (gaḻu)

ಗೞ ⟦gaḻa ガラ⟧ [gaɻɐ] 《‡》 *n.* [Ka. D1370] (*Kitt.*) = ಗೞು, ಗಳು (gaḻu, gaḷu)

ಗೞಗೞ ⟦gaḻagaḻa ガラガラ⟧ [gaɻə̆gaɻɐ] 《古》 (*n.*) (涙などが) ぽろぽろと落ちる様子を表す擬態語 ◇ *adv.* ಗೞಗೞನೆ (gaḻagaḻane) ぽろぽろと [Ka. mim.]

ಗೞು ⟦gaḻu ガル⟧ [gaɻu] 《古》 *n.* 竹竿(曲芸師が使う竹竿を含む) = ಗಳು (gaḷu) 〔現〕

ಗೞುವು ⟦gaḻuvu ガルヴ⟧ [gaɻŭvu] 《‡》 *n.* [Ka. D1370] (*My.* (*Kitt.*)) ☞ಗೞು (gaḻu)

ಗಟೆ ⟦gaṛe ガレ⟧ [gaɭe] 《古》 n. [Ka. D1370] ☞ಗಳೆ (gaḷe)

ಗಟ್ಡೆ ⟦gaṛde ガルデ⟧ [gəɭde] 《古》 n. 農地、(特に)田 (inscr.) = ಗದ್ದೆ (gadde) 〔現〕 [Ka. D1355]

ಗಾಂಜಾ ⟦gāṃjā ガーンジャー⟧ [gɐːɲdʒɐː] n. 麻、大麻 ⇀ 繊・薬 [H. gāṃjā ←Pk. gaṃja- <? T3964] = ಭಂಗಿಗಿಡ (bʰaṃgigiḍa) (IMP 1.357)

ಗಾಂಜಾಗಿಡ ⟦gāṃjāgiḍa ガーンジャーギダ⟧ [gɐːɲdʒɐːgiɖɐ] n. 大麻草 ⇀ 繊・薬 [+ giḍa] = ಭಂಗಿಗಿಡ (bʰaṃgigiḍa)

ಗಾಂಪ ⟦gāṃpa ガーンパ⟧ [gɐːmpɐ] m. 《f. ಗಾಣ್ಪಿ (gāṇpi)》 1 田舎者、粗野な人 2 愚か者、間抜け [Ka. *D1456]

ಗಾಂಪು ⟦gāṃpu ガーンプ⟧ [gɐːɳpu] n. 1 田舎者であること、粗野であること、洗練されていないこと 2 愚か者であること、間抜けであること [Ka. *D1456]

ಗಾಂಭೀರ್ಯ ⟦gāṃbʰīrya ガーンビーリヤ⟧ [gɐːmbʰiːrjɐ] n. 1 深いこと 2 威厳があること、重々しいこと ¶ ರಾಷ್ಟ್ರಪತಿಯ ಗಾಂಭೀರ್ಯವನ್ನು ಜನ ಮೆಚ್ಚುತ್ತಾರೆ. (rāṣṭrapatiya gāṃbʰīryavannu jana meccuttāre.) 人々は大統領の威厳のある人柄を評価している。 3 (性格の)真面目さ ¶ ಅವನ ನಡತೆಯಲ್ಲಿ ಗಂಭೀರ್ಯವೇ ಇಲ್ಲ. (avana naḍateyalli gaṃbʰīryavē illa.) 彼の振る舞いには品位がない。 4 幸不幸に左右されない人格 [Sk.]

ಗಾಜು ⟦gāju ガージュ⟧ [gɐːʤu] ಕಾಜು n. ガラス [Sk. kacca-]

ಗಾಜುಲೇಪ ⟦gājulēpa ガージュレーパ⟧ [gɐːʤuleːpɐ] 《文》 n. エナメル [gāju + lēpa]

ಗಾಟ ⟦gāṭa ガータ⟧ [gɐːʈɐ] n. (タバコ、トウガラシなどの)強い刺激臭 [Ka. D1492]

ಗಾಟು ⟦gāṭu ガートゥ⟧ [gɐːʈu] n. (タバコ、トウガラシなどの)強い刺激臭 [Ka. D1492]

ಗಾಡಿ¹ ⟦gāḍi ガーディ⟧ [gɐːɖi] n. 手品、魔術 [< gāruḍi]

ಗಾಡಿ² ⟦gāḍi ガーディ⟧ [gɐːɖi] n. 車 = ಚಕ್ಕಾಂಡಿ, ಬಂಡಿ (cakkāṃḍi, baṃḍi) [M. gāḍī T4116]

ಗಾಡಿ³ ⟦gāḍi ガーディ⟧ [gɐːɖi] n. (普通男子の容色の)美しさ、美貌 ¶ ಅವನ ಗಾಡಿಯೇ ಅವನ ಅಸ್ತ್ರ. (avana gāḍiyē avana astra.) 彼の美貌がその武器だ。 [?]

ಗಾಢ ⟦gāḍʰa ガーダ⟧ [gɐːɖʰɐ] adj. 1 深い(眠り、愛、思想、研究など) 2 濃い(色など) 3 高度の、程度が高い ¶ ಜ್ಯೋತಿಷ್ಯ ಅವನ ಮೇಲೆ ಗಾಢ ಪರಿಣಾಮ ಬೀರಿದೆ. (jyōtiṣya avana mēle gāḍʰa pariṇāma bīride.) 占星術が彼の上に強い影響を及ぼしている。 [Sk.]

ಗಾಣ¹ ⟦gāṇa ガーナ⟧ [gɐːɳɐ] ಗಾಳ n. 1 釣り針 2 わな ☞= ಗಾಳ (gāḷa) [Ka. D1495]

ಗಾಣ² ⟦gāṇa ガーナ⟧ [gɐːɳɐ] ಗಾಣ n. 搾油機、サトウキビを搾る機械 [M. gāṇā, gāṇī cf. Ta. kāṇam, Te. gānūga, Tu. gāṇa, Pk. gʰāṇa-]

ಗಾಣವಾಡಿಸು ⟦gāṇavāḍisu ガーナヴァーディス⟧ [gɐːɳəvɐːɖisu] vi. 搾油機を動かす —vt. 〈人を〉無駄に走り回らせる ¶ ಜಿಲ್ಲಾಧಿಕಾರಿ ರೈತರನ್ನು ಸುಮ್ಮನೆ ಗಾಣವಾಡಿಸುತ್ತಿದ್ದಾರೆ. (jillādʰikāri raitarannu summane gāṇavāḍisuttidāre.) 県の長官が農民たちを無駄に走り回らせている。 [Ka. caus.]

ಗಾಣವಾಡು ⟦gāṇavāḍu ガーナヴァードゥ⟧ [gɐːɳəvɐːɖu] vt. 〈油などを〉搾油機で搾る ¶ ಎಳ್ಳನ್ನು ಗಾಣವಾಡು! (eḷḷannu gāṇavāḍu!) ごま油を搾れ。 [+ āḍu]

ಗಾಣ³ ⟦gāṇa ガーナ⟧ [gɐːɳɐ] 《古》 n. 歌、歌を歌うこと —m. 《f. ಗಾಣಿ (gāṇi)》歌手、歌うたい [Sk. gāna-]

ಗಾಣಿ ⟦gāṇi ガーニ⟧ [gɐːɳi] 《古》 f. 《m. ಗಾಣ (gāṇa)》 女性の歌手、女性の歌い手 [f. of gāṇa]

ಗಾಣಿಗ ⟦gāṇiga ガーニガ⟧ [gɐːɳigɐ] ಗಣಿಗ m. 《f. ಗಾಣಿಗಿತ್ತಿ (gāṇigitti)》油屋、油を搾る人 —n. 尾羽が白い大きなカラスの一種 [Ka. gāṇa + -iga]

ಗಾಣಿಗಿತ್ತಿ ⟦gāṇigitti ガーニギッティ⟧ [gɐːɳigitti] ಗಾಣಿಗಿತಿ f. 《m. ಗಾಣಿಗ (gāṇiga)》油屋の妻、油を搾る人の妻 [f. of gāṇiga]

ಗಾಣ್ಪ ⟦gāṇpa ガーンパ⟧ [gɐːɳpɐ] 《‡》 m. 《f. ಗಾಣ್ಪಿ (gāṇpi)》田舎者、粗野な人、間抜け [Ka. D1456] (Kitt., Čt. I.101)

ಗಾಣ್ಪು ⟦gāṇpu ガーンプ⟧ [gɐːɳpu] 《‡》 n. 愚かさ、間抜け [Ka. D1456] (Čt. I (Kitt.))

ಗಾತರ ⟦gātara ガータラ⟧ [gɐːtərɐ] ಗಾತುರ 《文》 n. 体、身体 [Sk. gātra-] ☞ಗಾತ್ರ (gātra)

ಗಾತಿಕ ⟦gātika ガーティカ⟧ [gɐːtikɐ] 《文》 n. 音楽での二つの音の同時使用 [?]

ಗಾತ್ರ ⟦gātra ガートラ⟧ [gɐːtrɐ] ಗಾತರ, ಗಾತುರ, ಘಾತ್ರ n. 1 体、体格 2 体の部分(頭、手足など) 3 大きさ、サイズ ¶ ಪುಸ್ತಕ ಗಾತ್ರ ಬಹಳ ದೊಡ್ಡದಾಗಿದೆ. (pustaka gātra bahaḷa doḍḍadāgide.) その本のサイズはとても大きい。 4 象の体の前部 5 1000 枚のキンマの葉の束 [Sk.]

ಗಾತ್ರಸ್ಫುರಣ ⟦gātraspʰuraṇa ガートラスプラナ⟧ [gɐːtrəspʰurəɳɐ] 《文》 n. (目尻など)体の一部が震えること [Sk.]

ಗಾತ್ರಿಗ ⟦gātriga ガートリガ⟧ [gɐːtrigɐ] m. キンマの葉を売る人 [gātra + -iga]

ಗಾಥ ⟦gātʰa ガータ⟧ [gɐːtʰɐ] n. 詩、詩文 = ಗಾಥೆ (gātʰe) [Sk.]

ಗಾಥೆ ⟦gātʰe ガーテ⟧ [gɐːtʰe] 《文》 n. 1 詩、詩文 = ಕಥೆ (katʰe) 2 (叙事詩、バラードなど)韻文の物語 3 格言、諺 [Sk.]

ಗಾದರಿ ⟦gādari ガーダリ⟧ [gɐːđəri] n. 打たれたり虫に刺されたりして皮膚にできた赤いあと [Ka. D1196]

ಗಾದಿ ⟦gādi ガーディ⟧ [gɐːdi] n. 1 綿などを詰めた座ったり寝たりするためのクッション 2 玉座、王座 3 王位またはそれに類した高い地位 [M. gādī T4053]

ಗಾದೆ ⟦gāde ガーデ⟧ [gɐːde] n. 諺 [Sk. gātʰā-]

ಗಾನ ⟦gāna ガーナ⟧ [gɐːnɐ] n. 1 歌 2 歌うこと、歌唱 [Sk.] = ಗಾಯನ (gāyana)

ಗಾನಕಲೆ ⟦gānakale ガーナカレ⟧ [gɐːnəkəle] n. 声楽、歌唱術 [Sk.]

ಗಾನಪದ್ಧತಿ ⟦gānapaddʰati ガーナパッダティ⟧ [gɐːnəpəddʰati] 《文》 *n.* 歌唱法 [Sk.]

ಗಾನಶಯ್ಯೆ ⟦gānaśayye ガーナシャイエ⟧ [gɐːnəʃəĭje] 《文》 *n.* 声楽の流派、声楽の楽派 [Sk.]

ಗಾನಶಾಲೆ ⟦gānaśāle ガーナシャーレ⟧ [gɐːnəʃɐːle] *n.* 音楽を演奏する広間 [Sk.]

ಗಾಬರಿ ⟦gābari ガーバリ⟧ [gɐːbə̆ri] ಘಾಬರಿ *n.* 怖がること、おびえること [H./M. *gʰābărā* T4427]

ಗಾಬರಿಗೊಳ್ಳು ⟦gābarigoḷḷu ガーバリゴッル⟧ [gɐːbərigoḷḷu] 《文》 *vi.* 怖がる、おびえる = ಗಾಬರಿಪಡು (gābaripaḍu) [+ *koḷḷu*]

ಗಾಬರಿಪಡಿಸು ⟦gābaripaḍisu ガーバリパディス⟧ [gɐːbəripəḍisu] *vt.* 恐がらせる、おびえさせる、脅す [+ *paḍisu*]

ಗಾಬರಿಪಡು ⟦gābaripaḍu ガーバリパドゥ⟧ [gɐːbəripəḍu] *vi.* 怖がる、強がる、おびえる = ಗಾಬರಿಗೊಳ್ಳು (gābarigoḷḷu) [+ *paḍu*]

ಗಾಬು ⟦gābu ガーブ⟧ [gɐːbu] *n.* ラーギの糠(ぬか)(牛などの飼料になる) [?]

ಗಾಮ ⟦gāma ガーマ⟧ [gɐːmɐ] ಗಾವ, ಗಾವೆ 《古》 *n.* 1 村 2 田舎 [Sk. *grāma-*]

ಗಾಮಿಗ ⟦gāmiga ガーミガ⟧ [gɐːmigɐ] 《古》 *m.* 1 村人 2 田舎の人 [*gāma* + *-iga*]

ಗಾಮುಂಡ ⟦gāmuṃḍa ガームンダ⟧ [gɐːmuṇḍɐ] ಗೌಂಡ, ಗವುಂಡ, ಗೌಂಡ, ಗೌಡ, ಗಾವುಂಡ 《古》 *m.* 村の長 [Sk. *grāmavṛddha-*]

ಗಾಂಪ ⟦gāmpa ガーンパ⟧ [gɐːmpɐ] *m.* 田舎者、間抜け [Ka. D1456]

ಗಾಂಪು ⟦gāmpu ガーンプ⟧ [gɐːmpu] *n.* 田舎者じみた振る舞い、間抜けであること [Ka. D1456]

ಗಾಯ ⟦gāya ガーヤ⟧ [gɐːjɐ] ಘಾಯ *n.* 負傷、怪我 [Sk. *ghāta-*/Pk. *ghāya-*]

ಗಾಯಗೊಳಿಸು ⟦gāyagoḷisu ガーヤゴリス⟧ [gɐːjəgoḷĭsu] 《文》 *vt.* 〈人を〉怪我させる、傷つける [+ *koḷisu*]

ಗಾಯಗೊಳ್ಳು ⟦gāyagoḷḷu ガーヤゴッル⟧ [gɐːjəgoḷḷu] 《文》 *vi.* 負傷する [Ka.]

ಗಾಯಕ ⟦gāyaka ガーヤカ⟧ [gɐːjəkɐ] *m.* 《*f.* ಗಾಯಕಿ (gāyaki)》歌手 —*n.* 1 歌を歌うこと 2 鳴く鳥の一種 [Sk.]

ಗಾಯಕಿ ⟦gāyaki ガーヤキ⟧ [gɐːjəki] *f.* 《*f.* ಗಾಯಕ (gāyaka)》女性の歌手 [Sk.]

ಗಾಯತ್ರಿ ⟦gāyatri ガーヤトリ⟧ [gɐːjətri] *n.* 1 ヴェーダの韻律の一種 2 26の韻律のうち6番目の韻律 3 リグ・ヴェーダの特に神聖な詩の名 4 五つの顔を持つ女神の名 [Sk.]

ಗಾಯನ ⟦gāyana ガーヤナ⟧ [gɐːjə̆nɐ] *n.* 1 歌 2 歌うこと、声楽 = ಹಾಡು, ಗಾನ (hāḍu, gāna) [Sk.]

ಗಾಯಾಳು ⟦gāyāḷu ガーヤール⟧ [gɐːjɐːḷu] *mf.* 負傷した人、怪我人 [*gāya* + *āḷu*]

-ಗಾರ ⟦-gāra -ガーラ⟧ [gɐːrɐ] -ಗಾಱ *suf.* 《*f.* *-gāti, gārti*》名詞の後ろに付いて「…する男性」「…を持つ男性」などの意味を表す接尾辞 ¶ ಗುನ್ಹೆಗಾರ (gunhegāra) 犯罪者 [Ka. < *-kāra*]

-ಗಾತಿ ⟦-gāti -ガーティ⟧ [gɐːti] *f.suf.* 《*m.* *-gāra*》名詞の後ろに付いて「…する女性」「…を持つ女性」などの意味を表す接尾辞 ¶ ಗುನ್ಹೆಗಾತಿ (gunhegāti) 女性の犯罪者 [Ka. < *-kārti*]

-ಗಾಱ ⟦-gāṟa -ガーラ⟧ [gɐːṟɐ] 《古》 *suf.* 《*f.* *-gāti, gārti*》名詞の後ろに付いて「…する人」「…を持つ人」などの意味を表す接尾辞 [Ka. < *-kāṟa*] ☞-ಗಾರ (-gāra)

ಗಾರು ⟦gāru ガール⟧ [gɐːru] ಗಾಱು 《古》 *n.* 体の内部の熱から生じると信じられているひどい発疹 (*Kitt.,My.*) = ಗಾರುಬೊಕ್ಕೆ (gārubokke) [Ka. D1469]

ಗಾರುಡ ⟦gāruḍa ガールダ⟧ [gɐːruḍɐ] *n.* 魔術、手品 = ಗಾರುಡಿ (gāruḍi) [Sk.]

ಗಾರುಡಿ ⟦gāruḍi ガールディ⟧ [gɐːruḍi] *n.* 魔術、手品 = ಗಾರುಡ (gāruḍa) [Sk.]

ಗಾರುಡಿಗ ⟦gāruḍiga ガールディガ⟧ [gɐːruḍigɐ] *m.* 《*f.* ಗರುಡಿಗಿತ್ತಿ (garuḍigitti)》 1 蛇を制御する術を知っている人、蛇使い、蛇にかまれた人を治療する術を学んだ人 2 魔術師、手品師 [Sk. *gāruḍa* + *-iga*]

ಗಾರುಬೊಕ್ಕೆ ⟦gārubokke ガールボッケ⟧ [gɐːrubokke] 《古》 *n.* 体の内部の熱から生じると信じられているひどい発疹 = ಗಾರು (gāru) [*gāru* D1469 + *bokke*]

ಗಾರೆ[1] ⟦gāre ガーレ⟧ [gɐːre] 《古》 *n.* モモタマナ(シクンシ科モモタマナ属、ミロバランの一種、以前は洗剤や行者の整髪剤として用いられた) ⇀ 洗・薬 = ಇಂಗುದೀಫಲ (iṃgudīpʰala) [Ka. D1575]

ಗಾರೆ[2] ⟦gāre ガーレ⟧ [gɐːre] *n.* 漆喰、モルタル(材料としての石灰、砂、水の混合物) [? Ta. *kārai* Te. *gāra* M. *gārā*, T4137]

ಗಾರೆಕಲ್ಲು ⟦gārekallu ガーレカッル⟧ [gɐːrekəllu] *n.* モルタルを磨いてなめらかにするための石 [Ka. *gāre*[2] + *kallu*]

ಗಾರೆಕೆಲಸ ⟦gārekelasa ガーレケラサ⟧ [gɐːrekeləsɐ] *n.* 漆喰やモルタルを塗る仕事 [*gāre* + *kalasa*]

ಗಾರ್ದಭ ⟦gārdabʰa ガールダバ⟧ [gɐːrdəbʰɐ] 《文》 *n.* ロバ [Sk. *gardabʰa-*]

ಗಾರ್ಹಸ್ಥ್ಯ ⟦gārhastʰya ガールハスティャ⟧ [gɐːrhəstʰjɐ] 《文》 *n.* 1 世帯を持っている状態、世帯主の地位 2 家住期(インドの伝統的な人生の4段階のうち2番目に当たり、結婚して家庭を持って子孫を作るべき時期) [Sk.]

ಗಾಲಿ ⟦gāli ガーリ⟧ [gɐːli] *n.* (車の)輪、車輪 [Ka. D1483]

ಗಾಲಿಕುರ್ಚಿ ⟦gālikurci ガーリクルチ⟧ [gɐːlikurʧi] *n.* 車椅子 [*gāli* + *kurci*]

ಗಾವರ ⟦gāvara ガーヴァラ⟧ [gɐːvərɐ] 《古》 *n.* 1 騒ぎ、騒動 2 ミツバチなどのうなり声 [Ka. D1341]

ಗಾವಳ ⟦gāvaḷa ガーヴァラ⟧ [gɐːvə̆ḷɐ] 《文》 *n.* 暗闇、暗黒 ☞ಕಾವಳ (kāvaḷa)[1] [Ka. D1489]

ಗಾವಳಿ ⟦gāvaḷi ガーヴァリ⟧ [gɐːvəɭi] 《古》 *n.* 1 騒ぎ、騒動 2 群衆、暴徒 3 困難、面倒 4 栄光、堂々、威厳 [Ka. D1341, ? cf. Sk. *kāhala-*]

ಗಾವಿಲ ⟦gāvila ガーヴィラ⟧ [gɐːvilɐ] ಗಾವಿಳ *m.* 《*f.* ಗಾವಿಲಳು (gāvilaḷu)》 1 田舎に住む人、村に住む人 2 村の長 3 田舎者、田舎っぽい人 [Ka.]

ಗಾವಿಲತನ ⟦gāvilatana ガーヴィラタナ⟧ [gɐːvilətənɐ] 《古》 *n.* 田舎者、田舎っぽい人であること [*gāvila* + *-tana*]

ಗಾವಿಲಿ ⟦gāvili ガーヴィリ⟧ [gɐːvili] 《古》 *f.* 《*m.* ಗಾವಿಲ (gāvila)》田舎者の女性 [f. of *gāvila*]

ಗಾವುದ ⟦gāvuda ガーヴダ⟧ [gɐːvudɐ] 《古》 *n.* 距離の単位の一種(約 8km) [Sk. *gavyūta-*]

ಗಾಸಿ ⟦gāsi ガーシ⟧ [gɐːsi] ಘಾಸಿ *n.* 1 困難、難儀 ¶ ಅವನು ನಮ್ಮನ್ನು ತುಂಬ ಗಾಸಿ ಮಾಡಿದ. (avanu nammannu tuṃba gāsi māḍida.) 彼は我々にひどく迷惑をかけた。= ತೊಂದರೆ (toṃdare) 2 疲れ ¶ ನಾನು ಗದ್ದೆಯಲ್ಲಿ ಕೆಲಸ ಮಾಡಿ ಗಾಸಿಯಾಗಿದ್ದೇನೆ. (nānu gaddeyalli kelasa māḍi gāsiyāgiddēne.) 私は一日中田んぼで仕事をして疲れている。 [Ka. D1430]

ಗಾಹೆ ⟦gāhe ガーヘ⟧ [gɐːhe] 《古》 *n.* 物語詩 [Sk *gātʰā-*]

ಗಾಳ್ ⟦gāḷ ガール⟧ [gɐːɭ] 《文》 *n.* 《複合語頭で》 1 風 (*Bp.18.30*) 2 空気 [Ka. D1499] ☞ಗಾಳಿ (gāḷi)

ಗಾಳ ⟦gāḷa ガーラ⟧ [gɐːɭɐ] ಗಾಣ *n.* 1 釣り針 2 わな、騙して捕らえる仕掛け [Ka. D1495] ☞ಗಾಣ (gāṇa)

ಗಾಳಹಾಕು ⟦gāḷahāku ガーラハーク⟧ [gɐːɭəhɐːku] *vi.* 1 (餌をつけた)釣り針を垂らして(魚を)待つ 2 餌でおびき寄せる ¶ ಪೊಲೀಸರು ಗಾಳಹಾಕಿ ಕಳ್ಳನನ್ನು ಹಿಡಿದರು. (polīsaru gāḷahāki kaḷḷanannu hiḍidaru.) 警察官は泥棒をわなを仕掛けて捕まえた。 [+ *hāku*]

ಗಾಳನ ⟦gāḷana ガーラナ⟧ [gɐːɭənɐ] 《文》 *n.* 篩(ふるい)で篩うこと [Sk. *gālana-*]

ಗಾಳಕ ⟦gāḷaka ガーラカ⟧ [gɐːɭəkɐ] 《文》 *m.* 《*f.* ಗಾಳಕಿ (gāḷaki)》ペテン師、ごまかす人 [Ka. D1496]

ಗಾಳಿ ⟦gāḷi ガーリ⟧ [gɐːɭi] *n.* 1 風 2 空気 ¶ ಬಾಗಿಲು ತೆರೆದ ಕೂಡಲೇ ಒಳಗಿಂದ ಗಮ್ಮೆಂದು ಗಾಳಿ ಬಂತು. (bāgilu tereda kūḍalē oḷagiṃda gammeṃdu gāḷi baṃtu.) 戸を開けるやいなや、家の中から芳香が流れてきた。 3 悪鬼、悪霊 [Ka. D1499]

ಗಾಳಿಗುದ್ದು ⟦gāḷiguddu ガーリグッドゥ⟧ [gɐːɭiguddu] *vi.* 風に向かって拳骨を振り回す(役に立たない振る舞いをする) [*gāḷi* + *guddu* D1850(b) < *gurdu*]

ಗಾಳಿತುಂಬಿಸು ⟦gāḷituṃbisu ガーリトゥンビス⟧ [gɐːɭitumbisu] *vi.* 1 空気を満たす 2〔喩〕やる気を起こさせる ¶ ಕೆಲಸದವನು ಮಾಲಿಕನಿಗೆ ಗಾಳಿತುಂಬಿಸಿ ತನ್ನ ಕೆಲಸ ಮಾಡಿಸಿಕೊಂಡ. (kelasadavanu mālikanige gāḷituṃbisi tanna kelasa māḍisikoṃḍa.) 召し使いは主人のやる気を起こさせて当人がしなければならない事を片付けてしまわせた。 [+ *tuṃbisu*]

ಗಾಳಿಕೊಡೆ ⟦gāḷikoḍe ガーリコデ⟧ [gɐːɭikoɖe] *n.* 落下傘、パラシュート [*gāḷi* + *koḍe*]

ಗಾಳಿಕೋಳಿ ⟦gāḷikōḷi ガーリコーリ⟧ [gɐːɭikoːɭi] *n.* 風見鶏 [*gāḷi* + *kōḷi*]

ಗಾಳಿಗಂಬ ⟦gāḷigaṃba ガーリガンバ⟧ [gɐːɭigəmbɐ] *n.* (舟の)マスト [*gāḷi* + *kaṃba*]

ಗಾಳಿಗಿರಣಿ ⟦gāḷigiraṇi ガーリギラニ⟧ [gɐːɭigirəɳi] *n.* 風車、かざぐるま [*gāḷi* + *giraṇi*]

ಗಾಳಿಗೋಪುರ ⟦gāḷigōpura ガーリゴープラ⟧ [gɐːɭigoːpurɐ] *n.* 空中楼閣 ¶ ನಮ್ಮ ಯೋಜನೆ ಗಾಳಿಗೋಪುರವಾಯಿತು. (namma yōjane gāḷigōpuravāyitu.) 我々の計画は空中楼閣だったことが分かった。 [*gāḷi* + *gōpura*]

ಗಾಳಿಪಟ ⟦gāḷipaṭa ガーリパタ⟧ [gɐːɭipəʈɐ] *n.* 凧 [*gāḷi* + *paṭa*]

ಗಾಳಿವರ್ತಮಾನ ⟦gāḷivartamāna ガーリヴァルタマーナ⟧ [gɐːɭivərtəmɐːnɐ] *n.* 噂、風説、流言 = ಗಾಳಿಸಮಾಚಾರ (gāḷisamācāra) [*gāḷi* + *vartamāna*]

ಗಾಳಿಸಮಾಚಾರ ⟦gāḷisamācāra ガーリサマーチャーラ⟧ [gɐːɭisəmɐːʧɐːrɐ] *n.* 噂、風説、流言 = ಗಾಳಿವರ್ತಮಾನ (gāḷivartamāna) [*gāḷi* + *samācāra*]

ಗಾಳಿಸವಾರಿ ⟦gāḷisavāri ガーリサヴァーリ⟧ [gɐːɭisəvɐːri] *n.* 散歩、そぞろ歩き、ぶらつくこと [*gāḷi* + *savāri*]

ಗಾಳಿಸು ⟦gāḷisu ガーリス⟧ [gɐːɭisu] *vt.* 1 篩(ふるい)にかける、こす 2 篩にかける、必要なものを取り出す ¶ ಸುದ್ದಿಗಳನ್ನು ಗಾಳಿಸಿ ಮಹತ್ವದ ವಿಷಯವನ್ನು ತೆಗೆದುಕೋ. (suddigaḷannu gāḷisi mahatvada viṣayavannu tegedukō.) ニュースの中から重要なものを取り出しなさい。 —*vi.* 滴る、滴り落ちる [Sk. *gālana-* + *-isu*]

ಗಾಳಿಸುದ್ದಿ ⟦gāḷisuddi ガーリスッディ⟧ [gɐːɭisuddi] *n.* 噂、風説、流言 = ಗಾಳಿಸಮಾಚಾರ (gāḷisamācāra) [*gāḷi* + *suddi*]

ಗಾಳಿಸೊಂಕು ⟦gāḷisoṃku ガーリソンク⟧ [gɐːɭisoŋku] *n.* ☞ಗಾಳಿಸೋಂಕು (gāḷisōṃku)

ಗಾಳಿಸೋಂಕು ⟦gāḷisōṃku ガーリソーンク⟧ [gɐːɭisoːŋku] ಗಾಳಿಸೊಂಕು *n.* 悪霊、悪鬼に取り憑かれること ◇ *vi.* ಗಾಳಿಸೋಂಕು ಆಗು (gāḷisōṃku āgu) 悪霊に取り憑かれる [*gāḷi* + *sōṃku*]

ಗಾಳಿಹಾಕು ⟦gāḷihāku ガーリハーク⟧ [gɐːɭihɐːku] *vi.* 《*dat., loc.*》 1 うちわで扇ぐ ¶ ಕೋಚು ಎರಡನೆ ಸುತ್ತಿನ ಆಟಕ್ಕೆ ಆಟಗಾರನಿಗೆ ಗಾಳಿಹಾಕಿ ಕಳುಹಿಸಿಕೊಟ್ಟರು. (kōcu eraḍane suttina āṭakke āṭagāranige gāḷihāki kaḷuhisikoṭṭaru.) コーチはボクサーをうちわで扇いで第 2 ラウンドに送り出した。 2 奨励する、おだてる、そそのかす ¶ ತನ್ನ ಉದ್ಯಮ ಹೂಡಬೇಕೆಂದು ನಾನು ಅವನಿಗೆ ಗಾಳಿಹಾಕಿದೆ. (tanna udyama hūḍabēkeṃdu nānu avanige gāḷihākide.) 私は彼に自分の事業を始めるよう奨めた。 [*gāḷi* + *hāku*]

ಗಾಱು ⟦gāṟu ガール⟧ [gɐːru] ಗಾಱು 《古》 (*n.*) 1 (皮膚などが)乾燥〈した〉 2 (行動などが)粗野な〈こと〉 3 卑しい〈こと〉、邪悪〈な〉 —*n.* 1 損失、損害 2 傷、打撃 3 (心の)打撃

ಗಿಂಜು¹ ⟦giṃju ギンジュ⟧ [giɲʤu] *vi.* 1〈歯を〉むき出す(追従してものを頼む時の身ぶり) ¶ ಏ-

ಷ್ಟು ಗಿಂಜಿದರೂ ಅವರು ಒಪ್ಪಿಕೊಳ್ಳಲಿಲ್ಲ. (eṣṭu giṃjidarū avaru oppikoḷḷalilla.) どんなに嘆願しても彼は首を縦に振らなかった。 2 交渉する、駆け引きする ¶ ಎಷ್ಟು ಗಿಂಜಿದರೂ ವ್ಯಾಪಾರ ಕುದುರಲಿಲ್ಲ. (eṣṭu giṃjidarū vyāpāra kuduralilla.) 一生懸命交渉したが取り引きは成立しなかった。 [? cf. Ta. *keñcu* D1939]

ಗಿಂಜು² ⟦giṃju ギンジュ⟧ [giɲʤu] ಗೀಜು *n.* えぐいこと、いがらっぽいこと [Ka. D1523?/*D1939]

ಗಿಂಜು³ ⟦giṃju ギンジュ⟧ [giɲʤu] ಗೀಜು *n.* 果物などの食べられる部分 [?]

ಗಿಂಟ ⟦giṃṭa ギンタ⟧ [giɳʈɐ] 《古》 *n.* 二重の糸で織った分厚い布 [Ka. D1540]

ಗಿಂಡಿ ⟦giṃḍi ギンディ⟧ [giɳɖi] *n.* 細首で小型の金属製容器、細い注ぎ口のついた小型の金属製容器[⇒図] [Ka. D1541]

ಗಿಂಡಿ
口付き容器

ಗಿಂಡು ⟦giṃḍu ギンドゥ⟧ [giɳɖu] 《方》 *vt.* (指で)つねる [Ka. D1589] (SK)

ಗಿಂಬಳ ⟦giṃbaḷa ギンバラ⟧ [gimbə̆ɭɐ] *n.* 賄賂、袖の下 ¶ ಅವನಿಗೆ ಸಂಬಳಕ್ಕಿಂತ ಗಿಂಬಳ ಜಾಸ್ತಿ. (avanige saṃbaḷakkiṃta giṃbaḷa jāsti.) あの男は月給より賄賂での収入が多い。 [Ka. *saṃbaḷa* に対応した繰り返し表現]

ಗಿಜ ⟦gija ギジャ⟧ [giʤɐ] 《‡》 (*n.*) 人々のひどい混雑を表す擬態語(普通重畳語として用いられる)(*Kitt.*) [Ka. mim. D1520]

ಗಿಜಗಿಜ ⟦gijagija ギジャギジャ⟧ [giʤə̆giʤɐ] *n.* (人々の) ひどい混雑 ¶ ಸಿನೆಮ ಮುಗಿದಾಗ ರಸ್ತೆಯಲ್ಲಿ ಜನದ ಗಿಜಗಿಜ ಇತ್ತು. (sinema mugidāga rasteyalli janada gijagija ittu.) 映画が終わって映画館から出てきた人々で道路はひどく混み合っていた。 [Ka. onom. D1520]

ಗಿಜಟಿ ⟦gijaṭi ギジャティ⟧ [giʤə̆ʈi] 《‡》 (*n.*) ねちゃねちゃ(腐ったかぼちゃの果肉などのねばねばした状態を表す擬態語)(*St. & Pl.* (*Kitt.*)) [Ka. D1519]

ಗಿಜಿಗಿಜಿ¹ ⟦gijigiji ギジギジ⟧ [giʤigiʤi] (*n.*) 1 多くの虫などが集まってうごめく様子を表す擬態語 2 ぎっしり(入れ物に物が詰まった状態を表す擬態語) ¶ ದೇವಾಲಯದಲ್ಲಿ ದರ್ಶನಕ್ಕಾಗಿ ಜನ ಗಿಜಿಗಿಜಿ ನೆರೆದರು. (dēvālayadalli darśanakkāgi jana gijigiji neredaru.) お寺ではご開帳を一目見るために人々が押し合いへし合いしていた。 [Ka. mim. D1520]

ಗಿಜಿಗಿಜಿ² ⟦gijigiji ギジギジ⟧ [giʤigiʤi] (*n.*) ぐちゃぐちゃ、ねちゃねちゃ(実野菜や果物などがつぶれた状態を表す擬態語) ¶ ಈ ಟೊಮ್ಯಾಟೋ ಗಿಜಿಗಿಜಿ ಆಗಿದೆ. (ī ṭomyāṭō gijigiji āgide.) このトマトはぐちゃぐちゃにつぶれている。

ಗಿಜಿಗಿಜಿಸು ⟦gijigijisu ギジギジス⟧ [giʤigiʤisu] *vi.* ひどく混み合っている、足の踏み場もないほどいっぱいである ¶ ಗಿಜಿಗಿಜಿಸುವ ಬಸ್ಸಿನಲ್ಲಿ ಪ್ರಯಾಣ ಮಾಡುವುದು ಕಷ್ಟ. (gijigijisuva bassinalli prayāṇa māḍuvudu kaṣṭa.) ひどく混みあったバスで旅行するのは大変だ。 [Ka. mim. *D1520]

ಗಿಜಿಗಿಡು ⟦gijigiḍu ギジギドゥ⟧ [giʤigiɖu] *vi.* (市場や家屋などが) 混雑する ¶ ಇಂದು ಶಿವರಾತ್ರಿ, ಆದ್ದರಿಂದ ದೇವಾಲಯ ಗಿಜಿಗಿಡುತ್ತಿದೆ. (iṃdu śivarātri, āddariṃda dēvālaya gijigiḍuttide.) 今日はシヴァラートリ(の祭り)なので、お寺は人でいっぱいだ。 [Ka. mim.]

ಗಿಜಿಗಿಜಿ ⟦gijigiji ギジギジ⟧ [giʤĭgiʤi] *n.* 鳥のさえずり ¶ ತೋಟದಲ್ಲಿ ಪಕ್ಷಿಗಳು ಗಿಜಿಗಿಜಿ ಮಾಡುತ್ತಿದ್ದವು. (tōṭadalli pakṣigaḷu gijigiji māḍuttiddavu.) 公園で鳥たちがさえずっていた。 [Ka. onom. 1515]

ಗಿಜಿಗಿಜಿಸು ⟦gijigijisu ギジギジス⟧ [giʤĭgiʤisu] *vi.* (鳥が) さえずる ¶ ತೋಟದಲ್ಲಿ ಪಕ್ಷಿಗಳು ಗಿಜಿಗಿಜಿಸುತ್ತಿದ್ದವು. (tōṭadalli pakṣigaḷu gijigijisuttiddavu.) 公園で鳥たちがさえずっていた。 [Ka. onom. *D1515]

ಗಿಜಿಗ ⟦gijiga ギジガ⟧ [giʤĭgɐ] 《異》 *n.* [Ka. *D1608] ☞ ಗೀಜಗ (gījaga)

ಗಿಜುಗ ⟦gijuga ギジュガ⟧ [giʤŭgɐ] 《異》 *n.* [Ka. *D1608] ☞ ಗೀಜಗ (gījaga)

ಗಿಟ್ಟಿಸು ⟦giṭṭisu ギッティス⟧ [giʈʈisu] *vt.* 得る、かち得る ¶ ಅವನು ಒಳ್ಳೆಯ ಕಾಲೇಜಿನಲ್ಲಿ ಸೀಟು ಗಿಟ್ಟಿಸಿದ. (avanu oḷḷeya kālējinalli sīṭu giṭṭisida.) 彼はよい大学に入学を許可された。 [Ka. *giṭṭu* + *-isu*]

ಗಿಟ್ಟು ⟦giṭṭu ギットゥ⟧ [giʈʈu] *vi.* 1 得られる、手に入る ¶ ಎಷ್ಟು ಪ್ರಯತ್ನ ಮಾಡಿದರೂ ಯಾವ ಕೆಲಸವೂ ಗಿಟ್ಟಲಿಲ್ಲ. (eṣṭu prayatna māḍidarū yāva kelasavū giṭṭalilla.) いくら努力しても何も仕事が見つからなかった。 2 引き合う ¶ ಜಪಾನಿನಲ್ಲಿ ಈ ಟೀವೀಯನ್ನು ತಯಾರುಮಾಡಿದರೆ ಗಿಟ್ಟುವುದಿಲ್ಲ. (japāninalli ī ṭīvīyannu tayārumāḍidare giṭṭuvudilla.) 日本でこのテレビを作ったら引き合わない。 [Ka. D1538]

ಗಿಟ್ಟೆ ⟦giṭṭe ギッテ⟧ [giʈʈe] 《方》 *n.* 土くれ [Ka. D1539] (Hav.)

ಗಿಡ ⟦giḍa ギダ⟧ [giɖɐ] ಗಿಡು *n.* 1 中型以下の木、若い木、小型の植物 2 木(一般) 3 若木 [Ka. D1941]

ಗಿಡಗ ⟦giḍaga ギダガ⟧ [giɖəgɐ] *n.* 鷹 [Ka. D1527] ☞ ಗಿಡಿಗ (giḍiga)

ಗಿಡಗದೃಷ್ಟಿ ⟦giḍagadṛṣṭi ギダガドゥルシュティ⟧ [giɖəgədruʂʈi] *n.* 鋭い視力、鋭い目 [*giḍaga* + *dṛṣṭi-*]

ಗಿಡಮೂಲಿಕೆ ⟦giḍamūlike ギダムーリケ⟧ [giɖəmu:like] *n.* 薬草 [*giḍa* + *mūlike*]

ಗಿಡಿ ⟦giḍi ギディ⟧ [giɖi] 《古》 *vt.* 1 (穴や狭い場所に) 詰め込む、押し込む 2 〈食物、布などを〉(口に) 詰め込む、押し込む [Ka. D1529] = ತುರುಕು (turuku)

ಗಿಡಿಗ ⟦giḍiga ギディガ⟧ [giɖĭgɐ] ಗಿಡಗ, ಗಿಡುಗ *n.* 鷹 [Ka. D1527]

ಗಿಡಿಬಡಿ ⟦giḍibaḍi ギディバディ⟧ [giɖibəɖi] 《異》 *n.* [Ka. *D1534] ☞ ಗಿಡಿಬಿಡಿ (giḍibiḍi)

ಗಿಡಿಬಿಡಿ ⟦giḍibiḍi ギディビディ⟧ [giɖĭbiɖi] ಗಿಡಿಬಡಿ, ಗಿಡುಬಿಡಿ 《希》 *n.* 占い師などが用いる砂時計型の小さな鼓 [Ka. D1534] = ಬುಡುಬುಡಿಕೆ (buḍubuḍike) 〔汎〕

ಗಿಡಿಮಿಡಿ ⟦giḍimiḍi ギディミディ⟧ [giɖı̆miɖi] 《‡》 *n.* [Ka. D1534] (*Kitt.*) ☞ಗಿಡಿಬಿಡಿ (giḍibiḍi)

ಗಿಡು ⟦giḍu ギドゥ⟧ [giɖu] 《古》 *n.* 若い小さな木 ☞ಗಿಡ (giḍa) [Ka. D1941]

ಗಿಡುಗ ⟦giḍuga ギドゥガ⟧ [giɖŭgɐ] *n.* 鷹 [Ka. D1527] ☞ಗಿಡುಗ (giḍuga)

ಗಿಡುಬಿಡಿ ⟦giḍubiḍi ギドゥビディ⟧ [giɖŭbiɖi] *n.* [Ka. D1534] ☞ಗಿಡಿಬಿಡಿ (giḍibiḍi)

ಗಿಡ್ಡಂಗಿ[1] ⟦giḍḍaṃgi ギッダンギ⟧ [giɖɖəŋgi] 《古》 *n.* **1** (商品の)倉庫 **2** 酒屋 **3** 牢獄、刑務所 [Ka. D1525]

ಗಿಡ್ಡಂಗಿ[2] ⟦giḍḍaṃgi ギッダンギ⟧ [giɖɖəŋgi] *n.* 半袖のシャツ [*giḍḍa* + *aṃgi*]

ಗಿಡ್ಡ ⟦giḍḍa ギッダ⟧ [giɖɖɐ] *m.* 《*f.* ಗಿಡ್ಡಿ (giḍḍi)》極端に背が低い人 [Ka. D1670]

ಗಿಡ್ಡತನ ⟦giḍḍatana ギッダタナ⟧ [giɖɖətə̆nɐ] *n.* 身長が極端に低い〈こと〉= ಗಿಡ್ಡು (giḍḍu) [*giḍḍa* + *-tana*]

ಗಿಡ್ಡಿ ⟦giḍḍi ギッディ⟧ [giɖɖi] *f.* 《*m.* ಗಿಡ್ಡ (giḍḍa)》身長が極端に低い女性 [Ka. D1670] ☞ ಕುಳ್ಳಿ (kuḷḷi)

ಗಿಡ್ಡು ⟦giḍḍu ギッドゥ⟧ [giɖɖu] (*n.*) 体がとても小さい〈こと〉¶ ಅವನು ತುಂಬ ಗಿಡ್ಡು. (avanu tuṃba giḍḍu.) 彼はとても背が低い。[Ka. D1670]

ಗಿಣಿ ⟦giṇi ギニ⟧ [giɳi] *n.* オウム [Ka. D1584] = ಗಿಳಿ (giḷi)

ಗಿಣಿಗಿಣಿ ⟦giṇigiṇi ギニギニ⟧ [giɳı̆giɳi] (*n.*) ちんちん(鈴または金属片でちんちんと鳴るようにした足首用の装身具などの鳴る音を表す擬音語) [Ka. onom. D1545]

ಗಿಣಿಗಿಣಿಕೆ ⟦giṇigiṇike ギニギニケ⟧ [giɳı̆giɳike] *n.* (振ると種がかたかた鳴る)マメ科タヌキマメ属の数種の植物 [Ka. onom. + *-ke* D1545] = ಗಿಲಿಗಿಲಿಗಿಡ (giligiligiḍa)

ಗಿಣಿಮೂಗು ⟦giṇimūgu ギニムーグ⟧ [giɳimu:gu] *n.* かぎ鼻、鷲鼻 [*giṇi* + *mūgu*]

ಗಿಣಿಲು ⟦giṇilu ギニル⟧ [giɳilu] 《古》 *n.* [Ka. *D1541] ☞ಗಿಣ್ಣಲ್ (giṇṇal)

ಗಿಣ್ಣಲ್ ⟦giṇṇal ギンナル⟧ [giɳɳəl] ಗಿಣಿಲು, ಗಿಣ್ಣಿಲ್, ಗಿಣ್ಣಿಲು, ಗಿಳಿಲು 《古》 *n.* 小さな水入れ(口つきのものも口なしのものも含む) [⇒図] [Ka. D1541] = ಗಿಂಡಿ (giṃḍi)

ಗಿಣ್ಣಿಲ್ ⟦giṇṇil ギンニル⟧ [giɳɳil] 《古》 *n.* [Ka. D1541] ☞ಗಿಣ್ಣಲ್ (giṇṇal)

ಗಿಣ್ಣಿಲು ⟦giṇṇilu ギンニル⟧ [giɳɳilu] 《古》 *n.* [Ka. *D1541] ☞ಗಿಣ್ಣಲ್ (giṇṇal)

ಗಿಣ್ಣಲ್ 水入れ

ಗಿಣ್ಣು[1] ⟦giṇṇu ギンヌ⟧ [giɳɳu] *n.* (サトウキビや指などの)節 [Ka. D1946]

ಗಿಣ್ಣು[2] ⟦giṇṇu ギンヌ⟧ [giɳɳu] *n.* **1** 産後2、3日の間出る非常に濃い雌牛の乳 **2** 産後間もない雌牛の乳で作った菓子 [? cf. Te. *śunnu*]

ಗಿದ್ದ ⟦gidda ギッダ⟧ [giddɐ] *n.* (ある分量の)4分の1 [Ka. D1553] ☞ಗಿರ್ಧ (girdʰa)

ಗಿದ್ದಗಾಣಿ ⟦giddagāṇi ギッダガーニ⟧ [giddəˑgɐ:ɳi] 《古》 *n.* (昔の貨幣制度で)1カーニの4分の1 [*gidda* + *kāṇi*] ☞ಕಾಣಿ (kāṇi)

ಗಿದ್ದಗೆ ⟦giddage ギッダゲ⟧ [giddə̆ge] 《古》 *n.* 4分の1ソリゲ(容積の単位、1ギッダゲは約1リットル) [*gidda* + *-ge* [1553]]

ಗಿದ್ದನ ⟦giddana ギッダナ⟧ [giddə̆nɐ] 《古》 *n.* 4分の1ソリゲ(容積の単位) [*gidda* + *-na* 1553]

ಗಿದ್ಧ ⟦giddʰa ギッダ⟧ [giddʰɐ] ಗಿರ್ಧ, ಗಿದ್ದ *n.* [Ka. *D1553]

ಗಿದ್ನ ⟦gidna ギドナ⟧ [gidnɐ] 《古》 *n.* 約8リットルに当たる容積の単位(=2ソリゲ) [Ka. D1553]

ಗಿಬರು ⟦gibaru ギバル⟧ [gibə̆ru] ಗಿವುರು, ಗೆಬರು, ಗೆವರು *vt.* (犬やニワトリなどが)〈地面を〉引っ掻く [Ka. *D1976]

ಗಿಮ್ಚು ⟦gimcu ギムチュ⟧ [gimʧɨ] 《方》 *vt.* しめつける (*Bark, LSB 11.8*) [Ka. D1556]

ಗಿರ್[1] ⟦gir ギル⟧ [girr] (*n.*) ぎー(車輪などが軋む音を表す擬音語) ¶ ಬಾಗಿಲು ಗಿರ್ರೆಂದು ಶಬ್ದ ಮಾಡಿತು. (bāgilu girreṃdu śabda māḍitu.) 扉がぎいっと音を立てた。[Ka. onom. D1593]

ಗಿರ್[2] ⟦gir ギル⟧ [girr] (*n.*) 《*redup.*》くるくる、ぐるぐる(車輪などの回る音を表す擬音語) [Ka. onom. *D1595]

ಗಿರ ⟦gira ギラ⟧ [girɐ] 《古》 *n.* 4分の1 [Ka. D1553]

ಗಿರಕಿ ⟦giraki ギラキ⟧ [girə̆ki] ಗಿರಕೆ *n.* **1** とんぼ返り **2** くるくる回ること、回転、旋回 [*D1595? cf. M. *girăkī*]

ಗಿರಕಿಹೊಡೆ ⟦girakihoḍe ギラキホデ⟧ [girə̆kihoɖe] *n.* **1** くるくる回る、ぐるぐる回る **2** (試験で)不合格になる、すべる

ಗಿರಕು ⟦giraku ギラク⟧ [girəku] ಗಿಱ್ (*n.*) ぎー(古い扉などの軋む音を表す擬音語) [Ka. *D1593]

ಗಿರಣಿ[1] ⟦giraṇi ギラニ⟧ [girə̆ɳi] *n.* 工場 [M. *girăṇī*「工場」]

ಗಿರಣಿ[2] ⟦giraṇi ギラニ⟧ [girə̆ɳi] *n.* 〔婉〕ハンセン病 [M. *girāṇī* ←Pe. *girānī*?]

ಗಿರಪಾವು ⟦girapāvu ギラパーヴ⟧ [girə̆pɐ:vu] 《文》 *n.* $\frac{1}{16}$ セール(1セールは約1リットルあるいは1キログラム) [Ka. *gira*「4分の1」+ *pāvu*]

ಗಿರಲೆ ⟦girale ギラレ⟧ [girə̆le] 《方》 *n.* ゴキブリ (*Kumta, U.P.U.*) [Ka. D2797]

ಗಿರವಿ ⟦giravi ギラヴィ⟧ [girəvi] *n.* 質、抵当 [Pe. *giravī*]

ಗಿರಾಕಿ ⟦girāki ギラーキ⟧ [girɐ:ki] *mf.* **1** (商店などの)顧客、買ってくれる人 ¶ ಅವರು ಒಳ್ಳೇ ಗಿರಾಕಿ. (avaru oḷḷē girāki.) あの人はよいお得意だ。 **2** 人 ¶ ಅವನು ಒಳ್ಳೇ ಗಿರಾಕಿ. (avanu oḷḷē girāki.) 奴は変わった人だ。= ಆಸಾಮಿ (āsāmi) —*n.* 需要 ¶ ಅವನ ಪುಸ್ತಕಕ್ಕೆ ಒಳ್ಳೇ ಗಿರಾಕಿ ಇದೆ. (avana pustakakke oḷḷē girāki ide.) 彼の本はよく売れる。[M. *girhāīkŭ* ←Sk. *grāhaka-*]

ಗಿರಾಯಿಸು ⟦girāyisu ギラーイス⟧ [girɐ:jisu] 《‡》 *vt.* 取り囲む、包囲する [M. *gʰērăṇē*/H. *gʰērănā* + *-isu*] (*My.*

(Kitt.)) ☞ಘೇರಾಯಿಸು (g^hērāyisu)

ಗಿರಿ ⟦giri ギリ⟧ [giri] 《文》 n.〔美〕山、山岳 = ಬೆಟ್ಟ (beṭṭa)〔汎〕[Sk.]

–ಗಿರಿ ⟦-giri -ギリ⟧ [giri] suf. …の仕事(職業、地位などを表す名詞に付く接尾語)¶ ಅಮಲದಾರಗಿರಿ (amaladāragiri) 高官の地位 ¶ ಗುಲಾಮಗಿರಿ (gulāmagiri) 奴隷の身分や仕事 [Pe. -gīrī]

ಗಿರಿಕಿ ⟦giriki ギリキ⟧ [girĭki] n. 1 とんぼ返り 2 くるくる回ること、回転、旋回 ◇ vi. ಗಿರಿಕಿಹೊಡೆ (giriki-hoḍe) くるくると回転する [? cf. M. girăki]

ಗಿರಿಕೆ ⟦girike ギリケ⟧ [girĭke] n. がらがら(子どものおもちゃの一種) [Ka. *D1575] ☞ಗಿರಿಕೆ (girike)

ಗಿರಿಗಿರಿ ⟦girigiri ギリギリ⟧ [girigiri] (n.) ぐるぐる(回転、旋回を表す擬態語) —adv. ぐるぐると(回転、旋回を表す擬態語) [Ka. mim. < OK giṟigṟi *D1595]

ಗಿರಿಗೆ ⟦girige ギリゲ⟧ [girĭge] n. がらがら(子どものおもちゃの一種) [Ka. *D1575] ☞ಗಿಲಿಕೆ (gilike) 2

ಗಿರಿಜ ⟦girija ギリジャ⟧ [giriʤɐ] 《文》 n. 山の産物(木や動物など)、山の幸 [Sk.]

ಗಿರಿಜನ ⟦girijana ギリジャナ⟧ [giriʤənɐ] n. 山岳地帯に住む未開の部族 [Sk.]

ಗಿರಿಜೆ ⟦girije ギリジェ⟧ [giriʤe] n. パールヴァティー女神の別名 [Sk.]

ಗಿರಿದುರ್ಗ ⟦giridurga ギリドゥルガ⟧ [giridurgɐ] 《文》 n. 山の上の城塞 [Sk.]

ಗಿರ್ದ ⟦girda ギルダ⟧ [girdɐ] n. (ある分量の) 4 分の 1 [Ka. ← ardha D1553] ☞ಗಿರ್ಧ (gird^ha)

ಗಿರ್ಧ ⟦gird^ha ギルダ⟧ [gird^hɐ] ಗಿದ್ದ, ಗಿರ, ಗಿರ್ದ n. (ある分量の) 4 分の 1 [Ka. *D1553? ← ard^ha] ☞ಗಿರ್ದ (girda)

ಗಿರ್ರನೆ ⟦girrane ギッラネ⟧ [girrəne] adv. ぐるっと、ひらりと(突然の旋回などを表す擬態語)、ふらっと(めまいなどを表す擬態語) [gir + -ane mim. *D1595]

ಗಿಲ್ ⟦gil ギル⟧ [gill] (n.)《redup.》じん(足飾りなどについた鈴が 1 回なる音を表す擬音語) [Ka. onom. D1575]

ಗಿಲ ⟦gila ギラ⟧ [gilɐ] 《‡》 (n.)《redup.》じん(足飾りなどについた鈴の鳴る音を表す擬音語) (Kitt.) [Ka. onom. 1575]

ಗಿಲಕು ⟦gilaku ギラク⟧ [gilə̆ku] ಗಿಲಿಕು, ಗುಲುಕ್ (n.) じりん(がらがらの鳴る音を表す擬音語) [Ka. onom. D1575]

ಗಿಲಕುಮರ ⟦gilakumara ギラクマラ⟧ [gilə̆kumərɐ] n. (熟した実が鞘の中でかたかた鳴る)マメ科タヌキマメ属の各種植物を指す言葉 [gilaku + mara]

ಗಿಲಕೆ ⟦gilake ギラケ⟧ [gilə̆ke] n. [Ka. onom. D1575] ☞ಗಿಲಿಕೆ (gilike) 1

ಗಿಲಗಿಲ ⟦gilagila ギラギラ⟧ [giləgilɐ] (n.)《redup.》からから、じゃんじゃん(足飾りなどについた鈴の鳴る音を表す擬音語) [Ka. onom. D1575]

ಗಿಲಾಯ ⟦gilāya ギラーヤ⟧ [gilɐːjɐ] n. [Pe.] ☞ಗಿಲಾವು (gilāvu)

ಗಿಲಾಯಿ ⟦gilāyi ギラーイ⟧ [gilɐːji] n. [Pe.] ☞ಗಿಲಾವು (gilāvu)

ಗಿಲಾವು ⟦gilāvu ギラーヴ⟧ [gilɐːvu] ಗಿಲಾಯ, ಗಿಲಾಯಿ n. 漆喰、壁土(石灰と砂と水の混合物) ◇ vi. —ಮಾಡು (māḍu) 漆喰を塗る [H./M. gilāvā ←Pe. gilāwa]

ಗಿಲಿ¹ ⟦gili ギリ⟧ [gili] 《‡》 n. 恐れ、恐怖 [Ka. D1572] (My (Kitt.))

ಗಿಲಿ² ⟦gili ギリ⟧ [gili] n. (チェスや博打や山登りなどに)取り憑かれていること ¶ ಅವನಿಗೆ ಕುದುರೆಜೂಜಿನ ಗಿಲಿ ಇದೆ. (avanige kudurejūjina gili ide.) 彼は競馬に取り憑かれている。 [?]

ಗಿಲಿಕೆ ⟦gilike ギリケ⟧ [gilĭke] ಗಿರಿಕೆ, ಗಿರಿಗೆ, ಗಿಲಕೆ, ಗಿಲುಕೆ, ಗಿಲುಕಿ n. 1 がらがら(子どものおもちゃの一種) 2 去勢牛の角の先につけてからんからんと鳴らさせるもの [Ka. D1575]

ಗಿಲಿಗಿಲಿ ⟦giligili ギリギリ⟧ [gilĭgili] (n.) ちんちん(足飾りの鈴や金属片などの音を表す擬音語) [Ka. onom. D1575]

ಗಿಲೀಟು ⟦gilīṭu ギリートゥ⟧ [giliːʈu] n. 1 メッキ 2 化粧などによる表面だけの美しさ ¶ ಅವಳ ಗಿಲೀಟಿನ ಸೌಂದರ್ಯಕ್ಕೆ ಮರುಳಾಗಬೇಡ. (avaḷa gilīṭina sauṃdaryakke maruḷāgabēḍa.) あの女の厚化粧に騙されるな。 3 へつらい ¶ ಅವನು ಮೇಸ್ತ್ರಿಗೆ ಚನ್ನಾಗಿ ಗಿಲೀಟು ಮಾಡಿ ತನ್ನ ಕೆಲಸ ಮಾಡಿಸಿಕೊಂಡ. (avanu mēsṭrige cannāgi gilīṭu māḍi tanna kelasa māḍisikoṃḍa.) 彼は先生にうまいことを言って自分の仕事をさせた。 [Eg. gilt]

ಗಿಲೀಟುಮಾಲು ⟦gilīṭumālu ギリートゥマール⟧ [gĭliːʈumɐːlu] n. 安物のぴかぴか光る装身具 [+ mālu]

ಗಿಲುಕಿ ⟦giluki ギルキ⟧ [gilŭki] n. [Ka. onom. D1575] ☞ಗಿಲಿಕೆ (gilike) 1

ಗಿಲುಕು ⟦giluku ギルク⟧ [gilŭku] (n.) がらがら(子どものがらがらの音を表す擬音語) [Ka. onom. 1575]

ಗಿಲುಗಿಲು ⟦gilugilu ギルギル⟧ [gilŭgilu] (n.) じゃらじゃら(足につける鈴などの音を表す擬音語) [Ka. onom. D1575]

ಗಿಲುಬು ⟦gilubu ギルブ⟧ [gilŭbu] vt. 〈相手が与えようとしないものを〉媚びたりせがんだり哀訴したりして獲得する ¶ ಅವನು ಯಾವಾಗಲೂ ಕಾಸು ಕೊಡು ಎಂದು ಹೆಂಡತಿಯನ್ನು ಗಿಲುಬುತ್ತಿದ್ದ. (avanu yāvāgalū kāsu koḍu eṃdu heṃḍatiyannu gilubuttidda.) 彼はいつも自分の妻にお金をくれとねだっていた。 [? cf. Te. gilubu]

ಗಿಲ್ಕೆ ⟦gilke ギルケ⟧ [gilke] n. がらがら(子どものおもちゃの一種) [Ka. D1575]

ಗಿಲ್ಗಿಲ್ ⟦gilgil ギルギル⟧ [gilgil] (n.) じゃんじゃん、じゃらじゃら(鈴や金属片のついた足飾りの音などを表す擬音語) [Ka. onom. D1575]

ಗಿಲ್ಲು ⟦gillu ギッル⟧ [gillu] vt. つねる [Ka. cf. Ta. kiḷḷu Te. gillu, Ma. kiḷḷuka *D1589]

ಗಿವುರು ⟦givuru ギヴル⟧ [givǝ̆ru] *vt.* （犬やニワトリなどが）〈地面を〉引っ掻く [Ka. *D1976] ☞ಗಿಬರು (gibaru)

ಗಿಸು ⟦gisu ギス⟧ [gisu] 《‡》(*n.*) ささやき声を表す擬音語（普通重畳語の形で用いられる）(*Kitt.,My.*) [Ka. D1638]

ಗಿಸುಗುಟ್ಟು ⟦gisuguṭṭu ギスグットゥ⟧ [gisuguʈʈu] 《‡》*vi.* ささやく、ひそひそ話す (*Kitt.,My.*) [*gisu + kuṭṭu*]

ಗಿಸುಗಿಸು ⟦gisugisu ギスギス⟧ [gisŭgisu] 《‡》(*n.*) ひそひそ（ささやき声を表す擬音語） —*adv.* ひそひそ、ひそひそと (*Kitt.,My.*) [Ka. onom. 1638]

ಗಿಳಿ ⟦giḷi ギリ⟧ [giɭi] *n.* オウム = ಗಿಳಿ (giḷi) [Ka. D1584]

ಗಿಳಿನುಡಿ ⟦giḷinuḍi ギリヌディ⟧ [giɭinuɖi] *n.* **1** オウムの言葉 **2**（オウムのような）可愛いしゃべり方 [*giḷi + nuḍi*]

ಗಿಳಿಪಾಠ ⟦giḷipāṭʰa ギリパータ⟧ [giɭipɐːʈʰɐ] *n.* あまり考えもせずにオウムのように他人の言うことを繰り返すこと [*giḷi + pāṭʰa*]

ಗಿಳಿಮಾತು ⟦giḷimātu ギリマートゥ⟧ [giɭimɐːtu] *n.* **1** オウムの言葉 **2**〔喩〕可愛いしゃべり方 = ಗಿಳಿನುಡಿ (giḷinuḍi) [*giḷi + mātu*]

ಗಿಳಿಲು ⟦giḷilu ギリル⟧ [giɭilu] 《古》*n.* [Ka. *D1541] ☞ಗಿಣ್ಣಿಲ್ (giṇṇil)

ಗಿಱಕ್ ⟦gir̤ak ギラク⟧ [giɾ̠ǝk] 《古》(*n.*) ぎー（古い扉などの軋む音を表す擬音語）[Ka. D1593] ☞ಗಿರಕು (giraku)

ಗಿಱಕಿ ⟦gir̤aki ギラキ⟧ [giɾ̠ǝ̆ki] 《‡》*n.* 旋回、回転、ぐるぐる回ること (*Kitt.,My.*) [Ka. D1595]

ಗಿಱಕು ⟦gir̤aku ギラク⟧ [giɾ̠ǝ̆ku] 《‡》(*n.*) ぎりぎり（開きにくい門が出す音を表す擬音語）(*My.* (*Kitt.*)) [Ka. mim. D1980] ☞ಗಿರಕು, ಗಿಱಕ್ (giraku, gir̤ak)

ಗಿಱಕೆ ⟦gir̤ake ギラケ⟧ [giɾ̠ǝ̆ke] 《古》*n.* 回転、旋回 (*Kitt.,My.*) [Ka. D1595]

ಗಿಱಗಿಱ ⟦gir̤agir̤a ギラギラ⟧ [giɾ̠ǝgiɾ̠ɐ] 《‡》(*n.*) ぐるぐる（連続的な回転や旋回を表す擬態語）(*Kitt., My.*) [Ka. mim. 1595]

ಗಿಱಿಕಿ ⟦gir̤iki ギリキ⟧ [giɾ̠ĭki] 《‡》*n.* 軋むこと (*Kitt.,My.*) [Ka. onom. 1593]

ಗಿಱಿಕೆ ⟦gir̤ike ギリケ⟧ [giɾ̠ĭke] 《‡》*n.* 旋回、回転、ぐるぐる回ること (*Kitt., My.*) [Ka. mim. 1595]

ಗಿಱಿಗಿಱಿ ⟦gir̤igir̤i ギリギリ⟧ [giɾ̠igiɾ̠i] 《古》(*n.*) ぐるぐる（回転や旋回を表す擬態語）[Ka. D1595]

ಗಿಱು¹ ⟦gir̤u ギル⟧ [giɾ̠u] 《‡》*n.* 軋むこと (*Kitt.*) [Ka. onom. 1593]

ಗಿಱು² ⟦gir̤u ギル⟧ [giɾ̠u] 《‡》*n.* 回転、旋回、ぐるぐる回ること (*Kitt.*) [Ka. mim. 1595]

ಗಿಱು³ ⟦gir̤u ギル⟧ [giɾ̠u] 《古》*vi.* 《過去語幹 gett-》考える、思う、困惑する Šmd. [Ka. D1986]

ಗಿಱುಕು ⟦gir̤uku ギルク⟧ [giɾ̠uku] 《古》(*n.*) ぎー（軋む音を表す擬音語）[Ka. D1593]

ಗಿಱ್ಱನೆ ⟦girr̤ane ギッラネ⟧ [giɾ̠ɾ̠ǝ̆ne] 《古》*adv.* ぐるっと（旋回、めまいなどを表す擬態語）[*gir̤* + *-ane* mim. D1595]

ಗೀಕು¹ ⟦gīku ギーク⟧ [giːku] 《古》*vt.* 引っ掻く、掻く [Ka. D1623] = ಗೀಚು (gīcu)〔汎〕

ಗೀಕು² ⟦gīku ギーク⟧ [giːku] (*n.*) きーきー（ハヌマン・ラングール（黒顔白色の猿）が鳴く声を表す擬音語）[Ka. onom.]

ಗೀಕು³ ⟦gīku ギーク⟧ [giːku] 《古》*n.* [?] ☞ಗೇಕು; ಭದ್ರಮುಷ್ಟೆ, ಕೊನ್ನಾರಿ (gēku; bʰadramuṣṭe, konnāri)〔汎〕

ಗೀಚು ⟦gīcu ギーチュ⟧ [giːʧu] *vt., vi.* **1** 爪などで引っ掻く **2** 線を引く **3** 書きなぐる、慌てて書く ¶ ಮನಸಿಲ್ಲದ ಮನಸಿನಿಂದ ಮೂರು ಸಾಲ ಪತ್ರದಲ್ಲಿ ಗೀಚಿ ಹಾಕಿದ. (manasillada manasinimda mūru sāla patradalli gīci hākida.) 彼は嫌々ながら２、３行手紙に書きなぐった。 —*n.* **1** 掻くこと、掻き傷、掻いたあと **2** 線 [Ka. D1623]

ಗೀಜಗ ⟦gījaga ギージャガ⟧ [giːʤǝ̆gɐ] ಗಿಜಿಗ, ಗಿಜುಗ, ಗೀಜಿಗ, ಗೀಜುಗ *n.* セキレイ科の鳥の一種で褐色の袋が木からぶらさがったような巣を作る [Ka. D1608] *[BIB 57.8]

ಗೀಜು ⟦gīju ギージュ⟧ [giːʤu] *n.* 目やに [?] ಗಿಂಜು (gimju)

ಗೀಜುಗ ⟦gījuga ギージュガ⟧ [giːʤŭgɐ] *n.* [Ka. D1608] ☞ಗೀಜಗ (gījaga)

ಗೀಟು¹ ⟦gīṭu ギートゥ⟧ [giːʈu] *n.* 線 [Ka. *D1623]

ಗೀಟು² ⟦gīṭu ギートゥ⟧ [giːʈu] *vi.* 利益を生む、引き合う ¶ ಈ ಜಮೀನ್ನಲ್ಲಿ ಏನೂ ಗೀಟೋಲ್ಲ. (ī jamīnnalli ēnū gīṭōlla.) この土地は何を植えても引き合わない。= ಗಿಟ್ಟು (giṭṭu) [Ka. D1538]

ಗೀಟಿಸು ⟦gīṭisu ギーティス⟧ [giːʈĭsu] 《‡》*vt.* 《*caus.*》（自分自身に）得させる、かち得る (*Kitt.,My.*) [Ka. caus.] ☞ಗಿಟ್ಟಿಸು (giṭṭisu)

ಗೀತ ⟦gīta ギータ⟧ [giːtɐ] *n.* 歌 = ಗೀತೆ (gīte) [Sk.]

ಗೀತಕಾರ ⟦gītakāra ギータカーラ⟧ [giːtǝkɐːɾɐ] *m.* 《*f.* ಗೀತಕಾರ್ತಿ (gītakārti)》（映画などの）歌の作詞者、作詞家 [Sk.]

ಗೀತನಾಟಕ ⟦gītanāṭaka ギータナータカ⟧ [giːtǝ̆nɐːʈǝkɐ] 《文》*n.*（ヨーロッパの影響下に作られた）インドの音楽劇 = ಗೀತರೂಪಕ (gītarūpaka) [Sk.]

ಗೀತರೂಪಕ ⟦gītarūpaka ギータルーパカ⟧ [giːtǝ̆ruːpǝ̆kɐ] 《文》*n.* 音楽劇 = ಗೀತನಾಟಕ (gītanāṭaka) [Sk.]

ಗೀತಿನಾಟಕ ⟦gītināṭaka ギーティナータカ⟧ [giːtĭnɐːʈǝ̆kɐ] 《文》*n.* [Sk.] ☞ಗೀತನಾಟಕ (gītanāṭaka)

ಗೀತಿಕೆ ⟦gītike ギーティケ⟧ [giːtĭke] 《文》*n.* 歌うためにかかれた短詩、小さな詩 [Sk.]

ಗೀತೆ ⟦gīte ギーテ⟧ [giːte] 《文》*n.* **1** 歌 **2**『ヴァガバッド・ギーター』（マハーバーラタの一部をなすクリシュナ神とアルジュナの対話、ヒンドゥー教徒にとっての聖書の一つとされる）= ಹಾಡು (hāḍu)〔汎〕[Sk.]

ಗೀಬು ⟦gību ギーブ⟧ [giːbu] 《‡》 *n.* 家、住居 (*Kitt., S.Mhr.*) [Ka. D1611]

ಗೀರು ⟦gīru ギール⟧ [giːru] *vt.* 〈線を〉いい加減に引く **—*n.*** **1** 釘やナイフなど堅いもので引いた線 **2** 掻くことまたは掻き傷、掻いた跡 = ಗೀಚು (gīcu) ☞ಕೀರು (kīru) [Ka. < *gīṟu* *D1623]

ಗೀರ್ಲೆ ⟦gīrle ギールレ⟧ [giːrle] 《方》 *n.* ゴキブリ [Ka. D2797] (Bel.) = ಜಿರಲೆ (jirale)〔汎〕

ಗೀರ್ವಾಣ ⟦gīrvāṇa ギールヴァーナ⟧ [giːrvɐːɳɐ] *n.* 神、天界の存在 [Sk.]

ಗೀರ್ವಾಣಭಾಷೆ ⟦gīrvāṇab^{h}āṣe ギールヴァーナバーシェ⟧ [giːrvɐːɳəb^{h}ɐːʂe] *n.* 「神々の言葉」、サンスクリット語 [Sk.]

ಗೀಸುಳಿ ⟦gīsuḷi ギースリ⟧ [giːsŭɭi] 《方》 *n.* 鑿(のみ) [Ka. D1612] (Hav.)

ಗೀಳ್ ⟦gīḷ ギール⟧ [giːɭ] ಗೀಳು 《古》 *vt.* 〈衣などを〉引き裂く [Ka. D1622]

ಗೀಳು ⟦gīḷu ギール⟧ [giːɭu] *n.* チェスや映画や競馬などに対する熱中（趣味や関心という意味でも用いられる）¶ ನನ್ನ ತಮ್ಮನಿಗೆ ಸಂಗೀತದ ಗೀಳು ಇದೆ. (nanna tammanige saṃgītada gīḷu ide.) 弟は音楽に凝っている。[?]

ಗೀಳುಹಿಡಿ ⟦gīḷuhiḍi ギールヒディ⟧ [giːɭŭhiɖi] *vi.*（音楽や映画やチェスや写真などに）熱中する、はまり込む [+ *hiḍi*]

ಗೀಱು[1] ⟦gīṟu ギール⟧ [giːɽu] 《‡》 *n.* 甲高い声を出すこと (*DEDR*) [Ka. onom. D1590]

ಗೀಱು[2] ⟦gīṟu ギール⟧ [giːɽu] 《古》 *vt.* **1** 引っ掻く、掻き傷を付ける **2**〈矢などを〉突き刺す **—*n.*** **1** 釘やナイフなどで引いた線 **2** 掻き傷 [Ka. D1623]

ಗುಂಗಾಡ ⟦guṃgāḍa グンガーダ⟧ [guŋgɐːɖɐ] 《口》 *n.* [Ka. onom + *āḍu* D1634A] (*Kitt.,My.*) ☞ಗುಂಗಾಡು (guṃgāḍu)

ಗುಂಗಾಡಿ ⟦guṃgāḍi グンガーディ⟧ [guŋgɐːɖi] 《古》 *n.* ☞ಗುಂಗಾಡು (guṃgāḍu) [Ka. D1634A]

ಗುಂಗಾಡು ⟦guṃgāḍu グンガードゥ⟧ [guŋgɐːɖu] ಗುಂಗಾಡಿ, ಗುಂಗಾಡ, ಗುಂಗಾಣಿ *n.* **1** 蚊 = ಸೊಳ್ಳೆ (soḷḷe) **2** クマバチ、大型で大きなうなり声を出すハチ [Ka. onom + *āḍu* *D1634A]

ಗುಂಗಾಣಿ ⟦guṃgāṇi グンガーニ⟧ [guŋgɐːɳi] *n.* 蚊 ☞ಗುಂಗಾಡು (guṃgāḍu) [Ka. D1634A]

ಗುಂಗು[1] ⟦guṃgu グング⟧ [guŋgu] (*n.*) ぶーん（ミツバチなどの音を表す擬音語）[Ka. onom. D1634]

ಗುಂಗು[2] ⟦guṃgu グング⟧ [guŋgu] *n.* **1** 酔うこと、酩酊 **2**（音楽、劇などに）没入した状態、酔った状態 ¶ ಅವನಿನ್ನೂ ನಿನ್ನೆ ಕೇಳಿದ ಸಂಗೀತದ ಗುಂಗಿನಲ್ಲೇ ಇದ್ದಾನೆ. (avaninnū ninne kēḷida saṃgītada guṃginallē iddāne.) 彼は今なお昨日聞いた音楽に酔いしれている。 **3** タバコや酒などに依存した状態、依存症 ¶ ಅವನು ಕುಡಿತದ ಗುಂಗನ್ನು ಹತ್ತಿಸಿಕೊಂಡಿದ್ದಾನೆ. (avanu kuḍitada guṃgannu hattisikoṃḍiddāne.) 彼は酒におぼれていった。[Pe. *gung*]

ಗುಂಗುರು[1] ⟦guṃguru グングル⟧ [guŋguru] (*n.*)（髪などが）波打っている〈こと〉、巻いている〈こと〉[Ka. D1633]

ಗುಂಗುರು ಕೂದಲು ⟦guṃguru kūdalu グングルクーダル⟧ [guŋguru kuːđəlu] *n.* 波打った髪の毛、巻き毛 [*guṃguru* + *kūdalu*]

ಗುಂಗುರು[2] ⟦guṃguru グングル⟧ [guŋguru] *n.* **1** ハエ、ショウジョウバエ、虻など（様々な音を立てて飛ぶ小型の昆虫類）**2** 蚊 [Ka. D1634A]

ಗುಂಜನ ⟦guṃjana グンジャナ⟧ [guɲʤənɐ] 《文》 *n.* ミツバチやカブトムシなどのぶんぶんいう音 [Sk.]

ಗುಂಜಾರವ ⟦guṃjārava グンジャーラヴァ⟧ [guɲʤɐːrəvɐ] *n.* ミツバチやカブトムシなどのぶんぶんいう音 [Sk.]

ಗುಂಜಿ ⟦guṃji グンジ⟧ [guɲʤi] *n.* トウアズキ（マメ科トウアズキ属のつる草、およびその赤と黒の丸い種）⇀ 薬 = ಗುರುಗುಂಜಿ (guruguṃji) *[IMP 1.11]

ಗುಂಜು[1] ⟦guṃju グンジュ⟧ [guɲʤu] 《‡》 *vi.*（手足などが）つる (*My.* (*Kitt.*)) [*Ka. D1648*]

ಗುಂಜು[2] ⟦guṃju グンジュ⟧ [guɲʤu] *vi.*（糸などが）もつれる **—*n.*** **1**（糸などの）もつれ、もつれた状態 **2** 衣服から出ている木綿や羊毛などの繊維、毛玉 **3**（縄や筵(むしろ)を作る）ココヤシの果皮の繊維 **4** もつれ、しがらみ ¶ ಮದುವೆಯ ಗುಂಜು ಬೇಡವೆಂದು ಸುಂದರ ಸಂನ್ಯಾಸಿಯಾಗಿ ಕಾಡಿಗೆ ಹೋದ. (maduveya guṃju bēḍavemdu sumdara saṃnyāsiyāgi kāḍige hōda.) 結婚のしがらみはいやだと言ってスンダラは行者となって森に入った。[*Ka. D2190*]

ಗುಂಜು[3] ⟦guṃju グンジュ⟧ [guɲʤu] 《‡》 *mf.* 背が低い人 Kitt. [Ka.? cf. *gujju*] = ಗಿಡ್ಡ (giḍḍa)

ಗುಂಟೆ[1] ⟦guṃṭe グンテ⟧ [guɳʈe] *n.* 耕地を平らにする農具、砕土用の熊手 = ಕುಂಟೆ (kuṃṭe)[1]［⇒図］[Ka. *D1689]

ಗುಂಟೆ[2] ⟦guṃṭe グンテ⟧ [guɳʈe] *n.* **1** エーカーの 40 分の 1 に当たる土地の面積の単位 [? cf. Te. *kuṃṭa*]

ಗುಂಟೆ 熊手

ಗುಂಡ[1] ⟦guṃḍa グンダ⟧ [guɳɖɐ] *n.* **1** 堆肥を作るためなどの目的で地面に掘った穴 **2** 池 [Ka. D1669]

ಗುಂಡ[2] ⟦guṃḍa グンダ⟧ [guɳɖɐ] *m.* 召し使い (*Kitt.,C.*) [Ka. D1690]

ಗುಂಡ[3] ⟦guṃḍa グンダ⟧ [guɳɖɐ] (*n.*) 丸い〈こと〉(*Mr.* (*Kitt.*)) [Ka. D1695]

ಗುಂಡ[4] ⟦guṃḍa グンダ⟧ [guɳɖɐ] 《古》 *m.* 《*f.* ಗುಂಡಿ (guṃḍi)》しゃれ者、伊達男 [? cf . Pk. *guṃṭ^{h}a-*]

ಗುಂಡಗೆ ⟦guṃḍage グンダゲ⟧ [guɳɖəge] (*n.*) 球形〈の〉¶ ಮದುಮಗಳ ಮುಖ ಗುಂಡಗೆಯಾಗಿದೆ. (madumagaḷa muk^{h}a gumḍageyāgide.) 花嫁は丸顔だ。[Ka. D1695]

ಗುಂಡಾರ ⟦guṃḍāra グンダーラ⟧ [guɳɖɐːrɐ] 《古》 *n.* **1**（軍隊などが用いる）テント **2** テント用の布 = ಗೂಡಾರ (gūḍāra) [Ka. D1881]

ಗುಂಡಿ¹ ⟦gumḍi グンディ⟧ [guɳɖi] *n.* **1** 金属製のまたは土製の広口の壺の一種 *[ಗುಂಡಿಗೆ (gumḍige)³] **2** ボタン **3** (扉、道具などの) 握り [Ka. dim. of *gumḍu* *D1695]

ಗುಂಡಿ² ⟦gumḍi グンディ⟧ [guɳɖi] *n.* 穴、うつろ ¶ ತೋಳ ಗುಂಡಿಗೆ ಬಿದ್ದರೆ ಆಳಿಗೊಂದು ಕಲ್ಲು (tōḷa gumḍige biddare āḷigomḍu kallu) (Prv.) 〔諺〕 オオカミが穴に落ちたら誰でも石を投げる。 [Ka. D1669]

ಗುಂಡಿ³ ⟦gumḍi グンディ⟧ [guɳɖi] *n.* **1** 心臓 **2** 勇気、胆力 [Ka. D1693, *D1695]

ಗುಂಡಿ⁴ ⟦gumḍi グンディ⟧ [guɳɖi] 《古》 *f.* 《*m.* ಗುಂಡ (gumḍa)》 悪い女、性的に放縦な女、娼婦 [f. of *gumḍa*⁴]

ಗುಂಡಿಕಾಯಿ ⟦gumḍikāyi グンディカーイ⟧ [guɳɖikɐːji] 《‡》 *n.* 心臓 (*My.* (*Kitt.*)) [*gumḍi* D1693, *D1695 + *kāyi*]

ಗುಂಡಿಗೆ¹ ⟦gumḍige グンディゲ⟧ [guɳɖĭge] *n.* 胃の空洞 (*C.* (*Kitt.*)) [Ka. D1669]

ಗುಂಡಿಗೆ² ⟦gumḍige グンディゲ⟧ [guɳɖĭge] *n.* **1** 心臓 **2** 勇気、胆力、度胸 ¶ ಅಣ್ಣನಿಗೆ ಹುಡುಗಿಯನ್ನು ಪ್ರೀತಿಸುವ ಗುಂಡಿಗೆ ಇಲ್ಲ. (aṇṇanige huḍugiyannu prītisuva gumḍige illa.) 兄には若い娘の誰とも恋する勇気がない。[Ka. D1693]

ಗುಂಡಿಗೆ³ ⟦gumḍige グンディゲ⟧ [guɳɖĭge] *n.* 金属製または土製の広口壺の一種 [⇒図] [Ka.? *D1695, cf. Sk. *kuṇḍikā*-]

ಗುಂಡಿಗೆ 広口壺

ಗುಂಡಿತು ⟦gumḍitu グンディトゥ⟧ [guɳɖitu] 《古》 *n.* 深いもの (*Hlâ 107.27*) [Ka. D1669]

ಗುಂಡಿತ್ತು ⟦gumḍittu グンディットゥ⟧ [guɳɖittu] 《古》 *n.* [Ka. D1669] ☞ಗುಂಡಿತು (gumḍitu)

ಗುಂಡು¹ ⟦gumḍu グンドゥ⟧ [guɳɖu] *n.* **1** 丸いもの、球形のもの **2** 臼の上で水に浸けた穀物をつぶすために用いる丸い石 = ರುಬ್ಬುಗುಂಡು (rubbugumḍu) **3** 大きな丸い石の塊 **4** 鉄砲の弾、大砲の弾、砲弾 **5** ビー玉など子どもが遊びに用いる玉 **6** 金の丸い玉やそれで作った装身具 —(*n.*) 球形〈の〉 [Ka. D1695]

ಗುಂಡುಹಾರಿಸು ⟦gumḍuhārisu グンドゥハーリス⟧ [guɳɖuhɐːrisu] *vi.* 鉄砲を撃つ = ಗುಂಡುಹೊಡೆ (gumḍuhoḍe) [+ *hārisu*]

ಗುಂಡುಹೊಡೆ ⟦gumḍuhoḍe グンドゥホデ⟧ [guɳɖuhoɖe] *vi.* 鉄砲を撃つ = ಗುಂಡುಹಾರಿಸು (gumḍuhārisu) [+ *hoḍe*]

ಗುಂಡು² ⟦gumḍu グンドゥ⟧ [guɳɖu] 《方》 *n.* 人々の集合、集まり [Ka. D1821]

ಗುಂಡುಗೆ ⟦gumḍuge グンドゥゲ⟧ [guɳɖŭge] 《‡》 (*adj.*) [Ka. D1695] (*C.* (*Kitt.*)) ☞ಗುಂಡಗೆ (gumḍage)

ಗುಂಡುಪಿನ್ನು ⟦gumḍupinnu グンドゥピンヌ⟧ [guɳɖupinnu] *n.* マチ針 = ಗುಂಡುಸೂಜಿ (gumḍusūji) [*gumḍu* + *pinnu*]

ಗುಂಡುಗೋವಿ ⟦gumḍugōvi グンドゥゴーヴィ⟧ [guɳɖugoːvi] *mf.* **1** 鉄砲 **2** 独身者、独り者 [*gumḍu*¹ + *kōvi*]

ಗುಂಡುಸೂಜಿ ⟦gumḍusūji グンドゥスージ⟧ [guɳɖusuːʤi] *n.* マチ針 = ಗುಂಡುಪಿನ್ನು (gumḍupinnu) [*gumḍu* + *sūji*]

ಗುಂಪಲು ⟦gumpalu グンパル⟧ [gumpəlu] *n.* 人々の集合、雑踏 [*gumpu* + *-alu*]

ಗುಂಪು¹ ⟦gumpu グンプ⟧ [gumpu] 《古》 *n.* 深さ、深み [Ka. < ಗುಣ್ಪು (gunpu) D1669]

ಗುಂಪು² ⟦gumpu グンプ⟧ [gumpu] 《方》 *n.* 森林 [Ka. D1733] (Nanj.)

ಗುಂಪು³ ⟦gumpu グンプ⟧ [gumpu] *n.* (人やものの) 集まり、集合、群れ [Ka. D1741]

ಗುಂಪುಕಟ್ಟು ⟦gumpukaṭṭu グンプカットゥ⟧ [gumpukəʈʈu] *vi.* **1** (組織を作って)集まる、集合する **2** 徒党を組む [+ *kaṭṭu*]

ಗುಂಪುಗಾರ ⟦gumpugāra グンプガーラ⟧ [gumpugɐːrɐ] *m.* 《*f.* ಗುಂಪುಗಾರ್ತಿ (gumpugārti)》 徒党を組む人 [*gumpu* + *-gāra*]

ಗುಂಪುಗಾರಿಕೆ ⟦gumpugārike グンプガーリケ⟧ [gumpugɐːrĭke] *n.* 徒党を組むこと、徒党を組み目的を達する主義や性向 = ಗುಂಪುಗುಳಿತನ (gumpuguḷitana) [*gumpu* + *-gārike*]

ಗುಂಪುಗುಳಿ ⟦gumpuguḷi グンプグリ⟧ [gumpuguɭi] *mf.* 徒党を組むのが好きな人 [*gumpu* + *-guḷi*] cf. ಗುಂಪುಗಾರ (gumpugāra)

ಗುಂಪುಗುಳಿತನ ⟦gumpuguḷitana グンプグリタナ⟧ [gumpuguɭitənɐ] *n.* 徒党を組み目的を達する主義や性向 cf. ಗುಂಪುಗಾರಿಕೆ (gumpugārike) [*gumpuguḷi* + *-tana*]

ಗುಂಬು¹ ⟦gumbu グンブ⟧ [gumbu] *n.* **1** 深み、深い場所 **2** (人格、思想などの)深み、深遠さ **3** 神秘 ¶ ಅವನ ವಿಚಾರ ಗುಂಬಾಗಿದೆ. (avana vicāra gumbāgide.) 彼の考え方は神秘的だ. [Ka. < *gunpu* D1669] = ಗುಂಪು (gumpu)

ಗುಂಬು² ⟦gumbu グンブ⟧ [gumbu] 《古》 *n.* (生物や無生物の)集まり、群れ [Ka. D1741]

ಗುಂಬುಟ ⟦gumbuṭa グンブタ⟧ [gumbŭʈɐ] *n.* (普通イスラーム建築に見られる) 丸屋根、半球形の屋根 [Pe. *gunba_z*] ☞ಗುಮ್ಮಟ (gummaṭa)

ಗುಕ್ಕು¹ ⟦gukku グック⟧ [gukku] *vi.* 吃る —*n.* **1** 吃ること **2**《異》(主として鳥が雛に食べさせる) 口いっぱいの餌、1 回で口に入れられる食物 [Ka. D1853]

ಗುಕ್ಕು² ⟦gukku グック⟧ [gukku] 《古》 *n.* 鳥のくちばし (*T.Bh. 49.2*) [Ka. *D1853?]

ಗುಗ್ಗರಿ¹ ⟦guggari グッガリ⟧ [guggə̆ri] ಗುಗ್ಗುರಿ¹ *n.* ヒヨコマメなどの豆を水に浸けたのちに軽く茹でて塩と油と香辛料で味つけをした食べ物(間食として食べる) [Ka. D1632]

ಗುಗ್ಗರಿ² ⟦guggari グッガリ⟧ [guggəri] ಗುಗ್ಗುರಿ *n.* (体毛などが) 逆立つこと ¶ ಛಳಿಯಿಂದ ಮೈ ಎಲ್ಲ ಗುಗ್ಗರಿ ಕಟ್ಟಿದೆ. (cʰaḷiyiṃda mai ella guggari kaṭṭide.) 私は寒くて鳥肌が立っている。◇ *vi.* —ಏಳು, ಕಟ್ಟು (ēḷu, kaṭṭu) 鳥肌が立つ [Ka. D1633]

ಗುಗ್ಗರಿ³ ⟦guggari グッガリ⟧ [guggəri] ಗುಗ್ಗುರಿ *n.* 両手で膝を抱えてしゃがませたり、膝の後ろにあてた棒を両手でつかんでしゃがませたりする少年に対するお仕置きの姿勢[⇒図] [?]

ಗುಗ್ಗರಿ
お仕置きの姿勢

ಗುಗ್ಗು ⟦guggu グッグ⟧ [guggu] *mf.* 愚か者、馬鹿 [H. gʰuggʰū onom.]

ಗುಗ್ಗುರಿ¹ ⟦gugguri グッグリ⟧ [guggŭri] *n.* [Ka. D1632] ☞ಗುಗ್ಗರಿ (guggari)¹

ಗುಗ್ಗುರಿ² ⟦gugguri グッグリ⟧ [guggŭri] *n.* [Ka. D1633] ☞ಗುಗ್ಗರಿ (guggari)²

ಗುಗ್ಗುಲ ⟦guggula グッグラ⟧ [guggŭlɐ] ಗುಗ್ಗುಳ *n.* インドニュウコウジュ (インド乳香樹、カンラン科ニュウコウ属) またはその樹脂から作った乳香 ⇀ 香 [Sk. *guggula-*] = Sk. *ulūkʰala-*

ಗುಗ್ಗುಳ ⟦gugguḷa グッグラ⟧ [guggŭḷɐ] *n.* [Sk. *guggula-*] ☞ಗುಗ್ಗುಲ (guggula)

ಗುಗ್ಗೆ¹ ⟦gugge グッゲ⟧ [gugge] 《方》 *n.* 蛇の穴に住む一種の昆虫 [Ka. D1790] (Nanj.)

ಗುಗ್ಗೆ² ⟦gugge グッゲ⟧ [gugge] *n.* 耳垢、耳糞 = ಕೊಗ್ಗಿ (koggi) [Ka. D1855]

ಗುಗ್ರಿ ⟦gugri ググリ⟧ [gugri] 《口》 *n.* [Ka. D1632] ☞ಗುಗ್ಗರಿ (guggari)

ಗುಚ್ಚು ⟦guccu グッチュ⟧ [guʧʧu] 《古》 (*n.*) とても小さい〈こと〉、矮小〈な〉(*Kitt.*) = ಗುಜ್ಜು (gujju) [Ka. D1851]

ಗುಚ್ಛ ⟦guccʰa グッチャ⟧ [guʧʧɐ] 《文》 *n.* (花などの) 房 [Sk.]

ಗುಜಗುಂಪಲು ⟦gujaguṃpalu グジャグンパル⟧ [guʤăgumpəlu] *n.* 多くの人が低い声で私語すること、ざわざわすること [Ka. *jugajgua + guṃpalu*]

ಗುಜಗುಜ ⟦gujaguja グジャグジャ⟧ [guʤəguʤɐ] (*n.*) ざわざわ (大勢の人の低い声での私語を表す擬音語) [Ka. onom. 1638]

ಗುಜಗುಜನೆ ⟦gujagujane グジャグジャネ⟧ [guʤəguʤăne] *adv.* ざわざわ (と) [*gujaguja + -ane*]

ಗುಜರಾತ್ ⟦gujarāt グジャラート⟧ [guʤărɐːt] ಗುಜರಾತ *n.* グジャラート (インド連邦共和国の州の一つ) [G. *gujărātā*]

ಗುಜರಾತಿ ⟦gujarāti グジャラーティ⟧ [guʤărɐːti] *mf.* グジャラーティー、グジャラートの人 [G. *gujărātī*]

ಗುಜರಾಯಿಸು ⟦gujarāyisu グジャラーイス⟧ [guʤărɐːjĭsu] *vt.* 提出する、届ける、送る [Pe. *gu_zarāndan*]

ಗುಜರಿ ⟦gujari グジャリ⟧ [guʤəri] *n.* 1 主に古物を売る夕方の市 2 古物商店または古物の市 [M. *gujarī* ←Pe.]

ಗುಜುಗುಂಪಲು ⟦gujuguṃpalu グジュグンパル⟧ [guʤugumpəlu] *n.* 多くの人がざわめくこと [Ka. *gujuguju + guṃpalu*]

ಗುಜುಗುಜಿಸು ⟦gujugujisu グジュグジス⟧ [guʤuguʤisu] *vi.* (多くの人が) 低い声でざわめく ¶ ರಾಜೀವ ಗಾಂಧಿ ಸತ್ತ ಸುದ್ದಿ ಕೇಳಿ ಸಭೆಯ ಜನ ಗುಜುಗುಜಿಸಿದರು. (rājīva gāṃdʰi satta suddi kēḷi sabʰeya jana gujugujisidaru.) ラジーヴ・ガーンディーが殺された知らせを聞いて会議に出ていた人々がざわめいた。[Ka. *gujuguju + -isu* *D1638]

ಗುಜುಗುಜು ⟦gujuguju グジュグジュ⟧ [guʤuguʤu] (*n.*) ざわざわ (低い声で人々がささやく声を表す擬音語) **—*n.*** 1 ざわざわ (低い声で人々が話すことまたはその声) ¶ ವಿದ್ಯಾರ್ಥಿಗಳ ಗುಜುಗುಜು ನಿಲ್ಲದೇ ಇದ್ದದರಿಂದ ಅಧ್ಯಾಪಕರು ಕೋಪಿಸಿಕೊಂಡು ಹೊರಟುಹೋದರು. (vidyārtʰigaḷa gujuguju nilladē iddadariṃda adʰyāpakaru kōpisikoṃḍu horaṭuhōdaru.) 学生たちが私語を止めなかったので教授は腹を立てて出ていった。2 噂話、陰口 **—*adv.*** ひそひそ、こそこそ ¶ ಅವರ ಮಾತು ಗುಜುಗುಜು ನಡೆಯುತ್ತಿತ್ತು. (avara mātu gujuguju naḍeyuttittu.) 彼らはひそひそと話し合っていた。[Ka. D1638]

ಗುಜುರು ⟦gujuru グジュル⟧ [guʤŭru] 《‡》 (*n.*) (髪などが) 波打ってもつれている〈こと〉(*Râm. 6,53,43*) [Ka. D1633]

ಗುಜುಱು ⟦gujuṟu グジュル⟧ [guʤŭṟu] 《古》 (*n.*) 小さな〈こと〉、ちっぽけ〈な〉[Ka. *D1851, *1878]

ಗುಜ್ಜ ⟦gujja グッジャ⟧ [guʤʤɐ] *m.* 《*f.* ಗುಜ್ಜಿ (gujji)》 背の低い人 (成年男子で身長 140 cm 未満) [Ka. D1851, cf. Sk. *kubja-*]

ಗುಜ್ಜಾರಿ ⟦gujjāri グッジャーリ⟧ [guʤʤɐːri] *mf.* 背の低い人 (*My.* (*Kitt.*)) ☞ಗುಜ್ಜ (gujja) [*Ka. gujja* + ?]

ಗುಜ್ಜು¹ ⟦gujju グッジュ⟧ [guʤʤu] (*n.*) (背が) 小さい〈こと〉、ちっぽけ〈な〉、ちび〈の〉[Ka. D1851]

ಗುಜ್ಜು² ⟦gujju グッジュ⟧ [guʤʤu] *n.* 支柱、対束(ついづか) (対になった梁(はり)の小屋組の一種〔建〕) [Ka. D1878]

ಗುಟಕರಿಸು ⟦guṭakarisu グタカリス⟧ [guṭəkərisu] *vt.* ごくりと飲む [*guṭaku + karisu* (hapl.)] ☞ಗುಟುಕರಿಸು (guṭukarisu)

ಗುಟಕಿಸು ⟦guṭakisu グタキス⟧ [guṭăkisu] *vt.* ごくんと飲み込む [*guṭaku + -isu*]

ಗುಟಕು ⟦guṭaku グタク⟧ [guṭəku] *n.* 1 水などの一飲み 2 親鳥が小鳥の口に入れる一口の食物 ಗುಟುಕು (guṭuku) [Ka. onom. 1658]

ಗುಟಗರಿಸು ⟦guṭagarisu グタガリス⟧ [guṭəgərisu] *vt.* [*guṭaku + karisu* (hapl.)] ☞ಗುಟುಕರಿಸು (guṭukarisu)

ಗುಟರು ⟦guṭaru グタル⟧ [guṭəru] (*n.*) ◇ *vi.* —ಹಾಕು (hāku) [Ka. onom.] ☞ಗುಟುರು (guṭuru)

ಗುಟುಕರಿಸು ⟦guṭukarisu グトゥカリス⟧ [guṭukərisu] ಗು-ಟಕರಿಸು, ಗುಟಗರಿಸು *vt.* ごくりと飲む [*guṭuku + karisu*]

ಗುಟುಕಿಸು ⟦guṭukisu グトゥキス⟧ [guṭŭkisu] ಕುಟುಕಿಸು *vt.* ごくりと飲む [Ka. D1658]

ಗುಟುಕು ⟦guṭuku グトゥク⟧ [guṭŭku] ಗುಟಕು *n.* 1（水などの）一飲み 2 親鳥が小鳥の口に入れる一口の食物 [Ka. D1658]

ಗುಟುಕಿಡು ⟦guṭukiḍu グトゥキドゥ⟧ [guṭŭkiḍu] *vi.*（鳥が）くちばしで（雛に）餌をやる [Ka.]

ಗುಟುಕ್ಕನೆ ⟦guṭukkane グトゥッカネ⟧ [guṭukkŏne] *adv.* ごくりと [Ka. D1658]

ಗುಟುರು ⟦guṭuru グトゥル⟧ [guṭuru] ಕುಟರು, ಗುಟ್ರು *vi.* 1（ハトが）くうくう鳴く 2（雄牛や去勢牛などが威嚇するため）ぐうぐう声をあげる —*n.* 1 ハトなどのくうくういう鳴き声 2（雄牛や去勢牛が威嚇のため）ぐうぐうと声を出すこと [Ka. onom.]

ಗುಟುರುಹಾಕು ⟦guṭuruhāku グトゥルハーク⟧ [guṭuruhɐːku] *vi.*（雄牛、去勢牛などが威嚇的に）ぐうぐうと声をあげる

ಗುಟ್ಟ ⟦guṭṭa グッタ⟧ [guṭṭɐ] ಗುಡ್ಡ *n.* 丘、小さな山 [Ka. D1682]

ಗುಟ್ಟು ⟦guṭṭu グットゥ⟧ [guṭṭu] *n.* 秘密、人が心の中に隠し持っている考え [Ka. D1673]

ಗುಟ್ಟೆ ⟦guṭṭe グッテ⟧ [guṭṭe]《古》*n.* 小さな山 [Ka. D1682]

ಗುಟ್ರು ⟦guṭru グトル⟧ [guṭru]《口》(*n.*) くーくー（ハトなどの鳴き声を表す擬音語）[Ka. onom. D1667] ☞ಗುಟುರು (guṭuru)

ಗುಡ ⟦guḍa グダ⟧ [guḍɐ]《文》*n.* サトウキビの汁を乾燥させて固めたもの（褐色でねちゃねちゃしている）、黒砂糖 [Sk.] = ಬೆಲ್ಲ (bella)〔汎〕

ಗುಡಗುಡಿ ⟦guḍaguḍi グダグディ⟧ [guḍə̆guḍi] (*n.*) [Ka. onom. D1659] ☞ಗುಡುಗುಡಿ (guḍuguḍi)

ಗುಡಲು ⟦guḍalu グダル⟧ [guḍə̆lu]《口》*n.* ☞ಗುಡಿಲು (guḍilu) [Ka. D1655]

ಗುಡವಾಣ ⟦guḍavāṇa グダヴァーナ⟧ [guḍəvɐːṇɐ]《古》*n.* [Ka. *D1651] ☞ಗುಡುವನ (guḍuvana)

ಗುಡಸಲು ⟦guḍasalu グダサル⟧ [guḍə̆səlu]《口》*n.* 草葺きの小屋 (*B.5.,203 (Kitt.)*) [Ka. D1655]

ಗುಡಸು[1] ⟦guḍasu グダス⟧ [guḍə̆su] *n.* [Ka. D1680] (*Kitt.*) ☞ಗುಡುಸು (guḍusu)

ಗುಡಸು[2] ⟦guḍasu グダス⟧ [guḍə̆su]《口》*vt.* ☞ಗುಡಿಯಿಸು (guḍiyisu) [Ka. D1887]

ಗುಡಾಣ ⟦guḍāṇa グダーナ⟧ [guḍɐːṇɐ] *n.* 土製または金属製の大きな水甕（穀物貯蔵のためにも用いられる）[Ka. D1651] ☞ಗುಡುವನ (guḍuvana)

ಗುಡಾರ ⟦guḍāra グダーラ⟧ [guḍɐːrɐ]《文》*n.* ☞ಗೂಡಾರ (gūḍāra) [Ka. D1881]

ಗುಡಾರೆ ⟦guḍāre グダーレ⟧ [guḍɐːrɐ]《文》*n.* [Ka. D1881] ☞ಗೂಡಾರ (gūḍāra)

ಗುಡಿ[1] ⟦guḍi グディ⟧ [guḍi] *n.* 1 家、小屋 2 寺 [Ka. D1655]

ಗುಡಿ[2] ⟦guḍi グディ⟧ [guḍi]《‡》(*n.*) ごろごろ (*Kitt.*) [Ka. D1659]

ಗುಡಿ[3] ⟦guḍi グディ⟧ [guḍi] *n.* 1 月や太陽の周りのかさ ¶ ಸೂರ್ಯನಿಗೆ ಗುಡಿ ಕಟ್ಟಿದರೆ ಮಳೆ ಬರುವುದಿಲ್ಲ ಎಂದು ನಂಬಿಗೆ ಇದೆ. (sūryanige guḍi kaṭṭidare maḷe baruvudilla eṃdu naṃbige ide.) 太陽が周りに丸いかさをかぶる時、雨は降らないと信じられている。 2 聖者などの頭の周りの光輪、円光 3（生物や無生物の）集まり、集合体、群れ [Ka. D1680]

ಗುಡಿ[4] ⟦guḍi グディ⟧ [guḍi] *n.* 旗 [Ka. D2049]

ನಾಡಗುಡಿ ⟦nāḍaguḍi ナーダグディ⟧ [nɐːḍəgui] *n.* 国旗や州旗など国やその一部を表す旗 [*nāḍu + -a +*]

ಗುಡಿಕೈಗಾರಿಕೆ ⟦guḍikaigārike グディカイガーリケ⟧ [guḍi kəigɐːrĭke] *n.* 1 木彫 2 家内工業 [*guḍi + kaigārike*]

ಗುಡಿಕಾರ ⟦guḍikāra グディカーラ⟧ [guḍikɐːrɐ] *m.* [*guḍi*[1] + *-kāra*] ☞ಗುಡಿಗಾರ (guḍigāra)

ಗುಡಿಗಾರ ⟦guḍigāra グディガーラ⟧ [guḍigɐːrɐ] ಗುಡಿಕಾರ *m.* 1 木彫師 2《古》（人形などに）色を塗る人 [*guḍi*[1] + *-kāra*]

ಗುಡಿಗು ⟦guḍigu グディグ⟧ [guḍĭgu]《‡》*vi.* [Ka. D1659] (*Kitt.,Si.30*) ☞ಗುಡುಗು (guḍugu)

ಗುಡಿಗುಡಿ ⟦guḍiguḍi グディグディ⟧ [guḍiguḍi] (*n.*) [Ka. onom. D1659] ☞ಗುಡುಗುಡಿ (guḍuguḍi)

ಗುಡಿಯಿಸು ⟦guḍiyisu グディイス⟧ [guḍijĭsu] *vt.* 1 集めて積み上げる、掃き集める 2 掃く [Ka. D1887]

ಗುಡಿಲು ⟦guḍilu グディル⟧ [guḍilu] ಗುಡಲು, ಗುಡುಲು *n.* 草葺きの小屋 = ಗುಡಿಸಲು (guḍisalu) [Ka. D1655]

ಗುಡಿಸಲ್ ⟦guḍisal グディサル⟧ [guḍĭsəl]《古》*n.* [Ka. *D1655] ☞ಗುಡಿಸಿಲು (guḍisilu)

ಗುಡಿಸಲು ⟦guḍisalu グディサル⟧ [guḍĭsəlu] *n.* 草葺きの小屋 [Ka. D1655]

ಗುಡಿಸಿಲ್ ⟦guḍisil グディシル⟧ [guḍĭsil]《古》*n.* [Ka. *D1655] ☞ಗುಡಿಸಿಲು (guḍisilu)

ಗುಡಿಸಿಲು ⟦guḍisilu グディシル⟧ [guḍĭsilu] ಗುಡಿಸಲ್, ಗು-ಡಿಸಲು, ಗುಡಿಸಿಲ್, ಗುಡುಸಲು *n.* 草葺きの小屋 = ಗುಡಿಲು (guḍilu) [Ka. *D1655]

ಗುಡಿಸು[1] ⟦guḍisu グディス⟧ [guḍĭsu] *n.* カンナダ文字で子音文字につけて母音/i/ や/e/を表す丸いしるし [Ka. *D1680]

ಗುಡಿಸು[2] ⟦guḍisu グディス⟧ [guḍĭsu] *vt.* 1 集めて積み上げる、掃き集める 2 掃く [Ka. D1887]

ಗುಡಿಸೆಟ್ಟಿ ⟦guḍiseṭṭi グディセッティ⟧ [guḍiseṭṭi] *f.* 淫乱な女；娼婦 [? cf. Te. *guḍisevēṭu*]

ಗುಡು ⟦guḍu グドゥ⟧ [guḍu]《‡》(*n.*)《*redup.*》ごろごろ（大砲や雷などの音）(*Kitt.*) [Ka. onom. D1659] ☞ಗುಡುಗುಡು (guḍuguḍu)

ಗುಡುಗಾಟ ⟦guḍugāṭa グドゥガータ⟧ [guḍugɐːṭɐ] *n.* 1 雷が（続けてあるいはしきりに）ごろごろ鳴るこ

と 2（しきりにまたは日常的に）がみがみ言うこと [Ka. onom. D1659]

ಗುಡುಗಾಡು ⟦guḍugāḍu グドゥガードゥ⟧ [guḍugɐːðu] *vi.*〔喩〕（しきりにまたは日常的に）がみがみ言う、いつもいつもがみがみ言う [*guḍugu* + *āḍu*]

ಗುಡುಗು ⟦guḍugu グドゥグ⟧ [guḍŭgu] ಗುದಿಗು *vi.* 1（雷が）ごろごろ音を立てる 2（棒打ち遊びなどで走り回る時に）グドゥググドゥグという大声を出す 3 がみがみ言う —*n.* 1（雷の）ごろごろ鳴る音 2 がみがみ言うこと ◇ *vi.* —ಹಾಕು (hāku) がみがみ言う [Ka. onom. D1659]

ಗುಡುಗುಡಿ ⟦guḍuguḍi グドゥグディ⟧ [guḍŭguḍi] ಗುಡ-ಗುಡಿ, ಗುಡಿಗುಡಿ (*n.*) 水煙管〈の〉 [Ka. onom. D1659]

ಗುಡುಗುಡಿಸು ⟦guḍuguḍisu グドゥグディス⟧ [guḍuguḍisu] *vi.* 1（雷雲が）ごろごろ鳴る 2（水などが）ごぼごぼ流れる 3 がみがみ言う ¶ ನಿರ್ದೇಶಕ ಯಾವಾಗಲೂ ಗುಡುಗುಡಿಸುತ್ತಾನೆ. (nirdēśaka yāvāgalū guḍuguḍisuttāne.) あの監督はいつもがみがみ言っている。 [Ka. D1659]

ಗುಡುಗುಡು ⟦guḍuguḍu グドゥグドゥ⟧ [guḍuguḍu] *n.* 1（雷の）ごろごろいう音 2 ごぼごぼ（水などが音を立てて流れる音を表す擬音語） 3 石やフットボールなどが転がる音を表す擬音語 [Ka. onom. D1659]

ಗುಡುವಣ ⟦guḍuvaṇa グドゥヴァナ⟧ [guḍuvəɳɐ] 《異》 *n.* [Ka. D1651] ☞ಗುಡುವನ (guḍuvana)

ಗುಡುವನ ⟦guḍuvana グドゥヴァナ⟧ [guḍuvənɐ] ಗುಡ-ವಾಣ, ಗುಡಾಣ, ಗುಡುವಣ *n.* 穀物貯蔵用にもなる大きな土製や金属製の甕 [Ka. D1651]

ಗುಡುಸಿಲು ⟦guḍusilu グドゥシル⟧ [guḍŭsilu] *n.* [Ka. *D1655] ☞ಗುಡಿಸಿಲು (guḍisilu)

ಗುಡುಸು ⟦guḍusu グドゥス⟧ [guḍŭsu] ಗುಡಸು, ಗುಡಿಸು *n.* 1 丸いもの 2 カンナダ文字で子音文字につけて母音/i/や/e/を表す丸いしるし [Ka. *D1680]

ಗುಡ್ಡ¹ ⟦guḍḍa グッダ⟧ [guḍḍɐ] *m.*《*f.* ಗುಡ್ಡಿ (guḍḍi)》 1 背の低い男性 2《古》弟子、生徒 3 少年 ¶ ನಮ್ಮ ಗುಡ್ಡ ಈಗ ಅಡ್ಡಾಡುತ್ತಿದ್ದಾನೆ. (namma guḍḍa īga aḍḍāḍuttiddāne.) うちの子は今ちょこちょこ歩いている。[Ka. D1670]

ಗುಡ್ಡ² ⟦guḍḍa グッダ⟧ [guḍḍɐ] *n.* 1 小山、丘 2〔喩〕（堆積、積んだものなどの）山 [Ka. D1682]

ಗುಡ್ಡಗಾಡು ⟦guḍḍagāḍu グッダガードゥ⟧ [guḍḍəgɐːḍu] *n.* 小さな丘が多い地方、丘陵地帯 [*guḍḍa*² + *kāḍu*]

ಗುಡ್ಡಿ¹ ⟦guḍḍi グッディ⟧ [guḍḍi] *n.* ちっぽけなもの ¶ ಗುಡ್ಡಿ ಪಶು (guḍḍi paśu) 小さな雌牛 —*f.*《*m.* ಗುಡ್ಡ (guḍḍa)》女性の弟子、女生徒 [Ka. D1680]

ಗುಡ್ಡಿ² ⟦guḍḍi グッディ⟧ [guḍḍi] *n.* 1 瞳、虹彩に囲まれた黒く見える目の部分 ¶ ನಿನ್ನ ಗುಡ್ಡಿಯಲ್ಲಿ ನನ ರೂಪ ಕಾಣುತ್ತಿದೆ. (ninna guḍḍiyalli nana rūpa kāṇuttide.) 君の瞳に僕の姿が映っている。 2 目玉、白目に囲まれてインドでは普通黒いビー玉のように見える部分 ¶ ಕಣ್ಣಿನ ಗುಡ್ಡೆ ಕಪ್ಪಾಗಿದ್ದರೆ ಸೌಂದರ್ಯದಲಕ್ಷಣ. (kaṇṇina guḍḍe kappāgiddare saumdaryadalakṣaṇa.) 黒くて大きな目玉が美の条件の一つである。 3 瞼と眼窩に囲まれた視覚器官 ¶ ಅಪಾಘಾತದಲ್ಲಿ ಪೆಟ್ಟುಬಿದ್ದು ಡಾಕ್ಟರ್ ಕಣ್ಣುಗುಡ್ಡೆ ತೆಗೆದರು. (apāgʰātadalli peṭṭubiddu ḍākṭar kaṇ-ṇuguḍḍe tegedaru.) 事故でつぶれた眼球を医者は摘出した。 [Ka. D1680]

ಗುಡ್ಡು¹ ⟦guḍḍu グッドゥ⟧ [guḍḍu] (*n.*) 背が低い〈こと〉、体が小さい〈こと〉(*Kitt.*) [Ka. D1670]

ಗುಡ್ಡು² ⟦guḍḍu グッドゥ⟧ [guḍḍu] *n.* [Ka. D1680] ☞ಗುಡ್ಡಿ (guḍḍi)

ಗುಡ್ಡು³ ⟦guḍḍu グッドゥ⟧ [guḍḍu] *n.* 丘、小さな山 [Ka. D1682] (*B.5,130* (*Kitt.*))

ಗುಡ್ಡೆ¹ ⟦guḍḍe グッデ⟧ [guḍḍe] *n.* 1 瞳、虹彩に囲まれた黒く見える目の部分 2 目玉、白目に囲まれてインドでは普通黒いビー玉のように見える部分 3 瞼と眼窩に囲まれた視覚器官 [Ka. *D1680] = ಗುಡ್ಡಿ (guḍḍi)

ಗುಡ್ಡೆ² ⟦guḍḍe グッデ⟧ [guḍḍe] *n.* 男性がターバンのように頭を包むためなどに使う小型の布 ☞ತಲೆಗುಡ್ಡೆ (taleguḍḍe) [Ka. D1681]

ಗುಡ್ಡೆ³ ⟦guḍḍe グッデ⟧ [guḍḍe] *n.* 1 小さな丘、小山 2（ゴミなどをかき集めたものの）山、堆積、堆積物 [Ka. D1682]

ಗುಡ್ಡೆಗಣ್ಣು ⟦guḍḍegaṇṇu グッデガンヌ⟧ [guḍḍegəɳɳu] *n.* 出目、目玉が前に飛び出した目 [*guḍḍe*¹ + *kaṇṇu*]

ಗುಡ್ಸು ⟦guḍsu グドス⟧ [guḍsu] 《口》 *vt.* 掃く、埃を払う [Ka. D1887] ☞ಗುಡಿಸು (guḍisu)

ಗುಣ ⟦guṇa グナ⟧ [guɳɐ] *n.* 1 性質、特徴、特質 2（人の）性格、人格 3 徳、人徳、高潔さ 4 価値、値打ち、長所 5（試験の）点、（競技の）点数 ¶ ಪರೀಕ್ಷೆಯಲ್ಲಿ ಅವನಿಗೆ 100 ಗುಣಗಳಿಗೆ ಕೇವಲ 45 ಗುಣಗಳು ಲಭಿಸಿತು. (parīkṣeyalli avanige 100 guṇagaḷige kēvala 45 guṇagaḷu labʰisitu.) あの人は試験でわずか 45 点を取った。 6〔言〕（印欧比較文法での）正常階梯に当たる母音の階梯 7 自然の構成要素（サットヴァ、ラジャスおよびタマスの三つがある） 8 …倍 ¶ ಹತ್ತು ಗುಣ (hattu guṇa) 10 倍 9（病気の）治癒、治ること ¶ ಅವನ ಜ್ವರ ಎಷ್ಟೋ ಗುಣವಾಗಿದೆ. (avana jvara eṣṭō guṇavāgide.) 彼の熱はずっと下がった。 [Sk.]

ಗುಣವಾಗು ⟦guṇavāgu グナヴァーグ⟧ [guɳəʋɐːgu] *vi.*（病気が）治る、治癒する、よくなる ¶ ಯಜಮಾನರ ಕಾಯಿಲೆ ಗುಣವಾಗಿ ಅಂಗಿಡಿಗೆ ಬಂದಿದ್ದಾರೆ (yajamānara kāyile guṇavāgi aṃgiḍige baṃdiddāre) 店長は病気がよくなって店に出ている。 [Sk.]

ಗುಣ ⟦guṇa グナ⟧ [guɳɐ] 《文》 *n.* 1 紐、縄 = ದಾರ (dāra)〔現〕 2 弓弦 [Sk.]

ಗುಣಕ ⟦guṇaka グナカ⟧ [guɳəkɐ] *m.* 《*f.* *ಗುಣಕಿ (*guṇaki)》計算する人 —*n.* 乗数 [Sk.]

ಗುಣಕಥನ ⟦guṇakatʰana グナカタナ⟧ [guɳəkətʰənɐ] 《文》 *n.* 人の長所を誉め称えること = ಗುಣಗಾನ (guṇagāna) [Sk.]

ಗುಣಗಾನ ⟦guṇagāna グナガーナ⟧ [guɳəgɐːnɐ] *n.* 人の徳を誉め称えること [Sk.]

ಗುಣಗು ⟦guṇagu グナグ⟧ [guɳə̆gu] *vi.* ☞ಗೊಣಗು (goṇagu)

ಗುಣಗ್ರಹಣ ⟦guṇagrahaṇa グナグラハナ⟧ [guɳəgrəhəɳɐ] 《文》 *n.* (人や芸術作品などの)価値を理解すること [Sk.]

ಗುಣಗ್ರಾಹಿ ⟦guṇagrāhi グナグラーヒ⟧ [guɳəgrɐːhi] 《文》 *adj.*, *mf.* (人や芸術作品などの) 価値を理解する〈人〉[Sk.]

ಗುಣಜ್ಞ ⟦guṇajña グナジュニャ⟧ [guɳəɟɲɐ] 《文》 *adj.*, *m.* 《*f.* ಗುಣಜ್ಞೆ (guṇajñe)》(人や芸術作品などの)価値を理解する〈人〉[Sk.]

ಗುಣಪಡಿಸು ⟦guṇapaḍisu グナパディス⟧ [guɳə̆pəɖĭsu] *vt.* 〈病気を〉治す、治療する [*guṇapaḍu* + *-isu*]

ಗುಣಪಡು ⟦guṇapaḍu グナパドゥ⟧ [guɳəpəɖu] *vi.* (病気が治療の結果)よくなる、快方に向かう ¶ ಪೆನಿಸಿಲಿನ್ ಚುಚ್ಚುಮದ್ದನ್ನು ತೆಗೆದುಕೊಂಡಮೇಲೆ ನನ್ನ ಕಾಯಿಲೆ ಗುಣಪಟ್ಟಿತು (penisilin cuccumaddannu tegedukoṃḍamēle nanna kāyile guṇapaṭṭitu) ペニシリンの注射をしてもらってから私の病気はよくなった。 [Sk.]

ಗುಣಮಟ್ಟ ⟦guṇamaṭṭa グナマッタ⟧ [guɳmːʈʈɐ] *n.* 品質の水準 [*guṇa* + *maṭṭa*]

ಗುಣಮಟ್ಟದ ಪ್ರಮಾಣಪತ್ರ ⟦guṇamaṭṭada pramāṇapatra グナマッタダプラマーナパトラ⟧ [+ prəmɐːɳəpətrɐ] 《文》 *n.* 品質保証印

ಗುಣಮುಖ ⟦guṇamukʰa グナムカ⟧ [guɳəmukʰɐ] *n.* 病気が快復期に入っていること ¶ ನನಗೆ ಗುಣಮುಖವಾಗಿದೆ. (nanage guṇamukʰavāgide.) 私は病気がよくなってきている。 —*adj.*, *m.* 《*f.* ಗುಣಮುಖಳು (guṇamukʰaḷu)》病気の快復期にある〈人〉 ◇ *vi.* ಗುಣಮುಖವಾಗು (guṇamukʰavāgu) 病気が快復期に入る [Sk.]

ಗುಣಲಬ್ಧ ⟦guṇalabdʰa グナラブダ⟧ [guɳələbdʰɐ] 《文》 *n.* 積 [Sk.]

ಗುಣವಂತ ⟦guṇavaṃta グナヴァンタ⟧ [guɳəvəntɐ] *adj.*, *m.* 《*f.* ಗುಣವಂತೆ (guṇavaṃte)》有徳の〈人〉、徳ある〈人〉= ಗುಣಾಢ್ಯ (guṇāḍʰya) [Sk.]

ಗುಣವಂತೆ ⟦guṇavaṃte グナヴァンテ⟧ [guɳə̆vənte] *f.* 《*m.* ಗುಣವಂತ (guṇavaṃta)》有徳の〈女性〉、徳ある〈女性〉[Sk.]

ಗುಣವಚನ ⟦guṇavacana グナヴァチャナ⟧ [guɳəvəʧə̆nɐ] 《文》 *n.* 〔言〕形容詞 = ಗುಣವಾಚಕ (guṇavācaka) [Sk.]

ಗುಣವಾಚಕ ⟦guṇavācaka グナヴァーチャカ⟧ [guɳəvɐːʧəkɐ] 《文》 *n.* 〔言〕形容詞 = ಗುಣವಚನ (guṇavacana) [Sk.]

ಗುಣಾಕಾರ ⟦guṇākāra グナーカーラ⟧ [guɳɐːkɐːrɐ] 《文》 *n.* 乗、かけること [Sk.]

ಗುಣಾಗ್ರಣಿ ⟦guṇāgraṇi グナーグラニ⟧ [guɳɐːgrə̆ɳi] *adj.*, *mf.* (能力や徳で)卓越した〈人〉[*Sk.*]

ಗುಣಾಢ್ಯ ⟦guṇāḍʰya グナーディャ⟧ [guɳɐːɖʰjɐ] 《文》 *m.* 徳のある人、(ある分野で)有能な人 [Sk.]

ಗುಣಾತಿಶಯ ⟦guṇātiśaya グナーティシャヤ⟧ [guɳɐːtiʃə̆jɐ] *n.* 卓越した徳や能力 [Sk.]

ಗುಣಾತ್ಮಿಕ ⟦guṇātmika グナートミカ⟧ [guɳɐːtmĭkɐ] *adj.* 質的な [Sk.]

ಗುಣಾನುರೂಪ ⟦guṇānurūpa グナーヌルーパ⟧ [guɳɐːnuruːpɐ] 《文》 *adj.* その特徴に応じた ¶ ಧರ್ಮರಾಯನಿಗೆ ಗುಣಾನುರೂಪ ಹೆಸರು ಇದೆ. (dʰarmarāyanige guṇānurūpa hesaru ide.) ダルマラージャはその徳にふさわしい名を持っている。 [Sk.]

ಗುಣಿ[1] ⟦guṇi グニ⟧ [guɳi] 《文》 *n.* **1** (道路上などの)穴 **2** えくぼ **3** 墓穴 = ಕುಳಿ (kuḷi) [Ka. D1818]

ಗುಣಿ[2] ⟦guṇi グニ⟧ [guɳi] *mf.* 徳ある人、有徳の人、人格者 [Sk.]

ಗುಣಿತ ⟦guṇita グニタ⟧ [guɳĭtɐ] *n.* 積、かけ算の結果 [*Sk.*] = ಗುಣಾಕಾರ (guṇākāra)

ಗುಣಿಸು ⟦guṇisu グニス⟧ [guɳĭsu] *vt.* かける、積算する [Sk.]

ಗುಣು ⟦guṇu グヌ⟧ [guɳu] 《‡》 *n.* ぶつぶつ(低い声で不明瞭に話す声を表す擬音語) [Ka. onom. D1685] ☞ಗುಣುಗುಣು (guṇuguṇu)

ಗುಣುಕು ⟦guṇuku グヌク⟧ [guɳŭku] *n.* 打楽器を叩く撥(バチ) [Ka. D1684]

ಗುಣುಗು ⟦guṇugu グヌグ⟧ [guɳŭgu] *vi.* つぶやく、ぶつぶつ言う ¶ ತಮ್ಮ ಕಚೇರಿಯಿಂದ ಏನೂ ಕೆಲಸವಾಗಲಿಲ್ಲ ಎಂದು ಗುಣುಗುತ್ತಾ ಬಂದ. (tamma kacēriyiṃda ēnū kelasavāgalilla eṃdu guṇuguttā baṃda.) 仕事ができていなかったとぶつぶつ言いながら弟は役所から帰ってきた。 —*vt* 〈歌などを〉鼻歌で歌う ¶ ಸಂದೀಪ ಬಾತರೂಮಿನಲ್ಲಿ ಸಿನಿಮಾಹಾಡನ್ನು ಗುಣುಗುತ್ತಿದ್ದ. (saṃdīpa bātarūminalli sinimāhāḍannu guṇuguttidda.) サンディーパは浴室で映画の主題歌を鼻歌で歌っていた。 [Ka. D1685] [Ka. D1685]

ಗುಣುಗುಟ್ಟು ⟦guṇuguṭṭu グヌグットゥ⟧ [guɳuguɳisu] *vi.* **1** つぶやく、ぶつぶつ言う **2** (疑いなどが)心の中に繰り返し現れる ¶ ನಾನು ಬೈದದರಿಂದ ಅವಳಿಗೆ ಅಪಘಾತ ಆಗಿರಬಹುದೆಂಬ ಸಂದೇಹ ನನ್ನ ಮನಸಿನಲ್ಲಿ ಗುಣುಗುಟ್ಟುತ್ತಾ ಇತ್ತು. (nānu baidadariṃda avaḷige apagʰāta āgirabahudeṃba saṃdēha nanna manasinalli guṇuguṭṭuttā ittu.) 自分が叱ったからあの子が事故に遭ったのかもしれないという疑いが心の中に浮かび続けた。 [*guṇugu* + *kuṭṭu*] *guṇuguṭṭu* is more automatic than *guṇuguṇisu*

ಗುಣುಗುಣಿಸು ⟦guṇuguṇisu グヌグニス⟧ [guɳuguɳisu] 《文》 *vi.* **1** つぶやく、ぶつぶつ言う **2** (歌などを)口ずさむ、鼻歌で歌う **3** (ある言葉が)耳に幾度も幾度も響く、(ある疑惑が)頭に幾度も幾度も浮かぶ ¶ ನಾನು ಹೊರಟಾಗ ತಾಯಿ ಹೇಳಿದ ಮಾತು ಇನ್ನು ಕಿವಿಯಲ್ಲಿ ಗುಣುಗುಣಿಸುತ್ತಿದೆ. (nānu horaṭāga tāyi hēḷida mātu innu kiviyalli guṇuguṇisuttide.) 出発時母が言った言葉が

今でも私の耳に響く。[guṇuguṇu + -isu]

ಗುಣುಗುಣು ⟦guṇuguṇu グヌグヌ⟧ [guɳŭguɳu] (*n.*) ぶつぶつ、ぶんぶん(つぶやく声やざわめき声を表す擬音語) [Ka. D1685]

ಗುಣ್ಪು¹ ⟦guṇpu グンプ⟧ [guɳpu] ಗುಂಪು, ಗುಂಬು, ಗುಮ್ಮು《古》*n.* **1** 深いこと、深み、深い場所 **2** (思想などが)深いこと、深み、(音が)低いこと [Ka. D1669]

ಗುಣ್ಪು² ⟦guṇpu グンプ⟧ [guɳpu] ಗುಂಪು *n.* 多くのものの集まり、大勢の集まり、(堆積物の)山 [Ka. D1821]

ಗುತಗೆ ⟦gutage グタゲ⟧ [gutǝ̆ge]《口》*n.* [Ka.?] ☞ಗುತ್ತಿಗೆ (guttige)

ಗುತುಗೆ ⟦gutuge グトゥゲ⟧ [gutŭge]《口》*n.* [Ka.?] ☞ಗುತ್ತಿಗೆ (guttige)

ಗುತ್ತ¹ ⟦gutta グッタ⟧ [guttɐ] ಗುತ್ತು (*n.*) **1** (種などを蒔く時)密集している〈こと〉、高密度〈の〉¶ ಬೀಜವನ್ನು ಇಷ್ಟು ಗುತ್ತವಾಗಿ ಬಿತ್ತಬಾರದು. (bījavannu iṣṭu guttavāgi bittabāradu.) 種をそれほど密に蒔いてはいけない。 **2** (衣類などが)ぴったり体に合っている〈こと〉、小さい〈こと〉[Ka. D1713]

ಗುತ್ತ² ⟦gutta グッタ⟧ [guttɐ]《文》*adj.* 秘密の、内緒の ―*n.* 秘密、内緒ごと、機密 [Sk. *gupta-*]

ಗುತ್ತಕಾಗದ ⟦guttakāgada グッタカーガダ⟧ [guttǝ̆kɐːgǝdɐ]《文》*n.* 密書、秘密の手紙 [*gutta* + *kāgada*]

ಗುತ್ತಗೆ ⟦guttage グッタゲ⟧ [guttǝ̆ge]《口》*n.* [Ka.?] ☞ಗುತ್ತಿಗೆ (guttige)

ಗುತ್ತಿ¹ ⟦gutti グッティ⟧ [gutti] *n.* (灌木などの)繁み [Ka. D1721]

ಗುತ್ತಿ² ⟦gutti グッティ⟧ [gutti] *n.* 花や果物の房 [Ka. D2092]

ಗುತ್ತಿಗೆ ⟦guttige グッティゲ⟧ [guttĭge] ಗುತಗೆ, ಗುತುಗೆ, ಗುತ್ತಗೆ *n.* **1** 農地などの賃貸 **2** 農地の賃貸料 [Ka.?]

ಗುತ್ತಿಗೆಹಿಡಿ ⟦guttigehiḍi グッティゲヒディ⟧ [guttigehiɖi] *vt.* 〈土地などの不動産を〉賃貸する [+ *hiḍi*]

ಗುತ್ತಿಗೆಕರಾರು ⟦guttigekarāru グッティゲカラール⟧ [guttigekǝrɐːru] *n.* 不動産の賃貸契約 [*guttige* + *karāru*]

ಗುತ್ತಿಗೆಕಾಗದ ⟦guttigekāgada グッティゲカーガダ⟧ [guttigekɐːggǝdɐ] *n.* 賃貸契約書 [*guttige* + *kāgada*]

ಗುತ್ತಿಗೆದಾರ ⟦guttigedāra グッティゲダーラ⟧ [guttigedɐːrɐ] *m.* 農地などの賃貸者、建設などの請負人、(酒類などの)専売権取得者 [*guttige* + *-dāra*]

ಗುತ್ತಿಗೆದಾರಿ ⟦guttigedāri グッティゲダーリ⟧ [guttigedɐːri] *n.* (建築などの)請負人であることおよびその地位、農地などの賃貸契約者であることまたはその地位、(酒類などの)専売権取得者であることまたはその地位 [*guttigedāra* + *-i*]

ಗುತ್ತಿಗೆಹೊಲ ⟦guttigehola グッティゲホラ⟧ [guttigeholɐ] *n.* 賃貸した農地 [*guttige* + *hola*]

ಗುತ್ತು¹ ⟦guttu グットゥ⟧ [guttu]《文》*n.* **1** しるし、標識 **2** 知っていること、面識 [Ka. ←*guṟutu* D1847]

ಗುತ್ತು² ⟦guttu グットゥ⟧ [guttu] (*n.*) 人や物が狭い場所にぎゅぎゅう詰めになっている〈こと〉、ぎゅうぎゅう詰め〈の〉¶ ಸೂಟ್ಕೇಸಿನಲ್ಲಿ ಸಮಾನುಗಳು ಗುತ್ತಾಗಿ ತುಂಬಿದೆ. (sūṭkēsinalli samānugaḷu guttāgi tuṃbide.) スーツケースにものがいっぱいに詰まっている。[Ka. D1713]

ಗುತ್ತು³ ⟦guttu グットゥ⟧ [guttu]《古》*n.* ☞ಗುತ್ತೆ (gutte)

ಗುತ್ತೆ ⟦gutte グッテ⟧ [gutte] *n.* **1** 製品や産物の販売や利用の独占権 **2** 農地などの賃貸〈契約〉[< *guttage*]

ಗುತ್ತೇದಾರ ⟦guttēdāra グッテーダーラ⟧ [gutteːdɐːrɐ] *m.*《*f.* ಗುತ್ತೇದಾರಳು (guttēdāraḷu)》(農地などの)賃貸権を持つ人、賃貸者、製品や産物の販売や利用の独占権を持つ人 [*gutte* + *-dāra*]

ಗುತ್ತೇದಾರಿಕೆ ⟦guttēdārike グッテーダーリケ⟧ [gutteːdɐːrike] *n.* **1** 農地などの賃貸権を持っていること **2** 建設などの請負人であることまたはその地位 [*guttēdāra* + *-ike*]

ಗುದಮುರಿಗೆ ⟦gudamurige グダムリゲ⟧ [guđǝmurĭge] *n.* [Ka. < *guddu*] ☞ಗುದ್ದುಮುರಿಗೆ (guddumurige)

ಗುದಾಮ ⟦gudāma グダーマ⟧ [gudɐːmɐ] *n.* [H. *gudāmă*] ☞ಗುದಾಮು (gudāmu)

ಗುದಾಮು ⟦gudāmu グダーム⟧ [gudɐːmu] ಗುದಾಮ, ಗೊದಾಮು, ಗೋದಾಮು *n.* 倉庫 = ದಾಸ್ತಾನು (dāstānu) [H. *gudāmă* ←Malay *gudang* ←S.India]

ಗುದಿ¹ ⟦gudi グディ⟧ [guđi] *vi.* 跳ぶ、跳ねる；足を踏み鳴らす (*Kitt.,My.*) [Ka. D1705] ☞ಕುದಿ (kudi)

ಗುದಿ² ⟦gudi グディ⟧ [guđi] *vt.* ヤシの木に登るために縄で〈足を〉くくる ―*n.* **1** ヤシの木に登る時に足をくくる縄 **2** 放牧牛が自由に動けないように首に括りつける木片［⇒図］[Ka. D1713]

ಗುದಿ
放牧用木片

ಗುದಿ³ ⟦gudi グディ⟧ [guđi]《古》*n.* 花や果物の房 [Ka. D2092]

ಗುದಿಗೆ¹ ⟦gudige グディゲ⟧ [guđĭge] ಗುದುಗೆ《方》*n.* ヤシの木に登る時に足をくくる縄 (*Kitt.*) [Ka. D1713]

ಗುದಿಗೆ² ⟦gudige グディゲ⟧ [guđĭge] ಗುದುಗೆ *n.* 言うことを聞かない雌牛や水牛が自由に歩き回らないように首につける棒 [Ka. D1850] *[ಗುದ್ದಿ (guddi)]

ಗುದು ⟦gudu グドゥ⟧ [guđu] *n.* [Ka. < *guddu*] ☞ಗುದ್ದು (guddu)

ಗುದುಕು ⟦guduku グドゥク⟧ [guđŭku]《方》*vi.* 跳ぶ、跳ねる [Ka. D1705] (Hav.)

ಗುದುಗೆ¹ ⟦guduge グドゥゲ⟧ [guđŭge] *n.* [Ka. D1713] ☞ಗುದಿಗೆ (gudige)¹

ಗುದುಗೆ² ⟦guduge グドゥゲ⟧ [guđŭge] *n.* [Ka. D1850] ☞ಗುದಿಗೆ (gudige)²

ಗುದುಪು ⟦gudupu グドゥプ⟧ [guđŭpu]《方》*n.* ヤシの木に登るために足をくくる縄 [Ka. D1713] (*Kitt.,My.*)

ಗುದುಮರಿಗೆ ⟦gudumarige グドゥマリゲ⟧ [guđumərĭge] *n.* [*guddu* + *murige*] ☞ಗುದ್ದುಮುರಿಗೆ (guddumurige)

ಗುದ್ದರಿಸು ⟦guddarisu グッダリス⟧ [guddərisu] *vt.* 1 (子牛や乳搾りが)〈雌牛の乳房を〉(乳を催促して)つつく 2 〈自分の責任を〉(他人に)回す、押しつける ¶ ನನ್ನ ಅರ್ಜಿಯನ್ನು ಆಫೀಸರು ಬೇರೆ ವಿಭಾಗಕ್ಕೆ ಗುದ್ದರಿಸಿದರು. (nanna arjiyannu āpʰīsaru bēre vibʰāgakke guddarisidaru.) 私の願書を役人は他の部門に回した。[Ka. D1850(b) *guddu* + *-arisu*]

ಗುದ್ದಲಿ ⟦guddali グッダリ⟧ [guddəli] *n.* 1 つるはしの一種 (NK) 2 鍬の一種 (SK) [Ka. D1722]

ಗುದ್ದಲಿಪೂಜೆ ⟦guddalipūje グッダリプージェ⟧ [guddəlipu:ʤe] *n.* (建物などを建てる前に)つるはしや鍬などの道具を祀ること [+ *pūje*]

ಗುದ್ದಾಟ ⟦guddāṭa グッダータ⟧ [guddɐ:ṭɐ] *n.* (拳骨での)殴り合い [*guddu* + *āṭa*]

ಗುದ್ದಾಡು ⟦guddāḍu グッダードゥ⟧ [guddɐ:ḍu] *vi.* 1 拳骨で殴り合う 2 〔喩〕奔走する [Ka.]

ಗುದ್ದಿ ⟦guddi グッディ⟧ [guddi] *n.* 牛が逃げ出さないように首に括りつける木ぎれ [Ka. D1713]

ಗುದ್ದು ⟦guddu グッドゥ⟧ [guddu] *vi.* 1 拳骨で殴る 2 角でつく —*n.* 拳骨で殴ること ¶ ಹೋಲಿಫೀಲ್ಡ್ ಒಂದು ಗುದ್ದು ಕೊಟ್ಟ ಕೂಡಲೇ ಎದುರಾಳಿ ನೆಲಕ್ಕೆ ಬಿದ್ದ. (hōlipʰīlḍ oṃdu guddu koṭṭa kūḍalē edurāḷi nelakke bidda.) ホリフィールドがパンチを食らわすや相手は地面に倒れた。[Ka. ←*gurdu* D1850(b)]

ಗುದ್ದುಮುರಿಗೆ ⟦guddumurige グッドゥムリゲ⟧ [guddu murige] ಗುದಮುರಿಗೆ, ಗುದುಮುರಿಗೆ, ಗುದುಮರಿಗೆ, ಗುದು–ಮುರಿಗೆ *n.* 〔喩〕必死の奔走 ¶ ಮನೇಜರು ಗುತ್ತಿಗೆಯನ್ನು ಪಡೆಯಲು ತುಂಬಾ ಗುದ್ದುಮುರಿಗೆ ಹಾಕಿದ. (manējaru guttigeyannu paḍeyalu tuṃbā guddumurige hākida.) 店長は契約を取るために必死で奔走した。[*guddu* + *murige*「絞る」]

ಗುದ್ದುವಿಕೆ ⟦gudduvike グッドゥヴィケ⟧ [gudduvĭke] *n.* こぶしで打つこと、拳骨を食らわすこと [Ka. *gūdu* + *-ike*]

ಗುನುಗುನು ⟦gunugunu グヌグヌ⟧ [gunugunu] (*n.*) ☞ಗುಣುಗುಣು (guṇuguṇu) [Ka. onom. *D1685]

ಗುನ್ನಾನೆ ⟦gunnāne グンナーネ⟧ [gunnɐ:ne] *n.* 小さな象 [Ka. D1646]

ಗುನ್ಹೆ ⟦gunhe グンヘ⟧ [gunnʰe] *n.* 犯罪、犯行 [Pe. *gunāh*]

ಗುನ್ಹೆಗಾರ ⟦gunhegāra グンヘガーラ⟧ [gunnʰegɐ:rɐ] *m.* 犯罪者、犯人 [Pe. *gunāhgār*]

ಗುಪಟೆ ⟦gupaṭe グパテ⟧ [gupəṭe] *n.* [Ka. *D4469< *buguṭu*] ☞ಗುಬುಟು (gubuṭu)

ಗುಪ್ತ ⟦gupta グプタ⟧ [guptɐ] 《文》(*adj.*) 1 隠された〈こと〉、隠れた〈こと〉 2 秘密〈の〉、内緒〈の〉 [Sk.]

ಗುಪ್ತಕ ⟦guptaka グプタカ⟧ [guptəkɐ] 《文》*m.* 間諜、密偵、スパイ [Sk.]

ಗುಪ್ತಗಾಮಿ ⟦guptagāmi グプタガーミ⟧ [guptəgɐ:mi] 《文》*adj.* 1 こっそりと行動する 2 地下を流れる(川など) [Sk.]

ಗುಪ್ತಗಾಮಿನಿ ⟦guptagāmini グプタガーミニ⟧ [guptəgɐ:mini] 《文》*n.* 地下を流れる川 [Sk.]

ಗುಪ್ತದ್ವಾರ ⟦guptadvāra グプタドヴァーラ⟧ [guptədvɐ:rɐ] 《文》*n.* 秘密の扉 [Sk.]

ಗುಪ್ತನಿಧಿ ⟦guptanidʰi グプタニディ⟧ [guptənidʰi] 《文》*n.* (地中に埋めたりした)隠された富 [Sk.]

ಗುಪ್ತಮತದಾನ ⟦guptamatadāna グプタマタダーナ⟧ [guptəmətədɐ:nɐ] *n.* 無記名投票 [Sk.]

ಗುಪ್ತರೋಗ ⟦guptarōga グプタローガ⟧ [guptəro:gɐ] 《文》*n.* 性病 [Sk.]

ಗುಪ್ತಲಿಪಿ ⟦guptalipi グプタリピ⟧ [guptəlipi] 《文》*n.* 暗号 [Sk.]

ಗುಪ್ತಲಿಪಿ ಅಧಿಕಾರಿ ⟦guptalipi adʰikāri グプタリピアディカーリ⟧ [guptəlĭpi adʰĭkɐ:ri] 《古》*mf.* 暗号解読を任務とする役人 [+ *adʰikāri*]

ಗುಪ್ತವಾರ್ತಾ ಸಂಸ್ಥೆ ⟦guptavārtā saṃstʰe グプタヴァールターサンステ⟧ [guptəvɐ:rtɐ: səmstʰe] 《文》*n.* 諜報局 [*Sk.*]

ಗುಪ್ಪು ⟦guppu グップ⟧ [guppu] ಕುಪ್ಪು *n.* 1 こぶ状のもの 2 こぶ、腫瘍 [Ka. D1743]

ಗುಪ್ಪೆ ⟦guppe グッペ⟧ [guppe] *n.* (ゴミなどの)山、堆積、堆肥の山 [Ka. D1738]

ಗುಬಚಿ ⟦gubaci グバチ⟧ [gubəʧi] *n.* 小鳥(特にスズメ) ☞ಗುಬ್ಬಚ್ಚಿ (gubbacci) [Ka. *D1793 *gubbi* + *acci*]

ಗುಬಟು ⟦gubaṭu グバトゥ⟧ [gubəṭu] *n.* [Ka. *D4469< *buguṭu*] ☞ಗುಬುಟು (gubuṭu)

ಗುಬರು ⟦gubaru グバル⟧ [gubəru] 《古》*n.* [Ka. *D1741] ☞ಗುಬುರು (guburu)

ಗುಬಾರು[1] ⟦gubāru グバール⟧ [gubɐ:ru] *n.* 群衆のざわめき [Ka. D1738, cf. H. *gubārā*]

ಗುಬಾರು[2] ⟦gubāru グバール⟧ [gubɐ:ru] *n.* 膨れもの、こぶ [Ka. D1743]

ಗುಬುಗುಬು ⟦gubugubu グブグブ⟧ [gubugubu] (*n.*) じくじく(膿んだ傷の与える印象を表す擬態語) ¶ ಮೊನ್ನೆ ಆದ ಗಾಯ ಈಗ ಗುಬುಗುಬು ಅನ್ನುತ್ತಿದೆ. (monne āda gāya īga gubugubu annuttide.) おとといの傷が(化膿して)じくじくしている。[Ka. onom. *D1738]

ಗುಬುಗುಬು ಏಳು ⟦gubugubu ēḷu グブグブエール⟧ [gubu gubu e:ḷu] *vi.* どうっと(有名人が到着した時など群衆が立ち上がる様子を表す擬態語) ¶ ಇಂದಿರಾ ಗಾಂಧಿ ಬಂದಕೂಡಲೇ ಸಾವಿರಾರುಜನ ಪ್ರೇಕ್ಷಕರು ಗುಬುಗುಬು ಎದ್ದರು. (iṃdirā gāṃdʰi baṃdakūḍalē sāvirārujana prēkṣakaru gubugubu eddaru.) インディラー・ガーンディーが到着した時、何千もの群衆がどうっと立ち上がった。[Ka. mim. D1738]

ಗುಬುಟಿ ⟦gubuṭi グブティ⟧ [gubŭṭi] *n.* 打撃によって体にできたこぶ [Ka. < *buguṭu*] ☞ಗುಬುಟು (gubuṭu)

ಗುಬುಟು ⟦gubuṭu グブトゥ⟧ [gubŭʈu] ಗುಪಟೆ, ಗುಬಟು, ಗುಬುಟೆ n. 1 丸いもの、こぶ(状のもの)、丸く盛り上がったもの 2 打撃によって体にできたこぶ [Ka. < buguṭu *D4469]

ಗುಬುರು ⟦guburu グブル⟧ [gubŭru] ಗುಬರು, ಗುಮುರು 《古》 n. 1 木や灌木の厚く茂った葉 2 寝具、毛布 ¶ ಅವರಿಗೆ ನೆಲವೇ ಹಾಸಿಗೆ, ಆಕಾಶವೇ ಗುಬುರು. (avarige nelavē hāsige, ākāśavē guburu.) (貧しい)彼には、地面が寝床で、空が掛け布団であった。[Ka. D1741]

ಗುಬುರುಹಾಕು ⟦guburuhāku グブルハーク⟧ [guburuhɐːku] vi. 〈あるもので〉身を覆う ¶ ಮೋಹನ ಮಳೆಯಲ್ಲಿ ಟಾವೆಲ್ಲನ್ನು ತಲೆಗೆ ಗುಬುರುಹಾಕಿಕೊಂಡು ನಡೆದ. (mōhana maḷeyalli ṭāvellannu talege guburuhākikoṃḍu naḍeda.) モーハンはタオルで身を覆って雨の中を歩いた。= ಮುಸುಕುಹಾಕು (musukuhāku) [+ hāku]

ಗುಬ್ಬಚ್ಚಿ ⟦gubbacci グッバッチ⟧ [gubbəʧʧi] ಗುಬಚಿ n. 小鳥(特にスズメ)= ಗುಬ್ಬಿ(gubbi) [Ka. D1793 gubbi + acci]

ಗುಬ್ಬಳಿಕೆ ⟦gubbaḷike グッバリケ⟧ [gubbəɾĭke] n. (小鳥の)さえずり、ハトの鳴き声 [gubbaḷisu + -ike]

ಗುಬ್ಬಳಿಸು ⟦gubbaḷisu グッバリス⟧ [gubbəɾĭsu] vi. (小鳥が)さえずる、(ハトが)くうくう鳴く [?]

ಗುಬ್ಬಿ¹ ⟦gubbi グッビ⟧ [gubbi] n. こぶ、ふくらみ [Ka. D1743]

ಗುಬ್ಬಿ² ⟦gubbi グッビ⟧ [gubbi] n. スズメ = ಗುಬ್ಬಿ(gubbi) [Ka. D1793]

ಗುಬ್ಬಿಲ್ ⟦gubbil グッビル⟧ [gubbil] 《古》 n. スズメ = ಗುಬ್ಬಿ(gubbi) [Ka. D1793]

ಗುಮಗುಮ ⟦gumaguma グマグマ⟧ [gumə̆gumɐ] (n.) ぷーん(強い芳香が広がる様子を表す擬態語) [Ka. mim. D1247] = ಗಮಗಮ (gamagama)〔汎〕

ಗುಮಗುಮ ಅನ್ನು ⟦gumaguma annu グマグマアンヌ⟧ [gumə̆gumə ənnu] vi. 強い芳香を出す [Ka. mim. 1247]

ಗುಮಗುಮಾಯಿಸು ⟦gumagumāyisu グマグマーイス⟧ [gumə̆gumɐːjĭsu] 《‡》 vi. 強い芳香を出す (Kitt., My.) = ಗಮಗಮ (gamagama) [gumaguma + ayisu? mim. 1247]

ಗುಮಟ ⟦gumaṭa グマタ⟧ [gumə̆ʈɐ] n. ☞ಗುಮ್ಮಟ

ಗುಮಾನಿ ⟦gumāni グマーニ⟧ [gumɐːni] n. 疑い、疑惑 ¶ ಅವರ ಮನೆಯಾಲ್ಲಿ ಕೆಲಸ ಮಾಡುವವಳ ಮೇಲೆ ಕಳ್ಳತನದ ಗುಮಾನಿ ಇದೆ. (avara maneyālli kelasa māḍuvavaḷa mēle kaḷḷatanada gumāni ide.) その家の女中がそれを盗んだのではないかと彼らはにらんでいる。[Pe gumān] (NK)

ಗುಮಾನಿಸು ⟦gumānisu グマーニス⟧ [gumɐːnĭsu] vt. 疑う、怪しむ ¶ ಪಕ್ಕದ ಮನೆಯವರ ತೆಂಗಿನಕಾಯಿ ಹೋದ ಬಗ್ಗೆ ನಮ್ಮ ಕೆಲಸದವನನ್ನು ಗುಮಾನಿಸಿದರು. (pakkada maneyavara teṃginakāyi hōda bagge namma kelasadavanannu gumānisidaru.) 隣の家の人がココナツの実がなくなったことについて家の使用人を疑っている。[gumāni + -isu]

ಗುಮಾಸ್ತೆ ⟦gumāste グマーステ⟧ [gumɐːste] n. 下級役人 [Pe. gumāšta]

ಗುಮಿ ⟦gumi グミ⟧ [gumi] 《古》 n. (無生物の)山、(生物の)集合、群れ ☞ಗುಮ್ಮಿ(gummi) [Ka. D1741]

ಗುಮುಟ ⟦gumuṭa グムタ⟧ [gumuʈɐ] n. ☞ಗುಮ್ಮಟ (gummaṭa)

ಗುಮುರು ⟦gumuru グムル⟧ [gumŭru] 《古》 n. 木や灌木の厚く茂った葉 [Ka. *D1741] ☞ಗುಬುರು (guburu)

ಗುಮ್ಮ¹ ⟦gumma グンマ⟧ [gummɐ] mn. 子どもを脅かすための想像上の悪魔、鬼 [Ka. D1758]

ಗುಮ್ಮ² ⟦gumma グンマ⟧ [gummɐ] 《方》 n. 深み [Ka. D1818] (Gul.)

ಗುಮ್ಮ³ ⟦gumma グンマ⟧ [gummɐ] 《方》 n. フクロウ [Ka. D1871] (NK, Gowda)

ಗುಮ್ಮ⁴ ⟦gumma グンマ⟧ [gummɐ] 《古》 n. 城の城壁を破壊する機械 (PPr.3.139) [?]

ಗುಮ್ಮ⁵ ⟦gumma グンマ⟧ [gummɐ] 《古》 n. 野生のニワトリ (Si.177) [?]

ಗುಮ್ಮಟ ⟦gummaṭa グンマタ⟧ [gummə̆ʈɐ] ಗುಂಬುಟ, ಗುಮಟ, ಗುಮುಟ, ಗುಮ್ಮುಟ n. (普通イスラーム建築に見られる)丸屋根、半球形の屋根 [Pe. gunba_z]

ಗುಮ್ಮಿ¹ ⟦gummi グンミ⟧ [gummi] ಗುಮಿ, ಗುಮ್ಮು n. (無生物の)山、(生物の)集合、群れ [Ka. D1741]

ಗುಮ್ಮಿ² ⟦gummi グンミ⟧ [gummi] ಗುಮ್ಮೆ n. 1 (乾いた川床に掘った)水が沸いてくる穴 2 穴、窪み [Ka. *D1818]

ಗುಮ್ಮಿ³ ⟦gummi グンミ⟧ [gummi] n. 1 穀物貯蔵のための金属製や土製の大きな壺 2 部屋 [? Ta. kommai, komma]

ಗುಮ್ಮು¹ ⟦gummu グンム⟧ [gummu] 《古》 n. (無生物の)山、(生物の)集合、群れ [Ka. D1741]

ಗುಮ್ಮು² ⟦gummu グンム⟧ [gummu] vt. (牛などが)角で突く、(人が)拳骨で打つ ☞ಕುಮ್ಮು(kummu) [Ka. D1850(c)]

ಗುಮ್ಮನೆ ⟦gummane グンマネ⟧ [gummə̆ne] (n.) 沈黙を表す〈言葉〉¶ ನೀವು ಗುಮ್ಮನೆ ಕೂರಬೇಡಿ, ಏನಾದರೂ ಹೇಳಿ. (nīvu gummane kūrabēḍi, ēnādarū hēḷi.) 黙っていないで、何か話してください。[Ka. gummu + -ane]

ಗುಮ್ಮುಟ ⟦gummuṭa グンムタ⟧ [gummŭʈɐ] n. ☞ಗುಮ್ಮಟ (gummaṭa)

ಗುಮ್ಮೆ¹ ⟦gumme グンメ⟧ [gumme] 《古》 n. (無生物の)山、(生物の)集合、群れ [Ka. D1741] ಗುಮ್ಮಿ(gummi)²

ಗುಮ್ಮೆ² ⟦gumme グンメ⟧ [gumme] 《方》 n. 1 深い池 (Bark) 2 穴、窪み [Ka. D1818]

ಗುರಕೆ ⟦gurake グラケ⟧ [gurə̆ke] ಗುರುಕು, ಗುರುಕೆ, ಗುಟುರು–ಕು, ಗೊರಕು, ಗೊರಕೆ, ಗೊರಿಕೆ n. いびき [Ka. *D1852]

ಗುರಾಣ ⟦gurāṇa グラーナ⟧ [gurɐːɳɐ] n. 楯 [?] ☞ಗುರಾನಿ (gurāni)

ಗುರಾಣಿ ⟦gurāṇi グラーニ⟧ [gurɐːɳi] ಗುರಾಣ n. 楯 [?] = ಢಾಲು (ḍʰālu)〔汎〕

ಗುರಿ ⟦guri グリ⟧ [guri] ಗುಱಿ n. 1 標的、的 2 目的、意図 ¶ ಅತ್ತೆಯನ್ನು ಗುರಿಮಾಡಿ ಸೊಸೆ ಮಗಳನ್ನು ಬೈದಳು. (atteyannu gurimāḍi sose magaḷannu baidaḷu.) 嫁が姑にあ

てつけて自分の娘を叱った。[Ka. ←*guṟi* *D1847]

ಗುರಿಕಟ್ಟು ⟦gurikaṭṭu グリカットゥ⟧ [gurikəʈʈu] *vt.* 狙う、狙いを定める ¶ ಅರ್ಜುನ ಮತ್ಸ್ಯ ಯಂತ್ರವನ್ನು ಗುರಿಕಟ್ಟಿ ಭೇದಿಸಿದ. (arjuna matsya yaṃtravannu gurikaṭṭi bʰēdisida.) アルジュナは回転する輪にぶら下げられた魚をねらって矢で射抜いた。[+ *kaṭṭu*]

ಗುರಿತಪ್ಪು ⟦guritappu グリタップ⟧ [guritəppu] *vi.* 的を外れる ¶ ಅಮೆರಿಕದ ಕ್ಷಿಪಣಿ ಗುರಿತಪ್ಪಿ ಆಸ್ಪತ್ರೆಯನ್ನು ನಾಶಮಾಡಿತು. (amerikada kṣipaṇi guritappi āspatreyannu nāśamāḍitu.) アメリカのミサイルが的を外れて病院を破壊した。[+ *tappu*]

ಗುರಿಪಡಿಸು ⟦guripaḍisu グリパディス⟧ [guripəɖisu] *vt.* 〈ある地域や任務を〉(他の) 管轄区や課に移す ¶ ಸರಕಾರ ಕ್ಷಿಪಣಿಸಂಶೋಧನಾ ಇಲಾಖೆಯನ್ನು ರಕ್ಷಣಾ ಮಂತ್ರಾಲಯದ ಆದಳಿತಕ್ಕೆ ಗುರಿಪಡಿಸಿತು. (sarakāra kṣipaṇisaṃśōdʰanā ilākʰeyannu rakṣaṇā maṃtrālayada ādaḷitakke guripaḍisitu.) 政府はミサイル研究分野を防衛省に移した。[Sk.]

ಗುರಿಮಾಡು ⟦gurimāḍu グリマードゥ⟧ [gueimɐːɖu] *vi.* 〈ある人を〉苦難や非難などで苦しめる ¶ ಅವನನ್ನು ವಿನಾ ಕಾರಣ ಕಷ್ಟಕ್ಕೆ ಗುರಿಮಾಡಬೇಡ. (avanannu vinā kāraṇa kaṣṭakke gurimāḍabēḍa.) ゆえなくあの人を苦しめないでくれ。[+ *māḍu*]

ಗುರಿಮುಟ್ಟು ⟦gurimuṭṭu グリムットゥ⟧ [gurimuʈʈu] *vi.* 1 的に当たる、目的地に達する、到着する 2 目的を成就する ¶ ಈ ವರ್ಷದಲ್ಲಿ ಇಂಡಿಯಾದ ಆಹಾರ ಉತ್ಪಾದನೆ ಗುರಿಮುಟ್ಟಿದೆ. (ī varṣadalli iṃdiyāda āhāra utpādane gurimuṭṭide.) 今年はインドの食料生産は目的量を達成した。[+ *muṭṭu*]

ಗುರಿಯಾಗು ⟦guriyāgu グリヤーグ⟧ [gurijɐːgu] *vi.* (非難や嘲笑などの)的になる ¶ ಶಂಕರ ಕಾರಣವಿಲ್ಲದೆ ಅಪವಾದಕ್ಕೆ ಗುರಿಯಾದನು. (śaṃkara kāraṇavillade apavādakke guriyādanu.) シャンカラは理由なく非難の的となった。[+ *āgu*]

ಗುರಿಯಿಡು ⟦guriyiḍu グリイドゥ⟧ [gurijiɖu] *vi.* 〈あるものを〉的とする、〈あるものに〉的をしぼる ¶ ಪೋಲಿಸರು ಜನರ ಕಾಲುಗಳಿಗೆ ಗುರಿಯಿಟ್ಟು ಗೋಲಿ ಹಾರಿಸಿದರು. (pōlisaru janara kālugaḷige guriyiṭṭu gōli hārisidaru.) 警察は人々の足をねらって発砲した。[*guri* + *iḍu*]

ಗುರಿಕಾರ ⟦gurikāra グリカーラ⟧ [gurikɐːrɐ] *m.* 1 弓の達人 2 (宮廷での)召し使い頭 [*guri* + *kāra*]

ಗುರು ⟦guru グル⟧ [guru] (*adj.*) 1 重い〈こと〉、重量が大きい〈こと〉 2 (音節が)長い〈こと〉 3 重大〈な〉、重要〈な〉¶ ಸಣ್ಣ ವಿಷಯ ಎಂದು ತಿಳಿದದ್ದು ಈಗ ಗುರುವಾಯಿತು. (saṇṇa viṣaya eṃdu tiḷidaddu īga guruvāyitu.) 我々が小さなことだと思って無視したことが今重要なことになった。 —*m.* ⟪*f.* ಗುರುಪತ್ನಿ (gurupatni)⟫ 1 師匠、ある領域において生徒を教え指導した教師 2 家庭の指導者としての家長 3 生徒をヴェーダの学習に入門させた師 4 僧院の長 5 神々の師(ブリハスパティ) —*mn.* 木星 [Sk.]

ಗುರುಕು ⟦guruku グルク⟧ [gurŭku] *n.* いびき、いびきをかくこと [Ka. onom. < *guṟuku* *D1852] = ಗುರಕೆ (gurake)

ಗುರುಕಿಡು ⟦gurukiḍu グルキドゥ⟧ [gurukiɖu] *vi.* 1 いびきをかく 2 (ライオンや虎や犬が)うなり声をあげる [+ *iḍu*]

ಗುರುಕುಲ ⟦gurukula グルクラ⟧ [gurukulɐ] *n.* 1 インド古代からの伝統的な学校 2 山などにある伝統的な教師の住居(兼学校) [Sk.]

ಗುರುಕುಲವಾಸ ⟦gurukulavāsa グルクラヴァーサ⟧ [guru kulə̆vɐːsɐ] *n.* 教師の所に住みこんでヴェーダなどを学ぶこと [*Sk.*]

ಗುರುಕುಲವಾಸಿ ⟦gurukulavāsi グルクラヴァーシ⟧ [guru kulə̆vɐːsi] *mf.* 教師の所に住みこんでヴェーダなどを学ぶ生徒 [Sk.]

ಗುರುಕೆ ⟦guruke グルケ⟧ [gurŭke] 《異》 *n.* いびき、いびきをかくこと [Ka. onom. < *guṟuku* *D1852] = ಗುರಕೆ (gurake)

ಗುರುಗಂಜಿ ⟦gurugaṃji グルガンジ⟧ [gurugəɲʤi] *n.* トウアズキ、その赤や黒が美しい種子(数珠玉や重りに用いる) [Ka. D1865] ☞ಗುರುಗುಂಜಿ (gurugumji)

ಗುರುಗಿಂಜಿ ⟦gurugiṃji グルギンジ⟧ [gurugiɲʤi] *n.* [Ka. D1865] ☞ಗುರುಗುಂಜಿ (gurugumji)

ಗುರುಗುಂಜಿ ⟦gurugumji グルグンジ⟧ [guruguɲʤi] ಗುನಿಗುಂಜಿ, ಗುರುಗಂಜಿ, ಗುರುಗುಂಜೆ, ಗುಲಗಂಜಿ, ಗುಲಗಂಜೆ, ಗುಲಗುಂಜಿ, ಗುಲಗುಂಜೆ, ಗುಲಿಗಂಜಿ, ಗುಲುಗಂಜಿ, ಗುಲುಗುಂಜಿ, ಗುಳ್ಗಂಜಿ *n.* トウアズキ (*Abrus precatorius*) と、その赤や黒が美しい種子(数珠玉や重りに用いる) → 薬 [Ka. D1865] *[IMP 1.11, 15]

ಗುರುಗುಂಜೆ ⟦gurugumje グルグンジェ⟧ [guruguɲʤe] *n.* [Ka. D1865] ☞ಗುರುಗುಂಜಿ (gurugumji)

ಗುರುಗುಟ್ಟು ⟦guruguṭṭu グルグットゥ⟧ [guruguʈʈu] *vi.* 1 (虎や犬やオオカミなどの動物が威嚇するために)ぐるぐるとうなる 2〔喩〕うなるように言う、怒って言う [Ka. < *guṟuguṭṭu* *D1852]

ಗುರುಗುರಿಸು ⟦gurugurisu グルグリス⟧ [gurugurisu] *vi.* 1 いびきをかく 2 (雷雲が)ごろごろ鳴る、(怒って)怒鳴る 3 (重病人や猫などが)のどをごろごろ鳴らす [*guṟuguṟu* [1852] + *-isu*]

ಗುರುಗುರು ⟦guruguru グルグル⟧ [gurŭguru] (*n.*) ぐうぐう(いびきを表す擬音語)(*Bh.4.8.85*) [Ka. *D1852]

ಗುರುಗುಲು ⟦gurugulu グルグル⟧ [gulŭgulu] *n.* ヒマワリ(キク科ヒマワリ属、食用油を取るために栽培される背の高い黄色の花が咲く植物) → 観・油 [Ka. D1784]

ಗುರುತರ ⟦gurutara グルタラ⟧ [gurutə̆rɐ] 《文》 *adj.* 1 より重い 2 より重要な、大変重要な ¶ ಅವನ ಮೇಲೆ ಗುರುತರ ಹೊಣೆ ಬಿದ್ದಿದೆ. (avana mēle gurutara hoṇe biddide.) 彼は重大な責任を負うことになった。[Sk.]

ಗುರುತಿಸು ⟦gurutisu グルティス⟧ [gurutisu] *vt.* 1〈ある人の顔などを〉見て思い出す、知っている人だと認識する ¶ ಸೀತೆಯ ಆಭರಣಗಳನ್ನು ರಾಮ ಗುರುತಿಸಿದ. (sīteya ābʰaraṇagaḷannu rāma gurutisida.) ラーマはシーターの装身具を見てシーターのものだと認識した。 2 書き留めておく、しるしをつけておく ¶ ಪರೀಕ್ಷೆಗೆ ಬೇಕಾದ ವಿಷಯಗಳನ್ನು ಪುಸ್ತಕದಲ್ಲಿ ಗುರುತಿಸಿ ಕೊಂಡ. (parīkṣege bēkāda viṣayagaḷannu pustakadalli gurutisi koṃḍa.) 彼女は本の中の試験に必要な題目にしるしを付けた。[Ka. *gurutu* + *-isu*]

ಗುರುತು ⟦gurutu グルトゥ⟧ [gurutu] ಗುತ್ತು, ಗುರ್ತು, ಗುಱುತು *n.* 1 ある人や物を認知したり見分けたりする特徴(ほくろやあばたなど)¶ ನಿಮ್ಮ ತಂದೆಯ ಗುರುತು ಬಲ ಕಣ್ಣಿನ ಕೆಳಗಿನ ದೊಡ್ಡ ಮಚ್ಚೆ. (nimma taṃdeya gurutu bala kaṇṇina keḷagina doḍḍa macce.) お父さんを見分ける特徴は右目の下の大きなほくろです。 2（人などを）知っていること ¶ ವೀರಪ್ಪನ ಮುಖ ನನಗೆ ಗುರುತಿದೆ. (vīrappana mukʰa nanage gurutide.) 私はヴィーラッパンの顔を知っている。¶ ಈ ಆಫೀಸಿನಲ್ಲಿ ನನಗೆ ಯಾರ ಗುರುತು ಇಲ್ಲ. (ī āpʰīsinalli nanage yāra gurutu illa.) 私はこの事務所の誰をも知らない。[Ka. *D1847]

ಗುರುತಿಡು ⟦gurutiḍu グルティドゥ⟧ [gurutiḍu] *vt.* 覚えておく ¶ ಈ ಮನೆಯನ್ನು ಗುರುತಿಡು. (ī maneyannu gurutiḍu.) この家を覚えておいてください。[+ *iḍu*]

ಗುರುತುಚೀಟಿ ⟦gurutucīṭi グルトゥチーティ⟧ [gurutuʧiːṭi] *n.* 1 身分証明書 2 クーポン [+ *cīṭi*]

ಗುರುತುಪಟ್ಟಿ ⟦gurutupaṭṭi グルトゥパッティ⟧ [gurŭtupəṭṭi] *n.*（会議などで胸につける）名札 [+ *paṭṭi*]

ಗುರುತುಹಚ್ಚು ⟦gurutuhaccu グルトゥハッチュ⟧ [gurutu həʧʧu] *vt.*〈人の家などを〉見つける ¶ ಅನೇಕಜನರನ್ನು ಕೇಳಿ ಕೊನೆಗೆ ನನ್ನ ಸ್ನೇಹಿತರ ಮನೆಯನ್ನು ಗುರುತುಹಚ್ಚಿದೆ. (anēkajanarannu kēḷi konege nanna snēhitara maneyannu gurutuhaccide.) 私はいろいろな人に聞いたあげくとうとう友達の家を見つけた。[*gurutu* + *haccu*]

ಗುರುತುಹಲಗೆ ⟦gurutuhalage グルトゥハラゲ⟧ [gurŭtuhəlĕge] *n.* 表札 [+ *palage*]

ಗುರುತುಹತ್ತು ⟦gurutuhattu グルトゥハットゥ⟧ [gurutuhəttu] *vi.*（本性、秘密などが）分かる、知れる ¶ ತಲೆಯಿಲ್ಲದ ಹೆಣ ಒಂದು ವರ್ಷ ಹಿಂದೆ ಕಾಣದೆ ಹೋದ ಹುಡುಗಿ ಎಂದು ಗುರುತುಹತ್ತಿತು. (taleyillada heṇa oṃdu varṣa hiṃde kāṇade hōda huḍugi eṃdu gurutuhattitu.) 首なし死体は1年前に失踪した少女のものだと分かった。[+ *hattu*]

ಗುರುತುಹಿಡಿ ⟦gurutuhiḍi グルトゥヒディ⟧ [gurŭtuhiḍi] *vt.*〈ある人の顔などを〉見て思い出す、知っている人だと認識する ¶ ಬಹಳ ವರ್ಷದ ಅನಂತರ ಸ್ನೇಹಿತ ನನ್ನ ಗುರುತು ಹಿಡಿದು ಮಾತಾಡಿಸಿದ. (bahaḷa varṣada anaṃtara snēhita nanna gurutu hiḍidu mātāḍisida.) 友達が、何年もたっているのに私に気づいて、話しかけてきた。= ಗುರುತಿಸು (gurutisu) [+ *hiḍi*]

ಗುರುತ್ವ ⟦gurutva グルトヴァ⟧ [gurutvɐ] *n.* 1 重いこと、重さ、重量 2（地球その他の天体などの）重力 3 重要性、重大性 4 威厳、品位、威信 ¶ ಮನುಷ್ಯನಿಗೆ ಗುರುತ್ವ ಇರಬೇಕು. (manuṣyanige gurutva irabēku.) 人は品位をたもたねばならない。[Sk.]

ಗುರುತ್ವಕೇಂದ್ರ ⟦gurutvakēṃdra グルトヴァケーンドラ⟧ [gurutvəkeːndrɐ]《文》*n.* 重心 [Sk.]

ಗುರುತ್ವಾಕರ್ಷಣ ⟦gurutvākarṣaṇa グルトヴァーカルシャナ⟧ [gurutvɐːkərʂəɳɐ]《文》*n.*（地球などの）引力 [Sk.]

ಗುರುದಕ್ಷಿಣೆ ⟦gurudakṣiṇe グルダクシネ⟧ [gurudəkʂiɳe] *n.*（ヴェーダなどの学習を終え、師の住まいを離れて家に帰る時に）師に差し出す謝礼 [Sk.]

ಗುರುಪೂಜೆ ⟦gurupūje グルプージェ⟧ [gurupuːʤe] *n.* 自分の師をあがめる儀式 [*Sk.*]

ಗುರುವಾರ ⟦guruvāra グルヴァーラ⟧ [guruvɐːrɐ] *n.* 木曜日 [Sk.]

ಗುರುಳೆ ⟦guruḷe グルレ⟧ [guruḷe] *n.* 1 泡 2（皮膚の）水ぶくれ、水泡、膿泡 [Ka. D1795]

ಗುರ್ತ ⟦gurta グルタ⟧ [gurtɐ]《‡》*n.* [Ka. D1847] (*Kitt.*, *Čb.*) ☞ಗುರುತು (gurutu)

ಗುರ್ತು ⟦gurtu グルトゥ⟧ [gurtu] *n.* [Ka. D1847] (*Kitt.*, *Čb.*) ☞ಗುರುತು (gurutu)

ಗುರ್ರುಗುರ್ರು ⟦gurrugurru グッルグッル⟧ [gurrugurru] (*n.*) ふーふー（犬、熊などが歯をむきだしてうなる声を表す擬音語）[Ka. *D1852]

ಗುಲಗಂಜಿ ⟦gulagaṃji グラガンジ⟧ [guləgənʤi] ಗುಲಗಂಚಿ, ಗುಲಗುಂಜಿ *n.* [Ka. *D1865] ☞ಗುರುಗುಂಜಿ (gurugumji)

ಗುಲಾಬಜಾಮ ⟦gulābajāma グラーバジャーマ⟧ [gulɐːbəʤɐːmɐ] *n.* ☞ಗುಲಾಬಜಾಮೂನು (gulābajāmūnu)

ಗುಲಾಬಜಾಮೂನು ⟦gulābajāmūnu グラーバジャームーヌ⟧ [gulɐːbəʤɐːmuːnu] *n.* 水分を分離した牛乳をギーで揚げて砂糖水につけたボール型の菓子 [Pe *gulāb* + *jāmun*]

ಗುಲಾಬದಾಣಿ ⟦gulābadāṇi グラーバダーニ⟧ [gulɐːbədɐːɳi] *n.* ☞ಗುಲಾಬದಾನಿ (gulābadāni)

ಗುಲಾಬದಾನಿ ⟦gulābadāni グラーバダーニ⟧ [gulɐːbədɐːni] *n.* バラ水の容器 [⇒図] [Pe. *gulāb* + *pātre*]

ಗುಲಾಬಿ ⟦gulābi グラービ⟧ [gulɐːbi] *n.* バラ（植物またはその花、バラ科バラ属）⇀ 香・観 = ರೋಜಾ (rōjā) —(*adj.*) バラ色〈の〉、濃い桃色〈の〉[Pe. *gulāb*/*gulābi*]

ಗುಲಾಬಿಬಣ್ಣ ⟦gulābibaṇṇa グラービバンナ⟧ [gulɐːbibəɳɳɐ] *n.* バラ色、濃い桃色 [*gulābi* + *baṇṇa*]

ಗುಲಾಬದಾನಿ
バラ水の容器

ಗುಲಾಮ ⟦gulāma グラーマ⟧ [gulɐːmɐ] *m.* 1 奴隷 ¶ ಮೊಘಲು ರಾಜರು ವೈರಿಗಳನ್ನು ಸೋಲಿಸಿದಾಗ ಅನೇಕರನ್ನು ಗುಲಾಮರನ್ನಾಗಿ ತೆಗೆದುಕೊಂಡು ಹೋದರು. (mogʰalu rājaru vairigaḷannu sōlisidāga anēkarannu gulāmarannāgi tegedukoṃḍu hōdaru.) ムガルの王たちが敵を負かした時、大勢の兵士を奴隷として連れ去った。 2 隷属的な召し使い 3 (トランプの)ジャック = ಜಾಕ್ಕಿ (jākki) [Ar. *gulām*]

ಗುಲಾಮಗಿರಿ ⟦gulāmagiri グラーマギリ⟧ [gulɐːməgiri] *n.* 1 奴隷であること、奴隷の身分や仕事 2 隷属、屈従 [*gulāma* + Pe. *-gīrī*]

ಗುಲಾಮಪದ್ಧತಿ ⟦gulāmapaddʰati グラーマパッダティ⟧ [gulɐːməpəddʰəti] *n.* 奴隷制度 ¶ ಗುಲಾಮಪದ್ಧತಿ ಭಾರತದಲ್ಲಿ ಪ್ರಚಲಿತವಿರಲಿಲ್ಲ. (gulāmapaddʰati bʰāratadalli pracalitaviralilla.) インドには奴隷制度が普及していなかった [*gulāma* + *paddʰadti*]

ಗುಲಾಲು ⟦gulālu グラール⟧ [gulɐːlu] *n.* ホーリーの祭りで振りまかれる赤い粉 [? ←H./M. *gulālā*]

ಗುರ್ತು ⟦gurtu グルトゥ⟧ [gurtu] *n.* [Ka. D1847] ☞ಗುರುತು (gurutu)

ಗುರ್ದು ⟦gurdu グルドゥ⟧ [gurdu] *vt.* 1 拳骨で打つ 2 = ಗುದ್ದು (guddu)〔汎〕[Ka. D1850]

ಗುಲ್ಮ ⟦gulma グルマ⟧ [gulmɐ] *n.* 脾臓 [Sk.]

ಗುಲ್ಲು ⟦gullu グッル⟧ [gullu] *n.* 1 騒ぎ、騒動 ¶ ಸಿನೆಮಾ ಹಾಲಿನಲ್ಲಿ ಯಾರೋ ಹಾವು ಹಾವು ಎಂದು ಗುಲ್ಲು ಎಬ್ಬಿಸಿದರು. (sinemā hālinalli yārō hāvu hāvu eṃdu gullu ebbisidaru.) 誰かが「蛇だ、蛇だ！」と叫んで映画館で恐慌を引き起こした。 2 噂 ¶ ಕಾಲೇಜಿನಲ್ಲಿ ಡಾಕ್ಟರ್ ರಾಮರಾವು ಅವರಬಗ್ಗೆ ಗುಲ್ಲು ಎದ್ದಿದೆ. (kālejinalli ḍākṭar rāmarāvu avarabagge gullu eddide.) 大学でドクター・ラーマラーオについての噂が広まっている。 [Ka. D1813]

ಗುಸಗುಸ ⟦gusagusa グサグサ⟧ [gusə̆gusɐ] (*n.*) ひそひそ(噂する声を表す擬音語) (*My.* (*Kitt.*)) [Ka. onom. D1638]

ಗುಸುಗುಸು ⟦gusugusu グスグス⟧ [gusugusu] (*n.*) 1 ぜいぜい(喘息などで苦しい息をする音を表す擬音語) 2 ひそひそ(こっそり噂する声を表す擬音語) ¶ ಗೌಡರ ಮಗಳ ಬಗ್ಗೆ ಊರಲ್ಲಿ ಗುಸುಗುಸು ಮಾತಾಡುತ್ತಿದರು. (gauḍara magaḷa bagge ūralli gusugusu mātāḍuttidaru.) 人々は村長の息子についてひそひそ話している。 3 ぐすぐす(連続的に鼻をすする音を表す擬音語) [Ka. onom. D1638]

ಗುಹಾಧ್ವನಿ ⟦guhādʰvani グハードヴァニ⟧ [guhɐːdʰvəni] 《文》 *n.* 1 洞窟内で繰り返し返ってくるこだま 2 ある人の言葉を（支持したり真似たりするために)そのまま繰りかえすこと ¶ ಇತ್ತೀಚಿನ ಕವಿತೆಗಳಲ್ಲಿ ಸ್ವಂತಿಕೆ ಇಲ್ಲ, ಬರೀ ಗುಹಾಧ್ವನಿ. (ittīcina kavitegaḷalli svaṃtike illa, barī guhādʰvani.) この頃の詩には独創性がない、ただの物まねだ。 [Sk.]

ಗುಹಾಲಯ ⟦guhālaya グハーラヤ⟧ [guhɐːləjɐ] 《文》 *n.* 洞窟寺院 [Sk.]

ಗುಹೆ ⟦guhe グヘ⟧ [guhe] *n.* 洞窟 = ಗವಿ (gavi) [Sk.]

ಗುಹ್ಯ ⟦guhya グヒャ⟧ [guçˑjɐ] 《文》 (*adj.*) 1 覆い隠すべき〈こと〉、隠すべき〈こと〉 2 秘密〈の〉、機密〈の〉 —*n.* 1 秘密、機密 2 陰部、かくしどころ [Sk.]

ಗುಹ್ಯರೋಗ ⟦guhyarōga グヒャローガ⟧ [guçˑjəroːgɐ] *n.* 性病 [Sk.]

ಗುಹ್ಯಾಂಗ ⟦guhyāṃga グヒャーンガ⟧ [guçˑjɐːŋgɐ] *n.* 陰部 [Sk.]

-ಗುಳ್ ⟦-guḷ -グル⟧ [guɭ] -ಗುಳು 《古》 *suf.* 動詞語根から動作名詞を作る接尾辞 ¶ ಬಯ್ಗುಳ್ (baygul) 罵り、悪罵 [?]

ಗುಳಪಪ್ಪಡಿ ⟦guḷapappaḍi グラパッパディ⟧ [guɭəpəppə̆ɖi] *n.* ラーマ(神)の好物といわれる一種の菓子(黒砂糖と小麦のあら挽きで作る) [Ka. *guḷa* + *pappaḍi*]

ಗುಳಾಪು ⟦guḷāpu グラープ⟧ [guɭɐːpu] *n.* 扉やパンダル(祝祭用の仮建造物)を飾るガラス製の中空の玉 [Eg. *globe*]

ಗುಳಿ ⟦guḷi グリ⟧ [guɭi] *n.* 穴、窪み [Ka. < *kuṟi* D1818]

ಗುಳಿಗೆ ⟦guḷige グリゲ⟧ [guɭige] *n.* 1 小さくて球形のもの 2 丸薬、錠剤 = ಮಾತ್ರೆ (mātre) 3 硬貨の一種 (*EP XIV. 296.17*) 4 嘘 ¶ ಸುಂದರೇಶನ ಮಾತುಗಳೆಲ್ಲ ಬರೀ ಗುಳಿಗೆ. (suṃdarēśana mātugaḷella barī guḷige.) スンダレーシャの言うことはすべて嘘だ。 [Sk. *guṭikā-*]

ಗುಳುಕ್ ⟦guḷuk グルク⟧ [guɭuk] (*n.*) ごくり(錠剤などを飲み込む音を表す擬音語) [Ka. onom.]

ಗುಳುಕನೆ ⟦guḷukane グルカネ⟧ [guɭukə̆ne] *adv.* ごくりと(物を飲み込む時の音を表す擬音語) [*guḷuk* + *-ane*] = ಗುಳುಕ್ಕನೆ (guḷukkane)

ಗುಳುಗುಳು ⟦guḷuguḷu グルグル⟧ [guɭuguɭu] (*n.*) 1 ぶつぶつ(小声で不明瞭な言葉を表す擬音語) ¶ ಏನು ಗುಳುಗುಳು ಮಾತು? (ēnu guḷuguḷu mātu?) どうしてごそごそ話しているのだ。 2 がらがら(うがいの音を表す擬音語) 3 ぶくぶく(水がぶくぶく流れる音を表す擬音語) [Ka. onom. D1837]

ಗುಳೆ ⟦guḷe グレ⟧ [guɭe] *n.* 集団移住 = ಗೂಳೆ, ಗೂಳೆಯ (gūḷe, gūḷeya) [Ka. D1915]

ಗುಳೆಕಟ್ಟು ⟦guḷekaṭṭu グレカットゥ⟧ [guɭekəʈʈu] *vi.* 集団移住する [*guḷe* + *kaṭṭu*]

ಗುಳೆಕೀಳು ⟦guḷekīḷu グレキール⟧ [guɭekiːɭu] *vi.* 集団移住する = ಗುಳೆಕಟ್ಟು (guḷekaṭṭu) [+ *kīḷu*]

ಗುಳೆಯೇಳು ⟦guḷeyēḷu グレエール⟧ [guɭejeːʎu] *vi.* 集団移住する = ಗುಳೆಕಟ್ಟು (guḷekaṭṭu) [*guḷe* + *ēḷu*]

ಗುಳೆಕಾರ ⟦guḷekāra グレカーラ⟧ [guɭekɐːrɐ] *m.* 集団移住者 [*guḷe* + *-kāra*]

ಗುಳ್ಯ ⟦guḷya グリヤ⟧ [guɭjɐ] 《‡》 *n.* 集団移住 (*Kitt.*) [Ka. D1915]

ಗುಳ್ಳ ⟦guḷḷa グッラ⟧ [guɭɭɐ] ಗುಳ್ಳೆ² *n.* 球形や卵型の浅緑色のなす → 食 [Ka. D1838]

ಗುಳ್ಳಿ ⟦guḷḷi グッリ⟧ [guɭɭɪ] *n.* 1 膿胞 2《‡》 小さな丸い貝の一種 (*Kitt.*) [Ka. D1795]

ಗುಳ್ಳೆ¹ ⟦guḷḷe グッレ⟧ [guɭɭe] *n.* (皮膚の)水ぶくれ、膿胞 (*Kitt.*) = ಗುರುಳೆ (guruḷe) [Ka. D1795]

ಗುಳ್ಳೆ² ⟦guḷḷe グッレ⟧ [guɭɭe] 《方》 *adj.* [Ka. *D1838] ☞ಗುಳ್ಳ (guḷḷa)

ಗುಳ್ಳೆ³ ⟦gul̤l̤e グッレ⟧ [gul̤l̤e] 《希》 *adj.* 小さな、ちっぽけな ¶ ಗುಳ್ಳೆನರಿ (gul̤l̤enari) 小型のジャッカル [Ka. < *kul̤l̤a* *D1839?]

ಗುಳ್ಳೆನರಿ ⟦gul̤l̤enari グッレナリ⟧ [gul̤l̤enəri] *n.* **1** キツネ **2** ずるがしこい人、姦計を用いる人 [*gul̤l̤e³* + *nari*]

ಗುಱಕೆ ⟦guṟake グラケ⟧ [guṟəke] *n.* いびき [Ka. D1852] = ಗೊರಕೆ (gorake)

ಗುಱಗುಱ ⟦guṟaguṟa グラグラ⟧ [guṟəguṟɐ] 《‡》 (*n.*) 怒った鬼ネズミの出す声を表す擬音語 [Ka. onom. D1852] (*Kitt.,C.*)

ಗುಱತು ⟦guṟatu グラトゥ⟧ [guṟətu] 《‡》 *n.* [Ka. D1847] (*Kitt.,C.*) ☞ಗುಱುತು (guṟutu)

ಗುಱಿ ⟦guṟi グリ⟧ [guṟi] 《古》 *n.* **1** 的、標的 **2** しるし、記号 **3** 目的、ねらい [Ka. D1847] ಗುರಿ (guri) 〔現〕

ಗುಱಿಕಾಱ ⟦guṟikāṟa グリカーラ⟧ [guṟikɐːṟɐ] *m.* 弓道の達人、弓の名手 [Ka. *guṟi* + *-kāṟa* D1847]

ಗುಱುಕು ⟦guṟuku グルク⟧ [guṟŭku] *n.* いびき [Ka. D1852]

ಗುಱುಗುಟ್ಟು ⟦guṟuguṭṭu グルグットゥ⟧ [guṟŭguṭṭu] 《古》 *vi.* **1** いびきをかく **2** (重病人や犬や猫などが)のどをごろごろ鳴らす [Ka. *guṟu* + *kuṭṭu* D1852] = ಗುರುಗುಟ್ಟು (guruguṭṭu) 〔現〕

ಗುಱುಗುಱಿಸು ⟦guṟuguṟisu グルグリス⟧ [guṟuguṟisu] 《古》 *vi.* **1** いびきをかく **2** (雷雲が)ごろごろ鳴る、(怒って)怒鳴る **3** (重病人や猫などが)のどをごろごろ鳴らす [*guṟuguṟu* + *-isu*] = ಗುರುಗುರಿಸು (gurugurisu) 〔現〕

ಗುಱುಗುಱು ⟦guṟuguṟu グルグル⟧ [guṟŭguṟu] 《古》 (*n.*) **1** ぐうぐう (いびきを表す擬音語) (*Kitt.,C.; Rām. 6,30,33*) **2** ごろごろ(猫などがのどをごろごろ鳴らす声を表す擬音語) (*Kitt.,My.*) [Ka. D1852] = ಗುರುಗುರು (guruguru) 〔現〕

ಗುಱುತ ⟦guṟuta グルタ⟧ [guṟutɐ] 《‡》 *n.* ☞ಗುಱುತು; ಗುರುತು (guṟutu; gurutu) 〔現〕 [Ka. D1847]

ಗುಱುತು ⟦guṟutu グルトゥ⟧ [guṟutu] 《古》 *n.* **1** しるし、(見分ける時の)特徴 **2** (体験によって得られた)知識、心得、面識 [Ka. D1847]

ಗುಱುತು ⟦guṟutu グルトゥ⟧ [guṟutu] ತುತ್ತು, ಗುಱುತು *n.* **1** ある人や物を認知したり見分けたりする特徴(ほくろ、あばたなど) **2** (人などを)知っていること **3** 《古》 有名 [Ka. D1847]

ಗುಱ್ಱು ⟦guṟṟu グッル⟧ [guṟṟu] (*n.*) ふーっ(犬、熊などが歯をむきだしてうなる声を表す擬音語) [Ka. D1852] = ಗುರ್ (gurr) 〔現〕

ಗುಱ್ಱುಗುಟ್ಟು ⟦guṟṟuguṭṭu グッルグットゥ⟧ [guṟṟuguttu] 《‡》 *vi.* (犬や熊や虎などが)ふうふうとうなる [Ka. D1852]

ಗುಱ್ಱುಗುಱ್ಱು ⟦guṟṟuguṟṟu グッルグッル⟧ [guṟṟuguṟṟu] 《‡》 (*n.*) ふーふー(犬、熊などが歯をむきだしてかかる声を表す擬音語) [Ka. D1852] = ಗಿರ್ರುಗುರ್ರು (girrugurru) 〔現〕

ಗುೞ ⟦guḻa グラ⟧ [guɻɐ] 《‡》 *n.* 木製の鍬(くわ)を補強する鉄製の金具 [Ka. D2147]

ಗುೞು ⟦guḻu グル⟧ [guɻu] 《‡》 *n.* 鍬(くわ)先、鍬の先につける金属の帯 (*Kitt., Nr.*) [Ka. D2147] = ಗುಳ, ಕುಳ (gul̤a, kul̤a) 〔現〕

ಗುೞಿ ⟦guḻi グリ⟧ [guɻi] *n.* 穴、窪地 [Ka. ←D1818]

ಗುೞುಗುೞು ⟦guḻuguḻu グルグル⟧ [guɻuguɻu] 《古》 (*n.*) ぶつぶつ、がらがら、ぶくぶく(うがいしたり、つぶやいたり、ぶつぶつ怒ったりする声を表す擬音語) [Ka. D1659] (*Kitt.*) ☞ಗುಳುಗುಳು (gul̤ugul̤u)

ಗೂಂಜಿ ⟦gūṃji グーンジ⟧ [guːɲʤi] 《方》 *n.* (ジャックフルーツやパイナップルの)実の中の茎 [Ka. D1880] (Hav.)

ಗೂಂಟ ⟦gūṃṭa グーンタ⟧ [guːɳʈɐ] ಗೂಟ, ಗುಂಟ 《古》 *n.* 杭 [Ka.? cf. Pk. *kʰumṭa-*] = ಗೂಟ (gūṭa) 〔現〕

ಗೂಂಡಾ ⟦gūṃḍā グーンダー⟧ [guːɳɖɐː] *m.* ならず者、与太者、ごろつき [H./M. *gumḍā*]

ಗೂಂಡಾಗಿರಿ ⟦gūṃḍāgiri グーンダーギリ⟧ [guːɳɖɐːgiri] *n.* ならず者の振る舞い [*gūṃḍā* + *-girī*]

ಗೂಗಿ ⟦gūgi グーギ⟧ [guːgi] 《口》 *n.* フクロウ = ಗೂಗೆ; (gūge;) 〔口〕 ಗೂಬೆ (gūbe) [Ka. D1871]

ಗೂಗೆ ⟦gūge グーゲ⟧ [guːge] 《口》 *n.* フクロウ [Ka. D1871] = ಗೂಬೆ (gūbe)

ಗೂಡ¹ ⟦gūḍa グーダ⟧ [guːɖɐ] 《‡》 *n.* 大きな籠 (*Kitt.*) [Ka. D1884] = ಗೋಡೆ (gōḍe) 〔汎〕

ಗೂಡ² ⟦gūḍa グーダ⟧ [guːɖɐ] ಗೂಳ 《古》 *n.* 秘密、謎 [Sk. *gūḍʰa-*]

ಗೂಡಾರ ⟦gūḍāra グーダーラ⟧ [guːɖɐːrɐ] ಗುಂಡಾರ, ಗುಡಾರ, ಗುಡಾರು, ಗುಡಾರೆ *n.* **1** (軍隊などが用いる)テント **2** テント用の布 = ಗೂಡಾರ (gūḍāra) [Ka. D1881]

ಗೂಡಿಸು ⟦gūḍisu グーディス⟧ [guːɖĭsu] 《口》 *vt.* 掃く = ಗುಡಿಸು (guḍisu) 〔汎〕 [Ka. D1887]

ಗೂಡು ⟦gūḍu グードゥ⟧ [guːɖu] *n.* **1** (鳥、ミツバチ、蟻などの)巣 **2** (人間の住む)家、住居 ¶ ಕತ್ತಲೆ ಆಗುವದೊಳಗೆ ಗೂಡು ಸೇರೋಣ. (kattale āguvadol̤age gūḍu sērōṇa.) 暗くなるまでに家に帰ろう。 **3** (動物や鳥類を入れる)檻；鳥かご **4** (野生の鳥や動物を捕える)わな **5** 壁がん、(像や花瓶などを置く)壁の窪み **6** 石炭を燃やす小さな炉 **7** (裁判所の)被告席 **8** 〔喩〕 胃袋、心臓や肺の空洞 [Ka. D1883]

ಗೂಡೆ ⟦gūḍe グーデ⟧ [guːɖe] *n.* 籠(一般) [Ka. D1884]

ಗೂಢ ⟦gūḍʰa グーダ⟧ [guːɖʰɐ] 《文》 (*adj.*) 秘密〈の〉、機密〈の〉¶ ಇದೇನೂ ಗೂಢ ವಿಷಯವಲ್ಲ. (idēnū gūḍʰa viṣayavalla.) これは全然秘密ではない。 —*n.* 秘密、機密 [Sk.]

ಗೂಢಚಾರ ⟦gūḍʰacāra グーダチャーラ⟧ [guːɖʰəʧɐːrɐ] *m.* 《*f.* ಗೂಢಚಾರಳು (gūḍʰacāral̤u)》スパイ、間諜 [Sk.]

ಗೂಢತೆ ⟦gūḍʰate グーダテ⟧ [guːɖʰəte] 《文》 *n.* 秘密であること、知ることができないこと ¶ ಕೆನೆಡಿಯ ಕೊಲೆ ಕೊನೆಗೂ ಗೂಢತೆಯಾಗಿ ಉಳಿಯಿತು. (keneḍiya kole konegū gūḍʰateyāgi uḷiyitu.) ケネディーの殺害は結局謎のままに終わった。[Sk.]

ಗೂಢಚಾರ ಸೇವಾವರ್ಗ ⟦gūḍʰacāra sēvāvarga グーダチャーラセーヴァーヴァルガ⟧ [guːɖʰəʧɐːrə seːvɐːvərgɐ] 《文》 *n.* 諜報局 [Sk.]

ಗೂಢಲಿಪಿ ⟦gūḍʰalipi グーダリピ⟧ [guːɖʰəlipi] *n.* 暗号、暗号文 [Sk.]

ಗೂಢಲೇಖತಾರು ⟦gūḍʰalēkʰatāru グーダレーカタール⟧ [guːɖʰəleːkʰətɐːru] 《文》 *n.* 暗号電文 [*gūḍʰa* + *lēkʰa* + *tāru*]

ಗೂದೆ ⟦gūde グーデ⟧ [guːɗe] *n.* 肛門の外へ直腸の一部が飛び出すことまたは飛び出した部分、脱肛 [Ka. D1891]

ಗೂನ ⟦gūna グーナ⟧ [guːnɐ] *m.* 《*f.* ಗೂನಿ (gūni)》背中の湾曲した人 [Ka. D1927]

ಗೂನಿ ⟦gūni グーニ⟧ [guːni] *f.* 《*m.* ಗೂನ (gūna)》背中の湾曲した女性 [Ka. D1927]

ಗೂನು ⟦gūnu グーヌ⟧ [guːnu] *n.* 曲がった背中、背中が曲がっていること [Ka. D1927]

ಗೂನುಬೆನ್ನು ⟦gūnubennu グーヌベンヌ⟧ [guːnubennu] *n.* 湾曲した背中、曲がった背中 [*gūnu* + *bennu*]

ಗೂಬೆ ⟦gūbe グーベ⟧ [guːbe] *n.* フクロウ [Ka. D1871]

ಗೂರಲು ⟦gūralu グーラル⟧ [guːrəlu] *n.* 喘息 [*gūru*² + *-alu*]

ಗೂರಾಡು ⟦gūrāḍu グーラードゥ⟧ [guːrɐːɖu] *vi.* 角や爪などで〈地面を〉引っ掻く [*gūru*³ + *āḍu*]

ಗೂರು¹ ⟦gūru グール⟧ [guːru] 《方》 *vi.* いびきをかく [Ka. D1852] (Gowda)

ಗೂರು² ⟦gūru グール⟧ [guːru] *vi.* 喘息の発作でぜいぜい息をする —*n.* 喘息 ¶ ಈತ್ತೀಚೆಗೆ ಚಿಕ್ಕ ಮಕ್ಕಳಿಗೂ ಗೂರು ಬರುತ್ತದೆ. (īttīcege cikka makkaḷigū gūru baruttade.) 近年喘息が子どもにも一般化している。[Ka. D1903]

ಗೂರು³ ⟦gūru グール⟧ [guːru] ಗೂಱು *vt.* 角や牙で〈地面を〉引っ掻く [Ka. *D1922] cf. ಗೂಱು (gūṟu)

ಗೂರ್ಣಿಸು ⟦gūrṇisu グールニス⟧ [guːrɳisu] 《文》 *vi.* 1 (川や海の水が) ごうごうと音を立てる 2 (獣が)吼える、うなる 3 (人が)怒鳴る [Ka. D1921] = ಘೂರ್ಣಿಸು (gʰūrṇisu)〔汎〕

ಗೂರ್ಮಿಸು ⟦gūrmisu グールミス⟧ [guːrmĭsu] 《‡》 *vi.* [Ka. D1921] (Kitt.) ☞ಗೂರ್ಣಿಸು (gūrṇisu)

ಗೂವ ⟦gūva グーヴァ⟧ [guːvɐ] 《‡》 *n.* ハト (*Kitt.*) [Ka. D1930]

ಗೂಳ ⟦gūḷa グーラ⟧ [guːɭɐ] 《古》 *n.* 秘密、謎 [Sk. *gūḍʰa-*]

ಗೂಳಯ ⟦gūḷaya グーラヤ⟧ [guːɭəjɐ] *n.* 集団、ものの集まり [Ka. *D1915] ☞ಗೂಳೆಯ (gūḷeya)

ಗೂಳಿ ⟦gūḷi グーリ⟧ [guːɭi] *n.* 雄牛 [Ka. D1917]

ದೇವರ ಗೂಳಿ ⟦dēvara gūḷi デーヴァラグーリ⟧ [deːvə̆rə guːɭi] 《古》 *n.* 神に捧げられた(自由に歩き回ることが許されている)雄牛 [*dēvara* +]

ಗೂಳಿಕಾಳಗ ⟦gūḷikāḷaga グーリカーラガ⟧ [guːɭikɐːʎəgɐ] *n.* 闘牛 [*gūḷi* + *kāḷaga*]

ಗೂಳಿನಾಯಿ ⟦gūḷināyi グーリナーイ⟧ [guːɭinɐːji] 《文》 *n.* ブルドッグ = ಬುಲ್ಡಾಗ್ (bulḍāg)〔口〕[Ka. *gūḷi nāyi*]

ಗೂಳಿಯ ⟦gūḷiya グーリヤ⟧ [guːɭijɐ] 《古》 *n.* (戦争や飢饉による) 集団移住 [Ka. *D1915] ☞ಗೂಳೆಯ (gūḷeya)

ಗೂಳೆ ⟦gūḷe グーレ⟧ [guːɭe] *n.* (戦争や飢饉による)集団移住 [Ka. D1915] ☞ಗೂಳೆಯ (gūḷeya)

ಗೂಳೆಯೇಳು ⟦gūḷeyēḷu グーレエール⟧ [guːɭejeːɭu] *vi.* (戦争や飢饉のために)集団で移住する [+ *ēḷu*]

ಗೂಳೆಕಾರ ⟦gūḷekāra グーレカーラ⟧ [guːɭekɐːrɐ] *m.* (戦争や飢饉などによる) 集団移住に参加した人 = ಗುಳೆಕಾರ (guḷekāra) [*gūḷe* + *-kāra*]

ಗೂಳೆಯ ⟦gūḷeya グーレヤ⟧ [guːɭejɐ] ಗುಳೆ, ಗೂಳಯ, ಗೂಳಿಯ, ಗೂಳೆ *n.* 1 (戦争や飢饉による)集団移住 2 集団、ものの集まり [Ka. D1915]

ಗೂಳೆವು ⟦gūḷevu グーレヴ⟧ [guːɭevu] 《‡》 *n.* (戦争や飢饉による) 集団移住 (*Kitt.,My.*) [Ka. D1915] ☞ಗೂಳೆಯ (gūḷeya)

ಗೂಳೇಳು ⟦gūḷēḷu グーレール⟧ [guːɭeːɭu] *vi.* ☞ಗೂಳೆ ಏಳು (gūḷe ēḷu)

ಗೂಳ್ಯ ⟦gūḷya グーリヤ⟧ [guːɭjɐ] 《‡》 *n.* 1 (戦争や飢饉による)集団移住 2 集団、ものの集まり [Ka. D1915] (*Kitt.*)

ಗೂಱು ⟦gūṟu グール⟧ [guːr̠u] 《‡》 *vt.* 角や牙で〈地面を〉引っ掻く [Ka. D1922]

ಗೃಧ್ರ ⟦gṛdʰra グルドラ⟧ [grɯdʰrɐ] 《文》 *n.* 鷲、ハゲタカ [Sk.]

ಗೃಹ ⟦gṛha グルハ⟧ [grɯhɐ] 《文》 *n.* 1 家、家屋 = ಮನೆ, ವಸತಿ (mane, vasati) 2 家族、家庭 [Sk.]

ಗೃಹಕಲಹ ⟦gṛhakalaha グルハカラハ⟧ [grɯhəkələ̆hɐ] 《文》 *n.* 親近者同士の争い、家族間の争い [Sk.]

ಗೃಹಕಾರ್ಯನಿರ್ವಾಹಕ ⟦gṛhakāryanirvāhaka グルハカーリヤニルヴァーハカ⟧ [grɯhəkɐːrʤə̆nirvɐːhə̆kɐ] *mf.* 内務(事務)次官 [*Sk.*]

ಗೃಹಕೃತ್ಯ ⟦gṛhakṛtya グルハクルティャ⟧ [grɯhəkrɯtˑjɐ] 《文》 *n.* 家庭内の仕事 [Sk.]

ಗೃಹಕೈಗಾರಿಕೆ ⟦gṛhakaigārike グルハカイガーリケ⟧ [grɯhə kəigɐːrike] 《文》 *n.* 家内工業、零細産業 [Sk.]

ಗೃಹಖಾತೆ ⟦gṛhakʰāte グルハカーテ⟧ [grɯhəkʰɐːte] *n.* 内務省 [Sk.]

ಗೃಹಪ್ರವೇಶ ⟦gṛhapravēśa グルハプラヴェーシャ⟧ [grɯhə̆ prəveːʃɐ] *n.* 新築の家に入る儀式 [Sk.]

ಗೃಹಮಂತ್ರಿ ⟦gṛhamaṃtri グルハマントリ⟧ [grɯhəməntri] *mf.* 内務大臣 = ಗೃಹಸಚಿವ (grahasaciva) [Sk.]

ಗೃಹವಿಜ್ಞಾನ ⟦gṛhavijñāna グルハヴィジュニャーナ⟧ [grɯhəviɟɲɐːnɐ/grɯhəvignɐːnɐ] *n.* 家政学 [Sk.]

ಗೃಹಸಚಿವ ⟦gṛhasaciva グルハサチヴァ⟧ [grɯhəsəʧivɐ] *mf.* 内務大臣 [Sk.]

ಗೃಹಸ್ಥ ⟦gṛhastʰa グルハスタ⟧ [grɯhə̆stʰɐ] *m.* 《*f.* ಗೃಹಸ್ಥೆ (gṛhastʰe)》 **1** 所帯を持ち、家政の責任を負う立派な人 **2** 紳士(英語の *gentleman* の訳) [Sk.]

ಗೃಹಸ್ಥತೆ ⟦gṛhastʰate グルハスタテ⟧ [grɯhə̆stʰə̆te] 《文》 *n.* 家長であることまたはその地位(結婚して、家政の責任を負う立派な人の意) [Sk.]

ಗೃಹಸ್ಥಿಕೆ ⟦gṛhastʰike グルハスティケ⟧ [grɯhəstʰike] *n.* **1** 家長の責務 **2** 紳士的であること、礼儀正しいこと [*Sk.*]

ಗೃಹಸ್ಥಾಶ್ರಮ ⟦gṛhastʰāśrama グルハスターシュラマ⟧ [grɯhəstʰɐːʃrəmɐ] *n.* 家住期(インドの古典的社会観においてバラモン男性の人生の2番目の段階で、結婚し家庭を持ち子どもを育てる時期) [Sk.]

ಗೃಹಿಣಿ ⟦gṛhiṇi グルヒニ⟧ [grɯhiɳi] 《文》 *f.* 《*m.* ಗೃಹಸ್ಥ (gṛhastʰa)》家庭の主婦 [Sk.]

ಗೃಹೀತ ⟦gṛhīta グルヒータ⟧ [grɯhiːtɐ] 《文》 *adj.* **1** つかまれた、手に取られた **2** 受け取られた、受領された **3** 受け入れられた、同意された **4** 知覚された [*Sk.*]

ಗೃಹೋಪಕರಣ ⟦gṛhōpakaraṇa グルホーパカラナ⟧ [grɯhoːpə̆kərəɳɐ] 《文》 *n.* 家庭用品、所帯道具 [Sk.]

ಗೃಹ್ಯ ⟦gṛhya グルヒャ⟧ [grɯhʲjɐ] 《文》 (*adj.*) 《複合語頭で》 **1** 家庭内〈の〉、家事〈の〉 **2** 手に取ることができる〈こと〉 **3** 受け取ることができる〈こと〉 **4** 受け入れることができる〈こと〉、同意できる〈こと〉 **5** 《古》 内務〈の〉 [Sk.] = ಮನೆಗೆ ಸಂಬಂಧಿಸಿದ (manege saṃbaṃdʰisida)

ಗೃಹ್ಯಸೂತ್ರ ⟦gṛhyasūtra グルヒャスートラ⟧ [grɯhʲjəsuːtʳrɐ] 《文》 *n.* 家庭における行事や儀式を記述した古典文献 [Sk.]

ಗೆಂಟಿಸು ⟦geṃṭisu ゲンティス⟧ [geɳʈisu] 《古》 *vi.* 距離をおく、遠ざかる (*CKV 2.129*) [*geṃṭu* + *-isu* *D1145]

ಗೆಂಟು ⟦geṃṭu ゲントゥ⟧ [geɳʈu] 《古》 *n.* **1** 距離をおくこと、遠ざかっていること (*Pb.4.98*) **2** 違い、差異 **3** 不和、折り合いが悪いこと **4** 少し遠ざかっていること (*KKS 2.1.498*) [Ka. D1145]

ಗೆಂಡಾ ⟦geṃḍā ゲンダー⟧ [geɳɖɐ] 《方》 *m.* 夫、主人 [Ka. D1173] (Hav.)

ಗೆಂಡು ⟦geṃḍu ゲンドゥ⟧ [geɳɖu] 《方》 *m.* 男子 [Ka. D1173] (Hav.)

ಗೆಂಡೆ[1] ⟦geṃḍe ゲンデ⟧ [geɳɖɛ] 《口》 *n.* 芋、芋類 [Ka. D1171] = ಗಡ್ಡೆ (gaḍḍe) 〔汎〕

ಗೆಂಡೆ[2] ⟦geṃḍe ゲンデ⟧ [geɳɖɛ] 《口》 *n.* 陰茎、男根 (*Kitt.*) [Ka. D1949]

ಗೆಂಡೆಮೀನು ⟦geṃḍemīnu ゲンデミーヌ⟧ [geɳɖemiːnu] *n.* 魚の一種 [Ka. D1947]

-ಗೆ[1] ⟦-ge -ゲ⟧ [ge] *suf.* 動詞から抽象名詞を作る接尾辞、たとえば、ಗೆಬ್ಬುಗೆ, ದಿದ್ದಗೆ, ತೆರಿಗೆ, (gebbuge, diddage, terige,) など [Ka.]

-ಗೆ[2] ⟦-ge -ゲ⟧ [ge] *suf.* 名詞[代名詞、副詞、後置詞]などの与格を作る接尾辞 [Ka.]

ಗೆಜೆಟ್ಟು ⟦gejeṭṭu ゲジェットゥ⟧ [geʤeʈʈu] *n.* 官報 [Eg. *gazette*]

ಗೆಜ್ಜಗ ⟦gejjaga ゲッジャガ⟧ [geʤʤə̆gɐ] 《古》 *n.* [Ka. *D1347] (*KPN*) ☞ಗಜಗ (gajaga) 1

ಗೆಜ್ಜಲು ⟦gejjalu ゲッジャル⟧ [geʤʤə̆lu] *n.* シロアリ [Ka. D1548] = ಗೆದ್ದಲು (geddalu)

ಗೆಜ್ಜೆ[1] ⟦gejje ゲッジェ⟧ [geʤʤe] *n.* そけい部、陰部 (*Kitt.,S.Mhr.*) [Ka. D1938]

ಗೆಜ್ಜೆ[2] ⟦gejje ゲッジェ⟧ [geʤʤe] *n.* **1** 直径1センチほどの小さな丸型の鈴、普通装身具の一部として用いられる **2** 多くの小さな鈴がついた舞踏用の足飾り [⇒図] [Pk. *gejjala-* ←Dr.? A31] = ಗಜ್ಜೆ (gajje)

ಗೆಜ್ಜೆ
鈴付き足飾り

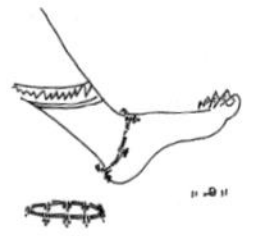

ಗೆಜ್ಜೆಪೂಜೆ ⟦gejjepūje ゲッジェプージェ⟧ [geʤʤepuːʤe] *n.* 鈴のついた足飾りの供養(舞踊家が毎年行う供養や、少女が踊りを習い始める時すなわち芸妓になる時の供養がある) = ಗಜ್ಜೆ (gajje) [+ *pūje*]

ಗೆಡೆ ⟦geḍe ゲデ⟧ [geɖe] *n.* **1** ふさわしい伴侶 **2** 愛情、思慕 [Ka. D1538]

ಗೆಡ್ಡೆ ⟦geḍḍe ゲッデ⟧ [geɖɖe] *n.* 芋、芋類 [Ka. D1171]

ಗೆಣಂಗು ⟦geṇaṃgu ゲナング⟧ [geɳəŋu] 《方》 *n.* サツマイモ [Ka. D1578] (Hav.)

ಗೆಣತಿ ⟦geṇati ゲナティ⟧ [geɳə̆ti] ಗೆಳತಿ *n.* **1** 女性の友達、女友達 **2** 女性の恋人 [Ka. D2018]

ಗೆಣಸು ⟦geṇasu ゲナス⟧ [geɳəsu] *n.* 芋(一般)、特にサツマイモ ⇀ 食 [Ka. ←*geṟasu* D1578]

ಗೆಣಿ ⟦geṇi ゲニ⟧ [geɳi] 《方》 *n.* [Ka. D2018] ☞ಗೆಣೆ (geṇe)

ಗೆಣಿತನ ⟦geṇitana ゲニタナ⟧ [geɳĭtənɐ] 《‡》 *n.* [Ka. D2018] (*Kitt.,My., S.Mhr.*) ☞ಗೆಳೆತನ (geḷetana)

ಗೆಣಿಯ ⟦geṇiya ゲニヤ⟧ [geɳijɐ] 《古》《口》 *m.* 《*f.* *ಗೆಣಿತಿ (*geṇiti)》 [Ka. D2018] ☞ಗೆಣೆಯ (geṇeya)

ಗೆಣಿಸು ⟦geṇisu ゲニス⟧ [geɳisu] 《‡》 *n.* [Ka. ←*geṟasu* D1578] (*Kitt.,My.*) ☞ಗೆಣಸು (geṇasu)

ಗೆಣೆ ⟦geṇe ゲネ⟧ [geɳe] 《文》 *n.* 友情、愛情 = ಕೆಳೆ (keḷe) [Ka. D2018]

ಗೆಣೆತನ ⟦geṇetana ゲネタナ⟧ [geɳĕtənɐ] 《文》 *n.* 友情、愛情 = ಕೆಳೆತನ (keḷetana) [Ka. D2018]

ಗೆಣೆಯ ⟦geṇeya ゲネヤ⟧ [geɳejɐ] 《文》 *m.* 《*f.* ಗೆಣತಿ (geṇati)》 **1** (女性の)男友達、恋人 **2** (女性の)秘密の恋人、間男 [Ka. D2018]

ಗೆಣ್ಣು[1] ⟦geṇṇu ゲンヌ⟧ [geɳɳu] *n.* (サトウキビや竹などの)節、(指の)関節 = ಗಿಣ್ಣು (giṇṇu)[1] [Ka. D1946]

ಗೆಣ್ಣು[2] ⟦geṇṇu ゲンヌ⟧ [geɳɳu] 《古》 *n.* 子を産んだばかりの雌牛の乳 (*Bp.*) = ಗಿಣ್ಣು (giṇṇu)[2]

ಗೆದಲ್ ⟦gedal ゲダル⟧ [geđəl] 《古》 *n.* [Ka. D1548] ☞ಗೆದ್ದಲು (geddalu)

ಗೆದಲಿ ⟦gedali ゲダリ⟧ [geđəli] 《古》 *n.* [Ka. *D1548] ☞ಗೆದ್ದಲು (geddalu)

ಗೆದಲು ⟦gedalu ゲダル⟧ [geđəlu] 《古》 *n.* [Ka. *D1548] ☞ಗೆದ್ದಲು (geddalu)

ಗೆದಲೆ ⟦gedale ゲダレ⟧ [geđəle] 《古》 *n.* [Ka. *D1548] ☞ಗೆದ್ದಲು (geddalu)

ಗೆದಿ ⟦gedi ゲディ⟧ [geđi] ಗೆದೆ 《古》 *vt.* 勝つ、勝ち取る [Ka. D1972] ☞ಗೆಲ್ಲು (gellu)〔汎〕

ಗೆದೆ ⟦gede ゲデ⟧ [geđe] 《古》 *vt.* 勝つ、勝ち取る [Ka. *D1972] ☞ಗೆಲ್ಲು (gellu)〔汎〕

ಗೆದ್ದಲ್ ⟦geddal ゲッダル⟧ [geḏdəl] 《古》 *n.* [Ka. D1548] ☞ಗೆದ್ದಲು (geddalu)

ಗೆದ್ದಲಿ ⟦geddali ゲッダリ⟧ [geddəli] *n.* [Ka. D1548] ☞ಗೆದ್ದಲು (geddalu)

ಗೆದ್ದಲು ⟦geddalu ゲッダル⟧ [geddəlu] ಗೆಜ್ಜಲು, ಗೆದಲ್, ಗೆದಲು, ಗೆದಲೆ, ಗೆದ್ದಿಲ್ಲ *n.* 1 シロアリ 2 シミ（紙魚）、シミ科に属する本などを食う虫 = ಗೆಜ್ಜಲು (gejjalu) [Ka. D1548]

ಗೆದ್ದೆ ⟦gedde ゲッデ⟧ [gedde] 《方》 *n.* 農地 [Ka. D1355] (Hav.) ☞ಗದ್ದೆ (gadde)

ಗೆಬರು ⟦gebaru ゲバル⟧ [gebəru] 《方》 *vt.* （犬やニワトリなどが）〈地面を〉引っ掻く [Ka. *1976] ☞ಗಿಬರು (gibaru)

ಗೆಬಱು ⟦gebaṟu ゲバル⟧ [gebəṟu] 《‡》 *vt.* 〈地面を〉引っ掻く (*Kitt., S.Mhr.*) [Ka. D1976]

ಗೆಬ್ಬು[1] ⟦gebbu ゲップ⟧ [gebbu] 《口》 *vt.* 〈石を〉爪で引っ掻いてぐらぐらさせる (*Kitt., S.Mhr.*) [Ka. D1976]

ಗೆಬ್ಬು[2] ⟦gebbu ゲップ⟧ [gebbu] ಗೆರ್ಬು 《口》 *vi.* まぐわう、性交する [? < *gerbu*]

ಗೆಬ್ಬುಗೆ ⟦gebbuge ゲッブゲ⟧ [gebbuge] 《古》 *n.*〔俗〕まぐわい、性交 [Ka. *gebbu* + *-ge*]

ಗೆಯ್ ⟦gey ゲイ⟧ [geǐ] 《古》 *vt.* 1 行う 2 作る 3 〈田畑を〉耕す、耕作する [Ka. D1957] ☞ಕೆಯ್ (key)

ಗೆಯ್ತ ⟦geyta ゲイタ⟧ [geǐtɐ] 《文》 *n.* 1 仕事、作業、労働 2 耕作、畑仕事、農業 ☞= ಕೆಯ್ತ [Ka. *gey* + *-ta* D1957]

ಗೆಯ್ಮೆ ⟦geyme ゲイメ⟧ [geǐme] 《古》 *n.* 1 行為、すること；業績 2 農作業、畑仕事、農業 [Ka. *gey* + *-me* D1957] ☞ಕೈಮೆ (kaime)

ಗೆರಟೆ ⟦geraṭe ゲラテ⟧ [gerəṭe], (Hav.) [gɛrəṭe] *n.* ココナツの殻（色が茶色の部分）(*DCV*) [Ka. D2550]

ಗೆರಸೆ[1] ⟦gerase ゲラセ⟧ [gerəse] *n.* 体積の単位の一つ（地方ごとに値は異なる）[Ka. D1261] ☞Eg. *garce* in *HJ*

ಗೆರಸೆ[2] ⟦gerase ゲラセ⟧ [gerəse] ಗೆರಿಸೆ, ಗೆರೆಸೆ *n.* 1 四角くて平らな竹籠［⇒図］ 2 体積の単位の一種（地方ごとにその量は大きく異なる）[Ka. D1261, D1966] = ಕೆರಸಿ (kerasi)

ಗೆರಿಲ್ಲಾ ⟦gerillā ゲリッラー⟧ [gerillɐː] *n.* ゲリラ、ゲリラの仕事 —*mf.* ゲリラ活動家 [Sp. *guerrilla*]

ಗೆರಸೆ 竹籠

ಗೆರಿಸೆ ⟦gerise ゲリセ⟧ [gerǐse] *n.* [Ka. D1966] ☞ಗೆರಸೆ (gerase)[2]

ಗೆರೆ ⟦gere ゲレ⟧ [gere] *n.* 1 線 2 掻き傷 3 限界 ¶ ಡಾಕ್ಟರು ಒಂದು ದಿವಸದಲ್ಲಿ ಒಂದು ಕಪ್ ಟೀ ಕುಡಿಯಬಹುದೆಂದು ಗೆರೆ ಹಾಕಿದರು. (ḍākṭaru oṃdu divasadalli oṃdu kap ṭī kuḍiyabahudeṃdu gere hākidaru.) 医者はお茶を 1 日 1 杯に制限した。 [Ka. < *gere* D1564]

ಗೆರೆಹಾಕು ⟦gerehāku ゲレハーク⟧ [gerehɐːku] *vi.* （範囲や回数などを）限定する [Ka. *gere* + *hāku*]

ಗೆರೆಸೆ ⟦gerese ゲレセ⟧ [gerese] *n.* [1966] ☞ಗೆರಸೆ (gerase)

ಗೆರ್ಬು ⟦gerbu ゲルブ⟧ [gerbu] 《古》 *vi.* 性交する = ಕೇಯು, ಗೆಬ್ಬು (kēyu, gebbu) —*n.* 性交 [?]

ಗೆಲ್ ⟦gel ゲル⟧ [gel] 《古》 *vt.* 《過去語幹 geld-》 1 （に）勝つ、（を）破る 2 （に）勝る、（を）越える —*vi.* 満足する、喜ぶ ☞ಗೆಲ್ಲು (gellu)〔汎〕[Ka. D1972]

ಗೆಲ ⟦gela ゲラ⟧ [gelɐ] 《古》 *n.* 勝ち、勝利 [Ka. D1972]

ಗೆಲವು ⟦gelavu ゲラヴ⟧ [gelǝvu] *n.* 1 勝ち、勝利 2 満ち足りていること ¶ ದುಡ್ಡು ಇಲ್ಲದೆ ಇದ್ದರೂ ಅವನಿಗೆ ಗೆಲವು ಇದೆ. (duḍḍu illade iddarū avanige gelavu ide.) 一文無しだが彼は満ち足りた生活をしている。 [Ka. D1972] = ಗಲುವು (galuvu)

ಗೆಲಿ ⟦geli ゲリ⟧ [geli] 《古》 *vt.* 《過去語幹 gelit, gelid-》 勝つ、破る ☞ಗೆಲ್ (gel) [Ka. D1972]

ಗೆಲಿಸು ⟦gelisu ゲリス⟧ [gelǐsu] 《古》 *vt.* 《*caus.*》勝たせる、打ち破らせる [Ka. caus. D1972]

ಗೆಲು ⟦gelu ゲル⟧ [gelu] 《古》 *vt.* 《過去語幹 gedd-》勝つ、〈敵などを〉破る [Ka. D1972]

ಗೆಲುಗೆ ⟦geluge ゲルゲ⟧ [gelŭge] 《古》 *n.* 勝つこと、勝利 [Ka. D1972]

ಗೆಲುಮುಖ ⟦gelumukʰa ゲルムカ⟧ [gelumukʰɐ] *n.* 楽しそうな顔、満足そうな顔 ¶ ನಾನು ಪಾಸಾದರಿಂದ ತಂದೆಗೆ ಗೆಲುಮುಖ. (nānu pāsādariṃda taṃdege gelumukʰa.) 僕が合格したのでお父さんは上機嫌だ。[*gelu* + *mukʰa*]

ಗೆಲುಮೊಗ ⟦gelumoga ゲルモガ⟧ [gelumogɐ] *n.* 楽しそうな顔、満足そうな顔 [Ka. *gelu* + *moga*]

ಗೆಲುವಿಗೆ ⟦geluvige ゲルヴィゲ⟧ [gelŭvige] *n.* 勝つこと、勝利 [Ka. D1972]

ಗೆಲುವು ⟦geluvu ゲルヴ⟧ [gelŭvu] ಚೆಲವು, ಗೆಲ್ವು 《古》 *n.* 1 勝利、勝つこと 2 喜び、満足 ¶ ರೋಗಿ ಈಗ ಗೆಲುವಾಗಿದ್ದಾನೆ. (rōgi īga geluvāgiddāne.) その患者は今日は気分がよい。 [Ka. D1972]

ಗೆಲ್ವು ⟦gelvu ゲルヴ⟧ [gelvu] *n.* 1 勝ち、勝利 2 祝福 [Ka. D1972] ☞ಗೆಲುವು (geluvu)

ಗೆಲುಹ ⟦geluha ゲルハ⟧ [gelŭhɐ] 《古》 *n.* 勝利、勝つこと [Ka. D1972]

ಗೆಲ್ಲ ⟦gella ゲッラ⟧ [gellɐ] 《古》 *n.* 1 勝ち、勝利 2 喜び、満足 [Ka. D1972]

ಗೆಲ್ಲಗಾಱ ⟦gellagāṟa ゲッラガーラ⟧ [gelləgɐːṟɐ] 《古》 *m.* 勝利者、勝利する人 [Ka. *gella* + *-kāṟa*]

ಗೆಲ್ಲಿಸು ⟦gellisu ゲッリス⟧ [gellisu] *vt.* 勝たせる [Ka. caus. D1972]

ಗೆಲ್ಲು[1] ⟦gellu ゲッル⟧ [gellu] ಗೆಲ್, ಗೆಲಿ, ಗೆಲು *vt.*《過去語幹 gedd-》 **1** (に)打ち勝つ、(を)破る **2** (に)成功する ¶ ಈ ಕೆಲಸದಲ್ಲಿ ಗೆಲ್ಲಲು ಪ್ರಯತ್ನಮಾಡುತ್ತಿದ್ದೇನೆ. (ī kelasadalli gellalu prayatnamāḍuttiddēne.) 私はこの仕事に成功するよう努力している。**3**〈あるものを〉勝ち得る、勝ち取る、苦労して得る ¶ ತಂದೆ ಅನೇಕ ಅಡ್ಡಿಗಳಲ್ಲೂ ಮನೆ ಕಟ್ಟಿ ಗೆದ್ದ. (taṃde anēka aḍḍigaḷallū mane kaṭṭi gedda.) 父は多くの困難を克服してとうとう家を建てた。[Ka. D1972]

ಗೆಲ್ಲು[2] ⟦gellu ゲッル⟧ [gellu] *n.* 木の枝 ¶ ವಿದ್ಯುತ್ ತಂತಿಗಳಿಗೆ ಅಡ್ಡವಾಗಿದ್ದ ಗೆಲ್ಲುಗಳನ್ನೆಲ್ಲ ಕತ್ತರಿಸಲಾಯಿತು. (vidyut taṃtigaḷige aḍḍavāgidda gellugaḷannella kattarisalāyitu.) 電線の邪魔になっていた枝はすべて刈りおとされた。[Ka. D2587]

ಗೆಲ್ಲುವಿಗೆ ⟦gelluvige ゲッルヴィゲ⟧ [gellŭvige] *n.* 勝利 [Ka. D1972]

ಗೆವರು ⟦gevaru ゲヴァル⟧ [gevŏru] *vt.* (犬やニワトリなどが)〈地面を〉引っ掻く [Ka. *1976]

ಗೆಳತಿ ⟦geḷati ゲラティ⟧ [geḷə̆ti] ಗೆಳತೆ *f.* 女の友達、恋人 [D2018]

ಗೆಳತೆ ⟦geḷate ゲラテ⟧ [geḷə̆te]《‡》*f.* [Ka. D2018] (*Kitt.,B.*) ☞ಗೆಳತಿ (geḷati)

ಗೆಳಸು ⟦geḷasu ゲラス⟧ [geḷəsu]《異》*n.* 芋(一般)、特にサツマイモ ⇀ 食 [Ka. ←*geṟasu* *D1578] ☞ಗೆಣಸು (geṇasu)

ಗೆಳಿಯ ⟦geḷiya ゲリヤ⟧ [geḷijɐ]《‡》*m.*《*f.* ಗೆಳತಿ (geḷati)》 [Ka. D2018] (*Kitt., Dhw., S.Mhr.*)

ಗೆಳೆ ⟦geḷe ゲレ⟧ [geḷe]《文》*n.* 友情、愛情 [Ka. D2018]

ಗೆಳೆಗೊಳ್ ⟦geḷegoḷ ゲレゴル⟧ [geḷegoḷ]《古》*vt.*〈ある人と〉交友関係に入る、仲よしになる

ಗೆಳೆತನ ⟦geḷetana ゲレタナ⟧ [geḷĕtənɐ] *n.* 友情、愛情 [Ka. D2018]

ಗೆಳೆಯ ⟦geḷeya ゲレヤ⟧ [geḷejɐ] *m.*《*f.* ಗೆಳತಿ (geḷati)》(男性にとっての)男友達 [Ka. D2018]

ಗೆಱಸು ⟦geṟasu ゲラス⟧ [geɹə̆su]《古》*n.* 芋類 ⇀ 食 [Ka. D1578]

ಗೇಕು ⟦gēku ゲーク⟧ [ge:ku] ಗಿಕ್ಕು, ಗೀಕು[3], ಜೇಕು《古》*n.* ハマスゲ(浜菅、カヤツリグサ科カヤツリグサ属の植物) ⇀ 薬 [?] ☞ಭದ್ರಮುಷ್ಟೆ, ಕೊನ್ನಾರಿ (bʰadramuṣṭe, konnāri)〔汎〕*[IMP 2.297]

ಗೇಣ್ ⟦gēṇ ゲーン⟧ [ge:ɳ]《古》*n.* [Ka. D2444] ☞ಗೇಣು (gēṇu)

ಗೇಣ ⟦gēṇa ゲーナ⟧ [ge:ɳɐ]《‡》*n.* [Ka. D2444] (*Kitt.*) ☞ಗೇಣು (gēṇu)

ಗೇಣಿ ⟦gēṇi ゲーニ⟧ [ge:ɳi] ಕೇಣಿ, ಗೀಣಿ, ಖೇಣಿ *n.* **1** 売ったり買ったりすること、取り引き、商売 **2** 一定の金額を支払って収穫物を利用したり売ったりする契約 ◇ *vi.* ಗೇಣಿಕೊಡು/ ಗೇಣಿಹಿಡಿ (gēṇikoḍu/ gēṇihiḍi) 取引する、契約する [? cf. Sk. *krēṇi-*]

ಗೇಣಿ ಒಕ್ಕಲು ⟦gēṇi okkalu ゲーニオッカル⟧ [ge:ɳi okkə̆lu] *n.* 土地の賃貸契約をして耕作する農業 ―*mf.* 土地の賃貸契約をして耕作する農民

ಗೇಣಿಗ ⟦gēṇiga ゲーニガ⟧ [ge:ɳigɐ] *mf.* 農地を借地した農民

ಗೇಣಿದಾರ ⟦gēṇidāra ゲーニダーラ⟧ [ge:ɳidɐ:rɐ] *m.*《*f.* *ಗೇಣಿದಾರಳು (*gēṇidāraḷu)》農地を借地した農民 = ಗುತ್ತಿಗೆದಾರ (guttigedāra) [*gēṇi* + *dāra*]

ಗೇಣಿ ಹಿಡುವಳಿ ⟦gēṇi hiḍuvaḷi ゲーニヒドゥヴァリ⟧ [ge:ɳi hiḍuvə̆ḷi] *n.* 農地の借地権を持つこと

ಗೇಣು ⟦gēṇu ゲーヌ⟧ [ge:ɳu] *n.* (手を横に広げて)親指の先から小指の先までの長さ(約 20cm) [Ka. D2444]

ಗೇನು ⟦gēnu ゲーヌ⟧ [ge:nu]《方》*n.* ハチミツ [Ka. D3268(b)] (Hal.)

ಗೇಮೆ ⟦gēme ゲーメ⟧ [ge:me]《古》*n.* 仕事、仕事をすること = ಕೈಮೆ, ಗೆಯ್ಮೆ (kaime, geyme) [Ka. D1957]

ಗೇಯ ⟦gēya ゲーヤ⟧ [ge:jɐ]《文》(*adj.*) 歌うのにふさわしい〈こと〉、歌うことができる〈こと〉¶ ಗೇಯಗೀತೆ (gēyagīti) 歌うための詩文 ―*n.* 歌うこと;歌 [Sk.]

ಗೇಯತೆ ⟦gēyate ゲーヤテ⟧ [ge:jəte]《文》*n.* (詩が)歌うのにふさわしいこと、歌うことができること [Sk.]

ಗೇಯನಾಟಕ ⟦gēyanāṭaka ゲーヤナータカ⟧ [ge:jənɐ:ʈəkɐ]《文》*n.* 音楽劇、オペラ [*gēya* + *nāṭaka*]

ಗೇಯು ⟦gēyu ゲーユ⟧ [ge:ju]《古》*vt.* する、なす = ಕೆಯ್ (key) [Ka. *D1957]

ಗೇರ್ ⟦gēr ゲール⟧ [ge:r]《古》*n.* [Ka. D2005] ☞ಗೇರು (gēru)[1]〔現〕

ಗೇರಾಯಿಸು ⟦gērāyisu ゲーラーイス⟧ [ge:rɐ:ĭsu] *vt.* 取り囲む、包囲する [H. *gʰērănā* T4474/M. *gʰērăṇē*] ☞ಘೇರಾಯಿಸು (gʰērāyisu)

ಗೇರು[1] ⟦gēru ゲール⟧ [ge:ru] ಕೇರ್, ಕೇರು, ಗೇರ್ *n.* カシューナットの木またはカシューナッツ(ウルシ科カシューナットノキ属) ⇀ 染・食・油・材 [Ka. *D2005] (SK, UK) = ಗೋಡಂಬಿ (gōḍaṃbi)〔汎〕

ಗೇರು[2] ⟦gēru ゲール⟧ [ge:ru]《‡》*vt.* 簸る [Ka. D2019]

ಗೇಲಿ ⟦gēli ゲーリ⟧ [ge:li] *n.* からかい ◇ *vt.* ಗೇಲಿಮಾಡು (gēlimāḍu) からかう [Ka. D2019, cf. Sk. *kēli-*]

ಗೇಹ ⟦gēha ゲーハ⟧ [ge:hɐ] *n.* 家 [Pk. *gēha-*]

ಗೈಮೆ ⟦gaime ガイメ⟧ [gəĭme]《古》*n.* **1** 行為、すること;業績 **2** 農作業、畑仕事、農業 [Ka. *gey* + *-me* D1957] ☞ಕೈಮೆ (kaime)

ಗೈಯಾಳಿ ⟦gaiyāḷi ガイヤーリ⟧ [gəĭjɐ:ḷi] *f.* がみがみ言う女性、口やかましい女性、喧嘩好きな女性 [? cf. Te. *gayyāḷi*] ☞ಗಯ್ಯಾಳಿ (gayyāḷi)

ಗೈರತ್ತು ⟦gairattu ガイラットゥ⟧ [gəirəttu]《文》*n.* 精力、勇気、胆力 [Ar.-Pe. *gairat*]

ಗೈರುವಿಲೆ ⟦gairuvile ガイルヴィレ⟧ [gəiruvile] 《文》 *n.* 1 欠席 2 行方不明、消失 ¶ ಜಯಾ ಒಂದು ದಿನ ಗಂಡನನ್ನೂ ಮಕ್ಕಳನ್ನೂ ಬಿಟ್ಟು ಗೈರುವಿಲೆ ಆದಳು. (jayā omḍu dina gamḍanannū makkaḷannū biṭṭu gairuvile ādaḷu.) ジャヤーは夫や子どもたちを捨ててある日姿を消した。[*gairu* + *vile*]

ಗೈರುಹಾಜರಿ ⟦gairuhājari ガイルハージャリ⟧ [gəiruhɐːʤəri] *n.* 欠席、出席していないこと [Sk.]

ಗೈರುಹಾಜರಿ ವಿವರಣಪತ್ರ ⟦gairuhājari vivaraṇapatra ガイルハージャリヴィヴァラナパトラ⟧ [gəirŭhɐːʤəri vivərə̆ɳə̆pəˑtrɐ] 《文》 *n.* 欠席届 [+ *vivaraṇapatra*]

ಗೈರುಹಾಜರು ⟦gairuhājaru ガイルハージャル⟧ [gəirŭhɐːʤəru] *adj.* 欠席した [Ar.-Pe. *gairā_zir*]

ಗೊಂಕರು ⟦gomkaru ゴンカル⟧ [goŋkə̆ru] ಗೊಂಕಱು, ಗೋಂಕುರು 《古》 *n.* (大型の蛙やロバなどの) 耳障りな大きな鳴き声 [?]

ಗೊಂಕರುಕಪ್ಪೆ ⟦gomkarukappe ゴンカルカッペ⟧ [goŋkərŭkəppe] ಗೋಂಕುರುಕಪ್ಪೆ, ಗೊಂಕಱುಕಪ್ಪೆ 《古》 *n.* 耳障りな大きな鳴き声を出す大型の蛙の一種 [Ka. *gomkaru* + *kappe*]

ಗೊಂಕಱು ⟦gomkaṟu ゴンカル⟧ [goŋkə̆ṟu] 《古》 *n.* (大型の蛙やロバなどの)耳障りな大きな鳴き声 [?]

ಗೊಂಕಱುಕಪ್ಪೆ ⟦gomkaṟukappe ゴンカルカッペ⟧ [goŋkəṟukəppe] 《古》 *n.* 耳障りな大きな鳴き声を出す大型の蛙の一種 [Ka. *gomkaṟu* + *kappe*]

ಗೊಂಕೆ ⟦gomke ゴンケ⟧ [goŋke] 《古》 *n.* 1 首 2 うなじ、首筋 [Ka. D1645]

ಗೊಂಗೆ¹ ⟦gomge ゴンゲ⟧ [goŋge] 《‡》 *n.* 集まり、集団、多数 (*Kitt., Šm.*) [Ka. D1645]

ಗೊಂಗೆ² ⟦gomge ゴンゲ⟧ [goŋge] 《‡》 *n.* チメドリの一種 (*Kitt., (Bḍ)*)

ಗೊಂಚಲ್ ⟦gomcal ゴンチャル⟧ [goɲʧəl] 《古》 *n.* 1 (果物や花の)房 2 集まり、集団、多数 [Ka. D1639]

ಗೊಂಚಲು ⟦gomcalu ゴンチャル⟧ [goɲʧəlu] ಗೊಂಚಲ್ *n.* (花や果物の)房 [Ka. D1639]

ಗೊಂಚಲ್ಮಿಂಚು ⟦gomcalmimcu ゴンチャルミンチュ⟧ [goɲʧəlmiɲʧu] *n.* 枝別れの多い稲光 [*gomcalu* + *mimcu*]

ಗೊಂಚಿ ⟦gomci ゴンチ⟧ [goɲʧi] ಗೊಂಚು, ಗೊಂಚೆ, ಗೊಚ್ಚಿ 《古》 *n.* 1 (花や果物の)房 2 集まり、集団、多数 [Ka. D1639]

ಗೊಂಚು ⟦gomcu ゴンチュ⟧ [goɲʧu] 《古》 *n.* ☞ಗೊಂಚಿ (gomci) [Ka. *D1639]

ಗೊಂಚೆ ⟦gomce ゴンチェ⟧ [goɲʧe] 《古》 *n.* 《{Ka. D1639}》(花や果物の)房

ಗೊಂಡಾರಣ್ಯ ⟦gomḍāraṇya ゴンダーラニャ⟧ [goɳɖɐːrəɳjɐ] 《文》 *n.* 深い森林、人が立ち入ることができないような深い森林 [? + Sk. *araṇya-*]

ಗೊಂಡೆ¹ ⟦gomḍe ゴンデ⟧ [goɳɖe] 《古》 *n.* 花咲く木の一種

ಗೊಂಡೆ² ⟦gomḍe ゴンデ⟧ [goɳɖe] *n.* 1 (花や果実の) 房 2 装身具や弁髪に付ける房飾り = ಕುಚ್ಚು (kuccu)¹ [Ka. D2081]

ಗೊಂತು ⟦gomtu ゴントゥ⟧ [gontu] 《方》 *n.* 知識、知っていること = ಗೊತ್ತು (gottu)〔汎〕[Ka. D1847] (Hav.)

ಗೊಂದಣ ⟦gomdaṇa ゴンダナ⟧ [gondə̆ɳɐ] 《文》 *n.* 1 群衆、(人々の) 雑踏 2 群舞 [Ka. D2092] ☞ಗುಂದಳ (gumdaḷa)

ಗೊಂದಣಿ ⟦gomdaṇi ゴンダニ⟧ [gondə̆ɳi] 《文》 *n.* 群衆、(人々の)雑踏 [Ka. D2092] ☞ಗುಂದಳ (gumdaḷa)

ಗೊಂದಣಿಸು ⟦gomdaṇisu ゴンダニス⟧ [gondə̆ɳisu] 《文》 *vi.* (人々が)多く集まる [Ka. *gomdaṇa* + *-isu* 2092]

ಗೊಂದಲ ⟦gomdala ゴンダラ⟧ [gondə̆lɐ] *n.* ☞ಗೊಂದಳ (gomdaḷa) [Ka. D2092]

ಗೊಂದಳ ⟦gomdaḷa ゴンダラ⟧ [gondə̆ɭɐ] ಗೊಂದಣ, ಗೊಂದಣಿ, ಗೊಂದಲ, ಗೋಂಧಳ *n.* 1 群衆、(人々の)雑踏 2 (心の)混乱 ¶ ಮುಖ್ಯ ಅತಿಥಿ ಬರದೇ ಇದ್ದುದರಿಂದ ಸಭೆಯಲ್ಲಿ ಗೊಂದಳ ಉಂಟಾಯಿತು. (mukʰya atitʰi baradē iddudarimda sabʰeyalli gomdaḷa umṭāyitu.) 主賓が来なかったので集会で混乱が起きた。¶ ಅನೇಕ ವಿಷಯಗಳಿಂದ ಮನಸು ಗೊಂದಳಕ್ಕೆ ಈಡಾಯಿತು. (anēka viṣayagaḷimda manasu gomdaḷakke īḍāyitu.) いろいろのことが一度に起こったので心が混乱した。 3 結婚などめでたい行事の前に行われるバワーニー女神の供養 4 子どものいたずら [Ka. D2092]

ಗೊಂದಿ ⟦gomdi ゴンディ⟧ [gonđi] ಗೊಂದು, ಗೊಂದೆ 《古》 *n.* 《複合語末で》小路、町の中の狭い道(ಸಂದಿ (samdi) という語の反響語としてのみ用いられる) [Ka. D2100]

ಗೊಂದು ⟦gomdu ゴンドゥ⟧ [gonđu] *n.* [Ka. D2100] ☞ಗೊಂದಿ (gomdi)

ಗೊಂದೆ ⟦gomde ゴンデ⟧ [gonđe] 《古》 *n.* [Ka. *D2100] ☞ಗೊಂದಿ (gomdi)

ಗೊಂಬೆ ⟦gombe ゴンベ⟧ [gombe] *n.* 1 人形 2 瞳(目の中心にある虹彩に囲まれた光を取り入れる黒い部分) 3 目玉(虹彩と瞳、インドで虹彩は通常黒色)、黒いビー玉のように見える部分 4 眼球(眼窩と瞼に囲まれ、角膜を前面に持つピンポン玉のような形の、色や形を知覚する器官) [Ka. cf. D4530]

ಗೊಂಬೆಯಾಟ ⟦gombeyāṭa ゴンベヤータ⟧ [gombejɐːʈɐ] *n.* 1 人形芝居 2 子どもの人形遊び [*gombe* + *āṭa*]

ಗೊಗ್ಗಯ್ಯ ⟦goggayya ゴッガイヤ⟧ [goggəjjɐ] *m.* 子どもを脅かすための空想上の悪魔 [Ka.? + *ayya*]

ಗೊಗ್ಗರ ⟦goggara ゴッガラ⟧ [goggərɐ] ಗೊಗ್ಗರು *n.* しわがれた声 [? cf. *gomkuṟu*]

ಗೊಗ್ಗರು ⟦goggaru ゴッガル⟧ [goggəru] *n.* ☞ಗೊಗ್ಗರ (goggara)

ಗೊಗ್ಗರುಧ್ವನಿ ⟦goggarudʰvani ゴッガルドヴァニ⟧ [goggərudʰvəni] *n.* しわがれた声 [*goggaru* + *dʰvani*]

ಗೊಚ್ಚಿ ⟦gocci ゴッチ⟧ [goʧʧi] 《古》 *n.* 集まり、集団、多数 [Ka. *D1639] ☞ಗೊಂಚಿ (gomci)

ಗೊಚ್ಚೆ ⟦gocce ゴッチェ⟧ [goʧʧe] *n.* 泥水 = ಕೊಚ್ಚೆ (kocce)

ಗೊಜ್ಜು ⟦gojju ゴッジュ⟧ [goʤʤu] *n.* ナス、トマト、あるいはマンゴーなどを煮つめてタマリンドやトウガラシや塩などで味をつけた濃厚なすっぱいソース（ご飯にかけて食べる）[Ka. D2040]

ಗೊಟರ ⟦goṭara ゴタラ⟧ [goʈəɾɐ] *n.* 木や壁などの穴 = ಗೊಟರು (goṭaru) [*Ka. D1660*]

ಗೊಟರು¹ ⟦goṭaru ゴタル⟧ [goʈə̆ru] ಕೊಟರ *n.* （井戸、壁、木の幹などにできた）穴 [*Ka. D1660, cf. Sk. kōṭara-*]

ಗೊಟರು² ⟦goṭaru ゴタル⟧ [goʈə̆ru] *vi.* 1（ハトが）鳴く 2（蛙が）鳴く **—**(*n.*) 1 ぐーぐー（ハトなどの鳴き声を表す擬音語） 2 げろげろ（蛙の鳴き声を表す擬音語）[Ka. onom.]

ಗೊಟಾಯಿಸು ⟦goṭāyisu ゴターイス⟧ [goʈɐːjisu] *vt.* 1〈液体を〉混ぜる、攪拌する 2〈液体を〉飲む ¶ ಅವರು ದಿನಕ್ಕೆ ಇಪ್ಪತ್ತು ಕಪ್ ಕಾಫಿ ಗೊಟಾಯಿಸುತ್ತಾರೆ. (avaru dinakke ippattu kap kāpʰi goṭāyisuttāre.) 彼は 1 日に 20 杯もコーヒーを飲む = ಕೊಟಾಯಿಸು (koṭāyisu) [Ka. onom.? + *āyisu*]

ಗೊಟ್ಟ¹ ⟦goṭṭa ゴッタ⟧ [goʈʈɐ] *n.* 牛に薬を飲ませるための竹筒［⇒図］[Ka. D2059]

ಗೊಟ್ಟ 竹筒

ಗೊಟ್ಟ² ⟦goṭṭa ゴッタ⟧ [goʈʈɐ] *n.* マンゴーなどの（普通「種」や「核」と呼ばれる）大きくて固い内果皮 [Ka. *D2069]

ಗೊಟ್ಟು¹ ⟦goṭṭu ゴットゥ⟧ [goʈʈu] 《‡》 *n.* 得難い状態、不足した状態 (*My.* (*Kitt.*)) [Ka. D2066]

ಗೊಟ್ಟು² ⟦goṭṭu ゴットゥ⟧ [goʈʈu] *n.* マンゴーなどの（普通「種」や「核」と呼ばれる）大きくて固い内果皮 [Ka. *D2069] ☞ಕೊಟ್ಟೆ (koṭṭe)

ಗೊಟ್ಟೆ¹ ⟦goṭṭe ゴッテ⟧ [goʈʈe] *n.* マンゴーなどの（普通「種」や「核」と呼ばれる）大きくて固い内果皮 [Ka. *D2069] ☞ಕೊಟ್ಟೆ (koṭṭe)

ಗೊಟ್ಟೆ² ⟦goṭṭe ゴッテ⟧ [goʈʈe] 《‡》 *n.* 恥丘 (*Kitt.,S.Mhr.*) [Ka. *D2069?]

ಗೊಟ್ರು¹ ⟦goṭru ゴトル⟧ [goʈru] 《口》 *n.* （井戸、壁、木の幹などにできた）穴 [Ka. D1660] ☞ಗೊಟರು (goṭaru)

ಗೊಟ್ರು² ⟦goṭru ゴトル⟧ [goʈru] 《口》 *vi.* [Ka. onom.] ☞ಗೊಟರು (goṭaru)²

ಗೊಡಗು ⟦goḍagu ゴダグ⟧ [goɖə̆gu] ಗುಡುಗು 《‡》 *onom.* 食料貯蔵庫や井戸にできた穴 (*Kitt.*) [Ka. D1660]

ಗೊಡಗೊಡ ⟦goḍagoḍa ゴダゴダ⟧ [goɖəgoɖɐ] *onom.* 1 ぐうぐう（お腹が鳴る音を表す擬音語） 2 げろげろ（食べたを嘔吐する音を表す擬音語）[Ka.]

ಗೊಡಚಿಗಿಡ ⟦goḍacigiḍa ゴダチギダ⟧ [goɖə̆ʧigiɖɐ] *n.* クロウメモドキ科ナツメ属の大きな棘のある低木 [Ka. D2070]

ಗೊಡಬಿ ⟦goḍabi ゴダビ⟧ [goɖəbi] 《古》 *n.* 小屋 [M. *kʰōpăḍī* T3938] ☞ಗೊಬಡಿ (gobaḍi)

ಗೊಡಬೆ ⟦goḍabe ゴダベ⟧ [goɖə̆be] 《古》 *n.* [Ka. *D2048] ☞ಗೊಡವೆ (goḍave)

ಗೊಡವೆ ⟦goḍave ゴダヴェ⟧ [goɖə̆ve] ಗೊಡಬೆ *n.* 《*in neg. sentences*》 気にすること、心配すること ¶ ನೀನು ಅವನ ಗೊಡವೆಗೆ ಹೋಗಬೇಡ. (nīnu avana goḍavege hōgabēḍa.) 彼とは付き合うな。¶ ನಿನಗೆ ಇತರರ ಗೊಡವೆ ಬೇಡ. (ninage itarara goḍave bēḍa.) 他人のことを気にするな。[Ka. D2048]

ಗೊಡುಗು ⟦goḍugu ゴドゥグ⟧ [goɖŭgu] 《‡》 *n.* [Ka. D1660] (*Kitt.*) ☞ಗೊಡಗು (goḍagu)

ಗೊಡ್ಡ¹ ⟦goḍḍa ゴッダ⟧ [goɖɖɐ] 《古》 *n.* 1 欺瞞、詐欺 2 迷惑、面倒 [Ka. D2073]

ಗೊಡ್ಡ² ⟦goḍḍa ゴッダ⟧ [goɖɖɐ] *m.* 《*f.* ಗೊಡ್ಡಿ (goḍḍi)》 役に立たない人間、ろくでなし [Ka. *D2074]

ಗೊಡ್ಡಾಚಾರ ⟦goḍḍācāra ゴッダーチャーラ⟧ [goɖɖɐːʧɐːɾɐ] *n.* 役に立たないしきたり [Ka.*goḍḍu* + *ācāra*]

ಗೊಡ್ಡಾಟ ⟦goḍḍāṭa ゴッダータ⟧ [goɖɖɐːʈɐ] *n.* 1（テニスなどの最初に行う）勝敗に関係ないプレー 2〔喩〕無意味な活動、儲けにならない商売 3〔喩〕ごまかし、ペテン、詐欺 ¶ ಯಾರು ನಿಜವಾದ ಸಹಾಯ ಮಾಡುತ್ತಾರೆ, ಯಾರು ಗೊಡ್ಡಾಟ ಮಾಡುತ್ತಾರೆ ಹೇಳುವುದು ಕಷ್ಟ. (yāru nijavāda sahāya māḍuttāre, yāru goḍḍāṭa māḍuttāre hēḷuvudu kaṣṭa.) 誰が本当に助けてくれるのか、ただのペテン師なのか、見分けるのは難しい。[Ka.*goḍḍa* + *āṭa*]

ಗೊಡ್ಡಿ ⟦goḍḍi ゴッディ⟧ [goɖɖi] *f.* 《*m.* ಗೊಡ್ಡ (goḍḍa)²》 うまずめ、子どものできない女性 [Ka. D2074] = ಬಂಜೆ (baṃje)

ಗೊಡ್ಡು ⟦goḍḍu ゴッドゥ⟧ [goɖɖu] (*n.*) 1 子どもができない〈こと〉 2 役に立たない〈こと〉、非生産的な〈こと〉¶ ಎಷ್ಟೋ ಕಡೆ ನೌಕರಿಗೆ ಪ್ರಯಯತ್ನಿಸಿದರೂ ಎಲ್ಲಾ ಗೊಡ್ಡಾಯಿತು. (eṣṭō kaḍe naukarige prayayatnisidarū ellā goḍḍāyitu.) 職のためにあちこち走り回って努力したが何の役にも立たなかった。 **—*n.*** 子どもを生まない雌牛 [Ka. D2074]

ಗೊಡ್ಡುಸಾರು ⟦goḍḍusāru ゴッドゥサール⟧ [goɖɖusrɐːru] *n.* 野菜も豆類も入っていないソース（飯にかけて食べる）[Ka.*goḍḍu* + *sāru*]

ಗೊಡ್ಡುಹರಟೆ ⟦goḍḍuharaṭe ゴッドゥハラテ⟧ [goɖɖuhərəʈe] *n.* 無駄話 [Ka.]

ಗೊಣಗ ⟦goṇaga ゴナガ⟧ [goɳə̆gɐ] 《‡》 *m.* 《*f.* ಗೊಣಗಿ (goṇagi)》 ぶつぶつ言う人 (*Kitt.*) [Ka. *goṇagu* + *āṭa* D1685]

ಗೊಣಗಾಟ ⟦goṇagāṭa ゴナガータ⟧ [goɳəgɐːʈɐ] *n.* しきりにぶつぶつ言うこと；ぶつぶつ文句を言うこと [*guṇagu* + *āṭa*]

ಗೊಣಗಾಡು ⟦goṇagāḍu ゴナガードゥ⟧ [goɳəgɐːɖu] *vi.* しきりにぶつぶつ言う；しきりにぶつぶつ不平を言う = ಗೊಣಗುಟ್ಟು (goṇaguṭṭu) [*goṇagu* + *āḍu*]

ಗೊಣಗು ⟦goṇagu ゴナグ⟧ [goɳəgu] *vi.* ぶつぶつ言う；ぶつぶつ不平を言う **—*n.*** ぶつぶつ言うこと、ぶつぶつ不平を言うこと = ಗೊಣಗುಟ್ಟು (goṇaguṭṭu) [Ka. onom. D1685]

ಗೊಣಗುಟ್ಟು ⟦goṇaguṭṭu ゴナグットゥ⟧ [goɳəguʈʈu] *vi.* ぶつぶつ言う；ぶつぶつ不平を言う = ಗೊಣಗಾಡು (goṇagāḍu) [*goṇa* + *kuṭṭu*]

ಗೊಣಗೊಣ ⟦goṇagoṇa ゴナゴナ⟧ [goɳə̆goɳɐ] (*n.*) ぶつぶつ（不明瞭に小声でしゃべる声を表す擬音語）[Ka. D1685]

ಗೊಣಸು ⟦goṇasu ゴナス⟧ [goɳə̆su] ಗೊಲಸು, ಗೊಳಸು, ಗೊಲಿಸು *n.* **1** 鎖の一片 **2** 牛の首や足につける金属の鎖［⇒図］[Ka. D2134]

ಗೊಣೆ ⟦goṇe ゴネ⟧ [goɳe]《古》*n.* **1** 弓弦 **2** 刀の刃

ಗೊಣಸು 牛の鎖

ಗೊಣ್ಣೆ ⟦goṇṇe ゴンネ⟧ [goɳɳe] *n.* **1** 洟、鼻水 **2** インクのしみ [Ka. cf. Sk. *g^hu̇ṇa-*]

ಗೊಣ್ಣೆಹುಳ ⟦goṇṇehuḷa ゴンネフラ⟧ [goɳɳehulɐ] *n.* 糞や木を餌にするカブトムシ [Ka.]

ಗೊಣ್ಣೆವುಟು ⟦goṇṇevuṟu ゴンネヴル⟧ [goɳɳevuɽu]《古》*n.* 木や牛糞を餌にするカブトムシ (*PS. 95.15*) [Ka. D2083]

ಗೊತ್ತು[1] ⟦gottu ゴットゥ⟧ [gottu] *n.* **1** しるし **2** 知っていること、知識 ¶ ನಿನಗೆ ಆಕೆ ಗೊತ್ತಾ? (ninage āke gottā?) あの人を知っている。¶ ಈ ಪ್ರಶ್ನೆಗೆ ಉತ್ತರ ಗೊತ್ತಾಗಿದೆ. (ī praśnege uttara gottāgide.) 私はこの問題の答えを知っている。**3** 目的地、行き先 (*Bv.211*) [Ka. D1847]

ಗೊತ್ತು[2] ⟦gottu ゴットゥ⟧ [gottu]《古》*n.* 決まり、規則 [Ka. D2093]

ಗೊತ್ತು[3] ⟦gottu ゴットゥ⟧ [gottu] *n.* 飼い葉おけ、牛をつないでおく場所 [?]

ಗೊತ್ತುಗಾಱ ⟦gottugāṟa ゴットゥガーラ⟧ [gottŭgɐːɽɐ]《‡》*m.* 長、指導者 (*Kitt.,My.*) [Ka. D2093]

ಗೊತ್ತುಗುರಿ ⟦gottuguri ゴットゥグリ⟧ [gottuguri] *n.* 目的と目的地 ¶ ಹೊಸ ಕಥೆಗಳಿಗೆ ಸ್ಪಷ್ಟವಾದ ಗೊತ್ತುಗುರಿ ಇಲ್ಲ. (hosa kat^hegaḷige spaṣṭavāda gottuguri illa.)「新しい物語」には目的が欠如している。[Ka. *gottu* + *guri*]

ಗೊತ್ತುಪಡಿಸು ⟦gottupaḍisu ゴットゥパディス⟧ [gottupəɖisu] *vt.* 決める、〈任務などを〉割り当てる ¶ ರಾಜ್ಯಪಾಲರು ಗೃಹಮಂತ್ರಿಗೆ ಎರಡು ವಿಭಾಗಗಳ ಜವಾಬುದಾರಿಯನ್ನು ಗೊತ್ತು ಪಡಿಸಿದರು. (rājyapālaru gr̥hamaṃtrige eraḍu vib^hāgagaḷa javābudāriyannu gottu paḍisidaru.) 州知事は内務省に２部門の責任を割り当てた。¶ ಕಾರ್ಯದರ್ಶಿ ಮುಖ್ಯಮಂತ್ರಿಗಳ ಚುನಾವಣಾಪ್ರಚಾರದ ಕಾರ್ಯಕ್ರಮವನ್ನು ಗೊತ್ತುಪಡಿಸಿದರು. (kāryadarśi muk^hyamaṃtrigaḷa cunāvaṇāpracārada kāryakramavannu gottupaḍisidaru.) 私は州首相の選挙運動の日程を決めた。[Ka.]

ಗೊತ್ತುವಳಿ ⟦gottuvaḷi ゴットゥヴァリ⟧ [gottuvəɭi] *n.*（会議などの）決定（事項）[Ka.]

ಗೊದಳೆ ⟦godaḷe ゴダレ⟧ [gođə̆ɭe]《古》*n.* 魚の一種

ಗೊದಾಮು ⟦godāmu ゴダーム⟧ [godɐːmu] *n.* [H. *gudāmă*] ☞ಗುದಾಮು (gudāmu)

ಗೊದ್ದ ⟦godda ゴッダ⟧ [goddɐ] *n.* クロアリ（大きくて噛まれると痛い）[Ka. D2096]

ಗೊನೆ ⟦gone ゴネ⟧ [gone] ಕೊನೆ[1] *n.*（バナナ、マンゴー、ブドウ、ココヤシなどの実の）房 [Ka. D1810]

ಗೊಬಡಿ ⟦gobaḍi ゴバディ⟧ [gobə̆ɖi] ಗೊಡಬಿ《古》*n.* 小屋 [M. *k^hōpăḍī* T3938] ☞ಗೊಬಡಿ (gobaḍi)

ಗೊಬ್ಬರ ⟦gobbara ゴッバラ⟧ [gobbərɐ] *n.* 肥料、こやし [Sk. *gōvara-*]

ಗೊಬ್ಬೆ[1] ⟦gobbe ゴッベ⟧ [gobbe]《方》*n.* 泡 [Ka. D2106] (Tipt.)

ಗೊಬ್ಬೆ[2] ⟦gobbe ゴッベ⟧ [gobbe] *n.* ヤシなどの樹液を集めるために、ココヤシやナツメヤシの木に結びつける壺［⇒図］[Ka.? cf. *gōb^hă* < ?]

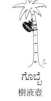

ಗೊಬ್ಬೆ 樹液壺

ಗೊರಕು ⟦goraku ゴラク⟧ [gorə̆ku] *n.* いびき、いびきをかくこと [Ka. onom. *D1852] = ಗುರಕೆ (gurake)

ಗೊರಕೆ ⟦gorake ゴラケ⟧ [gorəke] *n.* いびき [Ka. *D1852]

ಗೊರಗೊರ ⟦goragora ゴラゴラ⟧ [gorəgorɐ] (*n.*) **1** ごろごろ（詰まった喉でものをいう音を表す擬音語）**2** ごろごろ（猫が喉を鳴らす音を表す擬音語）[Ka. D2122]

ಗೊರಟ ⟦goraṭa ゴラタ⟧ [gorə̆ʈɐ] ಗೊರಟೆ *n.* マンゴーなどの（普通「種」や「核」と呼ばれる）大きくて固い内果皮 ☞ಕೊಟ್ಟೆ (koṭṭe) [Ka. *D2069]

ಗೊರಟಿ ⟦goraṭi ゴラティ⟧ [gorə̆ʈi] *n.* [Ka. *D1849(b)] ☞ಗೋರಂಟೆ (gōraṃṭe)

ಗೊರಟು ⟦goraṭu ゴラトゥ⟧ [gorə̆ʈu] *n.* マンゴーなどの（普通「種」や「核」と呼ばれる）大きくて固い内果皮 ☞ಕೊಟ್ಟೆ (koṭṭe) [Ka. *D2069]

ಗೊರಟೆ[1] ⟦goraṭe ゴラテ⟧ [gorə̆ʈe] *n.* ヘンナ（ミソハギ科シコウカ属、桃色や赤や白の小さい花が咲く低木、その葉から取った赤い染料は爪などを染めるのに用いられる）⇀ 染 [Ka. D1849(b)] *[]

ಗೊರಟೆ[2] ⟦goraṭe ゴラテ⟧ [gorə̆ʈe] ಕೊಟ್ಟೆ ಗೊರಟ, ಗೊರಟು *n.* マンゴーなどの（普通「種」や「核」と呼ばれる）大きくて固い内果皮 [Ka. *D2069] ☞ಕೊಟ್ಟೆ (koṭṭe)

ಗೊರತಿ ⟦gorati ゴラティ⟧ [gorə̆ti]《古》*f.*《*m.* ಗೊರವ (gorava)》**1** シヴァ派の女性の托鉢修道士 **2** 聖者の妻 ☞ಗೊರವಿತಿ (goraviti)

ಗೊರಪ ⟦gorapa ゴラパ⟧ [gorə̆pɐ] *n.*（馬などの）毛梳き櫛 (*Kitt.,My.*) [Ka. D1771, T3730]

ಗೊರವಂಕ ⟦goravaṃka ゴラヴァンカ⟧ [gorə̆vəŋkɐ] ಗೊರವಂಕೆ *n.* マイナー鳥（平均 22.5 cm 位の暗褐色の鳥、黄色いくちばしを持つ）(*BIB 47.5*) [Ka. D1766]

ಗೊರವಂಕೆ ⟦goravaṃke ゴラヴァンケ⟧ [gorə̆vəŋke] *n.* [Ka. D1766] ☞ಗೊರವಂಕ (goravaṃka)

ಗೊರವ ⟦gorava ゴラヴァ⟧ [gorə̆vɐ] *m.* 《*f.* ಗೊರವಿತಿ (goraviti)》 **1** シヴァ派の托鉢修道士 **2** 托鉢するシヴァ

ಗೊರವತಿ ⟦goravati ゴラヴァティ⟧ [gorə̆və̆ti] *f.* 《*m.* ಗೊರವ (gorava)》 シヴァ派の女性の托鉢修道士 ☞ಗೊರವಿತಿ (goraviti)

ಗೊರವಿ[1] ⟦goravi ゴラヴィ⟧ [gorə̆vi] ಗೊರವು, ಗೊರವೆ, ಗೊರಿವಿ *n.* 生のまたいまつとして用いることのできる常緑樹の一種(アカネ科) [Ka. D2229]

ಗೊರವಿಕಟ್ಟಿಗೆ ⟦goravikaṭṭige ゴラヴィカッティゲ⟧ [gorə̆vi kəʈʈĭge] *n.* 上記の木で作ったたいまつ [+ *kaṭṭige*]

ಗೊರವಿ[2] ⟦goravi ゴラヴィ⟧ [gorə̆vi] ಗೊರಬಿ 《古》 *f.* 《*m.* ಗೊರವ (gorava)》 **1** シヴァ派の女性の托鉢修道士 **2** 寺院に奉仕するために捧げられた女性 = ದೇವದಾಸಿ (dēvadāsi)

ಗೊರವಿಕೆ ⟦goravike ゴラヴィケ⟧ [gorə̆vike] *n.* シヴァ派の托鉢修道士であること [Ka.*govava* + *-ike*]

ಗೊರವಿತಿ ⟦goraviti ゴラヴィティ⟧ [gorə̆vĭti] ಗೊರತಿ, ಗೊರವತಿ 《古》 *f.* 《*m.* ಗೊರವ (gorava)》シヴァ派の女性の托鉢修道士 = ದೇವದಾಸಿ (dēvadāsi)

ಗೊರವು ⟦goravu ゴラヴ⟧ [gorə̆vu] *n.* [Ka. D2229] ☞ಗೊರವಿ (goravi)[1]

ಗೊರವೆ ⟦gorave ゴラヴェ⟧ [gorə̆ve] 《古》 *n.* [Ka. *D2229] ☞ಗೊರವಿ (goravi)[1]

ಗೊರಸು ⟦gorasu ゴラス⟧ [gorə̆su] ಗೊರಸೆ, ಗೊರಿಸೆ, ಗೊರುಸೆ *n.* 牛や馬のひづめ [Ka. D1770]

ಗೊರಸೆ ⟦gorase ゴラセ⟧ [gorə̆se] 《古》 *n.* [Ka. D1770] ☞ಗೊರಸು (gorasu)

ಗೊರಿಕೆ ⟦gorike ゴリケ⟧ [gorĭke] *n.* いびき、いびきをかくこと [Ka. onom. *D1852] = ಗುರಕೆ (gurake)

ಗೊರಿವಿ ⟦gorivi ゴリヴィ⟧ [gorĭvi] 《古》 *n.* [Ka. *D2229] ☞ಗೊರವಿ (goravi)[1]

ಗೊರಿಸೆ ⟦gorise ゴリセ⟧ [gorĭse] 《古》 *n.* 牛や馬のひづめ [Ka. D1770] ☞ಗೊರಸು (gorasu)

ಗೊರುಸು ⟦gorusu ゴルス⟧ [gorŭsu] 《古》 *n.* 牛や馬のひづめ [Ka. D1770] ☞ಗೊರಸು (gorasu)

ಗೊರೆ ⟦gore ゴレ⟧ [gore] 《古》 *vi.* いびきをかく [?]

ಗೊರ್ಕೆ ⟦gorke ゴルケ⟧ [gorke] 《口》 *n.* いびき [Ka. D1852]

ಗೊಲಸು ⟦golasu ゴラス⟧ [golə̆su] *n.* **1** 鎖を構成する環 = ಕುಣಿಕೆ (kuṇike) **2** 雌牛や水牛の首や足首につける鎖型の飾り **3** 鎖型の首飾りの一種 [D2134] = ಗೊಣಸು (goṇasu)

ಗೊಲೆ[1] ⟦gole ゴレ⟧ [gole] 《‡》 *n.* (バナナ、マンゴー、ブドウ、ココヤシなどの実の) 房 (*My.* (*Kitt.*)) [Ka. D1810] ☞ಗೊನೆ (gone)

ಗೊಲೆ[2] ⟦gole ゴレ⟧ [gole] 《古》 *n.* 弓の弦を固定するための刻み目 [Ka. D1812]

ಗೊಲ್ಲ ⟦golla ゴッラ⟧ [gollɐ] *m.* 《*f.* ಗೊಲ್ಲತಿ, ಗೊಲ್ಲಿತಿ, ಗೊಲ್ಲಿತ್ತಿ (gollati, golliti, gollitti)》 **1** 牛飼い **2** 牛飼いのカーストに属する人 [Sk. *gopāla-*]

ಗೊಲ್ಲವಾಳಿಗ ⟦gollavāḷiga ゴッラヴァーリガ⟧ [golləvɐːɭĭgɐ] 《古》 *m.* 牛飼い (*Čt. 1.61*) [*golla* + *vāḷa*[1] + *-iga*]

ಗೊಲ್ಲಳ ⟦gollaḷa ゴッララ⟧ [gollə̆ɭɐ] 《‡》 *m.* [*goḷḷa* + *-ḷa*?] (*Kitt.,Bp.*) ☞ಗೊಲ್ಲ (golla)

ಗೊಳಸು ⟦goḷasu ゴラス⟧ [goɭə̆su] *n.* [Ka. *D2134] ☞ಗೊಣಸು (goṇasu)

ಗೊಳೋ ⟦goḷō ゴロー⟧ [goɭoː] (*n.*) わーんわーん(ひどく泣く声を表す擬音語) [Ka. D2252]

ಗೊಳ್ಳೆ ⟦goḷḷe ゴッレ⟧ [goɭeɭe] 《‡》 *n.* 肛門 (*My.* (*Kitt.*)) [Ka. D2159]

ಗೊಱಕೆ ⟦goṟake ゴラケ⟧ [goṟə̆ke] 《‡》 *n.* いびき (*DEDR*) [Ka. D1852]

ಗೊಱಟೆ ⟦goṟaṭe ゴラテ⟧ [goṟəʈe] 《‡》 *n.* マンゴーなどの(普通「種」や「核」と呼ばれる)大きくて固い内果皮 (*My.* (*Kitt.*)) [Ka. D2069] ☞ಕೊಟ್ಟೆ (koṭṭe)

ಗೊಱಿಕೆ ⟦goṟike ゴリケ⟧ [goṟĭke] 《‡》 *n.* いびき (*My.* (*Kitt.*)) [Ka. D1852]

ಗೊಱುಕು ⟦goṟuku ゴルク⟧ [goṟŭku] 《‡》 *n.* いびき (*My.* (*Kitt.*)) [Ka. D1852]

ಗೊೞಸು ⟦goḻasu ゴラス⟧ [goɻə̆su] 《古》 *n.* 鎖の輪 [⇒図] [Ka. *D2134] ☞ಗೊಣಸು (goṇasu)

ಗೊೞಸು
鎖の輪

ಗೋಂಕುರು ⟦gōṃkuru ゴーンクル⟧ [goːŋkə̆ru] 《古》 *n.* (大型の蛙やロバなどの) 耳障りな大きな鳴き声 [?]

ಗೋಂಕುರುಕಪ್ಪೆ ⟦gōṃkurukappe ゴーンクルカッペ⟧ [goːŋkurŭkəppe] 《古》 *n.* 耳障りな大きな鳴き声を出す大型の蛙の一種 [Ka. *gōṃkuru* + *kappe*] ☞ಗೊಂಕರುಕಪ್ಪೆ (goṃkarukappe)

ಗೋಂಟು ⟦gōṃṭu ゴーントゥ⟧ [goːɳʈu] ಗೋಟು 《古》 *n.* **1** 方向、方角 **2** 隅、端 [Ka. D2054(b)]

ಗೋಂದು ⟦gōṃdu ゴーンドゥ⟧ [goːndu] *n.* 糊、接着剤 = ಅಂಟು (aṃṭu) [H./M. *gōdā* T4199]

ಗೋಂದೆ ⟦gōṃde ゴーンデ⟧ [goːnde] 《‡》 *n.* 雄牛、去勢牛 [Ka. D2216] (*Kitt.*)

ಗೋಂಧಳ ⟦gōṃdʰaḷa ゴーンダラ⟧ [goːndʰə̆ɭɐ] 《異》 *n.* 結婚などめでたい行事の前に行われるバワーニー女神の供養 [Ka. *D2092] ☞ಗೊಂದಳ (goṃdaḷa)

ಗೋಕುಲ ⟦gōkula ゴークラ⟧ [goːkulɐ] 《文》 *n.* **1** (集合的に) 家畜 **2** 牛をつないでおく場所 [Sk.]

ಗೋಕುಲಾಷ್ಟಮಿ ⟦gōkulāṣṭami ゴークラーシュタミ⟧ [goːkulɐːʂʈə̆mi] *n.* シュラーヴァナ月の黒分の８日(クリシュナの誕生日) [*Sk.*]

ಗೋಗರೆ ⟦gōgare ゴーガレ⟧ [goːgə̆re] *vt.* 泣き声をあげて哀訴嘆願する —*n.* 泣き声をあげて哀訴嘆願する声 [Ka. *gōṟ* + *kaṟe*]

ಗೋಗ್ರಾಸ ⟦gōgrāsa ゴーグラーサ⟧ [goːgrɐːsɐ] *n.* (宗教的な行事の間) 食事の前に雌牛に草を一つかみ供えて食べさせること [Sk.]

ಗೋಗಿ ⟦gōgi ゴーギ⟧ [goːgi] 《古》 *n.* ケナフ(アオイ科フヨウ属)の繊 [Ka. D2183] = ಪುಂಡಿ (puṃḍi) 〔汎〕

ಗೋಚರ ⟦gōcara ゴーチャラ⟧ [goːʧərɐ] (*adj.*) 1 牛が動き回っている〈こと〉 2 視界に入っている〈こと〉、見えている〈こと〉 —*n.* 1 放牧場 2 視界 3 活動範囲、領域 [Sk.]

ಗೋಚರಾವು ⟦gōcarāvu ゴーチャラーヴ⟧ [goːʧərɐːvu] *n.* (村の)放牧場 [*gō* + *carāvu* < *carāyi*]

ಗೋಚರಿಸು ⟦gōcarisu ゴーチャリス⟧ [goːʧərĭsu] 《文》 *vi.* 1 視界に入る、見えてくる 2 心に浮かんでくる ¶ ಅವನಿಗೆ ಹೊಸ ವಿಚಾರ ಗೋಚರಿಸಿತು. (avanige hosa vicāra gōcarisitu.) 新しい考えが彼の頭に浮かんできた。 [Sk.]

ಗೋಚಾರಕ ⟦gōcāraka ゴーチャーラカ⟧ [goːʧɐːrəkɐ] 《文》 *m.* 《*f.* ಗೋಚಾರಕಿ (gōcāraki)》牛飼い [*Sk.*]

ಗೋಚು ⟦gōcu ゴーチュ⟧ [goːʧu] *vt.* 1 〈ゴミなどを〉掃き集める 2 引ったくる、かっさらう ¶ ಕಳ್ಳ ಸರವನ್ನು ಗೋಚಿ ಹೋದ. (kaḷḷa saravannu gōci hōda.) 盗人が首輪を引ったくって逃げた。 [*gōr* + *-cu*]

ಗೋಜು ⟦gōju ゴージュ⟧ [goːʤu] *n.* 1 (糸などが)もつれることやもつれた状態 2 面倒、厄介 ¶ ನನಗೆ ಮಗಳ ಮದುವೆಯ ಮಾತುಕತೆ ಆಡುವ ಗೋಜಿಲ್ಲ. (nanage magaḷa maduveya mātukate āḍuva gōjilla.) 私は娘の縁談で苦労しないですんでいる。 3 関係、関わり合い ¶ ಆ ಹುಡುಗಿಯ ಗೋಜಿಗೆ ಹೋಗಬೇಡ. (ā huḍugiya gōjige hōgabēḍa.) あの娘に関わり合うな。 [Ka. D2190]

ಗೋಟಡಿಕೆ ⟦gōṭaḍike ゴータディケ⟧ [goːʈəɖĭke] *n.* 熟しすぎて硬くなったビンロウジュの実 [*gōṭu*[2] + *aḍike* 2202]

ಗೋಟು[1] ⟦gōṭu ゴートゥ⟧ [goːʈu] *n.* 着物の縁 (*Kitt., My.*) [Ka. D2201]

ಗೋಟು[2] ⟦gōṭu ゴートゥ⟧ [goːʈu] (*n.*) 熟しすぎて硬くなった〈こと〉¶ ಗೋಟು ಅಡಿಕೆಯನ್ನು ಅಗಿಯಲು ಕಷ್ಟ. (gōṭu aḍikeyannu agiyalu kaṣṭa.) 熟しすぎて堅くなったビンロウジュの実を噛むのは難しい。 [Ka. D2202]

ಗೋಟು[3] ⟦gōṭu ゴートゥ⟧ [goːʈu] *n.* 1 方向、方角 2 隅、端 [Ka. D2054(b)] ☞ಗೋಂಟು (gōṃṭu)

ಗೋಡಂಬಿ ⟦gōḍaṃbi ゴーダンビ⟧ [goːɖəmbi] *n.* カシューナッツ(ウルシ科カシューナットノキ属)⇀染・食・油・材 [M. *gōḍaṃbi*] = ಗೇರು (gēru)

ಗೋಡು ⟦gōḍu ゴードゥ⟧ [goːɖu] *n.* 井戸や池の沈泥 [Ka.]

ಗೋಡೆ ⟦gōḍe ゴーデ⟧ [goːɖe] *n.* 壁、塀 [Ka. D2207(b)]

ಗೋಣ್ ⟦gōṇ ゴーン⟧ [goːɳ] 《古》 *n.* 首 = ಗೋಳ್ (gōḷ) [Ka. D1645]

ಗೋಣಿ[1] ⟦gōṇi ゴーニ⟧ [goːɳi] 《古》 *n.* アカザ科ハマアカザ属の低木や草本(若枝は歯ブラシとして用いられる)⇀薬・具 [Ka. D560] *[IMP 5.50]

ಗೋಣಿ[2] ⟦gōṇi ゴーニ⟧ [goːɳi] ಗೋಳಿ *n.* クワ科イチジク属の木の一種 [Ka. D2254]

ಗೋಣಿ[3] ⟦gōṇi ゴーニ⟧ [goːɳi] *n.* 1 大麻、大麻の外皮で作った繊維 ⇀繊 2 大麻で作った布 3 ジュートで作った袋 = ಗೋಣಿಚೀಲ (gōṇicīla) [? cf. M. *gōṇ* 「袋」App.33, T4275]

ಗೋಣಿಚೀಲ ⟦gōṇicīla ゴーニチーラ⟧ [goːɳiʧiːlɐ] *n.* ジュートで作った袋 [+ *cīla*]

ಗೋಣಿತಟ್ಟು ⟦gōṇitaṭṭu ゴーニタットゥ⟧ [goːɳitəʈʈu] *n.* ジュートで作った袋 [+ *taṭṭu*]

ಗೋಣಿ[4] ⟦gōṇi ゴーニ⟧ [goːɳi] 《古》 *n.* 穀物の分量の単位の一つ [? cf. Sk. *drōṇa-*]

ಗೋಣಿ ಸೊಪ್ಪು ⟦gōṇi soppu ゴーニソップ⟧ [goːɳisoppu] *n.* 栽培用のスベリヒユ(スベリヒユ科スベリヒユ属)⇀食 [Ka.]

ಗೋಣು ⟦gōṇu ゴーヌ⟧ [goːɳu] ಗೋಣ್, ಗೋಣ, ಗೋಣು, ಗೋಳ್[1], ಗೋಳು, ಗೋಟ್ *n.* 首 ☞ಕುತ್ತಿಗೆ (kuttige) [Ka. *D1645]

ಗೋತ[1] ⟦gōta ゴータ⟧ [goːtɐ] *n.* 牛の尿 [Sk. *gōmūtra-*] = ಗ್ವಾತ (gvāta) 〔口〕

ಗೋತ[2] ⟦gōta ゴータ⟧ [goːtɐ] ಗೋತಿ, ಗೋತು *n.* 1 (鳥や凧の)急降下 2 (試験での)不合格 [Ar. *gauṭa*]

ಗೋತಹಾಕು ⟦gōtahāku ゴータハーク⟧ [goːtəhɐːku] *vi.* 1 とんぼ返りする 2 試験に落ちる、落第する 3 〔蔑〕死ぬ ¶ ಉಮೇಶ ಕುಡಿದು ಕುಡಿದು ಕೊನೆಗೆ ಗೋತಹೊಡೆದ. (umēśa kuḍidu kuḍidu konege gōtahoḍeda.) ウメーシャは大酒を飲んでとうとう死んでしまった。 [+ *hāku*] = ಗೋತಹೊಡೆ (gōtahoḍe)

ಗೋತಹೊಡೆ ⟦gōtahoḍe ゴータホデ⟧ [goːtəhoɖe] *vi.* 1 とんぼ返りする 2 負ける、敗れる 3 死ぬ

ಗೋತ್ರ[1] ⟦gōtra ゴートラ⟧ [goːtrɐ] 《文》 *n.* ゴートラ(カースト内の族外婚集団) [Sk.]

ಗೋತ್ರ[2] ⟦gōtra ゴートラ⟧ [goːtrɐ] 《文》 *n.* 山、山岳 [Sk.]

ಗೋದಣ ⟦gōdaṇa ゴーダナ⟧ [goːdəɳɐ] ಗೋದಣೆ, ಗೋದನೆ, ಗೋದಲ, ಗೋದಲಿ, ಗೋದಲೆ 《文》 *n.* 牛舎、牛を囲っておく場所 [Sk. *gavādanī-* T4099]

ಗೋದಾನ ⟦gōdāna ゴーダーナ⟧ [goːdɐːnɐ] *n.* バラモンに牛を献上すること [Sk.]

ಗೋದಾಮು ⟦gōdāmu ゴーダーム⟧ [goːdɐːmu] *n.* (商品などの)倉庫 [*H. gudāmă* ←Malay *gudang*] ☞ಗುದಾಮು (gudāmu)

ಗೋದಿ ⟦gōdi ゴーディ⟧ [goːdi] *n.* 小麦 [Sk. *gōdʰūma-*]

ಗೋಧನ ⟦gōdʰana ゴーダナ⟧ [goːdʰənɐ] *n.* 牛という財 [*Sk.*]

ಗೋಧೂಲಿ ⟦gōdʰūli ゴードゥーリ⟧ [goːdʰuːli] 《文》 *n.* 夕暮れ時 [*Sk.*]

ಗೋನು ⟦gōnu ゴーヌ⟧ [goːnu] 《方》 *n.* セイロン・オーク(高さ 15 メートルまでのサカリバナ科高木、花は白っぽい黄色)⇀薬 [Ka. D560] *[IMP 1.381]

ಗೋಪ ⟦gōpa ゴーパ⟧ [goːpɐ] *m.* 1 牛飼い 2 牛の群れの持ち主 3 王、君主 4 クリシュナの呼び名の一つ [Sk.]

ಗೋಪತಿ ⟦gōpati ゴーパティ⟧ [goːpəti] *n.* 雄牛 —*m.* 《*f.* *ಗೋಪ ಸ್ತ್ರೀ (gōpa strī)》 1 牛の群れの持ち主 2 イ

ンドラ神の別名 [Sk.]

ಗೋಪನ ⟦gōpana ゴーパナ⟧ [go:pə̆nɐ] *n.* **1** 隠すこと、隠匿 **2** 守ること、保護 [*Sk.*]

ಗೋಪಾಲ ⟦gōpāla ゴーパーラ⟧ [go:pɐ:lɐ] *m.* 《*f.* ಗೋಪಾಲಿ (gōpāli)》牛飼い [Sk.]

ಗೋಪಾಳ ⟦gōpāḷa ゴーパーラ⟧ [go:pɐ:ḷɐ] *m.* 《*f.* ಗೋಪಾಳಿ (gōpāḷi)》牛飼い *n.* [Sk.]

ಗೋಪಿ ⟦gōpi ゴーピ⟧ [go:pi] *f.* 《*m.* ಗೋಪ (gōpa)》 **1** 牛飼いの女性 **2** 乳しぼりの女性 [Sk.]

ಗೋಪು ⟦gōpu ゴープ⟧ [go:pu] *n.* 網状に編んだ金の首飾り [M. *gōp^{h}ă* ←Sk. *gumpháti* *C4205.2]

ಗೋಪುರ ⟦gōpura ゴープラ⟧ [go:purɐ] *n.* **1** 塔 **2** ピラミッドのような構造物を上に載せた寺院やその門 **3** ピラミッドのような構造物を上に載せた町の門 [Sk.]

ಗೋಪ್ಯ ⟦gōpya ゴーピャ⟧ [go:pjɐ] 《文》(*adj.*) 秘密〈の〉、内密〈の〉 **—*n.*** 秘密 [Sk.]

ಗೋಮಯ ⟦gōmaya ゴーマヤ⟧ [go:məjɐ] *n.* 牛糞 = ಸೆಗಣಿ (segaṇi)〔口〕[Sk.]

ಗೋಮಾಳ ⟦gōmāḷa ゴーマーラ⟧ [go:mɐ:ḷɐ] *n.* 村の共有地になっている牧場、放牧場 [Sk. *gō* + *māla-*]

ಗೋಮುಖವ್ಯಾಘ್ರ ⟦gōmuk^{h}avyāg^{h}ra ゴームカヴィャーグラ⟧ [go:mŭk^{h}əvjɐ:g^{h}rɐ] *mf.* 猫かぶり、偽善者 [Sk.]

ಗೋಮೇದ ⟦gōmēda ゴーメーダ⟧ [go:me:dɐ] 《文》*n.* 九つの宝石の一種（黄玉、ジルコン、縞瑪瑙などにあたる）[*Sk.*]

ಗೋಮೇದಕ ⟦gōmēdaka ゴーメーダカ⟧ [go:me:də̆kɐ] ಗೋಮೇದಿಕ 《文》*n.* [Sk.] ☞ಗೋಮೇದ

ಗೋಮೇದಿಕ ⟦gōmēdika ゴーメーディカ⟧ [go:me:dikɐ] 《文》*n.* [Sk.] ☞ಗೋಮೇದ (gōmēda)

ಗೋಮೇಧ ⟦gōmēd^{h}a ゴーメーダ⟧ [go:me:d^{h}ɐ] 《文》*n.* 牛を犠牲にする犠牲祭 [Sk.]

ಗೋರ್ ⟦gōr ゴール⟧ [go:r] 《古》*vt.* 〈魚を〉網ですくい取る (*Šmd*) [Ka. D2231]

ಗೋರಂಟ ⟦gōraṃṭa ゴーランタ⟧ [gorəɳʈɐ] *n.* ☞ಗೋರಂಟೆ (gōraṃṭe) [Ka. D1849(b)]

ಗೋರಂಟಿ ⟦gōraṃṭi ゴーランティ⟧ [go:rəɳʈi] *n.* [Ka. D1849(b)] ☞ಗೋರಂಟೆ (gōraṃṭe)

ಗೋರಂಟೆ ⟦gōraṃṭe ゴーランテ⟧ [gorəɳʈe] ಕೋರಂಟಿ, ಗೊರಟಿ, ಗೊರಟೆ, ಗೋರಂಟ, ಗೋರಂಟಿ, ಗೋರಟಿ, ಗೋರಟೆ *n.* 桃色や赤や白の小さい花が咲く灌木（その葉から取った赤い染料は爪などを染めるのに使われる）⇀ 染 [Ka. D1849(b)] *[IMP 3.304]

ಗೋರಟಿ ⟦gōraṭi ゴーラティ⟧ [gorə̆ʈi] *n.* [Ka. *D1849(b)] ☞ಗೋರಂಟೆ (gōraṃṭe)

ಗೋರಟೆ ⟦gōraṭe ゴーラテ⟧ [gorə̆ʈe] *n.* [Ka. D1849(b)] ☞ಗೋರಂಟೆ (gōraṃṭe)

ಗೋರಿ[1] ⟦gōri ゴーリ⟧ [go:ri] 《古》*n.* **1** 熊手でかき集めること **2** 熊手の一種 **3** 魅力 [Ka. D2231]

ಗೋರಿ[2] ⟦gōri ゴーリ⟧ [go:ri] *n.* 墓、墓穴、墓石 [Pe. *gōr*]

ಗೋರಿಕಲ್ಲು[1] ⟦gōrikallu ゴーリカッル⟧ [go:rikəllu] *n.* 墓石 [*gōri* + *kallu*]

ಗೋರಿಕಲ್ಲು[2] ⟦gōrikallu ゴーリカッル⟧ [go:rikəllu] ಗೋರಕಲ್ಲು *n.* 石英 [? + *kallu*]

ಗೋರಿಕಾಯಿ ⟦gōrikāyi ゴーリカーイ⟧ [go:rikɐ:ji] *n.* クラスタ豆（マメ科）⇀ 飼・食・肥 [Ka. D2230] = ಚವಳಿಕಾಯಿ (cavaḷikāyi)

ಗೋರಿಲ್ಲ ⟦gōrilla ゴーリッラ⟧ [go:rillɐ] *n.* ゴリラ [Eg.]

ಗೋರು ⟦gōru ゴール⟧ [go:ru] ಗೋರ್, ಗೋಱು *vt.* 熊手その他の道具で〈ゴミや埃や穀物などを〉(片付けるために) かき集める ¶ ಮಣ್ಣನ್ನು ಗೋರು (maṇṇannu gōru) 土をかき集めろ。[Ka. D2231]

ಗೋರೆ ⟦gōre ゴーレ⟧ [go:re] *n.* 小舟の水を掻い出すためのシャベル型の道具［⇒図］[Ka. D2231]

ಗೋರೆ
シャベル

ಗೋರೋಚನ ⟦gōrōcana ゴーローチャナ⟧ [go:ro:ʧə̆nɐ] *n.* 明るい黄色の色素(薬用) [*Sk.*]

ಗೋರ್ಕಲ್ಲು ⟦gōrkallu ゴールカッル⟧ [go:rkəllu] *n.* [Ka.] ☞ಗೋರಿಕಲ್ಲು (gōrikallu)

ಗೋಲ ⟦gōla ゴーラ⟧ [go:lɐ] (*n.*) 円形や球形〈の〉 **—*n.*** 球形のもの、ボール [Sk.]

ಗೋಲಕ ⟦gōlaka ゴーラカ⟧ [go:ləkɐ] ಗೋಳಕ *n.* **1** 目や耳など体の開口部 **2** 瞳、瞳孔（虹彩に囲まれた黒く見える目の部分）**3** 目玉、白目に囲まれて（インドでは普通）黒いビー玉のように見える部分 **4** 瞼と眼窩に囲まれた視覚器官 **5** 貯金箱 **6** 寡婦の生んだ子ども [Sk.]

ಗೋಲನ್ ⟦gōlan ゴーラン⟧ [go:lən] *n.* あることをするよう甘い言葉で説得すること ¶ ಗಂಡನನ್ನು ಗೋಲನ್ ಮಾಡಿ ಹೆಂಡತಿ ಒಡವೆ ಮಾಡಿಸಿಕೊಂಡಳು. (gaṃḍanannu gōlan māḍi heṃḍati oḍave māḍisikoṃḍaḷu.) 妻は夫を言いくるめて装身具を作らせた。◇ *vi.* —ಮಾಡು (māḍu) 言いくるめる [?]

ಗೋಲಾರ್ಧ ⟦gōlārd^{h}a ゴーラールダ⟧ [go:lɐ:rd^{h}ɐ] *n.* **1** 半球 **2** 地球の半球 [*Sk.*]

ಗೋಲಿ ⟦gōli ゴーリ⟧ [go:li] *n.* **1** 小さい球形の物体 **2** ビー玉 **3** 弾丸、鉄砲の弾 [H. *gōlī*]

ಗೋಲಿಬಾರು ⟦gōlibāru ゴーリバール⟧ [go:libɐ:ru] *n.* [*gōli* + Pe. *bārī*] ☞ಗೋಳಿಬಾರು (gōḷibāru)

ಗೋಲೀಬಾರು ⟦gōlībāru ゴーリーバール⟧ [go:li:bɐ:ru] ಗೋಲಿಬಾರು, ಗೋಳೀಬಾರು *n.* 発砲 ¶ ದಂಗೇಖೋರರನ್ನು ಚದುರಿಸಲು ಪೊಲೀಸರು ಗೋಲಿಬಾರು ಮಾಡಿದರು. (daṃgēk^{h}ōrarannu cadurisalu polīsaru gōlibāru māḍidaru.) 警察は暴徒を追い散らすために発砲した。= ಗೋಳಿಬಾರು (gōḷibāru) [*gōli* + Pe. *bārī*]

ಗೋಲು ⟦gōlu ゴール⟧ [go:lu] *n.* **1**（サッカーやホッケーなどの）ゴール；(徒競走などの) 決勝線 ¶ ಭಾರತ ನೇಪಾಳದ ಮೇಲೆ ಮೊದಲು ಗೋಲನ್ನು ಹೊಡೆದರು. (b^{h}ārata nēpāḷada mēle modalu gōlannu hoḍedaru.) インドはネパールに対して最初のゴールを入れた。**2**

(サッカーやホッケーなどで)ゴールを決めて得た得点 [Eg. *goal*]

ಗೋವ ⟦gōva ゴーヴァ⟧ [go:vɐ] 《古》 *m.* 《*f.* ಗೋಪಿ (gōpi)》牛飼い [Sk. *gōpa-*]

ಗೋವಳ ⟦gōvaḷa ゴーヴァラ⟧ [go:vəḷɐ] 《古》 *m.* 《*f.* ಗೋವಳಿತಿ (gōvaḷiti)》牛飼い [Sk. *gōpāla-*]

ಗೋವು ⟦gōvu ゴーヴ⟧ [go:vu] 《文》 *n.* 雌牛 = ಆಕಳು, ಹಸು (ākaḷu, hasu) [Sk.]

ಗೋಶಾಲೆ ⟦gōśāle ゴーシャーレ⟧ [go:ʃɐ:le] 《文》 *n.* 牛小屋 [Sk.]

ಗೋಷಾ ⟦gōṣā ゴーシャー⟧ [go:ʂɐ:] *n.* **1** パルダー(イスラーム社会やヒンドゥー社会においてヴェールやカーテンで女性を隔離する習慣) **2** (女性の)顔や体を隠すヴェール [Pe. *gōšah*「隅、隠遁」]

ಗೋಷಾಪದ್ಧತಿ ⟦gōṣāpaddʰati ゴーシャーパッダティ⟧ [go:ʂɐ:pəddʰəti] *n.* パルダー制度(イスラーム社会やヒンドゥー社会においてヴェールやカーテンによって女性を隔離する制度) [*gōṣā* + *paddʰati*]

ಗೋಷ್ಠಿ ⟦gōṣṭʰi ゴーシュティ⟧ [go:ʂʈəi] *n.* **1** 集まり、会合 **2** 語り合い、談話 [Sk.]

ಗೋಷ್ಟಿಕೆ ⟦gōṣṭike ゴーシュティケ⟧ [go:ʂʈike] *n.* **1** (特に酒を飲むための)集まり、酒宴、酒盛り **2** 酒宴の会場 [*gōṣṭi* + *-ike*]

ಗೋಷ್ಠಿಗಾನ ⟦gōṣṭʰigāna ゴーシュティガーナ⟧ [go:ʂʈəigɐ:nɐ] *n.* 合唱 [Sk.]

ಗೋಷ್ವಾರೆ ⟦gōṣvāre ゴーシュヴァーレ⟧ [go:ʂvɐle] *n.* **1** 会計年度ごとに発表される会計の概要 **2** 概要、要約、梗概 **3** (建設費などの)見積り = ಅಂದಾಜು (aṃdāju) [U. *gōśvāra*]

ಗೋಸಾಯಿ ⟦gōsāyi ゴーサーイ⟧ [go:sɐ:ji] ಗೋಸಾಯಿ, ಗೋಸಾವಿ *m.* (普通バラモン以外の)シヴァ派やヴィシュヌ派の托鉢修道士 [Sk. *gōsvāmin-*]

ಗೋಸಿಂಬೆ ⟦gōsiṃbe ゴーシンベ⟧ [go:simbe] 《異》 *n.* [?] ☞ಗೋಸುಂಬೆ (gōsuṃbe)

ಗೋಸುಂಬೆ ⟦gōsuṃbe ゴースンベ⟧ [go:sumbe] ಗೋಸಿಂಬೆ, ಗೋಸುಬೆ *n.* カメレオン [?]

ಗೋಸುಬೆ ⟦gōsube ゴースベ⟧ [go:sube] 《古》 *n.* [?] ☞ಗೋಸುಂಬೆ (gōsuṃbe)

ಗೋಸ್ವಾಮಿ ⟦gōsvāmi ゴースヴァーミ⟧ [go:svɐ:mi] 《文》 *m.* (普通バラモン以外の)シヴァ派やヴィシュヌ派の托鉢修道士 [Sk. *gōsvāmin-*] = ಗೋಸಾಯಿ (gōsāyi) 〔汎〕

ಗೋಹತಿ ⟦gōhati ゴーハティ⟧ [go:həti] 《文》 *n.* 牛殺し、牛を殺すこと(ヒンドゥー社会では大罪と考えられている) [*Sk. gōhati*]

ಗೋಹತ್ಯೆ ⟦gōhatye ゴーハティェ⟧ [go:hətʲje] *n.* 牛殺し、牛を殺すこと(ヒンドゥー社会では大罪と考えられている) [Sk.]

ಗೋಹುರ ⟦gōhura ゴーフラ⟧ [go:hurɐ] 《古》 *n.* **1** 塔 **2** ピラミッドのような構造物を上に載せた寺院やその門 **3** ピラミッドのような構造物を上に載せた町の門 = ಗೋಪುರ (gōpura) 〔現〕 [Sk. *gōpura-*]

ಗೋಳ್[1] ⟦gōḷ ゴール⟧ [go:ḷ] ಗೋಣ್, ಗೋಣ, ಗೋಳು *n.* 首 = ಗೋಳ್ (gōḷ) [Ka. *D1645]

ಗೋಳ್[2] ⟦gōḷ ゴール⟧ [go:ḷ] 《古》 *n.* 泣きわめく声 [Ka. D2252] ☞ಗೋಳು (gōḷu)

ಗೋಳ ⟦gōḷa ゴーラ⟧ [go:ḷɐ] (*n.*) 丸い〈こと〉、球形〈の〉 —*n.* 丸いもの、球形のもの [Sk.]

ಗೋಳಕ ⟦gōḷaka ゴーラカ⟧ [go:ḷəkɐ] *n.* [Sk.] ☞ಗೋಲಕ (gōlaka)

ಗೋಳಗುಮ್ಮಟ ⟦gōḷagummaṭa ゴーラグンマタ⟧ [go:ḷəgummәʈɐ] ಗೋಲಗುಮುಟ, ಗೋಳಗುಮುಟ *n.* ビジャープルの有名な建築物の名 [*gōḷa* + *gummaṭa*]

ಗೋಳಾಕಾರ ⟦gōḷākāra ゴーラーカーラ⟧ [go:ḷɐ:kɐrɐ] *n.* 球形または円形 [Sk.]

ಗೋಳಾಟ ⟦gōḷāṭa ゴーラータ⟧ [go:ḷɐ:ʈɐ] *n.* 泣きわめくこと = ಗೋಳುಕತೆ (gōḷukate) [*gōḷu* + *āṭa*]

ಗೋಳಾಡು ⟦gōḷāḍu ゴーラードゥ⟧ [go:ḷɐ:ɖu] *vi.* (しきりに)泣きわめく [*gōḷu* + *āḍu*]

ಗೋಳಾಡಿಸು ⟦gōḷāḍisu ゴーラーディス⟧ [go:ḷɐ:ɖisu] *vt.* 《*caus.*》〔喩〕 いじめる、苦しめる [Ka. caus.] = ಗೋಳುಗುಟ್ಟಿಸು (gōḷuguṭṭisu)

ಗೋಳಿ ⟦gōḷi ゴーリ⟧ [go:ḷi] *n.* クワ科イチジク属の木の一種 ⇀ 食 [Ka. D2254] = ಬಸುರಿ (basuri)

ಗೋಳಿಬಾರು ⟦gōḷibāru ゴーリバール⟧ [go:ḷibɐ:ru] *n.* [Ka.] ☞ಗೋಲೀಬಾರು (gōlībāru)

ಗೋಳಿಸು ⟦gōḷisu ゴーリス⟧ [go:ḷĭsu] *vt.* [M.] ☞ಘೋಳಿಸು (gʰōḷisu)

ಗೋಳೀಬಾರು ⟦gōḷībāru ゴーリーバール⟧ [go:ḷibɐ:ru] *n.* [*gōḷi* + Pe. *bārī*] ☞ಗೋಳೀಬಾರು (gōḷībāru)

ಗೋಳು ⟦gōḷu ゴール⟧ [go:ḷu] ಗೋಳ್, ಗೋಟ್, ಘೋಳ್, ಘೋಟ್ *n.* **1** 泣きわめくこと **2** 苦しめること、いじめること [Ka. *D2252]

ಗೋಳಿಡು ⟦gōḷiḍu ゴーリドゥ⟧ [go:ḷɖu] 《文》 *vi.* 泣き叫ぶ [+ *iḍu*]

ಗೋಳ್ಗುಟ್ಟು ⟦gōḷguṭṭu ゴールグットゥ⟧ [go:ḷguʈʈu] 《古》 *vi.* 泣き叫ぶ = ಗೋಳಾಡು (gōḷāḍu) [+ *kuṭṭu*]

ಗೋಳುಗುಟ್ಟಿಸು ⟦gōḷuguṭṭisu ゴールグッティス⟧ [go:ḷŭguʈʈĭsu] 《古》 *vt.* 《*caus.*》苦しめる, いじめる = ಗೋಳಾಡಿಸು (gōḷāḍisu) [Ka. caus.]

ಗೋಳುಹುಯ್ಯು ⟦gōḷuhuyyu ゴールフイユ⟧ [go:ḷuhujju] *vt.* 苦しめる、いじめる、ひどく悩ます ¶ ಅವನು ಹೆಂಡತಿಯನ್ನು ತುಂಬಾ ಗೋಳುಹುಯ್ದುಕೊಳ್ಳುತ್ತಾನೆ. (avanu heṃḍatiyannu tuṃbā gōḷuhuydukoḷḷuttāne.) 彼は自分の妻をひどく苦しめる。 = ಗೋಳಾಡಿಸು (gōḷāḍisu) [Ka.]

ಗೋಳುಕತೆ ⟦gōḷukate ゴールカテ⟧ [go:ḷŭkəte] *n.* 泣き叫んで苦しみを訴えること ◇ —ಹೇಳು (hēḷu) 泣き叫んで苦しみを訴える [Ka. *gōḷu* + *katʰe*]

ಗೋಳೆ ⟦gōḷe ゴーレ⟧ [go:ḷe] 《‡》 *n.* 竹などの上の部分 (*My.* (*Kitt.*)) [Ka. D2143]

ಗೋಱು ⟦gōṟu ゴール⟧ [goːru] 《‡》 *vt.* 引っ掻く (*Kitt.,My.*) [Ka. D2257]

ಗೋೞ್¹ ⟦gōṟ ゴール⟧ [goːɻ] 《古》 *n.* 首 [Ka. D1645] ☞ಗೋಣು (gōṇu)

ಗೋೞ್² ⟦gōṟ ゴール⟧ [goːɻ] 《古》 *n.* 鳴き叫ぶ声、泣きわめく声 [Ka. D2252]

ಗೌಜಿ ⟦gauji ガウジ⟧ [gəuʤi] *n.* [Ka. *D1341] ☞ಗೌಜು (gauju) 2

ಗೌಜು ⟦gauju ガウジュ⟧ [gəuʤu] ಗವುಜಿ, ಗವುಜು, ಗೌಜಿ *n.* **1** 興奮、熱狂 ¶ ಕ್ರಿಕೆಟ್ ಆಟದಲ್ಲಿ ಜನರ ಗೌಜು ಹೆಚ್ಚಾಗಿತ್ತು. (kriket āṭadalli janara gauju heccāgittu.) クリケットの試合で人々はすごく興奮した。 **2** 混乱、騒動 ¶ ಬಸ್ಸುಗಳನ್ನು ನಿಲ್ಲಿಸಿಬಿಟ್ಟದರಿಂದ ಪ್ರಯಾಣಿಕರ ಗೌಜು ಹೆಚ್ಚಾಯಿತು. (bassugaḷannu nillisibiṭṭadariṃda prayāṇikara gauju heccāyitu.) バスの運行が中止されたので旅客はますます騒いだ。= ಗವುಜು (gavuju) [Ka. *D1341]

ಗೌಡ ⟦gauḍa ガウダ⟧ [gəuɖɐ] *m.* 《*f.* ಗೌಡತಿ (gauḍati)》 **1** 村の長老 **2** オッカリガの人々が使う称号 [Sk. *grāmavṛddha-*]

ಗೌಡಿಕೆ ⟦gauḍike ガウディケ⟧ [gəuɖike] *n.* 村長の地位 [*gauḍa* + *-ike*]

ಗೌಡಿತಿ ⟦gauḍiti ガウディティ⟧ [gəuɖiti] *f.* 《*m.* ಗೌಡ (gauḍa)》村長の妻 = ಗೌಡತಿ (gauḍati) [*gauḍa* + *-ti*]

ಗೌಣ ⟦gauṇa ガウナ⟧ [gəuɳɐ] 《文》 (*adj.*) 重要でない〈こと〉、二次的な〈こと〉[Ka.] ಪ್ರಧಾನ (pradʰāna)

ಗೌಣ ಸಾಕ್ಷ್ಯ ⟦gauṇa sākṣya ガウナサークシュヤ⟧ [gəuɳə sɐːkʃjɐ] 《文》 *n.* 重要でない二次的な証拠 [Sk.]

ಗೌನು ⟦gaunu ガウヌ⟧ [gəunu] *n.* ガウン、長上着(法廷で用いるものや、寝間着として用いるものなど) [Eg.]

ಗೌಪ್ಯ ⟦gaupya ガウピャ⟧ [gəupjɐ] 《文》 *n.* 秘密、内密 [Sk.]

ಗೌಪ್ಯ ದಾಖಲೆ ⟦gaupya dākʰale ガウピャダーカレ⟧ [gəup·jə dɐːkʰə̆le] 《文》 *n.* 秘密の記録、秘密文書 [+ *dākʰale*]

ಗೌಪ್ಯ ಸಂಪರ್ಕ ⟦gaupya saṃparka ガウピャサンパルカ⟧ [gəup·jəsəmpərkɐ] 《文》 *n.* 秘密の伝達や交際や付き合い [+ *saṃparka*]

ಗೌರ ⟦gaura ガウラ⟧ [gəurɐ] 《文》 (*adj.*) 色白〈の〉 [Sk.]

ಗೌರವ ⟦gaurava ガウラヴァ⟧ [gəurə̆vɐ] *n.* **1** 卓越、優越性、偉大であること ¶ ಇದು ಅವನ ಗೌರವವನ್ನು ಸೂಚಿಸುತ್ತದೆ (idu avana gauravavannu sūcisuttade) これは彼が偉大であることを示している。 **2** 威信、重要性、敬い ¶ ಅಹಿಂಸೆ ಎಂಬ ಪದಕ್ಕೆ ಗಾಂಧೀಜಿಯಿಂದ ಗೌರವ ಬಂತು. (ahiṃse eṃba padakke gāṃdʰījiyiṃda gaurava baṃtu.) 「非暴力」という言葉はガーンディー翁によって威信をかちえた。 [Sk.]

ಗೌರವ ಕಾರ್ಯದರ್ಶಿ ⟦gaurava kāryadarśi ガウラヴァカーリヤダルシ⟧ [gəurəvə̆kɐːrjə̆dərʃi] *n.* 名誉書記長、名誉事務局長 [Sk.]

ಗೌರವಧನ ⟦gauravadʰana ガウラヴァダナ⟧ [gəurəvə̆dʰənɐ] *n.* (講演などの講師などに対する)謝礼 = ಗೌರವಸಂಭಾವನೆ (gauravasaṃbʰāvane) [Sk.]

ಗೌರವಪದವಿ ⟦gauravapadavi ガウラヴァパダヴィ⟧ [gəurə̆vəpədəvi] *n.* 名誉学位 [Sk.]

ಗೌರವರಕ್ಷೆ ⟦gauravarakṣe ガウラヴァラクシェ⟧ [gəurə̆vərəkʂe] *n.* 儀仗兵の敬礼 [Sk.]

ಗೌರವಸಂಭಾವನೆ ⟦gauravasaṃbʰāvane ガウラヴァサンバーヴァネ⟧ [gəurəvə̆səmbʰɐːvə̆ne] *n.* 講師などに対する謝礼 = ಗೌರವಧನ (gauravadʰana) [Sk.]

ಗೌರವಸದಸ್ಯ ⟦gauravasadasya ガウラヴァサダスヤ⟧ [gəurəvəsədəsjɐ] 《文》 *m.* 《*f.* ಗೌರವಸದಸ್ಯೆ (gauravasadasye)》名誉会員、名誉議員 [Sk.]

ಗೌರವಾನ್ವಿತ ⟦gauravānvita ガウラヴァーンヴィタ⟧ [gəurəvɐːnvitɐ] 《文》 *adj., m.* 《*f.* ಗೌರವಾನ್ವಿತೆ (gauravānvite)》尊敬すべき〈人〉[Sk.]

ಗೌಲು ⟦gaulu ガウル⟧ [gəulu] 《方》 *n.* におい(一般) [Ka. *D1334] ☞ಗವುಲು (gavulu)

ಗೌಸಣಿಕೆ ⟦gausaṇike ガウサニケ⟧ [gəusəɳike] *n.* [Ka. *gavasaṇi* D1221 + *-ke*] ☞ಗವಸಣಿಗೆ (gavasaṇige) 1

ಗೌಸಣಿಗೆ ⟦gausaṇige ガウサニゲ⟧ [gəusəɳige] *n.* [Ka. *gavasaṇi* D1221 + *-ge*] ☞ಗವಸಣಿಗೆ (gavasaṇige) 1

ಗೌಳ ⟦gauḷa ガウラ⟧ [gəuɭɐ] *n.* **1** ラーガの名前 **2** ベンガルの一地方 **3** 文体の一種 [*Sk.*]

ಗೌಳಿ ⟦gauḷi ガウリ⟧ [gəuɭi] *n.* ヤモリ [Ka. *D1338] ಗವುಳಿ (gavuḷi)

ಗ್ಯಾಂಗು ⟦gyāṃgu ギャーング⟧ [gjɐːŋgu] *n.* (窃盗や機械の操作や線路の保守作業などのために)組織化された集団 [Eg. *gang*]

ಗ್ಯಾರಂಟಿ ⟦gyāraṃṭi ギャーランティ⟧ [gjɐːrənʈi] *n.* **1** (借金の)保証 **2** (特に製品などの)保証 **—**(*n.*) 確か〈な〉¶ ಅವನು ಪಾಸಾಗುವುದು ಗ್ಯಾರಂಟಿ. (avanu pāsāguvudu gyāraṃṭi.) あの子が合格するのは絶対確かだ。 [Eg. *guarantee*]

ಗ್ಯಾಲನ್ನು ⟦gyālannu ギャーランヌ⟧ [gjɐːlənnu] *n.* ガロン(容量の単位) [Eg. *gallon*]

ಗ್ಯಾಲರಿ ⟦gyālari ギャーラリ⟧ [gjɐːlə̆ri] *n.* **1** (階段状の席を設けた)観覧席、傍聴席 **2** (美術品を展示したり売ったりする)陳列室、展示場、画廊 [Eg. *gallery*]

ಗ್ಯಾಲಿ ⟦gyāli ギャーリ⟧ [gəjɐːli] 《文》 *n.* 棒組み、ゲラ刷り [Eg. *galley*]

ಗ್ಯಾಸು ⟦gyāsu ギャース⟧ [gjɐːsu/gæːs] *n.* **1** 気体 **2** (台所用の)ガス [Eg. *gas*]

ಗ್ರಂಥ ⟦graṃtʰa グランタ⟧ [grəntʰɐ] 《文》 *n.* 本(特に古典作品) [Sk.]

ಗ್ರಂಥಕರ್ತ ⟦graṃtʰakarta グランタカルタ⟧ [grəntʰə̆kərtɐ] 《文》 *m.* 《*f.* ಗ್ರಂಥಕರ್ತ್ರಿ (graṃtʰakartri)》著者、(本の)作者 = ಲೇಖಕ (lēkʰaka) 〔汎〕 [Sk.]

ಗ್ರಂಥಕರ್ತೃ ⟦gramtʰakartr̥ グランタカルトゥル⟧ [grəntʰə̆ kərtrɯ] 《文》 *mf.* 著者、(本の) 作者 = ಗ್ರಂಥಕರ್ತ (gramtʰakarta) [Sk.]

ಗ್ರಂಥಪಾಲ ⟦gramtʰapāla グランタパーラ⟧ [grəntʰəpɐːlɐ] *mf.* 《*f.* ಗ್ರಂಥಪಾಲೆ (gramtʰapāle)》図書館長 = ಲೈಬ್ರರಿಯನ್ (laibrariyan)〔口〕[Sk.]

ಗ್ರಂಥಭಂಡಾರಿ ⟦gramtʰabʰamḍāri グランタバンダーリ⟧ [grəntʰəbʰəɳɖɐːri] *mf.* 図書館長 = ಲೈಬ್ರೇರಿಯನ್ (laibreriyan)〔口〕[Sk.]

ಗ್ರಂಥರಚನೆ ⟦gramtʰaracane グランタラチャネ⟧ [grəntʰə̆ rəʧə̆ne] 《文》 *n.* 著作、本を書くこと [Ka.]

ಗ್ರಂಥಸಂಪಾದನೆ ⟦gramtʰasampādane グランタサンパーダネ⟧ [grəntʰəsəmpɐːdə̆ne] 《文》 *n.* 本の編集 [Sk.]

ಗ್ರಂಥಸೂಚಿ ⟦gramtʰasūci グランタスーチ⟧ [grəntʰəsuːʧi] 《文》 *n.* 1 (書店が販売の目的で作る)本のカタログ、図書目録；図書館などの蔵書目録 2 参考文献一覧、(本の最後部に印刷されたその本の) 文献目録 [Sk.]

ಗ್ರಂಥಸ್ವಾಮ್ಯ ⟦gramtʰasvāmya グランタスヴァーミャ⟧ [grəntʰə̆svɐːmˑjɐ] 《文》 *n.* 著作権 [Sk.] = ಕಾಪಿರೈಟ್ (kāpirait)〔口〕

ಗ್ರಂಥಾಕ್ಷರ ⟦gramtʰākṣara グランタークシャラ⟧ [grəntʰɐːkʂə̆rɐ] 《文》 *n.* グランタ文字(タミルナードでサンスクリット語を表記する際に使用する文字) [Sk.]

ಗ್ರಂಥಾಲಯ ⟦gramtʰālaya グランターラヤ⟧ [grəntʰɐːlə̆jɐ] 《文》 *n.* 図書館 = ಲೈಬ್ರರಿ (laibrari)〔口〕[Sk.]

ಗ್ರಂಥಾಲಯ ವಿಜ್ಞಾನ ⟦gramtʰālaya vijñāna グランターラヤヴィジュニャーナ⟧ [grəntʰɐːlə̆jə viʤɲɐːnɐ/vignɐːnɐ] 《文》 *n.* 図書館学 [*Sk.*] = ಲೈಬ್ರರಿ ಸೈನ್ಸ್ (laibrari sains)〔口〕

ಗ್ರಂಥಿ ⟦gramtʰi グランティ⟧ [grəntʰi] *n.* 1《古》(縄などの)結び目 2 リンパ腺 3《古》葦や竹などの節 = ಗಿಣ್ಣು (ginnu) [Sk.]

ಗ್ರಸ್ತ ⟦grasta グラスタ⟧ [grəstɐ] 《文》 (*adj.*) 1 噛まれた〈こと〉2 食べられた〈こと〉、飲み込まれた〈こと〉3 (他の天体によって)蝕された〈こと〉、覆い隠された〈こと〉4 占領された〈こと〉5 いいかげんに発音された〈こと〉、(音素などが発音されずに)飛ばされた〈こと〉 —*adj.*, *m.* 1 噛まれた〈人〉2〈病気、貧乏、悪鬼などに〉取り憑かれた〈人〉[Sk.]

ಗ್ರಹ ⟦graha グラハ⟧ [grəhɐ] *n.* 1 惑星 2 (太陽や月などの)蝕 3 ラーフ(太陽や月を隠して蝕を引き起こすと信じられる想像上の惑星) 4 人に取り憑くと信じられている超自然的な力、悪鬼、物の怪 [Sk.]

ಗ್ರಹಕೂಟ ⟦grahakūṭa グラハクータ⟧ [grə̆həkuːʈɐ] *n.* 惑星の合 [Sk.]

ಗ್ರಹಗತಿ ⟦grahagati グラハガティ⟧ [grəhə̆gəti] *n.* 1 惑星の動き 2 惑星の動きが人間に与える影響 ¶ ಈಗ ನನ್ನ ಗ್ರಹಗತಿ ಚನ್ನಾಗಿಲ್ಲ. (īga nanna grahagati cannāgilla.) 今私の星回りはよくない。[Sk.]

ಗ್ರಹಚಾರ ⟦grahacāra グラハチャーラ⟧ [grəhəʧɐːrɐ] 《文》 *n.* 1 惑星の動き 2 惑星の動きが人間に与える影響 3 運、星回り ¶ ಈವತ್ತು ನಮ್ಮ ಗ್ರಹಚಾರ ಚನ್ನಾಗಿಲ್ಲ. ಎಲ್ಲಾ ಕಡೆಗೂ ವಿಘ್ನ. (īvattu namma grahacāra cannāgilla. ellā kaḍegū vigʰna.) 今日は私たちの星回りがよくない。何もかもうまくいかない。[Sk.]

ಗ್ರಹಣ ⟦grahaṇa グラハナ⟧ [grəhəɳɐ] *n.* 1 受け取ること、受け入れること 2 理解、認識 3 (太陽や月などの)蝕 [Sk.]

ಗ್ರಹಪಥ ⟦grahapatʰa グラハパタ⟧ [grə̆həpətʰɐ] 《文》 *n.* 衛星の軌道 [Sk.]

ಗ್ರಹಶಾಂತಿ ⟦grahaśāmti グラハシャーンティ⟧ [grəhə̆ʃɐːnti] *n.* 供養などによって衛星を慰撫してその影響を防ぐこと [Sk.]

ಗ್ರಹಿಕೆ ⟦grahike グラヒケ⟧ [grəhike] *n.* 1 理解、認識 ¶ ಅವನಿಗೆ ಗ್ರಹಿಕೆಯ ಶಕ್ತಿ ಕಡಿಮೆ ಅನ್ನಿಸುತ್ತದೆ. (avanige grahikeya śakti kaḍime annisuttade.) 彼は理解力が不足しているように見える。2 あるものをあるものと思うこと、考え ¶ ದುಡ್ಡು ಇದೆ ಎಂಬ ಗ್ರಹಿಕೆಯಿಂದ ಅವನಿಗೆ ಚೆಕ್ಕು ಕೊಟ್ಟೆ. (duḍḍu ide emba grahikeyimda avanige cekku koṭṭe.) お金があると思って彼に小切手を渡した。3 思い込み ¶ ಭಾರತದಲ್ಲಿ ಜಪಾನಿಯರು ಹಾವು ತಿನ್ನುತ್ತಾರೆ ಎಂಬ ಗ್ರಹಿಕೆ ಇದೆ. (bʰāratadalli japāniyaru hāvu tinnuttāre emba grahike ide.) インドでは日本人が蛇を食うと思いこんでいる。[Sk. *grahisu* + *-ike*]

ಗ್ರಹಿಸು ⟦grahisu グラヒス⟧ [grəhisu] 《文》 *vt.* 1 つかむ 2 理解する、認識する [Sk.]

ಗ್ರಾಂಥಿಕ ⟦grāmtʰika グラーンティカ⟧ [grɐːntʰikɐ] 《文》 *adj.* 1 公式な書き言葉の 2〔蔑〕書き言葉の、書き言葉のような(文体) [Sk.]

ಗ್ರಾಂಥಿಕಭಾಷೆ ⟦grāmtʰikabʰāṣe グラーンティカバーシェ⟧ [grɐːntʰikə̆bʰɐːʂe] 《文》 *n.* 書き言葉、標準語 [Sk.]

ಗ್ರಾಮ ⟦grāma グラーマ⟧ [grɐːmɐ] *n.* 1 (田舎の行政区画としての)村 2 (一般に)村落 = ಹಳ್ಳಿ (haḷḷi) [Sk.]

ಗ್ರಾಮ ದಾಖಲೆಗಳು ⟦grāma dākʰalegaḷu グラーマダーカレガル⟧ [grɐːmə dɐːkʰlegəɭu] *n.* 村の記録

ಗ್ರಾಮಕೈಗಾರಿಕೆ ⟦grāmakaigārike グラーマカイガーリケ⟧ [grɐːməkəigɐːrike] *n.* 村落の産業 [Sk.]

ಗ್ರಾಮದೇವತೆ ⟦grāmadēvate グラーマデーヴァテ⟧ [grɐːmə̆ deːvə̆te] *f.* 村の神、村の守護神 [Sk.]

ಗ್ರಾಮಪಂಚಾಯಿತಿ ⟦grāmapamcāyiti グラーマパンチャーイティ⟧ [grɐːməpəɲʧɐːjĭti] *n.* 村会、村のパンチャーヤット [Sk.]

ಗ್ರಾಮಪರಿಶೀಲನೆ ⟦grāmapariśīlane グラーマパリシーラネ⟧ [grɐːmə̆pəriʃiːlə̆ne] 《文》 *n.* 村落の調査 [*Sk.*]

ಗ್ರಾಮಾಂತರ ⟦grāmāmtara グラーマーンタラ⟧ [grɐːmɐːntə̆rɐ] *n.* 片田舎 [Sk.]

ಗ್ರಾಮಾಂತರ ಕಾರ್ಯಕ್ರಮ ⟦grāmāmtara kāryakrama グラーマーンタラカーリヤクラマ⟧ [grɐːmɐːntə̆rəkɐfːrjəkˑrəmɐ] 《文》 *adj.* 村落発展計画 [Sk.]

ಗ್ರಾಮಾಂತರ ಪ್ರದೇಶ ⟦grāmāṃtara pradēśa グラーマーンタラプラデーシャ⟧ [grɐːmɐːntərə prəde:ʃɐ] 《文》 *n.* 町から遠い田舎 [Sk.]

ಗ್ರಾಮೀಣ ⟦grāmīṇa グラーミーナ⟧ [grɐːmiːɳɐ] 《文》 *adj.* **1** 田舎の **2** (純朴な、すれていない、間抜けななどの意を含んで)田舎風の [Sk.]

ಗ್ರಾಮ್ಯ ⟦grāmya グラーミャ⟧ [grɐːmʲjɐ] 《文》 *adj.* 《*f.* ಗ್ರಾಮ್ಯಳು (grāmyaḷu)》 **1** 田舎の **2** (純朴な、すれていない、間抜けななどの意を含んで)田舎風の **—***adj., m.* 《*f.* ಗ್ರಾಮ್ಯಳು (grāmyaḷu)》田舎の〈人〉[Sk.]

ಗ್ರಾಮ್ಯತೆ ⟦grāmyate グラーミャテ⟧ [grɐːmʲjəte] *n.* (純朴な、すれていない、間抜けななどの意を含んで)田舎っぽさ [Sk.]

ಗ್ರಾಮ್ಯಭಾಷೆ ⟦grāmyab^{h}āṣe グラーミャバーシェ⟧ [grɐːmʲjəb^{h}ɐːʂe] 《文》 *n.* 田舎言葉 [Sk.]

ಗ್ರಾಸ ⟦grāsa グラーサ⟧ [grɐːsɐ] *n.* **1** 飲み込むこと **2** 一口 [Sk.]

ಗ್ರಾಹಕ ⟦grāhaka グラーハカ⟧ [grɐːhəkɐ] *m.* 《*f.* ಗ್ರಾಹಕಿ (grāhaki)》買い手、顧客、お得意、消費者 [Sk.]

ಗ್ರಾಹಕ ಬೆಲೆ ⟦grāhaka bele グラーハカベレ⟧ [grɐːhəkə bele] *n.* 消費者物価 [+ *bele*]

ಗ್ರಾಹಕ ಬೆಲೆ ಸೂಚ್ಯಂಕ ⟦grāhaka bele sūcyaṃka グラーハカベレスーチュャンカ⟧ [grɐːhəkə bele suːʧjəŋkɐ] 《文》 *n.* 消費者物価指数 [+ *bele* + *sūcyaṃka*]

ಗ್ರಾಹ್ಯ ⟦grāhya グラーヒャ⟧ [grɐːhʲjɐ] 《文》 (*adj.*) 受け取るに値する〈こと〉、受け取ることができる〈こと〉 **—**(*n.*) 受け入れることができる〈こと〉¶ ದೊಡ್ಡಪ್ಪನ ಮಧ್ಯಸ್ಥಿಕೆ ನನಗೆ ಗ್ರಾಹ್ಯವಾಗಲಿಲ್ಲ. (doḍḍappana mad^{h}yastike nanage grāhyavāgalilla.) おじの調停は僕には受け入れることができなかった。[Sk.]

ಗ್ರೀಷ್ಮ ⟦grīṣma グリーシュマ⟧ [griːʂmɐ] 《文》 *n.* 夏 [Sk.]

ಗ್ರೀಸ್ ⟦grīs グリース⟧ [griːs] *n.* ギリシャ(南ヨーロッパの国) [Eg. *Greece*]

ಗ್ರೀಜ್ ⟦grīj グリージュ⟧ [griːʤ] *n.* グリース、潤滑油 [Eg. *grease*]

ಗ್ಲಾನ ⟦glāna グラーナ⟧ [glɐːnɐ] 《文》 (*adj.*) **1** 疲れた〈こと〉、消耗した〈こと〉 **2** 心が落ちこんだ〈こと〉、憂鬱〈な〉 **—***n.* **1** 疲労困憊、疲れはてた状態 **2** 憂鬱、心の落ち込み ¶ ತನ್ನ ಬಂಧುಗಳನ್ನು ಹೇಗೆ ಕೊಲ್ಲಬೇಕೆಂದು ಅರ್ಜುನನ ಮನಸಿನಲ್ಲಿ ಗ್ಲಾನ ಉಂಟಾಯಿತು. (tanna baṃd^{h}ugaḷannu hēge kollabēkeṃdu arjunana manasinalli glāna uṃṭāyitu.) アルジュナはどうして自分の親族を殺さねばならないのかという問題で心が落ちこんだ。[Sk.]

ಗ್ಲಾನಿ ⟦glāni グラーニ⟧ [glɐːni] 《文》 *n.* **1** 疲れ、倦怠、けだるさ **2** 憂鬱、心のふさぎ [Sk.]

ಗ್ಲಾಸು ⟦glāsu グラース⟧ [glɐːsu] *n.* **1** ガラス **2** 水などを飲むためのガラス製の容器、コップ、グラス [Eg. *glass*]

ಗ್ವಾತ ⟦gvāta グヴァータ⟧ [gvɐːtɐ/gʋɒːtɐ] 《口》 *n.* 雌牛の尿 [Sk. *gōmūtra-*] = ಗೋತ (gōta)

ಘ

ಘ ⟦g^{h}a ガ⟧ [g^{h}ɐ] *n.* カンナダその他のインド系言語において音素 /g^{h}a/ またはそれを表す文字 [Ø]

ಘಂಟಾಮಣಿ
鈴

ಘಂಟೆ ⟦g^{h}aṃṭe ガンテ⟧ [g^{h}əɳʈe] *n.* 鈴、ベル [Sk.]

ಘಂಟಾಗೋಪುರ ⟦g^{h}aṃṭāgōpura ガンターゴープラ⟧ [g^{h}əɳʈɐːgoːpurɐ] 《文》 *n.* 鐘楼 [Sk.]

ಘಂಟಾಮಣಿ ⟦g^{h}aṃṭāmaṇi ガンターマニ⟧ [g^{h}əɳʈɐːməɳi] *n.* **1** 神を礼拝する時に用いる小型の鈴、鈴(れい) [⇒図] **2** 釣鐘型の小さな白い花をつける薬用植物 [Sk.]

ಘಕಾರ ⟦g^{h}akāra ガカーラ⟧ [g^{h}akɐːrɐ] *n.* カンナダその他のインド系の文字体系で音素の連続 /g^{h}a/ を表す文字 [Sk.]

ಘಟ ⟦g^{h}aṭa ガタ⟧ [g^{h}əʈɐ] *n.* **1** 広口の丸い土製の壺、打楽器としても用いられる [⇒図] **2** 《文》〔喩〕体、身体 [Sk.]

ಘಟಕ ⟦g^{h}aṭaka ガタカ⟧ [g^{h}əʈəkɐ] 《文》 *n.* **1** 構成要素 ¶ ವಿಜ್ಞಾನವನ್ನು ಅನೇಕ ಘಟಕಗಳಾಗಿ ವಿಂಗಡಿಸಿದ್ದಾರೆ. (vijñānavannu anēka g^{h}aṭakagaḷāgi viṃgaḍisiddāre.) 科学は多くの部門に分類されている。 **2** (役所、会社などの)部、局、課 **—***m.* 《*f.* ಘಟಕಿ (g^{h}aṭaki)》ブローカー、斡旋業者、仲介人 = ದಲ್ಲಾಳಿ (dallāḷi)〔汎〕[Sk.]

ಘಟ 広口壺

ಘಟನ ⟦g^{h}aṭana ガタナ⟧ [g^{h}əʈənɐ] *n.* **1** 接続、組み立てること **2** 出来事、事件 [Sk.]

ಘಟನೆ ⟦g^{h}aṭane ガタネ⟧ [g^{h}əʈəne] *n.* **1** 組織、構造 **2** 出来事、事件 **3** 憲法 = ಸಂವಿಧಾನ (saṃvid^{h}āna) [Sk.]

ಘಟಸ್ಥಾಪನೆ ⟦g^{h}aṭast^{h}āpane ガタスターパネ⟧ [g^{h}əʈəst^{h}ɐːpəne] *n.* 儀式の前に水の入った壺を安置すること [Sk.]

ಘಟಸ್ಫೋಟ ⟦g^{h}aṭasp^{h}ōṭa ガタスポータ⟧ [g^{h}əʈəsp^{h}oːʈɐ] 《文》 *n.* 離婚 [Sk.]

ಘಟಾಟೋಪ ⟦g^{h}aṭāṭōpa ガタートーパ⟧ [g^{h}əʈɐːʈoːpɐ] *n.* **1** 大動乱、大きな騒動 **2** 〔喩〕必死の努力 [M. *g^{h}aṭāṭōpa* < Sk.]

ಘಟಾನುಗ್ಘಟಕ ⟦gʰaṭānughaṭaka ガターヌガタカ⟧ [gʰəʈɐːnugʰəʈə̆kɐ] ಘಟಾನುಗಟಕ *mf.* 大学者、碩学；とても有能な人 [Sk.]

ಘಟಾನುಗ್ಘಟಿ ⟦gʰaṭānughaṭi ガターヌガティ⟧ [gʰəʈɐːnugəʈi] *adj., mf.* 非常に有能な〈人〉[Sk.]

ಘಟಿ ⟦gʰaṭi ガティ⟧ [gʰəʈi] *n.* **1** 水を入れる小さな壺 **2** 24分に当たる時間の単位 **3** インドの伝統的水時計 [Sk.]

ಘಟಿಕೆ ⟦gʰaṭike ガティケ⟧ [gʰəʈike] 《文》 *n.* 24分に当たる時間の単位 [Sk.] = ಗಳಿಗೆ (gaḷige)

ಘಟಿಸು ⟦gʰaṭisu ガティス⟧ [gʰəʈisu] 《文》 *vi.* **1** 起こる、生じる、発生する **2** 手に入る [Sk.]

ಘಟಿಯಿಸು ⟦gʰaṭiyisu ガティイス⟧ [gʰəʈijĭsu] 《文》 *vt.* 作る、作り出す [Sk.]

ಘಟೀಯಂತ್ರ ⟦gʰaṭīyaṃtra ガティーヤントラ⟧ [gʰəʈiːjəntrɐ] 《文》 *n.* **1** 釣瓶、井戸から水を汲むための桶や滑車などの仕組み **2** インドの伝統的水時計 [Sk. *gʰaṭī- + yaṃtra-*]

ಘಟ್ಟ ⟦gʰaṭṭa ガッタ⟧ [gʰəʈʈɐ] *n.* つづら折りの道のある峠道 [Sk.]

ಘಟ್ಟಿ ⟦gʰaṭṭi ガッティ⟧ [gʰəʈʈi] ಗಟ್ಟಿ (*n.*) **1** 固まっている〈こと〉¶ ತುಪ್ಪ ಘಟ್ಟಿಯಾಗಿದೆ. (tuppa gʰaṭṭiyāgide.) ギーが固まった。 **2** 硬い〈こと〉、石のように硬い〈こと〉¶ ಹಲ್ಲಿನ ಕೊಳೆ ಕೆಲ ಸಮಯದ ನಂತರ ಘಟ್ಟಿಯಾಗುತ್ತದೆ. (hallina koḷe kela samayada naṃtara gʰaṭṭiyāguttade.) 歯垢は時が経つと石化する。 **3** 力強い〈こと〉、強い〈こと〉¶ ದಾರಾಸಿಂಗ ತುಂಬಾ ಘಟ್ಟಿ ಮನುಷ್ಯನಾಗಿದ್ದ. (dārāsiṃga tuṃbā gʰaṭṭi manuṣyanāgidda.) ダーラーシングはとても強い人であった。 **4** 安全〈な〉¶ ಘಟ್ಟಿ ಸಾಲ (gʰaṭṭi sāla) 堅い貸し金 **5** (声などが) 強い〈こと〉、大きい〈こと〉¶ ಮಾಮಿಯ ಜೊತೆ ಘಟ್ಟಿಯಾಗಿ ಮಾತಾಡಬೇಕಾಗುತ್ತದೆ. (māmiya jote gʰaṭṭiyāgi mātāḍabēkāguttade.) お義母さんとは大声で話さねばなりません。 **6** (人や証拠などが) 信頼できる〈こと〉¶ ಅಧ್ಯಕ್ಷರು ಇರಾಕಿನ ವಿರುದ್ಧ ಘಟ್ಟಿಯಾದ ಪ್ರಮಾಣ ಕೊಡಲಿಲ್ಲ. (adʰyakṣaru irākina viruddʰa gʰaṭṭiyāda pramāṇa koḍalilla.) 大統領はイラクに対して強力な証拠を提出しなかった。 **—*n.*** (液体や液体に混ざっていたりとけていたりする要素が) 固まったもの ¶ ನೀರಿನ ಘಟ್ಟಿಗೆ ಹಿಮಗಡ್ಡೆ ಹೇಳುತ್ತಾರೆ. (nīrina gʰaṭṭige himagaḍḍe hēḷuttāre.) 凝固した水を「氷」と呼ぶ。☞ಗಟ್ಟಿ (gaṭṭi) [Ka.D1148]

ಘಟ್ಟಿಗ ⟦gʰaṭṭiga ガッティガ⟧ [gʰəʈʈĭgɐ] 《口》 *m.* 《*f.* ಘಟ್ಟಿಗಳು (gʰaṭṭigaḷu)》 **1** 力が強い人、頑丈な人 ¶ ನಮ್ಮ ಅಧ್ಯಕ್ಷರು ದೇಹದಿಂದ ಘಟ್ಟಿಗನಲ್ಲದೆ ಇದ್ದರೂ ಮನಸಿನಲ್ಲಿ ತುಂಬ ಘಟ್ಟಿಗರು. (namma adʰyakṣaru dēhadiṃda gʰaṭṭiganallade iddarū manasinalli tuṃba gʰaṭṭigaru.) 我々の部長は身体的には強くないが、精神的には強い。 **2** 有能な人、できる人 **3** 意志の強い人 [+ *-ga*] ☞ಗಟ್ಟಿಗ (gaṭṭiga)

ಘಡಿಯಾರ ⟦gʰaḍiyāra ガディヤーラ⟧ [gʰəɖijɐːrɐ] *n.* 時計 [M. *gʰaḍyāḷă* 4413] ☞ಘಳಿಯಾರ (gʰaḷiyāra)

ಘತ್ವ ⟦gʰatva ガトヴァ⟧ [gʰət·vɐ] *n.* カンナダその他のインド系の文字体系で音素の連続 /gʰa/ を表す文字 [Sk.]

ಘನಂದಾರಿ ⟦gʰanaṃdāri ガナンダーリ⟧ [gʰənəndɐːri] *adj.* 偉大な、豪勢な、壮大な (人物、建築物、祝祭、思想など) [*gʰana + -dāri*]

ಘನ ⟦gʰana ガナ⟧ [gʰənɐ] (*adj.*) **1** (霧などが) 濃い〈こと〉、(森林などが) 深い〈こと〉、(人口などが) 稠密〈な〉 **2** 凍結した〈こと〉、凝固した〈こと〉 **3** 重い〈こと〉、比重の大きい〈こと〉 **4** (像などが) 巨大〈な〉、大きい〈こと〉 **5** (仕事や手柄などが) 偉大〈な〉 **6** (音が) 低い〈こと〉 **7** 中空でない〈こと〉、中までぎっしり詰まった〈こと〉 **8** (作品などが) 中身のある〈こと〉、(証拠などが) 実体のある〈こと〉、本物〈の〉 **9** (色が) 濃い **10** 曇った **—*n.*** **1** 立方体、正六面体 **2** 3乗 **3** 雲 [Sk.]

ಘನಕಾಲ ⟦gʰanakāla ガナカーラ⟧ [gʰənəkɐːlɐ] 《文》 *n.* 雨季 [Sk.]

ಘನತೆ ⟦gʰanate ガナテ⟧ [gʰənəte] 《文》 *n.* **1** 偉大さ、権威、崇高さ **2** 濃度 [Sk.]

ಘನತ್ವ ⟦gʰanatva ガナトヴァ⟧ [gʰənə̆t·vɐ] 《文》 *n.* [Sk.] ☞ಘನತೆ (gʰanate)

ಘನಧ್ವನಿ ⟦gʰanadʰvani ガナドヴァニ⟧ [gʰənədʰvəni] 《文》 *n.* **1** 雷鳴 **2** 低音、低い音 [Sk.]

ಘನಪಟಲ ⟦gʰanapaṭala ガナパタラ⟧ [gʰənəpəʈəlɐ] ಘನಪಟಳ 《文》 *n.* 群雲、雲の群れ [Sk.]

ಘನಪಥ ⟦gʰanapatʰa ガナパタ⟧ [gʰənəpətʰɐ] 《文》 *n.* 「雲の道」、空 [Sk.]

ಘನಫಲ ⟦gʰanapʰala ガナパラ⟧ [gʰənəpʰəlɐ] 《文》 *n.* 容積、体積 [Sk.]

ಘನಪಾಠ ⟦gʰanapāṭʰa ガナパータ⟧ [gʰənəpɐːʈʰɐ] 《文》 *n.* ヴェーダの朗誦法の一種 [Sk.]

ಘನಮೂಲ ⟦gʰanamūla ガナムーラ⟧ [gʰənə̆muːlɐ] 《文》 *n.* 立方根 [Sk.]

ಘನವಂತ ⟦gʰanavaṃta ガナヴァンタ⟧ [gʰənə̆vəntɐ] 《口》 *adj., m.* 《*f.* ಘನವಂತೆ (gʰanavaṃte)》 尊敬に値する〈人〉、重要な〈人〉[Sk.]

ಘನರವ ⟦gʰanarava ガナラヴァ⟧ [gʰənərəvɐ] 《文》 *n.* 雲から聞こえる雷鳴 [Sk.]

ಘನಶ್ಯಾಮ ⟦gʰanaśyāma ガナシュヤーマ⟧ [gʰənə̆ʃjɐːmɐ] 《文》 *m.* 「雲のように黒い色」、クリシュナ神の別名 [Sk.]

ಘನಶ್ರೀ ⟦gʰanaśrī ガナシュリー⟧ [gʰənəʃriː] 《文》 *n.* 「雲の輝き」、稲妻 **—*f.*** ラクシュミー女神 [Sk.]

ಘನಾಕೃತಿ ⟦gʰanākṛti ガナークルティ⟧ [gʰənɐːkrɯti] 《文》 *n.* 立方体 [Sk.]

ಘನಿತ್ರ ⟦gʰanitra ガニトラ⟧ [gʰənit·rɐ] 《古》 *n.* つるはし [Sk. *khanitra-*]

ಘನಿಷ್ಠ ⟦gʰaniṣṭʰa ガニシュタ⟧ [gʰəniʂʈʰɐ] 《文》 *adj.* とても濃い [Sk.]

ಘನಿಸು ⟦gʰanisu ガニス⟧ [gʰənĭsu] *vt.* (牛乳やゼリーなどを)固める、凍らせる —*vi.* 凍る、凝固する [Sk.]

ಘನೀಕರಣ ⟦gʰanīkaraṇa ガニーカラナ⟧ [gʰəni:kərăɳɐ] 《文》 *n.* 1 (ゼリーなどを)固めること、(ジュースなどを)凍らせること 2 濃縮 [Sk.]

ಘನೀಕೃತ ⟦gʰanīkṛta ガニークルタ⟧ [gʰni:kruɯtɐ] 《文》 *adj.* 1 (牛乳などが)濃厚になった、(ジュースやウラニウムなどが)濃縮された 2 (牛乳やゼリーなどが)固められた、(アイスクリームやジュースなどが)凍った [Sk.]

ಘನೀಭೂತ ⟦gʰanībʰūta ガニーブータ⟧ [gʰəni:bʰu:tɐ] 《文》 *adj.* 1 (牛乳などが)濃厚になった、(ジュースやウラニウムなどが)濃縮された 2 (ゼリーなどが)固まった、(アイスクリーム、ジュースなどが)凍った [Sk.]

ಘಮಘಮ ⟦gʰamagʰama ガマガマ⟧ [gʰəməgʰəmɐ] (*n.*) ぷんぷん (強い芳香を表す言葉) [Ka. onom.] = ಗಮಗಮ (gamagama)

ಘಮಘಮಿಸು ⟦gʰamagʰamisu ガマガミス⟧ [gʰəməgʰəmĭsu] ಗಮಗಮಿಸು *vi.* ぷんぷん香る

ಘರಾಣೆ ⟦gʰarāṇe ガラーネ⟧ [gʰərɐ:ɳe] ಘರಾಣ *n.* 1 家族、一家 2 家門、家系 3 音楽や踊りの流派 [M. *gʰarāṇā* C4441]

ಘರಿಘರಿ ⟦gʰarigʰari ガリガリ⟧ [gʰərigʰri] ಘಟಿಘಟಿ 《古》 (*n.*) 火が燃える音を表す擬音語 [Ka. onom.]

ಘರ್ಮ ⟦gʰarma ガルマ⟧ [gʰərmɐ] 《文》 *n.* 熱 [Sk.]

ಘರ್ಮಕಾಲ ⟦gʰarmakāla ガルマカーラ⟧ [gʰərməkɐ:lɐ] 《文》 *n.* 夏;暑い季節 [Sk.] = ಬೇಸಿಗೆ (bēsige)

ಘರ್ಮಜಲ ⟦gʰarmajala ガルマジャラ⟧ [gʰərməʤəlɐ] 《文》 *n.* 汗 [Sk.] = ಬೆವರು (bevaru)

ಘರ್ಷಣೆ ⟦gʰarṣaṇe ガルシャネ⟧ [gʰərʂăɳe] 《文》 *n.* 1 摩擦、すれること 2 争い、軍隊などの衝突、(グループ間の)摩擦 [Sk.]

ಘಲ್‌ಘಲ್ ⟦gʰalgʰal ガルガル⟧ [gʰəlgʰəl] (*n.*) 1 腕輪や足首の輪が揺れて出す音を表す擬音語 2 半分水を入れた壺を揺らした時に出る音を表す擬音語 [Ka. onom.]

ಘಲಕ್ ⟦gʰalak ガラク⟧ [gʰələk] (*n.*) 1 腕輪や足首の輪が1回揺れて出す音を表す擬音語 2 半分水を入れた壺を1回揺らした時に出る音を表す擬音語 [Ka. onom.]

ಘಳಿಯಾರ ⟦gʰaḷiyāra ガリヤーラ⟧ [gʰəɭijɐ:rɐ] ಗಡಿಯಾರ, ಗಡಿಯಾಲ, ಗಡಿಯಾಳ, ಗಳಿಯಾರ, ಗಳಿಹಾರ *n.* 時計 [M. *gʰaḍyāḷă* C4413]

ಘಾಟಿ¹ ⟦gʰāṭi ガーティ⟧ [gʰɐ:ʈi] ಗಾಟಿ, ಘಾಟು *n.* 狭い谷間、つづら折りの道のある峠道 [M./H. *gʰāṭū*]

ಘಾಟಿ² ⟦gʰāṭi ガーティ⟧ [gʰɐ:ʈi] *mf.* ずる賢い男、ペテン師 [?]

ಘಾಟು¹ ⟦gʰāṭu ガートゥ⟧ [gʰɐ:ʈu] ಗಾಟು *n.* (タバコ、香料などの)刺激的な匂い [Ka.D1492]

ಘಾಟು² ⟦gʰāṭu ガートゥ⟧ [gʰɐ:ʈu] *n.* 沐浴などに用いられる川や池の縁に設けた階段 [M./H. *gʰāṭū*]

ಘಾತ ⟦gʰāta ガータ⟧ [gʰɐ:tɐ] 《文》 *n.* 1 打撃、損傷 2 不幸、災難 [Sk.]

ಘಾತಕ ⟦gʰātaka ガータカ⟧ [gʰɐ:tăkɐ] 《文》 *adj.* 破壊的な —*m.* ⟪*f.* ಘಾತಕಿ (gʰātaki)⟫ 1 人殺し、殺人者 2 裏切り者 = ಘಾತುಕ (gʰātuka) [Sk.]

ಘಾತಕಿ ⟦gʰātaki ガータキ⟧ [gʰɐ:tăki] 《文》 *f.* 1 女性の殺人者 2 女性の裏切り者 [Sk.]

ಘಾತನ ⟦gʰātana ガータナ⟧ [gʰɐ:tănɐ] 《文》 *n.* 1 殴打、打つこと 2 殺人、虐殺 [Sk.]

ಘಾತಾಳಿ ⟦gʰātāḷi ガーターリ⟧ [gʰɐ:tɐ:ɭi] 《文》 *mf.* 破壊的な人、災難をもたらす人 [*gʰāta* + -*āḷi*「…を習慣とする人」]

ಘಾತಿ ⟦gʰāti ガーティ⟧ [gʰɐ:ti] 《文》 (*adj.*) 殺す〈こと〉、破壊的な〈こと〉 —*mf.* 殺人者 —*n.* 1 打つこと 2 殺すこと、滅ぼすこと [Sk. *ghātin*-]

ಘಾತಿಸು ⟦gʰātisu ガーティス⟧ [gʰɐ:tisu] 《文》 *vt.* 1 殴る、打ち据える 2 殺す、虐殺する 3 苦しめる、困らせる [*gʰāta* + -*isu*]

ಘಾತುಕ ⟦gʰātuka ガートゥカ⟧ [gʰɐ:tukɐ] 《文》 (*adj.*) 破壊的な〈こと〉 [Sk.]

ಘಾತ್ರ ⟦gʰātra ガートラ⟧ [gʰɐ:trɐ] 《文》 (*n.*) 巨大〈な〉、ひどい〈こと〉 [Sk. *gātra*-}] ☞ಗಾತ್ರ (gātra)

ಘಾಬರಿ ⟦gʰābari ガーバリ⟧ [gʰɐ:bări] 《古》 *n.* 怖がること、脅えること [H./M. *gʰābărā* C4427] ☞ಗಾಬರಿ (gābari)

ಘಾಯ ⟦gʰāya ガーヤ⟧ [gʰɐ:jɐ] 《文》 *n.* [Pk. *ghāya*- < Sk. *ghāta*-] ☞ಗಾಯ (gāya)

ಘಾಸ ⟦gʰāsa ガーサ⟧ [gʰɐ:sɐ] 《文》 *n.* 草 [Sk.]

ಘಾಸಿ ⟦gʰāsi ガーシ⟧ [gʰɐ:si] *n.* [Ka. D1430] ☞ಗಾಸಿ (gāsi)

ಘೀಳು ⟦gʰīḷu ギール⟧ [gʰi:ɭu] (*n.*) (象の)鳴き声を表す擬音語 [Ka. onom.] ☞ಗೀಳ್ (gīḷ)

ಘೀಳಿಡು ⟦gʰīḷiḍu ギーリドゥ⟧ [gʰi:ɭĭɖu] 《文》 *vi.* (象が)吼える [+ ಇಡು (iḍu)]

ಘುಡುಘುಡು ⟦gʰuḍugʰuḍu グドゥグドゥ⟧ [gʰuɖugʰuɖu] (*n.*) ライオン[雷雲、荒海、怒った人]などの出す音を表す擬音語 [Ka. onom.]

ಘುಡುಘುಡಿಸು ⟦gʰuḍugʰuḍisu グドゥグディス⟧ [gʰuɖugʰuɖĭsu] *vi.* (ライオン、雷雲、荒海などのように)吼える、咆哮する、(怒った人が)怒号する [+ -*isu*]

ಘುರುಘುರು ⟦gʰurugʰuru グルグル⟧ [gʰurugʰuru] (*n.*) ぐるぐる(バターを作るために薄めたヨーグルトをかき混ぜる音) [Ka. onom.]

ಘುರುಘುರಿಸು ⟦gʰurugʰurisu グルグリス⟧ [gʰurugʰurĭsu] *vi.* (バターを作るために薄めたヨーグルトをかき混ぜる時)ぐるぐるという音がする [+ -*isu*]

ಘುಂ ⟦gʰuṃ グン⟧ [gʰum] *adv.* 沈黙を表す擬態語 [Ka. mim.]

ಘುಮ್ಮನೆ ⟦gʰummane グンマネ⟧ [gʰummə̆ne] *adv.* 黙って、しいんと（沈黙を表す擬態語）¶ ನಾನು ಎಷ್ಟೇ ಮಾತಾಡಿದರೂ ಸ್ನೇಹಿತ ಘುಮ್ಮನೆ ಕುಳಿತಿದ್ದ. (nānu eṣṭē mātāḍidarū snēhita gʰummane kuḷitidda.) 私がいくら話しても友達は黙って座っていた。[Ka. onom.] ☞ಗುಮ್ಮನೆ (gummane)

ಘೂರ್ಣಿಸು ⟦gʰūrṇisu グールニス⟧ [gʰuːrɳisu] ಗೂರ್ಣಿಸು 《古》 *vi.* **1**（海の水などが）ぐるぐる回る **2**（海や川の水が）ごうごうという音を出す [Sk.]

ಘೃತ ⟦gʰr̥ta グルタ⟧ [gʰrɯtɐ] 《文》 *n.* ギー、バター油 [Sk. *gʰr̥ta-*] = ತುಪ್ಪ (tuppa)〔汎〕

ಘೇರಾಯಿಸು ⟦gʰērāyisu ゲーラーイス⟧ [gʰeːrɐːjĭsu] ಗಿ–ರಾಯಿಸು, ಗೇರಾಯಿಸು, ಘೇರಿಸು *vt.* 取り囲む、包囲する [H. *gʰērănā*/M. *gʰērăṇē* *C4474 + *-isu*] = ಗೇರಾಯಿಸು (gērāyisu)

ಘೇರಾವ್ ⟦gʰērāv ゲーラーヴ⟧ [gʰeːrɐːv] *n.*（経済的要求や政治的要求を通すために労働者や学生などが経営者などの家や事務所を）封じ込めること、つるし上げ [H. *gʰērāvă* *C4474.2]

ಘೋರ ⟦gʰōra ゴーラ⟧ [gʰoːrɐ] 《文》 (*adj.*) **1** 恐ろしい〈こと〉、恐怖をもたらす〈こと〉 **2**（苦行などが）厳しい〈こと〉¶ ಧ್ರುವ ಘೋರ ತಪಸು ಮಾಡಿ ವಿಷ್ಣು–ವನ್ನು ಒಲಿಸಿಕೊಂಡ. (dʰruva gʰōra tapasu māḍi viṣṇuvannu olisikoṃḍa.) ドゥルヴァは厳しい苦行をしてヴィシュヌ神を満足させた。[Sk.]

ಘೋರದರ್ಶನ ⟦gʰōradarśana ゴーラダルシャナ⟧ [gʰoːrə dərʃə̆nɐ] 《文》 *n.* 恐ろしい光景 [Sk.]

ಘೋರಮೂರ್ತಿ ⟦gʰōramūrti ゴーラムールティ⟧ [gʰoːrə muːrti] 《文》 *n.* 恐ろしい姿 **—***adj.*, *mf.* 恐ろしい形相をした〈人〉 **—***n.* シヴァ神の権化の一つ、バイラヴェーシュヴァラ [Sk.]

ಘೋಷ ⟦gʰōṣa ゴーシャ⟧ [gʰoːʂɐ] 《文》 *n.* **1** 叫び声、轟き **2** 布告、宣告、声明、宣言 [Sk.]

ಘೋಷಣ ⟦gʰōṣaṇa ゴーシャナ⟧ [gʰoːʂəɳɐ] 《文》 *n.* **1** 大声を出すこと、わめくこと **2** 宣告、声明、宣言 [Sk.]

ಘೋಷಣೆ ⟦gʰōṣaṇe ゴーシャネ⟧ [gʰoːʂə̆ɳe] *n.* **1** 大声を出すこと、わめくこと **2** 宣言、宣告、声明 **3**（法律などの）発布 **4**（選挙などの）宣言、声明 [Sk.]

ಘೋಷಿಸು ⟦gʰōṣisu ゴーシス⟧ [gʰoːʂĭsu] 《文》 *n.* **1** 宣言する、宣告する、声明する **2**（法律などを）発布する [Sk.]

ಘೋಳಿಸು ⟦gʰōḷisu ゴーリス⟧ [gʰoːḷisu] ಗೋಳಿಸು *vt.*（液体の中で）かき混ぜる ¶ ಕಡಲೆಹಿಟ್ಟು ಸಕ್ಕರೆ ಮತ್ತು ತು–ಪ್ಪ ಇವುಗಳನ್ನು ಚನ್ನಾಗಿ ಘೋಳಿಸಬೇಕು. (kaḍalehiṭṭu sakkare mattu tuppa ivugaḷannu cannāgi gʰōḷisabēku.) ヒヨコマメの粉と砂糖とギーをよく混ぜてください。[M. *gʰōḷăṇē* C4526]

ಘ್ರಾಣ ⟦gʰrāṇa グラーナ⟧ [gʰrɐːɳɐ] 《文》 *n.* **1**（匂いを）嗅ぐこと **2** におい（一般）、芳香、悪臭 **3** 鼻 [Sk.]

ಘ್ರಾಣಗಹ್ವರ ⟦gʰrāṇagahvara グラーナガフヴァラ⟧ [gʰrɐː ɳəgəvhərɐ] 《文》 *n.* 鼻腔 [Sk.]

ಘ್ರಾಣಿಸು ⟦gʰrāṇisu グラーニス⟧ [gʰrɐːɳĭsu] 《文》 *vt.* 嗅ぐ [Sk.]

ಙ

ಙ ⟦ṅa ナ⟧ [ŋəˑ] *n.* カンナダその他のインド系言語で音素の連続/ṅa/、またはそれを表す文字 [Ø]

ಙಕಾರ ⟦ṅakāra ナカーラ⟧ [ŋəkɐːrɐ] *n.* カンナダその他のインド系文字において音素の連続 /ṅa/ を表す文字 [Sk.]

ಙತ್ವ ⟦ṅatva ナトヴァ⟧ [ŋətˑvɐ] *n.* カンナダその他のインド系文字において音素の連続 /ṅa/ を表す文字 [Sk.]

ಚ

ಚ ⟦ca チャ⟧ [ʧəˑ] *n.* カンナダその他のインド系言語において音素 /ca/ またはそれを表す文字

ಚಂಗನೆ ⟦caṃgane チャンガネ⟧ [ʧəŋgə̆ne] ಚೆಂಗನೆ *adv.* ぴょんと、ぴょんぴょん（跳ぶ動作を表す擬態語）¶ ಬಾಗಿಲು ತೆಗೆದಾಗ ಜಿಂಕೆ ಚಂಗನೆ ನೆಗೆಯಿತು. (bāgilu tegedāga jiṃke caṃgane negeyitu.) 扉を開くと鹿がぴょんと跳んで逃げた。[Ka. D2285] = ಚೆಂಗನೆ (ceṃgane)

ಚಂಗಲವೆ ⟦caṃgalave チャンガラヴェ⟧ [ʧəŋgələve] 《古》 *n.* [Ka. *ceṃ-*[1] + *kalave* *D1307] ☞ಚೆಂಗಲವೆ (ceṃgalave)

ಚಂಗಳವೆ ⟦caṃgaḷave チャンガラヴェ⟧ [ʧəŋgə̆ḷəve] 《古》

n. [Ka. *ceṃ-*1 + *kaḷave* *D1307] ☞ಚೆಂಗಲವೆ (ceṃgalave)

ಚಂಗು ⟦caṃgu チャング⟧ [ʧəŋgu] ಚಂಗು 《古》 *vi.* 跳ぶ、はねる = ಚೆಂಗು (ceṃgu) —*n.* 跳ぶこと、跳ねること [Ka. D2285]

ಚಂಚ ⟦caṃca チャンチャ⟧ [ʧəɲʧɐ] ಚಂಚ 《雅》 *m.* 《*f.* ಚಂಚಿತಿ (caṃciti)》山岳地帯に住み狩猟を行う部族に属する人 [Ka. D2291]

ಚಂಚಲ ⟦caṃcala チャンチャラ⟧ [ʧəɲʧəlɐ] *adj.*, *mfn.* 《*f.* ಚಂಚಲೆ (caṃcale)》 1 よく動く〈人〉、じっとしていない〈人〉 2 気まぐれな〈人〉、変わりやすい〈人〉 [Sk.]

ಚಂಚಲತೆ ⟦caṃcalate チャンチャラテ⟧ [ʧəɲʧə̆ləte] *n.* 1 よく動くこと、じっとしてないこと 2 気まぐれなこと、変わりやすいこと [Sk.]

ಚಂಚಲತ್ವ ⟦caṃcalatva チャンチャラトヴァ⟧ [ʧəɲʧələtvɐ] *n.* 1 よく動くこと、じっとしてないこと 2 気まぐれなこと、変わり易いこと [Sk.]

ಚಂಚಲಿ ⟦caṃcali チャンチャリ⟧ [ʧəɲʧə̆li] ಚರಿಚಲಿ, ಚರಿ-ಜಲಿ, ಚೆಂಚಲಿ 《文》 *n.* 広く栽培されている薬用植物の一種 → 薬 [Ka. D2292]

ಚಂಚಲಿತ ⟦caṃcalita チャンチャリタ⟧ [ʧəɲʧə̆litɐ] 《文》 *adj.* 揺さぶられた、不安定にされた [Sk.]

ಚಂಚಲೆ ⟦caṃcale チャンチャレ⟧ [ʧəɲʧəle] 《文》 *f.* 1 移り気な女性 2 ラクシュミー女神の別名 (幸運のうつろいやすさを示す) 3 稲妻 [Sk.]

ಚಂಚಲಿಸು ⟦caṃcalisu チャンチャリス⟧ [ʧəɲʧə̆lĭsu] 《文》 *vi.* 集中力を失う、落ち着きを失う ¶ ಅಂಚೆಯವನನ್ನು ನೋಡಿದರೆ ವನಿತಾಳ ಮನಸ್ಸು ಚಂಚಲಿಸುತ್ತಿತ್ತು. (aṃceyavanannu nōḍidare vanitāḷa manassu caṃcalisuttittu.) 郵便配達夫を見るとヴァニターの心は落ち着きを失ったものだった。 [Sk.]

ಚಂಚಿತಿ ⟦caṃciti チャンチティ⟧ [ʧəɲʧiti] ಚೆಂಚಿತಿ *f.* 《*m.* ಚಂಚ (caṃca)》山に住む狩猟民族の女性 [Ka. D2291]

ಚಂಚು1 ⟦caṃcu チャンチュ⟧ [ʧəɲʧu] *n.* 鳥のくちばし [Sk.]

ಚಂಚು2 ⟦caṃcu チャンチュ⟧ [ʧəɲʧu] 《‡》 *m.* 《*f.* ಚಂಚಿತಿ (caṃciti)》山に住む狩猟民族 (*Si.114* (*Kitt.*)) [Ka. D2291] ☞ಚಂಚ (caṃca)

ಚಂಡ ⟦caṃḍa チャンダ⟧ [ʧəɳɖɐ] (*adj.*) 1 怒り狂った〈こと〉、激怒した〈こと〉 2 強い〈こと〉、力強い〈こと〉、猛烈〈な〉 3 恐ろしい 4《古》熱い —*m.* 勇者、英雄 [Sk.]

ಚಂಡಮಾರುತ ⟦caṃḍamāruta チャンダマールタ⟧ [ʧəɳɖəmɐːrutɐ] 《文》 *n.* 暴風、大風、サイクロン [Sk.]

ಚಂಡಾಲ ⟦caṃḍāla チャンダーラ⟧ [ʧəɳɖɐːlɐ] ಚಂಡಾಳ *m.* 《*f.* ಚಂಡಾಲಿ (caṃḍāli)》 [Sk.] ☞ಚಾಂಡಾಲ (cāṃḍāla)

ಚಂಡಿ ⟦caṃḍi チャンディ⟧ [ʧəɳɖi] *f.* 1 チャンディー女神、ドゥルガー女神の別名 2 女丈夫、がみがみ言う女性、強情な女性 [Sk.]

ಚಂಡಿಕೆ1 ⟦caṃḍike チャンディケ⟧ [ʧəɳɖĭke] ಚೆಂಡಿಕೆ 《文》 *n.* (バラモンの祭官などが剃髪する時に)頭頂部に剃り残す毛の房 [cf. Sk. *śikhaṃḍikā-*] = ಜುಟ್ಟು (juṭṭu)

ಚಂಡಿಕೆ2 ⟦caṃḍike チャンディケ⟧ [ʧəɳɖĭke] 《文》 *n.* 月の光、月光 [Sk. *candrikā-*] = ಚಂದ್ರಿಕೆ, ಬೆಳುದಿಂಗಳು (caṃdrike, beḷudiṃgaḷu)

ಚಂಡಿಕೆ3 ⟦caṃḍike チャンディケ⟧ [ʧəɳɖĭke] *f.* チャンディカー女神、パールヴァティー女神の別名 [Sk.]

ಚಂಡಿತನ ⟦caṃḍitana チャンディタナ⟧ [ʧəɳɖitənɐ] *n.* (女性の)頑固さ、強情さ、意地っぱり [Sk.]

ಚಂಡಿಹಿಡಿ ⟦caṃḍihiḍi チャンディヒディ⟧ [ʧəɳɖihiɖi] *vi.* 頑固に振る舞う、意地を張る、言うことを聞かない [*caṃḍi* + *hiḍi*]

ಚಂಡು ⟦caṃḍu チャンドゥ⟧ [ʧəɳɖu] *n.* (遊技用の)毬、球、ボール [Ka. D2766] ☞ಚೆಂಡು (ceṃḍu)

ಚಂಡೆ ⟦caṃḍe チャンデ⟧ [ʧəɳɖe] 《方》 *n.* 太鼓の一種 (*Bark.*) [Ka. D2767] ☞ಚೆಂಡೆ (ceṃḍe)

ಚಂದ1 ⟦caṃda チャンダ⟧ [ʧəndɐ] ಚೆಂದ *n.* 1 美しいこと、魅力; 美貌、優れた容貌 ¶ ಅವಳ ಚಂದವನ್ನು ನೋಡಿ ನಾನು ಮನಸೋತೆ. (avaḷa caṃdavannu nōḍi nānu manasōte.) 彼女の美貌を見て私は魅了された。¶ ವಧು ಚಂದವಾಗಿದ್ದಾಳೆ. (vadʰu caṃdavāgiddāḷe.) 花嫁はきれいだ。 2《古》類似、似たもの 3《古》種類、類、流儀 ¶ ಅನೇಕ ಚಂದದ ವಿಚಾರಗಳು (anēka caṃdada vicāraga-ḷu) 様々な種類の考え 4 適当なもの、ふさわしいもの ¶ ಈ ಕೆಲಸಕ್ಕೆ ಅವನೇ ಚಂದ (ī kelasakke avanē caṃda) 彼こそこの仕事にふさわしい人だ。 [Ka. D2328, cf. Sk. *chanda-*]

ಚಂದ2 ⟦caṃda チャンダ⟧ [ʧəndɐ] ಚಂದು, ಚೆಂದ 《古》 *n.* 月 —*m.* 月、月の神 [Sk. *caṃdra-*]

ಚಂದ3 ⟦caṃda チャンダ⟧ [ʧəndɐ] *n.* [Pe. *čandā*] ☞ಚಂದಾ (caṃdā)

ಚಂದನ ⟦caṃdana チャンダナ⟧ [ʧəndə̆nɐ] *n.* 1 白檀の木 2 白檀の木の粉を練ったもの [Sk.]

ಚಂದಮಾಮ ⟦caṃdamāma チャンダマーマ⟧ [ʧəndə̆mɐːmɐ] *m.* 〔児〕お月様 [*caṃda* + *māma*]

ಚಂದಾ ⟦caṃdā チャンダー⟧ [ʧəndɐː] ಚಂದ *n.* 1 (定期刊行物の)定期購読(契約) 2 寄付 [Pe. *čandā*]

ಚಂದಾದಾರ ⟦caṃdādāra チャンダーダーラ⟧ [ʧəndɐːdɐːrɐ] *m.* 1 (雑誌などの) 定期購読者 2 (公共の事業や祭りなどのために) 寄付をした人 [*caṃdā* + *-dāra*]

ಚಂದಾಪಟ್ಟಿ ⟦caṃdāpaṭṭi チャンダーパッティ⟧ [ʧəndɐːpəʈʈi] *n.* 予約購読者や寄付申込者の名簿

ಚಂದುಟಿ ⟦caṃduṭi チャンドゥティ⟧ [ʧənduʈi] 《文》 *n.* ☞ಚೆಂದುಟಿ (ceṃduṭi)

ಚಂದ್ರ ⟦caṃdra チャンドラ⟧ [ʧən·drɐ] 《文》 *mn.* 月、地球の衛星；月の神 [Sk.]

ಚಂದ್ರಕಾಂತ ⟦caṃdrakāṃta チャンドラカーンタ⟧ [ʧəndrəkɐːntɐ] *n.* 月長石 [Sk.]

ಚಂದ್ರಕಾಂತಶಿಲೆ ⟦caṃdrakāṃtaśile チャンドラカーンタシレ⟧ [ʧədrəkɐːntə̆ʃile] *n.* [Sk.] ☞ಚಂದ್ರಕಾಂತ (caṃdra-kāṃta)

ಚಂದ್ರಗ್ರಹಣ ⟦caṃdragrahaṇa チャンドラグラハナ⟧ [ʧə ndrəgrəhəɳɐ] *n.* 月蝕 [Sk.]

ಚಂದ್ರಿಕೆ ⟦caṃdrike チャンドリケ⟧ [ʧəndrike] 《文》 *n.* 月の光、月光 [Sk.]

ಚಂದ್ರೋದಯ ⟦caṃdrōdaya チャンドローダヤ⟧ [ʧədro: dəjɐ] 《文》 *n.* 月の出 [Sk.]

ಚಂಪಕ ⟦campaka チャンパカ⟧ [ʧəmpəkɐ] *n.* チャンパカ(モクレン科の強い芳香を持つ花が咲く木)、チャンパカの花 [Ka. D2321, T4678]

ಚಂಪು ⟦campu チャンプ⟧ [ʧəmpu] 《文》 *n.* 《*gen.* ಚಂಪುವಿನ (campuvina)》散文と韻文が交代するサンスクリット文学の一形式 [Sk.]

ಚಂಬಾರ್ ⟦cambār チャンバール⟧ [ʧəmbɐːr] 《古》 *m.* ☞ಚಮ್ಮಾರ (cammāra)

ಚಂಬಾರ ⟦cambāra チャンバーラ⟧ [ʧəmbɐːrɐ] 《古》 *m.* ☞ಚಮ್ಮಾರ (cammāra)

ಚಂಬಿಗೆ ⟦cambige チャンビゲ⟧ [ʧəmbĭge] *n.* 銅や黄銅などで作られた球形の容器 [Ka. D2775] = ಚಂಬು (cambu)

ಚಂಬು ⟦cambu チャンブ⟧ [ʧəmbu] *n.* 銅などで作られた球形の容器 [Ka. D2775] ☞ಚಂಬು (cambu) = ಚಂಬಿಗೆ (cambige)

ಚಉಕ ⟦cauka チャウカ⟧ [ʧəukɐ] 《異》 *n.* 100本の糸をより合わせたもの ☞ಚೌಕ (cauka)

ಚಉರ ⟦caura チャウラ⟧ [ʧəurɐ] ಚವಲ, ಚವುರ, ಚವುಲ, ಚೌರ 《古》 *n.* = ಚಾಮರ (cāmara) ☞ಚವರ (cavara)

ಚಕಚಕ ⟦cakacaka チャカチャカ⟧ [ʧəkəʧəkɐ] *adv.* 1 (言葉や仕事を)すばやく、さっさと、かいがいしく ¶ ಪಾರ್ವತಿ ಯಾವಾಗಲೂ ಚಕಚಕ ಕೆಲಸ ಮಾಡುತ್ತಾಳೆ. (pārvati yāvāgalū cakacaka kelasa māḍuttāḷe.) パールヴァティーはいつもさっさと仕事をする。 2 きらきら、ぴかぴか [Ka.onom.]

ಚಕಚಕಿತ ⟦cakacakita チャカチャキタ⟧ [ʧəkəʧəkĭta] 《文》 *adj.* 輝く、きらきらする [onom. + *-ita*]

ಚಕಬಂದಿ ⟦cakabaṃdi チャカバンディ⟧ [ʧəkəbəndi] ಚಕ್ಕುಬಂದಿ, ಚಕ್ಬಂದಿ *n.* 農地などの境界を定めること、境界を石などによって示すこと [M. *cakăbaṃdī*, *cakă* < Sk. *cakra-* + Pe. *bandī*]

ಚಕಮಕಿ ⟦cakamaki チャカマキ⟧ [ʧəkəməki] ಚಕಮುಕಿ, ಚಕ್ಕಮಕ್ಕಿ, ಚಕ್ಕಮುಕ್ಕಿ *n.* 1 火打ち石 2 〔喩〕口論、いさかい、小競り合い、(小規模の)衝突 [Tk. *çaqmaq*]

ಚಕಮಕಿಕಲ್ಲು ⟦cakamakikallu チャカマキカッル⟧ [ʧəkəmə kikəllu] *n.* 火打ち石 [+ *kallu*]

ಚಕಮುಕಿ ⟦cakamuki チャカムキ⟧ [ʧəkəmuki] *n.* 火打ち石 [Tk. *çaqmaq*] ☞ಚಕಮಕಿ (cakamaki)

ಚಕಳಗುಳಿ ⟦cakaḷaguḷi チャカラグリ⟧ [ʧəkəɭəguɭi] 《‡》 *n.* くすぐること、くすぐり (*My.* (*Kitt.*)) [Ka. D2274]

ಚಕಾರ ⟦cakāra チャカーラ⟧ [ʧəkɐːrɐ] *n.* カンナダその他のインド系文字体系において音素 /ca/ を表す文字 [Sk.]

ಚಕಿತ ⟦cakita チャキタ⟧ [ʧəlitɐ] *adj.*, *mf* 驚いた〈人〉、びっくりした〈人〉, ぎょっとした〈人〉¶ ಕಳ್ಳರ ತಂಡದಲ್ಲಿ ತನ್ನ ಮಗನನ್ನು ನೋಡಿ ಪೋಲೀಸ್ ಚಕಿತನಾಗಿ ನಿಂತ. (kaḷḷara taṃḍadalli tanna maganannu nōḍi pōlīs cakitanāgi nimta.) 警官は泥棒たちの中に自分の息子を見つけて呆然と立ちすくんだ。 [Sk.]

ಚಕ್ಕಂದ ⟦cakkaṃda チャッカンダ⟧ [ʧəkkəndɐ] *n.* (恋人たちの)甘い語らい、ふざけ合い ◇ *vi.* ಚಕ್ಕಂದವಾಡು, ಚಕ್ಕಂದ ಹೊಡೆ (cakkaṃdavāḍu, cakkaṃda hoḍe) (恋人たちが)戯れ合う、じゃれ合う [Ka. D2269]

ಚಕ್ಕಡಿ ⟦cakkaḍi チャッカディ⟧ [ʧəkkəḍi] *n.* 二輪の牛車 [⇒図] [M. *cʰakăḍā*, *H. cʰakăṛā*]

ಚಕ್ಕಡಿ 牛車

ಚಕ್ಕಣ ⟦cakkaṇa チャッカナ⟧ [ʧəkkŏɳɐ] 《古》 *n.* 1 見ること、外見 2 酒の肴 (*Pb.4.87*) [Sk. *cakṣaṇa-*]

ಚಕ್ಕನೆ ⟦cakkane チャッカネ⟧ [ʧəkkŏne] 《古》 *adv.* 1 直ちに、すぐさま ¶ ಕೂಗಿದಾಗ ಅವನು ಚಕ್ಕನೆ ಎದ್ದ. (kūgidāga avanu cakkane edda.) 彼は呼んだらすぐ起きた。 2 すばやく ¶ ಅವನು ಅಂಗಡಿಗೆ ಹೋಗಿ ಚಕ್ಕನೆ ಬಂದನು. (avanu aṃgaḍige hōgi cakkane baṃdanu.) 彼は店へ行ってすばやく帰ってきた。 [Ka. D2499] = ಚಟಕ್ಕನೆ (= caṭakkane)

ಚಕ್ಕಮಕ್ಕಿ ⟦cakkamakki チャッカマッキ⟧ [ʧəkkŏməkki] 《異》 *n.* 火打ち石 [Tk. *çaqmaq*] ☞ಚಕಮಕಿ (cakamaki)

ಚಕ್ಕಮುಕ್ಕಿ ⟦cakkamukki チャッカムッキ⟧ [ʧəkkŏmukki] 《異》 *n.* 火打ち石 [Tk. *çaqmaq*] ☞ಚಕಮಕಿ (cakamaki)

ಚಕ್ಕಲಗುಲಿ ⟦cakkalaguli チャッカラグリ⟧ [ʧəkkŏləguli] *n.* くすぐること [Ka. *D2274] ☞ಚಕ್ಕಲಗುಳಿ (cakkalaguḷi)

ಚಕ್ಕಲಗುಳಿ ⟦cakkalaguḷi チャッカラグリ⟧ [ʧəkkŏləguɭi] ಚಕ್ಕಲಗುಲಿ, ಚಕ್ಕಳಗುಳಿ, ಚಕ್ಕಳಿಗುಳಿ, ಚಕ್ಕುಲಗುಲಿ, ಚಕ್ಕುಳಿಗುಳಿ, ಚೆಕ್ಕುಲಗುಲಿ *n.* くすぐること ◇ *vi.* —ಇಡು, ಮಾಡು (iḍu, māḍu) [Ka. D2274] = ಚಕಳಗುಳಿ (cakaḷaguḷi)

ಚಕ್ಕಲಿ ⟦cakkali チャッカリ⟧ [ʧəkkŏli] *n.* ☞ಚಕ್ಕುಲಿ (cakkuli)

ಚಕ್ಕಳ[1] ⟦cakkaḷa チャッカラ⟧ [ʧəkkŏɭɐ] ಚಕ್ಕುಲ 《方》 *n.* 籐(とう)で編んだ長い小型の背のない長椅子 [⇒図] [Ka. D2270]

ಚಕ್ಕಳ 籐椅子

ಚಕ್ಕಳ[2] ⟦cakkaḷa チャッカラ⟧ [ʧəkkŏɭɐ] *n.* (人や動物の)皮膚、剥いだ皮、なめした皮 [Ka. D2272]

ಚಕ್ಕಳಗುಳಿ ⟦cakkaḷaguḷi チャッカラグリ⟧ [ʧəkkəɭəguɭi] *n.* くすぐること [Ka. D2274] = ಚಕ್ಕಲಗುಳಿ (cakkalaguḷi)

ಚಕ್ಕಳಬಕ್ಕಳ ⟦cakkaḷabakkaḷa チャッカラバッカラ⟧ [ʧəkkə ɭŏbəkkŏɭɐ] *n.* ☞ಚಕ್ಕಳಮಕ್ಕಳ (cakkaḷamakkaḷa)

ಚಕ್ಕಳಮಕ್ಕಳ ⟦cakkaḷamakkaḷa チャッカラマッカラ⟧ [ʧə kkŏɭəməkkŏɭɐ] *n.* あぐら、あぐらをかくこと [*cakkaḷa* <? + echo]

ಚಕ್ಕಳಿಗುಳಿ ⟦cakkaḷiguḷi チャッカリグリ⟧ [ʧəkkəɭiguɭi] *n.* くすぐること [Ka. *D2274] ☞ಚಕ್ಕಲಗುಳಿ (cakkalaguḷi)

ಚಕ್ಕಟಿ ⟦cakkaṛi チャッカリ⟧ [ʧəkkə̆ɭi] 《古》 *vi.* 《過去語幹 cakkaṛid-》ぺちゃんこになる [Ka. D2271]

ಚಕ್ಕು[1] ⟦cakku チャック⟧ [ʧəkku] *n.* 木の切れ端 ☞ಚೆಕ್ಕು (cekku)[1], ಸೆಕ್ಕೆ (sekke)[1]

ಚಕ್ಕು[2] ⟦cakku チャック⟧ [ʧəkku] *n.* ☞ಚೆಕ್ಕು (cekku)[2]

ಚಕ್ಕು[3] ⟦cakku チャック⟧ [ʧəkku] *n.* ☞ಚೆಕ್ಕು (cekku)[3]

ಚಕ್ಕು[4] ⟦cakku チャック⟧ [ʧəkku] *n.* ☞ಚೆಕ್ಕು (cekku)[4]

ಚಕ್ಕುಲಗುಲಿ ⟦cakkulaguli チャックラグリ⟧ [ʧəkkŭləguli] 《異》 *n.* くすぐること [Ka. *D2274] ☞ಚಕ್ಕಲಗುಳಿ (cakkalaguḷi)

ಚಕ್ಕುಲಗಿಲಿ ⟦cakkulagili チャックラギリ⟧ [ʧəkkŭləgili] 《異》 *n.* くすぐること [Ka. *D2274] ☞ಚಕ್ಕಲಗುಳಿ (cakkalaguḷi)

ಚಕ್ಕುಬಂದಿ ⟦cakkubaṃdi チャックバンディ⟧ [ʧəkkŭbəndi] *n.* [M. *cakăbaṃdī*] ☞ಚಕಬಂದಿ (cakabaṃdi)

ಚಕ್ಕುಲಿ ⟦cakkuli チャックリ⟧ [ʧəkkŭli] ಚಕ್ಕಲಿ, ಚೆಕ್ಕುಲಿ *n.* 米や豆の粉に塩やゴマ、クミンなどのスパイスで味をつけてこねてギーで揚げた(紐を 3 回くらい巻いたような)環状の菓子 [Sk. **cakralikā*-?]

ಚಕ್ಕುಳಿ ⟦cakkuḷi チャックリ⟧ [ʧəkkuɭi] 《異》 *n.* [Sk. **cakralikā*-?] ☞ಚಕ್ಕುಲಿ (cakkuli)

ಚಕ್ಕುಳಿಗುಳಿ ⟦cakkuḷiguḷi チャックリグリ⟧ [ʧəkkŭɭiguɭi] 《異》 *n.* くすぐること [Ka. *D2274] ☞ಚಕ್ಕಲಗುಳಿ (cakkalaguḷi)

ಚಕ್ಕೆ ⟦cakke チャッケ⟧ [ʧəkke] *n.* **1** 木の裂片(通常小さな火をおこすために用いる) **2** (皮膚に刺さる)小さな木の裂片、刺 [Ka. D2748] ☞ಸೆಕ್ಕೆ (sekke)

ಚಕ್ಬಂದಿ ⟦cakbaṃdi チャクバンディ⟧ [ʧəkbəndi] *n.* [M. *cakăbaṃdī*] ☞ಚಕಬಂದಿ (cakabaṃdi)

ಚಕ್ರ ⟦cakra チャクラ⟧ [ʧəkˑrɐ] *n.* **1** 輪、車輪 **2** 円、円盤 **3** (飛び道具としての)円盤 **4** ヴィシュヌ神の武器、スダルシャナという名の円盤 [Sk.]

ಚಕ್ರಗೋಷ್ಠಿ ⟦cakragōṣṭʰi チャクラゴーシュティ⟧ [ʧəkrə̆goːʂʈʰi] 《文》 *n.* 円卓会議 [Sk.]

ಚಕ್ರದೃಶ್ಯ ⟦cakradṛśya チャクラドゥルシュヤ⟧ [ʧəkrə̆drɯʃjɐ] 《文》 *n.* 円形パノラマ [Sk.]

ಚಕ್ರಧರ ⟦cakradʰara チャクラダラ⟧ [ʧəkrədʰərɐ] 《文》 *m.* 《*f.* *ಚಕ್ರಧರೆ (*cakradʰare)》 **1** ヴィシュヌ神の別名 **2** 帝王 [Sk.]

ಚಕ್ರಬಂಧ ⟦cakrabaṃdʰa チャクラバンダ⟧ [ʧəkrəbəndʰɐ] 《文》 **1** 詩節を円形に並べた詩 **2** クロスワード・パズル **3** ヴィーナーを弾く一つの方法

ಚಕ್ರಬಡ್ಡಿ ⟦cakrabaḍḍi チャクラバッディ⟧ [ʧəkˑrəbəɖɖi] 《文》 *n.* 複利 [*cakra* + *baḍḍi*]

ಚಕ್ರವರ್ತಿ ⟦cakravarti チャクラヴァルティ⟧ [ʧəkrə̆vərti] *m.* 《*f.* ಚಕ್ರವರ್ತಿನಿ (cakravartini)》皇帝、帝王 [Sk.]

ಚಕ್ರವರ್ತಿನಿ ⟦cakravartini チャクラヴァルティニ⟧ [ʧəˑkrə̆vərtini] *f.* 《*m.* ಚಕ್ರವರ್ತಿ (cakravarti)》 **1** 皇妃、皇帝の正室 **2** 女性の皇帝、女皇帝 [Sk.]

ಚಕ್ರವಾಕ ⟦cakravāka チャクラヴァーカ⟧ [ʧəkˑrəvɐːkɐ] 《文》 *n.* チャクラヴァーカ鳥(ガンの一種、この鳥のつがいは、昼間は一緒に飛ぶが、夜は離れて過ごしながら相手を恋しがって泣くと信じられている) [Sk.]

ಚಕ್ರವ್ಯೂಹ ⟦cakravyūha チャクラヴィユーハ⟧ [ʧəkˑrəvjuːhɐ] *n.* 円形の陣 [Sk.]

ಚಕ್ರಾಧಿಪತ್ಯ ⟦cakrādʰipatya チャクラーディパティャ⟧ [ʧəkˑrɐːdʰipətˑjɐ] 《文》 *n.* 帝国 [Sk.]

ಚಕ್ರಾಯುಧ ⟦cakrāyudʰa チャクラーユダ⟧ [ʧəkˑrɐːjudʰɐ] 《文》 *n.* 円盤、ヴィシュヌ神の武器 —*m.* 円盤を武器とする者、ヴィシュヌ神 [Sk.]

ಚಕ್ಲಿ ⟦cakli チャクリ⟧ [ʧəkli] 《‡》 *n.* タマリンドの一種 [Ka. D2273] (*St.& Pl.* (*Kitt.*)) = ಸೀಮೆ ಹುಣಸೆಮರ (sīme huṇasemara)

ಚಕ್ಷಣ ⟦cakṣaṇa チャクシャナ⟧ [ʧəkʂəɳɐ] 《文》 *n.* **1** 見えること、見ること **2** 酒の肴 [Sk.]

ಚಕ್ಷು ⟦cakṣu チャクシュ⟧ [ʧəkʂu] 《文》 *n.* 目 [Sk.]

ಚಕ್ಷುಃಪ್ರೀತಿ ⟦cakṣuḥprīti チャクシュップリーティ⟧ [ʧəkʂuppriːti] 《文》 *n.* 一目惚れ [Sk.]

ಚಕ್ಷೂರಾಗ ⟦cakṣūrāga チャクシューラーガ⟧ [ʧəkʂuːrɐːgɐ] 《文》 *n.* 一目惚れ [Sk.]

ಚಗಚೆ ⟦cagace チャガチェ⟧ [ʧəgə̆ʧe] ಚಗಚ್ಚೆ ಚಗತೆ, ಚೊಗಚೆ *n.* センナの一種の薬草 [Ka. D3003]

ಚಗಚ್ಚೆ ⟦cagacce チャガッチェ⟧ [ʧəgə̆ʧʧe] ಚಗಚ್ಚೆ ಚಗತೆ, ಚೊಗಚೆ 《口》 *n.* [Ka. *D3003] ☞ಚಗಚೆ (cagace)

ಚಚ್ಚರ ⟦caccara チャッチャラ⟧ [ʧəʧʧə̆rɐ] ಚೆಚ್ಚರ, ಚೆಚ್ಚರು 《文》 *n.* **1** 敏活、活発、敏速、機敏 **2** 用心深いこと、警戒、油断がないこと [Ka. D2352(b) cf. Sk. *satvara*-]

ಚಚ್ಚರಿಗ ⟦caccariga チャッチャリガ⟧ [ʧəʧcərĭgɐ] 《文》 *n.* 敏活な人、活発な人、きびきびした人 [Ka. D2352(b) cf. Sk. *satvara*-]

ಚಚ್ಚು ⟦caccu チャッチュ⟧ [ʧəʧu] ಚೆಚ್ಚು *vt.* **1** 打ちすえる、連続的に殴る ¶ ಅವಳು ತಲೆಚಚ್ಚಿಕೊಂಡು ಅತ್ತಳು. (avaḷu talecaccikoṃḍu attaḷu.) 彼女は自分の額を打ちながら泣いた。 **2** 〈ココナツを〉叩き割る [Ka. D2322]

ಚಜ್ಜ ⟦cajja チャッジャ⟧ [ʧəʤʤɐ] ಚೆಜ್ಜ ಛಜ್ಜ *n.* 軒(のき) [H. *cʰajjā* T5023.1]

ಚಜ್ಜೆ ⟦cajje チャッジェ⟧ [ʧəʤʤe] *n.* トウジンビエ(イネ科) [Ka. D2290] ☞ಸೆಜ್ಜೆ (sejje)

ಚಟ್ ⟦caṭ チャト⟧ [ʧəʈ] (*n.*) **1** めりっ、ばりっ(木などが急に裂ける音などをまねる擬音語) ¶ ನಾನು ಕುಳಿತುಕೊಂಡಾಗ ಕುರ್ಚಿ ಚಟ್ಟೆಂದು ಮುರಿಯಿತು. (nānu kuḷitukoṃḍāga kurci caṭṭeṃdu muriyitu.) 私が椅子に座った時椅子がめりっと折れた。 **2** ぽん(火にかけられた壺がはじける音を表す擬音語) **3** ぱちっ、ぴしゃり(鞭などで打つ音を表す擬音語) [Ka.onom. D2296]

ಚಟ ⟦caṭa チャタ⟧ [ʧəʈɐ] *n.* (酒や麻薬などの)常用癖、依存症 [?]

ಚಟಕ್ ⟦caṭak チャタク⟧ [ʧəʈək] (*n.*) さっと(直ちに、すぐさま、突然などの意味を表す擬態語) [Ka. mim. *D2295]

ಚಟಕ್ಕನೆ ⟦caṭakkane チャタッカネ⟧ [ʧəʈəkkə̆ne] *adv.* 直ちに、すぐさま ¶ ನಾನು ಕೂಗಿದಾಗ ಅವನು ಚಟಕ್ಕನೆ ಎದ್ದು ಬಂದ. (nānu kūgidāga avanu caṭakkane eddu baṃda.) 私が呼んだ時、彼はすぐさま起き上がってやってきた。 [Ka. D2295] = ಚಕ್ಕನೆ (cakkane)

ಚಟಕು ⟦caṭaku チャタク⟧ [ʧəʈəku]?? ಚಟುಕು (*n.*) ぱちっ(指を鳴らす音などを表す擬音語) —*adv.* (鞭などで)ぴしゃりと [Ka. onom. D2296]

ಚಟಚಟ ⟦caṭacaṭa チャタチャタ⟧ [ʧəʈə̆ʧəʈɐ] (*n.*) ぱちぱち(フライパンの上のトウモロコシなどがはじける音を表す擬音語) [Ka.onom. D2296]

ಚಟಪಟ ⟦caṭapaṭa チャタパタ⟧ [ʧəʈə̆pəʈɐ] (*n.*) ぱちぱち (フライパンの上でトウモロコシなどがはじける音を表す擬態語) —*adv.* さっさと、かいがいしく(仕事などをすばやく片付けるありさまを表す擬態語) ¶ ಅವಳು ಚಟಪಟ ಕೆಲಸ ಮಾಡಿ ಮುಗಿಸಿದಳು. (avaḷu caṭapaṭa kelasa māḍi mugisidaḷu.) 彼女はさっさと仕事を片付けた。 [Ka. mim.,onom. D2296]

ಚಟಲ್ ⟦caṭal チャタル⟧ [ʧəʈəl] (*n.*) ぱちっ、ぴしゃり (鞭などで打つ音をを表す擬音語) [Ka. onom. D2296]

ಚಟಲ್ಲನೆ ⟦caṭallane チャタッラネ⟧ [ʧəʈəllə̆ne] *adv.* (鞭などで)ぱちんと [Ka. onom. *caṭal* D2296 + *ane*]

ಚಟವಟ ⟦caṭavaṭa チャタヴァタ⟧ [ʧəʈə̆vəʈɐ] ಚಟುವಟ《古》(*n.*) 機敏な動きやきびきびとした動きやすばしこい動きを表す擬態語 —*adv.* 機敏に、きびきびと、すばしこく [Ka. mim. < *caṭapaṭa*]

ಚಟವಟಿಕೆ ⟦caṭavaṭike チャタヴァティケ⟧ [ʧəʈə̆vəʈĭke] *n.* 1 機敏であること、すばしこいこと、きびきびしていること 2 活動 ☞ಚಟುವಟಿಕೆ (caṭuvaṭike) [Ka. *caṭavaṭa* + *-ike*]

ಚಟಾಕಿ ⟦caṭāki チャターキ⟧ [ʧəʈɐːki] *n.* 爆竹 ◇ *vi.* —ಹಚ್ಚು (haccu) 爆竹を鳴らす [H. *caṭākā*]

ಚಟಿಕೆ ⟦caṭike チャティケ⟧ [ʧəʈĭke] 《古》 *n.* 小型で広口の土製の壺 [Ka. *D2306, cf. T4736, T4738, T4739] = ಚಟ್ಟಿಗೆ (caṭṭige)

ಚಟಿಗೆ ⟦caṭige チャティゲ⟧ [ʧəʈĭge] 《古》 *n.* 小型で広口の土製の壺 [⇒図] [Ka. D2306, cf. T4736, T4738, T4739] = ಚಟ್ಟಿಗೆ (caṭṭige)

ಚಟಿಗೆ 広口壺

ಚಟಿಲ್ ⟦caṭil チャティル⟧ [ʧəʈil] (*n.*) ぴしっ(細い鞭などで打つ音を表す擬音語) [Ka. onom. D2296]

ಚಟೀರನೆ ⟦caṭīrane チャティーラネ⟧ [ʧəʈiːrə̆ne] *adv.* (鞭などで)ぴしゃりと [Ka. D2296]

ಚಟುಕು ⟦caṭuku チャトゥク⟧ [ʧəʈukŭ] (*n.*) [Ka. onom. D2296] ☞ಚಟಕು (caṭaku)

ಚಟುಲ ⟦caṭula チャトゥラ⟧ [ʧəʈulɐ] 《文》 *adj.* 1 揺れる、振動する、不安定な 2 (少女や子どもなどの魅力的な)活発さ [Sk. ←Dr.] = ಚಂಚಲ (caṃcala)

ಚಟುಲತೆ ⟦caṭulate チャトゥラテ⟧ [ʧəʈulə̆te] 《文》 *n.* 1 (少女などが)活発なこと、すばやく動くこと 2 心などが活発に動くこと (少女や子どもの魅力の一つ) [Sk. caṭula + *-te*]

ಚಟುಲಿತ ⟦caṭulita チャトゥリタ⟧ [ʧəʈulitɐ] 《文》 *adj.* 揺れた [Sk.]

ಚಟುವಟ ⟦caṭuvaṭa チャトゥヴァタ⟧ [ʧəʈŭvəʈɐ] 《古》 (*n.*) 機敏な動きやすばしこい動きやきびきびとした動きを表す擬態語 ☞ಚಟವಟ (caṭavaṭa) [Ka. mim. < *caṭapaṭa*]

ಚಟುವಟಿಕೆ ⟦caṭuvaṭike チャトゥヴァティケ⟧ [ʧəʈŭvəʈĭke] ಚಟವಟಿಕೆ *n.* 1 機敏、活発、すばしこいこと ¶ ಈ ಆಫೀಸಿನಲ್ಲಿ ಎಲ್ಲರೂ ಚಟುವಟಿಕೆಯಿಂದ ಕೆಲಸ ಮಾಡುತ್ತಾರೆ. (ī āpʰīsinalli ellarū caṭuvaṭikeyiṃda kelasa māḍuttāre.) この事務所では誰もが機敏に仕事をする。 2 仕事、活動 ¶ ಚುನಾವಣೆ ಬಂದದ್ದರಿಂದ ಪಕ್ಷದಲ್ಲಿ ತೀವ್ರ ಚಟುವಟಿಕೆ ನಡೆಯುತ್ತಿದೆ. (cunāvaṇe baṃdaddariṃda pakṣadalli tīvra caṭuvaṭike naḍeyuttide.) 選挙が近づいたので党では慌ただしい活動がなされている。 [Ka., mim. + *-ike*]

ಚಟೂಕ್ತಿ ⟦caṭūkti チャトゥークティ⟧ [ʧəʈuːkti] *n.* [Sk.] ☞ಚಾಟೂಕ್ತಿ (cāṭūkti)

ಚಟೆಕಾರ ⟦caṭekāra チャテカーラ⟧ [ʧəʈekɐːrɐ] 《古》 *m.* 《*f.* ಚಟ್ಟೆಕಾರ್ತಿ (caṭṭekārti)》アングロ・インディアン、イギリス人とインド人女性の混血のキリスト教徒の共同体 [Ka.]

ಚಟ್ಟ[1] ⟦caṭṭa チャッタ⟧ [ʧəʈʈɐ] *n.* 1 車や寝台の枠組み 2 棺架 [Pk. Ka. D2304]

ಚಟ್ಟ[2] ⟦caṭṭa チャッタ⟧ [ʧəʈʈɐ] ಚಟ್ಟೆ[2] (*n.*) 平べったい〈こと〉 [Ka. 2308]

ಚಟ್ಟ[3] ⟦caṭṭa チャッタ⟧ [ʧəʈʈɐ] 《口》 *n.* 油や茶などを漉した後のかす [Ka. D2317 < *caraṭa*] ☞ಚರಟ (caraṭa)

ಚಟ್ಟ[4] ⟦caṭṭa チャッタ⟧ [ʧəʈʈɐ] ಚಟ್ಟು 《古》 *m.* 《*f.* ಛಾತ್ರಿ (cʰātri)》門弟、弟子 [Sk. *chātra-*]

ಚಟ್ಟಣಿ ⟦caṭṭaṇi チャッタニ⟧ [ʧəʈʈə̆ɳi] *n.* [M. *caṭăṇī* *C4573] ☞ಚಟ್ನಿ (caṭni)

ಚಟ್ನಿ ⟦caṭni チャトニ⟧ [ʧəʈɳi] ಚಟ್ಟಣಿ *n.* トウガラシやココナツや塩などで作った辛いソース (様々なインド料理にかけて食する) [M. *caṭăṇī* *C4573]

ಚಟ್ಟನೆ ⟦caṭṭane チャッタネ⟧ [ʧəʈʈə̆ne] *adv.* 直ちに、すぐさま ¶ ಮಾಮ ಬಂದು ಚಟ್ಟನೆ ಹೋದ. (māma baṃdu caṭṭane hōda.) おじはうちへやってきてすぐさま帰っていった。 [Ka. D2499] = ಚಕ್ಕನೆ (cakkane)

ಚಟ್ಟಿ ⟦caṭṭi チャッティ⟧ [ʧəʈʈi] ಚಟಿ, ಚೆಟ್ಟಿ ಸಟ್ಟಿ 《文》 *n.* 小型で広口の土製の壺 [Ka. D2306] = ಚಟಿಗೆ (caṭige)

ಚಟ್ಟಿಗೆ ⟦caṭṭige チャッティゲ⟧ [ʧəʈʈĭge] ಚಟಿಕೆ, ಚಟಿಗೆ *n.* 料理やバターなどを入れる小型で広口の土製の壺

[Ka. D2306, T4736, T4738, T4739] = ಚಟ್ಟಿ (caṭṭi)

ಚಟ್ಟು[1] ⟦caṭṭu チャットゥ⟧ [ʧəʈʈu] *n.* 1 四角いほろ、長方形の枠に布を張った構造物（籠やゆりかごの上に掛ける） 2 車の四角い台 [Ka. D2304]

ಚಟ್ಟು[2] ⟦caṭṭu チャットゥ⟧ [ʧəʈʈu] 《文》(*n.*) 破壊〈の〉、破滅〈の〉 [Ka. D2307]

ಚಟ್ಟು[3] ⟦caṭṭu チャットゥ⟧ [ʧəʈʈu] (*n.*) 平べったい〈こと〉、ぺちゃんこな〈こと〉 [Ka. D2308]

ಚಟ್ಟು[4] ⟦caṭṭu チャットゥ⟧ [ʧəʈʈu] 《古》 *m.* 《*f.* ಛಾತ್ರಿ (cʰātri)》門弟、弟子 [Sk. *chātra-*] ☞ಚಟ್ಟ (caṭṭa)

ಚಟ್ಟು[5] ⟦caṭṭu チャットゥ⟧ [ʧəʈʈu] *n.* ユカン（アンマロク、小型で丸くて酸っぱい実）の種を除いて刻んで干した嗜好品 [?]

ಚಟ್ಟು[6] ⟦caṭṭu チャットゥ⟧ [ʧəʈʈu] *n.* 排便や月経や死体への接触などから生じる不浄 (*Kitt.*) [?] = ಮೈಲಿಗೆ, ಮುಟ್ಟು (mailige, muṭṭu)

ಚಟ್ಟೆ[1] ⟦caṭṭe チャッテ⟧ [ʧəʈʈe] (*n.*) 平べったい〈こと〉 [Ka. *D2308]

ಚಟ್ಟೆ[2] ⟦caṭṭe チャッテ⟧ [ʧəʈʈe] 《口》 *n.* ヨーロッパ風のシャツ [*Ka. D2310*]

ಚಟ್ಟೆಕಾರ ⟦caṭṭekāra チャッテカーラ⟧ [ʧəʈʈekɐːrɐ] 《古》 *m.* 《*f.* ಚಟ್ಟೆಕಾರ್ತಿ (caṭṭekārti)》 [Ka. *caṭṭe* + *-kāra*] ☞ಚಟ್ಟೆಗಾರ (caṭṭegāra)

ಚಟ್ಟೆಗಾರ ⟦caṭṭegāra チャッテガーラ⟧ [ʧəʈʈegɐːrɐ] ಚಟೆಕ-ರ, ಚಟ್ಟೆಕಾರ 《古》 *m.* 《*f.* ಚಟ್ಟೆಗಾತಿ (caṭṭegāti)》アングロ・インディアン、イギリス人とインド人女性の混血のキリスト教徒の共同体に属する人 [*Ka. caṭṭe* + *-gāra*]

ಚಟ್ನಿ ⟦caṭni チャトニ⟧ [ʧəʈni] *n.* チャツネ（チャトゥニー、トウガラシ、ココナツ、塩などで作った辛いソースのようなもので、様々なインド料理に合わせて食べる） [H. *caṭnī* *C4573]

ಚಟ್ನಿ ಅರೆಯುವ ಕಲ್ಲು
チャツネすり石

ಚಟ್ನಿ ಅರೆಯುವ ಕಲ್ಲು ⟦caṭni areyuva kallu チャトニアレユヴァカッル⟧ [ʧəʈni arejuvə kəllu] *n.* チャツネすり石（長方形の平たい石の台座と円筒形の石のすり棒からなり、野菜やココナツと香辛料をつぶしてチャツネを作る）[⇒図] [+ *areyuva kallu*]

ಚಟ್ನಿ ಮಾಡು ⟦caṭni māḍu チャトニマードゥ⟧ [ʧəʈni mɐːɖu] *vt.* 1 ぺちゃんこに押しつぶして殺す 2 〔喩〕 完全にやっつける ¶ ಇಂದಿರಾ ಗಾಂಧಿ ಮೊರಾರಜಿ ದೇಸಾಯಿಯನ್ನು ಚಟ್ನಿ ಮಾಡಿದರು. (iṃdirā gāṃdʰi morāraji dēsāyiyannu caṭni māḍidaru.) インディラー・ガーンディーはモーラールジー・デーサーイーをねじ伏せた。 [+ *māḍu*]

ಚಡಪಡಿಸು ⟦caḍapaḍisu チャダパディス⟧ [ʧəɖə̆pəɖi̯su] *vi.* 1（気が）落ち着かない、そわそわする、いてもたってもいられない。 ¶ ಹೇಳಿದ ಸಮಯಕ್ಕೆ ತಂದೆ ಮನೆಗೆ ಬರದಿದ್ದಾಗ ನನ್ನ ಮನಸ್ಸು ಚಡಪಡಿಸುತ್ತದೆ. (hēḷida samayakke taṃde manege baradiddāga nanna manassu caḍapaḍisu-ttade.) 息子が家に帰るはずの時間に帰って来ない時、私はいてもたってもいられなくなる。 2（今か今かと）じりじりする ¶ ನಾವು ರೈಲಿಗಾಗಿ ಚಡಪಡಿಸಿ ಕಾಯುತ್ತಿದ್ದೆವು. (nāvu railigāgi caḍapaḍisi kāyuttiddevu.) 我々は今か今かと列車を待っていた。 [onom.]

ಚಡಾವು
先反り靴

ಚಡಾವು ⟦caḍāvu チャダーヴ⟧ [ʧəɖɐːvu] ಛ-ಡಾವು *n.* かつてイスラーム教徒が好んで用いたつま先の反り上がった靴 [⇒図] [M.*caḍʰāvā* *C4578?]

ಚಡಿ ⟦caḍi チャディ⟧ [ʧəɖi] ಛಡಿ *n.* 1 竹や籐(とう)などの細い茎 2 竹や籐などの細い茎で作った鞭や杖 3（一般に）鞭、杖 [M. *cʰaḍī*]

ಚಡಿಯೇಟು ⟦caḍiyēṭu チャディエートゥ⟧ [ʧəɖijeːʈu] *n.* 鞭で打つこと [+ *ēṭu*]

ಚಣಕ
半長ズボン

ಚಡ್ಡಿ ⟦caḍḍi チャッディ⟧ [ʧəɖɖi] ಚೆಡ್ಡಿ *n.* 通常男性が下着として用いる短いパンツ [Ka. D2379]

ಚಣ ⟦caṇa チャナ⟧ [ʧəɳɐ] 《古》 *n.* 瞬間 [Sk. *kṣaṇa-*] = ಕ್ಷಣ (kṣaṇa)

ಚಣಕ ⟦caṇaka チャナカ⟧ [ʧəɳə̆kɐ] 《古》 *n.* 膝の真ん中まで達する半長のズボン [⇒図] [Ka. D2379]

ಚಣಗೆ ⟦caṇage チャナゲ⟧ [ʧəɳə̆ge] ಚಣಂಗ, ಚಣಂಗಿ, ಚಣಗ, ಚಣಗಿ, ಚಣೆಗಿ, ಚನ್ನಂಗಿ, ಚಾಣಂ-ಗಿ 《古》 *n.* ヒヨコマメ [Pk. *caṇā-* < Sk. *caṇaka*] ಕಡಲೆ (kaḍale)

ಚಣಿಲ ⟦caṇila チャニラ⟧ [ʧəɳilɐ] 《方》 *n.* リス (*Bark.*) [Ka. D2315]

ಚಣ್ಣ ⟦caṇṇa チャンナ⟧ [ʧəɳɳɐ] ಚೆಣ್ಣ 《口》 *n.* 通常男性が下着として用いる短いパンツ [Ka. D2379] (*C.* (*Kitt.*))

ಚತುರಂಗಬಲ ⟦caturaṃgabala チャトゥランガバラ⟧ [ʧəturəŋgəbəlɐ] 《文》 *n.* 象兵、戦車兵、騎兵および歩兵からなる全装備の軍隊 [Sk.] = ಚತುರ್ಬಲ (caturbala)

ಚತುಃಪದ ⟦catuḥpada チャトゥッパダ⟧ [ʧətuppədɐ] ಚ-ತುಷ್ಪದ 《文》 *n.* 1 4行詩の一種 2 四足獣 [Sk.]

ಚತುಪ್ಪದ ⟦catuppada チャトゥッパダ⟧ [ʧətuppədɐ] 《文》 *n.* [Sk.] ☞ಚತುಃಪದ (catuḥpada)

ಚತುರಂಗ ⟦caturaṃga チャトゥランガ⟧ [ʧəturəŋgɐ] *n.* 1 チェス、西洋将棋 2 軍隊の4部門（戦車隊、象隊、騎兵隊、歩兵隊） [Sk.]

ಚತುರಂಗಬಲ ⟦caturaṃgabala チャトゥランガバラ⟧ [ʧəturəŋgə̆bəlɐ] *n.* 4部門（戦車隊、象隊、騎兵隊、歩兵隊の）を備えた軍隊 [Sk.]

ಚತುರ ⟦catura チャトゥラ⟧ [ʧəturɐ] *adj., mn.* 《*f.* ಚತುರೆ (cature)》 1 機敏な〈こと〉、敏捷〈な〉、すばやい〈こと〉 ¶ ಇದು ಚತುರ ನಡಿಗೆಯ ಕುದುರೆ. (idu catura naḍigeya kudure.) この馬は俊敏である。 2 賢い〈人〉、巧妙な〈人〉、上手な〈人〉 [Sk.]

ಚತುರೋಕ್ತಿ ⟦caturōkti チャトゥロークティ⟧ [ʧəturo:kti] 《文》 *n.* 機知に富んだ言葉、名言、即意当妙の言葉 [Sk.]

ಚತುರ್ಥಿ ⟦caturtʰi チャトゥルティ⟧ [ʧəturtʰi] *n.* **1**〔言〕与格 **2** 太陰月の白分あるいは黒分の第 4 日 [Sk.]

ಚತುರ್ದಶ ⟦caturdaśa チャトゥルダシャ⟧ [ʧəturdəʃɐ] 《文》 *numr.adj.* 14 の [Sk.]

ಚತುರ್ದಶಿ ⟦caturdaśi チャトゥルダシ⟧ [ʧəturdəʃi] *n.* 太陰月の白分あるいは黒分の第 14 日 [Sk.]

ಚತುರ್ಬಲ ⟦caturbala チャトゥルバラ⟧ [ʧəturbəlɐ] *n.* [Sk.] ☞ಚತುರಂಗಬಲ (caturaṃgabala)

ಚತುರ್ಭುಜ ⟦caturbʰuja チャトゥルブジャ⟧ [ʧəturbʰuʤɐ] *m.* **1** (4 腕の)ヴィシュヌ神 **2** 既婚者(配偶者の手と併せて手が 4 本あるから) [Sk.]

ಚತುಷ್ಕೋಣ ⟦catuṣkōṇa チャトゥシュコーナ⟧ [ʧətuʂko:ɳɐ] 《文》 *n.* 正方形、矩形 [Sk.]

ಚತುಷ್ಪದ ⟦catuṣpada チャトゥシュパダ⟧ [ʧətuʂpədɐ] 《文》 *n.* [Sk.] ☞ಚತುಷ್ಪಾದಿ (catuṣpādi)

ಚತುಷ್ಪದಿ ⟦catuṣpadi チャトゥシュパディ⟧ [ʧətuʂpədi] 《文》 *n.* 一種の 4 行詩 [Sk.] = ಚೌಪದಿ (caupadi)

ಚತುಷ್ಪಾದಿ ⟦catuṣpādi チャトゥシュパーディ⟧ [ʧətuʂpɐ:di] 《文》 *n.* 四足獣 [Sk.]

ಚತ್ವ ⟦catva チャトヴァ⟧ [ʧət·vɐ] *n.* カンナダその他のインド系文字で音素の連続 /ca/ を表す文字 [Sk.]

ಚತ್ವರ ⟦catvara チャトヴァラ⟧ [ʧətvərɐ] 《文》 *n.* 寺院などの前面に設けた祭式用の平らな土地 [Sk.]

ಚದರ ⟦cadara チャダラ⟧ [ʧəd̆ərɐ] *n.* 正方形 [Sk. *catur-aśra*]

ಚದರು ⟦cadaru チャダル⟧ [ʧəđ̆əru] ಚದುರು, ಚೆದುರು *vi.* 散らばる [Ka. *D1546]

ಚದಱು ⟦cadaṟu チャダル⟧ [ʧəđəṟu] ಚೆದಱು, ಚೆದುಱು 《‡》 *vi.* 散らばる (*Si.372* (*Kitt.*)) [Ka. D1546]

ಚದಱಿಸು ⟦cadaṟisu チャダリス⟧ [ʧəđ̆əṟisu] 《‡》 *vt.* 撒き散らす、ばらまく (*My.* (*Kitt.*)) [Ka. D1546]

ಚದಿ ⟦cadi チャディ⟧ [ʧəđi] 《方》 *n.* ペテン、詐欺 [Ka. D2323] (Hav.)

ಚದುರ ⟦cadura チャドゥラ⟧ [ʧədurɐ] 《文》 *m.* 利口な男性 [Sk.]

ಚದುರ್ ⟦cadur チャドゥル⟧ [ʧədur] 《古》 *n.* **1** 利口なこと、抜け目のないこと **2** 虚言、嘘 [Sk. *catura-*] ಚದುರು (caduru)

ಚದುರು¹ ⟦caduru チャドゥル⟧ [ʧəđŭru] *vi.* 散らばる = ಚದರು (cadaru) [Ka. *D1546]

ಚದುರು² ⟦caduru チャドゥル⟧ [ʧəđŭru] ಚದುರ್, ಚೆದು-ರು² 《文》 *n.* **1** 利口なこと、抜け目のないこと **2** 機知ある言葉 [Ka. D2327]

ಚದುರೆ ⟦cadure チャドゥレ⟧ [ʧədure] 《文》 *f.* 《*m.* ಚದುರ (cadura)》利口な女性、抜け目のない女性、賢い女性 [Sk. *caturā-*]

ಚನ್ನಂಗ ⟦cannaṃga チャンナンガ⟧ [ʧənnəŋgɐ] 《文》 *n.* [Ka. *D2595] ☞ಚನ್ನಂಗಿ (cannaṃgi)¹

ಚನ್ನಂಗಿ¹ ⟦cannaṃgi チャンナンギ⟧ [ʧənnəŋgi] ಚನ್ನಂಗ, ಚೆನ್ನಂಗಿ, ಚೆನ್ನಗೆ, ಚೌನಂಗಿ¹ 《文》 *n.* ミソハギ科の樹木(白い樹皮を持ち、材木となる) [Ka. D2595]

ಚನ್ನಂಗಿ² ⟦cannaṃgi チャンナンギ⟧ [ʧənnəŋgi] ಚೆನ್ನಂಗಿ² *n.* レンズマメ(割り豆として食用に供される桃色がかった豆の一種) [Pk. *caṇā-* ←Dr.?] = H. *masūrī dālā*

ಚನ್ನಂಗಿಬೇಳೆ ⟦cannaṃgibēḷe チャンナンギベーレ⟧ [ʧənnəŋgibe:ḷe/ʧɛnnəŋgibe:ḷe] *n.* レンズマメの割り豆 [+ *bēḷe*]

ಚನ್ನ ⟦canna チャンナ⟧ [ʧənnɐ/ʧɛnnɐ] ಚೆನ್ನ *m.* 《*f.* ಚನ್ನಿ (canni)》美男子 —(*n.*) **1** 美しい〈こと〉、きれい〈な〉¶ ವಧು (vadʰu)〈ನೋಡಲಿಕ್ಕೆ (nōḍalikke)〉 ಚನ್ನಾಗಿದ್ದಾಳೆ. (cannāgiddāḷe.) 花嫁はきれいだ。 **2** よい〈こと〉、善良〈な〉、有能〈な〉¶ ಈ ಪೆನ್ನು ಚನ್ನಾಗಿ ಬರೆಯುತ್ತದೆ. (ī pennu cannāgi bareyuttade.) このペンはよく書ける。¶ ಇವನು ಚನ್ನಾದ ಹುಡುಗ. (ivanu cannāda huḍuga.) この子はよい子だ。= ಚೆನ್ನ (cenna) [Ka. D2423]

ಚನ್ನಗೆ ⟦cannage チャンナゲ⟧ [ʧənnə̆ge/ʧɛnnə̆ge] 《‡》 *adv.* **1** きれいに (*My.* (*Kitt.*)) **2** 正しく、適当に [Ka. D2423]

ಚನ್ನಿ ⟦canni チャンニ⟧ [ʧənni/ʧənni] ಚೆನ್ನಿ *f.* 《*m.* ಚನ್ನ (canna)》美人、きれいな女性 [Ka. D2423] = ಚೆನ್ನಿ (cenni)

ಚನ್ನಿಗ ⟦canniga チャンニガ⟧ [ʧənnigɐ/ʧɛnnigɐ] ಚೆನ್ನಿಗ *m.* 《*f.* ಚನ್ನಿ, ಚನ್ನಿಗಿತ್ತಿ, ಚೆನ್ನೆ (canni, cannigitti, cenne)》 **1** 美男子 **2** 愛人、恋人 [Ka. D2423]

ಚನ್ನು ⟦cannu チャンヌ⟧ [ʧənnu/ʧənnu] ಚೆನ್ನು (*n.*) **1** 美しい〈こと〉、きれい〈な〉¶ ನಂದಾಳ ನಸುನಗೆ ಚನ್ನಾಗಿದೆ. (naṃdāḷa nasunage cannāgide.) ナンダーの微笑みは魅力的である。 **2** 適当〈な〉、ふさわしい〈こと〉、向いている〈こと〉¶ ಮರದ ಸುತ್ತಿಗೆ ಈ ಕೆಲಸಕ್ಕೆ ಚನ್ನಾಗಿದೆ. (marada suttige ī kelasakke cannāgide.) 木の槌はこの仕事に向いている。 **3** (性格が)よい〈こと〉、善良〈な〉¶ ಸುನೀಲ್ ಚನ್ನಾದ ಹುಡುಗ, ಮೋಸ ಮಾಡುವುದಿಲ್ಲ (sunīl cannāda huḍuga, mōsa māḍuvudilla.) スニールはいい子だ。騙しはしないよ。 [Ka. D2423]

ಚನ್ನೆ ⟦canne チャンネ⟧ [ʧənne/ʧɛnne] ಚೆನ್ನೆ 《文》 *f.* 《*m.* ಚನ್ನ (canna)》美人、きれいな女性 [Ka. D2423]

ಚಪ ⟦capa チャパ⟧ [ʧəpɐ] 《方》 *n.* 竹 (*Hal. 34.50*) [Ka. D2330]

ಚಪಕ್ ⟦capak チャパク⟧ [ʧəpək] (*n.*) ぴしゃり(一発の平手打ちの音を表す擬音語) [Ka. onom.]

ಚಪಚಪ ⟦capacapa チャパチャパ⟧ [ʧəpəʧəpɐ] (*n.*) びしばし(連続的に平手打ちをする時の音を表す擬音語) [Ka. onom.]

ಚಪಚಪನೆ ⟦capacapane チャパチャパネ⟧ [ʧəpəʧə̆pəne] 《文》 *adv.* びしばしと(連続的な平手打ちを表す擬音語) [+ *-ane*]

ಚಪಟೆ ⟦capaṭe チャパテ⟧ [ʧəpə̆ṭe] (*n.*) (土地などが)平たい〈こと〉、ぺちゃんこ〈な〉、(鼻などが)低

い〈こと〉[Ka. D2331] ☞ಚಪ್ಪಟೆ (cappaṭe)[1]

ಚಪರಾಶಿ ⟦caparāśi チャパラーシ⟧ [ʧəpărɐːʃi] *mf.* ☞ಚಪರಾಸಿ (caparāsi)

ಚಪರಾಸಿ ⟦caparāsi チャパラーシ⟧ [ʧəpărɐːsi] ಚಪರಾ-ಶಿ, ಚಪ್ರಾಸಿ *mf.* 制服を着た召し使い [H. *capărāsī*/M. *capărāśī* < ? cf. Pe. *čaprāst*]

ಚಪಲ ⟦capala チャパラ⟧ [ʧəpəlɐ] ಚಪಳ *adj., mn.* 《*f.* ಚಪಲೆ (capale)》 **1** 活発な〈人・こと〉、すばやい〈人・こと〉、敏捷な〈人・こと〉 **2** 移り気な〈人・こと〉、気まぐれな〈人・こと〉 ―*n.* **1** すばしこさ、敏捷さ、活発さ ¶ ಕೋತಿ ಚಪಲದ ಪ್ರಾಣಿ. (kōti capalada prāṇi.) 猿はすばしこい動物である。 **2** 移り気、気まぐれ **3** 欲望、欲求 ¶ ಅವನಿಗೆ ಕುಡಿತದ ಚಪಲ ಜಾಸ್ತಿ. (avanige kuḍitada capala jāsti.) 彼は酒を飲むことに強い欲望を持っている。 [Sk.]

ಚಪಲತೆ ⟦capalate チャパラテ⟧ [ʧəpəlŏte] 《文》 *n.* **1** 機敏さ、すばしこさ、活発さ ¶ ಹಾವಿನ ಚಪಲತೆಯೇ ಅ-ದರ ರಕ್ಷಣೆ. (hāvina capalateyē adara rakṣaṇe.) 蛇の敏捷さこそその防衛力である。 **2** 移り気、気まぐれ **3** (特定の飲み物や食べ物などに対する)特別の好み ¶ ಅಣ್ಣನಿಗೆ ಹೋಳಿಗೆ ಮೇಲೆ ಚಪಲತೆ. (aṇṇanige hōḷige mēle capalate.) 兄はとてもホーリゲが好きだ。 [Sk.] ಚಪಳತೆ (capaḷate)

ಚಪಲೆ ⟦capale チャパレ⟧ [ʧəpəle] 《文》 *f.* 浮気な女性、移り気な女性 [Sk.] ಚಪಳೆ (capaḷe)

ಚಪಳ ⟦capaḷa チャパラ⟧ [ʧəpəḷɐ] *adj., mn* 《*f.* ಚಪಲೆ (capale)》 ―*n.* ☞ಚಪಲ (capala) [Sk.]

ಚಪಳತೆ ⟦capaḷate チャパラテ⟧ [ʧəpəḷŏte] *n.* [Sk.] ☞ಚಪಲ (capala)

ಚಪಳೆ ⟦capaḷe チャパレ⟧ [ʧəpəḷe] 《文》 *f.* [Sk.] ☞ಚಪಲೆ (capale)

ಚಪಾತಿ ⟦capāti チャパーティ⟧ [ʧəpɐːti] *n.* (小麦粉で作った)薄い種なしパン [H. *capātī*, cf. Ka. *cappaṭe* *C4696「平たい」]

ಚಪ್ಪಗೆ ⟦cappage チャッパゲ⟧ [ʧəppŏge] ಸಪ್ಪಗೆ (*adj.*) **1** まずい〈こと〉、味がしない〈こと〉、スパイスが効いていない〈こと〉¶ ಕುದಿಸಿದ ನೀರು ಚಪ್ಪಗೆ ಇರುತ್ತದೆ. (kudisida nīru cappage iruttade.) 沸かした水はまずい。 **2** 緩慢な、不活発な ¶ ಮಗ ಮನೆಗೆ ಬಂದು ಸಪ್ಪಗೆ ಕುಳಿತು-ಕೊಂಡ. (maga manege baṃdu sappage kuḷitukoṃḍa.) 息子は帰宅して元気なく座り込んだ。 [Ka. D2337]

ಚಪ್ಪಟಿ ⟦cappaṭi チャッパティ⟧ [ʧəppŏṭi] (*n.*) ☞ಚಪ್ಪಟೆ (cappaṭe)[1]

ಚಪ್ಪಟೆ[1] ⟦cappaṭe チャッパテ⟧ [ʧəppŏṭe] ಚಪ್ಪಟಿ, ಚಪ್ಪಟ್ಟೆ, ಚಪ್ಪಡಿ, ಚಪ್ಪಡೆ (*n.*) (土地などが)平たい〈こと〉、平べったい〈こと〉、(鼻などが)低い〈こと〉、ぺちゃんこ〈な〉¶ ಅಪಘಾತದಲ್ಲಿ ಕಾರು ಚಪ್ಪಟೆ ಆಗಿದೆ. (apagʰātadalli kāru cappaṭe āgide.) 事故で車がぺちゃんこになっている。 [Ka. D2331]

ಚಪ್ಪಟೆ[2] ⟦cappaṭe チャッパテ⟧ [ʧəppŏṭe] 《‡》 *n.* 拍手、手を叩くこと (*My.* (*Kitt.*)) [Ka. D2335] ☞ಚಪ್ಪಳೆ (cappaḷe)

ಚಪ್ಪಟ್ಟೆ ⟦cappaṭṭe チャッパッテ⟧ [ʧəppŏṭṭe] (*n.*) ☞ಚಪ್ಪಟೆ (cappaṭe)[1]

ಚಪ್ಪಡಿ ⟦cappaḍi チャッパディ⟧ [ʧəppŏḍi] (*n.*) (土地などが)平たい〈こと〉、平べったい〈こと〉、(鼻などが)低い〈こと〉、ぺちゃんこ〈な〉 ―*n.* 石の厚板、平たく切った石 ☞ಚಪ್ಪಟೆ (cappaṭe) [Ka. cf. D2331]

ಚಪ್ಪಡಿಸು ⟦cappaḍisu チャッパディス⟧ [ʧəppəḍĭsu] *vt.* (評価したり元気づけたりするために)〈背中などを〉(軽く)叩く [Ka. *D2335] ☞ಚಪ್ಪರಿಸು (capparisu)[2]

ಚಪ್ಪಡೆ ⟦cappaḍe チャッパデ⟧ [ʧəppŏḍe] (*n.*) ☞ಚಪ್ಪಟೆ (cappaṭe) [Ka. cf. *D2331]

ಚಪ್ಪರ ⟦cappara チャッパラ⟧ [ʧəppŏrɐ] *n.* **1** ツル状の植物を這わせるための格子垣 **2** 結婚式などのために一時的に立てる小屋型の構造物 **3** 藁やココヤシの葉などで葺いた屋根 **4** 寝台の天蓋 [H. *cʰappară* T4976]

ಚಪ್ಪರಣೆ ⟦capparaṇe チャッパラネ⟧ [ʧəppərŏṇe] 《文》 *n.* 牛を止めるために農民が両唇を吸気で「ちゅっちゅっ」と鳴らすこと、またはその音 [Ka. D2334]

ಚಪ್ಪರಿಸು[1] ⟦capparisu チャッパリス⟧ [ʧəppərĭsu] *vi.* **1** 牛を止めるために両唇を吸気で「ぱっぱっ」と鳴らす **2** 舌鼓を打つ **3** 《古》(オウムが)きいきい鳴く **4** (否定的な感情を表すために)舌打ちする [Ka. D2334]

ಚಪ್ಪರಿಸು[2] ⟦capparisu チャッパリス⟧ [ʧəppərĭsu] ಚಪ್ಪ-ಡಿಸು, ಚಪ್ಪಳಿಸು, ತಪ್ಪಡಿಸು *vt.* **1** (評価したり元気づけたりするために)〈背中などを〉(軽く)叩く ¶ ಅಧ್ಯಾಪಕರು ನನ್ನನ್ನು ಚಪ್ಪರಿಸಿ ಅಭಿನಂದಿಸಿದರು. (adʰyāpakaru nannannu capparisi abʰinaṃdisidaru.) 先生は私の背中を叩いておめでとうとおっしゃった。 **2** 〈頬や背中などを〉ぱちんと叩く、平手打ちを食らわす ¶ ಗೀತ ತನ್ನನ್ನು ಕೆಣಕಿದ ಹುಡುಗನನ್ನು/ಹುಡುಗನಿಗೆ ಚಪ್ಪರಿಸಿದ-ಳು. (gīta tannannu keṇakida huḍugananu/huḍuganige capparisidaḷu.) ギーターは自分をからかった若者に平手打ちを食らわせた。 [Ka. D2335]

ಚಪ್ಪಲಿ ⟦cappali チャッパリ⟧ [ʧəppŏli] ಚಪ್ಪಲು, ಚೆಪ್ಪಲಿ *n.* インド固有のサンダル [H. *cappală* <? cf. Ka. *cappaṭe* *C4696「平たい」]

ಚಪ್ಪಳಿ ⟦cappaḷi チャッパリ⟧ [ʧəppŏḷi] 《口》 *n.* 手を叩くこと、拍手 (*S.Mhr.,T.* (*Kitt.*)) [Ka. D2335]

ಚಪ್ಪಲು ⟦cappalu チャッパル⟧ [ʧəppŏlu] *n.* [Ka. *D2335] ☞ಚಪ್ಪಲಿ (cappali)

ಚಪ್ಪಳಿಸು ⟦cappaḷisu チャッパリス⟧ [ʧəppŏḷĭsu] *vi.* ―*vt.* (元気づけたり褒めたりするために)〈背中を〉軽く叩く [Ka. D2335]

ಚಪ್ಪಳ ⟦cappaḷa チャッパラ⟧ [ʧəppŏḷɐ] *n.* [Ka. *D2335] ☞ಚಪ್ಪಳೆ (cappaḷe)

ಚಪ್ಪಳೆ ⟦cappaḷe チャッパレ⟧ [ʧəppŏḷe] ಚಪ್ಪಳ, ಚಪ್ಪಾಳೆ, ಚೆ-ಪ್ಪಾಳೆ, ತಪಾಳೆ, ತಪ್ಪಣಿ, ತಪ್ಪಣೆ, ತಪ್ಪಳೆ, ತಪ್ಪಾಳೆ *n.* 拍手、拍手喝采 [Ka. D2335]

ಚಪ್ಪಳೆಯಿಕ್ಕು 〚cappaḷeyikku チャッパレイック〛[ʧəppə̆ḷeji kku] ಚಪ್ಪಳಿಕ್ಕು, ಚಪ್ಪಾಳೆಯಿಕ್ಕು, ತಪ್ಪಳಿಕ್ಕು *vi*. 拍手する、拍手喝采する [Ka. D2335]

ಚಪ್ಪಾಳೆ 〚cappāḷe チャッパーレ〛[ʧəppɐːḷe] *n*. 拍手、拍手喝采 [Ka. D2335 cf. Tu. *cappaḷe*]

ಚಪ್ಪು 〚cappu チャップ〛[ʧəppu] ಜಬ್ಬು《口》*vt*. 1 ぺちゃぺちゃ食べる 2〈乳房などを〉ちゅっちゅっと吸う [Ka.]

ಚಪ್ಪೆ[1] 〚cappe チャッペ〛[ʧəppe] ಚೆಪ್ಪೆ, ಛಪ್ಪೆ《‡》(*n*.) ぺちゃんこ〈な〉、平べったい〈こと〉(*T.* (*Kitt.*)) [Ka. D2331]

ಚಪ್ಪೆ[2] 〚cappe チャッペ〛[ʧəppe] ಸಪ್ಪೆ (*n*.)（ソーダ水などが）気が抜けた〈こと〉、（料理が）水くさい〈こと〉、（水が）まずい〈こと〉、味がない〈こと〉[Ka. D2337]

ಚಪ್ಪೆ[3] 〚cappe チャッペ〛[ʧəppe] *n*. 臀部の側面 [Ka. D2339]

ಚಪ್ರಾಸಿ 〚caprāsi チャプラーシ〛[ʧəprɐːsi] *mf*. ☞ಚಪರಾಸಿ (caparāsi)

ಚಬಕ 〚cabaka チャバカ〛[ʧəbə̆kɐ] *n*. ☞ಚಬುಕು (cabuku)

ಚಬಿಕು 〚cabiku チャビク〛[ʧəbĭku]《異》*n*. ☞ಚಬುಕು (cabuku)

ಚಬುಕ 〚cabuka チャブカ〛[ʧəbŭkɐ] *n*. ☞ಚಬುಕು (cabuku)

ಚಬುಕು 〚cabuku チャブク〛[ʧəbŭku] ಚಬಕ, ಚಬಿಕು, ಚಬುಕ, ಚಾಬೂಕು, ಚುಬುಕು[2], ಸಬುಕ *n*.（先に紐のようなものがついた）鞭 [Pe. *čābuk*]

ಚಮಚ 〚camaca チャマチャ〛[ʧəmə̆ʧɐ] ಚಮಚೆ *n*. 1 匙 2 へつらう人、追従者、後棒担ぎ ¶ ನಮ್ಮ ವಿಭಾಗಮುಖ್ಯಸ್ಥರು ಡೀನನ ಚಮಚ (namma vibʰāgamukʰyastʰaru ḍīnana camaca) うちの主任教授は学部長の後棒担ぎだ。[H.*camăcā*]

ಚಮಚೆ 〚camace チャマチェ〛[ʧəmə̆ʧe] *n*. ☞ಚಮಚ (camaca)

ಚಮಟ 〚camaṭa チャマタ〛[ʧəmə̆ʈɐ]《口》*n*. [H. *camăṛā*? *C4701] ☞ಚಮಡ (camaḍa)

ಚಮಡ 〚camaḍa チャマダ〛[ʧəmə̆ɖɐ] ಚಮಟ, ಚಮ್ಮಡ *n*. 1 動物の（加工用の）皮；なめし革 2《口》〔卑〕皮、皮膚 [H. *camăṛā* T4701]

ಚಮಡ ಸುಲಿ 〚camaḍa suli チャマダスリ〛[ʧəmə̆ɖɐ suli] *vi*.《*gen*.》皮を剥ぐ ¶ ನೀವು ಇನ್ನೊಂದು ಸಲ ಹೇಳಿದರೆ ಚಮಡ ಸುಲಿಯುತ್ತೇನೆ. (nīvu innoṃdu sala hēḷidare camaḍa suliyuttēne.) そんなことを２度と言ったらおまえの皮をむいてやる。

ಚಮತ್ಕಾರ 〚camatkāra チャマトカーラ〛[ʧəmətkɐːrɐ] *n*. 1 驚くべきもの、不思議、奇観、奇跡 ¶ ಖಜುರಾಹೊ ದೇವಸ್ಥಾನಗಳು ಭಾರತದ ಚಮತ್ಕಾರಗಳಲ್ಲಿ ಒಂದು. (kʰajurāho dēvastʰānagaḷu bʰāratada camatkāragaḷalli oṃdu.) カジュラーホーの諸寺院はインドの奇跡の一つである。 2 驚くべき能力や業績 ¶ ಇಮ್ರಾನ್ ಖಾನ್ ಚುನಾವಣೆಯಲ್ಲಿ ಚಮತ್ಕಾರ ತೋರಿಸಲಾಗಲಿಲ್ಲ. (imrān kʰān cunāvaṇeyalli camatkāra tōrisalāgalilla.) イムラーン・ハーンは選挙で奇跡を起こすことはできなかった。[Sk.]

ಚಮ್ಮಟಿಕೆ[1] 〚cammaṭike チャンマティケ〛[ʧəmməʈike]《古》*n*.（鍛冶屋が使う）大金槌 ☞ಚಮ್ಮಟಿಗೆ (cammaṭige)[1] [Ka. *D2349]

ಚಮ್ಮಟಿಕೆ[2] 〚cammaṭike チャンマティケ〛[ʧəmməʈike]《古》*n*. ☞ಚಮ್ಮಟಿಗೆ (cammaṭige)[2]

ಚಮ್ಮಟಿಗೆ[1] 〚cammaṭige チャンマティゲ〛[ʧəmməʈige] ಚಮ್ಮಟಿಕೆ, ಚಮ್ಮಟ್ಟಿಗೆ, ಚಮ್ಮಡಿಕೆ《古》*n*. [Ka. D2349]

ಚಮ್ಮಟಿಗೆ[2] 〚cammaṭige チャンマティゲ〛[ʧəmməʈige] ಚಮ್ಮಟಿಕೆ, ಚಮ್ಮಟ್ಟಿಗೆ, ಚಮ್ಮವಟ್ಟಿಗೆ, ಸಮಟಿಗೆ, ಸಮ್ಮಟಿಗೆ *n*. [Sk. *carmapaṭṭikā*-] ☞ಚಮ್ಮವಟ್ಟಿಗೆ (cammavaṭṭige)

ಚಮ್ಮಟ್ಟಿಗೆ[1] 〚cammaṭṭige チャンマッティゲ〛[ʧəmməʈʈĭge]《古》*n*. [Ka. D2349] ☞ಚಮ್ಮಟಿಗೆ (cammaṭige)[1]

ಚಮ್ಮಟ್ಟಿಗೆ[2] 〚cammaṭṭige チャンマッティゲ〛[ʧəmməʈʈĭge]《古》*n*. 牛を追うための長い革などで作った鞭 ☞ಚಮ್ಮಟಿಗೆ (cammaṭige)[2]

ಚಮ್ಮಡ 〚cammaḍa チャンマダ〛[ʧəmmə̆ɖɐ]《口》*n*. [H. *camăṛā* *C4701] ☞ಚಮಡ (camaḍa)

ಚಮ್ಮಡಿಗೆ 〚cammaḍige チャンマディゲ〛[ʧəmməɖige]《文》*n*. [Ka. *D2349] ☞ಚಮ್ಮಟಿಗೆ (cammaṭige)[1]

ಚಮ್ಮವಟ್ಟಿಗೆ 〚cammavaṭṭige チャンマヴァッティゲ〛[ʧəmməvəʈʈĭge]《古》*n*. 牛を追うための長い革などで作った鞭 ☞ಚಮ್ಮಟಿಗೆ (cammaṭige)[2] [Sk. *carmapaṭṭikā*-]

ಚಮ್ಮರ 〚cammara チャンマラ〛[ʧəmmərɐ]《古》*m*. ☞ಚಮ್ಮಾರ (cammāra)

ಚಮ್ಮಾರ 〚cammāra チャンマーラ〛[ʧəmmɐːrɐ] ಚಂಬಾರ್, ಚಂಬಾರ, ಚಮ್ಮರ *m*.《*f*. ಚಮ್ಮಾರಗಿತ್ತಿ (cammāragitti)》靴屋、靴作り職人、履き物を作ったり修繕したりするカーストに属する人 [Sk. *carmakāra*-]

ಚಯ 〚caya チャヤ〛[ʧəjɐ]《文》*n*. 1 集積、（穀物やゴミなどの）山 2（土地の）盛り上がった場所 3 城壁 [Sk.]

ಚರಂಡಿ 〚caraṃḍi チャランディ〛[ʧərənɖi] *n*. 溝、下水 [?]

ಚರಕ 〚caraka チャラカ〛[ʧərə̆kɐ] *n*. 紡ぎ車 [Pe. *čarḥa*] ರಾಟೆ (rāṭe)

ಚರಟ 〚caraṭa チャラタ〛[ʧərə̆ʈɐ] ಚಟ್ಟ[3] ಚೆಟ್ಟ ಚೆಟ್ಟ *n*. 1 液体のおり、茶かす 2 中身を取り去った殻 [Ka. D2317]

ಚರಣ 〚caraṇa チャラナ〛[ʧərə̆ɳɐ] *n*. 1〔美〕足（足首から先） 2 詩の節、詩節 3 詩の行 [Sk.]

ಚರಣತಲ 〚caraṇatala チャラナタラ〛[ʧərəɳə̆təlɐ]《文》*n*. 足の裏 [Sk.] = ಅಂಗಾಲು (aṃgālu)

ಚರಪು 〚carapu チャラプ〛[ʧərə̆pu] *n*. 1 祝祭 2（客の）歓待 (*Kitt.*)[2] [Ka. D2589] ☞ಚೆಱಪು (ceṟapu)

ಚರಬಿ 〚carabi チャラビ〛[ʧərə̆bi] *n*.（人や動物の）脂肪 [Pe. *čarbī*] ಚರ್ಬಿ (carbi)

ಚರಮ ⟦carama チャラマ⟧ [ʧərə̆mɐ] 《文》 (*adj.*) 1 最高〈の〉、至高〈の〉、最善〈の〉、究極〈の〉 2 最後〈の〉、終わり〈の〉¶ ಚರಮಸಮಯ (caramasamaya) 人生の最後の時 [Sk.]

ಚರಮಗೀತೆ ⟦caramagīte チャラマギーテ⟧ [ʧərə̆məgiːte] 《文》 *n.* 悲歌、エレジー [Sk.]

ಚರಮವಾಕ್ಯ ⟦caramavākya チャラマヴァーキャ⟧ [ʧərə̆məvɐːkʲjɐ] 《文》 *n.* (死ぬ前の)最後の言葉、言い残す言葉 [Sk.]

ಚರಯಿಸು ⟦carayisu チャライス⟧ [ʧərə̆jisu] 《文》 *vi.* [*cara* + *-isu*] ☞ಚರಿಸು (carisu)

ಚರಲು ⟦caralu チャラル⟧ [ʧərəlu] 《方》 *n.* 丸い小石 [Ka. D2354] (Hav.)

ಚರವಿಗೆ ⟦caravige チャラヴィゲ⟧ [ʧərə̆vige] 《古》 *n.* [?] ☞ಚರಿಗೆ (carige)[1]

ಚರಾದಾಯ ⟦carādāya チャラーダーヤ⟧ [ʧərɐːdɐːjɐ] *n.* 1 動産からの収入 2 副業や賄賂などによる月給外の収入 [Sk.]

ಚರಾಯಿ ⟦carāyi チャラーイ⟧ [ʧə̆rɐːji] *n.* 放牧、牧草 [H. *carāī* 4760]

ಚರಾವು ⟦carāvu チャラーヴ⟧ [ʧə̆rɐːvu] *n.* 牧草地、放牧地 [H. *carāvā* 4760.2]

ಚರಾಸ್ತಿ ⟦carāsti チャラースティ⟧ [ʧə̆rɐːsti] *n.* 動産 [Sk.]

ಚರಿಗೆ
丸形コップ

ಚರಿಗೆ[1] ⟦carige チャリゲ⟧ [ʧərĭge] ಚರವಿಗೆ, ಚರುವಿಗೆ, ಚವರಿಗೆ, ಚೆರಿಗೆ, ಚೌರಿಗೆ *n.* 黄銅製や銅製で球形の水を飲む容器、丸形コップ [⇒図] [?]

ಚರಿಗೆ[2] ⟦carige チャリゲ⟧ [ʧərĭge] 《文》 *n.* ジャイナ教の求道者が家々から集めて食べる食事 [Sk. *caryā-*] cf. ಚರಿಯೆ (cariye)

ಚರಿಚಲಿ ⟦caricali チャリチャリ⟧ [ʧərĭʧəli] 《文》 *n.* 広く栽培されている薬用植物の一種 → 薬 (*St.& Pl.* (*Kitt.*)) (*IMP 3.47*) [D2292] = ಚಂಚಲಿ (caṃcali)

ಚರಿಜಲಿ ⟦carijali チャリジャリ⟧ [ʧərĭʤəli] 《文》 *n.* [*D2292] ☞ಚಂಚಲಿ (caṃcali)

ಚರಿತ ⟦carita チャリタ⟧ [ʧəritɐ] (*adj.*) 1 行われた〈こと〉、成就した〈こと〉 2 生計〈の〉、生活の糧〈の〉 —*n.* 1 行動、振る舞い、行為 2 ある人の行いや冒険や業績などの記述や物語、伝記 3 性格、行動様式 [Sk.]

ಚರಿತಾರ್ಥ ⟦caritārt^{h}a チャリタールタ⟧ [ʧəritɐːrt^{h}ɐ] 《文》 *adj.*, *m.* 目的を達した〈人〉¶ ಗಾಂಧೀಜಿ ಚರಿತಾರ್ಥರಾಗಿ ಕೆಲವು ವರ್ಷಗಳಲ್ಲಿ ಮೃತರಾದರು. (gāṃd^{h}īji caritārt^{h}arāgi kelavu varṣagaḷalli mṛtarādaru.) ガーンディーは自分の目的を達した後2、3年で世を去った。 —*n.* 1 《古》 目的の成就 2 生活の維持 ¶ ಅವನು ಬೆಂಗಳೂರಿಗೆ ಬಂದ ಮೇಲೆ ಹೇಗೋ ಚರಿತಾರ್ಥ ಸಾಗುತ್ತಿತ್ತು. (avanu beṃgaḷūrige baṃda mēle hēgō caritārt^{h}a sāguttittu.) 彼はベンガルールへ来た後どうにかやっていけた。 [Sk.]

ಚರಿತಾರ್ಥತೆ ⟦caritārt^{h}ate チャリタールタテ⟧ [ʧəritɐːrt^{h}əte] 《文》 *n.* 自分の目的を達したこと、自分の目的を達した状態 [Sk.] = ಕೃತಕೃತ್ಯತೆ (kṛtakṛtyate)

ಚರಿತೆ ⟦carite チャリテ⟧ [ʧərite] *n.* 性格、行動様式 [Sk. *carite-*]

ಚರಿತ್ರ ⟦caritra チャリトラ⟧ [ʧəritrɐ] *n.* 1 行動、振る舞い、行状 2 道徳性、徳性 3 ある人の行いや冒険や業績などの記述や物語 4 歴史、伝記 [Sk.]

ಚರಿತ್ರಕಾರ ⟦caritrakāra チャリトラカーラ⟧ [ʧəritrəkɐːrɐ] 《文》 *m.* 《*f.* ಚರಿತ್ರಕಾರ್ತಿ (caritrakārti)》歴史家、伝記作者 [Sk.]

ಚರಿತ್ರವಂತ ⟦caritravaṃta チャリトラヴァンタ⟧ [ʧəritrəvəntɐ] *adj.*, *m.* 《*f.* ಚರಿತ್ರವತಿ (caritravati)》善行の〈人〉、道義的な〈人〉 [Sk.] = ಶೀಲವಂತ (śīlavaṃta)

ಚರಿತ್ರವತಿ ⟦caritravati チャリトラヴァティ⟧ [ʧəritrəvəti] 《文》 *adj.*, *f.* 1 善行の〈女性〉、道義的な〈女性〉 2 貞淑な〈妻〉 [Sk.]

ಚರಿತ್ರೆ ⟦caritre チャリトレ⟧ [ʧəritre] *n.* 歴史、伝記 [Sk.]

ಚರಿಯ ⟦cariya チャリヤ⟧ [ʧərijɐ] 《文》 *n.* [Sk. *caryā-*] ☞ಚರಿಯೆ (cariye)

ಚರಿಯೆ ⟦cariye チャリエ⟧ [ʧərije] ಚರಿಗೆ, ಚರಿಯ 《文》 *n.* 行い [Sk. *caryā-*]

ಚರಿಸು ⟦carisu チャリス⟧ [ʧərisu] ಚರಯಿಸು, ಚರಿಯಿಸು 《古》 *vi.* 1 歩く、歩き回る 2 (机や椅子などが)揺れる、がたつく = ಅಲುಗು (alugu) 3 振る舞う [*caraṇa* + *-isu*]

ಚರಿಯಿಸು ⟦cariyisu チャリイス⟧ [ʧərĭjisu] 《文》 *vi.* ☞ಚರಿಯಿಸು (cariyisu)

ಚರುವಿಗೆ ⟦caruvige チャルヴィゲ⟧ [ʧərŭvige] 《古》 *n.* [?] ☞ಚರಿಗೆ (carige)[1]

ಚರೆ ⟦care チャレ⟧ [ʧəre] ಚೆರೆ *n.* 小さな鉛の散弾の玉 [H. *c^{h}arrā*]

ಚರ್ಚಾಕೂಟ ⟦carcākūṭa チャルチャークータ⟧ [ʧərʧɐːkuːʈɐ] 《文》 *n.* 討論会 [Sk.]

ಚರ್ಚಾಸ್ಪದ ⟦carcāspada チャルチャースパダ⟧ [ʧərʧɐːspədɐ] 《文》 *adj.* 議論の余地ある [Sk.]

ಚರ್ಚಿಸು ⟦carcisu チャルチス⟧ [ʧərʧĭsu] *vt.* 議論する、論じる [Sk.]

ಚರ್ಚೆ ⟦carce チャルチェ⟧ [ʧerʧe] *n.* 議論、論争、討論 ◊ *vi.* —ಮಾಡು (māḍu) [Sk.]

ಚರ್ಬಿ ⟦carbi チャルビ⟧ [ʧərbi] ಚರಬಿ *n.* 脂肪、脂 [Pe. *čarbī*]

ಚರ್ಮ ⟦carma チャルマ⟧ [ʧərmɐ] *n.* 皮膚、皮、なめし革 [Sk.]

ಚರ್ಮಶಾಸ್ತ್ರ ⟦carmaśāstra チャルマシャーストラ⟧ [ʧərməʃɐːstrɐ] 《文》 *n.* 皮膚病学 [Sk.]

ಚರ್ಯೆ ⟦carye チャリェ⟧ [ʧərje] 《文》 *n.* 行動、行為、振る舞い [Sk.]

ಚರ್ವಣ ⟦carvaṇa チャルヴァナ⟧ [ʧərvəɳɐ] 《文》 *n.* 噛むこと、咀嚼 [Sk.]

ಚರ್ವಿತ ⟦carvita チャルヴィタ⟧ [ʧərvitɐ] 《文》(*adj.*) 噛まれた〈こと〉、咀嚼された〈こと〉[Sk.]

ಚರ್ವಿತಚರ್ವಣ ⟦carvitacarvaṇa チャルヴィタチャルヴァナ⟧ [ʧərvitəʧərvəɳɐ] 《文》*n.* (文学や演説などで)同じことを何度も繰りかえすこと [Sk.]

ಚಲಂಕು ⟦calaṃku チャランク⟧ [ʧələŋku] 《古》*vt.* [Ka. D2384] ☞ಚಲಕು (calaku)

ಚಲಂಗು ⟦calaṃgu チャラング⟧ [ʧələŋgu] 《古》*vt.* [Ka. D2384] ☞ಚಲಕು (calaku)

ಚಲ^1 ⟦cala チャラ⟧ [ʧəlɐ] ಚಳ 《文》(*adj.*) 1 動く〈こと〉、揺らぐ〈こと〉、じっとしていない〈こと〉¶ ಚಲಚಿತ್ರ (calacitra) 映画 2 心が定まらない〈こと〉、気まぐれ〈な〉 3 心が動揺した〈こと〉、気が転倒した〈こと〉 —*m.* 気まぐれな人、心が定まらない人 —*n.* 1 心の動揺、気の転倒 2 風 [Sk.]

ಚಲ^2 ⟦cala チャラ⟧ [ʧəlɐ] ಚಛ, ಛಲ^2 *n.* 1 目的を追求する不屈の意志、断固とした意志 2 強情、頑固さ [cf. Sk. *chala-*]

ಚಲಕು ⟦calaku チャラク⟧ [ʧəlǒku] ಚಲಂಕು, ಚಲಂಗು, ಚಲುಂಕು, ಚಲುಕು, ಚೆಲಂಕು, ಚೆಲಂಗು 《古》*vt.* 〈水や穀物などを〉振りまく、ばらまく [Ka. D2384]

ಚಲಚಿತ್ರ ⟦calacitra チャラチトラ⟧ [ʧələʧitrɐ] 《文》*n.* 映画 [Sk.] ಸಿನೆಮ (sinema)〔汎〕

ಚಲಣ ⟦calaṇa チャラナ⟧ [ʧəlǒɳɐ] 《方》*n.* 膝の中央までに達する(田舎で見られる)パンツ [Ka. D2379]

ಚಲನ ⟦calana チャラナ⟧ [ʧəlǒnɐ] ಚಳನ 《文》*n.* 1 動き、運動、動き回ること 2 揺れること、振動、揺らぐこと ¶ ಈಗ ಮರದ ಎಲೆಗಳ ಚಲನವೇ ಇಲ್ಲ. (īga marada elegaḷa calanavē illa.) 今は木の葉さえ揺れない。[Sk.]

ಚಲನಚಿತ್ರ ⟦calanacitra チャラナチトラ⟧ [ʧələnəʧit·rɐ] 《文》*n.* 映画 [Sk.]

ಚಲನವಲನ ⟦calanavalana チャラナヴァラナ⟧ [ʧələnəvələnɐ] *n.* (動物や軍隊などの)動き、動静 ¶ ಅವನ ಚಲನವಲನದ ಮೇಲೆ ನೀನು ನಿಗಾ ಇಡು. (avana calanavalanada mēle nīnu nigā iḍu.) 彼の動静に注意しろ。[*calana* + echo]

ಚಲನಶಕ್ತಿ ⟦calanaśakti チャラナシャクティ⟧ [ʧələnəʃəkti] 《文》*n.* 1 動く能力、動き回る力 2〔喩〕刺激、動機 ¶ ಈಗಿನ ಸಮಾಜದಲ್ಲಿ ಲಂಚವೇ ಚಲನಶಕ್ತಿಯಾಗಿದೆ. (īgina samājadalli laṃcavē calanaśaktiyāgide.) 今日賄賂は我々の社会にとって唯一の刺激剤である。[Sk.]

ಚಲನೆ ⟦calane チャラネ⟧ [ʧəlǒne] 《文》*n.* 1 動き、運動 2 揺れること、振動、揺らぐこと [Sk.]

ಚಲಮೆ ⟦calame チャラメ⟧ [ʧəlǒme] 《‡》*n.* 1 泉 2 乾いた川床から水を得るために掘った穴 (*My.* (*Kitt.*)) [Ka. D2367] ☞ಚಿಲುಮೆ (cilume)^1

ಚಲಾಕಿ ⟦calāki チャラーキ⟧ [ʧəlɐːki] *n.* ☞ಚಾಲಾಕಿ (cālāki)

ಚಲಾಕು ⟦calāku チャラーク⟧ [ʧəlɐːku] *n.* ☞ಚಾಲಾಕು (cālāku)

ಚಲಾಯಿಸು ⟦calāyisu チャラーイス⟧ [ʧəlɐːjisu] ಚಲಾಯ್ಸು *vt.* 1 動かす 2 実行する、執行する、用いる [H. *calānā* *C4721 + *-isu*]

ಚಲಾಯ್ಸು ⟦calāysu チャラーイス⟧ [ʧəlɐːǐsu] *vt.* [H. *calānā* *C4721 + *-isu*] ☞ಚಲಾಯಿಸು (calāyisu)

ಚಲಾವಣೆ ⟦calāvaṇe チャラーヴァネ⟧ [ʧǝ̆lɐːvǝ̆ɳe] *n.* (金銭などの)流通、通用 [*calāyisu* T4721 + *-aṇe*]

ಚಲಾವಣೆ ನಾಣ್ಯ ⟦calāvaṇe nāṇya チャラーヴァネナーニャ⟧ [ʧəlɐːvǝ̆ɳe nɐːɳjɐ] *n.* 流通している貨幣 [+ *nāṇya*] = ಚಳಿ (caḷi)〔汎〕

ಚಲಿ^{1} ⟦cali チャリ⟧ [ʧəli] 《‡》*n.* 1 寒気、寒いこと、冷えること 2 霜、雪 (*Kitt.*) [Ka. D2408]

ಚಲಿ^{2} ⟦cali チャリ⟧ [ʧəli] 《古》*n.* [Ka. D2560] (*Kitt., Mr 121*) ☞ಚಿಲ್ಲ (cilla)^2

ಚಲಿ^{3} ⟦cali チャリ⟧ [ʧəli] ಛಲಿ 《口》*mf.* 1 意思の強い人、自分の決心を曲げない人 2 頑固な人、意地っ張りな人、片意地な人 [*cala*^{2} + *-i*]

ಚಲಿಮೆ ⟦calime チャリメ⟧ [ʧəlǐme] ಚಿಲ್ಮೆ 《‡》*n.* [Ka. D2367] (*Kitt.*) ☞ಚಿಲುಮೆ (cilume)

ಚಲಿಸು ⟦calisu チャリス⟧ [ʧəlǐsu] ಚಲಿಯಿಸು, ಚಳಯಿಸು, ಚಳಿಯಿಸು, ಚಳಿಸು *vi.* 1 動き回る、歩き回る、走り回る 2 (机や木の葉などが)動く、揺れる 3〔喩〕(心が)揺れる ¶ ಹುಡುಗ ಎಷ್ಟು ಹೇಳಿದರೂ ಪಾರ್ವತಿಯ ಮನಸು ಚಲಿಸಲಿಲ್ಲ. (huḍuga eṣṭu hēḷidarū pārvatiya manasu calisalilla.) 青年がいくら話してもパールヴァティーの心は揺るがなかった。 4 立ち去る、去る [Sk. *cal-* + *-isu*]

ಚಲಿಯಿಸು ⟦caliyisu チャリイス⟧ [ʧəlǐjisu] *vi.* ☞ಚಲಿಸು (calisu)

ಚಲುಂಕು ⟦calumku チャルンク⟧ [ʧəluŋku] 《古》*vt.* [Ka. *D2384] ☞ಚಲಕು (calaku)

ಚಲು ⟦calu チャル⟧ [ʧalu] 《口》*n.* 容貌の美しさ(特に女性の) [Ka. D2786] = ಚಲುವು (caluvu)

ಚಲುಕು ⟦caluku チャルク⟧ [ʧəluku] 《古》*vt.* [Ka. *D2384] ☞ಚಲಕು (calaku)

ಚಲುಮಿ ⟦calumi チャルミ⟧ [ʧəlǔmi] 《‡》*f.* 美人、美女 (*G.* (*Kitt.*)) [Ka. D2786] = ಚಲುವಿ (caluvi)

ಚಲುಮೆ ⟦calume チャルメ⟧ [ʧəlǔme] 《古》*n.* [Ka. D2367] ☞ಚಿಲುಮೆ (cilume)

ಚಲುವ ⟦caluva チャルヴァ⟧ [ʧəlǔvɐ] ಚಲ್ವ, ಚೆಲುವ, ಚೆಲ್ವ *m.* 《*f.* ಚಲುವೆ (caluve)》美男、美貌の男性 —*n.* 美、美貌; 美しいもの [Ka. *D2786]

ಚಲುವತನ ⟦caluvatana チャルヴァタナ⟧ [ʧəluvǒtənɐ] ಚೆಲುವತನ *n.* 美男であること、美女であること、容貌の美しさ [Ka. *D2786]

ಚಲುವತಿ ⟦caluvati チャルヴァティ⟧ [ʧəlǔvəti] *f.* 愛神カーマの妻ラティの別名 [Ka. D2786]

ಚಲುವಿ ⟦caluvi チャルヴィ⟧ [ʧəlǔvi] *f.* 美人、美女 [Ka. D2786]

ಚಲುವಿಕೆ ⟦caluvike チャルヴィケ⟧ [ʧəluvǐke] ಚಲ್ವಿಕೆ, ಚೆಲುವಿಕೆ, ಚೆಲ್ವಿಕೆ *n.* (普通女性の) 容貌の美しさ [Ka.

D2786] ☞ಚೆಲ್ವಿಕೆ (celvike)

ಚಲುವು ⟦caluvu チャルヴ⟧ [ʧəlŭvu] ಚಲ್ವು, ಚೆಲುವು, ಚೆಲ್ವು *n.* 容貌の美しさ、(普通女性の)美貌 [Ka. D2786]

ಚಲುವೆ ⟦caluve チャルヴェ⟧ [ʧəlŭve] ಚಲ್ವೆ, ಚೆಲುವೆ, ಚೆಲ್ವೆ *f.* 美女、美人 [Ka. D2786]

ಚಲ್ಣ ⟦calṇa チャルナ⟧ [ʧəlɳɐ] 《口》 *n.* [Ka. D2379] ☞ಚಲ್ಲಣ (callaṇa)

ಚಲ್ಮೆ ⟦calme チャルメ⟧ [ʧəlme] 《†》 *n.* [Ka. D2367] (*My.* (*Kitt.*)) ☞ಚಲಮೆ (calame)

ಚಲ್ಲ ⟦calla チャッラ⟧ [ʧəllɐ] ಚಲ್ಲು¹, ಚಲ್ಲೆ, ಚೆಲ್ಲ, ಚೆಲ್ಲು¹ *n.* **1** 楽しみ、歓楽 **2** 笑い (*Šm. 67*) [Ka. D2378]

ಚಲ್ಲವಾಡು ⟦callavāḍu チャッラヴァードゥ⟧ [ʧəllŏvɐːɖu] ಚೆಲ್ಲವಾಡು *vi.* 浮かれ楽しむ [+ *āḍu* D347]

ಚಲ್ಲಣ ⟦callaṇa チャッラナ⟧ [ʧəllŏɳɐ] ಚಲ್ಲಾಣ, ಚೆಣ್ಣ, ಚೆಲ್ಲಣ, ಚೊಣ್ಣ, ಚೊಲ್ಲಣ *n.* **1** 短い丈のパンツ(下着だが、田舎などでは外出時にそのまま着用することもある)[⇒図] **2** 西洋風の半ズボン [Ka. D2379]

ಚಲ್ಲಣ パンツ

ಚಲ್ಲಾಟ ⟦callāṭa チャッラータ⟧ [ʧəllɐːʈɐ] ಚೆಲ್ಲಾಟ *n.* 浮かれ楽しむこと、笑いさざめくこと [Ka. D2378]

ಚಲ್ಲಾಡು ⟦callāḍu チャッラードゥ⟧ [ʧəllɐːɖu] ಚೆಲ್ಲಾಡು *vi.* 浮かれ楽しむ [Ka. *D2378] = ಚಲ್ಲವಾಡು (callavāḍu)

ಚಲ್ಲಾಣ ⟦callāṇa チャッラーナ⟧ [ʧəllɐːɳɐ] 《古》 *n.* 膝の中央まで達する短いパンツ = ಚಡ್ಡಿ (caḍḍi) [Ka. *D2379]

ಚಲ್ಲಾಪಿಲ್ಲಿ ⟦callāpilli チャッラーピッリ⟧ [ʧəllɐːpilli] ಚಲ್ಲಪಿಲ್ಲಿ, ಚಲ್ಲಿಪಿಲ್ಲಿ, ಚೆಲ್ಲಪಿಲ್ಲಿ, ಚೆಲ್ಲಾಪಿಲ್ಲಿ, ಚೆಲ್ಲಿಪಿಲ್ಲಿ (*n.*) 散り散りになる<こと>、散り散りばらばらになる〈こと〉¶ ಪೊಲೀಸು ಲಾಠೀಚಾರ್ಜು ಆದಾಗ ಜನ ಚಲ್ಲಾಪಿಲ್ಲಿ ಆದರು. (polīsu lāṭʰīcārju ādāga jana callāpilli ādaru.) 警官たちが警棒で殴りかかった時、人々は散り散りになった。 [Ka. < *callipilli* < *callu*² + echo?]

ಚಲ್ಲಿಪಿಲ್ಲಿ ⟦callipilli チャッリピッリ⟧ [ʧəllipilli] (*n.*) ☞ಚಲ್ಲಾಪಿಲ್ಲಿ (callāpilli)

ಚಲ್ಲು¹ ⟦callu チャッル⟧ [ʧəllu] *n.* 楽しみ、歓楽 ¶ ಅವನಿಗೆ ಬಡವರ ಜೀವದ ಜೊತೆ ಚಲ್ಲು. (avanige baḍavara jīvada jote callu.) 彼は貧乏人の命をもてあそんでいる。= ಚಲ್ಲ (calla) [Ka. *D2378]

ಚಲ್ಲು² ⟦callu チャッル⟧ [ʧəllu] ಚಲ್, ಚೆಲ್ಲು *vt.* **1** 〈水などを〉ぶちまける、(棄てるために)流す **2** 〈水などを〉撒く、振り掛ける、〈種や肥料などを〉蒔く [Ka. D2384]

ಚಲ್ಲಿಸು ⟦callisu チャッリス⟧ [ʧəllĭsu] *vt.* 《*caus.*》〈水などを〉(棄てるために)ぶちまけさせる [Ka. caus. *D2384]

ಚಲ್ಲು³ ⟦callu チャッル⟧ [ʧəllu] 《古》 *n.* [Ka. *D2790] ☞ಸೆಳ್ಳು (seḷḷu)

ಚಲ್ವ ⟦calva チャルヴァ⟧ [ʧəlvɐ] 《文》 *m.* 《*f.* ಚಲ್ವಿ (calvi)》 [Ka. D2786] ☞ಚಲುವ (caluva)

ಚಲ್ವಿ ⟦calvi チャルヴィ⟧ [ʧəlvi] 《文》 *f.* 美女、美人 (*C.* (*Kitt.*)) [Ka. D2786]

ಚಲ್ವಿಕೆ ⟦calvike チャルヴィケ⟧ [ʧəlvĭke] 《文》 *n.* [Ka. D2786] ☞ಚಲುವಿಕೆ (caluvike)

ಚಲ್ವು ⟦calvu チャルヴ⟧ [ʧəlvu] *n.* (特に女性の)美しさ；美しいもの [Ka. D2786] ☞ಚೆಲ್ವು (celvu)

ಚಲ್ವೆ ⟦calve チャルヴェ⟧ [ʧəlve] *f.* 美女、美人 [Ka. *D2786] ☞ಚಲುವೆ (caluve)

ಚವಕ ⟦cavaka チャヴァカ⟧ [ʧəvŏkɐ] *n.* 正方形または矩形 ☞ಚೌಕ (cauka)

ಚವರ ⟦cavara チャヴァラ⟧ [ʧəvŏrɐ] ಚಉರ, ಚವಲ, ಚವುರ, ಚವುಲ, ಚೌರ 《文》 *n.* ヤクの尾で作ったハエ叩きのようなもの、王族の象徴として用いられた [Sk. *cāmara-*] = ಚಾಮರ (cāmara)

ಚವರಿ ⟦cavari チャヴァリ⟧ [ʧəvŏri] ಚವಲಿ¹, ಚವುರಿ, ಚವುಲಿ, ಚೌರಿ, ಚೌಲಿ *n.* **1** ヤクの毛 **2** 編んだ女性の髪の毛の先につけて髪を長く見せる補助的な毛(材料は牛などの毛) **3** ヤクの毛を使った髪飾り(編んだ女性の髪の毛の先につける飾りで金などと組み合わせられたもの) [⇒図] [Sk. *camarī-*]

ಚವರಿಗೆ ⟦cavarige チャヴァリゲ⟧ [ʧəvŏrige] *n.* [?] ☞ಚರಿಗೆ (carige)¹

ಚವರಿ
ヤクの毛
の髪飾り

ಚವಲ¹ ⟦cavala チャヴァラ⟧ [ʧəvŏlɐ] ಚಉಲ *n.* 男子の初めての散髪式(額の一部を残して髪は全部刈り上げる) [Sk. *caula-*]

ಚವಲ² ⟦cavala チャヴァラ⟧ [ʧəvŏlɐ] *n.* = ಚಾಮರ (cāmara) ☞ಚವರ (cavara)

ಚವಲ³ ⟦cavala チャヴァラ⟧ [ʧəvŏlɐ] ಚೌಲ *n.* 2アンナの銀貨 [M. *cavalā*]

ಚವಲಿ¹ ⟦cavali チャヴァリ⟧ [ʧəvŏli] *n.* ☞ಚಮರಿ (camari)

ಚವಲಿ² ⟦cavali チャヴァリ⟧ [ʧəvŏli] ಚೌಲಿ *n.* 2アンナの銀貨 [M. *cavălī*]

ಚವಿ ⟦cavi チャヴィ⟧ [ʧəvi] 《文》 *n.* 輝き [Sk. *chavi-*] = ಛವಿ (cʰavi)

ಚವಿಸು ⟦cavisu チャヴィス⟧ [ʧəvĭsu] 《文》 *vi.* (顔などが)輝く [Sk. *chavi-* + *-isu*]

ಚವುಕ ⟦cavuka チャヴカ⟧ [ʧəvŭkɐ] *n.* **1** 四角、四角い物 **2** 平方ヤード ☞ಚೌಕ (cauka)

ಚವುಕಳಿ ⟦cavukaḷi チャヴカリ⟧ [ʧəvŭkəḷi] *n.* **1** 四つの集まり、四つの組 **2** 四つの真珠をちりばめた耳飾りの一種 **3** 格子縞の布 [⇒図] **4** 男子が腰に巻く 120 × 80cm の長方形の布 = ಪಂಚೆ (paṃce) [Sk. *catuṣkala-*] = ಚೌಕಳಿ (caukaḷi)

ಚವುಕಳಿ
格子縞の布

ಚವುಕು ⟦cavuku チャヴク⟧ [ʧəvŭku] *n.* 四角、四角い物 ☞ಚೌಕ (cauka)

ಚವುರ ⟦cavura チャヴラ⟧ [ʧəvŭrɐ] 《文》 *n.* = ಚಾಮರ (cāmara) ☞ಚವರ (cavara)

ಚವುರಿ ⟦cavuri チャヴリ⟧ [ʧəvŭri] *n.* ☞ಚಮರಿ (camari)

ಚವುಲ ⟦cavula チャヴラ⟧ [ʧəvŭlɐ] 《文》 n. = ಚಾಮರ (cāmara) ☞ಚವರ (cavara)

ಚವುಲಿ ⟦cavuli チャヴリ⟧ [ʧəvŭli] n. ☞ಚಮರಿ (camari)

ಚವುಳು ⟦cavuḷu チャヴル⟧ [ʧəvŭḷu] (n.) (水に)塩分があってまずい〈こと〉 —n. 川床にたまるソーダ(洗剤として用いる)= ಸವುಳು (savuḷu) [Ka. D2386]

ಚಹ ⟦caha チャハ⟧ [ʧəhɐ] n. 1 茶の木やその葉(ツバキ科)→ 嗜 2 茶、茶の葉を煎じた飲み物 [Chin. cá]

ಚಹಡ ⟦cahaḍa チャハダ⟧ [ʧəhəḍɐ] 《古》 n. 中傷、悪口、告げ口 —m. 中傷する人、告げ口する人 ☞ಚಾಡ (cāḍa)〔汎〕[Ka.? *C4737]

ಚಹಡಿ ⟦cahaḍi チャハディ⟧ [ʧəhəḍi] 《古》 n. 中傷、悪口、告げ口 [Ka.? *C4737] ☞ಚಾಡ (cāḍa)

ಚಹಡೆ ⟦cahaḍe チャハデ⟧ [ʧəhəḍe] 《古》 n. 中傷、悪口、告げ口 [Ka.? *C4737] ☞ಚಾಡ (cāḍa)

ಚಹರೆ ⟦cahare チャハレ⟧ [ʧəhĕre] ಚೇರೆ, ಚೇಹರಾ n. (人の)容貌、顔かたち ¶ ಅವನ ಚಹರೆ ನೋಡಿದರೆ ಮಕ್ಕಳು ಭಯಪಟ್ಟು ಅಳುತ್ತಾರೆ. (avana cahare nōḍidare makkaḷu bʰayapaṭṭu aḷuttāre.) 彼の顔を見ると子どもたちが恐れて泣き出す。 [Pe. čehra]

ಚಹಾ ⟦cahā チャハー⟧ [ʧəhɐː] ಚಹ, ಚಾ n. 1 茶の木(ツバキ科)、茶の葉 2 茶、茶の葉を煎じた飲み物 [Chin. cá]

ಚಳ¹ ⟦caḷa チャラ⟧ [ʧəḷɐ] 《文》 (adj.) 動く〈こと〉、揺らぐ〈こと〉、じっとしていない〈こと〉☞ಚಲ (cala)¹ [Sk.]

ಚಳ² ⟦caḷa チャラ⟧ [ʧəḷɐ] n. ☞ಚಲ (cala)²

ಚಳಕ¹ ⟦caḷaka チャラカ⟧ [ʧəḷə̆kɐ] 《‡》 n. (水などを)振りまくこと (J.33,18 (Kitt.)) [Ka. D2384] = ಚಳೆಯ (caḷeya)

ಚಳಕ² ⟦caḷaka チャラカ⟧ [ʧəḷə̆kɐ] n. 1《古》すばしこいこと、すばやいこと、機転が利くこと、抜け目がないこと 2 器用さ、(手の)すばしこさ ¶ ಕಳ್ಳ ಕೈಚಳಕದಿಂದ ಸರವನ್ನು ಕಿತ್ತುಕೊಂಡು ಓಡಿದ. (kaḷḷa kaicaḷakadiṃda saravannu kittukoṃḍu ōḍida.) 泥棒が見事に首飾りを引ったくって逃げていった。 [?]

ಚಳಕು ⟦caḷaku チャラク⟧ [ʧəḷə̆ku] ಚಳುಕು, ಛಳಕು, ಛಳುಕು n. ぎっくり腰、肉離れなど急に体を動かした時に始まる激痛 ◇ vi. —ಹಿಡಿ (hiḍi) ぎっくり腰に襲われる [? mim.] = ಛಳುಕು (cʰaḷuku)

ಚಳಚಳ¹ ⟦caḷacaḷa チャラチャラ⟧ [ʧəḷəʧəḷɐ] (n.) 1 さんさんと(雲が晴れた後にさす明るい日光を表す擬態語) 2 ざあっ(広い水面に雨粒が落ちる音を表す擬音語) 3 ぽこぽこ(沸騰した水の泡立つ音) [Ka. onom.]

ಚಳಚಳನೆ¹ ⟦caḷacaḷane チャラチャラネ⟧ [ʧəḷəʧəḷəne] adv. 1 ぴかぴかと ¶ ಮಳೆ ಹೋಗಿ ಇಂದು ಚಳಚಳನೆ ಬಿಸಿಲು ಬಿದ್ದಿದೆ. (maḷe hōgi iṃdu caḷacaḷane bisilu biddide.) 雨がやんで今日はまばゆく日光がさしている。2 ざあっと(広い水面に雨粒が落ちる音を表す擬音語) ¶ ಕೆರೆಯ ಮೇಲೆ ಚಳಚಳನೆ ಮಳೆ ಬೀಳಲು ಆರಂಭಿಸಿತು. (kereya mēle caḷacaḷane maḷe bīḷalu āraṃbʰisitu.) 池の水の上に雨粒がざあっと落ちはじめた。 [+ -ane]

ಚಳಚಳ² ⟦caḷacaḷa チャラチャラ⟧ [ʧəḷəʧəḷɐ] (n.) てきぱき(すばやく仕事をする様子を表す擬態語) [Ka. onom.]

ಚಳಚಳನೆ² ⟦caḷacaḷane チャラチャラネ⟧ [ʧəḷəʧəḷəne] adv. てきぱきと、さっさと ¶ ಮನೆಗೆಲಸದವಳು ಚಳಚಳ ಕೆಲಸ ಮಾಡಿ ಹೋದಳು. (manegelasadavaḷu caḷacaḷa kelasa māḍi hōdaḷu.) お手伝いさんがてきぱきと仕事を片付けて帰っていった。 [+ -ane]

ಚಳಚಳಿಸು ⟦caḷacaḷisu チャラチャリス⟧ [ʧəḷəʧəḷisu] vi. きらめく、輝く [Ka. onom.]

ಚಳತೆ ⟦caḷate チャラテ⟧ [ʧəḷəte] 《文》 n. 1 気まぐれなこと、移り気なこと 2 すばやいこと [Sk.]

ಚಳನ ⟦caḷana チャラナ⟧ [ʧəḷə̆nɐ] 《古》 n. 足(足首より先) [Sk. calana-] ☞ಚಲನ (calana)

ಚಳಪಳ ⟦caḷapaḷa チャラパラ⟧ [ʧəḷə̆pəḷɐ] (n.) 1 ぽこぽこ(水の泡立つ音) 2 ぴちぴち(生け簀で魚が跳ねる様子の擬態語) ◇ adv. ಚಳಪಳನೆ (caḷapaḷane) [Ka. onom. D2405]

ಚಲಮತಿ ⟦calamati チャラマティ⟧ [ʧələməti] 《文》 mf. 気まぐれな人、移り気な人 [Sk.]

ಚಳಮಳ ⟦caḷamaḷa チャラマラ⟧ [ʧəḷə̆məḷɐ] (n.) 1 ぽこぽこ(水の泡立つ音) 2 ぴちぴち(生け簀で魚が跳ねる様子の擬態語) [Ka. onom. D2405]

ಚಳಯ ⟦caḷaya チャラヤ⟧ [ʧəḷə̆jɐ] ಚಳಿಯ, ಚಳೆಯ, ಛಳಯ, ಛಳೆಯ 《古》 n. (水などを)振りまくこと [Ka. D2384]

ಚಳಯಿಸು ⟦caḷayisu チャライス⟧ [ʧəḷə̆jisu] vi. ☞ಚಲಿಸು (calisu)

ಚಳವಳ ⟦caḷavaḷa チャラヴァラ⟧ [ʧəḷə̆vəḷɐ] 《文》 n. [M. caḷval T4718] ☞ಚಳವಳಿ (caḷavaḷi)

ಚಳವಳಿ ⟦caḷavaḷi チャラヴァリ⟧ [ʧəḷə̆vəḷi] ಚಳವಳ, ಚಳುವಳಿ n. 大衆運動、(政治的、社会的な)運動 ¶ ಕನ್ನಡ ಚಳವಳಿಯಲ್ಲಿ ನಮ್ಮ ವಿಭಾಗದ ಅಧ್ಯಾಪಕರೂ ಭಾಗವಹಿಸಿದರು. (kannaḍa caḷavaḷiyalli namma vibʰāgada adʰyāpakarū bʰāgavahisidaru.) うちの学科の教授たちもカンナダ運動に参加した。 [M. caḷăvaḷă T4718]

ಚಳಿ¹ ⟦caḷi チャリ⟧ [ʧəḷi] 《古》 vi. 《過去語幹 caḷit-》(努力に失敗して)元気を失う、疲れ果てる [Ka. D2407]

ಚಳಿ² ⟦caḷi チャリ⟧ [ʧəḷi] ಛಳಿ, ಸಳಿ n. 1 寒さ、冷え 2 霜、雪 ¶ ಇಂದು ವಿಪರೀತ ಚಳಿ ಬಿದ್ದಿದೆ. (iṃdu viparīta caḷi biddide.) 今日は恐ろしく寒い。 [Ka. D2408]

ಚಳಿ³ ⟦caḷi チャリ⟧ [ʧəḷi] 《古》 n. 1 振りまくこと、(水などを)振りかけること 2 門の外の地面を箒で掃除し水を撒くこと [Ka. *D3435] ☞ತಳಿ (taḷi)²

ಚಳಿಗಾಲ ⟦caḷigāla チャリガーラ⟧ [ʧəḷigɐːlɐ] ಛಳಿಗಾಲ n. 冬、寒い季節 [caḷi + kāla]

ಚಳಿಗಿರಿ ⟦caḷigiri チャリギリ⟧ [ʧəḷigiḷi] 《文》 *n.* ヒマラヤ山脈 [*caḷi + giri*]

ಚಳಿಜ್ವರ ⟦caḷijvara チャリジュヴァラ⟧ [ʧəḷiʤvərɐ] *n.* マラリア、瘧(おこり) [*caḷi + jvara*]

ಚಳಿಯ¹ ⟦caḷiya チャリヤ⟧ [ʧəḷĭjɐ] 《古》 *n.* [Ka. D2384] (*ŚS*) ☞ಚಳಯ (caḷaya)

ಚಳಿಯ² ⟦caḷiya チャリヤ⟧ [ʧəḷĭjɐ] 《‡》 *n.* 腐ること [Ka. D2406] (*Kitt.*)

ಚಳಿಯ³ ⟦caḷiya チャリヤ⟧ [ʧəḷĭjɐ] 《‡》 *n.* よどむこと (*Kitt.*) [Ka. D2412]

ಚಳಿಯಿಸು ⟦caḷiyisu チャリイス⟧ [ʧəḷiĭjisu] *vi.* ☞ಚಲಿಸು (calisu)

ಚಳಿಸು ⟦caḷisu チャリス⟧ [ʧəḷĭsu] *vi.* ☞ಚಲಿಸು (calisu)

ಚಳುಕು ⟦caḷuku チャルク⟧ [ʧəḷŭku] *n.* ☞ಚಳಕು (caḷaku)

ಚಳುವಳಿ ⟦caḷuvaḷi チャルヴァリ⟧ [ʧəḷŭvəḷi] 《文》 *n.* [M. *caḷvaḷ* T4718] ☞ಚಳವಳಿ (caḷavaḷi)

ಚಳೆ¹ ⟦caḷe チャレ⟧ [ʧəḷe] 《古》 *n.* (水などを)振りまくこと (*Kitt.,S.Mhr.*) [Ka. D2384]

ಚಳೆ² ⟦caḷe チャレ⟧ [ʧəḷe] 《文》 *n.* ☞ಚಿಲ್ಲ (cilla)¹

ಚಳೆ³ ⟦caḷe チャレ⟧ [ʧəḷe] 《古》 *n.* 傘 [Ka. *D3119] ☞ತಱೆ (taṟe)

ಚಳೆಯ¹ ⟦caḷeya チャレヤ⟧ [ʧəḷĕjɐ] 《古》 *n.* [Ka. D2384] ☞ಚಳಯ (caḷaya)

ಚಳೆಯ² ⟦caḷeya チャレヤ⟧ [ʧəḷĕjɐ] 《古》 *n.* [Ka. *D3119] ☞ಚಳೆ (caḷe)³, ತಱೆ (taṟe)

ಚಳ್ಳು ⟦caḷḷu チャッル⟧ [ʧəḷḷu] 《古》 *n.* 長くて柔らかい木の枝 [Ka. D2790] = ಸೆಳ್ಳು (seḷḷu)

ಚಾಂಡಾಲ ⟦cāṃḍāla チャーンダーラ⟧ [ʧɐːɳḍɐːlɐ] 《文》 *m.* 《*f.* ಚಾಂಡಾಲಿ (cāṃḍāli)》 1 ハリジャン 2 残忍な人、むごい人 [Sk.]

ಚಾಂದ್ರಮಾನ ⟦cāṃdramāna チャーンドラマーナ⟧ [ʧəndrə mɐːnɐ] *n.* 太陰法、月の満ち欠けを基準に時間を測ること [Sk.]

ಚಾ ⟦cā チャー⟧ [ʧɐː] *n.* [Chin. *cá*] ☞ಚಹಾ (cahā)

ಚಾಕಚಕ್ಯ ⟦cākacakya チャーカチャキャ⟧ [ʧɐːkəʧəkjɐ] *n.* 1 すばしこさ、敏捷、敏活 2 利口さ、巧妙さ [Sk.] = ಚಾಕಚಕ್ಯತೆ (cākacakyate)

ಚಾಕಚಕ್ಯತೆ ⟦cākacakyate チャーカチャキャテ⟧ [ʧɐːkəʧə kˑjəte] 《文》 *n.* 1 すばしこさ、敏捷さ、敏活さ 2 利口さ、巧妙さ [Sk.]

ಚಾಕಣ ⟦cākaṇa チャーカナ⟧ [ʧɐːkəɳɐ] 《文》 *n.* 酒の肴 (*Pb. 4.87*) [Sk. *cakṣaṇa-*]

ಚಾಕರ ⟦cākara チャーカラ⟧ [ʧɐːkərɐ] *mf.* 小使い、召し使い、雇い人 [Pe. *čākar*]

ಚಾಕರಿ ⟦cākari チャーカリ⟧ [ʧɐːkəri] *n.* (職業としての)仕事、働き、(召し使いとしての)奉仕、(給料取りの)勤務 [Pe. *čākarī*]

ಚಾಕಲೇಟು ⟦cākalēṭu チャーカレートゥ⟧ [ʧɐːkəleːʈu] ಚಾಕಲೆಟ್, ಚಾಕ್ಲೇಟ್ *n.* チョコレート [Eg. *chocolate*]

ಚಾಕು ⟦cāku チャーク⟧ [ʧɐːkuː] *n.* 《gen ಚಾಕುವಿನ (cākuvina)》小刀、ナイフ、包丁 [H. *cākū* ←Tk.]

ಚಾಗ¹ ⟦cāga チャーガ⟧ [ʧɐːgɐ] 《‡》 *n.* 敏速、速いこと (*Kitt.*) [Ka. D2499]

ಚಾಗ² ⟦cāga チャーガ⟧ [ʧɐːgɐ] 《文》 *n.* 1 喜捨、布施 2 現世放棄 [Pk. *cāga-* < Sk. *tyāga-*]

ಚಾಗ³ ⟦cāga チャーガ⟧ [ʧɐːgɐ] 《古》 *n.* 1 緑色 2 エメラルド、翠玉(すいぎょく) [?] = ಪಚ್ಚೆಮಣಿ, ಮರಕತ (paccamaṇi, marakata)

ಚಾಗೆ ⟦cāge チャーゲ⟧ [ʧɐːge] 《古》 *n.* ☞ಚೇಗೆ (cēge)

ಚಾಚಿ ⟦cāci チャーチ⟧ [ʧɐːʧi] ತಾಚಿ *n.* 〔児〕おっぱい [Ka. D2436]

ಚಾಚು ⟦cācu チャーチュ⟧ [ʧɐːʧu] *vi.* 広がる、伸びる —*vt.* 1〈手などを〉伸ばす、〈ござなどを〉広げる、〈舌などを〉出す 2〈助けの手を〉差し出す —*n.* 広がり [Ka. D2433]

ಚಾಟಿ ⟦cāṭi チャーティ⟧ [ʧɐːʈi] ಛಾಟಿ *n.* 馬などを追うための革などでできた鞭 [Ka. D2443] = ಛವಟಿ (cʰavaṭi)

ಚಾಟಿಕೋಲು ⟦cāṭikōlu チャーティコール⟧ [ʧɐːʈikoːlu] *n.* [Ka. D2443] ☞ಚಾಟಿಗೋಲು (cāṭigōlu)

ಚಾಟಿಗೋಲು ⟦cāṭigōlu チャーティゴール⟧ [ʧɐːʈigoːlu] ಚಾಟಿಕೋಲು *n.* 革などでできた鞭の柄 [Ka. D2443]

ಚಾಟು¹ ⟦cāṭu チャートゥ⟧ [ʧɐːʈu] *n.* 雨宿りをする場所、日差しや風を避ける場所 ¶ ಯಾರೂ ಇಲ್ಲದಾಗ ಮಸೂದ್ ಚಾಟು ನೀಡಿದ. (yārū illadāga masūd cāṭu nīḍida.) 誰も助けてくれなかった時にマスードが助けてくれた。 [Ka. D2441]

ಚಾಟು² ⟦cāṭu チャートゥ⟧ [ʧɐːʈu] *n.* へつらい、追従 [Sk.]

ಚಾಟುಕಾರ ⟦cāṭukāra チャートゥカーラ⟧ [ʧɐːʈukɐːrɐ] *n.* 優しい言葉、情けのこもった言葉;へつらい、追従 [Sk.]

ಚಾಟುಕಾರಿಸು ⟦cāṭukārisu チャートゥカーリス⟧ [ʧɐːʈukɐːrĭsu] 《古》 *vt.* 〈王の業績などを〉誉め称える [*cāṭukāra + -isu*]

ಚಾಟುತನ ⟦cāṭutana チャートゥタナ⟧ [ʧɐːʈutənɐ] 《文》 *n.* 1 他人を自分の望む方向へ動かす言葉 2 へつらい、追従 [Sk.]

ಚಾಟುಪದ್ಯ ⟦cāṭupadya チャートゥパディャ⟧ [ʧɐːʈupə dˑjɐ] 《文》 *n.* 警句、風刺詩、機知に富んだ詩 [Sk.]

ಚಾಟುಮಾತು ⟦cāṭumātu チャートゥマートゥ⟧ [ʧɐːʈumɐː tu] *n.* 機知に富んだ言葉 [*cāṭu + mātu*]

ಚಾಟುವಚನ ⟦cāṭuvacana チャートゥヴァチャナ⟧ [ʧɐːʈu vəʧənɐ] *n.* 機知に富んだ言葉 [*cāṭu + mātu*]

ಚಾಟೂಕ್ತಿ ⟦cāṭūkti チャートゥークティ⟧ [ʧɐːʈuːkti] *n.* [Sk.] = ಚಾಟುಮಾತು (cāṭumātu)

ಚಾಡ ⟦cāḍa チャーダ⟧ [ʧɐːḍɐ] ಚಹಡ, ಚಹಡಿ, ಚಹಡೆ, ಚಾಡಿ, ಚಾಹಡ, ಛಾಡ, ಛಾಡಿ *n.* 告げ口、中傷、悪口 [? cf. M. *cahāḍā. cahāḍī*]

ಚಾಡಿ ⟦cāḍi チャーディ⟧ [ʧɐːḍi] *n.* [f. cf M. *cāḍī* *C4737] ☞ಚಾಡ (cāḍa)

ಚಾಡಿಕೋರ ⟦cāḍikōra チャーディコーラ⟧ [ʧɐːḍikoːrɐ] *m.* ⟪*f.* ಚಾಡಿಕೋರಳು (cāḍikōraḷu)⟫中傷家、悪口屋、告げ口屋 [*cāḍi* + *-kōra*]

ಚಾಣ ⟦cāṇa チャーナ⟧ [ʧɐːṇɐ] *n.* 小型の鑿(のみ) [Ka. D2445] ☞ಚೇಣ (cēṇa)

ಚಾಣಕ್ಯ ⟦cāṇakya チャーナキャ⟧ [ʧɐːṇəkjɐ] *m.* ⟪*f.* ಚಾಣಕ್ಯಳು (cāṇakyaḷu)⟫ 1 (ナンダ朝を滅ぼしたと伝えられる)チャンドラグプタ王の宰相 2 利口な人、狡猾な人、世知に長けた人、策略家 = ಚಾಣಾಕ್ಷ (cāṇākṣa) [Sk.]

ಚಾಣಾಕ್ಷ ⟦cāṇākṣa チャーナークシャ⟧ [ʧɐːṇɐːkʂɐ] ⟪文⟫ *m.* ⟪*f.* ಚಾಣಾಕ್ಷೆ(cāṇākṣe)⟫利口な人、狡猾な人、世知に長けた人、策略家 [M. *cāṇakṣă*]

ಚಾಣಾಕ್ಷತನ ⟦cāṇākṣatana チャーナークシャタナ⟧ [ʧɐːnɐːkʂətənɐ] ⟪文⟫ *n.* 策略に長けていること、機略があること [*cāṇakṣa* + *-tana*] = ಚಾಣಕ್ಷತೆ (cāṇakṣate)

ಚಾಣಾಕ್ಷತೆ ⟦cāṇākṣate チャーナークシャテ⟧ [ʧɐːnɐːkʂəte] ⟪文⟫ *n.* [*cāṇakṣa* + *-te*] = ಚಾಣಕ್ಷತನ (cāṇakṣatana)

ಚಾತುರ್ಮಾಸ್ಯ ⟦cāturmāsya チャートゥルマースヤ⟧ [ʧɐːturmɐːsˑjɐ] *n.* アーシャーダ月白分 11 日からカールティカ月白分 11 日までの 4 か月間(その間出家者たちは人里離れたところで過ごす) [Sk.]

ಚಾತುರ್ವರ್ಣ ⟦cāturvarṇa チャートゥルヴァルナ⟧ [ʧɐːturvərṇɐ] ⟪文⟫ *n.* 四つの種姓(ブラーフマナ、クシャトリヤ、ヴァイシュヤ、シュードラ) [Sk.]

ಚಾನ ⟦cāna チャーナ⟧ [ʧɐːnɐ] *n.* 鑿(のみ) [Ka. D2445] ☞ಚೇಣ (cēṇa)

ಚಾಪ[1] ⟦cāpa チャーパ⟧ [ʧɐːpɐ] ⟪文⟫ *n.* 弓 [Sk.]

ಚಾಪ[2] ⟦cāpa チャーパ⟧ [ʧɐːpɐ] ⟪‡⟫ *n.* ござ (*Kitt.*) [Ka. D2452]

ಚಾಪಖಾನೆ ⟦cāpakʰāne チャーパカーネ⟧ [ʧɐːpəkʰɐːne] *n.* ☞ಛಾಪಖಾನೆ (cʰāpakʰāne)

ಚಾಪಲ್ಯ ⟦cāpalya チャーパリャ⟧ [ʧɐːpəlˑjɐ] ⟪文⟫ *n.* 1 気まぐれ、移り気 2 あるものが欲しくてうずうずすること ¶ ಅವನಿಗೆ ರಸಗುಲ್ಲಾ ತಿನ್ನುವ ಚಾಪಲ್ಯ ಆಗಿದೆ. (avanige rasagullā tinnuva cāpalya āgide.) 彼はラスグッラーが食べたくてたまらないようになった。 [Sk.]

ಚಾಪು ⟦cāpu チャープ⟧ [ʧɐːpu] (*n.*) 薄くて幅広い〈こと〉¶ ಚಾಪುಗಲ್ಲು (cāpugallu) 扁平な石 [Ka. D2433]

ಚಾಪೆ ⟦cāpe チャーペ⟧ [ʧɐːpe] ಚೇಪೆ *n.* (イグサなどで作った)ござ、むしろ ◇ *vi.* —ಹಾಸು (hāsu) ござを広げる [Ka. D2452]

ಚಾಬೂಕು ⟦cābūku チャーブーク⟧ [ʧɐːbˑku] *n.* ☞ಚಬುಕು (cabuku)

ಚಾಮರ ⟦cāmara チャーマラ⟧ [ʧɐːmərɐ] ⟪文⟫ *n.* ヤクの尾で作った虫はらい、王権の象徴として用いられた [Sk.]

ಚಾರ ⟦cāra チャーラ⟧ [ʧɐːrɐ] ⟪雅⟫ *n.* 召し使い、走り使い [Sk.]

ಚಾರಚಕ್ಷು ⟦cāracakṣu チャーラチャクシュ⟧ [ʧɐːrəʧəkʂu] ⟪文⟫ *adj.*, *m.* 1 敵を偵察する眼力を持った〈人〉 2 スパイたちを自分の目とする〈王者〉 [Sk.]

ಚಾರಣ ⟦cāraṇa チャーラナ⟧ [ʧɐːrəṇɐ] ⟪方⟫ *n.* 遍歴、巡歴 —*m.* 1 旅役者 2 吟遊詩人 [Sk.]

ಚಾರಣಕವಿ ⟦cāraṇakavi チャーラナカヴィ⟧ [ʧɐːrəṇəkəvi] *mf.* 吟遊詩人 [Sk.]

ಚಾರಿತ್ರಿಕ ⟦cāritrika チャーリトリカ⟧ [ʧɐːritrikɐ] ⟪文⟫ *adj.* 歴史の、歴史上の [Sk.]

ಚಾರಿತ್ರ್ಯ ⟦cāritrya チャーリトリヤ⟧ [ʧɐːritrjɐ] ⟪文⟫ *n.* 行動、振る舞い、性格 [Sk.]

ಚಾರಿತ್ರ್ಯಪತ್ರ ⟦cāritryapatra チャーリトリヤパトラ⟧ [ʧɐːritˑrjəpətrɐ] ⟪文⟫ *n.* (学校長などが発行する)人格証明書 [Sk.]

ಚಾರು ⟦cāru チャール⟧ [ʧɐːru] ⟪文⟫ (*adj.*) 美しい〈こと〉、きれいな〈こと〉、可愛い〈こと〉、魅力的な〈こと〉 [Sk.]

ಚಾರ್ವಾಕ ⟦cārvāka チャールヴァーカ⟧ [ʧɐːrvɐːkɐ] ⟪文⟫ 1 チャールヴァーカ、物質主義の哲学者の名 2 唯物主義者、無神論者

ಚಾರ್ವಾಕತೆ ⟦cārvākate チャールヴァーカテ⟧ [ʧɐːrvɐːkəte] ⟪文⟫ *n.* 物質主義、懐疑主義 [Sk.]

ಚಾಱ ⟦cāṟa チャーラ⟧ [ʧɐːṟɐ] ⟪‡⟫ *n.* 線 (*My.* (*Kitt.*)) [Ka. D2481]

ಚಾಱು ⟦cāṟu チャール⟧ [ʧɐːṟu] ⟪‡⟫ *n.* 米飯にかけて食べる香辛料のきいたソース(サーンバールより水分を多く含む) (*My.* (*Kitt.*)) [Ka. D2484] ☞ಸಾರು (sāru)〔汎〕

ಚಾಲಕ ⟦cālaka チャーラカ⟧ [ʧɐːlǝ̆kɐ] ಚಾಳಕ *m.* ⟪*f.* ಚಾಲಕಿ (cālaki)⟫ 1 (会などの)組織者、経営者、管理者 2 御者、運転手、運転者、(飛行機の)パイロット —*n.* モーター、発動機 [Sk.]

ಚಾಲತಿ ⟦cālati チャーラティ⟧ [ʧɐːləti] ಚಾಲ್ತಿ *n.* 流通、通用 ¶ ರಾಜನ ರೂಪಾಯಿಗಳನ್ನು ಸರಕಾರ ಚಾಲತಿಯಿಂದ ತೆಗೆಯಿತು. (rājana rūpāyigaḷannu sarakāra cālatiyiṃda tegeyitu.) 政府は王の横顔を刻印した 1 ルーピー貨幣を流通から除いた。 —(*adj.*) 現行〈の〉、流通している〈こと〉、通用している〈こと〉= ಚಾಲ್ತಿ (cālti) [M. *cālănē* T4772]

ಚಾಲತಿ ಖಾತೆ ⟦cālati kʰāte チャーラティカーテ⟧ [ʧɐːlǝ̆ti kʰɐːte] *n.* 当座預金口座 [+ *kʰāte*]

ಚಾಲನ ⟦cālana チャーラナ⟧ [ʧɐːlənɐ] ⟪文⟫ *n.* 1 (車などの)運転 2 動機、動因 ¶ ನನಗೆ ಭೌತಶಾಸ್ತ್ರ ಓದುವದಕ್ಕೆ ಸಿ.ವಿ. ರಾಮನ್ನರಿಂದ ಚಾಲನ ಸಿಕ್ಕಿತು. (nanage bʰautaśāstra ōduvadakke si.vi. rāmannariṃda cālana sikkitu.) 私は C.V. ラーマンに刺激されて物理を勉強した。 [Sk.]

ಚಾಲನೆ ⟦cālane チャーラネ⟧ [ʧɐːləne] ⟪文⟫ *n.* 刺激、促進力 ¶ ನಿಂತುಹೋದ ಯೋಜನೆಗೆ ಹೊಸ ಮಂತ್ರಿಗಳು ಚಾಲನೆ ಕೊಟ್ಟರು. (niṃtuhōda yōjanege hosa maṃtrigaḷu cālane koṭṭaru.) 新しい大臣は中断した計画を活性化した。 [Sk.]

ಚಾಲಾಕಿ ⟦cālāki チャーラーキ⟧ [ʧɐːlɐːki] ಚಲಾಕಿ *n.* 1 利口さ、抜け目のないこと、ずる賢いこと、狡猾 2 巧妙さ、巧みさ ¶ ಮಂತ್ರಿಗಳು ಚಾಲಾಕಿನಿಂದ ಗುತ್ತಿಗೆಯನ್ನು ತಮ್ಮವರಿಗೆ ಕೊಡಿಸಿದರು. (maṃtrigaḷu cālākinimda guttigeyannu tammavarige koḍisidaru.) 大臣は巧妙に自分の仲間に工事を請け負わせた。 [Pe. *čālākī*]

ಚಾಲಾಕು ⟦cālāku チャーラーク⟧ [ʧɐːlɐːku] ಚಲಾಕು, ಚಲೂಕು, ಚಾಲೋಕು *adj.* 利口な、抜け目のない、ずる賢い —*n.* 利口さ、抜け目のないこと、ずる賢いこと、狡猾 ¶ ನಿನ್ನ ಚಾಲಾಕು ನನ್ನ ಹತ್ತಿರ ನಡೆಯುವುದಿಲ್ಲ. (ninna cālāku nanna hattira naḍeyuvudilla.) 君のずる賢さは僕には通じない。 [Pe. *čālāk*]

ಚಾಲಿಸು ⟦cālisu チャーリス⟧ [ʧɐːlĭsu] *vt.* 1 動かす、進める 2〔喩〕行う、〈仕事、事業などを〉やってゆく、実行する、営む ¶ ಜನರ ಒತ್ತಾಯ ಇದ್ದದ್ದರಿಂದ ಸರಕಾರ ಈ ಯೋಜನೆಯನ್ನು ಚಾಲಿಸಿತು. (janara ottāya iddadariṃda sarakāra ī yōjaneyannu cālisitu.) 人々の圧力があったので政府はこの計画を復活させた。 [Sk. *cālana-* – *-na* + *-isu*]

ಚಾಲು[1] ⟦cālu チャール⟧ [ʧɐːlu] *n.* 1 動き 2 振る舞い、性癖 3 馬の歩み [H./M. *cālă* < Sk. *calyā-*]

ಚಾಲು[2] ⟦cālu チャール⟧ [ʧɐːlu] (*n.*) ☞ಚಾಲೂ (cālū)

ಚಾಲೂ ⟦cālū チャールー⟧ [ʧɐːluː] ಚಾಲು[2] (*n.*) 1 動いている〈こと〉¶ ಗಾಡಿ ಚಾಲೂ ಮಾಡು. (gāḍi cālū māḍu.) 発車しろ。 2 利口〈な〉 [H./M. *cālū*]

ಚಾಲೂಕು ⟦cālūku チャールーク⟧ [ʧɐːluːku] *n.* ☞ಚಾಲಾಕು (cālāku)

ಚಾಲೋಕು ⟦cālōku チャーローク⟧ [ʧɐːloːku] 《異》 *n.* ☞ಚಾಲಾಕು (cālāku)

ಚಾಲ್ತಿ ⟦cālti チャールティ⟧ [ʧɐːlti] *adj.*, *n.* ☞ಚಾಲತಿ (cālati)

ಚಾಲ್ತಿ ಖಾತೆ ⟦cālti kʰāte チャールティカーテ⟧ [ʧɐːlti kʰɐːte] 《文》 ☞ಚಾಲತಿ ಖಾತೆ (cālati kʰāte)

ಚಾವಟಿ ⟦cāvaṭi チャーヴァティ⟧ [ʧɐːvə̆ʈi] ಛಾವಟಿ 《文》 *n.* 木や竹の棒の先に革紐をつけた鞭 [Ka. *D2443] = ಚಾಟಿ (cāṭi)

ಚಾವಡಿ ⟦cāvaḍi チャーヴァディ⟧ [ʧɐːvə̆ɖi] ಚಾವಡೆ, ಚಾವುಡಿ, ಛಾವಡಿ 《口》 *n.* 1 小さな役所 2 村でパンチャーヤットの会合などに使われる建物 3 家の表の軒下にある石などでできた台(人が座る場所) 4 町の警察署長の事務所 [M. *cāvăḍī* *C5018] = ಜಗಲಿ (jagali)

ಚಾವಡೆ ⟦cāvaḍe チャーヴァデ⟧ [ʧɐːvə̆ɖe] 《口》 *n.* = ಜಗಲಿ (jagali) ☞ಚಾವಡಿ (cāvaḍi) 4

ಚಾವಣಿ ⟦cāvaṇi チャーヴァニ⟧ [ʧɐːvə̆ɳi] *n.* 草や瓦で葺いた屋根 [M. *cʰāvṇī* *C5018] ☞ಛಾವಣಿ (cʰāvaṇi) 1

ಚಾವುಡಿ ⟦cāvuḍi チャーヴディ⟧ [ʧɐːvŭɖi] 《口》 *n.* = ಜಗಲಿ (jagali) ☞ಚಾವಡಿ (cāvaḍi) 4

ಚಾಹಡ ⟦cāhaḍa チャーハダ⟧ [ʧɐːkəɖɐ] *n.* [Ka.*C4737] ☞ಚಾಡ (cāḍa)

ಚಾಳಕ ⟦cāḷaka チャーラカ⟧ [ʧɐːɭə̆kɐ] *m.* 《*f.* ಚಾಳಕಿ (cāḷaki)》 [Sk.] ☞ಚಾಲಕ (cālaka) 1

ಚಾಳಿ ⟦cāḷi チャーリ⟧ [ʧɐːɭi] *n.* 1 行動、振る舞い 2 (主として悪い)習慣、癖 [H./M. *cālă* < Sk. *calyā-* T4768] ☞ಚಾಲು (cālu)[1]

ಚಾಳೀಸು ⟦cāḷīsu チャーリース⟧ [ʧɐːɭiːsu] *numr.* 40 —*n.* 1 (40代から始まる)老眼、遠視 2〔俗〕めがね [M. *cāḷīsă* T4656]

ಚಿಂತನ ⟦ciṃtana チンタナ⟧ [ʧintə̆nɐ] *n.* 1 考えること、思索 2 瞑想、沈思 [Sk.]

ಚಿಂತನಶೀಲ ⟦ciṃtanaśīla チンタナシーラ⟧ [ʧintə̆nəʃiːlɐ] 《文》 *adj.* 思索にふける、瞑想的な [Sk.]

ಚಿಂತನೆ ⟦ciṃtane チンタネ⟧ [ʧintə̆ne] *n.* 1 考えること、思索 2 瞑想、沈思 [Sk.]

ಚಿಂತಾಕ್ರಾಂತ ⟦ciṃtākrāṃta チンタークラーンタ⟧ [ʧintɐːkrɐːntɐ] 《文》 *adj.*, *m.* 《*f.* ಚಿಂತಾಕ್ರಾಂತೆ (ciṃtākrāṃte)》 心配でいっぱいの〈人〉、心配で心のかき乱れた〈人〉 [Sk.]

ಚಿಂತಾಮಗ್ನ ⟦ciṃtāmagna チンターマグナ⟧ [ʧintɐːməgnɐ] 《文》 *adj.*, *m.* 《*f.* ಚಿಂತಾಮಗ್ನೆ (ciṃtāmagne)》 1 心配しきった〈人〉、心配でいっぱいの〈人〉 2 考えにふけった〈人〉、考えに没入した〈人〉 [Sk.]

ಚಿಂತಿಸು ⟦ciṃtisu チンティス⟧ [ʧintisu] *vi.* 1 考える、思索する 2 心配する、心を悩ます 3 瞑想する [Sk.]

ಚಿಂತೆ ⟦ciṃte チンテ⟧ [ʧinte] *n.* 1 心配、不安、気がかり 2 考えること、思索 3 瞑想 [*Sk.*]

ಚಿಂದಿ ⟦ciṃdi チンディ⟧ [ʧindi] *n.* 裂かれた紙、ぼろきれ、端切れ [H. *ciṃdī*]

ಚಿಂಪಾಂಜಿ ⟦ciṃpāṃji チンパーンジ⟧ [ʧimpɐːɲʤi] *n.* チンパンジー [Eg. *chimpanzee*]

ಚಿಂಪಿ ⟦ciṃpi チンピ⟧ [ʧimpi] 《異》 *n.* 1 貝殻 2 ココナツなどの外の殻 [Ka. D2535] ☞ಸಿಪ್ಪು (sippu) 1

ಚಿಂಪು ⟦ciṃpu チンプ⟧ [ʧimpu] *n.* 1 貝殻 2 ココナツなどの外の殻 [Ka. D2535] ☞ಸಿಪ್ಪು (sippu) 1

ಚಿಂಪೆ ⟦ciṃpe チンペ⟧ [ʧimpe] 《異》 *n.* 1 貝殻 2 ココナツなどの外の殻 [Ka. D2535] ☞ಸಿಪ್ಪು (sippu) 1

ಚಿಕಣಿ ⟦cikaṇi チカニ⟧ [ʧikə̆ɳi] (*adj.*) (ビンロウジュの実が)柔らかい〈こと〉 [Ka. D2488]

ಚಿಕಣಿ ಅಡಿಕೆ ⟦cikaṇi aḍike チカニアディケ⟧ [ʧikə̆ɳi əɖĭke] *n.* (柔らかい)ビンロウジュの実の一種 (*S.Mhr.*) [Ka. *cikaṇi* D2488 + *aḍike*]

ಚಿಕಿತ್ಸಕ ⟦cikitsaka チキトサカ⟧ [ʧikitsəkɐ] 《文》 *m.* 《*f.* ಚಿಕಿತ್ಸಕಿ (cikitsaki)》 1 医者 2 物事を深く掘り下げて研究する人 [Sk.]

ಚಿಕಿತ್ಸಕಬುದ್ಧಿ ⟦cikitsakabuddʰi チキトサカブッディ⟧ [ʧikitsə̆kəbuddʰi] 《文》 *n.* 研究心、探求心、物事を掘り下げて調べる心 [Sk.]

ಚಿಕಿತ್ಸಾಲಯ ⟦cikitsālaya チキトサーラヤ⟧ [ʧikitsɐːləjɐ] 《文》 *n.* 病院、医院、クリニック [Sk.] = ಆಸ್ಪತ್ರೆ (āspatre) 〔口〕

ಚಿಕಿತ್ಸೆ ⟦cikitse チキトセ⟧ [ʧikitse] 《文》 *n.* 医療、病人の手当て、治療 [Sk.]

ಚಿಕ್ಕ ⟦cikka チッカ⟧ [ʧikkɐ] (*adj.*) **1** (大きさの)小さな〈こと〉、ちっぽけな〈こと〉 **2** 幼い〈こと〉、幼少〈の〉 **3** より年少〈の〉、より若い〈こと〉 **4** 些細な〈こと〉、取るに足らない〈こと〉 [Ka. D2495]

ಚಿಕ್ಕಟ ⟦cikkaṭa チッカタ⟧ [ʧikkəʈɐ] *n.* 蚤 [?]

ಚಿಕ್ಕತನ ⟦cikkatana チッカタナ⟧ [ʧikkə̆tənɐ] *n.* 幼年時代または少年時代、子どもの時 [Ka. D2495]

ಚಿಕ್ಕಪ್ಪ ⟦cikkappa チッカッパ⟧ [ʧikkəppɐ] *m.* 《*f.* ಚಿಕ್ಕಮ್ಮ (cikkamma)》 **1** 父親の弟、おじ **2** 母の妹の配偶者、(義理の)おじ [*cippa + appa*]

ಚಿಕ್ಕಮ್ಮ ⟦cikkamma チッカンマ⟧ [ʧikkəmmɐ] *f.* 《*m.* ಚಿಕ್ಕಪ್ಪ (cikkappa)》 **1** 母の妹、おば **2** 父の弟の配偶者、(義理の)おば **3** 父の後妻 [*cikka + amma*]

ಚಿಕ್ಕಾಡು ⟦cikkāḍu チッカードゥ⟧ [ʧikkɐːɖu] *n.* 蚤 [?]

ಚಿಕ್ಕಾಸು ⟦cikkāsu チッカース⟧ [ʧikkɐːsu] *n.* **1** 少額貨幣 **2** 小銭 [*cikka + kāsu*]

ಚಿಕ್ಕಿ ⟦cikki チッキ⟧ [ʧikki] *n.* [Ka. D2646] ☞ಚುಕ್ಕೆ (cukke)

ಚಿಕ್ಕೆ ⟦cikke チッケ⟧ [ʧikke] *n.* [Ka. D2646] ☞ಚುಕ್ಕೆ (cukke)

ಚಿಗ ⟦ciga チガ⟧ [ʧigɐ] 《‡》 (*adj.*) 小…、小さい〈こと〉 [Ka. D2495] (*Kitt.*) ☞ಚಿಕ್ಕ (cikka)

ಚಿಗಟ ⟦cigaṭa チガタ⟧ [ʧigə̆ʈɐ] ಚಿಗಟೆ *n.* 蚤 [?]

ಚಿಗಟೆ ⟦cigaṭe チガテ⟧ [ʧigə̆ʈe] *n.* [?] ☞ಚಿಗಟ (cigaṭa)

ಚಿಗಣಿ ⟦cigaṇi チガニ⟧ [ʧgə̆ɳi] *n.* [Ka. *D2490] ☞ಚಿಗುಳಿ (ciguḷi)

ಚಿಗರಿ ⟦cigari チガリ⟧ [ʧigə̆ri] *n.* [Ka. D2504] ಚಿಗರೆ (cigare)

ಚಿಗರು ⟦cigaru チガル⟧ [ʧigə̆ru] *vi.* 発芽する、芽を出す —*n.* 芽 [Ka. D2489]

ಚಿಗರೆ ⟦cigare チガレ⟧ [ʧigə̆re] ಚಿಗರಿ *n.* 鹿 [Ka. D2504]

ಚಿಗಳಿ ⟦cigaḷi チガリ⟧ [ʧgə̆ɭi] *n.* [Ka. D2490] ☞ಚಿಗುಳಿ (ciguḷi)

ಚಿಗಿ¹ ⟦cigi チギ⟧ [ʧigi] ಜಿಗಿ *vi.* (鹿や馬やカンガルーが)跳ねながら走る、ギャロップで走る [Ka. D2285]

ಚಿಗಿ² ⟦cigi チギ⟧ [ʧigi] *vt.* 〈コイン、はじき玉などを〉指で弾く [Ka. D2548]

ಚಿಗಿ³ ⟦cigi チギ⟧ [ʧigi] *vi.* 《*gen.* ಚಿಗಿತ್- (cigit-)》芽を出す、芽生える [Ka. D2489]

ಚಿಗಿಲ್ ⟦cigil チギル⟧ [ʧigil] 《古》 *vi.* [Ka. D2488] ☞ಜಿಗಿಲು (jigilu) 2

ಚಿಗುಟು ⟦ciguṭu チグトゥ⟧ [ʧiguʈu] ಚಿಮಟು, ಚಿವ-ಟು, ಚಿವುಂಟು, ಚಿವುಟು, ಚಿವುಡು, ಚೂಟು, ಜಿಗಟು, ಜಿಗುಟು ☞ಚಿವುಟು (civuṭu)

ಚಿಗುರ್ ⟦cigur チグル⟧ [ʧigur] 《古》 *vi.* 芽を出す、芽生える —*n.* 芽、若枝、若葉 [Ka. D2489]

ಚಿಗುರು¹ ⟦ciguru チグル⟧ [ʧigŭru] ಚಿಗುರ್ *vi.* 若芽を出す、若枝を出す —*n.* **1** (枝からの)若芽、若枝、新芽 **2** 〔喩〕 (希望などが)芽生える ¶ ಜಗದೀಶನ ಹೃದಯದಲ್ಲಿ ಅವಳ ಮೇಲೆ ಪ್ರೇಮ ಚಿಗುರಿತು. (jagadīśana hṛdayadalli avaḷa mēle prēma ciguritu.) ジャグディーシャの胸に娘に対する愛情が芽生えた。 [Ka. D2489]

ಚಿಗುರು² ⟦ciguru チグル⟧ [ʧigŭru] 《方》 *n.* シラミの卵 [Ka. D2625] (Hav.)

ಚಿಗ್ಳ ⟦cigḷa チグラ⟧ [ʧigɭɐ] 《方》 *n.* ハエ [Ka. D2506] (Tipt.)

ಚಿಗುಳಿ ⟦ciguḷi チグリ⟧ [ʧgŭɭi] ಚಿಗಣಿ, ಚಿಗಳಿ, ಜಿವುಳಿ *n.* **1** ゴマと黒砂糖を丸めて作った菓子 **2** タマリンドに黒砂糖を混ぜて固めた菓子 [Ka. D2490]

ಚಿಟಗುಬ್ಬಿ ⟦ciṭagubbi チタグッビ⟧ [ʧiʈə̆gubbi] ಚಿಟ್ಟುಗುಬ್ಬಿ *n.* 小スズメ [Ka. *ciṭa* D2513 + *gubbi*] = ಚಿಟ್ಟುಗುಬ್ಬಿ (ciṭṭagubbi)

ಚಿಟಕಿ ⟦ciṭaki チタキ⟧ [ʧiʈə̆ki] *n.* [Ka. D2507, D2511] ☞ಚಿಟಿಕೆ (ciṭike)[1, 2]

ಚಿಟಕೆ ⟦ciṭake チタケ⟧ [ʧiʈə̆ke] *n.* ぱちん、ぱちっ(指を鳴らす音) [Ka. D2507, D2511]

ಚಿಟಕು ⟦ciṭaku チタク⟧ [ʧiʈə̆ku] *n.* 破れた布をつなぐ応急の小さな縫い目の一種 [Ka. D2511] ☞ಚಿಟಿಕೆ (ciṭike)

ಚಿಟಚಿಟ ⟦ciṭaciṭa チタチタ⟧ [ʧiʈə̆ʧiʈɐ] (*n.*) **1** ぱちぱち(水滴が煮えた油に落ちる時の音を表す擬音語) **2** ぱちぱち(トウモロコシなどが熱せられてはじける音を表す擬音語) [Ka. onom. D2509]

ಚಿಟಾಕಿ ⟦ciṭāki チターキ⟧ [ʧiʈɐːki] *n.* 爆竹 ◇ *vi.* —ಹಚ್ಚು (haccu) 爆竹を鳴らす [Ka.? onom.]

ಚಿಟಿ ⟦ciṭi チティ⟧ [ʧiʈi] (*adj.*) 小さい〈こと〉、ちっぽけな〈こと〉¶ ಚಿಟಿಗೊಳಗು (ciṭigoḷagu) 牛や馬の退化した指の小さな痕跡(ひづめのうしろにある) [Ka. D2513]

ಚಿಟಿಕಿ ⟦ciṭiki チティキ⟧ [ʧiʈĭki] *n.* [Ka. *D2507, D2511] ☞ಚಿಟಿಕೆ (ciṭike)[1, 2]

ಚಿಟಿಕು ⟦ciṭiku チティク⟧ [ʧiʈĭku] *n.* [Ka. *D2507, *D2511] ☞ಚಿಟಿಕೆ (ciṭike) 1

ಚಿಟಿಕೆ ⟦ciṭike チティケ⟧ [ʧiʈĭke] ಚಿಟಕಿ, ಚಿಟಕು, ಚಿಟಿಕಿ, ಚಿ-ಟಿಕು, ಚಿಟಿಕೆ, ಚಿಟುಂಕು, ಚಿಟುಂಕೆ, ಚಿಟುಕು, ಚಿಟುಂಕೆ, ಚಿಟುಕು, ಚುಟಕಿ, ಚುಟಕು, ಚುಟಕೆ, ಚುಟಿಕೆ, ಚುಟಿಗೆ, ಚುಟುಕ, ಚುಟುಕಿ, ಚುಟುಕು *n.* **1** 指を鳴らすこと ◇ *vi.* —ಹೊಡೆ (hoḍe) 指を鳴らす **2** (嗅ぎタバコなどの)一つまみ **3** 小型の縫い目の一種 **4** 音楽で拍子を取るために鳴らす木製や象牙製の楽器 [Ka. D2507, D2511]

ಚಿಟಿಕೆ ಹಾಕು ⟦ciṭike hāku チティケハーク⟧ [ʧiʈĭke hɐːku] *vi.* 嗅ぎタバコをかぐ [+ *hāku*]

ಚಿಟಿಗೊಳಗು ⟦ciṭigoḷagu チティゴラグ⟧ [ʧiʈigoɭə̆gu] *n.* 牛や馬の退化した指の小さな痕跡(ひづめのうしろにある) [*ciṭi* D2513 + *koḷagu*]

ಚಿಟಿಚಿಟಿ¹ ⟦ciṭiciṭi チティチティ⟧ [ʧiʈiʧiʈi] (*n.*) ぱちぱち(火花が散ったり、燃える薪がはじけたりする

音を表す擬音語) [Ka. onom. D2509]

ಚಿಟಿಚಿಟಿಸು 〚ciṭiciṭisu チティチティス〛 [ʧiʈiʧiʈisu] *vi.* (燃えて)ぱちぱちと音を立てる [Ka. *D2509]

ಚಿಟಿಚಿಟಿ² 〚ciṭiciṭi チティチティ〛 [ʧiʈiʧiʈi] (*n.*) しくしく(痛みなどを表す擬態語) [Ka. mim. *D2508]

ಚಿಟಿಚಿಟಿ ಅನ್ನು 〚ciṭiciṭi annu チティチティアンヌ〛 [ʧiʈiʧiʈi ənnu] *vi.* (頭が)痛い ¶ ಇಂದು ಬೆಳಗಿನಿಂದ ತಲೆ ಚಿಟಿಚಿಟಿ ಅನ್ನುತ್ತಿದೆ. (iṃdu beḷaginiṃda tale ciṭiciṭi annuttide.) 今日は朝から頭がしくしく痛んでいる。[Ka. D2508]

ಚಿಟಿಚಿಟಿ ಹೊಡೆ 〚ciṭiciṭi hoḍe チティチティホデ〛 [ʧiʈiʧiʈi hoɖe] *vi.* (頭が)ずきずきする (*Kitt.S.Mhr.*) [+ *hoḍe* 2508]

ಚಿಟಿಲ್ 〚ciṭil チティル〛 [ʧiʈil] (*n.*) ぱちっ(ものが燃える時の音) [Ka. D2509]

ಚಿಟುಂಕಿಸು 〚ciṭuṃkisu チトゥンキス〛 [ʧiʈuŋkisu] 《古》 *vi.* 中指と親指で指を鳴らす [Ka. *ciṭuṃku* D2511 + *-isu*]

ಚಿಟುಂಕು 〚ciṭuṃku チトゥンク〛 [ʧiʈuŋku] 《古》 *n.* **1** ぱちっ(中指と親指で指を鳴らす音を表す擬音語); 中指と親指で指を鳴らすこと **2** (嗅ぎタバコなどの)一つまみ [Ka. onom. D2511] ☞ಚಿಟಿಕೆ (ciṭike)

ಚಿಟುಂಕೆ 〚ciṭuṃke チトゥンケ〛 [ʧiʈuŋke] 《古》 *n.* 指を鳴らすこと [Ka. *ciṭuṃku* *D2511]

ಚಿಟುಕು 〚ciṭuku チトゥク〛 [ʧiʈŭku] *n.* **1** ぱちっ(中指と人差し指で指を鳴らす音); そのように指を鳴らすこと **2** ぽきん(指の関節を鳴らす音または鳴らすこと) **—**(*n.*) 小さい〈こと〉、ちっぽけ〈な〉☞ಚಿಟಿಕೆ (ciṭike) [Ka. onom. D2511]

ಚಿಟುಕೆ 〚ciṭuke チトゥケ〛 [ʧiʈŭke] 《‡》 *n.* 指を鳴らすことまたはその音 (*My.* (*Kitt.*)) [Ka. onom. D2511] ☞ಚಿಟಿಕೆ (ciṭike)

ಚಿಟ್ಟಗುಬ್ಬಿ 〚ciṭṭagubbi チッタグッビ〛 [ʧiʈʈə̆gubbi] *n.* 小スズメ [Ka.*ciṭṭa* D2513 + *gubbi*] = ಚಿಟಗುಬ್ಬಿ (ciṭagubbi)

ಚಿಟ್ಟಿ 〚ciṭṭi チッティ〛 [ʧiʈʈi] ಚಿಟ್ಟೆ *n.* 穀物の量を表す単位(4セールに当たる) [Ka. D2512]

ಚಿಟ್ಟಿಲಿ 〚ciṭṭili チッティリ〛 [ʧiʈʈili] *n.* 小さなネズミ [Ka. D2513]

ಚಿಟ್ಟು¹ 〚ciṭṭu チットゥ〛 [ʧiʈʈu] (*n.*) 小さい〈こと〉、ちっぽけ〈な〉¶ ಚಿಟ್ಟುಬಾಳೆ (ciṭṭubāḷe) バナナの小さな品種の一種 [Ka. D2513]

ಚಿಟ್ಟು² 〚ciṭṭu チットゥ〛 [ʧiʈʈu] *n.* 飽き飽きすること、うんざりすること [Ka.?]

ಚಿಟ್ಟಿಡಿ 〚ciṭṭiḍi チッティディ〛 [ʧiʈʈiɖi] 《口》 *vi.* 飽き飽きする、うんざりする、いらだつ、いらいらする [Ka. < *ciṭṭuhiḍi*]

ಚಿಟ್ಟುಹಿಡಿ 〚ciṭṭuhiḍi チットゥヒディ〛 [ʧiʈʈuhiɖi] *vi.* 飽き飽きする、うんざりする、いらだつ、いらいらする ¶ ಅವಳ ಕತೆ ಕೇಳಿ (avaḷa kate kēḷi)〈ತಲೆ (tale)〉 ಚಿಟ್ಟುಹಿಡಿಯಿತು. (ciṭṭuhiḍiyitu.) あの人の話を聞かされてうんざりした。[Ka.?, + *hiḍi*]

ಚಿಟ್ಟುಹಿಡಿಸು 〚ciṭṭuhiḍisu チットゥヒディス〛 [ʧiʈʈuhiɖisu] *vi.* 《*dat.*》飽き飽きさせる、うんざりさせる、いらいらさせる [Ka. caus.]

ಚಿಟ್ಟೆ¹ 〚ciṭṭe チッテ〛 [ʧiʈʈe] 《古》 *n.* 穀物を計る単位(4セールに当たる) [Ka. D2512] = ಚಿಟ್ಟಿ (ciṭṭi)

ಚಿಟ್ಟೆ² 〚ciṭṭe チッテ〛 [ʧiʈʈe] *n.* 人々が座る(座って話をする)ための石や土などでできた台 [Ka. D3221] = ಜಗತಿ (jagati) ☞ತಿಟ್ಟು (tiṭṭu)

ಚಿಟ್ಟೆ³ 〚ciṭṭe チッテ〛 [ʧiʈʈe] *n.* 取引日記帳の下書き、簡単な取引日記帳 [H. *ciṭṭʰā* T4832]

ಚಿಟ್ಟೆ⁴ 〚ciṭṭe チッテ〛 [ʧiʈʈe] *n.* 蛾、蝶 [?]

ಚಿಟ್ಲಿಸು 〚ciṭlisu チトリス〛 [ʧiʈlĭsu] 《‡》 *vt.* ぱちんと音を立てる、など (My. (Kitt.)) [Ka. D2510]

ಚಿಣಿ 〚ciṇi チニ〛 [ʧiɳi] *n.* (子どもの遊びで使われる)チニパニと呼ばれる大小2本の棒のうち小さい方 [Ka. D2594] ☞ಚಿಣ್ಣಿ, ಚಿಣ್ಣಿಕೋಲು (ciṇṇi, ciṇṇikōlu)

ಚಿಣ್ಣ 〚ciṇṇa チンナ〛 [ʧiɳɳɐ] *mf.* 小さな子ども、ちびっこ [Ka. D2594]

ಚಿಣ್ಣಿ 〚ciṇṇi チンニ〛 [ʧiɳɳi] ಚಿಣಿ, ಚಿಣ್ಣೆ, ಚಿಳ್ಳೆ *n.* (子どもの遊びで使われる)チニパニと呼ばれる大小2本の棒のうち小さい方 [Ka. D2594] = ಚಿಣಿ (ciṇi)

ಚಿಣ್ಣಿಕೋಲು 〚ciṇṇikōlu チンニコール〛 [ʧiɳɳĭko:lu] *n.* チニパニと呼ばれる大小2本の棒を用いる子どもの遊び [Ka.*ciṇṇi* + *kōlu*]

ಚಿಣ್ಣಿಕೋಲಾಟ 〚ciṇṇikōlāṭa チンニコーラータ〛 [ʧiɳɳĭko:lɐ:ʈɐ] *n.* 小さな棒と大きな棒で遊ぶ子どもの遊び [+ *āṭa*]

ಚಿಣ್ಣೆ 〚ciṇṇe チンネ〛 [ʧiɳɳe] *n.* (子どもの遊びで使われる)チニパニと呼ばれる大小2本の棒のうち小さい方 [Ka. D2594] ☞ಚಿಣ್ಣಿ (ciṇṇi)

ಚಿತಾಯಿಸು 〚citāyisu チターイス〛 [ʧitɐ:jĭsu] *vt.* 唆す、教唆する [M. *citavinē*]

ಚಿತಾವಣೆ 〚citāvaṇe チターヴァネ〛 [ʧitɐ:və̆ɳe] *n.* けしかけ、挑発、教唆、扇動 ¶ ಗೌಡನ ಚಿತಾವಣೆಯಿಂದ ನಮ್ಮ ಕೆಲಸದ ಆಳು ಹಾರಾಡುತ್ತಿದ್ದಾನೆ. (gauḍana citāvaṇeyiṃda namma kelasada āḷu hārāḍuttiddāne.) うちの召し使いは、村長のそそのかしで言うことを聞かない。◇ *vi.* —ಮಾಡು (māḍu) [M. *citāvinē*]

ಚಿತೆ 〚cite チテ〛 [ʧite] *n.* 死体を焼く薪を積み重ねたもの [Sk.]

ಚಿತ್ತ 〚citta チッタ〛 [ʧittɐ] *n.* 心、精神 [Sk.]

ಚಿತ್ತಕ್ಷೋಭೆ 〚cittakṣōbʰe チッタクショーベ〛 [ʧittəkʂo:bʰe] 《文》 *n.* 煩悶、心の乱れ [Sk.]

ಚಿತ್ತಗ್ಲಾನಿ 〚cittaglāni チッタグラーニ〛 [ʧittəglɐ:ni] 《文》 *n.* (心の)悲しみ、嘆き [Sk.]

ಚಿತ್ತಚಾಂಚಲ್ಯ 〚cittacāṃcalya チッタチャーンチャリャ〛 [ʧittəʧɐ:ɲcəlʲjɐ] 《文》 *n.* うつり気、心の定まらぬこと [Sk.]

ಚಿತ್ತಪಲ್ಲಟ 〚cittapallaṭa チッタパッラタ〛 [ʧittəpəlləʈɐ] *n.* 心変わり、急に意見が変わること [Sk.]

ಚಿತ್ತಭ್ರಮೆ 〚cittabʰrame チッタブラメ〛 [ʧittəbʰrəme] 《文》 *n.* 1 幻想、惑い、迷妄 2 狂気、精神錯乱 [Sk.]

ಚಿತ್ತಯಿಸು 〚cittayisu チッタイス〛 [ʧittəjisu] 《文》 *vi.* [*citta* + *-isu*] ಚಿತ್ತೈಸು (cittaisu)

ಚಿತ್ತಯ್ಸು 〚cittaysu チッタイス〛 [ʧittəĭsu] 《文》 *vi.* [*citta* + *-isu*] ಚಿತ್ತೈಸು (cittaisu)

ಚಿತ್ತರ 〚cittara チッタラ〛 [ʧittɐːrɐ] ಚಿತ್ತಾರ *n.* 絵、絵画 [Sk. *citra-*] ☞ಚಿತ್ರ (citra)

ಚಿತ್ತವಿಸು 〚cittavisu チッタヴィス〛 [ʧittəvisu] 《文》 *vi.* [*citta* + *-isu*] ಚಿತ್ತೈಸು (cittaisu)

ಚಿತ್ತಶುದ್ಧಿ 〚cittaśuddʰi チッタシュッディ〛 [ʧittəʃuddʰi] 《文》 *n.* 心の清らかさ、けがれてない心、心の純潔なこと [Sk.]

ಚಿತ್ತಸ್ಥೈರ್ಯ 〚cittastʰairya チッタスタイリヤ〛 [ʧittəstʰəi rʲjɐ] 《文》 *n.* 意志の強さ、決心の強さ、揺るがぬ心 [Sk.]

ಚಿತ್ತಸ್ವಾಸ್ಥ್ಯ 〚cittasvāstʰya チッタスヴァースティヤ〛 [ʧittə svɐːstʰjɐ] 《文》 *n.* 心の落ち着き、健全な心 [Sk.]

ಚಿತ್ತಾಕರ್ಷಕ 〚cittākarṣaka チッターカルシャカ〛 [ʧittɐːkə rʂəkɐ] 《文》 *adj.* 魅力的な、心を惹きつける、心をそそる [Sk.]

ಚಿತ್ತಾರ 〚cittāra チッターラ〛 [ʧittɐːrɐ] *n.* 絵、絵画 [Sk. *citra-*?]

ಚಿತ್ತು[1] 〚cittu チットゥ〛 [ʧittu] 《文》 *n.* ミズスシマノキ (マチン属の薬用植物) ⇀ 薬 [Ka.2560] = ಚಿಲ್ಲ (cilla) *[IMP 5.208]

ಚಿತ್ತು[2] 〚cittu チットゥ〛 [ʧittu] 《文》 *n.* 考えること；我 [Sk. *cit-*]

ಚಿತ್ತು[3] 〚cittu チットゥ〛 [ʧittu] *n.* 書いたものを線を引いて消すこと ◇ *vt.* —ಮಾಡು (māḍu) [?]

ಚಿತ್ತು[4] 〚cittu チットゥ〛 [ʧittu] *adv.* 仰向けに ◇ *vi.* —ಆಗು (āgu); *vt.* —ಮಾಡು (māḍu) [H. *cittă-*]

ಚಿತ್ತು[5] 〚cittu チットゥ〛 [ʧittu] 《文》 *n.* 扇状葉のヤシの一種 ⇀ [?] ☞ಚಿಲ್ಲ (cilla) *[IMP 5.208]

ಚಿತ್ತುಳಿ 〚cittuḷi チットゥリ〛 [ʧiʈʈŭḷi] 《方》 *n.* ミカン [Ka. D1512] (Gowda) = ಕಿತ್ತಳೆ (kittaḷe)

ಚಿತ್ತೈಕಾಗ್ರತೆ 〚cittaikāgrate チッタイカーグラテ〛 [ʧittəikɐː grĕte] 《文》 *n.* 心の集中、精神を集中すること [Sk.]

ಚಿತ್ತೈಸು 〚cittaisu チッタイス〛 [ʧittəisu] ಚಿತ್ತಯಿಸು, ಚಿತ್ತಯ್ಸು, ಚಿತ್ತವಿಸು 《文》 *vi.* 1 (…に)注意する、(…に)注意を払う 2 〔敬〕 枉駕来臨(おうがらいりん)(偉い人を迎える時の言葉、「(あなたに)注意を払って尊敬しています」ということから、普通の人に言う「いらっしゃいませ」に当たる) [*citta* + *-isu*]

ಚಿತ್ರ 〚citra チトラ〛 [ʧiṭrɐ] *n.* 絵、絵画 [Sk.]

ಚಿತ್ರಕರ್ಮ 〚citrakarma チトラカルマ〛 [ʧitrəkərmɐ] 《文》 *n.* 絵画、絵を描くこと [Sk.]

ಚಿತ್ರಕಲೆ 〚citrakale チトラカレ〛 [ʧiṭrəkəle] 《文》 *n.* 絵を描く芸術、絵画 [Sk.]

ಚಿತ್ರಕವಿತ್ವ 〚citrakavitva チトラカヴィトヴァ〛 [ʧitrəkəvi tvɐ] 《文》 *n.* (詩において) 文飾を多用すること [Sk.]

ಚಿತ್ರಗಾರ 〚citragāra チトラガーラ〛 [ʧiṭrəgɐːrɐ] *n.* 《*f.* ಚಿತ್ರಗಾರ್ತಿ (citragārti)》 絵描き、画家 [*citra* + *-gāra*]

ಚಿತ್ರಗೀತೆ 〚citragīte チトラギーテ〛 [ʧitrəgiːte] 《文》 *n.* 映画主題歌、映画の中で歌われる歌 [Sk.]

ಚಿತ್ರಗೃಹ 〚citragr̥ha チトラグルハ〛 [ʧiṭrəgruhɐ] 《文》 *n.* 画廊 [Sk.]

ಚಿತ್ರದುರ್ಗ 〚citradurga チトラドゥルガ〛 [ʧitrədurgɐ] *n.* チトラドゥルガ県 (カルナータカ州の行政区域の一つ)

ಚಿತ್ರಲಿಪಿ 〚citralipi チトラリピ〛 [ʧitrəlipi] 《文》 *n.* 絵文字 [Sk.]

ಚಿತ್ರಶಾಲೆ 〚citraśāle チトラシャーレ〛 [ʧitrəʃɐːle] 《文》 *n.* 画廊 [Sk.] = ಚಿತ್ರಗೃಹ (citragr̥ha)

ಚಿತ್ರಸದನ 〚citrasadana チトラサダナ〛 [ʧiṭrəsədĕnɐ] 《文》 *n.* 美術館; 画廊 [Sk.]

ಚಿತ್ರಿಸು 〚citrisu チトリス〛 [ʧitrisu] 《文》 *vt.* 1 画く、絵に描く 2 描写する、描く [Sk.]

ಚಿದಕು 〚cidaku チダク〛 [ʧiđĕku] *vt.* 〈フジマメなどを〉水に浸けてから指でひねって皮をむくこと ¶ ಚಿದಕವರೆ (cidakavare) 水につけた後指でひねって皮を取り除いたフジマメ [Ka. D2526]

ಚಿದುಕು 〚ciduku チドゥク〛 [ʧiđŭku] *n.* [Ka. D2526] ☞ಚಿದಕು (cidaku)

ಚಿನ 〚cina チナ〛 [ʧinɐ] 《方》 (*adj.*) 《複合語頭で》 小さな〈こと〉 ¶ ಚಿನಕಡಿ (cinakaḍi) 小さなかけら [Ka. D2594] ☞ಚಿನ್ನ (cinna)

ಚಿನಡಿ 〚cinaḍi チナディ〛 [ʧinĕḍi] 《文》 *n.* [M. *cunăḍī* *C4814] ☞ಚುಂಗಡಿ (cuṃgaḍi)[2]

ಚಿನವಾರ 〚cinavāra チナヴァーラ〛 [ʧinəvɐːrɐ] *m.* 《*f.* ಚಿನವಾರಗಿತ್ತಿ (cinavāragitti)》 ☞ಚಿನಿವಾರ (cinivāra)

ಚಿನಿವಾರ 〚cinivāra チニヴァーラ〛 [ʧinivɐːrɐ] ಚಿನವಾರ, ಚಿನಿವರ, ಚಿನಿವಲ, ಚಿನಿವಾಲ, ಚಿನ್ನಿವಾರ *m.* 《*f.* ಚಿನಿವಾರಗಿತ್ತಿ (cinivāragitti)》 1 金細工師 2 金細工商、金の装身具を売る商人 [*cinna*[1] + *-vāra*]

ಚಿನಿವಲ 〚cinivala チニヴァラ〛 [ʧinivəlɐ] *m.* 《*f.* ಚಿನಿವಲಿತಿ (cinivaliti)》 ☞ಚಿನಿವಾರ (cinivāra)

ಚಿನಿವಾಲ 〚cinivāla チニヴァーラ〛 [ʧinivɐːlɐ] *m.* 《*f.* ಚಿನಿವಾಲಿತಿ (cinivāliti)》 ☞ಚಿನಿವಾರ (cinivāra)

ಚಿನ್ನ[1] 〚cinna チンナ〛 [ʧinnɐ] (*adj.*) 《複合語頭で》 小さな〈こと〉 [Ka. D2594]

ಚಿನ್ನ[2] 〚cinna チンナ〛 [ʧinnɐ] *n.* 金 [Ka. D2596]

ಚಿನ್ನವಾರ 〚cinnavāra チンナヴァーラ〛 [ʧinnəvɐːrɐ] *m.* 《*f.* ಚಿನ್ನವಾರಗಿತ್ತಿ (cinnavāragitti)》 ☞ಚಿನಿವಾರ (cinivāra)

ಚಿನ್ನಾರಿ 〚cinnāri チンナーリ〛 [ʧinnɐːri] *n.* 坊や (愛情を持って小さな子どもを呼ぶ言葉) [*cinna* + *-āri*?]

ಚಿನ್ನಿ 〚cinni チンニ〛 [ʧinni] 《‡》 *n.* トウダイグサ科の木 (*Sp. & Pl.*) [Ka. D2597] = ಚಿನ್ನಿ ಮರ, ಚಿನ್ನಿ ಗಿಡ (cinni mara, cinni giḍa)

ಚಿಪ್ಪಕಸುವು ⟦cippakasuvu チッパカスヴ⟧ [ʧippəkəsŭvu] 《‡》 n. イネ科の香草 ⇀ 香 (Si.165 (Kitt.)) [Ka. D2533]

ಚಿಪ್ಪಿ ⟦cippi チッピ⟧ [ʧippi] n. 1 貝殻、亀［貝、堅果］などの外殻 2 ココナツの茶色い外皮 [Ka. D2535] (Gowda) = ಸಿಂಪಿ (siṃpi)

ಚಿಪ್ಪಿಗ ⟦cippiga チッピガ⟧ [ʧippigɐ] m. 《f. ಲೇಡಿ ಟೈಲರ್ (lēḍi ṭailar)》仕立て屋 [Sk. *śilpika] ☞ಸಿಪ್ಪಿಗ (sippiga)

ಚಿಪ್ಪು¹ ⟦cippu チップ⟧ [ʧippu] ಚಿಪ್ಪಿ n. 貝殻、亀［貝、ココヤシ、堅果］などの外殻 [Ka. D2535] ☞ಸಿಪ್ಪು (sippu)

ಚಿಪ್ಪು² ⟦cippu チップ⟧ [ʧippu] (n.) [?] ☞ಚೂಪು (cūpu)²

ಚಿಬುಕು ⟦cibuku チブク⟧ [ʧibŭku] ಚುಬುಕು vi., vt. むにゃむにゃ噛む [Ka. onom.]

ಚಿಬ್ಬ ⟦cibba チッバ⟧ [ʧibbɐ] ಚಿಬ್ಬು, ಸಿಬ್ಬ, ಸಿಬ್ಬು, ಸಿಬ್ಬೆ n. いんきん、たむし [Ka. D2536]

ಚಿಬ್ಬು ⟦cibbu チッブ⟧ [ʧibbu] n. [Ka. D2536] ☞ಚಿಬ್ಬ (cibba)

ಚಿಬ್ಬಲ್ ⟦cibbal チッバル⟧ [ʧibbəl] 《古》 n. [Ka. *D2537] ☞ಚಿಬ್ಬಲು (cibbalu)

ಚಿಬ್ಬಲ ⟦cibbala チッバラ⟧ [ʧibbŏlɐ] 《方》 n. [Ka. D2537] ☞ಚಿಬ್ಬಲು (cibbalu)

ಚಿಬ್ಬಲು ⟦cibbalu チッバル⟧ [ʧibbəŏlu] ಚಿಬ್ಬಲ್, ಚಿಬ್ಬಲ, ಚಿಬ್ಬಿಲ್, ಚಿಬ್ಬಿಲು, ಸಿಬ್ಬಲು 《方》 n. 1 米を炊く時に水切りに用いる竹で編んだ蓋 2 篩(ふるい) [Ka. D2537] ☞ಚಿಬ್ಬಲು (cibbalu)

ಚಿಬ್ಬಿಲು ⟦cibbilu チッビル⟧ [ʧibbĭlu] 《方》 n. [Ka. D2537] ☞ಚಿಬ್ಬಲು (cibbalu)

ಚಿಬ್ಬುಲು ⟦cibbulu チッブル⟧ [ʧibbulu] 《方》 n. [Ka. D2537] ☞ಚಿಬ್ಬಲು (cibbalu)

ಚಿಮಕು ⟦cimaku チマク⟧ [ʧimə̆ku] vt. [Ka. D2548] ☞ಚಿಮುಕು (cimuku)

ಚಿಮಕಿಸು ⟦cimakisu チマキス⟧ [ʧimukə̆su] vt. [Ka. caus. D2548] ☞ಚಿಮುಕಿಸು (cimukisu)

ಚಿಮಟ ⟦cimaṭa チマタ⟧ [ʧimə̆ʈɐ] ಚಿಮಟಿ, ಚಿಮಟೆ, ಚಿಮ್ಮಟ, ಚಿಮ್ಮಟಿ, ಚಿಮ್ಮುಟ n. 器物を挟む道具（やっとこ、毛抜き、ピンセットなど）[M. cimăṭā T4822]

ಚಿಮಟಿ ⟦cimaṭi チマティ⟧ [ʧimə̆ʈi] n. ☞ಚಿಮಟ (cimaṭa)

ಚಿಮಟೆ ⟦cimaṭe チマテ⟧ [ʧimə̆ʈe] n. ☞ಚಿಮಟ (cimaṭa)

ಚಿಮಣಿ ⟦cimaṇi チマニ⟧ [ʧimə̆ɳi] n. 1 煙突 2 ランプのほや [Eg. chimney]

ಚಿಮಣಿಯೆಣ್ಣೆ ⟦cimaṇiyeṇṇe チマニエンネ⟧ [ʧimə̆ɳijeɳɳe] n. 灯油 [cimaṇi + eṇṇe]

ಚಿಮಿಕು ⟦cimiku チミク⟧ [ʧimĭku] 《‡》 vt. 〈水などを〉振りかける、振りまく (My. (Kitt.)) [Ka. D2548] ☞ಚಿಮುಕು (cimuku)

ಚಿಮಿಕಿಸು ⟦cimikisu チミキス⟧ [ʧimikisu] 《‡》 vt. 〈水などを〉振りかける、振りまく (C. (Kitt.)) [Ka. caus. D2548] ☞ಚಿಮುಕಿಸು (cimukisu)

ಚಿಮುಕು ⟦cimuku チムク⟧ [ʧimŭku] ಚಿಮಕು vt. 〈水などを〉振りかける、振りまく [Ka.2548] ☞ಚಿಮುಕು (cimuku)

ಚಿಮುಕಿಸು ⟦cimukisu チムキス⟧ [ʧimukĭsu] vt. 〈水などを〉振りかける、振りまく [Ka. caus. D2548]

ಚಿಮುಟು¹ ⟦cimuṭu チムトゥ⟧ [ʧimuʈu] vt. つねる、指でひねる —n. (塩、嗅ぎタバコなどの)一つまみ ☞ಚಿವುಟು (civuṭu)² [Ka. D2540]

ಚಿಮುಟು² ⟦cimuṭu チムトゥ⟧ [ʧimuʈu] vt. 〈目を〉すばやく閉じたり開いたりする [Ka. D2545] ☞ಚಿವುಟು (civuṭu)¹

ಕಣ್ಣು ಚಿಮುಟು ⟦kaṇṇu cimuṭu カンヌチムトゥ⟧ [kəɳɳu ʧimuʈu] ಚಿವುಟು 《方》 vi. 目配せする = ಕಣ್ಣು ಚಿವುಟು (kaṇṇu civuṭu)

ಚಿಮ್ಮಂಡಿ ⟦cimmaṃḍi チンマンディ⟧ [ʧimmənɖi] n. コオロギ [Ka. D2541] ☞ಚಿಮ್ಮಂಡೆ (cimmaṃḍe)

ಚಿಮ್ಮಂಡೆ ⟦cimmaṃḍe チンマンデ⟧ [ʧimmənɖe] ಜಿಮ್ಮಂಡೆ n. コオロギ [Ka. D2541]

ಚಿಮ್ಮಟ ⟦cimmaṭa チンマタ⟧ [ʧimmə̆ʈɐ] n. ☞ಚಿಮಟ (cimaṭa)

ಚಿಮ್ಮಟಿ ⟦cimmaṭi チンマティ⟧ [ʧimmə̆ʈi] n. ☞ಚಿಮಟ (cimaṭa)

ಚಿಮ್ಮು ⟦cimmu チンム⟧ [ʧimmu] vt. 〈貨幣、ボールなどを〉指先などではじき上げる —vi. 1 (鹿などが) 跳ねる、(ボールなどが) 跳ね上がる 2 (水が泉から) 噴き出す、ほとばしり出る、(涙などが)ぽろぽろ出る。¶ ಕಾರಂಜಿಯಿಂದ ನೀರು ಚಿಮ್ಮುತ್ತಿದೆ. (kāraṃjiyiṃda nīru cimmuttide.) 噴水から水が湧き出ている。 [Ka. D2548]

ಚಿಮ್ಮಿಸು ⟦cimmisu チンミス⟧ [ʧimmisu] vt. 〈貨幣などを〉(指先で) 投げ上げる、〈サーリーの裾などを〉(歩くために足で)跳ね上げる [+ -isu caus. 2548]

ಚಿಮ್ಮುಟ ⟦cimmuṭa チンムタ⟧ [ʧimmŭʈɐ] n. ☞ಚಿಮಟ (cimaṭa)

ಚಿರಂಜೀವಿ ⟦ciraṃjīvi チランジーヴィ⟧ [ʧirəɲʤi:vi] 《文》 adj., mf. 1 長寿に恵まれた〈人〉 2 〔美〕(手紙で) 若者に対する呼びかけの言葉 [Sk.]

ಚಿರಂತನ ⟦ciraṃtana チランタナ⟧ [ʧirəntənɐ] 《文》 adj. 1 遠い昔の 2 永遠の、永続する [Sk.]

ಚಿರ ⟦cira チラ⟧ [ʧirɐ] 《文》 adj. 永遠の、不滅の [Sk.]

ಚಿರಕಾಲ ⟦cirakāla チラカーラ⟧ [ʧirə̆kɐ:lɐ] 《文》 n. 永遠、永久 [Sk.]

ಚಿರಕಾಲಿಕ ⟦cirakālika チラカーリカ⟧ [ʧirə̆kɐ:likɐ] 《文》 adj. 永遠の、永久の [Sk.]

ಚಿರಚ ⟦ciraca チラチャ⟧ [ʧirə̆ʧɐ] n. ☞ಚಿರತೆ (cirate)

ಚಿರಚು ⟦ciracu チラチュ⟧ [ʧirə̆ʧu] n. ☞ಚಿರತೆ (cirate)

ಚಿರಣೆ ⟦ciraṇe チラネ⟧ [ʧirə̆ɳe] n. ☞ಚೀರಣ (cīraṇa) 1

ಚಿರತೆ ⟦cirate チラテ⟧ [ʧirə̆te] ಚಿರಚ, ಚಿರಚು, ಚಿರ್ಚ, ಚಿರ್ಚು n. 豹、チーター [Ka. D2550]

ಚಿರಪರಿಚಿತ ⟦ciraparicita チラパリチタ⟧ [ʧirəpəriʧitɐ] 《文》 adj., m. 《f. ಚಿರಪರಿಚಿತೆ/ ಚಿರಪರಿಚಿತಳು (ciraparicite/ ciraparicitaḷu)》古い知り合い〈の〉 [Sk.]

ಚಿರಸ್ಥಾಯಿ ⟦cirastʰāyi チラスターイ⟧ [ʧirə̆stʰɐ:ji] 《文》 adj. 永遠の、永久の、耐久の [Sk.]

ಚಿರಿಚು ⟦ciricu チリチュ⟧ [ʧirĭʧu] 《異》 *vi.* くすくす笑う [Ka. D1562]

ಚಿರ್ಚ ⟦circa チルチャ⟧ [ʧirʧɐ] [Ka. D2590] (*Gz.* (*Kitt.*)) ☞ಚಿರತೆ (cirate)

ಚಿರ್ಚು ⟦circu チルチュ⟧ [ʧirʧu] 《口》 *n.* [Ka. D2590] ☞ಚಿರತೆ (cirate)

ಚಿರ್ಣ್ಟೆಲು ⟦cirṇṭelu チルンテル⟧ [ʧirɳʈelu] 《方》 *adj.* 縮んだ (*Hav.*) [Ka. D2687]

ಚಿಱಚ ⟦ciṟaca チラチャ⟧ [ʧiṟɐ̆ʧɐ] 《‡》 *n.* 豹、チーター (*Kitt.,S.Mhr.*) [Ka. D2590] ☞ಚಿರತೆ (cirate)

ಚಿಱಟೆ ⟦ciṟaṭe チラテ⟧ [ʧiṟɐ̆ʈe] 《‡》 *n.* 豹、チーター (*My.* (*Kitt.*)) [Ka. D2590] ☞ಚಿರತೆ (cirate)

ಚಿಲಕ ⟦cilaka チラカ⟧ [ʧilɐ̆kɐ] ಚಿಲುಕ, ಚಿಲುಕು *n.* (扉の)掛け金、かんぬき(錠を除き、扉を閉める器具一般) [Ka. D2561] = ಚಿಲುಕ (ciluka)

ಚಿಲಕತ್ತು ⟦cilakattu チラカットゥ⟧ [ʧilɐ̆kəttu] *n.* [Pe. *čihal qad*] ☞ಚಿಲಖತ್ತು (cilakʰattu)

ಚಿಲಕಿ[1] ⟦cilaki チラキ⟧ [ʧilɐ̆ki] 《方》 *n.* ☞ಚಿಲಿಕೆ (cilike)[1]

ಚಿಲಕಿ[2] ⟦cilaki チラキ⟧ [ʧilɐ̆ki] 《文》 *n.* ☞ಚಿಲಿಕೆ (cilike)[2]

ಚಿಲಕೆ ⟦cilake チラケ⟧ [ʧilɐ̆ke] 《文》 *n.* ☞ಚಿಲಿಕೆ (cilike)[2]

ಚಿಲಖತ್ತು ⟦cilakʰattu チラカットゥ⟧ [ʧilɐ̆kʰəttu] ಚಿಲಕತ್ತು *n.* 鎖帷子 [Pe. *čihal qad*]

ಚಿಲಣ ⟦cilaṇa チラナ⟧ [ʧilɐ̆ɳɐ] *n.* ☞ಚೀರಣ (cīraṇa) 1

ಚಿಲಮೆ ⟦cilame チラメ⟧ [ʧilɐ̆me] *n.* ☞ಚಿಲುಮೆ (cilume)

ಚಿಲವಾನ್ ⟦cilavān チラヴァーン⟧ [ʧiləvɐːn] 《古》 *n.* 1 金額の端数、端銭 2 小銭 [Ka. D2574] = ಚಿಲ್ಲರೆ (cillare)〔汎〕

ಚಿಲಿ[1] ⟦cili チリ⟧ [ʧili] (*n.*) 小鳥のさえずりなどを表す擬音語の最初の要素として現れる形態素(例えばಚಿಲಿಪಿಲಿ (cilipili)) [Ka. onom. D1574]

ಚಿಲಿ[2] ⟦cili チリ⟧ [ʧili] 《古》 *vi.* 歯を出してにやりと笑う [cf. Ta.*ciri*1562]

ಚಿಲಿಕಿ ⟦ciliki チリキ⟧ [ʧilĭki] 《方》 *n.* ☞ಚಿಲಿಕೆ (cilike)[1]

ಚಿಲಿಕೆ[1] ⟦cilike チリケ⟧ [ʧilĭke] ಚಿಲಕಿ 《方》 *n.* 泥で固めた屋根の下に張る細かい竹や木の棒切れ [Ka. D2586]

ಚಿಲಿಕೆ[2] ⟦cilike チリケ⟧ [ʧilĭke] ಚಿಲಕಿ, ಚಿಲಕೆ, ಚಿಲುಕೆ, ಚೀಲಿಕೆ 《文》 *n.* ヒユ属の葉野菜 [? cf. Sk. *cillikā-*]

ಚಿಲಿಪಿಲಿ ⟦cilipili チリピリ⟧ [ʧilipili] *n.* 小鳥たちのさえずり [Ka. onom. *D1574] ಅಳಿಲು (aḷilu)

ಚಿಲಿಪಿಲಿಗುಟ್ಟು ⟦cilipiliguṭṭu チリピリグットゥ⟧ [ʧilĭpiliguʈʈu] *vi.* (小鳥たちが)さえずる [+ ಕುಟ್ಟು (kuṭṭu)]

ಚಿಲಿಮಿಲಿ ⟦cilimili チリミリ⟧ [ʧilimili] *n.* 小鳥たちのさえずり [Ka. onom. *D1574] ☞ಚಿಲಿಪಿಲಿ, ಚಿಲಿಪಿಲಿಗುಟ್ಟು (cilipili, cilipiliguṭṭu)

ಚಿಲಿಮೆ[1] ⟦cilime チリメ⟧ [ʧilĭme] *n.* 噴泉、噴水 ☞ಚಿಲುಮೆ (cilume)

ಚಿಲಿಮೆ[2] ⟦cilime チリメ⟧ [ʧilĭme] *n.* ☞ಚಿಲುಮೆ (cilume)[2]

ಚಿಲುಕ ⟦ciluka チルカ⟧ [ʧilŭkɐ] ಚಿಲಕ *n.* (扉の)掛け金、かんぬき(錠を除き、扉を閉める器具一般) [Ka. D2561]

ಚಿಲುಕು ⟦ciluku チルク⟧ [ʧilə̆ku] 《古》 *n.* ☞ಚಿಲಕ (cilaka)

ಚಿಲುಕೆ ⟦ciluke チルケ⟧ [ʧilŭke] 《文》 *n.* ☞ಚಿಲಿಕೆ (cilike)[2]

ಚಿಲುಮೆ[1] ⟦cilume チルメ⟧ [ʧilŭme] ಚಿಲಮೆ, ಚಿಲುಮೆ, ಚಿಲಿಮೆ[1] 1 泉 2 噴泉、噴水 3 乾いた川床から水を得るために掘った穴 [Ka. D2367]

ಚಿಲುಮೆ[2] ⟦cilume チルメ⟧ [ʧilŭme] ಚಿಲಿಮೆ[2] *n.* クレイ・パイプ(火皿部分だけを指すこともある) [⇒図] [Pe. *čilam*]

ಚಿಲುಮೆ
クレイ・パイプ

ಚಿಲ್ಕ ⟦cilka チルカ⟧ [ʧilkɐ] 《口》 *n.* (扉の)掛け金、かんぬき(錠を除き、扉を閉める器具一般) [Ka. D2561] ☞ಚಿಲುಕ (ciluka)

ಚಿಲ್ಕು ಚಿಲ್ಕು ⟦cilku cilku チルクチルク⟧ [ʧilku] (*n.*) ちゃらちゃら(バターを作るために牛乳をかき混ぜる音) [Ka. onom. D2570]

ಚಿಲ್ಕುನೀರು ⟦cilkunīru チルクニール⟧ [ʧilkuniːru] 《方》 *n.* (手で振りかける水のような) 細かい滴 [Ka. D2569] (Tipt.)

ಚಿಲ್ಟ ⟦cilṭa チルタ⟧ [ʧilʈɐ] *adj., mf.* 幼い〈子ども〉 [? cf. *culla*[2] T3712, Ka. *cillare*D2574]

ಚಿಲ್ಟಾರಿ ⟦cilṭāri チルターリ⟧ [ʧilʈɐːri] *m.* ☞ಚಿಲ್ಟೇರಿ (cilṭēri)

ಚಿಲ್ಟೇರಿ ⟦cilṭēri チルテーリ⟧ [ʧilʈeːri] ಚಿಲ್ಟಾರಿ, ಚುಲ್ಟಾರಿ *m.* 1 ちびっこ、坊や 2 小人 [Ka. *cilṭa* + ?] ☞ಚಿಲ್ಟಾರಿ (cilṭāri)

ಚಿಲ್ರೆ ⟦cilre チルレ⟧ [ʧilre] 《口》 (*adj.*) —*n.* ☞ಚಿಲ್ಲರೆ (cillare) [Ka. *D2574]

ಚಿಲ್ಱೆ ⟦cilṟe チルレ⟧ [ʧilṟe] 《‡》 (*adj.*), *n.* [Ka. D2574] (*My.* (*Kitt.*)) ☞ಚಿಲ್ರೆ (cilre)

ಚಿಲ್ಲ[1] ⟦cilla チッラ⟧ [ʧillɐ] ಚಿಲಿ, ಚಿಳಿ, ಚಿಲ್ಲು 《文》 *n.* ミズスシマノキ(マチン属の薬用植物) → 薬 [Ka. D2560]

ಚಿಲ್ಲ[2] ⟦cilla チッラ⟧ [ʧillɐ] 《文》 *adj., m* (*f.* ಚಿಲ್ಲೆ (cille)) 卑しい〈人〉、下劣な〈人〉 ☞ಚುಲ್ಲ (culla)[2]

ಚಿಲ್ಲತನ ⟦cillatana チッラタナ⟧ [ʧillɐ̆tənɐ] 《文》 *n.* (人格の)矮小さ、卑しさ [Ka. D2567]

ಚಿಲ್ಲರೆ ⟦cillare チッラレ⟧ [ʧillɐ̆re] ಚಿಲ್ರೆ (*n.*) 小さな〈こと〉、わずかな〈こと〉 —*n.* 1 大きな札と交換する少額貨幣や少額紙幣、少額貨幣や少額紙幣一般 2 釣り銭 3 小銭 [Ka. *D2574]

ಚಿಲ್ಲರೆ ಅಂಗಡಿ ⟦cillare aṃgaḍi チッラレアンガディ⟧ [ʧillə re əŋgɐ̆ɖi] *n.* マッチ、石鹸、ビスケット、バナナなど様々な小物を売る小さな店 [*cillare* + *aṃgaḍi*]

ಚಿಲ್ಲರೆ ಖರ್ಚು ⟦cillare kʰarcu チッラレカルチュ⟧ [ʧillɐ̆re kʰərʧu] *n.* 雑費 [*kʰarcu*]

ಚಿಲ್ಲರೆ ಮಾರಾಟ ⟦cillare mārāṭa チッラレマーラータ⟧ [mɐː rɐːʈɐ] *n.* 小売り [+ *mārāṭa*]

ಚಿಲ್ಲಱ ⟦cillaṟa チッララ⟧ [ʧillə̆ṟɐ] 《‡》 (*adj.*) —*n.* ☞ಚಿಲ್ಲರೆ (cillare) (*Kitt.*) [Ka. D2574]

ಚಿಲ್ಲಱೆ ⟦cillaṟe チッラレ⟧ [ʧillə̆ṟe] 《‡》 (*adj.*) —*n.* ☞ಚಿಲ್ಲರೆ (cillare) (*Kitt.*) [Ka. D2574]

ಚಿಲ್ಲು ⟦cillu チッル⟧ [ʧillu] 《文》 *n.* [Ka. D2560] ☞ಚಿಲ್ಲ (cilla)[1]

ಚಿಲ್ಲೆ ⟦cille チッレ⟧ [ʧille] ಚಿಳ್ಳೆ 《文》 *f.* 《*m.* ಚಿಲ್ಲ (cilla)[2]》 卑しい女性、下劣な女性 [Ka. D2577/Pk. *culla-*]

ಚಿವಟು ⟦civaṭu チヴァトゥ⟧ [ʧivə̆ʈu] *vi.* ☞ಚಿವುಟು (civuṭu)[1]

ಕಣ್ಣು ಚಿವಟು ⟦kaṇṇu civaṭu カンヌチヴァトゥ⟧ [kəɳɳu ʧi və̆ʈu] *vi.* 目配せする [Ka. *kaṇṇu* +] ☞ಕಣ್ಣು ಚಿವುಟು (kaṇṇu civuṭu)

ಚಿವರು ⟦civaru チヴァル⟧ [ʧivə̆ru] ಚಿವುರು, ಚೀರು², ಚೂರು¹, ಜಿಗುಱು, ಜಿವಿರು, ಸಿವುಱು³ 《古》 *vt.* (哺乳類や鳥が)爪で引っ掻く [Ka. D2601]

ಚಿವರುಗಾಯ ⟦civarugāya チヴァルガーヤ⟧ [ʧivə̆rugɐːjɐ] 《古》 *n.* [+ *gāya*]

ಚಿವುಂಟು ⟦civumṭu チヴントゥ⟧ [ʧivunʈu] 《古》 *vt.* (爪などで)〈花やつぼみを〉 つまみ取る [Ka. D2545,D2600] ☞ಚಿವುಟು (civuṭu)

ಚಿವುಕಿಸು ⟦civukisu チヴキス⟧ [ʧivŭkisu] 《文》 *vt.* 〈水などを〉振りまく [Ka. caus. D2548] ☞ಚಿಮುಕಿಸು (cimukisu)

ಚಿವುಕು ⟦civuku チヴク⟧ [ʧivŭku] 《文》 *vt.* 〈水などを〉振りまく [Ka. D2548] ☞ಚಿಮುಕು (cimuku)

ಚಿವುಚಿವು ⟦civucivu チヴチヴ⟧ [ʧivŭʧiv u] (*n.*) **1** ちゅんちゅん(雀などの小鳥の鳴き声を表す擬音語) **2** ちゅうちゅう(ネズミなどの鳴き声を表す擬音語) [Ka. onom. D2581]

ಚಿವುಟು¹ ⟦civuṭu チヴトゥ⟧ [ʧivŭʈu] ಚಿಮುಟು, ಚಿವಟು *vt.* 〈目を〉ぱちぱちさせる [Ka. D2545] = ಮಿಟುಕಿಸು (miṭukisu)

ಕಣ್ಣು ಚಿವುಟು ⟦kaṇṇu civuṭu カンヌチヴトゥ⟧ [kəɳɳu ʧi vŭʈu] *vi.* 目配せする [Ka. D2600]

ಚಿವುಟು² ⟦civuṭu チヴトゥ⟧ [ʧivŭʈu] ಚಿಗುಟು, ಚಿಮಟು, ಚಿವಟು, ಚಿವುಂಟು, ಚಿವುಡು, ಚ್ವೂಟು, ಜಿಗಟು, ಜಿಗುಟು *vt.* **1** (人差し指と親指で) つねる、捻る **2** (爪などで)〈花やつぼみを〉つまみ取る [Ka. D2540, cf. H. *cikōṭănā*, *M. cimăṭă* *C4822]

ಚಿವುಡು ⟦civuḍu チヴドゥ⟧ [ʧivuɖu] 《古》 *vt.* [Ka. *D2540] ☞ಚಿವುಟು (civuṭu)[2]

ಚಿವುರು ⟦civuru チヴル⟧ [ʧivŭru] 《文》 *vt.* [Ka. D2601] ☞ಸಿವರು (sivaru)

ಚಿವುರುಗಾಯ ⟦civurugāya チヴルガーヤ⟧ [ʧivŭrugɐːjɐ] ಸಿವರುಗಾಯ 《古》 *n.* 掻き傷 [+ *gāya*]

ಚಿವ್ವು ⟦civvu チッヴ⟧ [ʧivvu/ʧɨvvu] 《‡》 *vt.* **1** 〈野菜の硬い表面などを〉削り落とす、鉋(かんな)などで削る、〈鉛筆を〉削る **2** 〈果物などの皮を〉むく **3** 〈爪を〉切る [Ka. D2600] (*Kitt.*) ☞ಸಿಗುರು (siguru)

ಚಿಹ್ನೆ ⟦cihne チフネ⟧ [ʧinnʰe] *n.* しるし、標章 [Sk.] ಗುರುತು (gurutu)

ಚಿಳ್ಳ ⟦ciḷḷa チッラ⟧ [ʧiɭɭɐ] 《文》 *adj.*, *m* 《*f.* ಚಿಳ್ಳಿ (ciḷḷi)》 卑しい〈人〉、下劣な〈人〉☞ಚುಲ್ಲ (culla)[2]

ಚಿಳ್ಳೆ¹ ⟦ciḷḷe チッレ⟧ [ʧiɭɭe] 《‡》 *n.* また、枝などのまた (*DEDR*) [Ka. D2587]

ಚಿಳ್ಳೆ² ⟦ciḷḷe チッレ⟧ [ʧiɭɭe] ಚಿಲ್ಲೆ 《文》 *f.* 《*m.* ಚಿಳ್ಳ (ciḷḷa)[2]》 卑しい女性、下劣な女性 [Ka. *D2577] = ಚಿಲ್ಲೆ (cille)

ಚಿಳ್ಳೆ³ ⟦ciḷḷe チッレ⟧ [ʧiɭɭe] 《異》 *n.* (子どもの遊びで使われる)チニパニと呼ばれる大小２本の棒のうち小さい方 [Ka. *D2594] ☞ಚಿಣ್ಣಿ (ciṇṇi)

ಚೀ ⟦cī チー⟧ [ʧiː] *intrj.* ちぇっ(不快や軽蔑を表す間投詞) [Ka. D2603]

ಚೀಕು ⟦cīku チーク⟧ [ʧiːku] 《‡》 (*n.*) (未熟の穀物や豆類が)小さい〈こと〉(*My.* (*Kitt.*)) [Ka. D2495]

ಚೀಕುರುವಾಯಿ ⟦cīkuruvāyi チークルヴァーイ⟧ [ʧiːkurŭ vɐːji] 《‡》 *n.* ゴキブリ (*Kitt.*, *Si.175*) [Ka. D2606]

ಚೀಟಿ¹ ⟦cīṭi チーティ⟧ [ʧiːʈi] *n.* **1** 紙切れ、紙片、紙切れに書いた通信文 **2** 頼母子講 [H. *cīṭʰī* T4832]

ಚೀಟಿ² ⟦cīṭi チーティ⟧ [ʧiːʈi] ಚೀಟು *n.* 更紗 [H. *cʰīṭă* T5036]

ಚೀಟಕು ⟦cīṭaku チータク⟧ [ʧiːʈə̆ku] 《‡》 *n.* かせ(糸を巻き取ってできた束)(*DEDR*) [Ka. D2611]

ಚೀಟು ⟦cīṭu チートゥ⟧ [ʧiːʈu] *n.* 柄のついた布地、子ども服用の布地 ☞ಚೀಟಿ (cīṭi)[2]

ಚೀಡೆ ⟦cīḍe チーデ⟧ [ʧiːɖe] 《方》 *n.* 米をビー玉大に丸めて油やギーで揚げた(タミルナードの)菓子 (*Kitt.*,*T.*) [Ka. D2612]

ಚೀತ್ಕರಿಸು ⟦cītkarisu チートカリス⟧ [ʧiːtkərĭsu] 《文》 *vi.* (甲高い声で)叫ぶ [Sk.] = ಅರಚು (aracu) 〔汎〕

ಚೀತ್ಕಾರ ⟦cītkāra チートカーラ⟧ [ʧiːtkɐːrɐ] 《文》 *n.* (甲高い声で)叫ぶことまたはその声 [Sk.]

ಚೀನ ⟦cīna チーナ⟧ [ʧiːnɐ/ʧiːnɐˑ] ಚೀನಾ *n.* 中国、中華人民共和国 [Sk. *cīna-* ←Ch.]

ಚೀನಾ ⟦cīnā チーナー⟧ [ʧiːnɐ/ʧiːnɐː] *n.* [Sk. *cīna-* ←Ch.] ☞ಚೀನ (cīna)

ಚೀನಿ ⟦cīni チーニ⟧ [ʧiːni] (*adj.*) 中国〈の〉 —*n.* **1** 絹布の一種 **2** (結晶化していない)茶色がかった砂糖 = ಬೂರಾ ಸಕ್ಕರೆ (būrā sakkare) **3** 白い粗目の砂糖のような外観をしたビンロウジュの実(聖水、パーヤサなどに芳香をつけるのに用いられる一種の樟脳(しょうのう)) [H. *cīnī*]

ಚೀನಿಕಾಯಿ ⟦cīnikāyi チーニカーイ⟧ [ʧiːnikɐːji] 《文》 *n.* ポンキン、かぼちゃの一種 [*cīni* + *kāyi*]

ಚೀನಿಕೊಳವೆ ⟦cīnikoḷave チーニコラヴェ⟧ [ʧiːnikoɭəve] *n.* 望遠鏡 [+ *koḷave*]

ಚೀಪರಿ ⟦cīpari チーパリ⟧ [ʧiːpə̆ri] 《‡》 *n.* 箒 (*Si.112*) [Ka. D2599]

ಚೀಪು¹ ⟦cīpu チープ⟧ [ʧiːpu] ಸೀಪು *vt.* 〈口に入れた指、アイス・キャンディーなどを〉なめる、音を立ててなめる [Ka. D2621]

ಚೀಪು² ⟦cīpu チープ⟧ [ʧi:pu] 《方》 *n.* 木製のかんぬき [Ka. D2622] (Hav.)

ಚೀಪು³ ⟦cīpu チープ⟧ [ʧi:pu] (*n.*) (刃物などが)鋭い〈こと〉、鋭利〈な〉 [?] ☞ಚೂಪು (cūpu)²

ಚೀಮಾರಿ ⟦cīmāri チーマーリ⟧ [ʧi:mɐ:ri] *n.* 叱りつけること、叱責 ◇ *vi.* —ಹಾಕು (hāku) 叱責する [?]

ಚೀರ ⟦cīra チーラ⟧ [ʧi:rɐ] 《古》 *n.* 袋 [Ka. D2632] ☞ಚೀಲ (cīla)〔汎〕

ಚೀರಣ 3 料理用カッター

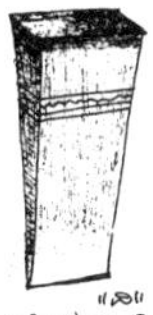

ಚೀರಣ ⟦cīraṇa チーラナ⟧ [ʧi:rə̆ɳɐ] ಚಿರಣೆ, ಚಿಲಣ, ಚೀರಣೆ, ಚೀರ್ಣ, ಚೀಲಣ, ಚೀಲಣೆ *n.* 1 金属を細工するために使う小さな鑿(のみ) 2 鑿で細工すること 3 料理用カッター(形を整えるために菓子などの縁を切り取る道具)［⇒図］[Ka.? D2627 cf. M. *cirăṇē*]

ಚೀರಣೆ ⟦cīraṇe チーラネ⟧ [ʧi:rə̆ɳe] *n.* ☞ಚೀರಣ (cīraṇa)

ಚೀರಾಟ ⟦cīrāṭa チーラータ⟧ [ʧi:rɐ:ʈɐ] *vt.* 鋭い声で叫び回ること、くり返し金切り声を上げること [*cīru + -āṭa*]

ಚೀರು¹ ⟦cīru チール⟧ [ʧi:ru] ಚೀಱ್ *vi.* 鋭い叫び声をあげる、金切り声を出す、(助けを求めて)叫ぶ [Ka. *D1590]

ಚೀರು² ⟦cīru チール⟧ [ʧi:ru] ಚಿವರು, ಚಿವುರು, ಚೂರು, ಜಿಗುಬು, ಜಿವಿರು 《‡》 *vt.* 爪で引っ掻く [Ka. D2601] ☞ಚಿವರು (civaru)

ಚೀರ್ಣ ⟦cīrṇa チールナ⟧ [ʧi:rə̆ɳɐ] *n.* ☞ಚೀರಣ (cīraṇa) 1

ಚೀಱ್ ⟦cīṟ チール⟧ [ʧi:ɾ] ಚೀಱು 《古》 *vi.* 鋭い声で叫ぶ、金切り声をあげる [Ka. D1590] = ಕೀಱು (kīṟu)

ಚೀಲ ⟦cīla チーラ⟧ [ʧi:lɐ] ಚೀರ *n.* 袋 [Ka. D2632]

ಚೀಲಣ ⟦cīlaṇa チーラナ⟧ [ʧi:lə̆ɳɐ] *n.* ☞ಚೀರಣ (cīraṇa) 1

ಚೀಲಣೆ ⟦cīlaṇe チーラネ⟧ [ʧi:lə̆ɳe] *n.* ☞ಚೀರಣ (cīraṇa) 2

ಚೀಲಮಂಡೆ ⟦cīlamaṃḍe チーラマンデ⟧ [ʧi:lə̆məɳɖe] 《‡》 *n.* くるぶし (*Kitt.*) [Ka. D2633] ☞ಕಾಲಿನ ಹರಡು, ಕಣಕಾಲು (kālina haraḍu, kaṇakālu)

ಚೀಲಿ ⟦cīli チーリ⟧ [ʧi:li] 《方》 *n.* 猫 [Ka. D2634]

ಚೀಲಿಕೆ ⟦cīlike チーリケ⟧ [ʧi:lĭke] 《文》 *n.* ☞ಚಿಲಿಕೆ (cilike)²

ಚೀಲು ⟦cīlu チール⟧ [ʧi:lu] 《‡》 *n.* 袋 (*Kitt.,B.3,46*) [Ka. D2632] ☞ಚೀಲ (cīla)

ಚೀವು ⟦cīvu チーヴ⟧ [ʧi:vu] ಚಿವ್ವು 《‡》 *vt.* 1〈野菜の硬い表面などを〉削り落とす、鉋(かんな)などで削る、〈鉛筆を〉削る 2〈果物などの皮を〉むく 3〈爪を〉切る [Ka. D2600] (*My.* (*Kitt.*)) ☞ಹೆರೆ (here)

ಚೀಳಿಡು ⟦cīḷiḍu チーリドゥ⟧ [ʧi:ɭiɖu] 《古》 *vi.* 甲高い声で叫ぶ [*ciḷ* <? + *iḍu*] = ಗೀಳಿಡು (gīḷiḍu)

ಚುಂಗಡಿ¹ ⟦cuṃgaḍi チュンガディ⟧ [ʧuŋgə̆ɖi] 《文》 *n.* 1 金額の端数 2 利子、利息 [Ka. D2649]

ಚುಂಗಡಿ² ⟦cuṃgaḍi チュンガディ⟧ [ʧuŋgəɖi] ಚಿನಡಿ, ಚುಂಗುಡಿ 《文》 *n.* ピカピカした小さな金属片をたくさんつけた布 [M. *cunăḍi* *C4814]

ಚುಂಗು ターバンの飾り房

ಚುಂಗು ⟦cuṃgu チュング⟧ [ʧuŋgu] ಚೆಂಗು *n.* 1 縁房、フリンジ 2 ターバンの飾り房［⇒図］[Sk. 2648]

ಚುಂಗುಡಿ ⟦cuṃguḍi チュングディ⟧ [ʧuŋgŭɖi] 《文》 *n.* [M. *cunăḍī* *C4814] ☞ಚುಂಗಡಿ (cuṃgaḍi)²

ಚುಂಚ ⟦cuṃca チュンチャ⟧ [ʧuɲʧɐ] *n.* ☞ಚುಂಚು (cuṃcu)

ಚುಂಚಿಲಿ ⟦cuṃcili チュンチリ⟧ [ʧuɲʧili] 《‡》 *n.* トガリネズミの一種、(尖った顔を持つ)虫を食べる小動物 (*Kitt.*) [Ka. D2661] ☞ಸುಂಡಿಲಿ (suṃḍili)

ಚುಂಚು¹ ⟦cuṃcu チュンチュ⟧ [ʧuɲʧu] *n.* 軒 [Ka. D2650]

ಚುಂಚು² ⟦cuṃcu チュンチュ⟧ [ʧuɲʧu] *n.* 1 額に垂れた巻き毛 2 頭の毛の房 3 雄鶏や雌鶏の頭の毛の房 [Ka. D2651]

ಚುಂಚು³ ⟦cuṃcu チュンチュ⟧ [ʧuɲʧu] ಚುಂಚ, ಚುಂಚೆ, ಚೂಚು *n.* 1 鳥のくちばし 2 動物の(鼻と一緒になって)出張った口 [Ka. D2664, cf. Sk. *caṃcu*]

ಚುಂಬಕ ⟦cuṃbaka チュンバカ⟧ [ʧumbəkɐ] *n.* 磁石 [Sk.]

ಚುಂಬಕತ್ವ ⟦cuṃbakatva チュンバカトヴァ⟧ [ʧumbəkə̆tvɐ] 《文》 *n.* 磁力 [Sk.]

ಚುಂಬನ ⟦cuṃbana チュンバナ⟧ [ʧumbənɐ] 《文》 *n.* 接吻、口づけ、キス [Sk.]

ಚುಂಬಿಸು ⟦cuṃbisu チュンビス⟧ [ʧumbisu] 《文》 *vt.* 口づけする、接吻する、キスする [Sk.]

ಚುಂಯಿ ⟦cuṃyi チュンイ⟧ [ʧũjĭ] (*n.*) しゅっ(熱した鉄板や火の上に落ちた水の出す音を表す擬音語) [Ka. onom. D2642] ☞ಚುಯಿ (cuyi)

ಚುಕಾಣಿ ⟦cukāṇi チュカーニ⟧ [ʧukɐ:ɳi] *n.* ☞ಚುಕ್ಕಾಣಿ (cukkāṇi)

ಚುಕ್ಕಣ ⟦cukkaṇa チュッカナ⟧ [ʧukkə̆ɳɐ] *n.* ☞ಚುಕ್ಕಾಣಿ (cukkāṇi)

ಚುಕ್ಕಾಣಿ ⟦cukkāṇi チュッカーニ⟧ [ʧukkɐ:ɳi] ಚುಕಾಣಿ, ಚುಕ್ಕಣ, ಸುಕಾಣು *n.* (船の)舵 [Ar. *sukkān*]

ಚುಕ್ಕಿ ⟦cukki チュッキ⟧ [ʧukki] *n.* [Ka. *D2646] ☞ಚುಕ್ಕೆ (cukke)

ಚುಕ್ಕೆ ⟦cukke チュッケ⟧ [ʧukke] ಚಿಕ್ಕಿ, ಚಿಕ್ಕೆ, ಚುಕ್ಕಿ *n.* 1 星 2 点、(豹などの)丸い点 [Ka. D2646]

ಚುಕ್ತ ⟦cukta チュクタ⟧ [ʧuktɐ] *n.* ☞ಚುಕ್ತಾ (cuktā)

ಚುಕ್ತಾ ⟦cuktā チュクター⟧ [ʧuktɐ:] ಚುಕ್ತ *n.* (借金の)完済 ¶ ಮೇಷ್ಟರು ಬಹುಮಾನದ ಹಣದಿಂದ ಅಂಗಡಿಯ ಲೆಕ್ಕ ಚುಕ್ತಾ ಮಾಡಿದರು. (mēṣṭaru bahumānada haṇadiṃda aṃgaḍiya lekka cuktā māḍidaru.) 先生は賞金で店のツケを完済した。 [H. *cuktā*]

ಚುಚ್ಚು¹ ⟦cuccu チュッチュ⟧ [ʧuʧʧu] 《古》 *vi.* 燃える、焼ける (*KV 1.8.86*) [Ka. < *curcu* D2714]

ಚುಚ್ಚು² 〚cuccu チュッチュ〛 [ʧuʧʧu] ಚುರ್ಚ್² *vt.* （針などで）刺す、つく、（蚊などが）刺す [Ka. D2778 < *curcu*²]

ಚುಚ್ಚುನುಡಿ 〚cuccunuḍi チュッチュヌディ〛 [ʧuʧʧŭnuḍi] *n.* 皮肉、刺のある言葉 [*cuccu* + *nuḍi*] = ಚುಚ್ಚುಮಾತು (cuccumātu)

ಚುಚ್ಚುನೋಟ 〚cuccunōṭa チュッチュノータ〛 [ʧuʧʧŭno:ʈɐ] *n.* にらみつけること、鋭い目で見ること [*cuccu* + *nōṭa*]

ಚುಚ್ಚುಮದ್ದು 〚cuccumaddu チュッチュマッドゥ〛 [ʧuʧʧu məddu] *n.* 注射液、注射薬 [*cuccu* + *maddu*]

ಚುಚ್ಚುಮಾತು 〚cuccumātu チュッチュマートゥ〛 [ʧuʧʧŭ mɐ:tu] *n.* [*cuccu* + *mātu*] = ಚುಚ್ಚುನುಡಿ (cuccunuḍi)

ಚುಟಕ 〚cuṭaka チュタカ〛 [ʧuʈə̆kɐ] *n.* リメリック、（イギリス文学に源を発する）短い風刺詩 [Ka. mim.? cf. M. *cuṭăkā*]

ಚುಟಕಿ 〚cuṭaki チュタキ〛 [ʧuʈə̆ki] *n.* 音楽で拍子を取るために鳴らす木製または象牙製のリズム楽器［⇒図］[Ka. onom., cf. D2507,D2511]

ಚುಟಕಿ
リズム楽器

ಚುಟಕು 〚cuṭaku チュタク〛 [ʧuʈə̆ku] ಚುಟಿಗೆ, ಚುಟುಕ, ಚುಟುಕು, ಚುಟುಕಿ *n.* ちっぽけなもの —(*n.*) ちっぽけ〈な〉 [Ka. onom., cf. D2507,D2511]

ಚುಟಕೆ 〚cuṭake チュタケ〛 [ʧuʈə̆ke] ಚುಟಕಿ, ಚುಟಕು, ಚುಟಕೆ, ಚುಟಿಕೆ, ಚುಟಿಗೆ, ಚುಟುಕ, ಚುಟುಕಿ, ಚುಟುಕು *n.* （風邪、通風、リウマチなどの治療に用いる）腕輪のかけら [cf. D2507,D2511]

ಚುಟಿಕೆ 〚cuṭike チュティケ〛 [ʧuʈĭke] ಚುಟಕಿ, ಚುಟಕು, ಚುಟಕೆ, ಚುಟಿಕೆ, ಚುಟಿಗೆ, ಚುಟುಕ, ಚುಟುಕಿ, ಚುಟುಕು *n.* 1（嗅ぎタバコなどの）一つまみ 2（風邪、通風、リウマチなどの治療に用いる）腕輪のかけら [Ka. D2507] ☞ಚುಟಕಿ (cuṭaki)

ಚುಟಿಗೆ 〚cuṭige チュティゲ〛 [ʧuʈĭge] =ಚುಟಕು (cuṭaku)

ಚುಟು 〚cuṭu チュトゥ〛 [ʧuʈu] 《古》 *n.* 親指と人差し指を伸ばした距離 [Ka. D2834]

ಚುಟುಕ್ 〚cuṭuk チュトゥク〛 [ʧuʈuk] (*n.*) [Ka. mim.] ☞ಚುಟುಕು (cuṭuku)

ಚುಟುಕ್ಕನೆ 〚cuṭukkane チュトゥッカネ〛 [ʧuʈukkə̆ne] *adv.* ちくっと、ちくりと（注射の針で刺されたり虫に刺されたりした時の痛みを表す擬態語）[Ka. mim.]

ಚುಟುಕ 〚cuṭuka チュトゥカ〛 [ʧuʈŭkɐ] =ಚುಟಕು (cuṭaku)

ಚುಟುಕು¹ 〚cuṭuku チュトゥク〛 [ʧuʈŭku] =ಚುಟಕು (cuṭaku)

ಚುಟುಕು² 〚cuṭuku チュトゥク〛 [ʧuʈŭku] ಚುತುಕ್ (*n.*) 1 ちくっ、ちくり（注射の針で刺されたり虫に刺されたりした時の痛みを表す擬態語） 2〔喩〕ちくり、ちくっ（痛い所を突かれた人が心に受ける衝撃を表す擬態語）¶ ಆ ಗುಮಾಸ್ತನ ಹೇಳಿಕೆ ಚುಟುಕ್ಕನೆ ನನಗೆ ಚುಚ್ಚಿತು. (ā gumāstana hēḷike cuṭukkane nanage cuccitu.) あの職員の言葉がぐさっと胸に突き刺さった。 —*n.* 短くて辛辣な、寸鉄人を刺すような言葉 [Ka. mim.]

ಚುಟುಕಿ 〚cuṭuki チュトゥキ〛 [ʧuʈŭki] =ಚುಟಕು (cuṭaku)

ಚುಟುಚುಟು 〚cuṭucuṭu チュトゥチュトゥ〛 [ʧuʈuʧuʈu] (*n.*) ちくちく（ノミや南京虫に噛まれた時のかゆみを表す擬態語）[Ka. mim.]

ಚುಟ್ಟ 〚cuṭṭa チュッタ〛 [ʧuʈʈɐ] *n.* （インド風の）葉巻タバコ [Ka. D2715] = ಚೆರುಟು, ಚುಟ್ಟಾ (ceruṭu, cuṭṭā)

ಚುಟ್ಟಾ 〚cuṭṭā チュッター〛 [ʧuʈʈɐ:] ಚುಟ್ಟ *n.* （インド風の）葉巻タバコ [M./H. *cuṭṭā*? ←Dr. *D2715] = ಚುಟ್ಟ (cuṭṭa)

ಚುಟ್ಟಿ¹ 〚cuṭṭi チュッティ〛 [ʧuʈʈi] 《‡》 *n.* 額にぶら下げる装身具、額飾り (*Kitt.*) ［⇒図］[Ka. D2657]

ಚುಟ್ಟಿ
額飾り

ಚುಟ್ಟಿ² 〚cuṭṭi チュッティ〛 [ʧuʈʈi] 《‡》 *n.* 「巻かれたもの」、インド風の葉巻タバコ (*Kitt.,S.Mhr.*) [Ka. D2715]

ಚುನಾಯಿತ 〚cunāyita チュナーイタ〛 [ʧunɐ:jitɐ] 《文》 *adj.* 選挙された、選挙で選ばれた [pp. of *cunāyisu*]

ಚುನಾಯಿಸು 〚cunāyisu チュナーイス〛 [ʧunɐ:jisu] 《文》 *vt.* 選挙する、選挙で選ぶ [H. *cunānā*]

ಚುನಾವಣೆ 〚cunāvaṇe チュナーヴァネ〛 [ʧunɐ:və̆ɳe] *n.* 選挙 [H. *cunānā* + *-aṇe*]

ಚುನಾವಣಾಧಿಕಾರಿ 〚cunāvaṇādʰikāri チュナーヴァナーディカーリ〛 [ʧunɐ:və̆ɳɐ:dʰikɐ:ri] *mf.* 選挙管理人 [+ *adʰikāri*]

ಚುನಾವಣಾ ದುರಾಚಾರ 〚cunāvaṇā durācāra チュナーヴァナードゥラーチャーラ〛 [ʧunɐ:və̆ɳɐ:durɐ:ʧɐ:rɐ] *n.* 選挙における不正行為 [+ *durācāra*]

ಚುನಾವಣೆಗೊಳ್ಳು 〚cunāvaṇegoḷḷu チュナーヴァネゴッル〛 [ʧunɐ:və̆ɳegoḷḷu] *vi.* （選挙で）選ばれる、当選する [+ *koḷḷu*]

ಚುಬುಕ 〚cubuka チュブカ〛 [ʧubŭkɐ] 《文》 *n.* あご [Sk.] = ಗದ್ದ (gadda)

ಚುಬುಕು¹ 〚cubuku チュブク〛 [ʧubŭku] *vi., vt.* むにゃむにゃ噛む [Ka. onom.] ☞ಚಿಬುಕು (cibuku)

ಚುಬುಕು² 〚cubuku チュブク〛 [ʧubŭku] *n.* ☞ಚಬುಕು (cabuku)

ಚುಯ್ 〚cuy チュイ〛 [ʧujĭ] ಚುಂಯಿ (*n.*) しゅっ（熱した鉄板や火の上などに水滴が落ちる音を表す擬音語）[Ka. D2642]

ಚುರು 〚curu チュル〛 [ʧuru] 《‡》 (*n.*) ぴりっ、ひりっ（蟻やサソリなどに咬まれた時や火にさわった時の痛みを表す擬音語、普通重複形が用いられる）[Ka. mim. D2688]

ಚುರುಕ 〚curuka チュルカ〛 [ʧurŭkɐ] *m.* 《*f.* ಚುರುಕಿ (curuki)》抜け目のない人、頭の切れる人 [Ka. *D2713]

ಚುರುಕು 〚curuku チュルク〛 [ʧuruku] ಚುಱುಕು (*n.*) 1（目、言葉、知恵などが）鋭い〈こと〉 2（インドのある種のソースの）爽やかな刺激性がある〈こと〉、ぴりっとした〈こと〉 3 速い〈こと〉、すばやい〈こと〉¶ ಅವನದು ತುಂಬಾ ಚುರುಕು ನಡಿಗೆ. (avanadu tuṃbā curuku naḍige.) 彼はそれはそれは足が速い。[Ka. < cuṟuku D2713] ↔ ಸಪ್ಪೆ (sappe)

ಚುರುಕುಗೊಳಿಸು ⟦curukugoḷisu チュルクゴリス⟧ [ʧurŭku goḷɪisu] 《文》 *vt.* 〈視力や聴力などを〉鋭くする、〈歩みなどを〉速める、〈声などを〉大きくする [+ *koḷisu*]

ಚುರುಕುತನ ⟦curukutana チュルクタナ⟧ [ʧurukŭtənɐ] *n.* **1** (言葉や視力などが) 鋭いこと **2** きびきびしていること、機敏さ、敏活さ **3** 抜け目なさ、目先が利くこと [*curuku* + *-tana*] = ಚುರುಕುಬುದ್ಧಿ (curukubuddʰi)

ಚುರುಕುದೃಷ್ಟಿ ⟦curukudr̥ṣṭi チュルクドゥルシュティ⟧ [ʧu rukŭdrɯʂʈi] *n.* **1** 鋭い視力 **2** 〔喩〕鋭い眼力、慧眼、ものを見通す力 [*curuku* + *dr̥ṣṭi*]

ಚುರುಕುಬುದ್ಧಿ ⟦curukubuddʰi チュルクブッディ⟧ [ʧurŭ kubuddʰi] *n.* **1** 鋭い知力 **2** 抜け目なさ、目先が利くこと [*curuku* + *buddʰi*]

ಚುರುಗುಟ್ಟು ⟦curuguṭṭu チュルグットゥ⟧ [ʧuruguʈʈu] *vi.* (トウガラシなどで) ひりひりする、胃が焼ける、(火傷などが) ひりひり痛む [*curuku* + *-guṭṭu*]

ಚುರುಚುರು¹ ⟦curucuru チュルチュル⟧ [ʧuruʧuru] (*n.*) ひりひり (鋭い痛みを表す擬態語) ¶ ಜಿಗುಣೆ ಹತ್ತಿ ಕಾಲು ಚುರುಚುರು ಅನ್ನುತ್ತಿದೆ. (jiguṇe hatti kālu curucuru annuttide.) ヒルが吸いついて首がひりひりする。[Ka. mim. D2688]

ಚುರುಚುರು² ⟦curucuru チュルチュル⟧ [ʧuruʧuru] (*n.*) **1** ぷつぷつ (沸騰した湯の音を表す擬音語) **2** じゅうじゅう (油でものを揚げる時の音を表す擬音語) [Ka. D2714]

ಚುರುಟು ⟦curuṭu チュルトゥ⟧ [ʧuruʈu] ಚಿರೂಟು, ಚುಟ್ಟ, ಚುಟ್ಟಾ, ಚುರೂಟು *n.* 葉巻タバコ [Ka. *D2684]

ಚುರೂಟು ⟦curūṭu チュルートゥ⟧ [ʧuruʈu] *n.* ☞ಚುರುಟು (curuṭu)

ಚುರ್ಚು¹ ⟦curcu チュルチュ⟧ [ʧurʧu] ಚುಚ್ಚು¹ 《古》 *vi.* 燃える、焼ける [Ka. D2714]

ಚುರ್ಚು² ⟦curcu チュルチュ⟧ [ʧurʧu] 《古》 *vt.* (針などで) 刺す、突く、(蚊などが) 刺す [Ka. D2778] = ಚುಚ್ಚು (cuccu)²

ಚುಱಚಿ ⟦cuṟaci チュラチ⟧ [ʧurəʧi] 《古》 *n.* トウダイグサ科の多年生常緑のつる草 (さわるとかゆくなる、薬用) [Ka.2865] ☞ತುರಚಿ (turaci)

ಚುಱುಕು ⟦cuṟuku チュルク⟧ [ʧuṟuku] 《古》 (*n.*) (刀やナイフなどが) 鋭い〈こと〉 [Ka. D2713] ☞ಚುರುಕು (curuku) 〔現〕

ಚುಱುಚಿ ⟦cuṟuci チュルチ⟧ [ʧuɹuʧi] 《‡》 *n.* [Ka. D2865] (*My.* (*Kitt.*)) ☞ಚುಱಚಿ (cuṟaci)

ಚುಱುಚುಱು ⟦cuṟucuṟu チュルチュル⟧ [ʧuṟuʧuṟu] 《‡》 (*n.*) **1** しゅうしゅう (沸騰した湯の音を表す擬音語) **2** 油などで物を揚げている音を表す擬音語 [Ka. D2714] (*Kitt.,S.Mhr.*) ☞ಚುರುಚುರು (curucuru)

ಚುಲಕ¹ ⟦culaka チュラカ⟧ [ʧulə̆kɐ] 《‡》 (*n.*) [Ka. D2703] (*Kitt.*) ☞ಚುಲುಕು (culuku)

ಚುಲಕ² ⟦culaka チュラカ⟧ [ʧulə̆kɐ] ಚುಳಕ 《文》 *n.* (水を入れるためなどのために) 丸めた手の平 [Sk.]

ಚುಲಿ ⟦culi チュリ⟧ [ʧuli] 《方》 *n.* 芽、芽生え (*Hal., LSB 5.14-19*) [Ka. D3362]

ಚುಲುಕು ⟦culuku チュルク⟧ [ʧulŭku] 《‡》 (*n.*) (性格が) 軽薄〈な〉、浮わついた〈こと〉 (*Kitt.*) [Ka. D2703]

ಚುಲ್ತಾರಿ ⟦cultāri チュルターリ⟧ [ʧulʈɐːri] *m.* ☞ಚಿಲ್ತೇರಿ (ciltēri)

ಚುಲ್ಲ¹ ⟦culla チュッラ⟧ [ʧullɐ] 《古》 *n.* 《*f.* *ಚುಲ್ಲಿ (culli)》 かすみ目の人、視力が鈍い人 [Sk.] ―*n.* (病で) 涙が出る目

ಚುಲ್ಲ² ⟦culla チュッラ⟧ [ʧullɐ] ಚಿಲ್ಲ, ಚಿಳ್ಳ 《文》 *adj.*, *m* 《*f.* ಚುಲ್ಲಿ (culli)》 卑しい〈人〉、下劣な〈人〉 [Pk. *culla-* T3712]

ಚುಲ್ಲಕ ⟦cullaka チュッラカ⟧ [ʧulləkɐ] ಚುಲ್ಲಿಕ, ಚುಲ್ಲುಕ 《文》 *adj.*, *m* 《*f.* ಚುಲ್ಲಕಳು (cullakaḷu)》 卑しい〈人〉、下劣な〈人〉 [Pk. *culla-* T3712]

ಚುಲ್ಲಿಕ ⟦cullika チュッリカ⟧ [ʧullikɐ] 《文》 *adj.*, *m* 《*f.* ಚುಲ್ಲಿಕಳು (cullikaḷu)》 ☞ಚುಲ್ಲಕ (cullaka)

ಚುಲ್ಲುಕ ⟦culluka チュッルカ⟧ [ʧullukɐ] 《文》 *adj.*, *m* 《*f.* ಚುಲ್ಲುಕಳು (cullukaḷu)》 ☞ಚುಲ್ಲಕ (cullaka)

ಚುಳುಕು ⟦culuku チュルク⟧ [ʧŭɭuku] ಚುಣುಕು, ಚುಲುಕು, ಚುಳ್ಳು 《異》 (*n.*) **1** 微細〈な〉 **2** (身長が) 非常に低い〈こと〉 [Ka. cf. D2703]

ಚುಳಿಕೆ ⟦cuḷike チュリケ⟧ [ʧuɭike] ಚುಳ್‌ಕೆ 《古》 *n.* 綿打ち棒 (鉄や鋼を材料とし、綿花をほぐすために用いる) [⇒図] [Ka. D2701]

ಚುಳಿಕೆ
綿打ち棒

ಚುಳ್ಳ ⟦cuḷḷa チュッラ⟧ [ʧuɭɭɐ] 《古》 *adj.*, *m* 《*f.* *ಚುಳ್ಳಿ (cuḷḷi)》 [< *culla*²] ☞ಚುಲ್ಲ (culla)

ಚೂಚು ⟦cūcu チューチュ⟧ [ʧuɲʧu] *n.* ☞ಚುಂಚು (cuṃcu)

ಚೂಚೂ ⟦cūcū チューチュー⟧ [ʧuːʧuː] 《文》 *snt.* ウシ (犬をけしかける時に用いる言葉) [Ka. D2718]

ಚೂಟಾಟ ⟦cūṭāṭa チュータータ⟧ [ʧuːʈɐːʈɐ] ಚೂಡಾಟ, ಜೂಟಾಟ *n.* 鬼ごっこ [H. *cʰūṭā* + *āṭa*] = ಜೂಟಾಟ (jūṭāṭa)

ಚೂಟಿ¹ ⟦cūṭi チューティ⟧ [ʧuːʈi] *n.* 的、標的 [Ka. D2658]

ಚೂಟಿ² ⟦cūṭi チューティ⟧ [ʧuːʈi] *n.* **1** 早いこと、速度 **2** 活発さ、活動的なこと **3** 抜け目なさ、利口さ [Ka.? cf. Ta. *cuttu*]

ಚೂಟು ⟦cūṭu チュートゥ⟧ [ʧuːʈu] 《古》 *vt.* [Ka. *D2540] ☞ಚಿವುಟು (civuṭu) 1

ಚೂತವನ ⟦cūtavana チュータヴァナ⟧ [ʧuːtəvənɐ] 《文》 *n.* マンゴーの林、マンゴーを植えた果樹園 [Sk.]

ಚೂಪು¹ ⟦cūpu チュープ⟧ [ʧuːpu] 《‡》 *n.* 見ること、目をやること (*Kitt.,R.,Tĕ*) [Ka. D2735]

ಚೂಪು² ⟦cūpu チュープ⟧ [ʧuːpu] ಚಿಪ್ಪು, ಚೀಪು³ (*n.*) (刃物などが) 鋭い〈こと〉、鋭利〈な〉 [? cf. Te. *cūpu*]

ಚೂಪುಗೊಳಿಸು ⟦cūpugoḷisu チュープゴリス⟧ [ʧ:pŭgoḷi su] 《文》 *vt.* 尖らせる [caus.]

ಚೂಪುಗಾರಿಕೆ ⟦cūpugārike チュープガーリケ⟧ [ʧu:puga:ri ke] *n.* 巧妙さ、利口さ [*cūpu*[2] + *-gārike*]

ಚೂರಿ ⟦cūri チューリ⟧ [ʧu:ri] *n.* 短剣、切っ先の尖った小刀 ◇ *vi.* —ಹಾಕು (hāku) [H. *cʰurī*]

ಚೂರು[1] ⟦cūru チュール⟧ [ʧu:ru] 《文》 *vt.* [Ka. *D2601] ☞ಚಿವರು (civaru)

ಚೂರು[2] ⟦cūru チュール⟧ [ʧu:ru] 《‡》 *n.* 軒 [Ka. D2729]

ಚೂರು[3] ⟦cūru チュール⟧ [ʧu:ru] *n.* かけら、薄片、小片 ¶ ಸೇಬಿನ ಹಣ್ಣನ್ನು ಚೂರು ಮಾಡು. (sēbina haṇṇannu cūru māḍu.) リンゴを刻んでください。 —(*adj.*), *adv.* 少し、わずか ¶ ಅವನಿಗೆ ಚೂರೂ ನಾಚಿಕೆ ಇಲ್ಲ. (avanige cūrū nācike illa.) 彼は全然恥を知らない。 [Pk. *cūra-* 4888]

ಚೂರ್ಣ ⟦cūrṇa チュールナ⟧ [ʧu:rɳɐ] 《文》 *n.* 1 粉、粉末 2 白檀や樟脳(しょうのう)の粉 [Sk.]

ಚೂರ್ಣಗೆಡ್ಡೆ ⟦cūrṇageḍḍe チュールナゲッデ⟧ [ʧu:rɳǝge ḍḍe] 鏡餅のような大型のサトイモ科の食用の芋 ─ 食・薬 [? cf. Sk. *sūraṇa-*(L.)] = ಸ್ವರ್ಣಗೆಡ್ಡೆ (svarṇageḍḍe) *[IMP 1.133]

ಚೂಲ್ ⟦cūl チュール⟧ [ʧu:l] 《古》 *n.* (通常は動物の)妊娠 [Ka.] ☞ಸೂಲು (sūlu)

ಚೂಲು ⟦cūlu チュール⟧ [ʧu:lu] 《古》 *n.* [Ka.] ☞ಸೂಲು (sūlu)

ಚೆಂ-[1] ⟦ceṃ- チェン -⟧ [ʧem/ʧɛm] 《文》 *pref.* 赤…(いくつかの複合語の接頭辞として) ¶ ಚೆಂಗುಲಾಬಿ (ceṃgulābi) 赤いバラの花 = ಕೆಂ- (keṃ-) [Ka. *D1931]

ಚೆಂ-[2] ⟦ceṃ- チェン -⟧ [ʧem/ʧɛm] 《文》 *pref.* よい…(いくつかの複合語の接頭辞として) ¶ ಚೆಂಗಾಲ (ceṃgāla) よい時 [Ka. *D2423 < *cennu*]

ಚೆಂಗನೆ ⟦ceṃgane チェンガネ⟧ [ʧeŋgǝ̆ne/ʧɛŋgǝ̆ne] *adv.* ぴょんと、ぴょんぴょん(跳ぶ動作を表す擬態語) ¶ ಜಿಂಕೆ ಚೆಂಗನೆ ಹಾರುತ್ತದೆ. (jiṃke ceṃgane hāruttade.) 鹿はぴょんぴょん跳ねる。 [Ka. D2285] ☞ಚಂಗನೆ (caṃgane)

ಚೆಂಗಲವೆ ⟦ceṃgalave チェンガラヴェ⟧ [ʧeŋgǝ̆lǝve/ʧɛŋgǝ̆lǝve] ಚಂಗಲವೆ, ಚಂಗಳವೆ 《文》 *n.* 赤いスイレン [Ka. *ceṃ-*[1] + *kalave* D1307]

ಚೆಂಗು[1] ⟦ceṃgu チェング⟧ [ʧeŋgu/ʧɛŋgu] 《古》 *vi.* 跳ぶ、跳ねる、跳ね回る [Ka. D2285] = ಚಂಗು (caṃgu)

ಚೆಂಗು[2] ⟦ceṃgu チェング⟧ [ʧeŋgu/ʧɛŋgu] *n.* [Sk. 2648] ☞ಚುಂಗು (cuṃgu)

ಚೆಂಗೂಲಿ ⟦ceṃgūli チェングーリ⟧ [ʧeŋgu:li/ʧɛŋgu:li] 《古》 *mf.* 肉体労働者 —*f.* 売娼婦、淫売 [? + *kūli*]

ಚೆಂಚ ⟦ceṃca チェンチャ⟧ [ʧeɲʧɐ/ʧɛɲʧɐ] 《雅》 *m.* 《*f.* *ಚೆಂಚಿತಿ (*ceṃciti)》 [Ka. *D2291] ☞ಚಂಚ (caṃca)

ಚೆಂಚಲಿ ⟦ceṃcali チェンチャリ⟧ [ʧeɲʧǝ̆li/ʧɛɲʧǝ̆li] 《文》 *n.* [Ka. *D2292] ☞ಚಂಚಲಿ (caṃcali)

ಚೆಂಡಾಟ ⟦ceṃḍāṭa チェンダータ⟧ [ʧeɳḍɐ:ʈɐ/ʧɛɳḍɐ:ʈɐ] *n.* 毬遊び [Ka. *ceṃḍu* + *āṭa*]

ಚೆಂಡಿ ⟦ceṃḍi チェンディ⟧ [ʧeɳḍi/ʧɛɳḍi] 《方》 (*n.*) 濡れた〈こと〉 [Ka. D3045] (Hav.)

ಚೆಂಡಿಕೆ ⟦ceṃḍike チェンディケ⟧ [ʧeɳḍĭke/ʧɛɳḍĭke] 《文》 *n.* ☞ಚಂಡಿಕೆ (caṃḍike)[1]

ಚೆಂಡು ⟦ceṃḍu チェンドゥ⟧ [ʧeɳḍu/ʧeɳḍu] ಚಂಡು, ಸೆಂಡು *n.* 鞠、球、ボール [Ka. D2766]

ಚೆಂಡೆ ⟦ceṃḍe チェンデ⟧ [ʧeɳḍe/ʧɛɳḍe] ಚಂಡೆ *n.* 民族音楽に用いる太鼓の一種 [Ka.? cf. Ta. *ceṇṭai*, Ma. *ceṇda*, Tu. *ceṃḍe*]

ಚೆಂದ ⟦ceṃda チェンダ⟧ [ʧendɐ/ʧɛndɐ] (*n.*) 1 美しい〈こと〉、きれい〈な〉 ¶ ಚೆಂದಕೆಲಸ (ceṃdakelasa) きれいにした仕事 2 適当〈な〉、適正〈な〉 ¶ ಈ ಕೆಲಸಕ್ಕೆ ಅವನೇ ಚೆಂದ. (ī kelasakke avanē ceṃda.) 彼こそこの仕事にうってつけの人だ。 —*n.* 美、美しさ ¶ ಅವಳ ಚೆಂದವೇ ಅವಳ ಸಂಪತ್ತು. (avaḷa ceṃdavē avaḷa saṃpattu.) 彼女の美しさこそが彼女の財産だ。 ☞ಚಂದ (caṃda)[1] [Ka. D2328]

ಚೆಂದುಟಿ ⟦ceṃduṭi チェンドゥティ⟧ [ʧenduʈi/ʧɛnduʈi] ಚಂದುಟಿ 《文》 *n.* 赤い唇 [*ceṃ*[1] + *tuṭi*] = ಕೆಂದುಟಿ (keṃduṭi)

ಚೆಂಬು ⟦ceṃbu チェンブ⟧ [ʧembu/ʧɛmbu] *n.* 銅などでできた口の狭い小型の壺[⇒図] [Ka. D2775]

ಚೆಂಬು 小口壺

ಚೆಕ್[1] ⟦cek チェク⟧ [ʧek] *n.* ☞ಚೆಕ್ಕು (cekku)[1]

ಚೆಕ್[2] ⟦cek チェク⟧ [ʧek] *n.* ☞ಚೆಕ್ಕು (cekku)[2]

ಚೆಕ್ಕನೆ ⟦cekkane チェッカネ⟧ [ʧekkǝ̆ne/ʧɛkkǝ̆ne] *adv.* 1 直ちに、すぐさま ¶ ನಾನು ಕೂಗಿದರೆ ಚಕ್ಕನೆ ಬರಬೇಕು. (nānu kūgidare cakkane barabēku.) 私が呼んだらすぐ来なさい。 2 すばやく ¶ ಅವನು ಯಾವ ಕೆಲಸವಾದರೂ ಚಕ್ಕನೆ ಮಾಡುತ್ತಾನೆ. (avanu yāva kelasavādarū cakkane māḍuttāne.) 彼はどんな仕事でもすばやく片付ける [Ka. D2499] = ಚಟಕ್ಕನೆ (caṭakkane)

ಚೆಕ್ಕಳ ⟦cekkaḷa チェッカラ⟧ [ʧekkǝ̆ḷɐ/ʧɛkkǝ̆ḷɐ] 《‡》 *n.* 小型の籐(とう)で編んだ背のない長椅子 (*Kitt.,Nn.107*) [Ka. D2270] ☞ಚಕ್ಕಳ (cakkaḷa)

ಚೆಕ್ಕು[1] ⟦cekku チェック⟧ [ʧekku/ʧɛkku] *n.* 木の切れ端 ☞ಸೆಕ್ಕೆ (sekke)[1]

ಚೆಕ್ಕು[2] ⟦cekku チェック⟧ [ʧekku/ʧɛkku] ಚಕ್, ಚಕ್ಕು, ಚೆಕ್ *n.* 格子縞[模様]またはその模様の布 [Eg. *check*]

ಚೆಕ್ಕು[3] ⟦cekku チェック⟧ [ʧekku/ʧɛkku] ಚಕ್, ಚಕ್ಕು, ಚೆಕ್ *n.* 情報や書類などの正確さを調べること [Eg. *check*]

ಚೆಕ್ಕು[4] ⟦cekku チェック⟧ [ʧekku/ʧɛkku] ಚಕ್ಕು *n.* 小切手 [Eg. *cheque*]

ಚೆಕ್ಕುಲಗುಲಿ ⟦cekkulaguli チェックラグリ⟧ [ʧekkŭlǝguli/ʧɛkkŭlǝguli] *n.* くすぐること [Ka. *D2274] ☞ಚಕ್ಕಲಗುಳಿ (cakkalaguḷi)

ಚೆಕ್ಕುಲಿ ⟦cekkuli チェックリ⟧ [ʧekkŭli] *n.* [Sk. **cakralikā-*?] ☞ಚಕ್ಕುಲಿ (cakkuli)

ಚೆಕ್ಕೆ ⟦cekke チェッケ⟧ [ʧekke/ʧɛkke] *n.* 1 木の切れ端 2 肉桂、シナモン [Ka. D2748] ☞ಸೆಕ್ಕೆ (sekke)[1]

ಚೆಚ್ಚರ ⟦ceccara チェッチャラ⟧ [ʧeʧʧərɐ/ʧɛʧʧərɐ]《文》*n.* [Ka.? Tu. *caccara*, Te. *ceccara*, cf. Sk. *catvara-* *D2352(b)] ☞ಚಚ್ಚರ (caccara)

ಚೆಚ್ಚರು ⟦ceccaru チェッチャル⟧ [ʧeʧʧəru]《文》*n.* 敏活、活発、敏速、機敏 [Ka. *D2352(b) cf. Sk. *satvara-*] ☞ಚಚ್ಚರ (caccara)

ಚೆಚ್ಚರಿಕೆ ⟦ceccarike チェッチャリケ⟧ [ʧeʧcərĭke/ʧɛʧcərĭke]《文》*n.* 敏活なこと、活発なこと、きびきびしたこと [*ceccara* + *-ke*]

ಚೆಚ್ಚರಿಗ ⟦ceccariga チェッチャリガ⟧ [ʧeʧcərĭgɐ/ʧɛʧcərĭgɐ]《文》*m.*《*f.* ಚೆಚ್ಚರಿಗಳು (ceccarigaḷu)》敏活な人、活発な人、きびきびした人、よく動き回る人 [Ka. *D2352(b) cf. Sk. *satvaram*]

ಚೆಚ್ಚು ⟦ceccu チェッチュ⟧ [ʧeʧʧu/ʧɛʧʧu] *vt.* 1〈ココナツを〉叩き割る 2 打ちすえる、連続的に殴る ¶ ಅವಳು ತಲೆ ಚಚ್ಚಿಕೊಂಡು ಅತ್ತಳು. (avaḷu tale caccikoṃḍu attaḷu.) 彼女は自分の額を打ちながら泣いた。[Ka. D2322] ☞ಚಚ್ಚು (caccu)

ಚೆಜ್ಜ ⟦cejja チェッジャ⟧ [ʧeʤʤɐ/ʧɛʤʤɐ] *n.* 軒 [H. *cʰajjā*] = ಚಜ್ಜ (cajja)

ಚೆಜ್ಜೆ ⟦cejje チェッジェ⟧ [ʧeʤʤe/ʧɛʤʤe] *n.* トウジンビエ(イネ科) [Ka. D2290] ☞ಸೆಜ್ಜೆ (sejje)

ಚೆಟ್ಟ ⟦ceṭṭa チェッタ⟧ [ʧeʈʈɐ]《口》*n.* 中身を取り去った殻 [Ka. *D2317] ಚರಟ (caraṭa)

ಚೆಟ್ಟಿ[1] ⟦ceṭṭi チェッティ⟧ [ʧeʈʈi/ʧɛʈʈi] *n.* 土製の広口の壺 [Ka. D2306] ☞ಚಟ್ಟಿ (caṭṭi)

ಚೆಟ್ಟಿ[2] ⟦ceṭṭi チェッティ⟧ [ʧeʈʈi/ʧɛʈʈi]《文》*n.* スズメの一種(古典文学出例) [Ka. D2763] = Sk. *ṭiṭṭibʰa*

ಚೆಟ್ಟಿ[3] ⟦ceṭṭi チェッティ⟧ [ʧeʈʈi/ʧɛʈʈi] *m.*《*f.* ಚೆಟ್ಟಿತಿ (ceṭṭiti)》チェッティヤールという商人のカーストに属する人 [Sk. *śrēṣṭʰin-*] ☞ಶೆಟ್ಟಿ (śeṭṭi)

ಚೆಟ್ಟಿಗೆ ⟦ceṭṭige チェッティゲ⟧ [ʧeʈʈĭge/ʧɛʈʈĭge]《古》*f.* 女性の召し使い [Sk. *cēṭikā-*]

ಚೆಟ್ಟು ⟦ceṭṭu チェットゥ⟧ [ʧeʈʈu/ʧɛʈʈu]《‡》*n.* 灌木、(豆、ナス、トマトなどの)小植物 (*Kitt.Te.*) [Ka. D1941] = ಗಿಡ (giḍa)

ಚೆಡ್ಡಿ ⟦ceḍḍi チェッディ⟧ [ʧeɖɖi/ʧɛɖɖi] *n.* 男性が肌着として用いる短いパンツ [Ka. D2379] ☞ಚಡ್ಡಿ (caḍḍi)

ಚೆಡ್ಲು ⟦ceḍlu チェドル⟧ [ʧeɖluʧɛɖlu]《方》*n.* 雷 (*Kumta, U.P.U.*) [Ka. D2759]

ಚೆಣ್ಣ ⟦ceṇṇa チェンナ⟧ [ʧeɳɳɐ/ʧɛɳɳɐ] *n.* [Ka. D2379] ☞ಚಲ್ಲಣ (callaṇa)

ಚೆದುರು[1] ⟦ceduru チェドゥル⟧ [ʧeđŭru/ʧɛđŭru] *vi.* 散らばる [Ka. *D1546] ☞ಚದರು (cadaru)

ಚೆದುರು[2] ⟦ceduru チェドゥル⟧ [ʧeđŭru/ʧɛđŭru] (*n.*) 利口な〈こと〉、抜け目のない〈こと〉[Ka. D2327]

ಚೆನ್ನಂಗಿ[1] ⟦cennaṃgi チェンナンギ⟧ [ʧennəŋgi/ʧɛnnəŋgi]《文》*n.* [Ka. D2595] ☞ಚನ್ನಂಗಿ (cannaṃgi)[1]

ಚೆನ್ನಂಗಿ[2] ⟦cennaṃgi チェンナンギ⟧ [ʧennəŋgi/ʧɛnnəŋgi] *n.* = H. *masūrī dālă* ☞ಚನ್ನಂಗಿ (cannaṃgi)[2]

ಚೆನ್ನ ⟦cenna チェンナ⟧ [ʧennɐ/ʧɛnnɐ] ಚನ್ನ *m.*《*f.* ಚೆನ್ನಿ (cenni)》[Ka. D2423] ☞ಚನ್ನ (canna)

ಚೆನ್ನಗೆ ⟦cennage チェンナゲ⟧ [ʧennəge/ʧɛnnəge]《文》*n.* [Ka. *D2595] ☞ಚನ್ನಂಗಿ (cannaṃgi)[1]

ಚೆನ್ನು ⟦cennu チェンヌ⟧ [ʧennu/ʧɛnnu] (*n.*) 1 よい〈こと〉、正しい〈こと〉、好ましい〈こと〉¶ ಈ ಕೆಲಸವನ್ನು ಹೀಗೆ ಮಾಡಿದರೇ ಚೆನ್ನು. (ī kelasavannu hīge māḍidarē cennu.) 君はこのようにしたらよいだろう。 2 (人や花が)きれいな〈こと〉¶ ಈ ಗುಲಾಬಿ ಎಷ್ಟು ಚೆನ್ನು ಅಲ್ಲವಾ? (ī gulābi eṣṭu cennu allavā?) このバラの花は何と美しいことか。[Ka. D2423] ☞ಚನ್ನು (cannu)

ಚೆನ್ನಾಗಿ ⟦cennāgi チェンナーギ⟧ [ʧɛnnɐːgi/ʧɜnnɐːgi] *adv.* さんざんに ¶ ಅವನಿಗೆ ಚೆನ್ನಾಗಿ ಹೊಡೆದೆ. (avanige cennāgi hoḍede.) 私は彼をさんざんに打ちすえた。[+ *āgi*] ☞ಚನ್ನಾಗಿ (cannāgi)

ಚೆನ್ನೆ ⟦cenne チェンネ⟧ [ʧenne/ʧɛnne] *f.*《*m.* ಚೆನ್ನ (cenna)》美女、きれいな女性 [Ka. D2423] ☞ಚನ್ನೆ (canne)

ಚೆಪ್ಪಲಿ ⟦ceppali チェッパリ⟧ [ʧeppə̆li/ʧɛppə̆li] *n.* [Ka. *D2335] ☞ಚಪ್ಪಲಿ (cappali)

ಚೆಪ್ಪಾಳೆ ⟦ceppāḷe チェッパーレ⟧ [ʧeppɐːɭe/ʧɛppɐːɭe] *n.* [Ka. *D2335] ☞ಚಪ್ಪಳೆ (cappaḷe)

ಚೆಯ್ ⟦cey チェイ⟧ [ʧeĭ/ʧɛĭ]《‡》(*n.*) [Ka. D2747] (*Kitt., Prll.3,29*) ☞ಸಯ್ (say)

ಚೆರಿಗೆ ⟦cerige チェリゲ⟧ [ʧerige/ʧɛrige] *n.* [?] ☞ಚರಿಗೆ (carige)[1]

ಚೆರುಕು ⟦ceruku チェルク⟧ [ʧerŭku/ʧɛrŭku]《‡》*n.* サトウキビ (*Kitt.*) [Ka. D2795] = ಕಬ್ಬು (kabbu)

ಚೆರೆ ⟦cere チェレ⟧ [ʧere/ʧɛre] *n.* ☞ಚರೆ (care)

ಚೆಲ್[1] ⟦cel チェル⟧ [ʧel/ʧɛl]《‡》*vt.*〈水などを〉ぶちまける、(棄てるために)流す (*Kitt.,J.30.7*) [Ka. D2384] ☞ಚಲ್ಲು, ಚೆಲ್ಲು (callu, cellu)

ಚೆಲ್[2] ⟦cel チェル⟧ [ʧel/ʧɛl]《文》*n.* 1 (主として女性の)美貌、容貌の美しさ 2 適当であること、よいこと [Ka. *D2786]

ಚೆಲಂಕು ⟦celaṃku チェランク⟧ [ʧeləŋku]《古》*vt.*〈水や種などを〉振りまく [Ka. D2384] ☞ಚಲಕು (calaku)

ಚೆಲಂಗು ⟦celaṃgu チェラング⟧ [ʧeləŋgu]《古》*vt.* [Ka. *D2384] ☞ಚಲಕು (calaku)

ಚೆಲು ⟦celu チェル⟧ [ʧelu/ʧɛlu]《文》*n.* 1 (主として女性の)美貌、容貌の美しさ 2 適当であること、よいこと [Ka. D2786]

ಚೆಲುವ ⟦celuva チェルヴァ⟧ [ʧelŭvɐ/ʧɛlŭvɐ] *m.*《*f.* ಚೆಲುವೆ (celuve)》美男子、美男 [Ka. D2786] ಚಲುವ (caluva)

ಚೆಲುವತನ ⟦celuvatana チェルヴァタナ⟧ [ʧelŭvətənɐ/ʧɛlŭvətənɐ] *n.* (特に男性の)美貌、男ぶりのよさ [Ka. D2786] ☞ಚಲುವತನ (caluvatana)

ಚೆಲುವಿ ⟦celuvi チェルヴィ⟧ [ʧelŭvi/ʧɛlŭvi] *f.* きれいな女性、美女 [Ka. D2786] ☞ಚಲುವಿ (caluvi)

ಚೆಲುವಿಕೆ ⟦celuvike チェルヴィケ⟧ [ʧeluvĭke/ʧɛluvĭke] ಚಲುವಿಕೆ, ಚಲ್ವಿಕೆ, ಚೆಲ್ವಿಕೆ *n.* (特に女性の)美しさ、美貌 [Ka. D2786] ☞ಚಲುವಿಕೆ (caluvike)

ಚೆಲುವು ⟦celuvu チェルヴ⟧ [ʧelŭvu/ʧɛlŭvu] ಚಲುವು, ಚಲ್ವು, ಚೆಲ್ವು *n.* **1** 美貌、容貌の美しさ、魅力 **2** 適当であること、よいこと [Ka. D2786] ☞ಚಲುವಿ (caluvi)

ಚೆಲುವೆ ⟦celuve チェルヴェ⟧ [ʧelŭve/ʧɛlŭve] ಚಲ್ವೆ, ಚಲುವೆ, ಚೆಲ್ವೆ *f.* [Ka. *D2786] ☞ಚಲುವೆ (caluve)

ಚೆಲ್ಲ ⟦cella チェッラ⟧ [ʧellɐ/ʧɛllɐ] 《古》 *n.* 笑いさざめくこと、にぎやかに楽しむこと [Ka. D2378] ☞calla

ಚೆಲ್ಲಪಿಲ್ಲಿ ⟦cellapilli チェッラピッリ⟧ [ʧelləpilli/ʧɛlləpilli] (*n.*) ☞ಚಲ್ಲಾಪಿಲ್ಲಿ (callāpilli)

ಚೆಲ್ಲಾಪಿಲ್ಲಿ ⟦cellāpilli チェッラーピッリ⟧ [ʧellɐːpilli/ʧɛllɐːpilli] (*n.*) ☞ಚಲ್ಲಾಪಿಲ್ಲಿ (callāpilli)

ಚೆಲ್ಲಿಪಿಲ್ಲಿ ⟦cellipilli チェッリピッリ⟧ [ʧellipilli/ʧɛllipilli] (*n.*) ☞ಚಲ್ಲಾಪಿಲ್ಲಿ (callāpilli)

ಚೆಲ್ಲವಾಡು ⟦cellavāḍu チェッラヴァードゥ⟧ [ʧellə̆vɐːḍu] *vi.* [+ *āḍu* D347] ☞ಚಲ್ಲವಾಡು (callavāḍu)

ಚೆಲ್ಲಣ ⟦cellaṇa チェッラナ⟧ [ʧelləɳɐ/ʧɛlləɳɐ] *n.* 腿の中央までだけの短い丈のパンツ(薄い生地で作られ田舎以外では下着として用いるものや、洋風の半ズボンなどを含む)☞ಚಲ್ಲಣ (callaṇa) = ಚಡ್ಡಿ (caḍḍi) [Ka. *D2379]

ಚೆಲ್ಲಾಟ ⟦cellāṭa チェッラータ⟧ [ʧellɐːʈɐ/ʧɛllɐːʈɐ] *n.* 楽しむこと、戯れること、笑いさざめくこと [Ka. D2378] ☞ಚಲ್ಲಾಟ (callāṭa)

ಚೆಲ್ಲಾಡು ⟦cellāḍu チェッラードゥ⟧ [ʧellɐːḍu/ʧɛllɐːḍu] *vi.* [Ka. *D2378] ☞ಚಲ್ಲಾಡು (callāḍu)

ಚೆಲ್ಲು¹ ⟦cellu チェッル⟧ [ʧellu/ʧɛllu] 《古》 *n.* [Ka. *D2378] ☞ಚಲ್ಲ (calla)

ಚೆಲ್ಲು² ⟦cellu チェッル⟧ [ʧellu/ʧɛllu] *vt.* **1** 〈水などを〉ぶちまける、(棄てるために)流す **2** 〈水などを〉撒く、振りかける、〈種や肥料などを〉蒔く [Ka. D2384] ☞ಚಲ್ಲು (callu)

ಚೆಲ್ಲಿಸು ⟦cellisu チェッリス⟧ [ʧellĭsu/ʧɛllĭsu] *vt.* 《*caus.*》 〈水や種などを〉ぶちまける [Ka. caus. D2384]

ಚೆಲ್ವ ⟦celva チェルヴァ⟧ [ʧelvɐ/ʧɛlvɐ] *m.* 《*f.* ಚೆಲ್ವೆ (celve)》美男子、美貌の男性 ☞ಚಲುವ (caluva) [Ka. D2786]

ಚೆಲ್ವಿ ⟦celvi チェルヴィ⟧ [ʧelvi/ʧɛlvi] 《‡》 *f.* 美女、美人、美貌の女性 (*C.* (*Kitt.*)) [Ka. D2786] ☞ಚಲುವಿ (caluvi)

ಚೆಲ್ವಿಕೆ ⟦celvike チェルヴィケ⟧ [ʧelvike/ʧɛlvike] *n.* 美貌であること、みめ麗しいこと [Ka. *celuvu* D2786 + *-ike*] ☞ಚಲುವಿಕೆ (caluvike)

ಚೆಲ್ವು ⟦celvu チェルヴ⟧ [ʧelvu/ʧɛlvu] *n.* ☞ಚಲುವು (caluvu) = ಚೆಲುವು (celuvu)

ಚೆಲ್ವೆ ⟦celve チェルヴェ⟧ [ʧelve/ʧɛlve] *f.* ☞ಚೆಲುವೆ (celuve)

ಚೆಳು ⟦ceḷu チェル⟧ [ʧeɭu/ʧɛɭu] 《‡》 *n.* 長く柔らかい枝 (*Kitt.*) [Ka. D2790]

ಚೆಳ್ಳು ⟦ceḷḷu チェッル⟧ [ʧeɭɭu/ʧɛɭɭu] *n.* 長く柔らかい枝 [Ka. D2790] ☞ಸೆಳ್ಳು (seḷḷu)

ಚೇಗ ⟦cēga チェーガ⟧ [ʧeːg] 《‡》 *n.* すばやさ (*Kitt.*) —*adv.* すばやく、敏速に (*Kitt.*) [Ka. D2499]

ಚೇಗಿ¹ ⟦cēgi チェーギ⟧ [ʧeːgi] 《‡》 *n.* すばやいこと (*Kitt.*) —*adv.* すばやく (*Kitt.*) [Ka. D2499]

ಚೇಗಿ² ⟦cēgi チェーギ⟧ [ʧeːgi] 《古》 *n.* ☞ಚೇಗೆ (cēge)

ಚೇಗು¹ ⟦cēgu チェーグ⟧ [ʧeːgu/ʧɛːgu] *n.* **1** 木の髄、心材 **2** 精髄 **3** 力、精力 [Ka. D2802] (*Kitt.*)

ಚೇಗು² ⟦cēgu チェーグ⟧ [ʧeːgu/ʧɛːgu] *n.* チーク(クマツヅラ科)、チークの材木 [Ka. *D3452] ☞ತೇಗು (tēgu) = ಸಾಗುವಾನಿ (sāguvāni)

ಚೇಗೆ¹ ⟦cēge チェーゲ⟧ [ʧeːge] 《‡》 *n.* [Ka. D2802] (*Kitt.*) ☞ಚೇಗು (cēgu)²

ಚೇಗೆ² ⟦cēge チェーゲ⟧ [ʧeːge/ʧɛːge] ಚಾಗೆ, ಚೇಗಿ, ಚೇಗು, ಛೇಗಿ, ಛೇಗೆ 《古》 *n.* 損失、損害、破壊 (*MMV 119.467*) [? cf. Sk. *cʰēda-*]

ಚೇಟಿ ⟦cēṭi チェーティ⟧ [ʧeːʈi/ʧæːʈi] 《雅》 *f.* 王侯貴族の女性の召し使い [Sk.]

ಚೇಣ ⟦cēṇa チェーナ⟧ [ʧeːɳɐ/ʧɛːɳɐ] ಚೇಣಿ, ಚೇನ *n.* 小型の鑿(のみ) [Ka. D2445]

ಚೇತನ ⟦cētana チェータナ⟧ [ʧeːtə̆nɐ] 《文》 *n.* **1** 心、知性、知能 **2** 意識 **3** 我 **4** 精力、活力 [Sk.]

ಚೇತರಿಸು ⟦cētarisu チェータリス⟧ [ʧeːtərĭsu] 《文》 *vi.* **1** 意識を取り戻す **2** 元気づく、元気を取り戻す [Sk.]

ಚೇತೋಹಾರಿ ⟦cētōhāri チェートーハーリ⟧ [ʧeːtoːhɐːri] 《文》 *adj.* 魅力的な、心をそそる [Sk.]

ಚೇಪು ⟦cēpu チェープ⟧ [ʧeːpu/ʧɛːpu] ಸೇಪು *vi.* 小牛に乳を刺激されて乳が流れ出す —*n.* 小牛に乳を刺激されて乳が流れ出すこと = ತೊರೆಬಿಡು (torebiḍu) [Ka. D2803]

ಚೇಪೆ ⟦cēpe チェーペ⟧ [ʧɛːpe] *n.* [Ka. *D2452] ☞ಚಾಪೆ (cāpe)

ಚೇರೆ ⟦cēre チェーレ⟧ [ʧeːre/ʧɛːre] ಚೇಹರಾ 《口》 *n.* ☞ಚಹರೆ (cahare)

ಚೇಲ ⟦cēla チェーラ⟧ [ʧeːlɐ] ಚೇಲಾ, ಚೇಲಿ, ಚೇಲೆ *m.* 《*f.* *ಚೇಲಿ (cēli)》腰ぎんちゃく [H. *cēlā* T4911 ←Dr.]

ಚೇಷ್ಟೆ ⟦cēṣṭe チェーシュテ⟧ [ʧeːʂʈe/ʧɛːʂʈe] *n.* **1** 身ぶり **2** (子どもの)いたずら [Sk.]

ಚೇಹರಾ ⟦cēharā チェーハラー⟧ [ʧeːhə̆rɐː] ಚೆಹರಾ *n.* ☞ಚಹರೆ (cahare)

ಚೇಳು ⟦cēḷu チェール⟧ [ʧeːɭu/ʧɛːɭu] ಚೇೞ್, ಚೋಳು, ತೇಳ್, ತೇಳು, ತೇೞ್, ತೇೞು *n.* サソリ [Ka. < *cēṟ* D3470]

ಚೇೞ್ ⟦cēṟ チェール⟧ [ʧeːɻ/ʧɛːɻ] 《古》 *n.* サソリ [Ka. D3470] ☞ಚೇಳು (cēḷu)

ಚೈತನ್ಯ ⟦caitanya チャイタニャ⟧ [ʧəitənʲjɐ] 《文》 *n.* **1** 元気、活力 **2** 能力 ¶ ಅವನಿಗೆ ಪಾಸ್ ಮಾಡುವ ಚೈತನ್ಯ ಇದೆ.

(avanige pās māḍuva caitanya ide.) 彼には合格する能力がある。[Sk.]

ಚೈತ್ಯ ⟦caitya チャイティャ⟧ [ʧəitjɐ] 《文》 *n.* (仏教やジャイナ教の)寺、寺院、僧院 [Sk.]

ಚೈತ್ರ ⟦caitra チャイトラ⟧ [ʧəitrɐ] *n.* チャイトラ月、インドの伝統的太陽太陰暦の第1月(インド天文学で太陽が牡牛座に入る4月14日頃を基準に3月15日ころから4月14日ころまでの新月の日が新年となる。伝統的太陽太陰暦では地方によって満月始まりと新月始まりの二つの方法があり、満月始まりの場合にはチャイトラ月の前半は前の年に属する) [Sk.]

ಚೈನು ⟦cainu チャイヌ⟧ [ʧəinu] *n.* 1 鎖 2 首や足首につける鎖状の装身具、チェーン[⇒図] [Eg. *chain*]

ಚೈನು チェーン

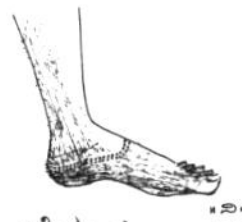

ಚೊಂಬು ⟦coṃbu チョンブ⟧ [ʧombu] *n.* [Ka. D2775] ☞ಚೆಂಬು (ceṃbu)

ಚೊಂಯಿ ⟦coṃyi チョンイ⟧ [ʧõjĩ] (*n.*) しゅっ、ちゅっ(熱した鉄板などに水が落ちた時に発する音を表す擬音語) [Ka. onom. D2642]

ಚೊಕ್ಕ ⟦cokka チョッカ⟧ [ʧokkɐ] (*n.*) 1 (仕事、作業、演技、製品、美などが)通常要求される条件を完全に満たしている〈こと〉¶ ಅವನು ಯಾವಾಗಲೂ ಚೊಕ್ಕವಾಗಿ ಕೆಲಸ ಮಾಡುತ್ತಾನೆ. (avanu yāvāgalū cokkavāgi kelasa māḍuttāne.) あの男はいつも仕事をきっちりやる。 2 (油、牛乳、飲み物などが)混ぜもののない〈こと〉、(金、銀などが)純粋な〈こと〉¶ ಇದು ಚೊಕ್ಕ ಚಿನ್ನ. (idu cokka cinna.) これは純金だ。 3 (部屋などが)整頓された〈こと〉、きれいに片付いた〈こと〉、(服装などが)きちんとした〈こと〉、さっぱりした〈こと〉、汚れのない〈こと〉¶ ನಿಮ್ಮ ಕೋಣೆ ಚೊಕ್ಕವಾಗಿದೆ. (nimma kōṇe cokkavāgide.) 君の部屋はきれいに整頓してある。 4 (表現、批評などが)適切〈な〉、言いたいことをきちんと言った〈こと〉 [Ka. D2829 cf. Sk. *cōkṣa*- T4918]

ಚೊಕ್ಕಟ ⟦cokkaṭa チョッカタ⟧ [ʧokkɘʈɐ] ಚೊಕ್ಕಟ್ಟ, ಚೊಕ್ಕಣ, ಚೊಕ್ಕಳ (*n.*) 1 (仕事、作業、演技、製品、美などが)通常要求される条件を完全に満たしている〈こと〉¶ ಅವನು ಯಾವಾಗಲೂ ಚೊಕ್ಕಟವಾಗಿ ಕೆಲಸ ಮಾಡುತ್ತಾನೆ. (avanu yāvāgalū cokkaṭavāgi kelasa māḍuttāne.) あの男はいつも仕事をきちんとやる。 2 (部屋などが)整頓された〈こと〉、きれいに片付いた〈こと〉、(服装などが)きちんとした〈こと〉、さっぱりした〈こと〉、汚れのない〈こと〉¶ ನಿಮ್ಮ ಕೋಣೆ ಚೊಕ್ಕಟವಾಗಿದೆ. (nimma kōṇe cokkaṭavāgide.) 君の部屋はきれいに整頓してある。 3 (表現、批評などが)適切〈な〉、言いたいことをちゃんと言った〈こと〉 —*adv.* 1 (仕事、作業、演技、製品、美などが)普通に要求される条件を完全に満たして ¶ ಅವನು ಯಾವಾಗಲೂ ಕೆಲಸವನ್ನು ಚೊಕ್ಕಟ ಮಾಡುತ್ತಾನೆ. (avanu yāvāgalū kelasavannu cokkaṭa māḍuttāne.) あの男はいつも仕事をきちんとやる。 2 (表現、批評などが)適切に、言いたいことをきちんと言って ¶ ಅವನು ವಿಮರ್ಶೆಯನ್ನು ಚೊಕ್ಕಟ ಮಾಡುತ್ತಾನೆ. (avanu vimarśeyannu cokkaṭa māḍuttāne.) 彼の批評は言いたいことをきちんと言っている。 [Ka. *cokka* D2829 + -*ṭa*]

ಚೊಕ್ಕಟು ⟦cokkaṭu チョッカトゥ⟧ [ʧokkɘʈu] 《‡》 *n.* (仕事、作業、演技、製品、美などが)通常要求される条件を完全に満たしていること ¶ ಅವನ ಕೆಲಸದಲ್ಲಿ ಚೊಕ್ಕಟು ಇದೆ. (avana kelasadalli cokkaṭu ide.) 彼の仕事はきちんとしている (*Kitt., Mhr.*) [Ka. *cokka* D2829 + -*ṭu*]

ಚೊಕ್ಕಣ ⟦cokkaṇa チョッカナ⟧ [ʧokkɘɳɐ] 《古》 *n.* 美、美しさ [*cokka* + -*ṇa*?] ☞ಚೊಕ್ಕಟ (cokkaṭa)

ಚೊಕ್ಕತನ ⟦cokkatana チョッカタナ⟧ [ʧokkɘt̪ənɐ] *n.* きれいなこと、整頓した状態、さっぱりしたこと [*cokka* + -*tana* [2829]]

ಚೊಕ್ಕಳ ⟦cokkaḷa チョッカラ⟧ [ʧokkɘɭɐ] (*n.*) 1 (衣類などが)清潔〈な〉、汚れのない〈こと〉、(部屋などが)きれい〈な〉、整頓〈した〉¶ ನಮ್ಮ ಕೋಣೆ ಚೊಕ್ಕಳವಾಗಿದೆ. (namma kōṇe cokkaḷavāgide.) 我々の部屋は整頓されてきれいだ。¶ ಇದು ಚೊಕ್ಕಳ ವಸ್ತ್ರ. (idu cokkaḷa vastra.) これは汚れのない衣類だ。¶ ಮಹೇಶ್ವರಿ ನಿರಾಡಂಬರವಾದರೂ ಚೊಕ್ಕಳ ಸೀರೆ ಉಟ್ಟುಕೊಂಡು ಕಚೇರಿಗೆ ಬರುತ್ತಾಳೆ. (mahēśvari nirāḍaṃbaravādarū cokkaḷa sīre uṭṭukoṃḍu kacērige baruttāḷe.) マヘーシュヴァリーは質素だが清潔なサーリーを着て事務所にやって来る。 2 きれい〈な〉 [Ka. D2829]

ಚೊಕ್ಕಳತನ ⟦cokkaḷatana チョッカラタナ⟧ [ʧokkəɭɘt̪ənɐ] *n.* 清潔で整頓されていること

ಚೊಕ್ಕಳಿಕೆ ⟦cokkaḷike チョッカリケ⟧ [ʧokkəɭĭke] *n.* 1 清潔、整頓 2 きれいなこと [*cokkaḷa* + -*ike*]

ಚೊಗಚಿ ⟦cogaci チョガチ⟧ [ʧogɘʧi] *n.* [Ka. D3003] (*Kitt.,S.Mhr.*) ☞ಚೊಗಚೆ (cogace)

ಚೊಗಚೆ ⟦cogace チョガチェ⟧ [ʧogɘʧe] *n.* センナの一種(薬草) [Ka. *D3003] = ಚಗಚೆ (cagace)

ಚೊಗರು¹ ⟦cogaru チョガル⟧ [ʧogɘru] 《古》 *n.* ビンロウジュの実をゆでた後で染色する赤色の物質 [Ka. *D3284] ☞ತೊಗರು (togaru)¹

ಚೊಗರು² ⟦cogaru チョガル⟧ [ʧogɘru] 《方》 (*n.*) 渋い〈こと〉 [Ka. *D3352] = ಒಗರು (ogaru) 〔汎〕 ☞ತೊಗರ್ (togar)

ಚೊಗರು³ ⟦cogaru チョガル⟧ [ʧogɘru] *n.* キマメ、(食用の)豆の一種 [Ka. D3353] ☞ತೊಗರು (togaru)³

ಚೊಗರ್ಚಿ ⟦cogarci チョガルチ⟧ [ʧogərʧi] 《‡》 *n.* センナの一種(薬草) (*Z.* (*Kitt.*)) [Ka. D3003]

ಚೊಚ್ಚಲ ⟦coccala チョッチャラ⟧ [ʧoʧʧɘlɐ] (*adj.*) 1 最初の子ども〈の〉、長子〈の〉 2 最初〈の〉¶ ನೀಲಾಕಾಶ ನನ್ನ ಚೊಚ್ಚಲ ಕೃತಿ. (nīlākāśa nanna coccala kṛti.) 『青空』が私の処女作だ。[Ka. *coccalu* + -*a*] = ಚೊಚ್ಚಿಲ (coccila)

ಚೊಚ್ಚಲು ⟦coccalu チョッチャル⟧ [ʧoʧʧɘlu] ಚೊಚ್ಚಲ್, ಚೊಚ್ಚಿಲು, ಚೊಚ್ಚಿಲು, ಚುಚ್ಚುಲ್ 《‡》 (*n.*) 最初〈の〉(妊娠、

ಚೊಚ್ಚಿಲು 360 ಚೌರ

出産、子どもなど) [Ka. D3516]

ಚೊಚ್ಚಿಲು 〚coccilu チョッチル〛 [ʧoʧʧilu] (*adj.*) ☞ಚೊಚ್ಚಲು (coccalu) [Ka. *D2733 + *D3516]

ಚೊಟ್ಟ 〚coṭṭa チョッタ〛 [ʧoʈʈɐ] 《古》 (*n.*) 1 (まっすぐあるべきものが) 曲がった〈こと〉、ひずんだ〈こと〉¶ ಚೊಟ್ಟಾದ ಕನ್ನಡಕದ ಹಿಡಿಯನ್ನು ನಾನೇ ನೇರ ಮಾಡಿಕೊಂಡೆ. (coṭṭāda kannaḍakada hiḍiyannu nānē nēra māḍikoṃḍe.) 私は曲がっためがねのつるを自分で直した。 2〔喩〕(性格が) 曲がった〈こと〉、ひねくれた〈こと〉、(心が) 邪〈な〉¶ ಮಗನ ಸೊಟ್ಟ ಸ್ವಭಾವವನ್ನು ನೇರ ಮಾಡುವುದು ಕಷ್ಟ. (magana soṭṭa svab^hāvavannu nēra māḍuvudu kaṣṭa.) 息子の曲がった性質を直すのはむずかしい。 —*m.* 《*f.* ಸೊಟ್ಟಿ (soṭṭi)》首や手足などが曲がった人 ☞ಸೊಟ್ಟ (soṭṭa)〔汎〕[Ka. D2838(a)]

ಚೊಟ್ಟು 〚coṭṭu チョットゥ〛 [ʧoʈʈu] 《古》 (*n.*) (まっすぐであるべきものが) 曲がった〈こと〉、屈折〈した〉[Ka. D2838(a)]

ಚೊತ್ತ 〚cotta チョッタ〛 [ʧottɐ] 《異》 *m.* 《*f.* ಚೊತ್ತಿ (cotti)》首や手足などが曲がった男性 [Ka. D2838(b)]

ಚೊತ್ತಿ 〚cotti チョッティ〛 [ʧotti] 《異》 *f.* 《*m.* ಚೊತ್ತ (cotta)》首や手足などが曲がった女性 [Ka. D2838(b)]

ಚೊಱ 〚coṟa チョラ〛 [ʧoɽɐ] 《‡》 *n.* フカ、鮫 (*Kitt.,Si.88*) [Ka. D2710]

ಚೊಲ್ಣ 〚colṇa チョルナ〛 [ʧolɳɐ] 《口》 *n.* [Ka. D2379] (*My.* (*Kitt.*)) ☞ಚಲ್ಲಣ (callaṇa)

ಚೊಲ್ಲಣ 〚collaṇa チョッラナ〛 [ʧollə̆ɳɐ] 《口》 *n.* [Ka. D2379] (*My.* (*Kitt.*)) ☞ಚಲ್ಲಣ (callaṇa)

ಚೊಣ್ಣ 〚coṇṇa チョンナ〛 [ʧoɳɳɐ] 《口》 *n.* [Ka. *D2379] ☞ಚಲ್ಲಣ (callaṇa)

ಚೊಲ್ಲೆಯ 〚colleya チョッレヤ〛 [ʧollejɐ] ಚೊಲ್ಲೆಹ, ಜೊಲ್ಲೆಯ, ಜೊಲ್ಲೆ ಜೊಲ್ಲೆಯ, ಜೊಲ್ಲೆಹ 《古》 *n.* 女性の弁髪を頭の後ろで丸く結ったもの [Ka. D2858]

ಚೊಲ್ಲೆಹ 〚colleha チョッレハ〛 [ʧollehɐ] 《古》 *n.* [Ka. D2858] ☞ಚೊಲ್ಲೆಯ (colleya)

ಚೋಟು 〚cōṭu チョートゥ〛 [ʧoːʈu] *n.* 親指と人差し指の間の距離 —(*adj.*) 小さい〈こと〉、ちっぽけな〈こと〉¶ ಚೋಟು ಹುಡುಗಿ ದೊಡ್ಡ ಮಾತನಾಡುತ್ತಾಳೆ. (cōṭu huḍugi doḍḍa mātanāḍuttāḷe.) この小娘はこましゃくれた話し方をする。 [Ka. D2834]

ಚೋಡಿ[1] 〚cōḍi チョーディ〛 [ʧoːɖi] 《方》 *n.* 小川 [Ka. D3543] (Hav.)

ಚೋಡಿ[2] 〚cōḍi チョーディ〛 [ʧoːɖi] 《方》 *n.* 1 怒り、腹立ち 2 嫉妬、ねたみ [?]

ಚೋದ್ಯ 〚cōdya チョーディヤ〛 [ʧoːdʲjɐ] 《文》 *n.* 驚き、不思議 [Sk.]

ಚೋರಿ 〚cōri チョーリ〛 [ʧoːri] *n.* 泥棒、窃盗 [H. *corī* T4933] ಕಳವು (kaḷavu)

ಚೋರೆ 〚cōre チョーレ〛 [ʧoːrɛ] 《方》 *n.* ハト [Ka. D2885] (Gowda)

ಚೋಳು 〚cōḷu チョール〛 [ʧoːɭu] 《古》 *n.* サソリ [Ka. D3470] ☞ಚೇಳು (cēḷu)

ಚೌಕ 〚cauka チャウカ〛 [ʧəukɐ] ಚಉಕ, ಚವಕ, ಚವುಕ, ಚ–ವುಕು, ಚೌಕು *n.* 1 四角、四角い物 2 四つ角、十字路 3 (四角い) 公共の広場 4 ハンカチ、手ぬぐい 5 一人用の小さな絨毯(じゅうたん) [H./M. *caukă* < Pk. *caukka-* < Sk. *catuṣka-* T4629]

ಚೌಕಟ್ಟು 〚caukaṭṭu チャウカットゥ〛 [ʧəukəʈʈu] *n.* ドアの枠、扉の枠 [H. *cauk^haṭā*/M. *caukaṭṭă* < Pk. *caükkaṭṭhī-* T4631]

ಚೌಕಡಿ 〚caukaḍi チャウカディ〛 [ʧəukəɖi] *n.* 1 四つの組、4人の組 2 チェックのデザイン、布などにプリントされた四角のデザイン [M. *caukaḍī*]

ಚೌಕಶಿ 〚caukaśi チャウカシ〛 [ʧəukəʃi] ಚೌಕಸಿ, ಚೌಕಾಶಿ, ಕೌಕಾಸಿ *n.* 値切ること [M. *caukaśī* < ?]

ಚೌಕಸಿ 〚caukasi チャウカシ〛 [ʧəukəsi] *n.* ☞ಚೌಕಶಿ (caukaśi)

ಚೌಕಳಿ 〚caukaḷi チャウカリ〛 [ʧəukəɭi] ಚವುಕಳಿ, ಚವುಕುಳಿ, ಚೌಕುಳಿ *n.* 四つ一組の真珠、四つの真珠をつけた耳飾り [M. *caukaḍī* cf. Ma.,Ta.,Te. *cavukkaḷi* ←NIA] = ಚವುಕಳಿ (cavukaḷi)

ಚೌಕಾಶಿ 〚caukāśi チャウカーシ〛 [ʧəukɐːʃi] *n.* [M. *caukāśī*] ☞ಚೌಕಶಿ (caukaśi)

ಚೌಕಾಸಿ 〚caukāsi チャウカーシ〛 [ʧəukɐːsi] ☞ಚೌಕಶಿ (caukaśi)

ಚೌಕಿದಾರ 〚caukidāra チャウキダーラ〛 [ʧəukidɐːrɐ] *m.* 番人、門番、警備人 [H. *caukīdāra*]

ಚೌಕು 〚cauku チャウク〛 [ʧəuku] 《方》 *n.* 首にかける小さなシヴァ・リンガを入れる小箱 ☞ಚೌಕ (cauka)

ಚೌಕುಳಿ 〚caukuḷi チャウクリ〛 [ʧəukuɭi] *n.* 1 四つ一組の真珠、四つの真珠をつけた耳飾り 2 チェックのデザイン、布などにプリントされた四角のデザイン ☞ಚೌಕಳಿ (caukaḷi)

ಚೌಚೌ 〚caucau チャウチャウ〛 [ʧəuʧəu] *n.* 塩辛い各種の菓子を混ぜたもの [Eg. *chowchow*]

ಚೌಚೌಭಾತ್ 〚caucaub^hāt チャウチャウバート〛 [ʧəuʧəu b^hɐːtŭ] *n.* 野菜や香辛料と共に炊いて塩味をつけた小麦のあらびき [*caucau* + M./H. *b^hātā* T9331] = ಉಪ್ಪಿಟ್ಟು (uppiṭṭu)

ಚೌತಿ 〚cauti チャウティ〛 [ʧəuti] *n.* 太陰暦の白分および黒分の4日目 [Sk. *caturt^hī-*]

ಚೌನಂಗಿ 〚caunaṃgi チャウナンギ〛 [ʧəunəŋgi] 《文》 *n.* [Ka. *D2595] ☞ಚನ್ನಂಗಿ (cannaṃgi)[1]

ಚೌಪದಿ 〚caupadi チャウパディ〛 [ʧəupədi] 《文》 *n.* 4行詩 [Sk. *catuṣpadī-*]

ಚೌಬೀನೆ 〚caubīne チャウビーネ〛 [ʧəubiːne] *n.* 1 材木 2 木工品 3 丸太 [M. ←Pe. *čōbīna*] = ಟಿಂಬರ್ (ṭiṃbar)〔口〕

ಚೌರ 〚caura チャウラ〛 [ʧəurɐ] *n.* 1 (ひげや髪などを) 剃ること、剃髪 2〔喩〕強いられた大きな支出 ¶ ನನ್ನ ಹಣ ಚೌರ ಆಯಿತು. (nanna haṇa caura āyitu.) たく

さんお金を使わされた。[Sk. *kṣaura*-]

ಚೌರಕ ⟦cauraka チャウラカ⟧ [ʧəurə̆kɐ] *m.*〔タブー〕散髪屋 [Sk. *kṣauraka*-]

ಚೌರಿ ⟦cauri チャウリ⟧ [ʧəuri] *n.* ☞ಚವರಿ (cavari)

ಚೌರಿಗೆ ⟦caurige チャウリゲ⟧ [ʧəurĭge] *n.* [?] ☞ಚರಿಗೆ (carige)[1]

ಚೌರ್ಯ ⟦caurya チャウリヤ⟧ [ʧəur·jɐ] 《文》 *n.* 窃盗、泥棒、強盗 [Sk.]

ಚೌಲ ⟦caula チャウラ⟧ [ʧəulɐ] 《文》 *n.* ☞ಚವಲ (cavala)[1]

ಚೌಲಿ[1] ⟦cauli チャウリ⟧ [ʧəuli] *n.* ☞ಚವರಿ (cavari)

ಚೌಲಿ[2] ⟦cauli チャウリ⟧ [ʧəuli] 《文》 *n.* ☞ಚವಲ (cavala)[2]

ಚ್ಯುತ ⟦cyuta チュタ⟧ [ʧjutɐ] 《文》 *adj.*《複合語末で》(高い地位などを)剥奪された [Sk.]

ಚ್ಯುತಿ ⟦cyuti チュティ⟧ [ʧjuti] 《文》 *n.* (高い地位などからの)転落 [Sk.]

ಛ

ಛ ⟦cʰa チャ⟧ [ʧʰɐ] *n.* カンナダその他のインド系言語において音素の連続 /cʰa/ またはそれを表す文字 [Sk.]

ಛಂದಶ್ಶಾಸ್ತ್ರ ⟦cʰaṃdaśśāstra チャンダッシャーストラ⟧ [ʧʰəndəʃʃɐːstrɐ] 《文》 *n.* 韻律学 [*Sk.*]

ಛಂದಸ್ಸು ⟦cʰaṃdassu チャンダッス⟧ [ʧʰəndəssu] 《文》 *n.* **1** 韻律 **2** ヴェーダ [*Sk.*]

ಛಂದೋಗತಿ ⟦cʰaṃdōgati チャンドーガティ⟧ [ʧʰəndoːgəti] 《文》 *n.* 詩文のリズム [Sk.]

ಛಕಾರ ⟦cʰakāra チャカーラ⟧ [ʧʰəkɐːrɐ] *n.* カンナダその他のインド系文字体系において音素の連続 /cʰa/ を表す文字 [Sk.]

ಛಗ ⟦cʰaga チャガ⟧ [ʧʰəgɐ] 《文》 *n.* 雄羊 [Sk.] = ಹೋತ (hōta)〔汎〕

ಛಜ್ಜ ⟦cʰajja チャッジャ⟧ [ʧʰəʤʤɐ] *n.* 窓や扉を雨から護るためにその上に作った張り出し [H. *cʰajjā* T5023.1]

ಛಡಸವಾಲು ⟦cʰaḍasavālu チャダサヴァール⟧ [ʧʰəɖə̆səvɐːlu] 《文》 *n.* 競売でより高い値をつけること [H. *cʰaṛā savāl*]

ಛಡಾವು ⟦cʰaḍāvu チャダーヴ⟧ [ʧʰəɖɐːvu] *n.* ☞ಚಡಾವು (caḍāvu)

ಛಡಿ ⟦cʰaḍi チャディ⟧ [ʧʰəɖi] *n.* [M. *cʰaḍī*] ☞ಚಡೀ (caḍī)

ಛತ್ರ[1] ⟦cʰatra チャトラ⟧ [ʧʰət·rɐ] 《文》 *n.* **1** 傘(日傘または雨傘) **2**〔美〕王や聖者の上にさす日傘 **3** 《文》 キノコ [Sk.]

ಛತ್ರ[2] ⟦cʰatra チャトラ⟧ [ʧʰət·rɐ] *n.* 巡礼その他の旅人に供する無料の宿や安い宿 [Sk. *satra*-] = ಚತ್ರ (catra)

ಛತ್ರಿ ⟦cʰatri チャトリ⟧ [ʧʰət·ri] *n.* 傘、雨傘、日傘 [H. *cʰatrī* ←Sk. *chatra*-] = ಕೊಡೆ (koḍe)

ಛತ್ವ ⟦cʰatva チャトヴァ⟧ [ʧʰət·vɐ] *n.* カンナダその他のインド系の文字体系で音素の連続 /cʰa/ を表す文字 [Sk.]

ಛದ್ಮವೇಷ ⟦cʰadmavēṣa チャドマヴェーシャ⟧ [ʧʰədməveːʂɐ] *n.* 変装 [Sk.]

ಛಪಾಯಿಸು[1] ⟦cʰapāyisu チャパーイス⟧ [ʧʰəpɐːjisu] 《口》 *vt.* 印刷する [H. *cʰapānā*]

ಛಪಾಯಿಸು[2] ⟦cʰapāyisu チャパーイス⟧ [ʧʰəpɐːjisu] *vt.* 隠す、隠匿する [H. *cʰipānā*]

ಛಪಾವಣೆ ⟦cʰapāvaṇe チャパーヴァネ⟧ [ʧʰəpɐːvə̆ɳe] *n.* 隠すこと、隠し立て、隠匿 [H. *cʰipānā* + *-vaṇe*]

ಛಲ[1] ⟦cʰala チャラ⟧ [ʧʰəlɐ] ಛಳ *n.* **1** 欺瞞、騙すこと **2** 口実、言い訳 [Sk. *chala*-]

ಛಲ[2] ⟦cʰala チャラ⟧ [ʧʰəlɐ] *n.* **1** 騙すこと、欺瞞 **2** 目的を追求する不屈の意志、断固とした意志 **3** 強情、頑固さ [? cf. Sk.*chala*-]

ಛಲಿ ⟦cʰali チャリ⟧ [ʧʰəli] 《口》 *mf.* **1** 意思の強い人、自分の決心を曲げない人 **2** 頑固な人、意地っ張りな人、片意地な人 [*cʰala*[2] + *-i*]

ಛವಿ ⟦cʰavi チャヴィ⟧ [ʧʰəvi] 《文》 *n.* 輝き [Sk. *chavi*-] = ಛವಿ (cʰavi)

ಛಳ[1] ⟦cʰaḷa チャラ⟧ [ʧʰəɭɐ] 《異》 *n.* 口実、言い訳 [Sk. *chala*-] = ಛಲ (cʰala)

ಛಳ[2] ⟦cʰaḷa チャラ⟧ [ʧʰəɭɐ] *n.* ☞ಚಲ (cala)[2]

ಛಳಕು ⟦cʰaḷaku チャラク⟧ [ʧʰəɭə̆ku] *n.* [Ka.? mim.] ☞ಚಳಕು (caḷaku)

ಛಳಯ ⟦cʰaḷaya チャラヤ⟧ [ʧʰəɭə̆jɐ] 《古》 *n.* [La. *D2384] ☞ಚಳಯ (caḷaya)

ಛಳಿ ⟦cʰaḷi チャリ⟧ [ʧʰəɭi] *n.* [Ka.D2408] ☞ಚಳಿ (caḷi)

ಛಳಿಗಾಲ ⟦cʰaḷigāla チャリガーラ⟧ [ʧʰəɭigɐːlɐ] 《異》 *n.* [*cʰaḷi* + *kāla*] ☞ಚಳಿಗಾಲ (caḷigāla)

ಛಳುಕು ⟦cʰaḷuku チャルク⟧ [ʧʰəɭŭku] *n.* こむら返りやぎっくり腰などで起こる急な激痛 [Ka.? mim.] ☞ಚಳಕು (caḷaku)

ಛಳೆಯ ⟦cʰaḷeya チャレヤ⟧ [ʧʰəɭejɐ] 《古》 *n.* [La. *D2384] ☞ಚಳಯ (caḷaya)

ಛಗ ⟦cʰaga チャガ⟧ [ʧʰəgɐ] 《文》 *n.* 雄羊 [Sk.] = ಹೋತ (hōta)〔汎〕

ಛಾಗ ⟦cʰāga チャーガ⟧ [ʧʰɐːgɐ] 《文》 *n.* 雄羊 [Sk.] = ಹೋತ (hōta)〔汎〕

ಛಾಡ ⟦cʰāḍa チャーダ⟧ [ʧʰɐːdɐ] 《古》 *n.* [La. *C4737] ☞ಚಾಡ (cāḍa)

ಛಾಡಿ ⟦cʰāḍi チャーディ⟧ [ʧʰɐːdi] *n.* [La. *C4737] ☞ಚಾಡ (cāḍa)

ಛಾವಟಿ ⟦cʰāvaṭi チャーヴァティ⟧ [ʧɐːvɔ̆ʈi] 《文》 *n.* ☞ಚಾವಟಿ (cāvaṭi)

ಛಾತಿ ⟦cʰāti チャーティ⟧ [ʧʰɐːti] *n.* 1 胸 2 勇気、大胆さ、心臓 ¶ ಅವನಿಗೆ ರಾಜೀನಾಮೆ ಸಲ್ಲಿಸುವ ಛಾತಿ ಇಲ್ಲ. (avanige rājīnāme sallisuva cʰāti illa.) 彼には辞表を提出する勇気がない。 [H. *cʰātī*]

ಛಾತ್ರ ⟦cʰātra チャートラ⟧ [ʧɐːtˑrɐ] 《文》 *m.* 《*f.* ಛಾತ್ರೆ (cʰātre)》弟子、生徒 [Sk.]

ಛಾಪ ⟦cʰāpa チャーパ⟧ [ʧɐːpɐ] *n.* 1 押印、刻印、刷り 2 影響 ¶ ಭಾರತದ ರಾಜಕೀಯದ ಮೇಲೆ ಸಮಾಜವಾದದ ಛಾಪ ಇದೆ. (bʰāratada rājakīyada mēle samājavādada cʰāpa ide.) インドの政治には社会主義の影響がある。 [H. *cʰāpă* [T 4994.1]]

ಛಾಪಖಾನೆ ⟦cʰāpakʰāne チャーパカーネ⟧ [ʧʰɐːpəkʰɐːne] *n.* 印刷所 [Sk. *chāpa-* + Pe. *xāna*] = ಮುದ್ರಣಾಲಯ (mudraṇālaya)〔文〕; ಪ್ರೆಸ್ (pres)〔口〕

ಛಾಪಾಕಾಗದ ⟦cʰāpākāgada チャーパーカーガダ⟧ [ʧʰɐːpɐːkɐːgɔ̆dɐ] *n.* 重要書類を作成するために用いる政府の判と料金が印刷された紙 [H. *cʰāpākāgaś*]

ಛಾಪಿಸು ⟦cʰāpisu チャーピス⟧ [ʧʰɐːpisu] *vt.* 印刷する [H. *cʰāpnā*] = ಮುದ್ರಿಸು (mudrisu)

ಛಾಪು ⟦cʰāpu チャープ⟧ [ʧɐːpu] *n.* 1 押印、刻印、刷り 2〔喩〕印象、感銘、影響 ¶ ಬಾಲ್ಯದಲ್ಲಿ ನಡೆದ ಅಪಮಾನದ ಛಾಪು ಹೋಗುವುದಿಲ್ಲ. (bālyadalli naḍeda apamānada cʰāpu hōguvudilla.) 少年時代に受けた侮辱の印象は消え去らない。 [H. *cʰāpă* [T 4994.1]]

ಛಾಯಾಗ್ರಹಣ ⟦cʰāyāgrahaṇa チャーヤーグラハナ⟧ [ʧʰɐːjɐːgrəhənɐ] 《文》 *n.* 写真撮影 [Sk.]

ಛಾಯಾಗ್ರಾಹಿ ⟦cʰāyāgrāhi チャーヤーグラーヒ⟧ [ʧʰɐːjɐːgrɐːhi] 《文》 *mf.* 写真家 [Sk.]

ಛಾಯಾಚಿತ್ರ ⟦cʰāyācitra チャーヤーチトラ⟧ [ʧʰɐːjɐːʧitrɐ] 《文》 *n.* 写真 [Sk.]

ಛಾಯಾನಾಟಕ ⟦cʰāyānāṭaka チャーヤーナータカ⟧ [ʧʰɐːĭɐːnɐːʈɔ̆kɐ] 《文》 *n.* 影絵芝居 [Sk.]

ಛಾಯಾನುವಾದ ⟦cʰāyānuvāda チャーヤーヌヴァーダ⟧ [ʧʰɐːjɐːnuvɐːdɐ] 《文》 *n.* (小説などを)その国の話に翻案した翻訳 [Sk.]

ಛಾಯೆ ⟦cʰāye チャーエ⟧ [ʧʰɐːje] 《文》 *n.* 1 影、陰影 2 映像、水面などに映った映像 3〔喩〕影響力、勢力 ¶ ಈಗಿನ ಭರತನಾಟ್ಯದಲ್ಲಿ ಪಾಶ್ಚಾತ್ಯ ನೃತ್ಯದ ಛಾಯೆ ಕಾಣುತ್ತದೆ. (īgina bʰaratanāṭyadalli pāścātya nṛtyada cʰāye kāṇuttade.) 今日のバーラタナティアムには西洋のバレーの影響が見られる。 4 弱い光、間接的な光 ¶ ನೀಲಿ ಆಕಾಶದಲ್ಲಿ ಸಂಜೆಯ ಹೊಂಬೆಳಕು ಮೆಲ್ಲನೆ ವ್ಯಾಪಿಸಿತು. (nīli ākāśadalli saṃjeya hoṃbeḷaku mellane vyāpisitu.) 夕焼けが青空の上にゆっくりと広がっていた。 5 気配、痕跡 ¶ ಮಗನಲ್ಲಿ ತಂದೆಯ ಔದಾರ್ಯದ ಛಾಯೆ ಕೂಡ ಇಲ್ಲ. (maganalli taṃdeya audāryada cʰāye kūḍa illa.) 息子には父親の気前よさがこれっぽっちもなかった。 [Sk.]

ಛಾವಣಿ ⟦cʰāvaṇi チャーヴァニ⟧ [ʧʰɐːvɔ̆ɳi] ಚಾವಣಿ, ಛಾವನಿ *n.* 1 葺いた屋根；屋根(一般) 2 仮小屋の宿営地 [M. *cʰāvănī* ←H.] = ಚಾವಣಿ (cāvaṇi)

ಛಾವನಿ ⟦cʰāvani チャーヴァニ⟧ [ʧʰɐːvɔ̆ni] *n.* ☞ಛಾವಣಿ (cʰāvaṇi) 2

ಛಾವುಡಿ ⟦cʰāvuḍi チャーヴディ⟧ [ʧʰɐːvŭɖi] 《口》 *n.* = ಜಗಲಿ (jagali) ☞ಚಾವಡಿ (cāvaḍi) 4

ಛಿದ್ರ ⟦cʰidra チドラ⟧ [ʧʰidˑrɐ] *n.* 1 穴、割れ目 2 弱点、欠点、不完全な点 ¶ ಈ ಪತ್ತೇದಾರಿ ಕಾದಂಬರಿಯಲ್ಲಿ ಕೆಲವು ಛಿದ್ರಗಳಿವೆ. (ī pattēdāri kādaṃbariyalli kelavu cʰidragaḷive.) この探偵小説にはいくつかの弱点がある。 3 (人格などにおける)汚点 ¶ ಅವಳ ಶೀಲದಲ್ಲಿ ಛಿದ್ರ ಉಂಟಾಯಿತು. (avaḷa śīladalli cʰidra uṃṭāyitu.) 彼女の操に傷がついた。 —(*n.*) 1 部分的に痛んでいる〈こと〉、あちこち痛んでいる〈こと〉¶ ಈ ಸೀರೆ ಛಿದ್ರವಾಗಿದೆ. (ī sīre cʰidravāgide.) このサーリーはぼろぼろになっている。2 木っ端みじん〈の〉、粉々〈の〉 ¶ ಕನ್ನಡಿ ಬಿದ್ದು ಛಿದ್ರವಾಯಿತು. (kannaḍi biddu cʰidravāyitu.) 鏡は落ちて粉々になった。 [Sk.]

ಛಿದ್ರಗೊಳಿಸು ⟦cʰidragoḷisu チドラゴリス⟧ [ʧʰidrəgoɭĭsu] 《文》 *vt.* 1 (部分的にまたはあちこち)壊す、破る、傷つける 2 粉々にする、粉砕する [+ *koḷisu*]

ಛಿನಾಲಿ ⟦cʰināli チナーリ⟧ [ʧʰinɐːli] *f.* 姦婦、貞操観念のない女性 [Pk. *chiṇṇāliā*- T 5048]

ಛಿನ್ನ ⟦cʰinna チンナ⟧ [ʧʰinnɐ] (*n.*) 壊れた〈こと〉¶ ಛಿನ್ನವಾದ ವಿಗ್ರಹ ಪೂಜೆಗೆ ಅನರ್ಹ. (cʰinnavāda vigraha pūjege anarha.) 壊れた神像は祀るためには用いられない。 [Sk.]

ಛೀ ⟦cʰī チー⟧ [ʧʰiː] *intrj.* ちぇっ(不快などを表す間投詞) [Ka.]

ಛೀಮಾರಿ ⟦cʰīmāri チーマーリ⟧ [ʧʰiːmɐːri] *n.* 叱ること、叱責 [*cʰī* + *māri* ?] = ಜಡಿಯುವಿಕೆ (jaḍiyuvike)

ಛೂ ⟦cʰū チュー⟧ [ʧʰuː] *snt.* ウシ(犬をけしかける時に用いる言葉) [Ka. onom.]

ಛೂಬಿಡು ⟦cʰūbiḍu チュービドゥ⟧ [ʧʰuːbĭsu] *vt.* 1〈犬を〉けしかける 2〔喩〕〈人を〉けしかける [*cʰū* + *biḍu*]

ಛೇ ⟦cʰē チェー⟧ [ʧʰeː] *intrj.* ちぇっ(不快、不賛成などを表す間投詞)

ಛೇಗಿ ⟦cʰēgi チェーギ⟧ [ʧʰeːgi] 《文》 *n.* ☞ಚೇಗೆ (cēge)[2]

ಛೇಗೆ ⟦cʰēge チェーゲ⟧ [ʧʰeːge] 《文》 *n.* ☞ಚೇಗೆ (cēge)[2]

ಛೇಡಿಸು ⟦cʰēḍisu チェーディス⟧ [ʧʰeːɖisu] *vt.* 〈子どもや少女や弱い教師などを〉からかう [H. *cʰēṛănā* T3734, T4794]

ಛೇದ ⟦cʰēda チェーダ⟧ [ʧʰeːdɐ] *n.* 1 切ること、切断 2 かけら、切片 3 商 [Sk.]

ಭೇದಿಸು ⟦cʰēdisu チェーディス⟧ [ʧʰe:disu] 《文》 *vt.* 切る、切断する [Sk.]

ಭೇದ್ಯ ⟦cʰēdya チェーディャ⟧ [ʧe:d·jɐ] 《文》 (*adj.*) 切断するに値する〈こと〉; 切断できる〈こと〉 [Sk.]

ಛೋಕ್ರ ⟦cʰōkra チョークラ⟧ [ʧʰo:krɐ] *m.* 《*f.* ಛೋಕ್ರಿ (cʰōkri)》〔蔑〕 少年、若造 [H. *cʰōkrā* T 5070]

ಛೋಕ್ರಿ ⟦cʰōkri チョークリ⟧ [ʧʰo:kri] *f.* 《*m.* ಛೋಕ್ರ (cʰōkra)》〔蔑〕 少女、娘っ子 [H. *cʰōkrī*]

ಜ

ಜ ⟦ja ジャ⟧ [ʤə·] *n.* カンナダその他のインド系言語において音素の連続 /ja/, またはカンナダその他のインド系の文字体系でそれを表す文字 [Ka.]

ಜಂಕಣೆ ⟦jaṃkaṇe ジャンカネ⟧ [ʤəŋkə̆ɳe] 《文》 *n.* 叱ること、叱責 [Ka. D2281]

ಜಂಕಿಸು ⟦jaṃkisu ジャンキス⟧ [ʤəŋkisu] 《文》 *vt.* 叱る、叱責する [Ka. D2281]

ಜಂಕೆ ⟦jaṃke ジャンケ⟧ [ʤəŋke] 《文》 *n.* 叱ること、叱責 [Ka. D2281]

ಜಂಗಮ ⟦jaṃgama ジャンガマ⟧ [ʤəŋgəmɐ] (*adj.*) **1** 動く〈こと〉、動き回る〈こと〉、可動〈の〉 **2** 生きている〈こと〉、生命のある〈こと〉 —*m.* ジャンガマ、ヴィーラシャイヴァ派の托鉢修道僧(現在では定住して信徒たちの師として儀礼などを司る司祭がこう呼ばれる) [Sk.]

ಜಂಗಲ್ ⟦jaṃgal ジャンガル⟧ [ʤəŋgəl] *n.* 森林、森 [H. *jaṃgalā* T5177.1]

ಜಂಗಳ¹ ⟦jaṃgaḷa ジャンガラ⟧ [ʤəŋgə̆ɭɐ] 《古》 *n.* 弛緩、ゆるんだこと [Ka. D2283]

ಜಂಗಳ² ⟦jaṃgaḷa ジャンガラ⟧ [ʤəŋgə̆ɭɐ] 《方》 *n.* 家畜の群れ (*Râm. 4,3,5* (*Kitt.*)) [Ka. D2284]

ಜಂಗಿ ⟦jaṃgi ジャンギ⟧ [ʤəŋgi] (*adj.*) (戦い、争いなどが)激しい〈こと〉 [Pe. *ğangī*]

ಜಂಗಿಕುಸ್ತಿ ⟦jaṃgikusti ジャンギクスティ⟧ [ʤəŋgikusti] *n.* すごいレスリングの試合、手に汗握るレスリングの試合 [+ *kusti*]

ಜಂಗು ⟦jaṃgu ジャング⟧ [ʤəŋgu] *n.* (鉄、銅などの)錆 = ತುಕ್ಕು (tukku) [Pe. *zang*] (NK)

ಜಂಗುಡಿ ⟦jaṃguḍi ジャングディ⟧ [ʤəŋgŭɖi] 《古》 *n.* 肩 [Ka. D2274]

ಜಂಗುಳಿ ⟦jaṃguḷi ジャングリ⟧ [ʤəŋgŭɭi] ಜಂಗುಲಿ *n.* **1** 集まり、集合、(動物の)群れ **2** 群衆 [Ka. D2284]

ಜಂಗುಱಿ ⟦jaṃguṟi ジャングリ⟧ [ʤəŋgŭɻi] 《‡》 *n.* 集まり、集合(śmd.39 (Kitt.)) [Ka. D2284]

ಜಂಗೆ ⟦jaṃge ジャンゲ⟧ [ʤəŋge] 《古》 *n.* 歩み [Ka. D2286/T5082]

ಜಂಘೆ ⟦jaṃgʰe ジャンゲ⟧ [ʤəŋgʰe] 《文》 *n.* すね、膝から足首までの部分 [Sk.]

ಜಂಘಾಬಲ ⟦jaṃgʰābala ジャンガーバラ⟧ [ʤəŋʰɐ:bəlɐ] 《文》 *n.* 足の力、自分の体を支える力 ¶ ಭೂತವನ್ನು ನೋಡಿ ಅವನ ಜಂಘಾಬಲ ಉಡುಗಿತು. (bʰūtavannu nōḍi avana jaṃgʰābala uḍugitu.) 鯨を見て彼は腰を抜かした。 [Sk.]

ಜಂಜಡ ⟦jaṃjaḍa ジャンジャダ⟧ [ʤəɲʤəɖɐ] *n.* 苦しみ、不幸、困難 [H *jʰaṃjʰaṭā*]

ಜಂಟಿ ⟦jaṃṭi ジャンティ⟧ [ʤəɳʈi] (*n.*) 一緒〈の〉 ¶ ತಮಿಲ್ನಾಡು ಮತ್ತು ಕರ್ನಾಟಕ ಪೋಲೀಸರು ಜಂಟಿಯಾಗಿ ವೀರಪ್ಪನ್ ವಿರುದ್ಧ ಕಾರ್ಯಾಚರಣೆ ಮಾಡುತ್ತಿದ್ದಾರೆ. (tamilnāḍu mattu karnāṭaka pōlīsaru jaṃṭiyāgi vīrappan viruddʰa kāryācaraṇe māḍuttiddāre.) カルナータカとタミルナードの警察がヴィーラッパンに対して一緒に行動を起こしている。 [? cf. Te *jaṃṭa, jamaṭa*]

ಜಂಟಿಕಾರ್ಯದರ್ಶಿ ⟦jaṃṭikāryadarśi ジャンティカーリヤダルシ⟧ [ʤəɳʈikɐ:rjədərʃi] 《文》 *mf.* 副書記長 [*jaṃṭi* + *kāryadarśi*]

ಜಂತು ⟦jaṃtu ジャントゥ⟧ [ʤəntu] *n.* **1** 生き物、動物 **2** 回虫やサナダムシなど腹に住む寄生虫

ಜಂತೆ ⟦jaṃte ジャンテ⟧ [ʤənte] *n.* (屋根を支える木製の)梁(はり) [? cf. Tu *jaṃte*, Te *daṃte*]

ಜಂಬ ⟦jaṃba ジャンバ⟧ [ʤəmbɐ] *n.* **1** 見栄、見栄っぱり **2** 傲慢に振る舞うこと、横柄に振る舞うこと **3** 自慢 [Sk *dambha-*]

ಜಂಬಕೊಚ್ಚು ⟦jaṃbakoccu ジャンバコッチュ⟧ [ʤəmbəkoʧʧu] *vi.* 自慢する、法螺(ほら)を吹く [+ *koccu*]

ಜಂಬಗಾರ ⟦jaṃbagāra ジャンバガーラ⟧ [ʤəmbəgɐ:rɐ] *m.* 《*f.* ಜಂಬಗಾ (jaṃbagā)〈ರ್ (r)〉ತಿ (ti)》 **1** 見栄っぱり **2** 傲慢な人、横柄な人、威張り屋 **3** 自慢家、自慢する人、法螺(ほら)吹き [*jaṃba* + *-kāra*]

ಜಂಬರ ⟦jaṃbara ジャンバラ⟧ [ʤəmbə̆rɐ] ಜಮರ 《文》 *n.* 反則行為、不法行為 ¶ ಇಲ್ಲಿ ಲಂಚ ರುಶುವತ್ತುಗಳ ಜಂಬರವಿಲ್ಲ. (illi laṃca ruśuvattugaḷa jaṃbaravilla.) ここでは賄賂などの不法行為がない。 [Ka. D2345]

ಜಂಬಾರ ⟦jaṃbāra ジャンバーラ⟧ [ʤəmbɐ:rɐ] 《文》 *n.* [Ka. D2345] (*DEDR*) ☞ಜಂಬರ (jaṃbara)

ಜಂಬು¹ ⟦jaṃbu ジャンブ⟧ [ʤəmbu] 《文》 *n.* 長さ (*Kitt.*) [Ka. D2433]

ಜಂಬು² ⟦jaṃbu ジャンブ⟧ [ʤəmbu] 《文》 *n.* 葦の一種 ⇀ = ಆನೆ ಜೊಂಡು (āne joṃḍu) [Ka. D2347]

ಜಂಬು³ ⟦jaṃbu ジャンブ⟧ [ʤəmbu] *n.* ムラサキフトモモ(蒲桃あるいは閻部樹)、またはその実(フト

モモ科)→食 = ನೇರಳೆ (nērale) [Sk.]

ಜಂಭ ⟦jambʰa ジャンバ⟧ [ʤəmbʰɐ] n. 1 傲慢、横柄 2 自慢、法螺 3 見栄、見栄っぱり [Sk dambha-]

ಜಕ ⟦jaka ジャカ⟧ [ʤəkɐ] 《古》 n. ジャックフルーツ、パラミツの実(黄色い房になった果肉を持つ果物)→食 (Lush.) [Ka. D2275]

ಜಕಾತಿ ⟦jakāti ジャカーティ⟧ [ʤəkɐːti] 《方》 n. 1 村から市内へ農産物を売りにくる商人や農民に検問所で課される税金 2 道路の通行料徴収所 [Ar zakāt]

ಜಕಾರ ⟦jakāra ジャカーラ⟧ [ʤəkɐːrɐ] n. カンナダその他のインド系文字で音素の連続 /ja/ を表す文字 [Sk.]

ಜಕ್ಕಿಣಿ ⟦jakkiṇi ジャッキニ⟧ [ʤəkkiɳi] ಜಕಣಿ, ಜಕ್ಕಣಿ, ಜಿಕ್ಕಿಣಿ f. 女性の悪霊、魔女 [Sk yakṣiṇī-]

ಜಕ್ಕುಲಿಸು[1] ⟦jakkulisu ジャックリス⟧ [ʤəkkulisu] 《文》 vt. 楽しませる、からかう、はしゃぐ [Ka.2269]

ಜಕ್ಕುಲಿಸು[2] ⟦jakkulisu ジャックリス⟧ [ʤəkkulisu] ಜಕ್ಕುಳಿಸು, ಝುಕ್ಕುಳಿಸು 《文》 vt. くすぐる = ಕಚ್ಚಕುಳಿ ಇಡು (kaccakuḷi iḍu) [Ka. D2274]

ಜಕ್ಕುಳಿಸು[1] ⟦jakkuḷisu ジャックリス⟧ [ʤəkkuɭisu] 《文》 vt. [Ka. D2269] ☞ಜಕ್ಕುಲಿಸು (jakkulisu)[1]

ಜಕ್ಕುಳಿಸು[2] ⟦jakkuḷisu ジャックリス⟧ [ʤəkkuɭisu] 《文》 vt. [Ka.*D2274] ☞ಜಕ್ಕುಲಿಸು (jakkulisu)[2]

ಜಖಂ ⟦jakʰaṃ ジャカン⟧ [ʤəkʰəm] n. (事故などによる車などの)損傷、怪我、損失、損害 ¶ ಅಧಿಕಾರಿಯ ಶರಾದಿಂದ ಗುಮಾಸ್ತನ ನೌಕರಿಗೆ ಜಖಮ್ ಆಯಿತು. (adʰikāriya śarādiṃda gumāstana naukarige jakʰam āyitu.) 官僚の非難によって下級役人の働きぶりに支障が生じた。 [Pe. zaxm]

ಜಗ ⟦jaga ジャガ⟧ [ʤəgɐ] 《文》 n. 1 世界、地球 2 人々、世間の人々 ¶ ಅವನಿಗೆ ಜಗ ನಗುತ್ತದೆಯೆಂದು ಭಯ. (avanige jaga naguttadeyeṃdu bʰaya.) 彼は世間の人に笑われることを恐れている。 [Sk.] = ಜಗತ್ತು (jagattu)

ಜಗಜಗ ⟦jagajaga ジャガジャガ⟧ [ʤəgə̆ʤəgɐ] (n.) ぴかぴか(明るい輝きを表す擬態語) [Ka.mim.]

ಜಗಜಗನೆ ⟦jagajagane ジャガジャガネ⟧ [ʤəgə̆ʤəgəne] adv. (輝きが)明るく、こうこうと [+ -ane]

ಜಗಜಗಿಸು ⟦jagajagisu ジャガジャギス⟧ [ʤəgə̆ʤəgĭsu] vi. (太陽、電球、ダイアモンドなどが)きらきら光る、まばゆく輝く ¶ ಮೂಡಣ ಆಕಾಶದಲ್ಲಿ ಜಗಜಗಿಸುವ ಹೊಸ ನಕ್ಷತ್ರವನ್ನು ನೋಡಿ ಜನ ಹೆದರಿದರು. (mūḍaṇa ākāśadalli jagajagisuva hosa nakṣatravannu nōḍi jana hedaridaru.) 東の空に現れた新星を見て人々は恐れた。 [Ka. jagajaga + -isu]

ಜಗತಿ[1] ⟦jagati ジャガティ⟧ [ʤəgə̆ti] n. 軒下や聖木の下などに石や漆喰などで作った台 [Ka. D2279] = ಜಗಲಿ (jagali)

ಜಗತಿ[2] ⟦jagati ジャガティ⟧ [ʤəgə̆ti] 《文》 n. 世界、地球 [Sk. jagat] ☞ಜಗತ್ತು (jagattu)

ಜಗತ್ತು ⟦jagattu ジャガットゥ⟧ [ʤəgəttu] 《文》 n. 世界、地球 [Sk.]

ಜಗದೇಕಮಲ್ಲ ⟦jagadēkamalla ジャガデーカマッラ⟧ [ʤəgədeːkəməllɐ] 《文》 m. 世界一の勇士や戦士 [Sk.]

ಜಗದ್ವಿಖ್ಯಾತ ⟦jagadvikʰyāta ジャガドヴィキャータ⟧ [ʤəgədvikʰʲjɐːtɐ] 《文》 adj., m. 《f. ಜಗದ್ವಿಖ್ಯಾತಳು (jagadvikʰyātaḷu)》世界に名の知れた〈人〉 [Sk.]

ಜಗಮೋಹನ ⟦jagamōhana ジャガモーハナ⟧ [ʤəgəmoːhənɐ] adj., m. 《f. ಜಗಮೋಹಿನಿ (jagamōhini)》世界を魅了する〈人〉 —m. マンマタ(愛の神)の別名 [Sk.]

ಜಗಲಿ ⟦jagali ジャガリ⟧ [ʤəgə̆li] ಜಗುಲಿ n. 軒下、聖木の下などに石や漆喰などで作った台 [Ka. D2279] = ಜಗತಿ (jagati)

ಜಗಳ ⟦jagaḷa ジャガラ⟧ [ʤəgə̆ɭɐ] n. 喧嘩、言い争い ◇ vi. —ಮಾಡು (māḍu) [H jʰagăṛā]

ಜಗಳಗಂಟ ⟦jagaḷagaṃṭa ジャガラガンタ⟧ [ʤəgə̆ɭəgəɳʈɐ] m. 《f. ಜಗಳಗಂಟಿ (jagaḷagaṃṭi)》喧嘩好きな人 [jagaḷa + -gaṃṭa]

ಜಗಳಗಂಟಿ ⟦jagaḷagaṃṭi ジャガラガンティ⟧ [ʤəgə̆ɭəgəɳʈi] f. 喧嘩好きな女性 [jagaḷa + gaṃṭa + -i]

ಜಗಳಿ ⟦jagaḷi ジャガリ⟧ [ʤəgə̆ɭi] 《文》 n. [Ka. D2279] (Kitt.,Nr.) ☞ಜಗಲಿ (jagali)

ಜಗಿ[1] ⟦jagi ジャギ⟧ [ʤəgi] vt. 〈固い肉や種なしパンなどを〉噛む、〈せんべいのようなものを〉噛み砕く [Ka. D2265] =ಅಗಿ (agi)[4]

ಜಗಿ[2] ⟦jagi ジャギ⟧ [ʤəgi] 《文》 vi. (太陽、電球、ダイアモンドなどが)きらきら光る、まばゆく輝く [Ka.mim.]

ಜಗುಲಿ ⟦jaguli ジャグリ⟧ [ʤəgŭli] n. [Ka. D2279] ☞ಜಗಲಿ (jagali)

ಜಗುಱ್ ⟦jagu̱r ジャグル⟧ [ʤaguʒ] 《古》 vi. 1 滑る 2 (手などから)滑り落ちる 3 そっと立ち去る、こそこそ立ち去る [Ka. D2283]

ಜಗ್ಗನೆ ⟦jaggane ジャッガネ⟧ [ʤəggə̆ne] adv. 1 直ちに、すぐさま 2 すばやく、さっさと 3 突然、急に(次に急な動作が続く時に用いる) ¶ ಅವನು ಜಗ್ಗನೆ ಎದ್ದು ಹೊರಟುಹೋದ. (avanu jaggane eddu horaṭuhōda.) 彼は急に立ち上がって出ていった。 [mim. jaggu + -ane 2499]

ಜಗ್ಗಾಟ ⟦jaggāṭa ジャッガータ⟧ [ʤəggɐːʈɐ] n. 1 大勢がそれぞれ自分の方に引っ張ること、引っ張り合い 2 しつこく値切ること [Ka. D2360]

ಜಗ್ಗಿಸು ⟦jaggisu ジャッギス⟧ [ʤəggisu] vt. 1 引っ張る 2 (孔雀などが)〈頭を〉振る 3 (恥ずかしさなどで)〈頭を〉垂れる [Ka. caus.D2360]

ಜಗ್ಗು ⟦jaggu ジャッグ⟧ [ʤəggu] vi. 1 重荷や圧力で元の位置から移動する 2 (張った紐や竹竿などが重さで、木が実の重さで)たわむ 3 柱などが傾く 4 (自分の主張から)後退する、折れる、妥協する ¶ ಸರಕಾರದ ನೀತಿಗೆ ರೈತರು ಜಗ್ಗಲಿಲ್ಲ (sarakārada nītige raitaru jaggalilla.) 農民たちは政府の政策に妥協しなかった。 —*vt.* 1 引っ張る 2（井戸から）〈水を〉くむ [Ka. D2360]

ಜಗ್ಗಾಡು ⟦jaggāḍu ジャッガードゥ⟧ [ʤəggɐːɖu] *vt.* 1 引っ張り合う ¶ ವಿತ್ತಮಂತ್ರಿಯ ಪದವಿಗಾಗಿ ಮೂರು ಜನ ರಾಜಕಾರಣಿಗಳು ಜಗ್ಗಾಡಿದರು. (vittamaṃtriya padavigāgi mūru jana rājakāraṇigaḷu jaggāḍidaru.) 3 人の政治家たちが大蔵大臣の地位を奪い合った。2 値段について掛け合う ¶ ನಿವೇಶನದ ಒಡೆಯನ ಹತ್ತಿರ ಬೆಲೆಯನ್ನು ಜಗ್ಗಾಡಿ ನಿರ್ಧರಿಸಬಹುದು. (nivēśanada oḍeyana hattira beleyannu jaggāḍi nirdʰarisabahudu.) 宅地の値段は持ち主と交渉して決められます。 [+ *āḍu*]

ಜಘನ ⟦jagʰana ジャガナ⟧ [ʤəgʰənɐ] 《文》 *n.* 尻 [Sk.] = ಅಂಡು, ನಿತಂಬ (aṃḍu, nitaṃba)

ಜಜ್ಜು ⟦jajju ジャッジュ⟧ [ʤəʤʤu] ಜೆಜ್ಜು *vt.* 1 うち砕く、押しつぶす、打ち傷を与える 2 さんざんに殴る —*vi.* 打ち傷を受ける ¶ ಹಾವಿನ ತಲೆಯನ್ನು ಜಜ್ಜಿ ಅದನ್ನು ಕೊಂದರು. (hāvina taleyannu jajji adannu koṃdaru.) 彼らは蛇の頭を押しつぶして殺した。[Ka. D2322]

ಜಟಕ[1] ⟦jaṭaka ジャタカ⟧ [ʤəʈə̆kɐ] *n.* 急にぐいと押すこと、引くこと、衝撃をあたえること ¶ ಮಾರ್ಕೆಟ್ಟಿಗೆ ಹೋಗಿ ಜಟಕ ಬಾ. (mārkeṭṭige hōgi jaṭaka bā.) 市場へ行ってすぐ帰って来い。 [M./H *jʰaṭākā* T5327.2]

ಜಟಕ[2]
二輪馬車

ಜಟಕ[2] ⟦jaṭaka ジャタカ⟧ [ʤəʈə̆kɐ] *n.*（普通一頭だての）二輪馬車[⇒図] [M. *jʰaṭākā*] cf. ಟಾಂಗಾ (ṭāṃgā)

ಜಟಕಾಯಿಸು ⟦jaṭakāyisu ジャタカーイス⟧ [ʤəʈə̆kɐːjĭsu] *vt.* 〈ベッドシーツなどを〉ゴミを取るため激しく払う [M. *jʰaṭakăṇē*]

ಜಟಾಜೂಟ ⟦jaṭājūṭa ジャタージュータ⟧ [ʤəʈɐːʤuːʈɐ] *n.*（シヴァ神の頭のように）蛇のとぐろのように巻き上げた髪の毛[⇒図] [Sk.]

ಜೂಟಾಟ ⟦jūṭāṭa ジュータータ⟧ [ʤuːʈɐːʈɐ] *n.* 鬼ごっこ [H *cʰūṭā* T3707 + *āṭa*] = ಚೂಟಾಟ (cūṭāṭa)

ಜಟಾಜೂಟ
巻き上げ髪

ಜಟಾಬಂಧ ⟦jaṭābaṃdʰa ジャターバンダ⟧ [ʤəʈɐːbəndʰɐ] 《文》 *n.*（シヴァ神の頭のように）もつれ髪を結ってコイル状に巻いたもの [Sk.]

ಜಟಿಲ ⟦jaṭila ジャティラ⟧ [ʤəʈilɐ] 《文》 *adj.* 複雑な、入り組んだ、もつれた ¶ ಭಯೋತ್ಪಾದನೆ ಜಗತ್ತಿನ ಅನೇಕ ರಾಷ್ಟ್ರಗಳಲ್ಲಿ ಜಟಿಲ ಸಮಸ್ಯೆಗಳನ್ನು ಉಂಟುಮಾಡಿದೆ. (bʰayōtpādane jagattina anēka rāṣṭragaḷalli jaṭila samasyegaḷannu uṃṭumāḍide.) テロリズムが世界で複雑な問題を起こしている。 [Sk.]

ಜಟಿಲತೆ ⟦jaṭilate ジャティラテ⟧ [ʤəʈiləte] 《文》 *n.* 複雑、入り組んだこと、もつれたこと [Sk.]

ಜಟೆ ⟦jaṭe ジャテ⟧ [ʤəʈe] *n.* 1 シヴァ神や苦行者のもつれて紐のようになった髪の毛 2 バンヤン樹の垂れ下がった気根 [Sk. *jaṭā*]

ಜಟ್ಟಿ ⟦jaṭṭi ジャッティ⟧ [ʤəʈʈi] *m.*（特に）インドレスリングのレスラー、力士 —*n.* 1 インドの力士が着る短いパンツ 2 肌着として着る短いパンツ [Sk *jyēṣṭin-*? cf. Te *jeṭṭi*]

ಜಟ್ಟಿಗ ⟦jaṭṭiga ジャッティガ⟧ [ʤəʈʈigɐ] 《文》 *adj., m.* 1 力が強い〈人〉、力持ち〈な〉(*Pb.12, 12.148*) 2 インドレスリングのレスラー、力士 [Sk **jyēṣṭʰika-*? cf. Te *jeṭṭi*]

ಜಠರ ⟦jaṭʰara ジャタラ⟧ [ʤəʈʰə̆rɐ] 《文》 *n.* 胃、胃袋、腹 [Sk.]

ಜಡ ⟦jaḍa ジャダ⟧ [ʤəɖɐ] *adj., mf.* 《*f.* ಜಡಳು (jaḍaḷu)》 1 低能の〈人〉、頭の鈍い〈人〉 2 怠惰な〈人〉、怠け者〈の〉、無気力な〈人〉 3 元気のない〈人〉 —(*n.*) 1 生命のない〈こと〉 2 重い〈こと〉、重量が大きい〈こと〉 [Sk.]

ಜಡತೆ ⟦jaḍate ジャダテ⟧ [ʤəɖə̆te] 《文》 *n.* 1 無気力、不活発、怠惰 2 愚鈍、頭が鈍いこと 3（気温が）低いこと、寒いこと [Sk.]

ಜಡತ ⟦jaḍata ジャダタ⟧ [ʤəɖə̆tɐ] 《方》 *n.* [Ka. D2300] ☞ ಜಡಿತ (jaḍita)

ಜಡತ್ವ ⟦jaḍatva ジャダトヴァ⟧ [ʤəɖət·vɐ] 《文》 *n.* 1 無気力、不活発、怠惰 2 愚鈍、頭が鈍いこと [Sk.] ☞ *jaḍate*

ಜಡಭರತ ⟦jaḍabʰarata ジャダバラタ⟧ [ʤəɖəbʰərətɐ] 《文》 *m.* 《*f.* ಜಡಭರತಳು (jaḍabʰarataḷu)》 1 怠け者で有名な神話上の人物 2 怠け者、不精者、のろま [*jaḍa* + Sk. *bʰarata-*]

ಜಡಮತಿ ⟦jaḍamati ジャダマティ⟧ [ʤəɖəməti] 《文》 *mf.* 愚か者、うすのろ —*n.* 愚鈍であること、愚かであること = ಮಂದಮತಿ (maṃdamati) [Sk.]

ಜಡಾಯಿಸು ⟦jaḍāyisu ジャダーイス⟧ [ʤəɖɐːjisu] 《方》 *vt.* 1〈釘などを〉打ち込む 2〈扉などを〉かんぬきで閉める (*Kitt.,C.*) [H *jaṛānā*? *C5091.1]

ಜಡಿ[1] ⟦jaḍi ジャディ⟧ [ʤəɖi] ಝಡಿ *vt.*（教師が生徒を叱る時のように）叱りつける、こわい声で叱る ¶ ಮಕ್ಕಳಿಗಾದರೆ ಜಡಿದು ಬುದ್ಧಿ ಕಲಿಸಬಹುದು. (makkaḷigādare jaḍidu buddʰi kalisabahudu.)（あいつが）子どもであったら叱りつけてやったのに。 [Ka. D2297]

ಜಡಿ[2] ⟦jaḍi ジャディ⟧ [ʤəɖi] ಝಡಿ 《文》 *vt.* 揺さぶる、〈刀などを〉振り回す —*vi.* うろうろする、震える [Ka. D2298]

ಜಡಿ[3] ⟦jaḍi ジャディ⟧ [ʤəɖi] ಝಡಿ *vt.* 1〈穀物を〉臼で打つ 2（棒や拳などで）〈人を〉さんざんに打つ ¶ ಶಿಷ್ಯನನ್ನು ಗುರುಗಳು ಚೆನ್ನಾಗಿ ಜಡಿದರು. (śiṣyanannu gurugaḷu cennāgi jaḍidaru.) 師は弟子を散々に打ち据えた。 3〈ラーギーまたは米の粉を〉湯を混ぜてかき回す 4（容れ物に）無理矢理に詰め込む、押し込む ¶ ಎಲ್ಲಾ ಸಾಮಾನುಗಳನ್ನು ಪೆಟ್ಟಿಗೆಯಲ್ಲಿ ಜಡಿ. (ellā sāmānugaḷannu peṭṭigeyalli jaḍi.) すべてのものを箱に押し込めなさい。= ತೊಳಸು (toḷasu) —*n.* 土砂降り [Ka. D2300]

ಜಡಿಸು ⟦jaḍisu ジャディス⟧ [ʤəɖisu] *vt.* 《*caus.*》打たせる、など [Ka. caus.]

ಜಡಿ⁴ ⟦jaḍi ジャディ⟧ [ʤəḍi] 《方》 *n.* 編んだ髪 [Sk. App. 35] ☞ಜಡೆ (jaḍe)

ಜಡಿ⁵ ⟦jaḍi ジャディ⟧ [ʤəḍi] ಚಡಿ *n.* しとしとと降る長い雨、何日もしとしとと降りつづく雨期の雨 [Ka. cf. Pk. *jhaḍī-* T5329 ←Dr.]

ಜಡಿತ ⟦jaḍita ジャディタ⟧ [ʤəḍitɐ] *n.* **1** (棒や拳などで)さんざんに叩くこと **2** (穀物を)臼で打つこと **3** (ラーギーや米の粉を)湯を混ぜてかき回すこと [*jaḍi* + *-ta*, D2300]

ಜಡಿಪ ⟦jaḍipa ジャディパ⟧ [ʤəḍĭpɐ] 《文》 *n.* 鳥の鳴き声(特にインドカッコウの鳴き声) (*Kitt.*) [Ka. D2299]

ಜಡಿಮಳೆ ⟦jaḍimaḷe ジャディマレ⟧ [ʤəḍiməḷe] *n.* 何日もしとしとと降りつづく(雨期の)雨 [*jaḍi*⁵ + *maḷe*]

ಜಡೆ ⟦jaḍe ジャデ⟧ [ʤəḍe] *n.* **1** 編んだ髪 **2** (行者などの)もつれた髪 (*Pb. 8.17*) [Sk. App.35]

ಜಡ್ಜಿ ⟦jaḍji ジャドジ⟧ [ʤəḍʤi] *mf.* 判事、治安判事 [Eg. *judge*] = ನ್ಯಾಯಾಧೀಶ (nyāyādʰīśa) (writ.)

ಜಡ್ಡ ⟦jaḍḍa ジャッダ⟧ [ʤəḍḍɐ] 《文》 *n.* 結びつき、結合 (*Kitt.*) [Ka. D2313]

ಜಡ್ಡಕ್ಕರ ⟦jaḍḍakkara ジャッダッカラ⟧ [ʤəḍḍəkkə̆rɐ] 《文》 *n.* インド系の文字で二重子音または子音結合を表す文字 (*Kitt.*) [Ka *jaḍḍa* + *akkara* 2313]

ಜಡ್ಡು¹ ⟦jaḍḍu ジャッドゥ⟧ [ʤəḍḍu] *n.* (皮膚の)硬結状態、タコ、マメ [Ka. D2314] = ದಡ್ಡು (daḍḍu)

ಜಡ್ಡುಗಟ್ಟು ⟦jaḍḍugaṭṭu ジャッドゥガットゥ⟧ [ʤəḍḍugəṭṭu] *vi.* (身体の一部が摩擦などによって)硬化する、タコになる ¶ ಮರಗೆಲಸ ಮಾಡುವವರ ಕೈ ಜಡ್ಡುಗಟ್ಟಿರು-ತ್ತದೆ. (maragelasa māḍuvavara kai jaḍḍugaṭṭiruttade.) 大工の手は豆だらけであるものだ。 [+ *kaṭṭu*]

ಜಡ್ಡು² ⟦jaḍḍu ジャッドゥ⟧ [ʤəḍḍu] *n.* 羊の乳などの嫌な臭み (*Kitt.*) [Ka. D2523]

ಜಡ್ಡು³ ⟦jaḍḍu ジャッドゥ⟧ [ʤəḍḍu] *n.* **1** 体がだるいこと、気分が優れないこと ¶ ಮನೆಯಲ್ಲೇ ಕುಳಿತು ಮೈಯಲ್ಲಿ ಜಡ್ಡು ಬಂದಂತೆ ಆಗಿದೆ. (maneyallē kuḷitu maiyalli jaḍḍu baṃdaṃte āgide.) 家にばかりいたので体が重い。 **2** (重篤でない)病気、患い [Sk. cf. *jāḍya-*]

ಜತನ ⟦jatana ジャタナ⟧ [ʤə̆tənɐ] 《口》 *n.* **1** 注意、用心 **2** 大切にすること [Sk *yatna-*]

ಜತಿ ⟦jati ジャティ⟧ [ʤəti] 《古》 *mf.* 苦行者 [Sk. *yati-*] ☞ಯತಿ (yati)

ಜತೆ ⟦jate ジャテ⟧ [ʤəte] *n.* **1** 共にいること、共にあること **2** 対、二つからなる一組 **3** 対の一方、相棒 ¶ ಅಪ್ಪ ಕಪ್ಪು ಎತ್ತಿನ ಜತೆಗಾಗಿ ಬಿಳಿಯ ಎತ್ತನ್ನು ತಂದರು. (appa kappu ettina jategāgi biḷiya ettannu taṃdaru.) 父は黒い牛の相棒として白い牛をつれてきた。 **4** (旅行などに必要なものを)一か所にまとめること、そろえること **5** 付き合い、交わり **6** 匹敵するもの、好敵手、競争相手 —*postp.* 《*gen.*》…と共に、…と一緒に = ಜೊತೆ (jote) [Sk *yuta-*]

ಜತೆಗಟ್ಟು ⟦jategaṭṭu ジャテガットゥ⟧ [ʤəteg̥əṭṭu] *vi.* 《*gen.*》友達となる、交友関係を結ぶ [+ *kaṭṭu*]

ಜತೆಬಿಡು ⟦jatebiḍu ジャテビドゥ⟧ [ʤətebiḍu] *vi.* 《*gen.*》(友達と)袂を分かつ、付き合いをやめる、絶交する ¶ ನಾನು ಬಹಳ ದಿನಗಳ ಹಿಂದೆಯೇ ಅವನ ಜತೆಬಿಟ್ಟೆನು. (nānu bahaḷa dinagaḷa hiṃdeyē avana jatebiṭṭenu.) 僕はとっくの昔に奴と絶交した。 = ಜೊತೆಬಿಡು (jotebiḍu) [Ka. *jate* + *biḍu*]

ಜತೆಗೂಡು ⟦jategūḍu ジャテグードゥ⟧ [ʤətegu̥:ḍu] *vi.* 仲間になる、協力する、(男女が) 一緒になる [+ *kūḍu*]

ಜತೆಗಾತಿ ⟦jategāti ジャテガーティ⟧ [ʤətĕgɐ:ti] *f.* 《*m.* ಜತೆಗಾರ (jategāra)》(女性の) 仲間、同僚 [*jate* + *-gāti*] ಜೊತೆಗಾತಿ (jotegāti)

ಜತೆಗಾರ ⟦jategāra ジャテガーラ⟧ [ʤəteg̥ɐ:rɐ] *m.* ☞ಜೊತೆಗಾರ (jotegāra)

ಜತ್ವ ⟦jatva ジャトヴァ⟧ [ʤət·vɐ] *n.* カンナダその他のインド系の文字で音素の連続 /ja/ を表す文字 [Sk.]

ಜನ ⟦jana ジャナ⟧ [ʤənɐ] *n.* 《通常複数形の意味で用いる》 **1** 〔美〕人、人間 **2** 人々、世間の人々 [Sk.]

ಜನಕ ⟦janaka ジャナカ⟧ [ʤənəkɐ] *m.* 《*f.* ಜನನಿ (janani)》 **1** 《古》 父、父親 **2** シーターの養父(ミティラーの王) [Sk.]

ಜನಜಂಗುಳಿ ⟦janajaṃguḷi ジャナジャングリ⟧ [ʤənəʤəŋguḷi] *n.* 雑踏、人込み [*jana* + *jaṃguḷi*]

ಜನಗಣತಿ ⟦janagaṇati ジャナガナティ⟧ [ʤənəgəɳəti] *n.* 人口調査 [Sk.] = ಜನಗಣನೆ (janagaṇane)

ಜನಗಣನೆ ⟦janagaṇane ジャナガナネ⟧ [ʤənəgəɳə̆ne] *n.* [Sk.] ☞ಜನಗಣತಿ (janagaṇati)

ಜನಜನಿತ ⟦janajanita ジャナジャニタ⟧ [ʤənəʤənitɐ] 《文》 *adj.* 有名な、著名な [Sk.]

ಜನಜಾಗೃತಿ ⟦janajāgr̥ti ジャナジャーグルティ⟧ [ʤənəʤɐ:gruti] 《文》 *n.* 人々の新しい考えなどに目覚めること [Sk.]

ಜನತಂತ್ರ ⟦janataṃtra ジャナタントラ⟧ [ʤənətəntrɐ] *n.* 民主主義 [Sk.]

ಜನತೆ ⟦janate ジャナテ⟧ [ʤənəte] 《文》 *n.* 国民、人民、民衆 [Sk.]

ಜನನ ⟦janana ジャナナ⟧ [ʤənənɐ] 《文》 *n.* (人間、動物、無生物などの)出生、誕生 [Sk.]

ಜನನಿ ⟦janani ジャナニ⟧ [ʤənəni] 《文》 *f.* 母、母親 [Sk.]

ಜನನಿಬಿಡ ⟦jananibiḍa ジャナニビダ⟧ [ʤənənibiḍɐ] 《文》 *adj.* 人口密度の高い、超満員の [Sk.]

ಜನಪದ ⟦janapada ジャナパダ⟧ [ʤənəpədɐ] *n.* **1** (特定の地方や部族に属する)人々、地域社会 **2** (主に昔の)国、国家 **3** 地方、田舎 [Sk.]

ಜನಪದಗೀತೆ ⟦janapadagīte ジャナパダギーテ⟧ [ʤənəpədəgi:te] *n.* 民謡、俗謡 [Sk.]

ಜನಪದಸಾಹಿತ್ಯ ⟦janapadasāhitya ジャナパダサーヒティャ⟧ [ʤənəpə̆dəsɐ:hit·jɐ] *n.* 民俗文学、民間伝承 [Sk.]

ಜನಪ್ರಿಯ ⟦janapriya ジャナプリヤ⟧ [ʤənəprijɐ] 《文》 *adj., m.* 《*f.* ಜನಪ್ರಿಯಳು (janapriyaḷu)》 人気のある〈人〉、人気者〈の〉 [Sk.]

ಜನಪ್ರಿಯತೆ ⟦janapriyate ジャナプリヤテ⟧ [ʤənəprijəte] 《文》 *n.* 人気 [Sk.]

ಜನಬಲ ⟦janabala ジャナバラ⟧ [ʤənəbəlɐ] 《文》 *n.* **1** 人民の力 **2** 人民の支持 [Sk.]

ಜನಭರಿತ ⟦janabʰarita ジャナバリタ⟧ [ʤənəbʰəritɐ] 《文》 *adj.* 人口の多い、人出の多い [Sk.]

ಜನಮನ ⟦janamana ジャナマナ⟧ [ʤənəmənɐ] 《文》 *n.* 人民の意志、人々の意志 [Sk.]

ಜನಮನ್ನಣೆ ⟦janamannaṇe ジャナマンナネ⟧ [ʤənəmənnəɳe] *n.* 人民や国民の承認 [*jana* + *mannaṇe*]

ಜನವಾಣಿ ⟦janavāṇi ジャナヴァーニ⟧ [ʤənəvɐːɳi] 《文》 *n.* **1** 民衆の言葉、民衆の使う言葉 **2** 世論、民衆の意見 [Sk.]

ಜನಸಂಖ್ಯೆ ⟦janasaṃkʰye ジャナサンキェ⟧ [ʤənəsəŋkʰ·je] 《文》 *n.* 人口 [Sk.]

ಜನಸಂಪರ್ಕ ⟦janasaṃparka ジャナサンパルカ⟧ [ʤənəsəmpərkɐ] 《文》 *n.* 広報、ピーアール(PR) [Sk.]

ಜನಸಾಂದ್ರತೆ ⟦janasāṃdrate ジャナサーンドラテ⟧ [ʤənəsɐːndrəte] 《文》 *n.* 人口密度 [Sk.]

ಜನಾಂಗ ⟦janāṃga ジャナーンガ⟧ [ʤənɐːŋgɐ] *n.* **1** 人種、民族、種族、部族 **2** 世代 ¶ ಹಳೆಯ ಜನಾಂಗದಲ್ಲಿ ದೂರವಾಣಿ ಶ್ರೀಮಂತಿಕೆಯ ಸಂಕೇತವಾಗಿತ್ತು. (haḷeya janāṃgadalli dūravāṇi śrīmaṃtikeya saṃkētavāgittu.) 古い世代では電話は裕福のしるしであった。 [Sk.]

ಜನಾನಾ ⟦janānā ジャナーナー⟧ [ʤənɐːnɐː] *n.* 後宮、ハレム = ಅಂತಃಪುರ (aṃtaḥpura) [Pe. *zanānā*]

ಜನಾನುಕೂಲ ⟦janānukūla ジャナーヌクーラ⟧ [ʤənɐːnukuːlɐ] 《文》 (*n.*) 公共の福祉になる〈こと〉、人々のためになる〈こと〉 —*n.* 人々の支持、世論の支持 ¶ ಲಲ್ಲೂ ಪ್ರಸಾದರಿಗೆ ಈ ಕ್ಷೇತ್ರದಲ್ಲಿ ಜನಾನುಕೂಲವಿದೆ. (lallū prasādarige ī kṣētradalli janānukūlavide.) ラッルー・プラサードは人々の支持を得ている。 [Sk.]

ಜನಾನುರಾಗ ⟦janānurāga ジャナーヌラーガ⟧ [ʤənɐːnurɐːgɐ] 《文》 *n.* 人々に慕われていること、人々に愛されていること ¶ ನೆಹರುಗೆ ಭಾರತದಲ್ಲಿ ತುಂಬಾ ಜನಾನುರಾಗವಿತ್ತು. (neharuge bʰāratadalli tuṃbā janānurāgavittu.) ネールはインドでとても人々に敬愛されていた。 [Sk.]

ಜನಾನುರಾಗಿ ⟦janānurāgi ジャナーヌラーギ⟧ [ʤənɐːnurɐːgi] 《文》 *adj., mf.* 仲間または人々に敬愛された〈人〉 [Sk.]

ಜನಿಸು ⟦janisu ジャニス⟧ [ʤənisu] 《文》 *vi.* **1** (人、動物、制度などが)生まれる **2** 生まれる、起こる ¶ ನಮ್ಮ ಊರಿನಲ್ಲಿ ತಲೆಗೊಂದು ಸುದ್ದಿ ಜನಿಸುತ್ತವೆ. (namma ūrinalli talegoṃdu suddi janisuttave.) うちの町では誰もがニュースの種となる。 [Sk.]

ಜನೆ ⟦jane ジャネ⟧ [ʤəne] 《‡》 *n.* 動物の胎児; 動物(普通は牛の)妊娠 (*R.* (*Kitt.*)) [Ka. D2592] ☞ತನೆ (tane)

ಜನೋಕ್ತಿ ⟦janōkti ジャノークティ⟧ [ʤənoːkti] 《文》 *n.* **1** 大衆の使う言葉、民衆語 **2** 格言、ことわざ [Sk.] = ಜನವಾಣಿ (janavāṇi) 1

ಜನ್ಮ ⟦janma ジャンマ⟧ [ʤənmɐ] *n.* **1** 出生、誕生 **2** 起源、出自 **3** 生涯、人生、ある生き物の姿を取って生まれること [Sk.]

ಜನ್ಮಕುಂಡಲಿ ⟦janmakuṃḍali ジャンマクンダリ⟧ [ʤənməkuɳɖəli] *n.* ホロスコープ、十二宮図 [Sk.]

ಜನ್ಮಜನ್ಮಾಂತರ ⟦janmajanmāṃtara ジャンマジャンマーンタラ⟧ [ʤənməʤənmɐːntĕrɐ] 《文》 *n.* 次々に生まれ変わること、輪廻転生 [Sk.]

ಜನ್ಮತಃ ⟦janmataḥ ジャンマタッ⟧ [ʤənmətəhə] 《文》 *adv.* 生まれつき、生来 [Sk.]

ಜನ್ಮದಿನ ⟦janmadina ジャンマディナ⟧ [ʤənmədinɐ] 《文》 *n.* 誕生日 [Sk.]

ಜನ್ಮಭೂಮಿ ⟦janmabʰūmi ジャンマブーミ⟧ [ʤənməbʰuːmi] *n.* 母国 [Sk.]

ಜನ್ಮಾಂತರ ⟦janmāṃtara ジャンマーンタラ⟧ [ʤənmɐːntĕrɐ] *n.* 他生、来世 [Sk.]

ಜನ್ಯ ⟦janya ジャニャ⟧ [ʤən·jɐ] 《文》 *adj.* 《複合語頭で》(あるものから)生まれる —*n.* 原因 cf. ಜನಕ (janaka) [Sk.]

ಜನ್ಯವರ್ಣ ⟦janyavarṇa ジャニャヴァルナ⟧ [ʤən·jəvəɽɳɐ] 《文》 *n.* 二つの色を混ぜてできた色 [Sk.]

ಜಪ ⟦japa ジャパ⟧ [ʤəpɐ] *n.* **1** (祈り、呪文、神の名などを)低い声で繰り返して唱えること **2** (低い声で繰り返して唱える)祈り、呪文、神の名など [Sk.]

ಜಪಾನ್ ⟦japān ジャパーン⟧ [ʤəpɐːn] *n.* 日本 [Eg. *Japan*]

ಜಪಾನಿ ⟦japāni ジャパーニ⟧ [ʤəpɐːni] *adj.* 日本の —*mf.* 日本人 [Eg. *Japan* + *-i*]

ಜಪಾನಿ ಭಾಷೆ ⟦japāni bʰāṣe ジャパーニバーシェ⟧ [ʤəpɐːni bʰɐːʂe] 《文》 *n.* 日本語

ಜಪಿಸು ⟦japisu ジャピス⟧ [ʤəpisu] *vt.* 〈祈りや呪文を〉唱える、小声で読む [*japa* + *-isu*]

ಜಪ್ತಿ ⟦japti ジャプティ⟧ [ʤəpti] *n.* **1** (警察などの)家宅捜索 **2** 押収、没収 **3** 差し押さえ [Ar *ḍabṭ*]

ಜಪ್ತಿ ಅಧಿಕಾರಿ ⟦japti adʰikāri ジャプティアディカーリ⟧ [ʤəpti ədʰikɐːri] 《文》 *n.* 差し押さえを執行する役人 [+ *adʰikāri*]

ಜಬರಿಸು ⟦jabarisu ジャバリス⟧ [ʤəbĕrisu] ಜಬ್ಬರಿಸು 《文》 *vt.* 叱る、叱責する [Ka. D2422] = ಜಂಕಿಸು (jaṃkisu)

ಜಬರದಸ್ತಿ ⟦jabaradasti ジャバラダスティ⟧ [ʤəbərədəsti] *n.* [Pe. *zabardasti*] ☞ಜಬರ್ದಸ್ತಿ (jabardasti)

ಜಬರದಸ್ತು ⟦jabaradastu ジャバラダストゥ⟧ [ʤəbərədəstu] ಜಬರದಸ್ತ್, ಜಬರ್ದಸ್ತು (*adj.*) 無理やり〈の〉、無理強い〈の〉 —*n.* ☞ಜಬರ್ದಸ್ತು (jabardastu) [Pe. *zabardast*]

ಜಬರ್ದಸ್ತ್ ⟦jabardast ジャバルダスト⟧ [ʤəbərdəst] (*adj.*) —*n.* ☞ಜಬರದಸ್ತು (jabaradastu) [Pe. *zabardast*]

ಜಬರ್ದಸ್ತಿ ⟦jabardasti ジャバルダスティ⟧ [ʤəbərdəsti] ಜಬರದಸ್ತಿ *n.* 1 強制、無理矢理 ¶ ಜಬರ್ದಸ್ತಿಯಿಂದ ಮಾಡಿಸಿದ ಮದುವೆ ಬಹುಕಾಲ ಬಾಳುವದಿಲ್ಲ (jabardastiyiṃda māḍisida maduve bahukāla bāḷuvadilla.) 無理やりにやらせた結婚は長続きしない。 2 盛大、豪勢 ¶ ಊರ ಸಾಹುಕಾರನ ಮಗನ ಮದುವೆ ತುಂಬ ಜಬರ್ದಸ್ತಿಯಿಂದ ನಡೆಯಿತು. (ūra sāhukārana magana maduve tuṃba jabardastiyiṃda naḍeyitu.) 村の長者の息子の結婚は盛大に行われた。[Pe. *zabardasti*] ☞ಜಬರ್ದಸ್ತು (jabardastu)

ಜಬರ್ದಸ್ತು ⟦jabardastu ジャバルダストゥ⟧ [ʤəbərdəstu] ಜಬರದಸ್ತ್, ಜಬರದಸ್ತು (*adj.*) 無理やり〈の〉、無理強い〈の〉 —*n.* 1 強制、無理強い、無理矢理すること 2 盛大、豪勢 = ಜಬರ್ದಸ್ತಿ (jabardasti) [Pe. *zabardast*]

ಜಬರ್ದಸ್ತು ಮಾಡು ⟦jabardastu māḍu ジャバルダストゥマードゥ⟧ [ʤəbərdəstu mɐːḍu] *vi.* 《*dat.*》無理強いする、強制する ¶ ತಮ್ಮ ಜಮೀನನ್ನು ಮಾರಾಟ ಮಾಡಲು ನನಗೆ ಜಬರ್ದಸ್ತು ಮಾಡಿದ. (tamma jamīnannu mārāṭa māḍalu nanage jabardastu māḍida.) 弟は私に無理やりに土地を売らせた。

ಜಬ್ಬರಿಸು ⟦jabbarisu ジャッバリス⟧ [ʤəbbərisu] 《方》*vt.* [Ka. D2422] ☞ಜಬರಿಸು (jabarisu)

ಜಬ್ಬಲ[1] ⟦jabbala ジャッバラ⟧ [ʤəbbə̆lɐ] 《方》(*n.*) [Ka. D2338] ☞ಜಬ್ಬಲು (jabbalu)[1]

ಜಬ್ಬಲ[2] ⟦jabbala ジャッバラ⟧ [ʤəbbə̆lɐ] ಜಬ್ಬಲು 《方》*n.* 草むら ¶ ಕಾಲುದಾರಿಯಲ್ಲಿ ನಡೆಯುವಾಗ ಜಬ್ಬಲದಲ್ಲಿ ಕಾಲು ಸಿಕ್ಕಿಕೊಂಡು ಬಿದ್ದುಬಿಟ್ಟೆ. (kāludāriyalli naḍeyuvāga jabbaladalli kālu sikkikoṃḍu biddubiṭṭe.) 小道を歩いている時足が草むらに引っかかって転んだ。[Ka. D2673]

ಜಬ್ಬಲು[1] ⟦jabbalu ジャッバル⟧ [ʤəbbə̆lu] ಜಬ್ಬಲ, ಜಬ್ಬುಲ್, ಜಬ್ಬುಲಿ 《口》(*n.*) 1 年取ってよぼよぼ〈の〉 2 (果物などが熟して) ぐにゃぐにゃになった〈こと〉[Ka. D2338] = ಜಬ್ಬಲ (jabbala)

ಜಬ್ಬಲು[2] ⟦jabbalu ジャッバル⟧ [ʤəbbə̆lu] 《方》*n.* [Ka. D2673] ☞ಜಬ್ಬಲ (jabbala)[2]

ಜಬ್ಬಿಸು[1] ⟦jabbisu ジャッビス⟧ [ʤəbbisu] *vt.* 吸う (*Kitt.*) [Ka. D2334]

ಜಬ್ಬಿಸು[2] ⟦jabbisu ジャッビス⟧ [ʤəbbisu] 《古》*vt.* 叱る、叱りつける、叱責する [Ka. *D2422]

ಜಬ್ಬು[1] ⟦jabbu ジャッブ⟧ [ʤəbbu] 《口》*vt.* 〈サトウキビなどを〉汁を搾り取るように吸う [Ka. D2334] (*My.* (*Kitt.*)) cf. ಚಪ್ಪು (cappu)

ಜಬ್ಬು[2] ⟦jabbu ジャッブ⟧ [ʤəbbu] 《文》*mf.* 〔卑〕老いぼれ [Ka. D2338]

ಜಬ್ಬು[3] ⟦jabbu ジャッブ⟧ [ʤəbbu] ಜಬ್ರು, ಜವ್ರು 《古》*vt.* 叱る、叱責する [Ka. D2422]

ಜಬ್ಬುಲು ⟦jabbulu ジャッブル⟧ [ʤəbbŭlu] *n.* 草地、乾燥地で耕作できない草地 [Ka. D2673]

ಜಬ್ಬೆ ⟦jabbe ジャッベ⟧ [ʤəbbe] 《方》*n.* 太腿の外側 (*UNR*) [Ka. D2339]

ಜಮಖಾನ ⟦jamakʰāna ジャマカーナ⟧ [ʤəmə̆kʰɐːnɐ] *n.* 絨毯(じゅうたん)、カーペット [M. *jămăkʰānā* ←Pe. *ğāmiʻa + ḫāna?*]

ಜಮಾ ⟦jamā ジャマー⟧ [ʤəmɐː] *n.* 1 貸し方 2 支払い、納入、払い込み 3 蓄積、蓄えること [Ar *ğamʻ*]

ಜಮಾಖರ್ಚು ⟦jamākʰarcu ジャマーカルチュ⟧ [ʤəmɐːkʰərʧu] *n.* 売り上げと経費、収支 [Ar. *ğamʻ + kʰarcu*]

ಜಮಾದಾರ ⟦jamādāra ジャマーダーラ⟧ [ʤəmɐːdɐːrɐ] *m.* 1 巡査部長 2 (軍隊の)准尉 [Pe. *ğamaʻdār*]

ಜಮಾಬಂದಿ ⟦jamābaṃdi ジャマーバンディ⟧ [ʤəmɐːbəndi] *n.* 不動産の価値の査定 [Pe. *ğamaʻbandī*]

ಜಮಾಯಿಸು ⟦jamāyisu ジャマーイス⟧ [ʤəmɐːjisu] *vi.* (人々が) 集まる、集合する、(金などが) たまる —*vt.* 〈人々を〉集める、〈物を〉集める、蓄える [Ar. *ğamʻ* + Ka *-isu*]

ಜಮಾವಣೆ ⟦jamāvaṇe ジャマーヴァネ⟧ [ʤəmɐːvə̆ɳe] *n.* 徴集、集めること、集金 [H. *jamā-* + *-vaṇe*]

ಜಮೀನು ⟦jamīnu ジャミーヌ⟧ [ʤəmiːnu] *n.* 土地(通常農地を指す) [Pe. *zamīn.*]

ಜಮೀನುದಾರ ⟦jamīnudāra ジャミーヌダーラ⟧ [ʤəmiːnŭdɐːrɐ] *m.* 地主、ザミーンダール [Pe. *zamīndār*]

ಜಮೀನ್ದಾರಿ ⟦jamīndāri ジャミーンダーリ⟧ [ʤəmiːndɐːri] *adj.* ザミーンダールの、大地主(制度)の [Pe. *zamīndārī*]

ಜಮೆ ⟦jame ジャメ⟧ [ʤəme] *n.* 馬の尻尾の毛 ☞ಜವೆ (jave) [Ka. D2397]

ಜಮೈಕ ⟦jamaika ジャマイカ⟧ [ʤəməikɐ] *n.* ジャマイカ(中米の国) [Eg. *Jamaica*]

ಜಯಂತಿ ⟦jayaṃti ジャヤンティ⟧ [ʤəjənti] *n.* 1 (神や有名人などの)誕生日、誕生祝い 2 旗

ಜಯ ⟦jaya ジャヤ⟧ [ʤəjɐ] *n.* 1 勝利 2 成功 ¶ ವಿಕ್ಕಿ ಜೀವನದಲ್ಲಿ ಜಯ ಹೊಂದಿದ. (vikki jīvanadalli jaya hoṃdida.) ヴィッキーは人生において成功した。[Sk.]

ಜಯಭೇರಿ ⟦jayabʰēri ジャヤベーリ⟧ [ʤəjəbʰeːri] *n.* 勝利の太鼓 [Sk.]

ಜಯಶಾಲಿ ⟦jayaśāli ジャヤシャーリ⟧ [ʤəjəʃɐːli] 《文》*mf., adj.* 《*f.* ಜಯಶಾಲಿನಿ (jayaśālini)》勝利する〈人〉[Sk.]

ಜಯಸ್ತಂಭ ⟦jayastaṃbʰa ジャヤスタンバ⟧ [ʤəjəstəmbʰɐ] *n.* (征服した領域を示すために新しい国境に立てられる)戦勝記念塔 [Sk.]

ಜಯಿಸು ⟦jayisu ジャイス⟧ [ʤəjisu] 《文》*vt.* 勝つ —*vi.* 1 勝つ、勝利を得る 2 成功する ¶ ಅವನು ಪರ್ವತಾರೋಹಣದಲ್ಲಿ ಜಯಿಸಿದ. (avanu parvatārōhaṇadalli jayisida.) 彼は登山に成功した。[Sk.]

ಜರ್ ⟦jar ジャル⟧ [ʤərr] (*n.*) するする、ずるずる(滑っている物体が出す音を表す擬音語) [Ka. onom. D2352(d)]

ಜರ್ರನೆ ⟦jarrane ジャッラネ⟧ [ʤərrə̆ne] *adv.* 1 するすると、ずるずると、しゅうっと(音を立てて滑る音

を表す擬音語) 2 速く、迅速に ¶ ಅಧಿಕಾರಿಯನ್ನು ನೋಡಿದಾಗ ಅವನ ಅಹಂಕಾರ ಜರ್ರನೆ ಇಳಿಯಿತು. (adʰikāriyannu nōḍidāga avana ahaṃkāra jarrane iḷiyitu.) 上役を見るや彼の傲慢さは吹き飛んでしまった。[Ka *jar* + *-ane* 2352(d)]

ಜರ ⟦jara ジャラ⟧ [ʤərɐ] 《文》 *n.* 老年、老齢

ಜರಕ್ ⟦jarak ジャラク⟧ [ʤərəkk] (*n.*) ずるずる(音を立てて滑る物体が出す音を表す擬音語) ¶ ಮರಳು ನೆಲದಲ್ಲಿ ಕಾಲು ಜರಕ್ಕನೆ ಜಾರಿತು. (maraḷu neladalli kālu jarakkane jāritu.) 砂地で足がずるっと滑った。[Ka. onom.]

ಜರಗು¹ ⟦jaragu ジャラグ⟧ [ʤərə̆gu] *vi.* [Ka. D2360] ☞ಜರುಗು (jarugu)

ಜರಗು² ⟦jaragu ジャラグ⟧ [ʤərə̆gu] (*n.*) (織物などの)目が粗い〈こと〉¶ ಗಂಜಿ ಬಸಿಯಲು ಜರಗು ಬಟ್ಟೆ ಬೇಕು. (gaṃji basiyalu jaragu baṭṭe bēku.) (さらっとしたお粥を作るために)お粥を漉すには目の粗い布が必要だ。[Ka.?]

ಜರಜರ ⟦jarajara ジャラジャラ⟧ [ʤərə̆ʤərɐ] (*n.*) がさがさ(枯葉が積もった地面を歩く時などの音を表す擬音語) [Ka. D3093]

ಜರಡಿ ⟦jaraḍi ジャラディ⟧ [ʤərə̆ɖi] *n.* 篩(ふるい) [Ka. D2370] ☞ಜರಡೆ (jaraḍe)

ಜರಡಿ ಆಡು ⟦jaraḍi āḍu ジャラディアードゥ⟧ [— ɐːɖu] *vi.* 篩(ふる)う

ಜರಡು ⟦jaraḍu ジャラドゥ⟧ [ʤərə̆ɖu] (*n.*) 内容がない〈こと〉、中身がない〈こと〉¶ ಅವರ ಭಾಷಣ ಜರಡು. (avara bʰāṣaṇa jaraḍu.) あの男の演説には内容がない。[Ka. D2415?]

ಜರಡೆ ⟦jaraḍe ジャラデ⟧ [ʤərə̆ɖe] ಜರಡಿ 《‡》 (*n.*) 篩(ふるい)〈の〉(*My.* (*Kitt.*)) [Ka. D2370]

ಜರತಾರ ⟦jaratāra ジャラターラ⟧ [ʤərə̆tɐːrɐ] *n.* 錦糸、(普通)絹糸に金メッキした銀の糸を巻いたもの [Pe. *zar* + Pe. *tār*]

ಜರತಾರಿ ⟦jaratāri ジャラターリ⟧ [ʤərə̆tɐːri] *adj.* 錦糸で刺繍を施した、錦織りの [Pe. *zartārī*]

ಜರಿ¹ ⟦jari ジャリ⟧ [ʤəri] *vi.* 1 (脇に)よける、(後ろへ)退く、後ずさりする = ಜರುಗು, ಸರಿ (jarugu, sari) 2 (家や壁などが)崩壊する = ಕುಸಿ (kusi) 3 (精神的衝撃で人が)気を失って倒れる ¶ ದುಃಖದ ಸಮಾಚಾರ ಕೇಳಿ ಅವಳು ಜರಿದು ಹೋದಳು. (duḥkʰada samācāra kēḷi avaḷu jaridu hōdaḷu.) 悲報に接して彼女は気を失って倒れた。 4 滑ってころぶ 5 (滑り台や坂などを)滑り降りる [Ka. D2360]

ಜರಿ² ⟦jari ジャリ⟧ [ʤəri] ಜರೆ, ಜಱಿ, ಜಱೆ *vt.* 叱る、叱責する、叱りつける [Ka< *jaṟi* 2422]

ಜರಿ³ ⟦jari ジャリ⟧ [ʤəri] *n.* ムカデ [Ka < *jaṟi* [2797]]

ಜರಿ⁴ ⟦jari ジャリ⟧ [ʤəri] (サーリーなどの刺繍に用いられる)錦糸や銀糸

ಜರಿಗು ⟦jarigu ジャリグ⟧ [ʤərĭgu] 《異》 *vi.* [Ka. D2360] ☞ಜರಗು (jaragu)

ಜರುಗು ⟦jarugu ジャルグ⟧ [ʤərŭgu] ಜರಗು¹ *vi.* 1 脇へよる、後ろへよる 2 (恐れなどで)後ずさりする 3 (約束した仕事などから)後退する、尻込みする ¶ ಅವನು ಕೊಟ್ಟ ವಚನದಿಂದ ಜರುಗಿದ. (avanu koṭṭa vacanadiṃda jarugida.) 彼は尻込みして自分の約束を守らなかった。 4 行われる、催される ¶ ಸ್ವಾತಂತ್ರ್ಯದ ಉತ್ಸವ ದಿಲ್ಲಿಯಲ್ಲಿ ಜೋರಾಗಿ ಜರುಗಿತು. (svātaṃtryada utsava dilliyalli jōrāgi jarugitu.) 独立祭がデリーで盛大に祝われた。 5 (時が)たつ [Ka. D2360] = ಜರಗು (jaragu)

ಜರುಗಿಸು ⟦jarugisu ジャルギス⟧ [ʤərŭgisu] *vt.* 1 〈ものを〉押し退ける、脇へ寄せる 2 〈行事、商売などを〉運営する、行う [+ *-isu* caus.]

ಜರೂರು ⟦jarūru ジャルール⟧ [ʤəruːru] *n.* すぐさましなければならないこと、緊急の必要 ¶ ಈ ಕೆಲಸ ಮಾಡುವ ಜರೂರು ಇದೆ. (ī kelasa māḍuva jarūru ide.) この仕事はすぐさましなければならない。 —(*adj.*) 緊急〈の〉、急ぐ〈こと〉¶ ಈಗ ನನಗೆ ಜರೂರು ಕೆಲಸ ಇದೆ. (īga nanage jarūru kelasa ide.) 今私には緊急の仕事がある。[Ar. *ḍarūr*]

ಜರೂರುಟಪ್ಪಾಲು ⟦jarūruṭappālu ジャルールタッパール⟧ [ʤəruːrŭʈəppɐːlu] *n.* 速達郵便 [+ *ṭappālu*]

ಜರೆ ⟦jare ジャレ⟧ [ʤəre] *vt.* 叱る、叱責する、叱りつける [Ka < *jaṟi* 2422] ☞ಜರಿ (jari)〔汎〕

ಜರ್ಜರಿತ ⟦jarjarita ジャルジャリタ⟧ [ʤərʤəritɐ] 《文》 (*n.*) ひどく壊れた〈こと〉、ぼろぼろに壊れた〈こと〉、傷だらけ〈の〉[Sk.]

ಜರ್ಮನಿ ⟦jarmani ジャルマニ⟧ [ʤərməni] *n.* ドイツ、ドイツ連邦共和国 [Eg.]

ಜರ್ವಿಸು ⟦jarvisu ジャルヴィス⟧ [ʤərbisu] ಜಬ್ಬಿಸು 《古》 *vt.* 叱る、叱りつける、叱責する [Ka.*D2422]

ಜರ್ವು ⟦jarvu ジャルヴ⟧ [ʤərvu] 《古》 *vt.* 叱る、叱責する [Ka. D2422]

ಜಱಹ ⟦jaṟaha ジャラハ⟧ [ʤəṟə̆hɐ] 《古》 *n.* 叱ること、叱責 [Ka. D2422]

ಜಱಿ¹ ⟦jaṟi ジャリ⟧ [ʤəṟi] 《古》 *vt.* 罵る —*n.* 罵りの言葉 [Ka. D2422]

ಜಱಿ² ⟦jaṟi ジャリ⟧ [ʤəṟi] 《古》 *n.* ムカデ [Ka. D2497]

ಜಱೆ ⟦jaṟe ジャレ⟧ [ʤəṟe] 《古》 *vt.* —*n.* ☞ಜಱಿ (jaṟi)¹ [Ka. D2422]

ಜಱ್ಱನೆ ⟦jaṟṟane ジャッラネ⟧ [ʤəṟṟə̆ne] 《古》 *adv.* すばやく、急いで [Ka. D2352(d)]

ಜಲ್ ⟦jal ジャル⟧ [ʤəl] (*n.*) ざあっ(水を大量にぶちまけた時の音を表す擬音語) = ಜಲ್ಲು, ಝಲ್ಲು (jallu, jʰallu) [Ka.*D2384]

ಜಲ್ಲನೆ ⟦jallane ジャッラネ⟧ [ʤəllə̆ne] *adv.* ざあっと = ಜಲ್ಲು, ಝಲ್ಲು (jallu, jʰallu) [Ka. D2384]

ಜಲ ⟦jala ジャラ⟧ [ʤəlɐ] *n.* 水 [Sk.]

ಜಲಕೇಳಿ ⟦jalakēḷi ジャラケーリ⟧ [ʤələ̆keːɭi] 《文》 *n.* 水遊び、水の中で戯れること [Sk.] = ಜಲಕ್ರೀಡೆ (jalakrīḍe)

ಜಲಕ್ರೀಡೆ ⟦jalakrīḍe ジャラクリーデ⟧ [ʤələ̆kri:ɖe] 《文》 n. 水遊び、水の中で戯れること [Sk.] = ಜಲಕೇಳಿ (jalakēḷi)

ಜಲಗಾರ ⟦jalagāra ジャラガーラ⟧ [ʤələ̆gɐ:rɐ] m. 《f. ಜಲಗಾರ್ತಿ (jalagārti)》 1 沖積土から砂金を採るカーストに属する人 2 街路や下水などの掃除人 (SK) = ಜಾಡಮಾಲಿ (jāḍamāli) [Sk *jala* + Ka. *-gāra* < *-kāra*]

ಜಲಚರ ⟦jalacara ジャラチャラ⟧ [ʤələ̆ʧərɐ] 《文》 n. 水生動物 [Sk.] = ಜಲಜಂತು (jalajaṃtu)

ಜಲಚಿಕಿತ್ಸೆ ⟦jalacikitse ジャラチキトセ⟧ [ʤələ̆ʧikitse] 《文》 n. (水や鉱泉を飲んだり浴びたりする)水治療法 [Sk.]

ಜಲಜಂತು ⟦jalajaṃtu ジャラジャントゥ⟧ [ʤələ̆ʤəntu] 《文》 n. 水生動物 [Sk.] = ಜಲಚರ (= jalacara)

ಜಲಜ ⟦jalaja ジャラジャ⟧ [ʤələʤɐ] 《文》 n. 蓮、蓮の花 [Sk.] = ಕಮಲ (kamala) 〔汎〕

ಜಲಜನಕ ⟦jalajanaka ジャラジャナカ⟧ [ʤələ̆ʤənəkɐ] 《文》 n. 水素 [Sk.] = ಹೈಡ್ರೋಜನ್. (haiḍrōjan.) 〔口〕

ಜಲಡೆ ⟦jalaḍe ジャラデ⟧ [ʤələ̆ɖe] 《‡》 n. [Ka. D2370] (*Kitt.,My.*) = ಜಲ್ಲಡೆ (jallaḍe)

ಜಲಧಿ ⟦jaladʰi ジャラディ⟧ [ʤələdʰi] 《文》 n. 海、大洋 [Sk.]

ಜಲಪಾತ ⟦jalapāta ジャラパータ⟧ [ʤələpɐ:tɐ] 《文》 n. 滝 [Sk.]

ಜಲಪ್ರಳಯ ⟦jalapraḷaya ジャラプララヤ⟧ [ʤələprəɭəjɐ] 《文》 n. 洪水、大水 [Sk.]

ಜಲಪ್ರಾಂಗಣ ⟦jalaprāṃgaṇa ジャラプラーンガナ⟧ [ʤələprɐ:ŋgə̆ɳɐ] 《文》 n. 領海 [Sk.]

ಜಲಬಾಧೆ ⟦jalabādʰe ジャラバーデ⟧ [ʤələbɐ:dʰe] 《文》 n. 1 尿意をもよおすこと 2 頻尿症 = ಬಹುಮೂತ್ರರೋಗ (bahumūtrarōga) [Sk.]

ಜಲಮಾರ್ಗ ⟦jalamārga ジャラマールガ⟧ [ʤələmɐ:rgɐ] 《文》 n. 水路、船でいくこと [Sk.]

ಜಲವರ್ಣ ⟦jalavarṇa ジャラヴァルナ⟧ [ʤələvərɳɐ] 《文》 n. 水彩、水彩絵の具 = ವಾಟರ್ ಕಲರ್ (vāṭar kalar) 〔口〕

ಜಲವಿದ್ಯುತ್ ಉತ್ಪಾದನಾ ಕೇಂದ್ರ ⟦jalavidyut utpādanā kēṃdra ジャラヴィディュトウトパーダナーケーンドラ⟧ [ʤələvidʲjut utpɐ:də̆nɐ:ke:ndrɐ] 《文》 n. 水力発電所 [Sk.]

ಜಲಸಂಧಿ ⟦jalasaṃdʰi ジャラサンディ⟧ [ʤələsəndʰi] 《文》 n. 海峡 [Sk.]

ಜಲಸಮಾಧಿ ⟦jalasamādʰi ジャラサマーディ⟧ [ʤələsəmɐ:dʰi] 《文》 n. 溺死、水死 [Sk.]

ಜಲಾಂಶಮಾಪಕ ⟦jalāṃśamāpaka ジャラーンシャマーパカ⟧ [ʤəlɐ:mʃəmɐ:pəkɐ] 《文》 n. 浮きばかり、液体比重計 [Sk.]

ಜಲಾನಯನಪ್ರದೇಶ ⟦jalānayanapradēśa ジャラーナヤナプラデーシャ⟧ [ʤəlɐ:nəjə̆nəprəde:ʃɐ] 《文》 n. 川の流域 [Sk.]

ಜಲಾಶಯ ⟦jalāśaya ジャラーシャヤ⟧ [ʤəlɐ:ʃəjɐ] 《文》 n. 貯水池 [Sk.]

ಜಲುಗು ⟦jalugu ジャルグ⟧ [ʤəlŭgu] vi. 水が上から滴り落ちてきたり下から湧いてきたりして湿った土地 [Ka. D2373]

ಜಲ್ದಿ ⟦jaldi ジャルディ⟧ [ʤəldi] adv. 速く、すぐに [Pe.-Ar *ğaldī*]

ಜಲ್ಲಡಿ ⟦jallaḍi ジャッラディ⟧ [ʤəllə̆ɖi] 《文》 n. 篩(ふるい) ☞ಜಲ್ಲಡಿ (jallaḍi) [Ka. D2370]

ಜಲ್ಲಡೆ ⟦jallaḍe ジャッラデ⟧ [ʤəllə̆ɖe] 《‡》 n. 篩(ふるい) (*Kitt.,My.*) [Ka. D2370]

ಜಲ್ಲಿ[1] ⟦jalli ジャッリ⟧ [ʤəlli] n. 砂利、細かい割石 [Ka. D2381]

ಜಲ್ಲಿ[2] ⟦jalli ジャッリ⟧ [ʤəlli] n. 竹で編んだ大きな籠 [Ka.? cf. Te. *śalla*]

ಜಲ್ಲಿ[3] ⟦jalli ジャッリ⟧ [ʤəlli] 《古》 n. 1 飾り房 2 (鳥の羽、絹、木綿などで作った)はたき [Ka.? cf. Ta. *calli*, Te. *śalli*]

ಜಲ್ಲಿಸು ⟦jallisu ジャッリス⟧ [ʤəllĭsu] vt. 篩(ふる)う [Ka. D2370]

ಜಲ್ಲು ⟦jallu ジャッル⟧ [ʤəllu] 《方》 n. 小舟を動かす竿 [Ka. D2380]

ಜಲ್ಲೆ ⟦jalle ジャッレ⟧ [ʤəlle] n. 竹やサトウキビの株 [Ka. D2383]

ಜವನಿಕೆ ⟦javanike ジャヴァニケ⟧ [ʤəvənike] 《文》 n. 幕、カーテン [Sk.]

ಜವಳಿ ⟦javaḷi ジャヴァリ⟧ [ʤəvə̆ɭi] n. 布、きれ [Ka. D2394]

ಜವಳು ⟦javaḷu ジャヴァル⟧ [ʤəvə̆ɭu] (n.) (土地が)湿気を帯びた〈こと〉、湿った〈こと〉 —n. (地面、壁、天井などの)湿気、湿り気 ☞ಜವುಳು (javuḷu) [Ka. D2398]

ಜವಾಬು ⟦javābu ジャヴァーブ⟧ [ʤəvɐ:bu] n. 返答、返事、答 ◇ vi. ಜವಾಬು ಕೊಡು (javābu koḍu) 返事を与える [Ar *ğawāb*]

ಜವಾಬುದಾರ ⟦javābudāra ジャヴァーブダーラ⟧ [ʤəvɐ:bŭdɐ:rɐ] m. 《f. ಜವಾಬುದಾರಳು (javābudāraḷu)》責任者 [Pe. *ğawābdār*]

ಜವಾಬುದಾರಿ ⟦javābudāri ジャヴァーブダーリ⟧ [ʤəvɐ:bŭda:ri] n. 責任 [Pe. *ğawābdārī*] = ಜವಾಬುದಾರಿಕೆ (javābudārike)

ಜವಾಬುದಾರಿಕೆ ⟦javābudārike ジャヴァーブダーリケ⟧ [ʤəvɐ:bŭdɐ:rike] n. 責任 [*javābudāri* + *-ke*] = ಜವಾಬುದಾರಿ (javābudāri)

ಜವಾಹಿರಿ ⟦javāhiri ジャヴァーヒリ⟧ [ʤəvɐ:hiri] n. 《sg./pl.》 1 宝石類 2 宝石をちりばめた装身具 [Ar *ğawāhir*]

ಜವಿ ⟦javi ジャヴィ⟧ [ʤəvi] 《口》 n. [Ka.] ☞ಜವೆ (jave)

ಜವುಗು ⟦javugu ジャヴグ⟧ [ʤəvŭgu] ಜೋಗು, ಜೌಗು (n.) (土地が)湿気を帯びた〈こと〉、湿った〈こと〉¶ ನೆಲ ಜವುಗಾಗಿದೆ. (nela javugāgide.) (その)土地は湿っている。 —n. 1 沼地、湿地 2 (地面の)湿気、湿り気 [Ka. D2398]

ಜವುಳು ⟦javuḷu ジャヴル⟧ [ʤəvŭḷu] ಜವಳಿ, ಜವಳು (*n.*) (土地が) 湿気を帯びた〈こと〉、湿った〈こと〉 —*n.* 湿気 [Ka. D2398]

ಜವೆ ⟦jave ジャヴェ⟧ [ʤəve] ಜಮೆ, ಜವಿ *n.* 馬の尻尾やたてがみの長くて柔らかい毛 [Ka. D2398]

ಜವ್ವನ ⟦javvana ジャッヴァナ⟧ [ʤəvvənɐ] *n.* 青春、青春時代 [Sk *yauvana-*]

ಜಷ್ಟೆ ⟦jaṣṭe ジャシュテ⟧ [ʤəʂ ʈe] 《方》 *f.* 貧乏の女神、福の神ラクシュミーの姉 —*n.* 無精、大儀、活発でないこと ¶ ಇವತ್ತು ನನಗೆ ಏನೋ ಜಷ್ಟೆ. (ivattu nanage ēnō jaṣṭe.) 今日私何だかけだるいの。 [Sk *jyēṣṭʰā-*]

ಜಹಗೀರಿ ⟦jahagīri ジャハギーリ⟧ [ʤəhəgi:ri] *n.* = ಜಹಗೀರು (jahagīru)

ಜಹಗೀರು ⟦jahagīru ジャハギール⟧ [ʤəhəgi:ru] ಜಾಗೀರು *n.* 王から収益権を贈与された土地や村落 [Pe. *ǧāgīrī*] = ಜಹಗೀರಿ (jahagīri)

ಜಹಗೀರುದಾರ ⟦jahagīrudāra ジャハギールダーラ⟧ [ʤəhəgi:rŭdɐ:rɐ] *m.* 《*f.* ಜಹಗೀರುದಾರಳು (jahagīrudāraḷu)》 王から収益権を贈与された土地の所有者 [Pe. *ǧāgīrdār*]

ಜಹಜು ⟦jahaju ジャハジュ⟧ [ʤəhəʤu] *n.* 船、汽船 [Ar *ǧahāz*]

ಜಳಕ ⟦jaḷaka ジャラカ⟧ [ʤəḷə̆kɐ] 《文》 *n.* 沐浴、水浴び [?, cf. Te. *jalaka*]

ಜಳವೆ ⟦jaḷave ジャラヴェ⟧ [ʤəḷə̆ve] ಜಣಬೆ, ಜವಣೆ, ಜವಳೆ, ಜೆವಳೆ 1 竹の棒 2 舟を動かすための竹の棒 [Ka.*D2383]

ಜಳ್ಳು ⟦jaḷḷu ジャッル⟧ [ʤəḷḷu] ಜೊಳ್ಳು *n.* 1 中空の穀粒 2 役に立たない物、役に立たない人間、ろくでなし ¶ ಅವನ ವಾದದಲ್ಲಿ ತಥ್ಯಕ್ಕಿಂತ ಜಳ್ಳು ಜಾಸ್ತಿ ಇದೆ. (avana vādadalli tatʰyakkiṃta jaḷḷu jāsti ide.) 彼の議論には内容がなく役に立たないことばかりだ。 —(*n.*) 役に立たない〈もの〉、無益〈な〉、ろくでなし〈の〉 ¶ ಜಳ್ಳು ವ್ಯಕ್ತಿ. (jaḷḷu vyakti.) 彼は何の役にも立たない。 [Ka. D2415]

ಜಳ್ಳುಗ ⟦jaḷḷuga ジャッルガ⟧ [ʤəḷḷŭgɐ] 《文》 *mf.* 1 役に立たぬ人、無用の人 2 廃人、病気など身体的欠陥で生命を維持しているだけの人間 [Ka. *jaḷḷu* D2415 + *-ga*]

ಜಱವೆ ⟦jaṟave ジャラヴェ⟧ [ʤəɹə̆ve] 《‡》 *n.* 1 竹の棒 (*My.* (*Kitt.*)) 2 サトウキビ (*Kitt.*) [Ka. D2383] = ಜಲ್ಲೆ (jalle)

ಜಾಂಬಿಯ ⟦jāṃbiya ジャーンビヤ⟧ [zɐ:mbijɐ] *n.* ザンビア(南アフリカの国) [Eg. *Zambia*]

ಜಾಕಿ ⟦jāki ジャーキ⟧ [ʤɐ:ki] *n.* 1 (トランプの)ジャック 2 トランプの遊びの一つ [Eg. *jack*]

ಜಾಗಂಟೆ
銅鑼

ಜಾಕೆಟ್ಟು ⟦jākeṭṭu ジャーケットゥ⟧ [ʤɐ:keʈʈu] *n.* 1 ブラウス、インドの女性がサーリーの下に着る胸衣 2 胴着、チョッキ 3 本のカバー [Eg. *jacket*]

ಜಾಗಂಟೆ ⟦jāgaṃṭe ジャーガンテ⟧ [ʤɐ:gənʈe] ಜಾಗಟೆ *n.* (礼拝に用いる)銅鑼[⇒図] [Sk *jayaghaṃṭā-*]

ಜಾಗ ⟦jāga ジャーガ⟧ [ʤɐ:gɐ] *n.* 1 場所、所 2〔喩〕余地、空き ¶ ನಮ್ಮ ಮನೆಯಲ್ಲೇ ನನಗೆ ಜಾಗ ಇಲ್ಲ. (namma maneyallē nanage jāga illa.) うちではこの私がいる場所がない。 [Pe. *ǧāygāh*]

ಜಾಗಟೆ ⟦jāgaṭe ジャーガテ⟧ [ʤɐ:gə̆ʈe] *n.* ☞ಜಾಗಂಟೆ, ಜೇಗಂಟೆ (jāgaṃṭe, jēgaṃṭe)

ಜಾಗತಿಕ ⟦jāgatika ジャーガティカ⟧ [ʤɐ:gə̆tikɐ] 《文》 *adj.* 世界的な、世界に関する [Sk.]

ಜಾಗರಣ ⟦jāgaraṇa ジャーガラナ⟧ [ʤɐ:gərəɳɐ] 《文》 *n.* [Sk.] = ಜಾಗರಣೆ (jāgaraṇe)

ಜಾಗರಣೆ ⟦jāgaraṇe ジャーガラネ⟧ [ʤɐ:gərəɳe] 《文》 *n.* 1 目覚めた状態、覚醒状態 2 徹夜、夜寝ないこと 3 徹夜の勤行 [Sk.]

ಜಾಗರೂಕ ⟦jāgarūka ジャーガルーカ⟧ [ʤɐ:gəru:kɐ] 《文》 *adj.*, *mfn.* 用心深い〈人〉、油断のない〈人〉 ¶ ಅವನು ಈ ವಿಷಯದಲ್ಲಿ ತುಂಬಾ ಜಾಗರೂಕನು. (avanu ī viṣayadalli tuṃbā jāgarūkanu.) 彼はこのことについてとても用心深い。 [Sk.]

ಜಾಗರೂಕತೆ ⟦jāgarūkate ジャーガルーカテ⟧ [ʤɐ:gəru:kə̆te] 《文》 *n.* 用心深さ、油断のないこと [Sk.]

ಜಾಗಿಸು ⟦jāgisu ジャーギス⟧ [ʤɐ:gisu] *vt.* 1〈体などを〉伸ばす ¶ ಮೈಯನ್ನು ಎಷ್ಟೇ ಜಾಗಿಸಿದರೂ ಹಣ್ಣು ಸಿಗಲಿಲ್ಲ. (maiyannu eṣṭē jāgisidarū haṇṇu sigalilla.) どれほど体を伸ばしても果物に届かなかった。 2〈入れ物を〉傾ける [Ka. D2433]

ಜಾಗೀರು ⟦jāgīru ジャーギール⟧ [ʤɐ:gi:ru] ಜಹಗೀರು *n.* ☞ಜಹಗೀರು (jahagīru).

ಜಾಗೀರುದಾರ ⟦jāgīrudāra ジャーギールダーラ⟧ [ʤɐ:gi:rŭdɐ:rɐ] *m.* ☞ಜಹಗೀರುದಾರ (jahagīrudāra).

ಜಾಗೃತ ⟦jāgṛta ジャーグルタ⟧ [ʤɐ:grɯtɐ/ʤɐ:grutɐ] 《文》 *adj.*, *m.* 《*f.* ಜಾಗೃತಳು (jāgṛtaḷu)》 1 目覚めた〈人〉 2 用心した〈人〉、注意した〈人〉 [Sk.]

ಜಾಗೃತಗೊಳಿಸು ⟦jāgṛtagoḷisu ジャーグルタゴリス⟧ [ʤɐ:grɯtəgoḷisu] 《文》 *vt.* 1 目覚めさせる 2 警告する、注意を喚起する 3 (無知などから)〈人を〉目覚めさせる、啓蒙する [+ *koḷisu*]

ಜಾಗೃತಗೊಳ್ಳು ⟦jāgṛtagoḷḷu ジャーグルタゴッル⟧ [ʤɐ:grɯtəgoḷḷu] 《文》 *vi.* 1 (権利などに)目覚める 2 用心する、注意する [+ *koḷḷu*]

ಜಾಗೃತಿ ⟦jāgṛti ジャーグルティ⟧ [ʤɐ:grɯti/ʤɐ:gruti] 《文》 *n.* 1 目覚め、覚醒、目覚めていること 2 (新思想などに)めざめた状態、活気づいたあるいは活性化された状態、 [Sk.] = ಜಾಗ್ರತಿ (jāgrati)

ಜಾಗ್ರತ ⟦jāgrata ジャーグラタ⟧ [ʤɐ:grə̆tɐ] 《文》 *adj.*, *m.* [Sk.] ☞ಜಾಗೃತ (jāgṛta)

ಜಾಗ್ರತಗೊಳಿಸು ⟦jāgratagoḷisu ジャーグラタゴリス⟧ [ʤɐ:grə̆təgoḷisu] 《文》 *vt.* ☞ಜಾಗೃತಗೊಳಿಸು (jāgṛtagoḷisu).

ಜಾಗ್ರತಿ ⟦jāgrati ジャーグラティ⟧ [ʤɐ:grəti] 《文》 *n.* [Sk.] ☞ಜಾಗೃತಿ (jāgṛti)

ಜಾಗ್ರತೆ ⟦jāgrate ジャーグラテ⟧ [ʤɐːgrɜ̆te] 《文》*n.* **1** 速いこと、すばやいこと **2** 用心深いこと、注意深いこと、油断のないこと **—***adv.* 速く、すばやく ¶ ಸಮಾರಂಭಕ್ಕೆ ನೀನು ಜಾಗ್ರತೆ ಬಾ. (samāraṃbʰakke nīnu jāgrate bā.) 速く[早めに、直ちに]集まりに来なさい。[Sk. *jāgratā-*]

ಜಾಜು ⟦jāju ジャージュ⟧ [ʤɐːʤu] 《古》*n.* しゃく土、赤い色をした柔らかい石 (*Pb.10.96.V*) [Ka. D2437]

ಜಾಜ್ವಲ್ಯ ⟦jājvalya ジャージュヴァリャ⟧ [ʤɐːʤ·vəl·jɐ] 《文》(*adj.*) **1** 燃える〈こと〉、炎をあげる〈こと〉 **2** まばゆく光る〈こと〉[Sk.]

ಜಾಡ ⟦jāḍa ジャーダ⟧ [ʤɐːḍɐ] *n.* クモ **—***m.* 《*f.* ಜಾಡಿತಿ (jāḍiti)》リンガーヤタに属する織物職人 [Ka. D2809]

ಜಾಡಮಾಲಿ ⟦jāḍamāli ジャーダマーリ⟧ [ʤɐːḍɜ̆mɐːli] *mf.* ☞ಝಾಡಮಾಲಿ (jʰāḍamāli)

ಜಾಡಿ¹ ⟦jāḍi ジャーディ⟧ [ʤɐːḍi] *n.* 塩や漬物などを保存する陶器の壺 [? cf. Ma *cāḍi*, Tu *jāḍi* Ta *cāṭi*]

ಜಾಡಿ² ⟦jāḍi ジャーディ⟧ [ʤɐːḍi] *n.* 厚い毛布(2枚の毛布を縫い合わせたものを含む) [?]

ಜಾಡಿಸು ⟦jāḍisu ジャーディス⟧ [ʤɐːḍisu] ಝಾಡಿಸು *vt.* **1**〈埃などを〉振り払う、はたく **2** 叱りつける、叱責する [Ka. D2439]

ಜಾಡು ⟦jāḍu ジャードゥ⟧ [ʤɐːḍu] *n.* **1** (人が歩いて自然に出来た)小道 **2** 跡、痕跡、足跡、手がかり [Ka. D2442]

ಜಾಡುಹಿಡಿ ⟦jāḍuhiḍi ジャードゥヒディ⟧ [ʤɐːḍuhiḍi] *vi.* 《*gen.*》**1** (人が歩いて自然に出来た)小道に沿って歩く **2** 嗅ぎつける [Ka. + *hiḍi*]

ಜಾಡೆ ⟦jāḍe ジャーデ⟧ [ʤɐːḍe] *n.* **1** (人が歩いて自然に出来た)小道 **2** 跡、痕跡、足跡、手がかり [Ka. D2442]

ಜಾಡ್ಯ ⟦jāḍya ジャーディャ⟧ [ʤɐːḍ·jɐ] *n.* **1** 病気、病 **2** 物憂さ、倦怠、怠惰、不精 ¶ ಕೆಲಸ ಮಾಡಲು ಏಕೋ ಜಾಡ್ಯವಾಗಿದೆ. (kelasa māḍalu ēkō jāḍyavāgide.) 何だか仕事をしたくない。[Sk.]

ಜಾಣ ⟦jāṇa ジャーナ⟧ [ʤɐːɳɐ] *m.* 《*f.* ಜಾಣೆ (jāṇe)》知恵ある人、利口な人、抜け目ない人 [Sk. *jñāna-*]

ಜಾಣತನ ⟦jāṇatana ジャーナタナ⟧ [ʤɐːɳətənɐ] 《文》*n.* 知恵(あること)、利口さ、抜け目なさ [*jāṇa* + *-tana*] = ಜಾಣ್ಮೆ (jāṇme)

ಜಾಣೆ ⟦jāṇe ジャーネ⟧ [ʤɐːɳe] *f.* 知恵ある女性、利口な女性、抜け目ない女性 [f. of *jāṇa-*]

ಜಾಣ್ನುಡಿ ⟦jāṇnuḍi ジャーンヌディ⟧ [ʤɐːɳɳuḍi] 《文》*n.* 賢い言葉、機知に富んだ言葉 [*jāṇa* + *nuḍi*]

ಜಾಣ್ಮೆ ⟦jāṇme ジャーンメ⟧ [ʤɐːɳme] *n.* 知恵あること、利口さ、抜け目なさ = ಜಾಣತನ (jāṇatana)

ಜಾತ¹ ⟦jāta ジャータ⟧ [ʤɐːtɐ] 《文》(*adj.*) 《複合語末で》…から生まれた〈こと〉 **—***adj., m.* 《*f.* ಜಾತೆ (jāte)》…から生まれた〈人〉 **—***m.* 《*f.* ಜಾತೆ (jāte)》**1** …の息子 **2** よい家に生まれた人 **—***n.* 生き物 ¶ ಜಾತರಿಗೆ ಮರಣ ತಪ್ಪಿದ್ದಲ್ಲ. (jātarige maraṇa tappiddalla.) 生まれたものに死は避けられない。[Sk.]

ಜಾತ² ⟦jāta ジャータ⟧ [ʤɐːtɐ] *n.* [H *jattʰā*] ☞ಜಾತ (jāta)²

ಜಾತಕ ⟦jātaka ジャータカ⟧ [ʤɐːtəkɐ] *n.* **1** 星位図、十二宮図 **2** 出生の時間に関する占星学書 **3** 仏陀の前世の出来事に関する物語 [Sk.]

ಜಾತಾ¹ ⟦jātā ジャーター⟧ [ʤɐːtɐː] 《文》*postp.* 《*nom.*》…を除いて、…以外に [H *jātā* < *jānā* *C10452]

ಜಾತಾ² ⟦jātā ジャーター⟧ [ʤɐːtɐː] ಜತಾ² *n.* 人々の徒党、ある程度組織だった人の群れ ¶ ಟೆಲಿಫೋನ್ ದರ ಹೆಚ್ಚಿಸಿದ್ದಕ್ಕೆ ಜಾತಾ ಹೋದರು. (ṭelipʰōn dara heccisiddakke jātā hōdaru.) (デモなどに加わった)人の集団 [H *jattʰā* < Sk. *yūtʰikā-*?]

ಜಾತಾಬಾಕಿ ⟦jātābāki ジャーターバーキ⟧ [ʤɐːtɐːbɐːki] *n.* いろいろなものを控除した残り、残高 [M. *jātābāki* < *jātā* + *bāki*]

ಜಾತಿ ⟦jāti ジャーティ⟧ [ʤɐːti] *n.* **1** 生まれ、血統、系統 **2** 種類、類 **3** カースト **4** ヴァルナ(バラモン、クシャトリヤ、ヴァイシュヤ、シュードラの四つに人間を区分する一区分) **5** 属、種、品種 **6** 優れた品種 [Sk.]

ಜಾತಿದ್ವೇಷ ⟦jātidvēṣa ジャーティドヴェーシャ⟧ [ʤɐːtid·veːʂɐ] *n.* 異なる人種や国家や宗教集団やカーストに属する人々の間の敵意 [Sk.] ☞ಜಾತಿವೈರ (jātivaira)

ಜಾತಿಧರ್ಮ ⟦jātidʰarma ジャーティダルマ⟧ [ʤɐːtidʰərmɐ] 《文》*n.* カーストに特有の義務 [Sk.]

ಜಾತಿಪದ್ಧತಿ ⟦jātipaddʰati ジャーティパッダティ⟧ [ʤɐːtipəddʰəti] 《文》*n.* カースト制度 [Sk.]

ಜಾತಿಭೇದ ⟦jātibʰēda ジャーティベーダ⟧ [ʤɐːtibʰeːdɐ] 《文》*n.* カーストの違い [Sk.]

ಜಾತಿಭ್ರಷ್ಟ ⟦jātibʰraṣṭa ジャーティブラシュタ⟧ [ʤɐːtibʰrəʂʈɐ] 《文》*adj., m.* 《*f.* ಜಾತಿಭ್ರಷ್ಟೆ (jātibʰraṣṭe)》(カーストの規範等に従わないなどの理由で)自分のカーストからはじき出された〈人〉[Sk.]

ಜಾತಿಮಲ್ಲಿಗೆ ⟦jātimallige ジャーティマッリゲ⟧ [ʤɐːtiməllige] 《文》*n.* 優れた品種のジャスミン [Sk.]

ಜಾತಿಮುತ್ತು ⟦jātimuttu ジャーティムットゥ⟧ [ʤɐːtimuttu] 《文》*n.* 上等の真珠 [Sk.]

ಜಾತಿವಂತ ⟦jātivaṃta ジャーティヴァンタ⟧ [ʤɐːtivəntɐ] 《文》*adj.* (果物や家畜などの)優れた品種の **—***adj., m.* 《*f.* ಜಾತಿವಂತಳು (jātivaṃtaḷu)》**1** 〔タブー〕高いカーストに属する〈人〉 **2** ハリジャンでない〈人〉[Sk.]

ಜಾತಿವಾದ ⟦jātivāda ジャーティヴァーダ⟧ [ʤɐːtivɐːdɐ] *n.* (自分の属する)人種や国家や宗教集団やカーストなどの優越性やその利益を主張する説や態度、コミュナリズム [Sk.]

ಜಾತಿವಾದಿ ⟦jātivādi ジャーティヴァーディ⟧ [ʤɐːtivɐːdi] *adj., mf.* 《*f.* ಜಾತಿವಾದಿ (jātivādi)》コミュナリスト〈の〉[Sk.]

ಜಾತಿವೈರ ⟦jātivaira ジャーティヴァイラ⟧ [ʤɐːtivəirɐ] *n.* 異なる人種や国家や宗教集団やカーストに属する人々の間の憎しみや敵意 [Sk.]

ಜಾತಿಸಂಕರ ⟦jātisaṃkara ジャーティサンカラ⟧ [ʤɐːtisəŋkərɐ] *n.* (カーストあるいは人種間の)混血 —*adj., m.* 《*f.* ಜಾತಿಸಂಕರಳು (jātisaṃkaraḷu)》カースト間あるいは人種間の混血の〈人〉、混血児〈の〉[Sk.]

ಜಾತಿಸ್ಮರ ⟦jātismara ジャーティスマラ⟧ [ʤɐːtismərɐ] *adj., m.* 《*f.* ಜಾತಿಸ್ಮರಳು (jātismaraḷu)》前世のことを思い出した〈人〉[Sk.]

ಜಾತಿಹೀನ ⟦jātihīna ジャーティヒーナ⟧ [ʤɐːtihiːnɐ] *adj., m.* 《*f.* ಜಾತಿಹೀನೆ, ಜಾತಿಹೀನಳು (jātihīne, jātihīnaḷu)》 1 ハリジャン〈の〉 2 (掟に反した振る舞いをして)自分のカーストから疎外された〈人〉[Sk.]

ಜಾತ್ಯತೀತ ⟦jātyatīta ジャーティヤティータ⟧ [ʤɐːtjətiːtɐ] 《文》 *adj., m.* 《*f.* ಜಾತ್ಯತೀತೆ (jātyatīte)》(人種、国家、宗教集団など)特にカーストの違いにとらわれない〈人〉[Sk.]

ಜಾತಿಪತ್ರೆ ⟦jātipatre ジャーティパトレ⟧ [ʤɐːtipətˑre] *n.* メース(ニクズクの外皮を乾燥させた香味料) ⇀ 食 [Sk. *jātipatrī-*]

ಜಾತಿಫಲ ⟦jātipʰala ジャーティパラ⟧ [ʤɐːtipʰəlɐ] *n.* ニクズクの実(香料、薬用) ⇀ 香・薬 [Sk.]

ಜಾತೀಯತೆ ⟦jātīyate ジャーティーヤテ⟧ [ʤɐːtiːjəte] 《文》 *n.* 1 カーストあるいはカースト制度との関連性 2 カースト主義 [Sk.]

ಜಾತ್ರೆ ⟦jātre ジャートレ⟧ [ʤɐːtˑre] *n.* 1 聖地詣で、巡礼の旅 2 寺院の定期的な祭り 3 寺院の祭りの雑踏、祭りに集まった人々の群れ [Sk.]

ಜಾದು[1] ⟦jādu ジャードゥ⟧ [ʤɐːdu] 《古》 *n.* しゃく土、赤い色をした柔らかい石 [Ka. D2437]

ಜಾದು[2] ⟦jādu ジャードゥ⟧ [ʤɐːdu] ಜಾದೂ *n.* 《*gen.* ಜಾದುವಿನ (jāduvina)》 1 魔術、魔法 2 奇術、手品 [Pe. *ǧādū*]

ಜಾದುಕೋಲು ⟦jādukōlu ジャードゥコール⟧ [ʤɐːdukoːlu] *n.* 魔法の杖 [+ Ka. *kōlu*]

ಜಾದುಗಾರ ⟦jādugāra ジャードゥガーラ⟧ [ʤɐːdugɐːrɐ] *m.* 1 魔法使い、妖術者 2 奇術師、手品師 [Pe. *ǧādū* + Ka. *-gāra*]

ಜಾದುಗಾರಿಕೆ ⟦jādugārike ジャードゥガーリケ⟧ [ʤɐːdugɐːrike] *n.* 1 魔法、奇術、手品 2 奇術、手品 [*jādugāra* + *-ike*]

ಜಾದೂ ⟦jādū ジャードゥー⟧ [ʤɐːduː] *n.* 《*gen.* ಜಾದೂವಿನ (jādūvina)》 1 魔術、魔法 2 奇術、手品 [Pe. *ǧādū*]

ಜಾನ ⟦jāna ジャーナ⟧ [ʤɐːnɐ] 《方》 *n.* シナノキ科の植物名 (*Lush.*) [Ka. D2451]

ಜಾನಪದ ⟦jānapada ジャーナパダ⟧ [ʤɐːnəpədɐ] 《文》 (*adj.*) 1 田舎〈の〉、田舎に関する〈こと〉 2 民間〈の〉、民俗的な〈こと〉[Sk.]

ಜಾನಪದಗೀತೆ ⟦jānapadagīte ジャーナパダギーテ⟧ [ʤɐːnəpədəgiːte] 《文》 *n.* 民俗音楽 [+ *gīte*]

ಜಾನಪದಸಾಹಿತ್ಯ ⟦jānapadasāhitya ジャーナパダサーヒティャ⟧ [ʤɐːnəpədəsɐːhitˑjɐ] 《文》 *n.* 民俗文学、民間で行われている伝統的な文学、民間伝承 [Sk.]

ಜಾನಿಗಿಡ ⟦jānigiḍa ジャーニギダ⟧ [ʤɐːnigiḍɐ] 《†》 *n.* シナノキ科の低木 (Z.) [? + *giḍa*]

ಜಾನುವಾರು ⟦jānuvāru ジャーヌヴァール⟧ [ʤɐːnŭvɐːru] *n.* (牛、馬、羊などの)家畜 [Pe. *gānwār*]

ಜಾಪಾಳ ⟦jāpāḷa ジャーパーラ⟧ [ʤɐːpɐːḷɐ] ಜಾವಾಳ *n.* ハズ(タカトウダイ科の植物、または下剤に用いられるその植物の実)

ಜಾಪು ⟦jāpu ジャープ⟧ [ʤɐːpu] *n.* 1 足をいっぱいに伸ばした1歩 2 足をいっぱいに伸ばした長さ [Ka. D2433] = ಚಾಪುಕಾಲು (cāpukālu)

ಜಾಪುಕಾಲು ⟦jāpukālu ジャープカール⟧ [ʤɐːpŭkɐːlu] *n.* 足をいっぱいに伸ばした1歩 [Ka. *jāpu* + *kālu* D2433]

ಜಾಮಿತಿ ⟦jāmiti ジャーミティ⟧ [ʤɐːmiti] 《文》 *n.* 幾何(学) [Sk.]

ಜಾಮೀನು ⟦jāmīnu ジャーミーヌ⟧ [ʤɐːmiːnu] *n.* 1 借金や就職のための保証 2 保釈 [Ar. *ḍāmin*] = ಹೊಣೆ (hoṇe)

ಜಾಮೀನುಕರಾರು ⟦jāmīnukarāru ジャーミーヌカラール⟧ [ʤɐːmiːnŭkərɐːru] *n.* 保釈の条件 [+ Ar. *qarār*]

ಜಾಮೀನುದಾರ ⟦jāmīnudāra ジャーミーヌダーラ⟧ [ʤɐːmiːnŭdɐːrɐ] *m.* 保証人 [*jāmīnu* + Pe. *-dār*]

ಜಾಮೀನುಪತ್ರ ⟦jāmīnupatra ジャーミーヌパトラ⟧ [ʤɐːmiːnŭpətˑrɐ] *n.* 借金、保釈された人などを保証する書類 [+ Sk. *patra-*]

ಜಾಯಮಾನ ⟦jāyamāna ジャーヤマーナ⟧ [ʤɐːjŏmɐːnɐ] 《文》 *n.* (生まれつきの)性格、本性、天性 [Sk.]

ಜಾಯೆ ⟦jāye ジャーエ⟧ [ʤɐːje] 《文》 *f.* 妻、配偶者 [Sk.]

ಜಾಯಿಲ[1] ⟦jāyila ジャーイラ⟧ [ʤɐːjilɐ] 《古》 *n.* 1 犬 (*Pb.10.76*) 2 純血種のよい犬 [Ka. D2459]

ಜಾಯಿಲ[2] ⟦jāyila ジャーイラ⟧ [ʤɐːjilɐ] 《古》 *n.* 純血種のよい馬 [?]

ಜಾರ ⟦jāra ジャーラ⟧ [ʤɐːrɐ] *m.* 《*f.* ಜಾರಿಣಿ (jāriṇi)》 1 間男 2 放蕩者、姦夫、身持ちの悪い男性 [Sk. *jāra*]

ಜಾರತನ ⟦jāratana ジャーラタナ⟧ [ʤɐːrətənɐ] *n.* 姦通、不倫 [*jāra* + *-tana*]

ಜಾರಿ ⟦jāri ジャーリ⟧ [ʤɐːri] (*n.*) 世に行われている〈こと〉[Ar. *ǧārin*]

ಜಾರಿಗೆ ತರು ⟦jārige taru ジャーリゲタル⟧ [ʤɐːrige təru] *vt.* 執行する [+ *-ge* + *taru*]

ಜಾರಿಮಾಡು ⟦jārimāḍu ジャーリマードゥ⟧ [ʤɐːrimɐːḍu] *vt.* 実行する、実施する、執行する [+ *māḍu*]

ಜಾರಿಕೆ ⟦jārike ジャーリケ⟧ [ʤɐːrike] *n.* 1 滑りやすいこと、滑ること 2 言い抜け、遁辞 [Ka. *-ike* D2482]

ಜಾರಿಕೆ ಉತ್ತರ ⟦jārike uttara ジャーリケウッタラ⟧ [ʤɐːrike uttərɐ] *n.* 責任逃れの返答、言い抜け [+ *uttara*]

ಜಾರಿಗೆಹುಳಿಮರ ⟦jārigehuḷimara ジャーリゲフリマラ⟧ [ʤɐːrigehuḷimərɐ] 《文》 *n.* オトギリソウ科の常緑植物(薬用)⇀薬 [Ka. D2467]

ಜಾರಿಣಿ ⟦jāriṇi ジャーリニ⟧ [ʤɐːriṇi] 《文》 *f.* 姦婦、身持ちの悪い女性 [Sk.]

ಜಾರು ⟦jāru ジャール⟧ [ʤɐːru] *vi.* **1** (足などが)滑る ¶ ಟೈಲ್ ಹಾಕಿದ ಸ್ನಾನದ ಮನೆಯಲ್ಲಿ ವೃದ್ಧಜನ ಜಾರುವ ಅಪಾಯ ಇದೆ. (ṭail hākida snānada maneyalli vṛddʰajana jāruva apāya ide.) タイルを張った浴室ではお年寄りが滑って転ぶ恐れがある。 **2** (傾斜地、滑り台などで)滑る、滑り降りる **3**〔喩〕こっそり去る、こそこそと逃げ去る ¶ ಅವನು ಏನೂ ಹೇಳದೆ ಜಾರಿಕೊಂಡ. (avanu ēnū hēḷade jārikoṃḍa.) 彼は何も言わずにこっそり逃げていった。 **4**〔喩〕悪い道に走る、堕落する ¶ ಅವಳು ಜಾರಿದ ಹೆಣ್ಣು. (avaḷu jārida heṇṇu.) 彼女は傷物だ。 [Ka. < *jāṟu* *D2482]

ಜಾರಿಸು ⟦jārisu ジャーリス⟧ [ʤɐːrisu] *vt.* 《*caus.*》滑らせる、など [Ka. caus. < *jāṟisu* *D2482]

ಜಾರುಗುಪ್ಪೆ ⟦jāruguppe ジャールグッペ⟧ [ʤɐːrŭguppe] *n.* 滑り台 [*jāru* + *guppe*「盛り土」] = ಜಾರುಬಂಡೆ (jārubaṃḍe)

ಜಾರುಬಂಡೆ ⟦jārubaṃḍe ジャールバンデ⟧ [ʤɐːrŭbənḍe] *n.* 滑り台 [*jāru* + *baṃḍe*「岩」] = ಜಾರುಗುಪ್ಪೆ (jāruguppe)

ಜಾರುವಿಕೆ ⟦jāruvike ジャールヴィケ⟧ [ʤɐːrŭvike] *n.* 滑ること [Ka. D2482]

ಜಾರೆ ⟦jāre ジャーレ⟧ [ʤɐːre] *f.* 姦婦、身持ちの悪い女性、私通した女性 [Sk. *jārā-*] = ಜಾರಿಣಿ (jāriṇi)

ಜಾರ್ಜಿಯ ⟦jārjiya ジャールジヤ⟧ [ʤɐːrʤijɐ] *n.* ジョージア(元グルジア、黒海に面する国) [Eg. *Georgia*]

ಜಾಱ ⟦jāṟa ジャーラ⟧ [ʤɐːṟɐ] 《‡》 *n.* 滑ること、滑走 (*Kitt.,My.*) [Ka. D2482]

ಜಾಱಿಕೆ ⟦jāṟike ジャーリケ⟧ [ʤɐːṟike] 《古》 *n.* 滑ること;滑りやすいこと (*Kitt., C.*) [Ka. D2482]

ಜಾಱು ⟦jāṟu ジャール⟧ [ʤɐːṟu] 《古》 *vi.* **1** (足や手が)滑る、(手の中のものが)滑り落ちる **2** (傾斜地や滑り台などで)滑る、滑り降りる **3** こそこそと逃げ去る **4**〔喩〕悪い道に走る、堕落する —*n.* 滑ること、など [Ka. D2482]

ಜಾಱಿಸು ⟦jāṟisu ジャーリス⟧ [ʤɐːṟisu] 《古》 *vt.* 《*caus.*》滑らせる、など [Ka. caus. D2482]

ಜಾಱುವಿಕೆ ⟦jāṟuvike ジャールヴィケ⟧ [ʤɐːṟuvike] 《古》 *n.* 滑ること (*Kitt., Si.424*) ☞ಜಾರುವಿಕೆ (jāruvike) [Ka. D2482]

ಜಾಲಂದ್ರ ⟦jālaṃdra ジャーランドラ⟧ [ʤɐːlənˑdrɐ] 《文》 *n.* **1** 天井と外壁の接点に設けられた換気用の小窓 **2** ホイサラなどの寺院に見られる網状の穴からなる換気窓 **3**〔喩〕経済観念がなく支出項目が多くて金が貯まらない状態 ¶ ಅವನ ಜೇಬಿಗೆ ಜಾಲಂದ್ರಗಳು ಅನೇಕ. (avana jēbige jālaṃdragaḷu anēka.) 彼は経済観念がずさんで金が貯まらない。 [Sk.]

ಜಾಲ ⟦jāla ジャーラ⟧ [ʤɐːlɐ] ಜಾಳ 《文》 *n.* **1** 網 **2** わな **3**〔喩〕(人を欺く)わな [Sk.]

ಜಾಲಗಾಱ ⟦jālagāṟa ジャーラガーラ⟧ [ʤəlɐgɐːṟɐ] 《‡》 *m.* 《*f.* ಜಲಗಾರ್ತಿ (jalagārti)》漁夫 (*Kitt.,My.*) [Sk. *jāla* + -*kāṟa*] ☞ಜಾಲಗಾರ (jālagāra)

ಜಾಲಾಡು ⟦jālāḍu ジャーラードゥ⟧ [ʤɐːlɐːḍu] *vt.* **1** 篩(ふるい)で篩う **2**〔喩〕〈洗濯物、食器などを〉水ですすぐ、〈米などを〉水で洗う **3**〔喩〕〈家や町などを〉捜索する、探し回る [*jāla* + *āḍu*]

ಜಾಲಾರಿ ⟦jālāri ジャーラーリ⟧ [ʤɐːlɐːri] 《文》 *n.* ショレア属の木の名 [Ka. D2473]

ಜಾಲಿ ⟦jāli ジャーリ⟧ [ʤɐːli] *n.* アラビアゴムモドキ(ガムの原料、ネムノキ科) [Ka. D2474]

ಜಾಲಿಸು ⟦jālisu ジャーリス⟧ [ʤɐːlisu] ಜಾಳಿಸು *vt.* **1** 〈洗濯物や食器などを〉水ですすぐ、〈米などを〉水で洗う **2** 濾(こ)す [Sk. *jāla*? + -*isu*]

ಜಾವ ⟦jāva ジャーヴァ⟧ [ʤɐːvɐ] 《文》 *n.* 3時間(時間の単位) [Sk. *yāma-*]

ಜಾಹೀರಾತು ⟦jāhīrātu ジャーヒーラートゥ⟧ [ʤɐːhiːrɐːtu] ಜಾಹಿರಾತು, ಜಾಹೀರಾತಿ *n.* 一般に知らしめること、布告すること、公示 (一般に知らしめること、布告すること、公示) [Ar. *ḍāhirāt*]

ಜಾಹೀರು ⟦jāhīru ジャーヒール⟧ [ʤɐːhiːru] (*n.*) 公になった〈こと〉、周知〈の〉 [Ar. *ḍāhir*]

ಜಾಹೀರುಪಡಿಸು ⟦jāhīrupaḍisu ジャーヒールパディス⟧ [ʤɐːhiːrŭpəḍisu] *vt.* **1** 布告する、公示する、公告する **2** 広告する [+ *paḍisu*]

ಜಾಹೀರುನಾಮೆ ⟦jāhīrunāme ジャーヒールナーメ⟧ [ʤɐːhiːrŭnɐːme] 《文》 *n.* 宣言書、布告書 [Ar.-Pe. *ḍāhirnāmah*]

ಜಾಳಿಗೆ ⟦jāḷige ジャーリゲ⟧ [ʤɐːḷĭge] *n.* ネット袋(網状の材料からできた袋) [Ka. D2477, cf. Sk. *jālikā-*]

ಜಾಳಿಸು ⟦jāḷisu ジャーリス⟧ [ʤɐːḷĭsu] *vt.* (悪い穀粒などを取り除くため)箕(み)で簸(ひ)る、〈砂や穀物などを〉篩(ふるい)で篩う [*jāḷa* + -*isu*] ☞ಜಾಲಿಸು (jālisu)

ಜಾಳು¹ ⟦jāḷu ジャール⟧ [ʤɐːḷu] *n.* 織り目が詰まっていない布、汁を搾るために使う織り目の詰まっていない布 [Sk. *jāla-*?]

ಜಾಳು² ⟦jāḷu ジャール⟧ [ʤɐːḷu] ಜಾಳು *n.* **1** 中空の穀粒 **2** うつろ、空っぽ **3** 役に立たない物、役に立たない人間、ろくでなし —(*n.*) 役に立たない〈こと〉、無益〈な〉、ろくでなし〈の〉;(議論などが)内容のない〈こと〉¶ ನಮ್ಮ ಪತ್ರಿಕೆ ಜಾಳುಸುದ್ದಿಯನ್ನು ಪ್ರಕಟಿಸುವದಿಲ್ಲ. (namma patrike jāḷusuddiyannu prakaṭisuvadilla.) うちの新聞は根拠のないニュースを載せません。 [Ka. D2415]

ಜಾಳುನುಡಿ ⟦jāḷunuḍi ジャールヌディ⟧ [ʤɐːḷunuḍi] *n.* 内容のない言葉 [+ Ka. *nuḍi*]

ಜಾಳುಮಾತು ⟦jāḷumātu ジャールマートゥ⟧ [ʤɐːḷumɐːtu] *n.* 内容のない言葉 [+ *mātu*]

ಜಾಳು ಸೀರೆ ⟦jāḷu sīre ジャールシーレ⟧ [ʤɐːɭu siːre] *n.* 緩く編んだサーリー

ಜಿಂಕೆ ⟦jiṃke ジンケ⟧ [ʤiŋke] *n.* 鹿、レイヨウ(などの類) [Ka. D2504]

ಜಿಗಟು¹ ⟦jigaṭu ジガトゥ⟧ [ʤigə̆ʈu] ಜಿಗಿಟು, ಜಿಗುಟು, ಜಿಗುಡು *n.* 1 ねばねばしたもの、粘着性 2 しつこさ、忍耐、苦しみに絶える能力、粘り強さ 3 けち、吝嗇 [Ka. D2488]

ಜಿಗಟು² ⟦jigaṭu ジガトゥ⟧ [ʤigə̆ʈu] *vt.* [Ka.*D2540] ☞ಚಿವುಟು (civuṭu)

ಜಿಗಟೆ ⟦jigaṭe ジガテ⟧ [ʤigə̆ʈe] 《‡》 *n.* ねばねばしたもの、粘着性 (*Kitt.,Si.175*) [Ka. D2488] ☞ಜಿಗಟು (jigaṭu)¹

ಜಿಗಣ ⟦jigaṇa ジガナ⟧ [ʤigə̆ɳɐ] 《方》 *n.* [?] ☞ದಿಗಣ (digaṇa)

ಜಿಗಿ¹ ⟦jigi ジギ⟧ [ʤigi] *vi.* 跳ぶ、跳ねる [Ka. D2285]

ಜಿಗಿ² ⟦jigi ジギ⟧ [ʤigi] 《異》 *vt.* 噛む、咀嚼する (*My.* (*Kitt.*)) [Ka. D2265] ☞ಜಗಿ (jagi)

ಜಿಗಿ³ ⟦jigi ジギ⟧ [ʤigi] (*n.*) 粘性〈の〉、粘着性〈の〉 [Ka. D2488]

ಜಿಗಿಜಿಗಿ ⟦jigijigi ジギジギ⟧ [ʤigiʤigi] (*n.*) ねちゃねちゃ、べたべた(不愉快な粘着性を表す擬態語) ¶ ಮಾವಿನ ಹಣ್ಣು ತಿಂದ ಮೇಲೆ ಮೇಜು ಜಿಗಿಜಿಗಿಯಾಗಿದೆ. (māvina haṇṇu tiṃda mēle mēju jigijigiyāgide.) マンゴーを食べた後、両手ともべたべたになった。 [redup. of *jigi*³ mim.*D2488]

ಜಿಗಿಟು ⟦jigiṭu ジギトゥ⟧ [ʤigĭʈu] *n.* 1 ねばねばしてくっつきやすいこと、ねばねばしてくっつきやすいもの、粘着性 2 圧力や張力に耐える能力 3 苦しみに絶える能力、粘り強さ、忍耐力 4 けち、吝嗇 5〔喩〕しつこいこと [Ka. D2488] ☞ಜಿಗಟು (jigaṭu)

ಜಿಗಿತ ⟦jigita ジギタ⟧ [ʤigĭtɐ] *n.* 跳ぶこと、跳ねること、跳躍 [Ka. *jigi* + *-ta*]

ಜಿಗಿಲ್ ⟦jigil ジギル⟧ [ʤigil] ಚಿಗಿಲ್ 《古》 *vi.* 1 粘っこい、ねばねばする、くっつきやすい 2 はりつく、くっつく (*Pb.11.58*) [Ka. D2488]

ಜಿಗಿಂಟು ⟦jigiṃṭu ジギントゥ⟧ [ʤigiɳʈu] 《方》 *vt.* ひねる、つねる (Gowda) [Ka. D2540]

ಜಿಗುಟು ⟦jiguṭu ジグトゥ⟧ [ʤigŭʈu] *vt.* [Ka. *D2540] ☞ಚಿವುಟು (civuṭu)

ಜಿಗುಣೆ ⟦jiguṇe ジグネ⟧ [ʤigŭɳe] ಜಿಗಣೆ, ಜಿಗಳಿ, ಜಿಗಳೆ, ಜಿಗುಳೆ, ಜಿಗುಟೆ *n.* ヒル [? cf. Sk. *jalūkā-*]

ಜಿಗುಪ್ಸೆ ⟦jigupse ジグプセ⟧ [ʤigupse] 《文》 *n.* 嫌悪、憎悪 [Sk.]

ಜಿಗುಱು ⟦jiguṟu ジグル⟧ [ʤigŭṟu] 《古》 *vt.* [Ka.*D2601] ☞ಚಿವರು (civaru)

ಜಿಗುಳೆ ⟦jiguḷe ジグレ⟧ [ʤigŭɭe] 《文》 *n.* ヒル (*Pb.1.46*) ☞ಜುಗುಣೆ (juguṇe) [? cf. Sk. *jalūkā-*]

ಜಿಜ್ಞಾಸು ⟦jijñāsu ジジュニャース⟧ [ʤiɟɲɐːsu/jignɐːsu] 《文》 *adj., mf.* 知りたがる〈人〉、好奇心の強い〈人〉、研究心の強い〈人〉 [Sk.]

ಜಿಜ್ಞಾಸೆ ⟦jijñāse ジジュニャーセ⟧ [ʤiɟɲɐːse/ʤignɐːse] 《文》 *n.* 好奇心、知りたがること、研究心 [Sk.]

ಜಿಡ್ಡಿ ⟦jiḍḍi ジッディ⟧ [ʤiɖɖi] 《口》 *n.* 門や入り口の扉の一部に設けた人一人がやっと通れる小さな扉、くぐり戸 = ದಿಡ್ಡಿ (diḍḍi) [Ka. D3219]

ಜಿಡ್ಡು¹ ⟦jiḍḍu ジッドゥ⟧ [ʤiɖɖu] *n.* (皮膚などの)硬結、タコ、マメ、イボ、硬い傷跡 [Ka. D2314]

ಜಿಡ್ಡು² ⟦jiḍḍu ジッドゥ⟧ [ʤiɖɖu] *n.* 1 (油などの)ねばねば 2 油のようにねねばねばしたもの [Ka. D2516]

ಜಿಡ್ಡು³ ⟦jiḍḍu ジッドゥ⟧ [ʤiɖɖu] *n.* 古くなったバターや油の悪臭 [Ka. D2523, *D2516]

ಜಿಣಗು ⟦jiṇagu ジナグ⟧ [jiɳə̆gu] (*n.*) [Ka. D2519] = ಜಿಣುಗು (jiṇugu)〔汎〕

ಜಿಣುಗು ⟦jiṇugu ジヌグ⟧ [jiɳŭgu] *n.* (織物や粉末などの)目の細かさ、(文字などの)細かいこと [Ka. D2519] = ಜಿಣುಗು (jiṇugu)

ಜಿತೇಂದ್ರಿಯ ⟦jitēṃdriya ジテーンドリヤ⟧ [ʤiteːndrĭjɐ] 《文》 *adj., m.* 《*f.* ಜಿತೇಂದ್ರಿಯಳು (jitēṃdriyaḷu)》感官の欲望を克服した〈人〉、禁欲者〈の〉

ಜಿದ್ದು ⟦jiddu ジッドゥ⟧ [ʤiddu] *n.* 1 意地、頑固 2 あることを成就するための決意 ¶ ಮನೆ ಕಟ್ಟಬೇಕೆಂಬ ಜಿದ್ದಿನಿಂದ ನಾನು ಹಗಲು-ರಾತ್ರಿ ದುಡಿದೆ. (mane kaṭṭabēkeṃba jiddinimda nānu hagalu-rātri duḍide.) 家を建てたい一心で彼は昼夜を分かたず働いた。 3 張り合い、対抗、競争 ¶ ಜಿದ್ದಿನ ಮೇಲೆ ಕೋಣಗಳನ್ನು ಓಡಿಸಿದರು. (jiddina mēle kōṇagaḷannu ōḍisidaru.) 彼らは競争して水牛を駆りたてた。 4 怨恨、根深い憎悪 ¶ ಕೌರವರಿಗೆ ಮತ್ತು ಪಾಂಡವರಿಗೆ ಹಳೆಯ ಜಿದ್ದು ಇತ್ತು. (kauravarige mattu pāṃḍavarige haḷeya jiddu ittu.) カウラヴァとパーンダヴァとの間に根深い憎み合いがあった。 5 賭け ¶ ಈ ಕಲ್ಲನ್ನು ಎತ್ತಿದವರಿಗೆ ಒಂದು ಸಾವಿರ ರೂಪಾಯಿ ಎಂದು ಪಟೇಲರು ಜಿದ್ದು ಹಾಕಿದರು. (ī kallannu ettidavarige oṃdu sāvira rūpāyi eṃdu paṭēlaru jiddu hākidaru.) 村長はこの石を持ち上げた者に 1000 ルーピーという賞金を賭けた。 [Ar. *ḍidd*]

ಜಿದ್ದುಕಟ್ಟು ⟦jiddukaṭṭu ジッドゥカットゥ⟧ [ʤiddukəʈʈu] *vi.* 1〈困難な仕事などに〉挑戦する、挑む ¶ ಚಾಣಕ್ಯ ನಂದರನ್ನು ನಾಶಮಾಡಲು ಜಿದ್ದು ಕಟ್ಟಿದರು. (cāṇakya naṃdarannu nāśamāḍalu jiddu kaṭṭidaru.) チャーナキヤはナンダ朝を倒す仕事に挑戦した。 2 賭ける ¶ ಸದರನ್ ಸ್ಟಾರ್ ಕುದುರೆಗೆ ನಾನು ಜಿದ್ದು ಕಟ್ಟಿದೆ. (sadaran sṭār kuduregе nānu jiddu kaṭṭide.) 僕はサザンスターという馬に賭けた。 [+ *kaṭṭu*]

ಜಿದ್ದುತೀರಿಸು ⟦jiddutīrisu ジッドゥティーリス⟧ [ʤidduti:rĭsu] *vi.* 《*gen.* + ಮೇಲೆ (mēle)》復讐する、仇を討つ ¶ ಕೊನೆಗೂ ಮುಹಮ್ಮದ್ ಅಲೀ ಹೊಲಿಫೀಲ್ಡನ ಮೇಲೆ ತನ್ನ ಜಿದ್ದು ತೀರಿಸಿಕೊಂಡ. (konegū muhammad alī holipʰīldana mēle tanna jiddu tīrisikoṃḍa.) モハメド・アリはとうとうホリフィールドに敵討ちした。 [+ *tīrisu*]

ಜಿನಗು ⟦jinagu ジナグ⟧ [ʤinə̆gu] *n.* (織物や粉末などの)目の細かさ、(文字などの)細かいこと = ಜಿನುಗು (jinugu) [Ka. D2519]

ಜಿನಸು ⟦jinasu ジナス⟧ [ʤinə̆su] *n.* (穀物、香辛料、塩、砂糖など)食料雑貨店で売られている商品 [Ar. *ğins*]

ಜಿನಿಗಿಸು ⟦jinigisu ジニギス⟧ [ʤinigisu] *vt.* 〈バターなどを〉溶かす [Ka. *jinugu*² + *-isu* 2520]

ಜಿನುಂಗು ⟦jinuṃgu ジヌング⟧ [ʤinuŋgu] 《古》*vi.* (糠雨(ぬか)が)降る —*n.* 糠雨 = ಜಿನುಗು (jinugu) [Ka. D2520]

ಜಿನುಗು¹ ⟦jinugu ジヌグ⟧ [ʤinŭgu] ಜಿಣುಗು, ಜಿನಗು (*n.*) **1** (糸、繊維、粉末、字などが)細やか〈な〉、細かい〈こと〉¶ ಈ ಕುರಾನಿನ ಅಕ್ಷರಗಳು ತುಂಬ ಜಿನುಗು. (ī kurānina akṣaragaḷu tuṃba jinugu.) このコーランの字はとても細い。 **2** 卑しい〈こと〉、下劣〈な〉(欲望など) —*n.* 細やかな仕事 [Ka. D2519]

ಜಿನುಗು² ⟦jinugu ジヌグ⟧ [ʤinŭgu] ಜಿನುಂಗು, ಜಿನುಗು, ಜಿಣಗು, ಜಿಣುಗು *n.* 糠雨(ぬか) —*vi.* **1** 滴る、滴りおちる **2** (糠雨が)降る ¶ ಮಳೆ ಜಿನುಗುತ್ತಿದೆ. (maḷe jinuguttide.) 糠雨が降っている。 **3** (黒砂糖、塩などが)水分を吸って溶ける、(バターが熱で)溶ける [Ka. onom.D2520]

ಜಿನುಗು ನೀರಾವರಿ ⟦jinugu nīrāvari ジヌグニーラーヴァリ⟧ [ʤinŭguni:rɐ:vəri] *n.* 点滴灌漑(穴をあけた管を地中に張りめぐらしそこから直接根に水を供給する灌漑方法、水や肥料を節約できる) [*jinugu* + *nīravari*]

ಜಿನುಗು³ ⟦jinugu ジヌグ⟧ [ʤinŭgu] 《古》*vi.* (ハチなどが)ぶんぶんうなる —*n.* (ハチなどが)ぶんぶんうなること (Kitt.,Šmd.48) [Ka. onom.D2521]

ಜಿನುಗುವಾತು ⟦jinuguvātu ジヌグヴァートゥ⟧ [ʤinuguvɐ:tu] 《古》*vi.* こそこそと話す言葉 [Ka. D2521]

ಜಿನ್ನ¹ ⟦jinna ジンナ⟧ [ʤinnɐ] 《‡》(*adj.*) 小さい〈こと〉(*Kitt.,S.Mhr.*) [Ka. D2594]

ಜಿನ್ನ² ⟦jinna ジンナ⟧ [ʤinnɐ] 《古》(*adj.*) **1** 消化された〈こと〉 **2** 朽ちた〈こと〉、朽ち果てた〈こと〉 [Sk. *jīrṇa-*]

ಜಿಪುಣ ⟦jipuṇa ジプナ⟧ [ʤipŭɳɐ] *m.* 《*f.* ಜಿಪುಣೆ (jipuṇi)》 けち、けちん坊、守銭奴 [?] = ಜುಗ್ಗ (jugga)

ಜಿಪುಣತನ ⟦jipuṇatana ジプナタナ⟧ [ʤipŭɳə̆tənɐ] *n.* けち、吝嗇 [*jipuṇa* + *-tana*]

ಜಿಬಟು ⟦jibaṭu ジバトゥ⟧ [ʤibə̆ʈu] (*n.*) ねばねばした〈こと〉、粘性〈の〉、粘着性〈の〉 —*n.* ねばねばした物(のり、接着剤、鳥もちなど) = jigaṭu [Ka. D2488]

ಜಿಬರು ⟦jibaru ジバル⟧ [ʤibə̆ru] ಜಿಬರೆ, ಜಿಬುರು *n.* 目やに [?]

ಜಿಬಳ ⟦jibaḷa ジバラ⟧ [ʤibə̆ɭɐ] 《‡》(*n.*) ねばねばした〈こと〉、粘性〈の〉、粘着性〈の〉(*Kitt.*) ☞ಜಿಬ್ಬಳ (jibbaḷa) [Ka.*D2538]

ಜಿಬಳಡಿಕೆ ⟦jibaḷaḍike ジバラディケ⟧ [ʤibə̆ɭəɖike] 《‡》*n.* 二つに割ってゆでてから乾かしたビンロウジュの実(噛んでいるとねばねばしてくる)(*Kitt.*) [Ka. *jibbaḷa* + *aḍike* D2538]

ಜಿಬಿ ⟦jibi ジビ⟧ [ʤibi] 《古》(*n.*) 粘性〈の〉、粘着性〈がある〉、ねばねばした〈こと〉 —*n.* 粘性のある物質 ☞ಜಿಬ್ಬು (jibbu) [Ka. D2488]

ಜಿಬ್ಬಡಿಕೆ ⟦jibbaḍike ジッバディケ⟧ [ʤibbə̆ɖike] 《‡》*n.* 二つに割ってゆでてから乾かしたビンロウジュの実(噛んでいるとねばねばしてくる)(*Kitt.*) [Ka. D2538]

ಜಿಬ್ಬಳ ⟦jibbaḷa ジッバラ⟧ [ʤibbə̆ɭɐ] 《‡》*n.* ねばねばしたこと、粘着性 (*Kitt.*) ☞ಜಿಬ್ಬು (jibbu) [Ka. *D2538]

ಜಿಬ್ಬು ⟦jibbu ジッブ⟧ [ʤibbu] ಜಿಬಿ, ಜಿಬ್ಬಿ, ಜಿಬ್ಬೆ (*n.*) 粘着性〈のある〉;ねばねば〈した〉 —*n.* **1** ねばねばしたもの **2** ねばねばしたマンゴーの樹脂 [Ka. D2488]

ಜಿಮ್ಕೆ ⟦jimke ジムケ⟧ [ʤimke] 《方》*n.* 鹿 (*Bellary, U.P.U.*) [Ka. D2504]

ಜಿಮ್ಮಂಡೆ ⟦jimmaṃḍe ジンマンデ⟧ [ʤimmənɖe] *n.* コオロギ ☞ಚಿಮ್ಮಂಡೆ (cimmaṃḍe) [Ka. D2541]

ಜಿರಲೆ ⟦jirale ジラレ⟧ [ʤirə̆le] *n.* ☞ಜಿರಳೆ (jiraḷe)

ಜಿರಳೆ ⟦jiraḷe ジラレ⟧ [ʤirə̆ɭe] *n.* ゴキブリ [Ka. D2797]

ಜಿರಾಫೆ ⟦jirāpʰe ジラーペ⟧ [ʤirɐ:pʰe] *n.* キリン [Eg. *giraffe*]

ಜಿರಾಯಿತು ⟦jirāyitu ジラーイトゥ⟧ [ʤrɐ:jĭtu] *n.* **1** 農業、耕作 **2** 農地、農業に適した土地 [Ar.-Pe. *zirāʿat*]

ಜಿರಾಯಿತುದಾರ ⟦jirāyitudāra ジラーイトゥダーラ⟧ [ʤirɐ:jĭtudɐ:rɐ] *m.* 《*f.* ಜಿರಾಯಿತುದಾರಿತಿ (jirāyitudāriti)》農場主、農民 = ರೈತ (raita) [*jirāuitu* + *-dāra*]

ಜಿರ್ಲೆ ⟦jirle ジルレ⟧ [ʤirle] 《口》*n.* ゴキブリ [Ka. D2797]

ಜಿಱಲೆ ⟦jiṟale ジラレ⟧ [ʤiṟə̆le] 《古》*n.* **1** ゴキブリ **2** 《‡》 ムカデ (*Kitt.*) **3** 《‡》 ハサミムシ (*Kitt.*) [Ka. D2797]

ಜಿಱಿಲಿ ⟦jiṟili ジリリ⟧ [ʤiṟĭli] 《‡》*n.* (衣類を食う)虫の一種 (*Kitt.,Mr. 165*) [Ka. D2797]

ಜಿಲುಪು ⟦jilupu ジルプ⟧ [ʤilŭpu] 《方》*vi.* (水が新しい土製の壺などから)滴る [Ka. D2569]

ಜಿಲ್ಲಾಧಿಕಾರಿ ⟦jillādʰikāri ジッラーディカーリ⟧ [ʤillɐ:dʰikɐ:ri] *m.* 県の長官、県知事 [*jille* + *adʰikāri*]

ಜಿಲ್ಲಾವಾರು ⟦jillāvāru ジッラーヴァール⟧ [ʤillɐ:vɐ:ru] *adj.* 県全体の —*adv.* 県全体に [Ar.-Pe. *zillaʿwār*]

ಜಿಲ್ಲಿ ⟦jilli ジッリ⟧ [ʤilli] *n.* 陶製の壺などの小さな穴(製造上の欠陥によるもの)(*Kitt.,My.*) [Ka. D2575]

ಜಿಲ್ಲು ⟦jillu ジッル⟧ [ʤillu] 《‡》(*n.*) ひやっ(冷たい水を浴びた時の感じ)(*Kitt.,My.*) [Ka. mim.D2576]

ಜಿಲ್ಲೆ ⟦jille ジッレ⟧ [ʤille] *n.* 県、州の下の行政区分 [Ar. *ḍilaʿ*]

ಜಿವಿರು ⟦jiviru ジヴィル⟧ [ʤivĭru] 《古》*vt.* [Ka. *D2601] ☞ಜಿವಿರು (jiviru)

ಜಿವುಳಿ ⟦jivuḷi ジヴリ⟧ [ʤvŭɭi] 《異》*n.* [Ka. *D2490] ☞ಚಿಗುಳಿ (ciguḷi)

ಜಿಹ್ವೆ ⟦jihve ジフヴェ⟧ [ʤiʋhe] 《文》 *n.* 舌 [Sk.] = ನಾಲಿಗೆ (nālige)〔口〕

ಜೀಕು¹ ⟦jīku ジーク⟧ [ʤiːku] *vt.* 〈ブランコやゆりかごを〉揺する **—***n.* (ブランコやゆりかごなどの)揺れ [Ka. onom.]

ಜೀಕು² ⟦jīku ジーク⟧ [ʤiːku] (*n.*) ぎゅう(革靴をはいて歩く時の音を表す擬音語) [Ka. onom. < Ka. *jiraku*]

ಜೀಗ ⟦jīga ジーガ⟧ [ʤiːgɐ] 《‡》 *n.* (*Kitt.*) [Ka. D2499]

ಜೀತ ⟦jīta ジータ⟧ [ʤiːtɐ] *n.* 1 (村における伝統的な 1 年契約の雇用形態のもとでの)労働、(賃金を得るための)仕事 2 苛酷な条件での労働 3 (伝統的な 1 年契約の雇用形態のもとでの)労賃 [Sk. *jīvita-*]

ಜೀತಗಾರ ⟦jītagāra ジータガーラ⟧ [ʤiːtəgɐːrɐ] *m.* 《*f.* ಜೀತಗಾತಿ (jītagāti)》 上記の雇用形態のもとで働く人 [+ *gāra*]

ಜೀನ ⟦jīna ジーナ⟧ [ʤiːnɐ] *m.* 《*f.* ಜೀನಿ (jīni)》 けち、けちん坊、吝嗇家 [? cf. *jipuṇa*] = ಜಿಪುಣ (jipuṇa)

ಜೀನು ⟦jīnu ジーヌ⟧ [ʤiːnu] *n.* (馬の)鞍 [Pe. *zīn*]

ಜೀಪು ⟦jīpu ジープ⟧ [ʤiːpu] ジープ

ಜೀಬ್ರ ⟦jībra ジーブラ⟧ [ʤiːbrɐ] *n.* シマウマ [Eg. *zebra*]

ಜೀಯ ⟦jīya ジーヤ⟧ [ʤiːjɐ] 《古》 *m.* 1 旦那様(尊敬をもって男性に呼びかける言葉) 2 はい(同意を表す応答表現) [Sk. *jīva-*? cf. H.,M. *jī*] cf. ಸ್ವಾಮಿ, ಅಯ್ಯಾ (svāmi, ayyā)

ಜೀರು¹ ⟦jīru ジール⟧ [ʤiːru] (*n.*) 1 風邪を引いた人の割れた声を表す擬音語 2 ハチなどのじーんじーんという羽音 [Ka. *D1590] cf. ಚೀರು, ಕಿರಿಚು (cīru, kiricu)

ಜೀರು² ⟦jīru ジール⟧ [ʤiːru] *n.* 1 ターンブーラーまたはヴィーナーの弦を支えるこまの上に挟む木綿の糸(これによって音がより複雑に響く) 2 低音 [Ka. onom.]

ಜೀರುಂಡೆ ⟦jīruṃḍe ジールンデ⟧ [ʤiːrumɖe] *n.* じーんという音を羽で出して飛ぶハチ [*jīru* + ?] ☞ಜೀಱುಂಡೆ (jīṟuṃḍe)

ಜೀರುಂಬೆ ⟦jīruṃbe ジールンベ⟧ [ʤiːrumbe] 《文》 *n.* じーんという音を羽で出して飛ぶハチ [*jīru* + *tuṃbe* [3328]] ☞ಜೀರ್ದುಂಬಿ (jīrduṃbi)

ಜೀರ್ಕೊಳವಿ ⟦jīrkoḷavi ジールコラヴィ⟧ [ʤiːrkoɭǝʋi] *n.* 水鉄砲 [Ka. *jīr* onom. + *koḷavi*]

ಜೀರ್ಣ¹ ⟦jīrṇa ジールナ⟧ [ʤiːrɳɐ] 《‡》 *n.* 金属を細工するための小型の鑿(のみ) (*Kitt.*) [Ka. D2627/T13421]

ಜೀರ್ಣ² ⟦jīrṇa ジールナ⟧ [ʤiːrɳɐ] 《文》 (*n.*) 1 消化された〈こと〉、こなれた〈こと〉¶ ಕಡಲೆಬೇಳೆ ಜೀರ್ಣವಾಗುವುದು ಕಷ್ಟ. (kaḍalebēḷe jīrṇavāguvudu kaṣṭa.) ヒヨコマメの割り豆は消化しにくい。 2 (建物などが)ぼろぼろになった〈こと〉、朽ち果てた〈こと〉、老朽〈の〉 **—***adj.*, *m.* 《*f.* ಜೀರ್ಣಳು (jīrṇaḷu)》 1 衰弱した〈人〉、弱り果てた〈人〉 2 老いさらばえた〈人〉、よぼよぼの〈人〉 **—***n.* 老齢 [Sk.]

ಜೀರ್ಣಕಾರಿ ⟦jīrṇakāri ジールナカーリ⟧ [ʤiːrɳǝkɐːri] 《文》 *adj.* 消化を行う、消化を促進する [Sk.]

ಜೀರ್ಣಕೋಶ ⟦jīrṇakōśa ジールナコーシャ⟧ [ʤiːrɳǝkoːʃɐ] 《文》 *n.* 消化器 [Sk.]

ಜೀರ್ಣಾವಸ್ಥೆ ⟦jīrṇāvaste ジールナーヴァステ⟧ [jiːrɳɐːʋǝste] 《文》 *n.* 荒廃したありさま、老朽、(人が)よぼよぼの状態 [Sk.]

ಜೀರ್ಣಿಸು ⟦jīrṇisu ジールニス⟧ [ʤiːrɳisu] 《文》 *vt.* 1 〈食べ物を〉消化する、吸収する 2 〈公金などを〉横領する **—***vi.* 消化される、吸収される [Sk.]

ಜೀರ್ಣೋದ್ಧಾರ ⟦jīrṇōddʰāra ジールノーッダーラ⟧ [ʤiːrɳoːddʰɐːrɐ] 《文》 *n.* (老朽化した建物などの)修繕 [Sk.]

ಜೀಱುಂಡೆ ⟦jīṟuṃḍe ジールンデ⟧ [ʤiːr̠uɳɖe] ಜೀರುಂಡೆ 《古》 *n.* じーんという音を羽で出して飛ぶハチ [*jīru* + ?] = ಜೀರುಂಡೆ (jīruṃḍe)

ಜೀಱು¹ ⟦jīṟu ジール⟧ [ʤiːr̠u] ಜೀರ್, ಜೀರು, ಜೀಱ್ 《‡》 *vi.* 金切り声をあげる、甲高い声で叫ぶ [Ka. D1590]

ಜೀಱು² ⟦jīṟu ジール⟧ [ʤiːr̠u] 《‡》 *n.* ハチなどのじーんじーんという羽音 (*Kitt.*) [Ka. onom.]

ಜೀವಂತ ⟦jīvaṃta ジーヴァンタ⟧ [ʤiːʋǝntɐ] *adj.* 1 生きている、生命のある 2 生き生きした、活動的な 3 喫緊の(問題)、差し迫った(問題) [Sk.]

ಜೀವಂತಗೊಳಿಸು ⟦jīvaṃtagoḷisu ジーヴァンタゴリス⟧ [ʤiːʋǝntǝgoɭisu] 《文》 *vt.* 生命を与える、命を吹き込む [*jīvaṃta* + *koḷisu*]

ಜೀವಂತಿಕೆ ⟦jīvaṃtike ジーヴァンティケ⟧ [ʤiːʋǝntike] 《文》 *n.* 1 生きていること、命を持っていること 2 精力的なこと [*jīvaṃta* + *-ike*]

ಜೀವ ⟦jīva ジーヴァ⟧ [ʤiːʋɐ] *n.* 1 命、生命 2 アートマン、(絶対者に対する)個我 3 動物、生き物 [Sk.]

ಜೀವಕಣ ⟦jīvakaṇa ジーヴァカナ⟧ [ʤiːʋǝkǝɳɐ] 《文》 *n.* 細胞 [Sk.] = ಕೋಶ (kōśa)

ಜೀವಕಳೆ ⟦jīvakaḷe ジーヴァカレ⟧ [ʤiːʋǝkǝɭe] *n.* 生気、(生きている人間の顔や、絵画や彫刻などの顔が)いきいきと輝いて見えること ¶ ಗಂಡ ತಿರುಗಿ ಬಂದ ಮೇಲೆ ಅವಳಿಗೆ ಜೀವಕಳೆ ಬಂತು. (gaṃḍa tirugi baṃda mēle avaḷige jīvakaḷe baṃtu.) 夫の帰ってきた後、彼女に生気が戻った。 [Sk.]

ಜೀವಕೊಡು ⟦jīvakoḍu ジーヴァコドゥ⟧ [ʤiːʋǝkoɖu] *vi.* 1 生命を吹き込む 2 自分の命を犠牲にする、捧げる [*jīva* + *koḍu*]

ಜೀವಚ್ಛವ ⟦jīvaccʰava ジーヴァッチャヴァ⟧ [ʤiːʋǝʧʧʰǝʋɐ] 《文》 *n.* 生ける屍、重い病気や生きる意欲を失ったなどの理由で死人同様になった人 [Sk.]

ಜೀವದಾನ ⟦jīvadāna ジーヴァダーナ⟧ [ʤiːʋǝdɐːnɐ] *n.* 救命、命を救うこと、助命 [Sk.]

ಜೀವದ್ರವ್ಯ ⟦jīvadravya ジーヴァドラヴィャ⟧ [ʤiːʋǝdˑrǝʋˑjɐ] *n.* ジャイナ教の哲学における六つの実在要素のうちの「生命実体」すなわち無数に存在する

霊魂 [Sk.]

ಜೀವನ 〚jīvana ジーヴァナ〛 [ʤ:vənɐ] *n.* 1 生命、生活 2 職業、糊口 [Sk.]

ಜೀವನಚರಿತ್ರೆ 〚jīvanacaritre ジーヴァナチャリトレ〛 [ʤi:vənəʧərit·re] 《文》 *n.* 伝記 [Sk.]

ಜೀವನದರ್ಶನ 〚jīvanadarśana ジーヴァナダルシャナ〛 [ʤi:vənədərʃənɐ] 《文》 *n.* 人生哲学 [Sk.]

ಜೀವನದಿ 〚jīvanadi ジーヴァナディ〛 [ʤi:vŏnədi] 《文》 *n.* 1 年中水の絶えない川 [Sk.]

ಜೀವನದೃಷ್ಟಿ 〚jīvanadṛṣṭi ジーヴァナドゥルシュティ〛 [ʤi:vənədrɯʂʈi] 《文》 *n.* 人生観 [Sk.]

ಜೀವನಮಟ್ಟ 〚jīvanamaṭṭa ジーヴァナマッタ〛 [ʤi:vənəməʈʈɐ] 《文》 *n.* 生活水準 [Sk.]

ಜೀವನವಿಕಾಸ 〚jīvanavikāsa ジーヴァナヴィカーサ〛 [ʤi:vənəvikɐ:sɐ] 《文》 *n.* 人々の生活の向上 [Sk.]

ಜೀವನಸತ್ವ 〚jīvanasatva ジーヴァナサトヴァ〛 [sʤi:vənəsət·vɐ] 《文》 *n.* ヴィタミン [Sk.]

ಜೀವನಾಂಶ 〚jīvanāṃśa ジーヴァナーンシャ〛 [ʤi:vənɐ:mʃɐ] 《文》 *n.* (別居した妻などに与える) 生活費や扶養料 [Sk.]

ಜೀವನಾಡಿ 〚jīvanāḍi ジーヴァナーディ〛 [ʤi:vənɐ:ɖi] 《文》 *n.* 1 生きていく上で必要不可欠な血管 2〔喩〕自分の命を支えるもの、生命線 ¶ ಕಾವೇರಿ ನದಿ ಕರ್ನಾಟಕ ಮತ್ತು ತಮಿಳ್ನಾಡಿನ ಜೀವನಾಡಿ. (kāvēri nadi karnāṭaka mattu tamiḷnāḍina jīvanāḍi.) カーヴェーリ河はカルナータカ州とタミルナード州の生命線である。 [Sk.]

ಜೀವನೋಪಾಯ 〚jīvanōpāya ジーヴァノーパーヤ〛 [ʤi:vəno:pɐ:jɐ] 《文》 *n.* 生活の糧、糊口の糧、職業 [Sk.]

ಜೀವನ್ಮುಕ್ತ 〚jīvanmukta ジーヴァンムクタ〛 [ʤi:vənmuktɐ] 《文》 *adj., m.* 《*f.* ಜೀವನ್ಮುಕ್ತೆ (jīvanmukte)》生きているうちに解脱の喜びを経験した〈人〉 [Sk.]

ಜೀವನಮುಕ್ತಿ 〚jīvanamukti ジーヴァナムクティ〛 [ʤi:vənmukti] 《文》 *n.* 生前解脱、この世に生きているうちに解脱すること [Sk.]

ಜೀವನ್ಮೃತ 〚jīvanmṛta ジーヴァンムルタ〛 [ʤi:vənmrɯtɐ] 《文》 *adj., m.* 《*f.* ಜೀವನ್ಮೃತಳು (jīvanmṛtaḷu)》生ける屍〈のような〉

ಜೀವಮಾನ 〚jīvamāna ジーヴァマーナ〛 [ʤi:vəmɐ:nɐ] 《文》 *n.* 寿命 (ある生き物が生まれてから死ぬまでの期間やある種の生き物の本来期待される生から死までの平均的な長さ)

ಜೀವರಕ್ತ 〚jīvarakta ジーヴァラクタ〛 [ʤi:vərəktɐ] *n.* 1 命を支える血液 2〔喩〕活力や生気のもと [Sk.]

ಜೀವರಸಾಯನ 〚jīvarasāyana ジーヴァラサーヤナ〛 [ʤi:vərəsɐ:jənɐ] 《文》 *n.* 生化学 ◇ *adj.* ಜೀವರಾಸಾಯನಿಕ (jīvarāsāyanika) 生化学的 [Sk.]

ಜೀವರೋಧಕ 〚jīvarōdʰaka ジーヴァローダカ〛 [ʤi:vəro:dʰəkɐ] 《文》 *n.* 抗生物質 [Sk.]

ಜೀವವಿಕಾಸ 〚jīvavikāsa ジーヴァヴィカーサ〛 [ʤi:vəvikɐ:sɐ] *n.* 《文》 生命の進化

ಜೀವವಿಕಾಸವಾದ 〚jīvavikāsavāda ジーヴァヴィカーサヴァーダ〛 [ʤi:vəvikɐ:səvɐ:dɐ] 《文》 *n.* 進化論 [Sk.]

ಜೀವವಿಜ್ಞಾನ 〚jīvavijñāna ジーヴァヴィジュニャーナ〛 [ʤi:vəviɟɲɐ:nɐ/ʤi:vəvignɐ:nɐ] 《文》 *n.* 生物学、生命科学 [Sk.]

ಜೀವವಿಮೆ 〚jīvavime ジーヴァヴィメ〛 [ʤi:vəvime] 《文》 *n.* 生命保険 [Sk.]

ಜೀವಸತ್ವ 〚jīvasatva ジーヴァサトヴァ〛 [ʤi:vəsət·vɐ] 《文》 *n.* ヴィタミン [Sk.]

ಜೀವಹಿಂಡು 〚jīvahiṃḍu ジーヴァヒンドゥ〛 [ʤi:vəhiɳɖu] 《文》 *vi.* 《*gen.*》〈人を〉悩ませる、困らせる、うるさがらせる、責めさいなむ [Sk.]

ಜೀವಾಣು 〚jīvāṇu ジーヴァーヌ〛 [ʤi:vɐ:ɳu] 《文》 *n.* 細胞 [Sk.]

ಜೀವಾತ್ಮ 〚jīvātma ジーヴァートマ〛 [ʤi:vɐ:tmɐ] 《文》 *n.* 個我、個人の中に収まったアートマン [Sk.]

ಜೀವಾವಧಿ 〚jīvāvadʰi ジーヴァーヴァディ〛 [ʤi:vɐ:vədʰi] *adj.* 生涯の、死ぬまでの、終身の、一生の [Sk.]

ಜೀವಾಳ 〚jīvāḷa ジーヴァーラ〛 [ʤi:vɐ:ɭɐ] *n.* 1 生命にとってなくてはならないもの、命を与える物 ¶ ಸಸಿಗೆ ನೀರೇ ಜೀವಾಳ. (sasige nīrē jīvāḷa.) 植物には水が絶対必要だ。 2 栄養物、養分 ¶ ಬಸಿದ ಅನ್ನದಲ್ಲಿ ಜೀವಾಳವಿಲ್ಲ. (basida annadalli jīvāḷavilla.) 煮汁を捨てた飯には栄養がない。 3 (文学作品などの) 見所、精髄 ¶ ಈ ಕತೆಯ ಜೀವಾಳ ಲೇಖಕರ ದರ್ಶನ. (ī kateya jīvāḷa lēkʰakara darśana.) この物語の見所は著者の哲学である。 4 木管楽器の舌、リード [Sk. *jīvanāla-*]

ಜೀವಿ 〚jīvi ジーヴィ〛 [ʤi:vi] *n.* 生き物、生物 [Sk.]

ಜೀವಿತ 〚jīvita ジーヴィタ〛 [ʤi:vitɐ] *n.* 1 ある人間や動物の生きていた期間、生涯、一生 2 寿命、通常生き物が生まれてから老いて死ぬまでの期間 [Sk.] = ಜೀವಿತಕಾಲ (jīvitakāla)

ಜೀವಿತಕಾಲ 〚jīvitakāla ジーヴィタカーラ〛 [ʤi:vitəkɐ:lɐ] 《文》 *n.* 1 生涯、一生、ある人間や動物の生きていた期間 2 寿命、通常生き物が生まれてから老いて死ぬまでの期間 [Sk.] = ಜೀವಮಾನ (jīvamāna)

ಜೀವಿಸು 〚jīvisu ジーヴィス〛 [ʤi:visu] 《文》 *vi.* 生きる、生活する [Sk.]

ಜುಂಗು¹ 〚juṃgu ジュング〛 [ʤuŋgu] *n.* 1 ココヤシの果皮の繊維 2 磨耗や不完全な織り方が原因で織物から飛びだした繊維 3 ぶら下がったターバンの端 [Ka. D2648]

ಜುಂಗು² 〚juṃgu ジュング〛 [ʤuŋgu] 《‡》 *n.* 陰毛、陰部の周囲の毛 (*My.* (*Kitt.*)) [*D2648, *D2660?]

ಜುಂಜುರು 〚juṃjuru ジュンジュル〛 [ʤuɲʤŭru] (*n.*) (髪の毛などが) もつれた〈こと〉、ちぢれている〈こと〉= ಗುಂಗುರು (guṃguru) [Ka. D2652]

ಜುಂಯಿ 〚juṃyi ジュンイ〛 [ʤõi] (*n.*) 1 じいん (喜びや感激を表す擬態語) 2 ぞおっ (恐怖を表す擬態語) 3 じいん (けがや悪い姿勢による血液の循環不良が原因で起こるしびれを表す擬態語)

4 じいん（麻酔薬などで体が痺れてくるありさまを表す擬態語） —*n.* しびれ、感覚の麻痺 ¶ ಗಾಯದಿಂದ ತುಟಿಗೆ ಜುಂಯಿ ಹತ್ತಿದೆ. (gāyadiṃda tuṭige juṃyi hattide.) 怪我で唇が痺れている。☞ಜುಮ್ಮು (jummu) [Ka. mim.D2578]

ಜುಗುಪ್ಸೆ ⟦jugupse ジュグプセ⟧ [ʤugupse] 《文》 *n.* 嫌悪 [Sk.]

ಜುಗ್ಗಾಡು ⟦juggāḍu ジュッガードゥ⟧ [ʤuggɐːɖu] *vi.* 1 けちけちする、守銭奴のように振る舞う 2 しつこく値切る ¶ ಕೇವಲ ಒಂದು ರೂಪಾಯಿಗಾಗಿ ಅವನು ಜುಗ್ಗಾಡುತ್ತಾನೆ. (kēvala oṃdu rūpāyigāgi avanu juggāḍuttāne.) 彼はたった1ルーピーのためでもしつこく値切る。[*juggu* + *-āḍu*]

ಜುಗ್ಗ ⟦jugga ジュッガ⟧ [ʤuggɐ] *m.* 《*f.*. ಜುಗ್ಗಿ (juggi)》けち、けちん坊、守銭奴 [*juggu* + *-a*] = ಜಿಪುಣ (jipuṇa)

ಜುಗ್ಗು ⟦juggu ジュッグ⟧ [ʤuggu] (*n.*) けち〈な〉、吝嗇〈な〉[?]

ಜುಗ್ಗುತನ ⟦juggutana ジュッグタナ⟧ [ʤuggutənɐ] *n.* けちなこと、吝嗇 [*juggu* + *-tana*]

ಜುಜಬಿ ⟦jujabi ジュジャビ⟧ [ʤuʤǝbi] (*adj.*) 取るに足らない〈こと〉、つまらない〈こと〉[Ar.-Pe. *ǧuzʾī*]

ಜುಟ್ಟ ⟦juṭṭa ジュッタ⟧ [ʤuʈʈɐ] *n.* [Ka. D2655] ☞ಜುಟ್ಟು (juṭṭu)

ಜುಟ್ಟು ⟦juṭṭu ジュットゥ⟧ [ʤuʈʈu] *n.* 1（バラモンなどが）頭のてっぺんに残した髪の房、（小さい女の子の）結んだ短い髪の房、お下げ［⇒図］ 2（鳥の）とさか、（動物の）たてがみ [Ka. D2655]

ಜುಟ್ಟು お下げ

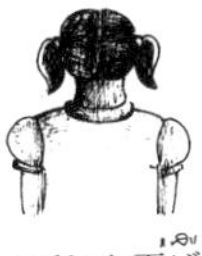

ಜುಟ್ಲು ⟦juṭlu ジュトル⟧ [ʤuʈlu] 《方》 *n.* [Ka. D2655] ☞ಜುಟ್ಟು (juṭṭu)

ಜುಣುಗು ⟦juṇugu ジュヌグ⟧ [ʤuɳŭgu] *vi.* 1 縮む、縮小する 2 縮こまる、尻込みする、ひるむ 3 こそこそ逃げ出す、こっそり消える —(*n.*) 1 縮んだ〈こと〉 2（耳など体の一部が）縮んだ〈こと〉、まっすぐのびていない〈こと〉[Ka. D2660]

ಜುಮ್ ⟦jum ジュム⟧ [ʤum] (*n.*) [Ka. mim.D2578] ☞ಜುಮ್ಮು (jummu)

ಜುಮ ⟦juma ジュマ⟧ [ʤumɐ] 《‡》 (*n.*) [Ka. mim.D2578] (*Kitt.*) ☞ಜುಮ್ಮು (jummu)

ಜುಮು ⟦jumu ジュム⟧ [ʤumu] 《異》 (*n.*) [Ka. mim.D2578] (*Kitt.*) ☞ಜುಮ್ಮು (jummu)

ಜುಮ್ಮು ⟦jummu ジュンム⟧ [ʤummu] ಜಿವಿ, ಜೊಮ್ಮು, ಜೋಮು, ಜೋವು, ಝೋಮು (*n.*) 1 じいん（喜びや感激を表す擬態語） 2 ぞおっ（恐怖を表す擬態語）¶ ಕೋಣೆಯಲ್ಲಿ ಹಾವನ್ನು ನೋಡಿ ಮೈ ಜುಮ್ಮೆಂದಿತು. (kōṇeyalli hāvannu nōḍi mai jummeṃditu.) 部屋の中の蛇を見てぞっとした。 3 じいん（怪我、麻酔薬、局部的な血液の循環不良で起こる痺れを表す擬態語）cf. ಜೋಮು (jōmu) [Ka. mim.D2578]

ಜುಮ್ಲಾ ⟦jumlā ジュムラー⟧ [ʤumlɐː] *n.* 合計 [Ar. *ǧumla*]

ಜುರಿ¹ ⟦juri ジュリ⟧ [ʤuri] *vt.*（スープのような食べ物を）音を立てて吸う [Ka. onom.D2712]

ಜುರಿ² ⟦juri ジュリ⟧ [ʤuri] *vi.*（よだれなどが）流れ出る [Ka. D2883]

ಜುರುಜುರು ⟦jurujuru ジュルジュル⟧ [ʤurŭʤuru] (*n.*) ちゅうちゅう（子どもなどが乳首や指などを吸う時に出す音を表す擬音語）[Ka. onom. D2712]

ಜುಲಾಬು ⟦julābu ジュラーブ⟧ [ʤulɐːbu] *n.* 下剤による下痢 [Ar. *ǧulāb*]

ಜುಲುಮೆ ⟦julume ジュルメ⟧ [ʤulume] *n.*（客などに）愛情をもってもっと食べろと強いること [Ar. *ẓulma*]

ಜುವ್ವಿಮರ ⟦juvvimara ジュッヴィマラ⟧ [ʤuwvimərɐ] 《文》 *n.* クワ科の木の一種 [Ka. D2697] = ಬಸರಿಗಿಡ (basarigiḍa)

ಜುವ್ವು ⟦juvvu ジュッヴ⟧ [ʤuwwu] *n.* 疲労で足がだるくて痛いことを表す擬態語 ◇ *vi.* —ಬರು (baru) 足がだるくなる [Ka. mim.D2578]

ಜುಳ್ಳು ⟦juḷḷu ジュッル⟧ [ʤuɭɭu] 《方》 *vi.* 刺さる (Coorg) [Ka. D2699]

ಜೂಗರ ⟦jūgara ジューガラ⟧ [ʤuːgŏrɐ] *n.* 1 眠気 2 よたよた歩くこと、揺れながら歩くこと [Ka.*D3376(a)]

ಜೂಗರಿಸು ⟦jūgarisu ジューガリス⟧ [ʤuːgərisu] *vi.* 居眠りする、こっくりこっくりする [Ka.*D3376(a)]

ಜೂಗಳಿಸು ⟦jūgaḷisu ジューガリス⟧ [ʤuːgəɭisu] *vi.* 居眠りする、こっくりこっくりする [Ka. *D3376(a)]

ಜೂಗು ⟦jūgu ジューグ⟧ [ʤuːgu] *vi.* 1 揺れる、ふれる 2 よたよた歩く [Ka. *D3376(a)]

ಜೂಗಾಡು ⟦jūgāḍu ジューガードゥ⟧ [ʤuːgɐːɖu] *vi.* 1（垂れたもの、枝、ブランコなどが）揺れる、ぶらぶら揺れる 2 よたよた歩く [Ka. D3376(a)]

ಜೂಗಾಡಿಸು ⟦jūgāḍisu ジューガーディス⟧ [ʤuːgɐːɖisu] *vi.* 居眠りする、こっくりこっくりする [Ka. caus. *D3376(a)]

ಜೂಜಾಟ ⟦jūjāṭa ジュージャータ⟧ [ʤuːʤɐːʈɐ] *n.* 博打、賭博 [*jūju* + *āṭa*]

ಜೂಜು ⟦jūju ジュージュ⟧ [ʤuːʤu] *n.* 博打、賭博 [Sk. *dyūta-*] ಜೂದು (jūdu)

ಜೂಜಾಡು ⟦jūjāḍu ジュージャードゥ⟧ [ʤuːʤɐːɖu] *vi.* 博打を打つ、賭博する [*jūju* + *āḍu*]

ಜೂಜುಕಟ್ಟೆ ⟦jūjukaṭṭe ジュージュカッテ⟧ [ʤuːʤukəʈʈe] *n.* 博打場 [*jūju* + *kaṭṭe*]

ಜೂಜುಕೋರ ⟦jūjukōra ジュージュコーラ⟧ [ʤuːʤukoːrɐ] *m.* 《*f.* ಜೂಜುಕೋರಳು/ಜೂಜುಕೋರಿ (jūjukōraḷu/jūjukōri)》博打打ち [*jūju* + Pe. *ḫor*]

ಜೂಜುಗಾರ ⟦jūjugāra ジュージュガーラ⟧ [ʤuːʤugɐːrɐ] *m.* 《*f.* ಜೂಜುಗಾರ್ತಿ (jūjugārti)》博打打ち [*jūju* + *-gāra*] = ಜೂಜುಕೋರ (jūjukōra)

ಜೂಟ ⟦jūṭa ジュータ⟧ [ʤuːʈɐ] *n.*（苦行者やシヴァ神の）頭の上で束ねて結った髪［⇒図］[Sk.]

ಜೂಟ 結髪

ಜೂಡೋ ⟦jūḍō ジュードー⟧ [ʤuːɖoː] *n.* 柔道 [Jp. jūdō]

ಜೂದಾಳಿ ⟦jūdāḷi ジューダーリ⟧ [ʤuːdɐːɭi] *mf.* 博打打ち、博打を打つ人 [*jūdu + -āḷi*]

ಜೂದು ⟦jūdu ジュードゥ⟧ [ʤuːdu] *n.* 博打、賭博 (*Pb.6.74*) [Sk. *dyūta-*]

ಜೂದಾಡು ⟦jūdāḍu ジューダードゥ⟧ [ʤuːʤɐːɖu] *vi.* 博打を打つ、賭博する [*jūdu + āḍu*]

ಜೂಪರ ⟦jūpara ジューパラ⟧ [juːpərɐ] ಜುಬ್ಬರ《古》*n.* [Ka. *D3398] ☞ತೂಪರು (tūparu)

ಜೂಪಱ ⟦jūpaṟa ジューパラ⟧ [juːpəṟɐ] 《‡》*n.* [Ka. D3398] (*Kitt.,S.Mhr.*) ☞ಜೂಪಱು (jūpaṟu)

ಜೂಪಱು ⟦jūpaṟu ジューパル⟧ [juːpəṟu] 《‡》*n.* 糠雨（ぬかあめ）、雨のしぶき (*Kitt.,S.Mhr.*) [Ka. D3398]

ಜೂರತ್ತು ⟦jūrattu ジューラットゥ⟧ [ʤuːrəttu] 《文》*n.* 勇気、剛勇 [Ar.-Pe. *ǧur'at*]

ಜೆಕ್ ಗಣರಾಜ್ಯ ⟦jek gaṇarājya ジェクガナラージュャ⟧ [ʤek gəɳərɐːʤjɐ] 《文》*n.* チェコ共和国（東ヨーロッパの国）[Eg.]

ಜೆಗಿ ⟦jegi ジェギ⟧ [ʤegi] 《‡》*vi.* 噛む、咀嚼する (*Kitt.,My.*) ☞ಜಗಿ (jagi) [Ka. D2265]

ಜೆಗ್ಗ ⟦jegga ジェッガ⟧ [ʤeggɐ] 《‡》(*n.*) 敏速〈な〉[Ka. D2499] (*Kitt.*) ☞ಚೇಗ (cēga)

ಜೆಜ್ಜೆ ⟦jejje ジェッジェ⟧ [ʤeddʒe] 《‡》*n.* トウジンビエ（草姿はトウモロコシに似て広く栽培されている）→ 食 (*Kitt.*) = ಸೆಜ್ಜೆ (sejje,) H. *bājărā* [Ka. D2290]

ಜೆಟ್ಟಿ ⟦jeṭṭi ジェッティ⟧ [ʤeʈʈi] *mf.*（主としてインドレスリングの）レスラー —*n.* 肌着として着る短いパンツ [Sk. *jyēṣṭʰin-*]

ಜೆಟ್ಟಿಕಾಳಗ ⟦jeṭṭikāḷaga ジェッティカーラガ⟧ [ʤeʈʈikɐːɭəgɐ] *n.* レスリングの試合 [+ *kāḷaga*]

ಜೆಟ್ಟಿಗ ⟦jeṭṭiga ジェッティガ⟧ [ʤeʈʈigɐ] *m.*《*f.* ಜೆಟ್ಟಿಗಿತ್ತಿ (jeṭṭigitti)》1 力が強い人、力持ち (*Pb. 2.61*) 2（主としてインドレスリングの）レスラー、力士 [Sk. **jyēṣṭʰika-*? cf. Te *jeṭṭi*]

ಜೆಡೆ ⟦jeḍe ジェデ⟧ [ʤeɖe] 《古》*n.* 1（行者などの）もつれた髪 (*Pb.7.92*) 2（女子の）弁髪、編んだ髪 [Sk. *jaṭā*-App.35]

ಜೆಪ್ಪು ⟦jeppu ジェップ⟧ [ʤeppu] 《方》*vt.* 打つ、殴る (Hav.) [Ka. D2780]

ಜೆರಳೆ ⟦jeraḷe ジェラレ⟧ [ʤerəɭe] 《方》*n.* ゴキブリ [Ka. D2797] (Hav.) = ಜಿರಲೆ (jirale)〔汎〕

ಜೆಱಿ ⟦jeṟi ジェリ⟧ [ʤeṟi] 《‡》*n.* [Ka. D2422] (*Kitt.*) ☞ಜಱಿ (jaṟi)

ಜೆಱೆ ⟦jeṟe ジェレ⟧ [ʤeṟe] 《‡》*vt.* 叱責する、罵る —*n.* 罵り、叱責 (*Kitt.,G.*) [Ka. D2422]

ಜೆಲ್ ⟦jel ジェル⟧ [ʤell] 《‡》(*n.*) ざあっ（水を大量にぶちまけた時の音を表す擬音語）(*Kitt.,My.*) [Ka. *D2384] = ಜಲ್ಲು, ಝುಲ್ಲು (jallu, jʰallu)

ಜೆಲ್ಲನೆ ⟦jellane ジェッラネ⟧ [ʤellǝne] 《‡》*adv.* ざっと (*Kitt.,My.*) ☞ಜಲ್ಲನೆ (jallane)〔汎〕[Ka. D2384]

ಜೇಂಕಾರ ⟦jēṃkāra ジェーンカーラ⟧ [ʤeːŋkɐːrɐ] 《古》*n.* [Sk. *jʰaṃkāra-*] ☞ಝಂಕಾರ (jʰaṃkāra)

ಜೇಂಕು ⟦jēṃku ジェーンク⟧ [ʤeːŋku] 《方》*vi.* ためらう、躊躇する [Ka. D2805] (Hav.)

ಜೇ ⟦jē ジェー⟧ [ʤeː] 《古》*n.* 弓弦 [Sk. *jyā-*]

ಜೇಗೆಯ್ ⟦jēgey ジェーゲイ⟧ [ʤeːgeĭ] 《古》*vi.*（敵を脅すため）弓弦を鳴らす [+ *key*] = ಜೇವೊಡೆ (jēvoḍe)

ಜೇಕು ⟦jēku ジェーク⟧ [ʤeːku] *n.* [?] ☞ಗೇಕು; ಭದ್ರಮುಷ್ಟೆ, ಕೊನ್ನಾರಿ (gēku; bʰadramuṣṭe, konnāri)〔汎〕

ಜೇಗಂಟೆ ⟦jēgaṃṭe ジェーガンテ⟧ [ʤeːgəɳʈe] ಜಗ್ಗುಟೆ, ಜಾಂಗಟೆ, ಜಾಗಂಟೆ, ಜಾಗಟ, ಜಾಗಟೆ, ಜೇಗಟ, ಜೇಗಟೆ, ಜೇಗಳೆ, ಜೇಘಂಟೆ, ಝಾಂಗಟೆ, ಝಾಗಟೆ *n.*（礼拝に用いる）銅鑼［⇒図］[Sk. *jayaghaṃṭā-*]

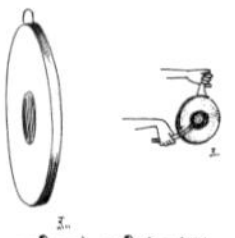

ಜೇಗಂಟೆ 銅鑼

ಜೇಗಟೆ ⟦jēgaṭe ジェーガテ⟧ [ʤeːgǝʈe]《口》*n.* ☞ಜೇಗಂಟೆ (jēgaṃṭe)

ಜೇಗಿ ⟦jēgi ジェーギ⟧ [ʤeːgi] 《‡》*n.* (*Kitt.*) [Ka. D2499] ☞ಚೇಗ (cēga)

ಜೇಡ ⟦jēḍa ジェーダ⟧ [ʤeːɖɐ/ʤæːɖɐ] *m.*《*f.* ಜೇಡಿತಿ (jēḍiti)》織物師、織工 —*n.* 蜘蛛 [Ka. D2809]

ಜೇಡಿ ⟦jēḍi ジェーディ⟧ [ʤeːɖi/ʤæːɖi] *n.* 粘土 [Ka. D2806]

ಜೇಡಿಮಣ್ಣು ⟦jēḍimaṇṇu ジェーディマンヌ⟧ [ʤeːɖĭməɳɳu] *n.* 粘土 [+ *maṇṇu*]

ಜೇತವ್ಯ ⟦jētavya ジェータヴィャ⟧ [ʤeːtəvjɐ] 《文》*adj.* 征服すべき [Sk.]

ಜೇನು ⟦jēnu ジェーヌ⟧ [ʤeːnu] *n.* 蜜、ハチミツ (*Pb. 9.29*) [Ka. D3268(b)]

ಜೇನುಗೂಡು ⟦jēnugūḍu ジェーヌグードゥ⟧ [ʤeːnŭguːɖu] *n.* ミツバチの巣、ミツバチの巣箱 [+ *gūḍu*]

ಜೇನುತುಪ್ಪ ⟦jēnutuppa ジェーヌトゥッパ⟧ [ʤeːnŭtuppɐ] *n.* ハチミツ [Ka. *jēnu + tuppa*] = ಜೇನು (jēnu)

ಜೇನುಮೇಣ ⟦jēnumēṇa ジェーヌメーナ⟧ [ʤeːnŭmeːɳɐ] *n.* 蜜蝋 [*jēnu + mēṇa*]

ಜೇನುಸಾಕಣೆ ⟦jēnusākaṇe ジェーヌサーカネ⟧ [ʤeːnŭsɐːkǝɳe] *n.* 養蜂、ハチを飼うこと [Ka. *jēnu + sākaṇe*]

ಜೇನುಸಾಕಣೆದಾರ ⟦jēnusākaṇedāra ジェーヌサーカネダーラ⟧ [ʤeːnusɐːkǝɳedɐːrɐ] *m.*《*f.* ಜೇನುಸಾಕಣೆದಾರಳು (jēnusākaṇedāraḷu)》養蜂家 [*jēnusākaṇe + -dāra*]

ಜೇಬು ⟦jēbu ジェーブ⟧ [ʤeːbu] *n.*（服などの）ポケット [Ar. *ǧaib*]

ಜೇಬುಗಳ್ಳ ⟦jēbugaḷḷa ジェーブガッラ⟧ [ʤeːbŭgəɭɭɐ] *m.*《*f.* ಜೇಬುಗಳ್ಳಿ (jēbugaḷḷi)》掏摸（すり）[*jēbu + kaḷḷa*]

ಜೇಷ್ಠ ⟦jēṣṭʰa ジェーシュタ⟧ [ʤeːʂʈʰɐ] 《文》*adj.* 最年長の（兄など）—*n.* ジェーシュタ月、インドの伝統的太陽太陰暦の第3月（グレゴリオ暦の5月から6月にあたる）☞ಜ್ಯೇಷ್ಠ (jyēṣṭʰa) [Sk.]

ಜೇವೊಡೆ ⟦jēvoḍe ジェーヴォデ⟧ [ʤeːvoɖe] 《文》*vi.*（敵を脅すため）弓弦を鳴らす (*Pb.1.99*) [*jē + hoḍe*]

ಜೈತ್ರ ⟦jaitra ジャイトラ⟧ [ʤəitrɐ] 《文》(*adj.*) 勝利〈の〉[Sk.]

ಜೈತ್ರಯಾತ್ರೆ ⟦jaitrayātre ジャイトラヤートレ⟧ [ʤəitrəjɐːtre] 《文》*n.* 勝利者の行進、凱旋パレード [Sk.]

ಜೈನ ⟦jaina ジャイナ⟧ [ʤəinɐ] *adj.* ジャイナ教の、ジャイナ教に関する —*mf.*《*f.* ಜೈನಳು (jainaḷu)》ジャイナ教信者 [Sk.]

ಜೈನಧರ್ಮ ⟦jainadʰarma ジャイナダルマ⟧ [ʤəinədʰərmɐ] *n.* ジャイナ教 [Sk.]

ಜೈನಮತ ⟦jainamata ジャイナマタ⟧ [ʤəinəmətɐ] *n.* ジャイナ教 [Sk.]

ಜೈಲು ⟦jailu ジャイル⟧ [ʤəilu] *n.* 刑務所、牢獄 [Eg. *jail*]

ಜೈವ ⟦jaiva ジャイヴァ⟧ [ʤəivɐ] 《文》(*adj.*) 生物学(上)〈の〉[Sk.]

ಜೈವಕ್ರಿಯೆ ⟦jaivakriye ジャイヴァクリエ⟧ [ʤəivəkrije] 《文》*n.* 生物学的作用、生物学的活動 [Sk.]

ಜೊಂಗುಳಿ ⟦joṃguḷi ジョングリ⟧ [ʤoŋguḷi] 《文》*n.* めまい、気を失うこと [Ka. D2853]

ಜೊಂಗುಟಿ ⟦joṃguṟi ジョングリ⟧ [ʤoŋguɹi] 《古》*n.* めまい、気を失うこと [Ka. D2853]

ಜೊಂಡು[1] ⟦joṃḍu ジョンドゥ⟧ [ʤoṇḍu] *n.* 1 葦 2 停滞した水に浮かぶ小さい藻類(一般) [Ka. D2347]

ಜೊಂಡು[2] ⟦joṃḍu ジョンドゥ⟧ [ʤoṇḍu] 《‡》*n.* ふけ (*Kitt.,C.*) [Ka. D2659(b)]

ಜೊಂಪ ⟦joṃpa ジョンパ⟧ [ʤompɐ] *n.* 1 花や果物の房 2 集合、群れ 3 つる草を這わせた格子造りのあずまや 4 茂み、薮

ಜೊಂಪಲು ⟦joṃpalu ジョンパル⟧ [ʤompəlu] *n.* 1 集合、群れ 2 花や果物の房 [Ka., cf. *joṃpe*]

ಜೊಂಪಿಸು ⟦joṃpisu ジョンピス⟧ [ʤompisu] ಜೋಂಪಿಸು *vi.* 1 眠くなる、眠気がする 2 酔ってぼうっとする 3 血流不足や麻酔薬などによって(体の一部が)痺れる [Ka. D2882]

ಜೊಂಪು ⟦joṃpu ジョンプ⟧ [ʤompu] ಜೋಂಪು *n.* 1 眠気、居眠り 2 酔ってぼうっとすること 3 血流不足や麻酔薬などによる痺れ、感覚の麻痺 [Ka. D2882]

ಜೊಂಪು ಹತ್ತು ⟦joṃpu hattu ジョンプハットゥ⟧ [ʤompu həttu] *vi.*《*dat.*》1 眠くなる、眠気がする 2 血流不足や麻酔薬などによって(体の一部が)痺れる

ಜೊಂಪೆ ⟦joṃpe ジョンペ⟧ [ʤompe] *n.* 花や果物の房 [?] ಜೊಂಪಲು (joṃpalu)

ಜೊಟ್ಟಿ ⟦joṭṭi ジョッティ⟧ [ʤoʈʈi] *n.* 穀物や豆類の中身がないもの —(*n.*) 役に立たない〈こと〉¶ ಮಂತ್ರಿಗಳ ಆಶ್ವಾಸನೆಗಳೆಲ್ಲ ಜೊಟ್ಟಿ. (maṃtrigaḷa āśvāsanegaḷella joṭṭi.) 大臣が請け合ったことはすべて無価値だ。[Ka. D2864]

ಜೊಟ್ಟು ⟦joṭṭu ジョットゥ⟧ [ʤoʈʈu] 《方》*n.* 頭のまげ [Ka. D2655] (Hav.)

ಜೊಣೆ ⟦joṇe ジョネ⟧ [ʤoṇe] 《異》*n.* 岩石の間に自然にできた小さな池 [Ka. *D2716] ☞ದೊಣೆ (doṇe)

ಜೊತೆ ⟦jote ジョテ⟧ [ʤote] *n.* 1 共にいること、共にあること 2 対、二つからなる一組 3 対のもう一方、相棒 ¶ ಅಪ್ಪ ಈ ಕರಿ ಎತ್ತಿಗೆ ಬಿಳಿ ಎತ್ತಿನ ಜೊತೆ ತಂದ. (appa ī kari ettige biḷi ettina jote taṃda.) 父は黒い牛の相棒として白い牛を連れてきた。 4 (旅行その他に必要なものを)一か所にまとめること、とりそろえること ¶ ಪ್ರವಾಸಕ್ಕೆ ಹೊರಡಲು ಅವನು ಬೇಕಾದೆಲ್ಲಾ ಸಾಮಾನುಗಳನ್ನು ಜೊತೆ ಮಾಡಿಕೊಂಡ. (pravāsakke horaḍalu avanu bēkādellā sāmānugaḷannu jote māḍikoṃḍa.) あの人は旅に出るために必要なものをすべて揃えた。 5 付き合い、交わり 6 匹敵するもの、好敵手、競争相手 —*postp.*《*gen.*》…と共に、…と一緒に ¶ ಅವನ ಜೊತೆ ಸೇರಬೇಡ. (avana jote sērabēḍa.) あいつと付き合うな。[Sk. *yuta-*]

ಜೊತೆಗಾರ ⟦jotegāra ジョテガーラ⟧ [ʤotegɐːrɐ] *m.*《f ಜೊತೆಗಾರಳು/ಜೊತೆಗಾರ್ತಿ (jotegāraḷu/jotegārti)》仲間、連れ、友 [*jote* + *-gāra*] = ಜತೆಗಾರ (jategāra)

ಜೊತೆಗೆ ⟦jotege ジョテゲ⟧ [ʤotege] *adv.* 一緒に —*postp.* …と一緒に、…と共に [*jote* + *-ge*]

ಜೊನ್ನ ⟦jonna ジョンナ⟧ [ʤonnɐ] 《古》*n.* 月の光、月光 [Sk. *jyōtsnā-*]

ಜೊನ್ನವಕ್ಕಿ ⟦jonnavakki ジョンナヴァッキ⟧ [ʤonnəvəkki] *n.* (月光を食べて生きると信じられてきた)チャコーラ鳥 = ಚಕೋರ (cakōra)

ಜೊನ್ನೆ ⟦jonne ジョンネ⟧ [ʤonne] *n.* (木の葉で作った)使い捨ての茶碗 [Sk. *drōṇa-*, A45]

ಜೊಮ್ಮು ⟦jommu ジョンム⟧ [ʤommu] *n.* 1 じいん(怪我や麻酔薬や局部的な血液の循環不良で起こる痺れを表す擬態語) 2 酔い、酩酊 3 眠気、居眠り ¶ ಕಚೇರಿಯಲ್ಲಿ ನನಗೆ ಜೊಮ್ಮು ಹತ್ತಿತು. (kacēriyalli nanage jommu hattitu.) 私は音楽会で眠くなった。[Ka. D2882]

ಜೊಲ್ಲು ⟦jollu ジョッル⟧ [ʤollu] *n.* 唾、唾液、よだれ [Ka. D2862]

ಜೊಳ್ಳು ⟦joḷḷu ジョッル⟧ [ʤoḷḷu] *n.* (穀物などの)実が詰まっていないこと、中身のないこと —(*n.*)〔喩〕(話などが)内容に乏しい〈こと〉[Ka. D2864]

ಜೋಂಪಿಸು ⟦jōṃpisu ジョーンピス⟧ [ʤoːmpisu] *vt.* [Ka. *jōṃpu* D2882 + *-isu*] ☞ಜೊಂಪಿಸು (joṃpisu)

ಜೋಂಪು ⟦jōṃpu ジョーンプ⟧ [ʤoːmpu] *n.* [Ka. D2882] ☞ಜೊಂಪು (joṃpu)

ಜೋ ⟦jō ジョー⟧ [ʤoː] *intrj.* 子守歌で用いる意味のない反復句;リフレーン [Ka. D2869]

ಜೋ ಜೋ ⟦jō jō ジョージョー⟧ [ʤoː ʤoː] *intrj.* 子守歌で用いる意味のない反復句;リフレーン [Ka. D2869]

ಜೋಕಾಲಿ ⟦jōkāli ジョーカーリ⟧ [ʤoːkɐːli] *n.* ブランコ [Ka.?]

ಜೋಕೆ ⟦jōke ジョーケ⟧ [ʤoːke] *n.* *n.* 用心、用心深いこと、慎重 [Ka. D2871] = ಜೋಪಾನ (jōpāna)

ಜೋಕೆಯಾಗಿರು ⟦jōkeyāgiru ジョーケヤーギル⟧ [ʤoːkejɐːgiru] *vi.* 用心している、用心深い、慎重である [+ *āgiru*]

ಜೋಗ¹ ⟦jōga ジョーガ⟧ [ʤoːgɐ] 《文》*n.* **1** 結合、結びつき **2** ヨーガ、感覚を抑制して精神的な安定を得ること **3** 利用、用いること ☞ಯೋಗ (yōga) [Sk. *yōga-*]

ಜೋಗ² ⟦jōga ジョーガ⟧ [ʤoːgɐ] 《古》*n.* 小舟、ボート [?]

ಜೋಗಿ ⟦jōgi ジョーギ⟧ [ʤoːgi] 《*f.* ಜೋಗಿಣಿ (jōgiṇi)》 **1** ヨーガ行者 **2** 黄色い衣を着た托鉢僧

ಜೋಗಿಣಿ ⟦jōgiṇi ジョーギニ⟧ [ʤoːgiɳi] *f.* 《*m.* ಯೋಗಿ (yōgi)》女性のヨーガ行者 [Sk. *yoginī-*] = ಯೋಗಿನಿ (yōgini)

ಜೋಗಿತಿ ⟦jōgiti ジョーギティ⟧ [ʤoːgiti] *f.* 男女にかかわらずイェッランマ女神（レーヌカー女神とも呼ばれる）を信じる女装の行者 [*jōgi* + *-iti*] cf. ಜೋಗಿಣಿ (jōgiṇi)

ಜೋಗು¹ ⟦jōgu ジョーグ⟧ [ʤoːgu] 《方》(*n.*)（土や壁が）湿っている〈こと〉 —*n.* 沼、沼沢、湿原 = ಜೌಗು (jaugu) [Ka. D2398]

ಜೋಗು² ⟦jōgu ジョーグ⟧ [ʤoːgu] ಜೋಗ *n.* ジョーグの滝（カルナータカ州のシモガ近隣の有名な滝） [Ka. D2874]

ಜೋಗುಳ ⟦jōguḷa ジョーグラ⟧ [ʤoːgŭɭɐ] *n.* 子守歌 ◇ *vi.* ಜೋಗುಳ ಹಾಡು (jōguḷa hāḍu) 子守歌を歌う [Ka.?]

ಜೋಡಣೆ ⟦jōḍaṇe ジョーダネ⟧ [ʤoːɖə̆ɳe] *n.* **1**（ものなどを）組み合わせること、結合 **2** 用意、準備 **3**（人間同士の）協調、折り合い ¶ ಅವರಿಬ್ಬರೂ ಈಗ ಒಳ್ಳೆಯ ಜೋಡಣೆ ಮಾಡಿಕೊಂಡರು. (avaribbarū īga oḷḷeya jōḍaṇe māḍikomḍaru.) 二人は今は互いにうまく折り合いをつけている。 **4**（人間同士の）相性 ¶ ಅವರಿಬ್ಬರಿಗೆ ಜೋಡಣೆ ಇಲ್ಲ. (avaribbarige jōḍaṇe illa.) 彼ら二人は気が合わない。 [*jōḍu* + *-aṇe*]

ಜೋಡಿ ⟦jōḍi ジョーディ⟧ [ʤoːɖi] *n.* **1** 一対、一つがい、（二つからなる）一組 **2** 交際、交わり ¶ ಈ ಊರಿನಲ್ಲಿ ಅವನಿಗೆ ಜೋಡಿ ಇಲ್ಲ. (ī ūrinalli avanige jōḍi illa.) この町では彼には仲間がない。 **3**（鳥や獣の）交尾する一対、つがい **4** 匹敵するもの ¶ ಸಾಹಸದಲ್ಲಿ ಕಲ್ಪನಾಳಿಗೆ ಜೋಡಿ ಇಲ್ಲ. (sāhasadalli kalpanāḷige jōḍi illa.) 勇気でカルパナーに匹敵する者はない。 **5** 王や政府から（聖者や寺院などに）贈られた土地 [M. *jōḍī*]

ಜೋಡಿಗ್ರಾಮ ⟦jōḍigrāma ジョーディグラーマ⟧ [ʤoːɖigrɐːmɐ] *n.* 王や政府から（聖者や寺院などに）贈られた村落 [*jōḍane* + *grāma*]

ಜೋಡಿದಾರ ⟦jōḍidāra ジョーディダーラ⟧ [ʤoːɖidɐːrɐ] *m.* 《*f.* ಜೋಡಿದಾರಳು (jōḍidāraḷu)》王や政府から土地を贈られた人 [*jōḍi* + *-dāra*]

ಜೋಡಿಸು ⟦jōḍisu ジョーディス⟧ [ʤoːɖĭsu] *vt.* **1** 組み合わせる、組み立てる **2** 収集する、集める **3** 整頓する、整える [M. *jōḍăṇē*]

ಜೋಡು ⟦jōḍu ジョードゥ⟧ [ʤoːɖu] *n.* **1** 匹敵する者 **2** サンダルや草履1足 [M. *jōḍ*]

ಜೋತಿ ⟦jōti ジョーティ⟧ [ʤoːti] *n.* **1** 光、光明 **2** 灯明、ランプ [Sk.] = ಜ್ಯೋತಿ (jyōti)

ಜೋತಿರ್ಲತೆ ⟦jōtirlate ジョーティルラテ⟧ [ʤoːtirləte] 《文》*n.* ジグザグに走る稲妻 [Sk.]

ಜೋತಿಷ್ಕ ⟦jōtiṣka ジョーティシュカ⟧ [ʤoːtiʂ kɐ] 《文》*m.* 占星術師 [Sk.]

ಜೋಪಡಿ ⟦jōpaḍi ジョーパディ⟧ [ʤoːpə̆ɖi] *n.* 小屋、貧民の住む粗末な住居 [H. *jōpăṛī*/M. *jōpăḍī* T5403.4]

ಜೋಪಾನ ⟦jōpāna ジョーパーナ⟧ [ʤoːpɐːnɐ] *n.* **1** 注意、用心 **2**（子どもや病人の）面倒をみること、世話をすること [Ka. D2871]

ಜೋಪಾಸನ ⟦jōpāsana ジョーパーサナ⟧ [ʤoːpɐːsə̆nɐ] *n.* [Ka.? *D2871 cf. M. *jōpāsnā*] ☞ಜೋಪಾನ (jōpāna)

ಜೋಬ ⟦jōba ジョーバ⟧ [ʤoːbɐ] 《方》*mf.* 怠け者 = ಸೋಮಾರಿ (sōmāri) [Ka. D2882]

ಜೋಬದ್ರ ⟦jōbadra ジョーバドラ⟧ [ʤːbəd·rɐ] *m.* 《*f.* ಜೋಬದ್ರೆ (jōbadre)》怠け者 = ಸೋಮಾರಿ (sōmāri) [Ka. *jōba* D2882 + ?]

ಜೋಬದ್ರತನ ⟦jōbadratana ジョーバドラタナ⟧ [ʤoːbəd·rə̆tənɐ] *n.* 怠惰、怠けること = ಸೋಮಾರಿತನ (sōmāritana) [Ka. D2882]

ಜೋಮು¹ ⟦jōmu ジョーム⟧ [ʤoːmu] (*n.*) じいん（喜びや感激を表す擬態語）¶ ಅಪ್ಪ ನನ್ನ ಶಿಕ್ಷಣಕ್ಕಾಗಿ ಇಷ್ಟೊಂದು ಹಣ ಸೇರಿಸಿ ಇಟ್ಟದ್ದನ್ನು ತಿಳಿದು ನನಗೆ ಜೋಮು ಉಂಟಾಯಿತು. (appa nanna śikṣaṇakkāgi iṣṭomdu haṇa sērisi iṭṭaddannu tiḷidu nanage jōmu umṭāyitu.) 父が私の教育のためにこれほどのお金を貯めておいてくれたことを知って私は胸が熱くなった。 [Ka. onom. D2578]

ಜೋಮು² ⟦jōmu ジョーム⟧ [ʤoːmu] *n.* **1** 眠気、居眠り **2**（麻酔薬、傷、局部的な血液の循環不良などによる）感覚の麻痺、痺れ；体の麻痺 **3** 酩酊、もうろう [Ka. D2882] = ಜುಮ್ಮು (jummu)

ಜೋಮು ಹಿಡಿ ⟦jōmu hiḍi ジョームヒディ⟧ [ʤoːmu hiɖi] *vi.*（麻酔薬、傷、局部的な血液の循環不良などによって体の一部が）無感覚になる、痺れる = ಜೋಮು ಹತ್ತು (jōmu hattu) [Ka. + *hiḍi*]

ಜೋಯಿಸ ⟦jōyisa ジョーイサ⟧ [ʤoːjisɐ] *m.* 占星術師 [Sk. *jyōti-*]

ಜೋರು¹ ⟦jōru ジョール⟧ [ʤoːru] *vi.*（天井や壁などから水が）しみ出る、滴る ¶ ಗೋಡೆಯಿಂದ ನೀರು ಜೋರುತ್ತಿದೆ. (gōḍeyimda nīru jōruttide.) 水が壁からしみ出ている。 —*n.* しみ出ること、浸出 [Ka. D2883]

ಜೋರು² ⟦jōru ジョール⟧ [ʤoːru] *n.* **1** 速さ、速度、スピード、勢い ¶ ನೋಡು, ಹಂದಿ ಜೋರಾಗಿ ಓಡುತ್ತಿದೆ! (nōḍu, hamdi jōrāgi ōḍuttide!) ごらん、豚がとてもはやく走ってる。 **2** 強制、無理強い ¶ ಅಧಿಕಾರಿ

ಜೋರು ಮಾಡಿ ನನ್ನಿಂದ ಈ ಕೆಲಸ ಮಾಡಿಸಿದರು. (adʰikāri jōru māḍi nanniṃda ī kelasa māḍisidaru.) 上役が私に無理にこれをさせたのです。[Pe. *zōr*]

ಜೋಲ್[1] ⟦jōl ジョール⟧ [ʤoːl] ಜೋಲು[1] 《古》 *vi.* 《過去語幹 jōld-》(衣類などが) だぶだぶである、ゆるい **—***vt.* ゆるめる **—**(*n.*) **1** だぶだぶな〈こと〉、ゆるい〈こと〉 **2** (顔など) 元気がないこと、しょんぼりしていること [Ka. D2884]

ಜೋಲ್[2] ⟦jōl ジョール⟧ [ʤoːl] ಜೋಲು *vi.* 《過去語幹 jōt-/jōld-》 **1** ぶら下がる **2** (ぶら下がった物が) ぶらぶらする、(木の枝などが) 揺れる **—***vt.* ぶら下げる **—***n.* ぶら下がること [Ka. D2889]

ಜೋಲಿ[1] ⟦jōli ジョーリ⟧ [ʤoːli] *n.* 肩からぶら下げる木綿の袋、木綿のゆりかご [⇒図] [H. *jʰōlī* T5415]

ಜೋಲಿ
ゆりかご

ಜೋಲಿ[2] ⟦jōli ジョーリ⟧ [ʤoːli] ಝೋಲಿ *n.* **1** ぶら下がること **2** 揺れること、ぶら下がって揺れること **3** (歩く時の) 身体の平衡、よろけないこと ¶ ಡೊಂಬನು ಹಗ್ಗದ ಮೇಲೆ ನಡೆಯುವಾಗ ಜೋಲಿತಪ್ಪಿ ಬಿದ್ದ. (ḍoṃbanu haggada mēle naḍeyuvāga jōlitappi bidda.) 綱渡りをしてサーカスの芸人が平行を失って落ちた。[Ka. D2889]

ಜೋಲು[1] ⟦jōlu ジョール⟧ [ʤoːlu] 《古》 [Ka. D2884] ☞ಜೋಲ್ (jōl)[1]

ಜೋಲು[2] ⟦jōlu ジョール⟧ [ʤoːlu] *vi.* 《過去語幹 jōt-》 **1** ぶら下がる **2** (ぶら下がった物が) ぶらぶらする、(木の枝などが) 揺れる **—***vt.* ぶら下げる [Ka. D2889]

ಜೋಲಾಡು ⟦jōlāḍu ジョーラードゥ⟧ [ʤoːlɐːɖu] *vi.* (ぶら下がった物が) ぶらぶらする、(木の枝などが) 揺れる [Ka. *jōlu + āḍu*]

ಜೋಲೆ ⟦jōle ジョーレ⟧ [ʤoːle] *n.* **1** ぶら下がること **2** ぶら下がって揺れること、(枝などが) 揺れること [Ka. D2889]

ಜೋಲುಮುಖ ⟦jōlumukʰa ジョールムカ⟧ [ʤoːlŭmukʰɐ] *n.* 元気のない顔、陰気な顔 [*jōlu*[2] + *mukʰa*]

ಜೋಲ್ಗೂದಲು ⟦jōlgūdalu ジョールグーダル⟧ [ʤoːlguːd̥əlu] *n.* ゆったり編んだりせずにそのまま垂らした髪の毛、おかっぱ頭 [Ka. *jōlu*[2] + *kūdalu*]

ಜೋಳ ⟦jōḷa ジョーラ⟧ [ʤoːɭɐ] *n.* **1** 数種の黍類の穀物の総称 (主食として用いられた) → 食 (*Pb. 11.93.V*) **2** 養ってもらった恩義、主人に対する恩義 (*Pb. 10.42*) [Ka. D2896]

ಜೋಳವಾಳಿ ⟦jōḷavāḷi ジョーラヴァーリ⟧ [ʤoːɭə̆vɐːɭi] *n.* 主人とその家来の関係 [*jōḷa + pāḷi*]

ಜೋಳಿಗೆ ⟦jōḷige ジョーリゲ⟧ [ʤoːɭĭge] *n.* **1** 乞食をするために使う四隅をくくった四角い布 **2** ゆりかごとして使う四隅をくくった四角い布 [H. *jʰōlī + -ige?*]

ಜೌಗು ⟦jaugu ジャウグ⟧ [ʤəugu] (*n.*) (土地などが) 湿気を帯びた〈こと〉、湿っている〈こと〉 **—***n.* 沼沢地 = ಜವುಗು (javugu) [Ka. *D2398]

ಜೌಗುನೆಲ ⟦jaugunela ジャウグネラ⟧ [ʤəugunelɐ] *n.* 湿地、沼地、湿原 = ಜೌಗುಭೂಮಿ (jaugubʰūmi)

ಜೌಗುಭೂಮಿ ⟦jaugubʰūmi ジャウグブーミ⟧ [ʤəugubʰuːmi] 《文》 *n.* [*jaugu + bʰuhūmi*] ☞*jaugunela*

ಜ್ಞಾತ[1] ⟦jñāta ジュニャータ⟧ [ɟɲɐːtɐ/gnɐːtɐ] 《文》 *adj.* 知られた [Sk.]

ಜ್ಞಾತ[2] ⟦jñāta ジュニャータ⟧ [ɟɲɐːtɐː/gnɐːtɐː] 《文》 *mf.* 知っている人、通暁している人 [Sk. *jñātṛ*]

ಜ್ಞಾತಿ ⟦jñāti ジュニャーティ⟧ [ɟɲɐːti/gnɐːti] 《文》 *mf.* 父方の血族 [Sk.]

ಜ್ಞಾತಿಕಲಹ ⟦jñātikalaha ジュニャーティカラハ⟧ [ɟɲɐːtikələhɐ/gnɐːtikələhɐ] 《文》 *n.* **1** 兄弟の子どもたちの争い **2** 〔喩〕 骨肉の争い、派閥間の争い、仲間喧嘩 [Sk.]

ಜ್ಞಾತೃ ⟦jñātṛ ジュニャートゥル⟧ [ɟɲɐːtrɯ/gnɐːtru] 《文》 *mf.* 知っている人、通暁している人 [Sk.]

ಜ್ಞಾನ ⟦jñāna ジュニャーナ⟧ [ɟɲɐːnɐ/gnɐːnɐ] *n.* **1** 知識、知恵 **2** 悟り、神知 [Sk.]

ಜ್ಞಾನಿ ⟦jñāni ジュニャーニ⟧ [ɟɲɐːni/gnɐːni] *mf.* **1** 賢い人、賢人 **2** 聖人、聖者 **3** 学者、学問ある人 [Sk.]

ಜ್ಞಾನೇಂದ್ರಿಯ ⟦jñānēṃdriya ジュニャーネーンドリヤ⟧ [ɟɲɐːneːndrijɐ/gnɐːneːndrijɐ] 《文》 *n.* 感覚器官、五感 [Sk.]

ಜ್ಞಾನೋದಯ ⟦jñānōdaya ジュニャーノーダヤ⟧ [ɟɲɐːnoːdə̆jɐ/gnɐːnoːdə̆jɐ] 《文》 *n.* 悟ること、啓発されること [Sk.]

ಜ್ಞಾಪಕ ⟦jñāpaka ジュニャーパカ⟧ [ɟɲɐːpə̆kɐ/gnɐːpə̆kɐ] *n.* 思い出、記憶 [Sk.]

ಜ್ಞಾಪಕ ಪುಸ್ತಕ ⟦jñāpaka pustaka ジュニャーパカプスタカ⟧ [ɟɲɐːpə̆kə pustə̆kɐ] 《文》 *n.* 備忘録、覚え書き、手帳 [Sk.]

ಜ್ಞಾಪಕಶಕ್ತಿ ⟦jñāpakaśakti ジュニャーパカシャクティ⟧ [ɟɲɐːpə̆kəʃəkti/gnɐːpə̆kəʃəkti] 《文》 *n.* 記憶力、物覚え [Sk.]

ಜ್ಞಾಪಿಸು ⟦jñāpisu ジュニャーピス⟧ [ɟɲɐːpisu/gnɐːpisu] 《文》 *vt.* 思い出させる [Sk.]

ಜ್ಞೇಯ ⟦jñēya ジュニェーヤ⟧ [ɟɲeːjɐ/gneːjɐ] 《文》 *adj.* 知られるべき、理解さるべき **—***n.* **1** 知られるべきもの、理解されるべきもの **2** 絶対者 [Sk.]

ಜ್ಯಾಮಿತಿ ⟦jyāmiti ジュヤーミティ⟧ [ʤjɐːmiti] 《文》 *n.* 幾何学 [Sk.]

ಜ್ಯೇಷ್ಠ ⟦jyēṣṭʰa ジェーシュタ⟧ [ʤjeːʂʈʰɐ] 《文》 *n.* ジェーシュタ月、インドの伝統的太陽太陰暦の第3月 (グレゴリオ暦の5月から6月にあたる) ☞ಚೈತ್ರ (caitra) **—***adj.* 最年長の (兄や姉など) = ಜೇಷ್ಠ (jēṣṭʰa) [Sk.]

ಜ್ಯೋತಿ ⟦jyōti ジョーティ⟧ [ʤjo:ti] 《文》 *n.* 1 光、輝き 2 灯火、灯明 [Sk.]
ಜ್ಯೋತಿರ್ಮಂಡಲ ⟦jyōtirmaṃḍala ジョーティルマンダラ⟧ [ʤjo:tirmənɖələ] 《文》 *n.* 星空 [Sk.]
ಜ್ಯೋತಿರ್ಮಯ ⟦jyōtirmaya ジョーティルマヤ⟧ [ʤjo:tirməjɐ] 《文》 *n.* 光が満ちたもの [Sk.]
ಜ್ಯೋತಿರ್ವರ್ಷ ⟦jyōtirvarṣa ジョーティルヴァルシャ⟧ [ʤjo:tirvərʂ ɐ] 《文》 *n.* 光年、光が 1 年間に走る距離 [Sk.]
ಜ್ಯೋತಿರ್ವಿಜ್ಞಾನ ⟦jyōtirvijñāna ジョーティルヴィジュニャーナ⟧ [ʤjo:tirviɟɲɐ:nɐ/ʤjo:tirvignɐ:nɐ] 《文》 *n.* 天文学 [Sk.]
ಜ್ಯೋತಿಷ ⟦jyōtiṣa ジョーティシャ⟧ [ʤjo:tiʂ ɐ] *m.* 占星家、占星術者、(インドの伝統的な)天文学者 [Sk.]
ಜ್ಯೋತಿಷಿ ⟦jyōtiṣi ジョーティシ⟧ [ʤjo:tiʂ i] *m.* 占星家、占星術者 [Sk.]
ಜ್ಯೋತಿಃಪಟಲ ⟦jyōtiḥpaṭala ジョーティッパタラ⟧ [ʤjo:tippəʈələ] 《文》 *n.* 星雲 [Sk.]
ಜ್ಯೋತ್ಸ್ನ ⟦jyōtsne ジョートスネ⟧ [ʤjo:tsne] 《文》 *n.* 月の光、月光 [Sk.]
ಜ್ವರ ⟦jvara ジュヴァラ⟧ [ʤvərɐ/ʤɣrɐ] *n.* 熱、熱病 [Sk.]
ಜ್ವರಮಾಪಕ ⟦jvaramāpaka ジュヴァラマーパカ⟧ [ʤvərə mɐ:pəkɐ/ʤɣrəmɐ:pəkɐ] 《文》 *n.* 体温計 [Sk.]
ಜ್ವಲಂತ ⟦jvalaṃta ジュヴァランタ⟧ [ʤvələntɐ/ʤɣləntɐ] 《文》 *adj.* 1 輝く、光る 2〔喩〕喫緊の、切迫した(問題など) [Sk.]
ಜ್ವಲನ ⟦jvalana ジュヴァラナ⟧ [ʤvələnɐ/ʤɣlənɐ] 《文》 *n.* 燃えること、炎をあげて燃えること、燃焼 [Sk.]
ಜ್ವಲಿತ ⟦jvalita ジュヴァリタ⟧ [ʤvəlitɐ/ʤɣlitɐ] 《文》 *adj.* 1 火をつけた、燃える、燃焼する、炎をあげる 2 燃えた、焼けてしまった、焼け落ちた [Sk.]
ಜ್ವಲಿಸು ⟦jvalisu ジュヴァリス⟧ [ʤvəlisu/ʤɣlisu] 《文》 *vi.* 燃える、燃焼する、炎をあげて燃える [Sk.] = ಉರಿ (uri)
ಜ್ವಾಲಾಮುಖಿ ⟦jvālāmukʰi ジュヴァーラームキ⟧ [ʤvɐ:lɐ: mukʰi] 《文》 *n.* 火山 [Sk.]
ಜ್ವಾಲೆ ⟦jvāle ジュヴァーレ⟧ [ʤvɐ:le] 《文》 *n.* 炎、火炎 [Sk.]

ಝ

ಝ ⟦jʰa ジャ⟧ [ʤʰɐ·] *n.* カンナダその他のインド系言語において音素の連続 /jʰa/ またはそれを表すカンナダその他のインド系の文字 [Sk.]
ಝಂಕಾರ ⟦jʰaṃkāra ジャンカーラ⟧ [ʤəŋkɐ:rɐ] ಜೇಂಕಾರ, ಝೇಂಕಾರ 《文》 *n.* (ミツバチなどの)ぶんぶんうなる音 [Sk.]
ಝಂಝಾನಿಲ ⟦jʰaṃjʰānila ジャンジャーニラ⟧ [ʤʰəɲʤʰɐ: nilɐ] 《文》 *n.* [Sk.] ☞ಝಂಝಾವಾತ (jʰaṃjʰāvāta)
ಝಂಝಾಮಾರುತ ⟦jʰaṃjʰāmāruta ジャンジャーマールタ⟧ [ʤʰəɲʤʰɐ:mɐ:rutɐ] 《文》 *n.* [Sk.] ☞ಝಂಝಾವಾತ (jʰaṃjʰāvāta)
ಝಂಝಾವಾತ ⟦jʰaṃjʰāvāta ジャンジャーヴァータ⟧ [ʤʰə ɲʤʰɐ:vɐ:tɐ] 《文》 *n.* 1 暴風雨(雨季の強風、夕立、サイクロンなどを含む) 2 世界の終わりに吹きあらゆるもの破壊すると信じられている神話上の暴風 [Sk. onom.]
ಝಂಡ ⟦jʰaṃḍa ジャンダ⟧ [ʤʰənɖɐ] *n.* [H. *jʰaṃḍā* C6898] ☞ಝಂಡಾ (jʰaṃḍā)
ಝಂಡಾ ⟦jʰaṃḍā ジャンダー⟧ [ʤʰənɖɐ:] ಜಂಡೆ, ಜಾಂಡ, ಝಾಂಡೇಯ, ಝಾಂಡಾ *n.* 旗 [H. *jʰaṃḍā* C6898]
ಝಕಾರ ⟦jʰakāra ジャカーラ⟧ [ʤʰəkɐ:rɐ] *n.* カンナダその他のインド系の文字で音素の連続 /jʰa/ を表す文字 [Sk.]
ಝಣತ್ಕಾರ ⟦jʰaṇatkāra ジャナトカーラ⟧ [ʤʰəɳətkɐ:rɐ] 《文》 *n.* 装身具や小さな鈴がちんちんと鳴ることまたはその音 [Sk. onom.]
ಝತ್ವ ⟦jʰatva ジャトヴァ⟧ [ʤʰət·vɐ] *n.* カンナダその他のインド系の文字で音素の連続 /jʰa/ を表す文字 [Sk.]
ಝಳಪಿಸು ⟦jʰaḷapisu ジャラピス⟧ [ʤʰəɭəpisu] 《文》 *vt.* 〈刀などを〉振り回す [onom, cf. M. *jʰaḍapāṇē*]
ಝಳಪು ⟦jʰaḷapu ジャラプ⟧ [ʤʰəɭəpu] 《文》 *n.* (振り回した刀などが)ひらめくこと [M. *jʰaḍapā*]
ಝಾಡಮಾಲಿ ⟦jʰāḍamāli ジャーダマーリ⟧ [ʤʰɐ:ɖəmɐ:li] ಜಾಡಮಾಲಿ, ಝಾಡುಮಾಲಿ *m.* 街路や下水などの掃除人 [H. *jʰāṛānā* /M. *jʰāḍaṇē*「掃く」+ Sk. *mālin-* *C5328.2]
ಝಾಡು ⟦jʰāḍu ジャードゥ⟧ [ʤʰɐ:ɖu] 《文》 *n.* (灌木の)茂み [M. *jʰāḍā* C5362.1] = ಕಂಟಿ (kaṃṭi)〔汎〕
ಝೇಂಕರಿಸು ⟦jʰēṃkarisu ジェーンカリス⟧ [ʤʰe:ŋkərisu] 《文》 *vi.* (ハチなどが) ぶんぶんうなる [? cf. Sk. *jʰaṃkṛ-*]
ಝೇಂಕಾರ ⟦jʰēṃkāra ジェーンカーラ⟧ [ʤʰe:ŋkɐ:rɐ] 《文》 *n.* (ハチなどの) うなり声、うなること [? cf. Sk. *jʰaṃkāra-*]

ಞ

ಞ ⟦ña ニャ⟧ [ɲə·] *n.* カンナダその他のインド系言語において音素の連続 /ña/, またはカンナダその他のインド系の文字体系でそれを表す文字. [Ø]

ಞಕಾರ ⟦ñakāra ニャカーラ⟧ [ɲəkɐ:rɐ] *n.* カンナダその他のインド系の文字体系で音素の連続 /ña/ を表す文字 [Sk.]

ಞತ್ವ ⟦ñatva ニャトヴァ⟧ [ɲət·vɐ] *n.* カンナダその他のインド系の文字で音素の連続 /ña/ を表す文字 [Sk.]

ಞಲಿ ⟦ñali ニャリ⟧ [ɲəli] 《方》 *n.* えくぼ —*vi.* えくぼが現れる [(Hav.) Ka.D2931]

ಞಾಲಿಗೆ ⟦ñālige ニャーリゲ⟧ [ɲɐ:lĭge] 《方》 *n.* 舌 [Ka.D3633] (Hal.)

ಞಾವಲ ⟦ñāvala ニャーヴァラ⟧ [ɲɐ:vălɐ] 《方》 *n.* 帯、ベルト [Ka.D3778] (Hal.)

ಟ

ಟ ⟦ṭa タ⟧ [ʈə·] *n.* カンナダその他のインド系文字で音素の連続 /ṭa/ を表す文字 [Sk.]

ಟಂಕ[1] ⟦ṭaṃka タンカ⟧ [ʈəŋkɐ] *n.* 石工が使う大きな鑿(のみ) [Sk.]

ಟಂಕ[2] ⟦ṭaṃka タンカ⟧ [ʈəŋkɐ] *n.* 膝 [?] = ಮೊಳಕಾಲು (moḷakālu)

ಟಂಕ[3] ⟦ṭaṃka タンカ⟧ [ʈəŋkɐ] *n.* ハンダ [?]

ಟಂಕಶಾಲೆ ⟦ṭaṃkaśāle タンカシャーレ⟧ [ʈəŋkăʃɐ:le] *n.* 造幣所、貨幣を鋳造する所 [Sk. *ṭaṃkaśālā-*]

ಟಂಕಸಾಲೆ ⟦ṭaṃkasāle タンカサーレ⟧ [ʈəŋkăsɐ:le] *n.* [Sk.] ☞ಟಂಕಶಾಲೆ (ṭaṃkaśāle)

ಟಂಕಿಸು ⟦ṭaṃkisu タンキス⟧ [ʈəŋkisu] *vt.* 〈貨幣を〉鋳造する [*ṭaṃka* + *-isu*]

ಟಂಕೆ ⟦ṭaṃke タンケ⟧ [ʈəŋke] *n.* 家畜を打つための金属製あるいは木製の棒や笞[⇒図] [Ka.D2940]

ಟಂಕೆ 笞

ಟಕಮಕ ⟦ṭakamaka タカマカ⟧ [ʈəkăməkɐ] *adv.* (びっくりしたり相手の言うことが分からなかったりして)ぽかんと、きょとんと [Ka. mim.]

ಟಕಾಯಿಸು ⟦ṭakāyisu タカーイス⟧ [ʈəkɐ:jĭsu] ಠಕಾಯಿಸು *vt.* 騙し取る、詐取する [M. *ṭʰakaviṇẽ* + *-isu* T5489.2]

ಟಕಾರ ⟦ṭakāra タカーラ⟧ [ʈəkɐ:rɐ] *n.* カンナダその他のインド系文字で音素の連続 /ṭa/ を表す文字 [Sk.]

ಟಕ್ಕ ⟦ṭakka タッカ⟧ [ʈəkkɐ] *m.* 《*f.* ಟಕ್ಕಳು (ṭakkaḷu)》詐欺師、ペテン師、いかさま師 —(*adj.*) 偽〈の〉、闇〈の〉¶ ಗಿರಾಕಿ ವ್ಯಾಪಾರಿಯನ್ನು ಟಕ್ಕಿಸಿ ಖೋಟಾ ನೋಟು ಕೊಟ್ಟುಹೋದ. (girāki vyāpāriyannu ṭakkisi kʰōṭā nōṭu koṭṭu hōda.) 顧客の一人が店主を騙して、偽金をつかませて立ち去った。= ಠಕ್ಕ (ṭʰakka) [*ṭakku* + *-a* T5489]

ಟಕ್ಕಿಸು ⟦ṭakkisu タッキス⟧ [ʈəkkĭsu] *vt.* ごまかす、騙す [*ṭakku* + *-isu*] = ಠಕ್ಕಿಸು (ṭʰakkisu)

ಟಕ್ಕು ⟦ṭakku タック⟧ [ʈəkku] *n.* 詐欺、ペテン [Pk. *ṭʰag-* T5489]

ಟಕ್ಕುತನ ⟦ṭakkutana タックタナ⟧ [ʈəkkŭtənɐ] *n.* 詐欺、ペテン [*ṭakku* + *-tana*] = ಠಕ್ಕುತನ (ṭʰakkutana)

ಟಕ್ಕೆ ⟦ṭakke タッケ⟧ [ʈəkke] ಟಕ್ಕೆಯ, ಟೆಕ್ಕೆಯ, ಟೆಕ್ಕೆಹ, ಠಕ್ಕೆಯ, ಠೆಕ್ಕೆಯ *n.* 旗 [Ka.D2938]

ಟಗರ ⟦ṭagara タガラ⟧ [ʈəgărɐ] 《‡》 *n.* [Ka.D3000] (*Kitt.,B.5,25*) ☞ಟಗರು (ṭagaru)

ಟಗರಿಸೆ ⟦ṭagarise タガリセ⟧ [ʈəgərĭse] *n.* 悪臭のあるカワラケツメイ属の草 [Ka.D3003] = ತಗಚೆ (tagace)

ಟಗರು ⟦ṭagaru タガル⟧ [ʈəgăru] ತಗರ್, ತಗರು *n.* 雄羊 [Ka. D3000]

ಟಙ್ ⟦ṭaṅ タン⟧ [ʈəŋ/ɴ] (*n.*) とーん(弦楽器の中音の弦をかき鳴らした音を表す擬音語) [Ka. onom.]

ಟಣ್ ⟦ṭaṇ タン⟧ [ʈəŋ/ʈəɳ] *n.* とん(ベルなどの音を表す擬音語) [Ka.D2944]

ಟಣ್ಟಣ್ ⟦ṭaṇṭaṇ タンタン⟧ [ʈəɳʈəɳ] (*n.*) ちんちん、りいんりいん(ベルなどの反復する音を表す擬音語) [Ka.D2944]

ಟಣ ⟦ṭaṇa タナ⟧ [ʈəɳɐ] *n.* ちん、りいん(ベルなどの音を表す擬音語) [Ka.D2944]

ಟಣಟಣ ⟦ṭaṇaṭaṇa タナタナ⟧ [ʈəɳəʈəɳɐ] *n.* ちんちん、りいんりいん(ベルなどの反復する音を表す擬音語) [Ka.D2944]

ಟತ್ವ ⟦ṭatva タトヴァ⟧ [ʈət·vɐ] *n.* カンナダその他のインド系の文字で音素の連続 /ṭa/ を表す文字 [Sk.]

ಟನ್ನು ⟦ṭannu タンヌ⟧ [ʈənnu] *n.* トン（重量の単位の一種）[Eg. *ton*]

ಟಪಾಲು ⟦ṭapālu タパール⟧ [ʈəpɐːlu] *n.* 郵便 [M. *ṭapālā*]

ಟಪಾಲುಕಚೇರಿ ⟦ṭapālukacēri タパールカチェーリ⟧ [ʈəpɐːlŭkəʧeːri] *n.* 郵便局 [+ *kacēri*]

ಟಪಾಲುಚೀಟಿ ⟦ṭapālucīṭi タパールチーティ⟧ [ʈəpɐːlŭʧiːʈi] *n.* 郵便切手 [+ *cīṭi*]

ಟರಾಯಿಸು ⟦ṭarāyisu タラーイス⟧ [ʈərɐːjĭsu] *vi.* 決定する、決める [M. *ṭʰarāvă* + *-isu*]

ಟರ್ಕಿ ⟦ṭarki タルキ⟧ [ʈərki] *n.* トルコ（西アジアの国）[Eg. *Turkey*]

ಟಲಾಯಿಸು ⟦ṭalāyisu タラーイス⟧ [ʈəlɐːjĭsu] *vi.* さまよう、彷徨する [?]

ಟವಲು ⟦ṭavalu タヴァル⟧ [ʈəvə̆lu] *n.* タオル、手ぬぐい [Eg. *towel*]

ಟಳಾಯಿಸು ⟦ṭaḷāyisu タラーイス⟧ [ʈəɭɐːjĭsu] *vi.* ☞ಟಲಾಯಿಸು (ṭalāyisu)

ಟಾಂಗಾ ⟦ṭāṃgā ターンガー⟧ [ʈɐːŋgɐː] *n.* 乗客用の一頭だて二輪馬車［⇒図］[H. *ṭāgā*]

ಟಾಂಗಾ
二輪馬車

ಟಾಂಟಾಂ ⟦ṭāṃṭāṃ ターンターン⟧ [ʈɐːmʈɐːm] *n.* 太鼓を鳴らしてふれ歩くこと [H.? *ṭamṭam*]

ಟಾಂಟಾಂಮಾಡು ⟦ṭāṃṭāṃmāḍu ターンターンマードゥ⟧ [ʈɐːmʈɐːmmɐːɖu] *vi.*〔喩〕（自分の自慢話や他人の失敗などを）世間にふれ歩く [+ *māḍu*]

ಟಾಕಣ ⟦ṭākaṇa ターカナ⟧ [ʈɐːkə̆ɳɐ] *n.* 小型の馬の一種 [M. *ṭākaṇă/ṭākaṇă* T5454]

ಟಾಕಾ ⟦ṭākā ターカー⟧ [ʈɐːkɐ] *n.* 間に合わせのかがり縫い [M. *ṭākā/ṭākā* 5432]

ಟಾಕಿ¹ ⟦ṭāki ターキ⟧ [ʈɐːki] ಟಾಕು *n.*（間に合わせの）かがり縫い (NK) ◇ *vi.* —ಹಾಕು (hāku) かがり縫いをする [H./M. *ṭākā* T5432]

ಟಾಕಿ² ⟦ṭāki ターキ⟧ [ʈɐːki]《古》*n.* 発声映画、トーキー [Eg. *talkie*]

ಟಾಕೀಜು ⟦ṭākīju ターキージュ⟧ [ʈɔːkiːzŭ] *n.* 映画館 [Eg. *talkies*]

ಟಾಕು¹ ⟦ṭāku ターク⟧ [ʈɐːku]《‡》*n.* 大きい建築物を支えるアーチ [Ka. D3153] *(My. (Kitt.))*

ಟಾಕು² ⟦ṭāku ターク⟧ [ʈɐːku] *n.* **1** ペン先 **2**（主としてインドの伝統的な）ペン [M. *ṭākă* T5427.2]

ಟಾಕು³ ⟦ṭāku ターク⟧ [ʈɐːku] *n.* かがり縫い [M. *ṭākā/ṭākā*] ☞ಟಾಕಿ (ṭāki)

ಟಾಕು⁴ ⟦ṭāku ターク⟧ [ʈɐːku]《古》*n.* 重い物を計る重さの単位 [M. *ṭākă* T5426.1]

ಟಾಕುಗೂಡು ⟦ṭākugūḍu タークグードゥ⟧ [ʈɐːkŭguːɖu]《‡》*n.*（大きな寺院を支える）壁にへきがんのあるアーチ [Ka.D3153] *(My. (Kitt.))*

ಟಾಕುಟೀಕು ⟦ṭākuṭīku タークティーク⟧ [ʈɐːkŭʈiːku] (*n.*) [M. *ṭʰākăṭʰīkā* 5503] ☞ಠಾಕುಠೀಕು (ṭʰākuṭʰīku)

ಟಾನಿಕು ⟦ṭāniku ターニク⟧ [ʈɐːniku] ಟಾನಿಕ್ *n.* 強壮剤 [Eg. *tonic*]

ಟಾರು ⟦ṭāru タール⟧ [ʈɐːru] *n.* タール（木材や石炭を乾留して得られる黒く粘りけのある可燃性の物質、木材の防腐剤などに用いられる）[Eg. *tar*]

ಟಾರ್ಪೀಡೊ ⟦ṭārpīḍo タールピード⟧ [ʈɐːrpiːɖo] *n.* 魚雷 [Sk.] = ನೌಕಾಸ್ಫೋಟಕ (naukāspʰōṭaka)

ಟಿಂಗ್ ⟦ṭiṃg ティング⟧ [ʈiŋ/ʈiŋg] (*n.*) ぴん（弦楽器の高音の弦をかき鳴らした音を表す擬音語）[Ka. onom.]

ಟಿಕಾಣಿ ⟦ṭikāṇi ティカーニ⟧ [ʈikɐːɳi] *n.* [H./M. *ṭʰikāṇā*] ☞ಠಿಕಾಣಿ (ṭʰikāṇi)

ಟಿಕೀಟು ⟦ṭikīṭu ティキートゥ⟧ [ʈikiːʈu] *n.* 切符 [Eg. *ticket*]

ಟಿಕ್ಕೆಟ್ಟು ⟦ṭikkeṭṭu ティッケットゥ⟧ [ʈikeʈʈu] *n.* [Eg. *ticket*] ☞ಟಿಕ್ಕೀಟು (ṭikkīṭu)

ಟಿಟ್ಟಿಭ ⟦ṭiṭṭibʰa ティッティバ⟧ [ʈiʈʈibʰɐ]《文》*n.* 鴫（しぎ）類の小型の鳥 [Sk.]

ಟಿನ್ನು ⟦ṭinnu ティンヌ⟧ [ʈinnu] *n.* **1** 錫（すず） **2** ブリキの薄板 **3** ブリキ製の容器 [Eg. *tin*]

ಟಿಪ್ಪಣಿ ⟦ṭippaṇi ティッパニ⟧ [ʈippə̆ɳi] *n.* **1**（ある文に対する）覚え書き **2** 注解、注釈 [Sk.]

ಟಿಫನ್ ಕ್ಯಾರಿಯರ್
弁当箱

ಟಿಫನ್ನು ⟦ṭipʰannu ティパンヌ⟧ [ʈifənnu/ʈipʰənnu] *n.* 軽食、おやつとして食べる菓子類や軽い食事 [Eg. *tiffin*]

ಟಿಫನ್ ಕ್ಯಾರಿಯರ್ ⟦ṭipʰan kyāriyar ティパンキャーリヤル⟧ [ʈifən kæːriyər] *n.* ティフィン・キャリアー（金属製の重ね弁当箱）［⇒図］[Eg. *Tiffin carrier*]

ಟಿಯರು ⟦ṭiyaru ティヤル⟧ [ʈijə̆ru] *n.* 鉄道の寝台車などのベッドの層 [Eg. *tier*]

ಟಿ ವಿ ⟦ṭi vi ティヴィ⟧ [ʈiːvi] ಟೀವಿ *n.* テレビ、テレビ受像機 [Eg. *T.V.*]

ಟಿಸಲು ⟦ṭisalu ティサル⟧ [ʈisə̆lu] *n.* ☞ಟಿಸಿಲು (ṭisilu)

ಟಿಸಿಲು ⟦ṭisilu ティシル⟧ [ʈisĭlu] ಟಿಸಲು, ಟಿಸಳು *n.* **1** 若枝 **2**〔喩〕道など枝分かれしたもの [?]

ಟಿಸಿಲೊಡೆ ⟦ṭisiloḍe ティシロデ⟧ [ʈisiloɖe] *vi.* **1** 若枝を出す **2**〔喩〕（道路などが）枝分かれする [+ *oḍe*]

ಟೀ ⟦ṭī ティー⟧ [ʈiː] *n.* **1** 茶、茶の木（ツバキ属の常緑樹で茶の原料）**2** 茶葉、茶の葉を乾かして加工したもの **3** 茶、茶の葉を煎じた飲み物 [Eg. *tea* ←Chin.] = ಚಹಾ (cahā)

ಟೀಕಾಕಾರ ⟦ṭīkākāra ティーカーカーラ⟧ [ʈiːkɐːkɐːrɐ] *m.*《*f.* ಟೀಕಾಕಾ (ṭīkākā)〈ರ್ (r)〉ತಿ (ti)》注釈者 [Sk.]

ಟೀಕಿಸು ⟦ṭīkisu ティーキス⟧ [ʈiːkisu] *vt.* 批判する、非難する [Sk.]

ಟೀಕೆ ⟦ṭīke ティーケ⟧ [ʈiːke] *n.* **1** 注釈、注解 **2** 批判、非難 [Sk.]

ಟೀಪಾಯಿ ⟦ṭīpāyi ティーパーイ⟧ [ʈiːpɐːji] *n.*（ソファーセットの）センターテーブル [H. *tipāī*「三本足の椅子」]

ಟೆಂಕಲು ⟦ṭeṃkalu テンカル⟧ [ṭeŋkəlu] 《‡》 n. [Ka. D3449] (Kitt., Si.28) ☞ತೆಂಕಲು (teṃkalu)

ಟೆಂಕು ⟦ṭeṃku テンク⟧ [ṭeŋku] 《‡》 n. (Kitt.,My.) ☞ತೆಂಕು (teṃku)

ಟೆಂಗು ⟦ṭeṃgu テング⟧ [ṭeŋgu] 《‡》 n. (C. (Kitt.)) ☞ತೆಂಗು (teṃgu)

ಟೆಕ್ಕೆ ⟦ṭekke テッケ⟧ [ṭekke] n. 旗 [Ka.D2938]

ಟೆಕ್ಕೆಯ ⟦ṭekkeya テッケヤ⟧ [ṭekkejɐ] n. [Ka.D2938] ☞ಟಕ್ಕೆ (ṭakke)

ಟೆಪ್ಪರಿಸು ⟦ṭeppaṟisu テッパリス⟧ [ṭeppəṟisu] 《‡》 vi. 意識を回復する、目覚める [Ka.D3471] (My. (Kitt.)) ☞ತೆಪ್ಪರಿಸು (tepparisu)

ಟೆಲಿಗ್ರಾಂ ⟦ṭeligrāṃ テリグラーン⟧ [ṭeligrɐ:m] n. 電報、電文 [Eg. telegram]

ಟೆಲಿಗ್ರಾಫು ⟦ṭeligrāpʰu テリグラーフ⟧ [ṭeligrɐ:f/ṭeligrɐ:p] ಟೆಲಿಗ್ರಾಫ್ n. 電信(機) [Eg. telegraph]

ಟೆಲಿಫೋನು ⟦ṭelipʰōnu テリポーヌ⟧ [ṭelifo:nu] ಟೆಲಿಫೋನ್ n. 電話 [Eg. telephone]

ಟೆಲಿವಿಜನ್ನು ⟦ṭelivijannu テリヴィジャンヌ⟧ [ṭelividʒənnu] ಟೆಲಿವಿಷನ್, ಟೆಲಿವಿಷನ್ನು n. 1 テレビ、映像の放映 2 テレビジョン受像機 [Eg. television]

ಟೆಲಿಸಂಪರ್ಕ ⟦ṭelisaṃparka テリサンパルカ⟧ [ṭelisəmpərkɐ] n. 電気通信、電気通信術 [Lat. tele- + saṃparka]

ಟೆಲಿಸ್ಕೋಪು ⟦ṭeliskōpu テリスコープ⟧ [ṭelisko:pŭ] n. 望遠鏡 [Eg. telescope]

ಟೇಪ್ರೆಕಾರ್ಡು ⟦ṭēprekārḍu テープレカールドゥ⟧ [ṭe:prekɐ:rḍŭ] n. 磁気テープによる音や映像の記録、録音、録画 [Eg. tape-record]

ಟೇಪ್ರೆಕಾರ್ಡರು ⟦ṭēprekārḍaru テープレカールダル⟧ [ṭe:prekɐ:rḍərŭ] n. テープレコーダー [Eg. tape recorder]

ಟೈಪು ⟦ṭaipu タイプ⟧ [ṭəipŭ] n. 活字 [Eg. type]

ಟೈಪು ಮಾಡು ⟦ṭaipu māḍu タイプマードゥ⟧ [ṭəipu mɐ:ḍu] vt. タイプライターで書く、コンピューターのキーボードで入力する [+ māḍu]

ಟೈಪಿಸ್ಟ್ ⟦ṭaipisṭ タイピスト⟧ [ṭəipisṭ] ಟೈಪಿಸ್ಟು mf. タイピスト [Eg. typist]

ಟೈಪ್‌ರೈಟರ್ ⟦ṭaipraiṭar タイプライタル⟧ [ṭəiprəiṭər] ಟೈಪ್‌ರೈಟರು n. タイプライター [Eg. typewriter]

ಟೈರು ⟦ṭairu タイル⟧ [ṭəiru] ಟಯರು n. (自動車などの)タイヤ [Eg. tyre]

ಟೈಲು ⟦ṭailu タイル⟧ [ṭəilu] n. 1 タイル、(炉辺や床や壁などに貼りつける)釉薬をかけた陶器の板 2 屋根瓦 [Eg. tile]

ಟೊಂಕ ⟦ṭoṃka トンカ⟧ [ṭoŋkɐ] n. 腰、特に腰の両脇 [Ka.D2980] cf. ಸೊಂಟ (soṃṭa)

ಟೊಂಕ ಕಟ್ಟು ⟦ṭoṃka kaṭṭu トンカカットゥ⟧ [ṭoŋkə kəṭṭu] vi. 腰に布を結んで戦いに備える、ふんどしを締め直す、ある仕事のために覚悟を持って準備する [+ kaṭṭu]

ಟೊಂಗೆ ⟦ṭoṃge トンゲ⟧ [ṭoŋge] n. 木の枝 [?]

ಟೊಂಯಿ ⟦ṭoṃyi トンイ⟧ [ṭõji] ಟೊಞಿ (n.) ぽおん(弦楽器の中音の弦をかき鳴らした音を表す擬音語) [Ka. onom.]

ಟೊಞಿ ⟦ṭoñi トニ⟧ [ṭõji] (n.) [Ka. onom.] ☞ಟೊಂಯಿ (ṭoṃyi)

ಟೊಣಪ ⟦ṭoṇapa トナパ⟧ [ṭoṇə̆pɐ] m. 《f. ಟೊಣಪಿ, ಟೊಣಪ ಹೆಂಗಸು (ṭoṇapi, ṭoṇapa heṃgasu)》でぶ、ふとっちょ (NK) [ṭoṇṇa + -pa]

ಟೊಣೆಯ ⟦ṭoṇeya トネヤ⟧ [ṭoṇeya] m. でぶ、ふとっちょ [ṭoṇṇa? + -a]

ಟೊಣ್ಣ ⟦ṭoṇṇa トンナ⟧ [ṭoṇṇɐ] 《方》 m. 《f. ಟೊಣ್ಣೆ (ṭoṇṇe)》でぶ、ふとっちょ [Ka.?]

ಟೊಣ್ಣೆ ⟦ṭoṇṇe トンネ⟧ [ṭoṇṇe] f. 《m. ಟೊಣ್ಣ (ṭoṇṇa)》でぶの女性、ふとっちょの女性 [Ka. toṇṇa + -e]

ಟೊಪ್ಪಿಗೆ ⟦ṭoppige トッピゲ⟧ [ṭoppĭge] n. (縁なしの)帽子 [H. ṭōpī + -ge T5481]

ಟೊಳ್ಳು ⟦ṭoḷḷu トッル⟧ [ṭoḷḷu] ಟೊಳ್ಳೆ n. うつろ、中空 —(n.) 1 中空〈の〉、うつろ〈な〉 2 内容のない〈こと〉、役に立たない〈こと〉cf. ಡೊಳ್ಳು (ḍoḷḷu)[1] [Ka.D3528]

ಟೊಳ್ಳೆ ⟦ṭoḷḷe トッレ⟧ [ṭoḷḷe] n., (n.) [Ka.D3528] ☞ಟೊಳ್ಳು (ṭoḷḷu)

ಟೋಕಿಯೋ ⟦ṭōkiyō トーキヨー⟧ [ṭo:kijo:] n. 東京(日本の首都) []

ಟೋಪನ್ನು ⟦ṭōpannu トーパンヌ⟧ [ṭo:pənnu] n. 芝居や変装に用いるかつら [M. ṭōpaṇă T5481]

ಟೋಪಿ ⟦ṭōpi トーピ⟧ [ṭo:pi] n. (縁なしの)帽子 [H. ṭōpī T5481]

ಟೋಪಿ ಹಾಕು ⟦ṭōpi hāku トーピハーク⟧ [ṭo:pi hɐ:ku] vi. 《dat.》(利益を求めて)騙す、詐取する ¶ ಅಂಗಡಿಕಾರ ನನಗೆ ಟೋಪಿ ಹಾಕಿದ. (aṃgaḍikāra nanage ṭōpi hākida.) 店主が私を騙した。 [+ hāku]

ಟೋಲು ⟦ṭōlu トール⟧ [ṭo:lu] n. 有料道路の料金所 [Eg. toll]

ಟೋಲುಗೇಟ್ ⟦ṭōlugēṭ トールゲート⟧ [ṭo:lŭge:ṭ] ಟೋಲುಗೇಟು n. (通行料などを集める)道路の料金所 [Eg. tollgate]

ಟೋಸ್ಟ್ ⟦ṭōsṭ トースト⟧ [ṭo:sṭ] ಟೋಸ್ಟು n. トースト、焼きパン [Eg. toast]

ಟ್ಯಾಂಕು ⟦ṭyāṃku ティャーンク⟧ [ṭjɐ:ŋku] n. 1 タンク(水や油などを入れる通常は金属製の大型容器) 2 戦車、タンク [Eg. tank]

ಟ್ಯಾಕ್ಸಿ ⟦ṭyāksi ティャークシ⟧ [ṭjɐ:ksi] n. タクシー [Eg. taxi]

ಟ್ಯೂಬು ⟦ṭyūbu ティューブ⟧ [ṭju:bu] n. 管、チューブ [Eg. tube]

ಟ್ಯೂಬುಲೈಟು ⟦ṭyūbulaiṭu ティューブライトゥ⟧ [ṭju:bŭləiṭu] n. 蛍光灯 [Eg. tube light]

ಟ್ಯೂಬುವೆಲ್ಲು ⟦ṭyūbuvellu ティューブヴェッル⟧ [ṭju:bŭwellu] n. 打ち込み井戸 [Eg. tube well]

ಟ್ರಂಕು ⟦ṭraṃku トランク⟧ [ʈrəŋku] ಟ್ರಂಕ್ *n.* トランク（蝶番の付いた蓋のある金属製の大きな旅行用の箱）[Eg. *trunk*]

ಟ್ರಕ್ಕು ⟦ṭrakku トラック⟧ [ʈrəkku] ಟ್ರಕ್ *n.* トラック、貨物自動車 [Eg. *truck*]

ಟ್ರಸ್ಟು ⟦ṭrasṭu トラストゥ⟧ [ʈrəsʈu] *n.* トラスト、文化や古い建造物を保護するために設立された信託（財団）[Eg. *trust*]

ಟ್ರಾನ್ಸಿಸ್ಟರು ⟦ṭrānsisṭaru トラーンシスタル⟧ [ʈrɐːnsisʈəru] *n.* **1** トランジスター **2** トランジスターで作った小型のラジオ [Eg. *transistor*]

ಟ್ರಾಮು ⟦ṭrāmu トラーム⟧ [ʈrɐːmu] *n.* 市街電車、市電 [Eg. *tram*]

ಟ್ರಿಣ್‌ಟ್ರಿಣ್ ⟦ṭriṇṭriṇ トリントリン⟧ [ʈriɳʈriɳ] (*n.*) ちりんちりん（呼び鈴の鳴る音を表す擬音語）[Ka. onom.]

ಟ್ರೇ ⟦ṭrē トレー⟧ [ʈreː] *n.*（西洋風の）盆 [Eg. *tray*]

ಟ್ರೈನು ⟦ṭrainu トライヌ⟧ [ʈrəinŭ/ʈreinŭ] *n.*（鉄道の）列車、電車、汽車 [Eg. *train*]

ಠ

ಠ ⟦ṭʰa タ⟧ [ʈʰɐ] *n.* カンナダその他のインド系文字体系で音素の連続 /ṭʰa/ を表す文字 [Ø]

ಠಕಾಯಿಸು ⟦ṭʰakāyisu タカーイス⟧ [ʈʰəkɐːĭsu] ಟಕಾಯಿಸು *vt.* **1**〈人を〉騙す **2**〔喩〕〈ある人の〉言うことを聞かない、〈ある人を〉裏切る ¶ ಇಂಟರ್ನೆಟ್ ಸರಿಯಾದ ಸಮಯಕ್ಕೆ (iṃṭarneṭ sariyāda samayakke)《ನನ್ನನ್ನು (nannannu)》ಠಕಾಯಿಸಿತು. (ṭʰakāyisitu.) インターネットが肝心な時に私を裏切った（ちゃんと働かなかった）。[M. *ṭʰakăviṇē* + *-isu* *C5489] = ಟಕಾಯಿಸು (ṭakāyisu)

ಠಕಾರ ⟦ṭʰakāra タカーラ⟧ [ʈəkɐːrɐ] *n.* カンナダその他のインド系文字体系で音素 /ṭʰa/ を表す文字 [Sk.]

ಠಕ್ಕ ⟦ṭʰakka タッカ⟧ [ʈʰəkkɐ] ಟಕ್ಕ *m.*《*f.* ಠಕ್ಕಳು (ṭʰakkaḷu)》詐欺師、ペテン師、いかさま師 —(*adj.*) 偽〈の〉、闇〈の〉[*ṭʰakku* + *-a* T5489.2]

ಠಕ್ಕತನ ⟦ṭʰakkatana タッカタナ⟧ [ʈʰəkkətənɐ] *n.* [M. *ṭʰakă* *C5849] ☞ ಠಕ್ಕುತನ (ṭʰakkutana)

ಠಕ್ಕಿಸು ⟦ṭʰakkisu タッキス⟧ [ʈʰəkkisu] *vt.* ごまかす、騙す ¶ ಗಿರಾಕಿ ವ್ಯಾಪಾರಿಯನ್ನು ಠಕ್ಕಿಸಿ ಖೋಟಾ ನೋಟು ಕೊಟ್ಟು ಹೋದ. (girāki vyāpāriyannu ṭʰakkisi kʰōṭā nōṭu koṭṭu hōda.) 顧客の一人が店主を騙して、偽金をつかませて立ち去った。[*ṭʰakku* + *-isu* *C5489.2]

ಠಕ್ಕು ⟦ṭʰakku タック⟧ [ʈʰəkku] ಟಕ್ಕು *m.*《*f.* ಟಕ್ಕಳು (ṭakkaḷu)》詐欺、ペテン [M. *ṭʰakă* T5489.2]

ಠಕ್ಕುತನ ⟦ṭʰakkutana タックタナ⟧ [ʈʰəkkŭtənɐ] ಟಕ್ಕುತನ, ಠಕ್ಕತನ, ಠಕ್ಕುತನ *n.* 詐欺、ペテン [*ṭʰakku* + *-tana*]

ಠಸ್ಸೆ ⟦ṭʰasse タッセ⟧ [ʈʰəsse] *n.* スタンプ [H. *ṭʰassā* *C5499]

ಠಾಕಣ ⟦ṭʰākaṇa ターカナ⟧ [ʈʰɐːkəɳɐ] *n.* 小型の馬の一種 [M. *ṭākaṇă*/*ṭākaṇă* T5454] ☞ ಟಾಕಣ (ṭākaṇa)

ಠಾಕುಠೀಕು ⟦ṭʰākuṭʰīku タークティーク⟧ [ʈʰɐːkŭʈʰiːku] (*n.*)（服装などが）完璧〈な〉 —*adv.*（服装や部屋などが）きちんと = ಟಾಕುಟೀಕು (ṭākuṭīku) [M. *ṭʰākăṭʰīkă* < echo + M. *ṭʰīkă* T5503]

ಠಾಣೆ ⟦ṭʰāṇe ターネ⟧ [ʈʰɐːɳe] ಠಾಣ, ಠಾನೆ *n.* **1**（政府の役所、警察、軍隊などの）臨時の施設 **2** 県庁 **3**（軍隊の）駐屯地 **4** 警察署、警察署の分局 [M. *ṭʰāṇē* T13753.1]

ಠಾವು ⟦ṭʰāvu ターヴ⟧ [ʈʰɐːvu] *n.* **1** 住所、住居 ¶ ಜಾನಕಮ್ಮ ಠಾವು ಇಲ್ಲದೆ ಸುತ್ತುತ್ತಿದ್ದಾಳೆ. (jānakamma ṭʰāvu illade suttuttiddāḷe.) ジャーナカンマは住所不定だ。**2**（浮浪者や逃亡者などの）在処、隠れ家、居所 ¶ ಮೈಸೂರಿಗೆ ಬಂದಾಗ ಹೋಟೆಲ್ ಮಹಾರಾಜದಲ್ಲಿ ನನ್ನ ಠಾವು. (maisūrige baṃdāga hōṭel mahārājadalli nanna ṭʰāvu.) マイソールに来ると私はホテル・マハーラージャに泊まる。[H. *ṭʰāvu* *C13760] = ಠಿಕಾಣೆ (ṭʰikāṇe)

ಠಿಕಾಣೆ ⟦ṭʰikāṇe ティカーネ⟧ [ʈʰikɐːɳe] ಠಿಕಾಣೆ, ಠಿಕಾಣ *n.* **1** 住所、住処 **2** 宿営地、（浮浪者や逃亡者などの）住処 [M. *ṭʰikāṇā* T5503] = ಠಾವು (ṭʰāvu)

ಠೀಕು ⟦ṭʰīku ティーク⟧ [ʈʰiːku] (*n.*) 正しい〈こと〉、正当〈な〉、適当〈な〉、適切〈な〉¶ ನನ್ನ ಆರೋಗ್ಯ ಠೀಕಿಲ್ಲ. (nanna ārōgya ṭʰīkilla.) 私は健康がすぐれない。(NK) [H. *ṭʰīkā* T5503]

ಠೀವಿ ⟦ṭʰīvi ティーヴィ⟧ [ʈʰiːvi] *n.* 威厳 ¶ ಈಗಿನ ರಾಜರಿಗೆ ಠೀವಿ ಇಲ್ಲ. (īgina rājarige ṭʰīvi illa.) 今の王には威厳がない。[?]

ಠೇಂಕರಿಸು ⟦ṭʰēṃkarisu テーンカリス⟧ [ʈʰeːŋkərĭsu] *vt.* **1**（敵を威圧するために）〈弓の弦を〉鳴らす **2**（富や権力などを）見せびらかす ¶ ಅವನ ಶ್ರೀಮಂತಿಕೆ ಠೇಂಕರಿಸುತ್ತಿದೆ. (avana śrīmaṃtike ṭʰēṃkarisuttide.) 彼は自分の富を見せつける。[onom. + *karisu*]

ಠೇಂಕಾರ ⟦ṭʰēṃkāra テーンカーラ⟧ [ʈʰeːŋkɐːrɐ] *n.* **1**（敵を威圧するために）弓弦を鳴らすこと **2** 威張ること、横柄に振る舞うこと [onom. + Sk. *-kāra*]

ಠೇವಣಾತಿ ⟦ṭʰēvaṇāti テーヴァナーティ⟧ [ʈʰeːvəɳɐːti] *n.*（銀行などの）預金 [M. *ṭʰēvăṇē* + *-āti* *C13777]

ಠೇವಣಿ ⟦ṭʰēvaṇi テーヴァニ⟧ [ʈʰeːvəɳi] *n.*（銀行などの）預金、（質屋に）質物を預けること [M. *ṭʰēvaṇī* T13777]

ಠೋಕು ⟦ṭʰōku トーク⟧ [ʈʰoːku] *n.*, (*n.*) 卸売り [H./M. *ṭʰōkā* < ?, cf. T5513] = ಸಗಟು (sagaṭu) ↔ ಚಿಲ್ಲರೆ (cillare)

ಠೋಕು ವ್ಯಾಪಾರ ⟦ṭʰōku vyāpāra トークヴィャーパーラ⟧ [ṭʰo:ku vyɐ:pɐ:rɐ] *n.* 卸売り [+ *vyāpāra*] = ಸಗಟು ವ್ಯಾ-ಪಾರ (sagaṭu vyāpāra)

ಡ

ಡ ⟦ḍa ダ⟧ [ḍə˙] *n.* カンナダその他のインド系文字で音素の連続 /ḍa/ を表す文字 [Sk.]

ಡಂಕ ⟦ḍaṃka ダンカ⟧ [ḍəŋkɐ] *n.* 軍用太鼓 [?, cf. Sk., Pk. *ḍakka-*] ☞ ದಕ್ಕೆ (dakke)

ಡಂಕಾ ⟦ḍaṃkā ダンカー⟧ [ḍəŋkɐ:] *n.* [Pk. *ḍakka-*] ☞ ಡಂಕ (ḍaṃka)

ಡಂಕು ⟦ḍaṃku ダンク⟧ [ḍəŋku] 《方》 *vi.* つまずく (Hav.) [Ka. D437]

ಡಂಕೆ ⟦ḍaṃke ダンケ⟧ [ḍəŋke] 《古》 *n.* 木製や鉄製の太い棒 [Ka. D2940]

ಡಂಗರ ⟦ḍaṃgara ダンガラ⟧ [ḍəŋgərɐ] 《‡》 *n.* [onom?] (*Kitt.,C*) ☞ ಡಂಗುರ (ḍaṃgura)

ಡಂಗಿ ⟦ḍaṃgi ダンギ⟧ [ḍəŋgi] 《古》 *n.* 木製や鉄製の太い棒 [Ka. D2940]

ಡಂಗುರ ⟦ḍaṃgura ダングラ⟧ [ḍəŋgŭrɐ] *n.* 1 太鼓の音で人の注意を惹いて何かを触れ回ること 2 小さなことで大騒ぎをすること [onom.?]

ಡಂಗುರಹೊಡೆ ⟦ḍaṃgurahoḍe ダングラホデ⟧ [ḍəŋgŭrəhoḍe] *vi.* 1「触れ太鼓で触れ回る」、拡声器などで公に触れ回る ¶ ಕೆರೆಯ ನೀರು ಕಲುಷಿತವಾಗಿದೆ, ಯಾರೂ ಕುಡಿಯಬಾರದು ಎಂದು ನಗರ ಸಭೆಯವರು ಡಂಗುರಹೊಡೆದರು. (kereya nīru kaluṣitavāgide, yārū kuḍiyabāradu eṃdu nagara sabʰeyavaru ḍaṃgurahoḍedaru.)「溜め池の水が汚染されましたので飲まないでください」と市当局が触れて回った。 2〔喩〕何でもないことで大騒ぎをする ¶ ಪಕ್ಕದಮನೆಯವರು ನಮ್ಮ ಮಗಳು ಮುಸ್ಲಿಮನ್ನು ಮದುವೆ ಆಗುತ್ತಾಳೆ ಎಂದು ಡಂಗುರಹೊಡೆದರು. (pakkadamaneyavaru namma magaḷu muslimannu maduve āguttāḷe eṃdu ḍaṃgurahoḍedaru.) 隣人が、うちの娘がカーストの低い若者と結婚すると触れ回った。 [+ *hoḍe*]

ಡಂಗೆ[1] ⟦ḍaṃge ダンゲ⟧ [ḍəŋge] ಡಂಕೆ, ಡಂಗ 《古》 *n.* 木製や鉄製の棒 [Ka. D2940] ☞ ದಂಗೆ (daṃge)

ಡಂಗೆ[2] ⟦ḍaṃge ダンゲ⟧ [ḍəŋge] 《‡》 *n.* 騒動、暴動 [M. *daṃge*] (*Kitt.,C.*) ☞ ದಂಗೆ (daṃge)

ಡಂಬ ⟦ḍaṃba ダンバ⟧ [ḍəmbɐ] ಡಂಬು, ಡಂಭ, ಡಬ್ಬ *n.* 1 詐欺、ペテン 2 偽善、猫被り 3 自慢、法螺 [Sk. *dambʰa-*] = ದಂಬ (daṃba)

ಡಂಬಕ ⟦ḍaṃbaka ダンバカ⟧ [ḍəmbəkɐ] ಡಂಭಕ 《文》 *m.* 《*f.* ಡಂಬಕಿ (ḍaṃbaki)》 1 詐欺師、ペテン師 2 偽善者、猫被り、ふりをする人 —*n.* 1 詐欺、ペテン 2 偽善、猫被り [Sk. *dambʰaka-*]

ಡಂಬಕತನ ⟦ḍaṃbakatana ダンバカタナ⟧ [ḍəmbəkətənɐ] *n.* 1 詐欺、ペテン、ごまかし、まやかし 2 偽善、ふりをすること [+ *-tana*]

ಡಂಬಗಾರ ⟦ḍaṃbagāra ダンバガーラ⟧ [ḍəmbəgɐ:rɐ] *m.* 《*f.* ಡಂಬಗಾರ್ತಿ (ḍaṃbagārti)》 1 偽善者、猫被り、ふりをする人 2 自慢屋、法螺吹き [*ḍaṃba* + *-gāra*]

ಡಂಬಾಚಾರ ⟦ḍaṃbācāra ダンバーチャーラ⟧ [ḍəmbɐ:ʧɐ:rɐ] *n.* 1 虚飾、見せかけ、偽善 2 自慢、法螺 [*ḍaṃba* + *ācāra*]

ಡಂಬು ⟦ḍaṃbu ダンブ⟧ [ḍəmbu] *n.* 1 詐欺、ペテン 2 偽善、猫被り 3 自慢、法螺 [Sk. *dambʰa-*] = ದಂಬ (daṃba)

ಡಂಭ ⟦ḍaṃbʰa ダンバ⟧ [ḍəmbʰɐ] *n.* [Sk. *dambʰa-*] ☞ ಡಂಬ (ḍaṃba)

ಡಕಾಯಿತ ⟦ḍakāyita ダカーイタ⟧ [ḍəkɐ:jitɐ] ಢಕಾಯಿತ, ಢಕಾಯಿತಿ *m.* 《*f.* ಡಕಾಯಿತಳು (ḍakāyitaḷu)》(集団による)強盗、追い剥ぎ [H. *ḍakait* T5543]

ಡಕಾಯಿತಿ ⟦ḍakāyiti ダカーイティ⟧ [ḍəkɐ:jĭti] ಡಕಾಯತಿ *n.* (集団による)強盗、追い剥ぎ [H. *ḍakaitī* T5543]

ಡಕಾರ ⟦ḍakāra ダカーラ⟧ [ḍəkɐ:rɐ] *n.* カンナダその他のインド系の文字で音素の連続 /ḍa/ を表す文字 [Sk.]

ಡಕ್ಕೆ ⟦ḍakke ダッケ⟧ [ḍəkke] ಡಂಕ, ಡಗ್ಗ, ಡೆಂಕ, ಢಂಕೆ, ದಕ್ಕೆ, ಧಕ್ಕೆ *n.* 馬の背などの両側に吊す1対の太鼓 [⇒図] [Sk. *dʰakkā-*]

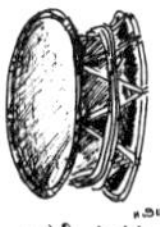

ಡಕ್ಕೆ 太鼓

ಡಗೆ[1] ⟦ḍage ダゲ⟧ [ḍəge] 《文》 *n.* 1 熱 2 のどの渇き [? cf. M. *dʰakă*「熱」] ☞ ದಗೆ (dage)[1]

ಡಗೆ[2] ⟦ḍage ダゲ⟧ [ḍəge] 《異》 *n.* 詐欺、詐術 [Pe. *dagā*] = ದಗೆ (dage)[2]

ಡಣ ⟦ḍaṇa ダナ⟧ [ḍəɳɐ] (*n.*) 《複合語頭で》どん(銅鑼の音を表す擬音語) [Ka. onom.D2944] ☞ ಡಣಡಣ (ḍaṇaḍaṇa)

ಡಣಡಣ ⟦ḍaṇaḍaṇa ダナダナ⟧ [ḍəɳəḍəɳɐ] (*n.*) どんどん(銅鑼が繰り返して鳴る音を表す擬音語) [Ka. onom.*D2944]

ಡಣಾಡಂಗುರ ⟦ḍaṇāḍaṃgura ダナーダングラ⟧ [ḍəɳɐ:ḍəŋgurɐ] ಡಾಣಾಡಂಗುರ (*n.*) 世に知れ渡った〈こと〉、周知〈の〉 ¶ ಮಂತ್ರಿಗಳ ಪ್ರಣಯ ಸಂಗತಿ ಡಣಾಡಂಗುರವಾಗಿದೆ. (maṃtrigaḷa praṇaya saṃgati ḍaṇāḍaṃguravāgide.) 大臣の情事は世に知れ渡っている。[*ḍaṇa* + *ḍaṃgura*]

ಡಣಡಣಿಸು ⟦ḍaṇaḍaṇisu ダナダニス⟧ [ɖəɳəɖəɳisu] *vi.* (銅鑼が) どんどん鳴る [*ḍaṇaḍaṇa* + *-isu*]

ಡಣ್ಡಣ್ ⟦ḍaṇḍaṇ ダンダン⟧ [ɖəɳɖəɳ] (*n.*) どんどん (太鼓の音を表す擬音語) [Ka. onom. Ka. D2945]

ಡತ್ವ ⟦ḍatva ダトヴァ⟧ [ɖət·vɐ] *n.* カンナダその他のインド系文字で音素の連続 /ḍa/ を表す文字 [Sk.]

ಡಪ್ ⟦ḍap ダプ⟧ [ɖəpp] (*n.*) ばさっ (本などが床に落ちたり、木や電柱が倒れたりした時の音を表す擬音語) [Ka. onom.]

ಡಬ್ ⟦ḍab ダブ⟧ [ɖəbb] (*n.*) どすん (重いものが落ちた時の音を表す擬音語) [Ka. onom.D3069]

ಡಬ್ಬನೆ ⟦ḍabbane ダッバネ⟧ [ɖəbbəne] *adv.* どすんと (重いものが落ちた時の音を表す擬音語) [Ka. *ḍab* + *-ane* D3069]

ಡಬಡಬ ⟦ḍabaḍaba ダバダバ⟧ [ɖəbəɖəbɐ] (*n.*) どきどき (心臓の動悸を表す擬音語) ¶ ಪತ್ರವನ್ನು ಓದುವಾಗ ಹೃದಯ ಡಬಡಬ ಬಡಿಯಿತು. (patravannu ōduvāga hṛdaya ḍabaḍaba baḍiyitu.) 手紙を読む時心臓が激しく打った。 [Ka. onom.]

ಡಬಡ್ಡಾಳಿಕೆ ⟦ḍabaḍḍāḷike ダバッダーリケ⟧ [ɖəbəɖɖɐːɭike] *n.* 虚飾、見せかけ、偽善、猫被り [Ka.? onom. + *-ike*] = ಡಂಬಾಚಾರ (ḍambācāra)

ಡಬರಿ ⟦ḍabari ダバリ⟧ [ɖəbəri] ಡಬರೆ, ದಬರಿ, ದಬ್ಬರಿ, ದಬ್ಬರೆ *n.* 金属製の寸胴鍋 [⇒図] [Dr.? Te. *ḍabara* cf. H. *ḍabărī* T5528.1]

ಡಬರಿ 寸胴鍋

ಡಬರೆ ⟦ḍabare ダバレ⟧ [ɖəbəre] *n.* [H. *ḍabărī* T5528.1] ☞ಡಬರಿ (ḍabari)

ಡಬಾನ ⟦ḍabāna ダバーナ⟧ [ɖəbɐːnɐ] *n.* [Ka. onom.?] ☞ಡಬಾಣ (ḍabāṇa)

ಡಬ್ಬ ⟦ḍabba ダッバ⟧ [ɖəbbɐ] *n.* **1** 木製や厚紙製の蓋付きの丈夫な箱 **2** 列車の車室あるいは台車 [H. *ḍabbā*]

ಡಬ್ಬಣ ⟦ḍabbaṇa ダッバナ⟧ [ɖəbbəɳɐ] *n.* 小包など荷物の入った大きな袋を縫う大きな針 [Ka.? cf. M. *dābʰaṇa*] = ಡಾಬಳ (ḍābaḷa)

ಡಬ್ಬರೆ ⟦ḍabbare ダッバレ⟧ [ɖəbbəre] *n.* [H. *ḍabrī*?] ☞ಡಬರಿ (ḍabari)

ಡಬ್ಬಳ ⟦ḍabbaḷa ダッバラ⟧ [ɖəbbəɭɐ] *n.* ☞ಡಬ್ಬಣ (ḍabbaṇa)

ಡಬ್ಬಿ ⟦ḍabbi ダッビ⟧ [ɖəbbi] *n.* 木製や厚紙製の蓋付きの丈夫な小型の箱 [H. *ḍabbī*]

ಡಬ್ಬು[1] ⟦ḍabbu ダップ⟧ [ɖəbbu] (*n.*) ぼん、ばん (空箱や太鼓などを叩いた時に出る音を表す擬音語) [Ka. D2947]

ಡಬ್ಬು[2] ⟦ḍabbu ダップ⟧ [ɖəbbu] 《異》 *vt.* [Ka. D3340] ☞ದಬ್ಬು (dabbu)

ಡಬ್ಬು[3] ⟦ḍabbu ダップ⟧ [ɖəbbu] *n.* 虚飾、虚栄、見せかけ [Sk. *dambha-*?]

ಡಬ್ಬುಗಾತಿ ⟦ḍabbugāti ダップガーティ⟧ [ɖəbbŭgɐːti] *f.* 虚栄心の強い女性 [f. of *ḍabbugāra*]

ಡಬ್ಬುಗಾರ ⟦ḍabbugāra ダップガーラ⟧ [ɖəbbŭgɐːrɐ] *m.* 《*f.* ಡಬ್ಬುಗಾತಿ (ḍabbugāti)》 虚栄心の強い人 [*ḍabbu* + *-gāra*]

ಡಬ್ಬೆ[1] ⟦ḍabbe ダッベ⟧ [ɖəbbe] 《異》 *n.* 打つこと (*DEDR*) = ದಬ್ಬೆ (dabbe)[1]

ಡಬ್ಬೆ[2] ⟦ḍabbe ダッベ⟧ [ɖəbbe] *n.* (籠などの材料となる竹などの) 割り枝 [Ka. D3076] ☞ದಬ್ಬೆ (dabbe)[2]

ಡಮ ⟦ḍama ダマ⟧ [ɖəmɐ] (*n.*) 《複合語頭で》 ぽん (ある種の太鼓の音を表す擬音語) [onom. 2949]

ಡಮಡಮ ⟦ḍamaḍama ダマダマ⟧ [ɖəməɖəmɐ] (*n.*) とんとん (ある種の太鼓の音を表す擬音語) [Ka. onom.*D2949]

ಡಮರ ⟦ḍamara ダマラ⟧ [ɖəmərɐ] *n.* 騒ぎ、騒動、暴動 [Sk.]

ಡಮರು ⟦ḍamaru ダマル⟧ [ɖəmŭru] *n.* ダマル (砂時計の形をした鼓) [⇒図] [Sk.]

ಡಮರು ダマル

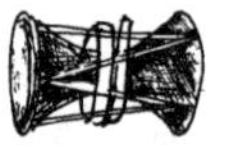

ಡಮರುಕ ⟦ḍamaruka ダマルカ⟧ [ɖəmərŭkɐ] *n.* [Sk.] ☞ಡಮರು (ḍamaru)

ಡಮಾಣ ⟦ḍamāṇa ダマーナ⟧ [ɖəmɐːɳɐ] ಡಮಾನ, ಡಮಾರ, ದಮಾಣ, ದಮಾನ *n.* (ラクダ、馬、牛などの背中の両側に吊した) 対になった大きな太鼓 [Ka. D2949(b)]

ಡಮಾನ ⟦ḍamāna ダマーナ⟧ [ɖəmɐːnɐ] *n.* [Ka.*D2949(b)] ☞ಡಮಾಣ (ḍamāṇa)

ಡಮಾರ ⟦ḍamāra ダマーラ⟧ [ɖəmɐːrɐ] *n.* [Ka. D2949(b)] ☞ಡಮಾಣ (ḍamāṇa)

ಡಯಬೆಟಿಸ್ ⟦ḍayabeṭis ダヤベティス⟧ [ɖəjəbeʈis] *n.* 糖尿病 [Eg. *diabetes*] = ಮಧುಮೇಹ (madʰumēha)

ಡವಡವ ⟦ḍavaḍava ダヴァダヴァ⟧ [ɖəvəɖəvɐ] (*n.*) [onom.] = ಡಬಡಬ (ḍabaḍaba)

ಡವಡವನೆ ⟦ḍavaḍavane ダヴァダヴァネ⟧ [ɖəvəɖəvəne] *adv.* どきどき (心臓の動悸を表す擬音語) と [+ *-ane*]

ಡವಗುಟ್ಟು ⟦ḍavaguṭṭu ダヴァグットゥ⟧ [ɖəvəguʈʈu] *vi.* (心臓が) どきどきする [onom. *ḍavaḍava* + *guṭṭu* < *koḍu*]

ಡವಣೆ ⟦ḍavaṇe ダヴァネ⟧ [ɖəvəɳe] ಢವಣೆ *n.* 戦争に用いる大太鼓 (軍神を祀る寺院でも用いる) [⇒図] [Ka. onom. cf. Te. *ḍaviṇa, ṭʰaviṇe*]

ಡವಣೆ 大太鼓

ಡವಾಲಿ ⟦ḍavāli ダヴァーリ⟧ [ɖəvɐːli] *n.* 制服を着た召し使いがたすきの上や腕に付けるしるし [?]

ಡಾಂಬರು ⟦ḍāmbaru ダーンバル⟧ [ɖɐːmbəru] *n.* (道路建設に使う) アスファルト [H./M. *ḍāmarā*]

ಡಾಂಭಿಕ ⟦ḍāmbʰika ダーンビカ⟧ [ɖɐːmbʰikɐ] *m.* 《*f.* ಡಾಂಭಿಕಳು (ḍāmbʰikaḷu)》 虚栄心の強い人、(富や徳などを) 見せびらかす人 —*n.* 見せびらかし、虚栄 [Sk. *dāmbʰika*]

ಡಾಂಭಿಕತನ ⟦ḍāṃbʰikatana ダーンビカタナ⟧ [ɖɐːbʰikətənɐ] n. (富や徳などの)見せびらかし、虚栄[+ -tana]
ಡಾಕಿನಿ ⟦ḍākini ダーキニ⟧ [ɖɐːkini] f. 戦闘の後に死体を食うと信じられている鬼女[Sk. ḍākinī-]
ಡಾಕ್ ⟦ḍāk ダーク⟧ [ɖɐːk] n. ドック、船渠[Eg. dock]
ಡಾಕ್ಟರು ⟦ḍākṭaru ダークタル⟧ [ɖɐːkʈəru] m. 1 ドクターの称号を持つ人 2 医者[Eg. doctor]
ಡಾಂಗ್ ⟦ḍāṃg ダーング⟧ [ɖɐːŋ] (n.) ごおん(銅鑼を1回鳴らした時の音を表す擬音語)[Ka. onom.]
ಡಾಟ್ ⟦ḍāṭ ダート⟧ [ɖɔːʈŭ] ಡಾಟ್ಟು n. 点、特にコンピューターによる印字の際の画素やドット[Eg. dot]
ಡಾಣಾಡಂಗುರ ⟦ḍāṇāḍaṃgura ダーナーダングラ⟧ [ɖɐːɳɐːɖəŋgurɐ] (n.) ☞ಡಣಾಡಂಗುರ (ḍaṇāḍaṃgura)
ಡಾಮರ¹ ⟦ḍāmara ダーマラ⟧ [ɖɐːmərɐ] n. 1 騒ぎ、騒動、暴動 2 干ばつ、飢饉[Sk.]
ಡಾಮರ² ⟦ḍāmara ダーマラ⟧ [ɖɐːmərɐ] n. (道路建設に使う)アスファルト[H./M. ḍāmarā]
ಡಾಲರ್ ⟦ḍālar ダーラル⟧ [ɖɐːlərŭ] ಡಾಲರು n. ドル[Eg. dollar]
ಡಾಲು ⟦ḍālu ダール⟧ [ɖɐːlu] n. 楯[Sk. ḍʰāla-]
ಡಾಳ ⟦ḍāḷa ダーラ⟧ [ɖɐːɭɐ] n. 1 (ランプのほやを磨いた時のような)輝き、明るさ 2 美しい人や聡明な人などの顔から発する一種の輝き 3 (ランプのほやや金属製の容器などを磨いた時の)輝き 4《古》豪奢、派手さ 5《古》社会の慣習[Sk. dhavala-?]
ಡಾಳಯಿಸು ⟦ḍāḷayisu ダーライス⟧ [ɖɐːɭəĭsu] vi. 1 (ランプのほやや金属の容器などが磨かれて)輝く 2 (美しい人や聡明な人の顔などが)輝く[ḍāḷa + -isu]
ಡಾಳಿಸು ⟦ḍāḷisu ダーリス⟧ [ɖɐːɭĭsu] vt. [ḍāḷa + -isu] ☞ಡಾಳಯಿಸು (ḍāḷayisu)
ಡಿಂಬ¹ ⟦ḍiṃba ディンバ⟧ [ɖimbɐ] 《古》 n. 卵[Sk.]
ಡಿಂಬ² ⟦ḍiṃba ディンバ⟧ [ɖimbɐ] 《古》 n. (人間や動物の)子ども[Sk.]
ಡಿಂಬ³ ⟦ḍiṃba ディンバ⟧ [ɖimbɐ] ಡಿಂಭ《文》 n. 人体、人の体[Sk.]
ಡಿಂಭ ⟦ḍiṃbʰa ディンバ⟧ [ɖimbʰɐ]《文》n. [Sk.] ☞ಡಿಂಬ (ḍiṃba)³
ಡಿಕ್ಕಾ ⟦ḍikkā ディッカー⟧ [ɖikkɐː] n. 衝突、ぶち当たること[Ka. onom.D443]
ಡಿಕ್ಕಿ ⟦ḍikki ディッキ⟧ [ɖikki] n. 衝突、ぶち当たること[Ka. onom.D443]
ಡಿಕ್ಕಿಹೊಡೆ ⟦ḍikkihoḍe ディッキホデ⟧ [ɖikkihoɖe] vi. 衝突する、ぶち当たる ¶ ಕಾರು ಮರಕ್ಕೆ ಡಿಕ್ಕಿ ಹೊಡೆಯಿತು. (kāru marakke ḍikki hoḍeyitu.) 車が木にぶつかった。[+hoḍe]
ಡಿಕ್ರಿ ⟦ḍikri ディクリ⟧ [ɖikri] n. 裁判所の裁定、判決[Eg. decree]
ಡಿಕ್ರಿದಾರ ⟦ḍikridāra ディクリダーラ⟧ [ɖikridɐːrɐ] m. 裁判で自分に有利な判決を受けた人[ḍikri + -dāra]
ಡಿಪೋ ⟦ḍipō ディポー⟧ [ɖipoː] n. 1 貯蔵所、倉庫、商品や車両を送り出す場所 2 …デポ(店名の末尾につけて大規模店であることを示す名称)[Eg. depot]
ಡಿಶ್ಶು ⟦ḍiśśu ディッシュ⟧ [diʃʃu] n. 1 料理を盛る陶磁器や金属製の皿 2 (衛星テレビ用)パラボラ・アンテナ[Eg. dish]
ಡಿಸ್ಪ್ಲೇ ⟦ḍisplē ディスプレー⟧ [ɖispleː] n. 1 (ショーウィンドーなどに)陳列すること、展示 2 (コンピューターなどに使う)ディスプレー[Eg. display]
ಡೀ ⟦ḍī ディー⟧ [ɖiː] n.〔児〕(子どもの遊びで)頭をぶつけ合うこと、頭突き[Ka. onom.D443]
ಡೀಕು ⟦ḍīku ディーク⟧ [ɖiːku] vi. 1 身をかがめて進む ¶ ಗುಹೆಯೊಳಗೆ ಹೋಗುವಾಗ ಡೀಕಿಕೊಂಡು ಹೋಗಬೇಕು. (guheyoḷage hōguvāga ḍīkikoṃḍu hōgabēku.) 洞窟に入る時には身をかがめなければならない。 2 ビー玉遊びで負けた子どもが罰として指の関節で頭を叩かれること[Ka. onom.D443?]
ಡೀಸಲ್ ⟦ḍīsal ディーサル⟧ [ɖiːsəl] n. ディーゼル油、ディーゼル・エンジン用の燃料[Eg. diesel]
ಡುಬರಿ ⟦ḍubari ドゥバリ⟧ [ɖubəri] n. ラクダやインドの牛などのこぶ[? cf. M. ḍubārā]
ಡುಬ್ಬ ⟦ḍubba ドゥッバ⟧ [ɖubbɐ] n. 1 ラクダやインドの牛などのこぶ 2 (せむしの)背中のこぶ 3 こぶ状のもの[Ka. mim.?]
ಡೆಮಿ ⟦ḍemi デミ⟧ [ɖemi] n. デマイ判(紙のサイズ、444 × 564 mm ＝ 17.5×22.5 インチ)[Eg. demi]
ಡುಮ್ಮಿ ⟦ḍummi ドゥンミ⟧ [ɖummi] 《文》 n. ハチの一種 (Bell., U.P.U.) [Ka. D3328]
ಡೆಬ್ಬೆ¹ ⟦ḍebbe デッベ⟧ [ɖebbe] 《方》 n. 打つこと[Ka. D3075] ☞ದಬ್ಬೆ(dabbe)¹
ಡೆಬ್ಬೆ² ⟦ḍebbe デッベ⟧ [ɖebbe] n. (籠などを作るための竹などの) 割り枝、ひご[Ka. D3076] ☞ದಬ್ಬೆ (dabbe)²
ಡೇಕು¹ ⟦ḍēku デーク⟧ [ɖeːku] 《方》 vi. おくびを出す、げっぷを出す (Bell., U.P.U.) [Ka. D3451(a)]
ಡೇಕು² ⟦ḍēku デーク⟧ [ɖeːku] vt. [Ka. D443?] ☞ಡೀಕು (ḍīku)
ಡೇಗು ⟦ḍēgu デーグ⟧ [ɖeːgu] 《方》 vi. おくびを出す、げっぷを出す (Gulb., U.P.U.) [Ka. D3451(a)] ＝ ತೇಗು (tēgu)
ಡೇಗೆ ⟦ḍēge デーゲ⟧ [ɖeːge] n. 鷹や鷲の類の様々な鳥[Ka. D1527]
ಡೇಗೆಕಣ್ಣು ⟦ḍēgekaṇṇu デーゲカンヌ⟧ [ɖeːgekəɳɳu] n. 1 鷹の目、鷲の目 2 鋭い視力、鋭い目[ḍēge + kaṇṇu]
ಡೇರಾ ⟦ḍērā デーラー⟧ [ɖeːrɐː] ಡೇರೆ n. 1 テント 2〔喩〕一時的な住まい ¶ ಎಲ್ಲಿ ನಿಮ್ಮ ಡೇರಾ? (elli nimma ḍērā?) どこに泊まっていらっしゃるのですか。[H. ḍērā T5564]
ಡೇರಾ ಹಾಕು ⟦ḍērā hāku デーラーハーク⟧ [ɖeːrɐː hɐːku] vi. (客が)長居する、なかなか帰らない[+ hāku]

ಡೇರಾ ಹೊಡೆ ⟦ḍērā hoḍe デーラーホデ⟧ [ḍe:rɐ: hoḍe] *vi.* ☞ಡೇರಾ ಹಾಕು (ḍērā hāku)

ಡೇರಿ ⟦ḍēri デーリ⟧ [ḍe:ri] *n.* ☞ಡೈರಿ (ḍairi)²

ಡೇರೆ ⟦ḍēre デーレ⟧ [ḍe:re] *n.* ☞ಡೇರಾ (ḍērā)

ಡೈನಮೋ ⟦ḍainamō ダイナモー⟧ [ḍəinəmo:] *n.* 発電機 [Eg. *dynamo*]

ಡೈನಮೈಟ್ ⟦ḍainamaiṭ ダイナマイト⟧ [ḍəĭnəməĭṭ] *n.* ダイナマイト [Eg. *dynamite*]

ಡೈಮೆಂಡ್ಸಕ್ಕರೆ ⟦ḍaimemḍsakkare ダイメンドサッカレ⟧ [ḍəi meṇḍsəkkɐ̆re] *n.* グラニュー糖 [Eg. *diamond* + *sakkare*]

ಡೈರಿ¹ ⟦ḍairi ダイリ⟧ [ḍəiri] *n.* 日記、日記帳 [Eg. *diary*]

ಡೈರಿ² ⟦ḍairi ダイリ⟧ [ḍəiri] *n.* **1** 搾乳場、バター製造所、チーズ製造所 **2** 酪農品店、牛乳やバターなどを売る店 [Eg. *dairy*]

ಡೊಂಕ ⟦ḍoṃka ドンカ⟧ [ḍoŋkɐ] *n.* **1** 曲がり、カーブ **2** よこしまであること —(*n.*) 曲がった〈こと〉、まっすぐでない〈こと〉[Ka. D2054(a)]

ಡೊಂಕು ⟦ḍoṃku ドンク⟧ [ḍoŋku] *n.* **1** 曲がり、カーブ **2** よこしまであること ¶ ಅವನ ಸ್ವಭಾವದ ಡೊಂಕು ತಿದ್ದಲು ಕಷ್ಟ. (avana svabʰāvada ḍoṃku tiddalu kaṣṭa.) 彼のよこしまな性格を直すのは難しい。 —(*n.*) 曲がった〈こと〉、まっすぐでない〈こと〉 —*vi.* 曲がる [Ka. D2054(a)]

ಡೊಂಗಱ ⟦ḍoṃgaṟa ドンガラ⟧ [ḍoŋgəṟɐ] ಡೊಂಗುಱ, ಡೊಕ್ಕರ, ಡೊಗರು, ಡೊಗಱು, ಡೋಱೆ, ಡೋಱು, ದೊಂಗರ, ದೊಗರು, ದೋಱು《古》*n.* **1** (壁、木の幹、地面などの)うつろ、空洞 **2** (地面の)穴、窪み [Ka.*D2990] ☞ಡೊಗರು (ḍogaru)

ಡೊಂಗುಱ ⟦ḍoṃguṟa ドングラ⟧ [ḍoŋgɐ̆ṟɐ] 《古》*n.* 地面の穴、窪み [Ka. *D2990] ☞ಡೊಗರು (ḍogaru)

ಡೊಂಬ¹ ⟦ḍoṃba ドンバ⟧ [ḍombɐ] *m.* 《*f.* ಡೊಂಬಿತಿ (ḍoṃbiti)》**1** 詐欺師、ペテン師 **2** ヤクシニー(悪鬼の力を借りて行う妖術) **3** 綱渡り師 [Sk. *dambha-*] ☞ದಂಬ (daṃba)

ಡೊಂಬ² ⟦ḍoṃba ドンバ⟧ [ḍombɐ] *mn.* 《*f.* ಡೊಂಬಿತಿ (ḍoṃbiti)》路上でサーカスをするのを職業とするカーストまたはその構成員 [Pk. *ḍoṃba-* T5570] ☞ದೊಂಬ (doṃba)

ಡೊಂಬಿ ⟦ḍoṃbi ドンビ⟧ [ḍombi] *n.* **1** 群衆または暴徒 **2** (小規模の)衝突、せめぎ合い ☞ದೊಂಬಿ (doṃbi)

ಡೊಂಬಿತಿ ⟦ḍoṃbiti ドンビティ⟧ [ḍombiti] *f.* 《*m.* ಡೊಂಬ (ḍoṃba)》**1** 詐欺師、ペテン師 **2** (悪鬼の力を借りて行う)ヤクシニーという妖術を使う女性 [*ḍoṃba*¹ + *-iti*]

ಡೊಂಬು ⟦ḍoṃbu ドンブ⟧ [ḍombu] *n.* ☞ದೊಂಬು (doṃbu)

ಡೊಕ್ಕೆ ⟦ḍokke ドッケ⟧ [ḍokke] *n.* 骨と皮ばかりになるまで痩せた体 [Ka. D2976]

ಡೊಗರು ⟦ḍogaru ドガル⟧ [ḍogɐ̆ru] ಡೊಂಗಱ, ಡೊಂಗುಱ, ಡೊಗಱು, ಡೋಱೆ, ಡೋಱು, ದೊಂಗರ, ದೊಗರು, ದೋಱು *n.* **1** 壁や木の幹のうつろ **2** 地面にできた穴や窪み [Ka. D2990]

ಡೊಗಱು ⟦ḍogaṟu ドガル⟧ [ḍogaṟu] 《古》*n.* [Ka. D2990] ☞ಡೊಗರು (ḍogaru)

ಡೊಗೆ¹ ⟦ḍoge ドゲ⟧ [ḍoge] ಡೊಗೆ *vt.* (手や道具で)〈穴を〉うがつ [Ka. D2990]

ಡೊಗೆ² ⟦ḍoge ドゲ⟧ [ḍoge] *n.* **1** しゃれこうべ **2** 太い竹 [M. *ḍōi*]

ಡೊಗ್ಗಾಲು ⟦ḍoggālu ドッガール⟧ [ḍogggɐ:lu] *n.* ひざまずくこと、ひざまずいた姿勢 [*ḍoggu* + *kālu*]

ಡೊಗ್ಗಾಲಿಕ್ಕು ⟦ḍoggālikku ドッガーリック⟧ [ḍoggɐ:likku] *vi.* **1** ひざまずく **2**〔喩〕屈辱的に振る舞う ¶ ಕಳ್ಳ ಡೊಗ್ಗಾಲಿಕ್ಕಿ ಪೊಲೀಸರಿಗೆ ಕ್ಷಮಿಸಿರಿ ಎಂದು ಬೇಡಿಕೊಂಡ. (kaḷḷa ḍoggālikki polīsarige kṣamisiri eṃdu bēḍikoṃḍa.) 泥棒は土下座して警官に許しを乞うた。[+ *ikku*]

ಡೊಗ್ಗಾಲಿಡು ⟦ḍoggāliḍu ドッガーリドゥ⟧ [ḍoggɐ:liḍu] *vi.* ☞ಡೊಗ್ಗಾಲಿಕ್ಕು (ḍoggālikku)

ಡೊಗ್ಗು ⟦ḍoggu ドッグ⟧ [ḍoggu] *vi.* 屈辱的に[自尊心を捨てて]頭を下げる [? cf. Te. *ḍōgu, ḍōvu*] cf. ಬಗ್ಗು (baggu)

ಡೊಣೆ ⟦ḍoṇe ドネ⟧ [ḍoṇe] *n.* 山の上の岩の間などに水が貯まった池 [Ka. D2716] ☞ದೊಣೆ (doṇe)

ಡೊಣ್ಣೆ¹ ⟦ḍoṇṇe ドンネ⟧ [ḍoṇṇe] *n.* トカゲの一種(体長約 20cm で色は茶系統) [Ka. D3501] = ಓತಿ (ōti)

ಡೊಣ್ಣೆ² ⟦ḍoṇṇe ドンネ⟧ [ḍoṇṇe] *n.* 棍棒 [Ka. D3502]

ಡೊಪ್ಪೆ ⟦ḍoppe ドッペ⟧ [ḍoppe] 《‡》*n.* 木の葉で作った皿や椀 (*My.* (*Kitt.*)) [Ka. D2986] cf. ದೊಪ್ಪೆ (doppe)

ಡೊಬ್ಬು ⟦ḍobbu ドッブ⟧ [ḍobbu] 《‡》*vt.* [Ka. D3340] (*Kitt.,My.*) ☞ದಬ್ಬು (dabbu)

ಡೊಱೆ ⟦ḍoṟe ドレ⟧ [ḍoṟe] 《‡》*n.* うつろ、空洞 (*Kitt.,Si.*) [Ka. D3533]

ಡೊಸಕ್ ⟦ḍosak ドサク⟧ [ḍosək] (*n.*) ぬるっ(泥や真新しい牛糞などを踏んだ時の音を表す擬音語) [onom.] = ತಸಕ್, ತೊಸಕ್, ದೊಸಕ್ (tasak, tosak, dosak)

ಡೊಸಕ್ಕನೆ ⟦ḍosakkane ドサッカネ⟧ [ḍosəkkɐ̆ne] *adv.* ぬるっと [+ *-ane*]

ಡೊಳ್ಳು¹ ⟦ḍoḷḷu ドッル⟧ [ḍoḷḷu] ದೊಳ್ಳು *n.* 出っぱった大きな腹 [Ka. D586] cf. ಟೊಳ್ಳು (ṭoḷḷu)

ಡೊಳ್ಳು² ⟦ḍoḷḷu ドッル⟧ [ḍoḷḷu] *n.* 木の幹や壁のうつろ (*Kitt.,Tĕ, Mhr.*) [Ka. D3528] cf. ಟೊಳ್ಳು, ಪೊಳ್ಳು (ṭoḷḷu, poḷḷu)

ಡೊಳ್ಳೆಗಣ್ಣು ⟦ḍoḷḷegaṇṇu ドッレガンヌ⟧ [ḍoḷḷegəṇṇu] ದೊಳ್ಳೆಗಣ್ಣು《古》*n.* 目玉のない眼窩 [*ḍoḷḷu* + *kaṇṇu*]

ಡೋಣಿ ⟦ḍōṇi ドーニ⟧ [ḍo:ṇi] *n.* 岩石の間に自然にできた小さな池 [Ka. *D2716] ☞ದೊಣೆ (doṇe)

ಡೋಣಿ¹ ⟦ḍōṇi ドーニ⟧ [ḍo:ṇi] 《‡》*n.* 棍棒 [Ka. D3502] (*Kitt.,C.*)

ಡೋಣಿ² ⟦ḍōṇi ドーニ⟧ [ḍo:ṇi] 《方》*n.* 舟、小船 (NK) [?]

ಡೊಣೆ ⟦ḍoṇe ドネ⟧ [ḍoɳe] 《古》 *n.* 矢筒、箙(えびら) [Dr./Pk. *tōṇa*- Sk. *tūṇa*-] ☞ತೊಣೆ (toṇe)[2]

ಡೋಬಿ ⟦ḍōbi ドービ⟧ [ḍo:bi] 《異》 *mf.* [H. *ḍʰōbī* *C6886] ☞ಧೋಬಿ (dʰōbi)

ಡೋಲಿ ⟦ḍōli ドーリ⟧ [ḍo:li] *n.* 駕籠(かご)、担架[⇒図] [H. *ḍōlī* T6582]

ಡೋಲಿ 駕籠

ಡೋಲು ⟦ḍōlu ドール⟧ [ḍo:lu] ಡೊಳ್ಳು, ಡೋಳು, ಢೋಲು, ದೋಲು, ದೋಳು *n.* 手やばちで打つビヤ樽型の太鼓の一種[⇒図] [Sk. *ḍʰōla*-]

ಡೋಹ ⟦ḍōha ドーハ⟧ [ḍo:hɐ] 《‡》 *m.* 《*f.* ಡೋಹತಿ (dōhati)》 [? cf. M. *ḍohară*] (*Mr.381* (*Kitt.*)) ☞ಡೋಹರ (dōhara)

ಡೋಹರ ⟦ḍōhara ドーハラ⟧ [ḍo:hərɐ] ಡೋಹ, ಡೋಹರ. ಡೋಹಾರ, ಢೋರ 《古》 *m.* 《*f.* ಡೊಹರಿತಿ (ḍohariti)》 動物の死体を処理し革製品を作るカーストに属する人 [? cf. M. *ḍohară*]

ಡೋಲು 太鼓

ಡೋಳಿ ⟦ḍōḷi ドーリ⟧ [ḍo:ɭi] *n.* **1** 昔人を運んだ担い籠 **2** 死人や病人を運ぶ屋根付きの担架(ムスリムがよく用いる) [H.]

ಡೋಱಿ ⟦ḍōṟi ドーリ⟧ [ḍo:ṟi] 《古》 *n.* 地面にできた穴や窪み [Ka. *D2990] ☞ಡೊಗರು (ḍogaru)

ಡೋಱು ⟦ḍōṟu ドール⟧ [ḍo:ṟu] 《古》 *n.* 壁や木の幹のうつろ [Ka. *D2990] ☞ಡೊಗರು (ḍogaru)

ಡೊಗರು ⟦ḍogaru ドガル⟧ [ḍogəru] ಡೊಂಗಱು, ಡೊಂಗುಱು, ಡೊಗಱು, ಡೋಱಿ, ಡೋಱು, ದೊಂಗರ, ದೊಗರು, ದೋಱು *n.* **1** 壁や木の幹のうつろ **2** 地面にできた穴や窪み [Ka. D2990]

ಡೌಲು ⟦ḍaulu ダウル⟧ [ḍəulu] *n.* **1** 威厳を見せること、偉そうにすること **2** 豪華、華麗、盛大 ¶ ಅವನ ಮದುವೆ ಡೌಲಾಗಿ ನಡೆಯಿತು. (avana maduve ḍaulāgi naḍeyitu.) 彼の結婚式は豪勢に行われた。 **3** 虚飾、虚栄 [H./M. *ḍaulă*]

ಡ್ರಮ್ಮು ⟦ḍrammu ドランム⟧ [ḍrəmmu] *n.* **1** ドラム、(西洋音楽の)太鼓 **2** ドラム缶 [Eg. *drum*] = ಪೀಪಾಯಿ (pīpāyi)

ಡ್ರಿಲ್ಲು ⟦ḍrillu ドリッル⟧ [ḍrillu] *n.* **1** ドリル(人力や力学や電力で回転させて穴を開ける道具) **2** 体操;スポーツなどの訓練や練習やトレーニング [Eg. *drill*]

ಡ್ರೈವರು ⟦ḍraivaru ドライヴァル⟧ [ḍrəĭvəru] ಡ್ರೈವರ್ *mf.* (乗用車、バス、トラックなど三輪または四輪の自動車の)運転手、運転者、ドライバー [Eg. *driver*]

ಢ

ಢ ⟦ḍʰa ダ⟧ [ḍʰɐ] *n.* カンナダその他のインド系の文字体系で音素の連続 /ḍʰa/ を表す文字 [Ø]

ಢತ್ವ ⟦ḍʰatva ダトヴァ⟧ [ḍʰət·vɐ] *n.* カンナダその他のインド系の文字で音素の連続 /ḍʰa/ を表す文字 [Sk.]

ಢಕಲ್ಪಟ್ಟಿ ⟦ḍʰakalpaṭṭi ダカルパッティ⟧ [ḍʰəkəlpəʈʈi] ಢಕಲಪಟ್ಟಿ, ದಕಲುಪಟ್ಟಿ, ಧಕಲ್ಪಟ್ಟಿ *n.* **1** (なすべきことを)1日ずつ先延ばしすることや互いに押しつけ合うこと ¶ ಕಾರ್ಪೋರೇಶನ್ನವರು ಢಕಲ್ಪಟ್ಟಿ ಮಾಡುತ್ತಾ ಇದ್ದಾರೆ. (kārpōrēśannavaru ḍʰakalpaṭṭi māḍuttā iddāre.) 市当局の人たちはいつも物事を先送りする。 **2** 困難や逆境の中でどうにかこうにか(時間を)過ごすこと ¶ ಮಗ ಕೆಲಸ ಇಲ್ಲದೆ ಮನೆಯಲ್ಲಿ ಕುಳಿತು ಢಕಲ್ಪಟ್ಟಿ ಮಾಡುತ್ತಿದ್ದಾನೆ. (maga kelasa illade maneyalli kuḷitu ḍʰakalpaṭṭi māḍuttiddāne.) 息子は職がなくて家でぶらぶらして時を過ごしている。 [M. *ḍʰakalăpaṭṭī* < *ḍʰalakăṇē* + *paṭṭī*]

ಢಕಲಾಯಿಸು ⟦ḍʰakalāyisu ダカラーイス⟧ [ḍʰəkəlɐ:jĭsu] *vt.* 〈人間、家具、車などを〉押す [M. *ḍʰakalăṇē* + *-isu*]

ಢಕಾಯಿತ ⟦ḍʰakāyita ダカーイタ⟧ [ḍʰəkɐ:jĭtɐ] *m.* 《*f.* ಢಕಾಯಿತಳು (ḍʰakāyitaḷu)》 (集団による)強盗、追い剥ぎ [H. *ḍakait* T5543] ☞ಡಕಾಯಿತ (ḍakāyita)

ಢಕಾಯಿತಿ ⟦ḍʰakāyiti ダカーイティ⟧ [ḍʰəkɐ:jiti] *n.* (集団による) 強盗、追い剥ぎ [H. *ḍakaitī* *C5543] ☞ಡಕಾಯಿತಿ (ḍakāyiti)

ಢಕಾರ ⟦ḍʰakāra ダカーラ⟧ [ḍʰəkɐ:rɐ] *n.* カンナダその他のインド系文字体系で音素 /ḍʰa/ を表す文字 [Sk.]

ಢಕ್ಕೆ ⟦ḍʰakke ダッケ⟧ [ḍʰəkke] *n.* (馬の背に積まれる)1対の大型の太鼓(戦争などで用いる) [H. *ḍʰakkā* T6701] ☞ಡಕ್ಕೆ (ḍakke)

ಢಗೆ ⟦ḍʰage ダゲ⟧ [ḍʰəge] *n.* 熱 [? cf. M. *ḍʰakă*「熱」] ☞ದಗೆ (dage)[1]

ಢಣ ⟦ḍʰaṇa ダナ⟧ [ḍʰəɳɐ] (*n.*) 《複合語頭で》 [onom.] ☞ಡಣ (ḍaṇa)

ಢಣಢಣ ⟦ḍʰaṇaḍʰaṇa ダナダナ⟧ [ḍəʰɳəḍəʰɳɐ] (*n.*) [onom.] ☞ಡಣಡಣ (ḍaṇaḍaṇa)

ಢಣಢಣಿಸು ⟦ḍʰaṇaḍʰaṇisu ダナダニス⟧ [ḍəɳəḍəɳĭsu] *vi.* [*ḍʰaṇaḍʰaṇa* + *-isu*] ☞ಡಣಡಣಿಸು (ḍaṇaḍaṇisu)

ಢಣಲ್ ⟦ḍʰaṇal ダナル⟧ [ḍʰəɳəl] 《‡》 (*n.*) どん(銅鑼を打つ音を表す擬音語) (*DEDR*) [Ka.D2944]

ಢೊಣೆ ⟦ḍʰoṇe ドネ⟧ [ḍʰoɳe] *n.* 岩石の間に自然にできた小さな池 [Ka. *D2716] ☞ದೊಣೆ (doṇe)

ಢಿಕ್ಕಿ ⟦ḍʰikki ディッキ⟧ [ḍʰikki] *n.* (自動車などの)衝

突、(動物の)頭突き [Ka. onom.] = ಡಿಕ್ಕಿ (ḍikki)

ಢೋಂಗಿ ⟦ḍʰōṃgi ドーンギ⟧ [ɖʰoːŋgi] *n.* 自慢、法螺 [H./M. *ḍʰõgā*]

ಢೋಂಗಿ ಹೊಡೆ ⟦ḍʰōṃgi hoḍe ドーンギホデ⟧ [ɖʰoːŋgi hoɖe] *vi.* 自慢する、法螺を吹く [+ *hoḍe*]

ಢೋಕಾ ⟦ḍʰōkā ドーカー⟧ [ɖʰoːkɐː] *n.* 欺瞞、詐術 [H. *dʰōkʰā* T6894] ☞ಧೋಕಾ (dʰōkā)

ಢೋರ ⟦ḍʰōra ドーラ⟧ [ɖʰoːrɐ] *m.* ☞ಡೋಹರ (ḍōhara)

ಢೋಲು ⟦ḍʰōlu ドール⟧ [ɖʰoːlu] *n.* 手やばちで打つビヤ樽型の太鼓の一種 [Sk. *ḍhaula-*] = ಡೋಲು (ḍōlu)

ಣ

ಣ ⟦ṇa ナ⟧ [ɳəˑ] *n.* カンナダその他のインド系言語において音素の連続 /ṇa/, またはカンナダその他のインド系の文字体系でそれを表す文字 [Ø]

ಣಕಾರ ⟦ṇakāra ナカーラ⟧ [ɳəkɐːrɐ] *n.* カンナダその他のインド系の文字で音素の連続 /ṇa/ を表す文字 [Sk.]

ಣತ್ವ ⟦ṇatva ナトヴァ⟧ [ɳətˑvɐ] *n.* カンナダその他のインド系の文字で音素の連続 /ṇa/ を表す文字 [Sk.]

ತ

ತ ⟦ta タ⟧ [təˑ] *n.* カンナダその他のインド系言語で音素の連続 /ta/ またはそれを表す文字

–ತ ⟦-ta -タ⟧ [tɐ] *suf.* 動詞語根から名詞を作る接尾辞 ¶ ಕಡೆತ (kaḍeta) (バターを取るために)牛乳をかき混ぜること [Ka.]

ತಂಗಡಿ ⟦taṃgaḍi タンガディ⟧ [təŋgəɖi] 《古》 *n.* ジャケツイバラ科の低木 ⇀ 薬 (*My.* (*Kitt.*)) [Ka. *D2444] *[IMP 2.7]

ತಂಗಳ ⟦taṃgaḷa タンガラ⟧ [təŋgəɭɐ] 《‡》 *n.* 冷や飯、冷めたご飯 (*My.* (*Kitt.*)) [Ka. *taṇ* D3045 + *kūṟ* D1911]

ತಂಗಳು ⟦taṃgaḷu タンガル⟧ [təŋgəɭu] ತಂಗಱ್, ತಂಗುಳು, ತಂಗುಱ್, ತಂಗೂಳು, ತಂಗೂಱ್, ತಣ್ಣೂಳ್, ತಣ್ಣೂಱ್ 《文》 *n.* **1** 冷めた食べ物、冷えてまずくなった食べ物 **2** 〔喩〕古くて役に立たないもの、古くて魅力を失ったもの ¶ ಬಂಡವಾಳಶಾಹಿ ಶೋಷಣೆ ಎಂಬುದು ಈಗ ತಂಗಳು ಮಾತು. (baṃḍavāḷaśāhi śōṣaṇe eṃbudu īga taṃgaḷu mātu.) 「資本主義は搾取だ」というのは今や陳腐な表現となっている。 [Ka. *taṇ* D3045 + *kūṟ* D1911]

ತಂಗಱ್ ⟦taṃgaṟ タンガル⟧ [təŋgəɻɐ] 《古》 *n.* 冷や飯、冷めたご飯 [Ka. *taṇ* D3045 + *kūṟ* D1911] ☞ತಂಗುಳು (taṃguḷu)

ತಂಗಾಳಿ ⟦taṃgāḷi タンガーリ⟧ [təŋgɐːɭi] 《文》 *n.* 涼しい風、涼しいそよ風 [Ka. *taṇ* D3045 + *gāḷi*] ಸೂಸುಗಾಳಿ (sūsugāḷi)〔口〕

ತಂಗಿ ⟦taṃgi タンギ⟧ [təŋgi] ತಂಗಿ *f.* 《*pl.* ತಂಗಿಯರು (taṃgiyaru)》 **1** 妹(自分より年下の女性のいとこにも用いる) **2** (妹と同年代にあたる)女性に対して親しみを込めて呼びかける言葉 [Ka. D3015]

ತಂಗು ⟦taṃgu タング⟧ [təŋgu] *vi.* 留まる、逗留する、泊まる [Ka. D3014]

ತಂಗುದಾಣ ⟦taṃgudāṇa タングダーナ⟧ [təŋgudɐːɳɐ] 《文》 *n.* 泊まり場所、宿泊所 [*taṃgu* + *tāṇa*]

ತಂಗುಳು ⟦taṃguḷu タングル⟧ [təŋguɭu] 《古》 *n.* **1** 冷や飯、冷めたご飯 **2** 冷めた食べ物、冷めてまずくなった食べ物 [Ka. *taṇ* D3045 + *kūṟ* D1911]

ತಂಗುಱ್ ⟦taṃguṟ タングル⟧ [təŋguːɻ] 《古》 *n.* 冷や飯、冷めてまずくなった食べ物 [Ka. *taṇ* D3045 + *kūṟ* D1911]

ತಂಗೂಳು ⟦taṃgūḷu タングール⟧ [təŋguːɭu] 《古》 *n.* [Ka. *taṇ* D3045 + *kūṟ* D1911] ☞ತಂಗುಳು, ತಂಗಳು (taṃguḷu, taṃgaḷu)

ತಂಗೂಱ್ ⟦taṃgūṟ タングール⟧ [təŋguːɻ] 《古》 *n.* 冷や飯、冷めてまずくなった食べ物 [Ka. *taṇ* D3045 + *kūṟ* D1911] ☞ತಂಗುಳು (taṃguḷu)

ತಂಗೆ ⟦taṃge タンゲ⟧ [təŋge] 《古》 *f.* 《*pl.* ತಂಗಿಯರು (taṃgiyaru)》 **1** 妹(自分より年下の女性のいとこにも用いる) **2** (妹と同年代にあたる)女性に対して親しみを込めて呼びかける言葉 [Ka. D3015] ☞ತಂಗಿ (taṃgi)〔汎〕

ತಂಗೇಡಿ ⟦taṃgēḍi タンゲーディ⟧ [təŋgeːɖi] 《‡》 *n.* ジャケツイバラ科の低木(薬用) (*My.* (*Kitt.*)) [Ka. D2444] ☞ತಂಗಡಿ (taṃgaḍi)〔汎〕

ತಂಚಾವಂಚ ⟦taṃcāvaṃca タンチャーヴァンチャ⟧ [təɲʧɐːvəɲʧɐ] 《古》 *n.* [?] ☞ತೊಂಚವಂಚ (toṃcavaṃca)

ತಂಟಲಮಾರಿ ⟦tamṭalamāri タンタラマーリ⟧ [tən̪ʈələmɐːri] *f.* 1 村の女神 2 尻軽な女性、身持ちの悪い女性 [*tamṭe* + *-alu* + *māri*] ☞ತಂಟಲುಮಾರಿ (tamṭalumāri)

ತಂಟಲುಮಾರಿ ⟦tamṭalumāri タンタルマーリ⟧ [tən̪ʈəlŭmɐːri] ತಂಟಲಮಾರಿ *mf.* つまらないことで喧嘩する人、喧嘩好きな人 [*tamṭe* + *-alu* + *māri*]

ತಂಟೆ ⟦tamṭe タンテ⟧ [tən̪ʈe] *n.* 1 (つまらない)喧嘩、争い 2 わずらわしさ、面倒なこと ¶ ಮಂತ್ರಿಪದವಿಯ ತಂಟೆಯೇ ಬೇಡ. (mamtripadaviya tamṭeyē bēḍa.) 大臣の地位のわずらわしさは御免だ。¶ ನನಗೆ ಅವನ ಮದುವೆಯ ತಂಟೆ ಇಲ್ಲ. (nanage avana maduveya tamṭe illa.) 私はあの子の結婚のことで心配する必要がない。 3 関心、利害関係 ¶ ಒಮರನ ತಂಟೆಗೆ ಹೋಗಬೇಡ. (omarana tamṭege hōgabēḍa.) オマルと付き合うな。◇ *vi.* —ಮಾಡು (māḍu) 面倒を起こす [H. *ṭamṭā*, M. *tamṭā* <? T5442]

ತಂಟೆಕೋರ ⟦tamṭekōra タンテコーラ⟧ [tən̪ʈekoːrɐ] *m.* 《*f.* ತಂಟೆಕೋರಳು (tamṭekōraḷu)》(つまらないことで)厄介を起こす人 [*tamṭe* + *-kōra*]

ತಂಟೆಗಾರ ⟦tamṭegāra タンテガーラ⟧ [tən̪ʈegɐːrɐ] *m.* 《*f.* ತಂಟೆಗಾರ್ತಿ (tamṭegārti)》(つまらないことで)厄介を起こす人 [*tamṭe* + *-kāra*]

ತಂಡ ⟦tamḍa タンダ⟧ [tən̪ɖɐ] ತಂಡು *n.* (スポーツなどの)チーム、(軍の)隊 [Ka. D3055]

ತಂಡಕಾಱ ⟦tamḍakāṟa タンダカーラ⟧ [tən̪ɖəkɐːrɐ] 《‡》 *m.* 《*f.* ತಂಡಕಾೞ್ತಿ (tamḍakāṟti)》(…を)多く持っている人 (*Bp.38,25 (Kitt.)*) [Ka. D3054]

ತಂಡವಾಳ ⟦tamḍavāḷa タンダヴァーラ⟧ [tən̪ɖəʋɐːɭɐ] ತಾಂಡವಾಳ 《古》 *n.* 鋳造用の(炭素や珪素を混ぜた)鉄 [Ka. D3050]

ತಂಡಸ ⟦tamḍasa タンダサ⟧ [tən̪ɖə̆sɐ] *n.* [Pt. *tenaz*] ☞ತಂಡಸು (tamḍasu)

ತಂಡಸಿ ⟦tamḍasi タンダシ⟧ [tən̪ɖə̆si] 《異》 *n.* [Pt. *tenaz*] ☞ತಂಡಸು (tamḍasu)

ತಂಡಸು ⟦tamḍasu タンダス⟧ [tən̪ɖə̆sɐ] ತಂಡಸ, ತಂಡಸಿ, ತಡಸೆ, ತಾಂಡಸ *n.* ものをつかむU字型の道具(火ばさみなど) [Pt. *tenaz*] = ಇಕ್ಕಳ, ಚಿಮಟ (ikkaḷa, cimaṭa) 〔汎〕

ತಂಡಸೆ ⟦tamḍase タンダセ⟧ [tən̪ɖə̆se] 《異》 *n.* [Pt. *tenaz*] ☞ತಂಡಸು (tamḍasu)

ತಂಡುಲ ⟦tamḍula タンドゥラ⟧ [tən̪ɖulɐ] ತಂಡುಳ 《文》 *n.* 1 (精米した生の)米 = ಅಕ್ಕಿ (akki) 2 蓮の実 [Sk.]

ತಂಡುಳ ⟦tamḍuḷa タンドゥラ⟧ [tən̪ɖuɭɐ] 《古》 *n.* [Sk.] ☞ತಂಡುಲ (tamḍula) 1

ತಂಡೆ ⟦tamḍe タンデ⟧ [tən̪ɖe] 《古》 *n.* 1 足首につける銀製の女性用足輪 2 牛の首にかける色とりどりの糸で作った帯 [Ka. D3049]

ತಂಡೇಲ್ ⟦tamḍēl タンデール⟧ [tən̪ɖeːl] 《‡》 *mf.* 小舟の持ち主 (*My. (Kitt.)*) [Ka. D3049]

ತಂಡೇಲ ⟦tamḍēla タンデーラ⟧ [tən̪ɖeːlɐ] *m.* 小舟の持ち主 [Ka. *D3049]

ತಂತಿ ⟦tamti タンティ⟧ [tənti] *n.* 1 紐、(弓の)弦、(楽器の)弦 2 金属の線、電線 3 電信、電報 4 弦楽器 [Sk. *tamti-*, *tamtrī-*]

ತಂತಿಕಂಬ ⟦tamtikamba タンティカンバ⟧ [tantikəmbɐ] *n.* 電信棒 [+ *kamba*]

ತಂತಿಕಚೇರಿ ⟦tamtikacēri タンティカチェーリ⟧ [təntikəʧeːri] *n.* 電報局 [+ *kacēri*]

ತಂತಿಕೊಡು ⟦tamtikoḍu タンティコドゥ⟧ [təntikoɖu] *vi.* 電報を打つ [+ *koḍu*]

ತಂತಿಜಾಲರಿ ⟦tamtijālari タンティジャーラリ⟧ [təntiʤɐːləri] *n.* 金網 [+ *jālari*]

ತಂತಿವರ್ಗಾವಣೆ ⟦tamtivargāvaṇe タンティヴァルガーヴァネ⟧ [təntivərgɐːʋə̆ɳe] *n.* 電信振替 [*tamti* + *vargāvaṇe*]

ತಂತಿವಾದ್ಯ ⟦tamtivādya タンティヴァーディャ⟧ [təntivɐːdʲjɐ] *n.* 弦楽器 [*tamti* + *vādya*]

ತಂತಿವಾರ್ತೆ ⟦tamtivārte タンティヴァールテ⟧ [təntivɐːrte] *n.* 電文、電報の文 [*tamti* + *vārte*]

ತಂತು[1] ⟦tamtu タントゥ⟧ [təntu] *n.* 1 (天然あるいは合成の)繊維 2 絆、つながり、関係 ¶ ಅವರಿಬ್ಬರ ಸ್ನೇಹದ ತಂತು ಕಡಿದುಹೋಯಿತು. (avaribbara snēhada tamtu kaḍiduhōyitu.) 彼ら二人の友情の絆が切れてしまった。 [Sk. *tamtu-/tamti-*]

ತಂತು[2] ⟦tamtu タントゥ⟧ [təntu] *n.* 計略、策略 [Sk. *tamtu-*]

ತಂತುರ ⟦tamtura タントゥラ⟧ [təntŭrɐ] 《古》 *n.* 計略、策略 [Sk. *tamtra-*] ☞ತಂತ್ರ (tamtra) 〔汎〕

ತಂತ್ರ ⟦tamtra タントラ⟧ [təntrɐ] *n.* 1 計略、策略 2 ペテン、表裏のある行動 3 (製造などの)技術 4 行政(権)、統治(権) [Sk.]

ತಂತ್ರಗಾರ ⟦tamtragāra タントラガーラ⟧ [təntrə̆gɐːrɐ] *m.* 《*f.* ತಂತ್ರಗಾರ್ತಿ (tamtragārti)》策略家、ペテン師 [*tamtra* + *-gāra*]

ತಂತ್ರಗಾರಿಕೆ ⟦tamtragārike タントラガーリケ⟧ [təntrə̆gɐːrĭke] *n.* 狡猾さ、悪知恵を使うこと [*tamtragāra* + *-ike*]

ತಂತ್ರಜ್ಞಾನ ⟦tamtrajñāna タントラジュニャーナ⟧ [təntrə̆ɟɲɐːnɐ] *n.* 技術、工業技術、産業技術 [Sk.]

ತಂತ್ರಲಿಪಿ ⟦tamtralipi タントラリピ⟧ [təntrə̆lipi] *n.* 暗号 [Sk.]

ತಂತ್ರಶಾಸ್ತ್ರ ⟦tamtraśāstra タントラシャーストラ⟧ [təntrə̆ʃɐːstrɐ] *n.* 1 礼拝のためや超自然的な力を得るための呪文を教える学問 2 力学、機械学 [Sk.]

ತಂತ್ರಿ[1] ⟦tamtri タントリ⟧ [təntri] *mf.* ペテン師、策略家 [Sk.]

ತಂತ್ರಿ[2] ⟦tamtri タントリ⟧ [təntri] *n.* 弦楽器 [Sk.]

ತಂದನತಾನ ⟦tamdanatāna タンダナターナ⟧ [təndənətɐːnɐ] *snt.* [Ka. D3066] (*My.(Kitt.)*) ☞ತಂದಾನತಾನ (tamdānatāna)

ತಂದನೋತಾನಿ ⟦tamdanōtāni タンダノーターニ⟧ [təndə̆noːtɐːni] *snt.* 民謡で用いられる反復句の一つ [Ka. *D3066] ☞ತಂದಾನತಾನ (tamdānatāna)

ತಂದನಾನ ⟦taṃdanāna タンダナーナ⟧ [təndənɐ:nɐ] 《‡》 *snt.* [Ka. D3066] (*My.(Kitt.)*) ☞ತಂದಾನತಾನ (taṃdānatāna)

ತಂದನ್ನತಾ ⟦taṃdannatā タンダンナター⟧ [təndənnətɐ:] 《古》 *snt.* [Ka. *D3066] ☞ತಂದಾನತಾನ (taṃdānatāna)

ತಂದಾನತಾನಾನ ⟦taṃdānatānāna タンダーナターナーナ⟧ [təndɐ:nətɐ:nɐ:nɐ] *snt.* 民謡で用いられる反復句の一つ [Ka. D3066] ☞ತಂದಾನತಾನ (taṃdānatāna)

ತಂದಾನತಾನ ⟦taṃdānatāna タンダーナターナ⟧ [təndɐ:nətɐ:nɐ] ತಂದನತಾನ, ತಂದನಾನ, ತಂದನೋತಾನಾನಿ, ತಂದನ್ನತಾ, ತಂದಾನತಾನಾನ, ತಾಮನಿತಾನೊ *snt.* 民謡で用いられる反復句の一つ [Ka. D3066]

ತಂದು ⟦taṃdu タンドゥ⟧ [təndu] 《口》 *pron.n.* 彼のもの、彼女のもの、それ自身のもの [Ka. < *tanadu* D3196] ☞ತನತು (tanatu)

ತಂದೆ ⟦taṃde タンデ⟧ [tənde] *m.* 《*pl.* ತಂದೆಯಂದಿರು (taṃdeyaṃdiru)》 1 父親、父 2《古》尊敬と親しみをもって年長の男性に呼びかける言葉 [Ka. D3067] = ಅಪ್ಪ (appa)〔口〕

ತಂಪು ⟦taṃpu タンプ⟧ [təmpu] ತಣ್ಪು *n.* 1 冷たいこと、涼しいこと 2 日陰 3 満足、満ち足りたこと [Ka. < *taṇipu* D3045]

ತಂಪುಕಣ್ಣಡಕ ⟦taṃpukaṇṇaḍaka タンプカンナダカ⟧ [təmpukəɳɳəɖə̆kɐ] 《文》 *n.* サングラス [*taṃpu* + *kaṇṇaḍaka*]

ತಂಬಟ ⟦taṃbaṭa タンバタ⟧ [təmbə̆ʈɐ] 《古》 *n.* [Ka. D3082] ☞ತಮಟೆ (tamaṭe)

ತಂಬಟೆ ⟦taṃbaṭe タンバテ⟧ [təmbə̆ʈe] 《古》 *n.* [Ka. D3082] ☞ತಮಟೆ (tamaṭe)

ತಂಬಾಕು ⟦taṃbāku タンバーク⟧ [təmbɐ:ku] *n.* タバコ、タバコの葉、刻みタバコ [Pe. *tanbākū* ← Sp. *tobacco*] = ಹೊಗೆಸೊಪ್ಪು (hogesoppu)

ತಂಬಿಗೆ ⟦taṃbige タンビゲ⟧ [təmbĭge] *n.* 水などを入れる金属製の小さな壺 [Ka. D2775] = ಚೆಂಬು (ceṃbu)

ತಂಬಿಟ್ಟು ⟦taṃbiṭṭu タンビットゥ⟧ [təmbiʈʈu] *n.* 米の粉に黒砂糖や牛乳などを混ぜて団子にした菓子 [Ka. D3084]

ತಂಬು[1] ⟦taṃbu タンブ⟧ [təmbu] 《‡》 *n.* (心地よい)冷たさ、涼しさ (*DEDR*) [Ka. D3045]

ತಂಬು[2] ⟦taṃbu タンブ⟧ [təmbu] *n.* テント [Pe. *tambū*]

ತಂಬುಗೆ ⟦taṃbuge タンブゲ⟧ [təmbŭge] 《希》 *n.* 水などを入れる金属製の小さな壺 [Ka. D2775] = ಚೆಂಬು (ceṃbu)

ತಂಬುಲ ⟦taṃbula タンブラ⟧ [təmbulɐ] *n.* (めでたい行事の参加者に配られる)キンマの葉とビンロウジュの実 [Sk. *tāṃbūla*- T5776]

ತಂಬುರಿ ⟦taṃburi タンブリ⟧ [təmbŭri] *n.* [Pe. *tanbūrā*] ☞ತಂಬೂರಿ (taṃbūri)

ತಂಬೂ ⟦taṃbū タンブー⟧ [təmbu:] *n.* テント [Pe. *tambū*] ☞ತಂಬು (taṃbu)

ತಂಬೂರ ⟦taṃbūra タンブーラ⟧ [təmbu:rɐ] ತಂಬುರಿ *n.* [Pe. *tanbūrā*] ☞ತಂಬೂರಿ (taṃbūri)

ತಂಬೂರಿ ⟦taṃbūri タンブーリ⟧ [təmbu:ri] ತಂಬುರಿ, ತಂಬೂರ *n.* タンブーラ(弦が4本ある撥弦楽器の一種) [Pe. *tanbūrā*]

ತಕತಕ ⟦takataka タカタカ⟧ [təkə̆təkɐ] (*n.*) ぱたぱた(跳ね回る音を表す擬音語) [Ka. onom. D2992]

ತಕತಕನೆ ⟦takatakane タカタカネ⟧ [təkətəkə̆ne] *adv.* ぱたぱたと(跳ね回る様子を示す) [+ *-ne*]

ತಕಪಕ ⟦takapaka タカパカ⟧ [təkə̆pəkɐ] (*n.*) 1 ぱかぱか(跳ね回る音を表す擬音語) 2 ごぼごぼ(沸き上がる海水や沸騰する湯の様子などを表す擬態語) [Ka. onom. D2992]

ತಕಪಕನೆ ⟦takapakane タカパカネ⟧ [təkə̆pəkə̆ne] *adv.* ぱかぱかと、ごぼごぼと [+ *-ane* onom. D2992]

ತಕರಾರ್ ⟦takarār タカラール⟧ [təkə̆rɐ:r] *n.* 1 論争、論議 2 反対、異議、非難 [Ar. *takrār*] ☞ತಕರಾರು (takarāru)

ತಕರಾರು ⟦takarāru タカラール⟧ [təkə̆rɐ:ru] ತಕರಾರ್, ತಕರಾಲು, ತಕ್ರಾರ, ತಕ್ರಾರು *n.* 1 論争、論議 ¶ ಜಮೀನಿನ ಬಗ್ಗೆ ತಕರಾರು ಆಗುತ್ತಾ ಬಂದಿದೆ. (jamīnina bagge takarāru āguttā baṃdide.) 農地に関してずっと争いがあった。 2 反対、異議、非難 ¶ ನಿಮ್ಮ ಪ್ರಸ್ತಾಪದ ಬಗ್ಗೆ ನಮಗೆ ತಕರಾರು ಏನೂ ಇಲ್ಲ. (nimma prastāpada bagge namage takarāru ēnū illa.) 私たちはご提案に対してまったく異議がありません。 3 不服、不服の申し立て ¶ ಇದರ ಬಗ್ಗೆ ತಕರಾರಿದ್ದರೆ ಈತಿಂಗಳು 30ನೇ ತಾರೀಖಿನ ಒಳಗಾಗಿ ಸಲ್ಲಿಸಬೇಕು. (idara bagge takarāriddare ītiṃgaḷu 30nē tārīkʰina oḷagāgi sallisabēku.) これに対して異議がおありでしたら今月の30日までにお申し出ください。 [Ar. *takrār*]

ತಕರಾಲು ⟦takarālu タカラール⟧ [təkə̆rɐ:lu] 《口》 *n.* 1 論争、論議 2 反対、異議、非難 [Ar. *takrār*] ☞ತಕರಾರು (takarāru)

ತಕಲೀಪು ⟦takalīpu タカリープ⟧ [təkə̆li:pu] *n.* 困難、難儀 [Ar. *taklīf*]

ತಕಶೀರು ⟦takaśīru タカシール⟧ [təkə̆ʃi:ru] *n.* [Ar. *taqsīr*] ☞ತಕ್ಸೀರು (taksīru)

ತಕಾರ ⟦takāra タカーラ⟧ [təkɐ:rɐ] *n.* カンナダその他のインド系言語で /ta/ を表す文字 [Sk.]

ತಕಾವಿ ⟦takāvi タカーヴィ⟧ [təkɐ:vi] *n.* 農業者用の貸付金 [Ar. *taqāvin*] = ತಕಾವಿಸಾಲ (takāvisāla)

ತಕಾವಿಸಾಲ ⟦takāvisāla タカーヴィサーラ⟧ [təkɐ:visɐ:lɐ] *n.* 農業者用の貸付金 [+ *sāla*]

ತಕ್ಕ ⟦takka タッカ⟧ [təkkɐ] 《古》 *adj.* ふさわしい、適当な ¶ ಅವನ ಓದಿಗೆ ತಕ್ಕ ಕೆಲಸ ಸಿಕ್ಕಿಲ್ಲ. (avana ōdige takka kelasa sikkilla.) 彼は学歴にふさわしい仕事が見つかっていない。 —*m.* 《*f.* ತಕ್ಕಳು (takkaḷu)》ふさわしい〈人〉、資格のある〈人〉、適当な〈人〉 [Ka. D3005]

ತಕ್ಕಡಿ ⟦takkaḍi タッカディ⟧ [təkkə̆ɖi] *n.* 天秤 [IA. cf. M. *tākāḍī* A41, T5714]

ತಕ್ಕಳಿಸು ⟦takkaḷisu タッカリス⟧ [təkkəḷĭsu] 《‡》 *vt.* 〈水を〉振りまく (*My.* (*Kitt.*)) [Ka. D3008] = ಚಿಮುಕಿಸು, ಸಿಂಪಡಿಸು (cimukisu, siṃpaḍisu)〔汎〕

ತಕ್ಕಾಳಿ ⟦takkāḷi タッカーリ⟧ [təkkɐːḷi] 《方》 *n.* トマト → 食 [Ka. D3009] = ಟೊಮ್ಯಾಟೋ (ṭomyāṭō)

ತಕ್ಕು ⟦takku タック⟧ [təkku] 《古》 *n.* 1 偉大さ、卓越 2 ふさわしいこと、適切 3 格言、ことわざ 4 勇敢、勇猛 5 媚態、なまめかしさ 6 恋、愛情 7 欲望 8 助け、援助 [Ka. D3005]

ತಕ್ಕುಮೆ ⟦takkume タックメ⟧ [təkkume] 《古》 *n.* 1 適当であること、ふさわしいこと 2 能力 [Ka. D3005]

ತಕ್ಕೆ ⟦takke タッケ⟧ [təkke] *n.* 1 抱擁、抱きしめること 2 (薪などの)両手で抱えることができる分量 [Ka. D3116]

ತಕ್ಕೈಸು ⟦takkaisu タッカイス⟧ [təkkəisu] ತಕ್ಕಯಿಸು, ತಕ್ಕವಿಸು, ತಕ್ಕೆಯಿಸು, ತರ್ಕಯಿಸು, ತರ್ಕವಿಸು, ತರ್ಕೆಯ್ಸು, ತರ್ಕೈಸು, ತಳ್ಕಯ್ಸು, ತಳ್ಕವಿಸು, ತಳ್ಕೈಸು, ತಱ್ಕಯಿಸು, ತಱ್ಕಯ್ಸು, ತೆಱ್ಕೆಯ್ಸು, ತೆಕ್ಕೆಯಿಸು, ತೆಕ್ಕೆಯ್ಸು, ತೆರ್ಕೆಯ್ಸು 《古》 *vt.* 1 抱きしめる、抱擁する 2 慰める 3 抱擁させる [Ka. < *taṟkaisu* D3009] ☞ತಱ್ಕೈಯ್ಸು (taṟkaysu)

ತಕ್ಕಯಿಸು ⟦takkayisu タッカイス⟧ [təkkəjisu] 《古》 *vt.* 抱きしめる、抱擁する [Ka. *D3116] ☞ತಱ್ಕೈಸು (taṟkaisu)

ತಕ್ಕವಿಸು ⟦takkavisu タッカヴィス⟧ [təkkəvisu] 《古》 *vt.* 抱きしめる、抱擁する [Ka. *D3116] ☞ತಱ್ಕೈಸು (taṟkaisu)

ತಕ್ಕೆಯ್ಸು ⟦takkeysu タッケイス⟧ [təkkeĭsu] 《古》 *vt.* [Ka. < *taṟkaisu* D3116] ☞ತಱ್ಕೈಸು (taṟkaisu)

ತಕ್ರಾರ ⟦takrāra タクラーラ⟧ [təkrɐːrɐ] *n.* 1 論争、論議 2 反対、異議 ¶ ನಮ್ಮ ಪ್ರಸ್ತಾಪ ಏನೂ ತಕ್ರಾರ ಇಲ್ಲದೆ ಒಪ್ಪಿಗೆ ಆಯಿತು. (namma prastāpa ēnū takrāra illade oppige āyitu.) 我々の提案は何の反対もなく受け入れられた。 [Ar. *takrār*] ☞ತಕರಾರು (takarāru)

ತಕ್ರಾರು ⟦takrāru タクラール⟧ [təkrɐːru] *n.* 1 論争、論議 2 反対、異議 [Ar. *takrār*] ☞ತಕರಾರು (takarāru)

ತಕ್ಶೀರು ⟦takśīru タクシール⟧ [təkʃiːru] *n.* [Ar. *taqsīr*] ☞ತಕ್ಸೀರು (taksīru)

ತಕ್ಷಣ ⟦takṣaṇa タクシャナ⟧ [təkʂəɳɐ] *adv.* 直ちに、たちどころに [Sk. *tatkṣaṇa-*]

ತಕ್ಷೀರು ⟦takṣīru タクシール⟧ [təkʃiːru] *n.* [Ar. *taqsīr*] ☞ತಕ್ಸೀರು (taksīru)

ತಕ್ಸೀರ್ ⟦taksīr タクシール⟧ [təksiːr] *n.* [Ar. *taqsīr*]

ತಕ್ಸೀರು ⟦taksīru タクシール⟧ [təksiːru] ತಕಶೀರು, ತಕ್ಶೀರು, ತಕ್ಷೀರು, ತಕ್ಸೀರ್ *n.* 過失、過ち、(法律や義務などの)違反 [Ar. *taqsīr*]

ತಖ್ತೆ ⟦takʰte タクテ⟧ [təkʰte] *n.* 貸借対照表 [Pe. *taxta*]

ತಗ ⟦taga タガ⟧ [təgɐ] 《‡》 *n.* 1 遅れること、遅滞 (*Čt.* (*Kitt.*)) 2 邪魔、障害 (*DEDR*) [Ka. D3006]

ತಗಚಿ ⟦tagaci タガチ⟧ [təgə̆tʃi] *n.* [Ka. D3003] ☞ತಗಚೆ (tagace)

ತಗಚೆ ⟦tagace タガチェ⟧ [təgə̆tʃe] ತಗಚಿ, ತಗಸಿ, ತಗ್ಗಚ್ಚಿ *n.* エビスグサ(マメ科カワラケツメイ属の黄色い花が咲く一年草、薬用) [Ka. D3003]

ತಗಡು ⟦tagaḍu タガドゥ⟧ [təgə̆ɖu] *n.* ブリキやトタンなどの薄い金属板、金属の箔 [Ka. D2995]

ತಗಣಿ ⟦tagaṇi タガニ⟧ [təgə̆ɳi] *n.* [Ka. D2996] ☞ತಗುಣೆ (taguṇe)

ತಗಣೆ ⟦tagaṇe タガネ⟧ [təgə̆ɳe] *n.* ナンキンムシ(南京虫) [Ka. D2996]

ತಗರ್[1] ⟦tagar タガル⟧ [təgər] ಟಗರು, ತಗರು 《古》 *n.* 雄羊 [Ka. D3000]

ತಗರ್[2] ⟦tagar タガル⟧ [təgər] ತಗುರು 《古》 *vt.* 妨げる、妨害する —*vi.* 邪魔される、妨げられる [Ka. D3006]

ತಗರ್ಚೆ ⟦tagarce タガルチェ⟧ [təgə̆rtʃe] 《‡》 *n.* 臭いカッシア [Ka. D3003] (*Si.159*(*Kitt.*)) ☞ತಗಚೆ (tagace)

ತಗರ[1] ⟦tagara タガラ⟧ [təgə̆rɐ] 《古》 *n.* [Ka. D3001] ☞ತವರ (tavara)

ತಗರ[2] ⟦tagara タガラ⟧ [təgə̆rɐ] *n.* 白い芳香のある花が咲くキョウチクトウ科の植物(観賞用植物としても栽培され、インドに広く分布する、根は薬用) [Ka. D3002] *[IMP 5.233]

ತಗರಬುಗರಿ ⟦tagarabugari タガラブガリ⟧ [təgə̆rəbugə̆ri] 《方》 *n.* ペテン、ごまかし、詐欺 [?] ☞ತಗರುಬೊಗರು (tagarubogaru)

ತಗರು ⟦tagaru タガル⟧ [təgə̆ru] *n.* 雄羊 [Ka. *D1300]

ತಗರುಬಿಗುರು ⟦tagarubiguru タガルビグル⟧ [təgə̆rubigŭru] 《方》 *n.* 狼狽、混乱 [?] ☞ತಗರುಬೊಗರು (tagarubogaru)

ತಗರುಬೊಗರು ⟦tagarubogaru タガルボガル⟧ [təgə̆rubogə̆ru] ತಗರಬುಗರಿ, ತಗರುಬಿಗುರು 《方》 *n.* 1 ペテン、ごまかし、詐欺 2 当惑、混乱 [?]

ತಗಲ್ ⟦tagal タガル⟧ [təgəl] 《古》 *vi.* 接触する、触れる [Ka. *D3004] ☞ತಗುಳು (taguḷu)

ತಗಲು ⟦tagalu タガル⟧ [təgə̆lu] *vi.* 1 接触する、触れる ¶ ಪೆಟ್ರೋಲಿಗೆ ಬೆಂಕಿ ತಗಲಿದಕೂಡಲೇ ಹತ್ತಿಕೊಂಡಿತು. (peṭrōlige beṃki tagalidakūḍalē hattikoṃḍitu.) ガソリンが火に触れるやいなや燃え上がった。 2 くっつく 3 (病気が)うつる、伝染する 4 (呪いなどが)実現する [Ka. D3004] ☞ತಗುಳು (taguḷu)

ತಗಲಿಸು ⟦tagalisu タガリス⟧ [təgə̆lisu] *vt.* くっつける、接合する、(壁などに釘などで)固定する ¶ ಗೋಡೆಗೆ ಈ ಫೋಟೋವನ್ನು ತಗಲಿಸು. (gōḍege ī pʰōṭōvannu tagalisu.) この絵を壁にかけなさい。 —*vi.* 《*dat.*》叱る、叱責する ☞ತಗುಳಿಸು (taguḷisu) [+ *-isu* caus.]

ತಗಲೂಫಿ ⟦tagalūpʰi タガルーピ⟧ [təgə̆luːpʰi] *mf.* 不正直な人、ペテン師 —*n.* 欺瞞、不誠実、詐欺 [?]

ತಗವೆ ⟦tagave タガヴェ⟧ [təgə̆ve] 《古》 *n.* 邪魔、妨害、障害 [Ka. D3006]

ತಗಸಿ ⟦tagasi タガシ⟧ [təgə̆si] 《古》 *n.* [Ka. *D3003] ☞ತಗಚಿ (tagaci)

ತಗಹು 〚tagahu タガフ〛 [təgə̆hu] *n.* 邪魔、障害 [Ka. D3006]

ತಗಾದೆ 〚tagāde タガーデ〛 [təgɐːde] *n.* 1 支払いの催促、督促、やかましい取り立て ◇ *vi.* —ಮಾಡು/ತೆಗೆ (māḍu/tege) 督促する 2 しつこくせがむこと ¶ ಸ್ನೇಹಿತ ಹಣಕ್ಕಾಗಿ ತಗಾದೆ ಮಾಡಿದರು. (snēhita haṇakkāgi tagāde māḍidaru.) 友達は金をくれとしつこくせがんだ。 [Ar.-Pe. *taqāḍā*]

ತಗಾದೆಪತ್ರ 〚tagādepatra タガーデパトラ〛 [dəgɐːdepətˑra] *n.* 督促状 [*takāde + patra*]

ತಗಿಲ್ 〚tagil タギル〛 [təgil] 《古》 *n.* 同じ起源を持つもの、同根のもの (*kāśakṛ.181 (KPN)*) [Ka. *D3004] ☞ತಗುಳು (taguḷu)

ತಗಿಲು 〚tagilu タギル〛 [təgĭlu] 《‡》 *vi.* 接触する、など (*Si.418 (Kitt.)*) [Ka. D3004]

ತಗಿಲಿಸು 〚tagilisu タギリス〛 [təgĭlisu] 《‡》 *vt.* 接触させる、など (*My. (Kitt.)*) [+ *-isu* caus.] ☞ತಗುಳಿಸು (taguḷisu)

ತಗುಲು 〚tagulu タグル〛 [təgŭlu] *vi.* 1 接触する、触れる ¶ ಪೆಟ್ರೋಲಿಗೆ ಬೆಂಕಿ ತಗುಲಿದಕೂಡಲೇ ಹತ್ತಿಕೊಂಡಿತು. (peṭrōlige beṃki tagulidakūḍalē hattikoṃḍitu.) ガソリンは、火に触れるやいなや燃え上がった。 2 くっつく、接着する 3 (金が)かかる 4 (呪いが)実現する [Ka. D3004] ☞ತಗುಳು (taguḷu)

ತಗುಲಿಸು 〚tagulisu タグリス〛 [təgə̆lisu] *vt.* 1 〈塩や香辛料などを〉加える、混ぜる 2 叱る、叱責する ¶ ಪತ್ರವ್ಯವಹಾರದಲ್ಲಿ ತಡ ಮಾಡಿದ್ದರಿಂದ ಅಧಿಕಾರಿ ಗುಮಾಸ್ತರನ್ನು ತಗುಲಿಸಿಕೊಂಡ. (patravyavahāradalli taḍa māḍiddariṃda adʰikāri gumāstarannu tagulisikoṃḍa.) 手紙のやり取りが遅かったので上役は書記を叱った。 [+ *-isu* caus.] ☞ತಗುಳಿಸು (taguḷisu)

ತಗು 〚tagu タグ〛 [təgu] 《古》 *vi.* 《過去語幹 takk-》 1 ふさわしい、適当である 2 足りる、十分である [Ka. D3005]

ತಗುಣಿ 〚taguṇi タグニ〛 [təgŭɳi] *n.* [Ka. D2996] ☞ತಗುಣೆ (taguṇe)

ತಗುಣೆ 〚taguṇe タグネ〛 [təgŭɳe] ತಗಣೆ, ತಗಣಿ, ತಗುಣಿ, ತಿಗಣಿ, ತಿಗಣೆ, ತಿಗುಣೆ *n.* ナンキンムシ(南京虫) [Ka. D2996]

ತಗುರ್ಚು 〚tagurcu タグルチュ〛 [təgurtʃu] *vt.* くっつける、結びつける [Ka. *D3004] ☞ತಗುಳ್ಚು (taguḷcu)

ತಗುಲುವಿಕೆ 〚taguluvike タグルヴィケ〛 [təgŭluvike] *n.* 接触すること [*tagulu + -ike*]

ತಗುಸಿ 〚tagusi タグシ〛 [təgŭsi] 《古》 *n.* 不足；欠陥 [Ka. D3068]

ತಗುಳ್ 〚taguḷ タグル〛 [təguɭ] 《古》 *vi.* 1 接触する、触れる 2 くっつく 3 誉め称える 4 愛する 5 攻撃する 6 (病気が)うつる、伝染する 7 叱る、叱責する [Ka. D3004] ☞ತಗುಳು (taguḷu)

ತಗುಳು 〚taguḷu タグル〛 [təgŭɭu] ತಗಲ್, ತಗಲು, ತಗುಲು, ತಗುಳ್ *vi.* 1 接触する、触れる 2 攻撃する 3 罵る、叱る、叱責する = ಬಯ್ಯು, ತೆಗಳು (bayyu, tegaḷu) 4 (病気が)移る、伝染する 5 (呪いなどが)実現する ¶ ಮುನಿಯ ಶಾಪ ತಗುಳಿದರಿಂದಲೋ ಏನೋ ನನಗೆ ಮಕ್ಕಳು ಹುಟ್ಟಿಲ್ಲ. (muniya śāpa taguḷidariṃdalō ēnō nanage makkaḷu huṭṭilla.) 聖者の呪いのためか私には子どもが生まれない。 [Ka. D3004]

ತಗುಳಿಸು 〚taguḷisu タグリス〛 [təgŭɭisu] *vt.* 1 くっつける、接合する、(壁などに釘などで)固定する ¶ ಗೋಡೆಗೆ ಈ ಫೋಟೋವನ್ನು ತಗುಳಿಸು. (gōḍege ī pʰōṭōvannu taguḷisu.) この写真を壁にかけなさい。 2《古》押しのける [+ *-isu* caus.]

ತಗುಳ್ಚು 〚taguḷcu タグルチュ〛 [təguɭtʃu] 《古》 *vt.* 1 くっつける、結びつける、付与する、混ぜる 2 着る、身につける 3 〈火を〉つける 4 作る、製造する、創造する 5 取り掛かる、始める [Ka. D3004]

ತಗುಳ್ಪ 〚taguḷpa タグルパ〛 [təguɭpɐ] 《古》 *n.* 結合、結合体 [Ka. D3004]

ತಗೆ 〚tage タゲ〛 [təge] 《古》 *vt.* 1 妨げる、邪魔する、妨害する 2 魅惑する —*vi.* 1 邪魔になる 2 呆然となる、立ちすくむ —*n.* 1 邪魔、妨害 2 呆然となった状態 [Ka. D3006]

ತಗ್ಗಚ್ಚಿ 〚taggacci タッガッチ〛 [təggətʃtʃi] 《古》 *n.* [Ka. D3003] (*Si.159 (Kitt.)*) ☞ತಗಚೆ (tagace)

ತಗ್ಗು 〚taggu タッグ〛 [təggu] ತರ್ಗು, ತಗ್ಗು, ತಟ್ಟು, ತೆಗ್ಗು, ಸಗ್ಗು *vi.* 1 (土地などが)陥没する 2 (缶や自動車などが)へこむ 3 (需要や価格などが)減る、減少する 4 へりくだる、屈従する ¶ ಹಿರಿಯರೆದುರು ತಗ್ಗಿ ನಡೆಯಬೇಕು. (hiriyareduru taggi naḍeyabēku.) 目上の人にはへりくだらなければならない。 —*n.* 1 穴、窪 2 (缶や自動車などの)へこみ 3 減少、減ること 4 (価格や需要などの)落ち込み、減少 —(*n.*) 1 (土地や家などが)低い〈こと〉 2 (音などが)低い〈こと〉¶ ತಗ್ಗು ಧ್ವನಿಯಲ್ಲಿ ಹಾಡು. (taggu dʰvaniyalli hāḍu.) 低い声で歌え。 [Ka. D3178]

ತಗ್ಗಿಸು 〚taggisu タッギス〛 [təggisu] *vt.* 1 下げる、低くする、〈頭を〉下げる 2 〈怒りなどを〉しずめる [+ caus. *-isu* D3178]

ತಜ್ಞ 〚tajña タジュニャ〛 [təɟɲɐ/təgnɐ] 《文》 *m.* 《*f.* ತಜ್ಞೆ (tajñe)》専門家、熟練者 [Sk.]

ತಜ್ಞತೆ 〚tajñate タジュニャテ〛 [təɟɲə̆te/təgnə̆te] *n.* 熟練、専門知識があること [Sk.]

ತಟ¹ 〚taṭa タタ〛 [təʈɐ] *n.* 1 (川や海の)岸、海岸、川岸 2 (山などの)斜面 [Sk.]

ತಟ² 〚taṭa タタ〛 [təʈɐ] 《‡》 (*n.*) ぽとん(水滴などの落ちる音を表す擬音語) (*Kitt.*) [onom.] ☞ತಟತಟ (taṭataṭa)

ತಟಗುಟ್ಟು 〚taṭaguṭṭu タタグットゥ〛 [təʈəguʈʈu] *vi.* (水滴などが)ぽとぽと落ちる [*taṭa*² + *kuṭṭu*]

ತಟಕ್ 〚taṭak タタク〛 [təʈək] *n.* ぽとん(水などが1滴落ちる音を表す擬音語) [Ka. *D2835]

ತಟಕ್ಕನೆ¹ ⟦taṭakkane タタッカネ⟧ [təʈəkkə̆ne] *adv.* (しずくが)ぽとっと、ぽとんと [*taṭaku* + *-ane* D2835]

ತಟಕ್ಕನೆ² ⟦taṭakkane タタッカネ⟧ [təʈəkkə̆ne] *adv.* 直ちに、すぐさま [Ka. D3022]

ತಟಕು ⟦taṭaku タタク⟧ [təʈə̆ku] *vi.* (水などが)ぽとぽと落ちる、滴る **—*n.*** **1** (水やハチミツなどの)しずく **2** 少し、ごく少量 ¶ ಒಂದು ತಟಕು ಎಣ್ಣೆ ಕೊಡಿ. (oṃdu taṭaku eṇṇe koḍi.) 油を少しください [Ka. D2835]

ತಟತಟ ⟦taṭataṭa タタタタ⟧ [təʈəʈəʈɐ] (*n.*) ぽとぽと(水滴などが連続して落ちる音を表す擬音語) [Ka. onom. *D3023]

ತಟವಟ ⟦taṭavaṭa タタヴァタ⟧ [təʈə̆vəʈɐ] *n.* ペテン、騙し取ること、詐取 [Ka. D3157]

ತಟಸ್ತ ⟦taṭasta タタスタ⟧ [təʈə̆stɐ] 《文》 *adj.* [Sk.] ☞ತಟಸ್ಥ (taṭasthᵃa)

ತಟಸ್ಥ ⟦taṭasthᵃa タタスタ⟧ [təʈə̆stʰɐ] *adj.* **1** 中立の、非同盟の、党派に属さない **2** 無関心の [Sk.]

ತಟಸ್ಥದೇಶ ⟦taṭasthᵃa dēśa タタスタデーシャ⟧ [təʈə̆stʰɐ deːʃɐ] *n.* 中立国、非同盟国 [Sk.]

ತಟಸ್ಥರಾಜ್ಯ ⟦taṭasthᵃa rājya タタスタラージュヤ⟧ [təʈə̆stʰɐ rɐːʤjɐ] *n.* 中立国、非同盟国 [Sk.]

ತಟಹಾಯಿಸು ⟦taṭahāyisu タタハーイス⟧ [təʈə̆hɐːjĭsu] *vt.* ☞ತಟಾಯಿಸು (taṭāyisu)

ತಟಾಕ ⟦taṭāka タターカ⟧ [təʈɐːkɐ] 《文》 *n.* 池、貯水池 [Sk.]

ತಟಾಯಿಸು ⟦taṭāyisu タターイス⟧ [təʈɐːjĭsu] *vt.* **1** 〈川などを〉渡る **2** 〈サッカーなどでボールの〉パスを成功させる [*taṭa* + *hāyisu*]

ತಟ್ಟ ⟦taṭṭa タッタ⟧ [təʈʈɐ] 《古》 (*n.*) 平ら〈な〉、平たい〈こと〉 [Ka. D3035] ☞ತಟ್ಟೆ (taṭṭe)

ತಟ್ಟನೆ ⟦taṭṭane タッタネ⟧ [təʈʈə̆ne] ತಟಾರನೆ *adv.* 直ちに、間髪をいれず；すばやく [Ka. mim. D3022 < *taṭakkane*] ☞ತಟಕ್ಕನೆ (taṭakkane)

ತಟ್ಟಾಡು ⟦taṭṭāḍu タッタードゥ⟧ [təʈʈɐːɖu] *vi.* **1** ぶつかり合う **2** よろめく、よろめきながら歩く [*taṭṭu*³ + *āḍu*]

ತಟಾರನೆ ⟦taṭārane タターラネ⟧ [təʈɐːrə̆ne] 《口》 *adv.* すばやく、急に、突然 [Ka. mim. D3022] ☞ತಟಕ್ಕನೆ (taṭakkane)

ತಟ್ಟಿ ⟦taṭṭi タッティ⟧ [təʈʈi] *n.* 竹やヒメアブラススキやヤシの葉などを編んで作った構造物(とばり、むしろ、扉、格子垣など) [Ka. D3036, T5996]

ಈಚಲ ತಟ್ಟಿ ⟦īcala taṭṭi イーチャラタッティ⟧ [iːʧalatəʈʈi] *n.* ナツメヤシの葉を編んで作った目隠し

ಕಾಚಿಹುಲ್ಲಿನ ತಟ್ಟಿ ⟦kācihullina taṭṭi カーチフッリナタッティ⟧ [kaːʧihullina təʈʈi] *n.* (窓につける防暑用の)ヒメアブラススキの筵(むしろ)

ತಟ್ಟಿಬಾಗಿಲು ⟦taṭṭi bāgilu タッティバーギル⟧ [təʈʈi baːgilu] *n.* (掘っ立て小屋に用いる)小枝などを編んで作った扉 [+ *bāgilu*]

ಬಿದುರಿನ ತಟ್ಟಿ ⟦bidurina taṭṭi ビドゥリナタッティ⟧ [bidurina təʈʈi] *n.* 割り竹を編んで作ったすだれ(隔壁や掘っ立て小屋の扉などに用いる)

ತಟ್ಟಿಯ¹ ⟦taṭṭiya タッティヤ⟧ [təʈʈijɐ] 《‡》 *n.* 平坦 (*Kitt.*) [Ka. D3035]

ತಟ್ಟಿಯ² ⟦taṭṭiya タッティヤ⟧ [təʈʈijɐ] 《古》 *n.* 遅いこと、のろいこと [?]

ತಟ್ಟು¹ ⟦taṭṭu タットゥ⟧ [təʈʈu] 《‡》 (*n.*) 平ら〈な〉、平たい〈こと〉 (*Si.219 (Kitt.)*) **—*n.*** 刀身 (*Hlâ. (Kitt.)*) [Ka. D3035]

ತಟ್ಟು² ⟦taṭṭu タットゥ⟧ [təʈʈu] *n.* 小型種の馬 [M. *taṭṭū* T5440]

ತಟ್ಟು³ ⟦taṭṭu タットゥ⟧ [təʈʈu] *vt.* **1** 〈手や扉などを〉叩く **2** 触れる、接触する **—*vi.*** 《*dat.*》(呪いが)実現する、(叱責などが)こたえる ¶ ನಮ್ಮ ಮಗನಿಗೆ ಎಷ್ಟು ಬೈದರೂ ತಟ್ಟುವದಿಲ್ಲ. (namma maganige eṣṭu baidarū taṭṭuvadilla.) うちの息子をいくら叱っても馬の耳に念仏だ。 **—*n.*** **1** 拍手、手を叩くこと **2** はしか、麻疹 **3** 触れること、さわること [Ka. D3039]

ಬೆನ್ನು ತಟ್ಟು ⟦bennu taṭṭu ベンヌタットゥ⟧ [bennu təʈʈu] *vi.* 《*gen.*》褒めたり励ましたりする表現として背中を軽く叩く [+ *taṭṭu*]

ತಟ್ಟು⁴ ⟦taṭṭu タットゥ⟧ [təʈʈu] 《古》 *n.* 側、方向 [Ka. D3040]

ತಟ್ಟು⁵ ⟦taṭṭu タットゥ⟧ [təʈʈu] ತಾಟು *n.* ジュートの布 [? cf. M. *tāṭă*]

ತಟ್ಟೆ 皿

ತಟ್ಟೆ¹ ⟦taṭṭe タッテ⟧ [təʈʈe] ತಟ್ಟ ತಟ್ಟು (*n.*) 平坦〈な〉、平たい〈こと〉¶ ಭೂಮಿ ತಟ್ಟೆಯಾಗಿಲ್ಲ, ಗುಂಡಾಗಿದೆ. (bʰūmi taṭṭeyāgilla, guṃḍāgide.) 地球は平らでなく丸い。 **—*n.*** **1** 果物や品物などの展示用の竹や籐(とう)の入れ物 **2** 食事を盛るための金属製の丸い皿 [⇒図] **3** ふちが高くなっている金属の皿 **4** はかり皿 **5** 種が膨らまずに平らなままの豆のさや(フジマメなど) [Ka. D3035]

ತಟ್ಟೆ² ⟦taṭṭe タッテ⟧ [təʈʈe] 《‡》 *n.* 竹やビンロウジュの幹などを二つに割ったもの、割り竹 (*C. (Kitt.)*) [Ka. D3042]

ತಡ¹ ⟦taḍa タダ⟧ [təɖɐ] *n.* **1** 妨害、邪魔 **2** 遅れること、遅滞 ◇ *vi.* —ಮಾಡು (māḍu) 遅れる [Ka. D3031]

ತಡ² ⟦taḍa タダ⟧ [təɖɐ] 《‡》 *n.* 当惑、困惑 (*Kitt.*) [Ka. D3033]

ತಡಂಮಾಡು ⟦taḍaṃmāḍu タダンマードゥ⟧ [təɖəmmɐːɖu] 《古》 *vt.* 慌てる、慌てふためく、狼狽する (*Pb.12.111*) [+ *-ṃ* + *āḍu*]

ತಡವಾಗು ⟦taḍavāgu タダヴァーグ⟧ [təɖə̆vɐːgu̥] 《‡》 *vi.* 慌てる、心が混乱する、当惑する (*Čpr.7,100*) [+ *āgu* *D3033]

ತಡಗಾಲ್ ⟦taḍagāl タダガール⟧ [təɖəgɐːl] 《古》 *n.* [*taḍa* + *kālu*] ☞ತಡಂಗಾಲ್ (taḍaṃgāl)

ತಡಂಗಾಲ್ ⟦taḍaṃgāl タダンガール⟧ [təḍəŋgɐːl] ತಡಂ–ಗಾಲು, ತಡಗಾಲ್ 《文》 *n.* **1** (進路を遮ったり横切ったりして)人の前に出した足 **2** 邪魔物、障害物 [Ka. *taḍa* + *-m* + *kālu*] = ಅಡ್ಡಗಾಲು (aḍḍagālu)〔汎〕

ತಡಂಗಾಲ್ಪೊಯ್ ⟦taḍaṃgālpoy タダンガールポイ⟧ [təḍəŋgɐːlpoĭ] 《古》 *vi.* [+ *poy*] ☞ತಡಂಗಾಲ್ವೊಯ್ (taḍaṃgālvoy)

ತಡಂಗಾಲ್ವೊಯ್ ⟦taḍaṃgālvoy タダンガールヴォイ⟧ [təḍəŋgɐːlvoĭ] 《古》 *vi.* (歩いている人の進路に)足を突き出す [+ *poy*] = ಅಡ್ಡಕಾಲು ಹಾಕು (aḍḍakālu hāku)〔汎〕

ತಡಂಗಾಲು ⟦taḍaṃgālu タダンガール⟧ [təḍəŋgɐːlu] 《文》 *n.* [*taḍa* + *kālu*] ☞ತಡಂಗಾಲ್ (taḍaṃgāl)

ತಡಕಾಟ ⟦taḍakāṭa タダカータ⟧ [təḍə̆kɐːʈɐ] *n.* **1** 手探りで歩き回ること、手探りで捜し回ること **2** 手がかりもなく捜し回ること [*taḍaku* + *āṭa*]

ತಡಕಾಡು ⟦taḍakāḍu タダカードゥ⟧ [təḍə̆kɐːḍu] *vt.* **1** 手探りで歩き回る、手探りで捜し回る **2** 手がかりもなく捜し回る [*taḍaku* + *āḍu*]

ತಡಕು[1] ⟦taḍaku タダク⟧ [təḍə̆ku] *vt.* **1** 手探りする、手探りで捜す **2** (手などに)触れる、接触する ¶ ಕನ್ನಡಕವನ್ನು ತಡಕುತ್ತಿರುವಾಗ ಏನೋ ಮೆದುವಾದ ಪದಾರ್ಥ ಕೈಗೆ ಸಿಕ್ಕಿತು. (kannaḍakavannu taḍakuttiruvāga ēnō meduvāda padārtʰa kaige sikkitu.) めがねを手探りで探していた時、何か柔らかいものが手に触れた。 [Ka. D3025]

ತಡಕು[2] ⟦taḍaku タダク⟧ [təḍə̆ku] 《‡》 *n.* [Ka. D3036] (*My.(Kitt.)*) ☞ತಡಿಕೆ (taḍike)

ತಡಕೆ ⟦taḍake タダケ⟧ [təḍə̆ke] *n.* [Ka. *D3036] ☞ತಡಿಕೆ (taḍike)

ತಡಜಾಣ ⟦taḍajāṇa タダジャーナ⟧ [təḍəʤɐːɳɐ] 《文》 *n.* シナノキ科の黄色い花が咲く中くらいの大きさの木(薬用) [Ka. D2451] = ತಡಸಲು (taḍasalu)〔汎〕 *[IMP 3.105]

ತಡತ ⟦taḍata タダタ⟧ [təḍə̆tɐ] 《‡》 *n.* (水流などが)阻止されていること (*My. (Kitt.)*) [Ka. D3031]

ತಡಪ ⟦taḍapa タダパ⟧ [təḍə̆pɐ] 《‡》 *n.* 遅れ、遅滞 (*Čpr.*) [Ka. D3031]

ತಡಪು[1] ⟦taḍapu タダプ⟧ [təḍə̆pu] 《‡》 *n.* 邪魔、妨害 (*My.(Kitt.)*) [Ka. D3031]

ತಡಪು[2] ⟦taḍapu タダプ⟧ [təḍə̆pu] 《‡》 *n.* 体の下部に臨時に巻く布(前掛けとしても用いられる)(*My.(Kitt.)*) [Ka. D3032]

ತಡಬಡ ⟦taḍabaḍa タダバダ⟧ [təḍə̆bəḍɐ] (*n.*) 狼狽〈した〉、大慌て〈の〉、まごつく〈こと〉、慌てふためく〈こと〉 ◇ *vi.* —ಆಗು (āgu) 狼狽する [Ka. mim.]

ತಡಬಡಾಯಿಸು ⟦taḍabaḍāyisu タダバダーイス⟧ [təḍə̆bəḍɐːjĭsu] *vi.* 慌てる、慌てふためく、まごつく、うろたえる [*taḍabaḍa* + *āyisu*]

ತಡಬಡಿಸು ⟦taḍabaḍisu タダバディス⟧ [təḍə̆bəḍĭsu] *vi.* 慌てる、慌てふためく、まごつく、うろたえる [*taḍabaḍa* + *-isu*]

ತಡವರಿಸು ⟦taḍavarisu タダヴァリス⟧ [təḍə̆vərĭsu] *vt.* **1** 撫でる、愛撫する **2** 暗闇などで手探りする、手探りして捜す —*vi.* **1** (暗闇などで)手探りする **2** よろめく、ふらふらする [*taḍavu* + *arisu* D3025]

ತಡವು[1] ⟦taḍavu タダヴ⟧ [təḍə̆vu] ತಡಹು *vi.* **1** 暗闇などで手探りする、手探りして捜す **2** 撫でる、そっとさわる **3** 怒らせる、挑発する ¶ ದುಷ್ಟನನ್ನು ತಡವಬಾರದು. (duṣṭanannu taḍavabāradu.) 悪人を怒らせてはならない。 —*n.* 触れること、接触 [Ka. D3025]

ತಡವು[2] ⟦taḍavu タダヴ⟧ [təḍə̆vu] ತಡಹು 《古》 *vi.* (一時的に)停止する、(ちょっとした不都合で)遅れる —*n.* **1** 邪魔、不都合 **2** (ちょっとした)遅れ、遅滞 [Ka. D3031]

ತಡವೆ ⟦taḍave タダヴェ⟧ [təḍə̆ve] 《古》 *n.* (1回、2回などの)回 [Ka. D3026] = ಸಲ, ಬಾರಿ (sala, bāri)

ತಡಸಲ ⟦taḍasala タダサラ⟧ [təḍə̆səlɐ] *n.* [?] ☞ತಡಸಲು (taḍasalu)

ತಡಸಲು ⟦taḍasalu タダサル⟧ [təpḍə̆səlu] ತಡಸಲ *n.* 滝 [?]

ತಡಸು ⟦taḍasu タダス⟧ [təḍə̆su] 《‡》 *vi.* 止まる、とどまる (*Č;Bp.47.22 (Kitt.)*) —*vt.* 止める、押し留める、邪魔する (*J.6,51.55(Kitt.)*) ☞ತಡಿಸು (taḍisu) [Ka. D3031]

ತಡಹು[1] ⟦taḍahu タダフ⟧ [təḍə̆hu] 《‡》 *vt.* **1** 暗闇などで手探りする、手探りして捜す **2** 撫でる、そっとさわる **3** 怒らせる、挑発する [Ka. D3025] ☞ತಡವು (taḍavu)[1]

ತಡಹು[2] ⟦taḍahu タダフ⟧ [təḍə̆hu] 《古》 *vi.* 遅れる [Ka. D3031] ☞ತಡವು (taḍavu)[2]

ತಡಾಗ ⟦taḍāga タダーガ⟧ [təḍɐːgɐ] 《文》 *n.* 池、貯水池 [Sk. ←Dr./Munda?]

ತಡಿ[1] ⟦taḍi タディ⟧ [təḍi] *n.* 棍棒 [Ka. D3030]

ತಡಿ[2] ⟦taḍi タディ⟧ [təḍi] 《古》 (*n.*) 湿っぽい〈こと〉、湿気を含んだ〈こと〉 [Ka. D3045]

ತಡಿ[3] ⟦taḍi タディ⟧ [təḍi] 《‡》 *vi.* 肥える、肥満する [Ka. D3030?, cf. Ta. *taṭi*「たくましくなる」]

ತಡಿ[4] ⟦taḍi タディ⟧ [təḍi] *n.* **1** 川岸、河岸、海岸 **2** (村などの)すぐ近く ¶ ಊರ ತಡಿಯಲ್ಲಿ ದೊಡ್ಡ ಆಲದ ಮರ ಇದೆ. (ūra taḍiyalli doḍḍa ālada mara ide.) 村はずれに大きなベンガルボダイジュがある。 [Sk. *taṭa-*]

ತಡಿ[5] ⟦taḍi タディ⟧ [təḍi] ಥಡಿ, ದಡಿ *n.* 鞍 [?]

ತಡಿಕೆ ⟦taḍike タディケ⟧ [təḍĭke] ತಡಕೆ *n.* 竹やヒメアブラススキやヤシの葉などを編んで作った構造物(とばり、むしろ、扉、格子垣など) [Ka. D3036, T5996] = ತಟ್ಟಿ (taṭṭi)

ತಡೆ ⟦taḍe タデ⟧ [təḍe] *vt.* **1** 〈車などを〉止める、〈仕事などを〉中断する、押し止める、邪魔する **2** 〈悲しみを〉こらえる、〈迷惑などに〉耐える —*vi.* 待つ ¶ ಸ್ವಲ್ಪ ತಡೆ, ನಾನೂ ನಿನ್ನ ಜೊತೆ ಬರುತ್ತೇನೆ. (svalpa taḍe, nānū ninna jote baruttēne.) 少し待って、僕も

君と一緒に行くよ。 —*n.* 1 邪魔、障害（物）¶ ನಾನು ಹೊರಡಲು ಅಧಿಕಾರಿ ತಡೆಹಾಕಿದ. (nānu horaḍalu adʰi-kāri taḍehākida.) 上役は私の出発に待ったをかけた。 2 禁止命令 3（邪魔や障害などによる）遅れ、遅滞 ¶ ವಿಮಾನ ಹೊರಡಲು ಯಂತ್ರದೋಷದಿಂದ ಒಂದು ಘಂಟೆ ತಡೆ ಆಯಿತು. (vimāna horaḍalu yaṃtradōṣadiṃda oṃdu gʰaṃṭe taḍe āyitu.) 飛行機はエンジンの故障で出発が 1 時間遅れた。 [Ka. D3031]

ತಡಿಸು ⟦taḍisu タディス⟧ [təḍisu] 《口》 *vt.* 止める、阻む、妨害する [D3031] ☞ತಡೆಸು (taḍesu)

ತಡೆಗಟ್ಟು ⟦taḍegaṭṭu タデガットゥ⟧ [təḍegəṭṭu] *vt.* 妨げる、邪魔する [+ *kaṭṭu*]

ತಡೆಬಡೆ ⟦taḍebaḍe タデバデ⟧ [təḍebəḍe] *n.* 妨げ、障害 [+ echo]

ತಡೆಹಿಡಿ ⟦taḍehiḍi タデヒディ⟧ [təḍehiḍi] *vt.* 1 邪魔する、妨害する、〈動いている車などを〉止める ¶ ವಿದ್ಯಾರ್ಥಿಗಳು ಮುಷ್ಕರದಲ್ಲಿ ಬಸ್ಸನ್ನು ತಡೆಹಿಡಿದರು. (vidyārtʰi-gaḷu muṣkaradalli bassannu taḍehiḍidaru.) ストライキをしている学生がバスを止めた。 2 制限する、制御する ¶ ತಂದೆ ಸತ್ತು ಹೋದಾಗ ಮಗ ದುಃಖವನ್ನು ತಡೆಹಿಡಿದು ಮಾತಾಡಿದ. (taṃde sattu hōdāga maga duḥkʰavannu ta-ḍehiḍidu mātāḍida.) 父親が亡くなった時、息子は悲しみを抑えて話をした。 3〈本の出版などを〉控える、差し控える [+ *hiḍi*]

ತಡೆಹಿಡಿಯುವಿಕೆ ⟦taḍehiḍiyuvike タデヒディユヴィケ⟧ [təḍehiḍijuvĭke] *n.*（一時的な）中止、停止 [+ *hiḍiyuvike*]

ತಡೆತ ⟦taḍeta タデタ⟧ [təḍĕtɐ] *n.* 耐久性 [*taḍe* + *-ta*]

ತಡ್ಡು ⟦taḍḍu タッドゥ⟧ [təḍḍu] *n.*〔卑〕睾丸 [Ka. D3091] ☞ತರಡು (taraḍu)

ತಣ್– ⟦taṇ- タン-⟧ [təɳ] *pref.*「寒…」「冷…」の意味を表す接頭辞 [Ka. D3045]

ತಣಲು ⟦taṇalu タナル⟧ [təɳəlu] 《‡》 *n.* 燃える石炭や木炭 (*My.*(*Kitt.*)) [Ka. D3115]

ತಣಿ ⟦taṇi タニ⟧ [təɳi] *vi.* 1 冷える 2 満足する、満ち足りる ¶ ಮಗುವನ್ನು ನೋಡಿ ಮನಸ್ಸು ತಣಿಯಿತು. (magu-vannu nōḍi manassu taṇiyitu.) 子どもを見て彼は満足した。 [Ka. D3045]

ತಣಿಯಿಸು ⟦taṇiyisu タニイス⟧ [təɳijĭsu] ತಣಿಸು, ದಣಿ-ಯಿಸು, ದಣಿಸು *vt.* 満足させる、喜ばせる [+ *-isu* caus. *D3045] = ತಣಿಸು (taṇisu)

ತಣಿಗೆ ⟦taṇige タニゲ⟧ [təɳĭge] 《古》 *n.* [Ka.] = ತಟ್ಟೆ (taṭṭe)〔汎〕☞ತಳಿಗೆ (taḷige)

ತಣಿಪು ⟦taṇipu タニプ⟧ [təɳĭpu] ತಣುವು, ತಣ್ಪು 《古》 *vt.* 満足させる、〈のどの渇きなどを〉癒す —*n.* 1 涼しいこと、（気持ちいい）冷たさ 2 満足、満足感、（のどの渇きなどの）癒し [*taṇi* + *-pu*]

ತಣಿವು ⟦taṇivu タニヴ⟧ [təɳĭvu] *n.* 満足、満足感 [*taṇi*² + *-vu*]

ತಣಿಸು ⟦taṇisu タニス⟧ [təɳĭsu] 《古》 *vt.* [Ka. D3045] ☞ತಣಿಯಿಸು (taṇiyisu)

ತಣ್ಣೂಳ್ ⟦taṇgūḷ タングール⟧ [təŋguːɭ] 《古》 *n.* 冷や飯、冷めたご飯 [Ka. *taṇ* D3045 + *kūṛ* D1911] ☞ತಂಗುಳು (taṃguḷu)

ತಣ್ಣೂಲ್ ⟦tangūṟ タングール⟧ [təŋguːɻ] 《古》 *n.* [Ka. *taṇ* D3045 + *kūṛ* D1911] ☞ತಂಗುಳು, ತಂಗುಳು (taṃguḷu, taṃguḷu)

ತಣ್ಣಗೆ ⟦taṇṇage タンナゲ⟧ [təɳɳə̆ge] *adv.* 1 冷たく、涼しく ¶ ತಣ್ಣಗೆ ಇರುವ ಪಾನಕವನ್ನು ಕುಡಿಯಲು ಕೊಡು. (taṇ-ṇage iruva pānakavannu kuḍiyalu koḍu.) 冷えた飲物を飲ませてくれ。 2 満足して、幸せに、幸福に ¶ ಮಕ್ಕಳು ತಣ್ಣಗೆ ಬದುಕಲೆಂದು ತಂದೆತಾಯಿಗಳು ಆಶಿಸುತ್ತಾರೆ. (mak-kaḷu taṇṇage badukalemdu taṃdetāyigaḷu āśisuttāre.) 両親は子どもたちが幸福に生きるよう望む。 3 何もしないで、静かに ¶ ಚುನಾವಣೆಯಲ್ಲಿ ಸೋತ ಮೇಲೆ ಚಿಕ್ಕಪ್ಪ ಹಳ್ಳಿಯಲ್ಲಿ ತಣ್ಣಗೆ ಜೀವಿಸುತ್ತಿದ್ದಾರೆ. (cunāvaṇeyalli sōta mēle cikkappa haḷḷiyalli taṇṇage jīvisuttiddāre.) 選挙にまで敗れた後、おじは村で静かに暮らしている。 4 無関心に、冷淡に ¶ ಯಾರು ಅತ್ತರೂ ತಂದೆ ತಣ್ಣಗೆ ಕುಳಿತಿದ್ದರು. (yāru attarū taṃde taṇṇage kuḷitiddaru.) 誰が泣こうとも父は涼しい顔をしていた。 [*taṇ* + *-age* D3045]

ತಣ್ಣನೆ ⟦taṇṇane タンナネ⟧ [təɳɳə̆ne] *adv.* 1 冷たく、涼しく 2 満足して、幸せに、幸福に 3 平和に、安心して [*taṇ* + *-age* D3045] ☞ತಣ್ಣಗೆ (taṇṇage)

ತಣ್ಣಸ ⟦taṇṇasa タンナサ⟧ [tənnə̆sɐ] ತಣ್ಣಸು 《古》 *n.* 冷たいこと [Ka. D3045]

ತಣ್ಣಸು ⟦taṇṇasu タンナス⟧ [təɳɳə̆sɐ] 《古》 *n.* [Ka. *D3045] ☞ತಣ್ಣಸ (taṇṇasa)

ತಣ್ಣಿತು ⟦taṇṇitu タンニトゥ⟧ [təɳɳitu] 《古》 (*n.*) 冷たい〈こと〉、低温〈の〉 [Ka. D3045]

ತಣ್ಣಿತ್ತು ⟦taṇṇittu タンニットゥ⟧ [təɳɳittu] 《古》 *adj.* [Ka. D3045] ☞ತಣ್ಣಿತು (taṇṇitu)

ತಣಿರು ⟦taṇiru タニル⟧ [təɳiru] 《古》 *n.*（今日ではマンゴーの）新芽、若枝 —*vi.*（今日では普通マンゴーの木が）新芽や若枝を出す、芽を吹く ☞ತಳಿರು (taḷiru) [Ka. *D3131]

ತಣ್ಣೀರ್ ⟦taṇṇīr タンニール⟧ [təɳɳiːr] ತಣ್ಣೀರು 《古》 *n.* 冷たい水、水 [*taṇ* + *nīru* D3045]

ತಣ್ಣೀರು ⟦taṇṇīru タンニール⟧ [təɳɳiːru] *n.* 冷たい水、水 [*taṇ* + *nīru* *D3045]

ತಣ್ಣೀರೆರಚು ⟦taṇṇīreracu タンニーレラチュ⟧ [təɳɳiːrerə̆ʧu] *vi.* 《*dat.*》（望みや熱意などに）水を差す ¶ ಅವಳು ನನ್ನ ಆಸೆಗೆ ತಣ್ಣೀರೆರಚಿಬಿಟ್ಟಳು. (avaḷu nanna āsege ta-ṇṇīreracibiṭṭaḷu.) 彼女は私の望みに水を差した。 [+ *eracu*]

ತಣ್ಪು ⟦taṇpu タンプ⟧ [təɳpu] 《古》 *vt.*〈欲望を〉満足させる、〈のどの渇きなどを〉癒す [*taṇi* + -ವು (-vu) *D3045] ☞ತಣಿಪು (taṇipu)

ತತಿ¹ ⟦tati タティ⟧ [təti] ತತು *n.*（主として農作業に）適当な時期や季節 [cf. Ta., Te. *tati*]

ತತಿ² ⟦tati タティ⟧ [təti] 《古》 *n.* 1 列、連続 2（動物の）群れ、（人々の）集まり [Sk.?]

ತತು ⟦tatu タトゥ⟧ [tətu] *n.* 収穫期 [cf. Ta., Te. *tati*] ☞ತತು (tatu)

ತತ್ಕಾಲೀನ ⟦tatkālīna タトカーリーナ⟧ [tətkɐːliːnɐ] 《文》 *adj.* 1 一時的な、仮の 2 当時の、その時の [Sk.]

ತತ್ಕ್ಷಣ ⟦tatkṣaṇa タトクシャナ⟧ [tətkʂə̆ɳɐ] 《文》 *adv.* 1 ちょうどその時に 2 直ちに [Sk.] = ತಕ್ಷಣ (takṣaṇa)〔口〕

ತತ್ತರ ⟦tattara タッタラ⟧ [təttə̆rɐ] *n.* 1 震えること、戦慄 2 急ぎ、慌てること 3 当惑、困惑 [Ka. *taṟataṟa* *D3061]

ತತ್ತರಿಸು ⟦tattarisu タッタリス⟧ [təttərĭsu] *vi.* 1 (寒さや恐怖などで)震える 2 急ぐ、慌てる [*tattara* + *-isu*]

ತತ್ತಳ ⟦tattaḷa タッタラ⟧ [təttə̆ɭɐ] *n.* 当惑、困惑、きまり悪さ *(Śmd.162(Kitt.))* [Ka. D3061] ☞ತಱತಱ (taṟataṟa)

ತತ್ತಳಿಸು[1] ⟦tattaḷisu タッタリス⟧ [təttə̆ɭisu] 《古》 *vi.* ぴかぴか光る [Ka. *D3125]

ತತ್ತಳಿಸು[2] ⟦tattaḷisu タッタリス⟧ [təttə̆ɭisu] 《古》 *vi.* 当惑する、きまり悪い思いをする [Ka. mim. *D3061]

ತತ್ತಱ ⟦tattaṟa タッタラ⟧ [təttə̆r̠ɐ] 《古》 *n.* 当惑、困惑、きまり悪さ *(Čh.v.19(Kitt.))* [Ka. D3061] ☞ತಱತಱ (taṟataṟa)

ತತ್ತಱಿ ⟦tattaṟi タッタリ⟧ [təttə̆r̠i] 《古》 *n.* 当惑、困惑、きまり悪さ *(Bh.3.18.34(Kitt.))* [Ka. D3061] ☞ತಱತಱ (taṟataṟa)

ತತ್ತಿ ⟦tatti タッティ⟧ [tətti] *n.* 卵 [Ka. D3413] = ಮೊಟ್ಟೆ (moṭṭe)

ತತ್ತು ⟦tattu タットゥ⟧ [təttu] 《古》 *n.* 危難、災難 [Ka. D3063]

ತತ್ಪರ ⟦tatpara タトパラ⟧ [tətpə̆rɐ] *adj.*, *m.* 《*f.* ತತ್ಪರಳು (tatparaḷu)》(あることに)没入した〈人〉、没頭した〈人〉 [Sk.]

ತತ್ಪರತೆ ⟦tatparate タトパラテ⟧ [tətpərə̆te] *n.* (ある仕事への)没頭、専心、没入 [Sk.]

ತತ್ರಾಪಿ ⟦tatrāpi タトラーピ⟧ [tətrɐːpi] 《文》 *adv.* 特に、中でも [Sk.]

ತತ್ತ್ವ ⟦tattva タットゥヴァ⟧ [təttvɐ] ತತ್ವ[2] 《文》 *n.* 1 真実、事実 ¶ ಅವನು ತತ್ತ್ವಕ್ಕೆ ಅಂಟಿಕೊಂಡಿದ್ದಾನೆ. (avanu tattvakke aṃṭikoṃḍiddāne.) 彼は真実を求めてやまない。 2 原理、原則 ¶ ವಿನೋಬಾ ಗಾಂಧೀಜಿಯ ತತ್ತ್ವ ಅನುಸರಿಸಿ ಜೀವಿಸಿದರು. (vinōbā gāṃdʰījiya tattva anusarisi jīvisidaru.) ヴィノーヴァーはガーンディーの原理に従って生きた。 3 主旨、意味、言いたいこと ¶ ಅವನ ಮಾತಿನಲ್ಲಿ ಏನೂ ತತ್ತ್ವ ಇಲ್ಲ(avana mātinalli ēnū tattva illa) 彼の話には何の意味もない。 4〔哲〕絶対者 5〔哲〕「我」または「物質界」が絶対者と同一であるということ 6〔哲〕すべての創造物の属性すなわち構成要素である「サットヴァ」「ラジャス」および「タマス」 [Sk. *tattva-*] ☞ತತ್ವ (tatva)[2]

ತತ್ತ್ವಜ್ಞಾನ ⟦tattvajñāna タットゥヴァジュニャーナ⟧ [təttvə̆ ɟɲɐːnɐ] *n.* 哲学 [Sk. *tattvajñāna-*]

ತತ್ತ್ವಜ್ಞಾನಿ ⟦tattvajñāni タットゥヴァジュニャーニ⟧ [təttvə̆ ɟɲɐːni] *mf.* 哲学者 [Sk. *tattvajñānin-*]

ತತ್ತ್ವಶಾಸ್ತ್ರ ⟦tattvaśāstra タットゥヴァシャーストラ⟧ [təttvə̆ ʃɐːstrɐ] *n.* 哲学 [Sk. *tattvaśāstra-*]

ತತ್ವ[1] ⟦tatva タトヴァ⟧ [tət·vɐ] *n.* カンナダその他のインド系言語で /ta/ を表す文字 [Sk. *tatva*]

ತತ್ವ[2] ⟦tatva タトヴァ⟧ [tət·vɐ] *n.* [Sk. *tattva*] ☞ತತ್ತ್ವ (tattva)

ತತ್ಸಮ ⟦tatsama タトサマ⟧ [tətsəmɐ] (*n.*) 同じ〈こと〉 ¶ ಶಾಂತಿಗೆ ತತ್ಸಮವಾದ ವಿಷಯ ಬೇರೊಂದಿಲ್ಲ. (śāṃtige tatsamavāda viṣaya bēroṃdilla.) 平和に匹敵するものは何もない。 —*n.*〔言〕タットサマ(カンナダ語に借用されたサンスクリット語の単語でそのままあるいはわずかに形を変えて用いられるもの) [Sk.]

ತಥಾಸ್ತು ⟦tatʰāstu タターストゥ⟧ [tətʰɐːstu] 《文》 *snt.* 承知した!(神や聖者が願いを聞き入れる時に発する言葉) [Sk.] ☞ಆಗಲಿ, ಆಯಿತು (āgali, āyitu)〔口〕

ತಥ್ಯ ⟦tatʰya タティャ⟧ [tətʰ·jɐ] *n.* 真理、真実 [Sk.] = ಸತ್ಯ (satya)

ತಥ್ಯಾಂಶ ⟦tatʰyāṃśa タティャーンシャ⟧ [sətʰ·jɐːmʃɐ] *n.* 事実、真実 [Sk.] = ಸತ್ಯಾಂಗ (satyāṃga)

ತದಕು ⟦tadaku タダク⟧ [təđə̆ku] ತದುಕು *vt.* 1〈穀物などを〉つく、つき砕く 2 (拳骨や手の平や棒で)打つ、殴る —*n.* 打つこと、殴ること、打ちすえること [Ka. D2322]

ತದನುಸಾರವಾಗಿ ⟦tadanusāravāgi タダヌサーラヴァーギ⟧ [tədənusɐːrə̆vɐːgi] 《文》 *adv.* それで、それ故に [Sk.]

ತದಲು ⟦tadalu タダル⟧ [təđŭlu] 《‡》 *n.* 刺のあるつる草などで作った四角い構造物(垣根の門として用いる) *(My.(Kitt.))* [Ka. D3447]

ತದಿಗೆ ⟦tadige タディゲ⟧ [tədĭge] *n.* (月の)白分または黒分の3日目 [Sk. *tṛtīyā-*]

ತದುಕು ⟦taduku タドゥク⟧ [təđŭku] *vt.* [Ka. D2322] ☞ತದಕು (tadaku)

ತದೆ ⟦tade タデ⟧ [təđe] *vt.* 1〈穀物などを〉つく 2 (拳骨や手の平や棒で)打つ、殴る ☞ಸದೆ (sade) —*n.* 打つ、殴る [Ka. D2322]

ತದೇಕಚಿತ್ತ ⟦tadēkacitta タデーカチッタ⟧ [təde:kə̆tʃittɐ] *n.* 心の集中、専心、没頭 —*adj.*, *m.* 《*f.* ತದೇಕಚಿತ್ತಳು (tadēkacittaḷu)》専心した〈人〉、(あるものに)没入した〈人〉 ¶ ಈ ಹುಡುಗ ತದೇಕಚಿತ್ತನಾಗಿ ಚಿತ್ರ ಬರೆಯುತ್ತಾನೆ. (ī huḍuga tadēkacittanāgi citra bareyuttāne.) この少年は心を集中して絵を書く [Sk.]

ತದ್ದಿನ ⟦taddina タッディナ⟧ [təddinɐ] 《文》 *n.* 1 あの日 2 (死者の)命日 [Sk.]

ತದ್ದು ⟦taddu タッドゥ⟧ [təddu] 《‡》 *n.* ヘルペス、疱疹 *(Kitt.)* [Sk. *dadru-*] ☞ದದ್ದು (daddu)[1]

ತದ್ಭವ ⟦tadbʰava タドバヴァ⟧ [tədbʰəvɐ] *adj.* それから生まれた —*n.* カンナダ語で著しく形を変えて用いられるサンスクリット語(またはプラークリット語)からの借用語 [Sk.]

ತದ್ರೂಪ ⟦tadrūpa タドルーパ⟧ [tədru:pɐ] 《文》 *n.* そっくりそのまま、瓜二つ ¶ ಈ ಮಗು ತಂದೆಯ ತದ್ರೂಪವನ್ನೇ ಪಡೆದಿದೆ. (ī magu taṃdeya tadrūpavannē paḍedide.) この子は父親にそっくりだ。[Sk.]

ತದ್ಲು ⟦tadlu タドル⟧ [təđlu] 《‡》 *n.* [Ka. D3447] (*My.*(*Kitt.*)) ☞ತದುಲು (tadulu)

ತದ್ವತ್ತು ⟦tadvattu タドヴァットゥ⟧ [tədvəttu] 《文》 *adj.* 瓜二つの、まったくよく似た、そっくりの ¶ ಇವಳು ತನ್ನ ಅಕ್ಕನದೇ ತದ್ವತ್ತು ರೂಪವನ್ನು ಪಡೆದಿದ್ದಾಳೆ. (ivaḷu tanna akkanadē tadvattu rūpavannu paḍediddāḷe.) 彼女はその姉にそっくりの容姿をしている。[Sk.]

ತದ್ವಿರುದ್ಧ ⟦tadviruddʰa タドヴィルッダ⟧ [tədviruddʰɐ] 《文》 *adj.* その逆の、それに反する [Sk.]

ತನಕ ⟦tanaka タナカ⟧ [tənə̆kɐ] ತನಕ್ಕ *postp.* 《*gen.*》 1 …まで ¶ ನೀವು ಬರುವ ತನಕ ನಾನು ಪುಸ್ತಕ ಓದುತ್ತೇನೆ. (nīvu baruva tanaka nānu pustaka ōduttēne.) いらっしゃるまで私は本を読んでいます。2 …する限り ¶ ನೀವು ಪ್ರಾಮಾಣಿಕವಾಗಿ ಇರುವ ತನಕ ತೊಂದರೆ ಇಲ್ಲ (nīvu prāmāṇikavāgi iruva tanaka toṃdare illa.) 君たちが正直でいる限り問題はありません。[Ka. D3147]

ತನಕ್ಕ ⟦tanakka タナッカ⟧ [tənəkkɐ] 《文》 *postp.* 《*gen.*》 …まで [Ka. *D3147]

ತನತು ⟦tanatu タナトゥ⟧ [tənətu] 《古》 *pron.* (回帰的または相互的意味において)彼の、彼女の、その [Ka. D3196]

ತನತ್ತು ⟦tanattu タナットゥ⟧ [tənəttu] 《古》 *pron.* [Ka. D3196] ☞ತನತು (tanatu)

ತನಯ ⟦tanaya タナヤ⟧ [tənə̆jɐ] 《古》 *m.* 《*f.* ತನಯೆ (tanaye)》息子 [Sk.] = ಮಗ (maga)〔口〕

ತನಯೆ ⟦tanaye タナエ⟧ [tənə̆je] 《古》 *f.* 《*m.* ತನಯ (tanaya)》娘 [Sk.] = ಮಗಳು (magaḷu)〔口〕

ತನಿ ⟦tani タニ⟧ [təni] (*n.*) 1 孤独〈の〉、一人ぼっち〈の〉 2 別〈の〉、別々〈の〉[Ka. *D3196]

ತನಿಖೆ ⟦tanikʰe タニケ⟧ [tənikʰe] *n.* 調査、査問 [Ar. *tanqīḥ*]

ತನಿಖಾಧಿಕಾರಿ ⟦tanikʰādʰikāri タニカーディカーリ⟧ [təni kʰɐ:dʰikɐ:ri] *mf.* 調査官、調査を担当する役人 [+ *adʰikāri*]

ತನಿಖಾ ನ್ಯಾಯಾಲಯ ⟦tanikʰā nyāyālaya タニカーニャーヤーラヤ⟧ [tənikʰɐ:njɐ:jɐ:lə̆jɐ] *n.* 調査裁判所、政治家の収賄などを調査して審理する裁判所 [+ *nyāyālaya*]

ತನಿಖೆವರದಿ ⟦tanikʰevaradi タニケヴァラディ⟧ [tənikʰevə rə̆di] *n.* 調査(委員会)報告書 [+ *varadi*]

ತನು[1] ⟦tanu タヌ⟧ [tənu] 《文》 (*adj.*) 1 ほっそりした〈こと〉、痩せた〈こと〉 2 華奢〈な〉、ほっそりした〈こと〉、か細い〈こと〉 3 小さな〈こと〉[Sk. *tanu-*]

ತನು[2] ⟦tanu タヌ⟧ [tənu] 《文》 *n.* 体、身体 [Sk. *tanus-*]

ತನುಜ ⟦tanuja タヌジャ⟧ [tənuʤɐ] 《古》 *m.* 《*f.* ತನುಜೆ (tanuje)》息子 [Sk.]

ತನುಜಾತ ⟦tanujāta タヌジャータ⟧ [tənuʤɐ:tɐ] 《古》 *m.* 《*f.* ತನುಜಾತೆ (tanujāte)》息子 [Sk.]

ತನುಜಾತೆ ⟦tanujāte タヌジャーテ⟧ [tənuʤɐ:tɐ] 《古》 *f.* 《*m.* ತನುಜಾತ (tanujāte)》娘 [Sk.]

ತನುಜೆ ⟦tanuje タヌジェ⟧ [tənuʤe] 《古》 *f.* 《*m.* ತನುಜೆ (tanuje)》娘 [Sk.]

ತನುವು ⟦tanuvu タヌヴ⟧ [tənŭvu] *n.* (壁などの)湿気、湿り気 [*taṇ-* + *-vu*?]

ತನೆ ⟦tane タネ⟧ [təne] ಜನೆ, ತೆನೆ *n.* 1 (通常は牛の)妊娠 2 (通常は牛の)胎児 [Ka. D2592]

ತನ್ದು ⟦tandu タンドゥ⟧ [təndu] 《異》 *pron.n.* [Ka. D3196] (*Kitt.*) ☞ತಂದು (taṃdu)

ತನ್ನ ⟦tanna タンナ⟧ [tənnɐ] *pron.gen.* (回帰的に)自分の ¶ ಅವನು ತನ್ನ ಕಣ್ಣನ್ನು ಕಿತ್ತಿಕೊಂಡ. (avanu tanna kaṇṇannu kittikoṃḍa.) 彼は自分の目をくりぬいた。[Ka. D3196]

ತನ್ನದು ⟦tannadu タンナドゥ⟧ [tənnəđu] *pron.n.* (回帰的に)彼の、彼女の、それの ¶ ಮನುಷ್ಯನಿಗೆ ತನ್ನದು ಎಂಬುದು ಹೆಚ್ಚು ಪ್ರಿಯವಾಗುತ್ತದೆ. (manuṣyanige tannadu eṃbudu heccu priyavāguttade.)「自分の」ということが人間にはとても大事だ。[Ka. D3196]

ತನ್ಮಯ ⟦tanmaya タンマヤ⟧ [tənmə̆jɐ] 《文》 *adj.*, *m.* 《*f.* ತನ್ಮಯಳು (tanmayaḷu)》(瞑想などに)集中した〈人〉、夢中になった〈人〉[Sk.]

ತನ್ಮಯತೆ ⟦tanmayate タンマヤテ⟧ [tənməjə̆te] 《文》 *n.* 夢中、没頭、没入 [Sk.]

ತನ್ಮೂಲಕ ⟦tanmūlaka タンムーラカ⟧ [tənmu:lə̆kɐ] 《文》 *postp.* 《*gen.*》…によって ¶ ಪತ್ರದ ತನ್ಮೂಲಕ ವಿಷಯವನ್ನು ತಿಳಿಸಿ. (patrada tanmūlaka viṣayavannu tiḷisi.) 手紙でそのことを知らせてください。[Sk.]

ತಪ್ ⟦tap タプ⟧ [təp] (*n.*) ぼとん(腐った果物や馬糞などが落ちる音を表す擬音語) [Ka., onom.]

ತಪ್ಪೆಂದು ⟦tappeṃdu タッペンドゥ⟧ [təppendu] *adv.* ぼとんと [+ *eṃdu*]

ತಪ [tapa タパ⟧ [təpɐ] *n.* 1 熱、熱さ 2 苦しみ、悲しみ 3 マーガ月、インドの伝統的太陽太陰暦の第 11 月(グレゴリオ暦の 1 月から 2 月にあたる) 4 苦行、難行 5 インド宇宙論の 7 層の天界で上から 2 番目の世界、タポー・ローカ [Sk.]

ತಪಕ್ಕನೆ ⟦tapakkane タパッカネ⟧ [təpəkkə̆ne] *adv.* ころりと、すてんと(突然あっけなく転ぶ様子を表す擬態語) ¶ ಅಮ್ಮ ನೋಡುತ್ತಾ ಇದ್ದಂತೆ ತಪಕ್ಕನೆ ಬಿದ್ದರು. (amma nōḍuttā iddaṃte tapakkane biddaru.) 母は私の目の前ですてんと転んだ。[Ka. mim. D3069]

ತಪಟೆ ⟦tapaṭe タパテ⟧ [təpə̆ṭe] 《古》 *n.* [Ka. D3082] ☞ತಮಟೆ (tamaṭe)

ತಪತಪ ⟦tapatapa タパタパ⟧ [təpə̆təpɐ] (*n.*) ぽたぽた(人間や動物が下痢をする音) [Ka., onom.]

ತಪರಾಕಿ ⟦taparāki タパラーキ⟧ [təpə̆rɐ:ki] *n.* [M. *tapărākʰă* < ?] ☞ತಪರಾಕು (taparāku)

ತಪರಾಕು ⟦taparāku タパラーク⟧ [təpɐ̆rɐːku] ತಪರಾಕಿ, ತಪರಾಕೆ *n.* 平手打ち ◇ *vi.* —ಕೊಡು (koḍu) [M. *tapărākʰă* < ?]

ತಪರಾಕೆ ⟦taparāke タパラーケ⟧ [təpɐ̆rɐːke] *n.* [M. *tapărākʰă* < ?] ☞ತಪರಾಕು (taparāku)

ತಪಲೆ ⟦tapale タパレ⟧ [təpɐ̆le] *n.* [Ka. cf. Ta. *tapalai*, Te. *tapēlā*] ☞ತಪ್ಪಲೆ (tappale)

ತಪಶೀಲ ⟦tapaśīla タパシーラ⟧ [təpɐ̆ʃiːlɐ] 《異》 *n.* [Ar. *tafsīl*] ☞ತಪಸೀಲು (tapasīlu)

ತಪಶೀಲು ⟦tapaśīlu タパシール⟧ [təpɐ̆ʃiːlu] *n.* [Ar. *tafsīl*] ☞ತಪಸೀಲು (tapasīlu)

ತಪಶ್ಚರ್ಯ ⟦tapaścarya タパシュチャリヤ⟧ [təpəʃʧərˈjɐ] *n.* 苦行を行うこと [Sk.]

ತಪಸೀಲು ⟦tapasīlu タパシール⟧ [təpɐ̆siːlu] ತಪಶೀಲ, ತಪಶೀಲು, ತಪ್ಸೀಲು *n.* 1 詳しい陳述、分析 2 リスト、明細書 [Ar. *tafsīl*]

ತಪಸೀಲುವಿಚಾರಣೆ ⟦tapasīluvicāraṇe タパシールヴィチャーラネ⟧ [təpɐ̆siːluviʧɐːrɐ̆ɳe] *n.* 警察や検察官による厳しい尋問 [+ *vicāraṇe*]

ತಪಸ್ವಿ ⟦tapasvi タパスヴィ⟧ [təpəsvi] *m.* 《*f.* ತಪಸ್ವಿನಿ (tapasvini)》苦行者 [Sk.]

ತಪಸ್ವಿನಿ ⟦tapasvini タパスヴィニ⟧ [təpəsvini] *f.* 《*m.* ತಪಸ್ವಿ (tapasvi)》女性の苦行者 [Sk.]

ತಪಸ್ಸು ⟦tapassu タパッス⟧ [təpəssu] *n.* 苦行 [Sk.]

ತಪಾಸಣಿ ⟦tapāsaṇi タパーサニ⟧ [təpɐːsɐ̆ɳi] *n.* [M. *tapāsăṇē*] ☞ತಪಾಸಣೆ (tapāsaṇe)

ತಪಾಸಣೆ ⟦tapāsaṇe タパーサネ⟧ [təpɐːsɐ̆ɳe] ತಪಾಸಣಿ *n.* 調べること、調査、検査 [M. *tapāsăṇē*]

ತಪಾಸು ⟦tapāsu タパース⟧ [təpɐːsu] *n.* 1 (事件や収賄などの) 調査 2 探し回ること ¶ ಕಳೆದುಹೋದ ಉಂಗುರಕ್ಕಾಗಿ ಮನೆಯೆಲ್ಲ ತಪಾಸು ಮಾಡಿದೆ. (kaḷeduhōda uṃgurakkāgi maneyella tapāsu māḍide.) 無くなった指輪を見つけるために家中を探した。[M. *tapāsā* ←Ar. *tafaḥḥuṣ*]

ತಪಿಸು ⟦tapisu タピス⟧ [təpĭsu] 《文》 *vi.* 1 燃える、熱い、熱を発して燃焼する 2 心を悩ます、苦しむ、苦悩する 3 後悔する、悔やむ ¶ ಗಣೇಶ ಕಳ್ಳತನ ಮಾಡಿ ಪೋಲಿಸರ ಕೈಗೆ ಸಿಕ್ಕ ಮೇಲೆ ತಪಿಸುತ್ತಿದ್ದ. (gaṇēśa kaḷḷatana māḍi pōlisara kaige sikka mēle tapisuttidda.) ガネーシャは警察に捕まった後、盗みを働いたことを後悔した。[Sk.]

ತಪೇಲಿ ⟦tapēli タペーリ⟧ [təpeːli] *n.* [Ka. cf. Ta. *tapalai*, Te. *tapēlā*] ☞ತಪ್ಪಲೆ (tappale)

ತಪ್ತ ⟦tapta タプタ⟧ [təptɐ] 《文》 *adj.* 1 熱した、熱い、燃焼している 2 苦悩する、苦しむ、悩む [Sk.]

ತಪ್ಪಟಿ ⟦tappaṭi タッパティ⟧ [təppɐ̆ʈi] 《方》 *n.* [Ka. *D3082] ☞ತಮಟೆ (tamaṭe)

ತಪ್ಪಟೆ ⟦tappaṭe タッパテ⟧ [təppɐ̆ʈe] 《方》 *n.* [Ka. D3082] ☞ತಮಟೆ (tamaṭe)

ತಪ್ಪನೆ ⟦tappane タッパネ⟧ [təppɐ̆ne] 《古》 *adv.* すぐさま、すばやく [Ka. D3049]

ತಪ್ಪಲ್¹ ⟦tappal タッパル⟧ [təppəl] 《‡》 *n.* しくじり、失敗 (*Bp.44,2*) [Ka. D3071]

ತಪ್ಪಲ್² ⟦tappal タッパル⟧ [təppəl] 《古》 *n.* [Ka. D3178] ☞ತಪ್ಪಲು (tappalu)

ತಪ್ಪಲ ⟦tappala タッパラ⟧ [təppɐ̆lɐ] *n.* 緑の葉、植物の葉全体をさす言葉 ¶ ಮರದ ತಪ್ಪಲ ಎಲ್ಲ ಹೋಗಿದೆ. (marada tappala ella hōgide.) (この) 木の葉が落ちてしまっている。[Ka. D2673] ☞ತೊಪ್ಪಲು (toppalu)

ತಪ್ಪಲು¹ ⟦tappalu タッパル⟧ [təppɐ̆lu] ತಪ್ಪಲ್, ತರ್ಪಲ್, ತಳ್ಪಲ್, ತಟ್ಬಲ್ *n.* 1 山のふもとの緩やかな斜面 2 山の高原、台地 [Ka. *D3178]

ತಪ್ಪಲು² ⟦tappalu タッパル⟧ [təppɐ̆lu] *n.* 1 川や池や海などの岸や岸辺 2 近く [?]

ತಪ್ಪಲೆ ⟦tappale タッパレ⟧ [təppɐ̆le] ತಪಲೆ, ತಪೇಲಿ, ತಪ್ಪೇಲಿ *n.* 米を炊いたり水を蓄えたりするため用いる銅製や真鍮製の丸い広口鍋 [Ka. cf. Ta. *tapalai*, Te. *tapēlā*]

ತಪ್ಪಳಿಸು ⟦tappaḷisu タッパリス⟧ [təppɐ̆ɭisu] 《古》 *vt.* 唇を鳴らす(?) (*My.* (*Kitt.*)) [Ka. D2335]

ತಪ್ಪಿತ ⟦tappita タッピタ⟧ [təppĭtɐ] *n.* 過ち、過失、失策；悪行、不法行為 [Ka. D3071]

ತಪ್ಪಿತಸ್ಥ ⟦tappitastʰa タッピタスタ⟧ [təppitɐ̆stʰɐ] *m.* 《*f.* ತಪ್ಪಿತಸ್ಥಳು (tappitastʰaḷu)》違反者、非行者 [*tappita* + *-stʰa*]

ತಪ್ಪು ⟦tappu タップ⟧ [təppu] *n.* 1 過ち、失敗 2 (道などを)踏み外すこと 3 違反、反則、(軽い)犯罪または悪行 4《異》罰金 5《異》嘘、虚言 —*vi.* 1 しくじる、失敗する 2 なくなる、滅びる (*Pb.4.99*) 3 (期待されたことや当然起こるべきことが) 起こらない ¶ ಈ ವರ್ಷದಲ್ಲಿ ಮಳೆ ತಪ್ಪಿತು. (ī varṣadalli maḷe tappitu.) 今年は雨が降らなかった。 4 (得られるべきものが) 得られない ¶ ಅವನಿಗೆ ಆಸರ ತಪ್ಪಿ ಕೆಲಸ ಆಗಲಿಲ್ಲ. (avanige āsara tappi kelasa āgalilla.) 支援が得られなかったので彼の仕事はうまくいかなかった。 —*vt.* 〈掟などを〉守らない、破る、〈限度を〉越える ¶ ಅಮ್ಮನ ಮಾತನ್ನು ತಪ್ಪಬಾರದು. (ammana mātannu tappabāradu.) 母親の言うことに従わなくてはならない。[Ka. D3071, cf. 3068]

ತಪ್ಪಿಸು ⟦tappisu タッピス⟧ [təppĭsu] *vt.* 1 避ける、回避する、予防する ¶ ಸೋಲನ್ನು ತಪ್ಪಿಸಿಕೊಳ್ಳಲು ಭಾರತ ಕ್ರಿಕೆಟ್ ತಂಡದವರು ಬಹಳ ಹೋರಾಡಿದರು. (sōlannu tappisikoḷḷalu bʰārata kriket taṃḍadavaru bahaḷa hōrāḍidaru.) 負けてはならないインドのクリケットのチームは一生懸命頑張った。 2 悪い道に導く、誘惑する [+ *-ssu* caus. D3071]

ತಪ್ಪುಕಲ್ಪನೆ ⟦tappukalpane タップカルパネ⟧ [təppukəlpɐ̆ne] *n.* 誤解、思い違い [+ *kalpane*] = ತಪ್ಪೆಣಿಕೆ (tappeṇike)

ತಪ್ಪುನಂಬಿಕೆ ⟦tappunaṃbike タップナンビケ⟧ [təppunəmbi ke] *n.* 誤解、思い違い [+ *naṃbike*]

ತಪ್ಪುಹೆಜ್ಜೆ ⟦tappuhejje タップヘッジェ⟧ [təppuheʤʤe] *n.* 誤った処置、誤った手段 [+ *hejje*]

ತಪ್ಪುಹೊರು ⟦tappuhoru タップホル⟧ [təppuhoru] *vi.* 《*dat.*》 (他人の) 過ちを背負い込む、失敗の責

任を取る ¶ ಅಧಿಕಾರಿ ತಾನೇ ಹೆಂಡತಿಯ ತಪ್ಪುಹೊತ್ತರು. (adʰikāri tānē heṃḍatiya tappuhottaru.) 役人は妻の過ちの責任を取った。[+ *hoṟu*]

ತಪ್ಪುಹೊರಿಸು ⟦tappuhorisu タップホリス⟧ [təppŭhorĭsu] *vi.* (ある人に)あることの責めを負わせる ¶ ಅಧಿಕಾರಿ ಗುಮಾಸ್ತನ ಮೇಲೆ ತನ್ನ ತಪ್ಪುಹೊರಿಸಿದ. (adʰikāri gumāstana mēle tanna tappuhorisida.) 役人は書記に責任を負わせた。[+ *horisu* caus.]

ತಪ್ಪೆಣಿಕೆ ⟦tappeṇike タッペニケ⟧ [təppeṇĭke] *n.* 誤解、思い違い [+ *eṇike*] = ತಪ್ಪುಕಲ್ಪನೆ (tappukalpane)

ತಪ್ಪೊಪ್ಪಿಗೆ ⟦tappoppige タッポッピゲ⟧ [təppoppĭge] *n.* (罪を)認めること、自白、白状 ◇ *vi.* —ನೀಡು, ಕೊಡು (nīḍu, koḍu) 白状する [+ *oppige*]

ತಪ್ಪೊಪ್ಪು ⟦tappoppu タッポップ⟧ [təppoppu] *vi.* 自分の過ちを認める、白状する ¶ ನೀನು ತಪ್ಪೊಪ್ಪಿಕೊಂಡು ಕ್ಷಮೆಯನ್ನು ಕೇಳು. (nīnu tappoppikoṃḍu kṣameyannu kēḷu.) 自分の過ちを認めて許しを乞いなさい。[+ *oppu*]

ತಪ್ಪುವಿಕೆ ⟦tappuvike タップヴィケ⟧ [təppuvike] *n.* 間違いを犯すこと、しくじること、など [Ka. *tappu* + *-ike*]

ತಪ್ಪೇಲಿ ⟦tappēli タッペーリ⟧ [təppe:li] *n.* [Ka. cf. Ta. *tapalai*, Te. *tapēlā*] ☞ತಪ್ಪಲೆ (tappale)

ತಪ್ಪೋಲೆ ⟦tappōle タッポーレ⟧ [təppo:le] *n.* (本などの)正誤表 [*tappu*[1] + *ōle*]

ತಪ್ಸೀಲು ⟦tapsīlu タプシール⟧ [təpsi:lu] *n.* [Ar. *tafsīl*] ☞ತಪಸೀಲು (tapasīlu)

ತಬಟೆ ⟦tabaṭe タバテ⟧ [təbĕʈe] 《方》 *n.* [Ka. *D3082] ☞ತಮಟೆ (tamaṭe)

ತಬಲ ⟦tabala タバラ⟧ [təbĕlɐ] ತಬಲಾ, ತಬಲೆ *n.* 1 タブラ(1対の小さな太鼓)[⇒図] 2 タブラの右手で打つ方(左手で打つ方はダッガと呼ばれる) [Ar. *tabla*]

ತಬಲ タブラ

ತಬಲಾ ⟦tabalā タバラー⟧ [təbĕlɐ:] *n.* [Ar. *ṭabla*] ☞ತಬಲ (tabala)

ತಬಲೆ ⟦tabale タバレ⟧ [təbĕle] 《方》 *n.* [Ar. *ṭabla*] ☞ತಬಲ (tabala)

ತಬ್ಬರಿಸು[1] ⟦tabbarisu タッバリス⟧ [təbbərĭsu] *vi.* 滑る、つまずく [Ka. D3071]

ತಬ್ಬರಿಸು[2] ⟦tabbarisu タッバリス⟧ [təbbərĭsu] 《‡》 *vi.* 驚愕する、うろたえる (*My.* (*Kitt.*)) [Ka. D3074]

ತಬ್ಬಲಿ ⟦tabbali タッバリ⟧ [təbbĕli] *mf.* 1 孤児、身寄りのない子ども 2 寄る辺ない人 [Ka. D3101]

ತಬ್ಬಿಬ್ಬಿ ⟦tabbibbi タッビッビ⟧ [təbbibbi] 《異》 *n.* [Ka. *D3074] ☞ತಬ್ಬಿಬ್ಬು (tabbibbu)

ತಬ್ಬಿಬ್ಬು ⟦tabbibbu タッビッブ⟧ [təbbibbu] ತಬ್ಬಿಬ್ಬಿ *n.* 1 びっくり、仰天 2 狼狽、慌てること、当惑 ¶ ಪರೀಕ್ಷಕರ ಆಕಸ್ಮಿಕ ಪ್ರಶ್ನೆಗೆ ತಬ್ಬಿಬ್ಬಾಗಿ ನನಗೆ ಮಾತಾಡಲೇ ಆಗಲಿಲ್ಲ. (parīkṣakara ākasmika praśnege tabbibbāgi nanage mātāḍalē āgalilla.) 私は試験官の意外な質問にびっくりしてものを言うことさえできなかった。◇ *vi.* —ಆಗು (āgu) [Ka. D3074]

ತಬ್ಬಿಲಿ ⟦tabbili タッビリ⟧ [təbbĭli] 《‡》 *mf.* [Ka. D3101] (*My.* (*Kitt.*)) ☞ತಬ್ಬಲಿ (tabbali)

ತಬ್ಬು ⟦tabbu タッブ⟧ [təbbu] ತರ್ಬು, ತಳಪು, ತಬ್ಬು *vt.* 1 〈薪などを〉両手で抱える 2 抱擁する、両手で抱きしめる —*n.* (薪などの)両手で抱えられる分量 = ತಕ್ಕೆ (takke) [Ka. *tarbu* D3116]

ತಬ್ಬಿಸು ⟦tabbisu タッビス⟧ [təbbisu] 《‡》 *vt.* 抱擁させる、抱えさせる (*My.*(*Kitt.*))

ತಬ್ಲಿ ⟦tabli タブリ⟧ [təbli] 《口》 *mf.* [Ka. D3101] ☞ತಬ್ಬಲಿ (tabbali)

ತಮ ⟦tama タマ⟧ [təmɐ] *n.* 1 闇、暗闇 2 〔喩〕無知、無明 [Sk.] = ತಮಸ್ಸು (tamassu)

-ತಮ ⟦-tama -タマ⟧ [təmɐ] *suf.* サンスクリット語からの借用語の中に現れる形容詞の最上級を表す接尾辞 [Sk.]

ತಮಂಗ ⟦tamaṃga タマンガ⟧ [təməŋgɐ] 《古》 *n.* 1 (家の正面や戸外にある)人が座る台;演台、舞台 2 高い座席 [Ka. D3081] ☞ತವಂಗ (tavaṃga)

ತಮಟೆ ⟦tamaṭe タマテ⟧ [təmĕʈe] ತಂಬಟ, ತಂಬಟೆ, ತಂಬಟ್ಟೆ, ತಪಟೆ, ತಪ್ಪಟೆ, ತಪ್ಪಟೆ, ತಬಟೆ, ತಮ್ಮಟ, ತಮ್ಮಟೆ, ತಮ್ಮಟ್ಟೆ *n.* 棒で打つ大きなタンバリンの一種(民族音楽に用いられる) [⇒図] [Ka. D3082]

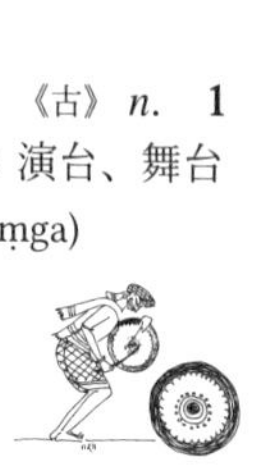

ತಮಟೆ
タンバリン

ತಮತು ⟦tamatu タマトゥ⟧ [təmətu] ತಮತ್ತು, ತಮ್ಮತು, ತಮ್ಮದು, ತಮ್ಮುತು 《古》 *pron.n.* 彼らのもの (*Śmd.179*(*Kitt.*)) [Ka. D3162]

ತಮತ್ತು ⟦tamattu タマットゥ⟧ [təməttu] 《古》 *pron.n.* 彼らのもの (*Śmd.179*(*Kitt.*)) [Ka. D3162]

ತಮರ್ ⟦tamar タマル⟧ [təmər] 《古》 *n.* 郷里、故郷 [Ka. D3162] ☞ತವರು (tavaru)[2]

ತಮರ ⟦tamara タマラ⟧ [təmĕrɐ] 《‡》 *n.* 錫(すず) [Ka. D3001] (*Kitt.*) ☞ತವರ (tavara)

ತಮರುಮನೆ ⟦tamarumane タマルマネ⟧ [təmĕrumənе] 《古》 *n.* 1 (通常は嫁の)生家、実家 2 生家、生まれた村や町 [*tamaru* + *mane*]

ತಮರ್ಮನೆ ⟦tamarmane タマルマネ⟧ [təmĕrməne] 《古》 *n.* (通常は嫁の)生家、実家 [*tamaru* + *mane*]

ತಮಸ್ಸು ⟦tamassu タマッス⟧ [təməssu] *n.* 1 闇、暗闇 2 〔喩〕無知、無明 [Sk.] = ತಮಸ್ಸು (tamassu)

ತಮಾಂ ⟦tamāṃ タマーン⟧ [təmɐ:m] (*adj.*) すべて〈の〉、全部〈の〉¶ ಸಭೆಗೆ ತಮಾಂ ಜನವೆಲ್ಲಾ ಸೇರಿದ್ದರು. (sabʰege tamāṃ janavellā sēriddaru.) 集まりにはすべての人が出席していた。[Ar. *tamām*]

ತಮಾಷೆ ⟦tamāṣe タマーシェ⟧ [təmɐ:ʃe] *n.* 1 見世物、見もの 2 戯れ、冗談、ふざけること = ಹಾಸ್ಯ (hāsya) 3 手品、奇術 [Ar.-Pe. *tamāšā*]

ತಮಿಳ ⟦tamiḷa タミラ⟧ [təmĭḷɐ] *m.* 《*f.* ತಮಿಳಳು (tamiḷaḷu)》タミル人(ドラヴィダ語族の一つであるタミル語を母語とする民族に属する人) [Ka. *tamiḻa* *D3080 cf. Sk. *draviḍa-*, *dramila-*, *drāviḍa-*]

ತಮಿಳು ⟦tamiḷu タミル⟧ [təmĭḷu] *n.* タミル語（ドラヴィダ語族の一つでタミルナード州の公用語）[Ka. ←*tamiḻ* *D3080]

ತಮಿಳುನಾಡು ⟦tamiḷunāḍu タミルナードゥ⟧ [təmiḷunɐːḍu] *n.* タミルナード州（インド連邦共和国の東南の州）[Ta. *tamiḻnāṭu*]

ತಮಿೞ್ ⟦tamiḻ タミル⟧ [təmiɻ] 《古》 *n.* 1 タミル語（ドラヴィダ語族の一つ） 2 タミルナード、タミル人の国 [Ka. *D3080]

ತಮಿೞ ⟦tamiḻa タミラ⟧ [təmĭɻɐ] 《‡》 *n.* タミル語（ドラヴィダ語族の一つ）(*B.4,128.206(Kitt.)*) [Ka. *tamiḻ* D3080 cf. Sk. *draviḍa-*, *dramila-*, *drāviḍa-*]

ತಮ್ಬೞ ⟦tambaḻa タンバラ⟧ [təmbəɻɐ] 《‡》 *n.* タミル語（ドラヴィダ語族の一つ）(*C.(Kitt.)*) [Ka. D3080]

ತಮ್ಮ[1] ⟦tamma タンマ⟧ [təmmɐ] *m.* 《複数形はತಮ್ಮಂದಿರು (tammaṃdiru) 女性形 ತಂಗಿ (taṃgi)》 1 弟 2 自分より年下の男性に対して愛情をもって呼びかける言葉 [Ka. D3085]

ತಮ್ಮ[2] ⟦tamma タンマ⟧ [təmmɐ] *pron.adj.* （再帰的意味において）自分自身の、彼自身の、彼女自身の、それ自身の ¶ ಅಮ್ಮಂದಿರು ತಮ್ಮ ತಮ್ಮ ಮಕ್ಕಳ ಕೈ ಹಿಡಿದು ಓಡುತ್ತಿದ್ದಾರೆ. (ammaṃdiru tamma tamma makkaḷa kai hiḍidu ōḍuttiddāre.) 女の人たちが自分の子どもの手を取って走っている。 [Ka. D3196]

ತಮ್ಮಟ ⟦tammaṭa タンマタ⟧ [təmmə̆ʈɐ] 《方》 *n.* [Ka. D3082] ☞ತಮಟೆ (tamaṭe)

ತಮ್ಮಟೆ ⟦tammaṭe タンマテ⟧ [təmmə̆ʈe] 《方》 *n.* [Ka. D3082] ☞ತಮಟೆ (tamaṭe)

ತಮ್ಮಟ್ಟೆ ⟦tammaṭṭe タンマッテ⟧ [təmməʈʈe] 《方》 *n.* [Ka. *D3082] ☞ತಮಟೆ (tamaṭe)

ತಮ್ಮಡಿ ⟦tammaḍi タンマディ⟧ [təmmə̆ɖi] 《文》 *mf.* 閣下、殿下、御前様（裁判官、僧院長、王侯などに尊敬をもって呼びかけたり言及したりする言葉）[Ka.*tamma* + *aḍi* D3085] = ಪೂಜಾರಿ (pūjāri)

ತಮ್ಮತು ⟦tammatu タンマトゥ⟧ [təmmətu] ತಮ್ಮತ್ತು 《古》 *pron.n.* 彼らのもの (*Šmd.179(Kitt.)*) [Ka. D3162] ☞ತಮತು (tamatu)

ತಮ್ಮತ್ತು ⟦tammattu タンマットゥ⟧ [təmməttu] 《古》 *pron.n.* 彼らのもの (*Šmd.179(Kitt.)*) [Ka. D3162] ☞ತಮತು (tamatu)

ತಮ್ಮುತು ⟦tammutu タンムトゥ⟧ [təmmutu] ತಮ್ಮತ್ತು 《古》 *pron.n.* 彼らのもの (*Šmd.180(Kitt.)*) [Ka. D3162] ☞ತಮತು (tamatu)

ತಮ್ಮೆ ⟦tamme タンメ⟧ [təmme] 《古》 *n.* 耳たぶ、鼻の軟骨など体のやわらかい部分 [Ka. D3086]

ತಯಾರಿ ⟦tayāri タヤーリ⟧ [təjɐːri] ತಯ್ಯಾರಿ *n.* 準備、用意 ◇ *vt.* —ಮಾಡು (māḍu) 準備する *vi.* —ಆಗು (āgu) 準備が整う [Pe. *taiyārī*]

ತಯಾರಿಕ ⟦tayārika タヤーリカ⟧ [təjɐːrikɐ] (*adj.*) 《複合語末で》（…を）製造する〈こと〉¶ ಕಾರು ತಯಾರಿಕ ಕಂಪನಿಗಳು (kāru tayārika kaṃpanigaḷu) 自動車を製造する会社 [*tayāru* + *-ika*]

ತಯಾರಿಕೆ ⟦tayārike タヤーリケ⟧ [təjɐːrĭke] *n.* 1 準備、用意 2 製造、製品（を作ること）¶ ಈ ಪೆನ್ ನಮ್ಮ ತಯಾರಿಕೆ. (ī pen namma tayārike.) このペンはうちが作ったものです。 [*tayāru* + *-ike*]

ತಯಾರಿಕಾ ಸಂಸ್ಥೆ ⟦tayārikā saṃsthe タヤーリカーサンステ⟧ [təjɐːrĭkɐː səmsthe] *n.* 製造所 [+ Sk. *saṃsthe*]

ತಯಾರಿಕಾ ಘಟಕ ⟦tayārikā ghaṭaka タヤーリカーガタカ⟧ [təjɐːrĭkɐː ghəʈə̆kɐ] *n.* 製造部門 [Sk.]

ತಯಾರಿಕಾ ಸ್ಥಾವರ ⟦tayārikā sthāvara タヤーリカースターヴァラ⟧ [təjɐːrĭkɐː sthɐːvə̆rɐ] *n.* 製造工場、製造所 [Sk.]

ತಯಾರಿಸು ⟦tayārisu タヤーリス⟧ [təjɐːrĭsu] *vt.* 製造する、作る *vt.* [*tayāru* + *-isu*]

ತಯಾರು ⟦tayāru タヤール⟧ [təjɐːru] ತಯಾರಿ, ತಯ್ಯಾರಿ (*n.*) 準備〈できた〉、用意〈できた〉 [Pe. *tajjār*] ☞ತಯಾರಿ (tayāri)

ತಯಾರಾಗು ⟦tayārāgu タヤーラーグ⟧ [təjɐːrɐːgu] *vi.* 1 準備ができる、用意ができる ¶ ಊಟ ತಯಾರಾಗಿದೆ. (ūṭa tayārāgide.) ご飯ができました。 2 出来上がる、生産される [Pe. *taiyār*]

ತಯ್ಯಾರಿ ⟦tayyāri タイヤーリ⟧ [təĭjɐːri] *n.* 準備、用意 ◇ *vt.* —ಮಾಡು (māḍu) [Pe. *taiyārī*]

ತರ್ ⟦tar タル⟧ [tər] 《古》 *vt.* 《過去語幹taṃd- 未来語幹 tarp-, tah-, tāh-》 1 持ってくる、連れてくる 2 与える [Ka. D3098] ☞ತರು (taru)

-ತರ ⟦-tara -タラ⟧ [tərɐ] *suf.* サンスクリット語からの借用語の中に現れる形容詞の比較級を表す接尾辞 [Sk.]

ತರ ⟦tara タラ⟧ [tərɐ] *n.* 1 種類、類 2 方法、仕方、流儀 [Ar. *ṭarḥ*] ☞ತರಹ (taraha)

ತರಂಗ ⟦taraṃga タランガ⟧ [tərəŋgɐ] *n.* 1（海や湖などの）波 2（音や電気などの）波、音波、電磁波 [Sk.]

ತರಂಟು ⟦taraṃṭu タラントゥ⟧ [tərəɳʈu] 《古》 *n.* はげ頭 [Ka. D3145] ☞ತರಟು (taraṭu)

ತರಕಲು ⟦tarakalu タラカル⟧ [tərə̆kəlu] (*n.*) 表面が荒い〈こと〉、凹凸〈の〉、ざらざらな〈こと〉¶ ಈ ಗೋಡೆ ತುಂಬಾ ತರಕಲು. (ī gōḍe tuṃbā tarakalu.) この壁はとても凹凸が多い。 [Ka. D3097]

ತರಕಾರಿ ⟦tarakāri タラカーリ⟧ [tərə̆kɐːri] ತರ್ಕಾರಿ *n.* 野菜 [H.,M. *tarăkārī*]

ತರಕು ⟦taraku タラク⟧ [tərə̆ku] (*n.*) でこぼこ〈な〉、凹凸〈の多い〉[Ka. D3097] = ತರಕಲು (tarakalu)

ತರಗಡೆ ⟦taragaḍe タラガデ⟧ [tərə̆gəɖe] 《古》 *n.* 消耗、目減り (*Si.310 (KPN)*) [Ka. *taragu* + ? D3090]

ತರಗತಿ ⟦taragati タラガティ⟧ [tərəgə̆ti] *n.* 1（商品などの品質を表す）等級 2（学校などの）学年 3 学級、クラス 4（船や列車の）等級 [*tara* + *gati*? cf. Te. *taragati*]

ತರಗಸಿ ⟦taragasi タラガシ⟧ [tərəgəsi] 《‡》 *n.* [Ka. D3003] (*St. & Pl.(Kitt.)*) ☞ತಗಚೆ (tagace)

ತರಗು¹ ⟦taragu タラグ⟧ [tərə̆gu] *n.* 1 周旋料、ブローカーに支払う料金 2 周旋屋の店 [Ka. D3090]

ತರಗಿನಂಗಡಿ ⟦taraginaṃgaḍi タラギナンガディ⟧ [tərə̆ginəŋgə̆ḍi] *n.* 周旋屋の店、ブローカーの店 [*taragu*¹ (gen.) + *aṃgaḍi*]

ತರಗುಪೇಟೆ ⟦taragupēṭe タラグペーテ⟧ [tərə̆gupe:ṭe] *n.* 周旋業者が並ぶ市場 [+ *pēṭe*]

ತರಗು² ⟦taragu タラグ⟧ [tərə̆gu] ತಱಗು, ತರಗ, ತಱಂಗು, ದರಗು *n.* 1 しなびたもの 2 しなびた花弁や葉や野菜 [Ka. *D3192]

ತರಗುಟ್ಟು ⟦taraguṭṭu タラグットゥ⟧ [tərə̆guṭṭu] *vi.* (怒りや恐れのあまり)震える [*taratara* + ಕುಟ್ಟು (kuṭṭu)]

ತರಟ ⟦taraṭa タラタ⟧ [tərə̆ṭɐ] 《古》 *m.* 《*f.* *ತರಟಿ (taraṭi)》はげ頭の男 [Ka. D3145]

ತರಟು ⟦taraṭu タラトゥ⟧ [tərə̆ṭu] ತರಂಟು, ತಱಂಟು, ತಱಟಿ, ತಱಟು 《古》 *n.* はげ頭 [Ka. D3145]

ತರಡು ⟦taraḍu タラドゥ⟧ [tərə̆ḍu] ತರುಡು, ತಡ್ಡು *n.* 〔俗〕金玉 [Ka. D3091]

ತರತರ ⟦taratara タラタラ⟧ [tərə̆tərɐ] (*n.*) ぶるぶる(激しい震えを表す擬態語) [Ka. mim. *D3061] ☞ತತ್ತರ (tattara)

ತರದೂದು ⟦taradūdu タラドゥードゥ⟧ [tərə̆du:du] ತ-ರ್ದೂದು *n.* 準備、支度 [Ar. *taraddud*]

ತರಪು ⟦tarapu タラプ⟧ [tərə̆pu] ತರಬು, ತರುಪು 《‡》 *n.* ダイアモンドに似た安い石の一種 (*My.* (*Kitt.*)) [Ka. D3144]

ತರಪೇತಿ ⟦tarapēti タラペーティ⟧ [tərə̆pe:ti] *n.* [Ar.-Pe. *tarbiyat*] ☞ತರಬೇತಿ (tarabēti)

ತರಪೇತು ⟦tarapētu タラペートゥ⟧ [tərə̆pe:tu] *n.* [Ar.-Pe. *tarbiyat*] ☞ತರಬೇತಿ (tarabēti)

ತರಬೇತು ⟦tarabētu タラベートゥ⟧ [tərə̆be:tu] *n.* [Ar.-Pe. *tarbiyat*] ☞ತರಬೇತಿ (tarabēti)

ತರಬಿಯತ್ತು ⟦tarabiyattu タラビヤットゥ⟧ [tərə̆bijəttu] ತರ್ಬಿಯತ್ತು 《文》 *n.* 訓練、研修 [Ar.-Pe. *tarbiyat*]

ತರಬು ⟦tarabu タラブ⟧ [tərəbu] 《‡》 *n.* ダイアモンドに似た安い石の一種 (*My.* (*Kitt.*)) [Ka. D3144]

ತರಬೇತಿ ⟦tarabēti タラベーティ⟧ [tərə̆be:ti] ತರಪೇತಿ, ತ-ರಪೇತು, ತರಬೇತು *n.* 教育、調教、訓練、(動物の)調教 ◇ *vi.* —ಕೊಡು (koḍu) [Ar.-Pe. *tarbiyat*] = ತರಬೇತು (tarabētu)

ತರಬೇತಿ ಭತ್ಯ ⟦tarabēti bʰatya タラベーティバティャ⟧ [tərə̆be:ti bʰət̪jɐ] *n.* 研修生に支払われる手当て [+ *bʰatya*]

ತರಬೇತು ⟦tarabētu タラベートゥ⟧ [tərə̆be:tu] *n.* [Ar.-Pe. *tarbiyat*] ☞ತರಬೇತಿ (tarabēti)

ತರಲ ⟦tarala タララ⟧ [tərə̆lɐ] ತರಳ 《文》 *adj.* 1 揺れ動く、振動する、動き回る 2 ぴかぴか光る、輝く 3 液状の 4 移り気な、好色な —*n.* 1 驚き、不思議 2 首飾りの中央の宝石 3 韻律の名 4 子ども —*m.* 《*f.* ತರಲೆ (tarale)》少年 [Sk. *tarala-* ←Dr.]

ತರಲೆ¹ ⟦tarale タラレ⟧ [tərə̆le] ತರಳೆ 《古》 *n.* 米の粥 [Sk.]

ತರಲೆ² ⟦tarale タラレ⟧ [tərə̆le] ತರಳೆ³ *n.* 1 うるさく悩ますこと、うるさく責めたてて悩ますこと；迷惑 2 無用のもの、役に立たないもの —*mf.* 人に迷惑を及ぼす人 [? cf. Tu. *taraḷe*]

ತರಸು¹ ⟦tarasu タラス⟧ [tərə̆su] *n.* でこぼこの多い未開墾の荒地 [Ka. D3097]

ತರಸು² ⟦tarasu タラス⟧ [tərə̆su] 《‡》 *vt.* 持ってこさせる、呼んでこさせる (*My.*(*Kitt.*)) [Ka. D3098] ☞ತರಿಸು (tarisu)

ತರಹ ⟦taraha タラハ⟧ [tərə̆hɐ] ತರ, ತರಹಾ, ತರಹೆ, ಥರ *n.* 1 種類、類 2 方法、仕方、流儀 ¶ ಸಂಶೋಧನೆಯನ್ನು ಯಾವ ತರಹ ಮಾಡುತ್ತೀರಿ? (saṃśōdʰaneyannu yāva taraha māḍuttīri?) どのような方法で研究されているのですか。 [Ar. *ṭarḥ*] = ರೀತಿ (rīti)

ತರಹರ ⟦tarahara タラハラ⟧ [tərəhərɐ] 《古》 *n.* 1 心の平安、心の安らぎ 2 結合、くっつくこと；調和 3 満足 4 急ぎ、性急；欲しがること、欲求 [Ka. D3094]

ತರಹರಿಸು ⟦taraharisu タラハリス⟧ [tərə̆hərisu] 《古》 *vt.* 我慢する、辛抱する —*vi.* 1 満足する 2 調和する 3 欲しくてたまらない [Ka. D3094]

ತರಹಾ ⟦tarahā タラハー⟧ [tərə̆hɐ:] *n.* [Ar. *ṭarḥ*] ☞ತರಹ (taraha)

ತರಹೆ ⟦tarahe タラヘ⟧ [tərə̆he] *n.* [Ar. *ṭarḥ*] ☞ತರಹ (taraha)

ತರಹೇವಾರಿ ⟦tarahēvāri タラヘーヴァーリ⟧ [tərə̆he:vɐ:ri] *adj.* いろいろな、種々の ¶ ನಮ್ಮ ಅಂಗಡಿಯಲ್ಲಿ ತರ-ಹೇವಾರಿ ಕುರ್ಚಿಗಳು ಇವೆ. (namma aṃgaḍiyalli tarahēvāri kurcigaḷu ive.) 私どもの店にはいろいろな椅子があります。 [*tarahe* + *-vāri*] = ಬೇರೆಬೇರೆ (bērebēre) 〔汎〕

ತರಳ¹ ⟦taraḷa タララ⟧ [tərə̆ḷɐ] ತರಲ *adj.* 1 揺れ動く、振動する、動き回る 2 ぴかぴか光る、輝く —*n.* 1 驚き、不思議 2 首飾りの中央の宝石 3 韻律の名 —*m.* 《*f.* ತರಳೆ (taraḷe)》 1 少年、男の子 2 息子 [Ka. D3421 × Sk. *tarala-* ←Dr.]

ತರಳ² ⟦taraḷa タララ⟧ [tərə̆ḷɐ] *mf.* 人に迷惑を及ぼす人 [? cf. Tu. *taraḷe* cf. D3421] ☞ತರಲೆ (tarale)²

ತರಳತನ ⟦taraḷatana タララタナ⟧ [tərə̆ḷətənɐ] *n.* 1 幼年時代、子どもの頃 2 子どもっぽいこと、遊び好きなこと、ちょこちょこすること [*taraḷa* + *-tana*]

ತರಳು ⟦taraḷu タラル⟧ [tərə̆ḷu] ತರ್ಳು, ತಳ್ಳು, ತಱಲ್ 《‡》 *n.* 乾いた熟した果物、特に乾いたココヤシの実 (*My.* (*Kitt.*)) [Ka. D3192] = ಗಿಟ್ಕ (giṭka)

ತರಳೆ¹ ⟦taraḷe タラレ⟧ [tərə̆ḷe] (*n.*) 1 乾いてだめになった〈こと〉 2 無用〈な〉 [Ka. *taraḷe* D3192]

ತರಳೆ² ⟦taraḷe タラレ⟧ [tərə̆ḷe] 《古》 *n.* 米の粥 (*Hlā*) [Sk. *taralā-*] ☞ತರಲೆ (tarale)

ತರಳೆ³ ⟦taraḷe タラレ⟧ [tərə̆ḷe] 《文》f. 1 女の子 2 若い女性、若い娘 [Sk. taruṇē- cf. D3421]

ತರಾಟೆ ⟦tarāṭe タラーテ⟧ [tərɐːṭe] n. 叱責、非難、問責 [M. tarāṭʰā]

ತರಾಟೆಗೆ ತೆಗೆದುಕೊಳ್ಳು ⟦tarāṭege tegedukoḷḷu タラーテゲテゲドゥコッル⟧ [tərɐːṭege tegeɗukoḷḷu] vt. 非難する、叱責する ¶ ತಡವಾಗಿ ಬಂದದ್ದಕ್ಕೆ ನನ್ನ ಗೆಳತಿ ನನ್ನನ್ನು ತರಾಟೆಗೆ ತೆಗೆದುಕೊಂಡಳು. (taḍavāgi baṃdaddakke nanna geḷati nannannu tarāṭege tegedukoṃḍaḷu.) 僕のガールフレンドは僕の遅刻を責めた。

ತರಾತುರಿ ⟦tarāturi タラートゥリ⟧ [tərɐːturi] n. 1 急ぎ、緊急、慌てること ¶ ತರಾತುರಿ ಮಾಡಿದರೆ ಕೆಲಸ ಹಾಳಾಗುತ್ತದೆ. (tarāturi māḍidare kelasa hāḷāguttade.) 急いてはことを仕損じる。 2 熱意、熱心 ¶ ಮನೆಗೆ ಹೋಗಲು ನಮ್ಮ ಮಕ್ಕಳಿಗೆ ತರಾತುರಿ (manege hōgalu namma makkaḷige tarāturi) うちの子どもたちは家へ帰りたくてたまらない。 [?]

ತರಿ¹ ⟦tari タリ⟧ [təri] (n.) 荒い〈こと〉、ごつごつした〈こと〉、ざらざらした〈こと〉 —n. (砂や穀物などの小さい)粒 [Ka. D3097]

ತರಿ² ⟦tari タリ⟧ [təri] ತರೆ, ತಱಿ, ತಱೆ vt. 1〈手足などを〉ちょんぎる、切断する 2〈花などを〉摘む [Ka. < ತಱಿ (taṟi) *D3140]

ತರಿ³ ⟦tari タリ⟧ [təri] 《‡》 (n.) 決定している〈こと〉 [Ka. taṟi D3142]

ತರಿ⁴ ⟦tari タリ⟧ [təri] 《古》 n. 1 ミロバランの一種(シクンシ科、タンニンの原料、薬用)⇀ 薬 *[IMP 5.259] 2 ネムノキ科の中くらいの大きさの木、(カテキュ、別名阿仙薬の原料)⇀ 薬 *[IMP 1.20] [Ka. taṟi D3198]

ತರಿ⁵ ⟦tari タリ⟧ [təri] 《文》 n. 小舟 [Sk.]

ತರಿ⁶ ⟦tari タリ⟧ [təri] n. (稲やサトウキビなどが作られる)灌漑された農地 [Pe. tari] = ಗದ್ದೆ (gadde)

ತರಿ ಬೇಸಾಯ ⟦tari bēsāya タリベーサーヤ⟧ [təri beːsɐːjɐ] n. 灌漑された土地で耕作すること [+ bēsāya]

ತರಿಕೆ ⟦tarike タリケ⟧ [tərike] n. 灌木の一種 (Berberis napalensis) [Ka. D3096] (Lush.)

ತರು¹ ⟦taru タル⟧ [təru] vt. 〈ものを〉持ってくる、〈人を〉連れてくる [Ka. D3098]

ತರಿಸು ⟦tarisu タリス⟧ [tərĭsu] vt. 1 持って来させる 2 (人を)呼びにやる、呼び寄せる [+ -isu caus.]

ತರು² ⟦taru タル⟧ [təru] 《文》 n. 木、樹木 [Sk.]

ತರುಗು ⟦tarugu タルグ⟧ [tərŭgu] n. 割引 ☞ತರಗು (taragu)¹

ತರುಡು ⟦taruḍu タルドゥ⟧ [tərŭḍu] ತರಡು n. 〔俗〕金玉、睾丸 [Ka. D3091] ☞ತರಡು (taraḍu)

ತರುಣ¹ ⟦taruṇa タルナ⟧ [tərŭṇɐ] 《文》 (adj.) 《f. ತರುಣಿ (taruṇi)》若い〈人〉、若者〈の〉、青年〈の〉 [Sk.]

ತರುಣ² ⟦taruṇa タルナ⟧ [tərŭṇɐ] 《文》 n. 直後の時間 ¶ ಅವನು ಸತ್ತ ತರುಣದಲ್ಲಿ (avanu satta taruṇadalli) あの人の死後 [Ka. *D3142]

ತರುಣಿ ⟦taruṇi タルニ⟧ [təruṇi] 《文》 f. 《m. ತರುಣ (taruṇa)》若い娘 [Sk.]

ತರುಪು ⟦tarupu タルプ⟧ [tərŭpu] 《‡》 n. ダイアモンドに似た安い石の一種 (My.(Kitt.)) [Ka. D3144] ☞ತರಪು (tarapu)

ತರುಬು ⟦tarubu タルブ⟧ [tərŭbu] vt. 1〈車などを〉止める ¶ ರಸ್ತೆಯಲ್ಲಿ ಒಬ್ಬರು ಗಾಡಿಯನ್ನು ತರುಬಿ ನನ್ನನ್ನು ಕರೆದರು. (rasteyalli obbaru gāḍiyannu tarubi nannannu karedaru.) 道で一人の人が車を停めて私を呼びとめた。 2 《古》対抗する、抗戦する、反抗する、迎え撃つ 3 《古》追い払う、追い出す —vi. 止まる、停止する [Ka. *D3143]

ತರುವರಿ¹ ⟦taruvari タルヴァリ⟧ [tərŭvəri] 《古》 mf. 孤児 [Ka. *D3101]

ತರುವರಿ² ⟦taruvari タルヴァリ⟧ [tərŭvəri] 《古》 mf. 少年または少女 [Ka. *D3421]

ತರುವಲಿ¹ ⟦taruvali タルヴァリ⟧ [tərŭvəli] ತರುವರಿ, ತಱುವರಿ, ತಲುವುರಿ 《古》 mf. 孤児 (Pb.11.48) [Ka. D3101]

ತರುವಲಿ² ⟦taruvali タルヴァリ⟧ [tərŭvəli] ತರುವರಿ, ತಱುವರಿ, ತಲುವುರಿ 《古》 mf. 少年または少女 [Ka. D3421]

ತರುವಲಿತನ ⟦taruvalitana タルヴァリタナ⟧ [tərŭvəlitənɐ] 《古》 n. 子ども時代、幼少の時 [Ka. D3421]

ತರುವಸ ⟦taruvasa タルヴァサ⟧ [tərŭvəsɐ] 《‡》 n. [Ka. D3003] (Mr.129 (Kitt.)) ☞ತಗಚೆ (tagace)

ತರುವಾಯ್ ⟦taruvāy タルヴァーイ⟧ [tərŭvɐːĭ] n. 1 《古》順序 2 その後の時間 —adv. 後で、その後 —postp. …の後で ¶ ನಾನು ಮೂರು ದಿನದ ತರುವಾಯ ಬರುವೆ. (nānu mūru dinada taruvāya baruve.) 私は3日後に来ます。 ☞ತರುವಾಯ (taruvāya) [Ka. < taṟuvāya *D3142]

ತರುವಾಯ ⟦taruvāya タルヴァーヤ⟧ [tərŭvɐːjɐ] ತರುವಾಯ್, ತರುವಾಯಿ, ತರುವಾಯೆ, ತರ್ವಾಯ, ತರ್ವಾಯಿ, ತಱುವಾಯ್, ತಱುವಾಯ, ತಱುವಾಯಿ, ತಱುವಾಯು n. 順序、順 —adv. 後で、その後 —postp. …の後で ¶ ನಾನು ಮೂರು ದಿನದ ತರುವಾಯ ಬರುವೆ. (nānu mūru dinada taruvāya baruve.) 私は3日後に来ます。 ☞ತರ್ವಾಯ (tarvāya) [Ka. < taṟuvāya *D3142]

ತರುವಾಯಿ ⟦taruvāyi タルヴァーイ⟧ [tərŭvɐːji] 《古》 n. 順序、順 ☞ತರ್ವಾಯ (tarvāya) [Ka. *D3142]

ತರುವಿಕೆ ⟦taruvike タルヴィケ⟧ [təruvĭke] n. 持ってくること、もたらすこと [Ka. D3098]

ತರುಹ ⟦taruha タルハ⟧ [təruhɐ] 《古》 n. 持ってくること、もたらすこと [Ka. D3098]

ತರುಳ ⟦taruḷa タルラ⟧ [tərŭḷɐ] 《文》 m. 《f. ತರುಳೆ (taruḷe)》少年 [Ka. D3421/Sk. taruṇa-]

ತರೆ ⟦tare タレ⟧ [təre] 《古》 vt. 1〈手足などを〉ちょんぎる、切断する 2〈花などを〉摘む 3〈町や国などを〉破壊する、〈敵などを〉せん滅する [Ka. < ತಱೆ (taṟe) *D3140] ☞ತಱಿ (taṟi)

ತರ್ಕ ⟦tarka タルカ⟧ [tərkɐ] n. 1 推理、推論 2 論議、論争 3 論理 [Sk.]

ತರ್ಕಬದ್ಧ ⟦tarkabaddʰa タルカバッダ⟧ [tərkəbəddʰɐ] 《文》 *adj.* 論理的な、合理的な —(*n.*) 論理的な〈こと〉 [Sk.]

ತರ್ಕಯಿಸು ⟦tarkayisu タルカイス⟧ [təɽkəjisu] 《古》 *vt.* 抱きしめる、抱擁する [Ka. *D3116] ☞ತಱ್ಕಯ್ಸು (taṟkaysu)

ತರ್ಕವಿಸು ⟦tarkavisu タルカヴィス⟧ [tərkəvĭsu] 《古》 *vt.* 1 抱きしめる、抱擁する 2 慰める、慰撫する [Ka. *D3116] ☞ತಱ್ಕಯ್ಸು (taṟkaysu)

ತರ್ಕಶಾಸ್ತ್ರ ⟦tarkaśāstra タルカシャーストラ⟧ [tərkŏʃɐːstrɐ] *n.* 論理学 [Sk.]

ತರ್ಕಶುದ್ಧಿ ⟦tarkaśuddʰi タルカシュッディ⟧ [tərkŏʃuddʰi] 《文》 *n.* 論理に合うこと、論理の正しさ [Sk.]

ತರ್ಕಸಂಬಂಧಿ ⟦tarkasaṃbaṃdʰi タルカサンバンディ⟧ [tərkŏsəmbəndʰi] 《文》 *adj.* 論理に関する [Sk.]

ತರ್ಕಾರಿ ⟦tarkāri タルカーリ⟧ [tərkɐːri] *n.* [H.,M. *tarākārī* < ? cf. Pe. *tara, tarra*] ☞ತರಕಾರಿ (tarakāri)

ತರ್ಕಿಸು ⟦tarkisu タルキス⟧ [tərkisu] *vi.* 1 推理する、推論する 2 論議する、議論する [Sk.]

ತರ್ಕೆಯಿಸು ⟦tarkeyisu タルケイス⟧ [təɽkejĭsu] 《古》 *n.* 抱きしめること、抱擁 [Ka. *D3116] ☞ತಱ್ಕಯ್ಸು (taṟkaysu)

ತರ್ಕೈಸು ⟦tarkaisu タルカイス⟧ [təɽkəĭsu] 《古》 *vt.* 1 抱きしめる、抱擁する 2 着く、到着する、達する 3 慰める、慰撫する ☞ತಱ್ಕಯ್ಸು (taṟkaysu) [Ka. *D3116]

ತರ್ಗು ⟦targu タルグ⟧ [tərgu] 《古》 *vi.* [Ka. D3178] ☞ತಗ್ಗು, ತಱ್ಗು (taggu, taṟgu)

ತರ್ಜನ ⟦tarjana タルジャナ⟧ [tərʤŏnɐ] 《文》 *n.* 1 脅かし 2 非難、中傷 [Sk.]

ತರ್ಜನಿ ⟦tarjani タルジャニ⟧ [tərʤŏni] 《文》 *n.* 人差し指 [Sk.]

ತರ್ಜುಮೆ ⟦tarjume タルジュメ⟧ [tərʤume] *n.* 翻訳 [Ar. *tarjama*] = ಅನುವಾದ (anuvāda)

ತರ್ದು ⟦tardu タルドゥ⟧ [tərdu] 《古》 *n.* しらくも、ふっこう疹(菌による皮膚病、患部は蓮の葉のような輪形に広がる) [Sk. *dadru-*? cf. T6142] ☞ದದ್ದು (daddu)[1]

ತರ್ದೂದು ⟦tardūdu タルドゥードゥ⟧ [tərduːdu] *n.* 大急ぎ;緊急 ¶ ಸ್ನೇಹಿತ ಈಗ ಬಂದು ಹೋಗಲು ತರ್ದೂದು ಮಾಡಿದ. (snēhita īga baṃdu hōgalu tardūdu māḍida.) 友達は今しがた来て慌てて帰ろうとした。[Ar. *taraddud*] ☞ತರದೂದು (taradūdu)

ತರ್ಪಣ ⟦tarpaṇa タルパナ⟧ [tərpŏɳɐ] *n.* (主にバラモンたちの間で行われる)亡くなった先祖の霊に水を捧げる儀式 [Sk.]

ತರ್ಪಲ್ ⟦tarpal タルパル⟧ [tərpəl] 《古》 *n.* [Ka. *D3178] ☞ತಪ್ಪಲು (tappalu)

ತರ್ಬಿಯತ್ತು ⟦tarbiyattu タルビヤットゥ⟧ [tərbijəttu] *n.* 訓練、研修 [Ar.-Pe. *tarbiyat*] ☞ತರಬಿಯತ್ತು (tarabiyattu)

ತರ್ಬು ⟦tarbu タルブ⟧ [tərbu] 《古》 *vt.* 胸に抱きしめる、〈薪の束などを〉抱きかかえる —*n.* もつれ合い ☞ತಬ್ಬು, ತಱ್ಬು (tabbu, taṟbu) [Ka. D3116]

ತರ್ವಾಯ ⟦tarvāya タルヴァーヤ⟧ [tərvɐːjɐ] *n.* 1 後、その後の時間 2 覚えるために繰り返し呼んだり唱えたりすること 3 繰り返し、反復 [Ka. *D3142] ☞ತರುವಾಯ (taruvāya)

ತರ್ವಾಯಿ ⟦tarvāyi タルヴァーイ⟧ [tərvɐːji] 《古》 *n.* 覚えるために繰り返し呼んだり唱えたりすること [Ka. *D3142] ☞ತರುವಾಯ (taruvāya)

ತರ್ಳು ⟦tarḷu タッル⟧ [tərɭu] 《‡》 *n.* [Ka. D3192] (*My.*(*Kitt.*)) ☞ತರಳು (taraḷu)

ತಲ[1] ⟦tala タラ⟧ [təlɐ] ತಳ *n.* 《複合語頭で》頭(主要、正) ¶ ತಲಬಾಗಿಲು (talabāgilu) 正門、玄関(主要な扉) [Ka. D3103]

ತಲ[2] ⟦tala タラ⟧ [təlɐ] ತಳ 《文》 *n.* 1 (平らな)表面 2 手の平 = ಅಂಗೈ (aṃgai) 3 足の裏 = ಅಂಗಾಲು (aṃgālu) 4 下部、底、低面、土台 5 (刃物の)柄 [Sk.]

ತಲ[3] ⟦tala タラ⟧ [təlɐ] 《古》 *n.* パルミラヤシ [Sk. *tala-*] = ತಳ (taḷa)[3]

ತಲಕಾವೇರಿ ⟦talakāvēri タラカーヴェーリ⟧ [təlŏkɐːveːri] *n.* カーヴェーリ河の源 [*tala*[2]? + *kāvēri* cf. *taraparige* 「泉」]

ತಲಪರಗಿ ⟦talaparagi タラパラギ⟧ [tələpərŏgi] 《古》 *n.* 原因 [?]

ತಲಪರಿಗೆ ⟦talaparige タラパリゲ⟧ [təlŏpŏrige] ತಲವರಗಿ, ತಲಪರೆ, ತಲೆಪರವು, ತಲೆಪರಿ 《古》 *n.* 泉、噴泉 [?]

ತಲಪರೆ ⟦talapare タラパレ⟧ [tələpŏre] 《古》 *n.* [?] ☞ತಲಪರಿಗೆ (talaparige)

ತಲಪು ⟦talapu タラプ⟧ [təlŏpu] ತಲುಪು *vt.* 1 (…に)到着する、(…に)着く 2 (ある所へ行く時)〈ある所を〉経る —*vi.* (手紙などが)着く ¶ ನಿಮ್ಮ ಪತ್ರ ತಲಪಿತು. (nimma patra talapitu.) お手紙頂きました。—*n.* 1 端、先端 2 目標、標的 = ತಲುಪು (talupu) [Ka. D3102]

ತಲಪಿಸು ⟦talapisu タラピス⟧ [təlŏpisu] *vt.* 届ける、配達する [+ *-isu* caus. D3102]

ತಲಬು ⟦talabu タラブ⟧ [təlŏbu] ತಲುಬು *n.* 1 給料 2 麻薬や酒やタバコなどにとり憑かれること、依存症、病みつき ¶ ಅವನಿಗೆ ಕಾಫಿಯ ತಲಬು. (avanige kāpʰiya talabu.) 彼はコーヒーに病みつきだ。 [Ar. *ṭalab*]

ತಲವಿನ್ಯಾಸ ⟦talavinyāsa タラヴィニャーサ⟧ [təlŏvinjɐːsɐ] *n.* 平面図、設計図 [Sk.]

ತಲಸ್ಪರ್ಶಿ ⟦talasparśi タラスパルシ⟧ [təlŏspərʃi] 《文》 *adj.* 1 「底にまで達する」、深遠な 2 徹底的な、完全な ¶ ಅವನದು ತಲಸ್ಪರ್ಶಿ ವಿಮರ್ಶೆಯಾಗಿದೆ. (avanadu talasparśi vimarśeyāgide.) 彼の批評は実に本質を捉えている。 [Sk.]

ತಲಾ ⟦talā タラー⟧ [tələ:] *adv.*) 一人一人に、…ごとに ¶ ತಲಾ ಒಬ್ಬನಿಗೆ ಹತ್ತು ರೂಪಾಯಿ ಕೊಡು. (talā obbanige hattu rūpāyi koḍu.) 一人に 10 ルーピーずつやりなさい。¶ ಅವನು ತಲಾ ಹತ್ತು ದಿನಕ್ಕೆ ಒಂದು ಸಾವಿರರೂಪಾಯಿ ಗಳಿಸುತ್ತಾನೆ (avanu talā hattu dinakke oṃdu sāvirarūpāyi gaḷisuttāne) 彼は 10 日ごとに 1000 ルーピー稼ぐ。[Ka. *tale*?]

ತಲಾಧಾರ ⟦talādʰāra タラーダーラ⟧ [tələ:dʰə:rə] *n.* (線路の)枕木 [Sk.]

ತಲಾರಿ ⟦talāri タラーリ⟧ [tələ:ri] 《‡》 *n.* [Ka. *D3129, cf. Pk. *talavara*-] (*My.* (*Kitt.*)) ☞ತಳವಾರ (taḷavāra)

ತಲಾಶ್ ⟦talāś タラーシュ⟧ [tələ:ʃ] *n.* 捜索 [Pe. *talāš*]

ತಲಾಶ್ ಮಾಡು ⟦talāś māḍu タラーシュマードゥ⟧ [tələ:ʃ mə:ḍu] *vt.* 捜索する

ತಲುಪು ⟦talupu タルプ⟧ [təlŭpu] *vt.* 着く、到着する —*vi.* 着く、到着する ☞ತಲಪು (talapu) [Ka. D3102]

ತಲುಪಿಸು ⟦talupisu タルピス⟧ [təlŭpisu] *vt.* 届ける、配達する [+ *-isu* caus.] ☞ತಲಪಿಸು (talapisu)

ತಲುಬು ⟦talubu タルブ⟧ [təlŭbu] *n.* 麻薬や酒やタバコなどにとり憑かれること、依存症、病みつき [Ar. *ṭalab*] ☞ತಲಬು (talabu)

ತಲುವರಿ ⟦taluvari タルヴァリ⟧ [təluvəri] 《古》 *mf.* 幼い子ども [Ka. *D3421] ☞ತರುವಲಿ (taruvali)²

ತಲುವುರಿ ⟦taluvuri タルヴリ⟧ [təluvuri] 《古》 *mf.* 幼い子ども [Ka. *D3421] ☞ತರುವಲಿ (taruvali)²

ತಲೆ ⟦tale タレ⟧ [təle] *n.* 1 頭 2 知性、頭脳 ¶ ದವೂದ್ ಕ್ರಿಕೆಟನ್ನು ತಲೆಯಿಂದ ಆಡುತ್ತಾನೆ. (davūd kriketạnnu taleyiṃda āḍuttāne.) ダウードは頭を使ってクリケットをする。3 血統、系図 4 世代 ¶ ಶಿವರಾಮ ಕಾರಂತರ "ಮರಳಿ ಮಣ್ಣಿಗೆ" ಮೂರು ತಲೆಮಾರಿನ ಕಥೆ. (śivarāma kāraṃtara "maraḷi maṇṇige" mūru talemārina katʰe.) シヴァラーマ・カーランタの『再び土に』は 3 世代の物語である。 5 人間 ¶ ತಲೆಗೆ ಎರಡು ಸಾವಿರ ರೂಪಾಯಿ ಕೊಟ್ಟರೆ ಸಾಕು. (talege eraḍu sāvira rūpāyi koṭṭare sāku.) 一人当たり 2000 ルーピーやったら十分だ。 6 (作品その他の中で)最も重要なもの ¶ "ನಟಸಾರ್ವಭೌಮ" ಅ. ನ. ಕೃಷ್ಣರಾಯರ ತಲೆಯ ಕೃತಿ. ("naṭasārvabʰauma" a. na. kr̥ṣṇarāyara taleya kr̥ti.) 『役者の帝王』が A.N. クリシュナラーオの最も重要な作品である。[Ka. D3103]

ತಲೆಕೆಳಗುಮಾಡು ⟦talekeḷagumāḍu タレケラグマードゥ⟧ [təlekeḷə̆gumə:ḍu] *vi.* ひっくり返す [+ *keḷagu* + *māḍu*]

ತಲೆಕೊಡು ⟦talekoḍu タレコドゥ⟧ [təlekoḍu] *vi.* 1 頭を置く、のせる ¶ ದಿಂಬಿಗೆ ತಲೆ ಕೊಡು. (diṃbige tale koḍu.) 枕に頭をのせなさい。 2 頭に載せる ¶ ಈ ಹೊರೆಗೆ ಸ್ವಲ್ಪ ತಲೆಕೊಡು. (ī horege svalpa talekoḍu.) この荷物をしばらく[あなたの]頭にのせて。 3 責任を背負い込む、責任を分け持つ ¶ ಆ ಮಗುವನ್ನು ಸಾಕುವ ಜವಾಬ್ದಾರಿಗೆ ತಲೆ ಕೊಡಬೇಡ. (ā maguvannu sākuva javābdārige tale koḍabēḍa.) あなたはこの子を育てる責任を背負い込む必要はない。 4 犠牲になる、身を捧げる ¶ ತನ್ನ ಸ್ನೇಹಿತನ ಪ್ರಾಣವುಳಿಸಲು ತಾನೇ ತಲೆಕೊಟ್ಟ. (tanna snēhitana prāṇavuḷisalu tānē talekoṭṭa.) 自分の友人の命を助けるため、彼は自分の命を犠牲にした。[+ *koḍu*]

ತಲೆಗಾಪು ⟦talegāpu タレガープ⟧ [təlĕɡ̊ə:pu] *n.* 兜(かぶと)、鉄兜、ヘルメット [*tale* + *kāpu*] ಶಿರಸ್ತ್ರಾಣ, ಹೆಲ್ಮೆಟ್ (śirastrāṇa, helmeṭ) 〔口〕

ತಲೆಗೆಡು ⟦talegeḍu タレゲドゥ⟧ [təleg̊eḍu] *vi.* 《gen》 1 気が転倒する 2 気が違う、頭が狂う [+ *keḍu*]

ತಲೆಗೆಡಿಸು ⟦talegeḍisu タレゲディス⟧ [təleg̊eḍĭsu] *vi.* 《*gen.*》 1 気を狂わせる、頭を狂わせる 2 頭を混乱させる、気を転倒させる、怒り狂わせる 3 〔喩〕(洗脳などで)不合理な行動をさせる [+ *keḍisu*]

ತಲೆತಗ್ಗಿಸು ⟦taletaggisu タレタッギス⟧ [təletəggĭsu] *vi.* 1 頭を垂れる 2 恥じて頭を垂れる [+ *taggisu*]

ತಲೆತಪ್ಪಿಸಿಕೊಳ್ಳು ⟦taletappisikoḷḷu タレタッピシコッル⟧ [təletəppisikoḷḷu] *vi.* 地下に潜る、身を隠す [+ *tappisu* + *koḷḷu*]

ತಲೆತಿನ್ನು ⟦taletinnu タレティンヌ⟧ [təletinnu] *vi.* 《*gen.*》 悩ます、しつこく苦しめる ¶ ಈ ಲೆಕ್ಕ ನನ್ನ ತಲೆ ತಿನ್ನುತ್ತಿದೆ. (ī lekka nanna tale tinnuttide.) この会計の計算が私を悩ませている。[+ *tinnu*]

ತಲೆತಿರುಗು ⟦taletirugu タレティルグ⟧ [təletirŭgu] *vi.* 《*gen.*》 1 目が回る、めまいがする 2 威張り出す、自惚れる 3 気が変になる、狂気じみる —*n.* 1 目が回ること、めまい 2 傲慢;自惚れ [+ *tirugu*]

ತಲೆತಿರುಗಿಸು ⟦taletirugisu タレティルギス⟧ [təletirŭgisu] *vi.* 1 酔わせる、酩酊させる ¶ ತಾಜಾ ಕಳ್ಳು ತಲೆತಿರುಗಿಸುವದಿಲ್ಲ. (tājā kaḷḷu taletirugisuvadilla.) 新しいヤシの樹液は飲んでも酔わない。 2 自惚れさせる、いい気にさせる ¶ ಒಂದೇ ಬಾರಿ ಐಶ್ವರ್ಯ ಬಂದು ಅವನ ತಲೆ ತಿರುಗಿಸಿದೆ. (oṃdē bāri aiśvarya baṃdu avana tale tirugiside.) 急に財産を得て彼は(うぬぼれで)舞い上がった。[+ *tirugisu* caus.]

ತಲೆತೂಗು ⟦taletūgu タレトゥーグ⟧ [təletu:gu] *vi.* 1 首を縦に振る 2 感嘆や同意や評価などを表すため首を上下に振る [+ *tūgu*]

ತಲೆತೂಗಿಸು ⟦taletūgisu タレトゥーギス⟧ [təletu:gĭsu] ತಲೆದೂಗಿಸು *vt.* 1 首を縦に振らせる 2 (演技や演奏などで)賞賛や評価を受ける ¶ ತನ್ನ ಭಾಷಣದಿಂದ ಅವನು ಜನರನ್ನು ತಲೆತೂಗಿಸಿಬಿಟ್ಟ. (tanna bʰāṣaṇadiṃda avanu janarannu taletūgisibiṭṭa.) 彼は自分の演説で人々に深い感銘を与えた。[+ *tūgisu*]

ತಲೆತೂರಿಸು ⟦taletūrisu タレトゥーリス⟧ [təletu:rĭsu] *vi.* 《*loc.*》 首をつっ込む、干渉する、口出しする [+ *tūrisu*]

ತಲೆದಿಂಬು ⟦taledimbu タレディンブ⟧ [təledimbu] *n.* 枕 [+ *diṃbu*] = ತಲೆಗಿಂಬು (talegiṃbu)

ತಲೆದೂಗಿಸು ⟦taledūgisu タレドゥーギス⟧ [təleḍu:gisu] 《文》 *vi.* 同意や賞賛や感嘆や驚きなどを表して頭を振る —*vt.* 喜ばせる、満足させる ☞ತಲೆತೂಗಿಸು (taletūgisu) [+ *tūgisu*]

ತಲೆದೂಗು ⟦taledūgu タレドゥーグ⟧ [təleḏu:gu] 《文》 *vi.* 1 頭を振る 2 傾く 3 同意や賞賛や感嘆や驚きなどを表して頭を振る [+ *tūgu*] ☞ತಲೆತೂಗು (taletūgu)

ತಲೆದೋರು ⟦taledōru タレドール⟧ [təleḏo:ru] 《文》 *vi.* 現れる、生じる ¶ ಅವಳಲ್ಲಿ ಬಾಳುವ ಆಸೆ ಮತ್ತೆ ತಲೆದೋರಿತು. (avaḷalli bāḷuva āse matte taledōritu.) 彼女には生きる望みが再び芽生えた。¶ ಇಪ್ಪತ್ತು ವರ್ಷಗಳ ಮೇಲೆ ಅವನಿಗೆ ಹೆಂಡತಿಯ ಮೇಲೆ ಸಂದೇಹ ತಲೆದೋರಿತು. (ippattu varṣagaḷa mēle avanige heṃḍatiya mēle saṃdēha taledōritu.) 20年経ってから、彼の心に妻に対する疑いが頭をもたげた。 [+ *tōru*]

ತಲೆನೋವು ⟦talenōvu タレノーヴ⟧ [təlĕno:vu] *n.* 1 頭痛 2〔喩〕苦痛の種、悩み [+ *nōvu*]

ತಲೆಪಟ್ಟಿ[1] ⟦talepaṭṭi タレパッティ⟧ [təlepəṭṭi] *n.* 鉢巻き [+ *paṭṭi*]

ತಲೆಬಾಗಿಸು ⟦talebāgisu タレバーギス⟧ [təlebɐ:gĭsu] *vi.* 1 頭を下げる、頭を垂れる、お辞儀する 2 (恥ずかしさなどで)頭を垂れる [+ *bāgisu*]

ತಲೆಬುರುಡೆ ⟦taleburuḍe タレブルデ⟧ [təleburŭḍe] *n.* 頭蓋骨 [+ *buruḍe*]

ತಲೆಬೇನೆ ⟦talebēne タレベーネ⟧ [təlebe:ne] *n.* 頭痛 [+ *bēne*] = ತಲೆನೋವು (talenōvu)

ತಲೆಬೋಳಿಸು ⟦talebōḷisu タレボーリス⟧ [təlebo:ḷĭsu] *vi.* 1 頭を剃ってもらう、頭を丸める 2〔喩〕不相応な大金を使わせる ¶ ಈ ಹೋಟೆಲಿಗೆ ಹೋದರೆ ಹೆಂಗಸರು (ī hōṭelige hōdare heṃgasaru)⟨ನಿಮ್ಮ (nimma)⟩ ತಲೆ ಬೋಳಿಸುತ್ತಾರೆ. (tale bōḷisuttāre.) この店に入ると女性たちが君に大金を使わせる。 [+ *bōḷisu*]

ತಲೆಬೋಳಿಸಿಕೊಳ್ಳು ⟦talebōḷisikoḷḷu タレボーリシコッル⟧ [təlebo:ḷĭsikoḷḷu] *vi.* 1 頭を剃ってもらう 2 一文無しになる、丸裸にされる ¶ ಅವನು ಸಾಲಕೊಟ್ಟುಕೊಟ್ಟು ತಲೆಬೋಳಿಸಿಕೊಂಡ. (avanu sālakoṭṭukoṭṭu talebōḷisikoṃḍa.) 彼は金を貸しに貸して一文無しになった。 [+ *bōḷisikoḷḷu*]

ತಲೆಭಾರ ⟦talebʰāra タレバーラ⟧ [təlebʰɐ:rɐ] *n.* 1 頭上の荷物 2 繰り返される面倒や迷惑、継続的な面倒や迷惑 ¶ ಮನೆಯ ಯಜಮಾನ ನಮಗೆ ತಲೆಭಾರವಾಗಿದ್ದಾನೆ. (maneya yajamāna namage talebʰāravāgiddāne.) 家主が我々の悩みの種となっている。 —(*n.*) 重心が高くて安定しない〈こと〉¶ ಈ ನೌಕೆಗೆ ತಲೆಭಾರ ಆಗಿದೆ. (ī naukege talebʰāra āgide.) この舟は重心が高くなっている。 [+ *bʰāra*]

ತಲೆಮುಸುಕು ⟦talemusuku タレムスク⟧ [təlemusŭku] *n.* (女性用の)ヴェール [+ *musuku*]

ತಲೆಮೆಟ್ಟು ⟦talemeṭṭu タレメットゥ⟧ [təlemeṭṭu] *vi.* 1 頭を踏みつける 2 凌駕する、打ち破る ¶ ಓದಿನಲ್ಲಿ ಎಲ್ಲರ ತಲೆಮೆಟ್ಟುವಂತೆ ಓದಬೇಕು. (ōdinalli ellara talemeṭṭuvaṃte ōdabēku.) 誰にも負けないように勉強しなければならない。 3 悩ます、苦しめる [+ *meṭṭu*]

ತಲೆಶೂಲೆ ⟦taleśūle タレシューレ⟧ [təleʃu:le] *n.* 刺すような頭痛 [+ *śūle*] cf. ತಲೆನೋವು (talenōvu)

ತಲೆಯಾಡಿಸು ⟦taleyāḍisu タレヤーディス⟧ [təlejɐ:ḍĭsu] *vi.* 1 首を振る、首を縦や横に振る 2 同意する、うなずく 3 首を横に振る、拒否する [+ *āḍisu*]

ತಲೆಯೆತ್ತು ⟦taleyettu タレエットゥ⟧ [təlejettu] *vi.* 1 頭をもたげる、顔を上げる 2〔喩〕現れる、出現する 3〔喩〕頭をもたげる、他のものを抑えて勢力をのばす、頭角を表す 4 勇気を回復する、(強力な王に対して)反逆しはじめる 5 頭をもたげる、有力になる ¶ ಹೊಯ್ಸಳ ರಾಜ್ಯ ಹನ್ನೆರಡನೇ ಶತಮಾನದಲ್ಲಿ ತಲೆಯೆತ್ತಿತು. (hoysaḷa rājya hanneraḍanē śatamānadalli taleyettitu.) ホイサラ王朝は 12 世紀に有力になった。 [+ *ettu*]

ತಲೆಯೊಡೆ ⟦taleyoḍe タレヨデ⟧ [təleyoḍe] *vi.* 1 頭を割る 2〔喩〕略奪する ¶ ರೊಬಿನ್ ಹುಡ್ ಶ್ರೀಮಂತರ ತಲೆಯೊಡೆದು ಬಡವರಿಗೆ ಹಂಚುತ್ತಿದ್ದನಂತೆ. (robin huḍ śrīmaṃtara taleyoḍedu baḍavarige haṃcuttiddanaṃte.) ロビン・フッドは金持ちの金を奪い貧乏人に分け与えたそうだ。 [+ *oḍe*]

ತಲೆಸವರು ⟦talesavaru タレサヴァル⟧ [təlesəvə̆ru] *vi.* 《*gen.*》 1 (愛情や同情をもって)頭を撫でる 2 (樹木の枝を)おろす、刈り込む 3 偽善的な同情を示す ¶ ಮಂತ್ರಿಗಳು ದುರಂತದಲ್ಲಿ ಸತ್ತವರ ಬಂಧುಗಳಿಗೆ ತಲೆಸವರಿ ಮಾತಾಡಿದರು. (maṃtrigaḷu duraṃtadalli sattavara baṃdʰugaḷige talesavari mātāḍidaru.) 大臣は事故の犠牲者家族に口先だけで同情を示して慰めた。 [+ *savaru*]

ತಲೆಸುತ್ತು ⟦talesuttu タレスットゥ⟧ [təlesuttu] *n.* 1 めまい 2《古》頭に巻く布 [+ *suttu*]

ತಲೆಹೊಡೆತ ⟦talehoḍeta タレホデタ⟧ [təlehoḍĕtɐ] *n.* 頭がずきんずきん痛むこと [+ *hoḍeta*] cf. ತಲೆನೋವು (talenōvu)

ತಲೆಕಟ್ಟು ⟦talekaṭṭu タレカットゥ⟧ [təlekəṭṭu] *n.* 手紙の冒頭部(自分の住所氏名などを書く部分) [*tale* + *kaṭṭu*]

ತಲೆಗಡಿಕ ⟦talegaḍika タレガディカ⟧ [təleg̥əḍĭkɐ] *m.* 《*f.* ತಲೆಗಡಿಕಿ (talegaḍiki)》 1 死刑執行人、首切り役人 2 殺人者 [*tale* + *kaḍika*]

ತಲೆಗಡುಕ ⟦talegaḍuka タレガドゥカ⟧ [təleg̥əḍŭkɐ] *m.* ☞ತಲೆಗಡಿಕ (talegaḍika)

ತಲೆಗಾ ⟦talegā タレガー⟧ [təleg̥ɐ:] 《古》 *vi.* 《*gen.* 過去語幹 gād-》 [*tale* + *kā*] ☞ತಲೆಗಾಯಿ (talegāyi)

ತಲೆಗಾಯ್ ⟦talegāy タレガーイ⟧ [təlĕg̥ɐ:ĭ] 《文》 *vi.* 《*gen.*》 [*tale* + *kāy*] ☞ತಲೆಗಾಯಿ (talegāyi)

ತಲೆಗಾಯಿ ⟦talegāyi タレガーイ⟧ [təleg̥ɐ:ji] ತಲೆಗಾ, ತಲೆಗಾಯ್ 《文》 *vi.* 《*gen.*》命を救う ¶ ನೀನೇ ನನ್ನ ತಲೆಗಾಯಬೇಕು. (nīnē nanna talegāyabēku.) あなたが私の命を救ってくださらねばなりません。 [*tale* + *kāyi*]

ತಲೆಗೊಯಿಕ ⟦talegoyika タレゴイカ⟧ [təleg̥ojikɐ] *m.* 《*f.* ತಲೆಗೊಯ್ಕಿ (talegoyki)》 首切り人; 虐殺者 [*tale* + *koyka*]

ತಲೆಗೊಯ್ಕ ⟦talegoyka タレゴイカ⟧ [təleg̥oĭkɐ] ತಲೆಗೊ–ಯಿಕ *m.* 《*f.* ತಲೆಗೊಯ್ಕಿ (talegoyki)》首切り人、虐殺者 [*tale* + *koyka*]

ತಲೆಚೀಟಿ ⟦talecīṭi タレチーティ⟧ [təleʧi:ʈi] *n.* レッテル [*tale* + *cīṭi*] = ಲೇಬಲ್ (lēbal)

ತಲೆತಿರುಕ[1] ⟦taletiruka タレティルカ⟧ [təletirŭkɐ] *m.* 《*f.* ತಲೆತಿರುಕಳು (taletirukaḷu)》頭の変な人 [*tale* + *tiruka*]

ತಲೆತಿರುಕ[2] ⟦taletiruka タレティルカ⟧ [təletirŭkɐ] 《希》 *n.* 《*f.* ತಲೆತಿರುಕಳು (taletirukaḷu)》めまい、めまいがすること [*tale* + *tiruka*]

ತಲೆತಿರುಕತನ ⟦taletirukatana タレティルカタナ⟧ [təletirŭ kətənɐ] *n.* 狂気じみたこと [*taletiruku* + *-tana*]

ತಲೆಪಂಕ್ತಿ ⟦talepaṃkti タレパンクティ⟧ [təlepəŋkti] *n.* 印刷物(特に新聞)のページの第1行(見出しが印刷されている)、見出し [*tale* + *paṃkti* ← Eg. *headline*] = ಹೆಡ್ಲೈನು (heḍlainu)

ತಲೆಪಟ್ಟಿ[2] ⟦talepaṭṭi タレパッティ⟧ [təlepəʈʈi] *n.* 1 (新聞などの)見出し 2 レッテル [*tale* + *paṭṭi*]

ತಲೆಪಟ್ಟಿ[3] ⟦talepaṭṭi タレパッティ⟧ [təlepəʈʈi] *n.* 一人一人に割り当てられたり自分で金額を決めたりした寄付金や負担金(祭り、同僚の結婚、送別などに際して集められる) [*tale* + *paṭṭi*]

ತಲೆಪರವು ⟦taleparavu タレパラヴ⟧ [təlepərə̆vu] 《古》 *n.* [?] ☞ತಲಪರಿಗೆ (talaparige)

ತಲೆಪರಿ ⟦talepari タレパリ⟧ [təlepəri] 《古》 *n.* [?] ☞ತಲಪರಿಗೆ (talaparige)

ತಲೆಬರಹ ⟦talebaraha タレバラハ⟧ [təlebərə̆hɐ] *n.* 1 表題、(新聞などの)見出し 2 運命 [*tale* + *baraha*]

ತಲೆಬಾಗಿಲು ⟦talebāgilu タレバーギル⟧ [təlebɐ:gilu] *n.* 表門、表玄関、表の入り口 [*tale* + *bāgilu*]

ತಲೆಬೆಲೆ ⟦talebele タレベレ⟧ [təlebele] *n.* 1 「頭の値段」、(潜伏中の犯罪者を捕らえるため)情報提供者に支払う謝礼の額 2 「頭の値段」、身代金 [*tale* + *bele*]

ತಲೆಮಗ ⟦talemaga タレマガ⟧ [təlĕməgɐ] *m.* 《*f.* ತಲೆ–ಮಗಳು (talemagaḷu)》長男、一番上の男子 [*tale* + *maga*]

ತಲೆಮರೆಸು ⟦talemaresu タレマレス⟧ [təlemərĕsu] *vi.* 消える、身を隠す [*tale* + *matesu*]

ತಲೆಮಾರು ⟦talemāru タレマール⟧ [təlĕmɐ:ru] *n.* 世代 [*tale* + ? cf. Ta. *talaimuṟai*]

ತಲೆಮೋಕ ⟦talevōka タレヴォーカ⟧ [təlevo:kɐ] 《文》 *m.* 《*f.* ತಲೆಮೋಕಿ (talevōki)》 1 ブラフマー神(シヴァ神に切られて「頭を失った人」) 2 愚か者、阿呆 3 悪漢、ならず者、ごろつき [*tale* + *hōgu* + *-ka*?] ☞ತಲೆಹೋಕ (talehōka)

ತಲೆಹರಟೆ ⟦taleharaṭe タレハラテ⟧ [təlehərə̆ʈe] *n.* ずうずうしいおしゃべり、うんざりする饒舌 —*mf.* ずうずうしくしゃべる人;うんざりさせる饒舌家 [*tale* + *haraṭe*]

ತಲೆಹರುಕ ⟦taleharuka タレハルカ⟧ [təlehərŭkɐ] *m.* 《*f.* ತಲೆಹರುಕಿ (taleharuki)》 1 移り気な人、しっかりした決心のない人 2 知能が足りない人 [*tale* + *haruka* < ?]

ತಲೆಹಾಕು ⟦talehāku タレハーク⟧ [təlehɐ:ku] *vi.* 1 現れる、生じる ¶ ನನ್ನ ಹೊಟ್ಟೆನೋವು ಇಷ್ಟು ದಿನ ಸುಮ್ಮನೆ ಇದ್ದು ಈಗ ಮತ್ತೆ ತಲೆಹಾಕಿದೆ. (nanna hoṭṭenōvu iṣṭu dina summane iddu īga matte talehākide.) 私の腹痛は今までずっと起こらなかったが今また思い出したように起こった。 2 〔比〕口を出す、干渉する ¶ ಎಲ್ಲಾ ವಿಷಯದಲ್ಲಿ ತಲೆಹಾಕಬೇಡ. (ellā viṣayadalli talehākabēḍa.) 何でもかんでも口を出すな。 [*tale* + *hāku*]

ತಲೆಹಿಡಿಕ ⟦talehiḍika タレヒディカ⟧ [təlehiɖĭkɐ] ತಲೆಹಿ–ಡುಕ *m.* 《*f.* ತಲೆಹಿಡಿಕಿ (talehiḍiki)》売春の仲介者、ぽんびき [*tale* + *hiḍika*]

ತಲೆಹಿಡಿಕತನ ⟦talehiḍikatana タレヒディカタナ⟧ [təlehiɖi kə̆tanɐ] *n.* 売春の仲介、女性の斡旋やぽんびきをすること [+ *-tana*]

ತಲೆಹಿಡುಕ ⟦talehiḍuka タレヒドゥカ⟧ [təlehiɖŭkɐ] *m.* 《*f.* ತಲೆಹಿಡುಕಿ (talehiḍuki)》 [*tale* + *hiḍuka*] ☞ತಲೆಹಿಡಿಕ (talehiḍika)

ತಲೆಹುಳುಕ ⟦talehuḷuka タレフルカ⟧ [təlehuɭŭkɐ] *m.* 《*f.* ತಲೆಹುಳುಕಿ (talehuḷuki)》 1 おしゃべり 2 頭のおかしい人 [*tale* + *puṛuku* + *-a*]

ತಲೆಹೋಕ ⟦talehōka タレホーカ⟧ [təlĕho:kɐ] ತಲೆಮೋಕ *m.* 《*f.* ತಲೆಹೋಕಿ (talehōki)》 1 愚か者、阿呆 2 悪漢、ならず者 [*tale* + *hōgu* + *-ka*?]

ತಲೆಹೋಕತನ ⟦talehōkatana タレホーカタナ⟧ [təlĕho:kə̆ tənɐ] *n.* 無法、乱暴 [*talehōka* + *-tana*]

ತಲ್ಲಣ ⟦tallaṇa タッラナ⟧ [təllə̆ɳɐ] ತಲ್ಲಳ, ತಲ್ಲಟಿ *n.* 1 心配、恐怖 2 苦悩、(心の)苦しみ、心のもだえ 3 苦しみにもだえること、心の乱れ、心の動揺、心の転倒 4 びっくり、仰天 5 慌てること、まごまごすること、狼狽 [Ka. D3104]

ತಲ್ಲಣಗೊಳ್ಳು ⟦tallaṇagoḷḷu タッラナゴッル⟧ [təllə̆ɳəg̥oɭɭu] *vi.* 1 驚愕する、驚き慌てる 2 苦悩する、苦しみにもだえる 3 心が転倒する、心が動揺する 4 慌てる、まごつく [+ *koḷḷu*]

ತಲ್ಲಣಿಕೆ ⟦tallaṇike タッラニケ⟧ [təllə̆ɳike] *n.* 1 心配、恐怖 2 心の乱れ、心の動揺、心の転倒 3 慌てること、まごまごすること、うろたえ [*tallaṇa* + *-ike*]

ತಲ್ಲಣಿಸು ⟦tallaṇisu タッラニス⟧ [təlləɳisu] ತಲ್ಲಳಿಸು, ತಲ್ಲ–ಟಿಸು 《文》 *vi.* 1 びくびくする、怖気づく 2 心配する、懊悩する [Ka. D3104] = ತಲ್ಲಣಗೊಳ್ಳು (tallaṇagoḷḷu)

ತಲ್ಲಳ ⟦tallaḷa タッララ⟧ [təllə̆ɭ] 《古》 *n.* 驚愕、恐怖 [Ka. *D3104] ☞ತಲ್ಲಣ (tallaṇa)

ತಲ್ಲಳಿಸು ⟦tallaḷisu タッラリス⟧ [təlləɭisu] ತಲ್ಲಳಿಸು, ತಲ್ಲಟಿ–ಸು 《古》 *vi.* 1 驚愕する、恐れおののく 2 心配でいても立ってもいられない [Ka. D3104] = ತಲ್ಲಣಗೊಳ್ಳು (tallaṇagoḷḷu)

ತಲ್ಲಟಿ ⟦tallaṟa タッララ⟧ [təllə̆ɻɐ] 《古》 *n.* 1 (危険などで)驚くこと、驚愕 2 苦悩、(心の)苦しみ、悩み 3 苦しみにもだえること、心の乱れ、心の動

揺、心の転倒 [Ka. D3104] ☞ತಲ್ಲಣ (tallaṇa)

ತಲ್ಲಟಿಸು ⟦tallaṭisu タッラリス⟧ [təlləʈisu] 《古》 *vi.* 1 びくびくする、怖気づく 2 苦悩する、懊悩する [Ka. D3104] = ತಲ್ಲಣಗೊಳ್ಳು (tallaṇagoḷḷu)

ತಲಾಕ್ ⟦tallāk タッラーク⟧ [təllɐːk] *n.* (特にイスラーム教徒の)離婚、結婚の解消 [Ar. *ṭalāq*] (NK)

ತಲಾಖನಾಮಾ ⟦tallākʰanāmā タッラーカナーマー⟧ [təllɐːkʰənɐːmɐː] *n.* (イスラーム教徒の)(結婚を解消する)離縁状 [M. ←Ar. *ṭalāq* + Pe *nāma*]

ತಲ್ಲೀನ ⟦tallīna タッリーナ⟧ [təlliːnɐ] *adj., m.* 《*f.* ತಲ್ಲೀನಳು (tallīnaḷu)》 (研究などに)夢中になった〈人〉、没頭した〈人〉 [Sk.]

ತಲ್ಲೀನತೆ ⟦tallīnate タッリーナテ⟧ [təlliːnĕte] *n.* 没頭、没入、夢中 [Sk.]

ತವಂಗ ⟦tavaṃga タヴァンガ⟧ [təvəŋgɐ] ತಮಂಗ, ತವಕ, ತವಗ 《古》 *n.* 1 (家の正面や戸外にある)人が座る台；演台、舞台 2 高い座席 [Ka. D3081]

ತವಕ¹ ⟦tavaka タヴァカ⟧ [təvĕkɐ] *n.* 1 切望、渇望、熱望 2 (熱望するものを得るためや会いたい人に会うために)そわそわしたりやきもきしたりすること [Ka. *D3077]

ತವಕಪಡು ⟦tavakapaḍu タヴァカパドゥ⟧ [təvĕkəpəɖu] *vi.* 1 熱望する、熱心である 2 急ぐ、慌てる、いらいらする ¶ ಅವನು ಬರುವವರೆಗೆ ಕಾಯು. ಅಷ್ಟೊಂದು ಯಾಕೆ ತವಕಪಡುತ್ತೀಯೆ? (avanu baruvavarege kāyu. aṣṭoṃdu yāke tavakapaḍuttīye?) あの子が帰ってくるまで待ちなさい。どうしてそんなにそわそわするんだ。 [+ *paḍu*]

ತವಕಿಸು ⟦tavakisu タヴァキス⟧ [təvĕkisu] *vi.* 1 熱望する、熱心である 2 (熱望するものを得るためや会いたい人に会うために)そわそわしたりいらいらしたりする [*tavaka* *D3077 + *-isu*]

ತವಕ² ⟦tavaka タヴァカ⟧ [təvĕkɐ] 《古》 *n.* 高い座席 [Ka. *D3081]

ತವಗ ⟦tavaga タヴァガ⟧ [təvĕgɐ] 《文》 *n.* 1 (家の正面や戸外にある)人が座る台；演台、舞台 2 高い座席 3 城の上の砲台 [Ka. D3081]

ತವಡು ⟦tavaḍu タヴァドゥ⟧ [təvĕɖu] *n.* [Ka. D3111] ☞ತವುಡು (tavuḍu)

ತವರ್ ⟦tavar タヴァル⟧ [təvər] 《古》 *mf.* 自分の身内の人々 —*n.* 1 住所、居住地、よりどころ 2 生家、実家 ☞ತವರು (tavaru) [Ka. *tannavaru* D3162]

ತವರ ⟦tavara タヴァラ⟧ [təvĕrɐ] ತಗರ, ತವರು¹ *n.* 1 錫(すず) 2 ブリキ、ブリキ製の容器 [Ka. D3001]

ತವರು¹ ⟦tavaru タヴァル⟧ [təvĕru] 《方》 *n.* [Ka. *D3001] ☞ತವರ (tavara)

ತವರು² ⟦tavaru タヴァル⟧ [təvĕru] ತಮರ್, ತವರ್, ತವುರು, ತೌರು *mf.* 自分の身内のもの —*n.* 1 生まれた場所、出生地 2 住所、居住地、よりどころ 3 生家、両親の家、実家 = ತವರ್ಮನೆ (tavarmane) [Ka. *D3162]

ತವರುಮನೆ ⟦tavarumane タヴァルマネ⟧ [təvĕrumənе] *n.* 1 生家、(嫁の場合は)実家 2 〔喩〕(豊富な)産地 ¶ ಕರ್ನಾಟಕದಲ್ಲಿ ಕಬ್ಬಿಣಕ್ಕೆ ಭದ್ರಾವತಿ ತವರುಮನೆ. (karnāṭakadalli kabbiṇakke bʰadrāvati tavarumane.) バドゥラーヴァティはカルナータカで鋼の産地である。 [*tavaru* + *mane*] ☞ತವರ್ಮನೆ (tavarmane)

ತವರ್ಮನೆ ⟦tavarmane タヴァルマネ⟧ [təvĕrmənе] ತಮರ್ಮನೆ, ತವರುಮನೆ, ತೌರುಮನೆ, ತೌರ್ಮನೆ *n.* (通常は嫁の)生家、実家 [*tavaru* + *mane*]

ತವಳಿಸು ⟦tavaḷisu タヴァリス⟧ [təvĕɭisu] 《‡》 *vt.* 破壊する、しなびさせる (*Čpr.5,132(Kitt.)*) [Ka. D3068]

ತವಿರ್ ⟦tavir タヴィル⟧ [təvir] 《‡》 *n.* 不足、貧乏 (*Čpr.(Kitt.)*) [Ka. D3068]

ತವಿಲ್ ⟦tavil タヴィル⟧ [təvil] 《古》 *vi.* 減る、少なくなる、衰える —*n.* 1 減少、衰えること 2 終わり、滅亡 3 災難 [Ka. D3068]

ತವು ⟦tavu タヴ⟧ [təvu] 《古》 *vi.* 1 減る、減少する、衰える 2 死ぬ、滅びる 3 尽きる、なくなる 4 終わる 5 しおれる、弱る 6 消える、姿を消す —*vt.* 滅ぼす、破壊する —*n.* 滅亡、滅びること [Ka. D3068]

ತವಿಸು ⟦tavisu タヴィス⟧ [təvisu] 《古》 *vt.* 1 減らす、減少させる 2 なくす、破壊する、片付ける —*vi.* なくなる、滅びる、破壊される [Ka. caus. D3068]

ತವುಂಕಲ್ ⟦tavuṃkal タヴンカル⟧ [təvuŋkəl] ತವುಕಲ್, ತೌಂಕಲ್, ತೌಕಲ್ 《古》 *n.* 1 減ること、減少、衰えること 2 玄米 [Ka. D3068]

ತವುಂಕು ⟦tavuṃku タヴンク⟧ [təvuŋku] 《‡》 *n.* [Ka. D3068] (*Šm64.(Kitt.)*) ☞ತವುಂಕಲ್ (tavuṃkal)

ತವುಕಲ್ ⟦tavukal タヴカル⟧ [təvŭkəl] 《古》 *n.* 1 減ること、減少、衰えること 2 終わり、終了 [Ka. *D3068] ☞ತವುಂಕಲ್ (tavuṃkal)

ತವುಗೆ ⟦tavuge タヴゲ⟧ [təvŭge] 《‡》 *n.* 終わり (*XX Kitt.*) [Ka. D3068] ☞ತೌಗೆ (tauge)

ತವುಟೆ ⟦tavuṭe タヴテ⟧ [təvŭʈe] 《‡》 *n.* フトモモ科の低木の一種 [Ka. D3112]

ತವುಡು ⟦tavuḍu タヴドゥ⟧ [təvŭɖu] ತವಡು, ತಿವುಡು, ತೌಡು *n.* 1 (米などの穀物の)殻、籾殻(もみがら)、糠(ぬか) 2 埃、役に立たないもの、屑 [Ka. D3111]

ಅಕ್ಕಿಯ ತವುಡು ⟦akkiya tavuḍu アッキヤタヴドゥ⟧ [əkkijə təvŭɖu] *n.* 糠(ぬか)(通常は家畜の飼料用) [*akki* + *-ya* +]

ಬತ್ತದ ತವುಡು ⟦battada tavuḍu バッタダタヴドゥ⟧ [bəttĕđɐ] *n.* 籾殻(もみがら)(通常は家畜の飼料用) [*batta* + *-da* +]

ತವುರು ⟦tavuru タヴル⟧ [təvŭru] *n.* [Ka. *D3162] ☞ತವರು (tavaru)

ತವೆ¹ ⟦tave タヴェ⟧ [təve] ತವಿ 《古》 *vi.* 尽きる、なくなる (*Pb.12.158*) [Ka. D3068]

ತವೆ² ⟦tave タヴェ⟧ [təve] 《古》 *adv.* 完全に、すっかり、非常に (*Pb. 3.31; 4.51*) [Ka. D3106]

ತವೆ³ ⟦tave タヴェ⟧ [təve] *n.* インド風のパンなどを焼くのに用いる浅いフライパン［⇒図］[H., M. *tavā* D5670]

ತವ್ರು ⟦tavru タヴル⟧ [təvru] 《方》 *vt.* 追い払う [Ka. D3113] (HavS)

ತವೆ
フライパン

ತಸಬೀರು ⟦tasabīru タサビール⟧ [təsə̆bi:ru] *n.* 絵、写真 [Ar. *taṣwīr*] ☞ತಸವೀರು (tasavīru)

ತಸವೀರು ⟦tasavīru タサヴィール⟧ [təsə̆vi:ru] ತಸಬೀರ, ತಸಬೀರು, ತಸ್ವೀರು *n.* 絵、写真 [Ar. *taṣwīr*]

ತಸ್ಕರ ⟦taskara タスカラ⟧ [təskərɐ] 《文》 *m.* 《*f.* ತಸ್ಕರೆ (taskare)》泥棒(強盗、窃盗、こそ泥など) [Sk.]

ತಸ್ಕರಿಸು ⟦taskarisu タスカリス⟧ [təskərisu] 《文》 *vt.* 盗む [*taskara* + *-isu*]

ತಸ್ವೀರು ⟦tasvīru タスヴィール⟧ [təsvi:ru] *n.* 絵または写真 ☞ತಸವೀರು (tasavīru)

ತಹತಹ ⟦tahataha タハタハ⟧ [təhətəhɐ] *n.* 1 渇望、焦がれること 2 慌てること、狼狽 3 心配、不安 ◇ *vi.* —ಉಂಟಾಗು (uṃṭāgu) [Ka. onom.]

ತಹತಹಪಡು ⟦tahatahapaḍu タハタハパドゥ⟧ [təhətəhəpəḍu] *vi.* 1 熱望する、焦がれる 2 慌てる、急ぐ 3 心配する [+ *paḍu*]

ತಹತಹಿಸು ⟦tahatahisu タハタヒス⟧ [təhətəhĭsu] 《文》 *vi.* [*tahataha* + *-isu*] ☞ತಹತಹಪಡು (tahatahapaḍu)

ತಹಬಂದು ⟦tahabaṃdu タハバンドゥ⟧ [təhəbəndu] *n.* 1 支配、管理 ¶ ಕೋಲರಾ ಇನ್ನೂ ತಹಬಂದಿಗೆ ಬಂದಿಲ್ಲ (kōlarā innū tahabaṃdige baṃdilla.) コレラはまだ抑えきれていない。 2 規制、制限 ¶ ಪ್ರಿನ್ಸಿಪಾಲರ ತಹಬಂದನ್ನು ಮೀರಿ ಹುಡುಗರು ಗಲಾಟೆ ಮಾಡಿದರು. (prinsipālara tahabaṃdannu mīri huḍugaru galāṭe māḍidaru.) 校長の規制に反して男子学生たちは騒ぎをおこした。 [? cf. *tahband*]

ತಹಲು ⟦tahalu タハル⟧ [təhə̆lu] 《古》 *n.* この頃、今日 [?]

ತಹಸೀಲಿ ⟦tahasīli タハシーリ⟧ [təhə̆si:li] 《異》 *n.* [Ar. *taḥṣīlu*] ☞ತಹಸೀಲು (tahasīlu)

ತಹಸೀಲು ⟦tahasīlu タハシール⟧ [təhə̆si:lu] ತಹಸೀಲಿ, ತಹಸೀಲೆ, ತಾಸೀಲು *n.* 郡(県 district の下の行政単位、タルックとも言う) [Ar. *taḥṣīlu*] = ತಾಲ್ಲೂಕು (tāllūku)

ತಹಸೀಲುದಾರ ⟦tahasīludāra タハシールダーラ⟧ [təhə̆si:lŭdɐ:rɐ] *m.* 《*f.* ತಹಸೀಲುದಾರಳು (tahasīludāraḷu)》タルク(郡)の長官 [Ar.-Pe. *taḥsīldār*]

ತಹಸೀಲೆ ⟦tahasīle タハシーレ⟧ [təhə̆si:le] 《異》 *n.* [Ar. *taḥṣīlu*] ☞ತಾಲ್ಲೂಕು (tāllūku)

ತಳ್¹ ⟦taḷ タル⟧ [təḷ] 《古》 *vi.* 《過去語幹 taṭṭ-, taḷt-》抗戦する —*n.* 《‡》 邪魔、妨害 (*Kitt.*) [Ka. D3123]

ತಳ್² ⟦taḷ タル⟧ [təḷ] 《古》 *vi.* 《過去語幹 taṭṭ-, taḷit-, taḷt-》 1 合わさる、一つになる、合一する 2 濃くなる、濃密になる 3 (矢などが)突き刺さる [Ka. D3133] ☞ತಱ್ (taṟ)

ತಳ¹ ⟦taḷa タラ⟧ [təḷɐ] ತಲ *n.* 1 平野、平原、平面 2 表面 3 底、低面、土台 4 (刀の)柄 5 前腕、肘から手首まで 6 (七つの)下界の層 7 源、源泉、もと [Sk. *tala-*] = ತಾಳೆಮರ, ಪನೆ (tāḷemara, pane)

ತಳಕೀಳು ⟦taḷakīḷu タラキール⟧ [təḷə̆ki:ḷu] *vi.* 逃げ出す、逃亡する、夜逃げする、こっそり逃げ出す [*taḷa* + *kīḷu*]

ತಳಮೇಲು ⟦taḷamēlu タラメール⟧ [təḷə̆me:lu] *adv.* ひっくり返って、逆さまに ¶ ಬಸ್ಸು ಸೈಕಲ್ಲನ್ನು ತಪ್ಪಿಸಿಕೊಳ್ಳುವ ಪ್ರಯತ್ನದಲ್ಲಿ ತಳಮೇಲು ಬಿದ್ದಿತಂತೆ. (bassu saikallannu tappisikoḷḷuva prayatnadalli taḷamēlu bidditaṃte.) バスは自転車をよけようとして転覆したということだ。 [*taḷa* + *mēlu*]

ತಳಮೇಲು ಮಾಡು ⟦taḷamēlu māḍu タラメールマードゥ⟧ [təḷə̆me:lu mɐ:ḍu] *vt.* 1 ひっくり返す 2〔喩〕(計画などを)だめにする、おじゃんにする、ぶちこわす [+ *māḍu*]

ತಳ² ⟦taḷa タラ⟧ [təḷɐ] *n.* 所、町、村 [Sk. *sthala-*]

ತಳ³ ⟦taḷa タラ⟧ [təḷɐ] 《古》 *n.* パルミラヤシ(ಹಲಾಯು. 32-39) [Sk. *tala-*]

ತಳಕು ⟦taḷaku タラク⟧ [təḷə̆ku] ತಳುಕು, ತಳ್ಕು, ಥಳಕು, ಥಳುಕು *n.* 1 輝き、ぴかぴか光ること 2 しなを作ること、なまめくこと [Ka. D3125]

ತಳಕ್ಕನೆ ⟦taḷakkane タラッカネ⟧ [təḷəkkə̆ne] *adv.* ぴかぴかと [+ *-ane*]

ತಳಗಡೆ ⟦taḷagaḍe タラガデ⟧ [təḷə̆gəḍe] *n.* 下方、下部、根元 [*taḷa* + *kaḍe*]

ತಳಗು ⟦taḷagu タラグ⟧ [təḷə̆gu] 《古》 *n.* 下方、下部、根元 [*taḷa*¹ + *-gu* < ?] = ತಳಗಡೆ (taḷagaḍe)

ತಳತಳ¹ ⟦taḷataḷa タラタラ⟧ [təḷə̆təḷɐ] (*n.*) ぴかぴか(まぶしい輝きを表す擬態語) [Ka. mim. D3125]

ತಳತಳನೆ¹ ⟦taḷataḷane タラタラネ⟧ [təḷə̆təḷə̆ne] ತಳ್ಳನೆ, ತಟತಟನೆ *adv.* ぴかぴかと [+ *-ane*]

ತಳತಳಿಸು ⟦taḷataḷisu タラタリス⟧ [təḷə̆təḷĭsu] 《文》 *vi.* ぴかぴか光る、輝く [+ *-isu*]

ತಳತಳ² ⟦taḷataḷa タラタラ⟧ [təḷə̆təḷɐ] ತಟತಟ (*n.*) ぽこぽこ(沸騰して気泡が盛んに上がり、水面ではじける音を表す擬音語) [Ka. onom. D3126]

ತಳತಳನೆ² ⟦taḷataḷane タラタラネ⟧ [təḷə̆təḷə̆ne] ತಳ್ಳನೆ, ತಟತಟನೆ *adv.* ぽこぽこと(沸騰して気泡が盛んに上がり、水面ではじける音を表す擬音語) [+ *-ane*]

ತಳಪ ⟦taḷapa タラパ⟧ [təḷə̆pɐ] *n.* 輝き、光輝 [Ka. D3125]

ತಳಪಳ ⟦taḷapaḷa タラパラ⟧ [təḷə̆pəḷɐ] (*n.*) ぽこぽこ(沸騰して気泡が盛んに上がり、水面ではじける音を表す擬音語) [Ka. D3129]

ತಳಪಳನೆ ⟦taḷapaḷane タラパラネ⟧ [təḷə̆pəḷə̆ne] *adv.* ぽこぽこと(沸騰して泡立つ音の連続を表す擬音語) [+ *-ane*]

ತಳಪಾಯ ⟦taḷapāya タラパーヤ⟧ [təḷə̆pɐ:jɐ] *n.* 1 (建物などの)基礎 2〔喩〕根底、根本 [*taḷa* + *pāya*] = ಅಡಿಪಾಯ (aḍipāya)

ತಳಪು¹ ⟦taḷapu タラプ⟧ [təḷə̆pu] ತಬ್ಬು, ತರ್ಬು, ತಬ್ಬು《古》vt. もつれ合い、絡み合い [Ka. *D3116] ☞ತಬ್ಬು (tarbu)

ತಳಪು² ⟦taḷapu タラプ⟧ [təḷə̆pu] n. 輝き、光輝 [Ka. D3125] ☞ಥಳಪು (tʰaḷapu)

ತಳಮಳ ⟦taḷamaḷa タラマラ⟧ [təḷə̆məḷɐ] ತಳವಳ n. 1（心の）混乱、困惑、狼狽 = ಕಕ್ಕಾಬಿಕ್ಕಿ (kakkābikki) 2 苦悩、懊悩、ひどい心配 [Ka. onom.]

ತಳಮಳಗೊಳಿಸು ⟦taḷamaḷagoḷisu タラマラゴリス⟧ [təḷə̆mə ḷəgoḷĭsu] vt. 心を転倒させる、途方に暮れさせる、懊悩させる [+ koḷisu]

ತಳಮಳಗೊಳ್ಳು ⟦taḷamaḷagoḷḷu タラマラゴッル⟧ [təḷəmə ḷəgoḷḷu] vi. 1 心が転倒する、苦悶する、懊悩する 2 心が転倒する、途方にくれる [+ koḷḷu] = ತಲ್ಲಣಗೊಳ್ಳು (tallaṇagoḷḷu)

ತಳಮಳಿಸು ⟦taḷamaḷisu タラマリス⟧ [təḷə̆məḷisu]《文》vi. 心が転倒する、苦悶する、懊悩する [talamaḷa + -isu]

ತಳಮುಟ್ಟ ⟦taḷamuṭṭa タラムッタ⟧ [təḷə̆muṭṭɐ] adv. 徹底的に、余すところなく、網羅的に ¶ ತಳಮುಟ್ಟ ನೋಡು. (taḷamuṭṭa nōḍu.) 徹底的にさがせ。[taḷa¹ + muṭṭ + -ಅ (-a)]

ತಳಮೇಲು ⟦taḷamēlu タラメール⟧ [təḷə̆me:lu] adv. ひっくり返って、逆さまに ¶ ಬಸ್ಸು ಅಪಘಾತ ತಪ್ಪಿಸಲು ಹೋಗಿ ತಳಮೇಲಾಯಿತು. (bassu apagʰāta tappisalu hōgi taḷamēlāyitu.) バスは事故を防ごうとして転覆した。[taḷa + mēlu]

ತಳಮೇಲು ಮಾಡು ⟦taḷamēlu māḍu タラメールマードゥ⟧ [təḷə̆me:lu mɐ:ḍu] vt. 1 ひっくり返す 2〔喩〕（計画などを）だめにする、おじゃんにする、ぶちこわす [+ māḍu]

ತಳರ್/ರು ⟦taḷar/ru タラル/ル⟧ [təḷər/təḷəru]《古》vi. 1 揺れる、ふらふらする 2 出発する、出でたつ (Pb.2.86) 3 後ずさりする、退く [Ka. D3128]

ತಳರ ⟦taḷara タララ⟧ [tərə̆ḷɐ]《古》m. [Pk. talavara- < ?] ☞ತಳವಾರ (taḷavāra)

ತಳರ್ಚು ⟦taḷarcu タラルチュ⟧ [təḷərtʃu]《文》vt. 去らせる [Ka. D3128]

ತಳರ್ಪು ⟦taḷarpu タラルプ⟧ [təḷərpu]《古》n. 広がること、広がり (Pb.4.69.V) [Ka. D3125]

ತಳಲ್/ಲು¹ ⟦taḷal/lu タラル/ル⟧ [təḷəl/təḷəlu]《古》vi. 出発する、たち去る [Ka. *D3128] ☞ತೆರಳು (teraḷu)

ತಳಲ್/ಲು² ⟦taḷal/lu タラル/ル⟧ [təḷəl/təḷəlu]《古》vi. （枝から）芽を出す [Ka. D3131]

ತಳವರ ⟦taḷavara タラヴァラ⟧ [tərə̆vəḷɐ]《方》m. [Ka. D3129 cf. Pk. talavara-] ☞ತಳವಾರ (taḷavāra)

ತಳವಱ ⟦taḷavaṟa タラヴァラ⟧ [tərə̆vəṟɐ]《古》m. [Ka. *D3129 cf. Pk. talavara-] ☞ತಳವಾರ (taḷavāra)

ತಳವಾರ ⟦taḷavāra タラヴァーラ⟧ [təḷə̆vɐ:rɐ] ತಳರ, ತಳವರ, ತಳವಱ, ತಳವಾಱ, ತಳಱ, ತಳಾರ, ತಳಾರಿ, ತಳಾಱ, ತಱವಳ, ತಱವಾಳ, ತಾಳವಾರ m.《ತಳವಾರಿತಿ (taḷavāriti)》（昔の村の）番人、警備員 [Ka. D3129 cf. Pk. talavara-]

ತಳವಾಱ ⟦taḷavāṟa タラヴァーラ⟧ [tərə̆vɐ:ṟɐ]《古》m. [Ka. *D3129 cf. Pk. talavara-] ☞ತಳವಾರ (taḷavāra)

ತಳಗು ⟦taḷagu タラグ⟧ [təḷə̆gu]《古》vi. 止まる、留まる [Ka. *D3123/*D3135?] ☞ತಳ್ವು (taḷvu)

ತಳವೂರು ⟦taḷavūru タラヴール⟧ [təḷə̆vu:ru] vi. 1 しっかりと座る、尻を据えて座る 2〔喩〕ある土地や場所などに根をおろす [taḷa¹ + ūru]

ತಳಸೋಸು ⟦taḷasōsu タラソース⟧ [təḷə̆so:su] vi.《gen.》1〈井戸を〉さらう、〈貯水池などを〉浚渫（しゅんせつ）する 2 徹底的に調べる、徹底的に研究する [taḷa¹ + sōsu]

ತಳಹತ್ತು ⟦taḷahattu タラハットゥ⟧ [təḷə̆həttu] vi. 1 下がりきる、底をつく ¶ ಹತ್ತುವರ್ಷದಲ್ಲಿ ಅವನ ಜನಪ್ರಿಯತೆ ತಳಹತ್ತಿತು. (hattuvarṣadalli avana janapriyate taḷahattitu.) 10 年で彼の人気は底をついていた。2（ある土地に）定着する ¶ ಅವನು ಎಲ್ಲೂ ತಳಹತ್ತಲಿಲ್ಲ. (avanu ellū taḷahattalilla.) 彼はどこにも住み着かなかった。3（飯やダールが）焦げつく [taḷa¹ + hattu] = ತಳಹಿಡಿ (taḷahiḍi)

ತಳಹದಿ ⟦taḷahadi タラハディ⟧ [təḷə̆hədi] n.（建物などの）基礎 [taḷa¹ + hadi]

ತಳಹಿಡಿ ⟦taḷahiḍi タラヒディ⟧ [təḷə̆hiḍi] vi. 1 下がりきる、底をつく 2（飯やダールが）焦げつく [taḷa + hiḍi] ☞ತಳಹತ್ತು (taḷahattu)

ತಳಱ ⟦taḷaṟa タララ⟧ [tərə̆ṟɐ]《古》m. [Ka. *D3129 cf. Pk. talavara-] ☞ತಳವಾರ (taḷavāra)

ತಳಾರ ⟦taḷāra タラーラ⟧ [təḷɐ:rɐ]《異》m. [Ka. D3129 cf. Pk. talavara-] ☞ತಳವಾರ (taḷavāra)

ತಳಾರಿ ⟦taḷāri タラーリ⟧ [təḷɐ:ri]《異》m. [Ka. *D3129 cf. Pk. talavara-] ☞ತಳವಾರ (taḷavāra)

ತಳಾಱ ⟦taḷāṟa タラーラ⟧ [təḷɐ:ṟɐ]《古》m. [Ka. *D3129 cf. Pk. talavara-] ☞ತಳವಾರ (taḷavāra)

ತಳಿ¹ ⟦taḷi タリ⟧ [təḷi] n. 1〔卑〕家系、家、家柄 2〔卑〕遺伝的な性質 ¶ ಅವನ ಕಳ್ಳತನ ಅಪ್ಪನ ತಳಿ. (avana kaḷḷatana appana taḷi.) 彼の盗癖は父親の遺伝だ。3（動植物の）品種 —vi.《‡》（木が）芽を吹く (M. (Kitt.)) [Ka. D3131]

ತಳಿ² ⟦taḷi タリ⟧ [təḷi] ಚಳಿ, ಚಳೆ, ಥಳಿ, ದಳಿ vt. 1〈水などを〉振りかける、振りまく 2〈種を〉蒔く —vi. 散らばる —n. 1 振りまくこと、（水などを）振りかけること 2 門の外の地面を箒で掃除し水を撒くこと ～ ಹಾಕು (hāku) vi. = ಎರಚು (eracu) [Ka. D3435, cf. D3362]

ತಳಿಯಿಸು ⟦taḷiyisu タリイス⟧ [təḷĭjisu] vt.〈水などを〉振りまく —vt.〈水などを〉振りまかせる [Ka. caus. *D3435]

ತಳಿಸು¹ ⟦taḷisu タリス⟧ [təḷĭsu] vt.〈水などを〉振りまく —vt.〈水などを〉振りまかせる [Ka. caus. D3435]

ತಳಿಸು² ⟦taḷisu タリス⟧ [təḷĭsu] vt.〈米を〉つく [Ka. caus. D3130]

ತಳಿ³ ⟦taḷi タリ⟧ [təḷi] 《‡》 *vi.* [Ka. D3433] (*My.(Kitt.)*) ☞ತಿಳಿ (tiḷi)

ತಳಿ⁴ ⟦taḷi タリ⟧ [təḷi] 《古》 *n.* **1** 旅行者や巡礼のための無料宿泊所 **2** バラモンに食事を供する場所 [Sk. *sthālī-* cf. Ta.,Ma. *taḷi*]

ತಳಿಗು ⟦taḷigu タリグ⟧ [təḷĭgu] 《古》 *vi.* 止まる、留まる [Ka. *D3123/*D3135?] ☞ತಳ್ವು (taḷvu)

ತಳಿಗೆ ⟦taḷige タリゲ⟧ [təḷĭge] ತಣಿಗೆ 《古》 *n.* 縁が高くなった盆状で食べ物を盛るための金属製の器 [Sk. *sthālī-*, cf. Ta. *taḷikai*, Ma. *taḷika*, Te. *taḷiga*] = ತಟ್ಟೆ(taṭṭe) 〔汎〕*[ತಟ್ಟೆ(taṭṭe) 2]

ತಳಿಗು ⟦taḷigu タリグ⟧ [təḷĭgu] 《古》 *vt.* 留まる [Ka. *D3123/*D3135?] ☞ತಳುಗು (taḷugu)

ತಳಿರ್ ⟦taḷir タリル⟧ [təḷir] *n.* 《過去語幹 taḷirt-, taḷit-》枝、根などから出る新芽や若枝 —*vi.* (木が)新芽を出す、芽を吹く ☞ತಳಿರು (taḷiru) [Ka. D3131]

ತಳಿರು ⟦taḷiru タリル⟧ [təḷĭru] ತಳಿರ್, ತಣಿರು *n.* 《過去語幹 taḷirt-, taḷit-》枝や根などから出る新芽や若枝 —*vi.* (木が)新芽を出す、芽を吹く cf. ಮೊಳಕೆಯೊಡೆ (moḷakeyoḍe) "the seed to sprout" [Ka. *D3131]

ತಳಿರಡಿ ⟦taḷiraḍi タリラディ⟧ [təriraḍi] 《文》 *n.* 繊細で優雅な足 [+ *aḍi*] ☞ತಳಿರು (taḷiru)

ತಳಿಶಾಸ್ತ್ರ ⟦taḷiśāstra タリシャーストラ⟧ [təḷiʃɐːstrɐ] *n.* 遺伝学 [*taḷi*¹ + *śāstra*]

ತಳುಕು¹ ⟦taḷuku タルク⟧ [təḷŭku] 《‡》 *vt.* 手で優しく撫でる (*Bh.3,7,83(Kitt.)*) [Ka. D3025]

ತಳುಕು² ⟦taḷuku タルク⟧ [təḷŭku] *n.* **1** 輝き、ぴかぴか光ること **2** しなを作ること、なまめくこと **3** 装身具の一種 [Ka. D3125] ☞ತಳಕು (taḷaku)

ತಳುಕು³ ⟦taḷuku タルク⟧ [təḷŭku] ತಟ್ಟು, ತಕ್ಕು, ತಳಕು, ತಳ್ಕು, ತಟಿಕು, ತಟ್ಕು *n.* **1** もつれ合い、もつれること **2** 抱擁、抱き合うこと [Ka. *D3116]

ತಳುಗು ⟦taḷugu タルグ⟧ [təḷŭgu] ತಳಗು, ತಳಿಗು 《古》 *vi.* 止まる、留まる [Ka. *D3123/*D3135?] ☞ತಳ್ವು (taḷvu)

ತಳುಪು ⟦taḷupu タルプ⟧ [təḷŭpu] 《口》 *n.* 輝き (*My.(Kitt.)*) [Ka. D3125] ☞ಥಳಪು (tʰaḷapu)

ತಳುವು ⟦taḷuvu タルヴ⟧ [təḷŭvu] 《古》 *vi.* **1** 遅れる、遅刻する **2** 止まる、留まる **3** 遅くなる —*n.* 遅れ、遅滞 ☞ತಳ್ವು (taḷvu) [Ka. D3123]

ತಳುಹು ⟦taḷuhu タルフ⟧ [təḷŭhu] 《古》 *vi.* **1** ぐずぐずする、遅れる、遅刻する **2** 止まる、留まる **3** ためらう、躊躇する —*vt.* 前へ押す、後ろから押す —*n.* **1** 遅れ、遅滞 **2** 支え ☞ತಳ್ವು (taḷvu) [Ka. *D3123]

ತಳೆ¹ ⟦taḷe タレ⟧ [təḷe] 《方》 *vi.* こすれる、すりへる —*vt.* する、こする (Hav.) [Ka. D3114]

ತಳೆ² ⟦taḷe タレ⟧ [təḷe] 《古》 *n.* 傘 [Ka. *D3119] ☞ತಱೆ (taṟe)

ತಳೆ³ ⟦taḷe タレ⟧ [təḷe] 《古》 *vt.* (縄で)つなぐ [Ka. D3133]

ತಳೆ⁴ ⟦taḷe タレ⟧ [təḷe] 《文》 *vt.* **1** 〈着物などを〉着る **2** 得る、獲得する **3** 〈姿、外観、特性などを〉身につける、とる [Ka. D3188]

ತಳ್ಕಯ್ಸು ⟦taḷkaysu タルカイス⟧ [təḷkəĭsu] 《古》 *vt.* 包含する、中に含む、入れている [Ka. *D3116] ☞ತಱ್ಕೈಸು (taṟkaisu)

ತಳ್ಕವಿಸು ⟦taḷkavisu タルカヴィス⟧ [təḷkəvisu] 《古》 *vt.* **1** 抱きしめる、抱擁する **2** 包含する、中にふくむ、入れている [Ka. *D3116] ☞ತಱ್ಕೈಸು (taṟkaisu)

ತಳ್ಕು¹ ⟦taḷku タルク⟧ [təḷku] *n.* **1** 輝き、ぴかぴか光ること **2** 耳飾りの一種 [Ka. *D3125]

ತಳ್ಕು² ⟦taḷku タルク⟧ [təḷku] 《‡》 *vt.* (体に)〈香油を〉塗る —(*n.*) 香油を塗られた〈こと〉(Šmd.Dh.(Kitt.)) [Ka. D3132]

ತಳ್ಕೈಸು ⟦taḷkaisu タルカイス⟧ [təḷkəĭsu] 《古》 *vt.* 抱きしめる、抱擁する [Ka. *D3116] ☞ತಱ್ಕೈಸು (taṟkaisu)

ತಳ್ಗು ⟦taḷgu タルグ⟧ [təḷgu] 《古》 *vi.* しおれる、元気を失う [Ka. *D3178, cf. D3192,] ☞ತಗ್ಗು, ತಱ್ಗು (taggu, taṟgu)

ತಳ್ತಳನೆ ⟦taḷtaḷane タルタラネ⟧ [təḷtəḷə̆ne] 《古》 *adv.* ことことと(沸いた液体が出す音を表す擬音語) [Ka. onom.] ☞ತಱತಱನೆ (taṟataṟane)

ತಳ್ಪಲ್ ⟦taḷpal タルパル⟧ [təḷpəl] 《古》 *n.* [Ka. *D3178] ☞ತಪ್ಪಲು (tappalu)

ತಳ್ಪು¹ ⟦taḷpu タルプ⟧ [təḷpu] 《方》 *vt.* 邪魔する、妨げる [Ka. D3123] (Hav.)

ತಳ್ಪು² ⟦taḷpu タルプ⟧ [təḷpu] *n.* 輝き、光輝 [Ka. *D3125] ☞ಥಳಪು (tʰaḷapu)

ತಳ್ಪೊಯ್ ⟦taḷpoy タルポイ⟧ [təḷpoĭ] 《‡》 *vt.* 邪魔する、妨げる (*DEDR*) [Ka. D3123]

ತಳ್ವು ⟦taḷvu タルヴ⟧ [təḷvu] ತಳಗು, ತಳಿಗು, ತಳುಗು, ತಳುವು, ತಳುಹು 《古》 *vi.* 遅れる、ぐずぐずする —*vt.* 前へ押す、後ろから押す —*n.* **1** 遅れ、遅滞 **2** 支え [Ka. *D3123]

ತಳ್ಳಿ¹ ⟦taḷḷi タッリ⟧ [təḷḷi] 《古》 *n.* **1** しがらみ = ಬಂಧನ (baṃdʰana) **2** 関係、交際、付き合い [Ka. D3133]

ತಳ್ಳಿ² ⟦taḷḷi タッリ⟧ [təḷḷi] 《古》 *n.* **1** 悪口、中傷 **2** 非難、問責 [Ka. D3134]

ತಳ್ಳಂಕ ⟦taḷḷaṃka タッランカ⟧ [taḷḷəŋkɐ] 《古》 *n.* **1** 揺れること、動揺、振動 **2** 苦悩、懊悩 **3** 恐れ、心配 [Ka. D3104] ☞ತಳ್ಳಂಕು (taḷḷaṃku)

ತಳ್ಳಂಕು ⟦taḷḷaṃku タッランク⟧ [taḷḷəŋku] ತಳ್ಳಂಕು 《古》 *n.* 揺れること、動揺、振動 [Ka. *D3104]

ತಳ್ಳು¹ ⟦taḷḷu タッル⟧ [təḷḷu] *vt.* **1** 押す、押しのける **2** 〈時間を〉過ごす —*vi.* (時間が)経つ、経過する [Ka. D3135]

ತಳ್ಳಿಸು ⟦taḷḷisu タッリス⟧ [təḷḷĭsu] *vt.* 〈人を〉押しのけさせる [+ *-isu* caus.]

ತಳ್ಳು² ⟦taḷḷu タッル⟧ [təḷḷu] 《‡》 *n.* [Ka. D3192] (*My.(Kitt.)*) ☞ತರಳು (taraḷu)

ತಳ್ಳುಗಾಡಿ ⟦taḷḷugāḍi タッルガーディ⟧ [təɭɭugɐːɖi] *n.* 手押し車 [*taḷḷu* + *gāḍi*]

ತಳ್ಳುಬಂಡಿ ⟦taḷḷubaṃḍi タッルバンディ⟧ [təɭɭubənɖi] *n.* 1 手押し車 2 (幼児の) 歩行器; 乳母車 [*taḷḷu* + *baṃḍi*]

ತಳ್ಳೆ ⟦taḷḷe タッレ⟧ [təɭɭe] 《方》 *n.* 斧などの木の柄 [Ka. D3137] (Hav.)

ತಱ ⟦taṟa タラ⟧ [təɾɐ] 《古》 *n.* 方法、やり方、種類 [Ka. *D3260] ☞ತೆಱ (teṟa)[2]

ತಱಂಗು ⟦taṟaṃgu タラング⟧ [təɾəŋgu] 《古》 *n.* 油で揚げた料理の一種 [Ka. *D3192] ☞ತರಗು (taragu)[2]

ತಱಂಟು ⟦taṟaṃṭu タラントゥ⟧ [təɾəɳʈu] ತರಂಟು, ತಱಟಿ, ತಱಟು 《古》 (*n.*) はげ頭〈の〉 —*n.* はげ頭 ☞ತರಟು (taraṭu) [Ka. *D3145]

ತಱಂಟುದಲೆ ⟦taṟaṃṭudale タラントゥダレ⟧ [təɾəɳʈuɖəle] 《古》 *n.* はげ頭 [+ *tale* *D3145] ☞ತರಂಟುದಲೆ (taraṃṭudale)

ತಱಗು ⟦taṟagu タラグ⟧ [təɾə̆gu] 《古》 *n.* 1 しなびたもの 2 しなびた花弁や葉や野菜 3 油で揚げた料理の一種 [Ka. D3192] ☞ತರಗು (taragu)[2]

ತಱಟ ⟦taṟaṭa タラタ⟧ [təɾə̆ʈɐ] 《‡》 *m.* はげ頭の男 [Ka. D3145] (*My.(Kitt.)*)

ತಱಟಿ ⟦taṟaṭi タラティ⟧ [təɾəʈi] 《古》 *mf.* はげ頭の人 —(*n.*) はげ頭〈の〉 —*n.* はげ頭 ☞ತರಟ, ತರಟು (taraṭa, taraṭu) [Ka. *D3145]

ತಱಟಿದಲೆ ⟦taṟaṭidale タラティダレ⟧ [təɾəʈiɖəle] 《古》 *n.* はげ頭 [+ *tale* *D3145] ☞ತರಂಟುದಲೆ (taraṃṭudale)

ತಱಟು ⟦taṟaṭu タラトゥ⟧ [təɾəʈu] 《古》 (*n.*) はげ頭〈の〉 —*n.* はげ頭 ☞ತರಟು (taraṭu) [Ka. *D3145]

ತಱಟುದಲೆ ⟦taṟaṭudale タラトゥダレ⟧ [təɾəʈuɖəle] 《古》 *n.* はげ頭 [+ *tale* *D3145] ☞ತರಂಟುದಲೆ (taraṃṭudale)

ತಱತಱ ⟦taṟataṟa タラタラ⟧ [təɾətəɾɐ] ತತ್ತಳ, ತತ್ತಱ, ತತ್ತಱೆ 《古》 *n.* 1 混乱、めちゃくちゃ 2 当惑、困惑、きまり悪さ [Ka. D3061]

ತಱಬು ⟦taṟabu タラブ⟧ [təɾəbu] 《‡》 *vi.* 止まる、とどまる (*S.Mhr.(Kitt.)*) [Ka. D3143]

ತಱಲ್ ⟦taṟal タラル⟧ [təɾəl] 《‡》 *n.* [Ka. D3192] (*DEDR*) ☞ತರಳು (taraḷu)

ತಱವಳ ⟦taṟavaḷa タラヴァラ⟧ [təɾəvəɭɐ] 《古》 *m.* [Pk. *talavara*- < ?] ☞ತಳವಾರ (taḷavāra)

ತಱವಾಳ ⟦taṟavāḷa タラヴァーラ⟧ [təɾəvɐːɭɐ] 《古》 *m.* [Pk. *talavara*- < ?] ☞ತಳವಾರ (taḷavāra)

ತಱಳೆ ⟦taṟaḷe タラレ⟧ [təɾəɭe] 《‡》 (*n.*) 無用〈の〉、役に立たない〈こと〉(*My.(Kitt.)*) [Ka. D3192]

ತಱಿ[1] ⟦taṟi タリ⟧ [təɾi] ತರೆ, ತಱೆ, ತಱೆ 《古》 *vt.* 1〈手足などを〉ちょんぎる、切断する 2〈花などを〉摘む 3〈町、国などを〉破壊する、〈敵などを〉せん滅する —*vi.* (髪が) 抜け落ちる ☞ತರಿ (tari)[1] [Ka. D3140]

ತಱಿ[2] ⟦taṟi タリ⟧ [təɾi] 《古》 *vi.* すりむける (*My.(Kitt.)*) [Ka. D3141]

ತಱಿ[3] ⟦taṟi タリ⟧ [təɾi] 《古》 (*n.*) 1《古》くっついた〈こと〉 2 決定した〈こと〉、決まった〈こと〉(*Kitt.*) [Ka. D3142]

ತಱಿ[4] ⟦taṟi タリ⟧ [təɾi] 《古》 *n.* 木の一種(薬用) [Ka. D3198] *[IMP 5.259]

ತಱಿ[5] ⟦taṟi タリ⟧ [təɾi] 《古》 *n.* 手織り織機 [Ka. cf. Ta. *taṟi*] = ಮಗ್ಗ(magga)〔汎〕

ತಱು ⟦taṟu タル⟧ [təɾu] 《‡》 *vi.* くっつく —*n.* くっついた状態、ふさわしい状態、決着した状態 (*Kitt.*) [Ka. D3142]

ತಱುಂಬು ⟦taṟuṃbu タルンブ⟧ [təɾumbu] ತರುಂಬು, ತರುಬು, ತರುಮು, ತರ್ಬು, ತರ್ಮು, ತಱುಂಪು, ತಱುಬು 《古》 *vt.* 1 止める、押し留める 2 対抗する、抗戦する、反抗する、迎え撃つ 3 触れる、さわる、接触する —*vi.* 1 止まる、停止する 2 前進する、前へ進む —*n.* 1 止めること 2 (重い石などを持ち上げる)てこ 3 川の水で作られた砂の山 [Ka. D3143]

ತಱುಣ ⟦taṟuṇa タルナ⟧ [təɾəɾuɳɐ] 《‡》 *n.* 直後の時間 (*My.(Kitt.)*) [Ka. D3142] = ತರುಣದಲ್ಲಿ(taruṇadalli)

ತಱುಬು ⟦taṟubu タルブ⟧ [təɾubu] 《古》 *vt.* 1 止める、押し留める、(…を)中止させる 2 対抗する、対戦する、抗戦する、迎え撃つ 3 触れる、さわる、接触する —*vi.* 止まる、停止する —*n.* (重い石などを持ち上げる) てこ ☞ತಱುಪು (taṟupu) [Ka. D3143]

ತಱುವಾಯ್ ⟦taṟuvāy タルヴァーイ⟧ [təɾuvɐːĭ] 《古》 *n.* 1 順序、順 2 後、その後の時間 [Ka. D3142] ☞ತರುವಾಯ (taruvāya)

ತಱುವಾಯ ⟦taṟuvāya タルヴァーヤ⟧ [təɾuvɐːjɐ] 《古》 *n.* 1 順序、連続 2 直後、次回 —*postp.* …の後 ☞ತರುವಾಯ (taruvāya) [Ka. *D3142]

ತಱುವಾಯಿ ⟦taṟuvāyi タルヴァーイ⟧ [təɾuvɐːji] 《古》 *n.* 順序、順 [Ka. *D3142] ☞ತರುವಾಯ (taruvāya)

ತಱುವಾಯು ⟦taṟuvāyu タルヴァーユ⟧ [təɾuvɐːju] 《古》 *n.* 順序、順 [Ka. *D3142] ☞ತರುವಾಯ (taruvāya)

ತಱೆ ⟦taṟe タレ⟧ [təɾe] 《古》 *vt.* 切る、切り落とす [Ka. D3140] ☞ತಱಿ (taṟi)

ತಱ್ ⟦taṟ タル⟧ [təɻ] ತಳ್[2] 《古》 *vi.* 《過去語幹 taṟt-》 1 合わさる、一つになる、合一する 2 和合する 3 濃くなる、濃密になる 4 (に)くっつく —*vt.* 締め上げる、抱きしめる、捕縛する [Ka. *D3133]

ತಱತಱನೆ ⟦taṟataṟane タラタラネ⟧ [təɻətəɻne] ತಳತಳನೆ, ತಳ್ಳಳನೆ 《古》 *adv.* ぴかぴかと [Ka. D3125]

ತಱತಱಿಸು ⟦taṟataṟisu タラタリス⟧ [təɻətəɻisu] ತತ್ತಳಿಸು[1] 《古》 *vi.* ぴかぴか光る [Ka. *D3125]

ತಱೆ ⟦taṟe タレ⟧ [təɻe] ಚಳೆ[3], ಚಳೆಯ[2], *taḷe* 《古》 *n.* 傘 [Ka. D3119]

ತಱ್ಕಯಿಸು ⟦taṟkayisu タルカイス⟧ [təɻkajisu] 《古》 *vt.* 抱きしめる、抱擁する [Ka. *D3116] ☞ತಱ್ಕೈಸು (taṟkaisu)

ತಱ್ಕೆ ⟦taṟke タルケ⟧ [təɻke] ತಕ್ಕೆ 《古》 n. 抱きしめること、抱擁 [Ka. D3116]

ತಱ್ಕೆಯ್ಸು ⟦taṟkeysu タルケイス⟧ [təɻkeĭsu] 《古》 vt. 抱きしめる、抱擁する [Ka. D3116] ☞ತಱ್ಕೈಸು (taṟkaisu)

ತಱ್ಕೆಯಿಸು ⟦taṟkeyisu タルケイス⟧ [təɻkejisu] 《古》 vt. 抱きしめる、抱擁する [Ka. *D3116] ☞ತಱ್ಕೈಸು (taṟkaisu)

ತಱ್ಕೈಸು ⟦taṟkaisu タルカイス⟧ [təɻkəĭsu] ತಕ್ಕಯಿಸು, ತಕ್ಕವಿಸು, ತಕ್ಕೆಯ್ಸು, ತಕ್ಕೈಸು, ತರ್ಕಯಿಸು, ತರ್ಕವಿಸು, ತರ್ಕೆಯ್ಸು, ತರ್ಕೈಸು, ತಳ್ಕಯ್ಸು, ತರ್ಕವಿಸು, ತಳ್ಕೈಸು, ತಱ್ಕಯಿಸು, ತಱ್ಕಯ್ಸು, ತಱ್ಕೆಯ್ಸು, ತಕ್ಕೆಯಿಸು, ತಕ್ಕೆಯ್ಸು, ತರ್ಕೆಯ್ಸು 《古》 vt. 1 抱きしめる、抱擁する 2 包含する、含む [Ka. *D3116]

ತಱ್ಗು ⟦taṟgu タルグ⟧ [təɻgu] 《古》 vi. 1 (土地などが)陥没する 2 曲がる、たわむ [Ka. D3178] ☞ತಗ್ಗು (taggu)

ತಱ್ಪಲ್ ⟦taṟpal タルパル⟧ [təɻpəl] 《古》 n. [Ka. D3178] ☞ತಪ್ಪಲು (tappalu)¹

ತಱ್ಪು ⟦taṟpu タルプ⟧ [təɻpu] 《古》 vt. 胸に抱きしめる、抱きかかえる —n. 1 もつれ合い 2 抱擁 ☞ತಬ್ಬು (tabbu) [Ka. *D3116]

ತಾಂಕು ⟦tāṃku ターンク⟧ [tɐːŋku] 《古》 vt. 1 襲いかかる、攻撃する 2 叩く、打つ、殴る [Ka. *D3150] ☞ತಾಕು (tāku)

ತಾಂಗು¹ ⟦tāṃgu ターング⟧ [tɐːŋgu] ತಾಕು¹ ತಾಂಕು, ತಾಗು 《古》 vt. 1 襲いかかる、攻撃する 2 叩く、打つ、殴る 3 触れる、接触する 4 (矢などが)〈的に〉当たる [Ka. D3150]

ತಾಂಗು² ⟦tāṃgu ターング⟧ [tɐːŋgu] ತಾಕು² 《古》 vt. 1 支える、支持する 2 我慢する、辛抱する、〈…に〉耐える 3 押し留める、制止する 4 理解する [Ka. D3153]

ತಾಂಟು ⟦tāṃṭu ターントゥ⟧ [tɐːɳʈu] 《古》 vt. 1 飛び越える (Rašv.13,78(Kitt.)) 2 掛ける [Ka. D3158] = ಗುಣಿಸು (guṇisu) ☞ತಾಟು (tāṭu)¹

ತಾಂಡವ ⟦tāṃḍava ターンダヴァ⟧ [tɐːɳɖə̆vɐ] n. ターンダヴァ、シヴァ神の激しい踊りの名 [Sk.]

ತಾಂಡವವಾಡು ⟦tāṃḍavavāḍu ターンダヴァヴァードゥ⟧ [tɐːɳɖə̆vəvɐːɖu] vi. 思いのままに振る舞う [+ āḍu]

ತಾಂಡವಾಳ ⟦tāṃḍavāḷa ターンダヴァーラ⟧ [tɐːɳɖəvɐːɭɐ] n. 鋳造用の(炭素や珪素を混ぜた)鉄 [Ka. D3050] ☞ತಂಡವಾಳ (taṃḍavāḷa)

ತಾಂಡವೇಶ್ವರ ⟦tāṃḍavēśvara ターンダヴェーシュヴァラ⟧ [tɐːɳɖəveːʃvə̆rɐ] m. シヴァ神の別名 [Sk.]

ತಾಂಡಸ ⟦tāṃḍasa ターンダサ⟧ [tɐːɳɖə̆sɐ] 《古》 n. U型の物をつかむ道具(火ばさみなど) [Pt. tenaz] ☞ತಂಡಸ (taṃḍasa)

ತಾಂಡೆ ⟦tāṃḍe ターンデ⟧ [tɐːɳɖe] n. 1 小村落、集落 2 ランバーニ(かつては移動していたカースト集団)の集住地、宿泊地 [M. tāṃḍā T5668]

ತಾಂತ್ರಿಕ ⟦tāṃtrika ターントリカ⟧ [tɐːntrikɐ] adj. 1 タントラの、タントラに関する 2 技術の、技術的な 3 (科学、学問、芸術、技術に関する)専門の(分野に関する) ಪಾರಿಭಾಷಿಕ (pāribʰāṣika) —adj., m. 《f. ತಾಂತ್ರಿಕಳು (tāṃtrikaḷu)》タントラの専門家〈の〉 [Sk.]

ತಾಂತ್ರಿಕ ಪದ ⟦tāṃtrika pada ターントリカパダ⟧ [tɐːntrikə pədɐ] n. 専門用語、専門語 ¶ ಅವನ ಕಾದಂಬರಿಯಲ್ಲಿ ಹೆಚ್ಚು ತಾಂತ್ರಿಕ ಪದಗಳ ಬಳಕೆ ಕಾಣುತ್ತದೆ. (avana kādaṃbariyalli heccu tāṃtrika padagaḷa baḷake kāṇuttade.) 彼の小説には多くの専門用語が使われている。 [Sk.]

ತಾಂತ್ರಿಕವಿಜ್ಞಾನ ⟦tāṃtrikavijñāna ターントリカヴィジュニャーナ⟧ [tɐːntrikəviʤɲɐːnɐ] n. 工業技術(学) [Sk.]

ತಾಂತ್ರಿಕಶಿಕ್ಷಣ ⟦tāṃtrikaśikṣaṇa ターントリカシクシャナ⟧ [tɐːntrikəʃikʂə̆ɳɐ] n. 技術教育 [Sk.]

ತಾಂದನಿತಾನೊ ⟦tāṃdanitāno ターンダニターノ⟧ [tɐːndənitɐːno] 《古》 snt. [Ka. *D3066] ☞ತಂದಾನತಾನ (taṃdānatāna)

ತಾಂಬೂಲ ⟦tāṃbūla ターンブーラ⟧ [tɐːmbuːlɐ] n. 1 パーン(裏に石灰を塗ったキンマの葉にビンロウジュの実などをくるんで巻いたもの) 2 盆に盛ったキンマの葉とビンロウジュの実と石灰 3 キンマの葉とビンロウジュの実とココナツ(あるいは他の果物)を盆に盛ったもの(各種祝祭で客に出す) [Sk.]

ತಾಂಬೇಲಿ ⟦tāṃbēli ターンベーリ⟧ [tɐːmbeːli] 《‡》 n. [Ka. *D5155] (My. (Kitt.)) ☞ತಾಂಬೇಲು (tāṃbēlu)

ತಾಂಬೇಲು ⟦tāṃbēlu ターンベール⟧ [tɐːmbeːlu] 《‡》 n. インドホシガメ(リクガメの一種) (My.(Kitt.)) [Ka. D5155]

ತಾ ⟦tā ター⟧ [tɐː] vt. 《語幹形はತರು- (taru-)》持ってこい(ತರು (taru) の二人称単数命令形) [Ka. D3098]

ತಾಕತು ⟦tākatu ターカトゥ⟧ [tɐːkəttu] n. [Ar.-Pe. tāqat] ☞ತಾಕತ್ತು (tākattu)

ತಾಕತ್ತು ⟦tākattu ターカットゥ⟧ [tɐːkəttu] ತಾಕತು, ತಾಖತು, ತಾಖತ್ತು n. 1 力、体力;能力 2 勇気、胆力 ¶ ಮೇಷ್ಟರಿಗೆ ನನ್ನನ್ನು ಬೈಯುವ ತಾಕತ್ತಿಲ್ಲ. (mēṣṭarige nannannu baiyuva tākattilla.) 先生にはおれを叱る勇気がない。 [Ar.-Pe. tāqat] = ಶಕ್ತಿ (śakti)

ತಾಕಲಾಟ ⟦tākalāṭa ターカラータ⟧ [tɐːkə̆lɐːʈɐ] n. 1 殴りあい 2 心の葛藤 [tāku + -alu + āṭa]

ತಾಕಲಾಡು ⟦tākalāḍu ターカラードゥ⟧ [tɐːkə̆lɐːɖu] vi. 1 互いに殴り合う、打ち合う 2 心の中で葛藤する、どちらにしようかと悩む [tāku + -alu + āḍu?]

ತಾಕೀತು ⟦tākītu ターキートゥ⟧ [tɐːkiːtu] n. 1 役所や上司が役人や会社員に発する命令 ¶ ನೀನು ಇಷ್ಟು ದುಡ್ಡನ್ನು ಕೊಡಲೇಬೇಕೆಂದು ತಾಕೀತು ಮಾಡಲಾಯಿತು. (nīnu iṣṭu duḍḍannu koḍalēbēkeṃdu tākītu māḍalāyitu.) 彼はこれだけのお金を絶対に出さねばならないと命じられた。 2 悪事を働いた時などに発せられる警告 [Ar. taʿqīd]

ತಾಕು¹ ⟦tāku ターク⟧ [tɐːku] ತಾಂಕು, ತಾಂಗು, ತಾಗು vt. 1 飛びかかる、襲う 2 《古》 触れる、接触する 3 (矢などが)当たる、刺さる 4 《古》 苦しめる、悩

ます 5《古》くっつく、合流する [Sk. D3150]

ತಾಕಿಸು ⟦tākisu ターキス⟧ [tɐːkĭsu] 《古》 *vt.* 触れさせる、など [caus.]

ತಾಕು² ⟦tāku ターク⟧ [tɐːku] 《古》 *vt.* **1** 支える、支持する **2** 我慢する、辛抱する **3** 理解する [Ka. *D3153]

ತಾಖತು ⟦tākʰatu ターカトゥ⟧ [tɐːkʰətu] *n.* [Ar.-Pe. *tāqat*] ☞ತಾಕತ್ತು (tākattu)

ತಾಖತ್ತು ⟦tākʰattu ターカットゥ⟧ [tɐːkʰəttu] *n.* [Ar.-Pe. *tāqat*] ☞ತಾಕತ್ತು (tākattu)

ತಾಗು¹ ⟦tāgu ターグ⟧ [tɐːgu] 《文》 *vt.* 《*fut.* ತಾಪ್- (tāp-)》 **1** 飛びかかる、襲う **2** 触れる、接触する **3** (矢などが)当たる、刺さる **4**《古》得る、手に入れる **5**《古》苦しめる、悩ます —*vi.* **1**《古》濃くなる **2**《古》起こる、生じる **3**《古》つまずく [Sk. D3150]

ತಾಗು² ⟦tāgu ターグ⟧ [tɐːgu] 《‡》 *vi.* 跳ぶ、飛び越す [Ka. D3177] (*R.(Kitt.)*)

ತಾಗು³ ⟦tāgu ターグ⟧ [tɐːgu] 《‡》 *n.* お辞儀すること、体を曲げること (*M.(Kitt.)*) [Ka. D3178]

ತಾಗುಡಿ ⟦tāguḍi ターグディ⟧ [tɐːguḍi] 《‡》 *n.* 待ち伏せ、待ち伏せする場所 [Ka. D63] (*Sd.(Kitt.)*)

ತಾಚಿ ⟦tāci ターチ⟧ [tɐːʧi] *n.* 〔児〕 おっぱい、乳房 [Ka. D2436] ☞ಚಾಚಿ (cāci)

ತಾಜಾ ⟦tājā タージャー⟧ [tɐːʤɐː] *adj.* 新鮮な [Pe. *tāza*]

ತಾಜಾ ಮಾಡು ⟦tājā māḍu タージャーマードゥ⟧ [tɐːʤɐː mɐːḍu] *vt.* 甘言で釣って〈ある人に〉…させる、うまく説きつけて…させる ¶ ಗೆಳೆಯರೆಲ್ಲ ತಮ್ಮನನ್ನು ತಾಜಾ ಮಾಡಿ ಪಾರ್ಟಿ ಮಾಡಿಸಿದರು. (geḷeyarella tammanannu tājā māḍi pārṭi māḍisidaru.) 友達たちは弟にうまく説きつけてパーティーを開かせた。

ತಾಟ ⟦tāṭa タータ⟧ [tɐːʈɐ] 《‡》 *n.* 強いこと、しっかりしたこと (*Mhr.(Kitt.)*) [M. *tāṭʰă*, *tʰāṭă*「強い」T5743? cf. *tāṭagitti*]

ತಾಟಂಕ ⟦tāṭaṃka タータンカ⟧ [tɐːʈəŋkɐ] 《文》 *n.* ヤシの葉製の耳飾り(夫が存命である女性のしるし、現在は金製の耳飾りをするようになった) [Sk.] = ಓಲೆ (ōle)

ತಾಟಕಿ ⟦tāṭaki タータキ⟧ [tɐːʈəki] ತಾಟಿಕೆ, ತ್ರಾಟಿಕಿ, ತ್ರಾಟಿಕೆ *f.* **1** ラーマに殺された魔女の名(タータカー) **2** 口やかましい女性、がみがみ女性、喧嘩好きな女性 [Sk. *tāṭakā-*] = ಗಯ್ಯಾಳಿ, ಬಜಾರಿ (gayyāḷi, bajāri)

ತಾಟಗಿತ್ತಿ ⟦tāṭagitti タータギッティ⟧ [tɐːʈəgitti] *f.* 口やかましい女性、がみがみ女、喧嘩好きな女性 [*Tāṭaki* を *tāṭa*「強い」と *-gitti*「の女性」(接尾辞)という形であると再解釈したもの] = ತಾಟಕಿ (tāṭaki)

ತಾಟಗಿತ್ತಿತನ ⟦tāṭagittitana タータギッティタナ⟧ [tɐːʈəgittitənɐ] 《‡》 *n.* 口やかましい女性であること、がみがみ女であること、喧嘩好きな女性であること [*tāṭagitti* + *-tana*] = ಜಗಳಗಂಟಿತನ (jagaḷagaṃṭitana)

ತಾಟಸ್ಥ್ಯ ⟦tāṭastʰya タータスティャ⟧ [tɐːʈəstʰjɐ] 《文》 *n.* **1** 無関心、知らぬ顔をすること **2** 中立 [Sk.]

ತಾಟಾಪೋಟಿ ⟦tāṭāpōṭi タータ―ポーティ⟧ [tɐːʈɐːpoːʈi] 《古》 *n.* [Ka. *D3157] ☞ತಾಟುಪೋಟು (tāṭupōṭu)

ತಾಟಿ¹ ⟦tāṭi ターティ⟧ [tɐːʈi] 《古》 *n.* **1** (動物の)皮、皮膚 **2** (植物の)皮、樹皮 [Ka. D3155]

ತಾಟಿ² ⟦tāṭi ターティ⟧ [tɐːʈi] 《古》 *n.* オウギヤシの樹液を集めて発酵させた乳白色のアルコール飲料、ヤシ酒 [Ka. *D3180] ☞ತಾಡಿ (tāḍi)

ತಾಟಿಕೆ ⟦tāṭike ターティケ⟧ [tɐːʈike] *f.* 口やかましい女性、がみがみ女、喧嘩好きな女性 [Ka. *tāṭakā-*] ☞ತಾಟಕಿ (tāṭaki)

ತಾಟಿಪೋಟಿ ⟦tāṭipōṭi ターティポーティ⟧ [tɐːʈĭpoːʈi] 《古》 *n.* [Ka. *D3157] ☞ತಾಟುಪೋಟು (tāṭupōṭu)

ತಾಟು¹ ⟦tāṭu タートゥ⟧ [tɐːʈu] ತಾಂಟು, ದಾಂಟು 《古》 *vt.* **1** 叩く **2** 触れる、接触する —*vi.* 止まる [Ka. D3156]

ತಾಟು² ⟦tāṭu タートゥ⟧ [tɐːʈu] *n.* ステンレスなど金属でできた食事を盛るための盆状の器 [M. *tāṭă* T5631] = ತಟ್ಟೆ (taṭṭe)

ತಾಟು³ ⟦tāṭu タートゥ⟧ [tɐːʈu] 《口》 *n.* ジュート製の布 [H. *tāṭă* T5990]

ತಾಟು⁴ ⟦tāṭu タートゥ⟧ [tɐːʈu] 《方》 *n.* 屋根の骨組み [Ka. M. *tʰāṭă* T6089]

ತಾಟು⁵ ⟦tāṭu タートゥ⟧ [tɐːʈu] *n.* 豪勢、盛大 [M. *tʰāṭă* *C6090] ☞ಥಾಟು (tʰāṭu)

ತಾಟಿಸು ⟦tāṭisu ターティス⟧ [tɐːʈĭsu] 《文》 *vt.* **1** 〈…と〉衝突させる、〈…に〉ぶつける **2** 叩く、打擲(ちょうちゃく)する [+ *-isu*]

ತಾಟಿತ ⟦tāṭita ターティタ⟧ [tɐːʈitɐ] 《文》 *adj.* 打たれた、殴られた [Sk. *tāḍita-*?]

ತಾಟಾಪೋಟಿ ⟦tāṭāpōṭi ターターポーティ⟧ [tɐːʈɐːpoːʈi] *n.* [Ka. *D3157] ☞ತಾಟುಪೋಟು (tāṭupōṭu)

ತಾಟುಪೋಟು ⟦tāṭupōṭu タートゥポートゥ⟧ [tɐːʈŭpoːʈu] ತಟವಟ, ತಾಟಾಪೋಟಿ, ತಾಟಿಪೋಟಿ, ತಾಟುಹೋಟು, ತಾಟೋಟು *n.* ペテン、騙し取ること、詐取 [Ka. *D3157] ☞ತಾಟುಪೋಟು (tāṭupōṭu)

ತಾಟುಹೋಟು ⟦tāṭuhōṭu タートゥホートゥ⟧ [tɐːʈuhoːʈu] 《古》 *n.* [Ka. *D3157] ☞ತಾಟುಪೋಟು (tāṭupōṭu)

ತಾಟೋಟು ⟦tāṭōṭu タートートゥ⟧ [tɐːʈoːʈu] 《古》 *n.* [Ka. *D3157] ☞ತಾಟುಪೋಟು (tāṭupōṭu)

ತಾಡ¹ ⟦tāḍa ターダ⟧ [tɐːḍɐ] 《文》 *n.* **1** 打つこと、殴ること、殴打 **2** (心臓、太鼓などの)打つ音 [Sk.]

ತಾಡ² ⟦tāḍa ターダ⟧ [tɐːḍɐ] *n.* オウギヤシ [Sk.]

ತಾಡನ ⟦tāḍana ターダナ⟧ [tɐːḍəɳɐ] 《文》 *n.* (太鼓などを)打つこと、拍手すること [Sk.]

ತಾಡಪತ್ರ ⟦tāḍapatra ターダパトラ⟧ [tɐːḍəpət̪rɐ] *n.* **1** (字を書くための) オウギヤシの葉 **2** (貨物自動車の荷物を覆うための) 防水を施した布 [Sk. *tāḍapatra-*]

ತಾಡಮೋಲೆ ⟦tāḍavōle ターダヴォーレ⟧ [tɐːɖə̆voːle] *n.* (字を書くための)オウギヤシの葉 [*tāḍa* + *ōle*]

ತಾಡಿ ⟦tāḍi ターディ⟧ [tɐːɖi] ತಾಟಿ² *n.* ヤシ酒(オウギヤシの樹液を集めて発酵させた乳白色のアルコール飲料) [Ka. *D3180]

ತಾಡಿತ ⟦tāḍita ターディタ⟧ [tɐːɖĭtɐ] 《文》 *adj.* (太鼓などが)打たれた、(手で)叩かれた [Sk.]

ತಾಡಿಸು ⟦tāḍisu ターディス⟧ [tɐːɖĭsu] 《文》 *vt.* 〈太鼓を〉打つ、〈手を〉叩く [Sk.]

ತಾಡು ⟦tāḍu タードゥ⟧ [tɐːɖu] 《方》 *vt.* 角で突っつく [Ka. D3156] (Hav.)

ತಾಡೆ ⟦tāḍe ターデ⟧ [tɐːɖe] 《方》 *n.* オウギヤシ [Ka. *D3180] ☞ತಾಳೆ (tāḷe)³

ತಾಣ ⟦tāṇa ターナ⟧ [tɐːɳɐ] 《古》 *n.* 1 場所 2 家、安息所、避難所 [Pk. < *stʰāna*- T13753]

ತಾತ ⟦tāta ータ⟧ [tɐːtɐ] 《文》 *m.* 《*f.* ಅಜ್ಜಿ(ajji)》 1 祖父 2 おじいさん(年取った人に尊敬と親しみをもって呼びかけたり言及したりする言葉) [Ka. D3160 cf. Sk. *tātá*-] = ಅಜ್ಜ(ajja)

ತಾತಿ ⟦tāti ターティ⟧ [tɐːti] *n.* [Ar.] ☞ತಾಯತ (tāyata)

ತಾತ್ಕಾಲಿಕ ⟦tātkālika タートカーリカ⟧ [tɐːtkɐːlĭkɐ] *adj.* 1 その頃の、その時代の 2 同時代の、現代の 3 臨時〈の〉、一時的な〈こと〉 [Sk.]

ತಾತ್ವಿಕ ⟦tātvika タートヴィカ⟧ [tɐːtˑvĭkɐ] 《文》 *adj.* 1 哲学の、哲学的な 2 イデオロギーに関する、原理的な [Sk.]

ತಾತ್ಪರ್ಯ ⟦tātparya タートパリヤ⟧ [tɐːtpərˑjɐ] *n.* 1 目的、狙い、趣旨 2 (発言などの)主意、主旨 ¶ ಅವರ ಮಾತಿನ ತಾತ್ಪರ್ಯ ಎಂದರೆ “ಸುಳ್ಳು ಹೇಳಬಾರದು” (avara mātina tātparya eṃdare “suḷḷu hēḷabāradu”) 彼の話の趣旨は嘘をついてはならないということだ。 3 熱中 [Sk.]

ತಾತ್ಪೂರ್ತಿಕ ⟦tātpūrtika タートプールティカ⟧ [tɐːtpuːrtĭkɐ] (*n.*) 臨時〈の〉 [Sk.] ☞ತಾತ್ಕಾಲಿಕ (tātkālika)

ತಾತ್ಸಾರ ⟦tātsāra タートサーラ⟧ [tɐːtsɐːrɐ] *n.* 1 軽視、軽蔑、蔑視 2 (病気などの)軽視 [?]

ತಾದಾತ್ಮ್ಯ ⟦tādātmya ターダートミャ⟧ [tɐːdɐːtmˑjɐ] *n.* (あることに対する)専念、没頭 [Sk.]

ತಾದಾತ್ಮ್ಯಭಾವ ⟦tādātmyabʰāva ターダートミャバーヴァ⟧ [tədɐːtmˑjə̆bʰɐːvɐ] *n.* (あることに対する)専念や没頭、(あることに)専念したり没頭したりした状態 [Sk.]

ತಾನ್ ⟦tān ターン⟧ [tɐːn] ತಾ, ತಾಂ 《古》 *pron.refl.* 《斜格諸形語幹：ತನ– (tana-) (子音で始まる語尾の前で)；ತನ್ನ್– (tann-) (母音で始まる語尾の前で)；複数主格形：ತಾಮ್ (tām) 斜格諸形語幹：ತಮ– (tama-) (子音で始まる語尾の前で)；ತಮ್ಮ್– (tamm-) (母音で始まる語尾の前で)》自分 [Ka. *D3196] ☞ತಾನು (tānu)

ತಾನು ⟦tānu ターヌ⟧ [tɐːnu] ತಾ, ತಾಂ *pron.refl.* 《斜格諸形語幹：ತನ– (tana-) (子音で始まる語尾の前で)：ತನ್ನ್– (tann-) (母音で始まる語尾の前で)；複数主格形 ತಾವು (tāvu) 斜格諸形語幹：ತಮ– (tama-) (子音で始まる語尾の前で)；ತಮ್ಮ್– (tamm-) (母音で始まる語尾の前で)》自分 ¶ ಅವನು ತನ್ನ ಬೆರಳನ್ನು ಕತ್ತರಿಸಿಕೊಂಡ. (avanu tanna beraḷannu kattarisikoṃḍa.) あの人は自分の指を切り落としてしまった。 [Ka. D3196]

ತಾನೇ ⟦tānē ターネー⟧ [tɐːneː] *adv.* 自分で ¶ ಇದು ಅವನು ತಾನೇ ಮಾಡಿದ ಕೆಲಸ. (idu avanu tānē māḍida kelasa.) これは彼の自業自得だ。 [*tānu* + *-ē*]

ತಾಪ ⟦tāpa ターパ⟧ [tɐːpɐ] *n.* 1 熱、温度 = ಉಷ್ಣತೆ (uṣṇate) 2 〔喩〕苦悩、苦痛、苦しみ [Sk.]

ತಾಪತ್ರಯ ⟦tāpatraya ターパトラヤ⟧ [tɐːpətrəjɐ] *n.* この世の3種の苦しみ(超自然的な苦しみ、物質的な苦しみ、自分から生まれた苦しみ) [Sk.]

ತಾಪಮಾಪಕ ⟦tāpamāpaka ターパマーパカ⟧ [tɐːpə̆mɐːpə̆kɐ] 《文》 *n.* 温度計、体温計 [Sk.] = ಥರ್ಮಾಮೀಟರ್ (tʰarmāmīṭar)

ತಾಪಸ ⟦tāpasa ターパサ⟧ [tɐːpə̆sɐ] *m.* 《*f.* ತಾಪಸಿ (tāpasi)》苦行者 [Sk.]

ತಾಪಸಿ ⟦tāpasi ターパシ⟧ [tɐːpə̆si] *f.* 女性の苦行者 [Sk.]

ತಾಪಾಳ್ ⟦tāpāḷ ターパール⟧ [tɐːpɐːɭ] 《‡》 *n.* (扉の)掛けがね、かんぬき (*My.*(*Kitt.*)) [Ka. D3179] ☞ತಾಪಾಳು (tāpāḷu)

ತಾಪಾಳ ⟦tāpāḷa ターパーラ⟧ [tɐːpɐːɭɐ] 《方》 *n.* [Ka. *D3179] ☞ತಾಪಾಳು (tāpāḷu)

ತಾಪಾಳು ⟦tāpāḷu ターパール⟧ [tɐːpɐːɭu] ತಾಪಾಳ 《方》 *n.* (扉の)掛けがね、かんぬき [Ka. *D3179]

ತಾಪಿ ⟦tāpi ターピ⟧ [tɐːpi] 《文》 *mf.* 苦しむ人 [Sk.]

ತಾಪಿಸು ⟦tāpisu ターピス⟧ [tɐːpisu] 《文》 *vt.* 1 熱する 2 苦しめる、心を傷つける 3 腹を立てさせる、怒らせる —*vi.* 1 苦悩する、悩む 2 〔喩〕腹を立てる、立腹する [Sk.]

ತಾಪು ⟦tāpu タープ⟧ [tɐːpu] 《古》 *n.* 逢引などの約束の場所 (*Kk.57* (*Kitt.*)) [Ka. D3150] ☞ತಾಪೆ (tāpe)

ತಾಪೆ¹ ⟦tāpe ターペ⟧ [tɐːpe] ತಾಪು, ತಾಹೆ 《古》 *n.* 1 売春婦の家 2 逢引などの約束の場所 [Ka. *D3150]

ತಾಪೆ² ⟦tāpe ターペ⟧ [tɐːpe] ತಾಫೆ *n.* 1 踊り子たちと楽士たちの一団、一座 2 踊り [M. *tāpʰā* ←Ar. *ṭāʾifa*]

ತಾಪೆ ಕಟ್ಟು ⟦tāpe kaṭṭu ターペカットゥ⟧ [tɐːpe kəʈʈu] *n.* 踊る [+ *kaṭṭu*]

ತಾಪೇದಾರ ⟦tāpēdāra ターペーダーラ⟧ [tɐːpeːdɐːrɐ] *m.* 《*f.* ತಾಪೇದಾರಳು (tāpēdāraḷu)》 [*tābe* + *-dāra*] ☞ತಾಬೇದಾರ (tābēdāra)

ತಾಪೇದಾರಿ ⟦tāpēdāri ターペーダーリ⟧ [tɐːpeːdɐːri] *n.* [*tāpēdāra* + *-i*] ☞ತಾಬೇದಾರಿ (tābēdāri)

ತಾಫೆ ⟦tāpʰe ターペ⟧ [tɐːpʰe] *n.* ☞ತಾಪೆ (tāpe)

ತಾಫೆಕಟ್ಟು ⟦tāpʰekaṭṭu ターペカットゥ⟧ [tɐːpʰekəʈʈu] *vi.* 踊る [+ *kaṭṭu*]

ತಾಫೆದಾರ ⟦tāpʰedāra ターペダーラ⟧ [tɐːpʰedɐːrɐ] 《異》 *m.* 《*f.* ತಾಫೆದಾರಳು (tāpʰedāraḷu)》 [*tābe* + *-dāra*] ☞ತಾಬೆದಾರ

(tābedāra)

ತಾಫೇದಾರಿ ⟦tāpʰēdāri ターペーダーリ⟧ [tɐ:pʰe:dɐ:ri]《異》*n.* ☞ತಾಬೇದಾರಿ (tābēdāri)

ತಾಬಿಲೆ ⟦tābile タービレ⟧ [tɐ:bĭle] ತಾಂಬೇಲಿ《方》*n.* 亀の一種 [Ka. *D5155] ☞ತಾಂಬೇ (tāṃbē)

ತಾಬೆ ⟦tābe ターベ⟧ [tɐ:be] *adj.* 従属する、依存する **—***n.* 従属、依存 ¶ ಜಮೀನ್ದಾರರ ತಾಬೆಯಲ್ಲಿ ನೂರಾರು ಜನ ಇದ್ದರು. (jamīndārara tābeyalli nūrāru jana iddaru.) 何百人もの人々がザミーンダールの支配下にあった。[Ar. *tābiʿ*]

ತಾಬೆದಾರ ⟦tābedāra ターベダーラ⟧ [tɐ:bedɐ:rɐ] *m.*《*f.* ತಾಬೆದಾರಳು (tābedāraḷu)》[*tābe* + *-dāra*] ☞ತಾಬೇದಾರ (tābēdāra)

ತಾಬೆದಾರಿ ⟦tābedāri ターベダーリ⟧ [tɐ:bedɐ:ri] *n.* [*tābedāra* + *-i*] ☞ತಾಬೇದಾರಿ (tābēdāri)

ತಾಬೇದಾರ ⟦tābēdāra ターベーダーラ⟧ [tɐ:be:dɐ:rɐ] ತಾಫೇದಾರ, ತಾಬೆದಾರ *m.*《*f.* ತಾಬೆದಾರಳು (tābedāraḷu)》他人に依存して生活する人、扶養家族、従者 [*tābe* + *-dāra*]

ತಾಬೇದಾರಿ ⟦tābēdāri ターベーダーリ⟧ [tɐ:be:dɐ:ri] ತಾಫೇದಾರಿ, ತಾಫೇದಾರಿ, ತಬೆದಾರಿ *n.* 依存状態、従属、人の言うなりになること [*tābedāra* + *-i*]

ತಾಬೇಲು ⟦tābēlu ターベール⟧ [tɐ:be:lu]《‡》*n.* [Ka. D5155] (*S.Mhr.*(*Kitt.*)) ☞ತಾಂಬೇಲು (tāṃbēlu)

ತಾಮ್ ⟦tām ターム⟧ [tɐ:m]《古》*pron.*《*refl.*,*pl.*, *gen.* ತಮ್ಮ (tamma)》彼ら自身（ತಾನು (tānu) の複数）[Ka. D3162] (*Pb. 5.58*) ☞ತಾನು (tānu)

ತಾಮರೆ[1] ⟦tāmare ターマレ⟧ [tɐ:mə̆re] *n.* ハス（蓮）[Ka. D3163] ☞ತಾವರೆ (tāvare)

ತಾಮರೆ[2] ⟦tāmare ターマレ⟧ [tɐ:mə̆re]《方》*n.* 輪癬、タムシ (*Kitt.*) [Ka. D3164] = ಹುಳುಕಡ್ಡಿ (huḷukaḍḍi)

ತಾಮ್ರ ⟦tāmra タームラ⟧ [tɐ:mrɐ] *n.* 銅 [Sk.]

ತಾಮ್ರಶಾಸನ ⟦tāmraśāsana タームラシャーサナ⟧ [tɐ:mrə̆ʃɐ:sə̆nɐ] *n.* 銅版に書かれた刻文 [Sk.]

ತಾಮಸ ⟦tāmasa ターマサ⟧ [tɐ:mə̆sɐ] *n.* 1 闇、暗闇 2 無知 **—***adj.* 1 暗い、暗闇の 2 怠惰な、不精な、不活性な [Sk.]

ತಾಯ್ ⟦tāy ターイ⟧ [tɐ:ĭ] ತಾಯಿ *f.*《*pl.* ತಾಯಂದಿರು, ತಾಯಿಯರು (tāyaṃdiru, tāyiyaru)》1 母、母親 2 敬意と愛情をもって女性に呼びかける言葉 [Ka. D364] = ಅಮ್ಮ (amma)

ತಾಯ್ನಾಡು ⟦tāynāḍu ターイナードゥ⟧ [tɐ:ĭnɐ:ḍu] ತಾಯಿನಾಡು *n.* ☞ತಾಯಿನಾಡು (tāyināḍu)

ತಾಯ್ನುಡಿ ⟦tāynuḍi ターイヌディ⟧ [tɐ:ĭnuḍi] ತಾಯಿನುಡಿ *n.* ☞*tāyinuḍi*

ತಾಯತ ⟦tāyata ターヤタ⟧ [tɐjə̆tɐ] *n.* 1 護符、守り札 2 貨幣がぶら下がった鎖状の首飾り = ಪದಕದ ಸರ (padakada sara) ☞ತಾಯಿತಿ (tāyiti) [Ar. *taʿwīḏ*]

ತಾಯತಿ ⟦tāyati ターヤティ⟧ [tɐjə̆ti] *n.* 護符、守り札 [Ar. *taʿwīḏ*] = ತಾಯಿತಿ (tāyiti)

ತಾಯಿ ⟦tāyi ターイ⟧ [tɐ:ji] *f.*《*pl.* ತಾಯಂದಿರು, ತಾಯಿಯರು (tāyaṃdiru, tāyiyaru)》[Ka. D364] ☞ತಾಯ್ (tāy)

ತಾಯಿತನ ⟦tāyitana ターイタナ⟧ [tɐ:jĭtənɐ] *n.* [*tāyi* + *-tana*] ☞ತಾಯ್ತನ (tāytana)

ತಾಯಿನಾಡು ⟦tāyināḍu ターイナードゥ⟧ [tɐ:jĭnɐ:ḍu] *n.* 母国 [+ *nāḍu*] = ತಾಯ್ನಾಡು (tāynāḍu)

ತಾಯಿನುಡಿ ⟦tāyinuḍi ターイヌディ⟧ [tɐ:yĭnuḍi] *n.* 母語、母国語 [+ *nuḍi*] ☞ತಾಯ್ನುಡಿ (tāynuḍi)

ತಾಯಿಬೇರು ⟦tāyibēru ターイベール⟧ [ta:jĭbe:ru] *n.* 主根 [+ *bēru*]

ತಾಯಿತ ⟦tāyita ターイタ⟧ [tɐ:jĭtɐ] *n.* [Ar.] ☞ತಾಯಿತಿ (tāyiti)

ತಾಯಿತಿ ⟦tāyiti ターイティ⟧ [tɐ:jiti] ತಾತಿ, ತಾಯತ, ತಾಯತಿ, ತಾಯಿತ, ತಾಯಿತು, ತಾಯಿತ್ತು, ತಾಯ್ತ *n.* 護符、守り札 [Ar. *taʿwīḏ*] = ತಾಯತ (tāyata)

ತಾಯಿತು ⟦tāyitu ターイトゥ⟧ [tɐ:jĭtu] *n.* 貨幣がぶら下がった鎖状の首飾り ☞ತಾಯಿತಿ (tāyiti) [Ar. *taʿwīḏ*]

ತಾಯಿತ್ತು ⟦tāyittu ターイットゥ⟧ [tɐ:jittu] *n.* 貨幣がぶら下がった鎖状の首飾り ☞ತಾಯತ (tāyata) [Ar. *taʿwīḏ*]

ತಾಯೆ ⟦tāye ターエ⟧ [tɐ:je]《‡》*f.*《*pl.* ತಾಯಂದಿರು, ತಾಯಿಯರು (tāyaṃdiru, tāyiyaru)》母、母親 (*Mr.309* (*Kitt.*)) [Ka. D364] ☞ತಾಯ್ (tāy)

ತಾಯ್ತ ⟦tāyta ターイタ⟧ [tɐ:ĭtɐ] *n.* 貨幣がぶら下がった鎖状の首飾り ☞ತಾಯಿತಿ (tāyiti) [Ar. *taʿwīḏ*]

ತಾಯ್ತನ ⟦tāytana ターイタナ⟧ [tɐ:ĭtənɐ] ತಾಯಿತನ *n.* 母性、母親らしさ [*tāy* + *-tana*] ☞ತಾಯಿತನ (tāyitana)

ತಾರ್ ⟦tār タール⟧ [tɐ:r] *vt.* 動詞 ತರು (taru) の語根が否定形の前で取る形 ¶ ತಾರದೆ (tārade) 持ってくることなく [Ka. D3098] ☞ತರು (taru)

ತಾರ[1] ⟦tāra ターラ⟧ [tɐ:rɐ]《古》*n.* 小額の銅貨の一種 [Ka. D3168]

ತಾರ[2] ⟦tāra ターラ⟧ [tɐ:rɐ]《文》*n.*（人の声を含む）楽器の高音 [Sk.]

ತಾರಕ[1] ⟦tāraka ターラカ⟧ [tɐ:rə̆kɐ] *m.*《*f.* ತಾರಕಿ (tāraki)》救助者、救済者、救世主 [Sk.]

ತಾರಕ[2] ⟦tāraka ターラカ⟧ [tɐ:rə̆kɐ] *n.* 1 星 2 瞳、瞳孔 3（人の声を含む）楽器の高音 [Sk.]

ತಾರಕಣೆ ⟦tārakaṇe ターラカネ⟧ [tɐ:rə̆kəɳe]《文》*n.*（あることを証明するための）実例、事例 [? cf. Ta. *tārkkaṇi*] ☞ತಾರ್ಕಣೆ (tārkaṇe)

ತಾರಕಮಂತ್ರ ⟦tārakamaṃtra ターラカマントラ⟧ [tɐ:rə̆kə məntrɐ] *n.* 1 人を輪廻から解脱させる呪文や賛歌 2 危機を脱するための方法 ¶ ನನ್ನ ರಕ್ತ ಒತ್ತಡಕ್ಕೆ ಈ ಔಷಧಿಯೇ ತಾರಕಮಂತ್ರ. (nanna rakta ottaḍakke ī auṣadʰiyē tārakamaṃtra.) 私の高血圧に対してはこの薬だけが頼りだ。[Sk.]

ತಾರಕೆ ⟦tārake ターラケ⟧ [tɐ:rəke] *n.* 1 星 2 瞳、瞳孔 3 流星 [Sk. *tārakā-*]

ತಾರಗೆ ⟦tārage ターラゲ⟧ [tɐːrə̆ge] 《文》 *n.* 星 [Sk. *tārakā-*]

ತಾರಣ ⟦tāraṇa ターラナ⟧ [tɐːrə̆ɳɐ] 《文》 *n.* 1（川などを）渡ること；苦悩や災難などから逃れること 2 渡らせること；苦悩や災難などからの救済 3 舟、渡し船 4 60年周期の年の第18番目の年 [Sk.]

ತಾರತಮ್ಯ ⟦tāratamya ターラタミャ⟧ [tɐːrə̆təmʲjɐ] *n.* 1 差、数などの不揃い、多少 2 えこひいき、不公平 ¶ ಅವಳು ಇಬ್ಬರು ಮಕ್ಕಳಿಗೆ ತಾರತಮ್ಯ ಮಾಡುತ್ತಾಳೆ. (avaḷu ibbaru makkaḷige tāratamya māḍuttāḷe.) あの女の人は二人の子どもの間でえこひいきする。[Sk.]

ತಾರಯ್ಸು ⟦tāraysu ターライス⟧ [tɐːrəĭsu] 《文》 *vi.* 甲高い声を出す [*tāra*² + *-isu*]

ತಾರಸಿ ⟦tārasi ターラシ⟧ [tɐːrə̆si] *n.* 漆喰やセメントや鉄筋コンクリートで作った平屋根 [Eg. *terrace*]

ತಾರಾಗಣ ⟦tārāgaṇa ターラーガナ⟧ [tɐːrɐːgəɳɐ] 《文》 *n.* 1 星の集まり 2（映画などの）スターの集まり [Sk.]

ತಾರಾಗರ್ಭ ⟦tārāgarbʰa ターラーガルバ⟧ [tɐːrɐːgərbʰɐ] 《文》 *n.* 星雲 [Sk.]

ತಾರಾಟ ⟦tārāṭa ターラータ⟧ [tɐːrɐːʈɐ] *n.* 動き回ること、走り回ること [*tārāḍu* < ? + *-ṭa*]

ತಾರಾಡು ⟦tārāḍu ターラードゥ⟧ [tɐːrɐːɖu] *vi.* 動き回る、走り回る [? + *āḍu*]

ತಾರಾತಂಟಲು ⟦tārātaṃṭalu ターラータンタル⟧ [tɐːrɐːtəɳʈəlu] *n.* 面倒 [? + *taṃṭalu*]

ತಾರಾತಿಗಡಿ ⟦tārātigaḍi ターラーティガディ⟧ [tɐːrɐːtigə̆ɖi] *n.* 欺瞞、詐欺、ペテン [? + *tigaḍi*]

ತಾರಾಪುಂಜ ⟦tārāpuṃja ターラープンジャ⟧ [tɐːrɐːpuɲʤɐ] *n.* 1 星雲 2 星座 [Sk.]

ತಾರಾಬಲ ⟦tārābala ターラーバラ⟧ [tɐːrɐːbə̆lɐ] *n.*（人の運命に対する）星の動きの影響 [Sk.]

ತಾರಿ¹ ⟦tāri ターリ⟧ [tɐːri] 《異》 *n.* シクンシ科の大木（薬用）[Ka. *D3198]

ತಾರಿ² ⟦tāri ターリ⟧ [tɐːri] 《文》 *n.* 1 小舟 2（川の）渡し場 (SK) [Sk. *tari-*]

ತಾರೀಕು ⟦tārīku ターリーク⟧ [tɐːriːku] *n.* [Ar. *tārīḫ*] ☞ತಾರೀಖು (tārīkʰu)

ತಾರೀಖು ⟦tārīkʰu ターリーク⟧ [tɐːriːkʰu] ತಾರೀಕು *n.* 日付け [Ar. *tārīḫ*] = ದಿನಾಂಕ (dināṃka)

ತಾರೀಪು ⟦tārīpu ターリープ⟧ [tɐːriːpu] *n.* 1 賞賛、誉め称えること 2 評価 3 資格、身分 ☞ತಾರೀಫು (tārīpʰu)

ತಾರೀಫ್ ⟦tārīpʰ ターリープ⟧ [tɐːriːpʰ] *n.* 賞賛、誉め称えること ☞ತಾರೀಫು (tārīpʰu)

ತಾರೀಫು ⟦tārīpʰu ターリープ⟧ [tɐːriːpʰu] ತಾರೀಪು, ತಾರೀಫ್ *n.* 1 賞賛、誉め称えること = ಹೊಗಳಿಕೆ (hogaḷike) 2 いたずら [Ar. *taʿrīf*]

ತಾರು¹ ⟦tāru タール⟧ [tɐːru] *n.* 電報 [Pe. *tār*]

ತಾರುಯಂತ್ರ ⟦tāruyaṃtre タールヤントレ⟧ [tɐːrujəntre] 《文》 *n.* 電信機 [+ *yaṃtre*]

ತಾರು² ⟦tāru タール⟧ [tɐːru] ತಾಱು² *vi.* 1 乾く、干上がる、（植物が）しおれる 2〔喩〕痩せ衰える、やつれる [Ka. *tāṟu* *D3192]

ತಾರುಂತಟ್ಟುಂ ⟦tāruṃtaṭṭuṃ タールンタットゥン⟧ [taːruntəʈʈum] 《古》 *adv.* めちゃめちゃに、乱雑に [?]

ತಾರುತಟ್ಟು ⟦tārutaṭṭu タールタットゥ⟧ [tɐːrutəʈʈu] ತಾರು-ತಟ್ಟು, ತಾಱುತಟ್ಟು, ತಾಱುಥಟ್ಟು, ಥಾಱುಥಟ್ಟು *n.* 集まり、群れ [*tāru*¹ + *-m* + ?]

ತಾರುಣ್ಯ ⟦tāruṇya タールニャ⟧ [tɐːruɳʲjɐ] 《文》 *n.* 青春、青春時代 [Sk.]

ತಾರುಣ್ಯವತಿ ⟦tāruṇyavati タールニャヴァティ⟧ [tɐːruɳʲjə̆vəti] 《文》 *f.* 若い娘 [Sk.]

ತಾರುಮಾರು ⟦tārumāru タールマール⟧ [tɐːrumɐːru] ತಾ-ಱುಮಱು, ತಾಱುಮಾಱು 《古》 *n.* 混乱、無秩序、めちゃくちゃ ¶ ಮಂತ್ರಿಗಳು ತಾರುಮಾರು ಹೇಳಿದ್ದನ್ನು ಕೇಳಿ ಅರಸ ಕೋಪಿಸಿದ. (maṃtrigaḷu tārumāru hēḷiddannu kēḷi arasa kōpisida.) 王は自分の大臣が意味が分からぬことを言うのを聞いて怒った [Ka. *tāṟu*² D3194 + *māṟu* D4834]

ತಾರೆ¹ ⟦tāre ターレ⟧ [tɐːre] ತಾರಿ, ತಾಱೆ, ತಾಱೆ *n.* シクンシ科の大木（薬用）[Ka. *D3198]

ತಾರೆ² ⟦tāre ターレ⟧ [tɐːre] *n.* 星 —*mf.*《*pl.* ತಾರೆಯರು (tāreyaru)》有名で大衆の憧れとなるような俳優やスポーツ選手など、スター = ನಕ್ಷತ್ರ (nakṣatra) [Sk.]

ತಾರ್ಕಣೆ ⟦tārkaṇe タールカネ⟧ [tɐːrkəɳe] ತಾರಕಣೆ, ತಾರ್ಕ-ಣ್ಯ, ತಾರ್ಕಾಣಿ, ತಾರ್ಕಾಣೆ 《文》 *n.* 1 証拠 2（あることを証明するための）実例、事例 3 考えや感情の不一致、調和がないこと ¶ ಈ ದಂಪತಿಗಳಲ್ಲಿ ತಾರ್ಕಣೆ ಇಲ್ಲ. (ī dṃpatigaḷalli tārkaṇe illa.) この夫婦は気が合わない。[? cf. Ta. *tārkkaṇi*, Tu. *tārkaṇe* Te. *tārkāṇa*, *tārakāṇa*]

ತಾರ್ಕಣ್ಯ ⟦tārkaṇya タールカニャ⟧ [tɐːrkəɳʲjɐ] 《文》 *n.* 1 証拠 2 一致、符合 ☞ತಾರ್ಕಣೆ (tārkaṇe)

ತಾರ್ಕಾಣಿ ⟦tārkāṇi タールカーニ⟧ [tɐːrkɐːɳi] 《文》 *n.* 証拠 ☞ತಾರ್ಕಣೆ (tārkaṇe)

ತಾರ್ಕಾಣೆ ⟦tārkāṇe タールカーネ⟧ [tɐːrkɐːɳe] 《文》 *n.* 1 証拠 2 気がつくこと、認知 ☞ತಾರ್ಕಣೆ (tārkaṇe)

ತಾರ್ಕಿಕ ⟦tārkika タールキカ⟧ [tɐːrkikɐ] *adj.* 1 論理に関した、論理学上の 2 理にかなった、論理的な —*m.*《*f.* ತಾರ್ಕಿಕಳು (tārkikaḷu)》論理学者 [Sk.]

ತಾಲ¹ ⟦tāla ターラ⟧ [tɐːlɐ] *n.* 1 拍手、手を打つこと 2 手で膝を打つなどして拍子を取ること 3 真鍮製の小さなシンバルの一種［⇒図］4 拍子、リズム 5 詩学での長短格、‐ ⏑ [Sk. ←Dr.?]

ತಾಲ¹
シンバル

ತಾಲ² ⟦tāla ターラ⟧ [tɐːlɐ] *n.* 1 オウギヤシ 2 開いた手の平 [Sk. ←Dr.?] ☞ತಾಳೆ (tāḷe)³

ತಾಲ³ ⟦tāla ターラ⟧ [tɐːlɐ] ತಾಳ 《文》 *n.* かんぬき、錠 [Sk. ←Dr.?]

ತಾಲ4 ⟦tāla ターラ⟧ [tɐːlɐ] 《古》 *n.* 伸ばした親指と中指の指先の間の長さ [Sk.]

ತಾಲವ್ಯ ⟦tālavya ターラヴィャ⟧ [tɐːləvˑjɐ] 《文》 *adj.* 口蓋音の **—***n.* 口蓋音 [Sk.]

ತಾಲಿ ⟦tāli ターリ⟧ [tɐːli] *n.* 1 結婚のしるしとして女性が首にかける丸い貨幣大の金の円盤 2 円盤型の首にかける金製の装身具 [Ka. D3175] ☞ತಾಳಿ (tāḷi)

ತಾಲೀಮು ⟦tālīmu ターリーム⟧ [tɐːliːmu] *n.* 1 訓練、調教、鍛錬 2 体操 3 体育館、屋内競技場 [Ar. *taʿlīm*]

ತಾಲು ⟦tālu タール⟧ [tɐːlu] 《文》 *n.* 口蓋 [Sk.]

ತಾಲುಜಿಹ್ವೆ ⟦tālujihve タールジフヴェ⟧ [tɐːlŭʤivhe] 《文》 *n.* 1 のどびこ、口蓋垂 = ಕಿರಿನಾಲಿಗೆ (kirinālige) 2 ワニ(鰐) [Sk.]

ತಾಲೂಕ ⟦tālūka タールーカ⟧ [tɐːluːkɐ] *n.* タルク、郡(県の下に属する行政区分) [Ar. *taʿalluq*] ☞ತಾಲ್ಲೂಕು (tāllūku)

ತಾಲೂಕು ⟦tālūku タールーク⟧ [tɐːluːku] *n.* タルク、郡(県の下に属する行政区分) [Ar. *taʿalluq*] ☞ತಾಲ್ಲೂಕು (tāllūku)

ತಾಲೂಕು ಕಛೇರಿ ⟦tālūku kachēri タールークカチェーリ⟧ [tɐːluːku kəʧheːri] *n.* 郡の役所 [*tālūlu* + *kachēri*]

ತಾಲೂಕುದಾರ ⟦tālūkudāra タールークダーラ⟧ [tɐːluːkŭdɐːrɐ] *m.* 《*f.* ತಾಲೂಕುದಾರಳು (tālūkudāraḷu)》 タルクの長官 [*tālūku* + *-dāra*]

ತಾಲ್ಲೂಕು ⟦tāllūku ターッルーク⟧ [tɐːlluːku] ತಾಲೂಕ, ತಾಲೂಕು, ತಾಲೋಕು, ತಾಲ್ಲೋಕು *n.* タルク、郡(県の下に属する行政区分) [Ar. *taʿalluqa*]

ತಾಲೋಕು ⟦tālōku ターローク⟧ [tɐːloːːku] 《異》 *n.* [Ar. *taʿalluq*] ☞ತಾಲ್ಲೂಕು (tāllūku)

ತಾಲ್ಲೋಕು ⟦tāllōku ターッローク⟧ [tɐːlloːːku] 《異》 *n.* [Ar. *taʿalluq*] ☞ತಾಲ್ಲೂಕು (tāllūku)

ತಾವಡ ⟦tāvaḍa ターヴァダ⟧ [tɐːvə̆ɖɐ] 《古》 *n.* 蓮の実(あるいはトゥルシーまたはルドラアクシャの実)で作った首飾り(長く垂れ下がるものもある) [⇒図] [Ka. *tāṟvaḍe* D3184]

ತಾವಡ 首飾り

ತಾವರೆ ⟦tāvare ターヴァレ⟧ [tɐːvə̆re] ತಾಮರೆ *n.* ハス、ハスの花 [Ka. D3163] = ಕಮಲ (kamala)

ತಾವರೆಗೆಡ್ಡೆ ⟦tāvaregeḍḍe ターヴァレゲッデ⟧ [tɐːvə̆regeɖɖe] *n.* 蓮根、ハスの地下茎 [+ *geḍḍe*]

ತಾವಾರ ⟦tāvāra ターヴァーラ⟧ [tɐːvɐːrɐ] ತಾಳವಾರ, ತಾಳುವಾರ, ತಾಟ್ವಾರ 《古》 *n.* 片屋根の家や小屋 [Ka. *D3178]

ತಾವು1 ⟦tāvu ターヴ⟧ [tɐːvu] 《古》 *n.* 場所、所 [H. *ṭhāvă*, M. *ṭhāvă* T13760] ☞ಠಾವು (ṭhāvu)

ತಾವು2 ⟦tāvu ターヴ⟧ [tɐːvu] *pron.refl.* 1 彼ら自身 (ತಾನು (tānu) の複数) 2 あなた様 (ನೀನು/ನೀವು (nīnu/nīvu)の尊敬の複数形) [Ka. D3196] ☞ತಾನು (tānu)

ತಾಸೀಲು ⟦tāsīlu ターシール⟧ [tɐːsiːlu] *n.* [Ar. *taḥšīlu*] ☞ತಾಲ್ಲೂಕು (tāllūku)

ತಾಸು ⟦tāsu タース⟧ [tɐːsu] *n.* 1 時間(60分) 2 時間、時 [M. *tās* < ?]

ತಾಹಿ ⟦tāhi ターヒ⟧ [tɐːhi] 《古》 *n.* [Ka. *D3150] ☞ತಾಪು (tāpu)

ತಾಹೆ ⟦tāhe ターヘ⟧ [tɐːhe] 《古》 *vt.* 1 売春婦の家、2 逢引などの約束の場所 [?] ☞ತಾಪೆ (tāpe)1

ತಾಳ್1 ⟦tāḷ タール⟧ [tɐːɭ] ತಾಟ್ 《古》 *n.* (扉の)かんぬき、差し錠 [Ka. *D3179] ☞ತಾಟ್ (tāṟ)1

ತಾಳ್2 ⟦tāḷ タール⟧ [tɐːɭ] 《古》 *n.* オウギヤシ [Ka. *D3180] ☞ತಾಳೆ (tāḷe)3

ತಾಳ್3 ⟦tāḷ タール⟧ [tɐːɭ] ತಾಳ್ 《古》 *n.* 《未来語幹 tāḷv- 過去語幹 tāḷv-》 穀類や花の茎 [Ka. *D3185] ☞ತಾಳು (tāḷu)

ತಾಳ್4 ⟦tāḷ タール⟧ [tɐːɭ] 《古》 *vt.* 《過去語幹 tāḷd- 未来語幹 tāḷv-》 1 得る 2 身につける、着る 3 我慢する、忍ぶ、こらえる [Ka. D3188]

ತಾಳ1 ⟦tāḷa ターラ⟧ [tɐːɭɐ] *n.* 1 手で膝を打つなどして拍子を取ること 2 真鍮製の小さなシンバルの一種 3 拍子、リズム 4 詩学での長短格、–⏑ [Sk. ←Dr.?] ☞ತಾಲ (tāla)1, ತಾಳೆ (tāḷe)3

ತಾಳಹಾಕು ⟦tāḷahāku ターラハーク⟧ [tɐːɭə̆hɐːku] *vt.* 1 拍子を取る 2 音楽に合わせて太鼓を打つ 3 ある人の言うことに盲目的に賛意を表明しつづける [*tāḷa*2 + *hāku*]

ತಾಳ2 ⟦tāḷa ターラ⟧ [tɐːɭɐ] *n.* オウギヤシ [Sk. ←Dr.?] ☞ತಾಲ (tāla)2

ತಾಳ3 ⟦tāḷa ターラ⟧ [tɐːɭɐ] ತಾಳ್ 《古》 *n.* (扉の)かんぬき、差し錠 [Sk. *tāla-* cf. Ka. *tāṟ*2] ☞ತಾಲ (tāla)3

ತಾಳಹಾಕು ⟦tāḷahāku ターラハーク⟧ [tɐːɭə̆hɐːku] *vi.* 扉にかんぬきをかける [*tāḷa*1 + *hāku*]

ತಾಳ4 ⟦tāḷa ターラ⟧ [tɐːɭɐ] 《古》 *n.* 伸ばした親指と中指の指先の間の長さ [Sk.] ☞ತಾಲ (tāla)4

ತಾಳದ ⟦tāḷada ターラダ⟧ [tɐːɭə̆ɖɐ] 《方》 *n.* [Ka. D3186] ☞ತಾಳಿದ

ತಾಳಮದ್ದಳೆ ⟦tāḷamaddaḷe ターラマッダレ⟧ [tɐːɭə̆məddə̆ɭe] ತಾಳಮದ್ದಲೆ *n.* 1 踊りで用いる小型のシンバルと豆太鼓 2 舞台も扮装も用いずに座り込んだ演者が歌と共に上演する演劇の一種 [*tāla* + *maddaḷe*]

ತಾಳಮೇಳ ⟦tāḷamēḷa ターラメーラ⟧ [tɐːɭə̆meːɭɐ] *n.* 1 リズムの一致 2 楽器群 3 関係、整合性、首尾一貫性 ¶ ತಾಳಮೇಳ ಇಲ್ಲದೆ ಹೆಚ್ಚು ಸುದ್ದಿಗಳು ಬರುತ್ತಿವೆ. (tāḷamēḷa illade heccu suddigaḷu baruttive.) 矛盾したニュースがたくさん入っている。 [*tāḷa* + *mēḷa*]

ತಾಳವಾದ್ಯ ⟦tāḷavādya ターラヴァーディャ⟧ [tɐːɭə̆vɐːdˑjɐ] *n.* 打楽器 [Sk.]

ತಾಳವಾರ1 ⟦tāḷavāra ターラヴァーラ⟧ [tɐːɭə̆vɐːrɐ] *n.* 屋根よりも低いひさしを張り出させた縁台のような空間(玄関の横など) [Ka. *D3178] ☞ತಾವಾರ (tāvāra)

ತಾಳವಾರ² ⟦tāḷavāra ターラヴァーラ⟧ [tɐːḷə̆vɐːrɐ] 《方》 *m*. [Pk. *talavara*- < ?] ☞ತಾವಾರ (tāvāra)

ತಾಳುವಾರ ⟦tāḷuvāra タールヴァーラ⟧ [tɐːḷŭvɐːrɐ] 《方》 *n*. 屋根よりも低いひさしを張り出させた縁台のような空間(玄関の横など) [Ka. *D3178] ☞ತಾವಾರ (tāvāra)

ತಾಳಿ ⟦tāḷi ターリ⟧ [tɐːḷi] ತಾಲಿ *n*. 1 結婚のしるしとして女性が首にかける丸い貨幣大の金の円盤、ターリ(図のターリは結婚を象徴して二つからなっている) = ಮಾಂಗಲ್ಯ (māṃgalya) [⇒図] 2 金の首飾りの一種 [Ka. D3175]

ತಾಳಿ ターリ

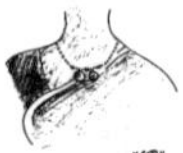

ತಾಳಿಕೆ ⟦tāḷike ターリケ⟧ [tɐːḷĭke] *n*. 1 忍耐、我慢 2 耐久性 ¶ ಈ ಮಿಕ್ಸರ್ ತಾಳಿಕೆ ಚೆನ್ನಾಗಿದೆ. (ī miksar tāḷike cennāgide.) このミキサーは長持ちする。[*tāḷu* + -*ike* D3188]

ತಾಳಿದ ⟦tāḷida ターリダ⟧ [tɐːḷĭđɐ] ತಾಳದ 《方》 *n*. (ゆでて油で揚げた)香辛料やタマネギと塩で味をつけた副食物 [Ka. D3186]

ತಾಳಿಮೆ ⟦tāḷime ターリメ⟧ [tɐːḷĭme] *n*. 1 我慢、忍耐 2 遅滞、ぐずぐずすること [Ka. *tāḷu*⁵ + -*me* D3188] = ಸಮಾಧಾನ (samādʰāna) ☞ತಾಳ್ಮೆ (tāḷme)

ತಾಳಿಸು ⟦tāḷisu ターリス⟧ [tɐːḷĭsu] *vt*. 油やギーで炒める [Ka. D3186]

ತಾಳು¹ ⟦tāḷu タール⟧ [tɐːḷu] *n*. (扉の)かんぬき、差し錠 [Ka. *D3179, T5749] = ಅಗುಳ್, ತಾಪಾಳು (aguḷ, tāpāḷu) 〔汎〕

ತಾಳು² ⟦tāḷu タール⟧ [tɐːḷu] *n*. オウギヤシ ⇀ 飲 [Ka. *D3180] = ತಾಳೆ

ತಾಳು³ ⟦tāḷu タール⟧ [tɐːḷu] ತಾಳ್, ತಾಳ್ದ್ *vt*. 《過去語幹 tāḷd- 未来語幹 tāḷv-》 1 得る、手に入れる 2 着る、身につける 3 我慢する、辛抱する、〈苦労などに〉耐える [Ka. D3188]

ತಾಳುವಾರ ⟦tāḷuvāra タールヴァーラ⟧ [tɐːḷuvɐːrɐ] 《方》 *n*. 片屋根の家や小屋 [Ka. *D3178] ☞ತಾವಾರ (tāvāra)

ತಾಳೆ¹ ⟦tāḷe ターレ⟧ [tɐːḷe] *n*. (言行、先の発言と後の発言などの)一致、辻褄が合うこと、(帳簿などが)合うこと [M. *tāḷā* < Sk. *tāla*-?]

ತಾಳಿಸು ⟦tāḷisu ターリス⟧ [tɐːḷĭsu] 《文》 *vt*. 比べる、比較する [+ -*isu*]

ತಾಳೆನೋಡು ⟦tāḷenōḍu ターレノードゥ⟧ [tɐːḷĕnoːḍu] *vt*. 比べて見る、比較する [+ *nōḍu*]

ತಾಳೆಬೀಳು ⟦tāḷebīḷu ターレビール⟧ [tɐːḷebiːḷu] *vi*. 《*dat*.》 一致する、合う ¶ ನಾನು ಮಾಡಿದ ಲೆಕ್ಕಕ್ಕೆ ತಾಳೆಬೀಳುತ್ತಿಲ್ಲ. (nānu māḍida lekkakke tāḷebīḷuttilla.) 私のしている計算が合わない。 [+ *bīḷu*]

ತಾಳೆ² ⟦tāḷe ターレ⟧ [tɐːḷe] ತಾಡೆ, ತಾಳ್, ತಾಳ, ತಾಳು *n*. オウギヤシ ⇀ 飲・食・薬 [Ka. *D3180] *[IMP 4.207]

ತಾಳೆಗರಿ ⟦tāḷegari ターレガリ⟧ [tɐːḷegəri] *n*. オウギヤシの葉 [+ *gari*]

ತಾಳೆಹಣ್ಣು ⟦tāḷehaṇṇu ターレハンヌ⟧ [tɐːḷehəṇṇu] *n*. 熟したパルミラヤシの実(乳白色のゼリー状の果肉を持つ) [+ *haṇṇu*]

ತಾಳೆಹೆಂಡ ⟦tāḷehemḍa ターレヘンダ⟧ [tɐːḷĕhenḍɐ] *n*. オウギヤシの樹液を集めて発酵させた乳白色のアルコール飲料、ヤシ酒 [+ *hemḍa*]

ತಾಳೆ³ ⟦tāḷe ターレ⟧ [tɐːḷe] *n*. 水辺に生える芳香を持つタコノキ属の小木 ⇀ 薬・香 [Ka. *D3183] = ಕೇದಿಗೆ (kēdige)/ ಕೇದಗೆ (kēdage) Sk. *kētakī*- *[IMP 4.207]

ತಾಳುಮೆ ⟦tāḷume タールメ⟧ [tɐːḷŭme] *n*. 我慢、忍耐 [*tāḷu*¹ + -*me* D3188] = ಸಮಾಧಾನ (samādʰāna) ☞ತಾಳ್ಮೆ (tāḷme)

ತಾಳ್ದ ⟦tāḷda タールダ⟧ [tɐːḷđɐ] 《‡》 *n*. [Ka. D3186] (My.(Kitt.))

ತಾಳ್ದು ⟦tāḷdu タールドゥ⟧ [tɐːḷdu] *vt*. 1 得る、獲得する 2 着る、身につける 3 保つ 4 我慢する、辛抱する、〈苦労などに〉耐える 5 行う、企てる 6 つかむ 7 〈重荷を〉担ぐ [*tāḷu*¹ + -*du*? D3188]

ತಾಳ್ಮೆ ⟦tāḷme タールメ⟧ [tɐːḷme] ತಾಳಿಮೆ, ತಾಳುಮೆ *n*. 我慢、忍耐 [*tāḷu*¹ + -*me* D3188] = ಸಮಾಧಾನ (samādʰāna)

ತಾಳ್ಮೆಗೆಡು ⟦tāḷmegeḍu タールメゲドゥ⟧ [tɐːḷmegeḍu] *vi*. 《*gen*./*dat*.》 我慢できなくなる、忍耐力を失う、堪忍袋の緒が切れる [+ *keḍu*]

ತಾಳ್ಮೆತಪ್ಪು ⟦tāḷmetappu タールメタップ⟧ [tɐːḷmetəppu] *vi*. 《*gen*.》 我慢できなくなる、忍耐力を失う、堪忍袋の緒が切れる [+ *tappu*] = ತಾಳ್ಮೆಗೆಡು (tāḷmegeḍu)

ತಾಳ್ವಾರ ⟦tāḷvāra タールヴァーラ⟧ [tɐːḷvɐːrɐ] ತಾವಾರ, ತಾಳವಾರ, ತಾಳುವಾರ 《古》 *n*. 屋根よりも低いひさしを張り出させた縁台のような空間(玄関の横など) [Ka. *D3178]

ತಾಳ್ಳು ⟦tāḷḷu ターッル⟧ [tɐːḷḷu] 《‡》 *n*. (ゆでて油で揚げた)香辛料やタマネギと塩で味をつけた副食物 (My.(Kitt.)) [Ka. D3186] ☞ತಾಳಿದ (tāḷida)

ತಾಱ್ ⟦tāṟ タール⟧ [tɐːṟ] 《‡》 *vi*. [Ka. D3192] (Šmd.Dh.(Kitt.)) ☞ತಾಱು (tāṟu)²

ತಾಱಡಿ ⟦tāṟaḍi ターラディ⟧ [tɐːṟəḍi] 《‡》 *n*. 乾いた状態 [Ka. D3192] (Čpr.5,15(Kitt.))

ತಾಱಿ ⟦tāṟi ターリ⟧ [tɐːṟi] 《古》 *n*. シクンシ科の大木(薬用) ⇀ 薬 [Ka. D3198]

ತಾಱಿಗ ⟦tāṟiga ターリガ⟧ [tɐːṟigɐ] 《‡》 *m*. 無味乾燥な人々 (Čv.19 (Kitt.)) [Ka. D3912]

ತಾಱು¹ ⟦tāṟu タール⟧ [tɐːṟu] 《古》 *n*. 1 バナナやナツメヤシやビンロウジュの実などの房 2 集まり、群れ [Ka. D3189]

ತಾಱು² ⟦tāṟu タール⟧ [tɐːṟu] 《古》 *vi*. 1 乾く、乾燥する 2 しおれる、衰弱する [Ka. D3192] ☞ತಾರು (tāru)

ತಾಱುಮಾಱು ⟦tāṟumāṟu タールマール⟧ [tɐːṟumɐːṟu] 《古》 *n*. 混乱、乱雑 [Ka. *tāṟu*²? D3194 + *māṟu* D4834] ☞ತಾರುಮಾರು (tārumāru)

ತಾಱುವಱು ⟦tāṟuvaṟu タールヴァル⟧ [tɐːṟuvəṟu] 《古》 *n*. 混乱、無秩序、めちゃくちゃ [Ka. *tāṟu*²? *D3194 + *māṟu* *D4834] ☞ತಾರುಮಾರು (tārumāru)

ತಾಱುವಾಱು ⟦tāṟuvāṟu タールヴァール⟧ [tɐːṟuvɐːṟu] 《古》 *n.* 騒ぎ、混乱 [Ka. *tāṟu*²? *D3194 + *māṟu* *D4834] ☞ತಾರುಮಾರು (tārumāru)

ತಾಱೆ ⟦tāṟe ターレ⟧ [tɐːr] 《古》 *n.* シクンシ科の大木 (薬用)→薬 [Ka. D3198] ☞ತಾರೆ (tāre)[1]

ತಾೞ್¹ ⟦tāḻ タール⟧ [tɐːɻ] ತಾಳ್ 《古》 *n.* 底；下部 (Šmd.I(Kitt.)) [Ka. D3178] ☞ತಾಳ್ (tāḷ)[1]

ತಾೞ್² ⟦tāḻ タール⟧ [tɐːɻ] ತಾಳ್ 《古》 *n.* (扉の) かんぬき、差し錠 (Šmd.I(Kitt.)) [Ka. D3179] ☞ತಾಳ್ (tāḷ)[2]

ತಾೞ್³ ⟦tāḻ タール⟧ [tɐːɻ] 《‡》 *n.* オウギヤシ (Šmd.Dh.(Kitt.)) [Ka. D3180] ☞ತಾಳೆ (tāḷe)

ತಾೞ್⁴ ⟦tāḻ タール⟧ [tɐːɻ] 《‡》 *n.* 茎 (*Prv.(Kitt.)*) [Ka. D3185] ☞ತಾಳು (tāḷu)

ತಾೞು ⟦tāḻu タール⟧ [tɐːɻu] 《‡》 *n.* 底 (*My.(Kitt.)*) [Ka. D3185]

ತಾೞೆ ⟦tāḻe ターレ⟧ [tɐːɻe] 《‡》 *n.* タコノキ属の植物の一種 (非常に匂いがよい) (*My.(Kitt.)*) [Ka. D3183] ☞ತಾಳೆ (tāḷe)[1]

ತಾೞ್ವಾರ ⟦tāḻvāra タールヴァーラ⟧ [tɐːɻvɐːrɐ] 《‡》 *n.* 家の正面にある縁台のような空間 (*T. (Kitt.)*) [Ka. D3178] ☞ತಾಳ್ವಾರ (tāḷvāra)

ತಿಂಗಳ್ ⟦tiṃgaḷ ティンガル⟧ [tiŋgəɭ] 《古》 *n.* = ತಿಂಗಳು (tiṃgaḷu)

ತಿಂಗಳು ⟦tiṃgaḷu ティンガル⟧ [tiŋgəɭu] ತಿಂಗಳ್ *n.* **1** 月、地球の衛星 **2** 月光、月の光 **3** 1か月、28日または30日の期間 [Ka. *D3213]

ತಿಂಗಳುಬೆಳಕು ⟦tiṃgaḷubeḷaku ティンガルベラク⟧ [tiŋgə̆ɭubeɭə̆ku] *n.* 月光、月の光 [*tiṃgaḷu* + *beḷaku*]

ತಿಂಟೆ ⟦tiṃṭe ティンテ⟧ [tiɳʈe] 《古》 *n.* 盛り上がった土地、塚 [Ka. *D3221] ☞ತಿಟ್ಟು (tiṭṭu)

ತಿಂಡಿ¹ ⟦tiṃḍi ティンディ⟧ [tiɳɖi] *n.* **1** 《古》 食物 **2** 軽食、主として朝食やおやつとして食べられる軽い食べ物 [Ka. D3263(a)]

ತಿಂಡಿ² ⟦tiṃḍi ティンディ⟧ [tiɳɖi] *n.* **1** 痒み **2** 傲慢 ¶ ಅವನಿಗೆ ಮೈಯಲ್ಲಿ ತಿಂಡಿ ಹೆಚ್ಚಾದಂತೆ ಕಾಣುತ್ತದೆ. (avanige maiyalli tiṃḍi heccādaṃte kāṇuttade.) 彼は以前より傲慢になったように見える。 [Ka. D3263(a)] = ತಿನಸು (tinasu)

ತಿಂಡಿ ಹತ್ತು ⟦tiṃḍi hattu ティンディハットゥ⟧ [tiɳɖi hɘttu] *vi.* 痒い [+ *hattu*]

ತಿಂಡಿಕೋರ ⟦tiṃḍikōra ティンディコーラ⟧ [tiɳɖikoːrɐ] *m.* 《*f.* ತಿಂಡಿಕೋರಳು (tiṃḍikōraḷu)》 大食漢、底ぬけに食べる人、大食い [*tiṃḍi* + *-kōra*] = ತಿಂಡಿಪೋತ (tiṃḍipōta)

ತಿಂಡಿಗಾರ ⟦tiṃḍigāra ティンディガーラ⟧ [tiɳɖigɐːrɐ] *m.* 《*f.* ತಿಂಡಿಗಾತಿ (tiṃḍigāti)》 大食漢、大食い [*tiṃḍi* + *-gāra*]

ತಿಂಡಿಪೋತ ⟦tiṃḍipōta ティンディポータ⟧ [tiɳɖipoːtɐ] *m.* 《*f.* ತಿಂಡಿಪೋತಿ (tiṃḍipōti)》 大食漢、底知らずに食べる人、大食い [*tiṃḍi* + *pōta* <]

ತಿಂಡಿಪೋತತನ ⟦tiṃḍipōtatana ティンディポータタナ⟧ [tiɳɖipoːtə̆tənɐ] *n.* 大食、底知らずに食べること、大食い [*tiṃḍipōta* + *-tana*]

ತಿಂಡಿಬಾಕ ⟦tiṃḍibāka ティンディバーカ⟧ [tiɳɖibɐːkɐ] *m.* 《*f.* ತಿಂಡಿಬಾಕಿ, ತಿಂಡಿಬಾಕಳು (tiṃḍibāki, tiṃḍibākaḷu)》 [*tiṃḍi* + *bāka* < ?] ☞ತಿಂಡಿಪೋತ (tiṃḍipōta)

ತಿಂಡೆ ⟦tiṃḍe ティンデ⟧ [tiɳɖe] 《古》 *n.* 盛り上がった土地、塚 [Ka. *D3221] ☞ತಿಟ್ಟು (tiṭṭu)

ತಿಂತಿಣಿ ⟦tiṃtiṇi ティンティニ⟧ [tintiɳi] 《文》 *n.* 群衆、(蟻などの) 群れ [Ka. D3222, redup. of *tiṇi*]

ತಿಂತಿಣಿಸು ⟦tiṃtiṇisu ティンティニス⟧ [tintiɳĭsu] 《文》 *vi.* 群がる、混雑する [*tiṃtiṇi* + *-isu* *D3222]

ತಿಂಬು ⟦tiṃbu ティンブ⟧ [timbu] 《古》 *vt.* 満たす —*vi.* 満ちる = ತುಂಬು (tuṃbu) [Ka. D3331]

ತಿಕ ⟦tika ティカ⟧ [tikɐ] *n.* 〔タブー〕 尻、臀部 [Sk. *trika*-?] = ಆಸನ (āsana) (dig.)

ತಿಕ್ಕಲು¹ ⟦tikkalu ティッカル⟧ [tikkə̆lu] *n.* **1** 狂気、精神異常 **2** 気まぐれ、むら気、酔狂 **3** 奇行、風変わりな点 [Ka. D3207]

ತಿಕ್ಕಲು² ⟦tikkalu ティッカル⟧ [tikkə̆lu] 《‡》 *n.* どもること、吃音 (*My.(Kitt.)*) [*tikku*² + *-alu*] ☞ಬಿಕ್ಕಲು (bikkalu)

ತಿಕ್ಕಾಟ ⟦tikkāṭa ティッカータ⟧ [tikkɐːʈɐ] *n.* **1** しきりにこすること、しきりに磨くこと **2** 不和、摩擦 [*tikku*¹ + *āṭa*]

ತಿಕ್ಕಾಡು ⟦tikkāḍu ティッカードゥ⟧ [tikkɐːɖu] *vt.* **1** 〈角などを〉(繰り返し) こすりつける ¶ ಟಗರು ತನ್ನ ಕೊಂಬನ್ನು ಗೋಡೆಗೆ ತಿಕ್ಕಾಡುತ್ತಿದೆ. (ṭagaru tanna koṃbannu gōḍege tikkāḍuttide.) 雄羊は自分の角をしきりに壁にこすりつけている。 **2** (羊などが) 〈角などを〉(お互いに) ぶつけて押し合う **3** 争う ¶ ಈ ಶಬ್ದದ ಅರ್ಥದ ಬಗ್ಗೆ ಪಂಡಿತರು ತಿಕ್ಕಾಡುತ್ತಿದ್ದಾರೆ. (ī śabdada artʰada bagge paṃḍitaru tikkāḍuttiddāre.) 学者たちはこの言葉の意味についていがみ合っている。 [*tikku* + *āḍu*]

ತಿಕ್ಕು¹ ⟦tikku ティック⟧ [tikku] *vt.* **1** (表面を削るため、刃物を尖らせるため、洗うため、磨くため、光らせるためなどに) こする **2** 〔喩〕 だめにする、破壊する [Ka. D3211]

ತಿಕ್ಕಿಸು ⟦tikkisu ティッキス⟧ [tikkisu] *vt.* こすらせる、磨かせる、など [Ka. D3211]

ತಿಕ್ಕು² ⟦tikku ティック⟧ [tikku] 《‡》 *vi.* どもる (*DEDR*) [Ka. D3210]

ತಿಕ್ತ ⟦tikta ティクタ⟧ [tiktɐ] 《文》 *adj.* **1** 苦い **2** 〔喩〕 辛らつな ¶ ವಿರೋಧ ಪಕ್ಷದವರು ವಾಜಪಾಯಿಯ ಬಗ್ಗೆ ತಿಕ್ತ ಮಾತುಗಳನ್ನು ಬಳಸುವದಿಲ್ಲ. (virōdʰa pakṣadavaru vājapāyiya bagge tikta mātugaḷannu baḷasuvadilla.) 反対党の人々はヴァージュパーイーに対して辛らつな言葉を用いない。 [Sk.]

ತಿಗಡಿ ⟦tigaḍi ティガディ⟧ [tigə̆ɖi] 《‡》 *n.* 《複合語の語頭または語末で》 詐欺、欺瞞 (*My. (Kitt.)*) [? cf. H. *tikăṛamă* 「戦略」]

ತಿಗಡಿಬಿಗಡಿ ⟦tigaḍibigaḍi ティガディビガディ⟧ [tigə̆ɖibigə̆ɖi] *n.* **1** 話においての首尾一貫性の欠如 **2** 詐欺、瞞着 [+ echo cf. Tu. *tigaḍibigaḍi* 「混乱」]

ತಿಗಡು ⟦tigaḍu ティガドゥ⟧ [tigə̆ḍu] 《古》 *n.* フーセンアサガオ、インドヤラッパ(ヒルガオ科、根は下剤)→ 薬 [Ka. *D3199] *[IMP.4.173]

ತಿಗಡೆ ⟦tigaḍe ティガデ⟧ [tigə̆ḍe] ತಿಗಡು, ತಿಗುಡು. ತಿಗುಡೆ *n.* フーセンアサガオ、インドヤラッパ(ヒルガオ科、根は下剤)→ 薬 [Ka. D3199] *[IMP 4.173]

ತಿಗಣಿ ⟦tigaṇi ティガニ⟧ [tigə̆ṇi] *n.* ナンキンムシ(南京虫) [Ka. *2996] ☞ತಗುಣೆ (taguṇe)

ತಿಗಣೆ ⟦tigaṇe ティガネ⟧ [tigə̆ṇe] *n.* ナンキンムシ(南京虫) [Ka. D2996] ☞ತಗುಣೆ (taguṇe)

ತಿಗರಿ ⟦tigari ティガリ⟧ [tigəri] *n.* 輪、車輪、特に壺つくりのろくろ [Ka. D3201] ☞ತಿಗುರಿ (tiguri)

ತಿಗಳ ⟦tigaḷa ティガラ⟧ [tigə̆ḷɐ] 《古》 *m.* 《*f.* ತಿಗಳಗಿತ್ತಿ, ತಿಗಳಿತಿ (tigaḷagitti, tigaḷiti)》〔卑〕 タミル人(特に移住者) [?] ☞ತಿಗಳ (tigaḷa)

ತಿಗಳಿ ⟦tigaḷi ティガリ⟧ [tigə̆ḷi] *n.* [?] ☞ತೇಮಳು (tēmaḷu)

ತಿಗುಡು[1] ⟦tiguḍu ティグドゥ⟧ [tigŭḍu] *n.* [Ka. D3199] ☞ತಿಗಡೆ (tigaḍe)

ತಿಗುಡು[2] ⟦tiguḍu ティグドゥ⟧ [tigŭḍu] *n.* 木の皮 [?] ☞ತಿಗಡೆ (tigaḍe)

ತಿಗುಡೆ ⟦tiguḍe ティグデ⟧ [tigŭḍe] *n.* [Ka. D3199] ☞ತಿಗಡೆ (tigaḍe)

ತಿಗುಣೆ ⟦tiguṇe ティグネ⟧ [tigŭṇe] *n.* ナンキンムシ(南京虫) [Ka. D2996] ☞ತಗುಣೆ (taguṇe)

ತಿಗುರಿ ⟦tiguri ティグリ⟧ [tiguri] ತಿಗರಿ, ತಿಹುರಿ *n.* 輪、車輪、特に壺つくりのろくろ [Ka. D3201]

ತಿಗುರು[1] ⟦tiguru ティグル⟧ [tiguru] 《‡》 *n.* 輪、車輪、特に壺つくりのろくろ *(Kitt.)* [Ka. D3201]

ತಿಗುರು[2] ⟦tiguru ティグル⟧ [tiguru] 《古》 *vt.* 〈香油を〉塗る —*n.* 香料;香油 = ಅತ್ತರು (attaru) [Ka. D3234]

ತಿಗುಳ ⟦tiguḷa ティグラ⟧ [tigŭḷɐ] 《古》 *m.* 《*f.* ತಿಗುಳಗಿತ್ತಿ, ತಿಗುಳಿತಿ (tiguḷagitti, tiguḷiti)》タミル人(特に移住者) [Dr. *tikku + -ḷa? *D3210]

ತಿಜೂರಿ ⟦tijūri ティジューリ⟧ [tidʒu:ri] *n.* 1 金庫 2 宝庫、宝物 3 国庫、大蔵省 [Eg. *treasury*] ☞ತಿಜೋರಿ (tijōri)

ತಿಜೋರಿ ⟦tijōri ティジョーリ⟧ [tidʒo:ri] ತಿಜೂರಿ *n.* 1 金庫 2 宝庫、宝物 3 国庫、大蔵省 [Eg. *treasury*]

ತಿಟಿತಿಟಿ ⟦tiṭitiṭi ティティティティ⟧ [tiṭitiṭi] (*n.*) きちきち(衣類の窮屈さなどを表す擬態語)¶ ತಾಯಿ ಸೂಟ್ಕೇಸಿನಲ್ಲಿ ಬಟ್ಟೆಗಳನ್ನು ತಿಟಿತಿಟಿ ತುಂಬಿಸಿ ಕಟ್ಟಿದಳು. (tāyi sūṭkēsinalli baṭṭegaḷannu tiṭitiṭi tuṃbisi kaṭṭidaḷu.) 母親はスーツケースに衣類をぎゅうぎゅうに詰めこんでくれた。[Ka. onom.]

ತಿಟಿಮಿಟಿ ⟦tiṭimiṭi ティティミティ⟧ [tiṭimiṭi] (*n.*) きちきち(衣類などの窮屈さを表す擬態語) ¶ ಬಸ್ಸು ತಿಟಿಮಿಟಿ ತುಂಬಿದೆ. (bassu tiṭimiṭi tuṃbide.) バスは超満員だ。 [Ka. onom.]

ತಿಟ್ಟ[1] ⟦tiṭṭa ティッタ⟧ [tiṭṭɐ] *n.* 1 盛り上がった土地、塚 2 二輪戦車の座席 [Ka. D3221] ☞ತಿಟ್ಟು (tiṭṭu)[2]

ತಿಟ್ಟ[2] ⟦tiṭṭa ティッタ⟧ [tiṭṭɐ] 《古》 *n.* 1 規則、規律 2 決定(事項)、決心 3 用意、準備 4 計略、策略 [? cf. Sk. *dṛḍha-, dṛṣṭha*, Ta. *tiṭṭam* Ma. *tiṭṭam*]

ತಿಟ್ಟನೆ ⟦tiṭṭane ティッタネ⟧ [tiṭṭəne] ತಿಙ್ಙನೆ *adv.* くるくると(高速の回転を表す擬態語) [Ka. D3216]

ತಿಟ್ಟು[1] ⟦tiṭṭu ティットゥ⟧ [tiṭṭu] 《古》 *vt.* 罵る、叱責する —*n.* 罵ること、叱責 [Ka. D3220]

ತಿಟ್ಟು[2] ⟦tiṭṭu ティットゥ⟧ [tiṭṭu] ಚಿಟ್ಟೆ, ತಿಂಟೆ, ತಿಂಡೆ, ತಿಟ್ಟ, ತಿಟ್ಟೆ, ದಿಂಟೆ, ದಿಂಡೆ, ದಿಡ್ಡೆ, ದೀಂಟ, ದೀಂಟೆ *n.* 1 盛り上がった土地、塚 2 堤防、土手、川岸 3 積み重なったもの、(ものの)山 [Ka. D3221]

ತಿಟ್ಟೆ ⟦tiṭṭe ティッテ⟧ [tiṭṭe] *n.* 盛り上がった土地、塚 [Ka. D3221] ☞ತಿಟ್ಟು (tiṭṭu)

ತಿಣಕು ⟦tiṇaku ティナク⟧ [tiṇə̆ku] *vi.* [Ka. D3222] ☞ತಿಣುಕು (tiṇuku)

ತಿಣಿ ⟦tiṇi ティニ⟧ [tiṇi] 《古》 *vi.* 集まる、集合する;いっぱいになる [Ka. D3222]

ತಿಣಿಕು ⟦tiṇiku ティニク⟧ [tiṇĭku] *vi.* [Ka. D3222] ☞ತಿಣುಕು (tiṇuku)

ತಿಣುಕು ⟦tiṇuku ティヌク⟧ [tiṇŭku] *vi.* (痛みを感じたり力を込めたりしたことによって)うめく —*n.* 苦悩、ひどい苦しみ [Ka. D3222]

ತಿಣ್ಣ ⟦tiṇṇa ティンナ⟧ [tiṇṇɐ] 《古》 *n.* 重さ、重量 [Ka. D3222] *(Pb.3.46)*

ತಿಣ್ಣಂ ⟦tiṇṇaṃ ティンナン⟧ [tiṇṇəm] 《古》 *adv.* ひどく、すこぶる、無理やりに [Ka, *D3222] *(Pb.5.47.V.,, 10.92)*

ತಿಣ್ಪು ⟦tiṇpu ティンプ⟧ [tiṇpu] 《古》 *n.* 重さ、重量 [Ka. D3222] *(Pb.1.83, 10.30)*

ತಿತ್ತಿ ⟦titti ティッティ⟧ [titti] 《古》 *n.* (両手で使う)ふいご [Sk. *dṚti-*] ☞ತಿದಿ (tidi)

ತಿತ್ತಿರಿ ⟦tittiri ティッティリ⟧ [tittĭri] 《古》 *n.* ラッパ、トランペット [Ka. *D3316, cf. Ta.,Te.,Tu. *tuttāri*] ☞ತುತ್ತೂರಿ (tuttūri)

ತಿಥಿ ⟦titʰi ティティ⟧ [titʰi] *n.* 1 太陰暦の1日(月と太陽の視覚差が12度動く時間、1太陰月は必ず30太陰日からなる) 2 バラモンが自分たちの先祖の霊に供物を捧げる日、命日 [Sk.]

ತಿದಿ ⟦tidi ティディ⟧ [tiđi] ತಿತ್ತಿ *n.* (両手で使う)ふいご [Sk. *dṛti-*]

ತಿದ್ದಿಕೆ ⟦tiddike ティッディケ⟧ [tiddike] 《‡》 *n.* 訂正 *(My.(Kitt.))* [Ka. D3251] = ತಿದ್ದುವಿಕೆ (tidduvike)

ತಿದ್ದು ⟦tiddu ティッドゥ⟧ [tiddu] *vt.* 1 直す、訂正する、修正する 2 改良する 3 〈書類を〉改ざんする、改変する 4 〈彫刻などに〉仕上げの筆を加える [Ka. *tirdu* D3251]

ತಿದ್ದುವಿಕೆ ⟦tidduvike ティッドゥヴィケ⟧ [tidduvike] *n.* 訂正 [Ka. D3251]

ತಿದ್ದುಪಡಿ ⟦tiddupaḍi ティッドゥパディ⟧ [tiddŭpəḍi] *n.* 訂正、修正 [*tiddu* + *-paḍi*]

ತಿದ್ದುಪಾಟು ⟦tiddupāṭu ティッドゥパートゥ⟧ [tiddŭpɐːṭu] n. 訂正、修正 [tiddu + pāṭu]

ತಿದ್ದೋಲೆ ⟦tiddōle ティッドーレ⟧ [tiddoːle] n.（本の）正誤表 [tiddu + ōle] = ಶುದ್ಧಿಪತ್ರ (śuddʰipatra)

ತಿನ್ ⟦tin ティン⟧ [tin] 《古》 vt. 《過去語幹 tind-》（特に噛んで）食べる [Ka. D3263(a)] ☞ತಿನ್ನು (tinnu)

ತಿನಿಸು¹ ⟦tinisu ティニス⟧ [tinĭsu] vt. 食べさせる [+ -su caus. D3263(a)]

ತಿನಸ ⟦tinasa ティナサ⟧ [tinə̆sɐ] 《‡》 n. 食べ物 (Kitt.) [Ka. D3263(a)] ☞ತಿನಸು (tinasu)

ತಿನಸು¹ ⟦tinasu ティナス⟧ [tinə̆su] vt. 食べさせる [Ka. D3263(a)]

ತಿನಸು² ⟦tinasu ティナス⟧ [tinə̆su] n. 痒み、痒いこと ತುರಿಕೆ (turike) [Ka. *D3263(c)]

ತಿನಾಳಿ ⟦tināḷi ティナーリ⟧ [tinɐːḷi] mf. 大食漢、大食い [tin + -āḷi] ☞ತಿನ್ನಾಳಿ (tinnāḷi)

ತಿನಿ ⟦tini ティニ⟧ [tini] 《古》 mf. 《複合語末で》（あるものを）食べる人 ¶ ಪೆಣದಿನಿ (peṇadini)「死体を食うもの」、悪魔 [Ka. *D3263(a)]

ತಿನಿಸು² ⟦tinisu ティニス⟧ [tinĭsu] n. 食べ物 [Ka. D3263(a)]

ತಿನು ⟦tinu ティヌ⟧ [tinu] 《古》 vt. 《過去語幹 tind-》食べる [Ka. D3263(a)] ☞ತಿನ್ನು (tinnu)〔汎〕

ತಿನೆ ⟦tine ティネ⟧ [tinɛ] 《方》 n. ヴェランダ (Gowda) [Ka. D3227]

ತಿನ್ನ ⟦tinna ティンナ⟧ [tinnɐ]《古》n. 残飯 [Ka. D3263(a)]

ತಿನ್ನಾಸಕ ⟦tinnāsaka ティンナーサカ⟧ [tinnɐːsə̆kɐ] m. 《f. ತಿನ್ನಾಸಕಿ (tinnāsaki)》大食漢、大食い [tinnu + ?]

ತಿನ್ನಾಸಕತನ ⟦tinnāsakatana ティンナーサカタナ⟧ [tinnɐːsə̆kətənɐ] n. 大食、大食い [tinnu + ?]

ತಿನ್ನಾಸಕಿ ⟦tinnāsaki ティンナーサキ⟧ [tinnɐːsə̆ki] f. 《m. ತಿನ್ನಾಸಕ (tinnāsaka)》大食いの女性 [tinnu + ?]

ತಿನ್ನಾಳಿ ⟦tinnāḷi ティンナーリ⟧ [tinnɐːḷi] ತಿನಾಳಿ, ತೀನಾಳಿ mf. 大食漢、大食い [tinnu + -āḷi D3263(a)]

ತಿನ್ನಿ ⟦tinni ティンニ⟧ [tinni] 《‡》 mf. 《複合語末で》食う人、食べる人 (DEDR) [Ka. tinnu + -i D3263(a)]

ತಿನ್ನು ⟦tinnu ティンヌ⟧ [tinnu] ತಿನ್, ತಿನು vt. 1 食べる 2〔喩〕横領する、（会社の金などを）使い込む [Ka. D3263(a)]

ತಿನ್ನಿಸು ⟦tinnisu ティンニス⟧ [tinnĭsu] vt. 食べさせる、など [+ -isu caus. D3263(a)]

ತಿಪ್ಪರಲಾಗ ⟦tipparalāga ティッパララーガ⟧ [tippərə̆lɐːgɐ] n. 1 とんぼ返り 2〔喩〕必死の努力 [tiripu ? + lāga「とんぼ返り」]

ತಿಪ್ಪಲಿ ⟦tippali ティッパリ⟧ [tippə̆li] 《方》n. ヒハツ、インドナガコショウ（コショウ属の登攀性小灌木で実は香辛料、根は薬用）[Ka. D3228] = ಹಿಪ್ಪಲಿ (hippali) *[IMP 4.291]

ತಿಪ್ಪುಳ್ ⟦tippuḷ ティップル⟧ [tippuḷ] 《古》 n. 鳥の柔らくて短い羽、羽毛；鳥の羽 [Ka. *D3393] ☞ತುಪ್ಪಳ (tuppaḷa)〔汎〕

ತಿಪ್ಪುಳ ⟦tippuḷa ティップラ⟧ [tippuḷɐ] n. 鳥の柔らくて短い羽、羽毛；鳥の羽 [Ka. *D3393] ☞ತುಪ್ಪಳ (tuppaḷa)〔汎〕

ತಿಪ್ಪುಳು ⟦tippuḷu ティップル⟧ [tippuḷu] 《古》 n. 鳥の柔らくて短い羽、羽毛；鳥の羽 [Ka. *D3393] ☞ತುಪ್ಪಳ (tuppaḷa)

ತಿಪ್ಪುೞ್ ⟦tippuṟ ティップル⟧ [tippuɻ] 《古》 n. 鳥の柔らくて短い羽、羽毛；鳥の羽 [Ka. D3393] ☞ತುಪ್ಪಳ (tuppaḷa)

ತಿಪ್ಪೆ ⟦tippe ティッペ⟧ [tippe] n. 牛糞、台所の生ゴミなどを積んだもの（堆肥として使う）[Ka. D3229]

ತಿಬ್ಬಳಿ ⟦tibbaḷi ティッバリ⟧ [tibbə̆ḷi] 《古》 n. 知力、知恵、知識 [Ka. D3433]

ತಿಬ್ಬು ⟦tibbu ティッブ⟧ [tibbu] 《古》 n. 弓弦、弓の弦 [Ka. D3248] ☞ತಿರುವು (tiruvu)

ತಿಮಿಂಗಿಲ ⟦timiṃgila ティミンギラ⟧ [timiŋgĭlɐ] ತಿಮಿಂಗಿಳ n. 鯨 [Sk.]

ತಿಮಿಂಗಿಳ ⟦timiṃgiḷa ティミンギラ⟧ [timiŋgĭḷɐ] n. 鯨 [Sk.] ☞ತಿಮಿಂಗಿಲ (timiṃgila)

ತಿಮಿರ್ ⟦timir ティミル⟧ [timir] ತಿಗುರು, ತಿಮಿರು, ತಿವುರು 《古》 vt. 1〈皮膚を〉摩擦する、こする 2〈香油を〉塗って体をこする —n. 香油 [Ka. D3234]

ತಿಮಿರ ⟦timira ティミラ⟧ [timirɐ] 《古》 n. 闇、暗闇 [Sk.]

ತಿಮಿರು ⟦timiru ティミル⟧ [timiru] 《文》 n.〈香油を〉塗って体をこする [Sk.] ☞ತಿಮಿರ್ (timir)

ತಿರಗಣಿ ⟦tiragaṇi ティラガニ⟧ [tirə̆gəṇi]《異》n. 1 回ること 2 装身具を固定するねじ [tirugu + -aṇe D3246] (My.(Kitt.)) ☞ತಿರುಗಣೆ (tirugaṇe)

ತಿರಗಣೆ ⟦tiragaṇe ティラガネ⟧ [tirə̆gəṇe]《異》n. [tirugu + -aṇe D3246] move, tool(My.(Kitt.)) ☞ತಿರುಗಣೆ (tirugaṇe)

ತಿರಗು ⟦tiragu ティラグ⟧ [tirə̆gu] 《異》 vi. 回る、回転する、旋回する、など (My.(Kitt.)) [Ka. D3246] ☞ತಿರುಗಿಸು (tirugisu)

ತಿರಗಿಸು ⟦tiragisu ティラギス⟧ [tirə̆gisu] 《異》 vt. 回らせる、回転させる、旋回させる、自転させる、など (My.(Kitt.)) [+ -isu caus. *D3246] ☞ತಿರುಗಿಸು (tirugisu)

ತಿರಪ ⟦tirapa ティラパ⟧ [tirə̆pɐ]《異》n. 1（施し物を求めて）さまよい歩くこと 2 乞食、托鉢、乞食や托鉢で得られた物 (My.(Kitt.)) [Ka. D3246] ☞ತಿರುಪ (tirupa)

ತಿರವು ⟦tiravu ティラヴ⟧ [tirə̆vu] 《異》 vt. 回らせる、回転させる、旋回させる、自転させる、など —n.（道などの）曲がり、カーブ (My.(Kitt.)) ☞ತಿರುವು (tiruvu) [Ka. *D3246]

ತಿರಸ್ಕರಿಸು ⟦tiraskarisu ティラスカリス⟧ [tirəskərĭsu] vt. 1《古》軽視する、無視する、侮辱する 2〈申し出などを〉無視する、拒む、断る ¶ ಹುಡುಗಿಯನ್ನು ತಿರಸ್ಕರಿಸಬಹುದು, ಅಪಮಾನಿಸಬಾರದು. (huḍugiyannu tiraskarisabahudu, apamānisabāradu.) 女の子を拒絶するのはよいが侮辱してはならない。[Sk.]

ತಿರಸ್ಕಾರ ⟦tiraskāra ティラスカーラ⟧ [tirəskɐːrɐ] *n.* 1《古》軽視、無視、侮辱 2《古》〈申し出などの〉拒絶 [Sk.]

ತಿರಸ್ಕೃತ ⟦tiraskr̥ta ティラスクルタ⟧ [tirəskrɯtɐ] *adj.* 1 軽視された、無視された、侮辱された 2 拒絶された(申し出など) [Sk.]

ತಿರಳು ⟦tiraḷu ティラル⟧ [tirə̆ɭu] 《異》 *n.* 1 植物の内部の(髄、果肉、種など)利用できる部分 2〔喩〕精髄、肝心な部分 (*My.(Kitt.)*) [Ka. D3252] ☞ತಿರುಳು (tiruḷu)

ತಿರಿ[1] ⟦tiri ティリ⟧ [tiri] *vi.* 1 さまよう、ぶらつく 2 物乞いをして歩き回る、物乞いする、乞食する ¶ ಆ ಮುದುಕ ತಿರಿದು ತಿನ್ನುತ್ತಾನೆ. (ā muduka tiridu tinnuttāne.) あの老人は物乞いをして暮らしている。[Ka. D3246]

ತಿರಿ[2] ⟦tiri ティリ⟧ [tiri] 《方》 *n.* 若い堅果、若葉 [Ka. D3247] (Hav.)

ತಿರಿ[3] ⟦tiri ティリ⟧ [tiri] 《古》 *vt.* 〈花や果物を〉摘む、摘み取る ☞ತಿಱಿ (tiṟi)[1] [Ka. *D3437]

ತಿರಿಕ ⟦tirika ティリカ⟧ [tirĭkɐ] ತಿರುಕ *m.* ⟪*f.* *ತಿರಿಕಿ (tiriki)⟫乞食、物もらい [Ka. *tiri* + *-ka* *D3246]

ತಿರಿಕೆ ⟦tirike ティリケ⟧ [tirĭke] ತಿರುಕೆ *n.* 1 歩き回ること、さまよい歩くこと 2 物乞いして歩き回ること [Ka. *tiri* + *-ke* D3246]

ತಿರಿಗಿ ⟦tirigi ティリギ⟧ [tirigi] *adv.* また、再び (*Kitt.*) [Ka. D3246 absol. of *tirigu*] ☞ತಿರುಗಿ (tirugi)

ತಿರಿಗು ⟦tirigu ティリグ⟧ [tirĭgu] 《‡》 *vi.* 回る、回転する、旋回する、自転する、(物の周りを)回る、など (*My.(Kitt.)*) [Ka. D3246] ☞ತಿರುಗು (tirugu)

ತಿರಿಗಿಸು ⟦tirigisu ティリギス⟧ [tirĭgisu] 《口》 *vt.* 回らせる、回転させる、旋回させる、自転させる、など (*My.(Kitt.)*) [+ *-isu* caus. D3246] ☞ತಿರುಗಿಸು (tirugisu)

ತಿರಿಚು ⟦tiricu ティリチュ⟧ [tirĭʧu] ತಿರುಚು *vt.* 〈手などを〉ねじる、〈布を〉絞る [*tiri* + *-cu*]

ತಿರಿಪು ⟦tiripu ティリプ⟧ [tirĭpu] ತಿರಿಂಪು, ತಿರಿಪ್ಪು, ತಿರಿವು, ತಿರಿಹು, ತಿರುಂಪು, ತಿರುಪು, ತಿರುಪ್ಪು, ತಿರುವು, ತಿರುಹು *vt.* 1 回す、回転させる 2 さまよい歩かせる 3 振り返らせる 4〈縄、腕などを〉よじる —*n.* 1 回ること、回転すること 2 音楽で使うトレモロの一種 [Ka. D3246]

ತಿರಿಪೆ ⟦tiripe ティリペ⟧ [tirĭpe] *n.* 乞食、施し物を求め歩くこと ☞ತಿರುಪ (tirupa)

ತಿರಿಪ್ಪು ⟦tirippu ティリップ⟧ [tirippu] 《古》 *vt.* 回す、回転させる [Ka. *D3246] ☞ತಿರಿಪು (tiripu)

ತಿರಿವು ⟦tirivu ティリヴ⟧ [tirĭvu] 《文》 *vt.* 1 返す、後戻りさせる 2 ひっくり返す、裏返す —*n.* さまよい歩くこと ☞ತಿರಿಪು (tiripu) [Ka. D3246]

ತಿರಿಹು ⟦tirihu ティリフ⟧ [tirĭhu] 《古》 *vt.* 1 回らせる、回転させる 2〈米を〉つく 3 ひっくり返す、裏返す = ಗೊಟಾಯಿಸು (goṭāyisu) [Ka. D3246] ☞ತಿರಿಪು (tiripu)

ತಿರುಪ್ಪು ⟦tiruppu ティルップ⟧ [tiruppu] 《異》 *vt.* 回す、回転させる [Ka. *D3246] ☞ತಿರಿಪು (tiripu)

ತಿರುಂಪು ⟦tirumpu ティルンプ⟧ [tirumpu] 《‡》 *vt.* 回す、回転させる (*Grj.10 after 61 (Kitt.)*) [Ka. D3246] ☞ತಿರಿಪು (tiripu)

ತಿರು ⟦tiru ティル⟧ [tiru] 《古》 *n.* 弓弦 [Ka. D3248]

ತಿರುಕ ⟦tiruka ティルカ⟧ [tirŭkɐ] *m.* ⟪*f.* ತಿರುಕಿ (tiruki)⟫ 乞食、物もらい、托鉢者 [Ka. *tiri* + *-ka* *D3246] ☞ತಿರಿಕ (tirika)

ತಿರುಕಿ ⟦tiruki ティルキ⟧ [tirŭki] *f.* 女性の乞食、女性の物もらい、女の托鉢者 [*tiri* + *-ki*]

ತಿರುಕೆ ⟦tiruke ティルケ⟧ [tirŭke] *n.* 乞食、ものを乞うて歩き回ること [Ka. *D3246]

ತಿರುಗ ⟦tiruga ティルガ⟧ [tirŭgɐ] 《口》 *adv.* また、再び [Ka. *D3246] = ತಿರುಗಿ (tirugi)

ತಿರುಗಮುರುಗ ⟦tirugamuruga ティルガムルガ⟧ [tirŭgə murŭgɐ] *adv.* またまた [*tiruga* + echo]

ತಿರುಗಿ ⟦tirugi ティルギ⟧ [tirŭgi] *adv.* また、再び [Ka. *D3246] ☞ತಿರುಗಿ (tirugi)

ತಿರುಗಣಿ ⟦tirugaṇi ティルガニ⟧ [tirŭgəɳi] *n.* 1 渦巻き 2 ボディービルに使う道具の一種 [Ka. < *tirugaṇe*[1] D3246] ☞ತಿರುಗಣೆ (tirugaṇe)[1]

ತಿರುಗಣೆ ⟦tirugaṇe ティルガネ⟧ [tirŭgəɳe] ತಿರುಗಣಿ, ತಿರುಗಾಣಿ, ತಿರುಗುಣಿ *n.* 1 回ること、回転 2 (道などの)曲がり、カーブ 3 留め金やばねの代わりに用いられる装身具を止めるねじ [*tirugu* + *-aṇe* D3246]

ತಿರುಗಾಟ ⟦tirugāṭa ティルガータ⟧ [tirŭgɐːʈɐ] *n.* さまようこと、ぶらつき回ること [*tirugu* + *āṭa* (rept.)]

ತಿರುಗಾಡು ⟦tirugāḍu ティルガードゥ⟧ [tirŭgɐːɖu] *vi.* さまよう、ぶらつき回る [*tirugu* + *āḍu* (rept.)]

ತಿರುಗಾಣಿ ⟦tirugāṇi ティルガーニ⟧ [tirŭgɐːɳi] *n.* 1 留め金やばねの代わりに用いられる装身具を止めるねじ 2 蝶番(ちょうつがい)の発明以前に用いられていた扉の上下の回転軸、とまら、とぼそ、枢(くるる) [⇒図] [Ka. *tirugu* + *āṇi*]

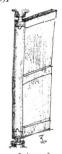

ತಿರುಗಾಣಿ
枢(くるる)

ತಿರುಗಿ ⟦tirugi ティルギ⟧ [tirŭgi] *adv.* 再び、また [p.part. of ತಿರುಗು (tirugu)]

ತಿರುಗಿಮುರುಗಿ ⟦tirugimurugi ティルギムルギ⟧ [tirŭgimurŭgi] *adv.* またまた [*tirugi* + echo]

ತಿರುಗು ⟦tirugu ティルグ⟧ [tirŭgu] *vi.* 1 回る、回転する、旋回する、自転する、(物の周りを)回る 2 ぶらつく、歩き回る、(ネズミや子どもなどが)走り回る 3 後戻りする、退却する 4 進路をはずれる、(ボールなどが)曲がる 5 (後ろを)振り返る、横を向く [Ka. D3246]

ತಿರುಗಿಸು ⟦tirugisu ティルギス⟧ [tirŭgisu] *vt.* 1 回らせる、回転させる、旋回させる、自転させる、(物の周りを)回らせる 2 ひっくり返す、裏返しにする 3 後戻りさせる、退却させる 4 進路を変

更させる、(ボールなどを)曲がらせる 5 何度も何度も足を運ばせる、何度も無駄足を踏ませる [+ -*isu* caus. *D3246]

ತಿರುಗುಣಿ¹ ⟦tiruguṇi ティルグニ⟧ [tirŭguɳi] *n.* 渦巻き [*tirugu* + -*āṇi* D3246]

ತಿರುಗುಣಿ² ⟦tiruguṇi ティルグニ⟧ [tirŭguɳi] 《古》 *n.* 武器の一種 [*tirugu* + -*aṇe*]

ತಿರುಗುಮುರುಗು ⟦tirugumurugu ティルグムルグ⟧ [tirŭgumurŭgu] *n.* 1 ひっくり返ること、裏返ること、反対になること ¶ ಮಂತ್ರಿ ಆದ ತಕ್ಷಣ ಅವನ ಅಭಿಪ್ರಾಯ ತಿರುಗುಮುರುಗಾಯಿತು. (mamtri āda takṣaṇa avana abʰiprāya tirugumurugāyitu.) 大臣になると、彼は逆の発言をするようになった。2〔喩〕(意見、態度、政策などの)転向、改変 ◇ *vt.* —ಮಾಡು (māḍu), *vi.* —ಆಗು (āgu) —*adv.* またまた [*tirugu* + echo]

ತಿರುಗುವಿಕೆ ⟦tiruguvike ティルグヴィケ⟧ [tirŭguvike] *n.* 回ること、など [Ka. D3246]

ತಿರುಗುಹ ⟦tiruguha ティルグハ⟧ [tirŭguhɐ] *n.* 回る、など [Ka. D3246]

ತಿರುಗುಳಿ ⟦tiruguḷi ティルグリ⟧ [tirŭguḷi] *n.* ねじ回し [*tirugu* + *uḷi*]

ತಿರುಗೋಲು ⟦tirugōlu ティルゴール⟧ [tirŭgoːlu] *n.* 回転子、ローター [Ka. *tirugu* + *kōlu*]

ತಿರುಚು ⟦tirucu ティルチュ⟧ [tirŭʧu] *vt.* (手を)よじる、(布を)絞る [*tiri* + -*cu* *D3246] ☞ತಿರಿಚು (tiricu)

ತಿರುಪ ⟦tirupa ティルパ⟧ [tirŭpɐ] ತಿರಿಪೆ, ತಿರುಪೆ *n.* 1 (施し物を求めて)さまよい歩くこと 2 乞食、托鉢、乞食や托鉢で得られた物 [Ka. D3246]

ತಿರುಪು ⟦tirupu ティルプ⟧ [tirŭpu] *vt.* 1 ぐるりを回らせる 2 振り返らせる 3〈縄、腕などを〉よじる —*n.* 1 音楽で使う音の一種 2 劇で円弧を描いて回るしぐさ 3 ねじ 4 (道などの)曲がり、カーブ ☞ತಿರಿಪು (tiripu) [Ka. D3246]

ತಿರುಪೆ ⟦tirupe ティルペ⟧ [tirŭpe] *n.* 乞食、施し物を求め歩くこと [Ka. *D3246] ☞ತಿರಪ (tirapa)

ತಿರುಬೋಕಿ ⟦tirubōki ティルボーキ⟧ [tirŭboːki] *mf.* 1 乞食、物乞いして暮らす人 2 一文なし [Ka. *tiri* + *bōki* 「陶片」]

ತಿರುಮಂತ್ರ¹ ⟦tirumamtra ティルマントラ⟧ [tirŭməntrɐ] 《古》 *n.* 聖なる呪文 [Sk. *śrī-* + *mamtra*]

ತಿರುಮಂತ್ರ² ⟦tirumamtra ティルマントラ⟧ [tirŭməntrɐ] *n.* ある呪文に対抗する呪文 [Ka. *tiru* + *mamtra*]

ತಿರುವು¹ ⟦tiruvu ティルヴ⟧ [tirŭvu] *vt.* 1 (円弧を描いて)回らせる 2〈液状のものを〉かき混ぜる 3〈米などを〉水を混ぜて臼で挽いてペースト状にする 4〈手などを〉よじる —*n.* 1 (道などの)曲がり、カーブ 2 劇で円弧を描いて回るしぐさ ☞ತಿರಿಪು (tiripu) [Ka. D3246]

ತಿರುವುಮುರುವು ⟦tiruvumuruvu ティルヴムルヴ⟧ [tirŭvumurŭvu] (*n.*) 1 あべこべ〈の〉、むちゃくちゃ〈の〉 2 裏返った〈こと〉、ひっくり返った〈こと〉、逆転〈した〉 [+ echo] = ತಿರುಗುಮುರುಗು (tirugumurugu)

ತಿರುವು² ⟦tiruvu ティルヴ⟧ [tirŭvu] ತಿಬ್ಬು, ತಿರು, ತಿರ್ಪು, ತಿರ್ಬು, ತೆಬ್ಬು, ತೆರ್ಬು 《古》 *n.* 弓弦 [Ka. D3248]

ತಿರುಹು ⟦tiruhu ティルフ⟧ [tirŭhu] *vt.* 1 ぐるりを回らせる 2 動き回らせる、徘徊させる 3〈腕などを〉よじる、〈布などを〉絞る —*n.* 1 あるものの周りを回ること;軸を中心に回ること 2 踊りで円弧を描いて回るしぐさ ☞ತಿರಿಪು (tiripu) [Ka. D3246]

ತಿರುಳ್ ⟦tiruḷ ティルル⟧ [tiruḷ] *n.* 1 (果物などの)内部の食べられる部分 2 (物語などの)核心、最もよい部分 [Ka. D3252] ☞ತಿರುಳು (tiruḷu)

ತಿರುಳು ⟦tiruḷu ティルル⟧ [tirŭḷu] ತಿರುಳ್, ತಿಳಲು *n.* 1 (果物などの)内部の食べられる部分 2 (物語などの)核心、最もよい部分 3 価値 [Ka. *D3252]

ತಿರುಳೆ ⟦tiruḷe ティルレ⟧ [tirŭḷe] 《‡》 *n.* (果物などの)内部の食べられる部分など (*Kitt.*) [Ka. D3252]

ತಿರೆ ⟦tire ティレ⟧ [tire] 《古》 *n.* 大地 [Sk. *stʰirā-*] = ಭೂಮಿ (bʰūmi)

ತಿರ್ದು ⟦tirdu ティルドゥ⟧ [tirdu] 《古》 *vt.* 〈誤りなどを〉直す、訂正する [Ka. D3251] ☞ತಿದ್ದು (tiddu)

ತಿರ್ಪು ⟦tirpu ティルプ⟧ [tirpu] 《古》 *n.* 弓弦 [Ka. D3248] ☞ತಿರುವು (tiruvu)

ತಿರ್ಬು ⟦tirbu ティルブ⟧ [tirbu] 《古》 *n.* 弓弦 [Ka. D3248] ☞ತಿರುವು (tiruvu)

ತಿರ್ರನೆ ⟦tirrane ティッラネ⟧ [tirrə̆ne] 《古》 *adv.* きりきり、くるくる (速い回転を表す擬態語) (*ಕಶರ.45* (*KPN*)) [Ka. *D3216] ☞ತಿಟ್ಟನೆ, ತಿಱ್ಱನೆ (tiṭṭane, tirrane)

ತಿಲ ⟦tila ティラ⟧ [tilɐ] 《文》 *n.* 胡麻(の実) [Sk.] = ಎಳ್ಳು (eḷḷu)〔汎〕

ತಿಲಕ ⟦tilaka ティラカ⟧ [tilə̆kɐ] *n.* 1 ティラカ (朱などで額の真ん中につけるしるし) 2 物や人間の集まりの中で最も優れたもの、国や家門の名誉となる優れた人 [Sk.]

ತಿಲಾಂಜಲಿ ⟦tilāmjali ティラーンジャリ⟧ [tilɐːɲʤə̆li] *n.* 葬儀の一部として右手の平に胡麻を載せ水を注ぎそれを親指に沿って鉢に流す儀式 ◇ *vi.* —ನೀಡು (nīḍu) 胡麻水を捧げる [Sk.]

ತಿಲೋದಕ ⟦tilōdaka ティローダカ⟧ [tiloːdə̆kɐ] *n.* 葬儀の一部として右手の平に胡麻を載せ水を注ぎそれを親指に沿って鉢に流す儀式 [Sk.] = ತಿಲಾಂಜಲಿ (tilāmjali)

ತಿಲ್ಲಾಣ ⟦tillāṇa ティッラーナ⟧ [tillɐːɳɐ] *n.* [Ka. *D3255] ☞ತಿಲ್ಲಾನ (tillāna)

ತಿಲ್ಲಾನ ⟦tillāna ティッラーナ⟧ [tillɐːnɐ] ತಿಲ್ಲಾಣ *n.* バーラタナティアムで「ティッラーナ」を含む意味のない音節が歌われる音楽の伴奏がある踊り [Ka. D3255]

ತಿವಿ ⟦tivi ティヴィ⟧ [tivi] *vt.* 1 こぶしや拳骨で殴る、こづく 2 (短刀や角などで)刺す [? cf. Te. *tiviyu*]

ತಿವಿತ ⟦tivita ティヴィタ⟧ [tivĭtɐ] *n.* (角や短刀などで)刺すこと [Ka. *tivi* + *-ta*]

ತಿವಿರ್ ⟦tivir ティヴィル⟧ [tivir] 《古》 *n.* 香油 [Ka. D3234]

ತಿವುಡು¹ ⟦tivuḍu ティヴドゥ⟧ [tivŭḍu] 《口》 *n.* **1** (米その他の穀物の) 殻、籾殻、糠 **2** 果物などの皮 [Ka. *D3111] ☞ತೌಡು (tauḍu)

ತಿವುಡು² ⟦tivuḍu ティヴドゥ⟧ [tivŭḍu] ತಿವುಡು 《古》 *vt.* こする [Ka. *D3273] ☞ತೀಡು (tīḍu)¹

ತಿಶ್ರ ⟦tiśra ティシュラ⟧ [tiʃrɐ] 《文》 *n.* **1** 争い、軋轢、喧嘩 **2** 厄介、困難、障害 [?] ☞ತಿಸರ (tisara)

ತಿಸರ ⟦tisara ティサラ⟧ [tisŏrɐ] ತಿಶ್ರ, ತಿಸರು, ತಿಸ್ರ 《文》 *n.* **1** 争い、軋轢、喧嘩 **2** 厄介、困難、障害 ¶ ಸಂಶೋಧನೆ-ಯ ಕೆಲಸದಲ್ಲಿ ಅನೇಕ ತಿಸರಗಳನ್ನು ಎದುರಿಸಿದ. (saṃśōdʰaneya kelasadalli anēka tisaragaḷannu edurisida.) 彼は自分の研究で多くの障害にぶつかった。 [?]

ತಿಸರು ⟦tisaru ティサル⟧ [tisŏru] 《文》 *n.* 争い、軋轢、喧嘩 [?] ☞ತಿಸರ (tisara)

ತಿಸ್ರ ⟦tisra ティスラ⟧ [tisrɐ] 《文》 *n.* 争い、軋轢、喧嘩 [?] ☞ತಿಸರ (tisara)

ತಿಹುರಿ ⟦tihuri ティフリ⟧ [tihŭri] 《古》 *n.* 輪、車輪、特に壺つくりの使うろくろ [Ka. *D3201] ☞ತಿಗುರಿ (tiguri)

ತಿಳಲು ⟦tiḷalu ティラル⟧ [tiḷə̆lu] 《古》 *n.* **1** 果物などの内部の食べられる部分 **2** (本、論文、話などの)要点、肝心な部分 = ಹುರುಳು (huruḷu) [Ka. D3252] ☞ತಿರುಳು (tiruḷu)

ತಿಳವಳಿಕೆ ⟦tiḷavaḷike ティラヴァリケ⟧ [tiḷə̆vəḷĭke] 《異》 *n.* [Ka. D3278] (Šmd.232 Cm.(Kitt.)) ☞ತಿಳಿವಳಿಕೆ (tiḷivaḷike)

ತಿಳಿ¹ ⟦tiḷi ティリ⟧ [tiḷi] 《‡》 *n.* 水を飲む容器 (*Šm.113 (Kitt.)*) [Ka. D3429]

ತಿಳಿ² ⟦tiḷi ティリ⟧ [tiḷi] *vi.* **1** (水などが)澄む、きれいになる、(視界などが)はっきりする ¶ ಹತ್ತು ನಿಮಿಷದ-ಲ್ಲಿ ನೀರು ತಿಳಿಯಿತು. (hattu nimiṣadalli nīru tiḷiyitu.) 10 分間で水が澄んだ。 **2** 明るくなる ¶ ಆಕಾಶ ತಿಳಿಯಿತು. (ākāśa tiḷiyitu.) 空が明るくなった。**3** 〈怒りが〉静まる **4** (眠り、失神などから)さめる ¶ ಡಾಕ್ಟರು ಬರುವ ಹೊತ್ತಿಗೆ ಅಪ್ಪನ/ಅಪ್ಪನಿಗೆ ಮೂರ್ಛೆ ತಿಳಿದಿತ್ತು. (ḍākṭaru baruva hottige appana/appanige mūrcʰe tiḷidittu.) 医者が到着する前に父は意識を取り戻した。 **5** 知られる、明らかになる ¶ ಅವನು ಮಾಡಿದ ಮೋಸ ಎಲ್ಲರಿಗೂ ತಿಳಿಯಿ-ತು. (avanu māḍida mōsa ellarigū tiḷiyitu.) みんなが彼のペテンに気がついた。 —*vt.* 学ぶ、学習する ¶ ದ್ರೋಣನಿಂದ ಅರ್ಜುನ ಬಿಲ್ಲುವಿದ್ಯೆಯನ್ನು ತಿಳಿದ. (drōṇanimda arjuna billuvidyeyannu tiḷida.) ドローナからアルジュナは弓術を学んだ。 —(*n.*) **1** 澄んでいる〈こと〉 ¶ ಕತ್ತೆಗಳು ತಿಳಿನೀರನ್ನೇ ಕುಡಿಯುತ್ತವೆ. (kattegaḷu tiḷinīrannē kuḍiyuttave.) ラバはきれいな水しか飲まない。 **2** (眠りなどが)浅い〈こと〉 **3** (茶、牛乳、スープなどが) 薄い〈こと〉¶ ತಿಳಿಹಾಲು (tiḷihālu) 薄い牛乳 —*n.* **1** (液体などが)澄んでいること **2** 脱脂乳などの上澄み **3** 飯にかけて食べる軽くて透明なスープの一種 [Ka. D3433]

ತಿಳಿಸು ⟦tiḷisu ティリス⟧ [tiḷĭsu] *vt.* 知らせる、分からせる [+ *-isu* caus. D3433]

ತಿಳಿಗೇಡಿ ⟦tiḷigēḍi ティリゲーディ⟧ [tiḷige:ḍi] *m.* 愚か者、阿呆 [*tiḷi* + *kēḍi*]

ತಿಳಿಗೇಡಿತನ ⟦tiḷigēḍitana ティリゲーディタナ⟧ [tiḷige:ḍĭtənɐ] *n.* 愚かしさ、愚かであること [*tiḷigēḍi* + *-tana*]

ತಿಳಿಪು ⟦tiḷipu ティリプ⟧ [tiḷĭpu] ತಿಳಿಹು, ತಿಳುಪು, ತಿಳುಹು 《文》 *vi.* (水などが) 澄む、澄んできれいになる —*vt.* **1** 〈心を〉静める、〈怒り、不満などを〉なだめる **2** 満足させる **3** 分からせる、説明する **4** 教える、教示する —*n.* (茶、スープなどが)薄いこと [Ka. D3433]

ತಿಳಿವಳಿಕೆ ⟦tiḷivaḷike ティリヴァリケ⟧ [tiḷivəḷĭke] ತಿಳುವಳಿಕೆ *n.* **1** 知識、認識 **2** 知力、理解(力) **3** 通告、通知 [*tiḷi* + *-vaḷike* D3433]

ತಿಳಿವಳಿಕೆ ಪತ್ರ ⟦tiḷivaḷike patra ティリヴァリケパトラ⟧ [tiḷivəḷĭke pətrɐ] *n.* 通知、通告、通知状 = ಸುತ್ತೋಲೆ (suttōle) [*tiḷivarike* + *patra*]

ತಿಳಿವು ⟦tiḷivu ティリヴ⟧ [tiḷĭvu] ತಿಳುವು *n.* **1** 怒りが静まること **2** 知識、認識、知恵 **3** (水などが)澄んできれいなこと [*tiḷi* + *-vu* D3433]

ತಿಳಿಸುವಿಕೆ ⟦tiḷisuvike ティリスヴィケ⟧ [tiḷĭsuvike] *n.* 知らせること、通知すること [*tiḷisu* + *-ike*]

ತಿಳಿಹು ⟦tiḷihu ティリフ⟧ [tiḷĭhu] 《古》 *vt.* 分からせる、説明する ☞ತಿಳಿಪು (tiḷipu) [Ka. D3433]

ತಿಳಿಹೇಳು ⟦tiḷihēḷu ティリヘール⟧ [tiḷihe:ḷu] *vt.* 説明する、分からせる [*tiḷi* + *hēḷu*]

ತಿಳುಪು ⟦tiḷupu ティルプ⟧ [tiḷŭpu] 《古》 *n.* (茶などが) 薄いこと [Ka. D3433] ☞ತಿಳಿಪು (tiḷipu)

ತಿಳುವಳಿಕೆ ⟦tiḷuvaḷike ティルヴァリケ⟧ [tiḷŭvəḷĭke] *n.* 知識 [Ka. D3278] ☞ತಿಳಿವಳಿಕೆ (tiḷivaḷike)

ತಿಳುವು ⟦tiḷuvu ティルヴ⟧ [tiḷŭvu] ತಿಳಿವು *n.* 知識、認識、知恵 [*tiḷi* + *-vu* D3433]

ತಿಳುಹು ⟦tiḷuhu ティルフ⟧ [tiḷŭhu] 《古》 *n.* **1** (水などが) きれいなこと **2** 知識、認識 [Ka. D3433] ☞ತಿಳಿಪು (tiḷipu)

ತಿಳ್ಳು ⟦tiḷḷu ティッル⟧ [tiḷḷu] 《口》 *n.* [Ka. D3252] (*My. (Kitt.)*) ☞ತಿರುಳು (tiruḷu)

ತಿಱ್ ⟦tiṟ ティル⟧ [tiṟ] 《‡》 *vt.* [Ka. D3441] (*Kitt.*) ☞ತಿಱು (tiṟu)

ತಿಱಿ¹ ⟦tiṟi ティリ⟧ [tiṟi] ತಿರಿ³ 《古》 *vt.* 〈花や果物を〉摘む、摘み取る [Ka. D3437]

ತಿಱಿ² ⟦tiṟi ティリ⟧ [tiṟi] ತಿರಿ⁴ *n.* 石ころやまりなどを手でさっと投げ上げる [Ka. D3438]

ತಿಱು ⟦tiṟu ティル⟧ [tiṟu] 《古》 *vt.* **1** 与える、贈る **2** 支払う、引き渡す [Ka. D3441]

ತಿಱ್ಱಗೆ ⟦tiṟṟage ティッラゲ⟧ [tiṟṟəe] 《古》 *adv.* くるくると (急速な回転を表す擬態語) [Ka. *D3216, cf. D3246] ☞ತಿಟ್ಟನೆ (tiṭṭane)

ತಿಱ್ಱನೆ ⟦tiṟṟane ティッラネ⟧ [tiṟṟəne] ತಿರ್ರನೆ 《古》 *adv.* くるくると(急速な回転を表す擬態語) [Ka. D3216, cf. D3246]

ತೀ ⟦tī ティー⟧ [ti:] 《‡》 *vi.* 燃える、燃焼する (*T. (Kitt.)*) —*n.* 火 (*T. (Kitt.)*) [Ka. D3266]

ತೀಂಟು ⟦tīṃṭu ティーントゥ⟧ [ti:ɳʈu] 《古》 *vt.*, *vi.* 触れる [Ka. *D3274] ☞ತೀಡು (tīḍu)

ತೀಂಟೆ ⟦tīṃṭe ティーンテ⟧ [ti:ɳʈe] 《古》 *n.* 1 痒み 2 欲望でじりじりする、いてもたってもいられない欲望 [Ka. *D3263(a)] ☞ತೀಟೆ (tīṭe)

ತೀಕ್ಷ್ಣ ⟦tīkṣṇa ティークシュナ⟧ [ti:kʂɳɐ] (*n.*) 1 (刃物が)鋭い〈こと〉、鋭利〈な〉 2 (香辛料が)辛い〈こと〉、ひりひりする〈こと〉 3 猛烈〈な〉、激しい〈こと〉 4 (皮肉、批評などが)辛らつな〈こと〉 [Sk.]

ತೀಕ್ಷ್ಣಗೊಳಿಸು ⟦tīkṣṇagoḷisu ティークシュナゴリス⟧ [ti:kʂɳəgoḷĭsu] *vt.* 1 (刃物を)研ぐ 2 激しくする、激化する [+ *koḷisu*]

ತೀಕ್ಷ್ಣತೆ ⟦tīkṣṇate ティークシュナテ⟧ [ti:kʂɳəte] *n.* 1 (刃物の)鋭利さ、鋭いこと 2 (香辛料の)辛さ 3 激烈さ、強烈さ 4 (皮肉、批評などの)痛烈さ [Sk.]

ತೀಗೆ ⟦tīge ティーゲ⟧ [ti:ge] 《‡》 *n.* 1 つる草、つる、巻きひげ、小枝 2 線 3 (楽器の)弦 [Ka. D3269]

ತೀಟ ⟦tīṭa ティータ⟧ [ti:ʈɐ] 《‡》 *n.* (風が)吹くこと [Ka. *tīḍu*² + *-ta* D3274] (*Čpr.7,107 (Kitt.)*)

ತೀಟು¹ ⟦tīṭu ティートゥ⟧ [ti:ʈu] 《古》 *n.* 痒み [Ka. *D3263(a)]

ತೀಟು² ⟦tīṭu ティートゥ⟧ [ti:ʈu] 《古》 *vt.* 触れる [Ka. D3274]

ತೀಟೆ ⟦tīṭe ティーテ⟧ [ti:ʈe] *n.* 1 痒み 2 欲望でじりじりする、いてもたってもいられない欲望 ¶ ಈಗ ಮಗನಿಗೆ ಸಿನೆಮಕ್ಕೆ ಹೋಗುವ ತೀಟೆ. (īga maganige sinemakke hōguva tīṭe.) 息子は今映画に行きたくてうずうずしている。 [Ka. D3263(a)]

ತೀಡು¹ ⟦tīḍu ティードゥ⟧ [ti:ɖu] ತಿವುಡು *vt.* 1 (刃物を)研ぐ 2 油などを塗る 3 〈線を〉引く 4 愛撫する、そっと撫でる 5 打ちすえる、打擲(ちょうちゃく)する 6 〈火を〉消す [Ka. D3273]

ತೀಡು² ⟦tīḍu ティードゥ⟧ [ti:ɖu] ತೀಂಟು, ತೀಟು 《文》 *vi.* 1 触れる 2 (風が)吹く [Ka. D3274]

ತೀನಾಳಿ ⟦tīnāḷi ティーナーリ⟧ [ti:nɐ:ḷi] *mf.* 大食い [Ka. D3263(a)] ☞ತಿನ್ನಾಳಿ (tinnāḷi)

ತೀನಿ ⟦tīni ティーニ⟧ [ti:ni] 《古》 *n.* 1 食物、食べ物 2 食べること 3 痒み、痒いこと [Ka. D3263(a)] ☞ತಿನಿ (tini)

ತೀನೆ ⟦tīne ティーネ⟧ [ti:ne] 《古》 *n.* 1 食物、食べ物 2 痒み、痒いこと [Ka. *D3263(a)] ☞ತಿನಿ (tini)

ತೀರ್ ⟦tīr ティール⟧ [ti:r] 《古》 *vi.* 《過去語幹 tīd-, tīrd-》 1 終わる、終了する 2 できる、可能である 3 治る 4 逝く、亡くなる 5 (負債などが)弁済される 6 解決する、決定する [Ka. D3278] ☞ತೀರು (tīru)

ತೀರ¹ ⟦tīra ティーラ⟧ [ti:rɐ] *n.* 河岸、海岸 [Sk.]

ತೀರ² ⟦tīra ティーラ⟧ [ti:rɐ] *adv.* 1 すっかり、なくなるまで、全部 2 とても多く ¶ ಅವನು ತೀರ ಮಾತಾಡುತ್ತಾನೆ. (avanu tīra mātāḍuttāne.) 彼はとてもよくしゃべる。 3 大変、とても、非常に ¶ ಹಸು ತೀರ ಸಾಧು ಪ್ರಾಣಿ. (hasu tīra sādʰu prāṇi.) 牛はとてもおとなしい動物だ。 [Ka. *D3278]

ತೀರಾ ⟦tīrā ティーラー⟧ [ti:rɐ:] *adv.* 《語末の長音化による強調語法》 1 すっかり、なくなるまで、全部 2 とても多く ¶ ಅವನು ತೀರಾ ಮಾತಾಡುತ್ತಾನೆ. (avanu tīrā mātāḍuttāne.) 彼はとても多くしゃべる。 3 大変、とても、非常に [Ka. *D3278]

ತೀರಮೆ ⟦tīrame ティーラメ⟧ [ti:rəme] 《文》 *n.* 完全でないこと、不完全 [Ka. D3278]

ತೀರಿಕೆ ⟦tīrike ティーリケ⟧ [ti:rike] *n.* 完成 [Ka. D3278]

ತೀರು¹ ⟦tīru ティール⟧ [ti:ru] ತೀರ್ *vi.* 1 終わる、終結する 2 死ぬ、亡くなる 3 滅びる、絶滅する 4 使い尽くされる、使ってなくなる 5 〈問題などが〉解決する 6 〈借金が〉完済される 7 解決する 8 できる —*n.* 《古》 1 終わり、終結 2 やり方、方法 [Ka. D3278]

ತೀರಿಸು ⟦tīrisu ティーリス⟧ [ti:rĭsu] *vt.* 1 終える、終了する、完了する 2 使い果たす、使いきる 3 破壊する、滅ぼす、根絶する 4 〈困難などを〉取り除く、克服する 5 〈問題などを〉解決する、処理する 6 〈借金などを〉完済する、〈勘定を〉清算する [Ka. D3278]

ತೀರು² ⟦tīru ティール⟧ [ti:ru] *n.* 1 矢 2 梁(はり); 垂木(たるき) ☞ತೊಲೆ (tole) [Sk. *tīra-*]

ತೀರುಕಣಿ ⟦tīrukaṇi ティールカニ⟧ [ti:rukəɳi] 《口》 *n.* 1 終わり、終了、終結 2 (借金の)完済 (*Nr. (Kitt.)*) [Ka. D3278] ☞ತೀರ್ಕಣೆ (tīrkaṇe)

ತೀರುಗಡೆ ⟦tīrugaḍe ティールガデ⟧ [ti:rugəɖe] *n.* 債務の返済、借金や料金などの完済 [Ka. *D3278] ☞ತೀರ್ಕಡೆ (tīrkaḍe)

ತೀರುಮಾನ ⟦tīrumāna ティールマーナ⟧ [ti:rŭmɐ:nɐ] *n.* 終結、完成 [Ka. *D3278] ☞ತೀರ್ಮಾನ (tīrmāna)

ತೀರುಮಾನಿಸು ⟦tīrumānisu ティールマーニス⟧ [ti:rŭmɐ:nĭsu] *vt.*, *vi.* 《ಎಂದು (eṃdu)》 決める、決定する [*tīrumāna* + *-isu* denm.] ☞ತೀರ್ಮಾನಿಸು (tīrmānisu)

ತೀರುವಳಿ ⟦tīruvaḷi ティールヴァリ⟧ [ti:rŭvəḷi] *n.* 1 (借金の)清算、(在庫の)処分 2 (争いなどの)解決、決着 [*tīru*¹ + *-vaḷi*]

ತೀರುವಳಿ ಮಾರಾಟ ⟦tīruvaḷi mārāṭa ティールヴァリマーラータ⟧ [ti:rŭvəḷi mɐ:rɐ:ʈɐ] *n.* 蔵払い、在庫一掃セール

ತೀರುವಿಕೆ ⟦tīruvike ティールヴィケ⟧ [ti:rŭvike] *n.* 終わり; 決着 [Ka. D3278]

ತೀರುವೆ ⟦tīruve ティールヴェ⟧ [ti:rŭve] *n.* （借金や料金の）完済 [Ka. *D3278]

ತೀರ್ಕಡೆ ⟦tīrkaḍe ティールカデ⟧ [ti:rgəɖe] *n.* 終わり [Ka. *D3278] ☞ತೀರ್ಗಡೆ (tīrgaḍe)

ತೀರ್ಕಣಿ ⟦tīrkaṇi ティールカニ⟧ [ti:rkəɳi] *n.* **1** 終わり、終了、終結 **2** （借金の）完済 [Ka. *D3278]

ತೀರ್ಕಣೆ ⟦tīrkaṇe ティールカネ⟧ [ti:rkəɳe] ತೀರುಕಣೆ *n.* [Ka. D3278] ☞ತೀರ್ಕಣಿ (tīrkaṇi)

ತೀರ್ಗಡೆ ⟦tīrgaḍe ティールガデ⟧ [ti:rgəɖe] ತೀರುಗಡೆ, ತೀರ್ಕಡೆ *n.* 債務の返済、借金や料金などの完済 [Ka. *D3278]

ತೀರ್ಚು ⟦tīrcu ティールチュ⟧ [ti:rʧu] 《文》 *vt.* **1** 終える、終了する、完了する **2** 使い果たす、使いきる **3** 殺す、片付ける、殺害する **4** 破壊する、滅ぼす、絶滅させる **5** 〈困難などを〉取り除く、克服する **6** 〈病気を〉治療する **7** 〈問題などを〉解決する、処理する **8** 〈借金などを〉完済する、〈勘定を〉清算する [Ka. D3278]

ತೀರ್ಥ ⟦tīrtʰa ティールタ⟧ [ti:rtʰɐ] *n.* **1** 聖水、聖地の水、神像にかけた水 **2** 聖地、霊場 [Sk.]

ತೀರ್ಥಂಕರ ⟦tīrtʰaṃkara ティールタンカラ⟧ [ti:rtʰəŋkərɐ] *m.* 《女性形は存在しない》ティールタンカラ、ジナとも呼ばれるジャイナ教の 24 人の祖師 [Sk.]

ತೀರ್ಥಕರ ⟦tīrtʰakara ティールタカラ⟧ [ti:rtʰəkərɐ] *m.* 《女性形は存在しない》 [Sk.] ☞ತೀರ್ಥಂಕರ (tīrtʰaṃkara)

ತೀರ್ಥಕ್ಷೇತ್ರ ⟦tīrtʰakṣētra ティールタクシェートラ⟧ [ti:rtʰə̆kʂe:trɐ] *n.* 聖地、霊場 [Sk.]

ತೀರ್ಥಜಲ ⟦tīrtʰajala ティールタジャラ⟧ [ti:rtʰə̆ʤəlɐ] *n.* **1** 聖地や霊場からの水、聖水 **2** 聖者など偉大な人の足を洗った水 [Sk.]

ತೀರ್ಥಯಾತ್ರೆ ⟦tīrtʰayātre ティールタヤートレ⟧ [ti:rtʰə̆jɐ:tre] *n.* 巡礼、聖地参り [Sk.]

ತೀರ್ಥರೂಪ ⟦tīrtʰarūpa ティールタルーパ⟧ [ti:rtʰə̆ru:pɐ] *m.* 《*f.* ತೀರ್ಥರೂಪಳು (tīrtʰarūpaḷu)》「神聖な姿を持った人」、父親 [Sk.]

ತೀರ್ಥವಿಧಿ ⟦tīrtʰavidʰi ティールタヴィディ⟧ [ti:rtʰə̆vidʰi] *n.* 聖地や霊場で行う宗教儀式 [Sk.]

ತೀರ್ಪು ⟦tīrpu ティールプ⟧ [ti:rpu] *n.* **1** 決定、決心 **2** 判決 [*tīru* + *-pu* D3278]

ತೀರ್ಪುಗಾರ ⟦tīrpugāra ティールプガーラ⟧ [ti:rpŭgɐ:rɐ] *m.* 《*f.* ತೀರ್ಪುಗಾರ್ತಿ (tīrpugārti)》判事、治安判事

ತೀರ್ಮಾನ ⟦tīrmāna ティールマーナ⟧ [ti:rmɐ:nɐ] ತೀರುಮಾನ *n.* **1** 決定、決心 **2** 判決 [Ka. D3278]

ತೀರ್ಮಾನಿಸು ⟦tīrmānisu ティールマーニス⟧ [ti:rmɐ:nĭsu] *vt.* **1** 決定する、決心する **2** 判決をくだす [*tīrmāna* + *-isu*]

ತೀರ್ವೆ ⟦tīrve ティールヴェ⟧ [ti:rve] ತೀರುವೆ *n.* **1** 決定 **2** （もめ事などの）決着、解決 ¶ ಕೊನೆಗೂ ಜಗಳದ ತೀರ್ವೆ ಆಯಿತು. (konegū jagaḷada tīrve āyitu.) とうとう争いは決着を見た。= ತೀರ್ಪು (tīrpu) **3** （借金や料金の）完済 ¶ ಸಾಲದ ತೀರ್ವೆ ಇನ್ನೂ ಆಗಿಲ್ಲ. (sālada tīrve innū āgilla.) まだ借金を完済していない。**4** 税金、関税、通行料 ¶ ಅವನು ತೀರ್ವೆಯನ್ನು ಕಟ್ಟಿದ. (avanu tīrveyannu kaṭṭida.) 彼は通行料を支払った。[Ka. D3278]

ತೀವು ⟦tīvu ティーヴ⟧ [ti:vu] 《古》 *vi.* **1** 満ちる、いっぱいである、豊富にある **2** 広がる **3** （水などが）あふれる **4** （期日が）来る、（期限が）切れる —*vt.* 満たす、いっぱいにする [Ka. D3405]

ತೀವ್ರ ⟦tīvra ティーヴラ⟧ [ti:vrɐ] *adj.* **1** （刃物が）鋭い、鋭利な **2** 厳しい、荒い（言葉など） **3** 激しい、激烈な（光、熱、活動など） **4** 速い [Sk.]

ತೀವ್ರಗತಿ ⟦tīvragati ティーヴラガティ⟧ [ti:vrə̆gəti] 《文》 *n.* 速い動き [Sk.]

ತೀವ್ರಗಾಮಿ ⟦tīvragāmi ティーヴラガーミ⟧ [ti:vrə̆gɐ:mi] *adj.*, *mf.* 急進的な〈人〉、急進主義者〈の〉、過激派〈の〉 [Sk.]

ತೀವ್ರಗೊಳಿಸು ⟦tīvragoḷisu ティーヴラゴリス⟧ [ti:vrə̆go̥ɭisu] *vt.* **1** 速度を上げる **2** 活発化する、激化する [*tīvra* + *koḷisu*]

ತೀವ್ರಗೊಳ್ಳು ⟦tīvragoḷḷu ティーヴラゴッル⟧ [ti:vrə̆go̥ɭɭu] *vi.* **1** 速くなる、急速化する **2** 活発化する、激しくなる [*tīvra* + *koḷḷu*]

ತೀವ್ರತೆ ⟦tīvrate ティーヴラテ⟧ [ti:vrə̆te] *n.* **1** 速度、速さ **2** （活動、熱、光などの）激しさ、強烈さ [Sk.]

ತೀಱ್ ⟦tīṟ ティール⟧ [ti:ṟ] 《古》 *vt.* むさぼり食う (*Šmd. Dh.(Kitt.)*) [Ka. D3263]

ತುಂಗ[1] ⟦tuṃga トゥンガ⟧ [tuŋgɐ] 《‡》 *n.* [Ka. D3287] (*My. (Kitt.)*) ☞ತುಂಗೆ (tuṃge)[1]

ತುಂಗ[2] ⟦tuṃga トゥンガ⟧ [tuŋgɐ] 《文》 *adj.* 高い；（山などが）そそり立つ [Sk.]

ತುಂಗೆ[1] ⟦tuṃge トゥンゲ⟧ [tuŋge] *n.* 匂いのいい根を持ったカヤツリグサ科の草の名 [Ka. D3287] = ಕೊಡನಾರಿಗಡ್ಡೆ (koḍanārigaḍḍe) *[IMP 2.297]

ತುಂಗೆ[2] ⟦tuṃge トゥンゲ⟧ [tuŋge] *n.* トゥンガバドラ河（カルナータカに発しベンガル湾に注ぐ） [?] = ತುಂಗಭದ್ರ (tuṃgabʰadra)

ತುಂಟ ⟦tuṃṭa トゥンタ⟧ [tuɳʈɐ] *m.* 《*f.* ತುಂಟಿ (tuṃṭi)》 **1** いたずら好きな人 **2** 悪漢、悪人 **3** 放蕩者、道楽者 [Ka. D3312]

ತುಂಟತನ ⟦tuṃṭatana トゥンタタナ⟧ [tuɳʈə̆tənɐ] *n.* **1** いたずら、悪ふざけ **2** 邪悪さ、悪行 [*tuṃṭa* + *-tana* D3312]

ತುಂಟಾಟ ⟦tuṃṭāṭa トゥンタータ⟧ [tuɳʈɐ:ʈɐ] *n.* **1** いたずら **2** 悪い振る舞い **3** 好色な振る舞い、みだらな行為 [*tuṃṭa* + *-tana*] → ತುಂಟತನ (tuṃṭatana)

ತುಂಟಿ ⟦tuṃṭi トゥンティ⟧ [tuɳʈi] *f.* 《ತುಂಟ (tuṃṭa)》いたずら娘、生意気な娘 [Ka. D3312]

ತುಂಟು ⟦tuṃṭu トゥントゥ⟧ [tuɳʈu] *n.* いたずら [Ka. D3312] ☞ತುಂಟತನ (tuṃṭatana)

ತುಂಡರಿಸು ⟦tuṃḍarisu トゥンダリス⟧ [tuɳɖərĭsu] *vi.* 切り刻む [Ka. *tuṃḍu* + *arisu*]

ತುಂಡಾಂಡಿ ⟦tuṃḍāṃḍi トゥンダーンディ⟧ [tuɳɐːɳɖi] *mf.* [*tuṃḍu* < ? cf. *toṃḍu* D3312 + *āḍi*] ☞ತುಂಡಾಡಿ (tuṃḍāḍi)

ತುಂಡಾಡಿ ⟦tuṃḍāḍi トゥンダーディ⟧ [tuɳɖɐːɖi] ತುಂಡಾಡಿ *mf.* 1 でぶ、太っちょ 2 ろくでなし、役立たず [*tuṃḍu* < ? cf. *toṃḍu* D3312 + *āḍi*]

ತುಂಡಾಡಿಗ ⟦tuṃḍāḍiga トゥンダーディガ⟧ [tuɳɖɐːɖigɐ] *m.* 《*f.* ತುಂಡಾಡಿಗಳು (tuṃḍāḍigaḷu)》でぶ、太っちょ [*tuṃḍu* < ? cf. *toṃḍu* D3312 + *āḍiga*]

ತುಂಡಿ¹ ⟦tuṃḍi トゥンディ⟧ [tuɳɖi] 《古》 *n.* 1 顔 2 口 [Sk. *tuṃḍi-* ←?]

ತುಂಡಿ² ⟦tuṃḍi トゥンディ⟧ [tuɳɖi] 《古》 *n.* でべそ [Sk.]

ತುಂಡಿಸು ⟦tuṃḍisu トゥンディス⟧ [tuɳɖĭsu] *vt.* 切り刻む [*tuṃḍu* + *-isu* D3310]

ತುಂಡು¹ ⟦tuṃḍu トゥンドゥ⟧ [tuɳɖu] *n.* 1 かけら、破片 2 小量、少し 3 肉 4 部隊 —(*n.*) 短い〈こと〉、小さい〈こと〉¶ ತುಂಡುಗೈ (tuṃḍugai) 短い手 [Ka. D3310]

ತುಂಡು² ⟦tuṃḍu トゥンドゥ⟧ [tuɳɖu] 《異》 *mf.* 粗野な人、傲慢な人 [Ka. D3312] ☞ತೊಂಡು (toṃḍu)

ತುಂಡುತನ ⟦tuṃḍutana トゥンドゥタナ⟧ [tuɳɖutənɐ] 《異》 *n.* 邪悪なこと、邪悪な行為 [Ka. D3312] (*B.4, 200* (*Kitt.*))

ತುಂಡುಗೊಡಲಿ ⟦tuṃḍugoḍali トゥンドゥゴダリ⟧ [tuɳɖŭ goɖəli] *n.* 小さな斧 [*tuṃḍu* + *koḍali*]

ತುಂತುರು ⟦tuṃturu トゥントゥル⟧ [tunturu] ತುಂತುಱ್, ತುಂತುಱು *n.* 1 飛沫 2 糠(ぬか)雨、霧雨 [Ka. *D3398]

ತುಂತುರುಮಳೆ ⟦tuṃturumaḷe トゥントゥルマレ⟧ [tunturŭ məḷe] *n.* 糠(ぬか)雨、霧雨 [+ *maḷe*]

ತುಂತುಱ್ ⟦tuṃtuṟ トゥントゥル⟧ [tunturˍ] 《古》 *n.* 1 飛沫 2 糠(ぬか)雨、霧雨 [Ka. D3398] ☞ತುಂತುರು (tuṃturu)

ತುಂತುಱಿ ⟦tuṃtuṟi トゥントゥリ⟧ [tunturˍi] 《‡》 *n.* 1 飛沫 2 糠(ぬか)雨、霧雨 (*Si.32* (*Kitt.*)) [Ka. D3398] ☞ತುಂತುರು (tuṃturu)

ತುಂತುಱು ⟦tuṃtuṟu トゥントゥル⟧ [tunturˍu] 《古》 *n.* 1 飛沫 2 糠(ぬか)雨、霧雨 [Ka. *D3398] ☞ತುಂತುರು (tuṃturu)

ತುಂಬ¹ ⟦tuṃba トゥンバ⟧ [tumbɐ] *adj.* 1 たくさんの、多数の、多量の 2 いっぱいの、満ちた ¶ ಕೆರೆ ತುಂಬ ನೀರು (kere tuṃba nīru) 貯水池は水で満たされている —*adv.* 1 大変、とても ¶ ತುಂಬ ಎತ್ತರವಾದ ಬೆಟ್ಟ (tuṃba ettaravāda beṭṭa) とても高い山 2 多く、たくさん ¶ ಅವರು ತುಂಬ ಮಾತಾಡುತ್ತಾರೆ. (avaru tuṃba mātāḍuttāre.) 奴はとてもおしゃべりだ。[Ka. D3331]

ತುಂಬ² ⟦tuṃba トゥンバ⟧ [tumbɐ] 《古》 *n.* ひょうたん [A43, T5868]

ತುಂಬರ ⟦tuṃbara トゥンバラ⟧ [tumbărɐ] 《古》 *n.* [Ka. D3329] (*Si.106* (*KPN*)) ☞ತುಂಬುರು (tuṃburu)

ತುಂಬರಿ ⟦tuṃbari トゥンバリ⟧ [tumbări] 《‡》 *n.* [Ka. D3329] (*Si.484* (*Kitt.*)) ☞ತುಂಬುರು (tuṃburu)

ತುಂಬಿ¹ ⟦tuṃbi トゥンビ⟧ [tumbi] ತುಂಬೆ, ದುಂಬಿ, ದುಂಬೆ *n.* マルハナバチその他の大型のハチ(同じ位の大きさでぶんぶんうなるカブトムシを指すこともある)[D3328] ☞ದುಂಬಿ (duṃbi)

ತುಂಬಿ² ⟦tuṃbi トゥンビ⟧ [tumbi] *n.* ヘチマの一種(食用、薬用)[Sk. *tumbi-* A43, T5868] ☞ತುಂಬಿ (tuṃbi) *[IMP 3.293]

ತುಂಬಿಕೆ ⟦tuṃbike トゥンビケ⟧ [tumbĭke] 《文》 *n.* 充満、いっぱいであること [*tuṃbu*¹ + *-ike* D3331]

ತುಂಬು¹ ⟦tuṃbu トゥンブ⟧ [tumbu] *vi.* 1 いっぱいになる 2 (体が)完全に成長する、(月が)満ちる 3 (1年、1か月などが)経つ、(期日などが)来る ¶ ಅವನು ಹೋಗಿ ಒಂದು ವರ್ಷ ತುಂಬಿತು. (avanu hōgi oṃdu varṣa tuṃbitu.) あの人が亡くなってから1年が経った。 4 (ある場所に)いっぱいに広がる ¶ ಗಾಂಧಿ ಸತ್ತ ದುಃಖ ಬೇಗ ದೇಶದಲ್ಲಿ ತುಂಬಿತು. (gāṃdʰi satta duḥkʰa bēga dēśadalli tuṃbitu.) ガーンディーの死の悲報がたちまち国中に広がった。 —*vt.* 1 満たす、いっぱいにする 2 〈金を〉(銀行に)入れる [Ka. D3331]

ತುಂಬಿಸು ⟦tuṃbisu トゥンビス⟧ [tumbĭsu] *vt.* 1 満たす、いっぱいにする 2 〈金を〉(銀行に) 入れる [Ka. caus. D3331]

ಮೈ ತುಂಬು ⟦mai tuṃbu マイトゥンブ⟧ [məi tumbu] *vi.* 1 悪霊にとり憑かれる 2 妊娠する、子をみごもる [+ *tuṃbu*¹]

ತುಂಬು² ⟦tuṃbu トゥンブ⟧ [tumbu] *n.* 1 貯水池の水門、放水路 2 車軸を通す車輪の中央部 [Ka. D3389] ☞ತೂಬು (tūbu)

ತುಂಬುರು ⟦tuṃburu トゥンブル⟧ [tumbŭru] 《文》 *n.* 木の名前(赤色の果実は強い接着剤として用いられ、葉はビーリーを巻くために用いられる) [Ka. D3329 cf. Sk. *tuṃburu*] = ಬಂದದ ಮರ (baṃdada mara) 〔汎〕 *[IMP 2.338]

ತುಂಬೆ¹ ⟦tuṃbe トゥンベ⟧ [tumbe] 《異》 *n.* [Ka. D3334] ☞ತುಂಬಿ (tuṃbi)²

ತುಂಬೆ² ⟦tuṃbe トゥンベ⟧ [tumbe] ತುಂಬಿ² *n.* インド全土の荒地や道端に生えるシソ科の雑草 (薬用) [Ka. D3334] = ಒಳ್ಳೆ ತುಂಬೆ (oḷle tuṃbe)

ತುಕಡಿ ⟦tukaḍi トゥカディ⟧ [tukəɖi] *n.* 1 かけら = ತುಂಡು (tuṃḍu) 2 分隊 [M. *tukāḍā* T5466]

ತುಕ್ಕ ⟦tukka トゥッカ⟧ [tukkɐ] 《‡》 *n.* 鉄の錆 (*Prv.* (*Kitt.*)) [Ka. *D3343] ☞ತುಕ್ಕು (tukku)¹

ತುಕ್ಕು¹ ⟦tukku トゥック⟧ [tukku] *n.* 鉄の錆、鉄錆 [Ka. D3343] cf. ಕಿಲುಬು (kilubu)

ತುಕ್ಕುಹಿಡಿ ⟦tukkuhiḍi トゥックヒディ⟧ [tukkuhiɖi] *vi.* 《*dat.,nom.*》(鉄が)錆びる [+ *hiḍi*]

ತುಕ್ಕು² ⟦tukku トゥック⟧ [tukku] 《‡》 *vi.* 群がる、群れる (*J.28,43* (*Kitt.*)) [Ka. < *tuṟugu* D3367]

ತುಗಚು ⟦tugacu トゥガチュ⟧ [tugəʧu] 《古》 *vt.* (せがまれて)嫌悪と共に与える [?]

ತುಚ್ಚ ⟦tucca トゥッチャ⟧ [tuʧʧɐ] *adj.* [Sk. *tuccʰa-*] ☞ತುಚ್ಛ(tuccʰa)

ತುಚ್ಚತನ ⟦tuccatana トゥッチャタナ⟧ [tuʧʧə̆tənɐ] *n.* 卑しさ、低級さ、卑劣さ [*tucca* + *-tana*]

ತುಚ್ಛ ⟦tuccʰa トゥッチャ⟧ [tuʧʧʰɐ] *adj.* 1 取るに足らない、重要でない 2 卑しい、低級な [Sk.]

ತುಟಿ ⟦tuṭi トゥティ⟧ [tuʈi] *n.* 唇 [Ka. D3296]

ತುಟ್ಟತುದಿ ⟦tuṭṭatudi トゥッタトゥディ⟧ [tuʈʈətuđi] *n.* 本当の端っこ、本当の終わり (*DEDR*) [*tudi* D3314 × *naṭṭanaḍu*「ど真ん中」] ☞ತುತ್ತತುದಿ (tuttatudi)

ತುಟ್ಟಿ¹ ⟦tuṭṭi トゥッティ⟧ [tuʈʈi] 《古》 *n.* 満足 [Sk. *tuṣṭi-*]

ತುಟ್ಟಿ² ⟦tuṭṭi トゥッティ⟧ [tuʈʈi] *n.* 物価高、物価の値上がり [?]

ತುಟ್ಟಿಭತ್ಯ ⟦tuṭṭibʰatya トゥッティバティャ⟧ [tuʈʈibʰət̪jɐ] *n.* 物価上昇の埋め合わせとして政府役人に払う手当て、物価上昇手当て [+ *bʰatya*]

ತುಡಗೆ ⟦tuḍage トゥダゲ⟧ [tuɖə̆ge] 《‡》 *n.* 装身具 (*Kitt.*) [Ka. D3482] ☞ತೊಡುಗೆ (toḍuge)

ತುಡಿ¹ ⟦tuḍi トゥディ⟧ [tuɖi] ದುಡಿ *vi.* 1 (心臓が)どきどきする、(できものが)ずきんずきん痛む 2 (あるものが)欲しくてたまらない、切望する、熱望する、想い焦がれる [Ka. D3294]

ತುಡಿ² ⟦tuḍi トゥディ⟧ [tuɖi] 《‡》 *n.* 1 泥棒、強盗、窃盗 2 盗品 (*J.6,53 (Kitt.)*) [Ka. D3483]

ತುಡಿಕು ⟦tuḍiku トゥディク⟧ [tuɖĭku] 《‡》 *vt.* [Ka. D3480] (*B.5,31 (Kitt.)*) ☞*tuḍuku*

ತುಡಿಗೆ ⟦tuḍige トゥディゲ⟧ [tuɖĭge] 《古》 *n.* 装身具 ☞ತೊಡುಗೆ (toḍuge) [Ka. D3482]

ತುಡಿತ ⟦tuḍita トゥディタ⟧ [tuɖĭtɐ] ದುಡಿತ *n.* 1 脈拍、動悸 2 ずきずき痛むこと、ずきずきする痛み 3 欲しくてたまらないこと、焦がれること [*tuḍi*¹ + *-ta*]

ತುಡು¹ ⟦tuḍu トゥドゥ⟧ [tuɖu] 《文》 *vt.* 《過去語幹 toṭṭ-》〈矢を〉つがえる = ತೊಡು (toḍu)¹ [Ka. D3480, cf. 3482] ☞ತೊಡು (toḍu)¹

ತುಡು² ⟦tuḍu トゥドゥ⟧ [tuɖu] 《古》 *vt.* 《過去語幹 toṭṭ-》始める、開始する [Ka. D3480, cf. 3482] ☞ತೊಡು (toḍu)² = ತೊಡಗು (toḍagu) !!etym

ತುಡು³ ⟦tuḍu トゥドゥ⟧ [tuɖu] 《古》 *vt.* 《過去語幹 toṭṭ-》〈装身具を〉つける、〈縫製した衣類を〉着る [Ka. D3480, cf. 3482] ☞ತೊಡು (toḍu)³

ತುಡಿಸು ⟦tuḍisu トゥディス⟧ [tuɖisu] 《古》 *vt.* 1 くっつける、接合する 2〈装身具を〉(他人に)つける、〈縫製した衣類を〉(他人に)着せる、〈装身具や縫製した衣類を〉身につけさせる [+ *-isu* D3482, cf. 3480, cf. 3482] ☞ತೊಡಿಸು

ತುಡಿಯಿಸು ⟦tuḍiyisu トゥディイス⟧ [tuɖijĭsu] 《‡》 *vt.* 〈装身具を〉(他人に) つける、〈縫製した衣類を〉(他人に) 着せる (*Ršv.13, after 59(Kitt.)*) [+ *-isu* D3482, cf. 3482]

ತುಡುಂಕು ⟦tuḍuṃku トゥドゥンク⟧ [tuɖuŋku] 《古》 *vt.* 1 触れる 2 さっとつかむ、わしづかみにする [Ka. D3480]

ತುಡುಕು ⟦tuḍuku トゥドゥク⟧ [tuɖŭku] ತೊಡಂಕು, ತೊ–ಡಕು, ತೊಡಗು 《古》 *vt.* 〈武器を〉さっとつかむ [Ka. D3480]

ತುಡುಕಿಸು ⟦tuḍukisu トゥドゥキス⟧ [tuɖukisu] 《古》 *vt.* さっとつかませる (*Bp.44,48; 51,56 (Kitt.)*) [+ *-isu* D3480]

ತುಡುಗ ⟦tuḍuga トゥドゥガ⟧ [tuɖŭgɐ] *m.* 《*f.* ತುಡುಗಿ (tuḍugi)》泥棒、強盗、こそ泥 [Ka. D3483] = ಕಳ್ಳ (kaḷḷa)

ತುಡುಗಿ ⟦tuḍugi トゥドゥギ⟧ [tuɖŭgi] *f.* 《*m.* ತುಡುಗ (tuḍuga)》女泥棒、女強盗 [Ka. D3483] = ಕಳ್ಳಿ (kaḷḷi)

ತುಡುಗು ⟦tuḍugu トゥドゥグ⟧ [tuɖŭgu] *n.* 泥棒、窃盗、強盗 [Ka. D3483]

ತುಡುಗುಣಿ ⟦tuḍuguṇi トゥドゥグニ⟧ [tuɖŭguɳi] *mf.* 盗みで生計を立てている人、泥棒 [*tuḍugu* + *uṇi*]

ತುಡುಗುಣಿನಾಯ್ ⟦tuḍuguṇināy トゥドゥグニナーイ⟧ [tuɖŭguɳinɐːĭ] ತುಡುಗುಣಿನಾಯಿ 《文》 *n.* 物を盗み食いして生きている犬、野良犬 [+ *nāy*]

ತುಡುಗುಣಿನಾಯಿ ⟦tuḍuguṇināyi トゥドゥグニナーイ⟧ [tuɖŭguɳinɐːji] 《文》 *n.* [+ *nāy*]

ತುಡುಗೆ ⟦tuḍuge トゥドゥゲ⟧ [tuɖŭge] 《古》 *n.* 1 装身具 2 縫製した衣類 ☞ತೊಡುಗೆ (toḍuge) [Ka. D3482]

ತುಡುಗುತನ ⟦tuḍugutana トゥドゥグタナ⟧ [tuɖŭgutə̆nɐ] *n.* 泥棒、窃盗、強盗 [*tuḍugu* + *-tana*]

ತುಡುಗುದನ ⟦tuḍugudana トゥドゥグダナ⟧ [tuɖŭgudənɐ] *n.* 野良牛、飼い主のない牛 [*tuḍugu* + *dana*]

ತುಡುಗುನಾಯ್ ⟦tuḍugunāy トゥドゥグナーイ⟧ [tuɖŭgunɐːĭ] *n.* 野良犬 [*tuḍugu* + *nāy*]

ತುಡುಗೆ ⟦tuḍuge トゥドゥゲ⟧ [tuɖŭge] 《古》 *n.* 1 装身具 2 (縫製した) 衣類 [Ka. D3482] ☞ತೊಡುಗೆ (toḍuge)

ತುಡುಪು ⟦tuḍupu トゥドゥプ⟧ [tuɖŭpu] 《文》 *vt.* 〈舟を〉漕ぐ = ಹುಟ್ಟುಹಾಕು (huṭṭu hāku) 〔汎〕 —*n.* 櫂 (*T.(Kitt.)*) [Ka. D3299]

ತುಡುಬು ⟦tuḍubu トゥドゥブ⟧ [tuɖŭbu] 《‡》 *n.* [Ka. D3297] (*Dp.148 (Kitt.)*) ☞ತುಡುಮು (tuḍumu)

ತುಡುಮು ⟦tuḍumu トゥドゥム⟧ [tuɖŭmu] ತುಡುಬು 《古》 *n.* 戦争で使う太鼓の一種 [Ka. *D3297 cf. Sk. *duṇḍubhi-*]

ತುಣಕ ⟦tuṇaka トゥナカ⟧ [tuɳə̆kɐ] 《‡》 *n.* かけら (*Čb.(Kitt.)*) [Ka. D3305]

ತುಣಕು ⟦tuṇaku トゥナク⟧ [tuɳə̆ku] 《‡》 *n.* かけら (*Kitt.*) [Ka. D3305]

ತುಣುಕು¹ ⟦tuṇuku トゥヌク⟧ [tuɳuku] ತುನಕು, ತುನುಕು *n.* かけら [Ka. D3305]

ತುಣುಕು² ⟦tuṇuku トゥヌク⟧ [tuɳuku] *n.* (水が)揺れる、ひたひたする [Ka. D3359] = ತುಳುಕು

ತುಣ್ಣಿ ⟦tuṇṇi トゥンニ⟧ [tuɳɳi] ತುಣ್ಣೆ *n.* 〔タブー〕さお；〔児〕ちんちん、ちんぽ；陰茎 [Ka. D2666] =

ಶಿಶ್ನ (śiśna)

ತುಣ್ಣೆ ⟦tuṇṇe トゥンネ⟧ [tuɳɳe] *n.* [Ka. D2666] = ತುಣ್ಣಿ (tuṇṇi)

ತುತೂರಿ ⟦tutūri トゥトゥーリ⟧ [tutu:ri] *n.* [Ka. D3316] ☞ತುತ್ತೂರಿ (tuttūri)

ತುತ್ತ ⟦tutta トゥッタ⟧ [tuttɐ] *n.* 硫酸銅、緑青 [Ka. D3343]

ತುತ್ತತುದಿ ⟦tuttatudi トゥッタトゥディ⟧ [tuttətuđi] *n.* 本当の端っこ、本当の終わり (*My.* (*Kitt.*)) [*tudi* D3314 × *naṭṭanaḍu*「ど真ん中」]

ತುತ್ತಾರಿ ⟦tuttāri トゥッターリ⟧ [tuttɐ:ri] 《口》 *n.* [Ka. D3316] ☞ತುತ್ತೂರಿ (tuttūri)

ತುತ್ತು[1] ⟦tuttu トゥットゥ⟧ [tuttu] 《‡》 *n.* 胆礬(たんばん)、硫酸銅 (*Kitt.*) [Sk. *tuttʰa-*]

ತುತ್ತು[2] ⟦tuttu トゥットゥ⟧ [tuttu] *n.* 1 食物の一口 2 食物、食べ物 —*vt.* 1 食べる、飲み込む 2 負かす、やっつける [Ka. D3367]

ತುತ್ತಿನ ಚೀಲ ⟦tuttina cīla トゥッティナチーラ⟧ [tuttinə ʧi:lɐ] *n.* 胃、胃袋 [gen. + *cīla*]

ತುತ್ತುರಿ ⟦tutturi トゥットゥリ⟧ [tutturi] *n.* ラッパ、トランペット [Ka. *D3316, cf. Ta.,Te.,Tu. *tuttāri*, M. *tutārī* Sk. *tūra-*]

ತುತ್ತೂರಿ ⟦tuttūri トゥットゥーリ⟧ [tuttu:ri] ತಿತ್ತುರಿ, ತುತೂರಿ, ತುತ್ತಾರಿ, ತುತ್ತುರಿ *n.* ラッパ、トランペット [Ka. D3316, cf. Ta.,Te.,Tu. *tuttāri*, M. *tutārī* Sk. *tūra-*]

ತುತ್ತೆ ⟦tutte トゥッテ⟧ [tutte] *n.* 胆礬(たんばん)、硫酸銅 (*Kitt.*) [Sk. *tuttha-*]

ತುತ್ಥ ⟦tuttʰa トゥッタ⟧ [tuttʰɐ] 《文》 *n.* 胆礬(たんばん)、硫酸銅 [Sk. *tuttha-*] = ತುತ್ತೆ (tutte)

ತುದಾ ⟦tudā トゥダー⟧ [tuđɐ:] 《文》 *conj.* あるいは、または [?] = ಸುದಾ (sudā)

ತುದಿ ⟦tudi トゥディ⟧ [tuđi] *n.* 1 先、端、切っ先、頂上、梢 2 終わり、終結 ¶ ಈ ಕಥೆಯ ತುದಿಗೆ ನಾಯಕಿ ಸಾಯುತ್ತಾಳೆ. (ī katʰeya tudige nāyaki sāyuttāḷe.) この話の終わりで女主人公は死んでしまう。 [Ka. D3314]

ತುದಿಕಾಲು ⟦tudikālu トゥディカール⟧ [tuđikɐ:lu] *n.* 足の爪先 [*tudi* + *kālu*]

ತುದಿಕಾಲಲ್ಲಿ ನಿಲ್ಲು ⟦tudikālalli nillu トゥディカーラッリニッル⟧ [tuđikɐ:ləlli nillu] *vi.* 1 爪先立つ、背伸びをして立つ 2 〔喩〕 あることをしたくてたまらない [+ *nillu*]

ತುದಿನಾಲಿಗೆ ⟦tudinālige トゥディナーリゲ⟧ [tuđinɐ:lĭge] *n.* 舌の先端、舌先 [*tudi* + *nālige*]

ತುದಿಮೊದಲು ⟦tudimodalu トゥディモダル⟧ [tuđimođəlu] *n.* 初めと終わり、端から端まで ¶ ಅವನು ಹೇಳುವ ಕಥೆಗೆ ತುದಿಮೊದಲೇ ಇಲ್ಲ. (avanu hēḷuva katʰege tudimodalē illa.) 彼の話には始まりも終わりも全然ない(支離滅裂だ)。 [*tudi* + *modalu*]

ತುನುಕು[1] ⟦tunuku トゥヌク⟧ [tunŭku] 《古》 *n.* かけら [Ka. D3305] ☞ತುಣುಕು (tuṇuku)

ತುನುಕು[2] ⟦tunuku トゥヌク⟧ [tunŭku] *n.* かけら [Ka. D3305] ☞ತುಣುಕು (tuṇuku)

ತುಪರ ⟦tupara トゥパラ⟧ [tupərɐ] 《異》 *n.* [Ka. *D3398] ☞ತೂಪರ (tūpara)

ತುಪಾಕಿ ⟦tupāki トゥパーキ⟧ [tupɐ:ki] *n.* 鉄砲 [Pe. *tōpak*]

ತುಪ್ಪ ⟦tuppa トゥッパ⟧ [tuppɐ] *n.* 1 ギー、バター油 2 動物の脂肪、獣脂 [Ka. D3282, T5864]

ತುಪ್ಪಟ ⟦tuppaṭa トゥッパタ⟧ [tuppəʈɐ] *n.* 1 羊毛 2 鳥の綿毛 [Ka. D3393] ☞ತುಪ್ಪಳ (tuppaḷa)

ತುಪ್ಪಳ ⟦tuppaḷa トゥッパラ⟧ [tuppəɭɐ] ತಿಪ್ಪುಳ್, ತಿಪ್ಪುಳ, ತಿಪ್ಪುಳು, ತಿಪ್ಪುಟ್, ತುಪಟ, ತುಪ್ಪಟ, ತುಪ್ಪಳ, ತುಪ್ಪಳು, ತುಪ್ಪಟ್, ತುಪ್ಪುಳ್, ತುಪ್ಪುಳು, ತುಪ್ಪುಟ್, ತುಪ್ಪುಟು, ತುಬಟ *n.* 1 羊毛 2 哺乳類や鳥類の柔らかい綿毛 3 鳥の羽根 [Ka. *tuppaṟa* *D3393]

ತುಪ್ಪಱ ⟦tuppaṟa トゥッパラ⟧ [tuppəɹɐ] 《‡》 *n.* ハトの足の羽毛 (*B.3,114*(*Kitt.*)) [Ka. D3393]

ತುಪ್ಪಱು ⟦tuppaṟu トゥッパル⟧ [tuppəɹu] 《‡》 *n.* 猫の柔らかい毛 (*B.3,30*(*Kitt.*)) [Ka. D3393]

ತುಪ್ಪು ⟦tuppu トゥップ⟧ [tuppu] 《方》 *vt.* 〈唾を〉吐く [Ka. D3323]

ತುಪ್ಪುಳು ⟦tuppuḷu トゥップル⟧ [tuppŭɭu] 《古》 *n.* 鳥の羽、羽毛 ☞ತುಪ್ಪಳ (tuppaḷa)

ತುಪ್ಪುಱ್ ⟦tuppuṟ トゥップル⟧ [tuppuɹ] 《古》 *n.* 鳥の羽、羽毛 (*KPN,Udb.6-141*) [Ka. D3393]

ತುಫಾನು ⟦tupʰānu トゥパーヌ⟧ [tupʰɐ:nu] *n.* 1 大風(台風、サイクロンなど) 2《希》中傷、悪口 [Pe. *ṭūfān*]

ತುಬಟ ⟦tubaṭa トゥバタ⟧ [tubəʈɐ] 《古》 *n.* 羊毛 [Ka. D3393] ☞ತುಪ್ಪಟ (tuppaṭa)

ತುಬ್ಬು ⟦tubbu トゥッブ⟧ [tubbu] 《古》 *vt.* 〈犯罪者を〉捜索する、見つけ出す —*vi.* 見つけ出される、発見される —*n.* (犯罪や犯人の)発見 [Ka. D3347]

ತುಬ್ಬಿಸು ⟦tubbisu トゥッビス⟧ [tubbĭsu] 《古》 *vt.* 〈犯罪または犯人を〉見つけ出して公表する [+ *-isu* caus.]

ತುಬ್ಬುಗಾರ ⟦tubbugāra トゥッブガーラ⟧ [tubbŭgɐ:rɐ] 《古》 *m.* 《*f.* ತುಬ್ಬುಗಾರ್ತಿ (tubbugārti)》 スパイ、間諜、探偵、 [*tubbu* + *-gāra*] = ಪತ್ತೇದಾರ (pattēdāra) 〔汎〕

ತುಮಕಿ ⟦tumaki トゥマキ⟧ [tuməki] *n.* 木の名前(赤色の果実は強い接着剤として用いられ、葉はビーリーを巻くために用いられる) [Ka. D3329] = ಬಂದದ ಮರ (baṃdada mara) 〔汎〕 *[IMP 2.338]

ತುಮರಿ ⟦tumari トゥマリ⟧ [tuməri] *n.* [Ka. D3329] ☞ತುಮಕಿ (tumaki)

ತುಮುಲ ⟦tumula トゥムラ⟧ [tumulɐ] *adj.* 動乱した —*n.* 1 動乱、騒ぎ、擾乱、騒動 ¶ ಅವನು ಮಾಡಿದ ಭಾಷಣದಿಂದ ಸಭೆಯಲ್ಲಿ ಭಾರೀ ತುಮುಲ ಉಂಟಾಯಿತು. (avanu māḍida bʰāṣaṇadiṃda sabʰeyalli bʰārī tumula umṭāyitu.)¶ 彼の演説で議会に大混乱が起きた。 2 喧嘩、争い 3 (心の)動揺 [Sk.]

ತುಯ್[1] ⟦tuy トゥイ⟧ [tuĭ] ತುಯಿ, ತುಯ್ಯು, ತೂಯ್ 《古》 *vt.* 《過去語幹 tuyid-, tūd-》引っ張る、引き寄せる [Ka. *D3337]

ತುಯ್[2] ⟦tuy トゥイ⟧ [tuĭ] 《‡》 *vi.* 濡れる、湿る (Šmd.Dh.(Kitt.)) [Ka. D3555]

ತುಯಿ ⟦tuyi トゥイ⟧ [tuji] 《文》 *vt.* 《過去語幹 tuyid-, tūd-》引っ張る、引き寄せる [Ka. D3337] ☞ತುಯ್ (tuy)

ತುಯಿತ ⟦tuyita トゥイタ⟧ [tujĭtɐ] 《文》 *n.* [Ka. *D3337] ☞ತುಯ್ತ (tuyta)

ತುಯ್ತ ⟦tuyta トゥイタ⟧ [tuĭtɐ] ತುಯಿತ 《文》 *n.* **1** 引っ張ること、牽引 **2** 心の葛藤 ¶ ಸಾಲ ಮಾಡಿಯೂ ಕೂಡ ಸಮಾರಂಭ ಮಾಡಬೇಕೋ ಬಾರದೋ ಎಂಬ ತುಯ್ತಕ್ಕೆ ನಾನು ಸಿಕ್ಕಿಕೊಂಡೆ. (sāla māḍiyū kūḍa samāraṃbʰa māḍabēkō bāradō eṃba tuytakke nānu sikkikoṃḍe.) 私は借金してでも会を催そうか否かという心の葛藤に陥った。 [Ka. D3337]

ತುಯ್ಯಲ್ ⟦tuyyal トゥイヤル⟧ [tuĭjəl] 《古》 *n.* 米と牛乳と砂糖で作った食べ物 [Ka. D3282] = ಪಾಯಸ (pāyasa)

ತುಯ್ಯಾಟ ⟦tuyyāṭa トゥイヤータ⟧ [tuĭjɐːʈɐ] *n.* **1** 盛んに引っ張ること **2** 引っ張り合い **3** 心の葛藤 [*tuyyu* + *āṭa*]

ತುಯ್ಯು ⟦tuyyu トゥイユ⟧ [tuĭju] *vt.* 引っ張る、引き寄せる [Ka. D3337] ☞ಎಳೆ, ಜಗ್ಗು, (eḷe, jaggu,) ತುಯ್ (tuy)

ತುರಂಗ[1] ⟦turaṃga トゥランガ⟧ [turəŋgɐ] 《文》 *n.* 馬、駿馬 [Sk.]

ತುರಂಗ[2] ⟦turaṃga トゥランガ⟧ [turəŋgɐ] 《古》 *n.* 牢獄、監獄 [M. *turaṃgā* ←Dt. *tronk*] = ಜೈಲು, ಸೆರೆಮನೆ (jailu, seremane)

ತುರಂಗವಾಸ ⟦turaṃgavāsa トゥランガヴァーサ⟧ [turəŋgə̆vɐːsɐ] 《古》 *n.* 牢獄で暮らすこと、禁固刑 [*turaṃga* + *vāsa*] = ಸೆರೆಮನೆವಾಸ, ತುರಂಗಶಿಕ್ಷೆ (seremanevāsa, turaṃgaśikṣe)

ತುರಗ ⟦turaga トゥラガ⟧ [turə̆gɐ] 《文》 *n.* 馬、駿馬 [Sk.]

ತುರಾ ⟦turā トゥラー⟧ [turɐː] ತುರಾಯ, ತುರಾಯಿ, ತೂರಾಯ, ತೂರಾಯಿ *n.* **1** (ターバン、帽子、冠などに挿す)花や真珠などの飾り **2** 花束 [Ar. *ṭurra*]

ತುರಾಯ ⟦turāya トゥラーヤ⟧ [turɐːjɐ] *n.* **1** (ターバン、帽子、冠などに挿す)花や真珠などの飾り **2** 花束 [Ar. *ṭurra*] ☞ತುರಾ (turā)

ತುರಾಯಿ ⟦turāyi トゥラーイ⟧ [turɐːji] *n.* **1** ターバン、帽子、冠などに挿す花・真珠などの飾り **2** 花束 **3** (雄鳥)のとさか [Ar. *ṭurra*] ☞ತುರಾ (turā)

ತುರಿ[1] ⟦turi トゥリ⟧ [turi] ತುಱಿ *n.* **1** 掻くこと **2** 痒いこと、痒み **3** 疥癬 [*D2865]

ತುರಿ[2] ⟦turi トゥリ⟧ [turi] ತುರುವು *vt.* 〈ココヤシの実などを〉削る、削って〈中身を〉取り出す **—*n.*** **1** 削ったココナツの核、など **2** (削ってできた)穴 [Ka. D3339]

ತುರಿಕೆ ⟦turike トゥリケ⟧ [turĭke] ತುಱಿಕೆ *n.* **1** 痒いこと、痒み **2** 疥癬 [*tuṟi* + *-ke* *D2865]

ತುರಿಗಜ್ಜಿ ⟦turigajji トゥリガッジ⟧ [turĭgəʤʤi] *n.* 疥癬 [*turi*[1] + *kajji*]

ತುರಿಚೆ ⟦turice トゥリチェ⟧ [turĭʧe] ತುರಚಿ, ತುರಚೆ, ತುರಿಚೆ, ತುರುಚ, ತುರುಚಿ, ತುರುಚೆ, ತುಱಿಚೆ... *n.* ハッショウマメの一種(マメ科の一年生の植物、イラクサのように体に刺さると痒みを覚える) [Ka. *D2865] ☞ತುಱಿಚೆ (tuṟice)

ತುರಿಮಣೆ ⟦turimaṇe トゥリマネ⟧ [turimə ɳe] *n.* 乾いたココナツなどの堅い野菜を削る道具、おろし金[⇒図] [*turi*[2] + *maṇe*]

ತುರಿಮಣೆ
おろし金

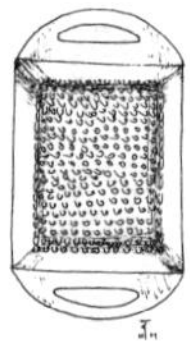

ತುರಿಸು ⟦turisu トゥリス⟧ [turĭsu] ತುಱಿಸು *vt.* 〈痒い所などを〉掻く [*turi*[1] + *-isu*]

ತುರೀಯ ⟦turīya トゥリーヤ⟧ [turiːjɐ] 《文》 *numr. adj.* 第4の [Sk.]

ತುರೀಯಾವಸ್ಥೆ ⟦turīyāvastʰe トゥリーヤーヴァステ⟧ [turiːjɐːvə̆stʰe] 《文》 *n.* 第四位、解脱 [Sk.]

ತುರುಕ ⟦turuka トゥルカ⟧ [turŭkɐ] *m.* 《*f.* ತುರುಕಿ (turuki)》 **1** トルコ人、トルコ共和国やトルコ民族に属する人 **2** ムスリム、イスラーム教徒 **—*n.*** トルコ共和国 [*turuku* ←Tk. + *-a*]

ತುರುಕು ⟦turuku トゥルク⟧ [turŭku] ತುಱುಕು *vt.* 詰め込む ¶ ಈ ಸೂಟ್ಕೇಸಿನಲ್ಲಿ ಇಷ್ಟು ಪುಸ್ತಕಗಳನ್ನು ತುರುಕಿದರೆ ಕೆಟ್ಟುಹೋಗುತ್ತವೆ. (ī sūṭkēsinalli iṣṭu pustakagaḷannu turukidare keṭṭuhōguttave.) このスーツケースにそんなに本を詰めこんだらつぶれてしまう。 [Ka. *D3367]

ತುರುಕಿಸು ⟦turukisu トゥルキス⟧ [turukĭsu] *vt.* **1** 詰め込ませる **2** 詰め込む [+ *-isu* caus.]

ತುರುಗ ⟦turuga トゥルガ⟧ [turŭgɐ] 《文》 *n.* [Sk. *turaga*] ☞ತುರಗ (turaga)

ತುರುಗಲು ⟦turugalu トゥルガル⟧ [turugəlu] 《古》 *n.* 群れ、多数の集まり、たくさん [Ka. *D3367] ☞ತುಱುಗಲ್ (tuṟugal)

ತುರುಗು ⟦turugu トゥルグ⟧ [turŭgu] ತುಱುಗು 《古》 *vi.* (濃度や密度が)高くなる **—*n.*** 雑踏、群衆 ☞ತುಱುಗು (tuṟugu) [Ka. *D3367]

ತುರುಪು[1] ⟦turupu トゥルプ⟧ [turŭpu] *n.* 切り札 [←Eg. *trump*]

ತುರುಪು[2] ⟦turupu トゥルプ⟧ [turupu] ತುರುಫು *n.* **1** (芸人などの)一団 **2** 軍隊 [Eg. *troupe*]

ತುರುಫು ⟦turupʰu トゥルプ⟧ [turupʰu] 《異》 *n.* 軍隊 ☞ತುರುಪು (turupu)[2]

ತುರುಬು ⟦turubu トゥルブ⟧ [turŭbu] ತುಱುಂಬು, ತುಱುಬು *vt.* 〈花などを〉(頭に)差し込む **—*n.*** 女性の頭髪のまげ ತುರುಬು (turubu) [Ka. D3367]

ತುರುವು ⟦turuvu トゥルヴ⟧ [turŭvu] ತುಱುಂಬು, ತುಱುಬು *vt.* 〈ココナツの核を〉削る **—*n.*** **1** 削ったココナツの核など **2** (削ってできた)穴 ☞ತುರಿ (turi)[2]

[Ka. D3339]

ತುರುಹು ⟦turuhu トゥルフ⟧ [turŭhu] 《古》 *n.* 雌牛 (*Gai index*) [Ka. D3534] ☞ತುಱು (tuṟu)[2]

ತುರ್ತು ⟦turtu トゥルトゥ⟧ [turtu] (*n.*) 緊急〈の〉 —*adv.* **1** 直ちに、即座に **2** 急いで [Sk. *turita-*]

ತುರ್ತುಪರಿಸ್ಥಿತಿ ⟦turtuparistʰiti トゥルトゥパリスティティ⟧ [turtŭpəristʰiti] *n.* 緊急事態、火急の場合 [+ *paristʰiti*]

ತುರ್ತುಸಭೆ ⟦turtusabʰe トゥルトゥサベ⟧ [turtusəbʰe] *n.* 緊急会議 [+ *vsabʰe*]

ತುರ್ಯ ⟦turya トゥリヤ⟧ [turˑjɐ] 《文》 *n.* 我がブラフマンと合一した状態 [Sk.]

ತುರ್ಯಾತೀತ ⟦turyātīta トゥリヤーティータ⟧ [turjɐːtiːtɐ] 《文》 *adj., m.* 《*f.* ತುರ್ಯಾತೀತಳು (turyātītaḷu)》生きているうちに解脱した〈人〉[Sk.]

ತುಲನ ⟦tulana トゥラナ⟧ [tulŏnɐ] 《文》 *n.* **1** 秤で計ること、計量 **2** 比較、比べること [Sk.]

ತುಲನಾತ್ಮಕ ⟦tulanātmaka トゥラナートマカ⟧ [tulŏnɐːtmŏkɐ] 《文》 *adj.* 比較の、比較による [Sk.]

ತುಲನಾತ್ಮಕ ಪದ್ಧತಿ ⟦tulanātmaka paddʰati トゥラナートマカパッダティ⟧ [tulŏnɐːtmŏkɐ pəddʰəti] 《文》 *n.* 比較による研究方法 [Sk.]

ತುಲನಾತ್ಮಕ ಭಾಷಾಶಾಸ್ತ್ರ ⟦tulanātmaka bʰāṣāśāstra トゥラナートマカバーシャーシャーストラ⟧ [tulŏnɐːtmŏkɐ bʰɐːʂɐːʃɐːstrɐ] 《文》 *n.* 比較言語学 [Sk.]

ತುಲನಾತ್ಮಕ ಸಾಹಿತ್ಯ ⟦tulanātmaka sāhitya トゥラナートマカサーヒティヤ⟧ [tulŏnɐːtmŏkɐ sɐːhitjɐ] 《文》 *n.* 比較文学 [Sk.]

ತುಲನೆ ⟦tulane トゥラネ⟧ [tulŏne] *n.* 比較 [Sk.]

ತುಲಸಿ ⟦tulasi トゥラシ⟧ [tulŏsi] *n.* 多くの家に神聖な植物として植えられているバジルの一種(シソ科) [Sk. *tulasī-*? T5885 ←Dr. D3357] ☞ತೊಳಸಿ (toḷasi)

ತುಲಾ ⟦tulā トゥラー⟧ [tulɐː] *n.* **1** (重さを計る)秤 **2** 天秤宮 [Sk.]

ತುಲಾಪುರುಷ ⟦tulāpuruṣa トゥラープルシャ⟧ [tulɐːpuruʂɐ] ತುಳಾಪುರುಷ *n.* 人間の体重に等しい金や装身具や砂糖などを(喜捨の目的で)量ること [Sk.] = ತುಲಾಭಾರ (tulābʰāra)

ತುಲಾಭಾರ ⟦tulābʰāra トゥラーバーラ⟧ [tulɐːbʰɐːrɐ] *n.* 人間の体重に等しい金や装身具や砂糖などを(喜捨の目的で)量ること [Sk.] = ತುಲಾಪುರುಷ (tulāpuruṣa)

ತುಲ್ಯ ⟦tulya トゥリャ⟧ [tulˑjɐ] 《文》 *adj.* **1** 比較可能な、比べられる **2** 同様な、似かよった、同等の [Sk.]

ತುಲ್ಯತೆ ⟦tulyate トゥリャテ⟧ [tulˑjŏte] 《古》 *n.* **1** 類似、似ていること **2** たとえ、比喩 ¶ ನೀನು ಕೊಟ್ಟ ತುಲ್ಯತೆ ನನಗೆ ಸಮಂಜಸ ಅನಿಸಲಿಲ್ಲ. (nīnu koṭṭa tulyate nanage samamjasa anisalilla.) 君のたとえは僕にはうまい比喩だとは思えなかった。 [Sk.]

ತುಲ್ಲು ⟦tullu トゥッル⟧ [tullu] 《方》 *n.* 〔俗〕女性の外陰部 [?]

ತುವರ ⟦tuvara トゥヴァラ⟧ [tuvŏrɐ] 《古》 *n.* 渋み [Ka. D3352] = ಒಗರು (ogaru) 〔汎〕

ತುಷಾರ ⟦tuṣāra トゥシャーラ⟧ [tuʂɐːrɐ] 《文》 *n.* **1** 雪 **2** 霜 **3** 露 [Sk.]

ತುಷಾರಾದ್ರಿ ⟦tuṣārādri トゥシャーラードリ⟧ [tuʂɐːrɐːdˑri] 《文》 *n.* ヒマラヤ山脈 [Sk.]

ತುಷ್ಟ ⟦tuṣṭa トゥシュタ⟧ [tuʂʈɐ] 《文》 *adj.m.* 満足した〈人〉、喜ばされた〈人〉[Sk.]

ತುಷ್ಟಿ ⟦tuṣṭi トゥシュティ⟧ [tuʂʈi] 《文》 *n.* 満足 [Sk.]

ತುಸ ⟦tusa トゥサ⟧ [tusɐ] ತುಸು, ತುಸುಕು *adj.* 少しの、わずかの ¶ ನನ್ನ ಹತ್ತಿರ ತುಸ ರೊಕ್ಕ ಇದೆ. (nanna hattira tusa rokka ide.) 私は少しお金を持っている。 —*adv.* **1** 少し ¶ ತುಸ ಮಾತಾಡು. (tusa mātāḍu.) 少し話しなさい。 **2** ちょっと(人にものを頼む時遠慮を表す言葉) ¶ ತುಸ ಮಾರ್ಕೆಟ್ಟಿಗೆ ಹೋಗಿ ಬಾ. (tusa mārkeṭṭige hōgi bā.) ちょっと市場へ行ってきて。 [?]

ತುಸು ⟦tusu トゥス⟧ [tusu] *adj., adv.* [?] ☞ತುಸ (tusa)

ತುಸುಕು ⟦tusuku トゥスク⟧ [tusŭku] 《‡》 *adj., adv.* [*tusu* + *-ku*] = ತುಸ (tusa)

ತುಳಕಲು ⟦tuḷakalu トゥラカル⟧ [tuɭŏkəlu] ತುೞಿಕಲು, ತುೞಿಕಲ *n.* 踏みつけること [Ka. *tuḷi* + *-kalu* *D3522]

ತುಳಕು[1] ⟦tuḷaku トゥラク⟧ [tuɭŏku] 《‡》 *n.* かけら (*Dhw.*(*Kitt.*)) [Ka. D3305, cf. D3522] ☞ತುಳುಕು (tuḷuku)[1]

ತುಳಕು[2] ⟦tuḷaku トゥラク⟧ [tuɭŏku] *vi.* **1** (水甕などに入れて運ぶ水などが)ぴちゃぴちゃ音を立てる **2** (水などが)あふれ出る (*My.*(*Kitt.*)) [Ka. D3359, D3361] ☞ತುಳುಕು (tuḷuku)[2]

ತುಳವ ⟦tuḷava トゥラヴァ⟧ [tuɭŏvɐ] *m.* 《*f.* ತುಳವಳು (tuḷavaḷu)》トゥル人 (*Čt.I,60* (*Kitt.*)) [Ka. D3363] ☞ತುಳುವ (tuḷuva)

ತುಳಸಿ ⟦tuḷasi トゥラシ⟧ [tuɭŏsi] *n.* トゥルシー(匂いのよいシソ科バジルの一種の灌木、ヒンドゥーの聖木、薬用) [Sk.] ☞ತೊಳಸಿ (toḷasi)

ತುಳಸಿಮಾಲೆ ⟦tuḷasimāle トゥラシマーレ⟧ [tuɭŏsimɐːle] *n.* トゥルシーの若枝で作った香りのよい輪 [Sk.]

ತುಳಸೀವೃಂದಾವನ ⟦tuḷasīvṛṃdāvana トゥラシーヴルンダーヴァナ⟧ [tuɭŏsiːvrɯndɐːvŏnɐ] *n.* トゥルシーの木を植える四角い台座[⇒図] [Sk.]

ತುಳಸೀವೃಂದಾವನ
トゥルシーの台座

ತುಳಾಪುರುಷ ⟦tuḷāpuruṣa トゥラープルシャ⟧ [tuɭɐːpuruʂɐ] *n.* 自分の体重に等しい金などを贈ること [Sk.] ☞ತುಲಾಪುರುಷ (tulāpuruṣa)

ತುಳಿ ⟦tuḷi トゥリ⟧ [tuɭi] ತುೞಿ[2] *vt.* **1** 足で踏む、踏みつける、踏みつぶす **2** 破壊する、殲滅(せんめつ)する **3** 制圧する、押さえ込む **4** 悩ます、苦しめる —*n.* 足で踏みつけること、踏みつぶすこと [Ka. *D3522]

ತುಳಿಯಿಸು ⟦tuḷiyisu トゥリイス⟧ [tuɭijisu] ತುೞಿಯಿಸು 《古》 *vt.* 踏みつけさせる [+ *-isu* caus. *D3522]

ತುಳಿಸು ⟦tuḷisu トゥリス⟧ [tuZisu] ತುಟಿಸು《古》*vt.* 踏みつけさせる [+ *-isu* caus. *D3522]

ತುಳಿಕು ⟦tuḷiku トゥリク⟧ [tuḷĭku]《‡》*vi.*（壺の中の水や油などが）ぴちゃぴちゃ揺れる (*My.* (*Kitt.*)) [Ka. D3359] ☞ತುಳುಕು (tuḷuku)

ತುಳಿತ ⟦tuḷita トゥリタ⟧ [tuḷĭtɐ] *n.* **1** 踏むこと、踏みつけること **2** 踏みつぶすこと [*tuḷi* + *-ta*]

ತುಳಿಲ್[1] ⟦tuḷil トゥリル⟧ [tuḷil] ತುಳಿಲು[1]《古》*n.* 勇猛 [Ka. *D3306] ☞ತುಱಿಲ್ (tuṟil)[1]

ತುಳಿಲ್[2] ⟦tuḷil トゥリル⟧ [tuḷil] ತುಳಿಲು[2]《古》*n.* 礼、敬礼、お辞儀 [Ka. *D3324, *D3325] ☞ತುಱಿಲ್ (tuṟil)[2]

ತುಳಿಲು[1] ⟦tuḷilu トゥリル⟧ [tuḷilu]《古》*n.* 勇猛 [Ka. *D3306] ☞ತುಱಿಲ್ (tuṟil)[1]

ತುಳಿಲು[2] ⟦tuḷilu トゥリル⟧ [tuḷilu]《古》*n.* 礼、敬礼、お辞儀 [Ka. *D3324, *D3325] ☞ತುಱಿಲ್ (tuṟil)[2]

ತುಳು ⟦tuḷu トゥル⟧ [tuḷu] ತುಳುವ *n.* **1** トゥル地方（カルナータカ州のアラビア海側最南端部） **2** トゥル語（ドラヴィダ語の一つ）[Ka. D3363]

ತುಳುಂಕು ⟦tuḷuṃku トゥルンク⟧ [tuḷŭŋku]《古》*vi.* **1**（壺の中の水や油などが）ぴちゃぴちゃ揺れる **2**（水などが）あふれて流れる —*vt.* **1**〈壺の中の水や油などを〉ぴちゃぴちゃ揺らす **2**〈水などを〉ぱらぱらと振りまく ☞ತುಳುಕು (tuḷuku) [Ka. D3359, D3361]

ತುಳುಕು ⟦tuḷuku トゥルク⟧ [tuḷŭku] ತುಳುಂಕು, ತುಳ್ಕು *vi.* **1**（壺の中の水や油などが）ぴちゃぴちゃ揺れる **2**（水などが）あふれて流れる —*vt.* **1**〈水滴などを〉振りまく、振りかける **2**〈水などを〉注ぐ、ぶちまける [Ka. D3361, D3359]

ತುಳುಕಾಡು ⟦tuḷukāḍu トゥルカードゥ⟧ [tuḷŭkɐːḍu] *vi.*（水甕などに入れて運ぶ水などが）ぴちゃぴちゃあふれる [+ *āḍu*[1]]

ತುಳುಕುವಿಕೆ ⟦tuḷukuvike トゥルクヴィケ⟧ [tuḷŭkuvike] *n.*（水甕などに入れて運ぶ水などが）ぴちゃぴちゃあふれること [Ka. D3361]

ತುಳುವ ⟦tuḷuva トゥルヴァ⟧ [tuḷŭvɐ] *m.*《*f.* ತುಳುವಳು (tuḷuvaḷu)》トゥル人 —*n.* トゥル語 [Ka. D3363]

ತುಳ್ಕು ⟦tuḷku トゥルク⟧ [tuḷku] *vi.*, *vt* [Ka. *D3359] ☞ತುಳುಕು (tuḷuku)

ತುಳ್ಳು ⟦tuḷḷu トゥッル⟧ [tuḷḷu]《‡》*vi.* **1** 転がる **2** 跳ねる、跳ぶ (*Kitt.*,*KPN*) [Ka. D3364]

ತುಳ್ಳಾಡು ⟦tuḷḷāḍu トゥッラードゥ⟧ [tuḷḷɐːḍu]《‡》*vi.* **1** 転げ回る **2** 跳び回る、跳ね回る (*Kitt.*,*KPN*) [+ *āḍu*]

ತುಱಕು ⟦tuṟaku トゥラク⟧ [tuṟəku]《‡》*vt.* 詰め込む (*My.*(*Kitt.*)) [Ka. D3367] ☞ತುರುಕು (turuku)[1]

ತುಱಗು ⟦tuṟagu トゥラグ⟧ [tuṟəgu]《‡》*n.* 群れ、多くのものの集まり (*J.4.44*(*Kitt.*)) [Ka. D3367] ☞ತುಱುಗು (tuṟugu)

ತುಱಚಿ ⟦tuṟaci トゥラチ⟧ [tuṟəʧi]《‡》*n.* ハッショウマメの一種（マメ科の一年生の植物、イラクサのように体に刺されば痒みを覚える）(*Kitt.*) [Ka. D2865] ☞ತುಱಿಚೆ (tuṟice)

ತುಱಿ ⟦tuṟi トゥリ⟧ [tuṟi]《古》*n.* **1** 痒み **2** 疥癬 **3** 性欲、淫欲 [Ka. D2865] ☞ತುರಿ (turi)[1]

ತುಱಿಕೆ ⟦tuṟike トゥリケ⟧ [tuṟike]《古》*n.* 痒み [Ka. D2865] ☞ತುರಿಕೆ (turike)

ತುಱಿಕೆಗಿಡ ⟦tuṟikegiḍa トゥリケギダ⟧ [tuṟikegiḍɐ]《古》*n.* イラクサの一種 [Ka. D2865]

ತುಱಿಚೆ ⟦tuṟice トゥリチェ⟧ [tuṟiʧe] ತುರಿಚೆ..., ತುಱಚಿ, ತುಱಿಚ, ತುಱಿಚೆ, ತುಱುಚ, ತುಱಿಚಿ, ತುಱುಚೆ《古》*n.* ハッショウマメの一種（マメ科の一年生の植物、イラクサのように体に刺されば痒みを覚える）[Ka. D2865] ☞ತುರಿಚೆ (turice)

ತುಱಿಸು ⟦tuṟisu トゥリス⟧ [tuṟisu]《古》*vt.*（痒いところなどを）掻く ☞ತುರಿಸು (turisu) [Ka. D2865]

ತುಱಿತ ⟦tuṟita トゥリタ⟧ [tuṟitɐ]《‡》*n.* 痒み (*My.*(*Kitt.*)) [Ka. D2865]

ತುಱು[1] ⟦tuṟu トゥル⟧ [tuṟu]《‡》*n.* 痒み (*My.* (*Kitt.*)) [Ka. D2865]

ತುಱು[2] ⟦tuṟu トゥル⟧ [tuṟu] ತುಱು, ತೊಱು《古》*n.* **1** 雌牛 **2**（集合的に）牛 [Ka. D3534]

ತುಱುಕಾಱ ⟦tuṟukāṟa トゥルカーラ⟧ [tuṟukɐːṟɐ]《古》*m.*《*f.* *ತುಱುಕಾರ್ತಿ (tuṟukārti)》羊飼い (*Hlâ.*(*Kitt.*)) [Ka. D3534]

ತುಱುಂಗಲ್ ⟦tuṟuṃgal トゥルンガル⟧ [tuṟuŋgəl] ತುರು-ಗಲು, ತುಱುಗಲ್, ತುಱುಗಲು《古》*n.* 群れ、多数の集まり、たくさん [Ka. D3367]

ತುಱುಂಬು ⟦tuṟuṃbu トゥルンブ⟧ [tuṟumbu]《古》*vt.*（頭の髪の束やまげに）〈花を〉差し込む —*n.* 頭部の髪の毛のまげ [Ka. D3367]

ತುಱುಕು ⟦tuṟuku トゥルク⟧ [tuṟuku]《古》*vt.* 詰め込む [Ka. D3367] ☞ತುರುಕು (turuku)[1]

ತುಱುಗಲ್ ⟦tuṟugal トゥルガル⟧ [tuṟugəl]《古》*n.* 群れ、多数の集まり [Ka. D3367] ☞ತುಱುಂಗಲ್ (tuṟuṃgal)

ತುಱುಗಲು ⟦tuṟugalu トゥルガル⟧ [tuṟugəlu]《古》*n.* [Ka. *D3367] ☞ತುಱುಂಗಲ್ (tuṟuṃgal)

ತುಱುಗ ⟦tuṟuga トゥルガ⟧ [tuṟugɐ]《‡》*n.* 群れ、集まり (*Šm.54*(*Kitt.*)) [Ka. D3367]

ತುಱುಗು ⟦tuṟugu トゥルグ⟧ [tuṟugu]《古》*vi.* ぎゅうぎゅう詰めになる、混み合う、いっぱいになる —*n.* 群れ、多数の集まり、たくさん ☞ತುಱುಗು (tuṟugu) [Ka. D3367]

ತುಱುಚಿ ⟦tuṟuci トゥルチ⟧ [tuṟuʧi]《古》*n.* ハッショウマメの一種（マメ科の一年生の植物、イラクサのように体に刺されば痒みを覚える）[Ka. D2865] ☞ತುರುಚೆ (turuce)

ತುಱುಚೆ ⟦tuṟuce トゥルチェ⟧ [tuṟuʧe]《古》*n.* ハッショウマメの一種（マメ科の一年生の植物、イラクサのように体に刺されば痒みを覚える）[Ka. D2865] ☞ತುರುಚೆ (turuce)

ತುಱುಜೆ ⟦turuje トゥルジェ⟧ [turudʒe] 《古》 *n.* ハッショウマメの一種(マメ科の一年生の植物、イラクサのように体に刺されば痒みを覚える) [Ka. *D2865] ☞ತುರುಚೆ (turuce)

ತುಱುಪು ⟦turupu トゥルプ⟧ [turupu] 《古》 *n.* (集合的に)雌牛(ṅai index) [Ka. D3534]

ತುಱುಬು ⟦turubu トゥルブ⟧ [turubu] 《古》 *vt.* **—*n.*** ☞ತುಱುಂಬು (turumbu) [Ka. *D3367]

ತುಱುವಳ ⟦turuvaḷa トゥルヴァラ⟧ [turuvəḷɐ] 《古》 *m.* 《*f.* ತುಱುವಳ್ತಿ (turuvaḷti)》牛飼い、牛の群れの持ち主 [Ka. D3534] ☞ತುಱುವಾಳ (turuvāḷa)

ತುಱುವಳ್ತಿ ⟦turuvaḷti トゥルヴァルティ⟧ [tuḷuvəḷti] 《古》 *f.* 《*m.* ತುಱುವಳ (turuvaḷa)》牛飼いの女性、牛飼いのカーストに属する女性 [Ka. D3534]

ತುಱುವಾಳ ⟦turuvāḷa トゥルヴァーラ⟧ [turuvɐːḷɐ] ತುರು-ವಳ, ತುಱುವಳ, ತೊಱುವಳ್ಳ, ತೊಱುವಾಳ 《古》 *f.* 牛飼いのカーストに属する男性、牛の群れの所有者 [Ka. D3534]

ತುೞಿ[1] ⟦tuḻi トゥリ⟧ [tuɻi] 《‡》 *vi.* くるくる回る (*Mr.219(Kitt.)*) [Ka. D2698(a)]

ತುೞಿ[2] ⟦tuḻi トゥリ⟧ [tuɻi] 《古》 *vt.* **1** 足で踏む、踏みつける、踏みつぶす **2** 破壊する、殲滅(せんめつ)する **3** 制圧する、押さえ込む **4** 悩ます、苦しめる **5** 〈汁を〉搾る **—*n.*** 足で踏みつけること、踏みつぶすこと ☞ತುಳಿ (tuḷi) [Ka. D3522]

ತುೞಿಯಿಸು ⟦tuḻiyisu トゥリイス⟧ [tuɻijisu] ತುೞಿಸು 《古》 *vt.* 踏みつけさせる [+ *-isu* caus. D3522] ☞ತುಳಿಯಿಸು (tuḷiyisu)

ತುೞಿಸು ⟦tuḻisu トゥリス⟧ [tuɻisu] ತುೞಿಯಿಸು 《古》 *vt.* 踏みつけさせる [+ *-isu* caus. D3522] ☞ತುಳಿಸು (tuḷisu)

ತುೞಿಕಲ್ ⟦tuḻikal トゥリカル⟧ [tuɻikəl] 《古》 *n.* **1** 踏みつけられたもの **2** しおれたもの [Ka. D3522]

ತುೞಿಕಲ ⟦tuḻikala トゥリカラ⟧ [tuɻikəlɐ] 《古》 *n.* しおれたもの [Ka. D3522]

ತುೞಿಲ್[1] ⟦tuḻil トゥリル⟧ [tuɻil] ತುಳಿಲ್, ತುಳಿಲು 《古》 *n.* 勇猛 [Ka. D3306]

ತುೞಿಲ್[2] ⟦tuḻil トゥリル⟧ [tuɻil] ತುಳಿಲ್, ತುಳಿಲು 《古》 *n.* **1** 礼、敬礼、お辞儀 **2** 召し使いや家来として仕えること、臣従 [Ka. D3324, D3325]

ತುೞಿಲ[1] ⟦tuḻila トゥリラ⟧ [tuɻilɐ] 《古》 *m.* 勇者、英雄 [Ka. *tuḻil* + *-a* *D3306]

ತುೞಿಲ[2] ⟦tuḻila トゥリラ⟧ [tuɻilɐ] 《古》 *m.* **1** 召し使い、家来 **2** ハリジャン [Ka. D3324, D3325]

ತುೞಿಹ ⟦tuḻiha トゥリハ⟧ [tuɻiha] 《古》 *n.* 汁を搾ること [Ka. D3522]

ತೂ ⟦tū トゥー⟧ [tuː] ಥೂ (*n.*) ちゅっ(唾を吐く時の音を表す擬音語) **—*intrj.*** ちぇっ(軽蔑や嫌悪を表す間投詞) [Ka. D3323]

ತೂಂಕಡಿಕೆ ⟦tūṃkaḍike トゥーンカディケ⟧ [tuːŋkəḍĭke] 《古》 *n.* 眠気、眠いこと [*tūṃkaḍu* + *-ike*] ☞ತೂಕಡಿಕೆ (tūkaḍike)

ತೂಂಕು ⟦tūṃku トゥーンク⟧ [tuːŋku] 《古》 *vt.* 《*fut.* ತೂಂಪ್-, ತೂಂಬ್-, ತೂಪ್- (tūṃp-, tūṃb-, tūp-)》 **1** (…の)重量を測る、(…の)計量をする **2** 〈ゆりかごや頭など持ち上げたものを〉揺する **—*vi.*** ぶら下がる;(ぶら下がったものが)揺れる、(頭が眠気で)揺れる **—*n.*** 揺れること ☞ತೂಗು (tūgu) 〔汎〕 [Ka. D3376(a)]

ತೂಂತಿಱಿ ⟦tūṃtiri トゥーンティリ⟧ [tuːntiri] 《古》 *vi.* **1** (水などの)ごく小さなしずくを噴き出す **2** 吹く [Ka. *tūṃtu* < ? + *iri* D3323]

ತೂಂತು ⟦tūṃtu トゥーントゥ⟧ [tuːntu] 《古》 *n.* 穴 [Ka. D3399(b)] ☞ತೂತು (tūtu) 〔汎〕

ತೂಂಬು ⟦tūṃbu トゥーンブ⟧ [tuːmbu] *n.* **1** くりぬいた穴、削孔 **2** 管、チューブ **3** 水門、堰止め門 [Ka. D3389] ☞ತೂಬು (tūbu)

ತೂಕ ⟦tūka トゥーカ⟧ [tuːkɐ] *n.* **1** 重量、重さ **2** 金貨「ヴァラハ」の重量 **3** (社会などにおける)重要性、地位、威信 [Ka. D3376]

ತೂಕಡಿಕೆ ⟦tūkaḍike トゥーカディケ⟧ [tuːkəḍĭke] ತೂಂಕ-ಡಿಕೆ, ತೂಗಡಿಕೆ *n.* 眠気、眠いこと ◇ *vi.* —ಹತ್ತು (hattu) うとうとする [*tūkaḍu* + *-ike*]

ತೂಕಡು ⟦tūkaḍu トゥーカドゥ⟧ [tuːkəḍu] ತೂಂಕಡ, ತೂಂ-ಕಡು *vi.* **1** うとうとすること、こっくりこっくり居眠りをすること **2** 眠り、睡眠 [*tūku* + *aḍu* < ?]

ತೂಕಡಿಸು ⟦tūkaḍisu トゥーカディス⟧ [tuːkəḍĭsu] ತೂಂಕ-ಡಿಸು *vi.* **1** こっくりこっくり居眠りをする **2** (計画などが)中止されたままになる、棚上げになる [*tūkaḍu* + *-isu*]

ತೂಕಿಕೆ ⟦tūkike トゥーキケ⟧ [tuːkike] 《‡》 *n.* 重さを計ること (*My.(Kitt.)*) [Ka. D3376(a)]

ತೂಕು ⟦tūku トゥーク⟧ [tuːku] *vt.* 〈…の〉重さを計る **—*vi.*** ぶらぶら揺れる **—*n.*** 揺れること ☞ತೂಗು (tūgu) [Ka. D3376(a)]

ತೂಗಡಿಕೆ ⟦tūgaḍike トゥーガディケ⟧ [tuːgəḍike] *n.* こっくりこっくり居眠りをすること [Ka. *tūgaḍu* + *-ike*]

ತೂಗಿಕೆ ⟦tūgike トゥーギケ⟧ [tuːgike] 《古》 *n.* 計量、重さを計ること [*tūku* + *-ike* D3376]

ತೂಗಾಟ ⟦tūgāṭa トゥーガータ⟧ [tuːgɐːṭɐ] *n.* **1** ぶらぶら揺れること、振り子運動をすること、前後に揺れること **2** (心の)動揺、ぐらつき、ためらい [*tūgu* + *āṭa*]

ತೂಗಾಡಿಸು ⟦tūgāḍisu トゥーガーディス⟧ [tuːgɐːḍĭsu] *vt.* ぶらぶら揺らせる、ふりこ運動をさせる、ぶら下げる [caus.]

ತೂಗು ⟦tūgu トゥーグ⟧ [tuːgu] ತೂಂಕು, ತೂಕು *vt.* **1** 〈ブランコやゆりかごなどを〉揺らす **2** 〈…の〉重さを計る、計量する **3** 〈ある計画などの〉長所や短所を吟味する ¶ ನಾನು ಚುನಾವಣೆಯಲ್ಲಿ ನಿಲ್ಲಬೇಕೋ ಬೇಡವೋ ಎಂದು ತೂಗಿ ನೋಡಿದೆ. (nānu cunāvaṇeyalli nillabēkō bēḍavō eṃdu tūgi nōḍide.) 私は選挙に立候補すべきかどうかとよくよく考えてみた。 **—*vi.***

ತೂಗುಯ್ಯಾಲೆ 440 ತೂಳು¹

ぶら下がる、ぶらぶら揺れる —*n.* 1 揺れること、振り子運動 2 計量、重さを計ること [Ka. D3376(a)]

ತೂಗಾಡು ⟦tūgāḍu トゥーガードゥ⟧ [tu:gɐ:ḍu] *vi.* 1 ぶらぶら揺れる、振り子運動をする、前後に揺れる 2 よろめく、千鳥足で歩く 3（心が）動揺する、ぐらつく、ためらう [+ *āḍu*]

ತೂಗಿಸು ⟦tūgisu トゥーギス⟧ [tu:gĭsu] *vt.* 1 重さを計らせる、計量させる 2〈家計などを〉何とかやって行く、やりくりする ¶ ನನ್ನ ಸಂಬಳದಲ್ಲಿ ಸಂಸಾರ ತೂಗಿಸುವುದು ಕಷ್ಟ. (nanna saṃbaḷadalli saṃsāra tūgisuvudu kaṣṭa.) 僕の月給で家計をやりくりするのは困難だ。[+ *-isu* caus. D3376(a)]

ತೂಗುದೀಪ ⟦tūgudīpa トゥーグディーパ⟧ [tu:gŭdi:pɐ] *n.* 天井や柱などから吊り下げる灯明 [+ *dīpa*]

ತೂಗುಸೇತುವೆ ⟦tūgusētuve トゥーグセートゥヴェ⟧ [tu:gŭ se:tuve] *n.* 吊り橋 [*tūgu* + *sētuve*]

ತೂಗುಯ್ಯಾಲೆ ⟦tūguyyāle トゥーグイヤーレ⟧ [tu:guĭjɐ:le] *n.* 1 ブランコ 2 心の定まらないこと、決断できない状態 ◇ *vi.* —ಆಗು, ಆಡು (āgu, āḍu) 心が揺れる [*tūgu* + *uyyāle*] = ಉಯ್ಯಾಲೆ (uyyāle)

ತೂಗುಹಲಗೆ ⟦tūguhalage トゥーグハラゲ⟧ [tu:gŭhəlŏge] *n.*（ぶら下げて固定する商店などの）看板 [*tūgu* + *halage*]

ತೂಣ¹ ⟦tūṇa トゥーナ⟧ [tu:ɳɐ]《古》*n.* 逆上、狂乱 [Ka. D3354] ☞ತೂಳ (tūḷa)

ತೂಣ² ⟦tūṇa トゥーナ⟧ [tu:ɳɐ] ತೂನ《文》*n.* 柱 [Ka. A44, Sk.*sthūṇā-*]

ತೂಣಿ ⟦tūṇi トゥーニ⟧ [tu:ɳi]《文》*n.* 箙(えびら) [Sk.] = ಬತ್ತಳಿಕೆ (battaḷike)

ತೂಣೀರ ⟦tūṇīra トゥーニーラ⟧ [tu:ɳi:rɐ]《文》*n.* 箙(えびら) [Sk.]

ತೂತು ⟦tūtu トゥートゥ⟧ [tu:tu] ತೂಂತು *n.* 穴 [Ka. D3399(b)]

ತೂತುಕೊರೆ ⟦tūtukore トゥートゥコレ⟧ [tu:tŭkore] *vi.* 《*dat., loc.*》穴を掘る [+ *kore*]

ತೂನ ⟦tūna トゥーナ⟧ [tu:nɐ]《文》*n.* 柱 [Ka. A44, Sk. *sthūṇā-*] ☞ತೂಣ (tūṇa)

ತೂಪರ ⟦tūpara トゥーパラ⟧ [tu:pə̆rɐ] ತುಂಬುರು, ತುಪರ, ತೂಪುರ, ತೂಪ, ತೂಬರ, ತೂಬರೆ *vi.* 木の名前（赤色の果実は強い接着剤として用いられ、葉はビーリーを巻くために用いられる）[Ka. *D3398] = ಬಂದದ ಮರ (baṃdada mara)〔汎〕*[IMP 2.338]

ತೂಪರು ⟦tūparu トゥーパル⟧ [tu:pə̆ru] *n.* 霧雨、小糠雨 [Ka. *D3398]

ತೂಪರೆ ⟦tūpare トゥーパレ⟧ [tu:pə̆re]《‡》*n.* [Ka. D3329] (*My.(Kitt.)*)

ತೂಪಱು ⟦tūpaṟu トゥーパル⟧ [tu:pəru]《‡》*vi.* [Ka. D3398] (*My.(Kitt.)*) ☞ತೂಪರ (tūpara)

ತೂಪು ⟦tūpu トゥープ⟧ [tu:pu]《‡》*vt.* 唾を吐く (*Čpr.3(Kitt.)*) [Ka. D3323]

ತೂಪುರ ⟦tūpura トゥープラ⟧ [tu:pŭrɐ]《古》*n.* [Ka. *D3398] ☞ತೂಪರ (tūpara)

ತೂಪ್ರ ⟦tūpra トゥープラ⟧ [tu:prɐ]《古》*n.* [Ka. *D3398] ☞ತೂಪರ (tūpara)

ತೂಬರ ⟦tūbara トゥーバラ⟧ [tu:bə̆rɐ]《古》*n.* [Ka. *D3398] ☞ತೂಪರ (tūpara)

ತೂಬರೆ ⟦tūbare トゥーバレ⟧ [tu:bəre]《古》*n.* [Ka. D3329] (*My.(Kitt.)*) ☞ತೂಪರ (tūpara) = ಬಂದದ ಮರ (baṃdada mara)〔汎〕

ತೂಬು ⟦tūbu トゥーブ⟧ [tu:bu] *n.* 1 管、チューブ 2（車の）こしき 3 水門、堰止め門 4 斧や鍬(くわ)などの柄を通す穴 [Ka. D3389]

ತೂರು¹ ⟦tūru トゥール⟧ [tu:ru] ತೂಱು¹ *vi.*（雨が）霧のように降る [Ka. *tūṟu*¹ D3398]

ತೂರು² ⟦tūru トゥール⟧ [tu:ru] ತೂಱು, ದೂರು *vt.* 狭い穴に入る、狭い穴を通り抜ける [Ka. *tūṟu* *D3399(a)] ☞ತೂಱು (tūṟu)²

ತೂರಿಸು ⟦tūrisu トゥーリス⟧ [tu:rĭsu] *vt.* 狭い穴などに入らせる、狭い穴などを通らせる、〈糸を〉針の穴に通す [+ *-isu* caus. *D3398(a)]

ತೂರು³ ⟦tūru トゥール⟧ [tu:ru]《方》*vi.* 下痢する [Ka. D3400] (Hav.)

ತೂರು⁴ ⟦tūru トゥール⟧ [tu:ru] ದೂರು *vt.* 1〈穀物を〉簸(ひ)る 2 撒き散らす 3 放棄する、除く 4〈金や財産を〉無駄使いする、浪費する、蕩尽する [Ka. ತೂಱು (tūṟu) D3402]

ತೂರಾಡು ⟦tūrāḍu トゥーラードゥ⟧ [tu:rɐ:ḍu] *vi.* 1 揺れる、ゆっくりと往復運動をする 2 ふらふら歩く、よたよた歩く —*vt.*〈金や財産を〉無駄使いする、浪費する、蕩尽する [+ *-āḍu*]

ತೂರಿಸು ⟦tūrisu トゥーリス⟧ [tu:risu] *vt.*〈穀物を〉簸(ひ)らせる [+ *-isu* caus.]

ತೂರಾಯ ⟦tūrāya トゥーラーヤ⟧ [tu:rɐ:jɐ] *n.* ターバンや帽子や冠などに挿す花や真珠などの飾り [Ar. *ṭurra*] ☞ತುರಾಯ (turāya)

ತೂರಾಯಿ ⟦tūrāyi トゥーラーイ⟧ [tu:rɐ:ji] *n.* ターバンや帽子や冠などに挿す花や真珠などの飾り [Ar. *ṭurra*] ☞ತುರಾಯಿ (turāyi)

ತೂಳ್ ⟦tūḷ トゥール⟧ [tu:ɭ]《古》*vi.* 増す、増大する —*vt.* 増す、増大させる —*n.* 激しい興奮、熱狂 [Ka. *D3354]

ತೂಳ ⟦tūḷa トゥーラ⟧ [tu:ɭɐ] ತೂಣ, ತೂಳು¹《古》*n.* 1 激しい興奮、熱狂 2 悪鬼や悪霊にとり憑かれること、悪鬼や悪霊にとり憑かれておこる狂気 3 欲望、欲求、強い願い [Ka. *D3354]

ತೂಳಗ ⟦tūḷaga トゥーラガ⟧ [tu:ɭə̆gɐ]《古》*n.* 1 興奮、熱狂 2 悪鬼や悪霊にとり憑かれること、悪鬼や悪霊にとり憑かれておこる狂気 —*m.* 《*f.* *ತೂಳಗಿತ್ತಿ (tūḷagitti)》逆上した人 [Ka. D3354]

ತೂಳು¹ ⟦tūḷu トゥール⟧ [tu:ɭu]《古》*n.* 激しい興奮、熱狂 [Ka. D3354]

ತೂಳು² ⟦tūḷu トゥール⟧ [tuːḷu] 《古》 *vt.*《過去語幹 tūḷt-, tūḷd-》 1 追いかける、追跡する 2 追い払う、撃退する 3 引っ張る 4 増やす、増大させる 5 押す、押しのける —*vi.* 1 退却する、退く 2 膨れ上がる、高まる 3 無理やりに進む、人を押しのけて進む 4 揺れる 5 増える、増大する [Ka. D3395, cf. D3354]

ತೂಳಿಸು ⟦tūḷisu トゥーリス⟧ [tuːḷĭsu] 《古》 *vi.* 1 撃退する、追い払う 2 駆る、前進させる [Ka. D3395, cf. D3354]

ತೂಳ್ದು ⟦tūḷdu トゥールドゥ⟧ [tuːḷdu] 《古》 *vt.* 1 撃退する、追い払う 2 取り去る、取り除く 3〈他人の意見を〉論駁する、論破する —*vi.* 退却する、退く [Ka. D3395]

ತೂಱಲು ⟦tūṟalu トゥーラル⟧ [tuːṟəlu] 《古》 *vi.* 糠雨が降る (*My.* (*Kitt.*)) [Ka. D3398]

ತೂಱು¹ ⟦tūṟu トゥール⟧ [tuːṟu] 《古》 *vi.* 糠雨となって降る —*vt.* 糠雨のように降らせる ☞ತೂರು (tūru) [Ka. D3398]

ತೂಱು² ⟦tūṟu トゥール⟧ [tuːṟu] 《‡》 *vt.*〈狭い所へ〉入る (*My.* (*Kitt.*)) [Ka. D3399(a)] ☞ತೂರು (tūru)²

ತೂಱಿಸು¹ ⟦tūṟisu トゥーリス⟧ [tuːṟisu] 《古》 *vt.* 入らせる (*My.* (*Kitt.*)) [Ka. D3399(a)]

ತೂಱು³ ⟦tūṟu トゥール⟧ [tuːṟu] 《古》 *vt.* 1〈穀物を〉簸る 2 投げる、撒き散らす 3 取り除く [Ka. D3402] ☞ತೂರು (tūru)³

ತೂಱಿಸು² ⟦tūṟisu トゥーリス⟧ [tuːṟisu] 《古》 *vt.* 箕を使った穀物の選別を行わさせる [+ *-isu* caus.]

ತೃಣ ⟦tṛṇa トゥルナ⟧ [trɯɳɐ/truɳɐ] 《文》 *n.* 1 草、藁 2 つまらないもの、価値がないもの [Sk.]

ತೃಣಪ್ರಾಯ ⟦tṛṇaprāya トゥルナプラーヤ⟧ [trɯɳə̆prɐːjɐ] 《文》 *adj.* (藁くずのように)価値がない、つまらない、重要でない [Sk.]

ತೃಣಮಣಿ ⟦tṛṇamaṇi トゥルナマニ⟧ [trɯɳə̆məɳi] 《文》 *n.* 琥珀 [Sk.] = ಅಂಬರ್ (aṃbar)〔口〕

ತೃಣಮಾತ್ರ ⟦tṛṇamātra トゥルナマートラ⟧ [trɯɳə̆mɐːtrɐ] 《文》 (*n.*) 無価値〈の〉、くだらない〈もの〉 [Sk.]

ತೃಣೀಕರಿಸು ⟦tṛṇīkarisu トゥルニーカリス⟧ [trɯɳiːkərĭsu] 《文》 *vt.* 軽んじる、軽視する、蔑視する、侮る [Sk.]

ತೃತೀಯ ⟦tṛtīya トゥルティーヤ⟧ [trɯtiːjɐ] 《文》 *numr.adj.* 3番目の、第3の —*n.* 〔言〕 具格 [Sk.]

ತೃತೀಯೆ ⟦tṛtīye トゥルティーエ⟧ [trɯtiːje] *n.* 太陰暦の白分または黒分の第3日 [Sk.]

ತೃಪ್ತ ⟦tṛpta トゥルプタ⟧ [trɯptɐ/truptɐ] 《文》 *adj., m.* 満足した〈人〉、喜んだ〈人〉、満ち足りた〈人〉 [Sk.]

ತೃಪ್ತಿ ⟦tṛpti トゥルプティ⟧ [trɯpti/trupti] *n.* 満足、満ち足りたこと [Sk.]

ತೃಪ್ತಿಕರ ⟦tṛptikara トゥルプティカラ⟧ [trɯptikərɐ] *adj.* 十分な、満足しうる、満足を与える [Sk.]

ತೃಪ್ತಿಗೊಳಿಸು ⟦tṛptigoḷisu トゥルプティゴリス⟧ [trɯptigo̥ḷisu] 《文》 *vt.* 満足を与える、喜ばせる [*tṛpti* + *koḷisu*] = ತೃಪ್ತಿಪಡಿಸು (tṛptipaḍisu)

ತೃಪ್ತಿಗೊಳ್ಳು ⟦tṛptigoḷḷu トゥルプティゴッル⟧ [trɯptigo̥ḷḷu] 《文》 *vi.* 満足する、喜ぶ [+ *koḷḷu*] = ತೃಪ್ತಿಪಡು (tṛptipaḍu)

ತೃಷೆ ⟦tṛṣe トゥルシェ⟧ [trɯʂe/truʂe] 《文》 *n.* 1 喉の渇き 2 欲望、渇望、切望 [Sk.] = ತೃಷ್ಣೆ (tṛṣṇe)

ತೃಷ್ಣೆ ⟦tṛṣṇe トゥルシュネ⟧ [trɯʂɳe/truʂɳe] 《文》 *n.* [Sk.] ☞ತೃಷೆ (tṛṣe)

-ತೆ¹ ⟦-te -テ⟧ [te] 《古》 *suf.* 古カンナダ語動詞に付けて動作を表す名詞を作る接尾辞、例えば ಪೊಗೞ್ (pogaṟ)「褒める」+ -ತೆ (-te) ⇒ ಪೊಗೞ್ತೆ (pogaṟte)「賞賛」 [Ka.?]

-ತೆ² ⟦-te -テ⟧ [te] *suf.* 主としてサンスクリット語の形容詞から状態または性質を表す名詞を作る接尾辞、例えば、ಶುದ್ಧ (śuddʰa)「清潔な」⇒ ಶುದ್ಧತೆ (śuddʰate) 清潔、ವಕ್ರ (vakra)「曲がった」⇒ ವಕ್ರತೆ (vakrate)「曲がったこと」 [Sk. *-tā*]

ತೆಂ- ⟦teṃ- テン-⟧ [tem] *pref.* 「南…」の意味を表す接頭辞 ¶ ತೆಂಗಾಳಿ (teṃgāḷi) 南風 [Ka. *D3408]

ತೆಂಕಣ ⟦teṃkaṇa テンカナ⟧ [teŋkə̆ɳɐ] *n.* 1 南、南方 2 南の境界 —*adj.* 南の、南方の —*mf.*《古》南方の人 = ದಕ್ಷಿಣ (dakṣiṇa) [Ka. D3449]

ತೆಂಕಲ್ ⟦teṃkal テンカル⟧ [teŋkəl] 《古》 *adj.* 南の、南方の —*n.* 南、南方 ☞ತೆಂಕಲು (teṃkalu) [Ka. D3449]

ತೆಂಕಲು ⟦teṃkalu テンカル⟧ [teŋkəlu] ಟೆಂಕಲು, ತೆಂಕಲ್ *adj.* 南の、南方の —*n.* 南、南方 ☞ಟೆಂಕಲು (ṭeṃkalu) [Ka. *D3449]

ತೆಂಕು¹ ⟦teṃku テンク⟧ [teŋku] ಟೆಂಕ, ತೆಂಕ *n.* 南、南方 [Ka. D3449]

ತೆಂಕು² ⟦teṃku テンク⟧ [teŋku] 《‡》 *vi.* 浮かぶ、泳ぐ (*Śmd.*(*Kitt.*)) [Ka. D3464]

ತೆಂಗಡೆ ⟦teṃgaḍe テンガデ⟧ [teŋgə̆ḍe] *n.* 南、南方 —*adv.* 南へ、南方へ [Ka. *teṃ-* + *kaḍe*]

ತೆಂಗಾಯ್ ⟦teṃgāy テンガーイ⟧ [teŋgɐːĭ] ತೆಂಗಾಯಿ, ತೆಂಗುಗಾಯ್, ತೆಀಂಗಾಯ್ *n.* ココナツ、ココヤシの実 [Ka. *teṃgu* + *kāy* D3408]

ತೆಂಗಾಯಿ ⟦teṃgāyi テンガーイ⟧ [teŋgɐːji] *n.* [Ka. *teṃgu* + *kāyi* D1459] ☞ತೆಂಗಾಯ್ (teṃgāy)

ತೆಂಗಾಳಿ ⟦teṃgāḷi テンガーリ⟧ [teŋgɐːḷi] *n.* 南風 [Ka. *teṃ-* + *gāḷi*]

ತೆಂಗು ⟦teṃgu テング⟧ [teŋgu] *n.* ココヤシ、ココヤシの実 [Ka. D3408]

ತೆಂಟು ⟦teṃṭu テントゥ⟧ [teɳʈu] ತೆವಟು 《古》 *vt.*〈穀物を〉箕で簸る [Ka. D3435]

ತೆಂಗುಗಾಯ್ ⟦teṃgugāy テングガーイ⟧ [teŋgugɐːĭ] 《異》 *n.* [Ka. *teṃgu* + *kāyi* *D1459] ☞ತೆಂಗಾಯ್ (teṃgāy)

ತೆಂಬು ⟦teṃbu テンブ⟧ [tembu] 《古》 *n.*《複合語頭で》南 ¶ ತೆಂಬೆರಲ್ (teṃberal) 南風 [Ka. D3449]

ತೆಂಬೆಲರ್ ⟦teṃbelar テンベラル⟧ [tembelər] 《古》 *n.*《複合語頭で》南風 [Ka. *teṃbu* + *elar*「風」*D3449]

ತೆಕ್ಕನೆ ⟦tekkane テッカネ⟧ [tekkəne] 《古》 *adv.* 1 直ちに、すぐさま 2 大いに、非常に (*Kitt.*) [? + *ane*]

ತೆಕ್ಕು ⟦tekku テック⟧ [tekku] 《‡》 *vt.* 浮かせる、浮遊させる (*Abh.P.6,169(Kitt.)*) —*vi.* 気を失う、意識を失う (*Bh.3,8,20(Kitt.)*) [Ka. D3464]

ತೆಕ್ಕೆ¹ ⟦tekke テッケ⟧ [tekke] *n.* 1 両手で抱きしめること、抱擁 2 両手で抱えられるだけの薪などの束 3 ぐるぐる巻いたもの、(蛇の)とぐろ 4 頭の上に載せる壺の下に敷く藁やつる草を巻いて作った輪 [Ka. *taṟke* D3116]

ತೆಕ್ಕೆಗಟ್ಟು¹ ⟦tekkegaṭṭu テッケガットゥ⟧ [tekkegəṭṭu] *vi.* 1 抱き合う 2 (蛇などが)とぐろを巻く 3 固まる、凝固する ¶ ಹಾಲು ತೆಕ್ಕೆ ಗಟ್ಟಿದೆ. (hālu tekke gaṭṭide.) 牛乳が固まった。 [+ *kaṭṭu*]

ತೆಕ್ಕೆ² ⟦tekke テッケ⟧ [tekke] *n.* 群衆、(蟻、ミツバチなどの)群れ、(果物などの)山 ¶ ಕಾಲಿಗೆ ಒಂದು ತೆಕ್ಕೆ ಮುಳ್ಳು ಚುಚ್ಚಿಕೊಂಡಿತು. (kālige oṃdu tekke muḷḷu cuccikoṃḍitu.) 足にたくさんの刺が刺さった。 [?]

ತೆಕ್ಕೆಗಟ್ಟು² ⟦tekkegaṭṭu テッケガットゥ⟧ [tekkegəṭṭu] *vi.* (蟻やハチなどが)群がる、(群衆が)集まる、(果物などが)山積みされる [+ *kaṭṭu*]

ತೆಕ್ಕೆಯಿಸು ⟦tekkeyisu テッケイス⟧ [tekkejisu] 《古》 *vi.* 群がる [Ka. *tekke²* + *-isu*]

ತೆಕ್ಕೆಯ್ಸು ⟦tekkeysu テッケイス⟧ [tekkeĭsu] 《古》 *vt.* 触れる、〈…に〉着く [Ka. *D3116] ☞ತಟ್ಕೈಸು (taṟkaisu)

ತೆಗಡೆ ⟦tegaḍe テガデ⟧ [tegəḍe] 《‡》 *n.* ヒルガオ科の多年生のつる草の一種(根が薬用) [Ka. D3199] = ತಿಗಡೆ (tigaḍe)

ತೆಗಲ್ ⟦tegal テガル⟧ [tegəl] 《‡》 *n.* 肩 (*Kk.87(Kitt.)*) [Ka. D2696]

ತೆಗಲೆ ⟦tegale テガレ⟧ [tegəle] 《古》 *n.* 1 胸 (*Pb.11.136*) 2 肩 3 高慢、傲慢;うぬぼれ [Ka. D3206]

ತೆಗಳ್ ⟦tegaḷ テガル⟧ [tegəḷ] 《古》 *vt.* 叱る、問責する、非難する [Ka. D3404] ☞ತೆಗಱ್ (tegaṟ)

ತೆಗಳಿ ⟦tegaḷi テガリ⟧ [tegəḷi] 《‡》 *n.* [?] (*G.* (*Kitt.*)) ☞ತೇಮಳು (tēmaḷu)

ತೆಗಳು ⟦tegaḷu テガル⟧ [tegəḷu] *vt.* 叱る、叱責する、非難する ◇ *caus.* ತೆಗಳಿಸು (tegaḷisu) [Ka. D3404] ☞ತೆಗಱ್ (tegaṟ)

ತೆಗಳಿಕೆ ⟦tegaḷike テガリケ⟧ [tegəḷĭke] *n.* 問責、非難 [*tegaḷu* + *-ike*]

ತೆಗಱ್ ⟦tegaṟ テガル⟧ [tegəɻ] ತೆಗಳ್, ತೆಗಳು 《古》 *vt.* 1 非難する、責める 2 からかう、愚弄する —*n.* 1 非難、問責 2 からかい、嘲笑, あざけり [Ka. D3404]

ತೆಗಱಿಸು ⟦tegaṟisu テガリス⟧ [tegəɻisu] ತೆಗಳಿಸು 《古》 *vt.* 非難させる、叱責させる [Ka. D3404]

ತೆಗಱ್ಕೆ ⟦tegaṟke テガルケ⟧ [tegəɻke] 《古》 *n.* 1 非難、叱責 2 からかい、嘲笑, あざけり [Ka. *tegaṟ* + *-ke*]

ತೆಗಿ ⟦tegi テギ⟧ [tegi] 《‡》 *vt.* 取る、取り去る、取り除く (*Si.112(Kitt.)*) [Ka. D3406, D3407]

ತೆಗು ⟦tegu テグ⟧ [tegu] 《‡》 *vt.* 取る、取り去る、取り除く (*Bp.32, 52(Kitt.)*) [Ka. D3406, D3407]

ತೆಗೆ¹ ⟦tege テゲ⟧ [tege] *vt.* 1 〈あって欲しくないものを〉除く、取り除く、取り外す ¶ ಈ ಹಲ್ಲನ್ನು ತೆಗೆಯಬೇಕು. (ī hallannu tegeyabēku.) この歯は抜かねばなりません。 2 買う、購入する ¶ ಹಬ್ಬಕ್ಕೆ ಹೊಸ ಹೊಸ ಬಟ್ಟೆ ತೆಗೆಯಬೇಕು. (habbakke hosa hosa baṭṭe tegeyabēku.) 祭りのために新しい衣類を買わねばなりません。 3 盗む ¶ ನನ್ನ ಜೇಬಿನಿಂದ ಯಾರೋ ಹಣ ತೆಗೆದರು. (nanna jēbiniṃda yārō haṇa tegedaru.) 誰かがポケットの金を盗んだ。 4 (多数または多量の中から)〈一部を〉取り出すまたは選ぶ ¶ ಅಕ್ಕಿಯಿಂದ ಕಲ್ಲು ತೆಗೆ. (akkiyiṃda kallu tege.) 米の中から小石を取り除きなさい。 5 (あるものから)〈ある物質を〉取り出す、抽出する ¶ ಇದು ಸಮುದ್ರದ ನೀರಿನಿಂದ ಶುದ್ಧ ಉಪ್ಪು ತೆಗೆಯುವ ಯಂತ್ರ. (idu samudrada nīriniṃda śuddʰa uppu tegeyuva yaṃtra.) これは海水から塩を取り出す機械だ。¶ ರೋಗಿಗೆ ಮೋಸಂಬಿ ಹಣ್ಣಿನ ರಸ ತೆಗೆದು ಕೊಡಿರಿ. (rōgige mōsaṃbi haṇṇina rasa tegedu koḍiri.) モーサンビー(ミカン科の果物の一種)の汁を搾って病人に飲ませなさい。 6 〈扉、箪笥などを〉開く 7 〈線を〉引く、〈絵や地図を〉描く ¶ ಮಗು ಪುಸ್ತಕದ ತುಂಬ ಪೆನ್ಸಿಲ್ಲಿನ ಗೆರೆ ತೆಗೆದಿದೆ. (magu pustakada tuṃba pensillina gere tegedide.) 子どもがこの本のいたるところに鉛筆で線をひきまくった。 8 〈火や電気を〉消す ¶ ಅಡಿಗೆಮನೆಯ ಲೈಟ್ ತೆಗೆಯಿರಿ. (aḍigemaneya laiṭ tegeyiri.) 台所の灯を消してください。 9 〈ある形を〉取る ¶ ಅರಸ ಪಕ್ಷಿಯಾಗಿ ಜನ್ಮವನ್ನು ತೆಗೆದನು. (arasa pakṣiyāgi janmavannu tegedanu.) 王は鳥として生まれた。¶ ರಾಕ್ಷಸರನ್ನು ನಾಶ ಮಾಡಲು ವಿಷ್ಣು ಹತ್ತು ಅವತಾರಗಳನ್ನು ತೆಗೆದರು. (rākṣarannu nāśa māḍalu viṣṇu hattu avatāragaḷannu tegedaru.) 悪魔どもを滅ぼすためにヴィシュヌ神は10の化身の姿を取って生まれた。 10 〈文法上の形などを〉取る ¶ ನಪುಂಸಕ ನಾಮಗಳು ಬಹುವಚನದಲ್ಲಿ ಗಳು ಪ್ರತ್ಯಯ ತೆಗೆದುಕೊಳ್ಳುತ್ತದೆ. (napuṃsaka nāmagaḷu bahuvacanadalli gaḷu pratyaya tegedukoḷḷuttade.) 中性名詞は複数で gaḷu という接尾辞を取る。 11 〈事業、戦争などを〉始める、開始する ¶ ಅವರು ಸುಮ್ಮನೆ ಜಗಳ ತೆಗೆದರು. (avaru summane jagaḷa tegedaru.) 彼はむやみに喧嘩を買う。 12 〈天然痘の予防接種を〉する ¶ ಡಾಕ್ಟರು ಮೈಲಿ ತೆಗೆದರು. (ḍākṭaru maili tegedaru.) 医者は天然痘の予防接種をした。 13 〈店や事務所などを〉開く、開業する ¶ ಅಪ್ಪ ಕಿರಾಣಿ ಅಂಗಡಿ ತೆಗೆದರು. (appa kirāṇi aṃgaḍi tegedaru.) 父は食品雑貨の店を開いた。 14 〈方法などを〉取る ¶ ಅವನು ಸಂಶೋಧನೆಯಲ್ಲಿ ಹೊಸ ವಿಧಾನ ತೆಗೆದ. (avanu saṃśōdʰaneyalli hosa vidʰāna tegeda.) 彼は自分の研究のために新しい方法を取った。 15 〈料金、税金などを〉かける ¶ ಈ ಉದ್ದಿಮೆಗೆ ಸರಕಾರ ಸುಂಕ ತೆಗೆಯುವದಿಲ್ಲ. (ī uddimege sarakāra suṃka tegeyuvadilla.) 政府はこの企業に税を課した。 16 〈音楽で節などを〉出す ¶ ಸಾರಂಗಿಯಲ್ಲಿ ಮನುಷ್ಯರಂತೆಯೇ ಸ್ವರ

ತೆಗೆಯುತ್ತಾರೆ. (sāraṃgiyalli manuṣyaraṃteyē svara tegeyuttāre.) サーランギー(擦弦楽器の一種)では人間のような節を奏でることができる。 **17**〈穴を〉うがつ、〈水路を〉掘る ¶ ಇಲಿ ಗೋಡೆಗೆ ತೂತು ತೆಗೆಯುತ್ತದೆ. (ili gōḍege tūtu tegeyuttade.) ネズミは壁に穴をうがつ。 **18**〈刺繍などを〉する ¶ ಅವರ ಹೆಂಡತಿ ದಿನವೂ ಕಸೂತಿ ತೆಗೆಯುತ್ತಿದ್ದರು. (avara heṃḍati dinavū kasūti tegeyuttiddaru.) 彼の妻は毎日刺繍をする。 **19**〈情報を〉収集する ¶ ಬೆಂಗಳೂರಿನಲ್ಲಿ ಇದ್ದ ಮಗನ ಬಗ್ಗೆ ಅಪ್ಪ ಸುದ್ದಿ ತೆಗೆದ. (beṃgaḷūrinalli idda magana bagge appa suddi tegeda.) 父親はベンガルールにいた息子のことを根掘り葉掘り聞いた。 **20**〈金銭などを〉(未来用に)取っておく [Ka. D3406, D3407]

ತೆಗೆದಿಡು ⟦tegediḍu テゲディドゥ⟧ [tegeđiḍu] *vt.* (未来用に)取っておく [*tegedu* + *iḍu*]

ತೆಗೆದುಕೊಳ್ಳು ⟦tegedukoḷḷu テゲドゥコッル⟧ [tegeđukoḷḷu] *vt.* **1** 取る、手に取る **2** 受け取る、受領する ¶ ಗುಮಾಸ್ತ ನಾನು ಕೊಟ್ಟ ಹಣವನ್ನು ತೆಗೆದುಕೊಳ್ಳಲಿಲ್ಲ. (gumāsta nānu koṭṭa haṇavannu tegedukoḷḷalilla.) 書記は私が出したお金を受け取らなかった。 [+ *koḷḷu*「取る」]

ತೆಗೆಯಿಸು ⟦tegeyisu テゲイス⟧ [tegejĭsu] *vt.* 取らせる、取り除かせる… [+ *-isu* caus.]

ತೆಗೆ² ⟦tege テゲ⟧ [tege] 《‡》 *vt.* 〈白檀などを〉(石などの上で)擂(す)る (*My.(Kitt.)*) [Ka. D3458]

ತೆಗ್ಗು ⟦teggu テッグ⟧ [teggu] 《‡》 *vi.* 減る、減少する (*B.3,124(Kitt.)*) [Ka. *D3178] ☞ತಗ್ಗು, ತಱ್ಗು (taggu, taṟgu)

ತೆತ್ತಿ ⟦tetti テッティ⟧ [tetti] 《‡》 *n.* 卵 (*My.(Kitt.)*) [Ka. D3413]

ತೆತ್ತಿಗ ⟦tettiga テッティガ⟧ [tettigɐ] 《古》 *m.* **1** 親戚のもの、縁者；友達 **2** 召し使い **3** 保護者 [Ka. D3446]

ತೆತ್ತಿಸು¹ ⟦tettisu テッティス⟧ [tettisu] 《古》 *vt.* 〈税金、料金などを〉支払わせる [Ka. caus. or *teru*, *teṟu* D3441]

ತೆತ್ತು ⟦tettu テットゥ⟧ [tettu] 《古》 *vt.* 絡み合わせる、編み合わせる、撚り合わせる —*vi.* **1** 撚り合わされる **2** 切っても切れぬ関係になる、深く結びつく [Ka. D3446]

ತೆತ್ತಿಸು² ⟦tettisu テッティス⟧ [tettisu] 《古》 *vt.* **1** くっつける、接合する **2**〈装身具や花などを〉体につける **3**〈宝石などを〉ちりばめる **4**〈釘などを〉打ち込む —*vi.* (尖ったものが)刺さる [Ka. D3446]

ತೆನಸು ⟦tenasu テナス⟧ [tenəsu] 《‡》 *n.* 痒み (*My. (Kitt.)*) [Ka. D3263(a)]

ತೆನೆ¹ ⟦tene テネ⟧ [tene] 《方》 *n.* (通常は牛の)妊娠 [Ka. D2592] ☞ತನೆ (tane)

ತೆನೆ² ⟦tene テネ⟧ [tene] *n.* **1** 穀物の穂 **2** 城壁などの上部 [Ka. D3265]

ತೆನೆಗಿಡ ⟦tenegiḍa テネギダ⟧ [tenegiḍɐ] *n.* アワ(粟) [Ka. D3265] = ನವಣೆ (navaṇe) *[IMP5.122]

ತೆಪರ ⟦tepara テパラ⟧ [tepərɐ] 《口》 *n.* 《*f.* ತೆಪರಿ (tepari)》 愚か者 [?]

ತೆಪ್ಪ¹ ⟦teppa テッパ⟧ [teppɐ] 《‡》 *adv.* 突然、急に、すばやく (*My. (Kitt.)*) [Ka. D3069]

ತೆಪ್ಪ² ⟦teppa テッパ⟧ [teppɐ] *n.* **1** 大きな駕篭のように編んだ小舟[⇒図] **2** 筏 [Ka. D3414]

ತೆಪ್ಪ1 駕篭舟

ತೆಪ್ಪಗೆ ⟦teppage テッパゲ⟧ [teppəge] *adv.* **1** 黙って、沈黙して、ものを言わないで ¶ ಹೆಚ್ಚಿಗೆ ಮಾತಾಡದೆ ತೆಪ್ಪಗೆ ಇರು. (heccige mātāḍade teppage iru.) つべこべしゃべらずに黙っておれ。 **2** (驚きや衝撃や恥ずかしさなどで)唖然として、呆然として ¶ ತನ್ನ ತಪ್ಪು ಹೊರಬಿದ್ದ ಮೇಲೆ ತೆಪ್ಪಗೆ ಆದ. (tanna tappu horabidda mēle teppage āda.) 自分の失敗が知れた後、彼は言葉もなかった。 **3** 満足して ¶ ನಿನಗೆ ಇನ್ನೇನು ಬೇಕು? ತೆಪ್ಪಗೆ ಕಾಲಕಳೆಯೋದನ್ನು ಕಲಿ. (ninage innēnu bēku? teppage kālakaḷeyōdannu kali.) 君はこれ以上何が欲しいのだ。満足して暮らすことを覚えなさい。 [Ka. D3439]

ತೆಪ್ಪನೆ ⟦teppane テッパネ⟧ [teppəne] *adv.* [Ka. D3439] = ತೆಪ್ಪಗೆ (teppage)

ತೆಪ್ಪರು ⟦tepparu テッパル⟧ [teppəru] ತೆಪ್ಪರ್, ತೆಪ್ಪಱ್ 《古》 *vi.* 意識を回復する [Ka. *D3471]

ತೆಪ್ಪಱ್ ⟦teppaṟ テッパル⟧ [teppəṟ] ತೆಪ್ಪಱು 《古》 *vi.* 意識を回復する [Ka. D3471]

ತೆಪ್ಪಱು ⟦teppaṟu テッパル⟧ [teppəṟu] ತೆಪ್ಪರ್, ತೆಪ್ಪಱ್ 《古》 *vi.* 意識を回復する [Ka. *D3471]

ತೆಪ್ಪಱಿಸು ⟦teppaṟisu テッパリス⟧ [teppəṟisu] 《‡》 *vi.* 意識を回復する (*My. (Kitt.)*) [Ka. D3471]

ತೆಬ್ಬು ⟦tebbu テッブ⟧ [tebbu] 《古》 *n.* 弓弦 [Ka. *D3248] ☞ತಿರುವು (tiruvu)

ತೆಮರ್¹ ⟦temar テマル⟧ [temər] ತೆಮರು 《古》 *vt.* 追い払う、撃退する [Ka. D3234?] ☞ತೆವರು (tevaru)[3]

ತೆಮರ್² ⟦temar テマル⟧ [temər] 《古》 *n.* 盛り上がった土地、塚(ゴミなどを積んだものを含む) [Ka. D3239] ☞ತೆವರು (tevaru)[3] 1

ತೆಮರು¹ ⟦temaru テマル⟧ [teməru] 《古》 *vt.* 追い払う、撃退する [Ka. D3234?]

ತೆಮರು² ⟦temaru テマル⟧ [teməru] 《古》 *n.* [Ka. D3239] ☞ತೆವರು (tevaru) 1

ತೆಮೆ ⟦teme テメ⟧ [tɛmɛ] 《方》 *n.* 竹の一種 [Ka. D170] (Bark.)

ತೆಯ್ ⟦tey テイ⟧ [teĭ] *vt.* 《過去語幹 teyd-》〈白檀の木などを〉(石板などの上で)擂(す)って粉にする —*vi.* (金属製の入れ物や道具などが) 磨り減る、摩耗する、(足などが) 擦りむける ☞ತೇಯ್ (tēy) [Ka. *D3458]

ತೆರ¹ ⟦tera テラ⟧ [terɐ] 《‡》 *n.* あるものを積み上げたもの、あるものを丸く固めたもの [Ka. D3245] (*J.19,5 (Kitt.)*)

ತೆರ² ⟦terá テラ⟧ [terɐ] *n.* 方法、やり方、種類 [Ka. *tera* D3260] = ತೆರವು (teravu) ☞ತೆಱ (tera)

ತೆರ³ ⟦tera テラ⟧ [terɐ] ತೆರು, ತೆರೆ, ತೆಱ, ತೆಱು, ತೆಱೆ *n.* **1** 関税、通行料、手数料、政府に支払う金 **2** (男性から女性に支払う) 結納金 [Ka. *tera* D3441] = ತೆರವು (teravu)[4]

ತೆರಂಟು ⟦teramṭu テラントゥ⟧ [terəɳʈu] ತೆರಟು 《古》 *vi.* 新郎新婦に結婚祝を贈る [Ka. D3441]

ತೆರಗೆ ⟦terage テラゲ⟧ [terə̆ge] 《異》 *n.* ☞ತೆರಿಗೆ (terige)

ತೆರಟು¹ ⟦teraṭu テラトゥ⟧ [terəʈu] 《‡》 *vt.* **1** 丸める、丸くする **2** くっつける [Ka. D3245] (*Kitt.*)

ತೆರಟು² ⟦teraṭu テラトゥ⟧ [terəʈu] 《古》 *vi.* 新郎新婦に結婚祝を贈る [Ka. D3441] ☞ತೆರಂಟು (teramṭu)

ತೆರಣಿ ⟦teraṇi テラニ⟧ [terəɳi] *n.* フンコロガシ [Ka. *D3245?] ☞ತೆರಳಿ (teraḷi)

ತೆರಣೆ ⟦teraṇe テラネ⟧ [terə̆ɳe] *n.* フンコロガシ [Ka. *D3245?] ☞ತೆರಳಿ (teraḷi)

ತೆರಪು ⟦terapu テラプ⟧ [terə̆pu] *n.* **1** 余地、可能性、(地位や家などの) 空き **2** 暇、余暇 **3** 広場、空き地 [Ka. *terapu* D3439, cf. D3259]

ತೆರವು¹ ⟦teravu テラヴ⟧ [terə̆vu] *n.* **1** 余地、空き **2** 暇、余暇 —(*n.*) 空っぽ〈な〉 [Ka. *tere* D3439, cf. D3259]

ತೆರವು² ⟦teravu テラヴ⟧ [terə̆vu] ತೆಱವು *n.* **1** (男性から女性に支払う) 結納金 **2** 不本意な出費や年貢や税、など [Ka. *teravu* D3441]

ತೆರವೆ ⟦terave テラヴェ⟧ [terə̆ve] 《古》 *n.* 現れること [Ka. *D3259] ☞ತೆರವೆ (terave)

ತೆರಳ್ ⟦teraḷ テラル⟧ [terə̆ɭ] 《古》 *vi.* **1** 動く **2** 震える、振動する、揺れる **3** 出発する、去る、立ち去る [Ka. D3128] ☞ತೆರಳು (teraḷu)

ತೆರಳಿ ⟦teraḷi テラリ⟧ [terəɭi] ತೆರಳೆ, ತೆರಣಿ, ತೆರಣೆ, ತೆರುಳಿ *n.* **1** フンコロガシ **2**《古》 カイコのように繭を作る虫の一種 [Ka. *D3245?]

ತೆರಳಿಕೆ ⟦teraḷike テラリケ⟧ [terəɭĭke] 《古》 *n.* 動くこと、など [Ka. D3128]

ತೆರಳಿಚು ⟦teraḷicu テラリチュ⟧ [terəɭĭʧu] 《古》 *vt.* 動かす、去らせる、など [Ka. D3128] ☞ತೆರಳ್ಚು (teraḷcu)

ತೆರಳು¹ ⟦teraḷu テラル⟧ [terə̆ɭu] ತೆರಳ್ *vi.* **1**《古》 動く **2**《古》 震える、振動する、揺れる **3** 出発する、立ち去る [Ka. D3128]

ತೆರಳು² ⟦teraḷu テラル⟧ [terə̆ɭu] 《古》 *vi.* **1** 丸くなる **2** 集まる、集まって一つになる [Ka. D3245]

ತೆರಳೆ¹ ⟦teraḷe テラレ⟧ [terə̆ɭe] 《方》 *n.* 丸い塊、一口の丸めた食物 [Ka. D3245] ☞ತೆರಳಿ (teraḷi)

ತೆರಳೆ² ⟦teraḷe テラレ⟧ [terə̆ɭe] *n.* カイコのように繭を作る虫の一種 [Ka. *D3245] ☞ತೆರಳಿ (teraḷi)

ತೆರಳೆ³ ⟦teraḷe テラレ⟧ [terə̆ɭe] 《‡》 *n.* (植物の) 髄；樹液 (*Kitt.*) [Ka. D3252] ☞ತಿರುಳು (tiruḷu)

ತೆರಳ್ಕೆ¹ ⟦teraḷke テラルケ⟧ [terəɭke] ತೆರಳಿಕೆ 《古》 *n.* 動くこと、など [Ka. D3128]

ತೆರಳ್ಕೆ² ⟦teraḷke テラルケ⟧ [terəɭke] 《古》 *n.* 集まり、山、集合 [Ka. D3245]

ತೆರಳ್ಚು¹ ⟦teraḷcu テラルチュ⟧ [terəɭʧu] ತೆರಳಿಚು 《古》 *vt.* 動かす、振動させる、去らせる、など [Ka. D3128]

ತೆರಳ್ಚು² ⟦teraḷcu テラルチュ⟧ [terəɭʧu] 《古》 *vt.* 集める [Ka. D3245]

ತೆರಿಗೆ ⟦terige テリゲ⟧ [terĭge] ತೆಱಿಗೆ, ತೆಱುಗೆ, ತೆಱೆಗೆ *n.* 租税、関税、通行料、貢ぎもの、政府に納める金 [Ka. *terige* D3441]

ತೆರಿಗೆ ವಸೂಲಿದಾರ ⟦terige vasūlidāra テリゲヴァスーリダーラ⟧ [terĭge vəsu:lidɐ:rɐ] *m.* 《*f.* ವಸೂಲಿದಾರಳು (vasūlidāraḷu)》収税吏

ತೆರು ⟦teru テル⟧ [teru] ತೆಱು *vt.* 《過去語幹 tett-》〈税、関税、通行料などを〉支払う [Ka. < *teru* D3441] ☞ತೆಱು (teru)

ದಂಡ ತೆರು ⟦daṃḍa teru ダンダテル⟧ [dəɳɖa teru] *vi.* **1** 罰金を支払う **2**〔喩〕自分の失敗で無駄な出費をする ¶ ಕಡಿಮೆ ಬೆಲೆಯ ಪದಾರ್ಥ ಕೊಂಡು ದಂಡ ತೆತ್ತೆ. (kaḍime beleya padārtʰa koṃḍu daṃḍa tette.) 安い品物を買って金を損した。 [+ *teru*]

ತೆರಿಸು ⟦terisu テリス⟧ [terĭisu] ತೆಱಿಸು 《古》 *vt.* 〈税、関税、通行料などを〉与えさせる、支払わせる [+ -*isu* *D3441] ☞ತೆಱಿಸು (terisu)

ತೆರುಳಿ ⟦teruḷi テルリ⟧ [terŭɭi] *n.* カイコのように繭を作る虫の一種 [Ka. *D3245?] ☞ತೆರಳಿ (teraḷi)

ತೆರೆ¹ ⟦tere テレ⟧ [tere] *n.* **1** 波 **2** 衣類につけた折り目、衣類のしわ **3** (皮膚などの) しわ **4** 幕、カーテン、ヴェール **5** そこひ、白内障 [Ka. D3244]

ತೆರೆ² ⟦tere テレ⟧ [tere] *vt.* **1**〈本、扉などを〉開く **2**〈蓋などを〉あける、〈折りたたんだものを〉開く **3**〈秘密などを〉暴露する **4**〈店、学校などを〉開く、開業する、開所する —*vi.* 〈扉などが〉開く、〈蓋などが〉あく、〈折りたたんだものが〉開く [Ka. ತೆಱೆ, (tere,) *D3259]

ತೆರೆಮರೆ ⟦teremare テレマレ⟧ [teremərе] ತೆರೆಮಱೆ *n.* **1** 帳のかげ **2** 隠しだて、秘密主義 ¶ ಶೋಭಾ ತೆರೆಮರೆಯಲ್ಲಿ/ತೆರೆಮರೆಯಿಂದ ಸಮಾಜಸೇವೆ ಮಾಡುತ್ತಾಳೆ. (śōbʰā teremareyalli/teremareyiṃda samājasēve māḍuttāḷe.) ショーバーは隠れて社会奉仕をしている。 [*tere* + *mare*]

ತೆರೆಮಱೆ ⟦teremaṟe テレマレ⟧ [teremərе] 《古》 *n.* **1** 帳のかげ **2** 隠しだて、秘密主義 [*tere* + *maṟe*] ☞ತೆರೆಮರೆ (teremare)

ತೆರ್ಕಯ್ಸು ⟦terkaysu テルカイス⟧ [terkəĭsu] 《古》 *vt.* 着く、到着する [Ka. *D3116] ☞ತಕ್ಕೈಸು (taṟkaisu)

ತೆರ್ಪಱ್ ⟦terpaṟ テルパル⟧ [terpər] 《‡》 *vi.* 意識を回復する、気がつく [Ka. D3471] (*Kitt.*) ☞ತೆರ್ಪಱ್ (terpaṟ)

ತೆರ್ಪಱು ⟦terpaṟu テルパル⟧ [terpəru] 《‡》 *vi.* 意識を回復する、気がつく [Ka. D3471] (*Kitt.*) ☞ತೆರ್ಪಱು (terpaṟu)

ತೆರ್ಪು ⟦terpu テルプ⟧ [terpu] *n.* 暇、機会 [Ka. D3439]

ತೆರ್ಬು ⟦terbu テルブ⟧ [terbu] 《古》*n.* 弓弦 [Ka. *D3248] ☞ತಿರುವು (tiruvu)

ತೆಲಗ ⟦telaga テラガ⟧ [telǝgɐ] *m.* 《*f.* ತೆಲಗಳು (telagaḷu)》 テルグ人(先祖代々テルグ語を母語としてきた人) [Ka. D3426]

ತೆಲಗು ⟦telagu テラグ⟧ [telǝgu] *n.* テルグ語(ドラヴィダ語族に属する言葉の一種) [Ka. D3426]

ತೆಲುಂಗ ⟦teluṃga テルンガ⟧ [teluŋgɐ] 《古》*mf.* テルグ人(先祖代々テルグ語を母語としてきた人) [Ka. D3426] ☞ತೆಲುಗ (teluga)

ತೆಲುಂಗು ⟦teluṃgu テルング⟧ [teluŋgu] 《古》*n.* テルグ語(ドラヴィダ語族に属する言葉の一種) [Ka. D3426] ☞ತೆಲುಗು (telugu)

ತೆಲುಗ ⟦teluga テルガ⟧ [telugɐ] ತೆಲಗ, ತೆಲುಂಗ *mf.* テルグ人(テルグ語を母語とする人) [Ka. D3426]

ತೆಲುಗು ⟦telugu テルグ⟧ [telŭgu] ತೆಲುಂಗು *n.* テルグ語(ドラヴィダ語族に属する言葉の一種) [Ka. D3426]

ತೆಲ್ಲ ⟦tella テッラ⟧ [tellɐ] 《古》*n.* ごま油;食用油 [Pk. *tella* < Sk. *taila-*] = ಎಳ್ಳೆಣ್ಣೆ (eḷḷeṇṇe)

ತೆಲ್ಲಂಟಿ ⟦tellaṃṭi テッランティ⟧ [tellǝɳʈi] 《古》*n.* 1 贈り物 2 結婚の日に新郎新婦に贈られる贈り物 [Te. *tellaṃṭi*]

ತೆಲ್ಲಿಗ ⟦telliga テッリガ⟧ [telligɐ] 《古》*m.* 《*f.* *ತೆಲ್ಲಿಗಿತಿ (telligiti)》 油屋、油を搾って売る人 [Pk. *tella* + Ka. *-iga.*]

ತೆವರ್ ⟦tevar テヴァル⟧ [tevǝr] *n.* [Ka. D3229, D3239] ☞ತೆರ್ವರು (tervaru) 1

ತೆವರಿ ⟦tevari テヴァリ⟧ [tevŏri] 《古》*n.* [Ka. D3229, D3239] ☞ತೆವರು (tevaru) 1

ತೆವರು[1] ⟦tevaru テヴァル⟧ [tevŏru] ತೆಮರ್, ತೆಮರು, ತೆವರ, ತೆವರಿ, ತೆವರು *n.* 1 盛り上がった土地、塚(ゴミなどを積んだものを含む) 2 田の畦 [Ka. D3229, D3239] = ದಿಣ್ಣೆ, ದಿಬ್ಬ (diṇṇe, dibba)

ತೆವರು[2] ⟦tevaru テヴァル⟧ [tevŏru] 《‡》*vt.* こする、悩ます、邪魔する (*J.13,50(Kitt.)*) [Ka. D3234]

ತೆವರು[3] ⟦tevaru テヴァル⟧ [tevŏru] ತೆಮರ್, ತೆಮರು 《古》*vt.* 追い払う、駆逐する —*vi.* 恐れる、怖がる [Ka. D3234?]

ತೆವಲು ⟦tevalu テヴァル⟧ [tevŏlu] ತೆವುಲು *n.* 1 強い[抑えがたい]欲望、渇望 2 (動物の)さかり [Ka. D3431]

ತೆವಳು ⟦tevaḷu テヴァル⟧ [tevǝɭu] *vi.* (地面を)這う [Ka. D3109]

ತೆವುಲು ⟦tevulu テヴル⟧ [tevŭlu] *n.* [Ka. D3431] ☞ತೆವಲು (tevalu)

ತೆಳ್ ⟦teḷ テル⟧ [teɭ] (*n.*) 薄い〈こと〉、繊細な〈こと〉 [Ka. D3434]

ತೆಳು ⟦teḷu テル⟧ [teɭu] (*n.*) 1 (紙、布などが)薄い〈こと〉 2 華奢〈な〉、ほっそりした〈こと〉 3 (牛乳、茶などが)薄い〈こと〉 [Ka. D3434]

ತೆಳುಪು ⟦teḷupu テルプ⟧ [teɭŭpu] ತೆಳ್ಪು 《古》*n.* 1 (水や人格などが)清らかなこと 2 (体が)細いこと、繊細なこと [Ka. D3434]

ತೆಳುಲು ⟦teḷulu テルル⟧ [teɭŭlu] 《‡》*n.* か細いこと、繊細さ (*J.9,24 (Kitt.)*) [Ka. D3434]

ತೆಳುವು ⟦teḷuvu テルヴ⟧ [teɭŭvu] (*n.*) 1 (体が)細い〈こと〉、繊細な〈こと〉 2 移ろいやすい〈こと〉、はかない〈こと〉 [Ka. D3434]

ತೆಳ್ಪು ⟦teḷpu テルプ⟧ [teɭpu] 《古》*n.* 1 (体が)細いこと、繊細なこと 2 (水などの)純粋さ [Ka. *D3434]

ತೆಳ್ವು ⟦teḷvu テルヴ⟧ [teɭvu] (*n.*) 1 (体が)細い〈こと〉、繊細な〈こと〉 2 (心や趣味や様式などが)繊細な〈こと〉 [Ka. *D3434]

ತೆಳ್ಳಗೆ[1] ⟦teḷḷage テッラゲ⟧ [teɭɭǝ̆ge] (*n.*) 1 (木の葉や紙などが)薄い〈こと〉 2 (体が)細い〈こと〉、華奢な〈こと〉 3 (茶や牛乳などが)薄い〈こと〉 —*adv.* 1 (木の葉や紙など)薄く 2 (体が)細く、華奢に 3 (茶や牛乳など)薄く [*teḷu* + *-age* D3434]

ತೆಳ್ಳಗೆ[2] ⟦teḷḷage テッラゲ⟧ [teɭɭǝ̆ge] 《古》*adv.* はっきりと [Ka. *tiḷi* D3433 + Ka. *-ge*] (*Pb.2.35*)

ತೆಳ್ಳನೆ[1] ⟦teḷḷane テッラネ⟧ [teɭɭǝ̆ne] (*n.*) 1 (木の葉や紙などが)薄い〈こと〉 2 細い〈こと〉、華奢な〈こと〉 3 (牛乳や茶などが)薄い〈こと〉 —*adv.* 1 (紙などが)薄く 2 (体が)細く、華奢に 3 (茶や牛乳が)濃く [Ka. D3434]

ತೆಳ್ಳನೆ[2] ⟦teḷḷane テッラネ⟧ [teɭɭǝ̆ne] 《古》*adv.* はっきりと [Ka. *tiḷi* D3433 + Ka. *-ne*]

ತೆಳ್ಳನ್ನ ⟦teḷḷanna テッランナ⟧ [teɭɭǝ̆nnɐ] (*n.*) 1 (紙などが)非常に薄い〈こと〉 2 (体が)非常に細い〈こと〉 3 (茶や牛乳が)非常に薄い〈こと〉 [Ka. D3434]

ತೆಳ್ಳಾನ ⟦teḷḷāna テッラーナ⟧ [teɭɭɐːnɐ] (*n.*), *adv.* [Ka. D3434] ☞ತೆಳ್ಳನ್ನ (teḷḷanna)

ತೆಳ್ಳಾನೆ ⟦teḷḷāne テッラーネ⟧ [teɭɭɐːne] (*n.*), *adv.* [Ka. D3434] ☞ತೆಳ್ಳನ್ನ (teḷḷanna)

ತೆಳ್ಳಿತು ⟦teḷḷitu テッリトゥ⟧ [teɭɭitu] ತೆಳ್ಳಿತ್ತು 《古》(*n.*) 細い〈こと〉、華奢な〈こと〉 [Ka. D3434]

ತೆಳ್ಳಿತ್ತು ⟦teḷḷittu テッリットゥ⟧ [teɭɭittu] 《古》(*n.*) [Ka. D3434] ☞ತೆಳ್ಳಿತು (teḷḷitu)

ತೆಳ್ಳಿದ ⟦teḷḷida テッリダ⟧ [teɭɭidɐ] 《古》*m.* 《*f.* *ತೆಳ್ಳಿದಿ (teḷḷidi)》 細い人、華奢な人 (*śmd.184 (Kitt.)*) [Ka. D3434]

ತೆಱ[1] ⟦teṟa テラ⟧ [teṟɐ] 《‡》*n.* 開いていること、陰になっていないこと (*Kitt.*) [Ka. D3259, D3439]

ತೆಱ[2] ⟦teṟa テラ⟧ [teṟɐ] ತಱ, ತೆರ 《古》*n.* 1 やり方、方法;種類 2 美、美しさ 3 こと、問題 [Ka. D3260]

ತೆಱ[3] ⟦teṟa テラ⟧ [teṟɐ] ತೆರ 《古》*n.* 1 貢物、貢納品 2 税、税金 [Ka. D3441]

ತೆಱಂ ⟦teṟaṃ テラン⟧ [teṟam] 《古》*adv.* 激しく、盛んに ¶ ತೆಱಂಬೊಳೆ (teṟamboḷe) 激しく輝く [Ka. D3260]

ತೆಱಗೆ ⟦teṟage テラゲ⟧ [teṟǝge] 《‡》*n.* 税金 (*B.5,119 (Kitt.)*) [Ka. D3441]

ತೆಱಪು¹ ⟦teṟapu テラプ⟧ [teṟəpu] 《古》 *n.* **1** 隙間、隠れてないこと **2**（時間的な）間隔、間 **3**（場所的な）隙間、空き **4** 機会 [Ka. D3259, D3439]

ತೆಱಪು² ⟦teṟapu テラプ⟧ [teṟəpu] 《古》 *n.* やり方、方法 (*Pb.13.96*) [Ka. D3260]

ತೆಱವು¹ ⟦teṟavu テラヴ⟧ [teṟə̆vu] 《古》 *n.* 隙間、隠れてないこと [Ka. D3259, D3441]

ತೆಱವು² ⟦teṟavu テラヴ⟧ [teṟə̆vu] 《古》 *n.* 方法、やり方 [Ka. *teṟavu* D3260] = ತೆರ (tera)[1]

ತೆಱವು³ ⟦teṟavu テラヴ⟧ [teṟə̆vu] *n.* **1** 貢物、社会的に上位の人に贈る贈り物 **2** 自分の悪行の慰謝料として贈る贈り物 **3** 結婚の結納金 (*Pb.3.72*) ☞ತೆರವು (teravu)[3] [Ka. D3441]

ತೆಱವೆ ⟦teṟave テラヴェ⟧ [teṟəve] ತೆರವೆ 《古》 *n.* **1** 開くこと **2** 現れること [Ka. D3259]

ತೆಱಹು ⟦teṟahu テラフ⟧ [teṟəhu] 《古》 *n.* **1** 空き、隙間 **2**（音や雨などの）中断、途切れ **3** 広がり [Ka. D3259, D3439]

ತೆಱಿಗೆ ⟦teṟige テリゲ⟧ [teṟige] 《古》 *n.* **1** 税金、税、通関料 **2** 貢物、社会的に上位の人に対する贈り物 [Ka. D3441]

ತೆಱು ⟦teṟu テル⟧ [teṟu] ತೆರು 《古》 *vt.*《過去語幹 tett-》〈税金、通行料、公共料金などを〉払う、支払う [Ka. D3441] ☞ತೆರು (teru)

ತೆಱಿಸು ⟦teṟisu テリス⟧ [teṟisu] 《古》 *vt.*〈税金、通行料、公共料金などを〉払わせる [Ka. D3441] ☞ತೆರಿಸು (terisu)

ತೆಱುವಿಕೆ ⟦teṟuvike テルヴィケ⟧ [teṟuvike] 《‡》 *n.*〈税金、通行料、公共料金などを〉支払うこと、など (*Si.263 (Kitt.)*) [Ka. D3441]

ತೆಱೆ¹ ⟦teṟe テレ⟧ [teṟe] ತೆರೆ 《古》 *vt.* **1** 開く **2** 削る、割る **3** 説明する、明らかにする —*n.* 開くこと、開かれた状態 [Ka. D3259]

ತೆಱೆ² ⟦teṟe テレ⟧ [teṟe] 《古》 *n.* **1** 貢物、貢納品 **2** 税、税金 [Ka. D3441]

ತೆಱೆಗೆ ⟦teṟege テレゲ⟧ [teṟege] 《古》 *n.* 貢物、貢納品 [Ka. D3441]

ತೇ ⟦tē テー⟧ [teː] ತೆಯ್, ತೇಯ್, ತೇಯು 《古》 *vt.*《過去語幹 teyd-, tēd-, tēyid-》 **1**〈白檀の木などを〉（石板などの上で）擂(す)って粉にする **2**〈金属製の容器や靴などを〉すり減らす —*vi.*（容器などが）使用によってすり減る ☞ತೇಯ್ (tēy) [Ka. D3458]

ತೇಂಕಿ ⟦tēṃki テーンキ⟧ [teːŋki] 《‡》 *n.* 多数、多量 (*Kitt.*) [Ka. D3453]

ತೇಂಕು ⟦tēṃku テーンク⟧ [teːŋku] ತೇಂಗು, ತೇಕು² 《古》 *vi.* 浮く、浮遊する (*Pb.4.29*) [Ka. D3464]

ತೇಂಗಾಯ್ ⟦tēṃgāy テーンガーイ⟧ [teːŋgɐːĭ] *n.* [Ka. *teṃgu* + *kāyi* *D1459] ☞ತೆಂಗಾಯ್ (teṃgāy)

ತೇಂಗು¹ ⟦tēṃgu テーング⟧ [teːŋgu] 《‡》 *n.* [Ka. D3452] (*Kitt.*) ☞ತೇಗು (tēgu)[2]

ತೇಂಗು² ⟦tēṃgu テーング⟧ [teːŋgu] 《古》 *vi.* 浮く、浮遊する [Ka. *D3464] ☞ತೇಂಕು (tēṃku)

ತೇಕು¹ ⟦tēku テーク⟧ [teːku] *vi.* **1** げっぷを出す、おくびを出す **2** あえぐ —*n.* **1** げっぷ、おくび **2** あえぐこと [Ka. D3451]

ತೇಕು² ⟦tēku テーク⟧ [teːku] 《古》 *vi.*（水などに）浮かぶ [Ka. *tēlu* + *-ku*, D3464] ☞ತೇಂಕು (tēṃku)

ತೇಗ ⟦tēga テーガ⟧ [teːgɐ] *n.* チーク（クマツヅラ科の良材となる木）、チークの材木 [Ka. D3452] = ತೇಗದ ಮರ (tēgada mara) ☞ತೇಗು (tēgu)

ತೇಗಳಿ ⟦tēgaḷi テーガリ⟧ [teːgə̆ḷi] 《古》 *n.* [?] ☞ತೇಮಳು (tēmaḷu)

ತೇಗು¹ ⟦tēgu テーグ⟧ [teːgu] *n.*, *vi.* [Ka. D3451] ☞ತೇಕು (tēku)[1]

ತೇಗು² ⟦tēgu テーグ⟧ [teːgu] ಚೇಗು, ತೇಗ *n.* チーク（クマツヅラ科の良材をとなる木）、チークの材木 [Ka. D3452]

ತೇಗುವಿಕೆ ⟦tēguvike テーグヴィケ⟧ [teːguvike] *n.* げっぷを出すこと、おくびを出すこと [Ka. D3451] ☞ತೇಕು (tēku)[1]

ತೇಜ ⟦tēja テージャ⟧ [teːʤɐ] 《文》 *n.* **1** 鋭さ、鋭利さ **2** 輝き、光輝 **3** 光線 **4** 火 **5** 太陽 **6**（王者などの）威光、勢力 [Sk.]

ತೇಜಃಪುಂಜ ⟦tējaḥpuṃja テージャップンジャ⟧ [teːʤəɸpuɲʤɐ/teːʤəppuɲʤɐ] 《文》 *n.* **1** 光の束 **2** 太陽 [Sk.]

ತೇಜಸ್ವಿ ⟦tējasvi テージャスヴィ⟧ [teːʤəsvi] 《文》 *adj.* **1** 輝く、まばゆく輝く **2**〔喩〕輝かしい、めざましい **3**〔喩〕有力な、影響力の強い [Sk.]

ತೇಜಸ್ಸು ⟦tējassu テージャッス⟧ [teːʤəssu] *n.* **1** 輝き、光輝 **2**（王者などの）威光、勢力 **3** 火 [Sk.]

ತೇಜಿ ⟦tēji テージ⟧ [teːʤi] 《古》 *n.* 馬、駿馬 [← Pe. *tēzī*]

ತೇಜಿಮಂದಿ ⟦tējimaṃdi テージマンディ⟧ [teːʤiːməndi] *n.* 景気の変動や善し悪し、相場の変動や上がり下がり [M./H. *tēśīmaṃdī*]

ತೇಜೋಭಂಗ ⟦tējōbʰaṃga テージョーバンガ⟧ [teːʤoːbʰəŋgɐ] 《文》 *n.* 不名誉、人の名誉を損ねること [Sk.]

ತೇಜೋವಧೆ ⟦tējōvadʰe テージョーヴァデ⟧ [teːʤoːvə̆dʰe] 《文》 *n.* 不名誉、人の名誉を損ねること [Sk.]

ತೇಟ ⟦tēṭa テータ⟧ [teːʈɐ] 《‡》 *n.*（水などの）清らかさ (*Kitt.*) [Ka. *tēru* + *-ta*, D3471]

ತೇಟೆ ⟦tēṭe テーテ⟧ [teːʈe] 《‡》 *n.* [Ka. *tēru* + *-te*, D3471] (*My. (Kitt.)*) ☞ತೇಟ (tēṭa)

ತೇದಿ ⟦tēdi テーディ⟧ [teːdi] *n.* 日付け [Sk. *titʰi-/divasa-*/Eg. *date*?] = ದಿನಾಂಕ, ತಾರೀಖು (dināṃka, tārīkʰu)

ತೇದಿರೇಖೆ ⟦tēdirēkʰe テーディレーケ⟧ [teːdireːkʰe] *n.* 日付変更線 [+ *rēkʰe*]

ತೇನು ⟦tēnu テーヌ⟧ [teːnu] 《古》 *n.* ハチミツ [Ka. D3268(b)] = ಜೇನು (jēnu)

ತೇಪೆ ⟦tēpe テーペ⟧ [te:pe/tɛ:pe/ta:pe] *n.* 1（衣服の）つぎ 2 つぎを当てること、つぎを当てた状態 ◇ *vi.* —ಹಾಕು (hāku) つぎを当てる [Ka. D3473]

ತೇಪೆಕೆಲಸ ⟦tēpekelasa テーペケラサ⟧ [te:pekelə̆sɐ] *n.* 1 布の破れをつぎを当てて繕う仕事 2 様々な色や模様や形の布をつぎ合わせた細工 3 一時しのぎの寄せ集めの仕事 [+ *kelasa*]

ತೇಮಳು ⟦tēmaḷu テーマル⟧ [te:mə̆ɭu] ತಿಗಳಿ, ತೆಗಳಿ, ತೇಗಳಿ, ತೇವುಳ್, ತೇವುಳಿ, ತೇವುಳು *n.* 脱毛症、禿頭病 [? cf. Ta. *tēmal*]

ತೇಮ ⟦tēma テーマ⟧ [te:mɐ]《口》*n.* 金などを磨いたり試金石で調べたりする時の目減り [Ka. *D3458] ☞ತೇಮಾನ (tēmāna)

ತೇಮಾನ ⟦tēmāna テーマーナ⟧ [te:mɐ:nɐ] ತೇಮ *n.* 1 金などを磨いたり試金石で調べたりする時の目減り 2（使用したり時が経過したりして）価値が減じること [Ka. *tēma* + *māna* D3458]

ತೇಯ್ ⟦tēy テーイ⟧ [te:ĭ] *vt.*《過去語幹 teyd-, tēyid-》〈白檀の木などを〉（石板などの上で）擂って粉にする —*vi.*（金属性の入れ物や道具などが）磨り減る、摩耗する、（足などが）擦りむける [Ka. *D3458]

ತೇಯು ⟦tēyu テーユ⟧ [te:ju] *vt.*《過去語幹 teyd-, tēyid-》〈白檀の木などを〉（石板などの上で）擂って粉にする —*vi.*（金属性の入れ物、道具などが）ちびる、摩耗する、（足などが）擦りむける ☞ತೇಯ್ (tēy) [Ka. *D3458]

ಜೀವತೇಯು ⟦jīvatēyu ジーヴァテーユ⟧ [ʤi:vəte:ju] *vi.* 苦労して痩せる、やつれる [+ *tēyu*]

ತೇರ್[1] ⟦tēr テール⟧ [te:r]《古》*n.* [Ka. D3459] ☞ತೇರು (tēru) 1, 2

ತೇರ್[2] ⟦tēr テール⟧ [te:r]《古》*vi.* 試験に合格する、目的を達する [Ka. *D3471] ☞ತೇರು (tēru)[2]

ತೇರು[1] ⟦tēru テール⟧ [te:ru] *n.* 1 戦車 2 山車（祭りで神像を載せて町を引いて回る装飾を施した車）= ರಥ (ratʰa) 3 神像が飾り立てられた山車に乗って町を引き回される祭り = ರಥೋತ್ಸವ (ratʰōtsava) [Ka. D3459] = ರಥ (ratʰa)

ತೇರು[2] ⟦tēru テール⟧ [te:ru]《文》*vi.*《*dat.*》1（欲望や能力などが）強くなる 2 試験に合格する、目的を達する 3（水などが）澄む、きれいになる ¶ ಇದನ್ನು ಹಾಕಿದರೆ ನೀರು ತೇರುತ್ತದೆ. (idannu hākidare nīru tēruttade.) これを入れると水が澄む [Ka. D3471]

ತೇರುಗಡೆ ⟦tērugaḍe テールガデ⟧ [te:rŭɡ̊əɖe] *n.* [Ka. *tēru* + *kaḍe* D3471] ☞ತೇರ್ಗಡೆ (tērgaḍe)

ತೇರ್ಗಡೆ ⟦tērgaḍe テールガデ⟧ [te:rɡ̊əɖe] *n.*（試験の）合格 [Ka. *tēru* + *kaḍe* D3471] = ಪಾಸ್ (pās)〔口〕

ತೇಲ್ ⟦tēl テール⟧ [te:l]《古》*vi.*（水などに）浮かぶ、浮遊する [Ka. D3464] ☞ತೇಲು (tēlu)

ತೇಲಾಡು ⟦tēlāḍu テーラードゥ⟧ [te:lɐ:ɖu] *vi.*（水や空気中などに）浮かんで流れる、漂う、漂流する [*tēlu* + *āḍu*]

ತೇಲಾಡಿಸು ⟦tēlāḍisu テーラーディス⟧ [te:lɐ:ɖĭsu] *vt.*（水などに）浮かべて流す、漂わせる、漂流させる [caus.]

ತೇಲಿಕೆ ⟦tēlike テーリケ⟧ [te:lĭke] *n.* 1（水などに）浮かぶこと、浮遊 2 浮力 [*tēlu* + *-ike*]

ತೇಲು ⟦tēlu テール⟧ [te:lu] ತೇಲ್ *vi.*（水や空気中などに）浮かぶ、浮遊する [Ka. D3464]

ತೇಲಿಸು ⟦tēlisu テーリス⟧ [te:lĭsu] *vt.* 1（水や空気中などに）浮かべる、浮遊させる 2 救う、救助する、救済する ¶ ನನ್ನನ್ನು ಬಡತನದಿಂದ ತೇಲಿಸು. (nannannu baḍatanadiṃda tēlisu.) 私を貧困から救ってください。 3 軽く取り扱う ¶ ಅವನು ಈ ವಿಷಯವನ್ನು ತೇಲಿಸಿ ಮಾತಾಡಿದ. (avanu ī viṣayavannu tēlisi mātāḍida.) 彼はこの問題をぼかして話した。 [+ *-isu* caus. D3464]

ತೇಲುಗಣ್ಣು ⟦tēlugaṇṇu テールガンヌ⟧ [te:lŭɡ̊əɳɳu] *n.*（眠気や朦朧とした意識のために）視線が定まらないうつろな目 [*tēlu* + *kaṇṇu*]

ತೇಲುಮಾತು ⟦tēlumātu テールマートゥ⟧ [te:lumɐ:tu] *n.* 焦点をぼかした言葉、どうとでもとれる言葉 [*tēlu* + *mātu*]

ತೇವ ⟦tēva テーヴァ⟧ [te:vɐ] *n.* 湿気 —(*n.*) 湿っぽい〈こと〉、濡れた〈こと〉[Sk. *tēma*-]

ತೇವಗೊಳ್ಳು ⟦tēvagoḷḷu テーヴァゴッル⟧ [te:və̆ɡ̊oɭɭu] *vi.* 湿る、湿気をおびる [+ *koḷḷu*]

ತೇವುಳ್ ⟦tēvuḷ テーヴル⟧ [te:vuɭ]《古》*n.* [?] ☞ತೇಮಳು (tēmaḷu)

ತೇವುಳಿ ⟦tēvuḷi テーヴリ⟧ [te:vŭɭi]《古》*n.* [?] ☞ತೇಮಳು (tēmaḷu)

ತೇವುಳು ⟦tēvuḷu テーヴル⟧ [te:vŭɭu]《古》*n.* [?] ☞ತೇಮಳು (tēmaḷu)

ತೇಳ್ ⟦tēḷ テール⟧ [te:ɭ]《古》*n.* サソリ（蠍）[Ka. ತೇಱು (tēṟu) D3470] ☞ಚೇಳು (cēḷu)

ತೇಱ್ ⟦tēṟ テール⟧ [te:ɻ]《古》*n.* サソリ（蠍）[Ka. D3470] ☞ಚೇಳು (cēḷu)

ತೈನಾತಿ ⟦taināti タイナーティ⟧ [təinɐ:ti] *mf.* 召し使い、雇い人 = ಸೇವಕ (sēvaka) —*n.* 人に仕えること、召し使いとして働くこと [Pe. *taʿīnāt/taʿīnātī*]

ತೈನಾತಿ ಆದೇಶ ⟦taināti ādēśa タイナーティアーデーシャ⟧ [təinɐ:ti ɐ:de:ʃɐ] *n.* 辞令 [+ *ādēśa*]

ತೈಲ ⟦taila タイラ⟧ [təilɐ]《文》*n.* 油（本来食用油だが油一般にも用いられる）[Sk.] = ಎಣ್ಣೆ (eṇṇe)

ತೈಲಕ ⟦tailaka タイラカ⟧ [təilə̆kɐ]《古》*n.* 油かす [Sk. *tailaka*-?] (*Mr.378* (*Kitt.*)) = ಪಿಣ್ಣಿ, ಹಿಂಡಿ (piṇṇi, hiṃḍi)

ತೈಲಚಿತ್ರ ⟦tailacitra タイラチトラ⟧ [təiləʧitrɐ] *n.* 油絵 [Sk.]

ತೈಲನಿಕ್ಷೇಪ ⟦tailanikṣēpa タイラニクシェーパ⟧ [təilə̆nikʂe:pɐ] *n.* 石油の埋蔵量 [Sk.]

ತೈಲಮಾಪಕ ⟦tailamāpaka タイラマーパカ⟧ [təilə̆mɐ:pə̆kɐ] *n.* 油濃度計；油面計 [Sk.]

ತೈಲಯಂತ್ರ ⟦tailayaṃtra タイラヤントラ⟧ [təiləjəntrɐ] *n.* 1 搾油機 2 石油で動かす発動機 [Sk.]

ತೈಲವರ್ಣ ⟦tailavarṇa タイラヴァルナ⟧ [təilə̆vərɳɐ] *n.* 油絵の具 [Sk.]

ತೈಲಶೋಧನಾಗಾರ ⟦tailaśōdʰanāgāra タイラショーダナーガーラ⟧ [təilə̆ʃoːdʰə̆nɐːgɐːrɐ] 《文》 *n.* 石油精製所 [Sk.]

ತೈಲಸಂಸ್ಕಾರಕೇಂದ್ರ ⟦tailasaṃskārakēṃdra タイラサンスカーラケーンドラ⟧ [təilə̆səmskɐːrə̆keːndrɐ] 《文》 *n.* 石油精製所 [Sk.] = ತೈಲಶೋಧನಾಗಾರ (tailaśōdʰanāgāra)

ತೈಲಿಕ ⟦tailika タイリカ⟧ [təilikɐ] 《文》 *m.* 《*f.* *ತೈಲಿಕಳು (tailikaḷu)》 油屋、油を搾って売る人 [Sk.] = ಗಾಣಿಗ (gāṇiga)

ತೈವಾನ್ ⟦taivān タイヴァーン⟧ [təivɐːn] *n.* 台湾) [Chin.]

ತೊಂಕು ⟦toṃku トンク⟧ [toŋku] 《‡》 *vi.* かがむ (*Grj.1.87 (Kitt.)*) [Ka. D3478] ☞ತೊಂಗು (toṃgu)

ತೊಂಗಲ್ ⟦toṃgal トンガル⟧ [toŋgəl] ತೊಂಗಲು *n.* **1** (花や実などの)房 **2** 集まり、多数のものや多量のものの集まり **3** 頭につける装身具の一種 [Ka. D3478] = ತೊಂಬೆ (toṃbe)

ತೊಂಗಲು ⟦toṃgalu トンガル⟧ [toŋgə̆lu] *n.* (花や実などの)房 [Ka. *D3478] = ತೊಂಬೆ (toṃbe)

ತೊಂಗು ⟦toṃgu トング⟧ [toŋgu] *vi.* **1** ぶら下がる、垂れる；(ぶらさがったものが)ぶらぶら揺れる = ತೂಗಾಡು (tūgāḍu) **2** 上体を前にかがめる、お辞儀する [Ka. D3478]

ತೊಂಗೆ ⟦toṃge トンゲ⟧ [toŋge] *n.* (花や実などの)房 [Ka. D3478] = ತೊಂಬೆ (toṃbe)

ತೊಂಚವಂಚ ⟦toṃcavaṃca トンチャヴァンチャ⟧ [təɲʧə̆vəɲʧɐ] ತಂಚವಂಚ, ತಂಚಾವಂಚ, ತೊಂಚಾವಂಚ 《文》 *n.* ためらい、逡巡 [?] = ತಂಚವಂಚ (taṃcavaṃca)

ತೊಂಚಾವಂಚ ⟦toṃcāvaṃca トンチャーヴァンチャ⟧ [toɲʧɐːvəɲʧɐ] ತಂಚಾವಂಚ, ತೊಂಚಾವಂಚ 《文》 *n.* [?] ☞ತೊಂಚಾವಂಚ (toṃcāvaṃca)

ತೊಂಡ¹ ⟦toṃḍa トンダ⟧ [toɳɖɐ] 《古》 *m.* 《*f.* ತೊಂಡಿ (toṃḍi)》 **1** 召し使い、従者、家来 **2** 帰依者 [Dr.]

ತೊಂಡ² ⟦toṃḍa トンダ⟧ [toɳɖɐ] *m.* 《*f.* ತೊಂಡಿ (toṃḍi)》 **1** 傲慢な人、思いのままに振る舞う人 **2** 《‡》 泥棒 [Ka. D3483]

ತೊಂಡರ್ ⟦toṃḍar トンダル⟧ [toɳɖər] 《‡》 *vi., n.* [Ka. D3480] (*Čh. MS. (Kitt.)*)

ತೊಂಡಲು¹ ⟦toṃḍalu トンダル⟧ [toɳɖəlu] 《‡》 *n.* 象の鼻 (*My. (Kitt.)*) [Ka. D3311]

ತೊಂಡಲು² ⟦toṃḍalu トンダル⟧ [toɳɖəlu] 《古》 *n.* 額飾りの一種[⇒図] [Ka.]

ತೊಂಡಲು²
額飾り

ತೊಂಡಿ¹ ⟦toṃḍi トンディ⟧ [toɳɖi] 《古》 *n.* 《*m.* ತೊಂಡ (toṃḍa)》女性の召し使い [Ka.?]

ತೊಂಡಿ² ⟦toṃḍi トンディ⟧ [toɳɖi] 《文》 *n.* 甘い声 [Ka. *D3498?]

ತೊಂಡು¹ ⟦toṃḍu トンドゥ⟧ [toɳɖu] *n.* **1** 尊大、傲慢 **2** 尊大な話しぶり **3** 英雄性、勇猛 —*mf.* 尊大な人、不遜な人 [Ka. D3412]

ತೊಂಡು² ⟦toṃḍu トンドゥ⟧ [toɳɖu] 《‡》 *n.* **1** おしゃべり、雑談 **2** 口達者、話がうまいこと (*kitt.*) [Ka. D3494]

ತೊಂಡುತನ ⟦toṃḍutana トンドゥタナ⟧ [toɳɖŭtənɐ] *n.* 傲慢さ、横柄さ、尊大さ [*toṃḍu*¹ + *-tana*]

ತೊಂಡೆ¹ ⟦toṃḍe トンデ⟧ [toɳɖe] 《‡》 *n.* きれいな赤い実がなるウリ科のつる草（薬用）[Ka. D3499] *[IMP 2.134]

ತೊಂಡೆ² ⟦toṃḍe トンデ⟧ [toɳɖe] *n.* カメレオン [Ka. D3501] = ತೊಂಡೆ ಕೇತ (toṃḍe kēta)

ತೊಂಡೆ³ ⟦toṃḍe トンデ⟧ [toɳɖe] 《文》 *n.* ラーガの一つ [Ka. D3498?]

ತೊಂಡ್ಲ ⟦toṃḍla トンドラ⟧ [toɳɖlɐ] 《‡》 *n.* 象の鼻 (*My. (Kitt.)*) [Ka. D3311]

ತೊಂಡ್ಲು ⟦toṃḍlu トンドル⟧ [toɳɖlu] 《‡》 *n.* 象の鼻 (*My. (Kitt.)*) [Ka. D3311]

ತೊಂದರು ⟦toṃdaru トンダル⟧ [tondə̆ru] 《‡》 *n.* [Ka. D3506] (*Čb.165(Kitt.)*) ☞ತೊಂದರೆ (toṃdare)

ತೊಂದರೆ ⟦toṃdare トンダレ⟧ [tondə̆re] *n.* **1** 困難、困窮、難儀、災難 **2** 妨害、邪魔 **3** 悩ますこと、苦しめること [Ka. D3506]

ತೊಂದರೆಗೊಳಿಸು ⟦toṃdaregoḷisu トンダレゴリス⟧ [tondə̆regoḷĭsu] 《文》 *vt.* 苦しめる、悩ます、困らせる [+ *koḷisu*] = ತೊಂದರೆ ಕೊಡು (toṃdare koḍu) 〔汎〕

ತೊಂದರೆಗೊಳ್ಳು ⟦toṃdaregoḷḷu トンダレゴッル⟧ [tondə̆regoḷḷu] 《文》 *vi.* 悩む、困る、困窮する [+ *koḷḷu*]

ತೊಂದರೆಪಡು ⟦toṃdarepaḍu トンダレパドゥ⟧ [tondə̆repəɖu] *vi.* [+ *paḍu*] ☞ತೊಂದರೆಗೊಳ್ಳು (toṃdaregoḷḷu)

ತೊಂದ್ರೆ ⟦toṃdre トンドレ⟧ [tondre] 《口》 *n.* **1** 困難、困窮、難儀、災難 **2** 妨害、邪魔 **3** 悩ますこと、苦しめること [Ka. D3506]

ತೊಂಬತು ⟦toṃbatu トンバトゥ⟧ [tombətu] 《古》 *numr.adj., numr.n.* [Ka. *D3532, *D3918] ☞ತೊಂಬತ್ತು (toṃbattu)

ತೊಂಬತ್ತು ⟦toṃbattu トンバットゥ⟧ [tombəttu] ತೊಂಬತು, ತೊಂಭತು, ತೊಂಭತ್ತು *numr.adj.* 90 の —*numr.n.* 90 [Ka. D3532, D3918]

ತೊಂಬಾರ¹ ⟦toṃbāra トンバーラ⟧ [tombɐːrɐ] 《古》 *n.* **1** 《‡》 (穀物の)山 (*My. (Kitt.)*) **2** 大勢の人が集まっての宴会 [Ka. D3331]

ತೊಂಬಾರ² ⟦toṃbāra トンバーラ⟧ [tombɐːrɐ] 《古》 *n.* 大きな建物 [?]

ತೊಂಬೆ¹ ⟦toṃbe トンベ⟧ [tombe] *n.* **1** (実や果物の)房 **2** 群れ、多人数の集まり、多数、多量 [Ka. D3331]

ತೊಂಬೆ² ⟦toṃbe トンベ⟧ [tombe] *n.* **1** 穀物を貯蔵するための背の高い竹で編んだ大きな籠 **2** 胃、胃袋、お腹 [Ka. D3511]

ತೊಂಭತು ⟦toṃbʰatu トンバトゥ⟧ [tombʰətu] 《古》 *numr.adj., numr.n.* [Ka. *D3532, *D3918] ☞ತೊಂಬತ್ತು (toṃbattu)

ತೊಂಭತ್ತು ⟦toṃbʰattu トンバットゥ⟧ [tombʰəttu] *numr.adj., numr.n.* [Ka. D3532, D3918] ☞ತೊಂಬತ್ತು

(tom̩battu)

ತೊಕ್ಕು[1] ⟦tokku トック⟧ [tokku] *n.* 香草や果実などを砕いて半流動体にしたもの（食物にかけるソースとして用いる）[Ka. D3477 cf. Sk. *tvac-*]

ತೊಕ್ಕು[2] ⟦tokku トック⟧ [tokku] 《文》 *n.* **1** 皮膚 **2**（果物や木の）皮 [Ka. *D3559, cf. Sk. *tvac-*]

ತೊಗಟು ⟦togaṭu トガトゥ⟧ [togə̆ʈu] ತೊಗಟೆ, ತೊಗಡು, ತೊಪ್ಪಟೆ, ತೊಬಟೆ, ತೊವಟೆ, ತೊವಡು, ತೋಟೆ *n.* 樹皮、果物の皮、（豆類の）さや [Ka. D3544]

ತೊಗಟೆ ⟦togaṭe トガテ⟧ [togə̆ʈe] *n.* [Ka. D3544] ☞ತೊಗಟು (togaṭu)

ತೊಗಡು ⟦togaḍu トガドゥ⟧ [togə̆ɖu] 《古》 *n.* [Ka. *D3544] ☞ತೊಗಟು (togaṭu)

ತೊಗರ್ ⟦togar トガル⟧ [togər] 《古》 (*n.*) 渋い〈こと〉 [Ka. *D3352] = ಒಗರು (ogaru)〔汎〕

ತೊಗರಿ[1] ⟦togari トガリ⟧ [togə̆ri] ಚೊಗರು,[2] ತೊಗರ್,[1] ತೊಗರು,[2] ತೊವರ್, ತೊವರು 《‡》 (*n.*) 渋い〈こと〉 [Ka. D3352] (*Nr.* (*Kitt.*)) = ಒಗರು (ogaru)〔汎〕

ತೊಗರಿ[2] ⟦togari トガリ⟧ [togə̆ri] *n.* キマメ、（食用の）豆の一種 [Ka. D3353]

ತೊಗರು[1] ⟦togaru トガル⟧ [togə̆ru] ಚೊಗರು[1] 《古》 *n.* 赤色 [Ka. D3284]

ತೊಗರು[2] ⟦togaru トガル⟧ [togə̆ru] 《古》 (*n.*) 渋い〈こと〉 [Ka. *D3352] = ಒಗರು (ogaru)〔汎〕 ☞ತೊಗರ್ (togar)

ತೊಗರು[3] ⟦togaru トガル⟧ [togə̆ru] 《古》 *n.* キマメ、（食用の）豆の一種 [Ka. *D3353]

ತೊಗಲ್ ⟦togal トガル⟧ [togəl] 《古》 *n.* 皮、皮膚、動物の生皮、動物のなめし革 [Ka. D3559] ☞ತೊಗಲು (togalu)〔汎〕(〔汎〕)

ತೊಗಲು ⟦togalu トガル⟧ [togə̆lu] ತೊಗಲ್, ತೊವಲ್, ತೊವಲು, ತೋಲ್, ತೋಲು, ತೋವಲ್ *n.* 皮、皮膚、動物の生皮、動物のなめし革 [Ka. *D3559]

ತೊಗಲುಗೊಂಬೆ ⟦togalugom̩be トガルゴンベ⟧ [togə̆lugombe] *n.* 皮製の影絵芝居用の人形 [*togalu* + *gom̩be*] = ತೊಗಲುಬೊಂಬೆ (togalubom̩be)

ತೊಗಲುಪಟ್ಟಿ ⟦togalupaṭṭi トガルパッティ⟧ [togə̆lupəʈʈi] *n.* 皮製のベルト [*togalu* + *paṭṭi*]

ತೊಗಲುಬೊಂಬೆ ⟦togalubom̩be トガルボンベ⟧ [togə̆lubombe] *n.* [*togalu* + *bom̩be*] ☞ತೊಗಲುಬೊಂಬೆ (togalubom̩be)

ತೊಗಱು ⟦togaṟu トガル⟧ [togə̆ṟu] 《‡》 *n.* 渋い〈こと〉 (*My.* (*Kitt.*)) [Ka. D3352]

ತೊಗೆ ⟦toge トゲ⟧ [toge] *n.* ダール（割り豆）をゆでたもの（塩や香辛料は入れない）[Ka. D3562] ☞ತೊವ್ವೆ (tovve)

ತೊಟಕ್ ⟦toṭak トタク⟧ [toʈək] (*n.*) ぽとっ、ぽとり（一粒の水滴が落ちる音を表す擬音語）[Ka. mim.]

ತೊಟಕ್ಕನೆ ⟦toṭakkane トタッカネ⟧ [toʈəkkə̆ne] *adv.* ぽとっと、ぽとりと (*My.* (*Kitt.*)) [Ka.? mim.]

ತೊಟಿಲ್ ⟦toṭil トティル⟧ [toʈil] 《‡》 *n.* 赤と黄色の見事な花が咲き巻きひげでよじ登るユリ科の植物（観賞用および薬用）(*St. & Pl.* (*Kitt.*)) [Ka. D3565] = ಕೋಳಿಕುಟುಮ (kōḷikuṭuma) *[IMP 3.77]

ತೊಟ್ಟಗೆ ⟦toṭṭage トッタゲ⟧ [toʈʈə̆ge] 《古》 *adv.* **1** 直ちに、すばやく **2** 突然、急に [Ka. mim. D3022 < *taṭakkane*] ☞ತಟಕ್ಕನೆ (taṭakkane)

ತೊಟ್ಟನೆ ⟦toṭṭane トッタネ⟧ [toʈʈə̆ne] 《古》 *adv.* **1** 直ちに、すばやく **2** 突然、急に [Ka. mim. D3022 < *taṭakkane*] ☞ತಟಕ್ಕನೆ (taṭakkane)

ತೊಟ್ಟಲ ⟦toṭṭala トッタラ⟧ [toʈʈə̆lɐ] 《口》 *n.* 揺り床、ゆりかご [Ka. *D3486] ☞ತೊಟ್ಟಿಲು (toṭṭilu)

ತೊಟ್ಟಲು ⟦toṭṭalu トッタル⟧ [toʈʈəlu] *n.* 揺り床、ゆりかご [Ka. D3486] ☞ತೊಟ್ಟಿಲು (toṭṭilu)

ತೊಟ್ಟಿ[1] ⟦toṭṭi トッティ⟧ [toʈʈi] *n.* セメントや漆喰などで作った水やゴミを入れる容器 [Ka. D3484]

ತೊಟ್ಟಿ[2] ⟦toṭṭi トッティ⟧ [toʈʈi] *n.* **1** 家の中の小さな中庭（四方を建物で囲まれ、光や空気を取り入れる）**2** ハーレム、女性部屋 = ಅಂತಃಪುರ (am̩taḥpura) [Ka. D3485]

ತೊಟ್ಟಿಲ್ ⟦toṭṭil トッティル⟧ [toʈʈil] 《古》 *n.* 揺り床、ゆりかご [Ka. D3486] ☞ತೊಟ್ಟಿಲು (toṭṭilu)

ತೊಟ್ಟಿಲು ⟦toṭṭilu トッティル⟧ [toʈʈilu] ತೊಟ್ಟಿಲ್, ತೊಟ್ಟಲ, ತೊಟ್ಟಲು, ತೊಟ್ಲು *n.* 〔児〕 揺り床、ゆりかご [Ka. *D3486] ☞ತೊಟ್ಟಿಲು (toṭṭilu)

ತೊಟ್ಟು[1] ⟦toṭṭu トットゥ⟧ [toʈʈu] *n.* しずく ―*adj.*/*adv.* 少し ¶ ನನಗೆ ತೊಟ್ಟು ನೀರು ಕೊಡು. (nanage toṭṭu nīru koḍu.) 少し水をくれ。 [Ka. D2835]

ತೊಟ್ಟಿಕ್ಕು ⟦toṭṭikku トッティック⟧ [toʈʈikku] *vi.* （水などが）滴る、ぽとぽと落ちる [+ *ikku*] = ತೊಟ್ಟಿಡು (toṭṭiḍu)

ತೊಟ್ಟಿಡು ⟦toṭṭiḍu トッティドゥ⟧ [toʈʈiɖu] *vi.* [+ *iḍu*] ☞ತೊಟ್ಟಿಕ್ಕು (toṭṭikku)

ತೊಟ್ಟು[2] ⟦toṭṭu トットゥ⟧ [toʈʈu] *n.* 葉柄、花梗（かこう） [Ka. D3487]

ತೊಟ್ಟು[3] ⟦toṭṭu トットゥ⟧ [toʈʈu] *n.* 乳首 [Ka. D3488]

ತೊಟ್ಟೆ[1] ⟦toṭṭe トッテ⟧ [toʈʈe] 《方》 *n.* ココヤシの葉で作った使い捨ての籠 [Ka. D3489]

ತೊಟ್ಟೆ[2] ⟦toṭṭe トッテ⟧ [toʈʈe] 《‡》 *n.* （ハチの巣の）巣室 (*My.* (*Kitt.*)) [Ka. D3490]

ತೊಟ್ಟೆನೆ ⟦toṭṭene トッテネ⟧ [toʈʈĕne] 《‡》 *adv.* [Ka. mim. D3022] (*Čpr.4.72* (*Kitt.*)) ☞ತೊಟ್ಟನೆ (toṭṭane)

ತೊಟ್ಲ ⟦toṭla トトラ⟧ [toʈlɐ] 《口》 *n.* [Ka. D3486] ☞ತೊಟ್ಟಿಲು (toṭṭilu)

ತೊಡ ⟦toḍa トダ⟧ [toɖɐ] 《古》 *n.* 装身具 [Ka. D3482]

ತೊಡಂಕು ⟦toḍam̩ku トダンク⟧ [toɖəŋku] 《古》 *vt.* 始める、開始する、企てる ―*vi.* **1**（糸や髪の毛などが）もつれる **2**（困難や争いなどに）巻き込まれる **3**（仕事などに）従事する **4** 生じる、できる ―*n.* **1**（糸や髪の毛などの）もつれ **2**（困難や争いや戦争などに）巻き込まれること [Ka. D3480, D3481]

ತೊಡಂಬೆ¹ ⟦toḍaṃbe トダンベ⟧ [toḍəmbe] 《古》 *n.* **1** (花や実の) 房 **2** 〔喩〕 集まり、多数、多量 [Ka. D3480]

ತೊಡಂಬೆ² ⟦toḍaṃbe トダンベ⟧ [toḍəmbe] 《古》 *n.* 葉柄；花梗(かこう) [Ka. D3487]

ತೊಡಕ¹ ⟦toḍaka トダカ⟧ [toḍə̆kɐ] 《‡》 *n.* 塗ること (*DEDR*) [Ka. D3301]

ತೊಡಕ² ⟦toḍaka トダカ⟧ [toḍə̆kɐ] 《‡》 *n.* (糸などが) もつれること (*G.252* (*Kitt.*)) [Ka. D3480]

ತೊಡಕು ⟦toḍaku トダク⟧ [toḍə̆ku] *vi.* **1** (糸などが) もつれる **2** (網やわななどに) かかる **3** 〔喩〕 (困難や紛糾などに) 巻き込まれる **4** (仕事などに) 従事する、携わる **—*n.*** **1** (糸、髪の毛などの) もつれ **2** 障害、困難 ☞ತೊಡಗು (toḍagu) [Ka. D3480, D3481]

ತೊಡಕಿಸು ⟦toḍakisu トダキス⟧ [toḍə̆kisu] *vt.* **1** くっつける、結ぶ **2** 〈厄介、機会などを〉作る、生む [+ *-isu* caus. D3480, D3481]

ತೊಡಗು ⟦toḍagu トダグ⟧ [toḍə̆gu] *vt.* 始める、開始する **—*vi.*** **1** 始まる、開始する ¶ ಕಷ್ಟದ ಪರಂಪರೆಗಳು ತೊಡಗಿದವು. (kaṣṭada paraṃparegaḷu toḍagidavu.) 次から次へと難儀が始まった。 **2** 起こる ¶ ಅಲ್ಲಿ ಏನು ತೊಡಗಿತು ಎಂಬುದು ಗೊತ್ತಿಲ್ಲ. (alli ēnu toḍagitu eṃbudu gottilla.) そこで何が起こったのか私には分からない。 **3** (あるものに) 従事する、没頭する ¶ ಅವಳು ಪೂಜೆಯಲ್ಲಿ ತೊಡಗಿದ್ದಾಳೆ. (avaḷu pūjeyalli toḍagiddāḷe.) 彼女はお祈りに没頭している。 **—*v.aux.*** 《-ಅಲು (-alu)/-ಅಲಿಕ್ಕೆ (-alikke)》…しはじめる ¶ ಅವಳು ಅಳತೊಡಗಿದಳು. (avaḷu aḷatoḍagidaḷu.) 彼は泣きはじめた。 [Ka. D3480, D3481]

ತೊಡಗಿಸು ⟦toḍagisu トダギス⟧ [toḍə̆gisu] *vt.* **1** 始める、開始する、着手する ¶ ಅಪ್ಪ ಮನೆ ಕಟ್ಟುವ ಕೆಲಸವನ್ನು ತೊಡಗಿಸಿದರು. (appa mane kaṭṭuva kelasavannu toḍagisidaru.) 父は家を建てる仕事を始めた。 **2** 〈金などを〉投資する ¶ ಆ ಕಂಪನಿ ಈಕೆಲಸಕ್ಕೆ ಹತ್ತು ಕೋಟಿ ರೂಪಾಯಿ ತೊಡಗಿಸಿತು. (ā kaṃpani īkelasakke hattu kōṭi rūpāyi toḍagisitu.) この会社は 1 億ルーピーを投資した。 ☞ಹೂಡು (hūḍu) **3** 利用する、〈人を〉任用する ¶ ಸರಕಾರ ಅನಾವಶ್ಯಕವಾಗಿ ಈ ಕೆಲಸಕ್ಕೆ ಐವತ್ತುಜನರನ್ನು ತೊಡಗಿಸಿತು. (sarakāra anāvaśyakavāgi ī kelasakke aivattujanarannu toḍagisitu.) 政府はこの仕事に不必要に 50 人を働かせた。 [+ *-isu* caus. D3481]

ತೊಡಗುಹ ⟦toḍaguha トダグハ⟧ [toḍəgŭhɐ] 《‡》 *n.* 始めること (*Nr.* (*Kitt.*)) [Ka. D3481]

ತೊಡಗೆ ⟦toḍage トダゲ⟧ [toḍə̆ge] 《‡》 *n.* 衣類、装身具 (*Bp.24,44* (*Kitt.*)) [Ka. D3482]

ತೊಡಚು ⟦toḍacu トダチュ⟧ [toḍə̆ʧu] ತೊಡರಿಚು, ತೊಡರ್ಚು 《古》 *vt.* **1** くくる、縛りつける **2** くっつける、入れる、着ける **3** (弓に) 〈矢を〉つがえる **4** 〈喧嘩などを〉始める、開始する [Ka. D3480]

ತೊಡಪ ⟦toḍapa トダパ⟧ [toḍə̆pɐ] *n.* 箒 [Ka. *D3301] = ಪೊರಕೆ (porake)

ತೊಡಪು ⟦toḍapu トダプ⟧ [toḍə̆pu] 《古》 *n.* 装身具 [Ka. *D3482|] = ಪಂಚೆ (paṃce)

ತೊಡಯಿಸು ⟦toḍayisu トダイス⟧ [toḍə̆jisu] 《‡》 *vt.* **1** 拭う、拭く **2** 〈石灰や牛糞を〉塗る (*Bp.61,7* (*Kitt.*)) [Ka. D3301]

ತೊಡರ್ ⟦toḍar トダル⟧ [toḍər] 《古》 *vi.* **1** 巻きつかれる；巻きつく **2** (面倒などに) 巻き込まれる **3** 関係する、巻き込まれる **4** くっつく **5** 回る **6** くくる、束縛する **—*vt.*** 《古》 〈ある人を〉巻き込む **—*n.*** **1** 束縛、縛り **2** 鎖、手かせ、足かせその他の人の自由を奪う道具 **3** 障害、困難 **4** もつれ、錯綜、紛糾 ☞ತೊಡರು (toḍaru) [Ka. D3480]

ತೊಡರಿಚು ⟦toḍaricu トダリチュ⟧ [toḍərĭʧu] 《古》 *vt.* はむかう、反抗する [Ka. *D3480]

ತೊಡರು ⟦toḍaru トダル⟧ [toḍə̆ru] ತೊಡರ್ *vi.* **1** 巻きつかれる **2** (ツタなどが) 巻きつく ¶ ಎಲೆಬಳ್ಳಿ ಅಡಿಕೆಮರಕ್ಕೆ ತೊಡರಿದೆ. (eleballi aḍikemarakke toḍaride.) キンマのつるがビンロウジュのに木に巻きついている。 **3** 〔喩〕 (面倒などに) 巻き込まれる ¶ ಅವನು ಪುತ್ರ ಕಲತ್ರದ ವ್ಯಾಮೋಹದಲ್ಲಿ ತೊಡರಿದ್ದಾನೆ. (avanu putra kalatrada vyāmōhadalli toḍariddāne.) 彼は妻子を溺愛しその虜となっている。 **4** 〔喩〕 くくる、束縛する ¶ ಕರ್ಮದ ಬಂಧನ ಮನುಷ್ಯರನ್ನು ತೊಡರಿದೆ. (karmada baṃdʰana manuṣyarannu toḍaride.) 業(ごう)の束縛が人間を縛っている。 **—*n.*** **1** 《古》 鎖や手かせ足かせなど人の自由を奪う道具 **2** 障害、困難、もつれ、錯綜、紛糾 ¶ ಒಂದು ಒಳ್ಳೆಯ ಕೆಲಸಕ್ಕೆ ನೂರೆಂಟು ತೊಡರುಗಳು. (oṃdu oḷḷeya kelasakke nūreṃṭu toḍarugaḷu.) よい行為には 108 の障害がある。 [Ka. *D3480]

ತೊಡರಿಕೊಳ್ಳು ⟦toḍarikoḷḷu トダリコッル⟧ [toḍə̆rikoḷḷu] *vi.* 絡みつく、関係を結ぶ ¶ ಬೇಡವಾಗಿದ್ದರೂ ಅವಳು ಹೆಂಡತಿಯಾಗಿ ತಮ್ಮನಿಗೆ ತೊಡರಿಕೊಂಡಳು. (bēḍavāgiddarū avaḷu heṃḍatiyāgi tammanige toḍarikoṃḍaḷu.) 弟が望まなかったのに彼女は無理やりまとわりついて妻となった。

ತೊಡರ್ಚು ⟦toḍarcu トダルチュ⟧ [toḍərʧu] 《古》 *vt.* **1** 結ぶ、結びつける **2** 巻き込む、絡みつく **3** くっつける、接続する **4** 〈装身具などを〉身につけさせる、つけてやる **5** 〈玉などに〉糸を通す **6** (ある仕事に) 従事させる **7** 〈あることを〉始める **8** (弓に) 〈矢を〉つがえる [Ka. D3480]

ತೊಡರ್ಪು ⟦toḍarpu トダルプ⟧ [toḍərpu] 《古》 *n.* **1** 結び目、結び **2** もつれ、紛糾 **3** 関係、つながり **4** 邪魔、障害、抵抗 **5** 抱擁、抱き合うこと [Ka. D3480]

ತೊಡವು¹ ⟦toḍavu トダヴ⟧ [toḍə̆vu] 《‡》 *n.* **1** 始め **2** 底 [Ka. D3481] (*Mr.486* (*Kitt.*))

ತೊಡವು² ⟦toḍavu トダヴ⟧ [toḍə̆vu] *n.* **1** 装身具 **2** 〔喩〕 (国家などの) 誇りとなる人 [Ka. D3482]

ತೊಡಸು¹ ⟦toḍasu トダス⟧ [toḍə̆su] 《‡》 *vt.* 〈石灰や

牛糞などを〉塗らせる (*My.* (*Kitt.*)) [Ka. D3301]

ತೊಡಸು² 〚toḍasu トダス〛[toḍəsu] 《‡》 *vt.* 〈縫った衣類などを〉着せる (*My.* (*Kitt.*)) [Ka. D3482] ☞ತೊಡಿಸು (toḍisu)

ತೊಡಿ¹ 〚toḍi トディ〛[toḍi] 《方》 *n.* 唇 [Ka. D3296] (HavS. Hal.)

ತೊಡಿ² 〚toḍi トディ〛[toḍi] 《方》 *n.* 家の前や裏にある小さな庭 [Ka. cf. *toṭṭi*² *D3485]

ತೊಡಿಗೆ 〚toḍige トディゲ〛[toḍĭge] *n.* 装身具 [Ka. D3482] ☞ತೊಡುಗೆ (toḍuge)

ತೊಡು¹ 〚toḍu トドゥ〛[toḍu] ತುಡು¹ *vt.* 《過去語幹 toṭṭ-》(弓に)〈矢を〉つがえる [Ka. D3480, cf. D3081, D3482]

ತೊಡಿಸು¹ 〚toḍisu トディス〛[toḍĭsu] *vt.* **1** くっつける、接合する **2** (弓に)〈矢を〉つがえる [+ *-isu* caus. D3480, cf. D3481, D3482]

ತೊಡು² 〚toḍu トドゥ〛[toḍu] ತುಡು² 《古》 *vt.* 《過去語幹 toṭṭ-》始める、開始する —*vi.* 始まる (ಆದಿಪು.2.66) [Ka. D3081, cf. D3480, D3482]

ತೊಡು³ 〚toḍu トドゥ〛[toḍu] ತುಡು³ *vt.* 《過去語幹 toṭṭ-》 **1** 〈縫製した衣類や装身具などを〉身につける = ಉಡು (uḍu) **2** 得る、経験する **3** 〈ある形や生まれ変わった姿などを〉取る = ಉಡು (uḍu) [Ka. D3482, cf. D3480, D3481]

ತೊಡಿಸು² 〚toḍisu トディス〛[toḍĭsu] ತುಡಿಸು *vt.* 〈縫製した衣類や装身具などを〉身につけさせる、着せる [+ *-isu* caus. D3482]

ತೊಡುಗೆ 〚toḍuge トドゥゲ〛[toḍŭge] ತುಡಿಗೆ, ತುಡುಗೆ, ತೊಡಿಗೆ *n.* **1** 装身具 **2** 縫製した衣類 [Ka. D3482]

ತೊಡೆ¹ 〚toḍe トデ〛[toḍe] *vt.* **1** 拭き取る **2** (顔その他に)〈油、ウコンなどを〉塗る **3** 〔喩〕〈敵などを〉殲滅(せんめつ)する [Ka. D3301]

ತೊಡಿಸು³ 〚toḍisu トディス〛[toḍĭsu] *vt.* **1** 〈生石灰や牛糞などを〉(床や壁に)塗らせる **2** 拭き取らせる、など [Ka. *toḍe*¹ + *-isu* caus. D3301]

ತೊಡೆಯಿಸು 〚toḍeyisu トデイス〛[toḍejĭsu] *vt.* **1** (体に)〈香油などを〉塗らせる **2** 〈汚れなどを〉拭き取らせる [+ *-isu* caus. *D3301]

ತೊಡೆ² 〚toḍe トデ〛[toḍe] *n.* 太股 [Ka. D3302]

ತೊಡೆತ 〚toḍeta トデタ〛[toḍĕtɐ] 《古》 *n.* 顔などに香油などを塗ること [*toḍe* D3301 + *-ta*]

ತೊಡ್ಡು 〚toḍḍu トッドゥ〛[toḍḍu] 《口》 *n.* 睾丸 (*Kitt.*) [Ka. D3091] ☞ತರಡು (taraḍu)

ತೊಡ್ರು 〚toḍru トドル〛[toḍru] 《口》 *vi.* [Ka. D3480] (*My.* (*Kitt.*)) ☞ತೊಡರು (toḍaru)

ತೊಣಚಿ 〚toṇaci トナチ〛[toṇəʧi] *n.* [Ka. D3495] ☞ತೊಣಚೆ (toṇace)

ತೊಣಚೆ 〚toṇace トナチェ〛[toṇəʧe] ತೊಣಚಿ, ತೊಣಸಿ, ತೊಣಸೆ, ತೊನಸಿ, ತೊನಸೆ *n.* (家畜にたかる)アブ [Ka. D3495]

ತೊಣೆ¹ 〚toṇe トネ〛[toṇe] 《文》 *n.* (年齢や社会的地位などが似かよった人の)付き合い、交わり —*mf.* 仲間、同輩 ಸಂಗಾತಿ (saṃgāti) [Ka. D3308]

ತೊಣೆ² 〚toṇe トネ〛[toṇe] ಡೊಣೆ², ದೊಣೆ² 《古》 *n.* 矢筒、箙(えびら) [Dr./Pk. *tōṇa-* Sk. *tūṇa-*]

ತೊಣ್ಣು 〚toṇṇu トンヌ〛[toṇṇu] 《‡》 *n.* 白斑、シロナマズ (*Si.201* (*Kitt.*)) [Ka. D3527] ☞ತೊನ್ನು (tonnu)

ತೊಣ್ಣೆ 〚toṇṇe トンネ〛[toṇṇe] 《‡》 *n.* トカゲ (*My.* (*Kitt.*)) [Ka. D3501]

ತೊತ್ತಳ 〚tottaṟa トッタラ〛[tottəɹɐ] ತೊಱ್ತಳ 《古》 (*n.*) ぐじゃぐじゃに踏みつぶされた〈こと〉 —*n.* ぐじゃぐじゃに踏みつぶされた状態 ☞ತೊಱ್ತಳ (toṟtaṟa) [Ka. D3522]

ತೊತ್ತಳದುಳಿ 〚tottaṟaduṟi トッタラドゥリ〛[tottəɹəḍuɹi] ತೊತ್ತಳತುಳಿ 《古》 *vt.* ぐじゃぐじゃに踏みつぶす [Ka. *D3522]

ತೊತ್ತು¹ 〚tottu トットゥ〛[tottu] 《‡》 *n.* 一口 (*Kitt.*) [Ka. D3367] ☞ತುತ್ತು (tuttu)

ತೊತ್ತು² 〚tottu トットゥ〛[tottu] 《‡》 *f.* **1** 女性の召し使い **2** 〔喩〕卑しい身持ちのよくない女性 [Ka. *toṟtu* D3524] ☞ತೊಱ್ತು (toṟtu)

ತೊತ್ತಿನ ಮಗ 〚tottina maga トッティナマガ〛[tottinə maǧɐ] *m.* 〔卑〕女性の召し使いの腹に生まれた息子

ತೊದ 〚toda トダ〛[todɐ] 《‡》 *m.* トダ(ニールギリ地方の最も高い地域に居住する民族の名称) [Ka. D3504]

ತೊದಲ 〚todala トダラ〛[tođəlɐ] ತೊದಳ *m.* 《*f.* ತೊದಲಿ (todali)》回らぬ口で話す人 [Ka. *D3503]

ತೊದಲ್ 〚todal トダル〛[tođəl] 《古》 *vi.*, *n.* [Ka. D3503] ☞ತೊದಲು (todalu)

ತೊದಲು 〚todalu トダル〛[tođəlu] ತೊದಲ್, ತೊದಳ್, ತೊದಳು *vi.* 回らぬ口で話す、口ごもりながら話す —*n.* 回らぬ口で話すこと、口ごもりながら話すこと [Ka. D3503]

ತೊದಲುನುಡಿ 〚todalunuḍi トダルヌディ〛[tođəlunuḍi] ತೊದಳುನುಡಿ つかえながら話す言葉、回らない舌で話す言葉 [+ *nuḍi*]

ತೊದವ 〚todava トダヴァ〛[todəvɐ] *m.* 《*f.* ತೊದವಳು (todavaḷu)》トダ(ニールギリ地方のトダ民族に属する人間) [Ka. D3504] ☞ತೊದ (toda)

ತೊದಳ 〚todaḷa トダラ〛[tođəḷɐ] *m.* 《*f.* ತೊದಳಿ (todaḷi)》 [Ka. *D3503] ☞ತೊದಲ (todala)

ತೊದಳ್ 〚todaḷ トダル〛[tođəḷ] *n.* [Ka. D3503] ☞ತೊದಲು (todalu)

ತೊದಳು 〚todaḷu トダル〛[tođəḷu] *n.* [Ka. *D3503] ☞ತೊದಲು (todalu)

ತೊದಳುನುಡಿ 〚todaḷunuḍi トダルヌディ〛[toḍəḷunuḍi] *n.* [+ *nuḍi*] ☞ತೊದಲುನುಡಿ (todalunuḍi)

ತೊದುಳ್ 〚toduḷ トドゥル〛[tođuḷ] 《‡》 *n.* [Ka. D3503] (*Kitt.*) ☞ತೊದಲು (todalu)

ತೊನಗು ⟦tonagu トナグ⟧ [tonə̆ŋgu] 《古》 *vi.* 立ち去る、行ってしまう [Ka. *D3519] ☞ತೊಲಗು (tolagu)

ತೊನಚಿ ⟦tonaci トナチ⟧ [tonə̆ʧi] *n.* (家畜にたかる)アブ [Ka. D3495] ☞ತೊಣಚೆ (toṇace)

ತೊನಚೆ ⟦tonace トナチェ⟧ [tonə̆ʧe] *n.* (家畜にたかる)アブ [Ka. D3495] ☞ತೊಣಚೆ (toṇace)

ತೊನಸಿ ⟦tonasi トナシ⟧ [tonə̆si] *n.* (家畜にたかる)アブ [Ka. *D3495] ☞ತೊಣಚೆ (toṇace)

ತೊನಸೆ ⟦tonase トナセ⟧ [tonə̆se] *n.* (家畜にたかる)アブ [Ka. D3495] ☞ತೊಣಚೆ (toṇace)

ತೊನೆ ⟦tone トネ⟧ [tone] 《古》 *vi.* 揺れる、ぶらぶらする [?]

ತೊನ್ನು ⟦tonnu トンヌ⟧ [tonnu] *n.* 白斑、シロナマズ [Ka. D3527]

ತೊಪ್ಪಟೆ ⟦toppaṭe トッパテ⟧ [toppə̆ʈe] 《文》 *n.* [Ka. *D3544] ☞ತೊಗಟು (togaṭu)

ತೊಪ್ಪಡೆ ⟦toppaḍe トッパデ⟧ [toppə̆ɖe] 《古》 *n.* [Ka. *D3544] ☞ತೊಗಟು (togaṭu)

ತೊಪ್ಪು ⟦toppu トップ⟧ [toppu] (*n.*) どさっ、ばたっ(本や小型の小包など中程度の重くて表面が堅くないものが床に落ちる音を表す擬音語) [Ka. onom. *D3509] cf. ದೊಪ್ಪು (doppu)

ತೊಪ್ಪನೆ ⟦toppane トッパネ⟧ [toppə̆ne] *adv.* どさっと、ばたっと [*toppu* + *-ane* D3509]

ತೊಪ್ಪಲ ⟦toppala トッパラ⟧ [toppə̆lɐ] *n.* [Ka. D2673] ☞ತೊಪ್ಪಲು (toppalu)

ತೊಪ್ಪಲು ⟦toppalu トッパル⟧ [toppə̆lu] ತಪ್ಪಲ, ತಪ್ಪಲು, ತೊಪ್ಪಲ *n.* 植物の葉全体 [Ka. D2673] cf. ಸೊಪ್ಪು (soppu) "edible leaves"

ತೊಪ್ಪೆ[1] ⟦toppe トッペ⟧ [toppe] *n.* 新しい牛糞の塊 [?] = ಸೆಗಣಿ (segaṇi)

ತೊಪ್ಪೆ[2] ⟦toppe トッペ⟧ [toppe] 《古》 *n.* 太鼓腹 [Ka.? cf. Ta. *toppai*]

ತೊಪ್ಪೆಮೈ ⟦toppemai トッペマイ⟧ [toppĕməi] *n.* 肥満体 [*toppe* + *mai*]

ತೊಬಟೆ ⟦tobaṭe トバテ⟧ [tobə̆ʈe] 《古》 *n.* [Ka. *D3544] ☞ತೊಗಟು (togaṭu)

ತೊಯ್ ⟦toy トイ⟧ [toĭ] *vi.* 濡れる ―*vt.* 濡らす、ずぶ濡れにする ☞ತೋಯು (tōyu) [Ka. D3555]

ತೊಯಿ ⟦toyi トイ⟧ [toji] *n.* [Ka. *D3562] ☞ತೊವ್ವೆ (tovve)

ತೊಯೆ ⟦toye トエ⟧ [toje] *n.* [Ka. D3562] ☞ತೊವ್ವೆ (tovve)

ತೊಯಿಸು ⟦toyisu トイス⟧ [tojĭsu] *vt.* [+ *-isu* caus.] ☞ತೊಯ್ಯಿಸು (toyyisu)

ತೊಯ್ಯು ⟦toyyu トイユ⟧ [toĭju] *vi.* 濡れる [Ka. D3555] ☞ತೋಯು (tōyu)

ತೊಯ್ಯಿಸು ⟦toyyisu トイイス⟧ [toĭjisu] *vt.* 濡らす、ずぶ濡れにする [+ *-isu* caus.] ☞ತೋಯಿಸು (tōyisu)

ತೊಯ್ಯುವಿಕೆ ⟦toyyuvike トイユヴィケ⟧ [toĭjuvĭke] *n.* 濡れること、ずぶ濡れになること [Ka. D3555]

ತೊರಡು ⟦toraḍu トラドゥ⟧ [torə̆ɖu] *n.* 〔卑〕睾丸 (*Kitt.*) [Ka. D3091] ☞ತರಡು (taraḍu)

ತೊರವಿ ⟦toravi トラヴィ⟧ [torə̆vi] 《古》 *n.* 捨てること、放棄 [Ka. *D3365] ☞ತೊಱವಿ (toṟavi)

ತೊರಸಲು ⟦torasalu トラサル⟧ [torə̆səlu] 《‡》 (*n.*) (表面が)ざらざら〈な〉(*Kitt.*) [Ka. D3097] ☞ಉರುಟು (uruṭu)

ತೊರಳಿ ⟦toraḷi トラリ⟧ [torə̆ɭi] 《古》 *n.* [?] ☞ತೊರಲಿ (torali)

ತೊರಳೆ ⟦toraḷe トラレ⟧ [torə̆ɭe] ತೊರಳಿ, ತೊಳ್ಳೆ, ತೊಳ್ಳೆ 《古》 *n.* 脾臓 [?] = ಗುಲ್ಮ, ಪ್ಲೀಹ (gulma, plīha)

ತೊರಿಕ್ಕೆ ⟦torikke トリッケ⟧ [torikke] 《方》 *n.* 痒み [Ka. D2865] (Hav.)

ತೊರೆ[1] ⟦tore トレ⟧ [tore] *vi.* **1** (牛などの乳房が)乳でいっぱいになる **2** (牛が出した乳が)乳房から流れ出る [Ka. D2883, cf. D3370]

ತೊರೆ[2] ⟦tore トレ⟧ [tore] ತೊಱೆ *n.* 小川、細流 [Ka. *toṟe* D3370]

ತೊರೆ[3] ⟦tore トレ⟧ [tore] ತೊಱೆ *vt.* 〈欲望、この世の快楽、憎しみ、信念、生活様式などを〉捨てる、〈ある人との関係などを〉絶つ、放棄する ―*vi.* 《古》 世間的な幸福を捨てる、世を捨てる、出家する [Ka. *toṟe* D3365]

ತೊರ್ತು ⟦tortu トルトゥ⟧ [tortu] 《古》 *f.* **1** (主として女性の)召し使い **2** 卑しい身持ちのよくない女性 [Ka. *D3524] ☞ತೊೞ್ತು (toṛtu)

ತೊರ್ಸು ⟦torsu トルス⟧ [torsu] 《‡》 *vi.* 痒い (*DEDR*) [Ka. D2865] ☞ತುರಿಸು (turisu)

ತೊಲಂಗು ⟦tolaṃgu トラング⟧ [toləŋgu] 《古》 *vi.* **1** 立ち去る、行ってしまう **2** 場所をあける、場所を譲る [Ka. D3519] ☞ತೊಲಗು (tolagu)

ತೊಲಗು ⟦tolagu トラグ⟧ [tolə̆gu] ತೊನಗು, ತೊಲಂಗು *vi.* **1** 立ち去る、行ってしまう **2** 場所をあける、場所を譲る [Ka. D3519]

ತೊಲಗಿಸು ⟦tolagisu トラギス⟧ [tolə̆gisu] *vt.* **1** 立ち去らせる、遠ざける、身を引かせる **2** 〈困難、難儀などを〉取り除く、克服する、〈災厄を〉祈禱によって祓う **3** 取り除く、取り去る **4** 〈人を〉押しのける **5** 撃退する [+ *-isu* caus.]

ತೊಲಿ ⟦toli トリ⟧ [toli] 《希》 *n.* うがった穴 [Ka. D3528]

ತೊಲೆ[1] ⟦tole トレ⟧ [tole] 《方》 *vi.* 距離を保つ (Hav.) ―*vt.* 取り除く (Hav.) [Ka. D3519]

ತೊಲೆ[2] ⟦tole トレ⟧ [tole] *n.* **1** 梁(はり)、梁材 **2** 丸太 [Sk. *tulā-*]

ತೊಲೆ[3] ⟦tole トレ⟧ [tole] *n.* 11.6 グラムに相当する重さの単位 [Sk. *tola-*]

ತೊವಟೆ ⟦tovaṭe トヴァテ⟧ [tovə̆ʈe] 《古》 *n.* [Ka. *D3544] ☞ತೊಗಟು (togaṭu)

ತೊವಡು ⟦tovaḍu トヴァドゥ⟧ [tovə̆ɖu] 《古》 *n.* [Ka. *D3544] ☞ತೊಗಟು (togaṭu)

ತೊವರ ⟦tovara トヴァラ⟧ [tovǝ̆rɐ] 《‡》 (*n.*) 渋い〈こと〉[Ka. D3352]

ತೊವರಿ ⟦tovari トヴァリ⟧ [tovǝ̆ri] 《古》 *n.* キマメ、(食用の)豆の一種 [Ka. D3353] ☞ತೊಗರಿ (togari)²

ತೊವರು¹ ⟦tovaru トヴァル⟧ [tovǝ̆ru] 《古》 (*n.*) 渋い〈こと〉[Ka. *D3352] = ಒಗರು (ogaru)〔汎〕☞ತೊಗರ್ (togar)

ತೊವರು² ⟦tovaru トヴァル⟧ [tovǝ̆ru] 《古》 *n.* キマメ、(食用の)豆の一種 [Ka. *D3353] ☞ತೊಗರಿ (togari)²

ತೊವಲ್¹ ⟦toval トヴァル⟧ [tovǝl] 《古》 *n.* (果物などの)房 (*Čt.II.104*) —*vi.* 《過去語幹 tovalt-》(樹木が)新芽を出す = ಚಿಗುರು (ciguru) [Ka. D2673]

ತೊವಲ್² ⟦toval トヴァル⟧ [tovǝl] 《‡》 *vi.* つかえながら話すこと (*Kitt.*) [Ka. D3503] ☞ತೊದಲು (todalu)〔汎〕

ತೊವಲ್³ ⟦toval トヴァル⟧ [tovǝl] 《古》 *n.* 皮、皮膚、動物の生皮、動物のなめし革 [Ka. *D3559] ☞ತೊಗಲು (togalu)〔汎〕

ತೊವಲು ⟦tovalu トヴァル⟧ [tovǝ̆lu] 《古》 *n.* 皮、皮膚、動物の生皮、動物のなめし革 [Ka. *D3559] ☞ತೊಗಲು (togalu)〔汎〕

ತೊವಱು ⟦tovaṟu トヴァル⟧ [tovǝṟu] 《‡》 (*n.*) 渋い〈こと〉(*Hlâ* (*Kitt.*)) [Ka. D3352] = ಒಗರು (ogaru)〔汎〕☞ತೊಗರ್ (togar)

ತೊವೆ ⟦tove トヴェ⟧ [tove] *n.* [Ka. D3562] ☞ತೊವ್ವೆ (tovve)

ತೊವ್ವೆ ⟦tovve トッヴェ⟧ [tovve] ತೊಗೆ, ತೊಯಿ, ತೊಯೆ, ತೊವ್ವೆ, ತೋಯ, ತೋಯಿ, ತೋಯೆ, ತೋವೆ *n.* ダール(割り豆)をゆでた料理(調味料は使わない) [Ka. D3562]

ತೊಳಂಚಿ ⟦toḷaṃci トランチ⟧ [toḷǝɲʧi] 《古》 *n.* [Ka. *D3357] ☞ತೊಳಸಿ (toḷasi)

ತೊಳಂಚೆ ⟦toḷaṃce トランチェ⟧ [toḷǝɲʧe] 《古》 *n.* バジルの一種(シソ科、芳香があり神聖な植物として家の庭に植えられている) [Ka. D3357] ☞ತೊಳಸಿ (toḷasi)

ತೊಳಗು ⟦toḷagu トラグ⟧ [toḷǝ̆gu] 《古》 *n.* (太陽などが)輝く、光り輝く —*n.* (太陽などの)光、輝き、光輝 [Ka. D3360]

ತೊಳಗಿಸು ⟦toḷagisu トラギス⟧ [toḷǝ̆gisu] 《古》 *vt.* 輝かす [+ *-isu* caus.]

ತೊಳಚಿ ⟦toḷaci トラチ⟧ [toḷǝ̆ʧi] *n.* バジルの一種(シソ科、芳香があり神聖な植物として家の庭に植えられている) [Ka. D3357] ☞ತೊಳಸಿ (toḷasi)

ತೊಳಚೆ ⟦toḷace トラチェ⟧ [toḷǝ̆ʧe] *n.* バジルの一種(シソ科、芳香があり神聖な植物として家の庭に植えられている) [Ka. D3357] ☞ತೊಳಸಿ (toḷasi)

ತೊಳಪು ⟦toḷapu トラプ⟧ [toḷǝ̆pu] *n.* 輝き [Ka. D3360]

ತೊಳಯಿಸು ⟦toḷayisu トライス⟧ [toḷǝ̆jisu] 《古》 *vt.* 洗わせる、洗濯してもらう [Ka. D3530] ☞ತೊಳೆ (toḷe)³

ತೊಳಲೆ ⟦toḷale トラレ⟧ [toḷǝ̆le] 《古》 *n.* [?] ☞ತೊರಳಿ (toraḷi)

ತೊಳಲಾಟ ⟦toḷalāṭa トララータ⟧ [toḷǝ̆lɐːʈɐ] 《古》 *n.* 1 さまようこと、流浪、彷徨、放浪 2 我慢ができない苦悩、困窮 [*toṟalu* + *āṭa*]

ತೊಳಲಿಕೆ ⟦toḷalike トラリケ⟧ [toḷǝlĭke] 《古》 *n.* さまようこと、彷徨、歩き回ること [*taṟalu* + *-ike*]

ತೊಳಲ್ ⟦toḷal トラル⟧ [tɔḷǝl] 《古》 *vi.* 《過去語幹 toḷald-》[Ka. < *toṟalu* D2698(a)] ☞ತೊಳಲು (toḷalu)

ತೊಳಲು¹ ⟦toḷalu トラル⟧ [tɔḷǝ̆lu] *vi.* 《過去語幹 toḷald-》 1 (円弧を描いて)ぐるぐる回る 2 さまよう、彷徨する、歩き回る 3 懊悩する、苦しみにもだえる ¶ ಮಗ ಮನೆ ಬಿಟ್ಟು ಹೋದ ಮೇಲೆ ನಾವು ತುಂಬ ತೊಳಲುತ್ತಿದ್ದೇವೆ. (maga mane biṭṭu hōda mēle nāvu tuṃba toḷaluttiddēve.) 息子が家出した後私たちは苦しみにもだえています。 [Ka. *toṟalu* D2698(a)]

ತೊಳಲಾಡು ⟦toḷalāḍu トララードゥ⟧ [toḷǝ̆lɐːɖu] 《古》 *vi.* 1 うろつく、さまよう 2 苦しむ、悩む、困窮する ¶ ನಾನು ತಲೆನೋವಿನಿಂದ ತೊಳಲಾಡುತ್ತಿದ್ದೆ. (nānu talenōviniṃda toḷalāḍuttidde.) 私は頭痛で懊悩していた。 3 いてもたっても居られない、落ち着かない ¶ ಗೆಳೆಯ ಇಷ್ಟು ಹೊತ್ತಾದರೂ ಬರಲಿಲ್ಲ ಎಂದು ತೊಳಲಾಡುತ್ತಿದ್ದೆ. (geḷeya iṣṭu hottādarū baralilla eṃdu toḷalāḍuttidde.) 遅くなったのに友達がまだ来ないのでいてもたっても居られなかった。 [+ *āḍu*]

ತೊಳಲಿಸು ⟦toḷalisu トラリス⟧ [toḷǝ̆ḷisu] 《古》 *vt.* さまよい歩き回らせる、さまよわせる [+ *-isu* caus. *D2698(a)]

ತೊಳಲು² ⟦toḷalu トラル⟧ [tɔḷǝ̆lu] 《方》 *n.* マンゴーの若枝 (*Rabakavi, LSB 5.19*) [Ka. D3362]

ತೊಳಲಿಚು ⟦toḷalicu トラリチュ⟧ [toḷǝlĭʧu] ತೊಬಿಲ್ಚು 《古》 *vt.* さまよい歩かせる [Ka. *D2698(a)]

ತೊಳಸಂಬಟ್ಟೆ ⟦toḷasaṃbaṭṭe トラサンバッテ⟧ [toḷǝ̆sǝmbǝʈʈe] 《‡》 *n.* めちゃくちゃ ¶ ಅವನು ಈ ಕೆಲಸವನ್ನು ತೊಳಸಂಬಟ್ಟೆ ಮಾಡಿಬಿಟ್ಟ. (avanu ī kelasavannu toḷasaṃbaṭṭe māḍibiṭṭa.) 彼はこの仕事をめちゃくちゃにしてしまった。 [*toḷasu*¹ + ?]

ತೊಳಸಾಟ ⟦toḷasāṭa トラサータ⟧ [toḷǝ̆sɐːʈɐ] *n.* 争い、衝突、葛藤、喧嘩騒ぎ [*toṟasu*¹ + *āṭa*]

ತೊಳಸಿ ⟦toḷasi トラシ⟧ [toḷǝ̆si] ತೊಳಂಚಿ, ತೊಳಂಚೆ, ತೊಳಚಿ, ತೊಳಚೆ 《口》 *n.* バジルの一種(シソ科、芳香があり神聖な植物として家の庭に植えられている) [Ka. D3357] *[IMP 4.169 ☞ತೊಳಸಿ (toḷasi)]

ತೊಳಸು¹ ⟦toḷasu トラス⟧ [toḷǝ̆su] ತೊಱಸು *vi.* 1 杓子などで〈スープ状の料理を〉かき混ぜる 2 舟を進めるために〈水を〉かく [Ka. *toṟasu* D3356, cf. D2698]

ಹೊಟ್ಟೆ ತೊಳಸು ⟦hoṭṭe toḷasu ホッテトラス⟧ [hoʈʈe toḷǝ̆su] *vi.* (胸が)むかつく、吐き気がする [+ *toḷasu* D3356]

ತೊಳಸು² ⟦toḷasu トラス⟧ [toḷǝ̆su] *vt.* 洗わせる [Ka. D3530]

ತೊಳಿ¹ ⟦toḷi トリ⟧ [toɭi] 《方》 *vt.* 蹴る [Ka. D3522] (Hav.)

ತೊಳಿ² ⟦toḷi トリ⟧ [toɭi] 《口》 *vt.* 洗う (*C.* (*Kitt.*)) [Ka. D3530] ☞ತೊಳೆ (toḷe)³

ತೊಳೆ¹ ⟦toḷe トレ⟧ [toɭe] *n.* 柑橘類やジャックフルーツなどの実の一袋 [Ka. D2704]

ತೊಳೆ² ⟦toḷe トレ⟧ [toɭe] 《‡》 *n.* 穴、あけた穴 (*My.* (*Kitt.*)) [Ka. D3528]

ತೊಳೆ³ ⟦toḷe トレ⟧ [toɭe] *vt.* **1** 〈食器などを〉洗う **2** 〈汚点や恥などを〉取り除く **3**〔喩〕破壊する、〈財産などを〉蕩尽する ¶ ನೀನು ಬಂದು ಈ ಮನೆ ತೊಳೆದೆ. (nīnu baṃdu ī mane toḷede.) (mother-in-law abuses her daughter-in-law) おまえが来てこの家をめちゃめちゃにした。 **—***vi.* 無くなる、蕩尽される ¶ ಅಪ್ಪನ ಸಂಪತ್ತೆಲ್ಲ ಜೂಜಾಟದಲ್ಲಿ ತೊಳೆದು ಹೋಯಿತು. (appana saṃpattella jūjāṭadalli toḷedu hōyitu.) (彼の)父親の財産は、すべて博打で蕩尽された。 [Ka. D3530]

ತೊಳಯಿಸು ⟦toḷayisu トライス⟧ [toɭə̆jisu] *vt.* 洗わせる [Ka. D3530]

ತೊಳೆಯಿಸು ⟦toḷeyisu トレイス⟧ [toɭejĭsu] *vt.* 〈あるものを〉洗わせる [+ *-isu* caus.]

ತೊಳ್ಕು ⟦toḷku トルク⟧ [toɭku] 《方》 *vi.* (甕の中の水などが)揺れてぴちゃぴちゃ音を立てる [Ka. D3359] (Bark.)

ತೊಳ್ತು ⟦toḷtu トルトゥ⟧ [toɭtu] 《古》 *f.* **1** (主として女性の)召し使い **2** 卑しい身持ちのよくない女性 [Ka. *D3524] ☞ತೊಱ್ತು (toṟtu)

ತೊಳ್ಳು ⟦toḷḷu トッル⟧ [toɭɭu] *n.* うつろ、中空 **—**(*n.*) **1** うつろ〈な〉 **2** 無価値〈な〉 [Ka. D3528]

ತೊಳ್ಳೆ¹ ⟦toḷḷe トッレ⟧ [toɭɭe] (*n.*) 中空〈の〉 [Ka. D3528] ☞ತೊರಳೆ (toraḷe)

ತೊಳ್ಳೆ² ⟦toḷḷe トッレ⟧ [toɭɭe] 《古》 *n.* [?] ☞ತೊರಳೆ (toraḷe)

ತೊಱಡು ⟦toṟaḍu トラドゥ⟧ [toṟəɖu] 《‡》 *n.* 果物を採取するための鉤(かぎ)のついた長い棒 (*T.* (*Kitt.*)) [Ka. D3366]

ತೊಱಲು ⟦toṟalu トラル⟧ [toṟəlu] 《‡》 *n.* 穴 (*Si.122* (*Kitt.*)) [Ka. D3533]

ತೊಱಳೆ ⟦toṟaḷe トラレ⟧ [toṟəɭe] 《‡》 *n.* 脾臓 (*My.* (*Kitt.*)) [Ka. D3533] ☞*toraḷe*

ತೊಱವಿ ⟦toṟavi トラヴィ⟧ [toṟəvi] ತೊರವಿ 《古》 *n.* **1** 捨てること、放棄 **2** 解放、釈放 [Ka. D3365]

ತೊಱು ⟦toṟu トル⟧ [toṟu] 《古》 *n.* 雌牛 (*Gai index*) [Ka. D3534] ☞ತುಱು (tuṟu)

ತೊಱೆ¹ ⟦toṟe トレ⟧ [toṟe] 《古》 *vt.* 捨てる、断念する、あきらめる [Ka. D3365]

ತೊಱೆ² ⟦toṟe トレ⟧ [toṟe] ತೊರೆ 《古》 *n.* 川 [Ka. D3370]

ತೊಱೆ³ ⟦toṟe トレ⟧ [toṟe] ತೊರೆ 《‡》 *n.* 穴 (*My.* (*Kitt.*)) [Ka. D3533]

ತೊೞಕಲ್ ⟦toḻakal トラカル⟧ [toɻəkəl] 《‡》 *n.* 弧を描いてぐるぐる回ること、など (*Kitt.*) [Ka. D2698(a)]

ತೊೞಲ್ ⟦toḻal トラル⟧ [toɻəl] 《古》 *vi.* 《過去語幹 toḻald-》 **1** (弧を描いて)回る **2** さまよい歩く [Ka. D2698(a)]

ತೊೞಲಿ ⟦toḻali トラリ⟧ [toɻəli] 《‡》 *n.* さまよい歩くこと [Ka. D2698(a)] (*pasāra.147* (*KPN*))

ತೊೞಲಿಕೆ ⟦toḻalike トラリケ⟧ [toɻəlĭke] *n.* さまよい歩くこと [Ka. D2698(a)]

ತೊೞಲು ⟦toḻalu トラル⟧ [toɻəlu] ತೊಳಲ್, ತೊಳಲು, ತೊೞಲ್, ತೊೞಲು 《古》 *vi.* 《過去語幹 toḻald-》さまよい歩く [Ka. D2698(a)]

ತೊೞಲಿಸು ⟦toḻalisu トラリス⟧ [toɻəlisu] 《古》 *vt.* さまよい歩かせる [Ka. D2698(a)]

ತೊೞಲಿಚು ⟦toḻalicu トラリチュ⟧ [toɻəliʧu] 《‡》 *vt.* さまよい歩かせる [Ka. *D2698(a)] ☞ತೊಳಲ್ಚು (toḷalcu)

ತೊೞಲ್ಚು ⟦toḻalcu トラルチュ⟧ [toɻəlʧu] 《古》 *vt.* さまよい歩かせる [Ka. D2698(a)] ☞ತೊಳಲ್ಚು (toḷalcu)

ತೊೞಲುವಿಕೆ ⟦toḻaluvike トラルヴィケ⟧ [toɻəluvike] 《‡》 *n.* さまよい歩くこと (*Si,49* (*Kitt.*)) [Ka. D2698(a)]

ತೊೞಸು ⟦toḻasu トラス⟧ [toɻəsu] 《古》 *vi.* **1** (さじで)〈水、茶などを〉かき混ぜる、(杓子で)〈スープ状の料理を〉かき混ぜる **2** 舟を進めるために〈水を〉かく **3** (胃が)むかむかする [Ka. D3356, cf. D2698(a)] ☞ತೊಳಸು (toḷasu)¹

ತೊೞ್ತು ⟦toḻtu トルトゥ⟧ [toɻtu] ತೊತ್ತು, ತೊರ್ತು, ತೊಳ್ತು 《古》 *mf.* **1** (主として女性の)召し使い **2**〔喩〕卑しい身持ちのよくない女性 [Ka. D3524]

ತೋೞ್ತುೞಿ ⟦toḻtuḻi トルトゥリ⟧ [toɻtuɻi] 《古》 (*n.*) ぐじゃぐじゃに踏みつぶされた〈こと〉 **—***n.* ぐじゃぐじゃに踏みつぶされた状態 = ತುತ್ತುೞಿ (tuttuḻi) [Ka. D3522]

ತೋ ⟦tō トー⟧ [toː] ತೊಯ್, ತೊಯ್ಯು, ತೋಯು *vi.* 濡れる **—***vt.* 濡らす ☞ತೋಯು (tōyu) [Ka. D3555]

ತೋಂಟ ⟦tōṃṭa トーンタ⟧ [toːɳʈɐ] 《古》 *n.* 果樹園；庭園 [Ka. D3549] ☞ತೋಟ (tōṭa)

ತೋಂಟಿಗ ⟦tōṃṭiga トーンティガ⟧ [toːɳʈigɐ] ತೋಟಿಗ 《古》 *m.* 《*f.* *ತೋಂಟಿಗಿತಿ (tōṃṭigiti)》果樹園の世話をする人；庭師 [Ka. *tōṃṭa* + *-iga* D3549]

ತೋಂಪಟ ⟦tōmpaṭa トーンパタ⟧ [toːmpə̆ʈɐ] 《方》 *n.* 頭の上に載せて物を運ぶこと [Ka. D2677/D3540] (Hav.)

ತೋಕು ⟦tōku トーク⟧ [toːku] 《文》 *vt.* **1** 打擲(ちょうちゃく)する、打ちすえる **2** 〈水を〉注ぐ [Ka. D3539]

ತೋಕೆ ⟦tōke トーケ⟧ [toːke] 《古》 *n.* 動物の尻尾 [Ka. D3538] = ಸೋಗೆ (sōge)〔汎〕

ತೋಚು ⟦tōcu トーチュ⟧ [toːʧu] 《文》 *vi.* **1** 見える、現れる **2** 心に浮かぶ、気がつく ¶ ಏನು ಮಾಡಬೇಕೆಂದು ನನಗೆ ತೋಚಲಿಲ್ಲ. (ēnu māḍabēkeṃdu nanage tōcalilla.) 何をしたらよいか分からなかった。 [Ka. *tōṟu* + *-cu* D3566]

ತೋಟ¹ ⟦tōṭa トータ⟧ [toːʈɐ/tɔːʈɐ/twɒːʈɐ] *n.* **1** (果物、ココヤシ、ビンロウジュ、キンマ、茶、コーヒー

などを作る)農地 2 庭、庭園[Ka. D3549]

ತೋಟ[2] ⟦tōṭa トータ⟧ [to:ʈɐ] *n.* [? cf. D3544] ☞ತೋಟಾ (tōṭā)[2]

ತೋಟಗಾರ ⟦tōṭagāra トータガーラ⟧ [to:ʈə̆gɐ:rɐ] *m.* 《*f.* ತೋಟಗಾರ್ತಿ (tōṭagārti)》庭師、公園管理人、(果物、ココヤシ、ビンロウジュ、キンマ、茶、コーヒーなどを)栽培する人 [*tōṭa* + *-gāra* *D3549]

ತೋಟಗಾರಿಕೆ ⟦tōṭagārike トータガーリケ⟧ [to:ʈə̆gɐ:rĭke] *n.* 1 (果物、ココヤシ、ビンロウジュ、キンマ、茶、コーヒーなどの)栽培 2 園芸、造園 [*tōṭa* + *-gārike*]

ತೋಟಗಾಱ ⟦tōṭagāṟa トータガーラ⟧ [to:ʈə̆gɐ:rɐ] 《‡》 *m.* 《*f.* ತೋಟಗಾರ್ತಿ (tōṭagārti)》庭師、公園管理人、(果物、ココヤシ、ビンロウジュ、キンマ、茶、コーヒーなどを)栽培する人 (*My.* (*Kitt.*)) [*tōṭa* + *-kāṟa* D3549]

ತೋಟಾ[1] ⟦tōṭā トーター⟧ [to:ʈɐ:] *n.* [Ka. D3482, cf. M. *tōḍā*] ☞ತೋಡ (tōḍa)

ತೋಟಾ[2] ⟦tōṭā トーター⟧ [to:ʈɐ:] ತೋಟ, ತೋಟೆ *n.* 弾薬筒、薬包 [M. < ? cf. D3544]

ತೋಟಿ[1] ⟦tōṭi トーティ⟧ [to:ʈi] *n.* 1 (殴り合いの)喧嘩、争い、闘争 2 心の中で二つの考えが相争うこと、心の葛藤 [Ka. D3480]

ತೋಟಿ[2] ⟦tōṭi トーティ⟧ [to:ʈi] *mf.* 掃除人、街路掃除人 [Ka. D3546] = ತೋಟಿತಳವಾರ (tōṭitaḷavāra)

ತೋಟಿಗ ⟦tōṭiga トーティガ⟧ [to:ʈĭgɐ] *m.* 《*f.* ತೋಟಗಿತಿ (tōṭagiti)》 [*tōṭa* + *-iga* D3549] = ತೋಟಗಾರ (tōṭagāra) ☞ತೋಟಿಗ (tōṭiga)

ತೋಟೆ[1] ⟦tōṭe トーテ⟧ [to:ʈe] *n.* 木の皮、樹皮、果物の皮、豆類の鞘 [Ka. D3544] ☞ತೊಗಟು (togaṭu)

ತೋಟೆ[2] ⟦tōṭe トーテ⟧ [to:ʈe] *n.* [? cf. D3544] ☞ತೋಟಾ (tōṭā)[2]

ತೋಡ[1] ⟦tōḍa トーダ⟧ [to:ɖɐ] *m.* 《*f.* ತೋಡಹೆಂಗಸು (tōḍahemgasu)》トダ族(ニールギリ地方の民族の一つ) [anglicised pronunciation of *toda*]

ತೋಡ[2] ⟦tōḍa トーダ⟧ [to:ɖɐ] 《方》 *n.* 畑を荒す白いネズミの一種 [←*tōḍu*[2]?]

ತೋಡ[3] ⟦tōḍa トーダ⟧ [to:ɖɐ] ತೋಡಾ, ತೋಡೆ *n.* 細かいデザインの施した腕飾りの一種 [Ka. D3482, cf. M. *tōḍā*] ☞ಕಂಕಣ (kamkaṇa) (より伝統的な腕飾り)

ತೋಡಾ ⟦tōḍā トーダー⟧ [to:ɖɐ:] *n.* [Ka. D3482, cf. M. *tōḍā*] ☞ತೋಡ (tōḍa)[3]

ತೋಡಿ ⟦tōḍi トーディ⟧ [to:ɖi] *n.* ラーガの一種 [? cf. M. *tōḍī*]

ತೋಡು[1] ⟦tōḍu トードゥ⟧ [to:ɖu] 《古》 *n.* くっつけること、(弓に矢を)つがえること [Ka. D3480]

ತೋಡು[2] ⟦tōḍu トードゥ⟧ [to:ɖu] *vt.* 1 〈地面を〉掘る、〈穴を〉掘る、(鳥などが)〈地面を〉ほじくる 2 〈水を〉かき出す、汲む 3 (矢などで)〈体の一部を〉貫く 4 〈刀を〉抜く 5 〈心を〉吐露する、〈思っていることを〉ぶちまける —*vi.* 出ていく —*n.* 1 穴、(モグラや兎などの) 穴 2 流れ、小川 [Ka. D3543, D3549]

ತೋಡಿಸು ⟦tōḍisu トーディス⟧ [to:ɖĭsu] *vt.* 〈穴を〉掘らせる [caus.]

ತೋಡು[3] ⟦tōḍu トードゥ⟧ [to:ɖu] 《古》 *n.* 1 対、同じもの 2 匹敵するもの、同等のもの [Ka.?] = ಜೋಡು (jōḍu)〔現〕

ತೋಡೆ ⟦tōḍe トーデ⟧ [to:ɖe] *n.* [Ka. D3482, cf. M. *tōḍā*] ☞ತೋಡ (tōḍa)[3]

ತೋದು ⟦tōdu トードゥ⟧ [to:d̪u] 《古》 *n.* 手段、方便、策、策略 (*My.* (*Kitt.*)) [Ka. D3550]

ತೋಪಡ ⟦tōpaḍa トーパダ⟧ [to:pə̆ɖɐ] 《方》 *n.* 鉋(かんな) [Ka. ? cf. Te. *tōpaḍa*] = ಉಜ್ಜುಕೊರಡು (ujjukoraḍu)〔汎〕

ತೋಪು[1] ⟦tōpu トープ⟧ [to:pu] *n.* 木立、小さな森 [Ka. D3551]

ತೋಪು[2] ⟦tōpu トープ⟧ [to:pu] 《古》 *n.* 1 外観、うわべ 2 見せかけ 3 (狩で動物をおびき寄せる)餌 [Ka. *D3566] ☞ತೋರ್ಪು (tōrpu)

ತೋಪು[3] ⟦tōpu トープ⟧ [to:pu] *n.* 大砲 [Tk. *top*]

ತೋಯ ⟦tōya トーヤ⟧ [to:jɐ] 《方》 *n.* [Ka. *D3562] ☞ತೊವ್ವೆ (tovve)

ತೋಯಿ ⟦tōyi トーイ⟧ [to:ji] *n.* [Ka. *D3562] ☞ತೊವ್ವೆ (tovve)

ತೋಯೆ ⟦tōye トーエ⟧ [to:je] *n.* [Ka. *D3562] ☞ತೊವ್ವೆ (tovve)

ತೋಯು ⟦tōyu トーユ⟧ [to:ju] *vi.* 濡れる [Ka. D3555] ☞ತೋ (tō)

ತೋಯಿಸು ⟦tōyisu トーイス⟧ [to:jĭsu] *vt.* 濡らす、ずぶ濡れにする [+ *-isu* caus. D3555] = ತೊಯ್ಯಿಸು (toyyisu)

ತೋರ ⟦tōra トーラ⟧ [to:rɐ] (*n.*) 1 大きい〈こと〉 2 でぶ〈の〉、肥満〈した〉 —*n.* 大きさ [Ka. D3557, cf. M. *tōrā* Sk. *sthavira-*, *sthūla-*]

ತೋರಣ ⟦tōraṇa トーラナ⟧ [to:rə̆ɳɐ] *n.* 花や葉などを編んで戸口や街路などに掛け渡す装飾、花づな [⇒図] [Sk.]

ತೋರಣ 花づな

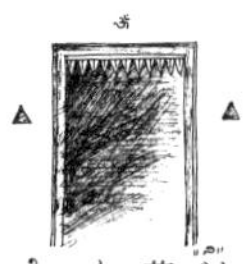

ತೋರಿಕೆ ⟦tōrike トーリケ⟧ [to:rĭke] ತೋಱಿಕೆ, ತೋರ್ಕೆ *n.* 1 外観、うわべ 2 見せかけ ¶ ಅಧಿಕಾರಿಯ ಸೌಜನ್ಯ ಬರೀ ತೋರಿಕೆ. (adʰikāriya saujanya barī tōrike.) 課長の善良さはただの見せかけだ。 [*tōṟu* + *-ike*]

ತೋರಿತು ⟦tōritu トーリトゥ⟧ [to:rĭtu] 《‡》 (*n.*) 大きい〈こと〉(*Kitt.*) [Ka. D3557]

ತೋರಿದು ⟦tōridu トーリドゥ⟧ [to:rĭd̪u] ತೋರಿದು 《古》 (*n.*) 大きい〈こと〉 [Ka. *D3557] ☞ತೋರಿತ್ತು (tōrittu)

ತೋರಿದ ⟦tōrida トーリダ⟧ [to:rĭd̪ɐ] 《古》 *m.* 《*f.* ತೋರಿದಳು (tōridaḷu)》太っちょの人、でぶ [Ka. D3557]

ತೋರು ⟦tōru トール⟧ [to:ru] ತೋಱ್, ತೋಱು *vi.* 1 現れる、目に見える 2 …のように見える、…のように思われる 3 心に浮かぶ、分かる [Ka. *tōṟu* D3566]

ತೋರಿಸು ⟦tōrisu トーリス⟧ [to:rĭsu] ತೋಱಿಸು *vt.* 1 〈あるものを〉見せる、示す、〈意志、感情などを〉表す

¶ ಅವನು ತನ್ನ ಪರಾಕ್ರಮವನ್ನು ಜಗತ್ತಿಗೇ ತೋರಿಸಿಕೊಂಡ. (avanu tanna parākramavannu jagattigē tōrisikoṃḍa.) 彼は自分の剛勇を世間に示した。 2〈ある事実または意志を〉示す、分からせる —*vi.*《*eṃdu*》1 見える、姿を表す 2 …のように思われる、見える ¶ ಹುಡುಗ ಮಗಳಿಗೆ ಅಷ್ಟು ಹಿಡಿಯಲಿಲ್ಲ ಎಂದು ತೋರುತ್ತದೆ. (huḍuga magaḷige aṣṭu hiḍiyalilla eṃdu tōruttade.) 娘にはその青年がそれほど気に入らなかったように見える。 [+ *-isu* caus.]

ತೋರ್ಕೆ ⟦tōrke トールケ⟧ [to:rke] 《口》 *n.* 見えること [Ka. D3566] ☞ತೋರಿಕೆ (tōrike)

ತೋರ್ಪು ⟦tōrpu トールプ⟧ [to:rpu] ತೋಪು, ತೋಹು, ತೋಹೆ《古》*n.* 1 外観、うわべ 2 見せかけ [Ka. D3566]

ತೋರ್ಪೆ ⟦tōrpe トールペ⟧ [to:rpe] 《‡》 *n.* 見えること、など (*Kitt.*) [Ka. D3566]

ತೋರುಬೆರಳು ⟦tōruberaḷu トールベラル⟧ [to:rŭberə̆ḷu] *n.* 人差し指 [*tōru* + *beraḷu*]

ತೋರ್ಪಡು ⟦tōrpaḍu トールパドゥ⟧ [to:rpəḍu] *vi.* 1 見える、姿を現す 2 …のように見える、…のように思われる ¶ ಇದೇ ಸರಿಯೆಂದು ತೋರ್ಪಡುತ್ತದೆ. (idē sariyeṃdu tōrpaḍuttade.) それが正しいように見える。 [*tōṟu* + *paḍu*]

ತೋರ್ಪಡಿಸು ⟦tōrpaḍisu トールパディス⟧ [to:rpəḍĭsu] *vt.* 1〈あるものを〉見せる、〈意志や感情などを〉表す 2〈ある事実や意志を〉示す、分からせる [*tōṟu* + *paḍisu*]

ತೋಲ್ ⟦tōl トール⟧ [to:l] 《古》 *n.*（動物や人間の）皮、（動物の）剥いだ皮、なめした革 [Ka. D3559] ☞ತೊಗಲು (togalu)

ತೋಲು¹ ⟦tōlu トール⟧ [to:lu] 《方》 *n.* 多数、多量、たくさん [Ka. D3509] (HavS.)

ತೋಲು² ⟦tōlu トール⟧ [to:lu] 《古》 *n.*（動物や人間の）皮、（動物の）剥いだ皮、なめした革 [Ka. D3559] ☞ತೊಗಲು (togalu)

ತೋಲನ ⟦tōlana トーラナ⟧ [to:lə̆nɐ] *n.* 1 重さを計ること、計量 2 平衡、釣り合い 3《文》比較；比喩 ¶ ಈ ಕೃತಿಗೆ ತೋಲನ ಇಲ್ಲ. (ī kṛtige tōlana illa.) この作品に匹敵するものはない。 [Sk.]

ತೋವೆ ⟦tōve トーヴェ⟧ [to:ve] 《方》 *n.* ダール（割り豆）をゆでて味をつけたもの [Ka. D3562] ☞ತೊವ್ವೆ (tovve)

ತೋವಲ್ ⟦tōval トーヴァル⟧ [to:vəl] 《古》*n.* 皮、皮膚、動物の生皮、動物のなめし革 [Ka. *D3559] ☞ತೊಗಲು (togalu)〔汎〕

ತೋವಿಕ್ಕು ⟦tōvikku トーヴィック⟧ [to:vikku] 《古》 *vi.*（獲物をおびき寄せる）餌をつける [*tōpu*²? + *ikku*]

ತೋಳ್ ⟦tōḷ トール⟧ [to:ḷ] 《古》 *n.* 1 腕 2（衣服の）袖 [Ka. D3564]

ತೋಳ ⟦tōḷa トーラ⟧ [to:ḷɐ] *n.* 1 狼 2〔喩〕大食い、大食漢 [Ka. D3548]

ತೋಳು ⟦tōḷu トール⟧ [to:ḷu] *n.* 1 腕 2（衣服の）袖 [Ka. D3564]

ತೋಳೇರಿಸು ⟦tōḷērisu トーレーリス⟧ [to:ḷe:rĭsu] *vi.* 1 腕まくりする 2〔喩〕戦いの準備をして今にも戦わうとする [+ *ēṟisu* D916]

ತೋಹು ⟦tōhu トーフ⟧ [to:hu] 《古》 *n.*（狩で動物をおびき寄せる）餌 [Ka. *D3566] ☞ತೋರ್ಪು (tōrpu)

ತೋಹೆ ⟦tōhe トーヘ⟧ [to:he] 《古》 *n.*（狩で動物をおびき寄せる）餌 [Ka. *D3566] ☞ತೋರ್ಪು (tōrpu)

ತೋಱ್/ಱು ⟦tōṟ/ṟu トール/ル⟧ [to:r̠/to:r̠u] 《古》*vi.* 1 現れる、姿を表す 2 起こる、生じる —*vt.* 1 見せる、示す 2 伝える、教える ☞ತೋರು (tōru) [Ka. D3566]

ತೋಱಿಕೆ ⟦tōṟike トーリケ⟧ [to:r̠ike] 《古》 *n.* 1 見えること 2 類似、比較 3 情景、景色 4 美、美しさ [Ka. D3566] ☞ತೋರಿಕೆ (tōrike)

ತೋಱಿಸು ⟦tōṟisu トーリス⟧ [to:r̠isu] 《古》 *vt.* 見せる、示す —*vi.*（と）見える ☞ತೋರಿಸು (tōrisu) [Ka. D3566]

ತೋಱಿಸುವಿಕೆ ⟦tōṟisuvike トーリスヴィケ⟧ [to:r̠isuvike] 《‡》 *n.* 見せること、など (*Si.55.230* (*Kitt.*)) [Ka. D3566] ☞ತೋರಿಸುವಿಕೆ (tōrisuvike)

ತೋಱು ⟦tōṟu トール⟧ [to:r̠u] 《古》 *vi.* 1 見える 2 現れる、生じる —*vt.* 1 見せる、示す 2 教える ☞ತೋರು (tōru) [Ka. D3566]

ತೋಱುವಿಕೆ ⟦tōṟuvike トールヴィケ⟧ [to:r̠uvike] 《‡》 *n.* 現れること (*Si.40* (*Kitt.*)) [Ka. D3566] ☞ತೋರುವಿಕೆ (tōruvike)

ತೌಂಕಲ್ ⟦tauṃkal タウンカル⟧ [təuŋkəl] 《古》 *n.* 減少、衰え [Ka. *D3068] ☞ತವುಂಕಲ್ (tavuṃkal)

ತೌಕಲ್ ⟦taukal タウカル⟧ [təukəl] 《古》 *n.* 終わり、終了 [Ka. *D3068] ☞ತವುಂಕಲ್ (tavuṃkal)

ತೌಗೆ ⟦tauge タウゲ⟧ [təuge] 《古》 *n.* 終わり [Ka. *D3068]

ತೌಡು ⟦tauḍu タウドゥ⟧ [təuḍu] *n.* 1（米の）糠（ぬか）、（米その他の穀物の）殻、籾殻（もみがら） 2 何の役にも立たないもの [Ka. D3111]

ತೌರು ⟦tauru タウル⟧ [təuru] *mf.*（嫁にとっての）実家の人々 —*n.* 1（嫁にとっての）実家、両親の家 2 本拠地、よりどころとなる場所、（動物などの）生息地 ¶ ಭಾರತದಲ್ಲಿ ಸಿಂಹದ ತೌರು ಗಿರನಾರ್. (bʰāratadalli siṃhada tauru giranār.) インドのライオンの生息地はギルナールである。 ☞ತವರು (tavaru) [Ka. *D3162]

ತೌರುಮನೆ ⟦taurumane タウルマネ⟧ [təurŭməne] *n.*（嫁にとっての）実家、両親の家 [*tauru* + *mane*] = ತವರುಮನೆ (tavarumane)

ತೌರ್ಮನೆ ⟦taurmane タウルマネ⟧ [təurməne] *n.*（嫁にとっての）実家、両親の家 [*tauru* + *mane*] = ತವರುಮನೆ (tavarumane)

ತೌಲನಿಕ ⟦taulanika タウラニカ⟧ [təulə̆nikɐ] 《文》 *adj.* 比較による、比較する [Sk.]

ತೌಲನಿಕ ವಿಧಾನ ⟦taulanika vidʰāna タウラニカヴィダーナ⟧ [təulə̆nikə vidʰɐːnɐ] 《文》 *n.* 比較研究法 [Sk.]

ತ್ಯಕ್ತ ⟦tyakta ティャクタ⟧ [tjəktɐ] 《文》 *adj.* 捨てられた、放棄された、見捨てられた [Sk.]

ತ್ಯಜಿಸು ⟦tyajisu ティャジス⟧ [tjəʤĭsu] 《文》 *vt.* 捨てる、〈権利などを〉放棄する [Sk.]

ತ್ಯಾಗ ⟦tyāga ティャーガ⟧ [tjɐːgɐ] *n.* **1** 捨てること、放棄 **2**（権利、地位などを）放棄すること **3** 喜捨、寄付、義援金 **4** 犠牲、自己犠牲 [Sk.]

ತ್ಯಾಗಿ ⟦tyāgi ティャーギ⟧ [tjɐːgi] *mf.* **1**（世間的な快楽などを）捨てる人、（自分の権利や地位を）放棄する人 **2** 自己犠牲にする人 **3** 物惜しみすることなく喜捨する人、寄付する人、義援金を出す人 [Sk.]

ತ್ಯಾಜ್ಯ ⟦tyājya ティャージュャ⟧ [tjɐːʤjɐ] 《文》 *adj.* 放棄すべき、捨てるべき、拒むべき **—*n.*** 放棄すべきもの、捨てるべきもの、不用なもの [Sk.]

ತ್ಯಾಪೆ ⟦tyāpe ティャーペ⟧ [tjaːpe/tæːpe] *n.*（破れた衣類の）つぎ [Ka. D3473] ☞ತೇಪೆ (tēpe)

ತ್ರಯ ⟦traya トラヤ⟧ [trəjɐ] 《文》 *n.* 三つの集まり [Sk.]

ತ್ರಯಸ್ಥ ⟦trayastʰa トラヤスタ⟧ [trəjəstʰɐ] 《文》 *m.*《*f.* ತ್ರಯಸ್ಥೆ (trayastʰe)》仲裁者 [Sk.]

ತ್ರಯೋದಶಿ ⟦trayōdaśi トラヨーダシ⟧ [trəjoːdə̆ʃi] *n.* 太陰暦の白分や黒分の 13 日目 [Sk.]

ತ್ರಾಟಿಕಿ ⟦trāṭiki トラーティキ⟧ [trɐːʈĭki] 《口》 *f.* 口やかましい女性、がみがみ女、喧嘩好きな女性 [Sk. *tāṭakā*-] ☞ತಾಟಕಿ (tāṭaki)

ತ್ರಾಟಿಕೆ ⟦trāṭike トラーティケ⟧ [trɐːʈĭke] 《口》 *f.* 〔喩〕口やかましい女、がみがみ女、喧嘩好きな女 [Ka. *tāṭakā*-] ☞ತಾಟಕಿ (tāṭaki)

ತ್ರಾಣ ⟦trāṇa トラーナ⟧ [trɐːɳɐ] *n.* **1** 救助、保護 **2** エネルギー、スタミナ、体力 ¶ ವಯಸ್ಸು ಹೆಚ್ಚಾದಂತೆ ತ್ರಾಣ ಕಡಿಮೆ ಆಗುತ್ತದೆ. (vayassu heccādaṃte trāṇa kaḍime āguttade.) 歳を取るにつれて体力が衰えてゆく。 [Sk.]

ತ್ರಾಸ ⟦trāsa トラーサ⟧ [trɐːsɐː] *n.* **1** 恐怖、強い恐れ **2** 悩ませること、うるさがらせること、面倒 **3** 宝石のきずや欠点 [Sk.]

ತ್ರಾಸಕೊಡು ⟦trāsakoḍu トラーサコドゥ⟧ [trɐːsə̆koɖu] *vi.* 《*dat.*》悩ます、苦しめる [+ *koḍu*]

ತ್ರಾಸದಾಯಕ ⟦trāsadāyaka トラーサダーヤカ⟧ [trɐːsə̆dɐːjə̆kɐ] *adj.*（人を）困らせる、ひどい迷惑になる、悩ます [Sk.]

ತ್ರಾಸು ⟦trāsu トラース⟧ [trɐːsu] *n.* 天秤、秤 [Pe. *tarāzū*]

ತ್ರಿಕರಣ ⟦trikaraṇa トリカラナ⟧ [trikərə̆ɳɐ] 《文》 *n.*「三種の道具」（考えと言葉と行為、あるいは、心と言葉と手）[Sk.] = ಕರಣತ್ರಯ (karaṇatraya)

ತ್ರಿಕಾಲ ⟦trikāla トリカーラ⟧ [trikɐːlɐ] *n.*「三つの時」（過去と現在と未来、あるいは、朝と昼と夜）[Sk.]

ತ್ರಿಕಾಲಾಬಾಧಿತ ⟦trikālābādʰita トリカーラーバーディタ⟧ [trikɐːlɐːbɐːdʰitɐ] 《文》 *adj.* 過去と現在と未来に通じる、時をこえた、永遠の、不滅の ¶ ತ್ರಿಕಾಲಾಬಾಧಿತ ಸತ್ಯ ಎಂಬ ಮಾತನ್ನು ಒಪ್ಪಿಕೊಳ್ಳದ ಜನ ಇದ್ದಾರೆ. (trikālābādʰita satya eṃba mātannu oppikoḷḷada jana iddāre.)「時を越えた真理」を信じない人もある。 [Sk.]

ತ್ರಿಕೋಣ ⟦trikōṇa トリコーナ⟧ [trikoːɳɐ] *adj.* 三角の、三角形の **—*n.*** 三角、三角形 [Sk.]

ತ್ರಿಕೋಣಮಿತಿ ⟦trikōṇamiti トリコーナミティ⟧ [trikoːɳə̆miti] *n.* 三角法 [Sk.]

ತ್ರಿಶೂಲ
三叉戟

ತ್ರಿಜ್ಯ ⟦trijya トリジュャ⟧ [triʤjɐ] *n.* 半径 [Sk.]

ತ್ರಿಪದಿ ⟦tripadi トリパディ⟧ [tripə̆di] *n.* **1** 下記の拍構成を持つ頭韻を踏んだ 3 行詩：5 5 5 5/5 3 5 5/5 3 5 **2** 三脚 [Sk.]

ತ್ರಿಭುಜ ⟦tribʰuja トリブジャ⟧ [tribʰuʤɐ] *n.* 三角 [Sk.]

ತ್ರಿಶಂಕುಸ್ಥಿತಿ ⟦triśaṃkustʰiti トリシャンクスティティ⟧ [triʃəŋkustʰiti] *n.* 宙ぶらりんの状態 [Sk.]

ತ್ರಿಶೂಲ ⟦triśūla トリシューラ⟧ [triʃuːlɐ] *n.* 三つ叉（また）の槍、三叉戟（さんさげき）［⇒図］[Sk.]

ತ್ರುಟಿತ ⟦truṭita トルティタ⟧ [truʈitɐ] 《文》 *adj.* 壊れた、割れた [Sk.]

ತ್ರೈಮಾಸಿಕ ⟦traimāsika トライマーシカ⟧ [trəimɐːsĭkɐ] *adj.* 3 か月に 1 度の、季刊の **—*n.*** 季刊誌 [Sk.]

ತ್ರೈರಾಶಿ ⟦trairāśi トライラーシ⟧ [trəirɐːʃi] *n.* [Sk.] ☞ತ್ರೈರಾಶಿಕ (trairāśika)

ತ್ರೈರಾಶಿಕ ⟦trairāśika トライラーシカ⟧ [trəirɐːʃĭkɐ] *n.* 比例算 [Sk.]

ತ್ವರಿತ ⟦tvarita トヴァリタ⟧ [tvəritɐ] 《文》 *adj.* 速い、すばやい [Sk.]

ತ್ವರೆ ⟦tvare トヴァレ⟧ [tvəre] 《文》 *n.* 速いこと、急ぎ [Sk.]

ಥ

ಥ ⟦tʰa タ⟧ [tʰə·] *n.* カンナダその他のインド系言語において音素の連続 /tʰa/, またはカンナダその他のインド系の文字体系でそれを表す文字

ಥಕಾರ ⟦tʰakāra タカーラ⟧ [tʰəkɐ:rɐ] *n.* カンナダその他のインド系の文字で音素の連続 /tʰa/ を表す文字 [Sk.]

ಥಟ್ಟನೆ ⟦tʰaṭṭane タッタネ⟧ [tʰəʈʈə̆ne] *adv.* 直ちに、すぐに [Ka. mim. D3022] ☞ತಟ್ಟನೆ (taṭṭane)

ಥಟ್ಟು ⟦tʰaṭṭu タットゥ⟧ [tʰəʈʈu] ತಟ್ಟ, ತಟ್ಟು *n.* **1** 多量、多数、群れ、集合 **2** 軍隊 [Pk. *thaṭṭa-*]

ಥರ ⟦tʰara タラ⟧ [tʰərəhɐ] *n.* [Ar. *ṭarḥ*] ☞ತರಹ (taraha)

ಥರಥರ ⟦tʰaratʰara タラタラ⟧ [tʰərətʰərɐ] *adv.* ぶるぶる（震えを表す擬態語）[mim. H./M. *tʰartʰară* *C6092]

ಥರಥರಿಸು ⟦tʰaratʰarisu タラタリス⟧ [tʰərətʰərisu] *vi.* 震える、振動する [*tʰaratʰara* + *-isu* H. *tʰarătʰarănā*, M. *tʰarătʰarăṇē* T6092]

ಥರ್ಮಮೀಟರ್ ⟦tʰarmamīṭar タルマミータル⟧ [tʰərmə̆mi:ʈər] *n.* 体温計 [Eg. *thermometer*] = ಜ್ವರಮಾಪಕ (jvaramāpaka)〔文〕

ಥಳಕು ⟦tʰaḷaku タラク⟧ [tʰəɭə̆ku] *n.* **1**（質感や色などの）輝き **2** 耳飾りの一種 **3**（顔の）輝き、輝くような魅力 **4**（若い女性の）なまめかしさ、媚態、魅力的であるためのわざとらしい身のこなし [Ka. mim. *D3125] ☞ತಳಕು (taḷaku)

ಥಳಥಳ ⟦tʰaḷatʰaḷa タラタラ⟧ [tʰəɭətʰəɭɐ] *adv.* きらきら（明るい輝きを表す擬態語）[Ka. mim. *D3125]

ಥಳಥಳಿಸು ⟦tʰaḷatʰaḷisu タラタリス⟧ [tʰəɭə̆tʰəɭĭsu] *vi.*（太陽、火、磨いた金属などが）きらきら光る [Ka. *tʰaḷatʰaḷa* + *-isu* *D3125] ☞ತಳತಳಿಸು (taḷataḷisu)

ಥಳಪು ⟦tʰaḷapu タラプ⟧ [tʰəɭə̆pu] ತಳಪು², ತಳ್ಪು² *n.* 輝き、光輝 [Ka. *D3125]

ಥಳುಕು ⟦tʰaḷuku タルク⟧ [tʰəɭŭku] *n.* **1**（布、色などの）輝き **2**（若い女性の）なまめき、媚態、魅力的であるためのわざとらしい身のこなし [Ka. mim. *D3125] ☞ತಳಕು (taḷaku)

ಥಾಟು ⟦tʰāṭu タートゥ⟧ [tʰɐ:ʈu] *n.* 豪奢、盛大 [H. *ṭʰāṭʰā* T6090]

ಥಾಪನೆ ⟦tʰāpane ターパネ⟧ [tʰɐ:pə̆ne] *n.*（会社、学校などの）設立 [*H. tʰāpănā*, M. *tʰāpăṇē* T13759]

ಥೂ ⟦tʰū トゥー⟧ [tʰu:] (*n.*) ちゅっ（唾を吐く時の音を表す擬音語） **—*intrj.*** ちぇっ（軽蔑を表す間投詞）☞ತೂ (tū) [Ka. onom. *D3323/H.,M. *tʰū* T6102]

ಥೂತ್ಕಾರ ⟦tʰūtkāra トゥートカーラ⟧ [tʰu:tkɐ:rɐ]《文》*n.*「ちぇっ」と言って軽蔑を表すこと [*Sk. onom.*]

ಥೈಲಿ ⟦tʰaili タイリ⟧ [tʰəili]《希》*n.* 手のついた布製の袋、手のついた鞄 [H. *tʰailī* T13746]

ದ

ದ ⟦da ダ⟧ [dɐ] *n.* カンナダその他のインド系言語において音素の連続 /da/ またはそれを表すカンナダその他のインド系の文字

ದಂಗು ⟦daṃgu ダング⟧ [dəŋgu] *n.* **1** 驚き、驚愕、あっけにとられること ¶ ಅವನ ಸಾಧನೆಯನ್ನು ನೋಡಿ ನಾನು ದಂಗು ಆದೆ. (avana sādʰaneyannu nōḍi nānu daṃgu āde.) 彼の業績を見て私は驚異の念に打たれた。 **2**（心理的な）衝撃、ショック ¶ ನನ್ನ ಸ್ನೇಹಿತನಿಗೆ ಕ್ಯಾನ್ಸರ್ ಆಗಿದೆ ಎಂದು/ಎಂಬುದನ್ನು ಕೇಳಿ ದಂಗು ಆಗಿದೆ. (nanna snēhitanige kyānsar āgide eṃdu/eṃbudannu kēḷi daṃgu āgide.) 父が癌にかかっていることを聞いて衝撃を受けた。 **3** 夢中 ¶ ಕುಮಾರ ಗಂಧರ್ವರ ಸಂಗೀತದಲ್ಲಿ ನಾನು ದಂಗಾಗಿದ್ದೆ. (kumāra gaṃdʰarvara saṃgītadalli nānu daṃgāgidde.) 私はクマーラ・ガンダルヴァの歌を聴いて没我の境地に入っていた。[Pe. *dang*]

ದಂಗಾಗು ⟦daṃgāgu ダンガーグ⟧ [dəŋgɐ:gu] *vi.* **1** 驚く、びっくり仰天する ¶ ನನ್ನ ಸ್ನೇಹಿತ ಮಂತ್ರಿ ಆದದ್ದನ್ನು ಕೇಳಿ ನಾನು ದಂಗಾದೆ. (nanna snēhita maṃtri ādaddannu kēḷi nānu daṃgāde.) 友人が大臣になったと聞いて私はびっくりした。 **2** がくっとする、愕然とする、ショックを受ける ¶ ನಮ್ಮ ಅಪ್ಪ ಪ್ರಯಾಣ ಮಾಡುತ್ತಿದ್ದ ರೈಲಿಗೆ ಅಪಘಾತವಾಯಿತು ಎಂಬ ಸುದ್ದಿ ಕೇಳಿ ನಾನು ದಂಗಾದೆ. (namma appa prayāṇa māḍuttidda railige apagʰātavāyitu eṃba suddi kēḷi nānu daṃgāde.) 父が旅行していた列車に事故があったと聞いて私は愕然とした。 **3** 驚嘆する、あっけに取られる ¶ ಸರ್ಕಸ್ಸಿನಲ್ಲಿಯ ಕಸರತ್ತನ್ನು ನೋಡಿ ಎಲ್ಲರೂ ದಂಗಾದರು. (sarkassinalliya kasarattannu nōḍi ellarū daṃgādaru.) サーカスの曲芸を見てみん

なはあっけに取られた。[+ *āgu*]

ದಂಗುಬಡಿಸು ⟦daṃgubaḍisu ダングバディス⟧ [dəŋgubə ḍisu] *vt.* 驚嘆させる、びっくり仰天させる [*daṃgu* + *paḍisu*]

ದಂಗೆ ⟦daṃge ダンゲ⟧ [dəŋge] *n.* 反乱、暴動 [H. *daṃgā*]

ದಂಗೆಯೇಳು ⟦daṃgeyēḷu ダンゲエール⟧ [dəŋgeje:ḷu] *vi.* 反乱を起こす、反乱する [*daṃge* + *ēḷu*]

ದಂಗೆಕೋರ ⟦daṃgekōra ダンゲコーラ⟧ [dəŋgeko:rɐ] *m.* 《*f.* ದಂಗೆಕೋರಿ (daṃgekōri)》 **1** 人を先導して暴動を起こす(習慣のある)人 **2** 暴動や騒擾などに加わっている人 = ದಂಗೆಗಾರ (daṃgegāra) [*daṃge* + Pe. *xor*]

ದಂಗೆಗಾರ ⟦daṃgegāra ダンゲガーラ⟧ [dəŋgegɐ:rɐ] *m.* 《*f.* ದಂಗೆಗಾರ್ತಿ (daṃgegārti)》 暴動や騒擾などに参加している人 [*daṃge* + *-gāra*] = ದಂಗೆಕೋರ (daṃgekōra)

ದಂಗೆಯೇಳು ⟦daṃgeyēḷu ダンゲエール⟧ [dəŋgeje:ḷu] *vi.* 反乱を起こす、反乱する ¶ ಪ್ರಜೆಗಳು ರಾಜನ ವಿರುದ್ಧ ದಂಗೆ ಎದ್ದರು. (prajegaḷu rājana virudd^{h}a daṃge eddaru.) 民衆は王に対して反乱を起こした。[*daṃge* + *ēḷu*]

ದಂಟು¹ ⟦daṃṭu ダントゥ⟧ [dəṇṭu] 《方》 *n.* 棒 [Ka. D3030] (HavS.)

ದಂಟು² ⟦daṃṭu ダントゥ⟧ [dəṇṭu] *n.* **1** 茎 **2** ヒユ(野菜) ⇀ 食 [Ka. D3056] = ದಂಟಿನ ಸೊಪ್ಪು (daṃṭina soppu)

ದಂಟಿನ ಸೊಪ್ಪು ⟦daṃṭina soppu ダンティナソップ⟧ [dəṇṭi nə soppu] *n.* ヒユの葉(野菜) ⇀ 食 [Ka. *daṃṭu*² + *soppu* D3056] = ದಂಟಿನ ಸೊಪ್ಪು (daṃṭina soppu)

ದಂಡ¹ ⟦daṃḍa ダンダ⟧ [dəṇḍɐ] *n.* (ハスや木などの)茎 [Ka. D3056, cf. *daṃḍa*²]

ದಂಡ² ⟦daṃḍa ダンダ⟧ [dəṇḍɐ] *n.* **1** 棒 **2** 太鼓のばち **3** 天秤の棒 **4** 攪乳棒 **5** ヨーガ行者の持つ棒 = *yōgadaṃḍa* **6** (舟の)櫂 **7** 長さの単位 (4 キュビットすなわち約 192cm) **8** 王権や裁判所の権威を象徴する錫杖(しゃくじょう)や警棒 **9** 棍棒 (六尺棒) [⇒図] **10** 陰茎、男根 **11** 罰、刑罰 **12** 罰金 ¶ ಏಕಮುಖರಸ್ತೆಯಲ್ಲಿ ವಿರುದ್ಧ ದಿಕ್ಕಿನಲ್ಲಿ ಬಂದದ್ದಕ್ಕಾಗಿ ನಾನು ದಂಡ ಕೊಡಬೇಕಾಯಿತು. (ēkamuk^{h}arasteyalli virudd^{h}a dikkinalli baṃdaddakkāgi nānu daṃḍa koḍabēkāyitu.) 私は一方通行の道を逆走して罰金を取られた。 **13** (敵を従わせる四つの手段の一つとしての)武力行使 **14** 軍隊 **15** (軍隊の)配置の一種 **16** してはならないこと、無意味なこと ¶ ಹೋದ ಕೆಲಸ ದಂಡ ಆಯಿತು. (hōda kelasa daṃḍa āyitu.) 私がそのために出かけた仕事は無駄になった。 **17** 役に立たないもの ¶ ನೀನು ತಂದ ಈ ಪೆನ್ನು ದಂಡ ಆಯಿತು, ಇದು ಬರೆಯುತ್ತಿಲ್ಲ ಇಲ್ಲ. (nīnu taṃda ī pennu daṃḍa āyitu, idu bareyuttalē illa.) 君がくれたこのペンは役に立たなくなった。全然書けないよ。 **18** 黒砂糖 **—*m*.** **1** 太陽神の3人の従者のうちの一人 **2** 死神ヤマの別名 **3** シヴァ神の別名 [Sk. cf. *daṃḍa*¹]

ದಂಡ
棍棒

ದಂಡನಾಯಕ ⟦daṃḍanāyaka ダンダナーヤカ⟧ [dəṇḍa nɐ:jakɐ] *m.* 《*f.* ದಂಡನಾಯಕಿ (daṃḍanāyaki)》 軍司令官 [Sk.]

ದಂಡನೀತಿ ⟦daṃḍanīti ダンダニーティ⟧ [dəṇḍani:ti] *n.* **1** 司法 **2** 政治学、政策 [Sk.]

ದಂಡನೆ ⟦daṃḍane ダンダネ⟧ [dəṇḍəne] *n.* **1** 《文》 打つこと、殴ること **2** 刑、刑罰 [Sk.]

ದಂಡಪಾಶಕ ⟦daṃḍapāśaka ダンダパーシャカ⟧ [dəṇḍəpɐ:ʃə̆kɐ] 《文》 *m.* (首吊りを行う)死刑執行人 [Sk.]

ದಂಡಪಿಂಡ ⟦daṃḍapiṃḍa ダンダピンダ⟧ [dəṇḍəpiṇḍɐ] *mf.* 役立たず、ろくでなし ¶ ನಮ್ಮ ಮನೆಯಲ್ಲಿ ಅವನು ಒಬ್ಬ ದಂಡಪಿಂಡ. (namma maneyalli avanu obba daṃḍapiṃḍa.) あの子は役立たずでうちの家族の重荷である。[Sk.]

ದಂಡಪ್ರಕ್ರಿಯೆ ⟦daṃḍaprakriye ダンダプラクリエ⟧ [dəṇḍə̆ prəkrije] *n.* 刑事手続き [Sk.]

ದಂಡಪ್ರಣಾಮ ⟦daṃḍapraṇāma ダンダプラナーマ⟧ [dəṇḍə̆prəṇɐ:mɐ] *n.* 五体投地(体を棒のように伸ばす平伏) [⇒図] [Sk.]

ದಂಡವತ್ಪ್ರಣಾಮ ⟦daṃḍavatpraṇāma ダンダヴァトプラナーマ⟧ [dəṇḍə̆və tprəṇɐ:mɐ] *n.* 体をまっすぐにする平伏 [Sk.]

ದಂಡಪ್ರಣಾಮ
五体投地

ದಂಡಯಾತ್ರೆ ⟦daṃḍayātre ダンダヤートレ⟧ [dəṇḍəjɐ: tre] 《雅》 *n.* 軍事行動、遠征 [Sk.]

ದಂಡಿ¹ ⟦daṃḍi ダンディ⟧ [dəṇḍi] 《古》 *n.* **1** 偉大さ、卓越 (*Bp.23.3*) **2** 力、能力 (*Bp.24.3*) **3** 努力、尽力、奮発 (*TR.5.1.25*) **4** 多数、多量 (*HN 1.1.36*) **5** やり方、仕方、種類 (*Bp.24.21*) [Ka. D3020]

ದಂಡಿ² ⟦daṃḍi ダンディ⟧ [dəṇḍi]/(NK)[dɐṇḍi] *n.* **1** (ヨーガ行者が使う)杖 **2** 弦楽器の棹(さお) **3** 牛の歩みを制御するために首に掛けるおもり木 **4** 秤竿(さお) **5** かぎ型の昔の鉋(かんな) (*Kitt., Mr.383*) = ಬಾಚಿ (bāci) **6** 聖紐を付ける儀式の時に再生族の少年に与えられる杖 **7** 軍隊 [Ka. D3030]

ದಂಡಿ³ ⟦daṃḍi ダンディ⟧ [dəṇḍi] *n.* **1** 花輪 **2** 首飾り [Ka. D3060] = ದಂಡೆ (daṃḍe)

ದಂಡಿಗೆ ⟦daṃḍige ダンディゲ⟧ [dəṇḍĭge] *n.* **1** (行者の使う)杖 **2** 秤の竿(さお) **3** 背骨 **4** 韻律の一種(1行が26音節以上で各行の拍数が一定) **5** 弦楽器の棹(さお) **6** ヴィーナー(大型の撥弦楽器の一種) **7** 真珠の首飾り、首飾り一般 [Sk. **daṃḍikā-*]

ದಂಡಿಸು ⟦daṃḍisu ダンディス⟧ [dəṇḍisu] *vt.* 罰する、刑罰を与える [Sk.]

ದಂಡೆ¹ ⟦daṃḍe ダンデ⟧ [dəṇḍe] 《口》 *n.* **1** 川岸、海岸 **2** 隣、側、近傍 ¶ ನಮ್ಮ ತೋಟದ ದಂಡೆಯಲ್ಲಿ ಅವನ ಗದ್ದೆ ಇದೆ. (namma tōṭada daṃḍeyalli avana gadde ide.) あの人の田んぼはうちの果樹園に隣接している。[Ka. D2313]

ದಂಡೆ² ⟦daṃḍe ダンデ⟧ [dəɳɖe] ದಂಡೆ *n.* 1《文》花束 2《文》首飾り 3 頭に着ける装身具の一種、髪飾り [⇒図] [Ka. D3060]

ದಂಡೆತ್ತು ⟦daṃḍettu ダンデットゥ⟧ [dəɳɖettu] 《雅》*vi.* 軍を動員する [Ka. *daṃḍa* + *ettu*]

ದಂಡೆ²
髪飾り

ದಂಡೆತ್ತಿ ಬರು ⟦daṃḍetti baru ダンデッティバル⟧ [dəɳɖetti bəru] 《雅》*vi.* 軍隊を率いてやってくる [+ *hōgu*]

ದಂಡೆತ್ತಿ ಹೋಗು ⟦daṃḍetti hōgu ダンデッティホーグ⟧ [dəɳɖetti hoːgu] 《雅》*vi.* 軍隊を率いて進む、進軍する [+ *hōgu*]

ದಂತ ⟦daṃta ダンタ⟧ [dəntɐ] *n.* 1《古》歯 2 象牙 [Sk.]

ದಂತಕತೆ ⟦daṃtakate ダンタカテ⟧ [dəntə̆kəte] *n.* [Sk.] ☞ದಂತಕಥೆ (daṃtakatʰe)

ದಂತಕಥೆ ⟦daṃtakatʰe ダンタカテ⟧ [dəntə̆kətʰe] *n.* 聖者や学者や芸術家などに関して広く信じられている誇張された空想的な話 ¶ ಅಶೋಕ ಚಕ್ರವರ್ತಿ ಎಂಭತ್ತುನಾಲ್ಕು ಸಾವಿರ ಸ್ತೂಪಗಳನ್ನು ಕಟ್ಟಿಸಿದ ಎಂಬುದು ದಂತಕಥೆ. (aśōka cakravarti emْbʰattunālku sāvira stūpagaḷannu kaṭṭisida embudu daṃtakatʰe.) アショーカ王は 8 万 4000 の仏塔を建てさせたという伝説がある。[Sk.] cf. ಕಟ್ಟುಕತೆ (kaṭṭukate) fabricated story 作り話

ದಂತಗೋಪುರ ⟦daṃtagōpura ダンタゴープラ⟧ [dəntə̆goːpurɐ] *n.* 象牙の塔 [Sk.]

ದಂತಚೂರ್ಣ ⟦daṃtacūrṇa ダンタチュールナ⟧ [dəntə̆ʧuːrɳɐ] *n.* 歯磨き粉 [Sk.] = ಹಲ್ಲುಪುಡಿ (hallupuḍi)

ದಂತಪಂಕ್ತಿ ⟦daṃtapaṃkti ダンタパンクティ⟧ [dəntə̆pəŋkti] *n.* 歯の列、歯列 [Sk.]

ದಂತಬೇನೆ ⟦daṃtabēne ダンタベーネ⟧ [dəntə̆beːne] *n.* 歯痛 [Sk.] = ದಂತಶೂಲೆ (= daṃtaśūle)

ದಂತಮಂಜನ ⟦daṃtamaṃjana ダンタマンジャナ⟧ [dəntəmənʤənɐ] 《文》*n.* 1 歯を磨くこと 2 歯磨き粉 [Sk.]

ದಂತವೈದ್ಯ ⟦daṃtavaidya ダンタヴァイディヤ⟧ [dəntə̆vəidʲjɐ] *m.* 《*f.* ದಂತವೈದ್ಯೆ (daṃtavaidye)》歯医者、歯科医 —*n.* 歯科医の仕事、歯科医の地位

ದಂತಿ ⟦daṃti ダンティ⟧ [dənti] 《文》*n.* 象 [Sk.] = ಆನೆ (āne)〔汎〕

ದಂತ್ಯ ⟦daṃtya ダンティヤ⟧ [dəntjɐ] *adj.* 歯の、歯に関する —*n.* 歯音 [Sk.]

ದಂತೋಷ್ಠ್ಯ ⟦daṃtōṣṭʰya ダントーシュティヤ⟧ [dəntoːʂʈʰjɐ] 《文》*adj.* 唇歯の —*n.* 唇歯音 [Sk.]

ದಂದರಹಾಳ ⟦daṃdarahāḷa ダンダラハーラ⟧ [dəndə̆rəhɐːɭɐ] *m.* 《*f.* ದಂದರಹಾಳಿ (daṃdarahāḷi)》浪費家、乱費家、金遣いが荒い人 [Ka.*duṃdu* (gen.) + *hāḷa*]

ದಂದರಹಾಳಿ ⟦daṃdarahāḷi ダンダラハーリ⟧ [dəndə̆rəhɐːɭi] *n.* 《*f.* ದಂದರಹಾಳಿ (daṃdarahāḷi)》浪費、乱費、金遣いが荒いこと [Ka.*duṃdu* + *hāḷa* + *-i*]

ದಂದುಗ ⟦daṃduga ダンドゥガ⟧ [dəndugɐ] 《文》*n.* 《*vt.* ～ ಮಾಡು, (māḍu,) *vi.* ಆಗು (āgu)》しがらみ、面倒、やっかい ¶ ಈ ಸಂಸಾರದ ದಂದುಗ ಎಂದಿಗೆ ಹಿಂಗುವದು (ī saṃsārada daṃduga eṃdige hiṃguvadu) この世の厄介がなくなる日があろうか。(*Bv.* 22) [Ka.?]

ದಂದೆ ⟦daṃde ダンデ⟧ [dənde] *n.* [H. *dʰaṃdā*/M. *dʰaṃdā* T6727] ☞ಧಂದೆ (dʰaṃde)

ದಂಪತಿ ⟦dampati ダンパティ⟧ [dəmpəti] *mf. pl.* 《*hon.* ದಂಪತಿಗಳು (dampatigaḷu)》夫妻、夫と妻 [Sk.]

ದಂಬ ⟦daṃba ダンバ⟧ [dəmbɐ] ದಂಭ *n.* 1 詐欺、詐取、瞞着 2 虚飾、虚栄、見せかけの豪奢さ 3 傲慢、高慢、傲慢不遜 [Sk. *dambha-*]

ದಂಬೆ ⟦daṃbe ダンベ⟧ [dəmbe] *n.* (竹の平らな)割り枝 [Ka. D3076] = ದಬ್ಬೆ (dabbe)

ದಂಭ ⟦daṃbʰa ダンバ⟧ [dəmbʰɐ] 《文》*n.* [Sk. *dambha-*] ☞ದಂಬ (daṃba)

ದಂಭಕ ⟦daṃbʰaka ダンバカ⟧ [dəmbʰəkɐ] *m.* 傲慢な人 [Sk. *dambhaka-*]

ದಂಷ್ಟ್ರ ⟦daṃṣṭra ダンシュトラ⟧ [dəɱʂʈrɐ] 《文》*n.* (獣の)牙 [Sk.]

ದಕಾರ ⟦dakāra ダカーラ⟧ [dəkɐːrɐ] *n.* カンナダその他のインド系の文字で音素の連続 /da/ を表す文字 [Sk.]

ದಕ್ಕು ⟦dakku ダック⟧ [dəkku] *vi.* 1 (食べ物が)こなれる、消化される ¶ ತಿಂದ ಅನ್ನ ದಕ್ಕಲಿಲ್ಲ. (tiṃda anna dakkalilla.) 食べたものが消化されなかった。= ಜೀರ್ಣವಾಗು (jīrṇavāgu) 2 (獲得した財などが)身につく ¶ ನಿನಗೆ ಖಂಡಿತ ತಂದೆಯ ಆಸ್ತಿ ದಕ್ಕುವುದಿಲ್ಲ. (ninage kʰaṃḍita taṃdeya āsti dakkuvudilla.) お父さんの財産は決して君の身につかないよ。[Ka. D3014]

ದಕ್ಕಿಸು ⟦dakkisu ダッキス⟧ [dəkkisu] *vt.* 1 消化する ¶ ರೋಗಿಯು ಕೊಟ್ಟ ಆಹಾರವನ್ನು ದಕ್ಕಿಸಿಕೊಳ್ಳಲಿಲ್ಲ. (rōgiyu koṭṭa āhāravannu dakkisikoḷḷalilla.) 病人は与えられた食物を消化することができなかった。 2 手に入れて自分のものとして確保する ¶ ನೀನು ಆ ಕೆಲಸವನ್ನು ಹೇಗಾದರೂ ದಕ್ಕಿಸಿಕೋ. (nīnu ā kelasavannu hēgādarū dakkisikō.) 君はその(手に入れた)仕事を何とかして確保しろ。 3〈他人のものを〉着服する、〈領土を〉併合する ¶ ಚೀನಾ ಟಿಬ್ಬಟ್ಟನ್ನು ದಕ್ಕಿಸಿಕೊಂಡು ಕುಳಿತಿದೆ. (cīnā tibbaṭṭannu dakkisikoṃḍu kuḷitide.) 中国はまんまとチベットを併合している。[Ka. caus. *D3014]

ದಕ್ಷ ⟦dakṣa ダクシャ⟧ [dəkʂɐ] *adj.*, *m.* 《*f.* ದಕ್ಷೆ (dakṣe)》能力がある〈人〉、熟達した〈人〉[Sk.]

ದಕ್ಷತೆ ⟦dakṣate ダクシャテ⟧ [dəkʂə̆te] *n.* 巧妙さ、熟練、熟達 [Sk.]

ದಕ್ಷಿಣ ⟦dakṣiṇa ダクシナ⟧ [dəkʂĭɳɐ] *adj.* 1 南の、南方の 2 右の、右側の 3《文》正直な、(気性が)まっすぐな ¶ ಶಿಕ್ಷಣ ಮಂತ್ರಿಯವರ ದಕ್ಷಿಣ ಪ್ರವೃತ್ತಿ ತುಂಬಾ ಜನಪ್ರಿಯ ಆಗಿದೆ. (śikṣaṇa maṃtriyavara dakṣiṇa pravr̥tti tuṃbā janapriya āgide.) 文部大臣のまっすぐな性格は人々にとても人気がある。 4 巧妙な、熟達した、能力が

ある、利口な 5 右翼の、右派の —*n.* 1 南、南方 2 デカン、デカン地方、デカン高原 [Sk.]

ದಕ್ಷಿಣ ಆಫ್ರಿಕ ⟦dakṣiṇa āpʰrika ダクシナアープリカ⟧ [dəkʂĭɳə ɐ:pʰrikɐ] *n.* 南アフリカ、南ア共和国 [*dakṣiṇa* + Eg. *Africa*]

ದಕ್ಷಿಣ ಕೋರಿಯ ⟦dakṣiṇa kōriya ダクシナコーリヤ⟧ [dəkʂĭɳə ko:rijɐ] *n.* 韓国 [*dakṣiṇa* + Eg. *Korea*]

ದಕ್ಷಿಣಧ್ರುವ ⟦dakṣiṇadʰruva ダクシナドルヴァ⟧ [dəkʂĭɳə dʰruvɐ] *n.* 南極 [Sk.]

ದಕ್ಷಿಣಾಯನ ⟦dakṣiṇāyana ダクシナーヤナ⟧ [dəkʂĭɳɐ:jəɳɐ] *n.* 1 夏至から冬至にかけて太陽の位置が北から南に移動すること、またその半年の期間(現在の暦では7月15日ころから1月15日ころで南インドの多くの地域では結婚式を行わない) 2 冬至 [Sk.]

ದಖನ್ ⟦dakʰan ダカン⟧ [dəkʰən] *n.* デカン高原、デカン地方 [Eg. *Deccan* ←H.]

ದಗ್ ⟦dag ダグ⟧ [dəgg] (*n.*) ぼっ(火が急に燃え上がる時の音を表す擬音語) ◇ *adv.* ದಗ್ಗನೆ (daggane) [Ka. *D2998]

ದಗ ⟦daga ダガ⟧ [dəgɐ] ದಗಲು, ದಗಾ *n.* 詐欺、ペテン [Pe. *dagā*]

ದಗದ ⟦dagada ダガダ⟧ [dəgədɐ] *n.* 1 仕事 ¶ ಇತ್ತೀಚೆಗೆ ನನಗೆ ದಗದ ಹೆಚ್ಚಾಗಿದೆ. (ittīcege nanage dagada heccāgide.) この頃私は忙しい。 2 職業、仕事 ¶ ನನ್ನ ಮಗನಿಗೆ ಸರಕಾರಿ ದಗದ ಸಿಕ್ಕಿದೆ. (nanna maganige sarakāri dagada sikkide.) うちの息子は政府の仕事についた。 [M. *dagădagă*?] = ಕೆಲಸ (kelasa)

ದಗದಗ ⟦dagadaga ダガダガ⟧ [dəgədəgɐ] (*n.*) ごうごう(激しく燃える薪などが出す音を表す擬音語) ¶ ಕಾಡು ದಗದಗ ಉರಿಯುತ್ತಿತ್ತು. (kāḍu dagadaga uriyuttittu.) 森林はごうごうと燃えた。 [Ka. onom.]

ದಗದಗನೆ ⟦dagadagane ダガダガネ⟧ [dəgədəgəne] *adv.* (火などが)ごうごうと [+ *-ane*]

ದಗದಗಿಸು ⟦dagadagisu ダガダギス⟧ [dəgədəgisu] *vi.* 1 ぼうぼうと音を立てて燃える 2 激怒する、怒りでかっかとする ¶ ಕೆಲಸಕ್ಕೆ ಸ್ವಲ್ಪ ತಡವಾದರೂ ಒಡತಿ ದಗದಗಿಸುತ್ತಾಳೆ. (kelasakke svalpa taḍavādarū oḍati dagadagisuttāḷe.) 仕事が少し遅れても女主人はかんかんに怒る。 [Ka. onom.]

ದಗಲು ⟦dagalu ダガル⟧ [dəgəlu] *n.* 詐欺、ペテン [Ar. *dagal*] = ದಗಾ (= dagā)

ದಗಲೆ¹ ⟦dagale ダガレ⟧ [dəgəle] (*n.*) だぶだぶ〈の〉(衣類など) —*n.* だぶだぶの着物 [H. *dagālā* < ?]

ದಗಲೆ² ⟦dagale ダガレ⟧ [dəgəle] 《古》 *n.* 鎧(よろい) [? cf. Sk. *jagala-*]

ದಗಲ್ಬಾಜಿ ⟦dagalbāji ダガルバージ⟧ [dəgəlbɐ:ji] *n.* 詐欺、ペテン —*mf.* 詐欺師、ペテン師 = ಮೋಸಗಾರ (mōsagāra) [Pe. *dagalbāzī*]

ದಗಾ ⟦dagā ダガー⟧ [dəgɐ:] *n.* 詐欺、ペテン [Pe. *dagā*] = ದಗಲು, = ದಗ (dagalu, = daga)

ದಗಾಕೋರ ⟦dagākōra ダガーコーラ⟧ [dəgɐ:ko:rɐ] *m.* 《*f.* ದಗಾಕೋರಿ (dagākōri)》 [Pe. *dagā* + *xwor*] ☞ ದಗಾಖೋರ (dagākʰōra)

ದಗಾಖೋರ ⟦dagākʰōra ダガーコーラ⟧ [dəgɐ:kʰo:rɐ] ದಗಾಕೋರ *m.* 《*f.* ದಗಾಖೋರಿ (dagākʰōri)》 詐欺師、ペテン師 [Pe. *dagā* + *ḫwor*]

ದಗೆ¹ ⟦dage ダゲ⟧ [dəge] ಡಗೆ, ಢಗೆ, ಧಗೆ *n.* 1 (特に夏の)日差しの暑さ ¶ ಹಿಂದಿನ ಬೇಸಗೆಯಲ್ಲಿ ತುಂಬಾ ದಗೆ ಇತ್ತು. (hiṃdina bēsageyalli tuṃbā dage ittu.) 去年はとても暑かった。 2 喉の渇き ¶ ಬಿಸಿಲಲ್ಲಿ ನಡೆದು ಬಂದದ್ದರಿಂದ ತುಂಬಾ ದಗೆ ಹತ್ತಿಕೊಂಡಿದೆ. (bisilalli naḍedu baṃdaddariṃda tuṃbā dage hattikoṃḍide.) 日光の中を歩いてとても喉が渇いた。 ◇ *vi.* —ಆಗು (āgu) 喉が渇く [? cf. M. *dʰakă*「熱」]

ದಗೆ² ⟦dage ダゲ⟧ [dəge] *n.* 詐欺、ペテン [Pe. *dagā*] = ದಗಲು, ದಗಾ (dagalu, dagā)

ದಗ್ಗನೆ ⟦daggane ダッガネ⟧ [dəggəne] *adv.* ぼっと(火が急に燃え上がる時の音を表す擬音語) [Ka. D2998]

ದಗ್ಧ ⟦dagdʰa ダグダ⟧ [dəgdʰɐ] *adj.* 1 燃えた、焦げた、焼けた 2 (植物が) 干上がった、しなびた [Sk.]

ದಗ್ಧಹಸ್ತ ⟦dagdʰahasta ダグダハスタ⟧ [dəgdʰəhəstɐ] *adj.*, *m.* 《*f.* ದಗ್ಧಹಸ್ತೆ (dagdʰahaste)》 不幸な〈人〉、不運な〈人〉 [Sk.]

ದಟ್ಟ ⟦daṭṭa ダッタ⟧ [dəʈʈɐ] (*n.*) 1 (煙などが) 濃い〈こと〉¶ ಕೋಣೆಯಲ್ಲಿ ದಟ್ಟ ಹೊಗೆ ತುಂಬಿದೆ. (kōṇeyalli daṭṭa hoge tuṃbide.) 部屋は濃い煙でいっぱいである。 2 (布などが) 分厚い〈こと〉 3 (噂などが) 多くの人々の間に広まっている〈こと〉¶ ಮಂತ್ರಿಯ ಮಗನ ಕೊಲೆ ಆಗಿದೆ ಎಂಬ ದಟ್ಟ ವದಂತಿ ಇದೆ. (maṃtriya magana kole āgide eṃba daṭṭa vadaṃti ide.) 大臣の息子が殺されたという噂が多くの人々の間で広まっている。 [Ka. D3020]

ದಟ್ಟಗೆ ⟦daṭṭage ダッタゲ⟧ [dəʈʈəge] *adv.* 1 多数に、ぎっしりと ¶ ದಟ್ಟಗೆ ಬಿತ್ತಿದರೆ ಬೆಳೆ ಸರಿಯಾಗಿ ಬರುವದಿಲ್ಲ. (daṭṭage bittidare beḷe sariyāgi baruvadilla.) ぎっしりと種を蒔くと収穫がよくない。 2 (煙などが)濃く [Ka. D3020]

ದಟ್ಟಡಿ ⟦daṭṭaḍi ダッタディ⟧ [dəʈʈəḍi] *n.* よちよち歩き ¶ ಮಗು ದಟ್ಟಡಿ ಇಟ್ಟು ಹತ್ತಿರ ಬಂತು. (magu daṭṭaḍi iṭṭu hattira baṃtu.) 子どもがよちよちと近づいてきた。 [Ka. *daṭṭu D3445 + *aḍi*]

ದಟ್ಟಣಿಸು ⟦daṭṭaṇisu ダッタニス⟧ [dəʈʈəɳisu] 《文》 *vi.* (人々が)群がって集まる、混む (*Kitt.*) [Ka. *D3020]

ದಟ್ಟಣೆ ⟦daṭṭaṇe ダッタネ⟧ [dəʈʈəɳe] *n.* (煙や霧などが)濃いこと、濃密、(群衆などが)ぎっしりいること、(人口などの) 稠密(ちゅうみつ) ¶ ಸಮಾರಂಭಕ್ಕೆ ನೆರೆದ ಜನ ದಟ್ಟಣೆಯನ್ನು ನಿಯಂತ್ರಿಸುವದು ಸಾಧ್ಯವಾಗಲಿಲ್ಲ. (samāraṃbʰakke nereda jana daṭṭaṇeyannu niyaṃtrisuvadu sādʰyavāgalilla.) 行事にぎっしり集まった人の群れを制御するのは難しかった。 [Ka. *daṭṭa* + *-aṇe*]

ದಟ್ಟದರಿದ್ರ ⟦daṭṭadaridra ダッタダリドラ⟧ [dəʈʈədəridrɐ] *adj., m.* 《*f.* ದಟ್ಟದರಿದ್ರಳು (daṭṭadaridraḷu)》赤貧の〈人〉、一文無しの〈人〉¶ ಕೃಷ್ಣನ ಬಳಿ ಹೋದಾಗ ಕುಚೇಲ ದಟ್ಟದರಿದ್ರನಾಗಿದ್ದ. (kṛṣṇana baḷi hōdāga kucēla daṭṭadaridranāgidda.) クリシュナのもとに行った時クチェーラは一文無しであった。[Ka. *daṭṭa* + *daridra*]

ದಟ್ಟನೆ ⟦daṭṭane ダッタネ⟧ [dəʈʈə̆ne] 《文》 *adv.* (煙などが)濃く、ぎっしりと ¶ ಅವನ ತಲೆಯ ಮೇಲೆ ಕೂದಲು ದಟ್ಟನೆ ಬೆಳೆದಿದೆ. (avana taleya mēle kūdalu daṭṭane beḷedide.) 彼の頭には毛がぎっしりと生えている。[Ka. *daṭṭa* + *-ane* D3020]

ದಟ್ಟನಿಸು ⟦daṭṭanisu ダッタニス⟧ [dəʈʈə̆nisu] 《古》 *vi.* 混む、(人々が狭いところに)ぎっしり集まる [Ka. *daṭṭane* D3020 + *-isu* caus.]

ದಟ್ಟನ್ನ ⟦daṭṭanna ダッタンナ⟧ [dəʈʈənnɐ] *adj.* (森林や煙などが)濃い、(人々や動物が)密集した ¶ ದಟ್ಟನ್ನ ಕೂದಲು ನೋಡಲು ಚೆನ್ನ. (daṭṭanna kūdalu nōḍalu cenna.) 扉を開けると濃い煙が飛び出してきた。[Ka. *daṭṭa* D3020 + *aṃtaha*]

ದಟ್ಟಯ್ಸು ⟦daṭṭaysu ダッタイス⟧ [dəʈʈəĭsu] 《文》 *vi.* [Ka. *daṭṭa* D3020 + *-isu*] ☞ದಟ್ಟಯಿಸು (daṭṭayisu)

ದಟ್ಟಯಿಸು ⟦daṭṭayisu ダッタイス⟧ [dəʈʈəjĭsu] 《文》 *vi.* 濃くなる、密集する ¶ ವಿಧಾನಸೌಧದ ಮುಂದೆ ಪ್ರತಿಭಟನೆಗಾಗಿ ಜನ ದಟ್ಟೈಸಿತು. (vidʰānasaudʰada muṃde pratibʰaṭanegāgi jana daṭṭaisitu.) 州議会の前に人々が大勢抗議のために集まった。[Ka. D3020]

ದಟ್ಟಿ ⟦daṭṭi ダッティ⟧ [dəʈʈi] ಧಟ್ಟಿ 《口》 *n.* 1 腰に巻く帯 2 腰につけるベルト 3《古》厚地の安物のサーリー 4 布(一般) [Ka. D3038]

ದಟ್ಟಿತು ⟦daṭṭitu ダッティトゥ⟧ [dəʈʈitu] 《古》 *n.* 濃いもの —*adj.* (霧や煙が)濃い [Ka. D3020]

ದಟ್ಟಿಸು¹ ⟦daṭṭisu ダッティス⟧ [dəʈʈĭsu] 《‡》 *vt.* 〈黒板のようなものに書いたものを〉(拭いたり、こすったりして)消す、拭い去る [Ka. D3037] (*Kitt.*)

ದಟ್ಟಿಸು² ⟦daṭṭisu ダッティス⟧ [dəʈʈĭsu] ಧಟ್ಟಿಸು, ಧಟ್ಟೈಸು 《古》 *vt.* 1 脅かす、脅しつける、しかりつける 2 侮辱する、あざける 3〈命令などに〉反抗する [?]

ದಟ್ಟು¹ ⟦daṭṭu ダットゥ⟧ [dəʈʈu] 《‡》 *n.* 群衆、群れ [Ka. D3020] (*Kitt.*)

ದಟ್ಟು² ⟦daṭṭu ダットゥ⟧ [dəʈʈu] 《‡》 *n.* つまずくこと、つまずき [Ka. D3445] (*M.* (*Kitt.*))

ದಟ್ಟೈಸು ⟦daṭṭaisu ダッタイス⟧ [dəʈʈəisu] *vi.* 濃くなる、密集する [Ka. *D3020]

ದಡ ⟦daḍa ダダ⟧ [dəɖɐ] *n.* 川岸、海岸 [←Dr. cf. Sk. *taṭa-*]

ದಡಕ್ ⟦daḍak ダダク⟧ [dəɖəkk] (*n.*) がちゃん(高い所から金属製の鍋などが落ちた時の音などを表す擬音語) [Ka. onom.]

ದಡಕ್ಕನೆ ⟦daḍakkane ダダッカネ⟧ [dəɖəkkə̆ne] *adv.* 1 がちゃんと(高い所から金属製の鍋などが落ちた時の音などを表す擬音語) 2 突然、不意に ¶ ಮಾಮ ದಡಕ್ಕನೆ ಬಂದು ನೀರು ನೀರೆಂದು ಕೇಳಿದರು. (māma daḍakkane baṃdu nīru nīreṃdu kēḷidaru.) おじが突然やってきて「水、水！」と叫んだ。[Ka. *D3022]

ದಡದಡ¹ ⟦daḍadaḍa ダダダダ⟧ [dəɖə̆dəɖɐ] (*n.*) がたがた(風で窓ガラスなどが立てる音や地震の音などを表す擬音語)、がらがら(大きな金属の入れ物の中で小さな金属の容器などがぶつかる音) —*adv.* がたがたと(窓ガラスなどが風で立てる音、地震の音などをなどを表す擬音語)、がらがらと(大きな金属の入れ物の中で小さな金属の容器などがぶつかる音)¶ ಗಾಳಿಯಿಂದ ಕಿಡಕಿ ದಡದಡ ಎಂದು ಶಬ್ದ ಮಾಡುತ್ತಿದೆ. (gāḷiyiṃda kiḍaki daḍadaḍa eṃdu śabda māḍuttide.) 窓が風でがたがた音を立てている。[Ka. onom. D3021]

ದಡದಡನೆ¹ ⟦daḍadaḍane ダダダダネ⟧ [dəɖə̆dəɖə̆ne] 《文》 *adv.* がたがた音を立てて [+ *-ane* 3022]

ದಡದಡಿಸು ⟦daḍadaḍisu ダダダディス⟧ [dəɖə̆dəɖĭsu] 《文》 *vi.* (恐れなどで体が)がたがた震える、(地面などが)がたがた揺れる [Ka. onom. D3021]

ದಡದಡ² ⟦daḍadaḍa ダダダダ⟧ [dəɖə̆dəɖɐ] (*n.*) とうとう(流暢に話す様子を表す擬態語)、さっさ(素速く歩いたり、働いたりする様子を表す擬態語) —*adv.* とうとうと(流暢に話す様子を表す擬態語)、さっさと(素速く歩いたり、働いたりする様子を表す擬態語)¶ ಮಂತ್ರಿಗಳು ಪತ್ರಕರ್ತರ ಪ್ರಶ್ನೆಗಳಿಗೆ ದಡದಡ ಉತ್ತರ ಕೊಟ್ಟರು. (maṃtrigaḷu patrakartara praśnegaḷige daḍadaḍa uttara koṭṭaru.) 大臣は記者たちの質問にとうとうと答えた。[Ka. onom. D3022]

ದಡದಡನೆ² ⟦daḍadaḍane ダダダダネ⟧ [dəɖə̆dəɖə̆ne] 《文》 *adv.* 1 とうとうと(流暢に話す様子を表す擬態語)、さっさと(素速く歩いたり、働いたりする様子を表す擬態語)¶ ಅವನು ಯಾವಾಗಲೂ ದಡದಡನೆ ಮಾತಾಡುತ್ತಾನೆ. (avanu yāvāgalū daḍadaḍane mātāḍuttāne.) 彼はいつもとうとうと話す。2 急いで ¶ ರವಿ ದಡದಡನೆ ಬಂದು ಆಫೀಸಿಗೆ ಹೋದ. (ravi daḍadaḍane baṃdu āpʰīsige hōda.) ラヴィは急いでやってきて事務所へ行った。[+ *-ane* 3022]

ದಡಬಡ ⟦daḍabaḍa ダダバダ⟧ [dəɖə̆bəɖɐ] (*n.*) 1 がたがた(でこぼこの道を荷車などが走る音を表す擬音語)¶ ಎತ್ತಿನ ಬಂಡಿ ದಡದಡ ಶಬ್ದ ಮಾಡುತ್ತಾ ಹೋಯಿತು. (ettina baṃḍi daḍadaḍa śabda māḍuttā hōyitu.) 牛車はがたがた音を立てながら去っていった。 2 大慌て〈の〉、ばたばたした〈こと〉¶ ಫೋನ್ ಬಂದಕೂಡಲೆ ಅಣ್ಣ ದಡಬಡ ಹೋದರು. (pʰōn baṃdakūḍale aṇṇa daḍabaḍa hōdaru.) 兄は電話がかかるや否やばたばた出ていった。[Ka. onom.]

ದಡಬಡನೆ ⟦daḍabaḍane ダダバダネ⟧ [dəɖə̆bəɖə̆ne] 《文》 *adv.* ばたばたと、大慌てで ¶ ನನ್ನ ಪತ್ರ ನೋಡಿ ಚಿಕ್ಕಪ್ಪ ದಡಬಡನೆ ಬಂದರು. (nanna patra nōḍi cikkappa daḍabaḍane baṃdaru.) 私の手紙を受け取るやおじは慌て

てやってきた。[+ -ane]

ದಡಾಣಿ ⟦daḍāṇi ダダーニ⟧ [dəɖɐːɳi] *f.* 《*m.* ದಡಿಯ (daḍiya)》太った女性 [Ka. D3020] = ದಡಾಲಿ (daḍāli)

ದಡಾರ್ ⟦daḍār ダダール⟧ [dəɖɐːr] (*n.*) ばたん（風や人間などが扉を強く閉めた時の音を表す擬音語）¶ ಬಾಗಿಲು ಗಾಳಿಯಿಂದ ದಡಾರನೆ ಬಿತ್ತು. (bāgilu gāḷiyiṃda daḍārane bittu.) 扉が風でばたんと閉まった。[Ka. onom.]

ದಡಾರ ⟦daḍāra ダダーラ⟧ [dəɖɐːrɐ] *n.* 麻疹、はしか [?] = ಸಿಡಬು (siḍabu)

ದಡಾಲಿ ⟦daḍāli ダダーリ⟧ [dəɖɐːli] *f.* 太った女性 [Ka. D3020] = ದಡಾಣಿ (= daḍāṇi)

ದಡಿ¹ ⟦daḍi ダディ⟧ [dəɖi] 《古》(*n.*)（棒などが）太い〈こと〉¶ ದಡಿಗೋಲು (daḍigōlu) 棍棒 [Ka. *D3020]

ದಡಿ² ⟦daḍi ダディ⟧ [dəɖi] ದಡೆ *n.* 杖、棒、棍棒 [Ka. D3030]

ದಡಿ³ ⟦daḍi ダディ⟧ [dəɖi] 《古》*n.* 羊毛や木綿の布でできた鞍 [M. tʰaḍā?] ☞ಜೀನು (jīnu)〔汎〕

ದಡಿ⁴ ⟦daḍi ダディ⟧ [dəɖi] 《方》*n.* 刺繍を施したサーリーの縁 [Ka.? cf. Sk.*taṭa-*] (NK) ☞ಬಾಡರು (bāḍaru)〔汎〕

ದಡಿಕಾಱ ⟦daḍikāṟa ダディカーラ⟧ [dəɖikɐːɾɐ] 《古》*m.* 《*f.** ದಡಿಕಾರ್ತಿ (daḍikārti)》棍棒を持った人 [Ka. *daḍi²* + *-kāṟa*]

ದಡಿಗಂ ⟦daḍigaṃ ダディガン⟧ [dəɖigəm] 《古》*m.* 《*f.** ದಡಿಗಿ (daḍigi)》棍棒を持った人 (*Pb 12.162*) [Ka. D3030]

ದಡಿಯ ⟦daḍiya ダディヤ⟧ [dəɖijɐ] ಧಡಿಯ *m.* 《*f.* ದಡಿಯಳು (daḍiyaḷu)》1《古》力持ち、剛勇な人 2 太った人、でぶ、太っちょ [Ka. *D3020]

ದಡಿಸು ⟦daḍisu ダディス⟧ [dəɖĭsu] 《‡》*vt.* 〈書いた物を〉（拭いたり、こすったりして）消す [Ka. D3037 ←*daṭṭisu*] (*Kitt., My.,Mhr.*)

ದಡುಮು ⟦daḍumu ダドゥム⟧ [dəɖŭmu] 《‡》*n.* 太っていること (*My. (Kitt.)*) [Ka. D3020]

ದಡೆ ⟦daḍe ダデ⟧ [dəɖe] 《古》*n.* [Ka. *D3030] ☞ದಡಿ (daḍi)²

ದಡ್ಡ¹ ⟦daḍḍa ダッダ⟧ [dəɖɖɐ] *m.* 《*f.* ದಡ್ಡಿ (daḍḍi)》愚か〈な〉、頭が弱い〈人〉[Ka. D2314] = ಧಡ್ಡ, ಪೆದ್ದ (= dʰaḍḍa, pedda)

ದಡ್ಡ² ⟦daḍḍa ダッダ⟧ [dəɖɖɐ]《古》(*n.*) 1 結合〈の〉、組み合わせる〈こと〉2 二重子音〈の〉、子音結合〈の〉[Ka. D2313, 3020]

ದಡ್ಡಕ್ಕರ ⟦daḍḍakkara ダッダッカラ⟧ [dəɖəkkərɐ]《文》*n.* 二重子音、子音結合 [Ka. D2313] = ಒತ್ತಕ್ಷರ (= ottakṣara)〔汎〕

ದಡ್ಡತನ ⟦daḍḍatana ダッダタナ⟧ [dəɖɖŏtənɐ] *n.* 愚かさ、頭が悪いこと [Ka. *daḍḍa* D2314 + *-tana*]

ದಡ್ಡಿ¹ ⟦daḍḍi ダッディ⟧ [dəɖɖi] *n.* [Ka. D3036] ☞ತಟ್ಟಿ (taṭṭi)

ದಡ್ಡಿ² ⟦daḍḍi ダッディ⟧ [dəɖɖi] ದೊಡ್ಡಿ *n.* 牛囲い [Ka. D3485]

ದಡ್ಡು ⟦daḍḍu ダッドゥ⟧ [dəɖɖu] ಜಡ್ಡು *n.* 《~ಕಟ್ಟು (kaṭṭu)》（けがや度重なる摩擦や打撃での）皮膚の硬結、まめ [Ka. D2314]

ದಡ್ಡುದಡ್ಡು ⟦daḍḍudaḍḍu ダッドゥダッドゥ⟧ [dəɖɖudəɖɖu] (*n.*) 1 どんどん（水力精米機で米をつく音を表す擬音語）2 どんどん（扉を強く打つ音を表す擬音語）[Ka. D3023]

ದಣ್ ⟦daṇ ダン⟧ [dəɳː] (*n.*) ごん（銅鑼の音）[Ka. D2944]

ದಣದಣ ⟦daṇadaṇa ダナダナ⟧ [dəɳədəɳɐ] (*n.*) ごんごん（銅鑼の音）[Ka. D2944]

ದಣದಣಾದಣ ⟦daṇadaṇādaṇa ダナダナーダナ⟧ [dəɳŏdəɳɐːdəɳɐ] (*n.*) ごんごんごん（銅鑼を繰り返して鳴らす音）[Ka. D2944]

ದಣಲ್ ⟦daṇal ダナル⟧ [dəɳəl] (*n.*) ごん（銅鑼の音）¶ ದಣಲ್ ದಣಲ್ ಎಂದು ಚರ್ಚಿನ ಘಂಟೆ ಶಬ್ದ ಮಾಡುತ್ತದೆ. (daṇal daṇal eṃdu carcina gʰaṃṭe śabda māḍuttade.) 教会の鐘はごんごんと鳴る。[Ka. D2944]

ದಣಿ ⟦daṇi ダニ⟧ [dəɳi] *vi.* 1 疲れる、疲労する ¶ ಲೆಕ್ಕ ನೋಡಿ ನೋಡಿ ನಾನು ದಣಿದೆ. (lekka nōḍi nōḍi nānu daṇide.) 会計簿を何度も何度も見て私はうんざりした。2《古》満足する、満ち足りる [Ka. D3045]

ದಣಿಂಬ ⟦daṇiṃba ダニンバ⟧ [dəɳimbɐ] ದಣಿಬ, ದಣಬ, ದಣುಬ, ದಳಿಂಬ, ದಳಿಬ《古》*n.* 1（めでたい行事に着る）洗濯した清潔な布 2 寝具 [Ka. D3032]

ದಣಿಬ ⟦daṇiba ダニバ⟧ [dəɳibɐ]《古》*n.*（めでたい行事に着る）洗濯した清潔な布 [Ka. D3032]

ದಣಿಯಿಸು ⟦daṇiyisu ダニイス⟧ [dəɳĭjisu] *vt.* 疲れさせる、疲労させる [Ka. *D3045] = ಆಯಾಸಗೊಳಿಸು (āyāsagoḷisu)

ದಣಿವು ⟦daṇivu ダニヴ⟧ [dəɳĭivu] *n.* 疲労、疲れ [Ka. D3045] = ಆಯಾಸ (= āyāsa)

ದಣಿಸು ⟦daṇisu ダニス⟧ [dəɳĭsu] *vt.* 1 満足させる 2 疲れさせる、疲労させる [Ka. D3045] = ಆಯಾಸಗೊಳಿಸು, ದಣಿಯಿಸು (āyāsagoḷisu, daṇiyisu)

ದತ್ತ ⟦datta ダッタ⟧ [dəttɐ]《文》(*adj.*) 与えられた〈こと〉、贈与〈された〉、贈られた〈こと〉¶ ದತ್ತ ಪದಾರ್ಥವನ್ನು ಮತ್ತೆ ಕೇಳುವುದು ತರವಲ್ಲ. (datta padārtʰavannu matte kēḷuvudu taravalla.) 一度贈与した物をまた返してくれというのはよくない。[Sk.]

ದತ್ತಕ ⟦dattaka ダッタカ⟧ [dəttŏkɐ] *n.* 養子縁組、子をもらうこと ¶ ಕರ್ನಾಟಕದಲ್ಲಿ ದತ್ತಕದ ವಿಧಾನಗಳು ಧಾರ್ಮಿಕವಾಗಿವೆ. (karnāṭakadalli dattakada vidʰānagaḷu dʰārmikavāgive.) 養子縁組の手続きはカルナータカでは宗教行事である。—(*n.*) 養子〈の〉、もらい子〈の〉¶ ಹೆಗಡೆಯವರು ತನ್ನ ತಮ್ಮನ ಮಗನನ್ನು ದತ್ತಕ ತೆಗೆದುಕೊಂಡರು. (hegaḍeyavaru tanna tammana maganannu dattaka tegedukoṃḍaru.) ヘガデ氏は自分の弟の息子を養子にした。= ದತ್ತು (= dattu) [Sk.]

ದತ್ತಾಂಶಗಳು ⟦dattāṃśagaḷu ダッターンシャガル⟧ [dəttɐːmʃə̆gəḷu] *n.* 《*pl.*》与件 [Sk.]

ದತ್ತಿ ⟦datti ダッティ⟧ [dətti] 《文》 *n.* **1** 贈り物 **2** 土地の贈り物 [Sk.]

ದತ್ತು ⟦dattu ダットゥ⟧ [dəttu] (*adj.*) (養子として) もらった〈こと〉 [Sk. *datta-*]

ದತ್ತುಪುತ್ರ ⟦dattuputra ダットゥプトラ⟧ [dəttuputˑrɐ] *m.* 《*f.* ದತ್ತುಪುತ್ರಿ (dattuputri)》 (男性の) 養子、(男性の) もらい子 [Sk. *dattaputra-*] = ದತ್ತುಪುತ್ರಿ (dattuputri)

ದತ್ತುಮಗ ⟦dattumaga ダットゥマガ⟧ [dəttuməgɐ] *m.* 《*f.* ದತ್ತುಮಗಳು (dattumagaḷu)》 (男性の) 養子、(男性の) もらい子 [Sk. *datta-* + *maga*] = ದತ್ತುಮಗ (dattumaga)

ದದ್ದರ ⟦daddara ダッダラ⟧ [dəddə̆rɐ] *n.* (体の一部が) 腫れること、腫れ [? cf. Sk. *dadru-*] ☞ದರ್ದುರ (dardura)

ದದ್ದರಿಸು ⟦daddarisu ダッダリス⟧ [dəddə̆risu] *vi.* (体の一部が) 腫れる [? cf. Sk. *dadru-* + *-isu*] = ದದ್ದರ (daddara)

ದದ್ದಾಲ ⟦daddāla ダッダーラ⟧ [dəddɐːlɐ] 《‡》 *n.* 中くらいの大きさの木の名 (薬用) ⇀ 薬 [Ka. D3043] = ಗುಡ್ಡ (guḍḍa) *[IMP 1.381]

ದದ್ದು¹ ⟦daddu ダッドゥ⟧ [dəddu] ತದ್ದು, ತರ್ದು, ದರ್ದು *n.* 白癬、ゼニタムシ、タムシ [Ka.? cf. T6142] ☞ದದ್ದು (daddu)

ದದ್ದು² ⟦daddu ダッドゥ⟧ [dəddu] (*n.*) 割れた〈こと〉、ひびが入った〈こと〉 ¶ ದದ್ದು ಮಡಕೆ ಟಣ್ ಟಣ್ ಎಂದು ಶಬ್ದ ಮಾಡುವದಿಲ್ಲ. (daddu maḍake ṭaṇ ṭaṇ eṃdu śabda māḍuvadilla.) ひびの入った水甕は「かんかん」という音を出さない。 **—*n.*** 乳清を分離した牛乳に残る固体部分 (カード) [?]

ದನ ⟦dana ダナ⟧ [dənɐ] *n.* 《集合名詞としても用いられる》畜牛 [Sk. *dhana-*] = ದನಕರು (danakaru)

ದನಕರು ⟦danakaru ダナカル⟧ [dənə̆kəru] *n.* 《集合名詞として複数の意味で用いられる》畜牛 (牛、水牛、子牛など) [*dana* + *karu*]

ದನಕಱು ⟦danakaṟu ダナカル⟧ [dʰənə̆kəṟu] 《古》 *n.* 畜牛 (牛、水牛、子牛など) [*dana* + *kaṟu*]

ದನಗಳ್ಳ ⟦danagaḷḷa ダナガッラ⟧ [dənə̆gəḷḷɐ] *m.* 《*f.* ದನಗಳ್ಳಿ (danagaḷḷi)》家畜泥棒 [*dana* + *kaḷḷa*]

ದನಗಾಹಿ ⟦danagāhi ダナガーヒ⟧ [dənəgɐːhi] 《文》 *mf.* 牛飼い [*dana* + *kāpu* + *-i*]

ದನಗಾಹು ⟦danagāhu ダナガーフ⟧ [dənəgɐːhu] 《文》 *n.* 牛飼いの仕事 [*dana* + *kāpu*]

ದನಿ¹ ⟦dani ダニ⟧ [dəni] *n.* **1** 音、雑音 **2** 声 ¶ ಈವತ್ತು ನಿಮ್ಮ ದನಿ ಬೇರೆ ತರ ಕೇಳಿಸುತ್ತಿದೆ. ಏನು ಕಾರಣ? (īvattu nimma dani bēre tara kēḷisuttide. ēnu kāraṇa?) 今日はお声が違って聞こえます。どうしたのですか ¶ ಈಗ ಅವರಿಗೆ ದನಿ ಇಲ್ಲ. (īga avarige dani illa.) 彼女はもういい声が出ない。 [Sk. *dhvani-*] = ಧ್ವನಿ (dʰvani)

ದನಿಗೂಡಿಸು ⟦danigūḍisu ダニグーディス⟧ [dəniguːḍisu] *vi.* (ある意見や提案に) 賛意を表す ¶ ಅಧಿಕಾರಿಗೆ ದನಿ ಕೂಡಿಸುವುದೇ ಅವನ ಕೆಲಸ. (adʰikārige dani kūḍisuvudē avana kelasa.) 彼の仕事は上役の言うことに何でも「はいはい」言うことだけである。 [+ *kūḍisu*]

ದನಿ² ⟦dani ダニ⟧ [dəni] *mf.* (工場や商店などの) 持ち主、雇用者 [Sk. *dhanin-*] = ಯಜಮಾನ (yajamāna)

ದನುಜ ⟦danuja ダヌジャ⟧ [dənuʤɐ] 《文》 *m.* 《*f.* ದನುಜೆ (danuje)》悪魔、魔物 [Sk.]

ದಪ್ ⟦dap ダプ⟧ [dəpp] ದಪ್ಪು (*n.*) **1** どすん (穀物を詰めた袋など表面が柔らかくて重い物が上から落ちた時の音を表す擬音語) ¶ ಲಾರಿಯಿಂದ ಸಿಮೆಂಟ್ ಮೂಟೆ ದಪ್ಪೆಂದು ಬಿತ್ತು. (lāriyiṃda simeṃṭ mūṭe dappeṃdu bittu.) セメントの袋がどすんとトラックから落ちた。 **2** ぽん (肩などを叩く音を表す擬音語) [Ka. onom. D3069]

ದಪ ⟦dapa ダパ⟧ [dəpɐ] *n.* [Ar. *dapʿa*] ☞ದಫಾ (dapʰā)

ದಪಾ ⟦dapā ダパー⟧ [dəpɐː] *n.* **1** 回 **2** (ゲームなどの) 順番 ¶ ಈಗ ನಿಮ್ಮ ದಪಾ ಬಂತು. (īga nimma dapā baṃtu.) さあおれたちの番だ。(NK) [Ar. *dapʿa*] ☞ದಫಾ (dapʰā)

ದಪ್ಪ¹ ⟦dappa ダッパ⟧ [dəppɐ] (*n.*) **1** (紙、本などが) 分厚い〈こと〉、厚い〈こと〉 **2** (体が) 頑丈〈な〉、太った〈こと〉 ¶ ಚರ್ಚಿಲ್ ದಪ್ಪ ಮನುಷ್ಯನಾಗಿದ್ದ. (carcil dappa manuṣyanāgidda.) チャーチルはでぶだった。 **3** (布などが) 粗くて分厚い〈こと〉 **—*n.*** 厚さ、分厚さ ¶ ಈ ಹಲಗೆಯ ದಪ್ಪ ಎಷ್ಟು? (ī halageya dappa eṣṭu?) この板の厚さはいくらですか [Ka. D3079]

ದಪ್ಪ² ⟦dappa ダッパ⟧ [dəppɐ] 《古》 *n.* **1** 高慢、傲慢 **2** 勇気、勇敢 [Sk. *darpa-*]

ದಪ್ಪನ್ನ ⟦dappanna ダッパンナ⟧ [dəppənnɐ] *adj.* **1** (紙、本などが) 分厚い、(髪の毛が) 太い ¶ ಶಿವರಾಮ ಕಾರಂತರು ದಪ್ಪನ್ನ ಪುಸ್ತಕದಲ್ಲಿ ತಮ್ಮ ಆತ್ಮಕಥೆ ಬರೆದಿದ್ದಾರೆ. (śivarāma kāraṃtaru dappanna pustakadalli tamma ātmakatʰe bareddidāre.) シヴァラーマ・カーラントは分厚い本で自叙伝を書いた。 **2** (布が) ごわごわした ¶ ಟೀಚರು ಛಳಿಯೆಂದು ದಪ್ಪನ್ನ ಬಟ್ಟೆ ಹಾಕಿಕೊಂಡು ಬಂದರು. (ṭīcaru cʰaḷiyeṃdu dappanna baṭṭe hākikoṃḍu baṃdaru.) 寒かったので、先生は分厚い服を着てきた。 [Ka. *dappa* + *aṃtaha* D3070]

ದಪ್ಪನೆ¹ ⟦dappane ダッパネ⟧ [dəppəne] *adj.* **1** 分厚い (紙、きれなど) **2** (本などが) 分厚い [Ka. D3070]

ದಪ್ಪಾನೆ ⟦dappāne ダッパーネ⟧ [dəppɐːne] *adj.* **1** 分厚い (紙、きれなど) **2** (本などが) 分厚い [Ka. D3070]

ದಪ್ಪ ಮೆಣಸಿನಕಾಯಿ ⟦dappa meṇasinakāyi ダッパメナシナカーイ⟧ [dəppə̆meṇəsĭnə kɐːji] *n.* ピーマン ⇀ 食 [Ka. *dappa* + *meṇasinakāyi*]

ದಪ್ಪು ⟦dappu ダップ⟧ [dəppu] (*n.*) どすん (落ちる音を表す擬音語) [Ka. onom. D3069] ☞ದಪ್ (dap)

ದಪ್ಪನೆ² ⟦dappane ダッパネ⟧ [dəppə̆ne] *adv.* どすんと ¶ ಪುಸ್ತಕ ದಪ್ಪನೆ ಬಿತ್ತು. (pustaka dappane bittu.) 本がどさっと落ちた。 [Ka. D3069]

ದಫಾ ⟦dapʰā ダパー⟧ [dəpʰɐː] ದಪ, ದಪಾ *n.* 1 回 ¶ ಮಗ ಮೂರು ದಫಾ ಫೇಲಾದ. (maga mūru dapʰā pʰēlāda.) 息子は3回試験に滑った。 2 (ゲームなどの)順番 [Ar. *dapʻa*] = ದಪ, ದಪಾ (dapa, dapā)

ದಫನ್ ⟦dapʰan ダパン⟧ [dəpʰan] *n.* 埋葬、土葬 ◇ *vi.* —ಮಾಡು (māḍu) [Ar. *dafn*]

ದಫಾ ⟦dapʰā ダパー⟧ [dəpʰɐː] *n.* 1 回 ¶ ಅಪ್ಪ ಒಂದು ದಿವಸದಲ್ಲಿ ಹತ್ತು ದಫಾ ಕಾಫಿ ಕುಡಿಯುತ್ತಾರೆ. (appa oṃdu divasadalli hattu dapʰā kāpʰi kuḍiyuttāre.) 父は1日に10回もコーヒーを飲む。 2 (ゲームなどの)順番 [Ar. *dapʻa*] = ದಪ, ದಪಾ, ಸಲ (dapa, dapā, sala)

ದಫೇದಾರ ⟦dapʰēdāra ダペーダーラ⟧ [dəpʰeːdɐːrɐ] *m.* 《*f.* ದಫೇದಾರಳು (dapʰēdāraḷu)》 1 巡査部長 2 召し使い頭 [Ar.-Pe. *dafʻadār*]

ದಫ್ತರ ⟦dapʰtara ダプタラ⟧ [dəpʰtərɐ] *n.* 役所の記録 [Ar. *daftar*]

ದಫ್ತರಖಾನೆ ⟦dapʰtarakʰāne ダプタラカーネ⟧ [dəpʰtarə̆kʰɐːne] *n.* 行政上の記録を保存している役所 [Ar.-Pe. *daftarḫānah*]

ದಫ್ತರಬಂದಿ ⟦dapʰtarabaṃdi ダプタラバンディ⟧ [dəpʰtərə̆bəndi] *mf.* 役所の記録係の助手 [M. *daftarbaṃdā* < Pe.]

ದಫ್ತರು ⟦dapʰtaru ダプタル⟧ [dəpʰtəru] *n.* 事務所、職場 [Ar. *daftar*] ☞ದಫ್ತರ (dapʰtara)

ದಫ್ತರ್ಶಾಹಿ ⟦dapʰtarśāhi ダプタルシャーヒ⟧ [dəpʰtarʃɐːhi] *n.* 1 記録に重きを置く行政 2 官僚主義、官僚政治 [Ar.-Pe. *daftaršāhi*]

ದಬ ⟦daba ダバ⟧ [dəbɐ] 《‡》 (*n.*) 《繰り返し表現で》 [Ka. D3069] (*Kitt.*) ☞ದಬದಬ (dabadaba)

ದಬಕ್ ⟦dabak ダバク⟧ [dəbək] ದಬಕ್ಕು (*n.*) 1 どすん(人体など重くて表面が柔らかい物が上から落ちてきた時の音を表す擬音語) 2 ぼとん、ばちゃん(石などが泥の中に落ちた時の音を表す擬音語) [Ka. onom. *D3069]

ದಬಕ್ಕನೆ ⟦dabakkane ダバッカネ⟧ [dəbəkkə̆ne] *adv.* 1 どすんと(人体など重くて表面が柔らかい物が上から落ちてきた時の音を表す擬音語) 2 ぼとんと、ばちゃんと(石などが泥の中に落ちた時の音を表す擬音語) [Ka. D3069]

ದಬಕ್ಕು ⟦dabakku ダバック⟧ [dəbəkku] (*n.*) [Ka. onom. D3069] ☞ದಬಕ್ (dabak)

ದಬದಬ ⟦dabadaba ダバダバ⟧ [dəbə̆dəbɐ] (*n.*) 1 ごつんごつん(つづけざまに殴る音を表す擬音語) ¶ ಕಳ್ಳನನ್ನು ಹಿಡಿದು ಎಲ್ಲರೂ ದಬದಬ ಹೊಡೆದರು. (kaḷḷanannu hiḍidu ellarū dabadaba hoḍedaru.) 彼らは泥棒を捕まえごつんごつん殴った。 2 ばたばた(不器用に音を立てて走る音を表す擬音語) ¶ ಸಿನೆಮ ಶುರು ಆಗುವ ಬೆಲ್ಲನ್ನು ಕೇಳಿ ಜನ ದಬದಬ ಓಡಿದರು. (sinema śuru āguva bellannu kēḷi jana dabadaba ōḍidaru.) 映画が始まるベルを聞いて人々はばたばた走った。 3 どきどき、どきんどきん(心臓の動悸を表す擬音語) ¶ ಒಮ್ಮೆಲೆ ಬಂದ ಸ್ನೇಹಿತನನ್ನು ನೋಡಿ ಎದೆ ದಬದಬ ಎಂದಿತು. (ommele baṃda snēhitanannu nōḍi ede dabadaba eṃditu.) 急にやってきた友達を見て胸がどきどきした。 [Ka. D3069]

ದಬರಿ ⟦dabari ダバリ⟧ [dəbə̆ri] *n.* 穀物や水などを貯蔵するための円柱形で広口の金属製の容器、同じ形の鍋 [Dr.? Te. *ḍabara* cf. H. *ḍabārī* T5528.1] (*NK*) = ಬೋಗುಣಿ (bōguṇi) ☞ಡಬರಿ (ḍabari)

ದಬಾಣ ⟦dabāṇa ダバーナ⟧ [dəbɐːɳɐ] 《‡》 *n.* [Ka. *D2949(b)] (*My.* (*Kitt.*)) ☞ಡಮಾನ (ḍamāna)

ದಬ್ಬರಿ ⟦dabbari ダッバリ⟧ [dəbbə̆ri] *n.* = ಬೋಗುಣಿ (bōguṇi) ☞ಡಬರಿ, ದಬರಿ (ḍabari, dabari)

ದಬ್ಬರೆ ⟦dabbare ダッバレ⟧ [dəbbə̆re] *n.* = ಬೋಗುಣಿ (bōguṇi) ☞ಡಬರಿ, ದಬರಿ (ḍabari, dabari)

ದಬಾದುಬಿ ⟦dabādubi ダバードゥビ⟧ [dəbɐːdubi] ದಬಾ–ದಬಿ *n.* いろいろと脅かして言うことを聞かせること、しつこい脅迫や威嚇 ¶ ಶಂಕರ ಸಾಲಗಾರನಿಂದ ದಬಾದುಬಿ ಮಾಡಿ ಹಣ ವಸೂಲುಮಾಡಿದ. (śaṃkara sālagāranimda dabādubi māḍi haṇa vasūlumāḍida.) シャンカラはしつこく脅かして金を借りた人から金を徴収してきた。 [H. *dabānā* (ā-i formation) *C6173.1]

ದಬಾಯಿಸು ⟦dabāyisu ダバーイス⟧ [dəbɐːjisu] *vt.* 1 〈扉を〉がちゃんとしめる 2 強制する、強要する ¶ ಸಾಹುಕಾರ ತನ್ನ ಕೆಲಸದವರನ್ನು ಕಳಿಸಿ ದಬಾಯಿಸಿ ಸಾಲವನ್ನು ವಸೂಲು ಮಾಡಿದ. (sāhukāra tanna kelasadavarannu kaḷisi dabāyisi sālavannu vasūlu māḍida.) 金貸しは自分の子分によって借り手を脅かして借金を取りたてた。 3 叱る、折檻する ¶ ಮೇಷ್ಟರು ಓದದೆ ಇರುವ ಹುಡುಗರನ್ನು ಕರೆದು ದಬಾಯಿಸಿದರು. (mēṣṭaru ōdade iruva huḍugarannu karedu dabāyisidaru.) 先生は勉強しなかった生徒たちを呼んで叱った。 [H. *dabānā* + *-isu*]

ದಬಾವಣೆ ⟦dabāvaṇe ダバーヴァネ⟧ [dəbɐːvə̆ɳe] *n.* 1 強制、無理強い、脅迫 ¶ ಅಧಿಕಾರಿ ನನ್ನನ್ನು ದಬಾವಣೆ ಮಾಡಿ ಹಿಮಾಚಲ ಪ್ರದೇಶಕ್ಕೆ ಕಳಿಸಿದರು. (adʰikāri nannannu dabāvaṇe māḍi himācala pradēśakke kaḷisidaru.) 上役は私を無理やりにヒマーチャラ・プラデーシュへ行かせた。 2 叱責、折檻、叱りつけること ¶ ಅಪ್ಪ ಆ ಹುಡುಗಿಯ ಜೊತೆಗೆ ಬೆರೆಯಬಾರದು ಎಂದು ದಬಾವಣೆ ಮಾಡಿದರು. (appa ā huḍugiya jotege bereyabāradu eṃdu dabāvaṇe māḍidaru.) 父親は息子にあの娘と交わってはならぬと叱りつけた。 [H. *dabānā* + *-vaṇe*]

ದಬ್ಬನೆ ⟦dabbane ダッバネ⟧ [dəbbə̆ne] *adv.* どすんと ¶ ಸ್ನೇಹಿತ ದಬ್ಬನೆ ಕುಳಿತುಕೊಂಡು ಮಾತಾಡಲು ಆರಂಭಿಸಿದ. (snēhita dabbane kuḷitukoṃḍu mātāḍalu āraṃbʰisida.) 友達はどすんと座って話しはじめた。 [Ka. D3069]

ದಬ್ಬರಿ ⟦dabbari ダッバリ⟧ [dəbbə̆ri] *n.* 穀物や水などを貯蔵するための円柱形で広口の金属製の容器、同じ形の鍋 [? cf. H. *ḍabbā*] ☞ದಬರಿ (dabari)

ದಬ್ಬರೆ ⟦dabbare ダッバレ⟧ [dəbbə̆re] *n.* ☞ಡಬ್ಬರಿ (ḍabbari)

ದಬ್ಬಾಳಿಕೆ ⟦dabbāḷike ダッバーリケ⟧ [dəbbɐːɭı̆ke] *n.* 1 強

制、無理強い 2 圧制、専制政治 ¶ ಔರಂಗಜೇಬ್ ದಬ್ಬಾಳಿಕೆಗೆ ಹೆಸರಾಗಿದ್ದ. (auraṃgajēb dabbāḷikege hesarāgidda.) アウラングゼーブは専制政治で有名であった。 [Ka. *dabbu* + *-āḷike*「支配する」]

ದಬ್ಬು¹ ⟦dabbu ダッブ⟧ [dəbbu] ಡಬ್ಬು, ದೊಬ್ಬು *vt.* 1 押す、押し出す 2〈期日、仕事の実行などを〉延ばす、延期する ¶ ಸಮಾರಂಭವನ್ನು ಒಂದು ದಿವಸ ದಬ್ಬಬೇಕಾಯಿತು. (samāraṃbʰavannu oṃdu divasa dabbabēkāyitu.) 我々はお祝いを1日延期せざるを得なかった。 3〈時を〉何となく過ごす ¶ ನಿವೃತ್ತಿ ಆದ ಮೇಲೆ ಅವರು ದಿನಗಳನ್ನು ಸುಮ್ಮನೆ ದಬ್ಬುತ್ತಾ ಇದ್ದರು. (nivr̥tti āda mēle avaru dinagaḷannu summane dabbuttā iddaru.) 彼は引退した後何となく日々を過ごしていた。 [Ka. D3340]

ದಬ್ಬಿಸು ⟦dabbisu ダッビス⟧ [dəbbisu] *vt.* 押させる、押し出させる [+ *-isu* caus.]

ದಬ್ಬು² ⟦dabbu ダッブ⟧ [dəbbu] (*n.*) 逆さ〈の〉[?]

ದಬ್ಬುಹಾಕು ⟦dabbuhāku ダッブハーク⟧ [dəbbuhɐːku] *vt.* ひっくり返す、逆さにする ¶ ಪಾತ್ರೆಗಳನ್ನು ತೊಳೆದ ಮೇಲೆ ದಬ್ಬುಹಾಕಿದರೆ ಸಾಕು. (pātregaḷannu toḷeda mēle dabbuhākidare sāku.) 容器(鍋や茶碗など)を洗った後うつぶせにしておいたら十分だ。 [+ *hāku*]

ದಬ್ಬೆ ⟦dabbe ダッベ⟧ [dəbbe] ಡಬ್ಬೆ, ಡೆಬ್ಬೆ, ದಂಬೆ, ದೆಬ್ಬೆ *n.* 1 割り竹 2 割り竹で打つこと ¶ ಮೇಷ್ಟರು ತಪ್ಪು ಮಾಡಿದ ಹುಡುಗನ ಬೆನ್ನು ಮೇಲೆ ಒಂದು ದಬ್ಬೆ ಕೊಟ್ಟರು. (mēṣṭaru tappu māḍida huḍugana bennu mēle oṃdu dabbe koṭṭaru.) 先生は過ちを犯した生徒の背中を竹の棒で打った。 [Ka. D3075, D3076]

ದಮಣಿ ⟦damaṇi ダマニ⟧ [dəmə̆ɳi] *n.* 2頭の牛が曳く有蓋の牛車 [M. *damăṇi*]

ದಮನ ⟦damana ダマナ⟧ [dəmə̆nɐ] *n.* 1 押さえつけること、抑制 ¶ ಎಷ್ಟೋ ಔಷಧ ತೆಗೆದುಕೊಂಡರೂ ರೋಗ ದಮನ ಆಗಲಿಲ್ಲ. (eṣṭō ausadʰa tegedukoṃḍarū rōga damana āgalilla.) どれだけ薬を飲んでも病気を抑えることはできなかった。 2 征服、成敗、(敵を)やっつけること [Sk.]

ದಮಾಣ ⟦damāṇa ダマーナ⟧ [dəmɐːɳɐ] 《方》 *n.* [Ka. *D2949(b)] ☞ಡಮಾಣ (ḍamāṇa)

ದಮಾನ ⟦damāna ダマーナ⟧ [dəmɐːnɐ] 《方》 *n.* [Ka. *D2949(b)] ☞ಡಮಾಣ (ḍamāṇa)

ದಮ್ಮು ⟦dammu ダンム⟧ [dəmmu] *n.* 1 息、呼吸 ¶ ಈಗ ಸ್ವಲ್ಪ ದಮ್ಮು ತೆಗೆದುಕೊಳ್ಳಬೇಕು. (īga svalpa dammu tegedukoḷḷabēku.) 今ちょっと一息つかねばならない。 2 我慢、忍耐 ¶ ಒಂದು ನಿಘಂಟು ತಯಾರಿಸಲು ತುಂಬಾ ದಮ್ಮು ಬೇಕು. (oṃdu nigʰaṃṭu tayārisalu tuṃbā dammu bēku.) 辞典を編纂するには大きな忍耐が要る。 3 活力、精力 ¶ ಅವನಿಗೆ ನನ್ನ ಹತ್ತಿರ ಮಾತಾಡಲು ದಮ್ಮಿಲ್ಲ. (avanige nanna hattira mātāḍalu dammilla.) 彼には私にものを言う勇気がない。 4 喘息 ¶ ಅವನಿಗೆ ದಮ್ಮು ಇದೆ. (avanige dammu ide.) 彼は喘息もちだ。 [Pe. *dam*]

ದಮ್ಮುಗಟ್ಟು ⟦dammugaṭṭu ダンムガットゥ⟧ [dəmmugəʈʈu] *vi.* 1 息を止める、息を殺す 2 あえぐ ¶ ಅಸ್ತಮಾ ಇರುವವರಿಗೆ ಮತ್ತೆಮತ್ತೆ ದಮ್ಮು ಕಟ್ಟುತ್ತದೆ. (astamā iruvavarige mattematte dammu kaṭṭuttade.) 喘息患者はしばしば息が詰まりそうになる。 3 窒息する;呼吸困難になる ¶ ಸಿನೆಮ ಹಾಲಿನಲ್ಲಿ ಫ್ಯಾನ್ ಆಫಾಗಿ ನನಗೆ ದಮ್ಮು ಕಟ್ಟಿತ್ತು. (sinema hālinalli pʰyān āpʰāgi nanage dammu kaṭṭittu.) 映画館で扇風機が止まって私は息が苦しくなった。 [+ *kaṭṭu*]

ದಯ ⟦daya ダヤ⟧ [dəjɐ] *n.* 同情、哀れみ [Sk.] ☞ದಯೆ (daye)

ದಯಗೆಡು ⟦dayageḍu ダヤゲドゥ⟧ [dəjəgeɖu] 《文》 *vi.* 哀れみの心を失う、(哀れみに値しないことが分かって)同情心がなくなる [*daya* + *keḍu*]

ದಯಗೆಯ್ ⟦dayagey ダヤゲイ⟧ [dəjəgeĭ] 《古》 *vi.* [+ *keḍu*] ☞ದಯಮಾಡು (dayamāḍu)

ದಯದೃಷ್ಟಿ ⟦dayadr̥ṣṭi ダヤドゥルシュティ⟧ [dəjədruʂʈi] 《文》 *n.* 哀れみ、同情 ¶ ಒಡೆಯರೇ, ನಮ್ಮ ಮೇಲೆ ದಯದೃಷ್ಟಿ ತೋರಿಸಿರಿ! (oḍeyarē, namma mēle dayadr̥ṣṭi tōrisiri!) 神様、私たちに哀れみをかけてください。 [Sk.]

ದಯದೋಱು ⟦dayadōṟu ダヤドール⟧ [dəjəɖoːru] 《文》 *vi.* 哀れみの心を見せる、同情する [+ *tōṟu*]

ದಯಪಾಲಿಸು ⟦dayapālisu ダヤパーリス⟧ [dəjəpɐːlĭsu] 《文》 *vt.* 1 同情する、哀れむ 2 恩寵を持って賜る、お恵み下さる ¶ ಬಾಬಾ ನಮ್ಮ ಮನೆಗೆ ದಯ ಪಾಲಿಸಿದರು. (bābā namma manege daya pālisidaru.) 聖者はかたじけなくも拙宅にお越しになった。 [+ *pālisu*]

ದಯಮಾಡಿಸು ⟦dayamāḍisu ダヤマーディス⟧ [dəjəmɐːɖisu] *vi.* お越しになる、ご来駕賜る ¶ ನನ್ನ ಮದುವೆಗೆ ಮುಖ್ಯಮಂತ್ರಿಗಳು ದಯಮಾಡಿಸಿದರು. (nanna maduvege mukʰyamaṃtrigaḷu dayamāḍisidaru.) 首相は私の婚礼に御臨席なされた。 —*vt.* 1〔敬〕賜る ¶ ಮನೇಜರು ಟೈಪಿಸ್ಟ್ ಮದುವೆಗೆ ಒಂದು ಸಾವಿರ ರೂಪಾಯಿ ದಯಪಾಲಿಸಿದರು. (manējaru ṭaipisṭ maduvege oṃdu sāvira rūpāyi dayapālisidaru.) 支店長はタイピストの結婚に1000ルーピー下さった。 2〔皮〕出ていって下さる、お引き取り下さる ¶ ಈಗ ನೀವು ದಯಮಾಡಿಸಿರಿ. (īga nīvu dayamāḍisiri.) もうお引き取りください。 [+ *māḍisu*]

ದಯಮಾಡು ⟦dayamāḍu ダヤマードゥ⟧ [dəjəmɐːɖu] *vi.* 1 同情する、哀れむ ¶ ನೀವು ದಯಮಾಡಿ ನನ್ನನ್ನು ಕೆಲಸಕ್ಕೆ ಸಿಫಾರಸು ಮಾಡಿರಿ. (nīvu dayamāḍi nannannu kelasakke sipʰārasu māḍiri.) どうかその職に私を推薦してください。 2〔敬〕いらっしゃる、お越しになる、ご来駕賜る ¶ ಈ ಸಮಾರಂಭಕ್ಕೆ ನೀವು ದಯಮಾಡಬೇಕು. (ī samāraṃbʰakke nīvu dayamāḍabēku.) この会にどうかご来駕くださいませ。 —*vt.*〔敬〕賜る ¶ ನೀವು ನನಗೆ ಸಾವಿರ ರೂಪಾಯಿ ದಯಮಾಡಿರಿ. (nīvu nanage sāvira rūpāyi dayamāḍiri.) どうか1000ルーピー恵んでください。 [+ *māḍu*]

ದಯವಿಡು ⟦dayaviḍu ダヤヴィドゥ⟧ [dəjəviɖu] 《文》 *vi.* 同情をしめす、同情する、哀れむ ¶ ದಯವಿಟ್ಟು ನನಗೆ ನೂರು ರೂಪಾಯಿ ಕೊಡಿ. (dayaviṭṭu nanage nūru rūpāyi koḍi.)¶ どうか100ルーピー貸してください。 [+

iḍu]

ದಯಕಾರ ⟦dayakāra ダヤカーラ⟧ [dəjə̆kɐːrɐ] 《文》 *m.* 《*f.* ದಯಕಾರ್ತಿ (dayakārti)》哀れみの心が深い人、同情心が強い人 [*daya* + *-kāra*]

ದಯಕಾಱ ⟦dayakāṟa ダヤカーラ⟧ [dəjə̆kɐːr̠ɐ] 《古》 *m.* 哀れみの心が深い人、同情心が強い人 [*daya* + *-kāṟa*]

ದಯನೀಯ ⟦dayanīya ダヤニーヤ⟧ [dəjə̆niːjɐ] 《文》 *adj.* 哀れみに値する、哀れむべき [Sk.]

ದಯನೀಯತೆ ⟦dayanīyate ダヤニーヤテ⟧ [dəjə̆niːjə̆te] 《文》 *n.* 哀れむべき状態、窮状 [Sk.]

ದಯಾಪರ ⟦dayāpara ダヤーパラ⟧ [dəjɐːpə̆rɐ] 《文》 *adj.*, *m.* 《f ದಯಾಪರೆ (dayāpare)》非常に慈悲深い〈人〉[Sk.]

ದಯಾರ್ದ್ರ ⟦dayārdra ダヤールドラ⟧ [dəjɐːrˑdrɐ] 《文》 *adj.m* 《*f.* ದಯಾರ್ದ್ರೆ (dayārdre)》哀れみ深い〈人〉、同情心が強い〈人〉、心が優しい〈人〉[Sk.]

ದಯಾರ್ದ್ರಹೃದಯ ⟦dayārdrahr̥daya ダヤールドラフルダヤ⟧ [dəjɐːrdrəhrɯdə̆jɐ] 《文》 *m.* 《*f.* ದಯಾರ್ದ್ರಹೃದಯೆ (dayārdrahr̥daye)》哀れみ深い〈人〉、同情心が強い〈人〉[+ *hr̥daya*]

ದಯಾಲು ⟦dayālu ダヤール⟧ [dəjɐːlu] ದಯಾಳು *adj.*, *mf.* 哀れみ深い〈人〉、同情心が強い〈人〉[Sk.]

ದಯಾಳು ⟦dayāḷu ダヤール⟧ [dəjɐːɭu] ದಯಾಲು *adj.*, *mf.* [Sk.]

ದಯಾವಂತ ⟦dayāvaṃta ダヤーヴァンタ⟧ [dəjɐːvəntɐ] *adj.*, *m.* 《*f.* ದಯಾವಂತೆ, ದಯಾವತಿ (dayāvaṃte, dayāvati)》哀れみ深い〈人〉、同情心が強い〈人〉[Sk.]

ದಯಾವಂತೆ ⟦dayāvaṃte ダヤーヴァンテ⟧ [dəjɐːvəntɐ] *f.* 《*m.* ದಯಾವಂತ (dayāvaṃta)》哀れみ深い女性、同情心が強い女性 [Sk.]

ದಯಾವತಿ ⟦dayāvati ダヤーヴァティ⟧ [dəjɐːvə̆ti] 《文》 *f.* 《*m.* ದಯಾವಂತ (dayāvaṃta)》哀れみ深い女性、同情心が強い女性 [Sk.]

ದಯೆ ⟦daye ダエ⟧ [dəje] ದಯ *n.* [Sk.] ☞ದಯ (daya)(for idioms and compounds)

ದಯಾಂಬುಧಿ ⟦dayāṃbudʰi ダヤーンブディ⟧ [dəjɐːmbdʰi] 《文》 *mf.* 哀れみの心に富んだ人 [Sk.]

ದಯಾಕಟಾಕ್ಷ ⟦dayākaṭākṣa ダヤーカタークシャ⟧ [dəjɐːkəʈɐːkʂɐ] 《文》 *n.* (神や聖者などの) 慈悲と恩寵 ¶ ಬಾಬಾ ಭಕ್ತರ ಮೇಲೆ ದಯಾಕಟಾಕ್ಷ ಬೀರಿದರು. (bābā bʰaktara mēle dayākaṭākṣa bīridaru.) 聖者は信者たちにお恵みを垂れて下さった。 [+ *kaṭākṣa*]

ದಯಾಗುಣ ⟦dayāguṇa ダヤーグナ⟧ [dəjɐːguɳɐ] 《文》 *n.* 慈悲深い性質 —*m.* 《*f.* ದಯಾಗುಣೆ (dayāguṇe)》慈悲深い人、哀れみ深い人 [+ *guṇa*]

ದಯಾದರಿದ್ರ ⟦dayādaridra ダヤーダリドラ⟧ [dəjɐːdəridrɐ] 《文》 *adj.*, *m.* 《*f.* ದಯಾದರಿದ್ರೆ (dayādaridre)》同情心のない〈人〉、酷い〈人〉[+ *daridra*]

ದಯಾನಿಧಿ ⟦dayānidʰi ダヤーニディ⟧ [dəjɐːnidʰi] 《文》 *mf.* 「慈悲の宝庫」、非常に慈悲心のある人、とても哀れみ深い人 [+ *nidʰi*]

ದಯಾಬ್ಧಿ ⟦dayābdʰi ダヤーブディ⟧ [dəjɐːbdʰi] 《文》 *mf.* 「慈悲の海」、非常に慈悲心のある人、限りなく哀れみ深い人 [+ *abdʰi*]

ದಯಾಭರಣ ⟦dayābʰaraṇa ダヤーバラナ⟧ [dəjɐːbʰərə̆ɳɐ] 《文》 *m.* 《*f.* ದಯಾಭರಣೆ (dayābʰaraṇe)》「慈悲心を身の飾りとした」、非常に慈悲心のある人、とても哀れみ深い人 [+ *ābʰaraṇa*]

ದಯಾರಸ ⟦dayārasa ダヤーラサ⟧ [dəjɐːrə̆sɐ] 《文》 *n.* 哀れみの情趣 [+ *rasa*]

ದಯಾಕರ ⟦dayākara ダヤーカラ⟧ [dəjɐːkə̆rɐ] 《文》 *adj.*, *m.* 「慈悲の宝庫」、非常に哀れみ深い〈人〉、とても慈悲深い〈人〉[Sk.]

ದಯಾರ್ಣವ ⟦dayārṇava ダヤールナヴァ⟧ [dəjɐːrɳə̆vɐ] 《文》 *n.* 「慈悲の海」、非常に慈悲心のある人、限りなく哀れみ深い人 [Sk.]

ದರ ⟦dara ダラ⟧ [dərɐ] *n.* 単位価格、(為替などの)交換比率 [Pe. *dar*?] = ಬೆಲೆ (= bele)

ದರಕಾರ ⟦darakāra ダラカーラ⟧ [dərə̆kɐːrɐ] *n.* [Pe. *darkār*] ☞ದರಕಾರು (darakāru)

ದರಕಾರು ⟦darakāru ダラカール⟧ [dərə̆kɐːru] ದರಕಾರ, ದರ್ಕಾರ, ದರ್ಕಾರು *n.* **1** (金銭、食料などの) 不足、欠乏 ¶ ಈಗ ಅವನಿಗೆ ದುಡ್ಡಿನ ದರಕಾರಿಲ್ಲ. (īga avanige duḍḍina darakārilla.) 彼は今十分お金を持っている。 **2** 注意、留意 ¶ ನಾನು ಬಂದು ಇಷ್ಟು ಹೊತ್ತಾದರೂ ಅವನಿಗೆ ದರಕಾರೇ ಇಲ್ಲ. (nānu baṃdu iṣṭu hottādarū avanige darakārē illa.) 私が来てこんなに時間がたったのにあの人は全然知らん顔をしている。 **3** 関係、とやかく言う資格 ¶ ಈ ಆಸ್ತಿ ನಮ್ಮದು, ನಿಮಗೆ ಇದರಲ್ಲಿ ದರಕಾರಿಲ್ಲ. (ī āsti nammadu, nimage idaralli darakārilla.) この財産は私のものだ。あなたとは何の関係もない。 [Pe. *darkār*]

ದರಖಾಸ್ತು ⟦darakʰāstu ダラカーストゥ⟧ [dərə̆kʰɐːstu] ದರ್ಖಾಸ್ತು, ದರ್ಖಾಸ್ತ್, ದರಕಾಸ್ತು *n.* **1** (政府機関などに対しての)陳情 ¶ ಹಳ್ಳಿಯ ಜನರು ಕುಡಿಯುವ ನೀರು ಬೇಕೆಂದು ಸರಕಾರಕ್ಕೆ ದರಖಾಸ್ತು ಮಾಡಿದರು. (haḷḷiya janaru kuḍiyuva nīru bēkeṃdu sarakārakke darakʰāstu māḍidaru.) 村人たちは飲料水を提供するように政府に陳情した。 **2** 政府所有の農地の使用料 ◇ *vi.* —ಮಾಡು (māḍu) 陳情する [Pe. *darḫāst*]

ದರಖಾಸ್ತುದಾರ ⟦darakʰāstudāra ダラカーストゥダーラ⟧ [dərə̆kʰɐːstudɐːrɐ] *m.* 《*f.* ದರಖಸ್ತುದಾರಳು (darakʰastudāraḷu)》(政府機関などに対する) 陳情者 [Pe. *darḫāstdār*]

ದರಗ ⟦daraga ダラガ⟧ [dərə̆gɐ] *n.* ☞ದರಗಾ (daragā)

ದರಗಾ ⟦daragā ダラガー⟧ [dərə̆gɐːh] ದರಗ, ದರಗಾಹ, ದರ್ಗಾ *n.* イスラーム聖者の聖廟 [Pe. *dargāh*]

ದರಗಾಹ ⟦daragāha ダラガーハ⟧ [dərə̆gɐːhɐ] 《文》 *n.* ☞ದರಗಾ (daragā)

ದರಗು ⟦daragu ダラグ⟧ [dərə̆gu] 《古》 *n.* **1** しなびたもの **2** しなびた花弁や葉や野菜 **3** 油で揚げて作った料理の一種 ☞ತರಗು (taragu)[2] [Ka. *D3192]

ದರದರ 〚daradara ダラダラ〛 [dərədərɐ] (n.) ごとごと(物を引っ張る時の音を表す擬音語) [Ka. D3093]

ದರದು 〚daradu ダラドゥ〛 [dərədu] n. 1 関心、心配 ¶ ಅನೇಕರು ಅನೇಕ ರೀತಿಯಲ್ಲಿಹೇಳಿದರೂ ನಾನು ಯಾರಿಗೂ ದರದು ಮಾಡಲಿಲ್ಲ. (anēkaru anēka rītiyallihēḷidarū nānu yārigū daradu māḍalilla.) いろいろ言ってくる人はたくさんいたが、私は気にかけなかった。 2 困難 ¶ ಅವನಿಗೆ ಈಗ ದುಡ್ಡಿನ ದರದು ಇದೆ. (avanige īga duḍḍina daradu ide.) 今彼は金に困っている。 [Pe. dard]

ದರದು ಮಾಡು 〚daradu māḍu ダラドゥマードゥ〛 [dərədu mɐːḍu] vt. せがむ、執拗にせがむ ¶ ಮಗ ಸ್ಕೂಟರ್ ಬೇಕು ಬೇಕೆಂದು ದರದು ಮಾಡುತ್ತಾ ಇದ್ದಾನೆ. (maga skūṭar bēku bēkeṃdu daradu māḍuttā iddāne.) 息子はスクーターを買ってくれとせがんでいる。 [+ māḍu]

ದರಬಾರ 〚darabāra ダラバーラ〛 [dərəbɐːrɐ] n. 1 王の謁見室 2 王の接見、朝見、謁見;御前会議 = ರಾಜಸಭೆ (rājasabʰe) [Pe. darbār] ☞ದರ್ಬಾರು (darbāru)

ದರಬಾರಿ 〚darabāri ダラバーリ〛 [dərəbɐːri] 《文》 adj. 宮廷に出仕するにふさわしい —mf. 宮廷に出仕する人 [Pe. darbārī]

ದರಬಾರು 〚darabāru ダラバール〛 [dərəbɐːru] n. [Pe. darbār] ☞ದರ್ಬಾರು (darbāru)

ದರವಡೆ 〚daravaḍe ダラヴァデ〛 [dərəvəḍe] 《異》 n. 強盗、追い剥ぎ ◇ vi. —ಮಾಡು (māḍu) [M. daroḍā] ☞ದರೋಡೆ (darōḍe)

ದರವೇಶಿ 〚daravēśi ダラヴェーシ〛 [dərəveːʃi] ದರಬೇಸಿ, ದರವೇಸಿ, ದರ್ವೇಶಿ, ದರ್ವೇಸಿ mf. 1 ムスリムの托鉢修道士 2 極貧の人、一文無し [Pe. darvēš] = ದರಬೇಸಿ (darabēsi)

ದರಬೇಸಿ 〚darabēsi ダラベーシ〛 [dərəbeːsi] mf. [Pe.] ☞ದರವೇಶಿ (daravēśi)

ದರಿ 〚dari ダリ〛 [dəri] n. 1 険しい谷間 2 (壁、木の幹などの)穴 3 洞穴、洞窟 [Sk.] = ಗವಿ (gavi)

ದರಿಕಿ 〚dariki ダリキ〛 [dərĭki] n. げっぷ (Rabakavi, LSB 5.19) [Ka. D3451(b)] = ತೇಗು (tēgu)

ದರಿದ್ರ 〚daridra ダリドラ〛 [dəridrɐ] adj., m. 《f. ದರಿದ್ರಳು (daridraḷu)》 1 貧乏な〈人〉、貧乏人 2 くだらない男性、つまらない男性 —adj. (品質が)貧しい、あまり価値のない ¶ ಇಂಥ ದರಿದ್ರ ಚಿತ್ರವನ್ನು ನಾನು ಎಲ್ಲಿಯೂ ನೋಡಿರಲಿಲ್ಲ. (iṃtʰa daridra citravannu nānu elliyū nōḍiralilla.) このようなくだらない絵は見たことがない。 —n. 不足、欠乏 ¶ ನನಗೆ ಹಣದ ದರಿದ್ರ ಇಲ್ಲ. (nanage haṇada daridra illa.) 僕は金はいくらでもある(僕は金には困っていない)。 [Sk.]

ದರೋಡೆ 〚darōḍe ダローデ〛 [dəroːḍe] n. 強盗、追い剥ぎ ◇ vi. —ಮಾಡು (māḍu) [M. daroḍā]

ದರೋಡೆಕಾರ 〚darōḍekāra ダローデカーラ〛 [dəroːḍekɐːrɐ] ದರೋಡೆಗಾರ m. 《f. ದರೋಡೆಗಾರ್ತಿ (darōḍegārti)》強盗団、追い剥ぎの一団 [darōḍe + -kāra] = ದರೋಡೆಖೋರ (darōḍekʰōra)

ದರೋಡೆಖೋರ 〚darōḍekʰōra ダローデコーラ〛 [dəroːḍe kʰoːrɐ] m. 《f. ದರೋಡೇಖೋರಳು (darōḍēkʰōraḷu)》 強盗、追い剥ぎ [darōḍē + -kʰōra]

ದರೋಡೆಗಾರ 〚darōḍegāra ダローデガーラ〛 [dəroːḍeğɐːrɐ] m. 《f. ದರೋಡೆಗಾರ್ತಿ (darōḍegārti)》強盗団、追い剥ぎの一団 [darōḍē + -kāra] ☞ದರೋಡೆಕಾರ (darōḍekāra)

ದರ್ಕಾರ 〚darkāra ダルカーラ〛 [dərkɐːrɐ] n. [Pe. darkār] ☞ದರಕಾರು (darakāru)

ದರ್ಕಾರು 〚darkāru ダルカール〛 [dərkɐːru] n. [Pe. darkār] ☞ದರಕಾರು (darakāru)

ದರ್ಖಾಸ್ತು 〚darkʰāstu ダルカーストゥ〛 [dərkʰɐːstu] n. [Pe. darḫāst] ☞ದರಖಾಸ್ತು (darakʰāstu)

ದರ್ಖಾಸ್ತುದಾರ 〚darkʰāstudāra ダルカーストゥダーラ〛 [dərkʰɐːstudɐːrɐ] m. [Pe. darḫāstdār] ☞ದರ್ಖಾಸ್ತುದಾರ (darkʰāstudāra)

ದರ್ಗ 〚darga ダルガ〛 [dərgɐ] n. ☞ದರಗಾ (daragā)

ದರ್ಗಾ 〚dargā ダルガー〛 [dərgɐː] n. イスラーム聖者の聖廟 [Pe. dargāh] ☞ದರಗಾ (daragā)

ದರ್ಜಿ 〚darji ダルジ〛 [dərʤi] mf. 仕立て屋 [Pe. darzī] = ಸಿಂಪಿಗ (siṃpiga)

ದರ್ಜೆ 〚darje ダルジェ〛 [dərʤe] n. 1 水準、程度 ¶ ಶ್ಯಾಮ ಬೆನೆಗಲ್ ಉತ್ತಮ ದರ್ಜೆಯ ನಿರ್ದೇಶಕ. (śyāma benegal uttama darjeya nirdēśaka.) シャーム・ベネガルは一流の映画監督である。 ¶ ಅವರು ದೊಡ್ಡ ದರ್ಜೆಯ ವ್ಯಕ್ತಿಗಳು. (avaru doḍḍa darjeya vyaktigaḷu.) 彼は大立て者だ。 2 (学校の生徒の)学年 ¶ ನೀನು ಯಾವ ದರ್ಜೆಯಲ್ಲಿ ಓದುತ್ತಿದ್ದೀ? (nīnu yāva darjeyalli ōduttiddī?) 君はどの組で勉強しているんだい。 [Ar daraja] = ತರಗತಿ (taragati)

ದರ್ದುರ 〚dardura ダルドゥラ〛 [dərdŭrɐ] ದರ್ದುರ n. (体の一部が)腫れること、腫れ [Dr.? cf. Ka. taddu, Tu. taddu, Sk. dadru-] = ದದ್ದರ (daddara)

ದರ್ದು 〚dardu ダルドゥ〛 [dərdu] 《古》 n. ゼニタムシ、タムシ [Ka.? cf. T6142] ☞ದದ್ದು (daddu)[1]

ದರ್ದುರ 〚dardura ダルドゥラ〛 [dərdŭrɐ] ದರ್ದುರ 《文》 n. 蛙 [Sk.] = ಕಪ್ಪೆ (kappe) 〔汎〕

ದರ್ಪ 〚darpa ダルパ〛 [dərpɐ] n. 1 傲慢、尊大、横柄 ¶ ಅವನಿಗೆ ದುಡ್ಡಿನ ದರ್ಪ ಇದೆ. (avanige duḍḍina darpa ide.) 彼は自分の財産を誇りにしている。 2 権威、人に言うことを聞かせる能力 ¶ ಅವನ ದರ್ಪ ಈಗ ಯಾರೂ ಕೇಳೋಲ್ಲ. (avana darpa īga yārū kēḷōlla.) もう彼の言うことを聞く人はない。 [Sk.]

ದರ್ಪಣ 〚darpaṇa ダルパナ〛 [dərpəɳɐ] 《文》 n. 鏡 [Sk.]

ದರ್ಪಿಷ್ಠ 〚darpiṣṭʰa ダルピシュタ〛 [dərpiʂʈʰɐ] m. 《f. ದರ್ಪಿಷ್ಠೆ (darpiṣṭʰe)》横柄な〈人〉 [Sk.]

ದರ್ಬಾರಿ 〚darbāri ダルバーリ〛 [dərbɐːri] ದರಬಾರಿ 《文》 adj. 宮廷に出仕するにふさわしい —mf. 宮廷に出仕する人 [Pe. darbārī]

ದರ್ಬಾರು 〚darbāru ダルバール〛 [dərbɐːru] ದರಬಾರ, ದರಬಾರು n. 1 宮廷、謁見の広間 2 謁見、御前会議 = ರಾಜಸಭೆ (rājasabʰe) 3 豪勢、豪華 ¶ ಅವನು ತನ್ನ

ಮಗಳ ಮದುವೆಯನ್ನು ದರ್ಬಾರಿನಲ್ಲಿ ಮಾಡಿದ. (avanu tanna magaḷa maduveyannu darbārinalli māḍida.) 彼は自分の娘の結婚式を豪華に祝った。 **4** 権力や権勢を誇示すること、威張ること ¶ ಕಛೇರಿಯಲ್ಲಿ ಅವನ ದರ್ಬಾರು ಜೋರಾಗಿದೆ. (kacʰēriyalli avana darbāru jōrāgide.) 役所で奴はむやみに自分の権力を誇示する。 **5** ラーガの名 [Pe. *darbār*]

ದರ್ಶನ ⟦darśana ダルシャナ⟧ [dərʃə̆nɐ] *n.* **1** 見ること、観察すること **2** 見せること **3** 会見、(人に)会うこと、訪問 ¶ ನಾನು ಶ್ರೀರಂಗಪಟ್ಟಣಕ್ಕೆ ಹೋಗಿ ದೇವರ ದರ್ಶನ ಮಾಡಿದೆ. (nānu śrīraṃgapaṭṭaṇakke hōgi dēvara darśana māḍide.) 私はシュリーランガパッタナへ行って神を拝んできた。 **4** (神などが) 姿を現すこと ¶ ನಾವು ಸಾಯಂಕಾಲ ವರೆಗೆ ಕಾದರೂ ಮಂತ್ರಿಗಳು ದರ್ಶನ ಕೊಡಲಿಲ್ಲ. (nāvu sāyaṃkāla varege kādarū maṃtrigaḷu darśana koḍalilla.) 私は夕方まで待ったが大臣は会ってもくれなかった。 **5** 高い地位にある人に会うために持っていく土産物 = ನಜರು (najaru) **6** インド哲学の六つの大系の一つ一つ **7** (一般的に) 哲学 **8** (文学作品などに表れる作者の) 人生観、物の見方 [Sk.]

ದರ್ಶನಕಾರ ⟦darśanakāra ダルシャナカーラ⟧ [dərʃə̆nəkɐ:rɐ] *m.* ⟪*f.* ದರ್ಶನಕಾರ್ತಿ⟫哲学者 [Sk.]

ದರ್ಶನಧ್ವನಿ ⟦darśanadʰvani ダルシャナドヴァニ⟧ [dərʃənədʰvəni] *n.* (文学作品などの) 背景にある哲学的な含意 [Sk.]

ದರ್ಶನಸುಖ ⟦darśanasukʰa ダルシャナスカ⟧ [dərʃə̆nəsukʰɐ] 《文》 *n.* 見ることの喜び ¶ ಹೇಗಿತ್ತು ಮಂತ್ರಿಗಳ ದರ್ಶನಸುಖ! (hēgittu maṃtrigaḷa darśanasukʰa!) 大臣に面会して嬉しかった。 [Sk.]

ದರ್ಶನಕೊಡು ⟦darśanakoḍu ダルシャナコドゥ⟧ [dərʃə̆nəkoḍu] *vi.* (神や聖者などが) 姿を現す [Sk.]

ದರ್ಶನಹುಂಡಿ ⟦darśanahuṃḍi ダルシャナフンディ⟧ [dərʃə̆nəhuṇḍi] *n.* 所持人払いの手形 [*darśana* + *huṃḍi*]

ದರ್ಶನೀ ಹುಂಡಿ ⟦darśanī huṃḍi ダルシャニーフンディ⟧ [dərʃə̆ni: huṇḍi] *n.* 所持人払いの手形 [H.]

ದರ್ಶನೀಯ ⟦darśanīya ダルシャニーヤ⟧ [dərʃə̆ni:jɐ] 《文》 *adj.* **1** 見ることができる **2** 見るに値する **3** 見て気持ちがよい、きれいな ¶ ನಾಟಕದ ಕೊನೆಯ ದೃಶ್ಯ ದರ್ಶನೀಯ ಇತ್ತು. (nāṭakada koneya dṛśya darśanīya ittu.) 劇の最後の場面は見事であった。 **—*n.*** きれいなもの [Sk.]

ದಲ¹ ⟦dala ダラ⟧ [dəlɐ] ದಳ¹ 《文》 *n.* 花びら、花弁、木の葉 [Sk.]

ದಲ² ⟦dala ダラ⟧ [dəlɐ] ದಳ² *n.* **1** (人間の) 仲間、組織体 **2** 軍隊、兵隊 [Sk.]

ದಲಾಯಿತ 制服の召し使い

ದಲಪತಿ ⟦dalapati ダラパティ⟧ [dəḷə̆pəti] ದಳಪತಿ 《文》 *mf.* 司令官 [Sk.] ☞ದಳವಾಯಿ (daḷavāyi)

ದಲಾಯಿತ ⟦dalāyita ダラーイタ⟧ [dəlɐ:jitɐ] *n.* 役所、ホテルなどのしるしの付いた制服を着た召し使い [⇒図] [H.]

ದಲಿತ ⟦dalita ダリタ⟧ [dəlitɐ] ದಳಿತ *adj.* **1** 壊された、砕かれた、裂かれた、粉砕された **2** (花が) 開いた **3** 踏みつぶされた、押しつぶされた **—*m.*** ⟪*f.* ದಲಿತಳು (dalitaḷu)⟫ **1** 踏みにじられた人、虐げられた人 **2** ダリット、指定カーストや指定部族に属する人 [Sk.]

ದಲಿತಜನ ⟦dalitajana ダリタジャナ⟧ [dəlĭtəʤənɐ] ದಳಿತಜನ *mf.* **1** 踏みにじられた人々、虐げられた人々 **2** 指定カーストや指定部族の婉曲語 [Sk.]

ದಲಿತವರ್ಗ ⟦dalitavarga ダリタヴァルガ⟧ [dəlitəvərgɐ] *n.* **1** 踏みにじられた人々、虐げられた人々 **2** 〔婉〕 指定カースト、指定部族 [Sk.]

ದವಡೆ ⟦davaḍe ダヴァデ⟧ [dəvə̆ḍe] ದವುಡೆ, ದಾಡೆ, ದೌಡೆ *n.* **1** 《古》 歯茎 **2** 臼歯 **3** 顎骨 [Ka.? cf. Ta. *tavaṭai*, Te. *davaḍa* Tu. *dauḍe*] = ದವುಡೆ, ಡವಡೆ (davuḍe, ḍavaḍe)

ದವಸ ⟦davasa ダヴァサ⟧ [dəvə̆sɐ] *n.* 穀物、穀類 [Sk. *yavasa-*] = ಧಾನ್ಯ (dʰānya)

ದವಸದ ಉಗ್ರಾಣ ⟦davasada ugrāṇa ダヴァサダウグラーナ⟧ [dəvə̆sədɐ ugrɐ:ɳɐ] *n.* 穀倉 [*davasa* + *-da* + *ugrāṇa*]

ದವಳ ⟦davaḷa ダヴァラ⟧ [dəvə̆ḷɐ] 《古》 (*adj.*) 白い〈こと〉 [Sk.] ☞ಧವಲ (dʰavala)

ದವಾಖಾನೆ ⟦davākʰāne ダヴァーカーネ⟧ [dəvɐ:kʰɐ:ne] *n.* 病院 [Pe. *dawāḫānah*]

ದವಾಲಿ ⟦davāli ダヴァーリ⟧ [dəvɐ:li] *n.* 制服を着た召し使いがたすきの上や腕に付けるしるし [?] = ಡವಾಲಿ (ḍavāli) *[ದಲಾಯಿತ (dalāyita)]

ದವುಡೆ ⟦davuḍe ダヴデ⟧ [dəvŭḍe] *n.* ☞ದವಡೆ (davaḍe)

ದಶಕ ⟦daśaka ダシャカ⟧ [dəʃəkɐ] (*adj.*) 10 のものからなる〈こと〉 **—*n.*** **1** 10 の集まり **2** 10 年間 [Sk.]

ದಶದಿಕ್ಕು ⟦daśadikku ダシャディック⟧ [dəʃədikku] *n.* 10 方 (東西南北と北東、北西、南東、南西と上下) [Sk.]

ದಶಮ ⟦daśama ダシャマ⟧ [dəʃə̆mɐ] (*adj.*) 第 10〈の〉、10 番目〈の〉 [Sk.] = ಹತ್ತನೆಯ (hattaneya)

ದಶಮಾಂಶ ⟦daśamāṃśa ダシャマーンシャ⟧ [dəʃə̆mɐ:mʃɐ] *n.* **1** 10 分の 1 **2** 小数 [Sk.] = ದಶಾಂಕ (daśāṃka)

ದಶಮಾನ ⟦daśamāna ダシャマーナ⟧ [dəʃə̆mɐ:nɐ] 《文》 *n.* 10 進法 [Sk.] = *daśamāṃśa*

ದಶಮಿ ⟦daśami ダシャミ⟧ [daʃă̆mi] *n.* 白分や黒分の第 10 日 [Sk.]

ದಶರಥ ⟦daśaratʰa ダシャラタ⟧ [dəʃə̆rətʰɐ] *m.* ダシャラタ王 (有名なアヨーディヤーの王、ラーマおよびその 3 人の弟の父) [Sk.]

ದಶರಥನಂದನ ⟦daśaratʰanaṃdana ダシャラタナンダナ⟧ [dəʃə̆rətʰənəndə̆nɐ] 《文》 *m.* 「ダシャラタの息子」、アヨーディヤーの王ラーマ [Sk.]

ದಶರೂಪ ⟦daśarūpa ダシャルーパ⟧ [dəʃə̆ru:pɐ] 《文》 *n.* [Sk.] ☞ದಶರೂಪಕ (daśarūpaka)

ದಶಸಾಹಸ್ರ ⟦daśasāhasra ダシャサーハスラ⟧ [dəʃə̆sɐːhəsrɐ] 《文》 *numr.n.* **1** 1万 **2** 数学で5桁目の位 [Sk.]

ದಶರೂಪಕ ⟦daśarūpaka ダシャルーパカ⟧ [dəʃə̆ruːpə̆kɐ] 《文》 *n.* サンスクリット語で書かれた修辞学および作劇術の本の名 [Sk.]

ದಶವ್ಯಾಕರಣ ⟦daśavyākaraṇa ダシャヴィャーカラナ⟧ [dəʃəvjɐːkə̆rə̆ɳɐ] 《文》 *n.* インドの10種類の文法体系 [Sk.]

ದಶಸಹಸ್ರ ⟦daśasahasra ダシャサハスラ⟧ [dəʃəsəhəsrɐ] 《文》 *numr.adj.* 1万の **—***numr.n.* 1万 = ಹತ್ತುಸಾವಿರ (hattusāvira)〔汎〕 [Sk.]

ದಶಸಾಹಸ್ರ ⟦daśasāhasra ダシャサーハスラ⟧ [dəʃəsɐːhəsrɐ] 《文》 *numr.adj., n.* 1万〈の〉 **—***n.* 数学で1万の位 [Sk.]

ದಶಾಂಶ ⟦daśāṃśa ダシャーンシャ⟧ [dəʃɐːmʃɐ] *n.* **1** 10の部分 **2** 10分の1 **3** 10進法 [Sk.]

ದಶಾಂಶ ಪದ್ಧತಿ ⟦daśāṃśa paddʰati ダシャーンシャパッダティ⟧ [dʰʃɐːmʃə pəddʰə̆ti] *n.* 10進法 [Sk.]

ದಶೆ ⟦daśe ダシェ⟧ [dəʃe] *n.* **1** 状態、状況 **2** 人生の段階(青年、壮年など) [Sk.]

ದಸಕ್ ⟦dasak ダサク⟧ [dəsəkk] (*n.*) どきっ、ぎくっ(心に受けた強い衝撃を表す擬態語) ¶ ಮಗನ ಪರೀಕ್ಷೆಯ ಪರಿಣಾಮ ನೋಡಿ ಅವಳ ಎದೆ ದಸಕ್ ಎಂದಿತು. (magana parīkṣeya pariṇāma nōḍi avaḷa ede dasak emditu.) 彼女は自分の息子の試験の結果を見てぎくっとした。 [Ka. onom.]

ದಸಕತು ⟦dasakatu ダサカトゥ⟧ [dəsə̆kətu] 《口》 *n.* [Ar.-Pe. *dastxaṭ*] ☞ದಸ್ಕತ್ತು (daskattu)

ದಸಕತ್ತು ⟦dasakattu ダサカットゥ⟧ [dəsə̆kəttu] ದಸಕತು, ದಸ್ಕತ್ತು, ದಸ್ತಕತ್ತು *n.* 署名、サイン ◇ *vi.* —ಮಾಡು (māḍu) [Ar.-Pe. *dastxaṭ*] = ರುಜು (ruju) ☞ದಸ್ಕತ್ತು (daskattu)

ದಸಕು ⟦dasaku ダサク⟧ [dəsə̆ku] *n.* 米の糠(ぬか)、穀類の外皮(籾殻(もみがら)など) [?]

ದಸಿ ⟦dasi ダシ⟧ [dəsi] 《方》 *n.* **1** 先の尖った木ぎれ、杭 **2** (足などに刺さる)刺 ¶ ಕಾಲಿಗೆ ದಸಿ ಚುಚ್ಚಿತು. (kālige dasi cuccitu.) 足に刺が刺さった。 **3** 地面から出た竹やビンロウジュの若芽 [Ka. D3017]

ದಸಿಕು ⟦dasiku ダシク⟧ [dəsiku] 《方》 *n.* 尖った木の釘 (*Pb 8.19*) [Ka. D3017]

ದಸ್ಕತ್ತು ⟦daskattu ダスカットゥ⟧ [dəskəttu] *n.* [Ar.-Pe. *dastxaṭ*] ☞ದಸ್ಕತ್ತು (daskattu)

ದಸ್ತಕತ್ತು ⟦dastakattu ダスタカットゥ⟧ [dəstə̆kəttu] *n.* [Ar.-Pe. *dastxaṭ*] ☞ದಸ್ಕತ್ತು (daskattu)

ದಸ್ತಗಿರಿ ⟦dastagiri ダスタギリ⟧ [dəstəgiri] *n.* 逮捕 ◇ *vt.* —ಮಾಡು (māḍu) [Pe. *dastgīrī*]

ದಸ್ತಾವೇಜು ⟦dastāvēju ダスターヴェージュ⟧ [dəstɐːveːʤu] *n.* 権利関係などの証明となる文書、証書 [Pe. *dastāvēz*]

ದಸ್ತು ⟦dastu ダストゥ⟧ [dəstu] *n.* 紙の1帖(24枚) [Pe. *dast*]

ದಹನ ⟦dahana ダハナ⟧ [dəhənɐ] *n.* **1** 燃焼、燃えること **2** 火葬、荼毘(だび) **—***m.* 火神アグニ [Sk.]

ದಹನಕ್ರಿಯೆ ⟦dahanakriye ダハナクリエ⟧ [dəhə̆nəkrije] *n.* 火葬、荼毘(だび) [Sk.] = ಸುಡುವದು (suḍuvadu)

ದಹಿಸು ⟦dahisu ダヒス⟧ [dəhisu] 《文》 *vt.* **1** 燃える、燃焼する = ಸುಡು (suḍu) **2**〔喩〕(嫉妬、怒り、苦悩などで)燃える ¶ ಕೈಕೇಯಿ ಹೊಟ್ಟೆಕಿಚ್ಚಿನಿಂದ ದಹಿಸುತ್ತಿದ್ದಳು. (kaikēyi hoṭṭekiccinimda dahisuttiddaḷu.) カイケーイーは嫉妬で燃えていた。 [Sk.]

ದಹ್ಯ ⟦dahya ダヒャ⟧ [dəçːjɐ] 《文》 *adj.* 燃やすべき、燃やすことができる、可燃の [Sk.]

ದಳ್ ⟦daḷ ダル⟧ [dəɭ] (*n.*) 《複合語頭で》ぼうぼう(燃える音を表す擬音語) ¶ ದಳ್ಳುರಿ (daḷḷuri) 猛烈な炎 [Ka. D3126] ದಳದಳ (daḷadaḷa)

ದಳ¹ ⟦daḷa ダラ⟧ [dəɭɐ] *n.* 花びら、花弁、木の葉 [Sk.] ☞ಕಲ (kala)¹

ದಳ² ⟦daḷa ダラ⟧ [dəɭɐ] *n.* 軍隊、兵隊 [Sk.] ☞ಕಲ (kala)²

ದಳದಳ ⟦daḷadaḷa ダラダラ⟧ [dəɭədəɭɐ] (*n.*) **1** ぶつぶつ(物を煮る時の音を表す擬音語) **2** ぼろぼろ、ぼろぼろ(涙が次から次へと流れる様子を表す擬態語) ¶ ಆ ಸುದ್ದಿ ಕೇಳಿ ಆಕೆಯ ಕಣ್ಣೀರು ದಳದಳ ಇಳಿದವು. (ā suddi kēḷi ākeya kaṇṇīru daḷadaḷa iḷidavu.) その知らせを聞いて彼女はぼろぼろ涙を流した。 [Ka. onom. D3126]

ದಳಪತಿ ⟦daḷapati ダラパティ⟧ [dəɭə̆pəti] *mf.* 司令官 = ದಳವಾಯಿ, ದಲಪತಿ (daḷavāyi, dalapati) [Sk.]

ದಳವಯ ⟦daḷavaya ダラヴァヤ⟧ [dəɭə̆vəjɐ] 《古》 *mf.* 司令官 [Sk. *dalapati*] ☞ದಳವಾಯ್ (daḷavāy)

ದಳವಾಯ್ ⟦daḷavāy ダラヴァーイ⟧ [dəɭə̆vɐːĭ] ದಳವಯ, ದಳವಾಯಿ *mf.* 司令官 [Sk. *dalapati*] = ದಳಪತಿ (daḷapati)

ದಳವಾಯಿ ⟦daḷavāyi ダラヴァーイ⟧ [dəɭə̆vɐːji] *mf.* [Sk. *dalapati*] ☞ದಳವಾಯ್ (daḷavāy)

ದಳಿ ⟦daḷi ダリ⟧ [dəɭi] 《文》 *vi.* [Ka. D3119] ☞ದಳೆ (daḷe)¹

ದಳಿಂಬ ⟦daḷiṃba ダリンバ⟧ [dəɭimbɐ] 《古》 *n.* [Ka. *D3032] ☞ದಣಿಬ (daṇiba)

ದಳಿತ ⟦daḷita ダリタ⟧ [dəɭitɐ] *adj.* **1** 壊された、砕かれた、裂かれた、粉砕された **2** 踏みつぶされた、押しつぶされた **—***m.* 《*f.* ದಳಿತಳು (daḷitaḷu)》 **1** 踏みにじられた人、虐げられた人 **2**〔婉〕指定カーストや指定部族に属する人 [Sk.]

ದಳಿತಜನ ⟦daḷitajana ダリタジャナ⟧ [dəɭĭtəʤənɐ] *mf.* [Sk.] ☞ದಲಿತಜನ (dalitajana)

ದಳಿಬ ⟦daḷiba ダリバ⟧ [dəɭibɐ] 《古》 *n.* [Ka. *D3032] ☞ದಣಿಬ (daṇiba)

ದಳೆ¹ ⟦daḷe ダレ⟧ [dəɭe] 《文》 *vi.* **1** (木の上でココナツの実や木の葉が)いっぱいにつく **2** (吹き出物などが)体にいっぱいに広がる [Ka. D3119]

ದಳೆ² ⟦daḷe ダレ⟧ [dəɭe] 《文》 *vt.* 縫い合わせる **—***n.* 縫い目 [Ka. D3133]

ದಳ್ಳಿಸು ⟦daḷḷisu ダッリス⟧ [dəɭɭĭsu] 《文》 *vi.* (火、煙などが)広がる、(伝染病が)蔓延する [Ka. D3119]

ದಳ್ಳಾಳಿ ⟦daḷḷāḷi ダッラーリ⟧ [dəɭɭɐːɭi] *n.* (ブローカーの)周旋料、コミッション —*mf.* ブローカー、周旋人 = ದಲ್ಲಾಳಿ (dallāḷi) [Ar. *dallāl*]

ದಳ್ಳಾಳಿತನ ⟦daḷḷāḷitana ダッラーリタナ⟧ [dəɭɭɐːɭĭtənɐ] *n.* 周旋人であること、ブローカーであること [*daḷḷāḷi* + *-tana*]

ದಳ್ಳುರಿ ⟦daḷluri ダッルリ⟧ [dəɭɭuri] *n.* 猛烈な炎 [Ka. *daḷ* (onom.?) + *uri*]

ದಾಂಗುಡಿ ⟦dāṃguḍi ダーングディ⟧ [dɐːŋguɖi] *n.* つる草の巻きひげ、巻きつくつる草のつる [< *dāṃtuṃ kuḍi*]

ದಾಂಗುಡಿಯಿಡು ⟦dāṃguḍiyiḍu ダーングディイドゥ⟧ [dɐːŋguɖijiɖu] *vi.* (つる草などが)広がる [+ *iḍu*]

ದಾಂಟು ⟦dāṃṭu ダーントゥ⟧ [dɐːɳʈu] 《古》 *vt.* 1 〈川などを〉越える、またぐ、通り過ぎる 2 〈ある数値などを〉超える、超過する [Ka. D3158] ☞ದಾಟು (dāṭu)

ದಾಂಟಿಸು ⟦dāṃṭisu ダーンティス⟧ [dɐːɳʈisu] 《古》 *vt.* 《*caus.*》〈川などを〉越えさせる [Ka. caus. D3158] ☞ದಾಟಿಸು (dāṭisu)

ದಾಂಟುಂಗುಡಿ ⟦dāṃṭuṃguḍi ダーントゥングディ⟧ [dɐːɳʈuŋguɖi] 《古》 *n.* 伸びていくつる草の巻きひげやつる [Ka. *dāṃṭu* + *kuḍi*]

ದಾಂಡಿಗ ⟦dāṃḍiga ダーンディガ⟧ [dɐːɳɖigɐ] ಧಾಂಡಿಗ *m.* 1 肥えた人、でぶ 2 頑丈な人 3 粗野な人、下品な人 [M. *dāṃḍǎgā*]

ದಾಂಡಿಗತನ ⟦dāṃḍigatana ダーンディガタナ⟧ [dɐːɳɖigətənɐ] *n.* 粗野なこと、下品なこと、洗練されていないこと [Ka. *dāṃḍiga* + *-tana*]

ದಾಂದಲೆ ⟦dāṃdale ダーンダレ⟧ [dɐːndəle] *n.* 騒動、騒ぎ ¶ ವಿದ್ಯುತ್ತಿನ ದರ ಹೆಚ್ಚು ಮಾಡಿದರಿಂದ ದಾಂದಲೆ ಉಂಟಾಯಿತು. (vidyuttina dara heccu māḍidariṃda dāṃdale uṃṭāyitu.) 電気料金引き上げに対して騒動があった。 [H. *dʰāṃdʰalā*] = ಧಾಂದಲೆ, ಗಲಾಟೆ (dʰāṃdale, galāṭe)

ದಾಂಪತ್ಯ ⟦dāṃpatya ダーンパティャ⟧ [dɐːmpətʲjɐ] *n.* 夫婦であること、結婚生活 [Sk.]

ದಾಂಪತ್ಯವಿಚ್ಛೇದನ ⟦dāṃpatyavicc ʰēdana ダーンパティャヴィッチェーダナ⟧ [dɐːmpətʲjəviʧʧʰeːdǝnɐ] *n.* 離婚、夫婦関係を解消すること = ಸೋಡ (sōḍa) [Sk.]

ದಾಕು ⟦dāku ダーク⟧ [dɐːku] *n.* 1 衣服や皮膚のしみ、そばかす 2 (家畜などに押す)焼き印 3 天然痘の予防接種 [Pe. *dāġ*] = ಡಾಕು (ḍāku)

ದಾಕುಹಾಕು ⟦dākuhāku ダークハーク⟧ [dɐːkuhɐːku] *vi.* 天然痘の予防接種をする [+ *hāku*]

ದಾಕ್ಷಿಣ್ಯ ⟦dākṣiṇya ダークシニャ⟧ [dɐːkṣiɳʲjɐ] *n.* 1 謙虚、礼儀、慎ましさ 2 恥じらい、内気さ、はにかみ 3 (物をもらう時などの)遠慮 [Sk.]

ದಾಕ್ಷಿಣ್ಯಪರ ⟦dākṣiṇyapara ダークシニャパラ⟧ [dɐːkṣiɳʲjəpǝ̆rɐ] *adj.*, *m.* 《*f.* ದಾಕ್ಷಿಣ್ಯಪರೆ (dākṣiṇyapare)》 1 非常に謙虚な〈人〉、とても慎ましい〈人〉 2 ひどく内気な〈人〉、ひどくはにかむ〈人〉 3 ひどく遠慮深い〈人〉 [Sk.]

ದಾಖಲಾತಿ ⟦dākʰalāti ダーカラーティ⟧ [dɐkʰəlɐːti] *n.* 1 記録、登録 2 入学、入隊 ¶ ಐದು ವರ್ಷಕ್ಕೆ ಮಕ್ಕಳನ್ನು ಸ್ಕೂಲಿಗೆ ದಾಖಲಾತಿ ಮಾಡಬೇಕು. (aidu varṣakke makkaḷannu skūlige dākʰalāti māḍa bēku.) 5歳になると子どもを学校に入学させねばならない。 [Ar. pl. of *dāxila*]

ದಾಖಲೆ ⟦dākʰale ダーカレ⟧ [dɐːkʰə̆le] *n.* 1 (登記簿などへの)登録 ¶ ಐದು ವರ್ಷಕ್ಕೆ ಮಕ್ಕಳನ್ನು ಸ್ಕೂಲಿಗೆ ದಾಖಲೆ ಮಾಡ ಬೇಕು. (aidu varṣakke makkaḷannu skūlige dākʰale māḍa bēku.) 5歳になると子どもを学校に入れねばならない。 2 文書に残された証拠、証拠書類 [Ar. *dāḫila*]

ದಾಖಲೆಪತ್ರ ⟦dākʰalepatra ダーカレパトラ⟧ [dɐːkʰə̆lepətrɐ] *n.* (売買や結婚などの)記録、証明書 [Sk.]

ದಾಖಲೆಪುಸ್ತಕ ⟦dākʰalepustaka ダーカレプスタカ⟧ [dɐːkʰə̆lepustə̆kɐ] *n.* 登記簿 [*dākʰale* + *pustaka*]

ದಾಟಿ ⟦dāṭi ダーティ⟧ [dɐːʈi] *n.* 1 やり方、方法 2 (文学の)文体、(歌の)歌い回し [?, cf. M. *dʰāṭī*]

ದಾಟು ⟦dāṭu ダートゥ⟧ [dɐːʈu] ದಾಂಟು *vt.* 1 〈川、境界などを〉渡る、またぐ ¶ ಶಿಂಷಾನದಿಯನ್ನು ದಾಟಲು ಅನೇಕ ಸೇತುವೆಗಳು ಇವೆ. (śiṃṣānadiyannu dāṭalu anēka sētuvegaḷu ive.) シンシャー川を渡るには橋がたくさんある。 2 〈境界などを〉越える 3 〔喩〕〈規則、社会規範、困難などを〉破る、〈困難などを〉克服する ¶ ಅವನು ಕಷ್ಟಗಳನ್ನು ದಾಟಿ ಈಗ ಸುಖವಾಗಿದ್ದಾನೆ. (avanu kaṣṭagaḷannu dāṭi īga sukʰavāgiddāne.) 彼は多くの難儀を克服して今は幸福に暮らしている。 —*n.* 1 飛び越えること、乗り越えること、またぐこと 2 大股の1歩 ¶ ಮಳೆ ಇಲ್ಲದೆ ನದಿ ದಾಟುನದಿ ಆಗಿದೆ. (maḷe illade nadi dāṭunadi āgide.) 雨がないので川が飛び越えられるようになった。 [Ka. D3158]

ದಾಟಿಸು ⟦dāṭisu ダーティス⟧ [dɐːʈĭsu] ದಾಂಟಿಸು *vt.* 〈川などを〉渡らせる、またがせる、など [Ka. caus. D3158]

ದಾಡಿ ⟦dāḍi ダーディ⟧ [dɐːɖi] *n.* 1 あご 2 あごひげ [M. *dāḍʰī* < Sk. **daṃṣṭra-*]

ದಾಡೆ ⟦dāḍe ダーデ⟧ [dɐːɖe] *n.* 1 (象やイノシシなどの)牙 2《古》 歯 [Sk. *daṃṣṭra-*]

ದಾಡೆಗಡಿ ⟦dāḍegaḍi ダーデガディ⟧ [dɐːɖe] 《古》 *vi.* (怒りや悔しさで)歯ぎしりする [+ *kaḍi*]

ದಾತ ⟦dāta ダータ⟧ [dɐːtɐ] 《文》 *m.* 《複合語末で, *f.* ದಾತ್ರಿ (dātri)》 贈与者、与える人、与えた人 [Sk.] ☞ದಾತಾ (dātā)

ದಾತಾ ⟦dātā ダーター⟧ [dɐːtɐ] ದಾತ 《文》 *m.* 《複合語末で, *f.* ದಾತ್ರಿ (dātri)》 贈与者、与える人、与えた人 [Sk.] = ದಾತ್ರ (dātra)

ದಾತೃ ⟦dātṛ ダートゥル⟧ [dɐːtrɯ] 《文》 *m.* 《複合語末で, *f.* ದಾತ್ರಿ (dātri)》 贈与者、与える人、与えた人 [Sk.]

ದಾತೃತ್ವ ⟦dātṛtva ダートゥルトヴァ⟧ [dɐ:trɯt·vɐ] 《文》 n. 気前がよいこと [Sk.] = ದಾನಗುಣ (dānaguṇa)

ದಾತ್ರ ⟦dātra ダートラ⟧ [dɐ:t·rɐ] 《文》 n. 鎌 [Sk.] = ಕುಡುಗೋಲು (kuḍugōlu)〔汎〕

ದಾದಾ ⟦dādā ダーダー⟧ [dɐ:dɐ:] m. 暴力団員、やくざ [H. dādā T6261]

ದಾದಾಗೀರಿ ⟦dādāgīri ダーダーギーリ⟧ [dɐ:dɐ:] n. 暴力団員、やくざ [dādā + Pe. gīrī]

ದಾದಿ ⟦dādi ダーディ⟧ [dɐ:di] f. 1 乳母 = ಸಾಕುತಾಯಿ (sākutāyi) 2 女性の召し使い 3 女性看護師 [Pk. dhāī- *C6774] ☞ದಾಯಿ (dāyi)

ದಾದು ⟦dādu ダードゥ⟧ [dɐ:du] n. 《postp. ಮೇಲೆ (mēle)》関心、興味 ¶ ಕಳ್ಳ ಪೊಲೀಸರನ್ನು ದಾದು ಮಾಡದೆ ಓಡಿದ. (kaḷḷa polīsarannu dādu māḍade ōḍida.) 泥棒は警官を屁とも思わず逃走した。 [M. dādā < Pe. dād]

ದಾನ ⟦dāna ダーナ⟧ [dɐ:nɐ] n. 1 (聖者や寺院や公共のための)贈与、喜捨 2 (聖者や寺院や公共のために)贈与されたもの、喜捨されたもの [Sk.]

ದಾನಗುಣ ⟦dānaguṇa ダーナグナ⟧ [dɐ:ɳəguɳɐ] n. 物惜しみをしないこと、気前のよさ [Sk.]

ದಾನಪತ್ರ ⟦dānapatra ダーナパトラ⟧ [dɐ:nəpətrɐ] n. (王などが土地などの贈与と共に発行する)贈与を明らかにする文書 [Sk.]

ದಾನಪಾತ್ರ ⟦dānapātra ダーナパートラ⟧ [dɐ:nə̆pɐ:t·rɐ] n. 贈与の水甕(土地や牛などの伝統的な贈与において贈与者の手に水を流して誓いの印としたが、今日では花嫁の母が水甕を持って花嫁の父の手から花婿の手に水を流す儀式に残っている) —mf. 喜捨を受けるに値する人 [Sk.]

ದಾನಪ್ರವೃತ್ತಿ ⟦dānapravṛtti ダーナプラヴルッティ⟧ [dɐ:nə̆prəvrɯtti] n. 気前がよいこと、物惜しみをしないこと [Sk.]

ದಾನವ ⟦dānava ダーナヴァ⟧ [dɐ:nə̆vɐ] 《文》 mf. 悪魔、悪鬼 [Sk.] = ರಾಕ್ಷಸ (rākṣasa)

ದಾನಶೀಲ ⟦dānaśīla ダーナシーラ⟧ [dɐ:nəʃi:lɐ] adj., m. 《f. ದಾನಶೀಲೆ (dānaśīle)》物惜しみをしない〈人〉、喜んで喜捨する〈人〉 [Sk.]

ದಾನಶೀಲತೆ ⟦dānaśīlate ダーナシーラテ⟧ [dɐ:nəʃi:lə̆te] n. 物惜しみをしないこと、喜んで喜捨すること [Sk.] = ದಾನಗುಣ (dānaguṇa)

ದಾನಶೂರ ⟦dānaśūra ダーナシューラ⟧ [dɐ:nə̆ʃu:rɐ] m. 《f. ದಾನಶೂರೆ (dānaśūre)》もの惜しみなく喜捨する人 [Sk.]

ದಾನಿ¹ ⟦dāni ダーニ⟧ [dɐ:ni] adj., mf. もの惜しみなく喜捨する〈人〉 [Sk.]

ದಾನಿ² ⟦dāni ダーニ⟧ [dɐ:ni] n. 花瓶や香などの入れ物 [Pe. dān]

ದಾಪು ⟦dāpu ダープ⟧ [dɐ:pu] n. 1 (手足などを)伸ばすこと 2 股をいっぱいに開いた1歩 3 足をいっぱいに伸ばした歩幅(長さの単位) ¶ ಓಡುತ್ತಿದ್ದ ಮಗುವನ್ನು ನಾಲಕು ದಾಪು ಹಾಕಿ ಹಿಡಿದೆ. (ōḍuttidda maguvannu nālaku dāpu hāki hiḍide.) 私は大股の4歩で走る子どもを捕まえた。 [Ka. D2433] ☞ಜಾಪು (jāpu)

ದಾಪು ಹಾಕು ⟦dāpu hāku ダープハーク⟧ [dɐ:pu hɐ:ku] vi. 大股で歩く ¶ ದಲ್ಲಾಳಿ ಬಂದು ದಾಪು ಹಾಕಿ ಎಷ್ಟು ಹೆಜ್ಜೆ ಎಂದು ಎಣಿಸಿ ನೋಡಿದ. (dallāḷi baṃdu dāpu hāki eṣṭu hejje eṃdu eṇisi nōḍida.) ブローカーがやってきて大股に歩いて(建物の)幅を測った。 [+ hāku]

ದಾಪುಗಾಲು ⟦dāpugālu ダープガール⟧ [dɐ:pugɐ:lu] n. 1 (大きく股を開く時に)伸ばした方の足 2 大股に歩くこと [Ka. dāpu + kālu] = ದಾಪುಹೆಜ್ಜೆ (dāpuhejje)

ದಾಪುಗಾಲು ಹಾಕು ⟦dāpugālu hāku ダープガールハーク⟧ [dɐ:pugɐ:lu] vi. 大股に歩く、大股の歩幅で距離を測る [+ hāku]

ದಾಪುಹೆಜ್ಜೆ ⟦dāpuhejje ダープヘッジェ⟧ [dɐ:puheʤʤe] n. 1 (大きく股を開く時に)伸ばした方の足 2 大股に歩くこと [Ka. dāpu + hejje]

ದಾಮದೂಮ ⟦dāmadūma ダーマドゥーマ⟧ [dɐ:mə̆du:mɐ] 《異》 n. 滅亡、破壊 (KPN) [M. dʰāmădʰūmă T6824] ☞ಧಾಮುಧೂಮು (dʰāmudʰūmu)

ದಾಮಾಶಯ ⟦dāmāśaya ダーマーシャヤ⟧ [dɐ:mɐ:ʃə̆jɐ] 《文》 n. 適当な割合;割合 [H. dāmāsāhă < ? prop. name] ☞ದಾಮಾಷೆ (dāmāṣe)

ದಾಮಾಶಾಯಿ ⟦dāmāśāyi ダーマーシャーイ⟧ [dɐ:mɐ:ʃɐ:ji] 《文》 n. 適当な割合;割合 [H. dāmāsāhă < ? prop. name] ☞ದಾಮಾಷೆ (dāmāṣe)

ದಾಮಾಶೆ ⟦dāmāśe ダーマーシェ⟧ [dɐ:mɐ:ʃe] 《文》 n. 適当な割合 [H. dāmāsāhă < ? prop. name] ☞ದಾಮಾಷೆ (dāmāṣe)

ದಾಮಾಷಾ ⟦dāmāṣā ダーマーシャー⟧ [dɐ:mɐ:ʂɐ:] 《文》 n. 適当な割合 [H. dāmāsāhă < ? prop. name] ☞ದಾಮಾಷೆ (dāmāṣe)

ದಾಮಾಷೆ ⟦dāmāṣe ダーマーシェ⟧ [dɐ:mɐ:ʂe] ದಾಮಾಶಯ, ದಾಮಾಶಾಯಿ, ದಾಮಾಶೆ, ದಾಮಾಷಾ, ದೌಮಾಷಾಯ 《文》 n. 1 (債権などに)比例した分配、配当(金) ¶ ಸಾಲಗಾರರು ಆಸ್ತಿಯನ್ನು ಮಾರಾಟ ಮಾಡಿ ದಾಮಾಷೆಯಲ್ಲಿ ಹಂಚಿಕೊಂಡರು. (sālagāraru āstiyannu mārāṭa māḍi dāmāṣeyalli haṃcikoṃḍaru.) 債権者たちは財産を売って債権の大きさにしたがって分配した。 2 適当な割合 [H. dāmāsāhă < ? prop. name]

ದಾಮೋದರ ⟦dāmōdara ダーモーダラ⟧ [dɐ:mo:də̆rɐ] m. 「お腹の周りに紐をつけた者」、クリシュナ神の別名 [Sk.]

ದಾಯ ⟦dāya ダーヤ⟧ [dɐ:jɐ] 《文》 n. 1 (男系の)先祖代々の財産の分け前 2 機会、好機 ¶ ವೈರಿಯನ್ನು ಸೋಲಿಸಲು ಇದೇ ತಕ್ಕ ದಾಯ. (vairiyannu sōlisalu idē takka dāya.) これが敵を破る機会だ。 3 さいころ [Sk.]

ದಾಯಕ ⟦dāyaka ダーヤカ⟧ [dɐ:jə̆kɐ] adj., m. 《f. ದಾಯಕಿ (dāyaki)》与える〈人〉、贈る〈人〉 [Sk.]

ದಾಯಾದಿ ⟦dāyādi ダーヤーディ⟧ [dɐ:jɐ:di] mf. 《pl.

ದಾಯಾದಿಗಳು (dāyādigaḷu)》1（伝統的なヒンドゥー法の下で）財産の分配を受けることができる親族 2 父方の男性のいとこ 3 同じ男系先祖を持つ子孫 [Sk. *dāyādya-*] = ದಾಯಿಗ (dāyiga)

ದಾಯಿ¹ 〚dāyi ダーイ〛[dɐːji] ದಾದಿ *f.* 1 乳母 = ಸಾಕು-ತಾಯಿ (sākutāyi) 2 女性の召し使い 3 女性看護師 [Pk. *dhāī-* T6774]

ದಾಯಿ² 〚dāyi ダーイ〛[dɐːji] *adj., m.* 《複合語末で》与える〈人〉、贈与する〈人〉[Sk.]

ದಾಯಿಗ 〚dāyiga ダーイガ〛[dɐːjĭgɐ] 《文》*m.* 1 与える、贈る人 2 同じゴートラに属する人 [Sk. *dāyaka-*]

ದಾರ¹ 〚dāra ダーラ〛[dɐːrɐ] *n.* 糸、縫い糸；細い紐 [Ka. D3167] cf. ಹಗ್ಗ (hagga) "rope"

ದಾರ² 〚dāra ダーラ〛[dɐːrɐ] 《古》*n.* 扉、ドア [Ka. D3167]

-ದಾರ 〚-dāra -ダーラ〛[dɐːrɐ] *suf.* 「…を持つ〈人〉」という意味を表す名詞や形容詞を作る接尾語 ¶ ಪತ್ತೆದಾರ (pattedāra) 探偵 [Pe. *-dār*]

ದಾರಿ 〚dāri ダーリ〛[dɐːri] *n.* 1 道、道路 2 方法、手だて、手段 ¶ ಅವರಿಗೆ ಲಂಚ ಕೊಡುವದನ್ನು ಬಿಟ್ಟು ಬೇರೆ ದಾರಿ ಇಲ್ಲ. (avarige laṃca koḍuvadannu biṭṭu bēre dāri illa.) あの人に賄賂を払うより道がない。 3 道、行動の方向 ¶ ತಂದೆ ಸತ್ತ ಮೇಲೆ ಮಗ ಅಡ್ಡ ದಾರಿ ಹಿಡಿದ. (taṃde satta mēle maga aḍḍa dāri hiḍida.) 父親の死後彼は悪い道に走った。 [Ka. D3170]

ದಾರಿಕಾಯು 〚dārikāyu ダーリカーユ〛[dɐːrikɐːju] *vi.* 《*gen.*》ある人を待つ、ある人の到着を待つ ¶ ನಿನ್ನ ದಾರಿಕಾಯುತ್ತಾ ನನ್ನ ಬಸ್ಸು ತಪ್ಪಿತು. (ninna dārikāyuttā nanna bassu tappitu.) おまえを待っている間に私はバスに乗り遅れた。 [+ *kāyu*]

ದಾರಿಗಳ್ಳ 〚dārigaḷḷa ダーリガッラ〛[dɐːrigəḷḷɐ] *m.* 《*f.* ದಾರಿಗಳ್ಳಿ (dārigaḷḷi)》追い剥ぎ [Ka. *dāri* + *kaḷḷa*]

ದಾರಿಗೊಳ್ಳು 〚dārigoḷḷu ダーリゴッル〛[dɐːrigoḷḷu] 《古》*vi.* 自分の道につく、道を選ぶ ¶ ಶಕುಂತಲೆಗೆ ಶಾಪ ಕೊಟ್ಟು ದುರ್ವಾಸ ತನ್ನ ದಾರಿಗೊಂಡು ಹೋದ. (śakuṃtalege śāpa koṭṭu durvāsa tanna dārigoṃḍu hōda.) ドゥルヴァーサ仙はシャクンタラーを呪って自らの道についた。 [+ *koḷḷu*]

ದಾರಿತಪ್ಪು 〚dāritappu ダーリタップ〛[dɐːritəppu] ದಾರಿದಪ್ಪು *vi.* 1 道に迷う、 2〔喩〕悪い道に走る、堕落する ¶ ಅವಳು ಬೇರೆ ಊರಿಗೆ ಓದಲಿಕ್ಕೆ ಹೋಗಿ ದಾರಿ ತಪ್ಪಿದಳು. (avaḷu bēre ūrige ōdalikke hōgi dāri tappidaḷu.) あの子はよその町へ勉強に行って身を持ち崩した。 [Ka. *dāri* + *tappu*] = ದಾರಿದಪ್ಪು (dāridappu)

ದಾರಿತೆಗೆ 〚dāritege ダーリテゲ〛[dɐːritege] ದಾರಿದೆಗೆ *vi.* 解決法を考え出す ¶ ಅವನು ಕಷ್ಟಗಳಲ್ಲಿಯೇ ಒಂದು ದಾರಿ ತೆಗೆದ. (avanu kaṣṭagaḷalliyē oṃdu dāri tegeda.) 彼は苦難の中で一つの解決法を考え出した。 [+ *tege*]

ದಾರಿದಪ್ಪು 〚dāridappu ダーリダップ〛[dɐːriḍəppu] 《文》*vi.* [Ka. *dāri* + *tappu*] ☞ದಾರಿತಪ್ಪು (dāritappu)

ದಾರಿದೀಪ 〚dāridīpa ダーリディーパ〛[dɐːridiːpɐ] *n.* 1 街灯 2 道しるべ ¶ ನಿಮ್ಮ ಮಾತು ನನಗೆ ದಾರಿದೀಪವಾಯಿತು. (nimma mātu nanage dāridīpavāyitu.) あなたの言葉が私の道標でした。 [Ka. *dāri* + *tappu*]

ದಾರಿದೆಗೆ 〚dāridege ダーリデゲ〛[dɐːriḍege] 《文》*vi.* [+ *tege*] = ದಾರಿತೆಗೆ (dāritege)

ದಾರಿನೋಡು 〚dārinōḍu ダーリノードゥ〛[dɐːrinoːḍu] *vi.* 《*gen.*》待つ ¶ ತಾಯಿ ಬಾಗಿಲಿನಲ್ಲಿ ನಿಂತು ಮಗನ ದಾರಿ ನೋಡುತ್ತಾ ಇದ್ದಳು. (tāyi bāgilinalli niṃtu magana dāri nōḍuttā iddaḷu.) 母親は入り口の扉のそばに立って息子の帰りを待っていた。 ¶ ನಾನು ಅವರು ಸಂಘಾಧ್ಯಕ್ಷರಿಗೆ ಪತ್ರ ಬರೆಯಲಿ ಎಂದು ದಾರಿ ನೋಡುತ್ತಾ ಇದ್ದೆ. (nānu avaru saṃgʰādʰyakṣarige patra bareyali eṃdu dāri nōḍuttā idde.) 私はあの人が協会の会長に手紙を書くのを待っていた。 [+ *nōḍu*]

ದಾರಿಬಿಡು 〚dāribiḍu ダーリビドゥ〛[dɐːribiḍu] *vi.* 1 道を開ける ¶ ದಯಮಾಡಿ ದಾರಿ ಬಿಡಿರಿ. (dayamāḍi dāri biḍiri.) どうか道を開けてください。 2 道を外れる 3 悪い道に走る ¶ ಚೆನ್ನಾಗಿ ಓದುತ್ತಿದ್ದ ನನ್ನ ಮಗ ಕೆಟ್ಟ ಸಹವಾಸದಿಂದ ದಾರಿಬಿಟ್ಟ. (cennāgi ōduttidda nanna maga keṭṭa sahavāsadiṃda dāribiṭṭa.) よく勉強していた息子は悪い人と付き合って堕落した。 [+ *biḍu*]

ದಾರಿ ಸವೆಸು 〚dāri savesu ダーリサヴェス〛[dɐːri səvĕsu] *vi.* 無駄足を踏む、無駄に歩き回る ¶ ಆಫೀಸಿಗೆ ಹೋದ ಕೆಲಸ ಆಗಲಿಲ್ಲ, ಬರೀ ದಾರಿ ಸವೆಸಿದಂತೆ ಆಯಿತು. (āpʰīsige hōda kelasa āgalilla, barī dāri savesidaṃte āyitu.) 私は役所へ行って目的を果たさず疲れて帰ってきた。 [Ka. + *savesu*]

ದಾರಿಹಿಡಿ 〚dārihiḍi ダーリヒディ〛[dɐːrihiḍi] *vi.* 《*gen.*》（ある所へ行く）道を取る ¶ ನೀವು ಮದ್ದೂರಿಗೆ ಹೋಗಬೇಕಾದರೆ ಬೆಂಗಳೂರಿನ ದಾರಿಹಿಡಿಯಿರಿ. (nīvu maddūrige hōgabēkādare beṃgaḷūrina dārihiḍiyiri.) マッドゥールへ行くのならベンガルールへ行く道を行きなさい。 [+ *hiḍi*]

ದಾರಿಕಾರ 〚dārikāra ダーリカーラ〛[dɐːrikɐːrɐ] *m.* 《*f.* ದಾರಿಕಾರ್ತಿ (dārikārti)》1 旅人、旅行者 2 通行人、道行く人、通りすがりの人 [Ka. *dāri* + *-kāra*]

ದಾರಿಗ 〚dāriga ダーリガ〛[dɐːrigɐ] *m.* 《*f.* ದಾರಿಗಳು (dārigaḷu)》1 旅人、旅行者 2 通行人、道行く人 [Ka.]

ದಾರಿದ್ರ್ಯ 〚dāridrya ダーリドリヤ〛[dɐːridˑrjɐ] *n.* 貧窮、極貧 [Sk.] = ಬಡತನ (baḍatana)〔汎〕

ದಾರಿಹೋಕ 〚dārihōka ダーリホーカ〛[dɐːrihoːkɐ] *m.* 《*f.* ದಾರಿಹೋಕಳು (dārihōkaḷu)》1 通行人；旅行者、旅人 2〔喩〕自分に関係ない人、赤の他人 ¶ ಮನೆ ವಿಷಯವನ್ನು ದಾರಿಹೋಕರಿಗೆ ಏಕೆ ಹೇಳಬೇಕು.? (mane viṣayavannu dārihōkarige ēke hēḷabēku.?) どうして家庭の問題を赤の他人に話す必要があるのですか。 [Ka. *dāri* + *hōka*]

ದಾರು¹ 〚dāru ダール〛[dɐːru] 《文》*n.* 木、樹木 [Sk.]

ದಾರು² 〚dāru ダール〛[dɐːru] 《古》*pron.mf.* 誰 [Ka.

D5151]

ದಾರುಣ ⟦dāruṇa ダールナ⟧ [dɐːruɳɐ] *adj.* 恐ろしい、身の毛もよだつ [Sk.]

ದಾರುಣತೆ ⟦dāruṇate ダールナテ⟧ [dɐːruɳəte] *n.* 恐ろしさ、怖さ [Sk.]

ದಾರುಹಸ್ತ ⟦dāruhasta ダールハスタ⟧ [dɐːrŭhəstɐ] 《古》 *n.* 木製の匙、木製の柄杓 (*Mr.61.18*) [Sk.]

ದಾರೆಹುಳಿ ⟦dārehuḷi ダーレフリ⟧ [dɐːɽehuɭi] 《文》 *n.* スターフルーツ(美しい垂れた枝を持つカタバミ科の小型の木、薬用) ⇀ 薬 [Ka. D3171] *[IMP 1.225]

ದಾರ್ಢ್ಯ ⟦dārḍʰya ダールディャ⟧ [dɐːrɖʰːjɐ] 《古》 *n.* **1** (金属、木材、結び目などが) 硬いこと、丈夫なこと **2** 密度 **3** (体の) 丈夫さ、(建物、橋などの) 頑丈さ **4** 決心、決意 ¶ ಅವನಿಗೆ ಕೆಲಸ ಮಾಡುತ್ತೇನೆ ಎಂಬ ದಾರ್ಢ್ಯ ಉಳಿದಿಲ್ಲ. (avanige kelasa māḍuttēne eṃba dārḍʰya uḷidilla.) 彼にはその仕事をする決意がなくなってしまった。 **5** 力強いこと、強力 ¶ ಕಲಿಯುಗದಲ್ಲಿ ಧರ್ಮದಾರ್ಢ್ಯ ಕಡಿಮೆಯಾಗಿದೆ. (kaliyugadalli dʰarmadārḍʰya kaḍimeyāgide.) 末世には宗教の力が弱ってしまった。 [Sk.]

ದಾರ್ಶನಿಕ ⟦dārśanika ダールシャニカ⟧ [dɐːrʃənikɐ] *adj.* 哲学的な、哲学の —*adj., m.* 《*f.* ದಾರ್ಶನಿಕಳು (dārśanikaḷu)》哲学者〈の〉 [Sk.]

ದಾಲ್ಚಿನಿ ⟦dālcini ダールチニ⟧ [dɐːltʃini] *n.* **1** セイロン肉桂(クスノキ科クスノキ属) ⇀ 香・薬 **2** セイロン肉桂の桂皮、肉桂、シナモン ⇀ 香・薬 = ಚಕ್ಕೆ (cakke) [H. *dālcīnī*] *[IMP 2.]

ದಾವ¹ ⟦dāva ダーヴァ⟧ [dɐːvɐ] 《古》 *pron.gen.* 誰の [Ka. D5151]

ದಾವ² ⟦dāva ダーヴァ⟧ [dɐːvɐ] 《文》 *n.* 山火事 [Sk.]

ದಾವಣಿ ⟦dāvaṇi ダーヴァニ⟧ [dɐːvəɳi] *n.* (初潮後から10代の終わり頃までの少女が上半身に着る) 半身丈のサーリー [⇒図] [U. *dāmanī*]

ದಾವಣಿ 半身丈 サーリー

ದಾವತಿ ⟦dāvati ダーヴァティ⟧ [dɐːvəti] *n.* **1** 疲れ、疲労 **2** 苦しみ、困難 **3** 仕事、任務 [M. *dʰāvātī* *C6882?] ☞ಧಾವತಿ (dʰāvati)

ದಾವಾ ⟦dāvā ダーヴァー⟧ [dɐːvɐː] *n.* 法廷での争い、裁判 ¶ ನನ್ನ ಆಸ್ತಿಯಲ್ಲಿ ಪಾಲು ಬೇಕೆಂದು ತಮ್ಮ ದಾವಾ ಹೂಡಿದನು. (nanna āstiyalli pālu bēkeṃdu tamma dāvā hūḍidanu.) 弟が私の財産の分け前を要求して訴えを起こした。 [Ar. *daʿwa*] = ದಾವೆ (dāve)

ದಾವಾಗ್ನಿ ⟦dāvāgni ダーヴァーグニ⟧ [dɐːvɐːgni] 《文》 *n.* (大規模な) 山火事 [Sk.]

ದಾವು¹ ⟦dāvu ダーヴ⟧ [dɐːvu] 《‡》 *n.* 住居 (*Šmd.364* (*Kitt.*)) [Sk. *dhāman-*]

ದಾವು² ⟦dāvu ダーヴ⟧ [dɐːvu] 《口》 *n.* 喉の渇き [Sk. *dāha-*]

ದಾವು³ ⟦dāvu ダーヴ⟧ [dɐːvu] 《古》 *n.* 縄、綱 [Sk. *dāman-*]

ದಾಷ್ಟಿಕ ⟦dāṣṭika ダーシュティカ⟧ [dɐːʂʈikɐ] ದಾರ್ಷ್ಟೀಕ 《文》 *adj, m.* 《*f.* *ದಾಷ್ಟಿಕಳು (dāṣṭikaḷu)》 **1** 勇気のある〈人〉、胆力のある〈人〉 **2** あつかましい〈人〉、ずうずうしい〈人〉 [Sk. *dʰārṣṭika-*]

ದಾಷ್ಟೀಕತೆ ⟦dāṣṭīkate ダーシュティーカテ⟧ [dɐːʂʈiːkəte] *n.* **1** 勇気、胆力 **2** あつかましさ、ずうずうしさ [Sk. *dʰārṣṭīka-*] = ಧೈರ್ಯ (dʰairya)

ದಾಸ ⟦dāsa ダーサ⟧ [dɐːsɐ] *m.* 《*f.* ದಾಸಿ (dāsi)》 **1** しもべ **2** (神に) 帰依する人、帰依者 [Sk.]

ದಾಸಣ ⟦dāsaṇa ダーサナ⟧ [dɐːsəɳɐ] 《古》 *n.* [?] (*Kitt.*) ☞ದಾಸವಾಳ (dāsavāḷa)

ದಾಸಣಿಗೆ ⟦dāsaṇige ダーサニゲ⟧ [dɐːsəɳige] 《‡》 *n.* [?] (*Kitt.*) ☞ದಾಸವಾಳ (dāsavāḷa)

ದಾಸಭಾವ ⟦dāsabʰāva ダーサバーヴァ⟧ [dɐːsəbʰɐːvɐ] *n.* **1** 奴隷や召し使いの精神構造、奴隷根性 **2** 奴隷状態、召し使いである状態 **3** 全身全霊をもって神に帰依すること [Sk.]

ದಾಸರಹಾವು ⟦dāsarahāvu ダーサラハーヴ⟧ [dɐːsərəhɐːvu] *n.* [*dāsa* + *-ra* + *hāvu*] ☞ದಾಸರಿಹಾವು (dāsarihāvu)

ದಾಸರಿಹಾವು ⟦dāsarihāvu ダーサリハーヴ⟧ [dɐːsərihɐːvu] ದಾಸರಹಾವು *n.* ニシキヘビなど大型の蛇 [*dāsari* < ? + *hāvu*] = ಹೆಬ್ಬಾವು (hebbāvu) 〔汎〕

ದಾಸವಾಣ ⟦dāsavāṇa ダーサヴァーナ⟧ [dɐːsəvɐːɳɐ] *n.* [?] ☞ದಾಸವಾಳ (dāsavāḷa)

ದಾಸವಾಳ ⟦dāsavāḷa ダーサヴァーラ⟧ [dɐːsəvɐːɭɐ] ದಾಸವಾಣ *n.* ハイビスカスおよびその花 ⇀ 観 [?] = ದಾಸವಾಣ (dāsavāṇa)

ದಾಸಿ¹ ⟦dāsi ダーシ⟧ [dɐːsi] *f.* 《*m.* ದಾಸ (dāsa)》 **1** 女性の召し使い、女性の奴隷 **2** (音楽、踊りなどで神に奉仕する) 寺院に捧げられた女性 = ದೇವದಾಸಿ (dēvadāsi) [Sk.] = ಸೇವಕಿ (sēvaki)

ದಾಸಿ² ⟦dāsi ダーシ⟧ [dɐːsi] 《古》 *f.* 黒い花をつけるヘンナの一種 ⇀ 染 (*G.* (*Kitt.*)) [?]

ದಾಸ್ತಾನು ⟦dāstānu ダースターヌ⟧ [dɐːstɐːnu] *n.* (商店の) 在庫 ¶ ಅವನ ಹತ್ತಿರ ಸಾಕಷ್ಟು ಅಕ್ಕಿಯ ದಾಸ್ತಾನಿದೆ. (avana hattira sākaṣṭu akkiya dāstānide.) 彼は十分な米の在庫を持っている。 [Pe. *dāstan*]

ದಾಸ್ತಾನುಪಾಲಕ ⟦dāstānupālaka ダースターヌパーラカ⟧ [dɐːstɐːnŭpɐːləkɐ] *m.* 《*f.* ದಾಸ್ತಾನುಪಾಲಕಿ (dāstānupālaki)》在庫品係 [Sk.]

ದಾಸ್ಯ ⟦dāsya ダースヤ⟧ [dɐːsˑjɐ] *n.* **1** 従属的な召し使いの地位や状態、奴隷状態、奴隷の地位 **2** (完全な) 従属 [Sk.]

ದಾಸ್ಯಪದ್ಧತಿ ⟦dāsyapaddʰati ダースヤパッダティ⟧ [dɐːsˑjəpəddʰəti] *n.* 奴隷制度 [Sk.]

ದಾಹ ⟦dāha ダーハ⟧ [dɐːhɐ] *n.* **1** 燃焼、燃えること **2** 喉の渇き ¶ ಬಿಸಿಲಿನಲ್ಲಿ ಬಂದದರಿಂದ ನನಗೆ ದಾಹ ಆಗಿದೆ. (bisilinalli baṃdadariṃda nanage dāha āgide.) 日射しの中を歩いてきたので喉が渇いた。 **3** 苦悩、心の悩み ¶ ಪ್ರೇಮದ ದಾಹದಿಂದ ಅವಳು ನೊಂದಿದ್ದಾಳೆ. (prēmada dāhadiṃda avaḷu noṃdiddāḷe.) 彼女は恋の苦しみに

もだえている。4 渇望、切望 ¶ ಅವನಿಗೆ ದುಡ್ಡಿನ ಮೇಲೆ ದಾಹ ಹತ್ತಿದೆ. (avanige duḍḍina mēle dāha hattide.) 彼は金銭に強い欲望を持つようになっている。[Sk.]

ದಾಳ ⟦dāḷa ダーラ⟧ [dɐːɭɐ] *n.* さいころ [?] = ದಾಯ (dāya)

ದಾಳಿ ⟦dāḷi ダーリ⟧ [dɐːɭi] ದಾಱಿ *n.* 攻撃、攻めること [?< *dāṟi*, cf. Pk. *dhāḍī-*, Sk. *dhāṭī-*]

ದಾಳಿಯಿಡು ⟦dāḷiyiḍu ダーリイドゥ⟧ [dɐːɭijiɖu] *vi.* 攻撃する、攻める [+ *iḍu*]

ದಾಱಿ ⟦dāṟi ダーリ⟧ [dɐːɻi] 《古》 *n.* 攻撃、攻めること [Pk. *dhāḍī-*] ☞ದಾಳಿ (dāḷi)

ದಿಂ ⟦diṃ ディン⟧ [dimm] ದಿಮ್ (*n.*) かん(教会の鐘などを 1 回鳴らす音を表す擬音語) ◇ *vi.* ದಿಮ್ಮಿಡು (dimmiḍu) かんと鳴らす [Ka. onom. *D3232]

ದಿಂಕು ⟦diṃku ディンク⟧ [diŋku] ದೀಂಕು, ಧಿಂಕು, ಧೀಂಕು 《古》 *n.* (鹿、有頂天になった人などが)ぴょんぴょん跳ぶこと、ぴょんぴょん跳ねること ◇ *vi.* ದಿಂಕಿಡು (diṃkiḍu) ぴょんぴょん跳ねる [? D2971, cf. T5534]

ದಿಂಟೆ ⟦diṃṭe ディンテ⟧ [diɳʈe] 《古》 *n.* 盛り上がった土地、塚 [Ka. *D3221] ☞ತಿಟ್ಟು (tiṭṭu)

ದಿಂಡ[1] ⟦diṃḍa ディンダ⟧ [diɳɖɐ] 《文》 *n.* 巻きついて伸びるきれいなマメ科の多年生の草本(薬用)→ 薬 [Ka. D3223] = ಅಪರಾಜಿತ, ಕರ್ಣಿಕೆ, ಗಿರಿಕರ್ಣಿಕೆ (aparājita, karṇike, girikarṇike) *[IMP 2.128]

ದಿಂಡ[2] ⟦diṃḍa ディンダ⟧ [diɳɖɐ] ಡಿಂಡಲ, ಡಿಂಡಿಗ, ದಿಂಡಲ, ದಿಂಡಲು, ದಿಂಡಿಗ, ದಿಂಡುಗ, ದುಂಡಿ, ದುಂಡಿಗ, ದುಂದುಲು 《文》 *n.* 車軸などを作るために用いられる硬い木の一種 (薬用) → 薬・材 [Ka.?] = ಅಪರಾಜಿತ, ಕರ್ಣಿಕೆ, ಗಿರಿಕರ್ಣಿಕೆ (aparājita, karṇike, girikarṇike) *[IMP 1.164]

ದಿಂಡಲ ⟦diṃḍala ディンダラ⟧ [diɳɖəlɐ] 《異》 *n.* [?] ☞ದಿಂಡ (diṃḍa)

ದಿಂಡಲು ⟦diṃḍalu ディンダル⟧ [diɳɖəlu] 《異》 *n.* [?] ☞ದಿಂಡ (diṃḍa)

ದಿಂಡಿಗ ⟦diṃḍiga ディンディガ⟧ [diɳɖĭgɐ] 《異》 *n.* [?] ☞ದಿಂಡ (diṃḍa)

ದಿಂಡು[1] ⟦diṃḍu ディンドゥ⟧ [diɳɖu] 《古》 *n.* 力、勇気 [Ka. D3222]

ದಿಂಡು[2] ⟦diṃḍu ディンドゥ⟧ [diɳɖu] *n.* 1 丸い大きな石、丸い塊 2 薪や草の束、布の一包み [Ka. D3224]

ದಿಂಡು[3] ⟦diṃḍu ディンドゥ⟧ [diɳɖu] *n.* バナナの木の中心の(食用になる)茎、オレンジの中心の糸のような部分 [Ka. D3225]

ದಿಂಡುಗ ⟦diṃḍuga ディンドゥガ⟧ [diɳɖŭgɐ] 《異》 *n.* [?] ☞ದಿಂಡ (diṃḍa)

ದಿಂಡೆ[1] ⟦diṃḍe ディンデ⟧ [diɳɖe] *n.* 盛り上がった土地、塚 [Ka. *D3221] ☞ತಿಟ್ಟು (tiṭṭu)

ದಿಂಡೆ[2] ⟦diṃḍe ディンデ⟧ [diɳɖe] 《‡》 *n.* 丸い大きな石などの塊 (*Kitt.*) [Ka. D3224]

ದಿಂಡೆ[3] ⟦diṃḍe ディンデ⟧ [diɳɖe] 《文》 (*n.*) 悪いことをする〈こと〉、いたずらっぽい〈こと〉[?]

ದಿಂಡೆತನ ⟦diṃḍetana ディンデタナ⟧ [diɳɖetənɐ] 《文》 *n.* 悪いことをすること、いたずらっぽいこと [?]

ದಿಂಬ ⟦diṃba ディンバ⟧ [dimbɐ] 《方》 *n.* 1 土地の盛り上がった場所 2 川岸、河岸 3 小さな丘、台地 [Ka. D3239]

ದಿಂಬು ⟦diṃbu ディンブ⟧ [dimbu] *n.* 1 小さな丘、台地、土地の盛り上がった場所 2 (頭の下や背中の後ろに敷く)枕 = ಡಿಂಬು (ḍiṃbu) [Ka. D3229]

ದಿಕ್ಕನೆ ⟦dikkane ディッカネ⟧ [dikkə̆ne] *adv.* 急に、突然 ¶ ಮೈದುನ ದಿಕ್ಕನೆ ಬಂದು ಎದುರಿಗೆ ನಿಂತ. (maiduna dikkane baṃdu edurige niṃta.) 義弟が急にやってきて私の前に立った。[Ka. D3209]

ದಿಕ್ಕಾಪಾಲು ⟦dikkāpālu ディッカーパール⟧ [dikkɐːpɐːlu] *adv.* てんでばらばらに、散り散りに ¶ ಚಿರತೆಯನ್ನು ಕಂಡು ಜಿಂಕೆಗಳು ದಿಕ್ಕಾಪಾಲು ಓಡಿ ಹೋದವು. (cirateyannu kaṃḍu jiṃkegaḷu dikkāpālu ōḍi hōdavu.) チーターを見るや鹿たちが散り散りに逃げ出した。[*dikkina pālu*]

ದಿಕ್ಕು ⟦dikku ディック⟧ [dikku] *n.* 1 方向、方角 2 〔喩〕保護〈者〉、避難所 ¶ ನನಗೆ ದಿಕ್ಕಿಲ್ಲ. (nanage dikkilla.) 私には頼りになる人がいない。3 〔喩〕頼るべき行動の指針 ¶ ಅಪ್ಪ ಸತ್ತಾಗ ಅವಳಿಗೆ ದಿಕ್ಕೇ ಕಾಣಲಿಲ್ಲ. (appa sattāga avaḷige dikkē kāṇalilla.) 父親が亡くなった時、彼女は途方に暮れるばかりだった。[Sk. *diś-*]

ದಿಕ್ಕುಗೆಡು ⟦dikkugeḍu ディックゲドゥ⟧ [dikkugeɖu] *vi.* 1 方向が分からなくなる 2 〔喩〕途方に暮れる、どうしたらよいか分からなくなる [*kikku* + *keḍu*]

ದಿಕ್ಕುಪಾಲ ⟦dikkupāla ディックパーラ⟧ [dikkupɐːlɐ] *m.* 八つの方角の守護神 [*dikku* + Sk. *-pāla*] ☞ದಿಕ್ಕಾಪಾಲು (dikkāpālu)

ದಿಕ್ತಟ ⟦diktaṭa ディクタタ⟧ [diktəʈɐ] *n.* 地平線 [Sk.]

ದಿಕ್ಪಾಲ ⟦dikpāla ディクパーラ⟧ [dikpɐːlɐ] *m.* 八つの方角の守護神 [Sk.]

ದಿಕ್ಸೂಚಿ ⟦diksūci ディクスーチ⟧ [diksuːʧi] 《文》 *n.* 羅針盤 [Sk.] = ಹೋಕ ಯಂತ್ರ (hōka yaṃtra)

ದಿಗಂತ ⟦digaṃta ディガンタ⟧ [digəntɐ] *n.* 地平線 [Sk.]

ದಿಗಂಬರ ⟦digaṃbara ディガンバラ⟧ [digəmbarɐ] *adj.m.* 《女性形なし》 1 裸の〈人〉 2 ディガンバラ(裸行派)〈の〉、(ジャイナ教の)ディガンバラ派に属する〈人〉[Sk.]

ದಿಗಣ ⟦digaṇa ディガナ⟧ [digə̆ɳɐ] ಜಿಗಣ, ದಿಗಿಣ 《文》 *n.* 踊りの一種(体の前方に肩からぶら下げて、左右の皮を両手で打つ太鼓の音に合わせて踊る) [?]

ದಿಗಲು ⟦digalu ディガル⟧ [digə̆lu] 《異》 *n.* 驚愕、不安、警戒 [Ka. D3202] ☞ದಿಗಿಲು (digilu)

ದಿಗಿಣ ⟦digiṇa ディギナ⟧ [digĭɳɐ] 《文》 *n.* [?] ☞ದಿಗಣ (digaṇa)

ದಿಗಿಲು ⟦digilu ディギル⟧ [digilu] ದಿಗುಲು *n.* 1 驚愕、(危険に突然気づいて生じる) 不安、恐慌 ¶ ಮೊದಲನೆಯ ವರ್ಗದಲ್ಲಿ ಪಾಸಾಗಬೇಕಾದ ಮಗ ನಾಪಾಸಾದದರಿಂದ ನನಗೆ ದಿಗಿಲಾಯಿತು. (modalaneya vargadalli pāsāgabēkāda maga nāpāsādadariṃda nanage digilāyitu.) 優等で合

格するはずだった息子が試験に落ちたと知って衝撃を受けた。 2 狼狽、心の混乱、何が何だか分からないこと ¶ ಈಗ ಇಟ್ಟಿದ್ದ ಪುಸ್ತಕ ಕಣ್ಮರೆ ಆದದ್ದರಿಂದ ದಿಗಿಲ್ ಆಯಿತು. (īga iṭṭidda pustaka kaṇmare ādaddariṃda digil āyitu.) 今さっき置いた本が見えなくなったので私は何が何だか分からなかった。 [Ka. D3202]

ದಿಗಿಲನೆ ⟦digilane ディギラネ⟧ [digilə̆ne] 《古》 *adv.* [+ *-ane*] ☞ಧಿಗಿಲನೆ (dʰigilane)

ದಿಗಿಲುಬೀಳು ⟦digilubīḷu ディギルビール⟧ [digilubiːɭu] *vi.* 驚愕する、愕然とする、ぎくっとする ¶ ನಾನು ರಾತ್ರಿಯಲ್ಲಿ ಹಗ್ಗವನ್ನು ನೋಡಿ ಹಾವೆಂದು ದಿಗಿಲುಬಿದ್ದೆ. (nānu rātriyalli haggavannu nōḍi hāveṃdu digilubidde.) 暗闇の中で縄を見て蛇ではないかと思ってぎくっとした。 [Ka. + *bīḷu*]

ದಿಗುಬಲಿ ⟦digubali ディグバリ⟧ [digŭbəli] 《文》 *n.* [Sk.] ☞ದಿಗ್ಬಲಿ (digbali)

ದಿಗುಲು ⟦digulu ディグル⟧ [digŭlu] *n.* [Ka. D3202] ☞ದಿಗಿಲು (digilu)

ದಿಗ್ಗಜ ⟦diggaja ディッガジャ⟧ [diggəʤɐ] *n.* 八つの方角に立って地球を支える雄象（のそれぞれ）[Sk.]

ದಿಗ್ಗನೆ ⟦diggane ディッガネ⟧ [diggkə̆ne] *adv.* 急に、突然 ¶ ಮಗ ಶಾಲೆಗೆ ಹೊತ್ತಾಯಿತೆಂದು ದಿಗ್ಗನೆ ಎದ್ದ. (maga śālege hottāyiteṃdu diggane edda.) 息子は学校に遅れそうになったので急に起き上がった。 [Ka. onom. + *-ane* d3209]

ದಿಗ್ದರ್ಶಕ ⟦digdarśaka ディグダルシャカ⟧ [digdərʃə̆kɐ] *adj.* 方向を示す、導く —*m.* 《*f.* ದಿಗ್ದರ್ಶಕಿ (digdarśaki)》（映画、演劇などの）監督 [Sk.]

ದಿಗ್ದರ್ಶನ ⟦digdarśana ディグダルシャナ⟧ [digdərʃə̆nɐ] *n.* 1 方向を示すこと、導くこと 2（映画、演劇などの）監督 3 報告書、旅行などの大枠を示すこと [Sk.]

ದಿಗ್ಬಂಧ ⟦digbaṃdʰa ディグバンダ⟧ [digbəndʰɐ] 《文》 *n.* 1 ぐるっと輪を描くこと ¶ ಲಕ್ಷ್ಮಣ ಸೀತೆಗೆ ದಿಗ್ಬಂಧನ ಹಾಕಿ ರಾಮನ ಸಹಾಯಕ್ಕೆ ಹೋದ. (lakṣmaṇa sītege digbaṃdʰana hāki rāmana sahāyakke hōda.) シーターのために（守護のための）輪を描いてラクシュマナはラーマを助けに行った。 2（特に新しい家を建てる時など）凶事を避けるため呪文ですべての方角を閉ざすこと [Sk.]

ದಿಗ್ಬಂಧನ ⟦digbaṃdʰana ディグバンダナ⟧ [digbəndʰə̆nɐ] ದಿಗ್ಬಂಧನೆ *n.* 1 人間を麻痺させる呪文をかけること 2 凶事を避けるため呪文ですべての方角を閉ざすこと [Sk.]

ದಿಗ್ಬಂಧನೆ ⟦digbaṃdʰane ディグバンダネ⟧ [digbəndʰə̆ne] *n.* [Sk.] ☞ದಿಗ್ಬಂಧನ (digbaṃdʰana)

ದಿಗ್ಬಲಿ ⟦digbali ディグバリ⟧ [digbəli] ದಿಗುಬಲಿ *n.* 神々に対して米などを寺や家の八方に供えて祭ること [Sk.]

ದಿಗ್ಭ್ರಮಣ ⟦digbʰramaṇa ディグブラマナ⟧ [digbʰrəmə̆nɐ] *n.* 四方八方放浪すること [Sk.]

ದಿಗ್ಭ್ರಮೆ ⟦digbʰrame ディグブラメ⟧ [digbʰrəme] *n.* 狼狽、仰天、茫然自失 [Sk.]

ದಿಗ್ಭ್ರಮೆಗೊಳಿಸು ⟦digbʰramegoḷisu ディグブラメゴリス⟧ [digbʰrəmego̯ɭisu] *vt.* 狼狽させる、仰天させる、茫然自失させる [+ *koḷisu*]

ದಿಗ್ಭ್ರಮೆಗೊಳ್ಳು ⟦digbʰramegoḷḷu ディグブラメゴッル⟧ [digbʰrəmego̯ɭisu] *vi.* 狼狽する、仰天する、茫然自失する [+ *koḷisu*]

ದಿಗ್ಭ್ರಾಂತ ⟦digbʰrāṃta ディグブラーンタ⟧ [digbʰrɐːntɐ] *adj., m.* 《*f.* ದಿಗ್ಭ್ರಾಂತಳು (digbʰrāṃtaḷu)》狼狽した〈人〉、仰天した〈人〉、茫然自失した〈人〉[Sk.]

ದಿಗ್ಭ್ರಾಂತಿ ⟦digbʰrāṃti ディグブラーンティ⟧ [digbʰrɐːnti] *n.* 狼狽、仰天、茫然自失 [Sk.] = ದಿಗ್ಭ್ರಮೆ (digbʰrame)

ದಿಙ್ಮಂಡಲ ⟦diṅmaṃḍala ディンマンダラ⟧ [diŋmənɖə̆lɐ] *n.* 世界（古代には、インド亜大陸の外部にはほとんど及ばなかった）[Sk.]

ದಿಙ್ಮೂಢ ⟦diṅmūḍʰa ディンムーダ⟧ [diŋmuːɖʰɐ] 《文》 *adj., m.* 《*f.* ದಿಙ್ಮೂಢೆ (diṅmūḍʰe)》呆然とした〈人〉、茫然自失の状態の〈人〉[Sk.]

ದಿಗ್ವಿಜಯ ⟦digvijaya ディグヴィジャヤ⟧ [digvijəjɐ] *n.* 四方八方を征服すること、世界征服 [Sk.]

ದಿಟ ⟦diṭa ディタ⟧ [diʈɐ] 《文》 *n.* 真実、誠 [Sk. *diṣṭa-*]

ದಿಟ್ಟ ⟦diṭṭa ディッタ⟧ [diʈʈɐ] ಧಿಟ್ಟ *adj., m.* 《*f.* ದಿಟ್ಟೆ (diṭṭe)》 1 大胆な〈人〉、勇気ある〈人〉 2 高慢な〈人〉、傲慢な〈人〉[Sk. *dʰr̥ṣṭa-*]

ದಿಟ್ಟತನ ⟦diṭṭatana ディッタタナ⟧ [diʈʈə̆tənɐ] ಧಿಟ್ಟತನ *n.* 1 勇気、剛勇、大胆さ 2 傲慢、高慢 [*diṭṭa* + *-tana*]

ದಿಟ್ಟಿ ⟦diṭṭi ディッティ⟧ [diʈʈi] ದಿಷ್ಟಿ 《文》 *n.* 1 視覚、視力 2 目 3（見つめられると災難にあうという）凶眼、邪眼 ◇ *vi.* —ಬೀಳು (bīḷu) 邪眼が降りかかる [Sk. *dr̥ṣṭi-*] = ದೃಷ್ಟಿ (dr̥ṣṭi)

ದಿಟ್ಟಿತೆಗೆ ⟦diṭṭi tege ディッティテゲ⟧ [diʈʈi tege] *vi.*（見つめられると災難にあうという）邪眼の影響を取り除く ¶ ತಾಯಿ ಮನೆಗೆ ಬಂದ ಒಡನೆ ಮಗುವಿಗೆ ದಿಟ್ಟಿತೆಗೆದಳು. (tāyi manege baṃda oḍane maguvige diṭṭi tegedaḷu.) 母は息子が家に帰ってくるや否や子どもの邪視を取りのぞくまじないをした。 [*diṭṭi* + *tege*]

ದಿಟ್ಟಿಸು ⟦diṭṭisu ディッティス⟧ [diʈʈisu] 《文》 *vt.* じっと見る、観察する [*diṭṭi* + *-isu*]

ದಿಟ್ಟೆ ⟦diṭṭe ディッテ⟧ [diʈʈe] *f.* 1 大胆な女性、勇気がある女性、向こう見ずな女性 2 傲慢な女性、尊大な女性 [f. of *diṭṭa*]

ದಿಡ್ಡ ⟦diḍḍa ディッダ⟧ [diɖɖɐ] 《‡》 *n.* 小さな丘 [Ka. D3221] (*Kitt.*)

ದಿಡ್ಡಿ ⟦diḍḍi ディッディ⟧ [diɖɖi] *n.* 1（大きな扉やそのそばに設けた）くぐり門 2 家の裏、裏庭 [Ka. D3219] = ಹಿತ್ತಿಲ್ (hittil)

ದಿಡ್ಡಿಬಾಗಿಲು ⟦diḍḍibāgilu ディッディバーギル⟧ [diɖɖībɐːgilu] *n.*（大きな扉やそのそばに設けた）くぐり門、（城の）突撃門 [Ka. *diḍḍi* + *bāgilu*]

ದಿಡ್ಡು ⟦diḍḍu ディッドゥ⟧ [diɖɖu] 《‡》 *n.* 小さな丘 [Ka. D3221] (*My.* (*Kitt.*))

ದಿಡ್ಡೆ ⟦diḍḍe ディッデ⟧ [diɖɖe] 《異》 *n.* [Ka. D3219] ☞ದಿಡ್ಡಿ (diḍḍi)

ದಿಡ್ಡೆ ⟦diḍḍe ディッデ⟧ [diɖɖe] *n.* 盛り上がった土地、塚 [Ka. *D3221] ☞ತಿಟ್ಟು, ದಿಣ್ಣೆ (tiṭṭu, diṇṇe)

ದಿಢೀರ್ ⟦diḍʰīr ディディール⟧ [diɖʰi:r] (*n.*) 突然〈の〉、思いがけない〈こと〉 —*adv.* 突然 ¶ ತಮ್ಮ ದಿಢೀರ್ ಬಾಗಿಲು ತೆಗೆದ. (tamma diḍʰīr bāgilu tegeda.) 弟が扉を突然開けた。 [Ka. onom.]

ದಿಢೀರನೆ ⟦diḍʰīrane ディディーラネ⟧ [diɖʰi:rǝ̆ne] *adv.* 突然 ¶ ಮಾಮ ದಿಢೀರನೆ ತೀರಿ ಹೋದರು. (māma diḍʰīrane tīri hōdaru.) おじが突然なくなった。 [+ *-ane*]

ದಿಢೀರ್‌ಕಾಫಿ ⟦diḍʰīrkāpʰi ディディールカーピ⟧ [diɖʰi:rkɐ:pi] *n.* インスタントコーヒー [*diḍʰīr* + *kāpʰi*]

ದಿಣ್ಣೆ ⟦diṇṇe ディンネ⟧ [diɳɳe] ದಿನ್ನೆ *n.* **1** 小さな丘、台地、土地の盛り上がった場所 **2** 《古》 台座、縁台、演台 **3** (田舎などに見られる)ゴミなどの山 [Ka. D3227]

ದಿನಂಪ್ರತಿ ⟦dinaṃprati ディナンプラティ⟧ [dinǝmprǝti] 《文》 *adv.* 毎日 [Sk.]

ದಿನ ⟦dina ディナ⟧ [dinɐ] *n.* **1** (夜に対して)昼、日中 **2** 一日(24時間からなる時間の単位) [Sk.]

ದಿನಕರ ⟦dinakara ディナカラ⟧ [dinǝkǝ̆rɐ] 《文》 *n.* 太陽、日、お日様 —*m.* 太陽神 = ಸೂರ್ಯ (sūrya) [Sk.]

ದಿನಗೂಲಿ ⟦dinagūli ディナグーリ⟧ [dinǝgu:li] *n.* **1** 日給 **2** 1日の労働 [*dina* + *kūli*]

ದಿನಚರಿ ⟦dinacari ディナチャリ⟧ [dinǝʧǝri] *n.* **1** 毎日の仕事 **2** 日記、日記帳 —*adv.* 毎日 [Sk. *dinacaryā*-]

ದಿನಪತ್ರಿಕೆ ⟦dinapatrike ディナパトリケ⟧ [dinǝpǝtrike] *n.* 日刊紙、(日刊の)新聞

ದಿನಬಳಕೆ ⟦dinabaḷake ディナバラケ⟧ [dinǝbǝɭǝ̆ke] *n.* 毎日利用すること ¶ ರುಬ್ಬುಕಲ್ಲು ಒಂದು ಕಾಲಕ್ಕೆ ದಿನಬಳಕೆ-ಯ ವಸ್ತುವಾಗಿತ್ತು. (rubbukallu oṃdu kālakke dinabaḷakeya vastuvāgittu.) (湿らせておいた穀物をペースト状にするための)挽き臼は、昔は毎日使っていた。 [*dina* + *baḷake*]

ದಿನಭತ್ಯ ⟦dinabʰatya ディナバティャ⟧ [dinǝbʰǝtˑjɐ] *n.* 毎日の手当て、1日分の手当て [Sk.]

ದಿನಮಣಿ ⟦dinamaṇi ディナマニ⟧ [dinǝmǝɳǝɳi] 《文》 *n.* 太陽、日 —*m.* 太陽神 = ದಿನಕರ (dinakara) [Sk]

ದಿನಮಾನ ⟦dinamāna ディナマーナ⟧ [dinǝ̆mɐ:nɐ] *n.* (1年中変わる)昼の長さ [Sk.]

ದಿನವಹಿ ⟦dinavahi ディナヴァヒ⟧ [dinǝvǝhi] *n.* 原簿、元帳 —*adv.* 毎日 ¶ ಈ ಭಾಗಕ್ಕೆ ಬಸ್ಸು ದಿನವಹಿ ಬರೋಲ್ಲ. (ī bʰāgakke bassu dinavahi barōlla.) この地方にはバスが毎日は来ない。 [Sk. *dinavahikā*-]

ದಿನಸಿ ⟦dinasi ディナシ⟧ [dinǝ̆si] *n.* [Ar, *ǧins*] ☞ದಿನಸು (dinasu)

ದಿನಸು ⟦dinasu ディナス⟧ [dinǝ̆su] ದಿನಿಸು, ದಿನಸಿ *n.* 食料品店の商品 [Ar, *ǧins*] = ಜಿನಸು (jinasu)

ದಿನಾಂಕ ⟦dināṃka ディナーンカ⟧ [dinɐ:ŋkɐ] *n.* 日付け [Sk.] = ತಾರೀಖು (tārīkʰu)

ದಿನಾಚರಣೆ ⟦dinācaraṇe ディナーチャラネ⟧ [dinɐ:ʧǝrǝ̆ɳe] *n.* 記念日の行事 [Sk.]

ದಿನಾರು ⟦dināru ディナール⟧ [dinɐ:ru] *n.* [Lat. *dīnārius*] ☞ದೀನಾರ (dīnāra)

ದಿನಿಸು ⟦dinisu ディニス⟧ [dinĭsu] *n.* [Ar, *ǧins*] ☞ದಿನಸು (dinasu)

ದಿನ್ನೆ ⟦dinne ディンネ⟧ [dinne] *n.* [Ka. D3227] ☞ದಿಣ್ಣೆ (diṇṇe)

ದಿಬ್ಬ ⟦dibba ディッバ⟧ [dibbɐ] ದಿಂಬ, ದಿಂಬು, ದಿಬ್ಬು, ದಿಬ್ಬೆ *n.* 小さな丘、台地、土地の盛り上がった場所 [Ka. D3229] cf. ದಿಣ್ಣೆ (diṇṇe)

ದಿಬ್ಬಣ[1] ⟦dibbaṇa ディッバナ⟧ [dibbǝ̆ɳɐ] ದಿಬ್ಬಣ *n.* (花婿およびその一族が花嫁の家に向かう)結婚の行列 [Ka. D3230, D5415] ☞ಬಿರ್ದಿನ (birdina)

ದಿಬ್ಬಣ[2] ⟦dibbaṇa ディッバナ⟧ [dibbǝ̆ɳɐ] *n.* 木の栓 (*My.* (*Kitt.*)) [Ka. D3231]

ದಿಬ್ಬಣಿಗ ⟦dibbaṇiga ディッバニガ⟧ [dibbǝ̆ɳigɐ] ದಿಬ್ಬಣಿಅ *n.* (花婿およびその一族が花嫁の家に向かう)結婚の行列 [*dinnaṇa* + *-iga* *D3230, *D5415]

ದಿಬ್ಬು ⟦dibbu ディッブ⟧ [dibbu] *n.* [Ka. D3229] ☞ದಿಬ್ಬ (dibba)

ದಿಬ್ಬೆ ⟦dibbe ディッベ⟧ [dibbe] *n.* [Ka. D3229] ☞ದಿಬ್ಬ (dibba)

ದಿಂ ⟦diṃ ディン⟧ [dimm] ದಿಮ್ (*n.*) かん(教会の鐘などを1回鳴らす音を表す擬音語) ◊ *vi.* ದಿಮ್ಮಿಡು (dimmiḍu) かんと鳴らす [Ka. onom. D3232]

ದಿಮಾಕು ⟦dimāku ディマーク⟧ [dimɐ:ku] ಧಿಮಾಕು *n.* **1** 高慢、傲慢 ¶ ಹುಡುಗ ಐ. ಏ. ಎಸ್. ಪಾಸಾದ ಮೇಲೆ ತುಂ-ಬ ದಿಮಾಕು ತೋರಿಸುತ್ತಾನೆ. (huḍuga ai. ē. es. pāsāda mēle tuṃba dimāku tōrisuttāne.) あの青年はインド高級文官試験に合格した後、横柄に振る舞っている。 **2** 虚栄 ¶ ಅವಳಿಗೆ ದುಡ್ಡು ಇಲ್ಲದಿದ್ದರೂ ದಿಮಾಕು ಜಾಸ್ತಿ. (avaḷige duḍḍu illadiddarū dimāku jāsti.) 彼女は金がないのにとても外見を繕う。 [Ar. *dimāġ*]

ದಿಮಾಕು ತೋರಿಸು ⟦dimāku tōrisu ディマークトーリス⟧ [dimɐ:ku to:rĭsu] *vi.* **1** 高慢である、横柄である **2** 美貌や才能や富などを見せびらかす

ದಿಮಾಕು ಮಾಡು ⟦dimāku māḍu ディマークマードゥ⟧ [dimɐ:ku mɐ:ɖu] *vi.* **1** 高慢である、横柄である **2** 美貌、才能、富などを見せびらかす

ದಿಮಿದಿಮಿ ⟦dimidimi ディミディミ⟧ [dimidimi] ಧಿಮಿ-ಧಿಮಿ *n.* (踊りの)早いステップを表す擬音語 [Ka. onom. D3232]

ದಿಮ್ಮಗೆ ⟦dimmage ディンマゲ⟧ [dimmǝ̆ge] *adv.* **1** 急に、突然 ¶ ಅಪ್ಪ ಸುಮ್ಮನೆ ಕುಳಿತವರು ದಿಮ್ಮನೆ ಎದ್ದು ಹೊರಗೆ ಹೋದರು. (appa summane kuḷitavaru dimmane eddu horage hōdaru.) ずっと黙って座っていた父は急に立ち上がって出ていった。 **2** ぼんやりと ¶ ಏನು ಮ-ಗಾ, ಬೆಳಗಿನಿಂದ ದಿಮ್ಮಗೆ ಕುಳಿತಿದ್ದೀ. (ēnu magā, beḷaginiṃda dimmage kuḷitiddī.) ねえ息子や、どうして朝からぼんやりしているのだい。[Ka. onom.]

ದಿಮ್ಮನೆ ⟦dimmane ディンマネ⟧ [dimmənɐ] *adv.* **1** 急に、突然 **2** ぼんやりと [Ka. onom.] = ದಿಮ್ಮಗೆ (dimmage)

ದಿಮ್ಮಿ[1] ⟦dimmi ディンミ⟧ [dimmi] 《‡》*n.* 盛り上がった土地、台地 (*Si.207.208 (Kitt.)*) [Ka. D3239]

ದಿಮ್ಮಿ[2] ⟦dimmi ディンミ⟧ [dimmi] 《‡》*n.* デミ（印刷物のサイズ、製本後の寸法は約 14.5 × 22cm.）(*My. (Kitt.)*) [Eg. *demi*]

ದಿಮ್ಮಿ[3] ⟦dimmi ディンミ⟧ [dimmi] *n.* 丸太 [?]

ದಿಮ್ಮು[1] ⟦dimmu ディンム⟧ [dimmu] *n.* **1** めまい、ふらふらすること ¶ ನನ್ನ ತಲೆ ದಿಮ್ಮನ್ನುತ್ತಿದೆ. (nanna tale dimmannuttide.) 私は頭がくらくらする。 **2** 傲慢、高慢 ¶ ನಿಮ್ಮ ತಲೆಯಲ್ಲಿ ದಿಮ್ಮು ತುಂಬಿದೆ. (nimma taleyalli dimmu tuṃbide.) 君の頭には慢心がつまっている。[Ka. D3240]

ದಿಮ್ಮು[2] ⟦dimmu ディンム⟧ [dimmu] 《‡》*vt.* 押す (*My. (Kitt.)*) [?] = ತಳ್ಳು (taḷḷu)

ದಿಲ್ ⟦dil ディル⟧ [dil] 《希》*n.* 心 [Pe. *dil*]

ದಿಲ್ದಾರ ⟦dildāra ディルダーラ⟧ [dildɐːrɐ] *adj., m.* 《*f.* ದಿಲ್ದಾರಳು (dildāraḷu)》**1** 優しい心を持った〈人〉 **2** 美に対する感性を持った〈人〉、芸術を理解する〈人〉 [Pe. *dildār*]

ದಿಲ್ದಾರಿಕೆ ⟦dildārike ディルダーリケ⟧ [dildɐːrike] *n.* **1** 心が優しいこと **2** 芸術を理解すること、美に対する感性を持っていること [*dildāra* + *-ike*]

ದಿವ ⟦diva ディヴァ⟧ [divɐ] 《文》*n.* **1** 天、空 **2** 昼 **3** 天国、極楽 [Sk.]

ದಿವಂಗತ ⟦divaṃgata ディヴァンガタ⟧ [divəŋgətɐ] 《文》*adj.*〔美〕故… 、亡くなった [Sk.]

ದಿವಸ ⟦divasa ディヴァサ⟧ [divəsɐ] *n.* **1** 昼、日中 **2** 1日、24時間 **3** 曜日 ¶ ಈವತ್ತು ಏನು ದಿವಸ? (īvattu ēnu divasa?) 今日は何曜日ですか [Sk.]

ದಿವಸಪತಿ ⟦divasapati ディヴァサパティ⟧ [divəsəpəti] 《文》*m.* 「天国の王」、太陽神 [Sk.]

ದಿವಸ್ಪತಿ ⟦divaspati ディヴァスパティ⟧ [divəspəti] 《文》*n.* 「天界の王」、インドラ神 [Sk.]

ದಿವಾಕರ ⟦divākara ディヴァーカラ⟧ [divɐːkərɐ] 《文》*m.* 太陽神 —*n.* 太陽、日 [Sk.]

ದಿವಾನ್ ⟦divān ディヴァーン⟧ [divɐːn] *mf.*（独立以前のインドの政治形態での）首相 [Pe. *dīwān*] = ವಜೀರ (vajīra) ☞ದಿವಾಣ (divāṇa)

ದಿವಾಣ ⟦divāṇa ディヴァーナ⟧ [divɐːɳɐ] ದಿವಾನ್, ದಿವಾನ, ದಿವಾನು, ದೀವಾಣ *n.* **1**（王宮の）謁見の間 **2** 中近東風の背のない低いソファー **3** 政府の金庫 —*mf.* **1** 独立以前のインドの県の行政長官や財政長官 **2**（独立以前のインドの政治形態での）首相 [Pe. *dīwān*]

ದಿವಾನ ⟦divāna ディヴァーナ⟧ [divɐːnɐ] *mf.* **1** 独立以前のインドの県の行政長官や財政長官 **2**（独立以前のインドの政治形態での）首相 [Pe. *dīwān*]

ದಿವಾನಾ ⟦divānā ディヴァーナー⟧ [divɐːnɐː] 《文》*mf.* 恋愛などで正気を失った人、あるものを狂ったように追い求める人 [Pe. *dīvāna*]

ದಿವಾನಖಾನೆ ⟦divānakʰāne ディヴァーナカーネ⟧ [divɐːnəkʰɐːne] *n.* 応接間、客間 [Pe. *dīwānxāne*]

ದಿವಾನು ⟦divānu ディヴァーヌ⟧ [divɐːnu] *n.*（王国などの）議会 [Pe. *dīwān*]

ದೀವಾಣ ⟦dīvāṇa ディーヴァーナ⟧ [diːvɐːɳɐ] *n.*（王宮の）謁見の間 [Pe. *dīwān*]

ದಿವಾಮಧ್ಯ ⟦divāmadʰya ディヴァーマディャ⟧ [divɐːmədʰjɐ] 《文》*n.* 正午、白昼 [Sk.]

ದಿವಾರಾತ್ರಿ ⟦divārātri ディヴァーラートリ⟧ [divɐːrɐːtri] *adv.* 昼も夜も、日夜 [Sk.]

ದಿವಾಳಿ[1] ⟦divāḷi ディヴァーリ⟧ [divɐːḷi] *mf.* 破産者 [H. *divāḷiyā*?]

ದಿವಾಳಿ[2] ⟦divāḷi ディヴァーリ⟧ [divɐːḷi] *n.* ディーパーヴァリー（カールティカ月の新月の日に行われる夜間照明を伴う祭り）[M. *divāḷī* < Sk. *dīpāvalī-*] = ದೀಪಾವಳಿ (dīpāvaḷi)

ದಿವಾಳಿತನ ⟦divāḷitana ディヴァーリタナ⟧ [divɐːḷitanɐ] *n.* 破産 [*divāḷi* + *-tana*]

ದಿವಾಳಿತ್ವ ⟦divāḷitva ディヴァーリトヴァ⟧ [divɐːḷitvɐ] *n.* 破産 [*divāḷi* + *-tva*]

ದಿವಿಜಾಂಗನೆ ⟦divijāṃgane ディヴィジャーンガネ⟧ [dividʒɐːŋgəne] *n.* 天女、天界で歌や踊りで神々を楽しませる娘、天界の遊女 [Sk.]

ದಿವಿಜ ⟦divija ディヴィジャ⟧ [dividʒɐ] 《文》*adj.* 天に生まれた —*m.* 《*f.* ದಿವಿಜೆ (divije)》神、天人 [Sk.]

ದಿವಿಜಪುರ ⟦divijapura ディヴィジャプラ⟧ [dividʒəpurɐ] 《文》*n.* 天国 [Sk.]

ದಿವ್ಯ ⟦divya ディヴィャ⟧ [divjɐ] *adj.* **1** 天国の、天界の **2** 天界に生まれた **3** 超自然的な、不思議な **4** 絶妙な、この上なく美しい、魅惑的な —*n.* 火に入るなどして神の判定による自分の身の潔白の証明をすること [Sk.]

ದಿವ್ಯಚಕ್ಷು ⟦divyacakṣu ディヴィャチャクシュ⟧ [divjətʃəkʂu] 《文》*n.* 超自然的な視力、見えないものを見る力 —*adj., mf.* 超自然的な視力を備えた〈人〉= ದಿವ್ಯದೃಷ್ಟಿ (divyadr̥ṣṭi) [Sk.]

ದಿವ್ಯಜ್ಞಾನ ⟦divyajñāna ディヴィャジュニャーナ⟧ [divjəɟɲɐːnɐ] *n.* 超自然的な知識 ¶ ಋಷಿ ದಿವ್ಯಜ್ಞಾನದಿಂದ ನಡೆದುದೆಲ್ಲ ತಿಳಿದುಕೊಂಡರು. (r̥ṣi divyajñānadiṃda naḍedudella tiḷidukoṃḍaru.) 仙人は超自然的な視力で起こったことをすべて知った。[Sk.]

ದಿವ್ಯಜ್ಞಾನಿ ⟦divyajñāni ディヴィャジュニャーニ⟧ [divjəɟɲɐːni] *adj., mf.* 超自然的な知識を持った〈人〉、聖仙〈の〉[Sk.]

ದಿವ್ಯದೃಷ್ಟಿ ⟦divyadr̥ṣṭi ディヴィャドゥルシュティ⟧ [divjədruʂʈi] *n.* 超自然的な視力、見えないものを見

る力 —*adj.*, *mf.* 超自然的な視力を備えた〈人〉= ದಿವ್ಯಚಕ್ಷು(divyacakṣu) [Sk.]

ದಿಶೆ ⟦diśe ディシェ⟧ [diʃe] ದಿಸೆ *n.* 1 方向、方角 2 (考えの)方向、向き ¶ ಈ ದಿಶೆಯಲ್ಲಿ ನಾನು ಯೋಚಿಸಿರಲೇ ಇಲ್ಲ. (ī diśeyalli nānu yōcisiralē illa.) そういう風には考えもしなかった。[Sk.] = ದಿಸೆ (dise)

ದಿಷ್ಟಿ ⟦diṣṭi ディシュティ⟧ [diʂʈi] 《文》 *n.* (にらまれると災難がくるという) 凶眼、邪眼 ◇ *vi.* —ಬೀಳು (bīḷu) 邪眼が降りかかる [Sk. *dṛṣṭi*-]

ದಿಷ್ಟಿಬೊಟ್ಟು ⟦diṣṭibottu ディシュティボットゥ⟧ [diʂʈibo ʈʈu] 《文》 *n.* (にらまれると災難がくるという) 凶眼の作用を防ぐために(子どもの)顔に塗る黒い点や丸 [Sk. *dṛṣṭi*- {+ *boṭṭu*}]

ದಿಸೆ ⟦dise ディセ⟧ [dise] *n.* [Sk.] ☞ದಿಶೆ (diśe)

ದೀಂಕು ⟦dīṃku ディーンク⟧ [diːŋku] 《古》 *n.* ぴょんぴょん跳ぶこと、ぴょんぴょん跳ねること ◇ *vi.* ದೀಂಕಿಡು (dīṃkiḍu) ぴょんぴょん跳ねる [? *D2971, cf. T5534] ☞ಧೀಂಕು (dʰīṃku)

ದೀಂಟು ⟦dīṃṭu ディーントゥ⟧ [diːɳʈu] 《古》 *n.* 小さな丘、台地、土地の盛り上がった場所 [Ka. D3221]

ದೀಕ್ಷೆ ⟦dīkṣe ディークシェ⟧ [diːkʂe] *n.* 1 宗教的イニシエーション、入門式 ¶ ಚಕ್ರವರ್ತಿ ಅಶೋಕನು ವೈರಾಗ್ಯ ಹುಟ್ಟಿ ಬೌದ್ಧದೀಕ್ಷೆಯನ್ನು ತೆಗೆದುಕೊಂಡನು. (cakravarti aśōkanu vairāgya huṭṭi bauddʰadīkṣeyannu tegedukoṃḍanu.) アショーカ王は出家し仏門に入った。2 神に願をかけること 3 誓い、誓約 ¶ ಭೀಷ್ಮ ಆಜನ್ಮ ಬ್ರಹ್ಮಚಾರಿಯಾಗಿರುವ ದೀಕ್ಷೆಯನ್ನು ಕೈಗೊಂಡ. (bʰīṣma ājanma brahmacāriyāgiruva dīkṣeyannu kaigoṃḍa.) ビーシュマは一生結婚しないと誓った。 4 (神、事業などへの)献身、精進 ¶ ಮಹಾತ್ಮಾ ಗಾಂಧಿ ದೇಶಸೇವೆಗಾಗಿ ದೀಕ್ಷೆ ತೆಗೆದುಕೊಂಡಿದ್ದರು. (mahātmā gāṃdʰi dēśasēvegāgi dīkṣe tegedukoṃḍiddaru.) マハートマー・ガーンディーは国のために身を捧げることを誓った。[Sk.]

ದೀಕ್ಷಿತ ⟦dīkṣita ディークシタ⟧ [diːkʂitɐ] *adj.*, *m.* 《*f.* ದೀಕ್ಷಿತೆ (dīkṣite)》宗教上の加入儀礼を受けて宗教者として活動する資格を授与された〈人〉[Sk.]

ದೀಟು ⟦dīṭu ディートゥ⟧ [diːʈu] 《‡》 *n.* 1 相似、等しいこと 2 評価 (*My.* (*Kitt.*)) [Ka. D3272]

ದೀನ ⟦dīna ディーナ⟧ [diːnɐ] *adj.* 哀れな、惨めな(顔、状態など) ¶ ಮಗಳ ದೀನ ಮುಖವನ್ನು ನೋಡಿ ನನಗೆ ದಿಗಿಲು ಆಯಿತು. (magaḷa dīna mukʰavannu nōḍi nanage digilu āyitu.) 私は娘の打ちひしがれた顔を見て愕然とした。 —*adj.*, *m.* 《*f.* ದೀನಳು (dīnaḷu)》 1 貧しい〈人〉、貧乏な〈人〉¶ ನಮ್ಮ ದೇಶದಲ್ಲಿ ತುಂಬಾ ಜನ ದೀನದರಿದ್ರರು ಇದ್ದಾರೆ. (namma dēśadalli tuṃbā jana dīnadaridraru iddāre.) 我が国には多くの極貧の人がいる。 2 哀れな〈人〉、惨めな〈人〉¶ ಕುದುರೆ ಜೂಜಿನಲ್ಲಿ ಸೋತು ಅವನು ಈ ದೀನ ಸ್ಥಿತಿಗೆ ಬಂದ. (kudure jūjinalli sōtu avanu ī dīna sthitige baṃda.) 彼は競馬に負けてこんな惨めな状態に陥った。 3 落胆した〈人〉、打ちひしがれた〈人〉¶ ಅವನ ದೀನ ಮುಖವನ್ನು ನೋಡಿ ನನಗೆ ಸಂಕಟವಾಯಿತು. (avana dīna mukʰavannu nōḍi nanage saṃkaṭavāyitu.) 彼の落胆した顔を見て私は胸がいたんだ。 4 卑屈な〈人〉、屈従的な〈人〉¶ ಕಛೇರಿಯ ಗುಮಾಸ್ತರಿಗೆ ಯಾಕೆ ದೀನ ಸ್ವಭಾವ ಇರಬೇಕು.? (kacʰēriya gumāstarige yāke dīna svabʰāva irabēku.?) 役所の事務員は役職者にどうしてこれほど屈従せねばならないのか。 5 けちな〈人〉、みみっちい〈人〉¶ ನನ್ನ ತಂದೆ ತುಂಬ ದುಡ್ಡು ಇದ್ದರೂ ದೀನರಾಗಿದ್ದಾರೆ. (nanna taṃde tuṃba duḍḍu iddarū dīnarāgiddāre.) 父はお金がたくさんあるのにけちである。[Sk.]

ದೀನದನಿ ⟦dīnadani ディーナダニ⟧ [diːnədəni] *n.* 哀れっぽい声 ¶ ಮನೆಗೆ ಬಂದು ದೀನ ದನಿಯಲ್ಲಿ ಅಣ್ಣ ಸಹಾಯ ಕೇಳಿದ. (manege baṃdu dīna daniyalli aṇṇa sahāya kēḷida.) 兄が家へやってきておずおずとした声で助けを求めた。[*dīna* + *dani*]

ದೀನದೃಷ್ಟಿ ⟦dīnadṛṣṭi ディーナドゥルシュティ⟧ [diːnədrɯ ʂʈi] 《文》 *n.* 哀れっぽい目つき、おずおずとした目つき [Sk.]

ದೀನಭಾವ ⟦dīnabʰāva ディーナバーヴァ⟧ [diːnəbʰɐːvɐ] *n.* 窮状、惨めな状態 [Sk.]

ದೀನಾನನ ⟦dīnānana ディーナーナナ⟧ [diːnɐːnənɐ] 《文》 *adj.*, *m.* 《*f.* ದೀನಾನನೆ (dīnānane)》困窮した顔をした〈人〉、哀れっぽい顔をした〈人〉 —*n.* 哀れっぽい顔、おじけた顔 [Sk.]

ದೀನತನ ⟦dīnatana ディーナタナ⟧ [diːnətənɐ] *n.* 1 惨めな状態、悲惨さ、窮状 2 屈従的なこと、卑屈なこと [Sk.]

ದೀನತೆ ⟦dīnate ディーナテ⟧ [diːnəte] *n.* 1 惨めな状態、悲惨さ、窮状 2 屈従的なこと、卑屈なこと [Sk.]

ದೀನತ್ವ ⟦dīnatva ディーナトヴァ⟧ [diːnətvɐ] 《文》 *n.* 1 惨めな状態、悲惨さ、窮状 2 屈従的なこと、卑屈なこと [Sk.] = ದೀನತೆ (dīnate)

ದೀನಾರ ⟦dīnāra ディーナーラ⟧ [diːnɐːrɐ] ದಿನಾರು *n.* 1 かつて中東に流通していた銀貨 2 金の重さの単位 = ನಿಷ್ಕ (niṣka) 3 ディーナール(イラク、ヨルダン、チュニジアなどの貨幣の名) [Lat. *dēnārius*]

ದೀಪ[1] ⟦dīpa ディーパ⟧ [diːpɐ] *n.* 1 (電灯を含めて)灯明、灯火 2 希望の光;道標となる光 ¶ ಆ ಕಾರ್ಖಾನೆಯ ಒಡೆಯ ಕಾರ್ಮಿಕರ ಬಾಳಿಗೆ ದೀಪವಾಗಿದ್ದರು. (ā kārkʰāneya oḍeya kārmikara bāḷige dīpavāgiddaru.) あの工場の主人は従業員の人生の希望の光であった。[Sk.] = ದೀವಿಕೆ, ಸೊಡರು (dīvike, soḍaru)

ದೀಪ[2] ⟦dīpa ディーパ⟧ [diːpɐ] *n.* 島 [Sk. *dvīpa*-]

ದೀಪಕಂಬ ⟦dīpakaṃba ディーパカンバ⟧ [diːpəkəmbɐ] ದೀಪಗಂಬ *n.* 街灯 [Sk. *dīpakambʰa*-]

ದೀಪಕ ⟦dīpaka ディーパカ⟧ [diːpŏkɐ] *adj.* 《複合語末で》1 輝かす、燃やす 2 刺激する ¶ ಸೋಡಾ ಪಚನಕ್ರಿಯೆಗೆ ದೀಪಕವಾಗಿದೆ. (sōḍā pacanakriyege dīpakavāgide.) ソーダ水は消化を助ける。 —*n.* 1 灯明 2 北インドの古典音楽のラーガの一種 [Sk.]

ದೀಪಗಂಬ ⟦dīpagaṃba ディーパガンバ⟧ [di:pəg̊əmbɐ] *n.* [Sk.] ☞ದೀಪಕಂಬ (dīpakaṃba)

ದೀಪಧಾರಿ ⟦dīpadʰāri ディーパダーリ⟧ [di:pədʰɐ:ri] *m.* (王などのために)灯火を担ぐ人 [Sk.]

ದೀಪಸ್ತಂಭ ⟦dīpastaṃbʰa ディーパスタンバ⟧ [di:pəstəmbʰɐ] *n.* 寺院の門前などに置かれることの多い金属製の大燭台 [⇒図] [Sk.]

ದೀಪಸ್ತಂಭ 大燭台

ದೀಪಾವಳಿ ⟦dīpāvaḷi ディーパーヴァリ⟧ [di:pɐ:və̆ḷi] *n.* ディーパーヴァリー(カールティカ月の新月の日に行われる灯明を伴う祭り) [Sk.] = ದಿವಾಳಿ (divāḷi)

ದೀಪ್ತ ⟦dīpta ディープタ⟧ [di:ptɐ] 《文》 *adj.* 1 輝く、明るく光る 2 燃える、燃焼する [Sk.]

ದೀಪ್ತಿ ⟦dīpti ディープティ⟧ [di:pti] 《文》 *n.* 1 輝き、光輝 2 灯明 3 希望の光 ¶ ಅನಕೃ ಅವರ ಕಾದಂಬರಿಗಳು ಅನೇಕ ಹೊಸ ಲೇಖಕರಿಗೆ ದೀಪ್ತಿ ಆಗಿವೆ. (anakṛ avara kādaṃbarigaḷu anēka hosa lēkʰakarige dīpti āgive.) A.N. クリ(シュナラーオ)の小説は多くの新進作家の道標である。[Sk.]

ದೀರ್ಘ ⟦dīrgʰa ディールガ⟧ [di:rgʰɐ] *adj.* 1 (空間的にまたは時間的に)長い 2 長い(長くて幅が狭いこと) 3 (母音が)長い —*n.* 長母音(2拍の長さを持った母音) [Sk.]

ದೀರ್ಘಗೊಳಿಸು ⟦dīrgʰagoḷisu ディールガゴリス⟧ [di:rgʰə goḷisu] *vt.* (時間的にまたは空間的に)長くする、伸ばす、延長する [Sk.]

ದೀರ್ಘಜೀವಿ ⟦dīrgʰajīvi ディールガジーヴィ⟧ [di:rgʰə̆ʤi:vi] *adj.* 長く生きる、長く生きている [Sk.]

ದೀರ್ಘನಿದ್ರೆ ⟦dīrgʰanidre ディールガニドレ⟧ [di:rgʰəni dꞏre] *n.* 1《希》長い眠り 2 永遠の眠り、永眠、死 ¶ ಡಾಕ್ಟರ್ ಉಮೇಶರವರು 12-8-2000 ರಂದು ದೀರ್ಘನಿದ್ರೆ ಮಾಡಿದರು. (ḍākṭar umēśaravaru 12-8-2000 raṃdu dīrgʰanidre māḍidaru.) Dr. ウメーシャは西暦2000年8月12日に永眠した。[Sk.]

ದೀರ್ಘವೃತ್ತ ⟦dīrgʰavṛtta ディールガヴルッタ⟧ [di:rgʰə̆vrɯttɐ] 《文》 *n.* 楕円形、卵形 [Sk.]

ದೀರ್ಘಾಯು ⟦dīrgʰāyu ディールガーユ⟧ [di:rgʰɐ:ju] 《文》 *n.* 長生き、長命 —*adj., mf.* 長命の〈人〉、長生きした〈人〉 [Sk.]

ದೀರ್ಘಾಯುಷಿ ⟦dīrgʰāyuṣi ディールガーユシ⟧ [di:rgʰɐ:juʂi] *adj., mf.* 長生きした〈人〉、長命の〈人〉 [Sk.]

ದೀರ್ಘಾಯುಸ್ಸು ⟦dīrgʰāyussu ディールガーユッス⟧ [di:rgʰɐ:jussu] *n.* 長生き、長命 [Sk.]

ದೀರ್ಘಾಲೋಚನೆ ⟦dīrgʰālōcane ディールガーローチャネ⟧ [di:rgʰɐ:lo:ʧəne] *n.* 1 長い評議 2 深い思索 3 長期的な考え [Sk.]

ದೀರ್ಘಾವಧಿ ⟦dīrgʰāvadʰi ディールガーヴァディ⟧ [di:rgʰɐ:və̆dʰi] 《文》 *adj.* (病気、債権などが)長期間の、長期にわたる —*n.* 長期間、長期 [Sk.]

ದೀರ್ಘಾವಧಿ ಸಾಲ ⟦dīrgʰāvadʰi sāla ディールガーヴァディサーラ⟧ [di:rgʰɐ:və̆dʰi sɐ:lɐ] 《文》 *n.* 長期債務 [Sk.]

ದೀವಟಿ ⟦dīvaṭi ディーヴァティ⟧ [di:vəṭi] *n.* たいまつ [Sk. *dīpavartikā-*]

ದೀವಟಿಗ ⟦dīvaṭiga ディーヴァティガ⟧ [di:vəṭĭgɐ] *m.* (*f.* ದೀವಟಿಗಳು (dīvaṭigaḷu)) たいまつを持つ人 [*dīvaṭi + -ga*]

ದೀವಟಿಗೆ ⟦dīvaṭige ディーヴァティゲ⟧ [di:vəṭĭge] *n.* たいまつ [Sk. *dīpavartikā-*]

ದೀವಿಗೆ ⟦dīvige ディーヴィゲ⟧ [di:vige] *n.* 灯明 [Sk. *dīpikā-*] = ದೀಪ (dīpa)

ದುಂ ⟦duṃ ドゥン⟧ [dumm] (*n.*) どすん(重いものが落ちてきた時の音を表す擬音語) ¶ ನನ್ನ ಕಣ್ಣಿನ ಎದುರಿಗೆ ಮನುಷ್ಯ ದುಂ ಎಂದು ಬಿದ್ದ. (nanna kaṇṇina edurige manuṣya duṃ eṃdu bidda.) 私の目の前に人がどすんと落ちた。[Ka. D3326]

ದುಂಟು ⟦duṃṭu ドゥントゥ⟧ [duɳṭu] 《‡》 (*n.*) (机の脚などが)長さが違う〈こと〉 [Ka. D3381] (*My.* (*Kitt.*)) = ಕುಂಟು (kuṃṭu) 〔汎〕

ದುಂಡಾವರ್ತಿ ⟦duṃḍāvarti ドゥンダーヴァルティ⟧ [duɳḍɐ:vərti] *n.* ならず者の振る舞い —*mf.* ならず者 [*duṃḍu + vṛtti?*]

ದುಂಡಿ ⟦duṃḍi ドゥンディ⟧ [duɳḍi] 《異》 *n.* [?] ☞ದಿಂಡ (diṃḍa)

ದುಂಡಿಗ ⟦duṃḍiga ドゥンディガ⟧ [duɳḍĭgɐ] 《異》 *n.* [?] ☞ದಿಂಡ (diṃḍa)

ದುಂಡು ⟦duṃḍu ドゥンドゥ⟧ [duɳḍu] (*n.*) 1 丸い(球形)〈こと〉、角がない〈こと〉 2 丸い(円形)〈こと〉 3 ずんぐりしている〈こと〉、背が低くて太っている〈こと〉 ¶ ಚರ್ಚಿಲ್ ದುಂಡಾಗಿದ್ದರು. (carcil duṃḍāgiddaru.) チャーチルはずんぐりしていた。 —*n.* 女性用の中空で模様のない腕輪の一種 (*Kitt.*) [⇒図] [Ka. D3309]

ದುಂಡು 腕輪

ದುಂಡಗೆ ⟦duṃḍage ドゥンダゲ⟧ [duɳḍə̆ge] *adv.* 丸く、ぐるっと ¶ ಅವನು ಸ್ಕೂಲನ್ನು ದುಂಡಗೆ ಸುತ್ತುತ್ತ ಓಡಿದ. (avanu skūlannu duṃḍage suttutta ōḍida.) 彼は学校の周りをぐるっと回って走った。 —(*n.*) 丸い〈こと〉、角がない〈こと〉 ¶ ಆರತಿ ದುಂಡಗೆ ಮುಖದಿಂದಾಗಿ ಸಣ್ಣವಳಾಗಿ ಕಾಣುತ್ತಾಳೆ. (ārati duṃḍage mukʰadiṃdāgi saṇṇavaḷāgi kāṇuttāḷe.) アーラティは丸顔のために若く見える。[Ka. D3309]

ದುಂಡನೆ ⟦duṃḍane ドゥンダネ⟧ [duɳḍə̆ne] *adv.*, (*n.*) [Ka. D3309] ☞ದುಂಡಗೆ (duṃḍage)

ದುಂಡನ್ನ ⟦duṃḍanna ドゥンダンナ⟧ [duɳḍənnɐ] (*adj.*) 真ん丸い〈こと〉(「丸さ」を感じながら表現する言葉) [Ka. D3309]

ದುಂಡಾನೆ ⟦duṃḍāne ドゥンダーネ⟧ [duɳḍɐ:ne] 《口》 (*n.*) 真ん丸い〈こと〉(「丸さ」を感じながら表現する言葉) [Ka. D3309]

ದುಂಡಿಗು ⟦duṃḍigu ドゥンディグ⟧ [duɳɖigu] 《‡》 *n.* 生垣に用いられるトウダイグサ科の低木(強い下剤)→ 薬 (*St. & Pl.* (*Kitt.*)) [Ka. D3313] *[IMP 3.262]

ದುಂಡಿಗೆ ⟦duṃḍige ドゥンディゲ⟧ [duɳɖĭge] ದುಂಡಗೆ, ದುಂಡುಗೆ 《‡》 *adv.* 丸く [Ka. D3309] (*My.* (*Kitt.*))

ದುಂಡಿಸು ⟦duṃḍisu ドゥンディス⟧ [duɳɖĭsu] *vi.* 丸くなる、球形になる、円形になる ¶ ಆ ಹುಡುಗ ಮೈಕೈ ತುಂಬಿಕೊಂಡು ದುಂಡಿಸಿದ್ದಾನೆ. (ā huḍuga maikai tuṃbikoṃḍu duṃḍisiddāne.) あの少年は真ん丸に太っている。 [Ka. D3309]

ದುಂಡುಮೇಜು ⟦duṃḍumēju ドゥンドゥメージュ⟧ [duɳɖu me:ju] *n.* 円形の机、円卓 [*duṃḍu*[1] + *mēju*]

ದುಂಡು ⟦duṃḍu ドゥンドゥ⟧ [duɳɖu] 《方》 *n.* 1 牛の顔 (Coorg.) 2 鳥のくちばし [Ka. D3311]

ದುಂಡು ⟦duṃḍu ドゥンドゥ⟧ [duɳɖu] 《古》 *mf.* 悪漢、詐欺師 [?]

ದುಂಡುಗೆ ⟦duṃḍuge ドゥンドゥゲ⟧ [duɳɖŭge] 《‡》 *adv.* [Ka. D3309] (*B.5,238* (*Kitt.*)) ☞ದುಂಡಗೆ (duṃḍage)

ದುಂಡುಮಲ್ಲಿಗೆ ⟦duṃḍumallige ドゥンドゥマッリゲ⟧ [duɳɖumǝllige] *n.* 広く栽培されているジャスミンの一種(モクセイ科) [Sk.] *[IMP 3.258]

ದುಂದು ⟦duṃdu ドゥンドゥ⟧ [dundu] *n.* 1 贅沢、奢侈(しゃし)、浪費 2 虚栄、見せびらかし —*mf.* 浪費家、贅沢する人 [Ka. D3320]

ದುಂದುಗಾರ ⟦duṃdugāra ドゥンドゥガーラ⟧ [dunduɡɐːrɐ] *m.* 《*f.* ದುಂದುಗಾರ್ತಿ (duṃdugārti)》浪費家、贅沢する人 [Ka. *duṃdugāṟa* 3320]

ದುಂದುಗಾರತನ ⟦duṃdugāratana ドゥンドゥガーラタナ⟧ [dunduɡɐːrǝtǝ̆nɐ] *n.* 浪費、贅沢 [Ka. *duṃdugāṟa* + *-tana*] = ದುಂದುಗಾರಿಕೆ (duṃdugārike)

ದುಂದುಗಾರಿಕೆ ⟦duṃdugārike ドゥンドゥガーリケ⟧ [dunduɡɐːrĭke] *n.* 浪費、贅沢 [Ka. *duṃdugāṟa* + *-tana*] = ದುಂದುಗಾರತನ (duṃdugāratana)

ದುಂದುಲು ⟦duṃdulu ドゥンドゥル⟧ [dundŭlu] 《異》 *n.* [?] ☞ದಿಂಡ (diṃḍa)

ದುಂಪ ⟦duṃpa ドゥンパ⟧ [dumpɐ] 《‡》 *n.* 木の根 (*Kitt.*) [Ka. D3326A]

ದುಂಪು ⟦duṃpu ドゥンプ⟧ [dumpu] 《古》 *n.* 埃 [Ka. *D3332]

ದುಂಬಾಲ ⟦duṃbāla ドゥンバーラ⟧ [dumbɐːlɐ] ದುಂಬಾಲು *n.* 1 しっぽ 2 後ろ、後ろ側 ¶ ಅವನು ದುಡ್ಡಿಗಾಗಿ ನನ್ನ ದುಂಬಾಲ ಬಿದ್ದಿದ್ದಾನೆ. (avanu duḍḍigāgi nanna duṃbāla biddiddāne.) 彼は金のためにいつも私について回ってせがんでいる。 [Pe. *dunbāla*]

ದುಂಬಾಲು ⟦duṃbālu ドゥンバール⟧ [dumbɐːlu] *n.* [Pe. *dunbāla*] ☞ದುಂಬಾಲ (duṃbāla)

ದುಂಬಾಲುಬೀಳು ⟦duṃbālubīḷu ドゥンバールビール⟧ [dumbɐːlŭbiːɭu] *vi.* 《*dat.*》人について回ってせがむ [+ Ka. *bīḷu*]

ದುಂಬಿ ⟦duṃbi ドゥンビ⟧ [dumbi] ತುಂಬಿ, ತುಂಬೆ, ದುಂಬೆ *n.* マルハナバチなど大型のハチ(同じような大きさでぶんぶんうなるカブトムシを指すこともある) [Ka. D3328]

ದುಂಬು ⟦duṃbu ドゥンブ⟧ [dumbu] ದುಂಪು, ದುಂಬೆ, ದುಪ್ಪು, ದುಮ್ಮು 《古》 *n.* 埃 [Ka. D3332]

ದುಂಬೆ[1] ⟦duṃbe ドゥンベ⟧ [dumbe] 《古》 *n.* マルハナバチなど大型のハチ(同じような大きさでぶんぶんうなるカブトムシを指すこともある) (*Kitt., Si.142*) [Ka. D3328] ☞ದುಂಬಿ (duṃbi)

ದುಂಬೆ[2] ⟦duṃbe ドゥンベ⟧ [dumbe] 《古》 *n.* 埃 [Ka. *D3332]

ದುಃಖ ⟦duḥkʰa ドゥッカ⟧ [duxkʰɐ/dukkɐ] *n.* 1 痛み、苦痛 2 悲しみ、悲嘆 3 不幸、辛苦、苦しみ [Sk.]

ದುಃಖಕರ ⟦duḥkʰakara ドゥッカカラ⟧ [duxkʰǝkǝrɐ/dukkǝkǝrɐ] *adj.* (ニュースなどが)悲しい、痛ましい [Sk.]

ದುಃಖಪಡು ⟦duḥkʰapaḍu ドゥッカパドゥ⟧ [duxkʰǝpǝɖu] *vi.* 苦しむ、苦悩する、悩む ¶ ಇಂದಿರಾ ಗಾಂಧಿ ಕೊಲೆಯಾದ ಸುದ್ದಿ ಕೇಳಿ ದೇಶದ ಜನರೆಲ್ಲ ದುಃಖಪಟ್ಟರು. (iṃdirā gāṃdʰi koleyāda suddi kēḷi dēśada janarella duḥkʰapaṭṭaru.) 国中の人がインディラー・ガーンディーが殺されたことを聞いて悲しんだ。 [Sk.]

ದುಃಖಪಡಿಸು ⟦duḥkʰapaḍisu ドゥッカパディス⟧ [duxkʰǝpǝɖisu/dukkǝpǝɖĭsu] *vt.* 悲しませる、苦しませる [*duḥkʰa* + *paḍisu*]

ದುಃಖಿ ⟦duḥkʰi ドゥッキ⟧ [duxkʰi/dukkʰi] *adj., mf.* 悲しんでいる〈人〉、苦しんでいる〈人〉、不幸な〈人〉 [Sk.]

ದುಃಖಿತ ⟦duḥkʰita ドゥッキタ⟧ [duxkʰitɐ/dukkitɐ] *adj., m.* 《*f.* ದುಃಖಿತಳು, ದುಃಖಿತೆ (duḥkʰitaḷu, duḥkʰite)》悲しむ〈人〉、苦しむ〈人〉 [Sk.]

ದುಃಖಿಸು ⟦duḥkʰisu ドゥッキス⟧ [duxkʰisu/dukkisu] *vi.* 悲しむ、嘆く、苦しむ ¶ ಪರಶುರಾಮ ತನ್ನ ತಾಯಿಯ ತಲೆ ಕಡಿದು ದುಃಖಿಸಿದ. (paraśurāma tanna tāyiya tale kaḍidu duḥkʰisida.) (ヴィシュヌの6番目の化身)パラシュラーマは自分の母親(レーヌカー女神)の首をちょん切って嘆き悲しんだ。 [Sk.]

ದುಃಶೀಲ ⟦duḥśīla ドゥッシーラ⟧ [duʃʃiːlɐ] *adj., m.* 《*f.* ದುಃಶೀಲೆ (duḥśīle)》性格がよくない〈人〉、行いが悪い〈人〉 [Sk.] = ದುಶ್ಶೀಲ (duśśīla)

ದುಕಾನ ⟦dukāna ドゥカーナ⟧ [dukɐːnɐ] *n.* [Ar. *dukkān*] ☞ದುಕಾನು (dukānu)

ದುಕಾನು ⟦dukānu ドゥカーヌ⟧ [dukɐːnu] ದುಕಾನ *n.* 店、商店 [Ar. *dukkān*] ಅಂಗಡಿ (aṃgaḍi) 〔汎〕

ದುಕುಲ ⟦dukula ドゥクラ⟧ [dukulɐ] 《文》 *n.* 絹製の布、絹布 [Sk. *dukūla*- cf. D3285] ☞ದುಗುಲ (dugula)

ದುಕೂಲ ⟦dukūla ドゥクーラ⟧ [dukuːlɐ] 《文》 *n.* 1 絹製の布、絹布 2 とても細やかな布 [Sk. *dukūla*- cf. Ka. *dugula* D3285] ☞ದುಗುಲ (dugula)

ದುಗುಡ ⟦duguḍa ドゥグダ⟧ [duguɖɐ] 《文》 *n.* 1 悲しみ、悲嘆 2 苦悩、悩み 3 心配、恐れ [Pk. *dugghaḍa*-, *dukkhaḍa*-?]

ದುಗುಲ ⟦dugula ドゥグラ⟧ [dugŭlɐ] ದುಗುಳ 《文》 *n.* **1** 絹製の布、絹布 **2** とても細やかな布や衣類 [Ka. D3285]

ದುಗುಳ ⟦dugul̥a ドゥグラ⟧ [dugŭl̥ɐ] 《文》 *n.* **1** 絹製の布、絹布 **2** とても細やかな布 [Ka. *D3285] ☞ದುಗುಲ (dugula)

ದುಗ್ಗಾಣಿ ⟦duggāṇi ドゥッガーニ⟧ [duggɐːɳi] 《古》 *n.* 昔の貨幣の名、1 ルーピーの 32 分の 1（= 2 カーニ）[Ka.?]

ದುಡಿ¹ ⟦duḍi ドゥディ⟧ [duɖi] *vi.* **1** 脈打つ、どきんどきんする、(できものが)ずきんずきんする **2** (自分の愛する人の到着を待ったりして)胸がどきどきする ¶ ಅಪ್ಪನಿಗಾಗಿ ಮಗಳ ಜೀವ ದುಡಿಯುತ್ತಿತ್ತು. (appanigāgi magaḷa jīva duḍiyuttitu.) (訪ねてくる)父親を待って娘は胸がどきどきしていた。[Ka. D3294] ☞ತುಡಿ (tuḍi) cf. ಮಿಡಿ (miḍi) "with compassion"?

ದುಡಿ² ⟦duḍi ドゥディ⟧ [duɖi] *vi.* (生活の糧を稼ぐために)一生懸命働く —*vt.* 〈生活の糧などを〉(努力して)稼ぐ [Ka. D3295]

ದುಡಿಸು ⟦duḍisu ドゥディス⟧ [duɖĭsu] *vt.* 《*caus.*》働かせる、こき使う ¶ ಅವರು ಕೆಲಸದವರಿಗೆ ಸಂಬಳ ಕೊಡದೆ ದುಡಿಸುತ್ತಾರೆ. (avaru kelasadavarige saṃbaḷa koḍade duḍisuttāre.) 彼は労働者を働かせて金を払わない。[Ka. caus. *D3295]

ದುಡಿ ⟦duḍi ドゥディ⟧ [duɖi] *n.* 民族音楽で使われる鼓型の楽器の一種 [⇒図] [Ka. D3297]

ದುಡಿ 鼓

ದುಡಿತ¹ ⟦duḍita ドゥディタ⟧ [duɖitɐ] *n.* **1** 脈拍、脈打つこと **2** 欲しくてたまらないこと、焦がれること ¶ ಅವಳಿಗೆ ಆ ಹೂವಿನ ದುಡಿತ. (avaḷige ā hūvina duḍita.) あの子はあの花が欲しくてたまらない。[Ka. D3294]

ದುಡಿತ² ⟦duḍita ドゥディタ⟧ [duɖitɐ] *n.* **1** (生活の糧を稼ぐために)一生懸命働くこと、労働 **2** (一生懸命働いて得た)稼ぎ [Ka. D3295]

ದುಡಿಮೆ ⟦duḍime ドゥディメ⟧ [duɖime] *n.* **1** (生活の糧を稼ぐために)一生懸命働くこと、労働 **2** (一生懸命働いて得た)稼ぎ [Ka. D3295]

ದುಡಿಮೆಗಾರ ⟦duḍimegāra ドゥディメガーラ⟧ [duɖimegɐːrɐ] *m.* 《*f.* ದುಡಿಮೆಗಾರ್ತಿ (duḍimegārti)》労働者 [*duḍime* + *-gāra*]

ದುಡುಕು ⟦duḍuku ドゥドゥク⟧ [duɖuku] *vi.* 軽率に振る舞う、慌ててことをなす ¶ ದುಡುಕಿದರೆ ಅನರ್ಥ ಆಗುತ್ತದೆ. (duḍukidare anartʰa āguttade.) 急いてはことを仕損ずる —(*n.*) 軽率〈な〉、大慌て〈の〉¶ ದುಡುಕಿ ಕೆಲಸ ಮಾಡಬಾರದು. (duḍuki kelasa māḍabāradu.) 慌ててことを行ってはいけない。 —*n.* 慌てること、軽率 ¶ ದುಡುಕಿನಿಂದ ನನಗೆ ಅಪಘಾತ ಆಯಿತು. (duḍukinimda nanage apagʰāta āyitu.) 私は慌てて事故に遭った。[Ka. D3294]

ದುಡುಕುತನ ⟦duḍukutana ドゥドゥクタナ⟧ [duɖukutənɐ] *n.* 慌てること [Ka. *duḍuku* + -ತನ D3294]

ದುಡುಂ ⟦duḍuṃ ドゥドゥン⟧ [duɖum] (*n.*) どぶん(比較的重いものが水の中に落ちた時の音を表す擬音語) ¶ ಹುಡುಗ ದುಡುಂ ಎಂದು ಕೆರೆಗೆ ಬಿದ್ದ. (huḍuga duḍuṃ emdu kerege bidda.) 少年はどぶんと池に落ちた。[Ka. onom. D3300]

ದುಡುದುಡು ⟦duḍuduḍu ドゥドゥドゥドゥ⟧ [duɖuɖu ɖu] (*n.*) とことこ(床の上などを速く走る音を表す擬音語) —*adv.* とことことこ ¶ ಮಗ ನನ್ನನ್ನು ನೋಡಿ ದುಡುದುಡು ಓಡಿ ಬಂದ. (maga nannannu nōḍi duḍuduḍu ōḍi baṃda.) 息子は私を見てとことことこ走り寄った。[Ka. onom.]

ದುಡ್ಡು ⟦duḍḍu ドゥッドゥ⟧ [duɖɖu] *n.* **1** 《古》 3 分の 1 アンナの銅貨 **2** 金銭、お金(一般) [Ka. D3303] = ಕಾಸು (kāsu)

ದುಢುಂ ⟦duḍʰuṃ ドゥドゥン⟧ [duɖʰum] (*n.*), *adv.* [Ka. D3300] ☞ದುಡುಂ (duḍuṃ)

ದುಢುಮಿಱಿ ⟦duḍʰumiṟi ドゥドゥミリ⟧ [duɖʰumiṟi] 《古》 *vi.* (水などに)どぶんと跳び込む [Ka. D3300]

ದುದ್ದು ⟦duddu ドゥッドゥ⟧ [duddu] 《古》 *n.* カボチャやキュウリの実の種を含む中心部分 [Ka. D3318]

ದುಪ್ ⟦dup ドゥプ⟧ [dupp] (*n.*) ぽとん(果物などが急に地面に落ちる音などを表す擬音語)、ころん(子どもがつまずいて転ぶ音などを表す擬音語) [Ka. onom.]

ದುಪ್ಪನೆ ⟦duppane ドゥッパネ⟧ [duppə̆ne] *adv.* ぽとんと ¶ ಮಾವಿನಹಣ್ಣು ದುಪ್ಪನೆ ಬಿತ್ತು. (māvinahaṇṇu duppane bittu.) マンゴーの実がぽとんと落ちた。[*dup* + *-ane*]

ದುಪಟ ⟦dupaṭa ドゥパタ⟧ [dupəʈɐ] *n.* [H. *dupaṭṭā*] ☞ದುಪ್ಪಟೆ (duppaṭe)

ದುಪಟಿ ⟦dupaṭi ドゥパティ⟧ [dupəʈi] *n.* [H. *dupaṭṭā*] ☞ದುಪ್ಪಟೆ (duppaṭe)

ದುಪ್ಪಟ ⟦duppaṭa ドゥッパタ⟧ [duppəʈɐ] *n.* [H. *dupaṭṭā*] ☞ದುಪ್ಪಟೆ (duppaṭe)

ದುಪ್ಪಟ್ಟ ⟦duppaṭṭa ドゥッパッタ⟧ [duppəʈʈɐ] *n.* [H. *dupaṭṭā*] ☞ದುಪ್ಪಟೆ (duppaṭe)

ದುಪ್ಪಟೆ ⟦duppaṭe ドゥッパテ⟧ [duppəʈe] ದುಪಟ, ದುಪಟಿ, ದುಪ್ಪಟ, ದುಪ್ಪಟ್ಟ, ದುಬಟಿ, ದುವಟ, ದುವ್ವಟ, ದುವ್ವಟ್ಟ, ದೂಪಟ, ದೂಪಟ, ದೂವಟ, ದೂವಟಿ, ದೂವಾಟ *n.* **1** (布団の)敷布、シーツ(寝る時に体の下に敷いたり上にかぶったりする) **2** ドゥパッタ(女性が肩の上に掛けるショールで普通 1.2×1.8 メートルくらいの大きさ) [H. *dupaṭṭā*]

ದುಪ್ಪಟ್ಟು ⟦duppaṭṭu ドゥッパットゥ⟧ [duppəʈʈu] *adj.* 2 倍の ¶ ಮಗ ಮೊದಲನೆಯ ವರ್ಗದಲ್ಲಿ ಪಾಸಾದದ್ದನ್ನು ಕೇಳಿ ನನ್ನ ಸಂತೋಷ ದುಪ್ಪಟ್ಟಾಯಿತು. (maga modalaneya vargadalli pāsādaddannu kēḷi nanna saṃtōṣa duppaṭṭāyitu.) 息子が優等で合格したのを聞いて私は 2 倍の喜びを感じた。[M. *duppaṭ*]

ದುಪ್ಪಿ ⟦duppi ドゥッピ⟧ [duppi] 《古》 *n.* アクシスジカ(インドや東南アジアに生息する枝別れした角を持つ白い斑点のある鹿) [Ka. D694, cf. Te. *duppi*]

ದುಪ್ಪು ⟦duppu ドゥップ⟧ [duppu] 《古》 *n.* 埃 [Ka. *D3332]

ದುಪ್ರತಿ ⟦duprati ドゥプラティ⟧ [duprəti] *n.* (文書の)写し、副本、コピー ¶ ನಿಮ್ಮ ಅರ್ಜಿಯನ್ನು ದುಪ್ರತಿಯಲ್ಲಿ ಸಲ್ಲಿಸಿರಿ. (nimma arjiyannu dupratiyalli sallisiri.) 陳情書を副本と共に御提出ください。[Sk.]

ದುಬಟಿ ⟦dubaṭi ドゥバティ⟧ [dubə̆ṭi] *n.* 子どもの寝具として用いられる厚い布で作った小型のドゥパッタ(ショール)のような布 [H. *dupaṭṭā*] ☞ದುಪ್ಪಟೆ (duppaṭe)

ದುಬಾರಿ ⟦dubāri ドゥバーリ⟧ [dubɐːri] (*n.*) 1《古》 2倍〈の〉 2 (値段などが)上がった〈こと〉、(出費などが)増大した〈こと〉¶ ಸಕ್ಕರೆಯ ಬೆಲೆ ದುಬಾರಿಯಾಯಿತು. (sakkareya bele dubāriyāyitu.) 砂糖の値段が上がった。 3 高価〈な〉、高い〈こと〉¶ ಅವರ ಮನೆಯಲ್ಲಿ ದುಬಾರಿ ಚಿತ್ರಗಳು ಇವೆ. (avara maneyalli dubāri citragaḷu ive.) 彼の家には高価な絵がたくさんある。¶ ಎಲ್ಲ ಸಾಮಾನುಗಳು ದುಬಾರಿ ಆಗಿವೆ. (ella sāmānugaḷu dubāri āgive.) すべての物資が高くなった。 —*adv.* 2回 ¶ ಸರಿಯಾಗಿ ಕೆಲಸ ಮಾಡದೆ ಇದ್ದರೆ ಅದನ್ನೆ ದುಬಾರಿ ಮಾಡಬೇಕಾಗುತ್ತದೆ. (sariyāgi kelasa māḍade iddare adanne dubāri māḍabēkāguttade.) ちゃんと仕事をしないとやりなおさなければならなくなる。[Pe. *dubārah*]

ದುಭಾಷಿ ⟦dubʰāṣi ドゥバーシ⟧ [dubʰɐːʂi] *mf.* 1 通訳 2 二つの言語に通じた人 [H./M. *dubʰāṣī*]

ದುಮಗುಟ್ಟು ⟦dumaguṭṭu ドゥマグットゥ⟧ [dumə̆guṭṭu] *vi.* [Ka. D3324] ☞ದುಮುಗುಟ್ಟು (dumuguṭṭu)

ದುಮಿಕು ⟦dumiku ドゥミク⟧ [dumiku] *vi.* [Ka. D3326] ☞ದುಮುಕು (dumuku)

ದುಮಿಕ್ಕು ⟦dumikku ドゥミック⟧ [dumikku] 《文》 *vi.* [Ka. D3326] ☞ದುಮ್ಮಿಕ್ಕು (dummikku)

ದುಮು ⟦dumu ドゥム⟧ [dumu] 《‡》 (*n.*) 《*redup.*》立腹や恐ろしい表情を表す擬態語 (*Kitt.*) [Ka. mim. D3324] ☞ದುಮುದುಮು, ದುಮುಗುಟ್ಟು (dumudumu, dumuguṭṭu)

ದುಮುಕು ⟦dumuku ドゥムク⟧ [dumuku] ದುಮಿಕು *vi.* 1 飛ぶ、飛び下りる ¶ ವಿಚಾರ ಮಾಡದೆ ಯಾವ ಕೆಲಸಕ್ಕೂ ದುಮುಕಬಾರದು. (vicāra māḍade yāva kelasakkū dumukabāradu.) どんな仕事にも突進してはいけない。 2 (水などが) ほとばしり出る、どっと飛び出す ¶ ಗೇಟ್ ತೆರೆದಕೂಡಲೇ ನೀರು ನದಿಗೆ ದುಮುಕಿತು. (gēṭ teredakūḍalē nīru nadige dumukitu.) 水門を開くや水が飛び出した。 3 〔喩〕 (感情、水などが) ほとばしり出る、どっと飛び出す ¶ ಅಪಘಾತದ ದೃಶ್ಯ ನೋಡಿ ನನಗೆ ದುಃಖ ದುಮುಕಿತು. (apagʰātada dṛśya nōḍi nanage duḥkʰa dumukitu.) 事故の現場を見て私は悲しみに打ちのめされた。[Ka. D3326]

ದುಮುಗುಟ್ಟು ⟦dumuguṭṭu ドゥムグットゥ⟧ [dumŭguṭṭu] ದುಮಗುಟ್ಟು *vi.* ぷりぷりする ¶ ನಮ್ಮ ಯಜಮಾನಿ ಯಾವಾಗಲೂ ದುಮುಗುಟ್ಟುತ್ತಾರೆ. (namma yajamāni yāvāgalū dumuguṭṭuttāre.) うちの女主人はいつもぷりぷりしている。[Ka. D3324] ☞ದುಮುಗುಟ್ಟು (dumuguṭṭu)

ದುಮುದುಮು ⟦dumudumu ドゥムドゥム⟧ [dumudumu] (*n.*) ぷりぷり(立腹を表す擬態語) [Ka. mim. *D3324]

ದುಮ್ಮನ ⟦dummana ドゥンマナ⟧ [dummənɐ] 《文》 *n.* [Sk. *durmanas-*] ☞ದುಮ್ಮಾನ (dummāna) 1

ದುಮ್ಮಾನ ⟦dummāna ドゥンマーナ⟧ [dummɐːnɐ] 《文》 *n.* 1 悲しみ、悲嘆 2 心配、懸念、不安 ¶ ಅಮ್ಮನಿಗೆ ಆರೋಗ್ಯ ಇಲ್ಲ ಎಂದು ಕೇಳಿ ದುಮ್ಮಾನಗೊಂಡೆ. (ammanige ārōgya illa eṃdu kēḷi dummānagoṃḍe.) 母の健康が優れないことを聞いて私は心配した。 3 不満、不快 ¶ ಯಾಕೆ ತಡ ಮಾಡಿ ಬರುತ್ತೀರಿ ಎಂದು ಹೆಂಡತಿ ದುಮ್ಮಾನದಿಂದ ನನಗೆ ಕೇಳಿದಳು. (yāke taḍa māḍi baruttīri eṃdu heṃḍati dummānadiṃda nanage kēḷidaḷu.) 妻はどうして私が(いつも)遅く帰ってくるのか不機嫌に尋ねた。[Sk. *durmanas-*]

ದುಮ್ಮಿಕ್ಕು ⟦dummikku ドゥンミック⟧ [dummikku] ದುಮಿಕ್ಕು 《文》 *vi.* 1 飛ぶ、飛び下りる 2 (水や感情が)どっとあふれ出す [Ka. D3326]

ದುಮ್ಮು ⟦dummu ドゥンム⟧ [dummu] 《古》 *n.* 埃 [Ka. *D3332]

ದುರ ⟦dura ドゥラ⟧ [durɐ] ಧುರ 《古》 *n.* 戦い、戦争 [Sk. *udara-*?] ☞ದುರ (dura)

ದುರಂತ ⟦duraṃta ドゥランタ⟧ [durəntɐ] *adj.* 1 終わりがない、永遠の 2 悲劇的な、終わりが悲しい ¶ ಬೇಂದ್ರೆಯ "ನಗೆಯ ಹೊಗೆ" ಒಂದು ಒಳ್ಳೆ ದುರಂತ ನಾಟಕ. (bēṃdreya "nageya hoge" oṃdu oḷḷe duraṃta nāṭaka.) ベーンドレの『笑いの煙』はよい悲劇である。 —*n.* 1 悲しい終わり、不幸な結末 ¶ ಅವನ ಮದುವೆ ದುರಂತದಲ್ಲಿ ಕೊನೆ ಆಯಿತು. (avana maduve duraṃtadalli kone āyitu.) 彼の結婚は失敗に終わった。 2 事故 ¶ ಪಟ್ನಾದಲ್ಲಿ ವಿಮಾನ ದುರಂತದಲ್ಲಿ 52 ಜನ ಸತ್ತರು. (paṭnādalli vimāna duraṃtadalli 52 jana sattaru.) パトナーにおいて飛行機事故で52人が死んだ。[Sk.]

ದುರಂತಕಥೆ ⟦duraṃtakatʰe ドゥランタカテ⟧ [durəntəkətʰe] *n.* 悲劇的な物語、悲しい物語 [Sk.]

ದುರಂತನಾಟಕ ⟦duraṃtanāṭaka ドゥランタナータカ⟧ [durəntənɐːṭə̆kɐ] *n.* 悲劇 [Sk.]

ದುರಗಲಿ ⟦duragali ドゥラガリ⟧ [durəgəli] ಧುರಗಲಿ 《古》 *mf.* 英雄的な戦士、勇猛な戦士 [*dura + kali*]

ದುರಗಲಿತನ ⟦duragalitana ドゥラガリタナ⟧ [durəgəlitənɐ] 《古》 *n.* 戦いにおける勇猛さ [*duragali + -tana*]

ದುರದೃಷ್ಟ ⟦duradṛṣṭa ドゥラドゥルシュタ⟧ [durədruʂṭɐ] *n.* 不運 [Sk.]

ದುರದೃಷ್ಟಶಾಲಿ ⟦duradṛṣṭaśāli ドゥラドゥルシュタシャーリ⟧ [durədruʂṭəʃɐːli] *adj., mf.* 不運な〈人〉[Sk.]

ದುರಭಿಪ್ರಾಯ ⟦durabʰiprāya ドゥラビプラーヤ⟧ [durəbʰiprɐːjɐ] *n.* 悪意、悪いもくろみ —*mf.* 悪意を持

った人 [Sk.]

ದುರಭಿಮಾನ ⟦durab^himāna ドゥラビマーナ⟧ [durəb^hi mɐːnɐ] *n.* うぬぼれ、傲慢無礼 [Sk.]

ದುರಭಿಮಾನಿ ⟦durab^himāni ドゥラビマーニ⟧ [durəb^himɐː ni] *mf., adj.* 傲慢な〈人〉、うぬぼれた〈人〉[Sk.]

ದುರಭ್ಯಾಸ ⟦durab^hyāsa ドゥラビャーサ⟧ [durəb^h·jɐːsɐ] *n.* 酒や麻薬などにおぼれること [Sk.] = ಕೆಟ್ಟ ಚಟ (keṭṭa caṭa)

ದುರಭ್ಯಾಸಿ ⟦durab^hyāsi ドゥラビャーシ⟧ [durəb^h·jɐːsi] *adj., mf.* 酒や麻薬などにおぼれた〈人〉[Sk.]

ದುರವಸ್ಥೆ ⟦duravast^he ドゥラヴァステ⟧ [durəvə̆st^he] *n.* 窮状、惨状、苦境 [Sk.]

ದುರಸ್ತಿ ⟦durasti ドゥラスティ⟧ [durəsti] *n.* 修繕、壊れた所を直すこと ◇ *vt.* —ಮಾಡು (māḍu) [Pe. *durustī*]

ದುರಹಂಕಾರ ⟦durahaṃkāra ドゥラハンカーラ⟧ [durəhə ŋkɐːrɐ] *n.* 1 傲慢、横柄 2 うぬぼれ [Sk.]

ದುರಹಂಕಾರಿ ⟦durahaṃkāri ドゥラハンカーリ⟧ [durəhə ŋkɐːri] *adj., mf.* 傲慢な〈人〉、うぬぼれた〈人〉[Sk.]

ದುರಾಕ್ರಮಣ ⟦durākramaṇa ドゥラークラマナ⟧ [durɐː krə̆məɳɐ] *n.* 侵略、正当な理由のない攻撃 [Sk.]

ದುರಾಗ್ರಹ ⟦durāgraha ドゥラーグラハ⟧ [durɐːgrə̆hɐ] 《文》 *n.* 度を越して主張すること、頑固に主張すること [Sk.]

ದುರಾಚರಣ ⟦durācaraṇa ドゥラーチャラナ⟧ [durɐːʧərə̆ ɳɐ] *adj., mf.* 悪行をする〈人〉、不正な行いをする〈人〉 —*n.* 悪行、不正な行い [Sk.]

ದುರಾಚಾರ ⟦durācāra ドゥラーチャーラ⟧ [durɐːʧɐːrɐ] *adj., m.* 《*f.* ದುರಾಚಾರೆ (durācāre)》悪行をする〈人〉、不正な行いをする〈人〉 —*n.* 悪行、不正な行い [Sk.]

ದುರಾಚಾರಿ ⟦durācāri ドゥラーチャーリ⟧ [durɐːʧɐːri] *adj., m.* 《*f.* ದುರಾಚಾರಿಣಿ (durācāriṇi)》悪行をする〈人〉、不正な行いをする〈人〉[Sk.]

ದುರಾತ್ಮ ⟦durātma ドゥラートマ⟧ [durɐːtmɐ] *m.* 《*f.* ದುರಾತ್ಮೆ, ದುರಾತ್ಮಳು (durātme, durātmaḷu)》悪人、悪漢、悪者 [Sk.]

ದುರಾತ್ಮಿಕ ⟦durātmika ドゥラートミカ⟧ [durɐːtmĭkɐ] *m.* 《*f.* ದುರಾತ್ಮಿಕೆ (durātmike)》悪人、悪漢、悪者 [Sk.]

ದುರಾಶೆ ⟦durāśe ドゥラーシェ⟧ [durɐːʃe] ದುರಾಸೆ *n.* よくない渇望、欲望 [Sk.] = ದುರಾಸೆ (durāse)

ದುರಾಸೆ ⟦durāse ドゥラーセ⟧ [durɐːse] *n.* [Sk.] ☞ದುರಾಶೆ (durāśe)

ದುರಿತ ⟦durita ドゥリタ⟧ [duritɐ] 《文》 *n.* 1 悪、罪 2 害；不幸、難儀 [Sk.]

ದುರಿತವಿನಾಶ ⟦duritavināśa ドゥリタヴィナーシャ⟧ [duri təvinɐːʃɐ] 《文》 *n.* 1 罪の除去 2 害や不幸を呪文や神の恩寵などで取り除くこと [Sk.]

ದುರಿತಹರ ⟦duritahara ドゥリタハラ⟧ [duritə̆hərɐ] 《文》 *adj.* 罪や災厄などを取り除く —*m.* 《*f.* ದುರಿತಹರೆ (duritahare)》罪を除去してくれる存在（神など） —*n.* 罪や災厄などの除去 [Sk.]

ದುರುಗಮುರುಗಿ ⟦durugamurugi ドゥルガムルギ⟧ [du rə̆gəmurŭgi] ದುರುಗುಮುರುಗಿ *n.* 宗教的乞食者が胸にぶら下げ両手のバチで打ち鳴らす太鼓の一種 —*mf.* この太鼓を打ち鳴らして乞食する者 ☞ದುರುಗುಮುರುಗಿ (durugumurugi) [⇒図] [*durge* + ?]

ದುರುಗುಮುರುಗಿ ⟦durugumurugi ドゥルグムルギ⟧ [durŭgumurŭgi] *n.* [*durge* + ?] ☞ದುರಗುಮುರುಗಿ (duragumurugi)

ದುರುಗಮುರುಗಿ
宗教的乞食者

ದುರುಗುಟ್ಟು ⟦duruguṭṭu ドゥルグットゥ⟧ [duruguʈʈu] *vt.* にらみつける ¶ ಬಸ್ ಕಂಡಕ್ಟರ್ ಚಿಲ್ಲರೆ ಕೇಳಿದರೆ ದುರುಗುಟ್ಟಿ ನೋಡಿದನು. (bas kaṃḍakṭar cillare kēḷidare duruguṭṭi nōḍidanu.) 私が釣り銭を要求したらバスの車掌は私をにらみつけた。 [Ka. *duru* (onom.) + *kuḍu*[2]]

ದುರುದುರು[1] ⟦duruduru ドゥルドゥル⟧ [duruduru] (*n.*) 怒った目つきやにらみを表す擬態語 —*adv.* にらみつけて ¶ ಬಸ್ಸಿನಲ್ಲಿ ನನ್ನ ಕೈ ಒಬ್ಬ ಹೆಂಗಸಿಗೆ ಬಡಿದಾಗ ಅವಳು ನನ್ನನ್ನು ದುರುದುರು ನೋಡಿದಳು. (bassinalli nanna kai obba heṃgasige baḍidāga avaḷu nannannu duruduru nōḍidaḷu.) バスの中で私の手が女性にふれてしまった時、彼女は私をにらみつけた。 [Ka. mim.]

ದುರುದುರನೆ ⟦durudurane ドゥルドゥラネ⟧ [durudurə̆ne] *adv.* にらみつけて [Ka. onom.]

ದುರುದುರು[2] ⟦duruduru ドゥルドゥル⟧ [duruduru] (*n.*) とことこ（床の上を速く走る音を表す擬音語）[Ka. onom.]

ದುರುದ್ದೇಶ ⟦duruddēśa ドゥルッデーシャ⟧ [durudde:ʃɐ] *n.* 悪意、邪悪な目的 [Sk.]

ದುರುಪಯೋಗ ⟦durupayōga ドゥルパヨーガ⟧ [duru pə̆joːgɐ] *n.* 1 悪用、乱用 2 不正流用、使い込み ¶ ಅನೇಕ ಅಧಿಕಾರಿಗಳು ಸರಕಾರಿ ವಾಹನದ ದುರುಪಯೋಗ ಮಾಡುತ್ತಾರೆ. (anēka ad^hikārigaḷu sarakāri vāhanada durupayōga māḍuttāre.) 多くの役人たちが政府の車を悪用する。 [Sk.]

ದುರುಳ ⟦duruḷa ドゥルラ⟧ [durŭɭɐ] *adj., mf.* 1 悪い〈人〉、悪人〈の〉 2 ずるい〈人〉、人を欺く〈人〉 [cf. Sk. *d^hūrta-* Tu. *duruḷa*, M. *duraḷā*]

ದುರುಳತನ ⟦duruḷatana ドゥルラタナ⟧ [duruɭə̆tənɐ] *n.* 1 邪悪、悪辣、悪行 2 詐欺、ペテン [Ka *duruḷa* + *-tana*]

ದುರ್ಗಂಧ ⟦durgaṃd^ha ドゥルガンダ⟧ [durgənd^hɐ] 《文》 *n.* 悪い臭い、悪臭 —*adj.* 悪臭を放つ、悪い臭いがする [Sk.]

ದುರ್ಗ ⟦durga ドゥルガ⟧ [durgɐ] 《文》 *adj.* 近づきがたい、寄り付きにくい —*n.* 砦、要塞、城塞 [Sk.]

ದುರ್ಗತಿ ⟦durgati ドゥルガティ⟧ [durgəti] *n.* 1 不幸、窮状 2 貧窮、窮乏 ¶ ಜೂಜಿನಲ್ಲಿ ಎಲ್ಲವನ್ನು ಕಳೆದುಕೊಂಡು ಅವನಿಗೆ ದುರ್ಗತಿ ಬಂತು. (jūjinalli ellavannu kaḷedukoṃḍu avanige durgati baṃtu.) 博打ですべてを失って彼は貧窮に陥った。 [Sk.]

ದುರ್ಗಮ ⟦durgama ドゥルガマ⟧ [durgəmɐ] 《文》 *adj.* 1（山や沼など）通るのが難しい 2 理解するのが難しい、分かりにくい 3 獲得するのが難しい、成就しがたい 4 征服するのが難しい、難攻不落の [Sk.]

ದುರ್ಗಾ ⟦durgā ドゥルガー⟧ [durgɐː] *f.* ドゥルガー（パールヴァティー女神の別名）[Sk.]

ದುರ್ಗುಣ ⟦durguṇa ドゥルグナ⟧ [durguɳɐ] *n.* 悪い性質、悪い性格 [Sk.]

ದುರ್ಗಿ ⟦durgi ドゥルギ⟧ [durgi] *f.* ドゥルガー（パールヴァティー女神の別名）[Sk.]

ದುರ್ಗೆ ⟦durge ドゥルゲ⟧ [durge] *f.* ドゥルガー（パールヴァティー女神の別名）[Sk.]

ದುರ್ಘಟನೆ ⟦durg^{h}aṭane ドゥルガタネ⟧ [durg^{h}əʈə̆ne] *n.* 事故、不幸な出来事 [Sk.]

ದುರ್ಜನ ⟦durjana ドゥルジャナ⟧ [durʤənɐ] *mf. pl.* 《単数形および集合名詞》よこしまな人、悪人 [Sk.]

ದುರ್ಜಯ ⟦durjaya ドゥルジャヤ⟧ [durʤəjɐ] 《文》 *adj., n.* 打ち破ることが難しい〈こと〉、負かすことができない〈こと〉 —*m.* 《*f.* ದುರ್ಜಯೆ (durjaye)》打ち破ることが難しい人、負かすことができない人 [Sk.]

ದುರ್ದಶೆ ⟦durdaśe ドゥルダシェ⟧ [durdəʃe] *n.* 窮状、哀れむべき状態 [Sk.]

ದುರ್ದಾಂತ ⟦durdāṃta ドゥルダーンタ⟧ [durdɐːntɐ] 《文》 *adj.*（家畜などが）馴らすことができない、手におえない —*adj., m.* 《*f.* ದುರ್ದಾಂತೆ (durdāṃte)》傲慢不遜な〈人〉、御しにくい〈人〉、手におえない〈人〉 [Sk.]

ದುರ್ದಾನ ⟦durdāna ドゥルダーナ⟧ [durdɐːnɐ] 《文》 *n.* 1 ふさわしくない人になされた贈り物や施しもの 2 死後 12 日目の式でバラモンに贈られる死者の身の回りの品物 [Sk.]

ದುರ್ದಿನ ⟦durdina ドゥルディナ⟧ [durdinɐ] 《文》 *n.* 悪い日、（一般に）苦難の日、厄日 ¶ ಜೂನ್ ಇಪ್ಪತ್ತೊಂದು ರಾಜೀವ ಗಾಂಧಿ ಅವರಿಗೆ ದುರ್ದಿನ. (jūn ippatoṃdu rājīva gāṃd^{h}i avarige durdina.) 7 月 21 日はラージーヴ・ガーンディーにとって厄日となった。[Sk.]

ದುರ್ದೆಸೆ ⟦durdese ドゥルデセ⟧ [durdese] *n.* 窮状、哀れむべき状態 [Sk. *durdaśā*-]

ದುರ್ದೈವ ⟦durdaiva ドゥルダイヴァ⟧ [durdəivɐ] *n.* 不運 [Sk.]

ದುರ್ದೈವಿ ⟦durdaivi ドゥルダイヴィ⟧ [durdəivi] *adj., mf.* 不運な〈人〉、幸運に見放された〈人〉 [Sk.]

ದುರ್ನಡತೆ ⟦durnaḍate ドゥルナダテ⟧ [durnəɖə̆te] *n.* 悪い行動、不品行 [Sk.]

ದುರ್ನಾತ ⟦durnāta ドゥルナータ⟧ [durnɐːtɐ] *n.* 悪臭、嫌な臭い [Sk. *dur*-＋Ka. *nāta*] ＝ ದುರ್ವಾಸನೆ (durvāsane)

ದುರ್ನಾಮ ⟦durnāma ドゥルナーマ⟧ [durnɐːmɐ] *n.* 1 悪名、汚名 2《古》ヒル（蛭） 3《古》痔、痔疾 [Sk.]

ದುರ್ನಿಮಿತ್ತ ⟦durnimitta ドゥルニミッタ⟧ [durnimittɐ] *n.* 凶兆、悪い兆し [Sk.]

ದುರ್ಬಲ ⟦durbala ドゥルバラ⟧ [durbəlɐ] *adj., m.* 《*f.* ದುರ್ಬಲೆ (durbale)》弱い〈人〉、力がない〈人〉 [Sk.]

ದುರ್ಬಲಗೊಳಿಸು ⟦durbalagoḷisu ドゥルバラゴリス⟧ [durbələgoɭisu] *vt.* 弱くする、脱力する [+ *goḷisu*]

ದುರ್ಬಲತೆ ⟦durbalate ドゥルバラテ⟧ [durbələ̆te] *n.* 弱さ、虚弱 [Sk.]

ದುರ್ಬಳಕೆ ⟦durbaḷake ドゥルバラケ⟧ [durbəḷə̆ke] *n.* 悪用、乱用 [*dur*- + *baḷake*]

ದುರ್ಬಿಣಿ ⟦durbiṇi ドゥルビニ⟧ [durbiɳi] 《古》 *n.* 望遠鏡、遠めがね [Pe. *dūrbīn*] ☞ ದುರ್ಬೀನು (durbīnu)

ದುರ್ಬೀನಿ ⟦durbīni ドゥルビーニ⟧ [durbiːni] 《異》 *n.* 望遠鏡、遠めがね [Pe. *dūrbīn*] ☞ ದುರ್ಬೀನು (durbīnu)

ದುರ್ಬೀನು ⟦durbīnu ドゥルビーヌ⟧ [durbiːnu] ದುರ್ಬಿಣಿ, ದುರ್ಬೀನಿ *n.* 望遠鏡、遠めがね [Pe. *dūrbīn*]

ದುರ್ಬುದ್ಧಿ ⟦durbudd^{h}i ドゥルブッディ⟧ [durbudd^{h}i] *n.* 1 奸智、悪意に満ちた心 2《文》愚かさ —*mf.* よこしまな心を持った人、心の醜い人 [Sk.]

ದುರ್ಭರ ⟦durb^{h}ara ドゥルバラ⟧ [durb^{h}ərɐ] (*n.*) 1 運ぶことが難しい〈こと〉 2 耐え難い〈こと〉、我慢できない〈こと〉 [Sk.]

ದುರ್ಭಾಗ್ಯ ⟦durb^{h}āgya ドゥルバーギャ⟧ [durb^{h}ɐːgʲjɐ] *n.* 不運 [Sk.] ＝ ದುರ್ದೈವ (durdaiva)

ದುರ್ಭಾವ ⟦durb^{h}āva ドゥルバーヴァ⟧ [durb^{h}ɐːvɐ] *n.* 1 悪感情、敵意 ¶ ಬಾಸಿಗೆ ನನ್ನ ಮೇಲೆ ಸದ್ಭಾವ ಇಲ್ಲ, ಆದರೆ ದುರ್ಭಾವ ಇಲ್ಲ. (bāsige nanna mēle sadb^{h}āva illa, ādare durb^{h}āva illa.) うちの店長は私に好意を持っていないが、悪意も持っていない。 2 悪意 ¶ ಮಲತಾಯಿ ಮಗಳನ್ನು ದುರ್ಭಾವದಿಂದ ಅಯೋಗ್ಯನಿಗೆ ಕೊಟ್ಟಳು. (malatāyi magaḷannu durb^{h}āvadiṃda ayōgyanige koṭṭaḷu.) 継母は娘を悪意をもってくだらない男に嫁がせた。[Sk.] ＝ ದುರ್ಭಾವನೆ (durb^{h}āvane)

ದುರ್ಭಾವನೆ ⟦durb^{h}āvane ドゥルバーヴァネ⟧ [durb^{h}ɐːvə̆ne] *n.* 1 悪感情、敵意 2 悪意 [Sk.] ＝ ದುರ್ಭಾವ (durb^{h}āva)

ದುರ್ಭಾಷೆ ⟦durb^{h}āṣe ドゥルバーシェ⟧ [durb^{h}ɐːʂe] *n.* 人の不幸を望む意地の悪い言葉 [Sk.]

ದುರ್ಭಿಕ್ಷ ⟦durb^{h}ikṣa ドゥルビクシャ⟧ [durb^{h}ikʂɐ] *n.* 1 飢饉、干魃 2〔喩〕不足、欠乏 ¶ ಭಾರತದಲ್ಲಿ ಬಿಸಿಲಿನ ದುರ್ಭಿಕ್ಷ ಇಲ್ಲ. (b^{h}āratadalli bisilina durb^{h}ikṣa illa.) インドには日光の不足はない。[Sk.]

ದುರ್ಭೇದ ⟦durb^{h}ēda ドゥルベーダ⟧ [durb^{h}eːdɐ] 《文》 *adj.* 1 硬くて壊せない、分割できない 2〔喩〕理解することができない、不可解な、解くことが難しい（数学の問題など）¶ ಗಣಿತ ನನಗೆ ದುರ್ಭೇದ ವಿಷಯವಾಗಿತ್ತು. (gaṇita nanage durb^{h}ēda viṣayavāgittu.) 数学は私にはちんぷんかんぷんだった。[Sk.]

ದುರ್ಭೇದ್ಯ ⟦durb^{h}ēdya ドゥルベーディャ⟧ [durb^{h}eːdʲjɐ] 《文》 *adj.* 1 壊すことができない、硬くて割れない 2〔喩〕理解することができない、不可解な、

解くことが難しい(問題など) [Sk.]

ದುರ್ಮಂತ್ರ ⟦durmaṃtra ドゥルマントラ⟧ [durmәntrɐ] 《文》 *n.* 1 悪い忠告、ためにならない助言 2 不幸をもたらす呪文 3 姦計、姦策、よこしまな計略 [Sk.]

ದುರ್ಮತಿ ⟦durmati ドゥルマティ⟧ [durmәti] 《文》 *adj., mf.* 1 悪意を持った〈人〉 2 愚かな〈人〉 —*n.* 1 悪意、悪い性格 2 愚かさ 3 木星の 60 年周期の暦年で 55 番目の年 [Sk.]

ದುರ್ಮರಣ ⟦durmaraṇa ドゥルマラナ⟧ [durmәrә̆ɳɐ] *n.* 不慮の死 [Sk.]

ದುರ್ಮಾರ್ಗ ⟦durmārga ドゥルマールガ⟧ [durmɐːrgɐ] *n.* 1 悪い道、歩きにくい道 2 悪い道、邪悪な道 [Sk.]

ದುರ್ಮಾರ್ಗಿ ⟦durmārgi ドゥルマールギ⟧ [durmɐːrgi] *mf.* 邪悪な道を行く人 [Sk.]

ದುರ್ಲಕ್ಷಣ ⟦durlakṣaṇa ドゥルラクシャナ⟧ [durlәkʂә̆ɳɐ] *n.* 凶兆、悪い兆し [Sk.]

ದುರ್ಲಭ ⟦durlabʰa ドゥルラバ⟧ [durlәbʰɐ] *adj.* 1 見つけ出すのが難しい、得難い、成就しがたい 2 珍しい、貴重な、選りすぐった [Sk.]

ದುರ್ವರ್ತನೆ ⟦durvartane ドゥルヴァルタネ⟧ [durvәrtә̆ne] *n.* 悪行、悪い振る舞い [Sk.]

ದುರ್ವಾರ್ತೆ ⟦durvārte ドゥルヴァールテ⟧ [durvɐːrte] *n.* 悪い知らせ、悲しい知らせ [Sk.]

ದುರ್ವಾಸನೆ ⟦durvāsane ドゥルヴァーサネ⟧ [durvɐːsә̆ne] *n.* 悪臭、嫌な臭い [Sk.] = ದುರ್ನಾತ (durnāta)

ದುರ್ವಿಧಿ ⟦durvidʰi ドゥルヴィディ⟧ [durvidʰi] *n.* 不運、過酷な運命、運命のいたずら [Sk.]

ದುರ್ವಿಲಸಿತ ⟦durvilasita ドゥルヴィラシタ⟧ [durvilәsitɐ] 《文》 *n.* (神、王などの)悪い行い、悪行 [Sk.]

ದುರ್ವ್ಯಯ ⟦durvyaya ドゥルヴィャヤ⟧ [durvjәjɐ] *n.* 無駄使い [Sk.]

ದುರ್ವ್ಯವಸ್ಥೆ ⟦durvyavastʰe ドゥルヴィャヴァステ⟧ [durvjәvәstʰe] *n.* 不整頓、無秩序、乱れた組織 ¶ ಆಫೀಸಿನ ದುರ್ವ್ಯವಸ್ಥೆಯಿಂದಾಗಿ ಮಂತ್ರಿಗಳಿಗೆ ಬೇಕಾದ ಮಾಹಿತಿ ಸಿಕ್ಕಲಿಲ್ಲ. (āpʰīsina durvyavastʰeyiṃdāgi maṃtrigaḷige bēkāda māhiti sikkalilla.) 役所の無秩序ゆえに大臣は必要な情報を得ることができなかった。 [Sk.]

ದುರ್ವ್ಯವಹಾರ ⟦durvyavahāra ドゥルヴィャヴァハーラ⟧ [durvjәvә̆hɐːrɐ] *n.* 悪い振る舞い、悪行 [Sk.]

ದುರ್ವ್ಯಸನ ⟦durvyasana ドゥルヴィャサナ⟧ [durvjәsә̆nɐ] *n.* 悪習、悪い習慣、酒や麻薬などの依存症 [Sk.]

ದುರ್ವ್ಯಾಪಾರ ⟦durvyāpāra ドゥルヴィャーパーラ⟧ [durvjɐːpɐːrɐ] *n.* 不正な商行為 [Sk.]

ದುರ್ವ್ಯಾಪಾರಿ ⟦durvyāpāri ドゥルヴィャーパーリ⟧ [durvjɐːpɐːri] *adj., mf.* 不正な商行為に従事する〈人〉 [Sk.]

ದುರ್ವ್ಯಾಮೋಹ ⟦durvyāmōha ドゥルヴィャーモーハ⟧ [durvjɐːmoːhɐ] 《文》 *n.* 溺愛、むやみに可愛がること、むやみに欲しがること ¶ ಯಜಮಾನಿಗೆ ಶಂಕರನ ಮೇಲೆ ದುರ್ವ್ಯಾಮೋಹ. (yajamānige śaṃkarana mēle durvyāmōha.) 事業主はシャンカラを溺愛している。 [Sk.]

ದುವಟ ⟦duvaṭa ドゥヴァタ⟧ [duvә̆ʈɐ] 《方》 *n.* 肩の上に掛ける布 [H. *dupaṭṭā*] ☞ದುಪ್ಪಟೆ (duppaṭe)

ದುವ್ವಟ ⟦duvvaṭa ドゥッヴァタ⟧ [duvvә̆ʈɐ] 《方》 *n.* [H. *dupaṭṭā*] ☞ದುಪ್ಪಟೆ (duppaṭe)

ದುವ್ವಟ್ಟ ⟦duvvaṭṭa ドゥッヴァッタ⟧ [duvvә̆ʈʈɐ] 《方》 *n.* 肩の上に掛ける布 [H. *dupaṭṭā*] ☞ದುಪ್ಪಟೆ (duppaṭe)

ದುಶ್ಚಟ ⟦duścaṭa ドゥシュチャタ⟧ [duʃʧәʈɐ] *n.* (酒、女性、麻薬などへの)耽溺、なくてはいられなくなる状態 [Sk.]

ದುಶ್ಚರ ⟦duścara ドゥシュチャラ⟧ [duʃʧәrɐ] 《文》 *adj.* 実行することが難しい、困難な [Sk.]

ದುಶ್ಚರಿತ ⟦duścarita ドゥシュチャリタ⟧ [duʃʧәritɐ] *adj., m.* 《*f.* ದುಶ್ಚರಿತೆ (duścarite)》悪行を行った〈人〉 —*n.* (ある人の行った)悪行 [Sk.]

ದುಶ್ಚರಿತ್ರ ⟦duścaritra ドゥシュチャリトラ⟧ [duʃʧәritˑrɐ] *adj., m.* 《*f.* ದುಶ್ಚರಿತ್ರೆ (duścaritre)》悪行を行った〈人〉 —*n.* 1 悪行、よこしまな振る舞い 2 (ある人の行った)悪行の前歴 [Sk.]

ದುಶ್ಚೇಷ್ಟೆ ⟦duścēṣṭe ドゥシュチェーシュテ⟧ [duʃʧeːʂʈe] *n.* 1 悪ふざけ、(子どもなどの)いたずら 2 邪悪な行い、悪行 [Sk.]

ದುಶ್ಶಕುನ ⟦duśśakuna ドゥッシャクナ⟧ [duʃʃәkŭnɐ] *n.* 凶兆、悪い兆し [Sk.]

ದುಶ್ಶಾಸನ ⟦duśśāsana ドゥッシャーサナ⟧ [duʃʃɐːsә̆nɐ] ದುಃಶಾಸನ 《文》 *adj.* 支配することが難しい、御しにくい —*m.* 叙事詩マハーバーラタに出てくるドリタラーシュトラ王の息子の一人 [Sk.]

ದುಶ್ಶೀಲ ⟦duśśīla ドゥッシーラ⟧ [duʃʃiːlɐ] *adj., m.* 《*f.* ದುಶ್ಶೀಲೆ (duśśīle)》行いが悪い〈人〉、節操がない〈人〉 [Sk.] = ದುಃಶೀಲ (duḥśīla)

ದುಶ್ಶೀಲೆ ⟦duśśīle ドゥッシーレ⟧ [duʃʃiːle] *f.* 《*m.* ದುಶ್ಶೀಲ (duśśīla)》行いが悪い女性、節操がない女性、品行の悪い女性 [Sk.] = ದುಃಶೀಲ (duḥśīla)

ದುಷ್ಕರ ⟦duṣkara ドゥシュカラ⟧ [duʂkәrɐ] *adj.* 1 難しい、行うのが難しい、成就するのが難しい 2 悪い、邪悪な —*n.* 難しい仕事 [Sk.]

ದುಷ್ಕರ್ಮ ⟦duṣkarma ドゥシュカルマ⟧ [duʂkәrmɐ] 《文》 *n.* 1 悪い行い、罪深い行為 2 難しい仕事、難儀な仕事 —*m.* 《*f.* ದುಷ್ಕರ್ಮಳು (duṣkarmaḷu)》ハリジャン (*Mr.112-6 (KPN)*) = ಚಾಂಡಾಲ (cāṃḍāla) [Sk.]

ದುಷ್ಕರ್ಮಿ ⟦duṣkarmi ドゥシュカルミ⟧ [duʂkәrmi] *adj., mf.* 悪行にふける〈人〉、悪人〈の〉 [Sk.]

ದುಷ್ಕಾಮ ⟦duṣkāma ドゥシュカーマ⟧ [duʂkɐːmɐ] *n.* よくない欲望、劣情 [Sk.]

ದುಷ್ಕಾಮಿ ⟦duṣkāmi ドゥシュカーミ⟧ [duʂkɐːmi] *mf.* よくない欲望を持つ人、劣情の人 [Sk.]

ದುಷ್ಕಾಲ ⟦duṣkāla ドゥシュカーラ⟧ [duʂkɐːlɐ] ದುಷ್ಕಾಳ *n.* 1 忌まわしい時 2 飢饉、干魃 [Sk.] = ಕೆಡುಗಾಲ (keḍugāla)

ದುಷ್ಕಾಳ ⟦duṣkāḷa ドゥシュカーラ⟧ [duʂkɐːɭɐ] *n.* [Sk.] ☞ಕೆಡುಗಾಲ (keḍugāla)

ದುಷ್ಟ ⟦duṣṭa ドゥシュタ⟧ [duʂʈɐ] *adj.* 悪い、堕落した —*m.* 《*f.* ದುಷ್ಟೆ (duṣṭe)》悪い人、よこしまな人、悪人 —*n.* 犯罪、罪 [Sk.]

ದುಷ್ಟನಿಗ್ರಹ ⟦duṣṭanigraha ドゥシュタニグラハ⟧ [duʂʈənigrəhɐ] *n.* 悪人を罰すること、悪者を懲らしめること [Sk.]

ದುಷ್ಟಬುದ್ಧಿ ⟦duṣṭabuddʰi ドゥシュタブッディ⟧ [duʂʈəbuddʰi] *n.* よこしまな心、邪心 [Sk.]

ದುಷ್ಟಭಾವನೆ ⟦duṣṭabʰāvane ドゥシュタバーヴァネ⟧ [duʂʈəbʰɐːvə̆nɐ] *n.* 悪意に満ちた考え、よこしまな考え [Sk.]

ದುಸ್ತರ ⟦dustara ドゥスタラ⟧ [dustə̆rɐ] *adj., mfn.* 1 渡るのが難しい ¶ ಈ ತಿಂಗಳ ಕೊನೆ ದುಸ್ತರವಾಗಿದೆ. (ī tiṃgaḷa kone dustaravāgide.) この月末はやりくりが難しい。 2 征服することが難しい、負かすことができない、無敵の；克服するのが難しい；治すのが難しい(病気など) [Sk.]

ದುಸ್ಥಿತಿ ⟦dustʰiti ドゥスティティ⟧ [dustʰiti] *n.* 窮状、悲惨な状態 [Sk.] = ದುರವಸ್ಥೆ (duravastʰe)

ದೂಂಟು[1] ⟦dūṃṭu ドゥーントゥ⟧ [duːɳʈu] ದೂಡು 《古》 *vt.* 1 押しのける 2 時や日程をつぶす、紛らわす [Ka. *D3380]

ದೂಂಟು[2] ⟦dūṃṭu ドゥーントゥ⟧ [duːɳʈu] 《古》 *vi.* [Ka. D3381] ☞ದೂಟು (dūṭu)

ದೂಕು ⟦dūku ドゥーク⟧ [duːku] ದೂಗು 《口》 *vt.* 押す (*Bark. LSB 4.12, Jenu Kuruba, HavS.*) [Ka. D3286/D3722]

ದೂಗು ⟦dūgu ドゥーグ⟧ [duːgu] ದೂಗು 《口》 *vt.* 押す [Ka. D3286/D3722]

ದೂಟು ⟦dūṭu ドゥートゥ⟧ [duːʈu] *vi.* 一本足で歩く、けんけんする [Ka. D3381]

ದೂಡು ⟦dūḍu ドゥードゥ⟧ [duːɖu] ದೂಂಟು 《口》 *vt.* 1 押す、推し進める ¶ ಎಂಜಿನ್ ಚಾಲು ಆಗದೆ ಪ್ರಯಾಣಿಕರು ಸೇರಿ ಬಸ್ಸನ್ನು ದೂಡಿದರು. (eṃjin cālu āgade prayāṇikaru sēri bassannu dūḍidaru.) エンジンがかからず乗客たちがバスを押した。 2 押しのける ¶ ಜನ ಯೋಗ್ಯ ಶಿಕ್ಷಕನನ್ನು ದೂಡಿದರು. (jana yōgya śikṣakanannu dūḍidaru.) 人々は有能な教師を押しのけた。 3 〈実行、決定などを〉先に延ばす ¶ ಮಂತ್ರಿಸಭೆಯು ಚರ್ಚೆಯನ್ನು ಮರು ದಿನಕ್ಕೆ ದೂಡಿತು. (maṃtrisabʰeyu carceyannu maru dinakke dūḍitu.) 内閣はその論議を次の日に延ばした。 [Ka. D3380]

ದೂಡಿಸು ⟦dūḍisu ドゥーディス⟧ [duːɖisu] *vt.* 《*caus.*》押させる [+ *-isu* caus.]

ದೂತ ⟦dūta ドゥータ⟧ [duːtɐ] *m.* 《*f.* ದೂತಿ (dūti)》 1 使者、伝令 2 使節 [Sk.]

ದೂತಾವಾಸ ⟦dūtāvāsa ドゥーターヴァーサ⟧ [duːtɐːvɐːsɐ] *n.* 大使館 [Sk.]

ದೂತಿ ⟦dūti ドゥーティ⟧ [duːti] 《雅》 *f.* 使い、伝令 [Sk.]

ದೂದಿ ⟦dūdi ドゥーディ⟧ [duːđi] *n.* 種などを取り除いてきれいにした綿 [Ka. D3383]

ದೂಪಟ ⟦dūpaṭa ドゥーパタ⟧ [duːpə̆ʈɐ] 《異》 *n.* 女性が上着の上からかける肩布 [H. *dupaṭṭā*] ☞ದುಪ್ಪಟೆ (duppaṭe)

ದೂರ ⟦dūra ドゥーラ⟧ [duːrɐ] (*n.*) 1 遠い〈こと〉、遠く〈の〉、遠方〈の〉 2 (関係などが) 疎遠な〈こと〉¶ ಅರುಂಧತಿ ನಮ್ಮ ದೂರದ ಸಂಬಂಧಿಕಳು. (aruṃdʰati namma dūrada saṃbaṃdʰikaḷu.) アルンダティはうちの遠縁である。 —*n.* 1 距離 ¶ ಬೆಂಗಳೂರಿನಿಂದ ಹೈದರಾಬಾದಿಗೆ ದೂರ ಎಷ್ಟು? (beṃgaḷūriniṃda haidarābādige dūra eṣṭu?) ベンガルールからハイデラーバードまでの距離はどのくらいですか。 2 遠方、遠い所 ¶ ದೂರದಲ್ಲಿ ಮನೆ ಕಾಣಿಸುತ್ತಿದೆ. (dūradalli mane kāṇisuttide.) 遠くに家が見える。 —*adv.* 遠い所で、遠くで ¶ ತಂದೆ ಮಗನನ್ನು ದೂರ ಮಾಡಿದ. (taṃde maganannu dūra māḍida.) 父親は息子を遠ざけた。 [Sk.]

ದೂರದರ್ಶಕ ⟦dūradarśaka ドゥーラダルシャカ⟧ [duːrə̆dərʃə̆kɐ] *adj.* 遠くのものを見せる —*n.* 望遠鏡 ☞ದೂರದರ್ಶಕಯಂತ್ರ, ದುರ್ಬೀನು (dūradarśakayaṃtra, durbīnu) 〔汎〕 [Sk.]

ದೂರದರ್ಶಕಯಂತ್ರ ⟦dūradarśakayaṃtra ドゥーラダルシャカヤントラ⟧ [duːrə̆dərʃə̆kəjənˑtrɐ] 《文》 *n.* 望遠鏡 [Sk.]

ದೂರದರ್ಶನ ⟦dūradarśana ドゥーラダルシャナ⟧ [duːrə̆dərʃə̆nɐ] 《文》 *n.* 1 テレビジョン 2 インド国有のテレビ放送局の名 [Sk.]

ದೂರದರ್ಶನಯಂತ್ರ ⟦dūradarśanayaṃtra ドゥーラダルシャナヤントラ⟧ [duːrə̆dərʃə̆nəjəntrɐ] 《文》 *n.* テレビジョン受信機 [Sk.]

ದೂರದರ್ಶಿ ⟦dūradarśi ドゥーラダルシ⟧ [duːrə̆dərʃi] *adj., mf.* 《*f.* ದೂರದರ್ಶಿನಿ (dūradarśini)》先見の明ある〈人〉、達識の〈人〉 [Sk.]

ದೂರದರ್ಶಿನಿ ⟦dūradarśini ドゥーラダルシニ⟧ [duːrədərʃini] *f.* 《*mf.* ದೂರದರ್ಶಿ (dūradarśi)》先見の明ある女性、達識の女性 [Sk.]

ದೂರದರ್ಶಿತ್ವ ⟦dūradarśitva ドゥーラダルシトヴァ⟧ [duːrə̆dərʃitvɐ] *n.* 先見、達識 [Sk.]

ದೂರದೃಷ್ಟಿ ⟦dūradṛṣṭi ドゥーラドゥルシュティ⟧ [duːrə̆druʂʈi] *n.* 1 遠視 2 先見、達識 [Sk.]

ದೂರದೇಶ ⟦dūradēśa ドゥーラデーシャ⟧ [duːrədeːʃɐ] *n.* 遠い国、遠方の国 [Sk.]

ದೂರಪ್ರಾಚ್ಯ ⟦dūraprācya ドゥーラプラーチュャ⟧ [duːrəprɐːʧˑjɐ] *adj.* 1 遠く東にある、遠く東にいる 2 極東の —*n.* 極東 [Sk.]

ದೂರಮಾಪಕ ⟦dūramāpaka ドゥーラマーパカ⟧ [duːrəmɐːpə̆kɐ] *n.* 測距儀、視距器 [Sk.]

ದೂರಮುದ್ರಕ ⟦dūramudraka ドゥーラムドラカ⟧ [du:rə mudrŏkɐ] 《文》 *n.* 電信印刷機、テレプリンター [Sk.] = ದೂರಮುದ್ರಣ (dūramudraṇa)

ದೂರಮುದ್ರಣ ⟦dūramudraṇa ドゥーラムドラナ⟧ [du:rə mudrəɳɐ] 《文》 *n.* テレタイプ [Sk.]

ದೂರವಾಣಿ ⟦dūravāṇi ドゥーラヴァーニ⟧ [du:rəvɐ:ɳi] 《文》 *n.* 電話 [Sk.]

ದೂರವೀಕ್ಷಣಯಂತ್ರ ⟦dūravīkṣaṇayaṃtra ドゥーラヴィークシャナヤントラ⟧ [du:rəvi:kʂə̆ɳəjəntrɐ] 《文》 *n.* 望遠鏡 [Sk.] = ದೂರದರ್ಶಕಯಂತ್ರ (dūradarśakayaṃtra)

ದೂರಸಂಪರ್ಕ ⟦dūrasaṃparka ドゥーラサンパルカ⟧ [du:rə̆səmpərkɐ] 《文》 *n.* 遠距離通信 [Sk.]

ದೂರಾಲೋಚನೆ ⟦dūrālōcane ドゥーラーローチャネ⟧ [du:rɐ:lo:ʧə̆ne] *n.* 先見、達識、洞察 [Sk.]

ದೂರು[1] ⟦dūru ドゥール⟧ [du:ru] *vt., vi.* 1 非難する、悪く言う、罵る 2 中傷する、悪口を言う、誹謗する 3 苦情を言う —*n.* 1 非難、罵り 2 中傷、誹謗 [Ka. < *dūṟu* *D3397]

ದೂರಿಸು ⟦dūrisu ドゥーリス⟧ [du:rĭsu] *vt.* 非難させる、など [Ka. caus. *D3397]

ದೂರು[2] ⟦dūru ドゥール⟧ [du:ru] ತೂರು *vt.* 狭い穴に入る、狭い穴を通りぬける [Ka. *tūṟu* *D3399(a)] ☞ತೂರು (tūru)[2]

ದೂಱು ⟦dūṟu ドゥール⟧ [du:ṟu] 《古》 *vt.* 1 非難する、悪く言う、罵る 2 中傷する、悪口を言う、誹謗する —*n.* 1 非難、罵り 2 中傷、誹謗 [Ka. D3397]

ದೂಱಿಸು ⟦dūṟisu ドゥーリス⟧ [du:ṟĭsu] 《古》 *vt.* 《*caus.*》非難させる、など [Ka. caus.]

ದೂಲೆ ⟦dūle ドゥーレ⟧ [du:le] 《†》 *n.* 1 かゆみ 2 欲望 (*Kitt.*) [Ka. D3392]

ದೂವಟ ⟦dūvaṭa ドゥーヴァタ⟧ [du:vŏʈɐ] 《異》 *n.* 1 女子が肩の上にかける布 2 絹布 [H. *dupaṭṭā*] ☞ದುಪ್ಪಟೆ (duppaṭe)

ದೂವಟಿ ⟦dūvaṭi ドゥーヴァティ⟧ [du:vŏʈi] 《異》 *n.* 絹布、絹の布 [H. *dupaṭṭā*] ☞ದುಪ್ಪಟೆ (duppaṭe)

ದೂವಾಟ ⟦dūvāṭa ドゥーヴァータ⟧ [du:vɐ:ʈɐ] 《異》 *n.* 女子が肩の上にかける通常二重になった厚い布 [H. *dupaṭṭā*] ☞ದುಪ್ಪಟೆ (duppaṭe)

ದೂಷಣೆ ⟦dūṣaṇe ドゥーシャネ⟧ [du:ʂə̆ɳe] *n.* 1 非難、叱責 ¶ ನೀವು ಯಾವಾಗಲೂ ದೂಷಣೆ ಮಾಡುತ್ತಿದ್ದರೆ ನನಗೆ ಕೆಲಸ ಮಾಡಲು ಹೇಗೆ ಮನಸ್ಸು ಬರುತ್ತದೆ? (nīvu yāvāgalū dūṣaṇe māḍuttiddare nanage kelasa māḍalu hēge manassu baruttade?) 貴方がいつも非難ばかりしていて、どうして仕事意欲が湧いてきますか 2 中傷、悪口、誹謗 [Sk.]

ದೂಷಿತ ⟦dūṣita ドゥーシタ⟧ [du:ʂitɐ] *adj., mfn.* 1 汚れた、汚染した ¶ ಹೆಣ ಮುಟ್ಟಿದರೆ ದೂಷಿತವಾಗುತ್ತದೆ ಎಂಬ ನಂಬಿಕೆ ಅನೇಕ ದೇಶಗಳಲ್ಲಿ ಇದೆ. (heṇa muṭṭidare dūṣitavāguttade eṃba naṃbike anēka dēśagaḷalli ide.) 死体に触れることによって穢(けが)れが生じるという考えは世界のいろいろな国にある。 2 (収賄、横領などの不正行為で) 自分の経歴などを汚した〈人〉 ¶ ನಾವು ದೂಷಿತ ಅಧಿಕಾರಿಗಳನ್ನು ವಜಾ ಮಾಡಿದೆವು. (nāvu dūṣita adʰikārigaḷannu vajā māḍidevu.) 私は汚職した役人たちを免職にした。 [Sk.]

ದೂಷಿಸು ⟦dūṣisu ドゥーシス⟧ [du:ʂisu] *vt.* 1 非難する、責める、中傷する、誹謗する ¶ ಕಾರಣ ಇಲ್ಲದೆ ಯಾರನ್ನೂ ದೂಷಿಸಬಾರದು. (kāraṇa illade yārannū dūṣisabāradu.) 理由なく人を非難してはならない。 2 汚名を着せる ¶ ಹಿಂದಿನ ಮಂತ್ರಿಮಂಡಲದ ಸದಸ್ಯರೆಲ್ಲ ತಮ್ಮ ಕೃತ್ಯದಿಂದ ದೂಷಿತರಾಗಿದ್ದರು. (hiṃdina maṃtrimaṃḍalada sadasyarella tamma kṛtyadiṃda dūṣitarāgiddaru.) 前の内閣の大臣たちはその所業によって汚名を着せられた。 [Sk.]

ದೂಳ್ ⟦dūḷ ドゥール⟧ [du:ɭ] 《古》 *n.* 埃、塵、粉塵 [Ka. D3283] = ದೂಳು (dūḷu)

ದೂಳಿ ⟦dūḷi ドゥーリ⟧ [du:ɭi] ದೂಳ್, ದೂಳು, ಧೂಳ್, ಧೂಳು *n.* 1 埃、塵、粉塵 2 粉、粉末 3 花粉 [Ka. *dūḷ* D3283 × Sk. *dhūli-*] = ದೂಳು (dūḷu)

ದೂಳು ⟦dūḷu ドゥール⟧ [du:ɭu] *n.* 1 埃、塵、粉塵 2 花粉 [Ka. D3283] = ದೂಳಿ (dūḷi)

ದೃಢ ⟦dṛḍʰa ドゥルダ⟧ [drɯɖʰɐ/druɖʰɐ] 《文》 (*n.*) 1 (物質が) 硬い〈こと〉、強い〈こと〉 2 (体などが) 丈夫な〈こと〉、頑丈〈な〉 3 強くくっついた〈こと〉 ¶ ಫೆವಿಕೋಲಿನಿಂದ ಪದಾರ್ಥಗಳು ದೃಢವಾಗಿ ಅಂಟಿಕೊಳ್ಳುತ್ತವೆ. (pʰevikōliniṃda padārtʰagaḷu dṛḍʰavāgi aṃṭikoḷḷuttave.) フェビコール (接着剤の商標) でものが強く接着される 4 (決心や決意が) かたい〈こと〉、動かぬ〈こと〉¶ ಸರಕಾರ ಎಕ್ಸ್ ಪ್ರೆಸ್ ಹೆದ್ದಾರಿ ಮಾಡಲೇಬೇಕೆಂದು ದೃಢ ಸಂಕಲ್ಪ ಮಾಡಿದ್ದಾರೆ. (sarakāra eks pres heddāri māḍalēbēkeṃdu dṛḍʰa saṃkalpa māḍiddāre.) 政府は高速道路を建設する強い決心をしている。 5 (ニュース、情報などが) 確かな〈こと〉、間違いのない〈こと〉¶ ಕ್ಲಿಂಟನ್–ಮೋನಿಕಾ ಹಗರಣದ ಸುದ್ದಿ ದೃಢಪಟ್ಟಿದೆ. (klimṭan-mōnikā hagaraṇada suddi dṛḍʰapaṭṭide.) クリントンとモニカの事件のニュースは裏づけられている。 [Sk.]

ದೃಢಕಾಯ ⟦dṛḍʰakāya ドゥルダカーヤ⟧ [drɯɖʰəkɐ:jɐ] *adj., mf.* 頑丈な体を持った〈人〉、丈夫な体を持った〈人〉 —*n.* 頑丈な体、丈夫な体 [Sk.]

ದೃಢಚಿತ್ತ ⟦dṛḍʰacitta ドゥルダチッタ⟧ [drɯɖʰəʧittɐ] *adj., m.* 《*f.* ದೃಢಚಿತ್ತಳು, ದೃಢಚಿತ್ತೆ (dṛḍʰacittaḷu, dṛḍʰacitte)》意志の強い〈人〉、強い意志を持った〈人〉 —*n.* 強い意志、揺るがぬ心 [Sk.]

ದೃಢತೆ ⟦dṛḍʰate ドゥルダテ⟧ [drɯɖʰəte] *n.* (決意などの) の強さ、確固不動 [Sk.]

ದೃಢನಿರ್ಧಾರ ⟦dṛḍʰanirdʰāra ドゥルダニルダーラ⟧ [drɯɖʰənirdʰɐ:rɐ] *n.* 強い決心 [Sk.] = ದೃಢಸಂಕಲ್ಪ (dṛḍʰasaṃkalpa)

ದೃಢಸಂಕಲ್ಪ ⟦dṛḍʰasaṃkalpa ドゥルダサンカルパ⟧ [drɯɖəsəŋkəlpɐ] *n.* 強い決心 [Sk.]

ದೃಢೀಕರಣ ⟦dṛḍʰīkaraṇa ドゥルディーカラナ⟧ [drɯɖi:kə

rəɳɐ] *n.* 1（物質、心などを）強くすること 2（証書や書類などの）認証、（予約などの）再確認 [Sk.]

ದೃಢೀಕೃತ ⟦dṛḍʰīkṛta ドゥルディークルタ⟧ [drɯḍi:krɯtɐ] *adj.* 1 丈夫にされた 2（証書や書類などが）認証された、（予約などが）再確認された [Sk.]

ದೃಶ್ಯ ⟦dṛśya ドゥルシュヤ⟧ [drɯʃ·jɐ] (*n.*) 1 目に見える〈こと〉、見ることができる〈こと〉 2 見て気持ちがよい〈こと〉、きれいな〈こと〉 —*n.* 1 光景、景色、風景 2 一見の価値があるもの 3（芝居の）場、芝居の書き割り、舞台装置 [Sk.]

ದೃಶ್ಯಕಾವ್ಯ ⟦dṛśyakāvya ドゥルシュヤカーヴィャ⟧ [drɯʃ·jəkɐ:v·jɐ] 《文》 *n.* 劇、芝居、舞台 [Sk.]

ದೃಶ್ಯಾವಳಿ ⟦dṛśyāvaḷi ドゥルシュヤーヴァリ⟧ [drɯʃjɐ:vəḷi] *n.*（展覧会などで）情景 [Sk.]

ದೃಷ್ಟ ⟦dṛṣṭa ドゥルシュタ⟧ [drɯsʈɐ] 《文》 (*n.*)《複合語頭で》目に映った〈もの〉 [Sk. *dṛṣṭa*-]

ದೃಷ್ಟಾಂತ ⟦dṛṣṭāṃta ドゥルシュターンタ⟧ [drɯʂʈɐ:ntɐ] *n.* 例、例示 [Sk.]

ದೃಷ್ಟಾಂತಕಥೆ ⟦dṛṣṭāṃtakatʰe ドゥルシュターンタカテ⟧ [drɯʂʈɐ:ntəkətʰ e] *n.* 寓話、例え話 [Sk.]

ದೃಷ್ಟಿ ⟦dṛṣṭi ドゥルシュティ⟧ [drɯʂʈi] *n.* 1 視力 ¶ ತಂಗಿ ಅಪಘಾತದಲ್ಲಿ ದೃಷ್ಟಿ ಕಳೆದುಕೊಂಡಳು. (taṃgi apagʰātadalli dṛṣṭi kaḷedukoṃḍaḷu.) 妹は事故で視力を失った。 2 見ること、見る行為、視線 3 ものを観察する視野、視界 ¶ ಸಮಾಜದ ಬಗ್ಗೆ ಈ ಕಾದಂಬರಿಕಾರನ ದೃಷ್ಟಿ ಸಂಕುಚಿತವಾಗಿದೆ. (samājada bagge ī kādaṃbarikārana dṛṣṭi saṃkucitavāgide.) この小説家は社会を見る視野が狭い。 4 見解、視点、意見 ¶ ನಿಮ್ಮ ದೃಷ್ಟಿಯಲ್ಲಿ ರಾಷ್ಟ್ರಪತಿ ಒಂದು ಗೊಂಬೆ. (nimma dṛṣṭiyalli rāṣṭrapati oṃdu goṃbe.) 貴方の観点からすれば大統領は操り人形だ。 5 配慮、気にかけること、注意して見ること ¶ ನೀವು ನನ್ನ ಸ್ಥಿತಿಗೆ ಸ್ವಲ್ಪ ದೃಷ್ಟಿ ಇಡಿರಿ. (nīvu nanna stʰitige svalpa dṛṣṭi iḍiri.) どうか私の状態にも少しご配慮願えませんか。 [Sk.]

ದೃಷ್ಟಿಕೋಣ ⟦dṛṣṭikōṇa ドゥルシュティコーナ⟧ [drɯʂʈi ko:ɳɐ] *n.* [Sk.] ☞ದೃಷ್ಟಿಕೋನ (dṛṣṭikōna)

ದೃಷ್ಟಿಕೋನ ⟦dṛṣṭikōna ドゥルシュティコーナ⟧ [drɯʂʈiko:nɐ] ದೃಷ್ಟಿಕೋಣ *n.* 1 観点 2（社会学的、心理学的、言語学的、進歩的、正統的などの）観点、見地 [Sk..]

ದೃಷ್ಟಿದೋಷ ⟦dṛṣṭidōṣa ドゥルシュティドーシャ⟧ [drɯʂʈi do:ʂɐ] *n.* 1 視力障害 = ಕಣ್ಣು ತೊಂದರೆ (kaṇṇu toṃdare) 2 邪視を持った人に見つめられたことによる障害 [Sk.]

ದೃಷ್ಟಿಪಥ ⟦dṛṣṭipatʰa ドゥルシュティパタ⟧ [drɯʂʈipətʰɐ] *n.* 視界、目で見える範囲 [Sk.]

ದೃಷ್ಟಿಪಟಲ ⟦dṛṣṭipaṭala ドゥルシュティパタラ⟧ [drɯʂʈipəʈəlɐ] *n.* 網膜 [Sk.]

ದೃಷ್ಟಿಮಾಂದ್ಯ ⟦dṛṣṭimāṃdya ドゥルシュティマーンディャ⟧ [drɯʂʈimɐ:ndjɐ] *n.* 視力が鈍いこと [Sk.]

ದೃಷ್ಟಿಮಾಪಕ ⟦dṛṣṭimāpaka ドゥルシュティマーパカ⟧ [drɯʂʈimɐ:pəkɐ] *n.* 視力計 [Sk.]

ದೃಷ್ಟಿವೈಶಾಲ್ಯ ⟦dṛṣṭivaiśālya ドゥルシュティヴァイシャーリャ⟧ [drɯʂʈivəiʃɐ:l·jɐ] *n.* 1 視界が広いこと 2〔喩〕広い観点からものを考えること [Sk.]

ದೃಷ್ಟಿಸು ⟦dṛṣṭisu ドゥルシュティス⟧ [drɯʂʈisu] 《文》 *vt.* 1 見る、観察する 2〈…に〉気がつく ¶ ಮರಳುಗಾಡಿನಲ್ಲಿ ದೂರದಲ್ಲಿ ಬರುತ್ತಿದ್ದ ಒಂಟಿಸವಾರಿಯನ್ನು ದೃಷ್ಟಿಸಿದೆನು. (maraḷugāḍinalli dūradalli baruttidda oṃṭisavāriyannu dṛṣṭisidenu.) 私は砂漠の中を遠い所からやってくるラクダに乗った人を見つけた。 3 じっと見る、注意してみる ¶ ಇಂದು ಒಬ್ಬರು ನನ್ನನ್ನು ತೀವ್ರವಾಗಿ ದೃಷ್ಟಿಸಿ ನೋಡಿದರು. (iṃdu obbaru nannannu tīvravāgi dṛṣṭisi nōḍidaru.) 今日誰かが私をじっと見た。 [Sk.]

ದೆಂಗು ⟦deṃgu デング⟧ [deŋgu] 《‡》 *n.* 性交 (*Kitt.*) [Ka. D507]

ದೆಬ್ಬೆ ⟦debbe デッベ⟧ [debbe] *n.* 1 割り竹 2 割り竹で何度も打つこと [Ka. D3075, D3076] ☞ದಬ್ಬೆ (dabbe)

ದೆಯಿ ⟦deyi ディ⟧ [deji] 《方》 *n.* 1 苗、芽を出して間もない若い植物 = ಸಸಿ (sasi) 2 植物 (Gowda) [Ka. D3474]

ದೆವ್ವ ⟦devva デッヴァ⟧ [devvɐ] *n.* 悪霊、人にとり憑く悪魔 ◇ *vi.* —ಹಿಡಿ (hiḍi) 悪霊に憑かれる [Sk. *daiva*-]

ದೆವ್ವಬಿಡಿಸು ⟦devvabiḍisu デッヴァビディス⟧ [devvəbiḍi su] *vi.*《*gen.*》人にとり憑いた悪霊をまじないなどで祓う [*devva* + *biḍisu*]

ದೆಸೆ ⟦dese デセ⟧ [dese] *n.* 1 方向、方角 2 側、横 ¶ ಮಗನನ್ನು ತನ್ನ ದೆಸೆಯಲ್ಲಿ ಮಲಗಿಸಿಕೊಂಡಿದ್ದಾಳೆ. (maganannu tanna deseyalli malagisikoṃḍiddāḷe.) 彼女は自分の息子を傍らに寝かせている。 3 近く、傍ら、そば ¶ ಊರಿನ ದೆಸೆಯಲ್ಲಿ ಹಳ್ಳ ಹರಿಯುತ್ತದೆ. (ūrina deseyalli haḷḷa hariyuttade.) 村のそばを小川が流れている。 [Sk. *diśā*-]

ದೆಹಲಿ ⟦dehali デハリ⟧ [dehəli] *n.* デリー（インドの首都） [H. *dēhālī*]

ದೇಖಾವೆ ⟦dēkʰāve デーカーヴェ⟧ [de:kʰɐ:ve:] *n.* 1 日に行われる（映画など）各々の興行 ¶ ಈ ಚಿತ್ರಮಂದಿರದಲ್ಲಿ ದಿನಾಲು ಮೂರು ದೇಖಾವೆ ಇರುತ್ತವೆ. (ī citramaṃdiradalli dinālu mūru dēkʰāve iruttave.) この映画館では1日3興行である。 [M. *dēkʰāvā* *C6507.2] = ಶೋ (śō)

ದೇಗುಲ ⟦dēgula デーグラ⟧ [de:gulɐ] 《文》 *n.* 寺、寺院 [Sk. *dēvakula*-]

ದೇಣೆ ⟦dēṇe デーネ⟧ [de:ɳe] *n.* 未納金、借金 [M. *dēṇē* C6141] = ಸಾಲ (sāla)

ದೇವ ⟦dēva デーヴァ⟧ [de:vɐ] *m.*《*f.* ದೇವಿ (dēvi)》神、天界に住むもの [Sk.]

ದೇವದಾರು ⟦dēvadāru デーヴァダール⟧ [de:vədɐ:ru] *n.* ヒマラヤスギの木 [Sk.] *[IMP 2.42]

ದೇವತಾರ್ಚನೆ ⟦dēvatārcane デーヴァタールチャネ⟧ [de:vətɐ:rʧəne] *n.* 神を祀ること [Sk.]

ದೇವತೆ 〚dēvate デーヴァテ〛 [de:vəte] *n.* 神、天界の住人 [Sk.]

ದೇವತ್ವ 〚dēvatva デーヴァトヴァ〛 [de:vətvɐ] *n.* 神格、神性 [Sk.]

ದೇವದತ್ತ 〚dēvadatta デーヴァダッタ〛 [de:vədəttɐ] (*n.*) 神に与えられた〈こと〉 ¶ ಯಶಸ್ಸು ಅಪಯಶಸ್ಸು ನಮ್ಮ ಕೈಯಲ್ಲಿ ಇಲ್ಲ, ಎಲ್ಲ ದೇವದತ್ತವಾದದ್ದು. (yaśassu apayaśassu namma kaiyalli illa, ella dēvadattavādaddu.) ことの成否は我々の手にない。すべて神の賜物だ。[Sk.]

ದೇವದಾಸಿ 〚dēvadāsi デーヴァダーシ〛 [de:vədɐ:si] *f.* 神に捧げられ、寺院で踊り子などとして神に仕える女性 [Sk.]

ದೇವರು 〚dēvaru デーヴァル〛 [de:vəru] *n.* 《*hon. pl.*》 神、神様 [Sk.]

ದೇವಲೋಕ 〚dēvalōka デーヴァローカ〛 [de:vəlo:kɐ] *n.* 神の世界、天界 [Sk.]

ದೇವವಾಣಿ 〚dēvavāṇi デーヴァヴァーニ〛 [de:vəvɐ:ɳi] *n.* **1** 神の声、神のお告げ **2** サンスクリット語、梵語 [Sk.]

ದೇವಸ್ತುತಿ 〚dēvastuti デーヴァストゥティ〛 [de:vəstuti] *n.* 神を誉め称えること [Sk.]

ದೇವಸ್ಥಾನ 〚dēvasthāna デーヴァスターナ〛 [de:vəstʰɐ:nɐ] *n.* 寺院、神殿 [Sk.] = ದೇವಾಲಯ (dēvālaya)

ದೇವಾರ್ಚನೆ 〚dēvārcane デーヴァールチャネ〛 [de:vɐ:rʧə̆ne] *n.* 神を祀ること = ದೇವತಾರ್ಚನೆ (dēvatārcane) [Sk.]

ದೇವಾಲಯ 〚dēvālaya デーヴァーラヤ〛 [de:vɐ:lə̆jɐ] 《文》 *n.* 寺院、神殿 [Sk.]

ದೇವಿ 〚dēvi デーヴィ〛 [de:vi] *f.* 女神 **—*n.*** **1** 天然痘、疱瘡 ¶ ಮಗನಿಗೆ ದೇವಿ ಬಂತು. (maganige dēvi baṃtu.) 息子は天然痘にかかっている。 **2** 種痘など病気の予防接種 [Sk.]

ದೇವಿ ಬರು 〚dēvi baru デーヴィバル〛 [de:vi bəru] *vi.* 《*dat.*》(巫女などが)女神にとり憑かれる [+ *baru*]

ದೇವಿಹಾಕು 〚dēvihāku デーヴィハーク〛 [de:vihɐ:ku] *vi.* 《*dat.*》(もともとは天然痘の、その後は一般的に)予防接種をする、予防注射をする [Sk.]

ದೇವಿಹಾಕುವಿಕೆ 〚dēvihākuvike デーヴィハークヴィケ〛 [de:vihɐ:kuvike] *n.* (もともとは天然痘の、その後は一般的に)予防接種をすること [*dēvi* + *hākuvike*]

ದೇಶ 〚dēśa デーシャ〛 [de:ʃɐ] *n.* **1** 地方、地域 **2** 国、国家 **3** (二つのものの)間、間隔 **4** (通常合成語の第1要素として)故国、母国 ¶ ಅವನು ದೇಶವನ್ನು ಬಿಟ್ಟು ಅಮೇರಿಕಾಕ್ಕೆ ಹೋದ. (avanu dēśavannu biṭṭu amērikākke hōda.) 彼は自国を捨ててアメリカへ行った。 = ತಾಯ್ನಾಡು (tāynāḍu) [Sk.]

ದೇಶತ್ಯಾಗ 〚dēśatyāga デーシャティャーガ〛 [de:ʃət̪jɐ:gɐ] *n.* 自分の国を捨てること [Sk.]

ದೇಶದ್ರೋಹ 〚dēśadrōha デーシャドローハ〛 [de:ʃədro:hɐ] *n.* 自分の国を裏切ること [Sk.]

ದೇಶದ್ರೋಹಿ 〚dēśadrōhi デーシャドローヒ〛 [de:ʃədro:hi] *mf.* 母国を裏切る人 [Sk.]

ದೇಶಪದ್ಧತಿ 〚dēśapaddhati デーシャパッダティ〛 [de:ʃəpəddʰə̆ti] *n.* 国や地方の習慣や伝統 [Sk.]

ದೇಶಪರ್ಯಟನ 〚dēśaparyaṭana デーシャパリヤタナ〛 [de:ʃə̆pərjəʈə̆nɐ] *n.* [Sk.] ☞ದೇಶಪರ್ಯಟನೆ (dēśaparyaṭane)

ದೇಶಪರ್ಯಟನೆ 〚dēśaparyaṭane デーシャパリヤタネ〛 [de:ʃə̆pərjəʈə̆ne] ದೇಶಪರ್ಯಟನೆ *n.* 諸国漫遊、国々や様々な地方を巡り歩くこと [Sk.]

ದೇಶಪ್ರೇಮ 〚dēśaprēma デーシャプレーマ〛 [de:ʃə̆pre:mɐ] *n.* 愛国心、母国を愛する心 [Sk.] = ದೇಶಭಕ್ತಿ (dēśabhakti)

ದೇಶಭಕ್ತ 〚dēśabhakta デーシャバクタ〛 [de:ʃə̆bʰəktɐ] *m.* 《*f.* ದೇಶಭಕ್ತಳು (dēśabhaktaḷu)》愛国者 [Sk.]

ದೇಶಭಕ್ತಿ 〚dēśabhakti デーシャバクティ〛 [de:ʃəbʰəkti] *n.* 愛国心 [Sk.]

ದೇಶಭಾಷೆ 〚dēśabhāṣe デーシャバーシェ〛 [de:ʃəbʰɐ:ʂe] *n.* その国や地方の言葉

ದೇಶಭ್ರಷ್ಟ 〚dēśabhraṣṭa デーシャブラシュタ〛 [de:ʃəbʰrəʂʈɐ] *m.* 《*f.* ದೇಶಭ್ರಷ್ಟೆ (dēśabhraṣṭe)》自分の国から追放された人 [Sk.]

ದೇಶಭ್ರಷ್ಟತ್ವ 〚dēśabhraṣṭatva デーシャブラシュタトヴァ〛 [de:ʃəbʰrəʂʈət̪vɐ] *m.* 自分の国から追放された状態 [Sk.]

ದೇಶಸಂಚಾರ 〚dēśasaṃcāra デーシャサンチャーラ〛 [de:ʃə̆səmʧɐ:rɐ] *n.* 諸国漫遊、国々や様々な地方を巡り歩くこと [Sk.]

ದೇಶಸ್ಥ 〚dēśastha デーシャスタ〛 [de:ʃəstʰɐ] *adj., m.* **1** その地方にもとから住んでいる〈人〉 **2** マハーラーシュトラのデカン高原に起源を持つ〈人〉 **—*mf.*** (コーンカナ地方を除く)マハーラーシュトラのバラモンの一派(スマールタまたはマドヴァ派の伝統を守る) [Sk.]

ದೇಶಾಟಣ 〚dēśāṭaṇa デーシャータナ〛 [de:ʃɐ:ʈə̆ɳɐ] *n.* [Sk.] ☞ದೇಶಾಟನ (dēśāṭana)

ದೇಶಾಟನ 〚dēśāṭana デーシャータナ〛 [de:ʃɐ:ʈənɐ] ದೇಶಾಟಣ, ದೇಶಾಟನೆ *n.* 諸国漫遊、国々や様々な地方を巡り歩くこと [Sk.]

ದೇಶಾಟನೆ 〚dēśāṭane デーシャータネ〛 [de:ʃɐ:ʈəne] *n.* [Sk.] ☞ದೇಶಾಟನ (dēśāṭana)

ದೇಶಾಭಿಮಾನ 〚dēśābhimāna デーシャービマーナ〛 [de:ʃɐ:bʰimɐ:nɐ] *n.* 愛国心 [Sk.] = ದೇಶಪ್ರೇಮ (dēśaprēma)

ದೇಶಾವರ 〚dēśāvara デーシャーヴァラ〛 [de:ʃɐ:və̆rɐ] *n.* **1** (結婚などめでたい行事や祭りや願(がん)などをバラモンの家で行う際に)貧しいバラモンが他のバラモンの家を回って布施を求めること **2** こうして得られた施物 [Sk.]

ದೇಶಿ 〚dēśi デーシ〛 [de:ʃi] *adj.* その国[地方、民族]固有〈の〉、国産〈の〉 [Sk. *dēśin-*]

ದೇಶೀಯ ⟦dēśīya デーシーヤ⟧ [deːʃiːjɐ] (*adj.*) **1**（その）国や地方〈の〉 **2** 国産の [Sk.]

ದೇಶೀಯಪದ ⟦dēśīyapada デーシーヤパダ⟧ [deːʃiːjə̆pədɐ] *n.*（借用語でない）本来の語彙、特にカンナダ語本来の語彙 [Sk.]

ದೇಶೋದ್ಧಾರ ⟦dēśōddʰāra デーショーッダーラ⟧ [deːʃoːddʰɐːrɐ] *n.* 国を困難や危険や貧窮などから救うこと [Sk.]

ದೇಶ್ಯ ⟦dēśya デーシュヤ⟧ [deːʃjɐ] *adj.*（その）国に生まれた、国産の **—*n.*** **1**（ある言語の）その語本来の語彙 **2** カンナダ語において（借用語でない）カンナダ本来の語彙 **3** 本来のドラヴィダ語彙 [Sk.]

ದೇಶ್ಯಶಬ್ದ ⟦dēśyaśabda デーシュヤシャブダ⟧ [deːʃ·jəʃəbdɐ] *n.*（ある言葉の借用語でない）本来の語彙、特にカンナダ語本来の語彙 [Sk.]

ದೇಸಾಯಿ ⟦dēsāyi デーサーイ⟧ [deːsɐːji] *mf.* マラーター及びイギリス支配時代の世襲の数村を管轄する役人 [M. *dēsāī* < *dēśasvāmī*]

ದೇಸಿ ⟦dēsi デーシ⟧ [deːsi] (*n.*) その国や地方や民族固有の〈こと〉、国産〈の〉 **—*n.*** **1** その地方固有の言葉 **2** 外来語をまじえない本来のカンナダ語をもっぱら用いる文体 **3** 本来のカンナダ語の語彙 **4** その国や民族や地方に固有の文化 **5**《古》気取った態度、もったいぶった態度、虚栄、見栄 [☞ದೇಶಿ (dēśi) [Sk. *dēśin*-]

ದೇಸಿಗ ⟦dēsiga デーシガ⟧ [deːsigɐ] *mf.*《*f.* ದೇಸಿಗಳು (dēsigaḷu)》 **1** 外国人、知らない人 = ಪರದೇಶಿ (paradēśi) **2** 孤児、身寄りのない人 ¶ ಈ ದೇಶದ ರಾಜಾ ಪರದೇಶದಲ್ಲಿ ದೇಶಿಗ (ī dēśada rājā paradēśadalli dēśiga) この国の王も外国へ行けばただの身寄りのない人だ。[Sk.]

ದೇಸೆ ⟦dēse デーセ⟧ [deːse]《古》*n.* 国、地方 (*Inscr.*) [Sk. *dēśin*-]

ದೇಹ ⟦dēha デーハ⟧ [deːhɐ] *n.* 体、身体、肉体 [Sk.] = ಶರೀರ, ಮೈ (śarīra, mai)

ದೇಹತ್ಯಾಗ ⟦dēhatyāga デーハティャーガ⟧ [deːhət·jɐːgɐ] *n.*〔美〕死、死亡、逝去 ¶ ಬುದ್ಧ ಬೋಧಗಯದಲ್ಲಿ ದೇಹತ್ಯಾಗ ಮಾಡಿದರು. (buddʰa bōdʰagayadalli dēhatyāga māḍidaru.) 仏陀はボーダガヤで入寂した。[Sk.]

ದೇಹದಂಡನೆ ⟦dēhadaṃḍane デーハダンダネ⟧ [deːhədəɳɖə̆ne] *n.* 苦行や絶食や体の鍛練などで十分体を痛めつけること [Sk.]

ದೇಹಪುಷ್ಟಿ ⟦dēhapuṣṭi デーハプシュティ⟧ [deːhəpuʂʈi] *n.* 滋養、体に十分な栄養物を与えること [Sk.]

ದೇಹಪ್ರಕೃತಿ ⟦dēhaprakr̥ti デーハプラクルティ⟧ [deːhəprəkrɯti]《文》*n.* 体質 [Sk.]

ದೇಹಬಿಡು ⟦dēhabiḍu デーハビドゥ⟧ [deːhəbiɖu]《文》*vi.*〔美〕死ぬ、死亡する、逝く、逝去する [*dēha* + *biḍu*]

ದೇಹಸ್ಥಿತಿ ⟦dēhastʰiti デーハスティティ⟧ [deːhəstʰiti] *n.* 健康状態 [Sk.]

ದೈತ್ಯ ⟦daitya ダイティャ⟧ [dəit·jɐ] *mf.* 神々の敵である魔神の総称、阿修羅と同類 **—(*n.*)** 巨大な〈こと〉、途方もなく大きい〈こと〉¶ ಅವನು ಆ ದೈತ್ಯ ಬಂಡೆಯನ್ನು ಎತ್ತಿ ಬಿಟ್ಟ. (avanu ā daitya baṃḍeyannu etti biṭṭa.) 彼はあの巨大な岩を持ち上げてしまった。[Sk.]

ದೈನಂದಿನ ⟦dainaṃdina ダイナンディナ⟧ [dəinəndinɐ] *adj.* 毎日の、日ごとの [Sk.]

ದೈನಂದಿನಪತ್ರಿಕೆ ⟦dainaṃdinapatrike ダイナンディナパトリケ⟧ [dəinəndinə̆pətrike]《文》*n.* 新聞、日刊紙 [Sk.]

ದೈನಾಸ ⟦daināsa ダイナーサ⟧ [dəinɐːsɐ] *n.* **1** 哀訴、嘆願、哀訴嘆願 **2** 窮状、哀れな状態 = ದೈನಾಸಸ್ಥಿತಿ (daināsastʰiti) [Sk. *dainya*- + ?]

ದೈನಾಸಸ್ಥಿತಿ ⟦daināsastʰiti ダイナーサスティティ⟧ [dəinɐːsəstʰiti] *n.* 窮状、哀れむべき状態 [Sk. *dainya*- + ?]

ದೈನ್ಯ ⟦dainya ダイニャ⟧ [dəin·jɐ] (*n.*) 窮境〈の〉、哀れな状態〈の〉; 貧窮〈の〉[Sk.] = ದೈನ್ಯಭಾವ (dainyabʰāva)

ದೈನ್ಯಭಾವ ⟦dainyabʰāva ダイニャバーヴァ⟧ [dəin·jəbʰɐːvɐ] *n.* **1** 窮境、哀れな状態 **2** 哀れっぽさ ¶ ಎಲ್ಲ ಕಳೆದುಕೊಂಡ ವಿಕ್ರಮ ದೈನ್ಯದಿಂದ ಸಹಾಯ ಕೇಳಿದ. (ella kaḷedukoṃḍa vikrama dainyadiṃda sahāya kēḷida.) ヴィクラマはすべてを失って哀れっぽく助けを乞うた。[Sk.]

ದೈವ ⟦daiva ダイヴァ⟧ [dəivɐ] *n.* **1** 運命、天命 **2** 神、絶対者 **3** 悪魔、悪鬼 [Sk.]

ದೈವಗತಿ ⟦daivagati ダイヴァガティ⟧ [dəivə̆gəti] *n.* 運命、天命 [Sk.]

ದೈವಜ್ಞ ⟦daivajña ダイヴァジュニャ⟧ [dəivəɟɲɐ/dəivəgnɐ] *m.*《*f.* ದೈವಜ್ಞೆ (daivajñe)》占い師、予言者、占星術師 [Sk.]

ದೈವದತ್ತ ⟦daivadatta ダイヴァダッタ⟧ [dəivə̆dəttɐ] *adj.* 神によって与えられた、天賦の **—*n.*** 神によって与えられたもの、運命 [Sk.]

ದೈವದ್ರೋಹ ⟦daivadrōha ダイヴァドローハ⟧ [dəivədroːhɐ] *n.*（寺院の財産を盗むなど）神に対する背信や裏切り [Sk.]

ದೈವದ್ರೋಹಿ ⟦daivadrōhi ダイヴァドローヒ⟧ [dəivədroːhi] *mf.*（寺院の財産を盗むなどして）神を裏切る人 [Sk.]

ದೈವಪ್ರೇರಣೆ ⟦daivaprēraṇe ダイヴァプレーラネ⟧ [dəivəpreːrə̆ɳe] *n.* 神による霊感 [Sk.]

ದೈವಪ್ರೇಮ ⟦daivaprēma ダイヴァプレーマ⟧ [dəivəpreːmɐ] *n.* 神の愛 [Sk.]

ದೈವಬಲ ⟦daivabala ダイヴァバラ⟧ [dəivəbəlɐ] *n.* 神の力、神の恩寵、神様のおかげ ¶ ಅಪಘಾತದಲ್ಲಿ ಅವನು ದೈವಬಲದಿಂದ ಬದುಕಿಕೊಂಡ. (apagʰātadalli avanu daivabaladiṃda badukikoṃḍa.) 神様のおかげで彼は事故で死を免れた。[Sk.]

ದೈವಭಕ್ತಿ ⟦daivabʰakti ダイヴァバクティ⟧ [dəivəbʰəkti] *n.* 敬神、神に対する信愛 [Sk.]

ದೈವಯೋಗ ⟦daivayōga ダイヴァヨーガ⟧ [dəivəjo:gɐ] 《文》 *n.* 「運命による組み合わせ」、運命、幸運 ¶ ದೈವಯೋಗದಿಂದ ಟಿಕೆಟ್ ಕಳೆದುಹೋಗಿ ಆ ವಿಮಾನದಲ್ಲಿ ನಾನು ಹೋಗಲಿಲ್ಲ. (daivayōgadiṃda ṭikeṭ kaḷeduhōgi ā vimānadalli nānu hōgalilla.) 私は切符を失って幸運にもあの飛行機に乗らなくてすんだ。 [Sk.]

ದೈವವಂತ ⟦daivavaṃta ダイヴァヴァンタ⟧ [dəivəvəntɐ] 《文》 *adj.*, *mf.* 幸運な〈人〉、運のよい〈人〉 [Sk.]

ದೈವವಶಾತ್ ⟦daivavaśāt ダイヴァヴァシャート⟧ [dəivəvəʃɐ:t] 《文》 *adv.* 幸運にも、神様のおかげで ¶ ನಾನು ಆಟೋರಿಕ್ಷಾದಲ್ಲಿ ಕಳೆದುಕೊಂಡ ಪರ್ಸ್ ದೈವವಶಾತ್ ಸಿಕ್ಕಿತು. (nānu āṭorikṣādalli kaḷedukoṃḍa pars daivavaśāt sikkitu.) 私がオートリキシャでなくした財布が幸運にも見つかった。 [Sk.] = ದೈವಪುಣ್ಯ (daivapuṇya)

ದೈವವಾಣಿ ⟦daivavāṇi ダイヴァヴァーニ⟧ [dəovəvɐ:ɳi] *n.* 神の声、神のお告げ、神託 [Sk.]

ದೈವಶಾಲಿ ⟦daivaśāli ダイヴァシャーリ⟧ [dəivəʃɐ:li] *adj.*, *mf.* 幸運な〈人〉、運のよい〈人〉 [Sk.]

ದೈವಶಿಕ್ಷೆ ⟦daivaśikṣe ダイヴァシクシェ⟧ [dəivəʃikʂe] 《文》 *n.* 神の与える罰、神罰、天罰 [Sk.]

ದೈವಸಂಕಲ್ಪ ⟦daivasaṃkalpa ダイヴァサンカルパ⟧ [dəivəsəŋkəlpɐ] *n.* 神の意志、(神の)摂理 [Sk.]

ದೈವಸನ್ನಿಧಿ ⟦daivasannidʰi ダイヴァサンニディ⟧ [dəivə̆sənnidʰi] *n.* 神の近く、神の近くにいること ¶ ಚಾಮುಂಡಿಬೆಟ್ಟದ ಮೇಲೆ ದೈವಸನ್ನಿಧಿಯಿಂದ ಮನಸ್ಸಿಗೆ ಶಾಂತಿ ಇರುತ್ತದೆ. (cāmuṃḍibeṭṭada mēle daivasannidʰiyiṃda manassige śāṃti iruttade.) チャームンディ丘の上では神の近くにいるので心が落ち着く。 [Sk.]

ದೈವಸಾಕ್ಷಾತ್ಕಾರ ⟦daivasākṣātkāra ダイヴァサークシャートカーラ⟧ [dəivə̆sɐ:kʂɐ:tkɐ:rɐ] *n.* 神を目(ま)の当たりに見ること、神が顕現すること [Sk.]

ದೈವಸೃಷ್ಟಿ ⟦daivasr̥ṣṭi ダイヴァスルシュティ⟧ [dəivəsrɯʂʈi] *n.* 1 神による創造 2 神の創造物、世界 [Sk.]

ದೈವಹೊಡಕ ⟦daivahoḍaka ダイヴァホダカ⟧ [dəivəhoɖə̆kɐ] *m.* (*f.* ದೈವಹೊಡಕಿ (daivahoḍaki)) 悪霊にとり憑かれた人 [*daiva* + *hoḍe* + *-ka*]

ದೈವಹೊಡೆ ⟦daivahoḍe ダイヴァホデ⟧ [dəivəhoɖe] *v.imp.* 《与格主語非人称動詞》 悪霊がとり憑く ¶ ಅವನಿಗೆ ದೈವಹೊಡೆದಿದೆ. (avanige daivahoḍedide.) 彼は狐憑きだ。 [*daiva* + *hoḍe*]

ದೈವವಿಹೀನ ⟦daivavihīna ダイヴァヴィヒーナ⟧ [dəivəvihi:nɐ] 《文》 *adj.*, *mf.* 不運な〈人〉 [Sk.]

ದೈವಾಧೀನವಾಗು ⟦daivādʰīnavāgu ダイヴァーディーナヴァーグ⟧ [dəivɐ:dʰi:navɐ:gu] *vi.* 〔美〕 亡くなる、あの世へ旅立つ [+ *vāgu*]

ದೈವಾನುಗ್ರಹ ⟦daivānugraha ダイヴァーヌグラハ⟧ [dəivɐ:nugrə̆hɐ] *n.* 神の恩寵 [Sk.]

ದೈವಿಕ ⟦daivika ダイヴィカ⟧ [dəivikɐ] *adj.* 1 神に関する、神的な 2 幸運な、運のよい [Sk.]

ದೈವಿಕಶಕ್ತಿ ⟦daivikaśakti ダイヴィカシャクティ⟧ [dəivikə̆ʃəkti] *n.* 超自然的な力 [Sk.]

ದೈವೇಚ್ಛೆ ⟦daivēccʰe ダイヴェーッチェ⟧ [dəive:ʧʧʰe] *n.* 神の意志、(神の)摂理 [Sk.] = ದೈವಸಂಕಲ್ಪ (daivasaṃkalpa)

ದೈಹಿಕ ⟦daihika ダイヒカ⟧ [dəihikɐ] (*adj.*) 体に関係する〈こと〉、肉体的な〈こと〉 [Sk.] = ಶಾರೀರಿಕ (śārīrika)

ದೈಹಿಕಶಿಕ್ಷಣ ⟦daihikaśikṣaṇa ダイヒカシクシャナ⟧ [dəihikəʃikʂə̆ɳɐ] *n.* 体育、体力増進のための教育 [Sk.]

ದೈಹಿಕಸುಖ ⟦daihikasukʰa ダイヒカスカ⟧ [dəihikəsukʰɐ] *n.* 肉体的な快楽、官能の快楽 [Sk.]

ದೈಹಿಕ ಶ್ರಮ ⟦daihika śrama ダイヒカシュラマ⟧ [dəihikəʃrəmɐ] *n.* 肉体労働 [Sk.]

ದೊಂಡೆ¹ ⟦doṃḍe ドンデ⟧ [dɔɳɖɛ] / [dɔɳɖe] 《方》 *n.* 喉 (*Gowda, Bark.*) [Ka. D3498]

ದೊಂಡೆ² ⟦doṃḍe ドンデ⟧ [doɳɖe] 《方》 *n.* ウリ科の植物の一種(実は小指程度の大きさで料理に用いられる)→ 食 [Ka. D3499] ☞ತೊಂಡೆ (toṃḍe)

ದೊಂದಡಿ ⟦doṃdaḍi ドンダディ⟧ [dondə̆ɖi] 《古》 *n.* 人々の集まり、集合、群衆、人込み [Ka. D3505] ☞ದೊಂದುಳಿ (doṃduḷi)

ದೊಂದಣ ⟦doṃdaṇa ドンダナ⟧ [dondə̆ɳɐ] 《古》 *n.* 集まり、集合 [Ka. D3505] ☞ದೊಂದುಳಿ (doṃduḷi)

ದೊಂದಣಿ ⟦doṃdaṇi ドンダニ⟧ [dondə̆ɳi] 《古》 *n.* 集まり、集合 [Ka. D3505] ☞ದೊಂದುಳಿ (doṃduḷi)

ದೊಂದಿ ⟦doṃdi ドンディ⟧ [dondi] *n.* 1 木の棒などの束 2 木の棒の束にぼろ布や藁などを巻きつけて作ったたいまつ [Ka. D3508] ☞ದೊಂದೆ (doṃde)

ದೊಂದುಳಿ ⟦doṃduḷi ドンドゥリ⟧ [donduɭi] ದೊಂದಡಿ, ದೊಂದಣ, ದೊಂದಣಿ, ದೊಂದುಳಿ 《古》 *n.* 1 集まり、集合 2 群衆が表現する喜び [Ka. D3505]

ದೊಂದೆ ⟦doṃde ドンデ⟧ [donde] ದೊಂದಿ *n.* 1 木の棒などの束 2 木の棒の束にぼろ布、藁などを巻き付けて作ったたいまつ [Ka. D3508]

ದೊಂಬ ⟦doṃba ドンバ⟧ [dombɐ] ಡೊಂಬ, ದೊಮ್ಮರ *m.* (*f.* ದೊಂಬಿತಿ (doṃbiti)) ドンバというカーストの構成員またはそのカースト [Pk. *ḍoṃba*- T5570] = ಡೊಮ್ಬ (ḍomba)

ದೊಂಬರಾಟ ⟦doṃbarāṭa ドンバラータ⟧ [dombərɐ:ʈɐ] *n.* 1 ドンバの人々の芸 2 〔喩〕 (あることを成就するための)はなれ技 ¶ ಕಂಟ್ರಾಕ್ಟ್ ದೊರಕಿಸಿಕೊಳ್ಳಲು ತುಂಬಾ ದೊಂಬರಾಟ ಮಾಡಬೇಕಾಯಿತು. (kaṃṭrākṭ dorakisikoḷḷalu tuṃbā doṃbarāṭa māḍabēkāyitu.) 契約を取りつけるために我々は多くのはなれ技を講じなければならなかった。 [*doṃba* + *āṭa*]

ದೊಂಬಿ ⟦doṃbi ドンビ⟧ [dombi] ಡೊಂಬಿ, ಡೊಂಬು, ಡೊಂಬೆ, ದೊಂಬೆ *n.* 1 群衆、暴徒 ¶ ಕ್ರಿಕೆಟ್ ಆಟದಲ್ಲಿ ದೊಂಬಿ ಹತೋಟಿಗೆ ಬರಲು ಪೊಲೀಸರು ತುಂಬ ಶ್ರಮಪಟ್ಟರು. (krikeṭ āṭadalli doṃbi hatōṭige baralu polīsaru tuṃba śramapaṭṭaru.) クリケットの試合で暴徒を押えこもうと警察は大わらわだった。 2 混乱、騒動、混迷 ¶

ಕಾಲ್ಚೆಂಡು ಆಟದಲ್ಲಿ ಇಂಗ್ಲಂಡಿನಲ್ಲಿ ತುಂಬ ದೊಂಬಿ ಆಗುತ್ತದೆ. (kālcemḍu āṭadalli imglamḍinalli tumba dombi āguttade.) イギリスではサッカーの試合で混乱が起こることが多い。 3 反乱、動乱 [Ka. D3510]

ದೊಂಬಿಗಾರ ⟦dombigāra ドンビガーラ⟧ [dombigɐːrɐ] *m.* 《*f.* ದೊಂಬಿಗಾತಿ (dombigāti)》暴徒、暴民 [Ka. *dombi + -kāra* *D3510]

ದೊಂಬಿಗಾಱ ⟦dombigāṟa ドンビガーラ⟧ [dombigɐːṟɐ] 《‡》 *m.* 《*f.* *ದೊಂಬಿಗಾರ್ತಿ (dombigārti)》暴徒、暴民 (*My.* (*Kitt.*)) [Ka. *dombi + -kāṟa* D3510]

ದೊಂಬೆ ⟦dombe ドンベ⟧ [dombe] *n.* [Ka. D3510] ☞ದೊಂಬಿ (dombi)

ದೊಗರು ⟦dogaru ドガル⟧ [dogǝ̆ru] *n.* 木などのうろ、洞穴、(壁などの) 穴 [Ka. *D2990] ☞ಡೊಗರು (ḍogaru)

ದೊಗಱು ⟦dogaṟu ドガル⟧ [dogǝ̆ṟu] 《‡》 *n.* 木などのうろ、洞穴、(壁などの) 穴 [Ka. D2990] (*My.* (*Kitt.*)) ☞ಡೊಗರು (ḍogaru)

ದೊಗಲೆ ⟦dogale ドガレ⟧ [dogǝle] (*n.*) (衣類などが) だぶだぶ〈の〉 [? cf. M. ḍagaḷă, ḍagʰaḷŭ, H. daglā]

ದೊಗೆ ⟦doge ドゲ⟧ [doge] 《古》 *vt.* 1 (手や爪で)〈穴を〉掘る 2 (耳から)〈耳脂を〉かき出す、(壺から)〈ギーなどを〉かき出す [Ka. D2990]

ದೊಡ್ಡ ⟦doḍḍa ドッダ⟧ [doḍḍɐ] *adj.* 1 (大きさが)大きい、巨大な 2 でっぷりとした、頑丈な 3 (森林、道幅、敷地などが) 広い、広大な 4 年長の 5 (木などが)高い 6 大きな(声など) 7 偉大な(学者、芸術家、政治家など) 8 (会社などの組織の中で)最高位の 9 寛大な、物惜しみしない [Ka. D3491]

ದೊಡ್ಡದನಿ ⟦doḍḍadani ドッダダニ⟧ [doḍḍǝdǝni] *n.* 大声 [+ *dani*]

ದೊಡ್ಡನಿದ್ದೆ ⟦doḍḍanidde ドッダニッデ⟧ [doḍḍǝnidde] ದೊಡ್ಡನಿದ್ರೆ *n.* 1 深い眠り 2 永眠、死亡 [+ *nidde*]

ದೊಡ್ಡನಿದ್ರೆ ⟦doḍḍanidre ドッダニドレ⟧ [doḍḍǝnidʳre] *n.* [+ *nidre*] ☞ದೊಡ್ಡನಿದ್ದೆ (doḍḍanidde)

ದೊಡ್ಡಮನಸ್ಸು ⟦doḍḍamanassu ドッダマナッス⟧ [doḍḍǝ̆mǝnǝssu] *n.* 気前のよさ、物惜しみをしないこと、惜しみなく与える心 ¶ ನೀವು ದೊಡ್ಡಮನಸ್ಸು ಮಾಡಿ ನನಗೆ ಸಹಾಯ ಮಾಡಿ. (nīvu doḍḍamanassu māḍi nanage sahāya māḍi.) どうかお恵みをもってお助けください。 [+ *manassu*]

ದೊಡ್ಡಮನುಷ್ಯ ⟦doḍḍamanuṣya ドッダマヌシュヤ⟧ [doḍḍǝ̆mǝnuʂʲjɐ] *m.* 《*f.* ದೊಡ್ಡಮನುಷ್ಯಳು (doḍḍamanuṣyaḷu)》 1 偉大な人、大人物 2 富豪、金持ち 3 社会で高い地位を持った人 [+ *manuṣya*]

ದೊಡ್ಡಕರುಳು ⟦doḍḍakaruḷu ドッダカルル⟧ [doḍḍǝkǝruḷu] *n.* 大腸 [*doḍḍa + karuḷu*]

ದೊಡ್ಡಕ್ಕ ⟦doḍḍakka ドッダッカ⟧ [doḍḍǝkkɐ] *f.* 一番年上の姉 [*doḍḍa + akka*]

ದೊಡ್ಡಕ್ಷರ ⟦doḍḍakṣara ドッダクシャラ⟧ [doḍḍǝkʂǝ̆rɐ] *n.* (ローマ字などの)大文字 [*doḍḍa + akṣara*]

ದೊಡ್ಡಣ್ಣ ⟦doḍḍaṇṇa ドッダンナ⟧ [doḍḍǝɳɳɐ] *m.* 一番年上の兄 [*doḍḍa + aṇṇa*]

ದೊಡ್ಡತಂದೆ ⟦doḍḍatamde ドッダタンデ⟧ [doḍḍǝ̆tǝnde] *m.* 1 父の兄 2 母の姉の夫 [*doḍḍa + tamde*]

ದೊಡ್ಡತನ ⟦doḍḍatana ドッダタナ⟧ [doḍḍǝ̆tǝnɐ] *n.* 1 (社会的に)有力者であること 2 物惜しみをしないこと、惜しみなく与えること [Ka. *doḍḍa + -tana*] = ದೊಡ್ಡಸ್ತನ (doḍḍastana)

ದೊಡ್ಡಪ್ಪ ⟦doḍḍappa ドッダッパ⟧ [doḍḍǝppɐ] *m.* 《*f. doḍḍamma*》 1 父の兄、おじ 2 母の姉の夫、おじ [*doḍḍa + appa*]

ದೊಡ್ಡಮ್ಮ ⟦doḍḍamma ドッダンマ⟧ [doḍḍǝmmɐ] *f.* 1 母の姉、おば 2 父の兄の妻、おば —*n.* 天然痘、疱瘡 [*doḍḍa + amma*]

ದೊಡ್ಡಸ್ತ ⟦doḍḍasta ドッダスタ⟧ [doḍḍǝstɐ] *m.* 《*f.* ದೊಡ್ಡಸ್ತೆ (doḍḍaste)》(社会で) 高い地位を占める人 [Ka.*doḍḍa + -sta*]

ದೊಡ್ಡಸ್ತನ ⟦doḍḍastana ドッダスタナ⟧ [doḍḍǝstǝnɐ] *n.* 有能で高い社会的地位を持っていること [Ka. *doḍḍa + -tana*] = ದೊಡ್ಡತನ (doḍḍatana)

ದೊಡ್ಡಸ್ತಿಕೆ ⟦doḍḍastike ドッダスティケ⟧ [doḍḍǝstike] *n.* 1 有能で高い社会的地位を持っていること、偉大性、卓越 2 物惜しみをしないこと、惜しみなく与えること 3 虚飾、虚栄、見せびらかし [*doḍḍasta + -ike*] = ದೊಡ್ಡತನ (doḍḍatana)

ದೊಡ್ಡಾಟ ⟦doḍḍāṭa ドッダータ⟧ [doḍḍɐːʈɐ] *n.* ヤクシャガーナ、カルナータカの古典舞踊劇の一種 [*doḍḍa + āṭa*] = ಯಕ್ಷಗಾನ (yakṣagāna)

ದೊಡ್ಡಿ¹ ⟦doḍḍi ドッディ⟧ [doḍḍi] *n.* 牛を囲う場所 [Ka. D3485]

ದೊಡ್ಡಿ² ⟦doḍḍi ドッディ⟧ [doḍḍi] 《希》 *f.* 娼婦、売春婦 [Ka. *D3546, cf.Ta., Ma. *tōṭṭi*, Tu.,Te. *tōṭi*]

ದೊಡ್ಡಿತನ ⟦doḍḍitana ドッディタナ⟧ [doḍḍitǝnɐ] 《希》 *n.* 1 娼婦であること、娼婦の生活 2 愛情を示して金を絞り取ること [*doḍḍi + -tana*]

ದೊಡ್ಡಿತು ⟦doḍḍitu ドッディトゥ⟧ [doḍḍitu] *n.* 大きいものなど [Ka. *doḍḍa + -itu* D3491]

ದೊಡ್ಡಿತ್ತು ⟦doḍḍittu ドッディットゥ⟧ [doḍḍittu] *n.* [Ka. D3491] ☞ದೊಡ್ಡಿತು (doḍḍitu)

ದೊಡ್ಡಿಲೆ ⟦doḍḍile ドッディレ⟧ [doḍḍĭle] ದೊಡ್ಲಿ 《口》 *n.* 大型の野生のライムの一種(レモンの類)→ 食 [Ka. D3493] = ದಾಡು ನಿಂಬೆ (dāḍu nimbe)

ದೊಡ್ಡೆ ⟦doḍḍe ドッデ⟧ [doḍḍe] 《‡》 *n.* 棒うち遊びのバット (*My.* (*Kitt.*)) [Ka. D3304]

ದೊಡ್ಲಿ ⟦doḍli ドドリ⟧ [doḍli] 《口》 *n.* 大型の野生のレモンの一種 [Ka. D3493] ☞ದೊಡ್ಡಿಲೆ (doḍḍile)

ದೊಣೆ¹ ⟦doṇe ドネ⟧ [doɳe] ಜೊಣೆ, ಡೊಣೆ, ಡೋಣಿ, ಢೊಣೆ, ದೋಣಿ, ಧೊಣೆ *n.* 1 岩石の間に自然にできた小さな池 2 穴、土地の窪み [Ka. D2716]

ದೊಣೆ² ⟦doṇe ドネ⟧ [doɳe] 《古》 *n.* 矢筒、箙（えびら） (*Pb.2.74, 4.41*) [Dr./Pk. *tōṇa-* Sk. *tūṇa-*] ☞ತೊಣೆ (toṇe)²

ದೊಣ್ಣೆ ⟦doṇṇe ドンネ⟧ [doɳɳe] *n.* 棍棒、太い棒 [Ka. D3502] cf. ಬಡಿಗೆ (baḍige)

ದೊದ್ದೆ¹ ⟦dodde ドッデ⟧ [dodde] 《‡》 *n.* たどたどしい話し方、吃りながらのはっきりしない話し方 (*My.* (*Kitt.*)) [Ka. D3503]

ದೊದ್ದೆ² ⟦dodde ドッデ⟧ [dodde] 《古》 *n.* **1** 群衆、雑踏、集合体 **2** 騒ぎ、騒動 **3** 軍隊 [Ka. D3505]

ದೊದ್ದೆಗ ⟦doddega ドッデガ⟧ [doddegɐ] 《古》 *m.* 兵士 [Ka. *D3505]

ದೊನ್ನೆ ⟦donne ドンネ⟧ [donne] *n.* 植物の葉で作った使い捨ての碗（もとはバナナの葉で作っていた） [Sk. *drōṇa-* A45]

ದೊಪ್ ⟦dop ドプ⟧ [dop] (*n.*) どすん（重いものが倒れたり落ちたりする時の音を表す擬音語） [Ka. D3069]

ದೊಪ್ಪ¹ ⟦doppa ドッパ⟧ [doppɐ] 《‡》 (*n.*) どすん（重いものが倒れたり落ちたりする時の音を表す擬音語）(*Bp.20,14* (*Kitt.*)) [Ka. D3069] ☞ದಪ್ಪ (dappa)

ದೊಪ್ಪ² ⟦doppa ドッパ⟧ [doppɐ] 《‡》 *adj.* [Ka. D3070] (*Si.457* (*Kitt.*)) ☞ದಪ್ಪ (dappa)

ದೊಪ್ಪನೆ¹ ⟦doppane ドッパネ⟧ [doppə̆ne] 《‡》 *adj.* 分厚い (*Bp.14,18;45,6* (*Kitt.*)) [Ka. *doppa* + *-ane* D3070]

ದೊಪ್ಪಾನೆ ⟦doppāne ドッパーネ⟧ [doppɐːne] 《‡》 *adj.* 分厚い (*Si.162* (*Kitt.*)) [Ka. D3070]

ದೊಪ್ಪು ⟦doppu ドップ⟧ [doppu] (*n.*) どすん（重いものが倒れたり落ちたりする時の音を表す擬音語） [Ka. *D3069]

ದೊಪ್ಪನೆ² ⟦doppane ドッパネ⟧ [doppə̆ne] *adv.* どすんと ¶ ಮರದಿಂದ ಹಲಸಿನಹಣ್ಣು ದೊಪ್ಪನೆ ಬಿತ್ತು. (maradiṃda halasinahaṇṇu doppane bittu.) ジャックフルーツがどすんと木から落ちた。 [+ *-ane* D3069]

ದೊಪ್ಪೆ ⟦doppe ドッペ⟧ [doppe] 《‡》 *n.* 使い捨ての木の葉でできた椀 (*My.* (*Kitt.*)) [Ka. D2986] cf. ಡೊಪ್ಪೆ (ḍoppe)

ದೊಬ್ಬು ⟦dobbu ドッブ⟧ [dobbu] 《口》 *vt.* **1** 押す、押し出す **2** 〈期日、仕事の実行などを〉延ばす、延期する [Ka. D3340] ☞ದಬ್ಬು (dabbu)

ದೊಮ್ಮೆ ⟦domme ドンメ⟧ [domme] 《方》 *n.* 牛の肺 [Ka. D3515] (Nanj.)

ದೊರಕು ⟦doraku ドラク⟧ [dorəku] *vi.* 手に入る、得られる ¶ ನಿಮ್ಮ ಪತ್ರ ದೊರಕಿತು. (nimma patra dorakitu.) お手紙拝受いたしました。 [Ka. D3535]

ದೊರಕಿಸು ⟦dorakisu ドラキス⟧ [dorə̆kisu] *vt.* （自分のために）獲得する、手に入れる ¶ ಊರೂರು ಹುಡು-ಕಿ ಕೊನೆಯಲ್ಲಿ ನಾನು ಈ ಹಸ್ತಪ್ರತಿಯನ್ನು ದೊರಕಿಸಿದೆನು. (ūrūru huḍuki koneyalli nānu ī hastapratiyannu dorakisidenu.) いろいろな町を探し回ったあげく私はこの写本を手に入れた。 [Ka. caus. D3535]

ದೊರಗು ⟦doragu ドラグ⟧ [dorə̆gu] 《方》 (*n.*) 粗い〈こと〉、でこぼこ〈の〉 [Ka. D3097] (Hav.)

ದೊರೆ¹ ⟦dore ドレ⟧ [dore] *vi.* **1** 《文》 近づく、近寄る **2** 《文》 現れる、出現する、姿を見せる **3** 得られる、手にいる ¶ ನಮ್ಮ ಎಮ್ಮೆ ಗದ್ದೆಯಲ್ಲಿ ದೊರೆಯಿತು. (namma emme gaddeyalli doreyitu.) うちの水牛は田んぼの中で見つかった。 **—*n.*** 匹敵するもの ¶ ಬ್ಯಾಟಿಂಗಿನಲ್ಲಿ ತೆಂಡುಲ್ಕರಿಗೆ ಯಾರೂ ದೊರೆ ಇಲ್ಲ. (byāṭiṃginall teṃḍulkarige yārū dore illa.) 打撃においてテンドゥルカルに匹敵する者は誰もいない。 ¶ ನನ್ನ ಸಂತೋಷಕ್ಕೆ ದೊರೆಯೇ ಇಲ್ಲ. (nanna saṃtōṣakke doreyē illa.) 私は例えようもなく嬉しい。 [Ka. D3535]

ದೊರೆಕೊಳ್ಳು ⟦dorekoḷḷu ドレコッル⟧ [dorekoɭɭu] 《文》 *vi.* 得られる、手に入る ¶ "ಅಪುರ ಶಂಸಾರ" ಚಿತ್ರದಿಂದ ಶರ್ಮಿಲಾ ಠಾಕುರಿಗೆ ಖ್ಯಾತಿ ದೊರೆಕೊಂಡಿತು. ("apura śaṃsāra" citradiṃda śarmilā ṭʰākurige kʰyāti dorekoṃḍitu.) 『オプーの世界』という映画でショルミラー・タークルは名声を博した。 [+ *koḷḷu*]

ದೊರೆ² ⟦dore ドレ⟧ [dore] *m.* **1** 王 = ರಾಜ, ಅರಸ (rāja, arasa) **2** 主人 **3** 《古》 イギリスの役人 [Ka.? cf. Ta. *turai*, Te. *dora*, Ma. *tura* cf. Sk. *dhurya-*]

ದೊರೆತನ ⟦doretana ドレタナ⟧ [doretə̆nɐ] *n.* 王位、王権、統治 ¶ ರಾಮನ ದೊರೆತನದಲ್ಲಿ ಜನರಿಗೆ ಕಷ್ಟ ಶಬ್ದವೇ ಗೊತ್ತಿ-ರಲಿಲ್ಲವಂತೆ. (rāmana doretanadalli janarige kaṣṭa śabdavē gottiralillavaṃte.) ラーマの統治下において人々は「苦しみ」という言葉さえ知らなかったということだ。 [Ka. *dore*² + *-tana*]

ದೊರೆಸಾನಿ ⟦doresāni ドレサーニ⟧ [doresɐːni] *f.* **1** 女王、王妃 **2** イギリスの女性、ヨーロッパの婦人 **3** 〔喩〕 いい着物を着て何もしない女性を皮肉って言う言葉 [Ka. *dore*² + *-sāni* < Sk. *svāminī-*]

ದೊಳ್ಳು ⟦doḷḷu ドッル⟧ [doɭɭu] *n.* 太鼓腹 [Ka. D586] ☞ಡೊಳ್ಳು (ḍoḷḷu)

ದೊಳ್ಳೆಗಣ್ಣು ⟦doḷḷegaṇṇu ドッレガンヌ⟧ [doɭɭegəɳɳu] 《古》 *n.* 目玉のない眼窩 [*doḷḷu* + *kaṇṇu*] ☞ಡೊಳ್ಳೆಗಣ್ಣು (ḍoḷḷegaṇṇu)

ದೋಕರಿ ⟦dōkari ドーカリ⟧ [doːkə̆ri] 《‡》 *n.* 草を引き抜くための道具 (*Si. 303.399* (*Kitt.*)) [Ka. D2990]

ದೋಚು ⟦dōcu ドーチュ⟧ [doːʧu] *vt.* 略奪する [Ka. D3541]

ದೋಟಿ ⟦dōṭi ドーティ⟧ [doːʈi] *n.* 高い所にある果物や葉を採るために使う先に曲がった刃のついたかぎ棒 = ಲೋಟಿ (lōṭi) ［⇒図］ [Ka. D3547]

ದೋಟಿ かぎ棒

ದೋಣಿ¹ ⟦dōṇi ドーニ⟧ [doːɳi] *n.* 舟 [Sk. *drōṇi-* T6641] = ಹಡಗು (haḍagu)

ದೋಣಿ² ⟦dōṇi ドーニ⟧ [doːɳi] *n.* **1** 岩石の間に自然にできた小さな池 **2** 穴、土地の窪み [Ka. *D2716] ☞ದೋಣಿ (dōṇi)

ದೋತರ ⟦dōtara ドータラ⟧ [doːtə̆rɐ] *n.* [M. T6881.2]

ದೋತ್ರ ⟦dōtra ドートラ⟧ [doːtrɐ] *n.* [M. T6881.2]

ದೋಬಿ ⟦dōbi ドービ⟧ [do:bi] 《異》 *mf.* [H. d^hōbī *C6886] ☞ಧೋಬಿ (d^hōbi)

ದೋಭಿ ⟦dōb^{h}i ドービ⟧ [do:b^{h}i] *mf.* [H. d^hōbī *C6886] ☞ಧೋಬಿ (d^hōbi)

ದೋಮೆ ⟦dōme ドーメ⟧ [do:me] 《口》 *n.* 蚊(ミバエなど同じ大きさの害虫にも使われる) [Ka. D2991]

ದೋರೆ ⟦dōre ドーレ⟧ [do:re] (*n.*) 完全に熟していない〈こと〉(マンゴー、バナナなどはこの状態で出荷される) [Ka.? cf. Te. *dōra*, Tu. *dōre*] = ಪಾಡ (pāḍa) 〔coll.〕

ದೋಱು ⟦dōṟu ドール⟧ [do:ṟu] 《古》 *n.* 木などのうろ、洞穴、(壁などの)穴 [Ka. D2990] ☞ಡೊಗರು (ḍogaru)

ದೋಲಾಸೇತು ⟦dōlāsētu ドーラーセートゥ⟧ [do:lɐ:se:tu] *n.* 吊り橋 [*dōla* + *sētu*]

ದೋಲಿ ⟦dōli ドーリ⟧ [do:li] *n.* (人を担ぐ)駕籠(かご)(今でも病弱な人を山の上に運ぶために使われている) [Sk.] *[ಡೋಲಿ (ḍōli)]

ದೋವಿಲ್ ⟦dōvil ドーヴィル⟧ [do:vil] 《‡》 *n.* [Ka.? D3566] (*Kitt.*) ☞ದೋಹಿಲ್ (dōhil)

ದೋಷ ⟦dōṣa ドーシャ⟧ [do:ʂɐ] *n.* 1 欠陥、欠点 2 落ち度、過失、過ち、罪科 ¶ ಹಿಂದಿನ ದೋಷ ಇಂದು ಕಾಡುತ್ತದೆ. (hiṃdina dōṣa iṃdu kāḍuttade.) 昔の過ちが今人を苦しめる。 3〔喩〕しみ、汚れ、汚点 ¶ ಒಬ್ಬ ಅಗಸ ಸೀತೆಯ ಚಾರಿತ್ರ್ಯಕ್ಕೆ ದೋಷ ಅಂಟಿಸಿದ. (obba agasa sīteya cāritryakke dōṣa aṃṭisida.) 洗濯屋がシーターの貞節に汚点をつけた(疑いの言葉をあげた)。[Sk.]

ದೋಷಾರೋಪ ⟦dōṣārōpa ドーシャーローパ⟧ [do:ʂɐ:ro:pɐ] ದೋಷಾರೋಪಣ, ದೋಷಾರೋಪಣೆ *n.* (ある人に)不名誉や過失や罪などを着せること、非難 [Sk.] = ದೋಷಾರೋಪಣೆ (dōṣārōpaṇe)

ದೋಷಾರೋಪಣ ⟦dōṣārōpaṇa ドーシャーローパナ⟧ [do:ʂɐ:ro:pɘ̆ɳɐ] *n.* [Sk.] ☞ದೋಷಾರೋಪ (dōṣārōpa)

ದೋಷಾರೋಪಣಪತ್ರ ⟦dōṣārōpaṇapatra ドーシャーローパナパトラ⟧ [du:ʂɐ:ro:pɘ̆ɳəpət·rɐ] 《文》 *n.* 告発状、起訴状 [Sk.]

ದೋಷಾರೋಪಣೆ ⟦dōṣārōpaṇe ドーシャーローパネ⟧ [do:ʂɐ:ro:pɘ̆ɳe] *n.* [Sk.] ☞ದೋಷಾರೋಪ (dōṣārōpa)

ದೋಷಿ ⟦dōṣi ドーシ⟧ [do:ʂi] *mf.* 1 「欠陥やしみを持っているもの」、月の別称 2 (ある犯罪、過失などの)責任者 ¶ ಹೊಸ ಕಟ್ಟಡ ಕುಸಿದುದಕ್ಕೆ ದೋಷಿ ಯಾರೆಂದು ತಪಾಸಣೆ ನಡೆಯುತ್ತಿದೆ. (hosa kaṭṭaḍa kusidudakke dōṣi yāreṃdu tapāsaṇe naḍeyuttide.) 新しい建物が崩壊したことについて誰に責任があるか調査が行われている。[Sk.]

ದೋಸೆ ⟦dōse ドーセ⟧ [do:se] *n.* ドーサイ、米とブラックグラムを発酵させてこねたものをフライパンで平たくのばして焼いたもの [Ka. D3542]

ದೋಸ್ತಿ ⟦dōsti ドースティ⟧ [do:sti] *n.* 友情 = ಗೆಳೆತನ (geḷetana) ―*mf.* 友達、友人 = ಗೆಳೆಯ, ದೋಸ್ತು (geḷeya, dōstu) [Pe. *dōstī*]

ದೋಸ್ತು ⟦dōstu ドーストゥ⟧ [do:stu] *mf.* 友達、友人 ―*n.* 友情 [Pe. *dōst*]

ದೋಹಲ ⟦dōhala ドーハラ⟧ [do:həlɐ] ದೋಹಳ 《古》 *n.* 1 渇望、欲望 2 妊婦特有の欲望 [Sk. *dōhada-*] = ಬಯಕೆ (bayake) 〔汎〕

ದೋಹಳ ⟦dōhaḷa ドーハラ⟧ [do:həɭɐ] 《古》 *n.* [Sk. *dōhada-*] = ಬಯಕೆ (bayake) 〔汎〕 ☞ದೋಹಲ (dōhala)

ದೋಹಿಲ್ ⟦dōhil ドーヒル⟧ [do:hil] ದೋಹಿಲು, ದೋಹಿಲೆ 《古》 *n.* 中傷、悪口、誹謗 [Ka.? D3566]

ದೋಹಿಲು ⟦dōhilu ドーヒル⟧ [do:hilu] 《古》 *n.* [Ka.? *D3566] ☞ದೋಹಿಲ್ (dōhil)

ದೋಹಿಲೆ ⟦dōhile ドーヒレ⟧ [do:hile] 《古》 *n.* [Ka.? *D3566] ☞ದೋಹಿಲ್ (dōhil)

ದೌಡಾಯಿಸು ⟦dauḍāyisu ダウダーイス⟧ [dəuɖɐ:jisu] *vi.* 速く走る ¶ ಬಟ್ಟೆಗಳ ಸೇಲ್ ಇದ್ದದರಿಂದ ಹೆಂಗಸರು ಅಂಗಡಿಗೆ ದೌಡಾಯಿಸಿದರು. (baṭṭegaḷa sēl iddadariṃda heṃgasaru aṃgaḍige dauḍāyisidaru.) 女性たちは安売りの知らせを聞いて店へ走った。[H. *dauṛănā*/M. *dauḍăṇē*]

ದೌಡು ⟦dauḍu ダウドゥ⟧ [dəuɖu] *n.* 1 走ること 2 (馬などの) ギャロップ、はやがけ [H. *dauṛănā*/M. *dauḍăṇē* T6624] = ನಾಗಾಲೋಟ (nāgālōṭa)

ದೌಡೆ ⟦dauḍe ダウデ⟧ [dəuɖe] *n.* ☞ದವಡೆ (davaḍe) 1

ದೌತ್ಯ ⟦dautya ダウティャ⟧ [dəut·jɐ] 《文》 *n.* 1 使節や使いの仕事や義務や地位 2 人を使って送る通信文や伝言 ¶ ರಾಜಾ ಸೇವಕನ ಮುಖಾಂತರ ದೌತ್ಯವನ್ನು ಕಳುಹಿಸಿದರು. (rājā sēvakana muk^{h}āṃtara dautyavannu kaḷuhisidaru.) 王は家来にその伝言を伝えさせた。[Sk.]

ದೌರ್ಜನ್ಯ ⟦daurjanya ダウルジャニャ⟧ [dəurdʒən·jɐ] *n.* よこしまなこと、邪悪、悪徳 [Sk.]

ದೌರ್ಬಲ್ಯ ⟦daurbalya ダウルバリャ⟧ [dəurbəl·jɐ] *n.* 1 力がないこと、弱いこと、虚弱 2 弱点 ¶ ಅವರಿಗೆ ಹೆಂಗಸರ ಬಗ್ಗೆ ದೌರ್ಬಲ್ಯ ಇದೆ. (avarige heṃgasara bagge daurbalya ide.) 彼は女性に弱い。 3 (骨董品、競馬などに身分不相応に金を使ったり、タバコなどを止められなかったりするような)弱さ [Sk.]

ದೌರ್ಭಾಗ್ಯ ⟦daurb^{h}āgya ダウルバーギャ⟧ [dəurb^{h}ɐ:g·jɐ] *n.* 不運、運が悪いこと [Sk.]

ದೌಲತ್ತು ⟦daulattu ダウラットゥ⟧ [dəuləttu] *n.* 1 富、財、財産、富裕 2 豪奢、華麗、(財などの)見せびらかし ¶ ವ್ಯಾಪಾರಿ ತನ್ನ ಮಗಳ ಮದುವೆಯನ್ನು ದೌಲತ್ತಿನಿಂದ ಮಾಡಿದ. (vyāpāri tanna magaḷa maduveyannu daulattiniṃda māḍida.) 商人は自分の娘の結婚式を豪奢に行った。 3 権力、支配圏 ¶ ಅವನು ತನ್ನ ಕೆಳಗೆ ಕೆಲಸ ಮಾಡುವವರ ಮೇಲೆ ದೌಲತ್ತು ನಡೆಸುತ್ತಾನೆ. (avanu tanna keḷage kelasa māḍuvavara mēle daulattu naḍesuttāne.) 彼は自分の下役に権力を振りかざす。[Ar.-Pe. *daulat*]

ದ್ಯುತಿಸಂಶ್ಲೇಷಣ ⟦dyutisaṃślēṣaṇa ディュティサンシュレーシャナ⟧ [djutisamʃle:ʂɘ̆ɳɐ] ದ್ಯುತಿಸಂಶ್ಲೇಷಣೆ 《文》 *n.* 光合成 [Sk.] = ದ್ಯುತಿಸಂಶ್ಲೇಷಣೆ (dyutisaṃślēṣaṇe)

ದ್ಯುತಿಸಂಶ್ಲೇಷಣೆ ⟦dyutisaṃślēṣaṇe ディュティサンシュレーシャネ⟧ [djutisəmʃle:ʂə̆ɳe] 《文》 *n.* [Sk.] ☞ದ್ಯುತಿಸಂಶ್ಲೇಷಣ (dyutisaṃślēṣaṇa)

ದ್ಯೂತ ⟦dyūta ディュータ⟧ [dju:tɐ] 《文》 *n.* 博打、賭け事 [Sk.]

ದ್ಯೂತಕಾರ ⟦dyūtakāra ディュータカーラ⟧ [dju:təkɐ:rɐ] 《文》 *m.* 《*f.* ದ್ಯೂತಕಾರಳು (dyūtakāraḷu)》賭博者、博打打ち、賭け事師 [Sk.] = ಜೂಜುಗಾರ (jūjugāra)

ದ್ಯೂತಕಾರಕ ⟦dyūtakāraka ディュータカーラカ⟧ [dju:təkɐ:rəkɐ] 《文》 *m.* 《*f.* ದ್ಯೂತಕಾರಕಿ (dyūtakāraki)》 1 博打場の経営者 2 博打打ち、賭博者 [Sk.]

ದ್ಯೂತಪಣ ⟦dyūtapaṇa ディュータパナ⟧ [dju:təpəɳɐ] 《文》 *n.* （博打で）賭けたもの [Sk.] = ಒಡ್ಡು, ಪಂದ್ಯ (oḍḍu, paṃdya)

ದ್ಯೋತ ⟦dyōta ディョータ⟧ [djo:tɐ] 《文》 *n.* 輝き、光輝、光り輝くこと [Sk.]

ದ್ಯೋತಕ ⟦dyōtaka ディョータカ⟧ [djo:təkɐ] *adj.* 1 輝く、光る 2 暗示する —(*n.*)（あるものを）示す〈こと〉、暗示〈の〉¶ ಅವರ ಪರಾಕ್ರಮದ ಪ್ರದರ್ಶನ ಅವರ ಭಯದ ದ್ಯೋತಕವಾಗಿದೆ. (avara parākramada pradarśana avara bʰayada dyōtakavāgide.) 彼が自分の勇気を誇示するのは自分の恐れを表している。 [Sk.]

ದ್ಯೋತಿಸು ⟦dyōtisu ディョーティス⟧ [djo:tisu] 《文》 *vi.* 現れる、顕現する —*vt.* 現す、顕現させる ¶ ಅವನ ಕೋಪ ಅವನ ಭಯವನ್ನೇ ದ್ಯೋತಿಸಿತು. (avana kōpa avana bʰayavannē dyōtisitu.) 彼の怒りは自分の恐怖を示していた。 [Sk.]

ದ್ಯೋಧುನಿ ⟦dyōdʰuni ディョードゥニ⟧ [dyo:dʰuni] 《文》 *n.* 1「天空の河」、ガンジス河 = ಗಂಗೆ (gaṃge) 2 銀河 = ಆಕಾಶಗಂಗೆ (ākāśagaṃge) [Sk.]

ದ್ರವ ⟦drava ドラヴァ⟧ [drəvɐ] 《文》 *n.* 1 滴ること、滴り落ちること；流れること 2 液体、流体 [Sk.]

ದ್ರವರೂಪ ⟦dravarūpa ドラヴァルーパ⟧ [drəvəru:pɐ] 《文》 *n.* 液状 [Sk.]

ದ್ರವಸ್ಫಟಿಕ ⟦dravaspʰaṭika ドラヴァスパティカ⟧ [drəvəspʰəʈikɐ] 《文》 *n.* 液晶 [Sk.]

ದ್ರವಿಸು ⟦dravisu ドラヴィス⟧ [drəvisu] *vi.* 1 滴る、滴り落ちる ¶ ಗೋಡೆಯಿಂದ ನೀರು ದ್ರವಿಸುತ್ತಿದೆ. (gōḍeyiṃda nīru dravisuttide.) 壁から水が滴っている。 2 融ける、溶融する ¶ ಕಬ್ಬಿಣ ಎಷ್ಟು ಅಂಶಕ್ಕೆ ದ್ರವಿಸುತ್ತದೆ? (kabbiṇa eṣṭu aṃśakke dravisuttade?) 鉄は何度で融けますか —*vt.* 滴らせる ¶ ಗೋಡೆ ನೀರು ದ್ರವಿಸುತ್ತಿದೆ. (gōḍe nīru dravisuttide.) 壁が水を滴らせている。= ಸ್ರವಿಸು, ಸೋರಿಸು (sravisu, sōrisu) [Sk.]

ದ್ರವೀಕರಣ ⟦dravīkaraṇa ドラヴィーカラナ⟧ [drəvi:kərə̆ɳɐ] 《文》 *n.* 液化、流動化 [Sk.]

ದ್ರವೀಕರಿಸು ⟦dravīkarisu ドラヴィーカリス⟧ [drəvi:kərisu] *vt.* 液化する、液状にする [Sk.]

ಮನಸನ್ನು ದ್ರವೀಕರಿಸು ⟦manasannu dravīkarisu マナサンヌ ドラヴィーカリス⟧ [mənəsənnu drəvi:kərisu] *vi.* （小説などが）涙を誘う ¶ ಮಾಸ್ತಿಯವರ "ಕೃಷ್ಣಮೂರ್ತಿಯ ಹೆಂಡತಿ" ಎಂಬ ಕಥೆ ಮನಸನ್ನು ದ್ರವೀಕರಿಸುತ್ತದೆ. (māstiyavara "kṛṣṇamūrtiya heṃḍati" eṃba katʰe manasannu dravīkarisuttade.) マースティの短編小説『クリシュナムールテイの妻』は涙を誘う。

ದ್ರವೀಕೃತ ⟦dravīkṛta ドラヴィークルタ⟧ [drəvi:krɯtɐ] *adj.* 液化された、液状化された [Sk.]

ದ್ರವ್ಯ ⟦dravya ドラヴィヤ⟧ [drəvˑjɐ] *n.* 1 物質、物体 2 材料、原材料 ¶ ಪ್ಲಾಸ್ಟಿಕ್ ಚೀಲದ ದ್ರವ್ಯ ಕ್ರೂಡಾಯಿಲ್. (plāsṭik cīlada dravya krūḍāyil.) プラスティックの原料は原油である。 3 富、財産 ¶ ಅವನ ಹತ್ತಿರ ತುಂಬ ದ್ರವ್ಯ ಇದೆ. (avana hattira tuṃba dravya ide.) 彼は財産をたくさん持っている。 4 お金、金銭 ¶ ಅಧಿಕಾರಿಗೆ ದ್ರವ್ಯ ಕೊಟ್ಟು ಕೆಲಸ ಮಾಡಿಸಿಕೊಳ್ಳಬೇಕು. (adʰikārige dravya koṭṭu kelasa māḍisikoḷḷabēku.) 役人に金をつかませて仕事をさせねばならない。 [Sk.]

ದ್ರವ್ಯವಂತ ⟦dravyavaṃta ドラヴィヤヴァンタ⟧ [drəvˑjəvəntɐ] 《文》 *adj., m.* 《*f.* ದ್ರವ್ಯವಂತೆ (dravyavaṃte)》金持ち〈の〉、金のある〈人〉、金満家〈の〉、裕福な〈人〉 [Sk.]

ದ್ರವ್ಯಹೀನ ⟦dravyahīna ドラヴィヤヒーナ⟧ [drəvˑjəhi:nɐ] 《文》 *adj., m.* 《*f.* ದ್ರವ್ಯಹೀನಳು (dravyahīnaḷu)》金がない〈人〉、貧乏〈人〉 [Sk.]

ದ್ರಷ್ಟ ⟦draṣṭa ドラシュタ⟧ [drəʂʈɐ] 《文》 *mf.* 見る人、（ものが）見える人 [Sk. *draṣṭā*] ☞ದ್ರಷ್ಟಾರ (draṣṭāra)

ದ್ರಷ್ಟಾರ ⟦draṣṭāra ドラシュターラ⟧ [drəʂʈɐ:rɐ] *mf.* アートマンに関する真実を知った人、聖者 [Sk. *draṣṭā*]

ದ್ರಾಕ್ಷಾರಸ ⟦drākṣārasa ドラークシャーラサ⟧ [drɐ:kʂɐ:rə̆sɐ] 《文》 *n.* 1 ブドウのジュース 2 ブドウ酒、ワイン [Sk.] = ದ್ರಾಕ್ಷಾಸವ (drākṣāsava)

ದ್ರಾಕ್ಷಾಸವ ⟦drākṣāsava ドラークシャーサヴァ⟧ [drɐ:kʂɐ:sə̆vɐ] 《文》 *n.* ブドウ酒、ワイン、ブドウ酒を蒸留した蒸留酒 [Sk.]

ದ್ರಾಕ್ಷಿ ⟦drākṣi ドラークシ⟧ [drɐ:kʂi] *n.* ブドウ、ブドウの実 [Sk. *drākṣā-*] ☞ದ್ರಾಕ್ಷೆ (drākṣe)

ದ್ರಾಕ್ಷೆ ⟦drākṣe ドラークシェ⟧ [drɐ:kʂe] ದ್ರಾಕ್ಷಿ *n.* ブドウ、ブドウの実 [Sk. *drākṣā-*]

ದ್ರಾಬೆ ⟦drābe ドラーベ⟧ [drɐ:be] 《文》 *mf.* 1 愚か者、馬鹿者 2 弱虫、意気地なし、役立たず [Sk. *drāpa-* < ?]

ದ್ರಾವಕ ⟦drāvaka ドラーヴァカ⟧ [drɐ:və̆kɐ] 《文》 (*adj.*) 1 流れさせる〈こと〉、ほとばしらせる〈こと〉 2 液状化する〈こと〉、溶解させる〈こと〉 —*n.* 溶剤、溶媒 [Sk.]

ದ್ರಾವಣ ⟦drāvaṇa ドラーヴァナ⟧ [drɐ:və̆ɳɐ] *n.* 1 溶かすこと、融かすこと、液化すること 2 溶液 ¶ ಹಳ್ಳಿಗಳಲ್ಲಿ ಸುಣ್ಣದ ದ್ರಾವಣವನ್ನು ಗೋಡೆಗೆ ಬಳಿಯುತ್ತಾರೆ. (haḷḷigaḷalli suṇṇada drāvaṇavannu gōḍege baḷiyuttāre.) 田舎では石灰の溶液を壁に塗る。 3《文》〔喩〕魅惑、心を惑わすこと [Sk.]

ದ್ರಾವಿಡ ⟦drāviḍa ドラーヴィダ⟧ [drɐ:viɖɐ] (*adj.*) ドラヴィダ〈の〉、ドラヴィダ人〈の〉、ドラヴィ

ダ語〈の〉¶ ಕನ್ನಡ ಒಂದು ದ್ರಾವಿಡ ಭಾಷೆ. (kannaḍa oṃdu drāviḍa bʰāṣe.) カンナダ語はドラヴィダ語の一つである。 —*m.*《*f.* ದ್ರಾವಿಡಳು (drāviḍaḷu)》**1** ドラヴィダ人 **2** タミル人 —*n.* **1** ドラヴィダ語 **2**《文》タミル語 **3** ドラヴィダ様式(タミルナード中心に広く用いられた建築様式) [Sk.]

ದ್ರಾವಿಡದೇಶ ⟦drāviḍadēśa ドラーヴィダデーシャ⟧ [drɐːviḍəde:ʃɐ] *n.* ドラヴィダ語が使用される地域 [Sk.]

ದ್ರಾವಿಡಧರೆ ⟦drāviḍadʰare ドラーヴィダダレ⟧ [drɐːviḍədʰəre] 《文》*n.* ドラヴィダ語話者の住む土地 [Sk.]

ದ್ರುತ ⟦druta ドルタ⟧ [drutɐ] 《文》(*adj.*) **1** 速い〈こと〉**2** 融けた〈こと〉、溶けた〈こと〉、融解した〈こと〉 —*n.* **1** 早足、速い歩み ¶ ಇಲ್ಲಿಂದ ಮುಂದೆ ದ್ರುತದಲ್ಲಿ ಆಡಬೇಕು. (illiṃda muṃde drutadalli āḍabēku.) ここから速いテンポで踊らなくてはならない。 **2** (音楽で)速いテンポ、プレスト [Sk.]

ದ್ರುತಗತಿ ⟦drutagati ドルタガティ⟧ [drutə̆gəti] 《文》*n.* **1** 早足 **2** (音楽や踊りで)速いテンポ、プレスト [Sk.]

ದ್ರುತಪದ ⟦drutapada ドルタパダ⟧ [drutəpədɐ] 《文》*n.* 詩形の一種 [Sk.]

ದ್ರುತವಿಲಂಬಿತ ⟦drutavilambita ドルタヴィランビタ⟧ [drutəviləmbitɐ] 《文》*n.* 詩形の一種 [Sk.]

ದ್ರೋಹ ⟦drōha ドローハ⟧ [dro:hɐ] *n.* 裏切り、背信(行為) [Sk.
bfraiseout]

ದ್ರೋಹಿ ⟦drōhi ドローヒ⟧ [dro:hi] *mf.* 裏切り者、背信者 [Sk.]

ದ್ರೌಪದಿ ⟦draupadi ドラゥパディ⟧ [drəupə̆di] *f.* 5人のパーンダヴァ王子の妻、パーンチャーラの王ドゥルパダの娘 [Sk.]

ದ್ವಂದ್ವ ⟦dvaṃdva ドヴァンドヴァ⟧ [dvəndvɐ] 《文》*n.* **1** 対、一対 **2** (光と影、喜びと悲しみなど)反対の性質や状態、相補的な性質や状態 **3** 争い、葛藤、論争 ¶ ಕನ್ನಡ ಅಧ್ಯಾಪಕರಿಗೂ ಇಂಗ್ಲಿಶ್ ಅಧ್ಯಾಪಕರಿಗೂ ದ್ವಂದ್ವ ನಡೆಯಿತು. (kannaḍa adʰyāpakarigū iṃgliś adʰyāpakarigū dvaṃdva naḍeyitu.) カンナダ語の教師と英語の教師の間に葛藤があった。**4** 一騎打ち ¶ ಭೀಮಾರ್ಜುನರು ದ್ವಂದ್ವಯುದ್ಧ ಮಾಡಿದರು. (bʰīmārjunaru dvaṃdvayuddʰa māḍidaru.) ビーマとドゥルヨーダナが一騎打ちをした。 **5** 二律背反 = ಬಿಕ್ಕಟ್ಟು (bikkaṭṭu) **6** 不確かさ、疑い ¶ ಇದು ಸರಿಯೋ ತಪ್ಪೋ ಎಂದು ದ್ವಂದ್ವ ಉಂಟಾಯಿತು. (idu sariyō tappō eṃdu dvaṃdva uṃṭāyitu.) これが正しいのか間違っているのかという疑問が生じた。 **7**〔言〕並列複合語(合成語の一種で、二つ以上の語が「と」で結ばれる関係で結合したもの、例えば「山川」や「行き来」など) [Sk.]

ದ್ವಂದ್ವಯುದ್ಧ ⟦dvaṃdvayuddʰa ドヴァンドヴァユッダ⟧ [dvən·dvəjuddʰɐ] *n.* 一騎打ち [Sk.]

ದ್ವಂದ್ವಸಮಾಸ ⟦dvaṃdvasamāsa ドヴァンドヴァサマーサ⟧ [dvəndvə̆səmɐːsɐ] 《文》*n.*〔言〕並列複合語(合成語の一種で二つ以上の語が「と」で結ばれる関係で結合したもの、例えば「山川」や「行き来」など) [Sk.]

ದ್ವಂದ್ವಾರ್ಥ ⟦dvaṃdvārtʰa ドヴァンドヴァールタ⟧ [dvəndvɐːrtʰɐ] *n.* 掛詞(同義語を利用した文飾の一種) [Sk.] = ಶ್ಲೇಷಾರ್ಥ (ślēṣārtʰa)

ದ್ವಯ ⟦dvaya ドヴァヤ⟧ [dvəjɐ] 《文》*n.* 二つ、両方 [Sk.] = ಜೋಡಿ (jōḍi)

ದ್ವಾದಶ ⟦dvādaśa ドヴァーダシャ⟧ [dvɐːdəʃɐ] 《文》*numr.adj.* **1** 12の **2** 第12の、12番目の —*numr.n.* 12 [Sk.]

ದ್ವಾದಶಿ ⟦dvādaśi ドヴァーダシ⟧ [dvɐːdəʃi] *n.* (月の)白分または黒分の12日目 [Sk.]

ದ್ವಾಪರ ⟦dvāpara ドヴァーパラ⟧ [dvɐːpərɐ] 《文》*n.* 神話上の四つの時代区分の3番目(この四つが1カルパをなす) [Sk.] = ದ್ವಾಪರಯುಗ (dvāparayuga)

ದ್ವಾಪರಯುಗ ⟦dvāparayuga ドヴァーパラユガ⟧ [dvɐːpə̆rəjuġɐ] 《文》*n.* 神話上の四つの時代区分の3番目(この四つが1カルパをなす) [Sk.]

ದ್ವಾರ ⟦dvāra ドヴァーラ⟧ [dvɐːrɐ] *n.* **1**〔敬〕扉 **2** 家の門、家の入り口 **3** 開口部 ¶ ಮನುಷ್ಯನಿಗೆ ಒಂಬತ್ತು ದ್ವಾರಗಳಿವೆ. (manuṣyanige oṃbattu dvāragaḷive.) 人間には九つの門がある。 [Sk.]

ದ್ವಾರಪಾಲಕ ⟦dvārapālaka ドヴァーラパーラカ⟧ [dvɐːrəpɐːlə̆kɐ] *m.*《*f.* ದ್ವಾರಪಾಲಕಿ (dvārapālaki)》門衛、門番 [Sk.]

ದ್ವಾರಾ ⟦dvārā ドヴァーラー⟧ [dvɐːrɐː] 《文》*postp.* …によって ¶ ಪತ್ರವನ್ನು ಪೋಸ್ಟ್ ದ್ವಾರಾ ಕಳಿಸಿರಿ. (patravannu pōsṭ dvārā kaḷisiri.) 手紙を郵便で送ってください。 [Sk.] ～ ದಿಂದ (diṃda)

ದ್ವಿಗು ⟦dvigu ドヴィグ⟧ [dvigu] 《文》*n.*〔言〕最初の要素が数詞である合成語(タットプルシャの一種) [Sk.]

ದ್ವಿಗುಣ ⟦dviguṇa ドヴィグナ⟧ [dviguɳɐ] (*n.*) 2倍〈の〉¶ ಅವಳ ಸಂತೋಷ ದ್ವಿಗುಣಗೊಂಡಿತು. (avaḷa saṃtōṣa dviguṇagoṃḍitu.) 彼女の満足は2倍になった。 [Sk.] ಇಮ್ಮಡಿ (immaḍi)〔汎〕

ದ್ವಿಗುಣಿಸು ⟦dviguṇisu ドヴィグニス⟧ [dviguɳĭsu] 《文》*vi.* 2倍になる、倍加する [Sk.]

ದ್ವಿಜ ⟦dvija ドヴィジャ⟧ [dviʤɐ] 《文》(*adj.*) 2度生まれた〈こと〉 —*m.*《*f.* ದ್ವಿಜೆ (dvije)》**1** バラモン **2** 再生族、バラモンかクシャトリヤかヴァイシャのヴァルナに属する人 —*n.* 鳥 [Sk.]

ದ್ವಿಜತ್ವ ⟦dvijatva ドヴィジャトヴァ⟧ [dviʤət·vɐ] 《文》*n.* ブラーマンであること、ブラーマンの身分、ブラーマンにふさわしい性質 [Sk.] = ಬ್ರಾಹ್ಮಣತ್ವ (brāhmaṇatva)〔汎〕

ದ್ವಿತೀಯ ⟦dvitīya ドヴィティーヤ⟧ [dviti:jɐ] 《文》*numr.adj.* 第2の、2番目の [Sk.]

ದ್ವಿತೀಯಾವಿಭಕ್ತಿ ⟦dvitīyāvibʰakti ドヴィティーヤーヴィバクティ⟧ [dviti:jɐːvibʰəkti] 《文》*n.* 対格を示す接尾辞

[Sk.]

ದ್ವಿತೀಯೆ 〚dvitīye ドヴィティーエ〛 [dviti:je] *f.* 《古》 妻 **—***n.* **1** (月の)白分または黒分の２日目 **2** 対格を表す接尾辞 [Sk.]

ದ್ವಿಪಕ್ಷ 〚dvipakṣa ドヴィパクシャ〛 [dvipəkʂɐ] 《文》 *n.* **1** 二つの羽、両翼 **2** 両側 **3** 二つの党、二つの党派、二つの仲間 [Sk.]

ದ್ವಿಪಕ್ಷೀಯ 〚dvipakṣīya ドヴィパクシーヤ〛 [dvipəkʂi:jɐ] *adj.* 二つの党や党派やグループに属する、二つの党やグループの [Sk.]

ದ್ವಿಪದಿ 〚dvipadi ドヴィパディ〛 [dvipədi] 《文》 *n.* ２行からなる詩節、２行詩、対句、カプレット [Sk.]

ದ್ವಿರುಕ್ತಿ 〚dvirukti ドヴィルクティ〛 [dvirukti] *n.* 同じことを繰り返して言うこと、同じことを反復して言うこと [Sk.]

ದ್ವೀಪ 〚dvīpa ドヴィーパ〛 [dvi:pɐ] *n.* 島 [Sk.]

ದ್ವೀಪಖಂಡ 〚dvīpak^{h}aṃḍa ドヴィーパカンダ〛 [dvi:pək^{h}ə ɳɖɐ] *n.* 島 [Sk.]

ದ್ವೀಪಕಲ್ಪ 〚dvīpakalpa ドヴィーパカルパ〛 [dvi:pəkəlpɐ] 《文》 *n.* 半島、三方海に囲まれた土地 [Sk.]

ದ್ವೀಪಜಾಲ 〚dvīpajāla ドヴィーパジャーラ〛 [dvi:pəʤɐ:lɐ] 《文》 *n.* 群島 [Sk.]

ದ್ವೀಪಾಂತರ 〚dvīpāṃtara ドヴィーパーンタラ〛 [dvi:pɐ:ntərɐ] 《文》 *n.* **1** ほかの島 **2** 外国 [Sk.]

ದ್ವೀಪಾಂತರವಾಸ 〚dvīpāṃtaravāsa ドヴィーパーンタラヴァーサ〛 [dvi:pɐ:ntərəvɐ:sɐ] 《文》 *n.* 島流し [Sk.]

ದ್ವೀಪಾಂತರಶಿಕ್ಷೆ 〚dvīpāṃtaraśikṣe ドヴィーパーンタラシクシェ〛 [dvipɐ:ntrəʃikʂe] 《文》 *n.* 島流し [Sk.]

ದ್ವೇಷ 〚dvēṣa ドヴェーシャ〛 [dve:ʂɐ] *n.* **1** 憎しみ、敵意 **2** 嫌悪、悪意 ¶ ಮನುಷ್ಯರಿಗೆ ಹಾವಿನ ಮೇಲೆ ದ್ವೇಷ. (manuṣyarige hāvina mēle dvēṣa.) 人間は蛇を嫌う。 [Sk.]

ದ್ವೇಷಿ 〚dvēṣi ドヴェーシ〛 [dve:ʂi] *mf.* 敵 ¶ ನನ್ನ ಅಪ್ಪ ಸಾರಾಯಿಯ ದ್ವೇಷಿ (nanna appa sārāyiya dvēṣi) 父は焼酎を憎む。 [Sk.] = ಶತ್ರು, ವೈರಿ (śatru, vairi)

ದ್ವೇಷಿಸು 〚dvēṣisu ドヴェーシス〛 [dve:ʂisu] *vt.* 憎む、〈…に〉敵意を抱く、嫌う [Sk.]

ದ್ವೈತ 〚dvaita ドヴァイタ〛 [dvəitɐ] *n.* **1** 二重性、二元性 **2** インド哲学の二元論 [Sk.]

ಧ

ಧ 〚d^{h}a ダ〛 [d^{h}ɐ] *n.* カンナダその他のインド系言語において音素の連続 /d^{h}a/ またはそれを表すカンナダその他のインド系の文字

ಧಂದೆ 〚d^{h}aṃde ダンデ〛 [d^{h}ənde] ದಂಧೆ, ಧಂಧೆ *n.* **1** (生計を維持するための)仕事、職業 **2** 仕事、活動 [H. *d^{h}aṃd^{h}ā*/M. *d^{h}aṃdā* T6727]

ಧಂಧೆ 〚d^{h}aṃd^{h}e ダンデ〛 [d^{h}ənd^{h}e] *n.* [H. *d^{h}aṃdā*/M. *d^{h}aṃdā* T6727] ☞ಧಂದೆ (d^{h}aṃde)

ಧಕಾರ 〚d^{h}akāra ダカーラ〛 [d^{h}əkɐ:rɐ] *n.* カンナダその他のインド系の文字で音素の連続 /d^{h}a/ を表す文字 [Sk.]

ಧಕ್ಕೆ¹ 〚d^{h}akke ダッケ〛 [d^{h}əkke] *n.* **1** 打撃、衝撃 **2** 〔喩〕 危険、損害 ¶ ಅಪ್ಪ ತನ್ನ ಘನತೆಗೆ ಧಕ್ಕೆ ಬರಬಹುದೆಂದು ಆ ಮದುವೆಯನ್ನು ಒಪ್ಪಲಿಲ್ಲ. (appa tanna g^{h}anatege d^{h}akke barabahudeṃdu ā maduveyannu oppalilla.) 自分の社会的地位を危うくする恐れがあるので父親はその結婚に同意しなかった。 [H. *d^{h}akkā*]

ಧಕ್ಕೆ² 〚d^{h}akke ダッケ〛 [d^{h}əkke] *n.* (船の)デッキ、甲板 [Eg. *deck*]

ಧಕ್ಕೆ³ 〚d^{h}akke ダッケ〛 [d^{h}əkke] *n.* **1** 着き場、波止場、桟橋 **2** デッキ [Eg. *dock*]

ಧಗಧಗಿಸು 〚d^{h}agad^{h}agisu ダガダギス〛 [d^{h}əgəd^{h}əgĭsu] *vi.* ぼうぼう燃える、激しく燃える ¶ ನನ್ನ ಮನಸ್ಸು ಧಗಧಗಿಸಿತು. (nanna manassu d^{h}agad^{h}agisitu.) 〔比〕 私はかんかんに怒っていた。 [Ka. onom.]

ಧಗೆ 〚d^{h}age ダゲ〛 [d^{h}əge] *n.* 熱、酷暑 [M. *d^{h}agă* *C6704] ☞ದಗೆ (dage)

ಧಗ್ಗನೆ 〚d^{h}aggane ダッガネ〛 [d^{h}əggǝne] *adv.* 急に、突然 [Ka., mim.]

ಧಟ್ಟಿ 〚d^{h}aṭṭi ダッティ〛 [d^{h}əʈʈi] 《口》 *n.* **1** 布 (一般) **2** 男性が下半身に巻く布 (一方の端を股の下から通し、腰に巻いた部分に差し込んで固定する) [Ka. *D3038] ☞ದಟ್ಟಿ (daṭṭi)

ಧಟ್ಟಿಸು 〚d^{h}aṭṭisu ダッティス〛 [d^{h}əʈʈisu] 《古》 *vt.* [?] ☞ದಟ್ಟಿಸು (daṭṭisu)

ಧಟ್ಟೈಸು 〚d^{h}aṭṭaisu ダッタイス〛 [d^{h}əʈʈəisu] 《古》 *vt.* 叱る、叱りつける、叱責する [?] ☞ದಟ್ಟಿಸು (daṭṭisu)²

ಧಡ 〚d^{h}aḍa ダダ〛 [d^{h}əɖɐ] *n.* 頭のない死体 [Pk. *d^{h}aḍa*- T6712] = ಮುಂಡ (muṃḍa)

ಧಡಕ್ 〚d^{h}aḍak ダダク〛 [d^{h}əɖək] ಧಡಕು *adv.* がたん (車輪がでこぼこの道で衝撃を受けて出す音を表す擬音語) [Ka. onom.]

ಧಡಕ್ಕನೆ 〚d^{h}aḍakkane ダダッカネ〛 [d^{h}əɖəkkǝne] *adv.* **1** がたんと **2** 急に、突然 ¶ ಅಪ್ಪ ದಡಕ್ಕನೆ ಕುರ್ಚಿಯಿಂದ ಎದ್ದು ಹೊರಕ್ಕೆ ಹೋದ. (appa daḍakkane kurciyiṃda eddu horakke hōda.) 父は突然椅子から立ち上がって外へ出ていった。 [Ka. onom.]

ಧಡಕ್ ಧಡಕ್ 〚d^{h}aḍak d^{h}aḍak ダダクダダク〛 [d^{h}əɖək d^{h}ə

ḍək] *adv.* がたんがたん(車輪がでこぼこの道で衝撃を受けて出す音を表す擬音語)[Ka. onom.]

ಧಡಕು ⟦dʰaḍaku ダダク⟧ [dʰəḍəku] *n.* がたん(車がでこぼこの道を走る時に出る音を表す擬音語)[Ka. onom.] ☞ಧಡಕ್ (dʰaḍak)

ಧಡಾರ್ ⟦dʰaḍār ダダール⟧ [dʰəḍɐːr] (*n.*) ばたん(扉を荒々しく閉める音を表す擬音語)[Ka. onom.]

ಧಡಾರನೆ ⟦dʰaḍārane ダダーラネ⟧ [dʰəḍɐːrəne] *adv.* ばたんと(扉を締めるなど)[Ka. onom.]

ಧಡಿಯ ⟦dʰaḍiya ダディヤ⟧ [dʰəḍijɐ] *adj., m.* ⟪*f.* ಧಡಿಯಳು (dʰaḍiyaḷu)⟫太った〈人〉、太っちょ〈の〉、でぶ〈の〉[Ka. cf. *taṭiya*] ☞ದಡಿಯ (daḍiya)

ಧಡೂತಿ ⟦dʰaḍūti ダドゥーティ⟧ [dʰəḍuːti] (*adj.*) でぶ〈の〉、太った〈こと〉、図体の大きい〈こと〉¶ ಧಡೂತಿ ಆಸಾಮಿ (dʰaḍūti āsāmi) 太った人間 [M. *dʰaḍauti*]

ಧನ[1] ⟦dʰana ダナ⟧ [dʰənɐ] *n.* **1** 富、財産、金銭 **2** 牛類[Sk.]

ಧನಮದ ⟦dʰanamada ダナマダ⟧ [dʰənəmədɐ] *n.* 財産を持っていることからくる傲慢、財産を鼻にかけること[Sk.]

ಧನರೇಖೆ ⟦dʰanarēkʰe ダナレーケ⟧ [dʰənəreːkʰe] *n.* 富に関する運を示す手の平の線[Sk.]

ಧನಲಾಭ ⟦dʰanalābʰa ダナラーバ⟧ [dʰənəlɐːbʰɐ] *n.* 財産の獲得、金儲け[Sk.]

ಧನವಂತ ⟦dʰanavaṃta ダナヴァンタ⟧ [dʰənəvəntɐ] *adj., m.* ⟪*f.* ಧನವಂತೆ (dʰanavaṃte)⟫金持ち〈の〉、金満家〈の〉[Sk.] ಧನಾಢ್ಯ (dʰanāḍʰya)

ಧನವಿಹೀನ ⟦dʰanavihīna ダナヴィヒーナ⟧ [dʰənəvihiːnɐ] *adj., m.* ⟪*f.* ಧನವಿಹೀನೆ (dʰanavihīne)⟫貧乏な〈人〉、貧乏人〈の〉[Sk.]

ಧನಸಹಾಯ ⟦dʰanasahāya ダナサハーヤ⟧ [dʰənəsəhɐːjɐ] *n.* 金銭的援助、助成金[Sk.]

ಧನಾಕಾಂಕ್ಷೆ ⟦dʰanākāṃkṣe ダナーカーンクシェ⟧ [dʰənɐːkɐːŋkʂe] *n.* 金銭欲、富に対する欲望[Sk.]

ಧನಾಢ್ಯ ⟦dʰanāḍʰya ダナーディャ⟧ [dʰənɐːḍʰ·jɐ] *adj., m.* ⟪*f.* ಧನಾಢ್ಯೆ/ಧನಾಢ್ಯಳು (dʰanāḍʰye/dʰanāḍʰyaḷu)⟫豊かな〈人〉、金持ち〈の〉、富者〈の〉、財産家〈の〉、金満家〈の〉[Sk.] = ಧನವಂತ (dʰanavaṃta)

ಧನಾರ್ಜನೆ ⟦dʰanārjane ダナールジャネ⟧ [dʰnənɐːrʤəne] *n.* 財産の獲得、金儲け[Sk.]

ಧನ[2] ⟦dʰana ダナ⟧ [dʰənɐ] *n.* 「+」の記号[Sk.]

ಧನಿಕ ⟦dʰanika ダニカ⟧ [dʰənikɐ] *m.* ⟪*f.* ಧನಿಕಳು (dʰanikaḷu)⟫金持ち、金満家[Sk.] = ಧನವಂತ (dʰanavaṃta)

ಧನಿಯ ⟦dʰaniya ダニヤ⟧ [dʰənijɐ] *n.* コリアンダー、コリアンダーの実(セリ科の香菜、種は香辛料)[Sk.] ಕೊತ್ತಂಬರಿ (kottaṃbari)〔汎〕*[IMP 1.185]

ಧನು ⟦dʰanu ダヌ⟧ [dʰənu] 《文》*n.* 弓[Sk.] = ಧನುಸ್ಸು (dʰanussu)

ಧನುರ್ಮಾಸ ⟦dʰanurmāsa ダヌルマーサ⟧ [dʰənurmɐːsɐ] *n.* インドの伝統的太陽暦の第9月(インド天文学の射手座に太陽がある12月15日ころから1月14日ころまで)[Sk.]

ಧನುರ್ವಾತ ⟦dʰanurvāta ダヌルヴァータ⟧ [dʰənurvɐːtɐ] *n.* 破傷風[Sk.] = ಧನುರ್ವಾಯು (dʰanurvāyu)

ಧನುರ್ವಿದ್ಯೆ ⟦dʰanurvidye ダヌルヴィディェ⟧ [dʰənurvid·je] *n.* 弓術[Sk.]

ಧನುಷ್ಕೋಟೆ ⟦dʰanuṣkōṭe ダヌシュコーテ⟧ [dʰənuʂkoːṭe] 《文》*n.* 弓の両端の湾曲した部分[Sk. *dhanuṣkōṭi-*]

ಧನುಸ್ಸು ⟦dʰanussu ダヌッス⟧ [dʰənussu] 《文》*n.* 弓[Sk.] = ಬಿಲ್ಲು (billu)〔汎〕, ಧನು (dʰanu) (writ.)

ಧನ್ಯ ⟦dʰanya ダニャ⟧ [dʰən·jɐ] *adj., m.* ⟪*f.* ಧನ್ಯೆ (dʰanye)⟫ **1** 幸せな〈人〉、幸福な〈人〉、幸運な〈人〉、成功〈者〉 **2** 自分の念願を成就した〈人〉、人生の目的を達した〈人〉[Sk.]

ಧನ್ಯತೆ ⟦dʰanyate ダニャテ⟧ [dʰən·jəte] *n.* (人生における)成功、(人生における)目的の成就[Sk.]

ಧನ್ಯವಾದ ⟦dʰanyavāda ダニャヴァーダ⟧ [dʰən·jəvɐːdɐ] *n.* 感謝の言葉、感謝の表明 —*snt.* ありがとう = ಧನ್ಯವಾದಗಳು; ಥ್ಯಾಂಕ್ಸ್ (dʰanyavādagaḷu; tʰyāṃks)〔口〕[Sk.]

ಧನ್ಯೆ ⟦dʰanye ダニェ⟧ [dʰən·je] *f.* **1** 幸福な女性、幸運な女性 **2** 人生の目的を達した女性[Sk.]

ಧಮನಿ ⟦dʰamani ダマニ⟧ [dʰəməni] *n.* 血管、血の管[Sk.]

ಧರಣಿ[1] ⟦dʰaraṇi ダラニ⟧ [dʰərəɳi] 《古》*n.* **1** 地面、大地 **2** 王国、国 —*f.* 大地の女神[Sk.]

ಧರಣಿ[2] ⟦dʰaraṇi ダラニ⟧ [dʰərəɳi] *n.* 座り込みストライキ[M. *dʰarăṇē*] cf. ಮುಷ್ಕರ (muṣkara)

ಧರಣಿಜ ⟦dʰaraṇija ダラニジャ⟧ [dʰərəɳiʤɐ] 《文》*n.* 木、樹木[Sk.]

ಧರಣಿಜಾ ⟦dʰaraṇijā ダラニジャー⟧ [dʰərəɳiʤɐː] 《文》*f.* 「大地の娘」、シーター、ラーマの妃[Sk.]

ಧರಣಿಜಾತ ⟦dʰaraṇijāta ダラニジャータ⟧ [dʰərəɳiʤjɐːtɐ] 《文》*n.* 木、樹木[Sk.]

ಧರಣಿಜಾತೆ ⟦dʰaraṇijāte ダラニジャーテ⟧ [dʰərəɳiʤɐːte] 《文》「大地の娘」、シーター、ラーマの妃 = ಧರಣಿಜೆ (dʰaraṇije)

ಧರಣಿಜೆ ⟦dʰaraṇije ダラニジェ⟧ [dʰərəɳiʤe] 《文》☞ಧರಣಿಜಾತೆ (dʰaraṇijāte)

ಧರಣಿಪತಿ ⟦dʰaraṇipati ダラニパティ⟧ [dʰərəɳipəti] 《文》*m.* 王、君主[Sk.]

ಧರಣಿಪಾಲ ⟦dʰaraṇipāla ダラニパーラ⟧ [dʰərəɳipɐːlɐ] 《文》*m.* 王、君主[Sk.]

ಧರಣಿಮಂಡಲ ⟦dʰaraṇimaṃḍala ダラニマンダラ⟧ [dʰərəɳiməɳḍəlɐ] 《文》*n.* 大地[Sk.] ಭೂಮಂಡಲ (bʰūmaṃḍala)

ಧರಣೀಶ ⟦dʰaraṇīśa ダラニーシャ⟧ [dʰərəɳiːʃɐ] 《文》*m.* 王、君主[Sk.]

ಧರಿಣಿ ⟦dʰariṇi ダリニ⟧ [dʰəriɳi] 《文》*n.* [Sk.] ☞ಧರಣಿ (dʰaraṇi)

ಧರಿತ್ರಿ ⟦dʰaritri ダリトリ⟧ [dʰəritri] 《文》*n.* 大地、地面[Sk.] = ಧರಿಣಿ (dʰariṇi)

ಧರಿಸು ⟦dʰarisu ダリス⟧ [dʰərisu] *vt.* 〈布、服、装身具、帽子、靴、めがねなどを〉身につける、着る、履く、かける、被る [Sk.]

ಧರೆ ⟦dʰare ダレ⟧ [dʰəre] *n.* 大地、地面 [Sk. *dʰarā-*] = ಧರಿತ್ರಿ (dʰaritri)

ಧರ್ಮ ⟦dʰarma ダルマ⟧ [dʰərmɐ] *n.* **1** 義務、カーストや職業集団などに課された義務 **2** 宗教 **3** 道徳、道義、正義 **4** 慈善、施し、慈善事業 **5** 性格、本性 [Sk.]

ಧರ್ಮಕಂಟಕ ⟦dʰarmakaṃṭaka ダルマカンタカ⟧ [dʰərmə kəɳʈə̆kɐ] 《文》 *n.* 宗教や道義に危険を及ぼす問題や人物 ¶ ಈಗ ದೇವದಾಸಿ ಧರ್ಮಕಂಟಕ ಎಂದು ಜನ ಯೋಚಿಸುತ್ತಾರೆ. (īga dēvadāsi dʰarmakaṃṭaka eṃdu jana yōcisuttāre.) 現在ではデーヴァダーシーが道徳を破壊すると考えられている。 [Sk.]

ಧರ್ಮಕಥೆ ⟦dʰarmakatʰe ダルマカテ⟧ [dʰərməkətʰe] *n.* 宗教や道徳教育の道具として用いられる物語 [Sk.]

ಧರ್ಮಕಾರ್ಯ ⟦dʰarmakārya ダルマカーリヤ⟧ [dʰərmə̆ kɐːrjɐ] *n.* **1** 正義に基づいた行為、正しい行い **2** 信心深い振る舞い、特に慈善行為 [Sk.]

ಧರ್ಮಕ್ಕೆ ⟦dʰarmakke ダルマッケ⟧ [dʰərməkke] *adv.* 無料で、ただで ¶ ಶಾಲೆಯಲ್ಲಿ ಮಕ್ಕಳಿಗೆ ಧರ್ಮಕ್ಕೆ ದೇವಿ ಹಾಕುತ್ತಾ ಇದ್ದರು. (śāleyalli makkaḷige dʰarmakke dēvi hākuttā iddaru.) 学校で子どもたちに無料で天然痘の予防注射をしていた。 [*dʰarma* + *-ke*]

ಧರ್ಮಗ್ರಂಥ ⟦dʰarmagraṃtʰa ダルマグランタ⟧ [dʰərmə̆ grəntʰɐ] *n.* ヴェーダやギーターや聖書やコーランなど宗教上神聖と考えられる本 [Sk.]

ಧರ್ಮಘಾತುಕ ⟦dʰarmagʰātuka ダルマガートゥカ⟧ [dʰə rmə̆gʰɐːtukɐ] *m.* 《*f.* ಧರ್ಮಘಾತುಕಿ (dʰarmagʰātuki)》宗教を破壊する人 [Sk.]

ಧರ್ಮಚತ್ರ ⟦dʰarmacatra ダルマチャトラ⟧ [dʰərməʧət·rɐ] *n.* (巡礼者や旅行者などのための)無料宿泊所 [Sk. *dharmasatra-*] ☞ಧರಮಸತ್ರ (dʰaramasatra)

ಧರ್ಮದೃಷ್ಟಿ ⟦dʰarmadṛṣṭi ダルマドゥルシュティ⟧ [dʰərmə druʂʈi] *n.* 慈悲心、正義感、宗教心 [Sk.]

ಧರ್ಮದ್ರೋಹ ⟦dʰarmadrōha ダルマドローハ⟧ [dʰərmə droːhɐ] *n.* 自分の宗教を裏切ること、異端活動など [Sk.]

ಧರ್ಮದ್ರೋಹಿ ⟦dʰarmadrōhi ダルマドローヒ⟧ [dʰərmə droːhi] *adj., mf.* 自分の宗教を裏切った〈人〉、異端者〈的な〉 [Sk.]

ಧರ್ಮನಿಷ್ಠ ⟦dʰarmaniṣṭʰa ダルマニシュタ⟧ [dʰərməni ʂʈʰɐ] *adj., m.* 《*f.* ಧರ್ಮನಿಷ್ಠೆ/ ಧರ್ಮನಿಷ್ಠಳು (dʰarmaniṣṭʰe/ dʰarmaniṣṭʰaḷu)》神に深く帰依した〈人〉、信神深い〈人〉 [Sk.]

ಧರ್ಮನಿಷ್ಠೆ ⟦dʰarmaniṣṭʰe ダルマニシュテ⟧ [dʰərmə̆ni ʂʈʰe] *n.* **1** 神に深く帰依すること、深い信仰 **2** 揺るがぬ正義感 [Sk.]

ಧರ್ಮಪತ್ನಿ ⟦dʰarmapatni ダルマパトニ⟧ [dʰərmə̆pətni] *f.* 正式に娶(めと)った妻、正妻 [Sk.]

ಧರ್ಮಪದ್ಧತಿ ⟦dʰarmapaddʰati ダルマパッダティ⟧ [dʰə rməpəddʰə̆ti] *n.* 宗教を実践する生活の(様々な)方法や流儀 [Sk.]

ಧರ್ಮಪೀಠ ⟦dʰarmapīṭʰa ダルマピータ⟧ [dʰərmə̆piːʈʰɐ] 《文》 *n.* **1** (学校、病院などの)土台としての道徳性 **2** 宗教を広める運動の本拠地 **3** 裁判所で裁判官の座る席 [Sk.]

ಧರ್ಮಪತ್ನಿ ⟦dʰarmapatni ダルマパトニ⟧ [dʰərməpətni] 《文》 *f.* 正式に結婚した妻 [Sk.]

ಧರ್ಮಪುತ್ರ ⟦dʰarmaputra ダルマプトラ⟧ [dʰərməput·rɐ] 《文》 *m.* 正式に結婚した妻に生まれた息子 [Sk.]

ಧರ್ಮಪೋಷಕ ⟦dʰarmapōṣaka ダルマポーシャカ⟧ [dʰə rməpoːʂə̆kɐ] 《文》 *m.* 《*f.* ಧರ್ಮಪೋಷಕಳು (dʰarmapōṣakaḷu)》ある宗教の後援者あるいは保護者 [Sk.]

ಧರ್ಮಪ್ರಚಾರಕ ⟦dʰarmapracāraka ダルマプラチャーラカ⟧ [dʰərmə̆prəʧɐːrə̆kɐ] *m.* 《*f.* ಧರ್ಮಪ್ರಚಾರಕಿ (dʰarmapracāraki)》伝導者、布教者 [Sk.]

ಧರ್ಮಪ್ರವಚನ ⟦dʰarmapravacana ダルマプラヴァチャナ⟧ [dʰərmə̆prəvəʧə̆nɐ] *n.* 説教、(宗教の)講話 [Sk.]

ಧರ್ಮಪ್ರವರ್ತಕ ⟦dʰarmapravartaka ダルマプラヴァルタカ⟧ [dʰərməprəvərtə̆kɐ] 《文》 *m.* 《*f.* ಧರ್ಮಪ್ರವರ್ತಕಿ (dʰarmapravartaki)》伝導者、布教者 [Sk.]

ಧರ್ಮಪ್ರವರ್ತನ ⟦dʰarmapravartana ダルマプラヴァルタナ⟧ [dʰərməprəvərtə̆nɐ] 《文》 *n.* 宗教の伝導、布教 [Sk.]

ಧರ್ಮಬಾಹಿರ ⟦dʰarmabāhira ダルマバーヒラ⟧ [dʰəmə̆ vɐːhirɐ] *adj., m.* 《*f.* ಧರ್ಮಬಾಹಿರಳು (dʰarmabāhiraḷu)》宗教的上の義務や掟に背いて自分の社会から遠ざかった〈人〉 [*dʰarma* + H. *bāhirā*]

ಧರ್ಮಬುದ್ಧಿ ⟦dʰarmabuddʰi ダルマブッディ⟧ [dʰərmə̆bu ddʰi] *n.* **1** 宗教心 **2** 正義心、徳性 **3** 慈悲心 [Sk.]

ಧರ್ಮಬೋಧನೆ ⟦dʰarmabōdʰane ダルマボーダネ⟧ [dʰə rmə̆boːdʰə̆ne] *n.* 説教、説法、(宗教的な)講話 [Sk.] = ಧರ್ಮೋಪದೇಶ (dʰarmōpadēśa)

ಧರ್ಮಭೂಮಿ ⟦dʰarmabʰūmi ダルマブーミ⟧ [dʰərməbʰuː mi] 《文》 *n.* 法と道義が支配する国 [Sk.]

ಧರ್ಮಭ್ರಷ್ಟ ⟦dʰarmabʰraṣṭa ダルマブラシュタ⟧ [dʰərmə̆ bʰrəʂʈɐ] *adj., m.* 《*f.* ಧರ್ಮಭ್ರಷ್ಟೆ/ ಧರ್ಮಭ್ರಷ್ಟಳು (dʰarmabʰraṣṭe/ dʰarmabʰraṣṭaḷu)》宗教的義務や掟を破った〈人〉、破戒者〈の〉 [Sk.]

ಧರ್ಮಮಾತೆ ⟦dʰarmamāte ダルママーテ⟧ [dʰərməmɐː te] *f.* (キリスト教の)教母、代母 [Sk.]

ಧರ್ಮಮಾರ್ಗ ⟦dʰarmamārga ダルママールガ⟧ [dʰərmə̆ mɐːrgɐ] *n.* 正しい道、正道 [Sk.]

ಧರ್ಮಮೂಢ ⟦dʰarmamūḍʰa ダルマムーダ⟧ [dʰərməmuː ɖʰɐ] *adj., m.* 《*f.* ಧರ್ಮಮೂಢಳು (dʰarmamūḍʰaḷu)》宗教や道義を知らない〈人〉 [Sk.]

ಧರ್ಮಯುದ್ಧ ⟦dʰarmayuddʰa ダルマユッダ⟧ [dʰərmə̆ju ddʰɐ] *n.* **1** 正々堂々とした戦い **2** 聖戦、正義のための戦い、宗教を守るための戦い [Sk.]

ಧರ್ಮರಾಜ ⟦dʰarmarāja ダルマラージャ⟧ [dʰərmərɐːʤɐ] *m.* 1 ヤマ、死の神 2 パーンドゥの5人の子どもたちのうちの長男 [Sk.]

ಧರ್ಮರಾಜ್ಯ ⟦dʰarmarājya ダルマラージュャ⟧ [dʰərmərɐːʤjɐ] *n.* 法と正義が支配する王国 [Sk.]

ಧರ್ಮವಿರೋಧಿ ⟦dʰarmavirōdʰi ダルマヴィローディ⟧ [dʰərmŏviroːdʰi] *adj., mf.* 宗教一般に対する抑圧者〈的な〉、宗教一般に対する反対者〈的な〉[Sk.]

ಧರ್ಮಶಾಲೆ ⟦dʰarmaśāle ダルマシャーレ⟧ [dʰərmŏʃɐːle] *n.* 巡礼など旅人に無料で宿泊させたり食事を与えたりする施設 [Sk.] = ಧರ್ಮಚತ್ರ (dʰarmacatra)

ಧರ್ಮಶಾಸ್ತ್ರ ⟦dʰarmaśāstra ダルマシャーストラ⟧ [dʰərmŏʃɐːstrɐ] *n.* ダルマ・シャーストラ、正しい生活規範を説くことを中心とする伝統的法典(『マヌ法典』などがある) [Sk.]

ಧರ್ಮಶ್ರದ್ಧೆ ⟦dʰarmaśraddʰe ダルマシュラッデ⟧ [dʰərmŏʃrəddʰe] *n.* 宗教に帰依すること、揺るがず正しい道に依ること [Sk.]

ಧರ್ಮಸಂಕಟ ⟦dʰarmasaṃkaṭa ダルマサンカタ⟧ [dʰərmŏsəŋkəʈɐ] *n.* 互いに矛盾する二つの義務の間で苦悩すること [Sk.]

ಧರ್ಮಸಂತತಿ ⟦dʰarmasaṃtati ダルマサンタティ⟧ [drməsəntəti] 《文》 *mf.* 正式に結婚した妻から生まれた子どもたち [Sk.]

ಧರ್ಮಸಂತಾನ ⟦dʰarmasaṃtāna ダルマサンターナ⟧ [dʰərməsəntɐːnɐ] 《文》 *n.* 1 正式に結婚した妻から生まれた子どもたち 2 宗教共同体またはその成員 [Sk.]

ಧರ್ಮಸಂದೇಶ ⟦dʰarmasaṃdēśa ダルマサンデーシャ⟧ [dʰərməsəndeːʃɐ] 《文》 *n.* 宗教の教え [Sk.]

ಧರ್ಮಸಂಸ್ಥೆ ⟦dʰarmasaṃsṭʰe ダルマサンステ⟧ [dʰərmŏsəmstʰe] *n.* 慈善団体 [Sk.]

ಧರ್ಮಸತ್ರ ⟦dʰarmasatra ダルマサトラ⟧ [dʰərməsət·rɐ] ಧರ್ಮಚತ್ರ *n.* (巡礼者や旅行者などのための)無料宿泊所 [Sk. *dharmachatra-*]

ಧರ್ಮಸೂಕ್ಷ್ಮ ⟦dʰarmasūkṣma ダルマスークシュマ⟧ [dʰərmŏsuːkʂmɐ] 《文》 *n.* 宗教上の微妙な問題 [Sk.]

ಧರ್ಮಸ್ಥಾಪಕ ⟦dʰarmastʰāpaka ダルマスターパカ⟧ [dʰərməstʰɐːpŏkɐ] 《文》 *m.* 宗教や宗派を確立した人 [Sk.]

ಧರ್ಮಾಂತರ ⟦dʰarmāṃtara ダルマーンタラ⟧ [dʰərmɐːntŏrɐ] *n.* 改宗(一つの宗教を捨てて他の宗教を受け入れること) [Sk.]

ಧರ್ಮಾಂಧ ⟦dʰarmāṃdʰa ダルマーンダ⟧ [dʰərmɐːndʰɐ] *adj., m.* 《*f.* ಧರ್ಮಾಂಧೆ (dʰarmāṃdʰe)》 狂信的な〈人〉 [Sk.]

ಧರ್ಮಾಂಧತೆ ⟦dʰarmāṃdʰate ダルマーンダテ⟧ [dʰərmɐːndʰŏte] *n.* 狂信 [Sk.]

ಧರ್ಮಾತ್ಮ ⟦dʰarmātma ダルマートマ⟧ [dʰərmɐːtmɐ] *adj., m.* 《*f.* ಧರ್ಮಾತ್ಮಳು (dʰarmātmaḷu)》 1 信心深い〈人〉、敬虔な〈人〉 2 有徳の〈人〉、道義的に正しい〈人〉 3 慈悲心のある〈人〉、喜んで喜捨する〈人〉 [Sk.]

ಧರ್ಮಾಧ್ಯಕ್ಷ ⟦dʰarmādʰyakṣa ダルマーディャクシャ⟧ [dʰərmɐːdʰ·jəkʂɐ] 《文》 *m.* 判事 [Sk.]

ಧರ್ಮಾರ್ಥಸಂಸ್ಥೆ ⟦dʰarmārtʰasaṃstʰe ダルマールタサンステ⟧ [dʰərmɐːrtʰŏsəmstʰe] *n.* 慈善団体 [Sk.]

ಧರ್ಮಿ ⟦dʰarmi ダルミ⟧ [dʰərmi] *adj., mf.* 1 慈悲深い〈人〉、哀れみ深い〈人〉 2 信仰心の強い〈人〉 3 正しい〈人〉、徳の高い〈人〉 [Sk.]

ಧರ್ಮಿಷ್ಠ ⟦dʰarmiṣṭʰa ダルミシュタ⟧ [dʰərmiʂʈʰɐ] *adj., m.* 《*f.* ಧರ್ಮಿಷ್ಠೆ (dʰarmiṣṭʰe)》 1 とても信仰心の厚い〈人〉 2 この上なく徳の高い〈人〉 3 この上なく慈悲深い〈人〉 [Sk.]

ಧರ್ಮೋಪದೇಶ ⟦dʰarmōpadēśa ダルモーパデーシャ⟧ [dʰərmoːpŏdeːʃɐ] *n.* 宗教的な講話、説教 [Sk.] = ಧರ್ಮಬೋಧನೆ (dʰarmabōdʰane)

ಧವ ⟦dʰava ダヴァ⟧ [dʰəvɐ] 《古》 *m.* 1 男性、男子 2 夫 3 持ち主、主人 [Sk.]

ಧವಲ ⟦dʰavala ダヴァラ⟧ [dʰəvŏlɐ] ಧವಳ 《文》 *adj.* 1 白い 2 けがれのない、清浄無垢な 3 〔喩〕輝かしい(栄光、名声など) [Sk.] = ಧವಳ (dʰavaḷa)

ಧವಳ ⟦dʰavaḷa ダヴァラ⟧ [dʰəvŏɭɐ] 《文》 *adj.* 白い [Sk.] ☞ಧವಳ (dʰavaḷa)

ಧಾಂಡಿಗ ⟦dʰāṃḍiga ダーンディガ⟧ [dʰɐːɳɖigɐ] *m.* [M. *dāṃḍăgā*] ☞ದಾಂಡಿಗ (dāṃḍiga)

ಧಾಂದಲೆ ⟦dʰāṃdale ダーンダレ⟧ [dʰɐːndŏle] *n.* 騒ぎ、騒動、騒乱 [H/M. dʰădală cf. *dʰaṃde*]

ಧಾಂಧೂಂ ⟦dʰāṃdʰūṃ ダーンドゥーン⟧ [dʰɐːmdʰuːm] *n.* [M. *dʰāmădʰūmă* T6824] ☞ಧಾಮುಧೂಮು (dʰāmudʰūmu)

ಧಾಟಿ ⟦dʰāṭi ダーティ⟧ [dʰɐːʈi] *n.* (音楽、舞踊などの)仕方、様式、スタイル [?, cf. H. *ṭʰāṭʰ*] ರೀತಿ (rīti)

ಧಾಡಿ ⟦dʰāḍi ダーディ⟧ [dʰɐːɖi] *n.* 困難、問題 ¶ ನಿನಗೇನು ಧಾಡಿ, ಕೆಲಸ ಮಾಡದೆ ಕುಳಿತಿದ್ದೀಯೇ? (ninagēnu dʰāḍi, kelasa māḍade kuḷitiddīyē?) 君どうしたの、何もせずにいるではないか [M. *dʰāḍ*]

ಧಾತ ⟦dʰāta ダータ⟧ [dʰɐːtɐ] 《文》 *m.* 「創造者」、ブラフマー神の別名 [Sk.] = ಧಾತಾರ (dʰātāra)

ಧಾತಾರ ⟦dʰātāra ダーターラ⟧ [dʰɐːtɐːrɐ] 《文》 *m.* 「創造者」、ブラフマー神の別名 [Sk.] = ಧಾತ (dʰāta)

ಧಾತು ⟦dʰātu ダートゥ⟧ [dʰɐːtu] *n.* 1 物質を構成する元素(地、水、火、風、空など) 2 金属、鉱物 3 精力、元気 4 動詞の語根 [Sk.]

ಧಾತುಕ್ಷಯ ⟦dʰātukṣaya ダートゥクシャヤ⟧ [dʰɐːtukʂŏjɐ] 《文》 *n.* エネルギーや元気や体力の喪失 [Sk.]

ಧಾತುಗೆಡಿಸು ⟦dʰātugeḍisu ダートゥゲディス⟧ [dʰɐːtugeɖĭsu] *vt.* 〈ある人の〉勇気をくじく [+ *keḍisu*]

ಧಾತುಜ್ಞ ⟦dʰātujña ダートゥジュニャ⟧ [dʰɐːtuʤɲɐ] 《文》 *m.* 《*f.* ಧಾತುಜ್ಞಳು (dʰātujñaḷu)》 金などの金属を検査する専門家 [Sk.]

ಧಾತುವಿಜ್ಞಾನ ⟦dʰātuvijñāna ダートゥヴィジュニャーナ⟧ [dʰɐːtuviʤɲɐːnɐ] 《文》 *n.* 鉱物学 [Sk.]

ಧಾತುಪಾಠ ⟦dʰātupāṭʰa ダートゥパータ⟧ [dʰɐːtupɐːʈʰɐ] 《文》 *n.* 〔言〕(文法で)動詞の語根とその意味の表 [Sk.]

ಧಾತುಮಾಕ್ಷಿಕ ⟦dʰātumākṣika ダートゥマークシカ⟧ [dʰɐːtumɐːkʂikɐ] 《文》 *n.* 硫化鉄 [Sk.]

ಧಾತುವೈರಿ ⟦dʰātuvairi ダートゥヴァイリ⟧ [ʰɐːtuvəiri] 《文》 *n.* 硫黄 [Sk.] = ಗಂಧಕ (gaṃdʰaka)

ಧಾತೃ ⟦dʰātṛ ダートゥル⟧ [dʰɐːtrɯ] 《文》 *m.* 「創造者」、ブラフマー神 [Sk.]

ಧಾತೃಪುತ್ರ ⟦dʰātṛputra ダートゥルプトラ⟧ [dʰɐːtrɯput̪rɐ] 《文》 *m.* 「ブラフマー神の息子」、ナーラダ仙 [Sk.]

ಧಾತ್ರ ⟦dʰātra ダートラ⟧ [dʰɐːt̪rɐ] 《文》 *m.* 「創造者」、ブラフマー神、神、神聖な人 [Sk. *dhātṛ*]

ಧಾತ್ರಿ ⟦dʰātri ダートリ⟧ [dʰɐːt̪ri] 《文》 *f.* 1 子守り、乳母 2 母、母親 —*n.* 大地 [Sk.]

ಧಾತ್ರಿಧರ ⟦dʰātridʰara ダートリダラ⟧ [dʰɐːtridʰərɐ] *n.* 山岳、山 [Sk.]

ಧಾತ್ರಿಪತಿ ⟦dʰātripati ダートリパティ⟧ [dʰɐːtripəti] 《文》 *m.* 「大地の主」、王、王者 [Sk.]

ಧಾತ್ರಿಪಾಲ ⟦dʰātripāla ダートリパーラ⟧ [dʰɐːtripɐːla] 《文》 *m.* 「大地の保護者」、王、王者 [Sk.]

ಧಾತ್ರೀವಲ್ಲಭ ⟦dʰātrīvallabʰa ダートリーヴァッラバ⟧ [dʰɐːtriːvəlləbʰɐ] *m.* 「大地の夫」、王、王者 [Sk.]

ಧಾನ್ಯ ⟦dʰānya ダーニャ⟧ [dʰɐːn̪jɐ] *n.* 穀物 [Sk.]

ಧಾನ್ಯಮದ್ಯ ⟦dʰānyamadya ダーニャマディャ⟧ [dʰɐːn̪jəməd̪jɐ] 《文》 *n.* 穀物酒、穀物から造る酒 [Sk.]

ಧಾನ್ಯಾಗಾರ ⟦dʰānyāgāra ダーニャーガーラ⟧ [dʰɐːn̪jɐːgɐːrɐ] *n.* 穀倉、穀物の倉庫 [Sk.]

ಧಾಮಧೂಮು ⟦dʰāmadʰūmu ダーマドゥーム⟧ [dʰɐːmə̆dʰuːmu] ದಾಮದೂಮು, ಧಾಂಧೂಂ *n.* 1 大騒ぎ、混乱 2 盛大さ、派手で豪奢なこと ¶ ಲಗ್ನ ಧಾಮಧೂಮಾಗಿ ನಡೆಯಿತು. (lagna dʰāmadʰūmāgi naḍeyitu.) 結婚式は豪奢に行われた。 3 浪費、無駄 ¶ ಲಗ್ನದಲ್ಲಿ ಅಡಿಗೆ ಧಾಮ–ಧೂಮಾಯಿತು. (lagnadalli aḍige dʰāmadʰūmāyitu.) 結婚式で多くの食べ物が無駄になった。 [M. *dʰāmdʰūmă*]

ಧಾಮಧೂಮವಾಗಿ ⟦dʰāmadʰūmavāgi ダーマドゥーマヴァーギ⟧ [dʰɐːmə̆dʰuːməvɐːgi] *adv.* 盛大に、豪奢に、華やかに

ಧಾರಣ ⟦dʰāraṇa ダーラナ⟧ [dʰɐːrə̆ɳɐ] *n.* 1 支持、支えること；保持、維持 2 (衣類、装身具などを)着用すること 3 忍耐、我慢 [Sk.]

ಧಾರಣಶಕ್ತಿ ⟦dʰāraṇaśakti ダーラナシャクティ⟧ [dʰɐːrə̆ɳəʃəkti] *n.* 1 支える力、保持力、忍耐力 2《異》記憶力 [Sk.]

ಧಾರಣಾಧಿಕಾರ ⟦dʰāraṇādʰikāra ダーラナーディカーラ⟧ [dʰɐːrə̆ɳɐːdʰikɐːrɐ] *n.* 先取特権、留置権 [Sk.]

ಧಾರಣೆ[1] ⟦dʰāraṇe ダーラネ⟧ [dʰɐːrə̆ɳe] 《文》 *n.* 1 つかむこと、支えること；維持すること 2 (子どもなどの)養育 3 記憶、記憶力 4 忍耐、忍耐力、堅忍不抜 [Sk. *dʰāraṇā*]

ಧಾರಣೆ[2] ⟦dʰāraṇe ダーラネ⟧ [dʰɐːrə̆ɳe] *n.* 市場価格、相場 [M. *dʰāraṇā*]

ಧಾರಣೆವಾಸಿ ⟦dʰāraṇevāsi ダーラネヴァーシ⟧ [dʰɐːrə̆ɳevɐːsi] *n.* 市場価格、相場 [*dʰāraṇe*[2] + *vāsi* 「程度」]

ಧಾರಾವಾಹಿ ⟦dʰārāvāhi ダーラーヴァーヒ⟧ [dʰɐːrɐːvɐːhi] *n.* (雑誌などの)連載読み物 [Sk.]

ಧಾರಾಳ ⟦dʰārāḷa ダーラーラ⟧ [dʰɐːrɐːɭɐ] (*n.*) 1 豊富〈な〉、潤沢〈な〉、有り余る〈こと〉 2 物惜しみしない〈こと〉、気前のいい〈こと〉 3 寛大〈な〉、思いやりのある〈こと〉 [Sk. *dʰārāla-* 「流れだす」]

ಧಾರಾಳತನ ⟦dʰārāḷatana ダーラーラタナ⟧ [dʰɐːrɐːɭə̆tənɐ] *n.* 1 豊富、潤沢 2 物惜しみしないこと、気前のよさ 3 寛大、思いやりのあること [+ *-tana*]

ಧಾರಾಳತ್ವ ⟦dʰārāḷatva ダーラーラトヴァ⟧ [dʰɐːrɐːɭə̆tvɐ] 《文》 *n.* [Sk.] ☞ಧಾರಾಳತನ (dʰārāḷatana)

ಧಾರಾಳಿ ⟦dʰārāḷi ダーラーリ⟧ [dʰɐːrɐːɭi] *mf.* 1 物惜しみしない人、喜んで喜捨する人 2 寛容な人、心の広い人 [*dʰārāḷa*+ *-i*]

–ಧಾರಿ ⟦-dʰāri -ダーリ⟧ [dʰɐːri] *suff.* 「…を持つ(人)」「…を身につけた(人)」の意味を表す接尾辞 ¶ ವೇಷಧಾರಿ (vēṣadʰāri) …のなりをした人 [Sk.]

ಧಾರೆ ⟦dʰāre ダーレ⟧ [dʰɐːre] *n.* 1 (水などの)流れ 2 花嫁の手にごまなどを混ぜた水を流して花婿に与える式 3 (刀などの)刃 [Sk. *dʰārā-*]

ಧಾರ್ಮಿಕ ⟦dʰārmika ダールミカ⟧ [dʰɐːrmikɐ] *adj.* 1 徳の高い、有徳の、道徳的な、行いの正しい 2 信心深い、宗教心の厚い、宗教的な [Sk.]

ಧಾರ್ಮಿಕ ಆಚರಣೆ ⟦dʰārmika ācaraṇe ダールミカアーチャラネ⟧ [dʰɐːrmikə ɐːʧərə̆ɳe] *n.* 宗教的な習慣や行事など [Sk.]

ಧಾರ್ಮಿಕ ಜಿಜ್ಞಾಸೆ ⟦dʰārmika jijñāse ダールミカジジュニャーセ⟧ [dʰɐːrmikə ʤiɟɲɐːse] *n.* 宗教に関する論争 [Sk.]

ಧಾರ್ಮಿಕಶಿಕ್ಷಣ ⟦dʰārmikaśikṣaṇa ダールミカシクシャナ⟧ [dʰɐːrmikəʃikʂə̆ɳɐ] 《文》 *n.* 宗教教育 [Sk.]

ಧಾರ್ಮಿಕತನ ⟦dʰārmikatana ダールミカタナ⟧ [dʰɐːrmikətə̆nɐ] *n.* 1 行いの正しいこと、徳の高いこと 2 信仰深いこと、敬虔なこと [*dʰārmika* + *-tana*] = ಧಾರ್ಮಿಕತೆ (dʰārmikate)

ಧಾರ್ಮಿಕತೆ ⟦dʰārmikate ダールミカテ⟧ [dʰɐːrmikə̆te] *n.* [Sk.] ☞ಧಾರ್ಮಿಕತನ (dʰārmikatana)

ಧಾರ್ಷ್ಟ್ಯ ⟦dʰārṣṭya ダールシュティャ⟧ [dʰɐːrʂʈ̪jɐ] *n.* 1 高慢、傲慢、不遜 2 勇気、大胆 [Sk.]

ಧಾಮ ⟦dʰāma ダーマ⟧ [dʰɐːmɐ] *n.* 家、住居 [Sk.]

ಧಾವ ⟦dʰāva ダーヴァ⟧ [dʰɐːvɐ] 《方》 *n.* (車の)輪がね、車の輪の周囲に張った鉄製の帯 (NK) [M. *dʰāvā* T6800]

ಧಾವಂತ ⟦dʰāvaṃta ダーヴァンタ⟧ [dʰɐːvəntɐ] *n.* 1 慌てること、急ぐこと 2《文》愛情 ◇ *vi.* ಧಾವಂತ ಮಾಡು

(dʰāvaṃta māḍu) 慌てる [? cf. M. *dʰāvăṇē* + ? T6808]

ಧಾವತಿ ⟦dʰāvati ダーヴァティ⟧ [dʰɐːvəti] ದಾವತಿ *n.* 1 疲れ、疲労 2 激しい仕事、労務 ¶ ಇವತ್ತು ಅಂಗಡಿಯಲ್ಲಿ ತುಂಬಾ ಧಾವತಿ ಆಯಿತು. (ivattu aṃgaḍiyalli tuṃbā dʰāvati āyitu.) 今日は店でとても忙しかった。 3 急ぎ、慌てること ¶ ಧಾವತಿಯಲ್ಲಿ ಕೆಲಸ ಮಾಡಿದರೆ ಹಾಳಾಗುತ್ತದೆ. (dʰāvatiyalli kelasa māḍidare hāḷāguttade.) 急いで仕事をしたら無駄になる。 [M. *dʰāvăṭī* *C6802?]

ಧಾವತಿಬಡು ⟦dʰāvatibaḍu ダーヴァティバドゥ⟧ [dʰɐːvəti bəɖu] 《方》 *vi.* 疲れる [+ *paḍu*]

ಧಾವಿಸು ⟦dʰāvisu ダーヴィス⟧ [dʰɐːvĭsu] *vi.* 急ぐ、急いで行く ¶ ರಜನೀಶನಿಗೆ ಅಪಘಾತ ಆಗಿದೆ ಎಂಬ ಸಮಾಚಾರ ಕೇಳಿ ನಾವು ಬೆಂಗಳೂರಿಗೆ ಧಾವಿಸಿದೆವು. (rajanīśanige apagʰāta āgide eṃba samācāra kēḷi nāvu beṃgaḷūrige dʰāvisidevu.) ラジニーシュが事故に遭ったのを聞いて私たちはベンガルールへ飛んでいった。 [Sk.]

ಧಾಳಿ ⟦dʰāḷi ダーリ⟧ [dʰɐːɭi] *n.* 攻撃、侵攻 ◇ *vt.* ಧಾಳಿ ಮಾಡು, ಇಡು (dʰāḷi māḍu, iḍu) 攻撃する [? cf. Pk. *dʰāḍī-*]

ಧಾಳಿಕಾರ ⟦dʰāḷikāra ダーリカーラ⟧ [dʰɐːɭikɐːrɐ] *m.* 《*f.* ಧಾಳಿಕಾರ್ತಿ (dʰāḷikārti)》攻撃者、侵略者 [+ *-kāra*]

ಧಿಂ ⟦dʰiṃ ディン⟧ [dʰim] (*n.*) でぃん(小型の太鼓の音を表す擬音語) [onom.]

ಧಿಂಧಿಂ ⟦dʰiṃdʰiṃ ディンディン⟧ [dʰimdʰimm] (*n.*) でぃんでぃん(連続的な小型の太鼓の音を表す擬音語) [onom.]

ಧಿಂಕು ⟦dʰiṃku ディンク⟧ [dʰiŋku] 《古》 *n.* ◇ *vi.* ಧಿಂಕಿಡು (dʰiṃkiḍu) [? *D2971, cf. T5534] ☞ದಿಂಕು (diṃku)

ಧಿಕ್ಕನೆ ⟦dʰikkane ディッカネ⟧ [dʰikkəne] 《古》 *adv.* 突然、急に [*dʰik* onom. + *-ane*]

ಧಿಕ್ಕರಣೆ ⟦dʰikkaraṇe ディッカラネ⟧ [dʰikkərəNe] 《文》 *n.* 軽蔑と嫌悪を表現すること [Sk. *dhikkaraṇa-*]

ಧಿಕ್ಕರಿಸು ⟦dʰikkarisu ディッカリス⟧ [dʰikkərĭsu] *vt.* 1 非難する、けなす 2 〈申し出などを〉蹴る、はねつける [Sk.]

ಧಿಕ್ಕಾರ ⟦dʰikkāra ディッカーラ⟧ [dʰikkɐːrɐ] *n.* 1 非難 2 (申し出などを)はねつけること、拒絶 [Sk.] = ಧಿಕ್ಕರಿಸು (= dʰikkarisu)

ಧಿಗಿಲ್ ⟦dʰigil ディギル⟧ [dʰigil] 《古》(*n.*)「突然」と「驚愕」を表す擬態語 [Ka. *D3202] ☞ದಿಗಿಲು (digilu)

ಧಿಗಿಲನೆ ⟦dʰigilane ディギラネ⟧ [dʰigilŏne] 《古》 *adv.* 1 突然、急に 2 (心が)がくんとして、どきっと [+ *-ane*]

ಧಿಟ್ಟ ⟦dʰiṭṭa ディッタ⟧ [dʰiʈʈɐ] *adj., m.* 《*f.* ಧಿಟ್ಟೆ (dʰiṭṭe)》 [Sk. *dʰr̥ṣṭa-*] ☞ದಿಟ್ಟ (diṭṭa)

ಧಿಟ್ಟತನ ⟦dʰiṭṭatana ディッタタナ⟧ [dʰiʈʈətŏnɐ] *n.* [*diṭṭa* + *-tana*] ☞ದಿಟ್ಟತನ (diṭṭatana)

ಧಿಮಿಧಿಮಿ ⟦dʰimidʰimi ディミディミ⟧ [dʰimidʰimi] *n.* [Ka. onom. *D3232] ☞ದಿಮಿದಿಮಿ (dimidimi)

ಧಿಮಿಕು ⟦dʰimiku ディミク⟧ [dʰimiku] 《古》(*n.*) 踊りのステップを表す擬音語 [Ka. onom.]

ಧಿಮಿಕ್ಕು ⟦dʰimikku ディミック⟧ [dʰimikku] 《古》(*n.*) 踊りのステップを表す擬音語 [Ka. onom.]

ಧಿಮ್ಮನೆ ⟦dʰimmane ディンマネ⟧ [dʰimməne] 《古》 *adv.* 急に、突然 [Ka. *dʰiṃ* + *-ane*]

ಧಿರುಧಿರು ⟦dʰirudʰiru ディルディル⟧ [dʰirŭdʰiru] 《古》 *intrj.* あっぱれ、でかした、やんややんや(賞賛を表す間投詞) [Ka. onom.]

ಧೀ ⟦dʰī ディー⟧ [dʰiː] 《文》 *n.* 知力、頭の働き [Sk.]

ಧೀಂಕು ⟦dʰīṃku ディーンク⟧ [dʰiːŋku] 《古》 *n.* ◇ *vi.* ಧೀಂಕಿಡು (dʰīṃkiḍu) [? *D2971, cf. T5534] ☞ದಿಂಕು (diṃku)

ಧೀಮಂತ ⟦dʰīmaṃta ディーマンタ⟧ [dʰiːmɔntɐ] *adj., m.* 《*f.* ಧೀಮಂತೆ (dʰīmaṃte)》賢い〈人〉、知恵のある〈人〉 [Sk.]

ಧೀಮಂತಿಕೆ ⟦dʰīmaṃtike ディーマンティケ⟧ [dʰiːmɔntĭke] *n.* 知性、理解力、頭のよいこと [*dʰīmaṃta* + *-ike*]

ಧೀಮೂಢತೆ ⟦dʰīmūḍʰate ディームーダテ⟧ [dʰiːmuːɖʰŏte] 《文》 *n.* 愚かさ、馬鹿げた振る舞い [Sk.]

ಧೀರ ⟦dʰīra ディーラ⟧ [dʰiːrɐ] *adj., m.* 《*f.* ಧೀರೆ/ಧೀರಳು (dʰīre/dʰīraḷu)》 1 大胆な〈人〉、勇者〈の〉、英雄〈の〉、勇士〈の〉 2 心の揺るがない〈人〉、断固とした〈人〉 3 まじめな〈人〉、落ち着いた〈人〉 4 思慮深い〈人〉、考えが深い〈人〉 —*adj.* 深い(声、音など) —*n.* 《古》 勇気、大胆さ [Sk.]

ಧೀರತನ ⟦dʰīratana ディーラタナ⟧ [dʰiːrətŏnɐ] *n.* 勇気のあること、大胆、剛勇 [Sk.]

ಧೀರತೆ ⟦dʰīrate ディーラテ⟧ [dʰiːrŏte] *n.* 1 勇気のあること、大胆、剛勇 2 決心の揺るがないこと、断固たること [Sk.]

ಧೀರತ್ವ ⟦dʰīratva ディーラトヴァ⟧ [dʰiːrŏtvɐ] *n.* [Sk.] ☞ಧೀರತೆ (dʰīrate)

ಧೀರೋದಾತ್ತ ⟦dʰīrōdātta ディーローダーッタ⟧ [dʰiːroːdɐːttɐ] 《文》 *adj., m.* 《*f.* *ಧೀರೋದಾತ್ತೆ (dʰīrōdātte)》大胆で高貴な〈人物〉(詩や劇の主人公の一つの類型) [Sk.]

ಧೀಶಕ್ತಿ ⟦dʰīśakti ディーシャクティ⟧ [dʰiːʃəkti] *n.* 知力、知性 [Sk.]

ಧೀವರ[1] ⟦dʰīvara ディーヴァラ⟧ [dʰiːvŏrɐ] 《文》 *m.* 《*f.* ಧೀವರೆ (dʰīvare)》 1 漁師 = ಮೀನುಗಾರ, ಜಾಲಗಾರ (mīnugāra, jālagāra) 2 猟師、狩人 = ಬೇಟೆಗಾರ (bēṭegāra) 〔汎〕 [Sk.]

ಧೀವರ[2] ⟦dʰīvara ディーヴァラ⟧ [dʰiːvŏrɐ] 《文》 *m.* 《*f.* *ಧೀವರೆ (dʰīvare)》知者、比類ない知性の人 [Sk.]

ಧುಂ ⟦dʰuṃ ドゥン⟧ [dʰum] (*n.*) どすん(表面がやわらかくて重い物体が地面に落ちてきた時の音を表す擬音語) [Ka. onom. D3326]

ಧುಮ್ಮನೆ ⟦dʰummane ドゥンマネ⟧ [dʰummŏne] *adv.* どすんと [+ *-ane* onom. D3326]

ಧುಮ್ಮಿಕ್ಕು ⟦dʰummikku ドゥンミック⟧ [dʰmmikku] *vi.* 跳んだりしてどすんという音を立てる [+ *ikku* D3326] ☞ದುಮ್ಮಿಕ್ಕು (dummikku)

ಧುಮ್ಮನೆ ⟦dʰummene ドゥンメネ⟧ [dʰumměne] 《古》 *adv.* どすんと [+ *-ene* D3326]

ಧುರ ⟦dʰura ドゥラ⟧ [dʰurɐ] 《古》 *n.* 戦い、戦争 [Sk. *udara-*?] ☞ದುರ (dura)

ಧುರಂದರ ⟦dʰuraṃdara ドゥランダラ⟧ [dʰurəndǝ̆rɐ] *m.* 《*f.* ಧುರಂದರೆ (dʰuraṃdare)》指導者、首長、首領 [Sk.]

ಧುರಗಲಿ ⟦dʰuragali ドゥラガリ⟧ [dʰurəg̥əli] 《古》 *mf.* 勇猛な戦士、戦場における英雄 [*dʰura* + *kali*] ☞ದುರಗಲಿ (duragali)

ಧುರಗಳ್ಳ ⟦dʰuragaḷḷa ドゥラガッラ⟧ [dʰurəg̥əllɐ] 《古》 *m.* 逃亡兵、戦場から逃げ出した戦士 [*dʰura* + *kaḷḷa*]

ಧುರಧರೆ ⟦dʰuradʰare ドゥラダレ⟧ [dʰurədʰəre] 《古》 *n.* 戦場 [*dʰura* + *dʰare*]

ಧುರಧೀರ ⟦dʰuradʰīra ドゥラディーラ⟧ [dʰurədʰi:rɐ] 《古》 *m.* 《*f.* ಧುರಧೀರೆ (dʰuradʰīre)》勇猛な戦士、戦場における英雄 [*dʰura* + *dʰīra*]

ಧುರಪಲಾಯನ ⟦dʰurapalāyana ドゥラパラーヤナ⟧ [dʰurəpɐlɐ:jǝ̆nɐ] 《古》 *n.* 戦場からの脱走 [*dʰura* + *pālāyana*]

ಧುರೀಣ ⟦dʰurīṇa ドゥリーナ⟧ [dʰuri:ɳɐ] *m.* 《*f.* ಧುರೀಣೆ/ಧುರೀಣಳು (dʰurīṇe/dʰurīṇaḷu)》 1 能力ある人、有能な人 2 指導者、首長 [Sk.]

ಧುರೀಣತೆ ⟦dʰurīṇate ドゥリーナテ⟧ [dʰuri:ɳǝ̆te] *n.* 1 能力、有能なこと 2 指導力、統率力 [Sk.]

ಧುರೀಣತ್ವ ⟦dʰurīṇatva ドゥリーナトヴァ⟧ [dʰuri:ɳǝ̆tvɐ] *n.* 指導力、統率力 [Sk.] ☞ಧುರೀಣತೆ (dʰurīṇate)

ಧುಸುಮುಸು ⟦dʰusumusu ドゥスムス⟧ [dʰusumusu] *n.* 心の中の不平不満 [M. *dʰusămusă* onom.?]

ಧೂತ ⟦dʰūta ドゥータ⟧ [dʰu:tɐ] 《文》 *adj.* ふるい落とした、取り除いた [Sk.]

ಧೂತಪಾತಕ ⟦dʰūtapātaka ドゥータパータカ⟧ [dʰu:təpɐ:tǝ̆kɐ] 《文》 *m.* 自分の罪をふるい落とした人 [Sk.]

ಧೂತಪಾಪ ⟦dʰūtapāpa ドゥータパーパ⟧ [dʰu:tǝ̆pɐ:pɐ] 《文》 *m.* 自分の罪をふるい落とした人 [Sk.]

ಧೂಪ ⟦dʰūpa ドゥーパ⟧ [dʰu:pɐ] *n.* 香(こう)、香のかおり [Sk.]

ಧೂಮ ⟦dʰūma ドゥーマ⟧ [dʰu:mɐ] 《文》 *n.* 煙 [Sk.] = ಹೊಗೆ (hoge) 〔口〕

ಧೂಮಕೇತು ⟦dʰūmakētu ドゥーマケートゥ⟧ [dʰu:mǝ̆ke:tu] *m.* 「煙を旗印とするもの」、火の神 —*n.* 彗星 [Sk.]

ಧೂಮಪಟ ⟦dʰūmapaṭa ドゥーマパタ⟧ [dʰu:məpəʈɐ] 《文》 *n.* 煙幕 [Sk.]

ಧೂಮಪಾನ ⟦dʰūmapāna ドゥーマパーナ⟧ [dʰu:mǝ̆pɐ:nɐ] 《文》 *n.* 喫煙、タバコを吸うこと [Sk.]

ಧೂಮ್ರ ⟦dʰūmra ドゥームラ⟧ [dʰu:mrɐ] 《文》 *adj.* 灰色の [Sk.]

ಧೂಮ್ರಪತ್ರ ⟦dʰūmrapatra ドゥームラパトラ⟧ [dʰu:mrəpətrɐ] *n.* タバコの葉 [Sk.] = ಹೊಗೆಸೊಪ್ಪು (hogesoppu) 〔汎〕

ಧೂಮ್ರಪಾನ ⟦dʰūmrapāna ドゥームラパーナ⟧ [dʰu:mrǝ̆pɐ:nɐ] 《文》 *n.* 喫煙 [Sk.] = ಧೂಮಪಾನ; (dʰūmapāna;) ಹೊಗೆಯನ್ನು ಸೇದುವುದು (hogeyannu sēduvudu) 〔汎〕

ಧೂರ್ತ ⟦dʰūrta ドゥールタ⟧ [dʰu:rtɐ] *adj.*, *m.* 《*f.* ಧೂರ್ತಳು (dʰūrtaḷu)》ずるい〈人〉、人を欺く〈人〉 [Sk.]

ಧೂರ್ತತನ ⟦dʰūrtatana ドゥールタタナ⟧ [dʰu:rtǝ̆tənɐ] *n.* 不正直、偽善、ペテン、ずるいこと [*dʰūrta* + *-tana*]

ಧೂಲಿ ⟦dʰūli ドゥーリ⟧ [dʰu:li] ಧೂಳಿ *n.* 埃、塵、粉塵 [Sk. *dʰūli-*/Ka. D3283]

ಧೂಲೀಪಟಲ ⟦dʰūlīpaṭala ドゥーリーパタラ⟧ [dʰu:li:pəʈǝ̆lɐ] ಧೂಳೀಪಟಲ 《文》 *n.* 積もった埃 [Sk.]

ಧೂಸರ ⟦dʰūsara ドゥーサラ⟧ [dʰu:sǝ̆rɐ] 《文》 (*n.*) 灰色〈の〉 [Sk.] = ಬೂದಿಬಣ್ಣ (būdibaṇṇa) 〔汎〕

ಧೂಳ್ ⟦dʰūḷ ドゥール⟧ [dʰu:ɭ] 《古》 *n.* 埃、塵、粉塵 [Ka. *dūḷ* D3283 × Sk. *dhūli-*] = ದೂಳು (dūḷu)

ಧೂಳಿ ⟦dʰūḷi ドゥーリ⟧ [dʰu:ɭi] *n.* 埃、塵、粉塵 [Sk. *dʰūli-*/Ka. D3283]

ಧೂಳಿಪಟ ⟦dʰūḷipaṭa ドゥーリパタ⟧ [dʰu:ɭipəʈɐ] *n.* 完全に破壊された状態 [Sk. *dʰūlipaṭa-*]

ಧೂಳಿಪಟ ಮಾಡು ⟦dʰūḷipaṭa māḍu ドゥーリパタマードゥ⟧ [dʰu:ɭipəʈɐ mɐ:ɖu] *vt.* 完全に破壊する、瓦礫の山とする

ಧೂಳಿಪಟ ಆಗು ⟦dʰūḷipaṭa āgu ドゥーリパタアーグ⟧ [dʰu:ɭipəʈɐ ɐ:gu] *vi.* 完全に破壊される、瓦礫の山となる

ಧೂಳಿಮಾರುತ ⟦dʰūḷimāruta ドゥーリマールタ⟧ [dʰu:ɭimɐ:rutɐ] *n.* 砂塵を含んだ風 [Sk.]

ಧೂಳೀಪಟಲ ⟦dʰūḷīpaṭala ドゥーリーパタラ⟧ [dʰu:ɭi:pəʈǝ̆lɐ] 《文》 *n.* 積もった埃 [Sk.]

ಧೂಳು ⟦dʰūḷu ドゥール⟧ [dʰu:ɭu] *n.* 1 埃、塵 2 花粉 [Sk. *dhūli-* cf. Ka. *dūḷ* D3283] ☞ದೂಳಿ (dūḷi)

ಧೂಳೆಬ್ಬಿಸು ⟦dʰūḷebbisu ドゥーレッビス⟧ [dʰu:ɭebbisu] *vi.* 埃を舞い上げる —*vt.* 完全に破壊する ¶ ಪುಲಕೇಶಿಯ ಸೈನ್ಯ ಹರ್ಷವರ್ಧನನ ಸೈನ್ಯವನ್ನು ಧೂಳೆಬ್ಬಿಸಿತು. (pulakēśiya sainya harṣavardʰanana sainyavannu dʰūḷebbisitu.) プラケーシン2世の軍はハルシャヴァルダナの軍を粉砕した。 [+ *ebbisu*]

ಧೃತ ⟦dʰṛta ドゥルタ⟧ [dʰrɯtɐ] 《文》 *adj.* 1 つかまれた 2 支えられた 3 取っておかれた [Sk.]

ಧೃತಿ ⟦dʰṛti ドゥルティ⟧ [dʰrɯti] *n.* 1 勇気、剛毅、戦意 2 決意、断固とした決心 [Sk.]

ಧೃತಿಗೆಡಿಸು ⟦dʰṛtigeḍisu ドゥルティゲディス⟧ [dʰrɯtig̥eɖǐsu] *vt.* 戦意をくじく、勇気をくじく、恐れさせる [+ *keḍisu*]

ಧೃತಿಗೆಡು ⟦dʰṛtigeḍu ドゥルティゲドゥ⟧ [dʰrɯtig̥eɖu] *vi.* 勇気を失う、意気阻喪する、戦意を失う [+ *keḍu*]

ಧೇನಿಸು ⟦dʰēnisu デーニス⟧ [dʰe:nisu] *vt.* [Sk.] ☞ಧ್ಯಾನಿಸು (dʰyānisu)

ಧೇನು ⟦dʰēnu デーヌ⟧ [dʰe:nu] 《文》 *n.* 雌牛 [Sk.]

ಧೈರ್ಯ ⟦dʰairya ダイリヤ⟧ [dʰəirʲjɐ] *n.* 1 勇気、胆力、大胆 2 あつかましさ、ずうずうしさ [Sk.]

ಧೈರ್ಯಗುಂದು ⟦dʰairyaguṃdu ダイリヤグンドゥ⟧ [dʰəiṛjəgundu] *vi.* **1** 勇気を失う **2** 意気消沈する、元気を失う [+ *kundu*]

ಧೈರ್ಯಗೆಡಿಸು ⟦dʰairyageḍisu ダイリヤゲディス⟧ [dʰəiṛjəgeḍĭsu] *vt.* **1** 勇気をくじく、士気をうばう、怖じけさせる **2** 落胆させる、気落ちさせる [+ *keḍisu*] ಧೃತಿಗೆಡಿಸು (dʰṛtigeḍisu)

ಧೈರ್ಯಗೊಳಿಸು ⟦dʰairyagoḷisu ダイリヤゴリス⟧ [dʰəiṛjəgoḷĭsu] *vt.* 勇気づける、元気づける [+ *koḷisu*]

ಧೈರ್ಯವಂತ ⟦dʰairyavaṃta ダイリヤヴァンタ⟧ [dʰəiṛjəvəntɐ] *adj., m.* 《*f.* ಧೈರ್ಯವಂತೆ (dʰairyavaṃte)》勇気のある〈人〉、大胆な〈人〉[Sk.]

ಧೈರ್ಯಶಾಲಿ ⟦dʰairyaśāli ダイリヤシャーリ⟧ [dʰəiṛjəʃɐːli] *adj., mf.* 大胆な〈人〉[Sk.]

ಧೋಣೆ[1] ⟦dʰoṇe ドネ⟧ [dʰoɳe] *n.* 小さな池 [Ka. *D2716]

ಧೋಣೆ[2] ⟦dʰoṇe ドネ⟧ [dʰoɳe] 《文》*n.* 舟 [Sk. *drōṇi*-T6641] = ಹಡಗು (haḍagu)

ಧೋ ⟦dʰō ドー⟧ [dʰoː] (*n.*) ごおっ（猛烈な雨の降り始めを表す擬音語）¶ ನಾನು ಮನೆಗೆ ಬರುವಾಗ ಧೋ–ಯೆಂದು ಮಳೆ ಬಂತು. (nānu manege baruvāga dʰōyeṃdu maḷe baṃtu.) 家へ帰る途中ごおっと雨が降りだした。[Ka. onom.]

ಧೋಕಾ ⟦dʰōkā ドーカー⟧ [dʰoːkɐː] *n.* 欺騙、詐欺、ペテン ◇ *vi.* —ಮಾಡು (māḍu) 詐欺を働く [H. *dʰōkā*]

ಧೋತರ ⟦dʰōtara ドータラ⟧ [dʰoːtəɾɐ] *n.* ドーティー（男性が腰に巻く白い布で、幅 1.2 メートル、長さ 3.6 メートルくらいの大きさである）[M. *dʰōtăra* *C6881.2] = ಪಂಚೆ (paṃce) ☞ಧೋತ್ರ (dʰōtra)

ಧೋತ್ರ ⟦dʰōtra ドートラ⟧ [dʰoːṭrɐ] ದೋತರ, ದೋತ್ರ, ಧೋತರ *n.* **1** ドーティー（男性が腰に巻く白い布で、幅 1.2 メートル、長さ 3.6 メートルほど）**2** 男性が肩にかける布 [M. *dʰōtăra* T6881.2] = ಉತ್ತರೀಯ, ವಲ್ಲಿ (uttarīya, valli)〔口〕*[ಉತ್ತರೀಯ (uttarīya)]

ಧೋಧೋ ⟦dʰōdʰō ドードー⟧ [dʰoːdʰoː] (*n.*) ごうごう（猛烈な雨降りを表す擬音語）[Ka. onom.]

ಧೋಬಿ ⟦dʰōbi ドービ⟧ [dʰoːbi] ಡೋಬಿ, ದೋಬಿ, ದೋಭಿ *m.*（伝統的な方法での）洗濯屋（本来のカンナダ語表現に伴う差別感覚を嫌ってこの外来語が最も普通に用いられている）[H. *dʰōbī* T6886] = ಅಗಸ (agasa)

ಧೋರ ⟦dʰōra ドーラ⟧ [dʰoːɾɐ] 《古》*n.* ケトルドラム、なべ型の太鼓 [onom.?] = ನಗಾರಿ (nagāri)

ಧೋರಣೆ ⟦dʰōraṇe ドーラネ⟧ [dʰoːrəɳe] *n.* **1** 仕方、方法 **2** 考え方、見地 **3** 態度、振る舞い [Sk. ←M. ←*dhāraṇā*-?]

ಧೋವತಿ ⟦dʰōvati ドーヴァティ⟧ [dʰoːvəti] ದೋವತಿ, ಧೋತಿ《古》*n.* ドーティー（男性が下半身に巻く布、一方の端を股の下から通して腰に巻いた部分に差し込んで固定する）[H. *dʰōvătī* < Sk. **dʰōttavastrikā*-? cf. T6881]

ಧ್ಯಾನ ⟦dʰyāna ディャーナ⟧ [dʰjɐːnɐ] *n.* **1** 瞑想、沈思、黙考 **2** 注意 [Sk.]

ಧ್ಯಾನಪರ ⟦dʰyānapara ディャーナパラ⟧ [dʰjɐːnəpərɐ] 《文》*adj., m.* 《*f.* ಧ್ಯಾನಪರಳು (dʰyānaparaḷu)》[Sk.] = ಧ್ಯಾನಮಗ್ನ (dʰyānamagna)

ಧ್ಯಾನಮಗ್ನ ⟦dʰyānamagna ディャーナマグナ⟧ [dʰjɐːnəmagnɐ] *adj., m.* 《*f.* ಧ್ಯಾನಮಗ್ನೆ/ ಧ್ಯಾನಮಗ್ನಳು (dʰyānamagne/ dʰyānamagnaḷu)》瞑想に没入した〈人〉、思索にふけった〈人〉[Sk.]

ಧ್ಯಾನಿಸು ⟦dʰyānisu ディャーニス⟧ [dʰjɐːnĭsu] *vt.* **1**〈神を〉念じる **2** 熟考する、深く考える [Sk.]

ಧ್ಯಾಸ ⟦dʰyāsa ディャーサ⟧ [dʰjɐːsɐ] *n.* **1** 瞑想、沈思、黙考 **2**（宗教的真理の）直感的な認識 **3** 注意 ¶ ನಿಮ್ಮ ಧ್ಯಾಸ ಎಲ್ಲಿದೆ? ಟೈಪ್ನಲ್ಲಿ ಎಷ್ಟೊಂದು ತಪ್ಪು ಮಾಡಿದ್ದೀರಿ. (nimma dʰyāsa ellide? ṭaipnalli eṣṭoṃdu tappu māḍiddīri.) あなたの注意力はどこを向いていたのか。タイプは間違いだらけだ。**4** 知っていること、気がつくこと ¶ ಅವನ ಪರ್ಸು ಎಲ್ಲಿ ಬಿತ್ತು ಎಂಬ ಬಗ್ಗೆ ಅವನಿಗೆ ಧ್ಯಾಸ ಇಲ್ಲ. (avana parsu elli bittu eṃba bagge avanige dʰyāsa illa.) 彼はどこで財布を落としたのか分からなかった。¶ ತನ್ನ ಕಂಪನಿಯ ವ್ಯವಹಾರದ ಬಗ್ಗೆ ತನಗೇ ಧ್ಯಾಸ ಇಲ್ಲ. (tanna kaṃpaniya vyavahārada bagge tanagē dʰyāsa illa.) 彼は自分の会社の活動について何も知らない。[Sk.]

ಧ್ಯೇಯ ⟦dʰyēya ディェーヤ⟧ [dʰjeːjɐ] *n.* **1** 目的、目標、意図 **2** 理想 [Sk.]

ಧ್ಯೇಯಜೀವಿ ⟦dʰyēyajīvi ディェーヤジーヴィ⟧ [dʰjeːjədʒiːvi] 《文》*adj., mf.* 理想のために生きる〈人〉、理想主義〈者〉[Sk.]

ಧ್ಯೇಯವಾದ ⟦dʰyēyavāda ディェーヤヴァーダ⟧ [dʰjeːjəvɐːdɐ] 《文》*n.* 理想主義者 [Sk.]

ಧ್ಯೇಯವಾದಿ ⟦dʰyēyavādi ディェーヤヴァーディ⟧ [dʰjeːjəvɐːdi] 《文》*adj., mf.* 理想主義の〈人〉[Sk.]

ಧ್ರುವ ⟦dʰruva ドルヴァ⟧ [dʰruvɐ] *adj.* **1** 不動の、確固たる、動かない **2** 不変の、不易の **—*n.*** **1** 北極星 **2**（地球の）極、北極、南極 **3** 磁石の極 [Sk.]

ಧ್ರುವತಾರೆ ⟦dʰruvatāre ドルヴァターレ⟧ [dʰruvətɐːre] *n.* **1** 北極星 **2**〔喩〕永遠に輝く人を導く偉人 [Sk.]

ಧ್ರುವನಕ್ಷತ್ರ ⟦dʰruvanakṣatra ドルヴァナクシャトラ⟧ [dʰruvənəkʂətrɐ] *n.* ☞ಧ್ರುವತಾರೆ (dʰruvatāre)

ಧ್ರುವೀಕರಣ ⟦dʰruvīkaraṇa ドルヴィーカラナ⟧ [dʰruviːkərəɳɐ] 《文》*n.*（政治勢力などの）両極端化 [Sk.]

ಧ್ವಂಸ ⟦dʰvaṃsa ドヴァンサ⟧ [dʰvəmsɐ/dʰʌmsɐ] *n.* **1** 破壊、殲滅 **2** 破滅、死滅、荒廃 ¶ ಕುದುರೆಜೂಜಿನಲ್ಲಿ ಅವನು ತನ್ನ ಆಸ್ತಿಯನ್ನು ಧ್ವಂಸಮಾಡಿದ. (kudurejūjinalli avanu tanna āstiyannu dʰvaṃsamāḍida.) 彼は競馬で財産をすっかりなくしてしまった。[Sk.]

ಧ್ವಂಸ ಮಾಡು ⟦dʰvaṃsa māḍu ドヴァンサマードゥ⟧ [dʰvəmsɐ mɐːḍu] *vt.* 破壊する、殲する

ಧ್ವಂಸಕ ⟦dʰvaṃsaka ドヴァンサカ⟧ [dʰvəmsəkɐ/dʰʌmsəkɐ] 《文》*m.* 《*f.* ಧ್ವಂಸಕಳು (dʰvaṃsakaḷu)》破壊者、壊

す人 —*adj.* 破壊的な、破壊力のある —*n.* 駆逐艦 = ಡೆಸ್ಟ್ರಾಯರ್ (ḍestrāyar)〔口〕[Sk.]

ಧ್ವಜ ⟦dʰvaja ドヴァジャ⟧ [dʰvəʤɐ/dʰvʌʤɐ] *n.* 旗 [Sk.] = ಧ್ವಜಪಟ (dʰvajapaṭa)

ಧ್ವಜಪಟ ⟦dʰvajapaṭa ドヴァジャパタ⟧ [dʰvəʤəpəʈɐ]《文》*n.* 旗 [Sk.] = ಧ್ವಜ (dʰvaja)

ಧ್ವಜವಂದನೆ ⟦dʰvajavaṃdane ドヴァジャヴァンダネ⟧ [dʰvəʤəvəndĕne] *n.* (国)旗に敬礼すること [Sk.]

ಧ್ವಜಸ್ತಂಭ ⟦dʰvajastaṃbʰa ドヴァジャスタンバ⟧ [dʰvəʤə stəmbʰɐ] *n.* 旗竿 [Sk.]

ಧ್ವಜಾರೋಹಣ ⟦dʰvajārōhaṇa ドヴァジャーローハナ⟧ [dʰvəʤɐːroːhə̆ɳɐ]《文》*n.* 旗の掲揚 [Sk.]

ಧ್ವನಿ ⟦dʰvani ドヴァニ⟧ [dʰvəni/dʰvʌni] *n.* **1** 音、声 **2** 声楽、(音楽における)人間の声 **3** 暗示 [Sk.]

ಧ್ವನಿತಂತು ⟦dʰvanitaṃtu ドヴァニタントゥ⟧ [dʰvənitəntu]《文》*n.* 声帯 [Sk.]

ಧ್ವನಿಪೆಟ್ಟಿಗೆ ⟦dʰvanipeṭṭige ドヴァニペッティゲ⟧ [dʰvənipeʈʈĭge]《文》*n.* 喉頭 [Sk.]

ಧ್ವನಿಮಾ ⟦dʰvanimā ドヴァニマー⟧ [dʰvənimɐː]《文》*n.* 音素、音韻 [Sk.]

ಧ್ವನಿಮುದ್ರಣ ⟦dʰvanimudraṇa ドヴァニムドラナ⟧ [dʰvənimuddrəɳɐ]《文》*n.* 録音 [Sk.] = ರೆಕಾರ್ಡಿಂಗ್ (rekārḍiṃg)〔口〕

ಧ್ವನಿಮುದ್ರಿಸು ⟦dʰvanimudrisu ドヴァニムドリス⟧ [dʰvanimudrĭsu]《文》*vt.* 録音する [Sk.] = ರೆಕಾರ್ಡಿಂಗ್ ಮಾಡು (rekārḍiṃg māḍu)〔口〕

ಧ್ವನಿವರ್ಧಕ ⟦dʰvanivardʰaka ドヴァニヴァルダカ⟧ [dʰvənivərdʰə̆kɐ]《文》*n.* メガホン、拡声ラッパ、拡声器、スピーカー、アンプ、増幅器(その他あらゆる種類の音の増幅装置) [Sk.]

ಧ್ವನಿವಿಜ್ಞಾನ ⟦dʰvanivijñāna ドヴァニヴィジュニャーナ⟧ [dʰvənividʒɲˑɐːnɐ]《文》*n.* 音声学、音響学 [Sk.]

ಧ್ವನಿಸುರುಳಿ ⟦dʰvanisuruḷi ドヴァニスルリ⟧ [dʰvənisuruɭi]《文》*n.* (録音用の)テープ、カセット [Eg. *cassette*]

ನ

ನ ⟦na ナ⟧ [nəˑ] *n.* カンナダ語その他のインド系言語で音素の連続 /na/ またはそれを表すインド系文字

ನಂಗಿಲು ⟦naṃgilu ナンギル⟧ [nəŋgilu]《古》*n.* 口蓋垂、喉びこ [Ka. D33] = ಕಿರುನಾಲಿಗೆ (kirunālige)

ನಂಚು¹ ⟦naṃcu ナンチュ⟧ [nəɲʧu]《方》*vt.* (ご飯に添えて)〈漬物など少量で辛いものを〉食べる [Ka. D3581]

ನಂಚು² ⟦naṃcu ナンチュ⟧ [nəɲʧu] *vt.* 〈火、灯などを〉消す [Ka. < *naṃdisu* *D3590]

ನಂಜು¹ ⟦naṃju ナンジュ⟧ [nəɲʤu] *n.* **1** 毒、毒物 **2** 傷口の化膿、敗血症 **3**〔喩〕言葉に隠された悪意、あてこすり ¶ ಅವನ ಮಾತಿನಲ್ಲಿ ನಂಜು ತುಂಬಿಕೊಂಡಿದೆ. (avana mātinalli naṃju tuṃbikoṃḍide.) 彼の言葉には毒が含まれている。[Ka. D3580] (*Pb.8.40*) = ವಿಷ (viṣa)

ನಂಜು² ⟦naṃju ナンジュ⟧ [nəɲʤu] *vt.* (ご飯に添えて)〈漬物など少量で辛いものを〉おかずとして食べる ¶ ಉಪ್ಪಿನಕಾಯಿಯನ್ನು ನಂಜಿಕೊಂಡು ಊಟ ಮಾಡು. (uppinakāyiyannu naṃjikoṃḍu ūṭa māḍu.) 漬物をおかずとしてご飯を食べろ。[Ka. D3581]

ನಂಜುರುಳೆ ⟦naṃjuruḷe ナンジュルレ⟧ [nəɲʤuruɭe] *n.* 毒虫の一種 [*naṃju* + *uruḷe*「ボール」]

ನಂಜುಲಿ ⟦naṃjuli ナンジュリ⟧ [nəɲʤuli]《方》*n.* ミミズ [Ka. D2906] (Hal.)

ನಂಟ ⟦naṃṭa ナンタ⟧ [nəɳʈɐ] ನೆಂಟ *m.*《*f.* ನಂಟಳು》親類、親戚(3親等以内の血縁関係を除く) [Ka. D3588] (*Pb.4.49.V*)

ನಂಟತನ ⟦naṃṭatana ナンタタナ⟧ [nəɳʈətənɐ] ನೆಂಟತನ *n.* 親戚関係、親戚(3親等以内の血縁関係を除く)であること [Ka. *naṃta* + *-tana* D3588]

ನಂಟರ್ತನ ⟦naṃṭartana ナンタルタナ⟧ [nəɳʈərtənɐ]《古》*n.* 親族関係(3親等以内の血縁関係を除く) [Ka. *naṃṭar* (pl.) + *-tana* D3588] = ನಂಟತನ (naṃṭatana)

ನಂಟಸ್ತ ⟦naṃṭasta ナンタスタ⟧ [nəɳʈəstɐ] ನೆಂಟಸ್ತ *m.*《*f.* ನಂಟಸ್ತಳು》親族、親類(3親等以内の血縁関係を除く) [*naṃṭa* + *-sta*]

ನಂಟಸ್ತಿಕೆ ⟦naṃṭastike ナンタスティケ⟧ [nəɳʈəstike] ನೆಂಟಸ್ತಿಕೆ *n.* 親族関係、親戚(3親等以内の血縁関係を除く)であること [Ka. *naṃṭasta* + *-ike* D3588]

ನಂಟಸ್ತನ ⟦naṃṭastana ナンタスタナ⟧ [nəɳʈəstənɐ] ನೆಂಟಸ್ತನ *n.* 親族関係(3親等以内の血縁関係を除く) [*naṃṭasta* + *-tana*] = ನಂಟತನ (naṃṭatana)

ನಂಟಿಕೆ ⟦naṃṭike ナンティケ⟧ [nəɳʈike]《文》*n.* 親戚関係、親戚(3親等以内の血縁関係を除く)であること [Ka. D3588] = ನಂಟತನ (naṃṭatana)

ನಂಟು ⟦naṃṭu ナントゥ⟧ [nəɳʈu] ನೆಂಟಿಕೆ *n.* (親戚関係、交友関係、取引関係などの)人間関係 ¶ ಅವನಿಗೂ ನನಗೂ ಏನೂ ನಂಟು ಇಲ್ಲ. (avanigū nanagū ēnū naṃṭu illa.) あの男と私の間には何の関係もない。[Ka. D3588] = ನಂಟತನ (naṃṭatana)

ನಂತರ ⟦naṃtara ナンタラ⟧ [nəntərɐ] *adv.* その後、その後に —*postp.* …の後、…の後で ¶ ಅವನು ಹೋದ

ನಂತರ ಮಳೆ ಬಂತು. (avanu hōda naṃtara maḷe baṃtu.) 彼が去った後で雨が降りだした。[Sk. *anantaraṃ*]

ನಂದನ ⟦naṃdana ナンダナ⟧ [nəndənɐ] 《文》 *adj.* 人を喜ばす —*m.* 《*f.* ನಂದನೆ (naṃdane)》息子 —*n.* 60年周期の年の第26番目 ☞ನಂದನವನ (naṃdanavana) [Sk.]

ನಂದನವನ ⟦naṃdanavana ナンダナヴァナ⟧ [nəndənəvənɐ] 《文》 *n.* 天国にある庭の名 [Sk.]

ನಂದಾದೀಪ ⟦naṃdādīpa ナンダーディーパ⟧ [nəndɐ:di:pɐ] 《文》 *n.* （寺院にある）決して消さない灯明 [neg. part. of *naṃdu* + *dīpa*]

ನಂದಿ ⟦naṃdi ナンディ⟧ [nəndi] *n.* 1 喜び、幸福、喜悦 2 ナンディー（シヴァ神の乗り物である雄牛） 3 家具などを作る木の名（チークより安価）⇀ 材 [Sk.]

ನಂದಿಧ್ವಜ ⟦naṃdidʰvaja ナンディドヴァジャ⟧ [nəndidʰvə̆ʤɐ] 《文》 *n.* 雄牛のしるしのついた背の高い旗(祭りの行列の先頭に掲げられる) [Sk.]

ನಂದಿನಿ ⟦naṃdini ナンディニ⟧ [nəndini] *f.* 1「人を幸福にする女性、幸福な女性」 2（詩的表現で）娘 —*n.* ヴァシシュタ仙が所有するあらゆる望みをかなえる雌牛、雌牛カーマデーヌの娘 [Sk.]

ನಂದಿಬಟ್ಟಲು ⟦naṃdibaṭṭalu ナンディバッタル⟧ [nəndibəʈʈəlu] *n.* 庭によく植えられる白い花（キョウチクトウ科、シヴァ神が愛する花と信じられている）⇀ 観 [*naṃdi* + *baṭṭalu*「椀」]

ನಂದಿಬಟ್ಟಲುಗಿಡ ⟦naṃdibaṭṭalugiḍa ナンディバッタルギダ⟧ [nəndibəʈʈəlugiɖɐ] *n.* 上記の花の咲く灌木 [+ *giḍa*]

ನಂದಿಸು[1] ⟦naṃdisu ナンディス⟧ [nəndĭsu] 《文》 *vi.* 楽しむ [Sk.]

ನಂದು ⟦naṃdu ナンドゥ⟧ [nəndu] ನೊಂದು *vi.* 1（火や灯が）消える 2（怒りなどが）静まる、おさまる,（命や希望が）消える [Ka. D3590]

ನಂದಿಸು[2] ⟦naṃdisu ナンディス⟧ [nəndĭsu] ನೊಂದಿಸು *vt.* 1〈灯を〉消す 2〈人や民族を〉殺す、根絶やしにする [Ka. caus. D3590]

ನಂಬರು ⟦nambaru ナンバル⟧ [nəmbəru] *n.* 1 番号 2 数字 3 試験などの点（数） [Eg. *number*] ಅಂಕ (aṃka)

ನಂಬಿಕಸ್ಥ ⟦naṃbikastʰa ナンビカスタ⟧ [nəmbikəstʰɐ] *adj.*, *m.* 《*f.* ನಂಬಿಕಸ್ಥೆ》信頼できる〈人〉, 頼れる〈人〉 [Ka.]

ನಂಬಿಕೆ ⟦naṃbike ナンビケ⟧ [nəmbike] *n.* 1 信念 2 信頼、信用 [Ka. D3600]

ನಂಬಿಕೆದ್ರೋಹ ⟦naṃbikedrōha ナンビケドローハ⟧ [nəmbĭkedro:hɐ] 《文》 *n.* 裏切り, 背信行為 [Ka. + Sk.]

ನಂಬಿಗೆ ⟦naṃbige ナンビゲ⟧ [nəmbige] *n.* 1 信念、確信 2 信用、信頼 [Ka. D3600]

ನಂಬಿಸು ⟦naṃbisu ナンビス⟧ [nəmbĭsu] *vt.* 信用させる ¶ ಅವನು ನನ್ನನ್ನು ನಂಬಿಸಿ ಮೋಸ ಮಾಡಿದ. (avanu nannannu naṃbisi mōsa māḍida.) 彼は私の信頼を勝ち取った後で私を騙した。[Ka. D3600]

ನಂಬು ⟦naṃbu ナンブ⟧ [nəmbu] *vt.* 1 信じる、正しいと思う 2 信用する、信頼する [Ka. D3600]

ನಂಬುಗೆ ⟦naṃbuge ナンブゲ⟧ [nəmbŭge] *n.* 1 信念、確信 2 信用、信頼 [Ka. D3600]

ನಂಬೂದಿರಿ ⟦naṃbūdiri ナンブーディリ⟧ [nəmbu:dʰiri] ನಂಬೂದರಿ, ನಂಬೂದ್ರಿ *mf.* ケーララの土着のバラモン [Ka. D3601]

ನಂಬೂರಿ ⟦naṃbūri ナンブーリ⟧ [nəmbu:ri] 《口》 *mf.* ケーララの土着のバラモン [Ka. D3601]

ನಕಲಿ ⟦nakali ナカリ⟧ [nəkə̆li] *adj.* 模造〈の〉、偽〈の〉 —*n.* 1 真似、物まね 2 写し、模写、複製品、レプリカ 3 偽造品、偽物 4 パロディー、真面目な作品を茶化したもの [Ar. *naqlī*]

ನಕಲಿಗಾರ ⟦nakaligāra ナカリガーラ⟧ [nəkə̆ligɐ:rɐ] *m.* 道化 [*nakalī* + *-kāra*]

ನಕಲು ⟦nakalu ナカル⟧ [nəkə̆lu] (*n.*) 模造の、偽の —*n.* 1 真似、物まね 2 写し、模写、複製品、レプリカ 3 偽造品、偽物 4 パロディー、真面目な作品を茶化したもの [Ar. *naql*]

ನಕಾರ ⟦nakāra ナカーラ⟧ [nəkɐ:rɐ] *n.* 1 否定 2 拒絶、断ること ¶ ನಮ್ಮ ಮದುವೆಯ ಪ್ರಸ್ತಾಪಕ್ಕೆ ನಕಾರ ಸಿಕ್ಕಿತು. (namma maduveya prastāpakke nakāra sikkitu.) うちの縁談が断られた。 3 カンナダその他のインド系言語で音素の連続 /na/ を表す文字 [Sk.]

ನಕಾರಾತ್ಮಕ ⟦nakārātmaka ナカーラートマカ⟧ [nəkɐ:rɐ:tmə̆kɐ] *adj.* 否定の、拒絶の [Sk.]

ನಕಾಶ ⟦nakāśa ナカーシャ⟧ [nəkɐ:ʃɐ] *n.* ☞ನಕಾಶೆ (nakāśe)

ನಕಾಶೆ ⟦nakāśe ナカーシェ⟧ [nəkɐ:ʃe] ನಕಾಶ, ನಕಾಸು, ನಕಾಸೆ *n.* 1 地図、見取り図、海図 2 設計図 3（計画の）青写真 4 表、図表 ¶ ನಗರಪಾಲಿಕೆಯೂ ಒಂದೊಂದು ವರ್ಷಕ್ಕೆ ಹಣಕಾಸು ನಕಾಶೆ ತಯಾರು ಮಾಡಿದರೆ ಹೇಗೆ? (nagarapālikeyū oṃdoṃdu varṣakke haṇakāsu nakāśe tayāru māḍidare hēge?) 市当局が毎年貸借対照表を作成したらどうだろう。 [Ar. *naqqāšī*] = ನಕ್ಷೆ (nakṣe)

ನಕಾಸು ⟦nakāsu ナカース⟧ [nəkɐ:su] *n.* ☞ನಕಾಶೆ (nakāśe)

ನಕಾಸೆ ⟦nakāse ナカーセ⟧ [nəkɐ:se] *n.* ☞ನಕಾಶೆ (nakāśe)

ನಕ್ಕಿ ⟦nakki ナッキ⟧ [nəkki] *n.* シタールやヴィーナーを弾く時指にはめる爪 [M. *nakʰī* Sk. *makha-* + M. *nakʰī*]

ನಕ್ಕು ⟦nakku ナック⟧ [nəkku] ನೆಕ್ಕು 《口》 *vt.*（舌で）なめる [Ka. D3570]

ನಕ್ಕುಲುಹುಳ ⟦nakkuluhuḷa ナックルフラ⟧ [nəkkŭḷuhuḷɐ] 《方》 *n.* ミミズ [Ka. D2906] (Bark.)

ನಕ್ಕೆ ⟦nakke ナッケ⟧ [nəkke] *n.* 1 ジャッカル（インドなどに生息するイヌ科の肉食動物、民話では狐の役割を果たす） 2 植物名の語頭に用いられ野生であることを表す語（「あれちの」「いぬ」など）¶ ನಕ್ಕೆಚಿಕ್ಕನಾಕು (nakkecikkanāku) 灌木の一種 [Ka. D3606]

ನಕ್ತ¹ ⟦nakta ナクタ⟧ [nəktɐ] 《‡》 *n.* 俚諺、世間に言い伝えられてきたことわざ [Ka. D3579] (*Čt.1.75* (*Kitt.*))

ನಕ್ತ² ⟦nakta ナクタ⟧ [nəktɐ] 《文》 *n.* 夜 [Sk.]

ನಕ್ರ ⟦nakra ナクラ⟧ [nək·rɐ] 《文》 *n.* ワニ [Sk.] = ಮೊಸಳೆ (mosaḷe)

ನಕ್ಷತ್ರ ⟦nakṣatra ナクシャトラ⟧ [nəkʂət·rɐ] *n.* **1** 星、天体 **2** 星座 **3** 星宿、月の軌道を古くは28、後に27に分けて星座や星を割り当てて呼ぶことにしたもの、月がどの星宿に宿っている日であるかは占星術ではきわめて重要な要素である [Sk.]

ನಕ್ಷತ್ರಕ ⟦nakṣatraka ナクシャトラカ⟧ [nəkʂə̆t·rəkɐ] *m.* (人を)苦しめる人、うるさく悩ます人(ハリシュチャンドラ王の物語のカンナダ語版に出てくる) [Sk.]

ನಕ್ಷತ್ರಕೂಟ ⟦nakṣatrakūṭa ナクシャトラクータ⟧ [nəkʂət·rə ku:ʈɐ] 《文》 *n.* 星座 [Sk.] = ನಕ್ಷತ್ರಪುಂಜ, ನಕ್ಷತ್ರಮಂಡಲ (nakṣatrapuṃja, nakṣatramaṃḍala)

ನಕ್ಷತ್ರಪುಂಜ ⟦nakṣatrapuṃja ナクシャトラプンジャ⟧ [nəkʂət·rə̆puɲʤɐ] 《文》 *n.* 星座 [Sk.] ☞ನಕ್ಷತ್ರಕೂಟ (nakṣatrakūṭa)

ನಕ್ಷತ್ರಮಂಡಲ ⟦nakṣatramaṃḍala ナクシャトラマンダラ⟧ [nəkʂət·rə̆mənɖə̆lɐ] 《文》 *n.* 星座 [Sk.] ☞ನಕ್ಷತ್ರಕೂಟ (nakṣatrakūṭa)

ನಕ್ಷತ್ರಮೀನು ⟦nakṣatramīnu ナクシャトラミーヌ⟧ [nəkʂə t·rəmi:nu] *n.* ヒトデ [Sk.]

ನಕ್ಷತ್ರಲೋಕ ⟦nakṣatralōka ナクシャトラローカ⟧ [nəkʂə t·rəlo:kɐ] *n.* 天空、蒼穹 [Sk.]

ನಕ್ಷತ್ರವೀಕ್ಷಕ ⟦nakṣatravīkṣaka ナクシャトラヴィークシャカ⟧ [nəkʂətrəvi:kʂə̆kɐ] 《文》 *m.* (*f.* ನಕ್ಷತ್ರವೀಕ್ಷಕಿ (nakṣatravīkṣaki)) 星を観察する人、天文学者 [Sk.]

ನಕ್ಷೆ ⟦nakṣe ナクシェ⟧ [nəkʃe] *n.* **1** 地図、見取り図、海図 **2** 設計図 **3** (計画の)青写真 [Ar. *naqša*] ☞ನಕಾಷೆ (nakāṣe)

ನಖ ⟦nakʰa ナカ⟧ [nəkʰɐ] 《文》 *n.* (動物や人間の)爪 [Sk.]

ನಖರ ⟦nakʰara ナカラ⟧ [nəkʰərɐ] 《文》 *n.* (動物の)指の爪、(動物の)鉤爪 [Sk.]

ನಖರಾ ⟦nakʰarā ナカラー⟧ [nəkʰə̆rɐ:] *n.* 媚態 [Pe. *naxrā*]

ನಖರಾಯುಧ ⟦nakʰarāyudʰa ナカラーユダ⟧ [nəkʰərɐ:yudʰɐ] 《文》 *n.* **1** ライオン、獅子 **2** 指に嵌める鉤爪のような形の武器、手甲鉤 [⇒図] [Sk.]

ನಖರಾಯುಧ
手甲鉤

ನಖಶಿಖಾಂತ ⟦nakʰaśikʰāṃta ナカシカーンタ⟧ [nəkʰəʃikʰɐ:ntɐ] 《文》 *adv.* 頭のてっぺんから足の先まで [Sk.]

ನಖಾಗ್ರ ⟦nakʰāgra ナカーグラ⟧ [nəkʰɐ:grɐ] 《文》 *n.* 爪の先端 [Sk.]

ನಗ¹ ⟦naga ナガ⟧ [nəgɐ] *n.* くびき [Ka. D3694] = ನೊಗ (noga)

ನಗ² ⟦naga ナガ⟧ [nəgɐ] *n.* 装身具 [? cf. Ta. *nakai*, M. *nagă*]

ನಗಡಿ ⟦nagaḍi ナガディ⟧ [nəgə̆ɖi] *n.* 風邪 [Ka. D3731] = ನೆಗಡಿ (negaḍi) 〔汎〕

ನಗದಿ ⟦nagadi ナガディ⟧ [nəgə̆di] *n.* 現金 [Ar. *naqd*] ☞ನಗದು (nagadu)

ನಗದಿಗುಮಾಸ್ತ ⟦nagadigumāsta ナガディグマースタ⟧ [nə gə̆digumɐ:stɐ] *mf.* (銀行などの)現金出納係 [+ Pe. *gumāšta*]

ನಗದಿಗುಮಾಸ್ತೆ ⟦nagadigumāste ナガディグマーステ⟧ [nə gə̆digumɐ:ste] *mf.* ☞ನಗದಿಗುಮಾಸ್ತ (nagadigumāsta)

ನಗದಿಪುಸ್ತಕ ⟦nagadipustaka ナガディプスタカ⟧ [nəgə̆di pustə̆kɐ] *n.* 現金出納簿

ನಗದಿಲೆಕ್ಕ ⟦nagadilekka ナガディレッカ⟧ [nəgə̆dilekkɐ] *n.* 現金勘定 [*nagadi* + *lekka*]

ನಗದು ⟦nagadu ナガドゥ⟧ [nəgə̆du] ನಗದಿ *n.* 現金 [Ar. *naqd*]

ನಗದುಬೆಲೆ ⟦nagadubele ナガドゥベレ⟧ [nəgə̆dubele] *n.* 現金価格、現金による価格 [+ *bele*]

ನಗದುಸಿಲ್ಕು ⟦nagadusilku ナガドゥシルク⟧ [nəgə̆dusilku] *n.* 使った金の残り、残金 [+ *silku*]

ನಗದು ವಹಿವಾಟು ⟦nagadu vahivāṭu ナガドゥヴァヒヴァートゥ⟧ [nəkə̆du vəhivɐ:ʈu] *n.* 現金取引 ¶ ಆ ಅಂಗಡಿಯಲ್ಲಿ ಎಲ್ಲ ನಗದು ವಹಿವಾಟು. (ā aṃgaḍiyalli ella nagadu vahivāṭu.) あの店は現金取り引きだけだ。 [+ *vahivāṭu*] = ನಗದು ವ್ಯವಹಾರ (nagadu vyavahāra)

ನಗನಟ್ಟು ⟦naganaṭṭu ナガナットゥ⟧ [nəgə̆nəʈʈu] *n.* 装身具(類) [*naga* + echo]

ನಗರ ⟦nagara ナガラ⟧ [nəgərɐ] *n.* 都市、都会 [Sk.]

ನಗರನಿವಾಸಿ ⟦nagaranivāsi ナガラニヴァーシ⟧ [nəgərəni vɐ:si] *mf.* 都市に住んいる人、都会人 [Sk.]

ನಗರಪಿತೃ ⟦nagarapitṛ ナガラピトゥル⟧ [nəgərəpit·rɯ] 《文》 *m.* 市会議員 [Sk.]

ನಗರಸಭೆ ⟦nagarasabʰe ナガラサベ⟧ [nəgərə̆səbʰe] *n.* 市議会 [Sk.]

ನಗರಾಭಿವೃದ್ಧಿಮಂಡಳಿ ⟦nagarābʰivṛddʰimaṃḍaḷi ナガラービヴルッディマンダリ⟧ [nəgərɐ:bʰivrɯttimənɖəḷi] *n.* (州政府に任命される)都市計画委員会 [Sk.]

ನಗರರಾಜ್ಯ ⟦nagararājya ナガララージュャ⟧ [nəgərə̆rɐ:ʤjɐ] 《雅》 *n.* 都市国家 [Sk.]

ನಗರೀಕರಣ ⟦nagarīkaraṇa ナガリーカラナ⟧ [nəgə̆ri:kə rə̆ɳɐ] 《文》 *n.* 都市化 [Sk.]

ನಗವೆಣ್ಣಿ ⟦nagaveṇṇi ナガヴェンニ⟧ [nəgəveɳɳi] 《古》 *f.* 夫の兄弟の妻 [Ka. *nage* <? + *peṇ*] ☞ನಗೆವೆಣ್ (nageveṇ)

ನಗಾಟ ⟦nagāṭa ナガータ⟧ [nəgɐ:ʈɐ] *n.* 笑いさざめくこと [Ka. *nagu* + *āṭa*]

ನಗಾರಿ ⟦nagāri ナガーリ⟧ [nəgɐ:ri] *n.* 大太鼓の一種 [Ar. *naqqāra*]

ನಗು ⟦nagu ナグ⟧ [nəgu] *vi.* 1 笑う 2 嘲笑する、嘲り笑う ¶ ಈ ತರ ಮಾಡಿದರೆ ಜನ ನಗುತ್ತಾರೆ. (ī tara māḍidare jana naguttāre.) そんなことをすると笑われるよ。 —*n.* 1 笑い 2 嘲笑、嘲り笑うこと [Ka. caus. D3569]

ನಗಿಸು ⟦nagisu ナギス⟧ [nəgisu] *vt.* 笑わせる [+ *-isu* caus. *D3569]

ನಗುಪಾಟಲು ⟦nagupāṭalu ナグパータル⟧ [nəgepɐːṭə̆lu] 《異》 *n.* [*nagu* + ?, cf. Ka. *pāḍu*] ☞ನಗೆಪಾಟಲು (nagepāṭalu)

ನಗುಮುಖ ⟦nagumukʰa ナグムカ⟧ [nəgumukʰɐ] *n.* 朗らかな顔 [*nagu* + *mukʰa*]

ನಗೆ ⟦nage ナゲ⟧ [nəge] *n.* 笑い [Ka. D3569]

ನಗೆಗಾರ ⟦nagegāra ナゲガーラ⟧ [nəgegɐːrɐ] *m.* 人を笑わせる人、ユーモアのある人 [*nage* + *-kāra*]

ನಗೆಚಾಟ ⟦nagecāṭa ナゲチャータ⟧ [nəgeʧɐːṭɐ] *n.* 冗談を言うこと [*nage* + ?]

ನಗೆಚಾಟಿಗೆ ⟦nagecāṭige ナゲチャーティゲ⟧ [nəgeʧɐːṭĭge] 《方》 *n.* 冗談を言うこと [*nage* + ?]

ನಗೆನಾಟಕ ⟦nagenāṭaka ナゲナータカ⟧ [nəgenɐːṭə̆kɐ] *n.* 笑劇 [*nage* + *nāṭaka*]

ನಗೆಪಾಟಲು ⟦nagepāṭalu ナゲパータル⟧ [nəgupɐːṭə̆lu] ನಗುಪಾಟಲು *n.* 笑い草、笑いもの [*nage* + ?, cf. Ka. *pāḍu*] = ನಗೆಪಾಟಿಲು (nagepāṭilu)

ನಗೆಮುಖ ⟦nagemukʰa ナゲムカ⟧ [nəgemukʰɐ] *n.* 笑い顔、笑顔 [*nagu* + *mukha*]

ನಗೆಯಾಡು ⟦nageyāḍu ナゲヤードゥ⟧ [nəgejɐːḍu] *vi.* 1 笑う 2 嘲笑する、嘲り笑う [*nage* + *āḍu*] (SK)

ನಗೆವೆಣ್ ⟦nageveṇ ナゲヴェン⟧ [nəgeveɳ] ನಗವೆಣ್ಣೆ, ನಗೆವೆಣ್ಣು, ನಗೆಹೆಣ್ಣು, ನಗೆಹೆಣ್ಣೆ, ನೆಗೆಣ್ಣೆ, ನೆಗೆಣ್ಣು, ನೆಗೆವೆಣ್ಣೆ, ನೆಗೆಹೆಣ್ಣು, ನೆಗೆಹೆಣ್ಣೆ 《古》 *f.* 夫の兄弟の妻、小姑 [Ka. *nage* <? + *peṇ*] = ಓರಗಿತ್ತಿ (ōragitti)〔汎〕

ನಗೆವೆಣ್ಣು ⟦nageveṇṇu ナゲヴェンヌ⟧ [nəgeveɳɳu] 《古》 *f.* 1 夫の兄弟の妻、小姑 2 配偶者の姉妹 [Ka. *nage* <? + *peṇ*] ☞ನಗೆವೆಣ್ (nageveṇ)

ನಗೆಹೆಣ್ಣು ⟦nageheṇṇu ナゲヘンヌ⟧ [nəgeheɳɳu] 《古》 *f.* [Ka. *nage* <? + *peṇ*] ☞ನಗೆವೆಣ್ (nageveṇ)

ನಗೆಹೆಣ್ಣೆ ⟦nageheṇṇe ナゲヘンネ⟧ [nəgeheɳɳe] 《古》 *f.* [Ka. *nage* <? + *peṇ*] ☞ನಗೆವೆಣ್ (nageveṇ)

ನಗ್ಗಿಲು ⟦naggilu ナッギル⟧ [nəggilu] *n.* (インド全土に生える)ハマビシ科の一年生あるいは多年生の雑草(薬用) [Ka. D2928] *[IMP 5.12]

ನಗ್ಗು ⟦naggu ナッグ⟧ [nəggu] ನರಿಕು, ನರುಕು, ನಳ್ಳು, ನಣಿಕು, ನಡುಕು, ನಱುಂಕು, ನೆಕ್ಕು[1], ನೆಗ್ಗು, ನೆರ್ಗು, ನೆಳ್ಳು, ನೆಟ್ಟು *vi.* (金属製の器などが)へこむ —*n.* (金属製の器や自動車などの)打撃によるへこみ、(体の)打ち傷 [Ka. D2927]

ನಗ್ಗಿಸು ⟦naggisu ナッギス⟧ [nəggisu] ನೆಗ್ಗಿಸು *vt.* 〈金属製の容器などを〉へこませる [Ka. caus. D2927]

ನಗ್ಗುಬೀಳು ⟦naggu bīḷu ナッグビール⟧ [nəggubiːɭu] *vi.* (金属製の容器などが)へこむ [+*bīḷu*]

ನಗ್ಗೆತ್ತಿಸು ⟦naggettisu ナッゲッティス⟧ [nəggettisu] ನೆಗ್ಗಿಸು *vt.* 〈金属製の容器などのへこみを〉膨らませて修理する [+ *ettisu*]

ನಗ್ನ ⟦nagna ナグナ⟧ [nəgnɐ] 《文》 (*adj.*) 1 裸〈の〉、裸体〈の〉 2〔喩〕あからさまな〈こと〉、露骨な〈こと〉[Sk.] = ಬತ್ತಲೆ (battale)

ನಗ್ನತೆ ⟦nagnate ナグナテ⟧ [nəgnəte] 《文》 *n.* 1 裸であること、裸体 2 あからさまなこと、露骨 [Sk.]

ನಗ್ನಸತ್ಯ ⟦nagnasatya ナグナサティヤ⟧ [nəgnəsət·jɐ] 《文》 *n.* あからさまな真実 [Sk.]

ನಚ್ಚು[1] ⟦naccu ナッチュ⟧ [nəʧʧu] 《‡》 *n.* 疑い、疑念 [Ka. D190] (*My.* (*Kitt.*))

ನಚ್ಚು[2] ⟦naccu ナッチュ⟧ [nəʧʧu] ನೆಚ್ಚು 《文》 *vt.* 1 信用する、信頼する ¶ ನಾನು ನಿಮ್ಮನ್ನು ನಚ್ಚಿದ್ದೇನೆ, ಆಧಾರಪತ್ರ ಬೇಡ. (nānu nimmannu nacciddēne, ādʰārapatra bēḍa.) 私は貴方を信用しています。証書は要りません。 2 可愛く思う、愛でる ¶ ಕಾಲಿದಾಸ ಶಕುಂತಲಾಳ ಸೌಂದರ್ಯವನ್ನು ನಚ್ಚಿ ವರ್ಣಿಸಿದ್ದಾನೆ. (kālidāsa śakuṃtalāḷa sauṃdaryavannu nacci varṇisiddāne.) カーリダーサはシャクンタラーの美しさを愛情をもって描写している。 —*n.* 1 お気に入り、愛するもの 2 信用、信頼、信任 ¶ ರಾಜನು ತನ್ನ ನಚ್ಚಿನ ಬಂಟರೊಡನೆ ಬೇಟೆಗೆ ಹೋದ. (rājanu tanna naccina baṃṭaroḍane bēṭege hōda.) 王は自分の信頼する家来と共に狩に行った。 3 あこがれ、ひどく欲しがること、慕情 ¶ ದುರ್ಯೋಧನನಿಗೆ ಕರ್ಣ ನಚ್ಚಿನ ಗೆಳೆಯನಾಗಿದ್ದ. (duryōdʰananige karṇa naccina geḷeyanāgidda.) カルナはドゥルヨーダナのあこがれ(親友)であった。 4 欲望、望み (*Pb.10.23*) [Ka. D3576]

ನಜರಾಣಿ ⟦najarāṇi ナジャラーニ⟧ [nəʤə̆rɐːɳi] *n.* 1 上司や教師などに対する贈り物や貢ぎ物 2 (祝祭などのために)王が臨時に課す税金 [Ar.-Pe. *naẓarāna*]

ನಜರು[1] ⟦najaru ナジャル⟧ [nəʤəru] *n.* 1 見ること 2 ちらっと見ること、一瞥 ¶ ಚಿತ್ತೂರು ಪದ್ಮಿನಿಯ ಮೇಲೆ ಅಲಾವುದ್ದೀನಿನ ನಜರು ಬಿತ್ತು. (cittūru padminiya mēle alāvuddīnina najaru bittu.) アラーウッディーンはチットゥールのパドミニーを見初めた。 [Ar. *naẓr*]

ನಜರು[2] ⟦najaru ナジャル⟧ [nəʤəru] *n.* 貢ぎ物、上司などへの贈り物 [Ar. *na_zr*]

ನಜುಗು ⟦najugu ナジュグ⟧ [nəʤŭgu] 《文》 *vi.* (果物などが)押しつぶされる [Ka. D3574]

ನಜ್ಜು ⟦najju ナッジュ⟧ [naʤʤu] (*n.*) (果物やトマトなどの実野菜などが)押しつぶされた〈状態〉 —*vt.* 押しつぶされる [Ka. D3574]

ನಜ್ಜುಗುಜ್ಜು ⟦najjugujju ナッジュグッジュ⟧ [nəʤʤuguʤʤu] (*n.*) (果物やトマトなどの実野菜が)ぐじゃぐじゃになった〈状態〉 [+ *gujju*]

ನಟ್ ⟦naṭ ナト⟧ [nəʈ] (*n.*) 1 ぽきん(指の関節を鳴らす音を表す擬音語) 2 ぽきん、めりっ(枝などが折れる音を表す擬音語) [Ka. D2936]

ನಟ¹ ⟦naṭa ナタ⟧ [nəʈɐ] (*n.*) **1** ぽきん(指などの関節を鳴らす音を表す擬音語) **2** ぽきん、めりっ(枝などが折れる音を表す擬音語) [Ka. D2936]

ನಟ² ⟦naṭa ナタ⟧ [nəʈɐ] *m.* 《*f.* ನಟಿ (naṭi)》 **1** 踊り手、舞踊家 **2** 役者、俳優 [Sk.]

ನಟಕು ⟦naṭaku ナタク⟧ [nəʈə̆ku] (*n.*) ぽきん、ぽきっ(指などの関節を鳴らす音を表す擬音語) [Ka. D2936]

ನಟಕ್ಕನೆ ⟦naṭakkane ナタッカネ⟧ [nəʈəkkə̆ne] *adv.* ぽきんと [+ *-ane* D2936]

ನಟನಕಲೆ ⟦naṭanakale ナタナカレ⟧ [nəʈə̆nəkəle] *n.* 演劇、演芸 [Sk.]

ನಟನೆ ⟦naṭane ナタネ⟧ [nəʈə̆ne] *n.* **1** 踊り、舞踊 **2** 演技、芝居 **3** 〔喩〕見せかけ、てらい ¶ ಅವನ ಸೌಹಾರ್ದ ಬರೀ ನಟನೆ. (avana sauhārda barī naṭane.) 彼の親切はただの見せかけだ。 [Sk.]

ನಟಿ ⟦naṭi ナティ⟧ [nəʈi] *f.* **1** (女性の)踊り子 **2** 女優、女性の役者 [Sk.]

ನಟಿಕೆ ⟦naṭike ナティケ⟧ [nəʈĭke] *n.* ぽきんという音(指の関節などを鳴らす音) [Ka. D2936]

ನಟಿಗೆ ⟦naṭige ナティゲ⟧ [nəʈĭge] *n.* ぽきんという音(指の関節などを鳴らす音) [Ka. D2936]

ನಟಿಸು ⟦naṭisu ナティス⟧ [nəʈĭsu] *vt.* **1** 〈芝居を〉演じる **2** 〔喩〕〈善人などを〉演じる、〈善意を〉装う —*vi.* **1** 芝居を演じる、演技する **2** 〔喩〕見せかける、善意を装う [Sk.]

ನಟುಕು ⟦naṭuku ナトゥク⟧ [nəʈŭku] *n.* ぽきんという音(指の関節などを鳴らす音) [Ka. D2936]

ನಟ್ಟ ⟦naṭṭa ナッタ⟧ [nəʈʈɐ] (*adj.*) 《複合語頭で》真ん中〈の〉 [Ka. D3584]

ನಟ್ಟಡವಿ ⟦naṭṭaḍavi ナッタダヴィ⟧ [nəʈʈəɖəvi] *n.* 森林のまっただ中、奥深い森 [*naṭṭa* + *aḍavi*]

ನಟ್ಟನಡು ⟦naṭṭanaḍu ナッタナドゥ⟧ [nəʈʈə̆nəɖu] *n.* 真ん真ん中 ¶ ನಟ ರಂಗದ ನಟ್ಟನಡುವಿನಿಂದ ಮೇಲಕ್ಕೆ ಎದ್ದು ಬಂದರು. (naṭa raṃgada naṭṭanaḍuvinimda mēlakke eddu baṃdaru.) 役者は舞台の真ん真ん中からせり上がってきた。 [*naṭṭa* + *naḍu* D3584]

ನಟ್ಟನಡುವೆ ⟦naṭṭanaḍuve ナッタナドゥヴェ⟧ [nəʈʈə̆nəɖuve] *adv.* 真ん真ん中に、ちょうど真ん中で —*postp.* (あるものの)真ん真ん中で/に ¶ ಸಭೆಯ ನಟ್ಟನಡುವೆ ಮಂತ್ರಿ ಎದ್ದು ಹೋದರು. (sabʰeya naṭṭanaḍuve maṃtri eddu hōdaru.) 会議のまっ最中に大臣は立って出ていった。 [*naṭṭa* + *naḍuve*]

ನಟ್ಟಿ¹ ⟦naṭṭi ナッティ⟧ [nəʈʈi] 《異》 *n.* 植えること、移植、植えかえ (*My.* (*Kitt.*)) [Ka. D3583] ☞ ನಾಟಿ (nāṭi) 〔汎〕

ನಟ್ಟಿ² ⟦naṭṭi ナッティ⟧ [nəʈʈi] 《‡》 *n.* きれいさ、美、魅力 [Ka. D3739] (*Kk.18* (*Kitt.*)) = ನೆಟ್ಟಿ (neṭṭi)³

ನಟ್ಟಿರುಳು ⟦naṭṭiruḷu ナッティルル⟧ [nəʈʈiruɭu] 《文》 *n.* 真夜中、深夜 [*naṭṭa* + *iruḷu*]

ನಟ್ಟು¹ ⟦naṭṭu ナットゥ⟧ [nəʈʈu] *n.* ぽきんという音(指の関節などを鳴らす音) [Ka. D2936] ☞ ನೆಟ್ಟಿ (neṭṭi)

ನಟ್ಟು² ⟦naṭṭu ナットゥ⟧ [nəʈʈu] 《異》 *n.* 植えること、移植、植えかえ [Ka. *D3583] ☞ ನಾಟಿ (nāṭi) 〔汎〕

ನಟ್ಟು³ ⟦naṭṭu ナットゥ⟧ [nəʈʈu] 《‡》 *n.* ある種の草の広く広がる根、その種の草 [Ka. D3587] (*C.* (*Kitt.*))

ನಟ್ಟೆ¹ ⟦naṭṭe ナッテ⟧ [nəʈʈe] 《異》 *n.* 植えること、移植、植えかえ [Ka. *D3583] ☞ ನಾಟಿ (nāṭi) 〔汎〕

ನಟ್ಟೆ² ⟦naṭṭe ナッテ⟧ [nəʈʈe] 《古》 (*adj.*) 《複合語頭で》真ん中〈の〉 [Ka. D2936]

ನಡ ⟦naḍa ナダ⟧ [nəɖɐ] 《口》 *n.* **1** 真ん中、中心 **2** 腰 [Ka. D3584]

ನಡಕ ⟦naḍaka ナダカ⟧ [nəɖə̆kɐ] 《口》 *n.* 震え、戦慄 [Ka. D3585]

ನಡಗು ⟦naḍagu ナダグ⟧ [nəɖə̆gu] 《口》 *vi.* 震える、振動する —*n.* 震え、振動 [Ka. D3585]

ನಡಗೆ ⟦naḍage ナダゲ⟧ [nəɖə̆ige] 《口》 *n.* **1** 歩くこと、歩行 ¶ ಮನೆಯಿಂದ ಶಾಲೆಗೆ ಹತ್ತು ನಿಮಿಷದ ನಡಗೆ ಅಷ್ಟೆ. (maneyimda śālege hattu nimiṣada naḍage aṣṭe.) 家から学校まで歩いてたった10分だ。 **2** 哺乳動物の3つの前進方法のうち一番遅い方法、歩くこと **3** (機械などの)動き [*naḍe* + *-ige* D3582]

ನಡತೆ ⟦naḍate ナダテ⟧ [nəɖəte] *n.* **1** 振る舞い、行動 **2** 習性、性格 **3** 習慣、伝統 [Ka. *naḍe* + *-te* D3582]

ನಡನಡ ⟦naḍanaḍa ナダナダ⟧ [nəɖənəɖɐ] 《古》 (*n.*) ぶるぶる(震えを表す擬態語) —*adv.* ぶるぶる [Ka. mim. D3585]

ನಡಪಡಿಕೆ ⟦naḍapaḍike ナダパディケ⟧ [nəɖə̆pəɖike] 《‡》 *n.* **1** 行動 **2** 習慣、伝統 **3** (会議などの)次第、報告集 [Ka. D3582] (*DEDR*)

ನಡಪು ⟦naḍapu ナダプ⟧ [nəɖə̆pu] 《古》 *vt.* 歩かせる —*n.* 歩くこと、歩み [Ka. D3582]

ನಡಯಿಸು ⟦naḍayisu ナダイス⟧ [nəɖə̆jisu] 《古》 *vt.* **1** 歩かせる **2** 〈商店や行政や協会などを〉運営する [Ka. D3582]

ನಡವಡಿಕೆ ⟦naḍavaḍike ナダヴァディケ⟧ [nəɖə̆vəɖĭke] 《‡》 *n.* [Ka. *D3582] (*My.* (*Kitt.*)) ☞ ನಡವಳಿಕೆ (naḍavaḷike)

ನಡವಳಿಕೆ ⟦naḍavaḷike ナダヴァリケ⟧ [nəɖə̆vəɭĭke] *n.* **1** 行動、振る舞い **2** 習慣、習わし、伝統 **3** 式次第、式の報告書 [*naḍa* + *-vaḷike* *D3582]

ನಡವಳಿಕೆ ಪುಸ್ತಕ ⟦naḍavaḷike pustaka ナダヴァリケプスタカ⟧ [nəɖəvəɭike pustəkɐ] *n.* (本の形で出版された学会などの)会報 [+ ಪುಸ್ತಕ]

ನಡವು ⟦naḍavu ナダヴ⟧ [nəɖə̆vu] *n.* **1** 真ん中、中心 **2** 腰、腰部 [Ka. D3584]

ನಡವೆ¹ ⟦naḍave ナダヴェ⟧ [nəɖə̆ve] 《異》 *adv.* 間に、真ん中に ¶ ನಡವೆ ಏನೂ ಇಲ್ಲ. (naḍave ēnū illa.) 間に何もない。 —*postp.* …の中間に ☞ ನಡುವೆ (naḍuve) 〔汎〕 [Ka. D3584]

ನಡವೆ² ⟦naḍave ナダヴェ⟧ [nəḍə̆ve] *n.* 道路に通じる扉に面した通路 [Ka. *naḍe* + *-ve* D3582]

ನಡಸು ⟦naḍasu ナダス⟧ [nəḍə̆su] 《古》 *vt.* 1 歩かせる 2〈商店、行政などを〉運営する、経営する [Ka. caus. D3582]

ನಡಿ¹ ⟦naḍi ナディ⟧ [nəḍi] ನಡೆ 《口》 *vi.* 歩く、行く [Ka. D3582] ☞ನಡೆ (naḍe)

ನಡಿ² ⟦naḍi ナディ⟧ [nəḍi] 《‡》 (*n.*) 1 中心〈の〉、真ん中〈の〉(*Si.115* (*Kitt.*)) 2 腰〈の〉、腰部〈の〉[Ka. D3584] (*Si.* (*Kitt.*)) ☞ನಡು (naḍu)

ನಡಿಗೆ ⟦naḍige ナディゲ⟧ [nəḍige] *n.* 1 歩くこと、歩行 ¶ ಮನೆಯಿಂದ ಶಾಲೆಗೆ ಹತ್ತು ನಿಮಿಷದ ನಡಿಗೆ ಅಷ್ಟೆ. (maneyiṃda śālege hattu nimiṣada naḍige aṣṭe.) 家から学校まで歩いてたった10分だ。 2 歩き方、歩く姿 3 (機械などの)動き [*naḍe* + *-ige*]

ನಡಿವೆ ⟦naḍive ナディヴェ⟧ [nəḍĭve] 《異》 *n.* —*adv.* ☞ನಡುವೆ (naḍuve) (*My.* (*Kitt.*)) [Ka. D3584]

ನಡು¹ ⟦naḍu ナドゥ⟧ [nəḍu] ನೆಟ್ಟು, ನೆಡು *vt.* 《過去語幹 naṭṭ-》 1〈柱などを〉地面に立てる 2〈苗などを〉植える 3〈刀などを〉刺す、〈矢、投げ槍などを〉打ち込む —*vi.* (ある地方などに)根をおろす ¶ ಅವರು ಈ ಊರಿನಲ್ಲಿ ಆಳವಾಗಿ ನಟ್ಟಿದ್ದಾರೆ. (avaru ī ūrinalli āḷavāgi naṭṭiddāre.) 彼はこの町に深く根をおろしている。 [Ka. D3583]

ನಡಿಸು ⟦naḍisu ナディス⟧ [nəḍisu] ನೆಟಿಸು, ನೆಡಿಸು *vt.* 1 人に植えさせる 2〈柱などを〉地面に打ち込ませる [Ka. caus. D3583]

ನಡು² ⟦naḍu ナドゥ⟧ [nəḍu] *n.* 1 中心、真ん中 2 腰、腰部 [Ka. D3584]

ನಡುಕ ⟦naḍuka ナドゥカ⟧ [nəḍukɐ] *n.* 震え、戦慄、(地面などの)揺れ [Ka. *naḍugu* + *-ka* D3585]

ನಡುಗು ⟦naḍugu ナドゥグ⟧ [nəḍugu] ನಡಗು, ನೆಡುಗು *vi.* 1 揺れる、震える 2〔喩〕恐れる、恐怖を覚える [Ka. D3585]

ನಡುಗಿಸು ⟦naḍugisu ナドゥギス⟧ [nəḍugĭsu] *vt.* 1〈ものを〉揺らす、震えさせる、(恐れなどで)震えさせる、震え上がらせる ¶ ಅಜ್ಜಿ ಕೈ ನಡುಗಿಸುತ್ತಿದ್ದಾಳೆ. (ajji kai naḍugisuttiddāḷe.) 老女の手が震えている。 2〔喩〕ひどく恐れさせる、震え上がらせる ¶ ರಾಜಕುಮಾರರನ್ನು ಎತ್ತಿಕೊಂಡು ಹೋದ ಸುದ್ದಿ ಇಡೀ ಕರ್ನಾಟಕವನ್ನು ನಡುಗಿಸಿತು. (rājakumārarannu ettikoṃḍu hōda suddi iḍī karnāṭakavannu naḍugisitu.) ラージャクマールを誘拐したニュースはカルナータカ中を震え上がらせた。 [+ *-isu* caus. D3585]

ನಡುಗುವಿಕೆ ⟦naḍuguvike ナドゥグヴィケ⟧ [nəḍŭguvike] *n.* 震えること、震え [Ka. D3585]

ನಡುಪ್ರಾಯ ⟦naḍuprāya ナドゥプラーヤ⟧ [nəḍuprɐːjə] *n.* 中年 [*naḍu*¹ + *prāya*]

ನಡುರಾತ್ರಿ ⟦naḍurātri ナドゥラートリ⟧ [nəḍurɐːtri] *n.* 真夜中、夜半 [Ka.*naḍu* + *rātri*] = ನಟ್ಟಿರುಳು (naṭṭiruḷu)

ನಡುವೆ ⟦naḍuve ナドゥヴェ⟧ [nəḍuve] ನಡವೆ, ನಡಿವೆ *adv.* 1 真ん中に、その間に ¶ ನಡುವೆ ಕೂತುಕೊಳ್ಳಬೇಡ. (naḍuve kūtukoḷḷabēḍa.) 真ん中に座るな。 2 (の)間に ¶ ಎರಡು ಮತ್ತು ನಾಲ್ಕು ಘಂಟೆಯ ನಡುವೆ ನಾನು ಬರುತ್ತೇನೆ. (eraḍu mattu nālku gʰaṃṭeya naḍuve nānu baruttēne.) 私は2時から4時の間に来ます。 —*postp.* 1 (場所的に)…の間に、…の中間に ¶ ಎರಡು ಕಂಬಗಳ ನಡುವೆ ದಾರ ಕಟ್ಟಿದೆ. (eraḍu kaṃbagaḷa naḍuve dāra kaṭṭide.) 2本の柱の間に縄が張ってある。 2 (時間的に)…の間に、…の合間に —*n.* 家の真ん中の広間、居間 [Ka. D3584]

ಈ ನಡುವೆ ⟦ī naḍuve イーナドゥヴェ⟧ [iː nəḍuve] *adv.* その間に ¶ ಈ ನಡುವೆ ಅವನ ಆರೋಗ್ಯ ಕೆಟ್ಟಿದೆ. (ī naḍuve avana ārogya keṭṭide.) 彼の健康状態はその間に悪化した。 [Ka. *D3584]

ನಡುನಡುವೆ ⟦naḍunaḍuve ナドゥナドゥヴェ⟧ [nəḍunəḍuve] *adv.* 時々 ¶ ಉಪನ್ಯಾಸಕ ನಡುನಡುವೆ ನೀರು ಕುಡಿಯುತ್ತಾ ಇದ್ದ. (upanyāsaka naḍunaḍuve nīru kuḍiyuttā idda.) 講師は途中何度も水を飲んでいた。 —*postp.* …の真ん真ん中で ¶ ಸಭೆಯ ನಡುನಡುವೆ ಮಂತ್ರಿಗಳು ಮೂರು ಸಲ ಎದ್ದು ಹೋದರು. (sabʰeya naḍunaḍuve maṃtrigaḷu mūru sala eddu hōdaru.) 会議の途中で大臣は3度も退席した。 [Ka. redup. D3584]

ನಡೆ¹ ⟦naḍe ナデ⟧ [nəḍe] ನಡಿ *vi.* 1 歩く、行く ¶ ನಾನು ಅರಮನೆ ವರೆಗೆ ನಡೆದು ಹೋದೆನು. (nānu aramane varege naḍedu hōdenu.) 私は宮殿まで歩いていった。 2 (仕事などが)進む、捗る、進行する ¶ ಮನೆ ರಿಪೇರಿ ಕೆಲಸ ಇನ್ನು ನಡೆಯುತ್ತಿದೆ. (mane ripēri kelasa innu naḍeyuttide.) 家の修繕の仕事はまだ続いている。 3 立ち去る ¶ ಎಲ್ಲವನ್ನು ತೊರೆದು ಸಿದ್ಧಾರ್ಥ ಕಾಡಿಗೆ ನಡೆದ. (ellavannu toredu siddʰārtʰa kāḍige naḍeda.) すべてを放棄してシッダールタは森へと出発した。 4 振る舞う ¶ ಈ ತರ ನಡೆದರೆ ಜನ ಬಯ್ಯುತ್ತಾರೆ. (ī tara naḍedare jana bayyuttāre.) そのようなことをすれば君は人に悪く言われる。 5 (機械などが)動く、運転する ¶ ಈ ವಾಚು ಹೇಗೆ ನಡೆಯುತ್ತದೆ? (ī vācu hēge naḍeyuttade?) この時計はどのように動くのですか。 6 (習慣などが)行われる、(貨幣などが)流通する ¶ ಬೆಳ್ಳಿಯ ನಾಣ್ಯಗಳು ಈಗ ನಡೆಯುವುದಿಲ್ಲ. (beḷḷiya nāṇyagaḷu īga naḍeyuvudilla.) 銀貨は今日流通していない。 —*n.* 1 歩くこと、歩み、歩き方 ¶ ಅವಳ ನಡೆಯನ್ನು ನೋಡಿದರೆ ಅವಳ ಅಮ್ಮನ ನೆನಪು ಬರುತ್ತದೆ. (avaḷa naḍeyannu nōḍidare avaḷa ammana nenapu baruttade.) 彼女の歩き方を見ているとその母親を思い出す。 2 習慣、習わし ¶ ಸೋಲಿಗರ ನಡೆನುಡಿ ಬೇರೆ ಆಗಿದೆ. (sōligara naḍenuḍi bēre āgide.) ソーリガ族の習慣と言葉は異なっている。 3 詩文や散文のリズムや調子 4 (人の)習性、性格 5 行動、振る舞い ¶ ಇತ್ತೀಚೆಗೆ ಗೋಪಾಲನ ನಡೆ ಸರಿಯಾಗಿಲ್ಲ. (ittīcege gōpālana naḍe sariyāgilla.) この頃ゴーパールの振る舞いがよくない。 6 物語や劇や音楽などのテンポ ¶ ಯಕ್ಷಗಾನದ ನಡೆ ಪ್ರಾರಂಭದಲ್ಲಿ ನಿಧಾನವಾಗಿತ್ತು.

(yakṣagānada naḍe prārambʰadalli nidānavāgittu.) そのヤクシャガーナのテンポは最初は遅かった。[Ka. D3582]

ನಡೆಯಿಸು ⟦naḍeyisu ナデイス⟧ [nəɖeyĭsu] ನಡಯಿಸು *vt.* **1** 歩かせる **2**〈仕事、事業、計画などを〉行う、実行する ¶ ನಿಮ್ಮ ಯೋಜನೆ ನಡೆಯಿಸಲು ಕಷ್ಟವಾಗುತ್ತದೆ. (nimma yōjane naḍeyisalu kaṣṭavāguttade.) あなたの計画を実行するのは難しい。 **3**〈命令などを〉執行する [Ka. caus. *D3582]

ನಡೆ² ⟦naḍe ナデ⟧ [nəɖe] 《古》*adv.* しっかり (*Pb.1.111*) [Ka. D3583]

ನಡೆವಳಿಕೆ ⟦naḍevaḷike ナデヴァリケ⟧ [nəɖevəɭike] *n.* **1** 振る舞い、行動 **2** 習慣、ならわし、伝統 **3** (会議などの)議事、議事録、会報 [Ka. *naḍe* *D3582]

ನಡೆಸು ⟦naḍesu ナデス⟧ [nəɖesu] *vt.* ☞ನಡೆಯಿಸು (naḍeyisu)

ನಡ್ಡಿ ⟦naḍḍi ナッディ⟧ [nəɖɖi] 《‡》*n.* (背筋や鼻柱の)へこみ [Ka. D3584] (*Kitt.*)

ನಡ್ಡಿಮೂಗು ⟦naḍḍimūgu ナッディムーグ⟧ [nəɖɖimu:gu] 《‡》*n.* 鼻柱のへこんだ鼻 (*Si.297* (*Kitt.*)) [*naḍḍi* + *mūgu* *D3564?]

ನಣ್ಪು ⟦naṇpu ナンプ⟧ [nəɳpu] 《古》*n.* **1** 愛情、友情 **2** 人と人の感情的な結びつき、親交、親密な関係 (*Pb,9.7.V*) **3** 信用、信頼 [Ka. caus. D3588] (*Pb.9.68*)

ನತ ⟦nata ナタ⟧ [nətɐ] 《文》(*adj.*) **1** (頭や体を)前方に曲げた〈こと〉、身を屈めた〈こと〉 **2** 礼をした〈こと〉、お辞儀した〈こと〉 **3**〔喩〕へりくだった〈こと〉、屈従した〈こと〉 [Sk.]

ನತದೃಷ್ಟ ⟦natadṛṣṭa ナタドゥルシュタ⟧ [nətŏdrɯsʈɐ] *adj., m.* 《*f.* ನತದೃಷ್ಟಳು/ನತದೃಷ್ಟೆ》不運な〈人〉、不幸な〈人〉 [Sk. *natādṛṣṭa-*]

ನತ್ತು¹ ⟦nattu ナットゥ⟧ [nəttu] *n.* (感情などの高ぶりで)言葉がつかえてどもる [Ka. D3593]

ನತ್ತು²
鼻飾り

ನತ್ತಿ ಮಾತಾಡು ⟦natti mātāḍu ナッティマータードゥ⟧ [nətti mɐ:tɐ:ɖu] *vi.* (感情の高まりで)つかえながら話す [p.part. of *nattu* + *mātāḍu*]

ನತ್ತು² ⟦nattu ナットゥ⟧ [nəttu] *n.* 鼻翼に穴を開けて付ける丸い小さな鼻飾り [⇒図] [Pk. *natthā-*]

ನದಿ ⟦nadi ナディ⟧ [nədi] *n.* 川、河 [Sk.]

ನದಿ ಜಲಾನಯನ ಪ್ರದೇಶ ⟦nadi jalānayana pradēśa ナディジャラーナヤナプラデーシャ⟧ [nədi ʤəlɐ:nəjənə prəde:ʃɐ] 《文》*n.* 川の流域 [Sk.]

ನದಿಪು ⟦nadipu ナディプ⟧ [nədđipu] 《古》*vt.* 〈火、灯を〉消す [Ka. D3590]

ನದೀತೀರ ⟦nadītīra ナディーティーラ⟧ [nədi:ti:rɐ] 《文》*n.* 川岸、河岸 [Sk.]

ನದೀಮುಖ ⟦nadīmukʰa ナディームカ⟧ [nədi:mukʰɐ] 《文》*n.* 川口、河口 [Sk.]

ನದೀಮುಖಭೂಮಿ ⟦nadīmukʰabʰūmi ナディームカブーミ⟧ [nədi:mukʰəbʰu:mi] 《文》*n.* 河口のデルタ [Sk.]

ನದೀಮೂಲ ⟦nadīmūla ナディームーラ⟧ [nədi:mu:lɐ] *n.* 川の源 [Sk.]

ನನಸು¹ ⟦nanasu ナナス⟧ [nənŏsu] ನೆನಸು *n.* 現実、事実 ¶ ನನ್ನ ಅನುಭವ ನನಸೋ ಕನಸೋ ಗೊತ್ತಿಲ್ಲ. (nanna anubʰava nanasō kanasō gottilla.) 私が経験したことが夢か現実か分からない。 [Ka. D3629] (*Pb.4.110.V*)

ನನಸು² ⟦nanasu ナナス⟧ [nənŏsu] *vt.* 濡らす、湿らせる [Ka. caus. D3630]

ನನೆ¹ ⟦nane ナネ⟧ [nəne] *vi.* (水に)濡れる [Ka. D3630]

ನನೆ² ⟦nane ナネ⟧ [nəne] *vi.* (花が)つぼみを出す —*n.* (花の)つぼみ [Ka. D3631]

ನನೆಸು ⟦nanesu ナネス⟧ [nənĕsu] 《‡》*n.* 真実、現実 (*Kitt.*) [Ka. D3629] ☞ನನಸು (nanasu)

ನನೆಹ ⟦naneha ナネハ⟧ [nənehɐ] 《古》*n.* 水に濡れること [Ka. D3630]

ನನ್ನ ⟦nanna ナンナ⟧ [nənnɐ] *pron.mf.gen.sg.* 私の、僕の(一人称単数の代名詞の所有格) [gen. of Ka. *nānu* D5160]

ನನ್ನಿ ⟦nanni ナンニ⟧ [nənni] 《古》*n.* **1** 真実、現実、事実 **2** 愛、愛情 [Ka. D3610] (*Pb.5.99*)

ನನ್ನೂಱು ⟦nannūṟu ナンヌール⟧ [nənnu:ɽu] 《古》*numr.adj.* 400 の —*numr.n.* 400 = ನಾನೂರು (nānūru)〔汎〕[Ka. D3655, D3729]

ನಪುಂಸಕ ⟦napuṃsaka ナプンサカ⟧ [nəpumsəkɐ] 《文》*adj., mf.* **1** 性的不能の〈人〉 **2** 女々しい〈男性〉、卑怯な〈人〉 —*n.*〔言〕中性 [Sk.]

ನಪುಂಸಕತ್ವ ⟦napuṃsakatva ナプンサカトヴァ⟧ [nəpumsŏkətvɐ] 《文》*n.* **1** 性的不能、陰萎 **2** 臆病なこと、女々しいこと [Sk.]

ನಫೆ ⟦napʰe ナペ⟧ [nəpʰe] 《異》*n.* 利益、儲け [Ar. *nafaʿ*] (NK) = ಲಾಭ (lābʰa)

ನಭ ⟦nabʰa ナバ⟧ [nəbʰɐ] 《文》*n.* 天空、空、天 [Sk.]

ನಭೋಮಂಡಲ ⟦nabʰōmaṃḍala ナボーマンダラ⟧ [nəbʰo:məɳɖŏlɐ] 《文》*n.* 天空、(円天井の形で星がちりばめられていると伝統的に理解される)天 [Sk.]

ನಮನ ⟦namana ナマナ⟧ [nəmŏnɐ] 《文》*n.* 《*dat.*》**1** 体を前に曲げること、頭を垂れること **2** 礼、挨拶 **3** 回折 = ವಿವರ್ತನೆ (vivartane) ◇ *vi.* —ಮಾಡು (māḍu) 挨拶する [Sk.]

ನಮಲು ⟦namalu ナマル⟧ [nəmŏlu] ನೆವರು 《古》*vt.* よく噛み砕いて食べる、むしゃむしゃ食べる [Ka. D3595]

ನಮಸ್ಕರಿಸು ⟦namaskarisu ナマスカリス⟧ [nəməskərisu] *vi.* 《*dat.*》挨拶する、礼をする [Sk.]

ನಮಸ್ಕಾರ ⟦namaskāra ナマスカーラ⟧ [nəməskɐ:rɐ] *n.* 挨拶、礼 —*snt.* こんにちは、さようなら(人に会ったり別れたりする時の挨拶の言葉) [Sk.]

ನಮಿಬಿಯ ⟦namibiya ナミビヤ⟧ [nəimbijɐ] *n.* ナミビア(アフリカ大陸の国) [Eg.]

ನಮಿಸು 〚namisu ナミス〛 [nəmisu] 《文》 *vi.* [Sk.] = ನಮಸ್ಕರಿಸು (namaskarisu)

ನಮೂದಿಸು 〚namūdisu ナムーディス〛 [nəmu:dĭsu] *vt.* 1 言及する、引用する 2 登録する、記録する ¶ ಪೊಲೀಸರು ನನ್ನ ವರದಿಯನ್ನು ತಮ್ಮ ದಾಖಲೆಯಲ್ಲಿ ನಮೂದಿಸಲಿಲ್ಲ. (polīsaru nanna varadiyannu tamma dākʰaleyalli namūdisalilla.) 警察は私の訴えを記録簿に記入しなかった。 [Pe. *namūdan*]

ನಮೂದು 〚namūdu ナムードゥ〛 [nəmu:du] *n.* 1 言及、引用 2 記録、登録 [Pe. *namūd*]

ನಮೂನೆ 〚namūne ナムーネ〛 [nəmu:ne] *n.* 1 見本、サンプル 2 様式、つくり ¶ ಈ ಬೀದಿಯಲ್ಲಿ ಮನೆಗಳು ಒಂದೇ ನಮೂನೆಯಲ್ಲಿ ಇವೆ. (ī bīdiyalli manegaḷu oṃdē namūneyalli ive.) この道路では家々がすべて同じ作りである。 [Pe. *namūnah*]

ನಮೆ 〚name ナメ〛 [nəme] 《古》 *vi.* 1 痩せ細る、体重を失う (*Pb.1.135*) 2 悩む、心配する、苦悩する 3 貧乏になる [Ka. D3598] ☞ನವೆ (nave)²

ನಮ್ಮ 〚namma ナンマ〛 [nəmmɐ] *pron.mf.* 我々の、私たちの(一人称複数代名詞の所有格形) [Ka. D5160]

ನಮ್ರ 〚namra ナムラ〛 [nəmrɐ] 《文》 *adj.* 謙虚な、従順な、慎ましい、へりくだった [Sk.]

ನಮ್ರತೆ 〚namrate ナムラテ〛 [nəmrəte] 《文》 *n.* 謙虚、従順、控えめなこと [Sk.] = ನಯ (naya)

ನಮ್ರಭಾವ 〚namrabʰāva ナムラバーヴァ〛 [nəmrŏbʰɐ:vɐ] 《文》 *n.* 謙虚、従順、控えめなこと [Sk.] = ನಯ (naya)

ನಯ 〚naya ナヤ〛 [nəjɐ] *n.* 1 (表面や皮膚などの)柔らかさ、なめらかさ ¶ ನಯವಾದ ಚರ್ಮ ಹೆಂಗಸರ ಆಕರ್ಷಣ. (nayavāda carma heṃgasara ākarṣaṇa.) 皮膚の繊細さは女性の魅力だ。 2 (性格の)おとなしいこと、穏やかさ、しとやかさ、控えめなこと 3 繊細、優雅、上品 [Ka. D3602]

ನಯನ 〚nayana ナヤナ〛 [nəjənɐ] 《文》 *n.* 目 [Sk.]

ನಯನಮನೋಹರ 〚nayanamanōhara ナヤナマノーハラ〛 [nəjənəmәno:hərɐ] 《文》 *adj.* 見目麗しい、視覚を魅了する [Sk.]

ನಯವಂಚಕ 〚nayavaṃcaka ナヤヴァンチャカ〛 [nəjəvəɲʧŏkɐ] *m.* 《*f.* ನಯವಂಚಕಿ》猫をかぶった悪人、おとなしそうで悪い人、善人を装って人を欺く人 [Sk.]

ನರ¹ 〚nara ナラ〛 [nərɐ] *n.* 1 神経 2 腱 3 血管、血の管 [Ka. D2903]

ನರಮಂಡಲ 〚naramaṃḍala ナラマンダラ〛 [nərəməɳɖəlɐ] 《文》 *n.* 神経組織

ನರರೋಗಿ 〚nararōgi ナラローギ〛 [nərŏro:gi] *mf.* 神経病患者 [*nara* + *rōgi*]

ನರ² 〚nara ナラ〛 [nərɐ] 《文》 *m.* 1 男、男性 2 人間 [Sk.]

ನರಕ್ 〚narak ナラク〛 [nərək] (*n.*) ぽきん(指などの関節を鳴らす音を表す擬音語) [Ka. onom. *D3623]

ನರಕ್ಕನೆ 〚narakkane ナラッカネ〛 [nərəkkŏne] *adv.* ぽきんと [+ *-ane*]

ನರಕ 〚naraka ナラカ〛 [nərŏkɐ] *n.* 地獄 [Sk.]

ನರಕಬಾಧೆ 〚narakabādʰe ナラカバーデ〛 [nərŏkəbɐ:dʰe] *n.* 1 地獄の苦しみ 2 地獄のような苦しみ、恐ろしい苦しみ [Sk.] = ನರಕಯಾತನೆ (narakayātane)

ನರಕಯಾತನೆ 〚narakayātane ナラカヤータネ〛 [nərŏkəjɐ:tŏne] *n.* [Sk.] = ನರಕಬಾಧೆ (narakabādʰe)

ನರಕು¹ 〚naraku ナラク〛 [nərŏku] ನೆರಕು 《文》 *vi.* (苦しみで)うめく [Ka. D2904] = ನರಳು (naraḷu) 〔汎〕

ನರಕು² 〚naraku ナラク〛 [nərŏku] ನರುಕು 《‡》 *vt.* 粉砕する [Ka. D2927] (*My.* (*Kitt.*))

ನರಟು¹ 〚naraṭu ナラトゥ〛 [nərŏʈu] 《古》 *n.* つぶやく [Ka. D2904] (*Kitt.*)

ನರಟು² 〚naraṭu ナラトゥ〛 [nərŏʈu] ನರಡಿ, ನರುಟು, ನರಡು *vi.* (人や植物の)成長が止まる ¶ ಸೌತೆಕಾಯಿ ನರಟಿ ಹೋಯಿತು. (sautekāyi naraṭi hōyitu.) キュウリの実は小さいままで生長が止まってしまった。 —(*n.*) 成長が止まった〈こと〉 [Ka. D3608]

ನರಡ 〚naraḍa ナラダ〛 [nərŏɖɐ] 《口》 *m.* 粗野な人、粗暴な人 [Ka. D3750]

ನರಡಿ 〚naraḍi ナラディ〛 [nərŏɖi] *n.* [?] ☞ನರಡು (naraḍu)²

ನರಡು¹ 〚naraḍu ナラドゥ〛 [nərŏɖu] 《口》 (*n.*) 粗野〈な〉、粗暴〈な〉 [Ka. D3750]

ನರಡು² 〚naraḍu ナラドゥ〛 [nərŏɖu] ನರಡಿ, ನೆರಡಿ *n.* 家畜の病気の一種 [?] (*KPN*)

ನರನರ 〚naranara ナラナラ〛 [nərŏnərɐ] 《古》 (*n.*) めりめり(木の枝などが割れる音などを表す擬音語) [Ka. onom. *D3623]

ನರತಿ 〚narati ナラティ〛 [nərŏti] 《古》 *f.* 頭が白くなった女性、白髪の女性 [Ka. D3609] (Šmd.244 (Kitt.))

ನರತೆ 〚narate ナラテ〛 [nərŏte] 《文》 *n.* 男らしさ [Sk.]

ನರನಾಥ 〚naranātʰa ナラナータ〛 [nərŏnɐ:tʰɐ] 《文》 *m.* 王、王者 [Sk.]

ನರಪೇತಲ 〚narapētala ナラペータラ〛 [nərŏpe:tŏlɐ] *m.* 《*f.* ನರಪೇತಲಿ (narapētali)》痩せこけた人、骨と皮の人 [*nara-* + *pēta* < *prēta-*]

ನರಬಲಿ 〚narabali ナラバリ〛 [nərŏbəli] 《文》 *n.* 人身供犠 [Sk.]

ನರಭಕ್ಷಕ 〚narabʰakṣaka ナラバクシャカ〛 [nərəbʰəkṣŏkɐ] *n.* 人食い(虎など) —*m.* 《*f.* ನರಭಕ್ಷಕಿ (narabʰakṣaki)》人食いをする人 [Sk.]

ನರಭಕ್ಷಣ 〚narabʰakṣaṇa ナラバクシャナ〛 [nərŏbʰəkṣəɳɐ] 《文》 *n.* 人間が人間を食べること、人食いの習慣 [Sk.]

ನರಲ್ 〚naral ナラル〛 [nərəl] 《古》 *vi.* うめく、(低い声で)うなる [Ka. D2904] ☞ನರಳು (naraḷu)

ನರಲು 〚naralu ナラル〛 [nərəlu] *vi.* うめく、(低い声で)うなる [Ka. *D2904] ☞ನರಳು (naraḷu)

ನರಲಾಡು 〚naralāḍu ナララードゥ〛 [nərŏlɐ:ɖu] *vi.* 1 しきりにうめく 2 精神的に苦しみ悶える, 苦悶する [Ka. *naralu* + ಆಡು D2904]

ನರಲಿಸು ⟦naralisu ナラリス⟧ [nərə̆lĭsu] *vt.* うめかせる [+ *-isu* caus. D2904]

ನರುವಲ ⟦naruvala ナルヴァラ⟧ [nərŭvəlɐ] 《古》 *n.* [Ka. *D3624] ☞ನಱುವಲ್ (naṟuval)

ನರುವಲು ⟦naruvalu ナルヴァル⟧ [nərŭvəlu] 《古》 *n.* こすると火が出る木の一種(クマツヅラ科、薬用) → 薬 [Ka. *D3624] ☞ನಱುವಲ್ (naṟuval)

ನರವು ⟦naravu ナラヴ⟧ [nərə̆vu] 《古》 *n.* **1** 神経 **2** 腱 **3** 血管、血の管 [Ka. D2903] ☞ನರ (nara)[1]

ನರವ್ಯಾಧಿ ⟦naravyādʰi ナラヴィャーディ⟧ [nərə̆vjɐːdʰi] *n.* 神経病 [*nara* + *vyādʰi*]

ನರವ್ಯೂಹ ⟦naravyūha ナラヴィューハ⟧ [nərə̆vjuːhɐ] 《文》 *n.* 神経組織 = ನರಮಂಡಲ [*nara* + *vyūha*]

ನರಹತ್ಯ ⟦narahatya ナラハティャ⟧ [nərə̆hətˑjɐ] *n.* 殺人 = ನರಹತ್ಯೆ [Sk.]

ನರಹತ್ಯೆ ⟦narahatye ナラハティェ⟧ [nərə̆hətˑje] *n.* 殺人 = ನರಹತ್ಯೆ [Sk.]

ನರಹುಲಿ ⟦narahuli ナラフリ⟧ [nərə̆huli] 《‡》 *n.* 疣(いぼ) (*Kitt.*) [Ka. ?] ನರವುಲಿ (naravuli)

ನರಹೋಮ ⟦narahōma ナラホーマ⟧ [nərə̆hoːmɐ] *n.* 人間の(大量)虐殺 [Sk.]

ನರಳಾಟ ⟦naraḷāṭa ナララータ⟧ [nərə̆ɭɐːʈɐ] ನರಲಾಟ *n.* **1** しきりにうめくこと **2** 精神的にひどく苦しむこと、苦しみ悶えること [Ka. *naraḷu* + *āṭa* *D2904]

ನರಳಿಕೆ ⟦naraḷike ナラリケ⟧ [nərəɭĭke] ನರಲಿಕೆ *n.* **1** うめき **2** 苦悶、苦しみ悶えること [*naraḷu* + *-ike*]

ನರಳು ⟦naraḷu ナラル⟧ [nərə̆ɭu] ನರಲ್, ನರಲು, ನರಳ್, ನೆರಳ್[1], ನೆರಳು[1] *vi.* **1** (痛みや苦しみなどで)うめく **2** 〔喩〕ひどく苦しむ、苦しみ悶える [Ka. *D2904]

ನರಳಾಡು ⟦naraḷāḍu ナララードゥ⟧ [nərə̆ɭɐːɖu] ನರಲಾಡು *vi.* **1** しきりにうめく **2** 〔喩〕精神的に苦しみ悶える, 苦悶する [+ *āḍu* *D2904]

ನರಳಿಸು ⟦naraḷisu ナラリス⟧ [nərə̆ɭĭsu] ನಾರಲಿಸು *vt.* うめかせる [+ *-isu* caus. D2904]

ನರಾಕೃತಿ ⟦narākṛti ナラークルティ⟧ [nərɐːkrɯti] 《文》 *n.* 人間の姿、人の姿 [Sk.]

ನರಿ ⟦nari ナリ⟧ [nəri] *n.* **1** ジャッカル;狐 **2** 〔喩〕狐のようにずるい人、ずる賢い人、陰険な人 ¶ ಅವನು ನೇರ ಅಪಾಯ ಮಾಡುವದಿಲ್ಲ, ನರಿಯ ತರಹ. (avanu nēra apāya māḍuvadilla, nariya taraha.) 彼は(人を)直接は傷つけない、狐のようだ。[Ka. D3606]

ನರಿಗೆ
寄せひだ

ನರಿಕು ⟦nariku ナリク⟧ [nərĭku] *vi.* 粉砕する [Ka. *D2927] ☞ನಗ್ಗು(naggu)

ನರಿಗೆ ⟦narige ナリゲ⟧ [nərĭge] *n.* サーリーやドーティーのギャザー、寄せひだ[⇒図] [Ka. *D2935]

ನರು ⟦naru ナル⟧ [nəru] ನಱು 《古》 *n.* 芳香、香り、よい匂い —(*n.*) かぐわしい〈こと〉☞ನಱು (naṟu) [Ka. *D2918]

ನರುಕು[1] ⟦naruku ナルク⟧ [nərŭku] ನರಕು 《古》 *vi.* (低い声で)うなる [Ka. *D2904] ☞ನಗ್ಗು(naggu)

ನರುಕು[2] ⟦naruku ナルク⟧ [nərŭku] *vt.* **1** 嚙み砕く **2** 切り刻む [Ka. *D2927] ☞ನಗ್ಗು(naggu)

ನರುಗಂಪು ⟦narugaṃpu ナルガンプ⟧ [nərugəmpu] 《古》 *n.* 芳香、よい匂い [*naru* + *kampu*]

ನರೆ ⟦nare ナレ⟧ [nəre] *n.* 《*f.* ನರತಿ (narati)》 **1** 白髪、しらが ¶ ನನ್ನ ತಾತನಿಗೆ ಕೂದಲಿಗೆ ನರೆ ಬಂದರೂ ಮೈಗೆ ನರೆ ಬಂದಿಲ್ಲ. (nanna tātanige kūdalige nare baṃdarū maige nare baṃdilla.) 祖父は髪の毛が白くなっているが体は老化していない。(*Pb.8.54*) **2** 老年、老齢 [Ka. D3609]

ನರೆಕೂದಲು ⟦narekūdalu ナレクーダル⟧ [nəreku:đə̆lu] *n.* しらが、白髪 [+ *kūdalu*]

ನರ್ತಕ ⟦nartaka ナルタカ⟧ [nərtəkɐ] *m.* 《*f.* ನರ್ತಕಿ》踊り手、舞踊家 [Sk.]

ನರ್ತಕಿ ⟦nartaki ナルタキ⟧ [nərtəki] *f.* 《*m.* ನರ್ತಕ》女性の踊り手、舞踊家 [Sk.]

ನರ್ತನ ⟦nartana ナルタナ⟧ [nərtənɐ] *n.* 踊り、舞踊 [Sk.]

ನರ್ತನಶಾಲೆ ⟦nartanaśāle ナルタナシャーレ⟧ [nərtə̆nəʃɐːle] *n.* 舞踊劇場、踊りを見せる劇場や小屋、舞踊学校 [Sk.]

ನರ್ತಿಸು ⟦nartisu ナルティス⟧ [nərtisu] 《文》 *vi.* 踊る [Sk.] (*Pb.12.189*)

ನರ್ವಲ್ ⟦narval ナルヴァル⟧ [nərvəl] 《‡》 *n.* [Ka. D3624] (*Nr.b* (*Kitt.*)) ☞ನಱುವಲ್ (naṟuval)

ನಲ್ ⟦nal ナル⟧ [nəl] *pref.* 良…、善… —*n.* 良、善 [Ka. D3610]

ನಲಗು ⟦nalagu ナラグ⟧ [nələ̆gu] 《文》 *vi.* [Ka. D3611] ☞ನಲುಗು (nalugu)

ನಲಗಿಸು ⟦nalagisu ナラギス⟧ [nələ̆gisu] 《文》 *vt.* [Ka. caus. D3611] ☞ನಲುಗಿಸು (nalugisu)

ನಲವತ್ತು ⟦nalavattu ナラヴァットゥ⟧ [nələ̆ttu] ನಾಲ್ವತ್ತು *numr.adj.* 40 の —*numr.n.* 40 [Ka. *D3655, D3918]

ನಲವು[1] ⟦nalavu ナラヴ⟧ [nələ̆vu] 《古》 *n.* **1** 喜び、満足 **2** 愛、愛情 [Ka. *nala* + *-vu* D3610] ☞ ನಲಿವು (nalivu) 〔汎〕

ನಲವು[2] ⟦nalavu ナラヴ⟧ [nələ̆vu] 《‡》 *n.* 虚弱、弱々しいこと [Ka. D3611] (*Čb.* (*Kitt.*))

ನಲಿ[1] ⟦nali ナリ⟧ [nəli] 《方》 *vi.* **1** 踊る (Nanj. Hav.) **2** 喜んで踊りはねる、欣喜雀躍する (*Pb.7.70*) [Ka. D3612]

ನಲಿ[2] ⟦nali ナリ⟧ [nəli] 《‡》 *n.* 芳香物質の一種、鶏冠石 [Sk.]

ನಲಿತ ⟦nalita ナリタ⟧ [nəlitɐ] 《古》 *n.* 大喜び、嬉しがること [Ka. *-ta* *D3610, *D612]

ನಲಿದಾಟ ⟦nalidāṭa ナリダータ⟧ [nəlĭdʰɐːʈɐ] *n.* はしゃぎ回ること、大喜びすること、欣喜雀躍 [Ka. *nalidu* + *āṭa* *D3610, *D3612]

ನಲಿದಾಡು ⟦nalidāḍu ナリダードゥ⟧ [nəlĭdʰɐːɖu] *vi.* はしゃぎ回る、大喜びする、欣喜雀躍する [Ka. *nalidu* + *āṭa* *D3610, *D612] (*Pb.1.115.V*)

ನಲಿವು ⟦nalivu ナリヴ⟧ [nəlĭvu] ನಲ್ವು *n.* 大喜び、はしゃぐこと [Ka. D3610, *D3612]

ನಲುಗು¹ ⟦nalugu ナルグ⟧ [nəlŭgu] ನಲಗು *vi.* 1 (布や紙など薄くて柔らかいものが) しわになる、(顔などが) しわくちゃになる 2 (人間が病気や悲しみなどで) 元気をなくす、憔悴する、弱る [Ka. D3611]

ನಲುಗಿಸು ⟦nalugisu ナルギス⟧ [nəlŭgisu] *vt.* 1 しわくちゃにする 2 〈植物などを〉しおれさせる、〈人間に〉苦悩を与えて憔悴させる [Ka. caus. D3611]

ನಲುಗು² ⟦nalugu ナルグ⟧ [nəlŭgu] *vi.* (体、机、歌声などが)震える、揺れる ¶ ಬಾಗಿಲ ಬಳಿ ನಾಗರಹಾವು ನೋಡಿ ನನ್ನ ಕೈಕಾಲು ನಲುಗಿತು. (bāgila baḷi nāgarahāvu nōḍi nanna kaikālu nalugitu.) 戸口の近くにコブラがいるのを見て体中が震えた。☞ನಡುಗು (naḍugu) 〔汎〕 —*n.* (歌での)トレモロ = ನಡುಗು (naḍugu) 〔汎〕 [Ka. D3611?]

ನಲುಮೆ ⟦nalume ナルメ⟧ [nəlŭme] 《文》 *n.* 1 愛、愛情 2 恩寵、親切、好意 [Ka. *D3610] ☞ನಲ್ಮೆ (nalme)

ನಲುವು¹ ⟦naluvu ナルヴ⟧ [nəlŭvu] 《文》 *n.* 喜び、満足 [Ka. D3610, *D3612] (*Čpr.7,60 (Kitt.)*) ☞ನಲಿವು (nalivu)

ನಲುವು² ⟦naluvu ナルヴ⟧ [nəlŭvu] 《‡》 *n.* 弱々しいこと、虚弱 [Ka. D3611] (*Čb. (Kitt.)*)

ನಲ್ಗತೆ ⟦nalgate ナルガテ⟧ [nəlgəte] 《文》 *n.* よい物語、面白い話 [Ka. *nal-* + *kate*]

ನಲ್ನುಡಿ ⟦nalnuḍi ナルヌディ⟧ [nəlnuɖi] 《文》 *n.* 気持ちのいい言葉、親切な言葉、忠告、慰めの言葉 —*vi.* 親切な言葉を言う、慰めの言葉を言う、忠告する [Ka. *nal-* + *nuḍi*]

ನಲ್ಮೆ ⟦nalme ナルメ⟧ [nəlme] ನಲುಮೆ 《文》 *n.* 1 愛、愛情 ¶ ನನ್ನ ನಲ್ಮೆಯ ಪ್ರೇಮ, (nanna nalmeya prēma,) 親愛なるプレーマーよ (手紙の呼びかけ) 2 恩寵、恵み ¶ ನಾವು ಶ್ರೀ ರೇಣುಕಾ ದೇವಿಯ ನಲ್ಮೆಯಿಂದ ಚೆನ್ನಾಗಿದ್ದೇವೆ. (nāvu śrī rēṇukā dēviya nalmeyiṃda cennāgiddēve.) 私たちはレーヌカー女神のおかげで幸せに暮らしています。 [Ka. D3610] (*Pb.1.70*)

ನಲ್ಲ ⟦nalla ナッラ⟧ [nəllɐ] 《文》 *adj.* 1 美しい、きれいな 2 純粋の、混ぜ物がない 3 めでたい —*m.* (*f.* ನಲ್ಲೆ(nalle)) 1 愛人、恋人 2 夫 3 主人、所有者 4 よい人、善人 (*Pb.4.28*) —*n.* 1 よいこと、善 2 優秀 3 美、美しさ [Ka. D3610]

ನಲ್ಲಿ ⟦nalli ナッリ⟧ [nəlli] *n.* 水道の蛇口 [Sk. *nāli-* <?]

ನಲ್ಲೆ ⟦nalle ナッレ⟧ [nəlle] 《古》 *f.* 1 恋人、愛人 2 妻 [Ka. D3610]

ನಲ್ವತ್ತು ⟦nalvattu ナルヴァットゥ⟧ [nəlvəttu] *numr. adj.* 40の —*n.* 40 [Ka. D3655, 3918]

ನಲ್ವಾಡು ⟦nalvāḍu ナルヴァードゥ⟧ [nəlvɐːɖu] 《文》 *n.* 恋歌、恋の歌 [Ka.*nal-* + *pāḍu*]

ನಲ್ವು ⟦nalvu ナルヴ⟧ [nəlvu] 《文》 *n.* 喜び、満足 [Ka. D3610, *D3610] ☞ನಲಿವು (nalivu)

ನವ¹ ⟦nava ナヴァ⟧ [nəvɐ] 《文》 (*adj.*) 1 新しい〈こと〉、新… 2 若い〈こと〉 [Sk.]

ನವ² ⟦nava ナヴァ⟧ [nəvɐ] 《文》 *numr.*(*adj.*) 9… [Sk.]

ನವಗ್ರಹ ⟦navagraha ナヴァグラハ⟧ [nəvăgrəhɐ] *n.* インド古来の天文学での「九惑星」(太陽、月、火星、水星、木星、金星、土星、ラーフ、ケートゥ) [Sk.]

ನವಗ್ರಹಜಪ ⟦navagrahajapa ナヴァグラハジャパ⟧ [nəvəgrəhəʤəpɐ] *n.* 「九惑星」に由来するとされる災いに対抗するためにマントラを唱えること [Sk.]

ನವಗ್ರಹಶಾಂತಿ ⟦navagrahaśāṃti ナヴァグラハシャーンティ⟧ [nəvəgrəhəʃɐːnti] *n.* 「九惑星」に由来するとされる災いからの「平安」を求める祭式 [Sk.]

ನವಣಿ ⟦navaṇi ナヴァニ⟧ [nəvăɳi] *n.* [Ka. D3712] ☞ನವಣೆ (navaṇe)

ನವಣೆ ⟦navaṇe ナヴァネ⟧ [nəvăɳe] ನವಣಿ *n.* シコクビエ、ラーギ (昔からカルナータカで広く主食として用いられてきた穀物) → 食 [Ka. D3712]

ನವತರುಣ ⟦navataruṇa ナヴァタルナ⟧ [nəvătərŭɳɐ] *m.* (*f.* ನವತರುಣಿ (navataruṇi)) 若者、青年 [Sk.]

ನವತಾರುಣ್ಯ ⟦navatāruṇya ナヴァタールニャ⟧ [nəvătɐːruɳːjɐ] 《文》 *n.* 青春、青年時代 [Sk.] = ನವಯೌವನ (navayauvana)

ನವತರುಣಿ ⟦navataruṇi ナヴァタルニ⟧ [nəvətərŭɳi] *f.* 若い女性、若い女性 [Sk.]

ನವದಂಪತಿ ⟦navadaṃpati ナヴァダンパティ⟧ [nəvădəmpəti] 《文》 *mf.* 新婚の夫婦 [Sk.]

ನವನೀತ ⟦navanīta ナヴァニータ⟧ [nəvăniːtɐ] 《文》 *n.* 〔美〕 新鮮な精製されていないバター [Sk.]

ನವರಸ ⟦navarasa ナヴァラサ⟧ [nəvărəsɐ] 《文》 *n.* (伝統的な詩論での) 九つの情感 [Sk.]

ನವಯೌವನ ⟦navayauvana ナヴァヤウヴァナ⟧ [nəvăjɐwvənɐ] *n.* 青春 [Sk.] = ನವತಾರುಣ್ಯ (navatāruṇya)

ನವರು ⟦navaru ナヴァル⟧ [nəvăru] 《異》 (*n.*) [Ka. D3618] ☞ನವಿರು (naviru)³

ನವಲ್ ⟦naval ナヴァル⟧ [nəvəl] 《‡》 *n.* 孔雀 (*Čūb.173 (Kitt.)*) [Ka. D2902]

ನವಸಾಗರ ⟦navasāgara ナヴァサーガラ⟧ [nəvăsɐːgărɐ] ನವಾಸಾಗರ *n.* (メッキに用いる) 塩化アンモニウム [M. *navasāgara* ←Sk. *navasāra-*/Pe. *naušādur*] = ನವಾಸಾಗರ (navāsāgara)

ನವಸಿಗ ⟦navasiga ナヴァシガ⟧ [nəvăsigɐ] 《古》 *m.* (*f.* *ನವಸಿಗಿತ್ತಿ (navasigitti)) 面倒をもたらす人 (*Śmd.237 (Kitt.)*) [Ka. *navesu* + *-iga* D3598] ☞ನವುಸಿಗ (navusiga)

ನವಾಬ ⟦navāba ナヴァーバ⟧ [nəvɐːbɐ] *m.* 1 ナワーブ (ムガル朝時代の小封建君主) 2 大金持ち [Ar. *nawāb*]

ನವಾಸಾಗರ ⟦navāsāgara ナヴァーサーガラ⟧ [nəvɐːsɐːgărɐ] *n.* [M.] ☞ನವಸಾಗರ (navasāgara)

ನವಿರ್ ⟦navir ナヴィル⟧ [nəviru] ನವಿರ್ 《古》 *n.* [Ka. D3615] ☞ನವಿರು (naviru)[1]

ನವಿರು[1] ⟦naviru ナヴィル⟧ [nəvĭru] ನವಿರ್ *n.* 体毛(頭髪および体の毛) [Ka. D3615] *(Pb.5.38)*

ನವಿರೇಳು ⟦navirēḷu ナヴィレール⟧ [nəvire:ḷu] *vi.* 《*dat.*》(喜びで)じいんとする ¶ ನಟರ ಬಿಡುಗಡೆಯ ಸುದ್ದಿ ಕೇಳಿ ನನಗೆ ನವಿರು ಎದ್ದಿತು. (naṭara biḍugaḍeya suddi kēḷi nanage naviru edditu.) 俳優が釈放されたというニュースを聞いて私は胸がじいんとした。 [*naviru + ēḷu*]

ನವಿರು[2] ⟦naviru ナヴィル⟧ [nəvĭru] ನವರು, ನವುರು (*n.*) 1 (布、紙、皮膚、毛髪、花、皮などが)柔らかい〈こと〉、なめらかな〈こと〉 2 (花、絵、陶磁器などが)傷つきやすい〈こと〉、壊れやすい〈こと〉 3 (人種問題などが)微妙で注意深い取扱いを必要とする〈こと〉、微妙〈な〉¶ ಹಿಂದೂ ಮುಸ್ಲಿಮ್ ಸಮಸ್ಯೆ ನವಿರಾದ ಸಮಸ್ಯೆ. (hiṃdū muslim samasye navirāda samasye.) ヒンドゥーとムスリムの問題は微妙な問題である。[Ka. D3618]

ನವಿರೆಳೆ ⟦navireḷe ナヴィレレ⟧ [nəvireḷe] *n.* 細くて弱い繊維、糸 ¶ ಅವನನ್ನು ನಂಬಬೇಡ. ನವಿರೆಳೆಯಿಂದ ಕತ್ತು ಕೊಯ್ಯುತ್ತಾನೆ. (avanannu naṃbabēḍa. navireḷeyiṃda kattu koyyuttāne.) 彼を信用するな。彼は細い糸で首を切る[真綿で首を絞める]男だ。 [+ *eḷe*]

ನವಿರುಹಾಸ್ಯ ⟦naviruhāsya ナヴィルハースヤ⟧ [nəvirŭhɐ:sʲjɐ] *n.* 洗練されたユーモア [+ *hāsya*]

ನವಿಲ್ ⟦navil ナヴィル⟧ [nəvil] 《古》 *n.* 孔雀 [Ka. D2902] *(Pb.5.51)* ☞ನವಿಲು (navilu)

ನವಿಲ ⟦navila ナヴィラ⟧ [nəvĭlɐ] 《‡》 *n.* 孔雀 [Ka. D2902] *(G.284 (Kitt.))* ☞ನವಿಲು (navilu)

ನವಿಲು ⟦navilu ナヴィル⟧ [nəvĭlu] ನವಿಲ್, ನವಿಲೆ *n.* 孔雀 [Ka. D2902]

ನವಿಲೆ ⟦navile ナヴィレ⟧ [nəvĭle] 《文》 *n.* 孔雀 [Ka. *D2902] ☞ನವಿಲು (navilu)

ನವಿಲುಗರಿ ⟦navilugari ナヴィルガリ⟧ [nəvilŭgəri] *n.* 孔雀の羽 [Ka. + *gari*]

ನವೀಕರಣ ⟦navīkaraṇa ナヴィーカラナ⟧ [nəvi:kərəŋɐ] *n.* 若返らせること、更新すること、新装を施すこと、改新 [Sk.]

ನವೀಕರಿಸು ⟦navīkarisu ナヴィーカリス⟧ [nəvi:kərĭsu] 《文》 *vt.* 若返らせる、更新する、改新する [Sk.]

ನವೀಕೃತ ⟦navīkṛta ナヴィークルタ⟧ [nəvi:kruɯtɐ] 《文》 *adj.* 更新した、若返らせた、新装を施した [Sk.]

ನವೀನ ⟦navīna ナヴィーナ⟧ [nəvi:nɐ] *adj.* 1 新しい 2 近代的な、モダンな、最新の [Sk.]

ನವೀನತೆ ⟦navīnate ナヴィーナテ⟧ [nəvi:nəte] 《文》 *n.* 新しさ、新鮮さ、近代性 [Sk.]

ನವೀನಪ್ರಜ್ಞೆ ⟦navīnaprajñe ナヴィーナプラジュニェ⟧ [nəvi:nəprəɟɲe/-prəgne] 《文》 *n.* 1 新しい意識、近代意識 2 カンナダ文学における「新時代文学者」(1950-) の意識 [Sk.]

ನವುಕರ ⟦navukara ナヴカラ⟧ [nəvukərɐ] *m.* 《*f.* ನೌಕರಳು (naukaraḷu)》 [Pe. *naukar*] ☞ನೌಕರ (naukara)

ನವುರು ⟦navuru ナヴル⟧ [nəvŭru] (*n.*) [Ka. D3618] *(My. (Kitt.))* ☞ನವಿರು (naviru)

ನವುಲು ⟦navulu ナヴル⟧ [nəvŭlu] 《‡》 *n.* 孔雀 [Ka. D2902] *(My. (Kitt.))*

ನವೆ[1] ⟦nave ナヴェ⟧ [nəve] *n.* 痒み [Ka. D3597]

ನವೆ[2] ⟦nave ナヴェ⟧ [nəve] ನಮೆ *vi.* 1 痩せ細る、体重を失う 2 苦悩する ¶ ಮಗಳಿಗೆ ಮದುವೆ ಆಗಲಿಲ್ಲ ಎಂದು ಅಪ್ಪ ನವೆಯುತ್ತಿದ್ದರು. (magaḷige maduve āgalilla eṃdu appa naveyuttiddaru.) 娘が結婚しないので父親は悩んでいた。 3 貧しくなる、貧困に陥る [Ka. D3598] *(Pb.1.135)*

ನವೆತ ⟦naveta ナヴェタ⟧ [nəvetɐ] *n.* 痩せること、憔悴 [Ka. D3598]

ನವೋದಯ ⟦navōdaya ナヴォーダヤ⟧ [nəvo:dəjɐ] 《文》 *n.* 1 新しい夜明け 2 カンナダ文学におけるルネッサンス運動(1925) [Sk.]

ನವೋದಯಕಾವ್ಯ ⟦navōdayakāvya ナヴォーダヤカーヴィャ⟧ [nəvo:dəjəkɐ:vʲjɐ] 《文》 *n.* 「カンナダ・ルネッサンス」の詩 [Sk.]

ನವೋದಯಸಾಹಿತ್ಯ ⟦navōdayasāhitya ナヴォーダヤサーヒティャ⟧ [nəvo:dəjəsɐ:hitʲjɐ] 《文》 *n.* 「カンナダ・ルネッサンス」文学 [Sk.]

ನವೋದಿತ ⟦navōdita ナヴォーディタ⟧ [nəvo:ditɐ] 《文》 *adj.* (文学者などが)新進の [Sk.]

ನವೋನವ ⟦navōnava ナヴォーナヴァ⟧ [nəvo:nəvɐ] 《文》 *adj.* 真新しい、まっさらの、(服などが)おろしたての ¶ ಚಿಕ್ಕಪ್ಪನ ಮಗ ನವೋನವ ಕಾರಿನಲ್ಲಿ ಬಂದ. (cikkappana maga navōnava kārinalli baṃda.) 私の甥はまっさらの車に乗ってやって来た。¶ ಕುವೆಂಪು ಅವರ ಕಾವ್ಯ ಇಂದಿಗೂ ನವೋನವ ಆಗಿದೆ. (kuveṃpu avara kāvya iṃdigū navōnava āgide.) クヴェンプの文学は今日でも新鮮である。 [Sk.]

ನವ್ಯ ⟦navya ナヴィャ⟧ [nəvʲjɐ] 《文》 (*adj.*) 新しい〈こと〉、近代的な〈こと〉 [Sk.]

ನವ್ಯಕಥೆ ⟦navyakatʰe ナヴィャカテ⟧ [nəvʲjəkətʰe] 《文》 *n.* 「新時代短編小説」(1950 年以降のカンナダ文学の「新時代文学」に属する短編小説) [Sk.]

ನವ್ಯಕವಿ ⟦navyakavi ナヴィャカヴィ⟧ [nəvʲjəkəvi] 《文》 *m.* 「新時代詩人」(1950 年以降のカンナダ文学の「新時代文学」に属する詩人) [Sk.]

ನವ್ಯಕವಿತೆ ⟦navyakavite ナヴィャカヴィテ⟧ [nəvʲjəkəvite] 《文》 *n.* 「新時代詩」(1950 年以降のカンナダ文学の「新時代文学」に属する詩) [Sk.]

ನವ್ಯಕಾವ್ಯ ⟦navyakāvya ナヴィャカーヴィャ⟧ [nəvʲjəkɐ:vʲjɐ] 《文》 *n.* [Sk.] ☞ನವ್ಯಕವಿತೆ (navyakavite)

ನವ್ಯತೆ ⟦navyate ナヴィャテ⟧ [nəvʲjəte] 《文》 *n.* 1 新鮮さ、新しさ 2 (文学などにおける)新しさ [Sk.]

ನವ್ಯಪ್ರಜ್ಞೆ ⟦navyaprajñe ナヴィャプラジュニェ⟧ [nəvʲjəprəj-ɲe/-prəgne] 《文》 *n.* 1 新しい意識、近代意識

2 「新時代文学」の意識 [Sk.]

ನವ್ಯಯುಗ ⟦navyayuga ナヴィャユガ⟧ [nəv·jəjugɐ] 《文》 *n.* 1 新しい時代、新時代 2 「新時代」(1950 年以降のカンナダ文学の新しい運動の時代) [Sk.]

ನವ್ಯಸಮಾಜ ⟦navyasamāja ナヴィャサマージャ⟧ [nəv·jə səmɐːʤɐ] 《文》 *n.* 新しい社会、新社会 [Sk.]

ನವ್ಯಸಾಹಿತಿ ⟦navyasāhiti ナヴィャサーヒティ⟧ [nəv·jə̆sɐːhiti] 《文》 *mf.* 1 新しい作家 2 「新時代作家」(1950 年以降のカンナダ文学の「新時代文学」の作家) [< Sk. *sāhityin-]

ನಶಿಸು ⟦naśisu ナシス⟧ [nəʃisu] 《文》 *vi.* 1 消える、なくなる ¶ ಅವನ ಕಷ್ಟಗಳೆಲ್ಲ ನಶಿಸಿದವು. (avana kaṣṭagaḷella naśisidavu.) 彼の困難はすべて解消した。 2 崩壊する、滅びる、滅亡する ¶ ಅಪ್ಪನ ಸಂಪತ್ತು ಮಗನ ಅವ್ಯವಹಾರದಿಂದ ನಶಿಸಿತು. (appana saṃpattu magana avyavahāradiṃda naśisitu.) 父親の財産は息子の経営の不手際でなくなってしまった。 [Sk.]

ನಶ್ಯ ⟦naśya ナシュヤ⟧ [nəʃ·jɐ] 《文》 *n.* (粉状の)嗅ぎタバコ [Sk. *nasya-*]

ನಶ್ವರ ⟦naśvara ナシュヴァラ⟧ [nəʃ·vərɐ] 《文》 *adj.* はかない、うつろいやすい、滅びやすい [Sk.]

ನಶ್ವರತೆ ⟦naśvarate ナシュヴァラテ⟧ [nəʃ·vərə̆te] 《文》 *n.* はかないこと、うつろいやすいこと [Sk.]

ನಷ್ಟ ⟦naṣṭa ナシュタ⟧ [nəʂʈɐ] *adj.* 1 失われた ¶ ನಷ್ಟದ್ರವ್ಯ (naṣṭadravya) 失われたもの 2 悪化した、堕落した、腐敗した —*n.* 1 徹底的な(あるいはそれに近い)損失(収穫物、車、財産など) ¶ ಮಳೆ ಇಲ್ಲದೆ ಬೆಳೆ ನಷ್ಟವಾಯಿತು. (maḷe illade beḷe naṣṭavāyitu.) 作物は干魃によって失われた。 2 (商業における)損失、欠損 [Sk.]

ನಷ್ಟಕಾಲ ⟦naṣṭakāla ナシュタカーラ⟧ [nəʂʈə̆kɐːlɐ] *n.* 1 失われた時 2 過去、過ぎ去った時 [Sk.]

ನಷ್ಟಪರಿಹಾರ ⟦naṣṭaparihāra ナシュタパリハーラ⟧ [nəʂʈə pərihɐːrɐ] *n.* 損害賠償 [Sk.]

ನಸ ⟦nasa ナサ⟧ [nəsɐ] 《‡》 *n.* 疑い、疑問 [Ka. D190] (*My.* (*Kitt.*))

ನಸಕು ⟦nasaku ナサク⟧ [nəsə̆ku] 《異》 *n.* [Ka. D3575] ☞ನಸುಕು (nasuku)[1]

ನಸಗುನ್ನೆ ⟦nasagunne ナサグンネ⟧ [nəsə̆gunne] *n.* [Ka. *D1865] = ನಸುಗುನ್ನಿ (nasugunni)

ನಸರಿ ⟦nasari ナサリ⟧ [nəsəri] 《文》 *n.* 薬用の良質のハチミツの一種 [H. *nasrī*]

ನಸರಿಹುಳ ⟦nasarihuḷa ナサリフラ⟧ [nəsəriuɭɐ] 《文》 *n.* 上記のハチミツを作るハチ [+ *huḷa*]

ನಸಿ ⟦nasi ナシ⟧ [nəsi] 《古》 *vi.* 1 なくなる、消失する、消滅する 2 活気を失う、萎える、衰亡する 3 気を失う、動かなくなる [Ka. D3575]

ನಸಿಕು ⟦nasiku ナシク⟧ [nəsĭku] 《‡》 *vi.* 擦り減る [Ka. D3575] (*Ĉt.1.57* (*Kitt.*))

ನಸೀಬು ⟦nasību ナシーブ⟧ [nəsiːbu] *n.* 1 運、運命 2 幸運、運がよいこと ¶ ನನಗೆ ನಸೀಬಿಲ್ಲ. (nanage nasībilla.) 私は運がよくない。 [Ar. *naṣīb*]

ನಸು ⟦nasu ナス⟧ [nəsu] (*adj.*) 少し〈の〉¶ ಅವಳು ನಸು ಸಂತೋಷ ಇಲ್ಲದೆ ಸತ್ತುಹೋದಳು. (avaḷu nasu saṃtōṣa illade sattuhōdaḷu.) 彼女は全然幸せを知らずに死んでいった。 [Ka. D3575] ≈ ತುಸು (tusu)

ನಸುಕು[1] ⟦nasuku ナスク⟧ [nəsŭku] ನಸಕು *n.* 曙、暁、黎明 ◇ *vi.* —ಆಗು (āgu) 暁となる [Ka. D3575]

ನಸುಕುಹರಿ ⟦nasukuhari ナスクハリ⟧ [nəsukŭhəri] *vi.* 夜が明ける ¶ ಬಸ್ಸಿನಲ್ಲಿ ಸತ್ಯಮಂಗಳಕ್ಕೆ ಬಂದಾಗ ನಸುಕುಹರಿಯಿತು. (bassinalli satyamaṃgaḷakke baṃdāga nasukuhariyitu.) バスでサティアマンガラムへ来た時に夜が明けた。 [+ *hari* D3575]

ನಸುಕು[2] ⟦nasuku ナスク⟧ [nəsŭku] *vt.* 押しつぶす ¶ ನಾನು ತಿಗಣೆಯನ್ನು ನಸುಕಿಹಾಕಿದೆ. (nānu tigaṇeyannu nasukihākide.) 私はナンキンムシを押しつぶした。 [Ka. *D3575]

ನಸುಕಿಹೋಗು ⟦nasukihōgu ナスキホーグ⟧ [nəsukihoːgu] *vi.* おしつぶされる ¶ ಛೇ! ಕಾಲು ಕೆಳಗೆ ಸಿಕ್ಕಿ ಜಿರಳೆ ನಸುಕಿಹೋಯಿತು. (cʰē! kālu keḷage sikki jiraḷe nasukihōyitu.) ひゃあっ。ゴキブリを足で踏みつぶしてしまった。 [+ *hōgu*]

ನಸುಕತ್ತಲೆ ⟦nasukattale ナスカッタレ⟧ [nəsukəttə̆le] *n.* 薄暗闇 [Ka. *nasu* + *kattale*]

ನಸುಕುನ್ನಿ ⟦nasukunni ナスクンニ⟧ [nəsukunni] *n.* [Ka. *D1865] ☞ನಸುಗುನ್ನಿ (nasugunni)

ನಸುಗುನ್ನಿ ⟦nasugunni ナスグンニ⟧ [nəsugunni] ನಸಗುನ್ನಿ, ನಸುಕುನ್ನಿ, ನಸುಗುನ್ನೆ, ನೊಸಗೊನ್ನೆ *n.* 触れるとひどい痒みをもたらす植物の一種(マメ科) ⇀ [Ka. D1865]

ನಸುಗುನ್ನೆ ⟦nasugunne ナスグンネ⟧ [nəsugunne] *n.* [Ka. *D1865] ☞ನಸುಗುನ್ನಿ (nasugunni)

ನಸುಗೆಂಪು ⟦nasugempu ナスゲンプ⟧ [nəsugempu] *n.* ほのかな赤 [*nasu* + *kempu*]

ನಸುನಗು ⟦nasunagu ナスナグ⟧ [nəsunəgu] *n.* 微笑、ほほえみ = ನಸುನಗೆ (nasunage) —*vi.* ほほえむ、微笑する [*nasu* + *nagu*]

ನಸುನಗೆ ⟦nasunage ナスナゲ⟧ [nəsŭnəge] *n.* 微笑、ほほえみ [*nasu* + *nage*]

ನಸೆ ⟦nase ナセ⟧ [nəse] *n.* 1 痒み 2 動物のさかり、発情 ¶ ನಮ್ಮ ಹಸುವಿಗೆ ನಸೆ ಬಂದಿದೆ. (namma hasuvige nase baṃdide.) うちの雌牛はさかりがついている。 [Ka. D3597] = ಬೆದೆ (bede)

ನಳನಳ ⟦naḷanaḷa ナラナラ⟧ [nəɭənəɭɐ] (*n.*) すべすべ(肌などの柔らかさやなめらかさや傷つきやすさを表す擬態語) [Ka. *D3657] ☞ನಳನಳಿಕೆ (naḷanaḷike)

ನಳನಳಕೆ ⟦naḷanaḷake ナラナラケ⟧ [nəɭənəɭə̆ke] 《‡》 *n.* (肌などの)柔らかさ、なめらかさ、傷つきやすいこと (*DEDR*) [Ka. D3657] ☞ನಳನಳಿಕೆ (naḷanaḷike)

ನಳನಳಿಕೆ ⟦naḷanaḷike ナラナリケ⟧ [nəɭənəɭke] *n.* (気持ちよい)柔らかさ、なめらかさ、やわらかくて傷つきやすいこと [Ka. *D3657]

ನಳಪಾಕ ⟦naḷapāka ナラパーカ⟧ [nəḷə̆pɐːkɐ] *n.* 「ナラ王によって作られた料理」、絶妙な料理 [Sk.]

ನಳಿ¹ ⟦naḷi ナリ⟧ [nəḷi] 《古》 *vi.* 1 曲がる、傾く 2 おじぎする [Ka. D2933]

ನಳಿ² ⟦naḷi ナリ⟧ [nəḷi] 《古》 *n.* (花びら、肌などの) 柔らかさ、なめらかさ —(*n.*) 柔らかい〈こと〉、なめらか〈な〉 [Ka. D3657]

ನಳಿ³ ⟦naḷi ナリ⟧ [nəḷi] *n.* 管、導管 [Sk. *nalikā-*]

ನಳಿಕೆ ⟦naḷike ナリケ⟧ [nəḷĭke] ನಳಿಗೆ *n.* 管、導管 [Sk. *nalikā-*]

ನಳಿಗೆ ⟦naḷige ナリゲ⟧ [nəḷĭge] *n.* 管、導管 [Sk. *nalikā-*]

ನಳ್ಗು ⟦naḷgu ナルグ⟧ [nəḷgu] 《古》 *vi.* なくなる、消失する [Ka. *D2927] ☞ನಗ್ಗು (naggu)

ನಳ್ಳಿ ⟦naḷḷi ナッリ⟧ [nəḷḷi] *n.* 蟹 [Ka. D2901]

ನಳ್ಳು¹ ⟦naḷḷu ナッル⟧ [nəḷḷu] *n.* 藻、海藻 [Ka. D2909]

ನಳ್ಳುನೆಲ¹ ⟦naḷḷunela ナッルネラ⟧ [nəḷḷunelɐ] *n.* 藻の生えた湿地 [+ *nela*]

ನಳ್ಳು² ⟦naḷḷu ナッル⟧ [nəḷḷu] *n.* 窪地 [Ka. D2931]

ನಳ್ಳುನೆಲ² ⟦naḷḷunela ナッルネラ⟧ [nəḷḷunelɐ] *n.* 窪地 [+ *nela* D2931]

ನಱ¹ ⟦naṟa ナラ⟧ [nəṟɐ] 《‡》 (*n.*) かぐわしい〈こと〉 [Ka. D2918] (*Prv.* (*Kitt.*))

ನಱ² ⟦naṟa ナラ⟧ [nəṟɐ] 《‡》 (*n.*) ぽきん(指などの関節を鳴らす音を表す擬音語) [Ka. onom. D3623] (*My.* (*Kitt.*))

ನಱಕ್ ⟦naṟak ナラク⟧ [nəṟək] 《‡》 (*n.*) ぽきん(指などの関節を鳴らす音を表す擬音語) [Ka. onom. D3623] (*Kitt.*)

ನಱಕ್ಕಂತೆ ⟦naṟakkaṃte ナラッカンテ⟧ [nəṟəkkənte] 《‡》 *adv.* (指などの関節を鳴らす)ぽきんという音を立てながら [Ka. *narak* + *-aṃte* D3623] (*My.* (*Kitt.*))

ನಱಕು ⟦naṟaku ナラク⟧ [nəṟəku] 《古》 *vt.* 押しつける、圧搾する [Ka. *D2927] ☞ನಗ್ಗು (naggu)

ನಱವಲು ⟦naṟavalu ナラヴァル⟧ [nəṟə̆vəlu] 《‡》 *n.* [Ka. D3624] (*Kitt.*) ☞ನಱುವಲ್ (naṟuval)

ನಱಿಗೆ ⟦naṟige ナリゲ⟧ [nəṟige] 《‡》 *n.* サーリーやドーティーのギャザー (*My.* (*Kitt.*)) [Ka. *D2935] ☞ನರಿಗೆ (narige)

ನಱು ⟦naṟu ナル⟧ [nəṟu] ನರು 《古》 *n.* 芳香、香り、よい匂い —(*n.*) かぐわしい〈こと〉 [Ka. D2918]

ನಱುಕು ⟦naṟuku ナルク⟧ [nəṟuku] 《古》 *vi.* (頬などが)へこむ —*vt.* 細かく砕く、粉砕する、噛み砕く ☞ನಗ್ಗು (naggu) [Ka. *D2927]

ನಱುಂಕು ⟦naṟuṃku ナルンク⟧ [nəṟuŋku] 《古》 *vi.* 発育不全である [Ka. *D2927] ☞ನಗ್ಗು (naggu)

ನಱುಜು ⟦naṟuju ナルジュ⟧ [nəṟŭʤu] 《‡》 *n.* 砂利 [Ka. D3626] (*Kitt.*)(*Si.103* (*Kitt.*))

ನರುವಲು ⟦naruvalu ナルヴァル⟧ [nərŭvəlu] 《古》 *n.* こすると火が出る木の一種(クマツヅラ科、薬用) ⇀ 薬 [Ka. *D3624] ☞ನಱುವಲ್ (naṟuval)

ನಱುವಲ್ ⟦naṟuval ナルヴァル⟧ [nəṟŭvəl] ನರುವಲು, ನರ್ವಲ್, ನಱುವಲ, ನಱುವಲು 《古》 *n.* 1 こすると火が出るクマツヅラ科の木の一種(薬用) ⇀ 薬 2 実が石鹸として使われる木の一種 ಅಂತವಲ (aṃtavala) 〔汎〕 [Ka. *D3624] = ತಕ್ಕಿಳ (takkiḷa)

ನಱುವಲ ⟦naṟuvala ナルヴァラ⟧ [nəṟŭvəlɐ] 《古》 *n.* こすると火が出る木の一種 ⇀ 薬 [Ka. *D3624] ☞ನಱುವಲ್ (naṟuval)

ನಱುವಲು ⟦naṟuvalu ナルヴァル⟧ [nəṟŭvəlu] 《古》 *n.* 1 こすると火が出る木の一種 2 葉野菜の一種 [Ka. D3624] ☞ನಱುವಲ್ (naṟuval)

ನಾ¹ ⟦nā ナー⟧ [nɐː] 《‡》 (*adj.*) 芳香を放つ〈こと〉 [Ka. D2918] (*Z.* (*Kitt.*))

ನಾ² ⟦nā ナー⟧ [nɐː] *numr.*(*adj.*) 《複合語頭で》 4 …、例えば ನಾನೂಱು (nānūṟu) など [Ka. *D3655] ☞ನಾಲು (nālu)

ನಾ³ ⟦nā ナー⟧ [nɐː] 《口》 *pron.* 《*mf.*》私、わたくし、おれ [Ka.] = ನಾನು (nānu)

ನಾಂಚಿಕೆ ⟦nāṃcike ナーンチケ⟧ [nɐːɲʦĭke] 《古》 *n.* 1 恥じらい、はにかみ、(女性の)慎み深さ 2 羞恥心 [Ka. D3639] ☞ನಾಚಿಕೆ (nācike)

ನಾಂಚು ⟦nāṃcu ナーンチュ⟧ [nɐːɲʧu] 《古》 *vi.* 恥ずかしがる、はにかむ [Ka. D3639] ☞ನಾಚು (nācu)

ನಾಂಟು¹ ⟦nāṃṭu ナーントゥ⟧ [nɐːɳʈu] 《古》 *vi.* (種から) 芽を出す、芽生える [Ka. *D2919] ☞ನಾಟು (nāṭu)[1]

ನಾಂಟು² ⟦nāṃṭu ナーントゥ⟧ [nɐːɳʈu] 《古》 *vi.* 1 (矢、槍、刺などが)刺さる、突き刺さる 2 (屈辱、恥、罪などが)身に降りかかる、身に及ぶ 3 (心に考え、恐怖などが)深く刻み込まれる —*vt.* 〈若木、苗木などを〉植える、植えかえる = ನಾಟಿ ಮಾಡು (nāṭi māḍu) 〔汎〕 ☞ನಾಟು (nāṭu)[2] [Ka. D3583]

ನಾಂತ ⟦nāṃta ナーンタ⟧ [nɐːntɐ] 《‡》 *n.* 匂い、臭み (*Kk.55* (*Kitt.*),*Čt.I,22* (*Kitt.*)) [Ka. D2918]

ನಾಂದಿ ⟦nāṃdi ナーンディ⟧ [nɐːndi] *n.* 1 劇や詩の最初になされる祝福の祈祷 2 (めでたい行事の)最初の式 [Sk.]

ನಾಂದು ⟦nāṃdu ナーンドゥ⟧ [nɐːndu] 《古》 *vt.* 濡らす、湿らせる —*vi.* ずぶ濡れになる、水に浸かる (*Pb.4.80*) = ನಾದು (nādu) 〔現〕 (*Pb.1.105*) [Ka. D3630]

ನಾಂಬ ⟦nāṃba ナーンバ⟧ [nɐːmbɐ] 《古》 *m.* 《*f.* *ನಾಂಬಿ (nāṃbi)》怠け者 [Ka. D3648]

ನಾಂಬು ⟦nāṃbu ナーンブ⟧ [nɐːmbu] 《古》 *vi.* 怠ける、のらくらする [Ka. D3648]

ನಾಕ ⟦nāka ナーカ⟧ [nɐːkɐ] 《文》 *n.* 1 天国、極楽、神の国 2 空、大空 [Sk.]

ನಾಕು ⟦nāku ナーク⟧ [nɐːku] 《口》 *numr.adj.* 4 …、四つの —*numr.n.* 4、四つ ☞ನಾಲ್ಕು (nālku) [Ka. D3655]

ನಾಗ ⟦nāga ナーガ⟧ [nɐːgɐ] *n.* コブラ [Sk.]

ನಾಗಕನ್ನೆ ⟦nāgakanne ナーガカンネ⟧ [nɐːgəkənne] *f.* 地下にある蛇界の娘 [*nāga* + *kanne*] (*Pb.4.15.V*) ☞ನಾಗಕನ್ಯೆ (nāgakanye)

ನಾಗಕನ್ಯೆ ⟦nāgakanye ナーガカニェ⟧ [nɐːgəkənʲje] ನಾಗ-ಕನ್ನೆ *f.* 地下にある蛇界の娘 [Sk. *nāgakanyā-*]

ನಾಗಚತುರ್ಥಿ ⟦nāgacaturtʰi ナーガチャトゥルティ⟧ [nɐːgəʧəturtʰi] *n.* インド暦のシュラーヴァナ月白分4日に行われるコブラの祭り（コブラの穴にバナナ、ビンロウジュの実などが供えられる）[Sk.] ☞ಆವಣಿ (āvaṇi)

ನಾಗಪಂಚಮಿ ⟦nāgapaṃcami ナーガパンチャミ⟧ [nɐːgəpəɲʧəmi] *n.* シュラーヴァナ月白分5日に行われるコブラの祭 [Sk.] = ಗರುಡಪಂಚಮಿ (garuḍapaṃcami)

ನಾಗಪ್ರತಿಷ್ಠೆ ⟦nāgapratiṣṭʰe ナーガプラティシュテ⟧ [nɐːgəprətiʂʈʰe] *n.* インド菩提樹の根元におかれたコブラの石像にコブラの霊を呼び入れる儀式 [Sk.]

ನಾಗಪಾಶ ⟦nāgapāśa ナーガパーシャ⟧ [nɐgəpɐːʃɐ] *n.* 戦いで敵を動けなくする呪文 [Sk.]

ನಾಗಬಂಧ ⟦nāgabaṃdʰa ナーガバンダ⟧ [nɐːgəbəndʰɐ] *n.* 1 相手を押さえつけるレスリングの手の一種 2 解くことが難しい結び目 [Sk.]

ನಾಗಬೆತ್ತ ⟦nāgabetta ナーガベッタ⟧ [nɐːgəbettɐ] *n.* 行者が用いる蛇の形をした籐（とう）の杖 [⇒図] [Sk.]

ನಾಗಬೆತ್ತ 籐杖

ನಾಗಮುರಿ ⟦nāgamuri ナーガムリ⟧ [nɐːgəmuri] *n.* 1 上腕につける腕輪（蛇のかさ状頭部がデザインされていることが多い）[⇒図] 2 スネークウッド（蛇の皮のような模様がある硬い装飾用の木）[*nāga* + *muri*]

ನಾಗರಲಿಪಿ ⟦nāgaralipi ナーガラリピ⟧ [nɐːgərəlipi] *n.* デーヴァナーガリー文字（ヒンディー語、マラーティー語、ネパール語を書く時に用いる文字、サンスクリット語を書く場合にもしばしば用いられる）[Sk.] ☞ನಾಗರಿಲಿಪಿ (nāgarilipi)〔汎〕

ನಾಗಮುರಿ 1 蛇の腕輪

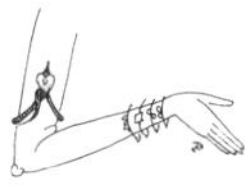

ನಾಗರಹಾವು ⟦nāgarahāvu ナーガラハーヴ⟧ [nɐːgərəhɐːvu] *n.* コブラ [Sk. *nāgara* + *hāvu*]

ನಾಗರಿಕ ⟦nāgarika ナーガリカ⟧ [nɐːgərikɐ] *adj.* 1 都市の、都市にすむ、大都会の 2 洗練された、文化的な 3（特定の国の）市民権を持っている人の 4（特定の市の）市民の —*m.*《*f.* ನಾಗರಿಕಳು (nāgarikaḷu)》洗練された人、上品な人、文化的な人 [Sk.]

ನಾಗರಿಕತೆ ⟦nāgarikate ナーガリカテ⟧ [nɐːgərikəte] *n.* 1 都会風であること 2 上品、洗練、雅やかさ 3（特定の国の）市民権 ¶ ಸೋನಿಯಾ ಗಾಂಧಿ ಅವರು ಭಾರತದ ಪೌರತ್ವವನ್ನು ಹೊಂದಿದ್ದಾರೆ. (sōniyā gāṃdʰi avaru bʰāratada pauratvavannu hoṃdiddāre.) ソニヤ・ガーンディー夫人はインドの市民権を取っている。ಪೌರತ್ವ (pauratva) [Sk.]

ನಾಗರಿಕಹಕ್ಕು ⟦nāgarikahakku ナーガリカハック⟧ [nɐːgərikəhəkku] *n.* 市民の持つ権利 [*nāgarika* + *hakku*]

ನಾಗರಿಲಿಪಿ ⟦nāgarilipi ナーガリリピ⟧ [nɐːgərilipi] ನಾಗ-ರೀಲಿಪಿ *n.* デーヴァナーガリー文字（ヒンディー語、マラーティー語、ネパール語を書く時に用いる文字、サンスクリット語を書く場合にもしばしば用いられる）[Sk.] ನಾಗರಲಿಪಿ (nāgaralipi)〔汎〕

ನಾಗರೀಕ ⟦nāgarīka ナーガリーカ⟧ [nɐːgəriːkɐ]《異》*adj.* [Sk.] ☞ನಾಗರಿಕ (nāgarika)

ನಾಗಸಂಪಿಗೆ ⟦nāgasampige ナーガサンピゲ⟧ [nɐːgəsəmpige] *n.* 芳香の強い白い花が咲く木の一種、その花（この花の芳香が蛇を引き寄せると信じられている）[*nāga* + *sampige*]

ನಾಗಸ್ವರ ⟦nāgasvara ナーガスヴァラ⟧ [nɐːgəsvərɐ] *n.* 1 蛇使いが用いるクラリネット属の笛 = ಪುಂಗಿ (puṃgi) 2 オーボエ属の木管楽器（結婚式などで演奏される）ನಾದಸ್ವರ (nādasvara) [Sk.]

ನಾಗಾಲು ⟦nāgālu ナーガール⟧ [nɐːgɐːlu] *n.* 四足獣（通常は哺乳類）[Ka. *nā* + *kālu*]

ನಾಗಾಲೋಟ ⟦nāgālōṭa ナーガーロータ⟧ [nɐːgɐːloːʈɐ] *n.* ギャロップ ◇ *vi.* ನಾಗಾಲೋಟದಿಂದ ಓಡು (nāgālōṭadiṃda ōḍu) ギャロップで駆ける [Ka. *nāgālu* + *ōṭa*]

ನಾಚಿಕೆ ⟦nācike ナーチケ⟧ [nɐːʧike] ನಾಂಚಿಕೆ, ನಾಣ್ಚಿಕೆ *n.* 1 恥じらい、はにかみ 2 恥、不名誉 3（婦人の）しとやかさ、つつましさ 4（悪いことをして）恥をかくこと 5（敗北や不名誉などによる）羞恥心 [Ka. D3639]

ನಾಚಿಕೆಗೆಡು ⟦nācikegeḍu ナーチケゲドゥ⟧ [nɐːʧikegeɖu] *vi.* 1 恥をかく、面目を失う 2 恥知らずである、鉄面皮である [+ *keḍu*]

ನಾಚಿಕೆಗೇಡಿ ⟦nācikegēḍi ナーチケゲーディ⟧ [nɐːʧikegeːɖi] *mf.* 恥知らずな人、鉄面皮な人 [Ka. + *kēḍi*]

ನಾಚಿಕೆಗೇಡಿತನ ⟦nācikegēḍitana ナーチケゲーディタナ⟧ [nɐːʧikegeːɖitənɐ] *n.* 恥知らず、鉄面皮 [Ka. + *nācikegēḍi* + *-tana*]

ನಾಚಿಕೆಗೇಡು ⟦nācikegēḍu ナーチケゲードゥ⟧ [nɐːʧikegeːɖu] (*n.*) 鉄面皮〈な〉、恥知らず〈な〉[Ka. + *kēḍu*]

ನಾಚಿಗೆ ⟦nācige ナーチゲ⟧ [nɐːʧige] *n.* [Ka. D3639] ☞ನಾಚಿಕೆ (nācike)

ನಾಚು[1] ⟦nācu ナーチュ⟧ [nɐːʧu] *vi.* 1 恥ずかしがる、はにかむ 2（悪いことをして）恥ずかしく思う [Ka. D3639]

ನಾಚು[2] ⟦nācu ナーチュ⟧ [nɐːʧu] ನಾಂಚು, ನಾಣ್ಚು《口》*n.*（古典舞踊や正式の踊り以外の）踊り、ダンス [H. *nācā*] ಕುಣಿತ (kuṇita)

ನಾಜೂಕು ⟦nājūku ナージューク⟧ [nɐːʤuːku] ನಾಜೋಕು *adj.* 1（皮、繊維などが）柔らかな、（心、体などが）繊細な 2（芸術作品、立ち居振る舞いなどが）繊細な、優雅な ¶ ಮೊಗಲು ದರಬಾರದಲ್ಲಿ ನಾಜೂಕು ನಡವಳಿಕೆ ನೋಡಬಹುದು. (mogalu darabāradalli nājūku naḍavaḷike nōḍabahudu.) ムガルの宮廷では優雅な立ち居振る

舞いが見られる。 3（服装など）こぎれいな、パリッとした ¶ ಪಕ್ಕದ ಮನೆಯ ಹುಡುಗಿ ತುಂಬ ನಾಜೂಕಾದ ಬಟ್ಟೆ ಹಾಕಿಕೊಂಡು ಆಫೀಸಿಗೆ ಹೋಗುತ್ತಾಳೆ. (pakkada maneya huḍugi tuṃba nājūkāda baṭṭe hākikoṃḍu āpʰīsige hōguttāḷe.) 隣のうちの娘さんはとてもこぎれいな服を着て事務所へ行く。 4（建築、彫刻、装身具などが）細かくて美しい ¶ ಹೊಯ್ಸಳ ಶಿಲ್ಪದಲ್ಲಿ ತುಂಬ ನಾಜೂಕು ಕೆಲಸ ಇದೆ. (hoysaḷa śilpadalli tuṃba nājūku kelasa ide.) ホイサラの建築物は細かい細工が多い。 5（物の表面などが）柔らかくて傷つきやすい、（健康などが）繊細で損なわれやすい 6（問題などが）微妙な；（人間関係などが）傷つきやすい ¶ ವಿಮಾನಾಪಹರಣವನ್ನು ಬಗೆಹರಿಸುವುದು ತುಂಬ ನಾಜೂಕು ಕೆಲಸ. (vimānāpaharaṇavannu bageharisuvudu tuṃba nājūku kelasa.) 飛行機の乗っ取りを解決するのは微妙な仕事である。 [Pe. *nāzuk*]

ನಾಜೂಕುತನ 〚nājūkutana ナージュークタナ〛 [nɐːʤuːkŭtənɐ] *n.* 繊細さ、など [*nājūku* + *-tana*]

ನಾಜೋಕು 〚nājōku ナージョーク〛 [nɐːʤoːku] *adj.* [Pe. *nāzuk*] ☞ನಾಜೂಕು (nājūku)

ನಾಟ 〚nāṭa ナータ〛 [nɐːʈɐ] *n.* 1 丸太 2 南インド古典音楽のラーガの一種 [?]

ನಾಟಕ 〚nāṭaka ナータカ〛 [nɐːʈə̆kɐ] *n.* 1 劇、芝居 2 芝居、二枚舌を使うこと、偽善的な振る舞い ¶ ಚಿಕ್ಕಪ್ಪನ ಪ್ರೀತಿ ಬರೀ ನಾಟಕ ಎಂದು ಗೊತ್ತಾಯಿತು. (cikkappana prīti barī nāṭaka eṃdu gottāyitu.) おじさん（父の弟）の優しさはただの芝居だった。 [Sk.]

ನಾಟಕಕಾರ 〚nāṭakakāra ナータカカーラ〛 [nɐːʈəkə̆kɐːrɐ] *m.* 《*f.* ನಾಟಕಕಾರ್ತಿ (nāṭakakārti)》劇作家 [Sk.]

ನಾಟಕಚಕ್ರ 〚nāṭakacakra ナータカチャクラ〛 [nɐːʈə̆kəʧəkrɐ] 《文》 *n.* 同じ作家が同じ題材を扱った一群の劇、続きものの劇 [Sk.]

ನಾಟಕತಂತ್ರ 〚nāṭakataṃtra ナータカタントラ〛 [nɐːʈə̆kətəntrɐ] 《文》 *n.* 作劇術、作劇法 [Sk.]

ನಾಟಕಮಂದಿರ 〚nāṭakamaṃdira ナータカマンディラ〛 [nɐːʈə̆kəməndirɐ] *n.* 劇場、芝居小屋 [Sk.] = ನಾಟಕಶಾಲೆ (nāṭakaśāle)

ನಾಟಕರಂಗ 〚nāṭakaraṃga ナータカランガ〛 [nɐːʈə̆kərəŋgɐ] *n.* 舞台、ステージ [Sk.]

ನಾಟಕವಾಡು 〚nāṭakavāḍu ナータカヴァードゥ〛 [nɐːʈə̆kəvɐːɖu] *vi.* 1 芝居を演じる 2 演技する、偽善的に振る舞う、信じ込ませる [*nāṭaka* + *āḍu*]

ನಾಟಕಶಿಲ್ಪ 〚nāṭakaśilpa ナータカシルパ〛 [nɐːʈəkəʃilpɐ] *n.* 劇の構成、劇の構造 = ನಾಟಕರಚನೆ (nāṭakaracane) [Sk.]

ನಾಟಕಾಭಿನಯ 〚nāṭakābʰinaya ナータカービナヤ〛 [nɐːʈə̆kɐːbʰinəjɐ] *n.* 芝居すること、劇を演じること [Sk.]

ನಾಟಕೀಕರಣ 〚nāṭakīkaraṇa ナータキーカラナ〛 [nɐːʈə̆kiːkərə̆ɳɐ] 《文》 *n.* （小説などの）劇化 [Sk.]

ನಾಟಕೀಯ 〚nāṭakīya ナータキーヤ〛 [nɐːʈə̆kiːjɐ] 《文》 *adj.* 1（できごとなど）劇的な；劇場の 2 劇的要素を含む、劇として上演できる 3 わざとらしい、気取った [Sk.]

ನಾಟಕೀಯತೆ 〚nāṭakīyate ナータキーヤテ〛 [nɐːʈə̆kiːjəte] 《文》 *n.* 1 劇的なこと 2 劇のようなこと、芝居がかったこと [Sk.]

ನಾಟಿ¹ 〚nāṭi ナーティ〛 [nɐːʈi] ನಟ್ಟಿ ನಟ್ಟು ನಟ್ಟೆ ನೆಟ್ಟೆ *n.* 1（稲などの）植えかえ ◇ *vi.* —ಹಾಕು (hāku) 田植えをする 2（稲などの）苗 [Ka. D3583]

ನಾಟಿ² 〚nāṭi ナーティ〛 [nɐːʈi] *n.* 南インドの古典音楽のラーガの一種 [Sk. *nāṭī-*]

ನಾಟಿ³ 〚nāṭi ナーティ〛 [nɐːʈi] (*adj.*) 自分の国に昔からあった〈こと〉、土着〈の〉 [Eg. *native*] = ಸ್ವದೇಶಿ (svadēśi)

ನಾಟಿಔಷಧ 〚nāṭiauṣadʰa ナーティアウシャダ〛 [nɐːʈiəuʂə̆dʰɐ] *n.* 自国の薬草から作った薬 [+ *auṣadʰa*]

ನಾಟಿಮದ್ದು 〚nāṭimaddu ナーティマッドゥ〛 [nɐːʈimədduু] *n.* （インド）土着の薬、土着の薬草 [+ *maddu*]

ನಾಟಿಕೆ 〚nāṭike ナーティケ〛 [bɐːʈike] *n.* 植えること、移植 [Ka. *nāṭu*² + *-ike*]

ನಾಟು¹ 〚nāṭu ナートゥ〛 [nɐːʈu] 《方》 *vi.* （種から）芽生える、発芽する [Ka. D2919] (Gul.)

ನಾಟು² 〚nāṭu ナートゥ〛 [nɐːʈu] ನಾಂಟು *vi.* 1（矢、槍、刺などが）刺さる、突き刺さる 2（功徳、罪などが）生じる ¶ ರಾತ್ರಿ ಉಗುರು ತೆಗೆಯುವದರಿಂದ ಪಾಪ ನಾಟುತ್ತದೆ. (rātri uguru tegeyuvadariṃda pāpa nāṭuttade.) 夜爪を切ることによって罪が生じる。 3（心に）深く刻み込まれる、（心を）打つ ¶ ಸ್ನೇಹಿತ ಹೇಳಿದ ಮಾತು ನನ್ನ ಮನಸ್ಸಿಗೆ ನಾಟಿತು. (snēhita hēḷida mātu nanna manassige nāṭitu.) 友達の言葉が心に突き刺さった。 —*vt.* 〈若木、苗木などを〉植える、植えかえる —*n.* 深く刺さった状態；深いこと [Ka. D3583]

ನಾಟಿಸು 〚nāṭisu ナーティス〛 [nɐːʈisu] *vt.* 1〈刀などを〉突き刺す 2 植えさせる、など [Ka. caus. D3583]

ನಾಟುನುಡಿ 〚nāṭunuḍi ナートゥヌディ〛 [nɐːʈunuɖi] *n.* 巧みに心理を表した短い語句、警句、アフォリズム [*nāṭu* + *nuḍi*]

ನಾಟ್ಗಿ 〚nāṭgi ナートギ〛 [nɐːʈgi] 《方》 *n.* （種から出る）芽、芽生え (*Gul.*) [Ka. D2919]

ನಾಟ್ಯ 〚nāṭya ナーティヤ〛 [nɐːʈjɐ] *n.* 1 演技、芝居 2 踊り、（特に）古典舞踊 [Sk.]

ನಾಟ್ಯಕಲೆ 〚nāṭyakale ナーティヤカレ〛 [nɐːʈjəkəle] 《文》 *n.* 1 劇（という芸術） 2 舞踊（という芸術） [Sk.]

ನಾಟ್ಯಪದ್ಧತಿ 〚nāṭyapaddʰati ナーティヤパッダティ〛 [nɐːʈjəpəddʰə̆ti] *n.* 舞踊または劇の流儀 [Sk.]

ನಾಟ್ಯಶಾಸ್ತ್ರ 〚nāṭyaśāstra ナーティヤシャーストラ〛 [nɐːʈjəʃɐːstrɐ] *n.* 劇に関する学問、劇論、作劇術 [Sk.]

ನಾಡದು 〚nāḍadu ナーダドゥ〛 [nɐːɖə̆ɗu] 《古》 *adv.* 明後日、翌々日 ☞ನಾಳಿದ್ದು (nāḷiddu)〔汎〕 [Ka. D3656]

ನಾಡಾಡಿಗ 〚nāḍāḍiga ナーダーディガ〛 [nɐːɖɐːɖigɐ] *mf.* つまらぬ人、ありきたりの人間、俗人、小人物 [Ka. *D3638]

ನಾಡಾಡಿ ⟦nāḍāḍi ナーダーディ⟧ [nɐːɖɐːɽi] *mf.* つまらぬ人、ありきたりの人間、俗人、小人物 [Ka. D3638]

ನಾಡಿ ⟦nāḍi ナーディ⟧ [nɐːɖi] *n.* 血管、血の管 [Sk.]

ನಾಡಿಗ ⟦nāḍiga ナーディガ⟧ [nɐːɖĭgɐ] *m.* 《*f.* ನಾಡಿಗಿತ್ತಿ (nāḍigitti)》 1 (ある)国や地方の人 2 独立前の政府のもとで村を治めた役人 [Ka. D3638]

ನಾಡಿದು ⟦nāḍidu ナーディドゥ⟧ [nɐːɖĭdʰu] 《古》 *adv.* 明後日、翌々日 [Ka. D3656] ☞ನಾಳಿದ್ದು (nāḷiddu) 〔汎〕

ನಾಡಿದ್ದು ⟦nāḍiddu ナーディッドゥ⟧ [nɐːɖĭddu] ನಾಡದು, ನಾಡಿದು, ನಾಳಿದ್ದು *adv.* 明後日、翌々日 [Ka. D3656] ☞ನಾಳಿದ್ದು (nāḷiddu) 〔汎〕

ನಾಡು ⟦nāḍu ナードゥ⟧ [nɐːɖu] *n.* 1 (山や砂漠に対して)人の住む場所、人里 2 国、国家、地方 [Ka. D3638]

ನಾಣ್ ⟦nāṇ ナーン⟧ [nɐːɳ] ನಾಣು 《文》 *n.* 1 恥、恥じらい、羞恥心、(人に見られたくない行動を見られて)きまりの悪い思い 2 つつましさ、恥じらい 3 「恥ずかしいもの」、恥部、陰部 [Ka. D3639]

ನಾಣ್ಗೆಡಿಸು ⟦nāṇgeḍisu ナーンゲディス⟧ [nɐːɳgeɖisu] 《古》 *vt.* 侮辱する [+ *keḍisu*]

ನಾಣ್ಗೆಡು ⟦nāṇgeḍu ナーンゲドゥ⟧ [nɐːɳgeɖu] 《古》 *vi.* 1 羞恥心をなくす 2 侮辱される [+ *keḍu*]

ನಾಣ್ಗೆಯ್ ⟦nāṇgey ナーンゲイ⟧ [nɐːɳgeĭ] 《古》 *vi.* 侮辱する [+ *key*]

ನಾಣಟೆ ⟦nāṇaṭe ナーナテ⟧ [nɐːɳə̆ʈe] 《方》 *n.* (チップスや紙などが)湿ってぱりっとした感触がなくなった [Ka. D3630] (Hav.)

ನಾಣು¹ ⟦nāṇu ナーヌ⟧ [nɐːɳu] 《方》 *vi.* (煎餅状の菓子や紙が湿って)ぱりっとした感触がなくなる、湿る [Ka. D3630] (Hav.)

ನಾಣು² ⟦nāṇu ナーヌ⟧ [nɐːɳu] 《古》 *n.* [Ka. *D3639] ☞ನಾಣ್ (nāṇ)

ನಾಣ್ಚಿಕೆ ⟦nāṇcike ナーンチケ⟧ [nɐːɳʧike] 《古》 *n.* 1 恥じらい、はにかみ 2 恥、不名誉 3 (女性の)しとやかさ、つつましさ [Ka. *D3639]

ನಾಣ್ಚಿಸು ⟦nāṇcisu ナーンチス⟧ [nɐːɳʧisu] 《古》 *vt.* 恥ずかしがらせる、恥をかかせる [Ka. caus. D3639]

ನಾಣ್ಚು ⟦nāṇcu ナーンチュ⟧ [nɐːɳʧu] 《古》 *vi.* 恥をかく、きまり悪い思いをする [Ka. D3639]

ನಾಣ್ಣುಡಿ ⟦nāṇṇuḍi ナーンヌディ⟧ [nɐːɳɳuɖi] ನಾಣ್ನುಡಿ, ನಾನ್ನುಡಿ, ನಾಳ್ನುಡಿ, ನಾಟ್ನುಡಿ 《文》 *n.* 金言、格言、ことわざ [*nāḍu* + *nuḍi*]

ನಾಣ್ನುಡಿ ⟦nāṇnuḍi ナーンヌディ⟧ [nɐːɳnuɖi] 《文》 *n.* 金言、格言、ことわざ [*nāḍu* + *nuḍi*] ☞ನಾಣ್ಣುಡಿ (nāṇṇuḍi)

ನಾಣ್ಯ ⟦nāṇya ナーニャ⟧ [nɐːɳjɐ] *n.* 1 硬貨、鋳貨 2 貨幣、通貨、流通貨幣 3 価値あるもの ¶ ನಿಮ್ಮ ಪ್ರಾಮಾಣಿಕತೆಯೇ ನಾಣ್ಯ. (nimma prāmāṇikateyē nāṇya.) 貴方の正直さこそ大切なものです。 [Sk.]

ನಾಣ್ಯಪದ್ಧತಿ ⟦nāṇyapaddʰati ナーニャパッダティ⟧ [nɐːɳjə̆pəddʰə̆ti] *n.* 貨幣制度 [Sk.]

ನಾಣ್ಯವಿದ್ಯೆ ⟦nāṇyavidye ナーニャヴィディェ⟧ [nɐːɳjə̆vidje] 《文》 *n.* 貨幣学、古銭学 [Sk.]

ನಾತ ⟦nāta ナータ⟧ [nɐːtɐ] ನಾತು *n.* 1 匂い、臭い 2 芳香、よい匂い 3 嫌な臭い、悪臭 [Ka. D2918] ☞ನಾತ (nāta)

ನಾತು ⟦nātu ナートゥ⟧ [nɐːtu] *n.* 1 匂い、臭い 2 嫌な臭い、悪臭 [Ka. D2918] ☞ನಾತ (nāta)

ನಾಥ ⟦nātʰa ナータ⟧ [nɐːtʰɐ] *m.* 1 主人、所有者、支配者 2 夫、主人 [Sk.]

ನಾದ ⟦nāda ナーダ⟧ [nɐːdɐ] *n.* (主に楽器の)音、響き [Sk.]

ನಾದನಿ ⟦nādani ナーダニ⟧ [nɐːdʰə̆ni] 《異》 *f.* [Ka. D3644] ☞ನಾದುನಿ (nāduni) 〔汎〕

ನಾದಸ್ವರ ⟦nādasvara ナーダスヴァラ⟧ [nɐːdə̆sʋərɐ] *n.* ナーダスヴァラム(オーボエ属の木管楽器の一種) [Sk.] = ನಾಗಸ್ವರ 2 (nāgasvara 2)

ನಾದಿನಿ ⟦nādini ナーディニ⟧ [nɐːđĭni] *f.* 1 夫の妹、義理の妹 2 弟の妻、義理の妹 [Ka. D3644] ☞ನಾದುನಿ (nāduni)

ನಾದು¹ ⟦nādu ナードゥ⟧ [nɐːđu] ನಾಂದು 《古》 *vi.* 1 濡れる、水浸しになる 2 湿る、湿気を帯びる [< OKa. *nāṃdu* D3630]

ನಾದು² ⟦nādu ナードゥ⟧ [nɐːđu] *vt.* 1 〈粉などを〉こねる 2 打ち据える、散々殴る ¶ ಗುರುಗಳು ತಪ್ಪು ಮಾಡಿದ ವಿದ್ಯಾರ್ಥಿಯನ್ನು ಚನ್ನಾಗಿ ನಾದಿದರು. (gurugaḷu tappu māḍida vidyārtʰiyannu cannāgi nādidaru.) 先生は過ちを犯した生徒を散々に打ち据えた。 [Ka. ? cf. D3630]

ನಾದುನಿ ⟦nāduni ナードゥニ⟧ [nɐːđŭni] ನಾದನಿ, ನಾದುನಿ 《古》 *f.* 1 夫の妹、義理の妹 2 弟の妻、義理の妹 3 母の兄弟の娘 [Ka. D3644] *(Pb.4.98)(Pb. 4.98)*

ನಾನ್¹ ⟦nān ナーン⟧ [nɐːn] 《古》 *vt.* 《過去語幹 nāṃd- 未来語幹 nāṃb-/ nānba-》 1 濡らす、湿らせる 2 濡れる、湿る、びしょ濡れになる [Ka. D3630] = ನಾಂದು (nāṃdu)

ನಾನ್² ⟦nān ナーン⟧ [nɐːn] 《古》 *pron.* 《*mf.*》 私は、俺は [Ka. D5160] ☞ನಾನು (nānu)

ನಾನಲ್ ⟦nānal ナーナル⟧ [nɐːnəl] 《古》 *n.* 葦の一種 [Ka. D2909]

ನಾನಾ ⟦nānā ナーナー⟧ [nɐːnɐː] (*adj.*) いろいろ〈な〉、種々の〈こと〉 [Sk.]

ನಾನಾರ್ಥ ⟦nānārtʰa ナーナールタ⟧ [nɐːnɐːrtʰɐ] 《文》 (*adj.*) いろいろな意味を持った〈こと〉 [Sk.]

ನಾನು ⟦nānu ナーヌ⟧ [nɐːnu] *pron.* (*mf.*) 私、俺(一人称単数の代名詞) [Ka. D5160]

ನಾನೂರು ⟦nānūru ナーヌール⟧ [nɐːnuːru] ನಾನೂಱು 《口》 *numr.adj.* 400 の —*pron.n.* 400 [Ka. D3655, D3729]

ನಾನೂಱು ⟦nānūṟu ナーヌール⟧ [nɐːnuːr̠u] 《古》 *numr.adj.* 400 の —*pron.n.* 400 [Ka. D3655, 3729]

ನಾಪತ್ತೆ ⟦nāpatte ナーパッテ⟧ [nɐːpətte] (*n.*) 失踪、行方不明 ◇ *vi.* —ಆಗು (āgu) 失踪する [Pe. *nā-* + H. *patte*]

ನಾಪಾಸು ⟦nāpāsu ナーパース⟧ [nɐːpɐːsu] (*n.*) 《ಆಗು (āgu)と伴にのみ用いられる》(試験などで)パスしない、不合格、落第 [Pe. *nā-* + Eg. *pass*]

ನಾಪಿತ ⟦nāpita ナーピタ⟧ [nɐːpitɐ] *m.* 〔タブー〕理髪師、散髪屋 [Sk.] = ಬಾರ್ಬರ್ (bārbar) 〔汎〕

ನಾಭಿ ⟦nābʰi ナービ⟧ [mɐːbʰi] 《文》 *n.* 1 へそ 2 中心(点)、真ん中、中央 ¶ ಅತ್ತಿಗೆ ನಮ್ಮ ಕುಟುಂಬದ ನಾಭಿ. (attige namma kuṭuṃbada nābʰi.) 義姉さんが私たちの家族の中心だ。 3 (車の)こしき [Sk.]

ನಾಮ್ ⟦nām ナーム⟧ [nɐːm] 《古》 *pron.mf.* 我々、私たち(包含的一人称複数の人称代名詞) [Ka. D3647] (*Pb.6.70*)

ನಾಮ ⟦nāma ナーマ⟧ [nɐːmɐ] *n.* 1 〔言〕名詞 2 ヴィシュヌ教の信徒が額に付けるしるし[⇒図] [Sk.]

ನಾಮ ヴィシュヌ信徒のしるし

ನಾಮ ಹಾಕು ⟦nāma hāku ナーマハーク⟧ [nɐːmɐ hɐːku] *vi.* 《*gen.*》 1 額にヴィシュヌ信徒のしるしを付ける 2 ペテンにかける、担ぐ、騙す ¶ ನಾನು ಕೊಟ್ಟ ದುಡ್ಡಿಗೆ ಸ್ನೇಹಿತ ನಾಮ ಹಾಕಿದ. (nānu koṭṭa duḍḍige snēhita nāma hākida.) 友達は私が貸したお金を踏み倒した。 [+ *shāku*]

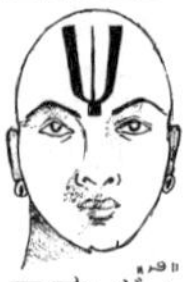

ನಾಮಕರಣ ⟦nāmakaraṇa ナーマカラナ⟧ [nɐːmə̆kərə̆ɳɐ] *n.* 1 子どもに名前を付ける儀式、命名式 2 (役職、任務などへの)指名 [Sk.]

ನಾಮಧೇಯ ⟦nāmadʰēya ナーマデーヤ⟧ [nɐːmə̆dʰeːjɐ] 《文》 *n.* 名前、名称、称号 ¶ ತಮ್ಮ ನಾಮಧೇಯ ಏನು. (tamma nāmadʰēya ēnu.) 御尊名をおうかがいできますでしょうか。 [Sk.]

ನಾಮರ್ದ ⟦nāmarda ナーマルダ⟧ [nɐːmərdɐ] *m.* 臆病者、弱虫、腰抜け [Pe. *nāmard*]

ನಾಮಾಂಕಿತ ⟦nāmāṃkita ナーマーンキタ⟧ [nɐːmɐːŋkitɐ] *adj.* (著者や所有者などの)名が記された、押印された —*adj., mn.* 《*f.* ನಾಮಾಂಕಿತಳು (nāmāṃkitaḷu)》名が通った〈人〉、著名な〈人〉 —*n.* 詩などに織り込まれた著者の名 [Sk.]

ನಾಯಕ ⟦nāyaka ナーヤカ⟧ [nɐːjə̆kɐ] *m.* 《*f.* ನಾಯಕಿ》 1 指導者 2 (劇などの)主人公 [Sk.] (*Pb.4.16*)

ನಾಯಕಿ ⟦nāyaki ナーヤキ⟧ [nɐːjə̆ki] *f.* 1 女主人 2 劇などの主人公 [Sk.]

ನಾಯಕಸಾನಿ ⟦nāyakasāni ナーヤカサーニ⟧ [nɐːjə̆kəsɐːni] ನಾಯಿಕಸಾನಿ 《文》 *f.* (昔の)高級娼婦 [Sk. *nāyakasvāmini-*]

ನಾಯ್ ⟦nāy ナーイ⟧ [nɐːĭ] *n.* 1 犬 (*Pb.5.46.V*) 2 犬…、…もどき(既存の植物名に接頭辞のように付けて、似て非なる別の植物の名とする語) ¶ ಹಲಸು (halasu) ハラミツの木 ⇒ ನಾಯ್‌ಹಲಸು (nāyhaḷasu) ハラミツの木もどき 3 〔喩〕下劣な人間、卑しい人 [Ka. D3650]

ನಾಯಿ ⟦nāyi ナーイ⟧ [nɐːji] *n.* 犬 [Ka. D3650] ☞ನಾಯ್ (nāy)

ನಾಯಿಂದ ⟦nāyiṃda ナーインダ⟧ [nɐːjindɐ] 《古》 *m.* 《*f.* ನಾಯಿಂದಗಿತ್ತಿ (nāyiṃdagitti)》〔タブー〕理髪師、散髪屋 [Sk. *nāpita-*]

ನಾಯಿಕಸಾನಿ ⟦nāyikasāni ナーイカサーニ⟧ [nɐːjĭkəsɐːni] *f.* [Sk. *nāyakasvāmini-*] = ನಾಯಕಸಾನಿ (nāyakasāni)

ನಾಯಿಕೆಮ್ಮು ⟦nāyikemmu ナーイケンム⟧ [nɐːjĭkemmu] *n.* 百日咳 [Ka.]

ನಾಯಿಕೊಡೆ ⟦nāyikoḍe ナーイコデ⟧ [nɐːjikoḍe] *n.* 茸、きのこ [Ka.]

ನಾಯಿತನ ⟦nāyitana ナーイタナ⟧ [nɐːjĭtənɐ] *n.* 1 犬の性質や性格 2 げすな性格、卑しい性格や振る舞い [Ka. D3650]

ನಾಯಿಪಾಡು ⟦nāyipāḍu ナーイパードゥ⟧ [nɐːjipɐːḍu] *n.* 貧窮のどん底、苦境 ¶ ಉಪನ್ಯಾಸಕನಾಗಿ ನೇಮಕ ಆಗುವವರೆಗೆ ನನ್ನ ಪಾಡು ನಾಯಿಪಾಡು ಆಗಿತ್ತು. (upanyāsakanāgi nēmaka āguvavarege nanna pāḍu nāyipāḍu āgittu.) 講師に任命されるまで私は惨めな状態であった。 [*nāyi* + *pāḍu*]

ನಾಯಿನೊಳಲೆ ⟦nāyinoḷale ナーイノラレ⟧ [nɐːjinoḷə̆le] *n.* [Ka. *nāyi* + *noḷale*³「管」] ☞ನಾಯ್ನೊಳಲೆ (nāynoḷale)

ನಾಯ್ನೊಳಲೆ ⟦nāynoḷale ナーイノラレ⟧ [nɐːjnoḷə̆le] *n.* ミミズ [Ka. *nāyi* + *noḷale*³「管」]

ನಾರ್ ⟦nār ナール⟧ [nɐːr] 《古》 *n.* 1 (バナナの木、アロエ、ヤシ、麻などの)繊維 2 木の皮、樹皮 3 植物の皮の繊維でできた衣 [Ka. D3651] (*Pb.7.30*) ☞ನಾರು (nāru)

ನಾರಿ¹ ⟦nāri ナーリ⟧ [nɐːri] 《古》 *n.* 弓のつる、ゆづる [Ka. D3651]

ನಾರಿ² ⟦nāri ナーリ⟧ [nɐːri] 《文》 *f.* 女性、女 [Sk.]

ನಾರಿಕೇಲ ⟦nārikēla ナーリケーラ⟧ [nɐːrĭkeːlɐ] ನಾರಿಕೇಳ 《文》 *n.* 1 ココヤシの木 2 ココナツ、ココヤシの実 [Sk. < Dr.?]

ನಾರಿಕೇಳ ⟦nārikēḷa ナーリケーラ⟧ [nɐːrĭkeːḷɐ] 《文》 *n.* [Sk. < Dr.? cf. D3651] ☞ನಾರಿಕೇಲ (nārikēla)

ನಾರಿಯಳಿ ⟦nāriyaḷi ナーリヤリ⟧ [nɐːrijəḷi] 《古》 *n.* [Dr.? cf. D3651] ☞ನಾರಿವಾಣ (nārivāṇa)

ನಾರಿವಣ ⟦nārivaṇa ナーリヴァナ⟧ [nɐːrivəɳɐ] 《古》 *n.* [Dr.? cf. D3651] (ṅv.31) ☞ನಾರಿವಾಣ (nārivāṇa)

ನಾರಿವಾಣ ⟦nārivāṇa ナーリヴァーナ⟧ [nɐːrivɐːɳɐ] ನಾರಿಯಳಿ, ನಾರಿವಣ, ನಾರಿವಾಳ 《古》 *n.* ココヤシ [Dr. ?] (Bv.31)

ನಾರಿವಾಳ ⟦nārivāḷa ナーリヴァーラ⟧ [nɐːrivɐːḷɐ] 《古》 *n.* [Dr.? cf. D3651] (Bv.31) ☞ನಾರಿವಾಣ (nārivāṇa)

ನಾರು¹ ⟦nāru ナール⟧ [nɐːru] ನಾರ್ *n.* (木や草の)繊維 [Ka. D3651]

ನಾರು² ⟦nāru ナール⟧ [nɐːru] ನಾಱು 《古》 *vi.* 悪臭を放つ、臭い [Ka. D2918]

ನಾರುಳಿ ⟦nāruḷi ナールリ⟧ [nɐːruḷi] 《古》 *n.* ココナツ [Ka. D3653] (*Bv.863* (*Kitt.*))

ನಾರುಸಿರು ⟦nārusiru ナールシル⟧ [nɐːrusĭru] 《文》 *n.* 息が臭いこと、悪臭呼気 [*nāru*² + *usiru*]

ನಾಲಗೆ ⟦nālage ナーラゲ⟧ [nɐːlə̆ge] *n.* 舌 [Ka. D3633] (*Pb.12.52*)

ನಾಲಿಗೆ ⟦nālige ナーリゲ⟧ [nɐːlĭge] ನಾಲಗೆ *n.* 舌 [Ka. D3633]

ನಾಲ್ ⟦nāl ナール⟧ [nɐːl] *numr.(adj.)* 《複合語頭で》 4…、例えば ನಾಲ್ನೂಱು (nālnūṟu) など [Ka. *D3655] ☞ನಾಲು (nālu)

ನಾಲಿ ⟦nāli ナーリ⟧ [nɐːli] 《文》 *n.* **1** (特にハスの)中空の茎 **2** 血管などの身体中の管 **3** 24 分の時間 = ಘಟಿ (gʰaṭi) [Sk. ←Dr.?]

ನಾಲು ⟦nālu ナール⟧ [nɐːlu] ನಾ, ನಾಲ್ *numr.(adj.)* 《複合語頭で》4… [Ka. D3655]

ನಾಲುಕು ⟦nāluku ナールク⟧ [nɐːlŭku] 《異》 *numr.adj.* 四つの **—***numr.adj.* 四つ ☞ನಾಲ್ಕು (nālku) [Ka. D3655]

ನಾಲ್ಕು ⟦nālku ナールク⟧ [nɐːlku] ನಾಕು, ನಾಲುಕು, ನಾಲ್ಕು *numr.adj.* 4…、四つの (*Pb.2.34.V*) **—***numr.n.* 四つ [Ka. D3655]

ನಾಲೆ ⟦nāle ナーレ⟧ [nɐːle] *n.* (灌漑用の)水路、用水路; 運河 [H./M. *nālā* cf. T7047] ಕಾಲುವೆ (kāluve)

ನಾಲ್ನೂಱು ⟦nālnūṟu ナールヌール⟧ [nɐːlnuːṟu] 《古》 *numr.adj.* 400 の (*Pb.12.7.V*) **—***numr.n.* 400 (*Pb.12.7.V*) [Ka. D3655, D3729]

ನಾಲ್ವತ್ತು ⟦nālvattu ナールヴァットゥ⟧ [nɐːlvəttu] *numr.adj.* 40 の **—***numr.n.* 40 = ನಲವತ್ತು, ನಲ್ವತ್ತು (nalavattu, nalvattu) (*Pb.10.59.V*) [Ka. D3655, D3918]

ನಾಲ್ವರ್ ⟦nālvar ナールヴァル⟧ [nɐːlvər] 《古》 *numr.mf.* 4 人 [Ka. D3655] (*Pb.11.87*) = ನಾಲ್ಕು ಜನ (nālku jana) 〔汎〕

ನಾಲ್ವರು ⟦nālvaru ナールヴァル⟧ [nɐːlvəru] ನಾಲ್ವರ್ *numr.mf.* 4 人 [Ka. D3655] = ನಾಲ್ಕು ಜನ (nālku jana) 〔汎〕

ನಾವ್ ⟦nāv ナーヴ⟧ [nɐːv] 《古》 *pers. pron.* (話し相手をも含めて)我々、私たち(一人称包括的複数の人称代名詞) [Ka. *D3647] (*Pb.4.45*) = ನಾವು (nāvu)

ನಾವ ⟦nāva ナーヴァ⟧ [nɐːvɐ] 《古》 *n.* 小舟 [Sk. *nau-*/Pk. *nāvā-*] ☞ನಾವೆ (nāve)

ನಾವಿಕ ⟦nāvika ナーヴィカ⟧ [nɐːvikɐ] *m.* 《*f.* ನಾವಿಕಳು (nāvikaḷu)》航海者、水夫 [Sk.]

ನಾವಿಕವೃತ್ತಿ ⟦nāvikavr̥tti ナーヴィカヴルッティ⟧ [nɐːvikə̆vrɯtti] 《文》 *n.* 船乗りの生活または職業 [Sk.]

ನಾವೀನ್ಯ ⟦nāvīnya ナーヴィーニャ⟧ [nɐːviːnʲjɐ] 《文》 *n.* 新しさ、新鮮さ [Sk.]

ನಾವು[1] ⟦nāvu ナーヴ⟧ [nɐːvu] *pron. mf.* **1** (話し相手を除いて)我々、私たち(一人称除外的複数主格の代名詞) **2** 我々、私たち(一人称包括的複数主格の代名詞) [Ka. D3647]

ನಾವು[2] ⟦nāvu ナーヴ⟧ [nɐːvu] ನಾವ, ನಾವೆ *n.* 舟 [Sk. *nau-*/Pk. *nāvā-*] ☞ನಾವೆ (nāve)

ನಾವೆ ⟦nāve ナーヴェ⟧ [nɐːve] ನಾವ, ನಾವು *n.* 舟 [Sk. *nau-*/Pk. *nāvā-*] ☞ನಾವು (nāvu)

ನಾವ್ಯ ⟦nāvya ナーヴィャ⟧ [nɐːvʲjɐ] 《文》 *(adj.)* 航海できる〈こと〉、航海すべき〈こと〉 [Sk.]

ನಾಷ್ಟಾ ⟦nāṣṭā ナーシュター⟧ [nɐːʃʈɐː] ನಾಶ್ತಾ *n.* 朝食、朝ご飯 [H. *nāśtā* < Pe. *nāšitā*]

ನಾಶ ⟦nāśa ナーシャ⟧ [nɐːʃɐ] *n.* 破壊、破滅 [Sk.]

ನಾಶಕ ⟦nāśaka ナーシャカ⟧ [nɐːʃə̆kɐ] *adj.mfn.* 破壊する〈人〉、壊す〈人、もの〉¶ ಕೀಟನಾಶಕ (kīṭanāśaka) 殺虫剤 [Sk.]

ನಾಶಿ ⟦nāśi ナーシ⟧ [nɐːʃi] 《口》 *n.* [Sk. *nasya-*?] ☞ನಾಸಿಪುಡಿ (nāsipuḍi)

ನಾಶಿಪುಡಿ ⟦nāśipuḍi ナーシプディ⟧ [nɐːʃipuɖi] *n.* 嗅ぎタバコ [*nāśi* + *puḍi*]

ನಾಶ್ತಾ ⟦nāśtā ナーシュター⟧ [nɐːʃtɐː] *n.* 朝食、朝ご飯 [H. *nāśtā* ←*nāšitā*] ☞ನಾಷ್ಟಾ (nāṣṭā)

ನಾಸ ⟦nāsa ナーサ⟧ [nɐːsɐ] 《文》 *n.* 鼻 [Sk. *nāsā-*] = ಮೂಗು (mūgu)

ನಾಸಾಪುಟ ⟦nāsāpuṭa ナーサープタ⟧ [nɐːsɐːpuʈɐ] 《文》 *n.* 鼻の穴、鼻孔 [Sk.]

ನಾಸಾಭರಣ ⟦nāsābʰaraṇa ナーサーバラナ⟧ [nɐːsɐːbʰərə̆ɳɐ] 《文》 *n.* (あらゆる種類の)鼻につける装身具 [Sk.] ☞ಮೂಗುತಿ (mūguti)

ನಾಸಾವಂಶ ⟦nāsāvaṃśa ナーサーヴァンシャ⟧ [nɐːsɐːvəmʃɐ] 《文》 *n.* 鼻柱 [Sk.] = ಮೂಗಿನ ಕಂಬ (mūgina kaṃba) 〔汎〕

ನಾಸಿ ⟦nāsi ナーシ⟧ [nɐːsi] ನಾಶಿ *n.* (粉状の)嗅ぎタバコ [H./M. *nāsă* Sk. *nasyā-*]

ನಾಸಿಕ ⟦nāsika ナーシカ⟧ [nɐːsikɐ] 《文》 *n.* 鼻 [Sk.] = ಮೂಗು (mūgu) 〔汎〕

ನಾಸಿಕಾಗ್ರ ⟦nāsikāgra ナーシカーグラ⟧ [nɐːsikɐːgrɐ] 《文》 *n.* 鼻の先端 [Sk.]

ನಾಸಿಕಾಚೂರ್ಣ ⟦nāsikācūrṇa ナーシカーチュールナ⟧ [nɐːsikɐːʧuːrɳɐ] 《文》 *n.* (粉状の)嗅ぎタバコ [Sk.] ☞ನಾಸಿ (nāsi) 〔汎〕

ನಾಸಿಕಾಪುಟ ⟦nāsikāpuṭa ナーシカープタ⟧ [nɐːsikɐːpuʈɐ] 《文》 *n.* 鼻の穴、鼻孔 [Sk.]

ನಾಸಿಕೆ ⟦nāsike ナーシケ⟧ [nɐːsike] 《文》 *n.* 鼻 [Sk.] = ಮೂಗು (mūgu) 〔汎〕

ನಾಸೀಪುಡಿ ⟦nāsīpuḍi ナーシープディ⟧ [nɐːsiːpuɖi] *n.* (粉状の)嗅ぎタバコ [*nāsi* + *puḍi*]

ನಾಸ್ತಿಕ ⟦nāstika ナースティカ⟧ [nɐːstikɐ] *m.* 《*f.* ನಾಸ್ತಿಕಳು》無神論者、神を信じない人 [Sk.]

ನಾಳ್ ⟦nāḷ ナール⟧ [nɐːɭ] 《古》 *n.* 日、1 日 [Ka. D3656]

ನಾಳಿ[1] ⟦nāḷi ナーリ⟧ [nɐːɭi] 《古》 *n.* 皮膚肥厚 [Ka. D3622] (*Vr. 9,2*)

ನಾಳಿ[2] ⟦nāḷi ナーリ⟧ [nɐːɭi] 《文》 *n.* [Sk. ←Dr.?] ☞ನಾಲಿ (nāli)[2]

ನಾಳಿದ್ದು ⟦nāḷiddu ナーリッドゥ⟧ [nɐːɭiddu] ನಾಡದು, ನಾಡಿದು, ನಾಡಿದ್ದು, ನಾಳಿದು, ನಾಳಿದ್ದು, ನಾಳಿದ್ದ್ದ adv. 明後日、翌々日 **—***n.* 明後日、翌々日 [Ka. D3656]

ನಾಳಿರ್ದು ⟦nāḷirdu ナーリルドゥ⟧ [nɐːḷirdu] 《古》 *adv.* 明後日、翌々日 —*n.* 明後日、翌々日 ☞ನಾಳಿದ್ದು (nāḷiddu) [Ka. D3656]

ನಾಳೆ ⟦nāḷe ナーレ⟧ [nɐːḷe] *n.* あした、明日 —*adv.* 明日、あした [Ka. D3656]

ನಾಳ್ನುಡಿ ⟦nāḷnuḍi ナールヌディ⟧ [nɐːḷnuḍi] 《文》 *n.* 金言、格言、ことわざ [*nāḍu* + *nuḍi*] ☞ನಾಣ್ಣುಡಿ (nāṇṇuḍi)

ನಾಱು¹ ⟦nāṟu ナール⟧ [nɐːṟu] 《古》 *vi.* 悪臭を放つ、臭い [Ka. D2918] (*Pb.11.51*) ☞ನಾರು (nāru) 〔汎〕

ನಾಱು² ⟦nāṟu ナール⟧ [nɐːṟu] 《古》 *vt.* 濡らす、湿らせる [Ka. D3630] (*Šmd.* (*Kitt.*))

ನಾೞ್ ⟦nāṟ ナール⟧ [nɐːɻ] 《古》 *n.* 《複合語頭で》合成語の第1要素として現れる ನಾಡು (nāḍu) の異型 [< *nāḍu* D3638]

ನಾೞ್ನುಡಿ ⟦nāṟnuḍi ナールヌディ⟧ [nɐːɻnuḍi] ನಾಣ್ಣುಡಿ, ನಾಣ್ನುಡಿ, ನಾನ್ನುಡಿ, ನಾಳ್ನುಡಿ 《古》 *n.* 金言、格言、俚諺(りげん)、ことわざ [*nāḍu* + *nuḍi*] ☞ನಾಣ್ಣುಡಿ (nāṇṇuḍi)

ನಾೞ್ಪಾಡು ⟦nāṟpāḍu ナールパードゥ⟧ [nɐːɻpɐːḍu] 《古》 *n.* 民俗歌謡 [*nāṟ* + *pāḍu*]

ನಿಂದಕ ⟦niṃdaka ニンダカ⟧ [nindǝ̆kɐ] *m.* 《*f.* ನಿಂದಕಳು》 1 悪口を言う人、中傷者、非難者 2 いつも人にけちをつける人 [Sk.] (*Bp.4.55* (*DEDR*))

ನಿಂದಿಸು ⟦niṃdisu ニンディス⟧ [nindisu] *vt.* 悪口を言う、中傷する、非難する [Sk.]

ನಿಂದೆ ⟦niṃde ニンデ⟧ [ninde] *n.* 悪口、中傷、非難 [Sk.]

ನಿಂದ್ಯ ⟦niṃdya ニンディャ⟧ [nindˑjɐ] 《文》 *adj.* 非難すべき、非難に値する、とがめるべき [Sk.]

ನಿಂಬೆ ⟦niṃbe ニンベ⟧ [nimbe] *n.* ライム(ミカン科ミカン属、日本でのレモンと同じように使われる) ⇀ 調・飲・薬 *[IMP 2.98] [? cf. Sk. *nimbū-* M.166]

ನಿಂಬೆ ಹುಲ್ಲು ⟦niṃbe hullu ニンベフッル⟧ [nimbeːhullu] *n.* レモングラス ⇀ 香・薬 (*St. & Pl.* (*Kitt.*)) [Ka. D1485] = ನಿಂಬೆ ಹುಲ್ಲು (niṃbe hullu) *[IMP 2.282]

ನಿಃಸಂಗ ⟦niḥsaṃga ニッサンガ⟧ [nissǝŋgɐ] 《文》 *n.* 執着のないこと、世俗生活に執着しないこと [Sk.]

ನಿಕಟ ⟦nikaṭa ニカタ⟧ [nikǝʈɐ] 《文》 *adj.* 1 近くの、隣接した 2 親しい、親密な [Sk.]

ನಿಕಟವರ್ತಿ ⟦nikaṭavarti ニカタヴァルティ⟧ [nikǝʈǝ̆vǝrti] 《文》 *adj., mf.* 1 近くにいる〈人〉 2 親しい〈人〉、腹心の〈友〉、親友〈の〉 [Sk.]

ನಿಕರ¹ ⟦nikara ニカラ⟧ [nikǝrɐ] 《文》 *n.* 集積、群れ、多数 [Sk.]

ನಿಕರ² ⟦nikara ニカラ⟧ [nikǝrɐ] 《文》 (*n.*) 間違いない〈こと〉、確かな〈こと〉☞ನಿಖರ (nikʰara) [M. *nikarā* ←?]

ನಿಕಷ ⟦nikaṣa ニカシャ⟧ [nikǝʂɐ] 《文》 *n.* 試金石 [Sk.] ಒರೆಗಲ್ಲು (oregallu) 〔汎〕

ನಿಕಾಯ ⟦nikāya ニカーヤ⟧ [nikɐːjɐ] 《文》 *n.* 1 集合、群れ、集まり 2 家、住居 3 体、身体 [Sk.]

ನಿಕೃಷ್ಟ ⟦nikṛṣṭa ニクルシュタ⟧ [nikrɯʂʈɐ] 《文》 (*adj.*) 1 低級〈な〉、卑しい〈こと〉、軽蔑すべき〈こと〉 2 惨めな〈こと〉、哀れ〈な〉 [Sk.]

ನಿಕೇತನ ⟦nikētana ニケータナ⟧ [nikeːtǝ̆nɐ] 《文》 *n.* 家、住居、住処 [Sk.]

ನಿಕ್ಕ ⟦nikka ニッカ⟧ [nikkɐ] 《古》 *n.* [Pk. *nikkha-*] (*Mr.* (*Kitt.*)) ☞ನಿಶ್ಕ (niśka)

ನಿಕ್ಕುವ ⟦nikkuva ニックヴァ⟧ [nikkŭvɐ] 《古》 *n.* 1 真実、事実 2 確か、確実 (*Pb.1.73*) —*adv.* 1 本当に、誠に 2 確かに、間違いなく [cf. Te. *nikkuvamu* 「真実」, M. *nakkī* D3663]

ನಿಕ್ಕುಳಿಸು ⟦nikkuḷisu ニックリス⟧ [nikkuḷĭsu] 《文》 *vi.* 媚態を作って体をくねらせる [Ka. D3662] cf. ಬೆಡಗು, ಒಯ್ಯಾರ ಮಾಡು (beḍagu, oyyāra māḍu)

ನಿಕ್ಷಿಪ್ತ ⟦nikṣipta ニクシプタ⟧ [nikʂiptɐ] 《文》 *adj.* 1 (ある目的のために)指定された、取っておいた、割り当てられた ¶ ಮಗಳ ಮದುವೆಗಾಗಿ ನಿಕ್ಷಿಪ್ತ ಹಣವನ್ನು ಬೇರೆ ಕೆಲಸಕ್ಕೆ ಬಳಸಬೇಕಾಯಿತು. (magaḷa maduvegāgi nikṣipta haṇavannu bēre kelasakke baḷasabēkāyitu.) 娘の結婚のために取っておいた金をやむなく他の目的のために使った。 2 (銀行などに)預けられた 3 (財宝など)地中に埋めるなどして隠しておかれた [Sk.]

ನಿಕ್ಷೇಪ ⟦nikṣēpa ニクシェーパ⟧ [nikʂeːpɐ] *n.* (地中などに)埋蔵されたり隠しおかれたりした財貨

ನಿಖರ ⟦nikʰara ニカラ⟧ [nikʰǝrɐ] ನಿಕರ², ನಿಗರ, ನಿರಕು, ನಿರಕ್ಕು, ನಿರುಕು (*n.*) 明確な〈こと〉、はっきりした〈こと〉¶ ನನ್ನ ಪ್ರಶ್ನೆಗೆ ಅವರು ನಿಖರವಾದ ಉತ್ತರ ಕೊಡಲಿಲ್ಲ. (nanna praśnege avaru nikʰaravāda uttara koḍalilla.) 彼は私の質問にはっきりした答えを言わなかった。 [M. *kakarā* <?]

ನಿಖರತೆ ⟦nikʰarate ニカラテ⟧ [niksuper hǝrǝte] *n.* 1 はっきりしたこと、明確さ 2 正確なこと、正確さ [*kikʰara* + *-te*]

ನಿಖಿಲ ⟦nikʰila ニキラ⟧ [kikʰilɐ] 《文》 (*adj.*) すべて〈の〉、完全〈な〉 [Sk.]

ನಿಗ ⟦niga ニガ⟧ [nigɐ] ನಿಗಾ *n.* [Pe. *nigāh*] ☞ನಿಗಾ (nigā)

ನಿಗಡಿ ⟦nigaḍi ニガディ⟧ [nigǝ̆ḍi] 《‡》 *n.* 鼻炎、風邪、感冒 (*Mr.386* (*Kitt.*)) [Ka. D3731] ☞ನೆಗಡಿ (negaḍi)

ನಿಗದಿ ⟦nigadi ニガディ⟧ [nigǝ̆ɗi] *n.* 決定、確定 —(*n.*) (収入、給料などが)一定〈の〉、決まった〈こと〉¶ ಅವಳಿಗೆ ನಿಗದಿಯಾದ ವರಮಾನ ಇಲ್ಲ. (avaḷige nigadiyāda varamāna illa.) 彼女は定収入がない。 [?]

ನಿಗದಿ ಮಾಡು ⟦nigadi māḍu ニガディマードゥ⟧ [nigǝ̆ɗi mɐːḍu] *vt.* 決める、決定する

ನಿಗದಿಪಡಿಸು ⟦nigadipaḍisu ニガディパディス⟧ [nigǝ̆ɗipǝḍisu] *vt.* 〈年齢や財産などの限度などを〉確定する ¶ ನಾವು ಮೆನೇಜರ ಸಂಬಳ ನಿಗದಿಪಡಿಸಿಲ್ಲ. (nāvu menējara saṃbaḷa nigadipaḍisilla.) 我々はまだ所長の給料を決めていない。 [+ *paḍisu*]

ನಿಗನಿಗ ⟦niganiga ニガニガ⟧ [nigənigɐ] (*n.*) まばゆいばかりの、ぎらぎら(炎、陽光、燃え盛る炭火などのまばゆい輝きを表す擬態語) —*adv.* まばゆいばかりに、ぼうぼうと ¶ ಒಲೆಯಲ್ಲಿ ನಿಗನಿಗ ಕೆಂಡ ಇತ್ತು. (oleyalli niganiga kemḍa ittu.) コンロの中で炭がぼうぼうと燃えていた。 [Ka. mim. D3659]

ನಿಗನಿಗನೆ ⟦niganigane ニガニガネ⟧ [nigənigəne] *adv.* (燃えた石炭やニクロム線などが)ぎらぎらと、まばゆく [Ka. *niganiga* + *-ane*]

ನಿಗಮ ⟦nigama ニガマ⟧ [nigəmɐ] *n.* 1 ヴェーダ(インド最古の聖典、特に4ヴェーダの名で知られるもの) 2 (通常は政府の直接支配下にない)公共の目的で設立された特殊法人 [Sk.]

ನಿಗರ ⟦nigara ニガラ⟧ [nigərɐ] 《文》 (*n.*) 間違いない〈こと〉、確か〈な〉☞ನಿಖರ (nikʰara) [M. *nikarā* < ?]

ನಿಗರಿಕೆ ⟦nigarike ニガリケ⟧ [nigərike] *n.* (体またはその一部が)伸ばされた状態 [Ka. D2922]

ನಿಗರು ⟦nigaru ニガル⟧ [nigəru] *vi.* 伸びる、広がる [Ka. D2922] ☞ನಿಮಿರು (nimiru)

ನಿಗರಿಸು ⟦nigarisu ニガリス⟧ [nigərisu] 《‡》 *vt.* 〈体またはその一部を〉いっぱいに伸ばす ¶ ದಸರಾ ಮೆರವಣಿಗೆಯನ್ನು ಜನ ಕತ್ತು ನಿಗರಿಸಿ ನೋಡುತ್ತಿದ್ದರು. (dasarā meravaṇigeyannu jana kattu nigarisi nōḍuttiddaru.) 人々はダシャーラーの行列を首を伸ばして見ていた。 [Ka. caus. D2922]

ನಿಗರ್ವ ⟦nigarva ニガルヴァ⟧ [nigərvɐ] (*adj.*) 謙虚〈な〉、慎み深い〈こと〉 —*n.* 謙虚、謙遜、慎み深さ [Sk. *nirgarva-*]

ನಿಗರ್ವಿ ⟦nigarvi ニガルヴィ⟧ [nigərvi] *adj., mf.* 謙虚な〈人〉、慎ましやかな〈人〉 [Sk. *nirgarvin-*]

ನಿಗಾ ⟦nigā ニガー⟧ [nigɐː] ನಿಗ *n.* 《ಮೇಲೆ (mēle) についての》 1 (ある者や人に対しての)注意、警戒 2 (ある者を保護するための)注意、警戒 ◇ *vi.* ನಿಗಾ ಇಡು (nigā iḍu) 注意を払う [Pe. *nigāh*]

ನಿಗಿ ⟦nigi ニギ⟧ [nigi] 《方》 *vt.* 〈穴を〉埋める (*HavS.*) [Ka. D3658]

ನಿಗಿನಿಗಿ ⟦niginigi ニギニギ⟧ [nigĭnigi] (*n.*) ぎらぎら(炎、陽光、燃え盛る炭火などのまばゆい輝きを表す擬態語) —*adv.* まばゆく、ぎらぎらと = ನಿಗನಿಗ (niganiga) [Ka. mim. D3659]

ನಿಗಿನಿಗಿಸು ⟦niginigisu ニギニギス⟧ [niginigisu] *vi.* (日光、ダイアモンド、炎などが)輝く、ピカピカ光る [Ka. *niginigi* + *-isu* mim.]

ನಿಗಿರ್ ⟦nigir ニギル⟧ [nigir] 《‡》 *vi.* (体やその一部が)伸ばされる (*Tipt.*) [Ka. D2922] ☞ನಿಗುರು (niguru)

ನಿಗುರು ⟦niguru ニグル⟧ [nigŭru] ನಿಗುರ್, ನಿಗುಳ್, ನಿಮಿರು... *vi.* 1 (手足などが)伸ばされる、(陰茎が)勃起する、(身の毛が喜びで)立つ 2 (遠い所を見るためなどで)体を伸ばす、直立する、爪先立つ ¶ ಕೋತಿ ದೂರವನ್ನು ನಿಗುರಿ ನೋಡುತ್ತಿದೆ. (kōti dūravannu niguri nōḍuttide.) 猿は背伸びして遠方を見ている。 3 (動物が)相手を威嚇するために体を大きく見せる ¶ ಹಾವಿನ ಮೈ ಕೋಪ ಬಂದಾಗ ನಿಗುರುತ್ತದೆ. (hāvina mai kōpa baṃdāga niguruttade.) 怒ると蛇の体が膨れ上がる。 4《古》 広がる、(つる草などが)繁茂する 5 威張る、ふんぞり返る ¶ ಕುಲಪತಿಯಾದ ಮೇಲೆ ಅವರು ತುಂಬ ನಿಗುರಿಕೊಂಡಿದ್ದಾರೆ. (kulapatiyāda mēle avaru tuṃba nigurikoṃḍiddāre.) あの人は学長になった後ふんぞり返っている。 [Ka. D2922] (*Pb.5.66.V*) cf. ನಿಮಿರ್ (nimir)

ನಿಗುರಿಸು ⟦nigurisu ニグリス⟧ [nigŭrisu] *vt.* 1 〈体やその一部を〉伸ばす 2 (耳などを)そばだてる、(恐れや喜びなどで身の毛を)逆立てる [+ *-isu* caus. D2922]

ನಿಗುಳ್ ⟦nigul̤ ニグル⟧ [nigul̤] 《古》 *vi.* 1 立つ、直立する 2 大きくなる、増える [Ka. D2922] ☞ನಿಗುರು (niguru)

ನಿಗೂಢ ⟦nigūḍʰa ニグーダ⟧ [niguːɖɐ] 《文》 *adj.* 秘密の、神秘な [Sk.]

ನಿಗ್ಗಡಿ ⟦niggaḍi ニッガディ⟧ [niggəɖi] 《古》 *mf.* 愚か者 [Ka. *D3664] ☞ನಿರ್ಗೇಡಿ (nirgēḍi)

ನಿಗ್ಗೆಡಿ ⟦niggeḍi ニッゲディ⟧ [niggeɖi] 《古》 *mf.* 知恵のない人、判断力のない人 ☞ನಿರ್ಗೇಡಿ (nirgēḍi) [Ka. D3664]

ನಿಗ್ರಹ ⟦nigraha ニグラハ⟧ [nigrəhɐ] 《文》 *n.* 1 制御、制限 2 (神などによる悪魔などの)征伐、処罰、懲罰 [Sk.]

ನಿಗ್ರಹಣ ⟦nigrahaṇa ニグラハナ⟧ [nigrəhəɳɐ] 《文》 *n.* [Sk.] ☞ನಿಗ್ರಹ (nigraha)

ನಿಗ್ರಹಿಸು ⟦nigrahisu ニグラヒス⟧ [nigrəhisu] 《文》 *vt.* 1 制限する、制御する 2 罰する、処罰する、征伐する [Sk.]

ನಿಘಂಟು ⟦nigʰaṃṭu ニガントゥ⟧ [nigʰəɳʈu] 《文》 *n.* 辞書、字引 [Sk.] ಡಿಕ್ಷನರಿ (ḍikṣanari) 〔口〕

ನಿಚಯ ⟦nicaya ニチャヤ⟧ [niʧəjɐ] 《文》 *n.* 集まり、集積 [Sk.]

ನಿಚ್ಚ ⟦nicca ニッチャ⟧ [niʧʧɐ] 《文》 *adv.* 1 毎日 2 いつも [Sk. *nitya-*] (*Pb.10.31*)(*Pb.7.78*)

ನಿಚ್ಚಟ¹ ⟦niccaṭa ニッチャタ⟧ [niʧʧəʈɐ] ನಿಶ್ಚಟ 《文》 (*n.*) (決心や信念などにおいて)断固とした〈こと〉、ぐらつかない〈こと〉 ¶ ನಿಚ್ಚಟ ಭಕ್ತಿ (niccaṭa bʰakti) 動かぬ(神に対する)信愛 —*adj., mf.* 断固とした〈人〉、ぐらつかない〈人〉(*Pb.11.65*) [? cf. Sk. *niccala-*]

ನಿಚ್ಚಟ² ⟦niccaṭa ニッチャタ⟧ [niʧʧəʈɐ] 《文》 *n.* 1 偽りないこと、正直 2 飾りけがないこと、自然な態度 (*J.26.19* (*KPN*)) [Sk. *niḥśaṭʰa-*]

ನಿಚ್ಚಟಂ¹ ⟦niccaṭaṃ ニッチャタン⟧ [niʧʧəʈəm] 《古》 *adv.* じっとして、しっかりと動かずに；ずっと、絶え間なく (Pb.14.10) [Sk.*niḥcala-*]

ನಿಚ್ಚಟಂ² ⟦niccaṭaṃ ニッチャタン⟧ [niʧʧəʈəm] 《古》 *adv.* 本当に [Sk.*niḥśaṭʰa-*] (ವರ್ಧಮಾ. *5-5* (*KPN*))

ನಿಚ್ಚಟಿಕೆ ⟦niccaṭike ニッチャティケ⟧ [niʧʧə̆ʈike] ನಿಚ್ಚಣಿಗೆ《古》*n.* 梯子 (*Pb.4.26; 12.84*) [*niccaṭa*¹ + *-ike*]

ನಿಚ್ಚಣಿಕೆ ⟦niccaṇike ニッチャニケ⟧ [niʧʧə̆ɳike] *n.* 梯子 [Sk.*niḥśrēṇikā-*] = ಏಣಿ (ēṇi) ☞ನಿಚ್ಚಣಿಕೆ (niccaṇike)

ನಿಚ್ಚಣಿಗೆ ⟦niccaṇige ニッチャニゲ⟧ [niʧʧə̆ɳige] *n.* [Sk.*niḥśrēṇikā-*] ☞ನಿಚ್ಚಣಿಕೆ (niccaṇike)

ನಿಚ್ಚಲ ⟦niccala ニッチャラ⟧ [niʧʧəlɐ] ನಿಚ್ಚಳ《古》(*n.*) **1** 揺るがない〈こと〉、ぐらぐらしない〈こと〉、安定〈した〉 **2** (信念、決意などが) 堅い〈こと〉 **—***adv.* 毎日 ☞ನಿಚ್ಚಳ (niccaḷa)¹ (*Pb.1.17*) [Sk.*niścala*]

ನಿಚ್ಚಳ¹ ⟦niccaḷa ニッチャラ⟧ [niʧʧəɭɐ]《古》(*n.*), *adv.* [Sk.*niścala*] ☞ನಿಚ್ಚಲ (niccala)

ನಿಚ್ಚಳ² ⟦niccaḷa ニッチャラ⟧ [niʧʧəɭɐ] (*n.*) **1** 汚れのない〈こと〉、透明〈な〉(空気、心など)、はっきりした〈こと〉¶ ಸೂರ್ಯೋದಯ ಆದಮೇಲೆ ಮಂಜು ಹೋಗಿ ಊರು ನಿಚ್ಚಳವಾಗಿ ಕಾಣ ತೊಡಗಿತು. (sūryōdaya ādamēle maṃju hōgi ūru niccaḷavāgi kāṇa toḍagitu.) 日が昇ってから霧が晴れて町がはっきり見え出した。 **2** (洗った衣類など) 汚れがない〈こと〉 **3** (ランプなどが) 曇りなく明るい〈こと〉¶ ಕಾಡಿಗೆ ತೆಗೆದ ಮೇಲೆ ದೀಪ ನಿಚ್ಚಳವಾಗಿ ಉರಿಯುತ್ತಿದೆ. (kāḍige tegeda mēle dīpa niccaḷavāgi uriyuttide.) すすを取ってからランプは明るく輝いている。 **4** 明らか〈な〉、はっきり〈した〉¶ ಈಗಿನ ಚುನಾವಣೆಯಲ್ಲಿ ಯಾವ ಪಕ್ಷಕ್ಕೂ ನಿಚ್ಚಳ ಬಹುಮತವಿಲ್ಲ. (īgina cunāvaṇeyalli yāva pakṣakkū niccaḷa bahumatavilla.) この前の選挙ではどの党もはっきりした過半数が得られなかった。 [?]

ನಿಜ ⟦nija ニジャ⟧ [niʤɐ] (*n.*) **1** 真実〈の〉、嘘でない〈こと〉 **2** 本物〈の〉、自然〈の〉 **3** 自分〈の〉、自分自身〈の〉 **—***n.* 真実、事実 ¶ ಯಾರ ಹೇಳಿಕೆ ನಿಜ ಎಂಬುದು ನಮಗೆ ಗೊತ್ತಿಲ್ಲ. (yāra hēḷike nija eṃbudu namage gottilla.) だれの陳述が本当か我々には分からない。 [Sk.]

ನಿಜಮಾರ್ಗ ⟦nijamārga ニジャマールガ⟧ [niʤəmɐːrgɐ]《文》*n.* **1** 人の踏み行うべき道、正道 **2** 自分自身の道 [Sk.]

ನಿಜಗುಣ ⟦nijaguṇa ニジャグナ⟧ [niʤəguɳɐ]《文》*n.* **1** (人の) 本当の性質 **2** 自分自身の性質 [Sk.]

ನಿಜರೂಪ ⟦nijarūpa ニジャルーパ⟧ [niʤəruːpɐ] *n.* (人の) 本当の姿、本性 ¶ ರಾಮನ ಬಾಣ ತಾಕಿದ ಕೂಡಲೇ ಮಾರೀಚ ನಿಜರೂಪ ತೋರಿಸಿದ. (rāmana bāṇa tākida kūḍalē mārīca nijarūpa tōrisida.) ラーマの矢が当たるやマーリーチャは自分の本当の姿を現した。 [Sk.]

ನಿಜಿ ⟦niji ニジ⟧ [niʤi]《方》*n.* 歯茎 (*Gowda*) [Ka. D3741] ☞ಒಸಡು (osaḍu)〔汎〕

ನಿಜೀಕರಣ ⟦nijīkaraṇa ニジーカラナ⟧ [nidsʒiːkərə̆ɳɐ]《文》*n.* (公営企業の) 私営化 [Sk.] = ಖಾಸಗೀಕರಣ (kʰāsagīkaraṇa)

ನಿಟ್ ⟦niṭ ニト⟧ [niʈ] *pref.*《母音の前にのみ現れる形》長…、なが… (「長いこと」を表す接頭辞)¶ ನಿಟ್ಟುಸಿರು (niṭṭusiru) ため息 [Ka. D3738] (*Śmd.181*) ☞ನಿಡಿ (niḍi)¹

ನಿಟಿಲ ⟦niṭila ニティラ⟧ [niʈilɐ]《文》*n.* 額(ひたい) [Sk.*niṭila-*]

ನಿಟ್ಟಾಲಿ ⟦niṭṭāli ニッターリ⟧ [niʈʈɐːli]《文》*n.* 大きく見開いた目 [*niṭ* + *āli*?/D3766?]

ನಿಟ್ಟಾಯು ⟦niṭṭāyu ニッターユ⟧ [niʈʈɐːju]《文》*n.* 高齢；長命 **—***mf.* 長命の人；高齢の人 [*niṭ-* + *āyu*]

ನಿಟ್ಟಾಳ್ ⟦niṭṭāḷ ニッタール⟧ [niʈːʈɐːɭ]《古》*mf.* 背が高い人 [*niṭ-* + *āḷ*]

ನಿಟ್ಟಿಸು ⟦niṭṭisu ニッティス⟧ [niʈʈisu] *vt.* **1** 見る、眺める (*Pb.10.29; 10.72*) **2** じっと見る、つくづく眺める、好奇心をもって眺める、にらみつける (*Pb.4.110*) [Ka. D3766? cf. *diṭṭisu*]

ನಿಟ್ಟು ⟦niṭṭu ニットゥ⟧ [niʈʈu]《異》*vt.*〈腕、指、舌などを〉伸ばす、〈腕などを〉差し出す ☞ನೀಡು (nīḍu) [Ka. *D3692]

ನಿಟ್ಟೆಲುವು ⟦niṭṭeluvu ニッテルヴ⟧ [niʈʈelŭvu]《文》*n.* 背骨 [Ka. D3738]

ನಿಟ್ಟುಸಿರು ⟦niṭṭusiru ニットゥシル⟧ [niʈʈusĭru] *n.* ため息 [*niṭ-* + *usiru*]

ನಿಟ್ಟೆ ⟦niṭṭe ニッテ⟧ [niʈʈe]《古》*n.* 献身、献身的愛情、傾倒 [Sk. *niṣṭʰā-*] (*Pb.6.71*)

ನಿಡಿ¹ ⟦niḍi ニディ⟧ [niɖi] (*n.*)《子音の前にのみ現れる形》**1** 長い〈こと〉(*Pb. 7.81.V*) **2** まっすぐ〈な〉 [Ka. *D3738] = ನಿಡು (niḍu) ☞ನಿಟ್ (niṭ)

ನಿಡಿ² ⟦niḍi ニディ⟧ [niɖi]《‡》*n.* 強い刺激臭 [Ka. D3737] (*My. (Kitt.)*) E

ನಿಡಿಗಣ್ ⟦niḍigaṇ ニディガン⟧ [niɖigə̆ɳ]《古》*n.* 大きな目、長い目 [*niḍi*¹ + *kaṇ*] ☞ನಿಡುಗಣ್ (niḍugaṇ)

ನಿಡಿಗಣ್ಣು ⟦niḍigaṇṇu ニディガンヌ⟧ [niɖigə̆ɳɳu] ನಿಡಿಗಣ್ಣು《古》*n.* 大きな目、長い目 [*niḍi*¹ + *kaṇṇu*] ☞ನಿಡುಗಣ್ (niḍugaṇ)

ನಿಡಿದು ⟦niḍidu ニディドゥ⟧ [niɖiđu]《文》*adj.* **1** 長い **2** まっすぐな [Ka. D3692]

ನಿಡಿಯ ⟦niḍiya ニディヤ⟧ [niɖijɐ]《古》*m.*《*f.* ನಿಡಿಯಳು (niḍiyaḷu)》のっぽ [Ka. *D3692] (*Pb.3.12*)

ನಿಡಿಯಸಿ ⟦niḍiyasi ニディヤシ⟧ [niɖijəsi]《古》*n.* 長い剣、長剣 [Ka. *niḍi*¹ + Sk. *asi*] (*Pb.10.71*)

ನಿಡು ⟦niḍu ニドゥ⟧ [niɖu]《文》(*n.*) **1** 長い〈こと〉 **2** まっすぐな〈こと〉 **3** 大きな〈こと〉= ನಿಡಿ (niḍi)¹ [Ka. D3738]

ನಿಡುಗಣ್ ⟦niḍugaṇ ニドゥガン⟧ [niɖugə̆ɳ] ನಿಡಿಗಣ್, ನಿಡಿಗಣ್ಣು, ನಿಡುಗಣ್ಣು《古》*n.* 大きな目、長い目 [*niḍu* + *kaṇ*]

ನಿಡುಗಣ್ಣು ⟦niḍugaṇṇu ニドゥガンヌ⟧ [niɖugə̆ɳɳu]《古》*n.* 大きな目、長い目 [*niḍu* + *kaṇṇu*] ☞ನಿಡುಗಣ್ (niḍugaṇ)

ನಿಡುನೆನಪು ⟦niḍunenapu ニドゥネナプ⟧ [niɖunenɐpu]《文》*n.* 長期記憶 [*niḍu* + *nenapu*]

ನಿಡುಮೂಗು ⟦niḍumūgu ニドゥムーグ⟧ [niɖumuːgu] *n.* 真っ直ぐ伸びた幅の狭い鼻 [*niḍu* + *mūgu*]

ನಿಡುಸುಯ್ ⟦niḍusuy ニドゥスイ⟧ [niḍusuj] 《文》 *vi.* ため息をつく [Ka. *niḍu* + *suy*] (*Pb.4.107*)

ನಿತಂಬ ⟦nitaṃba ニタンバ⟧ [nitəmbɐ] 《文》 *n.* 1 尻 ತಿಕ (tika)〔汎〕 2 山の斜面 [Sk.]

ನಿತ್ತರಿಸು ⟦nittarisu ニッタリス⟧ [nittărisu] *vt.* 1《古》〈川などを〉越える、渡る 2〈危険や困難を〉乗り越える、〈使命を〉限界を克服して果たす ¶ ಸುಧಾ ಚಂದ್ರನ್ ತನಗೆ ಒಂದು ಕಾಲು ಇರದಿದ್ದರೂ ನೃತ್ಯ ಮಾಡುವ ಪಾತ್ರಗಳನ್ನು ನಿ-ತ್ತರಿಸುತ್ತಾರೆ. (sudʰā caṃdran tanage oṃdu kālu iradiddarū nṛtya māḍuva pātragaḷannu nittarisuttāre.) スダー・チャンドランは足が1本ないにもかかわらず踊りのある役を演じてのけた。 3 耐える、我慢する ¶ ಅಪ್ಪ ಎಷ್ಟೇ ನೋವು ಇದ್ದರೂ ನಿತ್ತರಿಸಿ ಕೊಳ್ಳುತ್ತಾರೆ. (appa eṣṭē nōvu iddarū nittarisi koḷḷuttāre.) 父はどんな苦しみでも我慢する。 [Sk.*nistarati*] (*Pb.12.6*)

ನಿತ್ಯ ⟦nitya ニティャ⟧ [nitʲjɐ] *adj.* 1 毎日の 2 永遠の、永続する、不死の —*adv.* 毎日 ¶ ಅವನು ಮನೆಯ-ಲ್ಲಿ ಪಾಠವನ್ನು ನಿತ್ಯ ಹೇಳುತ್ತಿದ್ದ. (avanu maneyalli pāṭʰavannu nitya hēḷuttidda.) あの人は毎日家で学科を教えていた。 [Sk.]

ನಿತ್ಯಕರ್ಮ ⟦nityakarma ニティャカルマ⟧ [nitʲjəkərmɐ] *n.* 1 毎日の仕事 2 バラモンの行う毎日の祭礼 [Sk.]

ನಿತ್ಯತೃಪ್ತ ⟦nityatṛpta ニティャトゥルプタ⟧ [nitʲjətrɯptɐ] 《文》 *adj., m.* いつも満足した〈人〉 [Sk.]

ನಿತ್ಯದಾನ ⟦nityadāna ニティャダーナ⟧ [nitʲjədɐːnɐ] 《文》 *n.* 毎日行う喜捨 [Sk.]

ನಿತ್ಯಯಾತ್ರೆ ⟦nityayātre ニティャヤートレ⟧ [nitʲjəjɐːtre] *n.* 毎日の托鉢 [Sk.]

ನಿತ್ಯಾತ್ಮ ⟦nityātma ニティャートマ⟧ [nitʲjɐːtmɐ] *n.* 永遠の我、至高の我

ನಿತ್ರಾಣ ⟦nitrāṇa ニトラーナ⟧ [nitrɐːɳɐ] *adj.* (体、声などが)弱い、弱々しい、弱った [Sk.*nistrāṇa*]

ನಿತ್ರಾಣಿ ⟦nitrāṇi ニトラーニ⟧ [nitʳrɐːɳi] *mf.* 体の弱った人、弱々しい人 [Sk. *nistrāṇin-*]

ನಿದರ್ಶನ ⟦nidarśana ニダルシャナ⟧ [nidərʃəɳɐ] *n.* 例、例示 [Sk.]

ನಿದಾನ[1] ⟦nidāna ニダーナ⟧ [nidɐːnɐ] *n.* 1《古》紐、縄 2 根本原因、大元の原因 3 (病気の)診断 4 病気の原因、病気の原因を研究すること、病理学 [Sk.]

ನಿದಾನ[2] ⟦nidāna ニダーナ⟧ [nidɐːnɐ] 《口》 *n.* [Sk.] ☞ ನಿಧಾನ (nidʰāna)

ನಿದ್ದೆ ⟦nidde ニッデ⟧ [nidde] *n.* 眠ること、睡眠 [Sk.*nidrā-*0] (*Pb.1.136*) = ನಿದ್ರೆ (nidre)

ನಿದ್ರೆ ⟦nidre ニドレ⟧ [nidʳre] *n.* 眠ること、睡眠 [Sk.]

ನಿದ್ರಿಸು ⟦nidrisu ニドリス⟧ [nidrĭsu] 《文》 *vi.* 眠る、睡眠を取る [Sk.]

ನಿಧನ ⟦nidʰana ニダナ⟧ [nidʰənɐ] 《文》 *n.*〔美〕死去、逝去 ¶ ನಿಜಲಿಂಗಪ್ಪ ನಿನ್ನೆ ನಿಧನ ಹೊಂದಿದರು. (nijaliṃgappa ninne nidʰana hoṃdidaru.) ニジャリンガッパは昨日亡くなった。 [Sk.]

ನಿಧಾನ ⟦nidʰāna ニダーナ⟧ [nidʰɐːnɐ] *n.* 1《古》物を(下に)置くこと 2《古》保存 3《古》置き場所、入れ物、容器、貯蔵所 4《文》宝物 5《文》貯蔵物、財産、富 6《古》家、住居 7《古》しなければならない仕事、課題 8 遅いこと、のろいこと ¶ ಸರಕಾರ-ದ ಕಚೇರಿಯಲ್ಲಿ ಕೆಲಸ ನಿದಾನವಾಗಿ ನಡೆಯುತ್ತಿದೆ. (sarakārada kacēriyalli kelasa nidānavāgi naḍeyuttide.) お役所では仕事がゆっくり行われる。 9 遅れ、遅滞、遅延 ¶ ನನ್ನ ಪ್ರಮಾಣಪತ್ರ ಬರಲು ತುಂಬ ನಿದಾನವಾಯಿತು. (nanna pramāṇapatra baralu tuṃba nidānavāyitu.) 私の証書がひどく遅くなって届いた。 10 慎重、ゆっくり注意深くすること ¶ ನಿಧಿ ಇದ್ದರೂ ನಿಧಾನವಿರಬೇಕು. (ಗಾದೆ) (nidʰi iddarū nidʰānavirabēku. (gāde)) 財産があっても慎ましくあらねばならない。(格言) 11 忍耐、我慢 ¶ ನಿಧಾನವಾಗಿ ಕೆಲಸ ಮಾಡಿ. ಇಲ್ಲವಾದರೆ ಗಣಿ ಸಿಡಿಯುತ್ತದೆ. (nidʰānavāgi kelasa māḍi. illavādare gaṇi siḍiyuttade.) 注意深く仕事しろ。そうでないと地雷が爆発するぞ。 12《雅》戦闘を開始する前にパーンを分け与えて軍隊に開戦を告げること [Sk.]

ನಿಧಾನವಾಗಿ ⟦nidʰānavāgi ニダーナヴァーギ⟧ [nidʰɐːnəvɐːgi] *adv.* 1 ゆっくりと ¶ ನಿದಾನವಾಗಿ ಕೆಲಸ ಮಾಡಿದರೆ ಸಾಕು. (nidānavāgi kelasa māḍidare sāku.) 仕事はゆっくりなさって結構です。 2 慎重に、ゆっくりと注意深く、丁寧に ¶ ನಿದಾನವಾಗಿ ಟೆಲಿಫೋನ್ ಡೈಯಲ್ ಮಾ-ಡಬೇಕು. (nidānavāgi ṭelipʰōn ḍaiyal māḍabēku.) 電話のダイヤルは丁寧に回さねばならない。 [+ *āgi*]

ನಿಧಾನಿಸು ⟦nidʰānisu ニダーニス⟧ [nidʰɐːnisu] 《文》 *vi.* 1 遅れる、延引する 2 遅れる、延引する —*vt.* 《古》 1 決定する、決める 2 反対する、反抗する [Sk.]

ನಿಧಿ ⟦nidʰi ニディ⟧ [nidʰi] *n.* 1 財産、富、財宝 2 地下などに隠された財宝、秘蔵物 [Sk.]

ನಿನದ ⟦ninada ニナダ⟧ [ninədɐ] 《文》 *n.* [Sk.] ☞ ನಿನಾದ (nināda)

ನಿನಾದ ⟦nināda ニナーダ⟧ [ninɐːdɐ] 《文》 *n.* 音、響き [Sk.]

ನಿನ್ನೆ ⟦ninne ニンネ⟧ [ninne] *n.* 昨日 —*adv.* 昨日、1日前 (*Pb.11.150*) [Ka. D3758]

ನಿಪತ್ತಿ ⟦nipatti ニパッティ⟧ [nipətti] 《文》 *n.* 落下、墜落 [Sk.]

ನಿಪಾತ ⟦nipāta ニパータ⟧ [nipɐːtɐ] 《文》 *n.* 1 落下、墜落 2 悪化、凋落、堕落、衰退 3 死 4 滅亡、破滅 5 例外、例外形 6 不変化詞 7 間投詞(「ああ」「おお」など) [Sk.]

ನಿಪುಣ ⟦nipuṇa ニプナ⟧ [nipuɳɐ] 《文》 *adj., m.* 《*f.* ನಿಪುಣಳು, ನಿಪುಣೆ (nipuṇaḷu, nipuṇe)》熟達した、熟練した〈人〉 [Sk.]

ನಿಪ್ಪೊಸತು ⟦nipposatu ニッポサトゥ⟧ [nipposətu] 《文》 *adj.* まっさらの [*niṭ-*「長い」+ *posatu* D4275] (āp.1.82)

ನಿಬಂಧ ⟦nibaṃdʰa ニバンダ⟧ [nibəndʰɐ] 《文》 *n.* 1 規則、規定、掟、法令 2 (詩や文や計画などの)構

造、構成 **3** 随筆、エッセイ [Sk.]

ನಿಬಂಧನ ⟦nibaṃdʰana ニバンダナ⟧ [nibəndʰənɐ] 《文》 *n.* **1** 規則、規定、掟、法令 **2**（文学作品などを）作ること、作るやり方 ¶ ಕವನದ ನಿಬಂಧನೆ ಸೊಗಸಾಗಿದೆ. (kavanada nibaṃdʰane sogasāgide.) その詩の構成は美しい。[Sk.]

ನಿಬಂಧನೆ ⟦nibaṃdʰane ニバンダネ⟧ [nibəndʰəne] 《文》 *n.* ☞*nibaṃdʰana*

ನಿಬದ್ಧ ⟦nibaddʰa ニバッダ⟧ [nibəddʰɐ] 《文》 *adj.* **1** 縛られた **2** 捕縛された、捕らわれた [Sk.]

ನಿಬಿಡ ⟦nibiḍa ニビダ⟧ [nibiḍɐ] 《文》 *adj.* **1**（霧などが）濃い、（森、闇などが）深い **2** 混雑した、人でいっぱいの [Sk.]

ನಿಬ್ಬಣ ⟦nibbaṇa ニッバナ⟧ [nibbŏɳɐ] *n.* 結婚式の（ために花嫁の家に向かう）新郎と親族や友人の行列 [Ka. D3230, *D5415] = ದಿಬ್ಬಣ (dibbaṇa)

ನಿಬ್ಬಣಿಗ ⟦nibbaṇiga ニッバニガ⟧ [nibbəɳigɐ] *m.* 結婚式の（ために花嫁の家に向かう）新郎と親族や友人の行列に加わった人 [*nibbaṇa* + *-iga* D3230, *D5415] = ದಿಬ್ಬಣಿಗ (dibbaṇiga)

ನಿಬ್ಬೆರಗು ⟦nibberagu ニッベラグ⟧ [nibberəgu] ನಿಬ್ಬೆಱಗು 《文》 *n.* びっくり仰天 ¶ ಅವನಿಗೆ ಡಾಕ್ಟರ್ ಪದವಿ ಸಿಕ್ಕದ್ದು ಕೇಳಿ ನನಗೆ ನಿಬ್ಬೆರಗು ಆಯಿತು. (avanige ḍākṭar padavi sikkaddu kēḷi nanage nibberagu āyitu.) 彼が博士号を獲得したことを聞いてびっくり仰天した。[Ka. *niṭ-* 「長い」 *D3738 + *beṟagu* D5443; *D3678?]

ನಿಬ್ಬೆಱಗು ⟦nibbeṟagu ニッベラグ⟧ [nibbeṟəgu] 《古》 *n.* びっくり仰天 [Ka. *niṭṭ-*? *D3738 + *beṟagu* D5443; D3678?] ☞ನಿಬ್ಬೆರಗು (nibberagu)

ನಿಮಂತ್ರಣ ⟦nimaṃtraṇa ニマントラナ⟧ [nimantrŏɳɐ] *n.* 招待、招き ◇ *vt.* —ಮಾಡು (māḍu) [Sk.]

ನಿಮಗ್ನ ⟦nimagna ニマグナ⟧ [niməgnɐ] 《文》 *adj.*, *mfn.* **1**（水などに）没した、沈んだ〈もの〉 **2**（学問、仕事などに）没入した、没頭した〈人〉[Sk.]

ನಿಮಜ್ಜನ ⟦nimajjana ニマッジャナ⟧ [niməʤʤŏnɐ] *n.* **1**（水などに）没すること、沈むこと **2** 祭りの終わりに祀った神像を水に沈めること [Sk.]

ನಿಮಿತ್ತ ⟦nimitta ニミッタ⟧ [nimittɐ] *n.* **1** 前兆、兆し **2** 目的、狙い ¶ ನಾನು ಈ ನಿಮಿತ್ತದಿಂದ ಇಲ್ಲಿಗೆ ಬಂದೆ. (nānu ī nimittadiṃda illige baṃde.) 私はこの目的でここへ来た。 **3** 手段、道具 ¶ ರಾಮ ಕಾಡಿಗೆ ಹೋಗಲು ಮಂಥರೆ ಒಂದು ನಿಮಿತ್ತಮಾತ್ರ. (rāma kāḍige hōgalu maṃtʰare oṃdu nimittamātra.) ラーマが森へ追放されたことにおいて、（侍女）マンタラーは（運命の）道具に過ぎなかった。[Sk.]

ನಿಮಿರ್ ⟦nimir ニミル⟧ [nimir] ನಿಮಿರು, ನಿಮುರು, ನಿವುರು 《古》 *vi.* 《過去語幹 *nimird-*》 **1** 広がる、拡張する (*Pb.5.66.V*) **2** 直立する、（身の毛が恐れや喜びで）立つ **3**（つる草の巻きひげなどが）伸びる **4**（曲がったものが）まっすぐになる、伸びる **5** ひどくなる、増大する、増加する **6** 高くなる **7** 起こる、行われる **8** 出発する **9** 前へ進む、前進する **10** 成就する、成し遂げられる **11** 跳ぶ、跳ねる **12** 膨れ上がる、持ち上がる —*vt.* 広げる、拡張する cf. ನಿಗುರು (niguru) [Ka. D2922]

ನಿಮಿರು ⟦nimiru ニミル⟧ [nimiru] 《古》 *vi.* **1** 広がる、拡張する **2** 直立する、（身の毛が恐れや喜びで）立つ **3**（曲がったものが）まっすぐになる、伸びる **4** ひどくなる、増大する、増加する **5** 揺れる、震える [Ka. *D2922]

ನಿಮಿರಿಸು ⟦nimirisu ニミリス⟧ [nimirĭsu] 《古》 *vt.* **1**〈体やその一部を〉伸ばす **2**〈耳を〉そばだてる、（恐れ、喜びなどで）〈身の毛を〉立てる、〈髪の毛を〉逆立てる [Ka. caus. *D2922]

ನಿಮಿರ್ಕೆ ⟦nimirke ニミルケ⟧ [nimirke] 《古》 *n.* **1** 伸ばされた状態、広げられた状態 **2**（体やその一部などが）まっすぐに伸びた状態 **3** 増大、増加 **4**（富などの）豊富さ、膨大さ **5**（権力、威信、徳などが）高まること **6** 高慢、尊大 [Ka. D2922]

ನಿಮಿರ್ಚು[1] ⟦nimircu ニミルチュ⟧ [nimirʧu] ನಿಮುರಿಚು, ನಿವುಚು 《古》 *vt.* **1** 広げる、拡張する **2**〈体やその一部を〉伸ばす；〈巻いたもの、曲がったものを〉まっすぐにする、伸ばす **3** 増やす、増大する；猛烈にする **4** 行う、施行する、実施する **5** 成就する、完成する —*vi.* 横たわる [Ka. D2922]

ನಿಮಿರ್ಚು[2] ⟦nimircu ニミルチュ⟧ [nimirʧu] 《古》 *vt.* **1** 明らかにする、はっきりさせる **2** 作る、創造する **3** 作らせる、創造させる [< *nirmicu* ←Sk.] ☞ನಿರ್ಮಿಸು (nirmisu)

ನಿಮಿಷ ⟦nimiṣa ニミシャ⟧ [nimiʂɐ] *n.* 分、1分 [Sk.]

ನಿಮೀಲನ ⟦nimīlana ニミーラナ⟧ [nimi:lŏnɐ] 《文》 *n.* 目を閉じること、瞬きすること [Sk.]

ನಿಮುರು ⟦nimuru ニムル⟧ [nimŭru] 《古》 *vi.* 広がる、拡張する [Ka. *D2922]

ನಿಮ್ನ ⟦nimna ニムナ⟧ [nimnɐ] 《文》 *adj.* **1**（高さが）低い ¶ ನಿಮ್ನ ಪ್ರದೇಶದಲ್ಲಿ ಮಳೆಯ ನೀರು ನಿಂತು ಜನರಿಗೆ ತೊಂದರೆ ಆಗಿದೆ. (nimna pradēśadalli maḷeya nīru niṃtu janarige toṃdare āgide.) 土地が低い地域では雨水がたまるので人々は困っている。 **2**（カーストや身分や品性などが）低い、低劣な ¶ ನಿಮ್ನ ಶೀಲದ ಜನರ ಹತ್ತಿರ ದುಡ್ಡು ಬಂದು ಸೇರುತ್ತದೆ. (nimna śīlada janara hattira duḍḍu baṃdu sēruttade.) 品性の低い人の所にお金が集まる。[Sk.]

ನಿಯಂತ್ರಣ ⟦niyaṃtraṇa ニヤントラナ⟧ [nijəntrəɳɐ] *n.* 制御、抑制 [Sk.]

ನಿಯತ ⟦niyata ニヤタ⟧ [nijətɐ] 《文》 (*n.*) **1** 一定〈の〉¶ ಅವನು ನಿಯತವಾಗಿ ಒಂಬತ್ತು ಘಂಟೆಗೆ ತಿಂಡಿ ತಿನ್ನುತ್ತಾನೆ. (avanu niyatavāgi oṃbattu gʰaṃṭege tiṃḍi tinnuttāne.) 彼は毎朝決まって9時に朝食を取る。 **2** 制限された〈こと〉、制御された〈こと〉 **3** 決められた〈こと〉、規定された〈こと〉、定められた〈こと〉 **4** 自己を抑制した〈こと〉、克己〈の〉[Sk.]

ನಿಯತಕಾಲಿಕ ⟦niyatakālika ニヤタカーリカ⟧ [nijǝ̆tǝkɐːlikɐ] 《文》 *n.* 定期刊行物 [Sk.]

ನಿಯತಿ ⟦niyati ニヤティ⟧ [nijǝti] *n.* 1 (神の)摂理 2 運命、宿命 3 神の創造物、神の創造した自然 ¶ ನಿಯತಿಯ ಸೌಂದರ್ಯಕ್ಕೆ ನಾನು ಮರುಳಾಗಿ ಹೋದೆ. (niyatiya sauṃdaryakke nānu maruḷāgi hōde.) 神の創造した自然の美しさに私は我を忘れた。 [Sk.]

ನಿಯತ್ತು ⟦niyattu ニヤットゥ⟧ [nijǝttu] *n.* 1 正直、清廉、高潔 ¶ ಈಗಿನ ಅಧಿಕಾರಿಗಳಿಗೆ ನಿಯತ್ತು ಇಲ್ಲ. (īgina adʰikārigaḷige niyattu illa.) この頃の役人たちは清廉さが欠如している。 2 信頼できること、忠実、誠実 [Ar. *niyyat*]

ನಿಯಮ ⟦niyama ニヤマ⟧ [nijǝmɐ] *n.* 1 規則、規制、規定 2 (宗教的な動機などで)あることを心に誓うこと ¶ ರಾಜಕುಮಾರ ಉತ್ತರ ದಿಕ್ಕಿಗೆ ಹೋಗಬಾರದು ಎಂದು ನಿಯಮ ಮಾಡಿಕೊಂಡಿದ್ದ. (rājakumāra uttara dikkige hōgabāradu eṃdu niyama māḍikoṃḍidda.) 王は北へ向かって進まないことを心に誓った。 [Sk.]

ನಿಯಮಿಸು ⟦niyamisu ニヤミス⟧ [nijǝmisu] *vt.* 1 制御する、御す、統御する 2 指図する、指令する、命令する (*Pb.2.97.V*) 3《古》 罰する、懲罰を与える 4 〈人を〉ある任務に任命する ¶ ಅರಸ ತನ್ನ ಬಂಟರನ್ನು ರಾಜಕುಮಾರಿಯ ಕಾವಲಗಾರರಾಗಿ ನಿಯಮಿಸಿದ. (arasa tanna baṃṭarannu rājakumāriya kāvalagārarāgi niyamisida.) 王は自分の家来を王女の護衛に任命した。 [Sk.] (ṛṛa.9.92)

ನಿಯಾಮಕ ⟦niyāmaka ニヤーマカ⟧ [nijɐːmǝ̆kɐ] *m.* 主、神 —*n.* 運命、宿命 [Sk.]

ನಿಯುಕ್ತ ⟦niyukta ニユクタ⟧ [nijuktɐ] *adj.* 1 付けられた、くっつけられた 2 任命された、ある任務に指名された ¶ ವೀರಪ್ಪನನ್ನು ಹಿಡಿಯಲು ವಿಶೇಷಪಡೆ ನಿಯುಕ್ತವಾಗಿದೆ. (vīrappanannu hiḍiyalu viśēṣapaḍe niyuktavāgide.) ヴィーラッパンを捕らえるために特別の機動隊が組織された。 [Sk.]

ನಿಯುಕ್ತಿ ⟦niyukti ニユクティ⟧ [nijukti] *n.* 1 命令、指令 2 (役職、任務などへの)任命、任用 [Sk.]

ನಿಯೋಗ ⟦niyōga ニヨーガ⟧ [nijoːgɐ] *n.* 1 命令、指令 2 任務、(課された)義務 3 特定の任務を委託された政府の高官の一団 [Sk.]

ನಿಯೋಗಿ ⟦niyōgi ニヨーギ⟧ [nijoːgi] *mf.* 1 特定の任務を委託された政府の高官 2 アンドラ由来に多いバラモンの家系(夫が男子をなさずに他界した後に寡婦が夫の兄弟などの種を宿してつないだ家系) [Sk.]

ನಿಯೋಜಿಸು ⟦niyōjisu ニヨージス⟧ [nijoːʤ̆isu] *vt.* 1 〈委員会などを〉任命する 2 (ある人にある仕事を)課する、割り当てる ¶ ನನ್ನ ಮಗನನ್ನು ಆ ಕೆಲಸಕ್ಕೆ ನಿಯೋಜಿಸಲಾಗಿದೆ. (nanna maganannu ā kelasakke niyōjisalāgide.) 息子はその仕事の責任を負わされている。 [Sk.]

ನಿರ್- ⟦nir- ニル-⟧ [nir] *pref.* 無…、非…、脱…(サンスクリット語の接頭辞 *nis-* の異形態の一つ、母音または有声子音の前に現れる) ¶ ನಿರಂಕುಶ (niraṃkuśa) 思いのままの [Sk.]

ನಿರಂಕುಶ ⟦niraṃkuśa ニランクシャ⟧ [nirǝŋkuʃɐ] *adj.* 抑止するもののない、歯止めのない、横暴な、思いのままの [Sk.]

ನಿರಂಕುಶಪ್ರಭುತ್ವ ⟦niraṃkuśaprabʰutva ニランクシャプラブトゥヴァ⟧ [nirǝmkuʃǝprǝbʰutvɐ] *n.* 圧制、専制(政治、支配) [Sk.]

ನಿರಂತರ ⟦niraṃtara ニランタラ⟧ [nirǝntǝ̆rɐ] *adj.* 絶え間のない、ひっきりなしの、続け様の —*adv.* 休みなく、ひっきりなしに、続け様に [Sk.]

ನಿರಕು ⟦niraku ニラク⟧ [nirǝ̆ku] 《文》 (*n.*) 決定的な〈こと〉、確定的な〈こと〉 ☞ ನಿಖರ (nikʰara) [M. *nikarā*]

ನಿರಕ್ಕು ⟦nirakku ニラック⟧ [nirǝkku] 《希》 (*n.*) 間違いない〈こと〉、確か〈な〉 ☞ ನಿಖರ (nikʰara) [M. *nikarā* ←?]

ನಿರಕ್ಷರ ⟦nirakṣara ニラクシャラ⟧ [nirǝkʂǝ̆rɐ] *adj., m.* 《*f.* ನಿರಕ್ಷರಳು (nirakṣaraḷu)》 非識字の〈人〉、字を知らない〈人〉 [Sk.]

ನಿರಕ್ಷರಕುಕ್ಷಿ ⟦nirakṣarakukṣi ニラクシャラククシ⟧ [nirǝkʂǝ̆rǝkukʂi] 《文》 *mf.* (完全な)非識字者、字を知らない人 [Sk.]

ನಿರಗೆ ⟦nirage ニラゲ⟧ [nirǝ̆ge] 《異》 *n.* ひだ、サーリーやドーティーの端を織り重ねてひだにしたもの [Ka. D2935] ☞ ನಿರಿಗೆ (nirige)

ನಿರತ ⟦nirata ニラタ⟧ [nirǝtɐ] *adj.* (仕事などに)没頭した、夢中になった ¶ ಅವನು ಕಾರ್ಯನಿರತನಾಗಿದ್ದಾನೆ. (avanu kāryaniratanāgiddāne.) 彼は仕事に没頭している。 [Sk.]

ನಿರತಿಶಯ ⟦niratiśaya ニラティシャヤ⟧ [nirǝtiʃǝ̆yɐ] 《文》 (*n.*) 最高〈の〉、並ぶもののない〈こと〉 ¶ ನಿರತಿಶಯವಾದ ಅವರ ಪಾಂಡಿತ್ಯ ನೋಡಿ ಎಲ್ಲರಿಗೂ ಗೌರವ. (niratiśayavāda avara pāṃḍitya nōḍi ellarigū gaurava.) 比類のない学識ゆえに誰もが彼を尊敬している。 [Sk.]

ನಿರತೆ ⟦nirate ニラテ⟧ [nirǝ̆te] 《古》 *n.* 美、美しさ [Ka. *niṟi* + *-te* *D2934] ☞ ನಿಱತೆ (niṟate)

ನಿರಪರಾಧಿ ⟦niraparādʰi ニラパラーディ⟧ [nirǝ̆pǝrɐːdʰi] *adj., mf.* 罪のない、無罪の〈人〉 [Sk.]

ನಿರಪಾಯ ⟦nirapāya ニラパーヤ⟧ [nirǝ̆pɐːjɐ] (*n.*) 危険や難儀のない〈こと〉、安全〈な〉 —*n.* 安全、危険や難儀がないこと [Sk.]

ನಿರಪೇಕ್ಷ ⟦nirapēkṣa ニラペークシャ⟧ [nirǝpeːkʃɐ] 《文》 (*n.*) (奉仕など)報酬を期待しない〈こと〉、無私〈の〉 [Sk.]

ನಿರಪೇಕ್ಷೆ ⟦nirapēkṣe ニラペークシェ⟧ [nirǝpeːkʃe] 《文》 *n.* (奉仕など)報酬を期待しないこと、無私 [Sk.]

ನಿರಭಿಮಾನ ⟦nirabʰimāna ニラビマーナ⟧ [nirǝ̆bʰimɐːnɐ] *adj., m.* 《*f.* ನಿರಭಿಮಾನಳು (nirabʰimānaḷu)》 謙虚な〈人〉、へりくだった〈人〉 [Sk.]

ನಿರರ್ಗಳ ⟦nirargaḷa ニラルガラ⟧ [nirərgə̆ḷɐ] (*adj.*) 1 自由〈な〉、拘束されることがない〈こと〉、思いのまま〈の〉 2 (話しぶりが)流暢〈な〉、すらすらと言葉が出る〈こと〉¶ ಸುಬ್ಬಯ್ಯ ಈಗ ವಯಸ್ಸಿನಿಂದಾಗಿ ನಿರರ್ಗಳ ಮಾತಾಡುವದು ಸಾಧ್ಯವಿಲ್ಲ. (subbayya īga vayassiniṃdāgi nirargaḷa mātāḍuvadu sādʰyavilla.) スッバイヤは年のせいで流暢に話すことができない。[Sk.]

ನಿರರ್ಥಕ ⟦nirartʰaka ニラルタカ⟧ [nirərtʰə̆kɐ] *adj.* 無駄な、役に立たない [Sk.]

ನಿರವಯವ ⟦niravayava ニラヴァヤヴァ⟧ [nirəvəjəvɐ] 《文》(*n.*) 分割することができない〈こと〉、不可分〈の〉、一つの部分からできた〈こと〉¶ ಈಶ್ವರ ನಿರ್ಗುಣ, ನಿರಾಕಾರ, ನಿರವಯವನಾಗಿದ್ದಾನೆ. (īśvara nirguṇa, nirākāra, niravayavanāgiddāne.) 神は性質も形もなく不可分である。 —*n.* 神 ↔ ಸಾವಯವ (sāvayava) [Sk.]

ನಿರವಯವತ್ವ ⟦niravayavatva ニラヴァヤヴァトヴァ⟧ [nirə̆vəjəvət·vɐ] 《文》*n.* 1 手足がないこと 2 分割することができないこと、不可分性、部品からなっていないこと 3 体を持っていないこと [Sk.]

ನಿರಶನ ⟦niraśana ニラシャナ⟧ [nirəʃə̆nɐ] *n.* (宗教的理由を含む)絶食、食事を取らないこと [Sk.]

ನಿರಸನ ⟦nirasana ニラサナ⟧ [nirəsənɐ] *n.* (幻想などが)消え失せること ¶ ಆ ರಾಜಕಾರಣಿಯ ಬಗ್ಗೆ ನನ್ನ ಭ್ರಮ ನಿರಸನವಾಯಿತು. (ā rājakāraṇiya bagge nanna bʰrama nirasanavāyitu.) あの政治家に対する私の幻想は消え失せた。[Sk.]

ನಿರಹಂಕಾರ ⟦nirahaṃkāra ニラハンカーラ⟧ [nirə̆həŋkɐːrɐ] *n.* 1 自己中心主義でないこと 2 傲慢でないこと、謙虚 [Sk.]

ನಿರಹಂಕಾರಿ ⟦nirahaṃkāri ニラハンカーリ⟧ [nirə̆həŋkɐːri] *adj., mf.* 1 自己中心主義でない〈人〉 2 謙虚な〈人〉、傲慢でない〈人〉[Sk.]

ನಿರಾಕರಣ ⟦nirākaraṇa ニラーカラナ⟧ [nirɐːkərə̆ɳə] *n.* 1 拒絶、拒むこと 2 否定、否認 [Sk.]

ನಿರಾಕರಿಸು ⟦nirākarisu ニラーカリス⟧ [nirɐːkərĭsu] *vt.* 1 拒絶する、拒む 2 否定する、否認する ¶ ಮಂತ್ರಿಗಳು ಸುದ್ದಿಯನ್ನು ನಿರಾಕರಿಸಿದರು. (maṃtrigaḷu suddiyannu nirākarisidaru.) 大臣はニュースを否定した。[Sk.] (*Pb.3.68*)

ನಿರಾಕಾಂಕ್ಷೆ ⟦nirākāṃkṣe ニラーカーンクシェ⟧ [nirɐːkɐːŋkʂe] 《文》*n.* 世間的な欲望のないこと、無欲 [Sk.]

ನಿರಾಕಾರ ⟦nirākāra ニラーカーラ⟧ [nirɐːkɐːrɐ] 《文》(*n.*) 形をもたない〈こと〉 —*n.* 神 [Sk.]

ನಿರಾತಂಕ ⟦nirātaṃka ニラータンカ⟧ [nirɐːtəŋkɐ] (*n.*) 1 危険のない〈こと〉、心配のない〈こと〉¶ ಈಗ ಅವನ ಆರೋಗ್ಯ ನಿರಾತಂಕವಾಗಿದೆ. (īga avana ārōgya nirātaṃkavāgide.) 彼の健康はもう心配ない状態になっている。 2 のんびり〈した〉、安楽〈な〉¶ ಅವರು ನಿವೃತ್ತಿಯಾದ ಮೇಲೆ ನಿರಾತಂಕವಾಗಿದ್ದಾರೆ. (avaru nivr̥ttiyāda mēle nirātaṃkavāgiddāre.) あの人は引退した後のんびりしている。[Sk.]

ನಿರಾಪೇಕ್ಷ ⟦nirāpēkṣa ニラーペークシャ⟧ [nirɐːpeːkʂɐ] 《古》(*n.*) 報酬や見返りなどを期待しない〈こと〉 [Sk. *nirapēkṣa*]

ನಿರಾಪೇಕಂ ⟦nirāpēkaṃ ニラーペーカン⟧ [nirɐːpeːkəm] 《古》*adv.* たやすく、易々と [Sk. *nirāpēkṣam*] (*Pb.13.13*)

ನಿರಾಶೆ ⟦nirāśe ニラーシェ⟧ [nirɐːʃe] *n.* 絶望、意気消沈 [Sk.]

ನಿರಾಳ ⟦nirāḷa ニラーラ⟧ [nirɐːḷɐ] 《文》*adj., mf.* (心が)平静な〈人〉、落ち着いた〈人〉、心の濁りがない〈人〉、心が澄み切った〈人〉 —*n.* 1 (心の)平静なこと、落ち着き、濁りがないこと 2 心が悟りの境地に達していること [M. *nirāḷā* T7277]

ನಿರಿ ⟦niri ニリ⟧ [niri] ನೆರಿ, ನೆರೆ[1], ನೆಱಿ[2] *n.* (サーリーやドーティーの前部に付けた)ひだ(この部分を腹部に押し込む) [Ka. *D2935]

ನಿರಿಗೆ ⟦nirige ニリゲ⟧ [nirĭge] ನಿರಗೆ, ನಿರುಗೆ, ನಿಱಿಗೆ, ನಿಱುಗೆ, ನೆರಿಗೆ, ನೆಱಿಗೆ *n.* 1 ひだ、サーリーやドーティーの端を織り重ねてひだにしたもの 2 (皮膚の)しわ [Ka. D2934, D2935] ☞ನಿಱಿಗೆ (niṟige)

ನಿರೀಕ್ಷಣ ⟦nirīkṣaṇa ニリークシャナ⟧ [niriːkʂəɳɐ] *n.* 1 見ること 2 期待 [Sk.] = ನಿರೀಕ್ಷೆ (nirīkṣe)

ನಿರೀಕ್ಷಣೆ ⟦nirīkṣaṇe ニリークシャネ⟧ [niriːkʂəɳe] *n.* 1 見ること 2 期待 ¶ ಬಹರೇನಿನಲ್ಲಿ ಕಳೆದು ಹೋದ ಮಗನನ್ನು ಮರಳಿ ನೋಡುವ ನಿರೀಕ್ಷೆಯಲ್ಲಿ ಅಮ್ಮನ ಬದುಕು ಮುಗಿದುಹೋಯಿತು. (baharēninalli kaḷedu hōda maganannu maraḷi nōḍuva nirīkṣeyalli ammana baduku mugiduhōyitu.) バーレーンで失踪した息子との再開を願いつつ母親の人生は終わってしまった。[Sk.] = ನಿರೀಕ್ಷೆ (nirīkṣe)

ನಿರೀಕ್ಷಿಸು ⟦nirīkṣisu ニリークシス⟧ [niriːkʂĭsu] *vt.* 1 見る 2 じっと見る、注意深く見る 3 期待する、期待して待つ [Sk.]

ನಿರೀಕ್ಷೆ ⟦nirīkṣe ニリークシェ⟧ [niriːkʂe] *n.* [Sk.] = ನಿರೀಕ್ಷಣೆ (nirīkṣaṇe)

ನಿರೀಶ್ವರ ⟦nirīśvara ニリーシュヴァラ⟧ [niriːʃvə̆rɐ] (*adj.*) 無神論〈の〉、神を認めない〈こと〉[Sk.]

ನಿರೀಶ್ವರವಾದ ⟦nirīśvaravāda ニリーシュヴァラヴァーダ⟧ [niriːʃvə̆rəvɐːdɐ] *n.* 無神論 [Sk.]

ನಿರುಕು ⟦niruku ニルク⟧ [nirŭku] 《希》(*n.*) 間違いない〈こと〉、確かな〈こと〉☞ನಿಖರ (nikʰara) [M. *nikară* ←?]

ನಿರುಗೆ ⟦niruge ニルゲ⟧ [nirŭge] *n.* 1 やり方、方法 2 ひだ、サーリーやドーティーの端を織り重ねてひだにしたもの 3 (皮膚の)しわ [Ka. D2934, D2935] ☞ನಿರಿಗೆ (nirige)

ನಿರುತ ⟦niruta ニルタ⟧ [nirutɐ] 《古》*n.* 1 真実、事実 2 確実 —*adj., m.* 《*f.* *ನಿರುತಳ್ (nirutaḷ)》信頼できる〈人〉、廉直な〈人〉、信用できる〈人〉[? cf. Pk. *ṇirutta-*]

ನಿರುತಮ್ ⟦nirutam ニルタム⟧ [nirutəm] 《古》 *adv.* 1 本当に、誠に 2 確かに、間違いなく (*Pb.11.98*)

ನಿರುತ್ಸಾಹ ⟦nirutsāha ニルトサーハ⟧ [nirutsɐːhɐ] (*n.*) 1 無気力、倦怠、物憂さ 2 無関心、冷淡 ¶ ನೀವು ಚುನಾವಣೆಯಲ್ಲಿ ಭಾಗವಹಿಸಬೇಕು ಎಂದರೆ ವೀರಣ್ಣ ನಿರುತ್ಸಾಹ ತೋರಿಸಿದರು. (nīvu cunāvaṇeyalli bʰāgavahisabēku eṃdare vīraṇṇa nirutsāha tōrisidaru.) ヴィーランナに次の選挙に立候補するよう提案したが彼は興味を示さなかった。 3 熱意のないこと ¶ ತಂದೆಯ ಪತ್ರವನ್ನು ಓದಿ ನಾನು ನಿರುತ್ಸಾಹಗೊಂಡೆ. (taṃdeya patravannu ōdi nānu nirutsāhagoṃḍe.) 父の手紙を読んで私は(そのことに対しての)熱意をなくした。 [Sk.]

ನಿರುದ್ಯೋಗ ⟦nirudyōga ニルディョーガ⟧ [nirud·joːgɐ] *n.* 職のないこと、失業、無職 [Sk.]

ನಿರುದ್ಯೋಗಿ ⟦nirudyōgi ニルディョーギ⟧ [nirud·joːgi] *adj., mf.* 失業者〈の〉、無職の〈人〉 [Sk.]

ನಿರುಪಮ ⟦nirupama ニルパマ⟧ [nirupəmɐ] (*n.*) 比類のない〈こと〉、比べもののない〈こと〉 ¶ ಈಗಿನ ವಿಶ್ವಸುಂದರಿ ನಿರುಪಮ ಸುಂದರಿ ಎಂದು ಹೇಳಲಿಕ್ಕೆ ಬರುವದಿಲ್ಲ. (īgina viśvasuṃdari nirupama suṃdari eṃdu hēḷalikke baruvadilla.) 今年のミス・ユニバースは、無類の美女と言うことはできない。 [Sk.]

ನಿರುಪಯೋಗಿ ⟦nirupayōgi ニルパヨーギ⟧ [nirupǝ̆joːgi] *adj., mf.* 無用の〈人〉、役に立たない〈人〉 —*adj.* 無用の、役に立たない [Sk.]

ನಿರೂಪ[1] ⟦nirūpa ニルーパ⟧ [niruːpɐ] 《文》 *n.* 1 言うこと、説明、描写 ನಿರೂಪಣ (nirūpaṇa) 〔汎〕 2 (長上者が) 諭すこと、説諭、忠告 3 指令、指図、命令 ¶ ಅರಸರ ನಿರೂಪ ತೆಗೆದುಕೊಂಡು ದೂತರು ಸೈನಿಕರ ಹತ್ತಿರ ಓಡಿದರು. (arasara nirūpa tegedukoṃḍu dūtaru sainikara hattira ōḍidaru.) 伝令たちは王の命令を持って兵士たちの所へ走った。 ◇ *vi.* —ಮಾಡು/ಕೊಡು (māḍu/koḍu) [Sk.]

ನಿರೂಪ[2] ⟦nirūpa ニルーパ⟧ [niruːpɐ] 《文》 *adj.* 形がない、無形の —*n.* 最高我 [Sk. *nirūpa-*]

ನಿರೂಪಣ ⟦nirūpaṇa ニルーパナ⟧ [niruːpǝ̆ɳɐ] *n.* 1 見ること 2 説明、詳細に述べること ¶ ಮೃಚ್ಛಕಟಿಕಾ ನಾಟಕದಲ್ಲಿ ಭಾರತದ ಸುಸಂಸ್ಕೃತ ವೇಶ್ಯೆಯ ನಿರೂಪಣ ಸಿಗುತ್ತದೆ. (mṛccʰakaṭikā nāṭakadalli bʰāratada susaṃskṛta vēśyeya nirūpaṇa siguttade.) 『ムリッチャカティカー』という戯曲の中でインドの洗練された遊女が描写されている。3 (自分の見解などの)開陳、陳述 4 (長上者が)諭すこと、説諭、忠告 5 数人の伴奏者を伴い歌や語りで神々や信者たちの物語を聞かせる娯楽の一形式 [Sk.] = ಕಾಲಕ್ಷೇಪ (kālakṣēpa)

ನಿರೂಪಣೆ ⟦nirūpaṇe ニルーパネ⟧ [niruːpǝ̆ɳe] *n.* [Sk.] ☞ನಿರೂಪಣ (nirūpaṇa)

ನಿರೂಪಿಸು ⟦nirūpisu ニルーピス⟧ [niruːpǐsu] 《文》 *vt.* 1 説明する、詳述する ¶ ರಾಮಾಯಣವನ್ನು ಕುವೆಂಪು ಅವರು ರಾಮಾಯಣದರ್ಶನದಲ್ಲಿ ಚೆನ್ನಾಗಿ ನಿರೂಪಿಸಿದ್ದಾರೆ. (rāmāyaṇavannu kuveṃpu avaru rāmāyaṇadarśanadalli cennāgi nirūpisiddāre.) クヴェンプは『ラーマーヤナダルシャナ』でラーマーヤナを美しく描いた。 2 命じる、指令する ¶ ಮಂತ್ರಿಗಳು ತಕ್ಷಣ ರಸ್ತೆ ರಿಪೇರಿ ಮಾಡಬೇಕೆಂದು ನಿರೂಪಿಸಿದರು. (maṃtrigaḷu takṣaṇa raste ripēri māḍabēkeṃdu nirūpisidaru.) 大臣は道路の修理を直ちに行うよう指令を出した。 3 証明する ¶ ಆರೋಪಿ ತಾನು ನಿರ್ದೋಷಿ ಎಂದು ನಿರೂಪಿಸಿದರು. (ārōpi tānu nirdōṣi eṃdu nirūpisidaru.) 被告人は自分が無罪であることを証明した。 4 〈ある仕事や任務を〉ある人に委任する ¶ ಎರಡೂ ಸರಕಾರ ಸಂಧಾನದ ಕೆಲಸವನ್ನು ಗೋಪಾಲನಿಗೆ ಒಪ್ಪಿಸಿದ್ದಾರೆ. (eraḍū sarakāra saṃdʰānada kelasavannu gōpālanige oppisiddāre.) 両政府は仲介の仕事をゴーパーランに委ねた。 [Sk.]

ನಿರೆ ⟦nire ニレ⟧ [nire] 《‡》 *vt.* 殺す (*Abh.P.7,80* (*Kitt.*)) [Ka. D3773]

ನಿರೋಧ್ ⟦nirōdʰ ニロード⟧ [niroːdʰ] *n.* コンドームの有名な商品名あるいはコンドーム一般 [Sk.]

ನಿರೋಧ ⟦nirōdʰa ニローダ⟧ [niroːdʰɐ] *n.* 1 抑止、抑制 2 (指令などに対して)協力的でないこと 3 邪魔、障害(物) 4 (暴民やデモの参加者などの)制圧 5 《文》(反対者や抵抗者などによる)難儀や困難 [Sk.]

ನಿರೋಧಿಸು ⟦nirōdʰisu ニローディス⟧ [niroːdʰisu] *vt.* 1 反対する、抵抗する 2 邪魔する、妨害する ¶ ಪ್ರದರ್ಶನಕಾರರು ವಾಹನಗಳನ್ನು ನಿರೋಧಿಸಿ ಘೋಷಣೆ ಕೂಗಿದರು. (pradarśanakāraru vāhanagaḷannu nirōdʰisi gʰōṣaṇe kūgidaru.) デモに参加した人たちは車の往来を妨害してスローガンを叫んだ。 3 制御する、管理する ¶ ಈಗ ಏಡ್ಸನ್ನು ನಿರೋಧಿಸುವ ಔಷಧಿ ಬಾಜಾರಿಗೆ ಬಂದಿದೆ. (īga ēḍsannu nirōdʰisuva auṣadʰi bājārige baṃdide.) 今やエイズを制御する薬が市場で販売されている。 [Sk.]

ನಿರ್ಗತಿ ⟦nirgati ニルガティ⟧ [nirgəti] *n.* 困窮、貧窮、救いのない状態 [Sk.]

ನಿರ್ಗತಿಕ ⟦nirgatika ニルガティカ⟧ [nirgətikɐ] *adj., m.* 《*f.* ನಿರ್ಗತಿಕಳು (nirgatikaḷu)》一文無しの、みじめでよるべのない〈人〉 [Sk.]

ನಿರ್ಗಮನ ⟦nirgamana ニルガマナ⟧ [nirgəmənɐ] 《文》 *n.* 1 (議場などからの) 退場 2 出発 ¶ ವಿಮಾನದ ನಿರ್ಗಮನಕ್ಕೆ ಒಂದುವರೆ ಘಂಟೆ ಮೊದಲು ವಿಮಾನನಿಲ್ದಾಣಕ್ಕೆ ಬರ ಬೇಕು. (vimānada nirgamanakke oṃduvare gʰaṃṭe modalu vimānanildāṇakke bara bēku.) 飛行機の出発の1時間半前に飛行場に到着しなければならない。 [Sk.]

ನಿರ್ಗರ್ವ ⟦nirgarva ニルガルヴァ⟧ [nirgərvɐ] 《異》 *adj.* 謙虚な、謙遜した、慎み深い —*n.* 謙虚、謙遜、慎み深さ = ನಿಗರ್ವ (nigarva) 〔汎〕 [Sk. *nirgarva-*]

ನಿರ್ಗೆಡಿ ⟦nirgeḍi ニルゲディ⟧ [nirgeḍ̣i] 《古》 *mf.* 知恵のない人、愚か者 ☞ನಿರ್ಗೇಡಿ (nirgēḍi) [Ka. *D3664]

ನಿರ್ಗೇಡಿ ⟦nirgēḍi ニルゲーディ⟧ [nirgeːḍi] ನಿಗ್ಗಡಿ, ನಿಗ್ಗೆಡಿ, ನಿರ್ಗಡಿ 《古》 *mf.* 愚か者 [Ka. *D3664] = ಅವಿವೇಕಿ

(avivēki)

ನಿರ್ಜನ ⟦nirjana ニルジャナ⟧ [nirʤənɐ] *adj.* 人の住まない、無人の、寂しい [Sk.]

ನಿರ್ಜರ ⟦nirjara ニルジャラ⟧ [nirʤərɐ] 《文》 *mf.* 「不老不死なるもの」、神 [Sk.]

ನಿರ್ಜೀವ ⟦nirjīva ニルジーヴァ⟧ [niʤi:vɐ] (*n.*) 生命のない〈こと〉 [Sk.]

ನಿರ್ಣಯ ⟦nirṇaya ニルナヤ⟧ [nirɳəjɐ] *n.* 決定、決心 [Sk.]

ನಿರ್ಣಯಿಸು ⟦nirṇayisu ニルナイス⟧ [nirɳəjĭsu] 《文》 *vt.* 決定する、決心する、結論づける、決める [Sk.]

ನಿರ್ಣಾಯಕ ⟦nirṇāyaka ニルナーヤカ⟧ [nirnɐ:jə̆kɐ] 《文》 *adj.* 決定的な ¶ ನಾಳೆ ಭಾರತ ಪಾಕಿಸ್ತಾನಗಳ ನಡುವೆ ನಿರ್ಣಾಯಕ ಪಂದ್ಯ ಇದೆ. (nāḷe bʰārata pākistānagaḷa naḍuve nirṇāyaka paṃdya ide.) 明日、インド対パキスタンの(優勝の行方を)決める戦いが行われる。 [Sk.]

ನಿರ್ಣೀತ ⟦nirṇīta ニルニータ⟧ [nirɳi:tɐ] *adj.* 決定した、決着した [Sk.]

ನಿರ್ದಯ ⟦nirdaya ニルダヤ⟧ [nirdəjɐ] *adj., m.* 《*f.* ನಿರ್ದಯಳು》残酷な〈人〉、むごい〈人〉、無慈悲な〈人〉 [Sk.]

ನಿರ್ದಯೆ ⟦nirdaye ニルダエ⟧ [nirdəje] *n.* 残酷、無慈悲、無情 [Sk.]

ನಿರ್ದಾಕ್ಷಿಣ್ಯ ⟦nirdākṣiṇya ニルダークシニャ⟧ [nirdɐ:kʂĭɳ̆jɐ] *adj., m.* 《*f.* ನಿರ್ದಾಕ್ಷಿಣ್ಯಳು (nirdākṣiṇyaḷu)》率直な〈人〉、ざっくらばんな〈人〉、腹蔵ない〈人〉 ¶ ಮಂತ್ರಿಗಳು ನಿರ್ದಾಕ್ಷಿಣ್ಯವಾಗಿ ತಮ್ಮ ಅಸಂತೋಷವನ್ನು ಪ್ರಕಟಿಸಿದರು. (maṃtrigaḷu nirdākṣiṇyavāgi tamma asaṃtōṣavannu prakaṭisidaru.) 大臣はざっくばらんに自分の不満を表明した。 [Sk.]

ನಿರ್ದಿಷ್ಟ ⟦nirdiṣṭa ニルディシュタ⟧ [nirdiʂʈɐ] *adj.* 1《古》命じられた、指令された ¶ ನಿಮ್ಮ ಕೆಲಸಕ್ಕೆ ಕಂಪನಿಯಿಂದ ನಿರ್ದಿಷ್ಟ ವ್ಯಕ್ತಿ ಬರುತ್ತಾನೆ. (nimma kelasakke kaṃpaniyiṃda nirdiṣṭa vyakti baruttāne.) 会社から派遣された人が貴方の仕事のためにやってくる。 2 定められた、決められた ¶ ನನ್ನ ಪ್ರಶ್ನೆಗಳಿಗೆ ನಿರ್ದಿಷ್ಟ ಉತ್ತರ ಸಿಗಲಿಲ್ಲ. (nanna praśnegaḷige nirdiṣṭa uttara sigalilla.) 私の質問にはっきりした返事が得られなかった。 [Sk.]

ನಿರ್ದುಷ್ಟ ⟦nirduṣṭa ニルドゥシュタ⟧ [nirduʂʈɐ] 《文》 *adj., m.* 《*f.* ನಿರ್ದುಷ್ಟಳು》欠点や欠陥のない〈人〉 —(*n.*) 欠点や欠陥のない〈こと〉¶ ಅವಳ ನೃತ್ಯ ನಿರ್ದುಷ್ಟವಾಗಿದೆ, ಆದರೂ ಸ್ವಾರಸ್ಯ ಏನೂ ಇಲ್ಲ. (avaḷa nṛtya nirduṣṭavāgide, ādarū svārasya ēnū illa.) 彼女の踊りは欠点はないが魅力がない。 [Sk.]

ನಿರ್ದೇಶ ⟦nirdēśa ニルデーシャ⟧ [nirde:ʃɐ] *n.* 指導、指図、命令 [Sk.]

ನಿರ್ದೇಶಕ ⟦nirdēśaka ニルデーシャカ⟧ [nirde:ʃəkɐ] *m.* 《*f.* ನಿರ್ದೇಶಕಿ》(あらゆる種類の)指導者、指図する人、(映画の)監督 ☞ ದಿಗ್ದರ್ಶಕ (digdarśaka) [Sk.]

ನಿರ್ದೋಷ ⟦nirdōṣa ニルドーシャ⟧ [nirdo:ʂɐ] (*n.*) 罪のない〈こと〉、欠点のない〈こと〉、無罪〈の〉 [Sk.]

ನಿರ್ಧರಿಸು ⟦nirdʰarisu ニルダリス⟧ [nirdʰərisu] *vt.* 決める、決定する、決心する [Sk.] = ನಿರ್ಣಯಿಸು (nirṇayisu)

ನಿರ್ಧಾರ ⟦nirdʰāra ニルダーラ⟧ [nirdʰɐ:rɐ] *n.* 決断、決心、決着 [Sk.]

ನಿರ್ನಾಮ ⟦nirnāma ニルナーマ⟧ [nirnɐ:mɐ] *adj., m.* 《*f.* ನಿರ್ನಾಮಳು》 1 名がない〈人〉、名なしの〈人〉 2 名前を名乗らない(手紙、電話など) —(*n.*) 滅びた〈こと〉、壊滅〈した〉、抹殺された〈こと〉¶ ಟ್ರೊಯ ಪಟ್ಟಣ ಇತಿಹಾಸದಿಂದ ನಿರ್ನಾಮ ಆಗಿತ್ತು. (ṭroya paṭṭaṇa itihāsadiṃda nirnāma āgittu.) トロヤの町は完全に歴史から名が消えていた。 —*n.* 破滅、滅亡、破壊 ¶ ಬಾಬ್ರಿ ಮಸೀದಿಯ ನಿರ್ನಾಮದಿಂದ ನನಗೆ ದುಃಖ ಆಯಿತು. (bābri masīdiya nirnāmadiṃda nanage duḥkʰa āyitu.) バーブリー寺院の破壊を私は残念に思った。 [Sk.]

ನಿರ್ಬಂಧ ⟦nirbaṃdʰa ニルバンダ⟧ [nirbəndʰɐ] *n.* 1 圧力、強制、強圧 ¶ ಈ ಕೆಲಸ ಮಾಡಬೇಕೆಂದು ಜನ ನಿರ್ಬಂಧ ಹಾಕಿದ ಮೇಲೆ ಅಧಿಕಾರಿ ಒಪ್ಪಿಕೊಂಡರು. (ī kelasa māḍabēkeṃdu jana nirbaṃdʰa hākida mēle adʰikāri oppikoṃḍaru.) この仕事をしなければならないと世論の圧力が高まった後、役人はそれに同意した。 2 邪魔(物)、障害(物)¶ ಪ್ರತಿಭಟನಕಾರರು ವಾಹನಗಳಿಗೆ ನಿರ್ಬಂಧ ಒಡ್ಡಿದರು. (pratibʰaṭanakāraru vāhanagaḷige nirbaṃdʰa oḍḍidaru.) 反対運動家たちは車の通行を妨害した。 [Sk.]

ನಿರ್ಭರ ⟦nirbʰara ニルバラ⟧ [nirbʰərɐ] (*n.*) (悲しみ、怒り、熱意などで)いっぱい〈な〉¶ ಶಕುಂತಲೆಯ ಮನಸ್ಸು ಅತಿಯಾದ ದುಃಖದಿಂದ ನಿರ್ಭರ ಆಗಿತ್ತು. (śakuṃtaleya manassu atiyāda duḥkʰadiṃda nirbʰara āgittu.) シャクンタラーの心は苦しみでいっぱいだった。¶ ಪರ್ವತಾರೋಹಣಕ್ಕೆ ಹೊರಡುವಾಗ ಅವರ ಮನಸ್ಸು ಉತ್ಸಾಹನಿರ್ಭರ ಆಗಿತ್ತು. (parvatārōhaṇakke horaḍuvāga avara manassu utsāhanirbʰara āgittu.) 彼らが山登りに出発する時は意気盛んであった。 [Sk.]

ನಿರ್ಭರತೆ ⟦nirbʰarate ニルバラテ⟧ [nirbʰərə̆te] 《文》 *n.* (心が怒り、悲しみ、熱意などで)いっぱいなこと [Sk.]

ನಿರ್ಭಾಗ್ಯ ⟦nirbʰāgya ニルバーギャ⟧ [nirbʰɐ:g.jɐ] *adj., m.* 《*f.* ನಿರ್ಭಾಗ್ಯಳು, ನಿರ್ಭಾಗ್ಯೆ (nirbʰāgyaḷu, nirbʰāgye)》不幸な〈人〉、不運な〈人〉、薄幸の〈人〉 [Sk.]

ನಿರ್ಮಲ ⟦nirmala ニルマラ⟧ [nirməlɐ] (*n.*) けがれのない〈こと〉、潔白〈な〉 [Sk.]

ನಿರ್ಮಾಣ ⟦nirmāṇa ニルマーナ⟧ [nirmɐ:ɳɐ] *n.* 造ること、創造 [Sk.]

ನಿರ್ಮಿಸು ⟦nirmisu ニルミス⟧ [nirmisu] ನಿಮಿರ್ಚು, ನಿರ್ಮಿಚು 《文》 *vt.* 造る、創造する [Sk.]

ನಿರ್ಮೂಲನ ⟦nirmūlana ニルムーラナ⟧ [nirmu:lə̆nɐ] *n.* 根こそぎにすること、根絶すること、殲滅(せんめつ) [Sk.]

ನಿರ್ಯಾತ ⟦niryāta ニリヤータ⟧ [nirjɐ:tɐ] *n.* 輸出 [Sk.] ↔ ಆಮದು (āmadu)

ನಿರ್ಲಕ್ಷ್ಯ ⟦nirlakṣya ニルラクシュヤ⟧ [nirləkʂ.jɐ] *n.* 軽視、無視、なおざり、軽蔑 ¶ ಯಾವುದೇ ರೋಗವನ್ನೂ

ನಿರ್ಲಕ್ಷ್ಯ ಮಾಡಬಾರದು. (yāvudē rōgavannū nirlakṣya māḍabāradu.) 決して病気を侮ってはならない。[Sk.]

ನಿರ್ಲಿಪ್ತ ⟦nirlipta ニルリプタ⟧ [nirliptɐ] *adj.*, *m.* 《*f.* ನಿರ್ಲಿಪ್ತಳು》執着のない〈人〉、超然とした〈人〉[Sk.]

ನಿರ್ಲೇಪ ⟦nirlēpa ニルレーパ⟧ [nirle:pɐ] 《文》(*n.*) (心が)汚れのない〈こと〉¶ ಅವನದು ಯಾವಾಗಲೂ ನಿರ್ಲೇಪ ಮನಸ್ಸು. (avanadu yāvāgalū nirlēpa manassu.) 彼の心はいつも曇りがない。[Sk.]

ನಿರ್ವಹಣ ⟦nirvahaṇa ニルヴァハナ⟧ [nirvəhəɳɐ] *n.* **1** 運営、実行、実施、経営 ¶ ಅಪ್ಪ ತನ್ನ ಅಂಗಡಿಯ ನಿರ್ವಹಣವನ್ನು ನನ್ನ ಅಣ್ಣನಿಗೆ ವಹಿಸಿಕೊಟ್ಟು ನಿಶ್ಚಿಂತರಾಗಿ ಪ್ರಾಣಬಿಟ್ಟರು. (appa tanna aṃgaḍiya nirvahaṇavannu nanna aṇṇanige vahisikoṭṭu niściṃtarāgi prāṇabiṭṭaru.) 父は自分の店の経営を兄に譲って安心して息を引き取った。 **2** (任務の)完了、達成 [Sk.]

ನಿರ್ವಹಣೆ ⟦nirvahaṇe ニルヴァハネ⟧ [nirvəhəɳe] *n.* **1** (責任や責務や義務などを)遂行すること、果たすこと **2** 運営、実行、実施、経営 [Sk.] = ನಿರ್ವಹಣ (nirvahaṇa)

ನಿರ್ವಹಿಸು ⟦nirvahisu ニルヴァヒス⟧ [nirvəhisu] *vt.* **1** 〈企業や組合や法人などを〉運営する **2** 〈仕事や任務や責務などを〉遂行する、果たす [Sk.]

ನಿರ್ವಾಣ ⟦nirvāṇa ニルヴァーナ⟧ [nirvɐ:ɳɐ] 《文》*n.* **1** 《古》(灯明などが)消えること **2** 解脱、煩悩をなくし絶対者と合一すること **3** 〔美〕死、死亡 [Sk.]

ನಿರ್ವಾಣಕ್ಷೇತ್ರ ⟦nirvāṇakṣētra ニルヴァーナクシェートラ⟧ [nirvɐ:ɳəkʂe:trɐ] 《文》*n.* 聖者が解脱を得た場所 [Sk.]

ನಿರ್ವಾತ ⟦nirvāta ニルヴァータ⟧ [nirvɐ:tɐ] 《文》*n.* 真空 [Sk.]

ನಿರ್ವಾತಪಾತ್ರೆ ⟦nirvātapātre ニルヴァータパートレ⟧ [nirvɐ:tăpɐ:tre] 《文》*n.* 魔法瓶 [Sk.] ಫ್ಲ್ಯಾಸ್ಕ್ (p^{h}lyāsk) 〔口〕

ನಿರ್ವಾಹ ⟦nirvāha ニルヴァーハ⟧ [nirvɐ:hɐ] *n.* **1** (災難や苦難などから)逃れること ¶ ನಿರ್ವಾಹವಿಲ್ಲದೆ ಅವನು ಈ ಕೆಲಸಕ್ಕೆ ಒಪ್ಪಿಕೊಂಡ. (nirvāhavillade avanu ī kelasakke oppikoṃḍa.) 彼は他にすべなくこの仕事を請け負った。 **2** 経営、運営 **3** 生計の道、生計の糧 ¶ ಚಿತ್ರಕಲೆಯಿಂದ ನಿರ್ವಾಹವಾಗುವದು ಕಷ್ಟ. (citrakaleyiṃda nirvāhavāguvadu kaṣṭa.) 絵で食っていくのは難しい。 **4** 終わり、終結 ¶ ಅವರ ಜಂಬಕ್ಕೆ ನಿರ್ವಾಹವೇ ಇಲ್ಲ. (avara jaṃbakke nirvāhavē illa.) 彼の自慢話は話し出したら終わらない。[Sk.]

ನಿರ್ವಾಹಕ ⟦nirvāhaka ニルヴァーハカ⟧ [nirvɐ:həkɐ] (*adj.*) 運営する〈こと〉、経営する〈こと〉 —*m.* 《*f.* ನಿರ್ವಾಹಕಿ》(企業や協会などの)運営者、経営者 [Sk.]

ನಿರ್ವಿಕಾರ ⟦nirvikāra ニルヴィカーラ⟧ [nirvikɐ:rɐ] (*n.*), *mn.* 《*f.* ನಿರ್ವಿಕಾರಳು (nirvikāraḷu)》 **1** 変化しなかった〈人〉、変化しない〈人〉、変わらない〈人〉 **2** (心などが)平然とした〈人〉、表情が変わらない〈人〉¶ ನಮ್ಮ ಮೆನೇಜರ್ ಆಟಗಾರರು ತಪ್ಪು ಮಾಡಿದರೂ ನಿರ್ವಿಕಾರವಾಗಿ ಕೂತುಕೊಂಡಿದ್ದಾನೆ. (namma menējar āṭagāraru tappu māḍidarū nirvikāravāgi kūtukoṃḍiddāne.) うちの監督は選手がしくじっても平然として座っている。[Sk.]

ನಿರ್ವಿಘ್ನ ⟦nirvig^{h}na ニルヴィグナ⟧ [nirvig^{h}nɐ] 《文》(*n.*) 邪魔の入らない〈こと〉、障害のない〈こと〉¶ ನಾನು ಹೋದ ಕೆಲಸ ನಿರ್ವಿಘ್ನವಾಗಿ ನಡೆಯಿತು. (nānu hōda kelasa nirvig^{h}navāgi naḍeyitu.) 私がそのために行った仕事は滞りなく進んだ。[Sk.]

ನಿರ್ವಿಣ್ಣ ⟦nirviṇṇa ニルヴィンナ⟧ [nirviɳɳɐ] *adj.* (体が)痩せ衰える、疲労困憊する ¶ ಒಂದು ತಿಂಗಳು ಆಸ್ಪತ್ರೆಯಲ್ಲಿ ಇದ್ದು ಅಪ್ಪ ನಿರ್ವಿಣ್ಣ ಆಗಿ ಮನೆಗೆ ಬಂದರು. (oṃdu tiṃgaḷu āspatreyalli iddu appa nirviṇṇa āgi manege baṃdaru.) 1か月病院にいた後、父は弱り果てて帰ってきた。[Sk.]

ನಿರ್ವಿಣ್ಣತೆ ⟦nirviṇṇate ニルヴィンナテ⟧ [nirviɳɳăte] *n.* 疲れきること、疲労困憊 [Sk.]

ನಿರ್ವಿವಾದ ⟦nirvivāda ニルヴィヴァーダ⟧ [nirvivɐ:dɐ] (*n.*) 議論の余地がない〈こと〉[Sk.]

ನಿರ್ವ್ಯಸನ ⟦nirvyasana ニルヴィャサナ⟧ [nirvjəsănɐ] *n.* **1** 悪い習慣や性癖がないこと、くせがないこと **2** (世間的な幸福などに)執着がないこと **3** 心配がないこと [Sk.]

ನಿಲ್ ⟦nil ニル⟧ [nil] 《古》*vi.* 《過去語幹 niṃt-, niṃd-》 **1** じっとしている **2** 自立する；直立する **3** (動いていたものが)止まる、立ち止まる、停止する **4** 準備を済ませて行動に移る機会を待つ **5** (決心や信念などが)揺るがない **6** 滞在する、定住する **7** (戦いなどで)立ち向かう **8** (食物などが)残る **9** 長く続く、残る **10** 中断する、(途中で)終わる **11** 休む、休息する ☞*KPN* 7, 11 **12** 我慢する、こらえる **13** 言葉を返したり対策を取ったりできずにそのままでいる **14** 揺れたり震えたりしないでいる；(心が)安定を失わないでいる **15** (あるものに)固執する、固守する、離れない **16** 長く残る、永遠に残る [Ka. D3675] ☞ನಿಲ್ಲು (nillu)〔現〕

ನಿಲಿಸು ⟦nilisu ニリス⟧ [nilisu] 《古》*vt.* **1** 止める、止まらせる **2** 〈柱、像などを〉建てる、建立する **3** 〈信仰心などを〉定着させる **4** 〈仕事などを〉終わらせる、完了する、しめくくる **5** 〈仕事や悪習などを〉捨てる、放棄する **6** 滞在させる、定住させる **7** 〈托鉢者を〉休ませる、休息させる **8** 居させる、居すわらせる **9** 〈人を〉(ある地位に)据える、(ある任務に)つける **10** 守る、保護する **11** 退ける **12** (…に)抵抗する、押しとどめる **13** 終える、完成する **14** 〈よくない行いなどを〉捨てさせる、放棄させる **15** 取り除く **16** 終わらせる [Ka. caus. D3675]

ನಿಲ ⟦nila ニラ⟧ [nilɐ] 《古》*n.* **1** 残った金 **2** 高さを計る棒 [Ka. D3675] ☞ನಿಲವು (nilavu)

ನಿಲಕು ⟦nilaku ニラク⟧ [nilŏku] *vi.* 1 (高い地位などが)手に入る 2 (難しいことなどが)分かる ¶ ರಾಜನೀತಿಯ ವಿಚಾರ ಅವಳಿಗೆ ನಿಲುಕುವದಿಲ್ಲ. (rājanītiya vicāra avaḷige nilukuvadilla.) あの人(女性)には政治のことが分からない。 [Ka. *D3662] ☞ನಿಲುಕು (niluku)

ನಿಲಯ ⟦nilaya ニラヤ⟧ [niləjɐ] 《文》 *n.* 住む場所、住居、家 [Sk.]

ನಿಲವು ⟦nilavu ニラヴ⟧ [nilŏvu] ನಿಲ, ನಿಲು, ನಿಲುವು *n.* 1 立っていること 2 留まること、滞在 3 住居、住所、居住地 4 状況、状態、事情 5《希》残り、残高 6 性格、天性 7 形；容貌 8 偉大なこと、崇高さ 9 意見、見解 10《希》長さ、高さ 11 (困窮した人などの)拠り所、身を寄せる場所 ¶ ಅಪ್ಪಾ ಅಮ್ಮಾ ಸತ್ತು ಹೋಗಿ ಈ ಹುಡುಗಿಗೆ ನಿಲವಿಲ್ಲದೆ ಹೋಯಿತು. (appā ammā sattu hōgi ī huḍugige nilavillade hōyitu.) 両親の死後この娘は身を寄せる場所がなくなった。 12《古》 インド相撲の手の一種 [Ka. D3675]

ನಿಲು ⟦nilu ニル⟧ [nilu] 《古》 *vi.* 《過去語幹 *niṃt-; 未来語幹 niluv-》 1 動かずにいる 2 いる、留まる 3 定住する ☞ನಿಲ್ (nil) [Ka. D3675]

ನಿಲುಕಡೆ ⟦nilukaḍe ニルカデ⟧ [nilŭkəḍe] ನಿಲುಗಡೆ, ನಿಲ್ಕಡೆ *n.* 1 止まる場所；居場所、ある場所 2 止まること；中断；休息 3 終わり、終了、決着 4《古》 状態、状況、事情 5《文》 意向、考え ¶ ಅಪ್ಪ ಮಗಳ ನಿಲುಕಡೆಯನ್ನು ವಿಚಾರಿಸದೆ ಮದುವೆಯ ಪ್ರಸ್ತಾಪವನ್ನು ಒಪ್ಪಿಕೊಂಡ. (appa magaḷa nilukaḍeyannu vicārisade maduveya prastāpavannu oppikoṃḍa.) 父親は娘の意見を聞かずに縁談を決めた。 [Ka. *nilu + kaḍe* *D3675, *D1109]

ನಿಲುಕು ⟦niluku ニルク⟧ [nilŭku] ನಿಲಕು, ನಿಲಿಕು, ನಿಲ್ಕು, ನಿಳ್ಕು, ನೀಳ್ಕು 《文》 *vt.* 1 手を伸ばしてつかむ 2 (体を)伸ばしてさわる、触れる 3 〈手や足や頭や舌などを〉伸ばす 4 努力の末に〈高い地位などを〉得る、獲得する —*vi.* 1 手に入る ¶ ಕೊನೆಯಲ್ಲಿ ಕೆಂಪೇಗೌಡ ಅವರಿಗೆ ಮಂತ್ರಿಪದವಿ ನಿಲುಕಿತು. (koneyalli kempēgauḍa avarige maṃtripadavi nilukitu.) ケンペーゴウダ氏はとうとう大臣の地位を手に入れた。 2 (難しいことなどが)分かる、理解できる 3 背伸びする、爪先立つ 4《古》(あることを)始める [Ka. D3662]

ನಿಲುಗಡೆ ⟦nilugaḍe ニルガデ⟧ [nilŭgəḍe] ನಿಲುಕಡೆ, ನಿಲ್ಕಡೆ *n.* 1 居場所、居所；ありか 2 止まること；中断；休息 ¶ ಈ ಬಸ್ಸಿಗೆ ಇಲ್ಲಿ ನಿಲುಗಡೆ ಇಲ್ಲ. (ī bassige illi nilugaḍe illa.) このバスはここに止まらない。 ¶ ಮಳೆ ಬಂದು ಕ್ರಿಕೆಟ್ ಆಟ ನಿಲುಗಡೆ ಆಗಿದೆ. (maḷe baṃdu kriket āṭa nilugaḍe āgide.) クリケットの試合は雨で中断している。 3 終わり、終了 4《文》 状態、状況、事情 5《古》 立ち方、立っている様子、姿勢 [Ka. *nilu + kaḍe* *D3675, *D1109]

ನಿಲುಗನ್ನಡಿ ⟦nilugannaḍi ニルガンナディ⟧ [nirgənnəḍi] *n.* 立ち鏡 [Ka. *nilu + kannaḍi*]

ನಿಲುವಂಗಿ ⟦niluvaṃgi ニルヴァンギ⟧ [niluvəŋgi] *n.* 長いガウンまたはコート [Ka. *nilu + aṃgi*]

ನಿಲುವಿಕೆ ⟦niluvike ニルヴィケ⟧ [nilŭvike] *n.* 立つこと、立ち止まること、など [Ka. D3675] ☞ನಿಲ್ಲುವಿಕೆ (nilluvike)

ನಿಲುವು ⟦niluvu ニルヴ⟧ [nilŭvu] *n.* 1 状況、状態、事情 2《文》 形；姿、容貌 3《古》 性格、天性 4《古》(建築中の建物の)扉枠を支える棒 5 意見、見解、立場 ¶ ಚುನಾವಣೆ ಆದ ಮೇಲೆ ಮಂತ್ರಿಗಳು ತಮ್ಮ ನಿಲುವನ್ನು ಬದಲಾಯಿಸಿದರು. (cunāvaṇe āda mēle maṃtrigaḷu tamma niluvannu badalāyisidaru.) 選挙後大臣は自分の立場を変えた。 6《文》 長さ、高さ 7《古》 扉枠、ドアフレーム 8《文》 優越性を見せびらかすこと、威張ること 9《古》 インド相撲の手の一種 [Ka. D3675] ☞ನಿಲವು (nilavu)

ನಿಲೆ ⟦nile ニレ⟧ [nile] ನಿಲೆ 《古》 *n.* 動かないこと、静止状態 ☞ನೆಲೆ (nele) [Ka. *D3675]

ನಿಲ್ಕಡೆ ⟦nilkaḍe ニルカデ⟧ [nilkəḍe] 《古》 *n.* 1 居場所、居所；ありか 2 休み、休暇、休憩 [Ka. D3675, D1109] ☞ನಿಲುಕಡೆ (nilukaḍe)

ನಿಲ್ಕು ⟦nilku ニルク⟧ [nilku] 《方》 *vi.* 1 手に入る 2 覗く (*Gowda*) [Ka. D3662] ☞ನಿಲುಕು (niluku)

ನಿಲ್ಲಿಸುವಿಕೆ ⟦nillisuvike ニッリスヴィケ⟧ [nillĭsuvike] *vt.* 止まらせる、など [Ka. caus. D3675]

ನಿಲ್ಲುವಿಕೆ ⟦nilluvike ニッルヴィケ⟧ [nilluvike] *n.* 1 立っていること 2 立ち止まること 3 立ち上がること [Ka. D3675]

ನಿಲ್ಲು ⟦nillu ニッル⟧ [nillu] ನಿಲ್, ನಿಲು *vi.* 《過去語幹 niṃt-》 1 立つ、立っている ¶ ಆ ಆಟವನ್ನು ನೋಡಲು ನಾವು ಬೆಳಗ್ಗೆ ಬಂದು ಹತ್ತು ಘಂಟೆ ನಿಂತಿರ ಬೇಕಾಯಿತು. (ā āṭavannu nōḍalu nāvu beḷagge baṃdu hattu g^haṃṭe niṃtira bēkāyitu.) あの試合を見るのに朝から来て 10 時間立ち続けなければならなかった。 2 立ち上がる 3 (動いていて)止まる、立ち止まる ¶ ಬಂಡಿ ಥಟ್ಟನೆ ನಿಂತಿತು. (baṃdi t^haṭṭane niṃtitu.) 車は急に止まった。 ¶ ದುಡ್ಡು ಇಲ್ಲದೆ ಮನೆ ಕಟ್ಟುವ ಕೆಲಸ ನಿಂತು ಹೋಯಿತು. (duḍḍu illade mane kaṭṭuva kelasa niṃtu hōyitu.) 資金枯渇のため家の建設作業が止まってしまった。 4 (途中で)終わる、中断する ¶ ಅಮೆರಿಕದ ಮಧ್ಯಸ್ಥಿಕೆಯಿಂದ ಯುದ್ಧ ನಿಂತಿತು. (amerikada mad^{h}yastikeyiṃda yudd^{h}a niṃtitu.) アメリカの仲介で戦争が終わった。 5 (ものが劣化しないで) もつ ¶ ಮನೆಯ ಹೊರಗೋಡೆಗೆ ಹಚ್ಚಿದ ಬಣ್ಣ ಬಹಳ ದಿನ ನಿಲ್ಲೋದಿಲ್ಲ. (maneya horagōḍege haccida baṇṇa bahaḷa dina nillōdilla.) 家の外の壁に塗った塗料は長い間もたない。 6 休む、泊まる、滞在する ¶ ಅಕ್ಕ ಒಂದು ದಿವಸ ಬೆಂಗಳೂರಿನಲ್ಲಿ ನಿಂತು ಜಪಾನಿಗೆ ಹೋದರು. (akka oṃdu divasa beṃgaḷūrinalli niṃtu japānige hōdaru.) 姉はベンガルールに 1 日泊まった後日本へ行った。 7 住み着く、(ある場所に) 根を下ろす ¶ ಅವರು ಮೂವತ್ತು ವರ್ಷದಿಂದ ಮೈಸೂರಿನಲ್ಲಿ ನಿಂತಿದ್ದಾರೆ. (avaru mūvattu varṣadiṃda maisūrinalli niṃtiddāre.) 彼

らは30年前からマイソールに住んでいる。 **8** 待つ、待っている ¶ ಕಲೆಕ್ಟರ್ ಆಫೀಸಿನಲ್ಲಿ ನಿಂತು ನಿಂತು ನಾನು ವಾಪಸು ಬಂದೆ. (kalektar āpʰisinalli niṃtu niṃtu nānu vāpasu baṃde.) 県庁で散々待たされた挙げ句に帰ってきた。 **9** (戦いなどで)立ち向かう ¶ ಅರ್ಜುನನ ಮುಂದೆ ಯಾರೂ ನಿಲ್ಲಲಾರರು. (arjunana muṃde yārū nillalāraru.) アルジュナに立ち向かえるものは誰もいなかった。 [Ka. D3675]

ನಿಂತಿರುವ ಬಾಕಿ ⟦niṃtiruva bāki ニンティルヴァバーキ⟧ [nintiruvə bɐːki] *n.* 未決済の売掛金や借入金 [*niṃtu* (p.part. of *nillu*) + ಇರುವ + *bāki*]

ನಿಲ್ಲಿಸು ⟦nillisu ニッリス⟧ [nillisu] *vt.* **1** 止める、止まらせる **2** 〈柱や像などを〉建てる、建立する **3** 〈動いているものを〉止める、抑止する、阻止する **4** 安定させる、長もちさせる **5** 〈仕事や任務などを〉中断する、やめる、放棄する **6** 〈人を〉(ある地位や仕事に)就かせる、など [Ka. caus. D3675] ☞ನಿಲಿಸು (nilisu)

ನಿವರು ⟦nivaru ニヴァル⟧ [nivəru] 《‡》 *vt.* 優しく撫でる、そっと撫でる [Ka. D3691] (*My.* (*Kitt.*))

ನಿವರಿಸು ⟦nivarisu ニヴァリス⟧ [nivərisu] 《‡》 *vt.* 優しく撫でる、そっと撫でる (*Kitt.*) [Ka. D3691]

ನಿವಹ ⟦nivaha ニヴァハ⟧ [nivəhɐ] 《文》 *n.* 集まり、群れ [Sk.]

ನಿವಸನ¹ ⟦nivasana ニヴァサナ⟧ [nivəsənɐ] 《文》 *n.* 住居、住まい [Sk.]

ನಿವಸನ² ⟦nivasana ニヴァサナ⟧ [nivəsənɐ] 《文》 *n.* 衣、衣料 [Sk.]

ನಿವಾರಣ ⟦nivāraṇa ニヴァーラナ⟧ [nivɐːrəɳɐ] *n.* **1** (不幸や災難などの)回避、(望ましくない人を)避けること、(邪視や呪いなどを)防ぐこと **2** (疑いや嫌疑などの)除去、(病気の)治療 [Sk.]

ನಿವಾರಣೆ ⟦nivāraṇe ニヴァーラネ⟧ [nivɐːrəɳe] *n.* (不幸や災難などの)回避、(望ましくない人を)避けること、(邪視や呪いなどを)防ぐこと [Sk.]

ನಿವಾರಿಸು ⟦nivārisu ニヴァーリス⟧ [nivɐːrisu] *vt.* **1** 〈不幸や災難などを〉回避する、〈望ましくない人を〉避ける、〈邪視や呪いなどを〉防ぐ **2** 〈問題などを〉解決する、克服する ¶ ಅವನ ಸಂದೇಹ ನಿವಾರಿಸಲು ಒಂದು ಘಂಟೆ ವಿವರಿಸಬೇಕಾಯಿತು. (avana saṃdēha nivārisalu oṃdu gʰaṃṭe vivarisabēkāyitu.) 彼の疑いを晴らすために1時間も説明しなければならなかった。 **3**《希》〈人が〉(来たりするのを)阻止する [Sk.]

ನಿವಾಸ ⟦nivāsa ニヴァーサ⟧ [nivɐːsɐ] *n.* **1** 住居、住まい、家 **2** 住むこと [Sk.]

ನಿವಾಸಿ ⟦nivāsi ニヴァーシ⟧ [nivɐːsi] *mf.* (ある場所の)住人、住んでいる人 [Sk.]

ನಿವುಚು ⟦nivucu ニヴチュ⟧ [nivuʧu] 《古》 *vt.* 〈曲がったものを〉まっすぐにする、伸ばす [Ka. *D2922] ☞ನಿಮಿರ್ಚು (nimircu)

ನಿವುರು ⟦nivuru ニヴル⟧ [nivuru] 《古》 *vi.* 直立する、(身の毛が恐れや喜びで)立つ [Ka. *D2922]

ನಿವೃತ್ತಿ ⟦nivr̥tti ニヴルッティ⟧ [nivruɯtti] *n.* **1** 仕事をしないこと、活動しないこと **2** (職業からの)引退、退職 **3** 世間的な活動から身をひくこと、隠居 **4** 解脱、輪廻を脱すること **5** (業や罪などの)消滅 ¶ ದೇವರ ಕೃಪೆಯಿಂದ ಪಾಪ ನಿವೃತ್ತಿ ಆಯಿತು. (dēvara kr̥peyiṃda pāpa nivr̥tti āyitu.) 神のおかげで罪が消滅した。 [Sk.]

ನಿವೇದನ ⟦nivēdana ニヴェーダナ⟧ [niveːdənɐ] *n.* **1** 〔敬〕 丁重に知らせること、恭しく報告すること **2** 献呈、献上 ¶ ಈ ಗ್ರಂಥವನ್ನು ಅವನು ಅವನ ಗುರುಗಳಿಗೆ ನಿವೇದನ ಮಾಡಿದ್ದಾನೆ. (ī graṃtʰavannu avanu avana gurugaḷige nivēdana māḍiddāne.) 彼はこの本を自分の師匠に捧げた。 [Sk.]

ನಿವೇದನೆ ⟦nivēdane ニヴェーダネ⟧ [niveːdəne] *n.* [Sk.] ☞ನಿವೇದನೆ (nivēdane)

ನಿವೇದಿಸು ⟦nivēdisu ニヴェーディス⟧ [niveːdisu] *vt.* **1** 丁重に報告する、恭しく訴える **2** 〔敬〕 (神に)〈牛乳や果物などを〉捧げる、供える、〈本などを〉捧げる [Sk.]

ನಿವೇಶನ ⟦nivēśana ニヴェーシャナ⟧ [niveːʃənɐ] 《文》 *n.* **1** 家、住居 **2** 敷地、用地 [Sk.] ☞ಸೈಟು (saiṭu) 〔口〕

ನಿಶಿತ ⟦niśita ニシタ⟧ [niʃitɐ] 《文》 *adj.* (刃物などが)鋭い、鋭利な [Sk.] = ಚೂಪು, ಹರಿತ (cūpu, harita)

ನಿಶೆ ⟦niśe ニシェ⟧ [niʃe] 《文》 *n.* 夜 [Sk.] = ರಾತ್ರಿ (rātri)

ನಿಶ್ಚಟ ⟦niścaṭa ニシュチャタ⟧ [niʃʧəʈɐ] ನಿಚ್ಚಟ 《文》 (*n.*), *adj.*, *mf.* [? cf. Sk. *niccala-*] = ನಿಚ್ಚಟ (niccaṭa)[1]

ನಿಶ್ಚಲ ⟦niścala ニシュチャラ⟧ [niʃʧəlɐ] 《文》 *adj.*, *mfn.* 動かない、じっとしている、揺るがない [Sk.] ☞ನಿಶ್ಚಳ (niścaḷa)

ನಿಶ್ಚಳ ⟦niścaḷa ニシュチャラ⟧ [niʃʧəɭɐ] 《文》 *adj.*, *mfn.* [Sk.] ☞ನಿಶ್ಚಲ (niścala)

ನಿಶ್ಚಿಂತ ⟦niściṃta ニシュチンタ⟧ [niʃʧintɐ] *adj.*, *m.* 《*f.* ನಿಶ್ಚಿಂತಳು (niściṃtaḷu)》 心配のない、平和を享受する〈人〉 —(*n.*) 心配のない〈こと〉、平穏〈な〉、安心〈な〉 [Sk.]

ನಿಶ್ಚಿತ ⟦niścita ニシュチタ⟧ [niʃʧitɐ] *adj.* 決められた、決定した、決まった —(*n.*) **1** 確実〈な〉、確か〈な〉 ¶ ನಿಶ್ಚಿತ ವಿವರಗಳನ್ನು ಮಾತ್ರ ಹೇಳು. (niścita vivaragaḷannu mātra hēḷu.) 確認された事実だけを言ってくれ。 **2** 本物〈の〉、偽者でない〈物〉 ¶ ಸುಮಿತ್ ಮಿಕ್ಸರಿನ ನಿಶ್ಚಿತ ಪಾರ್ಟ್ ತೆಗೆದುಕೊಂಡು ಬಾ! (sumit miksarina niścita pārṭ tegedukoṃḍu bā!) スミート・ミキサーの純正の部品を買ってこい（スミートはブランド名）。 —*n.* **1** アドヴァイタ哲学で解脱を得るために必要な6種の深い瞑想の一種 **2** 婚約 = ನಿಶ್ಚಿತಾರ್ಥ (niścitārtʰa) [Sk.]

ನಿಶ್ಚಿತಾರ್ಥ ⟦niścitārtʰa ニシュチタールタ⟧ [niʃʧitɐːrtʰɐ] *n.* 婚約、婚約の式 [Sk.]

ನಿಶ್ವಾಸ ⟦niśvāsa ニシュヴァーサ⟧ [niʃ·vɐːsɐ] 《文》 *n.* **1** 息を吐くこと、呼気 **2** ため息 **3** シヴァ教のアーガマ聖典の一つ [Sk.]

ನಿಶ್ಶಬ್ದ ⟦niśśabda ニッシャブダ⟧ [niʃʃəbdɐ] (*n.*) 沈黙〈した〉、静かな〈こと〉、しんとした〈こと〉 **—***n.* 最高我 [Sk.]

ನಿಷಿದ್ಧ ⟦niṣiddʰa ニシッダ⟧ [niʂiddʰɐ] (*n.*) 禁じられた〈こと〉、禁制〈の〉、禁断〈の〉 [Sk.]

ನಿಷೇಧ ⟦niṣēdʰa ニシェーダ⟧ [niʂeːdʰɐ] *n.* 禁止、禁制 [Sk.]

ನಿಷ್ಕ ⟦niṣka ニシュカ⟧ [niʂkɐ] 《古》 *n.* **1** 昔の金貨(重量は時代で異なり、32 個か 64 個のトウアズキの種すなわち 3 グラムか 6 グラムなどがある) **2** (昔の)首飾りの一種 [Sk.]

ನಿಷ್ಕಪಟ ⟦niṣkapaṭa ニシュカパタ⟧ [niʂkəpəʈɐ] *adj., m.* 《*f.* ನಿಷ್ಕಪಟೆ (niṣkapaṭe)》 無邪気な〈人〉、罪のない〈人〉 [Sk.]

ನಿಷ್ಕರುಣ ⟦niṣkaruṇa ニシュカルナ⟧ [niʂkəruɳɐ] 《文》 *adj., mn.* むごい〈人〉、残酷な〈人〉 **—**(*n.*) 残虐〈な〉、残酷〈な〉、むごい〈こと〉 [Sk.]

ನಿಷ್ಕರ್ಷ ⟦niṣkarṣa ニシュカルシャ⟧ [niʂkərʂɐ] ☞ ನಿಷ್ಕರ್ಷೆ (niṣkarṣe)

ನಿಷ್ಕರ್ಷಿಸು ⟦niṣkarṣisu ニシュカルシス⟧ [niʂkərʂisu] 《文》 *vt.* (いろいろな側面から議論した後) 決定する、結論を出す [Sk.]

ನಿಷ್ಕರ್ಷೆ ⟦niṣkarṣe ニシュカルシェ⟧ [niʂkərʂe] ನಿಷ್ಕರ್ಷ *n.* **1** 引き出すこと、抽出、エキスの抽出 **2** エキス、精油 **3** 要点、要旨、骨子 **4** (いろいろな側面から議論した後の)解決、結論 ¶ ಕಾವೇರಿಜಲ ವಿವಾದ ಇಷ್ಟು ದಿನ ಆದರೂ ನಿಷ್ಕರ್ಷೆ ಆಗದೆ ಉಳಿದಿದೆ. (kāvērijala vivāda iṣṭu dina ādarū niṣkarṣe āgade uḷidide.) カーヴェーリ河の水をめぐる争いはこれほどの年月の後でも未解決のままである。 [Sk.]

ನಿಷ್ಕಾಮ ⟦niṣkāma ニシュカーマ⟧ [niʂkɐːmɐ] *adj., mn.* 私利を求めない〈こと〉、公正無私〈な〉 ¶ ಅವರ ನಿಷ್ಕಾಮ ಸೇವೆಯಿಂದ ಈ ಸಂಸ್ಥೆ ಬೆಳೆದು ಬಂದಿದೆ. (avara niṣkāma sēveyiṃda ī saṃstʰe beḷedu baṃdide.) 彼の無私の奉仕によってこの研究所がここまで発展した。 [Sk.]

ನಿಷ್ಕ್ರಮ ⟦niṣkrama ニシュクラマ⟧ [niʂkrəmɐ] *n.* 出ていくこと、立ち去ること、出発 [Sk.]

ನಿಷ್ಕ್ರಮಣ ⟦niṣkramaṇa ニシュクラマナ⟧ [niʂkrəməɳɐ] *n.* **1** 出ていくこと、立ち去ること、出発 **2** 16 あるヒンドゥーの成長儀礼の一つ(生まれた子どもを初めて外出させる儀礼、通常出産後 4 か月目に行われる) [Sk.]

ನಿಷ್ಠುರ ⟦niṣṭʰura ニシュトゥラ⟧ [niʂʈʰurɐ] *adj., m.* 《*f.* ನಿಷ್ಠುರೆ (niṣṭʰure)》むごい〈こと〉、厳しい〈こと〉 **—***n.* **1** (言葉などが)荒々しいこと、そっけないこと、ぶっきらぼうなこと ¶ ಮಾತಿನಲ್ಲಿ ನಿಷ್ಠುರವನ್ನು ತೋರಬೇಡ. (mātinalli niṣṭʰuravannu tōrabēḍa.) 荒い言葉を口にするな。 **2** 敵意、恨み ¶ ನೆಂಟರೊಡನೆ ನಿಷ್ಠುರವನ್ನು ಕಟ್ಟಿಕೊಳ್ಳಬೇಡ. (neṃṭaroḍane niṣṭʰuravannu kaṭṭikoḷḷabēḍa.) 親類のものの恨みを買うな。 [Sk.]

ನಿಷ್ಠೆ ⟦niṣṭʰe ニシュテ⟧ [niʂʈʰe] *n.* (ある主義や宗教や人物などに対する)揺るがぬ忠節、忠誠 [Sk.]

ನಿಷ್ಣಾತ ⟦niṣṇāta ニシュナータ⟧ [niʂɳɐːtɐ] *m.* 《*f.* ನಿಷ್ಣಾತಳು/ನಿಷ್ಣಾತೆ (niṣṇātaḷu/niṣṇāte)》(ある学問や芸に)熟達した人、達人 [Sk.]

ನಿಷ್ಪಕ್ಷಪಾತ ⟦niṣpakṣapāta ニシュパクシャパータ⟧ [niʂpəkʂə̆pɐːtɐ] *n.* えこひいきのないこと、公平 [Sk.]

ನಿಷ್ಪತ್ತಿ ⟦niṣpatti ニシュパッティ⟧ [niʂpətti] 《文》 *n.* **1** 発生、出自、出生、由来 **2** 語源 [Sk.]

ನಿಷ್ಪನ್ನ ⟦niṣpanna ニシュパンナ⟧ [niʂpənnɐ] 《文》 *adj.* (あるものから) 生まれた、由来する、派生した ¶ ಹೆಗಡೆ ಶಬ್ದ ಪೆರ್ಗಡೆ ಶಬ್ದದಿಂದ ನಿಷ್ಪನ್ನವಾಗಿದೆ. (hegaḍe śabda pergaḍe śabdadiṃda niṣpannavāgide.) ヘガデという言葉(人名)は(古カンナダ語で「大鹿」を意味する) perkaḍeから来ている。 [Sk.]

ನಿಷ್ಪಾಪ ⟦niṣpāpa ニシュパーパ⟧ [niʂpɐːpɐ] *adj., m.* 《*f.* ನಿಷ್ಪಾಪಳು (niṣpāpaḷu)》 **1** 無罪の〈人〉、罪のない〈人〉 **2** 無邪気な〈人〉、罪のない〈子ども〉 [Sk.]

ನಿಷ್ಪ್ರಯೋಜಕ ⟦niṣprayōjaka ニシュプラヨージャカ⟧ [niʂprəjoːʤəkɐ] 《文》 *adj., mn.* 無用〈な〉、役に立たない〈こと〉 ¶ ಕೆಲವು ಜನ ನರ್ಮದಾ ಯೋಜನೆ ನಿಷ್ಪ್ರಯೋಜಕ ಎನ್ನುತ್ತಾರೆ. (kelavu jana narmadā yōjane niṣprayōjaka ennuttāre.) 何人かの人はナルマダー河計画を無用だと言っている。 [Sk.]

ನಿಷ್ಪ್ರಯೋಜನ ⟦niṣprayōjana ニシュプラヨージャナ⟧ [niʂprəjoːʤə̆nɐ] *adj., mn.* 《*f.* ನಿಷ್ಪ್ರಯೋಜನಳು (niṣprayōjanaḷu)》無用〈な〉、無益〈な〉、無駄〈な〉 [Sk.]

ನಿಷ್ಪ್ರಯೋಜನತೆ ⟦niṣprayōjanate ニシュプラヨージャナテ⟧ [niʂprəjoːʤə̆nəte] *n.* 無用性、無益なこと、無駄なこと [Sk.]

ನಿಷ್ಫಲ ⟦niṣpʰala ニシュパラ⟧ [niʂpʰəlɐ] (*n.*) 役に立たない〈こと〉、無益〈な〉、無効〈な〉、無駄〈な〉 [Sk.]

ನಿಸರ್ಗ ⟦nisarga ニサルガ⟧ [nisərgɐ] *n.* 自然、森羅万象 [Sk.]

ನಿಸ್ಪೃಹ ⟦nispṛha ニスプルハ⟧ [nisprɯhɐ] *adj., m.* 《*f.* ನಿಸ್ಪೃಹಳು (nispṛhaḷu)》無私の〈人〉、無欲の〈人〉、利己心のない〈人〉 [Sk.]

ನಿಸ್ತರಿಸು ⟦nistarisu ニスタリス⟧ [nistərisu] 《文》 *vt.* **1** 〈川などを〉渡る **2** 〈苦しみなどを〉我慢する、耐える、こらえる ¶ ಅವನು ಹೇಗೋ ನಿವೃತ್ತಿ ವರೆಗೆ ನಿಸ್ತರಿಸಿದ. (avanu hēgō nivṛtti varege nistarisida.) 彼は何とか定年まで我慢してきた。 **3** 〈家庭などを〉背負って行く ¶ ಶಿಕ್ಷಕರಿಗೆ ಸಂಬಳದಲ್ಲಿ ಕುಟುಂಬ ನಿಸ್ತರಿಸುವುದು ಕಷ್ಟ. (śikṣakarige saṃbaḷadalli kuṭuṃba nistarisuvadu kaṣṭa.) 教員の給料で家族を養うのは難しい。 [Sk.]

ನಿಸ್ತೇಜ ⟦nistēja ニステージャ⟧ [niste:ʤɐ] (*n.*)（顔や目などが）輝きのない〈こと〉、活気のない〈こと〉、どんよりした〈こと〉[Sk.]

ನಿಸ್ವನ ⟦nisvana ニスヴァナ⟧ [nisvənɐ] 《文》*n.* 音、声 [Sk.]

ನಿಸ್ಸಂಗಿ ⟦nissaṃgi ニッサンギ⟧ [nissəŋgi] 《文》*adj., mf.* 世俗の幸福に執着しない〈人〉[Sk.]

ನಿಸ್ಸಂತತಿ ⟦nissaṃtati ニッサンタティ⟧ [nissəntəti] 《文》(*n.*) 子なし〈の〉、子どもがない〈こと〉[Sk.] = ನಿಸ್ಸಂತಾನ (nissaṃtāna)

ನಿಸ್ಸಂತಾನ ⟦nissaṃtāna ニッサンターナ⟧ [nissəntɐ:nɐ] 《文》*adj., m.* 《*f.* ನಿಸ್ಸಂತಾನಳು (nissaṃtānaḷu)》子なし〈の〉、子どもがない〈こと〉[Sk.]

ನಿಸ್ಸಂತಾನಿ ⟦nissaṃtāni ニッサンターニ⟧ [nissəntɐ:ni] 《文》(*adj., mf.*) 子どもがない〈人〉、子なしの〈人〉[Sk.]

ನಿಸ್ಸಂದೇಹ ⟦nissaṃdēha ニッサンデーハ⟧ [nissənde:hɐ] (*n.*) 疑いがない〈こと〉[Sk.]

ನಿಸ್ಸಂದೇಹಿ ⟦nissaṃdēhi ニッサンデーヒ⟧ [nissənde:hi] 《文》*adj., mf.* 疑わない〈人〉、確信した〈人〉¶ ನಿಸ್ಸಂದೇಹಿಯಾಗಿ ಅವನ ಹೇಳಿಕೆಯನ್ನು ನಂಬಲಿಕ್ಕೆ ಆಗುವದಿಲ್ಲ. (nissaṃdēhiyāgi avana hēḷikeyannu naṃbalikke aguvadilla.) 私は彼の言葉をそのまま受け取ることはできない。[Sk.]

ನಿಸ್ಸಂಶಯ ⟦nissaṃśaya ニッサンシャヤ⟧ [nissəmʃəjɐ] 《文》(*n.*) 不審の念をもたない〈こと〉、いぶかることがない〈こと〉[Sk.]

ನಿಸ್ಸಂಸಾರ ⟦nissaṃsāra ニッサンサーラ⟧ [nissəmsɐ:rɐ] 《古》*n.* 世俗の生活に執着しないこと [Sk.]

ನಿಸ್ಸಹಾಯ ⟦nissahāya ニッサハーヤ⟧ [nissəhɐ:jɐ] *adj., m.* 《*f.* ನಿಸ್ಸಹಾಯಳು (nissahāyaḷu)》 1 助けてくれる者がない〈人〉 2《古》他人の助けを必要としない〈人〉、自立した〈人〉[Sk.]

ನಿಸ್ಸಹಾಯಕ ⟦nissahāyaka ニッサハーヤカ⟧ [nissəhɐ:jə̆kɐ] *adj., m.* 《*f.* ನಿಸ್ಸಹಾಯಕಳು (nissahāyakaḷu)》助けてくれる者がない〈人〉[Sk.]

ನಿಸ್ಸಾರ ⟦nissāra ニッサーラ⟧ [nissɐ:rɐ] (*n.*) 1《古》味のない〈こと〉、まずい〈こと〉 2 内容のない〈こと〉、つまらない〈こと〉¶ ಈ ಕಥೆ ನಿಸ್ಸಾರ ಆಗಿದೆ. (ī kat^he nissāra āgide.) この話には内容がない。[Sk.]

ನಿಸ್ಸೀಮ ⟦nissīma ニッシーマ⟧ [nissi:mɐ] (*n.*) 果てしない〈こと〉、無限〈の〉¶ ಶಂಕರಾಚಾರ್ಯರಿಗೆ ನಿಸ್ಸೀಮ ಪಾಂಡಿತ್ಯ ಇತ್ತು. (śaṃkarācāryarige nissīma pāṃḍitya ittu.) シャンカラーチャーリヤは底知れない学識の持ち主であった。 —*adj., m.* 《*f.* ನಿಸ್ಸೀಮಳು (nissīmaḷu)》比類ない有能な〈人〉¶ ಸಿಕಂದರ್ ನಿಸ್ಸೀಮ ದೊರೆ. (sikaṃdar nissīma dore.) アレクサンダーは比類のない皇帝であった. —*m.* 神 [Sk.]

ನಿಳ್ಕು ⟦niḷku ニルク⟧ [niḷku] 《古》*vt.* 1 手を伸ばしてつかむ 2〈手や足や頭や舌などを〉伸ばす —*vi.* 1（手にしがたいものが努力によって）手に入る 2（難しいことが）分かる、理解される ☞ನಿಲುಕು (niluku) [Ka. D3662]

ನಿಱತೆ ⟦nir̲ate ニラテ⟧ [nir̲ə̆te] ನಿರತೆ《古》*n.* 魅力、美、美しさ [Ka. *nir̲i* + *-ate*[1] D2934] (*kaśaṣā 66.479*)

ನಿಱಿ ⟦nir̲i ニリ⟧ [nir̲i] 《古》*vt.* 組み合わせる、くっつける —*vi.* 1 曲がりくねる、ジグザグになる 2 ひだがつく —*n.* 1 ひだ、サーリーやドーティーの端を織り重ねてひだにしたもの (*Pb.4.35*) 2（髪の毛が）波打つこと、カールすること ◇ *vi.* —ಗೊಳ್ (goḷ) 波打つ 3（人間以外のものの）優美さ、美しさ [Ka. D2935]

ನಿಱಿಗೆ ⟦nir̲ige ニリゲ⟧ [nir̲ĭge] 《古》*n.* 1 ひだ、サーリーやドーティーの端を織り重ねてひだにしたもの、スカートなどのギャザー = ಮಡಿಕೆ (maḍike)〔汎〕 2 構成 3 様式、やり方 4 優雅さ、美しさ [Ka. D2934, D2935] ☞ನಿರಿಗೆ (nirige)

ನಿಱಿದಳಿರ್ ⟦nir̲idaḷir ニリダリル⟧ [nir̲idəḷir] 《古》*n.*（マンゴーの木などの）美しい若葉 [Ka. *nir̲i*[2] + *taḷir* D2935, D3131] (*Pb.2.12.V, 5.5.V*)

ನಿಱಿಸು[1] ⟦nir̲isu ニリス⟧ [nir̲ĭsu] 《古》*n.* 1 見せびらかし、誇示、顕示 2 きれいなこと (*torarā 3.1.47, 1.5.29*) [Ka. D2934]

ನಿಱಿಸು[2] ⟦nir̲isu ニリス⟧ [nir̲ĭsu] 《古》*vt.* 1〈勝利を記念する柱や碑などを〉建立する 2〈あるものを〉確立する、〈ある人を〉ある地位に据える (*Pb.6.18*) 3〈軍勢や部隊などを〉配置する 4（文中に）〈語などを〉入れる、配置する [Ka. D3675]

ನಿಱು ⟦nir̲u ニル⟧ [nir̲u] 《‡》*vi.* 整頓される、きれいに並べられる [Ka. D2934] (*Śmd.78 (Kitt.)*) ☞ನಿಱಿ (nir̲i)

ನಿಱುಗೆ ⟦nir̲uge ニルゲ⟧ [nir̲uge] *n.* 1 きれいに整えること；構造 2 方法、やり方 3 魅力、なまめかしさ [Ka. D2934, D2935] ☞ನಿರಿಗೆ (nirige)

ನಿಱಿನಿಱಿ ⟦nir̲inir̲i ニリニリ⟧ [niɻiniɻi] 《‡》(*n.*) めりめり（物が壊れる時の音を表す擬音語）[Ka. onom. D2932] (*Râm. 3.6.6 (Kitt.)*)

ನೀ ⟦nī ニー⟧ [ni:] 《古》*pron.* 《斜格諸形の語幹nina-/ninn-, 複数形はನೀವು (nīvu)[1]》おまえ、君、汝（二人称単数代名詞主格形）[Ka. *D3684] ☞ನೀನು (nīnu)〔汎〕

ನೀಂ[1] ⟦nīṃ ニーン⟧ [ni:n] 《古》*pron.* 《*obl.* ನಿನ-/ನಿನ್ನ್- (nina-/ninn-)》おまえ、君 [Ka. D3684] (*Pb.1.70, 2.1*) ☞ನೀನು (nīnu)〔汎〕

ನೀಂ[2] ⟦nīṃ ニーン⟧ [ni:m] 《古》*pron.* 《*obl.* ನಿಮ-/ನಿಮ್ಮ್- (nima-/nimm-)》おまえたち、あなた方 [Ka. *D3688] ☞ನೀವು (nīvu)〔汎〕

ನೀಂಗಳ್ ⟦nīṃgaḷ ニーンガル⟧ [ni:ŋgəḷ] 《古》*pron.* おまえたち；あなた方 [Ka. *D3684] ☞ನೀವು (nīvu)〔汎〕

ನೀಗು ⟦nīgu ニーグ⟧ [ni:gu] *vt.* 1〈活動や欲望などを〉捨てる、放棄する 2 失う、喪失する 3 取り除く、除ける (*Pb.12.152*) 4 蕩尽する 5 殺す、片付ける —*vi.* 1 無くなる、消えうせる、去る (*Pb.12.116*)

2 死ぬ **—**v.aux. いまいましさや嫌悪を表す補助動詞 ¶ ನಾಚಿಕೆ ಇಲ್ಲದೆ ಜೀವಿಸುವದಕ್ಕಿಂತ ಸತ್ತು ನೀಗು. (nācike illade jīvisuvadakkiṃta sattu nīgu.) 恥知らずに生きているより死んでしまえ。[Ka. D3685]

ನೀಗಿಸು ⟦nīgisu ニーギス⟧ [ni:gĭsu] 《文》 vt. 捨てさせる、など [Ka. caus. D3685]

ನೀಚ ⟦nīca ニーチャ⟧ [ni:ʧɐ] adj., mn. 《f. ನೀಚಳು (nīcaḷu)》 1 (高さが) 低い〈こと〉 2 (音程が) 低い〈こと〉 **—**adj. 1 (人が) 背が低い 2 (人が) 卑しい、下劣な 3 (人物が) 平凡な、くだらない **—**m.《古》《f. ನೀಚಳು (nīcaḷu)》告げ口屋、告げ口する人(vastukō. 100.13 (KPN)) [Sk.]

ನೀಟ ⟦nīṭa ニータ⟧ [ni:ʈɐ] (n.) 1 長くて真っ直ぐ〈な〉 2 (手足や体などが) 真っ直ぐに伸ばされている〈こと〉 3 (容貌が) きれいな〈こと〉、可愛い〈こと〉 [Ka. D3692, D3739]

ನೀಟಮೂಗು ⟦nīṭamūgu ニータムーグ⟧ [ni:ʈəmu:gu] n. ☞ನೀಟುಮೂಗು (nīṭumūgu)

ನೀಟು[1] ⟦nīṭu ニートゥ⟧ [ni:ʈu] (n.) 1 まっすぐ〈な〉 2 直立〈した〉 3 (表現などが) まっすぐ〈な〉¶ ಅವರು ಯಾವಾಗಲೂ ನೀಟಾಗಿ ಮಾತಾಡುತ್ತಾರೆ. (avaru yāvāgalū nīṭāgi mātāḍuttāre.) あの人はいつもまっすぐに話をする。[Ka. D3692]

ನೀಟು[2] ⟦nīṭu ニートゥ⟧ [ni:ʈu] (n.) (容貌が) きれいな〈こと〉 [Ka. D3739]

ನೀಟುಗಾತಿ ⟦nīṭugāti ニートゥガーティ⟧ [ni:ʈugɐ:ti] f. 《m. ನೀಟುಗಾರ (nīṭugāra)》こぎれいな服装をしたきれいな女性 [Ka. D3739]

ನೀಟುಗಾರ ⟦nīṭugāra ニートゥガーラ⟧ [ni:ʈugɐ:rə] m. 《f. ನೀಟುಗಾತಿ (nīṭugāti)》整った顔立ちの男性、こぎれいな服装をした美男子 [+ -kāra *D3739]

ನೀಟುಗಾಱ ⟦nīṭugāṟa ニートゥガーラ⟧ [ni:ʈugɐ:rɐ] 《古》 m. 《f. ನೀಟುಗಾತಿ (nīṭugāti)》美男子 [+ -kāṟa D3739]

ನೀಟುಮೂಗು ⟦nīṭumūgu ニートゥムーグ⟧ [ni:ʈumu:gu] ನೀಟಮೂಗು n. まっすぐで形のよい鼻 [+ mūgu] ☞ನೀಟುಮೂಗು (nīṭumūgu)

ನೀಟು[3] ⟦nīṭu ニートゥ⟧ [ni:ʈu] (n.) (部屋などが) きちんとした〈こと〉、こぎれいな〈こと〉、(服装などが) さっぱりした〈こと〉¶ ರೂಮು ನೀಟಾಗಿರ ಬೇಕು. (rūmu nīṭāgira bēku.) 部屋はきれいでないといけない。[Eg. neat]

ನೀಡಿಕೆ ⟦nīḍike ニーディケ⟧ [ni:ɖike] 《文》 n. 供給 [Ka. *D3692] = ಸರಬರಾಜು (sarabarāju)〔汎〕

ನೀಡು ⟦nīḍu ニードゥ⟧ [ni:ɖu] ನಿಟ್ಟು, ನೀಟು vt. 1 〈腕や指や舌などを〉伸ばす、〈腕などを〉差し出す 2 《口》 提供する、〈贈り物などを〉差し出す、贈る **—**n.《古》 1 長時間 (Pb.16.15 (KPN)) 2 遅れ、遅滞、遅刻 (Pb.1.73) [Ka. D3692]

ನೀತಿ ⟦nīti ニーティ⟧ [ni:ti] n. 1 振る舞い、品行 2 政策 3 倫理学 4 高潔、徳性、品行方正 [Sk.]

ನೀತಿಜ್ಞ ⟦nītijña ニーティジュニャ⟧ [ni:tiɟɲɐ/ni:tignɐ] 《文》 m. 《f. ನೀತಿಜ್ಞೆ (nītijñe)》知略ある人 ¶ ಕೌಟಿಲ್ಯ ನೀತಿಜ್ಞರೆಂದು ಹೆಸರು ಪಡೆದಿದ್ದಾರೆ. (kauṭilya nītijñareṃdu hesaru paḍediddāre.) カウティリヤは政略家として有名である。[Sk.]

ನೀತಿಪಥ ⟦nītipatʰa ニーティパタ⟧ [ni:tipətʰɐ] 《文》 n. 正義の道、正道 [Sk.]

ನೀತಿಪರ ⟦nītipara ニーティパラ⟧ [ni:tipərɐ] 《文》 adj., m. 正義の〈人〉、廉直な〈人〉 [Sk.]

ನೀತಿಮಾರ್ಗ ⟦nītimārga ニーティマールガ⟧ [ni:timɐ:rgɐ] n. [Sk.] ☞ನೀತಿಮಾರ್ಗ (nītimārga)

ನೀತಿವಂತ ⟦nītivaṃta ニーティヴァンタ⟧ [ni:tivəntɐ] adj., m. 正しい〈人〉、正道の〈人〉 [Sk.]

ನೀತಿವಿಹೀನ ⟦nītivihīna ニーティヴィヒーナ⟧ [ni:tivihi:nɐ] adj., m. 不道徳な〈人〉、非道の〈人〉 [Sk.]

ನೀತಿಶಾಸ್ತ್ರ ⟦nītiśāstra ニーティシャーストラ⟧ [ni:tiʃɐ:strɐ] n. 1 倫理学 2 政治学 [Sk.]

ನೀದರ್ಲ್ಯಾಂಡ್ ⟦nīdarlyāṃḍ ニーダルリャーンド⟧ [ni:dərlæ:ɳɖ] n. オランダ(西ヨーロッパの国) [Eg.]

ನೀನ್ ⟦nīn ニーン⟧ [ni:n] 《古》 pron. おまえ、君、汝 [Ka. D3684] ☞ನೀನು (nīnu)〔汎〕

ನೀಂಗಳ್ ⟦nīṃgaḷ ニーンガル⟧ [ni:ŋgəɭ] 《‡》 pron. おまえたち;あなた方 [Ka. D3684] (Šmd.ṃs. (Kitt.))

ನೀನು ⟦nīnu ニーヌ⟧ [ni:nu] ನೀ, ನೀಂ[1], ನೀನ್ pron. 《斜格諸形の語幹 nin-/ninn-, 複数形はನೀವು (nīvu)[1]》おまえ、君、汝(二人称単数代名詞主格形) [Ka. D3684]

ನೀಮ್ ⟦nīm ニーム⟧ [ni:m] 《古》 pron. 《二人称複数代名詞主格形》 1 あなた方 2〔敬〕 あなた、あなた方 [Ka. D3688]

ನೀರ್ ⟦nīr ニール⟧ [ni:r] ನೀರು 《古》 n. 水 [Ka. D3690(a)] ☞ನೀರು (nīru)〔汎〕

ನೀರ[1] ⟦nīra ニーラ⟧ [ni:rɐ] 《古》 m. 《f. ನೀರೆ (nīre)》 1 美男、美男子、男前 2 (男性の) 恋人、愛人 [Ka. *D2934] ☞ನೀಱ (nīṟa)

ನೀರ[2] ⟦nīra ニーラ⟧ [ni:rɐ] n. 新鮮なヤシの樹液(飲用、放置すると発酵してアルコール飲料heṃḍaとなる) [Sk. ←Dr.]

ನೀರಡಕೆ ⟦nīraḍake ニーラダケ⟧ [ni:rəɖə̆ke] n. 喉の渇き [Ka. nīr + aḍake D190, D3690] ☞ನೀರಡಿಕೆ (nīraḍike)

ನೀರಡಿಕೆ ⟦nīraḍike ニーラディケ⟧ [ni:rəɖĭke] ನೀರಡಕೆ, ನೀರಳ್ಕೆ, ನೀರಟ್ಕೆ n. 喉の渇き、水を欲する気持ち [Ka. nīr + aṟke D109, D3690]

ನೀರಡಿಸು ⟦nīraḍisu ニーラディス⟧ [ni:rəɖĭsu] ನೀರಡಸು vi. 《dat.》喉が渇く [Ka. nīr + aḍisu D109, D3690]

ನೀರದ ⟦nīrada ニーラダ⟧ [ni:rə̆dɐ] 《文》 n. 雲 [Sk.]

ನೀರದ ರವ ⟦nīrada rava ニーラダラヴァ⟧ [ni:rə̆də rəvɐ] 《文》 n. 雲の中から聞こえる雷鳴 [Sk.]

ನೀರಲ ⟦nīrala ニーララ⟧ [ni:rə̆le] n. [Ka. *D2917] ☞ನೀರಲು (nīralu)

ನೀರವ ⟦nīrava ニーラヴァ⟧ [niːrəvɐ] 《文》(*adj.*) 無言〈の〉、無音〈の〉、静かな〈こと〉、音のしない〈こと〉 —*n.* 静けさ、無言、無音、静寂 [Sk.]

ನೀರಸ ⟦nīrasa ニーラサ⟧ [niːrəsɐ] (*n.*) 1 味がない〈こと〉、味気ない〈こと〉、まずい〈こと〉 2 面白くない〈こと〉、つまらない〈こと〉(文学作品、映画など) 3 (市場などが)不活発〈な〉[Sk.]

ನೀರಳ್ಕೆ ⟦nīraḷke ニーラルケ⟧ [niːrəḷke] 《古》*n.* 喉の渇き [Ka. *nīr* + *aḷke* D190, D3690] ☞ನೀರಡಿಕೆ (nīraḍike)

ನೀರಱ್ಕೆ ⟦nīraṟke ニーラルケ⟧ [niːrəɽke] 《古》*n.* 喉の渇き [Ka. *nīr* + *aṟke* D190, D3690] ☞ನೀರಡಿಕೆ (nīraḍike)

ನೀರಾಂಜನ ⟦nīrāṃjana ニーラーンジャナ⟧ [niːrɐɲdʒənɐ] 《口》*n.* [Sk. *nīrājana-*] ☞ನೀರಾಜನ (nīrājana)

ನೀರಾಜಿತ ⟦nīrājita ニーラージタ⟧ [niːrɐːdʒitɐ] 《文》*adj.* 照明を当てた、明るく照らされた [Sk.]

ನೀರಾಜನ ⟦nīrājana ニーラージャナ⟧ [niːrɐːdʒə̆nɐ] ನೀರಾಂಜನ, ನೀಲಾಂಜನ *n.* アーラティ(神像の前で灯明を回すことまたはその灯明) [Sk.] = ಆರತಿ (ārati)

ನೀರಾನೆ ⟦nīrāne ニーラーネ⟧ [niːrɐːne] *n.* カバ [Ka. *nīru* + *āne*]

ನೀರಾವರಿ ⟦nīrāvari ニーラーヴァリ⟧ [niːrɐːvə̆ri] *n.* 灌漑 [Ka. *nīr* + *hari*]

ನೀರಾವರಿ ಭೂಮಿ ⟦nīrāvari bʰūmi ニーラーヴァリブーミ⟧ [niːrɐːvə̆ribʰuːmi] *n.* 灌漑設備のある農地 [Ka. + *bʰūmi*]

ನೀರು¹ ⟦nīru ニール⟧ [niːru] ನೀರ್ *n.* 1 水 2 液状の物 ¶ ಪಾಯಸ ನೀರಾಗಿದೆ. (pāyasa nīrāgide.) パーヤサ(牛乳から作る甘いデザート)が水っぽかった。[Ka. D3690(a)]

ನೀರು² ⟦nīru ニール⟧ [niːru] 《古》*n.* 牛糞を焼いた灰(神聖な物として宗教儀礼に用いられる) [Ka. D3693] ☞ನೀಱು (nīṟu)

ನೀರುನಾಯಿ ⟦nīrunāyi ニールナーイ⟧ [niːrunɐji] 《文》*n.* カワウソの一種 [*nīru* + *nāyi* D3690(b)]

ನೀರುವರಿ ⟦nīruvari ニールヴァリ⟧ [niːrŭvə̆ri] *n.* 灌漑用の用水路 [Ka. *nīr* + *hari*]

ನೀರೆ ⟦nīre ニーレ⟧ [niːre] 《文》*f.* 1 美しい女性、美女、美人 2 恋人、愛人(女性) [Ka. < *nīṟe* D2934]

ನೀರ್ಕಿ ⟦nīrki ニールキ⟧ [niːrki] 《方》*n.* 喉の渇き (*Gul.*) [Ka. D3690]

ನೀರ್ಲು ⟦nīrlu ニールル⟧ [niːrlu] 《方》*n.* [Ka. D2917] (*DEDR*) ☞ನೀರಲು (nīralu)

ನೀಲಾಂಜನ ⟦nīlāṃjana ニーラーンジャナ⟧ [niːlɐɲdʒə̆nɐ] 《口》*n.* [Sk. *nīrājana-*] ☞ನೀರಾಜನ (nīrājana)

ನೀಲ ⟦nīla ニーラ⟧ [niːlɐ] ನೀಳ² (*n.*) 青い〈こと〉 —*n.* サファイア、青玉 [Sk. ←Ind.]

ನೀಲಿ ⟦nīli ニーリ⟧ [nːli] ನೀಳಿ *n.* 1 藍、インディゴの木、藍色の染料の材料 → 染 2 インディゴ、藍、インディゴの木から採取した染料 —(*n.*) 紺〈の〉、藍色〈の〉[Sk. *nīli-* ←Dr.]

ನೀಲವ್ವ ⟦nīlavva ニーラッヴァ⟧ [niːləvvɐ] 《古》*f.* ドゥルガー女神の別名 [*nīli* + *avva*「母」]

ನೀವ್ ⟦nīv ニーヴ⟧ [niːv] 《古》*pron.mf.* 《*pl.*》 1 あなた方、君たち、おまえたち(二人称複数の代名詞主格形) 2 〔敬〕あなた方(二人称の単数または複数の代名詞で文法的には複数として扱われる) [Ka. *D3688] ☞ನೀವು (nīvu)〔汎〕

ನೀವು¹ ⟦nīvu ニーヴ⟧ [niːvu] ನೀಂ, ನೀಂಗಳ್, ನೀಮ್, ನೀವುಗಳು *pron. mf.* 《*pl.*》 1 あなた方、君たち、おまえたち(二人称複数の代名詞主格形) 2 あなた方(二人称の単数または複数の代名詞で文法的には複数として扱われる) [Ka. D3688]

ನೀವು² ⟦nīvu ニーヴ⟧ [niːvu] *vt.* 1 〈体、髪の毛やひげなどを〉そっと撫でる 2 〈額の汗などを〉ぬぐい取る [Ka. D3691]

ನೀವಿಸು ⟦nīvisu ニーヴィス⟧ [niːvĭsu] *vt.* 《*caus.*》そっと撫でさせる、優しく撫でさせる [Ka. caus. D3691]

ನೀವುಗಳು ⟦nīvugaḷu ニーヴガル⟧ [niːvugəu] *pron. mf.* 《*pl.*》 1 あなた方、君たち、おまえたち(二人称複数の代名詞主格形) 2 あなた方(二人称の単数または複数の代名詞で文法的には複数として扱われる) [Ka. *nīvu* + *-gaḷu* *D3688] ☞ನೀವು (nīvu)

ನೀಸು ⟦nīsu ニース⟧ [niːsu] 《文》*vi.* 1 泳ぐ 2 〈危険や困難を〉乗り越える、〈使命を〉限界を越えて果たす 3 〈困難などに〉立ち向かう [Ka. *D3687] = ಈಜು (īju)

ನೀಳ್ ⟦nīḷ ニール⟧ [niːḷ] ನೀಳು 《古》*vi.* 1 長くなる 2 伸びる、伸張する、広がる —(*n.*) 長い〈こと〉[Ka. D3692]

ನೀಳ¹ ⟦nīḷa ニーラ⟧ [niːḷɐ] (*n.*) 長い〈こと〉、伸びた〈こと〉[Ka. D3692]

ನೀಳ² ⟦nīḷa ニーラ⟧ [niːḷɐ] *n.* サファイア、青玉 [Sk. ←Ind.] ☞ನೀಲ (nīla)

ನೀಳಲೆ ⟦nīḷale ニーラレ⟧ [niːḷəle]《文》*n.* 縦波、疎密波 ¶ ಭೂಕಂಪದಲ್ಲಿ ನೀಳಲೆ ಅಡ್ಡತರಂಗಕ್ಕಿಂತ ಬೇಗ ಬರುತ್ತದೆ. (bʰūkaṃpadalli nīḷale aḍḍataraṃgakkiṃta bēga baruttade.) 地震では縦波が横波より先にやってくる。[Ka. *nīḷa* + Ka. *ale*] = ಅನುನೀಳ ತರಂಗ (anunīḷa taraṃga)

ನೀಳಿ ⟦nīḷi ニーリ⟧ [niːḷi] ನೀಲಿ 《異》(*n.*) 紺〈の〉、藍色〈の〉[Sk. *nīli-* ←Ind.] ☞ನೀಲಿ (nīli)〔汎〕

ನೀಳಿತು ⟦nīḷitu ニーリトゥ⟧ [niːḷitu] (*n.*) 長い〈もの、こと〉[Ka. D3692]

ನೀಳ್ಕು ⟦nīḷku ニールク⟧ [niːḷku] 《古》*vt.* 手を伸ばしてつかむ —*vi.* 手に入る ☞ನಿಲುಕು (niluku) [Ka. *D3662]

ನೀಳ್ಪು ⟦nīḷpu ニールプ⟧ [niːḷpu] 《古》*n.* 1 長さ (*Pb.3.22*) 2 高さ、身長 [Ka. D3692]

ನೀಱ ⟦nīṟa ニーラ⟧ [niːɾɐ] ನೀರ 《古》*m.* 《*f.* ನೀಱೆ (nīṟe)》美男、美男子、男前 [Ka. D2934]

ನೀಱಲ್ ⟦nīṟal ニーラル⟧ [niːɾəl] 《古》*n.* フトモモ、ホトウ(蒲桃) → 食 [Ka. D2917] ☞ನೀರಲು (nīralu)

ನೀಱಲು ⟦nīṟalu ニーラル⟧ [niːr̠əlu] 《古》 *n.* フトモモ、ホトウ(蒲桃)⇀ 食 [Ka. *D2917] ☞ನೇರಲು (nēralu)

ನೀಱತೆ ⟦nīṟate ニーラテ⟧ [niːr̠ə̆te] 《古》 *n.* 美しさ、魅力 [Ka. D2934] (*Čt.* (*Kitt.*)) = ನಿಱತೆ (niṟate)

ನೀಱಗೆ ⟦nīṟige ニーリゲ⟧ [niːr̠ĭge] 《‡》 *n.* 折りひだ、サーリーなどをたくし込んだ時にできるひだ、ギャザー [Ka. D2935] (*G.* (*Kitt.*))

ನೀಱು ⟦nīṟu ニール⟧ [niːr̠u] ನೀರು² 《古》 *n.* 牛糞を焼いた灰(神聖な物として宗教儀礼に用いられる) [Ka. D3693]

ನೀಱೆ ⟦nīṟe ニーレ⟧ [niːr̠e] ನೀರೆ 《古》 *f.* 《*m.* ನೀಱ (nīṟa)》 1 美女、美人 2 恋人 3 妻 [Ka. D2934]

ನುಂಗು¹ ⟦numgu ヌング⟧ [nuŋgu] *vt.* 1 飲み込む、丸飲みする 2 (災難や事故などが)〈人を〉巻き込む ¶ ಕೊಯ್ನಾ ಭೂಕಂಪ ನೂರಾರು ಜನರನ್ನು ನುಂಗಿತು. (koynā bʰūkampa nūrāru janarannu numgitu.) コイナーの地震で何百人という人が命を失った。 3 〈怒り、苦しみなどを〉黙ってこらえる、じっと我慢する ¶ ರಾಮೂ ಮೇಷ್ಟರು ತಮ್ಮ ಎಲ್ಲ ಕಷ್ಟಗಳನ್ನು ನುಂಗಿ ಕ್ಲಾಸಿನಲ್ಲಿ ನಗುತ್ತಾ ಇದ್ದರು. (rāmū mēṣṭaru tamma ella kaṣṭagaḷannu numgi klāsinalli naguttā iddaru.) ラームー先生は自分の苦しみをこらえて学級ではいつも微笑んでいた。 4 〈人の財貨を〉詐取する、横領する、着服する ¶ ಚಿಕ್ಕಪ್ಪ ನನ್ನ ಆಸ್ತಿಯೆಲ್ಲ ನುಂಗಿದ. (cikkappa nanna āstiyella numgida.) おじさんは僕の財産を全部着服した。 [Ka. D3697] (*Pb.8.74*)

ನುಂಗಿಸು ⟦numgisu ヌンギス⟧ [nuŋgisu] *vt.* 《*caus.*》飲み込ませる、など [Ka. caus. D3697]

ನುಂಗು² ⟦numgu ヌング⟧ [nuŋgu] *n.* 1 パルミラヤシのジェリー状の果肉 2 ヤシ類の若い実の中のジェリー状の果肉(一般) [Ka. D3698]

ನುಂಗುವಿಕೆ ⟦numguvike ヌングヴィケ⟧ [nuŋguvike] *n.* 飲み込むこと、丸飲み [Ka. D3697]

ನುಂಗುಹ ⟦numguha ヌングハ⟧ [nuŋguhɐ] 《古》 *n.* 飲み込むこと、丸飲み [Ka. D3697]

ನುಂದು ⟦numdu ヌンドゥ⟧ [nundu] 《‡》 *vi.* (火や灯が)消える [Ka. D3590] (*B.* (*Kitt.*))

ನುಂದಿಸು ⟦numdisu ヌンディス⟧ [nundisu] 《‡》 *vt.* 〈灯を〉消す [+ *-isu* caus. D3590] (*B.* (*Kitt.*))

ನುಂಪು ⟦numpu ヌンプ⟧ [numpu] 《古》 *n.* (布、皮膚などの)柔らかさ、きめ細やかさ [Ka. D3700]

ನುಗಿಚು ⟦nugicu ヌギチュ⟧ [nigiʧu] 《‡》 *vi.* (鳥などが捕まえた手から)すり抜ける、(縄などが握った手から)滑り落ちる [Ka. caus. D3714] (*My.* (*Kitt.*))

ನುಗುಳ್ ⟦nuguḷ ヌグル⟧ [nuguḷ] 《古》 *vi.* 1 (手の中の魚などが)すり抜ける 2 (小さな隙間や通路から)むりやりに入り込む；そっと入り込む 3 こっそり逃げ出す、(危険などを)免れる [Ka. D3714]

ನುಗುೞ್ ⟦nuguṛ ヌグル⟧ [nuguɻ] 《‡》 *vi.* [Ka. *D3714] (*KPN*) ☞ನುಗುೞ್ (nuguṛ)

ನುಗುಲು ⟦nugulu ヌグル⟧ [nugŭlu] 《方》 *n.* 糸 [Ka. D3726] (Hal.)

ನುಗ್ಗಿ ⟦nuggi ヌッギ⟧ [nuggi] *n.* [Ka. D4982] ☞ನುಗ್ಗೆ (nugge)

ನುಗ್ಗು¹ ⟦nuggu ヌッグ⟧ [nuggu] *vi.* 1 (狭い所を)むりやり通る、(穴などに)むりやり入る 2 許可なく入り込む、侵入する [Ka. D3714 < *nuguḷ*]

ನುಗ್ಗಿಸು ⟦nuggisu ヌッギス⟧ [nuggisu] *vt.* 〈狭い所を〉無理に通らせる、など [Ka. caus. D3714]

ನುಗ್ಗು² ⟦nuggu ヌッグ⟧ [nuggu] ನುರುಕು, ನುರುಗು², ನು-ರ್ಗು, ನುಗ್ಗು, ನುಱುಗು *vi.* 細かく砕かれる、粉砕される —*n.* 砕片、粉 [Ka. < *nuṟugu* D3728]

ನುಗ್ಗುನುಗ್ಗಾಗು ⟦nuggunuggāgu ヌッグヌッガーグ⟧ [nuggu nuggɐːgu] *vi.* 1 壊れてばらばらになる、砕ける ¶ ಕೆಲಸದವಳ ಕೈಯಲ್ಲಿ ಜಪಾನಿನಿಂದ ತಂದ ಚೀನಾ ಪಾತ್ರೆ ನು-ಗ್ಗುನುಗ್ಗಾಯಿತು. (kelasadavaḷa kaiyalli japāninimda tamda cīnā pātre nuggunuggāyitu.) 日本から持って帰った磁器がお手伝いさんの手から落ちて粉々になった。 2 疲労困憊する ¶ ನಾವು ವಸ್ತುಪ್ರದರ್ಶನಕ್ಕೆ ಹೋ-ಗಿ ನುಗ್ಗುನುಗ್ಗಾಗಿ ಬಂದೆವು. (nāvu vastupradarśanakke hōgi nuggunuggāgi bamdevu.) 私たちは展覧会から疲れ果てて帰ってきた。 [redup. + *āgu*]

ನುಗ್ಗುನುಸಿ ⟦nuggunusi ヌッグヌシ⟧ [nuggunusi] ನುಗ್ಗಿ-ನುಸಿ (*n.*) 粉砕された〈こと、状態〉¶ ನನ್ನ ಕನ್ನಡಕ ಮಕ್ಕಳ ಕೈಗೆ ಸಿಕ್ಕು ನುಗ್ಗುನುಸಿ ಆಯಿತು. (nanna kannaḍaka makkaḷa kaige sikku nuggunusi āyitu.) 私のめがねは子どもたちの手にかかって粉々になった。 [+ *nusi* echo.]

ನುಗ್ಗೆ ⟦nugge ヌッゲ⟧ [nugge] ನುಗ್ಗಿ *n.* (白い花が咲き)太鼓のばちの形をした実を結ぶ木、またはその実(実も葉も野菜として用いられる)⇀ 食 [Ka. D4982] *[IMP 4.60]

ನುಚ್ಚು ⟦nuccu ヌッチュ⟧ [nuʧʧu] *n.* 細かい砕片、壊れて粒になったもの [Ka. D3728]

ನುಚ್ಚುನುಱಿ ⟦nuccunuṟi ヌッチュヌリ⟧ [nuʧʧunur̠i] 《古》 (*n.*) 壊れてばらばらになった〈こと〉 [Ka. D3728 + echo] ☞ನುಚ್ಚುನುರಿ (nuccunuri)

ನುಚ್ಚುನುರಿ ⟦nuccunuri ヌッチュヌリ⟧ [nuʧʧunuri] ನು-ಚ್ಚುನುಱಿ 《古》 (*n.*) (砕けて)ばらばら〈な〉¶ ಬಸ್ಸು ಅಪಘಾತದಲ್ಲಿ ನುಚ್ಚುನುರಿ ಆಯಿತು. (bassu apagʰātadalli nuccunuri āyitu.) バスが事故でばらばらになった。[Ka. D3728]

ನುಚ್ಚುನೂರು ⟦nuccunūru ヌッチュヌール⟧ [nuʧʧunuːru] ನುಚ್ಚುನೂಱು (*n.*) (砕けて)ばらばら〈な〉[Ka. *D3728]

ನುಚ್ಚುನೂಱು ⟦nuccunūṟu ヌッチュヌール⟧ [nuʧʧunuːr̠u] ನುಚ್ಚುನೂರು 《古》 (*n.*) (砕けて)ばらばら〈な〉 [Ka. D3728]

ನುಡಿ ⟦nuḍi ヌディ⟧ [nuḍi] *vi.* 話す、しゃべる —*n.* 1 言葉、話すこと 2 約束、請け合い 3 詩の節、詩節 [Ka. D3784]

ನುಡಿಯಿಸು ⟦nuḍiyisu ヌディイス⟧ [nuḍijĭsu] 《文》 *vt.* 1 話させる 2 〈楽器を〉鳴らす、演奏させる [Ka.

caus. D3784]

ನುಡಿಸು ⟦nuḍisu ヌディス⟧ [nuḍĭsu] *vt.* 《*caus.*》〈楽器を〉弾く [+ *-isu* caus. D3784]

ನುಡಿಹ ⟦nuḍiha ヌディハ⟧ [nuḍihɐ] 《古》 *n.* 話すこと [Ka. D3784]

ನುಡಿಸುಹ ⟦nuḍisuha ヌディスハ⟧ [nuḍisuhɐ] 《古》 *n.* 話させること [Ka. D3784]

ನುಣ್ ⟦nuṇ ヌン⟧ [nuɳ] (*adj.*) **1**（布、皮膚などが）柔らい〈こと〉、きめ細かい〈こと〉 **2** 傷つきやすい〈こと〉、繊細〈な〉 **3** 微妙〈な〉、取扱いが難しい〈こと〉 **4**（言葉などが）穏やかで優しい〈こと〉 ◇ *n.* ನುಣ್ಮೆ (nuṇme) [Ka. D3700]

ನುಣಚು ⟦nuṇacu ヌナチュ⟧ [nuɳəʧu] 《口》 *vi.* [Ka. D3714] ☞ನುಣುಚು (nuṇucu)

ನುಣುಚು ⟦nuṇucu ヌヌチュ⟧ [nuɳuʧu] ನುಣಚು *vi.* **1**（手のなかの魚などが）すり抜ける **2**（困難や危機などから）うまく逃れる、すり抜ける ¶ ಮಂತ್ರಿಗಳು ಪತ್ರಕರ್ತರ ಪ್ರಶ್ನೆಗಳಿಗೆ ಸ್ಪಷ್ಟವಾದ ಉತ್ತರ ಕೊಡದೆ ನುಣುಚಿದರು. (maṃtrigaḷu patrakartara praśnegaḷige spaṣṭavāda uttara koḍade nuṇucidaru.) 大臣は記者たちの質問にはっきりした返事をせずに切り抜けた。[Ka. D3714]

ನುಣುಪು ⟦nuṇupu ヌヌプ⟧ [nuɳŭpu] *n.*（布、皮膚などの）柔らかさ、きめ細やかさ [Ka. D3700]

ನುಣ್ಚು ⟦nuṇcu ヌンチュ⟧ [nuɳʧu] 《古》 *vi.* **1**（手のなかの魚などが）すり抜ける **2**（困難や危機などから）うまく逃れる、すり抜ける [Ka. D3714]

ನುಣ್ಣಗೆ ⟦nuṇṇage ヌンナゲ⟧ [nuɳɳəge] (*n.*) **1**（布、皮膚、粉末などが）柔らい〈こと〉、きめ細かい〈こと〉 **2**（剃髪、禿頭などが）つるつる〈な〉 **3**（破壊などが）完全〈な〉¶ ಮಗ ಅಪ್ಪನ ಸೊತ್ತನ್ನು ನುಣ್ಣಗೆ ಮಾಡಿದ. (maga appana sottannu nuṇṇage māḍida.) 息子は父親の財産を蕩尽した。 —*adv.* つるつるに（剃るなど）¶ ಅಪ್ಪ ಸತ್ತಾಗ ಮಗ ತಲೆಯನ್ನು ನುಣ್ಣಗೆ ಮಾಡಿಕೊಂಡ. (appa sattāga maga taleyannu nuṇṇage māḍikoṃḍa.) 父親が亡くなった時、息子は髪を丸坊主に剃り落とした。 [Ka. D3700]

ನುಣ್ಣನೆ ⟦nuṇṇane ヌンナネ⟧ [nuɳɳəne] (*n.*) **1**（布、皮膚、粉末などが）柔らい〈こと〉、きめ細かい〈こと〉 **2**（剃髪、禿頭などが）つるつる〈な〉 —*adv.* **1**（布、皮膚、粉末などが）柔らかく、きめ細かく **2**（剃髪、禿頭などが）つるつるに ¶ ಕುಮಾರ ತಿರುಪತಿಗೆ ಹೋಗಿ ತಲೆಯನ್ನು ನುಣ್ಣನೆ ಬೋಳಿಸಿಕೊಂಡ. (kumāra tirupatige hōgi taleyannu nuṇṇane bōḷisikoṃḍa.) クマーラはティルパティへ行って頭をつるつるに剃った。 [Ka. D3700]

ನುಣ್ಣಿತು ⟦nuṇṇitu ヌンニトゥ⟧ [nuɳɳitu] (*n.*) **1**（布、皮膚などの）柔らかい〈こと〉、きめ細かい〈こと〉 **2** 繊細〈な〉、傷つきやすい〈こと〉[Ka. D3700]

ನುಣ್ಣಿತ್ತು ⟦nuṇṇittu ヌンニットゥ⟧ [nuɳɳittu] (*n.*) [Ka. D3700] ☞ನುಣ್ಣಿತು (nuṇṇitu)

ನುಣ್ಪು ⟦nuṇpu ヌンプ⟧ [nuɳpu] 《古》 *n.* **1**（布、皮膚などの）柔らかさ、きめ細やかさ **2** 繊細な美しさ [Ka. D3700] *SC 9.45*

ನುರಿ ⟦nuri ヌリ⟧ [nuri] ನುಱಿ *vi.* 《過去語幹 nurit-》 **1** 粉々になる **2**〔喩〕熟達する、習熟する ¶ ಅವನು ನುರಿತ ಡ್ರೈವರ್. (avanu nurita ḍraivar.) 彼は熟練した運転手である。 [Ka. *nuṟi* D3728]

ನುರಿಸು ⟦nurisu ヌリス⟧ [nurĭsu] ನುಱಿಸು *vt.* 粉にする、〈穀物を〉（水と一緒にひいて）ペースト状にする [Ka. caus.]

ನುರುಕು ⟦nuruku ヌルク⟧ [nurŭku] 《文》 *vt.* 粉砕する、細かく砕く [Ka. < *nuṟuku* D3728] ☞ನುಗ್ಗು (nuggu)[2]

ನುರುಗು ⟦nurugu ヌルグ⟧ [nurŭgu] 《古》 *vi.* 《*loc.*》慣れる [Ka. *D3728]

ನುರ್ಗು[1] ⟦nurgu ヌルグ⟧ [nurgu] *vi.*（狭い所を）むりやり通る [Ka. D3714] (*Šm.85*)

ನುರ್ಗು[2] ⟦nurgu ヌルグ⟧ [nurgu] 《古》 *vt.* 砕く —*vi.* 砕ける、砕かれる —*n.* 粉、（つぶされた）小さな砕片 ☞ನುಗ್ಗು (nuggu)[2] [Ka. D3728]

ನುರ್ಚು ⟦nurcu ヌルチュ⟧ [nurʧu] 《古》 *n.* 小さな破片、砕片 [Ka. D3728]

ನುಲಿ ⟦nuli ヌリ⟧ [nuli] *vt.*〈繊維を〉よじって紐にする、〈腕などを〉よじる、〈布を〉絞る —*vi.*（胃または腸が）よじれるように痛む ¶ ನನಗೆ ಹೊಟ್ಟೆ ನುಲಿಯುತ್ತದೆ. (nanage hoṭṭe nuliyuttade.) 胃がよじれるように痛い。 —*n.* **1** よじれ、よじれた状態 **2** 繊維をよじって作った紐や縄 **3** 内臓のよじれるような痛み [Ka. D3726]

ನುಲಿಕೆ ⟦nulike ヌリケ⟧ [nulĭke] *n.* **1** よじれ、（縄などの）より **2** より糸、紐、撚糸 **3**（胃または腸が）よじれるように痛むこと [Ka. *nuli* + *-ke* D3726]

ನುಲಿಗೆ ⟦nulige ヌリゲ⟧ [nulĭge] *n.* よじれ、（縄などの）より [Ka. *nuli* + *-ke* D3726] ☞ನುಲಿಕೆ (nulike)

ನುಸಿ[1] ⟦nusi ヌシ⟧ [nusi] *n.* **1** コクゾウムシやショウジョウバエなど黒くて小さい各種害虫 **2**〔喩〕つまらない人間 ¶ ಈ ರಣರಂಗ ವೀರರಿಗೆ ಹೊರತು ನುಸಿಗಳಿಗೆ ಅಲ್ಲ. (ī raṇaraṃga vīrarige horatu nusigaḷige alla.) この戦場は勇者のためのもので臆病な虫けらのためのものではない。 [Ka. D3699, 3779]

ನುಸಿ[2] ⟦nusi ヌシ⟧ [nusi] *vi.*（狭い所に）むりやりに入り込む ¶ ಆ ಸಂದಿಯಲ್ಲಿ ಅವನು ನುಸಿದ. (ā saṃdiyalli avanu nusida.) 彼はこの隙間にむりやりに入り込んだ。 [Ka. D3714]

ನುಸುಳ್ ⟦nusuḷ ヌスル⟧ [nusuɭ] 《古》 *vi.* **1**（蛇やネズミが穴などに）這い込む、（雑踏などを）すり抜ける **2**（危険から）うまく逃れる [Ka. D3714] ☞ನುಸುಳು (nusuḷu)

ನುಸುಳು ⟦nusuḷu ヌスル⟧ [nusuɭu] ನುಸುಳ್ *vi.* **1**（蛇やネズミが穴などに）這い込む、（雑踏などを）すり抜ける **2**（危険から）うまく逃れる ¶ ವೀರಪ್ಪನ್ ಪೊಲೀಸಿನ ಕಣ್ಣು ತಪ್ಪಿಸಿ ಕಾಡಿನಲ್ಲಿ ನುಸುಳಿದ. (vīrappan polīsina kaṇṇu tappisi kāḍinalli nusuḷida.) ヴィーラッパンは警察の目をかすめて森林の中に潜り込んだ。[Ka. *D3714]

ನುಸುಳಿಸು ⟦nusuḷisu ヌスリス⟧ [nusuḷĭsu] *vt.* 1 (蛇やネズミを穴などに)這い込ませる、(雑踏などを)すり抜けさせる 2 (危険から)うまく逃れさせる [Ka. caus. D3714]

ನುಳ್ಗು ⟦nuḷgu ヌルグ⟧ [nuɭgu] 《古》*vi.* 粉になる、細かく砕かれる [Ka. D3716] ☞ನುಗ್ಗು (nuggu)[2]

ನುಳ್ಳು ⟦nuḷḷu ヌッル⟧ [nuɭɭu] 《方》*vi.* ひねる、つねる [Ka. D3717] (Gowda)

ನುಱಿ ⟦nuṟi ヌリ⟧ [nuṟi] 《古》*vi.* 粉々になる、粉砕される —*vt.* 粉々にする —*n.* 粉、粉末 ☞ನುಗ್ಗು (nuggu) [Ka. D3728]

ನುಱಿಸು ⟦nuṟisu ヌリス⟧ [nuṟĭsu] 《古》*vt.* 粉々にする [Ka. caus. D3728] ☞ನುರಿಸು (nurisu)

ನುಱುಕು[1] ⟦nuṟuku ヌルク⟧ [nuṟŭku] ನುರುಗು[1] 《古》*vi.* (成長が)止まる、阻害される (*Šma.dʰā.*) [Ka. D3718 cf. D3728]

ನುಱುಕು[2] ⟦nuṟuku ヌルク⟧ [nuṟŭku] 《古》*vt.* 砕く、粉砕する ☞ನುಗ್ಗು (nuggu)[2], *nuruku* [Ka. D3728]

ನುಱುಗು ⟦nuṟugu ヌルグ⟧ [nuṟŭgu] 《古》*vi.* 衰弱する、成長が止まる (*Šmd.*) [Ka. *D3718 cf. D3828] ☞ನುಗ್ಗು (nuggu)[2], ನುರುಕು (nuruku)[1]

ನುಱುಜು ⟦nuṟuju ヌルジュ⟧ [nuṟŭʤu] 《‡》*n.* 砂利、荒砂 [Ka. D3626] (*My.* (*Kitt.*))

ನೂಂಕು ⟦nūṃku ヌーンク⟧ [nu:ŋku] 《古》*vt.* 押す、前へ押す、押し退ける [Ka. D3722]

ನೂಕು[1] ⟦nūku ヌーク⟧ [nu:ku] ನೂಂಕು, ನೂಗು[1] *vt.* 1 押す、前へ押す、押し退ける 2〈時間を〉(無駄に、何となく)過ごす

ನೂಕುನುಗ್ಗಲು ⟦nūkunuggalu ヌークヌッガル⟧ [nu:kunuggălu] *n.* 押しあいへし合い [Ka. *nūku*[1] + echo]

ನೂಕು[2] ⟦nūku ヌーク⟧ [nu:ku] 《‡》*n.* 細片、小さな破片 [Ka. D3728] (*My.* (*Kitt.*))

ನೂಕೆ ⟦nūke ヌーケ⟧ [nu:ke] 《‡》*n.* 黒い木の一種 ⇀材 [Ka. D3721] (*DCV*) = ಬೇತೆಮರ (bētemara)? *[BIT 95]

ನೂಗು[1] ⟦nūgu ヌーグ⟧ [nu:gu] *vt.* 1 押させる、前へ押させる、押し退けさせる 2〈時間を〉(無駄に、何となく)過ごす 3 我慢する、〈…に〉耐える [Ka. D3722]

ನೂಗು[2] ⟦nūgu ヌーグ⟧ [nu:gu] 《‡》*n.* 細片、小さな破片 [Ka. D3728] (*My.* (*Kitt.*)) ☞ನೂಗು (nūgu)

ನೂಚು ⟦nūcu ヌーチュ⟧ [nu:ʧu] 《方》*vt./vi.*〈匂いを〉嗅ぐ [Ka. D4886] (Hal.)

ನೂತನ ⟦nūtana ヌータナ⟧ [nu:tənɐ] (*n.*) 新しい〈こと〉[Sk.]

ನೂಪುರ ⟦nūpura ヌープラ⟧ [nu:purɐ] 《文》*n.* 1 (通常は、歩くとちゃらちゃらと鳴る鈴がたくさん付いた)足首につける飾り、足飾り[⇒図] 2 踊りの姿態の一種 [Sk.] ಗೆಜ್ಜೆ (gejje)〔汎〕

ನೂಪುರ 足飾り

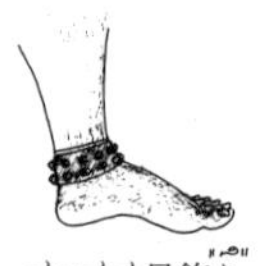

ನೂರು ⟦nūru ヌール⟧ [nu:ru] *numr.adj.* 100 の —*numr.n.* 100 [Ka. < *nūṟu* D3729]

ನೂರ್ವರ್ ⟦nūrvar ヌールヴァル⟧ [nu:rvər] 《古》*numr.adj.* 100 人の —*numr.mf.* 100 人 (*Šmd.122*) [Ka. D3729]

ನೂಲಿಗೆ ⟦nūlige ヌーリゲ⟧ [nu:lige] 《‡》*n.* 糸を紡ぐこと [Ka. D3726] (*Z.* (*Kitt.*))

ನೂಲು ⟦nūlu ヌール⟧ [nu:lu] *vt.* 《過去語幹 nūlt-》〈綿を〉紡いで糸にする ¶ ಗಾಂಧೀಜಿ ಚರಕದಿಂದ ನೂಲುವ ಕಾಯಕ ಮಾಡಿದರು. (gāṃdʰīji carakadiṃda nūluva kāyaka māḍidaru.) ガーンジーは糸車で糸を紡ぐことを自分に課した義務としていた。 —*n.* 糸、紡いだ糸 = ದಾರ (dāra) [Ka. D3726]

ನೂಲಿಸು ⟦nūlisu ヌーリス⟧ [nu:lĭsu] *vt.* 《*caus.*》糸を紡がせる [Ka. caus. D3726]

ನೂಳ್ ⟦nūḷ ヌール⟧ [nu:ɭ] 《古》*n.* 嘘、虚偽 [Ka. D3714] (*Šm.* (*Kitt.*))

ನೂಳ ⟦nūḷa ヌーラ⟧ [nu:ɭɐ] 《古》*m.* 《*f.* * ನೂಳಿ (nūḷi)》嘘つき (*Čt.I.58* (*Kitt.*)) —*n.* 《古》嘘 [Ka. *D3714]

ನೂಱರ್ ⟦nūṟar ヌーラル⟧ [nu:ṟər] 《‡》*numr.mf.* 100 人 (*Bh.1,8,8* (*Kitt.*)) [Ka. D3729] = ನೂರ್ವರ್; ನೂರುಜನ (nūrvar; nūrujana)〔現〕

ನೂಱ್ವರ್ ⟦nūṟvar ヌールヴァル⟧ [nu:ṟvər] 《古》*numr.mf.* 100 人 (ṣhanmugam) [Ka. D3729] = ನೂರ್ವರ್; ನೂರುಜನ (nūrvar; nūrujana)〔現〕

ನೂಱು[1] ⟦nūṟu ヌール⟧ [nu:ṟu] 《‡》*vi.* むりやりに通り抜ける (*Kitt.*[2]) [Ka. D3711]

ನೂಱು[2] ⟦nūṟu ヌール⟧ [nu:ṟu] 《古》(*n.*) 《複合語末で》砕けてばらばらになった〈状態〉[Ka. D3728] ☞ನುಚ್ಚುನೂರು (nuccunūru)

ನೂಱು[3] ⟦nūṟu ヌール⟧ [nu:ṟu] 《古》*numr.adj.* 100 の —*numr.n.* 1 100 2 多数 ☞ನೂರು (nūru) [Ka. D3729]

ನೃತ್ಯ ⟦nṛtya ヌルティャ⟧ [nrɯt·jɐ] *n.* 踊り [Sk.]

ನೃತ್ಯಗಾತಿ ⟦nṛtyagāti ヌルティャガーティ⟧ [nrɯt·jəgɐ:ti] 《文》*f.* 踊り子 [*nṛtya* + *-gāti*]

ನೃತ್ಯಗಾರ ⟦nṛtyagāra ヌルティャガーラ⟧ [nrɯt·jəgɐ:rɐ] 《文》*m.* 《*f.* ನೃತ್ಯಗಾತಿ (nṛtyagāti)》舞踊家、踊り手 [*nṛtya* + *-gāra*]

ನೃಪ ⟦nṛpa ヌルパ⟧ [nrɯpɐ] 《文》*m.* 王、君主 [Sk.] = ನೃಪತಿ, ನೃಪಾಲ (nṛpati, nṛpāla)

ನೃಪತಿ ⟦nṛpati ヌルパティ⟧ [nrɯpəti] 《文》*m.* 王、君主 [Sk.]

ನೃಪಾಲ ⟦nṛpāla ヌルパーラ⟧ [nrɯpɐ:lɐ] 《文》*m.* 王、君主 [Sk.]

ನೆಂಜಲ ⟦neṃjala ネンジャラ⟧ [nɛɲʤălɐ] 《方》*n.* 《Hal.》 1 唾、唾液 2 他人が口をつけた食べ物や飲物(不浄とされている) [Ka. D780]

ನೆಂಟ ⟦nemṭa ネンタ⟧ [neɳʈɐ] *m.* 《*f.* ನೆಂಟಳು (nemṭaḷu)》 親族、血縁者、姻戚者 [Ka. D3588] = ನಂಟ (namṭa)

ನೆಂಟತನ ⟦nemṭatana ネンタタナ⟧ [neɳʈə̆tənɐ] *n.* 親族関係、血縁関係、姻戚関係 [Ka. + *-tana*] ☞ನಂಟತನ (namṭatana)

ನೆಂಟಸ್ತ ⟦nemṭasta ネンタスタ⟧ [neɳʈəstɐ] *m.* 《*f.* ನೆಂಟಸ್ತಳು (nemṭastaḷu)》親族、親類（3親等以内の血縁関係を除く）[*namṭa* + *-sta*] ☞ನಂಟಸ್ತ (namṭasta)

ನೆಂಟಸ್ತನ ⟦nemṭastana ネンタスタナ⟧ [neɳʈə̆stənɐ] *n.* ☞ನಂಟಸ್ತನ (namṭastana)

ನೆಂಟಸ್ತಿಕೆ ⟦nemṭastike ネンタスティケ⟧ [neɳʈəstike] *n.* 親族関係、親戚（3親等以内の血縁関係を除く）であること [Ka. *namṭasta* + *-ike* *D3588] ☞ನಂಟಸ್ತಿಕೆ (namṭastike)

ನೆಂಟು ⟦nemṭu ネントゥ⟧ [neɳʈu] *n.* 親族関係、血縁、姻戚 [Ka. D3588] = ನಂಟತನ (namṭatana) ☞ನಂಟು (namṭu)

ನೆಂಪು ⟦nempu ネンプ⟧ [nempu] 《異》 *n.* 記憶 = ಗುರುತು (gurutu) ☞ನೆನಪು (nenapu) [Ka. D3683]

ನೆಂಬುಗೆ ⟦nembuge ネンブゲ⟧ [nembŭge] 《口》 *n.* 信頼、信用 [Ka. D3600]

ನೆಕ್ಕರೆ ⟦nekkare ネッカレ⟧ [nekkə̆re] 《方》 *n.* ノボタン科の木の一種 [Ka. D3734] (SK)

ದೊಡ್ಡ ನೆಕ್ಕರೆ ⟦doḍḍa nekkare ドッダネッカレ⟧ [doɖɖə nekkə̆re] 《方》 *n.* ノボタン科の木の一種 [Ka. D3734] (SK)

ನೆಕ್ಕಿ ⟦nekki ネッキ⟧ [nekki] *n.* クマツヅラ科の大きな低木（薬用）→ 薬 [Ka. D3781] ☞ಲೊಕ್ಕಿ (lokki)

ನೆಕ್ಕಿಲು ⟦nekkilu ネッキル⟧ [nekkilu] *n.* [Ka. *D2928] ☞ನೆಗ್ಗಿಲು (neggilu)

ನೆಕ್ಕು[1] ⟦nekku ネック⟧ [nekku] 《古》 *vi.* （鍋などが打たれて）へこむ [Ka. D2927] (*Śmd.d*[h]) ☞ನಗ್ಗು (naggu)

ನೆಕ್ಕು[2] ⟦nekku ネック⟧ [nekku] *vt.* 舌でなめる [Ka. D3570] ☞ನಕ್ಕು (nakku)

ನೆಕ್ಕಿಸು ⟦nekkisu ネッキス⟧ [nekkĭsu] *vt.* なめさせる [+ *-isu* caus. D3570]

ನೆಗಂಪು ⟦negampu ネガンプ⟧ [negəmpu] 《古》 *vt.* 持ち上げる、持ち上げてそのまま保つ [Ka. *D3730] ☞ನೆಗಪು (negapu)

ನೆಗಡಿ ⟦negaḍi ネガディ⟧ [negə̆ɖi] *n.* 1 鼻炎、鼻風邪、風邪、感冒 ◇ *vi.* —ಆಗು (āgu) 風邪を引く 2 鼻汁、鼻水 [Ka. D3731]

ನೆಗಪು ⟦negapu ネガプ⟧ [negə̆pu] ನೆಗಂಪು, ನೆಗಪ್ಪು, ನೆಗವು, ನೆಗಹು 《古》 *vt.* 1 持ち上げる、持ち上げてそのまま保つ 2 つかむ、取り上げる 3〈水や涙などを〉注ぐ、流す (*Pb.11.31*) —*n.* 持ち上げること、持ち上げてそのまま保つこと = ನೆಗವು (negavu)〔汎〕 cf. ನೆಗೆ (nege)[2] [Ka. D3730]

ನೆಗಪ್ಪು ⟦negappu ネガップ⟧ [negppu] 《古》 *vt.* 1 持ち上げる、持ち上げてそのまま保つ 2 つかむ、手に取る [Ka. *D3730] ☞ನೆಗಪು (negapu)

ನೆಗರು ⟦negaru ネガル⟧ [negə̆ru] 《方》 *vi.* 病床に伏せる [Ka. D3733] (Hav.)

ನೆಗವು ⟦negavu ネガヴ⟧ [negə̆vu] 《古》 *vt.* 1 持ち上げる、持ち上げてそのまま保つ 2 持ち去る、さらって行く [Ka. D3730] ☞ನೆಗಪು (negapu)

ನೆಗಸು ⟦negasu ネガス⟧ [negə̆su] 《‡》 *vt.* 跳ばす、飛び越えさせる [Ka. caus. D3730] (*My.* (*Kitt.*)) = ನೆಗಚು (negacu)

ನೆಗಹು ⟦negahu ネガフ⟧ [negəhu] 《古》 *vt.* 1 持ち上げる、持ち上げてそのまま保つ 2 つかむ、取り上げる 3〈水や涙などを〉注ぐ、流す —*n.* 1 持ち上げること、持ち上げてそのまま保つこと 2 心の高揚、興奮 ☞ನೆಗಪು (negapu) [Ka. D3730]

ನೆಗಳ್ ⟦negaḷ ネガル⟧ [negə̆ɭ] 《古》 *n.* ワニ [Ka. *D3732, T7038] = ಮೊಸಳೆ (mosaḷe)〔汎〕

ನೆಗಳು ⟦negaḷu ネガル⟧ [negə̆ɭu] 《古》 *n.* ワニ [Ka. *D3732, T7038] = ಮೊಸಳೆ (mosaḷe)〔汎〕

ನೆಗಳೆ ⟦negaḷe ネガレ⟧ [negə̆ɭe] ನೆಗಳ್, ನೆಗಳು, ನೆಗಱ್ 《文》 *n.* ワニ [Ka. *D3732, C7038] = ಮೊಸಳೆ (mosaḷe)〔汎〕

ನೆಗರ್ತಿ ⟦negarti ネガルティ⟧ [negərti] 《古》 *n.* 高名、名声 [Ka. *D3659] ☞ನೆಗಱ್ತೆ (negaṟte)[1]

ನೆಗರ್ತೆ ⟦negarte ネガルテ⟧ [negərte] 《古》 *n.* 高名、名声 [Ka. *D3659] ☞ನೆಗಱ್ತೆ (negaṟte)[1]

ನೆಗಳ್ತೆ ⟦negaḷte ネガルテ⟧ [negəɭte] 《古》 *n.* 高名、名声 [Ka. *D3659] ☞ನೆಗಱ್ತೆ (negaṟte)[1]

ನೆಗಱ್[1] ⟦negaṟ ネガル⟧ [negəɹ] 《古》 *vi.* 《過去語幹nagard-, negaṟd-》知られる、有名になる (*Pb.1.110.V*) —*n.* 名声 [Ka. D3659]

ನೆಗಱ್[2] ⟦negaṟ ネガル⟧ [negəɹ] ನೆಗಳ್, ನೆಗಳು 《古》 *vt.* 《過去語幹negard-, negaṟd-》 1 従事する、企てる 2 行う、する (*Pb.1.82, 6.52.*) 3 作る、造る —*vi.* 1 住む 2 現れる、生まれる 3 世に行われる、一般に流通する 4 手に入る、得られる [Ka. D3661]

ನೆಗಱ್[3] ⟦negaṟ ネガル⟧ [negəɹ] 《古》 *n.* ワニ (*Pb.2.60*) [Ka. D3732, T7038]

ನೆಗಱೆ ⟦negaṟe ネガレ⟧ [negəɹe] 《‡》 *n.* ワニ (*My.* (*Kitt.*)) [Ka. D3732, T7038]

ನೆಗಱ್ಚು[1] ⟦negaṟcu ネガルチュ⟧ [negəɹʧu] *vt.* 有名にする、名声を得させる [Ka. caus. D3659]

ನೆಗಱ್ಚು[2] ⟦negaṟcu ネガルチュ⟧ [negəɹʧu] *vt.* 1 あることをさせる、企てさせる、させる 2 始める、開始する 3 する、行う [Ka. caus. D3661] (*Pb.5.104*) [Ka. caus. D3661]

ನೆಗಱ್ತೆ[1] ⟦negaṟte ネガルテ⟧ [negəɹte] ನೆಗರ್ತಿ, ನೆಗರ್ತೆ, ನೆಗಳ್ತೆ 《古》 *n.* 高名、名声 (Pb.1.10,1.18) [Ka. D3659]

ನೆಗಱ್ತೆ[2] ⟦negaṟte ネガルテ⟧ [negəɹte] 《古》 *n.* 1 活動、行為 2 行動、習性 3 習慣、習わし [Ka. D3661] (*Pb.1.42*)

ನೆಗಿಲು ⟦negilu ネギル⟧ [negilu] 《異》 *n.* [Ka. *D2928] ☞ನೆಗ್ಗಿಲು (neggilu)

ನೆಗೆ[1] ⟦nege ネゲ⟧ [nege] 《‡》 *vi.* 純粋になる、きれいになる、輝く [Ka. D3659, cf. H. *nikʰarǎnā* T7095] (*Śmd. ḍʰ. (Kitt.)*)

ನೆಗೆ[2] ⟦nege ネゲ⟧ [nege] *vi.* 1 跳ね上がる 2 跳ぶ、跳ねる [Ka. D3730] —*vt.* 〈頭などを〉上げる

ನೆಗೆಣ್ಣಿ ⟦negeṇṇi ネゲンニ⟧ [negeɳɳi] *f.* 夫の兄弟の妻 [Ka. *nage* <? + *peṇ*] ☞ನೆಗೆವೆಣ್ (negeveṇ)

ನೆಗೆವೆಣ್ಣೆ ⟦negeveṇṇe ネゲヴェンネ⟧ [nəgeveɳɳe] 《古》 *f.* 夫の兄弟の妻 [Ka. *nage* <? + *peṇ*] ☞ನಗೆವೆಣ್ (nageveṇ)

ನೆಗೆಹೆಣ್ಣು ⟦negeheṇṇu ネゲヘンヌ⟧ [nəgeheɳɳu] 《古》 *f.* 夫の兄弟の妻 [Ka. *nage* <? + *peṇ*] ☞ನಗೆವೆಣ್ (nageveṇ)

ನೆಗೆಹೆಣ್ಣೆ ⟦negeheṇṇe ネゲヘンネ⟧ [nəgeheɳɳe] 《古》 *f.* 夫の兄弟の妻 [Ka. *nage* <? + *peṇ*] ☞ನಗೆವೆಣ್ (nageveṇ)

ನೆಗೆತ ⟦negeta ネゲタ⟧ [negetɐ] *n.* 跳ぶこと、跳ねること [Ka. *nege* + *-ta*, *D3730]

ನೆಗ್ಗಲಿ ⟦neggali ネッガリ⟧ [neggəli] *n.* [Ka. D2928] ☞ನೆಗ್ಗಿಲು (neggilu)

ನೆಗ್ಗಲು ⟦neggalu ネッガル⟧ [neggəlu] *n.* [Ka. D2928] ☞ನೆಗ್ಗಿಲು (neggilu)

ನೆಗ್ಗಲೆ ⟦neggale ネッガレ⟧ [neggəle] 《異》 *n.* [Ka. *D2928] ☞ನೆಗ್ಗಿಲು (neggilu)

ನೆಗ್ಗಿಲ್ ⟦neggil ネッギル⟧ [neggil] 《古》 *n.* [Ka. D2928] ☞ನೆಗ್ಗಿಲು (neggilu)

ನೆಗ್ಗಿಲು ⟦neggilu ネッギル⟧ [neggĭlu] ನೆಕ್ಕಿಲು, ನೆಗಿಲು, ನೆಗ್ಗಲಿ, ನೆಗ್ಗಲು, ನೆಗ್ಗಲೆ, ನೆಗ್ಗಿಲ್ *n.* ハマビシ科の匍匐(ほふく)性の草本(薬用)→薬 [Ka. D2928] *[IMP 5.312]

ನೆಗ್ಗು[1] ⟦neggu ネッグ⟧ [neggu] *vi.* (鍋などが)へこむ (*Hlâ. (Kitt.)*) [Ka. < *neṟgu* D2927] ☞ನಗ್ಗು (naggu)

ನೆಗ್ಗಿಸು ⟦neggisu ネッギス⟧ [neggisu] *vt.* 〈金属製の容器などを〉へこませる、など [Ka. caus. *D2927] ☞ನಗ್ಗಿಸು (naggisu)

ನೆಗ್ಗು[2] ⟦neggu ネッグ⟧ [neggu] 《方》 *vt.* 揚げる、持ち上げる [Ka. < *neṟgu* D2927] (Hav.)

ನೆಗ್ಗುಲು ⟦neggulu ネッグル⟧ [neggŭlu] *n.* [Ka. D3730] ☞ನೆಗ್ಗಿಲು (neggilu)

ನೆಚ್ಚು ⟦neccu ネッチュ⟧ [neʧʧu] *vt.* 信じる、信用する、信頼する —*n.* 信頼、信用 (*Pb.10.23*) ☞ನಚ್ಚು (naccu) [Ka. D3576]

ನೆಟಿಕೆ ⟦neṭike ネティケ⟧ [neʈĭke] *n.* 指などの関節を鳴らす音 ◊ *vi.* —ಮುರಿ (muri) 関節を曲げて音を出す [Ka. D2936]

ನೆಟ್ಟಗೆ ⟦neṭṭage ネッタゲ⟧ [neʈʈəge] *adv.* 1 まっすぐに ¶ ತಂತಿಯನ್ನು ನೆಟ್ಟಗೆ ಮಾಡು. (taṃtiyannu neṭṭage māḍu.) (金属の) 線をまっすぐにせよ。 2 きれいに、整然と ¶ ಮನೆಕೆಲಸದವಳು ನೆಟ್ಟಗೆ ಕೆಲಸ ಮಾಡುವದಿಲ್ಲ. (manekelasadavaḷu neṭṭage kelasa māḍuvadilla.) あのお手伝いさんはきっちり仕事をしない。 [Ka. D3739]

ನೆಟ್ಟನ ⟦neṭṭana ネッタナ⟧ [neʈʈənɐ] 《‡》 *adj.* まっすぐで長い [Ka. D3739] (*G.550 (Kitt.)*) ☞ನೆಟ್ಟನ್ನ (neṭṭanna)

ನೆಟ್ಟನೆ ⟦neṭṭane ネッタネ⟧ [neʈʈəne] *adv.* 1 まっすぐ ¶ ತಂತಿಯನ್ನು ನೆಟ್ಟನೆ ಮಾಡು. (taṃtiyannu neṭṭane māḍu.) (金属の) 線をまっすぐにせよ。 2 きれいに、整然と ¶ ಮನೆಕೆಲಸದವಳು ನೆಟ್ಟನೆ ಕೆಲಸ ಮಾಡುವದಿಲ್ಲ. (manekelasadavaḷu neṭṭane kelasa māḍuvadilla.) (金属の) 線をまっすぐにせよ。 [Ka. D3739]

ನೆಟ್ಟನ್ನ ⟦neṭṭanna ネッタンナ⟧ [neʈʈənnɐ] *adj.* まっすぐな、まっすぐで長い [Ka. D3739]

ನೆಟ್ಟಾನ ⟦neṭṭāna ネッターナ⟧ [neʈʈɐːnɐ] 《口》 *adj.* まっすぐで長い [Ka. D3739] (*My. (Kitt.)*) ☞ನೆಟ್ಟನ್ನ (neṭṭanna)

ನೆಟ್ಟಾನೆ ⟦neṭṭāne ネッターネ⟧ [neʈʈɐːne] 《口》 *adv.* neṭṭane の強調形 [Ka. D3739] ☞ನೆಟ್ಟಗೆ (neṭṭage)

ನೆಟ್ಟಿ[1] ⟦neṭṭi ネッティ⟧ [neʈʈi] ನಟ್ಟು, ನೆಟ್ಟೆ[1] (*n.*) ぽきんという音(指などの関節を鳴らす音) [Ka. D2936]

ನೆಟ್ಟಿ[2] ⟦neṭṭi ネッティ⟧ [neʈʈi] 《‡》 (*n.*) きれいな〈こと〉 [Ka. D3739] (*Šs. (Kitt.)*) = ನಟ್ಟಿ (naṭṭi)

ನೆಟ್ಟು[1] ⟦neṭṭu ネットゥ⟧ [neʈʈu] 《‡》 *n.* 指などの関節を鳴らす音 [Ka. D2936]

ನೆಟ್ಟು[2] ⟦neṭṭu ネットゥ⟧ [neʈʈu] 《古》 *vt.* 〈柱などを〉しっかり地面に (埋め込んで) 立てる [Ka. *D3739] ☞ನಡು (naḍu)[1]

ನೆಟ್ಟು[3] ⟦neṭṭu ネットゥ⟧ [neʈʈu] *n.* (スポーツの) ゴールの後ろに張られた網、(危険な作業に従事する人のための) 安全網などの網 [Eg. *net*]

ನೆಟ್ಟೆ[1] ⟦neṭṭe ネッテ⟧ [neʈʈe] *n.* 指などの関節を鳴らす音、ぽきんという音 [Ka. *D2936] ☞ನೆಟ್ಟಿ (neṭṭi)

ನೆಟ್ಟೆ[2] ⟦neṭṭe ネッテ⟧ [neʈʈe] 《異》 *n.* 植えること、移植、植えかえ [Ka. *D3583] ☞ನಾಟಿ (nāṭi) 〔汎〕

ನೆಡಿಗೆ ⟦neḍige ネディゲ⟧ [neɖĭge] 《方》 *n.* 根元を地中に埋めた柱 (*My. (Kitt.)*) [Ka. D3583]

ನೆಡು ⟦neḍu ネドゥ⟧ [neɖu] *vt.* 《過去語幹neṭṭ-》 1 〈柱などを〉根元を地面に埋めて固定する、地面に立てる 2 〈植物を〉植える —*vi.* (矢や槍などが) 刺さる ☞ನಡು (naḍu)[1] [Ka. D3583]

ನೆಡಿಸು ⟦neḍisu ネディス⟧ [neɖĭsu] *vt.* 《*caus.*》 1 〈柱など〉根元を地面に埋めて固定させる、地面に立てさせる 2 〈植物を〉植えさせる 3 〈矢を〉突きささせる、〈弾丸を〉(体に) 貫通させる [Ka. D3583] ☞ನಡಿಸು (naḍisu)

ನೆಡುಗು ⟦neḍugu ネドゥグ⟧ [neɖŭgu] 《口》 *vi.* 震える、振動する [Ka. D3585] ☞ನಡುಗು (naḍugu)

ನೆಡೆ ⟦neḍe ネデ⟧ [neɖe] 《‡》 *adv.* しっかりと、固く [Ka. D3583] (*Šmd.230 (Kitt.)*) ☞ನಡೆ (naḍe)

ನೆಣ ⟦neṇa ネナ⟧ [neɳɐ] *n.* 脂肪、(動物の) 脂；骨の髄 [Ka. D2921] (*Pb.8.77*)

ನೆಣೆ ⟦neṇe ネネ⟧ [nɛɳɛ] 《方》 *n.* 灯心 [Ka. D3668] (Gowda)

ನೆಣ್ಬು ⟦neṇpu ネンプ⟧ [neɳpu] 《‡》 *n.* 愛情、慈愛、友情 [Ka. D3588] (*My. (Kitt.)*)

ನೆತ್ತ ⟦netta ネッタ⟧ [nettɐ] ಲೆತ್ತ *n.* **1** インドのさいころ **2** さいころ遊び [Ka. D3742]

ನೆತ್ತರ್ ⟦nettar ネッタル⟧ [nettər] 《古》 *n.* 血、血液 [Ka. D3748] ☞ನೆತ್ತರು (nettaru)

ನೆತ್ತರ ⟦nettara ネッタラ⟧ [nettərɐ] *n.* 血、血液 [Ka. D3748] ☞ನೆತ್ತರು (nettaru)

ನೆತ್ತರು ⟦nettaru ネッタル⟧ [nettəru] ನೆತ್ತರ್, ನೆತ್ತರ, ನೆತ್ತ *n.* 血、血液 [Ka. D3748]

ನೆತ್ತಿ ⟦netti ネッティ⟧ [netti] *n.* **1** 頭のてっぺん、頭頂 **2** 頂上、てっぺん [Ka. D3759]

ನೆತ್ತು ⟦nettu ネットゥ⟧ [nettu] 《‡》 *vi.* どもる [Ka. D3593] (My. (Kitt.)) = ಉಗ್ಗು (uggu) ☞ನತ್ತು (nattu)

ನೆತ್ರ ⟦nettra ネットラ⟧ [nettrɐ] 《口》 *n.* 血、血液 [Ka. D3748] ☞ರಕ್ತ (rakta)

ನೆದಿ ⟦nedi ネディ⟧ [neđi] 《方》 *n.* 歯茎 [Ka. D3741] (Hav.) = ವಸಡು (vasaḍu)

ನೆನಪು ⟦nenapu ネナプ⟧ [nenəpu] ನೆಂಪು, ನೆನವು, ನೆನಹು, ನೆಪ್ಪು *n.* 考えること、思考 [Ka. D3683]

ನೆನವಿ ⟦nenavi ネナヴィ⟧ [nenəvi] 《文》 *n.* 記憶、思い出 [Ka. D3683] ☞ನೆನಪು (nenapu)

ನೆನವು ⟦nenavu ネナヴ⟧ [nenəvu] ನೆನೆವು 《文》 *n.* **1** 考えること、思考 **2** 記憶、思い出 [Ka. D3683]

ನೆನಸು¹ ⟦nenasu ネナス⟧ [nenəsu] 《古》 *n.* 真実、現実 [Ka. D3629] (*Pb.4.110.V*) ☞ನನಸು (nanasu)¹

ನೆನಸು² ⟦nenasu ネナス⟧ [nenəsu] *vt.* 濡らす、十分に水を吸収させる [Ka. caus. D3630] = ಒದ್ದೆಮಾಡು (oddemāḍu) ☞ನೆನಸು (nenasu)²

ನೆನಸು³ ⟦nenasu ネナス⟧ [nenəsu] ನೆನೆಸು *vt.* **1** 思い出す **2** 〈あるものについて〉瞑想する、沈思する ¶ ಹರಿ ನೆನಸಿದೊಡೆ ಬಾರನೇ? (hari nenasidoḍe bāranē?) ハリのことを考えたら彼は現れないだろうか。(*JB*ᵇ 2.35) **3** 心に浮かべる **4** 望む、欲しがる [Ka. D3683]

ನೆನಹ ⟦nenaha ネナハ⟧ [nenəhɐ] 《古》 *n.* **1** 記憶、思い出 **2** 考えること、思考 [Ka. D3683]

ನೆನಹು ⟦nenahu ネナフ⟧ [nenəhu] 《古》 *n.* **1** 考えること、思考 **2** 記憶、思い出 **3** 心、精神 [Ka. D3683] ☞ನೆನಪು (nenapu)

ನೆನೆ¹ ⟦nene ネネ⟧ [nene] ನನೆ *vi.* 濡れる、(穀物などが)十分に水を吸収する [Ka. D3630] = ಒದ್ದೆ (odde)

ನೆನೆ² ⟦nene ネネ⟧ [nene] 《方》 *n.* 灯心 [Ka. D3668] (Hal.)

ನೆನೆ³ ⟦nene ネネ⟧ [nene] *vt.* **1** 〈ある人やあるもののことを〉思う、考える ¶ ಯಾವಾಗಲೂ ನಿಮ್ಮನ್ನು ನೆನೆಯುತ್ತೇನೆ. (yāvāgalū nimmannu neneyuttēne.) 私はいつもあなたのことを考えています。 **2** 心に留める、覚えておく、忘れないでおく ¶ ನಾನು ಹೇಳಿದ್ದನ್ನು ನೆನೆದು ಈ ಪುಸ್ತಕವನ್ನು ಓದು. (nānu hēḷiddannu nenedu ī pustakavannu ōdu.) 私の言ったことを心に留めてこの本を読みなさい。 **3** 思い出す、記憶を呼び起こす ¶ ಈ ಚಿತ್ರವನ್ನು ನೋಡಿ ನನ್ನ ತಮ್ಮನನ್ನು ನೆನೆದೆ. (ī citravannu nōḍi nanna tammanannu nenede.) この絵を見て私は自分の弟を思い出した。[Ka. D3683]

ನೆನೆಯಿಸು ⟦neneyisu ネネイス⟧ [nenejĭsu] *vt.* 《*caus.*》 思い出す [Ka. D3683]

ನೆನೆವು ⟦nenevu ネネヴ⟧ [nenĕvu] 《文》 *n.* 記憶、思い出 [Ka. *D3683] ☞ನೆನವು (nenavu)

ನೆನೆಸು¹ ⟦nenesu ネネス⟧ [nenĕsu] *vt.* 濡らす、十分に水を吸収させる [Ka. caus. *D3630] = ಒದ್ದೆಮಾಡು (oddemāḍu) ☞ನೆನಸು (nenasu)²

ನೆನೆಸು² ⟦nenesu ネネス⟧ [nenĕsu] *vt.* **1** 思い出す **2** 〈あるものについて〉瞑想する、沈思する **3** 想像する、空想する **4** 望む ¶ ಹೋಟಲಿನ ಸೇವಕರು ದುಡ್ಡನ್ನು ನೆನೆಸಿ ಸೇವೆ ಮಾಡುತ್ತಾರೆ. (hōṭalina sēvakaru duḍḍannu nenesi sēve māḍuttāre.) ホテルの従業員たちはお金を欲して顧客の世話をする。[Ka. *D3683]

ನೆನೆಸು³ ⟦nenesu ネネス⟧ [nenĕsu] *vt.* **1** 〈あることを〉思い出させる **2** 分からせる [Ka. caus. *D3683] ☞ನೆನೆಯಿಸು (neneyisu)

ನೆಪ ⟦nepa ネパ⟧ [nepɐ] ನೆವ *n.* 口実、言い訳 ¶ ಸುಮತಿ ಪುಸ್ತಕದ ನೆಪದಲ್ಲಿ ತನ್ನ ಗೆಳತಿಯ ಮನೆಗೆ ಹೋಗುತ್ತಾಳೆ. (sumati pustakada nepadalli tanna geḷatiya manege hōguttāḷe.) 本を口実にスマティは自分の女友達のうちへ行く。[Sk. < Pk. *ṇeva-* < *nibha-*?] cf. ನೆವ (neva)

ನೆಪ್ಪು¹ ⟦neppu ネップ⟧ [neppu] 《口》 *n.* **1** 思い出、回想、思い出すこと **2** 知っていること **3** 注意、用心 [Ka. D3683]

ನೆಪ್ಪು² ⟦neppu ネップ⟧ [neppu] 《‡》 *n.* 会う場所 [Ka. D3770] (*Bp.20,14* (*Kitt.*)) = ನೆರ್ಪು (nerpu)

ನೆಮರು ⟦nemaru ネマル⟧ [neməru] 《古》 *vt.* よく噛み砕いて食べる、むしゃむしゃ食べる [Ka. D3595] = ಜಗಿ (jagi) ☞ನಮಲು (namalu)

ನೆಮಲಿ ⟦nemali ネマリ⟧ [neməli] 《‡》 *n.* 孔雀 [Ka. D2902] (*Si.177* (*Kitt.*)) = ನವಿಲು (navilu) 〔汎〕

ನೆಮ್ಮದಿ ⟦nemmadi ネンマディ⟧ [nemməḍi] *n.* 安心、心の平安 [? cf. Ta. *nimmati*, Te. *nemmadi*]

ನೆಮ್ಮಿ ⟦nemmi ネンミ⟧ [nemmi] ನೇಹಿ 《古》 *n.* マメ科の小さな木の一種 [Ka. D3744, cf. Sk. *nēmi-* id.] ☞*[IMP 4.341]

ನೆಮ್ಮು ⟦nemmu ネンム⟧ [nemmu] *vi.* (…に)もたれる、寄りかかる (*Abh.P.3* (*Kitt.*)) [Ka. D3600(?)] ☞ನೆರ್ಮು (nermu)

ನೆಯಕಿ ⟦neyaki ネヤキ⟧ [nejəki] 《口》 *n.* 織り方、織物の仕上がり [Ka. *D3745] ನೆಯ್ಗೆ (neyge)

ನೆಯ್¹ ⟦ney ネイ⟧ [neĭ] ನೆಯಿ, ನೆಯ್ಯು, ನೇ, ನೇಯ್, ನೇಯು *vt.* **1** 〈布を〉織る **2** 編む **3** 《古》〈戦車などを〉造る [Ka. D3745]

ನೆಯ್ಸು ⟦neysu ネイス⟧ [neĭsu] *vt.* 織らせる [+ *-su* caus. D3745]

ನೆಯ್² ⟦ney ネイ⟧ [neĭ] ನೆಯಿ, ನೈ 《古》 *n.* ギー(水分を蒸発させて精製したバター、料理用) [Ka. D3746]

ನೆಯಿ[1] ⟦neyi ネイ⟧ [neji] 《古》 *vt.* **1** 〈布を〉織る **2** 編む **3** 創る、創造する [Ka. D3745] ☞ನೆಯ್ (ney)[1]

ನೆಯಿ[2] ⟦neyi ネイ⟧ [neji] 《古》 *n.* 精製したバター [Ka. *D3746]

ನೆಯಿಕಾರ ⟦neyikāra ネイカーラ⟧ [nejikɐːrɐ] 《古》 *m.* 《*f.* ನೇಕಾರ್ತಿ (nēkārti)》織物職人、職工 [Ka. *neyi* + *-kāra* D3745]

ನೆಯಿಗೆ ⟦neyige ネイゲ⟧ [nejĭge] *n.* **1** 布を織ること **2** 織り方、織物の仕上がり、織った布 [Ka. D3745]

ನೆಯಿದಲೆ ⟦neyidale ネイダレ⟧ [nejiđəle] 《文》 *n.* スイレン(睡蓮) [Ka. *D3747] ☞ನೈದಿಲೆ (naidile)

ನೆಯಿದಿಲು ⟦neyidilu ネイディル⟧ [neĭđilu] 《文》 *n.* スイレン(睡蓮) [Ka. *D3747] ☞ನೈದಿಲೆ (naidile)

ನೆಯ್ಕಾರ ⟦neykāra ネイカーラ⟧ [neĭkɐːrɐ] *m.* 《*f.* ನೇಕಾರ್ತಿ (nēkārti)》織物職人、職工 [Ka. *ney* + *-kāra* *D3745]

ನೆಯ್ಗೆ ⟦neyge ネイゲ⟧ [neĭge] ನೆಯಿಕೆ, ನೆಯಿಗೆ, ನೇಗೆ, ನೇಯಿಗೆ *n.* **1** 布を織ること **2** 織り方、織物の仕上がり、織った布 [Ka. D3745]

ನೆಯ್ಗೆಕಾರ ⟦neygekāra ネイゲカーラ⟧ [neĭgekɐːrɐ] *m.* 《*f.* ನೆಯ್ಗೆಕಾರ್ತಿ (neygekārti)》織物職人、職工 [Ka. *neyge* + *-kāra* D3745]

ನೆಯ್ದಲ್ ⟦neydal ネイダル⟧ [neĭđəl] 《‡》 *n.* スイレン(睡蓮)(*Kitt.*) [Ka. D3747] ☞ನೈದಿಲೆ (naidile)

ನೆಯ್ದಲು ⟦neydalu ネイダル⟧ [neĭđəlu] 《‡》 *n.* スイレン(睡蓮)(*Kitt.*) [Ka. D3747] ☞ನೈದಿಲೆ (naidile)

ನೆಯ್ದಿಲ್ ⟦neydil ネイディル⟧ [neĭđil] 《古》 *n.* スイレン(睡蓮) [Ka. D3747] ☞ನೈದಿಲೆ (naidile)

ನೆಯ್ದಿಲು ⟦neydilu ネイディル⟧ [neĭđilu] 《古》 *n.* スイレン(睡蓮)(*Kitt.*) [Ka. D3747] ☞ನೈದಿಲೆ (naidile)

ನೆಯ್ದಲೆ ⟦neydale ネイダレ⟧ [neĭđəle] 《‡》 *n.* スイレン(睡蓮)(*Kitt.*) [Ka. D3747] ☞ನೈದಿಲೆ (naidile)

ನೆಯ್ದಿಲೆ ⟦neydile ネイディレ⟧ [neĭđile] ನೆಯ್ದಲ್, ನೆಯ್ದಿಲ್, ನೆಯ್ದಲೆ 《文》 *n.* スイレン(睡蓮) [Ka. D3747]

ನೆಯ್ಯು ⟦neyyu ネイユ⟧ [neĭju] *vt.* 〈布を〉織る [Ka. + *-ge* D3745] ☞ನೆಯ್ (ney)[1]

ನೆರ ⟦nera ネラ⟧ [nerɐ] 《古》 *n.* 急所 [Ka. *D3681] ☞ನೆಱ (neṟa)

ನೆರ ⟦nera ネラ⟧ [nerɐ] ನೆರವು, ನೆಱವು 《古》 *n.* **1** 助け、援助、支援 **2** 支持物;頼りになるもの、頼り [Ka. D3770]

ನೆರಕೆ ⟦nerake ネラケ⟧ [nerə̆ke] ನೆರಿಕೆ, ನೆರಿಕೆ *n.* **1** 竹やオオギヤシの枝などで作った帳や扉 **2** カーテン、幕 **3** 竹を編んで作った家 **4** 住まい、住居 [Ka. D3673] ☞ನೆರಕೆ (nerake)

ನೆರಡಿ ⟦neraḍi ネラディ⟧ [nerə̆ḍi] 《古》 *n.* [?] ☞ನರಡು (naraḍu)[2]

ನೆರಪು ⟦nerapu ネラプ⟧ [nerəpu] ನೆರಹು, ನೆರೆಪು 《古》 *vt.* **1** くっつける、接合する **2** 結婚させる **3** 集める、収集する [Ka. D3770] ☞ನೆರಪು (nerapu)

ನೆರಯಿಸು ⟦nerayisu ネライス⟧ [nerəjisu] ನೆರಯಿಸು 《‡》 *vt.* くっつける、接合する [Ka. D3770] (*Bp.16,14* (*Kitt.*))

ನೆರವಣಿಗೆ ⟦neravaṇige ネラヴァニゲ⟧ [nerəvəṇige] 《古》 *n.* **1** 完全、完成度が高いこと、完成 **2** 完全な準備 **3** 多数、多量 [Ka. D3682] ☞ನೆಱವಣಿಗೆ (neṟavaṇige)

ನೆರವಿ ⟦neravi ネラヴィ⟧ [nerəvi] ನೆರಹಿ, ನೆರೆವಿ 《古》 *n.* 群衆、集合 [Ka. D3770]

ನೆರವು ⟦neravu ネラヴ⟧ [nerə̆vu] *n.* **1** 助け、援助、支援 (*Pb.13.23*) **2** 支持物;頼りになるもの、頼り [Ka. *D3770]

ನೆರವೇರಿಸು ⟦neravērisu ネラヴェーリス⟧ [nerə̆veːrĭsu] *vt.* **1** 完成する、成就する **2** 〈欲望などを〉満たす ¶ ರಾಜ ಪ್ರಜೆಗಳ ಆಸೆಗಳನ್ನು ನೆರವೇರಿಸಬೇಕು. (rāja prajegaḷa āsegaḷannu neravērisabēku.) 王は人民の願いを満たすべきである。 [Ka. caus. *neṟavu* + *ēṟisu* D3682 + D916]

ನೆರವೇರು ⟦neravēru ネラヴェール⟧ [nerə̆veːru] *vi.* 完成する、成就する ¶ ಅವನ ಆಕಾಂಕ್ಷೆ ನೆರವೇರಿತು. (avana ākāṃkṣe neravēritu.) 彼の願望が満たされた。 [Ka. *neṟavu* + *ēṟu* D3682, D916]

ನೆರಸು ⟦nerasu ネラス⟧ [nerəsu] *vt.* 集める、集合させる [Ka. caus. *D3770] ☞ನೆರಯಿಸು (nerayisu)

ನೆರಹು ⟦nerahu ネラフ⟧ [nerəhu] 《古》 *vt.* [Ka. D3770] ☞ನೆರಪು (nerapu)

ನೆರಳ್[1] ⟦neraḷ ネラル⟧ [nerəḷ] 《古》 *vi.* うめく、(低い声で)うなる [Ka. *D2904] ☞ನರಳು (naraḷu)[1]

ನೆರಳ್[2] ⟦neraḷ ネラル⟧ [nerəḷ] 《古》 *n.* **1** 影 **2** 反映 [Ka. D3679] ☞ನರಳು (naraḷu)[2]

ನೆರಳು[1] ⟦neraḷu ネラル⟧ [nerə̆ḷu] *vi.* うめく、(低い声で)うなる [Ka. D2904] ☞ನರಳು (naraḷu)[1]

ನೆರಳು[2] ⟦neraḷu ネラル⟧ [nerə̆ḷu] ನೆರಳ್, ನೆಳಲ್[2], ನೆಳಲು[2], *neṟal*[2] *n.* **1** 影、陰影 **2** 反映、映像 **3** 庇護、避難所 ¶ ಕಷ್ಟದಲ್ಲಿ ನನ್ನ ಸ್ನೇಹಿತ ನನಗೆ ನೆರಳು ಕೊಟ್ಟ. (kaṣṭadalli nanna snēhita nanage neraḷu koṭṭa.) 私が困難に陥っていた時、私の友人が庇護してくれた。 [Ka. D3679] ☞ನರಳು (naraḷu)[2]

ನೆರಿ ⟦neri ネリ⟧ [neri] *n.* (サーリーやドーティーの前部につけた)ひだ(この部分を腹部に押し込む) [Ka. *D2935] = ನಿರಿಗೆ (nirige)

ನೆರಿಕೆ ⟦nerike ネリケ⟧ [nerĭke] *n.* **1** 竹やオオギヤシの枝などで作った帳や扉 **2** カーテン、幕 **3** 竹を編んで作った家 [Ka. D3673] ☞ನೆರಕೆ (nerake)

ನೆರಿಗೆ
寄せひだ

ನೆರಿಗಿಲು ⟦nerigilu ネリギル⟧ [nerigilu] 《‡》 *n.* とげのある灌木の一種 [Ka. D2928] (*St. & Pl.* (*Kitt.*)) ☞ನೆಗ್ಗಿಲು (neggilu)

ನೆರ್ಗಿಲ್ ⟦nergil ネルギル⟧ [nergil] 《古》 *n.* [Ka. *D2928] ☞ನೆಗ್ಗಿಲು (neggilu)

ನೆರಿಗೆ ⟦nerige ネリゲ⟧ [nerĭge] *n.* **1** サーリーやドーティーを折りたたんでその一部を腰に巻いた部分につっ込むこと、またそれでできた寄せひだ、ギ

ャザー[⇒図] 2 (皮膚の)しわ [Ka. *D2935] ☞ನಿರಿಗೆ (nirige)

ನೆರೆ¹ 〚nere ネレ〛 [nere] *n.* (サーリーやドーティーの前部につけた)ひだ(この部分を腹部に押し込む) [Ka. *D2935] = ನಿರಿ (niri)

ನೆರೆ² 〚nere ネレ〛 [nere] *n.* 髪の毛が白くなること；白髪 [Ka. D3609]

ನೆರೆ³ 〚nere ネレ〛 [nere] *vi.* 1 (甕や会場などが)いっぱいになる、満ちる 2 (仕事などが)完成する ¶ ಜೈಲಿನಲ್ಲಿ ಅವನು ಅನುಭವಿಸಬೇಕಾದ ಹತ್ತು ವರ್ಷ ನೆರೆಯಿತು. (jailinalli avanu anubʰavisabēkāda hattu varṣa nereyitu.) 彼は10年の刑期を終えた。3 (少女が)初潮を迎える、大人になる ¶ ನಮ್ಮ ಮಗಳು ಹನ್ನೆರಡು ವರ್ಷಕ್ಕೆ ನೆರೆದಳು. (namma magaḷu hanneraḍu varṣakke neredaḷu.) 私の娘は12歳で初潮を迎えた。 4 (希望などが)成就する ¶ ಅವಳ ಹೊಸ ಸೀರೆಯ ಆಸೆ ಇಂದು ನೆರೆಯಿತು. (avaḷa hosa sīreya āse iṃdu nereyitu.) 新しいサーリーが欲しいという彼女の願望が今日満たされた。 —*n.* 1 満ちること、(時などが)満ちること、(成長などが)完成すること ¶ ವಯಸ್ಸಿನೊಡನೆ ಅವನ ಮನಸ್ಸಿಗೂ ನೆರೆ ಬಂತು. (vayassinoḍane avana manassigū nere baṃtu.) 彼は年と共に円熟した。 2 (仕事の)完成 3 (少女が)初潮を迎えること、大人になること 4 (川の水が)いっぱいになって流れること、洪水、大水 ¶ ನದಿಗೆ ನೆರೆ ಬಂತು. (nadige nere baṃtu.) 川があふれた。 [Ka. *nere*³ D3682]

ಮೈನೆರೆ 〚mainere マイネレ〛 [məĭnere] *n.* (少女が)初潮を迎える [+ *nere*]

ನೆರೆ⁴ 〚nere ネレ〛 [nere] *vi.* 1 (人や動物が)集まる、集合する 2《古》性交する、まぐわう 3《古》一つになる、合一する、混合する —*n.* 1 近く、近所 2 交わり、付き合い 3 支え、頼り ¶ ಅವನಿಗೆ ಇಳಿವಯಸ್ಸಿನಲ್ಲಿ ನೆರೆ ಇಲ್ಲದೆ ಹೋಗಿದೆ. (avanige iḷivayassinalli nere illade hōgide.) かれは年を取ってから身を寄せる所がなくなった。 [Ka. D3770]

ನೆರೆಯಿಸು 〚nereyisu ネレイス〛 [nerejĭsu] ನೆರಸು, ನೆರೆಸು 《古》 *vt.* 1 〈人や動物を〉集まらせる、集合させる 2 付き合わせる、交わらせる 3 性交させる [Ka. caus. *D3770]

ನೆರೆಕೆ 〚nereke ネレケ〛 [nerĕke] 《古》 *n.* 竹やオオギヤシの枝などで作った帳や扉 [Ka. *D3673] ☞ನೆರಕೆ (nerake)

ನೆರೆಪು 〚nerepu ネレプ〛 [nerepu] 《古》 *vt.* いっしょにする ☞ನೆರಪು (nerapu) [Ka. D3770] ☞ನೆರ್ಪು (nerpu)

ನೆರೆವು 〚nerevu ネレヴ〛 [nerevu] 《‡》 *vt.* 集める、いっしょにする (*Bp.40.89* (*Kitt.*)) [Ka. D3770] ☞ನೆರ್ಪು (nerpu)

ನೆರೆಸು 〚neresu ネレス〛 [neresu] 《古》 *vt.* 性交させる、まぐわわせる [Ka. caus. *D3770] ☞ನೆರೆಯಿಸು (nereyisu)

ನೆರ್ಗಿಲ್ 〚nergil ネルギル〛 [nergil] 《古》 *n.* [Ka. *D2928] ☞ನೆಗ್ಗಿಲು (neggilu)

ನೆರ್ಗು 〚nergu ネルグ〛 [nergu] 《古》 *vi.* (地面や屋根などが)陥没する、たわむ —*vt.* 〈弓などを〉曲げる ☞ನಗ್ಗು (naggu) [Ka. *D2927]

ನೆರ್ಪು 〚nerpu ネルプ〛 [nerpu] 《‡》 *n.* 会う場所 [Ka. D3770] (*Šmd.50* (*Kitt.*))

ನೆರ್ಮು 〚nermu ネルム〛 [nermu] ನೆಮ್ಮು *vt.* (…に)もたれる、寄りかかる (*Abh.P.3* (*Kitt.*)) [Ka. *D3600(?)] ☞ನೆರ್ಮು (nermu)

ನೆರ್ವಾಳ 〚nervāḷa ネルヴァーラ〛 [nerveːɭɐ] *n.* [Ka. *D3776] ☞ನೇಪಾಳ (nēpāḷa)¹

ನೆಲ್ 〚nel ネル〛 [nel] 《古》 *n.* (米の)籾 [Ka. D3753] ☞ನೆಲ್ಲು (nellu)

ನೆಲ¹ 〚nela ネラ〛 [nelɐ] *n.* 1 地面、土地 2 国、地方 3 地所、(建物や工場などを建てるための)小区画の土地、宅地、建設用地 [Ka. D3676]

ನೆಲ² 〚nela ネラ〛 [nɛlɐ] 《方》 *n.* ハエ(蝿) [Ka. D3715] (Hal.)

ನೆಲಬಾಂಬ್ 〚nelabāṃb ネラバーンブ〛 [neləbeːmb] *n.* 地雷 [*nela* + *bāṃb*]

ನೆಲಮನೆ 〚nelamane ネラマネ〛 [nelə̆məne] *n.* 地下室 [Ka. *nela* + *mane*]

ನೆಲಮಾಳಿಗೆ 〚nelamāḷige ネラマーリゲ〛 [neḷə̆meːḷige] *n.* 地下室 [Ka. *nala* + *māḷige*]

ನೆಲವು 〚nelavu ネラヴ〛 [nelə̆vu] *n.* 縄でできた網(食料品などを天井から吊るすためのもの) [Ka. *D2912] ☞ನೆಲುವು (neluvu)

ನೆಲಹು 〚nelahu ネラフ〛 [nelə̆vu] ನೆಲಹು *n.* [Ka. D2912] ☞ನೆಲುವು (neluvu)

ನೆಲಸಮ 〚nelasama ネラサマ〛 [neləsəmɐ] 《文》 (*n.*) 絶滅〈した〉、根絶〈した〉、撲滅〈した〉、殲滅(せんめつ)〈した〉 ¶ 1945 ಆಗಸ್ಟ್ ಆರರಂದು ಅಣುಬಾಂಬಿನಲ್ಲಿ ಹಿರೋಶಿಮಾ ನೆಲಸಮವಾಯಿತು. (1945 āgasṭ āraraṃdu aṇubāṃbinalli hirōśimā nelasamavāyitu.) 広島は1945年8月6日に原子爆弾で廃虚と化した。 [Sk.]

ನೆಲಸು 〚nelasu ネラス〛 [nelə̆su] *vi.* 1 (ある所に)定着する 2 住む [Ka. D3675]

ನೆಲುವು 〚neluvu ネルヴ〛 [nelŭvu] ನೆಲವು, ನೆಲ-ಹು *n.* 縄でできた網や吊り紐(食料品などを天井から吊るすためのもの) [⇒図] [Ka. *D2912]

ನೆಲುವು
吊り紐

ನೆಲೆ 〚nele ネレ〛 [nele] ನಿಲೆ *n.* 1 避難所、隠れ家、保護してもらえる場所 ¶ ಕಷ್ಟಕಾಲದಲ್ಲಿ ಚಂದ್ರು ನೆಲೆ ನೀಡಿದ. (kaṣṭakāladalli caṃdru nele nīḍida.) 困っていた時にチャンドゥルーが私に居場所を与えてくれた。 2 家、住所、住居 3 (建物などの)基礎、壺などの底 4 心の奥 ¶ ಹೆಣ್ಣಿನ ನೆಲೆ ತಿಳಿಯೋದಿಲ್ಲ. (heṇṇina nele tiḷiyōdilla.) 女心の底はつかめない。 5 立場、立脚点、見地 ¶ ಸಿಮೆಂಟ್ ಹಗರಣದ ಬಗ್ಗೆ ಮಂತ್ರಿಗಳ ನೆಲೆ ಗೊತ್ತಾಗಲಿಲ್ಲ. (simeṃṭ hagaraṇada bagge maṃtrigaḷa nele gottāgalilla.) セメント・スキャ

ンダルに関しての大臣の見解は知られていない。 6 2階、上階 7《古》状態、(物事の)状況 8《古》動かないこと、静止状態 [Ka. D3675]

ನೆಲೆಮನೆ ⟦nelemane ネレマネ⟧ [nelemǝne] *n.* 1 2階建て以上の家 2 決まった住所 [*nele + mane*]

ನೆಲೆಮಾಡ ⟦nelemāḍa ネレマーダ⟧ [nelemɐːɖɐ] *n.* 1 2階建て以上の家 2 決まった住所 [*nele + māḍa*]

ನೆಲೆಯೂರು ⟦neleyūru ネレユール⟧ [neleju:ru] *vi.* (ある所に)定着する、根を張る ¶ ಅಮೆರಿಕದಲ್ಲಿ ಇದ್ದ ನನ್ನ ಮಗ ಕೊನೆಗೆ ಮೈಸೂರಿನಲ್ಲಿ ನೆಲೆಯೂರಿದ. (amerikadalli idda nanna maga konege maisūrinalli neleyūrida.) アメリカにいた息子は結局マイソールに住み着いた。 [Ka. *nele + ūru*]

ನೆಲೆವಾಡ ⟦nelevāḍa ネレヴァーダ⟧ [nelevɐːɖɐ] ನೆಲೆಮಾಡ *n.* 1 2階建て以上の家 2 決まった住所 3 箪笥、戸棚、本棚、など = ಅಲಮಾರಿ (alamāri) [*nele + māḍa*]

ನೆಲ್ಲಿ ⟦nelli ネッリ⟧ [nelli] *n.* (黄緑色で酸味のある小さな丸い実をつける)小木ないしは中位の木、またはその実(トウダイグサ科、主として漬物を作るのに用いられる)→ 食 [Ka. D3755] *[IMP 4.257]

ನೆಲ್ಲು ⟦nellu ネッル⟧ [nellu] *n.* 米の籾 = ಬತ್ತ (batta) 〔汎〕 [Ka. D3753]

ನೆವ ⟦neva ネヴァ⟧ [nevɐ] *n.* 言い訳、理由 [Sk. *nibha-*?] ☞ ನೆಪ (nepa)

ನೆವರು ⟦nevaru ネヴァル⟧ [nevǎru] 《古》 *vt.* 噛む、咀嚼する [Ka. D3595] ☞ ನಮಲು (namalu)

ನೆಸೆ ⟦nese ネセ⟧ [nese] 《古》 *vi.* 1 昇る、上がる 2 跳ぶ、はねる —*vt.* 持ち上げる、昇らせる [Ka. D3730]

ನೆಳ ⟦neḷa ネラ⟧ [neɭɐ] 《方》 *n.* イエバエ [Ka. D3715] (Gowda)

ನೆಳಲ್ ⟦neḷal ネラル⟧ [ne:ɭǝl] 《古》 *n.* [Ka. *D3679] ☞ ನೆರಳು (neraḷu)²

ನೆಳಲು¹ ⟦neḷalu ネラル⟧ [ne:ɭǝlu] 《古》 *n.* [Ka. *D2915] ☞ ನೇಟಿಲ್ (nēṟal)

ನೆಳಲು² ⟦neḷalu ネラル⟧ [ne:ɭǝlu] 《古》 *n.* [Ka. *D3679] ☞ ನೆರಳು (neraḷu)²

ನೆಳವು ⟦neḷavu ネラヴ⟧ [neɭǝ̆vu] 《方》 *n.* イエバエ [Ka. D3715] (Hav.)

ನೆಳಿಲ್ ⟦neḷil ネリル⟧ [neɭil] 《古》 (*n.*) 木などが裂ける音を表す擬音語(Śmd.ī (Kitt.)) [Ka. onom. *D2932] ☞ ನೆಟಿಲ್ (neṟil)

ನೆಟಿಲನೆ ⟦neṟilane ネリラネ⟧ [neɻilǝ̆ne] 《古》 *adv.* めりっと、ぺちゃんと [Ka. onom. *D2932]

ನೆಳ್ಗು ⟦nelgu ネルグ⟧ [neɭgu] *vi.* (地面や屋根などが)陥没する、たわむ [Ka. *D2927] ☞ ನಗ್ಗು (naggu)

ನೆಳ್ಳು¹ ⟦neḷḷu ネッル⟧ [neɭɭu] 《口》 *vi.* うめく、(低い声で)うなる [Ka. D2932] (*My. (Kitt.)*) = ನರಲ್ (naral)

ನೆಳ್ಳು² ⟦neḷḷu ネッル⟧ [neɭɭu] 《口》 *n.* 影 [Ka. < *neḷal* D3679] (*My. (Kitt.)*) ☞ ನೆಟಲ್ (neṟal)

ನೆಱ ⟦neṟa ネラ⟧ [neṟɐ] ನೆರ 《古》 *n.* 1 急所 2 秘密、隠しごと [Ka. D3681]

ನೆಱತೆ ⟦neṟate ネラテ⟧ [neṟǝ̆te] 《古》 *n.* 1 満ちること、完成すること 2 発展、成長 3 豊富、裕福、繁栄 [Ka. D3682]

ನೆಱಪು ⟦neṟapu ネラプ⟧ [neṟǝ̆pu] 《古》 *vt.* 1 完全にする、完成する 2 終わらせる、終了する 3 満たす、いっぱいにする [Ka. D3682]

ನೆಱಯಿಸು ⟦neṟayisu ネライス⟧ [neṟǝjisu] 《古》 *vt.* 完全にする、完成する [Ka. caus. D3682] (*Bp.36.13*)

ನೆಱಲ್ ⟦neṟal ネラル⟧ [neṟǝl] 《古》 *vi.* 1 だらりと垂れ下がる (*Pb.7.90*) 2 もたれ掛かる、よりかかる 3 無力になる、気力を失う [Ka. D2912]

ನೆಱವಣಿಗೆ ⟦neṟavaṇige ネラヴァニゲ⟧ [neṟǝvǝɳige] ನೆರ-ವಣಿಗೆ, ನೆಱವಳಿಗೆ, ನೆಱೆವಣಿಗೆ, ನೆಱೆವಳಿಗೆ 《古》 *n.* 1 完全、完成度が高いこと、完成 2 力、精力、元気 3 豊富、裕福、繁栄 4 完全な準備 5 巧妙、手際のよさ 6 終わり、終了 7 多数、多量 [Ka. *D3682]

ನೆಱವು¹ ⟦neṟavu ネラヴ⟧ [neṟǝ̆vu] ನೆರವು 《古》 *n.* 1 完全性、完成 2 準備、支度 3 満足 [Ka. D3682]

ನೆಱವು² ⟦neṟavu ネラヴ⟧ [neṟǝ̆vu] ನೆರ² 《異》 *n.* 助け、援助、支援 ☞ ನೆರ (nera) [Ka. *D3770]

ನೆಱಿ¹ ⟦neṟi ネリ⟧ [neṟi] 《‡》 *vt.* つり下げる (*My. (Kitt.)*) [Ka. D2912]

ನೆಱಿ² ⟦neṟi ネリ⟧ [neṟi] 《古》 *n.* 1 整頓、整理整頓 2 ひだ、サーリーやドーティーの端を織り重ねてひだにしたもの、スカートなどのギャザー [Ka. D2934, D2935]

ನೆಱಿಗೆ ⟦neṟige ネリゲ⟧ [neṟǐge] 《古》 *n.* 1 性格、人格、態度 2 配列、秩序だった配列 [Ka. D2934, cf. D2935] ☞ ನೆರಿಗೆ (nerige)

ನೆಱು ⟦neṟu ネル⟧ [neṟu] 《‡》 *n.* 1 急所 2 秘密、隠しごと [Ka. D3681] (*Nr. (Kitt.)*) = ನೆಱ (neṟa)

ನೆಱೆ¹ ⟦neṟe ネレ⟧ [neṟe] 《‡》 *vi.* ぶら下がる [Ka. D2912] (*Kk.91 (Kitt.)*)

ನೆಱೆ² ⟦neṟe ネレ⟧ [neṟe] ನೆರೆ 《古》 *vi.* 《過去語幹 neṟed-, neṟad-》 1 完全になる、欠ける所がないようになる 2 (仕事などが)完成する 3 (少女が)初潮を迎える、(男女が)年頃になる 4 年を取る、老齢に達する 5 (希望などが)成就する 6 (期日などが)到来する —*n.* 1 完全 2 完成 3 大人になること、(女性の)初潮 4 (川の水が)いっぱいになって流れること、洪水、大水 —*adv.* 完全に、すっかり (*Pb.5.57; 9.36*) [Ka. D3682]

ನೆಱೆಯುವಿಕೆ ⟦neṟeyuvike ネレユヴィケ⟧ [neṟejǔvike] 《‡》 *n.* 初潮を迎えること、月経が始まること；大人になること [Ka. D3682]

ನೆಱೆವಣಿಗೆ ⟦neṟevaṇige ネレヴァニゲ⟧ [neṟevǝ̆ɳige] 《古》 *n.* 1 完全、完成度が高いこと、完成 2 力、精力、元気 3 多数、多量 [Ka. D3682] ☞ ನೆಱವಣಿಗೆ (neṟavaṇige)

ನೆಱೆವಳಿಗೆ ⟦neṟevaḷige ネレヴァリゲ⟧ [neṟevəḷige] 《古》 n. 適当であること [Ka. *D3682] ☞ನೆಱವಣಿಗೆ (neṟavaṇige)

ನೆೞಲ್¹ ⟦neḻal ネラル⟧ [neɻəl] 《古》 n. [Ka. *D2915] ☞ನೇೞಲ್ (nēḻal)

ನೆೞಲ್² ⟦neḻal ネラル⟧ [neɻəl] 《古》 n. 1 影 2 (水などに映った)映像、影 [Ka. D3679] ☞ನೆರಳು (neraḷu)²

ನೆೞಿಲ್ ⟦neḻil ネリル⟧ [neɻil] 《古》 (n.) 木などが裂ける音を表す擬音語(Śmd.ī (Kitt.)) [Ka. onom. D2932] ☞ನೆೞಿಲ್ (neḻil)

ನೆೞ್ಗು ⟦neḻgu ネルグ⟧ [neɻgu] 《‡》 vi. (鍋などが)へこむ(Śmd.dh. (Kitt.)) [Ka. < neḻgu D2927]

ನೇ ⟦nē ネー⟧ [neː] 《古》 vt. 《過去語幹 nēd-》〈布を〉織る —vi. 1 混交する、交じり合う 2 広がる ☞ನೆಯ್ (ney)¹ [Ka. D3745]

ನೇಕಾರ ⟦nēkāra ネーカーラ⟧ [neːkɐːrɐ] ನೆಯ್ಕಾರ, ನೆಯಿಕಾರ, ನೇಕಾರ, ನೇಕಾಱ, ನೇಗಾರ, ನೇಯಿಕಾರ m. 《f. ನೇಕಾರ್ತಿ (nēkārti)》 織物職人、職工 [Ka. nē + -kāṟa *D3745] = ನೆಯ್ಗೆಕಾರ (neygekāra)

ನೇಕಾಱ ⟦nēkāṟa ネーカーラ⟧ [neːkɐːṟɐ] 《古》 m. 《f. ನೇಕಾರ್ತಿ (nēkārti)》 織物職人、職工 [Ka. nē + -kāṟa D3745] ☞ನೇಕಾರ (nēkāra)

ನೇಗಲ್ ⟦nēgal ネーガル⟧ [neːgəl] 《古》 n. 鋤 [Ka. D2907] ☞ನೇಗಿಲು (nēgilu)

ನೇಗಲಿ ⟦nēgali ネーガリ⟧ [neːgəli] 《古》 n. 鋤 [Ka. D2907] ☞ನೇಗಿಲು (nēgilu)

ನೇಗಾರ ⟦nēgāra ネーガーラ⟧ [neːgɐːṟɐ] 《古》 m. 《f. *ನೇಗಾರ್ತಿ (nēgārti)》 織物職人、職工 [Ka. nē + -kāṟa *D3745]

ನೇಗಿಲ ⟦nēgila ネーギラ⟧ [neːgĭlɐ] 《古》 n. 鍬(くわ) [Ka. D2907] ☞ನೇಗಿಲು (nēgilu)

ನೇಗಿಲ್ ⟦nēgil ネーギル⟧ [neːgil] 《古》 n. 鍬(くわ) [Ka. D2907] ☞ನೇಗಿಲು (nēgilu)

ನೇಗಿಲು ⟦nēgilu ネーギル⟧ [neːgĭlu] ನೇಗಿಲ್, ನೇಗಲ, ನೇಗಲಿ, ನೇಗಿಲ n. 鍬(くわ) [Ka. *D2907]

ನೇಗೆ ⟦nēge ネーゲ⟧ [neːge] 《口》 n. [Ka. D3745] ☞ನೆಯ್ಗೆ (neyge)

ನೇಟು ⟦nēṭu ネートゥ⟧ [neːʈu] (n.) 1 まっすぐ〈な〉、直接〈の〉 2 本当〈の〉 [Ka. D3739]

ನೇಣ್ ⟦nēṇ ネーン⟧ [neːɳ] ನೇಣ್ 《古》 n. 紐、縄 [Ka. D2908] ☞ನೇಣು (nēṇu)

ನೇಣು ⟦nēṇu ネーヌ⟧ [neːɳu] ನೇಣ್ n. 1 《古》 紐、縄 2 首を吊るためのくくり結び [Ka. D2908]

ನೇತಾರ ⟦nētāra ネーターラ⟧ [neːtɐːrɐ] m. 指導者；頭(かしら)、首領 [Sk.]

ನೇತೃ ⟦nētr̥ ネートゥル⟧ [neːtrɯ/neːtru] 《文》 m. 指導者；頭(かしら)、首領 [Sk.]

ನೇತ್ರ ⟦nētra ネートラ⟧ [neːtrɐ] 《文》 n. 目 [Sk.]

ನೇತ್ರಪುತ್ರಿಕೆ ⟦nētraputrike ネートラプトリケ⟧ [neːtrəputrike] 《文》 n. 瞳、瞳孔 [Sk.] = ಕಣ್ಣಿನ ಗೊಂಬೆ (kaṇṇina gombe) 〔汎〕

ನೇತ್ರಬಂಧ ⟦nētrabaṃdʰa ネートラバンダ⟧ [neːtrəbəndʰɐ] 《文》 n. 1 目隠し、目を覆う布 2 目隠しをしての遊び [Sk.]

ನೇತ್ರವ್ಯಾಧಿ ⟦nētravyādʰi ネートラヴィャーディ⟧ [neːtrəvjɐːdʰi] 《文》 n. 眼病、目の病 [Sk.] = ನೇತ್ರರೋಗ (nētrarōga)

ನೇತ್ರೇಂದ್ರಿಯ ⟦nētrēṃdriya ネートレーンドリヤ⟧ [neːtreːndrijɐ] 《文》 n. 視覚 [Sk.]

ನೇಪಥ್ಯ ⟦nēpatʰya ネーパティャ⟧ [neːpətʰjɐ] 《文》 n. 1 舞台裏 2 楽屋、演者控室 3《古》 化粧、衣装 [Sk.] (ḥla.89.385)

ನೇಪಥ್ಯಗೀತೆ ⟦nēpatʰyagīte ネーパティャギーテ⟧ [neːpətʰjəgiːte] 《文》 n. 舞台裏で演奏される歌 [Sk.]

ನೇಪಾಲ¹ ⟦nēpāla ネーパーラ⟧ [neːpɐːlɐ] ನೆರ್ವಾಳ, ನೇಪಾಳ, ಲೇಪಾಳ 《‡》 n. [Ka. D3776] (Mhr. (Kitt.)) ☞ನೇಪಾಳ (nēpāḷa)¹

ನೇಪಾಲ² ⟦nēpāla ネーパーラ⟧ [neːpɐːlɐ] n. [Sk.] ☞ನೇಪಾಳ (nēpāḷa)²

ನೇಪಾಲಿ ⟦nēpāli ネーパーリ⟧ [neːpɐːli] adj. ネパールの —mf. ネパール人 —n. ネパール語 (インド・アーリア語の一種) ☞ನೇಪಾಳಿ (nēpāḷi) [Sk.]

ನೇಪಾಳ¹ ⟦nēpāḷa ネーパーラ⟧ [neːpɐːɭɐ] ನೆರ್ವಾಳ, ಲೇಪಾಳ 《文》 n. トウダイグサ科の薬草 ⇀ 薬 [Ka. D3776] *[IMP 2.224]

ನೇಪಾಳ² ⟦nēpāḷa ネーパーラ⟧ [neːpɐːɭɐ] ನೇಪಾಲ n. ネパール(インドの北にある国) [Sk.]

ನೇಪಾಳಿ ⟦nēpāḷi ネーパーリ⟧ [neːpɐːɭi] ನೇಪಾಲಿ adj. ネパールの、ネパール国の —mf. ネパール人 —n. ネパール語(インド・アーリア語の一種) [Sk.]

ನೇಮ ⟦nēma ネーマ⟧ [neːmɐ] n. 1 (心や欲望などの)抑制、制御 2 規則、規範 3 命令、指令 4 《希》 任務などを与えること、(ある業務を)任命すること ☞ನೇಮಕ (nēmaka) 5 宗教上の勤行、自分自身に課した(断食などの)勤め [Sk. niyama-]

ನೇಮಕ ⟦nēmaka ネーマカ⟧ [neːməkɐ] n. 1 制御、抑制 2 規則、規範 3 任命、指命 ◇ vt. —ಮಾಡು (māḍu) 統制する [Sk. niyāmaka-]

ನೇಮಕಪತ್ರ ⟦nēmakapatra ネーマカパトラ⟧ [neːməkəpətrɐ] n. ある役職に任命する時に発行する辞令 [+ Sk. patra-]

ನೇಮಿಸು ⟦nēmisu ネーミス⟧ [neːmĭsu] vt. 1 制御する、抑制する 2 命令する、指令する 3 任命する、〈ある人を〉(ある仕事に)指名する、任命する [Sk. niyam-]

ನೇಯ್¹ ⟦nēy ネーイ⟧ [neːĭ] 《古》 vt. 〈布を〉織る [Ka. D3745] ☞ನೆಯ್ (ney)¹

ನೇಯಿಸು ⟦nēyisu ネーイス⟧ [neːjĭsu] vt. 《caus.》織らせる [Ka. caus. D3745]

ನೇಯ್² ⟦nēy ネーイ⟧ [neːĭ] 《古》 n. ギー(ゆっくりと加熱しながら水分や蛋白質などを取り除いて脂

肪分だけを精製したバターオイル、インドで料理用に広く用いられる）[Ka. D3746] ನೆಯ್; ತುಪ್ಪ (ney; tuppa)〔汎〕

ನೇಯಿ ⟦nēyi ネーイ⟧ [ne:ji] 《‡》 *vt.* **1**〈布を〉織る **2**《希》編む [Ka. D3745] ☞ನೆಯ್ (ney)[1]

ನೇಯಿಸು ⟦nēyisu ネーイス⟧ [ne:ĭsu] *vt.* 織らせる [+ -*su* caus. *D3745]

ನೇಯಿಕಾರ ⟦nēyikāra ネーイカーラ⟧ [ne:jĭkɐ:rɐ] 《希》 *m.* 《*f.* *ನೇಯಿಕಾರ್ತಿ (nēyikārti)》織工、機織りを職業とする人

ನೇಯಿಗೆ ⟦nēyige ネーイゲ⟧ [ne:jĭge] ನೇಯ್ಗೆ *n.* [Ka. D3745] ☞ನೆಯ್ಗೆ (neyge)

ನೇಯು ⟦nēyu ネーユ⟧ [ne:ju] *vt.* **1** 織る **2** 創る、創造する [Ka. D3745] ☞ನೆಯ್ (ney)[1]

ನೇಯ್ಗೆ ⟦nēyge ネーイゲ⟧ [ne:jge] 《希》 *n.* **1** 布を織ること **2** 織り方、織物の仕上がり [Ka. D3745]

ನೇರ್[1] ⟦nēr ネール⟧ [ne:r] 《‡》 *vi.* 同意する、（提案などを）承認する (*Mr.2* (*Kitt.*)) [Ka. D3770]

ನೇರ್[2] ⟦nēr ネール⟧ [ne:r] 《古》(*n.*) **1** まっすぐ〈な〉 **2** 適当〈な〉、ふさわしい〈こと〉[Ka. D3772]

ನೇರ್[3] ⟦nēr ネール⟧ [ne:r] 《古》 *vi.* 切る、切り落とす [Ka. D3773]

ನೇರ[1] ⟦nēra ネーラ⟧ [ne:rɐ] (*n.*) **1** まっすぐ〈な〉¶ ಈ ರಸ್ತೆಯಲ್ಲಿ ನೇರವಾಗಿ ಹೋಗಿರಿ. (ī rasteyalli nēravāgi hōgiri.) この道をまっすぐに行ってください。 **2** まっすぐ〈な〉、正直〈な〉、率直〈な〉（性格、言葉など）¶ ಗಾಂಧೀಜಿ ನೇರವ್ಯಕ್ತಿ ಆಗಿದ್ದರು. (gāṃdʰījī nēravyakti āgid-daru.) ガーンジーはまっすぐな人間だった。[Ka. D3772]

ನೇರ[2] ⟦nēra ネーラ⟧ [ne:rɐ] 《古》 *n.* 時間 [Ka. D3774] ☞ಸಮಯ, ಹೊತ್ತು, ಕಾಲ (samaya, hottu, kāla)〔汎〕

ನೇರಂ ⟦nēraṃ ネーラン⟧ [ne:rəm] 《古》 *adv.* まっすぐに [Ka. *D3772]

ನೇರಲ್ ⟦nēral ネーラル⟧ [ne:rəl] 《‡》 *n.* フトモモ、ホトウ（蒲桃）[Ka. *D2917] ☞ನೇರಲು (nēralu)

ನೇರಲ ⟦nērala ネーララ⟧ [ne:rĕlɐ] *n.* フトモモ、ホトウ（蒲桃）→ 食 [Ka. *D2917] ☞ನೇರಲು (nēralu)

ನೇರಲು ⟦nēralu ネーラル⟧ [ne:rĕlu] ನೀರಲ, ನೀಱಲು, ನೇರಲು, ನೇರಲೆ, ನೇರಿಲು, ನೇರಿಲೆ, ನೇರಿಳೆ, ನೇರಳು, ನೇರಿಲ, ನೇಱಳು, ನೇಱಳೆ, ನೇಱಿಲು, ನೇಱಿಲೆ, ನೇಱಿಳೆ *n.* フトモモ、ホトウ（蒲桃）→ 食 [Ka. *D2917] = ಜಂಬು (jaṃbu)〔汎〕H. *jāmunā*

ನೇರಲೆ ⟦nērale ネーラレ⟧ [ne:rəle] *n.* フトモモ、ホトウ（蒲桃）→ 食 (*DEDR*) [Ka. *D2917] ☞ನೇರಲು (nēralu)

ನೇರಳೆ ⟦nēraḷe ネーラレ⟧ [ne:rəḷe] *n.* [Ka. *D2917] ☞ನೇರಲು (nēralu)

ನೇರಿತು ⟦nēritu ネーリトゥ⟧ [ne:ritu] 《古》(*n.*) **1** まっすぐ〈な〉 **2**（表面などが）なめらか〈な〉、柔らか〈な〉 —*n.* **1** まっすぐなもの **2** まっすぐなもの（言葉、態度など）[Ka. D3772]

ನೇರಿತ್ತು ⟦nērittu ネーリットゥ⟧ [ne:rittu] 《古》(*n.*) **1** まっすぐ〈な〉 **2**（言葉、態度、人となりなどが）まっすぐ〈な〉[Ka. D3772] ☞ನೇರಿತು (nēritu)

ನೇರಿದ ⟦nērida ネーリダ⟧ [ne:ridɐ] 《古》 *m.* 《*f.* *ನೇರಿದಳ್ (nēridaḷ)》 **1** まっすぐな人間 **2** バラモン [Ka. D3772]

ನೇರಿದಳ್ ⟦nēridaḷ ネーリダル⟧ [ne:riđəḷ] 《古》 *f.* 《*m.* ನೇರಿದ (nērida)》まっすぐな女性 [Ka. D3772]

ನೇರಿದು ⟦nēridu ネーリドゥ⟧ [ne:riđu] 《古》(*n.*) まっすぐ〈な〉[Ka. D3772] ☞ನೇರಿತು (nēritu)

ನೇರಿಲೆ ⟦nērile ネーリレ⟧ [ne:rile] *n.* [Ka. *D2917] ☞ನೇರಲು (nēralu)

ನೇರಿಳೆ ⟦nēriḷe ネーリレ⟧ [ne:riḷe] *n.* [Ka. *D2917] ☞ನೇರಲು (nēralu)

ನೇರ್ಪು ⟦nērpu ネールプ⟧ [ne:rpu] 《古》 *n.* **1** まっすぐなこと **2** 公正、正直、方正 [Ka. *nēr* + -*pu* D3772]

ನೇಲ್ ⟦nēl ネール⟧ [ne:l] 《古》 *vi.* 《過去語幹 nēt-, nēld-》垂れ下がる、ぶら下がる —*vt.* 吊るす、ぶら下げる ☞ನೇಲು (nēlu) [Ka. D2912]

ನೇಲು ⟦nēlu ネール⟧ [ne:lu] ನೇಲ್ 《古》 *vi.* 《過去語幹 nēt-, nēld-》垂れ下がる、ぶら下がる [Ka. *D2912]

ನೇಲಿಸು ⟦nēlisu ネーリス⟧ [ne:lĭsu] 《古》 *vt.* 吊るす、ぶら下げる [Ka. caus. D2912]

ನೇವಣ ⟦nēvaṇa ネーヴァナ⟧ [ne:vəɳɐ] 《古》 *n.* 金や銀で作った首飾り [Ka. D3778] ☞ನೇವಳ (nēvaḷa)

ನೇವರಿಸು ⟦nēvarisu ネーヴァリス⟧ [ne:vĕrĭsu] *vt.*〈頭などを〉撫でる [Ka. D3691]

ನೇವಳ ⟦nēvaḷa ネーヴァラ⟧ [ne:vĕḷɐ] ನೇವಣ, ನೇವಳೆ, ನೇವಾಳ, ನೇವುಳು, ನ್ಯಾವಣ, ನ್ಯಾವಳಿ, ಲೇವಣ, ಲೇವಳ 《古》 *n.* **1** 金や銀で作った首飾り **2** 腰帯［⇒図］ **3** 金や銀で作ったガードル [Ka. D3778]

ನೇವಳ
腰帯

ನೇವಳೆ ⟦nēvaḷe ネーヴァレ⟧ [ne:vəḷe] 《古》 *n.* 金や銀で作った（腰に巻く）帯 [Ka. *D3778] ☞ನೇವಳ (nēvaḷa)

ನೇವಾಳ ⟦nēvāḷa ネーヴァーラ⟧ [ne:vɐ:ḷɐ] 《古》 *n.* [Ka. *D3778] ☞ನೇವಳ (nēvaḷa) 1,2,3

ನೇವುರ ⟦nēvura ネーヴラ⟧ [ne:vurɐ] 《文》 *n.* 歩くとじゃらじゃら音のする鈴をたくさんつけた足首に付ける飾り [Pk. *ṇeura*-] = ಗೆಜ್ಜೆ (gejje)〔汎〕cf. ನೂಪುರ (nūpura)

ನೇವುಳು ⟦nēvuḷu ネーヴル⟧ [ne:vuḷu] 《古》 *n.* 金や銀で作った首飾り [Ka. *D3778] ☞ನೇವಳ (nēvaḷa)

ನೇಸರ್ ⟦nēsar ネーサル⟧ [ne:sər] 《文》 *mn.* 太陽、日 [Ka. *D2910] ☞ನೇಸಱ್ (nēsaṟ)

ನೇಸರ ⟦nēsara ネーサラ⟧ [ne:sərɐ] 《文》 *mn.* 太陽、日 [Ka. *D2910] ☞ನೇಸಱ್ (nēsaṟ)

ನೇಸರು ⟦nēsaru ネーサル⟧ [ne:sĕru] 《文》 *mn.* 太陽、日 [Ka. *D2910] ☞ನೇಸಱ್ (nēsaṟ)

ನೇಸಱ್ ⟦nēsaṟ ネーサル⟧ [ne:səṟ] ನೇಸರ್, ನೇಸರ, ನೇಸರು, ನೇಸಱ, ನೇಸಱು 《古》 *mn.* 太陽 —*n.* 昼間 [Ka. D2910]

ನೇಸಱ ⟦nēsaṟa ネーサラ⟧ [ne:sər̠ɐ] 《古》 *mn.* 太陽 [Ka. *D2910] ☞ನೇಸಱ್ (nēsaṟ)

ನೇಸಱು ⟦nēsaṟu ネーサル⟧ [ne:sər̠u] 《古》 *mn.* 太陽 [Ka. D2910] ☞ನೇಸಱ್ (nēsaṟ)

ನೇಹ ⟦nēha ネーハ⟧ [ne:hɐ] 《文》 *n.* 1 愛情、愛 2 友情 [Sk. *snēha-*]

ನೇಹಿ ⟦nēhi ネーヒ⟧ [ne:hi] 《古》 *n.* マメ科の小さな木の一種 [Ka. *D3744, cf. Sk. *nēmi-* id.] = ಹುಲಗಲಿ, ಹೊಂಗೆ (hulagali, hoṃge) 〔汎〕

ನೇಳಲ್ ⟦nēḷal ネーラル⟧ [ne:ɭəl] 《古》 *n.* [Ka. *D2915] ☞ ನೇಱಲ್ (nēṟal)

ನೇಱಲ್ ⟦nēṟal ネーラル⟧ [ne:r̠əl] 《古》 *n.* フトモモ、ホトウ(蒲桃)→ 食 [Ka. D2917] ☞ನೇರಲು (nēralu)

ನೇಱಲೆ ⟦nēṟale ネーラレ⟧ [ne:r̠ə̆le] 《‡》 *n.* [Ka. D2917] (*Si.125* (*Kitt.*)) ☞ನೇರಲು (nēralu)

ನೇಱಳು ⟦nēṟaḷu ネーラル⟧ [ne:r̠ə̆ɭu] 《古》 *n.* [Ka. D2917] ☞ನೇರಲು (nēralu)

ನೇಱಳೆ ⟦nēṟaḷe ネーラレ⟧ [ne:r̠ə̆ɭe] 《古》 *n.* [Ka. D2917] ☞ನೇಱಲ್ (nēṟal)

ನೇಱಿಲ್ ⟦nēṟil ネーリル⟧ [ne:r̠il] 《古》 *n.* [Ka. D2917] ☞ನೇಱಲ್ (nēṟal)

ನೇಱಿಲು ⟦nēṟilu ネーリル⟧ [ne:r̠ilu] 《古》 *n.* [Ka. *D2917] ☞ನೇಱಲ್ (nēṟal)

ನೇಱಿಲೆ ⟦nēṟile ネーリレ⟧ [ne:r̠ile] 《古》 *n.* [Ka. D2917] ☞ನೇಱಲ್ (nēṟal)

ನೇಱಿಳೆ ⟦nēṟiḷe ネーリレ⟧ [ne:r̠iɭe] 《古》 *n.* [Ka. *D2917] ☞ನೇಱಲ್ (nēṟal)

ನೇಱು ⟦nēṟu ネール⟧ [ne:r̠u] 《古》 *vt.* 1 ぶら下げる、吊るす 2 〈手などを〉伸ばす —*vi.* ぶら下がる、宙吊りになる [Ka. D2912]

ನೇೞಲ್ ⟦nēḻal ネーラル⟧ [ne:ɻəl] ನೆಳಲು, ನೆೞಲ್, ನೇಳಲ್ 《古》 *n.* クマツヅラ科など様々な木の名 → 薬 [Ka. D2915] = ಪ್ರಿಯಂಗು (priyaṃgu)

ನೈ ⟦nai ナイ⟧ [nəi] 《古》 *n.* ギー(脂肪分だけを精製したバター、料理用) [Ka. *D3746] ☞ನೆಯ್ (ney)

ನೈಋತ್ಯ ⟦nair̥tya ナイルティャ⟧ [nəirɯt·jɐ] (*adj.*) 南西〈の〉 —*n.* 南西 [Sk.]

ನೈಚ್ಯ ⟦naicya ナイチュャ⟧ [nəiʧ·jɐ] 《文》 *n.* 1 下劣、卑劣、下卑 2 屈辱、恥、不面目、屈従 [Sk.]

ನೈದಿಲ್ ⟦naidil ナイディル⟧ [nəiđil] 《古》 *n.* スイレン(睡蓮) [Ka. *D3747] ☞ನೈದಿಲೆ (naidile)

ನೈದಿಲು ⟦naidilu ナイディル⟧ [nəiđilu] 《文》 *n.* スイレン(睡蓮) [Ka. *D3747] ☞ನೈದಿಲೆ (naidile)

ನೈದಿಲೆ ⟦naidile ナイディレ⟧ [nəiđile] ನೆಯಿದಲೆ, ನೆಯಿದಿ-ಲು, ನೆಯ್ದಿಲೆ, ನೆಯ್ದಿಲ್, ನೈದಿಲ್, ನೈದಿಲು 《文》 *n.* スイレン(睡蓮) → 観 [Ka. *D3747]

ನೈಪಥ್ಯ ⟦naipatʰya ナイパティャ⟧ [nəipət·ʰjɐ] 《文》 *n.* 楽屋での化粧や扮装 [Sk.*naipatʰya-*]

ನೈಪಥ್ಯಗೃಹ ⟦naipatʰyagr̥ha ナイパティャグルハ⟧ [nəipət·ʰjə̆grɯhɐ] 《文》 *n.* 楽屋(役者たちの化粧室) [Sk.]

ನೈಪುಣ್ಯ ⟦naipuṇya ナイプニャ⟧ [nəipuɳ·jɐ] 《文》 *n.* 巧妙、熟練 [Sk.]

ನೈಯಾಯಿಕ ⟦naiyāyika ナイヤーイカ⟧ [nəijɐ:jikɐ] 《文》 *m.* 《*f.* * ನೈಯಾಯಿಕೆ (naiyāyike)》 1 論理学者 2 ニヤーヤ哲学(インドの哲学体系の一つ)に通じた人、ニヤーヤ学者 [Sk.]

ನೈರ್ಮಲ್ಯ ⟦nairmalya ナイルマリャ⟧ [nəirməl·jɐ] 《文》 *n.* 1 汚れのないこと、純潔、清潔 2 清廉(心や人格);(性的な)純潔 [Sk.]

ನೈವೇದ್ಯ ⟦naivēdya ナイヴェーディャ⟧ [nəive:d·jɐ] 《文》 *n.* 神への供物(特に食事の形のもの) [Sk.]

ನೈಸರ್ಗಿಕ ⟦naisargika ナイサルギカ⟧ [nəisərgikɐ] 《文》 *adj.* 生まれつきの、生来の [Sk.]

ನೊಂದು ⟦noṃdu ノンドゥ⟧ [nonđu] 《口》 *vi.* 1 (火や灯が)消える 2 (怒りなどが)静まる、おさまる、(命や希望が)消える [Ka. D3590] ☞ನಂದು (naṃdu)

ನೊಂದಿಸು ⟦noṃdisu ノンディス⟧ [nondĭsu] 《口》 *vt.* 1 〈火や灯を〉消す 2 〈怒りなどを〉静める、〈希望を〉打ち砕く [Ka. caus. D3590] ☞ನಂದಿಸು (naṃdisu)

ನೊಗ ⟦noga ノガ⟧ [nogɐ] *n.* くびき [Ka. D3694]

ನೊಜೆ ⟦noje ノジェ⟧ [noʤe] 《希》 *n.* [Ka. *D4916] ☞ನೊದೆ (node)

ನೊಟ್ಟಿ ⟦noṭṭi ノッティ⟧ [noʈʈi] 《方》 *n.* 尻 [Ka. D3785] (*Sholiga, LSB 6.18*)

ನೊಣ ⟦noṇa ノナ⟧ [noɳɐ] ನೊಣವು, ನೊಳ, ನೊಳವು *n.* ハエ(蝿)、イエバエ [Ka. D3715]

ನೊಣವು ⟦noṇavu ノナヴ⟧ [noɳə̆vu] 《文》 *n.* ハエ(蝿)、イエバエ [Ka. D3715] ☞ನೊಣ (noṇa)

ನೊಣೆ[1] ⟦noṇe ノネ⟧ [noɳe] 《‡》 *vt.* 〈歯の〉間に挟まったものを舌で取り除く [Ka. D3702] (*My.* (*Kitt.*))

ನೊಣೆ[2] ⟦noṇe ノネ⟧ [noɳe] ನೊನೆ 《文》 *vt.* 1 飲み込む = ನುಂಗು (nuṃgu) 2 〔喩〕 滅ぼす、殲滅(せんめつ)する [Ka. D3791]

ನೊತೆ ⟦note ノテ⟧ [note] 《希》 *n.* [Ka. *D4916] ☞ನೊದೆ (node)

ನೊದೆ ⟦node ノデ⟧ [nođe] ನೊಜೆ, ನೊತೆ, ನೊಸೆ 《希》 *n.* イネ科サトウキビ属の雑草の一種(ある種の紐の製作に用いられる) [Ka. D4916] = ಮುಂಜಾಹುಲ್ಲು (muṃjāhullu)

ನೊನೆ ⟦none ノネ⟧ [none] 《異》 *vt.* 〔喩〕 滅ぼす、殲滅(せんめつ)する [Ka. *D3791] ☞ನೊಣೆ (noṇe)[2]

ನೊಯ್ ⟦noy ノイ⟧ [noĭ] 《‡》 *vi.* 《過去語幹 noṃd-》苦しむ [Ka. D3793] (*Bp.38,36* (*Kitt.*)) ☞ನೊಯ್ಯು (noyyu)

ನೊಯ್ಯು ⟦noyyu ノイユ⟧ [noĭju] 《‡》 *vi.* 《過去語幹 noṃd-》悩む、悲しむ [Ka. D3793] (*My.* (*Kitt.*)) ☞ನೋಯು (nōyu)

ನೊಯಿಸು ⟦noyisu ノイス⟧ [nojĭsu] 《‡》 *vt.* 《*caus.*》苦しめる (*B.4,72* (*Kitt.*), *Prv.*(*Kitt.*)) [Ka. caus. D3793] ☞ನೋಯಿಸು (nōyisu)

ನೊರಂಜು ⟦noraṃju ノランジュ⟧ [norəɲdʒu] 《古》 *n.* 黒色の小さい飛翔する各種害虫や不快な昆虫(ショウジョウバエやブヨなど) [cf. *nusi* D3715] ☞ನೊರಜು (noraju)

ನೊರಜು ⟦noraju ノラジュ⟧ [norə̆dʒu] ನೊರಂಜು *n.* 黒色の小さい飛翔する各種害虫や不快な昆虫(ショウジョウバエやブヨなど) [cf. *nusi* D3715]

ನೊರೆ ⟦nore ノレ⟧ [nore] *n.* 泡、あぶく —*vi.* 泡立つ [Ka. D3710]

ನೊರೆಗಟ್ಟು ⟦noregaṭṭu ノレガットゥ⟧ [noregəʈʈu] *vi.* 泡立つ [+ *kaṭṭu* *D3710]

ನೊಸಗೊನ್ನೆ ⟦nosagonne ノサゴンネ⟧ [nosə̆gonne] 《異》 *n.* [Ka. *D1865] ☞ನಸುಗುನ್ನಿ (nasugunni)

ನೊಸಲ್ ⟦nosal ノサル⟧ [nosəl] 《古》 *n.* [Ka. D3705] ☞ನೊಸಲು (nosalu)

ನೊಸಲು ⟦nosalu ノサル⟧ [nosə̆lu] ನೊಸಲ್, ನೊಸಳು *n.* 額(ひたい) [Ka. D3705] = ಹಣೆ (haṇe)

ನೊಸಳು ⟦nosaḷu ノサル⟧ [nosə̆ɭu] 《‡》 *n.* [Ka. *D3705] (*B.* (*Kitt.*))

ನೊಸೆ ⟦nose ノセ⟧ [nose] 《異》 *n.* [Ka. *D4916] ☞ನೊದೆ (node)

ನೊಳ ⟦noḷa ノラ⟧ [noɭɐ] 《文》 *n.* ハエ(蝿) [Ka. D3715] ☞ನೊಣ (noṇa)

ನೊಳವು ⟦noḷavu ノラヴ⟧ [noɭə̆vu] 《文》 *n.* [Ka. D3715] ☞ನೊಣ, ನೊಳ (noṇa, noḷa)

ನೊಳಲೆ ⟦noḷale ノラレ⟧ [noɭə̆le] 《‡》 *n.* 泥や沼地に住む赤色の虫の一種 [?]

ನೊಱಜು ⟦noṟaju ノラジュ⟧ [nor̠dʒu] 《‡》 *n.* 砂利 [Ka. D3626] (*My.* (*Kitt.*))

ನೊೞೆ ⟦noṟe ノレ⟧ [noɻe] 《‡》 *vi.* 入る [Ka. D3714] (*M.*; *My.* (*Kitt.*)) ☞ನುಗುಳ್ (nuguḷ)

ನೋಂದಣಿ ⟦nōṃdaṇi ノーンダニ⟧ [noːndə̆ɳi] *n.* 記録、登録 [M. *nōdaṇī* *T7223] (NK)

ನೋಂಪಿ ⟦nōṃpi ノーンピ⟧ [noːmpi] ನೋಂಪು 《文》 *n.* (自分自身に課した絶食など)宗教上の勤行、(宗教上の)願 [Ka. *nōn* + *-pi* D3800] = ವ್ರತ (vrata)

ನೋಂಪು ⟦nōṃpu ノーンプ⟧ [noːmpu] 《文》 *n.* [Ka. *nōn* + *-pu* D3800] ☞ನೋಂಪಿ (nōṃpi)

ನೋಕರ ⟦nōkara ノーカラ⟧ [noːkə̆rɐ] 《異》 *m.* 《*f.* *ನೋಕರಳು (nōkaraḷu)》雇い人、従業員、勤務者、召し使い [Pe. *naukar*] ☞ನೌಕರ (naukara)

ನೋಟ ⟦nōṭa ノータ⟧ [noːʈɐ] *n.* 1 見ること 2《古》目 3 眺め、眺望、風景 ¶ ಊರಿನ ಜನ ನೋಟ ನೋಡಲು ಹೋದರು. (ūrina jana nōṭa nōḍalu hōdaru.) 町の人々はその光景を見るために出かけた。 4 視点、ものの見方 5《古》 金や宝石や貨幣などの鑑定 [Ka. D3794]

ನೋಟಕ ⟦nōṭaka ノータカ⟧ [noːʈə̆kɐ] *m.* 《*f.* ನೋಟಕಳು (nōṭakaḷu)》見物人、観衆、目撃者;(映画や演劇やスポーツなどの)観客 [*nōṭa* + *-ka*]

ನೋಡು ⟦nōḍu ノードゥ⟧ [noːɖu] *vt.* 《*fut.* ನೋರ್ಪ್-, ನೋಳ್ಪ್-, ನೋಱ್ಪ್- (nōrp-, nōḷp-, nōṟp-)》 1 見る、目撃する 2 吟味する、調べる ¶ ನಿಮ್ಮ ಮನಸ್ಸನ್ನು ನೋಡಲೆಂದು ನಾನು ಹಾಗೆ ಹೇಳಿದೆ. (nimma manassannu nōḍaleṃdu nānu hāge hēḷide.) お心をためしたいと思ってあのように申したのでした。 3 面倒を見る、保護する ¶ ಗಿರೀಶನನ್ನು ಅವನ ಚಿಕ್ಕಮ್ಮನೇ ನೋಡಿಕೊಂಡರು. (girīśanannu avana cikkammanē nōḍikoṃḍaru.) ギリーシャの面倒を見たのは他ならぬ彼のおばであった。 4 考える、考慮する ¶ ನೋಡೋಣ, ಹಣ ಇದ್ದರೆ ಕೊಡುತ್ತೇನೆ. (nōḍōṇa, haṇa iddare koḍuttēne.) ちょっと見てみよう。お金があるようならあげるよ。 5 探す、探し求める ¶ ನಾನು ಕನ್ನಡಕ ನೋಡುತ್ತಾ ಇದ್ದಾಗ ನೀವು ಬಂದಿರಿ. (nānu kannaḍaka nōḍuttā iddāga nīvu baṃdiri.) 私がめがねを探していた時(あなたが)いらっしゃった。 6 〈人に〉会う、〈人を〉訪問する、訪ねる ¶ ನಾನು ಮಂತ್ರಿಗಳನ್ನು ನೋಡಲು ವಿಧಾನಸೌಧಕ್ಕೆ ಹೋದೆ. (nānu maṃtrigaḷannu nōḍalu vidʰānasaudʰakke hōde.) 私は(その)大臣に会うために州庁へ行った。 7 (経験によって)悟る、認識する、分かる ¶ ಅವನಿಗೆ ಸಹಾಯ ಮಾಡುವುದು ಪ್ರಯೋಜನವಿಲ್ಲ ಎಂಬುದನ್ನು ನಾನು ನೋಡಿದೆನು. (avanige sahāya māḍuvudu prayōjanavilla eṃbudannu nānu nōḍidenu.) あの男性を助けるのは無駄だと分かった。 —*v.aux.* (何かを)してみる ¶ ನಾನು ಸ್ವಿಚ್ ಹಾಕಿ ನೋಡಿದೆ, ಲೈಟ್ ಬರಲಿಲ್ಲ. (nānu svic hāki nōḍide, laiṭ baralilla.) 私はスイッチを押してみたが電気がつかなかった。 [Ka. D3794]

ನೋಡಿಸು ⟦nōḍisu ノーディス⟧ [noːɖisu] *vt.* 《*caus.*》見させる、など [Ka. caus. D3794]

ನೋಡುವಿಕೆ ⟦nōḍuvike ノードゥヴィケ⟧ [noːɖŭvike] *n.* 見ること、など [Ka. D3794]

ನೋತ ⟦nōta ノータ⟧ [noːtɐ] *n.* 傷み、苦痛 [Ka. D3793] (*My.* (*Kitt.*))

ನೋನ್ ⟦nōn ノーン⟧ [noːn] 《古》 *vi.* 《過去語幹 nōnt-》宗教上の勤行や誓願などを行う [Ka. D3800] ☞ನೋಂಪಿ (nōṃpi)

ನೋನಿಸು ⟦nōnisu ノーニス⟧ [noːnĭsu] 《古》 *vt.* 《*caus.*》宗教上の勤行や誓願などを行うようにさせる [Ka. caus. D3800]

ನೋಯು ⟦nōyu ノーユ⟧ [noːju] *vi.* 《過去語幹 noṃd-》 1 (体の一部や心や胸が) 痛む ¶ ನನಗೆ/ನನ್ನ ತಲೆ ನೋಯುತ್ತಿದೆ. (nanage/nanna tale nōyuttide.) 頭が痛い。 2 悩む、悲しむ ¶ ಅವನ ಮಾತಿನಿಂದ ನನ್ನ ಮನಸ್ಸು ನೋಯುತ್ತದೆ. (avana mātiniṃda nanna manassu nōyuttade.) あの人の言葉で私は胸が痛む。 [Ka. D3793]

ನೋಯಿಸು ⟦nōyisu ノーイス⟧ [noːjisu] ನೋವಿಸು, ನೋಹಿಸು *vt.* 1 〈体の一部を〉痛ませる 2 〔喩〕〈人の〉心を苦しめる、悩ます [Ka. caus. D3793]

ನೋವಿಸು ⟦nōvisu ノーヴィス⟧ [noːvisu] *vt.* 〈人の〉心を苦しめる、悩ます [Ka. caus. *D3793] ☞ನೋಯಿಸು (nōyisu)

ನೋವು 〚nōvu ノーヴ〛[no:vu] *n.* 1 痛み 2 苦しみ、悲しみ、悩み、苦悩 [Ka. D3793]

ನೋರ್ಪು 〚nōrpu ノールプ〛[no:rpu] 《古》*n.* 競争、張り合うこと [Ka. D3797]

ನೋಹಿಸು 〚nōhisu ノーヒス〛[no:hisu] *vt.* 〈人の〉心を苦しめる、悩ます [Ka. caus. *D3793] ☞ನೋಯಿಸು (nōyisu)

ನೋಳ್ 〚nōḷ ノール〛[no:ḷ] 《古》*vi.* 《過去語幹 nōḷd-》 1 前に進む、前進する 2 指導する、指導者となる [Ka. D3799]

ನೋಳಿ 〚nōḷi ノーリ〛[no:ḷi] 《方》*adj.* (液体などが)粘度が高い、ねばねばした (*Bark, LSB*) [Ka. D2937]

ನೌಕರ 〚naukara ナウカラ〛[naukərɐ] ನವುಕರ, ನೋಕರ *m.* 《*f.* *ನೌಕರಳು (naukaraḷu)》雇い人、従業員、勤務者、召し使い [Pe. *naukar*]

ನೌಕರವರ್ಗ 〚naukaravarga ナウカラヴァルガ〛[nəukərə vərgɐ] 《文》*n.* (集合的に) 職員 [Sk.] = ಸಿಬ್ಬಂದಿ (sibbaṃdi)〔汎〕

ನೌಕರಶಾಹಿ 〚naukaraśāhi ナウカラシャーヒ〛[naukərəʃɐ:hi] ನವುಕರಷಾಹಿ *m.* 官僚政治、官僚主義、官僚制度 [Pe. *naukaršāhi*]

ನೌಕರಶಾಹಿ 〚naukaraśāhi ナウカラシャーヒ〛[naukərəʃɐ:hi] *m.* [Pe. *naukaršāhi*] = ನೌಕರಷಾಹಿ (naukaraṣāhi)

ನೌಕರಿ 〚naukari ナウカリ〛[naukəri] *n.* 雇われて仕事をすること、勤務、務めること [Pe. *naukari*]

ನೌಕಾದಂಡ 〚naukādaṃḍa ナウカーダンダ〛[nəukɐ:də ṇḍɐ] 《文》*n.* 櫂 [Sk.] = ಹುಟ್ಟು (huṭṭu)〔汎〕

ನೌಕಾಸ್ಫೋಟಕ 〚naukāsphōṭaka ナウカースポータカ〛[nau kɐ:spʰo:ṭəkɐ] 《文》*n.* 魚雷 [Sk.] = ಟಾರ್ಪಿಡೊ (ṭārpiḍo)〔口〕

ನೌಕೆ 〚nauke ナウケ〛[nəuke] *n.* 舟、船、船舶、小舟 [Sk.]

ನ್ಯಾಯ 〚nyāya ニャーヤ〛[njɐ:jɐ] *n.* 1 裁判、裁判制度、裁判の手続き 2 判決、評決、裁断 3 公正、正義、妥当性 ¶ ನ್ಯಾಯಾಲಯಕ್ಕೆ ಹೋದರೂ ನ್ಯಾಯ ಸಿಗುವದಿಲ್ಲ (nyāyālayakke hōdarū nyāya siguvadilla.) 裁判所に行っても正しい判決が得られない。 4 ニヤーヤ(六派哲学の一種) [Sk.]

ನ್ಯಾಯಾಸ್ಥಾನ 〚nyāyāsthāna ニャーヤースターナ〛[njɐ:jɐ: stʰɐ:nɐ] 《文》*n.* 裁判所 [Sk.] = ನ್ಯಾಯಾಲಯ (nyāyālaya) = ಕೋರ್ಟು (kōrṭu)〔口〕

ನ್ಯಾಯಾಧಿಪತಿ 〚nyāyādhipati ニャーヤーディパティ〛[njɐ: jɐ:dʰipəti] *mf.* 判事、治安判事 [Sk.] = ನ್ಯಾಯಾಧೀಶ (nyāyādhīśa)

ನ್ಯಾಯಾಧೀಶ 〚nyāyādhīśa ニャーヤーディーシャ〛[njɐ:jɐ: dʰi:ʃɐ] *m.* 《*f.* ನ್ಯಾಯಾಧೀಶೆ (nyāyādhīśe)》判事、治安判事 [Sk.] = ನ್ಯಾಯಾಧಿಪತಿ (nyāyādhipati)

ನ್ಯಾಯಾಲಯ 〚nyāyālaya ニャーヤーラヤ〛[njɐ:jɐ:ləjɐ] *n.* 裁判所 [Sk.] = ನ್ಯಾಯಾಸ್ಥಾನ (nyāyāsthāna) = ಕೋರ್ಟು (kōrṭu)〔口〕

ನ್ಯಾವಣ 〚nyāvaṇa ニャーヴァナ〛[njɐ:vəṇɐ] 《古》*n.* 金や銀で作った首飾り [Ka. *D3778] ☞ನೇವಳ (nēvaḷa)

ನ್ಯಾವಳ 〚nyāvaḷa ニャーヴァラ〛[njɐ:vəḷɐ] 《古》*n.* 金や銀で作った首飾り [Ka. *D3778] ☞ನೇವಳ (nēvaḷa)

ನ್ಯಾವಳಿ 〚nyāvaḷi ニャーヴァリ〛[njɐ:vəḷi] 《古》*n.* 金や銀で作った首飾り [Ka. *D3778] ☞ನೇವಳ (nēvaḷa)

ನ್ಯಾಸ 〚nyāsa ニャーサ〛[njɐ:sɐ] *n.* 1 (安全のために)預けることや預けたもの、担保、質ぐさ、供託(金) 2 配置、(ビルなどの)構造 ◇ *vi.* —ಇಡು (iḍu) 担保などを与える [Sk.]

ನ್ಯೂಜಿಲ್ಯಾಂಡ್ 〚nyūjilyāṃḍ ニュージリャーンド〛[nju:dʒi læ:ṇḍ] *n.* ニュージーランド [Eg.]

ನ್ಯೂನ 〚nyūna ニューナ〛[nju:nɐ] 《文》(*n.*) 足りない〈こと〉、不足〈した〉、欠陥のある〈こと〉、不完全〈な〉 [Sk.]

ನ್ಯೂನತೆ 〚nyūnate ニューナテ〛[nju:nəte] 《文》*n.* 不足、欠陥 [Sk.]

ನ್ಯೂನಪೋಷಣೆ 〚nyūnapōṣaṇe ニューナポーシャネ〛[nju: ṇəpo:ṣəṇe] 《文》*n.* 栄養不良 [Sk.]

ನ್ಯೂನಾಭಿವೃದ್ಧ 〚nyūnābhivṛddha ニューナービヴルッダ〛[nju:nɐ:bʰivrɯddʰɐ] 《古》*adj.* 開発が遅れた(国家や地域など)、開発途上の [Sk.] ☞ಅಭಿವೃದ್ಧಿಶೀಲ ದೇಶ (abhivṛddhiśīla dēśa)〔現〕

ನ್ಯೂನಾಕ್ಷರ 〚nyūnākṣara ニューナークシャラ〛[nyu:nɐ: kʃərɐ] 《文》*n.* 詩における音節の不足 [Sk.]

ಪ

ಪ 〚pa パ〛[pə] *n.* カンナダその他のインド系言語で音素の連続 /pa/ またはそれを表すインド系文字

-ಪ¹ 〚-pa -パ〛[pɐ] *suf.* 動詞の語根または語幹から動作または状態を表す名詞を作る接尾辞 ¶ ಕುದಿಪ (kudipa) 沸騰 [Ka.?]

-ಪ² 〚-pa -パ〛[pɐ] *suf.* サンスクリット語からの借用語に現れる接尾辞(「あるものがあるものに属する」あるいは「あるものを支配する」という意味を表す) ¶ ಭೂಪ (bhūpa) 王、君主 ¶ ಮಲೆಪ (malepa) 山岳地方の首長 (*Pb.9.10; 9.38*) [Sk. *-pa-*「支配する」]

ಪಂ- 〚paṃ- パン-〛[pəm] 《古》*pref.* 「若… 」の意味を表す接頭辞 ¶ ಪಂದಳಿರ್ (paṃdaḷir) 若葉 (*Pb.5.32*)

[Ka. < *pasi* D3821]

ಪಂಕ¹ ⟦paṃka パンカ⟧ [pəŋkɐ] 《文》 *n.* 泥、ぬかるみ [Sk.] = ಕೆಸರು (kesaru)〔汎〕

ಪಂಕ² ⟦paṃka パンカ⟧ [pəŋkɐ] *n.* [H. *paṃkʰā* T7627] ☞ಪಂಖ (paṃkʰa)

ಪಂಕಜ ⟦paṃkaja パンカジャ⟧ [pəŋkəʤɐ] 《文》 *n.* (様々な種類の)ハス(蓮) [Sk.] = ಕಮಲ, ಪದ್ಮ, ತಾವರೆ (kamala, padma, tāvare)

ಪಂಕ್ತಿ ⟦paṃkti パンクティ⟧ [pəŋkti] *n.* **1** 並び、列 **2** 各行が 10 音節からなる 4 行詩の一つ **3** 食事のために列になって座っている人々 [Sk.]

ಪಂಖ ⟦paṃkʰa パンカ⟧ [pəŋkʰ ɐ] ಪಂಕ, ಪಂಖಾ *n.* うちわ、扇風機 [H. *paṃkʰā* T7627] = ಬೀಸಣಿಗೆ (bīsaṇige)

ಪಂಖಾ ⟦paṃkʰā パンカー⟧ [pəŋkʰɐː] *n.* ☞ಪಂಖ (paṃkʰa)

ಪಂಗ¹ ⟦paṃga パンガ⟧ [pəŋgɐ] 《古》 (*n.*) ふたまたになった〈こと〉、分岐している〈こと〉 ¶ ಪಂಗವಾದ ದಾರಿ (paṃgavāda dāri) ふたまたになった道 [Ka. D3818]

ಪಂಗ² ⟦paṃga パンガ⟧ [pəŋgɐ] ಪಂಗು², ಪಾಂಗ, ಹಂಗ 《古》 *n.* 王に支払われるべき税金の部分 [Ka. cf. D3818]

ಪಂಗ³ ⟦paṃga パンガ⟧ [pəŋgɐ] 《古》 *n.* 《*f.* *ಪಂಗಿ (paṃgi)》 足がない人、足が不自由な人 [*paṃgu* + *-a*] = ಹೆಳವ, ಕುಂಟ (heḷava, kuṃṭa)

ಪಂಗಡ ⟦paṃgaḍa パンガダ⟧ [pəŋgŏɖɐ] *n.* 分派、派閥、党派 ¶ ಕಾಂಗ್ರೆಸ್ಸು ಪಕ್ಷವು ಇತ್ತೀಚೆಗೆ ಹಲವಾರು ಪಂಗಡವಾಯಿತು. (kāṃgressu pakṣavu ittīcege halavāru paṃgaḍavāyitu.) 国民会議派は最近多くの派に分かれた。 [Ka. D3818] = ವಂಗಡ (vaṃgaḍa)

ಪಂಗನಾಮ 額のしるし

ಪಂಗನಾಮ ⟦paṃganāma パンガナーマ⟧ [pəŋgŏnɐːmɐ] *n.* 左右のふたまた部分が大きく広がったヴィシュヌ派の額のしるし［⇒図］ [*paṃga* + *nāma*]

ಪಂಗಿಗ ⟦paṃgiga パンギガ⟧ [pəŋgigɐ] *m.* 《*f.* ಪಂಗಿಗಳು (paṃgigaḷu)》〔卑〕（ある人に）恩義を被っている人 ¶ ಜಯಲಲಿತಾ ಎಂ. ಜಿ. ಆರ್. ನ ಪಂಗಿಗಳಾಗಿದ್ದಳು. (jayalalitā eṃ. ji. ār. na paṃgigaḷāgiddaḷu.) ジャヤラリターは、（人気俳優で元州首相の）M.G.R に引き立てられたものだった。 [Ka. *paṃgu*² + *-iga*, D3820]

ಪಂಗು¹ ⟦paṃgu パング⟧ [pəŋgu] 《古》 *n.* 王に支払われるべき税金の部分 [Ka. cf. D3818] ☞ಪಂಗ (paṃga)

ಪಂಗು² ⟦paṃgu パング⟧ [pəŋgu] ಹಂಗು 《古》 *n.* 恩義、恩義を被っていること [Ka. D3820] ☞ಹಂಗು (haṃgu)〔現〕

ಪಂಗು³ ⟦paṃgu パング⟧ [pəŋgu] 《文》 *mf.* 足がない人、足が不自由な人 [Sk. ←Dr.? M2.185]

ಪಂಚ ⟦paṃca パンチャ⟧ [pəɲʧɐ] 《文》 *numr.*(*adj.*) 五つ〈の〉 [Sk.]

ಪಂಚಕೋನ ⟦paṃcakōna パンチャコーナ⟧ [pəɲʧəkoːnɐ] 《文》 *n.* 五角形 [Sk.]

ಪಂಚಗವ್ಯ ⟦paṃcagavya パンチャガヴィャ⟧ [pəɲʧəgəvˑjɐ] 《文》 *n.* 牛から取れる五つのもの（乳とヨーグルトとギーと尿と牛糞） [Sk.]

ಪಂಚತ್ವ ⟦paṃcatva パンチャトヴァ⟧ [pəɲʧətvɐ] 《文》 *n.* **1** 五大、体を構成する五つの要素（地と水と火と風と空） **2** 体が五つの構成要素に分解すること、死 [Sk.]

ಪಂಚನಾಮೆ ⟦paṃcanāme パンチャナーメ⟧ [pəɲʧənɐːme] 《文》 *n.* 供述調書（かつてはパンチャーヤットの成員が作成していたが、現在は警察が作成する） [*paṃca* + Pe *nāma*]

ಪಂಚಪಾತ್ರೆ ⟦paṃcapātre パンチャパートレ⟧ [pəɲʧəpɐːtre] 《文》 *n.* **1** 五つの小さな金属製の容器を組み合わせた祭具（宗教儀式に用いられる） **2** 黄銅または銅製の円筒形の大きな水入れ（杓と一体になっているのが普通）［⇒図］ [Sk.] = ಪಂಚವಾಳ (paṃcavāḷa)

ಪಂಚಪಾತ್ರೆ 水入れ

ಪಂಚಪಾಳೆ ⟦paṃcapāḷe パンチャパーレ⟧ [pəɲʧəpɐːɭe] ಪಂಚವಾಳ 《文》 *n.* 五つの小さな金属製の容器を組み合わせた祭具（宗教儀式に用いられる） [M. *paṃcapāḷē*] = ಪಂಚವಾಳ (paṃcavāḷa)

ಪಂಚಪ್ರಾಣ ⟦paṃcaprāṇa パンチャプラーナ⟧ [pəɲʧəprɐːɳɐ] 《文》 *n.* **1** 命にとって大切な五つの気、五気 **2** 最も大切なもの [Sk.]

ಪಂಚಭೂತ ⟦paṃcabʰūta パンチャブータ⟧ [pəɲʧəbʰuːtɐ] 《文》 *n.* 五大、五つの元素（地と水と火と風と空） [Sk.]

ಪಂಚಮ ⟦paṃcama パンチャマ⟧ [pəɲʧəmɐ] 《文》 (*numr.*) 5 番目の、第 5 の —*n.* インド音階の第 5 音（後には第 7 音） [Sk.]

ಪಂಚಮಿ ⟦paṃcami パンチャミ⟧ [pəʧəmi] *n.* **1** 太陰暦の白分（月が満ちていく 15 日間）あるいは黒分（月が欠けていく 15 日間）の第 5 日 **2**〔言〕奪格（第 5 格） [Sk.]

ಪಂಚವಾಳ 祭具

ಪಂಚವಾಳ ⟦paṃcavāḷa パンチャヴァーラ⟧ [pəɲʧəvɐːɭɐ] 《文》 *n.* 五つの小さな金属製の容器を組み合わせた祭具（宗教儀式に用いられる）［⇒図］ [M. *paṃcapāḷē*]

ಪಂಚಾಂಗ ⟦paṃcāṃga パンチャーンガ⟧ [pəɲʧɐːŋgɐ] *n.* 伝統的なインドの暦（太陰日、曜日、星宿、ヨーガ、カラナという五つの部分を説くことからの名称、様々な寺院の祭日なども載せている） [Sk.]

ಪಂಚಾಯತ ⟦paṃcāyata パンチャーヤタ⟧ [pəɲʧɐːtɐ] *n.* 決定、裁定 [H. *paṃcāyatā*] ☞ಪಂಚಾಯತಿ (paṃcāyati)

ಪಂಚಾಯತಿ ⟦paṃcāyati パンチャーヤティ⟧ [pəɲʧɐːjə̆ti] ಪಂಚಾಯಿತಿ, ಪಂಚಾಯ್ತಿ *n.* **1** パンチャーヤット（5 人以上の人が集まって、争いなどを解決する村落

共同体内の組織体）2 長々しい無用な論議 ¶ ಇಷ್ಟು ಸಣ್ಣ ವಿಷಯಕ್ಕೆ ಪಂಚಾಯತಿ ಮಾಡಬೇಡ. (iṣṭu saṇṇa viṣayakke paṃcāyati māḍabēḍa.) こんな小さなことで無用な論議はやめなさい。 3 寺院や福祉施設の経営のための受託者団体 4〔喩〕争い、軋轢、もめ事；紛糾 5〔喩〕無用な騒ぎ、から騒ぎ 6 仲裁、調停裁判 [H. *paṃcāyatā*]

ಪಂಚಾಯಿತ ⟦paṃcāyita パンチャーイタ⟧ [pəɲʧɐːjĭtɐ] *m.* ⟪*f.* ಪಂಚಾಯಿತಿ ಸದಸ್ಯೆ (paṃcāyiti sadasye)⟫ パンチャーヤットの成員 [H. *paṃcāyatā*] ☞ಪಂಚಾಯತಿ (paṃcāyati)

ಪಂಚಾಯಿತಿ ⟦paṃcāyiti パンチャーイティ⟧ [pəɲʧɐːĭti] *n.* [H. *paṃcāyatā*] ☞ಪಂಚಾಯತಿ (paṃcāyati)

ಪಂಚಾಯ್ತಿ ⟦paṃcāyti パンチャーイティ⟧ [pəɲʧɐːĭti] *n.* [H. *paṃcāyatā*] ☞ಪಂಚಾಯತಿ (paṃcāyati)

ಪಂಚು ⟦paṃcu パンチュ⟧ [pəɲʧu] 《古》 *vt.* 1 分ける、分割する 2 分配する、分かち与える [Ka. D3936] ☞ಹಂಚು (haṃcu)[2]

ಪಂಚುಗೆ ⟦paṃcuge パンチュゲ⟧ [pəɲʧŭge] 《古》 *n.* 分割；分配；持ち分 [Ka. *D3936] ☞ಪಸುಗೆ (pasuge)

ಪಂಚೆ ⟦paṃce パンチェ⟧ [pəɲʧe] *n.* ドーティー（男性が下半身に巻く2メートルから4メートルほどの長さの白い布）［⇒図］[? cf. Ta. *paṃcu*, Te. *paṃce*, M. *paṃcā*]

ಪಂಜ ⟦paṃja パンジャ⟧ [pəɲʤɐː] *n.*（動物の）長い爪の生えた足 [Pe. *panja*] ☞ಪಂಜಾ (paṃjā)

ಪಂಜರ[1] ⟦paṃjara パンジャラ⟧ [pəɲʤərɐ] *n.* 鳥かご、檻 [Sk. *paṃjara-*]

ಪಂಜರ[2] ⟦paṃjara パンジャラ⟧ [pəɲʤərɐ] *n.* [Pe. *paṃja* × Sk. *paṃjara*?] ☞ಪಂಜಾ (paṃjā)

ಪಂಚೆ
ドーティー

ಪಂಜಾ ⟦paṃjā パンジャー⟧ [pəɲʤɐː] ಪಂಜ, ಪಂಜರ[2] *n.*（動物の）長い爪の生えた足 [Pe. *panja*]

ಪಂಜಿ ⟦paṃji パンジ⟧ [pəɲʤi] *n.*（そこから）糸を紡ぐ綿の塊 [Ka. D3836, cf. Sk. *paṃji-* M2.188]

ಪಂಜಿಕೆ[1] ⟦paṃjike パンジケ⟧ [pəɲʤike] 《古》 *n.*（そこから）糸を紡ぐ綿の塊 [Ka. D3836, cf. Sk. *paṃjikā-*] = ಪಂಜಿ (paṃji)

ಪಂಜಿಕೆ[2] ⟦paṃjike パンジケ⟧ [pəɲʤike] 《古》 *n.* 日記帳、当座帳 [Sk.] = ದಾಖಲೆ ಪುಸ್ತಕ, ದಿನಚರಿ (dākʰale pustaka, dinacari)

ಪಂಜು ⟦paṃju パンジュ⟧ [pəɲʤu] *n.* たいまつ [?, cf. Tu. *paṃji*, *paṃju* M. *pantam* Te. *paṃśu*]

ಪಂಜೆ ⟦paṃje パンジェ⟧ [pəɲʤe] *adj.*, *mf.* 1 貧乏な〈人〉、貧しい〈人〉 2 下劣な〈人〉、品性の卑しい〈人〉 [Ka. D3825(b)]

ಪಂಜೆತನ ⟦paṃjetana パンジェタナ⟧ [pəɲʤetənɐ] *n.* 1 貧乏、貧窮 2 品性が低いこと、卑しいこと、（人格の）矮小なこと [Ka. *paṃje* + *-tana*]

ಪಂಡಿತ ⟦paṃḍita パンディタ⟧ [pəɳɖitɐ] *m.* ⟪*f.* ಪಂಡಿತೆ (paṃḍite) ಪಂಡಿತಳು (paṃḍitaḷu)⟫ 1 学者 2（普通アーユルヴェーダの）伝統的なインドの医者 [Sk.]

ಪಂಡಿತಪ್ರಶಸ್ತಿ ⟦paṃḍitapraśasti パンディタプラシャスティ⟧ [pəɳɖitəprəʃəsti] 《文》 *n.* ドクター（博士）の称号 [Sk.]

ಪಂತ ⟦paṃta パンタ⟧ [pəntɐ] ಪಂದ, ಪಂದ್ಯ, ಪಣಿದ, ಪಂಥ[1], ಹಂತ[1], ಹಣಿದ 《古》 *n.* 1 誓い、心に誓うこと 2 決心、決意 3 競争、張り合うこと = ಸ್ಪರ್ಧೆ (spardʰe) 4 賭け 5（博打や競争で）賭けたもの [Ka. D3921 < Sk. *paṇita*]

ಪಂಥ[1] ⟦paṃtʰa パンタ⟧ [pəntʰɐ] 《古》 *n.* [Ka. *D3921] ☞ಪಂತ (paṃta)

ಪಂಥ[2] ⟦paṃtʰa パンタ⟧ [pəntʰɐ] 《古》 *n.* 1 道、道路 2 正しい道、正しい行動 3 学派、宗派 [Sk.]

ಪಂದ ⟦paṃda パンダ⟧ [pəndɐ] 《古》 *n.* 誓い、心に誓うこと [Ka. *D3921] ☞ಪಂತ (paṃta)

ಪಂದರ್ ⟦paṃdar パンダル⟧ [pəndər] 《古》 *n.* [Ka. D3922] ☞ಹಂದರ (haṃdara)

ಪಂದರ ⟦paṃdara パンダラ⟧ [pəndərɐ] ಪಂದರ್, ಪಂದರು, ಪಂದಲ್, ಪಂದಲು, ಹಂದರ, ಹಂದರು, ಹಂದಲ, ಹಂದಲು 《古》 *n.* 1 結婚式などのために木の葉や布で作られた小屋 2 ブドウなどを栽培する棚 [Ka. D3922] = ಚಪ್ಪರ (cappara) ☞ಹಂದರ (haṃdara)

ಪಂದರು ⟦paṃdaru パンダル⟧ [pənd̆əru] 《古》 *n.* [Ka. *D3922] ☞ಹಂದರ (haṃdara)

ಪಂದಲ್ ⟦paṃdal パンダル⟧ [pəndəl] 《古》 *n.* [Ka. D3922] ☞ಹಂದರ (haṃdara)

ಪಂದಲು ⟦paṃdalu パンダル⟧ [pəndəlu] 《古》 *n.* [Ka. *D3922] ☞ಹಂದರ (haṃdara)

ಪಂದಳಿರ್ ⟦paṃdaḷir パンダリル⟧ [pəndəḷir] 《古》 *n.* 若葉 [Ka. *paṃ-* D3821 + *taḷir* D3131]

ಪಂದಿ ⟦paṃdi パンディ⟧ [pəndi] 《古》 *n.* 豚、イノシシ [Ka. D4039] ☞ಹಂದಿ (haṃdi)〔現〕

ಪಂದೆ ⟦paṃde パンデ⟧ [pənde] 《古》 *mf.* 卑怯者 [Ka. D3927] ☞ಹಂದೆ (haṃde)

ಪಂದ್ಯ ⟦paṃdya パンディャ⟧ [pəndˑjɐ] *n.* 1 賭け、賭け競技、博打 2 賭け金、博打や競争で賭けられたもの [Ka. D3921] ☞ಪಂತ (paṃta)

ಪಂಪ ⟦paṃpa パンパ⟧ [pəmpɐ] 《古》 *n.* 等分 [Ka. D3936]

ಪಂಬಲ್ ⟦paṃbal パンバル⟧ [pːəmbəl] 《古》 *n.* 渇望、激しい欲望 [Ka. D3931] ☞ಹಂಬಲ (haṃbala)〔現〕

ಪಂಬಲಿಸು ⟦paṃbalisu パンバリス⟧ [pəmbəlĭsu] 《古》 *vt.* 渇望する、ひどく欲しがる [Ka. D3931] ☞ಹಂಬಲಿಸು (haṃbalisu)〔現〕

ಪಕ ⟦paka パカ⟧ [pəkɐ] 《‡》 (*n.*), *adv.* ⟪*redp.*⟫ 1 からから、はっはっは（笑い声を表す擬音語） 2 ぽかん（ぼんやり大口をあけた様子を表す擬態語）[Ka. onom. D3813]

ಪಕತ್ ⟦pakat パカト⟧ [pəkət] ಪಕತ್ತು, ಪಕ್ತ, ಫಕತ, ಫಕ್ತ 《口》 *adv.* ただ、たった ¶ ಈ ಪಾತ್ರೆ ಪಕತ್ ಉಪ್ಪಿನಕಾಯಿಗಾಗಿ. (ī pātre pakat uppinakāyigāgi.) この容器はただ漬物専用である。[M. pʰakatā ←Ar. *faqaṭ*]

ಪಕಪಕ ⟦pakapaka パカパカ⟧ [pɐkɐpɐkɐ] (*n.*), *adv.* 1 はっはっは(朗らかな笑い声を表す擬音語) 2 ぽかん(ぼんやり大口をあけた様子を表す擬態語) [Ka. onom. D3813]

ಪಕಪಕನೆ ⟦pakapakane パカパカネ⟧ [pəkəpəkəne] *adv.* からからと [+ *-ane* D3813]

ಪಕಪಕನೆ ನಗು ⟦pakapakane nagu パカパカネナグ⟧ [pəkəpəkəne nəgu] *vi.* からからと笑う [+ *nagu* D3813]

ಪಕಳೆ ⟦pakaḷe パカレ⟧ [pəkə̆ḷe] *n.* はなびら、花弁 [M. *pākāḷī* T7638]

ಪಕಾರ ⟦pakāra パカーラ⟧ [pəkɐːrɐ] *n.* カンナダその他のインド系言語で音素の連続 /pa/ を表す文字 [Sk.]

ಪಕೋಡ ⟦pakōḍa パコーダ⟧ [pəkoːḍɐ] *n.* パコーラー(玉ねぎを刻んで水溶き豆粉と混ぜて揚げた食べ物、主におやつとして食べられる) [H. *pakauṛā* T7625]

ಪಕ್ಕ ⟦pakka パッカ⟧ [pəkkɐ] ಪಕ್ಕು, ಪಕ್ಕೆ³, ಬಂಕ, ವಂಕ² *n.* 1 横、脇 2 近く、近辺、近傍 3 (鳥などの)羽根 4《古》太陰月の半分、白分(月が満ちていく 15 日間)あるいは黒分(月が欠けていく 15 日間) [Sk. *pakṣa-*] ☞ಶುಕ್ಲಪಕ್ಷ (śuklapakṣa) ಕೃಷ್ಣಪಕ್ಷ (kṛṣṇapakṣa)

ಪಕ್ಕನೆ ⟦pakkane パッカネ⟧ [pəkkə̆ne] *adv.* 急に、不意に、突然 ¶ ಅವನು ಪಕ್ಕನೆ ನಕ್ಕನು. (avanu pakkane nakkanu.) 彼は突然笑いだした。[Ka. onom. D3813 + *-ane*] = ಇದ್ದಕ್ಕಿದ್ದ (iddakkidda)

ಪಕ್ಕವಾದ್ಯ ⟦pakkavādya パッカヴァーディャ⟧ [pəkkəvɐːdʲjɐ] *n.* 伴奏楽器、伴奏 [Sk. *pakṣavādya*]

ಪಕ್ಕಾ ⟦pakkā パッカー⟧ [pəkkɐː] 《方》(*adj.*) 1 (果物が)熟した〈こと〉、熟れた〈こと〉 2 (牛乳、油、金などが)混じりけのない〈こと〉、純粋〈の〉、(銀行券、写しなどが)真正〈の〉、(英国人、インド人など)生粋〈の〉、本当〈の〉¶ ಪಕ್ಕಾ ಪ್ರತಿ (pakkā prati) 真正の写し 3 完全な、完成した、熟達した ¶ ಪಕ್ಕಾ ಕಳ್ಳ (pakkā kaḷḷa) 泥棒の達人 4 確かな、確実な ¶ ನೀವು ಬರುವುದು ಪಕ್ಕಾ ತಾನೆ? (nīvu baruvudu pakkā tāne?) おいでになるのは確かなのでしょうか [H./M. *pakkā* T7621]

ಪಕ್ಕು¹ ⟦pakku パック⟧ [pəkku] 《古》(*n.*) 1 優れた〈こと〉 2 十分に煮えた〈こと〉、十分に焼けた〈こと〉 [Sk. *pakva-*]

ಪಕ್ಕು² ⟦pakku パック⟧ [pəkku] 《古》*n.* 目やに、鼻くそ [?] ☞ಹಕ್ಕು (hakku) 鼻くそ, ಗೀಜು (gīju) 目やに

ಪಕ್ಕು³ ⟦pakku パック⟧ [pəkku] *n.* (努力などの)ねらい、標的 [?] ಗುರಿ (guri)

ಪಕ್ಕಾಗು ⟦pakkāgu パッカーグ⟧ [pəkkɐːgu] *vi.* (嘲笑などの)的となる ¶ ಅಧ್ಯಕ್ಷ ಕ್ಲಿಂಟನ್ ಲೈಂಗಿಕ ಹಗರಣದ ಆರೋಪಕ್ಕೆ ಪಕ್ಕಾದರು. (adʰyakṣa klimṭan laimgika hagaraṇada ārōpakke pakkādaru.) クリントン大統領はセックス・スキャンダルの標的となった。[+ *āgu*]

ಪಕ್ಕೆ¹ ⟦pakke パッケ⟧ [pəkke] *n.* ギョリュウ科ギョリュウ属の低木 (*Si.131* (*Kitt.*)) [Ka. D3812]

ಪಕ್ಕೆ² ⟦pakke パッケ⟧ [pəkke] 《古》*n.* 1 横になること、寝ること 2 寝る場所 (*KN 82*) 3 牛などを夜つなぐ場所 (*KN 50*) [Ka. D4007]

ಪಕ್ಕೆ³ ⟦pakke パッケ⟧ [pəkke] *n.* 1 横、脇 2 近く、近辺、近傍 [Sk. *pakṣa-*] ☞ಪಕ್ಕ (pakka)

ಪಕ್ವ ⟦pakva パクヴァ⟧ [pəkvɐ] (*n.*) 1 よく煮えた〈こと〉、よく焼けた〈こと〉 2 (果物が)よく熟した〈こと〉、熟れた〈こと〉 3 (精神や技術が)成熟した〈こと〉[Sk.]

ಪಕ್ವಾನ್ನ ⟦pakvānna パクヴァーンナ⟧ [pəkvɐːnnɐ] 《文》*n.* 1 飯、ご飯、調理した食べ物 2 (正餐の一部として出される)ラッドゥーやジャレビやホーリゲなどの菓子 [Sk.]

ಪಕ್ಷ ⟦pakṣa パクシャ⟧ [pəkʂɐ] *n.* 1 (鳥などの)翼、羽根 2 横、側面 3 党派、派閥 4 太陰月の半分、白分あるいは黒分 [Sk.] ☞ಶುಕ್ಲಪಕ್ಷ (śuklapakṣa) ಕೃಷ್ಣಪಕ್ಷ (kṛṣṇapakṣa)

ಪಕ್ಷಪಾತ ⟦pakṣapāta パクシャパータ⟧ [pəkʂəpɐːtɐ] 《文》*n.* えこひいき、不公平 [Sk.]

ಪಕ್ಷಪಾತಿ ⟦pakṣapāti パクシャパーティ⟧ [pəkʂəpɐːti] 《文》*mf.* えこひいきする人、不公平な人 [Sk.]

ಪಕ್ಷವಾತ ⟦pakṣavāta パクシャヴァータ⟧ [pəkʂəvɐːtɐ] 《文》*n.* 片麻痺、半身麻痺、中風 [Sk.]

ಪಕ್ಷಭಾವನೆ ⟦pakṣabʰāvane パクシャバーヴァネ⟧ [pəkʂə bʰɐːvəne] 《文》*n.* 党派意識 [Sk.]

ಪಕ್ಷಾಂತರ ⟦pakṣāṃtara パクシャーンタラ⟧ [pəkʂɐːntərɐ] 《文》*n.* 1 他の派閥、他の政党 2 脱党、脱党して他の政党へ移ること [Sk.]

ಪಕ್ಷಿ ⟦pakṣi パクシ⟧ [pəkʂi] 《文》*n.* 鳥 [Sk.]

ಪಕ್ಷಿನೋಟ ⟦pakṣinōṭa パクシノータ⟧ [pəkʂinoːṭɐ] 《文》*n.* 鳥瞰、上空からの眺望 [*pakṣi* + nōṭa「視界」]

ಪಕ್ಷಿಶಕುನಶಾಸ್ತ್ರ ⟦pakṣiśakunaśāstra パクシシャクナシャーストラ⟧ [pəkʂiʃəkunəʃɐːstrɐ] 《文》*n.* 鳥占い [Sk.]

ಪಕ್ಷಿಶಾಸ್ತ್ರ ⟦pakṣiśāstra パクシシャーストラ⟧ [pəkʂiʃɐːstrɐ] 《文》*n.* 鳥類学 [Sk.]

ಪಕ್ಷೋಲ್ಲಂಘನೆ ⟦pakṣōllamgʰane パクショーッランガネ⟧ [pəkʂoːlləŋgʰəne] 《文》*n.* 1 反対党(派)に賛成票を投じること 2 脱党、脱党して他の政党へ移ること [Sk.]

ಪಗಡಿ ⟦pagaḍi パガディ⟧ [pəgə̆ḍi] *n.* 1 ターバン 2 借家契約の時に払う(借家人に返って来ない)礼金 [H. *pagăṛī* T7644]

ಪಗಡೆ¹ ⟦pagaḍe パガデ⟧ [pəgə̆ḍe] *n.* 双六の一種 [? cf. M. *pagăḍā*, Ta. *pakaṭṭai*, Te. *pagaḍa*]

ಪಗಡೆ² ⟦pagaḍe パガデ⟧ [pəgə̆ḍe] ಪೊಗಡ, ಪೊಗಡೆ *n.* ミサキノハナ(熱帯アジア産アカテツ科の高木、果実は食用、花は香水の原料) ⇀ 香・香辛・薬 [Ka. D4453] = ಬಕುಳ, ನಾಗಕೇಸರ (bakuḷa, nāgakēsara) *[IHT 477]

ಪಗದಿ ⟦pagadi パガディ⟧ [pəgə̆ḍi] *n.* (大王が小さな君主たちに課す)賦課金 [Ka. D3808] ☞ಪಗುದಿ (pagudi)

ಪಗಲ್ ⟦pagal パガル⟧ [pəgəl] 《古》 *n.* [Ka. D3805] ☞ಪಗಲು (pagalu) , ಹಗಲು (hagalu)

ಪಗಲು ⟦pagalu パガル⟧ [pəgə̆lu] 《古》 *n.* 1 日、1日 2 昼、昼間 (*Pb.12.143*) [Ka. *D3805] ☞ಹಗಲು (hagalu)

ಪಗಿನ್ ⟦pagin パギン⟧ [pəgin] ಪಗಿನ, ಪಗಿನು, ಹಗಿನ, ಹಗಿನು 《古》 *n.* 樹脂(樹皮から出る粘度の高い液体) [Ka. *D3827]

ಪಗಿನ ⟦pagina パギナ⟧ [pəginɐ] 《古》 *n.* [Ka. D3827] ☞ಪಗಿನ್ (pagin)

ಪಗಿನು ⟦paginu パギヌ⟧ [pəginu] 《古》 *n.* [Ka. D3827] ☞ಪಗಿನ್ (pagin)

ಪಗಿಲ್ ⟦pagil パギル⟧ [pəgil] 《古》 *vi.* くっつく、くっつき合う、貼りつく (*Pb.8.67*) [Ka. D3827]

ಪಗುದಿ ⟦pagudi パグディ⟧ [pəguḍi] ಪಗದಿ, ಪೊಗದಿ *n.* 賦課金、支配者などが課す金、税金 [Ka. D3808]

ಪಗೆ ⟦page パゲ⟧ [pəge] 《古》 *n.* 憎しみ、敵意 (*Pb.2.30*) [Ka. D3808] ☞ಹಗೆ (hage)〔汎〕

ಪಗೆವು ⟦pagevu パゲヴ⟧ [pəgĕvu] 《古》 *n.* [Ka. *D3808] ☞ಹಗೆ (hage)

ಪಗೆಕಾಱ ⟦pagekāṟa パゲカーラ⟧ [pəgekɐːrɐ] 《古》 *m.* 《f ಪಗೆಕಾರ್ತಿ (pagekārti)》敵、かたき [*page* + *-kāṟa*]

ಪಗೆಲಾ ⟦pagelā パゲラー⟧ [pəgelɐː] 《方》 *n.* 無毒の蛇の一種 (*Hav.*) [Ka. D3809]

ಪಚ ⟦paca パチャ⟧ [pəʧɐ] 《‡》 (*n.*) 《*redp.*》ぱちゃっ(泥水を踏みつけたり泥水に石などが落ちたりした時の音を表す擬音語) [Ka. onom. D3822] (*C.* (*Kitt.*))

ಪಚಕ್ ⟦pacak パチャク⟧ [pəʧək] (*n.*) ぱちゃっ(泥水を踏みつけたり泥水に石などが落ちたりした時の音を表す擬音語) [Ka. onom. *D3822]

ಪಚಕ್ಕನೆ ⟦pacakkane パチャッカネ⟧ [pəʧəkkə̆ne] *adv.* ぱちゃっと [+ *-ane* D3822]

ಪಚಡಿ ⟦pacaḍi パチャディ⟧ [pəʧə̆ḍi] *n.* 野菜のみじん切りにヨーグルトを混ぜた副食物 [Ka. D3831] ☞ಪಚ್ಚಡಿ (paccaḍi)

ಪಚನ ⟦pacana パチャナ⟧ [pəʧə̆nɐ] *n.* 1 (食物の)消化 2〔喩〕(原理、発想法、学説、様式などの)消化、学んで自分のものとすること 3《文》料理 4〔喩〕横領 ¶ ಸರಕಾರದ ಹಣವನ್ನು ರಾಜಕಾರಣಿಗಳು ಪಚನ ಮಾಡುತ್ತಾರೆ. (sarakārada haṇavannu rājakāraṇigaḷu pacana māḍuttāre.) 政治家たちは政府の金を横領する。◇ *vt.* —ಮಾಡು (māḍu) 消化する、自分のものにする [Sk.]

ಪಚಪಚ ⟦pacapaca パチャパチャ⟧ [pəʧəpəʧɐ] (*n.*) ぱちゃぱちゃ(泥水などの中を歩く時の音を表す擬音語) —*adv.* ぱちゃぱちゃと [Ka. D3822]

ಪಚೆ ⟦pace パチェ⟧ [pəʧe] 《‡》 (*n.*) 1 緑〈の〉(*Kitt.*) 2 未熟〈な〉(*Kitt.*) [Ka. D3821]

ಪಚ್ಚ ⟦pacca パッチャ⟧ [pəʧʧɐ] (*n.*) 1 緑〈色の〉 2 (色が)浅い〈こと〉¶ ಪಚ್ಚಹಸುರು (pacca hasuru) 浅緑 —*n.* エメラルド、翠玉(すいぎょく) ಪಚ್ಚೆ(pacce) [Ka. D3821]

ಪಚ್ಚಡಿ ⟦paccaḍi パッチャディ⟧ [pəʧʧə̆ḍi] ಪಚಡಿ *n.* 1 みじん切りにしたもの 2 野菜のみじん切りにヨーグルトを混ぜた副食物 [Ka. D3831]

ಪಚ್ಚನೆ ⟦paccane パッチャネ⟧ [pəʧʧə̆ne] ಹಚ್ಚನೆ 《古》 (*n.*) 緑〈色の〉 [Ka. D3821]

ಪಚ್ಚನೆಯ ⟦paccaneya パッチャネヤ⟧ [pəʧʧə̆nejɐ] 《古》 *adj.* 緑色の [Ka. *paccane* + *-a* *D3821] ☞ಪಚ್ಚನೆ (paccane)

ಪಚ್ಚಾರಿ ⟦paccāri パッチャーリ⟧ [pəʧʧɐːri] ಪಚರಿ, ಪಚಾಲೆ, ಪಚ್ಚೇರಿ *n.* マメ科の高木(薬用) ⇀ 薬 [Ka. D3832] (*Ršv.5.56* (*Kitt.*)) *[MPI 2.18]

ಪಚ್ಚಿ ⟦pacci パッチ⟧ [pəʧʧi] 《‡》 *n.* 部分、一部、分け前 [Ka. D3936] (*My.* (*Kitt.*))

ಪಚ್ಚು¹ ⟦paccu パッチュ⟧ [pəʧʧu] 《‡》 (*n.*) 緑〈色の〉 [Ka. D3821 (キッテルの誤った語分割によるものか)] (*Šmd.216* (*Kitt.*)) = ಪಸು, ಪಂ (pasu, paṃ)

ಪಚ್ಚು² ⟦paccu パッチュ⟧ [pəʧʧu] 《古》 *vt.* 分割する、分ける、分け与える (*Pb.13.9*) —*n.* 部分、一部、分け前(*Šmd. 215* (*Kitt.*)) = ಹಂಚು (haṃcu)² [Ka. D3936]

ಪಚ್ಚು³ ⟦paccu パッチュ⟧ [pəʧʧu] 《古》 *n.* ささやき [Ka. OK *parcu* D4031] ☞ಪರ್ಚು (parcu)

ಪಚ್ಚು⁴ ⟦paccu パッチュ⟧ [pəʧʧu] 《‡》 *mf.* 気の狂った人、精神がおかしい人 [Ka. D4142] (*DEDR*) ☞ಪುಚ್ಚು (puccu)

ಪಚ್ಚೆ ⟦pacce パッチェ⟧ [pəʧʧe] 《古》 (*n.*) 1 緑〈色の〉 2 未熟〈な〉= ಹಸು (hasu) —*n.* 碧玉、エメラルド ಮರಕತ (marakata) [Ka. D3821]

ಪಚ್ಚೆಕಲ್ಲು ⟦paccekallu パッチェカッル⟧ [pəʧʧekəllu] *n.* 碧玉、エメラルド [*pacce* + *kallu*]

ಪಜ್ಜೆ ⟦pajje パッジェ⟧ [pəʤʤe] 《古》 *n.* 1 足跡 2 (ある人が歩んだ)道 3 (足首から先の)足 4 痕跡 [A6] ☞ಹೆಜ್ಜೆ (hejje)

ಪಟ¹ ⟦paṭa パタ⟧ [pəʈɐ] 《‡》 (*n.*) 《*redp.*》ぱたぱた(旗などが風にはためく音や鳥が羽ばたく音などを表す擬音語) [Ka. onom. D3841] (*My.* (*Kitt.*)) ☞ಪಟಪಟ (paṭapaṭa)

ಪಟ² ⟦paṭa パタ⟧ [pəʈɐ] *n.* 1 布、きれ 2 衣料、衣服 = ಬಟ್ಟೆ (baṭṭe)〔口〕 3 旗 = ಬಾವುಟ (bāvuṭa)〔口〕 4 (舟の)帆 = ಹಾಯಿ (hāyi)〔口〕 5 凧 = ಗಾಳಿಪಟ (gāḷipaṭa) 6 絵、絵画 = ಚಿತ್ರ (citra) [Sk. <? M.190]

ಪಟಕ್ ⟦paṭak パタク⟧ [pəʈək] (*n.*) 1 ぱん、ぱあん(爆竹などの破裂する音を表す擬音語) 2 (本が床

に落ちた時のような）瞬間的なやや高い音を表す擬音語 [Ka. onom. D3841]

ಪಟಕ್ಕನೆ ⟦paṭakkane パタッカネ⟧ [pəʈəkkə̆ne] *adv.* **1** ぱんと、ぱあんと（爆竹などの破裂する音を表す擬音語）¶ ಕಾಲಿನ ಹತ್ತಿರ ಪಟಕ್ಕನೆ ಪಟಾಕಿ ಸಿಡಿಯಿತು. (kālina hattira paṭakkane paṭāki siḍiyitu.) 爆竹が（私の）足元でぱちんと鳴った。**2** ぱたんと ¶ ಪಟಕ್ಕನೆ ಪುಸ್ತಕ ಬಿದ್ದಿತು. (paṭakkane pustaka bidditu.) 本がぱたんと落ちた。[+ *-ane*]

ಪಟಕಾರು ⟦paṭakāru パタカール⟧ [pəʈə̆kɐːru] *n.* 熱いものやきたないものなどを挟む道具、火ばさみ、やっとこ［⇒図］[Ka. D3864] = ಚಿಮುಟ, ಇಕ್ಕಳ (cimuṭa, ikkaḷa)

ಪಟಕಾರು やっとこ

ಪಟಪಟ ⟦paṭapaṭa パタパタ⟧ [pəʈəpəʈɐ] (*n.*) **1** ぱらぱら（大粒だがあまりひどくない雨が落ちる音を表す擬音語）**2** ぱたぱた（旗などが風にはためく音や鳥が羽ばたく音などを表す擬音語）[Ka. onom. D3841]

ಪಟಪಟನೆ ⟦paṭapaṭane パタパタネ⟧ [pəʈəpəʈə̆ne] *adv.* ぱたぱたと [+ *-ane*]

ಪಟಲ ⟦paṭala パタラ⟧ [pəʈə̆lɐ] 《文》 *n.* [Ka. D4250] ☞ಪಡಲ (paḍala)¹

ಪಟಸ್ತಂಭ ⟦paṭastaṃbʰa パタスタンバ⟧ [pəʈəstəmbʰɐ] *n.* 帆柱 [Sk.]

ಪಟಾಕಿ ⟦paṭāki パターキ⟧ [pəʈɐːki] *n.* 爆竹 [H. *paṭākā*]

ಪಟಾರ್ ⟦paṭār パタール⟧ [pəʈɐːr] (*n.*) ぱん、ぱあん（爆竹などの破裂する音を表す擬音語）◇ *adv.* ಪಟಾರನೆ (paṭārane) [Ka. onom. D3841]

ಪಟಾರನೆ ⟦paṭārane パターラネ⟧ [pəʈɐːrə̆ne] *adv.* ぱあんと [+ *-ane* D3841]

ಪಟಾಲಂ ⟦paṭālaṃ パターラン⟧ [pəʈɐːləm] *n.* **1** ならず者の集団、ギャング **2** （軍隊の）隊 [Eg. *battalion*]

ಪಟೀರ್ ⟦paṭīr パティール⟧ [pəʈiːr] 《文》 (*n.*) ばん、ばあん（爆発音を表す擬音語）[Ka. D3841]

ಪಟೀರನೆ ⟦paṭīrane パティーラネ⟧ [pəʈiːrə̆ne] *adv.* ばあんと [+ *-ane*]

ಪಟು ⟦paṭu パトゥ⟧ [pəʈu] 《文》 *adj., mf.* 《複合語末で》熟練した〈人〉、有能な〈人〉[Sk. ←Dr.?]

ಪಟುತ್ವ ⟦paṭutva パトゥトヴァ⟧ [pəʈutvɐ] 《文》 *n.* 《複合語末で》熟達、熟練、有能 [Sk.]

ಪಟ್ಟ್ ⟦paṭṭ パトト⟧ [pəʈʈ] (*n.*) ぽん、ぱん（風船がはじけたり磁器の皿が割れたりする時に発する音を表す擬音語）[Ka. onom.]

ಪಟ್ಟೆಂದು ⟦paṭṭeṃdu パッテンドゥ⟧ [pəʈʈendu] *adv.* ぽんと、ぱちんと、がちゃんと（風船がはじけたり、磁器の皿が割れたりする時に出す音）[+ *-eṃdu*]

ಪಟ್ಟ¹ ⟦paṭṭa パッタ⟧ [pəʈʈɐ] 《‡》 *n.* 都市、町 (*Śmd.155.292* (*Kitt.*)) [Ka. D3868]

ಪಟ್ಟ² ⟦paṭṭa パッタ⟧ [pəʈʈɐ] *n.* **1** （字を書く）平板、（一般に）板 **2** 王冠 **3** ある機関を統括する役職 **4** （布や板などの）細長い一片 **5** 絹 **6** 上着 [Sk. <? M2.193]

ಪಟ್ಟಗೆ ⟦paṭṭage パッタゲ⟧ [pəʈʈə̆ge] 《‡》 *n.* 捕まえること、獲得 [Ka. D4034] (*Kitt.*)

ಪಟ್ಟಡಿ ⟦paṭṭaḍi パッタディ⟧ [pəʈʈə̆ɖi] ಪಟ್ಟಡೆ 《古》 *n.* **1** （金細工師などの）金床、金敷、アンビル = ಅಡಿಗಲ್ಲು (aḍigallu) **2** （金細工師などの）工房、仕事場 = ಪಟ್ಟಡಿಮನೆ (paṭṭaḍimane) [Ka. D3865]

ಪಟ್ಟಡೆ ⟦paṭṭaḍe パッタデ⟧ [pəʈʈə̆ɖe] 《古》 *n.* [Ka. D3865] ☞ಪಟ್ಟಡಿ (paṭṭaḍi)

ಪಟ್ಟಣ ⟦paṭṭaṇa パッタナ⟧ [pəʈʈə̆ɳɐ] *n.* 《通常複合語末で》町、小都市 [Sk. *paṭṭana*- <?]

ಪಟ್ಟನೆ ⟦paṭṭane パッタネ⟧ [pəʈʈə̆ne] *adv.* **1** 直ちに **2** ぱちっと；はっしと（強くて一瞬の音を表す擬音語）¶ ಅಪ್ಪ ಝಿರಳೆಯನ್ನು ಪಟ್ಟನೆ ಹೊಡೆದರು. (appa jʰiraḷeyannu paṭṭane hoḍedaru.) 父はぱちんとゴキブリを叩いた。[Ka. onom. *-ane* D3841]

ಪಟ್ಟಭದ್ರ ⟦paṭṭabʰadra パッタバドラ⟧ [pəʈʈə̆bʰədrɐ] 《文》 *adj., m.* 《*f.* ಪಟ್ಟಭದ್ರಳು (paṭṭabʰadraḷu)》既得権益や地位を手放さない〈人〉¶ ಸ್ಟಾಲಿನ್ ಬಹಳ ಪಟ್ಟಭದ್ರ ಶಾಸಕನಾಗಿದ್ದನು. (stālin bahaḷa paṭṭabʰadra śāsakanāgiddanu.) スターリンは権力をがっちり守った支配者であった。[Sk.]

ಪಟ್ಟಭದ್ರ ಹಿತಾಸಕ್ತಿ ⟦paṭṭabʰadra hitāsakti パッタバドラヒターサクティ⟧ [pəʈʈəbʰədrə hitɐːsəkti] 《文》 *n.* 既得権益に固執すること、（新しい公共事業などに対して土地所有者などが）自分の所有権に固執したり公害から身を守ろうとしたりして反対すること [Sk.]

ಪಟ್ಟಲು ⟦paṭṭalu パッタル⟧ [pəʈʈə̆lu] 《古》 *n.* [Ka. *D4250] ☞ಪಡಲ (paḍala)¹

ಪಟ್ಟಾಭಿಷೇಕ ⟦paṭṭābʰiṣēka パッタービシェーカ⟧ [pəʈʈɐːbʰiʂeːkɐ] *n.* 灌頂、戴冠式 [Sk.]

ಪಟ್ಟಿ¹ ⟦paṭṭi パッティ⟧ [pəʈʈi] 《古》 *n.* **1** 畜舎、家畜小屋 **2** 集落、小さな村 **3** 牛飼いなど特定のカーストの人々が集まって住む集落 [Ka. D3868] = ಹಟ್ಟಿ (haṭṭi)

ಪಟ್ಟಿ² ⟦paṭṭi パッティ⟧ [pəʈʈi] *n.* 扉の枠、根太、垂木 [Ka. D3875]

ಪಟ್ಟಿ³ ⟦paṭṭi パッティ⟧ [pəʈʈi] *n.* **1** 金属や紙や布などを薄く長く切ったもの **2** 縞、縞模様 **3** （幅がかなり広い）線 **4** 犬や猫などの首輪 **5** 目録、リスト、カタログ、名簿 **6** レッテル、シール **7** 〔喩〕（人に貼られた、たいていは軽蔑を表す）レッテル ¶ ತರಗತಿಯಲ್ಲಿ ಮೇಸ್ಟರು ಅವನನ್ನು ಸೋಮಾರಿ ಹುಡುಗ ಎಂದು ಪಟ್ಟಿ ಮಾಡಿದ್ದರು. (taragatiyalli mēstaru avanannu sōmāri huḍuga eṃdu paṭṭi māḍiddaru.) クラスで先生は彼に怠け者というレッテルを貼った。**8** 《古》（祭りや寺院の修復などのためにする）寄付 ◇ *vi.* —ಎತ್ತು (ettu) 寄付を募る **9** 鉄道の線路 **10** 腰帯（女性が

腰に巻く、装飾を施した金や銀で作った帯)[⇒図] [Ka. D3877, cf. H./M. *paṭṭī* Sk. *paṭṭa*-] = ಡಾಬು (ḍābu)

ಪಟ್ಟಿಹಚ್ಚು ⟦paṭṭi haccu パッティハッチュ⟧ [pəʈʈihəʧʧu] *vi.* 《*dat.*》 **1** レッテルを貼る **2**〔喩〕(人に対してたいていは軽蔑を表す)レッテルを貼る [+ *haccu*]

ಪಟ್ಟಿ腰帯

ಪಟ್ಟಿಕ ⟦paṭṭika パッティカ⟧ [pəʈʈikɐ] 《古》 *n.* 座るための台 [Ka. D3875, cf. Sk. *paṭṭikā*-] = ಪೀಠ (pīṭʰa)

ಪಟ್ಟಿಕೆ ⟦paṭṭike パッティケ⟧ [pəʈʈike] *n.* **1** 銀や青銅などの金属で作った女性が用いる帯 **2** 名簿、目録 **3**《古》扉の枠の上部にある横木 **4** (図書館などの)カード、メモを書いたりちょっとしたことを伝えたりする紙切れ [Sk. *paṭṭikā*-? ←Dr. *paṭṭi*[3]]

ಪಟ್ಟು[1] ⟦paṭṭu パットゥ⟧ [pəʈʈu] *n.* **1** つかむこと、把握、保持 **2**〔喩〕統制、支配 ¶ ಅವನು ದೊಡ್ಡಪ್ಪನ ಪಟ್ಟಿನಿಂದ ಬಿಡಿಸಿಕೊಳ್ಳಲು ಆಗಲಿಲ್ಲ. (avanu doḍḍappana paṭṭinimda biḍisikoḷḷalu āgalilla.) 彼は自分のおじの支配を脱することができなかった。**3** 堅固な忍耐、粘り強さ、不屈、頑固、強情 ¶ ಅವನು ಆ ಕೆಲಸವನ್ನು ಪಟ್ಟು ಹಿಡಿದು ಮಾಡಿದನು. (avanu ā kelasavannu paṭṭu hiḍidu māḍidanu.) 彼はあの仕事を粘り強く行った。 **4** (レスリングなどの)手 **5** (3倍、4倍などを含めて)倍 ¶ ನಾಲ್ಕು ಎಂಬುದು ಎರಡರ ಎರಡು ಪಟ್ಟು. (nālku eṃbudu eraḍara eraḍu paṭṭu.) 4は2の2倍 **6** (傷の)包帯 [Ka. D4034]

ಪಟ್ಟುಹಿಡಿ ⟦paṭṭuhiḍi パットゥヒディ⟧ [pəʈʈuhiɖi] *vi.* 強情を張る、意地を張る ¶ ಜಯಲಲಿತರು ಬೆಜುಬರುವಾರ ವರ್ಗಾವಣೆಯನ್ನು ಮಾಡಿಸಲು ಪಟ್ಟು ಹಿಡಿದರು. (jayalalitaru bejubaruvāra vargāvaṇeyannu māḍisalu paṭṭu hiḍidaru.) ジャヤラリターはベズバルアーの転任に固執した。[+ *hiḍi*]

ಪಟ್ಟು[2] ⟦paṭṭu パットゥ⟧ [pəʈʈu] 《古》 *n.* (皮膚にできた)タコ ◇ *vi.* —ಕಟ್ಟು (kaṭṭu) タコができる [Ka. D3873]

ಪಟ್ಟೆ[1] ⟦paṭṭe パッテ⟧ [pəʈʈe] *n.* オウギヤシやココヤシやビンロウジュの材木(主に瓦を支える板として用いる) [Ka. D3875, cf. D3876]

ಪಟ್ಟೆ[2] ⟦paṭṭe パッテ⟧ [pəʈʈe] *n.* 木の皮、樹皮 [Ka. *D3857, D3876]

ಪಟ್ಟೆ[3] ⟦paṭṭe パッテ⟧ [pəʈʈe] *n.* **1** 装飾として用いられる長くて幅の狭い切片(布製、紙製、木製、金属製などがある) **2** 線条、縞、縞模様、少し幅のある線 **3** 犬などの首輪 **4** (女性が腰に巻く)装飾を施した金や銀で作った腰帯 **5** 絹 **6** 絹布、絹の衣服 **7** 車輪の縁に巻いた鉄の輪 **8** (王や政府が発行する)土地の譲り渡し証書 **9** 不動産権利証書 **10** 扉のかまち **11**《古》 税金 [Ka. D3877, cf. D3876]

ಪಟ್ಲ ⟦paṭla パトラ⟧ [pəʈlɐ] 《‡》 *n.* ヘビウリ(蛇のように長いウリの一種で食用) [Ka. D4250, cf. Sk. *paṭōla*-] (*St. & Pl.* (*Kitt*)) ☞ಪಡಲ (paḍala)

ಪಠಣ ⟦paṭʰaṇa パタナ⟧ [pəʈʰəɳɐ] *n.* **1** 読むこと **2** 朗誦、吟唱暗唱 **3** 暗記するために声を出して読むこと [Sk.]

ಪಠಿಸು ⟦paṭʰisu パティス⟧ [pəʈʰisu] 《文》 *vt.* **1** 読む **2** 朗唱する、朗読する [Sk.]

ಪಠಿರ್ ⟦paṭʰir パティル⟧ [pəʈʰir] (*n.*) ばん、ばあん(爆発音を表す擬音語) ◇ *adv.* ಪಟೀರನೆ (paṭīrane) ばあんと [Ka. D3841]

ಪಠ್ಯ ⟦paṭʰya パティャ⟧ [pəʈʰjɐ] *adj.* 読める、読むに値する [Sk.]

ಪಠ್ಯ ಪುಸ್ತಕ ⟦paṭʰya pustaka パティャプスタカ⟧ [pəʈʰjəpustəkɐ] *n.* 教科書、教材として採用された本 [Sk.]

ಪಡ ⟦paḍa パダ⟧ [pəɖɐ] 《‡》 (*n.*) 《*redp.*》 ぱちぱち(爆竹などの繰り返される音を表す擬音語) [Ka. D3841] ☞ಪಡಪಡ (paḍapaḍa)

ಪಡಂಗು ⟦paḍaṃgu パダング⟧ [pəɖəŋgu] 《古》 (*n.*) [Ka. D3838] ☞ಹಡಗು (haḍagu)

ಪಡಂಪು ⟦paḍaṃpu パダンプ⟧ [pəɖəmpu] 《古》 *n.* 富、財産 [Ka. *D3853] ☞ಪಡಪು (paḍapu)

ಪಡಕಾನೆ ⟦paḍakāne パダカーネ⟧ [pəɖə̆kɐːne] *n.* [Ta. *paṭu* D3858 + *kʰāne*] ☞ಪಡಖಾನೆ (paḍakʰāne)

ಪಡಖಾನೆ ⟦paḍakʰāne パダカーネ⟧ [pəɖə̆kʰɐːne] ಪಡಕಾನೆ, ಪಡ್ಡಾನೆ *n.* (土着の)ヤシ酒や焼酎を売る店 [Ta. *paṭu* D3858 + *kʰāne*]

ಪಡಗು ⟦paḍagu パダグ⟧ [pəɖə̆gu] 《古》 (*n.*) 船〈の〉 [Ka. D3838] ☞ಹಡಗು (haḍagu)

ಪಡಚ ⟦paḍaca パダチャ⟧ [pəɖə̆ʧɐ] 《異》 *n.* 破壊、殲滅(せんめつ) [H. *parăcʰā*] ☞ಫಡ್ಚ (pʰaḍca)

ಪಡತಿ ⟦paḍati パダティ⟧ [pəɖə̆ti] 《‡》 *f.* 女、女性、婦人 (*Tĕ.* (*Kitt.*)) [Ka. D3840]

ಪಡದೆ ⟦paḍade パダデ⟧ [pəɖə̆de] *n.* **1** 幕、帳、窓掛け、カーテン **2** 劇中の様々な場面を描くカーテン [Pe. *pardā*] ☞ಪರದೆ (parade)

ಪಡಪಡ ⟦paḍapaḍa パダパダ⟧ [pəɖəpəɖɐ] (*n.*) ぱちぱち(爆竹などの繰り返される音を表す擬音語) [Ka. onom. D3841]

ಪಡಪು[1] ⟦paḍapu パダプ⟧ [pəɖə̆pu] ಪಡಂಪು, ಪಡೆಪು, ಹಡಹು 《古》 *n.* **1** 獲得、得ること **2** 利点、利益、有用性 **3** 多いこと、多数、多量 **4** 富、財産 [Ka. D3853]

ಪಡಪು[2] ⟦paḍapu パダプ⟧ [pəɖə̆pu] 《古》 *n.* 姦通 (*Pbh.p.417* (*DEDR*)) [Ka. D3869, cf. D3853]

ಪಡಪುಗಾರ್ತಿ ⟦paḍapugārti パダプガールティ⟧ [pəɖə̆pu] 《古》 *f.* **1** 職業を持った女性 **2** 熱中した女性(ಕವಿಕಂ*KPN*) **3**《‡》 娼婦 [Ka. *paḍapu* + -*gārti*, *D3853]

ಪಡಪೋಶಿ ⟦paḍapōśi パダポーシ⟧ [pəɖə̆poːʃi] *adj., mf.* 役立たず〈な〉、ごくつぶし〈の〉 [?] ☞ಪಡಪೋಸಿ (paḍapōsi)

ಪಡಪೋಷಿ ⟦paḍapōṣi パダポーシ⟧ [pəḍə̆poːʂi] *adj., mf.* 役立たず〈な〉、ごくつぶし〈の〉 **—***n.* 役に立たないもの、ガラクタ、くず ☞ಪಡಪೋಸಿ (paḍapōsi) [?]

ಪಡಪೋಸಿ ⟦paḍapōsi パダポーシ⟧ [pəḍə̆poːsi] ಪಡಪೋಶಿ, ಪಡಪೋಷಿ, ಫಡಪೋಶಿ, ಫಡಪೋಸಿ *adj., mf.* 役立たず〈な〉、ごくつぶし〈の〉 **—***n.* 不注意、うっかりしていること ¶ ಈ ಕೆಲಸದಲ್ಲಿ ಪಡಪೋಸಿ ಮಾಡಿದರೆ ಆಗುವುದಿಲ್ಲ. (ī kelasadalli paḍapōsi māḍidare āguvudilla.) この仕事は注意深くやらないとだめだ。= ಅಲಕ್ಷ್ಯ (alakṣya) [?]

ಪಡಲ್¹ ⟦paḍal パダル⟧ [pəḍəl] 《古》 *n.* **1** 倒れること **2** 横になること、寝ること [Ka. *paḍu* + *-al* D3852]

ಪಡಲ್² ⟦paḍal パダル⟧ [pəḍəl] 《古》 *n.* 被ること、(悪いことを)経験すること、味わうこと [Ka. D3853] ☞ಪಡು (paḍu)

ಪಡಲ¹ ⟦paḍala パダラ⟧ [pəḍə̆lɐ] ಪಟಲ, ಪಟ್ಟಲು, ಪಟ್ಲ, ಪಡವಲ, ಪಡಳ, ಪಡುವಲ, ಪಡೋಲ, ಹಡಲ *n.* ヘビウリ(蛇のように長いウリの一種で食用)⇀食・薬 [Ka. D4250, cf. Sk. *paṭōla-*] = ಪಡವಲಕಾಯಿ (paḍavalakāyi)

ಪಡಲ² ⟦paḍala パダラ⟧ [pəḍə̆lɐ] 《古》 *n.* 角膜白班 [Sk. *paṭala-* <?] = ಪೊರೆ (pore)

ಪಡವಣ ⟦paḍavaṇa パダヴァナ⟧ [pəḍə̆vənɐ] ಪಡುವಲ್, ಪಡುವಲು 《文》 *n.* 西、西方 = ಪಡುವಣ (paḍuvaṇa) [Ka. D3852]

ಪಡವಲ್ ⟦paḍaval パダヴァル⟧ [pəḍə̆vəl] 《古》 *n.* [Ka. D3852] (*Si.114* (*Kitt.*)) ☞ಪಡುವಣ (paḍuvaṇa)

ಪಡವಲ ⟦paḍavala パダヴァラ⟧ [pəḍə̆vəlɐ] *n.* [Ka. *D4250] ☞ಪಡಲ (paḍala)¹

ಪಡವಲು ⟦paḍavalu パダヴァル⟧ [pəḍə̆vəlu] 《古》 *n.* [Ka. *D3852] ☞ಪಡುವಣ (paḍuvaṇa)

ಪಡವು ⟦paḍavu パダヴ⟧ [pəḍu] ಪಡು, ಹಡು *n.* 耕作されない荒地 [Ka. D3852] ☞ಪಡು (paḍu)¹

ಪಡಸಾಲೆ¹ ⟦paḍasāle パダサーレ⟧ [pəḍə̆sɐːle] *n.* **1** (インドの家の) 客間 = ಮೊಗಸಾಲೆ (mogasāle) 〔口〕 [⇒図] **2** (客間のないインドの家の) 戸外に設けられた客の座る場所 [Ta. *paṭṭaccālai*, M. *paḍasālă* < Sk. **pratiśālā-*]

ಪಡಸಾಲೆ 客間

ಪಡಸಾಲೆ² ⟦paḍasāle パダサーレ⟧ [pəḍə̆sɐːle] *n.* 絹のサーリー [Sk. *paṭa-* + *sēle*]

ಪಡಹು ⟦paḍahu パダフ⟧ [pəḍə̆hu] 《古》 (*n.*) 船〈の〉 [Ka. D3838] ☞ಹಡಗು (haḍagu)

ಪಡಳ ⟦paḍaḷa パダラ⟧ [pəḍə̆ɭɐ] 《希》 *n.* [Ka. *D4250] ☞ಪಡಲ (paḍala)¹

ಪಡಾವ ⟦paḍāva パダーヴァ⟧ [pəḍɐːvɐ] 《古》 (*n.*) 小舟〈の〉 [Ka. *D3838] = ದೋಣಿ (dōṇi) ☞ಹಡಗು (haḍagu)

ಪಡಾವು ⟦paḍāvu パダーヴ⟧ [pəḍɐːvu] 《古》 *n.* 船 [Ka. *D3838] ☞ಹಡಗು (haḍagu)

ಪಡಿ¹ ⟦paḍi パディ⟧ [pəḍi] 《古》 *n.* **1** 扉の翼、扉の回転部分 **2** 戸枠、ドアフレーム **3** 扉(戸枠と扉の翼) [Ka. D3845]

ಪಡಿ² ⟦paḍi パディ⟧ [pəḍi] 《古》 *n.* **1** (マイソールでは)半セールに当たる体積の単位(1セールは約1リットル) **2** 分量、量 **3** 半セールのます **4** 金銭や食料による毎日あるいは特別の手当て **5** 分銅 [Ka. D3849]

ಪಡಿ³ ⟦paḍi パディ⟧ [pəḍi] 《古》 *n.* 鐙、鐙がね [Ka. D3850]

ಪಡಿ⁴ ⟦paḍi パディ⟧ [pəḍi] 《古》 *n.* 方法、仕方、やり方 [Ka. D3851]

ಪಡಿ⁵ ⟦paḍi パディ⟧ [pəḍi] *n.* 岩の中の裂け目 [Ka. *D3857] ☞ಪಡೆ (paḍe)³

ಪಡಿ⁶ ⟦paḍi パディ⟧ [pəḍi] ಪ್ರತಿ, ಪತಿ, ಪಳಿ, ಪಟಿ, ಹಡಿ 《古》 *pref.* 「対…」「反…」の意味を表す接頭辞 **—***n.* 対…、反… [Pk. *paḍi*, Sk. *prati-*]

-ಪಡಿ ⟦-paḍi -パディ⟧ [pəḍi] 《古》 *suf.* …すること(動詞語根から動作を表す名詞を作る接尾辞) ¶ ತಿದ್ದುಪಡಿ (tiddupaḍi) 訂正 [?]

ಪಡಿಯಚ್ಚು ⟦paḍiyaccu パディヤッチュ⟧ [pəḍijəʧʧu] *n.* **1** (紙や布に印刷するために彫った)木製や金属製の版 **2** 写し、複製 ¶ ಸುಶೀಲ ಅವಳ ತಾಯಿಯ ಪಡಿಯಚ್ಚು. (suśīla avaḷa tāyiya paḍiyaccu.) スシーラーは母親に生き写しだ。 [*paḍi-*⁶ + *accu*]

ಪಡಿತರ ⟦paḍitara パディタラ⟧ [pəḍitərɐ] *n.* (不足している食料品などの)配給 [*paḍi-* < *prati-*? + *tara*? cf. *paṭittaram*]

ಪಡಿಪಾಡು ⟦paḍipāḍu パディパードゥ⟧ [pəḍipɐːḍu] ಪಡಿಪಾಟ, ಪಡುಪಾಟು, ಪಡುಪಾಡು *n.* 困難、窮状、かん難 [Ka. *paḍi*? + *pāḍu* 「条件」 *D3852]

ಪಡು¹ ⟦paḍu パドゥ⟧ [pəḍu] ಪಡವು, ಹಡು *vi.* 《過去語幹paṭṭ-》 **1** 横になる **2** (太陽などが)沈む **3** 戦死する **4** まぐわう、性交する **—***n.* **1** 耕作されない荒地 **2** 西、西方 [Ka. D3852]

ಪಡು² ⟦paḍu パドゥ⟧ [pəḍu] *vt.* 《過去語幹 paṭṭ-》 **1** 得る、獲得する、手に入れる **2** 〈困難、窮状、かん難などを〉味わう、経験する [Ka. D3853]

ಪಡು³ ⟦paḍu パドゥ⟧ [pəḍu] 《‡》 *n.* (石や岩の間の)野生の動物の隠れ家 (*Ss* (*Kitt.*)) [Ka. D3857]

ಪಡುನೇಸರ್ ⟦paḍunēsar パドゥネーサル⟧ [pəḍuneːsər] 《古》 *n.* [Ka. *D3852] ☞ಪಡುನೇಸಱ್ (paḍunēsaṟ)

ಪಡುನೇಸಱ್ ⟦paḍunēsaṟ パドゥネーサル⟧ [pəḍuneːsər] ಪಡುನೇಸರ್ 《古》 *n.* **1** 夕日 **2** 日没時 [Ka. D3852]

ಪಡುಪಾಟು ⟦paḍupāṭu パドゥパートゥ⟧ [pəḍupɐːṭu] ಪಡಿಪಾಡು *n.* 困難、窮状、かん難 [Ka. *paḍu* + *pāṭu* D3852] ☞ಪಡಿಪಾಡು (paḍipāḍu)

ಪಡುವ ⟦paḍuva パドゥヴァ⟧ [pəḍuvɐ] *n.* [Ka. D3852] ☞ಪಡುವಣ (paḍuvaṇa)

ಪಡುವಣ್ ⟦paḍuvaṇ パドゥヴァン⟧ [pəḍuvəɳ] 《古》 *n.* 西、西方 [Ka. *D3852] ☞ಪಡುವಣ (paḍuvaṇa)

ಪಡುವಣ ⟦paḍuvaṇa パドゥヴァナ⟧ [pəḍuvəɳɐ] ಪಡುವಣ್, ಪಡುವಲ್, ಪಡುವಲು, ಪಡುವು *n.* 西、西方 ¶ ಸೂರ್ಯ

ಪಡುವಣದಲ್ಲಿ ಮುಳುಗುತ್ತಾನೆ. (sūrya paḍuvaṇadalli muḷuguttāne.) 日は西に沈む。 [Ka. *paḍu* + *-aṇa* *D3852]

ಪಡುವಲ್ ⟦paḍuval パドゥヴァル⟧ [pəɖuvəl] 《古》 *n.* [Ka. D3852] ☞ಪಡುವಣ (paḍuvaṇa)

ಪಡುವಲ ⟦paḍuvala パドゥヴァラ⟧ [pəɖuvə̆lɐ] *n.* [Ka. *D4250] ☞ಪಡಲ (paḍala)¹

ಪಡುವಲು ⟦paḍuvalu パドゥヴァル⟧ [pəɖuvəlu] *n.* [Ka. *D3852] ☞ಪಡುವಣ (paḍuvaṇa)

ಪಡುವು ⟦paḍuvu パドゥヴ⟧ [pəɖuvu] 《古》 *n.* [Ka. D3852] ☞ಪಡುವಣ (paḍuvaṇa)

ಪಡುವಿಕೆ ⟦paḍuvike パドゥヴィケ⟧ [pəɖŭvike] 《古》 *n.* 1 得ること、獲得 2 (苦痛などを)味わうこと、経験すること [Ka. D3853]

ಪಡೆ¹ ⟦paḍe パデ⟧ [pəɖe] ಹಡೆ¹ 《古》 *n.* 1 軍隊、軍 2 大勢、群れ [Ka. D3860]

ಪಡೆ² ⟦paḍe パデ⟧ [pəɖe] ಹಡೆ² *vt.* 1 得る、手に入れる、獲得する、〈金を〉もうける、稼ぐ 2 〈困難、窮状、かん難などを〉味わう、経験する 3 〈子どもを〉生む [Ka. D3853]

ಪಡೆ³ ⟦paḍe パデ⟧ [pəɖe] ಪಡಿ, ಫಡಿ *n.* 1 岩の割れ目 2 平たい石 [Ka. D3857]

ಪಡೆಪು ⟦paḍepu パデプ⟧ [pəɖepu] 《古》 *n.* 獲得、得ること (*Pb.7.93*) [Ka. *D3853] ☞ಪಡಪು (paḍapu)

ಪಡೆಯಿಲ ⟦paḍeyila パディラ⟧ [pəɖejilɐ] 《古》 *m.* 《*f.* * ಪಡೆಯಿಲತಿ (paḍeyilati)》兵士 [Ka. *paḍe* + *-ila* D3860]

ಪಡೆಯುವಿಕೆ ⟦paḍeyuvike パデユヴィケ⟧ [pəɖeyuvĭke] *n.* 獲得、得ること [Ka. D3853]

ಪಡೆವಳ ⟦paḍevaḷa パデヴァラ⟧ [pəɖevəɭɐ] ಪಡವಳ, ಪಡವಳ್ಳ, ಪಡಾವಳ, ಪಡೆವಳ್ಳ, ಪಡೆವಾಳ, ಹಡವಳ, ಹಡೆವಳ 《古》 *m.* 《*f.* ಪಡೆವಳಿತಿ, ಪಡೆವಳತಿ (paḍevaḷiti, paḍevaḷati)》将軍、司令官 (*Śmd.234 (Kitt.)*) [Ka. *paḍe* D3860 + *-vaḷa*]

ಪಡೆವಳ್ಳ ⟦paḍevaḷḷa パデヴァッラ⟧ [pəɖevəɭɭɐ] 《古》 *m.* 《*f.* ಪಡೆವಳ್ಳತಿ (paḍevaḷḷati)》将軍 [Ka. *paḍe* + *-vaḷḷa* D3860] ☞ಪಡೆವಳ (paḍevaḷa)

ಪಡೋಲ ⟦paḍōla パドーラ⟧ [pəɖoːlɐ] *n.* [Ka. *D4250] ☞ಪಡಲ (paḍala)¹

ಪಡ್ಕಾನೆ ⟦paḍkāne パドカーネ⟧ [pəɖkɐːne] 《口》 *n.* [Ta. *paṭu* D3858 + *kʰāne*] ☞ಪಡಖಾನೆ (paḍakʰāne)

ಪಡ್ಚ ⟦paḍca パドチャ⟧ [pəɖʧɐ] 《異》 *n.* 破壊、殲滅(せんめつ) [M. *pʰaḍăśā* ←H. *parăcʰā*] ☞ಫಡ್ಚ (pʰaḍca)

ಪಡ್ಡೆ ⟦paḍḍe パッデ⟧ [pəɖɖe] ಹಡ್ಡೆ *adj., mfn.* 成年に達した〈人〉、生殖年齢に達した〈動物〉 —*n.* 《方》若者、青年 (*Sholiga, LSB*) [Ka. D3840, ?D3881]

ಪಣ್ ⟦paṇ パン⟧ [pəɳ] 《古》 *vi.* 1 (果物が) 熟する、熟れる、(腫れ物などが) 破れそうになる 2 (植物が)実をつける 3 (葉が)枯れて茶色くなる —*n.* 熟した果物 (*Pb.2.31*) —(*n.*) 熟している〈こと〉☞ಹಣ್ಣು (haṇṇu) [Ka. D4004]

ಪಣ¹ ⟦paṇa パナ⟧ [pəɳɐ] *n.* 1 競争 2 賭け、博打 3 (競争や博打で)賭けたもの [Sk.]

ಪಣ² ⟦paṇa パナ⟧ [pəɳɐ] 《‡》 *n.* 片手で操作する小さな太鼓 (*Kitt.*) [Ka. D3893]

ಪಣಂಕು ⟦paṇaṃku パナンク⟧ [pəɳəŋku] 《古》 *vt.* 握り締める、強く握る [Ka. *D4011] ☞ಪಳುಂಕು (paḷuṃku)

ಪಣಂಚು ⟦paṇaṃcu パナンチュ⟧ [pəɳəɲʧu] 《古》 *vt.* (…に)ぶち当たる [Ka. *D4011] ☞ಪಳಂಚು (paḷaṃcu)

ಪಣವ ⟦paṇava パナヴァ⟧ [pəɳə̆vɐ] 《古》 *n.* 太鼓の一種 [Sk.]

ಪಣಿ¹ ⟦paṇi パニ⟧ [pəɳi] 《‡》 *n.* (子どもたちが野外ゲームで使う)太い木の棒 (*Kitt.*) [Ka. D3894?]

ಪಣಿ² ⟦paṇi パニ⟧ [pəɳi] 《古》 *n.* インド菩提樹 → 薬 [Ka. D3895] = ಅಶ್ವತ್ಥ; ಅರಳಿಮರ (aśvattʰa; araḷimara) 〔汎〕 *[IMP 3.39]

ಪಣಿ³ ⟦paṇi パニ⟧ [pəɳi] 《古》 *n.* コブラ [Sk. *phaṇin-*]

ಪಣಿಗೆ ⟦paṇige パニゲ⟧ [pəɳĭge] 《古》 *n.* 櫛(くし) [? A49] = ಬಾಚಣಿಗೆ (bācaṇige) 〔汎〕 ☞ಹಣಿಗೆ (haṇige)

ಪಣಿದ ⟦paṇida パニダ⟧ [pəɳidɐ] 《古》 *n.* 賭け金、博打や競争で賭けられたもの [Ka. *D3921] ☞ಪಂತ (paṃta)

ಪಣಿಯಾರ ⟦paṇiyāra パニヤーラ⟧ [pəɳijɐːrɐ] 《方》 *n.* (おやつとして食べるような)甘い菓子類や辛い菓子類 [Ka. *D3889] = ಪನಿವಾರ (panivāra)

ಪಣಿವಾರ ⟦paṇivāra パニヴァーラ⟧ [pəɳivɐːrɐ] 《方》 *n.* (おやつとして食べるような)甘い菓子類や辛い菓子類 [Ka. *D3889] = ಪನಿಯಾರ (paniyāra)

ಪಣೆ¹ ⟦paṇe パネ⟧ [pəɳe] 《古》 *n.* 1 石切り場 2 《‡》田；田んぼ (*Kitt.*) [Ka. D3891] = ಕಲ್ಲುಗಣಿ (kalluganị)

ಪಣೆ² ⟦paṇe パネ⟧ [pəɳe] 《古》 *n.* 野獣の巣や寝場所 [Ka. D3892] = ಹಕ್ಕೆ (hakke)

ಪಣೆ³ ⟦paṇe パネ⟧ [pəɳe] 《‡》 *n.* 片手で操作する小さな太鼓 (*Kitt.*) [Ka. D3893, cf. *ribbaṇe* 「ムリダンガム」] = ಪಣ (paṇa)²

ಪಣೆ⁴ ⟦paṇe パネ⟧ [pəɳe] 《古》 *n.* 木の幹の最初に枝別れしている部分 [Ka. D3894]

ಪಣೆ⁵ ⟦paṇe パネ⟧ [pəɳe] 《古》 *n.* 1 額(ひたい) 2 前頭 [Ka. D3896] ☞ಹಣೆ (haṇe) 〔現〕

ಪಣ್ಣಿಕ ⟦paṇṇika パンニカ⟧ [pəɳɳikɐ] 《古》 *n.* 1 準備、用意 2 額につける装飾用の(白檀の練り粉などの)丸いしるし [Ka. D3884]

ಪಣ್ಣಿಗೆ ⟦paṇṇige パンニゲ⟧ [pəɳɳĭge] 《古》 *n.* 装飾、化粧 [Ka. D3884] ☞ಪಣ್ಣುಗೆ (paṇṇuge)

ಪಣ್ಣು¹ ⟦paṇṇu パンヌ⟧ [pəɳɳu] ಪಣ್¹, ಹಣ್ಣು¹ 《古》 *vt.* 1 〈馬などを〉戦いのために準備する、装備する 2 飾る、装飾する 3 〈仕事や任務を〉遂行する 4 作る —*vi.* 戦備を整える [Ka. D3884]

ಪಣ್ಣು² ⟦paṇṇu パンヌ⟧ [pəɳɳu] ಪಣ್, ಹಣ್ಣು 《古》 *n.* 熟した果物 (*Pb.1.55*) —(*n.*) 熟している〈こと〉 ☞ಹಣ್ಣು (haṇṇu) [Ka. D4004]

ಪಣ್ಣುಗೆ ⟦paṇṇuge パンヌゲ⟧ [pəɳɳŭge] ಪಣ್ಣಿಗೆ 《古》 *n.* 1 準備、用意 2 装飾、化粧 [Ka. D3884] (*Pb.9.100*)

ಪಣ್ಣೆಯ ⟦paṇṇeya パンネヤ⟧ [pəɳɳejɐ] 《‡》 *n.* 農地、農場 (*Kitt.*) [Ka. D3891]

ಪಣ್ಯ ⟦paṇya パニャ⟧ [pəɳ·jɐ] 《古》 *n.* 農地、農場 [Ka. D3891] = ಪಣ್ಣೆಯ (paṇṇeya)

ಪಣ್ಯಾರ ⟦paṇyāra パニャーラ⟧ [pəɳ·jɐ:rɐ] 《古》 *n.* (おやつとして食べるような)甘い菓子類や辛い菓子類 [Ka. *D3889] ☞ಪನಿವಾರ (panivāra)

ಪತಂಗ ⟦pataṃga パタンガ⟧ [pətəŋgɐ] *n.* **1** 蛾、蝶 **2** 凧 [Sk.]

ಪತನ ⟦patana パタナ⟧ [pətə̆nɐ] 《文》 *n.* **1** 落ちること、墜落、転落 **2** 〔喩〕没落、失脚、転落 [Sk.]

ಪತರು ⟦pataru パタル⟧ [pətə̆ru] 《古》 *vi.* 狼狽する [Ka. *D3910] ☞ಪದರು (padaru)

ಪತಾಕೆ ⟦patāke パターケ⟧ [pətɐ:ke] *n.* **1** 旗、幟、旗印 **2** 神や宗教団体の権威を表す一種の旗[⇒図] [Sk.]

ಪತಾಕೆ
旗

ಪತಿ ⟦pati パティ⟧ [pəti] *m.* 《複合語末で》 **1** 主人、主 **2** 夫 **3** 持ち主、所有者 **4** 王、君主、支配者 [Sk.]

ಪತಿತ ⟦patita パティタ⟧ [pətitɐ] 《文》 *adj.*, *m.* 《*f.* ಪತಿತೆ (patite)》 堕落した〈人〉、(道義的に)転落した〈人〉 [Sk.]

ಪತಿವ್ರತೆ ⟦pativrate パティヴラテ⟧ [pətivrə̆tə] *f.* 貞淑な女性、貞女、身持ちの堅い妻 [Sk.]

ಪತ್ತಲ ⟦pattala パッタラ⟧ [pəttə̆lɐ] ಪತ್ತಲು, ಪಾತಳು *n.* プリントがされている薄い木綿のサーリー [H. *patălā*/M. *pātaḷă* T7736]

ಪತ್ತಲು ⟦pattalu パッタル⟧ [pəttə̆lɐ] ಪಾತಳು *n.* [H. *patălā*/M. *pātaḷă* *T7736] ☞ಪತ್ತಲ (pattala)

ಪತ್ತಿ ⟦patti パッティ⟧ [pətti] 《古》 *n.* (さやに入ったままの)綿;一般に木綿 [Ka. D3976] ☞ಹತ್ತಿ (hatti)

ಪತ್ತಿಗೆ[1] ⟦pattige パッティゲ⟧ [pəttĭge] 《古》 *n.* くっついている状態 [Ka. D4034] ☞ಪತ್ತುಗೆ (pattuge)

ಪತ್ತಿಗೆ[2] ⟦pattige パッティゲ⟧ [pəttĭge] 《‡》 *n.* 壁を引っ込めて作った棚 (*My.* (*Kitt.*)) [Ka.?]

ಪತ್ತು[1] ⟦pattu パットゥ⟧ [pəttu] 《古》 *numr.adj.* 10の **—***numr.n.* 10 [Ka. D3918]

ಪತ್ತು[2] ⟦pattu パットゥ⟧ [pəttu] 《古》 *vi.* **1** 付く、くっつく、貼りつく **2** 接合する、一つになる、合同する **3** ついてゆく、従う **4** (染料などが布に)しっかりつく **5** (火が)つく **6** (争いなどが)起こる **7** (心を)打つ、(心に)深い印象を与える **8** 取り囲む (*Pb.5.59*) **—***vt.* 〈城壁などに〉よじ登る、〈木や山などに〉登る **—***n.* **1** 付くこと、くっつくこと **2** 取っ組み合い、格闘 **3** 友情 ☞ಹತ್ತು (hattu) [Ka. D4034]

ಪತ್ತಿಸು ⟦pattisu パッティス⟧ [pəttisu] 《古》 *vt.*(*caus.*) **1** くっつける、接続する、連接する **2** 登らせる、昇らせる [Ka. caus.]

ಪತ್ತು[3] ⟦pattu パットゥ⟧ [pəttu] *n.* 回 [Ka. *D4559] = ಸರದಿ (saradi) ☞ಹೊತ್ತು (hottu)

ಪತ್ತುಗೆ ⟦pattuge パットゥゲ⟧ [pəttŭge] ಪತ್ತಿಗೆ, ಹತ್ತಿಗೆ, ಹತ್ತುಗೆ 《古》 *n.* くっついた状態、連接、結合、など [Ka. D4034]

ಪತ್ತೆ ⟦patte パッテ⟧ [pətte] *n.* **1** 消息、(犯罪や犯人などの)手がかり **2** (手紙などの)住所 [H. *patā*]

ಪತ್ತೆಹಚ್ಚು ⟦pattehaccu パッテハッチュ⟧ [pəttehəʧʧu] *vt.* 〈秘密、あることの理由、犯罪、犯人、犯人の行方、犯人の消息などを〉見つける、かぎつける ¶ ಪೋಲಿಸರು ಅಪರಾಧಿಯನ್ನು ಪತ್ತೆಹಚ್ಚಿದರು. (pōlisaru aparādhiyannu pattehaccidaru.) 警察は犯人の居所を見つけた。 [+ *haccu*]

ಪತ್ತೆದಾರ ⟦pattedāra パッテダーラ⟧ [pəttedɐ:rɐ] *m.* 《*f.* ಪತ್ತೆದಾರಳು (pattedāraḷu)》 (民事または刑事の)探偵 [*patte* + *-dāra*]

ಪತ್ತೊಂಬತ್ತು ⟦pattombattu パットンバットゥ⟧ [pəttombəttu] 《古》 *numr.adj.* 19の **—***numr.n.* 19 [Ka. D3918]

ಪತ್ನಿ ⟦patni パトニ⟧ [pətni] 《文》 *f.* 妻; 夫人 [Sk.] = ಹೆಂಡತಿ (heṃdati)

ಪತ್ಯ ⟦patya パティヤ⟧ [pət·jɐ] 《口》 (*n.*) [Sk. *patʰya*] ☞ಪಥ್ಯ (patʰya)

ಪತ್ರ ⟦patra パトラ⟧ [pətrɐ] 《文》 *n.* **1** 手紙 **2** (本の)ページ、頁 [Sk.] = ಪುಟ (puṭa)

ಪತ್ರಕರ್ತ ⟦patrakarta パトラカルタ⟧ [pətrəkərtɐ] 《文》 *m.* 《*f.* ಪತ್ರಕರ್ತೆ (patrakarte)》 ジャーナリスト、新聞記者、報道業者 [Sk.] = ಪತ್ರಿಕೋದ್ಯಮಿ (patrikōdyami)

ಪತ್ರವ್ಯವಹಾರ ⟦patravyavahāra パトラヴィャヴァハーラ⟧ [pət·rə̆vjəvəhɐ:rɐ] 《文》 *n.* 文通 [Sk.]

ಪತ್ರಿಕಾಗೋಷ್ಠಿ ⟦patrikāgōṣṭʰi パトリカーゴーシュティ⟧ [pətrikɐ:go:ʂʈʰi] 《文》 *n.* 記者会見 [Sk.]

ಪತ್ರಿಕಾವ್ಯವಸಾಯ ⟦patrikāvyavasāya パトリカーヴィャヴァサーヤ⟧ [pət·rikɐ:vjəvəsɐ:jɐ] 《文》 *n.* ジャーナリズム、新聞業 [Sk.] = ಪತ್ರಿಕೋದ್ಯಮ (patrikōdyama)

ಪತ್ರಿಕೋದ್ಯಮ ⟦patrikōdyama パトリコーディャマ⟧ [pətriko:djəmɐ] 《文》 *n.* ジャーナリズム、新聞業 [Sk.] = ಪತ್ರಿಕಾವ್ಯವಸಾಯ (patrikāvyavasāya)

ಪತ್ರಿಕೋದ್ಯಮಿ ⟦patrikōdyami パトリコーディャミ⟧ [pətriko:djəmi] 《文》 *mf.* ジャーナリズム、新聞業者、新聞記者 [Sk.]

ಪತ್ರಿಕೆ ⟦patrike パトリケ⟧ [pət·rike] *n.* 新聞、雑誌、定期刊行物 [Sk.]

ಪತ್ವ ⟦patva パトヴァ⟧ [pət·vɐ] *n.* カンナダその他のインド系の文字で音素の連続 /pa/ を表す文字 [Sk.]

ಪಥ ⟦patʰa パタ⟧ [patʰɐ] 《文》 *n.* **1** 道 **2** (天体、人工衛星などの)軌道、(飛行機、船などの)進路、コース **3** (宗教者などに称揚される)道、宗派 [Sk.]

ಪಥ್ಯ ⟦patʰya パティヤ⟧ [pətʰ·jɐ] *adj.* 《古》 (特に食事について)体のためになる〈こと〉、健康によい〈こと〉 **—**(*n.*) **1** 役に立つ〈こと〉、身のためになる〈こと〉 **2** 《口》 医者によって禁じられた〈こと〉 ¶ ಸಕ್ಕರೆ ನನಗೆ ಪಥ್ಯ. (sakkare nanage patʰya.) (病気で)私は砂糖を禁じられている。 **3** (忠告などが)気に

入った〈こと〉¶ ಗುರುಗಳ ಉಪದೇಶ ಶಿಷ್ಯನಿಗೆ ಪಥ್ಯವಾಗಲಿಲ್ಲ. (gurugaḷa upadēśa śiṣyanige patʰyavāgalilla.) 先生の説教は弟子には気に入らなかった。 4《口》(忠告などが)気に入らない〈こと〉¶ ನನ್ನ ಉಪದೇಶ ಅವನಿಗೆ ಪಥ್ಯ. (nanna upadēśa avanige patʰya.) 私の説教は彼には気に入らない。 —*n.* (治療や肥満防止などのための)食事規制、ダイエット ¶ ಡಾಕ್ಟರು ನನಗೆ ಪಥ್ಯ ಬರೆದು ಕೊಟ್ಟರು. (ḍākṭaru nanage patʰya baredu koṭṭaru.) 医者は私に規定食を処方してくれた。 [Sk.]

ಪದ¹ ⟦pada パダ⟧ [pəɗɐ] 《古》 *n.* (ものを利用するのに)最もよい[適した]状態(例えば、果物などが熟しすぎてもいないし未熟でもない状態、飯や紅茶などが熱すぎず冷たすぎず一番おいしい状態、料理などの水分や調味料などが適度で食べるにちょうどよい状態、鉄などを鍛えて適度の硬さにした状態 [Ka. D3907] ☞ಹದ (hada)

ಪದ² ⟦pada パダ⟧ [pədɐ] 《文》 *n.* 1 足 2 歩み、歩 3 足跡 4 (ある人の歩んだ)道、生き方 5 (職業的、社会的)地位 6 解脱 7 語、単語 8 詩の1行 9 「2」を表す数字 10 (歌うための)詩 [Sk.]

ಪದಂಪು ⟦padampu パダンプ⟧ [pədəmpu] *n.* 1 愛、愛情 2 魅力 [Ka. D3910]

ಪದಕ ⟦padaka パダカ⟧ [pədə̆kɐ] *n.* メダル [Sk.]

ಪದಚ್ಯುತಿ ⟦padacyuti パダチュティ⟧ [pəd̪ə̆ʧjuti] 《文》 *n.* 地位の喪失、廃位 ◇ *vi.* —ಆಗು (āgu) 廃位される [Sk.]

ಪದನ್ ⟦padan パダン⟧ [pəɗən] 《古》 *n.* [Ka. *D3907] ☞ಹದ (hada)[2]

ಪದನ ⟦padana パダナ⟧ [pəɗənɐ] 《古》 *n.* [Ka. *D3907] ☞ಹದ (hada)

ಪದನು ⟦padanu パダヌ⟧ [pəɗənu] 《古》 *n.* [Ka. D3907] ☞ಹದ (hada)

ಪದಪು ⟦padapu パダプ⟧ [pəɗə̆pu] ಪದಂಪು, ಪದಪ್ಪು, ಪದುಪು, ಪದೆಪು, ಹದಹು 《古》 *n.* 1 熱中 2 興奮、熱狂 [Ka. D3910]

ಪದಪ್ಪು ⟦padappu パダップ⟧ [pəɗəppu] 《古》 *n.* 愛、愛情 [Ka. D3910] ☞ಪದಪು (padapu)

ಪದರ ⟦padara パダラ⟧ [pəɗə̆rɐ] *n.* 1 衣類につけた折り目、ひだ 2 (石などの)層 [Ka. *D3915] ☞ಪದರು (padaru)[3]

ಪದರು¹ ⟦padaru パダル⟧ [pəɗə̆ru] 《古》 *vi.* 1 いらだつ、(怒りで)ぴりぴりする 2 思慮分別がないことをしゃべる、馬鹿げたことを話す 3 恐れおののく、(恐怖で)震える 4 そわそわする、落ち着きを失う [Ka. *D3910] ☞ಪದರು (padaru)

ಪದರು² ⟦padaru パダル⟧ [pəɗəru] 《古》 *n.* 両立しないこと [Ka. *D4163] ☞ಪದಿರ್ (padir)

ಪದರು³ ⟦padaru パダル⟧ [pədə̆ru] ಪದರ *vi.* 1 サーリーなどの外側の端 2 折り目 ¶ ಆ ಸೀರೆಯ ಪದರಿನಲ್ಲಿ ಐವತ್ತು ರೂಪಾಯಿ ಇಟ್ಟಿದ್ದೇನೆ. (ā sīreya padarinalli aivattu rūpāyi iṭṭiddēne.) そのサーリーの折り目の中に50ルーピー入れてあります。 3〔喩〕保護、庇護 [M. *padarā*] ☞ಪದರ (padara)[2]

ಪದರು⁴ ⟦padaru パダル⟧ [pədə̆ru] ಪದರ *n.* 1 衣類につけた折り目やひだ 2 (石などの)層 3 玉ねぎなどの皮 4 魚のうろこ、ワニのうろこ状の皮 5 (袋、財布などの)仕切りで作られた区分 [?]

ಪದವಿ ⟦padavi パダヴィ⟧ [pədə̆vi] *n.* 1 (組織体の中などでの)地位、身分 2 (博士、修士、学士などの)学位 [Sk.]

ಪದವಿದಾನ ⟦padavidāna パダヴィダーナ⟧ [pədə̆vidɐːnɐ] 《文》 *n.* 学位の授与 [Sk.]

ಪದವಿದಾನಮಹೋತ್ಸವ ⟦padavidānamahōtsava パダヴィダーナマホートサヴァ⟧ [pədə̆vidɐːnəməhoːtsə̆vɐ] 《文》 *n.* (大学の)卒業式、卒業証書授与式 [Sk.]

ಪದವು ⟦padavu パダヴ⟧ [pəɗə̆vu] 《方》 *n.* 丘の頂上 [Ka. D4026] (Hav.)

ಪದಱು ⟦padaṟu パダル⟧ [pəɗəru] ಪತರು, ಪದರು 《古》 *vi.* いらだつ、(怒りで)ぴりぴりする [Ka. D3910]

ಪದಾತಿ ⟦padāti パダーティ⟧ [pədɐːti] *mf.* 1 歩行者 2 歩兵 [Sk.]

ಪದಾರ್ಥ ⟦padārtʰa パダールタ⟧ [pədɐːrtʰɐ] *n.* 1 言葉の意味 2 物、物質 [Sk.]

ಪದಿಂಬರ್ ⟦padimbar パディンバル⟧ [pəɗimbər] 《古》 *mf.* 10人 [Ka. D3918]

ಪದಿ ⟦padi パディ⟧ [pəɗi] 《古》 *numr.(n.)* 《複合語頭で》10… ¶ ಪದಿನಾಲ್ಕು (padinālku) 14 [Ka. D3918]

ಪದಿನ್‌- ⟦padin- パディン-⟧ [pəɗin] 《古》 *numr.(n.)* 10… ¶ ಪದಿನಾಱು (padināṟu) 16 [Ka. D3918]

ಪದಿರ್ ⟦padir パディル⟧ [pəɗir] ಪದರು, ಪದಿರು, ಪದುರು, ಹದರು, ಹದಿರ್² ಹದಿರು, ಹದುರು 《古》 *n.* 1 意味が二つに取れる言葉、かけ言葉 2 苦い言葉 3 警句 4 合図 [Ka. D4163]

ಪದಿರು ⟦padiru パディル⟧ [pəɗiru] 《古》 *n.* 1 意味が二つに取れる言葉、かけ言葉 2 合図 [Ka. *D4163] ☞ಪದಿರ್ (padir)

ಪದುಗು ⟦padugu パドゥグ⟧ [pəɗugu] ಹದಿಗು, ಹದುಗು 《古》 *vi.* 1 縮む、縮小する 2 (約束などが)破られる、反故になる [Ka. D3912]

ಪದುಪು ⟦padupu パドゥプ⟧ [pəɗŭpu] 《古》 *n.* こぎれいなこと、整然としたこと [Ka. *D3910] ☞ಪದಪು (padapu)

ಪದುರು ⟦paduru パドゥル⟧ [pəɗuru] 《古》 *n.* 警句 [Ka. *D4163] ☞ಪದಿರ್ (padir)

ಪದುಳ ⟦paduḷa パドゥラ⟧ [pəɗuɭɐ] ಪದಿಲ, ಹದುಳ, ಹದುಳು 《古》 *(n.)* 1 幸福〈な〉、幸せ〈な〉 2 安全〈な〉、危険がない〈こと〉 3 喜び〈の〉、満足〈な〉 4 熱意〈の〉、熱心〈な〉 5 愛〈の〉、愛情〈の〉 6 尊崇〈の〉、信愛〈の〉 7 魅力〈の〉 —*adj.*, *m* 《*f.* *ಪದುಳಳ್ (paduḷaḷ)》決心の固い〈人〉 [Ka. D3907]

ಪದುಳಿಗ ⟦paduḷiga パドゥリガ⟧ [pəɗuɭĭgɐ] 《古》 *m.* 《*f.* *ಪದುಳಿಗಿತ್ತಿ (paduḷigitti)》幸福な人、幸せ者 [Ka. D3907]

ಪದುಳಿರ್ ⟦paduḷir パドゥリル⟧ [pəɖuḷir] 《古》 *vi.* 1 幸福である、幸せである 2 つつがなく暮らしている [Ka. D3907]

ಪದುಳಿಸು ⟦paduḷisu パドゥリス⟧ [pəɖuḷĭsu] 《古》 *vi.* 1 幸せになる、幸福になる 2 (心や人が)慰められる、癒される 3 元気を取り戻す、疲れが取れる [Ka. D3907]

ಪದೆ ⟦pade パデ⟧ [pəɖe] ಹದೆ 《古》 *vt.* 1 欲する、欲求する、望む 2 熱心である、熱中する；興奮する 3 渇望する 4 愛する、好む 5 喜ぶ、楽しむ、など 6 魅力的である [Ka. D3910 cf. ?D3828]

ಪದೆಪು ⟦padepu パデプ⟧ [pəɖepu] 《古》 *n.* 1 愛、愛情 2 満足、喜び 3 魅力 4 願望 5 世話すること [Ka. *D3910] ☞ಪದಪು (padapu)

ಪದ್ದು ⟦paddu パッドゥ⟧ [pəddu] 《古》 *n.* 鳶、鷹、隼、ハゲタカ、鷲 —*n.* ガルダ鳥(ヴィシュヌ神の乗り物、鳥類の王) ☞ಹದ್ದು (haddu) [Ka. D3977]

ಪದ್ರ ⟦padra パドラ⟧ [pədrə] 《方》 *n.* 層 (*ṅul.*) [Ka. D3915]

ಪದ್ಧತಿ ⟦paddʰati パッダティ⟧ [pəddʰəti] *n.* 1 方法、やり方 = ರೀತಿ (rīti) 2 習慣、慣習、伝統 [Sk.]

ಪದ್ಯ ⟦padya パディャ⟧ [pədjɐ] *n.* 1 詩、韻文 2 詞節 [Sk.]

ಪನ ⟦pana パナ⟧ [pənɐ] ಪನವು 《古》 *n.* こっそり人と落ち合う場所 [Ka. *D3887] = ಸಂಕೇತಸ್ಥಳ (saṃkētastʰaḷa)

ಪನವು ⟦panavu パナヴ⟧ [pənə̆vu] 《古》 *n.* [Ka. D3887] ☞ಪನ (pana)

ಪನಸ ⟦panasa パナサ⟧ [pənə̆sɐ] 《古》 *n.* ジャックフルーツ(クワ科パンノキ属、黄色で甘酸っぱく美味な房が詰まったラグビーボール大の実をつける) ⇀食 [Ka. D3988] ☞ಹಲಸು (halasu) *[IMP 1.209]

ಪನಸು ⟦panasu パナス⟧ [pənə̆su] 《古》 *n.* [Ka. *D3988] ☞ಹಲಸು (halasu)

ಪನಿ ⟦pani パニ⟧ [pəni] 《古》 *n.* (水などの)しずく —*vi.* しずくとなって落ちる、(水などが)滴る ☞ಹನಿ (hani) [Ka. D4035]

ಪನಿನೀರ್ ⟦paninīr パニニール⟧ [pənini:r] 《古》 *n.* [Ka. *pani* + *nīr* D4035] ☞ಪನ್ನೀರು (pannīru)

ಪನಿನೀರು ⟦paninīru パニニール⟧ [pənini:ru] 《古》 *n.* 1 水滴 2 バラ水(慶事の儀式の時に参加者に振りかける芳香のある水) [Ka. *pani*「しずく」+ *nīru* *D4035]

ಪನಿಯಾಣ ⟦paniyāṇa パニヤーナ⟧ [pənijɐ:ɳɐ] 《‡》 *n.* (おやつとして食べるような)甘い菓子類や辛い菓子類 (*Kitt.*) [Ka. D3889] ☞ಪನಿವಾರ (panivāra)

ಪನಿಯಾರ ⟦paniyāra パニヤーラ⟧ [pənijɐ:rɐ] 《古》 *n.* (おやつとして食べるような) 甘い菓子類や辛い菓子類 [Ka. D3889] = ತಿಂಡಿ (timḍi) 〔現〕 ☞ಪನಿವಾರ (panivāra)

ಪನಿವಾರ ⟦panivāra パニヴァーラ⟧ [pənivɐ:rɐ] ಪಣಿಯಾರ, ಪಣಿವಾರ, ಪಣ್ಯಾರ 《古》 *n.* [Ka. D3889] ☞ಪನಿಯಾಣ (paniyāṇa)

ಪನೆ ⟦pane パネ⟧ [pəne] ಹನೆ 《古》 *n.* パルミラヤシ [Ka. D4037] ☞ಹನೆ (hane)

ಪನ್ದಳಿರ್ ⟦pandaḷir パンダリル⟧ [pəndəḷir] 《古》 *n.* 若葉 [*paṃ* D3821 + *taḷir* D3131] (*Pb.5.32*)

ಪನ್ದೆ ⟦pande パンデ⟧ [pənde] 《古》 *mf.* 臆病者、卑怯者 [Ka. D3927] = ಪುಕ್ಕಲ (pukkala) ☞ಹಂದೆ (haṃde)

ಪನ್ ⟦pann パンン⟧ [pənn] 《古》 *numr.* 《複合語頭で》11 と 12 を表す数詞に表れる ಪತ್ತು (pattu) の異形態 [Ka. D3918]

ಪನ್ನ[1] ⟦panna パンナ⟧ [pənnɐ] 《古》 *n.* 1 うぬぼれ、傲慢 2 自慢 [Ka. *D4042]

ಪನ್ನ[2] ⟦panna パンナ⟧ [pənnɐ] 《古》 *n.* (植物の)葉 [Sk. *parṇa-*] = ಎಲೆ (ele) 〔汎〕

ಪನ್ನ[3] ⟦panna パンナ⟧ [pənnɐ] *n.* (布、壁などの)幅 [Pe. *pahnā*] ☞ಪನ್ನಾ (pannā)

ಪನ್ನಂಗ ⟦pannaṃga パンナンガ⟧ [pənnəŋgɐ] ಪಲಂಗ, ಪಲ್ಲಂಗ, ಪಲಂಗು, ಪಲಂಗು, ಪಲ್ಲಂಕ, ಪಲ್ಲಂಗು 《古》 *n.* 1 寝台 2 輿(こし)の上の天蓋 3 寝台のある寝室 [Ka. D4040/Sk. *palyaṃka*]

ಪನ್ನಾ ⟦pannā パンナー⟧ [pənnɐ:] ಪನ್ನ[3] *n.* (布、壁などの)幅 [Pe. *pahnā*] = ಅಗಲ (agala)

ಪನ್ನಾಡೆ ⟦pannāḍe パンナーデ⟧ [pənnɐ:ɖe] 《‡》 *n.* (ココヤシやオウギヤシの葉の付け根を覆う)目の荒い布状の繊維 (*My.* (*Kitt.*)) [Ka. D4041]

ಪನ್ನಿ ⟦panni パンニ⟧ [pənni] 《古》 *n.* [Ka. D4042] ☞ಪನ್ನ (panna)[2]

ಪನ್ನೀರ್ ⟦pannīr パンニール⟧ [pənni:r] 《古》 *n.* [Ka. *pani* + *nīr* D4035] ☞ಪನ್ನೀರು (pannīru)

ಪನ್ನೀರು ⟦pannīru パンニール⟧ [pənni:ru] ಪನಿನೀರ್, ಪನಿನೀರು, ಪನ್ನೀರು *n.* 1 冷たい水 2 バラ水(慶事の儀式の時に参加者に振りかける芳香のある水) [Ka. *pani*「しずく」+ *nīru* *D4035]

ಪನ್ನೆ ⟦panne パンネ⟧ [pənne] 《古》 *n.* 樟脳(しょうのう)(クスノキ科) [Ka. D4043] = ಕರ್ಪೂರ (karpūra) 〔汎〕

ಪಪ್ಪಡ ⟦pappaḍa パッパダ⟧ [pəppə̆ɖɐ] 《古》 *n.* パーパル(豆のねり粉を薄く平らに延ばして油で揚げた、もろいせんべいのような食べ物) [Ka. D3928] ☞ಹಪ್ಪಳ (happaḷa)

ಪಪ್ಪಡಿ ⟦pappaḍi パッパディ⟧ [pəppə̆ɖi] 《‡》 *n.* 《複合語末で》豆粉を薄く延ばして焼いた食べ物) [Ka. D3928] ☞ಗುಳಪಪ್ಪಡಿ (guḷapappaḍi)

ಪಪ್ಪರಿಕೆ ⟦papparike パッパリケ⟧ [pəppərĭke] 《‡》 *n.* 粗いこと、ごつごつしたこと (*Kitt.*) [Ka. D3973] = ಪರ್ಪರಿಕೆ (parparike)

ಪಪ್ಪಳ ⟦pappaḷa パッパラ⟧ [pəppə̆ḷɐ] 《古》 *n.* パーパル(豆のねり粉を薄く平らに延ばして油で揚げた、もろいせんべいのような食べ物) [Ka. D3928] ☞ಹಪ್ಪಳ (happaḷa)

ಪಪ್ಪು ⟦pappu パップ⟧ [pɘppu] 《古》 *n.* ダール（豆をいったん水に浸けてから乾燥させて皮を除き二つに割って楽に料理できるようにしたもの）[Ka. D3978] = ಬೇಳೆ (bēḷe)〔口〕

ಪಯಣ ⟦payaṇa パヤナ⟧ [pɘjɘ̆ɳɐ] 《文》 *n.* 旅行、旅 [Sk. *prayāṇa-*] = ಪ್ರಯಾಣ (prayāṇa)

ಪಯಣಿಗ ⟦payaṇiga パヤニガ⟧ [pɘjɘɳigɐ] *m.* 《*f.* ಪಯಣಿಗಳು (payaṇigaḷu)》旅行者、乗客、ツーリスト [Sk.] = ಪ್ರಯಾಣಿಕ (prayāṇika)

ಪಯಿನ್‌– ⟦payin- パイン -⟧ [pɘjin] 《古》 *numr.* 「10」を意味する数詞ಪತ್ತು (pattu)の異形態で、ಪಯಿನ್‌-ಛಾಸಿರ್ವರ್ (payin-cʰāsirvar)「一万人」のような例がある（ಛಾಸಿರ್ವರ್ (cʰāsirvar)は「千」の異形態に複数人称語尾）(*Pb.11.40*) [Ka. D3918]

ಪಯಿರ್ ⟦payir パイル⟧ [pɘjir] *n.* 1 立毛(たちげ) 2 草木、植生 [Ka. D3821] = ಪಸಿರು (pasiru)

ಪಯಿಲ್ವಾನ್ ⟦payilvān パイルヴァーン⟧ [pɘjilvɐːn] *m.* 《*f.* *ಪೈಲ್ವಾನಳು (pailvānaḷu)》（インド式レスリングの）力士 [Pe. *pahlwān*] ☞ಪೈಲವಾನ (pailavāna)

ಪಯ್ನೆ ⟦payne パイネ⟧ [pɘĭne] 《‡》 *n.* （ヤシ酒の材料となる）ヤシ科の植物の一種 (*St. & Pl.* (*Kitt.*)) [Ka. D3944]

ಪರ[1] ⟦para パラ⟧ [pɘrɐ] 《文》 (*adj.*) 1 遠い〈こと〉、遠く離れた〈こと〉 2 反対側〈の〉、向こう側〈の〉 3 次〈の〉、その後〈の〉 4 他の〈こと〉、別の〈こと〉 5 最高〈の〉、最良〈の〉 —*adj., m.* 《*f.* ಪರೆ (pare)》 1 縁のない〈人〉¶ ಅವನು ಪರಪುರುಷ. (avanu parapuruṣa.) 彼は他人だ。 2 敵対的な〈人〉 3 （あることに）専心する〈人〉¶ ನನ್ನ ತಮ್ಮ ಅಧ್ಯಯನಪರನಾಗಿದ್ದಾನೆ. (nanna tamma adʰyayanaparanāgiddāne.) 弟は勉強に夢中になっている。 4 他人に属する〈人〉¶ ಪರಸ್ತ್ರೀಯನ್ನು ಕಾಮಿಸಬಾರದು. (parastrīyannu kāmisabāradu.) 自分の妻以外に欲望を抱いてはならない。 —*n.* 解脱、輪廻からの救済 [Sk.]

ಪರ[2] ⟦para パラ⟧ [pɘrɐ] *n.* 《ಆಗಿ (āgi)が付加されて副詞化されるなどして》 1 …に代わって、代表して ¶ ನನ್ನ ಪರವಾಗಿ ನೀವು ಮಾತಾಡಿ. (nanna paravāgi nīvu mātāḍi.) 私に代わって話をしてください。 2 （…の）ために、（…を）支持して ¶ ದೀಪಿಕಾ ಬಿ. ಜೆ. ಪೀಯ ಪರವಾಗಿ ಭಾಷಣ ಮಾಡಿದರು. (dīpikā bi. je. pīya paravāgi bʰāṣaṇa māḍidaru.) ディーピカーはBJP党のために演説した。 [?]

ಪರಂಗಿ ⟦paraṃgi パランギ⟧ [pɘrɘŋgi] *adj., mf.* ヨーロッパの〈人〉、ヨーロッパ人〈の〉 [Pe. *firangī*] ☞ಫಿರಂಗಿ (pʰiraṃgi)

ಪರಂಚು ⟦paraṃcu パランチュ⟧ [pɘrɘɲʧu] 《方》 *vi.* つぶやく、ぶつぶつ言う [Ka. D4031]

ಪರಂಧಾಮ ⟦paraṃdʰāma パランダーマ⟧ [pɘrɘndʰɐːmɐ] *n.* 極楽、天国 [Sk.]

ಪರಂಪರೆ ⟦paraṃpare パランパレ⟧ [pɘrɘmpɘ̆re] *n.* 伝統、しきたり [Sk.]

ಪರಂಬರಿಸು ⟦paraṃbarisu パランバリス⟧ [pɘrɘmbɘrĭsu] 《古》 *vt.* 1 〈申請、申し出、提案、願書などを〉審査する 2 《文》〈人を〉客人としてもてなす [Sk.] ☞ಪರಾಮರಿಸು (parāmarisu)

ಪರಕಲಿಸು ⟦parakalisu パラカリス⟧ [pɘrɘ̆kɘlisu] 《古》 *vt.* 1 ちらばる、広がる (*Pb.2.8*) 2 増える、増大する [Ka. D3949]

ಪರಕೀಯ ⟦parakīya パラキーヤ⟧ [pɘrɘ̆kiːjɐ] 《文》 *adj., m.* 《*f.* ಪರಕೀಯಳು (parakīyaḷu)》 1 他人〈である〉、身内でない〈人〉 2 敵対的な〈人〉 [Sk.]

ಪರಕೆ[1] ⟦parake パラケ⟧ [pɘrɘ̆ke] 《古》 *n.* 1 祝福 2 神に願(がん)をかけること、（自分の願いがかなったら捧げ物をすると）神に約束すること、（神に願い事をするために）頭を剃ったり絶食したりすること [Ka. D3951] ☞ಹರಕೆ (harake)

ಪರಕೆ[2] ⟦parake パラケ⟧ [pɘrɘ̆ke] 《古》 *n.* 箒 [Ka. D4415] ☞ಪೊರಕೆ (porake)

ಪರಚು ⟦paracu パラチュ⟧ [pɘrɘ̆ʧu] *vt.* 爪で引っ掻く [Ka. D4023]

ಪರಡು[1] ⟦paraḍu パラドゥ⟧ [pɘrɘ̆ɖu] 《古》 *n.* くるぶし (*Pb.11.136*) [Ka. D3952]

ಪರಡು[2] ⟦paraḍu パラドゥ⟧ [pɘrɘ̆ɖu] 《古》 *vt.* 指や爪や手や鍬(くわ)でかき集める —*vi.* 手探りする、探し回る (*Pb.9.95.V*) [Ka. D3956, D4023]

ಪರಡು[3] ⟦paraḍu パラドゥ⟧ [pɘrɘ̆ɖu] 《古》 *vt.* 広げる、散らばらせる、拡散させる —*vi.* 広がる、散らばる、拡散する [Ka. D3949]

ಪರದ[1] ⟦parada パラダ⟧ [pɘrɘ̆đɐ] ಹರದ 《古》 *m.* 《*f.* ಪರದಿ (paradi)》商人、商売人 (*Pb.4.10*) [Ka. D3949]

ಪರದ[2] ⟦parada パラダ⟧ [pɘrɘ̆dɐ] *n.* [Pe. *parda*] ☞ಪರದಾ (paradā)

ಪರದಾ ⟦paradā パラダー⟧ [pɘrɘ̆dɐː] ಪಡದೆ, ಪರದ[2], ಪರದೆ, ಫರದೆ *n.* 1 幕、帳、窓掛け、カーテン 2 演劇で使う幕 3 映画のスクリーン 4 ブルカー（ムスリムの女性が着る、ほとんどくるぶしまで達する長いヴェール） 5 頭から足までをヴェールで覆う習慣（主としてムスリム女性が、外出時や他人の前で実践する）[Pe. *parda*] ☞ಪರದೆ (parade)

ಪರದಾಡು ⟦paradāḍu パラダードゥ⟧ [pɘrɘ̆đɐːɖu] 《古》 *vi.* 《-ಅಲು (-alu)》（あるものを求めて）もがく、あがく、必死の努力をする [Ka. *paridāḍu*]

ಪರದಿಕೆ ⟦paradike パラディケ⟧ [pɘrɘđĭke] ಹರದಿಕೆ 《古》 *n.* 商売 [Ka. *paradu* + *-ike*]

ಪರದು ⟦paradu パラドゥ⟧ [pɘrđu] ಹರದು 《古》 *n.* 商売 [Ka. D3949]

ಪರದೆ ⟦parade パラデ⟧ [pɘrɘ̆de] ಪಡದೆ, ಪರದ[2], ಪರದಾ, ಫರದೆ *n.* 1 幕、帳、窓掛け、カーテン 2 演劇で使う幕 3 映画のスクリーン [Pe. *parda*] ☞ಪರದಾ (paradā)

ಪರದೇಶಿ ⟦paradēśi パラデーシ⟧ [pɘrɘdeːʃi] *adj., mf.* 1 外国の〈人〉 2 〔喩〕身寄りのない〈人〉、寄る

辺のない〈人〉、天涯孤独〈の〉¶ ತಂದೆ ತಾಯಿಗಳನ್ನು ಕಳೆದುಕೊಂಡು ಅವನು ಪರದೇಶಿಯಾದ. (taṃde tāyigaḷannu kaḷedukoṃḍu avanu paradēśiyāda.) 両親を失って彼は天涯孤独となった。[Sk.]

ಪರಪರ ⟦parapara パラパラ⟧ [pərəpərɐ] (*n.*) ぱりぱり（布を引き裂く時の音を表す擬音語）[Ka. < paṟapaṟa D4024]

ಪರಪು ⟦parapu パラプ⟧ [pərə̆pu] 《古》 *vt.* 1 撒き散らす、散らばらせる 2〈枝や根を〉張る、〈ベッドシーツなどを〉広げる 3〈噂などを〉言い広める、撒き散らす、〈秘密などを〉公にする —*vi.* 1 散らばる、散乱する 2（枝や根が）張る 3（噂などが）広がる、（秘密などが）公になる —*n.* 広がり；流布、伝播 ☞ಹಬ್ಬು (habbu) [Ka. D3949]

ಪರಪುರುಷ ⟦parapuruṣa パラプルシャ⟧ [pərəpuruʂɐ] *m.* 他人の夫 [Sk.]

ಪರಭಾರೆ ⟦parabʰāre パラバーレ⟧ [pərəbʰɐːre] *n.*（所有権の移動の有無にかかわらず）財産や証書などを他人の手に移すこと ¶ ಅವನು ತನ್ನ ಆಸ್ತಿಯನ್ನು ಪರಭಾರೆ ಮಾಡಿದನು. (avanu tanna āstiyannu parabʰāre māḍidanu.) 彼は自分の財産を他人の手に移した。 —*adv.* 1 別に、独立して、（階段などが）戸外に ¶ ಮೇಲಿನ ಮನೆಗೆ ಹೋಗಲು ಮೆಟ್ಟಿಲು ಪರಭಾರೆಯಾಗಿದೆ. (mēlina manege hōgalu meṭṭilu parabʰāreyāgide.) 2階へ行く階段は外にある。 2 いつもやっていることをせず ¶ ಅವನು ಊರಿಗೆ ಬಂದು ಪರಭಾರೆ ಹೊರಟು ಹೋದ. (avanu ūrige baṃdu parabʰāre horaṭu hōda.) 奴はこの町へ来ながらいつものように私に会わずに行ってしまった。(NK) [M. parbʰāre]

ಪರಭಾರೆಪತ್ರ ⟦parabʰārepatra パラバーレパトラ⟧ [pərə̆bʰɐːrepət·rɐ] *n.* 使用権譲渡の証書 [+ patra]

ಪರಭಾರೆ ಮಾಡು ⟦parabʰāre māḍu パラバーレマードゥ⟧ [pərəbʰɐːre mɐːḍu] *vt.*（所有権の移動の有無にかかわらず）〈不動産、証書などを〉他人に手渡す、手放す、預ける ¶ ಅವನು ಹೊಲವನ್ನು ಪರಭಾರೆ ಮಾಡಿದ. (avanu holavannu parabʰāre māḍida.) あの人は農地を手放した。[+ māḍu]

ಪರಮ ⟦parama パラマ⟧ [pərə̆mɐ] (*adj.*) 最上〈の〉、最も優れた〈こと〉、最高〈の〉、最良〈の〉[Sk.]

ಪರಮಪದ ⟦paramapada パラマパダ⟧ [pərəmə̆pədɐ] *n.* 最高の境地、解脱、輪廻からの救済 [Sk.]

ಪರಮಹಂಸ ⟦paramahaṃsa パラマハンサ⟧ [pərəmə̆hə msɐ] *mf.* 修道者たちの中で最高の境地に達していると認められている人 [Sk.]

ಪರಮಾಣು ⟦paramāṇu パラマーヌ⟧ [pərəmɐːɳu] 《文》 *n.* 原子 [Sk.]

ಪರಮಾತ್ಮ ⟦paramātma パラマートマ⟧ [pərə̆mɐːtmɐ] *n.* 最高神、全能者 [Sk.]

ಪರಮಾಯಿಷಿ ⟦paramāyiṣi パラマーイシ⟧ [pərə̆mɐːjiʂi] (*n.*) 最高〈の〉、美味〈な〉¶ ಅಪ್ಪ ಒಳ್ಳೆಯ ಪರಮಾಯಿಷಿ ಮಾವಿನ ಹಣ್ಣನ್ನು ತಂದಿದ್ದಾರೆ. (appa oḷḷeya paramāyiṣi māvina haṇṇannu taṃdiddāre.) お父さんがとてもおいしいマンゴーを買ってきてくれた。[Pe. farmāiši] = ಫರಮಾಯಿಷಿ (pʰaramāyiṣi)[2]

ಪರಮಾಶಿ ⟦paramāśi パラマーシ⟧ [pərə̆mɐːʃi] (*n.*) 最高〈の〉、美味〈な〉[Pe. farmāiši] ☞ಫರಮಾಯಿಷಿ (pʰaramāyiṣi)[2]

ಪರಮಾವಧಿ ⟦paramāvadʰi パラマーヴァディ⟧ [pərə̆mɐːvə̆dʰi] 《文》 *n.* 極限、極致、頂点 ¶ ಅವನ ಸಹನೆ ಪರಮಾವಧಿ ಮುಟ್ಟಿದೆ. (avana sahane paramāvadʰi muṭṭide.) あの人の我慢は極限に達している。[Sk.]

ಪರಮೆ ⟦parame パラメ⟧ [pərə̆me] 《古》 *n.* [Ka. *D4020] ☞ಪಱಮೆ (paṟame)

ಪರಯಿಸು ⟦parayisu パライス⟧ [pərə̆jisu] 《古》 *vt.* 散らす、散乱させる [Ka. D3949]

ಪರಲ್ ⟦paral パラル⟧ [pərəl] 《古》 *n.* 1 小石 (*Pb.3.49*) 2 宝石 3 樟脳(しょうのう)や雹(ひょう)などの小さなかけら 4 熟していないごく小さな実 [Ka. D3959] ☞ಹರಳು (haraḷu)

ಪರಲು[1] ⟦paralu パラル⟧ [pərə̆lu] 《古》 *n.* 宝石 [Ka. *D3959] ☞ಹರಳು (haraḷu)

ಪರಲು[2] ⟦paralu パラル⟧ [pərə̆lu] 《古》 *n.* 関係 [?]

ಪರಲೋಕ ⟦paralōka パラローカ⟧ [pərə̆loːkɐ] *n.* 死後の世界、他界 [Sk.]

ಪರವಶ ⟦paravaśa パラヴァシャ⟧ [pərə̆vəʃɐ] *m.* 《*f.* ಪರವಶಳು (paravaśaḷu)》 1（他人に）従属する人、従属的な人 2 あることに没入した人 ¶ ಅವನು ಭಕ್ತಿಪರವಶನಾಗಿದ್ದಾನೆ. (avanu bʰaktiparavaśanāgiddāne.) 彼は神に対する信愛に没入している。

ಪರವಾನಗಿ ⟦paravānagi パラヴァーナギ⟧ [pərə̆vɐːnəgi] *n.* 許可、承認、免許 ¶ ಕಾರನ್ನು ಓಡಿಸಲು ಪರವಾನಗಿ ಇರಬೇಕು. (kārannu ōḍisalu paravānagi irabēku.) 自動車の運転には運転免許が必要だ。[Pe. parwānagi]

ಪರವಿ ⟦paravi パラヴィ⟧ [pərə̆vi] 《古》 *n.*（水を貯えるための）広口の大きな土製の容器 [Ka. D3961] ☞ಹರವಿ (haravi)

ಪರಸು ⟦parasu パラス⟧ [pərə̆su] 《古》 *vt.* 祝福する [Ka. D3951] (*Pb.6.11*)

ಪರಸ್ಪರ ⟦paraspara パラスパラ⟧ [pərəspərɐ] (*n.*) 相互的な〈こと〉、お互い〈の〉 —*adv.* お互いに、相互に ¶ ಕಚೇರಿಯ ಪ್ಯಾದೆಯರು ಪರಸ್ಪರ ಜಗಳವಾಡುತ್ತಿರುತ್ತಾರೆ. (kacēriya pyādeyaru paraspara jagaḷavāḍuttiruttāre.) 役所の雑用係たちが喧嘩している。[Sk.]

ಪರಹಿತ ⟦parahita パラヒタ⟧ [pərəhitɐ] *n.* 善行、慈善、福祉 [Sk.]

ಪರಳ್ ⟦paraḷ パラル⟧ [pərəl] 《古》 *n.* 宝石 [Ka. D3959] ☞ಹರಳು (haraḷu)

ಪರಳಿಗ ⟦paraḷiga パラリガ⟧ [pərə̆ɭigɐ] 《‡》 *m.* 《*f.* ಪರಳಿಗಿತ್ತಿ (paraḷigitti)》 1 姦通者 2 放蕩者、性的に放縦な男性 [Ka. D3964]

ಪರಳು ⟦paraḷu パラル⟧ [pərəɭ] 《古》 *n.* 1 小石 (*Pb.3.49*) 2 小さな未熟の実 [Ka. *D3959] ☞ಹರಳು (haraḷu)

ಪರಾಂಬರಿಸು ⟦parāṃbarisu パラーンバリス⟧ [pərɐːmbərĭsu] 《古》 *vt.* 〈申請、申し出、提案、願書などを〉審査する [Sk.] ☞ಪರಾಮರಿಸು (parāmarisu)

ಪರಾಕಾಷ್ಠೆ ⟦parākāṣṭʰe パラーカーシュテ⟧ [pərɐːkɐːʂʈʰe] 《文》 *n.* 極限、極致、(繁栄や人気などの)絶頂、頂点 [Sk.] = ಪರಮಾವಧಿ (paramāvadʰi)

ಪರಾಕು ⟦parāku パラーク⟧ [pərɐːku] *n.* **1** 《古》 無視、軽視 ¶ ದೇವರೇ ಪರಾಕು ಮಾಡಬೇಡ! (dēvarē parāku māḍabēḍa!) 神よ、私のことを忘れないでください。 **2** 賞賛、褒めること、へつらうこと ¶ ಮುಖ್ಯಮಂತ್ರಿಗಳನ್ನು ಪರಾಕು ಹೇಳುವವರು ಸುತ್ತಿದ್ದಾರೆ. (mukʰyamaṃtrigaḷannu parāku hēḷuvavaru suttiddāre.) 州首相はおべっか使いに囲まれている。 **3** 注意 —*snt.* 《古》 王様の御成り(王が宮廷に現れた際、従者たちが宮廷人たちに王の来場を告げるために発する言葉) [Sk. *parāñc-*]

ಪರಾಕು ಹೇಳು ⟦parāku hēḷu パラークヘール⟧ [pərɐːku heːɭu] *vi.* **1** (従者たちが)「王様の御成り」と叫んで王の来場を告げる **2** へつらう、お世辞を言う ¶ ಅಧ್ಯಕ್ಷರಿಗೆ ಪರಾಕು ಹೇಳುವವರನ್ನು ಕಂಡರೆ ಬಹಳ ಇಷ್ಟ. (adʰyakṣarige parāku hēḷuvavarannu kaṃḍare bahaḷa iṣṭa.) 所長はへつらう人々がとても好きだ。 [+ *hēḷu*]

ಪರಾಕ್ರಮ ⟦parākrama パラークラマ⟧ [pərɐːkrămɐ] *n.* **1** 剛勇、勇猛、英雄的行為 **2** 王などの勢力や権力 [Sk.]

ಪರಾಕ್ರಮಿ ⟦parākrami パラークラミ⟧ [pərɐːkrămi] *adj., mf.* 勇敢な〈人〉、剛勇の〈人〉 [Sk.]

ಪರಾಗ ⟦parāga パラーガ⟧ [pərɐːgɐ] 《文》 *n.* 花粉 [Sk.]

ಪರಾಗಸ್ಪರ್ಶ ⟦parāgasparśa パラーガスパルシャ⟧ [pərɐːgəspərʃɐ] 《文》 *n.* 受粉 [Sk.]

ಪರಾಙ್ಮುಖ ⟦parāṅmukʰa パラーンムカ⟧ [pərɐːŋmukʰɐ] 《文》 *adj., m.* 《*f.* ಪರಾಙ್ಮುಖಿ (parāṅmukʰi)》 無関心な、冷淡な [Sk.]

ಪರಾಜಯ ⟦parājaya パラージャヤ⟧ [pərɐːʤəjɐ] *n.* **1** 敗北、敗戦 **2** 〔喩〕 失敗、(試験の) 不合格 ¶ ನನ್ನ ಮಗನು ಆಯ್. ಎ. ಎಸ್. ಪರೀಕ್ಷೆಯಲ್ಲಿ ಪರಾಜಯ ಹೊಂದಿದನು. (nanna maganu āy. e. es. parīkṣeyalli parājaya hoṃdidanu.) 私の息子はインド高等行政官試験に落ちた。 [Sk.]

ಪರಾಜಿತ ⟦parājita パラージタ⟧ [pərɐːʤitɐ] 《文》 *adj., m.* 《*f.* ಪರಾಜಿತೆ (parājite)》 負けた〈人〉、打ち負かされた〈人〉 [Sk.]

ಪರಾತ್ಪರ ⟦parātpara パラートパラ⟧ [pərɐːtpərɐ] 《文》 *adj.* 最高の、至上の [Sk.]

ಪರಾಭವ ⟦parābʰava パラーバヴァ⟧ [pərɐːbʰəvɐ] *n.* **1** 敗北、敗戦 **2** 〔喩〕 失敗、(試験の) 不合格 ◇ *vi.* —ಆಗು (āgu) 失敗する、不合格になる [Sk.]

ಪರಾಮರಿಸು ⟦parāmarisu パラーマリス⟧ [pərɐːmərĭsu] ಪರಂಬರಿಸು, ಪರಾಂಬರಿಸು, ಪರಾಮ್ಮರಿಸು 《文》 *vt.* **1** 〈申請、申し出、提案、願書などを〉審査する **2** 《文》 〈人を〉客人としてもてなす **3** 《文》 〈文学作品などを〉批評する、価値判断する **4** 《文》 保護する、守る；養育する [Sk. *parāmarśisu*]

ಪರಾಮರ್ಶ ⟦parāmarśa パラーマルシャ⟧ [pərɐːmərʃɐ] *n.* (申請、申し出、提案、願書などの)審査 [Sk.]

ಪರಾಮರ್ಶಿಸು ⟦parāmarśisu パラーマルシス⟧ [pərɐːmərʃisu] *vt.* 〈申請、申し出、提案、願書などを〉審査する [Sk.]

ಪರಾಮರ್ಶೆ ⟦parāmarśe パラーマルシェ⟧ [pərɐːmərʂe] *n.* (申請、申し出、提案、願書などの)審査 [Sk.] = ಪರಾಮರ್ಶ (parāmarśa)

ಪರಾಮ್ಮರಿಸು ⟦parāmmarisu パラーンマリス⟧ [pərɐːmmərĭsu] 《古》 *vt.* 〈申請、申し出、提案、願書などを〉審査する [Sk.] ☞ಪರಾಮರಿಸು (parāmarisu)

ಪರಾಯಣ ⟦parāyaṇa パラーヤナ⟧ [pərɐːjəɳɐ] 《文》 *adj., m.* 《*f.* ಪರಾಯಣೆ (parāyaṇe)》(あるものに)傾倒した〈人〉、熱中した〈人〉 [Sk.]

ಪರಾರಿ ⟦parāri パラーリ⟧ [pərɐːri] *n.* 逃亡、逃走 ◇ *vi.* —ಆಗು (āgu) 逃走する [Pe. *farār/farārī*]

ಪರಾರ್ಥ ⟦parārtʰa パラールタ⟧ [pərɐːrtʰɐ] 《文》 *n.* 人々の幸福、厚生 [Sk.]

ಪರಾರ್ಥಕ ⟦parārtʰaka パラールタカ⟧ [pərɐːrtʰəkɐ] *adj.* 人々のための、利他的な、人類愛的な ¶ ಮಹಾತ್ಮ ಗಾಂಧಿಯ ಜೀವನ ಪರಾರ್ಥಕವಾಗಿರುತ್ತದೆ. マハートマー・ガーンディーの人生は他人の幸福のために捧げられた。 [Sk.]

ಪರಾವಲಂಬಿ ⟦parāvalaṃbi パラーヴァランビ⟧ [pərɐːvələmbi] *adj., mf.* 他人に頼る〈人〉、他人に依存する〈人〉 [Sk.]

ಪರಿ[1] ⟦pari パリ⟧ [pəri] 《古》 *vi.* **1** (水が)流れる **2** 動く、進む **3** 走る **4** (災いや借金などが)片付く —*n.* **1** 攻撃 **2** (水などの)流れ [Ka. D3963, cf. D4020]

ಪರಿ[2] ⟦pari パリ⟧ [pəri] *n.* 仕方、やり方、方法 ¶ ಹಲವು ಪರಿಯಲ್ಲಿ ಬೇಡಿಕೊಂಡರೂ ಅವಳು ದುಡ್ಡನ್ನು ಕೊಡಲಿಲ್ಲ. (halavu pariyalli bēḍikoṃḍarū avaḷu duḍḍannu koḍalilla.) 私はいろいろと嘆願したが彼女はお金をくれなかった。 [Ka. D3968] = ತರ (tara)

ಪರಿ[3] ⟦pari パリ⟧ [pəri] 《‡》 *n.* 蜘蛛の網、蜘蛛の巣 (*B.4.113 (Kitt.)*) [Ka. D3981]

ಪರಿ[4] ⟦pari パリ⟧ [pəri] 《古》 *vt.* 壊す、破壊する [Ka. *D4027] ☞ಹರಿ (hari)

ಪರಿಕರ ⟦parikara パリカラ⟧ [pərikərɐ] *n.* 道具、器具、用具 [Sk.]

ಪರಿಕೆ[1] ⟦parike パリケ⟧ [pərĭke] 《古》 *n.* 攻撃 [Ka. *pari*[1] + *-ke* D3963]

ಪರಿಕೆ[2] ⟦parike パリケ⟧ [pərĭke] 《古》 *n.* 試験、試練 [Sk. *parīkṣā-*]

ಪರಿಕೆ[3] ⟦parike パリケ⟧ [pərĭke] 《古》 *n.* 堀割、(城塞などの周りの)堀 [Sk. *parikhā-*]

ಪರಿಕಿಸು ⟦parikisu パリキス⟧ [pərikisu] 《古》 *vt.* 調べる、調査する、試験する [Sk. *parīkṣisu*] = ಪರೀಕ್ಷಿಸು

(parīkṣisu)

ಪರಿಗಣಿಸು ⟦pariganisu パリガニス⟧ [pərigəṇisu] 《文》 *vt.* 1 念入りに計算する 2 見なす ¶ ಭಾರತೀಯರೆಲ್ಲರೂ ಒಂದೇ ಎಂದು ನಾನು ಪರಿಗಣಿಸುತ್ತೇನೆ. (bʰāratīyarellarū oṃdē eṃdu nānu pariganisuttēne.) 私はインド人はすべて一つだと思う。[Sk.]

ಪರಿಗೆ¹ ⟦parige パリゲ⟧ [pəriĭge] 《古》 *n.* 楯 [Ka. D3958] = ಹರಿಗೆ (harige)〔口〕

ಪರಿಗೆ² ⟦parige パリゲ⟧ [pəriĭge] 《‡》 *n.* (表面が)粗いこと、なめらかでないこと (*Kitt.*) [Ka. D3973]

ಪರಿಚಯ ⟦paricaya パリチャヤ⟧ [pəriʧə̆jɐ] *n.* 1 知り合いであること、面識 2 紹介(すること) [Sk.]

ಪರಿಚಾರಕ ⟦paricāraka パリチャーラカ⟧ [pəriʧɐːrə̆kɐ] *m.* 《*f.* ಪರಿಚಾರಿಕೆ (paricārike)》(王族、政治的指導者、教祖などに)仕える人、とりまき [Sk.]

ಪರಿಚಾರಿಕೆ ⟦paricārike パリチャーリケ⟧ [pəriʧɐːrike] 《文》 *f.* 《*m.* ಪರಿಚಾರಕ (paricāraka)》(王族、政治的指導者、教祖などに)仕える女性、とりまきの女性 [Sk.]

ಪರಿಚಿತ ⟦paricita パリチタ⟧ [pəriʧĭtɐ] *adj., m.* 《*f.* ಪರಿಚಿತಳು (paricitaḷu)》知人〈である〉、よく知っている〈人〉[Sk.]

ಪರಿಚೆ¹ ⟦parice パリチェ⟧ [pəriʧe] 《‡》 *n.* 性質、質 (*Kitt.*)² [Ka. D3968]

ಪರಿಚೆ² ⟦parice パリチェ⟧ [pəriʧe] ಪರಿಜೆ² 《古》 *n.* 香料の一種 [?]

ಪರಿಜು ⟦pariju パリジュ⟧ [pəriʤu] 《古》 *n.* 1 形、姿 2 像;神像 3 やり方、仕方;種類、など [Ka. D3968]

ಪರಿಜೆ¹ ⟦parije パリジェ⟧ [pəriʤe] 《‡》 *n.* 1 形、姿 2 やり方 [Ka. D3968]

ಪರಿಜೆ² ⟦parije パリジェ⟧ [pəriʤe] 《古》 *n.* [Ka. D3968] ☞ ಪರ್ಚೆ (parce)²

ಪರಿಚ್ಛೇದ ⟦paricchēda パリッチェーダ⟧ [pəriʧʧʰeːdɐ] *n.* (本の)章 [Sk.]

ಪರಿಜ್ಞಾನ ⟦parijñāna パリジュニャーナ⟧ [pəriɟɲɐːnɐ] 《文》 *n.* 1 完全な知識、完全な認識 2 一般的な一応の知識 ¶ ಅವನಿಗೆ ಶೇರು ವ್ಯವಹಾರದಲ್ಲಿ ಪರಿಜ್ಞಾನವಿದೆ. (avanige śēru vyavahāradalli parijñānavide.) あの男性は株式取引のことを一応知っている。[Sk.]

ಪರಿಣತ ⟦pariṇata パリナタ⟧ [pəriṇətɐ] 《文》 *adj., m.* 《*f.* ಪರಿಣತಳು (pariṇataḷu)》 1 (芸や学問などに)熟達した〈人〉、(長い経験により)十分に円熟した〈人〉、熟練した〈人〉 2 達人、(学問や芸術などに)優れた〈人〉[Sk.]

ಪರಿಣತಿ ⟦pariṇati パリナティ⟧ [pəriṇəti] *n.* (芸などが)長い経験によって熟すること、熟練、堪能、(学問や芸などで)造詣が深いこと [Sk.]

ಪರಿಣಮಿಸು ⟦pariṇamisu パリナミス⟧ [pəriṇəmisu] *vi.* (…に)なる、(…に)変わる ¶ ಅವಳ ಪ್ರೀತಿ ಕ್ರೋಧವಾಗಿ ಪರಿಣಮಿಸಿತು. (avaḷa prīti krōdʰavāgi pariṇamisitu.) 彼女の愛情は怒りに変わった。[Sk.]

ಪರಿಣಾಮ ⟦pariṇāma パリナーマ⟧ [pəriṇɐːmɐ] *n.* 1 結果、帰結 ¶ ಅವನಿಗೆ ಹೇಳಿದ ಬುದ್ಧಿವಾದದ ಪರಿಣಾಮ ಆತ್ಮಹತ್ಯೆಯಾಯಿತು. (avanige hēḷida buddʰivādada pariṇāma ātma hatyeyāyitu.) 私の訓告の結果(あの子は)自殺した。2《古》幸福、繁栄、健康で豊かな生活 3 影響 ¶ ಈ ಸಿನೆಮದ ಪರಿಣಾಮದಿಂದ ದರೋಡೆಗಳು ಹೆಚ್ಚಾದವು. (ī sinemada pariṇāmadiṃda darōḍegaḷu heccādavu.) この映画の影響で強盗事件の数が増えた。[Sk.]

ಪರಿತಪಿಸು ⟦paritapisu パリタピス⟧ [pəritəpĭsu] 《文》 *vi.* 1 悩む、苦悶する、煩悶する 2 後悔する ¶ ಅಶೋಕನು ಕಲಿಂಗ ಯುದ್ಧವಾದಮೇಲೆ ಬಹಳ ಪರಿತಪಿಸಿದನು. (aśōkanu kaliṃga yuddʰavādamēle bahaḷa paritapisidanu.) アショーカ王はカリンガ戦争の後ひどく後悔した。[Sk.]

ಪರಿತಾಪ ⟦paritāpa パリターパ⟧ [pəritɐːpɐ] *n.* 1 後悔 2 悩み、(心の)苦しみ、苦悩 ¶ ಅವಳ ಬರಿಗೈಯನ್ನು ಕಂಡು ನಾನು ಪರಿತಾಪಗೊಂಡೆನು. (avaḷa barigaiyannu kaṃḍu nānu paritāpagoṃḍenu.) 私は彼女の装身具を外した手を見てつらくてならなかった。[Sk.]

ಪರಿತ್ಯಕ್ತ ⟦parityakta パリティャクタ⟧ [pəritjəktɐ] 《文》 *adj., m.* 《*f.* ಪರಿತ್ಯಕ್ತಳು (parityaktaḷu)》捨てられた〈人〉[Sk.]

ಪರಿತ್ಯಜಿಸು ⟦parityajisu パリティャジス⟧ [pəritjəʤisu] 《文》 *vt.* 1〈悪習などを〉捨てる、絶つ、〈地位や職を〉捨てる、〈配偶者を〉捨てる 2〈提案などを〉拒絶する、受け入れない ¶ ಅವನ ಪ್ರಸ್ತಾಪವನ್ನು ನಾನು ಪರಿತ್ಯಜಿಸಿದೆನು. (avana prastāpavannu nānu parityajisidenu.) 私は彼の提案を拒絶した。[Sk.]

ಪರಿತ್ಯಾಗ ⟦parityāga パリティャーガ⟧ [pəritjɐːgɐ] *n.* (理想の実現などのために大事なものを)捨てること、放棄すること、断念すること [Sk.]

ಪರಿಧಿ ⟦paridʰi パリディ⟧ [pəridʰi] 《文》 *n.* 1 塀、柵、城壁(など周囲をとりまく構造物) 2 塀、柵などで囲まれた地域 3 円周 4 (建物、公園などの)周辺 5 (役所などの)管轄区域、担当区域 [Sk.]

ಪರಿಪಕ್ವ ⟦paripakva パリパクヴァ⟧ [pəripəkvɐ] *adj.* 熟した、十分に熟れた、成熟した、(人格、技術などが)成熟した [Sk.]

ಪರಿಪತ್ರ ⟦paripatra パリパトラ⟧ [pəripətrɐ] *n.* 回状 [Sk.]

ಪರಿಪಾಟ ⟦paripāṭa パリパータ⟧ [pəripɐːʈɐ] *n.* 1 習慣、習わし 2 礼儀作法 [Ka. *pari* + Sk. *pāṭi-*]

ಪರಿಪಾಲನೆ ⟦paripālane パリパーラネ⟧ [pəripɐːlə̆ne] *n.* 保護、(王などの)統治 [Sk.]

ಪರಿಪಾಲಿಸು ⟦paripālisu パリパーリス⟧ [pəripɐːlisu] 《文》 *vt.* 保護する、(王などが)統治する [Sk.]

ಪರಿಪೂರ್ಣ ⟦paripūrṇa パリプールナ⟧ [pəripuːɳɐ] *adj.* 1 満ち満ちた 2 完全な ¶ ಯಾವುದೇ ಕೆಲಸವನ್ನು ಅವನು ಪರಿಪೂರ್ಣವಾಗಿ ಮಾಡುತ್ತಾನೆ. (yāvudē kelasavannu avanu paripūrṇavāgi māḍuttāne.) あの人はどんな仕事でも完全に行う。[Sk.]

ಪರಿಮಲ ⟦parimala パリマラ⟧ [pərimələ] 《文》 *n.* 芳香、香気 [Sk.]

ಪರಿಮಿತ ⟦parimita パリミタ⟧ [pərimitə] 《文》 *adj.* 限りある、有限の [Sk.]

ಪರಿಮಿತ ಹೊಣೆಗಾರಿಕೆ ⟦parimita hoṇegārike パリミタホネガーリケ⟧ [pərimitə hoɳegɐːrike] 《文》 *n.* 有限責任 [+ *hoṇegārike*]

ಪರಿಮಿತಿ ⟦parimiti パリミティ⟧ [pərimiti] 《文》 *n.* **1** 境界、境 **2** 分量 **3** (二次元図形の)周囲の長さ [Sk.]

ಪರಿಯ ⟦pariya パリヤ⟧ [pərijə] 《‡》 *n.* 走ること (*Kitt.*) [Ka. D3963]

ಪರಿಯಣ ⟦pariyaṇa パリヤナ⟧ [pərijə̆ɳə] 《古》 *n.* [Ka. D3971] ☞ಪರಿಯಾಣ (pariyāṇa)[1]

ಪರಿಯಳ ⟦pariyaḷa パリヤラ⟧ [pərijə̆ɭə] 《古》 *n.* [Ka. D3971] ☞ಪರಿಯಾಣ (pariyāṇa)[1]

ಪರಿಯಾಣ[1] ⟦pariyāṇa パリヤーナ⟧ [pərijɐːɳə] ಪರಿಯ-ಣ, ಪರಿಯಳ, ಪರಿವಾಣ, ಪರ್ಯಣ, ಪರ್ಯಾಣ, ಪರ್ಯಾಳ, ಹರಿಯಣ, ಹರಿಯಾಣ, ಹರಿವಣ, ಹರಿವಾಣ 《古》 *n.* (金属製や木製の)盆状の食事用の大皿 [Ka. D3971] = ತಟ್ಟೆ (taṭṭe)[3]

ಪರಿಯಾಣ[2] ⟦pariyāṇa パリヤーナ⟧ [pərijɐːɳə] 《文》 *n.* (乗馬の)鞍 [Sk. *paryāṇa*] = ಜೀನು, ತಡಿ (jīnu, taḍi)

ಪರಿಯಾಳ ⟦pariyāḷa パリヤーラ⟧ [pərijɐːɭə] 《古》 *n.* [Ka. *D3971] ☞ಪರಿಯಾಣ (pariyāṇa)[1]

ಪರಿವರ್ತನೆ ⟦parivartane パリヴァルタネ⟧ [pərivərtə̆ne] *n.* 変化、変身、変質、変性 [Sk.]

ಪರಿವರ್ತಿತ ⟦parivartita パリヴァルティタ⟧ [pərivərtitə] 《文》 *adj.* 変化した、変形した、振り変わった [Sk.]

ಪರಿವರ್ತಿತ ರಜ ⟦parivartita raja パリヴァルティタラジャ⟧ [pərivərtitə rəʤə] 《文》 *n.* 振替休暇 [+ *raja*]

ಪರಿವರ್ತಿಸು ⟦parivartisu パリヴァルティス⟧ [pərivərtisu] 《文》 *vt.* 変わる、変化する、変身する、変性する [Sk.]

ಪರಿವಾಣ ⟦parivāṇa パリヴァーナ⟧ [pərivɐːɳə] 《古》 *n.* (金属製や木製の)盆状の食事用の大皿 [Ka. D3971] ☞ಪರಿಯಾಣ (pariyāṇa)[1]

ಪರಿವಾರ ⟦parivāra パリヴァーラ⟧ [pərivɐːrə] *n.* **1** 親族と友達、とりまき、(王侯貴族の)従者、随員 ¶ ಅವನು ಒಳ್ಳೆಯವನು ಆದರೆ ಪರಿವಾರ ಸರಿಯಿಲ್ಲ. (avanu oḷḷe-yavanu ādare parivāra sariyilla.) あいつはいい奴だがそのとりまきがよくない。 **2** 家族 [Sk.]

ಪರಿವೀಕ್ಷಣ ⟦parivīkṣaṇa パリヴィークシャナ⟧ [pərivi:kʂə̆ɳə] 《文》 *n.* **1** 試用(長期契約を結ぶかどうか決めるために、新入社員などの行動や人格などを観察すること) **2** 保護観察、執行猶予(犯罪者を保護観察官の監督下に置き、行いが正しい間だけ刑の執行を停止する制度) [Sk.]

ಪರಿವೀಕ್ಷಣೆ ⟦parivīkṣaṇe パリヴィークシャネ⟧ [pərivi:kʂə̆ɳe] 《文》 *n.* [Sk.] ☞ಪರಿವೀಕ್ಷಣ (parivīkṣaṇa)

ಪರಿವೀಕ್ಷಣಾ ಅವಧಿ ⟦parivīkṣaṇā avadʰi パリヴィークシャナーアヴァディ⟧ [pərivi:kʂə̆ɳɐ əvədʰi] 《文》 *n.* **1** 試用期間(長期契約を結ぶかどうか決めるために、新入社員などの行動や人格などを観察する期間) **2** 保護観察または執行猶予期間(犯罪者を保護観察官の監督下に置き、行いが正しい間だけ刑の執行を停止する期間) [Sk.]

ಪರಿವೀಕ್ಷಣಾಧಿಕಾರಿ ⟦parivīkṣaṇādʰikāri パリヴィークシャナーディカーリ⟧ [pərivi:kʂə̆ɳɐːdʰikɐːri] 《文》 *mf.* (執行猶予中の犯罪者のための)保護観察官 [Sk.]

ಪರಿವು ⟦parivu パリヴ⟧ [pərĭvu] 《古》 *n.* **1** (水などが)流れること **2** 流れ **3** 攻撃 **4** 走ること [Ka. D3963]

ಪರಿವೇಶ ⟦parivēśa パリヴェーシャ⟧ [pərĭve:sə] *n.* **1** 周囲、取り囲むもの、周り **2** 円、円形 **3** 円周 **4** 太陽や月の周りの光の輪、暈輪(うんりん)、聖者や聖像の周りの光の輪、光背 **5** 環境、四囲の状態 [Sk.]

ಪರಿವ್ರಾಜಕ ⟦parivrājaka パリヴラージャカ⟧ [pərivrɐːʤə̆kə] *m.* 《*f.* *ಪರಿವ್ರಾಜಕಳು (parivrājakaḷu)》遊行者、遊行僧 [Sk.]

ಪರಿಶಿಷ್ಟ ⟦pariśiṣṭa パリシシュタ⟧ [pəriʃiʂʈə] 《文》 (*adj.*) 残った〈こと〉、残余〈の〉 —*adj.*, *m.* 《*f.* ಪರಿಶಿಷ್ಟಳು (pariśiṣṭaḷu)》 **1** 無視されてきた〈人々〉 **2** インド共和国憲法によって規定された最下位のカーストや部族に属する〈人々〉(歴史的に不利益を被ってきたとされるが、特権を与えられて保護される) —*n.* (本などの)付録、付表、補遺 [Sk.]

ಪರಿಶಿಷ್ಟ ಜನಾಂಗ ⟦pariśiṣṭa janāṃga パリシシュタジャナーンガ⟧ [pəriʃiʂʈə ʤənɐːŋgə] *n.* 歴史的に不利益を被ってきたとされる部族(インド共和国憲法によって規定され特権を与えられて保護されている) [Sk.]

ಪರಿಶಿಷ್ಟ ಜಾತಿ ⟦pariśiṣṭa jāti パリシシュタジャーティ⟧ [pəriʃiʂʈə ʤɐːti] *n.* 歴史的に不利益を被ってきたとされるカースト(インド共和国憲法によって規定され特権を与えられて保護されている) [Sk.]

ಪರಿಶೀಲಿಸು ⟦pariśīlisu パリシーリス⟧ [pəriʃi:lĭsu] 《文》 *vt.* 〈提案や申請や請願などを〉検討する、吟味する [Sk.]

ಪರಿಶೀಲನೆ ⟦pariśīlane パリシーラネ⟧ [pəriʃi:lə̆ne] 《文》 *n.* (提案や申請や請願などの)検討、吟味 [Sk.]

ಪರಿಶುದ್ಧ ⟦pariśuddʰa パリシュッダ⟧ [pariʃuddʰə] 《文》 *adj.* **1** (水や空気などが)純粋な、きれいな、清浄な **2** (金などが)混ぜものがない **3** 汚されていない、汚点のない、(儀式上)清浄な **4** 〔喩〕(人格が)潔白な、純粋な、(女性が)貞節な [Sk.]

ಪರಿಶುದ್ಧಗೊಳಿಸು ⟦pariśuddʰagoḷisu パリシュッダゴリス⟧ [pəriʃuddʰəgoɭisu] 《文》 *vt.* 〈水、油、環境などを〉純化する、清浄化する、きれいにする [+ *koḷisu*]

ಪರಿಶೋಧನೆ ⟦pariśōdʰane パリショーダネ⟧ [pəriʃo:dʰə̆ne] 《文》 *n.* **1** (犯罪者や行方不明者などを)捜すこと、捜査 **2** (会計などを)検査すること、(申請書や計画や願書などを)吟味すること **3** 研究

[Sk.]

ಪರಿಶೋಧಿಸು ⟦pariśōdʰisu パリショーディス⟧ [pəriʃo:dʰisu] 《文》 *vt.* 1〈犯罪者や行方不明者などを〉捜す、捜査する 2〈会計などを〉検査する、〈申請書や計画や願書などを〉吟味する 3 研究する [Sk.]

ಪರಿಶ್ರಮ ⟦pariśrama パリシュラマ⟧ [pəriʃrəmɐ] 《文》 *n.* 1 疲れ、疲労 2（学問や芸などにおける）熟達、熟練 ¶ ಅವರಿಗೆ ಧ್ವನಿವಿಜ್ಞಾನದಲ್ಲಿ ಪರಿಶ್ರಮವಿದೆ. (avarige dʰvanivijñānadalli pariśramavide.) あの人は音声学に通じている。 3 努力、身を粉にして働くこと ¶ ಈ ಫಸಲು ಹತ್ತು ವರ್ಷದ ಪರಿಶ್ರಮದ ಫಲ. (ī pʰasalu hattu varṣada pariśramada pʰala.) この収穫は 10 年の努力の賜である。 [Sk.]

ಪರಿಷತ್ತು ⟦pariṣattu パリシャットゥ⟧ [pərĭʂəttu] *n.* 1 協会、アカデミー 2 会議、協議会 [Sk.]

ಪರಿಷೆ ⟦pariṣe パリシェ⟧ [pəriʂe] 《文》 *n.* 1（寺院などの）祭り 2 祭りに集まった群衆、祭りの雑踏 [Pk. *parisā-* ←Sk. *pariṣad-*]

ಪರಿಷ್ಕರಿಸು ⟦pariṣkarisu パリシュカリス⟧ [pəriʂkərisu] 《文》 *vt.* 改訂する、修正する [Sk.]

ಪರಿಷ್ಕಾರ ⟦pariṣkāra パリシュカーラ⟧ [pəriʂkɐ:rɐ] *n.* 1 修正、改訂 2 飾ること、装飾 3 拭いたり磨いたりしてきれいにすること 4 整頓、整理 [Sk.]

ಪರಿಷ್ಕೃತ ⟦pariṣkṛta パリシュクルタ⟧ [pəriʂkrutɐ] 《文》 *adj.* 1 改訂された 2 装飾を施された、飾られた 3 きれいに拭いたり磨かれたりした 4 整頓された、きれいに片付けられた [Sk.]

ಪರಿಸಮಾಪ್ತಿ ⟦parisamāpti パリサマープティ⟧ [pərisəmɐ:pti] 《文》 *n.*（映画や本や劇などの）終わり；終結、結末、完成 [Sk.]

ಪರಿಸರ ⟦parisara パリサラ⟧ [pərisərɐ] *n.* 1 環境、周囲の状況、（建物などの）立地条件 2 環境、地球あるいはその一部の物理的状況の総体（特に人間の各種活動による影響下にあるものを指す） 3 境界 4 近く、近傍 [Sk.]

ಪರಿಸರವಾದಿ ⟦parisaravādi パリサラヴァーディ⟧ [pərisərəvɐ:di] *mf.* 環境保護論者、環境保護運動家 [Sk.]

ಪರಿಸು ⟦parisu パリス⟧ [pərisu] 《‡》 *vi.* 話す *(Kitt.)* [Ka. D4031]

ಪರಿಹಾರ ⟦parihāra パリハーラ⟧ [parihɐ:rɐ] *n.* 1（問題の）解決、解きほぐし 2（呪いを）儀式などで解くこと、（罪の）贖罪 3 損害賠償 [Sk.]

ಪರಿಹಾರಧನ ⟦parihāradʰana パリハーラダナ⟧ [pərihɐ:rə̆dʰənɐ] *n.* 賠償金、（立ち退きなどの）補償金、贖罪の金銭や財 [Sk.]

ಪರಿಹಾಸ ⟦parihāsa パリハーサ⟧ [pərihɐ:sɐ] *n.* 1 滑稽、諧ぎゃく 2 嘲笑、嘲弄、からかい [Sk.]

ಪರೀಕ್ಷಕ ⟦parīkṣaka パリークシャカ⟧ [pəri:kʂəkɐ] *m.* 《*f.* ಪರೀಕ್ಷಕಳು (parīkṣakaḷu)》 試験官 —*n.*（電流回路の）テスター [Sk.]

ಪರೀಕ್ಷಿಸು ⟦parīkṣisu パリークシス⟧ [pəri:kʂisu] 《文》 *vt.* 1〈血液や尿などを〉検査する、〈係争問題などを〉調査する；視察する、検分する 2〈学生を〉試験する [Sk.] = ಪರೀಕ್ಷಿಸು (parīkṣisu)

ಪರೀಕ್ಷೆ ⟦parīkṣe パリークシェ⟧ [pəri:kʂe] *n.* 1（血液や尿などの）検査、（係争問題などの）調査；視察、検分 2（学校の）試験、テスト [Sk.]

ಪರೆ[1] ⟦pare パレ⟧ [pəre] 《古》 *vi.* 拡散する、散る *(Pb.9.34)* [Ka. D3949]

ಪರೆ[2] ⟦pare パレ⟧ [pəre] 《古》 *vi.* 夜が明ける *(Śmd.ḍh.(Kitt.))* —*n.* 夜明け [Ka. D3980]

ಪರೆ[3] ⟦pare パレ⟧ [pəre] *n.* 1（白内障による）水晶体の白濁部 2〔喩〕目のうろこ ¶ ನನ್ನ ಕಣ್ಣಿನ ಪರೆ ಕಳಿಚಿತು. (nanna kaṇṇina pare kaḷicitu.) 私の目からうろこがおちた。 3 層状のもの一般（タマネギの皮、目にできる膜、蛇が脱皮した抜け殻、傷などでできたかさぶた、など） ¶ ಹಾಲಿನ ಕೆನೆ ಪರೆಯಾಗಿ ಕಟ್ಟಿದೆ. (hālina kene pareyāgi kaṭṭide.) 牛乳のクリームが固まって皮となっている。 [Ka. D3981] ☞ ಪೊರೆ (pore)[1]

ಪರೆಪು ⟦parepu パレプ⟧ [pərĕpu] 《古》 *vt.* 散らす、拡散させる —*n.* 散らすこと、拡散させること [Ka. D3949]

ಪರೋಕ್ಷ ⟦parōkṣa パロークシャ⟧ [pəro:kʂɐ] (*n.*) 1 目に見えない〈こと〉、視界の外にある〈こと〉 2（情報が）人伝て〈の〉、間接〈の〉 ¶ ಅವನ ದುರ್ಗುಣಗಳು ನನಗೆ ಪರೋಕ್ಷದಲ್ಲಿ ತಿಳಿದವು. (avana durguṇagaḷu nanage parōkṣadalli tiḷidavu.) 彼の悪徳を間接に耳にした。 [Sk.]

ಪರೋಪಕಾರ ⟦parōpakāra パローパカーラ⟧ [pəro:pəkɐ:rɐ] *n.* 1 他人の利益 2 利他行為、見返りを期待しない援助 [Sk.]

ಪರೋಪಕಾರಿ ⟦parōpakāri パローパカーリ⟧ [pəro:pə̆kɐ:ri] *adj., mf* 利他主義者〈である〉、見返りを期待せずに進んで他人を助ける〈人〉 [Sk.]

ಪರ್ಙ್ಕು ⟦parṅku パルンク⟧ [pərŋku] 《方》 *vt.* 爪で引っ掻く *(HavS.)* [Ka. D4023]

ಪರ್ಚು ⟦parcu パルチュ⟧ [pərʧu] ಪಚ್ಚು[3] 《古》 *vi.* ささやく —*n.* ささやき [Ka. D4031]

ಪರ್ಣ ⟦parṇa パルナ⟧ [pərɳɐ] 《文》 *n.* 1 木の葉 = ಎಲೆ (ele)〔汎〕 2（本の）ページ、頁 3 鳥の翼、鳥の羽根 4 ハナモツヤクノキまたはその花 = ಮುತ್ತುಗ, ಪಲಾಶ (muttuga, palāśa) *[IMP 1.315; IHK 47] [Sk.]

ಪರ್ಣಕುಟಿ ⟦parṇakuṭi パルナクティ⟧ [pərɳəkuʈi] 《文》 *n.* 木の葉などで作った小屋、苫屋(とまや) [Sk.] = ಪರ್ಣಶಾಲೆ (parṇaśāle)

ಪರ್ಣಕುಟೀರ ⟦parṇakuṭīra パルナクティーラ⟧ [pərɳəkuʈi:rɐ] 《文》 *n.* 木の葉などで作った小屋、苫屋(とまや)、隠者の庵 [Sk.] = ಪರ್ಣಶಾಲೆ (parṇaśāle)

ಪರ್ಣಶಾಲೆ ⟦parṇaśāle パルナシャーレ⟧ [pərɳə̆ʃɐ:le] 《文》 *n.* 木の葉などで作った小屋、苫屋(とまや)、隠者の庵 = ಪ–

ರ್ಣಕುಟೀರ (parṇakuṭīra)

ಪರ್ಣ್ಡು ⟦parṇḍu パルンドゥ⟧ [pərɳɖɨ] 《方》 *vi.* 広がる [Ka. D3949] (Gowda)

ಪರ್ತಿ ⟦parti パルティ⟧ [pərti] 《古》 *n.* (さやに入った)綿；(一般に)木綿 [Ka. D3976] ☞ಹತ್ತಿ (hatti) 〔口〕

ಪರ್ತು ⟦partu パルトゥ⟧ [pərtu] 《‡》 *vi.* 付く、くっつく、貼りつく、など (*Kitt.*) ☞ಹತ್ತು (hattu) [Ka. D4034]

ಪರ್ದು ⟦pardu パルドゥ⟧ [pərdu] 《古》 *n.* **1** 鳶、鷹、隼、ハゲタカ、鷲 **2** ガルダ鳥(ヴィシュヌ神の乗り物、鳥類の王) [Ka. D3977]

ಪರ್ಪರ ⟦parpara パルパラ⟧ [pərpərɐ] 《‡》 (*n.*) 粗い〈こと〉、ごつごつした〈こと〉(karṇāni) [Ka. *D3973]

ಪರ್ಪರಿಕೆ ⟦parparike パルパリケ⟧ [pərpərike] 《古》 *n.* 粗いこと、ごつごつしたこと (*Šmd.II* (*Kitt.*)) [Ka. *parpara* + *-ike* D3973]

ಪರ್ಬು ⟦parbu パルブ⟧ [pərbu] 《古》 *vi.* 広がる **—*n.*** **1** (大地などの) 広がり **2** 数が多いこと、多数 ☞ಹಬ್ಬು (habbu) 〔汎〕 [Ka. D3949]

ಪರ್ಯಂತ ⟦paryaṃta パリヤンタ⟧ [pərjəntɐ] 《文》 *postp.* 《*nom./v.part.*》 **1** …までずっと ¶ ಅವನು ಬದುಕಿರುವ ಪರ್ಯಂತ ಸೆರೆಮನೆಯಲ್ಲೇ ಇದ್ದನು. (avanu badukiruva paryaṃta seremaneyallē iddanu.) あの人は死ぬまでずっと牢に入れられていた。 **2** …する間ずっと ¶ ಅವನು ಜೀವನ ಪರ್ಯಂತ ನರಳಿದ. (avanu jīvana paryaṃta naraḷida.) 彼は生きている間中ずっと苦しんだ。 **3** …以来ずっと ¶ ಈ ಮನೆಗೆ ಬಂದ ಪರ್ಯಂತ ನಾವು ಕಷ್ಟವನ್ನು ಅನುಭವಿಸಿದೆವು. (ī manege baṃda paryaṃta nāvu kaṣṭavannu anubʰavisidevu.) この家に来てからずっと私たちは困難にあえいでいる。 **—*n.*** 境界 [Sk.]

ಪರ್ಯಟನ ⟦paryaṭana パリヤタナ⟧ [pərjəʈənɐ] ಪರ್ಯಟನೆ 《文》 *n.* **1** ぶらつくこと、そぞろ歩き、散策 **2** 方々旅行すること、(諸国)遍歴 [Sk.]

ಪರ್ಯಣ ⟦paryaṇa パリヤナ⟧ [pərjəɳɐ] 《古》 *n.* [Ka. D3971] ☞ಪರ್ಯಾಣ (paryāṇa)

ಪರ್ಯವಸಾನ ⟦paryavasāna パリヤヴァサーナ⟧ [pərjəʋ̆əsɐːnɐ] *n.* **1** 終わり、終末、結末 **2** 〔美〕 身の終わり、死、臨終 ¶ ಕರ್ಣನ ಪರ್ಯವಸಾನ ಕರುಣಾಪೂರಿತವಾದದ್ದು. (karṇana paryavasāna karuṇāpūritavādaddu.) カルナの死は哀れを誘うものだった。 [Sk.]

ಪರ್ಯಾಣ ⟦paryāṇa パリヤーナ⟧ [pərjɐːɳɐ] 《古》 *n.* (金属製や木製の)盆状の食事用の大皿 [Ka. D3971] = ತಟ್ಟೆ (taṭṭe)

ಪರ್ಯಾಯ ⟦paryāya パリヤーヤ⟧ [pərjɐːjɐ] *n.* **1** (あるものの)代わり **2** 番、順番 [Sk.] = ಸರದಿ (saradi)

ಪರ್ಯಾಯಪದ ⟦paryāyapada パリヤーヤパダ⟧ [pərjɐːjə̆pədɐ] *n.* 言い替えの言葉 [Sk.]

ಪರ್ಯಾಲೋಚನೆ ⟦paryālōcane パリヤーローチャネ⟧ [pərjɐːloːʧə̆ne] *n.* (提案などを)よく吟味検討すること [Sk.]

ಪರ್ಯಾಲೋಚಿಸು ⟦paryālōcisu パリヤーローチス⟧ [pərjɐːloːʧisu] 《文》 *vt.* 〈提案などを〉よく吟味検討する [Sk.]

ಪರ್ರ್ ⟦parr パルル⟧ [pərr] (*n.*) ぱりっ(布を勢いよく引き裂く時の音を表す擬音語) [Ka. *paṟapaṟa* onom.]

ಪರ್ರೆಂದು ⟦parreṃdu パッレンドゥ⟧ [pərrendu] *adv.* ぱりっと ¶ ಸುರೇಶ ಜಗಳದಲ್ಲಿ ರಮೇಶನ ಅಂಗಿಯನ್ನು ಪರ್ರೆಂದು ಹರಿದನು. (surēśa jagaḷadalli ramēśana aṃgiyannu parreṃdu haridanu.) スレーシュは喧嘩してラメーシュのシャツをぱりっと引き裂いた。 [Ka. *parr* + *eṃdu*]

ಪರ್ವತ ⟦parvata パルヴァタ⟧ [pərʋətɐ] *n.* 山、山岳 [Sk.]

ಪರ್ವು ⟦parvu パルヴ⟧ [pərvu] 《古》 *vt.* 〈つるや病気などを〉広げる **—*vi.*** (つる草や病気や噂などが) 広がる **—*n.*** **1** (大地などの) 広がり **2** 数が多いこと、多数 ☞ಹಬ್ಬು (habbu) [Ka. D3949]

ಪಲ್ ⟦pal パル⟧ [pəl] 《古》 *n.* **1** 歯 **2** 車輪の輻(や) [Ka. D3986(a)] ☞ಹಲ್ಲು (hallu) 〔汎〕

ಪಲ ⟦pala パラ⟧ [pəlɐ] ಹಲ 《古》 (*adj.*) **1** 多く〈こと〉、たくさん〈の〉 **2** 幾つか〈の〉、いろいろ〈こと〉 [Ka. D3987] = ಹಲವು (halavu) 〔現〕

ಪಲಂಗ ⟦palaṃga パランガ⟧ [pələŋgɐ] 《古》 *n.* 寝台 [Ka. *D4040/Sk. *palyaṃka-*] ☞ಪನ್ನಂಗ (pannaṃga)

ಪಲಂಗು ⟦palaṃgu パラング⟧ [pələŋgu] 《古》 *n.* 寝台 [Ka. *D4040/Sk. *palyaṃka-*] ☞ಪನ್ನಂಗ (pannaṃga)

ಪಲಂಬರ್ ⟦palaṃbar パランバル⟧ [pələmbər] 《古》 *mf.* 《*pl.*》幾人かの人 [Ka. D3987]

ಪಲಂಬು ⟦palaṃbu パランブ⟧ [pələmbu] 《古》 *vi.* (声を出してまたは心の中で) 嘆く [Ka. *D4304] ☞ಪಲುಂಬು (paluṃbu)

ಪಲಕಿ ⟦palaki パラキ⟧ [pələki] 《古》 *n.* 有蓋の輿(こし)(神像や偉い人を乗せて 4 人ないし 6 人で担ぐ) ☞ಪಲ್ಲಕ್ಕಿ (pallakki) [Ka. *D4040/Sk.*palyaṃka-*]

ಪಲಬು ⟦palabu パラブ⟧ [pələbu] 《古》 *vi.* (声を出してまたは心の中で) 嘆く [Ka. *D4304] ☞ಪಲುಂಬು (paluṃbu)

ಪಲರ್ ⟦palar パラル⟧ [pələr] 《古》 *mf.* 《*pl.*》幾人かの人 [Ka. D3987]

ಪಲರ್ಮೆ ⟦palarme パラルメ⟧ [pələrme] 《古》 *adv.* 何回も (*ādr.4.57*) [Ka. *pala* + *r*<? + *-me* D3987]

ಪಲವರ್ ⟦palavar パラヴァル⟧ [pələ̆var] 《古》 *mf.* 《*pl.*》多くの人 [Ka. D3987] = ಪಲಂಬರ್ (palaṃbar)

ಪಲವು ⟦palavu パラヴ⟧ [pələvu] 《古》 *adj.* **1** 多くの、たくさんの **2** いろいろな [Ka. D3987] ☞ಹಲವು (halavu)

ಪಲಸ ⟦palasa パラサ⟧ [pələsɐ] 《古》 *n.* [Ka. D3988] ☞ಹಲಸು (halasu)

ಪಲಸು ⟦palasu パラス⟧ [pələsu] 《古》 *n.* [Ka. D3988] ☞ಹಲಸು (halasu)

ಪಲಾಯನ ⟦palāyana パラーヤナ⟧ [pəlɐːjənɐ] *n.* 逃亡、逐電、出奔 [Sk.]

ಪಲಾಶ ⟦palāśa パラーシャ⟧ [pəlɐːʃɐ] 《文》 *n.* **1** ハナモツヤクノキまたはその花（マメ科）= ಮುತ್ತುಗ, ಕಿಂಶುಕ, ಪಲಾಶ (muttuga, kiṃśuka, palāśa) *[IMP 1.315; IHK 47] **2** 葉または花弁一般 [Sk.]

ಪಲು ⟦palu パル⟧ [pəl] 《古》 *n.* 歯 [Ka. *D3986(a)] ☞ಹಲ್ಲು (hallu)〔汎〕

ಪಲುಂಬು ⟦paluṃbu パルンブ⟧ [pəlumbu] ಪಲಂಬು, ಪ-ಲಬು, ಪಲುಬು, ಪಲ್ವು, ಹಲಬು[2], ಹಲುಂಬು, ಹಲುಬು 《古》 *vi.* （声を出してまたは心の中で）嘆く [Ka. D4304]

ಪಲುಬು ⟦palubu パルブ⟧ [pəlŭbu] 《古》 *vi.* （声を出してまたは心の中で）嘆く [Ka. *D4304] ☞ಪಲುಂಬು (paluṃbu)

ಪಲ್ಟಿ ⟦palṭi パルティ⟧ [pəlʈi] *n.* とんぼ返り [H. *palṭā* T7968]

ಪಲ್ಟಿಹಾಕು ⟦palṭihāku パルティハーク⟧ [pəlʈihɐːku] *vi.* **1** とんぼ返りする **2**〔喩〕失敗する、（試験に）落ちる ¶ ಅವನು ಪರೀಕ್ಷೆಯಲ್ಲಿ ಪಲ್ಟಿಹಾಕಿದ. (avanu parīkṣeyalli palṭihākida.) あの人は試験に落ちた。 [+ *hāku*]

ಪಲ್ಲ[1] ⟦palla パッラ⟧ [pəllɐ] 《古》 *n.* 「牙を持つもの」、象 [Ka. *pallu* + *-a*, D3986]

ಪಲ್ಲ[2] ⟦palla パッラ⟧ [pəllɐ] 《方》 *n.* 100 セールの重量に相当する穀物を計る単位（1 セールは約 1kg） [? cf. Sk. *palya*「穀物袋」, cf. Pk. *palla-*, M. *pallā*]

ಪಲ್ಲಂಕ ⟦pallaṃka パッランカ⟧ [pəlləŋkɐ] 《古》 *n.* 寝台 [Ka. *D4040/Sk. *palyaṃka-*] ☞ಪನ್ನಂಗ (pannaṃga)

ಪಲ್ಲಂಗ ⟦pallaṃga パッランガ⟧ [pəlləŋgɐ] 《古》 *n.* 寝台 [Ka. *D4040/Sk. *palyaṃka-*] ☞ಪನ್ನಂಗ (pannaṃga)

ಪಲ್ಲಂಗು ⟦pallaṃgu パッラング⟧ [pəlləŋgu] 《古》 *n.* 寝台 [Ka. *D4040/Sk. *palyaṃka-*] ☞ಪನ್ನಂಗ (pannaṃga)

ಪಲಕ್ಕಿ ⟦palakki パラッキ⟧ [pələkki] 《古》 *n.* 有蓋の輿（神像や偉い人を乗せて 4 人ないし 6 人で担ぐ） [Ka. *D4040/Sk. *palyaṃka-*] ☞ಪಲ್ಲಕ್ಕಿ (pallakki)

ಪಲ್ಯ ⟦palya パリャ⟧ [pəlʲjɐ] *n.* **1** 野菜料理 **2** 野菜、実野菜および葉野菜 (NK) [? cf. Sk. *phalya-*]

ಪಲ್ಲಕಿ ⟦pallaki パッラキ⟧ [pəlləki] 《古》 *n.* ☞ಪಲ್ಲಕ್ಕಿ (pallakki)

ಪಲ್ಲಕ್ಕಿ ⟦pallakki パッラッキ⟧ [pəlləkki] ಪಲಕಿ, ಪಲಕ್ಕಿ, ಪಲ್ಲಕಿ, ಪಾಲಂಕಿ, ಪಾಲಕಿ, ಪಾ-ಲಖಿ, ಪಾಲಿಕೆ, ಪಾಲ್ಕಿ, ಪಾಲ್ಕೆ, ಪಾಲ್ಲಕೆ *n.* 有蓋の輿（神像や偉い人を乗せて 4 人ないし 6 人で担ぐ）［⇒図］ [Ka. *D4040/Sk. *palyaṃka-*]

ಪಲ್ಲಕ್ಕಿ 輿

ಪಲ್ಲಟ ⟦pallaṭa パッラタ⟧ [pəlləʈɐ] (*n.*) **1** ひっくり返った状態〈の〉、逆さま〈の〉¶ ಕೋಣೆಯ ವಸ್ತುಗಳು ಪ-ಲ್ಲಟವಾದಂತೆ ಕಾಣುತ್ತವೆ. (kōṇeya vastugaḷu pallaṭavādaṃte kāṇuttave.) 部屋の中のものはあたかもひっくり返したように散乱している。 **2** すっかり変わる〈こと〉¶ ಅವನ ಯೋಜನೆಗಳೆಲ್ಲಾ ಪಲ್ಲಟಗೊಂಡವು. (avana yōja-negaḷellā pallaṭagoṃḍavu.) あの人の計画はすっかり姿を変えた。 **3** 混乱〈の〉¶ ಅಪ್ಪನ ಅಪಘಾತದಿಂದ ನಮ್ಮ ಯೋಜನೆ ಪಲ್ಲಟವಾಗಿದೆ. (appana apag^{h}ātadiṃda namma yōjane pallaṭavāgide.) 我々の計画は父の事故でめちゃめちゃになった。 [Pk. *pallaṭṭa-* T7968]

ಪಲ್ಲವಿ ⟦pallavi パッラヴィ⟧ [pəlləvi] *n.* （唄の中の）折り返し文句 [Sk.]

ಪಲ್ಲಿ ⟦palli パッリ⟧ [pəlli] 《古》 *n.* ヤモリ [Ka. D3994]

ಪಲ್ಲು ⟦pallu パッル⟧ [pəllu] 《古》 *n.* 歯 [Ka. *D3986(a)] ☞ಹಲ್ಲು (hallu)〔汎〕

ಪಲ್ವು ⟦palvu パルヴ⟧ [pəlvu] 《古》 *vi.* （声を出してまたは心の中で）嘆く [Ka. *D4304] ☞ಪಲುಂಬು (paluṃbu)

ಪವಣಿಗೆ ⟦pavaṇige パヴァニゲ⟧ [pəvəɳige] ಪೋಣಿಗೆ, ಪೋಹಣಿಗೆ, ಪೌಣಿಗೆ 《古》 *n.* **1** 接合 **2** 糸を通すこと **3**（文学作品などの）創造 **4** 数珠（普通装身具として用いられる） [Ka. D4584]

ಪವಣಿಸು[1] ⟦pavaṇisu パヴァニス⟧ [pəvə̆ɳisu] ಪೋಣಿಸು, ಪೋಹಣಿಸು, ಹವಣಿಸು 《古》 *vt.* **1**〈数珠玉などに〉糸を通す、〈針に〉糸を通す **2**〈針に〉糸を通す、〈ビーズに〉糸を通す [Ka. D4584, cf. *pavaṇisu*[2]] ☞ಹವಣಿಸು (havaṇisu)[1]

ಪವಣಿಸು[2] ⟦pavaṇisu パヴァニス⟧ [pəvə̆ɳisu] ಹವಣಿಸು 《古》 *vt.* **1**〈長さや重さや体積などを〉計る **2** 数える **3** 供給する **4** 準備する、など [Sk. *pramāṇa-* cf. *pavaṇisu*[1]] ☞ಹವಣಿಸು (havaṇisu)[2]

ಪವನ ⟦pavana パヴァナ⟧ [pəvənɐ] 《文》 *n.* 風 [Sk.]

ಪವನಶಕ್ತಿ ⟦pavanaśakti パヴァナシャクティ⟧ [pəvənəʃəkti] 《文》 *n.* 風力 [Sk.]

ಪವಳ ⟦pavaḷa パヴァラ⟧ [pəvə̆ɭɐ] ಹವಳ 《古》 *n.* 珊瑚 [Ka. D3998 cf. Sk. *pravāla*] ☞ಹವಳ (havaḷa)

ಪವಾಡ ⟦pavāḍa パヴァーダ⟧ [pəvɐːɖɐ] *n.* 奇跡、超自然的な行為 [M. *pavāḍā* T8795]

ಪವಾಡಪುರುಷ ⟦pavāḍapuruṣa パヴァーダプルシャ⟧ [pəvɐːɖəpuruʂɐ] *m.* 《*f.* ಪವಾಡಸ್ತ್ರಿ (pavāḍastri)》奇跡を行う男性 [+ *puruṣa*]

ಪವಿತ್ರ ⟦pavitra パヴィトラ⟧ [pəvitʳrɐ] *adj.* **1**（水や空気や家などが）清潔な、きれいな **2**（儀式上あるいは宗教上）清浄な、神聖な **3**（人格が）清潔な、汚れのない —*n.*（神聖な儀式に用いられる）クシャ草を結んで作った指輪 [Sk.]

ಪವುಜು ⟦pavuju パヴジュ⟧ [pəvuʤu] *n.* 軍隊、軍 [Ar. *fauǧ*] ☞ಫೌಜು (p^{h}auju)

ಪಶಿಗೆ ⟦paśige パシゲ⟧ [pəʃige] 《古》 *n.* **1** 分割；分配；持ち分 **2**（小作人が地主に物納する）小作料 (*epig.*) [Ka. *D3936] ☞ಪಸುಗೆ (pasuge)

ಪಶು ⟦paśu パシュ⟧ [pəʃu] 《文》 *n.* **1**（個別的あるいは集合的に）（家畜としての）牛、特に雌牛 = ಹಸು (hasu) **2** 野獣、獣 **3**（一般に）家畜 **4**《古》他人の罪のために罰せられる人、犠牲の子羊 ¶ ಅಧ್ಯಕ್ಷರ ತಪ್ಪಿಗೆ ಕಾರ್ಯದರ್ಶಿ ಪಶು ಆದ. (ad^{h}yakṣara tappige kāryadarśi paśu āda.) 秘書が所長の失敗の犠牲となった。 [Sk.]

ಪಶುಬಲಿ ⟦paśubali パシュバリ⟧ [pəʃubəli] *n.* 犠牲の獣(羊など) [Sk.]

ಪಶ್ಚಾತ್ತಾಪ ⟦paścāttāpa パシュチャーッターパ⟧ [pəʃʧɐːttɐːpɐ] *n.* 後悔、自分の過ちを悔いること ◇ *vt.* —ಮಾಡು (māḍu) 後悔する [Sk.]

ಪಶ್ಚಿಮ ⟦paścima パシュチマ⟧ [pəʃʧimɐ] (*adj.*) 西〈の〉 ¶ ಪಶ್ಚಿಮದಲ್ಲಿ ವಿವಾಹವಿಚ್ಛೇದನ ನಾಚಿಕೆಯ ವಿಷಯ ಅಲ್ಲ. (paścimadalli vivāhavicc^hēdana nācikeya viṣaya alla.) 西洋では離婚は恥ではない。[Sk.] = ಪಡುವಣ (paḍuvaṇa)

ಪಶ್ಚಿಮಬಂಗಾಲ ⟦paścimabaṃgāla パシュチマバンガーラ⟧ [pəʃʧiməbəŋgɐːlɐ] ಪಶ್ಚಿಮಬಂಗಾಳ *n.* 西ベンガル [Sk.]

ಪಶ್ಚಿಮಬಂಗಾಳ ⟦paścimabaṃgāḷa パシュチマバンガーラ⟧ [pəʃʧiməbəŋgɐːḷɐ] *n.* [Sk.] ☞ಪಶ್ಚಿಮಬಂಗಾಲ (paścimabaṃgāla)

ಪಸ¹ ⟦pasa パサ⟧ [pəsɐ] ಪಸವ, ಪಸವು, ಹಸ《古》*n.* 1 欲望、切望、欲求 2 度を越した欲望、貪欲 3 空腹、飢え 4 飢饉、旱魃 [Ka. D3828]

ಪಸ² ⟦pasa パサ⟧ [pəsɐ] 《古》(*n.*) よい〈こと〉[Ka. D3907] ☞ಹಸನು (hasanu)

ಪಸಂದು ⟦pasaṃdu パサンドゥ⟧ [pəsəndu] (*n.*) きれいな〈こと〉、美しい〈こと〉¶ ಅವಳು ಉಟ್ಟಿರುವ ಸೀರೆ ಪಸಂದಾಗಿದೆ. (avaḷu uṭṭiruva sīre pasaṃdāgide.) 彼女の着ているサーリーはきれいだ。[Pe. *pasand* A46]

ಪಸನು ⟦pasanu パサヌ⟧ [pəsənu] 《古》(*n.*) よい〈こと〉、優れた〈こと〉[Ka. D3907] ☞ಹಸನು (hasanu)

ಪಸಲೆ ⟦pasale パサレ⟧ [pəsĕle] 《古》*n.* 1 若草 2 草の生えた土地、草地、放牧地 [Ka. D3821] ☞ಹಸಲೆ (hasale)

ಪಸವ ⟦pasava パサヴァ⟧ [pəsəvɐ] 《古》*n.* 欲望、切望、欲求 [Ka. *D3828] ☞ಪಸ (pasa)¹

ಪಸವು ⟦pasavu パサヴ⟧ [pəsəvu] 《古》*n.* 切望、強い欲望 (*Pb.12.219*) [Ka. D3828] ☞ಪಸ (pasa)¹

ಪಸಿ¹ ⟦pasi パシ⟧ [pəsi] 《古》(*n.*) 1 緑〈の〉 2 若い〈こと〉、(果物が)未熟な〈こと〉 3 新鮮〈な〉 4 生〈の〉、煮えていない〈こと〉 5 ぬれた〈こと〉、湿った〈こと〉 —*n.* 1 成長中の(まだ穂を出していない)穀物 2 新緑、若葉 ☞ಹಸಿ (hasi) [Ka. D3821]

ಪಸಿ² ⟦pasi パシ⟧ [pəsi] 《古》*vi.* 1 飢える；腹がすく 2 絶食する、食を絶つ —*n.* 飢え ☞ಹಸಿ (hasi) [Ka. D3825(a)]

ಪಸಿಕಿ ⟦pasiki パシキ⟧ [pəsiki] 《古》*n.* (小作人が地主に物納する)小作料 [Ka. *D3936] ☞ಪಸುಗೆ (pasuge)

ಪಸಿಗೆ ⟦pasige パシゲ⟧ [pəsige] 《古》*n.* (小作人が地主に物納する)小作料 [Ka. *D3936] ☞ಪಸುಗೆ (pasuge)

ಪಸಿರ್ ⟦pasir パシル⟧ [pəsir] 《古》(*n.*) 1 緑〈の〉、緑色〈の〉 2 新鮮〈な〉 3 若い〈こと〉 —*n.* 1 成長中の(まだ穂を出していない)穀物 2 新緑、若葉 3 エメラルド 4 刺青 ☞ಪಸುರ್ (pasur) [Ka. D3821]

ಪಸಿವು ⟦pasivu パシヴ⟧ [pəsivu] 《古》*n.* 飢え ☞ಹಸಿವು (hasivu) [Ka. D3825(a)]

ಪಸು¹ ⟦pasu パス⟧ [pəsu] 《古》(*n.*) 1 緑〈色の〉 2 幼少〈の〉¶ ಪಸುಗೂಸು (pasugūsu) 幼少の子ども、幼児 [Ka. D3821] ☞ಹಸು (hasu)

ಪಸು² ⟦pasu パス⟧ [pəsu] *vt.* 1 分ける、分離する；分配する、割り当てる 2 割る [Ka. D3936]

ಪಸುಗೆ ⟦pasuge パスゲ⟧ [pəsuge] ಪಶಿಗೆ, ಪಸಿಕಿ, ಪಸಿಗೆ, ವಸಿಗೆ, ಹಸಿಗೆ, ಹಸುಗಿ, ಹಸುಗೆ, ಹಸೆಗೆ《古》*n.* 1 分別；分配、持分、分け前 2 物を見分ける能力、分別 3 惜しみなく喜捨すること [Ka. D3936]

ಪಸುಂಬ ⟦pasuṃba パスンバ⟧ [pəsumbɐ] 《古》*n.* (占いに用いる)緑色の小型のオウム [Ka. D3821] ☞ಬಸುಬ (basuba)

ಪಸುಂಬೆ ⟦pasuṃbe パスンベ⟧ [pəsumbe] 《古》*n.* 1 口が真ん中にあり肩に載せると二つに分かれる袋 2 1の袋で運べる量の荷物 [Ka. D4450] ☞ಹಸುಬೆ (hasube)

ಪಸುಬ ⟦pasuba パスバ⟧ [pəsubɐ] 《古》*n.* 緑色の羽根をした鳥の一種 [Ka. D3821] = ಪಸುಂಬ (pasuṃba)

ಪಸುಬೆ ⟦pasube パスベ⟧ [pəsube] 《古》*n.* [Ka. D4450] ☞ಪಸುಂಬೆ (pasuṃbe)

ಪಸುರ್ ⟦pasur パスル⟧ [pasur] 《古》*vi.* 緑色になる —(*n.*) 1 緑色〈の〉 2 (記憶などが)みずみずしい〈こと〉 —*n.* 1 若草 2 立ち毛 3 エメラルド、緑玉 [Ka. D3821]

ಪಸುರು ⟦pasuru パスル⟧ [pasuru] 《古》(*n.*) 緑色〈の〉 —*n.* 1 若草 2 立ち毛 3 エメラルド、緑玉 [Ka. *D3821]

ಪಸುಳ ⟦pasuḷa パスラ⟧ [pəsuḷɐ] ಹಸುಳ《古》*n.* 赤ん坊、幼児 [Ka. D3939]

ಪಸುಳೆ ⟦pasuḷe パスレ⟧ [pəsuḷe] 《古》*n.* 赤ん坊、幼児、小児 [Ka. D3939] ☞ಹಸುಳೆ (hasuḷe)

ಪಸುಳೆತನ ⟦pasuḷetana パスレタナ⟧ [pəsuḷetənɐ] 《古》*n.* 幼年時代 [Ka. D3939] ☞ಹಸುಳೆತನ (hasuḷetana)

ಪಸೆ ⟦pase パセ⟧ [pəse] 《古》*n.* 1 (慶事の行事に使う、木製の低い)座席 2 様々な模様で飾った床の一部 3 床にひろげたござ、など [Ka. D4088] ☞ಹಸೆ (hase)〔現〕

ಪಹರಿ ⟦pahari パハリ⟧ [pəhəri] ಪಾರಿ *n.* 見張り番、見張り番をすること ◇ *vi.* —*māḍu* 見張り番をする —*mf.* 番人、歩哨、衛兵 [Pe. *pahra*]

ಪಹರೆ ⟦pahare パハレ⟧ [pəhĕre] ಪಹಾರೆ, ಪಾರಾ, ಪಾಹರೆ *n.* 番、番をすること [H. *pahărā* < Sk. *prahara-* T8900]

ಪಾರಾ ⟦pārā パーラー⟧ [pɐːrɐː] 《異》*n.* 《*n.*》番、番をすること [H. *pahărā* < Sk. *prahara-* *T8900] ☞ಪಹರೆ (pahare)

ಪಹಾರೆ ⟦pahāre パハーレ⟧ [pəhɐːre] 《異》*n.* 番、番をすること [H. *pahărā* < Sk. *prahara-* *T8900] ☞ಪಹರೆ (pahare)

ಪಹಿಲವಾನ ⟦pahilavāna パヒラヴァーナ⟧ [pəhilə̆vɐ:nɐ] ಪಹಿಲ್ವಾನ್ *m.* 《*f.* ಪಹಿಲವಾನಳು (pahilavānaḷu)》 [Pe. *pahlwān*] ☞ಪೈಲವಾನ (pailavāna)

ಪಹಿಲ್ವಾನ್ ⟦pahilvān パヒルヴァーン⟧ [pəhilvɐ:n] *mf.* 《*f.* ಪಹಿಲ್ವಾನಳು (pahilvānaḷu)》 [Pe. *pahlwān*] ☞ಪೈಲವಾನ (pailavāna)

ಪಳ[1] ⟦paḷa パラ⟧ [pəḷɐ] 《古》 *(adj.)* 古い〈こと〉、昔〈の〉、古〈の〉¶ ಪಳಗಬ್ಬಿಗ (paḷagabbiga) 古の詩人 [Ka. D3999] ☞ಹಳ (haḷa)〔現〕

ಪಳ[2] ⟦paḷa パラ⟧ [pəḷɐ] 《‡》 (*n.*) 《*redp.*》ぽとん(雨粒や涙が落ちる音を表す擬音語) (*Kitt.*) [Ka. D4001] ☞ಪಳಕ್ (paḷak)[2]

ಪಳಂಕು ⟦paḷaṃku パランク⟧ [pəḷəŋku] 《古》 *vt.* 1 握りしめる、強く握る 2 押さえる [Ka. D4011] ☞ಪಳುಂಕು (paḷuṃku)

ಪಳಂಚು ⟦paḷaṃcu パランチュ⟧ [pəḷəɲʧu] ಪಣಂಚು, ಪಳಚು, ಹಳಚು, ಹಳಚ್ಚು, ಹೊಣಚು 《古》 *vt.* 1 打つ、殴る、(…に)ぶち当たる 2 (…に)触れる、(…に)さわる 3 襲いかかる、襲撃する 4 混じる、混合する —*vi.* 1 (…に)充満する、(…に)いっぱいに広がる 2 (能力や魅力などで)超える、優越する、負かす [Ka. D4011]

ಪಳಂಚೆ ⟦paḷaṃce パランチェ⟧ [pəḷəɲʧe] 《古》 *adv.* ぴかっと、ぎらっと、まばゆく (*Ct.II,59* (*Kitt.*)) [Ka. D4012]

ಪಳಕ್[1] ⟦paḷak パラク⟧ [pəḷək] (*n.*) ぴかっ(一瞬光る様子を表す擬態語) [Ka. *D4012] = ಫಲಕ್ (pʰalak)

ಪಳಕನೆ ⟦paḷakane パラカネ⟧ [pəḷəkə̆ne] *adv.* ぴかっと、ぎらっと、まばゆく [Ka. D4012] (*Ct.II.3* (*Kitt.*)) ☞ಪಳಕ್ಕನೆ (paḷakkane)

ಪಳಕ್ಕನೆ ⟦paḷakkane パラッカネ⟧ [pəḷəkə̆ne] *adv.* ぴかっと、ぎらっと、まばゆく [Ka. *D4012]

ಪಳಕ್ಕೆಂದು ⟦paḷakkeṃdu パラッケンドゥ⟧ [pəḷəkkendu] *adv.* ぴかっと [Ka. + *-ane* *D4012]

ಪಳಕ್[2] ⟦paḷak パラク⟧ [pəḷək] (*n.*) 1 ぽちゃん(水を入れた土器が壊れた時の音を表す擬音語) 2 ぽとん(大粒の水滴や涙が落ちる音を表す擬音語) [Ka. onom. D4013]

ಪಳಕು ⟦paḷaku パラク⟧ [pəḷə̆ku] 《古》 *vi.* 粉砕される、こなごなになる [Ka. *D4011] ☞ಪಳುಂಕು (paḷuṃku)

ಪಳಚನೆ ⟦paḷacane パラチャネ⟧ [pəḷə̆ʧə̆ne] 《古》 *adv.* ぴかっと、ぎらっと、まばゆく [Ka. *paḷac-* + *-ane* D4012]

ಪಳಚ್ಚನೆ ⟦paḷaccane パラッチャネ⟧ [pəḷəʧʧə̆ne] *adv.* ぴかっと ¶ ಪಳಚ್ಚನೆ ವಿದ್ಯುತ್ತು ಬಂದು ಮಾಯವಾಯಿತು. (paḷaccane vidyuttu baṃdu māyavāyitu.) 電気がぴかっとついて消えた。 [Ka. *paḷac-* + *-ane* D4012]

ಪಳಚು ⟦paḷacu パラチュ⟧ [pəḷə̆ʧu] 《古》 *vt.* 1 打つ、殴る、(…に)ぶち当たる 2 (能力や魅力などで)超える、優越する、負かす 3〈目を〉ぱちぱちさせる —*vi.* 戦う ☞ಪಳಂಚು (paḷaṃcu) [Ka. *D4011]

ಪಳಗು ⟦paḷagu パラグ⟧ [pəḷə̆gu] ಪಳುಗು *vi.* 1 (野生動物が人に)馴れる、(動物が)調教される、(子どもが)なつく、(人と人が)親しくなる、(人が)あるものに慣れる ¶ ಇಲಿಗೆ ತಿಂಡಿ ಕೊಟ್ಟರೂ ಪಳಗುವುದಿಲ್ಲ. (ilige timḍi koṭṭarū paḷaguvudilla.) ネズミに餌をやっても人間に馴れない。 2 練習する、訓練を受ける、習熟する ¶ ಗೆಲ್ಲಬೇಕೆಂದರೆ ನೀನು ಚನ್ನಾಗಿ ಪಳಗು. (gellabēkeṃdare nīnu cannāgi paḷagu.) 勝とうと思うならよく練習しろ。 3 (土製の壺が)使用によって(嫌な臭いが失われて)使いやすい状態になる [Ka. *D4000]

ಪಳಗಿಸು ⟦paḷagisu パラギス⟧ [pəḷə̆gisu] *vt.* 1〈動物を〉馴らす ¶ ಮನುಷ್ಯರು ಪ್ರಾಣಿಗಳನ್ನು ಪಳಗಿಸಿ ಸ್ವಾರ್ಥಕ್ಕಾಗಿ ಬಳಸಿಕೊಂಡರು. (manuṣyaru prāṇigaḷannu paḷagisi svārtʰakkāgi baḷasikoṃḍaru.) 人間は野生の動物を馴らして自分のために利用した。 2 訓練する ¶ ಕರಡಿಯನ್ನು ಕುಣಿಸುವ ಮುನ್ನ ಚನ್ನಾಗಿ ಪಳಗಿಸು. (karaḍiyannu kuṇisuva munna cannāgi paḷagisu.) 熊を(人の前で)踊らせる前によくしつけなさい。 [Ka. caus. *D4000]

ಪಳಪಳ[1] ⟦paḷapaḷa パラパラ⟧ [pəḷə̆pəḷɐ] 《‡》 (*n.*) ぱらぱら(大粒の雨や涙が連続的に落ちる音、木をゆすった時に果物が多数落ちる音、風で木の葉が揺れる音などを表す擬音語) (*S.Mhr.* (*Kitt.*)) [Ka. D4001]

ಪಳಪಳನೆ[1] ⟦paḷapaḷane パラパラネ⟧ [pəḷə̆pəḷə̆ne] *adv.* ぱらぱらと(大粒の雨や涙が連続的に落ちる音、木をゆすった時に果物が多数落ちる音、風で木の葉が揺れる音など) (*My.* (*Kitt.*)) [Ka. + *-ane* D4001]

ಪಳಪಳ[2] ⟦paḷapaḷa パラパラ⟧ [pəḷə̆pəḷɐ] (*n.*) ぴかぴか、煌々(宝石などのきらめきや、燃焼する物体のまばゆい輝きを表す擬態語) [Ka. mim. *D4012]

ಪಳಪಳನೆ[2] ⟦paḷapaḷane パラパラネ⟧ [pəḷə̆pəḷə̆ne] *adv.* ぴかぴかと、煌々と [Ka. mim. *D4012]

ಪಳಸು ⟦paḷasu パラス⟧ [pəḷəsu] 《古》 *vi.* 1 古くなる、使い古される 2 古くなって魅力を失う [Ka. *D3999] ☞ಹಳಸು (haḷasu)〔現〕

ಪಳಿ ⟦paḷi パリ⟧ [pəḷi] 《古》 *vt.* 1 非難する、咎める 2 超える、(…に)優越する —*n.* 非難、とがめだて ☞ಪಱಿ (paṟi) [Ka. *D4002]

ಪಳಿವು ⟦paḷivu パリヴ⟧ [pəḷivu] 《古》 *n.* 非難、とがめだて [Ka. *D4002] ☞ಪಱಿವು (paṟivu)

ಪಳುಂಕು ⟦paḷuṃku パルンク⟧ [pəḷuŋku] ಪಳಂಕು, ಪಣಂಕು, ಪಳಕು 《古》 *vt.* 1 押す、押しのける 2 押さえる、圧縮する [Ka. D4011]

ಪಳೆ ⟦paḷe パレ⟧ [pəḷe] 《古》 *(adj.)* 古い〈こと〉、昔〈の〉、古〈の〉¶ ಪಳೆಗನ್ನಡ (paḷegannaḍa) 古カンナダ語 [Ka. D3999] ☞ಹಳ (haḷa)〔現〕

ಪಳೆಯ ⟦paḷeya パレヤ⟧ [pəḷejɐ] 《古》 *adj.* 1 古い、古びた 2 年取った [Ka. *D3999] ☞ಹಳೆಯ (haḷeya)〔現〕

ಪಳೆಯುಳಿಕೆ ⟦paḷeyuḷike パレユリケ⟧ [pəḷejuḷĭke] 《古》 *n.* 古い寺院や宮殿などの廃虚 [Ka. *paṟe* D3999 + *uḷike*] ☞ಹಳೆಯುಳಿಕೆ (haḷeyuḷike)

ಪಳ್ತಿ [[paḷti パルティ]] [pəḷti] 《古》 *n.* (さやに入ったままの)綿;(一般に)木綿 [Ka. *D3976] ☞ಹತ್ತಿ (hatti)

ಪಳ್ಳಂಗೆ [[paḷḷaṃge パッランゲ]] [həḷḷəŋge] 《方》 *adv.* 完全に夜が明けて [Ka. D4012] (*Gowda*)

ಪಳ್ಳ [[paḷḷa パッラ]] [pəḷḷɐ] 《古》 *n.* 1 小川 2 穴、窪地、へっこんだ土地 [Ka. D4016] = ಹಳ್ಳ (haḷḷa)〔現〕

ಪಳ್ಳಿ [[paḷḷi パッリ]] [pəḷḷi] 《古》 *n.* 1 村落、小さな村 2 滞在、定住 [Ka. D4018] ☞ಹಳ್ಳಿ (haḷḷi)

ಪಳ್ಳಿರು [[paḷḷiru パッリル]] [pəḷḷiru] 《古》 *vi.* 住む、滞在する [Ka. D4018] = ಹಳ್ಳಿ (haḷḷi)

ಪಱ [[paṟa パラ]] [pəṟɐ] 《‡》 (*n.*) 《*redp.*》ぱりっ(布を引き裂く時の音を表す擬音語) [Ka. onom. D4024] = ಪರ್ರ್ (parr)〔現〕

ಪಱನೆ [[paṟane パラネ]] [pəṟəne] 《‡》 (*n.*) ぱりっと(布を引き裂く時の音を表す擬音語)(*My.* (*Kit.*)) [+ *-ne*]

ಪಱಕಲು [[paṟakalu パラカル]] [pəṟə̆kəlu] 《‡》 (*adj.*) 痩せた〈こと〉、弱々しい〈こと〉(*My.* (*Kitt.*)) [Ka. D4033]

ಪಱಕು [[paṟaku パラク]] [pəṟə̆ku] 《‡》 (*n.*) ぼろ〈の〉、ぼろきれ〈の〉(*My.* (*Kitt.*)) [Ka. D4027]

ಪಱಟೆ [[paṟaṭe パラテ]] [pəṟə̆ṭe] 《‡》 (*n.*) 粗い〈こと〉、ごつごつしている〈こと〉(*M.* (*Kitt.*)) [Ka. D4022]

ಪಱನೆ [[paṟane パラネ]] [pəṟəne] 《‡》 *adv.* ぱりっと(布を引き裂く時の音を表す擬音語) [Ka. onom. D4024]

ಪಱಪಱ [[paṟapaṟa パラパラ]] [pəṟəpəṟɐ] 《‡》 (*n.*) ぱりぱり(布を引き裂く時の音を表す擬音語)(*DEDR*) [Ka. *paṟapaṟa* D4024]

ಪಱಮೆ [[paṟame パラメ]] [pəṟə̆me] ಪರಮೆ, ಪಱವೆ 《古》 *n.* クマバチ(黒色でぶんぶん音を立てて飛ぶ大型のハチの総称、時には同じような形のカブトムシも指す)(*Śmd.*) [Ka. D4020]

ಪಱವೆ [[paṟave パラヴェ]] [pəṟə̆me] ಪರಮೆ, ಪಱವೆ 《古》 *n.* 鳥 [Ka. D4020] = ಹಕ್ಕಿ (hakki)〔汎〕☞ಪಱಮೆ (paṟame)

ಪಱಿ¹ [[paṟi パリ]] [pəri] 《‡》 *n.* 1 飛ぶこと、跳ぶこと 2 疾走 [Ka. D4020] (*Kitt.*) ☞ಹರಿ (hari)

ಪಱಿ² [[paṟi パリ]] [pəri] 《古》 *vt.* 1 切り刻む、細切れにする 2 (木から)〈果物などを〉もぎ取る、〈木を〉引き抜く —*vi.* 1 細切れになる 2 変わる ☞ಹರಿ (hari)² [Ka. D4027]

ಪಱಿ³ [[paṟi パリ]] [pəri] 《古》 —*n.* 飾り、装飾 [Ka. D4028]

ಪಱಿವು [[paṟivu パリヴ]] [pərĭvu] 《古》 *n.* [Ka. D4027] ☞ಪಱಿ (paṟi)¹

ಪಱು [[paṟu パル]] [pəru] 《‡》 *n.* 1 飛ぶこと、跳ぶこと 2 疾走 [Ka. D4020] (*Kitt.*) ☞ಹಾರು (hāru)

ಪಱುಕು [[paṟuku パルク]] [pərŭku] 《古》 (*n.*) 品位や威厳やまじめさがない〈こと〉 [Ka. D4027]

ಪಱೆ¹ [[paṟe パレ]] [pəre] 《古》 *n.* 悪口、非難 [Ka. D4031]

ಪಱೆ² [[paṟe パレ]] [pəre] 《古》 *n.* 太鼓の一種 [Ka. D4032]

ಪಱೆ³ [[paṟe パレ]] [pəre] 《古》 (*n.*) 痩せた〈こと〉、弱々しい〈こと〉(Śmd. 117 (Kitt.)) [Ka. D4033]

ಪೞ¹ [[paḻa パラ]] [pəɻɐ] 《古》 (*adj.*) 古い〈こと〉、昔〈の〉、古〈の〉¶ ಪೞಗಬ್ಬಿಗ (paḻagabbiga) 古の詩人 [Ka. D3999] ☞ಹಳ (haḷa)〔現〕

ಪೞತು [[paḻatu パラトゥ]] [pəɻətu] 《‡》 *n.* 古いもの、古びたもの、使い古したもの (*DEDR*) [Ka. D3999] ☞ಪೞದು (paḻadu)

ಪೞದು [[paḻadu パラドゥ]] [pəɻədu] ಪಳದು, ಹಳತು, ಹಳದು, ಹೞದು 《古》 *n.* 古いもの、古びたもの、使い古したもの [Ka. *paḻa* + *-du* *D3999]

ಪೞ² [[paḻa パラ]] [pəɻɐ] 《‡》 (*n.*) 《繰り返し表現において》ぽとん(一滴の大粒の雨や涙が落ちる音を表す擬音語) [Ka. D4001]

ಪೞಕ [[paḻaka パラカ]] [pəɻəkɐ] 《‡》 *n.* 習わし、習慣、しきたり (*My.*(*Kitt.*)) [Ka. D4000] = ಬಳಕೆ (baḷake)〔汎〕☞ಪಳಗು (paḷagu)

ಪೞಕಿಸು [[paḻakisu パラキス]] [pəɻə̆kisu] 《‡》 *vt.* 1 慣らす 2 訓練する [Ka. D4000] (*Kitt.*) ☞ಪಳಗಿಸು (paḷagisu)〔現〕

ಪೞಗು [[paḻagu パラグ]] [pəɻə̆gu] 《‡》 *vi.* 1 慣れる (*Kitt.*) 2 習熟する (*My.* (*Kitt.*)) [Ka. D4000]

ಪೞಗಿಸು [[paḻagisu パラギス]] [pəɻəgisu] 《‡》 *vt.* 1 慣らす (*My.* (*Kitt.*)) 2 訓練する (*Kitt.*) [Ka. D4000] ☞ಪಳಗಿಸು (paḷagisu)〔現〕

ಪೞಪೞ¹ [[paḻapaḻa パラパラ]] [pəɻəpəɻɐ] 《‡》 (*n.*) ぱらぱら(大粒の雨や涙が連続的に落ちる音、木をゆすった時に果物が多数落ちる音、風で木の葉が揺れる音などを表す擬音語)(*Kitt.*) [Ka. D4001]

ಪೞಪೞನೆ¹ [[paḻapaḻane パラパラネ]] [pəɻəpəɻəne] 《‡》 *adv.* ぱらぱらと(大粒の雨や涙が連続的に落ちる音、木をゆすった時に果物が多数落ちる音、風で木の葉が揺れる音など)(*Kitt.*) [+ *-ane* D4001]

ಪೞಪೞ² [[paḻapaḻa パラパラ]] [pəɻəpəɻɐ] ಪಳಿ, ಪೞಿ, ಹಳಿ, ಹೞಿ 《古》 (*n.*) ぴかぴかと(輝く光を表す擬態語) [Ka. mim.]

ಪೞಪೞನೆ² [[paḻapaḻane パラパラネ]] [pəɻəpəɻəne] 《古》 *adv.* ぴかぴかと(輝く光を表す擬態語) [+ *-ane*]

ಪೞಸು [[paḻasu パラス]] [pəɻəsu] 《古》 *vi.* 1 古くなる、古びる、使い古される 2 魅力を失う 3 (飯などが)腐る、饐(す)える [Ka. D3999] ☞ಹಳಸು (haḷasu)〔現〕

ಪೞಿ [[paḻi パリ]] [pəɻi] ಪಳಿ, ಹಳಿ 《古》 *vt.* 1 非難する、咎める 2 超える、(…に)優越する —*n.* 非難、とがめだて ☞ಹಳಿ (haḷi)〔現〕 [Ka. D4002]

ಪೞಿವು [[paḻivu パリヴ]] [pəɻivu] ಪಳಿವು, ಹಳಿವು 《古》 *n.* 非難、とがめだて [Ka. D4002] = ಪೞಿ (paḻi)

ಪೞು [[paḻu パル]] [pəɻu] 《古》 *n.* 森、森林 [Ka. D4006]

ಪಱುವ ⟦paṟuva パルヴァ⟧ [pəɻuvɐ] 《古》 *n.* 森、森林 [Ka. D4006]

ಪಱೆ ⟦paṟe パレ⟧ [pəɻe] 《古》 (*adj.*) 古い〈こと〉、昔〈の〉、大昔〈の〉¶ ಪಱೆನವಿರ್ (paṟenavir) 白髪 [Ka. D3999] ☞ಪಱಿ (paṟa)

ಪಱೆಯಂ ⟦paṟeyaṃ パレヤン⟧ [pəɻejəm] 《古》 *m.* 《*f.* ಪಱೆಯಳ್ (paṟeyaḷ)》年寄り、翁、老人(*Šmd.*) [Ka. D3999]

ಪಱೆಯ ⟦paṟeya パレヤ⟧ [pəɻejɐ] 《古》 *adj.* 1 古い、古びた (*Pb.13.71.V*) 2 年取った [Ka. *D3999] ☞ಹಳೆಯ (haḷeya)〔現〕

ಪಱ್ಕೆ¹ ⟦paṟke パルケ⟧ [pəɻke] 《‡》 *n.* あばら、肋骨 (*DCV*) [Ka. D4005]

ಪಱ್ಕೆ² ⟦paṟke パルケ⟧ [pəɻke] 《古》 *n.* 1 寝床 2 横になる場所、休む場所 3 住み処、住所 4 鳥の巣 [Ka. D4007]

ಪಱ್ತಿ ⟦paṟti パルティ⟧ [pəɻti] 《古》 *n.* さやに入った綿；(一般に)木綿 [Ka. D3976] ☞ಹತ್ತಿ (hatti)

ಪಾಂಕ್ತ ⟦pāṃkta パーンクタ⟧ [pɐ:ŋktɐ] (*n.*) 1 列になった〈こと〉、並んだ〈こと〉 2 完璧、完全〈な〉¶ ನಾವು ಪಾಂಕ್ತವಾಗಿ ಕೆಲಸ ಮಾಡಬೇಕು. (nāvu pāṃktavāgi kelasa māḍabēku.) 我々はきっちりと仕事をせねばならない。 [Sk.]

ಪಾಂಗ ⟦pāṃga パーンガ⟧ [pɐ:ŋgɐ] 《古》 *n.* 税金のうち王の取り分 [Ka. cf. D3818] ☞ಪಂಗ (paṃga)²

ಪಾಂಗತ ⟦pāṃgata パーンガタ⟧ [pɐ:ŋgətɐ] ಪಾಂಗಿತ *adj.* [Sk. *pāṃkta*] ☞ಪಾಂಕ್ತ (pāṃkta)

ಪಾಂಗಿತ ⟦pāṃgita パーンギタ⟧ [pɐ:ŋgitɐ] *adj.* [Sk. *pāṃkta*] ☞ಪಾಂಕ್ತ (pāṃkta)

ಪಾಂಗು ⟦pāṃgu パーング⟧ [pɐ:ŋgu] 《古》 *n.* 1 やり方、仕方、様式 2 形、形状、姿 3 同様(*lex.*) 4 美しさ [Ka. D4053]

ಪಾಂಡಿತ್ಯ ⟦pāṃḍitya パーンディティャ⟧ [pɐ:ndʈitjɐ] *n.* 学識、造詣 [Sk.]

ಪಾಂಡು ⟦pāṃḍu パーンドゥ⟧ [pɐ:ɳɖu] (*n.*) 1 浅い黄色〈の〉 2 白い〈こと〉 —*n.* 黄疸 = ಕಾಮಾಲೆರೋಗ (kāmālerōga) —*m.* 昔のデリーの王の名、5人のパーンダヴァたちの父 [Sk.]

ಪಾಕ ⟦pāka パーカ⟧ [pɐ:kɐ] *n.* 1 料理(すること)、(でき上がった)料理 2 熟成、完成 3 結果、結果として得られたもの ¶ ಅವನ ಹತ್ತು ವರ್ಷದ ಸಂಶೋಧನೆಯ ಪಾಕ ಇದು. (avana hattu varṣada saṃśōdʰaneya pāka idu.) これが彼の10年間の研究の結果だ。= ಪ್ರತಿಫಲ (pratipʰala) [Sk.]

ಪಾಕಡ ⟦pākaḍa パーカダ⟧ [pɐ:kə̆ɖɐ] *mf.* 1 抜け目がない人、ずる賢い人 2 (あることの)名人、達人、熟練者 ¶ ಅವನು ಜೇಬು ಕತ್ತರಿಸುವುದರಲ್ಲಿ ಪಾಕಡ. (avanu jēbu kattarisuvudaralli pākaḍa.) 奴はすりの名人だ。 [M. *pʰākăḍā*]

ಪಾಕನಾಡು ಜೋಗಿ ⟦pākanāḍu jōgi パーカナードゥジョーギ⟧ [pɐ:kə̆nɐ:ɖu ʤo:gi] 《‡》 *m.* 「パーカ地方の行者」(行者のような姿をした乞食の集団で、狩猟と文書用の貝葉(ばいよう)や薬草の商いと占いを行っていたとされる)(*My.* (*Kitt.*)) [Te.? *pākanāḍu* + *jōgi* D4047]

ಪಾಕಶಾಲೆ ⟦pākaśāle パーカシャーレ⟧ [pɐ:kə̆ʃɐ:le] *n.* (特に寺院の)厨房、台所 [Sk.] = ಅಡಿಗೆಮನೆ (aḍigemane)〔汎〕

ಪಾಕಶಾಸ್ತ್ರ ⟦pākaśāstra パーカシャーストラ⟧ [pɐ:kəʃɐ:strɐ] 《文》 *n.* 料理術、料理の学 [Sk.]

ಪಾಕಿಸ್ತಾನ ⟦pākistāna パーキスターナ⟧ [pɐ:kistɐ:nɐ] *n.* パキスタン [Pe. *pākistān*]

ಪಾಕೀಟು ⟦pākīṭu パーキートゥ⟧ [pɐ:ki:ʈu] *n.* ポケット [Eg. pocket]

ಪಾಕ್ಷಿಕ ⟦pākṣika パークシカ⟧ [pɐ:kʂikɐ] 《文》 *adj.* 1 半月ごとの、隔週刊の 2 えこひいきの、一方の肩をもった、不公平な —*n.* 月に2回、あるいは隔週刊の定期刊行物 [Sk.]

ಪಾಗಾರ ⟦pāgāra パーガーラ⟧ [pɐ:gɐ:rɐ] *n.* 寺院などの外をとりまく塀 [Sk. *prākāra-*]

ಪಾಚಕ ⟦pācaka パーチャカ⟧ [pɐ:ʧəkɐ] 《文》 *adj.* 消化を助ける —*m.* 《*f.* ಪಾಚಕಳು (pācakaḷu)》料理人 —*n.* 料理、食事を作ること [Sk.]

ಪಾಚಕರಸ ⟦pācakarasa パーチャカラサ⟧ [pɐ:aʧəkərəsɐ] 《文》 *n.* 消化液 [Sk.]

ಪಾಚನ ⟦pācana パーチャナ⟧ [pɐ:ʧənɐ] *n.* 1 料理、食事を作ること 2 (果物などを)熟させること 3 消化 [Sk.]

ಪಾಚನಶಕ್ತಿ ⟦pācanaśakti パーチャナシャクティ⟧ [pɐ:ʧə̆nəʃəkti] *n.* 消化力 [Sk.]

ಪಾಚಿ¹ ⟦pāci パーチ⟧ [pɐ:ʧi] *n.* (淀んだ水の中に生える)苔などの緑色の小さな植物 [Ka. D3821]

ಪಾಚಿ² ⟦pāci パーチ⟧ [pɐ:ʧi] 《方》 *n.* 乳、おっぱい [Ka. D4058Sk.]

ಪಾಟ¹ ⟦pāṭa パータ⟧ [pɐ:ʈɐ] *n.* 1 歌うこと 2 歌 [Ka. D4065]

ಪಾಟ² ⟦pāṭa パータ⟧ [pɐ:ʈɐ] *n.* 1 (本などを)読むこと 2 習慣、慣習 [Sk. *pāṭʰa-*] = ಪಾಠ (pāṭʰa)

ಪಾಟ³ ⟦pāṭa パータ⟧ [pɐ:ʈɐ] 《‡》 *n.* 幅、広がり (*Kitt.*) [?]

ಪಾಟಲಿ ⟦pāṭali パータリ⟧ [pɐ:ʈəli] ಪಾಟಳಿ *n.* 約8ミリの厚さの腕飾りの一種［⇒図］ [M. *pāṭalī* < Sk. **paṭṭala-*?] (NK)

ಪಾಟಲಿ 腕飾り

ಪಾಟಿ¹ ⟦pāṭi パーティ⟧ [pɐ:ʈi] 《‡》 *n.* 破滅、没落 (*Šm.90* (*Kitt.*)) [Ka. D3852]

ಪಾಟಿ² ⟦pāṭi パーティ⟧ [pɐ:ʈi] 《文》 *n.* 1 やり方、様態、形 ¶ ಈ ಪಾಟಿ ಕೆಲಸ ಮಾಡುತ್ತಿದ್ದರೆ ಕೆಲಸ ಪೂರ್ತಿ ಆಗುವುದಿಲ್ಲ. (ī pāṭi kelasa māḍuttiddare kelasa pūrti āguvudilla.) このように仕事をしたら完成しないだろう。 2 程度、範囲 (*Kitt.*) 3 《古》 類似、似ていること [Ka. D3853, D4067]

ಪಾಟಿಸವಾಲು ⟦pāṭisavālu パーティサヴァール⟧ [pɐːʈisəvɐːlu] ಪಾಟೀಸವಾಲು *n.* 反対尋問 [Sk. *prati-*? + Ar. *sawāl*]

ಪಾಟೀಲ ⟦pāṭīla パーティーラ⟧ [pɐːʈiːlɐ] *m.* 《*f.* *ಪಾಟೀಲಿತಿ (pāṭīliti)》村の行政官の長 [M. T7703]

ಪಾಟೀಸವಾಲು ⟦pāṭīsavālu パーティーサヴァール⟧ [pɐːʈiːsəvɐːlu] *n.* 反対尋問 [? + Ar. *sawāl*] ☞ಪಾಟಿಸವಾಲು (pāṭisavālu)

ಪಾಟು[1] ⟦pāṭu パートゥ⟧ [pɐːʈu] 《‡》 *n.* 1 落下、落ちること (*Kitt.*) 2 傾斜 (*Kitt.*) 3 引き潮、干潮 (*Kitt.*) [Ka. D3852]

ಪಾಟು[2] ⟦pāṭu パートゥ⟧ [pɐːʈu] 《古》 *n.* 1 獲得、得ること 2 難儀、困難 3 方法、仕方、やり方 4 適合 [Ka.? D3853] (*My.* (*Kitt.*))

-ಪಾಟು ⟦-pāṭu -パートゥ⟧ [pɐːʈu] *suf.* 動詞から動作名詞を作る接尾語、例えば ತಿದ್ದುಪಾಟು (tiddupāṭu)「訂正」, ಪಡುಪಾಟು (paḍupāṭu)「苦しみ」[Ka. <?] = -ಇಕೆ (-ike)

ಪಾಟ್ಲಿ ⟦pāṭli パートリ⟧ [pɐːʈli] 《方》 *n.* ☞ಪಾಟಲಿ (pāṭali)

ಪಾಠ ⟦pāṭʰa パータ⟧ [pɐːʈʰɐ] *n.* 1 読むこと ◇ *vi.* —ಮಾಡು (māḍu) 読書する 2 勉強、学ぶこと、教えること、授業 3 学課 [Sk.]

ಪಾಠಕ್ರಮ ⟦pāṭʰakrama パータクラマ⟧ [pɐʈʰəkrəmɐ] *n.* 教育課程、履修課程、カリキュラム [Sk.]

ಪಾಠಾಂತರ ⟦pāṭʰāṃtara パーターンタラ⟧ [pɐːʈʰɐːntərɐ] *n.* (写本などの)異本 [Sk.]

ಪಾಡಿ ⟦pāḍi パーディ⟧ [pɐːɖi] ಪಾಳಿ, ವಾಡಿ, ಹಾಡಿ, ಹಾಡು, ಹಾಡ್ಯ 《古》 *n.* 集落、小村落 [Ka. D4064] (*Pb.10.125*) ☞ಪಾಱಿ (pāṟi)

ಪಾಡು[1] ⟦pāḍu パードゥ⟧ [pɐːɖu] 《古》 *vt.* 〈歌を〉歌う ¶ ದೇವತೆಗಳು ಪಾಡನ್ನು ಪಾಡಿದರು. (dēvategaḷu pāḍannu pāḍidaru.) 神々が歌を歌った。 —*vi.* 歌を歌う、(鳥やハチなどが)歌を歌う、さえずる ¶ ದುಂಬಿಗಳು ಪಾಡಿದವು. (duṃbigaḷu pāḍidavu.) ハチたちが歌を歌った。 —*n.* 歌 ☞ಹಾಡು (hāḍu) [Ka. D4065]

ಪಾಡು[2] ⟦pāḍu パードゥ⟧ [pɐːɖu] *n.* 1 困難、苦難、窮状 ¶ ಕಾಣದ ಊರಿಗೆ ಬಂದು ಅವನು ಬಹಳ ಪಾಡನ್ನು ಪಟ್ಟ. (kāṇada ūrige baṃdu avanu bahaḷa pāḍannu paṭṭa.) 知らない所へ来てあの人はとても苦労した。 2 やり方、仕方、様式、風 ¶ ಅಳಿಯಂದಿರ ಪಾಡೆಲ್ಲಾ ಒಂದೇ. (aḷiyaṃdira pāḍellā oṃdē.) 娘婿のやり方はすべて同じだ。 3《古》適当な状態、適切な形 (*Pb.4.61*) 4 類似、似ていること 5 果物が熟しすぎた状態 ¶ ಹಣ್ಣುಗಳು ಪಾಡಾಗಿ ಬೀಳ ಹತ್ತಿದವು. (haṇṇugaḷu pāḍāgi bīḷa hattidavu.) 果物が熟しすぎて落ちはじめた。 [Ka. D3853]

ಪಾಣ ⟦pāṇa パーナ⟧ [pɐːɳɐ] 《古》 *m.* 《*f.* *ಪಾಣಗಿತ್ತಿ (pāṇagitti)》歌や踊りを職業とする人 [Ka. D4068]

ಪಾಣಿ ⟦pāṇi パーニ⟧ [pɐːɳi] 《文》 *n.* 〔美〕 手(手首から指の先まで) [Sk.]

ಪಾಣಿಗ್ರಹಣ ⟦pāṇigrahaṇa パーニグラハナ⟧ [pɐːɳigrəhəɳɐ] 《文》 *n.* 〔美〕 婚礼;結婚 [Sk.]

ಪುಂಗಿ ⟦puṃgi プンギ⟧ [puŋgi] 間男、姦通者、好色な男性

ಪಾಣ್ಬೆ ⟦pāṇbe パーンベ⟧ [pɐːɳbe] 《古》 *f.* 《*m.* ಪಾಣ್ಬ (pāṇba)》 1 身持ちの悪い女性、ふしだらな女性、姦婦 2 踊り子 (*DEDR*) [Ka. D4068]

ಪಾತಕ ⟦pātaka パータカ⟧ [pɐːtəkɐ] *n.*「人を落とすもの」、重い罪、犯罪 [Sk.]

ಪಾತಕಿ ⟦pātaki パータキ⟧ [pɐːtəki] *mf.* 重い罪を犯した人、重罪人 [Sk.]

ಪಾತರ ⟦pātara パータラ⟧ [pɐːtărɐ] ಪಾತುರ 《方》 *n.* 1 (特に液体を入れる)へこんだ容器(椀、壺、ビン、樽など)= ಪಾತ್ರೆ (pātre) 2 踊り、演技 (SK) 3 (信用や職務などに)ふさわしい人 [Sk. *pātra-*]

ಪಾತರಗಿತ್ತಿ ⟦pātaragitti パータラギッティ⟧ [pɐːtărəgitti] *f.* 1 芸者、妓女 2 けばけばしく装う女性、派手な服装をする女性 3 遊女 —*n.* 蝶々 [Sk. *pātra-*/Ka. **pātara* *D4076 + *-gitti*]

ಪಾತಳಿ ⟦pātaḷi パータリ⟧ [pɐːtăɭi] *n.* 1 (水や土地などの)平面、平らな表面 (NK) 2 (標高や深度などの)水準 ¶ ಮೈಸೂರು ಸಮುದ್ರಪಾತಳಿಯಿಂದ ಸುಮಾರು 800 ಮೀಟರು. (maisūru samudrapātaḷiyiṃda sumāru 800 mīṭaru.) マイソールは海抜およそ 800 メートルである。= ಮಟ್ಟ (maṭṭa) [M. *pātaḷī* *C7736.2]

ಪಾತಾಳ ⟦pātāḷa パーターラ⟧ [pɐːtɐːɭɐ] *n.* (インドの神話的世界観で)ナーガなどの半神が住む地下世界の総称、またその 7 層の最も下の世界(一般的に、atala, vitala, sutala, talātala, mahātala, rasātala, pātālaの 7 層からなるとされる) [Sk.]

ಪಾತಾಳಗಂಗೆ ⟦pātāḷagaṃge パーターラガンゲ⟧ [pɐːtɐːɭəgəŋge] 《文》 *n.* (インド神話で)下界のガンジス河 [Sk.]

ಪಾತಳು ⟦pātaḷu パータル⟧ [pɐːtăɭu] *n.* [H. *patălā*/M. *pātaḷā* *T7736] ☞ಪತ್ತಲ (pattala)

ಪಾತಿ[1] ⟦pāti パーティ⟧ [pɐːti] ಪಾತೆ *n.* 苗床、花壇(給水用の溝を設けて木や花を植える場所) [Ka. D4078, D4079]

ಪಾತಿ[2] ⟦pāti パーティ⟧ [pɐːti] 《文》 *n.* 一人乗りの小舟 [Dr.?]

ಪಾತಿವ್ರತ್ಯ ⟦pātivratya パーティヴラティャ⟧ [pɐːtivrətjɐ] *n.* 夫に対する貞節 [Sk.]

ಪಾತುರ ⟦pātura パートゥラ⟧ [pɐːtŭrɐ] 《異》 *n.* (あることに)値する人 [Sk. *pātra-*] ☞ಪಾತ್ರ (pātra)

ಪಾತೆ ⟦pāte パーテ⟧ [pɐːte] *n.* 木の周囲に巡らした灌漑用の溝 [Ka. *D4078] ☞ಪಾತಿ (pāti)[1]

ಪಾತ್ರ ⟦pātra パートラ⟧ [pɐːtrɐ] *m.* 《*f.* ಪಾತ್ರಳು (pātraḷu)》 1 ふさわしい人、あることに値する人 ¶ ಸಂದೀಪ ಗುರುಗಳ ಕಟಾಕ್ಷೆಯ ಪಾತ್ರವಲ್ಲ. (saṃdīpa gurugaḷa kaṭākṣeya pātravalla.) サンディープはその師匠の恩寵に値しない。 2 (劇の)人物 —*n.* 川床 [Sk.]

ಪಾತ್ರೆ ⟦pātre パートレ⟧ [pɐːtre] *n.* 容器、入れ物 [Sk.]

ಪಾದ ⟦pāda パーダ⟧ [pɐːdɐ] *n.* 1〔美〕足（足首から指の先まで） 2 4分の1 ¶ ಜಮೀನುದಾರನು ತನ್ನ ಆಸ್ತಿಯ ಒಂದು ಪಾದವನ್ನು ತನ್ನ ಅಳಿಯನಿಗೆ ಕೊಟ್ಟ. (jamīnudāranu tanna āstiya oṃdu pādavannu tanna aḷiyanige koṭṭa.) 地主は自分の財産の4分の1を自分の娘婿にやった。 3 詩の1行 [Sk.]

ಪಾದಚಾರಿ ⟦pādacāri パーダチャーリ⟧ [pɐːdəʧɐːri] *mf.* 歩行者 [Sk.]

ಪಾದಪ ⟦pādapa パーダパ⟧ [pɐːdəpɐ] 《文》 *n.* 木、樹木 [Sk.]

ಪಾದಪದ್ಮ ⟦pādapadma パーダパドマ⟧ [pɐːdəpədmɐ] 《文》 *n.*〔美〕蓮のような足、蓮のように美しい足 [Sk.]

ಪಾದಪೂಜೆ ⟦pādapūje パーダプージェ⟧ [pɐːdəpuːʤe] *n.* 御足供養（師の足に跪拝すること、花などによる供養を捧げること）[⇒図] [Sk.]

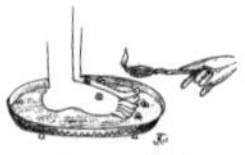

ಪಾದಪೂಜೆ
御足供養

ಪಾದರ ⟦pādara パーダラ⟧ [pɐːđərɐ] 《古》 *n.* 姦淫者、私通 [Ka. D4076, cf. Sk. *pātra-*, *pāradārya-*] ☞ಹಾದರ (hādara)〔汎〕

ಪಾದರಕ್ಷೆ ⟦pādarakṣe パーダラクシェ⟧ [pɐːdərəkʂe] *n.* 履き物（靴や下駄など） [Sk.]

ಪಾದರಸ ⟦pādarasa パーダラサ⟧ [pɐːdərəsɐ] 《文》 *n.* 水銀 [Sk.]

ಪಾದರಿ¹ ⟦pādari パーダリ⟧ [pɐːđə̆ri] *n.* ノウゼンカズラ科の黄色いラッパのような花が咲く巨木またはその花（薬用） [Ka. D4075, cf. Sk. *pāṭali-*] *[IMP 5.193]

ಪಾದರಿ² ⟦pādari パーダリ⟧ [pɐːđə̆ri] 《古》 *f.* 《*m.* ಪಾದರಿಗ (pādariga)》姦通した女性、間男を持つ女性、私通した女性 [*pādara* + *-i* D4076] = ಹಾದರಿ (hādari)〔汎〕

ಪಾದರಿ³ ⟦pādari パーダリ⟧ [pɐːđə̆ri] *m.* キリスト教の神父や牧師 [Pt. *padre*] ☞ಪಾದ್ರಿ (pādri)

ಪಾದರಿಗ ⟦pādariga パーダリガ⟧ [pɐːđə̆rigɐ] 《古》 *m.* 《*f.* ಪಾದರಿ (pādari)》姦通者、間男、私通者 [Ka. D4076 cf. Sk. *pāradārika-*]

ಪಾದಿ ⟦pādi パーディ⟧ [pɐːđi] 《古》 *n.* 道、道路 [Ka. D4087] = ಹಾದಿ (hādi)〔口〕

ಪಾದುಕೆ ⟦pāduke パードゥケ⟧ [pɐːduke] *n.*（苦行者が履く）下駄の一種 [Sk.] = ಪಾವುಗೆ (pāvuge) ☞*[ಹಾವುಗೆ (hāvuge)]

ಪಾದೋದಕ ⟦pādōdaka パードーダカ⟧ [pɐːdoːdə̆kɐ] 《文》 *n.* 尊敬すべき人の足を恭しく洗った水、ヴィーラシャイヴァ派で師がリンガ供養などにおいて信徒に与える聖水 [Sk.]

ಪಾದ್ರಿ ⟦pādri パードリ⟧ [pɐːdri] ಪಾದರಿ *m.* キリスト教の神父や牧師 [Pt. *padre*]

ಪಾನ ⟦pāna パーナ⟧ [pɐːnɐ] 《文》 *n.* 1 飲むこと 2 飲物 [Sk.]

ಪಾನಕ ⟦pānaka パーナカ⟧ [pɐːnəkɐ] *n.* 1 飲物 2 ライムの果汁に粗糖や砂糖と水を入れて作った飲物 [Sk.]

ಪಾನಗೋಷ್ಠಿ ⟦pānagōṣṭʰi パーナゴーシュティ⟧ [pɐːnəgoːʂʈʰi] 《文》 *n.* 酒宴、酒盛り [Sk.]

ಪಾನಪಾತ್ರ ⟦pānapātra パーナパートラ⟧ [pɐːnəpɐːtrɐ] 《文》 *n.* 水や酒などを飲む容器 [Sk.]

ಪಾನೀಯ ⟦pānīya パーニーヤ⟧ [pɐːniːjɐ] 《文》 *n.* 飲物 ¶ ಕೊಕಕೋಲ ಅಮೆರಿಕದಿಂದ ಬಂದ ಪಾನೀಯ. (kokakōla amerikadiṃda baṃda pānīya.) コカ・コーラはアメリカから来た飲物だ。 [Sk.]

ಪಾನು ⟦pānu パーヌ⟧ [pɐːnu] *n.* パーン（生石灰を塗ったキンマの葉でビンロウジュの実などを包んだ嗜好品） [M./H. *pānā* Sk. *parṇa-*] (NK)

ಪಾನೆ ⟦pāne パーネ⟧ [pɐːne] 《古》 *n.* 金属製や土製の壺 [Ka. D4024] = ಬಾನೆ, ಬಾನಿ, ಹಾನೆ (bāne, bāni, hāne)〔汎〕

ಪಾಪ¹ ⟦pāpa パーパ⟧ [pɐːpɐ] *n.* 幼児 [Ka. D4095]

ಪಾಪ² ⟦pāpa パーパ⟧ [pɐːpɐ] *n.* 瞳孔 [Ka. *D4107] ☞ಪಾಪೆ (pāpe)

ಪಾಪ³ ⟦pāpa パーパ⟧ [pɐːpɐ] *n.* 1 罪、罪悪 2 同情、哀れみ ¶ ಆ ರಾಯರನ್ನು ನೋಡಿದರೆ ಪಾಪ ಅನಿಸುತ್ತದೆ. (ā rāyarannu nōḍidare pāpa anisuttade.) あの老人を見たらかわいそうになってくる。 —*intrj.* ああ、かわいそう！ ¶ ಅಯ್ಯೋ ಪಾಪ ಅವನ ಹತ್ತಿರ ಹಣವೇ ಇಲ್ಲ. (ayyo pāpa avana hattira haṇavē illa.) まあかわいそうに、あの男性はお金を少しも持っていない。 [Sk.]

ಪಾಪಗ್ರಹ ⟦pāpagraha パーパグラハ⟧ [pɐːpəgrəhɐ] *n.* 災いをもたらす惑星（ラーフ、ケートゥ、土星、火星） [Sk.]

ಪಾಪಟೆ ಗಿಡ ⟦pāpaṭe giḍa パーパテギダ⟧ [pɐːpə̆ʈe giɖɐ] 《古》 *n.* アカネ科低木コブハテマリ ⇀ 薬 [Ka. D4103] = ಹಾವುಮೆಕ್ಕೆ ಗಿಡ (hāvumekke giḍa)〔汎〕

ಪಾಪಭೀರು ⟦pāpabʰīru パーパビール⟧ [pɐːpəbʰiːru] 《文》 *adj.*, *mf.* 罪を恐れる〈人〉、廉直な〈人〉 [Sk.]

ಪಾಪಿ ⟦pāpi パーピ⟧ [pɐːpi] *adj.*, *mf.* 罪深い〈人〉、邪悪な〈人〉

ಪಾಪಿಷ್ಠ ⟦pāpiṣṭʰa パーピシュタ⟧ [pɐːpiʂʈʰɐ] *m.* 《*f.* ಪಾಪಿಷ್ಠಳು (pāpiṣṭʰaḷu)》最低な人、極悪人 [Sk.]

ಪಾಪೆ ⟦pāpe パーペ⟧ [pɐːpe] ಪಾಪ, ಹಾಪೆ *n.* 1 人形、神像 2 瞳孔 (*Pb.4.69.V*) 3《希》目玉、眼球 4《希》虹彩とその中心の部分 [Ka. D4107]

ಪಾಮರ ⟦pāmara パーマラ⟧ [pɐːmərɐ] 《文》 *adj.*, *m.* 《*f.* ಪಾಮರಿ, ಪಾಮರೆ (pāmari, pāmare)》 1 無教養な〈人〉、無知な〈人〉 2 卑しい〈人〉、俗物〈の〉 [Sk.]

ಪಾಯ್ ⟦pāy パーイ⟧ [pɐːĭ] ಹಾಯ್, ಹಾಯು 《古》 *vi.* 《〔与格支配動詞〕過去語幹 *pāyid-*, *hād-*, *hāyd-*》 1 つきあたる、ぶつかる 2（角などで）突く 3 飛びかかる、攻める、攻撃する 4 跳ぶ、飛び越える；飛び下りる 5 歩む、進む [Ka. D4044, D4087]

ಪಾಯ ⟦pāya パーヤ⟧ [pɐːjɐ] *n.* 1 足（くるぶしからつま先まで） 2（建物などの）基礎 3 4分の1 [Pk. *pāya-*]

ಪಾಯಖಾನೆ ⟦pāyakʰāne パーヤカーネ⟧ [pɐːjə̆kʰɐːne] *n.* 1 便所、手洗い 2 大便、くそ [Pe. *pāyxāna*]

ಪಾಯಜಾಮ ⟦pāyajāma パーヤジャーマ⟧ [pɐːjə̆ʤɐːmɐ] ಪಾಯಜಾಮೆ, ಪಾಯಿಜಾಮ, ಪಾಯಿಜಾಮೆ, ಪೈಜಾಮ, ಪೈಜಾಮಾ *n.* (インドや中近東に見られる) ゆったりとした木綿などの長ズボン、パージャーマー[⇒図] [Pe. *pāyğāma*]

ಪಾಯಜಾಮ パージャマー

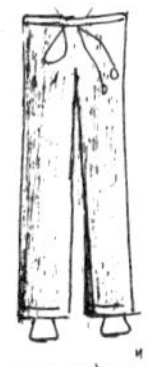

ಪಾಯಜಾಮೆ ⟦pāyajāme パーヤジャーメ⟧ [pɐːjə̆ʤɐːme] *n.* 幅の広い木綿などの長ズボン [Pe. *pāyğāma*] ☞ಪಾಯಜಾಮ (pāyajāma)

ಪಾಯದೆ ⟦pāyade パーヤデ⟧ [pɐːjə̆de] 《口》 *n.* [Ar. *fā'ida*] ☞ಫಾಯಿದೆ (pʰāyide)

ಪಾಯಸ ⟦pāyasa パーヤサ⟧ [pɐːjəsɐ] *n.* パーヤサ (米または細い麺類などを砂糖と牛乳で煮込んだ甘いデザートの一種) [Sk.]

ಪಾಯಿಜಾಮ ⟦pāyijāma パーイジャーマ⟧ [pɐːjĭʤɐːmɐ] *n.* 幅の広い木綿などの長ズボン [Pe. *pāyğāma*] ☞ಪಾಯಜಾಮ (pāyajāma)

ಪಾಯಿಜಾಮೆ ⟦pāyijāme パーイジャーメ⟧ [pɐːjĭʤɐːme] *n.* 幅の広い木綿などの長ズボン [Pe. *pāyğāma*] ☞ಪಾಯಜಾಮ (pāyajāma)

ಪಾಯಿದೆ ⟦pāyide パーイデ⟧ [pɐːjĭde] 《口》 *n.* [Ar. *fā'ida*] ☞ಫಾಯಿದೆ (pʰāyide)

ಪಾಯ್ಕು ⟦pāyku パーイク⟧ [pɐːĭku] ಪಾಯ್ಕು, ಹಾಯಿಕು, ಹಾಯಿಕ್ಕು, ಹಾಯ್ಕು *vt.* 〈ものを〉取り除く [Ka. < *pāyiku*] ☞ಹಾಕು (hāku)

ಪಾರ್¹ ⟦pār パール⟧ [pɐːr] 《古》 *vi.* 跳ぶ、跳躍する [Ka. **pār*, *D4020] ☞ಹಾರು (hāru)

ಪಾರ್² ⟦pār パール⟧ [pɐːr] ಪಾರು, ಹಾರು 《古》 *vt.* 1 見る 2 期待して待つ 3 望む 4 〈あることを〉考えてみる、考慮する 5 世話する、面倒を見る [Ka. D4091(a)]

ಪಾರಂಗತ ⟦pāraṃgata パーランガタ⟧ [pɐːrəNgətɐ] *adj., m.* (あることの)熟達者、奥義を窮めた〈人〉 [Sk.]

ಪಾರಂಪರ್ಯ ⟦pāraṃparya パーランパリヤ⟧ [pɐːrəmpərjɐ] *n.* 伝統、しきたり [Sk.]

ಪಾರ¹ ⟦pāra パーラ⟧ [pɐːrɐ] *n.* 1 (川の)対岸、向こう岸 2 (あるものの)果て、究極 [Sk.]

ಪಾರ² ⟦pāra パーラ⟧ [pɐːrɐ] 《方》 *n.* 小さな子ども、幼児 (*Gul.*) [Ka. D4095]

ಪಾರಣೆ ⟦pāraṇe パーラネ⟧ [pɐːrə̆ɳe] *n.* 絶食のあとものを食べること、絶食を終えること [Sk.]

ಪಾರತಂತ್ರ್ಯ ⟦pāratamtrya パーラタントリヤ⟧ [pɐːrətəntrjɐ] *n.* 従属、依存、他人や他国に支配されていること [Sk.]

ಪಾರದರ ⟦pāradara パーラダラ⟧ [pɐːrəđə̆rɐ] 《古》 *n.* 姦淫者、私通 [Ka. *D4076, cf. Sk. *pātra-*, *pāradārya-*] ☞ಹಾದರ (hādara) 〔汎〕

ಪಾರದರ್ಶಕ ⟦pāradarśaka パーラダルシャカ⟧ [pɐːrədərʃəkɐ] 《文》 *adj.* 透明な、向こうが透けて見える [Sk.]

ಪಾರದ್ವಾರ ⟦pāradvāra パーラドヴァーラ⟧ [pɐːrədvɐːrɐ] 《古》 *n.* 姦淫者、私通 [Ka. *D4076, cf. Sk. *pātra-*, *pāradārya-*] ☞ಹಾದರ (hādara) 〔汎〕

ಪಾರಪತ್ಯ ⟦pārapatya パーラパティヤ⟧ [pɐːrapət̪jɐ] *n.* 1 管理、監督 2 権力、支配力、支配権 [*pāru*¹ + ?] ☞ಪಾರುಪತ್ಯ (pārupatya)

ಪಾರಮಾರ್ಥ ⟦pāramārtʰa パーラマールタ⟧ [pɐːrəmɐːrtʰɐ] 《文》 *n.* 1 人生の目的で最高のもの (神との合一、解脱) 2 最高我に関する知識 [Sk.]

ಪಾರಮಾರ್ಥಿಕ ⟦pāramārtʰika パーラマールティカ⟧ [pɐːrəmɐːrtʰikɐ] 《文》 *adj., m.* 《*f.* ಪರಮಾರ್ಥಿಕಳು (paramārtʰikaḷu)》神に関する真実を学ぶ〈人〉、神との合一を求めて努力する〈人〉 [Sk.]

ಪಾರಯಿಸು ⟦pārayisu パーライス⟧ [pɐːrəjĭsu] 《古》 *vt.* 望む、希望する [Ka. *D4091(a)] ☞ಹಾರಯಿಸು (hārayisu)

ಪಾರಲೌಕಿಕ ⟦pāralaukika パーララウキカ⟧ [pɐːrəuklie] 《文》 *adj.* 来世に関する、あの世の [Sk.]

ಪಾರವಶ್ಯ ⟦pāravaśya パーラヴァシュヤ⟧ [pɐːrə̆vəʃjɐ] *n.* 1 従属、依存、奴隷状態 2 忘我、法悦、恍惚 [Sk.]

ಪಾರಶಿಕ ⟦pāraśika パーラシカ⟧ [pɐːrə̆ʃikɐ] *m.* 《*f.* ಪಾರಶಿಕಳು (pāraśikaḷu)》ペルシャ人；イラン人 —*n.* ペルシャ；イラン ☞ಪಾರಸಿಕ (pārasika) [Sk. *pārasīka-*]

ಪಾರಸ ⟦pārasa パーラサ⟧ [pɐːrə̆sɐ] 《文》 *m.* 《*f.* *ಪಾರಸಳು (pārasaḷu)》ペルシャ人；イラン人 [Sk. *pārasa-* + *-iga*] = ಪಾರಸಿಕ (pārasika)

ಪಾರಸಿಕ ⟦pārasika パーラシカ⟧ [pɐːrə̆sikɐ] ಪಾರಶಿಕ, ಪಾರ್ಸಿಕ *m.* 《*f.* ಪಾರಸಿಕಳು (pārasikaḷu)》ペルシャ人；イラン人 [Sk. *pārasīka-*]

ಪಾರಸಿಗ ⟦pārasiga パーラシガ⟧ [pɐːrə̆sigɐ] 《文》 *m.* 《*f.* ಪಾರಸಿಗಳು (pārasigaḷu)》ペルシャ人；イラン人 [Sk. *pārasa-* + *-iga*]

ಪಾರಸೀಕ ⟦pārasīka パーラシーカ⟧ [pɐːrə̆siːkɐ] *m.* 《*f.* ಪಾರಸೀಕಳು (pārasīkaḷu)》ペルシャ人；イラン人 —*n.* 1 ペルシャ；イラン 2 ペルシャ語 3 ペルシャ馬 [Sk.]

ಪಾರಾಯಣ ⟦pārāyaṇa パーラーヤナ⟧ [pɐːrɐːjə̆ɳɐ] *n.* (宗教書などを)最初から最後まで読むこと —*m.* 《*f.* *ಪಾರಾಯಣೆ (pārāyaṇe)》(宗教書を)最初から最後まで読んだ人、学者 (*lex.*) [Sk.]

ಪಾರಾವಾರ ⟦pārāvāra パーラーヴァーラ⟧ [pɐːrɐːvɐːrɐ] *n.* 1 (川などの)岸 2 海、大洋 3 限界、限り ¶ ಸೀಟು ಸಿಕ್ಕಿದರಿಂದ ವಿಕ್ಕಿಯ ಸಂತೋಷಕ್ಕೆ ಪಾರಾವಾರವಿಲ್ಲ. (sīṭu sikkidariṃda vikkiya saṃtōṣakke pārāvāravilla.) ヴィッキーは合格してめちゃめちゃに喜んでいる。 [Sk.]

ಪಾರಿ ⟦pāri パーリ⟧ [pəhəri] *n., mf.* [Pe. *pahra*] ☞ಪಹರಿ (pahari)

ಪಾರಿಜಾತ ⟦pārijāta パーリジャータ⟧ [pɐːriʤɐːtɐ] *n.* 1 デイゴ (梯梧)、エリスリナ (珊瑚のような赤い花が咲くインド原産のマメ科の植物) 2 (神々

が乳の海をかき混ぜた時生まれたと言われる）インドラ神の楽園の五つの木の一つ [Sk.]

ಪಾರಿತೋಷಕ ⟦pāritōṣaka パーリトーシャカ⟧ [pɐːritoːʂəkɐ] *n.*（大学の修了式などで優秀な学生に与えられる）褒美、賞品 [Sk.]

ಪಾರಿತೋಷಿಕ ⟦pāritōṣika パーリトーシカ⟧ [pɐːritoːʂikɐ] *n.* [Sk.] ☞ಪಾರಿತೋಷಕ (pāritōṣaka)

ಪಾರಿಪತ್ಯ ⟦pāripatya パーリパティャ⟧ [pɐːripət̪jɐ] *n.* 管理、監督 [*pāru*[1]?] ☞ಪಾರುಪತ್ಯ (pārupatya)

ಪಾರಿಭಾಷಿಕ ⟦pāribʰāṣika パーリバーシカ⟧ [pɐːribʰɐːʂikɐ] (*adj.*) 専門の〈用語など〉[Sk.]

ಪಾರಿಭಾಷಿಕ ಶಬ್ದ ⟦pāribʰāṣika śabda パーリバーシカシャブダ⟧ [pɐːribʰɐːʂikə ʃabdɐ] *n.* 専門用語 [Sk.]

ಪಾರಿವ ⟦pāriva パーリヴァ⟧ [pɐːrivɐ] 《文》*n.* ハト（鳩）[Pk. *pārevaa-* < Sk. *pārāvata*] (*Pb.6.38*)

ಪಾರಿವಾಣ ⟦pārivāṇa パーリヴァーナ⟧ [pɐːrivɐːɳɐ] 《古》*n.* ☞ಪಾರಿವಾಳ (pārivāḷa)

ಪಾರಿವಾಳ[1] ⟦pārivāḷa パーリヴァーラ⟧ [pɐːrivɐːɭɐ] ಪಾರಿವಾಣ, ಪಾಲ್ವಣ, ಹಾರುವಾಣ 《文》*n.* ハト（鳩）[? cf. D4334, Sk. *pārāvata-* M2.258]

ಪಾರಿವಾಳ[2] ⟦pārivāḷa パーリヴァーラ⟧ [pɐːrivɐːɭɐ] ಪಾರಿವಾಣ[2], ಪಾರುವಾಣ, ಹರಿವಾಣ, ಹರಿವಾಳ, ಹಾರಮಣ, ಹಾರಿಯಾಳ, ಹಾರಿವಾಣ, ಹಾರಿವಾಳ, ಹಾರುವಾಣ, ಹಾಲಿವಾಣ, ಹಾಲುವಾಣ 《文》*n.* デイゴ（梯梧）[? cf. Sk. *pārabhadra*] *[IMP 2378]

ಪಾರು[1] ⟦pāru パール⟧ [pɐːru] 《古》*vi.* **1** 跳ぶ、跳躍する **2**（空を）飛ぶ [Ka. **pāṟ*, *D4020] ☞ಪಾಱು (pāṟu)

ಪಾರು[2] ⟦pāru パール⟧ [pɐːru] 《古》*vt.* **1** 見る **2** 期待する、待ち望む (*Pb.4.23*) **3** 望む、欲求する **4** 考える、考慮する **5**（…の）面倒を見る、（…の）世話をする [Ka. D4091(a)]

ಪಾರು[3] ⟦pāru パール⟧ [pɐːru] 《‡》*vi.* …になる (*Tĕ.* (*Kitt.*)) [Ka. D4119]

ಪಾರು[4] ⟦pāru パール⟧ [pɐːru] 《文》*n.* **1**（川の）対岸、向こう岸 **2** 端 (*Kitt.*) **3** 屋根の一面 [Sk. *pāra-*]

ಪಾರಾಗು ⟦pārāgu パーラーグ⟧ [pɐːrɐːgu] *vi.* **1** 越える、〈川などを〉渡る **2**〈危険などを〉逃れる、助かる ¶ ಅವನು ಮೃತ್ಯುವಿನಿಂದ ಪಾರಾದ. (avanu mr̥tyuviniṃda pārāda.) 彼は死を逃れた。 [+ *āgu*]

ಪಾರುಪತ್ತೆ ⟦pārupatte パールパッテ⟧ [pɐːrupətte] 《古》*n.* [*pāru*[1] + ?] ☞ಪಾರುಪತ್ಯ (pārupatya)

ಪಾರುಪತ ⟦pārupata パールパタ⟧ [pɐːrupətɐ] 《古》*n.* 管理、監督 [*pāru*[1] + ?] ☞ಪಾರುಪತ್ಯ (pārupatya)

ಪಾರುಪತ್ತೆ ⟦pārupatte パールパッテ⟧ [pɐːrupətte] 《古》*n.* 管理、監督 [*pāru*[1] + *patte*?] ☞ಪಾರುಪತ್ಯ (pārupatya)

ಪಾರುಪತ್ಯ ⟦pārupatya パールパティャ⟧ [pɐːrupət̪jɐ] ಪಾರಪತ್ಯ, ಪಾರಿಪತ್ಯ, ಪಾರುಪತ, ಪಾರುಪತ್ತೆ, ಪಾರ್ಪತ್ಯ *n.* **1** 管理、監督 **2** 権力、支配力、支配権 ¶ ಕಛೇರಿಯಲ್ಲಿ ಅವನ ಪಾರುಪತ್ಯವನ್ನು ನೋಡಿ ದಂಗಾದೆನು. (kacʰēriyalli avana pārupatyavannu nōḍi daṃgādenu.) 役所であの人の権力を見て驚いた。 **3** 干渉 ¶ ಅವರು ಹೋದ ಕಡೆಯಲ್ಲಿ ಪಾರುಪತ್ಯ ಮಾಡುತ್ತಾರೆ. (avaru hōda kaḍeyalli pārupatya māḍuttāre.) 彼はどこへいってもあれをせよこれをせよと口出しする。 [*pārupatte* + *-ya*?]

ಪಾರುಪತ್ಯಗಾತಿ ⟦pārupatyagāti パールパティャガーティ⟧ [pɐːrupət̪jəgɐːti] *f.* 《*m.* ಪಾರುಪತ್ಯಗಾರ (pārupatyagāra)》女性の管理人、女性の監督者 [*pārupatya* + *-gāti*]

ಪಾರುಪತ್ಯಗಾರ ⟦pārupatyagāra パールパティャガーラ⟧ [pɐːrupət̪jəgɐːrɐ] ಪಾರಪತೆಗಾರ *m.* 《*f.* *ಪಾರುಪತ್ಯಗಾರ್ತಿ (pārupatyagārti)》管理人、監督者 [*pārupatya* + *-kāra*]

ಪಾರುಪತ್ಯಗಾಱ ⟦pārupatyagāṟa パールパティャガーラ⟧ [pɐːrupət̪jəgɐːrɐ] 《古》*m.* 《*f.* *ಪಾರುಪತ್ಯಗಾರ್ತಿ (pārupatyagārti)》管理人、監督者 [*pārupatya* + *-kāṟa*] ☞ಪಾರುಪತ್ಯಗಾರ (pārupatyagāra)

ಪಾರುವ ⟦pāruva パールヴァ⟧ [pɐːruvɐ] 《古》*m.* 《*f.* *ಪಾರುವಿತಿ (pāruviti)》バラモン [Ka. *D4091(b)] ☞ಪಾರ್ವ (pārva)

ಪಾರೆ ⟦pāre パーレ⟧ [pɐːre] 《古》*n.* かなてこ [Ka. D4093] = ಹಾರೆ, ಗಡಾರಿ (hāre, gaḍāri)〔現〕

ಪಾರೈಸು ⟦pāraisu パーライス⟧ [pɐːrəisu] 《古》*vt.* 望む、希望する [Ka. *D4091(a)] ☞ಹಾರಯಿಸು (hārayisu)

ಪಾರ್ಥಿವ ⟦pārtʰiva パールティヴァ⟧ [pɐːrtʰivɐ] 《文》*adj.* **1** 土の、土製の、土に関する **2** 地球に関する、地球上の **3** 王に関する、王の **4** 現世的な、世の中の、浮き世の —*m.* 《*f.* *ಪಾರ್ಥಿವಳು (pārtʰivaḷu)》王 [Sk.]

ಪಾರ್ಪತ್ಯ ⟦pārpatya パールパティャ⟧ [pɐːrupət̪jɐ] *n.* 管理、監督 [*pāru*[2]] ☞ಪಾರುಪತ್ಯ (pārupatya)

ಪಾರ್ಬ ⟦pārba パールバ⟧ [pɐːrbɐ] 《古》*m.* 《*f.* *ಪಾರುಬಂತಿ (pārubaṃti)》[Ka. D4091(b)] ☞ಪಾರ್ವ (pārva)

ಪಾರ್ಬಿಕೆ ⟦pārbike パールビケ⟧ [pɐːrbike] 《古》*n.* [Ka. D4091(b)] ☞ಪಾರ್ವಿಕೆ (pārvike)

ಪಾರ್ವ ⟦pārva パールヴァ⟧ [pɐːrvɐ] ಪಾರುವ, ಪಾರ್ಬ, ಹಾರವ, ಹಾರುವ, ಹಾರ್ವ 《古》*m.* 《*f.* ಪಾರ್ವಿತಿ (pārviti)》バラモン [Ka. D4091(b)]

ಪಾರ್ವನ್ತಿ ⟦pārvanti パールヴァンティ⟧ [pɐːrvənti] ಪಾರ್ವತಿ, ಪಾರ್ವಿತಿ, ಹಾರವಿತ್ತಿ, ಹಾರುವಿತಿ, ಹಾರುವಿತ್ತಿ 《古》*f.* 《*m.* ಪಾರ್ವ (pārva)》バラモンの女性、バラモンの妻 (*Pb.3.27.V*) [Ka. *D4091]

ಪಾರ್ವಿಕೆ ⟦pārvike パールヴィケ⟧ [pɐːrvike] ಪಾರ್ಬಿಕೆ 《古》*n.* バラモンであること、バラモンの地位 [Ka. D4091(b)]

ಪಾರ್ವಿತಿ ⟦pārviti パールヴィティ⟧ [pɐːrviti] 《古》*f.* 《*m.* ಪಾರ್ವ (pārva)》バラモンの妻、バラモンのカーストに属する女性 [Ka. D4091(b)]

ಪಾರ್ಶ್ವ ⟦pārśva パールシュヴァ⟧ [pɐːrʃvɐ] 《文》*n.* **1** 脇腹、横腹 **2**（一般に）側面 **3** 傍ら、そば [Sk.]

ಪಾರ್ಶ್ವವಾಯು ⟦pārśvavāyu パールシュヴァヴァーユ⟧ [pɐːrʃvəvɐːju] 《文》*n.* 中風、半身不随 [Sk.]

ಪಾರ್ಸಿಕ ⟦pārsika パールシカ⟧ [pɐːrsikɐ] 《古》 *n.* ペルシャ人；イラン人 ☞ಪಾರಸಿಕ (pārasika) [Sk. *pārasika-*]

ಪಾಲ್[1] ⟦pāl パール⟧ [pɐːl] 《古》 *n.* 1（人間その他の動物の）乳 *(Pb.2.89)* 2（植物の分泌する）乳液 [Ka. D4096] ☞ಹಾಲು (hālu)

ಪಾಲ್[2] ⟦pāl パール⟧ [pɐːl] 《古》 *n.* 1 部分、一部 2 分け前 [Ka. D4097] ☞ಪಾಲು (pālu)[1]

ಪಾಲ ⟦pāla パーラ⟧ [poɐːlɐ] ಆಲೆ, ಪಾಲೆ 《古》 *n.* 橋 [Ka. D4099]

ಪಾಲಂಕಿ ⟦pālaṃki パーランキ⟧ [pɐːləŋki] 《古》 *n.* 有蓋の輿（こし）（神像や偉い人を乗せて 4 人か 6 人で担ぐ）[Ka. *D4040/Sk. *palyaṃka-*] ☞ಪಲ್ಲಕ್ಕಿ (pallakki)

ಪಾಲಕ ⟦pālaka パーラカ⟧ [pɐːlə̆kɐ] *m.* 《*f.* ಪಾಲಕಿ (pālaki)》（子どもの）保護者、（寄宿舎の）管理人 [Sk.]

ಪಾಲಕಿ ⟦pālaki パーラキ⟧ [pɐːlə̆ki] *n.* 有蓋の輿（こし）（神像や偉い人を乗せて 4 人か 6 人で担ぐ）[Ka. *D4040/Sk. *palyaṃka-*] ☞ಪಲ್ಲಕ್ಕಿ (pallakki)

ಪಾಲಖಿ ⟦pālakʰi パーラキ⟧ [pɐːlə̆kʰi] 《古》 *n.* 有蓋の輿（こし）（神像や偉い人を乗せて 4 人か 6 人で担ぐ）[Ka. *D4040/Sk. *palyaṃka-*] ☞ಪಲ್ಲಕ್ಕಿ (pallakki)

ಪಾಲನೆ ⟦pālane パーラネ⟧ [pɐːlə̆ne] *n.* 1 保護、世話 2 養育、育てること [Sk.]

ಪಾಲಿ[1] ⟦pāli パーリ⟧ [pɐːli] ಪಾಳಿ 《古》 *n.* 1（順番を待つ）人間や車などの列 2 大勢、多数 [Sk.]

ಪಾಲಿ[2] ⟦pāli パーリ⟧ [pɐːli] 《古》 *mf.* 守る人、保護する人 [Sk. *pālin-*]

ಪಾಲಿ[3] ⟦pāli パーリ⟧ [pɐːli] ಪಾಳಿ 《文》 *n.* パーリ語、中期インド・アーリア語の一種（多くの小乗仏典を記した言語）[Pali *pāli-*]

ಪಾಲಿಕೆ ⟦pālike パーリケ⟧ [pɐːlike] 《文》 *n.* 有蓋の輿（こし）（神像や偉い人を乗せて 4 人か 6 人で担ぐ）[Ka. *D4040/Sk. *palyaṃka-*] ☞ಪಲ್ಲಕ್ಕಿ (pallakki)

ಪಾಲಿಸು ⟦pālisu パーリス⟧ [pɐːlĭsu] 《文》 *vt.* 1 保護する、守る、養う 2〈規則、習慣、言いつけなどを〉守る [Sk.]

ಪಾಲು[1] ⟦pālu パール⟧ [pɐːlu] 《古》 *n.* [Ka. D4096] ☞ಹಾಲು (hālu)

ಪಾಲು[2] ⟦pālu パール⟧ [pɐːlu] *n.* 1 部分、一部 2（事業、共同所有権などの）分け前、割り当て ¶ ದೊಡ್ಡಪ್ಪನ ಉದ್ಯಮದಲ್ಲಿ ನನ್ನ ಪಾಲಿದೆ. (doḍḍappana udyamadalli nanna pālide.) おじさんの事業に私も資本参加している。[Ka. D4097]

ಪಾಲುಗಾರ ⟦pālugāra パールガーラ⟧ [pɐːlugɐːrɐ] *m.* 《*f.* ಪಾಲುಗಾರಳು, ಪಾಲುಗಾರ್ತಿ (pālugāraḷu, pālugārti)》（事業などの）共同経営者、株式所有者 [Ka. + *-gāra*]

ಪಾಲೆ[1] ⟦pāle パーレ⟧ [pɐːle] 《古》 *n.* 橋 [Ka. *D4099] ☞ಪಾಲ (pāla)

ಪಾಲೆ[2] ⟦pāle パーレ⟧ [pɐːle] 《古》 *n.* 1 サワノキ（アカテツ科サポジラ属）⇀ 薬 = ಹಾಲೆ (hāle)[1] *[IMP 3.394] 2 キョウチクトウ科の薬草の一種 ⇀ 薬 = ಹಾಲೆ (hāle)[1] *[IMP 1.112] [Ka. D4100]

ಪಾಲೆ[3] ⟦pāle パーレ⟧ [pɐːle] 《古》 *n.* 占いに用いるフクロウの一種 [Ka. D4101] = ಹಂಗನ ಹಕ್ಕಿ, ಶಕುನದ ಹಕ್ಕಿ (haṃgana hakki, śakunada hakki)

ಪಾಲೆ[4] ⟦pāle パーレ⟧ [pɐːle] 《古》 *n.* 耳たぶ [Ka. Sk. *pāli-*?] ☞ಹಾಲೆ (hāle)〔現〕

ಪಾಲ್ಕಿ ⟦pālki パールキ⟧ [pɐːlki] *n.* 有蓋の輿（こし）（神像や偉い人を乗せて 4 人か 6 人で担ぐ）[Ka. *D4040/Sk.*palyaṃka-*] ☞ಪಲ್ಲಕ್ಕಿ (pallakki)

ಪಾಲ್ಕೆ ⟦pālke パールケ⟧ [pɐːlke] 《古》 *n.* 有蓋の輿（こし）（神像や偉い人を乗せて 4 人か 6 人で担ぐ）[Ka. *D4040/Sk.*palyaṃka-*] ☞ಪಲ್ಲಕ್ಕಿ (pallakki)

ಪಾಲ್ಲಕ್ಕೆ ⟦pāllakke パーッラッケ⟧ [pɐːlləkke] 《古》 *n.* 有蓋の輿（こし）（神像や偉い人を乗せて 4 人か 6 人で担ぐ）[Ka. *D4040/Sk.*palyaṃka-*] ☞ಪಲ್ಲಕ್ಕಿ (pallakki)

ಪಾವಕ ⟦pāvaka パーヴァカ⟧ [pɐːvə̆kɐ] 《文》 (*adj.*) きれいにする〈こと〉、汚れを除く〈こと〉 —*m.* 火神アグニ —*n.* 1 火 2 善行、よい行い 3 灯心 [Sk.]

ಪಾವಟಿಗೆ ⟦pāvaṭige パーヴァティゲ⟧ [pɐːvə̆ṭige] *n.* 階段 [M. *pāvāṭʰī*] = ಮೆಟ್ಟಿಲು (meṭṭilu)〔汎〕

ಪಾವಟೆ ⟦pāvaṭe パーヴァテ⟧ [pɐːvə̆ṭe] 《古》 *n.* アカネ科の薬用植物の一種 ⇀ 薬 [Ka. *D4103]

ಪಾವತಿ ⟦pāvati パーヴァティ⟧ [pɐːvə̆ti] *n.* 1 支払い期限の来た料金や返済金その他の支払い 2 受け取り、受領証 [H. *pāvătī* cf. *pānā* T8942.1]

ಪಾವನ ⟦pāvana パーヴァナ⟧ [pɐːvə̆nɐ] *adj., mf.* 《*f.* ಪಾವನಳು (pāvanaḷu)》 1 清浄にする〈人〉、清める〈人〉 2 清浄な〈人〉、清らかな〈人〉、神聖な〈人〉 ¶ ರಾಮನ ಪಾದಸ್ಪರ್ಶದಿಂದ ಅಹಲ್ಯೆ ಪಾವನಳಾದಳು. (rāmana pādasparśadiṃda ahalye pāvanaḷādaḷu.) ラーマに足で触れられてアハルヤーは清められた。 —*n.* 1（苦行、水、牛糞など）ものを浄化する手段 2 火 [Sk.]

ಪಾವಸೆ ⟦pāvase パーヴァセ⟧ [pɐːvə̆se] 《古》 *n.*（淀んだ水の中に生える）苔など緑色の小さな植物 [Ka. D3821] = ಹಾವಸೆ, ಪಾಚಿ (hāvase, pāci)

ಪಾವಿಗೆ ⟦pāvige パーヴィゲ⟧ [vɐːvĭge] 《古》 *n.*（苦行者が履く）下駄の一種 [Sk. *pādukā-*] = ಪಾದುಕೆ (pāduke) ☞ಹಾವುಗೆ (hāvuge)

ಪಾವು[1] ⟦pāvu パーヴ⟧ [pɐːvu] 《古》 *n.* 蛇、（ヘビ亜目に属する）長くて足のない爬虫類の総称 [Ka. D4085] ☞ಹಾವು (hāvu)〔現〕

ಪಾವು[2] ⟦pāvu パーヴ⟧ [pɐːvu] *n.* 1 4 分の 1 2 4 分の 1 セールの目方またはそれを計る分銅（1 セールは約 1kg）[H./M. *pāvă*]

ಪಾವುಗೆ ⟦pāvuge パーヴゲ⟧ [vɐːvŭge] 《古》 *n.*（苦行者が履く）下駄の一種 [Sk. *pādukā-*] = ಪಾದುಕೆ (pāduke) ☞ಹಾವುಗೆ (hāvuge)

ಪಾಶ ⟦pāśa パーシャ⟧ [pɐːʃɐ] 《文》 *n.* 1 縄 2 引けば締まるように作られた綱の輪 3〔喩〕束縛 4 鳥や獣を捕らえる網、わな [Sk.]

ಪಾಶವಿ ⟦pāśavi パーシャヴィ⟧ [pɐːʃəvi] 《文》 *adj.* 1 動物的な、動物に関する 2 酷い、残酷な [Sk.]

ಪಾಶವಿಕ ⟦pāśavika パーシャヴィカ⟧ [pɐːʃə̆vikɐ] 《文》 *adj.* 1 動物的な、動物に関する 2 酷い、残酷な [Sk.]

ಪಾಶವೀವೃತ್ತಿ ⟦pāśavīvr̥tti パーシャヴィーヴルッティ⟧ [pɐːʃəviːvrɯtti/—vrutti] 《文》 *n.* 動物的な酷い振る舞い [Sk.]

ಪಾಶ್ಚಾತ್ಯ ⟦pāścātya パーシュチャーティャ⟧ [pɐːʃʧɐːtːjɐ] 《文》 *adj.* 西洋の、ヨーロッパの [Sk.] = ವೆಸ್ಟರ್ನ್ (vesṭarn) 〔口〕

ಪಾಷಂಡ ⟦pāṣaṃḍa パーシャンダ⟧ [pɐːʂəɳɖɐ] 《文》 *adj., m.* 《*f.* *ಪಾಷಂಡಳು (pāṣaṃḍaḷu)》 異端の〈人〉、ヴェーダの権威を認めない〈人〉 —*n.* ヴェーダの権威を認めない宗教思想 [Sk.]

ಪಾಷಂಡಿ ⟦pāṣaṃḍi パーシャンディ⟧ [pɐːʂəɳɖi] 《文》 *adj., m.* 異端者、異端の〈人〉、ヴェーダの権威を認めない〈人〉 [Sk.]

ಪಾಷಾಣ ⟦pāṣāṇa パーシャーナ⟧ [pɐːʂɐːɳɐ] 《文》 *n.* 1 岩、岩石 2 砒素などの毒物 [Sk.]

ಪಾಸ್ ⟦pās パース⟧ [pɐːs] *n.* [Eg. *pass*] ☞ಪಾಸು (pāsu)[2]

ಪಾಸಗೆ ⟦pāsage パーサゲ⟧ [pɐːsə̆ge] 《‡》 *n.* 寝床 (*Kitt.*) [Ka. D4088] ☞ಹಾಸಿಗೆ (hāsige) 〔現〕

ಪಾಸಱೆ ⟦pāsaṟe パーサレ⟧ [pɐːsər̠e] 《古》 *n.* 平たくて広い石、石の板 (*Kitt.*)[2] [Ka. *pāsu* + *aṟe*[2] D4088]

ಪಾಸಿ ⟦pāsi パーシ⟧ [pɐːsi] *n.* (淀んだ水の中に生える)苔など緑色の小さな植物 [Ka. D3821]

ಪಾಸಿಕೆ ⟦pāsike パーシケ⟧ [pɐːsike] 《古》 *n.* 寝床、眠る時に体の下に敷くマットレス [Ka. D4088] ☞ಹಾಸಿಕೆ (hāsike) 〔現〕

ಪಾಸಿಗೆ ⟦pāsige パーシゲ⟧ [pɐːsĭge] 《古》 *n.* 寝床、敷布 [Ka. D4088] ☞ಹಾಸಿಗೆ (hāsige) 〔現〕

ಪಾಸು[1] ⟦pāsu パース⟧ [pɐːsu] 《古》 *vt.* 〈毛布、絨毯(じゅうたん)、ござ、草の葉などを〉広げる —*n.* 寝床 [Ka. D4088]

ಪಾಸು[2] ⟦pāsu パース⟧ [pɐːsu] ಪಾಸ್ *n.* (試験での)合格 [Eg. *pass*] = ತೇರ್ಗಡೆ (tērgaḍe)

ಪಾಸುಗೆ ⟦pāsuge パースゲ⟧ [pɐːsŭge] 《古》 *n.* [Ka. D4088] ☞ಹಾಸಿಗೆ (hāsige)

ಪಾಹರೆ ⟦pāhare パーハレ⟧ [pɐːhə̆re] *n.* 番、番をすること [H. *pahărā* < Sk. *prahara-* *T8900] ☞ಪಹರೆ (pahare)

ಪಾಳ್ ⟦pāḷ パール⟧ [pɐːɭ] 《古》 (*n.*) 1 荒廃〈した〉、荒れはてた〈状態〉 2 (土地などが)役に立たない、不毛〈な〉 [Ka. *D4110] ☞ಹಾಳು (hāḷu)

ಪಾಳ[1] ⟦pāḷa パーラ⟧ [pɐːɭɐ] 《古》 *n.* 額(ひたい) [Sk. *pʰāla-*] = ಹಣೆ (haṇe) 〔汎〕

ಪಾಳ[2] ⟦pāḷa パーラ⟧ [pɐːɭɐ] 《‡》 *n.* インゴット、鋳塊 (*My.* (*Kitt.*)) [Ka. D4114]

ಪಾಳಯ ⟦pāḷaya パーラヤ⟧ [pɐːɭə̆jɐ] *n.* 駐屯、国 [Ka. *D4117] ☞ಪಾಳೆಯ (pāḷeya)

ಪಾಳಿ[1] ⟦pāḷi パーリ⟧ [pɐːɭi] 《古》 *n.* 1 《古》 列、並び 2 (外)耳 3 (順にめぐってくる)番、順番 4 碾(ひ)き臼の上下両方の石 [Sk.] ☞ಪಾಲಿ (pāli)[1]

ಪಾಳಿ[2] ⟦pāḷi パーリ⟧ [pɐːɭi] 《文》 *n.* [Pl. *pāli-*] ☞ಪಾಲಿ (pāli)[3]

ಪಾಳಿ[3] ⟦pāḷi パーリ⟧ [pɐːɭi] 《古》 *n.* ☞ಪಾಡಿ (pāḍi)

ಪಾಳು ⟦pāḷu パール⟧ [pɐːɭu] 《古》 (*n.*) 1 荒廃〈した〉、荒れはてた〈状態〉 2 (土地などが)役に立たない、不毛〈な〉 [Ka. *D4110] ☞ಹಾಳು (hāḷu)

ಪಾಳೆ[1] ⟦pāḷe パーレ⟧ [pɐːɭe] 《古》 *n.* ビンロウジュの花をとりまくおおい状のもの [Ka. D4116] ಹಾಳೆ (hāḷe) 〔現〕

ಪಾಳೆ[2] ⟦pāḷe パーレ⟧ [pɐːɭe] 《古》 *n.* 国、地方 [Ka. *D4117] ☞ಪಾಳೆಯ (pāḷeya)

ಪಾಳೆಯ ⟦pāḷeya パーレヤ⟧ [pɐːɭĕjɐ] ಪಾಳಯ, ಪಾಳೆ[2], ಪಾಳ್ಯ *n.* 1 軍隊、軍 2 軍営、駐屯地、露営地 3 キャンプ、野営地 4 国、地方 [Ka. D4117]

ಪಾಳೆಯಗಾರ ⟦pāḷeyagāra パーレヤガーラ⟧ [pɐːɭejə̆gɐːrɐ] *m.* 《*f.* ಪಾಳೆಯಗಾರ್ತಿ (pāḷeyagārti)》 小領主、王の支配下にある弱小支配者 [*pāḷeya* + *-kāra*]

ಪಾಳ್ನೆಲ ⟦pāḷnela パールネラ⟧ [pɐːɭnelɐ] 《古》 *n.* 荒廃地、荒廃した土地 [*pāṟ* + *nela*]

ಪಾಳ್ಯ ⟦pāḷya パーリヤ⟧ [pɐːɭːjɐ] *n.* 1 軍隊、軍 2 軍営、駐屯地、露営地 3 キャンプ、野営地 4 国、地方 5 地名の終わりに用いられる語 6 政党の中の派閥 [Ka. D4117] ☞ಪಾಳೆಯ (pāḷeya)

ಪಾಳ್ಯೆ ⟦pāḷye パーリェ⟧ [pɐːɭje] 《‡》 *n.* [Ka. D4117] (*Kitt.*) ☞ಪಾಳೆಯ (pāḷeya)

ಪಾಱ್ ⟦pāṟ パール⟧ [pɐːr̠] 《‡》 *vi.* 跳ぶ、跳躍する、飛ぶ、など (*My.* (*Kitt.*)) [Ka. D4020] ☞ಹಾರು (hāru)

ಪಾಱು[1] ⟦pāṟu パール⟧ [pɐːr̠u] 《古》 *vi.* 1 跳ぶ、跳躍する 2 (空を)飛ぶ 3 疾走する、疾駆する 4 (心臓が)速く打つ 5 (雄牛など)さかりがつく —*n.* 1 跳ぶこと 2 飛ぶこと 3 疾駆 ☞ಹಾರು (hāru) [Ka. D4020]

ಪಾಱಿಸು ⟦pāṟisu パーリス⟧ [pɐːr̠isu] 《古》 *vt.* 《*caus.*》 跳ばせる、など [Ka. caus. D4020]

ಪಾಱು[2] ⟦pāṟu パール⟧ [pɐːr̠u] 《古》 *n.* 小舟の一種 [Ka. D4120]

ಪಾಱುಮ್ಬನಿ ⟦pāṟumbani パールンバニ⟧ [pɐːrumbəni] 《古》 *n.* しぶき [Ka. *pāṟum* + *pani* D4020]

ಪಾೞ್ ⟦pāḻ パール⟧ [pɐːɻ] ಪಾೞಿ[2], ಪಾಡಿ, ಪಾಳಿ, ಹಾೞಿ 《古》 (*n.*) 1 荒廃〈した〉、荒れはてた〈状態〉 2 (土地などが)役に立たない〈こと〉、不毛〈な〉 [Ka. D4110] ☞ಹಾಳು (hāḷu)

ಪಾೞಿ ⟦pāḻi パーリ⟧ [pɐːɻi] 《古》 *n.* 1 順、順序、順番 2 やり方、行動様式 3 習慣、しきたり、しきたりに従った正しいやり方 4 友情、愛情 5 恩義 [Ka. cf. Sk. *pāli-* D4113, T8041]

ಪಾೞಿಗೆಡು ⟦pāḻigeḍu パーリゲドゥ⟧ [pɐːɻigeɖu] 《古》 *vi.* やり方を誤る [+ *keḍu*]

ಪಾಱು ⟦pāṟu パール⟧ [pɐːɭu] 《古》(n.) 1 荒廃〈した〉、荒れはてた〈状態〉 2 (土地などが)役に立たない、不毛〈な〉[Ka. D4110] ☞ಹಾಳು (hāḷu)

ಪಾೞ್ತನ ⟦pāṟtana パールタナ⟧ [pɐːɭtənɐ] 《古》 n. 荒廃した状態、荒れはてた状態 [Ka. pāṟ + -tana, D4110]

ಪಿಂ- ⟦piṃ- ピン-⟧ [pim] 《古》 pref. 《n- の前でಪಿನ್- (pin-);m-の前でಪಿಮ್- (pim-)》 1 「後ろの」の意味を表す接頭辞 2 「後の」「あとの」の意味を表す接頭辞 [Ka. D4205] ☞ಹಿಂ- (hiṃ-)

ಪಿಂಗಡೆ ⟦piṃgaḍe ピンガデ⟧ [piŋgəɖe] 《古》 n. 1 後ろ側 2 昔、かつて [Ka. piṃ + kaḍe] ☞ಹಿಂಗಡೆ (hiṃgaḍe)

ಪಿಂಗಲ ⟦piṃgala ピンガラ⟧ [piŋgəlɐ] ಪಿಂಗಳ 《文》 adj. —n. ☞ಪಿಂಗಳ (piṃgaḷa) [Sk.]

ಪಿಂಗಳ ⟦piṃgaḷa ピンガラ⟧ [piŋgəɭɐ] 《文》 adj. 赤茶色の、黄褐色の —n. 1 赤茶色、黄褐色 2 (ある種の占いに用いる)白い小型のフクロウ 3 60年のサイクルの 51 番目 = ಹಾಲಕ್ಕಿ (hālakki) [Sk.]

ಪಿಂಗಾಣಿ ⟦piṃgāṇi ピンガーニ⟧ [piŋgɐːɳi] n. 1 白い陶土 2 磁器、特に白磁(中国原産) [Pe. fingān]

ಪಿಂಗಾಲ್ ⟦piṃgāl ピンガール⟧ [piŋkɐːl] ಹಿಂಗಾಲ್, ಹಿಂ-ಗಾಲು 《古》 n. 1 かかと 2 (四足獣の)後ろ足 [piṃ + kāl]

ಪಿಂಗಾಲು ⟦piṃgālu ピンガール⟧ [piŋgɐːlu] 《古》 n. [piṃ + kāl] ☞ಪಿಂಗಾಲ್ (piṃgāl)

ಪಿಂಗು ⟦piṃgu ピング⟧ [piŋgu] 《古》 vi. 1 退く、後ずさりする 2 減る、減少する 3 消える、なくなる 4 立ち去る [Ka. D4205] ☞ಹಿಂಗು (hiṃgu)

ಪಿಂಚಣಿ ⟦piṃcaṇi ピンチャニ⟧ [piɲʧəɳi] 《方》 n. 年金 [Eg. pension]

ಪಿಂಚಣಿದಾರ ⟦piṃcaṇidāra ピンチャニダーラ⟧ [piɲʧəɳi dɐːrɐ] 《方》 m. 《f. ಪಿಂಚಣಿದಾರಳು (piṃcaṇidāraḷu)》年金生活者、年金をもらっている人 [+ dāra]

ಪಿಂಚು ⟦piṃcu ピンチュ⟧ [piɲʧu] vi. 遅れる、遅れて来る [Ka. D4205]

ಪಿಂಜಾರ ⟦piṃjāra ピンジャーラ⟧ [piɲʤɐːrɐ] n. (布団を作るために) 綿を打つ道具 [H. piṃjārā < Sk. *piṃjākāra-]

ಪಿಂಜು[1] ⟦piṃju ピンジュ⟧ [piɲʤu] 《古》 n. 膨らみかけたばかりの小さな実 [Ka. D4145] = ಹೀಚು (hīcu)

ಪಿಂಜು[2] ⟦piṃju ピンジュ⟧ [piɲʤu] 《古》 vt. 〈綿を〉梳(す)く [Ka. D4171] = ಹಿಂಜು (hiṃju)〔現〕

ಪಿಂಡ ⟦piṃḍa ピンダ⟧ [piɳɖɐ] n. 1 先祖に供える団子(南インドでは胡麻入りの握り飯) 2 土などの塊 3 食物を丸く丸めたもの 4 (一般に)食べ物 5 生活の糧 6 施しもの 7 肉、筋肉 8 体の一部 9 受胎後初期の胎児 [Sk. ←Dr. cf. D4183]

ಪಿಂಡಿ ⟦piṃḍi ピンディ⟧ [piɳɖi] n. 1 食べ物を丸く丸めたもの 2 集合、多数、多量 3 (藁などの)束 [Sk.]

ಪಿಂಡು ⟦piṃḍu ピンドゥ⟧ [piɳɖu] 《古》 vt. 1 搾り出す 2 〈耳などを〉つねる 3〔喩〕抑圧する、虐げる [Ka. D4183(a)] ☞ಹಿಂಡು (hiṃḍu)

ಪಿಂತಿಲ್ ⟦piṃtil ピンティル⟧ [pintil] 《古》 n. 後ろ側 [Ka. D4205] ☞ಹಿತ್ತಲು (hittalu)

ಪಿಂತು ⟦piṃtu ピントゥ⟧ [pintu] 《古》 n. 1 後ろ側 2 後退 [Ka. D4205] ☞ಹಿಂದು (hiṃdu)[1]

ಪಿಂತೆ ⟦piṃte ピンテ⟧ [pinte] 《古》 adv., postp. (…の)後ろ側に [Ka. D4205] ☞ಪಿಂದೆ (piṃde)

ಪಿಂದು ⟦piṃdu ピンドゥ⟧ [pindu] 《古》 n. 1 後ろ側 2 退くこと 3 最後のもの 4 過去の出来事 [Ka. D4205] ☞ಹಿಂದು (hiṃdu)[1]

ಪಿಂದೆ ⟦piṃde ピンデ⟧ [pinde] 《古》 adv., postp. 1 後ろで 2 かつて、昔;以前は 3 陰で、こっそりと 4 後で、その後で [Ka. D4205]

ಪಿಕ ⟦pika ピカ⟧ [pikɐ] 《文》 n. インドカッコウ(セグロカッコウ) [Sk.] *[BIA p.32]

ಪಿಕಾಸಿ
つるはし

ಪಿಕಲಕ್ಕಿ ⟦pikalakki ピカラッキ⟧ [pikǝ̆ləkki] 《‡》 n. 鳴き鳥の一種 (Kitt.) [Ka. D4126]

ಪಿಕಲಾಟ ⟦pikalāṭa ピカラータ⟧ [pikǝ̆lɐːʈɐ] n. 困難、難儀 [pīku[1] + -al + āṭa] ☞ಪೀಕಲಾಟ (pīkalāṭa)

ಪಿಕಾಸಿ ⟦pikāsi ピカーシ⟧ [pikɐːsi] ಪಿಕ್ಕಾಸಿ, ಪಿಕ್ಕಾಸು n. つるはし[⇒図] [Eg. pickaxe]

ಪಿಕಾಸು ⟦pikāsu ピカース⟧ [pikɐːsu] n. [Eg. pickaxe] ☞ಪಿಕಾಸಿ (pikāsi)

ಪಿಕ್ಕು ⟦pikku ピック⟧ [pikku] ಪಿರ್ಕು, ಹಿಕ್ಕು, ಹೆಕ್ಕು 《古》 vt. 1 〈もつれたものを〉ほぐす、解く 2 〈髪の毛を〉櫛(くし)でとく [Ka. D4213]

ಪಿಕ್ಕುಳಿಕ ⟦pikkuḷika ピックリカ⟧ [pikkuɭikɐ] ಪಿಕ್ಕುಳಿಕೆ, ಪಿಕ್ಕುಳಿಗ, ಪೆಕ್ಕಳಿಗ 《古》 n. 鳴き鳥の名 [Ka. *D4126]

ಪಿಕ್ಕುಳಿಕೆ ⟦pikkuḷike ピックリケ⟧ [pikkuɭike] 《古》 n. 鳴き鳥の名 [Ka. D4126] ☞ಪಿಕ್ಕುಳಿಕ (pikkuḷika)

ಪಿಕ್ಕುಳಿಗ ⟦pikkuḷiga ピックリガ⟧ [pikkuɭigɐ] 《古》 n. 鳴き鳥の名 [Ka. *D4126] ☞ಪಿಕ್ಕುಳಿಕ (pikkuḷika)

ಪಿಕ್ಕೆ ⟦pikke ピッケ⟧ [pikke] 《古》 n. 山羊や羊やネズミなどの(固くて楕円形の)糞 [Ka. D4185] ☞ಹಿಕ್ಕೆ (hikke)〔現〕

ಪಿಗ್ಗು ⟦piggu ピッグ⟧ [piggu] 《古》 vi. 1 (発酵した練り粉などが)膨れる、膨れ上がる 2 大喜びする、欣喜雀躍する [Ka. *D4411] ☞ಹಿಗ್ಗು (higgu)

ಪಿಚಕಾರಿ ⟦picakāri ピチャカーリ⟧ [piʧkɐːri] n. 水鉄砲 [H. picākārī]

ಪಿಚಕಾರಿ ಮಾಡು ⟦picakāri māḍu ピチャカーリマードゥ⟧ [piʧkɐːri mɐːɖu] vi. 水鉄砲で遊ぶ

ಪಿಚ್ಚು ⟦piccu ピッチュ⟧ [piʧʧu] 《古》 n. 目やに [Ka. D4143(a)] = ಗೀಜು (gīju)〔汎〕

ಪಿಚ್ಚೆ ⟦picce ピッチェ⟧ [piʧʧe] 《古》 n. 貨幣を換金する時に分量不足や重量不足ゆえに行われる割引 [Ka. D4214(a)]

ಪಿಟೀಲು 〚piṭīlu ピティール〛 [piʈi:lu] *n.* （ヨーロッパ式の）ヴァイオリン（インド古典音楽の楽器の一種） [Eg. *fiddle*]

ಪಿಟ್ಟ 〚piṭṭa ピッタ〛 [piʈʈɐ] 《古》 *n.* 練り粉 [Sk. *piṣṭa-*] ☞ಹಿಟ್ಟು (hiṭṭu)

ಪಿಟ್ಟಿ 〚piṭṭi ピッティ〛 [piʈʈi] 《古》 *n.* 練り粉 [Sk. *piṣṭa-*] ☞ಹಿಟ್ಟು (hiṭṭu)

ಪಿಟ್ಟು[1] 〚piṭṭu ピットゥ〛 [piʈʈu] 《古》 *n.* **1** 穀物の粉 **2** 生活の糧 **3** 各種職業団体の指導者(*epig.*) [Sk. *piṣṭa-* T8218] = ಹಿಟ್ಟು (hiṭṭu)〔現〕

ಪಿಟ್ಟು[2] 〚piṭṭu ピットゥ〛 [piʈʈu] 《方》 *n.* 歯石 (*Hav.*) [Ka. D4156]

ಪಿಟ್ಟೆ[1] 〚piṭṭe ピッテ〛 [piʈʈe] *n.* **1**（土、黒砂糖などの）塊 **2** 土の塊 **3** 病気によってできたこぶ **4**《方》羊や山羊の糞 (*Hav.*) [Ka. D4394] ☞ಹೆಂಟೆ (hemṭe)

ಪಿಟ್ಟೆ[2] 〚piṭṭe ピッテ〛 [piʈʈe] 《古》 *n.* **1** 穀物の粉 **2** 練り粉 [Sk. *piṣṭa-* cf. D4394] ☞ಹಿಟ್ಟು (hiṭṭu)

ಪಿಡಗ 〚piḍaga ピダガ〛 [piɖəgɐ] 《‡》 *n.* [Ka. D4152] (*B.5,181.203* (*Kitt.*)) ☞ಪಿಡುಗು (piḍugu)[2]

ಪಿಡಗು 〚piḍagu ピダグ〛 [piɖəgu] 《‡》 *n.* [Ka. D4152] (*B.5,210* (*Kitt.*)) ☞ಪಿಡುಗು (piḍugu)[2]

ಪಿಡಿ[1] 〚piḍi ピディ〛 [piɖi] 《古》 *vt.* **1** つかむ、握る、手で捕らえる **2** 受け取る **3**〈物資などを〉押収する **4**〈町、城などを〉占領する；支配権下に置く **5**（…に）頼る、（…の）保護下に入る **6** 捕らえる、逮捕する **7**〈道などを〉取る **—*n.*** **1** つかむこと、握ること **2**（道具の）握り、（刀の）柄 **3** 握りこぶし **4** こぶしで握れるだけの分量、一握り [Ka. D4148]

ಪಿಡಿಯಿಸು 〚piḍiyisu ピディイス〛 [piɖijisu] 《古》 *vt.* 《*caus.*》つかませる [Ka. caus. D4148]

ಪಿಡಿಸು 〚piḍisu ピディス〛 [piɖisu] 《古》 *vt.* 《*caus.*》つかませる [Ka. caus. D4148] ☞ಪಿಡಿಯಿಸು (piḍiyisu)

ಪಿಡಿ[2] 〚piḍi ピディ〛 [piɖi] 《古》 *n.* **1** 雌象 = ಕರಿಣಿ (kariṇi)〔文〕 **2** 動物の名の前につけてそれが雌であることを表す語 [Ka. D4149]

ಪಿಡಿತ 〚piḍita ピディタ〛 [piɖitɐ] 《古》 *n.* **1** つかむこと、など **2** 支配、制御 **3** 秩序 **4** インドのレスリングの手の一種 [Ka. *hiḍi* + *-ta* *D4148]

ಪಿಡಿತೆ 〚piḍite ピディテ〛 [piɖite] 《古》 *n.* つかむこと、など [Ka. *hiḍi* + *-te* D4148]

ಪಿಡಿಪು 〚piḍipu ピディプ〛 [piɖipu] 《古》 *n.* **1** つかむこと、手で握ること **2** 結んだ握りこぶし **3** 支配、制御 **4** 逮捕、拘束、捕縛 [Ka. D4148]

ಪಿಡಿವಂದಿ 〚piḍivaṃdi ピディヴァンディ〛 [piɖivənɖi] 《古》 *n.* 雌豚 [Ka. D4149] (*Pb.5.46*)

ಪಿಡಿಹ 〚piḍiha ピディハ〛 [piɖihɐ] 《古》 *n.* つかむこと、など [Ka. *hiḍi* + *-ha* D4148]

ಪಿಡುಗು[1] 〚piḍugu ピドゥグ〛 [piɖugu] 《古》 *n.* 雷電、落雷 [Ka. D4150] = ಸಿಡಿಲು (siḍilu)〔現〕

ಪಿಡುಗು[2] 〚piḍugu ピドゥグ〛 [piɖugu] *n.* **1**（コレラや天然痘やペストなどの）恐ろしい伝染病 **2** 艱難、難儀 [Ka. D4152]

ಪಿಡುಹ 〚piḍuha ピドゥハ〛 [piɖuhɐ] 《古》 *n.* つかむこと、など [Ka. D4148]

ಪಿಣಿಲ್[1] 〚piṇil ピニル〛 [piɳil] 《古》 *n.*（こぶ牛やラクダの）背中のこぶ [Ka. D4158] = ಡುಬ್ಬ (ḍubba)〔現〕

ಪಿಣಿಲ್[2] 〚piṇil ピニル〛 [piɳil] 《古》 *n.* 弁髪 [Ka. D4160] = ಜಡೆ (jaḍe)〔現〕

ಪಿತ 〚pita ピタ〛 [pitɐ] 《文》 *m.* 《*f.* ಮಾತೃ (mātṛ)》父、父親 [Sk.] = ಅಪ್ಪ (appa)〔汎〕

ಪಿತಾಮಹ 〚pitāmaha ピターマハ〛 [pitɐːməhɐ] 《文》 *m.* 《*f.* ಪಿತಾಮಹಿ (pitāmahi)》父方の祖父（父親の父親） [Sk.]

ಪಿತಾಮಹಿ 〚pitāmahi ピターマヒ〛 [pitɐːməhi] 《文》 *f.* 《*m.* ಪಿತಾಮಹ (pitāmaha)》父方の祖母（父親の母親） [Sk.]

ಪಿತೂರಿ 〚pitūri ピトゥーリ〛 [pituːri] *n.* 姦策、姦計 ◇ *vi.* —ಮಾಡು (māḍu) 姦計を弄する [Ar.-Pe. *futūrī*] = ಫಿತೂರಿ (pʰitūri)

ಪಿತೃಋಣ 〚pitṛṛṇa ピトゥルルナ〛 [pitrɯrɯːɳɐ/pitruruɳɐ] 《文》 *m.* **1** 先祖に対する義務 **2** 先祖 [Sk.]

ಪಿತೃಧನ 〚pitṛdʰana ピトゥルダナ〛 [pitrɯdʰnɐ/pitrudʰnɐ] 《文》 *n.* **1** 父親の財産 **2** 世襲財産、家督 [Sk.]

ಪಿತೃಪತಿ 〚pitṛpati ピトゥルパティ〛 [pitrɯpəti/pitrupəti] 《文》 *m.* ヤマ、死神 [Sk.]

ಪಿತೃವನ 〚pitṛvana ピトゥルヴァナ〛 [pitrɯvənɐ/pitruvənɐ] 《文》 *n.* 火葬場 [Sk.] = ಶ್ಮಶಾನ (śmaśāna)

ಪಿತೃಶೇಷ 〚pitṛśēṣa ピトゥルシェーシャ〛 [pitrɯʃeːʂɐ/pitru–] 《文》 *n.* 先祖の霊に供えられた食物の下がりもの [Sk.]

ಪಿತ್ತ 〚pitta ピッタ〛 [pittɐ] *n.* **1** 胆汁 **2** 胆汁質 **3** 短気、かんしゃく、怒りっぽいこと **4** 精神異常、狂気 [Sk. cf. D4142]

ಪಿತ್ತ ತಲೆಗೇರು 〚pitta talegēru ピッタタレゲール〛 [pittə taleɡeːru] *vi.* **1** 気がふれる **2** かんしゃくを起こす、怒り狂う [+ *talege ēru*]

ಪಿತ್ತ ನೆತ್ತಿಗೇರು 〚pitta nettigēru ピッタネッティゲール〛 [pittə nettiɡeːru] *vi.* 気がふれる [+ *nettige ēru*]

ಪಿತ್ತಕಲ್ಲು 〚pittakallu ピッタカッル〛 [pittəkəllu] *n.* 胆石 [Sk.]

ಪಿತ್ತಕಾಮಾಲೆ 〚pittakāmāle ピッタカーマーレ〛 [pittəkɐːmɐːle] *n.* 黄疸 [Sk.]

ಪಿತ್ತಕೋಶ 〚pittakōśa ピッタコーシャ〛 [pittəkoːʃɐ] *n.* 胆嚢 [Sk.]

ಪಿತ್ತಗಂದಿ 〚pittagaṃdi ピッタガンディ〛 [pittəɡəndi] 《‡》 *n.* 伝統医学で胆汁の分泌過剰が原因と信じられている腫れ物 (*Kitt.*) [Sk. *pittagraṃtʰi*]

ಪಿತ್ತಭ್ರಮೆ 〚pittabʰrame ピッタブラメ〛 [pittəbʰrəme] *n.* 伝統医学で胆汁の分泌過剰が原因と信じられている精神異常 [Sk.]

ಪಿತ್ತರಸ ⟦pittarasa ピッタラサ⟧ [pittərəsɐ] 《文》 *n.* 胆汁 [Sk.]

ಪಿತ್ತಲ್ ⟦pittal ピッタル⟧ [pittəl] 《古》 *n.* 1 後ろ側 2 裏庭（通常野菜などを植える）[Ka. D4205] = ಹಿತ್ತಿಲು (hittilu)

ಪಿತ್ತಲಾಟ ⟦pittalāṭa ピッタラータ⟧ [pittəlɐːʈɐ] *n.* 詐欺、ペテン、騙して利益を得ること [Ka. *pittal* D4205 + *āṭa* D347, D4166] = ಮೋಸ (mōsa)

ಪಿತ್ತಿಲ್ ⟦pittil ピッティル⟧ [pittil] 《古》 *n.* 裏庭（通常野菜などを植える）[Ka. D4205] ☞ಹಿತ್ತಿಲ್ (hittil)

ಪಿನ್ ⟦pin ピン⟧ [pin] ಪಿಂ, ಹಿಂ, ಹಿನ್ 《古》 *pref.* 《*n*-の前でಪಿನ್- (pin-)；*m*-の前でಪಿಮ್- (pim-)；破裂音の前でಪಿಂ- (piṃ-)；母音の前でಪಿನ್ನ್- (pinn-)》 1 「後ろの」の意味を表す接頭辞 ¶ ಪಿನ್ನೆತ್ತಿ (pinnetti) 頭頂の後部 2 「あとの」の意味を表す接頭辞 [Ka. D4205] ☞ಹಿಂ (hiṃ)

ಪಿನ್ನು ⟦pinnu ピンヌ⟧ [pinnu] *n.* ピン [Eg. pin]

ಪಿನ್ನೆ ⟦pinne ピンネ⟧ [pinne] 《古》 *n.* 1 針の耳、針の糸を通す部分 2 後ろ側 [Ka. D4205]

ಪಿಪಾಸು ⟦pipāsu ピパース⟧ [pipɐːsu] 《文》 *adj., mf.* 1 喉が渇いた〈人〉 2（金銭や知識などを）渇望する〈人〉[Sk.]

ಪಿಪಾಸೆ ⟦pipāse ピパーセ⟧ [pipɐːse] 《文》 *n.* 1 喉の渇き、渇 2〔喩〕（金銭、知識などに対する）渇望 [Sk.]

ಪಿಪ್ಪಲ ⟦pippala ピッパラ⟧ [pippəlɐ] 《古》 *n.* インド菩提樹（クワ科）[Sk.] = ಅರಳಿ (araḷi)

ಪಿಪ್ಪಲಿ ⟦pippali ピッパリ⟧ [pippəli] 《古》 *n.* インドナガコショウおよびその実 [Sk.] ☞ಹಿಪ್ಪಲಿ (hippali)

ಪಿರಂಗಿ ⟦piraṃgi ピランギ⟧ [pirəŋgi] *n.* 大砲 [Pe. *firangī*]

ಪಿರಿ¹ ⟦piri ピリ⟧ [piri] 《文》 *vt.* 〈刀を〉（鞘から）抜く、（束から）〈1本〉抜き取る、〈数珠玉などを〉抜き取る —*vi.* だめになる、荒廃する ☞ಹಿರಿ (hiri)¹ (*epig.*) [Ka. *D4176]

ಪಿರಿ² ⟦piri ピリ⟧ [piri] 《古》 *n.* （死体の）肉 [Ka. *D4202] ☞ಪಿಱಿ (piṟi)

ಪಿರಿತಿನಿ ⟦piritini ピリティニ⟧ [piritini] 《古》 *m.* 死者の肉を食べる悪鬼 [*piṟi* D4202 + *tin* + *-i*] ☞ಪಿಱಿತಿನಿ (piṟitini)

ಪಿರಿ³ ⟦piri ピリ⟧ [piri] 《古》 (*n.*) 1（形が）大きい〈こと〉 2 高齢〈な〉 3（地位が）高い〈こと〉 4 偉大〈な〉 5 卓越〈した〉 6 極度〈の〉[Ka. D4411]

ಪಿರಿದು ⟦piridu ピリドゥ⟧ [piriđu] 《古》 *n.* 1 大きいもの 2 偉大なもの、優れたもの、高尚なもの —(*n.*) 1 大きい〈こと〉 2 偉大〈な〉、高尚〈な〉 [*piri*³ + *-du*]

ಪಿರಿಪಿರಿ ⟦piripiri ピリピリ⟧ [piripiri] *n.* うるさがらせること ¶ ನೀವು ಹೀಗೆ ಪಿರಿಪಿರಿ ಮಾಡಬೇಡಿ. (nīvu hīge piripiri māḍabēḍi.) どうかこのようにうるさくしないでください。 —*adv.* 何の目的もなく、ただ何となく ¶ ಅವನು ಪಿರಿಪಿರಿ ಸುತ್ತಿದ. (avanu piripiri suttida.) あの人は何の目的もなくぶらついていた。[Ka. mim.]

ಪಿರ್ಗು ⟦pirgu ピルグ⟧ [pirgu] 《古》 *vi.* 喜びでいっぱいになる、大喜びする [Ka. *D4411]

ಪಿಲ್ಲ ⟦pilla ピッラ⟧ [pillɐ] 《‡》 (*n.*) ちっぽけな〈こと〉(*Kitt.*) [Ka. D4198] = ಪಿಳ್ಳ (piḷḷa)

ಪಿಲ್ಲಿ
足の指輪

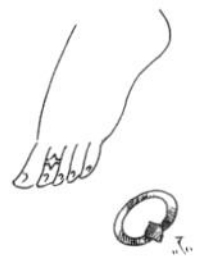

ಪಿಲ್ಲಿ¹ ⟦pilli ピッリ⟧ [pilli] 《古》 *n.* 猫 [Ka. D4180] ☞ಬೆಕ್ಕು (bekku)〔汎〕

ಪಿಲ್ಲಿ² ⟦pilli ピッリ⟧ [pilli] *n.* （既婚女性が足の人差し指にはめる）銀の指輪 [⇒図] [Ka. D4227]

ಪಿಶಾಚ ⟦piśāca ピシャーチャ⟧ [piʃɐːʧɐ] *m.* 《*f.* ಪಿಶಾಚಿ (piśāci)》 1 悪鬼、悪霊、死後あの世へ行けずこの世をうろつく霊 2〔喩〕よこしまな人 [Sk.] = ದೆವ್ವ, ಭೂತ (devva, bʰūta)

ಪಿಶಾಚಿ ⟦piśāci ピシャーチ⟧ [piʃɐːʧi] *m.* 悪鬼、悪霊 = ಪಿಶಾಚ (piśāca) —*f.* 女性の悪鬼、女性の悪霊 [Sk.]

ಪಿಸರು¹ ⟦pisaru ピサル⟧ [pisəru] 《‡》 *n.* 1 興奮、夢中になること (*Kitt.*) 2 思い上がり、うぬぼれ、傲慢 (*Kitt.*) [Ka. D4136]

ಪಿಸರು² ⟦pisaru ピサル⟧ [pisəru] 《古》 *n.* 体のきたない分泌物（目やにや鼻くそなど）[Ka. D4143]

ಪಿಸುಂಕು ⟦pisuṃku ピスンク⟧ [pisuŋku] 《古》 *vt.* 1〈体を〉もむ、按摩する 2 侮辱する (*Śmd.Dh.*) [Ka. *D4135] ☞ಹಿಸುಕು (hisuku)

ಪಿಸುಕು ⟦pisuku ピスク⟧ [pisŭku] 《古》 *vt.* 侮辱する、軽視する (*Śmd.Dh.*) [Ka. D4135] ☞ಹಿಸುಕು (hisuku)

ಪಿಸುಗು ⟦pisugu ピスグ⟧ [pisŭgu] 《古》 *vt.* 1〈体を〉もむ、按摩する 2〈レモンなどを〉果汁や油をとるために搾る [Ka. *D4135] ☞ಹಿಸುಕು (hisuku)

ಪಿಸುಗುಟ್ಟು ⟦pisuguṭṭu ピスグットゥ⟧ [pisuguʈʈu] *vi.* ささやく、ひそひそ話す [Ka. *pisu* onom. + *kuṭṭu*]

ಪಿಸುಣ ⟦pisuṇa ピスナ⟧ [pisuɳɐ] 《文》 *m.* 《*f.* ಪಿಸುಣೆ (pisuṇe)》 告げ口屋、人の噂をばらまく人、陰口をきく人、中傷する人、密告者 [Sk. *piśuna-*]

ಪಿಸುಪಿಸು ⟦pisupisu ピスピス⟧ [pisupisu] (*n.*) ひそひそ（ささやき声を表す擬音語）[Ka. onom.]

ಪಿಸುಮಾತು ⟦pisumātu ピスマートゥ⟧ [pisumɐːtu] *n.* ささやき、ささやき声で話すこと [Ka. *pisu* + *mātu*]

ಪಿಸುರು ⟦pisuru ピスル⟧ [pisŭru] 《古》 *n.* 体のきたない分泌物（目やにや鼻くそなど）[Ka. D4143] ☞ಪಿಸರು (pisaru)²

ಪಿಸ್ತೂಲು ⟦pistūlu ピストゥール⟧ [pistuːlu] *n.* 拳銃、ピストル [Eg. *pistol*]

ಪಿಳಕಿಸು ⟦piḷakisu ピラキス⟧ [piɭəkisu] *vt.* ☞ಪಿಳಿಕಿಸು (piḷikisu)

ಪಿಳಗು ⟦piḷagu ピラグ⟧ [piɭəgu] 《古》 *vi.* （果物が熟したり土が乾いたりして、自然に）ひび割れる、裂ける [Ka. D4194] ☞ಹಿಗ್ಗು (higgu)〔現〕

ಪಿಳಪಿಳ ⟦piḷapiḷa ピラピラ⟧ [piɭəpiɭɐ] (*n.*) まじまじと（驚いて瞬きもせず見つめる様子を表す擬態語）[Ka. onom.] = ಪಿಳಿಪಿಳಿ (piḷipiḷi)

ಪಿಳಿ ⟦piḷi ピリ⟧ [piḷi] 《古》 *vt.* 1〈洗った布などを〉絞る、〈果汁などを〉搾る 2 注ぐ [Ka. *D4183(a)] ☞ಹಿಳಿ (hiḷi)〔現〕

ಪಿಳಿಕಿಸು ⟦piḷikisu ピリキス⟧ [piḷĭkisu] ಪಿಳಕಿಸು, ಪಿಳುಕಿಸು *vt.* 〈目を〉一瞬閉じて開く、瞬く [Ka. mim.] = ಮಿಟಕಿಸು (miṭakisu)

ಪಿಳಿಗು ⟦piḷigu ピリグ⟧ [piḷĭgu] 《古》 *vi.* ひび割れる、裂ける [Ka. D4194] ☞ಹಿಗ್ಗು (higgu)〔現〕

ಪಿಳಿಪಿಳಿ ⟦piḷipiḷi ピリピリ⟧ [piḷipiḷi] *adv.* まじまじと ¶ ಅವನು ಏನೂ ಮಾತಾಡದೆ ಪಿಳಿಪಿಳಿ ನನ್ನನ್ನು ನೋಡುತ್ತಾ ಇದ್ದ. (avanu ēnū mātāḍade piḷipiḷi nannannu nōḍuttā idda.) 彼は黙ってまじまじと私を眺めていた。 [Ka. onom.]

ಪಿಳುಕಿಸು ⟦piḷukisu ピルキス⟧ [piḷŭkisu] *vt.* [mim.] ☞ಪಿಳಿಕಿಸು (piḷikisu)

ಪಿಳುಕು ⟦piḷuku ピルク⟧ [piḷŭku] 《古》 *n.* 1 矢の羽をつけた部分 2 矢 [Ka. D4314] ☞ಹಿಳುಕು (hiḷuku)

ಪಿಳ್ಕು ⟦piḷku ピルク⟧ [piḷku] ಪಿಳಿಕು, ಪಿಳಕು, ಹಿಳಕು, ಹಿಳಿಕು, ಹಿಳ್ಕು, ಹಿಳ್ಕು 《古》 *n.* 1 矢羽をつけた矢の後ろの部分 2 矢 [Ka. D4314] ☞ಹಿಳುಕು (hiḷuku)

ಪಿಳ್ಕೆ ⟦piḷke ピルケ⟧ [piḷke] 《古》 *n.* 山羊や羊やネズミなどの(固くて楕円形の)糞 [Ka. *D4185] ☞ಹಿಕ್ಕೆ (hikke)〔現〕

ಪಿಳ್ಳ[1] ⟦piḷḷa ピッラ⟧ [piḷḷɐ] 《‡》 *n.* 赤ん坊、幼児、小さな子ども (*My.* (*Kitt.*)) [Ka. D4198] ☞ಪಿಳ್ಳೆ (piḷḷe)

ಪಿಳ್ಳ[2] ⟦piḷḷa ピッラ⟧ [piḷḷɐ] (*n.*) 笛の音を表す擬音語 (*Kitt.*) [Ka. onom. D4197]

ಪಿಳ್ಳಂಗೋವಿ ⟦piḷḷaṃgōvi ピッランゴーヴィ⟧ [piḷḷəŋgoːvi] *n.* 笛やフルートやオーボエなどの木管楽器 [*piḷḷa* + -*m* + *kōvi* D4197]

ಪಿಳ್ಳು ⟦piḷḷu ピッル⟧ [piḷḷu] 《古》 *n.* 赤ん坊、幼児、小さな子ども [Ka. D4198] ☞ಪಿಳ್ಳೆ (piḷḷe)

ಪಿಳ್ಳೆ ⟦piḷḷe ピッレ⟧ [piḷḷe] ಪಿಳ್ಳು, ಹಿಳ್ಳು, ಹಿಳ್ಳೆ *n.* 1 赤ん坊、幼児、小さな子ども ¶ ನಿನ್ನ ಪಿಳ್ಳೆಗಳನ್ನು ಕರೆದುಕೊಂಡು ಬಾ. (ninna piḷḷegaḷannu karedukoṃḍu bā.) 君の子どもたちを連れてこいよ。 2 獣や鳥の子ども(ひよこなど) 3 ちっぽけなもの ¶ ಅದಕ್ಕೇನು ಹೆದರುವುದು? ಅದಿನ್ನು ಪಿಳ್ಳೆ. (adakkēnu hedaruvudu? adinnu piḷḷe.) どうして恐れるんだ。まだ子どもだよ。 [Ka. D4198]

ಪಿಱಿ ⟦piṟi ピリ⟧ [piṟi] ಪಿರಿ 《古》 *n.* (死体の)肉 [Ka. D4202]

ಪಿಱಿತಿನಿ ⟦piṟitini ピリティニ⟧ [piṟitini] ಪಿರಿತಿನಿ 《古》 *m.* 死者の肉を食べる悪鬼 [*piṟi* D4202 + *tin* + -*i*]

ಪಿಱಿಕಿ ⟦piṟiki ピリキ⟧ [piṟiki] 《‡》 *mf.* 臆病者、卑怯者 (*Si.360* (*Kitt.*)) [Ka. D4200]

ಪಿಱು ⟦piṟu ピル⟧ [piṟu] 《‡》 *n.* [Ka. D4202] (*Kitt.*) ☞ಪಿಱಿ (piṟi)

ಪಿಱೆ ⟦piṟe ピレ⟧ [piṟe] 《‡》 *n.* 尻、臀部 (*My.* (*Kitt.*)) [Ka. D4205]

ಪಿೞಿ ⟦piḻi ピリ⟧ [piɻi] ಪಿಳಿ, ಹಿಳಿ, ಹಿೞಿ 《古》 *vt.* 〈洗った布などを〉絞る、〈果汁などを〉搾る [Ka. D4183(a)]

ಪಿೞ್ಕೆ ⟦piḻke ピルケ⟧ [piɻke] 《‡》 *n.* 山羊や羊やネズミなどの(固くて楕円形の)糞 (*V.6,15.16* (*Kitt.*)) [Ka. D4185] ☞ಹಿಕ್ಕೆ (hikke)

ಪೀ ⟦pī ピー⟧ [piː] 《‡》 *n.* 人間の糞、大便、うんこ (*T.* (*Kitt.*)) [Ka. D4210] = ಹೇಲು (hēlu)〔現〕

ಪೀಂಕು ⟦pīṃku ピーンク⟧ [piːŋku] 《方》 *vi.* はずれる (*Hav. DEDR*) [Ka. D4213]

ಪೀಕಲಾಟ ⟦pīkalāṭa ピーカラータ⟧ [piːkəlɐːʈɐ] ಪಿಕಲಾಟ *n.* 1 困難、難儀 2 (嘘がばれたりして)ばつの悪い思いをすること ¶ ಸುಳ್ಳು ಹೇಳಿದರಿಂದ ಅವನಿಗೆ ಪೀಕಲಾಟ ಬಂತು. (suḷḷu hēḷidariṃda avanige pīkalāṭa baṃtu.) あの人は嘘をついて後で恥をかいた。 3 争い、紛争 [*pīku*[1] + -*al* + *āṭa*]

ಪೀಕು[1] ⟦pīku ピーク⟧ [piːku] *vt.* 1 もぎ取る、引ったくる ¶ ಅವನಿಂದ ಒಡವೆಯ ಪೆಟ್ಟಿಗೆಯನ್ನು ಪೀಕಿದೆನು. (avaniṃda oḍaveya peṭṭigeyannu pīkidenu.) 私は奴の手から主人の装身具の箱をひったくった。 2 攻撃する —*vi.* 苦しむ、困難を経験する [Ka. D4212]

ಪೀಕು[2] ⟦pīku ピーク⟧ [piːku] 《方》 *n.* (農地からの)収穫、収穫物、収穫高 [Ma. *pīkă* T7621.2] = ಬೆಳೆ (beḷe)

ಪೀಚು[1] ⟦pīcu ピーチュ⟧ [piːʧu] ಪೀಚೆ, ಹೀಚು 《古》 *n.* 受粉したばかりの小さな実 —(*n.*) 1 ちっぽけな〈こと〉 ¶ ಆ ಗಿಡ ಇನ್ನು ತುಂಬ ಪೀಚು. (ā giḍa innu tuṃba pīcu.) この木はまだほんの赤ちゃんだ。 2 痩せ細っている〈こと〉 ¶ ಅವನ ಮಗು ತುಂಬ ಪೀಚಾಗಿದೆ. (avana magu tuṃba pīcāgide.) あの人の子どもはとても痩せていて弱々しい。 = ಮಿಡಿ (miḍi) ☞ಹೀಚು (hīcu) [Ka. D4145, D4214(a)]

ಪೀಚು[2] ⟦pīcu ピーチュ⟧ [piːʧu] 《‡》 *vt.* 〈水などを〉水鉄砲などで飛ばす (*My.* (*Kitt.*)) —*n.* 《—ಮಾಡು (māḍu)の形で》水などを水鉄砲などで飛ばすこと [Ka. D4215]

ಪೀಠ ⟦pīṭʰa ピータ⟧ [piːʈʰɐ] *n.* 1 木製の座席(通常高さ約 10cm) 2 (彫像などの)台座 3 学問の座(学校や研究所の名に多用される言葉) [Sk.] = ಜ್ಞಾನಪೀಠ (jñānapīṭʰa)

ಪೀಠಿಕೆ ⟦pīṭʰike ピーティケ⟧ [piːʈʰike] *n.* 前書き、序文 [Sk.]

ಪೀಠೋಪಕರಣ ⟦pīṭʰōpakaraṇa ピートーパカラナ⟧ [piːʈʰoːpəkərəɳɐ] 《文》 *n.* (机、ソファー、椅子など)家具(一式) [Sk.]

ಪೀಡಿತ ⟦pīḍita ピーディタ⟧ [piːɖitɐ] 《文》 *adj.*, *m.* 《*f.* ಪೀಡಿತಳು (pīḍitaḷu)》苦しめられた〈人〉、悩まされた〈人〉 [Sk.]

ಪೀಡಿಸು ⟦pīḍisu ピーディス⟧ [piːɖisu] *vt.* 苦しめる、悩ます [Sk.]

ಪೀಡೆ ⟦pīḍe ピーデ⟧ [piːɖe] *n.* 1 (肉体的な)苦しみ、痛み、苦痛 2 悲しみ、(精神的な)苦しみ、苦悩 3 (ねだるなどして)しつこくうるさがらせること 4 惑星の悪い影響力 5 悪霊、悪鬼 ¶ ಅವನಿಗೆ ಒಂದು ಪೀಡೆ ಬೆನ್ನು ಹತ್ತಿದೆ. (avanige oṃdu pīḍe bennu hattide.) あ

の男性は悪霊にとり憑かれている。[Sk.]

ಪೀಪಾಯಿ ⟦pīpāyi ピーパーイ⟧ [pi:pɐ:ji] ಪೀಪು, ಪೀಪೆ *n.*（水、油、ワインなどを貯蔵する）樽やドラム缶 [Pt. *pipa*]

ಪೀಪು ⟦pīpu ピープ⟧ [pi:pu] *n.*（水、油、ワインなどを貯蔵する）樽やドラム缶 [Pt. *pipa*]

ಪೀಪೆ ⟦pīpe ピーペ⟧ [pi:pe] *n.*（水、油、ワインなどを貯蔵する）樽やドラム缶 [Pt. *pipa*]

ಪೀರ್ ⟦pīr ピール⟧ [pi:r] 《古》 *vt.* **1**〈液体を〉吸う、吸い込む、吸い上げる **2** 味わう **3** 飲む [Ka. D4223]

ಪೀರು ⟦pīru ピール⟧ [pi:ru] 《古》 *vt.* **1**〈液体を〉吸う、吸い込む、吸い上げる **2** 飲む [Ka. D4223] ☞ಹೀರು (hīru)

ಪೀಲಿ ⟦pīli ピーリ⟧ [pi:li] ಪೀಲಿ 《古》 *n.* **1** 孔雀の羽根 **2** 孔雀の尻尾の丸い模様 (*Pb.4.43*) [Ka. D4226]

ಪೀಳಿಗೆ ⟦pīḷige ピーリゲ⟧ [pi:ḷĭge] 《古》 *n.* **1** 子孫 ¶ ಅವರು ಹರಿಶ್ಚಂದ್ರನ ಪೀಳಿಗೆಯವರು. (avaru hariścaṃdrana pīḷigeyavaru.) あの人はハリシュチャンドラの子孫である。 **2** 世代 ¶ ಹಿಂದಿನವರ ಆದರ್ಶ ನಮ್ಮ ಮಗನ ಪೀಳಿಗೆಯಲ್ಲೂ ಮುಂದುವರಿದಿದೆ. (hiṃdinavara ādarśa namma magana pīḷigeyallū muṃduvaridide.) 祖先の理念は我々の世代にも依然生きつづけている。[Sk. *pīṭʰikā-*]

ಪುಂಗಿ ⟦puṃgi プンギ⟧ [puŋgi] *n.* 蛇使いの笛［⇒図］[? cf. Pk. *pugga*, M. *puṃgī*]

ಪುಂಗಿ
蛇使いの笛

ಪುಂಜ¹ ⟦puṃja プンジャ⟧ [puɲʤɐ]《古》 *n.* ニワトリの雄、雄鶏 [Ka. D4373] ☞ಹುಂಜ (huṃja)〔現〕

ಪುಂಜ² ⟦puṃja プンジャ⟧ [puɲʤɐ]《文》 *n.* **1** 集まり、集合、多数 **2** 70本か80本の糸からなるかせ [Sk. ←Munda?]

ಪುಂಜು ⟦puṃju プンジュ⟧ [puɲʤu] 《‡》 *n.* ニワトリの雄、雄鳥 (*My.* (*Kitt.*)) [Ka. D4373] ☞ಹುಂಜ (huṃja)

ಪುಂಡ ⟦puṃḍa プンダ⟧ [puɳɖɐ] *adj.*, *m.* 《*f.* *ಪುಂಡಿ, ಪುಂಡಳು (puṃḍi, puṃḍaḷu)》 **1** やくざ〈の〉、ごろつき〈の〉、乱暴者〈の〉、反社会的職業に従事する〈人〉 **2** 放縦な〈人〉[Ka. D4272]

ಪುಂಡಗಾತಿ ⟦puṃḍagāti プンダガーティ⟧ [puɳɖəgɐ:ti] *f.* 《*m.* ಪುಂಡಗಾರ (puṃḍagāra)》☞ಪುಂಡುಗಾತಿ (puṃḍugāti)

ಪುಂಡಗಾರ ⟦puṃḍagāra プンダガーラ⟧ [puɳɖə̆gɐ:rɐ] *m.* 《*f.* ಪುಂಡಗಾತಿ (puṃḍagāti)》[Ka. *D4272] ☞ಪುಂಡುಗಾರ (puṃḍugāra)

ಪುಂಡರೀಕ ⟦puṃḍarīka プンダリーカ⟧ [puɳɖəri:kɐ] 《文》 *n.* **1** ハス、特に白蓮 **2** 白い傘 **3** 白檀の粉などで額に描いたヴィシュヌ派のしるし = ಪುಂಡ್ರ (puṃḍra) **2** [Sk.]

ಪುಂಡರೀಕಾಕ್ಷ ⟦puṃḍarīkākṣa プンダリーカークシャ⟧ [puɳɖəri:kɐ:kʂɐ] 《文》 *m.* 「蓮のような目を持つ者」、クリシュナあるいはヴィシュヌ神の別名 [Sk. < ?]

ಪುಂಡಾಟ ⟦puṃḍāṭa プンダータ⟧ [puɳɖɐ:ʈɐ] *n.* 無法な活動、乱暴な振る舞い [*puṃḍu* D4272 + *āṭa*]

ಪುಂಡು ⟦puṃḍu プンドゥ⟧ [puɳɖu] 《古》 (*n.*) 乱暴や不倫など反社会的な行為にふける〈人〉 ―*n.*《古》不道徳な振る舞い、反社会的な行為；色欲におぼれること；不倫 [Ka. D4272]

ಪುಂಡುಗಾತಿ ⟦puṃḍugāti プンドゥガーティ⟧ [puɳɖugɐ:ti] *f.* 《*m.* ಪುಂಡುಗಾರ (puṃḍugāra)》不道徳な女性、反社会的な女性；色欲におぼれた女性、不倫の女性 [Ka. *puṃḍu* + *-gāti* *D4272]

ಪುಂಡುಗಾರ ⟦puṃḍugāra プンドゥガーラ⟧ [puɳɖugɐ:rɐ] *m.* 《*f.* ಪುಂಡಗಾತಿ (puṃḍagāti)》不道徳な人、反社会的な人；色欲におぼれた人、不倫の人 [Ka. *puṃḍu* + *-gāra* *D4272]

ಪುಂಡ್ರ
額のしるし

ಪುಂಡುತನ ⟦puṃḍutana プンドゥタナ⟧ [puɳɖutənɐ] *n.* 不道徳な人、反社会的な人；色欲におぼれた人、不倫の人 [Ka. *puṃḍu* + *-tana* D4272]

ಪುಂಡ್ರ ⟦puṃḍra プンドラ⟧ [puɳɖrɐ] *n.* **1** サトウキビの赤い品種 **2** 白檀の粉などで額に描いたヴィシュヌ派のしるし［⇒図］[Sk.]

ಪುಕಳಿ ⟦pukaḷi プカリ⟧ [pukə̆ḷi] *n.* [Ka. D4236] ☞ಪುಕುಳಿ (pukuḷi)

ಪುಕಾರು ⟦pukāru プカール⟧ [pukɐ:ru] *n.* **1** 叫び、大声で叫ぶこと、騒ぎ立てること **2** 助けを呼ぶ声、悲鳴 **3** 非難、告発、問責、苦情 ¶ ಅವಳ ನಡತೆ ಸರಿಯಿಲ್ಲವೆಂದು ಪುಕಾರು ಹುಟ್ಟಿಸಿದ್ದಾರೆ. (avaḷa naḍate sariyillaveṃdu pukāru huṭṭisiddāre.) 人々は彼女の素行がよくないと苦情を言っている。¶ ಅಧ್ಯಕ್ಷ ಕ್ಲಿಂಟನವರು ಲೈಂಗಿಕ ಹಗರಣದಲ್ಲಿ ಸಿಕ್ಕಿರುವರೆಂದು ಪುಕಾರಾಗಿದೆ. (adʰyakṣa kliṃṭanavaru laiṃgika hagaraṇadalli sikkiruvareṃdu pukārāgide.) 大統領が女性問題を起こしているとの訴えがなされている。[H. *pukārā* T8246]

ಪುಕುಳಿ ⟦pukuḷi プクリ⟧ [pukŭḷi] ಪುಕಳಿ *n.*〔俗〕女性の生殖器、女性の陰部 [Ka. D4236]

ಪುಕ್ಕ¹ ⟦pukka プッカ⟧ [pukkɐ] *m.* 《*f.* ಪುಕ್ಕಿ (pukki)》臆病者 [Ka. *pukku*「恐れ」+ *-a* D4200(b)]

ಪುಕ್ಕ² ⟦pukka プッカ⟧ [pukkɐ] *n.* **1** 鳥の羽根または羽毛 **2** 鳥の尾羽 [? cf. *puccha-*?] ☞ಪುಚ್ಚ (pucca)

ಪುಕ್ಕಟೆ ⟦pukkaṭe プッカテ⟧ [pukkə̆ʈe] *adv.* **1** ただで、無料で **2** 無駄に、目的もなく、ただ何となく [M. *pʰukaṭā* ←Ar. *faqaṭ*]

ಪುಕ್ಕಲ ⟦pukkala プッカラ⟧ [pukkə̆lɐ] *m.* 《*f.* ಪುಕ್ಕಲಿ (pukkali)》臆病者、腰抜け [Ka. *pukka* + *-la* D4200(b)] = ಹೇಡಿ (hēḍi)〔汎〕

ಪುಕ್ಕಲಿ ⟦pukkali プッカリ⟧ [pukkə̆li] *f.* 《*m.* ಪುಕ್ಕಲ (pukkala)》臆病な女性、腰抜けな女性 [Ka. *pukka* + *-la* D4200(b)]

ಪುಕ್ಕಲು ⟦pukkalu プッカル⟧ [pukkəlu] *n.* 臆病、腰抜け [Ka. *pukku* + *-alu* D4200(b)]

ಪುಕ್ಕು¹ ⟦pukku プック⟧ [pukku] *n.* 恐れ、恐怖、臆病 [Ka. D4200(b)]

ಪುಕ್ಕು² ⟦pukku プック⟧ [pukku] 《古》 *n.*〔俗〕女性の生殖器、女性の陰部 [Ka. D4236]

ಪುಗಲ್ ⟦pugal プガル⟧ [pugəl] 《古》 *n.* インドカッコウの鳴き声 [Ka. onom. D4233] ☞ಪುಗಿಲ್ (pugil)¹

ಪುಗಿಲ್¹ ⟦pugil プギル⟧ [pugil] ಪುಗಲ್ 《古》 *n.* インドカッコウの鳴き声 [Ka. onom. D4233]

ಪುಗಿಲ್² ⟦pugil プギル⟧ [pugil] ಪುಗಿಲು 《古》 *n.* **1** 入ること **2** 扉、入り口 **3** 始まり [Ka. D4238]

ಪುಗಿಲು ⟦pugilu プギル⟧ [pugilu] 《古》 *n.* 扉、入り口 [Ka. *D4238] ☞ಪುಗಿಲು (pugilu)

ಪುಗು ⟦pugu プグ⟧ [pugu] 《古》 *vt.*《過去語幹 pokk-》入る [Ka. D4238] *(Pb.2.69)* ☞ಪೊಗು (pogu)

ಪುಗುಳ್ ⟦pugu̥ プグル⟧ [pugu̥] ಪುಗುಳು, ಪೊಕ್ಕೆ, ಹುಗುಳು 《古》 *n.* 水泡 [Ka. D4455] = ಬೊಕ್ಕೆ (bokke)〔汎〕

ಪುಗುಳು ⟦pugulu プグル⟧ [pugu̥u] 《古》 *n.* [Ka. *D4455] ☞ಪುಗುಳ್ (pugu̥)

ಪುಗ್ಗಿ ⟦puggi プッギ⟧ [puggi] 《古》 *n.* 米と緑豆(グリーン・グラム)と香辛料を混ぜて炊いたもの(黒砂糖を混ぜて甘くしたものもある) [Ka. < *puṟgi* D4315] ☞ಹುಗ್ಗಿ (huggi)

ಪುಗ್ಗು ⟦puggu プッグ⟧ [puggu] ಹುಗ್ಗು 《古》 *n.* 高慢、傲慢 [Ka. D4234]

ಪುಚಕ್ಕನೆ ⟦pucakkane プチャッカネ⟧ [puʧəkkǎne] 《‡》 *adv.* ぷちゅんと(つばを強く吐く時の音)、ぷすっと(ランセットで膿んだできものをつつく音) *(My. (Kitt.))* [Ka. onom. D4245]

ಪುಚ್ಚ¹ ⟦pucca プッチャ⟧ [puʧʧɐ] 《古》 *m.* **1** 精神病者、気がふれた人 **2** 馬鹿、愚か者 [Ka. *D4142] cf. ಹುಚ್ಚ (hucca)〔現〕

ಪುಚ್ಚ² ⟦pucca プッチャ⟧ [puʧʧɐ] ಪುಕ್ಕ *n.* **1** 鳥の羽根または羽毛 **2** 鳥の尾羽 [Sk. *puccha-*] ☞ಪುಕ್ಕ (pukka)

ಪುಚ್ಚಿ ⟦pucci プッチ⟧ [puʧʧi] 《‡》 *n.*〔俗〕女性の陰部;ほと *(My. (Kitt.))* [Ka. D4476] ☞ಪುಕ್ಕು (pukku)

ಪುಚ್ಚು ⟦puccu プッチュ⟧ [puʧʧu] 《古》 *n.* 精神病、精神錯乱、気がふれること **—*mf.*** 精神病者、精神錯乱者、気がふれた人 ☞ಹುಚ್ಚು (huccu)〔現〕 [Ka. D4142]

ಪುಚ್ಚೆ ⟦pucce プッチェ⟧ [puʧʧe] 《口》 *n.*〔俗〕女性の性器 *(Abhâ.2,80 (Kitt.))* [Ka. D4476] = ಪುಚ್ಚಿ (pucci)

ಪುಟ¹ ⟦puṭa プタ⟧ [puʈɐ] *(adj.)*《複合語頭で》ちっぽけな〈こと〉、小… [Ka. D4259]

ಪುಟ² ⟦puṭa プタ⟧ [puʈɐ] 《文》 *n.* **1**《古》(サーリーなどの)折り目 = ಮಡಿಕೆ, ಪದರ (maḍike, padara)〔現〕 **2**《古》(地面などの)へこんだ場所、窪み **3**《古》木の葉を丸めて作った(使い捨ての)椀や皿 ದೊನ್ನೆ (donne)〔現〕 **4**《古》浅い容器一般 **5**《古》若い芽のさや **6** さや、覆い ☞ಒರೆ (ore)〔現〕 **7** まぶた **8** 陰部を隠す布、ふんどし = ಪುಟಗೋಸಿ (puṭagōsi)〔現〕 **9**《古》(馬の)ひづめ ☞ಬರಸು (barasu)〔現〕 **10**《古》鼻孔、外鼻孔 = ಹೊಳ್ಳೆ (hoḷḷe)〔現〕 **11** ニクズク、ニクズクの種子(香辛料)= ಜಾಕಾಯಿ (jākāyi)〔現〕 **12** 両手を合わせて作った椀 = ಬೊಗಸೆ (bogase)〔現〕 **13** (金細工師などが使う)るつぼ ☞ಭರಣಿ (b^haraṇi)〔現〕 [Sk.]

ಪುಟವಿಡು ⟦puṭaviḍu プタヴィドゥ⟧ [puʈəviɖu] 《古》 *vt.*〈金などを〉るつぼに入れて精製する [+ *viḍu*]

ಪುಟಹಾಕು ⟦puṭahāku プタハーク⟧ [puʈəhɐːku] 《古》 *vi.* [+ *hāku*] ☞ಪುಟವಿಡು (puṭaviḍu)

ಪುಟ³ ⟦puṭa プタ⟧ [puʈɐ] *n.* ページ、本を開いた一方の側 [Pk. *puṭṭ^ha* ←Sk. *pṛṣṭ^ha-*]

ಪುಟಕೋಸಿ ⟦puṭakōsi プタコーシ⟧ [puʈǝkoːsi] *n.* [*puṭa* + *kōsi*] ☞ಪುಟಗೋಸಿ (puṭagōsi)

ಪುಟಗೋಸಿ ⟦puṭagōsi プタゴーシ⟧ [puʈǝgoːsi] ಪುಟಕೋಸಿ *n.* ふんどし [*puṭa* + *gōsi*] = ಲಂಗೋಟಿ (laṃgōṭi)

ಪುಟಾಣಿ¹ ⟦puṭāṇi プターニ⟧ [puʈɐːɳi] ಪುಟಾಣಿ, ಪುಟ್ಟಣೆ *n.* 幼い子ども、幼児 [*puṭṭa* + *-āṇi* <?] ☞ಪುಟ್ಟಾಣಿ (puṭṭāṇi)

ಪುಟಾಣಿ² ⟦puṭāṇi プターニ⟧ [puʈɐːɳi] *n.* (機械で製造した)膨らませたヒヨコマメ [M. *p^huṭāṇā*] = ಪುಠಾಣಿ (pu$ṭ^h$āṇi)

ಪುಟಿ ⟦puṭi プティ⟧ [puʈi] *vi.* (ボールなどが)跳ねる、(歓喜で)飛び上がる、(噴泉の水などが)噴出する [? cf. H. *p^hūṭănā* T13845]

ಪುಟ್ಟ¹ ⟦puṭṭa プッタ⟧ [puʈʈɐ] *(adj.)* **1** 小さい〈こと〉、ちっぽけな〈こと〉 **2** 幼い〈こと〉¶ ಅವನು ಇನ್ನು ಪುಟ್ಟ ಬಾಲಕ. (avanu innu puṭṭa bālaka.) あの子はまだ(男の)子どもだ。 **—*m.***《*f.* ಪುಟ್ಟಿ (puṭṭi)》 **1** 背の低い男性 **2** 坊や、お嬢ちゃん(小さな子どもに呼びかける言葉)¶ ಬಾ ಪುಟ್ಟ ಇಲ್ಲಿ. (bā puṭṭa illi.) 坊や、こっちへおいで。 [Ka. D4259]

ಪುಟ್ಟ² ⟦puṭṭa プッタ⟧ [puʈʈɐ] 《古》 *(adj.)* (親族関係がなく)養われた〈こと〉、養育された〈こと〉 [Sk. *puṣṭa-*]

ಪುಟ್ಟಗೆ ⟦puṭṭage プッタゲ⟧ [puʈʈǝge] 《古》 *n.* 衣服の一種 [Ka. *D4256, cf. Sk. *puṭṭikā-*] *(Pb.4.17)* ☞ಹುಟ್ಟಿಗೆ (huṭṭige)

ಪುಟ್ಟಣೆ ⟦puṭṭaṇe プッタネ⟧ [puʈʈǝɳe] *adj.* 小さな(子どもなど) [*puṭṭa* + *-aṇe* <?] ☞ಪುಟ್ಟಾಣಿ (puṭṭāṇi)

ಪುಟ್ಟಾಣಿ ⟦puṭṭāṇi プッターニ⟧ [puʈʈɐːɳi] ಪುಟಾಣಿ¹, ಪುಟ್ಟಣೆ *(adj.)* 幼い〈こと〉、幼少〈の〉 **—*n.*** 幼い子ども、幼児 [*puṭṭa* + *-āṇi* <?]

ಪುಟ್ಟಿ¹ ⟦puṭṭi プッティ⟧ [puʈʈi] *f.*《*m.* ಪುಟ್ಟ (puṭṭa)》 **1** 背の低い女性 **2** 幼い女の子 [Ka. D4259]

ಪುಟ್ಟಿ² ⟦puṭṭi プッティ⟧ [puʈʈi] *n.* (竹や籐(とう)やオウギヤシの葉などで編んだ大小の)籠 [Ka. D4263] ☞ಬುಟ್ಟಿ (buṭṭi)

ಪುಟ್ಟಿ³ ⟦puṭṭi プッティ⟧ [puʈʈi] 《‡》 *n.* 腹、腹部 *(My. (Kitt.))* [Ka. D4494]

ಪುಟ್ಟಿ⁴ ⟦puṭṭi プッティ⟧ [puʈʈi] 《古》 *n.* 度量衡の単位の一種 [?]

ಪುಟ್ಟಿ[5] ⟦puṭṭi プッティ⟧ [puʈʈi] *n.* ハチの巣 [?] = ಜೇನಿನ ಹುಟ್ಟು (jēnina huṭṭu)

ಪುಟ್ಟಿಕೆ ⟦puṭṭike プッティケ⟧ [puʈʈĭke] 《古》 *n.* 小さな箱、小箱 [Ka. *D4263] = ಭರಣಿ (bʰaraṇi) ☞ ಪುಡಿಕೆ (puḍike)

ಪುಟ್ಟಿಗೆ[1] ⟦puṭṭige プッティゲ⟧ [puʈʈĭge] 《古》 *n.* 衣服の一種 [Ka. D4256, cf. Sk. *puṭṭikā-*] (*Pb.4.17*) ☞ ಹುಟ್ಟಿಗೆ (huṭṭige)

ಪುಟ್ಟಿಗೆ[2] ⟦puṭṭige プッティゲ⟧ [puʈʈĭge] 《古》 *n.* **1** 小さな箱 **2** 木の葉で作った皿や椀 [Ka. *D4263] ☞ ಪುಡಿಕೆ (puḍike)

ಪುಟ್ಟು[1] ⟦puṭṭu プットゥ⟧ [puʈʈu] 《古》 *vi.* **1** (人間や動物の子どもが)生まれる、誕生する **2** (物や制度などが)生まれる、生じる、起こる **—***n.* 生まれ、出自 ☞ ಹುಟ್ಟು (huṭṭu)[2] [Ka. D4264]

ಪುಟ್ಟಿಸು ⟦puṭṭisu プッティス⟧ [puʈʈu] 《古》 *vi.* **1** 生む、(子を)もうける **2** 生む、生産する、こしらえる [Ka. caus.]

ಪುಟ್ಟು[2] ⟦puṭṭu プットゥ⟧ [puʈʈu] 《古》 *n.* **1** 木製の杓 **2** 舟の櫂、櫓 [Ka. D4265] ☞ ಹುಟ್ಟು (huṭṭu)[1]〔現〕

ಪುಠಾಣಿ ⟦puṭʰāṇi プターニ⟧ [puʈʰɐːɳi] ಪುಟಾಣಿ *n.* 水に浸してから炒(い)って味をつけたヒヨコマメ [? cf. M. *pʰuṭāṇā*, Ta. *paṭṭāṇi*] ☞ ಪುಠಾಣಿ (puṭʰāṇi)

ಪುಡಾರಿ ⟦puḍāri プダーリ⟧ [puɖɐːri] *mf.* [M. *puḍʰārī*] ☞ ಪುಢಾರಿ (puḍʰāri)

ಪುಡಿ ⟦puḍi プディ⟧ [puɖi] *n.* **1** 粉、粉末 **2** 割り砕いた穀物 = ನುಚ್ಚು (nuccu) **3** 埃、花粉 **4** 嗅ぎタバコ **—**(*adj.*) 矮小〈な〉、取るに足らない〈こと〉、雑多な〈こと〉¶ ಪುಡಿಯಾಳ್ (puḍiyāḷ) 役立たずな人、木偶(でく)の坊 [Ka. D4481]

ಪುಡಿಗಾಸು ⟦puḍigāsu プディガース⟧ [puɖigɐ̥ːsu] *n.* 小銭 [+ *kāsu*]

ಪುಡಿಮಾಡು ⟦puḍimāḍu プディマードゥ⟧ [puɖimɐːɖu] *vt.* **1** 粉にする、挽く **2**〔喩〕粉砕する、殲滅(せんめつ)する

ಪುಡಿಕೆ ⟦puḍike プディケ⟧ [puɖike] ಪುಟ್ಟಿಕೆ, ಪುಟ್ಟಿಗೆ, ಪುಡುಕೆ 《古》 *n.* **1** 木や金属などでできた小箱 **2** (小売店で商品を包む)包装紙、紙袋 **3** (草などの)束 [Ka. D4263]

ಪುಡುಂಕು ⟦puḍuṃku プドゥンク⟧ [puɖuŋku] 《古》 *vt.* **1** 手探りする **2** 探す、捜索する [Ka. D4251] ☞ ಹುಡುಕು (huḍuku)

ಪುಡುಕು ⟦puḍuku プドゥク⟧ [puɖŭku] 《古》 *vt.* **1** 手探りする **2** 探す、捜索する [Ka. D4251] ☞ ಹುಡುಕು (huḍuku)〔現〕

ಪುಡುಕೆ ⟦puḍuke プドゥケ⟧ [puɖŭke] 《古》 *n.* **1** 木や金属などでできた小箱 **2** (草などの)束 **3** (大型の)箱 **4** 籠 [Ka. D4263] ☞ ಪುಡಿಕೆ (puḍike)

ಪುಢಾರಿ ⟦puḍʰāri プダーリ⟧ [puɖʰɐːri] ಪುಡಾರಿ *mf.* 指導者、親分 [M. *puḍʰārī* < M. *puḍʰākārī*]

ಪುಣ್ ⟦puṇ プン⟧ [puɳ] 《古》 *n.* **1** できもの、腫れ物 **2** 怪我、傷 [Ka. D4268] ☞ ಹುಣ್ಣು (huṇṇu)

ಪುಣಂಬು ⟦puṇaṃbu プナンブ⟧ [puɳəmbu] 《古》 *n.* 矢 [Ka. *D4361] ☞ ಪುಣುಂಬು (puṇuṃbu)

ಪುಣಗು ⟦puṇagu プナグ⟧ [puɳə̆gu] *n.* [Ka. D4313] ☞ ಪುಣುಗು (puṇugu)

ಪುಣಜ ⟦puṇaja プナジャ⟧ [puɳə̆ʤɐ] 《古》 *n.* 灌漑整備のない土地 (*My.* (*Kitt.*)) [Ka. *D4337] = ಒಣಭೂಮಿ, ಖುಷ್ಕಿ ಜಮೀನು (oṇabʰūmi, kʰuṣki jamīnu)

ಪುಣಜಿ ⟦puṇaji プナジ⟧ [puɳə̆ʤi] 《古》 *n.* (ある種の米が栽培される)細かな乾いた土壌 (*My.* (*Kitt.*)) [Ka. D4337] = ಒಣಭೂಮಿ, ಖುಷ್ಕಿ ಜಮೀನು (oṇabʰūmi, kʰuṣki jamīnu)

ಪುಣಜೆ ⟦puṇaje プナジェ⟧ [punɾə̆ʤe] 《‡》 *f.* 狩猟民の女性 (*Kitt.*) [Ka. D4323]

ಪುಣಸೆ ⟦puṇase プナセ⟧ [puɳə̆se] 《古》 *n.* [Ka. *D4322] ☞ ಹುಣಿಸೆ (huṇise)〔現〕

ಪುಣಿಜ ⟦puṇija プニジャ⟧ [puɳiʤɐ] 《古》 *n.* 虫の一種 [Ka. D4270]

ಪುಣಿಲ್ ⟦puṇil プニル⟧ [puɳil] 《古》 *n.* 砂丘;(川や海の)砂州 [Ka.? cf. Sk. *pulina-* *D4558] ☞ ಪುಳಿಲ್ (puḷil)

ಪುಣಿಸೆ ⟦puṇise プニセ⟧ [puɳĭse] 《古》 *n.* タマリンド(熱帯産マメ科の常緑樹またはその実、実が酸味の強い調味料として広く用いられる) [Ka. D4322] ☞ ಹುಣಿಸೆ (huṇise)〔現〕

ಪುಣುಂಬು ⟦puṇuṃbu プヌンブ⟧ [puɳumbu] ಪುಣಂಬು, ಪುಣುಬು, ಪುಣ್ಬು, ಪುಳಂಬು, ಪುಳುಂಬು 《古》 *n.* 矢 [Ka. D4361]

ಪುಣುಬು ⟦puṇubu プヌブ⟧ [puɳŭbu] 《古》 *n.* 矢 [Ka. *D4361] ☞ ಪುಣುಂಬು (puṇuṃbu)

ಪುಣುಗು ⟦puṇugu プヌグ⟧ [puɳugu] ಪುಣಗು, ಪುನಗು, ಪುನುಗು, ಪುಳಗು, ಪುಳುಗು *n.* 麝香(じゃこう)(ジャコウネコからとった香料) [Ka. D4313]

ಪುಣುಸಿ ⟦puṇusi プヌシ⟧ [puɳusi] 《古》 *n.* [Ka. *D4322] ☞ ಹುಣಿಸೆ (huṇise)〔現〕

ಪುಣುಸೆ ⟦puṇuse プヌセ⟧ [puɳuse] 《古》 *n.* [Ka. *D4322] ☞ ಹುಣಿಸೆ (huṇise)〔現〕

ಪುಣ್ಡು ⟦puṇḍu プンドゥ⟧ [puɳɖu] 《異》 *n.* 無法、乱暴、不法 [Ka. D4272] ☞ ಪುಂಡು (puṃḍu)

ಪುಣ್ಣು ⟦puṇṇu プンヌ⟧ [puɳɳu] 《古》 *n.* できもの、腫れ物 [Ka. < *puṇ* *D4268] ☞ ಹುಣ್ಣು (huṇṇu)

ಪುಣುಗಿನ ಬೆಕ್ಕು ⟦puṇugina bekku プヌギナベック⟧ [puɳuginə bekku] *n.* ジャコウネコ(麝香猫) [Ka. D4313] *[BIA pl.19]

ಪುಣ್ಮು ⟦puṇmu プンム⟧ [punɳmu] 《‡》 *vi.* 増大する、ふんだんにある [Ka. D4482] ☞ ಹೊಮ್ಮು (hommu)〔現〕

ಪುಣ್ಯ ⟦puṇya プニャ⟧ [puɳʲjɐ] *adj.* **1** 神聖な、清浄な **2** 徳のある、有徳の、善行の **3** 吉祥の、縁起のよい、幸いをもたらす **4** 美しい、きれいな、可愛い **—***n.* **1** 神聖であること、神々しいこと、清浄(*lex.*) **2** 善行、宗教上または道徳上賞賛すべき行い **3** (善行の報いと信じられている)幸運、幸福 **4** 喜捨、布施 **5** 美、美しさ **6** 名声、高

名 7 清浄、清らかなこと 8 家、住居 —*m.*《*f.* ಪುಣ್ಯವತಿ (puṇyavati)》1 徳のある人、善行の人 2 幸福な人、幸運な人、果報者 [Sk.]

ಪುಣ್ಯಕ್ಷೇತ್ರ ⟦puṇyakṣētra プニャクシェートラ⟧ [puɳ˞jəkʂeːtrɐ] *n.* 聖地、霊場 [Sk.]

ಪುಣ್ಯವಂತ ⟦puṇyavaṃta プニャヴァンタ⟧ [puɳ˞jəvəntɐ] *adj., m.* 《*f.* ಪುಣ್ಯವಂತಿ (puṇyavaṃti)》1 徳をつんだ〈人〉、善行の〈人〉 2 幸運な〈人〉、幸福な〈人〉、果報者〈の〉

ಪುಣ್ಯಶಾಲಿ ⟦puṇyaśāli プニャシャーリ⟧ [puɳ˞jəʃɐːli] *adj., m.* 《*f.* ಪುಣ್ಯಶಾಲಿನಿ (puṇyaśālini)》1 徳をつんだ〈人〉、善行の〈人〉 2 幸運な〈人〉、幸福な〈人〉、果報者〈の〉[Sk.] = ಪುಣ್ಯವಂತ (puṇyavaṃta)

ಪುಣ್ಸೆ ⟦puṇse プンセ⟧ [puɳse] 《古》*n.* [Ka. *D4322] ☞ಹುಣಿಸೆ (huṇise)〔現〕

ಪುತ್ತ ⟦putta プッタ⟧ [puttɐ] 《古》*n.* [Ka. D4335] ☞ಪುತ್ತು (puttu)〔現〕

ಪುತ್ತಳಿ ⟦puttaḷi プッタリ⟧ [puttə̆ɭi] *n.* 1 人形 2 彫像、偶像、神像 [Sk. *puttalī*]

ಪುತ್ತು ⟦puttu プットゥ⟧ [puttu] 《古》*n.* 蟻塚(コブラが巣として用いる) [Ka. D4335] = ಹುತ್ತ (hutta)〔現〕

ಪುತ್ರ ⟦putra プトラ⟧ [put̪rɐ] 《文》*m.* 《*f.* ಪುತ್ರಿ (putri)》〔美〕息子、子息 [Sk.]

ಪುತ್ರಕ ⟦putraka プトラカ⟧ [putrə̆kɐ] 《文》*m.* 《*f.* ಪುತ್ರಿಕೆ (putrike)》息子、子息 [Sk.]

ಪುತ್ರವತಿ ⟦putravati プトラヴァティ⟧ [putrə̆vəti] 《文》*f.* 息子のいる母親 [Sk.]

ಪುತ್ರವಧು ⟦putravadʰu プトラヴァドゥ⟧ [put̪rəvədʰu] 《文》*f.* 息子の嫁 [Sk.] = ಸೊಸೆ (sose)〔口〕

ಪುತ್ರಹೀನ ⟦putrahīna プトラヒーナ⟧ [put̪rəhiːnɐ] 《文》*adj., m.* 《*f.* ಪುತ್ರಹೀನಳು (putrahīnaḷu)》息子のない〈人〉[Sk.]

ಪುತ್ರಿ ⟦putri プトリ⟧ [putri] 《文》*f.* 〔美〕娘、女の子 [Sk.]

ಪುತ್ರಿಕೆ ⟦putrike プトリケ⟧ [put̪rike] 《文》*f.* 《*m.* ಪುತ್ರಕ (putraka)》娘 —*n.* 人形 [Sk.]

ಪುದಿ¹ ⟦pudi プディ⟧ [puđi] 《古》*n.* 扉の翼、戸 [Ka. D4274]

ಪುದಿ² ⟦pudi プディ⟧ [puđi] ಹುದಿ 《古》*vt.* 1 包む、覆う 2 隠す、隠蔽する 3 含む、包含する 4 充満する、いっぱいになる 5 くっつく 6 得る —*vi.* (煙などが)充満する [Ka. D45 09]

ಪುದಿನ ⟦pudina プディナ⟧ [pudinɐ] *n.* はっか、ミント(薬用または野菜として用いる) → 食・薬 [Pe. *pudīna*] ☞ಪುದೀನ (pudīna)

ಪುದಿವಟ್ಟು ⟦pudivaṭṭu プディヴァットゥ⟧ [puđivəʈʈu] ಪುದಿವಟು, ಪುದಿವೆಟು, ಪುದಿಮೊಟ್ಟು, ಪುದುವಟ್ಟು *n.* (慈善事業や公共事業などのために)拠出された基金 [Ka. *pudu* D4507 + *oṭṭu*¹?]

ಪುದೀನ ⟦pudīna プディーナ⟧ [puđiːnɐ] ಪುದಿನ *n.* はっか、ミント(薬用または野菜として用いる) → 食・薬 [Pe. *pudīna*]

ಪುದು ⟦pudu プドゥ⟧ [puđu] ಪುದುವು, ಹುದು, ಹುದುವು 《古》*n.* 1 多数、集まり、多量 2 結合、合同 3 仲間付き合い、交わり 4 共有、共同事業 [Ka. D4507]

ಪುದುಗು ⟦pudugu プドゥグ⟧ [puđugu] ಪುದುಂಗು, ಹುದುಂಗು, ಹುದುಗು 《古》*vi.* 1 入っている 2 覆われる、隠される、隠れる 3 ひきこもる、自分の中に閉じこもる 4 充満する、いっぱいになる 5 起こる、生じる —*vt.* 隠す、かくまう [Ka. D4509]

ಪುದುರು ⟦puduru プドゥル⟧ [puđŭru] 《‡》*n.* 意味が二重に取れる話 (*My.* (*Kitt.*)) [Ka. D4163]

ಪುದುವಟ್ಟು ⟦puduvaṭṭu プドゥヴァットゥ⟧ [puđuvəʈʈu] *n.* (慈善事業や公共事業などのために)拠出された基金 [Ka. *pudu* D4507? + *paṭṭi*⁴] ☞ಪುದಿವಟ್ಟು (pudivaṭṭu)

ಪುದುವು ⟦puduvu プドゥヴ⟧ [puđŭvu] 《古》*n.* 多数、集まり、多量 [Ka. D4507] ☞ಪುದು (pudu)

ಪುದೆ ⟦pude プデ⟧ [puđe] 《‡》*n.* 1 (さやなど)ものを入れるもの 2 覆い 3 屋根 4 束 5 灌木の茂み、藪 [Ka. D4509] (*Čt.I,37* (*Kitt.*))

ಪುನಗು ⟦punagu プナグ⟧ [punə̆gu] 《古》*n.* [Ka. D4313] ☞ಪುಣುಗು (puṇugu)

ಪುನರಾವರ್ತನೆ ⟦punarāvartane プナラーヴァルタネ⟧ [punərɐːvərtə̆ne] 《文》*n.* くり返し、反復 [Sk.]

ಪುನರಾವೃತ್ತಿ ⟦punarāvṛtti プナラーヴルッティ⟧ [punərɐːvruttі] 《文》*n.* くり返し、反復 [Sk.]

ಪುನರುಕ್ತಿ ⟦punarukti プナルクティ⟧ [punərukti] 《文》*n.* 繰り返していうこと、繰り言 [Sk.]

ಪುನರ್ಜನ್ಮ ⟦punarjanma プナルジャンマ⟧ [punərʤənmɐ] *n.* 霊魂の再生、輪廻転生 [Sk.]

ಪುನರ್ವಿಮರ್ಶೆ ⟦punarvimarśe プナルヴィマルシェ⟧ [punərvimərʃe] 《文》*n.* 再評価、再検討 ¶ ಸರಕಾರವು ಮಹಿಳೆಯರ ಮೀಸಲಾತಿ ಮಸೂದೆಯನ್ನು ಪುನರ್ವಿಮರ್ಶಿಸಿತು. (sarakāravu mahiḷeyara mīsalāti masūdeyannu punarvimarśisitu.) 政府は女性のための職域留保法案を再検討した。[Sk.]

ಪುನರ್ವಿವಾಹ ⟦punarvivāha プナルヴィヴァーハ⟧ [punərvivɐːhɐ] 《文》*n.* 再婚、二度目の結婚 [Sk.]

ಪುನಸ್ಕಾರ ⟦punaskāra プナスカーラ⟧ [punəskɐːrɐ] *n.* 繰り返し [Sk.] ☞ಪೂಜಾಪುನಸ್ಕಾರ (pūjāpunaskāra)

ಪುನಃ ⟦punaḥ プナッ⟧ [punəhɐ] 《文》*adv.* また、再び ¶ ಮನಸು ಪುನಃ ಪುನಃ ಅದೇ ಪ್ರಶ್ನೆಯನ್ನು ಹಾಕುತ್ತಿತ್ತು. (manasu punaḥ punaḥ adē praśneyannu hākuttittu.) 私は心の中で何度も何度も同じ質問を繰り返していた。[Sk.] = ಮತ್ತೆ (matte)〔汎〕

ಪುನಃಪ್ರಸಾರ ⟦punaḥprasāra プナップラサーラ⟧ [punəpprəsɐːrɐ] *n.* (テレビやラジオの)再放送 [Sk.]

ಪುನಾರಚನೆ ⟦punāracane プナーラチャネ⟧ [punɐːrəʧə̆ne] *n.* (内閣などの)改造 ¶ ರಾಜ್ಯ ಸಚಿವ ಸಂಪುಟ ಮೇನಲ್ಲಿ ಪುನಾರಚನೆ (rājya saciva saṃpuṭa mēnalli punāracane) 5月に州内閣改造(新聞見出しから) [Sk.]

ಪುನೀತ ⟦punīta プニータ⟧ [puniːtɐ] 《文》(adj.) 1 清らかな〈こと〉、清浄な〈こと〉 2 神聖〈な〉、神々しい〈こと〉[Sk.]

ಪುನುಗು ⟦punugu プヌグ⟧ [punŭgu] n. 麝香（ジャコウネコからとった香料）[Ka. D4313] ☞ಪುಣುಗು (puṇugu)

ಪುನ್ನಿಕೆ ⟦punnike プンニケ⟧ [punnike] 《‡》 n. 戸枠などを作るために用いる木の名 (Kitt.) [Ka. D4343] cf. ಪೊನ್ನೆ, ಹೊನ್ನೆ(ponne, honne)

ಪುನುಗು ⟦punugu プヌグ⟧ [punugu] n. [Ka. D4313] ☞ಪುಣುಗು (puṇugu)

ಪುನ್ನಾಗ ⟦punnāga プンナーガ⟧ [punnɐːgɐ] 《文》n. 1 傑出した人物 2 雄の象 3 白い象 4 傑出した象 5 固い木材と香りのよい白い花で知られるインド一帯で広く生育する高木(*Mesua Ferrea*) [Sk.]

ಪುಯ್ ⟦puy プイ⟧ [puĭ] 《‡》 vt. 打つ、殴る；注ぐ、など (Kitt.) [Ka. D4534]

ಪುಯಲ್ ⟦puyal プヤル⟧ [pujəl] 《古》 n. 殴ること、殴打 [Ka. D4534] = ಪೊಯಲ್ (poyal)

ಪುಯಲ್ಚು ⟦puyalcu プヤルチュ⟧ [pujəlʧu] 《古》 vi. (助けを求めて) 大声でわめく、声をあげて嘆く [Ka. D4351] = ಹುಯ್ಯಲ್ (huyyal)

ಪುಯಿಲ್ ⟦puyil プイル⟧ [pujil] 《古》 n. 殴り合い；戦い [Ka. *D4534] ☞ಪೊಯಿಲ್ (poyil)

ಪುಯ್ಯಲ್[1] ⟦puyyal プイヤル⟧ [puɪjəl] 《古》 n. 殴ること、殴打 [Ka. D4534] ☞ಪೊಯ್ಯಲ್ (poyyal)

ಪುಯ್ಯಲ್[2] ⟦puyyal プイヤル⟧ [puɪjəl] 《‡》 n. (助けを求めて) 大声でわめくこと、声をあげて嘆くこと (Kitt.) [Ka. D4351]

ಪುಯ್ಯಲ್ಚು ⟦puyyalcu プイヤルチュ⟧ [puɪjəlʧu] ಪುಯಲ್ಚು 《古》 vt. (助けを求めて) 大声でわめく、声をあげて嘆く [Ka. D4351] =ಪುಯಲ್ಚು(puyalcu)

ಪುರ್ ⟦pur プル⟧ [purr] (n.) ぶうっ (屁を放ったり大便したりする時の音を表す擬音語) [Ka. *D4329]

ಪುರ ⟦pura プラ⟧ [purɐ] 《文》n. 町、都市(地名を表す合成語の最後の要素として広く用いられる) [Sk.]

ಪುರಂಧ್ರಿ ⟦puraṃdʰri プランドリ⟧ [purəndʰri] 《文》 f. 1 年長の既婚婦人 2 女性、女子 3 妻、(男性の) 配偶者 [Sk.] = ಹೆಂಡತಿ (heṃdati) 〔汎〕

ಪುರಧ್ವಂಸಿ ⟦puradʰvaṃsi プラドヴァンシ⟧ [purədhvəmsi] 《文》 m. シヴァ神の別名 [Sk.]

ಪುರಲು ⟦puralu プラル⟧ [purə̆lu] 《古》 n. 輝き、光輝 (epig.) [Ka. *D4544] ☞ಹುರುಳು (huruḷu)

ಪುರವಣಿ ⟦puravaṇi プラヴァニ⟧ [purəvəɳi] n. 1 補遺 2 (本などの) 付録 [M. puravaṇī]

ಪುರಸತ್ತು ⟦purasattu プラサットゥ⟧ [purə̆səttu] ಪುರಸೊತ್ತು, ಪುರುಸತ್ತು, ಪುರುಸೊತ್ತು n. 暇、余暇 [Ar.-Pe. furṣat]

ಪುರಸೊತ್ತು ⟦purasottu プラソットゥ⟧ [purə̆sottu] n. [Ar.-Pe. furṣat] ☞ಪುರಸತ್ತು (purasattu)

ಪುರಸ್ಕರಿಸು ⟦puraskarisu プラスカリス⟧ [purəskərĭsu] 《文》 vt. (褒美や表彰によって) 敬意を表する、栄誉を与える [Sk.]

ಪುರಸ್ಕಾರ ⟦puraskāra プラスカーラ⟧ [purəskɐːrɐ] n. 1 (褒美や表彰によって人前で) 敬意を表すること、栄誉を与えること 2 表彰、賞 [Sk.]

ಪುರಸ್ಕೃತ ⟦puraskṛta プラスクルタ⟧ [purəskruɯtɐ/pura skrutɐ] 《文》 adj., m. 《f. ಪುರಸ್ಕೃತಳು (puraskṛtaḷu)》 (褒美や表彰によって人前で) 敬意を表された〈人〉 [Sk.]

ಪುರಾಕೃತ ⟦purākṛta プラークルタ⟧ [purɐːkruɯtɐ/—krutɐ] 《文》 adj. 昔なされた —n. 前生で行った行為 [Sk.]

ಪುರಾಣ ⟦purāṇa プラーナ⟧ [purɐːɳɐ] adj. 1 n. 2 サンスクリット語やカンナダ語などの地方語で書かれたインド古来の神話や伝説などを取り扱った様々な長編物語 [Sk.]

ಪುರಾತನ ⟦purātana プラータナ⟧ [purɐːtə̆nɐ] 《文》 adj. 大昔の、古い —m. 《f. ಪುರಾತನಳು (purātanaḷu)》 大昔の人間、太古の人間 [Sk.]

ಪುರಾವೆ ⟦purāve プラーヴェ⟧ [purɐːve] n. 証拠、証明 [M. purāvā < ?]

ಪುರಿ[1] ⟦puri プリ⟧ [puri] ಹುರಿ[1] 《古》 n. 1 よじること、縄などを編むこと、よじれ 2 (編んで作った) 縄、紐、ロープ [Ka. D4177] cf. ಮುಪ್ಪುರಿ (muppuri)

ಪುರಿ[2] ⟦puri プリ⟧ [puri] ಹುರಿ[2] 《古》 n. 力、元気、勇気 [Ka. D4286]

ಪುರಿ[3] ⟦puri プリ⟧ [puri] ಹುರಿ[4] 《古》 vt. 〈穀物や豆類などを〉炒る [Ka. D4537] ☞ಹುರಿ (huri)

ಪುರಿ[4] ⟦puri プリ⟧ [puri] 《文》 n. 都市、町(通常地名を表す合成語の第２要素として用いる) [Sk.]

ಪುರುಡಿ[1] ⟦puruḍi プルディ⟧ [purŭɖi] 《‡》 n. 雌のオウム (Čpr.3, va. (Kitt.)) [Ka. D4540] = ಪುರುಳಿ (puruḷi)

ಪುರುಡಿ[2] ⟦puruḍi プルディ⟧ [purŭɖi] 《文》 f. 《m. ಪುರುಡಿಗ (puruḍiga)》 嫉妬深い女性 [Ka. puruḍu + -i *D4540]

ಪುರುಡಿಗ ⟦puruḍiga プルディガ⟧ [puruɖigɐ] 《文》 m. 《f. ಪುರುಡಿ (puruḍi)》 嫉妬深い男性 [Ka. puruḍu + -iga *D4540]

ಪುರುಡಿಸು ⟦puruḍisu プルディス⟧ [puruɖisu] 《文》 vi. 1 張り合う 2 嫉妬する、焼きもちを焼く [Ka. D4540] ☞ಹುರುಡಿಸು (huruḍisu)

ಪುರುಡು[1] ⟦puruḍu プルドゥ⟧ [purŭɖu] 《古》 n. 1 出産後の (儀式上の) けがれ ☞ವೃದ್ಧಿ (vṛddʰi) 2 死によるけがれ ☞ಸೂತಕ (sūtaka) [Ka. D4290]

ಪುರುಡು[2] ⟦puruḍu プルドゥ⟧ [purŭɖu] n. 1 負けじと張り合うこと 2 嫉妬、焼きもち [Ka. D4540]

ಪುರುಳಿ ⟦puruḷi プルリ⟧ [purŭɭi] 《‡》 n. 雌のオウム (Šs. (Kitt.)) [Ka. D4540] = ಪುರುಡಿ (puruḍi)

ಪುರುಷ ⟦puruṣa プルシャ⟧ [puruʂɐ] m. 1 人間 2 男性、男子 3 夫 —n. 1 最高神、絶対者 2 大我、宇宙の根源 [Sk.]

ಉತ್ತಮಪುರುಷ ⟦uttamapuruṣa ウッタマプルシャ⟧ [uttəmə puruʂɐ] 《文》 n.〔言〕一人称 [Sk.]

ಪ್ರಥಮಪುರುಷ ⟦prathamapuruṣa プラタマプルシャ⟧ [pratʰə̆məpuruʂɐ] 《文》 n.〔言〕三人称 [Sk.]

ಮಧ್ಯಮಪುರುಷ ⟦madhyamapuruṣa マディャマプルシャ⟧ [mədʰjəməpuruʂɐ] 《文》 n.〔言〕二人称 [Sk.]

ಪುರುಷತ್ವ ⟦puruṣatva プルシャトヴァ⟧ [puruʂətvɐ] n. 1 男性であること 2 男性としての能力、精力 3 男らしさ、勇気 [Sk.]

ಪುರುಷಾರ್ಥ ⟦puruṣārtha プルシャールタ⟧ [puruʂɐːrtʰɐ] n. 人生の四つの目的(徳と財と愛欲と解脱) [Sk.]

ಪುರುಸತ್ತು ⟦purusattu プルサットゥ⟧ [purŭsəttu] n. [Ar.-Pe. *furṣat*] ☞ಪುರಸತ್ತು (purasattu)

ಪುರುಸೊತ್ತು ⟦purusottu プルソットゥ⟧ [purŭsottu] n. [Ar.-Pe. *furṣat*] ☞ಪುರಸತ್ತು (purasattu)

ಪುರುಳ್[1] ⟦puruḷ プルル⟧ [puruɭ] 《‡》 vi. 転がる [Ka. D4285] (*Kitt.*) ☞ಪೊರಳ್ (poraḷ)[1]

ಪುರುಳ್[2] ⟦puruḷ プルル⟧ [puruɭ] 《古》 n. 1 物質、物 2 精髄、最良の部分 3 (体、樹木などの)元気、活力 4 価値、有用性 5 魅力、美しさ *lex.* 6 富、金銭 [Ka. D4544] ☞ಹುರುಳು (huruḷu)〔現〕

ಪುರುಳು ⟦puruḷu プルル⟧ [purŭɭu] 《古》 n. 1 物質、物 2 精髄、最良の部分 3 魅力、美しさ 4 (ある人の発言の)意図、内容 5 (言葉の)意味 [Ka. D4544] ☞ಹುರುಳು (huruḷu)

ಪುರುಳಿ[1] ⟦puruḷi プルリ⟧ [puruɭi] 《文》 n. 1 雌のオウム 2 オウム 3 オウムの雛 [Ka. D4540]

ಪುರುಳಿ[2] ⟦puruḷi プルリ⟧ [puruɭi] 《‡》 n. 高い地位 (*Šm.113, o.rs* (*Kitt.*)) [Ka. D4544]

ಪುರೆ ⟦pure プレ⟧ [pure] 《‡》 n. できもの、腫れ物 (*T.* (*Kitt.*)) [Ka. D4296]

ಪುರೋಗಾಮಿ ⟦purōgāmi プローガーミ⟧ [puroːgɐːmi] 《文》 mf. 1「先頭に立つ人」、先覚者 2 指導者 3 前衛 [Sk.]

ಪುರೋಭಿವೃದ್ಧಿ ⟦purōbhivṛddhi プロービヴルッディ⟧ [puroːbʰivrɯddʰi/—vruddʰi] 《文》 n. (社会などの)改善、改良、前進 [Sk.]

ಪುರೋಹಿತ ⟦purōhita プローヒタ⟧ [puroːhitɐ] m. 《f. *ಪುರೋಹಿತೆ (purōhite)》家庭の祭式を司る祭司、寺院での祭儀を司る僧職者 [Sk.]

ಪುರ್ಗಿ ⟦purgi プルギ⟧ [purgi] 《古》 n. 1 米と緑豆と香辛料を混ぜて炊いたもの(黒砂糖を入れて甘くしたものもある) 2 黒砂糖と小麦を煮て作った柔らかい粥のような甘い食べ物 (NK) [Ka. < *puṛgi* *D4315] ☞ಹುಗ್ಗಿ (huggi)

ಪುರ್ಗು ⟦purgu プルグ⟧ [purgu] 《‡》 n. 高慢、傲慢 (*Kitt.*) [Ka. D4234]

ಪುರ್ಚು[1] ⟦purcu プルチュ⟧ [purʧu] 《‡》 n. 破滅、邪悪 (*V.41.39* (*Kitt.*)) [Ka. D4312]

ಪುರ್ಚು[2] ⟦purcu プルチュ⟧ [purʧu] 《古》 n. 精神錯乱、狂気 —*mf.* 気の狂った人; 精神に異常がある人 [Ka. *D4142]

ಪುಲ್ ⟦pul プル⟧ [pul] 《古》 n. (主としてイネ科の)草、草が乾いたもの、藁 [Ka. D4300] ☞ಹುಲ್ಲು (hullu)〔現〕

ಪುಲ ⟦pula プラ⟧ [pulɐ] 《‡》 n. 麝香(じゃこう)(ジャコウネコからとった香料) (*Kitt.*) [Ka. D4313] ☞ಪುಣುಗು (puṇugu)〔汎〕

ಪುಲಕ ⟦pulaka プラカ⟧ [pulə̆kɐ] ಪುಳಕ 《文》 n. ぞっとするような喜びなどで身の毛が立つこと [Sk.]

ಪುಲಕಿತ ⟦pulakita プラキタ⟧ [pulə̆kitɐ] ಪುಳಕಿತ 《文》 adj. ぞっとするような喜びで身の毛が立った [Sk.]

ಪುಲಿಂಗಿಲ್ ⟦puliṃgil プリンギル⟧ [puliŋgil] 《古》 n. [Ka. D4341] ☞ಹುಲಿಗಿಲ್ (huligil)

ಪುಲಿ ⟦puli プリ⟧ [puli] 《古》 n. 虎 [Ka. D4307] ☞ಹುಲಿ (huli)

ಪುಲಿಗಿಲ್ ⟦puligil プリギル⟧ [puligil] ಪುಲಿಂಗಿಲ್, ಪುಲಿಗಿಲು, ಪಿಲಿಗಿಲೆ, ಹುಲಿಗಲಿ, ಹುಲಗಿಲ್, ಹುಲಗಿಲು, ಹುಲಿಗಿಲ್, ಹುಲಿಗಿಲಿ, ಹುಲಿಗಿಲು, ಹುಲುಗಲ, ಹುಲುಗಿಲು 《古》 n. マメ科の中程度の大きさの木(薬用、道の両側によく植えられる) [Ka. D4341] = ಹೊಂಗೆ ಮರ (homge mara)〔汎〕*[IMP 4.341]

ಪುಲಿಗಿಲೆ ⟦puligile プリギレ⟧ [puligile] 《古》 n. [Ka. *D4341] ☞ಪುಲಿಗಿಲ್ (puligil)

ಪುಲು ⟦pulu プル⟧ [pulu] 《古》 n. (主としてイネ科の)草、草が乾いたもの、藁 [Ka. *D4300] ☞ಹುಲ್ಲು (hullu)〔現〕

ಪುಲ್ಲ ⟦pulla プッラ⟧ [pullɐ] 《‡》 n. 酸、酸味 (*Tĕ.* (*Kitt.*)) [Ka. D4322]

ಪುಲ್ಲಿಂಗ ⟦pulliṃga プッリンガ⟧ [pulliŋgɐ] 《文》 n.〔言〕男性 [Sk.]

ಪುಲ್ಲು ⟦pullu プッル⟧ [pullu] 《古》 n. (主としてイネ科の)草、草が乾いたもの、藁 [Ka. *D4300] ☞ಹುಲ್ಲು (hullu)〔現〕

ಪುಲ್ಲೆ ⟦pulle プッレ⟧ [pulle] ಹುಲ್ಲೆ 《古》 n. 鹿 [Ka. D4300?]

ಪುಲ್ವಗೆ ⟦pulvage プルヴァゲ⟧ [pulvəge] 《古》 n. 卑劣な考え [Ka. D4301, D5205] (*Pb.6.68.V*)

ಪುವ್ವು ⟦puvvu プッヴ⟧ [puwwu] 《古》 n. 花 [Ka. D4345]

ಪುಷ್ಕರಿಣಿ ⟦puṣkariṇi プシュカリニ⟧ [puʂkəriɳi] 《文》 n. 1 蓮池 2 寺院や聖地にある四角い人工の池 3 雌象 [Sk.]

ಪುಷ್ಕಳ ⟦puṣkaḷa プシュカラ⟧ [puʂkəɭɐ] ಪುಷ್ಕಲ 《文》 (*adj.*) 1 豊富〈な〉、おびただしい〈こと〉、豊かな〈こと〉 2 贅沢〈な〉、豪奢〈な〉¶ ರಾಯರು ಮಗಳ ಮದುವೆಯಲ್ಲಿ ಪುಷ್ಕಳ ಊಟವನ್ನು ಹಾಕಿದರು. (rāyaru magaḷa maduveyalli puṣkaḷa ūṭavannu hākidaru.) 長者は娘の結婚式で豪勢な食事を振る舞った。 [Sk.]

ಪುಷ್ಟ ⟦puṣṭa プシュタ⟧ [puʂʈɐ] 《文》 (*adj.*) 栄養の十分な〈こと〉; 太った〈こと〉、頑丈〈な〉 [Sk.]

ಪುಷ್ಟಿ ⟦puṣṭi プシュティ⟧ [puʂʈi] 《文》 n. 1 栄養が十分とれた状態、(体の)頑丈さ、屈強なこと 2 (壁

などの)支え、補強のための構造物 3 ある主張を補強する追加的な証拠や事実 [Sk.]

ಪುಷ್ಟೀಕರಿಸು ⟦puṣṭīkarisu プシュティーカリス⟧ [puʂʈiːkərisu] 《文》 vt.〈ある主張を〉追加的な証拠や事実で補強する [Sk.]

ಪುಷ್ಪ ⟦puṣpa プシュパ⟧ [puʂpɐ] n. 1 花(特に神に捧げるもの) 2 月経、月のもの 3 角膜白斑(角膜の乳白混濁) [Sk.] = ಪೂವು (pūvu)〔口〕

ಪುಷ್ಯ ⟦puṣya プシュヤ⟧ [puʂ̣jɐ] 《文》 n. 1 花 2 トパーズ、黄玉 3 第 8 星宿プシュヤ 4 パウシャ月(インドの伝統的太陽太陰暦の第 10 月、グレゴリオ暦の 12 月から 1 月にあたる) [Sk.] = ಪೌಷ (pauṣa)

ಪುಸಲಾಯಿಸು ⟦pusalāyisu プサラーイス⟧ [pusǝ̆lɐːjĭsu] vt. 1 甘い言葉で丸め込む、うまく説得して何かをさせる 2 こっそり盗む、持ち去る [p^husălāviṇē T13815]

ಪುಸಲಾವಣೆ ⟦pusalāvaṇe プサラーヴァネ⟧ [pusǝ̆lɐːvǝ̆ɳe] n. 甘い言葉で丸め込むこと、うまく説得して何かをさせること [M. p^husălāvăṇī *T13815]

ಪುಸಿ ⟦pusi プシ⟧ [pusi] 《古》 vi. 1 嘘だと分かる、実現しない 2 実らない、熟さない —n. 1 嘘、虚言 2 見せ掛け、うわべ、まやかし ¶ ಪುಸಿಸಾಧು (pusisād^{h}u) まやかしの修道者 [Ka. D4531]

ಪುಸಿಗ ⟦pusiga プシガ⟧ [pusĭgɐ] 《古》 m. 《f. *ಪುಸಿಗಿ (pusigi)》嘘つき [Ka. D4531]

ಪುಸ್ತಕ ⟦pustaka プスタカ⟧ [pustǝkɐ] n. 1 本 2 (本の)巻 [Sk.]

ಪುಸ್ತಿಕೆ ⟦pustike プスティケ⟧ [pustike] 《文》 n. 小さな本、パンフレット [Sk.]

ಪುಳಂಬು ⟦puḷaṃbu プランブ⟧ [puɭǝmbu] 《古》 n. 矢 [Ka. *D4361] ☞ಪುಣುಂಬು (puṇuṃbu)

ಪುಳಕ ⟦puḷaka プラカ⟧ [puɭǝkɐ] 《文》 n. ぞっとするような喜びなどで身の毛が立つこと [Sk.] =ಪುಲಕ (pulaka)

ಪುಳಕಿತ ⟦puḷakita プラキタ⟧ [puɭǝkitɐ] 《文》 adj. ぞっとするような喜びで身の毛が立った [Sk.] =ಪುಲಕಿತ (pulakita)

ಪುಳಗು ⟦puḷagu プラグ⟧ [puɭǝ̆gu] 《古》 n. 麝香(じゃこう)(ジャコウネコからとった香料) (ṣī.iX-ī) [Ka. *D4313] ☞ಪುಣುಗು (puṇugu)

ಪುಳಿ¹ ⟦puḷi プリ⟧ [puɭi] 《古》 vi. 虫食いになる、虫でいっぱいになる [Ka. D4312] ☞ಹುಳಿ (huḷi)¹

ಪುಳಿ² ⟦puḷi プリ⟧ [puɭi] 《古》 n. 酸、酸味、すっぱいこと [Ka. D4322] = ಹುಳಿ (huḷi)〔現〕

ಪುಳಿಲ್ ⟦puḷil プリル⟧ [puɭil] 《古》 n. 砂丘;(川や海の)砂州 [Ka. *D4558] ☞ಪುಱಿಲ್ (puṟil)

ಪುಳಿಲು ⟦puḷilu プリル⟧ [puɭilu] 《古》 n. 1 砂 2 砂丘;(川や海の)砂州 [Ka. *D4558] ☞ಪುಱಿಲ್ (puṟil)

ಪುಳಿಸೆ ⟦puḷise プリセ⟧ [puɭise] 《古》 n. [Ka. *D4322] ☞ಹುಣಿಸೆ (huṇise)〔現〕

ಪುಳು¹ ⟦puḷu プル⟧ [puɭu] 《古》 n. 1 虫 2〔喩〕矮小で卑しいもの;矮小で卑しい人 [Ka. *D4312] ☞ಹುಳು (huḷu)

ಪುಳು² ⟦puḷu プル⟧ [puɭu] 《古》 n. [Ka. D4322] ☞ಪುಳಿ (puḷi)

ಪುಳುಂಬು ⟦puḷuṃbu プルンブ⟧ [puɭumbu] 《古》 n. 矢 [Ka. *D4361] ☞ಪುಣುಂಬು (puṇuṃbu)

ಪುಳುಗು ⟦puḷugu プルグ⟧ [puɭugu] 《古》 n. 麝香(じゃこう)(ジャコウネコからとった香料) (SII. IX-ii) [Ka. *D4313] ☞ಪುಣುಗು (puṇugu)

ಪುಳ್ಗಿ ⟦puḷgi プルギ⟧ [puɭgi] 《古》 n. 黒砂糖と小麦を煮て作った柔らかい粥のような甘い食べ物 [Ka. < puṟgi *D4315] ☞ಹುಗ್ಗಿ (huggi)

ಪುಳ್ಗೆ ⟦puḷge プルゲ⟧ [puɭge] 《古》 n. 米と緑豆と香辛料を混ぜて炊いたもの(黒砂糖を混ぜて甘くしたものもある) [Ka. *D4315] ☞ಹುಗ್ಗಿ (huggi)

ಪುಱ್ ⟦puṟ プル⟧ [puṟ] 《‡》 (n.) ぶうっ(屁を放ったり大便したりする時の音を表す擬音語) (Kitt.) [Ka. D4329]

ಪುಳ್ಳ ⟦puḷḷa プッラ⟧ [puɭɭɐ] 《‡》 n. タマリンド(熱帯産マメ科の常緑樹またはその実、実が酸味の強い調味料として広く用いられる) (St. & Pl. (Kitt.)) [Ka. D4322] ☞ಪುಳಿ (puḷi)

ಪುಳ್ಳಿ ⟦puḷḷi プッリ⟧ [puɭɭi] ಪುಳ್ಳೆ, ಹುಳ್ಳಿ, ಹುಳ್ಳೆ 《古》 n. 1 乾いた小さな木切れ 2 薪 [Ka. D4328]

ಪುಳ್ಳೆ ⟦puḷḷe プッレ⟧ [puɭɭe] 《古》 n. [Ka. D4328] ☞ಪುಳ್ಳಿ (puḷḷi)

ಪುಱ¹ ⟦puṟa プラ⟧ [puɽɐ] 《‡》 n. 虫(一般) [Ka. D4312] ☞ಪುಱು (puṟu)¹

ಪುಱ² ⟦puṟa プラ⟧ [puɽɐ] 《‡》 n. [Ka. D4313] (Kitt.) ☞ಪುಱು (puṟu)²

ಪುಱಿ ⟦puṟi プリ⟧ [puɽi] ಪುಳಿ¹, ಹುಳಿ, ಹುಱಿ 《古》 vi. 虫食いになる、虫でいっぱいになる [Ka. D4312]

ಪುಱಿಚಿಲ್ ⟦puṟicil プリチル⟧ [puɽitʃil] 《‡》 n. 腐ったもの、腐敗したもの [Ka. D4312] (Kitt., V 35, 55va.)

ಪುಱಿಲ್ ⟦puṟil プリル⟧ [puɽil] ಪುಣಿಲ್, ಪುಳಿಲ್, ಪುಳಿಲು 《古》 n. 1 砂 (Šmd.) 2 (川や海の)砂州 [Ka. D4558]

ಪುಱು¹ ⟦puṟu プル⟧ [puɽu] 《古》 n. 1 虫 2 矮小で卑しいもの;矮小で卑しい人 [Ka. D4312]

ಪುಱು² ⟦puṟu プル⟧ [puɽu] 《‡》 n. 麝香(じゃこう)などの混合物(神像に塗った後それをはがし高価で売られる) (My. (Kitt.)) [Ka. D4313]

ಪುಱುಕು ⟦puṟuku プルク⟧ [puɽŭku] 《古》 (n.) 1 (本、布などが)虫に食われた〈こと〉 2 虫けらのような〈人〉、卑しい〈人〉☞ಹುಳುಕು (huḷuku) [Ka. D4312]

ಪುಱ್ಗಿ ⟦puṟgi プルギ⟧ [puɽgi] 《古》 n. 米と緑豆と香辛料を混ぜて炊いた粥状の食べ物(黒砂糖を入れて甘くしたものもある) = Ta. poṅgal [Ka. D4315] ☞ಹುಗ್ಗಿ (huggi)〔現〕

ಪುಱ್ಗು 〚puṟgu プルグ〛[puɭgu]《古》*vi.* 1（髪の毛、皮膚などが）こげる 2 燃える、燃焼する(*lex.*) [Ka. D4315]

ಪೂ 〚pū プー〛[puː] ಹೂ《古》*vi.*《過去語幹 pūt-》（花が）咲く —*n.* 1 花 2 角膜白斑（角膜の乳白混濁）☞ಹೂವು (hūvu)〔現〕[Ka. D4345]

ಪೂಗನಸು 〚pūganasu プーガナス〛[puːg̊ənəsu]《古》*n.* 楽しい夢 [+ *kanasu*] ☞ಹೂಗನಸು (hūganasu)

ಪೂಂಬೆ 〚pūṃbe プーンベ〛[puːmbɛ]《方》*n.* バナナの花房 (*Gowda*) [Ka. D4345]

ಪೂಕು 〚pūku プーク〛[puːku]《方》*n.*〔俗〕女性の陰部、女陰 [Ka. D4236] ☞ಪುಕ್ಕು (pukku)

ಪೂಚಿ 〚pūci プーチ〛[puːʧi]《‡》*n.* 虫 (*My.* (*Kitt.*)) [Ka. D4353]

ಪೂಜನೀಯ 〚pūjanīya プージャニーヤ〛[puːʤə̆niːjɐ] *adj.*, *m.*《*f.* ಪೂಜನೀಯಳು (pūjanīyaḷu)》尊敬すべき〈人〉、敬うべき〈人〉[Sk.]

ಪೂಜಾಪುನಸ್ಕಾರ 〚pūjāpunaskāra プージャープナスカーラ〛[puːʤɐːpunəskɐːrɐ] *n.* 神を祀ること、神を祀ることに付随する諸行為、目上の人に敬意を表すること、目上に対する敬意の表明に付随する諸行為 [Sk.]

ಪೂಜಾರಿ 〚pūjāri プージャーリ〛[puːʤɐːri] *m.*《*f.* ಪೂಜಾರಿಣಿ (pūjāriṇi)》寺院に属して神への供養を行う僧侶 [H. *pujārī*/M. *pūjārī*]

ಪೂಜಿಸು 〚pūjisu プージス〛[puːʤisu]《文》*vt.* 1 神への供養を行う 2〈年長者や偉人に〉敬意を表する、尊敬する [Sk.]

ಪೂಜೆ 〚pūje プージェ〛[puːʤe] *n.* 1 神への供養 2（偉大な人を）敬うこと、（偉大な人に）敬意を表すこと 3 零の文字 [Sk.]

ಪೂಜ್ಯ 〚pūjya プージュヤ〛[puːʤ̆jɐ]《文》*adj.*, *m.*《*f.* ಪೂಜ್ಯಳು (pūjyaḷu)》尊敬すべき〈人〉、敬うべき〈人〉 —*n.* 1 零の文字 O 2 鼻音を表す o の文字 [Sk.]

ಪೂಡು 〚pūḍu プードゥ〛[puːɖu]《古》*vt.* 1 くっつける、合わせる 2 連結する、（くびきなどに）つなぐ 3〈矢を〉つがえる 4〈店などを〉整える、準備する 5 生じさせる 6 始める、開始する 7 運送する [Ka. D4361] ☞ಹೂಡು (hūḍu)〔現〕

ಪೂಣ್[1] 〚pūṇ プーン〛[puːɳ]《古》*vt.*《過去語幹 pūṇd-》1〈弓を〉つがえる 2 始める、開始する 3 同意する、許可する 4 誓う、誓約する 5 約束する 6 作る、こしらえる 7〈性格などを〉獲得する、身につける 8 決める、決定する 9〈苦行や宗教上の勤めなどを〉行う —*n.* 1 誓い、誓約 2 約束 3（宗教上の）願 [Ka. D4361]

ಪೂಣ್[2] 〚pūṇ プーン〛[puːɳ]《‡》*vt.* 埋める [Ka. D4376] (*Pb.* (*DEDR*)) cf. ಪೂೞ್ (pūḻ)

ಪೂಣಿಗ 〚pūṇiga プーニガ〛[puːɳigɐ] *m.* 1 射手 2 勇者、勇気ある人 [*pūṇ* + *-iga* *D4376]

ಪೂಣಿಪು 〚pūṇipu プーニプ〛[puːɳipu]《‡》*vt.* 意図する、狙う [Ka. D4361] (*Čpr* (*Kitt.*))

ಪೂಣ್ಕೆ 〚pūṇke プーンケ〛[puːɳke]《古》*n.* 1 努力、精進 2 約束、誓い 3 決心、決意 (*Pb.2.90*) 4 完全、完全性 [Ka. D4361]

ಪೂತಿ 〚pūti プーティ〛[puːti]《文》*n.* 1 悪臭、腐敗物 2 麝香（じゃこう）（ジャコウネコからとった香料）[Sk.]

ಪೂತಿಗಂಧ 〚pūtigaṃdʰa プーティガンダ〛[puːtigəndʰɐ] *n.* 悪臭、腐敗物の臭い [Sk.]

ಪೂತಿನಾಶಕ 〚pūtināśaka プーティナーシャカ〛[puːtinɐːʃə̆kɐ]《文》*adj.* 殺菌性の、消毒の —*n.* 殺菌剤、消毒薬 [Sk.]

ಪೂನ್ 〚pūn プーン〛[puːn]《‡》*vt.*《過去語幹 pūt-》試みる (*Kitt.*) [Ka. D4361]

ಪೂರಕ 〚pūraka プーラカ〛[puːrə̆kɐ]《文》*adj.* 満たす、いっぱいにする、完全化する、補足的な —*n.* 乗数 = ಗುಣಕ (guṇaka) [Sk.]

ಪೂರಕ ಕಾರ್ಯಕ್ರಮ 〚pūraka kāryakrama プーラカカーリヤクラマ〛[puːrə̆kə kɐːrjə̆krəmɐ]《文》*n.* 補完計画 [Sk.]

ಪೂರಿಸು 〚pūrisu プーリス〛[puːrisu]《古》*vt.*, *vi.* [Sk. *pūrayati* + *-isu*] ☞ಪೂರೈಸು (pūraisu)〔現〕

ಪೂರೈಕೆ 〚pūraike プーライケ〛[puːrəike] *n.* 1（食料、水、電気、燃料などの）供給 2（仕事などの）完成 ¶ ನಾಟಕದ ಅಂತಿಮ ದೃಶ್ಯದ ಬರವಣಿಗೆ ಪೂರೈಕೆ ಆಯ್ತು. (nāṭakada aṃtima dṛśyada baravaṇige pūraike āytu.) 劇の最終場面の台本が完成した。[Sk. *pūrayati* + *-ike*]

ಪೂರೈಸು 〚pūraisu プーライス〛[puːrəisu] *vt.* 1 満たす、いっぱいにする 2 完成する 3 記入する 4〈水、燃料、食料などを〉供給する 5 吹く —*vi.* 満ちる、いっぱいになる [Sk. *pūrayati* + *-isu*]

ಪೂರ್ಣ 〚pūrṇa プールナ〛[puːrɳɐ] (*n.*) 1 完全〈な〉、全体〈の〉 2 いっぱい〈の〉、満ちた〈こと〉[Sk.]

ಪೂರ್ಣನಷ್ಟ 〚pūrṇanaṣṭa プールナナシュタ〛[puːrɳənəʂʈɐ]《文》*n.* 全損、完全な損失 [Sk.]

ಪೂರ್ಣವಿರಾಮ 〚pūrṇavirāma プールナヴィラーマ〛[puːrɳəvirɐːmɐ] *n.* 終止符、ピリオド [Sk.]

ಪೂರ್ತಿ 〚pūrti プールティ〛[puːrti] *n.* 1 満たすこと、いっぱいにすること ¶ ಈ ಫಾರಮನ್ನು ಪೂರ್ತಿ ಮಾಡಿರಿ. (ī pʰāramannu pūrti māḍiri.) この書式に書き込んでください。2 終わり、終了 ¶ ಆ ಚಿತ್ರ ಅಲ್ಲಿ ಪೂರ್ತಿ ಆಗಬೇಕಿತ್ತು. (ā citra alli pūrti āgabēkittu.) あの映画はあそこで終わるべきだった。3（欲望などの）満足、満たすこと ¶ ಆಸೆಯ ಪೂರ್ತಿ ಆಗದೆ ಇದ್ದರೆ ಮಾನಸಿಕ ಅಸ್ವಾಸ್ಥ್ಯ ಉಂಟಾಗುತ್ತದೆ. (āseya pūrti āgade iddare mānasika asvāstʰya uṃṭāguttade.) 欲望を満足させないと心の健康を害する。 —*adv.* 完全に、すっかり ¶ ವಿಮರ್ಶಕ ಪುಸ್ತಕವನ್ನು ಪೂರ್ತಿ ಓದಿಲ್ಲ. (vimarśaka pustakavannu pūrti ōdilla.) 批評家は本を終わりまで読んでいない。[Sk.]

ಪೂರ್ವ 〚pūrva プールヴァ〛[puːrvɐ] (*adj.*) 1（空間的に）前〈の〉、前にある〈こと〉 2（変化する、変わ

る）前〈の〉、以前〈の〉 3 昔〈の〉、古〈の〉 4 より前の〈こと〉、より古い〈こと〉¶ ಈ ಶಬ್ದಕ್ಕೆ ಪೂರ್ವ ನಿದರ್ಶನ ಸಿಕ್ಕುವುದಿಲ್ಲ. (ī śabdakke pūrva nidarśana sikkuvudilla.) この言葉にはより古い出典がない。 5 東〈の〉、東方〈の〉 —*m.* 祖先、先祖 —*n.* 1 以前、昔 2 昔からの伝統、古いしきたり 3 東、東方 [Sk.]

ಪೂರ್ವಕ ⟦pūrvaka プールヴァカ⟧ [pu:rvəkɐ] 《文》 *adj.* 1 前の、以前の 2 昔の —*suf.* …と共に、を伴って ¶ ಭಕ್ತಿಪೂರ್ವಕ (bʰaktipūrvaka) 信愛の情をもって [Sk.]

ಪೂರ್ವಕಲ್ಪಿತ ⟦pūrvakalpita プールヴァカルピタ⟧ [pu:rvəkəlpitɐ] 《文》 *adj.* 前もって計画された ¶ ಈ ಹತ್ಯಾಕಾಂಡ ಪೂರ್ವಕಲ್ಪಿತವಾದದು. (ī hatyākāmḍa pūrvakalpitavādadu.) この殺人事件は前もって計画されたものだ。 [Sk.]

ಪೂರ್ವಗ್ರಹ ⟦pūrvagraha プールヴァグラハ⟧ [pu:rvəgrəhɐ] *n.* 偏見、先入見 [Sk.]

ಪೂರ್ವದಿನಾಂಕಿತ ⟦pūrvadināṃkita プールヴァディナーンキタ⟧ [pu:rvədinɐ:ŋkitɐ] 《文》 *adj.* （小切手などが）発行日以前の日付けを打った [Sk.]

ಪೂರ್ವನಿದರ್ಶನ ⟦pūrvanidarśana プールヴァニダルシャナ⟧ [pu:rvənidərʃənɐ] 《文》 *n.* 先例 [Sk.]

ಪೂರ್ವಪದ್ಧತಿ ⟦pūrvapaddʰati プールヴァパッダティ⟧ [pu:rvəpəddʰəti] *n.* 昔の習慣 [Sk.]

ಪೂರ್ವಭಾವಿ ⟦pūrvabʰāvi プールヴァバーヴィ⟧ [pu:rvəbʰɐ:vi] *adj.* 1 前に存在した 2 予備の（試験など） [Sk.]

ಪೂರ್ವಭಾವಿ ಪರಿಶೀಲನೆ ⟦pūrvabʰāvi pariśīlane プールヴァバーヴィパリシーラネ⟧ [pu:rvəbʰɐ:vi pəriʃi:ləne] 《文》 *n.* 検分、下検分 [Sk.]

ಪೂರ್ವಯೋಜನೆ ⟦pūrvayōjane プールヴァヨージャネ⟧ [pu:rvəjo:ʤəne] *n.* 前もって計画を練ること、事前の計画 [Sk.]

ಪೂರ್ವರಂಗ ⟦pūrvaraṃga プールヴァランガ⟧ [pu:rvərəŋgɐ] *n.* 劇の序幕 [Sk.]

ಪೂರ್ವಲಿಖಿತ ⟦pūrvalikʰita プールヴァリキタ⟧ [pu:rvəlikʰitɐ] 《文》 *n.* （前世で額に書き込まれた）運命 [Sk.]

ಪೂರ್ವಾಪರ ⟦pūrvāpara プールヴァーパラ⟧ [pu:rvɐ:pərɐ] 《文》 *n.* 1 その前後のできごと 2 結果 ¶ ಪೂರ್ವಾಪರವನ್ನು ಯೋಚಿಸದೆ ಮಾತಾಡಬಾರದು. (pūrvāparavannu yōcisade mātāḍabāradu.) その結果を考えずに話をしてはならない。 [Sk.]

ಪೂರ್ವಾಷಾಢ ⟦pūrvāṣāḍʰa プールヴァーシャーダ⟧ [pu:rvɐ:ʂɐ:ɖɐ] *n.* 第 20 星宿プールヴァ・アーシャーダ [Sk.]

ಪೂರ್ವಿ ⟦pūrvi プールヴィ⟧ [pu:rvi] *n.* ラーガ（インド古典音楽の旋法）の一つの名前 [Sk.]

ಪೂರ್ವಿಕ ⟦pūrvika プールヴィカ⟧ [pu:rvikɐ] *m.* 《*f.* ಪೂರ್ವಿಕಳು (pūrvikaḷu)》先祖、祖先 [Sk.]

ಪೂರ್ವೀಕ ⟦pūrvīka プールヴィーカ⟧ [pu:rvi:kɐ] *m.* 《*f.* ಪೂರ್ವೀಕಳು (pūrvīkaḷu)》先祖、祖先 [Sk.] ☞ಪೂರ್ವಿಕ (pūrvika)

ಪೂವು ⟦pūvu プーヴ⟧ [pu:vu] 《古》 *n.* 花 [Ka. D4345] ☞ಹೂವು (hūvu)〔現〕

ಪೂರ್ವೋತ್ತರ ⟦pūrvōttara プールヴォーッタラ⟧ [pu:rvo:ttərɐ] *(adj.)* 北東〈の〉 —*n.* 1 北東 2 その前後のできごと = ಪೂರ್ವಾಪರ (pūrvāpara) [Sk.]

ಪೂಸು[1] ⟦pūsu プース⟧ [pu:su] ಹೂಸು[1] *vt.* 〈ペンキ、香油などを〉塗る；〈土の床を〉牛糞を混ぜた水を塗って洗う ¶ ನೆಲವನ್ನು ಸಗಣಿಯಿಂದ ಪೂಸಿದರೆ ಶ್ರೇಷ್ಠ. (nelavannu sagaṇiyiṃda pūsidare śrēṣṭʰa.) 床に牛糞を塗ることが（儀式として）一番いい。 = ಸವರು (savaru) —*n.* 塗ること [Ka. D4352]

ಪೂಸು[2] ⟦pūsu プース⟧ [pu:su] 《古》 *vi.* 屁をひる、おならをする [Ka. D4354] ☞ಹೂಸು (hūsu)[2]〔現〕

ಪೂಸುವಿಕೆ ⟦pūsuvike プースヴィケ⟧ [pu:sŭvike] 《古》 *n.* 塗ること [Ka. D4352]

ಪೂಱ್ ⟦pūṟ プール⟧ [pu:ɻ] 《古》 *vt.* 1 埋める 2 〈穴、井戸、池などを〉埋めて平らにする 3 水に沈める [Ka. D4376]

ಪೂಱು ⟦pūṟu プール⟧ [pu:ɻu] 《古》 *vt.* 1 埋める 2 〈穴、井戸、池などを〉埋めて平らにする 3 水に沈める [Ka. D4376] ☞ಹೂಳು (hūḷu)〔現〕

ಪೃಥಕ್ಕರಣ ⟦pṛtʰakkaraṇa プルタッカラナ⟧ [prɯtʰəkkərə̆ɳɐ] 《文》 *n.* 1 分離 2 分類、等級別格づけ [Sk.]

ಪೃಥಕ್ಕರಿಸು ⟦pṛtʰakkarisu プルタッカリス⟧ [prɯtʰəkkərisu] 《文》 *vt.* 1 分離する 2 分類する、等級別格づけする [Sk.]

ಪೃಥ್ವಿ ⟦pṛtʰvi プルトヴィ⟧ [prɯtʰvi/prutʰvi] *n.* 1 大地 2 地球 3 地（物質世界を構成する九つあるいは五つの要素の一つ） [Sk.]

ಪೃಥ್ವೀಪಾಲ ⟦pṛtʰvīpāla プルトヴィーパーラ⟧ [prɯtʰvi:pɐ:lɐ/prutʰvi:–] 《文》 *m.* 《*f.* ಪೃಥ್ವಿಪಾಲೆ/ ಪೃಥ್ವಿಪಾಲಿನಿ (pṛtʰvipāle/ pṛtʰvipālini)》王、王者 [Sk.]

ಪೃಷ್ಠ ⟦pṛṣṭʰa プルシュタ⟧ [prɯʂʈʰɐ/pruʂʈʰɐ] 《文》 *n.* 1 背、背中 2 ページ、頁 3 尻 [Sk.]

ಪೃಷ್ಠಭೂಮಿ ⟦pṛṣṭʰabʰūmi プルシュタブーミ⟧ [prɯʂʈʰəbʰu:mi/pruʂʈʰə–] *n.* 1 （絵、風景などの）背景 2 （事件などの）背景

ಪೆಂ ⟦peṃ ペン⟧ [pem] 《文》 *pref.* 《ಪಿರಿ (piri)の単純化された形》「大…」の意味を表す接頭辞 ¶ ಪೆಂಪು, ಪೆಮ್ಮೆ (peṃpu, pemme) 偉大さ [Ka. *D4411]

ಪೆಂಕುಳಿ ⟦peṃkuḷi ペンクリ⟧ [peŋkuɭi] ಪಿಂಕುಳಿ, ಪೇಂಕುಳಿ, ಪೇಕುಳಿ, ಹೇಕುಳಿ《古》*m.* 1 臆病者、意気地なし 2 精神異常者、精神病者 —*n.* 1 狂犬 2 狂気、精神異常 [Ka. *D4438]

ಪೆಂಗ ⟦peṃga ペンガ⟧ [peŋgɐ] ಪೆಗ್ಗ, ಹೆಗ್ಗ, ಹೇಗ 《希》 *m.* 《*f.* ಪೆಂಗಿ (peṃgi)》馬鹿、馬鹿者（しばしば悪意のない罵りとして用いられる） [Ka. D4381]

ಪೆಂಗು ⟦pemgu ペング⟧ [peŋgu] 《希》 (n.) 馬鹿〈な〉、愚か〈な〉[Ka. *D4381]

ಪೆಂಗುತನ ⟦peṃgutana ペングタナ⟧ [peŋgutǝ̆nɐ] 《希》 n. 愚かさ、馬鹿さ(ふつうは悪意のない意味で用いられる) ¶ ಅವನು ತನ್ನ ಪೆಂಗುತನದಿಂದಲೇ ಹಾಳಾದ. (avanu tanna peṃgutanadiṃdalē hāḷāda.) あいつは自分の愚かさ故に身を滅ぼした。[peṃgu + -tana]

ಪೆಂಗ್ವಿನ್ ⟦peṃgvin ペングヴィン⟧ [peŋgvin] n. ペンギン [Eg.]

ಪೆಂಟಿ ⟦peṃṭi ペンティ⟧ [peɳʈi] 《古》 n. [Ka. *D4394] ☞ಹೆಂಟೆ (heṃṭe)

ಪೆಂಟೆ¹ ⟦peṃṭe ペンテ⟧ [peɳʈe] n. (土、黒砂糖などの)塊 [Ka. D4394] ☞ಹೆಂಟೆ (heṃṭe)

ಪೆಂಟೆ² ⟦peṃṭe ペンテ⟧ [peɳʈe] n. 馬やろばなどの動物の雌 [Ka. *D4395] ☞ಹೆಂಟೆ (heṃṭe)

ಪೆಂಡ ⟦peṃḍa ペンダ⟧ [peɳɖɐ] 《‡》 f. 女性、女子 (Bp. 2,55 (Kitt.)) [Ka. D4395]

ಪೆಂಡತಿ ⟦peṃḍati ペンダティ⟧ [peɳɖǝ̆ti] ಪೆಂಡಿತಿ 《古》 f. 1 女性、女子 2 妻、女房 [Ka. peṃḍa + -ti/-iti D4395]

ಪೆಂಡಿ ⟦peṃḍi ペンディ⟧ [peɳɖi] 《古》 n. (自然にあるいは廃棄物によってできた)土の山 [Ka. *D4394] ☞ಪೆಂಟೆ (peṃṭe)

ಪೆಂಡಿತಿ ⟦peṃḍiti ペンディティ⟧ [peɳɖĭti] 《古》 f. [Ka. D4395] ☞ಪೆಂಡತಿ (peṃḍati)

ಪೆಂಡಿರ್ ⟦peṃḍir ペンディル⟧ [peɳɖir] 《方》 f. 《pl.》女性たち (ṣhanmugam (DEDR)) [Ka. D4395a]

ಪೆಂಡೆಯ ⟦peṃḍeya ペンデヤ⟧ [peɳɖejɐ] 《古》 n. 足飾りの一種 [⇒図] [Ka. D4399] = ಅಂದುಗೆ, ಕಾಲಿನ ಬಳೆ (aṃduge, kālina baḷe)

ಪೆಂಡೆಯ
足飾り

ಪೆಂಪು ⟦peṃpu ペンプ⟧ [pempu] ಪೆಣ್ಪು ಹೆಂಪು 《古》 n. 1 偉大さ、卓越、優越、優れていること 2 名声、令名 3 豊富、潤沢 4 美、美しさ 5 高さ、高度 6 繁栄、栄達 7 傲慢、うぬぼれ [Ka. peṃ + -pu D4411]

ಪೆಕ್ಕಳಿಗ ⟦pekkaḷiga ペッカリガ⟧ [pikkǝɭĭgɐ] 《古》 n. 鳴き鳥の名 [Ka. *D4126] ☞ಪಿಕ್ಕುಳಿಕ (pikkuḷika)

ಪೆಗಲ್ ⟦pegal ペガル⟧ [pegǝl] 《古》 n. 肩、上膊 [Ka. D4172] ☞ಹೆಗಲು (hegalu)〔現〕

ಪೆಗಲು ⟦pegalu ペガル⟧ [pegǝ̆lu] 《古》 n. 肩、上膊 [Ka. *D4172] ☞ಹೆಗಲು (hegalu)〔現〕

ಪೆಣ್ಪು ⟦peṇpu ペンプ⟧ [peɳpu] 《古》 n. 偉大さ、卓越、優越、優れていること [Ka. D4411] ☞ಪೆಂಪು (peṃpu)

ಪೆಗ್ಗ ⟦pegga ペッガ⟧ [peggɐ] 《古》 m. 《f. ಪೆಗ್ಗಪೆಣ್ (pegga peṇ)》 [Ka. D4381] ☞ಪೆಂಗ (peṃga)

ಪೆಗ್ಗು ⟦peggu ペッグ⟧ [peggu] 《文》 n. [Ka. D4381] ☞ಪೆಂಗು (peṃgu)

ಪೆಗ್ಗಣ ⟦peggaṇa ペッガナ⟧ [peggǝ̆ɳɐ] 《古》 n. オニネズミ [Ka. D4411] = ಹೆಗ್ಗಣ (heggaṇa)〔現〕

ಪೆಚ್ಚ ⟦pecca ペッチャ⟧ [peʧʧɐ] m. 《f. ಪೆಚ್ಚಿ (pecci)》 馬鹿者、愚か者 [Ka. peccu² + -a, D4142]

ಪೆಚ್ಚು¹ ⟦peccu ペッチュ⟧ [peʧʧu] 《古》 vi. 1 増える、増大する 2 (木や草が)大きくなる、生長する 3 高慢になる、威張る —n. 1 増大、増えること 2 (腹、胸などが)大きくなること 3 (怒り、愛などが)燃え上がること 4 広がり 5 卓越 6 富 7 程度がひどいこと 8 高慢 9 大胆 ☞ಹೆಚ್ಚು (heccu)〔現〕 [Ka. < percu D4411]

ಪೆಚ್ಚಿಸು ⟦peccisu ペッチス⟧ [peʧʧisu] 《古》 vt. 増大させる、など [Ka. < OK percisu D4411]

ಪೆಚ್ಚು² ⟦peccu ペッチュ⟧ [peʧʧu] (n.) 馬鹿な〈こと〉 —mf. 馬鹿者 —n. きまり悪い状況、ばつの悪いこと [Ka. D4142]

ಪೆಚ್ಚುಮುಖ ⟦peccumukʰa ペッチュムカ⟧ [peʧʧumukʰɐ] n. ばつの悪い顔、きまりの悪い顔 [+ mukʰa]

ಪೆಚ್ಚಾಗು ⟦peccāgu ペッチャーグ⟧ [peʧʧɐːgu] vi. 恥をかく、きまりの悪い思いをする ¶ ಅವಳು ಮಾತನಾಡಿದ ರೀತಿಗೆ ಗಂಡ ಪೆಚ್ಚಾದನು. (avaḷu mātanāḍida rītige gaṃḍa peccādanu.) 彼女の話に夫はきまりの悪い思いをした。[+ āgu]

ಪೆಚ್ಚುಗೆ ⟦peccuge ペッチュゲ⟧ [peʧʧŭge] 《古》 n. 増大、など [Ka. < OK percuge D4411] ☞ಹೆಚ್ಚುಗೆ (heccuge)

ಪೆಚ್ಚುಮುಖ ⟦peccumukʰa ペッチュムカ⟧ [peʧʧumukʰɐ] n. ばつの悪い顔、きまりの悪い顔 [peccu + mukʰa]

ಪೆಜ್ಜೆ ⟦pejje ペッジェ⟧ [peʤʤe] 《古》 n. 足跡 [Ka. A6] ☞ಹೆಜ್ಜೆ (hejje)

ಪೆಟಲ್ ⟦peṭal ペタル⟧ [peʈǝl] ಪೆಟಲ, ಪೆಟಲು, ಪೆಟ್ಟಲು, ಪೆಟ್ಲ 《古》 n. 鉄砲の点火装置 [Ka. onom. D4386]

ಪೆಟಲು ⟦peṭalu ペタル⟧ [peʈǝlu] 《古》 n. 鉄砲の点火装置 [Ka. onom. D4386] ☞ಪೆಟಲ್ (peṭal)

ಪೆಟ್ಟ ⟦peṭṭa ペッタ⟧ [peɳʈɐ] 《古》 n. 1 (土、黒砂糖などの) 塊 2 土くれを砕く槌の一種 [Ka. D4394] ☞ಹೆಂಟೆ (heṃṭe)

ಪೆಟ್ಟಲು ⟦peṭṭalu ペッタル⟧ [peʈʈǝlu] 《古》 n. 鉄砲の点火装置 [Ka. onom. D4386] ☞ಪೆಟಲ್ (peṭal)

ಪೆಟ್ಟಿ¹ ⟦peṭṭi ペッティ⟧ [peʈʈi] n. 1 (金属製や木製の)箱 2 蛇を入れる籠 3 (穀物を貯蔵する)背の高い竹製の籠 [Ka. D4388]

ಪೆಟ್ಟಿ² ⟦peṭṭi ペッティ⟧ [peʈʈi] 《古》 n. [Ka. *D4394] ☞ಹೆಂಟೆ (heṃṭe)

ಪೆಟ್ಟಿಗೆ ⟦peṭṭige ペッティゲ⟧ [peʈʈĭge] ಪೆಡಗೆ, ಪೆಡಿಗೆ, ಪೇಳಿಗೆ, ಪೇಳ್ಗೆ, ಹೆಡಗೆ, ಹೆಡಿಗೆ, ಹೇಳಿಗೆ n. 1 (金属製や木製の)箱 (一般) 2 籠 3 小箱 [Ka. D4388]

ಪೆಟ್ಟಿಯ ⟦peṭṭiya ペッティヤ⟧ [peʈʈijɐ] 《古》 n. [Ka. D4388] ☞ಪೆಟ್ಟಿಗೆ (peṭṭige)

ಪೆಟ್ಟು¹ ⟦peṭṭu ペットゥ⟧ [peʈʈu] 《古》 vt. 1 (手や棒や槌などで)打つ 2 〈釘などを〉(金槌などで)打ち込む 3 〈貨幣を〉鋳造する 4 差し込む —vi. 《古》〈男根を〉挿入する (Kitt.) —n. (手や棒や槌などで)打つこと、打たれること [Ka. D4389, 4390]

ಪೆಟ್ಟು² ⟦peṭṭu ペットゥ⟧ [peʈʈu] n. 1 傲慢、尊大 2 勇気、大胆 [Ka. D4392]

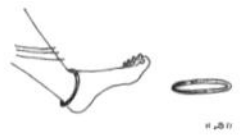

ಪೆಟ್ಟೆ⟦peṭṭe ペッテ⟧ [peʈʈe]《古》n. [Ka. D4394] ☞ಪೆಂಟೆ (peṃṭe)

ಪೆಟ್ರೋಲ್ ⟦peṭrōl ペトロール⟧ [peʈroːl] n. ガソリン [Eg. petrol]

ಪೆಟ್ರೋಲಾಲಯ ⟦peṭrōlālaya ペトローラーラヤ⟧ [peʈroːlăjɐ]《希》n. ガソリンスタンド [*petrol* + *ālaya*]

ಪೆಟ್ಲು ⟦peṭlu ペトル⟧ [peʈlu]《‡》n. おもちゃの鉄砲 (*Kitt.*) [Ka. D4386] ☞ಪೆಟಲ್ (peṭal)

ಪೆಟ್ಲುಪ್ಪು ⟦peṭluppu ペトルップ⟧ [peʈluppu]《口》n. 火薬 [*peṭlu* + *uppu*]

ಪೆಡ ⟦peḍa ペダ⟧ [peɖɐ]《古》(n.)《複合語頭で》後ろ〈の〉[Ka. D4146]

ಪೆಡಂಭೂತ ⟦peḍaṃbʰūta ペダンブータ⟧ [peɖəmbʰuːtɐ] n. 巨大な化け物 [? + *bʰūta*]

ಪೆಡಂದಲೆ ⟦peḍaṃdale ペダンダレ⟧ [peɖəndĕle]《古》n. 1 後頭部 2 首筋、うなじ [Ka. D4146] ☞ಹೆಡತಲೆ (heḍatale)〔現〕

ಪೆಡತಲೆ ⟦peḍatale ペダタレ⟧ [peɖətĕle]《古》n. 1 後頭部 2 後ろ、後ろ側、後部 [Ka. D4146] ☞ಹೆಡದಲೆ (heḍadale)

ಪೆಡದಲೆ ⟦peḍadale ペダダレ⟧ [peɖəɖəle]《古》n. 後頭部 [Ka. D4146] ☞ಹೆಡದಲೆ (heḍadale)

ಪೆಡಸು ⟦peḍasu ペダス⟧ [peɖĕsu] ಪೆಟಸು, ಹೆಡಸು《古》(n.) 1（金属のように）堅い〈こと〉 2 もろい〈こと〉 3（心が）無情な〈こと〉、つれない〈こと〉 4（道が）大変な〈こと〉 5（牛乳やヨーグルトなどが）脂肪が多い〈こと〉[Ka. D4194?, D4392] = ಹೆಡಸು (heḍasu)

ಪೆಡೆ ⟦peḍe ペデ⟧ [peɖe]《古》n. コブラの張ったあご [Ka. D47] = ಹೆಡೆ (heḍe)〔現〕

ಪೆಣ್ ⟦peṇ ペン⟧ [pen]《古》f. 女性、女子 [Ka. D4395] = ಹೆಣ್ಣು (heṇṇu)〔現〕

ಪೆಣ ⟦peṇa ペナ⟧ [peɳɐ]《古》n.（人間の）死体 [Ka. D4157] = ಹೆಣ (heṇa)〔現〕

ಪೆಣಗಾಟ ⟦peṇagāṭa ペナガータ⟧ [peɳəgaːʈɐ]《古》n. 1 難儀、苦難 2 苦闘 3 争い、闘争 [Ka. *D4160] = ಹೆಣಗಾಟ (heṇagāṭa)〔現〕

ಪೆಣಗು ⟦peṇagu ペナグ⟧ [peɳĕgu] ಹೆಣಕು, ಹೆಣಗು vi. 1 苦闘する 2 喧嘩する、争う、闘争する 3 張り合う 4 意地を張る [Ka. D4160]

ಪೆಣಸು ⟦peṇasu ペナス⟧ [peɳĕsu]《‡》vi. 喧嘩する、争う、闘争する (*Kitt.*) —n. 努力 [Ka. D4160]

ಪೆಣೆ ⟦peṇe ペネ⟧ [peɳe] ಹೆಣೆ《古》vt. 1〈縄を〉なう、〈むしろ、籠、髪の毛、セーターなどを〉編む 2〈縄、髪の毛などを〉編む、編み合わせる 3〈二つのものを〉絡ませる、〈あるものを〉他のあるものに絡ませる —n. 絡み合い ☞ಹೆಣೆ (heṇe)〔現〕[Ka. D4160]

ಪೆಣ್ಗೂಸು ⟦peṇgūsu ペングース⟧ [peɳguːsu] ಪೆಂಗುಸು, ಪೆಂಗೂಸು, ಹೆಂಗಸು, ಹೆಂಗುಸು, ಹೆಂಗೂಸು, ಹೆಣ್ಣುಕೂಸು, ಹೆಣ್ಣುಗೂಸು《古》n. 女の子、女性である子ども —f. 女、女性 [*peṇ* + *kūsu*]

ಪೆಣ್ತನ ⟦peṇtana ペンタナ⟧ [peɳtənɐ]《古》f. 女性であること；女性的な性質 [Ka. D4395] ☞ಹೆಣ್ಣುತನ (heṇṇutana)

ಪೆಣ್ಣು ⟦peṇṇu ペンヌ⟧ [peɳɳu]《古》f. 女性、女子 [Ka. D4395] ☞ಹೆಣ್ಣು (heṇṇu)〔現〕

ಪೆಣ್ಪು ⟦peṇpu ペンプ⟧ [peɳpu]《古》n. 偉大さ、卓越、優越、優れていること [Ka. *peṇ*- D4411 + -*pu*] ☞ಪೆಂಪು (peṃpu)

ಪೆದ್ದ[1] ⟦pedda ペッダ⟧ [peddɐ]《古》(n.) 大きい〈こと〉、偉大〈な〉[Ka. *D4411]

ಪೆದ್ದ[2] ⟦pedda ペッダ⟧ [peddɐ] adj., m.《f. ಪೆದ್ದಿ (peddi)》馬鹿〈な〉、馬鹿者〈の〉[? cf. *heḍḍa* D792]

ಪೆದ್ದಿ[1] ⟦peddi ペッディ⟧ [peddi] m. 人名の後ろに接尾辞のように付ける語の一つ [Ka. D4411]

ಪೆದ್ದಿ[2] ⟦peddi ペッディ⟧ [peddi] f. 馬鹿な女性、馬鹿女 [Ka.?]

ಪೆದ್ದು ⟦peddu ペッドゥ⟧ [peddu] (n.) 馬鹿な〈こと〉¶ ಪೆದ್ದುಪೆದ್ದಾಗಿ ಆಡಬೇಡ. (peddupeddāgi āḍabēḍa.) 馬鹿な振る舞いはよせ。[Ka. <?]

ಪೆನ್ಪೆನ್ಸಿಲ್ ⟦penpensil ペンペンシル⟧ [penpensil]《口》n. シャープペンシル [Eg. *pen* + *pencil*]

ಪೆಮ್ಮೆ ⟦pemme ペンメ⟧ [pemme]《古》n. 偉大であること、卓越、壮大 [Ka. *per*- *D4411 + -*me*] ☞ಹೆಮ್ಮೆ (hemme)〔現〕

ಪೆಯ್ಯ ⟦peyya ペイヤ⟧ [peĭjɐ]《古》n. 仔牛 (*Kitt.*[2]) [Ka. D3939]

ಪೆರ್- ⟦per- ペル-⟧ [per]《古》(n.)《母音の前でಪೇರ್- (pēr-)》大… [Ka. D4411]

ಪೆರಂಡೆ ⟦peraṃḍe ペランデ⟧ [perəɳɖe]《‡》n. ブドウ科のつる草の一種（薬用）(*DCV*) [Ka. D4174] *[IMP 2.113]

ಪೆರೆ ⟦pere ペレ⟧ [pere]《古》n. 蛇のぬけがら [Ka. D4417] ☞ಪೊರೆ (pore)[1]〔現〕

ಪೆರ್ಗಣ ⟦pergaṇa ペルガナ⟧ [pergəɳɐ]《古》n. オニネズミ [Ka. *D4411] ☞ಹೆಗ್ಗಣ (heggaṇa)〔現〕*[BIA pl.46]

ಪೆರ್ಚು ⟦percu ペルチュ⟧ [perʧu]《古》vi. 1 増える、増大する 2 大きくなる、成長する 3 高慢になる、威張る —n. 1 増大、増えること 2（木などの）成長、大きくなること 3（水位などが）高まること、（喜び、怒りなどの）感情の高まり、感情の横溢 4 広がり 5 卓越 6 富 7 程度がひどいこと 8 誇張 9 高慢 10 大胆 ☞ಹೆಚ್ಚು (heccu)〔現〕[Ka. D4411]

ಪೆರ್ಚಿಸು ⟦percisu ペルチス⟧ [perʧisu]《古》vt. 増大させる、など [Ka. caus. D4411]

ಪೆರ್ಚುಗೆ ⟦percuge ペルチュゲ⟧ [perʧŭge]《古》n. 増大、など [Ka. D4411] ☞ಹೆಚ್ಚುಗೆ (heccuge)

ಪೆರ್ಮೆ ⟦perme ペルメ⟧ [perme]《古》n. 1 偉大であること、卓越、壮大 2 高慢、尊大 [Ka. D4411]

☞ಹೆಮ್ಮೆ (hemme)〔現〕

ಪೆಸರ್ ⟦pesar ペサル⟧ [pesər] 《古》 *n.* 1 名前、名称 2 名声、令名 3 称号 [Ka. D4410] = ಹೆಸರು (hesaru)〔現〕

ಪೆಸರಿಸು ⟦pesarisu ペサリス⟧ [pesərĭsu] 《古》 *vt.* 1 言及する、名前を呼ぶ 2 褒める、賞賛する 3 名づける、名をつける [Ka. D4410]

ಪೆಸರು ⟦pesaru ペサル⟧ [pesəru] 《古》 *n.* 1 名前、名称 2 名声、令名 [Ka. D4410] ☞ಹೆಸರ್ (hesar)〔現〕

ಪೆಸಱ್ ⟦pesar̤ ペサル⟧ [pesər̤] 《古》 *n.* リョクトウ(緑豆、マメ科、緑色の小粒の料理用の豆) [Ka. D3941] = ಹೆಸರುಕಾಳು (hesarukāḷu)〔現〕

ಪೆಹೆಲ್ವಾನ್ ⟦pehelvān ペヘルヴァーン⟧ [pehelvɐːn] *m.* 《*f.* ಪೆಹೆಲ್ವಾನಳು (pehelvānaḷu)》 [Pe. *pahlwān*] ☞ಪೈಲವಾನ (pailavāna)

ಪೆಳಗು ⟦peḷagu ペラグ⟧ [peḷəgu] 《‡》 *n.* 恐怖、恐れ、驚愕、驚き騒ぐこと (*Kitt.*) [Ka. D4419]

ಪೆಳಱ್ ⟦peḷar̤ ペラル⟧ [peḷə̆r̤] 《古》 *vi.* 恐れる、驚愕する —*n.* 驚愕、驚き騒ぐこと [Ka. D4419]

ಪೆಳಱಿಸು ⟦peḷar̤isu ペラリス⟧ [peḷə̆r̤ĭsu] 《古》 *vt.* 1 恐れさせる、驚かす 2〔喩〕追い払う [Ka. D4419]

ಪೆಳ್ಪಳಿಸು ⟦peḷpaḷisu ペルパリス⟧ [peḷpəḷĭsu] *vi.* 1 恐れる、驚愕する 2 恐れて逃げ出す、遁走する [Ka. D4419]

ಪೆಳವು ⟦peḷavu ペラヴ⟧ [peḷə̆vu] 《‡》 *n.* 傷、欠点 [Ka. D4194] (*Śmd. 247 (Kitt.)*)

ಪೆಱ್¹ ⟦per̤ ペル⟧ [per̤] 《‡》 *vi.* 《過去語幹 pett-》(ギー、ヨーグルト、油などが)固まる [Ka. D4421]

ಪೆಱ್² ⟦per̤ ペル⟧ [per̤] 《‡》 *vt.* 1 得る、手に入れる 2 (人間などの動物が)〈子どもを〉産む [Ka. D4422] ☞ಪೆಱು (per̤u)

ಪೆಱ¹ ⟦per̤a ペラ⟧ [per̤ɐ] 《古》 (*n.*) 後ろ〈の〉、後… [Ka. D4205] cf. ಪೆಱಗು (per̤agu)

ಪೆಱ² ⟦per̤a ペラ⟧ [per̤ɐ] 《古》 (*n.*) 1 外側〈の〉、外部〈の〉 2 別の〈もの〉、ほかの〈もの〉 [Ka. D4333]

ಪೆಱಗು ⟦per̤agu ペラグ⟧ [per̤ə̆gu] 《古》 *n.* 1 後ろ側、後部 2 すでに起こったこと、過去の出来事 [Ka. D4205]

ಪೆಱತು ⟦per̤atu ペラトゥ⟧ [per̤ə̆tu] ಪೆಱದು, ಹೆರತು 《古》 *adj.* 別の、ほかの —*n.* 別のもの、ほかのもの [Ka. *D4205]

ಪೆಱೆ ⟦per̤e ペレ⟧ [per̤e] 《古》 *n.* 1 月 2 三日月 [Ka. D4422]

ಪೆಱು ⟦per̤u ペル⟧ [per̤u] 《古》 *vt.* 1 得る、手に入れる 2 (人間などの動物が)〈子どもを〉産む [Ka. *D4422] ☞ಹೆರು (heru)〔現〕

ಪೆೞಕು ⟦peṟaku ペラク⟧ [peɭə̆ku] *n.* 喧嘩、争い、戦い [Ka. D4160]

ಪೆೞಸು ⟦peṟasu ペラス⟧ [peɭə̆su] 《古》 (*n.*) もろい〈こと〉 [Ka. D4194?, D4392?] ☞ಪೆಡಸು (peḍasu)

ಪೇ¹ ⟦pē ペー⟧ [peː] 《‡》 *n.* 人間の糞、大便、うんこ (*Kitt.*) [Ka. D4210] = ಪೀ (pī)

ಪೇ² ⟦pē ペー⟧ [peː] 《‡》 *n.* 狂気、など (*Kitt.*) [Ka. D4438] cf. ಹೇ (hē)

ಪೇಂಕುಣಿ ⟦pēṃkuṇi ペーンクニ⟧ [peːŋkuɳi] 《‡》 *m.* [Ka. D4438] (*Śs.* (*Kitt.*)) ☞ಪೇಂಕುಳಿ (pēṃkuḷi)

ಪೇಂಕುಳಿ ⟦pēṃkuḷi ペーンクリ⟧ [peːŋkuɭi] *mf.* 悪魔 [Ka. D4438] cf. ಪೆಂಕುಳಿ (peṃkuḷi)

ಪೇಚ ⟦pēca ペーチャ⟧ [peːʧɐ] 《‡》 *n.* 面倒に巻き込まれること (*Kitt.*) [Pe. *pēč* cf. DEDR Ka. D4429?]

ಪೇಚು¹ ⟦pēcu ペーチュ⟧ [peːʧu] 《古》 *vi.* 《*dat.*》(心が)嫌う、嫌悪をもよおす、(…に対して)嫌悪を抱く [Ka. D4431] ☞ಹೇಸು (hēsu)〔汎〕

ಪೇಚು² ⟦pēcu ペーチュ⟧ [peːʧu] *n.* 1 困難に巻き込まれること、(嘘などついて自ら招いた)苦境 ¶ ಮಾತನ್ನು ಕೊಟ್ಟು ಪೇಚಿನಲ್ಲಿ ಸಿಕ್ಕಿದನು. (mātannu koṭṭu pēcinalli sikkidanu.) 彼は言質を与えて窮地に陥った。 2 (レスリング)の手 3 ネジや螺旋の一ねじり、一回り [Pe. *pēč*]

ಪೇಚಾಟ ⟦pēcāṭa ペーチャータ⟧ [peːʧɐːʈɐ] *n.* (嘘をつくなどで自ら招いた)苦境に陥ってさんざん困ること [*pēcu* + *āṭa*]

ಪೇಚಾಡು ⟦pēcāḍu ペーチャードゥ⟧ [peːʧɐːɖu] *vi.* (嘘をつくなどで自ら招いた)苦境に陥ってさんざん困る [Ka. D4429]

ಪೇಟ ⟦pēṭa ペータ⟧ [peːʈɐ] *n.* ターバン(すぐにかぶれるように形を整えたもの) [M. *pʰēṭā*/*h. pʰēṭā, pʰēṭā*]

ಪೇಟೆ ⟦pēṭe ペーテ⟧ [peːʈe] *n.* 商店街、市場(通常合成語の末尾に用いる) [?. cf. *pēṭṭai*]

ಪೇಟೆಂಟ್ ⟦pēṭeṃṭ ペーテント⟧ [peːʈeɳʈ] *n.* 特許、特許権 [Eg. *patent*]

ಪೇಡಿ ⟦pēḍi ペーディ⟧ [peːɖi] 《古》 *m.* 臆病者、意気地なし [Ka. D4434]

ಪೇತ ⟦pēta ペータ⟧ [peːtɐ] ಪೇತು, ಹೇದೆ 《古》 *m.* 《*f.* ಹೆಣ್ಣು ಪೇತ (heṇṇu pēta)》 1 悪鬼、悪霊 2 臆病者、意気地なし —*n.* (人間の)死体 [Sk. *prēta-*]

ಪೇತು¹ ⟦pētu ペートゥ⟧ [peːtu] 《‡》 *n.* 精神錯乱 [Ka. D4437, cf. Sk. *prēta-*]

ಪೇತು² ⟦pētu ペートゥ⟧ [peːtu] *mf.* 幽霊、悪鬼、化け物 [Ka. D4438, cf. Sk. *prēta-*] ☞ಪೇತ (pēta)

ಪೇದೆ ⟦pēde ペーデ⟧ [peːde] *m.* 小使い、雑用係(の使用人) [Pe. *pijāda*]

ಪೇನ್ ⟦pēn ペーン⟧ [peːn] 《古》 *n.* シラミ [Ka. D4449] ☞ಹೇನು (hēnu)〔現〕

ಪೇಯ ⟦pēya ペーヤ⟧ [peːjɐ] 《文》 *n.* 飲物(ジュース、コーラ、アルコール飲料など) [Sk.]

ಪೇರ್¹ ⟦pēr ペール⟧ [peːr] 《古》 *n.* 名、名前 [Ka. D4410] ☞ಹೆಸರು (hesaru)

ಪೇರ್² ⟦pēr ペール⟧ [peːr] 《古》 (*adj.*) 《子音の前でಪೆರ್‐ (per-)》大… [Ka. D4411]

ಪೇರು ⟦pēru ペール⟧ [peːru] 《古》 *vt.* 1 積み重ねる 2 載せる、搭載する 3 打擲(ちょうちゃく)する ☞ಪೇಱು (pēṟu) [Ka. *D4446]

ಪೇಲ್ ⟦pēl ペール⟧ [peːl] 《古》 *vt.* 《過去語幹 pēt-》大便する；糞をたれる **—*n.*** 大便；糞 = ಹೇಲು (hēlu)〔現〕[Ka. D4441]

ಪೇಲವ ⟦pēlava ペーラヴァ⟧ [peːlə̆vɐ] 《文》 *adj.* 1 繊細な、傷つきやすい、感じやすい 2 痩せた、ほっそりした 3 (心配などで顔が)青ざめた、(顔色が)さえない [Sk.]

ಪೇಸಿಕೆ ⟦pēsike ペーシケ⟧ [peːsĭke] 《古》 *n.* 1 嫌悪、嫌うこと 2 きたないもの、汚物 [Ka. D4431] ☞ಹೇಸಿಗೆ (hēsige)〔汎〕

ಪೇಸು ⟦pēsu ペース⟧ [peːsu] 《古》 *vi.* (人や心があるものを)嫌う、(あるものに)嫌悪を抱く **—*n.*** 嫌悪、ひどく嫌うこと ☞ಹೇಸು (hēsu)〔汎〕[Ka. D4431]

ಪೇಳ್ ⟦pēḷ ペール⟧ [peːɭ] 《古》 *vt.* 《過去語幹 pēṛd-》 1 言う、話す、〈あることを〉主として口頭で伝える；〈物語を〉語る 2 〈詩文を〉作る 3 命じる、命令する、言いつける [Ka. *D4430] ☞ಹೇಳು (hēḷu)〔汎〕

ಪೇಳು ⟦pēḷu ペール⟧ [peːɭu] 《古》 *vt.* 《過去語幹 pēṛd-》言う、話す、〈あることを〉主として口頭で伝える；〈物語を〉語る [Ka. *D4430] ☞ಹೇಳು (hēḷu)〔汎〕

ಪೇಳ್ಕೆ ⟦pēḷke ペールケ⟧ [peːɭke] 《古》 *n.* 詩文を作ること、詩作 [Ka. *D4430] ☞ಹೇಳಿಕೆ (hēḷike)

ಪೇಱು ⟦pēṟu ペール⟧ [peːṟu] ಪೇರು, ಹೇರ್, ಹೇರು, ಹೇಱ್, ಹೇಱು 《古》 *vt.* 1 積み重ねる 2 置く、載せる 3 〈荷物を〉(肩、車、ろばなどに)載せる、搭載する **—*n.*** 1 積み重ね 2 一人の人間や一頭の動物が運ぶ荷物 3〔喩〕責任、責務 4 分銅 ☞ಹೇರು (hēru)〔現〕[Ka. D4446]

ಪೇೞ್ ⟦pēṛ ペール⟧ [peːɻ] 《古》 *vt.* 《過去語幹 pēṛd-》 1 言う、話す、〈あることを〉主として口頭で伝える；〈物語などを〉話す 2 〈詩を〉作る 3 命じる [Ka. D4430] ☞ಹೇಳು (hēḷu)〔汎〕

ಪೇೞಿಕೆ ⟦pēṛike ペーリケ⟧ [peːɻike] 《‡》 *n.* 言ったこと、言われたこと *(Kitt.)* [Ka. D4430] ☞ಹೇಳಿಕೆ (hēḷike)〔汎〕

ಪೇೞಿಗೆ ⟦pēṛige ペーリゲ⟧ [peːɻĭge] 《‡》 *n.* 1 言ったこと、言われたこと 2 評判(名声も悪評も) *(Śmd.155.292)* [Ka. D4430]

ಪೇೞುವಿಕೆ ⟦pēṛuvike ペールヴィケ⟧ [peːɻuvike] 《古》 *n.* 言ったこと、言われたこと *(Si.391 (Kitt.))* [Ka. D4430] ☞ಹೇಳುವಿಕೆ (hēḷuvike)〔汎〕

ಪೇೞ್ಕೆ ⟦pēṛke ペールケ⟧ [peːɻke] 《古》 *n.* 1 言ったこと、言われたこと 2 言いつけ、指令、命令 3 陳述、表明 [Ka. D4430] ☞ಹೇಳಿಕೆ (hēḷike)〔汎〕

ಪೈಗಂಬರ ⟦paigaṃbara パイガンバラ⟧ [pəigambə̆rɐ] *mf.* 預言者、神の言葉を人々に伝える人 [Pe. *paigambar*]

ಪೈಜಾಮ ⟦paijāma パイジャーマ⟧ [pəĭʤɐːmɐ] *n.* 幅の広い木綿などのズボン [Pe. *pāyǧāma*] ☞ಪಾಯಜಾಮ (pāyajāma)

ಪೈಜಾಮಾ ⟦paijāmā パイジャーマー⟧ [pəĭʤɐːmɐː] *n.* 幅の広い木綿などのズボン [Pe. *pājǧāma*] ☞ಪಾಯಜಾಮ (pāyajāma)

ಪೈತೃಕ ⟦paitṛka パイトゥルカ⟧ [pəitrɯkɐ/pəitrukɐ] 《文》 (*adj.*) 1 父に関する〈こと〉、父〈の〉 2 父方〈の〉、先祖伝来〈の〉 **—*n.*** 先祖の霊を祀る法事 [Sk.]

ಪೈತೃಕಧನ ⟦paitṛkad^hana パイトゥルカダナ⟧ [—d^hənɐ] 《文》 *n.* 世襲財産 [Sk.]

ಪೈನೆ ⟦paine パイネ⟧ [pəĭne] 《古》 *n.* ヤシ酒の原料となるヤシ科の植物 [Ka. *D3944] ☞ಬಯಿನೆ, ಬಗನಿಮರ (bayine, baganimara)

ಪೈಪೋಟಿ ⟦paipōṭi パイポーティ⟧ [pəipoːʈi] *n.* 1 競争、張り合うこと 2 スポーツの試合 [*pai*「上手」<? + *pōṭi*]

ಪೈಲವಾನ ⟦pailavāna パイラヴァーナ⟧ [pəilə̆vɐːnɐ] ಪಯಿಲ್ವಾನ್, ಪಹಿಲವಾನ, ಪಹಿಲ್ವಾನ್, ಪೆಹೆಲ್ವಾನ್, ಪೈಲ್ವಾನ್ *m.* 《*f.* ಪೈಲವಾನಳು (pailavānaḷu)》(インド式レスリングの) 力士 [⇒図] [Pe. *pahlwān*]

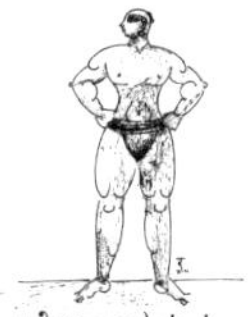

ಪೈಲವಾನ 力士

ಪೈಸ ⟦paisa パイサ⟧ [pəisɐ] ಪೈಸಾ, ಪೈಸೆ *n.* パイサー(1ルーピーの100分の1) [H. *paisā* T-7761]

ಪೈಸಾ ⟦paisā パイサー⟧ [pəisɐː] *n.* [H. *paisā* T-7761] ☞ಪೈಸ (paisa)

ಪೈಸೆ ⟦paise パイセ⟧ [pəise] *n.* [H. *paisē* T-7761] ☞ಪೈಸ (paisa)

ಪೈಶಾಚಿಕ ⟦paiśācika パイシャーチカ⟧ [pəiʃɐːʧikɐ] 《文》 *adj.* 悪魔的な、酷い、残忍な [Sk.]

ಪೊಂ ⟦poṃ ポン⟧ [pom] 《古》 *n.* 1 金 2 10ハナ(昔の貨幣単位で地域や時代によって多様)に相当する昔の金貨 3 富、財産 [Ka. D4570] ☞ಹೊನ್ನು (honnu)〔現〕

ಪೊಂಕಮ್ ⟦poṃkam ポンカム⟧ [poŋkəm] 《古》 *n.* 誇り *(Pb.1.80)* [Ka. D4469]

ಪೊಂಗ ⟦poṃga ポンガ⟧ [poŋgɐ] 《古》 *m.* 《*f.* *ಪೊಂಗಿ (poṃgi)》勇者 [Ka. D4469]

ಪೊಂಗಮ್ ⟦poṃgam ポンガム⟧ [poŋgəm] 《‡》 *n.* 誇り [Ka. D4469] *(DEDR)*

ಪೊಂಗರ ⟦poṃgara ポンガラ⟧ [poŋgə̆rɐ] 《‡》 *n.* インド珊瑚樹(キンマや胡椒のつるの支えとして植えられるマメ科デイゴ属) *(St. & Pl. (Kitt.))* [Ka. D4468] cf. ಪೊಂಗರ (poṃgara)

ಪೊಂಗಲ್ ⟦poṃgal ポンガル⟧ [poŋgəlu] ಪೊಂಗಲು *n.* 1 米と緑豆(グリーン・グラム)と香辛料を混ぜて炊いたもの(黒砂糖を入れて甘くしたものもある) = Ta, *poṅgal* 2 米とココヤシの果肉と黒砂糖を一緒に煮たもの(1月14日のマハーサンクラー

ンティに作られる）[Ta. poṅgal D4469] ☞ಪೊಂಗಲು (poṃgalu)

ಪೊಂಗಲು ⟦poṃgalu ポンガル⟧ [poŋgəlu] *n.* [Ta. poṅgal D4469] ☞ಪೊಂಗಲ್ (poṃgal)

ಪೊಂಗಿಲು ⟦poṃgilu ポンギル⟧ [poŋgĭlu] 《‡》 *n.* [Ta. D4469] (Śâstrasâra in W.v.1270 (Kitt.)) ☞ಪೊಂಗಲ್ (poṃgal)

ಪೊಂಗು ⟦poṃgu ポング⟧ [poŋgu] 《古》 *vi.* 1 膨れる、膨らむ、膨張する 2（煮物などが）ふきこぼれる 3（花が）咲く、開く 4 大喜びする 5 威張る、傲慢になる、のぼせ上がる [Ka. D4469] ☞ಹೊಂಗು (hoṃgu)〔現〕

ಪೊಂಗಿಸು ⟦poṃgisu ポンギス⟧ [poŋgĭsu] 《古》 *vt.* 膨らませる、など [Ka. caus. D4469]

ಪೊಂಚು ⟦poṃcu ポンチュ⟧ [poɲʧu] *vi.* 1（虎や強盗が）隠れて機会をうかがう、待ち伏せする 2 こっそりスパイする 3 潜む —*n.* 1（攻撃などの）機会をうかがうこと 2 計略、姦計、姦策 3 スパイすること、間諜 ☞ಹೊಂಚು (hoṃcu)〔現〕[Ka. D4596]

ಪೊಂದಿಕೆ ⟦poṃdike ポンディケ⟧ [pondĭke] 《古》 *n.* 調和、協調 [Ka. *D4541] = ಹೊಂದಾಣಿಕೆ (hoṃdāṇike) ☞ಹೊಂದಿಗೆ (hoṃdige)

ಪೊಂದಿಗೆ ⟦poṃdige ポンディゲ⟧ [pondige] 《古》 *n.* 近く、そば [Ka. *D4541] ☞ಹೊಂದಿಗೆ (hoṃdige)

ಪೊಂದು[1] ⟦poṃdu ポンドゥ⟧ [pondu] 《古》 *vi.* 1 結びつく、一緒になる、くっつく 2（二つ以上のものが）調和する 3 生じる、手に入る 4 性交する、まぐわう ☞ಹೊಂದು (hoṃdu) [Ka. D4541]

ಪೊಂದು[2] ⟦poṃdu ポンドゥ⟧ [pondu] ಹೊಂದು[2] 《古》 *vi.* 死ぬ、死亡する、亡くなる —*n.* 死、死亡 (死、死亡) [Ka. D4571]

ಪೊಂದುಗೆ ⟦poṃduge ポンドゥゲ⟧ [ponduge] 《古》 *n.* 1 関係 2 調和 [Ka. *D4541] ☞ಹೊಂದಿಗೆ (hoṃdige)

ಪೊಂಪುಳಿ ⟦poṃpuḷi ポンプリ⟧ [pompuɭi] 《古》 *n.* 1 多数、多量、たくさん 2 喜び、満足 3（喜びなどで）身の毛が立つこと、鳥肌 [Ka. *D4569] ☞ಪೊಂಪುಱಿ (poṃpuṟi)

ಪೊಂಪುಱಿ ⟦poṃpuṟi ポンプリ⟧ [pompuɻi] ಪೊಂಪುಳಿ, ಹೊಂಪುಣೆ, ಹೊಂಪುಳಿ 《古》 *n.* 1 多数、多量、たくさん 2 広がること、拡大 3 偉大さ 4 喜び、満足 5（喜びなどで）身の毛が立つこと、鳥肌 [Ka. D4569]

ಪೊಕ್ಕಳು ⟦pokkaḷu ポッカル⟧ [pokkəɭu] 《古》 *n.* へそ [Ka. pokkuṟ *D4460] ☞ಹೊಕ್ಕುಳು (hokkuḷu)

ಪೊಕ್ಕಱ್ ⟦pokkaṟ ポッカル⟧ [pokkəɻ] 《古》 *n.* へそ [Ka. pokkuṟ *D4460] ☞ಹೊಕ್ಕುಳು (hokkuḷu)

ಪೊಕ್ಕಱು ⟦pokkaṟu ポッカル⟧ [pokkəɻu] 《古》 *n.* へそ [Ka. pokkuṟ *D4460] ☞ಹೊಕ್ಕುಳು (hokkuḷu)

ಪೊಕ್ಕು ⟦pokku ポック⟧ [pokku] 《方》 *vi.* 膨れる、膨れ上がる [Ka. D4469] (Hav.)

ಪೊಕ್ಕುಳ್ ⟦pokkuḷ ポックル⟧ [pokkəɭ] 《古》 *n.* へそ [Ka. pokkuṟ *D4460] ☞ಹೊಕ್ಕುಳು (hokkuḷu)

ಪೊಕ್ಕುಳ ⟦pokkuḷa ポックラ⟧ [pokkuɭɐ] 《‡》 *n.*（例えばインドカッコウのように）他のものに養われる状態 [Ka. D4283]

ಪೊಕ್ಕುಳಿ[1] ⟦pokkuḷi ポックリ⟧ [pokkuɭi] 《‡》 *n.*（例えばインドカッコウのように）他のものに養われる状態 [Ka. D4283]

ಪೊಕ್ಕುಳಿ[2] ⟦pokkuḷi ポックリ⟧ [pokkuɭi] 《古》 *n.* 1 戦い、戦争 2 喧嘩、争い [Ka. pōr + -kuḷi *D4540] ☞ಪೋರ್ಕುಳಿ (pōrkuḷi)

ಪೊಕ್ಕುಳು ⟦pokkuḷu ポックル⟧ [pokkuɭu] 《古》 *n.* へそ [Ka. pokkuṟ D4460] ☞hokkuḷu

ಪೊಕ್ಕುಱ್ ⟦pokkuṟ ポックル⟧ [pokkuʒ] 《古》 *n.* へそ [Ka. D4460] ☞ಹೊಕ್ಕುಳು (hokkuḷu)〔汎〕

ಪೊಕ್ಕುಱು ⟦pokkuṟu ポックル⟧ [pokkuɻu] 《古》 *n.* へそ [Ka. pokkuṟ *D4460] ☞ಹೊಕ್ಕುಳು (hokkuḷu)

ಪೊರ್ಕು ⟦porku ポルク⟧ [porku] 《古》 *n.* へそ [Ka. pokkuṟ *D4460] ☞ಹೊಕ್ಕುಳು (hokkuḷu)

ಪೊರ್ಕುಳ್ ⟦porkuḷ ポルクル⟧ [porkuɭ] 《古》 *n.* へそ [Ka. pokkuṟ *D4460] ☞ಹೊಕ್ಕುಳು (hokkuḷu)

ಪೊರ್ಕುಱ್ ⟦porkuṟ ポルクル⟧ [porkuʒ] 《古》 *n.* へそ [Ka. D4460] ☞ಹೊಕ್ಕುಳು (hokkuḷu)〔汎〕

ಪೊಕ್ಳ ⟦pokḷa ポクラ⟧ [pokɫɐ] 《古》 *n.*（口の中や皮膚にできた）水泡、水ぶくれ [Ka. *D4455] = ಬೊಕ್ಕೆ (bokke)〔汎〕☞ಪುಗುಳ್ (puguḷ)

ಪೊಗಡ ⟦pogaḍa ポガダ⟧ [poğəɖɐ] ಪಗಡೆ, ಪೊಗಡೆ 《古》 *n.* 南インドに自生し、街路樹としても植えられるアカテツ科の木の名前（樹皮は暗褐色）[Ka. *D4453] = ಬಕುಲ, ಪಗಡೆಮರ (bakula, pagaḍemara) ☞ಪಗಡೆ (pagaḍe)[1] *[IMP 4.41]

ಪೊಗಡೆ ⟦pogaḍe ポガデ⟧ [poğəɖe] 《古》 *n.* [Ka. D4453] = ಬಕುಲ, ನಾಗಕೇಸರ- (bakula, nāgakēsara-) ☞ಪಗಡೆ (pagaḍe)[2]

ಪೊಗದಿ ⟦pogadi ポガディ⟧ [pođəd̪i] 《古》 *n.* 賦課金、支配者などが課す金 [Ka. *D3808] ☞ಪಗುದಿ (pagudi)

ಪೊಗರು ⟦pogaru ポガル⟧ [poğəru] 《古》 *n.* 1 輝き、光輝、明るさ 2 喜び、感激、熱狂 3 傲慢、高慢 [Ka. D4232]

ಪೊಗರ್ತೆ ⟦pogarte ポガルテ⟧ [poğərte] 《古》 *n.* [Ka. *D4235] ☞ಪೊಗಱ್ತೆ (pogaṟte)

ಪೊಗಸು[1] ⟦pogasu ポガス⟧ [poğəsu] 《‡》 *n.* 広がり (Čpr. (Kitt.)) [Ka. D4469]

ಪೊಗಸು[2] ⟦pogasu ポガス⟧ [poğəsu] 《古》 *n.* 1 朝、明け方 2 昼間 [?]

ಪೊಗಳ್ ⟦pogaḷ ポガル⟧ [poğəɭ] 《古》 *vt.* 褒める、誉め称える [Ka. *D4235] ☞ಹೊಗಳು (hogaḷu)〔現〕

ಪೊಗಳಿಕೆ ⟦pogaḷike ポガリケ⟧ [pogəɭĭke] 《古》 *n.* 賞賛、誉め称えること [Ka. *D4235] ☞ಹೊಗಳಿಕೆ (hogaḷike)

ಪೊಗಳು ⟦pogaḷu ポガル⟧ [poğəɭu] 《古》 *vt.* 褒める、誉め称える [Ka. *D4235] ☞ಹೊಗಳು (hogaḷu)〔現〕

ಪೊಗಳ್ಕೆ ⟦pogaḷke ポガルケ⟧ [pogəḷke] 《古》 *n.* 賞賛、誉め称えること [Ka. *D4235] ☞ಹೊಗಳಿಕೆ (hogaḷike)

ಪೊಗಳ್ತೆ ⟦pogaḷte ポガルテ⟧ [pogə̆ḷte] 《古》 *n.* [Ka. *D4235] ☞ಪೊಗೞ್ತೆ (pogaṟte)

ಪೊಗೞ್ ⟦pogaṟ ポガル⟧ [pogə̆ɻ] 《古》 *vt.* 褒める、誉め称える —*n.* 賞賛、誉め称えること ☞ಹೊಗಳು (hogaḷu)〔現〕[Ka. D4235]

ಪೊಗೞ್ಕೆ ⟦pogaṟke ポガルケ⟧ [pogə̆ɻke] 《古》 *n.* 賞賛、誉め称えること [Ka. D4235]

ಪೊಗೞ್ತೆ ⟦pogaṟte ポガルテ⟧ [pogə̆ɻte] ಪೊಗರ್ತೆ, ಪೊಗಳ್ತೆ, ಹೊಗರ್ತೆ, ಹೊಗಳತೆ, ಹೊಗಳ್ತೆ 《古》 *n.* 賞賛、誉め称えること [Ka. D4235]

ಪೊಗು ⟦pogu ポグ⟧ [pogu] ಪುಗು, ಹುಗು, ಹೊಗು 《古》 *vt.* 《過去語幹 pokk-》入る [Ka. D4238]

ಪೊಗೆ ⟦poge ポゲ⟧ [poge] 《古》 *vi.* 煙を出す、煙る = ಹೊಗೆ (hoge)〔汎〕 —*n.* 1 煙 2 蒸気、湯気 ☞ಹೊಗೆ (hoge) [Ka. D4240]

ಪೊಟರೆ ⟦poṭare ポタレ⟧ [poʈə̆re] *n.* 木のうろ [Ka. *D4599] ☞ಪೊಟ್ಟರೆ (poṭṭare)

ಪೊಟ್ಟ ⟦poṭṭa ポッタ⟧ [poʈʈɐ] 《方》 *m.* 《*f.* ಪೊಟ್ಟಿ (poṭṭi)》耳の聞こえない人 [Ka. D4487] (Gowda)

ಪೊಟ್ಟಗೆ ⟦poṭṭage ポッタゲ⟧ [poʈʈə̆ge] 《古》 *adv.* がちゃんと(皿などが割れる音を表す擬音語) [Ka. *poṭṭ* + *-age* D4490] = ಪಟ್ಟೆಂದು (paṭṭemdu)〔現〕

ಪೊಟ್ಟರೆ ⟦poṭṭare ポッタレ⟧ [poʈʈə̆re] ಪೊಟರೆ, ಪೊರಟ್ಟೆ *n.* 木のうろ [Ka. D4599] = ಡೊಗರು (ḍogaru)

ಪೊಟ್ಟಿ[1] ⟦poṭṭi ポッティ⟧ [poʈʈi] 《方》 *f.* 《*m.* ಪೊಟ್ಟ (poṭṭa)》耳の聞こえない女性 [Ka. D4487] (Gowda)

ಪೊಟ್ಟಿ[2] ⟦poṭṭi ポッティ⟧ [poʈʈi] 《古》 *n.* [Ka. *D4599] ☞ಪೋಟೆ (pōṭe)

ಪೊಟ್ಟು[1] ⟦poṭṭu ポットゥ⟧ [poʈʈu] 《方》 *n.* 耳が聞こえないこと [Ka. D4487] (Gowda)

ಪೊಟ್ಟು[2] ⟦poṭṭu ポットゥ⟧ [poʈʈu] 《古》 *n.* 豆類や穀物などの中身を抜いたもの(豆がら、籾殻(もみがら)など) [Ka. D4491]

ಪೊಟ್ಟೆ[1] ⟦poṭṭe ポッテ⟧ [poʈʈe] 《古》 *n.* 1 腹、腹部、お腹 2 胃、胃袋 3 子宮 [Ka. D4494] ☞ಹೊಟ್ಟೆ (hoṭṭe)〔汎〕

ಪೊಟ್ಟೆ[2] ⟦poṭṭe ポッテ⟧ [poʈʈe] 《古》 *n.* [Ka. *D4599] ☞ಪೋಟೆ (pōṭe)

ಪೊಟ್ರೆ ⟦poṭre ポトレ⟧ [poʈre] 《口》 *n.* 木のうろ [Ka. *D4599] ☞ಪೊಟ್ಟರೆ (poṭṭare)

ಪೊಟ್ಲ ⟦poṭla ポトラ⟧ [poʈlɐ] 《方》 *n.* 蛇のように長いキュウリの一種(実野菜として用いる) [Ka. D4250] ☞ಪಡಲ (paḍala)

ಪೊಡರ್[1] ⟦poḍar ポダル⟧ [poɖər] 《古》 *vi.* 震える、振動する [Ka. D4252]

ಪೊಡರ್[2] ⟦poḍar ポダル⟧ [poɖər] 《古》 *vi.* 1 輝く、光る 2 現れる、姿を現す 3 生じる、生まれる 4 反抗する、挑戦する [? cf. D4012]

ಪೊಡರ್ಪು ⟦poḍarpu ポダルプ⟧ [poɖə̆rpu] 《古》 *n.* 1 震えること、振動 2 過剰、過度 3 熱、高温 4 力、能力 5 熱狂、熱心 [Ka. D4252]

ಪೊಡೆ[1] ⟦poḍe ポデ⟧ [poɖe] 《古》 *vt.* 1 殴る、打つ 2 〈打楽器を〉打つ 3 (雷が)(…に)落ちる 4 (悪霊などが)とり憑く 5 〈車などを〉駆る、御する、〈牛馬を〉御する —*n.* 殴ること、打つこと、など ☞ಹೊಡೆ (hoḍe)〔汎〕[Ka. D4252]

ಪೊಡೆ[2] ⟦poḍe ポデ⟧ [poɖe] 《古》 *n.* まださやに入ったままの穀物などの穂 [Ka. D4482]

ಪೊಡೆ[3] ⟦poḍe ポデ⟧ [poɖe] 《‡》 *n.* 長さ、高さ、身長、広がり [Ka. D4484] (*ñ.4,46 (Kīt.)*)

ಪೊಡೆ[4] ⟦poḍe ポデ⟧ [poɖe] 《古》 *n.* 1 腹、胃 2 妊娠 3 子宮 4 弓を引く時に手を保護するために使う手袋 [Ka. D4494]

ಪೊಣರ್ ⟦poṇar ポナル⟧ [poɳər] 《古》 *vi.* 1 くっつく、接合する、結合する 2 くっついている 3 生じる、発生する、起こる 4 輝かしい、映える 5 増す、増大する 6 (敵と)戦う、戦う 7 張り合う、競う [Ka. D4160(b)]

ಪೊಣರ್ಕೆ ⟦poṇarke ポナルケ⟧ [poɳərke] 《古》 *n.* 1 対、2個の組み合わせ 2 取っ組み合い、戦い 3 張り合うこと、競争 [Ka. D4160(b)]

ಪೊಣರ್ಚು ⟦poṇarcu ポナルチュ⟧ [poɳərʧu] ಪೊಣರಿಚು 《古》 *vt.* 1 くっつける、接合する、結合する、混ぜる 2 こしらえる、作る、〈ものを〉生む 3 企てる、引き受ける 4 〈戦い、喧嘩などを〉始める —*vi.* 1 生じる、発生する、起こる 2 (敵と)取っ組み合う、戦う 3 張り合う、競う [Ka. caus. 4160(b)]

ಪೊಣೆ ⟦poṇe ポネ⟧ [poɳe] 《古》 *n.* 1 責任 2 (借金などの)保証 3 (借金などの)保証人、身元引受人 4 契約書 ☞ಹೊಣೆ (hoṇe)〔現〕[Ka. D4160(b)]

ಪೊಣ್ಮು ⟦poṇmu ポンム⟧ [poɳmu] *vi.* 1 (水、涙、汗などが)湧き出る (*Pb.1.85*) 2 流れる 3 (池などから水が)あふれ出る、流れ出る 4 (煙などが)広がる 5 生じる、現れる 6 (怒り、喜び、力などが)増す、増大する 7 喜びでいっぱいになる、大喜びする 8 (乳房、お腹などが)膨れる、大きくなる 9 噴出する [Ka. D4482] ☞ಹೊಮ್ಮು (hommu)

ಪೊತ್ತಗೆ ⟦pottage ポッタゲ⟧ [pottə̆ge] 《古》 *n.* 本、書物 [Sk. *pustikā-*] ☞ಹೊತ್ತಿಗೆ (hottige)

ಪೊತ್ತಡೆ ⟦pottaḍe ポッタデ⟧ [pottəɖe] 《古》 *n.* 早朝、朝まだき [Ka. < OK *poṟtaṟe* *D4559] ☞ಪೊೞ್ತಱ್ (poṟtaṟ)

ಪೊತ್ತಱ್ ⟦pottaṟ ポッタル⟧ [pottəṟ] 《古》 *n.* [Ka. < OK *poṟtaṟ* D4559] ☞ಪೊೞ್ತಱ್ (poṟtaṟ)

ಪೊತ್ತಱೆ ⟦pottaṟe ポッタレ⟧ [pottəṟe] 《古》 *n.* [Ka. < OK *poṟtaṟe* D4559] ☞ಪೊೞ್ತಱ್ (poṟtaṟ)

ಪೊತ್ತಾಱೆ ⟦pottāṟe ポッターレ⟧ [pottɐːṟe] 《古》 *n.* [Ka. D4559] ☞ಪೊೞ್ತಱ್ (poṟtaṟ)

ಪೊತ್ತಿ ⟦potti ポッティ⟧ [potti] 《古》 *n.* 布 [Ka. D4515, cf. T8400]

ಪೊತ್ತಿಗೆ ⟦pottige ポッティゲ⟧ [pottige] 《古》 *n.* **1** 本、書物 **2** 占星術師が予言に使う本 [Sk. *pustikā-*] ☞ಹೊತ್ತಿಗೆ (hottige)

ಪೊತ್ತು[1] ⟦pottu ポットゥ⟧ [pottu] 《古》 *vi.* **1** 火がつく、燃える **2** (飯などが)焦げる、焦げつく —*vt.* 燃やす —*n.* (かまどやコンロなどに)火がつくこと ☞ಹೊತ್ತು (hottu) [Ka. < D4517]

ಪೊತ್ತು[2] ⟦pottu ポットゥ⟧ [pottu] 《古》 *n.* **1** 太陽、日 **2** 時間 **3** 出産時間 [Ka. < OK *poṛtu* D4559] ☞ಹೊತ್ತು (hottu)〔汎〕

ಪೊತ್ತುಗೆ ⟦pottuge ポットゥゲ⟧ [pottuge] 《古》 *n.* **1** 火がつくこと **2** 炎、火 [Ka. D4517]

ಪೊದಕೆ ⟦podake ポダケ⟧ [pođəke] 《古》 *n.* **1** 覆い **2** 体にゆったりとまとう無縫裁の布 **3** 屋根を葺いた藁、屋根瓦 [Ka. D4509] ☞ಹೊದಿಕೆ (hodike)〔現〕

ಪೊದಯಿಸು ⟦podayisu ポダイス⟧ [pođəjisu] 《古》 *vt.* **1** 覆い隠す、隠す **2** 〈衣類を〉身にまとう [Ka. D4509] = ಹೊದ್ದುಕ್ಕೊಳ್ಳು (hoddukkoḷḷu)〔現〕

ಪೊದಱ್ ⟦podaṟ ポダル⟧ [pođəṟ] 《古》 *n.* **1** 灌木の茂み **2** 集まり、群れ **3**〔喩〕面倒、厄介 [Ka. D4509]

ಪೊದೞ್ ⟦podaṛ ポダル⟧ [pođəʒ] 《古》 *vi.* **1** (水、涙などが)湧き出る **2** 現れる、発生する、生まれる **3** (喜び、怒り、悲しみなどが)増大する、激化する **4** (腹、乳房などが)膨れてくる、大きくなる **5** 映える、美しく見える [Ka. D4504]

ಪೊದೞ್ಕೆ[1] ⟦podaṛke ポダルケ⟧ [pođəɻke] 《古》 *n.* **1** 現れること、出現 **2** (話などの)始まり、始め **3** 喜び、喜悦 **4** 美、美しさ **5** (物や人間など動物の)集まり、集合 [Ka. D4504]

ಪೊದೞ್ಕೆ[2] ⟦podaṛke ポダルケ⟧ [pođəɻke] 《古》 *n.* 体にゆったりとまとう無縫裁の布 [Ka. *D4509] ☞ಹೊದಿಕೆ (hodike)〔現〕

ಪೊದೞ್ಚು ⟦podaṛcu ポダルチュ⟧ [pođəɻʧu] 《古》 *vt.* (ものを)生む、惹起する、出現させる [Ka. D4504]

ಪೊದಿಕೆ ⟦podike ポディケ⟧ [pođike] 《古》 *n.* **1** 覆い **2** 体にゆったりとまとう無縫裁の布 **3** 屋根を葺く材料(瓦や藁など) [Ka. *D4509] ☞ಹೊದಿಕೆ (hodike)〔現〕

ಪೊದಿಸು ⟦podisu ポディス⟧ [pođĭsu] 《古》 *vt.* 覆う；覆い隠す [Ka. *D4509] ☞ಹೊದಿಯಿಸು (hodiyisu)〔汎〕

ಪೊದುಂಕು ⟦poduṃku ポドゥンク⟧ [pođuŋku] 《‡》 *vt.* 隠す [Ka. D4509] (*Šs.* (*Kitt.*))

ಪೊದೆ ⟦pode ポデ⟧ [pođe] 《古》 *vt.* 《過去語幹 podd-》 **1** 〈肩掛けなどを〉まとう = ಹೊದಿಸು (hodisu)〔現〕 **2** 覆い隠す、隠す —*n.* **1** 箙 **2** (木や草の)茂み **3** 草葺き屋根 **4** 集まり、堆積 ☞ಹೊದೆ (hode)〔汎〕[Ka. caus. D4509]

ಪೊದೆಯಿಸು ⟦podeyisu ポデイス⟧ [pođejisu] 《古》 *vt.* **1** 覆う；覆い隠す **2** 広げる [Ka. D4509] ☞ಹೊದಿಯಿಸು (hodiyisu)〔現〕

ಪೊದೆಸು ⟦podesu ポデス⟧ [pođejisu] 《古》 *vt.* 覆う [+ -*su* *D4509] ☞ಹೊದಿಯಿಸು (hodiyisu)〔現〕

ಪೊದ್ದು ⟦poddu ポッドゥ⟧ [poddu] 《古》 *vt.* **1** (…に)くっつく、結合する、接合する **2** 触れる、さわる **3** 着く、到着する **4** 〈道を〉取る —*vi.* 近づく、近寄る ☞ಹೊಂದು (hoṃdu) [Ka. D4541]

ಪೊನ್ ⟦pon ポン⟧ [pon] 《古》 *n.* **1** 金属 **2** 金 [Ka. D4570] ☞ಹೊನ್ನು (honnu)〔現〕

ಪೊನಲ್ ⟦ponal ポナル⟧ [ponəl] 《古》 *n.* (川の)流れ [Ka. D4338] ☞ಹೊನಲು (honalu)〔現〕

ಪೊನಲು ⟦ponalu ポナル⟧ [ponəlu] 《古》 *n.* (川の)流れ [Ka. *D4338] ☞ಹೊನಲು (honalu)〔現〕

ಪೊನ್ನು ⟦ponnu ポンヌ⟧ [ponnu] 《古》 *n.* 10ハナ(昔の貨幣単位で地域や時代によって多様)に相当する昔の金貨 [Ka. *pon* *D4570]

ಪೊನ್ನೆ ⟦ponne ポンネ⟧ [ponne] 《古》 *n.* テリハボク(照葉木、オトギソウ科テリハボク属)→材・薬・染・油 (*Mr.114* (*Kitt.*)) [Ka. D4343] ☞ಹೊನ್ನೆ (honne)〔現〕*[IMP 1.339]

ಪೊಯ್[1] ⟦poy ポイ⟧ [poĭ] 《古》 *vt.* 《過去語幹 hoyd-》 **1** 〈水などを〉注ぐ **2** 〈溶けた金属を〉(型に)注ぐ **3** 〈水などを〉振りまく **4** ふんだんに贈与する **5** ふんだんに生み出す —*vi.* (涙などが雨のように)降る；(雨が)猛烈に降る ☞ಹೊಯ್ಯು (hoyyu)〔現〕[Ka. D4407]

ಪೊಯ್[2] ⟦poy ポイ⟧ [poĭ] 《古》 *vt.* **1** 打つ、殴る **2** 割る、きざむ **3** (…に)触れる、さわる **4** 〈楽器の弦を〉はじく **5** 〈打楽器を〉打つ —*vi.* **1** (胸が)どきどきする,(太鼓などが)どんどん鳴る **2** 殴られる —*n.* 打つこと、殴ること ☞ಹೊಡೆ (hoḍe)〔現〕[Ka. D4534]

ಪೊಯಿಲ್ ⟦poyil ポイル⟧ [pojil] ಪುಯಿಲ್, ಪೊಯಿಲು, ಪೊಯ್ಲು, ಹುಯಿಲು, ಹೊಯಿಲ್, ಹೊಯಿಲು 《古》 *n.* 打つこと、叩くこと、殴ること [Ka. D4534] = ಹೊಡೆತ (hoḍeta)〔現〕

ಪೊಯಿಲು ⟦poyilu ポイル⟧ [pojilu] 《古》 *n.* 苦情、訴え [Ka. *D4351] ☞ಹುಇಲು (huilu)

ಪೊಯ್ಲು ⟦poylu ポイル⟧ [poĭlu] 《古》 *n.* 打つこと、叩くこと、殴ること (*Pb.11.2.V*) [Ka. D4534] ☞ಪೊಯಿಲ್ (poyil)

ಪೊರಕೆ[1] ⟦porake ポラケ⟧ [porŏke] 《‡》 *n.* **1** しくじり、失敗 **2** 水や食物が気管に入りむせたり喉が詰まったりすること [Ka. D4293]

ಪೊರಕೆ[2] ⟦porake ポラケ⟧ [porŏke] ಪರಕೆ[1] *n.* 箒 [Ka. D4415]

ಪೊರಜಿ ⟦poraji ポラジ⟧ [porŏʤi] 《古》 *n.* [Ka. *D4284] ☞ಪೊರಜೆ (poraje)

ಪೊರಜೆ ⟦poraje ポラジェ⟧ [porǝ̆ʤe] ಪೊರಜಿ, ಹುರಜಿ, ಹುರ್ಜಿ, ಹೊರಜಿ, ಹೊರಜೆ, ಹೊರ್ಜಿ 《古》 *n.* 山車を引っ張ったり象をつないだりする太い綱 [Ka. *poraje* D4284]

ಪೊರಟೆ ⟦poraṭe ポラテ⟧ [porǝ̆ʈe] 《古》 *n.* 木のうろ [Ka. *D4599] ☞ಪೊಟ್ಟರೆ (poṭṭare)

ಪೊರಳ್ ⟦poraḷ ポラル⟧ [porǝ̆ɭ] 《古》 *vi.* **1** 転がる **2** (舌が)回る **3** (サーリーの端などが)滑り落ちる **4** (他の方向へ)向きを変える [Ka. D4285] ☞ಹೊರಳು (horaḷu)

ಪೊರಳಿ ⟦poraḷi ポラリ⟧ [porǝ̆ɭi] ಹೊರಳಿ, ಹೊರಳೆ 《古》 *n.* 人やものの集合、群れ、堆積 [Ka. D4591]

ಪೊರಳು¹ ⟦poraḷu ポラル⟧ [porǝ̆ɭu] 《古》 *vi.* **1** 転がる **2** (舌が)回る [Ka. *D4285] ☞ಹೊರಳು (horaḷu)

ಪೊರಳು² ⟦poraḷu ポラル⟧ [porǝ̆ɭu] 《古》 *n.* 富、財産 [Ka. *D4544] ☞ಹುರುಳು (huruḷu)

ಪೊರು ⟦poru ポル⟧ [poru] 《古》 *vt.* 《過去語幹 pott-》 **1** 〈重荷を〉担ぐ、背負う、頭の上に載せる **2** 身につける **3** 〈苦しみなどを〉堪え忍ぶ、こらえる [Ka. *D4565] ☞ಹೊರು (horu)〔現〕

ಪೊರುಳು ⟦poruḷu ポルル⟧ [poruɭu] 《古》 *n.* 富、財産 [Ka. *D4544] ☞ಹುರುಳು (huruḷu)

ಪೊರೆ¹ ⟦pore ポレ⟧ [pore] ಪರೆ, ಪೆರೆ, ಹರೆ, ಹೆರೆ¹, ಹೊರೆ¹ *n.* **1** 覆い **2** 蛇の抜け殻 **3** (白内障による)水晶体の白濁部 [Ka. D3981]

ಪೊರೆ² ⟦pore ポレ⟧ [pore] ಹೊರೆ² 《古》 *vt.* **1** 守る、庇護する **2** 育てる、養育する —*n.* **1** 守ること、庇護 **2** 養育、養うこと [Ka. D4283]

ಪೊರೆ³ ⟦pore ポレ⟧ [pore] 《‡》 *n.* **1** しくじり、失敗 (*Kitt.*) **2** 水や食物が気管に入りむせたり喉が詰まったりすること (*My.* (*Kitt.*)) [Ka. D4293]

ಪೊರೆಯೇಱು ⟦poreyēṟu ポレエール⟧ [poreje:ṟu] 《‡》 *vi.* 食べ物や飲み物が気管に入って息が詰まったりむせたりする (*My.* (*Kitt.*)) [Ka. D4293]

ಪೊರೆ⁴ ⟦pore ポレ⟧ [pore] 《古》 *n.* サーリーなどの折り重ね、ギャザー [Ka. D4295]

ಪೊರೆ⁵ ⟦pore ポレ⟧ [pore] 《‡》 *n.* できもの、腫れ物 (*Kitt.*) [Ka. D4296]

ಪೊರೆ⁶ ⟦pore ポレ⟧ [pore] ಹೊರೆ³ 《古》 *vi.* **1** くっつく、接合する **2** 張りつく、接着する —*vt.* **1** 〈体に〉塗る **2** 〈香油などを〉塗ってもらう **3** 着る、身につける —*n.* **1** 近く **2** (香油などを)塗ること **3** 混合 [Ka. D4541]

ಪೊರೆ⁷ ⟦pore ポレ⟧ [pore] 《古》 *n.* **1** 荷物、重荷 **2** (頭に載せたり肩に担いだり車に乗せたりして運ぶ)牧草や薪などの束 [Ka. *D4565] ☞ಹೊರೆ (hore)⁴

ಪೊರ್ಕುಳಿ ⟦porkuḷi ポルクリ⟧ [porkuɭi] 《古》 *n.* **1** 戦い、戦争 **2** 喧嘩、争い **3** 対抗、抵抗 [Ka. *pōr* + *-kuḷi* *D4540] ☞ಪೋರ್ಕುಳಿ (pōrkuḷi)

ಪೊರ್ಕುಱ್ ⟦porkuṟ ポルクル⟧ [porkuɽ] 《古》 *n.* へそ [Ka. D4460] ಹೊಕ್ಕುಳು (hokkuḷu)〔現〕

ಪೊರ್ತು ⟦portu ポルトゥ⟧ [portu] 《古》 *n.* 時、(流れる時の一点としての)時間 [Ka. D4559] = ಹೊತ್ತು (hottu)〔汎〕

ಪೊರ್ದು ⟦pordu ポルドゥ⟧ [pordu] 《古》 *vi.* **1** 〈…と〉結びつく、〈…と〉一緒になる、〈…と〉くっつく **2** 〈あるものに〉近づく **3** 〈…に〉執着する **4** 手に入る **5** 〈…に〉着く、〈…に〉到着する **6** 〈道を〉取る —*vt.* **1** (二つ以上のものを)調和させる **2** 触れる、さわる **3** 得る、獲得する ☞ಪೊಂದು (poṃdu) [Ka. D4541]

ಪೊರ್ದುಗೆ ⟦porduge ポルドゥゲ⟧ [porduge] 《古》 *n.* **1** 関係 **2** 近く、近いこと **3** 従属 **4** 庇護を与える場所または人 **5** 調和、協調 **6** 近隣、近接する地方 [Ka. D4541] ☞ಹೊಂದಿಗೆ (hoṃdige)

ಪೊರ್ಪು ⟦porpu ポルプ⟧ [porpu] 《方》 *vt.* 根こそぎにする、引っこ抜く [Ka. D4539] (Hav.)

ಪೊಲ್¹ ⟦pol ポル⟧ [pol] 《‡》 *n.* 卑劣さ、下劣なこと (*Kitt.*) [Ka. D4547]

ಪೊಲ್² ⟦pol ポル⟧ [pol] 《‡》 *vi.* ふさわしい、優越する (*Kitt.*) [Ka. D4551]

ಪೊಲ್³ ⟦pol ポル⟧ [pol] 《古》 *vt.* 《過去語幹 polt-》縫う、縫って作る [Ka. *D4554] ☞ಹೊಲಿ (holi)〔汎〕

ಪೊಲ್⁴ ⟦pol ポル⟧ [pol] 《‡》 *vi.* 合う、似合う (*Kitt.*) [Ka. D4597]

ಪೊಲ¹ ⟦pola ポラ⟧ [polɐ] 《古》 *n.* **1** 畑、(水をはらない)農地 **2** 所、場所、地方 **3** 保護を与えてくれる場所 [Ka. D4303] ☞ಹೊಲ (hola)

ಪೊಲ² ⟦pola ポラ⟧ [polɐ] 《古》 *n.* **1** 視野、視界 **2** 方向、方角 [Ka. D4344(b)]

ಪೊಲಂಬು ⟦polaṃbu ポランブ⟧ [polǝmbu] ಪೊಲಬು, ಹೊಲಬು 《古》 *n.* **1** 道、道路 **2** やり方 **3** 情報、知らせ **4** (あるものについて)知っていること [Ka. D4548]

ಪೊಲಬು ⟦polabu ポラブ⟧ [polǝ̆bu] 《古》 *n.* **1** 道、道路 **2** 情報、知らせ **3** 秘密 [Ka. D4548] ☞ಪೊಲಂಬು (polaṃbu)

ಪೊಲತಿ ⟦polati ポラティ⟧ [polǝ̆ti] 《古》 *f.* 《*m.* ಪೊಲೆಯ (poleya)》ハリジャンの女性 [Ka. D4547]

ಪೊಲಬು ⟦polabu ポラブ⟧ [polǝ̆bu] 《古》 *n.* **1** 道、道路 **2** やり方 **3** 秘密 [Ka. D4548]

ಪೊಲಸು ⟦polasu ポラス⟧ [polǝ̆su] 《古》 *n.* **1** 汚物、不潔物；儀式的な不浄 **2** 大便、糞 **3** 汚点 [Ka. D4547] = ಹೇಸಿಗೆ (hēsige)

ಪೊಲಿ ⟦poli ポリ⟧ [poli] 《古》 *vt.* 《過去語幹 polt-》縫う [Ka. D4554] ☞ಹೊಲಿ (holi)

ಪೊಲಿಗೆ ⟦polige ポリゲ⟧ [polǐge] 《古》 *n.* **1** 針仕事、縫い物 **2** 針仕事(の作品) [Ka. D4554] = ಪೊಲ್ಗೆ (polge) ☞ಹೊಲಿಗೆ (holige)〔現〕

ಪೊಲೀಸ್ ⟦polīs ポリース⟧ [poli:s] ಪೊಲೀಸು *mf.* 警察官 —*n.* 警察 [Eg. *police*]

ಪೊಲೀಸ್ ಠಾಣೆ ⟦polīs ṭʰāṇe ポリースターネ⟧ [poliːs ʈʰɐːɳe] *n.* 警察署 [+ M. *ṭʰāṇē* T13753]

ಪೊಲೀಸು ⟦polīsu ポリース⟧ [poliːsu] *mf.* —*n.* ☞ಪೊಲೀಸ್ (polīs) [Eg. *police*]

ಪೊಲೆ ⟦pole ポレ⟧ [pole] 《古》 *n.* 1 (出産、死などによる)不浄 2 月経、月のもの 3 よくないもの 4 罪 [Ka. D4547] ☞ಹೊಲೆ (hole)〔現〕

ಪೊಲೆಯ ⟦poleya ポレヤ⟧ [polejɐ] 《古》 *m.* 《*f.* ಪೊಲತಿ (polati)》ハリジャン [Ka. D4547] ☞ಹೊಲೆಯ (holeya)

ಪೊಲ್ಗೆ ⟦polge ポルゲ⟧ [polge] 《古》 *n.* 1 針仕事、縫い物 2 針仕事(の作品) [Ka. D4554] = ಪೊಲಿಗೆ (polige) ☞ಹೊಲಿಗೆ (holige)〔現〕

ಪೊಲ್ಲ ⟦polla ポッラ⟧ [pollɐ] ಹೊಲ್ಲ 《古》 *n.* 1 悪いこと、よくないこと 2 災難、危険 —(*adj.*) 《*f.* * ಪೊಲ್ಲಗಾತಿ (pollagāti)》 1 悪い〈人〉、よこしまな〈人〉 2 不幸や災難をもたらす〈人〉☞ಹೊಲ್ಲ (holla) [Ka. D4547]

ಪೊಸ ⟦posa ポサ⟧ [posɐ] 《古》 (*adj.*) 1 新しい〈こと〉、新鮮〈な〉 2 若い〈こと〉 3 初めて見る〈こと〉、知らない〈こと〉 4 気持ちのよい〈こと〉、爽快〈な〉(夕方など) 5 (水が)新鮮〈な〉 [Ka. D4275] = ಹೊಸ (hosa)〔現〕

ಪೊಸಂತಿಲ್ ⟦posaṃtil ポサンティル⟧ [posəntil] 《古》 *n.* 敷居 [Ka. OK *posaṃtil*?] ☞ಹೊಸ್ತಿಲು (hostilu)

ಪೊಸಂಬ ⟦posaṃba ポサンバ⟧ [posəmbɐ] 《古》 *m.* 《*f.* *ಹೊಸಂಬಳ್ (hosaṃbal)》「新しい人」、新参者、最近現れたまだ人となりが知られていない人 [Ka. D4275]

ಪೊಸತು ⟦posatu ポサトゥ⟧ [posə̆tu] 《古》 *n.* 1 新しいの;新鮮なもの 2 見たことがないもの、珍しいもの [Ka. D4275] ☞ಹೊಸತು (hosatu)〔現〕

ಪೊಸಯಿಸು[1] ⟦posayisu ポサイス⟧ [posəjisu] 《古》 *vt.* 1 革新する、新生面を開く 2〈古くなったものを〉修復する [Ka. D4275] ☞ಪೊಸೆಯಿಸು (poseyisu)

ಪೊಸಯಿಸು[2] ⟦posayisu ポサイス⟧ [posəjisu] 《古》 *vt.* [Ka. D4474] ☞ಪೊಸೆಯಿಸು (poseyisu)

ಪೊಸವಿಸು ⟦posavisu ポサヴィス⟧ [posəvisu] 《‡》 *vt.* くっつける、など(*Kāvya* III,8,96 (Kitt.)) [Ka. D4474] ☞ಪೊಸಯಿಸು (posayisu)[1]

ಪೊಸೆ ⟦pose ポセ⟧ [pose] 《古》 *vt.* 1〈牛乳やヨーグルトなどを〉(バターをとるために)かき混ぜる、攪拌する 2〈縄を〉編む、〈頭髪を〉編む 3 (胃や腸が)よじれるような感じがする [Ka. D4479]

ಪೊಸೆಯಿಸು ⟦poseyisu ポセイス⟧ [posejisu] ಪೊಸಯಿಸು[1] 《古》 *vi.* 1 くっつける、接合する 2 作る、制作する [Ka. *D4474]

ಪೊಳಂಪು ⟦poḷaṃpu ポランプ⟧ [poɭəmpu] 《古》 *n.* [Ka. D4320] ☞ಪೊಳಪು (poḷapu)

ಪೊಳಪು ⟦poḷapu ポラプ⟧ [poɭə̆pu] ಪೊಳಂಪು, ಪೊಳೆಪು, ಹೊಳಪು, ಹೊಳಹು 《古》 *n.* 1 輝き、明るく光ること 2 速足(馬の歩みの一つ) [Ka. D4320]

ಪೊೞಲ್ ⟦poḻal ポラル⟧ [poɭəl] 《古》 *n.* 町、都市、国 [Ka. *D4555] ☞ಪೊಱಲ್ (poṟal)

ಪೊೞಲು ⟦poḻalu ポラル⟧ [poɭəlu] 《古》 *n.* 町、都市、国 [Ka. *D4555] ☞ಪೊಱಲ್ (poṟal)

ಪೊಳೆ[1] ⟦poḷe ポレ⟧ [poɭe] 《古》 *n.* 河、川、小川、せせらぎ [Ka. *D4318] ☞ಪೊಱೆ (poṟe)

ಪೊಳೆ[2] ⟦poḷe ポレ⟧ [poɭe] ಹೊಳೆ 《古》 *vi.* 1 振動する 2 輝く、明るく光を放つ 3 反映する、映る 4 美しく見える、映える —*n.* 輝き ☞ಹೊಳೆ (hoḷe)[2] [Ka. D4320]

ಪೊಳಯಿಸು ⟦poḷayisu ポライス⟧ [poɭə̆jisu] 《古》 *vt.* 揺する、揺らす [Ka. caus. D4320]

ಪೊಳೆಪು ⟦poḷepu ポレプ⟧ [poɭepu] 《古》 *n.* [Ka. *D4012 *poḷe*[2] + *-pu*] ☞ಹೊಳಪು (hoḷapu)

ಪೊಳ್ತಡ ⟦poḷtaḍa ポルタダ⟧ [poɭtəɖɐ] 《古》 *n.* [Ka. *D4559] ☞ಪೊಱ್ತಱ್ (poṟtaṟ)

ಪೊಳ್ತಡೆ ⟦poḷtaḍe ポルタデ⟧ [poɭtəɖe] 《古》 *n.* [Ka. *D4559] ☞ಪೊಱ್ತಱ್ (poṟtaṟ)

ಪೊಳ್ತರೆ ⟦poḷtare ポルタレ⟧ [poɭtəre] 《古》 *n.* [Ka. *D4559] ☞ಪೊಱ್ತಱ್ (poṟtaṟ)

ಪೊಳ್ತಱ್ ⟦poḷtaṟ ポルタル⟧ [poɭtər̠] 《古》 *n.* [Ka. *D4559] ☞ಪೊಱ್ತಱ್ (poṟtaṟ)

ಪೊಳ್ತಱೆ ⟦poḷtaṟe ポルタレ⟧ [poɭtər̠e] 《古》 *n.* [Ka. *D4559] ☞ಪೊಱ್ತಱ್ (poṟtaṟ)

ಪೊಳ್ಳು ⟦poḷḷu ポッル⟧ [poɭɭu] (*n.*) 1 うつろ〈な〉、空っぽ〈な〉 2 内容がない〈こと〉、実力がない〈こと〉 —*n.* 1 (木や岩などの)うろ 2 がらくた、屑、役に立たない物 [Ka. D4560, D4562]

ಪೊಳ್ಳುಮಾತು ⟦poḷḷumātu ポッルマートゥ⟧ [poɭɭumɐːtu] *n.* 内容のない話、無駄話 [+ *mātu* D4562]

ಪೊಳ್ಳುವಾದ ⟦poḷḷuvāda ポッルヴァーダ⟧ [poɭɭuvɐːdɐ] *n.* 内容のない議論、無駄な議論 [+ *vāda*]

ಪೊಱ್ ⟦poṟ ポル⟧ [por̠] 《‡》 *vt.* 1〈重荷を〉担ぐ、背負う、頭の上に載せる 2 身につける 3 得る、手に入れる 4 企てる 5〈責任などを〉負う、〈仕事などを〉引き受ける 6〈苦しみなどを〉堪え忍ぶ、こらえる [Ka. D4565] = ಹೊರು (horu)〔汎〕

ಪೊಱ ⟦poṟa ポラ⟧ [por̠ɐ] 《古》 (*adj.*) 外…、他… ¶ ಪೊಱಕೆಯ್ (poṟakey) 手の甲 [Ka. D4333] ☞ಹೊರ (hora)〔現〕

ಪೊಱಗಡೆ ⟦poṟagaḍe ポラガデ⟧ [por̠əgəðe] 《古》 *n.* 外部 [*hoṟa* + *kaḍe* *D4333]

ಪೊಱಗು ⟦poṟagu ポラグ⟧ [por̠ə̆gu] 《古》 *n.* 外、外部 [Ka. D4333] ☞ಹೊರಗು (horagu)〔汎〕

ಪೊಱಗೆ ⟦poṟage ポラゲ⟧ [por̠ə̆ge] 《古》 *adv.* 外で、外に、外へ —*postp.* …の外で、…の外に、…の外へ ☞ಹೊರಗೆ (horage)〔現〕 [Ka. D4333]

ಪೊಱಬಿಗ ⟦poṟabiga ポラビガ⟧ [por̠ə̆bigɐ] 《古》 *m.* 《*f.** ಪೊಱಬಿಗಳು (poṟabigaḷu)》関係ない人、よそ者、他人 [Ka. **poṟa* + ? + *-iga*, D4333] = ಅನ್ಯ (anya)

ಪೊಱಸು ⟦poṟasu ポラス⟧ [poṟəsu] ಹೊರಸು, ಹೊಱಸು《古》*n.* ハト(鳩) [Ka. D4334] *(Pb.7.20)*

ಪೊಱಿಗೆ ⟦poṟige ポリゲ⟧ [poṟĭge] 《古》*n.* 1 (頭や肩の上に)ものを担ぐこと 2 荷物、重荷 3 責任 [Ka. D4565] ☞ಹೊರಿಗೆ (horige)〔現〕

ಪೊಱು ⟦poṟu ポル⟧ [poṟu] 《古》*vt.*《過去語幹 pott-》1〈重荷を〉担ぐ、背負う、頭の上に載せる 2 身につける 3 得る、手に入れる 4 企てる 5〈苦しみなどを〉堪え忍ぶ、こらえる 6〈責任などを〉負う、〈仕事などを〉引き受ける [Ka. *D4565] ☞ಹೊರು (horu)〔現〕

ಪೊಱೆ ⟦poṟe ポレ⟧ [poṟe] 《古》*n.* 1 荷物、重荷 2 頭に載せたり肩に担いだり車に乗せたりして運ぶ牧草や薪などの束 3 責任、責務 [Ka. D4565]

ಪೊೞಲ್ ⟦poḻal ポラル⟧ [poɻəl] ಪೊಳಲ್, ಪೊಳಲು, ಹೊಳಲು《古》*n.* 町、都市、国 *(Pb.1.57.V)* [Ka. D4555] = ಪಟ್ಟಣ (paṭṭaṇa)

ಪೊೞೆ[1] ⟦poḻe ポレ⟧ [poɻe] 《古》*n.* 道 [Ka. D4317]

ಪೊೞೆ[2] ⟦poḻe ポレ⟧ [poɻe] ಪೊಳೆ《古》*n.* 河、川、小川、せせらぎ [Ka. D4318]

ಪೊೞ್ದುಗೆ ⟦poḻduge ポルドゥゲ⟧ [poɻduge] 《古》*n.* 近く、近いこと [Ka. *D4541] ☞ಹೊಂದಿಗೆ (hoṃdige)

ಪೊಳ್ತಡ ⟦poḷtaḍa ポルタダ⟧ [poḷṭəḍɐ] 《古》*n.* [Ka. *D4559] ☞ಪೊೞ್ತಱ್ (poḻtaṟ)

ಪೊೞ್ತಡೆ ⟦poḻtaḍe ポルタデ⟧ [poɻtəḍe] 《古》*n.* [Ka. D4559] ☞ಪೊೞ್ತಱ್ (poḻtaṟ)

ಪೊೞ್ತಱ್ ⟦poḻtaṟ ポルタル⟧ [poɻtəṟ] ಪೊತ್ತಡೆ, ಪೊತ್ತಱ್, ಪೊತ್ತಱೆ, ಪೊತ್ತಾಱೆ, ಪೊಳ್ತಡ, ಪೊಳ್ತಡೆ, ಪೊಳ್ತರೆ, ಪೊಳ್ತಱ್, ಪೊಳ್ತಱೆ, ಪೊೞ್ತಡ, ಪೊೞ್ತಡೆ, ಹೊತ್ತರು, ಹೊತ್ತರೆ, ಹೊತ್ತಱು, ಹೊತ್ತಱೆ, ಹೊತ್ತಾರೆ, ಹೊತ್ತಾಱೆ《古》*n.* 明け方、早朝 [Ka. D4559]

ಪೊೞ್ತಱೆ ⟦poḻtaṟe ポルタレ⟧ [poɻtəṟe] 《古》*n.* [Ka. *D4559] ☞ಪೊೞ್ತಱ್ (poḻtaṟ)

ಪೊೞ್ತು ⟦poḻtu ポルトゥ⟧ [poɻtu] 《古》*n.* 1 時間 2 太陽、日 [Ka. D4559]

ಪೊೞ್ದು ⟦poḻdu ポルドゥ⟧ [poɻdu] 《古》*vi.* 生じる、手に入る [Ka. D4541] ☞ಪೊಂದು (poṃdu)

ಪೋ ⟦pō ポー⟧ [po:] 《古》*vi.*《ಪೋಗು (pōgu) の現在語幹の別形》行く [Ka. D4572] ☞ಪೋಗು (pōgu)

ಪೋಂತು ⟦pōṃtu ポーントゥ⟧ [po:ntu] 《古》*n.* 雄羊 [Ka. *D4586] ☞ಹೋತ (hōta)〔現〕

ಪೋಕ ⟦pōka ポーカ⟧ [po:kɐ] 《古》*m.*《*f.* *ಪೋಕಿ (pōki)》1 放浪者、流浪者 2 悪人、悪漢 3 怠け者 4 いたずらっ子、いたずら好きな人 [Ka. D4572]

ಪೋಕರಿ ⟦pōkari ポーカリ⟧ [po:kə̆ri] *mf.* ろくでなし、やくざ者、放蕩者(人を罵る言葉としてよく用いられるが、愛情をもって罵る言葉としても用いられ、その場合悪意はまったくない) [Ka. D4574]

ಪೋಗು ⟦pōgu ポーグ⟧ [po:gu] 《古》*vi.*《過去語幹 pōd- 未来語幹 pōp-》1 (もとの場所からある場所へ)行く 2 出発する、立ち去る 3 (習慣などが)なくなる、廃れる 4 死ぬ、亡くなる 5 なくなる、失われる、破壊される 6 疲労困憊する 7 ある状態になる ¶ ಬಾಕ್ಸರು ಪೆಟ್ಟು ತಿಂದಕೂಡಲೆ ಮೂರ್ಛೆವೋದ. (bāksaru peṭṭu tiṃdakūḍale mūrcʰevōda.) ボクサーはパンチを受けるや、気を失った。[Ka. D4572] = ಹೋಗು (hōgu) ☞ಪೋ (pō)

ಪೋಗುಹ ⟦pōguha ポーグハ⟧ [po:guhɐ] 《古》*n.* 行くこと、去ること [Ka. D4572]

ಪೋಚಲ್ ⟦pōcal ポーチャル⟧ [po:ʧəl] 《‡》*n.* 水を注ぐこと [Ka. D4407] *(Bp 59.7(Kitt.))*

ಪೋಟ ⟦pōṭa ポータ⟧ [po:ṭɐ] 《古》*mf.* 臆病者、勇気がない人 [Ka. *pōṭu* + *-a*, D4434]

ಪೋಟಗಿ ⟦pōṭagi ポータギ⟧ [po:ṭə̆gi] ಪೋಟಿಗೆ *n.* (生計が立たない人に縁者などが)毎年支払う年金 [M. *pōṭăgī*] = ಭತ್ತೆ (bʰatte)

ಪೋಟಿ[1] ⟦pōṭi ポーティ⟧ [po:ṭi] ಹೋಟಿ *n.* 1 匹敵するもの、同等のもの 2 競争、張り合うこと、競うこと [Ka. D4583]

ಪೋಟಿ[2] ⟦pōṭi ポーティ⟧ [po:ṭi] 《古》*n.* [Ka. *D4599] ☞ಪೋಟೆ (pōṭe)

ಪೋಟಿಗೆ ⟦pōṭige ポーティゲ⟧ [po:ṭige] ಪೋಟಗಿ *n.* [M. *pōṭăgē*] ☞ಪೋಟಗಿ (pōṭagi)

ಪೋಟು ⟦pōṭu ポートゥ⟧ [po:ṭu] 《古》*n.* [Ka. *D4599] ☞ಪೋಟೆ (pōṭe)

ಪೋಟೆ ⟦pōṭe ポーテ⟧ [po:ṭe] ಪೊಟ್ಟೆ[2], ಪೊಟ್ಟೆ[2], ಪೋಟಿ[2], ಪೋಟು, ಹೊಟ್ಟೆ[2], ಹೋಟೆ《古》*n.* 木や岩のうろ [Ka. D4599]

ಪೋಡು ⟦pōḍu ポードゥ⟧ [po:ḍu] 《古》*n.* 1 割ること、割くこと 2 部分、持ち分 [Ka. D4599]

ಪೋಣಿಗೆ ⟦pōṇige ポーニゲ⟧ [po:ṇige] 《古》*n.* 数珠 [Ka. *D4584] ☞ಪವಣಿಗೆ (pavaṇige)

ಪೋಣಿಸು ⟦pōṇisu ポーニス⟧ [po:ṇisu] *vt.*〈花やビーズなどに〉糸を通す [Ka. D4586] ☞ಪವಣಿಸು (pavaṇisu)

ಪೋತ ⟦pōta ポータ⟧ [po:tɐ] 《古》*n.* 雄羊 [Ka. D4586] ☞ಹೋತ (hōta)〔現〕

ಪೋತು ⟦pōtu ポートゥ⟧ [po:tu] 《古》*n.* 雄羊 [Ka. *D4586] ☞ಹೋತ (hōta)〔現〕

ಪೋನಿ ⟦pōni ポーニ⟧ [po:ni] *n.* ポニー(通常 147 ㎝以下の小型種の馬) [Eg. *pony*]

ಪೋಪ್ ⟦pōp ポープ⟧ [po:p] *m.* ローマ法王 [Eg. *pope*]

ಪೋಪು ⟦pōpu ポープ⟧ [po:pu] 《‡》*vi.* 近寄る、近づく *(Śmd.ḍh. (Kitt.))* [Ka. D4572]

ಪೋರ್[1] ⟦pōr ポール⟧ [po:r] ಪೋರು, ಹೋರ್, ಹೋರು《古》*vi.* 1 戦う、戦争する、争う、闘争する 2 喧嘩する、口論する 3 競う、競争する —*n.* 1 闘争、争い、戦い、戦争 2 喧嘩、口論 [Ka. D4540]

ಪೋರ್[2] ⟦pōr ポール⟧ [po:r] 《古》*n.* 穴 [Ka. D4604(a)]

ಪೋರ ⟦pōra ポーラ⟧ [po:rɐ] *m.*《*f.* ಪೋರಿ (pōri)》腕白小僧、いたずらっ子、悪たれ、餓鬼 ¶ ಆ ಹುಡುಗ ಮಹಾ ಪೋರ. (ā huḍuga mahā pōra.) あの子は大のい

たずらっ子だ。¶ ಬಾರೋ ಇಲ್ಲಿ ಪೋರ. (bārō illi pōra.) こっちへおいで、いたずら坊主！ [Ka. D4603]

ಪೋರಿ ⟦pōri ポーリ⟧ [poːri] *f.* 《*m.* ಪೋರ (pōra)》いたずら娘、おてんば娘、娘っこ ¶ ಬಾರೇ ಇಲ್ಲಿ ಪೋರಿ. (bārē illi pōri.) こっちへおいで、おてんば娘！ [Ka. D4603]

ಪೋರ್ಕುಳಿ ⟦pōrkuḷi ポールクリ⟧ [poːrkuɭi] ಪೊಕ್ಕುಳಿ, ಪೊರ್ಕುಳಿ, ಹೊಕ್ಕುಳಿ, ಹೊರ್ಕುಳಿ, ಹೋಕುಳಿ 《古》 *mf.* 戦う人 —*n.* 1 戦い、戦争 2 喧嘩、争い 3 対抗、抵抗 [Ka. *pōr* + *-kuḷi* D4540]

ಪೋರ್ಕೆ ⟦pōrke ポールケ⟧ [poːrke] 《古》 *n.* 戦争、戦い [Ka. D4540]

ಪೋರ್ತೆ ⟦pōrta ポールタ⟧ [poːrtɐ] 《古》 *n.* 戦争、戦い [Ka. D4540]

ಪೋಲ್ ⟦pōl ポール⟧ [poːl] 《古》 *vt.* 《過去語幹 pōlt-未来語幹 pōlv-》 1 似ている、同様である 2 同等である、匹敵する、かなう ☞ಹೋಲು (hōlu) [Ka. D4597]

ಪೋಲಿಸು ⟦pōlisu ポーリス⟧ [poːlisu] *vt.* 1 似せる 2 比較する、比べる [Ka. D4597]

ಪೋಲಿ ⟦pōli ポーリ⟧ [poːli] *mf.* 1 放浪者、流浪者 2 悪人、悪漢 3 好色な人、淫奔な人 4 勝手な振る舞いをする男性、わがままな男性 5 姦通者 —*(adj.)* 1 (人間および家畜が)何の役にも立たない〈こと〉、ろくでなし〈の〉 2 無責任〈な〉、責任感がない〈こと〉 [Ka. D4572, 4574]

ಪೋಲಿತನ ⟦pōlitana ポーリタナ⟧ [poːlĭtənɐ] *n.* 1 勝手な振る舞い、わがままな振る舞い 2 無責任な振る舞い [Ka. D4574, 4572]

ಪೋಲಿದನ ⟦pōlidana ポーリダナ⟧ [poːlidənɐ] *n.* 手におえない牛 [*pōli* + *dana*]

ಪೋಲು[1] ⟦pōlu ポール⟧ [poːlu] 《古》 *vt.* [Ka. *D4597] ☞ಪೋಲ್ (pōl)

ಪೋಲು[2] ⟦pōlu ポール⟧ [poːlu] *(n.)* (財産などの)蕩尽〈した〉、無駄使い〈の〉、放蕩〈の〉 [Ka. D4572]

ಪೋಲುಗ ⟦pōluga ポールガ⟧ [poːlŭgɐ] *n.* 金使いの荒い人、浪費家 [Ka. D4574]

ಪೋಲುಮಾಡು ⟦pōlumāḍu ポールマードゥ⟧ [poːlŭmɐːɖu] *vt.* 〈金銭や財産を〉蕩尽する、無駄に使ってしまう [+ *māḍu*]

ಪೋಲೆಂಡ್ ⟦pōlemḍ ポーレンド⟧ [poːleɳɖ] *n.* ポーランド(東ヨーロッパの国) [Eg.]

ಪೋಲ್ಕೆ ⟦pōlke ポールケ⟧ [poːlke] *n.* 類似 [Ka. *pōl* + *-ke*, D4597]

ಪೋಲ್ವೆ ⟦pōlve ポールヴェ⟧ [poːlve] ಹೋಲುವೆ, ಹೋಲ್ವೆ 《古》 *n.* 類似 [Ka. *pōl* + *-ve*, D4597]

ಪೋಳ್ ⟦pōḷ ポール⟧ [poːl] 《古》 *vt.* 1 割る、砕く 2 二つに割る 3 刻む —*n.* 割れたかけら ☞ಹೋಳು (hōḷu) [Ka. D4599]

ಪೋಳು ⟦pōḷu ポール⟧ [poɭu] 《古》 *vt.* 割る、砕く —*n.* 割れたかけら ☞ಹೋಳು (hōḷu) [Ka. *D4599]

ಪೋಷಕ ⟦pōṣaka ポーシャカ⟧ [poːʂəkɐ] *adj.* 《*f.* ಪೋಷಕಿ (pōṣaki)》 1 養育する、育てる 2〔喩〕奨励する、元気づける —*m.* 《*f.* ಪೋಷಕಿ (pōṣaki)》 1 (子どもの)養育者、育てる人 2 (子どもの)保護者 [Sk.]

ಪೋಷಕಿ ⟦pōṣaki ポーシャキ⟧ [poːʂə̆ki] *f.* 《*m.* ಪೋಷಕ (pōṣaka)》女性の養育者、女性の保護者 [Sk.]

ಪೋಷಣ ⟦pōṣaṇa ポーシャナ⟧ [poːʂə̆ɳɐ] *n.* ☞ಪೋಷಣೆ (pōṣaṇe)

ಪೋಷಣೆ ⟦pōṣaṇe ポーシャネ⟧ [poːʂə̆ɳe] *n.* 1 (子どもの)養育、(子どもを)育てること 2 (子ども、生徒などの)保護、保護監督 [Sk.]

ಪೋಷಾಕ ⟦pōṣāka ポーシャーカ⟧ [poːʂɐːkɐ] *n.* [Pe. *pōšāk*] ☞ಪೋಷಾಕು (pōṣāku)

ಪೋಷಾಕು ⟦pōṣāku ポーシャーク⟧ [poːʂɐːku] ಪೋಷಾಕ *n.* (縫製した)衣服 [Pe. *pōšāk*]

ಪೋಷಿಸು ⟦pōṣisu ポーシス⟧ [poːʂisu] *vt.* 1〈子どもを〉育てる、養育する 2〈子ども、生徒などを〉保護監督する [Sk.]

ಪೋಳಲ್ ⟦pōḷal ポーラル⟧ [poːɭəl] 《古》 *n.* 木のうろ [Ka. *D4599] ☞ಪೋಱಲ್ (pōṟal)

ಪೋಹಣಿಗೆ ⟦pōhaṇige ポーハニゲ⟧ [poːhəɳige] 《古》 *n.* 数珠 [Ka. *D4584] ☞ಪವಣಿಗೆ (pavaṇige)[1]

ಪೋಹಣಿಸು ⟦pōhaṇisu ポーハニス⟧ [poːhəɳisu] 《文》 *vt.* 〈花、ビーズなどに〉糸を通す [Ka. *D4584] ☞ಹವಣಿಸು (havaṇisu)[1]

ಪೋಱ್[1] ⟦pōṟ ポール⟧ [poːɻ] ಪೋಳ್, ಪೋಳು, ಹೋಱ್, ಹೋಱು 《古》 *vt.* 1 刻む、切って二つ以上のかけらにする 2〔喩〕壊す、破壊する —*vi.* (刃物などで)分割される —*n.* 割れたかけら、切ったり割ったりしたかけらや切片 ☞ಹೋಳು (hōḷu)〔現〕 [Ka. D4599]

ಪೋಱ್[2] ⟦pōṟ ポール⟧ [poːɻ] 《古》 *n.* 木のうろ [Ka. D4599]

ಪೋಱಲ್ ⟦pōṟal ポーラル⟧ [poːɻəl] ಪೋಳಲ್, ಹೊಳಲು 《古》 *n.* 木のうろ [Ka. D4599]

ಪೌಜು ⟦pauju パウジュ⟧ [pəuʤu] *n.* 軍隊、軍 [Ar. *fauǧ*] ☞ಫೌಜು (pʰauju)

ಪೌತ್ರ ⟦pautra パウトラ⟧ [pəutˑrɐ] 《文》 *(adj.)* 息子に関する〈こと〉、息子より出た〈こと〉 —*m.* 《*f.* ಪೌತ್ರಿ (pautri)》〔美〕孫息子、孫娘 [Sk.]

ಪೌತ್ರಿ ⟦pautri パウトリ⟧ [pəutˑri] 《文》 *f.* 《*m.* ಪೌತ್ರ (pautra)》〔美〕孫娘 [Sk.]

ಪೌತ್ರಕ ⟦pautraka パウトラカ⟧ [pəutˑrəkɐ] 《文》 *m.*〔美〕孫 [Sk.]

ಪೌರ ⟦paura パウラ⟧ [pəurɐ] 《文》 *(adj.)* 都市に関する〈こと〉 —*mf.* 1 市の住民、町に住む人 2 市民(選挙権など市民としての権利を持った人) [Sk.]

ಪೌರನೀತಿ ⟦pauranīti パウラニーティ⟧ [pəurə̆niːti] 《文》 *n.* (学校の)公民科 [Sk.]

ಪೌರಹಕ್ಕು ⟦paurahakku パウラハック⟧ [pəurə̆həkku] *n.* 市民権 [*paura* + *hakku*]

ಪೌರಾಣಿಕ ⟦paurāṇika パウラーニカ⟧ [pəurɐːɳĭkɐ] *adj.* **1** 古い、古代の（出来事など）、悠久の（伝統など）**2** 神話の、神話上の、古い伝説の **3** プラーナ文献(中世ヒンドゥー教の一群の聖典)に関する **—***n.* プラーナ文献に関すること **—***adj., m.* 《*f.* *ಪೌರಾಣಿಕಳು (paurāṇikaḷu)》プラーナ文献に由来する物語を語る〈人〉[Sk.]

ಪೌರೋಹಿತ್ಯ ⟦paurōhitya パウローヒティヤ⟧ [pəuroːhit̪jɐ] 《文》*n.* (ヒンドゥー教の)祭司[僧侶]の職、僧侶の仕事 [Sk.] ☞ಪುರೋಹಿತ (purōhita)

ಪೌರುಷ ⟦pauruṣa パウルシャ⟧ [pəuruʂɐ] *n.* 男らしさ、勇気、勇力、剛勇 [Sk.]

ಪೌಷ್ಟಿಕ ⟦pauṣṭika パウシュティカ⟧ [pəuʂʈikɐ] 《文》*adj.* 栄養分に富む **—***n.* **1** 栄養物 **2** 願いがかなうように行われる儀式 = ಪೌಷ್ಟಿಕಕರ್ಮ (pauṣṭikakarma) [Sk.]

ಪೌಷ್ಟಿಕಕರ್ಮ ⟦pauṣṭikakarma パウシュティカカルマ⟧ [pəuʂʈikə̆kərmɐ] 《文》*n.* 願いがかなうように行われる儀式 [Sk.]

ಪೌಷ್ಟಿಕತೆ ⟦pauṣṭikate パウシュティカテ⟧ [pəuʂʈikə̆te] 《文》*n.* 栄養分に富むこと [Sk.]

ಪೌಳಿ ⟦pauḷi パウリ⟧ [pəuɭi] *n.* **1** 寺の周囲を囲む外壁 **2** 寺院の至聖所の回りの壁の内側に開かれた小部屋（信者が様々な用途で使う）[⇒図] [Pk. *paöli-*]

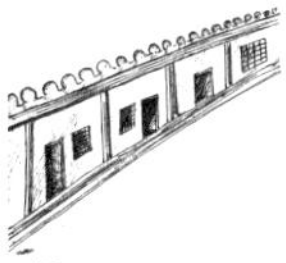

ಪೌಳಿ 壁の小部屋

ಪ್ಯಾಂಟಿ ⟦pyāṃṭi ピャーンティ⟧ [pjɐːɳʈi] *n.* パンティー、女性の下着のパンツ [Eg. *panty*]

ಪ್ಯಾದೆ ⟦pyāde ピャーデ⟧ [pjɐːde] *m.* 小使い、雑用係（の使用人）[Pe. *pyāda*]

ಪ್ರಕಟ ⟦prakaṭa プラカタ⟧ [prəkəʈɐ] (*n.*) 公になった〈こと〉、明らかにされた〈こと〉、あからさまな〈こと〉¶ ಅವನು ಪ್ರಕಟವಾಗಿ ಈ ವಿಷಯವನ್ನು ಹೇಳಲಿಲ್ಲ. (avanu prakaṭavāgi ī viṣayavannu hēḷalilla.) あの人はこのことをあからさまに言わなかった。[Sk.]

ಪ್ರಕಟವಾಗು ⟦prakaṭavāgu プラカタヴァーグ⟧ [prəkəʈə̆vɐːgu] *vi.* **1** 明らかになる、公に知られる **2**（秘密やスキャンダルが）公になる、暴露される **3**（本や雑誌が）出版される、出る **4**（神が）姿を現す、(お忍びの偉人などが)公に姿を現す [+ *āgu*]

ಪ್ರಕಟಣೆ ⟦prakaṭaṇe プラカタネ⟧ [prəkəʈə̆ɳe] 《文》*n.* **1** 発表、公に告示すること **2** 暴露 **3**（本や雑誌の）出版 [Sk.]

ಪ್ರಕಟಿಸು ⟦prakaṭisu プラカティス⟧ [prəkəʈisu] 《文》*vt.* **1** 発表する、公に告示する **2**〈秘密やスキャンダルを〉暴露する **3**〈本や雑誌を〉出版する [Sk.]

ಪ್ರಕರಣ ⟦prakaraṇa プラカラナ⟧ [prəkərəɳɐ] 《文》*n.* **1** 主題、トピック **2** 出来事、事件 **3**（本などの）章 **4** 訴訟事件 **5** サンスクリット語の一幕劇の一種 [Sk.]

ಪ್ರಕರ್ಷ ⟦prakarṣa プラカルシャ⟧ [prəkərʂɐ] 《文》*n.* (繁栄、名声などの)卓越、卓絶 ¶ ಅವನ ಕೀರ್ತಿ ಪ್ರಕರ್ಷವನ್ನು ಹೊಂದಿದೆ. (avana kīrti prakarṣavannu hoṃdide.) 彼は名声の頂点にいる。[Sk.]

ಪ್ರಕಾಂಡ ⟦prakāṃḍa プラカーンダ⟧ [prəkɐːɳɖɐ] 《文》*adj.* **1** 巨大な、壮大な ¶ ಜುರಾಸಿಕ್ ಪಾರ್ಕ್ ಸಿನೆಮದಲ್ಲಿ ಪ್ರಕಾಂಡ ಸರೀಸೃಪಗಳನ್ನು ತೋರಿಸುತ್ತಾರೆ. (jurāsik pārk sinemadalli prakāṃḍa sarīsṛpagaḷannu tōrisuttāre.)「ジュラシック・パーク」という映画で巨大な爬虫類を見せてくれる。**2** 偉大な、強大な、壮大な ¶ ಗಾಂಧಿ ಎಂದರೆ ಪ್ರಕಾಂಡ ನಾಯಕ. (gāṃdʰi eṃdare prakāṃḍa nāyaka.) ガーンディーは偉大な指導者であった。**—***n.* **1** 木の幹 **2** 蓮の茎 **3** 上腕 [Sk.]

ಪ್ರಕಾರ ⟦prakāra プラカーラ⟧ [prəkɐːrɐ] *n.* **1** 種類、類、ジャンル **2** 様式、方式 ¶ ಕುವೆಂಪು ನೂತನ ಪ್ರಕಾರದಲ್ಲಿ ಬರೆಯುತ್ತಾರೆ. (kuveṃpu nūtana prakāradalli bareyuttāre.) クヴェンプは近代的な様式でものを書く。[Sk.]

ಪ್ರಕಾಶ ⟦prakāśa プラカーシャ⟧ [prəkɐːʃɐ] 《文》*n.* 光、光線 [Sk.]

ಪ್ರಕಾಶಕ ⟦prakāśaka プラカーシャカ⟧ [prəkɐːʃə̆kɐ] *m.* 《*f.* ಪ್ರಕಾಶಕಳು (prakāśakaḷu)》出版者 [Sk.]

ಪ್ರಕಾಶನ ⟦prakāśana プラカーシャナ⟧ [prəkɐːʃənɐ] *n.* 出版 [Sk.]

ಪ್ರಕಾಶಿಸು ⟦prakāśisu プラカーシス⟧ [prəkɐːʃĭsu] 《文》*vt.* 輝く、光を放つ [Sk.]

ಪ್ರಕೃತ ⟦prakṛta プラクルタ⟧ [prəkrɯtɐ/prəkrutɐ] 《文》*adj.* 現在の、同時代の ¶ ಪ್ರಕೃತ ಸಮಯ (prakṛta samaya) 現在 **—***n.* **1** 本題に関したこと ¶ ಪ್ರಕೃತದ ಬಗ್ಗೆ ಮಾತಾಡೋಣ. (prakṛtada bagge mātāḍōṇa.) 本題に関したことを話し合おうよ。**2** 現在 ¶ ಪ್ರಕೃತದಲ್ಲಿ ಕಾವೇರಿ ವಿವಾದವು ಮುಕ್ತಾಯ ಆಗಿದೆ. (prakṛtadalli kāvēri vivādavu muktāya āgide.) 現在カーヴェーリ河紛争は解決している。**—***adv.* 現在 ¶ ಪ್ರಕೃತ ಪಾಕಿಸ್ತಾನ ಮತ್ತು ಭಾರತದ ಸಂಬಂಧ ಕೆಟ್ಟಿದೆ. (prakṛta pākistāna mattu bʰāratada saṃbaṃdʰa keṭṭide.) 現在インドとパキスタンの関係が悪化している。[Sk.]

ಪ್ರಕೃತಿ ⟦prakṛti プラクルティ⟧ [prəkrɯti/prəkruti] *n.* **1** 自然の状態 **2**（人の）性格、気質 **3** 自然、自然界 **4** 体質 ¶ ಮನುಷ್ಯನ ಪ್ರಕೃತಿಯಲ್ಲಿ ಮೂರು ವಿಧ, ವಾತ, ಪಿತ್ತ, ಕಫ. (manuṣyana prakṛtiyalli mūru vidʰa, vāta, pitta, kapʰa.) ¶ 人間を構成している体質は、風と胆汁と粘液の3種類である。**5** 健康 ¶ ಈಚೆಗೆ ನನ್ನ ಪ್ರಕೃತಿ ಸರಿಯಿಲ್ಲ. (īcege nanna prakṛti sariyilla.) この頃私は健康が優れない。[Sk.]

ಪ್ರಕ್ರಿಯೆ ⟦prakriye プラクリエ⟧ [prəkrije] 《文》*n.* **1** 方法、過程 **2** やり方、振る舞い ¶ ಅವರು ಅತಿಥಿಗಳನ್ನು ಸ್ವಾಗತಿಸಿದ ಪ್ರಕ್ರಿಯೆ ಸರಿ ಇಲ್ಲ. (avaru atitʰigaḷannu svāgatisida prakriye sari illa.) あの人が客を歓迎したやり方はよくない。[Sk.]

ಪ್ರಕ್ಷಾಲನ ⟦prakṣālana プラクシャーラナ⟧ [prəkʂɐːlə̆nɐ]

《文》*n.*〔美〕洗うこと [Sk.]

ಪ್ರಕ್ಷಾಲಿತ ⟦prakṣālita プラクシャーリタ⟧ [prəkʂɐːlĭtɐ]《文》*adj.*〔美〕洗われた [Sk.]

ಪ್ರಕ್ಷಾಲಿಸು ⟦prakṣālisu プラクシャーリス⟧ [prəkʂɐːlĭsu]《文》*vt.*〔美〕洗う [Sk.]

ಪ್ರಕ್ಷಿಪ್ತ ⟦prakṣipta プラクシプタ⟧ [prəkʂiptɐ]《文》*adj.* **1** 投げられた **2** 挿入された、(改ざん部分を) 挿入された [Sk.]

ಪ್ರಕ್ಷುಬ್ಧ ⟦prakṣubdʰa プラクシュブダ⟧ [prəkʂubdʰɐ]《文》*adj.* **1** (海が)荒れた **2** (社会が)不穏な、騒乱に陥った **3** (人間あるいは心が)動揺した、落ち着きを失った [Sk.]

ಪ್ರಕ್ಷೇಪ ⟦prakṣēpa プラクシェーパ⟧ [prəkʂeːpɐ]《文》*n.* **1** 投げること **2** 書き入れ、改ざん [Sk.]

ಪ್ರಕ್ಷೇಪಣ ⟦prakṣēpaṇa プラクシェーパナ⟧ [prəkʂeːpə̆ɳɐ]《文》*n.* 投げること [Sk.]

ಪ್ರಖರ ⟦prakʰara プラカラ⟧ [prəkʰərɐ]《文》(*adj.*) **1** (知性などが)鋭い〈こと〉 **2** (欲望などが)強い〈こと〉、(日光などが)猛烈な〈こと〉[Sk.]

ಪ್ರಖ್ಯಾತ ⟦prakʰyāta プラキャータ⟧ [prəkʰjɐːtɐ]《文》*adj.*, *m.*《*f.* ಪ್ರಖ್ಯಾತಳು (prakʰyātaḷu)》有名な〈人〉、著名な〈人〉[Sk.]

ಪ್ರಖ್ಯಾತಿ ⟦prakʰyāti プラキャーティ⟧ [prəkʰjɐːti]《文》*n.* 名声、著名、高名、令名 [Sk.]

ಪ್ರಗತಿ ⟦pragati プラガティ⟧ [prəgəti]《文》*n.* 前進、進歩、発展 [Sk.]

ಪ್ರಗತಿಗಾಮಿ ⟦pragatigāmi プラガティガーミ⟧ [prəgətigɐːmi]《文》*adj.*, *m.* 進歩的な〈人〉、前進指向の〈人〉[Sk.]

ಪ್ರಗಲ್ಭ ⟦pragalbʰa プラガルバ⟧ [prəgəlbʰɐ]《文》*adj.*, *m.*《*f.* ಪ್ರಗಲ್ಭಳು (pragalbʰaḷu)》 **1** 自信のある〈人〉、決然とした〈人〉 **2** (知識、学識などの)秀でた〈人〉[Sk.]

ಪ್ರಗಾಥ ⟦pragātʰa プラガータ⟧ [prəgɐːtʰɐ]《文》*n.* 頌詩(英文学のオードに触発されて作られた現代カンナダ語の物語詩の一形式) [Sk.]

ಪ್ರಚಂಡ ⟦pracaṃḍa プラチャンダ⟧ [prəʧəɳɖɐ] *adj.*, *m.*《*f.* ಪ್ರಚಂಡಳು (pracaṃḍaḷu)》 **1** 猛烈な、激烈な **2** 力強い、精力的な **3** 恐ろしい、怖い [Sk.]

ಪ್ರಚಲ ⟦pracala プラチャラ⟧ [prəʧəlɐ]《文》(*adj.*) **1** 震える〈こと〉、揺れる〈こと〉 **2** 流行〈の〉、現行〈の〉 ¶ ಕಾಶ್ಮೀರ ಈಗ ಜಗತ್ತಿನಲ್ಲಿ ಪ್ರಚಲ ವಿಷಯವಾಗಿದೆ. (kāśmīra īga jagattinalli pracala viṣayavāgide.) カシュミールは今世界で時事問題となっている。[Sk.]

ಪ್ರಚಲಿತ ⟦pracalita プラチャリタ⟧ [prəʧəlĭtɐ]《文》(*n.*) **1** 流行〈の〉、世の中でよく行われている〈こと〉 **2** 現行〈の〉、当代〈の〉[Sk.]

ಪ್ರಚಳಿತ ⟦pracaḷita プラチャリタ⟧ [prəʧəɭitɐ]《文》(*n.*) [Sk.] ☞ಪ್ರಚಲಿತ (pracalita)

ಪ್ರಚಾರ ⟦pracāra プラチャーラ⟧ [prəʧɐːrɐ] *n.* **1** 宣伝、広告 **2** 流布させること、一般化させること [Sk.]

ಪ್ರಚಾರ ಸಂಸ್ಥೆ ⟦pracāra saṃstʰe プラチャーラサンステ⟧ [prəʧɐːrəsəmstʰe]《文》*n.* 広告代理店、広告代理社 [Sk.]

ಪ್ರಚಾರಕ ⟦pracāraka プラチャーラカ⟧ [prəʧɐːrə̆kɐ] *m.*《*f.* ಪ್ರಚಾರಕಿ (pracāraki)》宣伝家、宣伝する人 [Sk.]

ಪ್ರಚುರ ⟦pracura プラチュラ⟧ [prəʧurɐ]《文》(*n.*) **1** 多数〈の〉、多量〈の〉、おびただしい〈こと〉¶ ಇತ್ತೀಚಿನ ಸಿನೆಮಾಗಳಲ್ಲಿ ಹಿಂಸೆ ಪ್ರಚುರವಾಗಿದೆ. (ittīcina sinemāgaḷalli hiṃse pracuravāgide.) 近頃の映画には暴力場面が多い。 **2** 流行している〈こと〉、はやっている〈こと〉、一般化している〈こと〉¶ ವಿದ್ಯಾರ್ಥಿನಿಯರಲ್ಲಿ ಚೂಡಿದಾರ್ ಪ್ರಚುರವಾಗಿದೆ. (vidyārtʰiniyaralli cūḍidār pracuravāgide.) サルワール・カミーズ(ズボンとシャツの民族衣装)が女子学生の間で流行している。 **3** よく知られている〈こと〉¶ ಮಂತ್ರಿಗಳು ಭ್ರಷ್ಟಾಚಾರಕ್ಕೆ ಪ್ರಚುರರಾಗಿದ್ದಾರೆ. (maṃtrigaḷu bʰraṣṭācārakke pracurarāgiddāre.) この大臣が賄賂を取ることはよく知られている。[Sk.]

ಪ್ರಚುರಪಡಿಸು ⟦pracurapaḍisu プラチュラパディス⟧ [prəʧurəpəɖĭsu]《文》*vt.* **1** 宣伝する **2** 一般に広める、流布させる [Sk.]

ಪ್ರಚೋದನ ⟦pracōdana プラチョーダナ⟧ [prəʧːdə̆nɐ]《文》*n.* [Sk.] ☞ಪ್ರಚೋದನೆ (pracōdane)

ಪ್ರಚೋದನೆ ⟦pracōdane プラチョーダネ⟧ [prəʧoːdə̆ne]《文》*n.* **1** 奨励、激励、促進 **2** 教唆、そそのかすこと [Sk.]

ಪ್ರಚೋದಿತ ⟦pracōdita プラチョーディタ⟧ [prəʧoːdĭtɐ]《文》*adj.*《*f.* ಪ್ರಚೋದಿತಳು (pracōditaḷu)》 **1** 奨励された、激励された **2** 教唆された、そそのかされた [Sk.]

ಪ್ರಚೋದಿಸು ⟦pracōdisu プラチョーディス⟧ [prəʧoːdĭsu]《文》*vt.* **1** 奨励する、激励する **2** そそのかす [Sk.]

ಪ್ರಚ್ಛನ್ನ ⟦praccʰanna プラッチャンナ⟧ [prəʧʧʰənnɐ]《文》(*adj.*) **1** 覆いを被せた〈こと〉、隠された〈こと〉 **2** 秘密〈の〉、隠れ蓑を被った〈こと〉[Sk.]

ಪ್ರಚ್ಛನ್ನ ಚಿನ್ನ ⟦praccʰanna cinna プラッチャンナチンナ⟧ [prəʧʧʰənnə ʧinnɐ] *n.* 金メッキをした金属 [Sk.]

ಪ್ರಜಾಕ್ರಾಂತಿ ⟦prajākrāṃti プラジャークラーンティ⟧ [prəʤɐːkrɐːnti]《文》*n.* 民衆による革命 [Sk.]

ಪ್ರಜಾಧಿಪತ್ಯ ⟦prajādʰipatya プラジャーディパティャ⟧ [prəʤɐːdʰipətjɐ]《文》*n.* 主権在民、人民に主権があること [Sk.]

ಪ್ರಜಾಪ್ರತಿನಿಧಿ ⟦prajāpratinidʰi プラジャープラティニディ⟧ [prəʤɐːprətinidʰi]《文》*mf.* 国民の代表者(代議士など) [Sk.]

ಪ್ರಜಾಪ್ರಭುತ್ವ ⟦prajāprabʰutva プラジャープラブトヴァ⟧ [prəʤɐːprəbʰutvɐ]《文》*n.* 国民主権制 [Sk.]

ಪ್ರಜಾವಿಪ್ಲವ ⟦prajāviplava プラジャーヴィプラヴァ⟧ [prəʤɐːvipləvɐ]《文》*n.* 民衆の反乱 [Sk.]

ಪ್ರಜ್ಞೆ ⟦prajñe プラジュニェ⟧ [prəɟɲe/prəgne] *n.* 1 (知覚反応のある)意識 2 (自己の存在や権利などの内的認識としての)意識、自覚 3 知恵、洞察力 [Sk.]

ಪ್ರಜ್ವಲ ⟦prajvala プラジュヴァラ⟧ [prədʒvələ] 《文》*adj.* 1 光り輝く、まぶしく光る 2 まぶしく燃える 3 〔喩〕輝かしい(業績など) [Sk.]

ಪ್ರಜ್ವಲನ ⟦prajvalana プラジュヴァラナ⟧ [prədʒvələnɐ] 《文》*n.* 1 光り輝くこと 2 まぶしく燃えること [Sk.]

ಪ್ರಜ್ವಲಿಸು ⟦prajvalisu プラジュヴァリス⟧ [prədʒvəlĭsu] 《文》*vi.* 1 光り輝く 2 まばゆく明るく燃える [Sk.]

ಪ್ರಣತ ⟦praṇata プラナタ⟧ [prəɳə̆tɐ] 《文》*adj.* 1 体を曲げた、かがんだ 2 お辞儀した、礼をした [Sk.]

ಪ್ರಣತಿ ⟦praṇati プラナティ⟧ [prəɳə̆ti] 《文》*n.* 1 体を曲げること、かがむこと 2 おじぎ、礼 3 服従、隷属、謙虚 [Sk.]

ಪ್ರಣಯ ⟦praṇaya プラナヤ⟧ [prəɳəjɐ] 《文》*n.* (男女の)愛、恋、恋愛 [Sk.]

ಪ್ರಣಯಕಲಹ ⟦praṇayakalaha プラナヤカラハ⟧ [prəɳəjəkələhɐ] 《文》*n.* 恋人同士の喧嘩 [Sk.]

ಪ್ರಣಯಭಂಗ ⟦praṇayabʰaṃga プラナヤバンガ⟧ [prəɳəjəbʰəŋgɐ] 《文》*n.* 失恋、失われた恋 [Sk.]

ಪ್ರಣಯಿ ⟦praṇayi プラナイ⟧ [prəɳəji] 《文》*mf.* 《*f.* ಪ್ರಣಯಿ, ಪ್ರಣಯಿನಿ (praṇayi, praṇayini)》愛人、恋人 [Sk.]

ಪ್ರಣಯಿಣಿ ⟦praṇayiṇi プラナイニ⟧ [prəɳəjini] 《文》*f.* 愛する女性、恋人 [Sk.]

ಪ್ರಣವ ⟦praṇava プラナヴァ⟧ [prəɳəvɐ] 《文》*n.* 1 聖音節オーム 2 楽器の一種、法螺貝 [⇒図] [Sk.]

ಪ್ರಣವ
法螺貝

ಪ್ರಣಾದ ⟦praṇāda プラナーダ⟧ [prəɳɐːdɐ] 《文》*n.* 叫び声、大声 [Sk.]

ಪ್ರಣಾಮ ⟦praṇāma プラナーマ⟧ [prəɳɐːmɐ] *n.* 礼、お辞儀 [Sk.]

ಪ್ರಣಾಲಿ ⟦praṇāli プラナーリ⟧ [prəɳɐːli] ಪ್ರಣಾಳಿ 《文》*n.* 1 小さな水路;管、チューブ、ダクト 2 〔喩〕(思考の)回路、(考えや議論や生活などの)方法、様式 ¶ ಅವರ ವಿಚಾರಪ್ರಣಾಲಿ ಪಾಶ್ಚಿಮಾತ್ಯರಿಂದ ಪ್ರಭಾವಿತವಾಗಿದೆ. (avara vicārapraṇāli pāścimātyariṃda prabʰāvitavāgide.) 彼の思考方法は西洋人のそれの影響を受けている。[Sk.]

ಪ್ರಣಾಳಿ ⟦praṇāḷi プラナーリ⟧ [prəɳɐːɭi] 《文》*n.* [Sk.] ☞ಪ್ರಣಾಲಿ (praṇāli)

ಪ್ರಣಾಲಿಕೆ ⟦praṇālike プラナーリケ⟧ [prəɳɐːlike] ಪ್ರಣಾಳಿಕೆ 《文》*n.* [Sk.] ☞ಪ್ರಣಾಳಿಕೆ (praṇāḷike)

ಪ್ರಣಾಳಿಕೆ ⟦praṇāḷike プラナーリケ⟧ [prəɳɐːɭike] 《文》*n.* 1 管、チューブ、ダクト 2 〔喩〕考え方、発想法 3 マスコミ 4 (政党、政府などが政策を発表する)宣言書、マニフェスト [Sk.] ☞ಪ್ರಣಾಲಿಕೆ (praṇālike)

ಪ್ರಣೀತ ⟦praṇīta プラニータ⟧ [prəɳiːtɐ] 《文》*adj.* 1 差し出された 2 提供された、与えられた 3 行われた、執行された [Sk.]

ಪ್ರತಾಪ ⟦pratāpa プラターパ⟧ [prətɐːpɐ] *n.* (王などの)威光 [Sk.]

ಪ್ರತಿ ⟦prati プラティ⟧ [prəti] *n.* 1 (目上の人の言葉などに対する)反抗 ¶ ತಾಯಿ ಹೇಳಿದುದಕ್ಕೆ ಪ್ರತಿ ಮಗಳು ಮಾಡುತ್ತಾಳೆ. (tāyi hēḷidudakke prati magaḷu māḍuttāḷe.) 娘は母親の言うことと反対のことをする。 2 写し、複写、コピー、模写 3 報い、報酬 ¶ ಎಷ್ಟೇ ಸೇವೆ ಮಾಡಿದರೂ ಪ್ರತಿ ದೊರೆಯುತ್ತಿಲ್ಲ. (eṣṭē sēve māḍidarū prati doreyuttilla.) どれほど務めても報いが得られない。 4 匹敵するもの ¶ ನಟನೆಯಲ್ಲಿ ರಾಜಕುಮಾರನಿಗೆ ಪ್ರತಿಯಿಲ್ಲ. (naṭaneyalli rājakumāranige pratiyilla.) 演技では誰もラージクマールにかなうものはない。 ―*postp.* 《*gen.*》 1 …のように(同じようによく、速くなど) ¶ ಪಿ.ಟಿ.ಉಷಾನ ಪ್ರತಿ ಓಡುವವರು ಯಾರೂ ಇಲ್ಲ. (pi.ṭi.uṣāna prati ōḍuvavaru yārū illa.) 誰もピー・ティー・ウシャーのように速く走るものはいない。 2 …に対して、…に反して、…と違って ¶ ಆಗ ಮೈಕ್ ಟೈಸನನ ಪ್ರತಿ ಯಾರೂ ಸ್ಪರ್ಧಿಸಲಾಗಲಿಲ್ಲ. (āga maik ṭaisan+na prati yārū spardʰisalāgalilla.) あの頃はマイク・タイソンに太刀打ちできるものは誰もいなかった。[Sk.]

ಪ್ರತಿ– ⟦prati- プラティ-⟧ [prəti] *pref.* 「反…」「対…」の意味を表す接頭辞(サンスクリット語からの借用語に現れる) [Sk.]

ಪ್ರತಿಕಕ್ಷಿ ⟦pratikakṣi プラティカクシ⟧ [prətikəkʂi] 《文》*mf.* 1 敵対者、敵方 2 敵対集団や対立集団に属する人 [Sk.]

ಪ್ರತಿಕಾರ ⟦pratikāra プラティカーラ⟧ [prətikɐːrɐ] ಪ್ರತೀಕಾರ 《文》*n.* 1 償い、あがない 2 復讐、仇討ち 3 病気治療のための処置 [Sk.]

ಪ್ರತಿಕೂಲ ⟦pratikūla プラティクーラ⟧ [prətikuːlɐ] 《文》(*n.*) 《*dat.*》 1 逆境〈の〉、不利〈な〉、不運〈の〉 2 敵対的な〈こと〉、敵性を示す〈こと〉 [Sk.]

ಪ್ರತಿಕೃತಿ ⟦pratikr̥ti プラティクルティ⟧ [prətikruti/prətikruti] 《文》*n.* 写し、複写、模写、コピー [Sk.]

ಪ್ರತಿಕ್ರಿಯೆ ⟦pratikriye プラティクリエ⟧ [prətikrije] 《文》*n.* 1 反応 2 (発言などに対する)反対、異議 ¶ ಅವನ ಮಾತಿಗೆ ಪ್ರತಿಕ್ರಿಯೆಯನ್ನು ತೋರಬೇಡ. (avana mātige pratikriyeyannu tōrabēḍa.) 彼の言うことに反論するな。[Sk.]

ಪ್ರತಿಗಾಮಿ ⟦pratigāmi プラティガーミ⟧ [prətigɐːmi] 《文》*adj., mf.* (時代などに)逆行する〈人〉、反動主義の〈者〉、復古主義の〈者〉 [Sk.]

ಪ್ರತಿಜ್ಞೆ ⟦pratijñe プラティジュニェ⟧ [prətiɟɲe/prətigne] *n.* 誓い、誓約 [Sk.]

ಪ್ರತಿಧ್ವನಿ ⟦pratidʰvani プラティドヴァニ⟧ [prətidʰvəni] *n.* こだま、反響 [Sk.]

ಪ್ರತಿಧ್ವನಿಪದ ⟦pratidʰvanipada プラティドヴァニパダ⟧ [prətidʰvənipədɐ] 《文》*n.* 反響語(一種の合成

語で、その第2要素は第1要素がわずかな音声的違いをもって繰り返されたもの。「およびそれに類したもの」を意味する。例えば、ಸಂಬಳ-ಗಿಂಬಳ (saṃbaḷa-giṃbaḷa)「給料その他」) [Sk.]

ಪ್ರತಿನಡವಳಿಕೆ ⟦pratinaḍavaḷike プラティナダヴァリケ⟧ [prətinəḍə̆vəḷike] *n.* 対策、対抗手段 ¶ ಕಂಪನಿಯ ಒಡೆಯ ಹೇಳಿದುದಕ್ಕೆ ಪ್ರತಿ ನಡವಳಿಕೆಯನ್ನು ಕಾರ್ಮಿಕರು ತೋರುತ್ತಾರೆ. (kampaniya oḍeya hēḷidudakke prati naḍavaḷikeyannu kārmikaru tōruttāre.) 従業員たちは社主の声明に対して対抗手段を講じている。[*prati-* + *naḍevarike*]

ಪ್ರತಿನಾಯಕ ⟦pratināyaka プラティナーヤカ⟧ [prətinɐːjəkɐ] 《文》 *m.* 《*f.* ಪ್ರತಿನಾಯಕಿ (pratināyaki)》敵役 [Sk.]

ಪ್ರತಿನಿಧಿ ⟦pratinidʰi プラティニディ⟧ [prətinidʰi] *mf.* 代表者、代理人 [Sk.]

ಪ್ರತಿನಿಧಿಸು ⟦pratinidʰisu プラティニディス⟧ [prətinidʰisu] 《文》 *vt.* 代表する、代理する [Sk.]

ಪ್ರತಿಪಕ್ಷ ⟦pratipakṣa プラティパクシャ⟧ [prətipəkʂɐ] 《文》 *n.* 1 野党 2 反論 3 (スポーツ、裁判などでの)敵側 [Sk.]

ಪ್ರತಿಪಾದನ ⟦pratipādana プラティパーダナ⟧ [prətipɐːdənɐ] 《文》 *n.* [Sk.] ☞ಪ್ರತಿಪಾದನೆ (pratipādane)

ಪ್ರತಿಪಾದನೆ ⟦pratipādane プラティパーダネ⟧ [prətipɐːdəne] 《文》 *n.* 1 (説や理論の)擁護、理論づけ 2 (理論、思想などを)説く ¶ ಶಂಕರಾಚಾರ್ಯರು ಅದ್ವೈತ ತತ್ತ್ವವನ್ನು ಪ್ರತಿಪಾದನೆ ಮಾಡಿದರು. (śaṃkarācāryaru advaita tattvavannu pratipādane māḍidaru.) シャンカラ師は不二一元論哲学を説いた。 [Sk.]

ಪ್ರತಿಪಾದಿಸು ⟦pratipādisu プラティパーディス⟧ [prətipɐːdisu] 《文》 *vt.* 1〈説、理論などを〉擁護する、理論づける、正当化する 2〈学説、理念などを〉説く、詳しく説明する [Sk.]

ಪ್ರತಿಫಲ ⟦pratipʰala プラティパラ⟧ [prətipʰəlɐ] 《文》 *n.* 報酬 [Sk.]

ಪ್ರತಿಬಂಧಕ ⟦pratibaṃdʰaka プラティバンダカ⟧ [prətibəndʰəkɐ] 《文》 (*adj.*) 妨げる〈こと〉、禁止する〈こと〉 —*n.* 障害、邪魔 [Sk.]

ಪ್ರತಿಬಂಧಕ ಆಜ್ಞೆ ⟦pratibaṃdʰaka ājñe プラティバンダカアージュニェ⟧ [prətibəndʰəkə ɐːɟɲe/–ɐːgne] 《文》 *n.* 差し止め命令 [Sk.]

ಪ್ರತಿಬಂಧಿತ ⟦pratibaṃdʰita プラティバンディタ⟧ [prətibəndʰitɐ] 《文》 *adj.* (あることを)禁止された [Sk.]

ಪ್ರತಿಬಂಧಿಸು ⟦pratibaṃdʰisu プラティバンディス⟧ [prətibəndʰisu] 《文》 *vt.* 〈ある人がに〉(あることをするのを)禁止する ¶ ವೈದ್ಯರು ಮಧುಮೇಹರೋಗಿಗಳನ್ನು ಸಕ್ಕರೆಯಿಂದ ಪ್ರತಿಬಂಧಿಸುತ್ತಾರೆ. (vaidyaru madʰumēharōgigaḷannu sakkareyiṃda pratibaṃdʰisuttāre.) 医者は糖尿病患者に砂糖を取ることを禁じている。 [Sk.]

ಪ್ರತಿಬಿಂಬ ⟦pratibiṃba プラティビンバ⟧ [prətibimbɐ] 《文》 *n.* 反映、反映してできた像や影 [Sk.]

ಪ್ರತಿಬಿಂಬಿಸು ⟦pratibiṃbisu プラティビンビス⟧ [prətibimbĭsu] 《文》 *vt.* 1 映す、反映する 2 (ものごとを)反映する ¶ ಅವನ ಕೃತಿಗಳು ಅವನ ಉದಾರಗುಣವನ್ನು ಪ್ರತಿಬಿಂಬಿಸುತ್ತವೆ. (avana kr̥tigaḷu avana udāraguṇavannu pratibiṃbisuttave.) 彼の作品はその寛大な性格を反映している。 [Sk.]

ಪ್ರತಿಭಟನೆ ⟦pratibʰaṭane プラティバタネ⟧ [prətibʰəʈəne] 《文》 *n.* 反対、反抗 [Sk.]

ಪ್ರತಿಭಟಿಸು ⟦pratibʰaṭisu プラティバティス⟧ [prətibʰəʈisu] 《文》 *vi.* 反対する、反抗する [Sk.]

ಪ್ರತಿಭೆ ⟦pratibʰe プラティベ⟧ [brətibʰe] 《文》 *n.* 才能、天性 [Sk.]

ಪ್ರತಿಮಾವಾದ ⟦pratimāvāda プラティマーヴァーダ⟧ [prətimɐːvɐːdɐ] 《文》 *n.* 写象主義(1950年前後に始まったカンナダ文学の様式) [Sk.]

ಪ್ರತಿಮೆ ⟦pratime プラティメ⟧ [prətime] 《文》 *n.* 1 彫像、(神などの)偶像 2 (光学器械や水面反射などによる)像、映像 3 具現、体現、象徴 ¶ ಸೀತೆ ಸತೀತ್ವದ ಪ್ರತಿಮೆ. (sīte satītvada pratime.) シーターは貞節の具現である。 [Sk.]

ಪ್ರತಿರೋಧ ⟦pratirōdʰa プラティローダ⟧ [prətiroːdʰɐ] 《文》 *n.* 障害、邪魔 ◇ *vi.* —ಹಾಕು, ಉಂಟುಮಾಡು (hāku, umṭumāḍu) 邪魔になる [Sk.]

ಪ್ರತಿವಾದಿ ⟦prativādi プラティヴァーディ⟧ [prətivɐːdi] 《文》 *mf.* 1 ライバル、競争者 2 被告 [Sk.] ↔ ವಾದಿ (vādi)

ಪ್ರತಿವಾದಿ ವಕೀಲ ⟦prativādi vakīla プラティヴァーディヴァキーラ⟧ [prətivɐːdʰi vəkiːlɐ] 《文》 *mf.* 被告の弁護士 [Sk.]

ಪ್ರತಿಶತ ⟦pratiśata プラティシャタ⟧ [prətiʃətɐ] (*adv.*) パーセント〈の〉¶ ಹಿಂದುಳಿದವರಿಗೆ ಪ್ರತಿಶತ 50 ಮೀಸಲಾತಿ ಇದೆ. (hiṃduḷidavarige pratiśata 50 mīsalāti ide.) 後進カーストの人々には5割の留保枠がある。 [Sk.]

ಪ್ರತಿಷ್ಠಾನ ⟦pratiṣṭʰāna プラティシュターナ⟧ [prətiʂʈəɐːnɐ] 《文》 *n.* 財団、協会 [Sk.]

ಪ್ರತಿಷ್ಠಾಪನೆ ⟦pratiṣṭʰāpane プラティシュターパネ⟧ [prətiʂʈʰɐːpəne] 《文》 *n.* 1 神像などを儀式を行って据えつけること ¶ ದೇವರ ವಿಗ್ರಹವನ್ನು ಪ್ರತಿಷ್ಠಾಪನೆ ಮಾಡಿದರು. (dēvara vigrahavannu pratiṣṭʰāpane māḍidaru.) 彼らは神像を儀式を行って据えつけた。 2〔皮〕(能力のない人を)ある地位に据えること [Sk.]

ಪ್ರತಿಷ್ಠಾಪಿಸು ⟦pratiṣṭʰāpisu プラティシュタービス⟧ [prətiʂʈʰɐːpisu] 《文》 *vt.* 1〈神像を〉建立する、開眼儀礼を行わせる 2〈協会、公共施設、病院、学校などを〉設立する 3〔皮〕〈能力のない人を〉無理矢理にある地位につかせる [Sk.]

ಪ್ರತಿಷ್ಠಿತ ⟦pratiṣṭʰita プラティシュティタ⟧ [prətiʂʈitɐ] 《文》 *adj.* 1 設立された 2 (人が社会で)立派な地位を占めた、社会的地位のある [Sk.]

ಪ್ರತಿಷ್ಠೆ ⟦pratiṣṭʰe プラティシュテ⟧ [prətiʂʈʰe] 《文》 *n.* 1 安全に居ること 2 (組織体、基金、学校、研究所などの)設立、(学派、宗などを)確立すること 3 神像などを儀式を行って据えつけること 4 権

威、威信、高い地位 **5** 名声、令名 **6** 名誉、威厳 **7** 傲慢さ、高慢 ¶ ಅವನ ಪ್ರತಿಷ್ಠೆಯನ್ನು ಮುರಿಯಲೇಬೇಕು. (avana pratiṣṭʰeyannu muriyalē bēku.) 彼の傲慢さをくじかねばならない。 **8** 虚栄、偉そうに見せること [Sk.]

ಪ್ರತಿಸ್ಪರ್ಧಿ ⟦pratispardʰi プラティスパルディ⟧ [prətispərdʰi] 《文》 *adj.*, *mf.* 競争者〈の〉、ライバル〈の〉[Sk.]

ಪ್ರತೀಕ ⟦pratīka プラティーカ⟧ [prəti:kɐ] 《文》 *n.* (国家、国民などの)象徴、(学校、企業などの)記章、印 ¶ ಮಹಾತ್ಮ ಗಾಂಧಿ ಭಾರತದ ಏಕತೆಗೆ ಪ್ರತೀಕವಾಗಿದ್ದರು. (mahātma gāṃdʰi bʰāratada ēkatege pratīkavāgiddaru.) マハートマー・ガーンディーはインドの団結の象徴となっていた。[Sk.]

ಪ್ರತೀಕಾರ ⟦pratīkāra プラティーカーラ⟧ [prəti:kɐ:rɐ] 《文》 *n.* **1** 償い、あがない **2** 復讐、仇討ち **3** 病気治療のための処置 [Sk.] ☞ಪ್ರತಿಕಾರ (pratikāra)

ಪ್ರತೀತಿ ⟦pratīti プラティーティ⟧ [prəti:ti] 《文》 *n.* **1** はっきりと理解すること **2** 信念、信仰 **3** 社会一般の伝統的な信念、社会信念、民間信仰 ¶ ಗಂಗೆಯಲ್ಲಿ ಸ್ನಾನ ಮಾಡಿದವರ ಪಾಪ ಕಳೆಯುತ್ತದೆಂಬ ಪ್ರತೀತಿ ಇದೆ. (gaṃgeyalli snāna māḍidavara pāpa kaḷeyuttadeṃba pratīti ide.) ガンジス河で沐浴すると罪が洗い流されるという民間信仰がある。**4** (あることで)世間に知られていること、名声または悪名 ¶ ಅವನು ಲಂಚಕೋರನೆಂಬ ಪ್ರತೀತಿ ಇದೆ. (avanu laṃcakōraneṃba pratīti ide.) 彼が賄賂を取ることはよく知られている。[Sk.]

ಪ್ರತ್ಯಕ್ಷ ⟦pratyakṣa プラティヤクシャ⟧ [prətjəkʂɐ] 《文》 (*n.*) **1** はっきり目に見える〈こと〉 **2** 明らかな〈こと〉、疑いの余地がない〈こと〉、明白〈な〉[Sk.]

ಪ್ರತ್ಯಕ್ಷಪ್ರಮಾಣ ⟦pratyakṣapramāṇa プラティヤクシャプラマーナ⟧ [prətjəkʂəprəmɐ:ɳɐ] 《文》 *n.* はっきり目に見える証拠 [Sk.]

ಪ್ರತ್ಯುತ್ತರ ⟦pratyuttara プラティユッタラ⟧ [prətjuttərɐ] 《文》 *n.* **1** 返答、返事 **2** 答に対する答 **3** 口答え、反駁、しっぺ返し ¶ ಓದು ಎಂದು ಹೇಳಿದರೆ ನೀವೂ ಶಾಲೆಯಲ್ಲಿ ಫೇಲಾಗಿದ್ದಿರಿ ಎಂದು ಮಗ ನನಗೆ ಪ್ರತ್ಯುತ್ತರ ಕೊಟ್ಟನು. (ōdu eṃdu hēḷidare nīvū śāleyalli pʰēlāgiddiri eṃdu maga nanage pratyuttara koṭṭanu.) 私が息子に「勉強しなさい」といったら息子は「お父さんも学校の試験で落第したじゃないか」と口答えをした。[Sk.]

ಪ್ರತ್ಯಯ ⟦pratyaya プラティヤヤ⟧ [prətjə̆jɐ] 《文》 *n.* 〔言〕接尾辞 [Sk.]

ಪ್ರತ್ಯುಪಕಾರ ⟦pratyupakāra プラティユパカーラ⟧ [prətˑjupəkɐ:rɐ] 《文》 *n.* 恩返し、報恩、お礼 [Sk.]

ಪ್ರತ್ಯೇಕ ⟦pratyēka プラティエーカ⟧ [prətˑje:kɐ] (*n.*) **1** 別々〈の〉 ¶ ಈ ಮನೆಗಳಿಗೆ ಪ್ರತ್ಯೇಕ ಬಚ್ಚಲುಮನೆಗಳಿಲ್ಲ. (ī manegaḷige pratyēka baccalumanegaḷilla.) これらの家は別々の浴室を持っていない。**2** 別〈の〉、違っている〈こと〉、同じでない〈こと〉¶ ಆ ವಿಷಯ ಪ್ರತ್ಯೇಕ, ಈ ವಿಷಯ ಪ್ರತ್ಯೇಕ. (ā viṣaya pratyēka, ī viṣaya pratyēka.) これらのことは同じでない。[Sk.]

ಪ್ರತ್ಯೇಕವಾಗಿ ⟦pratyēkavāgi プラティエーカヴァーギ⟧ [prətˑje:kəvɐ:gi] *adv.* 別々に ¶ ಪೊಲೀಸರು ಅಪರಾಧಿಗಳನ್ನು ಪ್ರತ್ಯೇಕವಾಗಿ ವಿಚಾರಿಸಿದರು. (polīsaru aparādʰigaḷannu pratyēkavāgi vicārisidaru.) 警察は罪人たちを別々に尋問した。¶ ಈ ವಿಷಯಗಳನ್ನು ಪ್ರತ್ಯೇಕವಾಗಿ ಆಲೋಚಿಸಬೇಕು. (ī viṣayagaḷannu pratyēkavāgi ālōcisabēku.) 我々はこれらのことを別々に吟味せねばならない。[+ *āgi*]

ಪ್ರಥಮ ⟦pratʰama プラタマ⟧ [prətʰəmɐ] 《文》 *numr.*, *adj.* **1** 第1の、1番目の **2** 最初の **3** 主な、最も重要な [Sk.]

ಪ್ರಥಮ ಅನಿಸಿಕೆ ⟦pratʰama anisike プラタマアニシケ⟧ [prətʰəmə ənisike] *n.* 第一印象 [Sk.]

ಪ್ರಥಮಚಿಕಿತ್ಸೆ ⟦pratʰamacikitse プラタマチキトセ⟧ [prətʰəmə ʧikitse] 《文》 *n.* 応急手当て [Sk.]

ಪ್ರಥಮಪುರುಷ ⟦pratʰamapuruṣa プラタマプルシャ⟧ [prətʰəməpuruʂɐ] 《文》 *n.* 〔言〕三人称 [Sk.]

ಪ್ರದಕ್ಷಿಣೆ ⟦pradakṣiṇe プラダクシネ⟧ [prədəkʂiɳe] *n.* **1** (神像などの)周りを右回りに回ってそれに敬意を示すこと **2** 〔喩〕観光や自分の主義の宣伝などのため国中を回ること [Sk.]

ಪ್ರದರ ⟦pradara プラダラ⟧ [prədərɐ] 《文》 *n.* 白帯下(こしけ) [Sk. *pradara-*] = ಬಿಳಿಸೆರಗು (biḷiseragu) 〔口〕

ಪ್ರದರ್ಶಕ ⟦pradarśaka プラダルシャカ⟧ [prədərʃəkɐ] *m.* 《*f.* ಪ್ರದರ್ಶಕಳು (pradarśakaḷu)》 (展覧会などでの)展示者 —*n.* 示唆するもの、指し示すもの ¶ ಈ ಪುಸ್ತಕ ಅವರ ಬುದ್ಧಿವಂತಿಕೆಯ ಪ್ರದರ್ಶಕ. (ī pustaka avara buddʰivaṃtikeya pradarśaka.) この本は著者の知性を表している。[Sk.]

ಪ್ರದರ್ಶನ ⟦pradarśana プラダルシャナ⟧ [prədərʃənɐ] *n.* **1** 見せること、見せびらかすこと **2** (美術館、博物館などでの)展示 [Sk.]

ಪ್ರದರ್ಶಿಸು ⟦pradarśisu プラダルシス⟧ [prədərʃisu] 《文》 *vt.* **1** 見せる、見せびらかす **2** (展覧会などで)展示する [Sk.]

ಪ್ರದೇಶ ⟦pradēśa プラデーシャ⟧ [prəde:ʃɐ] *n.* **1** 地方、地域 **2** 州(インドの一番大きい行政区分) [Sk.]

ಪ್ರಧಾನ ⟦pradʰāna プラダーナ⟧ [prədʰɐ:nɐ] 《文》 *adj.*, *mf.* (階級、重要度などにおいて)最高の〈人〉 —(*adj.*) 主な、重要な、中心的な —*n.* **1** (様々な社会集団の)長 **2** 村長 [Sk.]

ಪ್ರಧಾನ ಉದ್ಯಮ ⟦pradʰāna udyama プラダーナウディヤマ⟧ [prədʰɐ:nə udˑjəmɐ] 《文》 *n.* 主要産業 [Sk.]

ಪ್ರಧಾನಮಂತ್ರಿ ⟦pradʰānamaṃtri プラダーナマントリ⟧ [prədʰɐ:nəməntri] *mf.* 首相、内閣総理大臣 [Sk.] = ಪ್ರಧಾನಿ (pradʰāni)

ಪ್ರಧಾನ ಶೀರ್ಷಿಕೆ ⟦pradʰāna śīrṣike プラダーナシールシケ⟧ [prədʰɐ:nə ʃi:rʂike] 《文》 *n.* (ページや章などの)表題、(新聞の)見出し [Sk.] = ತಲೆಪಂಕ್ತಿ (talepaṃkti)

ಪ್ರಧಾನಿ ⟦pradʰāni プラダーニ⟧ [prədʰɐ:ni] *mf.* 首相、内閣総理大臣 [Sk.] = ಪ್ರಧಾನಮಂತ್ರಿ (pradʰānamaṃtri)

ಪ್ರಪಂಚ ⟦prapaṃca プラパンチャ⟧ [prəpəɲʧɐ] *n.* 1 世界、物質的な世界 2 生計 ¶ ಸಣ್ಣ ಸಂಬಳದಲ್ಲಿ ಪ್ರಪಂಚ ಸಾಗದು. (saṇṇa saṃbaḷadalli prapaṃca sāgadu.) わずかな月給でやって行くことはできない。[Sk.]

ಪ್ರಪಾತ ⟦prapāta プラパータ⟧ [prəpɐːtɐ] *n.* 1 絶壁、峡谷 2 滝 [Sk.]

ಪ್ರಫುಲ್ಲ ⟦prapʰulla プラプッラ⟧ [prəpʰullɐ] 《文》 *adj.*, *mn.* 《*f.* ಪ್ರಫುಲ್ಲಳು (prapʰullaḷu)》 1 (花が) 開いた〈こと〉 2 (人や人の顔が) 嬉々とした〈こと〉、喜びでいっぱいな〈こと〉¶ ಗಂಡ ತಿರಿಗಿಬಂದನೆಂದು ಬಿಂದು ಪ್ರಫುಲ್ಲಳಾದಳು. (gaṃḍa tirigibaṃdaneṃdu biṃdu prapʰullaḷādaḷu.) 夫が帰ってきたのでビンドゥーは嬉々としている。[Sk.]

ಪ್ರಬಂಧ ⟦prabaṃdʰa プラバンダ⟧ [prəbəndʰɐ] *n.* 1 連続 2 文学作品(一般) 3 随筆、エッセー 4 論文、学術論文 [Sk.]

ಪ್ರಬಲ ⟦prabala プラバラ⟧ [prəbəlɐ] ಪ್ರಬಳ 《文》 *adj.*, *mn.* 《*f.* ಪ್ರಬಲಳು (prabalaḷu)》 1 (物理的に) 力強い、強力な 2 勢力のある、強力な、有力な ¶ ಪ್ರಬಲ ಸಾಕ್ಷ್ಯ (prabala sākṣya) 強力な証拠 3 重要な、主な ¶ ಅವನ ನಡತೆಗೆ ಅಮ್ಮ ಇಲ್ಲದೆ ಇರುವುದು ಪ್ರಬಲ ಕಾರಣವಾಗಿದೆ. (avana naḍatege amma illade iruvudu prabala kāraṇavāgide.) 母を失ったことがあの男性の振る舞いの主な理由である。[Sk.]

ಪ್ರಬಳ ⟦prabaḷa プラバラ⟧ [prəbəɭɐ] 《文》 *adj.*, *mn.* 《*f.* ಪ್ರಬಲಳು (prabalaḷu)》 [Sk.] ☞ಪ್ರಬಲ (prabala)

ಪ್ರಬುದ್ಧ ⟦prabuddʰa プラブッダ⟧ [prəbuddʰɐ] 《文》 *adj.*, *m.* 《*f.* ಪ್ರಬುದ್ಧಳು (prabuddʰaḷu)》 1 学問のある〈人〉、学識のある〈者〉 2 啓蒙された〈人〉 3 油断のない〈人〉、注意深い〈人〉 4 成人した〈人〉、大人になった〈人〉¶ ಪ್ರಬುದ್ಧ ಮಕ್ಕಳಿಗೆ ಬುದ್ಧಿ ಹೇಳುವುದು ಕಷ್ಟ (prabuddʰa makkaḷige buddʰi hēḷuvudu kaṣṭa.) ませた子どもに注意するのは難しい。[Sk.]

ಪ್ರಬೋಧ ⟦prabōdʰa プラボーダ⟧ [prəboːdʰɐ] 《文》 *n.* 1 目覚め、覚醒 2 知的に目覚めさせること、知識を与えること、知恵を与えること、啓蒙 3 知恵、知識 [Sk.]

ಪ್ರಬೋಧಕ ⟦prabōdʰaka プラボーダカ⟧ [prəboːdʰəkɐ] 《文》 (*adj.*) 《*f.* ಪ್ರಬೋಧಕಿ (prabōdʰaki)》 1 目覚めさせる〈こと〉、覚醒させる〈こと〉、目覚め〈の〉 2 啓蒙する〈こと〉、知恵を与える〈こと〉 —*m.* 《*f.* ಪ್ರಬೋಧಕಳು (prabōdʰakaḷu)》人に知恵を与える人、啓蒙者 [Sk.]

ಪ್ರಬ್ಬಲಿ ⟦prabbali プラッバリ⟧ [prəbbəli] 《‡》 *n.* 籐(とう)(ヤシ科トウ属) (*Si.102* (*Kitt.*)) [Ka. D4175] = ಹಬ್ಬೆ (habbe)

ಪ್ರಭಾತ ⟦prabʰāta プラバータ⟧ [prəbʰɐːtɐ] 《文》 *n.* 夜明け、明け方 [Sk.]

ಪ್ರಭಾರಿ ⟦prabʰāri プラバーリ⟧ [prəbʰɐːri] 《文》 *adj.*, *m.* 担当する〈人〉 —*mf.* 担当の役人、担当者 [Sk.]

ಪ್ರಭಾವ ⟦prabʰāva プラバーヴァ⟧ [prəbʰɐːvɐ] 《文》 *n.* 1 影響 2 影響力、支配力 [Sk.]

ಪ್ರಭಾವವಲಯ ⟦prabʰāvavalaya プラバーヴァヴァラヤ⟧ [prəbʰɐːvə vələ̆jɐ] 《文》 *n.* 影響力を持つ区域や領域や支配圏 [Sk.]

ಪ್ರಭಾವಳಿ ⟦prabʰāvaḷi プラバーヴァリ⟧ [prəbʰɐːvəɭi] 《文》 *n.* (太陽、月、聖者などの)光の輪 [Sk.]

ಪ್ರಭು ⟦prabʰu プラブ⟧ [prəbʰu] 《文》 *mf.* 1 君主、王 2 主人 3 持ち主、所有者 4 神 [Sk.]

ಪ್ರಭುತ್ವ ⟦prabʰutva プラブトヴァ⟧ [prəbʰutˑvɐ] 《文》 *n.* 1 所有権；占有権 2 支配、支配権 3 (芸や職人の技能などでの)熟達、自在に扱う能力 ¶ ಕಂಪ್ಯೂಟರಿನ ಮೇಲೆ ಅವನಿಗೆ ಪ್ರಭುತ್ವವಿದೆ. (kaṃpyūṭarina mēle avanige prabʰutvavide.) 彼はコンピューターを自在に扱う。[Sk.]

ಪ್ರಭೆ ⟦prabʰe プラベ⟧ [prəbʰe] 《文》 *n.* 1 輝き、光輝 2 (芸術家や知者に見られる)顔の輝き 3 〔喩〕 (芸術や知恵の)輝き [Sk.]

ಪ್ರಭೇದ ⟦prabʰēda プラベーダ⟧ [prəbʰeːdɐ] 《文》 *n.* 1 種類、範疇、類、(芸術の)ジャンル 2 違い、差 [Sk.]

ಪ್ರಮಾಣ ⟦pramāṇa プラマーナ⟧ [prəmɐːɳɐ] *n.* 1 大きさ、規模、寸法 2 程度、度合い 3 量、分量 4 証拠、物証、証言 5 誓い、誓約 [Sk.]

ಪ್ರಮಾಣ ಮಾಡು ⟦pramāṇa māḍu プラマーナマードゥ⟧ [prəmɐɳə̆ mɐːɖu] *vi.* 宣誓する、誓う [+ *māḍu*]

ಪ್ರಮಾಣಗ್ರಂಥ ⟦pramāṇagraṃtʰa プラマーナグランタ⟧ [prəmɐːɳəgrəntʰɐ] 《文》 *n.* 1 (ある分野での) 権威書 2 参考文献 3 (ある引用や主張に関する) 原典 [Sk.]

ಪ್ರಮಾಣಪತ್ರ ⟦pramāṇapatra プラマーナパトラ⟧ [prəmɐɳəpətrɐ] 《文》 *n.* 委任状 [Sk.]

ಪ್ರಮಾಣವಚನ ⟦pramāṇavacana プラマーナヴァチャナ⟧ [prəmɐːɳəvəʧə̆ɳa] 《文》 *n.* (ある地位につく時の) 宣誓 [Sk.]

ಪ್ರಮಾಣಸೂಚಕ ⟦pramāṇasūcaka プラマーナスーチャカ⟧ [prəmɐːɳəsuːʧə̆kɐ] 《文》 *n.* 度量衡用語 (分量や長さや重さなどを表す言葉) [Sk.]

ಪ್ರಮಾದ ⟦pramāda プラマーダ⟧ [prəmɐːdɐ] 《文》 *n.* 1 過ち、過失、見落とし 2 失策、失敗 3 逆上、狂乱、熱狂 [Sk.]

ಪ್ರಮುಖ ⟦pramukʰa プラムカ⟧ [prəmukʰɐ] 《文》 *adj.*, *m.* 卓越した〈人〉、傑出した〈人〉 —*n.* 長、指導者、親分、親方、首領、首相 [Sk.]

ಪ್ರಮೇಯ ⟦pramēya プラメーヤ⟧ [prəmeːjɐ] 《文》 *n.* 1 機会 ¶ ಅವನಿಗೆ ಹಣ ಕೊಡಲೆಂದು ತಂದೆ, ಆದರೆ ಕೊಡುವ ಪ್ರಮೇಯ ಸಿಕ್ಕಿಲ್ಲ. (avanige haṇa koḍaleṃdu taṃde, ādare koḍuva pramēya sikkilla.) あの人に金をやろうと持ってきたがその機会がなかった。 2 定理 [Sk.]

ಪ್ರಯತ್ನ ⟦prayatna プラヤトナ⟧ [prəjətnɐ] *n.* 1 努力、励むこと 2 試み、企て ¶ ಅವನು ಮೂರನೇ ಪ್ರಯತ್ನದಲ್ಲಿ ಪಾಸಾದನು. (avanu mūranē prayatnadalli pāsādanu.) 彼は3回目の試みで合格した。[Sk.]

ಪ್ರಯತ್ನ ಮಾಡು ⟦prayatna māḍu プラヤトナマードゥ⟧ [prə jətnə mɐːḍu] *vi.* 努力する [Sk.] = ಪ್ರಯತ್ನಿಸು (prayatnisu)

ಪ್ರಯತ್ನಿಸು ⟦prayatnisu プラヤトニス⟧ [prəjətnisu] 《文》 *vi.* 《ălu》 1 努力する、つとめる、骨を折る ¶ ಅವರು ಈ ಹಳ್ಳಿಗೆ ನೀರನ್ನು ತರಲು ಪ್ರಯತ್ನಿಸಿದರು. (avaru ī haḷḷige nīrannu taralu prayatnisidaru.) 彼らはこの村に水道を引くために骨を折った。 2 試みる [Sk.]

ಪ್ರಯಾಣ ⟦prayāṇa プラヤーナ⟧ [prəjɐːnɐ] *n.* 旅、旅行 [Sk.]

ಪ್ರಯಾಣ ರಹದಾರಿ ⟦prayāṇa rahadāri プラヤーナラハダーリ⟧ [prəjɐːnə rəhə̆dɐːri] *n.* 旅券、パスポート [+ *rahadāri*]

ಪ್ರಯಾಣಿಕ ⟦prayāṇika プラヤーニカ⟧ [prəjɐːɳikɐ] *m.* 《*f.* ಪ್ರಯಾಣಿಕಳು (prayāṇikaḷu)》 1 旅行者、旅人、ツーリスト 2 旅客、乗客 [Sk.]

ಪ್ರಯಾಣಿಕರ ಮಾರ್ಗದರ್ಶಿ ⟦prayāṇikara mārgadarśi プラヤーニカラマールガダルシ⟧ [prəjɐːɳikəraə mɐːrgədərʃi] 《文》 *n.* 旅行案内書 [Sk.]

ಪ್ರಯಾಣ ಕೈಪಿಡಿ ⟦prayāṇa kaipiḍi プラヤーナカイピディ⟧ [prəjɐːɳikəraə kəipĭḍi] *n.* 旅行案内書 [Sk.]

ಪ್ರಯಾಸ ⟦prayāsa プラヤーサ⟧ [prəjɐːsɐ] *n.* 1 努力、骨折り 2 疲れ、疲労 [Sk.]

ಪ್ರಯುಕ್ತ ⟦prayukta プラユクタ⟧ [prəjuktɐ] *postp.* …の故に、…だから ¶ ಮುಖ್ಯಮಂತ್ರಿ ಬಂದ ಪ್ರಯುಕ್ತ ಶಾಲೆಗಳಿಗೆ ರಜ. (mukʰyamaṃtri baṃda prayukta śālegaḷige raja.) 州首相が来たので学校が休みである。 [Sk.]

ಪ್ರಯೋಗ ⟦prayōga プラヨーガ⟧ [prəjoːgɐ] *n.* 1 実験 2 試し、試用 3 使うこと、使用、使用例 4 世に行われていること、(言葉などの)慣用 ¶ ಷೋಡಶೋಪಚಾರಗಳು ಈಗ ಪ್ರಯೋಗದಲ್ಲಿಲ್ಲ. (śōḍaṣōpacāragaḷu īga prayōgadallilla.) 客をもてなす 16 の行いはもう実践されていない。 [Sk.]

ಪ್ರಯೋಗಶಾಲೆ ⟦prayōgaśāle プラヨーガシャーレ⟧ [prə joːgəʃɐːle] *n.* 実験室 [Sk.]

ಪ್ರಯೋಗಶಾಲಾ ಸಲಕರಣೆ ⟦prayōgaśālā salakaraṇe プラヨーガシャーラーサラカラネ⟧ [prəjoːgəʃɐːlɐː sələkərə̆ɳe] *n.* 実験室の設備、実験設備 [Sk.]

ಪ್ರಯೋಗಿಸು ⟦prayōgisu プラヨーギス⟧ [prəjoːgisu] *vt.* 1 使う、使用する 2 試用する [Sk.]

ಪ್ರಯೋಜಕ ⟦prayōjaka プラヨージャカ⟧ [prəjoːʤə̆kɐ] 《文》 *adj.* 有益な、役に立つ [Sk.]

ಪ್ರಯೋಜನ ⟦prayōjana プラヨージャナ⟧ [prəjoːʤə̆nɐ] *n.* 1 有用、役に立つこと ¶ ಅದರಿಂದ ಏನೋ ಪ್ರಯೋಜನವಿಲ್ಲ. (adariṃda ēnō prayōjanavilla.) それは何の役にも立たない。 2 利益 ¶ ಪ್ರಯೋಜನವನ್ನು ಅಪೇಕ್ಷಿಸದೇ ದೇಶಸೇವೆ ಮಾಡುತ್ತಾನೆ. (prayōjanavannu apēkṣisadē dēśasēve māḍuttāne.) あの人は利益を期待せず国のために働いている。 [Sk.]

ಪ್ರಯೋಜನ ನಿಧಿ ⟦prayōjana nidʰi プラヨージャナニディ⟧ [prəjoːʤə̆nə nidʰi] 《文》 *n.* (寡婦の結婚など)特殊目的のための基金 [Sk.]

ಪ್ರಯೋಜನೀಯ ⟦prayōjanīya プラヨージャニーヤ⟧ [prəjoːʤə̆niːjɐ] 《文》 *adj.* 役に立つ、使用できる [Sk.]

ಪ್ರಲಾಪ ⟦pralāpa プララーパ⟧ [prəlɐːpɐ] 《文》 *n.* 1 泣くこと、号泣 2 悲しみ、悲嘆、嘆き悲しむこと 3 哀訴嘆願 [Sk.]

ಪ್ರಲಾಪಿಸು ⟦pralāpisu プララーピス⟧ [prəlɐːpĭsu] 《文》 *vi.* 1 声をあげて泣く、泣き叫ぶ 2 嘆く、嘆き悲しむ [Sk.]

ಪ್ರಲೋಭನ ⟦pralōbʰana プラローバナ⟧ [proloːbʰə̆nɐ] 《文》 *n.* 1 利益をちらつかせて誘惑すること、そそのかすこと 2 (犯罪や罪深い行為に人を惹きつける)誘惑(物) [Sk.]

ಪ್ರಲೋಭನೆ ⟦pralōbʰane プラローバネ⟧ [proloːbʰə̆ne] 《文》 *n.* [Sk.] ☞ಪ್ರಲೋಭನ (pralōbʰana)

ಪ್ರವಚನ ⟦pravacana プラヴァチャナ⟧ [prəvəʧə̆nɐ] *n.* 1 (哲学、宗教書などに関する)講釈、説教 2 講義 ¶ ನಾನು ಇಂದು ಆರೋಗ್ಯದ ಬಗ್ಗೆ ಪ್ರವಚನ ಮಾಡಿದೆನು. (nānu iṃdu ārōgyada bagge pravacana māḍidenu.) 私は今日健康について講義した。 [Sk.]

ಪ್ರವರ ⟦pravara プラヴァラ⟧ [prəvərɐ] *n.* 家系 [Sk.]

ಪ್ರವರ್ತಕ ⟦pravartaka プラヴァルタカ⟧ [prəvərtə̆kɐ] *m.* 《*f.* ಪ್ರವರ್ತಕಿ (pravartaki)》 (仕事、活動の) 後援者 —*adj., m.* 《*f.* ಪ್ರವರ್ತಕಿ (pravartaki)》(あることを)創始する〈人〉 [Sk.]

ಪ್ರವರ್ತಿಸು ⟦pravartisu プラヴァルティス⟧ [prəvərtisu] 《文》 *vt.* 1 〈企業などの組織を〉運営する、〈事業などを〉行う 2 奨励する、助長する —*vi.* 《*dat.*》始める、開始する ¶ ಅವನು ಕೆಲಸಕ್ಕೆ ಪ್ರವರ್ತಿಸಿದನು. (avanu kelasakke pravartisidanu.) 彼は仕事を始めた。 [Sk.]

ಪ್ರವರ್ಧನ ⟦pravardʰana プラヴァルダナ⟧ [prəvərdʰənɐ] 《文》 (*adj.*) 増大する〈こと〉、増加する〈こと〉 —*n.* 1 増大、増加 2 成年、成年に達した状態 ¶ ನಮ್ಮ ಮಕ್ಕಳು ಇಬ್ಬರೂ ಪ್ರವರ್ಧನಕ್ಕೆ ಬಂದಿದ್ದಾರೆ. (namma makkaḷu ibbarū pravardʰanakke baṃdiddāre.) うちの子どもたちは二人とも成年に達している。 [Sk.]

ಪ್ರವರ್ಧಮಾನ ⟦pravardʰamāna プラヴァルダマーナ⟧ [prə vərdʰə̆mɐːnɐ] 《文》 (*adj.*) 増大する〈こと〉、増加する〈こと〉 [Sk.]

ಪ್ರವಹಿಸು ⟦pravahisu プラヴァヒス⟧ [prəvəhisu] 《文》 *vi.* (川が)流れる [Sk.]

ಪ್ರವಾದ ⟦pravāda プラヴァーダ⟧ [prəvɐːdɐ] 《文》 *n.* 1 噂 2 予言 [Sk.]

ಪ್ರವಾದಿ ⟦pravādi プラヴァーディ⟧ [prəvɐːdi] 《文》 *mf.* 1 (あることを)宣言する人、布告する人 2 聖者、予言者 [Sk.]

ಪ್ರವಾಲ ⟦pravāla プラヴァーラ⟧ [prəvɐːlɐ] ಪ್ರವಾಳ 《文》 *n.* 1 若芽、若枝 2 珊瑚 [Sk. ←Dr.]

ಪ್ರವಾಸ ⟦pravāsa プラヴァーサ⟧ [prəvɐːsɐ] *n.* 1 旅行 2 (自宅や職場以外の場所に)一時的に滞在するこ

と、一時的な滞在 [Sk.]

ಪ್ರವಾಸೋದ್ಯಮ ⟦pravāsōdyama プラヴァーソーディャマ⟧ [prəvɐːsoːdʲjə̆mɐ] *n.* 旅行業、観光産業、観光業 [Sk.]

ಪ್ರವಾಸೋದ್ಯಮಿ ⟦pravāsōdyami プラヴァーソーディャミ⟧ [prəvɐːsoːdʲjə̆mi] *mf.* 旅行業者、観光業者、観光 [Sk.]

ಪ್ರವಾಸಿ ⟦pravāsi プラヴァーシ⟧ [prəvɐːsi] *mf.* 1 旅行者 2 故郷や家を離れてよその土地に住んでいる人、外国に住んでいる人 [Sk.]

ಪ್ರವಾಸಿಗ ⟦pravāsiga プラヴァーシガ⟧ [prəvɐːsigɐ] *m.* 《*f.* ಪ್ರವಾಸಿಗಳು (pravāsigaḷu)》故郷や家を離れてよその土地に住んでいる人、外国に住んでいる人 [Sk.] = ಪ್ರವಾಸಿ (pravāsi)

ಪ್ರವಾಹ ⟦pravāha プラヴァーハ⟧ [prəvɐːhɐ] 《文》 *n.* 1 (水などの)流れ 2 川、河、水の流れ 3 洪水、大水、氾濫 ¶ ಕಾವೇರಿಯ ಪ್ರವಾಹದಿಂದ ಅಲ್ಲಿನ ಅಕ್ಕಪಕ್ಕದ ರೈತರಿಗೆ ಅಪಾರ ನಷ್ಟವಾಯಿತು. (kāvēriya pravāhadiṃda allina akkapakkada raitarige apāra naṣṭavāyitu.) カーヴェーリ河の氾濫でその周辺の農民は莫大な損害を被った。 [Sk.]

ಪ್ರವಾಳ ⟦pravāḷa プラヴァーラ⟧ [prəvɐːɭɐ] 《文》 *n.* [Sk.] ☞ಪ್ರವಾಲ (pravāla)

ಪ್ರವೀಣ ⟦pravīṇa プラヴィーナ⟧ [praviːɳɐ] 《文》 *adj.*, *m.* 《*f.* ಪ್ರವೀಣಳು (pravīṇaḷu)》熟達した〈人〉、熟練した〈人〉 [Sk.]

ಪ್ರವೃತ್ತ ⟦pravṛtta プラヴルッタ⟧ [prəvrɯttɐ] 《文》 *adj.*, *m.* 《*f.* ಪ್ರವೃತ್ತಳು (pravṛttaḷu)》 1 (あることを)開始した〈人〉 2 (あることに)没頭した〈人〉、専念した〈人〉 [Sk.]

ಪ್ರವೃತ್ತಿ ⟦pravṛtti プラヴルッティ⟧ [prəvrɯtti/prəvrutti] *n.* 1 前進 2 活動、活躍 ¶ ಅವರ ಬೆಳಗಿನ ಪ್ರವೃತ್ತಿ ತುಂಬಾ ನಿಧಾನ. (avara beḷagina pravṛtti tumbā nidʰāna.) 朝、あの人の動きはすこぶる鈍い。 3 性格、性向、気質、人柄 4 傾向、性向、性癖 [Sk.]

ಪ್ರವೇಶ ⟦pravēśa プラヴェーシャ⟧ [prəveːʃɐ] *n.* 1 入ること、入場 2 入り口、戸口 3 入る資格や能力や許可 [Sk.]

ಪ್ರವೇಶಿಸು ⟦pravēśisu プラヴェーシス⟧ [prəveːʃisu] *vt.* (あるものやある場所に)入る [Sk.]

ಪ್ರಶಂಸಿಸು ⟦praśaṃsisu プラシャンシス⟧ [prəʃəmsisu] *vt.* 賞賛する、褒める [Sk.]

ಪ್ರಶಂಸೆ ⟦praśaṃse プラシャンセ⟧ [prəʃəmse] *n.* 賞賛、褒めること [Sk.]

ಪ್ರಶಸ್ತ ⟦praśasta プラシャスタ⟧ [prəʃəstɐ] 《文》 (*n.*) 1 素晴らしい〈こと〉、優れた〈こと〉、優秀〈な〉 2 (家などが)居心地よい〈こと〉¶ ಈ ಮನೆ ತುಂಬಾ ಪ್ರಶಸ್ತವಾಗಿದೆ. (ī mane tuṃbā praśastavāgide.) この家はとても居心地がよい。 3 (服などが)よく似合う〈こと〉、似合い〈の〉¶ ಈ ಅಂಗಿ ನಿಮಗೆ ಪ್ರಶಸ್ತವಾಗಿದೆ. (ī aṃgi nimage praśastavāgide.) このシャツは貴方によく似合う。 4 くつろげる〈こと〉¶ ನನ್ನ ಸ್ನೇಹಿತನ ಮನೆಯಲ್ಲಿ ನನಗೆ ಪ್ರಶಸ್ತವೆನಿಸುತ್ತದೆ. (nanna snēhitana maneyalli nanage praśastavenisuttade.) 僕の友達の家では自分の家のようにくつろげる。 [Sk.]

ಪ್ರಶಸ್ತಿ ⟦praśasti プラシャスティ⟧ [prəʃəsti] *n.* 1 賞賛、誉め称えること 2 (ある業績に与えられた)称号 ¶ ಜಯಪ್ರಕಾಶ ನಾರಾಯಣರಿಗೆ ಲೋಕನಾಯಕನೆಂಬ ಪ್ರಶಸ್ತಿ ಇತ್ತು. (jayaprakāśa nārāyaṇarige lōkanāyakaneṃba praśasti ittu.) ジャヤプラカーシュ・ナーラーヤンは「世の指導者」という称号を持っていた。 3 賞、賞品、賞金 [Sk.]

ಪ್ರಶಾಂತ ⟦praśāṃta プラシャーンタ⟧ [prəʃɐːntɐ] 《文》 *adj.* 静かな、平和な [Sk.]

ಪ್ರಶಾಂತ ಮಹಾಸಾಗರ ⟦praśāṃta mahāsāgara プラシャーンタマハーサーガラ⟧ [prəʃɐːntə məhɐːsɐːgə̆rɐ] 《文》 *n.* 太平洋 [Sk.]

ಪ್ರಶ್ನಾರ್ಥಕ ⟦praśnārtʰaka プラシュナールタカ⟧ [prəʃnɐːrtʰə̆kɐ] 《文》 (*adj.*) 〔言〕疑問〈の〉、疑問文〈の〉 [Sk.]

ಪ್ರಶ್ನಿಸು ⟦praśnisu プラシュニス⟧ [prəʃnisu] 《文》 *vt.* 1 聞く、尋ねる、質問する 2 〈ある主張、意見、提案などの〉正当性を疑う、問題視する、疑問視する [Sk.]

ಪ್ರಶ್ನೆ ⟦praśne プラシュネ⟧ [prəʃne] *n.* 1 質問、問い ◇ *vi.* —ಮಾಡು (māḍu) 2 疑問、正しいかどうか疑わしい事実 ¶ ನನಗೆ ಅವನು ಈ ಕೆಲಸವನ್ನು ಪ್ರಾಮಾಣಿಕವಾಗಿ ನಿರ್ವಹಿಸುತ್ತಾನೋ ಇಲ್ಲವೋ ಎಂಬ ಪ್ರಶ್ನೆ ಬಂದಿತು. (nanage avanu ī kelasavannu prāmāṇikavāgi nirvahisuttānō illavō eṃba praśne baṃditu.) 彼がこの仕事を誠実に行うかどうかが疑問だった。 3 (解決すべき)問題 ¶ ರೋಗಿಗೆ ಶಸ್ತ್ರಚಿಕಿತ್ಸೆ ಮಾಡಿಸಬೇಕೋ ಬೇಡವೋ ಎಂಬ ಪ್ರಶ್ನೆ ಬಂತು. (rōgige śastracikitse māḍisabēkō bēḍavō eṃba praśne baṃtu.) 病人がその手術を受けるべきか、受けるべきでないかという問題が生じた。 4 (困難な) 問題 ¶ ಇಲ್ಲಿ ಆಗಾಗ ವಿದ್ಯುತ್ತು ನಿಂತು ಹೋಗುತ್ತದೆ ಎಂಬ ಪ್ರಶ್ನೆ ಇದೆ. (illi āgāga vidyuttu niṃtu hōguttade eṃba praśne ide.) ここはしばしば停電するのが問題だ。 [Sk.]

ಪ್ರಸಂಗ ⟦prasaṃga プラサンガ⟧ [prəsəŋgɐ] *n.* 1 状況 ¶ ಪ್ರಸಂಗವನ್ನು ನೋಡಿ ಹಣವನ್ನು ಕೇಳಬೇಕು. (prasaṃgavannu nōḍi haṇavannu kēḷabēku.) 状況を見極めてお金の無心をすべきである。 2 時点 ¶ ನಾನು ಮನೆಗೆ ಹೋದ ಪ್ರಸಂಗದಲ್ಲಿ ಅಪ್ಪನಿಗೆ ಹುಷಾರಿರಲಿಲ್ಲ. (nānu manege hōda prasaṃgadalli appanige huṣāriralilla.) 私が国へ帰った時、父は病気だった。 3 出来事、事件、こと ¶ ಅವನು ಸತ್ತು ಹೋದ ಎಂಬ ಪ್ರಸಂಗವನ್ನು ಅವಳಿಗೆ ಹೇಳಲಿಲ್ಲ. (avanu sattu hōda eṃba prasaṃgavannu avaḷige hēḷalilla.) 彼が死んだことを私は彼女に知らせなかった。 4 (芝居や映画などの) 場面 ¶ ನಾನು ನಾಟಕಶಾಲೆಗೆ ಹೋದಾಗ ಜಟಾಯು ಮತ್ತು ರಾವಣನ ಯುದ್ಧದ ಪ್ರಸಂಗ ನಡೆಯುತ್ತಿತ್ತು. (nānu nāṭakaśālege hōdāga jaṭāyu mattu rāvaṇana yuddʰada prasaṃga naḍeyuttittu.) 私が劇場に入った時、

ジャターユとラーヴァナの戦いの場面だった。[Sk.]

ಪ್ರಸಂಗಾವಧಾನ ⟦prasaṃgāvadʰāna プラサンガーヴァダーナ⟧ [prəsəŋgɐːvə̆dʰɐːnɐ] 《文》 *n.* 臨機の才、とっさの機転、即応力 [Sk.]

ಪ್ರಸಕ್ತ ⟦prasakta プラサクタ⟧ [prəsəktɐ] 《文》 *adj.* **1** 現行の、現在の ¶ ಪ್ರಸಕ್ತ ವರ್ಷದಲ್ಲಿ ಮಳೆ ಹೆಚ್ಚು ಇಲ್ಲ. (prasakta varṣadalli maḷe heccu illa.) 今年は雨が多くない。 **2** 本題に関連した **3** (あることに)没頭した、首をつっこんだ、巻き込まれた [Sk.]

ಪ್ರಸಕ್ತಿ ⟦prasakti プラサクティ⟧ [prəsəkti] 《文》 *n.* (あることに)夢中になること、没頭していること [Sk.]

ಪ್ರಸನ್ನ ⟦prasanna プラサンナ⟧ [prəsənnɐ] *adj.* **1** 満足した、満ち足りた **2** (心が)静かな、静謐な、平和な、落ち着いた [Sk.]

ಪ್ರಸನ್ನತೆ ⟦prasannate プラサンナテ⟧ [prəsənnəte] 《文》 *n.* **1** 満足 **2** (心の)静けさ、静謐、平和、落ち着き [Sk.]

ಪ್ರಸರಣ ⟦prasaraṇa プラサラナ⟧ [prəsərəɳɐ] 《文》 *n.* **1** 散らばること、広がること、拡大、拡張 **2** 拡張部分、拡大部分 **3** 《古》 (軍隊などの)攻撃 [Sk.]

ಪ್ರಸರಣಶೀಲ ⟦prasaraṇaśīla プラサラナシーラ⟧ [prəsərəɳəʃiːlɐ] 《文》 *adj.* 拡張性のある、伸ばすことができる [Sk.]

ಪ್ರಸವ ⟦prasava プラサヴァ⟧ [prəsə̆vɐ] 《文》 *n.* 出産、お産 [Sk.]

ಪ್ರಸವಿಸು ⟦prasavisu プラサヴィス⟧ [prəsəvisu] 《文》 *vt.* 〔美〕〈子どもを〉産む [Sk.]

ಪ್ರಸಾದ ⟦prasāda プラサーダ⟧ [prəsɐːdɐ] *n.* **1** (神や師の)恩寵、慈悲深いこと、親切 **2** 《古》 平安、落ち着き ¶ ಬುದ್ಧನ ವಿಗ್ರಹವನ್ನು ನೋಡಿದಾಗ ಅದು ನಮಗೆ ಪ್ರಸಾದಚಿತ್ತದಂತೆ ಕಾಣಿಸುತ್ತಿದೆ. (buddʰana vigrahavannu nōḍidāga adu namage prasādacittadaṃte kāṇisuttide.) 仏像は我々に心の平安を教えてくれる。 **3** (言語や文学などの)明快度、(文学作品で)三つの特徴の一つ **4** 神に捧げて祝福と共に人々が受け取る食べ物 [Sk.]

ಪ್ರಸಾಧನ ⟦prasādʰana プラサーダナ⟧ [prəsɐːdʰənɐ] ಪ್ರ-ಸಾಧನ 《文》 *n.* **1** 化粧、化粧品や装身具で身を飾ること、メーキャップ **2** 化粧道具 [Sk.] = ಮೇಕಪ್ (mēkap) 〔口〕

ಪ್ರಸಾಧನೆ ⟦prasādʰane プラサーダネ⟧ [prəsɐːdʰə̆ne] 《文》 *n.* 化粧、化粧品や装身具で身を飾ること、メーキャップ [Sk.] = ಮೇಕಪ್, ಪ್ರಸಾಧನ (mēkap, prasādʰana) 1

ಪ್ರಸಾಧಿತ ⟦prasādʰita プラサーディタ⟧ [prəsɐːdʰitɐ] 《文》 *adj.* 化粧した、化粧品や装身具で身を飾った [Sk.]

ಪ್ರಸಾರ ⟦prasāra プラサーラ⟧ [prəsɐːrɐ] 《文》 *n.* **1** 広げること **2** (民話のテーマ、新語などの)拡散、流布 **3** 放送、テレビ放送、中継放送 [Sk.]

ಪ್ರಸಾರಣ ⟦prasāraṇa プラサーラナ⟧ [prəsɐːrə̆ɳɐ] 《文》 *n.* **1** 広げること **2** 《古》 たたんだ布を広げること [Sk.]

ಪ್ರಸಾರಾಂಗ ⟦prasārāṃga プラサーラーンガ⟧ [prəsɐːrɐːŋgɐ] *n.* 大学出版局 [Sk.]

ಪ್ರಸಿದ್ಧ ⟦prasiddʰa プラシッダ⟧ [prəsiddʰɐ] *adj.*, *m.* 《*f.* ಪ್ರಸಿದ್ಧಳು (prasiddʰaḷu)》有名な〈人〉、著名な〈人〉 [Sk.]

ಪ್ರಸ್ತಾಪ ⟦prastāpa プラスターパ⟧ [prəstɐːpɐ] *n.* **1** 話題や議題などをもち出すこと ¶ ಈ ವಿಷಯದ ಪ್ರಸ್ತಾಪ ಬೇಡ. (ī viṣayada prastāpa bēḍa.) そのことを話題にしないでくれ。 **2** (縁談の申し込みや不動産の売買など)そこから交渉が始まるような提案 **3** 機会、状況 ¶ ಪ್ರಸ್ತಾಪವನ್ನು ನೋಡಿ ಈ ವಿಷಯವನ್ನು ಹೇಳಿರಿ. (prastāpavannu nōḍi ī viṣayavannu hēḷiri.) よい機会を選んでその話を持ち出しなさい。 **4** (本の)序文、(演説などの)前置き **5** 言及 ¶ ಋಗ್ವೇದದಲ್ಲಿ ಗಣಪತಿ ಶಬ್ದದ ಪ್ರಸ್ತಾಪ ಇದೆ. (ṛgvēdadalli gaṇapati śabdada prastāpa ide.) リグヴェーダに「ガナパティ」という言葉が言及されている。 **6** (…の)こと、(…の)話 ¶ ನಿನ್ನೆ ಆದ ನಾಟಕದ ಪ್ರಸ್ತಾಪ ಸ್ವಲ್ಪ ಹೇಳಿರಿ. (ninne āda nāṭakada prastāpa svalpa hēḷiri.) 昨日の芝居のことをちょっと話してよ。 [Sk. *prastāva*-]

ಪ್ರಸ್ತಾಪದ ರದ್ದಿಯಾತಿ ⟦prastāpada raddiyāti プラスターパダ ラッディヤーティ⟧ [prəstɐːvə̆daə rəddijɐːti] *n.* 提案の撤回 [+ *raddiyāti*]

ಪ್ರಸ್ತಾಪಿಸು ⟦prastāpisu プラスターピス⟧ [prəstɐːpisu] 《文》 *vt.* **1** 議題として持ち出す、提案する **2** 〈あることを〉話題として持ち出す [Sk.]

ಪ್ರಸ್ತಾರ ⟦prastāra プラスターラ⟧ [prəstɐːrɐ] *n.* **1** 平坦な土地 **2** (詩を)韻脚に分けること [Sk.]

ಪ್ರಸ್ತಾರ ಹಾಕು ⟦prastāra hāku プラスターラハーク⟧ [prəstɐːrə hɐːku] 《文》 *vi.* 《*dat.*》〈詩を〉韻脚に分ける [+ *hāku*]

ಪ್ರಸ್ತಾವ ⟦prastāva プラスターヴァ⟧ [prəstɐːvɐ] *n.* **1** (縁談の申し込みや不動産の売買など)そこから交渉が始まるような提案 **2** …した時、…したこと [Sk.] cf. ಪ್ರಸ್ತಾಪ (prastāpa)

ಪ್ರಸ್ತಾವನಿರೂಪಣೆ ⟦prastāvanirūpaṇe プラスターヴァニルーパネ⟧ [prəstɐːvəniruːpə̆ɳe] 《文》 *n.* 提案を出すこと [Sk.]

ಪ್ರಸ್ತಾವನೆ ⟦prastāvane プラスターヴァネ⟧ [prəstɐːvə̆ne] *n.* **1** (活動や会議などの)開始、始まり **2** 序文、序論、端書き [Sk.]

ಪ್ರಸ್ತಾವಿತ ⟦prastāvita プラスターヴィタ⟧ [prəstɐːvitɐ] 《文》 *adj.* 提案された [Sk.]

ಪ್ರಸ್ತುತ ⟦prastuta プラストゥタ⟧ [prəstutɐ] 《文》 *adj.* **1** 現在の、目下の **2** (ある問題に)関連した、関係のある [Sk.]

ಪ್ರಸ್ಥಭೂಮಿ ⟦prastʰabʰūmi プラスタブーミ⟧ [prəstʰəbʰuːmi] *n.* 高原 [Sk.]

ಪ್ರಹಸನ ⟦prahasana プラハサナ⟧ [prəhəsə̆nɐ] 《文》 *n.* 笑劇、(あまり深くない)喜劇 [Sk.]

ಪ್ರಾಂತ ⟦prāṃta プラーンタ⟧ [prɐːntɐ] 《文》 *n.* 地域、地方 [Sk.]

ಪ್ರಾಂತ್ಯ ⟦prāṃtya プラーンティャ⟧ [prɐːntjɐ] 《文》 *n.* [Sk.] ☞ಪ್ರಾಂತೀಯ (prāṃtīya)

ಪ್ರಾಂತೀಯ ⟦prāṃtīya プラーンティーヤ⟧ [prɐːntiːjɐ] 《文》 *adj.* 1 地方の 2 地方的な、偏狭な [Sk.]

ಪ್ರಾಂತೀಯ ಅಧಿನಿಯಮ ⟦prāṃtīya adʰiniyama プラーンティーヤアディニヤマ⟧ [prɐːntiːjə adʰinijəmɐ] 《文》 *n.* その地にだけ適用される政令 [Sk.]

ಪ್ರಾಕಾರ ⟦prākāra プラーカーラ⟧ [prɐːkɐːrɐ] *n.* 寺院などをとりまく外壁 [Sk.]

ಪ್ರಾಕೃತ ⟦prākṛta プラークルタ⟧ [prɐːkrɯtɐ] 《文》 *adj.* 自然な、人工でない、素朴な、取り繕った所のない ¶ ಅವನದು ಪ್ರಾಕೃತ ನಡುವಳಿಕೆ. (avanadu prākṛta naḍuvaḷike.) あの人の行動は自然そのものである。= ಸಹಜ (sahaja)〔汎〕 —*n.* プラークリット諸語(中期インド・アーリア語であるパーリ語やアルダ・マーガディー語などの総称) [Sk.]

ಪ್ರಾಕ್ತನ ⟦prāktana プラークタナ⟧ [prɐːktənɐ] 《文》 *adj.* 1 大昔の、太古の 2 古風な、時代遅れの [Sk.]

ಪ್ರಾಚಾರ್ಯ ⟦prācārya プラーチャーリヤ⟧ [prɐːʧɐːrjɐ] 《文》 *mf.* 《*f.* ಪ್ರಾಚಾರ್ಯಳು (prācāryaḷu)》 1 (僧院などの)管長、総帥 2 校長、(カレッジの)学長 [Sk.]

ಪ್ರಾಚೀನ ⟦prācīna プラーチーナ⟧ [prɐːʧiːnɐ] 《文》 *adj.* 古い、大昔の [Sk.]

ಪ್ರಾಚುರ್ಯ ⟦prācurya プラーチュリヤ⟧ [prɐːʧurjɐ] 《文》 *n.* 1 豊富さ、ふんだんにあること ¶ ಬೆಂಗಳೂರಿನಲ್ಲಿ ವಾಹನಗಳ ಪ್ರಾಚುರ್ಯ ಸಮಸ್ಯೆಗಳನ್ನು ಉಂಟುಮಾಡುತ್ತದೆ. (beṃgaḷūrinalli vāhanagaḷa prācurya samasyegaḷannu uṃṭumāḍuttade.) ベンガルールでは車が多いことが問題を起こしている。 2 (ある服装や道具などが)非常にはやっていること、よく知られていること [Sk.]

ಪ್ರಾಜ್ಞ ⟦prājña プラージュニャ⟧ [prɐːɟɲɐ] 《文》 *m.* 《*f.* ಪ್ರಾಜ್ಞಳು (prājñaḷu)》 1 学識のある人、博学の人 2 賢い人、知恵のある人 [Sk.]

ಪ್ರಾಣ ⟦prāṇa プラーナ⟧ [prɐːɳɐ] *n.* 1 息、呼吸 ¶ ಅವನ ಪ್ರಾಣ ನಿಂತಿತು. (avana prāṇa niṃtitu.) 彼は息絶えた。 2 命、生命 3〔喩〕最も大事なもの ¶ ಅವನಿಗೆ ಕಾಫಿ ಎಂದರೆ ಪ್ರಾಣ. (avanige kāpʰi eṃdare prāṇa.) 彼はコーヒーに目がない。 [Sk.]

ಪ್ರಾಣತೆಗೆ ⟦prāṇatege プラーナテゲ⟧ [prɐːɳətege] *vi.* 《*gen.*》 1 殺す、殺害する 2 うるさがらせる、困らせる、悩ませる [Sk.]

ಪ್ರಾಣದಾನ ⟦prāṇadāna プラーナダーナ⟧ [prɐːɳə̆dɐːnɐ] *n.* 助命 [Sk.]

ಪ್ರಾಣಹಿಂಡು ⟦prāṇahiṃḍu プラーナヒンドゥ⟧ [prɐːɳəhiɳḍu] *vi.* 《*gen.*》 悩ます、うるさがらせる、困らせる [Sk.]

ಪ್ರಾಣಿ ⟦prāṇi プラーニ⟧ [prɐːɳi] *n.* 1 (最も広い意味での)動物 2 (哺乳類、鳥類、爬虫類、両生類、魚類などの)動物(人類を含む場合も除く場合もある) [Sk.]

ಪ್ರಾತಃಕಾಲ ⟦prātaḥkāla プラータッカーラ⟧ [prɐːtəkkɐːlɐ] 《文》 *n.* 1 明け方、夜明け 2 朝 (10 時頃まで) [Sk.]

ಪ್ರಾಥಮಿಕ ⟦prātʰamika プラータミカ⟧ [prɐːtʰə̆mikɐ] 《文》 (*adj.*) 最初〈の〉、初期〈の〉、初めての〈こと〉 [Sk.]

ಪ್ರಾಥಮಿಕಶಾಲೆ ⟦prātʰamikaśāle プラータミカシャーレ⟧ [prɐːtʰə̆mikəʃɐːle] 《文》 *n.* 小学校 [Sk.]

ಪ್ರಾಥಮಿಕಶಿಕ್ಷಣ ⟦prātʰamikaśikṣaṇa プラータミカシクシャナ⟧ [prɐːtʰəmikəʃikʂəɳɐ] 《文》 *n.* 初等教育 [Sk.]

ಪ್ರಾದುರ್ಭಾವ ⟦prādurbʰāva プラードゥルバーヴァ⟧ [prɐːdurbʰɐːvɐ] 《文》 *n.* 1 生じること、生まれること 2 出現、視界に現れること [Sk.]

ಪ್ರಾದೇಶಿಕ ⟦prādēśika プラーデーシカ⟧ [prɐːdeːʃikɐ] 《文》 *adj.* 1 地方の、地方的な 2 偏狭な、視野の狭い [Sk.]

ಪ್ರಾಧಾನ್ಯ ⟦prādʰānya プラーダーニャ⟧ [prɐːdʰɐːnjɐ] 《文》 *n.* 重要性、重要 [Sk.]

ಪ್ರಾಧಿಕೃತ ⟦prādʰikṛta プラーディクルタ⟧ [prɐːdʰikrɯtɐ] 《文》 *adj.* 認定の、検定済みの [Sk.]

ಪ್ರಾಧಿಕೃತ ಪಾಠ್ಯ ⟦prādʰikṛta pātʰya プラーディクルタパーティャ⟧ [prɐːdʰikrɯtə pət̪ʰjɐ] 《文》 *n.* 教育評議員が選定し推薦した参考書 [Sk.]

ಪ್ರಾಧ್ಯಾಪಕ ⟦prādʰyāpaka プラーディャーパカ⟧ [prɐːdʰjɐːpə̆kɐ] *m.* 《*f.* ಪ್ರಾಧ್ಯಾಪಕಳು (prādʰyāpakaḷu)》 1 教授 2 大学の教員(一般) [Sk.]

ಪ್ರಾಪಂಚಿಕ ⟦prāpaṃcika プラーパンチカ⟧ [prɐːpəɲʧikɐ] 《文》 *adj.* 物質的な、世俗の [Sk.] ↔ ಪರಮಾರ್ಥಿಕ (paramārtʰika)

ಪ್ರಾಪ್ತ ⟦prāpta プラープタ⟧ [prɐːptɐ] 《文》 *adj.* 得られた、獲得された [Sk.]

ಪ್ರಾಪ್ತವಯಸ್ಕ ⟦prāptavayaska プラープタヴァヤスカ⟧ [prɐːptə̆vəjəskɐ] 《文》 *adj., m.* 《*f.* ಪ್ರಾಪ್ತವಯಸ್ಕಳು (prāptavayaskaḷu)》 成人〈した〉、大人になった〈人〉 [Sk.]

ಪ್ರಾಪ್ತಿ ⟦prāpti プラープティ⟧ [prɐːpti] *n.* 1 獲得、得ること 2 運命、天命 3 利益、収入 ¶ ಪ್ರಾಪ್ತಿ ಇಲ್ಲದೆ ಯಾರೂ ಪಕ್ಷಕ್ಕೆ ಕಾಣಿಕೆ ಕೊಡುವದಿಲ್ಲ. (prāpti illade yārū pakṣakke kāṇike koḍuvadilla.) 利益なしで政党に寄付するものはない。 4《古》能力 [Sk.]

ಪ್ರಾಬಲ್ಯ ⟦prābalya プラーバリャ⟧ [prɐːbəlʲjɐ] *n.* 支配、支配力、影響力、優越 [Sk.]

ಪ್ರಾಮಾಣಿಕ ⟦prāmāṇika プラーマーニカ⟧ [prɐːmɐːɳikɐ] 《文》 *m.* 《*f.* ಪ್ರಾಮಾಣಿಕಳು (prāmāṇikaḷu)》 信頼できる人、正直な人、誠実な人 —*adj.* 1 真性の、本物の (署名、文書など) 2 信頼すべき、証拠に基いた (主張など)、権威のある (学説、本など) [Sk.]

ಪ್ರಾಮಾಣಿಕತನ ⟦prāmāṇikatana プラーマーニカタナ⟧ [prɐːmɐːɳikətə̆nɐ] 《文》 *n.* [Sk.] = ಪ್ರಾಮಾಣಿಕತೆ (prāmāṇikate)

ಪ್ರಾಮಾಣಿಕತೆ ⟦prāmāṇikate プラーマーニカテ⟧ [prɐːmɐːɳikə̆te] 《文》 *n.* 1 信頼性、誠実 2 (証拠などの)信頼性、(主張などに)根拠のあること、信頼性があること [Sk.]

ಪ್ರಾಮಾಣ್ಯ ⟦prāmāṇya プラーマーニャ⟧ [prɐːmɐːɳjɐ] 《文》 *n.* 1 証明さるべきこと 2 証拠、根拠 [Sk.]

ಪ್ರಾಮುಖ್ಯ ⟦prāmukʰya プラームキャ⟧ [prɐːmukʰjɐ] 《文》 *n.* 1 重要性、(あるものごとや人物の) 重要視 2 支配権、支配力、(社会における)権勢を持った地位 ¶ ಈ ಮನೆಯಲ್ಲಿ ಅತ್ತೆಗೆ ಪ್ರಾಮುಖ್ಯ ಇದೆ. (ī maneyalli attege prāmukʰya ide.) この家はお姑さんが支配している。 [Sk.]

ಪ್ರಾಮುಖ್ಯತೆ ⟦prāmukʰyate プラームキャテ⟧ [prɐːmukʰjə̆te] 《文》 *n.* [Sk.] = ಪ್ರಾಮುಖ್ಯ (prāmukʰya)

ಪ್ರಾಯ ⟦prāya プラーヤ⟧ [prɐːjɐ] *n.* 1 青春 2 年齢 [Sk.]

ಪ್ರಾಯಃ ⟦prāyaḥ プラーヤッ⟧ [prɐːjəhɐ] 《文》 *adv.* 多分、おそらく [Sk.]

ಪ್ರಾಯಶ್ಚಿತ್ತ ⟦prāyaścitta プラーヤシュチッタ⟧ [prɐːjəʃʧitːɐ] *n.* 贖罪 [Sk.]

ಪ್ರಾಯೋಗಿಕ ⟦prāyōgika プラーヨーギカ⟧ [prɐːjoːgĭkɐ] 《文》 *adj.* 実験の、実験を伴う [Sk.]

ಪ್ರಾಯೋಗಿಕ ಭೂತವಿಜ್ಞಾನ ⟦prāyōgika bʰūtavijñāna プラーヨーギカブータヴィジュニャーナ⟧ [prɐːjoːgikə bʰuːtəviɟɲɐːnɐ] 《文》 *n.* 実験物理学 [Sk.]

ಪ್ರಾಯೋಗಿಕವಾಗಿ ⟦prāyōgikavāgi プラーヨーギカヴァーギ⟧ [prɐːjoːgikəvɐːgi] 《文》 *adv.* 試しに、試験的に [+ *āgi*]

ಪ್ರಾಯೋಪಗಮ ⟦prāyōpagama プラーヨーパガマ⟧ [prɐːjoːpəgəmɐ] 《文》 *n.* [Sk.] = ಪ್ರಾಯೋಪಗಮನ (prāyōpagamana)

ಪ್ರಾಯೋಪಗಮನ ⟦prāyōpagamana プラーヨーパガマナ⟧ [prɐːjoːpəgəmənɐ] 《文》 *n.* (宗教的な)絶食死 [Sk.]

ಪ್ರಾಯೋಪವೇಶ ⟦prāyōpavēśa プラーヨーパヴェーシャ⟧ [prɐːjoːpəveːʃɐ] 《文》 *n.* (宗教的な)絶食死 [Sk.] = ಪ್ರಾಯೋಪಗಮನ (prāyōpagamana)

ಪ್ರಾರಂಭ ⟦prāraṃbʰa プラーランバ⟧ [prɐːrəmbʰɐ] 《文》 *n.* 始まり、開始、初め ◇ *vi.* —ಮಾಡು (māḍu) [Sk.]

ಪ್ರಾರಂಭಿಕ ⟦prāraṃbʰika プラーランビカ⟧ [prɐːrəmbʰikɐ] 《文》 *adj.* 1 初めの、初等の(教育など) 2 予備的な、準備的な [Sk.]

ಪ್ರಾರಂಭಿಕ ಹಂತ ⟦prāraṃbʰika haṃta プラーランビカハンタ⟧ [prɐːrəmbʰĭkə həntɐ] 《文》 *n.* 初期 [Sk.]

ಪ್ರಾರಂಭಿಕ ಹೂಡಿಕೆ ⟦prāraṃbʰika hūḍike プラーランビカフーディケ⟧ [prɐːrəmbʰĭkə huːɖ̆ike] 《文》 *n.* 初めの投資 [Sk.]

ಪ್ರಾರಂಭಿಕ ಸಮೀಕ್ಷೆ ⟦prāraṃbʰika samīkṣe プラーランビカサミークシェ⟧ [prɐːrəmbʰikə səmiːkʂe] 《文》 *n.* 予備調査 [Sk.]

ಪ್ರಾರಂಭಿಸು ⟦prāraṃbʰisu プラーランビス⟧ [prɐːrəmbʰisu] 《文》 *vt.* 始める、開始する ¶ ಅವನು ಮತ್ತೆ ಸಿಗರೇಟಿನ ಸೇವನೆಯನ್ನು ಪ್ರಾರಂಭಿಸಿದನು. (avanu matte sigarēṭina sēvaneyannu prāraṃbʰisidanu.) あの人はまたタバコを吸いだした。 —*v.aux.* 《-ಅಲು, ಅಲಿಕ್ಕೆ (-alu, alikke)》 …しはじめる、…しだす ¶ ನನ್ನ ಮಾತನ್ನು ಕೇಳಿ ಅವಳು ಅಳಲು ಪ್ರಾರಂಭಿಸಿದಳು. (nanna mātannu kēḷi avaḷu aḷalu prāraṃbʰisidaḷu.) 私のいうことを聞いて女性は泣き出した。 [Sk.]

ಪ್ರಾರಬ್ಧ ⟦prārabdʰa プラーラブダ⟧ [prɐːrəbdʰɐ] *n.* 運命、天命 [Sk.]

ಪ್ರಾರೂಪ ⟦prārūpa プラールーパ⟧ [prɐːruːpɐ] 《文》 *n.* 1 草稿、草案 2 (工業製品の)原形 [Sk.]

ಪ್ರಾರೂಪಕಾರ ⟦prārūpakāra プラールーパカーラ⟧ [prɐːruːpə̆kɐːrɐ] 《文》 *m.* 《*f.* ಪ್ರಾರೂಪಕಾರ್ತಿ (prārūpakārti)》 起草者、立案者 [Sk.]

ಪ್ರಾರ್ಥನೆ ⟦prārtʰane プラールタネ⟧ [prɐːrtʰə̆ne] 《文》 *n.* 1 懇願、請願、願い 2 (神に対する)祈願 3 (会議や劇などの前の)神に対する祈願 [Sk.]

ಪ್ರಾರ್ಥಿಸು ⟦prārtʰisu プラールティス⟧ [prɐːrtʰisu] 《文》 *vt.* 1 請う、嘆願する、請願する 2 (会議などの前に神に)祈る [Sk.]

ಪ್ರಾಶನ ⟦prāśana プラーシャナ⟧ [prɐːʃə̆nɐ] 《文》 *n.* 《複合語末で》 1 食べること、味わうこと 2 食べさせること [Sk.]

ಪ್ರಾಶಸ್ತ್ಯ ⟦prāśastya プラーシャスティャ⟧ [prɐːʃəstjɐ] 《文》 *n.* 1 重要性、重大性、重大視 ¶ ಜೈನಧರ್ಮವು ಅಹಿಂಸೆಗೆ ಪ್ರಾಶಸ್ತ್ಯವನ್ನು ಕೊಟ್ಟಿದೆ. (jainadʰarmavu ahiṃsege prāśastyavannu koṭṭide.) ジャイナ教は不殺生を重要視する。 2 優先(権)、優先的な扱い ¶ ಬಸ್ಸಿನಲ್ಲಿ ಮಹಿಳೆಯರಿಗೆ ಪ್ರಾಶಸ್ತ್ಯ. (bassinalli mahiḷeyarige prāśastya.) バスでは女性が優先される。 [Sk.]

ಪ್ರಾಸಂಗಿಕ ⟦prāsaṃgika プラーサンギカ⟧ [prɐːsəŋgĭkɐ] 《文》 (*n.*) 1 時宜に適った〈こと〉 ¶ ಅವರು ಫುಟ್ಬಾಲಿನ ಬಗ್ಗೆ ಮಾತಾಡಿದ್ದು ಪ್ರಾಸಂಗಿಕವಾಗಿತ್ತು. (avaru pʰuṭbālina bagge mātāḍiddu prāsaṃgikavāgittu.) 彼がフットボールについて話したことは時宜に適っていた。 2 (あることに) 付随する〈こと〉、伴う〈こと〉、ついで〈の〉 ¶ ಅಕಸ್ಮಾತ್ತಾಗಿ ಬಂದ ಶಿಕ್ಷಣಮಂತ್ರಿಗಳೂ ಪ್ರಾಸಂಗಿಕವಾಗಿ ನಾಲ್ಕು ಮಾತುಗಳನ್ನು ಆಡಿದರು. (akasmāttāgi baṃda śikṣaṇamaṃtrigaḷū prāsaṃgikavāgi nālku mātugaḷannu āḍidaru.) 会議に偶然参加した文部大臣もついでに短い挨拶をした。 [Sk.]

ಪ್ರಾಸ ⟦prāsa プラーサ⟧ [prɐːsɐ] 《文》 *n.* 脚韻 [Sk.]

ಪ್ರಾಸಾಭಾಸ ⟦prāsābʰāsa プラーサーバーサ⟧ [prɐːsɐːbʰɐːsɐ] 《文》 *n.* 無理矢理に踏ませた脚韻 [Sk.]

ಪ್ರಾಸಾದ ⟦prāsāda プラーサーダ⟧ [prɐːsɐːdɐ] 《文》 *n.* 宮殿 [Sk.]

ಪ್ರಾಸ್ತಾವಿಕ ⟦prāstāvika プラースターヴィカ⟧ [prɐːstɐːvikɐ] 《文》 *adj.* 1 (目的、本題などと) 関連した 2 前置きの、序言の [Sk.]

ಪ್ರಿಯ ⟦priya プリヤ⟧ [prijɐ] 《文》 *adj., mn.* 《*f.* ಪ್ರಿಯೆ (priye)》愛する〈人〉、いとしい〈人〉¶ ಪ್ರಿಯ ಗೆಳೆಯ ರಾಮಮೂರ್ತಿಯವರೇ, (priya geḷeya rāmamūrtiya-varē,) 親しい友達のラーマムールティへ(＝拝啓)¶ ಬೇಂದ್ರೆ ನನ್ನ ಪ್ರಿಯ ಕವಿ. (bēṃdre nanna priya kavi.) ベーンドレは私の好きな詩人だ。[Sk.]

ಪ್ರಿಯಕರ ⟦priyakara プリヤカラ⟧ [prijəkərɐ] 《文》 *m.* 《*f.* ಪ್ರಿಯಕರೆ (priyakare)》恋人、愛人 [Sk.]

ಪ್ರಿಯತಮ ⟦priyatama プリヤタマ⟧ [prijətəmɐ] 《文》 *m.* 《*f.* ಪ್ರಿಯತಮೆ (priyatame)》恋人、愛人、いとしい人 [Sk.]

ಪ್ರಿಯತಮೆ ⟦priyatame プリヤタメ⟧ [prijətə̆me] 《文》 *f.* 《*m.* ಪ್ರಿಯತಮ (priyatama)》(男性にとっての)恋人、愛人 [Sk.]

ಪ್ರಿಯೆ ⟦priye プリエ⟧ [prije] 《文》 *f.* 《*m.* ಪ್ರಿಯ (priya)》(男性にとっての)恋人、愛人 [Sk.]

ಪ್ರೀತಿ ⟦prīti プリーティ⟧ [priːti] *n.* (広い意味での)愛、愛情 —(*n.*) 好きである〈こと〉¶ ಅವನಿಗೆ ಕಾಫಿ ಎಂದರೆ ತುಂಬಾ ಪ್ರೀತಿ. (avanige kāpʰi eṃdare tuṃbā prīti.) 彼はコーヒーがとても好きだ。[Sk.]

ಪ್ರೀತಿಪಾತ್ರ ⟦prītipātra プリーティパートラ⟧ [priːtipɐːtrɐ] 《文》 *mf.* 恋人、愛人 ¶ ಯಶೋಧರೆ ಅಷ್ಟಾವಂಕನಿಗೆ ಪ್ರೀತಿ-ಪಾತ್ರಳಾಗಿದ್ದಳು. (yaśōdʰare aṣṭāvaṃkanige prītipātraḷāgid-daḷu.) ヤショーダレはアシュターンカの恋人だった。[Sk.]

ಪ್ರೀತಿಸು ⟦prītisu プリーティス⟧ [priːtĭsu] 《文》 *vt.* **1** 〈子どもや動物を〉愛する、〈異性を〉恋する、恋に落ちる **2** (何かが)好きだ [Sk.]

ಪ್ರೇಕ್ಷಕ ⟦prēkṣaka プレークシャカ⟧ [preːkʂəkɐ] 《文》 *m.* 《*f.* ಪ್ರೇಕ್ಷಕಳು (prēkṣakaḷu)》 **1** 観察者 **2** 見物人、傍観者 [Sk.]

ಪ್ರೇಕ್ಷಣೀಯ ⟦prēkṣaṇīya プレークシャニーヤ⟧ [preːkʂə̆ɳiːjɐ] 《文》 *adj.* **1** 見るに値する **2** 見て快い、きれいな、美しい ¶ ಮೈಸೂರು ಒಂದು ಪ್ರೇಕ್ಷಣೀಯ ಸ್ಥಳ. (maisūru oṃdu prēkṣaṇīya stʰaḷa.) マイソールはきれいな町である。[Sk.]

ಪ್ರೇತ ⟦prēta プレータ⟧ [preːtɐ] *n.* **1** 死体、死骸 **2** 幽霊、化け物 [Sk.]

ಪ್ರೇತಕರ್ಮ ⟦prētakarma プレータカルマ⟧ [preːtəkərmɐ] 《文》 *n.* 葬式、葬儀 [Sk.] = ಉತ್ತರಕ್ರಿಯೆ (uttarakriye) 〔汎〕

ಪ್ರೇತತರ್ಪಣ ⟦prētatarpaṇa プレータタルパナ⟧ [preːtə̆tərpəɳɐ] 《文》 *n.* 葬儀の一部で死者とその先祖に水などを捧げる式 [Sk.]

ಪ್ರೇತಪತಿ ⟦prētapati プレータパティ⟧ [preːtəpəti] 《文》 *m.* 死神ヤマの別名 [Sk.]

ಪ್ರೇತಬಲಿ ⟦prētabali プレータバリ⟧ [preːtəbəli] 《文》 *n.* (死者が祖霊となるように、火葬後に9日間毎日火葬場で作って)死者に捧げる食物 [Sk.]

ಪ್ರೇತಸಂಸ್ಕಾರ ⟦prētasaṃskāra プレータサンスカーラ⟧ [preːtəsəmskɐːrɐ] 《文》 *n.* 葬儀、葬式 [Sk.]

ಪ್ರೇಮ ⟦prēma プレーマ⟧ [preːmɐ] 《文》 *n.* (一般的に)愛、愛情 [Sk.]

ಪ್ರೇಮಲ ⟦prēmala プレーマラ⟧ [preːmlɐ] ಪ್ರೇಮಳ 《文》 (*adj.*) 愛情が深い〈こと〉[Sk.]

ಪ್ರೇಮಳ ⟦prēmaḷa プレーマラ⟧ [preːməɭɐ] 《文》 (*adj.*) [Sk.] ☞ಪ್ರೇಮಲ (prēmala)

ಪ್ರೇಮಿ ⟦prēmi プレーミ⟧ [preːmi] 《文》 *mf.* **1** (何かを)愛する人、愛好する人 **2** 愛人、恋人 [Sk.]

ಪ್ರೇಮಿಸು ⟦prēmisu プレーミス⟧ [preːmisu] 《文》 *vt.* **1** 〈異性を〉愛する、恋する、恋に陥る **2** 〈ある物を〉愛好する [Sk.]

ಪ್ರೇಯಸಿ ⟦prēyasi プレーヤシ⟧ [preːjəsi] 《文》 *f.* 愛人、恋人、愛する女性 [Sk.]

ಪ್ರೇರಕ ⟦prēraka プレーラカ⟧ [preːrə̆kɐ] 《文》 *adj., mn.* 《*f.* ಪ್ರೇರಕಳು (prērakaḷu)》刺激する、奨励する、激励する〈人やもの〉[Sk.]

ಪ್ರೇರಣೆ ⟦prēraṇe プレーラネ⟧ [preːrə̆ɳe] *n.* **1** 刺激、奨励、激励 **2** (芸術作品の制作や研究などに)刺激を与えるもの ¶ ನಿಮ್ಮ ಸಂಶೋಧನೆಗೆ ಪ್ರೇರಣೆ ಏನು? (nimma saṃśōdʰanege prēraṇe ēnu?) ご研究に何の刺激を受けられましたか。[Sk.]

ಪ್ರೇರಿಸು ⟦prērisu プレーリス⟧ [preːrĭsu] 《文》 *vt.* **1** 刺激する、奨励する、激励する **2** そそのかす、教唆する、煽動する [Sk.]

ಪ್ರೇರೇಪಣೆ ⟦prērēpaṇe プレーレーパネ⟧ [preːreːpəɳe] 《文》 *n.* **1** 刺激、奨励、激励 **2** 教唆、煽動 [Sk.] = ಪ್ರೇರಣೆ (prēraṇe)

ಪ್ರೇರೇಪಿಸು ⟦prērēpisu プレーレーピス⟧ [preːreːpĭsu] 《文》 *vt.* **1** 刺激する、奨励する、激励する **2** そそのかす、教唆する、煽動する [Sk.] = ಪ್ರೇರಿಸು (prērisu)

ಪ್ರೊಟೀನ್ ⟦proṭīn プロティーン⟧ [proʈiːn] *n.* 蛋白質 [Eg. *protein*]

ಪ್ರೋಕ್ಷಿಸು ⟦prōkṣisu プロークシス⟧ [proːkʂisu] 《文》 *vt.* 〈液体や米粒などを〉振りまく、撒き散らす [Sk.] = ಚಿಮುಕಿಸು (cimukisu)

ಪ್ರೋತ್ಸಾಹ ⟦prōtsāha プロートサーハ⟧ [proːtsɐːhɐ] 《文》 *n.* 激励、奨励、励まし [Sk.]

ಪ್ರೋದ್ಭವ ⟦prōddʰava プローッダヴァ⟧ [proːddʰəvɐ] 《文》 *adj.* 生まれた、発生した [Sk.]

ಪ್ರೌಢ ⟦prauḍʰa プラウダ⟧ [prəuɖʰɐ] 《文》 *adj., m.* 《*f.* ಪ್ರೌಢೆ (prauḍʰe)》 **1** 成人した、成長した〈人〉 **2** (人格が)成熟した〈人〉 **3** 熟達した、熟練した、堪能な〈人〉[Sk.]

ಪ್ರೌಢಶಾಲೆ ⟦prauḍʰaśāle プラウダシャーレ⟧ [prəuɖʰəʃɐːle] 《文》 *n.* 高等学校、高校 [Sk.]

ಪ್ರೌಢಿಮೆ ⟦prauḍʰime プラウディメ⟧ [prəuɖʰime] 《文》 *n.* (芸、芸術、技術などに)熟達あるいは熟練していること、(学問で)深い知識があること [Sk. *prauḍha-* + *-ime*]

ಪ್ಲಾಟಿನಂ ⟦plāṭinaṃ プラーティナン⟧ [plɐːʈinəm] *n.* プラチナ(金属元素；記号 Pt) [Eg. *platinum*]

ಪ್ಲೀಹ ⟦plīha プリーハ⟧ [pliːhɐ] *n.* すい臓 [Sk.]

ಪ್ಲುಟೋನಿಯಂ ⟦pluṭōniyaṃ プルトーニヤン⟧ [pluʈoːnijəm] *n.* プルトニウム [Eg. *plutonium*]

ಪ್ಲೇಟು ⟦plēṭu プレートゥ⟧ [pleːʈu] *n.* 金属製の皿 [Eg. *plate*]

ಫ

ಫ ⟦pʰa パ⟧ [pʰə˞] *n.* カンナダその他のインド系言語で音素の連続 /p'a/ またはそれを表すインド系文字

ಫಂಟ ⟦pʰaṃṭa パンタ⟧ [pʰəɳʈɐ] 《希》 *n.* ペテン、いんちき、詐取 [?]

ಫಕಫಕ ⟦pʰakapʰaka パカパカ⟧ [pʰəkəpʰəkɐ] (*n.*) ちらちらする光を表す擬態語 [Ka. mim.]

ಫಕಾರ ⟦pʰakāra パカーラ⟧ [pʰəkɐːrɐ] カンナダその他のインド系文字体系で音素の連続 /p'a/ を表す文字 [Sk.]

ಫಕೀರ್ ⟦pʰakīr パキール⟧ [fəkiːr] *mf.* イスラームの行者 [Ar. *faqīr*] ☞ಫಕೀರ (pʰakīra)

ಫಕೀರ ⟦pʰakīra パキーラ⟧ [pʰəkiːrɐ] ಪಕೀರ, ಫಕೀರ್ *m.* **1** イスラームの行者 **2** 〔喩〕 貧乏人、素寒貧 [Ar. *faqīr*]

ಫಕ್ಕನೆ ⟦pʰakkane パッカネ⟧ [pʰəkkə̆ne] *adv.* **1** 急に、突然 **2** 不意に、予期しないで ¶ ಗೆಳೆಯ ಫಕ್ಕನೆ ಬಂದ. (geḷeya pʰakkane baṃda.) 友達が急に現れた。 [mim. + *-ane*]

ಫಕ್ತ ⟦pʰakta パクタ⟧ [faktɐ] *adv.* **1** ただ、たった ¶ ಇದಕ್ಕೆ ಫಕ್ತ ಐದು ರೂಪಾಯಿ. (idakke pʰakta aidu rūpāyi.) これはたったの５ルーピーだ。(*lex.*) **2**《古》完全に ¶ ಅವನು ಫಕ್ತ ಕೆಲಸ ಮಾಡಿದ. (avanu pʰakta kelasa māḍida.) 彼は仕事をやってしまった。 [M. *pʰakatā*「たった」←Ar. *faqṭ*] ☞ಪಕತ್ (pakat)

ಫಜೀತಿ ⟦pʰajīti パジーティ⟧ [pʰəʤiːti] *n.* **1** きまり悪いこと、ばつの悪いこと **2** (あまり深刻でない)困惑、災難 ¶ ರಾತ್ರಿ ಬಸ್ಸಿಲ್ಲದೆ ಫಜೀತಿ ಆಯಿತು. (rātri bassillade pʰajīti āyitu.) 夜にバスがなくて往生した。 [Ar.-Pe. *faḍīḥatī*]

ಫಟ್ ⟦pʰaṭ パト⟧ [pʰəʈ] (*n.*) ぱりっ(布や紙などが急に破れる音を表す擬音語) [Ka. onom.]

ಫಟಕಿ ⟦pʰaṭaki パタキ⟧ [pʰəʈə̆ki] ಫಟಿಕಿ, ಫಟಾಕಿ *n.* 鞭で打つこと [onom. cf. H. *pʰaṭăkārā*]

ಫಟಫಟ ⟦pʰaṭapʰaṭa パタパタ⟧ [pʰəʈəpʰəʈɐ] (*n.*) ぱたぱた(旗などのはためく音を表す擬音語) [Ka. onom.]

ಫಟಾಕಿ ⟦pʰaṭāki パターキ⟧ [pʰəʈɐːki] *n.* [onom. cf. H. *pʰaṭăkārā*] ☞ಫಟಕಿ (pʰaṭaki)

ಫಟಿಂಗ ⟦pʰaṭiṃga パティンガ⟧ [pʰəʈiŋgɐ] *m.* 《*f.* ಫಟಿಂಗಿ (pʰaṭiṃgi)》 **1** いたずら好きな人 **2** 詐欺師、ペテン師 **3** ごろつき、ならず者 **4** 〔罵〕 いたずらっ子、人でなし(愛する人に用いる罵言) [M. *pʰaṭiṃgă*「家族のない者」]

ಫಟಿಂಗಿ ⟦pʰaṭiṃgi パティンギ⟧ [pʰəʈiŋgi] *f.* いたずら好きな女性 [f. of *pʰaṭiṃga*]

ಫಟೆ ⟦pʰaṭe パテ⟧ [pʰəʈe] 《文》 *n.* (コブラの)からかさ状の頸部 [Sk. *pʰaṭā-*] = ಹೆಡೆ (heḍe) 〔汎〕

ಫಡ ⟦pʰaḍa パダ⟧ [pʰəɖɐ] ಪಡ 《希》 *n.* 刈り取り前の粟やキビやサトウキビなど [H. *pʰaṛă*/M. *pʰaḍă*?]

ಫಡನವೀಸ ⟦pʰaḍanavīsa パダナヴィーサ⟧ [pʰɖənəviːsɐ] ಫಡಣೀಸ, ಫಡನೀಸ 《文》 *mf.* 政府の [? + *navīsa* < Pe.]

ಫಡಫಡ ⟦pʰaḍapʰaḍa パダパダ⟧ [pʰəɖəpʰəɖɐ] (*n.*) ぱたぱた(鳥の羽ばたく音、旗のはためく音などを表す擬音語) [H. *pʰaṛăpʰaṛă*/M. *pʰaḍăpʰaḍă* onom.]

ಫಡಫಡಿಸು ⟦pʰaḍapʰaḍisu パダパディス⟧ [pʰəɖəpʰəɖisu] *vi.* (鳥の羽、旗などが) ぱたぱた音を立てる [*pʰaḍapʰaḍa* + *-isu*]

ಫಡಮೋಶಿ ⟦pʰaḍapōśi パダポーシ⟧ [pʰəɖə̆poːʃi] *n.* 不注意、怠慢 ☞ಪಡಪೋಸಿ (paḍapōsi) [?]

ಫಡಮೋಸಿ ⟦pʰaḍapōsi パダポーシ⟧ [pʰəɖə̆poːsi] *adj.*, *mf.* **1** 役たたずな〈人〉、ごくつぶし〈の〉 **2** 嘘つき〈の〉 [?] ☞ಪಡಪೋಸಿ (paḍapōsi)

ಫಡಿ ⟦pʰaḍi パディ⟧ [pʰəɖi] *n.* **1** 岩の中の裂け目 **2** 平たい石 [Ka. *D3857, cf. H. *pʰaṛī*] ☞ಫಡೆ (pʰaḍe)

ಫಡ್ಚ ⟦pʰaḍca パドチャ⟧ [pʰəɖʧɐ] ಪಡಚ, ಪಡಿಚ, ಪಡ್ಚ 《方》 *n.* **1** (借金の)決済 **2** (事件や業務が)処理済みの状態 **3** (食品などを)使い尽くした状態 [H. *pʰarăcʰā*, M. *paḍăcyā* <?]

ಫಣ ⟦pʰaṇa パナ⟧ [pʰəɳɐ] 《文》 *n.* コブラのからかさ状の頸部 [Sk.] = ಹೆಡೆ (heḍe) 〔汎〕

ಫಣಮಣಿ ⟦pʰaṇamaṇi パナマニ⟧ [pʰəɳəməɳi] 《文》 *n.* コブラのからかさ状の頸部にあるとされる宝石 [Sk.]

ಫಣಾರತ್ನ ⟦pʰaṇāratna パナーラトナ⟧ [pʰəɳɐːrətnɐ] 《文》 *n.* コブラのからかさ状の頸部にあるとされる宝石 [Sk.]

ಫಣಿಧರ ⟦pʰaṇidʰara パニダラ⟧ [pʰəɳidʰərɐ] 《文》 *m.* シヴァ神の別名 [Sk.]

ಫಣಿ ⟦pʰaṇi パニ⟧ [pəɳi] 《文》 *n.* コブラ [Sk.]

ಫಣಿಪ ⟦pʰaṇipa パニパ⟧ [pʰəɳipɐ] 《文》 *m.* 「蛇たちの王」、アーディシェーシャ [Sk.]

ಫಣಿರಾಜ ⟦pʰaṇirāja パニラージャ⟧ [pʰəɳirɐːʤɐ] 《文》 *m.* 「蛇たちの王」、アーディシェーシャ [Sk.]

ಫಣಿಶಯನ ⟦pʰaṇiśayana パニシャヤナ⟧ [pʰəɳiʃəjənɐ] 《文》 *m.* 「蛇の上で眠るもの」、ヴィシュヌ神の別名 [Sk.]

ಫಣಿಶಾಯಿ ⟦pʰaṇiśāyi パニシャーイ⟧ [pʰəɳiʃɐːji] 《文》 *m.* 「蛇の上で眠るもの」、ヴィシュヌ神の別名 [Sk. *pʰaṇiśāyin-*]

ಫಣೆ¹ ⟦pʰaṇe パネ⟧ [pʰəɳe] 《古》 *n.* 額 [Ka. *D3896] ☞ಹಣೆ (haṇe) 〔現〕

ಫಣೆ² ⟦pʰaṇe パネ⟧ [pʰəɳe] 《文》 *n.* コブラのからかさ状の頸部 [Sk. *pʰaṇā-* <? M391]

ಫತ್ತೆ ⟦pʰatte パッテ⟧ [pʰətte] 《方》 *n.* 勝利 [Ar. *fatḥ*]

ಫತ್ವ ⟦pʰatva パトヴァ⟧ [pʰət·vɐ] *n.* カンナダその他のインド系の文字で音素の連続 /pʰa/ を表す文字 [Sk.]

ಫರಂಗಿ ⟦pʰaraṃgi パランギ⟧ [pʰərəŋgi] *adj., mf.* ヨーロッパ〈の〉、ヨーロッパ人〈の〉 [Pe. *firangī*] ☞ಫಿರಂಗಿ (pʰiraṃgi)

ಫರದೆ ⟦pʰarade パラデ⟧ [pʰarə̆de] *n.* 1 カーテン、幕 2 劇中の様々な場面を描くカーテン [Pe. *parda*] ☞ಪರದೆ (parade)

ಫರಮಾನು ⟦pʰaramānu パラマーヌ⟧ [pʰərə̆mɐːnu] 《文》 *n.* 命令、指令 [Pe. *farmān*] ☞ಫರ್ಮಾನ್ (pʰarmān)

ಫರಮಾಯಿಶಿ ⟦pʰaramāyiśi パラマーイシ⟧ [pʰərə̆mɐːjĭʃi] (*n.*) 極上〈の〉、優れた〈料理、音楽など〉 [Pe. *farmāyišī*] ☞ಫರಮಾಯಿಷಿ (pʰaramāyiṣi)²

ಫರಮಾಶಿ ⟦pʰaramāśi パラマーシ⟧ [pʰərə̆mɐːʃi] (*n.*) 極上の、優れた(料理、音楽など) [Pe. *farmāyišī*] ☞ಫರಮಾಯಿಷಿ (pʰaramāyiṣi)²

ಫರಮಾಯಿಷಿ¹ ⟦pʰaramāyiṣi パラマーイシ⟧ [pʰərmɐːjĭʂi] *n.* 1 命令、指令、指図 2 〔美〕 好み、望み ¶ ನಿಮ್ಮ ಫರ್ಮಾಯಿಷಿ ಏನು? (nimma pʰarmāyiṣi ēnu?) 何にいたしましょうか。 [Pe. *farmājiš*]

ಫರಮಾಯಿಷಿ² ⟦pʰaramāyiṣi パラマーイシ⟧ [pʰərmɐːjĭʂi] ಪರಮಾಯಿಷಿ, ಪರಮಾಶಿ, ಫರಮಾಯಿಷಿ, ಫರಮಾಶಿ *adj.* 1 注文された、リクエストされた(品物や楽曲など) 2 極上の(料理や音楽など) [Pe. *farmāyišī*]

ಫರಮೋಷಿ ⟦pʰaramōṣi パラモーシ⟧ [pʰərəmoːʂi] ಪರಮೋಶಿ, ಪರಾಮೋಶಿ 《文》 *n.* 物忘れ；見落とし [Pe. *farāmōš*]

ಫರಸಿ ⟦pʰarasi パラシ⟧ [pʰərə̆si] ಫರಶಿ, ಫರಸು *n.* 1 漆喰や石の床 2 床に敷く平たい石 [Ar. *farš*]

ಫರಾರಿ ⟦pʰarāri パラーリ⟧ [pʰərɐːri] *adj., mf.* (刑務所などから)逃亡中の〈人〉、脱走した〈人〉 [Pe. *firārī*]

ಫರಾಶೀಸ ⟦pʰarāśīsa パラーシーサ⟧ [pʰərɐːʃiːsɐ] ಫರಾಷೀಸ, ಫರಾಸಿಸ *m.* フランス人 [Pt. *Francês*]

ಫರ್ಟಿಲೆಜರ್ ⟦pʰarṭilejar パルティレジャル⟧ [pʰərʈilezər] *n.* (特に)化学肥料 [Eg. *fertiliser*]

ಫರ್ಮಾನು ⟦pʰarmānu パルマーヌ⟧ [pʰərmɐːnu] ಪರಮಾನು, ಫರಮಾನಾ, ಫರಮಾನು, ಫರ್ಮಾನ್, ಫರ್ಮಾನ *n.* 1 命令、指令 2 命令書 [Pe. *farmān*]

ಫರ್ಮಾಯಿಸು ⟦pʰarmāyisu パルマーイス⟧ [pʰərmɐːjisu] ಫರಮಾಯಿಸು 《文》 *vt.* 命令する、指令する [Pe. *farmā* + *-isu*]

ಫರ್ರ್ ⟦pʰarr パルル⟧ [pʰərr] (*n.*) ばりっと、びりっと(紙や布を裂く音を表す擬音語) [Ka. onom.]

ಫರ್ರನೆ ⟦pʰarrane パッラネ⟧ [pʰərrə̆ne] *adv.* ばりっと、びりっと(紙や布を裂く音) [+ *-ane*]

ಫರ್ಲಾಂಗು ⟦pʰarlāṃgu パルラーング⟧ [fərlɐːŋgu] *n.* ハロン(1マイルの8分の1に当たる距離の単位) [Eg. *furlong*]

ಫಲ ⟦pʰala パラ⟧ [pʰəlɐ] *n.* 1 実、果物、果実 = ಹಣ್ಣು (haṇṇu) 〔口〕 2 収穫(物) 3 (商業などの)利益、収益 4 結果、影響 5 (努力などの)結果、報い 6 〔美〕 子孫 ¶ ಆ ಅರಸನಿಗೆ ಫಲ ಇರಲಿಲ್ಲ. (ā arasanige pʰala iralilla.) あの王には子どもがなかった。 7 計算の結果、答え [Sk.]

ಫಲಕ ⟦pʰalaka パラカ⟧ [pʰələkɐ] ಫಳಕ 《文》 *n.* 1 (石や木やガラスの)薄い板 2 黒板や石版など書くための平たい表面 3 ページ 4 楯 [Sk.]

ಫಲದಾನ ⟦pʰaladāna パラダーナ⟧ [pʰələdɐːnɐ] ಫಳದಾನ 《文》 *n.* (いったん神に捧げた供物のお下がりの分配として、あるいは客に対する歓迎のしるしとして)ココナツや果物を贈ること [Sk.]

ಫಲದಾಯಕ ⟦pʰaladāyaka パラダーヤカ⟧ [pʰələdɐːjəkɐ] 《文》 (*n.*) 実りの多い〈こと〉、生産的な〈こと〉、有効な〈こと〉 [Sk.]

ಫಲಪೂಜೆ ⟦pʰalapūje パラプージェ⟧ [pʰələpuːʤe] 《文》 *n.* 客に贈るべきココナツや果物を祀ること [Sk.]

ಫಲಪ್ರದ ⟦pʰalaprada パラプラダ⟧ [pʰələprədɐ] 《文》 (*n.*) 実りの多い〈こと〉、生産的な〈こと〉、有効〈な〉 [Sk.]

ಫಲಪ್ರಾಪ್ತಿ ⟦pʰalaprāpti パラプラープティ⟧ [pʰələprɐːpti] 《文》 *n.* 望まれた結果を得ること [Sk.]

ಫಲಭೋಗ ⟦pʰalabʰōga パラボーガ⟧ [pʰələbʰoːgɐ] 《文》 *n.* 結果の享受 [Sk.]

ಫಲವಂತ ⟦pʰalavaṃta パラヴァンタ⟧ [pʰələvəntɐ] (*n.*) よい結果を伴う〈こと〉、やりがいのある〈こと〉 [Sk.]

ಫಲವತಿ ⟦pʰalavati パラヴァティ⟧ [pʰələvəti] 《文》 *f.* 妊娠した女性、妊婦 [Sk.]

ಫಲವತ್ತು ⟦pʰalavattu パラヴァットゥ⟧ [pʰələ̆vəttu] (*n.*) 1 (農地などが)肥えた〈こと〉、肥沃〈な〉 2 〔喩〕 (女性が)子どもを生む能力のある〈こと〉 [Sk.]

ಫಲಸಿದ್ಧಿ ⟦pʰalasiddʰi パラシッディ⟧ [pʰələsiddʰi] 《文》 *n.* 目的の達成、努力が報われること [Sk.]

ಫಲಾನುಭವಿ ⟦pʰalānubʰavi パラーヌバヴィ⟧ [pʰəlɐːnubʰəvi] 《文》 *adj., mf.* 利益を享受する〈人〉 [Sk.]

ಫಲಾನುಭವಿ ಪತ್ರ ⟦pʰalānubʰavi patra パラーヌバヴィパトラ⟧ [pʰəlɐːnubʰəvi pət·rɐ] 《文》 *n.* 利益を享受するための証明書 [Sk.]

ಫಲಾನುಭೋಕ್ತ ⟦pʰalānubʰōkta パラーヌボークタ⟧ [pʰəlɐ:nubʰo:ktɐ] 《文》 *m.* 《*f.* ಫಲಾನುಭೋಕ್ತೆ (pʰalānubʰōkte)》 結果を享受する人 [Sk.]

ಫಲಾರ ⟦pʰalāra パラーラ⟧ [pʰəlɐ:rɐ] ಫರಾಳ, ಪಲಹಾರ, ಪಲಾರ, ಪಳಾರ, ಫರಾಳ, ಫಲಾಹಾರ, ಫಳಾರ *n.* 1 果物だけを食事とすること 2 軽食 [Sk. *pʰalāhāra-*] ☞ಫಲಾರ (pʰalāra)

ಫಲಿತ ⟦pʰalita パリタ⟧ [pʰəlitɐ] 《文》 (*adj.*) 実をつけた〈こと〉 —(*n.*) (努力などが) 実る〈こと〉、甲斐ある〈こと〉¶ ಅವನ ಪ್ರಯತ್ನ ಫಲಿತವಾಗಲಿಲ್ಲ. (avana prayatna pʰalitavāgalilla.) 彼の努力は実らなかった。 —*n.* 結果、結果として得られた報い [Sk.]

ಫಲಿತಾಂಶ ⟦pʰalitāṃśa パリターンシャ⟧ [pʰəlitɐ:mʃɐ/pʰəlitɐ:ʊ̃ʃɐ] ಫಳಿತ 《文》 *n.* (試験、努力、治療などの) 結果 [Sk.]

ಫಲಿಸು ⟦pʰalisu パリス⟧ [pʰəlĭsu] 《文》 *vi.* 1 (植物が)実を結ぶ 2 〔喩〕(努力などが)実を結ぶ [Sk.]

ಫಲೋದಯ ⟦pʰalōdaya パローダヤ⟧ [pʰəlo:dəjɐ] 《文》 *n.* (努力の結果としての)利益、幸福 [Sk.]

ಫಲ್ಗುಣ ⟦pʰalguṇa パルグナ⟧ [pʰəlguɳɐ] 《文》 *m.* ☞ಫಲ್ಗುನ (pʰalguna)

ಫಲ್ಗುನ ⟦pʰalguna パルグナ⟧ [pʰəlgunɐ] ಫಲ್ಗುಣ 《文》 *adj.* パルグニー星宿のもとで生まれた —*m.* 1 パーンドゥの三男アルジュナの別名 2 インドラ神の別名 [Sk.]

ಫಲ್ಗುನಿ ⟦pʰalguni パルグニ⟧ [pʰəlguni] 《文》 *n.* 11 番目と 12 番目の星宿 [Sk.]

ಫವುಜು ⟦pʰavuju パヴジュ⟧ [fəvuʤu] *n.* 軍隊 [Ar. *fauǧ*] ☞ಫೌಜು (pʰauju)

ಫಸಲು ⟦pʰasalu パサル⟧ [fəsəlu] *n.* (作物の)収穫、収穫物 [Ar. *faṣl*] = ಬೆಳೆ (beḷe)

ಫಳ ⟦pʰaḷa パラ⟧ [pʰəɭɐ] 《文》 *n.* [Sk. *pʰala*] = ಫಲ (pʰala)

ಫಳಾರ ⟦pʰaḷāra パラーラ⟧ [pʰəɭɐ:rɐ] *n.* 軽食 [Sk. *pʰalāhāra-*] ☞ಫಲಾರ (pʰalāra)

ಫಳಿತ ⟦pʰaḷita パリタ⟧ [pʰəɭitɐ] 《文》 (*adj.*) 1 実をつけた〈こと〉 2 成功した〈こと〉、結果を生んだ〈こと〉 —*n.* 結果 [Sk.]

ಫಳಿಸು ⟦pʰaḷisu パリス⟧ [pʰəɭisu] 《文》 *vi.* [Sk.] ☞ಫಲಿಸು (pʰalisu)

ಫಾಯದೆ ⟦pʰāyade パーヤデ⟧ [fɐ:jə̆de] *n.* [Ar. *fā'ida*] ☞ಫಾಯಿದೆ (pʰāyide)

ಫಾಯಿದಾ ⟦pʰāyidā パーイダー⟧ [fɐ:jĭda:] *n.* ☞ಫಾಯಿದೆ (pʰāyide)

ಫಾಯಿದೆ ⟦pʰāyide パーイデ⟧ [fɐ:jĭde] ಪಾಯದೆ, ಪಾಯಿದೆ, ಫಾಯದೆ *n.* 1 (事業の)利益、収益 2 (一般的に) 利益、甲斐 [Ar. *fā'ida*]

ಫಾರಂ ⟦pʰāraṃ パーラン⟧ [fɐ:rəm] *n.* (申込書など印刷された)記入用紙 [Eg. *form*]

ಫಾಲ್ಗುಣ ⟦pʰālguṇa パールグナ⟧ [pʰɐ:lguɳɐ] *n.* パールグナ月、インドの伝統的太陽太陰暦の第 12 月(グレゴリオ暦の 2 月から 3 月にあたる) [Sk.] ☞ಚೈತ್ರ (caitra)

ಫಾಶಿ ⟦pʰāśi パーシ⟧ [pʰɐ:ʃi] *n.* 絞首刑 [H. *pʰāsī* T13813] ☞ಫಾಸಿ (pʰāsi)

ಫಾಸಲೆ ⟦pʰāsale パーサレ⟧ [fɐ:sə̆le] *n.* 1 距離 2 近く、近傍、近辺 ¶ ಶಾಲೆಯ ಫಾಸಲೆಯಲ್ಲಿ ಸಾರಾಯಿಯ ಅಂಗಡಿ ಇರಬಾರದು. (śāleya pʰāsaleyalli sārāyiya aṃgaḍi irabāradu.) 学校のそばに焼酎の店があってはならない。 [Ar. *fāṣila*]

ಫಾಸಿ ⟦pʰāsi パーシ⟧ [pʰɐ:si] ಪಾಶಿ, ಪಾಸಿ, ಫಾಶಿ *n.* 絞首刑 [H. *pʰāsī* T13813]

ಫಾಸೆ ⟦pʰāse パーセ⟧ [pʰɐ:se] *n.* 賽、さいころ [M. *pʰāsā* T13813]

ಫಿಕೀರು ⟦pʰikīru ピキール⟧ [fiki:ru] ಪಿಕೀರು 《口》 *n.* 1 心配 2 熱意、熱心 = ಆಸ್ಥೆ (āstʰe) [Ar. *fikr*]

ಫಿತೂರಿ ⟦pʰitūri ピトゥーリ⟧ [fitu:ri] ಪಿತೂರಿ *n.* 姦策、姦計 [*futūrī* < Ar.-Pe. *futūrī*]

ಫಿನೈಲ್ ⟦pʰinail ピナイル⟧ [finəil] ಫಿನಾಯಿಲ್ *n.* クレゾールまたはそれに似た消毒液 [Eg. *phenyl*]

ಫಿರಂಗಿ ⟦pʰiraṃgi ピランギ⟧ [firəŋgi] ಪರಂಗ, ಪರಂಗಿ, ಪಿರಂಗಿ, ಫರಂಗಿ *adj., mf.* ヨーロッパ〈の〉、ヨーロッパ人(の) —*n.* 1 大砲 ☞ತೋಪು (tōpu)³ 〔汎〕 2 パパイアの木またはその実 ಪಪ್ಪಾಯಿ (pappāyi) 〔汎〕 3 パイナップルまたはその実 = ಅನಾನಸು (anānasu) 〔汎〕 [Pe. *firangī*]

ಫಿರಂಗಿರೋಗ ⟦pʰiraṃgirōga ピランギローガ⟧ [firəŋgiro:gɐ] *n.* 梅毒 [Pe. *firangī* + *rōga*]

ಫಿರ್ಕಾ ⟦pʰirkā ピルカー⟧ [firkɐ:] 《文》 *n.* 政府の役所の部課 [Ar. *firqa*]

ಫಿರ್ಯಾದಿ ⟦pʰiryādi ピリヤーディ⟧ [firjɐ:di/pʰirjɐ:di] *mf.* (警察または法廷に)訴える人、請願者、(裁判の)原告、告訴人 [Pe. *faryādī*]

ಫಿರ್ಯಾದು ⟦pʰiryādu ピリヤードゥ⟧ [firˈjɐ:du] *n.* (警察や裁判所への)訴え、告訴、告発 [Pe. *faryād*]

ಫೀ ⟦pʰī ピー⟧ [fi:/pʰi:] *n.* 役所の仕事に科せられる料金；弁護士や医師など専門家に支払う謝礼 [Eg. *fee*]

ಫೀಜು ⟦pʰīju ピージュ⟧ [fi:ʤu] *n.* [Eg. *fees*] → ಫೀಸು (pʰīsu)

ಫೀಸು ⟦pʰīsu ピース⟧ [fi:su] ಫೀಜು *n.* 学校等の授業料 [Eg. *fees*]

ಪುಗಡಿ ⟦pʰugaḍi プガディ⟧ [pʰugə̆ɖi] ಪುಗಡಿ, ಪುಗುಡಿ *n.* 両手を握り合って跳ね回ること [M. *pʰugăḍī*]

ಫುಟ್ಬಾಲ್ ⟦pʰuṭbāl プトバール⟧ [fuʈbɐ:l] *n.* サッカー、蹴球 [Eg. *football*]

ಫುಪ್ಫುಸ ⟦pʰuppusa プップサ⟧ [pʰuppusɐ] ಪುಪ್ಪುಸ *n.* 肺 [Sk. *puppʰusa*]

ಫೇನಿಲ ⟦pʰēnila ペーニラ⟧ [fe:nilɐ] 《文》 *adj.* 泡だった —*n.* ムクロジ(無患子、ムクロジ科ムクロジ属、その実は石鹸の代用となる)→ 衛・薬・材 = ಅಂಟುವಾಳ (amṭuvāḷa) *[IMP 4.64] [Sk.]

ಫೇರಿ ⟦pʰēri ペーリ⟧ [pʰe:ri] *n.* 1 周りを回ること 2 あちこち歩き回ること、ぶらつくこと、逍遥 [H./M. *pʰērī* *T9078.3]

ಫೇಲು ⟦pʰēlu ペール⟧ [fe:lu] *n.* 試験に落ちること、不合格 [Eg. *fail*]

ಫೈಸಲಾತಿ ⟦pʰaisalāti パイサラーティ⟧ [fəisǝ̆lɐ:ti] *n.* 1 決定、決断 2 判決、(法廷の)宣告 [pl. of Ar. *faisala*]

ಫೈಸಲು ⟦pʰaisalu パイサル⟧ [fəisəlu] *n.* 1 決定、決断 2 判決、(法廷の)宣告 [Ar. *faiṣala*]

ಫೋಟೋ ⟦pʰōṭō ポートー⟧ [fo:ṭo:] *n.* 写真 [Eg. *photo*] = ಛಾಯಾಚಿತ್ರ (cʰāyācitra)〔文〕

ಫೋಡಿ ⟦pʰōḍi ポーディ⟧ [pʰo:ḍi] *n.* 細かい粒にしたビンロウジュの実 [M. *pʰōḍǎṇē*]

ಫೌಜದಾರ್ ⟦pʰaujadār パウジャダール⟧ [fəudʒə̆dɐ:r] *n.* 《*f.* ಫೌಜದಾರಳು (pʰaujadāraḷu)》警部補 [*pʰauju* + *-dāra*] ☞ಫೌಜುದಾರ (pʰaujudāra)

ಫೌಜದಾರ ⟦pʰaujadāra パウジャダーラ⟧ [fəudʒə̆dɐ:rɐ] ಪಉಜುದಾರ, ಪೌಜುದಾರ, ಫೌಜದಾರ್, ಫೌಜದಾರ, ಫೌಜ್ದಾರ *n.* 《*f.* ಫೌಜದಾರಳು (pʰaujadāraḷu)》 1 (軍の) 隊長 2 警部補 [*pʰauju* + *-dāra*] ☞ಫೌಜುದಾರ (pʰaujudāra)

ಫೌಜು ⟦pʰauju パウジュ⟧ [fəudʒu] ಪವುಜು, ಪೌಜು, ಫವುಜು *n.* 軍隊 [Ar. *faug̃*]

ಫೌಜುದಾರ ⟦pʰaujudāra パウジュダーラ⟧ [fəudʒŭdɐ:rɐ] ಪಉಜುದಾರ, ಫೌಜುದಾರ್, ಫೌಜದಾರ್, ಫೌಜದಾರ, ಫೌಜ್ದಾರ *n.* 《*f.* ಫೌಜುದಾರಳು (pʰaujudāraḷu)》 1 (軍の) 隊長 2 警部補 [*pʰauju* + *-dāra*] ☞ಫೌಜುದಾರ (pʰaujudāra)

ಫೌಜುದಾರಿ ⟦pʰaujudāri パウジュダーリ⟧ [fəudʒŭdɐ:ri] *n.* 県(州の直接の下位区分) [*pʰaujudāra* + *-i*]

ಫ್ರೇಮು ⟦pʰrēmu プレーム⟧ [fre:mu] *n.* 額縁;(めがねの)縁 [Eg. *frame*]

ಫ್ಲ್ಯಾಟ್ ⟦pʰlyāṭ プリャート⟧ [flæ:t] *n.* 集合住宅の一戸;マンション [Eg. *flat*]

ಫ್ಯಾಷನ್ ⟦pʰyāṣan ピャーシャン⟧ [fæ:ṣən] ಫ್ಯಾಷನ್ನು *n.* ファッション(特に衣類の型についての流行) [Eg. *fashion*]

ಫ್ಯಾಕ್ಸ್ ⟦pʰyāks ピャークス⟧ [fæ:ks] *n.* ファックス [Eg. *fax*]

ಬ

ಬ ⟦ba バ⟧ [bə˙] *n.* カンナダその他のインド系言語において音素の連続 /ba/、またはカンナダその他のインド系の文字体系でそれを表す文字

ಬಂಕ ⟦baṃka バンカ⟧ [bəŋkɐ] 《古》*n.* 近く、近辺、近傍 [Sk. *pakṣa-*] = ಪಕ್ಕ (pakka)

ಬಂಕು ⟦baṃku バンク⟧ [bəŋku] 《古》*vi.* (背骨、樹木などが) 曲がる、屈曲する [Ka. D5335] ☞ಬಗ್ಗು (baggu)

ಬಂಕುಡಿ ⟦baṃkuḍi バンクディ⟧ [baŋkuḍi] 《古》*n.* 湾刀 [Ka. D5221] ☞ವಂಕುಡಿ (vaṃkuḍi)

ಬಂಕೆ ⟦baṃke バンケ⟧ [bəŋke] ಬಂಕ, ಬೊಂಕ, ಬೊಂಕೆ《古》*n.* 粘着物質、糊;粘着性 [Ka. D3817]

ಬಂಗಲೆ ⟦baṃgale バンガレ⟧ [bəŋgə̆le] *n.* (大きく近代的な)邸宅、バンガロー [H. *bãgălā*]

ಬಂಗಾರ ⟦baṃgāra バンガーラ⟧ [bəŋgɐ:rɐ] *n.* 金 [Sk. *bhṛṃgāra-*] = ಚಿನ್ನ (cinna)

ಬಂಗಾಳ ⟦baṃgāḷa バンガーラ⟧ [bəŋgɐ:ḷɐ] *n.* ベンガル地方 [Sk.]

ಬಂಗಾಳ ಕೊಲ್ಲಿ ⟦baṃgāḷa kolli バンガーラコッリ⟧ [bəŋgɐ:ḷə kolli] *n.* ベンガル湾 [+ *kolli*]

ಬಂಗ್ಲಾದೇಶ ⟦baṃglādēśa バングラーデーシャ⟧ [bəŋglɐ:de:ʃɐ] *n.* バングラデシュ(インドの東にあり、ビルマの西に接する国、公用語はベンガル語、首都はダッカ) [Sk.]

ಬಂಜರು ⟦baṃjaru バンジャル⟧ [bəɲdʒəru] *n.* 不毛の土地、農業に適さない荒れ地 [H. *baṃjară* T11275]

ಬಂಜೆ ⟦baṃje バンジェ⟧ [bəɲdʒe] *f.* 子どもができない女性 [Sk. *vandhyā-* T11275]

ಬಂಟ ⟦baṃṭa バンタ⟧ [bəɳṭɐ] ಬಟ, ಭಂಟ *m.* 1 豪勇な戦士、英雄 ¶ ಕಾರ್ಗಿಲ್ ಯುದ್ಧವನ್ನು ಗೆದ್ದ ಸೈನಿಕರಲ್ಲಿ ಕರ್ನಾಟಕದ ಬಂಟರೂ ಇದ್ದರು. (kārgil yuddʰavannu gedda sainikaralli karnāṭakada baṃṭarū iddaru.) カールギルの戦いに勝った勇者たちの中にもカルナータカの兵士がいた。 2 王に仕える兵士、戦士 3 (主人を守る仕事を主な任務とする) 従者 ¶ ರಾಜಕಾರಣಿಗಳು ಯಾವಾಗಲೂ ತಮ್ಮ ಬಂಟರೊಡನೆ ಅಡ್ಡಾಡುತ್ತಾರೆ. (rājakāraṇigaḷu yāvāgalū tamma baṃṭaroḍane aḍḍāḍuttāre.) 政治家たちはいつも自分の子分たちを連れ歩く。 [Sk. *bʰaṭa-*]

ಬಂಡ¹ ⟦baṃḍa バンダ⟧ [bəɳḍɐ] *adj., m.* 《*f.* ಬಂಡಿ (baṃḍi)》 1 恥知らずな〈男性〉 2 鈍い〈男性〉、鈍感な〈男性〉 ―(*adj.*) 1 役に立たない〈こと〉、無能〈な〉¶ ನಮ್ಮ ವಿಭಾಗದ ಸೇವಕ ಬಂಡಮನುಷ್ಯ. (namma vibʰāgada sēvaka baṃḍamanuṣya.) 我々の学科の小使いさんは能無しだ。 2 (動物が) しっぽのない〈こと〉 [Ka. D3902]

ಬಂಡಬಾಳು ⟦baṃḍabāḷu バンダバール⟧ [bəɳḍəbɐ:ḷu] *n.* 意義のない人生、恥ずかしい生活、落ちぶれた暮らし [+ *bāḷu*]

ಬಂಡಮಾತು ⟦baṃḍamātu バンダマートゥ⟧ [bəɳḍəmɐ:tu]

n. 恥知らずな言葉 [+ *mātu*]

ಬಂಡ² ⟦baṃḍa バンダ⟧ [bəɳɖɐ] 《古》 *n.* 物、商品 [Sk. *bʰāṇḍa-*]

ಬಂಡ³ ⟦baṃḍa バンダ⟧ [bəɳɖɐ] *m.* 道化師 [Sk. *bʰaṇḍa-*]

ಬಂಡ⁴ ⟦baṃḍa バンダ⟧ [bəɳɖɐ] 《口》 (*n.*) たくさん〈の〉 [?]

ಬಂಡಗ ⟦baṃḍaga バンダガ⟧ [bəɳɖəgɐ] 《‡》 (*n.*) 恥知らず〈の〉 [Ka. D3902] (*Č*h.*MS*. (*Kitt.*))

ಬಂಡಣ ⟦baṃḍaṇa バンダナ⟧ [bəɳɖəɳɐ] ಭಣ್ಡಣ 《方》 *n.* 戦い、戦争 [Sk.]

ಬಂಡತನ ⟦baṃḍatana バンダタナ⟧ [bəɳɖətənɐ] *n.* 恥知らずなこと [D3902]

ಬಂಡಲು¹ ⟦baṃḍalu バンダル⟧ [bəɳɖəlu] 《‡》 *n.* **1** (川や池などの)沈殿物、堆積物 **2** (水などが)濁っていること [Ka. D5237] (*Kitt.*)

ಬಂಡಲು² ⟦baṃḍalu バンダル⟧ [bəɳɖəlu] ಬಂಡಲ್ಲು *n.* 束、ものを輸送などの目的で束ねてくくったもの [Eg. *bundle*]

ಬಂಡಲು ಹೊಡೆ ⟦baṃḍalu hoḍe バンダルホデ⟧ [bəɳɖəlu hoɖe] *vi.* 〔喩〕 法螺(ほら)を吹く ¶ ನನ್ನ ಮುಂದೆ ಬಂಡಲು ಹೊಡೆಯಬೇಡ. (nanna muṃde baṃḍalu hoḍeyabēḍa.) 俺の前で法螺を吹くな。 [+ *hoḍe*]

ಬಂಡಾಯ ⟦baṃḍāya バンダーヤ⟧ [bəɳɖɐːjɐ] *n.* 反乱、暴動、蜂起 ¶ ನಾಟಕದ ಕೆಲವು ನಟರು ನಿರ್ದೇಶಕನ ವಿರುದ್ಧ ಬಂಡಾಯ ಎದ್ದರು. (nāṭakada kelavu naṭaru nirdēśakana viruddʰa baṃḍāya eddaru.) 何人かの俳優が劇の監督に対して反抗した。 [*baṃḍu* + *-āya*] ☞ಬಂಡು (baṃḍu)

ಬಂಡವಾಳ ⟦baṃḍavāḷa バンダヴァーラ⟧ [bəɳɖəʋɐːɭɐ] *n.* 資本、資本金 [M. *bʰāṃḍavala*]

ಬಂಡವಾಳ ಹೂಡಿಕೆ ⟦baṃḍavāḷa hūḍike バンダヴァーラフーディケ⟧ [bəɖəʋɐːɭə huːɖike] *n.* 投資、資本を投下すること [+ *hūḍike*]

ಬಂಡವಾಳದಾರ ⟦baṃḍavāḷadāra バンダヴァーラダーラ⟧ [bəɳɖəʋɐːɭədɐara] *m.* 《*f.* ಬಂಡವಾಳದಾರಳು (baṃḍavāḷadāraḷu)》 **1** 投資者 **2** 資本家 [*baṃḍavāḷa* + *-dāra*]

ಬಂಡವಾಳಶಾಹಿ ⟦baṃḍavāḷaśāhi バンダヴァーラシャーヒ⟧ [bəɳɖəʋɐːɭəʃɐːhi] *n.* 資本主義 [*baṃḍavāḷa* + *śāhi*]

ಬಂಡಿ ⟦baṃḍi バンディ⟧ [bəɳɖi] *n.* (人や動物が引く)車 [Ka.? A50]

ಬಂಡಿಕಾರ ⟦baṃḍikāra バンディカーラ⟧ [bəɳɖikɐːrɐ] ಭಂಡಿಕಾಱ, ಭಂಡಿಕಾರ *m.* 《*f.* ಬಂಡಿಕಾರ್ತಿ (baṃḍikārti)》車の御者 [*baṃḍi* + *-kāra*] ☞ಬಂಡಿಬೋವ (baṃḍibōva)

ಬಂಡಿಕಾಱ ⟦baṃḍikāṟa バンディカーラ⟧ [bəɳɖikɐːrɐ] ಬಂಡಿಕಾರ, ಭಂಡಿಕಾಱ, ಭಂಡಿಕಾರ 《古》 *m.* 《*f.* ಬಂಡಿಕಾರ್ತಿ (baṃḍikārti)》車の御者 [*baṃḍi* + *-kāṟa*] ☞ಬಂಡಿಬೋವ (baṃḍibōva)

ಬಂಡಿಬಸವ ⟦baṃḍibasava バンディバサヴァ⟧ [bəɳɖibəsəʋɐ] *n.* 子どもが引くおもちゃの牛車 [⇒図] [*baṃḍi* + *basava*]

ಬಂಡಿಬಸವ
おもちゃの牛車

ಬಂಡಿಬೋವ ⟦baṃḍibōva バンディボーヴァ⟧ [bəɳɖiboːʋɐ] *m.* 《*f.* ಬಂಡಿಬೋವಿ (baṃḍibōvi)》車の御者 [*baṃḍi* + *bōva*] = ಗಾಡಿಕಾರ (gāḍikāra)

ಬಂಡಿಹೋಕ ⟦baṃḍihōka バンディホーカ⟧ [bəɳɖihoːkɐ] 《文》 *m.* 《*f.* ಬಂಡಿಹೋಕಳು (baṃḍihōkaḷu)》(人や動物が引く)車で旅行する人 [*baṃḍi* + *pōka*] ☞ಬಂಡಿಬೋವ (baṃḍibōva)

ಬಂಡು¹ ⟦baṃḍu バンドゥ⟧ [bəɳɖu] 《古》 (*adj.*) 恥知らず〈な〉、恥ずべき〈であること〉 —*f.* 恥知らずな女性 —*n.* 恥知らずな振る舞い [Ka. D3902]

ಬಂಡು² ⟦baṃḍu バンドゥ⟧ [bəɳɖu] 《文》 *n.* **1** ハチミツ **2** 花粉 [Ka. D5239]

ಬಂಡು³ ⟦baṃḍu バンドゥ⟧ [bəɳɖu] 《文》 *n.* **1** 反乱、暴動、蜂起 = ಬಂಡಾಯ (baṃḍāya) **2** 《古》 邪魔立て [M. *baṃḍă* ← *band*]

ಬಂಡುಕಟ್ಟು ⟦baṃḍukaṭṭu バンドゥカットゥ⟧ [bəɳɖukəʈʈu] 《文》 *vi.* 蜂起する、反乱を起こす [+ *kaṭṭu*]

ಬಂಡೇಳು ⟦baṃḍēḷu バンデール⟧ [bəɳɖeːɭu] *vi.* 蜂起する、反乱を起こす [+ *ēḷu*] ☞ಹೂಡು, ಎಬ್ಬಿಸು (hūḍu, ebbisu)

ಬಂಡುಕೋರ ⟦baṃḍukōra バンドゥコーラ⟧ [bəɳɖukoːrɐ] ಬಂಡುಖೋರ *m.* 反乱を起こす人、暴動を起こす人 [Ka. *baṃḍu*⁴ + *-kōra*]

ಬಂಡುಗಾರ ⟦baṃḍugāra バンドゥガーラ⟧ [bəɳɖugɐːrɐ] *m.* 反乱者、暴動を起こした人 [Ka. *baṃḍu*⁴ + *-kāra*]

ಬಂಡುಣ್ ⟦baṃḍuṇ バンドゥン⟧ [bəɳɖuɳ] 《古》 *vi.* (ハチなどが)蜜を吸う [Ka. *baṃḍu*² + *uṇ*]

ಬಂಡುಣಿ ⟦baṃḍuṇi バンドゥニ⟧ [bəɳɖuɳi] 《古》 *n.* 大型のハチ [Ka.ಬಂಡು² + *uṇ* + *-i*, D5239] = ಭ್ರಮರ (bʰramara)

ಬಂಡುತನ ⟦baṃḍutana バンドゥタナ⟧ [bəɳɖutənɐ] *n.* 恥を知らないこと、恥知らず [Ka. *baṃḍu*¹ + *-tana*, D3902] = ಬಂಡತನ (baṃḍatana)

ಬಂಡೆ ⟦baṃḍe バンデ⟧ [bəɳɖe] *n.* 岩、岩石の大きな塊 [Ka. D3903]

ಬಂದ್ ⟦baṃd バンド⟧ [bənd] *n.* [H. *baṃdʰă*] ☞ಬಂದು (baṃdu)

ಬಂದಣಿಕೆ ⟦baṃdaṇike バンダニケ⟧ [bəndəɳike] ಬಂದಣಿಗೆ, ಬಂದನಿಗೆ, ಬಂದನಿಕ್ಕಿ, ಬಂದರಿಕೆ, ಬಂದಲಿಕೆ, ಬಂದಳಿಕೆ, ಬಣತಿಗೆ, ಬತಣಿಕೆ, ಬದಣಿಕೆ, ಬದನಿಕೆ, ಬಿಂದಣಿಕೆ *n.* ラン科の寄生植物の一種 ⇀ 観 [? cf. Sk. *vandāka*, *vandākī-*]

ಬಂದರು ⟦baṃdaru バンダル⟧ [bəndəru] *n.* 港、港湾 [Pe. *bandar*]

ಬಂದಳಿಕೆ ⟦baṃdaḷike バンダリケ⟧ [bəndəɭike] *n.* [?] ☞ಬಂದಣಿಕೆ (baṃdaṇike)

ಬಂದಿ¹ ⟦baṃdi バンディ⟧ [bəndi] 《文》 *mf.* 王などの業績を誉めて歌う詩人 [Sk. *vandin-*]

ಬಂದಿ² ⟦baṃdi バンディ⟧ [bəndi] 《文》 *mf.* 囚人、捕虜 —*n.* 監禁、監禁されること、拘束 ¶ ಅರವಿಂದರು ಬಂದಿಯಲ್ಲಿ ಅನೇಕ ಪುಸ್ತಕಗಳನ್ನು ಬರೆದರು. (araviṃdaru baṃdiyalli anēka pustakagaḷannu baredaru.) オロビンドは獄中において多くの本を書いた。 [Pe. *bandī*]

ಬಂದಿ[3] ⟦baṃdi バンディ⟧ [bəndi] *n.* 上膊部につける腕輪の一種 [?] = ತೋಳಬಂದಿ (tōḷabaṃdi)

ಬಂದಿಖಾನೆ ⟦baṃdikʰāne バンディカーネ⟧ [bəndikʰɐːne] *n.* 牢獄、刑務所 [Pe. *bandīxāne*]

ಬಂದಿಗೆ ⟦baṃdige バンディゲ⟧ [bəndige] 《文》 *n.* **1** 兵器の握り = ಹಿಡಿ (hiḍi) **2** 刀 [?]

ಬಂದು ⟦baṃdu バンドゥ⟧ [bəndu] ಬಂದ್, ಬಂದ, ಬಾಂದ್, ಬಾಂದು *n.* **1**（店、事務所などを）閉めること ¶ ಎಷ್ಟು ಗಂಟೆಗೆ ನಿಮ್ಮ ಅಂಗಡಿ ಬಂದಾಗುತ್ತದೆ? (eṣṭu gaṃtege nimma aṃgaḍi baṃdāguttade?) あなたの店は何時に閉まりますか。 **2**（町中の商店や工場が閉まる）ゼネスト [Pe. *band*]

ಬಂದುಕ ⟦baṃduka バンドゥカ⟧ [bəndukɐ] ಬೊಂದುಕ 《文》 *n.* **1** 師匠 (*lex.*) **2** 詐欺師、山師 [?]

ಬಂದುಗೆ ⟦baṃduge バンドゥゲ⟧ [bənduge] 《文》 *n.* [Sk. *bandʰūka-*] ☞ಬಂಧೂಕ (baṃdʰūka)[1]

ಬಂದುಗೆಗೋಲು ⟦baṃdugegōlu バンドゥゲゴール⟧ [bəndugegoːlu] *n.* ボディビルダーが使う道具の一種 [*baṃduge*[2] + *kōlu*]

ಬಂದೂಕ[1] ⟦baṃdūka バンドゥーカ⟧ [bənduːkɐ] ಬಂದುಗೆ, ಬಂಧೂಕ 《文》 *n.* 赤い花が咲くアオギリ科の低木の一種 → 薬 [Sk. *bandʰūka-*]

ಬಂದೂಕ[2] ⟦baṃdūka バンドゥーカ⟧ [bənduːkɐ] *n.* [Sk. *baṃdʰūka*] ☞ಬಂದೂಕು (baṃdūku)

ಬಂದೂಕು ⟦baṃdūku バンドゥーク⟧ [bənduːku] ಬಂದೂಕ, ಬಂದೂಖು *n.* 鉄砲 [Pe. *bundūq*]

ಬಂದೋಬಸ್ತು ⟦baṃdōbastu バンドーバストゥ⟧ [bəndoːbəstu] ಬಂದೋಬಸ್ತ್, ಬಂದೋಬಸ್ತಿ *n.* **1**（会議などの）準備 ¶ ಈ ಸಭೆಯ ಬಂದೋಬಸ್ತಿಗೆ ನಾನು ಕೃತಜ್ಞ ಆಗಿದ್ದೇನೆ. (ī sabʰeya baṃdōbastige nānu kṛtajña āgiddēne.) 会議の準備に対して私は感謝いたしております。 **2** 警備、安全管理 ¶ ಪ್ರಧಾನಮಂತ್ರಿಗಳು ಊರಿಗೆ ಬಂದಾಗ ಪೊಲೀಸು ಬಂದೋಬಸ್ತು ಪ್ರೇಕ್ಷಕರಿಗೆ ಕಿರಿಕಿರಿ ಉಂಟುಮಾಡಿತು. (pradʰānamaṃtrigaḷu ūrige baṃdāga polīsu baṃdōbastu prēkṣakarige kirikiri uṃṭumāḍitu.) 首相が町へ来た時警察の警備が聴衆に迷惑をかけた。 [Pe. *band-o-bast*]

ಬಂಧ ⟦baṃdʰa バンダ⟧ [bəndʰɐ] 《文》 *n.* **1**（縄などで）縛ること **2** 制限、強制 ¶ ಅವನಿಗೆ ಇಲ್ಲಿರಲು ಯಾವುದೇ ಬಂಧವಿಲ್ಲ. (avanige illiralu yāvudē baṃdʰavilla.) 彼にはここにいなければならないという制限は何もない。 **3**（縄、鎖、手かせ足かせなど）体の自由を奪う道具 **4** 質物、抵当 **5** 監禁、禁固、禁足 **6** つなぐもの、つなぎ **7** この世のしがらみ **8** 障害、邪魔 ¶ ಕಾರ್ಯಕ್ಕೆ ಅನೇಕ ಬಂಧಗಳು ಉಂಟಾದವು. (kāryakke anēka baṃdʰagaḷu uṃṭādavu.) 仕事に多くの障害が生じた。 **9**（文学作品などの）構成、組み立て ¶ ಕವನದ ಬಂಧ ಬಿಗಿಯಾಗಿದೆ. (kavanada baṃdʰa bigiyāgide.) その詩の構成はしっかりしている。 [Sk.]

ಬಂಧಕ ⟦baṃdʰaka バンダカ⟧ [bəndʰəkɐ] 《文》 (*adj.*) 結びつける〈こと〉、結合する〈こと〉; 束縛する〈こと〉、制限する〈こと〉 ¶ ಕಳ್ಳವ್ಯಾಪಾರ ಅವರಿಬ್ಬರ ಬಂಧಕ ಶಕ್ತಿ. (kaḷḷavyāpāra avaribbara baṃdʰaka śakti.) 闇商売が彼ら二人を結びつける力である。 —*n.* **1** 結び目 ¶ ದಂಪತಿಗಳ ಮಧ್ಯೆ ಈಗಿನ ಕಾಲದಲ್ಲಿ ಬಂಧಕ ಕಡಿಮೆ. (dampatigaḷa madʰye īgina kāladalli baṃdʰaka kaḍime.) この頃は夫婦の絆が緩んでいる。 **2** 堤防; ダム ¶ ಈ ನದಿಗೆ ಬೆಟ್ಟಗಳು ಬಂಧಕವಾಗಿವೆ. (ī nadige beṭṭagaḷu baṃdʰakavāgive.) 山々がこの川の水をせき止めている。 **3** 《異》幽閉 ¶ ರಾಜಕುಮಾರ ಮೂರು ತಿಂಗಳು ಬಂಧಕದಲ್ಲಿ ಇದ್ದರು. (rājakumāra mūru tiṃgaḷu baṃdʰakadalli iddaru.) ラージャクマール王子は3か月間幽閉されていた。 **4** 妨害 ¶ ದೂರದ ಚಿಕ್ಕಪ್ಪ ಬಂದದ್ದು ನಮಗೆ ಊರಿಗೆ ಹೋಗಲು ಬಂಧಕವಾಗಿದೆ. (dūrada cikkappa baṃdaddu namage ūrige hōgalu baṃdʰakavāgide.) 遠縁のおじが来ているので我々はどこへも行けない。 **5** 質、抵当 ¶ ಟಿಪ್ಪು ಸುಲ್ತಾನ್ ತನ್ನ ಮಕ್ಕಳನ್ನು ಬಂಧಕವಾಗಿ ಆಂಗ್ಲರಿಗೆ ಕೊಟ್ಟರು. (ṭippu sultān tanna makkaḷannu baṃdʰakavāgi āṃglarige koṭṭaru.) ティップー・スルターンは自分の子どもたちをイギリス人に人質に出した。 [Sk.]

ಬಂಧಕಿ ⟦baṃdʰaki バンダキ⟧ [bəndʰəki] 《文》 *f.* **1** 娼婦 **2** 子どものできない女性 —*n.* 雌象 [Sk.]

ಬಂಧನ ⟦baṃdʰana バンダナ⟧ [bəndʰənɐ] (*adj.*) 制限する〈こと〉、自由を奪う〈こと〉 —*n.* **1**〔喩〕束縛するもの（くびきなど）¶ ಮಕ್ಕಳು ದಂಪತಿಗಳ ಸ್ವಾತಂತ್ರ್ಯಕ್ಕೆ ಬಂಧನ ಆಗಿದ್ದರು. (makkaḷu dampatigaḷa svātaṃtryakke baṃdʰana āgiddaru.) 子どもたちが夫婦の自由を奪っていた。 **2** 束縛、自由を奪うこと **3** 禁固、収監 **4** 牢獄、監獄、牢屋 **5**（縄、鎖、手かせ足かせなど）自由を奪う道具 **6** 帯、ベルト **7** この世のしがらみ **8** 支配、管理 ¶ ಸಮಾಜದ ಬಂಧನಗಳ ವಿರುದ್ಧ ಪ್ರೇಮಿಗಳು ಮದುವೆ ಆದರು. (samājada baṃdʰanagaḷa viruddʰa prēmigaḷu maduve ādaru.) 恋人たちは社会の掟にもかかわらず結婚した。 **9**（建物、橋などを）建設すること [Sk.]

ಬಂಧನಾಗಾರ ⟦baṃdʰanāgāra バンダナーガーラ⟧ [bəndʰənɐːgɐːrɐ] 《文》 *n.* 牢獄、監獄、牢屋 [Sk.]

ಬಂಧನಿ ⟦baṃdʰani バンダニ⟧ [bəndʰəni] 《文》 *n.* **1** 絆、結びつけるもの **2** 綱、縄 **3** 鎖 [Sk.]

ಬಂಧಪತ್ರ ⟦baṃdʰapatra バンダパトラ⟧ [bəndʰəpətrɐ] *n.* 借金を返済するまで労働を提供する契約書 [Sk.]

ಬಂಧಪತ್ರ ಸಾಲ ⟦baṃdʰapatra sāla バンダパトラサーラ⟧ [bəndʰəpətrə sɐːlɐ] 《口》 *n.* 借金を返済するまで労働を提供する条件での借金 [+ *sāla*「借金」]

ಬಂಧಮೋಚನ ⟦baṃdʰamōcana バンダモーチャナ⟧ [bəndəʰəmoːʧənɐ] 《文》 *n.* 監禁または拘束状態から開放すること [Sk.]

ಬಂಧವಿಮೋಚನ ⟦baṃdʰavimōcana バンダヴィモーチャナ⟧ [bəndəʰəvimoːʧənɐ] 《文》 *n.* 監禁または拘束状態から開放すること [Sk.]

ಬಂಧಸ್ತಂಭ ⟦baṃdʰastaṃbʰa バンダスタンバ⟧ [bəndʰəstəmbʰɐ] 《文》 *n.* 象をつなぐ柱 [Sk.]

ಬಂಧಿತ ⟦baṃdʰita バンディタ⟧ [bəndʰitɐ] 《文》 *adj.*,

m.《*f.* ಬಂದಿತೆ, ಬಂದಿತಳು (baṃdite, baṃditaḷu)》くくられた〈人〉; 自由を奪われた〈人〉¶ ಮನುಷ್ಯರು ಎಲ್ಲರೂ ಸಮಾಜ ನಿಯಮದ ಬಂಧಿತರು. (manuṣyaru ellarū samāja niyamada baṃdʰitaru.) 人間はみな社会の掟に縛られている。[Sk.]

ಬಂಧಿಸು ⟦baṃdʰisu バンディス⟧ [bəndʰisu] 《文》*vt.* 1 括りつける、縄をかける 2 投獄する、刑務所に入れる 3 〈人に〉足かせや手かせをはめる、鎖につなぐ 4 〈装身具などを〉付ける 5 作る、創造する 6 〈扉などを〉閉める [Sk.]

ಬಂಧಿಸ್ತ ⟦baṃdʰista バンディスタ⟧ [bəndʰistɐ] 《希》(*n.*) 安全な〈こと〉[M. *baṃdistā*]

ಬಂಧು ⟦baṃdʰu バンドゥ⟧ [bəndʰu] *mf.* 1 (主として母方の)縁者、親戚の人 cf ಜ್ಞಾತಿ (jñāti) 2 友達、友人 3 誕生日の星宿から四つ目の星宿の名 [Sk.]

ಬಂಧುತನ ⟦baṃdʰutana バンドゥタナ⟧ [bəndʰutənɐ] 《文》*n.* 1 親族であること、血縁関係 2 友人であること、友情、交友関係 [Sk.]

ಬಂಧುತೆ ⟦baṃdʰute バンドゥテ⟧ [bəndʰute] 《文》*n.* 1 親族であること、血縁関係、ごく親しい関係 2 (集合的に)親族、親戚の人たち [Sk.]

ಬಂಧುತ್ವ ⟦baṃdʰutva バンドゥトヴァ⟧ [bəndʰut·vɐ] 《文》*n.* 1 親族であること、血縁関係、ごく親しい関係 2 (集合的に)親族、親戚の人たち 3 交友関係; 友情 [Sk.]

ಬಂಧುರ ⟦baṃdʰura バンドゥラ⟧ [bəndʰurɐ] 《文》*adj.* 1 平坦でない、波打つ 2 体を曲げた、お辞儀した 3 曲がった、湾曲した 4 美しい(顔、目、体型など) [Sk.]

ಬಂಧುರತೆ ⟦baṃdʰurate バンドゥラテ⟧ [bəndʰurəte] 《文》*n.* 美しいこと、美しさ、美 [Sk.]

ಬಂಧುರೆ ⟦baṃdʰure バンドゥレ⟧ [bəndʰure] 《古》*f.* 美しい女性、美女 [Sk.]

ಬಂಧುಲ ⟦baṃdʰula バンドゥラ⟧ [bəndʰulɐ] ಬಂಧುಳ 《文》*adj.* 1 曲がった、湾曲した 2 美しい、魅力的な —*m.*《*f.* ಬಂಧುಲಳು (baṃdʰulaḷu)》1 未婚の母の子、娼婦の息子 2 娼家に仕える男性 [Sk.]

ಬಂಧುವರ್ಗ ⟦baṃdʰuvarga バンドゥヴァルガ⟧ [bəndʰu vərgɐ] 《文》*mf.* (集合的に)親族 [Sk.]

ಬಂಧೂಕ ⟦baṃdʰūka バンドゥーカ⟧ [bəndʰkɐ] 《文》*n.* 赤い花が咲くアオギリ科の低木の一種 → 薬 [Sk. <?] = ಬಂದುಗೆ (baṃduge) ☞ಬಂದೂಕ (baṃdūka) *[IMP 4.234]

ಬಂಪು[1] ⟦baṃpu バンプ⟧ [bəmpu] ಬೊಂಪು[1] 《古》(*n.*) ねばねばした〈こと〉[Ka. D5299(a)]

ಬಂಪು[2] ⟦baṃpu バンプ⟧ [bəmpu] ಬೊಂಪು[2] 《方》*n.* 魚の一種 [?] = ಸೀಗಡಿ (sīgaḍi)

ಬಂಬಣ ⟦baṃbaṇa バンバナ⟧ [bəmbəɳɐ] 《文》*adv.* ひどく [?] ☞ಬಂಬಲ್ (baṃbal)

ಬಂಬಲ್ ⟦baṃbal バンバル⟧ [bəbəl] ಬಂಬಣ, ಬಂಬಲ, ಬಂಬಳ 《文》*adv.* ひどく [?]

ಬಂಬಳ ⟦baṃbaḷa バンバラ⟧ [bəmbəɭɐ] 《文》*adv.* ひどく [?] ☞ಬಂಬಲ್ (baṃbal)

ಬಂಬು[1] ⟦baṃbu バンブ⟧ [bəmbu] 《口》*n.* 太い竹 [Ka. D5253] ☞ಬಂಬು (baṃbu)

ಬಂಬು[2] ⟦baṃbu バンブ⟧ [bəmbu] ಬೊಂಬು 《口》*n.* 1 水道管 2 サイレン 3 (水などを蓄える円柱形の)大きな金属製の容器 = ಹಂಡೆ (haṃḍe) [Ka. D5253]

ಬಕರ ⟦bakara バカラ⟧ [bəkərɐ] 《口》*n.* [H. *bakărā*] ☞ಬಕರಾ (bakarā)

ಬಕರಾ ⟦bakarā バカラー⟧ [bəkərɐː] ಬಕರ *n.* 1《古》雄山羊 2 お人好し、騙されやすい人 ¶ ಮೋಸಗಾರ ಹೊಸ ಬಕರಾಗಳನ್ನು ಹುಡುಕುತ್ತಾ ಇದ್ದ. (mōsagāra hosa bakarāgaḷannu huḍukuttā idda.) 詐欺師は新たな愚か者を探していた。[H. *bakărā*]

ಬಕಾರ ⟦bakāra バカーラ⟧ [bəkɐːrɐ] *n.* カンナダその他のインド系の文字で音素の連続 /ba/ を表す文字 [Sk.]

ಬಕ್ಕ[1] ⟦bakka バッカ⟧ [bəkkɐ] 《口》*n.* 木の一種 [Ka. D5209] (*DCV*)

ಬಕ್ಕ[2] ⟦bakka バッカ⟧ [bəkkɐ] ಬೊಕ್ಕ[1] (*n.*) (土地が)表面を覆う木などがない〈こと〉、(頭が)はげている〈こと〉、(頭に)何もかぶっていない〈こと〉[Ka. D5320] ☞ಬೊಕ್ಕ (bokka)[1]

ಬಕ್ಕಟ ⟦bakkaṭa バッカタ⟧ [bəkkə̆ʈɐ] ಬರ್ಕಟ, ಬಋುಕಟೆ 《古》(*n.*) 無用〈な〉[Ka. D5320]

ಬಕ್ಕತಲೆ ⟦bakkatale バッカタレ⟧ [bəkkə̆tale] ಬಕ್ಕದಲೆ, ಬೊಕ್ಕತಲೆ, ಬೊಕ್ಕದಲೆ *n.* 禿頭、帽子などで覆っていない頭 [*bakka*[2] + *tale*] ☞ಬೊಕ್ಕತಲೆ (bokkatale)

ಬಕ್ಕುಡಿ ⟦bakkuḍi バックディ⟧ [bəkkŭɖi] ಬರ್ಕುಡಿ, ಬಳ್ಕುಡಿ 《古》*n.* 1 びっくり 2 驚愕、恐れ [Ka. D5307]

ಬಕ್ಕೆ ⟦bakke バッケ⟧ [bəkke] 《古》*n.* パラミツの一品種 [Ka. D5271]

ಬಕ್ಕೆವಲಸ ⟦bakkevalasa バッケヴァラサ⟧ [bəkkevələ̆sɐ] 《方》*n.* パラミツの実の一品種 [Ka. D5271] cf. ಹಲಸಿನ ಮರ (halasina mara)

ಬಕ್ಷೀಸು ⟦bakṣīsu バクシース⟧ [bəkʂiːsu] *n.* チップ、心づけ [Pe. *baxšiš*]

ಬಗ ⟦baga バガ⟧ [bəgɐ] 《‡》(*n.*)《*redp.*》ぼうぼう(火が激しく燃える音を表す擬音語) (*My.* (*Kitt.*)) [Ka. D3802] ☞ಬಗಬಗ (bagabaga)

ಬಗಟು ⟦bagaṭu バガトゥ⟧ [bəgə̆ʈu] 《古》*vt.* 1 両足を広げる、股を開く 2 分ける、分離する [Ka. D3818]

ಬಗನಿ ⟦bagani バガニ⟧ [bəgə̆ni] 《方》*n.* パルミラの木の一種 [?] ☞ಬಯಿನೆ (bayine)

ಬಗಬಗ ⟦bagabaga バガバガ⟧ [bəgə̆bəgɐ] (*n.*) 1 ぼうぼう(火が盛んに燃える様子を表す擬音語) 2 ひりひり(胃、傷口の鋭い痛みを表す擬態語) ¶ ಗಾಯದ ಮೇಲೆ ಉಪ್ಪು ಹಾಕಿದರೆ ಬಗಬಗ ಉರಿಯುತ್ತದೆ. (gāyada mēle uppu hākidare bagabaga uriyuttade.) 傷の上に塩を撒くとひりひり痛む。[Ka. D3802]

ಬಗಬಗನೆ ⟦bagabagane バガバガネ⟧ [bəgə̆bəgə̆ne] *adv.* ぼうぼうと ¶ ಒಲೆಯಲ್ಲಿ ಕಟ್ಟಿಗೆ ಬಗಬಗನೆ ಉರಿಯುತ್ತಿದೆ. (oleyalli kaṭṭige bagabagane uriyuttide.) かまどで薪がぼうぼうと燃えている。[Ka. D3802]

ಬಗರ್ ⟦bagar バガル⟧ [bəgər] 《口》 *postp.* …なしで ¶ ಬಗರ್ ಹುಕುಂ ಈ ಕಾಡಿನಲ್ಲಿ ಯಾರೂ ಬೇಟೆ ಆಡಬಾರದು. (bagar hukuṃ ī kāḍinalli yārū bēṭe āḍabāradu.) 当局の許可なくしてこの森で狩をしてはならない。[Ar. *vagairuhu*]

ಬಗರು ⟦bagaru バガル⟧ [bəgə̆ru] *vt.* 爪で引っ掻く、爪でほじくる ¶ ಕೋಳಿ ತಿಪ್ಪೆ ಬಗರಿ ಹುಳು ತಿನ್ನುತ್ತದೆ. (kōḷi tippe bagari huḷu tinnuttade.) 雌鳥は掃き溜めを爪でほじくって虫を食べる。[Ka. D5202/5322]

ಬಗಲು ⟦bagalu バガル⟧ [bəgə̆lu] *n.* 1 脇の下 cf. ಕಂಕುಳು (kaṃkuḷu) 2 (物や体の)横側 ¶ ನಮ್ಮ ಮನೆಯ ಬಗಲಿನಲ್ಲಿ ಅಂಚೆಪೆಟ್ಟಿಗೆ ಇದೆ. (namma maneya bagalinalli aṃcepeṭṭige ide.) うちの家の横に郵便箱がある。= ಮಗ್ಗುಲು (maggulu) [Ar. *bagl*]

ಬಗಲೆ ⟦bagale バガレ⟧ [bəgə̆ḷe] ಬಗಳೆ (*n.*) 法螺〈の〉、自慢話〈の〉[Ka. *D5204]

ಬಗಸಿಗೆ ⟦bagasige バガシゲ⟧ [bəgə̆sige] 《‡》 *n.* (物を受け取るなどのために)両手を合わせて椀の形にしたもの [Ka. *bagase* + *-ige* D4577] (*Nr.* (*Kitt.*)) = ಬೊಗಸೆ (bogase) 〔汎〕

ಬಗಸು ⟦bagasu バガス⟧ [bəgə̆su] 《古》 *vt.* 望む、欲求する [Ka. D5257]

ಬಗಸೆ ⟦bagase バガセ⟧ [bəgə̆se] *bogasi, bogase* *n.* 1 (物を受け取るなどのために)両手を合わせて椀の形にしたもの 2 両手いっぱいの分量 [Ka. D4577]

ಬಗಳು ⟦bagaḷu バガル⟧ [bəgə̆ḷu] *vi.* —*n.* ☞ಬೊಗಳು (bogaḷu) (*My.* (*Kitt.*)) [Ka. D5204]

ಬಗಳೆ ⟦bagaḷe バガレ⟧ [bəgə̆ḷe] *n.* 法螺、自慢話 [Ka. *D5204]

ಬಗಿ ⟦bagi バギ⟧ [bəgi] *vt.* 1 〈薪などを〉割る 2 分ける、分離する ¶ ಅವನ ಹೇಳಿಕೆಗಳಲ್ಲಿ ಸತ್ಯವನ್ನು ಬಗಿದು ತೆಗೆಯಬೇಕಾಗುತ್ತದೆ. (avana hēḷikegaḷalli satyavannu bagidu tegeyabēkāguttade.) 彼の言葉から真実をより分けねばならない。 3 掘る、ほじくる ¶ ಹೆಗ್ಗಣ ಹಿತ್ತಿಲಿನಲ್ಲಿ ಕಂಡಕಂಡಲ್ಲಿ ನೆಲವನ್ನು ಬಗಿದಿದೆ. (heggaṇa hittilinalli kaṃḍakaṃḍalli nelavannu bagidide.) 裏庭でオニネズミがいたるところ地面を掘り返している。 4 (鳥などが)〈土地を〉ほじくる [firewood, etc. Ka. D5202]

ಬಗಿನಿ ⟦bagini バギニ⟧ [bəgĭni] 《古》 *n.* サゴヤシの一種(ヤシ酒を作るのに用いられる)⇀ 嗜 [Ka. D3944] = ಬಯಿನೆ (bayine)

ಬಗುಳ್ ⟦baguḷ バグル⟧ [bəguḷ] 《古》 *vi.* 1 〔蔑〕(犬などが)吠える 2 怒鳴る、がみがみ言う 3 (犯罪などを)吐く [Ka. D5204] ☞ಬೊಗಳು (bogaḷu)

ಬಗುಳು ⟦baguḷu バグル⟧ [bəgŭḷu] *vi.* 1 (犬などが)吠える 2 怒鳴る ¶ ಯಜಮಾನ ಯಾವಾಗಲೂ ಸುಮ್ಮನೆ ಬಗುಳುತ್ತಾನೆ. (yajamāna yāvāgalū summane baguḷuttāne.) 主人は何時も理由なく怒鳴っている。 3 〈犯罪などを〉吐く、白状する ¶ ಪೊಲೀಸರು ಕೈದಿಗೆ ಬಗುಳು ಬಗುಳು ಎಂದು ಹೊಡೆಯುತ್ತಿದ್ದರು. (polīsaru kaidige baguḷu baguḷu eṃdu hoḍeyuttiddaru.) 警官たちは捕まえた男性を「吐け、吐け」といいながら殴っていた。[Ka. D5204] ☞ಬೊಗಳು (bogaḷu)

ಬಗೆ¹ ⟦bage バゲ⟧ [bəge] *n.* 1 部分 2 やり方、流儀、方法 ¶ ಈ ಕಾದಂಬರಿಕಾರರು ಕಥೆ ಹೇಳುವ ಬಗೆ ಭಿನ್ನವಾಗಿದೆ. (ī kādaṃbarikāraru katʰe hēḷuva bage bʰinnavāgide.) この小説家の物語を語る方法は独特である。 3 類、種類 ¶ ಗುಲಾಬಿ ಒಂದು ಬಗೆಯ ಹೂವು. (gulābi oṃdu bageya hūvu.) 「ばら」は花の一種である。[Ka. D5202]

ಬಗೆ² ⟦bage バゲ⟧ [bəge] 《文》 *vi.* 1 考える、思案する ¶ ಬಗೆಯಲು ಅವನಲ್ಲಿ ದೋಷ ಇಲ್ಲ ಎಂದು ತಿಳಿಯಿತು. (bageyalu avanalli dōṣa illa eṃdu tiḷiyitu.) 考えてみると彼は悪くないことが分かった。 2 (あるものを)あるものと思う ¶ ಅವನು ಒಳ್ಳೆಯವನೆಂದು ಬಗೆದೆನು. (avanu oḷḷeyavaneṃdu bagedenu.) 私は彼をよい人だと思った。 —*n.* 考え、意見 ¶ ಈ ವಿಷಯದಲ್ಲಿ ನಿಮ್ಮ ಬಗೆ ಏನು. (ī viṣayadalli nimma bage ēnu.) あなたはこのことをどう思われますか。[Ka. D5205]

ಬಗೆ³ ⟦bage バゲ⟧ [bəge] 《文》 *n.* サギ科の鳥各種 [Sk. ←Dr.?]

ಬಗೆ⁴ ⟦bage バゲ⟧ [bəge] 《文》 *n.* 花の一種 [? cf. Pk. *baya-* <?]

ಬಗೆಕಾಱ ⟦bagekāṟa バゲカーラ⟧ [bəgekɐːɾɐ] 《古》 *m.* 《*f.* ಬಗೆಕಾರ್ತಿ (bagekārti)》人の心が分かる人 [*bage²* + *kāṟa*]

ಬಗೆಗೆ ⟦bagege バゲゲ⟧ [bəgege] 《文》 *postp.* (あるものに)ついて ¶ ಭಾರತೀಯರಿಗೆ ಜಪಾನಿನ ಬಗೆಗೆ ತಿಳುವಳಿಕೆ ಕಡಿಮೆ. (bʰāratīyarige japānina bagege tiḷuvaḷike kaḍime.) インドの人は日本のことをあまり知らない。[*bage²* + *-ge*] ☞ಬಗ್ಗೆ (bagge) 〔汎〕

ಬಗೆಹರಿ ⟦bagehari バゲハリ⟧ [bəgehəri] *vi.* (問題などが)決着する ¶ ಭಾರತ ಪಾಕಿಸ್ತಾನಿನ ಜಗಳ ಬಗೆಹರಿಯದೆ ಅರ್ಧ ಶತಮಾನ ಕಳೆದಿದೆ. (bʰārata pākistānina jagaḷa bageharivade ardʰa śatamāna kaḷedide.) インドとパキスタンの争いは半世紀経っても解決していない。[Ka. *bage* + *hari* 「動く」]

ಬಗೆಹರಿಸು ⟦bageharisu バゲハリス⟧ [bəgehərisu] *vt.* 1 〈問題などを〉決着させる、解決する ¶ ಗಂಡ ಹೆಂಡತಿಯ ಜಗಳವನ್ನು ಬೇರೆ ಯಾರೂ ಬಗೆಹರಿಸಲಾರರು. (gaṃḍa heṃḍatiya jagaḷavannu bēre yārū bageharisalāraru.) 夫婦喧嘩はほかの誰も解決できない。 2 〈借金などを〉完済する ¶ ಅಪ್ಪ ಸಾಲ ಬಗೆಹರಿಸದೆ ಸತ್ತು ಹೋದರು. (appa sāla bageharisade sattu hōdaru.) 父は借金を完済せずに死んでしまった。[Ka. *bage* + *harisu*]

ಬಗ್ಗಡ ⟦baggaḍa バッガダ⟧ [bəggə̆ḍɐ] *n.* 1 (茶、タマリンドなどの)かす = ಗಸಿ, ಗಷ್ಟು (gasi, gaṣṭu) 2 泥 [?]

ಬಗ್ಗಡೆ ⟦baggaḍe バッガデ⟧ [bəggə̆ḍe] *n.* サバ(鯖) [Ka. D5203]

ಬಗ್ಗಣೆ ⟦baggaṇe バッガネ⟧ [bəggə̆ɳe] 《古》 n. 鳥が鳴くこと、鳥の鳴き声 [Ka. D5204]

ಬಗ್ಗನೆ ⟦baggane バッガネ⟧ [bəggə̆ne] adv. ぼっと（急に火が燃え上がる音を表す擬音語）¶ ಅಪಘಾತ ಆದ ಕಾರಿನಿಂದ ಹರಿದ ಪೆಟ್ರೋಲಿಗೆ ಬಗ್ಗನೆ ಬೆಂಕಿ ಹತ್ತಿತು. (apagʰāta āda kāriniṃda harida peṭrōlige baggane beṃki hattitu.) 事故車からもれ出たガソリンにぼっと火がついた。[Ka. D3802]

ಬಗ್ಗರಿ ⟦baggari バッガリ⟧ [bəggə̆ri] 《‡》 n. 胸郭 [Ka. D3815] (My. (Kitt.))

ಬಗ್ಗಿಸು¹ ⟦baggisu バッギス⟧ [bəggisu] 《古》 vi. （鳥が）鳴く [Ka. D5204]

ಬಗ್ಗಿಸು² ⟦baggisu バッギス⟧ [bəggisu] vt. 〈頭を〉垂れる、〈木、鉄棒、弓などを〉曲げる [Ka. caus. D5335]

ಬಗ್ಗು¹ ⟦baggu バッグ⟧ [bəggu] ಬರ್ಕಟ, ಬಱುಕಟೆ 《古》 vi. （鳥が）鳴く —n. 鳥の鳴き声 [Ka. D5204]

ಬಗ್ಗು² ⟦baggu バッグ⟧ [bəggu] vi. 1（木や棒などが風や重みで）たわむ ¶ ಬಟ್ಟೆ ಭಾರದಿಂದ ಹಗ್ಗ ಬಗ್ಗಿದೆ. (baṭṭe bʰāradiṃda hagga baggide.) 干し物の重さで縄がたわんでいる。 2 お辞儀する ¶ ಜಪಾನಿಯರು ಪರಸ್ಪರರಿಗೆ ಬಗ್ಗಿ ನಮಸ್ಕಾರ ಮಾಡುತ್ತಾರೆ. (japāniyaru parasparārige baggi namaskāra māḍuttāre.) 日本人は互いにお辞儀をして挨拶する。 3 屈服する、屈従する ¶ ಚಿತ್ರದುರ್ಗದ ಕೋಟೆ ಟಿಪ್ಪುವಿನ ದಾಳಿಗೆ ಬಗ್ಗಲಿಲ್ಲ. (citradurgada kōṭe ṭippuvina dāḷige baggalilla.) チトラドゥルガ城塞はティップー（の軍）に屈服しなかった。[Ka. D5335]

ಬಗ್ಗು³ ⟦baggu バッグ⟧ [bəggu] 《古》 n. 富、富裕 [Pk. bʰagga- ←Sk. bʰāgya- *T9435]

ಬಗ್ಗುರಿ ⟦bagguri バッグリ⟧ [bəgguri] 《古》 mf. 狩人 [Sk. vāgurika-]

ಬಗ್ಗುವೆಣ್ ⟦bagguveṇ バッグヴェン⟧ [bəgguveɳ] 《古》 f. 富の女神ラクシュミーの別名 [baggu³ + peṇ]

ಬಗ್ಗೆ ⟦bagge バッゲ⟧ [bəgge] postp. 《gen.》…に関して、…について ¶ ಈಗಿನ ರೈಲು ದುರಂತದ ಬಗ್ಗೆ ನಿಮ್ಮ ಅಭಿಪ್ರಾಯ ಏನು? (īgina railu duraṃtada bagge nimma abʰiprāya ēnu?) 最近の鉄道事故についてご意見は？ [Ka. bagege D5205 + -ge]

ಬಗ್ಯೆ ⟦bagye バギェ⟧ [bəgʲje] 《文》 postp. [Ka. < bagege D5205] ☞ಬಗ್ಗೆ (bagge)

ಬಗ್ರಿಹಗ್ಗ ⟦bagrihagga バグリハッガ⟧ [bəgrihəggɐ] 《方》 n. 両端に鋼鉄の輪をつけた魚網を固定するための綱 [? + hagga]

ಬಗ್ಳು ⟦baglu バグル⟧ [bəgɭu] 《口》 vi. [Ka. D5204] ☞ಬಗುಳು (baguḷu)

ಬಚಾಯಿಸು ⟦bacāyisu バチャーイス⟧ [bəʧɐːjisu] vt. 救う、救済する [H. bacānā]

ಬಚಾವು ⟦bacāvu バチャーヴ⟧ [bəʧɐːvu] n.（危険から）救うこと、逃れること [H. bacāvā]

ಬಚ್ಚಣೆ ⟦baccaṇe バッチャネ⟧ [bəʧʧə̆ɳe] ಬಚ್ಚರಣೆ, ಬರ್ಚಣೆ 《古》 n. 1 色を塗ること、塗装 2 装飾すること 3 色を塗って作ったもの、絵 4 扮装 [Ka. *D5263]

ಬಚ್ಚಲಿ ⟦baccali バッチャリ⟧ [bəʧʧə̆li] 《‡》 n. [Ka. D3824] (Si.162 (Kitt.)) ☞ಬಸಲೆ (basale)

ಬಚ್ಚಲು ⟦baccalu バッチャル⟧ [bəʧʧə̆lu] ಬಚಲು, ಬಚ್ಚಲ್, ಬರ್ಚಲ್ n. 1 下水の流れる溝 2 農業用の用水路 3 昔風の浴室（一隅に排水口があって水を浴びることができる場所）= ಬಚ್ಚಲುಮನೆ (baccalumane) 4 浴室からの汚水用の溝 [?]

ಬಚ್ಚಲು ಮನೆ ⟦baccalu mane バッチャルマネ⟧ [bəʧʧəlu məne] n. 昔風の浴室（一隅に排水口があって水を浴びることができる場所、昔風の温水設備があることもある）[+ mane]

ಬಚ್ಚಲೆ ⟦baccale バッチャレ⟧ [bəʧʧə̆le] ಬಚ್ಚಲೆ 《文》 n. [Ka. D3824] ☞ಬಸಲೆ (basale)

ಬಚ್ಚಲೆಬಳ್ಳಿ ⟦baccaleballi バッチャレバッリ⟧ [bəʧʧə̆lebəɭɭi] 《古》 n. スベリヒユ属の一年生のつる草の一種 [Ka. D3824]

ಬಚ್ಚು¹ ⟦baccu バッチュ⟧ [bəʧʧu] 《方》 vi. 疲れる (Hav.) [Ka. D5215]

ಬಚ್ಚು² ⟦baccu バッチュ⟧ [bəʧʧu] vi. 1 乾く、蒸発する 2 痩せ細る ¶ ಸುಧಾಕರ ಅಗಲಿಕೆಯಿಂದ ಬಚ್ಚಿಹೋಗಿದ್ದಾನೆ. (sudʰākara agalikeyiṃda baccihōgiddāne.) スダーカラは別離の苦しみで痩せ細った。 —n. 乾燥、乾燥すること = ಬತ್ತು (battu) [Ka. D5320]

ಬಚ್ಚು³ ⟦baccu バッチュ⟧ [bəʧʧu] 《文》 vt. 1 取っておく 2 隠す、隠匿する [Ka. D5549]

ಬಚ್ಚೆಲು ⟦baccelu バッチェル⟧ [bəʧʧĕlu] 《方》 n. 疲れ、疲労 (Hav.) [Ka. D5215]

ಬಜಂತರಿ ⟦bajaṃtari バジャンタリ⟧ [bədʒəntəri] n. 1 管楽器の一種、あるいは打楽器の一種 [⇒図] 2 ナーダスヴァラムやシュルティ（基調となる音を発する楽器）や太鼓などからなる楽団 —m. 上記の音楽の演奏者たち [M. vājaṃtrī]

ಬಜಂತರಿ 管楽器

ಬಜಾಯಿಸು¹ ⟦bajāyisu バジャーイス⟧ [bədʒɐːjisu] vt. 〈楽器を〉演奏する [H. bajānā *T11513]

ಬಜಾಯಿಸು² ⟦bajāyisu バジャーイス⟧ [bədʒɐːjisu] 《文》 vt. 1 言いつける、厳しく命じる ¶ ತಂದೆ ಮಗನಿಗೆ ಎಲ್ಲಿಗೂ ಹೋಗಬಾರದೆಂದು ಬಜಾಯಿಸಿ ಹೇಳಿದರು. (taṃde maganige elligū hōgabārademdu bajāyisi hēḷidaru.) 父親は息子にどこへも行くなと言いつけた。2 実施する ¶ ಜಿಲ್ಲಾಧಿಕಾರಿ ರಸ್ತೆ ಬದಿ ಅಂಗಡಿ ಹಾಕಬಾರದೆಂಬ ಸರಕಾರದ ಆಜ್ಞೆಯನ್ನು ಬಜಾಯಿಸಿದರು. (jillādʰikāri raste badi aṃgaḍi hākabārademba sarakārada ājñeyannu bajāyisidaru.) 県の長官は道端で店を開いてはならないという政令を実施した。[M. bajāvăṇē ←Pe. bağā「場にかなった」]

ಬಜಾರಿ ⟦bajāri バジャーリ⟧ [bədʒɐːri] f. 女性らしくない女性、しとやかでない女性 [Pe. bāzārī] ☞ಕುಲನಾರಿ (kulanāri)

ಬಜಾರು ⟦bajāru バジャール⟧ [bədʒɐːru] ಬಜಾರ್, ಬಾಜಾರ n. 1 市場、商店街 2 市場（商品の値段が決定

される場所）¶ ಹೊಸ ವ್ಯಾಪಾರನೀತಿಗೆ ಬಜಾರು ನಿಷೇಧವಾಗಿ ಪ್ರತಿಕ್ರಿಯೆ ತೋರಿಸಿತು. (hosa vyāpāranītige bajāru niṣēdʰavāgi pratikriye tōrisitu.) 市場は新しい貿易政策に否定的に反応した。[Pe. bāzār]

ಬಜಿ ⟦baji バジ⟧ [bədʒi] *n.* [Ka. D5213] (*G.* (*Kitt.*)) ☞ಬಜೆ (baje)

ಬಜೆ ⟦baje バジェ⟧ [bədʒe] ಬಜಿ *n.* ショウブ(菖蒲、強い芳香を放つ水生植物の一種で根は薬用、ショウブ科ショウブ属) ⇀ 香・観・薬 [Ka. D5213 cf. Sk. *vacā-*] = ಉಗ್ರಗಂಧೆ (ugragaṃdʰe) *[IMP 1.52]

ಬಜೆಟ್ಟು ⟦bajeṭṭu バジェットゥ⟧ [bədʒeʈʈu] ಬಜೆಟ್ *n.* 1 (一定の期間や目的で) 必要としたり使えたりする金額 2 予算(国や州の1年間の収支の予想額) [Eg. *budget*]

ಬಟ ⟦baṭa バタ⟧ [bəʈɐ] ಬಂಟ, ಭಂಟ 《雅》 *m.* 1 豪勇な戦士、英雄 2 王に仕える兵士、戦士 3 (主人を守る仕事を主な任務とする)従者、家来 [Sk.]

ಬಟರಿ ⟦baṭari バタリ⟧ [bəʈəri] *n.* 電池、バッテリー [Eg. *battery*] cf. ಬತೇರಿ (batēri)

ಬಟವಾಡೆ ⟦baṭavāḍe バタヴァーデ⟧ [bəʈəʋɐːɖe] *n.* 1 (賃金を労働者たちに通常現金で)支払うこと、(月給を) 支払うこと 2 (郵便物などの) 配達 [H. *bāṭăvārā*]

ಬಟವಾಡೆ ಪುಸ್ತಕ ⟦baṭavāḍe pustaka バタヴァーデプスタカ⟧ [bəʈə̆ʋɐːɖe pustəkɐ] *n.* 住所録(同じ地区内の家庭に役所の通達を配布する雑用係が用いる) [+ *pustaka*]

ಬಟಾಬಯಲು ⟦baṭābayalu バターバヤル⟧ [bəʈɐːbəjəlu] 《口》 *n.* 何も生えておらず家も立っていない野原 ☞ಬಟ್ಟಬಯಲು (baṭṭabayalu) [Ka. D5233]

ಬಟಾಟೆ ⟦baṭāṭe バターテ⟧ [bəʈɐːʈe] *n.* ジャガイモ ⇀ 食 (NK) = ಆಲುಗಡ್ಡೆ (ālugaḍḍe) 〔汎〕 [Sp. *patata* cf. M. *baṭāṭā*]

ಬಟ್ಟ¹ ⟦baṭṭa バッタ⟧ [bəʈʈɐ] (*adj.*) (頭が) はげた〈こと〉、(野原が) 木が生えていない〈こと〉 [Ka. D5233]

ಬಟ್ಟತಲೆ ⟦baṭṭatale バッタタレ⟧ [bəʈʈətəle] *n.* 禿頭、毛の生えていない頭 [+ *tale* D4387, D5233]

ಬಟ್ಟಬಯಲು ⟦baṭṭabayalu バッタバヤル⟧ [bəʈʈəbəjə̆lu] *n.* 木の生えていない広場や野原 [+ *bayalu*]

ಬಟ್ಟ² ⟦baṭṭa バッタ⟧ [bəʈʈɐ] (*adj.*) 丸い〈こと〉、円形〈の〉、球形〈の〉 [Sk. *vṛtta-*]

ಬಟ್ಟಗಡಲೆ ⟦baṭṭagaḍale バッタガダレ⟧ [bəʈʈəɡə̆ɖle] *n.* エンドウ豆 ⇀ 食 [+ *kaḍale*]

ಬಟ್ಟಮೊಗ ⟦baṭṭamoga バッタモガ⟧ [bəʈʈəmogɐ] *n.* 丸顔 [+ *moga*]

ಬಟ್ಟಮೊಲೆ ⟦baṭṭamole バッタモレ⟧ [bəʈʈəmole] *n.* 真ん丸な乳房 [+ *mole*]

ಬಟ್ಟ³ ⟦baṭṭa バッタ⟧ [bəʈʈɐ] 《異》 *m.* [Sk. *bʰaṭṭa*] ☞ಭಟ್ಟ (bʰaṭṭa)

ಬಟ್ಟನೆ ⟦baṭṭane バッタネ⟧ [bəʈʈə̆ne] 《口》 *adv.* 1 真ん丸く ¶ ಅವಳು ದೊಡ್ಡದಾಗಿ ಬಟ್ಟನೆ ಕುಂಕುಮ ಇಡುತ್ತಾಳೆ. (avaḷu doḍḍadāgi baṭṭane kuṃkuma iḍuttāḷe.) 彼女は大きな丸いクムクムのしるしを額につけている。2 ぐるぐると ¶ ಆಕಾಶದಲ್ಲಿ ಗಿಡುಗ ಬಟ್ಟನೆ ತಿರುಗುತ್ತಿದೆ. (ākāśadalli giḍuga baṭṭane tiruguttide.) 鷹が円を描いて飛んでいる。[Ka. *D4492]

ಬಟ್ಟವಾಲು ⟦baṭṭavālu バッタヴァール⟧ [bəʈʈə̆ʋɐːlu] 《古》 *n.* 煮沸によって凝固した牛乳 [*baṭṭa* <? + *pālu*]

ಬಟ್ಟಳೆ ⟦baṭṭaḷe バッタレ⟧ [bəʈʈə̆ɭe] 《古》 *n.* 濃い脱脂乳 [*baṭṭa* <? + *aṟe* D2411]

ಬಟ್ಟಲು ⟦baṭṭalu バッタル⟧ [bəʈʈəlu] *n.* (液状または液体を多く含む副食物を出すための) 小さな浅い金属製の椀 (現在はもっぱらステンレス) [⇒図] [Ka.? cf. Pk. *vaṭṭa-*]

ಬಟ್ಟಲು 椀(わん)

ಬಟ್ಟಿ¹ ⟦baṭṭi バッティ⟧ [bəʈʈi] *n.* あばらの下にできるへこみ [Ka. D5232]

ಬಟ್ಟಿ² ⟦baṭṭi バッティ⟧ [bəʈʈi] ಭಟ್ಟಿ *n.* 1 窯、炉 2 (酒類の)蒸留器 [H. *bʰaṭṭī*, M. *bʰaṭī* T9656] ☞ಭಟ್ಟಿ (bʰaṭṭi)

ಬಟ್ಟಿಯಿಳಿಸು ⟦baṭṭiyiḷisu バッティイリス⟧ [bəʈʈijiɭisu] *vt.* 〈アルコール飲料を〉蒸留する [+ *iḷisu*] ☞ಭಟ್ಟಿಯಿಳಿಸು (bʰaṭṭiyiḷisu)

ಬಟ್ಟು¹ ⟦baṭṭu バットゥ⟧ [bəʈʈu] ಬಟು, ಬಟುವು, ಬಟುಹು, ಬಟ್ಟ², ಬೊಟ್ಟು *n.* 1 円形、円形のもの、球形、球形のもの 2 はかりの錘(おもり) 3 女性の額の真ん中につける赤などの色のしるし 4 丸い装身具の一種 5 丸い硬貨の一種 6 遊びに使われる小さな円盤、小さな円盤を使う遊び 7 チャパーティーやパーパドを作るための丸い練り粉の塊 8 水などのしずく —(*n.*) 丸い〈こと〉、球形〈の〉 ◇ *adv.* ಬಟ್ಟನೆ (baṭṭane) [Ka. D4492, cf. Sk. *vṛtta-*]

ಬಟ್ಟು² ⟦baṭṭu バットゥ⟧ [bəʈʈu] ಬೊಟು, ಬೆಟ್ಟು 《口》 *n.* 1 足や手の指 2 指の関節と関節の間の部分 [Ka. D4493, cf. M. *bōṭă*] (*My.* (*Kitt.*)) ☞ಬೊಟ್ಟು (boṭṭu) 〔汎〕

ಬಟ್ಟು³ ⟦baṭṭu バットゥ⟧ [bəʈʈu] (*n.*) (頭が)はげた〈こと〉、木がない〈こと〉 [Ka. D5233] (*G.* (*Kitt.*)) = ಬಟ್ಟ (baṭṭa)

ಬಟ್ಟೆ¹ ⟦baṭṭe バッテ⟧ [bəʈʈe] 《文》 *n.* 1 道、道路 2 〔喩〕 道、(行動の)路線 [Sk. *vartman-*]

ಬಟ್ಟೆ² ⟦baṭṭe バッテ⟧ [bəʈʈe] *n.* 1 布、きれ 2 衣服、着物 [Sk. *vastra-*]

ಬಟ್ಟೆಗ ⟦baṭṭega バッテガ⟧ [bəʈʈĕgɐ] 《文》 *n.* 《*f.* ಬಟ್ಟೆಗಾತಿ (baṭṭegāti)》旅行者 [*baṭṭe*¹ + *-ga*] = ಹಾದಿಗ (hādiga) 〔現〕

ಬಟ್ಟೆಗೆಡು ⟦baṭṭegeḍu バッテゲドゥ⟧ [bəʈʈegeɖu] *vi.* 1 道に迷う 2 誤った道に進む、悪の道に走る ¶ ಮನೆಯಲ್ಲಿ ಹೆಚ್ಚು ಕಟ್ಟುನಿಟ್ಟು ಮಾಡಿದ್ದರಿಂದ ಮಗ ಬಟ್ಟೆಗೆಟ್ಟ. (maneyalli heccu kaṭṭuniṭṭu māḍiddariṃda maga baṭṭegeṭṭa.) 家であまりに厳しくしたので息子が悪い道に走った。[*baṭṭe* + *keḍu*]

ಬಟ್ಟೆಮೀರು ⟦baṭṭemīru バッテミール⟧ [bəʈʈemiːru] *vi.* 〔喩〕 (論議が)脇道にそれる、本題を外れる [*baṭṭe* + *mīru*]

ಬಡ¹ ⟦baḍa バダ⟧ [bəḍɐ] 《‡》 (*adj.*) 北〈の〉、北方〈の〉(*My.* (*Kitt.*)) [Ka. D5218]

ಬಡ² ⟦baḍa バダ⟧ [bəḍɐ] (*n.*) 1 痩せこけた〈こと〉 ¶ ಸಾಲದ ಹೊರೆ ಹೊತ್ತು ಅವನು ಬಡವಾಗಿದ್ದಾನೆ. (sālada hore hottu avanu baḍavāgiddāne.) 借金の重荷を背負って彼は痩せ細った。 2 貧しい〈こと〉、貧乏な〈こと〉 3〔喩〕哀れな〈こと〉¶ ಅವನು ಒಬ್ಬ ಬಡ ಕಾರಕೂನ. (avanu obba baḍa kārakūna.) 彼は一介の哀れな事務員に過ぎない。 [Ka. D5222]

ಬಡಕ¹ ⟦baḍaka バダカ⟧ [bəḍə̆kɐ] *m.* 《*f.* ಬಡಕಿ (baḍaki)》痩せた男性、痩せて貧相な男性 [Ka. D5222]

ಬಡಕ² ⟦baḍaka バダカ⟧ [bəḍə̆kɐ] *m.* 《複合語末で》「何かよくないことをしたり、何かを過度に繰り返したりする習慣のある人」という意味を表す名詞を作る接尾語 (*Kitt.*) [Ka. *D5224] ☞ಬಡಿಕ (baḍika)

ಬಡಕಲು ⟦baḍakalu バダカル⟧ [bəḍə̆kəlu] (*n.*) 痩せた〈こと〉、痩せ衰えた〈こと〉¶ ದ್ರೋಣಾಚಾರ್ಯ ಬಡಕಲು ದೇಹದವನಾಗಿದ್ದ. (drōṇācārya baḍakalu dēhadavanāgidda.) ドローナーチャールヤは痩せた体をしていた。 [Ka. D5222]

ಬಡಗ¹ ⟦baḍaga バダガ⟧ [bəḍə̆gɐ] *m.* 《*f.* ಬಡಗ ಹೆಂಗಸು (baḍaga heṃgasu)》北方の人、北インドの人 [Ka. D5218]

ಬಡಗ² ⟦baḍaga バダガ⟧ [bəḍə̆gɐ] *m.* 《*f.* ಬಡಗಳು (baḍagaḷu)》バダガ、ニールギリ地方のバダガ族に属する人 [? cf. *baḍaga*]

ಬಡಗಣ ⟦baḍagaṇa バダガナ⟧ [bəḍə̆gəɳɐ] *n.* 北、北方 ¶ ರಶ್ಯದ ಬಡಗಣಕ್ಕೆ ಯಾವ ದೇಶವೂ ಇಲ್ಲ. (raśyada baḍagaṇakke yāva dēśavū illa.) ロシアの北にはもう国がない。 —(*adj.*) 北方〈の〉、北〈の〉¶ ಬಡಗಣ ಯಕ್ಷಗಾನ ಪ್ರಸಿದ್ಧವಾಗಿದೆ. (baḍagaṇa yakṣagāna prasiddʰavāgide.) ［カルナータカの］北のヤクシャガーナは有名である。 —*postp.* …の北方で、…の北で —(*adv.*) …の北方で、…の北で ¶ ರಶ್ಯದ ಬಡಗಣ ಸಮುದ್ರ ಇದೆ. (raśyada baḍagaṇa samudra ide.) ロシア北部に海がある。 [Ka. *D5218]

ಬಡಗಲ್ ⟦baḍagal バダガル⟧ [bəḍə̆gəl] 《古》 *n.* 北、北方 —*adv.* (…の) 北方で、(…の) 北で [Ka. D5218]

ಬಡಗಲು ⟦baḍagalu バダガル⟧ [bəḍə̆gəlu] *n.* 北、北方 —*adv.* (…の)北方で、(…の)北で ¶ ಭಾರತದ ಬಡಗಲು ನೇಪಾಳ ದೇಶ ಇದೆ. (bʰāratada baḍagalu nēpāḷa dēśa ide.) ネパールはインドの北にある。 [Ka. D5218]

ಬಡಗಿ ⟦baḍagi バダギ⟧ [bəḍə̆gi] ಬಡಾಯಿ, ಬಡಿಗ, ಬಡಿಗೆ, ಬಡ್ಡಗಿ, ಬದ್ದಗಿ, ಬದ್ದಿ *m.* 大工 [Pl. *vaḍḍaki*- cf. Pk. *vaḍḍaï*- < Sk. *vardʰaki*- T11375]

ಬಡಗು ⟦baḍagu バダグ⟧ [bəḍə̆gu] *n.* 北、北方 ¶ ಅವರ ಮಗ ಸಂನ್ಯಾಸಿ ಆಗಿ ಬಡಗಿಗೆ ಹೋದನಂತೆ. (avara maga saṃnyāsi āgi baḍagige hōdanaṃte.) あの人の息子は苦行者となって北の方へ行ったそうだ。 [Ka. D5218]

ಬಡತನ ⟦baḍatana バダタナ⟧ [bəḍə̆tənɐ] *n.* 1 貧乏、貧しいこと 2《古》痩せ衰えていること、痩せ細っていること ¶ ಮಗನ ದೇಹದ ಬಡತನವನ್ನು ನೋಡಿ ಅಮ್ಮನಿಗೆ ದುಃಖವಾಯಿತು. (magana dēhada baḍatanavannu nōḍi ammanige duḥkʰavāyitu.) 息子の痩せこけた体を見て母親は心配した。 [Ka. D5222]

ಬಡತಿ ⟦baḍati バダティ⟧ [bəḍə̆ti] ಬಡ್ತಿ *n.* (給料が) 上がること、(地位の) 上昇 ¶ ಮಗನಿಗೆ 1000 ರೂಪಾಯಿಯ ಬಡತಿ ಆಯಿತು. (maganige 1000 rūpāyiya baḍati āyitu.) 息子は 1000 ルーピー昇給した。 [H. *baṛ'ătī* *T11376]

ಬಡಪ ⟦baḍapa バダパ⟧ [bəḍə̆pɐ] ಬಡಹ 《古》 *n.* 長雨 (*Pb.12.80*) [Ka. D5221]

ಬಡಪಾಯಿ ⟦baḍapāyi バダパーイ⟧ [bəḍəpɐːji] *adj.*, *mf.* 1 弱々しい〈人〉、ひ弱い〈人〉 2 貧窮の〈人〉、一文無しの〈人〉 3 痩せこけた〈人〉、痩せ衰えた〈人〉[*baḍa*² + *pāyi*「救いのない」]

ಬಡಬಡ ⟦baḍabaḍa バダバダ⟧ [bəḍə̆bəḍɐ] (*n.*) 1 ぶつぶつ(寝言を表す擬音語) 2 ぶつぶつ(早口の意味がはっきりしないおしゃべりを表す擬音語) ◇ *adv.* ಬಡಬಡನೆ (baḍabaḍane) [Ka. D5230]

ಬಡಬಡಿಸು ⟦baḍabaḍisu バダバディス⟧ [bəḍə̆bəðisu] *vi.* 1 (高熱や麻薬などの影響であるいは睡眠中に)うわごとを言う 2 訳の分からないことをぺらぺらしゃべる ¶ ದೊಡ್ಡಪ್ಪ ಸಂದರ್ಭ ಗೊತ್ತಾಗದೆ ಸುಮ್ಮನೆ ಬಡಬಡಿಸುತ್ತಿದ್ದರು. (doḍḍappa saṃdarbʰa gottāgade summane baḍabaḍisuttiddaru.) おじ (父の兄) は事情も知らずにたわごとを話していた。 [Ka. *D5230]

ಬಡಪಡು ⟦baḍapaḍu バダパドゥ⟧ [bəḍəpəḍu] 《古》 *vi.* [*baḍa* + *paḍu*] → ಬಡವಡು (baḍavaḍu)

ಬಡಲುವಿಕೆ ⟦baḍaluvike バダルヴィケ⟧ [bəḍəluvĭke] 《‡》 *n.* 疲れ (*Si.390* (*Kitt.*)) [Ka. D5293]

ಬಡವ ⟦baḍava バダヴァ⟧ [bəḍə̆vɐ] *m.* 《*f.* ಬಡವಿ (baḍavi)》 1 痩せ衰えた男性 2 貧乏人、一文無し [Ka. *baḍavu* + *-a* D5222]

ಬಡವಡು ⟦baḍavaḍu バダヴァドゥ⟧ [bəḍəvəḍu] ಬಡಪಡು *vi.* 1 痩せ衰える、痩せ細る 2 零落する、すっからかんになる [*baḍa* + *paḍu*]

ಬಡವಿ ⟦baḍavi バダヴィ⟧ [bəḍə̆vi] *f.* 《*m.* ಬಡವ (baḍava)》貧しくて面倒を見てくれる人もない女性 [Ka. *D5222]

ಬಡವು ⟦baḍavu バダヴ⟧ [bəḍə̆vu] (*n.*) 1 痩せこけた〈こと〉 2 弱々しい〈こと〉 [Ka. D5222]

ಬಡವಾಗು ⟦baḍavāgu バダヴァーグ⟧ [bəḍə̆vɐːgu] *vi.* 1 痩せ細る、痩せ衰える 2 窮乏する ¶ ಅವನು ದಾನ ಮಾಡಿ ಮಾಡಿ ಕೊನೆಗೆ ಬಡವಾದ. (avanu dāna māḍi māḍi konege baḍavāda.) 彼は布施しつづけ最後に貧乏人になった。 [Ka.]

ಬಡಹ¹ ⟦baḍaha バダハ⟧ [bəḍə̆hɐ] 《古》 *n.* 長雨 ☞ಬಡಪ (baḍapa) [Ka. *D5221]

ಬಡಹ² ⟦baḍaha バダハ⟧ [bəḍə̆hɐ] 《‡》 *n.* 痩せていること [Ka. D5222] (*Čpr.4.47* (*Kitt.*))

ಬಡಾಯಿ ⟦baḍāyi バダーイ⟧ [bəɖɐːji] *n.* 法螺、大風呂敷、自慢話 ¶ ಅವನು ಹೇಳುವುದೆಲ್ಲಾ ಬರೀ ಬಡಾಯಿ. (avanu hēḷuvudellā barī baḍāyi.) 彼の言うことはみんな法螺だ。[H. *baṛ'āī* *T11383]

ಬಡಾಯಿಕೊಚ್ಚು ⟦baḍāyikoccu バダーイコッチュ⟧ [bəɖɐːji koʧʧu] *vi.* 法螺を吹く、大風呂敷を広げる [*baḍāui* + *koccu*]

ಬಡಾಯಿಗಾರ ⟦baḍāyigāra バダーイガーラ⟧ [bəɖɐːjigɐːrɐ] *m.* 《*f.* ಬಡಾಯಿಗಾರ್ತಿ (baḍāyigārti)》法螺吹き、大風呂敷を広げる人、自慢屋 [*baḍāyi* *T11383 + *-kāra*]

ಬಡಾಯಿಸು ⟦baḍāyisu バダーイス⟧ [bəɖɐːjisu] *vt.* 大きくする、拡大する、広げる (大きくする、拡大する、広げる) ¶ ಸಮಿತಿಯವರು ವಿಮಾನ ನಿಲ್ದಾಣವನ್ನು ತುಂ-ಬಾ ಬಡಾಯಿಸಿದ್ದಾರೆ. (samitiyavaru vimāna nildāṇavannu tuṃbā baḍāyisiddāre.) 委員会の人々は飛行場をとても大きく拡張した。[H. *baṛ'ānā* *T11383]

ಬಡಾವಣೆ ⟦baḍāvaṇe バダーヴァネ⟧ [bəɖɐːvə̆ɳe] *n.* **1** (家の) 増築、(町の) 拡大事業 **2** (町の) 外に新しくできた部分、郊外 [M. *baḍāvăṇē* *T11383]

ಬಡಿ[1] ⟦baḍi バディ⟧ [bəɖi] *vt.* **1** (棒や拳骨などで) 打つ **2** 〈灰や粉などを〉(壁や体などに) 塗る ¶ ದೀಪಾವಳಿ ಹಬ್ಬಕ್ಕೆ ಜನರು ಮನೆಗಳಿಗೆ ಸುಣ್ಣ ಬಡಿದರು. (dīpāvaḷi habbakke janaru manegaḷige suṇṇa baḍidaru.) ディワーリーの祭りのために人々は自分の家の壁を生石灰で上塗りした。 **3** 〈熱した鉄などを〉打って伸ばす **4** 絶望の余り〈手などを〉振り回す ¶ ಕೆಂಪಮ್ಮ ನೋವಿನಿಂದ ಕೈಕಾಲು ಬಡಿಯುತ್ತಿದ್ದಳು. (keṃpamma nōviniṃda kaikālu baḍiyuttiddaḷu.) ケンパンマは苦痛のあまり手足を振り回していた。 **5** 〈打楽器を〉打つ **6**《古》掛ける、掛け算する —*vi.* **1** (手や足などに机などが) 当たる、ぶつかる ¶ ರಸ್ತೆಯಲ್ಲಿ ಕಲ್ಲು ಕಾಲಿಗೆ ಬಡಿಯಿತು. (rasteyalli kallu kālige baḍiyitu.) 道で石につまずいた。 **2** (雷が) 落ちる ¶ ಮರಕ್ಕೆ ಸಿಡಿಲು ಬಡಿಯಿತು. (marakke siḍilu baḍiyitu.) 雷が木に落ちた。 **3** (臭いを) 出す ¶ ಮನೆಯ ಹೊರಗೆ ಚರಂಡಿಯ ವಾಸನೆ ಬಡಿಯುತ್ತದೆ. (maneya horage caraṃḍiya vāsane baḍiyu-ttade.) 家の外で下水の臭いがする。 **4** (呪いなどが) 実現する ¶ ಚಂದ್ರನಿಗೆ ಗಣಪತಿಯ ಶಾಪ ಬಡಿಯಿತು. (caṃdranige gaṇapatiya śāpa baḍiyitu.) ガナパティの呪いが月に対して実現した。 **5** (病気などが) うつる ¶ ಅಮ್ಮನಿಗೂ ಮೈಲಿಬೇನೆ ಬಡಿಯಿತು. (ammanigū mailibēne baḍiyitu.) 母も天然痘にかかった。 —*n.* 打つために使う杖、棍棒など ☞ಬಳಿ (baḷi) [Ka. D5224]

ಬಡಿಸು[1] ⟦baḍisu バディス⟧ [bəɖĭsu] *vt.* 《*caus.*》殴らせる、打たせる、など [+ *-isu* (caus.) D5224]

ಬಡಿ[2] ⟦baḍi バディ⟧ [bəɖi] 《‡》 *n.* 横 (*Kitt.*) [Ka. D5267]

ಬಡಿಕ ⟦baḍika バディカ⟧ [bəɖikɐ] ಬಡಕ, ಬಡುಕ 《古》 *m.* 《*f.* ಬಡಿಕಿ (baḍiki)》 **1** (太鼓などを) 打つ人 **2** (合成語の第2要素として)「…を用いる人、使う人；…を常にする人、…の傾向や習慣がある人」という意味を表す名詞を作る語 ¶ ಬಾಯಿಬಡಿಕ (bāyibaḍika) おしゃべり [Ka. *baḍi* + *-ka* *D5224]

ಬಡಿಕೆ ⟦baḍike バディケ⟧ [bəɖĭke] 《文》 *n.* 打つこと [Ka. D5224]

ಬಡಿಗೆ[1] ⟦baḍige バディゲ⟧ [bəɖĭge] *n.* 棒、杖 (打つ道具) [Ka. *baḍi* D5224 + *-ge*]

ಬಡಿಗೆ[2] ⟦baḍige バディゲ⟧ [bəɖĭge] *m.* [Pl. *vaḍḍaki-* cf. Pk. *vaḍḍaï-* < Sk. *vardʰaki-* *T11375] ☞ಬಡಗಿ (baḍagi)

ಬಡಿಗೋಲು ⟦baḍigōlu バディゴール⟧ [bəɖigoːlu] ಬಡಿ-ಕೋಲ್, ಬಡಿಕೋಲು, ಬಡಿಗೋಳು *n.* 打つための棒、警棒 [Ka. *baḍi*[1] + *kōl*]

ಬಡಿತ ⟦baḍita バディタ⟧ [bəɖitɐ] *n.* 打つこと、打擲 [Ka. *baḍi* + *-ta*]

ಬಡಿದಾಡು ⟦baḍidāḍu バディダードゥ⟧ [bəɖidʰɐːɖu] *vi.* 殴り合う、喧嘩する [*baḍidu* + *āḍu*]

ಬಡಿದಾಟ ⟦baḍidāṭa バディダータ⟧ [bəɖĭdɐːʈɐ] 《口》 *n.* 殴り合うこと、喧嘩 [Ka. *baḍi* + *āṭa*]

ಬಡಿವಾರ ⟦baḍivāra バディヴァーラ⟧ [bəɖivɐːrɐ] *n.* 法螺、大風呂敷、自慢話 [M. *baḍivāră*]

ಬಡಿಶ ⟦baḍiśa バディシャ⟧ [bəɖiʃɐ] ಬಡಿಸ 《古》 *n.* 釣り針 [Sk. ←Md.? M2.403]

ಬಡಿಸು[2] ⟦baḍisu バディス⟧ [bəɖisu] *vt.* 〈食事を〉出す [Sk. *vardʰayati*] ☞ಬಡ್ಡಿಸು (baḍḍisu)

ಬಡಿಹ ⟦baḍiha バディハ⟧ [vəɖihɐ] 《古》 *n.* 打つこと、打擲 [*baḍi* + *-ha*]

ಬಡು[1] ⟦baḍu バドゥ⟧ [bəɖu] 《方》 *n.* 動物の死骸 [Ka. cf. Te. *baḍugu*?] = ಹೆಣ (heṇa)〔汎〕

ಬಡು[2] ⟦baḍu バドゥ⟧ [bəɖu] 《方》 *n.* (木や石やセメントなどで) 壁にしつらえた棚 [⇒図] [?]

ಬಡು 壁棚

ಬಡುಕ ⟦baḍuka バドゥカ⟧ [bəɖŭkɐ] *m.* 《複合語末で》「何かよくないことをしたり何かを過度に繰り返したりする習慣のある人」という意味を表す名詞を作る語 ¶ ಲಂಚಬಡಿಕ, ಸುಳ್ಳುಬಡಿಕ, ಬಾಯ್ಬಡಿಕ, ಕೂಳ್ಬಡಿಕ (laṃcabaḍika, suḷḷubaḍika, bāybaḍika, kūḷbaḍika) 収賄者、うそつき、おしゃべり、大食漢 (*Kitt.*) [Ka. *D5224] ☞ಬಡಿಕ (baḍika)

ಬಡುಕತನ ⟦baḍukatana バドゥカタナ⟧ [bəɖukə̆tənɐ] 《‡》 *n.* 《複合語末で》…のある習慣を持っていること (*Kitt.*) [Ka. D5224?]

ಬಡೆ ⟦baḍe バデ⟧ [bəɖe] 《方》 *vt.* [Ka. D5224] ☞ಬಡಿ (baḍi)[1]

ಬಡ್ಡ ⟦baḍḍa バッダ⟧ [bəɖɖɐ] *m.* 《*f.* *ಬಡ್ಡಿ (baḍḍi)》鈍感な人、うすのろ [?]

ಬಡ್ಡಿ[1] ⟦baḍḍi バッディ⟧ [bəɖɖi] ಬೊಡ್ಡಿ, ಬೊಡ್ಡಿ 《古》 *f.* 売女 (「卑しい女性」という意味を表す蔑視的な言葉) [Ka. D3869] ☞ಬೊಡ್ಡಿ (boḍḍi)

ಬಡ್ಡಿ[2] ⟦baḍḍi バッディ⟧ [bəɖɖi] ವಡ್ಡಿ, ವಿದ್ಧಿ *n.* **1** 増大、拡大 **2** 利息、利子 [Sk. *vṛddʰi-*]

ಬಡ್ಡಿದರ ⟦baḍḍidara バッディダラ⟧ [bəɖɖidərɐ] *n.* 利率 [*baḍḍi*[1] + *dara*]

ಬಡ್ಡಿಮಗ ⟦baḍḍimaga バッディマガ⟧ [bəḍḍiməgɐ] *m.* 父なし子、娼婦の息子 [Ka. *baḍḍi*[1] + *maga*]

ಬಡ್ಡಿಸು ⟦baḍḍisu バッディス⟧ [bəḍḍisu] ಬಡಿಸು《文》*vt.* 〈食事を〉出す [Sk. *vardʰayati*]

ಬಡ್ಡು[1] ⟦baḍḍu バッドゥ⟧ [bəḍḍu] ಬೊಡ್ಡು (*n.*) **1** (刃物が) 鈍い〈こと〉、鋭い刃や先端がない〈こと〉 = ಮೊಂಡು (moṃḍu) **2** 頭が鈍い〈こと〉¶ ಅವನು ಬಡ್ಡುಮನುಷ್ಯ. (avanu baḍḍumanuṣya.) 彼はうすのろの類だ。= ತಿಳಿಗೇಡಿ (tiḷigēḍi) **3** (顔つきなどが、病気や疲れや心労などで) 輝きを失っている〈こと〉= ಕಾಂತಿಹೀನ (kāṃtihīna) [Ka. D3883]

ಬಡ್ಡು[2] ⟦baḍḍu バッドゥ⟧ [bəḍḍu] (*n.*) 子どもができない〈女性や雌の動物〉[Ka. *baṟaḍu* D5320]

ಬಡ್ಡು[3] ⟦baḍḍu バッドゥ⟧ [bəḍḍu] 《‡》*n.* から、うつろ [Ka. D5513] (*DEDR*)

ಬಡ್ತಿ ⟦baḍti バドティ⟧ [bəḍti] 《口》*n.* (給料が) 上がること、(地位の) 上昇 ☞ಬಡತಿ (baḍati)

ಬಣಂಜಿಗ ⟦baṇaṃjiga バナンジガ⟧ [bəɳəndʒigɐ] 《古》*m.* 《*f.* *ಬಣಜಿಗಿತಿ (baṇajigiti)》商人、商売人 [*baṇaṃju* + *-ga*]

ಬಣಂಜಿಸು ⟦baṇaṃjisu バナンジス⟧ [bəɳəndʒisu] 《古》*vi.* 商売する、商業に従事する [*baṇaṃju* + *-isu*]

ಬಣಂಬೆ ⟦baṇaṃbe バナンベ⟧ [bəɳəmbe] ಪಣಂಬೆ, ಬಣಬೆ, ಬಣವೆ, ಬಣಿವೆ, ಬಳಂಬೆ 《古》*n.* **1** 干し草や藁などを積み上げたもの **2** 干し草や藁などが積み上げられた場所 [Ka. D3886]

ಬಣ ⟦baṇa バナ⟧ [bəɳɐ] *n.* 政党などの中の派閥 (*My.* (*Kitt.*)) [Sk. *varṇa*-?]

ಬಣಗು ⟦baṇagu バナグ⟧ [bəɳə̆gu] 《文》*adj.*, *mf.* **1** つまらない〈人間〉、卑しい〈人間〉**2** 頭の鈍い〈人〉、馬鹿〈な〉 **3** 貧しい〈人〉、貧乏人〈の〉 **4** 悪霊〈の〉、悪鬼〈の〉、亡霊〈の〉[Ka. D5222]

ಬಣಜಿಗ ⟦baṇajiga バナジガ⟧ [bəɳədʒĭgɐ] *m.* 《*f.* ಬಣಜಿಗಿತ್ತಿ (baṇajigitti)》**1** 商人、商売人 **2** 商人カーストの人 **3** ヴィーラシャイヴァ派に属する商人のサブカーストの一つ [*baṇaju* + *-iga*]

ಬಣಜಿಸು ⟦baṇajisu バナジス⟧ [bəɳədʒisu] 《古》*vi.* 商売する、商業に従事する [*baṇaṃju* + *-isu*]

ಬಣಜು ⟦baṇaju バナジュ⟧ [bəɳədʒu] 《古》*n.* 商売、商業 [Sk. *vaṇij*-? ←Dr.?]

ಬಣಬಣ ⟦baṇabaṇa バナバナ⟧ [bəɳəbəɳɐ] (*n.*) しーん (客や住人が去った後の家の物寂しさを表す擬態語) ¶ ಮಕ್ಕಳು ಹೊರಟ ಮೇಲೆ ಮನೆ ಬಣಬಣ ಎನಿಸುತ್ತದೆ. (makkaḷu horaṭa mēle mane baṇabaṇa enisuttade.) 子どもたちが出発した後、家がからっぽのように感じられる。[Ka. mim.]

ಬಣಬೆ ⟦baṇabe バナベ⟧ [bəɳə̆be] ಬಣವೆ, ಬಣಿವೆ *n.* 藁や干し草を積み上げたもの [Ka. D3886]

ಬಣವೆ ⟦baṇave バナヴェ⟧ [bəɳə̆ve] *n.* [Ka. D3886] ☞ಬಣಬೆ (baṇabe)

ಬಣಿವೆ ⟦baṇive バニヴェ⟧ [bəɳĭve] *n.* [Ka. D3886] ☞ಬಣವೆ (baṇave)

ಬಣ್ಣ ⟦baṇṇa バンナ⟧ [bəɳɳɐ] *n.* **1** 色、色彩 **2** 絵の具、ペンキ、染料、顔料 **3**《古》色をつけた布 **4**《古》種類、類 **5** 本性、本当の姿 ¶ ಆಸ್ತಿ ವಿಷಯದಲ್ಲಿ ಅಳಿಯನ ಬಣ್ಣ ಬಯಲಾಯಿತು. (āsti viṣayadalli aḷiyana baṇṇa bayalāyitu.) 娘婿は財産問題でその本性を現した。**6** 輝き、光沢 ¶ ಚಿನ್ನವನ್ನು ಬೆಳಗಿದಂತೆ ಕಬ್ಬಿಣವನ್ನು ಬೆಳಗಿದರೆ ಬಣ್ಣ ಬಂದೀತೆ? (cinnavannu beḷagidaṃte kabbiṇavannu beḷagidare baṇṇa baṃdīte?) 鉄を磨いたら金のような光沢が出るであろうか。 **7** 美しさ ¶ ನಟಿಯ ಬಣ್ಣಕ್ಕೆ ಪ್ರೇಕ್ಷಕರು ಮನಸೋತರು. (naṭiya baṇṇakke prēkṣakaru manasōtaru.) 観衆は女優の美しさに魅了された。 **8** カラット (金の純度の単位、24 を分母として純度を表す) **9** 外観、見てくれ ¶ ಪದಾರ್ಥಗಳ ಬಣ್ಣಕ್ಕೆ ಮರುಳಾಗಿ ಮೋಸಹೋಗ ಬಾರದು. (padārtʰagaḷa baṇṇakke maruḷāgi mōsahōga bāradu.) 製品の概観に騙されてはならない。 **10** 見せ掛け、てらい ¶ ನಮ್ಮ ಶಿಕ್ಷಕ ತಾನು ಒಳ್ಳೆಯವನೆಂದು ಬಣ್ಣ ಮಾಡಿದ್ದಾರೆ. (namma śikṣaka tānu oḷḷeyavanemdu baṇṇa māḍiddāre.) 私たちの先生は善人を装っている。[Sk. *varṇa*-]

ಬಣ್ಣಬದಲಾಯಿಸು ⟦baṇṇabadalāyisu バンナバダラーイス⟧ [bəɳɳəbədə̆lɐːjisu] *vi.* 〔喩〕状況に応じて自分の信念や意見などを変える ¶ ವಿನೋದ ಅಧಿಕಾರಿಯ ಮುಖವನ್ನು ನೋಡಿ ಬಣ್ಣಬದಲಾಯಿಸುತ್ತಾನೆ. (vinōda adʰikāriya mukʰavannu nōḍi baṇṇabadalāyisuttāne.) ヴィノードは上役の顔色を見て意見を変える。[+ *badalāyisu*]

ಬಣ್ಣದ ಕಲ್ಲು ⟦baṇṇada kallu バンナダカッル⟧ [bəɳɳəđə kəllu] *n.* (画家が鉱石を粉にして絵の具を作るための) 石製の乳鉢 [⇒図] [+ *kallu*]

ಬಣ್ಣದ ಕಲ್ಲು
乳鉢

ಬಣ್ಣಬಯಲಾಗು ⟦baṇṇabayalāgu バンナバヤラーグ⟧ [bəɳɳəbəjə̆lɐːgu] *vi.* 本性を表す ¶ ಆಶ್ವಾಸನೆ ಕೊಟ್ಟ ಮಂತ್ರಿಗಳ ಬಣ್ಣ ಬಯಲಾಯಿತು. (āśvāsane koṭṭa maṃtrigaḷa baṇṇa bayalāyitu.) 望みを持たせた大臣の本性がはっきり分かった。[+ *bayalu āgu*]

ಬಣ್ಣ ಹಚ್ಚು ⟦baṇṇa haccu バンナハッチュ⟧ [bəɳɳə həʧʧu] *vi.* 《*dat.*》**1** (…に) 色を塗る ¶ ಊರಿನ ಗೌಡರು ಮಗ ಅಮೆರಿಕದಿಂದ ತಿರುಗಿ ಬರುತ್ತಾನೆ ಎಂದು ಮನೆಗೆ ಬಣ್ಣಹಚ್ಚಿದರು. (ūrina gauḍaru maga amerikadiṃda tirugi baruttāne emdu manege baṇṇahaccidaru.) ガウダ氏は息子がアメリカから帰ってくるといって家を塗り替えた。 **2** 尾ひれをつける [+ *haccu*]

ಬಣ್ಣಕುರುಡ ⟦baṇṇakuruḍa バンナクルダ⟧ [bəɳɳəkurŭḍɐ] *m.* 《*f.* ಬಣ್ಣಕುರುಡಿ (baṇṇakuruḍi)》色覚異常の人 [*baṇṇa* + *kuruḍa*]

ಬಣ್ಣಕುರುಡು ⟦baṇṇakuruḍu バンナクルドゥ⟧ [bəɳɳəkuruḍu] *n.* 色覚異常 [*baṇṇa* + *kuruḍu*]

ಬಣ್ಣನೆ ⟦baṇṇane バンナネ⟧ [bəɳɳəne] ಬನ್ನಣೆ *n.* **1** 描写 (することまたはしたもの) **2** 誉め称えること、誉め称えたもの **3** 見せ掛け、仮面、偽りの

姿 [Sk.]

ಬಣ್ಣನೆಗಾರ್ತಿ ⟦baṇṇanegārti バンナネガールティ⟧ [bəɳɳə negɐːrti] 《古》 *f.* 1 美人、美しい女性 2 おしゃれな女性 [*baṇṇane* + *gārti*]

ಬಣ್ಣನೆನುಡಿ ⟦baṇṇanenuḍi バンナネヌディ⟧ [bəɳɳənenuɖi] 《文》 *n.* 誉め言葉、誉め称える言葉 [*baṇṇane* + *nuḍi*]

ಬಣ್ಣಸರ ⟦baṇṇasara バンナサラ⟧ [bəɳɳəsərɐ] 《文》 *n.* 色とりどりの石で作った首飾り、色とりどりの花で作った花輪 [Sk. *varṇasara-*]

ಬಣ್ಣಿಕೆ ⟦baṇṇike バンニケ⟧ [bəɳɳike] 《古》 *n.* 色彩が豊かなこと [Sk. *varṇikā-*] ☞ಬಣ್ಣಿಗೆ (baṇṇige)

ಬಣ್ಣಿಗೆ ⟦baṇṇige バンニゲ⟧ [bəɳɳige] 《古》 *n.* 1 色、色彩 2 赤、赤色 3 色をぬること 4 絵筆 5 絵の具、着色剤 6 描写 7 誉めること、誉め称えること、誉めうた 8 見せ掛け、うわべを繕うこと 9 形、姿 10 美、美しさ 11 装飾、かざり [Sk. *varṇikā-*]

ಬಣ್ಣಿಸು ⟦baṇṇisu バンニス⟧ [bəɳɳisu] *vt.* 1 描写する、記述する ¶ ಟಿಪ್ಪು ಸುಲ್ತಾನನ್ನು ದೊಡ್ಡ ರಾಯಭಾರಿಯಾಗಿ ಬಣ್ಣಿಸಿದರು. (ṭippu sultānannu doḍḍa rāyabʰāriyāgi baṇṇisidaru.) 彼はティップ・スルターンを偉大な外交家として描いた。 2 誉め称える、誉めそやす ¶ ಅರಸರನ್ನು ಬಣ್ಣಿಸುವುದು ಭಟ್ಟರ ಕೆಲಸ. (arasarannu baṇṇisuvudu bʰaṭṭara kelasa.) 王たちを誉めそやすのが王に仕える詩人の役目であった。 [Pk. *baṇṇēi*]

ಬತ[1] ⟦bata バタ⟧ [bətɐ] 《古》 *n.* [Sk. *vrata-*] ☞ಬ್ರತ, ವ್ರತ (brata, vrata)

ಬತ[2] ⟦bata バタ⟧ [bətɐ] 《古》 *n.* 加算、足し算 [?]

ಬತೇರಿ ⟦batēri バテーリ⟧ [bəteːri] ಬತ್ತೇರಿ *n.* 砲列、砲台 [Eg. *battery*]

ಬತ್ತ ⟦batta バッタ⟧ [bəttɐ] ಭತ್ತ, ವತ್ತ *n.* 籾 [A56, T9331]

ಬತ್ತಕುಟ್ಟು ⟦battakuṭṭu バッタクットゥ⟧ [bəttəkuʈʈu] *vi.* [+ *kuṭṭu*] ☞ಬತ್ತಗುಟ್ಟು (battaguṭṭu)

ಬತ್ತಗುಟ್ಟು ⟦battaguṭṭu バッタグットゥ⟧ [bəttəguʈʈu] ಬತ್ತ-ಕುಟ್ಟು *vi.* (脱穀や精米のために)米を搗く [+ *kuṭṭu*]

ಬತ್ತರಳು ⟦battaraḷu バッタラル⟧ [bəttərəɭu] *n.* 米を水につけたあとフライパンで炒って膨らませたもの [*batta* + *araḷu*]

ಬತ್ತಲಿಗ ⟦battaliga バッタリガ⟧ [bəttəligɐ] *m.* 《*f.* ಬತ್ತಲಿಗಿತ್ತಿ (battaligitti)》 1 裸の人、裸の男性 2 ジャイナ教の裸行派の行者 [Ka. *battale* + *-iga*]

ಬತ್ತಲಿರ್ ⟦battalir バッタリル⟧ [bəttəlir] ಬತ್ತಲಿರು 《古》 *vi.* 裸でいる [*battale* + *ir*]

ಬತ್ತಲಿರು ⟦battaliru バッタリル⟧ [bəttəliru] *vi.* 裸でいる [*battale* + *iru*]

ಬತ್ತಲು ⟦battalu バッタル⟧ [bəttə̆lu] 《古》 *n.* 乾燥させた果物、乾燥させた実野菜(*sūpaśā.*) [Ka. D5320 *battu* + *-alu*]

ಬತ್ತಲೆ ⟦battale バッタレ⟧ [bəttə̆le] ಬೆತ್ತಲೆ (*n.*) 1 裸〈の〉 2〔喩〕一文無し〈の〉¶ ಅವನು ಎಲ್ಲವನ್ನು ದಾನಮಾಡಿ ಬತ್ತಲೆಯಾದ. (avanu ellavannu dānamāḍi battaleyāda.) 彼は自分の財産一切を寄付して一文無しになった。 —*adv.* 裸で ¶ ಅವಳು ಎಲ್ಲಮ್ಮನ ಸೇವೆಗೆ ಬತ್ತಲೆ ನಡೆದಳು. (avaḷu ellammana sēvege battale naḍedaḷu.) 彼女はエッランマ女神を礼拝するために丸裸で歩いた。 [Ka. D5320]

ಬತ್ತಲೆಸಂನ್ಯಾಸಿ ⟦battalesaṃnyāsi バッタレサンニャーシ⟧ [bəttəlesənnjɐːsi] *m.* ジャイナ教のディガンバラ(裸行)派の行者 [+ *saṃnyāsi*]

ಬತ್ತಲೆಗಣ್ಣು ⟦battalegaṇṇu バッタレガンヌ⟧ [bəttə̆legəɳɳu] *n.* 裸眼(めがねやコンタクトレンズなどの助けを借りない視力) [*battale* + *kaṇṇu*]

ಬತ್ತಳಿಕೆ ⟦battaḷike バッタリケ⟧ [bəttəɭike] ಬತ್ತಲಿಕೆ *n.* 箙(えびら)、矢を入れる筒 [?]

ಬತ್ತಾಯ ⟦battāya バッターヤ⟧ [bəttɐːjɐ] ಭತ್ತಾಯ *n.* 米作からの収益 [*batta* + *āya*]

ಬತ್ತಾಸ ⟦battāsa バッターサ⟧ [bəttɐːsɐ] *n.* バターサー(海綿のような生地で中空の、砂糖でできた菓子) [H. *battāsā* < Sk. **vātatrāsa-*]

ಬತ್ತಾಸು ⟦battāsu バッタース⟧ [bəttɐːsu] ಬತಾಸ *n.* [H. *battāsā*] ☞ಬತಾಸು (batāsu)

ಬತ್ತಿ ⟦batti バッティ⟧ [bətti] *n.* 1 灯芯 2 火薬に点火する装置 3 座薬 4 線香 5 タバコ、ビーディなど = ಹೊಗೆಬತ್ತಿ (hogebatti) 6 (耳に詰めたりする)綿の小さな塊 [Sk. *várti-* T11359]

ಬತ್ತಿಕೊಡು ⟦battikoḍu バッティコドゥ⟧ [bəttikoɖu] 《口》 *vi.* 《*dat.*》騙す、騙し取る ¶ ನಾನು ನಿನಗೆ ಎಷ್ಟೊಂದು ಸಹಾಯ ಮಾಡಿದೆ; ನನಗೇ ಬತ್ತಿಕೊಡುತ್ತೀಯಾ? (nānu ninage eṣṭomdu sahāya māḍide; nanagē battikoḍuttīyā?) 私はこれほど君を助けたのに私を騙すつもりか? [+ *koḍu*]

ಬತ್ತಿಕೋವಿ ⟦battikōvi バッティコーヴィ⟧ [bəttikoːvi] *n.* 火縄銃 [+ *kōvi*]

ಬತ್ತಿಗೆ ⟦battige バッティゲ⟧ [bəttige] *n.* (水や油などを貯えたり運んだりするための)皮袋 [Sk. *bʰastrikā-* T9424]

ಬತ್ತೀಸ ⟦battīsa バッティーサ⟧ [bəttiːsɐ] *numr.* 《複合語頭で》32 [Pk. *battīsa-*]

ಬತ್ತೀಸಕಲೆ ⟦battīsakale バッティーサカレ⟧ [bəttiːsəkəle] 《文》 *n.* ヴィーラシャイヴァ派の 32 の行い [+ *kale*]

ಬತ್ತೀಸಾಯುಧ ⟦battīsāyudʰa バッティーサーユダ⟧ [bəttiːsɐːjudʰɐ] 《文》 *n.* 32 種の武器 [+ *āyudʰa*]

ಬತ್ತೀಸರಾಗ ⟦battīsarāga バッティーサラーガ⟧ [bəttiːsərɐːgɐ] *n.* 古典音楽の 32 のラーガ [+ *rāga*]

ಬತ್ತೀಸಲಕ್ಷಣ ⟦battīsalakṣaṇa バッティーサラクシャナ⟧ [bəttiːsələkʃəɳɐ] 《文》 *n.* 身体に現れる 32 の吉祥の相 [+ *lakṣaṇa*]

ಬತ್ತು ⟦battu バットゥ⟧ [bəttu] *vi.* 1 (川や池が)干上がる、水がなくなる 2 (水がなくなって植物が)しお

れる、萎える 3 (主として人間が病気や心配や疲れなどで)痩せ衰える、弱る ¶ ಮಗ ಛಾತ್ರಾವಾಸದಲ್ಲಿ ಇದ್ದು ತಿರುಗಿ ಬಂದಾಗ ತುಂಬ ಬತ್ತಿ ಹೋದದ್ದು ಕಾಣುತ್ತಿತ್ತು. (maga cʰātrāvāsadalli iddu tirugi baṃdāga tuṃba batti hōdaddu kāṇuttittu.) 息子が学生寮に暮らして帰ってきた時はすっかり痩せてしまったように見えた。 4 (声が)弱まる、消え入る ¶ ಆಯಾಸದಿಂದ ಅವನ ಧ್ವನಿ ಬತ್ತಿ ಹೋಗಿದೆ. (āyāsadiṃda avana dʰvani batti hōgide.) 疲れで彼の声には力がなくなった。 5 (顔などが)生気を失う ¶ ಆಹಾರ ಇಲ್ಲದೆ ಅವಳ ಮುಖ ಬತ್ತಿ ಹೋಗಿದೆ. (āhāra illade avaḷa mukʰa batti hōgide.) 食べるものがなくて彼女の顔は生気を失ってしまっている。 6 (煮沸した牛乳などが)水分を失って固くなる —(*adj.*) 《古》 干上がった〈こと〉、しおれた〈こと〉 [Ka. D5520]

ಬತ್ತಿಸು ⟦battisu バッティス⟧ [bəttisu] *vt.* 1 〈植物を〉水分を奪ってしおれさせる、〈川、池などを〉干上がらせる 2《古》〈火、灯明などを〉消す 3 〈液体を〉煮詰める [+ *-isu* caus.]

ಬತ್ತುಗೆ ⟦battuge バットゥゲ⟧ [bəttŭge] 《文》 *n.* 水分を失った状態、干上がった状態 [Ka. D5320]

ಬತ್ತೆ ⟦batte バッテ⟧ [batte] *n.* (ビンロウジュの実や薬草の根などを砕くための)金属製や石製の小型の乳鉢と乳棒 [Pe. *bateh*]

ಬತ್ತೆಮ್ಮೆ ⟦battemme バッテンメ⟧ [battemme] *n.* 乳を出さない水牛 [*battu* + *emme*] = ಗೊಡ್ಡೆಮ್ಮೆ (goḍḍemme)

ಬತ್ತೇರಿ ⟦battēri バッテーリ⟧ [batteːri] *n.* [Eg.] ☞ಬತೇರಿ (batēri)

ಬತ್ವ ⟦batva バトヴァ⟧ [bətˑvɐ] *n.* カンナダその他のインド系の文字で音素の連続 /ba/ を表す文字 [Sk.]

ಬದಕು ⟦badaku バダク⟧ [bəđə̆ku] 《異》 *vi.* [Ka. D5372] ☞ಬದುಕು (baduku)

ಬದಣಿ ⟦badaṇi バダニ⟧ [bəđə̆ɳi] 《口》 *n.* ☞ಬದನೆ (badane)

ಬದಣೆ ⟦badaṇe バダネ⟧ [bəđə̆ɳe] 《口》 *n.* ☞ಬದನೆ (badane)

ಬದನೆ ⟦badane バダネ⟧ [bəđə̆ne] ಬದಣಿ, ಬದಣೆ *n.* ナス → 食 [Ka. D5301]

ಬದನೆಕಾಯಿ ⟦badanekāyi バダネカーイ⟧ [bəđə̆nekɐːji] *n.* ナス → 食 [Ka. *badane* D5301 + *kāyi*]

ಬದಲಾಯಿಸು ⟦badalāyisu バダラーイス⟧ [bədəlɐːjisu] *vt.* 1 変える、変更する ¶ ನೀವು ದಯ ಮಾಡಿ ನಿಮ್ಮ ಪ್ರಯಾಣದ ಕಾರ್ಯಕ್ರಮವನ್ನು ಬದಲಾಯಿಸಿರಿ. (nīvu daya māḍi nimma prayāṇada kāryakramavannu badalāyisiri.) どうかご旅行の日程を変えていただけませんか。 2 とり変える、交換する ¶ ಈ ಕೊಠಡಿಯ ಟ್ಯೂಬನ್ನು ಬದಲಾಯಿಸಬೇಕು. (ī koṭʰaḍiya ṭyūbannu badalāyisabēku.) この部屋の蛍光灯を交換せねばならない。 —*vi.* 変わる、変化する ¶ ಅವನ ಸ್ವಭಾವ ಬದಲಾಯಿಸಿದೆ. (avana svabʰāva badalāyiside.) 彼の性格が変わった。 [H. *badălānā* ←Ar. *badal*]

ಬದಲಾವಣೆ ⟦badalāvaṇe バダラーヴァネ⟧ [bədə̆lɐːvəɳe] *n.* 変化、変更 ¶ ಆಯ್.ಟಿ.ಯಿಂದಾಗಿ ಭಾರತದ ಸಂಸ್ಕೃತಿಯಲ್ಲಿ ಬೇಗ ಬದಲಾವಣೆ ಆಗುತ್ತಿದೆ. (āy.ṭi.yiṃdāgi bʰāratada saṃskṛtiyalli bēga badalāvaṇe āguttide.) 情報技術ゆえにインドの文化は急速に変わっている。[H. *badălānā* ←Ar. *badal*]

ಬದಲಿ ⟦badali バダリ⟧ [bədə̆li] (*adj.*) 代わり〈の〉、代替〈の〉¶ ಅಂಗಡಿಯವರು ದೋಷಯುಕ್ತ ಪುಸ್ತಕಕ್ಕೆ ಬದಲಿ ಪುಸ್ತಕ ಕೊಟ್ಟರು. (aṃgaḍiyavaru dōṣayukta pustakakke badali pustaka koṭṭaru.) 店主は欠陥のある本を取り替えてくれた。 [Ar. *badalī*]

ಬದಲು ⟦badalu バダル⟧ [bədə̆lu] *n.* 1 変化、変更 ¶ ರಾಜಕೀಯ ಪಕ್ಷಗಳ ಹೊಂದಾಣಿಕೆ ಬದಲಾಗುತ್ತಾ ಇದೆ. (rājakīya pakṣagaḷa hoṃdāṇike badalāguttā ide.) 政党は離合集散を繰り返している。 2 代わり、代用、代替、代理;交換 ¶ ಅಧಿಕಾರಿ ರಜೆಗೆ ಹೋಗುವಾಗ ಬದಲು ವ್ಯವಸ್ಥೆ ಮಾಡಿದರು. (adʰikāri rajege hōguvāga badalu vyavastʰe māḍidaru.) 上司は休暇を取る間の代理を取り決めた。3 異義、代案 ¶ ನನ್ನ ಮಾತಿಗೆ ಅಧಿಕಾರಿ ಬದಲು ಹೇಳಲಿಲ್ಲ. (nanna mātige adʰikāri badalu hēḷalilla.) 私の言葉に上役は何も異義を唱えなかった。 4 言い返すこと、口答え、反論 5 匹敵するもの ¶ ಅವನ ಮೂರ್ಖತನಕ್ಕೆ ಬದಲಿಲ್ಲ. (avana mūrkʰatanakke badalilla.) 彼の愚かさに匹敵するものはない。 —*postp.* 《*gen.*》…の代わりに ¶ ನನ್ನ ಬದಲು ತಮ್ಮ ಬೆಂಗಳೂರಿಗೆ ಹೋದ. (nanna badalu tamma beṃgaḷūrige hōda.) 僕の代わりに弟がベンガルールへ行った。 [Ar. *badal*]

ಬದಲಾಗು ⟦badalāgu バダラーグ⟧ [bədə̆lɐːgu] *vi.* 変化する、変わる [+ *āgu*]

ಬದಲುಮಾತು ⟦badalumātu バダルマートゥ⟧ [bədə̆lumɐːtu] *n.* 1 異義、異論 2 言い返す言葉 ¶ ಮಗನ ಮಾತಿಗೆ ನಾನು ಬದಲುಮಾತು ಹೇಳಲು ಆಗಲಿಲ್ಲ. (magana mātige nānu badalumātu hēḷalu āgalilla.) 私は息子の言葉に言い返すことができなかった。 [+ *mātu*]

ಬದಲು ಹೇಳು ⟦badalu hēḷu バダルヘール⟧ [bədəlu heːɭu] *vi.* 《与格に対して》言い返す ¶ ಮಗನ ಹೇಳಿಕೆಗೆ ನಾನು ಬದಲು ಹೇಳಲು ಆಗಲಿಲ್ಲ. (magana hēḷikege nānu badalu hēḷalu āgalilla.) 息子の言葉に対して私は言い返すことができなかった。 [Ka.]

ಬದಿ¹ ⟦badi バディ⟧ [bəđi] 《古》 *n.* 泥、泥水 [Ka. D5245]

ಬದಿ² ⟦badi バディ⟧ [bəđi] 《方》 *n.* 祠堂;小さな寺 [Ka. D5246] (Gowda)

ಬದಿ³ ⟦badi バディ⟧ [bəđi] *n.* 1 脇、横 2 近く、すぐそば —*adv.* 《*gen.*》 1 脇に ¶ ಮನೆಯ ಬದಿ ಕಾರಿಗೆ ಜಾಗ ಇರಬೇಕು. (maneya badi kārige jāga irabēku.) 家の横に車を置く場所が必要だ。 2 すぐそばに ¶ ಕೆರೆಯ ಬದಿ ರಸ್ತೆ ಇದೆ. (kereya badi raste ide.) 溜池に沿って道路がある。 [Ka. D5267]

ಬದಿಕು ⟦badiku バディク⟧ [bəđĭku] 《異》 *vi.* —*n.* ☞ಬದುಕು (baduku) [Ka. D5372]

ಬದಿಕಿಸು ⟦badikisu バディキス⟧ [bəđĭkisu] 《異》*vt.* [Ka. caus. D5372] ☞ಬದುಕಿಸು (badukisu)

ಬದು ⟦badu バドゥ⟧ [bədu] ಬದುವು *n.* 畑の周りにめぐらせた高いあぜ [Ka.]

ಬದುಂಕು ⟦baduṃku バドゥンク⟧ [bəđuŋku] 《古》*vi.* **1** 生きる **2**（あることをして）生活の糧を得る、生き延びる **3** 命をまっとうする、死からまぬかれる [Ka. D5372]

ಬದುಕು ⟦baduku バドゥク⟧ [bəđŭku] ಬದುಂಕು, ಬದುಕು, ಬರ್ದುಂಕು, ಬರ್ದುಕು, ಬಟ್ಬುಕು *vi.* **1** 生きている **2** 暮らす、生活する **3**（あることをして）生活の糧を得る、糊口の資を稼ぐ ¶ ನಾನು ಭಾಷಾಂತರ ಮಾಡಿ ಬದುಕುತ್ತಿದ್ದೇನೆ. (nānu b^hāṣāṃtara māḍi badukuttiddēne.) 私は翻訳を生活の糧としている。**4** 死なないでいる；(事故や災難などから) 生き残る ¶ ಈ ನಾಯಿ ಇನ್ನೂ ಬದುಕಿದೆ. (ī nāyi innū badukide.) この犬はまだ生きている。¶ ಅವಳೊಬ್ಬಳೇ ವಿಮಾನದುರಂತದಿಂದ ಬದುಕಿದಳು. (avaḷobbaḷē vimānaduraṃtadiṃda badukidaḷu.) あの女の人だけが飛行機事故で助かった。 **—*n.*** **1**（死に対しての）生命、いのち **2** 生活、生涯、人生 ¶ ಈ ಹುಡುಗನಿಗೆ ಇನ್ನೂ ಬದುಕಿದೆ. (ī huḍuganige innū badukide.) この青年はまだ未来がある。 **3** 生活の糧、生活手段 ¶ ಅಲ್ಲಿ ಅವನಿಗೆ ಬದುಕು ಆಗಲಿಲ್ಲ. (alli avanige baduku āgalilla.) あの人はそこで生活の糧を得ることができなかった。[Ka. D5372]

ಬದುಕಿಸು ⟦badukisu バドゥキス⟧ [bədukisu] *vt.* 〈命を〉救う ¶ ಬಸ್ಸು ಕೆರೆಯಲ್ಲಿ ಬಿದ್ದಾಗ ಪೊಲೀಸರು ಹತ್ತು ಜನರನ್ನು ಬದುಕಿಸಿದರು. (bassu kereyalli biddāga polīsaru hattu janarannu badukisidaru.) バスが溜池に転落した時に警察が 10 人の命を救った。[Ka. caus. D5372]

ಬದ್ದು ⟦baddu バッドゥ⟧ [bəddu] 《古》*n.* 熟達、熟練 (*Čpr.4.78* (*Kitt.*)) [Ka. < *bardu* D5372]

ಬದ್ಧ ⟦badd^ha バッダ⟧ [bədd^hɐ] 《文》*adj.*, *m.* 《*f.* ಬದ್ಧಳು (badd^haḷu)》 **1** 縛られた〈人〉 **2**〔喩〕(困難などに) 陥った〈人〉¶ ನಾವು ಹಣದ ಕೊರತೆಯಿಂದ ಬದ್ಧರಾಗಿದ್ದೇವೆ. (nāvu haṇada korateyiṃda badd^harāgiddēve.) 我々は財政的危機に陥っている。 **3** 傾倒した；不倶戴天の(敵など) ¶ ಕೌರವರು ಪಾಂಡವರು ಬದ್ಧ ವೈರಿಗಳು. (kauravaru pāṃḍavaru badd^ha vairigaḷu.) パーンダヴァとカウラヴァたちは不倶戴天の敵である。[Sk.]

ಬದ್ಧಕಂಕಣ ⟦badd^hakaṃkaṇa バッダカンカナ⟧ [bədd^həkəŋkəɳɐ] 《文》*adj.*, *m.* 《*f.* ಬದ್ಧಕಂಕಣಳು (badd^hakaṃkaṇaḷu)》目的の実現に邁進する〈人〉、全面的に乗り出している〈人〉¶ ನಂದರನ್ನು ನಾಶಮಾಡಲು ಚಾಣಕ್ಯ ಬದ್ಧಕಂಕಣನಾಗಿದ್ದ. (naṃdarannu nāśamāḍalu cāṇakya badd^hakaṃkaṇanāgidda.) チャーナキヤはナンダ朝を倒すことに邁進していた。[Sk.]

ಬದ್ಧದ್ವೇಷ ⟦badd^hadvēsha バッダドヴェーシュハ⟧ [bədd^hədveːʂɐ] *n.* 骨の髄に達する恨み ¶ ಪ್ಯಲೆಸ್ಟೀನಿಯರಿಗೂ ಇಸ್ರೇಲಿಗರಿಗೂ ಬದ್ಧ ದ್ವೇಷ ಇದೆ. (pyalestīniyarigū isrēligarigū badd^ha dvēṣa ide.) パレスティナ人とイスラエル人は互いにひどく恨みあっている。[Sk.]

ಬದ್ಧಮುಷ್ಟಿ ⟦badd^hamuṣṭi バッダムシュティ⟧ [bədd^həmuʂʈi] (*adj.*), *mf.* **1** こぶしを握りしめた〈人〉 **2**〔喩〕守銭奴〈の〉、けちん坊〈の〉 **3** 戦いを決断した〈人〉¶ ರಮೇಶ ಮತ್ತು ರವಿ ಬದ್ಧಮುಷ್ಟಿಯಾಗಿ ಹೋರಾಟಕ್ಕೆ ಬಂದರು. (ramēśa mattu ravi badd^hamuṣṭiyāgi hōrāṭakke baṃdaru.) ラメーシュとラヴィは闘争心に燃えて戦いにやってきた。[Sk.]

ಬದ್ಧವೈರ ⟦badd^havaira バッダヴァイラ⟧ [bədd^həvəirɐ] *n.* 不倶戴天の思い、強い敵意 [Sk.]

ಬದ್ಧಾಂಜಲಿ ⟦badd^hāṃjali バッダーンジャリ⟧ [bədd^hɐːɲdʒəli] 《文》(*adj.*), *m.* (嘆願するためなどで)合唱した〈人〉[Ka.]

ಬದ್ನೆ ⟦badne バドネ⟧ [bəđne] 《口》*n.* ナス [Ka. D5301] ☞ಬದನೆ (badane)

ಬನಪು ⟦banapu バナプ⟧ [bənǝ̆pu] 《‡》*n.*（材木として利用される）大型のチークの木の一種 → 材 (*St & Pl.* (*Kitt.*)) [Ka. D3885] ☞ಹೊನ್ನೆಯ ಮರ (honneya mara)〔汎〕

ಬನಿ ⟦bani バニ⟧ [bəni] 《文》*n.* **1**（文学などの）真髄 ¶ ಅವರ ಕಾವ್ಯದಲ್ಲಿ ಸಾಹಿತ್ಯದ ಬನಿ ಇಲ್ಲ. (avara kāvyadalli sāhityada bani illa.) 彼の詩には文学としての味わいがない。 **2** 木の心材 **3** 果物などの食べられる部分 [?]

ಬನ್ನಿ ⟦banni バンニ⟧ [bənni] *n.* **1** さやが食用となる刺のあるネムノキ科の植物の一種 → 宗 (*Nr.*; *Si.134* (*Kitt.*)) **2** ネムノキ科の木の一種 (*My.* (*Kitt.*)) [Ka. D5330]

ಬಬೂನ್ ⟦babūn バブーン⟧ [bəbuːn] *n.* ヒヒ [Eg. *baboon*]

ಬಯ್[1] ⟦bay バイ⟧ [bəĭ] 《古》*vt.* 《過去語幹 bayt-, bayit-》しまっておく、取っておく、預ける、隠しておく [Ka. D5549]

ಬಯ್ತಿಡು ⟦baytiḍu バイティドゥ⟧ [bəitiḍu] *vt.* しまっておく、取っておく、預ける、隠しておく [p.part. of *bay* + *iḍu*] = ಬಚ್ಚಿಡು (bacciḍu)

ಬಯ್[2] ⟦bay バイ⟧ [bəĭ] ಬಯ್ಯು, ಬೈ, ಬೈಯು *vt.* 罵る、叱りつける [Ka. D5550]

ಬಯ್[3] ⟦bay バイ⟧ [bəĭ] ಬೈ, ಬೈಯ 《文》*n.* 夕方、夕暮れ [Ka. D5554]

ಬಯಕೆ[1] ⟦bayake バヤケ⟧ [bəjǝ̆ke] ಬಯಕ್ಕೆ, ಬಯಿಕೆ, ಬವಕೆ *n.* **1** 欲求、欲望 **2**（妊婦の）異常な(食べ物などの)欲望 [Ka. D5257]

ಬಯಕೆ[2] ⟦bayake バヤケ⟧ [bəjǝ̆ke] ಬಯ್ಕೆ 《古》*n.* 隠しておいた宝物、地中に埋めて隠した宝物 [Ka. *bay*[1] + *-ke* D5549]

ಬಯಲ್ ⟦bayal バヤル⟧ [bəjəl] 《古》*n.* 野原、樹木などのない空き地；農地 **—(*n.*)** 周知〈の〉☞ಬಯಲು (bayalu) [Ka. D3940, D5258]

ಬಯಲು ⟦bayalu バヤル⟧ [bəjəlu] ಬಯಲ್, ಬೈಲು, ವಯಲ್ *n.* 野原、樹木などのない空き地；農地 **—(*n.*)**

周知〈の〉☞ಬಯಲು (bayalu) [Ka. D3940, D5258]

ಬಯಲಾಗು ⟦bayalāgu バヤラーグ⟧ [bəjəlɐːgu] *vi.* 1 (土地が)平地となる、空き地となる 2 (町などが)滅びる、(希望などが)打ち砕かれる ¶ ಚಾಂಪಿಯನ್ ಆಗುವ ನನ್ನ ಆಸೆ ಕಾಲಿನ ಗಾಯದಿಂದಾಗಿ ಬಯಲಾಯಿತು. (cāmpiyan āguva nanna āse kālina gāyadiṃdāgi bayalāyitu.) 足の怪我で選手権者となる私の夢が破れた。 3 公になる、暴露される ¶ ಮಂತ್ರಿಗಳ ಲಂಚಪ್ರಕರಣ ಬಯಲಾಯಿತು. (maṃtrigaḷa laṃcaprakaraṇa bayalāyitu.) 大臣の収賄事件が公になった。 4 空と合一する(ヴィーラシャイヴァ派の聖典において空としての神との合一を述べる言葉) ¶ ಅಲ್ಲಮಪ್ರಭು ಬಯಲಾದರು. (allamaprabʰu bayalādaru.) アッラマプラブ(ヴィーラシャイヴァ派の祖バサヴァの同時代人)は空なる主と合一した。 [+ *āgu*]

ಬಯಲುಮಾಡು ⟦bayalumāḍu バヤルマードゥ⟧ [bəjəlu mɐːḍu] *vt.* 公にする、布告する、暴露する ¶ ಪತ್ರಕರ್ತರು ಕ್ಲಿಂಟನ್ ಮತ್ತು ಮೊನಿಕಾರ ಹಗರಣವನ್ನು ಬಯಲುಮಾಡಿದರು. (patrakartaru klimṭan mattu monikāra hagaraṇavannu bayalumāḍidaru.) 報道関係者がクリントンとモニカの醜聞を公にした。 [+ *māḍu*]

ಬಯಸು ⟦bayasu バヤス⟧ [bəjə̆su] *vt.* 望む、希求する、欲求する ¶ ಮಗ ಇಂಜಿನಿಯರ್ ಆಗಲು ಬಯಸುತ್ತಿದ್ದಾನೆ. (maga iṃjiniyar āgalu bayasuttiddāne.) 息子は技術者になりたがっている。 [Ka. D5257]

ಬಯಸುವಿಕೆ ⟦bayasuvike バヤスヴィケ⟧ [bəjəsuvĭke] *n.* 望むこと、欲求すること [Ka. *bayasu* + -ಇಕೆ D5257]

ಬಯಿ ⟦bayi バイ⟧ [bəji] *vt.* 《eṃdu》叱りつける、大声を出して叱る [Ka. D5550]

ಬಯಿಕೆ ⟦bayike バイケ⟧ [bəjĭke] 《異》 *n.* [Ka. D5257] ☞ಬಯಕೆ (bayake)

ಬಯಿಗಳ್ ⟦bayigaḷ バイガル⟧ [bəjigəl̥] 《古》 *n.* [Ka. *bayi* D5550 + *-guḷ*?] ☞ಬಯ್ಗುಳ್ (baygul̥)

ಬಯಿಗುಳ್ ⟦bayiguḷ バイグル⟧ [bəjigul̥] ಬಯ್ಗುಳು, ಬಯ್ಗುಳ, ಬಯ್ಗುಳು, ಬೈಗಳು, ಬೈಗುಳ್, ಬೈಗುಳ, ಬೈಗುಳು 《古》 *n.* 罵り、悪罵 ☞ಬಯ್ಗಳ್ (baygaḷ) [Ka. *bayi* D5550 + *-guḷ*「…こと」]

ಬಯಿಗೆ ⟦bayige バイゲ⟧ [bəjige] 《口》 *n.* 夕方、夕暮れ [Ka. D5554]

ಬಯಿನೆ ⟦bayine バイネ⟧ [bəĭne] ಪೈನೆ, ಬೈನೆ, ಬಗನಿ, ಬಗನೆ, ಬಗುನಿ, ಬಯನಿ, ಬೈನಿ 《方》 *n.* ヤシ酒の材料となるヤシ科の木の一種 ⇀ 嗜 [Ka. *D3944] *[IMP 2.2]

ಬಯಿಲ್ ⟦bayil バイル⟧ [bəjil] 《‡》 *n.* 原っぱなど [Ka. D3940] (*My.* (*Kitt.*)) ☞ಬಯಲು (bayalu)

ಬಯಿಲು ⟦bayilu バイル⟧ [bəjilu] 《異》 *n.* 広場、空地など [Ka. D5258] (*My.* (*Kitt.*))

ಬಯಿಸು ⟦bayisu バイス⟧ [bəjĭsu] 《異》 *vt.* 希求する、など [Ka. D5257] ☞ಬಯಸು (bayasu)

ಬಯ್ಕೆ[1] ⟦bayke バイケ⟧ [bəĭke] 《口》 *n.* 1 欲望、希望 ¶ ಈ ಸೀರೆ ನನ್ನ ಬಯಕೆಯ ಸೀರೆ. (ī sīre nanna bayakeya sīre.) これは私が欲しいサーリーです。 2 すっぱいものなどを求める妊婦の異常食欲 [Ka. D5257] ☞ಬಯಕೆ (bayake)[1]

ಬಯ್ಕೆ[2] ⟦bayke バイケ⟧ [bəĭke] 《文》 *n.* 1 隠して蓄えたもの 2 秘密、隠し事 [Ka. D5549] ☞ಬಯಕೆ (bayake)[2]

ಬಯ್ಗಳ್ ⟦baygaḷ バイガル⟧ [bəĭgəl̥] 《古》 *n.* [Ka. *bay* D5550 + *-guḷ*?] ☞ಬಯ್ಗುಳ್ (baygul̥)

ಬಯ್ಗಳು ⟦baygaḷu バイガル⟧ [bəĭgəl̥u] *n.* [Ka. D5550] ☞ಬಯ್ಗುಳು (bayguḷu)

ಬಯ್ಗು ⟦baygu バイグ⟧ [bəĭgu] *n.* [Ka. *D5554] ☞ಬೈಗು (baigu)

ಬಯ್ಗುಳ್ ⟦bayguḷ バイグル⟧ [bəĭgul̥] ಬಯ್ಗಳು, ಬಯ್ಗುಳ, ಬಯ್ಗುಳು, ಬೈಗಳು, ಬೈಗುಳ್, ಬೈಗುಳ, ಬೈಗುಳು 《古》 *n.* 罵り、悪罵 ☞ಬಯ್ಗಳ್ (baygaḷ) [Ka. *bay* D5550 + *-guḷ*「…こと」]

ಬಯ್ಗುಳು ⟦bayguḷu バイグル⟧ [bəjgul̥] *n.* 罵り、雑言 ¶ ಅವಳಿಗೆ ಹಳ್ಳಿಯ ಬೈಗುಳು ಗೊತ್ತಿದೆ. (avaḷige haḷḷiya baiguḷu gottide.) あの女の人は田舎の人が使う罵りの言葉を知っている。 [Ka. *bay* D5550 + *-guḷu*「…こと」]

ಬಯ್ಗೆ ⟦bayge バイゲ⟧ [bəjĭge] *n.* 夕方、夕暮れ [Ka. D5554]

ಬಯ್ಚು ⟦baycu バイチュ⟧ [bəjʧu] ಬಚ್ಚು 《文》 *vt.* 1 取っておく、ためておく 2 隠匿する [Ka. D5549]

ಬಯ್ತಲೆ ⟦baytale バイタレ⟧ [bəĭtəle] *n.* 髪の分け目 ◇ *vi.* —ತೆಗೆ (tege) 髪に分け目を付ける [Ka. *bagi*「分ける」D5202 + *tale*] ☞ಬೈತಲೆ (baitale)

ಬಯ್ತಲೆ ಬೊಟ್ಟು ⟦baytale boṭṭu バイタレボットゥ⟧ [bəĭtəle boʈʈu] *n.* 女性の髪の分け目に塗るサフランのしるしや金の飾り [Ka. *bage*「分割」D5202 + *tale*] ☞ಬೈತಲೆ (baitale)

ಬಯ್ತಿಡು ⟦baytiḍu バイティドゥ⟧ [bəitiḍu] 《口》 *vt.* 隠してためておく ¶ ಅವಳು ಯಾರಿಗೂ ತೋರಿಸದೆ ಹಣವನ್ನು ಬಯ್ತಿಟ್ಟಳು. (avaḷu yārigū tōrisade haṇavannu baytiṭṭaḷu.) 彼女はこっそりお金をためていた。 [*baytu*「横において」+ *iḍu*]

ಬಯ್ರಿಗೆ ⟦bayrige バイリゲ⟧ [bəĭrige] *n.* きり、ドリル(穴をあける道具) [?] ☞ಬೈರಿಗೆ (bairige)

ಬಯ್ನಿ ⟦bayni バイニ⟧ [bəĭni] 《文》 *n.* ヤシ酒の材料となるヤシの一種 ⇀ 嗜 [Ka. *D3944] ☞ಬಯಿನೆ (bayine)

ಬಯ್ನೆ ⟦bayne バイネ⟧ [bəĭne] 《文》 *n.* [Ka. D3944] ☞ಬಯಿನೆ (bayine)

ಬಯ್ಯು ⟦bayyu バイユ⟧ [bəĭju] *vt.* 1 罵る 2 叱りつける、大声で叱る [Ka. D5550]

ಬಯ್ರಿಗೆ ⟦bayrige バイリゲ⟧ [bəĭrige] *n.* [?] ☞ಬೈರಿಗೆ (bairige)

ಬಯ್ಲು ⟦baylu バイル⟧ [bəĭlu] 《異》 *n.* 広場、野原、木や家のない開けた土地 —(*n.*) 周知〈の〉☞ಬಯಲು (bayalu) [Ka. D5258]

ಬರ್ ⟦bar バル⟧ [bər] 《古》 *vi.* 《過去語幹 band-》 1 来る、到着する 2 もうかる、手に入る ¶ ನನಗೆ

ಭಾಷಾಂತರದಲ್ಲಿ ಒಂದು ಲಕ್ಷ ರೂಪಾಯಿ ಬಂತು. (nanage bʰāṣāṃtaradalli oṃdu lakṣa rūpāyi baṃtu.) 私は翻訳で10万ルーピー得た。 3 足る、十分である ¶ ಈ ಅನ್ನ ಹತ್ತು ಜನಕ್ಕೆ ಬರುತ್ತದೆ. (ī anna hattu janakke baruttade.) この米は10人分ある。 4（あることが）できる ¶ ನಿಮಗೆ ಹಿಂದಿ ಬರುತ್ತದೆಯೇ? (nimage hiṃdi baruttadeyē?) あなたヒンディー語ができますか。 5 似合う ―*v.aux.* 1 できる、…する能力がある ¶ ನಿಮಗೆ ಹಿಂದಿ ಮಾತಾಡಲು ಬರುತ್ತದೆಯೇ? (nimage hiṃdi mātāḍalu baruttadeyē?) あなたはヒンディー語が話せますか。 2 役に立つ ¶ ಇಟ್ಟಿರಿ. ನಾಳೆಗೆ ಬರುತ್ತದೆ. (iṭṭiri. nāḷege baruttade.) それをおいておけ、明日使える。[Ka. D5270]

ಬರ್- ⟦bar- バル-⟧ [bər] 《古》 *suf.* 基数詞につけて「何人」という意味を表す接尾辞 ¶ ಒರ್ಬರ್ (orbar) 一人 [?]

ಬರ[1] ⟦bara バラ⟧ [bərɐ] 《古》 ―*postp.* …まで (*Pb.1.98*) [Ka. D5261]

ಬರ[2] ⟦bara バラ⟧ [bərɐ] *n.* 1 旱魃 2 欠乏、不足 ¶ ಭಾರತದಲ್ಲಿ ಬುದ್ಧಿವಂತಿಕೆಗೆ ಬರ ಇಲ್ಲ. (bʰāratadalli buddʰivaṃtikege bara illa.) インドには知恵の不足がない。[Ka. *bar̤a* *D5320]

ಬರ[3] ⟦bara バラ⟧ [bərɐ] 《文》 *n.* たまもの、恩恵、(聖者などが請われて贈る) 賜物 [Sk. *vara*] =ವರ (vara) 〔汎〕

ಬರಕತ್ತು ⟦barakattu バラカットゥ⟧ [bərə̆kəttu] 《希》 *n.* 幸福、幸せ、幸運 [Pe.-Ar. *barakat*]

ಬರಕಿ ⟦baraki バラキ⟧ [bərə̆ki] 《‡》 *n.* 側面、脇腹、そば [Ka. D5267] (*B.3.123* (*Kitt.*))

ಬರಗ ⟦baraga バラガ⟧ [bərə̆gɐ] 《文》 *n.* [Ka. D5260] ☞ಬರಗು (baragu)

ಬರಗಾಲ ⟦baragāla バラガーラ⟧ [bərəgɐːlɐ] *n.* 旱魃(の時) [*bara*[2] + *kāla*]

ಬರಗು ⟦baragu バラグ⟧ [bərə̆gu] 《文》 *n.* 1 キビ ― 食 2 サトウキビ属の雑草(ペンの材料) ― 材 [Ka. D5260]

ಬರಡ ⟦baraḍa バラダ⟧ [bərə̆ḍɐ] ಬಱಡ *m.* 《*f.* ಬಱಡಿ (bar̤aḍi)》 子どもがない男性 [Ka. *D5320]

ಬರಡಿ ⟦baraḍi バラディ⟧ [bərə̆ḍi] ಬಱಡಿ *f.* 《*m.* ಬಱಡ (bar̤aḍa)》 子どもができない女性 [Ka. *D5320]

ಬರಡು ⟦baraḍu バラドゥ⟧ [bərəḍu] ಬಱಡು (*n.*) 1 子どもを生めない〈こと〉、作物が育たない〈こと〉 2 役に立たない〈こと〉、無用；(談話などが) 無内容〈な〉 ¶ ಬರಡು ಮಾತು (baraḍu mātu) 無用な話 [Ka. *bar̤aḍu* *D5320, D5513]

ಬರಡಾಗು ⟦baraḍāgu バラダーグ⟧ [bərəḍɐːgu] *vi.* (土地などが) 不毛になる ¶ ರಸಾಯನ ಗೊಬ್ಬರವನ್ನು ಬಳಸುತ್ತಾ ಇದ್ದರೆ ಜಮೀನು ಬರಡಾಗುತ್ತದೆ. (rasāyana gobbaravannu baḷasuttā iddare jamīnu baraḍāguttade.) いつも化学肥料を使っていたら農地は不毛となる。 [+ *āgu*]

ಬರಣಿ ⟦baraṇi バラニ⟧ [bərə̆ɳi] ಭರಣಿ *n.* 1 (本来ガラスや陶磁器でできた) 小さな蓋付きの小箱 2 陶磁器製の水差し [Ka. D3954]

ಬರಪ ⟦barapa バラパ⟧ [bərə̆pɐ] ಬರೆಪ 《古》 *n.* 1 字を書くこと、絵を描くこと 2 書かれたもの、文書 [Ka. D5263]

ಬರಪು ⟦barapu バラプ⟧ [bərə̆pu] 《‡》 *n.* 来ること、到着 (*Čpr.8, after 94* (*Kitt.*)) [Ka. D5270]

ಬರಮಾಡು ⟦baramāḍu バラマードゥ⟧ [bərəmɐːḍu] *vt.* 歓迎する ¶ ಲಾಹೋರಿಗೆ ಬಸ್ಸಲ್ಲಿ ಶನಿವಾರ ತೆರಳಿದ ಪ್ರಧಾನಿ ಎ.ಬಿ. ವಾಜಪೇಯಿ ಅವರನ್ನು ಪಾಕಿಸ್ತಾನದ ಪ್ರಧಾನಿ ನವಾಜ್ ಶರೀಫ್ ಅವರು ವಾಘಾ ಗಡಿಯಲ್ಲಿ ಬರಮಾಡಿಕೊಂಡರು. (lāhōrige basnalli śanivāra teraḷida pradʰāni e.bi. vājapēyi avarannu pākistānada pradʰāni navāj śarīpʰ avaru vāgʰā gaḍiyalli baramāḍikoṃḍaru.) パキスタンのナワーズ・シャリーフ首相は、土曜日バスでラホールへ出発したA.B. ヴァージュパーイー首相を、ワーガー国境で歓迎した。 [Ka.]

ಬರಲು[1] ⟦baralu バラル⟧ [bərə̆lu] ಬರ್ಲು, ಬಱಲು *n.* (ヤシの葉の長い葉脈で作った) 箒、箒一般 [Ka. D4415?, cf. D5320]

ಬರಲು[2] ⟦baralu バラル⟧ [bərə̆lu] ಬರ್ಲು, ಬಱಲು (*n.*) 葉が全部散った〈樹木〉 ¶ ಬರಲುಕೊಂಬೆ (baralukoṃbe) 葉がすっかり落ちた枯れ枝 ―*n.* 葉がすっかり落ちた枯れ枝 [Ka. *D5320]

ಬರವಣಿಗೆ ⟦baravaṇige バラヴァニゲ⟧ [bərəvəɳige] *n.* 1 書くこと 2 文体 ¶ ಭೈರಪ್ಪನವರ ಬರವಣಿಗೆ ವೈವಿಧ್ಯಮಯವಾಗಿದೆ. (bʰairappanavara baravaṇige vaividʰyamayavāgide.) バイラッパーの作品のスタイルは多様である。 3 文学作品 [Ka. *baru* + *-vaṇige*]

ಬರವಿಕೆ ⟦baravike バラヴィケ⟧ [bərə̆vike] *n.* 来ること、到着 [Ka. D5270]

ಬರವು ⟦baravu バラヴ⟧ [bərə̆vu] 《古》 *n.* 来ること、到着 [Ka. D5270]

ಬರಸು ⟦barasu バラス⟧ [bərə̆su] *vt.* 《*caus.*》 書かせる [Ka. caus. D5263] = ಬರಿಸು, ಬರೆಸು (barisu, baresu)

ಬರಹ ⟦baraha バラハ⟧ [bərəhɐ] *n.* 1 書くこと、著作活動 2 書かれたもの、著作、文学作品、文書 [Ka. D5263]

ಬರಹಗಾರ ⟦barahagāra バラハガーラ⟧ [bərəhəgɐːrɐ] *m.* 《*f.* ಬರಹಗಾರ್ತಿ (barahagārti)》 作家、著作家 [Ka. *baraha* + *-kār̤a*]

ಬರಾ ⟦barā バラー⟧ [bərɐː] 《異》 *n.* 1 書くこと 2 書いたもの、書類、記録 (*My.* (*Kitt.*)) [Ka. D5263] ☞ಬರಹ (baraha) 〔汎〕

ಬರಾಬರಿ ⟦barābari バラーバリ⟧ [bərɐːbəri] (*n.*) 適当な〈こと〉、ふさわしい〈こと〉 ¶ ಅವನು ಮಾಡಿದ್ದು ಬರಾಬರಿ ಕೆಲಸ. (avanu māḍiddu barābari kelasa.) 彼はまさによいことをした。 [Pe. *barābarī*]

ಬರಾವು ⟦barāvu バラーヴ⟧ [bərɐːv] 《‡》 *n.* 1 書くこと 2 書いたもの、書類、記録 (*My.* (*Kitt.*)) [Ka.

D5263]

ಬರಿ¹ ⟦bari バリ⟧ [bəri] 《口》 *vt.* 1 書く 2〈絵を〉描く [Ka. D5263] ☞ಬರೆ (bare)〔汎〕

ಬರಿ² ⟦bari バリ⟧ [bəri] (*adj.*) 1 ただ〈の〉¶ ಅವರದು ಬರೀ ಮಾತು. (avaradu barī mātu.) 奴は口だけだ。¶ ನಮಗೆ ಬರೀ ಮನೆ ಬೇಕಾಗಿದೆ. (namage barī mane bēkāgide.) 私は（家具付きでない）家が欲しい。 2 空っぽ〈の〉、何も入っていない〈こと〉¶ ನಾನು ಮಧ್ಯಾಹ್ನದ ವರೆಗೆ ಬರೀ ಹೊಟ್ಟೆಯಲ್ಲಿ ಕೆಲಸ ಮಾಡುತ್ತೇನೆ. (nānu madʰyāhnada varege barī hoṭṭeyalli kelasa māḍuttēne.) 私は昼まで何も食べないで働く。 [Ka. D5267]

ಬರಿದೆ ⟦baride バリデ⟧ [bərĭde] 《文》 *adv.* 特に理由なく、何となく ¶ ಶ್ರದ್ಧೆ ಇಲ್ಲದೆ ಬರಿದೆ ಪೂಜಿಸಿದರೆ ದೇವರು ಮೆಚ್ಚನು. (śraddʰe illade baride pūjisidare dēvaru meccanu.) 信仰なくしてただ形だけ祀っても神は喜ばない。 [Ka. *baridu* + *-ē* *D5513]

ಬರಿಸು ⟦barisu バリス⟧ [bərĭsu] 《口》 *vt.* 《*caus.*》書かせる、〈絵を〉描かせる、〈線を〉引かせる [Ka. caus. D5263]

ಬರಿಕೈ ⟦barikai バリカイ⟧ [bərikəi] *n.* 1 空っぽの手 2 武器などを何も持たない手、手ぶら ¶ ಬರಿಕೈಯಿಂದ ಬಂದರೆ ಸಿಫಾರಿಸ್ ಸಿಗುವದಿಲ್ಲ. (barikaiyiṃda baṃdare sipʰāris siguvadilla.) 手ぶらできたら推薦されない。 [*bari* + *kai*]

ಬರು ⟦baru バル⟧ [bəru] ಬರ್, ವರ್ *vi.* 《命令形bā；過去語幹baṃd-》 1 来る、（話し相手に対する表現で）あなたの所に行く ¶ ನಾನು ಹತ್ತು ಘಂಟೆಗೆ ಬರಲಾ? (nānu hattu gʰaṃṭege baralā?) 10時に参りましょうか。 2（病気、痛み、発作などが）起こる ¶ ಸಿನಿಮಾಕ್ಕೆ ಹೋದರೆ ನನಗೆ ತಲೆನೋವು ಬರುತ್ತದೆ. (sinimākke hōdare nanage talenōvu baruttade.) 映画館へ入ると僕は頭痛がする。 3 得られる ¶ ಈ ಕೆಲಸ ಮಾಡಿದರೆ ನನಗೆ ಒಂದು ತಿಂಗಳಲ್ಲಿ ಐದು ಸಾವಿರ ರೂಪಾಯಿ ಬರುತ್ತದೆ. (ī kelasa māḍidare nanage oṃdu tiṃgaḷalli aidu sāvira rūpāyi baruttade.) この仕事をしたら月に5000ルーピーになる。 4 適する、ふさわしい、役に立つ ¶ ಈ ಕತ್ತಿ ಈ ಕೆಲಸಕ್ಕೆ ಬರುವದಿಲ್ಲ. (ī katti ī kelasakke baruvadilla.) このナイフはこの仕事に適さない。¶ ಈ ಬಟ್ಟೆ ಅಂಗಿಗೆ ಬರುತ್ತದೆಯೇ? (ī baṭṭe aṃgige baruttadeyē?) この布でシャツができますか。 5（ある期間の使用に）十分である ¶ ಈ ಅಕ್ಕಿ ಹತ್ತು ದಿವಸಕ್ಕೆ ಬರುತ್ತದೆ. (ī akki hattu divasakke baruttade.) この米は10日間食べられる。 6 …ができる ¶ ಅವಳಿಗೆ ಹಿಂದಿ ಬರುತ್ತದೆ. (avaḷige hiṃdi baruttade.) 彼女はヒンディー語ができる。 —*v.aux.* 1 できる ¶ ನನಗೆ ಕನ್ನಡ ಮಾತಾಡಲು ಬರುತ್ತದೆ. (nanage kannaḍa mātāḍalu baruttade.) 私はカンナダ語が話せる。 2（ずっと）…してきている ¶ ಉಪ್ಪಲಿಗರು ಈ ಕೆಲಸವನ್ನು ಮಾಡುತ್ತಾ ಬರುತ್ತಿದ್ದಾರೆ. (uppaligaru ī kelasavannu māḍuttā baruttiddāre.) 塩作りのカーストがこの仕事をやってきている。 [Ka. *D5270]

ಬರುವಿಕೆ ⟦baruvike バルヴィケ⟧ [bərŭvike] *n.* 来ること [Ka. D5270]

ಬರೆ¹ ⟦bare バレ⟧ [bəre] 《古》 *postp.* …まで [Ka. D5261] ☞ವರೆಗೆ (varege)〔現〕

ಬರೆ² ⟦bare バレ⟧ [bəre] *vt.* 1〈字や本などを〉書く 2〈絵を〉描く、〈線を〉引く —*n.* 1 線 2 境界、境界線 3 焼き印（罰や治療のために焼いた金属の棒や針で皮膚の一部を焼くこと）[Ka. D5263]

ಬರೆಯಿಸು ⟦bareyisu バレイス⟧ [bərejisu] *vt.* 《*caus.*》書かせる、〈絵を〉描かせる、〈線を〉引かせる [Ka. caus. D5263]

ಬರೆಸು ⟦baresu バレス⟧ [bərĕsu] *vt.* 《*caus.*》 [Ka. caus. D5263] ☞ಬರೆಯಿಸು (bareyisu)

ಬರೆಹಾಕು ⟦barehāku バレハーク⟧ [bərehɐːku] *vi.* 《*dat.*》（罰や治療のために）焼いた金属の棒や針で皮膚の一部を焼く [*bare*² + *hāku*]

ಬರೆ³ ⟦bare バレ⟧ [bəre] 《方》 *n.* 1 急な坂 (*Hav.*) 2 断崖 (*Gowda*) [Ka. D5274]

ಬರೆಪ ⟦barepa バレパ⟧ [bərĕpɐ] *n.* 1〈字や文書を〉書くこと、〈絵を〉描くこと、〈線を〉引くこと 2 文書、記録 [Ka. D5263]

ಬರೆಶಾಸ್ತ್ರ ⟦bareśāstra バレシャーストラ⟧ [bəreʃɐːstrɐ] *n.*（罰または治療のために）熱した金属の棒や針で皮膚の一部を焼く方法を教える本 [*bare*² + *śāstra*]

ಬರ್ಕಟ ⟦barkaṭa バルカタ⟧ [bərkəʈɐ] 《古》 (*n.*) 無用〈な〉 [Ka. D5320] ☞ಬಕ್ಕಟ (bakkaṭa)〔現〕

ಬರ್ಗು ⟦bargu バルグ⟧ [bərgu] 《‡》 *n.* 鳥の鳴き声 (*T. (Kitt.)*) ☞ಬಗ್ಗು (baggu) [Ka. D5204]

ಬರ್ಚಣೆ ⟦barcaṇe バルチャネ⟧ [bərʧəɳe] 《古》 *n.* 塗料を塗って作ったもの、絵 [Ka. D5263] ☞ಬಚ್ಚಣೆ (baccaṇe)

ಬರ್ಚಿ ⟦barci バルチ⟧ [bərʧi] ಬರ್ಜಿ, ಭರ್ಚಿ, ಭರ್ಜಿ *n.* 投げ槍［⇒図］[H. *barăcʰī* cf. Sk. *vraścana-*] = ಈಟಿ (īṭi)

ಬರ್ಚಿ 投げ槍

ಬರ್ಚಿಸು ⟦barcisu バルチス⟧ [bərʧisu] 《古》 *vt.* 色を塗る [Ka. D5263]

ಬರ್ದ ⟦barda バルダ⟧ [bərdɐ] 《古》 *m.* 賢い人、知恵がある人 [Ka. D3972]

ಬರ್ದು¹ ⟦bardu バルドゥ⟧ [bərdu] 《古》 *vi.* 死ぬ —*n.* 死 [Ka. D5324]

ಬರ್ದು² ⟦bardu バルドゥ⟧ [bərdu] ಬದ್ದು 《古》 *n.* 知恵、知性 [Ka. D5372]

ಬರ್ದುಂಕು ⟦barduṃku バルドゥンク⟧ [bərduŋku] 《古》 *vi.* 1（死の反対語として）生きる、生命を維持する 2 生活する 3 生き残る 4 生き返る、蘇生する [Ka. D5372] ☞ಬದುಕು (baduku)

ಬರ್ದುಕು ⟦barduku バルドゥク⟧ [bərdŭku] 《古》 *vi.* 1（死の反対語として）生きる、生命を維持する 2 生活する 3 命を拾う、助かる、生き残る 4 生き返る、蘇生する [Ka. D5298?, D5372]

ಬರ್ದುಗೆ ⟦barduge バルドゥゲ⟧ [bərdŭge] 《古》 *n.* 死 [Ka. D5324]

ಬರ್ಬರ ⟦barbara バルバラ⟧ [bərbərɐ] 《文》 (*adj.*) 野蛮〈な〉[Sk.]

ಬರ್ರನೆ ⟦barrane バッラネ⟧ [bərrə̆ne] 《古》 *adv.* **1** ばたばたと(羽などを動かす音を表す擬音語) ¶ ಗುಬ್ಬಿ ಬರ್ರನೆ ಹಾರಿತು. (gubbi barrane hāritu.) スズメがばたばたと音を立てて飛んだ。 **2** いきなり(急に飛び出す様子を表す擬態語) ¶ ರಸ್ತೆಗೆ ಬರ್ರನೆ ಓಡಬೇಡ. (rastege barrane ōḍabēḍa.) 道へいきなり飛び出してはいけない。 [Ka. D4329]

ಬರ್ಹ ⟦barha バルハ⟧ [bərha] 《口》 *n.* 来ること、到着 [Ka. D5270]

ಬಲ್ ⟦bal バル⟧ [bəl] 《文》 *vi.* 《過去語幹balt-》完全に成長する —*vt.* できる、習っている ¶ ನಾನು ಸಂಗೀತವನ್ನು ಬಲ್ಲೆನು. (nānu saṃgītavannu ballenu.) 私は音楽ができる —*v.aux.* 《否定形を欠く欠如動詞、一人称単数現在ಬಲ್ಲೆನು (ballenu);連体過去分詞ಬಲ್ಲ(balla)》できる ¶ ನಾನು ಒಂದು ದಿವಸದಲ್ಲಿ ಹತ್ತು ಅಂಗಿ ಹೊಲಿಯಬಲ್ಲೆನು. (nānu oṃdu divasadalli hattu aṃgi holiyaballenu.) 私は1日に10枚のシャツを縫うことができる。 [Ka. D5276]

ಬಲ¹ ⟦bala バラ⟧ [bəlɐ] (*adj.*) 右〈の〉 ¶ ಬಲಕೈಯನ್ನು/ಬಲದ ಕೈಯನ್ನು ನೀಡಿರಿ. (balakaiyannu/balada kaiyannu nīḍiri.) 右手を伸ばしてください。 [Ka. D5276]

ಬಲ² ⟦bala バラ⟧ [bəlɐ] *n.* **1** 力、強さ **2** 軍隊、戦力 [Sk.]

ಬಲಕೆಯ್ ⟦balakey バラケイ⟧ [bələkeĭ] 《古》 *n.* **1** 右手 **2** 頼りになる家来 [Ka. *bala*¹ + *kay* 5276] ☞ಬಲಗೈ (balagai)

ಬಲಗೈ ⟦balagai バラガイ⟧ [bələgəi] *n.* **1** 右手、右腕 **2** 能力があり頼りになる下役や協力者、右腕 ¶ ನೆಹರುವಿಗೆ ಕೃಷ್ಣ ಮೆನೊನ್ ಬಲಗೈಯಾಗಿದ್ದರು. (neharuvige kṛṣṇa menon balagaiyāgiddaru.) クリシュナ・メノーンはネールの右腕だった。 [Ka. *bala* + *kai* *D5276]

ಬಲಗೆಯ್ ⟦balagey バラゲイ⟧ [bələ̆geĭ] 《古》 *n.* [Ka. D5276] ☞ಬಲಗೈ (balagai)

ಬಲಮುರಿ ⟦balamuri バラムリ⟧ [bələ̆muri] ಬಲಮ್ಮುರಿ *n.* 右回り ¶ ವಿಮಾನ ಬಲಮುರಿ ಮಾಡಿ ಮುಂಬೈಯಲ್ಲಿ ಇಳಿಯಿತು. (vimāna balamuri māḍi muṃbaiyalli iḷiyitu.) 飛行機は右回りしてボンベイへ下りた。 [Ka. D5279]

ಬಲಮ್ಮುರಿ ⟦balammuri バランムリ⟧ [bələmmuri] 《古》 *n.* [Ka. D5279] ☞ಬಲಮುರಿ (balamuri)

ಬಲಮುರಿಶಂಖ ⟦balamuriśaṃkʰa バラムリシャンカ⟧ [bələ̆muriʃəŋkʰɐ] *n.* 右巻きの巻き貝(稀であるのでとても珍重される) [Ka. D5279]

ಬಲವಂತ ⟦balavaṃta バラヴァンタ⟧ [baləvəntɐ] *adj., m.* 《*f.* ಬಲವತಿ (balavati)》力のある〈人〉、力持ち〈の〉 —(*n.*) 強制〈の〉、強いる〈こと〉 ¶ ಚಿಕ್ಕಪ್ಪ ತನ್ನ ಮಗಳನ್ನು ಬಲವಂತವಾಗಿ ಮದುವೆ ಮಾಡಿದರು. (cikkappa tanna magaḷannu balavaṃtavāgi maduve māḍidaru.) おじは自分の娘を無理やりに結婚させた。 [Sk.]

ಬಲವಲ ⟦balavala バラヴァラ⟧ [bələ̆vəlɐ] *n.* ベルの木(硬い殻とクリーム状の果肉を持つミカン科の野生の果物の一種)→ 食 (Z. (*Kitt.*)) [Ka. D5509] *[IMP 1.62]

ಬಲಿ¹ ⟦bali バリ⟧ [bəli] 《方》 *vi.* **1** 増大する、増える、大きくなる ¶ ಸರಿಯಾದ ಔಷಧ ಇಲ್ಲದೆ ಚಿಕ್ಕಪ್ಪನ ರೋಗ ಬಲಿಯಿತು. (sariyāda auṣadʰa illade cikkappana rōga baliyitu.) おじの病気はいい薬がないので悪化した。 **2** 強くなる ¶ ರೆಕ್ಕೆಗಳು ಬಲಿತು ಹಕ್ಕಿಯ ಮರಿಗಳು ಹಾರಿಹೋದವು. (rekkegaḷu balitu hakkiya marigaḷu hārihōdavu.) 翼が強くなって鳥の雛は飛んでいった。 [Ka. D5276]

ಬಲಿ² ⟦bali バリ⟧ [bəli] 《方》 *vi.* ねばねばする (*Hav.*) [Ka. D5284]

ಬಲಿ³ ⟦bali バリ⟧ [bəli] *n.* **1** 神への供物で火に投入する形を取るもの **2** 神々への供物全般 **3** (ギーや米飯などの)毎日の食事の一部を神々に捧げること **4** 犠牲、民族や集団などを救うために身を捧げること ¶ ಭಗತ್ಸಿಂಗ್ ದೇಶಕ್ಕಾಗಿ ಬಲಿ ಆದರು. (bʰagatsiṃg dēśakkāgi bali ādaru.) バガット・シンは国のために身を捧げた。 **5** (天災、交通事故などの)犠牲者 ¶ ಬಸ್ಸು ಅಪಘಾತದಲ್ಲಿ ಐವತ್ತು ಮಕ್ಕಳು ಬಲಿ ಆದವು. (bassu apagʰātadalli aivattu makkaḷu bali ādavu.) 約50人の子どもがバスの事故の犠牲となった。 [Sk.]

ಬಲು ⟦balu バル⟧ [bəlu] *adv.* ひどく、とても ¶ ಈ ಚಿಕ್ಕೀ ಬಲು ಗಟ್ಟಿ. (ī cikkī balu gaṭṭi.) このチッキ(さいころ型でとても硬い菓子の名)はとても硬い。 [< *bal*? *ballitu*? *bahaḷa*?]

ಬಲುಮೆ ⟦balume バルメ⟧ [bəlume] 《古》 *n.* (物理的な)力、(政治的な)勢力、権力 [Ka. D5276]

ಬಲುಹು ⟦baluhu バルフ⟧ [bəluhu] 《古》 *n.* (物理的な)力、(政治的な)勢力、権力 [Ka. D5276]

ಬಲೆ ⟦bale バレ⟧ [bəle] *n.* **1** 網 **2** 〔喩〕 犯罪人などを捕えるための操作網 ¶ ಪೊಲೀಸರು ಸ್ಟೇಷನ್ ಮತ್ತು ಬಸ್ ಸ್ಟ್ಯಾಂಡುಗಳಲ್ಲಿ ಬಲೆ ಹಾಕಿ ಉಗ್ರಗಾಮಿಗಳನ್ನು ಹಿಡಿದರು. (polīsaru sṭēṣan mattu bas sṭyāṃḍugaḷalli bale hāki ugragāmigaḷannu hiḍidaru.) 警察は駅やバススタンドに網をはり、テロリストたちを逮捕した。 [Ka. D5288]

ಬಲೋಲ ⟦balōla バローラ⟧ [bəḻoːlɐ] 《‡》 *n.* ベルの木(硬い殻とクリーム状の果肉を持つミカン科の野生の果物の一種)→ 食 (Z. (*Kitt.*)) [Ka. D5509] *[IMP 1.62]

ಬಲ್ಪು ⟦balpu バルプ⟧ [bəlpu] 《古》 *n.* (物理的な)力、(政治的な)勢力、権力 [Ka. D5276]

ಬಲ್ಮೆ ⟦balme バルメ⟧ [bəlme] 《古》 *n.* (物理的な)力、(政治的な)勢力、権力 [Ka. D5276]

ಬಲ್ಲ ⟦balla バッラ⟧ [bəllɐ] 《文》 *adj.* あることをする能力を持っている ¶ ಈ ದೂತಾವಾಸದಲ್ಲಿ ವಿದೇಶನೀತಿಯನ್ನು ಬಲ್ಲವರು ಯಾರೂ ಇಲ್ಲ. (ī dūtāvāsadalli vidēśanītiyannu ballavaru yārū illa.) この大使館には外交ができる人がいない。 ¶ ಸಂಸ್ಕೃತ ಬಲ್ಲ ಕನ್ನಡ ಶಿಕ್ಷಕ ಬೇಕು. (saṃskṛta balla kannaḍa śikṣaka bēku.) サンスクリット語がで

きるカンナダ語の教師を求む。[Ka. D5276]

ಬಲ್ಲತನ ⟦ballatana バッラタナ⟧ [bəllə̆tənɐ] 《文》 *n.* 能力 [*balla* + *tana*]

ಬಲ್ಲೆ ⟦balle バッレ⟧ [bəlle] 《方》 *n.* 深い茂み (*Hav., Gowda*) [Ka. D5289]

ಬವಕೆ ⟦bavake バヴァケ⟧ [bəvə̆ke] 《古》 *n.* (妊婦の)異常な(食欲などの)欲望 [Ka. D5257] ☞ಬಯಕೆ (bayake)

ಬವರ ⟦bavara バヴァラ⟧ [bəvə̆rɐ] 《古》 *n.* 戦い、戦争 [Ka. D3997]

ಬವಸು ⟦bavasu バヴァス⟧ [bəvə̆su] 《古》 *vt.* 望む、欲求する [Ka. D5257] ☞ಬಯಸು (bayasu)

ಬಸದಿ ⟦basadi バサディ⟧ [bəsə̆ḍi] *n.* ジャイナ教の寺 [Sk. *vasati-*]

ಬಸದು ⟦basadu バサドゥ⟧ [bəsə̆ɖu] 《‡》 (*n.*) 鋭利〈な〉、(刃物が) 鋭い〈こと〉 [Ka. D5552] (*Čpr.4,78 (Kitt.)*) ☞ಬಸಿದು (basidu)

ಬಸರಿ ⟦basari バサリ⟧ [bəsə̆ri] ಬಸುರಿ 《口》 *f.* 妊婦 [Ka. *D5259] (*Kitt.*)

ಬಸಱ್ ⟦basar̲ バサル⟧ [bəsər̲] 《‡》 *n.* **1** 腹、おなか **2** 子宮、おなか **3** 妊娠、など [Ka. D5259] (*C. (Kitt.)*) ☞ಬಸಿಱ್ (basir̲)

ಬಸಱಿ ⟦basar̲i バサリ⟧ [bəsər̲i] ಬಸುಱಿ 《‡》 *f.* 妊婦 (*My. (Kitt.)*) [Ka. D5259]

ಬಸಱು ⟦basar̲u バサル⟧ [bəsər̲u] 《‡》 *n.* [Ka. D5259] (*Kitt.*) ☞ಬಸಿಱ್ (basir̲)

ಬಸಲೆ ⟦basale バサレ⟧ [bəsə̆le] ಬಚ್ಚಲಿ, ಬಚ್ಚಲೆ *n.* ツルムラサキ科の葉野菜の一種 ⇀ 染・食 [Ka. D3824]

ಬಸವ ⟦basava バサヴァ⟧ [bəsə̆vɐ] *n.* **1** 雄牛 **2** ナンディン、シヴァ神の乗り物 —*m.* バサヴァ、ヴィーラシャイヴァ派の創始者の名 [Sk. *vr̥ṣabʰa-*]

ಬಸವಿ ⟦basavi バサヴィ⟧ [bəsə̆vi] *f.* **1** 特に寺院に捧げられて踊りなどで神に仕える妓女 **2** 娼婦 [< *basava* (←Sk. *vr̥ṣabʰa-*) + *-i*]

ಬಸಳೆ ⟦basaḷe バサレ⟧ [bəsəḷe] 《口》 *n.* [Ka. D3824] ☞ಬಸಲೆ (basale)

ಬಸಿ[1] ⟦basi バシ⟧ [bəsi] *vi.* **1** (井戸水のように)小さい穴を通して(水が)湧き出る、(汗が)にじみ出る **2** (伏せた鍋から水が)滴り落ちる —*vt.* **1** (飯が粘つかないように)〈米を炊いた水などを〉きる **2** 《希》 漉す = ಸೋಸು (sōsu) [Ka. D5214]

ಬಸಿ[2] ⟦basi バシ⟧ [bəsi] 《古》 *adj.* (切っ先や歯が)鋭い —*vt.* 〈刃物を〉研ぐ —*n.* **1** (刺、釘など)先が尖ったもの **2** 天秤などの指針 [Ka. D5552]

ಬಸಿದು ⟦basidu バシドゥ⟧ [bəsiɖu] ಬಸದು 《古》 (*n.*) 鋭利、(刃物が)鋭い〈こと〉 [Ka. D5552] = ಹರಿತ (harita) 〔現〕

ಬಸಿರಿ ⟦basiri バシリ⟧ [bəsĭri] ಬಸಿಱಿ, ಬಸುರಿ, ಬಸುಱಿ *f.* 妊婦、みごもった女性 [Ka. *D5259]

ಬಸಿರು ⟦basiru バシル⟧ [bəsĭru] ಬಸುರ್, ಬಸಿಱ್, ಬಸಿಱು, ಬಸುಱ್, ಬಸುಱು **1** 子宮、おなか **2** 妊娠 **3** 〔喩〕 心の中、内心 [Ka. *D5259]

ಬಸಿಱ್ ⟦basir̲ バシル⟧ [bəsir̲] 《古》 *n.* **1** 腹、おなか **2** 子宮、おなか **3** 妊娠 **4** 心の中、心の奥底 [Ka. D5259] ☞ಬಸಿರು (basiru)

ಬಸಿಱಿ ⟦basir̲i バシリ⟧ [bəsir̲i] 《古》 *f.* 妊婦、みごもった女性 [Ka. *D5259] ☞ಬಸಿರಿ (basiri)

ಬಸಿಱು ⟦basir̲u バシル⟧ [bəsir̲u] 《古》 *n.* **1** 子宮、おなか **2** 心の中、心の奥底 **3** 家族、家門 [Ka. *D5259] ☞ಬಸಿರು (basiru)

ಬಸು ⟦basu バス⟧ [bəsu] 《‡》 *n.* 滴ること、など (*Mr.386 (Kitt.)*) [Ka. D5214]

ಬಸುರು ⟦basuru バスル⟧ [bəsŭru] 《口》 *n.* **1** 子宮、おなか **2** 妊娠 **3** 胎児 [Ka. *D5259] ☞ಬಸಿರು (basiru)

ಬಸುಱ್ ⟦basur̲ バスル⟧ [bəsur̲] 《古》 *n.* **1** 腹、おなか **2** 子宮、おなか [Ka. D5259] ☞ಬಸಿರು (basiru)

ಬಸುಱಿ ⟦basur̲i バスリ⟧ [bəsur̲i] 《古》 *f.* 妊婦 [Ka. D5259]

ಬಸುಱು ⟦basur̲u バスル⟧ [bəsur̲u] 《古》 *n.* **1** 腹、おなか **2** 心の中、心の奥底 [Ka. D5259] ☞ಬಸಿರು (basiru)

ಬಸೆ ⟦base バセ⟧ [bəse] 《‡》 *n.* 切り株など地面に刺さった尖ったもの [Ka. D5552] (*S. Mhr. (Kitt.)*)

ಬಸ್ವಳಿ ⟦basvaḷi バスヴァリ⟧ [bəsʋəḷi] 《方》 *vi.* 疲れる、疲労する (*Hav.*) [Ka. D5215]

ಬಸ್ರು ⟦basru バスル⟧ [bəsru] 《口》 *n.* 腹、おなか、など (*My. (Kitt.)*) [Ka. D5259] ☞ಬಸಿರು (basiru)

ಬಳಂಕು ⟦baḷaṃku バランク⟧ [bəḷəŋku] 《‡》 *vi.* 曲がる [Ka. D5314] (*Grj.1,86 (Kitt.)*)

ಬಳಕು ⟦baḷaku バラク⟧ [bəḷə̆ku] *vi.* (つる草などが風で)揺れる [Ka. D5307] ☞ಬಳುಕು (baḷuku)

ಬಳಕಿಸು ⟦baḷakisu バラキス⟧ [bəḷəkiku] *vt.* 揺らす、〈腰などを〉振る [Ka. caus. D5307]

ಬಳಕೆ ⟦baḷake バラケ⟧ [bəḷə̆ke] ಬಲಿಕೆ *n.* **1** 利用、使用 ¶ ನಮ್ಮ ಮನೆಯಲ್ಲಿ ಕಾಫಿಪುಡಿಯ ಬಳಕೆ ಇಲ್ಲ. (namma maneyalli kāpʰipuḍiya baḷake illa.) うちはコーヒーの粉を使用しない。 **2** 付き合い、親交 ¶ ನಮಗೂ ಅವರಿಗೂ ಬಳಕೆ ಇಲ್ಲ. (namagū avarigū baḷake illa.) 私たちと彼らは付き合いがない。¶ ಇದು ನನ್ನ ಬಳಕೆಯ ರಸ್ತೆ. (idu nanna baḷakeya raste.) これは私がいつも通る道だ。 **3** 習慣、慣わし ¶ ನನಗೆ ಪತ್ತೇದಾರಿ ಕಾದಂಬರಿ ಓದುವ ಬಳಕೆ ಇಲ್ಲ. (nanage pattēdāri kādambari ōduva baḷake illa.) 私は探偵小説に親しんでいない。¶ ನಾನು ಕಥೆ ಬರೆಯುತ್ತೇನೆ; ಕವಿತೆ ಬರೆಯುವ ಬಳಕೆ ಇಲ್ಲ. (nānu katʰe bareyuttēne; kavite bareyuva baḷake illa.) 私は物語を書くが、詩は書かない。 [Ka. D5292]

ಬಳಗ ⟦baḷaga バラガ⟧ [bəḷəgɐ] *n.* **1** (集合的に)親族 ¶ ಅವನ ಬಳಗ ತುಂಬ ದೊಡ್ಡದು. (avana baḷaga tumba doḍḍadu.) 彼はたくさんの親類縁者を持っている。 **2** 付き合っている人たち ¶ ಅವನಿಗೆ ದೊಡ್ಡ ಗೆಳೆಯರ ಬಳಗ ಇಲ್ಲ. (avanige doḍḍa geḷeyara baḷaga illa.) 彼には大勢の友達はいない。 [Ka. D5308]

ಬಳಪ ⟦baḷapa バラパ⟧ [bəḷəpɐ] ಬಳಹ, ಬಳಾಪ *n.* 石版に字を書くために使う柔らかくて白い石 [Ka. D4014]

ಬಳಬಳ ⟦baḷabaḷa バラバラ⟧ [bəḷəbəɐ] (*n.*) ぽろぽろ(流れる涙を表す擬態語) [Ka. mim.]

ಬಳಬಳನೆ ⟦baḷabaḷane バラバラネ⟧ [bəḷəbəḷə̆ne] *adv.* ぽろぽろと (涙や豆類などが落ちる様子を表す擬態語) ¶ ಕುರಿ ಹಿಕ್ಕಿ ಬಳಬಳ ಉದಿರುತ್ತದೆ. (kuri hikki baḷabaḷa udiruttade.) 羊の糞はぽろぽろ落ちる [+ *-ne*]

ಬಳಬೆ ⟦baḷabe バラベ⟧ [bəḷə̆be] ಬಣಬೆ *n.* 積んだ干し草 [Ka. D3886]

ಬಳಯಿಸು ⟦baḷayisu バライス⟧ [bəḷə̆jisu] *vt.* 増やす、増大させる [Ka. caus. D5304]

ಬಳಲಿಕೆ ⟦baḷalike バラリケ⟧ [bəḷəlike] *n.* 疲れ、疲労 [Ka.]

ಬಳಲು¹ ⟦baḷalu バラル⟧ [bəḷə̆lu] *vi.* 1 疲れ果てる、疲れてぐったりとなる ¶ ವಸ್ತುಪ್ರದರ್ಶನದಲ್ಲಿ ಸುತ್ತಾಡಿ ಬ-ಳಲಿದೆವು. (vastupradarśanadalli suttāḍi baḷalidevu.) 私たちは展覧会を見て歩いてとても疲れた。 2 (絶望して) ぐたっとなる ¶ ಮಗ ನೌಕರಿಗಾಗಿ ಸುತ್ತಾಡಿ ಎಲ್ಲೂ ಸಿಗದೆ ಬಳಲಿ ಮನೆಗೆ ಬಂದ. (maga naukarigāgi suttāḍi ellū sigade baḷali manege baṃda.) 息子は職を探して歩き回り疲れて帰ってきた。 [Ka. D5293, cf. 5298]

ಬಳಲಿಸು ⟦baḷalisu バラリス⟧ [bəḷə̆lisu] *vt.* 疲労困憊させる ¶ ಆ ಅಧಿಕಾರಿ ನನ್ನನ್ನು ಇಂದು ಬಾ ನಾಳೆ ಬಾ ಎಂದು ಹೇಳಿ ತುಂಬಾ ಬಳಲಿಸಿದರು. (ā adʰikāri nannannu iṃdu bā nāḷe bā eṃdu hēḷi tuṃbā baḷalisidaru.) 役人は「今日来い、明日来い」といって私を困らせた。 [+ *-isu* caus.]

ಬಳಲು² ⟦baḷalu バラル⟧ [bəḷə̆lu] *vi.* (草木が) しおれる ¶ ಬೆಳೆಗಳು ಮಳೆ ಇಲ್ಲದೆ ಬಳಲಿದವು. (beḷegaḷu maḷe illade baḷalidavu.) 雨が降らずに穀物はしおれてしまった。 [Ka. D5298, cf. D5293]

ಬಳವಲ ⟦baḷavala バラヴァラ⟧ [bəḷə̆vəlɐ] ಬಲವಲ *n.* ベルの木 (硬い殻とクリーム状の果肉を持つミカン科の野生の果物の一種) ⇀ 食・薬 [Ka. D5509] *[IMP 1.63]

ಬಳವಿ ⟦baḷavi バラヴィ⟧ [bəḷə̆vi] 《古》 *n.* 増大、成長 (*Śmd.247,255 (Kitt.)*) [Ka. D5304]

ಬಳವಿಗೆ ⟦baḷavige バラヴィゲ⟧ [bəḷə̆vige] 《‡》 *n.* 増大、成長 [Ka. D5304] (*Čt. I,53 (Kitt.)*)

ಬಳಸು¹ ⟦baḷasu バラス⟧ [bəḷə̆su] *vt.* 使用する、利用する ¶ ಅವನು ಕೊಡೆಯನ್ನು ಆಯುಧವಾಗಿ ಬಳಸುತ್ತಾನೆ. (avanu koḍeyannu āyudʰavāgi baḷasuttāne.) 彼は傘を武器として使う。¶ ಮೇಷ್ಟರು ವಿರಾಮ ವೇಳೆಯನ್ನು ಓದುವದರಲ್ಲಿ ಬಳಸುತ್ತಾರೆ. (mēṣṭaru virāma vēḷeyannu ōduvadaralli baḷasuttāre.) あの先生はひまな時間を読書に使っている。 [Ka. *D5292]

ಬಳಸು² ⟦baḷasu バラス⟧ [bəḷə̆su] *vt.* 1 取り囲む、包囲する ¶ ಕಾಡಿನ ಬೆಂಕಿ ಊರನ್ನೆಲ್ಲ ಬಳಸಿತು. (kāḍina beṃki ūrannella baḷasitu.) 山火事が村全体を取り囲んだ。 2 (…の) 周囲を回る ¶ ದೇವಸ್ಥಾನದಲ್ಲಿ ಭಕ್ತರು ದೇವರನ್ನು ಬಳಸಿ ಬರುತ್ತಾರೆ. (dēvastʰānadalli bʰaktaru dēvarannu baḷasi baruttāre.) 信者たちがお寺で神の周りを回る。 3 歩き回る、めぐる ¶ ಒಬ್ಬನೇ ಪೋಸ್ಟ್‌ಮನ್ ಇದ್ದುದರಿಂದ ಇಡೀ ಊರನ್ನು ಅವನೇ ಬಳಸಬೇಕು. (obbanē pōsṭman iddudariṃda iḍī ūrannu avanē baḷasabēku.) 郵便配達夫が一人しかいないので、彼は街中を歩き回らねばならない。 —(*n.*) 1 (道などが) 遠回り〈の〉 2 回りくどい〈こと〉、遠回し〈な〉 [Ka. D5313]

ಬಳಸುದಾರಿ ⟦baḷasudāri バラスダーリ⟧ [bəḷə̆sudɐːri] *n.* 回り道 ¶ ನೇರದಾರಿ ಬಿಟ್ಟು ಬಳಸುದಾರಿಯಲ್ಲಿ ಏಕೆ ಹೋಗುತ್ತೀ-ರಿ? (nēradāri biṭṭu baḷasudāriyalli ēke hōguttīri?) まっすぐな道があるのにどうしてあなたは回り道するのですか。 [+ *dāri*]

ಬಳಸುಮಾತು ⟦baḷasumātu バラスマートゥ⟧ [bəḷə̆sumɐːtu] *n.* 回りくどい言い方、遠回しな言い方 [+ *mātu*]

ಬಳಹ ⟦baḷaha バラハ⟧ [bəḷəhɐ] *n.* 石版に字を書くために使う柔らかくて白い石 [Ka. D4014] = ಬಳಪ (baḷapa)

ಬಳಾಪ ⟦baḷāpa バラーパ⟧ [bəḷɐːpɐ] 《‡》 *n.* (石版に字を書くための) 柔らかい石の棒 (*My. (Kitt.)*) [Ka. D4014] ☞ಬಳಪ (baḷapa)

ಬಳಿ¹ ⟦baḷi バリ⟧ [bəḷi] ಬಡಿ, ಬಟಿ¹ *vt.* 1〈ウコンの練り粉などを〉(体に) 塗る、(壁などに)〈塗料を〉塗る 2 箒で掃く 3〈書いた文字などを〉筆でなぞる [Ka. D5295]

ಬಳಿ² ⟦baḷi バリ⟧ [bəḷi] 《方》 *vi.* (油などがひっくり返した壺などから) 完全に流れ出る (*Hav.*) [Ka. D5296]

ಬಳಿಕು ⟦baḷiku バリク⟧ [bəḷĭku] 《異》 *vi.* [Ka. D5307] ☞ಬಳುಕು (baḷuku)

ಬಳಿದು ⟦baḷidu バリドゥ⟧ [bəḷĭđdu] 《‡》 (*n.*) 坂になった〈こと〉(*My. (Kitt.)*) [Ka. D5311]

ಬಳುಂಕು ⟦baḷuṃku バルンク⟧ [bəḷuŋku] ಬಳಂಕು 《古》 *vi.* 曲がる、たわむ [Ka. D5314] ☞ಬಳುಕು (baḷuku)

ಬಳುಕು ⟦baḷuku バルク⟧ [bəḷŭku] ಬಳಕು, ಬಳಿಕು, ಬಳ್ಕು *vi.* 1 (重さなどで) たわむ 2 揺れる 3〔喩〕(女性が) しなを作って歩く [Ka. D5307?, D5314]

ಬಳುಕಿಸು ⟦baḷukisu バルキス⟧ [bəḷŭkisu] *vt.* 1〈割竹や薄い剣などを〉しならす、たわめる 2 揺らす ¶ ಸಿನೆಮದಲ್ಲಿ ಹುಡುಗಿಯರು ಸೊಂಟವನ್ನು ಬಳುಕಿಸುತ್ತಾ ಹಾಡು-ತ್ತಾರೆ. (sinemadalli huḍugiyaru soṃṭavannu baḷukisuttā hāḍuttāre.) 映画で娘たちが腰を振りながら踊る。 [+ *-isu* caus. D5307?, D5314]

ಬಳುಗು ⟦baḷugu バルグ⟧ [bəḷŭgu] 《方》 *vt.* 〈床を〉牛糞で磨く (Hav.) [Ka. D5295]

ಬಳುವಳಿ ⟦baḷuvaḷi バルヴァリ⟧ [bəḷŭvəḷi] ಬಳ್ವಳ್ಳಿ, ಬ-ಳ್ಳೊಳ್ಳಿ, ಬಟಿವಟಿ *n.* 贈り物 (王から学者への贈り物や、実家の父から結婚した娘への贈り物) [? cf. Tu. *baḷivaḷi*]

ಬಳುವಳಿಕೆ ⟦baḷuvaḷike バルヴァリケ⟧ [bəḷuvəḷĭke] 《‡》 *n.* 成長、増大 [Ka. D5304] (*Čpr.4.2. (Kitt.)*)

ಬಳುವು ⟦baḷuvu バルヴ⟧ [bəḷŭvu] 《‡》 *n.* 重さ、重量 [Ka. D5304] (*My.* (*Kitt.*))

ಬಳೆ[1] ⟦baḷe バレ⟧ [bəḷe] 《文》 *vi.* 1 (動物、鳥類などが)成長する、大きくなる 2 (大きさが)増す、大きくなる、(数が)増える 3 (植物が)育つ、生育する [Ka. D5304] ☞ಬೆಳೆ (beḷe)

ಬಳೆಯಿಸು ⟦baḷeyisu バレイス⟧ [bəḷejĭsu] 《文》 *vt.* 増やす、成長させる、など [Ka. D5304]

ಬಳೆ[2] ⟦baḷe バレ⟧ [bəḷe] ವಳೆ *n.* 腕輪 ¶ ಅವನು ಕೈಯಲ್ಲಿ ಬಳೆ ಹಾಕಿಕೊಂಡಿದ್ದಾನೆ. (avanu kaiyalli baḷe hākikoṃḍiddāne.) 彼は手に腕輪をはめている(彼は女性のようだ)。 [Ka. D5313] = ಬಳೆ (baḷe)

ಬಳೆವಿಗೆ ⟦baḷevige バレヴィゲ⟧ [bəḷĕvige] 《‡》 *n.* 成長、増大 [Ka. D5304] (*Čpr.1.after 101* (*Kitt.*))

ಬಳ್ಕು ⟦baḷku バルク⟧ [bəḷku] 《口》 *vi.* 1 曲がる 2 (つる草などが)揺れる ☞ಬಳುಕು (baḷuku) [Ka. D5307, D5314]

ಬಳ್ಕುಡಿ ⟦baḷkuḍi バルクディ⟧ [bəḷkuḍi] 《古》 *n.* 驚愕、恐れ [Ka. D5307] ☞ಬಕ್ಕುಡಿ (bakkuḍi)

ಬಳ್ಪ ⟦baḷpa バルパ⟧ [pəḷpə] 《方》 (*n.*) なめらか〈な〉 (*Gul.*) [Ka. D5299(a)]

ಬಳ್ಪಳ ⟦baḷpaḷa バルパラ⟧ [bəḷpəḷɐ] 《‡》 *n.* 成長 [Ka. D5304] (*Čt.II.37* (*Kitt.*))

ಬಳ್ಪಳಿಕೆ ⟦baḷpaḷike バルパリケ⟧ [bəḷpəḷĭke] 《‡》 *n.* 成長、偉大 [Ka. D5304] (*Kitt., Čpr.8.51.va.*)

ಬಳ್ಳ ⟦baḷḷa バッラ⟧ [bəḷḷɐ] *n.* 容量の単位の一種(およそ4リットル) [Ka. D5315]

ಬಳ್ಳಿ[1] ⟦baḷḷi バッリ⟧ [bəḷḷi] 《方》 *n.* 縄 (*Hav.*) [Ka. D5305]

ಬಳ್ಳಿ[2] ⟦baḷḷi バッリ⟧ [bəḷḷi] *n.* つる草 ¶ ಅವನ ಬಳಗದ ಬಳ್ಳಿ ದೊಡ್ಡದು. (avana baḷagada baḷḷi doḍḍadu.) 彼の親族関係の輪は大きく広がっている。 [Ka. D5316]

ಬಳ್ಳೆ ⟦baḷḷe バッレ⟧ [bəḷḷe] 《古》 *n.* 空心菜(ヨウサイとも言う、ヒルガオ科サツマイモ属の水生つる性植物で葉野菜として栽培される) → 食 [Ka. D5319] = ಬಳ್ಳೆ ಸೊಪ್ಪು (baḷḷe soppu)

ಬಱ[1] ⟦baṟa バラ⟧ [bəṟɐ] 《古》 *n.* 旱魃、飢饉 [Ka. D5320]

ಬಱ[2] ⟦baṟa バラ⟧ [bəṟɐ] 《古》 (*n.*) (植物、頭髪などが)生えていない〈こと〉 [Ka. D5513]

ಬಱಟಿ ⟦baṟaṭi バラティ⟧ [bəṟə̆ṭi] ಬೆಱಟಿ, ಬೆರಣಿ, ಬೆಱಣಿ, ಬೆಱಣೆ, ಬೆಱಳಿ 《古》 *n.* 1 (燃料とするための)牛糞を丸めたもの 2 牛糞 [Ka. D5321]

ಬಱಡ ⟦baṟaḍa バラダ⟧ [bəṟə̆ḍɐ] 《古》 *m.* 《*f.* ಬಱಡಿ (baṟaḍi)》 子どもを作れない男性 ☞ಬರಡ (baraḍa) [Ka. D5320]

ಬಱಡಿ ⟦baṟaḍi バラディ⟧ [bəṟə̆ḍi] 《古》 *f.* 《*m.* ಬಱಡ (baṟaḍa)》 子どもができない女性 ☞ಬರಡಿ (baraḍi) [Ka. D5320]

ಬಱಡು ⟦baṟaḍu バラドゥ⟧ [bəṟə̆ḍu] 《古》 (*n.*) 1 (人や動物が)不妊〈の〉、(土地が)不毛〈の〉 2 無駄〈な〉、無用〈な〉 [Ka. D5320] ☞ಬರಡು (baraḍu)

ಬಱಪ ⟦baṟapa バラパ⟧ [bəṟə̆pɐ] 《古》 *n.* 渇望、度を越した欲望 (*Čpr.8.70* (*Kitt.*)) = ಅತ್ಯಾಸೆ (atyāse) [Ka. D5320, D5513]

ಬಱಲು ⟦baṟalu バラル⟧ [bəṟə̆lu] 《古》 (*n.*) (樹木の)葉が落ちて裸になった〈こと〉 —*n.* 葉がすっかり落ちた枯れ枝 ☞ಬರಲು (baralu)[2] [Ka. D5320]

ಬಱಹು ⟦baṟahu バラフ⟧ [bəṟə̆hu] 《古》 *n.* 旱魃 [Ka. D5320, D5513]

ಬಱಿ ⟦baṟi バリ⟧ [bəṟi] 《古》 (*adj.*) (頭に)何も覆っていない〈こと〉、はだし〈の〉、(手に)何も持っていない〈こと〉 [Ka. D5513]

ಬಱಿದೆ ⟦baṟide バリデ⟧ [bəṟiđe] 《古》 *adv.* 特に理由なく、何となく (*Pb.11.79*) [Ka. D5513]

ಬಱು ⟦baṟu バル⟧ [bəṟu] 《古》 (*adj.*) (頭に)何も覆っていない〈こと〉、はだし〈の〉、(手に)何も持っていない〈こと〉 [Ka. D5513]

ಬಱುಂಟು ⟦baṟuṃṭu バルントゥ⟧ [bəṟuṉṭu] ಬೆರಟು, ಬೆ-ಱಂಟು, ಬೆಱಟು 《古》 *vt.* 爪で引っ掻く、掻く、爪でほじくる [Ka. *D5322]

ಬಱುಕಟೆ ⟦baṟukaṭe バルカテ⟧ [bəṟukəṭe] 《古》 (*n.*) 無用〈な〉 [Ka. *D5320] ☞ಬಕ್ಕಟ (bakkaṭa)〔現〕

ಬಱೆ[1] ⟦baṟe バレ⟧ [bəṟe] 《古》 *vi.* 《過去語幹 baṟat-》 1 乾く、乾燥する;干からびる 2 痩せ衰える [Ka. D5320]

ಬಱೆ[2] ⟦baṟe バレ⟧ [bəṟe] 《‡》 (*adj.*) ただ〈の〉、単なる (*DEDR*) [Ka. D5513]

ಬಱ್ಱನೆ ⟦baṟṟane バッラネ⟧ [bəṟṟə̆ne] 《‡》 *adv.* 1 ばたばたと(鳥の飛び立つ音を表す擬音語) 2 いきなり(飛び出すなど) (*B.2.12; My.* (*Kitt.*)) [Ka. D4329] (*B.2,28* (*My; Kitt.*))

ಬಟ್- ⟦baṛ- バル-⟧ [bəɻ] 《古》 *vi.* 過去形に現れる ಬಾಟ್- (bāṛ-) の異形態 [Ka. D5372] ☞ಬಾಟ್ (bāṛ)

ಬಟಿಕೆ ⟦baṛake バラケ⟧ [bəɻə̆ke] 《古》 *n.* 1 使用、利用 2 親しくつき合うこと、親交 [Ka. D5292]

ಬಟಿಚು ⟦baṛacu バラチュ⟧ [bəɻə̆ʧu] 《‡》 *vt.* 《*caus.*》 塗らせる、など (*My.* (*Kitt.*)) [Ka. caus. D5295]

ಬಟಿಲ್[1] ⟦baṛal バラル⟧ [bəɻəl] 《古》 *vi.* 1 疲れる、疲労する 2 ぐたっとなる、元気を失う [Ka. D5293]

ಬಟಿಲ್[2] ⟦baṛal バラル⟧ [bəɻəl] 《古》 *vi.* 1 緩む 2 ぶら下がる 3 (ショールなどが肩などから)すべる [Ka. D5298]

ಬಟಿಲಿಕೆ ⟦baṛalike バラリケ⟧ [bəɻəlĭke] 《古》 *n.* 疲れること [Ka. D5293]

ಬಟಿಲು ⟦baṛalu バラル⟧ [bəɻə̆lu] 《古》 *vi.* [Ka. D5293] ☞ಬಟಿಲ್ (baṛal)

ಬಟಿಲ್ಕೆ ⟦baṛalke バラルケ⟧ [bəɻəlke] 《古》 *n.* 疲れ、倦怠 [Ka. D5293]

ಬಟಿಸು ⟦baṛasu バラス⟧ [bəɻəsu] 《古》 *vt.* 利用する、使用する [Ka. D5292]

ಬಱಿ¹ ⟦bar̤i バリ⟧ [bəɻi] 《古》 *vt.* 1〈ウコンのペーストなどを〉(体に) 塗る、〈塗料を〉(壁などに) 塗る 2 箒で掃く 3〈書いた文字などを〉なぞる [Ka. D5295]

ಬಱಿ² ⟦bar̤i バリ⟧ [bəɻi] 《古》 *n.* 1 道、道路 2 場所 3 やり方、方法 4 (時間的に) あと —*adv.* 1 後で 2 さらに [Ka. D5297]

ಬಱಿಕ ⟦bar̤ika バリカ⟧ [bəɻikɐ] ಬಱಿಕಂ 《古》 *adv.* 1 後で 2 それから —*postp.* 《*gen.*》 …の後で [Ka. D5297]

ಬಱಿಕೆ ⟦bar̤ike バリケ⟧ [baʒike] 《‡》 *n.* 使用すること (*Si.15.102* (*Kitt.*)) [Ka. D5292] ☞ಬಳಕೆ (baḷake)

ಬಱಿಚು ⟦bar̤icu バリチュ⟧ [bəɻiʧu] 《‡》 *vt.* 《*caus.*》〈ウコンのペーストなどを〉(体に) 塗る [Ka. caus. D5295] (*J.4,44* (*Kitt.*))

ಬಱಿಲ್ ⟦bar̤il バリル⟧ [bəɻil] 《‡》 *vi.* [Ka. D5298] (*Šmd.I.* (*Kitt.*)) ☞ಬಱಲ್ (bar̤al)

ಬಱಿಲ್ಚು ⟦bar̤ilcu バリルチュ⟧ [bəɻilʧu] 《‡》 *vt.* 滑らせる、緩ませる、など (*Kitt.*, *Šmd.Dh.*) [Ka. caus. D5298]

ಬಱಿಸು¹ ⟦bar̤isu バリス⟧ [bəɻĭsu] 《‡》 *vt.* 使う、〈時を〉過ごすなど (*Bp.16,19* (*Kitt.*)) (*My.* (*Kitt.*)) [Ka. D5292]

ಬಱಿಸು² ⟦bar̤isu バリス⟧ [bəɻĭsu] 《‡》 *vt.* 《*caus.*》掃き集めさせる、など (*My.* (*Kitt.*)) [Ka. D5295]

ಬಱು ⟦bar̤u バル⟧ [bəɻu] 《‡》 *n.*〈ウコンのペーストなどを〉(体に) 塗ること (*Kitt.*, *J.31.19*) [Ka. D5295]

ಬಱ್ಚು ⟦bar̤cu バルチュ⟧ [bəɻʧu] 《古》 *vt.* 《*caus.*》 1〈ウコンのペーストなどを〉(体に) 塗る 2 愛撫する —*vi.* 1 そっと逃げ去る 2 (悪霊、邪視の影響などがまじないなどで) 消える [Ka. *D5295]

ಬಱುಗಾರೆ ⟦bar̤ugāre バルガーレ⟧ [bəɻugɐːre] 《‡》 *n.* 壁などに塗る石灰 (*My.* (*Kitt.*)) [Ka. *bar̤u* + *gāre* D5295]

ಬಱ್ದುಂಕು ⟦bar̤duṃku バルドゥンク⟧ [bəɻduŋku] 《古》 *vi.* [Ka. D5372] ☞ಬದುಕು (baduku)

ಬಾ¹ ⟦bā バー⟧ [bɐː] *vi.* 来い (動詞 ಬರ್ (bar)「来る」の命令法二人称単数形) [Ka. *D5270]

ಬಾ² ⟦bā バー⟧ [bɐː] *vi.* 《過去語幹 bāt-》 1 (体の一部が) 腫れる、膨れる 2〔喩〕(喜びや誇りで) いっぱいになる [Ka. D5350]

ಬಾಂಕು ⟦bāṃku バーンク⟧ [bɐːŋku] 《方》 *n.* 犬の鳴き声 (*Hav.*) [Ka. D5337]

ಬಾಂಡಿ ⟦bāṃḍi バーンディ⟧ [bɐːɳɖi] 《希》 *n.* 金属製や石製の半球形のフライパン [Ka. D4069]

ಬಾಂಡ್ಲಿ ⟦bāṃḍli バーンドリ⟧ [bɐːɳɖli] *n.* [Ka. D4069] (*My.* (*Kitt.*)) ☞ಬಾಣಲಿ (bāṇali)

ಬಾಂದು ⟦bāṃdu バーンドゥ⟧ [bɐːndu] *n.* 1 堤防、突堤 2 境界線を記す石 [M./H. *bāṃdʰă* T9136]

ಬಾಂದು ಕಲ್ಲು ⟦bāṃdu kallu バーンドゥカッル⟧ [bɐːndu kəllu] *n.* 境界を示す石 [*bāṃdu* + *kallu*]

ಬಾಂಧವ ⟦bāṃdʰava バーンダヴァ⟧ [bɐːndʰəvɐ] 《文》 *mf.* 親族、親類 [Sk.]

ಬಾಂಧವ್ಯ ⟦bāṃdʰavya バーンダヴィャ⟧ [bɐːndʰəv·jɐ] 《文》 *n.* 親族、親類；交友関係 [Sk.]

ಬಾಂಬ ⟦bāṃba バーンバ⟧ [bɐːmbɐ] 《古》 *m.* 《*f.* ಬಾಂಬಿತಿ (bāṃbiti)》 1 壺作り 2〔喩〕馬鹿 [Ka. D5327]

ಬಾಕಲ್ ⟦bākal バーカル⟧ [bɐːkəl] 《口》 *n.* 1 扉、ドア 2 出入り口 [Ka. D5354] ☞ಬಾಗಿಲು (bāgilu)〔汎〕

ಬಾಕಲು ⟦bākalu バーカル⟧ [bɐːkŏlu] 《‡》 *n.* 落穂 (*My.* (*Kitt.*)) [Ka. D4051]

ಬಾಕಿ ⟦bāki バーキ⟧ [bɐːki] *n.* 1 残り、残余 2 未払い額 [Ar. *bāqī*]

ಬಾಕಿದಾರ ⟦bākidāra バーキダーラ⟧ [bɐːkidɐːrɐ] *m.* 《*f.* ಬಾಕಿದಾರಳು (bākidāraḷu)》代金や借金などを完済していない人 [Ar. *bāqī* + Pe. *-dār*]

ಬಾಕು 短刀

ಬಾಕು ⟦bāku バーク⟧ [bɐːku] ಬಾಂಕು 《方》 *n.* 湾曲した短刀、ジャンビーヤ [⇒図] [H./M. *bākā* T11191]

ಬಾಕುಳಿ ⟦bākuḷi バークリ⟧ [bɐːkuḷi] ಬಾಕುಳಿ 《文》 *n.* 貪欲 —*mf.* 欲張り、貪欲な人 ☞ಬಾಗುಳಿ (bāguḷi) [Ka. D5257? cf. *vyākula-*]

ಬಾಗಲ್ ⟦bāgal バーガル⟧ [bɐːgəl] 《口》 *n.* [Ka. D5354] ☞ಬಾಗಿಲು (bāgilu)〔汎〕

ಬಾಗಾಯಿತು ⟦bāgāyitu バーガーイトゥ⟧ [bɐːgɐːjitu] *n.* 1 (ココヤシ、ビンロウジュ、サトウキビなど) 多量の水を必要とする作物用の畑 2 (ココヤシ、ビンロウジュ、サトウキビなど) 多量の水を必要とする作物の耕作 [Pe. *bāgāt*]

ಬಾಗಿಲು ⟦bāgilu バーギル⟧ [bɐːgĭlu] *n.* 1 入り口、戸口、玄関 2 扉、ドア [Ka. D5354]

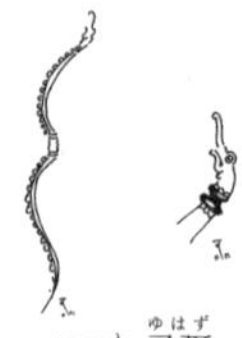

ಬಾಗು 弓弭(ゆはず)

ಬಾಗು ⟦bāgu バーグ⟧ [bɐːgu] *vi.* 1 (重さなどで) 曲がる、頭を下げる ¶ ಮರ ಬಿದ್ದು ಮನೆಯ ಸೂರು ಬಾಗಿತು. (mara biddu maneya sūru bāgitu.) 木が倒れて家のひさしが曲がった。 2 (礼をするために) 頭を下げる —*n.* 弓の端や短刀の切っ先の曲がった部分、弓弭(ゆはず) [⇒図] —*vt.* (飯が粘つかないように)〈米を炊いた水を〉鍋を傾けてこぼす cf. ಬಸಿ (basi) [Ka. D5334, D5335]

ಬಾಗಿಸು ⟦bāgisu バーギス⟧ [bɐːgĭsu] *vt.* 曲げる、曲がらせる ¶ ಹುಡುಗಿ ನಾಚಿಕೆಯಿಂದ ತಲೆ ಬಾಗಿಸಿದಳು. (huḍugi nācikeyiṃda tale bāgisidaḷu.) 少女は恥ずかしそうに頭を垂れた。 [Ka. caus. D5335]

ಬಾಗುವತನ ⟦bāguvatana バーグヴァタナ⟧ [bɐːgŭvətənɐ] 《‡》 *n.* 曲がっていること [Ka. D5335] (*Śmd.ḍh.* (*Kitt.*))

ಬಾಗುಹ ⟦bāguha バーグハ⟧ [bɐːgŭhɐ] 《古》 *n.* (頭などを) 下げること [Ka. D5335] (*Kitt.*)

ಬಾಗುಳ ⟦bāguḷa バーグラ⟧ [bɐːgŭḷɐ] 《文》 *n.* 1 途方にくれること、心の混乱 2 欲望、貪欲 [Sk. *vyākula-*? cf. *bākuḷi*]

ಬಾಗುಳಿ ⟦bāguḷi バーグリ⟧ [bɐːgŭḷi] ಬಾಕುಳಿ 《文》 *mf.* 欲張り、貪欲な人 [Ka. *D5257, cf. Sk. *vyākula-*] ☞ಬಾಕುಳಿ (bākuḷi)

ಬಾಗೆ ⟦bāge バーゲ⟧ [bɐːge] 《古》 *n.* ネムノキ属の木の一種(白い芳しい花が咲く) [Ka. D5333]

ಬಾಚಣಿಗೆ ⟦bācaṇige バーチャニゲ⟧ [bɐːʧə̆ɳige] *n.* 櫛 [Ka. D5357]

ಬಾಚಿ 釿

ಬಾಚಿ ⟦bāci バーチ⟧ [bɐːʧi] *n.* 木を削るための手斧、釿 [⇒図] [Ka. D5339]

ಬಾಚು[1] ⟦bācu バーチュ⟧ [bɐːʧu] ಬಾಯ್ಚು ಬಾರ್ಚು, ಬಾಸು *vt.* 〈髪の毛を〉櫛でとく、くしけずる [Ka. D5357]

ಬಾಚು[2] ⟦bācu バーチュ⟧ [bɐːʧu] ಬಾಯ್ಚು ಬಾರ್ಚು, ಬಾಸು *vt.* **1** 引ったくる、強奪する ¶ ಕಳ್ಳರು ಮನೆಗೆ ನುಗ್ಗಿ ಎಲ್ಲವನ್ನು ಬಾಚಿಕೊಂಡು ಹೋದರು. (kaḷḷaru manege nuggi ellavannu bācikoṃḍu hōdaru.) 泥棒どもが家に侵入しすべてのものをかっさらっていった。 **2** 〈ゴミなどを〉かき集める、〈ゴミなどを〉かき集めて取り去る [Ka. D5357, D5362]

ಬಾಜಿ ⟦bāji バージ⟧ [bɐːʤi] *n.* **1** 博打 **2** 博打やゲームにかけたもの、賭け ¶ ಅವನು ಕುದುರೆಯ ಮೇಲೆ ಬಾಜಿ ಕಟ್ಟಿ ಎಲ್ಲವನ್ನು ಸೋತ. (avanu kudureya mēle bāji kaṭṭi ellavannu sōta.) 彼は馬に金を賭けてすべてを失った。 [Pe. *bāzī*]

ಬಾಜಿಸು ⟦bājisu バージス⟧ [bɐːʤisu] 《古》 *vt.* 〈楽器を〉演奏する [H. *bajānā*/M. *vājāṇē* T12225 + *-isu*]

ಬಾಜು ⟦bāju バージュ⟧ [bɐːjuː] ಬಾಜೂ *n.* **1** (建物や体の)脇、横側 **2** (社会的に)側 ¶ ಸಮಾಜವಾದಿ ಪಕ್ಷ ಜನತಾಪಕ್ಷದ ಬಾಜು ನಿಂತಿತು. (samājavādi pakṣa janatā-pakṣada bāju niṃtitu.) 社会党は人民党の側に立った。 [Pe. *bāzū*] (NK.)

ಬಾಡರು サーリーの縁

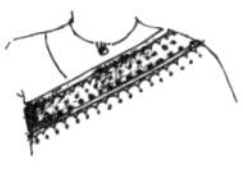

ಬಾಡರು ⟦bāḍaru バーダル⟧ [bɐːɖəru] *n.* 刺繍を施したサーリーの縁 [⇒図] [Eg. *border*]

ಬಾಡಗೆ ⟦bāḍage バーダゲ⟧ [bɐːɖə̆ge] 《異》 *n.* [?] ☞ಬಾಡಿಗೆ (bāḍige)

ಬಾಡಿಗೆ ⟦bāḍige バーディゲ⟧ [bɐːɖĭge] ಬಾಡಗೆ *n.* (家、部屋、機械などの)賃貸借；賃貸借料 [? cf. Ta. *vāṭakai*, Te. *vāḍuka*, Ma. *vāḍaka*, Sk. *bʰāṭaka-*]

ಬಾಡಿಗೆ ಪತ್ರ ⟦bāḍige patra バーディゲパトラ⟧ [bɐːɖĭge pətrɐ] *n.* 賃貸契約書 [*bāḍige* + *patra*]

ಬಾಡಿಗೆದಾರ ⟦bāḍigedāra バーディゲダーラ⟧ [bɐːɖĭgedɐːrɐ] *m.* 《*f.* ಬಾಡಿಗೆದಾರಳು (bāḍigedāraḷu)》(不動産、機械などの)賃借り人 [+ *-dāra*]

ಬಾಡು[1] ⟦bāḍu バードゥ⟧ [bɐːɖu] *vi.* **1** (植物や花などが)しおれる **2** (顔が)輝きを失う、生気を失う **3** 痩せ衰える **4** (傷などが)癒える ¶ ಗಾಯ ಸ್ವಲ್ಪ ಬಾಡಿದೆ. (gāya svalpa bāḍide.) 傷は少しよくなった。 [Ka. D5342]

ಬಾಡಿಸು[1] ⟦bāḍisu バーディス⟧ [bɐːɖĭsu] *vt.* しおれさせる、など [Ka. caus. D5342]

ಬಾಡು[2] ⟦bāḍu バードゥ⟧ [bɐːɖu] 《文》 *n.* **1** (体の一部としてのまたは食用の)肉 **2** 野菜 **3** 副食(物)、おかず [Ka. D5345, cf. D5342]

ಬಾಡಿಸು[2] ⟦bāḍisu バーディス⟧ [bɐːɖĭsu] *vt.* **1** 〈野菜や肉などを〉油でいためる **2** 〈漬物や副食物を〉副食として(ご飯と共に)食べる [+ *-isu* D5345]

ಬಾಣಂತಿ ⟦bāṇaṃti バーナンティ⟧ [bɐːɳənti] *f.* 《*pl.* ಬಾಣಂತಿಯರು (bāṇaṃtiyaru)》産婦 [Ka. D5347] ☞ಬಾಣತಿ (bāṇati)

ಬಾಣ[1] ⟦bāṇa バーナ⟧ [bɐːɳɐ] 《‡》 *n.* 空 [Ka. D5381] (*My.* (*Kitt.*))

ಬಾಣ[2] ⟦bāṇa バーナ⟧ [bɐːɳɐ] *n.* 矢 [Sk.] = ಅಂಬು (aṃbu)

ಬಾಣತಿ ⟦bāṇati バーナティ⟧ [bɐːɳə̆ti] ಬಾಣಂತಿ, ಬಾಳಂತಿ *f.* 産婦 [Ka. D5347] = ಬಾಣಂತಿ (bāṇaṃti)

ಬಾಣತ್ತಿ ⟦bāṇatti バーナッティ⟧ [bɐːɳətti] 《‡》 *f.* [Ka. D5347] (*Abhā.2,106* (*Kitt.*)) ☞ಬಾಣತಿ (bāṇati)

ಬಾಣಲಿ ⟦bāṇali バーナリ⟧ [nɐːɳə̆li] ಬಾಂಡಲಿ, ಬಾಂಡಲೆ, ಬಾಂಡ್ಲಿ, ಬಾಣಲೆ, ಬಾಳಣೆ, ಬಾಳಲಿ *n.* (物を煮たり炒めたり揚げたりする時に用いる)金属製あるいは石製の半球形のフライパン [⇒図] [Ka. D4069]

ಬಾಣಲಿ フライパン

ಬಾಣಲೆ ⟦bāṇale バーナレ⟧ [bɐːɳəle] *n.* [Ka. D4069] ☞ಬಾಣಲಿ (bāṇali)

ಬಾಣಸ ⟦bāṇasa バーナサ⟧ [bɐːɳə̆sɐ] 《文》 *n.* 料理 [Sk. *mahānasa-*]

ಬಾಣಸಿಗ ⟦bāṇasiga バーナシガ⟧ [bɐːɳə̆sigɐ] 《文》 *m.* 《*f.* ಬಾಣಸಗಿತ್ತಿ (bāṇasagitti)》料理人 [*bāṇasa* + *-iga*]

ಬಾಣಿ ⟦bāṇi バーニ⟧ [bɐːɳi] 《方》 *n.* 牧場 (*Coorg*) [Ka. D4071]

ಬಾತ್ಮಿ ⟦bātmi バートミ⟧ [bɐːtmi] *n.* ニュース、情報、知らせ (*NK*) [M. *bātāmī* Sk. *vārtā-* T11564.2 + ?]

ಬಾತ್ಮಿಗಾರ ⟦bātmigāra バートミガーラ⟧ [bɐːtmidɐːrɐ] *m.* 《*f.* ಬಾತ್ಮಿಗಾರಳು (bātmigāraḷu)》**1** 特派員、通信員 **2** 情報提供者 [*bātnmi* + *-gāra*]

ಬಾತ್ಮಿದಾರ ⟦bātmidāra バートミダーラ⟧ [bɐːtmidɐːrɐ] *m.* 《*f.* ಬಾತ್ಮಿದಾರಳು (bātmidāraḷu)》 **1** 特派員、通信員 **2** 情報提供者 [*bātnmi* + *-dāra*]

ಬಾಧಕ ⟦bādʰaka バーダカ⟧ [bɐːdʰəkɐ] *n.* 邪魔、邪魔物、妨害になるもの ¶ ಟಿ.ವಿ. ಮಕ್ಕಳ ಓದಿಗೆ ಬಾಧಕವಾಗಿದೆ. (ṭi.vi. makkaḷa ōdige bādʰakavāgide.) テレビは子どもの勉強に邪魔だ。 [Sk.]

ಬಾಧಿಸು ⟦bādʰisu バーディス⟧ [bɐːdʰisu] *vt.* **1** 苦しませる、困らせる ¶ ಉಳುಕಿನಿಂದ ಕಾಲು ತುಂಬಾ ಬಾಧಿಸುತ್ತದೆ. (uḷukinimda kālu tuṃbā bādʰisuttade.) くじいた足がとても痛い。 ¶ ತಲೆ ನೋವು ನನ್ನನ್ನು ಬಾಧಿಸುತ್ತಿದೆ. (tale nōvu nannannu bādʰisuttide.) 僕は頭痛で困っている。 **2** 〔喩〕 苦しめる ¶ ಮಗನ ನಡತೆ ನನ್ನನ್ನು ತುಂಬ ಬಾಧಿಸುತ್ತದೆ. (magana naḍate nannannu tuṃba bādʰisuttade.) 息子の振る舞いが私をとても苦しめている。 [Sk.]

ಬಾಧೆ ⟦bādʰe バーデ⟧ [bɐːdʰe] *n.* **1** 痛み、苦痛 ¶ ಹಲ್ಲಿನ ಬಾಧೆ ಸಹಿಸಲಾರದಷ್ಟು ಇದೆ. (hallina bādʰe sahisalāradaṣṭu ide.) 歯痛は我慢できないほどだ。 **2** 〔喩〕 苦悩、困難、難儀 ¶ ಕಾಂಟ್ರಾಕ್ಟರಿಂದ ನಮಗೆ ತುಂಬ ಬಾಧೆ ಆಯಿತು.

(kāmṭrākṭarimda namage tumba bādʰe āyitu.) 請負人に散々苦しめられた。[Sk.]

ಬಾಧ್ಯ ⟦bādʰya バーディャ⟧ [bɐːdʰ·jɐ] 《文》 *m.* 《*f.* ಬಾಧ್ಯಳು (bādʰyaḷu)》 **1** 権利者、請求権を持つ人 ¶ ತಂದೆಯ ಆಸ್ತಿಗೆ ಮಗನು ಬಾಧ್ಯನು. (taṃdeya āstige maganu bādʰyanu.) 父親の財産には息子が請求権を持つ。 **2** 責任者 ¶ ಈ ತೊಂದರೆಗಳಿಗೆ ನೀವೇ ಬಾಧ್ಯರು. (ī toṃdaregaḷige nīvē bādʰyaru.) この難儀にはおまえこそが責任者だ。[Sk.]

ಬಾಧ್ಯತೆ ⟦bādʰyate バーディャテ⟧ [bɐːdʰ·jəte] 《文》 *n.* **1** 権利、請求権 **2** 責任 ¶ ಪೌರರು ತಮ್ಮ ಬಾಧ್ಯತೆಗಳನ್ನು ತಿಳಿದುಕೊಳ್ಳಬೇಕು. (pauraru tamma bādʰyategaḷannu tiḷidukoḷḷabēku.) 市民は自分の責任を知らねばならない。[Sk.]

ಬಾಧ್ಯಸ್ಥ ⟦bādʰyasta バーディャスタ⟧ [bɐːdʰ·jəstɐ] 《文》 *m.* 《*f.* ಬಾಧ್ಯಸ್ಥಳು (bādʰyastaḷu)》ある財産に対して権利や請求権を持つ人 [Sk.]

ಬಾನ್¹ ⟦bān バーン⟧ [bɐːn] 《古》 *vt.* 〈壺類を〉作る —*n.* 陶磁器 [Ka. D5327]

ಬಾನ್² ⟦bān バーン⟧ [bɐːn] ಬಾಂ, ಬಾನ, ಬಾನು 《古》 *n.* **1** 空、天空 **2** 天国、界、神や半神の世界 [Ka. D5381]

ಬಾನ ⟦bāna バーナ⟧ [bɐːnɐ] 《古》 *n.* 大きな広口の土製の壺［⇒図］[Ka. D4124]

ಬಾನ 広口壺

ಬಾನಲ್ ⟦bānal バーナル⟧ [bɐːnəl] 《‡》 (*n.*) 色褪せた〈こと〉(*Čt.II,117*) [Ka. D4070]

ಬಾನಿ¹ ⟦bāni バーニ⟧ [bɐːni] ಬಾನೆ *n.* 大きな土製や金属製の壺 [Ka. D4124]

ಬಾನಿ² ⟦bāni バーニ⟧ [bɐːni] ಭಾನೆ 《文》 *n.* 歌を歌う流儀 [? cf. M. *bāṇī*, Sk. *vāṇī*- <?]

ಬಾನುಲಿ ⟦bānuli バーヌリ⟧ [bɐːnuli] 《文》 *n.* **1** ラジオ **2** オール・インディアー・レーディオー（インドの放送協会の名）[Ka. *bān* + *uli*]

ಬಾಪು ⟦bāpu バープ⟧ [bɐːpu] ಬಾಪ್ಪುರ್ 〈ರೇ〉, ಭಾಪು 〈ರೇ〉, ಭಾಪ್ಪು 〈ರೇ〉, ಬಾಪ್ಪು 〈ರೇ〉 《古》 *snt.* でかした、万歳 [Ka.? *bāppu*「でかした」, Pb.2.60. 参考: H. *bāpă*「父、おやまあ」、Pk. *bappa*「父」、B. *bāpă rē*「おやまあ」]

ಬಾಪು ರೇ ⟦bāpu rē バープレー⟧ [bɐːpu] ಬಾಪ್ಪುರ್ 〈ರೇ〉, ಭಾಪು 〈ರೇ〉, ಭಾಪ್ಪು 〈ರೇ〉, ಬಾಪ್ಪು 〈ರೇ〉 《古》 *intrj.* でかした、万歳 [H. *bāpă*「父」*rē!* 間投詞「おやまあ」]

ಬಾಬತು ⟦bābatu バーバトゥ⟧ [bɐːbətu] *n.* 出費の項目 —*postp.* 《*gen.*》…に関して ¶ ಭಾರತ ರಕ್ಷಣೆಯ ಬಾಬತು ತುಂಬಾ ಹಣ ಖರ್ಚು ಮಾಡುತ್ತಿದೆ. (bʰārata rakṣaṇeya bābatu tuṃbā haṇa kʰarcu māḍuttide.) インドは国防に関して多くの金を使っている。[Ar.-Pe. *bābat*]

ಬಾಮ್ ⟦bām バーム⟧ [bɐːm] 《‡》 *n.* 《ಬಾನ್ (bān) の *b*-の前での変異形》 **1** 天、天空 **2** 天国、界、神や半神の世界 [Ka. D5381] ☞ಬಾನ್ (bān)

ಬಾಯ್ ⟦bāy バーイ⟧ [bɐːǐ] *n.* [Ka. D5352] ☞ಬಾಯಿ (bāyi)

ಬಾಯಾರಿಕೆ ⟦bāyārike バーヤーリケ⟧ [bɐːjɐːrǐke] *n.* のどの渇き [*bāy* + *ārike*]

ಬಾಯಿ ⟦bāyi バーイ⟧ [bɐːjǐ] *n.* **1** 口 **2** 容器の口 ¶ ಅನ್ನದ ಪಾತ್ರೆ ಬಾಯಿ ಮುಚ್ಚಿ ಇಡಬೇಕು. (annada pātre bāyi mucci iḍabēku.) ご飯のおひつは閉じておかねばならない。 **3** 太鼓の叩く側 **4** (鑿(のみ)、斧などの)刃の部分 [Ka. D5352]

ಬಾಯಿಪಾಠ ⟦bāyipāṭʰa バーイパータ⟧ [bɐːjipɐːʈʰɐ] *n.* **1** 丸暗記、口で唱えて暗記すること **2** 暗唱 [Sk.]

ಬಾಯಿಹಾಕು ⟦bāyihāku バーイハーク⟧ [bɐːjihɐːku] *vi.* 《*dat.*》口を出す、干渉する ¶ ಭಾರತ ಪಾಕಿಸ್ತಾನದ ಚರ್ಚೆಯಲ್ಲಿ ಅಮೆರಿಕಾ ಬಾಯಿಹಾಕಿತು. (bʰārata pākistānada carceyalli amerikā bāyihākitu.) アメリカはインド・パキスタン間の対話に介入した。[*bāyi* + *hāku*]

ಬಾಯು ⟦bāyu バーユ⟧ [bɐːju] *vi.* 《過去語幹 bāt-》(体の一部が)腫れる、膨れる [Ka. D5350] ☞ಬಾ (bā)²

ಬಾರ್¹ ⟦bār バール⟧ [bɐːr] 《‡》 *n.* 線、列 [Ka. D5269(b)] (*Kitt.*)

ಬಾರ್² ⟦bār バール⟧ [bɐːr] 《古》 *v.aux.* 《否定活用において》…してはならない [Ka. D5270] ☞ಬರು (baru)

ಬಾರ್³ ⟦bār バール⟧ [bɐːr] 《古》 *vt.* 〈水などを〉注ぐ、流す [Ka. D5356] (*Šmd. Dh.* (*Kitt.*))

ಬಾರ್⁴ ⟦bār バール⟧ [bɐːr] 《‡》 *n.* 長さ [Ka. D5358] (*Kitt.*)

ಬಾರ್⁵ ⟦bār バール⟧ [bɐːr] 《古》 *vt.* 〈皮などを〉帯状に切る —*n.* 皮を帯状に切ったもの [Ka. D5363(a), D5363(b)]

ಬಾರ್⁶ ⟦bār バール⟧ [bɐːr] *n.* （1発分の）装薬 [Pe. *bār*]

ಬಾರ್⁷ ⟦bār バール⟧ [bɐːr] ಬಾರು *n.* **1** (金属、木などの)細くて長い棒 **2** 西洋風の酒場 [Eg. *bar*]

ಬಾರ¹ ⟦bāra バーラ⟧ [bɐːrɐ] 《‡》 *n.* 帯状に切った皮 [Ka. D5363(b.)] (*My.* (*Kitt.*))

ಬಾರ² ⟦bāra バーラ⟧ [bɐːrɐ] 《文》 *n.* 扉、ドア [Sk. *dvāra*-]

ಬಾರಿ ⟦bāri バーリ⟧ [bɐːri] *n.* **1** (順番を待っている場合の）番 ¶ ಅಂಚೆಕಚೇರಿಯಲ್ಲಿ ನನ್ನ ಬಾರಿಯನ್ನು ಕಾಯುತ್ತಿದ್ದೆ. (aṃcekacēriyalli nanna bāriyannu kāyuttidde.) 公衆電話で自分の順番を待っていた。 **2** (度数を表す)回 ¶ ಅವನು ಮೂರು ಬಾರಿ ಪರೀಕ್ಷೆಯಲ್ಲಿ ಫೇಲಾದ. (avanu mūru bāri parīkṣeyalli pʰēlāda.) 彼は試験に3回すべった。= ಸಲ, ಸರದಿ (sala, saradi) [Sk. *vāra*-]

ಬಾರಿಸು ⟦bārisu バーリス⟧ [bɐːrisu] *vt.* **1** 〈楽器を〉演奏する **2** (手や杖や鞭などで) 叩く ¶ ಅವನಿಗೆ ನಾಲ್ಕು ಬಾರಿಸಿದರೆ ಬುದ್ಧಿ ಬರುತ್ತದೆ. (avanige nālku bārisidare buddʰi baruttade.) 彼は数回叩かれたら分かってくれる。[Ka. caus *D5380]

ಬಾರು ⟦bāru バール⟧ [bɐːru] *n.* 皮の平たい紐 [Ka. *D5358]

ಬಾರುಕೋಲು ⟦bārukōlu バールコール⟧ [bɐːrŭkoːlu] *n.* (動物を打つための)革帯を先につけた棒 [Ka. *bāru* *D5363 + *kōlu*]

ಬಾರ್ಚು¹ ⟦bārcu バールチュ⟧ [bɐːrʧu] 《古》 *vt.* 〈髪を〉櫛(くし)を使って整える、くしけずる [Ka. D5357] (*Kitt.*)¹ ☞ಬಾಚು (bācu)

ಬಾರ್ಚು² ⟦bārcu バールチュ⟧ [bɐːrʧu] *vt.* **1** 〈ゴミなどを〉かき集める、かき集めて片付ける **2** 〔喩〕〈財布や鞄などを〉引ったくる [Ka. D5362]

ಬಾಱಿಸು ⟦bāṟisu バーリス⟧ [bɐːṟisu] 《‡》 *vt.* 〈楽器を〉演奏する [Ka. D5380] (*My.* (*Kitt.*))

ಬಾಲ¹ ⟦bāla バーラ⟧ [bɐːlɐ] 《‡》 *n.* パルマローザ(イネ科の植物で香水の原料として用いられる)⇀香 [Ka. D5374] (*Kitt.*) ☞ಬಾಳ (bāḷa)

ಬಾಲ² ⟦bāla バーラ⟧ [bɐːlɐ] *n.* **1** 尻尾 **2** 髪の毛、頭髪 [Dr.? A57, T11572]

ಬಾಲಕತ್ತರಿಸು ⟦bālakattarisu バーラカッタリス⟧ [bɐːləkəttərisu] *vi.* 《*gen.*》〔喩〕(…の)権力を制限する ¶ ಚುನಾವಣೆಯಲ್ಲಿ ಅವನು ಸೋತಿದ್ದು ಅವನ ಬಾಲಕತ್ತರಿಸಿದಂತೆ ಆಯಿತು. (cunāvaṇeyalli avanu sōtiddu avana bālakattarisidaṃte āyitu.) 選挙での敗北は尻尾を切られたようなものだった。 [+ *kattarisu*]

ಬಾಲಬಡಿ ⟦bālabaḍi バーラバディ⟧ [bɐːləbəḍi] *vi.* 《*gen.*》〔喩〕盲目的に従う ¶ ಅವನು ಅವಳ ಬಾಲಬಡಿಯುತ್ತಾನೆ. (avanu avaḷa bālabaḍiyuttāne.) 彼は彼女に盲従している。 [*bāla* + *baḍi* 「振る」]

ಬಾಲಬಡಿಕ ⟦bālabaḍika バーラバディカ⟧ [bɐːləbəḍikɐ] *m.* 《*f.* ಬಾಲಬಡಿಕಳು (bālabaḍikaḷu)》(強者に)尾を振る人、盲従者 [+ *baḍi* 「振る」]

ಬಾಲಬಿಚ್ಚು ⟦bālabiccu バーラビッチュ⟧ [bɐːləbiʧʧu] *vi.* 〔喩〕(目上の者や社会に対する遠慮を打ち捨て)自由に振る舞う ¶ ಅವನು ತಂದೆ ಮನೆಯಲ್ಲಿ ಇಲ್ಲದಾಗ ಬಾಲಬಿಚ್ಚುತ್ತಾನೆ. (avanu taṃde maneyalli illadāga bālabiccuttāne.) 彼は父親が家にいない時には羽を伸ばす。 [+ *biccu*]

ಬಾಲಹಿಡಿ ⟦bālahiḍi バーラヒディ⟧ [bɐːləhiḍi] *vi.* 盲従する ¶ ಅವನು ಗೆದ್ದೆತ್ತಿನ ಬಾಲಹಿಡಿಯುತ್ತಾನೆ. (avanu geddettina bālahiḍiyuttāne.) 彼はいつも強いものに従う。 [+ ಹಿಡಿ (hiḍi) 「つかむ」]

ಬಾಲ³ ⟦bāla バーラ⟧ [bɐːlɐ] ಬಾಳ 《文》 *m.* 《*f.* ಬಾಲೆ (bāle)》少年 = ಹುಡುಗ (huḍuga) 〔汎〕 —(*adj.*) **1** (野菜などが)若くて柔らかい〈こと〉 **2** (人を含めて動物が)若い〈こと〉 [Sk.]

ಬಾಲಕ ⟦bālaka バーラカ⟧ [bɐːləkɐ] 《文》 *m.* 《*f.* ಬಾಲಕಿ (bālaki)》少年 [Sk.] ಹುಡುಗ (huḍuga)

ಬಾಲಕಿ ⟦bālaki バーラキ⟧ [bɐːləki] 《文》 *f.* 《*m.* ಬಾಲಕ (bālaka)》少女 [Sk.] = ಬಾಲೆ/ಹುಡುಗಿ (bāle/huḍugi)

ಬಾಲಿ ⟦bāli バーリ⟧ [bɐːli] 《‡》 *n.* 耳飾り [Ka. D4105] (*Kitt.*)

ಬಾಲಿಶ ⟦bāliśa バーリシャ⟧ [bɐːliʃɐ] 《文》 (*n.*) 子どもっぽい〈こと〉 ¶ ನಿಮ್ಮ ವಿಚಾರ ಬಾಲಿಶವಾಗಿದೆ. (nimma vicāra bāliśavāgide.) あなたの考えは子どもっぽい。 [Sk.]

ಬಾಲೆ ⟦bāle バーレ⟧ [bɐːle] 《文》 *f.* 少女 [Sk.] = ಹುಡುಗಿ (huḍugi) 〔汎〕

ಬಾಲ್ಕನಿ ⟦bālkani バールカニ⟧ [bɐːlkəni] *n.* バルコニー [Eg. *balcony*]

ಬಾಲ್ಯ ⟦bālya バーリャ⟧ [bɐːlʲjɐ] *n.* 少年時代、子どもの時 [Sk.]

ಬಾವಲಿ¹
耳飾り

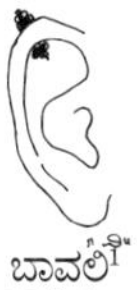

ಬಾವಲ್ ⟦bāval バーヴァル⟧ [bɐːvəl] 《古》 *n.* 大型のコウモリ [Ka. D5370] ☞ಬಾವುಲಿ (bāvuli)

ಬಾವಲಿ¹ ⟦bāvali バーヴァリ⟧ [bɐːvə̆li] ಬಾವುಲಿ, ಬಾಹುಲಿ *n.* (耳たぶの上につける)金や真珠や宝石などの耳飾り [⇒図] [Ka. D4105]

ಬಾವಲಿ² ⟦bāvali バーヴァリ⟧ [bɐːvə̆li] *n.* 大型のコウモリ [Ka. D5370] ☞ಬಾವುಲಿ (bāvuli)

ಬಾವಿ ⟦bāvi バーヴィ⟧ [bɐːvi] ಭಾವಿ, ವಾವಿ² *n.* 井戸 [Sk. *vāpi-*]

ಬಾವು ⟦bāvu バーヴ⟧ [bɐːvu] *n.* 腫れ物、こぶ [Ka. D5350]

ಬಾವುಗ ⟦bāvuga バーヴガ⟧ [bɐːvŭgɐ] *n.* 雄猫 [Ka. D4106, cf. M. *bāvuga*]

ಬಾವುಟ ⟦bāvuṭa バーヴタ⟧ [bɐːvuʈɐ] *n.* 旗 [M. *bāvăṭā*]

ಬಾವುಲ್ ⟦bāvul バーヴル⟧ [bɐːvul] 《‡》 *n.* 大型のコウモリ [Ka. D5370] (*Mr.177* (*Kitt.*))

ಬಾವುಲಿ¹ ⟦bāvuli バーヴリ⟧ [bɐːvŭli] ಬಾವಲಿ = ಬಾವಲಿ (bāvali)¹

ಬಾವುಲಿ² ⟦bāvuli バーヴリ⟧ [bɐːvŭli] ಬಾವಲ್, ಬಾವಲಿ, ಬಾವಲು, ಬಾವುಲು *n.* 大型のコウモリ [Ka. D5370]

ಬಾವೆ ⟦bāve バーヴェ⟧ [bɐːve] 《方》 *n.* 米を煮た時に上にできる半透明の薄い層 (*Hav.*) [Ka. D4109]

ಬಾಷ್ಪ ⟦bāṣpa バーシュパ⟧ [bɐːʂpɐ] 《文》 *n.* 涙 [Sk.]

ಬಾಷ್ಪಜಲ ⟦bāṣpajala バーシュパジャラ⟧ [bɐːʂpəʤəlɐ] 《文》 *n.* 涙 [Sk.]

ಬಾಷ್ಪಾಂಜಲಿ ⟦bāṣpāṃjali バーシュパーンジャリ⟧ [bɐːʂpɐːɲʤəli] *n.* 涙と共に死者にする別れの儀式 ¶ ನಿಜಲಿಂಗಪ್ಪ ತೀರಿಕೊಂಡಾಗ ರಾಜಕೀಯ ಮುಖಂಡರು ಬಾಷ್ಪಾಂಜಲಿ ಅರ್ಪಿಸಿದರು. (nijaliṃgappa tīrikoṃḍāga rājakīya mukʰaṃḍaru bāṣpāṃjali arpisidaru.) ニジャリンガッパが亡くなった時、政界の長老たちは涙と共に別れを告げた。 [Sk.]

ಬಾಸಳಿಕೆ ⟦bāsaḷike バーサリケ⟧ [bɐːsəɭĭke] 《口》 *n.* (殴られたり鞭で打たれたりした後の)青いあざ [Ka. *D5350]

ಬಾಸಳು ⟦bāsaḷu バーサル⟧ [bɐːsəɭu] *n.* [Ka. D5350] ☞ಬಾಸುಳು (bāsuḷu)

ಬಾಸಟಿಕೆ ⟦bāsaṟike バーサリケ⟧ [bɐːsəɽĭke] 《‡》 *n.* (殴られたり鞭で打たれたりした後の)青いあざ [Ka. D5350] (*Kitt.*, *Bp.5.222*)

ಬಾಸಟಿಸು ⟦bāsaṟisu バーサリス⟧ [bɐːsə̆ɹisu] 《‡》 *vi.* (殴られたり鞭で打たれたりした皮膚が)色を変える [Ka. D5350] (*Rām. 6,47,37* (*Kitt.*))

ಬಾಸಿಂಗ ⟦bāsiṃga バーシンガ⟧ [bɐːsiŋgɐ] ಬಾಸಿಗ *n.* **1** 新郎新婦が結婚式で頭につける金や造花や色を塗った木などで作った額飾り［⇒図］ **2** 花を太く長く編んだもの [? cf. M. *bāsiṃgă*]

ಬಾಸಿಗ ⟦bāsiga バーシガ⟧ [bɐːsiŋgɐ] 《口》 *n.* [? cf. M. *bāsiṃgă*] ☞ಬಾಸಿಂಗ (bāsiṃga)

ಬಾಸಿಂಗ
額飾り

ಬಾಸು¹ ⟦bāsu バース⟧ [bɐːsu] 《古》 *vi.* 大便する、排便する [Ka. D4056]

ಬಾಸು² ⟦bāsu バース⟧ [bɐːsu] ಬಾಸ್ 《口》 *mf.* 親方、長、上司 [Eg. *boss*]

ಬಾಸುಂಡೆ ⟦bāsuṃḍe バースンデ⟧ [bɐːsuɳɖe] *n.* (殴られたり鞭で打たれたりした後にできる)あざ [Ka. D5350] = ಬಾಸುಳು (bāsuḷu)

ಬಾಸುಳು ⟦bāsuḷu バースル⟧ [bɐːsuɭu] ಬಾಸಳು, ಬಾಸುಂಡೆ, ಬಾಸುಟ್ *n.* (殴られたり鞭で打たれたりした後にできる)あざ [Ka. *D5350]

ಬಾಸುಳೇಳು ⟦bāsuḷēḷu バースレール⟧ [bɐːsuɭeːɭu] *n.* (殴られたり鞭で打たれたりして皮膚に)青いあざができる [+ *ēḷu*]

ಬಾಸುಟ್ ⟦bāsuṟ バースル⟧ [bɐːsuɹ] 《古》 *n.* 殴られたり鞭で打たれたりした後にできるあざ [Ka. D5350] ☞ಬಾಸುಳು (bāsuḷu)

ಬಾಸುಟ ⟦bāsuṟa バースラ⟧ [bɐːsuɹɐ] 《‡》 *n.* [Ka. D5350] (*G.504* (*Kitt.*)) ☞ಬಾಸುಳು, ಬಾಸುಟ್ (bāsuḷu, bāsuṟ)

ಬಾಸುಟಿ ⟦bāsuṟi バースリ⟧ [bɐːsuɹi] 《‡》 *n.* [Ka. D5350] (*G.495* (*Kitt.*)) ☞ಬಾಸುಳು, ಬಾಸುಟ್ (bāsuḷu, bāsuṟ)

ಬಾಸುಟೆ ⟦bāsuṟe バースレ⟧ [bɐːsuɹe] 《‡》 (*Bp.52,16* (*Kitt.*)) ☞ಬಾಸುಳು, ಬಾಸುಟ್ (bāsuḷu, bāsuṟ)

ಬಾಹಿರ ⟦bāhira バーヒラ⟧ [bɐːhirɐ] *adj., m.* 《*f.* ಬಾಹಿರಳು (bāhiraḷu)》自分の共同社会に属さない〈人〉、自分の共同社会から追い出された〈人〉 ¶ ಸುರೇಶ್ ಮರಾಠಿ ಹುಡುಗಿಯನ್ನು ಮದುವೆ ಮಾಡಿಕೊಂಡು ಕುಟುಂಬದಿಂದ ಬಾಹಿರನಾದ. (surēś marāṭʰi huḍugiyannu maduve māḍikoṃḍu kuṭuṃbadiṃda bāhiranāda.) スレーシュはマラーティーの娘と結婚し勘当された。 [H. *bāhiră* T9226]

ಬಾಹು¹ ⟦bāhu バーフ⟧ [bɐːhu] *n.* (打撃や病気などによる)こぶや腫れ物 [Ka. D5350]

ಬಾಹು² ⟦bāhu バーフ⟧ [bɐːhu] 《文》 *n.* 腕 [Sk.]

ಬಾಹುಬಲ ⟦bāhubala バーフバラ⟧ [bɐːhu] 《文》 *n.* 腕の力、腕力 [Sk.]

ಬಾಹ್ಯ ⟦bāhya バーヒャ⟧ [bɐːhʲjɐ/bɐːcʲjɐ] 《文》 (*adj.*) 外の、外部の [Sk.]

ಬಾಹ್ಯಾಕಾಶ ⟦bāhyākāśa バーヒャーカーシャ⟧ [bɐːhʲjɐːkɐːʃɐ/bɐːcʲjɐːkɐːʃɐ] 《文》 (*adj.*) 宇宙の **—*n.*** 宇宙 [Sk.]

ಬಾಹ್ಯಾಕಾಶ ತಂತ್ರಜ್ಞಾನ ⟦bāhyākāśa taṃtrajñāna バーヒャーカーシャタントラジュニャーナ⟧ [bɐːhʲjɐːkɐːʃə təntrəɟɲɐːnɐ/–] 《文》 *n.* 宇宙科学 [Sk.]

ಬಾಳ್ ⟦bāḷ バール⟧ [bɐːɭ] 《古》 *n.* 刀 [Ka. D5376] ☞ಬಾಳು (bāḷu)²

ಬಾಳ¹ ⟦bāḷa バーラ⟧ [bɐːɭɐ] *n.* パルマローザ(うちわを作る材料となるイネ科の植物で香水原料としても用いられる)⇀ 香・材 [Ka. D5374] *[IMP 2.286]

ಬಾಳ² ⟦bāḷa バーラ⟧ [bɐːɭɐ] (*adj.*) [Sk. *bāla-*] cf. ಬಾಲ (bāla)³

ಬಾಳಂತಿ ⟦bāḷaṃti バーランティ⟧ [bɐːɭənti] 《口》 *f.* 産婦 [Ka. D5347] ☞ಬಾಣತಿ (bāṇati)

ಬಾಳಕ ⟦bāḷaka バーラカ⟧ [bɐːɭə̆kɐ] *n.* 野菜(特に実野菜)を裂いて乾かして保存したもの(油で炒めたり揚げたりして食べる) [Ka. *D4111]

ಬಾಳಲಿ ⟦bāḷali バーラリ⟧ [bɐːɭə̆li] 《口》 *n.* (物を煮たり炒めたり揚げたりする時に用いる)金属製や石製の半球形のフライパン [Ka. D4069] ☞ಬಾಣಲಿ (bāṇali)

ಬಾಳಿಕೆ ⟦bāḷike バーリケ⟧ [bɐːɭĭike] *n.* 耐用性 [Ka. *D5372] ☞ಬಾಳ್ಕೆ (bāḷke)

ಬಾಳಿಕೆ ಬರು ⟦bāḷike baru バーリケバル⟧ [... bəru] *vi.* 長い間使える、耐用性がある ¶ ನೋಟಬುಕ್ ಕಂಪ್ಯೂಟರ್‌ಗಳು ಬಾಳಿಕೆ ಬರುವುದಿಲ್ಲ. (nōṭ+buk kampyūṭargaḷu bāḷike baruvudilla.) ノートブック型コンピューターは耐久性がない。 [+ *baru*]

ಬಾಳು¹ ⟦bāḷu バール⟧ [bɐːɭu] ಬಾಳ್, ಬಾಟ್ *vi.* **1** 生きている ¶ ಆ ನಾಯಿ ಇನ್ನು ಬಾಳುತ್ತಿದೆ. (ā nāyi innu bāḷuttide.) あの犬はまだ生きている。 ↔ ಸಾಯು (sāyu) **2** (ある所で)暮らす、(ある種の)暮らしをする **3** 生活の糧を得る、(あることをして)生きてゆく **—*n.*** **1** 生きていること、生命 **2** 人生、生活 ¶ ಮಗನ ಬಾಳು ಹಾಳು ಆಯಿತು. (magana bāḷu hāḷu āyitu.) 息子の人生は台無しになった。 **3** 生活の糧 ¶ ಅವನು ಮುಂಬೈಗೆ ಹೋಗಿ ಬಾಳು ಮಾಡಿಕೊಂಡ. (avanu muṃbaige hōgi bāḷu māḍikoṃḍa.) 彼はムンバイへ行って生活の糧を得た。 [Ka. *D5372]

ಬಾಳು² ⟦bāḷu バール⟧ [bɐːɭu] ಬಾಳ್ 《文》 *n.* 剣、刀 [Ka. D5376]

ಬಾಳುವಿಕೆ ⟦bāḷuvike バールヴィケ⟧ [bɐːɭŭvĭke] *n.* 暮らし、生活、生きること [Ka. *D5372]

ಬಾಳೆ¹ ⟦bāḷe バーレ⟧ [bɐːɭe] *n.* バナナ、熟したバナナの実 ⇀ 食 [Ka. *D5373]

ಬಾಳೆಹಣ್ಣು ⟦bāḷehaṇṇu バーレハンヌ⟧ [bɐːɭehəɳɳu] *n.* バナナ(の熟した実) [+ *haṇṇu*]

ಬಾಳೆ² ⟦bāḷe バーレ⟧ [bɐːɭe] ಬಾಟೆ 《方》 *n.* 細長い魚の一種 [Ka. D5379]

ಬಾಳ್ಕು ⟦bāḷku バールク⟧ [bɐːɭku] 《方》 *n.* バナナチップ (*Hav.*) [Ka. D5378]

ಬಾಳ್ಳೆ ⟦bāḷḷe バーッレ⟧ [bɐːɭɭe] 《口》 *n.* [Ka. D4069] (*My.* (*Kitt.*)) ☞ಬಾಣಲೆ (bāṇale)

ಬಾಟ್ ⟦bāṟ バール⟧ [bɐːɹ] 《古》 *vi.* **1** 生きている、命がある **2** 生計を立てる **3** 幸せに生きる **—*n.***

1 生きること 2 暮らしを立てること 3 幸せに暮らすこと 4 扶助料、前配偶者扶養料(寡婦などに支払われる) ☞ಬಾಳು (bāḷu) [Ka. D5372]

ಬಾಱಕ ⟦bāṟaka バーラカ⟧ [bɐːɻəkɐ] 《‡》 *n.* 野菜(特に実野菜)を乾かして保存したもの(油で炒めたり揚げたりして食べる) (*My.* (*Kitt.*)) [Ka. D4111] ☞ಬಾಳಕ (bāḷaka)

ಬಾಱಿ ⟦bāṟi バーリ⟧ [bɐːɻi] 《‡》 *mf.* 生きている人 (*Kitt.*) [Ka. D5372]

ಬಾಱಿಕೆ ⟦bāṟike バーリケ⟧ [bɐːɻĭke] ಬಾಳಿಕೆ, ಬಾಳ್ಕೆ, ಬಾಳ್ವಿಕೆ, ಬಾಱಿಗೆ, ಬಾಱ್ಕೆ 《古》 *n.* 生命、生活 (*Mr.345* (*Kitt.*)) [Ka. D5372]

ಬಾಱಿವೆ ⟦bāṟive バーリヴェ⟧ [bɐːɻĭve] 《‡》 *vi.* [Ka. D5372] (*Kitt.,B.2.25*) ☞ಬಾಱ್ (bāṟ)

ಬಾಱು ⟦bāṟu バール⟧ [bɐːɻu] *vi.* [Ka. D5372] ☞ಬಾಱ್ (bāṟ)

ಬಾಱುಕ ⟦bāṟuka バールカ⟧ [bɐːɻŭkɐ] 《古》 *n.* 野菜(特に実野菜)を乾かして保存したもの(油で炒めたり揚げたりして食べる) [Ka. D4111]

ಬಾಱುವಿಕೆ ⟦bāṟuvike バールヴィケ⟧ [bɐːɻŭvike] 《‡》 *n.* 1 暮らし、生活 2 生活の糧 (*Kitt.*) [Ka. D5372]

ಬಾಱೆ ⟦bāṟe バーレ⟧ [bɐːɻe] 《古》 *n.* バナナ、バナナの実 ⇀ 食 [Ka. D5373] ☞ಬಾಳೆ (bāḷe)²

ಬಾಱ್ಕೆ ⟦bāṟke バールケ⟧ [bɐːɻke] ಬಾಳಿಕೆ 《古》 *n.* 生活、暮らし [Ka. D5372]

ಬಾಱ್ತೆ ⟦bāṟte バールテ⟧ [bɐːɻte] *n.* 生活、暮らし [Ka. D5372]

ಬಾಱ್ವಿಕೆ ⟦bāṟvike バールヴィケ⟧ [bɐːɻvĭke] 《‡》 *n.* 生きること、生命 (*B.4,194*) [Ka. D5372]

ಬಾಱ್ವೆ ⟦bāṟve バールヴェ⟧ [bɐːɻve] 《古》 *n.* 生活、暮らし [Ka. D5372]

ಬಿಂಕ ⟦biṃka ビンカ⟧ [biŋkɐ] *n.* 1 (美貌、財産、才能などを鼻にかけての) 気取り ¶ ಬಾಸು ಆದ ಮೇಲೆ ದಿಡೀರನೆ ಅವನಿಗೆ ಬಿಂಕ ಬಂದಿದೆ. (bāsu āda mēle diḍīrane avanige biṃka baṃdide.) 彼は長になるや否や気取りだした。 2 うぬぼれ、思い上がり ¶ ತಾನು ಸುಂದರಿ ಎಂದು ಅವಳಿಗೆ ತುಂಬ ಬಿಂಕ. (tānu suṃdari eṃdu avaḷige tuṃba biṃka.) 彼女は自分が美人だということを鼻にかけている。 3 派手さ、豪華さ ¶ ಶೇಟಜಿ ನಾಲಕೂ ಬೆರಳಿಗೆ ವಜ್ರದ ಉಂಗುರ ಹಾಕಿ ಬಿಂಕದಿಂದ ಮೆರೆಯುತ್ತಾರೆ. (śēṭaji nālakū beraḷige vajrada uṃgura hāki biṃkadiṃda mereyuttāre.) 豪商は4本の指にダイアモンドの指輪をつけて、大得意である。 [Ka. D5382]

ಬಿಂಕಗಾರ ⟦biṃkagāra ビンカガーラ⟧ [biŋkəgɐːrɐ] *m.* 《*f.* ಬಿಂಕಗಾರ್ತಿ (biṃkagārti)》容姿や知性や財産などを見せびらかす男性 [+ *kāra*]

ಬಿಂಕಗಾರ್ತಿ ⟦biṃkagārti ビンカガールティ⟧ [biŋkəgɐːrti] ಬಿಂಕಗಾತಿ, ಬಿಂಕಕಾರ್ತಿ *f.* 《*m.* ಬಿಂಕಗಾರ (biṃkagāra)》容姿や知性や財産などを見せびらかす女性 [+ *-kārti*]

ಬಿಂಕು ⟦biṃku ビンク⟧ [biŋku] 《‡》 *n.* 狡猾、陰険 (*Čt.I.8* (*Kitt.*)) [Ka. D4130]

ಬಿಂದಿಗ ⟦biṃdiga ビンディガ⟧ [bindigɐ] 《異》 *n.* [Ka.] ☞ಬಿಂದಿಗೆ (biṃdige)

ಬಿಂದಿಗೆ ⟦biṃdige ビンディゲ⟧ [bindige] ಬಿಂದಿಗ *n.* (井戸の水を汲み上げるために用いる)首の短い金属製や土製の小型の壺[⇒図] [Ka.]

ಬಿಂದಿಗೆ
水汲み壺

ಬಿಂದು ⟦biṃdu ビンドゥ⟧ [bindu] *n.* 1 (水などの) しずく 2 (丸い小さな) 点 ¶ ಟವನ್ನು ರೋಮನ್ ಅಕ್ಷರದಲ್ಲಿ ಬರೆಯುವಾಗ ಟಿ ಕೆಳಗೆ ಬಿಂದು ಹಾಕುತ್ತೇವೆ. (ṭavannu rōman akṣaradalli bareyuvāga ṭi keḷage biṃdu hākuttēve.) 反り舌の t という字をローマ字で表す時 t の下に点を打つ。= ಚಿಕ್ಕೆ, ಚುಕ್ಕೆ (cikke, cukke) 3 (議論などの) 要点 ¶ ಈ ವಿವಾದದ ಬಿಂದು ಯಾವುದು? (ī vivādada biṃdu yāvudu?) この議論の要点は何ですか。 [Sk.]

ಬಿಂಬ ⟦biṃba ビンバ⟧ [bimbɐ] *n.* 1 反映、水の上などに映った像 2 太陽や月の円盤状に見える姿 3 太陽や月の周りのかさ [Sk.]

ಬಿಂಬಾಧರೆ ⟦biṃbād^{h}are ビンバーダレ⟧ [bimbɐːd^{h}əre] 《文》 *f.* 赤い唇をした女性 [Sk.]

ಬಿಂಬಿಸು ⟦biṃbisu ビンビス⟧ [bimbisu] 《文》 *vi.* 反映する、映し出す ¶ ಕುವೆಂಪು ಅವರ ಕಾದಂಬರಿಯಲ್ಲಿ ಹಳ್ಳಿಯಜೀವನ ಬಿಂಬಿಸಿದೆ. (kuveṃpu avara kādaṃbariyalli haḷḷiyajīvana biṃbiside.) クヴェンプの小説には村の生活が反映している。 [Sk.]

ಬಿಕನಾಸಿ ⟦bikanāsi ビカナーシ⟧ [bikənɐːsi] ಬಿಕನಾಶಿ *mf.* 1 乞食、乞食者 2〔罵〕つまらない人間、卑しい人間 ¶ ಅವನು ಒಬ್ಬ ಬಿಕನಾಸಿ. ಪ್ರತಿಯೊಬ್ಬರನ್ನೂ ದುಡ್ಡು ಕೇಳುತ್ತಾನೆ. (avanu obba bikanāsi. pratiyobbarannū duḍḍu kēḷuttāne.) 彼はろくでなしだ。誰を見ても金の無心をする。 [Sk. *b^{h}ikṣaṇāśin-*]

ಬಿಕರಿ ⟦bikari ビカリ⟧ [bikəri] *n.* 販売 ¶ ಬಂದ ಮಾಲು ಬಿಕರಿ ಆಗದೆ ಉಳಿಯಿತು. (baṃda mālu bikari āgade uḷiyitu.) 入ってきた商品が売れずに残っていた。 ◇ *vt.* —ಮಾಡು (māḍu) [H. *bikrī* ←Sk. *vikraya-*]

ಬಿಕಾರಿ ⟦bikāri ビカーリ⟧ [bikɐːri] ಭಿಕಾರಿ *mf.* 1 乞食 2〔喩〕一文無し [H. *b^{h}ik^{h}ārī* T9486] ☞ಭಿಕಾರಿ (b^{h}ikāri)

ಬಿಕ್ಕಟ್ಟು ⟦bikkaṭṭu ビッカットゥ⟧ [bikkəʈʈu] *n.* (話し合いなどが)暗礁に乗り上げること ¶ ಭಾರತ ಪಾಕಿಸ್ತಾನದ ಮಾತುಕಥೆಗಳಲ್ಲಿ ಬಿಕ್ಕಟ್ಟು ಉಂಟಾಯಿತು. (b^{h}ārata pākistānada mātukat^{h}egaḷalli bikkaṭṭu uṃṭāyitu.) インドとパキスタンの間の話し合いが暗礁に乗り上げた。 [*bigi kaṭṭu*]

ಬಿಕ್ಕಳಿಕೆ ⟦bikkaḷike ビッカリケ⟧ [bikkə̆ĭke] *n.* しゃっくり [Ka. D5383] ☞ಬಿಕ್ಕುಳಿಕೆ (bikkuḷike)

ಬಿಕ್ಕು¹ ⟦bikku ビック⟧ [bikku] *vi.* 1 むせび泣く、泣きじゃくる 2 (子どもが親などに自分の受難を訴える時などのように)悲しみその他の感情でどもったり咳きこんだりする、泣きじゃくって話す ¶ ಅಭಿಷೇಕ ಅಣ್ಣ ಹೊಡೆದನು ಎಂದು ಬಿಕ್ಕಿ ಬಿಕ್ಕಿ ಅತ್ತ. (ab^{h}iṣēka aṇṇa hoḍedanu eṃdu bikki bikki atta.) アビシェーカ

は兄に殴られたといって咳き込みながら泣いた。[Ka. D5383]

ಬಿಕ್ಕು² ⟦bikku ビック⟧ [bikku] 《古》 *n.* 肉 [Ka. D5390]

ಬಿಕ್ಕುಳಿ ⟦bikkuḷi ビックリ⟧ [bikkŭḷi] *n.* しゃっくり [Ka. D5383]

ಬಿಕ್ಕುಳಿಕೆ ⟦bikkuḷike ビックリケ⟧ [bikkŭḷĭke] ಬಿಕ್ಕಳಿಕೆ, ಬಿಕ್ಕುಳುಕು *n.* しゃっくり [Ka. *D5383]

ಬಿಕ್ಕುಳಿಸು ⟦bikkuḷisu ビックリス⟧ [bikkŭḷĭsu] ಬಿಕ್ಕಡಿಸು, ಬಿಕ್ಕುಳಿಸು *vi.* 1 泣いたり興奮したり恐れおののいたりして言葉を詰まらせながら話す 2 しゃっくりする [Ka. D5390]

ಬಿಕ್ಕುಳು ⟦bikkuḷu ビックル⟧ [bikkŭḷu] ಬಿಕ್ಕಲು, ಬಿಕ್ಕಳು *n.* 1 むせび泣き、咳きこんで泣くこと 2 しゃっくり [Ka. D5383]

ಬಿಗಡಾಯಿಸು ⟦bigaḍāyisu ビガダーイス⟧ [bigəḍɐːjisu] *vi.* 悪くなる、悪化する ¶ ಮಾಜಿ ಮಂತ್ರಿಯ ಆರೋಗ್ಯ ಬಿಗಡಾಯಿಸಿದ್ದರಿಂದ ಬಹಳ ಜನ ಬಂದು ಭೇಟಿ ಆಗುತ್ತಿದ್ದರು. (māji maṃtriya ārōgya bigaḍāyisiddariṃda bahaḷa jana baṃdu bʰēṭi āguttiddaru.) 大臣の健康が悪化したので大勢の人が見舞いに来ていた。[H. *bigaṛǎnā* T11673]

ಬಿಗಿ ⟦bigi ビギ⟧ [bigi] *vt.* 1 〈ベルトや結び目などを〉固く閉める、固く結ぶ ¶ ಅವನು ಸೊಂಟಕ್ಕೆ ಪಟ್ಟಿ ಬಿಗಿದು ಹೋರಾಟಕ್ಕೆ ನಡೆದ. (avanu soṃṭakke paṭṭi bigidu hōrāṭakke naḍeda.) 彼は腰に帯を締めて戦いに出かけた。 2 くくりつける、縛り上げる ¶ ಜನ ಕಳ್ಳನನ್ನು ಹಿಡಿದು ಮರಕ್ಕೆ ಬಿಗಿದು ಹೊಡೆದರು. (jana kaḷḷanannu hiḍidu marakke bigidu hoḍedaru.) 人々は泥棒を木にくくりつけて殴った。 3 〈手錠などを〉かける ¶ ಪೋಲಿಸರು ಕಳ್ಳನಿಗೆ ಕೋಳ ಬಿಗಿದು ಎಳೆದುಕೊಂಡುಹೋದರು. (pōlisaru kaḷḷanige kōḷa bigidu eḷedukoṃḍuhōdaru.) 警官は泥棒に手錠をかけて引っ張っていった。 4 (棒やこぶしや平手などで)〈一撃を〉与える ¶ ಅವನಿಗೆ ಒಂದು ಏಟು ಬಿಗಿ. (avanige oṃdu ēṭu bigi.) 奴に一発食らわせろ。 —*vi.* (衣類などが) きちきちである、窮屈である ¶ ಈ ಅಂಗಿ ನನಗೆ ಬಿಗಿಯುತ್ತದೆ. (ī aṃgi nanage bigiyuttade.) このシャツは私には窮屈だ。 —(*n.*) 1 (結び目などが) 固い〈こと〉 2 (建物その他の構造物などが) 強い〈こと〉、丈夫な〈こと〉¶ ಮನೆಯ ಗೋಡೆಗಳು ಬಿಗಿಯಾಗಿಲ್ಲ. (maneya gōḍegaḷu bigiyāgilla.) 家の壁が十分に強くない。 3 (規則や規律などが)厳しい〈こと〉¶ ನಮ್ಮ ಶಾಲೆಯಲ್ಲಿ ನಿಯಮಗಳು ತುಂಬಾ ಬಿಗಿಯಾಗಿವೆ. (namma śāleyalli niyamagaḷu tuṃbā bigiyāgive.) 我々の学校では校則がとても厳しい。 4 (解くことや解決することが) 難しい〈こと〉¶ ಈ ಲೆಕ್ಕ ತುಂಬ ಬಿಗಿಯಾಗಿದೆ. (ī lekka tuṃba bigiyāgide.) この計算はとても難しい。 5 (文学作品などの構成が)しっかりしている〈こと〉 —*n.* 1 (棒やこぶしや平手などでの)殴打 2 一抱え、両腕いっぱい ¶ ಒಂದು ಬಿಗಿ ಹುಲ್ಲು ತಂದು ಕುದುರೆಗಳಿಗೆ ಹಾಕು. (oṃdu bigi hullu taṃdu kuduregaḷige hāku.) 草を一抱え取ってきて馬にやれ。 [Ka. D5382]

ಬಿಗಿಹಿಡಿ ⟦bigihiḍi ビギヒディ⟧ [bigihiḍi] ಬಿಗಿವಿಡಿ *vt.* 1 しっかり握る ¶ ನೀನು ನನ್ನನ್ನು ಬಿಗಿಹಿಡಿ. (nīnu nannannu bigihiḍi.) しっかり僕につかまっていろ。 2 〈息などを〉とめる、〈感情などを〉押さえる、抑制する ¶ ಪ್ರಾಂಶುಪಾಲರು ತನ್ನ ಭಾವನೆಯನ್ನು ಬಿಗಿಹಿಡಿಯಲಾರದೆ ಸಭೆಯಲ್ಲಿ ಅತ್ತರು. (prāṃśupālaru tanna bʰāvaneyannu bigihiḍiyalārade sabʰeyalli attaru.) 学長は自分の感情を抑えることができず、会議で泣き出した。[+ *hiḍi*「つかむ」]

ಬಿಗಿತ ⟦bigita ビギタ⟧ [bigitɐ] *n.* 1 (結び目、帯の締め方などの) 固さ 2 (皮膚や革が) 固いこと ¶ ಚರ್ಮಕ್ಕೆ ಎಣ್ಣೆ ಹಾಕಿದರೆ ಬಿಗಿತ ಕಡಿಮೆ ಆಗುತ್ತದೆ. (carmakke eṇṇe hākidare bigita kaḍime āguttade.) 革に油を塗ると固さがとれる。 3 掌握 ¶ ಪಕ್ಷದ ಮೇಲೆ ಅವರ ಬಿಗಿತ ಸಾಲದು. (pakṣada mēle avara bigita sāladu.) 彼による党の掌握は十分でない。 4 殴打 5 筋肉の痙攣 [Ka. D5382]

ಬಿಗಿಪು ⟦bigipu ビギプ⟧ [bigĭpu] 《古》 *n.* (握り、結び目、帯の締め方などの)固さ [Ka. D5382]

ಬಿಗಿಹು ⟦bigihu ビギフ⟧ [bigĭhu] 《古》 *n.* 無口、控えめ (*Č.Bp.19,35* (*Kitt.*)) [Ka. D5382]

ಬಿಗು ⟦bigu ビグ⟧ [bigu] (*n.*) 1 (結び目などが)固い〈こと〉、(物語の構成などが) しまっている〈こと〉 2 (顔などが)険しい〈こと〉[Ka. *D5382]

ಬಿಗುಪು ⟦bigupu ビグプ⟧ [bigŭpu] ಬಿಗುಹು 《古》 *n.* 1 (結び目などが)固いこと 2 (構造などが)丈夫なこと 3 厳格さ(規律など)、規律 4 傲慢、高慢 [Ka. *D5382]

ಬಿಗುಮಾನ ⟦bigumāna ビグマーナ⟧ [bigumɐːnɐ] *n.* (自分の権威を誇示するために)むやみに口をきかないこと ¶ ಅಂಚೇಕಚೇರಿಯಲ್ಲಿ ಚಿಕ್ಕ ಗುಮಾಸ್ತನಿಗೂ ಬಿಗುಮಾನ. (aṃcēkacēriyalli cikka gumāstanigū bigumāna.) 官庁では下っ端の職員でも口が重い。 [*bigu* + ?]

ಬಿಗುಮೊಗ ⟦bigumoga ビグモガ⟧ [bigumogɐ] 《文》 *n.* 険しい顔つき [*bigu* + *moga*]

ಬಿಗುರ್ ⟦bigur ビグル⟧ [bigur] ಬಿಗುರು 《古》 *vi.* 《過去語幹 bigurt- 未来語幹 bigurp-/ biguruv-》恐れる、恐怖を覚える —*n.* 恐れ、恐怖 [Ka. D5465]

ಬಿಗುರ್ವು ⟦bigurvu ビグルヴ⟧ [bigurvu] 《古》 *n.* 恐れ、恐怖 [Ka. D5465]

ಬಿಗುವು ⟦biguvu ビグヴ⟧ [bigŭvu] ಬಿಗು *n.* 1 (握りが)きついこと、(衣類などが)窮屈なこと 2 掌握、支配 ¶ ಸೈನ್ಯದ ಮೇಲೆ ನವಾಜ್ ಶರೀಫ್ ಅವರ ಬಿಗುವು ಇರಲಿಲ್ಲ. (sainyada mēle navāj śarīpʰ avara biguvu iralilla.) ナワーズ・シャリーフ首相は軍を掌握していなかった。 3 しっかりした構造 ¶ ಈ ಕಟ್ಟಡದ ಬಿಗುವು ಕಡಿಮೆ ಆಗಿದೆ. (ī kaṭṭaḍada biguvu kaḍime āgide.) この建物は堅牢さを失った。 4 (顔つきが)険しいこと [Ka. D5382]

ಬಿಗುಹು ⟦biguhu ビグフ⟧ [bigŭhu] 《古》 *n.* 1 (結び目や継ぎ目などの) 丈夫さ 2 (構造などの) 頑丈

さ 3（規律の）厳格さ 4 傲慢、高慢 [Ka. D5382] ☞ಬಿಗುಪು (bigupu)

ಬಿಚ್ಚತ ⟦biccata ビッチャタ⟧ [biʧʧətɐ] 《古》(*n.*) 詳しい〈こと〉、詳細〈な〉[Ka. D5411 cf. Sk. *vistṛta-*]

ಬಿಚ್ಚತಮ್ ⟦biccatam ビッチャタム⟧ [biʧʧətəm] 《古》*adv.* 1 好きなように、思いのままに 2 たやすく、楽々と 3 安楽に、平穏に 4 しっかりと [Ka. *D5411 cf. Sk. *vistṛta-*]

ಬಿಚ್ಚಳಿಕೆ ⟦biccaḷike ビッチャリケ⟧ [biʧʧəḷike] 《古》*n.*（心が）開いていること [Ka. *D5411]

ಬಿಚ್ಚಳಿಸು ⟦biccaḷisu ビッチャリス⟧ [biʧʧəḷisu] *vi.* 1（名声などが）広がる 2 楽しむ —*vt.* 1 詳しく述べる、詳述する 2 誉め称える、賞賛する [Ka. *D5411]

ಬಿಚ್ಚಱಿಕೆ ⟦biccaṟike ビッチャリケ⟧ [biʧʧəɹike] ವಿಚ್ಚಳಿಕೆ 《古》*n.* 安心、幸せ (*Pb.8.75*) [Ka. D5411]

ಬಿಚ್ಚಱಿಸು ⟦biccaṟisu ビッチャリス⟧ [biʧʧəḷisu] ವಿಚ್ಚಳಿಸು 《古》*vi.*（名声などが）広がる —*vt.* 誉め称える、賞賛する (*Pb.1.11*) [Ka. *D5411]

ಬಿಚ್ಚು ⟦biccu ビッチュ⟧ [biʧʧu] *vt.* 1〈結った髪、結び目などを〉解く、〈固いものを〉緩める ¶ ಈ ಗಂಟನ್ನು ಬಿಚ್ಚಲು ಆಗುವುದಿಲ್ಲ. (ī gaṃṭannu biccalu āguvudilla.) この結び目は解けない。 2〈箱、本、傘などを〉開く 3〈手を〉広げる 4〈秘密などを〉もらす ¶ ಪೊಲೀಸರು ಎಷ್ಟೇ ಹೊಡೆದರೂ ಕೈದಿ ಸತ್ಯವನ್ನು ಬಿಚ್ಚಲಿಲ್ಲ. (polīsaru eṣṭē hoḍedarū kaidi satyavannu biccalilla.) 警察がいくら殴っても未決囚は本当のことを言わなかった。 5〈絨毯(じゅうたん)、敷布などを〉広げる ¶ ಅಮ್ಮ ನೆಲದ ಮೇಲೆ ಜಮಖಾನೆ ಬಿಚ್ಚಿ ಮಲಗಿದರು. (amma nelada mēle jamakʰāne bicci malagidaru.) 母は絨毯(じゅうたん)を床に広げて横になった。 [Ka. D5411]

ಕೈಬಿಚ್ಚು ⟦kaibiccu カイビッチュ⟧ [kəibiʧʧu] *vi.* 1（握った）こぶしを開く 2〔喩〕金を使う時に惜しげがない ¶ ಮಗಳ ಮದುವೆಗೆ ವ್ಯಾಪಾರಿ ಕೈಬಿಚ್ಚಿ ಖರ್ಚು ಮಾಡಿದ. (magaḷa maduvege vyāpāri kaibicci kʰarcu māḍida.) 商人は娘の結婚に惜しげなく金を使った。 [*kai* + *biccu*]

ಬಿಚ್ಚುನುಡಿ ⟦biccunuḍi ビッチュヌディ⟧ [biʧʧunuḍi] *n.* 率直な言葉、遠慮のない言葉、腹蔵ない言葉 ¶ ಮಂತ್ರಿಯ ಬಿಚ್ಚುನುಡಿಯಿಂದ ರಾಜನಿಗೆ ಸಂತೋಷವಾಯಿತು. (maṃtriya biccunuḍiyiṃda rājanige saṃtōṣavāyitu.) 大臣の腹蔵ない言葉に王は満足した。 [+ *nuḍi*]

ಬಿಚ್ಚುಮನಸ್ಸು ⟦biccumanassu ビッチュマナッス⟧ [biʧʧu mənəssu] *n.* 率直なこと、腹蔵ないこと [+ *manassu*]

ಬಿಜ್ಜು ⟦bijju ビッジュ⟧ [bidʒdʒu] 《古》*n.* 大食いな種類の鳥 [Ka. D5389]

ಬಿಟ್ಟ ⟦biṭṭa ビッタ⟧ [biʈʈɐ] 《方》*n.*（コダグ地方で使われる）横桁、クロス梁(ばり) [Ka. D5395] (*Coorg. UNR*)

ಬಿಟ್ಟಿ ⟦biṭṭi ビッティ⟧ [biʈʈi] *n.* 無報酬でする仕事 —(*n.*), *adv.* 《āgiを付けて副詞化あるいは単独でも副詞として用いられる》ただ〈で〉、ただ〈の〉、報酬なし〈で〉、報酬なし〈の〉¶ ಅಂಗಡಿಯವನು ಈ ಪುಸ್ತಕದೊಡನೆ ಡೈರಿಯನ್ನು ಬಿಟ್ಟಿ[ಯಾಗಿ] ಕೊಟ್ಟ. (aṃgaḍiyavanu ī pustakadoḍane ḍairiyannu biṭṭi [yāgi] koṭṭa.) 店主はこの本と共に日記帳をただでくれた。 [Sk. *viṣṭi-*?]

ಬಿಟ್ಟೇಱು ⟦biṭṭēṟu ビッテール⟧ [biʈʈeːɾu] 《古》*n.* 投げ槍 [Ka. D5393] = ಎಸೆಯೀಟಿ (eseyīṭi)

ಬಿಟ್ಟಳ ⟦biṭṭaḷa ビッタラ⟧ [biʈʈə̆ḷɐ] 《‡》(*n.*) 巨大〈な〉[Ka. D4155] (*Šmd.266; Kāvy. I,5,22 (Kitt.)*)

ಬಿಡ ⟦biḍa ビダ⟧ [biḍɐ] 《‡》(*n.*) 緩んだ〈こと〉(*My. (Kitt.)*) [Ka. D5393]

ಬಿಡತೆ ⟦biḍate ビダテ⟧ [biḍəte] 《‡》*n.* 時間的な間隔、休憩 (*My. (Kitt.)*) [Ka. D5393]

ಬಿಡದಿ ⟦biḍadi ビダディ⟧ [biḍə̆ḍi] *n.* 1 宿泊、宿泊所 2（役人などの宿泊のために政府の管理下にある）客人宿舎 [Ka. D5393]

ಬಿಡಯ[1] ⟦biḍaya ビダヤ⟧ [biḍəjɐ] 《‡》*n.* たくさん、群れ [Ka. D4217] (*Bh.3,8,20, J. 3,3;8,15 (Kitt.)*)

ಬಿಡಯ[2] ⟦biḍaya ビダヤ⟧ [biḍəjɐ] 《‡》*n.* 怒り [Ka. D5394] (*Bh.8,25,26 (Kitt.)*)

ಬಿಡವು ⟦biḍavu ビダヴ⟧ [biḍəvu] 《口》*n.* [Ka. D5393] ☞ಬಿಡುವು (biḍuvu)

ಬಿಡಾರ ⟦biḍāra ビダーラ⟧ [biḍɐːrɐ] *n.* 1 宿泊所 ¶ ನಿಮ್ಮ ಬಿಡಾರ ಎಲ್ಲಿ? ಯಾವ ಹೋಟೆಲ್? (nimma biḍāra elli? yāva hōṭel?) どこに泊まっているの？ どのホテル？ 2 住居、住所 [Ka. D5393]

ಬಿಡಿ ⟦biḍi ビディ⟧ [biḍi] (*n.*) ばらばら〈の〉、（紙などが）綴じていない〈こと〉¶ ಈ ಅಂಗಡಿಯಲ್ಲಿ ಸಿಗರೇಟನ್ನು ಬಿಡಿಯಾಗಿ ಮಾರುವದಿಲ್ಲ. (ī aṃgaḍiyalli sigarēṭannu biḍiyāgi māruvadilla.) この店では巻きタバコをバラでは売らない。 [Ka. D5393]

ಬಿಡಿಕು ⟦biḍiku ビディク⟧ [biḍĭku] 《‡》*n.* 割れ目 [Ka. D5393] (*Mr.385 (Kitt.)*)

ಬಿಡಿಗಾಸು ⟦biḍigāsu ビディガース⟧ [biḍigɐːsu] *n.* 小銭 [Ka.]

ಬಿಡಿಸು ⟦biḍisu ビディス⟧ [biḍisu] *vt.* 1 取り除く、分離する、ばらばらにする ¶ ತಾಯಿ ತಂದೆಯಿಂದ ಮಗನನ್ನು ಬಿಡಿಸಿ ಸೈನ್ಯಕ್ಕೆ ಸೇರಿಸಲಾಯಿತು. (tāyi taṃdeyiṃda maganannu biḍisi sainyakke sērisalāyitu.) 息子は両親から引き離され、軍隊に入れられた。 2 解放する、自由を与える ¶ ಅಮೆರಿಕದ ಸೈನ್ಯ ಶ್ರಮಶಿಬಿರದಿಂದ ಯಹೂದಿಗಳನ್ನು ಬಿಡಿಸಿತು. (amerikada sainya śramaśibiradiṃda yahūdigaḷannu biḍisitu.) アメリカ軍が強制収容所からユダヤ人たちを解放した。 3〈数学などの問題を〉解く、〈問題を〉解決する ¶ ಪರೀಕ್ಷೆಯಲ್ಲಿ ನಾನು ಏಳು ಪ್ರಶ್ನೆಗಳನ್ನು ಮಾತ್ರ ಬಿಡಿಸಿದೆ. (parīkṣeyalli nānu ēḷu praśnegaḷannu mātra biḍiside.) 試験で私は7問解いただけだった。 4〈花を〉摘む 5〈絵を〉描く ¶ ಅವನು ಸುಂದರವಾದ ಚಿತ್ರವನ್ನು ಬಿಡಿಸಿದ್ದಾನೆ. (avanu suṃdaravāda citravannu biḍisiddāne.) 彼はきれいな絵を描いている。 [Ka. *biḍu*[1] + *-isu*]

ಬಿಡು ⟦biḍu ビドゥ⟧ [biḍ̮u] *vt.* 1〈子どもなどを〉捨てる、遺棄する、〈愛人や配偶者などを〉捨てる 2〈習慣などを〉捨てる 3〈弓を〉放つ 4〈シャツや皮などを〉脱ぐ 5〈あることを〉ある人に任せる ¶ ಬಿಡು, ಅವನು ಪಾಠ ಕಲಿಯಲಿ. (biḍu, avanu pāṭʰa kaliyali.) ほっておけ、思い知らせたらよい。 6 鞭で打つ ¶ ಅವನಿಗೆ ನಾಲಕು ಬಿಡು. (avanige nālaku biḍu.) 彼に一打ち食らわせろ。 7〈自動車や馬車などを〉運転する、御する 8〈販売価格を〉まける、値引きする ¶ ಅಂಗಡಿಯವನು ನನಗೆ ಐದು ಪ್ರತಿಶತ ಬಿಟ್ಟ (aṃgaḍiyavanu nanage aidu pratiśata biṭṭa.) 店主は私に5パーセント値引きした。 9〈希望を〉失う ¶ ಅವನು ಮಂತ್ರಿ ಆಗುವ ಆಶೆ ಬಿಟ್ಟ (avanu maṃtri āguva āśe biṭṭa.) 彼は大臣になる希望を失った。 10 除く、除外する ¶ ನನ್ನನ್ನು ಬಿಟ್ಟು ಯಾರೂ ಅವಳನ್ನು ಕೇಳುವದಿಲ್ಲ (nannannu biṭṭu yārū avaḷannu kēḷuvadilla.) 私以外誰も彼女の安否を問う者はなかった。 11〈編んだ髪をほどいて〉たらす ¶ ಜಡೆಯನ್ನು ಬಿಟ್ಟರೆ ಅವಳು ಆಕರ್ಷಕವಾಗಿ ಕಾಣುತ್ತಾಳೆ. (jaḍeyannu biṭṭare avaḷu ākarṣakavāgi kāṇuttāḷe.) 彼女は編んだ髪をたらしたら魅力的に見える。 —*v.aux.* …してしまう（動詞が表す動作に話者が感情的に関与していることを表す表現的補助動詞の一種）¶ ನಾನು ಆ ಮನೆಯನ್ನು ಕೊಟ್ಟುಬಿಟ್ಟೆ (nānu ā maneyannu koṭṭubiṭṭe.) 私はあの家を処分してしまった。 [Ka. D5393]

ಕೈಬಿಡು ⟦kaibiḍu カイビドゥ⟧ [kəĭbiḍ̮u] *vt.*〈希望などを〉失う、あきらめる ¶ ನಾನು ಮನೆಕಟ್ಟುವ ಯೋಜನೆಯನ್ನು ಕೈಬಿಟ್ಟೆ (nānu manekaṭṭuva yōjaneyannu kaibiṭṭe.) 私は家を建てる計画を断念した。 —*vi.* ⟪*gen.*⟫手放す、放棄する ¶ ರಾಮರಾಯರು ತಾವು ನಡೆಸುತ್ತಿದ್ದ ಅನಾಥಾಲಯದ ಕೈಬಿಟ್ಟರು. (rāmarāyaru tāvu naḍesuttidda anātʰālayada kaibiṭṭaru.) ラーマラーオ氏は自分が経営していた孤児院を手放した。 [*kai* +]

ಬಿಡುಕು ⟦biḍuku ビドゥク⟧ [biḍ̮ŭku] 《‡》 *n.* 割れ目 [Ka. D5393] (*Mr.385* (*Kitt.*))

ಬಿಡುಗಡೆ ⟦biḍugaḍe ビドゥガデ⟧ [biḍ̮ŭgəḍ̮e] *n.* 解放、釈放;（病院からの）退院 [ಬಿಡು *D5393 -*kaḍe*]

ಬಿಡುವಿಕೆ ⟦biḍuvike ビドゥヴィケ⟧ [biḍ̮ŭvike] *n.* 放棄する、など [Ka. D5393]

ಬಿಡುವು ⟦biḍuvu ビドゥヴ⟧ [biḍ̮ŭvu] *n.* 1 暇、余暇 2 休暇、休み 3 休憩時間 ¶ ನಮ್ಮ ಅಂಗಡಿಯಲ್ಲಿ ಮಧ್ಯಾಹ್ನದ ಬಿಡುವು ಇಲ್ಲ (namma aṃgaḍiyalli madʰyāhnada biḍuvu illa.) うちの店は昼休みを取らない。 [Ka.5393]

ಬಿಡುಹ ⟦biḍuha ビドゥハ⟧ [biḍ̮uhɐ] 《古》 *n.* 放棄する、など [Ka. D5393]

ಬಿಡುಹು ⟦biḍuhu ビドゥフ⟧ [biḍ̮uhu] 《古》 *n.* 放棄など [Ka. D5393]

ಬಿಡೆಯ ⟦biḍeya ビデヤ⟧ [biḍ̮ejɐ] ಬಿಡಯ, ಬಿಡಿಯ, ಭಿಡಿಯ, ಭಿಡೆ, ಭಿಡೆಯ *n.* 1 遠慮 2（若い女性などの）恥じらい [Dr. *D5500? cf. Sk. *vrīḍā-*]

ಬಿಣ್ ⟦biṇ ビン⟧ [biɳ] ಬಿಂ 《古》 (*adj.*) 1 大きい〈こと〉、巨大〈な〉¶ ಬಿಣ್ಕೆಚ್ಚಲ್ (biṇkeccal)（牛などの）大きな乳房 2 重い〈こと〉¶ ಬಿಣ್ಪು (biṇpu) 重さ [Ka. D5397]

ಬಿಣಿತೆ ⟦biṇite ビニテ⟧ [biɳite] 《‡》 *n.* 重いこと [Ka. D5397] (*J.22,12* (*Kitt.*))

ಬಿಣ್ಣಿತು ⟦biṇṇitu ビンニトゥ⟧ [biɳɳitu] ಬಿಣ್ಣಿತ್ತು 《古》 *n.* 重いこと、重量 —*adj.* 重い [Ka. D5397]

ಬಿಣ್ಪು ⟦biṇpu ビンプ⟧ [biɳpu] ಬಿಂಪು 《古》 *n.* 重いこと、重量 [Ka. D5397]

ಬಿಣ್ಮಿತು ⟦biṇmitu ビンミトゥ⟧ [biɳmitu] 《‡》 *n.* 重いこと、など [Ka. D5397] (*Šmd.96* (*Kitt.*))

ಬಿಣ್ಮಿದ ⟦biṇmida ビンミダ⟧ [biɳmiđa] 《‡》 *m.* 尊敬すべき人 [Ka. D5393] (*Šmd.251* (*Kitt.*))

ಬಿತ್ತ ⟦bitta ビッタ⟧ [bittɐ] ಬಿತ್ತು, ಬಿಳ್ತು, ಬಿಟ್ತು *n.* 種、種子 [Ka. D5401]

ಬಿತ್ತನೆ ⟦bittane ビッタネ⟧ [bittəne] *n.* 種蒔き [Ka. D5401]

ಬಿತ್ತಿಗೆ ⟦bittige ビッティゲ⟧ [bittĭge] *n.* 種蒔き [Ka. D5401] = ಬಿತ್ತನೆ (bittane)

ಬಿತ್ತು ⟦bittu ビットゥ⟧ [bittu] *vt.*〈種を〉蒔く —*n.*（植物の）種 [Ka. D5401]

ಬಿದಿಗೆ ⟦bidige ビディゲ⟧ [biđĭge] *n.* 月の白分や黒分の第2日 [Sk. *dvitīyā-*]

ಬಿದಿರ್[1] ⟦bidir ビディル⟧ [biđir] ಬಿದಿರು, ಬಿದುರ್, ಬಿದುರು 《古》 *vi.* 散らばる —*vt.* 1 ばらまく、振りまく 2〈結び目などを〉解く (*Šmd.Dh.*) [Ka. D5400]

ಬಿದಿರ್[2] ⟦bidir ビディル⟧ [biđir] ಬಿದಿರು 《‡》 *vt.*〈口を〉開く、〈羽などを〉広げる、〈結び目などを〉ほどく [Ka. D5484]

ಬಿದಿರು ⟦bidiru ビディル⟧ [biđir] ಬಿದ್ರು *n.* 竹（イネ科タケ亜科の植物の総称）→ 材 [Ka. D5485]

ಬಿದಿರಿನ ಕಳಲು ⟦bidirina kaḷalu ビディリナカラル⟧ [biđiri nə kəḷ[ə]lu] *n.* 筍 → 食 [+ *kaḷaru*]

ಬಿದಿರ್ಚು ⟦bidircu ビディルチュ⟧ [biđirʧu] ಬಿದಿರ್ಚು 《古》 *vt.* ばらまく、散らばらせる [Ka. D5484]

ಬಿದುರ್ ⟦bidur ビドゥル⟧ [biđur] 《古》 *vt.* 1〈束を〉ほどく 2〈木などを〉引き抜く、引っこ抜く [Ka. D5484] ☞ಬಿದಿರ್ (bidir)[1]

ಬಿದ್ದಣ ⟦biddaṇa ビッダナ⟧ [biddəɳɐ] 《古》 *n.* 宴会 [Ka. D5415]

ಬಿದ್ದನ ⟦biddana ビッダナ⟧ [biddənɐ] 《古》 *n.* 宴会 [Ka. D5415] ☞ಬಿದ್ದಣ (biddaṇa)

ಬಿದ್ದಿನ ⟦biddina ビッディナ⟧ [biddinɐ] 《古》 *mf.*「客としてもてなすに値する人」、客人 [Ka. D5415]

ಬಿದ್ದು ⟦biddu ビッドゥ⟧ [biddu] 《古》 *n.* 宴会 —*mf.*「客としてもてなすに値する人」、客人 [Ka. D5415]

ಬಿದ್ದುನ ⟦bidduna ビッドゥナ⟧ [biddŭnɐ] 《‡》 *n.* 客人 (*Kitt.*) [Ka. D5415]

ಬಿದ್ರು ⟦bidru ビドル⟧ [biđru] 《口》 *n.* 竹 [Ka. D5485] ☞ಬಿದಿರು (bidiru)

ಬಿನ್ನಹ ⟦binnaha ビンナハ⟧ [binnəhɐ] *n.* 嘆願、請願 ◇ *vi.* —ಮಾಡು (māḍu) [Sk. *vijñāpana-*]

ಬಿಮ್ಮು ⟦bimmu ビンム⟧ [bimmu] 《文》 *n.* 1 偉大なこと、権威 2 うぬぼれ、傲慢 3 支配、支配力 [Ka. D5397]

ಬಿಮ್ಮಗೆ ⟦bimmage ビンマゲ⟧ [bimmə̆ge] *adv.* 1 厳しい顔をして 2 空っぽに、がらんと 3 (不満足や不快などで)黙って [Ka. D5397]

ಬಿಮ್ಮನೆ ⟦bimmane ビンマネ⟧ [bimmə̆ne] 《文》 *adv.* 1 厳粛な顔をして、厳しい顔をして 2 空っぽに、がらんと ¶ ಮಗಳು ಹೋದ ಮೇಲೆ ಮನೆ ಬಿಮ್ಮನೆ ಅನಿಸಿತು. (magaḷu hōda mēle mane bimmane anisitu.) 娘が去ったあと家はがらんとしていた。 3 (不満足や不快などで)黙って [Ka. mim. D5397]

ಬಿಮ್ಮನಸೆ ⟦bimmanase ビンマナセ⟧ [bimmənəse] 《古》 *f.* 妊婦 [Ka. *biṇ* D5397 + **mānise* ←Pk. *māṇuṣī-* 「女性」]

ಬಿಮ್ಮನಿಸಿ ⟦bimmanisi ビンマニシ⟧ [bimmənisi] ಬಿಮ್ಮನಿಸೆ 《‡》 *f.* 妊婦 [Ka. *biṇ* "heavy" + **mānisi* ←Pk. *māṇuṣī-* 「女性」, D5397] (*My.* (*Kitt.*))

ಬಿಮ್ಮನಿಸೆ ⟦bimmanise ビンマニセ⟧ [bimmənise] 《古》 *f.* [Ka. *biṇ* D5397 + **mānisi* ←Pk. *māṇuṣī-* 「女性」] ☞ಬಿಮ್ಮನಸೆ (bimmanase)

ಬಿಯ್ಯಗ¹ ⟦biyyaga ビイヤガ⟧ [bijjəgɐ] 《古》 *n.* 南京錠 [Ka. D4211] = ಬೀಗ (bīga) 〔汎〕

ಬಿಯ್ಯಗ² ⟦biyyaga ビイヤガ⟧ [bijjəgɐ] 《古》 *m.* 《*f.* *ಬಿಯ್ಯಗಿತಿ (biyyagiti)》 姻戚 [A58, T11920, Sk. *vivāha-*] ☞ಬೀಗ (bīga)² 〔汎〕

ಬಿರಡೆ ⟦biraḍe ビラデ⟧ [birə̆ḍe] ಬಿರಟೆ, ಬಿರುಡೆ *n.* シッソーシタン(マメ科の高木、その根は下痢止めの薬として用いられる)→ 薬・材 [? cf. Ta. *piraṭṭai*, Te. *biraḍa*] [CIT] (*IMP 2.301*)

ಬಿರವು ⟦biravu ビラヴ⟧ [birə̆vu] 《‡》 *n.* 割れ目、裂け目 [Ka. D5411] (*My.* (*Kitt.*))

ಬಿರಸ ⟦birasa ビラサ⟧ [birəsɐ] 《文》 (*n.*) 味気がない〈こと〉、まずい〈こと〉 [Sk. *virasa-*]

ಬಿರಿ ⟦biri ビリ⟧ [biri] *vi.* 1 (地面、壁などが)割れる、割ける 2 (花が)咲く **—*n.*** 1 割れ目、裂け目 2 不和、仲たがい ¶ ಚುನಾವಣೆ ಆದ ಮೇಲೆ ಪ್ರಧಾನಿ ಮತ್ತು ಮುಖ್ಯಮಂತ್ರಿ ಮಧ್ಯೆ ಬಿರಿ ಉಂಟಾಯಿತು. (cunāvaṇe āda mēle pradʰāni mattu mukʰyamaṃtri madʰye biri uṃṭāyitu.) 選挙のあとで総理大臣と州首相の間に不和が生じた。 [Ka. D5411]

ಬಿರಿಕು ⟦biriku ビリク⟧ [birĭku] ಬಿರುಕು *n.* 1 割れ目、裂け目 2 不和、仲たがい [Ka. D5411]

ಬಿರಿದ ⟦birida ビリダ⟧ [birĭđɐ] 《‡》 *m.* 勇者、英雄、剛勇な人 [Ka. D5414] (*Bh.8,3,4* (*Kitt.*)) ☞ಬಿರುದ (biruda)

ಬಿರಿದು ⟦biridu ビリドゥ⟧ [birĭđu] 《‡》 *n.* 誉め称えること [Ka. D5414, cf. Sk. *biruda-*, *viruda-*] (*Kitt.*, *Bp. 35.53*) ☞ಬಿರುದು (birudu)

ಬಿರು ⟦biru ビル⟧ [biru] (*adj.*) (言葉、嵐、振る舞いなどが)荒い〈こと〉 [Ka. *D5439]

ಬಿರುಕು ⟦biruku ビルク⟧ [birŭku] ಬಿರುವು *n.* 1 (壺、壁などの)割れ目、亀裂 2 不和、仲たがい ¶ ಹಣದ ವಿಷಯಕ್ಕೆ ಸ್ನೇಹಿತರಲ್ಲಿ ಬಿರುಕು ಉಂಟಾಯಿತು. (haṇada viṣayakke snēhitaralli biruku uṃṭāyitu.) 金銭問題で友人間に不和が生じた。 [Ka. D5411]

ಬಿರುದ ⟦biruda ビルダ⟧ [birŭđɐ] 《文》 *m.* 《*f.* ಬಿರುದುಳ್ಳವಳು (birudul̤l̤avaḷu)》 勲章などでその業績を誉め称えられた人 [Ka. D5414]

ಬಿರುದು ⟦birudu ビルドゥ⟧ [birŭđu] *n.* 王や宗派の長や政府や国民から与えられた名誉の称号や名 ¶ ಕುವೆಂಪು ಅವರಿಗೆ ರಾಷ್ಟ್ರಕವಿ ಎಂಬ ಬಿರುದು. (kuveṃpu avarige rāṣṭrakavi eṃba birudu.) クヴェンプ氏は「国民詩人」という称号を持っている。 ¶ ಸರೋಜಿನಿ ನಾಯ್ಡುವಿಗೆ ಭಾರತದ ಕೋಗಿಲೆ ಎಂಬ ಬಿರುದನ್ನು ಕೊಟ್ಟಿದ್ದಾರೆ. (sarōjini nāyḍuvige bʰāratada kōgile eṃba birudannu koṭṭiddāre.) サロージニ・ナーイドゥーにはインドの鶯(うぐいす)(インドカッコウ、鳴き声の美しさで知られる)という称号が与えられている。 [Ka. D5414]

ಬಿರುನುಡಿ ⟦birunuḍi ビルヌディ⟧ [birunuḍi] 《文》 *n.* 1 荒々しい言葉、洗練されてない言葉 2 (聞き手に直接向けられた)厳しい言葉 [Ka. *biru* + *nuḍi*]

ಬಿರುನೋಟ ⟦birunōṭa ビルノータ⟧ [biruno:ṭɐ] *n.* 厳しい目つき、怖い目つき ¶ ಅಪ್ಪನ ಬಿರುನೋಟಕ್ಕೆ ಹೆದರಿ ಮಗ ಮದುವೆಯ ವಿಷಯವನ್ನು ಹೇಳಲಿಲ್ಲ. (appana birunōṭakke hedari maga maduveya viṣayavannu hēḷalilla.) 父親の怖い顔を見て息子は結婚問題を持ち出せなかった。 [*biru* + *nōṭa*]

ಬಿರುವು ⟦biruvu ビルヴ⟧ [birŭvu] 《‡》 *n.* (壺、壁などの)割れ目、亀裂 [Ka. D5411] (*My.* (*Kitt.*))

ಬಿರುಸು ⟦birusu ビルス⟧ [birŭsu] ಬಿರಿಸು, ಬಿಡಿಸು, ಬಿಱುಸು (*n.*) 1 (石などが)固い〈こと〉、(道路が)がたがた〈の〉、(天候が)荒れた〈こと〉¶ ವಜ್ರಕ್ಕಿಂತ ಬಿರುಸಾದ ಪದಾರ್ಥ ಇಲ್ಲ. (vajrakkiṃta birusāda padārtʰa illa.) ダイアモンドより固い物質はない。 2 〔喩〕 (言葉が)厳しい〈こと〉 [Ka. *D5439]

ಬಿರ್ಚು ⟦bircu ビルチュ⟧ [birʧu] 《古》 *vt.* 1 分ける、分離する 2 〈果物などを〉摘み取る、〈皮を〉むく、引き剥がす 3 〈目を〉開く 4 〈縫い目を〉ほどく **—*vi.*** 1 割れる 2 (くっついていたものが)離れる、ばらばらになる 3 放棄する [Ka. D5411]

ಬಿರ್ದಣ ⟦birdaṇa ビルダナ⟧ [birdəɳɐ] 《‡》 *n.* 宴会 [Ka. D5415] (*Kitt.*)

ಬಿರ್ದನ ⟦birdana ビルダナ⟧ [birdənɐ] 《‡》 *n.* 宴会 [Ka. DD5415] (*Kitt.*)

ಬಿರ್ದಿನ ⟦birdina ビルディナ⟧ [birdinɐ] ದಿಬ್ಬಣ, ನಿಬ್ಬಣ, ಬಿದ್ದಣ, ಬಿದ್ದನ, ಬಿದ್ದಿನ 《古》 *mf.* 客としてもてなすに値する人、客人 [Ka. *D5415]

ಬಿರ್ದು ⟦birdu ビルドゥ⟧ [birdu] ಬಿದ್ದು, ಬಿಟ್ಟು 《古》 *n.* 宴会 **—*mf.*** 客としてもてなすに値する人、客人 [Ka. D5415]

ಬಿಲ್¹ ⟦bil ビル⟧ [bil] ಬಿಲಿ 《古》 *vt.* 1 売る = ಮಾರು (māru)〔汎〕 2 買う [Ka. D5421] = ಖರೀದಿ ಮಾಡು (kʰarīdi māḍu)〔汎〕

ಬಿಲ್² ⟦bil ビル⟧ [bil] 《古》 *n.* 弓 [Ka. D5422] ☞ಬಿಲ್ಲು (billu)〔汎〕

ಬಿಲಿ ⟦bili ビリ⟧ [bili] 《古》 *vt.* 1 売る 2 買う [Ka. D5421] ☞ಬಿಲ್ (bil)

ಬಿಲ ⟦bila ビラ⟧ [bilɐ] 《文》 *n.* ネズミなどの穴 [Sk. ←Dr.? cf. D5432]

ಬಿಲ್ಲು ⟦billu ビッル⟧ [billu] ಬಿಲ್² *n.* 弓 [Ka. D5422]

ಬಿಲ್ಲೆ ⟦bille ビッレ⟧ [bille] *n.* メダルなど金属製の記章 [H. *billā*]

ಬಿಸಲ್ ⟦bisal ビサル⟧ [bisəl] 《口》 *n.* 日光 [Ka. D5517] ☞ಬಿಸಿಲು (bisilu)

ಬಿಸಾಕು ⟦bisāku ビサーク⟧ [bisɐːku] *vt.* 投げ捨てる、破棄する ¶ ನನ್ನ ಹೆಂಡತಿ ಗೊತ್ತಾಗದೆ ನನ್ನ ಕಾಗದವನ್ನು ಬಿಸಾಕಿದಳು. (nanna heṃḍati gottāgade nanna kāgadavannu bisākidaḷu.) 妻は私の手紙を知らずに捨ててしまった。[Ka. *bīsi* + *hāku*]

ಬಿಸಾಡು ⟦bisāḍu ビサードゥ⟧ [bisɐːḍu] ಬೀಸಾಡು *vt.* [Ka. D5450] ☞ಬೀಸಾಡು (bīsāḍu)

ಬಿಸಾಡುವಿಕೆ ⟦bisāḍuvike ビサードゥヴィケ⟧ [bisɐːḍŭvike] *n.* 投げ捨てること [Ka. D5450]

ಬಿಸಿ ⟦bisi ビシ⟧ [bisi] *n.* 熱、熱いこと、高温 ―(*n.*) 1 熱い〈こと〉、熱せられた〈こと〉¶ ಬಿಸಿನೀರು (bisinīru) 湯 2 最新〈の〉、また興奮が冷めない〈こと〉(ニュースなど)、ほやほや〈の〉(愛情や友情など) ¶ ಸ್ವಲ್ಪ ದಿವಸ ತಡೆಯಿರಿ. ಅವರ ಸ್ನೇಹ ಇನ್ನೂ ಬಿಸಿಯಿದೆ. (svalpa divasa taḍeyiri. avara snēha innū bisiyide.) ちょっと待っていろ、彼らの仲はまだほやほやだ。[Ka. D5517]

ಬಿಸಿಸುದ್ದಿ ⟦bisisuddi ビシスッディ⟧ [bisisuddi] *n.* 最近のニュース ¶ ಈವತ್ತು ಬಿಸಿ ಸುದ್ದಿ ಏನು? (īvattu bisi suddi ēnu?) 最近のニュースは？ [Sk.]

ಬಿಸಿತಾಗು ⟦bisitāgu ビシターグ⟧ [bisitɐːgu] *vi.* 1 熱いものが触れる、やけどする ¶ ಅಡಿಗೆ ಮಾಡುವಾಗ ಕೈಗೆ ಬಿಸಿ ತಾಗಿತು. (aḍige māḍuvāga kaige bisi tāgitu.) 私は料理中に手をやけどした。2（自分の播いた種などで）痛い目にあう ¶ ತನ್ನ ಬೇಜವಾಬ್ದಾರಿಯ ವರ್ತನೆಯಿಂದ ಈಗ ಅವನಿಗೇ ಬಿಸಿತಾಗಿದೆ. (tanna bējavābdāriya vartaneyiṃda īga avanigē bisitāgide.) 自分の無責任な行為で今彼は痛い目にあっている。[Ka. *bisi* + *tāgu*]

ಬಿಸಿಮುಟ್ಟಿಸು ⟦bisimuṭṭisu ビシムッティス⟧ [bisimuṭṭisu] *vi.* 《*dat.*》(もっとがんばるように)お灸をすえる ¶ ಪರೀಕ್ಷೆಯ ಪರಿಣಾಮ ನೋಡಿ ಮೇಷ್ಟ್ರು ವಿದ್ಯಾರ್ಥಿಗಳಿಗೆ ಬಿಸಿಮುಟ್ಟಿಸಿದರು. (parīkṣeya pariṇāma nōḍi mēṣṭru vidyārtʰigaḷige bisimuṭṭisidaru.) 試験の結果を見て先生は生徒たちに熱血指導した。[+ *muṭṭisu*]

ಬಿಸಿಬೇಳೆಭಾತ್ ⟦bisibēḷebʰāt ビシベーレバート⟧ [bisibeːḷe bhɐːt] *n.* 割豆と野菜を米と共に煮て油と香辛料で味をつけたもの(日本の雑炊に近い) [Ka. *bisi* + *bēḷe* + H./M. *bʰātā*]

ಬಿಸಿರಕ್ತ ⟦bisirakta ビシラクタ⟧ [bisirəktɐ] *n.* 「熱い血」、仕事に熱中しやすい性格 ¶ ಆ ಮೇಸ್ತ್ರಿಗೆ ಬಿಸಿರಕ್ತ, ತುಂಬ ಕೆಲಸ ಮಾಡುತ್ತಾನೆ. (ā mēstrige bisirakta, tuṃba kelasa māḍuttāne.) あの技師は熱血漢だ。すごく働く。[*bisi* + *rakta*]

ಬಿಸಿಲ್ ⟦bisil ビシル⟧ [bisil] 《古》 *n.* 日光 [Ka. D5517] ☞ಬಿಸಿಲು (bisilu)

ಬಿಸಿಲು ⟦bisilu ビシル⟧ [bisĭlu] ಬಿಸಲ್, ಬಿಸಿಲ್ *n.* 日光、太陽の光と熱 [Ka. *D5517]

ಬಿಸಿಲುಗಾಲ ⟦bisilugāla ビシルガーラ⟧ [bisilugɐːlɐ] *n.* 夏、暑季(インドの伝統的季節観は1年を6季節に分けてもっとも暑いグレゴリオ暦の4月半ばから5月半ばあたりを夏とする) [+ *kāla*] ☞ಋತು (ṛtu)

ಬಿಸಿಲ್ಗುದುರೆ ⟦bisilgudure ビシルグドゥレ⟧ [bisilgudŭre] *n.* 蜃気楼 ¶ ಅವನ ಯೋಜನೆಗಳೆಲ್ಲ ಬಿಸಿಲುಗುದುರೆ ಆದವು. (avana yōjanegaḷella bisilugudure ādavu.) 彼の計画は蜃気楼のように消えた。[*bisilu* + *kudire*]

ಬಿಸು¹ ⟦bisu ビス⟧ [bisu] *vt.* 《ಬೀಸು (bīsu) の-ಆಡು (-āḍu)の前での短縮形》[Ka. D5450] (*DEDR*) ☞ಬೀಸು (bīsu), ಬೀಸಾಡು (bīsāḍu)

ಬಿಸು² ⟦bisu ビス⟧ [bisu] ಬೆಸು², ಬೆಸೆ 《古》 *vt.* 《過去語幹 becc-》 1 はんだづけする；溶接する 2〔喩〕しっかり接合する [Ka. D5468]

ಬಿಸು³ ⟦bisu ビス⟧ [bisu] 《古》 (*adj.*) 熱い〈こと〉¶ ಬಿಸುಗಣ್ಣ (bisugaṇṇa) 「熱い目をしたもの」、シヴァ神の別名 [Ka. D5517] ☞ಬಿಸಿ (bisi)

ಬಿಸುಗೆ ⟦bisuge ビスゲ⟧ [bisŭge] 《口》 *n.* [Ka. D5468] ☞ಬೆಸುಗೆ (besuge)

ಬಿಸುಟು ⟦bisuṭu ビストゥ⟧ [bisŭṭu] 《文》 *vt.* 1 (特に標的を定めず) なげる 2 捨てる [Ka. D5450] ☞ಬಿಸುಡು (bisuḍu)

ಬಿಸುಡು ⟦bisuḍu ビスドゥ⟧ [bisuḍu] ಬಿಸುಟು 《文》 *vt.* 《過去語幹 bisuṭ-/ bisuṭṭ- 未来語幹 bisuṟp-》 1 (特に標的を定めず) なげうつ、放り投げる 2 捨てる [Ka. D5450]

ಬಿಸುಪು ⟦bisupu ビスプ⟧ [bisŭpu] 《古》 *n.* 1 熱 2 熱(病による体温の上昇) 3 (別離の) 苦しみ [Ka. D5517]

ಬಿಸುರ್ ⟦bisur ビスル⟧ [bisur] 《古》 *vi.* [Ka. D5450] (*Abh.P.14,23* (*Kitt.*)) ☞ಬಿಸುಡು, ಬಿಸುೞ್ (bisuḍu, bisuṟ)

ಬಿಸುಲ್ ⟦bisul ビスル⟧ [bisul] 《口》 *n.* 日光、太陽の光と熱 [Ka. D5517] ☞ಬಿಸಿಲು (bisilu)

ಬಿಸುೞ್ ⟦bisuṟ ビスル⟧ [bisuɭ] 《古》 *vt.* 《ಬಿಸುಡ್- (bisuḍ-) の -p, -dなどの前での変異形》(特に標的を定めず) なげうつ、放り投げる [Ka. D5450] (*Kitt.*) ☞ಬಿಸುಡು (bisuḍu)〔汎〕

ಬಿಸ್ಕತ್ತು ⟦biskattu ビスカットゥ⟧ [biskəttu] ಬಿಸ್ಕೀಟು, ಬಿಸ್ಕೆಟ್ಟು *n.* ビスケット [Eg. *biscuit*]

ಬಿಳ ⟦biḷa ビラ⟧ [biḷɐ] 《‡》 (*adj.*) 白…、輝かしい〈こと〉[Ka. D5496] (*My.* (*Kitt.*))

ಬಿಳಪು ⟦biḷapu ビラプ⟧ [biḷəpu] 《異》 *n.* 白さ [Ka. D5496] (*My.; B.5,255* (*Kitt.*)) ☞ಬಿಳುಪು (biḷupu)

ಬಿಳಿ ⟦biḷi ビリ⟧ [biḷi] (*n.*) 白い〈こと〉¶ ಬಿಳಿಸೀರೆ (biḷisīre) 白いサーリー [Ka. D5496]

ಬಿಳಿಗೂದಲು ⟦biḷigūdalu ビリグーダル⟧ [biḷiguːđəlu] *n.* 白髪 [+ *kūdalu*]

ಬಿಳಿತಲೆ ⟦biḷitale ビリタレ⟧ [biḷitəle] *n.* 白髪頭 [+ *tale*]

ಬಿಳಿಮುಖ ⟦biḷimukʰa ビリムカ⟧ [biḷimukʰɐ] *n.* ヨーロッパ人の白い顔 [+ *mukʰa*]

ಬಿಳಿಚು ⟦biḷicu ビリチュ⟧ [biḷiʧu] *vi.* (顔色が病気、衰弱、恐れなどで) 青白くなる ¶ ತನ್ನ ತಪ್ಪು ಬಯಲಾಗುತ್ತದೆ ಎಂಬ ಭಯದಿಂದ ಅಧಿಕಾರಿಯ ಮುಖ ಬಿಳಿಚಿಕೊಂಡಿತು. (tanna tappu bayalāguttade eṃba bʰayadiṃda adʰikāriya mukʰa biḷicikoṃḍitu.) 自分の悪行がばれそうになり上役の顔が青ざめている。[Ka. *biḷi* D5496 + *-cu*]

ಬಿಳಿದು ⟦biḷidu ビリドゥ⟧ [biḷiđu] (*n.*) 白い〈こと〉¶ ಈ ಬಟ್ಟೆ ಬಿಳಿದು. (ī baṭṭe biḷidu.) この布は白い。[Ka. D5496]

ಬಿಳಿಲು ⟦biḷilu ビリル⟧ [biḷilu] ಬಿಳಲ್, ಬಿಳಲು, ಬಿೞಲ್, ಬಿೞಲು, ಬೀಳಲ್, ಬೀಳಲು, ಬೀೞಲ್ *n.* (バニヤンの木などの枝からぶらさがった) 気根 [⇒図] [Ka. *D5431]

ಬಿಳಿಲು 気根

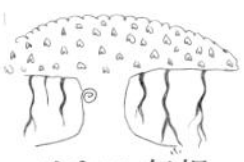

ಬಿಳು ⟦biḷu ビル⟧ [biḷu] 《異》 (*n.*) 白い〈こと〉[Ka. D5496] ☞ಬಿಳಿ (biḷi) 〔汎〕

ಬಿಳುಪು ⟦biḷupu ビルプ⟧ [biḷŭpu] *n.* 白いこと、白さ [Ka. D5496]

ಬಿಳೆ ⟦biḷe ビレ⟧ [biḷe] 《口》 (*n.*) 白い〈こと〉[Ka. < *biḷiya* D5496] ☞ಬಿಳಿ (biḷi)

ಬಿಳ್ಪು ⟦biḷpu ビルプ⟧ [biḷpu] 《古》 *n.* 白いこと [Ka. D5496]

ಬಿಱಸ ⟦biṟasa ビラサ⟧ [biṟəsɐ] 《‡》 (*n.*) (頭髪など) 粗い〈こと〉[Ka. D5439] (*B.5,255* (*Kitt.*))

ಬಿಱಸು¹ ⟦biṟasu ビラス⟧ [biṟəsu] 《‡》 (*n.*) 1 (土地、飯、石などが) 固い〈こと〉、荒い〈こと〉、ごつごつした〈こと〉; (髪の毛などが) 粗い〈こと〉(*B.5,255* (*Kitt.*)) 2 猛烈〈な〉(*My.* (*Kitt.*)) [Ka. D5439]

ಬಿಱಸು² ⟦biṟasu ビラス⟧ [biṟəsu] 《‡》 *n.* 打ち上げ花火 [Ka. D5441/D5439] (*My.* (*Kitt.*)) ☞ಬಿರುಸು (birusu)

ಬಿಱಿ ⟦biṟi ビリ⟧ [biṟi] 《古》 (*adj.*) 《複合語頭で》 1 (石などが) 固い〈こと〉、(髪の毛などが) 強(こわ)い〈こと〉 2 (目つきが) きつい〈こと〉、(顔つきが) 厳しい〈こと〉[Ka. D5439]

ಬಿಱಿಸು¹ ⟦biṟisu ビリス⟧ [biṟĭsu] 《古》 (*n.*) 1 (石などが) 固い〈こと〉; (髪の毛などが) 強(こわ)い〈こと〉 2 猛烈〈な〉 3 (態度や言葉が) 荒々しい〈こと〉、きつい〈こと〉[Ka. D5439]

ಬಿಱಿಸು² ⟦biṟisu ビリス⟧ [biṟĭsu] 《‡》 *n.* 打ち上げ花火 [Ka. D5441] (*My.* (*Kitt.*))

ಬಿಱು¹ ⟦biṟu ビル⟧ [biṟu] 《‡》 (*adj.*) 1 (石などが) 固い〈こと〉; (髪の毛などが) 強(こわ)い〈こと〉 2 猛烈〈な〉、急速〈な〉 3 (態度や言葉が) 荒々しい〈こと〉[Ka. D5439]

ಬಿಱು² ⟦biṟu ビル⟧ [biṟu] 《‡》 *vi.* びっくり仰天する (*Čr.4,15. Abh.P.10, after 136*) [Ka. D5443]

ಬಿಱು³ ⟦biṟu ビル⟧ [biṟu] 《‡》 *vi.* 《過去語幹 biṟut-》 恐れる (*Pb.6.56*) [Ka. D5489]

ಬಿಱುಬು ⟦biṟubu ビルブ⟧ [biṟuŭbu] ಬಿರುಬು, ಬಿಱುಹು 《古》 *n.* 猛烈、激烈 [Ka. D5439]

ಬಿಱುವು ⟦biṟuvu ビルヴ⟧ [biṟŭvu] 《‡》 *n.* 猛烈、激烈 [Ka. D5439] (*Kitt.*)

ಬಿಱುಸು ⟦biṟusu ビルス⟧ [biṟŭsu] 《古》 (*n.*) 1 (石や髪の毛が) 固い〈こと〉 2 (嵐などが) 猛烈〈な〉 3 〔喩〕 (言葉や態度が) 荒々しいこと [Ka. D5439]

ಬಿಱುಸು ⟦biṟusu ビルス⟧ [biṟŭsu] ಬಿಱಸು, ಬಿಱಿಸು 《古》 *n.* 打ち上げ花火 [Ka. D5441 light] (*Śś2.42.va.*)

ಬಿಱುಹು ⟦biṟuhu ビルフ⟧ [biṟŭhu] 《古》 *n.* (握りなどが) しっかりとしていること [Ka. D5439] (*Bp.44.9?*)

ಬಿೞ್- ⟦biṟ- ビル-⟧ [biɻ] 《古》 *vi.* ಬೀೞ್ (bīṟ) が過去形語基を作る時に取る形 ¶ ಬಿೞ್ದು (biṟdu) 落ちて [Ka. D5430] ☞ಬೀೞ್ (bīṟ)

ಬಿೞಿಚು ⟦biṟicu ビリチュ⟧ [biɻiʧu] 《‡》 *vt.* 倒れさせる [Ka. D5430] (*Bh.4,4,101* (*Kitt.*))

ಬಿೞ್ಚು ⟦biṟcu ビルチュ⟧ [biɻʧu] 《‡》 *vt.* 倒す [Ka. D5430] (*Kitt., J.20,34*)

ಬಿೞಿಲ್ ⟦biṟil ビリル⟧ [biɻil] 《‡》 *n.* イネ科ウシクサ属に属する植物の一種 ⇀ 香・薬 [Ka. D5428] (*Kitt.* (*Mr.121*)) *[IMP 5.362;『熱帯の有用植物』83]

ಬಿೞ್ತು ⟦biṟtu ビルトゥ⟧ [biɻtu] 《古》 *n.* (蒔くための) 種 [Ka. D5401]

ಬೀ ⟦bī ビー⟧ [biː] 《古》 *vi.* 《過去語幹 bīt-》 1 消えうせる、なくなる 2 終わる 3 (悪霊などが) 去る 4 滅びる、死ぬ 5 (灯明などが) 消える [Ka. D5446]

ಬೀಕಲ್ ⟦bīkal ビーカル⟧ [biːkəl] ಬೀಕಲು 《古》 *n.* 1 終わり、終結など 2 滅亡、滅びること [Ka. D5446]

ಬೀಗ¹ ⟦bīga ビーガ⟧ [biːgɐ] *n.* 錠、南京錠 ◇ *vi.* —ಹಾಕು (hāku) 錠を掛ける [Ka. D4211]

ಬೀಗ² ⟦bīga ビーガ⟧ [biːgɐ] ಬಿಯಗ, ಬಿಯ್ಯಗ, ಬೀಯ, ಬೀಯಗ *m.* 《*f.* ಬೀಗತಿ (bīgati)》 姻戚 [Sk. *vivāha-* A58, T11920]

ಬೀಗತನ ⟦bīgatana ビーガタナ⟧ [biːgətənɐ] *n.* 姻戚関係 [*bīga* + *tana*]

ಬೀಗತಿ ⟦bīgati ビーガティ⟧ [biːgăti] ಬೀಗಿತಿ, ಬೀಗಿತ್ತಿ, ಬೀಯಗಿತ್ತಿ *f.* 姻戚の女性 [*bīga* + *-ti*]

ಬೀಗು¹ ⟦bīgu ビーグ⟧ [biːgu] 《‡》 *vi.* 退く、後退する [Ka. D5446] (*Bp.1,2; J.16,39* (*Kitt.*))

ಬೀಗು² ⟦bīgu ビーグ⟧ [biːgu] *vi.* 1 (乳房などが) 膨れる、膨張する 2 〔喩〕 大喜びする、嬉しく

てたまらない ¶ ಚುನಾವಣೆಯಲ್ಲಿ ಗೆದ್ದ ಪಕ್ಷದವರು ಸಂತೋಷದಿಂದ ಬೀಗುತ್ತಿದ್ದಾರೆ. (cunāvaṇeyalli gedda pakṣadavaru saṃtōṣadiṃda bīguttiddāre.) 党人たちは選挙に勝って有頂天であった。 3〔喩〕傲慢になる、うぬぼれる ¶ ತಮ್ಮ ಮಗನಿಗೆ ಮುಖ್ಯಮಂತ್ರಿಯ ಮಗಳನ್ನು ಮದುವೆ ಮಾಡಿ ಅಪ್ಪ ಅಮ್ಮ ಸೊಕ್ಕಿನಿಂದ ಬೀಗುತ್ತಿದ್ದಾರೆ. (tamma magani-ge mukʰyamaṃtriya magaḷannu maduve māḍi appa amma sokkiniṃda bīguttiddāre.) 自分の息子を州首相の娘と結婚させて両親は得意満面であった。 [Ka. D5448(a)]

ಬೀಜ ⟦bīja ビージャ⟧ [biːʤɐ] *n.* 1 種子、たね 2 もと、根本原因 ¶ ಮಗನನ್ನು ಮುಖ್ಯಸ್ಥನೆಂದು ನೇಮಕ ಮಾಡಿದ್ದು ಕಂಪನಿಯ ಅವನತಿಯ ಬೀಜ. (magananannu mukʰyastʰaneṃdu nēmaka māḍiddu kaṃpaniya avanatiya bīja.) 息子を社長に任命したことが会社の没落のそもそもの原因であった。 3 精液 4 睾丸 [Sk.]

ಬೀಜಕೋಶ ⟦bījakōśa ビージャコーシャ⟧ [biːjəkoːʃɐ] *n.* 1 果皮 2 陰嚢 [Sk.]

ಬೀಜಗಣಿತ ⟦bījagaṇita ビージャガニタ⟧ [biːjəgəɳitɐ] 《文》 *n.* 代数、代数学 [Sk.] = ಆಲ್ಜಿಬ್ರ (āljibra)〔口〕

ಬೀಜಮಂತ್ರ ⟦bījamaṃtra ビージャマントラ⟧ [biːjəməntrɐ] *n.* 1 種子マントラ、ある特定の神を象徴する短い呪文 2 必ず成功する方法、究極の武器、奥の手 ¶ ಅವನನ್ನು ಸೋಲಿಸಲು ಇದೇ ಬೀಜಮಂತ್ರ. (avanannu sōlisalu idē bījamaṃtra.) これこそが彼を負かす究極の武器だ。 [Sk.]

ಬೀಜಾಕ್ಷರ ⟦bījākṣara ビージャークシャラ⟧ [biːʤɐːkʂərɐ] 《文》 *n.* マントラの重要な音節 [Sk.]

ಬೀಟನ ⟦bīṭana ビータナ⟧ [biːʈənɐ] 《‡》 *n.* 当惑、うろたえ、頭の混乱 [Ka. D4445] *(DEDR)*

ಬೀಟೆ¹ ⟦bīṭe ビーテ⟧ [biːʈe] *n.* 黒褐色のアカシア属の木(家具を作るための良材) [Ka. D483]

ಬೀಟೆ² ⟦bīṭe ビーテ⟧ [biːʈe] *n.* 旱魃などによる(地面などの)裂け目、(かかとの皮膚の)割れ目 [Ka. D5473]

ಬೀಡಾರ ⟦bīḍāra ビーダーラ⟧ [biːɖɐːrɐ] *n.* 1 逗留する場所 2 住居 3 旅行者のための宿泊施設 [Ka. D5393] = ಬಿಡಾರ (biḍāra)

ಬೀಡಿ¹ ⟦bīḍi ビーディ⟧ [biːɖi] 《‡》 *n.* 裂け目、割れ目 [Ka. D5473] *(Bh.8,10,10 (Kitt.))*

ಬೀಡಿ² ⟦bīḍi ビーディ⟧ [biːɖi] *n.* ビーリー(国産タバコ、1枚のタバコの葉で巻いた安い巻きタバコ) [H. *bīṛī* T12045]

ಬೀಡಿಕೆ ⟦bīḍike ビーディケ⟧ [biːɖike] *n.* 1 住居 2 逗留地 3 (役人などの宿泊のために政府の管理下にある)客人宿舎 [Ka. D5393]

ಬೀಡು¹ ⟦bīḍu ビードゥ⟧ [biːɖu] 《‡》 *n.* 集団、集まり、多数、多量 [Ka. D4217] *(J.10.3;17.20 (Kitt.))*

ಬೀಡು² ⟦bīḍu ビードゥ⟧ [biːɖu] 《文》 *(n.)* 無用〈な〉 —*n.* 1 荒れ地 2 過ち、失敗 [Ka. D4219]

ಬೀಡಾಗು¹ ⟦bīḍāgu ビーダーグ⟧ [biːɖɐːgu] 《‡》 *vi.* 廃虚になる、滅びる *(Śm.22 (Kitt.))* [Ka. D5452]

ಬೀಡು³ ⟦bīḍu ビードゥ⟧ [biːɖu] *n.* 1 駐留地、野営地、キャンプ 2 家、住居 3 避難所、逃げ場 ¶ ಭಾರತ ದಲೈ ಲಾಮಾ ಅವರಿಗೆ ಬೀಡು ಕೊಟ್ಟಿದೆ. (bʰārata dalai lāmā avarige bīḍu koṭṭide.) インドはダライ・ラマに避難所を与えた。 [Ka. D5393]

ಬೀಡುಗೊಳ್ ⟦bīḍugoḷ ビードゥゴル⟧ [biːɖugoɭ] ಬೀಡು-ಕೊಳ್, ಬೀಡುಕೊಳ್ಳು, ಬೀಡುಗೊಳ್ಳು 《古》 *vi.* 1 宿営する 2 住み着く、定住する 3 暇ごいをする [+ *koḷ*]

ಬೀಡುಬಿಡು ⟦bīḍubiḍu ビードゥビドゥ⟧ [biːɖŭbiɖu] *vi.* 宿営する、逗留する、野営する ¶ ಟಿಪ್ಪು ಸುಲ್ತಾನನ ಸೈನ್ಯ ಚಿತ್ರದುರ್ಗದ ಕೋಟೆಯ ಸುತ್ತಲು ಬೀಡು ಬಿಟ್ಟಿತು. (ṭippu sultānana sainya citradurgada kōṭeya suttalu bīḍu biṭṭitu.) ティップ・スルターンはチトラドゥルガの城の周りに宿営した。 [+ *biḍu*]

ಬೀಡಾಗು² ⟦bīḍāgu ビーダーグ⟧ [biːɖɐːgu] *vi.* 《*gen.*》(ある活動や病気などの)中心となる、(伝染病などの)猖獗(しょうけつ)する場所となる ¶ ಮುಂಬೈ ಏಡ್ಸಿನ ಬೀಡಾಗಿದೆ. (muṃbai ēḍsina bīḍāgide.) ムンバイはエイズの巣窟となった。 ¶ ಬೆಂಗಳೂರು ಮಾಹಿತಿ ತಂತ್ರಜ್ಞಾನದ ಬೀಡಾಗಿದೆ. (beṃgaḷūru māhiti taṃtrajñānada bīḍāgide.) ベンガルールはITの中心地である。 [+ *āgu*]

ಬೀಡು⁴ ⟦bīḍu ビードゥ⟧ [biːɖu] *n.* 旱魃などによる(地面などの)裂け目、(かかとの皮膚の)割れ目 [Ka. D5473]

ಬೀಡುದಾಣ ⟦bīḍudāṇa ビードゥダーナ⟧ [biːɖudɐːɳɐ] ಬೀಡುಂದಾಣ 《古》 *n.* 1 逗留地 2 住居 [*bīḍu*³ + *tāṇa*]

ಬೀಡುಕಬ್ಬಿಣ ⟦bīḍukabbiṇa ビードゥカッビナ⟧ [biːɖŭkəbbiɳɐ] *n.* 銑鉄 [Ka. *bīḍu*² 「荒れ地」 + *kabbiṇa*]

ಬೀಡೆ ⟦bīḍe ビーデ⟧ [biːɖe] 《古》 *n.* 旱魃などによる(地面などの)裂け目、(かかとの皮膚の)割れ目 [Ka. D5473]

ಬೀಬಿ ⟦bībi ビービ⟧ [biːbi] *f.* 1 (普通ムスリムの)妻 2 王妃、女王 [Pe. *bībī*]

ಬೀಭತ್ಸ ⟦bībʰatsa ビーバトサ⟧ [biːbʰətsɐ/biːbʰətstsɐ] 《文》 *(n.)* 嫌な〈こと〉、気持ちの悪い〈こと〉、嫌悪をもよおす〈こと〉、ぞっとする〈こと〉 —*n.* 嫌悪(インドの詩論でいう九つのラサの一つ) [Sk.]

ಬೀಯ ⟦bīya ビーヤ⟧ [biːjɐ] 《文》 *n.* 脱穀した米 [Sk. A60, T 9250] = ಅಕ್ಕಿ (akki)〔汎〕

ಬೀರು¹ ⟦bīru ビール⟧ [biːru] *vt.* 1 〈石などを〉投げる ¶ ಸತ್ತ ಹಾವನ್ನು ನೋಡಿ ಮಕ್ಕಳು ಕಲ್ಲು ಬೀರುತ್ತಿದ್ದವು. (satta hāvannu nōḍi makkaḷu kallu bīruttiddavu.) 死んだ蛇を見て子どもたちが石を投げていた。 2 〈ニュース、噂などを〉広める、〈手紙などを〉配る、〈カードを〉配る [Ka. *D5463]

ಬೀರು² ⟦bīru ビール⟧ [biːru] *n.* 棚と扉が付いている鍵のかかる箪笥 [Eg. *bureau*]

ಬೀರು³ ⟦bīru ビール⟧ [biːru] *n.* ビール [Eg. *beer*]

ಬೀಸಣಿಕೆ ⟦bīsaṇike ビーサニケ⟧ [bi:sə̆ɳike] *n.* うちわ、扇 [Ka. D5450]

ಬೀಸಣಿಗೆ ⟦bīsaṇige ビーサニゲ⟧ [bi:sə̆ɳige] ಬೀಸಣಿಕೆ *n.* うちわ、扇 [Ka. D5450]

ಬೀಸರ ⟦bīsara ビーサラ⟧ [bi:sə̆rɐ] ಬೀಸರು 《古》 *n.* **1** 役に立たないもの **2** 破壊 **3** 害になるもの [Ka. D5446]

ಬೀಸಾಕು ⟦bīsāku ビーサーク⟧ [bi:sɐ:ku] ಬಿಸಾಕು *vt.* 投げ捨てる、破棄する ¶ ಜನ ನಮ್ಮ ಮನೆಯ ಮುಂದೆ ಕಸ ಬೀಸಾಕುತ್ತಾರೆ. (jana namma maneya muṃde kasa bīsākuttāre.) 人々はうちの前にゴミを捨てる。 [Ka. *bīsi* + *hāku* D5450]

ಬೀಸಾಡು ⟦bīsāḍu ビーサードゥ⟧ [bi:sɐ:ɖu] ಬಿಸಾಡು *vt.* **1** (特に的を定めずに)なげうつ、放り投げる ¶ ದಂಗೆ ಮಾಡುವವರು ಅಲ್ಲಿಲ್ಲಿ ಕಲ್ಲುಗಳನ್ನು ಬಿಸಾಡುತ್ತಾ ನಡೆದರು. (daṃge māḍuvavaru allilli kallugaḷannu bisāḍuttā naḍedaru.) 暴動に参加した人たちはあちこち石を放り投げながら歩いた。**2** 投げ捨てる ¶ ಪ್ರಯಾಣಿಕರು ಕಡಲೆಕಾಯಿ ತಿಂದು ಸಿಪ್ಪೆ ಬಸ್ಸಿನಲ್ಲೆಲ್ಲ ಬಿಸಾಡಿದರು. (prayāṇikaru kaḍalekāyi tiṃdu sippe bassinallella bisāḍidaru.) 乗客たちは南京豆を食べてバス中に皮を投げ捨てた。 **3** 無視する ¶ ತಂದೆ ಮೂರನೇ ಮಗ ದಡ್ಡ ಎಂದು ಬೀಸಾಡಿದರು. (taṃde mūranē maga daḍḍa eṃdu bīsāḍidaru.) 父親は馬鹿だといって3番目の息子を無視した。 [Ka. D5450]

ಬೀಸಾಲೆ ⟦bīsāle ビーサーレ⟧ [bi:sɐ:le] 《方》 *n.* ビンロウジュのブツエンホウ(仏炎苞)などで作った扇 (*Hav.*) [Ka. D5450]

ಬೀಸು¹ ⟦bīsu ビース⟧ [bi:su] *vt.* **1** 〈石や網などを〉投げる ¶ ಪಲೆಸ್ತೀನಿಯರು ಇಸ್ರೇಲಿ ಸೈನಿಕರ ಮೇಲೆ ಕಲ್ಲು ಬೀಸುತ್ತಾರೆ. (palestīniyaru isrēli sainikara mēle kallu bīsuttāre.) パレスティナ人はイスラエル人の兵士に石を投げる。 **2** 〈うちわを〉動かす、うちわで〈風を〉送る ¶ ತಾಯಿಗೆ ಮಗಳು ಬಟ್ಟೆಯಿಂದ ಗಾಳಿ ಬೀಸಿದಳು. (tāyige magaḷu baṭṭeyiṃda gāḷi bīsidaḷu.) 娘は母親を布で扇いだ。 —*vi.* (風が)吹く [Ka. D5450]

ಬೀಸಿಸು¹ ⟦bīsisu ビーシス⟧ [bi:sisu] *vt.* 〈灯明を〉息で吹き消す [Ka. caus. D5450]

ಬೀಸು² ⟦bīsu ビース⟧ [bi:su] *vt.* 〈穀物を〉碾き臼で碾く [Ka.?]

ಬೀಸುವ ಕಲ್ಲು ⟦bīsuva kallu ビースヴァカッル⟧ [bi:suvə kəllu] *n.* 碾き臼 [⇒図] [+ *kallu*]

ಬೀಸುವ ಕಲ್ಲು
碾き臼

ಬೀಸಿಸು² ⟦bīsisu ビーシス⟧ [bi:sisu] *vt.* (碾き臼などで)轢かせる [caus.]

ಬೀಳು¹ ⟦bīḷu ビール⟧ [bi:ɭu] ಬೀಳ್, ಬೀೞ್, ಬೀೞು, ವೀಳ್, ವೀೞ್ *vi.* 《過去語幹 bidd-, bird-, biṟd-》 **1** 落ちる、落下する **2** (建物、橋などが)崩壊する ¶ ಮುಂಬೈಯಲ್ಲಿ ದೊಡ್ಡ ದೊಡ್ಡ ಮನೆಗಳು ಅಕಸ್ಮಾತ್ತಾಗಿ ಬೀಳುತ್ತವೆ. (muṃbaiyalli doḍḍa doḍḍa manegaḷu akasmāttāgi bīḷuttave.) ボンベイで大きな建物が崩壊する。 **3** (雨が)降る、(雷が)落ちる **4** (価格、相場などが)下がる、下落する ¶ ಚಿನ್ನದ ದರ ಒಂದು ವರ್ಷದಲ್ಲಿ 20 ಸೇಕಡ ಬಿತ್ತು. (cinnada dara oṃdu varṣadalli 20 sēkaḍa bittu.) 金の値段が1年で20%下がった。 **5** 崩壊する、滅亡する ¶ ವಿಜಯನಗರ ಸಾಮ್ರಾಜ್ಯ ಹದಿನಾರನೆಯ ಶತಮಾನದಲ್ಲಿ ಬಿತ್ತು. (vijayanagara sāmrājya hadināraneya śatamānadalli bittu.) ヴィジャヤナガラ帝国は16世紀に滅亡した。 **6** (太陽が)沈む **7** (戦士が戦場で)倒れる、死ぬ [Ka. *D5430]

ಬೀಳು² ⟦bīḷu ビール⟧ [bi:ɭu] (*n.*) 役に立たない〈こと〉 —(*adj.*) (土地などが)役に立たない〈こと〉 [Ka. *D4219]

ಬೀಳು³ ⟦bīḷu ビール⟧ [bi:ɭu] ಬೀೞ್ 《古》 *n.* **1** つる草の寄生植物(クスノキ科、籠を編む時に用いる) = ಆಕಾಶಬಳ್ಳಿ, ಮಂಗನ ಉಡಿದಾರ (ākāśaballi, maṃgana uḍidāra) **2** ネナシカズラ科ネナシカズラ属の寄生植物(薬用) = ಅಮರುಬಳ್ಳಿ (amaruballi) *[IMP. 2.263] [Ka. D5460]

ಬೀಳ್ಕೊಡು ⟦bīḷkoḍu ビールコドゥ⟧ [bi:ɭkoɖu] *vt.* 〈客を〉送り出す ¶ ರಾಷ್ಟ್ರಪತಿ ಅಮೆರಿಕಾಕ್ಕೆ ಹೋಗುವಾಗ ಪ್ರಧಾನಮಂತ್ರಿ ಅವರನ್ನು ವಿಮಾನನಿಲ್ದಾಣದಲ್ಲಿ ಬೀಳ್ಕೊಟ್ಟರು. (rāṣṭrapati amerikākke hōguvāga pradʰānamaṃtri avarannu vimānanildāṇadalli bīḷkoṭṭaru.) 大統領の訪米の際、首相は飛行場まで見送りに行った。 [? + *koḍu*]

ಬೀಱ್ ⟦bīṟ ビール⟧ [bi:r̠] ಬೀರು, ಬೀಱು 《古》 *vt.* **1** 投げる **2** 〈施しなどを〉(物惜しみせずに)ばらまく **3** 〈芳香、ニュースなどを〉広げる [Ka. D5463]

ಬೀಱಿಗ ⟦bīṟiga ビーリガ⟧ [bi:r̠igɐ] 《‡》 *n.* ばら撒かれたもの (*Ch.v.19* (*Kitt.*)) [Ka. D5463]

ಬೀಱು ⟦bīṟu ビール⟧ [bi:r̠u] 《古》 *vt.* [Ka. D5463] ☞ಬೀಱ್ (bīṟ)

ಬೀೞ್¹ ⟦bīḻ ビール⟧ [bi:ɻ] ಬೀೞು 《古》 (*adj.*) 役に立たない〈こと〉、荒れた〈土地など〉 [Ka. D4219]

ಬೀೞ್² ⟦bīḻ ビール⟧ [bi:ɻ] 《古》 *vi.* 《過去語幹 bidd-》 **1** 落ちる、落下する **2** (建物、橋などが)崩壊する **3** (雨が)降る、(雷が)落ちる **4** (価格、相場などが)下がる、下落する **5** (国などが)滅びる、滅亡する **6** (太陽が)沈む **7** (戦士が戦場で)倒れる、死ぬ [Ka. D5430]

ಬೀೞಿಸು ⟦bīḻisu ビーリス⟧ [bi:ɻisu] 《古》 *vt.* 落とす、など [Ka. caus. D5430]

ಬೀೞ್³ ⟦bīḻ ビール⟧ [bi:ɻ] 《古》 *n.* (籠などを編むのに用いる)つる草の一種 → 材 [Ka. *D5460] ☞ಬೀಳು (bīḷu)³ 1

ಬೀೞಲ್ ⟦bīḻal ビーラル⟧ [bi:ɻəl] ಬೀಳಲು 《古》 *n.* (ベンガルボダイジュなどの)垂れ下がった気根 [Ka. D5431]

ಬೀೞು¹ ⟦bīḻu ビール⟧ [bi:ɻu] 《古》 *n.* 不毛の荒地 [Ka. D4219] ☞ಬೀೞ್ (bīḻ)

ಬೀೞು² ⟦bīḻu ビール⟧ [bi:ɻu] 《古》 *n.* (籠を編むために用いる)つる草の一種 (*My.* (*Kitt.*)) [Ka. D5460] ☞ಬೀಳು (bīḷu)³

ಬುಕಿಂಗ್ ಆಫೀಸು ⟦bukiṃg āpʰīsu ブキングアーピース⟧ [buking ɐːpəiːsu] *n.* (特に前売り切符の)切符売場 [Eg. *booking office*]

ಬುಗಡಿ ⟦bugaḍi ブガディ⟧ [bugə̆ḍi] 《口》 *n.* [Ka. D4237] ☞ಬುಗುಡಿ (buguḍi)

ಬುಗುಟಿ ⟦buguṭi ブグティ⟧ [bugŭṭi] *n.* (打撲による) こぶ、腫れ物、(木の幹にできた)こぶ [Ka. D4469] ☞ಬುಗುಟು (buguṭu)

ಬುಗುಟು ⟦buguṭu ブグトゥ⟧ [bugŭṭu] ಬುಗಟು, ಬುಗಟೆ, ಬುಗುಂಟು, ಬುಗುಟೆ, ಬುಗುಡು *n.* **1** 膨れ、でっぱり(一般) **2** (打撲による)こぶ、腫れ物、(木の幹にできた)こぶ [Ka. *D4469]

ಬುಗುಡಿ ⟦buguḍi ブグディ⟧ [bugŭḍi] ಬುಗಡಿ *n.* **1** 外耳の上部につける耳飾り [⇒図] **2** 上記１の耳飾りのような形をした花をつける薬草の一種 [Ka. D4237]

ಬುಗುಡಿ 耳飾り

ಬುಗುಡು ⟦buguḍu ブグドゥ⟧ [bugŭḍu] *n.* 膨れ、でっぱり(一般) [Ka. D4469] ☞ಬುಗುಟು (buguṭu)

ಬುಗುರಿ ⟦buguri ブグリ⟧ [buguri] ಬಂಗರ, ಬಗರಿ, ಬಮರಿ, ಬವರಿ, ಬುಗರಿ, ಬೊಗರಿ, ಬೊಗರೆ, ಬೊಹರಿ, ಭಗರಿ *n.* 独楽(こま) [Sk. *bʰramari-*]

ಬುಗುರಿಯಾಡಿಸು ⟦buguriyāḍisu ブグリヤーディス⟧ [bugurijɐːḍisu] *vt.* 〈人を〉手玉に取る ¶ ಅವಳು ತನ್ನ ಗಂಡನನ್ನೇ ಬುಗುರಿಯಾಡಿಸುತ್ತಾಳೆ. (avaḷu tanna gaṃḍanannē buguriyāḍisuttāḷe.) 彼女は自分の夫をも手玉に取っている。 [Ka. *bugugi* + *āḍisu*]

ಬುಗ್ಗಿ[1] ⟦buggi ブッギ⟧ [buggi] 《‡》 *n.* 頬；ほっぺた (*Dp.38.2* (*Kitt.*)) [Ka. D4242]

ಬುಗ್ಗಿ[2] ⟦buggi ブッギ⟧ [buggi] 《口》 *n.* 水の湧出、泉 [Ka. *D4533]

ಬುಗ್ಗೆ ⟦bugge ブッゲ⟧ [bugge] ಬುಗ್ಗಿ *n.* 水の湧出、泉 [Ka. D4533]

ಬುಟ್ಟ ⟦buṭṭa ブッタ⟧ [buṭṭɐ] *n.* (サーリーなどの布に)ぱらぱらと小さな模様を織りこんだ金糸や銀糸の糸細工 [⇒図] [H. *būṭṭā* T9297.2]

ಬುಟ್ಟ 模様糸細工

ಬುಟ್ಟಿ ⟦buṭṭi ブッティ⟧ [buṭṭi] ಪುಟ್ಟಿ *n.* (竹や籐(とう)やオウギヤシなどで作った) 籠 [Ka. D4263]

ಬುಟ್ಟೆ ⟦buṭṭe ブッテ⟧ [buṭṭe] 《‡》 *n.* (竹などで作った)籠 (*S.Mhr.* (*Kitt.*)) [Ka. D4263]

ಬುಡ[1] ⟦buḍa ブダ⟧ [buḍɐ] *n.* **1** (山の)ふもと、(木の)根元 ¶ ಆ ಗುಡ್ಡದ ಬುಡದಲ್ಲಿ ಒಂದು ಪುಟ್ಟ ಮನೆ ಇದೆ. (ā guḍḍada buḍadalli oṃdu puṭṭa mane ide.) あの丘のふもとに小さな家がある。 **2** (鍋などの)底 **3** 家、家系 ¶ ನಮ್ಮ ಬುಡಕ್ಕೆ ಕೈಹಾಕಿದರೆ ನಿಮ್ಮನ್ನು ಸುಮ್ಮನೆ ಬಿಡುವುದಿಲ್ಲ. (namma buḍakke kaihākidare nimmannu summane biḍuvudilla.) 私の家を侮辱するならそのままでは済まないぞ。 **4** (立っているものについて)すぐそば [? cf. Tu., Te. *buḍa*]

ಬುಡ[2] ⟦buḍa ブダ⟧ [buḍɐ] 《‡》 (*n.*) ごぼっ(壺などを水に浸けた時に出る音を表す擬音語、普通反復して用いる)(*C.* (*Kitt.*)) [Ka. onom. D4249] ☞ಬುಡಕ್, ಬುಡಬುಡ (buḍak, buḍabuḍa)

ಬುಡಕ್ ⟦buḍak ブダク⟧ [buḍək] (*n.*) ごぼっ(壺などを水に浸けた時に出る音を表す擬音語) [Ka. onom. *D4249]

ಬುಡಕ್ಕನೆ ⟦buḍakkane ブダッカネ⟧ [buḍəkkə̆ne] *adv.* ごぼっと(壺などを水に浸けた時に出る音を表す擬音語) [+ *-ane*]

ಬುಡಕಟ್ಟು ⟦buḍakaṭṭu ブダカットゥ⟧ [buḍəkəṭṭu] *n.* **1** 木の周りに盛った土 **2** 《希》 (家族などの)起源、源 **3** (建物などの)基礎 = ಅಡಿಪಾಯ (aḍipāya) **4** 家系、一門 ¶ ನೀಲಗಿರಿಯಲ್ಲಿ ಅನೇಕ ಬುಡಕಟ್ಟು ಜನಾಂಗ ಇವೆ. (nīlagiriyalli anēka buḍakaṭṭu janāṃga ive.) ニールギリ地方には多くの部族民が住んでいる。 [*buḍa*[1] + *kaṭṭu*]

ಬುಡಬುಡ ⟦buḍabuḍa ブダブダ⟧ [buḍə̆buḍɐ] (*n.*) **1** ごぼごぼ(壺が沈む時などに出る音を表す擬音語) **2** ぽこぽこ(先についた錘(おもり)で鳴らす小さな鼓の音を表す擬音語) [Ka. onom. D4249]

ಬುಡಬುಡಿಕೆ ⟦buḍabuḍike ブダブディケ⟧ [buḍə̆buḍike] *n.* 先についた錘(おもり)で鳴る小さな鼓 [Ka. D4249] ☞ಬುಡುಬುಡಿಕೆ (buḍubuḍike)

ಬುಡು ⟦buḍu ブドゥ⟧ [buḍu] 《異》 (*n.*) ごぼっ(水に浸けた壺から出る音を表す擬音語、普通 ಬುಡಕ್ (buḍak) という形を取るか反復するかして用いる) [Ka. onom. D4249]

ಬುಡುಬುಡಿಕೆ ⟦buḍubuḍike ブドゥブディケ⟧ [buḍŭbuðike] ಬುಡಬುಡಕೆ, ಬುಡಬುಡಿಕೆ, ಬುಡುಬುಡುಕೆ *n.* **1** 振鼓(ふりつづみ)の一種(占い師のカーストの人々が用いる小さな太鼓) [⇒図] **2** 〔喩〕 法螺(ほら) ¶ ಅವನ ಮಾತೆಲ್ಲ ಬುಡುಬುಡಿಕೆ. ನಂಬಬೇಡಿ. (avana mātella buḍubuḍike. naṃbabēḍi.) 彼の言うことは全部はったりだ。あいつらを信じてはいけない。 [Ka. *buḍubuḍu* + *-ike* D4249]

ಬುಡುಬುಡಿಕೆ 振鼓(ふりつづみ)

ಬುಡುಬುಡಿಕೆಯವರು ⟦buḍubuḍikeyavaru ブドゥブディケヤヴァル⟧ [buḍŭbuḍikejəvə̆ru] *m.* (鳴らすための錘(おもり)と紐がついた)小さな鼓を携えた占い師またはそのカーストに属する人(フクロウの言葉を理解すると主張する)

ಬುಡುಬುಡಿಕೆ ಹೇಳು ⟦buḍubuḍike hēḷu ブドゥブディケヘール⟧ [buḍŭbuḍike heːḷu] *vi.* **1** (上記の人物が)未来を予言する **2** 法螺(ほら)を吹く ¶ ಬುಡುಬುಡಿಕೆ ಹೇಳಬೇಡಿ, ನಾನು ಏನೂ ತೆಗೆದುಕೊಳ್ಳುವದಿಲ್ಲ. (buḍubuḍike hēḷabēḍi, nānu ēnū tegedukoḷḷuvadilla.) 大きな話はいりません。私は何も買いませんから。 [Ka. onom.]

ಬುಡುಬುಡು ⟦buḍubuḍu ブドゥブドゥ⟧ [buḍubuḍu] (*n.*) **1** ごぼごぼ(水に浸けた壺などが出す音

を表す擬音語) 2 ぽこぽこ(鳴らすための錘(おもり)と紐がついた小さな鼓が出す音を表す擬音語) [Ka. onom. D4249]

ಬುಡ್ಡ ⟦buḍḍa ブッダ⟧ [buɖɖɐ] 《方》 *n.* へそ (*Bell.*; *UPU*) [Ka. D4460(b)]

ಬುಡ್ಡಿ ⟦buḍḍi ブッディ⟧ [buɖɖi] *n.* ガラス瓶 [Ka. D4265A]

ಬುಡ್ಡೆ ⟦buḍḍe ブッデ⟧ [buɖɖe] 《‡》 *n.* 腫れもの、睾丸の腫れ [Ka. D4266] (*My.* (*Kitt.*))

ಬುತ್ತಿ ⟦butti ブッティ⟧ [butti] *n.* 弁当、(職場や遠足や旅行などに持っていく)食べ物 [Sk. bʰukti-]

ಬುದ್ದಣಿಗೆ ⟦buddaṇige ブッダニゲ⟧ [buddə̆ ɳige] 《古》 *n.* 1 油入れ(油やギーを入れる皮製の容器) 2 (結婚式で花嫁に贈るめでたい品物を入れた)蓋付きの籠 [Ka. D4279] ☞ಬುದ್ದಲಿಕೆ (buddalike)

ಬುದ್ದಲಿಕೆ
油入れ

ಬುದ್ದಲಿ ⟦buddali ブッダリ⟧ [buddəli] 《古》 *n.* [Ka. D4279] ☞ಬುದ್ದಲಿಕೆ (buddalike)

ಬುದ್ದಲಿಕೆ ⟦buddalike ブッダリケ⟧ [buddə̆like] ಬುಜ್ಜಣಿಗೆ, ಬುದ್ದಣಿಗೆ 《古》 *n.* 油入れ(油やギーを入れる皮製の容器) [⇒図] [Ka. D4279]

ಬುದ್ಲಿ ⟦budli ブドリ⟧ [budli] 《口》 *n.* [Ka. D4279] ☞ಬುದ್ದಲಿಕೆ (buddalike)

ಬುಧ ⟦budʰa ブダ⟧ [budʰɐ] 《文》 *mf.* 賢者、知者 —*mn.* 水星(月の息子) [Sk.]

ಬುಧಾಗ್ರಣಿ ⟦budʰāgraṇi ブダーグラニ⟧ [budʰɐːgrəɳi] 《文》 *mf.* 傑出した学者や知恵のある人 [Sk.]

ಬುದ್ಧ ⟦buddʰa ブッダ⟧ [buddʰɐ] *m.* ブッダ(仏教の開祖ガウタマ・シッダールタの尊称) [Sk.]

ಬುದ್ಧಿ ⟦buddʰi ブッディ⟧ [buddʰi] *n.* 1 知力、知的能力 2 知恵、叡智 3 (何かを企てたり処理したりする)知的能力 ¶ ಅವಳಿಗೆ ಬ್ಯೂರೊನಿಂದ ಹಣ ಕದಿಯುವಂತ ಬುದ್ಧಿ ಇಲ್ಲ. (avaḷige byūronimda haṇa kadiyuvamta buddʰi illa.) 彼女は金属製の箪笥から金を盗もうなんて考える人ではない。 4 忠告、言って聞かせること、諫言 ¶ ಮಕ್ಕಳಿಗೆ ತಾಯಿ ಬುದ್ಧಿ ಹೇಳಿದಳು. (makkaḷige tāyi buddʰi hēḷidaḷu.) 子どもたちに母親が言って聞かせた。 [Sk.]

ಬುದ್ಧಿಹೇಳು ⟦buddʰihēḷu ブッディヘール⟧ [buddʰiheːɭu] *vi.* 《*dat.*》 言い聞かせる、訓告する ¶ ಸುಳ್ಳು ಹೇಳಬಾರದೆಂದು ಮಗನಿಗೆ ಬುದ್ಧಿಹೇಳು. (suḷḷu hēḷabārademdu maganige buddʰihēḷu.) 嘘をつかないよう息子に言い聞かせなさい。 [+ *hēḷu*]

ಬುದ್ಧಿಕಲಿಸು ⟦buddʰikalisu ブッディカリス⟧ [buddʰikəlĭ su] *vi.* 言い聞かせる、説諭する ¶ ಅಪ್ಪ ಮಗನಿಗೆ ಸುಳ್ಳು ಹೇಳಬಾರದು ಎಂದು ಬುದ್ಧಿಕಲಿಸಿದ. (appa maganige suḷḷu hēḷabāradu emdu buddʰikalisida.) 父親は嘘をついてはいけないと息子に言い聞かせた。 [+ *kalisu*]

ಬುದ್ಧಿಗೇಡಿ ⟦buddʰigēḍi ブッディゲーディ⟧ [buddʰigeːɖi] *mf.* 馬鹿者、うすのろ [*buddʰi* + *kēḍi*]

ಬುದ್ಧಿಪೂರ್ವಕ ⟦buddʰipūrvaka ブッディプールヴァカ⟧ [buddʰipuːrvəkɐ] 《文》 *adv.* わざと、故意に ¶ ಪಾರ್ವತಮ್ಮ ಮಲಮಗನನ್ನು ಬುದ್ಧಿಪೂರ್ವಕ ಬಾವಿಗೆ ತಳ್ಳಿದಳಂತೆ. (pārvatamma malamaganannu buddʰipūrvaka bāvige taḷḷidaḷamte.) パールヴァタンマはわざと継子を井戸に突き落としたそうだ。 [Sk.]

ಬುದ್ಧಿಭ್ರಮಣೆ ⟦buddʰibʰramaṇe ブッディブラマネ⟧ [buddʰibʰrəməɳe] *n.* 精神錯乱、狂乱 [Sk.]

ಬುದ್ಧಿವಂತ ⟦buddʰivamta ブッディヴァンタ⟧ [buddʰivəntɐ] *adj.*, *m.* 《*f.* ಬುದ್ಧಿವಂತೆ (buddʰivamte)》 1 知力ある〈人〉; 知恵ある〈人〉; 物事を処理する能力がある〈人〉 2 村や町の知恵ある人(村や町の長老) ¶ ಊರಿನ ಬುದ್ಧಿವಂತರು ಬಂದು ಸಮಸ್ಯೆಯನ್ನು ಚರ್ಚಿಸಿದರು. (ūrina buddʰivamtaru bamdu samasyeyannu carcisidaru.) 村の長老たちが集まって問題を議論した。 [Sk.]

ಬುದ್ಧಿವಂತಿಕೆ ⟦buddʰivamtike ブッディヴァンティケ⟧ [buddʰivəntike] *n.* 知力あること、知恵、叡智あること、物事を処理する能力があること [Sk. + *-ike*]

ಬುದ್ಧಿವಾದ ⟦buddʰivāda ブッディヴァーダ⟧ [buddʰivɐːdɐ] *n.* 忠告、諭す言葉 [Sk.]

ಬುದ್ಧಿವಿಕಾರ ⟦buddʰivikāra ブッディヴィカーラ⟧ [buddʰivikɐːrɐ] *n.* 異常心理 [Sk.]

ಬುದ್ಧಿವೈಕಲ್ಯ ⟦buddʰivaikalya ブッディヴァイカリャ⟧ [buddʰivəikəlʲjɐ] 《文》 *n.* 異常心理 ¶ ಕೆಲವು ಬುದ್ಧಿವೈಕಲ್ಯ ಹೊಂದಿದವರು ಶಿಕ್ಷಕರಾಗಿ ಶಾಲೆಯಲ್ಲಿ ಕೆಲಸ ಮಾಡುತ್ತಿದ್ದಾರೆ. (kelavu buddʰivaikalya homdidavaru śikṣakarāgi śāleyalli kelasa māḍuttiddāre.) 何人かの異常心理者が学校で先生として働いている。 [Sk.]

ಬುದ್ಧಿಶಾಲಿ ⟦buddʰiśāli ブッディシャーリ⟧ [buddʰiʃɐːli] *adj.*, *mf.* 1 頭がよい〈人〉、知恵がある〈人〉、学識がある〈人〉 2 抜け目がない〈人〉、利口な〈人〉 [Sk.]

ಬುದ್ಧಿಸಾಮರ್ಥ್ಯ ⟦buddʰisāmartʰya ブッディサーマルティャ⟧ [buddʰisɐːmərtʰjɐ] 《文》 *n.* 知的能力 [Sk.]

ಬುದ್ಬುದ ⟦budbuda ブドブダ⟧ [budbudɐ] 《文》 *n.* 泡、気泡 [Sk.] = ಗುಳ್ಳೆ (guḷḷe) 〔汎〕

ಬುಧವಾರ ⟦budʰavāra ブダヴァーラ⟧ [budʰəvɐːrɐ] *n.* 水曜日 [Sk.]

ಬುನಾದಿ ⟦bunādi ブナーディ⟧ [bunɐːdi] *n.* 1 (建物などの)基礎 2 (王朝や組織体などの)創成期 ¶ ಗಾಂಧಿ ಟೋಪಿ ಕಾಂಗ್ರೆಸ್ ಬುನಾದಿಯಿಂದಲೂ ನಡೆದುಬಂದಿದೆ. (gāmdʰi tōpi kāmgres bunādiyimdalū naḍedubamdide.) 国民会議派の創成期からガーンジー帽が使われてきた。 [Pe. *bunyād*]

ಬುರ ⟦bura ブラ⟧ [burɐ] 《‡》 (*n.*) 《通常繰り返し表現で》 1 ばたばた(鳥が急に飛び立つ音を表す擬音語) 2 ぶうぶう(放屁の音を表す擬音語) (*Kitt.*) [Ka. D4329] ☞ಬುರಬುರ (burabura)

ಬುರಬುರ ⟦burabura ブラブラ⟧ [burəburɐ] (*n.*) 1 ばたばた(鳥が急に飛び立つ音を表す擬音語) 2 ぶ

うぶう（放屁の音を表す擬音語）¶ ರೋಗಿ ಆಪರೇಶನ್ ಆದ ಮರುದಿನ ಬುರಬುರ ಎಂದು ಗಾಳಿ ಬಿಟ್ಟನು. (rōgi āparēśan āda marudina burabura eṃdu gāḷi biṭṭanu.) 患者は手術の翌日ぶうぶう放屁した。[Ka. *D4329]

ಬುರಕಾ
ブルカ

ಬುರಕಾ ⟦burakā ブラカー⟧ [burǝ̆kɐː] ಬುರಕಿ, ಬುರುಕ, ಕುರುಕಾ, ಬುರುಕಿ, ಬುರುಕೆ, ಬುರ್ಕಿ *n.* ブルカ（ムスリムの女性が着用する足首まで達するヴェール）〔⇒図〕[Ar. *burqa*]

ಬುರಗಲು ⟦buragalu ブラガル⟧ [burǝ̆gǝlu] 《希》 *n.* [Ka. D4537] = ಚುರುಮುರಿ, ಪುರಿ (curumuri, puri) ☞ಬುರುಗಲು (burugalu)

ಬುರಲಿ ⟦burali ブラリ⟧ [burǝ̆li] 《‡》 *n.* ウズラ (*Pr.* (*Kitt.*)) [Ka. D4374]

ಬುರುಂಡಿ ⟦buruṃḍi ブルンディ⟧ [burunḍi] *n.* ブルンディ（中央アフリカの国）[Eg. *Burundi*]

ಬುರುಕಿ ⟦buruki ブルキ⟧ [burŭki] *n.* ブルカ（ムスリムの女性が外出する時に着用する体全体を覆う普通黒色のヴェール）[Ar.] ☞ಬುರಕಾ (burakā)

ಬುರುಗಲು ⟦burugalu ブルガル⟧ [burŭgǝlu] ಬುರುಗು 《希》 *n.* はぜ米（水につけた米を炒って膨らませたもの）[Ka. D4537] = ಚುರುಮುರಿ, ಪುರಿ (curumuri, puri) ☞ಬುರಗಲು (buragalu)

ಬುರುಗು[1] ⟦burugu ブルグ⟧ [burŭgu] *n.* **1** 泡、気泡 **2**〔喩〕はかなくて内容のないもの、泡沫 ¶ ತೆರೆಯನ್ನು ಬಿಟ್ಟು ಬರಿ ಬುರುಗನ್ನು ತಂದಂತಾಯಿತು. (tereyannu biṭṭu bari burugannu taṃdaṃtāyitu.) 波を捨てて泡ばかり汲んできたようになった。[Ka. D4463] = ನೊರೆ (nore)

ಬುರುಗು[2] ⟦burugu ブルグ⟧ [burŭgu] ಬುರುಗಲು 《方》 *n.* はぜ米（水につけた米を炒って膨らませたもの）[Ka. *D4537]

ಬುರುಜು ⟦buruju ブルジュ⟧ [burŭʤu] *n.* 稜堡、砦 [Ar. *burǧ*]

ಬುರುಡೆ ⟦buruḍe ブルデ⟧ [burŭḍe] ಬುಂಡೆ, ಬುಡ್ಡಿ, ಬುರುಂಡೆ, ಬುರ್ಡೆ, ಬುರ್ದೆ *n.* **1**（容器や水泳用の浮きとして用いる）ひょうたん、糸瓜 **2** 頭蓋骨 ¶ ಅವನ ಬುರುಡೆ ಒಳಗೆ ಏನೂ ಇಲ್ಲ. (avana buruḍe oḷage ēnū illa.) 彼は頭が空っぽだ。 **3**〔喩〕法螺(ほら) ¶ ಅವನದು ಬರೀ ಬುರುಡೆ. (avanadu barī buruḍe.) あの男性のいうことは法螺ばっかりだ。[Ka. *D4331, *D4332]

ಬುರುಡೆಹೊಡೆ ⟦buruḍehoḍe ブルデホデ⟧ [burŭḍehoḍe] *vi.* 法螺(ほら)を吹く [*buruḍe* + *hoḍe*] = ಬುರುಡೆಬಿಡು (buruḍebiḍu)

ಬುರುದೆ ⟦burude ブルデ⟧ [burŭđe] 《‡》 *n.* 泥 [Ka. D4291] (*Jñs. 22,53* (*Kitt.*))

ಬುರುಲಿ ⟦buruli ブルリ⟧ [burŭli] ಬುರಲಿ, ಬುರ್ಲಿ 《‡》 *n.* ウズラの類 (*Kitt.*) [Ka. D4374]

ಬುರ್ನಾಸು ⟦burnāsu ブルナース⟧ [burnɐːsu] 《口》 *n.* 役に立たないもの ¶ ಈ ಕಾದಂಬರಿಯಲ್ಲಿ ಏನು ಇಲ್ಲ; ಬರೀ ಬುರ್ನಾಸು. (ī kādaṃbariyalli ēnu illa; barī burnāsu.) この小説には中身が何もない、ただのがらくただ。[?]

ಬುಲಾಕು
鼻飾り

ಬುರ್ಲಿ ⟦burli ブルリ⟧ [burli] 《‡》 *n.* ウズラの類 (*Kitt.*) [Ka. D4374]

ಬುಲಾಕು ⟦bulāku ブラーク⟧ [bulɐːku] *n.* 鼻飾り（鼻の中隔につける装身具）〔⇒図〕[Tk. *bulāq*]

ಬುಲ್ಲ ⟦bulla ブッラ⟧ [bullɐ] 《口》 *n.*〔タブー〕男性の陰部 [Ka. D4309] (*My.* (*Kitt.*))

ಬುಲ್ಲಿ ⟦bulli ブッリ⟧ [bulli] 《口》 *n.*〔タブー〕男性の陰部 [Ka. D4309]

ಬುವ್ವ ⟦buvva ブッヴァ⟧ [buvvɐ] ಬೂಮ, ಬೂವ 《口》 *n.* **1**〔児〕まんま、ご飯、炊いた米 **2** 新郎新婦の両親が新郎新婦と共に着席して夕食を取る儀式 [Ka. D4311]

ಬುಸ್ ⟦bus ブス⟧ [buss] (*n.*) しゅう（蛇が出す音、ふいごの音、牛の鼻息などを表す擬音語）[Ka. D4246]

ಬುಸು ⟦busu ブス⟧ [buss] (*n.*) [Ka. D4246] ☞ಬುಸ್ (bus)

ಬುಸ್ಸು ⟦bussu ブッス⟧ [bussu] (*n.*) [Ka. D4246] ☞ಬುಸ್ (bus)

ಬುಱ ⟦buṟa ブラ⟧ [buṟɐ] 《‡》 (*n.*) **1** ばたっ（鳥が急に飛び立つ音を表す擬音語、普通重畳語として用いる） **2** ぶっ（放屁の音を表す擬音語、普通重畳語として用いる）(*My.* (*Kitt.*)) [Ka. D4329]

ಬುಱಡೆ ⟦buṟaḍe ブラデ⟧ [buṟǝ̆ḍe] 《‡》 *n.* **1** 中空にしたへちまの実、中身を掻きだしたココナツの殻、ウッドアップルの実をくりぬいたもの **2** 頭蓋骨 **3** 法螺(ほら) [Ka. D4331, D4332] (*My.* (*Kitt.*)) ☞ಬುರುಡೆ (buruḍe)

ಬುಱಬುಱ ⟦buṟabuṟa ブラブラ⟧ [buṟǝbuṟɐ] 《‡》 (*n.*) 《通常繰り返し表現で》 **1** ばたばた（鳥が急に飛び立つ音を表す擬音語） **2** ぶっ（放屁の音を表す擬音語）(*My.* (*Kitt.*)) [Ka. D4329]

ಬುಱು ⟦buṟu ブル⟧ [buṟu] 《‡》 (*n.*) **1** ばたばた（鳥が急に飛び立つ音を表す擬音語） **2** ぶっ（放屁の音を表す擬音語）[Ka. D4329] (*My.* (*Kitt.*))

ಬುಱುಬುಱು ⟦buṟubuṟu ブルブル⟧ [buṟubuṟu] 《‡》 (*n.*) **1** ばたばた（鳥が急に飛び立つ音を表す擬音語） **2** ぶっぶっ（放屁の音を表す擬音語）[Ka. D4329] (*My.* (*Kitt.*))

ಬುಱುಡಿ ⟦buṟuḍi ブルディ⟧ [buṟǝḍi] 《‡》 *n.* [Ka. D4331, D4332] (*G.144* (*Kitt.*)) ☞ಬುಱಡೆ (buṟaḍe)

ಬುಱುಡೆ ⟦buṟuḍe ブルデ⟧ [buṟŭḍe] ಬುಱಡೆ 《‡》 *n.* [Ka. D4331, D4332] (*My.*; *Si.309*; *B.4,82* (*Kitt.*)) ☞ಬುರುಡೆ (buruḍe)

ಬುಱ್ಱ್ ⟦buṟṟ ブルル⟧ [buṟṟ] 《‡》 (*n.*) ばたっ（鳥が急に飛び立つ音を表す擬音語）[Ka. D4329] (*C.* (*Kitt.*))

ಬುಱ್ಱನೆ ⟦buṟṟane ブッラネ⟧ [buṟṟǝne] 《‡》 *adv.* 上記のような音を立てて [Ka. D4329] (*Prv.* (*Kitt.*))

ಬೂಂದಿ ⟦būṃdi ブーンディ⟧ [buːndi] *n.* ヒヨコマメの粉で作った水滴の形をした甘い菓子 [H. *būdī*]

ಬೂಚಿ ⟦būci ブーチ⟧ [buːʧi] 《口》 *n.* **1**〔児〕虫、昆虫 **2**〔児〕子どもを脅かすために使われる空想上の化け物 [Ka. D4353]

ಬೂಜು ⟦būju ブージュ⟧ [buːʤu] ಬುಕುಟು, ಬುಗುಟು, ಬುರುಸು, ಬೂಷರು, ಬೂಷ್ಟು ಬೂಸರು, ಬೂಸಲು *n.* カビ [Ka. D4357]

ಬೂಜೆ ⟦būje ブージェ⟧ [buːʤe] 《†》 *n.* カビ (*My.* (*Kitt.*)) [Ka. D4357]

ಬೂಟ್ ⟦būṭ ブート⟧ [buːʈ] ಬೂಟು *n.* (編み上げ靴を含む洋風の公式な)靴 [Eg. *boot*]

ಬೂಟ[1] ⟦būṭa ブータ⟧ [buːʈɐ] *n.* 欺瞞、詐欺、ペテン [Ka. D4359]

ಬೂಟ[2] ⟦būṭa ブータ⟧ [buːʈɐ] ಬೂಟೆ *n.* (サーリーなどの布に)金糸や銀糸でぱらぱらと折り込んだ小さな模様 [H. *būṭā* T9297.2]

ಬೂಟಕ ⟦būṭaka ブータカ⟧ [buːʈə̆kɐ] *n.* 欺瞞、詐欺、ペテン [Ka. D4359]

ಬೂಟಕತನ ⟦būṭakatana ブータカタナ⟧ [buːʈə̆kətənɐ] *n.* 欺瞞や詐欺やペテンを行う習慣や性質 [Ka. D4359]

ಬೂಟಾ ⟦būṭā ブーター⟧ [buːʈɐː] *n.* [H. *būṭā* T9297.2] ☞ಬೂಟ (būṭa)[2]

ಬೂಟಾಟ ⟦būṭāṭa ブーターター⟧ [buːʈɐːʈɐ] *n.* 欺瞞、詐欺、ペテン [Ka. *būṭa*[1] + *āṭa* D4359]

ಬೂತು[1] ⟦būtu ブートゥ⟧ [buːtu] *n.* **1** 姦計、悪巧み **2** きたない言葉、猥褻な言葉 **—***mf.* **1** 恥知らずな人、不潔な人、猥褻な人 **2** 詐欺師、ペテン師 [Ka. D4363]

ಬೂತು[2] ⟦būtu ブートゥ⟧ [buːtu] *n.* 化け物、悪鬼 [Sk. *bʰūta-*]

ಬೂತು[3] ⟦būtu ブートゥ⟧ [buːtu] *n.* **1** (政府機関が生産あるいは供給する)牛乳や野菜などを販売する屋台店 **2** 投票場 [Eg. *booth*]

ಬೂದ ⟦būda ブーダ⟧ [buːdɐ] (*n.*) 灰色〈の〉¶ ಇಲಿ ದಟ್ಟ ಬೂದ ಬಣ್ಣದ್ದು. (ili daṭṭa būda baṇṇaddu.) ネズミの色は濃い灰色である。[Ka. D4316/Sk. *būdi-* × H. *ūdā*「灰色」T1986?]

ಬೂದಿ ⟦būdi ブーディ⟧ [buːđi] *n.* **1** 灰 **2** シヴァ教の様々な派で用いられる聖なる灰(牛糞を燃やすなどして作られ、体に塗り付けたりする) **—**(*n.*) 灰色〈の〉[Ka. D4316/Sk. *bʰūti-*]

ಬೂದಿಕುಂಬಳ ⟦būdikumbaḷa ブーディクンバラ⟧ [buːdi kumbəɭɐ] ಬೂದುಕುಂಬಳ *n.* トウガン(冬瓜、インド各地に栽培されている実が白い瓜の一種、菓子の製造に用いられる)⇀ 食・薬 [*būdi*「灰」+ *kumbaḷa*] [CIT] (*IMP 1.262*) = H. *pēṭʰā*

ಬೂದಿಬಣ್ಣ ⟦būdibaṇṇa ブーディバンナ⟧ [buːdibəɳɳɐ] ಬೂದಬಣ್ಣ ಬೂದುಬಣ್ಣ *n.* 灰色 [+ *baṇṇa*]

ಬೂದು ⟦būdu ブードゥ⟧ [buːdu] (*n.*) 灰色〈の〉[Ka. D4316/Sk. *bʰūti-*] = ಬೂದಿ (būdi)

ಬೂಮ ⟦būma ブーマ⟧ [buːmɐ] *n.* 新郎新婦の両親が新郎新婦と共に着席して夕食を取る儀式 [?] ☞ಬುವ್ವ (buvva)

ಬೂರ ⟦būra ブーラ⟧ [buːrɐ] ಬೂರಗ, ಬೂರಗೆ, ಬೂರವ, ಬೂರುಗ, ಬೂರುಗೆ *n.* インドワタノキの木あるいはその実(パンヤ科キワタ属、その綿は枕や薬などに用いられる)⇀ 薬・材 [Ka. D4366] *[IMP 1.288]

ಬೂರಗ ⟦būraga ブーラガ⟧ [buːrə̆gɐ] *n.* パンヤの木またはその実(キワタ属の高木、その綿は枕や薬などに用いられる)⇀ 薬・材 [Ka. D4366] ☞ಬೂರ (būra)

ಬೂರಾಸಕ್ಕರೆ ⟦būrāsakkare ブーラーサッカレ⟧ [buːrɐːsə kkəre] *n.* (完全に精製してない)薄茶色の砂糖 [H. *bʰūrā* T9690 + *sakkare*]

ಬೂರುಗ ⟦būruga ブールガ⟧ [buːrugɐ] ಬೂರ, ಬೂರುಗ, ಬೂರುಗೆ, ಬೂರ್ಲ *n.* パンヤの木 [Ka. D4366] ☞ಬೂರ (būra)

ಬೂರುಗೆ ⟦būruge ブールゲ⟧ [buːruge] *n.* [Ka. D4366] ☞ಬೂರ (būra)

ಬೂರ್ಲ ⟦būrla ブールラ⟧ [buːrlɐ] 《口》 *n.* パンヤの木 (*Kitt.*) [Ka. D4366]

ಬೂವ ⟦būva ブーヴァ⟧ [buːvɐ] ಬುವ್ವ, ಬೂಮ *n.* 新郎新婦の両親が新郎新婦と共に着席して夕食を取る儀式 [Ka. *D4311] = ಬುವ್ವ (buvva)

ಬೂಷ್ಟು ⟦būṣṭu ブーシュトゥ⟧ [buːʂʈu] ಬೂಷ್ಟೆ, ಬೂಸಿ, ಬೂಸು *n.* カビ [Ka. D4357]

ಬೂಷ್ಟೆ ⟦būṣṭe ブーシュテ⟧ [buːʂʈe] *n.* カビ [Ka. D4357]

ಬೂಸ ⟦būsa ブーサ⟧ [buːsɐ] *n.* **1** (籾殻(もみがら)、糠(ぬか)、干し草などを混ぜた)飼料 **2**〔蔑〕無価値なもの ¶ ಅವನ ಸಾಹಿತ್ಯ ಎಲ್ಲ ಬೂಸ. (avana sāhitya ella būsa.) 彼の(文学)作品はみんながらくただ。[H. *bʰūsā* T9293.3]

ಬೂಸಿ ⟦būsi ブーシ⟧ [buːʂi] *n.* カビ [Ka. D4357] ☞ಬೂಷ್ಟು (būṣṭu)

ಬೂಸು ⟦būsu ブース⟧ [buːʂu] *n.* カビ [Ka. D4357] ☞ಬೂಷ್ಟು (būṣṭu)

ಬೃಂದ ⟦bṛṃda ブルンダ⟧ [brundɐ] 《文》 *n.* (人や動物の)集合、群れ [Sk. *vṛnda-*]

ಬೃಂದಗಾನ ⟦bṛṃdagāna ブルンダガーナ⟧ [brundəgɐːnɐ] *n.* 合唱 [Sk.]

ಬೃಹತ್ತು ⟦bṛhattu ブルハットゥ⟧ [bruhəttu/bruhəttu] 《文》 (*adj.*) 巨大〈な〉、莫大〈な〉[Sk.]

ಬೆಂ-[1] ⟦beṃ- ベン-⟧ [bem] *n.* 《ಬೆನ್ನು (bennu) の短縮形、複合語語頭》後ろ側 [OKa. *ben* D5488] ☞ಬೆನ್ನು (bennu)

ಬೆಂ-[2] ⟦beṃ- ベン-⟧ [bem] *pref.* 《ಬಿಸು/ ಬೆಚ್ಚ (bisu/ becca)の複合語における短縮形》「熱い」「熱…」の意味を表す接頭辞 [Ka. *D5517]

ಬೆಂಕಿ ⟦beṃki ベンキ⟧ [beŋki] ಬೆಂಕೆ, ಬೆಂಗೆ *n.* 火 [Ka. D5517]

ಬೆಂಕಿಕಡ್ಡಿ ⟦beṃkikaḍḍi ベンキカッディ⟧ [beŋkikəɖɖi] *n.* マッチ [Ka. *beṃki* + *kaḍḍi*]

ಬೆಂಕಿಕಾರು ⟦beṃkikāru ベンキカール⟧ [beŋkikɐːru] *vi.* **1** 火を吐く **2**〔喩〕(怒りで) 火となる ¶ ತಾ-

ತ ಮಾತುಮಾತಿಗೆ ಬೆಂಕಿ ಕಾರುತ್ತಾರೆ. (tāta mātumātige beṃki kāruttāre.) 祖父はことごとに腹を立てる。[Ka. *beṃki* + *kāru*]

ಬೆಂಕಿಯಾಗು ⟦beṃkiyāgu ベンキヤーグ⟧ [beŋkijɐːgu] *vi.* (怒りで)火となる ¶ ನನಗೆ ಮೋಟರ್ ಸೈಕಲ್ ಬೇಕೆಂದರೆ ಅಪ್ಪ ಬೆಂಕಿಯಾದರು. (nanage mōṭar saikal bēkeṃdare appa beṃkiyādaru.) 私がオートバイが欲しいと言ったら父は烈火のように怒った。[Ka. *beṃki* + *āgu*]

ಬೆಂಕೆ ⟦beṃke ベンケ⟧ [beŋke]《古》*n.* 火 (*Pb. 4.68*) [Ka. D5517] ☞ಬೆಂಕಿ (beṃki)〔汎〕

ಬೆಂಗಾವಲು ⟦beṃgāvalu ベンガーヴァル⟧ [beŋgɐːvəlu] *n.* (軍隊などの)後衛 [Ka. *ben* + *kāval*]

ಬೆಂಗೆ ⟦beṃge ベンゲ⟧ [beŋge]《‡》*n.* 火 (*Kitt.*) [Ka. D5517] ☞ಬೆಂಕಿ (beṃki)

ಬೆಂಚು ⟦beṃcu ベンチュ⟧ [beɲʧu] *n.* ベンチ、横に長い木製や石製の椅子 [Eg. *bench*]

ಬೆಂಚೆ ⟦beṃce ベンチェ⟧ [beɲʧe] ಬೆಂಚ《古》*n.* 小さな池 [Ka. D5471]

ಬೆಂಟು ⟦beṃṭu ベントゥ⟧ [beɳʈu]《‡》*vt.* 爪で引っ掻く、掻く、爪でほじくる (*My.* (*Kitt.*)) [Ka. D5322] ☞ಬೆರಟು (beraṭu)

ಬೆಂಡು ⟦beṃḍu ベンドゥ⟧ [beɳɖu] *n.* 1 籐(とう)などの皮をはがしたあとの柔らかい芯(イギリスでは帽子を作るのに用いた) 2〔喩〕役に立たないもの、無用なもの ¶ ಅವನ ಸಾಹಿತ್ಯದಲ್ಲಿ ಏನೂ ಹುರುಳಿಲ್ಲ ಬರೀ ಬೆಂಡು. (avana sāhityadalli ēnū huruḷilla barī beṃḍu.) 彼の文学にはぜんぜん内容がない。ただの紙くずだ。[Ka. D5480]

ಬೆಂಡಾಗು ⟦beṃḍāgu ベンダーグ⟧ [beɳɖɐːgu] *vi.* 1 (疲労などで)体の力が抜ける ¶ ಕಷ್ಟಪಟ್ಟು ಪಟ್ಟು ಜೀವ ಬೆಂಡಾಗಿದೆ. (kaṣṭapaṭṭu paṭṭu jīva beṃḍāgide.) 何度も何度も苦労して私は疲れきった。 2 (痺れを切らしたりして)感覚が麻痺する [+ *āgu*]

ಬೆಂಬತ್ತು ⟦beṃbattu ベンバットゥ⟧ [bembəttu] *vt.* 《*gen.*》〈…の〉後を追う;追跡する ¶ ನಾನು ಕಾಲೇಜಿನಿಂದ ಮನೆಗೆ ಬರುವಾಗ ಯಾರೋ ನನ್ನನ್ನು ಬೆಂಬತ್ತಿ ಬಂದಂತಿತ್ತು. (nānu kālējiniṃda manege baruvāga yārō nannannu beṃbatti baṃdaṃtittu.) 私が大学から帰る時に誰かがあとをつけて来たようだった。[Ka. *ben* + *hattu*]

ಬೆಂಬಲ ⟦beṃbala ベンバラ⟧ [bembəlɐ] *n.* 1 後衛 2〔喩〕支持、元気づけ ¶ ನಮ್ಮ ಮದುವೆಗೆ ಮಾವನೇ ಬೆಂಬಲ ಕೊಟ್ಟರು. (namma maduvege māvanē beṃbala koṭṭaru.) 私たちの結婚を支持してくれたのは母方のおじだった。[Ka. *ben* + *bala*]

ಬೆಂಬಲಿಗ ⟦beṃbaliga ベンバリガ⟧ [bembəligɐ] *m.* 《*f.* ಬೆಂಬಲಿಗಳು (beṃbaligaḷu)》支持者 [Ka. *beṃbala* + *-iga*]

ಬೆಂಬಲಿಸು ⟦beṃbalisu ベンバリス⟧ [bembəlisu] *vt.* 支持する、奨励する [Ka. *beṃbala* + *-isu*]

ಬೆಂಬಳಿ ⟦beṃbaḷi ベンバリ⟧ [bembəɭi] ಬೆಂಬಟಿ *n.* 後ろ側、裏手 —*postp.* 《*gen.*》(家などの)裏側で ¶ ಶಾಲೆಯ ಬೆಂಬಳಿ ದರಗಾ ಇದೆ. (śāleya beṃbaḷi daragā ide.) 学校の裏にムスリムの聖者廟がある。[Ka. *ben*「後ろ」D5488 + *baṟi* D5297「道」]

ಬೆಂಬಳಿವಿಡಿ ⟦beṃbaḷiviḍi ベンバリヴィディ⟧ [bembəɭiviɖi]《文》*vi.* 《*gen.*》(ある人の道に)従う ¶ ಅನೇಕ ಜನ ಮಹಾತ್ಮಾ ಗಾಂಧಿಯ ಬೆಂಬಳಿವಿಡಿದರು. (anēka jana mahātmā gāṃdʰiya beṃbaḷiviḍidaru.) 多くの人がマハートマー・ガーンディーの道に従った。[+ *piḍi* D5488]

ಬೆಂಬಟಿ ⟦beṃbaṟi ベンバリ⟧ [bembəɻi]《古》*n.* 1 後ろ、後ろ側;(家の)裏手 2 (人に)ついていくこと、同伴 [Ka. *ben*「後ろ」D5488 + *baṟi* D5297「道」]

ಬೆಂಬಟಿಸು ⟦beṃbaṟisu ベンバリス⟧ [bembəɻisu]《‡》*vt.* 従う、ついて行く (*B.4,191* (*Kitt.*)) [+ *-isu* D5488]

ಬೆಂಬಟಿವಿಡಿ ⟦beṃbaṟiviḍi ベンバリヴィディ⟧ [bembəɻiviɖi]《古》*vi.* (ある人の道に)従う [Ka. *beṃbaṟi* D5488 + *piḍi*]

ಬೆಕ್ಕಸ ⟦bekkasa ベッカサ⟧ [bekkə̆sɐ]《文》*n.* 驚き [Ka. D5465]

ಬೆಕ್ಕಸಬೆರಗು ⟦bekkasaberagu ベッカサベラグ⟧ [bekkə̆sə berə̆gu]《文》*n.* びっくり仰天 [*bekkasa* + *beragu*]

ಬೆಕ್ಕು ⟦bekku ベック⟧ [bekku] ಬೆಕ್ಕ್ *n.* 猫 [Ka. D5490]

ಬೆಗಡು ⟦begaḍu ベガドゥ⟧ [begə̆ɖu]《古》*vi.* 1 驚く、びっくりする 2 ぎょっとする、驚愕する —*n.* 1 びっくり、驚き 2 驚愕 [Ka. D5465]

ಬೆಗಡುಗೊಳ್ ⟦begaḍugoḷ ベガドゥゴル⟧ [begə̆ɖugoɭ]《古》*vi.* 1 驚く、びっくりする 2 驚愕する、ぎょっとする [+ *koḷ*]

ಬೆಗರ್ ⟦begar ベガル⟧ [begər]《‡》*vi.* 1 驚く、驚嘆する 2 びっくりする、怖がる [Ka. D5465] (*Śs.* (*Kitt.*))

ಬೆಗಟ್ ⟦begaṟ ベガル⟧ [begəɻ]《古》*vi.* 1 驚く、驚嘆する 2 ぎょっとする、驚愕する [Ka. D5465] (*Śs.* (*Kitt.*))

ಬೆಚ್ಚಗೆ ⟦beccage ベッチャゲ⟧ [beʧʧə̆ge] *adv.* 1 暖かく ¶ ತುಂಬ ಚಳಿ ಇದೆ. ಬೆಚ್ಚಗೆ ಬಟ್ಟೆ ಹಾಕಿಕೊ. (tuṃba caḷi ide. beccage baṭṭe hākiko.) とても寒い。暖かい着物を着ろ。¶ ಅವನ ಮೈ ಇನ್ನು ಬೆಚ್ಚಗೆ ಇತ್ತು. (avana mai innu beccage ittu.) 彼の体はまだ暖かかった。 2〔喩〕(今までゆったりとすることができなかった人、または危機の最中にいる人が)ゆったりと、くつろいで ¶ ಕಾರ್ಖಾನೆಯಲ್ಲಿ ಮುಷ್ಕರ ನಡೆಯುತ್ತಿದ್ದಾಗ ಯಜಮಾನ ಮನೆಯಲ್ಲಿ ಬೆಚ್ಚಗೆ ಕುಳಿತಿದ್ದ. (kārkʰāneyalli muṣkara naḍeyuttiddāga yajamāna maneyalli beccage kuḷitidda.) 工場でストライキが行われているのに工場主は自宅でのんきに座っていた。[Ka. D5517]

ಬೆಚ್ಚನೆ ⟦beccane ベッチャネ⟧ [beʧʧə̆ne] *adv.* 暖かく ¶ ಗಾಳಿ ಬೆಚ್ಚನೆ ಬೀಸುತ್ತಿತ್ತು. (gāḷi beccane bīsuttittu.) 風が暖かく吹いていた。[Ka. D5517]

ಬೆಚ್ಚನ್ನ ⟦beccanna ベッチャンナ⟧ [beʧʧənnɐ]《口》(*adj.*) 暖かい〈こと〉¶ ಬೆಚ್ಚನ್ನ ಅನ್ನಕ್ಕೆ ತುಪ್ಪ ಬೇಳೆ ಹಾಕಿ ತಿಂದರೆ ಉತ್ತಮ ಸಮಾಧಾನ. (beccanna annakke tuppa bēḷe hāki tiṃdare uttama samādʰāna.) ほかほかのご飯にギーとダール

をかけて食べるのは最高だ。[Ka. D5517]

ಬೆಚ್ಚಪ್ಪ ⟦beccappa ベッチャッパ⟧ [beʧʧəppɐ] *n.* かかし（邪視を防ぐために建築中の建物にも使う、この場合鬼の面のような形をしたかかしもある）［⇒図］[*bercu* D5489 + *appa*]

ಬೆಚ್ಚಪ್ಪ かかし

ಬೆಚ್ಚಳಿಸು ⟦beccaḷisu ベッチャリス⟧ [beʧʧəḷisu] 《文》*vi.* 狼狽する、当惑する、うろたえる [Ka. D5489]

ಬೆಚ್ಚಿಗೆ ⟦beccige ベッチゲ⟧ [beʧʧĭge] 《口》*adv.* [Ka. D5517] ☞ಬೆಚ್ಚಗೆ (beccage)

ಬೆಚ್ಚು[1] ⟦beccu ベッチュ⟧ [beʧʧu] *vi.* **1** びっくりする ¶ ಬಾಗಿಲು ತೆಗೆದಾಗ ಅಮೆರಿಕದಲ್ಲಿ ಇರಬೇಕಾದ ಸ್ನೇಹಿತನನ್ನು ನೋಡಿ ನಾನು ಬೆಚ್ಚಿದೆ. (bāgilu tegedāga amerikadalli irabēkāda snēhitanannu nōḍi nānu beccide.) 扉を開けるとアメリカにいるはずの友達が立っていたので私はびっくりした。 **2** ぎょっとする、驚愕する **—*n.*** かかし（邪視を防ぐために建築中の建物にも使う、この場合鬼の面のような形をしたかかしもある）= ಬೆಚ್ಚಪ್ಪ (beccappa) [Ka. D5489]

ಬೆಚ್ಚಿಸು ⟦beccisu ベッチス⟧ [beʧʧisu] *vt.* **1** びっくりさせる **2** 脅かす [Ka. caus. D5489]

ಬೆಚ್ಚುಬೀಳು ⟦beccubīḷu ベッチュビール⟧ [beʧʧubi:ḷu] *vi.* **1** びっくりする ¶ ಪುಟ್ಟಮ್ಮ ಪಾಸ್ ಆದದ್ದು ಕೇಳಿ ಬೆಚ್ಚುಬಿದ್ದೆನು. (puṭṭamma pās ādaddu kēḷi beccubiddenu.) プッタンマが試験に合格したのを聞いて私は驚いた。 **2** 驚愕する [+ *bīḷu*]

ಬೆಚ್ಚು[2] ⟦beccu ベッチュ⟧ [beʧʧu] 《希》*n.* 溶接、はんだづけ [Ka. D5468]

ಬೆಟ್ಟ[1] ⟦beṭṭa ベッタ⟧ [beʈʈɐ] 《希》(*n.*) **1**（石や金属などが）固い〈こと〉 **2** 難しい〈こと〉、成就しがたい〈こと〉[Ka. D4392]

ಬೆಟ್ಟ[2] ⟦beṭṭa ベッタ⟧ [beʈʈɐ] *n.* （中程度以下の）山 [Ka. D5474] cf. ಪರ್ವತ (parvata)

ಬೆಟ್ಟನೆ ⟦beṭṭane ベッタネ⟧ [beʈʈɐ̆ne] 《希》*adv.* 強く [Ka. D4392]

ಬೆಟ್ಟಿ ⟦beṭṭi ベッティ⟧ [beʈʈi] 《希》(*n.*) **1**（石や金属などが）固い〈こと〉 **2** 難しい〈こと〉、成就しがたい〈こと〉[Ka. D4392]

ಬೆಟ್ಟಿತು ⟦beṭṭitu ベッティトゥ⟧ [beʈʈitu] ಬೆಟ್ಟಿತ್ತು 《希》*adj.* **1** 硬い **2** 難しい [Ka. D4392]

ಬೆಟ್ಟಿತ್ತು ⟦beṭṭittu ベッティットゥ⟧ [beʈʈittu] 《希》*adj.* [Ka. D4392] ☞ಬೆಟ್ಟಿತು (beṭṭitu)

ಬೆಟ್ಟು[1] ⟦beṭṭu ベットゥ⟧ [beʈʈu] ಬೆಟ್ಟಿ, ಬೆಟ್ಟೆ 《希》(*n.*) **1**（石や金属などが）固い〈こと〉 **2** 難しい〈こと〉、成就しがたい〈こと〉[Ka. D4392]

ಬೆಟ್ಟು[2] ⟦beṭṭu ベットゥ⟧ [beʈʈu] *n.* （手足の）指 [Ka. D4493]

ಬೆಟ್ಟು[3] ⟦beṭṭu ベットゥ⟧ [beʈʈu] *n.* （中程度以下の）山 [Ka. D5474] = ಬೆಟ್ಟ (beṭṭa)〔汎〕

ಬೆಟ್ಟು[4] ⟦beṭṭu ベットゥ⟧ [beʈʈu] 《古》*vt.* **1** 切る、刈る **2**〈棒や針などを〉突き刺す **3**〈貨幣などを〉鋳造する [Ka. D5478]

ಬೆಟ್ಟೆ ⟦beṭṭe ベッテ⟧ [beʈʈe] (*n.*) **1**（石や金属などが）固い〈こと〉 **2** 難しい〈こと〉、成就しがたい〈こと〉 **3** 並みの品質〈の〉 **—*n.*** 加工していない固いビンロウジュの実 [Ka. D4392]

ಬೆಡಂಗು ⟦beḍaṃgu ベダング⟧ [beɖəŋgu] 《古》*n.* **1**（女性の）魅力、可愛らしさ **2** あだっぽさ、媚び、媚態 [Ka. D5472]

ಬೆಡಗಿ ⟦beḍagi ベダギ⟧ [beɖə̆gi] *f.* あだっぽい女性 [Ka. D5472]

ಬೆಡಗು ⟦beḍagu ベダグ⟧ [beɖəgu] ಬೆಡಂಗು *n.* **1**（女性の）魅力、可愛らしさ ¶ ಶಾಂತಲೆಯ ಬೆಡಗು ನಾಡಿನಲ್ಲಿ ವಿಖ್ಯಾತವಾಗಿತ್ತು. (śāṃtaleya beḍagu nāḍinalli vikʰyātavāgittu.) シャーンタラーの魅力は国中で有名であった。 **2** あだっぽさ、媚び、媚態 ¶ ನಮ್ಮ ಊರ ಜಾತ್ರೆಗೆ ಬಂದ ಹುಡುಗಿಯರು ತಮ್ಮ ಬೆಡಗಿನಿಂದ ಗಮನ ಸೆಳೆಯುತ್ತಿದ್ದರು. (namma ūra jātrege baṃda huḍugiyaru tamma beḍaginiṃda gamana seḷeyuttiddaru.) うちの村の祭りにきた娘たちはそのあだっぽさで（人々の）関心の的であった。[Ka. D5472]

ಬೆಣಚಿ ⟦beṇaci ベナチ⟧ [beɳə̆ʧi] *n.* 水晶 [Ka. D5496]

ಬೆಣಚಿಕಲ್ಲು ⟦beṇacikallu ベナチカッル⟧ [beɳəʧikəllu] *n.* 水晶 [Ka. *beṇacu* + *kallu*]

ಬೆಣಚು ⟦beṇacu ベナチュ⟧ [beɳə̆ʧu] ಬೆಣಚಿ *n.* 水晶 [Ka. *D5496]

ಬೆಣಚುಕಲ್ಲು ⟦beṇacukallu ベナチュカッル⟧ [beɳə̆ʧukəllu] ಬೆಣಚಿಕಲ್ಲು, ಬೆಣಚಿಗಲ್ಲು, ಬೆನಚುಗಲ್ಲು *n.* 水晶 [+ *kallu*「石」]

ಬೆಣಚುಗಲ್ಲು ⟦beṇacugallu ベナチュガッル⟧ [beɳəʧugəllu] *n.* 水晶 [Ka. *beṇacu* + *kallu*] ☞ಬೆಣಚುಕಲ್ಲು (beṇacukallu)

ಬೆಣೆ ⟦beṇe ベネ⟧ [beɳe] *n.* **1**（木などを引き裂く）楔（くさび） **2** 穴を埋める木釘 [Ka. D4396]

ಬೆಣ್ಣಿ[1] ⟦beṇṇi ベンニ⟧ [beɳɳi] 《‡》*n.* 牛糞を丸めて平たくして干したもの（燃料として用いる）(*My.* (*Kitt.*)) [Ka. D5321] ☞ಬೆರಣಿ (beraṇi)

ಬೆಣ್ಣಿ[2] ⟦beṇṇi ベンニ⟧ [beɳɳi] 《口》*n.* バター (*B.1,15* (*Kitt.*)) [Ka. D5496(b)] ☞ಬೆಣ್ಣೆ (beṇṇe)

ಬೆಣ್ಣೆ ⟦beṇṇe ベンネ⟧ [beɳɳe] *n.* バター [Ka. D5496(b)]

ಬೆಣ್ಣೆನುಡಿ ⟦beṇṇenuḍi ベンネヌディ⟧ [beɳɳenuɖi] 《文》*n.*（人の機嫌を取ったり誘惑したりする時の）優しい言葉、甘言 [+ *nuḍi*] = ಬೆಣ್ಣೆಮಾತು (beṇṇemātu)

ಬೆಣ್ಣೆಮಾತು ⟦beṇṇemātu ベンネマートゥ⟧ [beɳɳemɐ:tu] *n.*（人の機嫌を取ったり誘惑したりする時の）優しい言葉、甘言 ¶ ಎದುರಿಗೆ ಬೆಣ್ಣೆ ಮಾತು, ಹಿಂದೆ ಟೀಕೆ. (edurige beṇṇe mātu, hiṃde ṭīke.) 前では優しい言葉、陰では悪口。[+ *mātu*] = ಬೆಣ್ಣೆನುಡಿ (beṇṇenuḍi)

ಬೆಣ್ಣೆಹಚ್ಚು ⟦beṇṇehaccu ベンネハッチュ⟧ [beɳɳehəʧʧu] *vi.* 甘い言葉で誘惑する、優しい言葉で口説く ¶

ಹಣವನ್ನು ಪಡೆಯಬೇಕಾದರೆ ಅವನಿಗೆ ಬೆಣ್ಣೆಹಚ್ಚು. (haṇavannu paḍeyabēkādare avanige beṇṇehaccu.) お金が欲しいなら彼を甘い言葉で口説け。 [+ haccu]

ಬೆತ್ತ [[betta ベッタ]] [bettɐ] n. 1 籐(とう)(ヤシ科トウ属に属する節があり、中空でなくしなやかな茎を持った様々な植物) 2 籐でできた鞭や杖 3 鞭や杖(一般) [Sk. vētra-? M3.254]

ಬೆತ್ತಲೆ [[bettale ベッタレ]] [bettǝ̆le] (n.) 裸〈の〉¶ ಈಗಿನ ಚಿತ್ರಕಾರರು ಬೆತ್ತಲೆ ಸ್ತ್ರೀಯರನ್ನು ಚಿತ್ರಿಸುತ್ತಾರೆ. (īgina citrakāraru bettale strīyarannu citrisuttāre.) この頃の画家は裸の女性を描く。 —adv. 裸で ¶ ಭಾರತೀಯ ಸ್ತ್ರೀ ಬೆತ್ತಲೆ ಸ್ನಾನ ಮಾಡುವುದಿಲ್ಲ. (bʰāratīya strī bettale snāna māḍuvudilla.) インドの女性は裸で沐浴しない。 ☞ಬತ್ತಲೆ (battale) [Ka. D5513]

ಬೆದ [[beda ベダ]] [beđɐ] 《‡》 n. (動物の)さかり (My. (Kitt.)) [Ka. D5398] = ಬೆದೆ (bede) 〔汎〕

ಬೆದಕು [[bedaku ベダク]] [bedǝ̆ku] vt. 捜索する、念入りに探し回る ¶ ಪೊಲೀಸರು ಬಂದು ಕಳ್ಳರ ಮನೆಯನ್ನು ಬೆದಕಿದರು. (polīsaru baṃdu kaḷḷara maneyannu bedakidaru.) 警官たちがやってきて盗人たちの家を家宅捜索した。 [Ka. D5483]

ಬೆದರಿಕೆ [[bedarike ベダリケ]] [beđǝ̆rike] n. 1 恐れ、恐怖 2 脅かし、威嚇 ¶ ಸಾಹುಕಾರ ಸೇವಕನಿಗೆ ಬೆದರಿಕೆ ಹಾಕಿ ಕೆಲಸ ಮಾಡಿಸಿಕೊಳ್ಳುತ್ತಾನೆ. (sāhukāra sēvakanige bedarike hāki kelasa māḍisikoḷḷuttāne.) 金貸しは召し使いを脅して仕事をさせる。 [Ka. *D4401]

ಬೆದರು [[bedaru ベダル]] [beđǝ̆ru] vi. 恐れる ¶ ಪಟಾಕಿ ಶಬ್ದ ಕೇಳಿ ಹಸು ಬೆದರಿ ಓಡಿತು. (paṭāki śabda kēḷi hasu bedari ōḍitu.) 花火の音を聞いて雌牛が恐れて逃げていった。 —n. 恐れ、恐怖 [Ka. *D4401]

ಬೆದರಿಸು [[bedarisu ベダリス]] [beđǝ̆risu] vt. 脅す、威嚇する [Ka. caus. *D4401]

ಬೆದರುಗೊಂಬೆ [[bedarugoṃbe ベダルゴンベ]] [beđǝ̆rugombe] n. かかし [bedaru + goṃbe]

ಬೆದರ್ಕೆ [[bedarke ベダルケ]] [beđǝrke] 《古》 n. 恐れ、恐怖 [Ka. *D4401]

ಬೆದಱ್ [[bedar̤ ベダル]] [beđǝr̤] 《古》 vi. 恐れる、恐怖を覚える [Ka. D4401]

ಬೆದಱಣೆ [[bedar̤aṇe ベダラネ]] [beđǝ̆r̤ǝɳe] 《‡》 n. 驚愕 (My.; Si.469 (Kitt.)) [Ka. *D4401]

ಬೆದಱನೆ [[bedar̤ane ベダラネ]] [beđǝ̆r̤ǝne] 《‡》 n. 恐怖 (DEDR) [Ka. D4401]

ಬೆದಱಿಕೆ [[bedar̤ike ベダリケ]] [beđǝ̆r̤ike] 《古》 n. 恐れ、恐怖 [Ka. D4401]

ಬೆದಱು [[bedar̤u ベダル]] [beđǝr̤u] ಬೆದರು 《古》 vi. 恐れる、恐怖を覚える —vt. 脅かす、威嚇する —n. 恐れ、恐怖 [Ka. D4401]

ಬೆದಱಿಸು [[bedar̤isu ベダリス]] [beđǝr̤isu] 《古》 vt. 脅かす、威嚇する [Ka. D4401]

ಬೆದಱಿಸುವಿಕೆ [[bedar̤isuvike ベダリスヴィケ]] [beđǝr̤isuvike] 《‡》 n. 威嚇すること (My. (Kitt.)) [Ka. D4401]

ಬೆದೆ [[bede ベデ]] [beđe] n. 1 (動物の)さかり、発情期 ¶ ನಮ್ಮ ಹಸು ಬೆದೆಗೆ ಬಂದಿದೆ. (namma hasu bedege baṃdide.) うちの雌牛はさかりがついた。 2 種を蒔くのにちょうどよい湿り気を帯びた土地 ¶ ಭೂಮಿ ಈಗ ಬೆದೆಗೆ ಬಂದಿದೆ. (bʰūmi īga bedege baṃdide.) (雨が降って)土地は種を蒔く時が来た。 [Ka. D5398, D5401]

ಬೆನ್[1] [[ben ベン]] [ben] ಬೆನ್ನು 《古》 n. 1 背中 2 後ろ側 [Ka. D5488] ☞ಬೆನ್ನು (bennu)

ಬೆನ್-[2] [[ben- ベン-]] [ben] 《古》 (n.) 熱い〈こと〉(Śmd 216) [Ka. D5517] ☞ಬೆಂ- (beṃ-)

ಬೆನ್ನಟ್ಟು [[bennaṭṭu ベンナットゥ]] [bennǝʈʈu] vt., vi. 《gen.》 (…の) 後ろについて行く、あとを追う ¶ ಒಬ್ಬ ಹುಡುಗ ನನ್ನ ಮಗಳ ಬೆನ್ನಟ್ಟಿ ಮನೆ ವರೆಗೆ ಬಂದ. (obba huḍuga nanna magaḷa bennaṭṭi mane varege baṃda.) 青年がうちの娘のあとをつけて家までやってきた。 [Ka.ben + ಹತ್ತು] = ಬೆಂಬತ್ತು (beṃbattu)

ಬೆನ್ನನೆ [[bennane ベンナネ]] [bennǝne] 《古》 adv. 後ろから (Pb.13.3) [Ka. bennu D5488 + -ane]

ಬೆನ್ನೀರ್ [[bennīr ベンニール]] [bebbi:r] ಬೆನ್ನೀರು 《古》 n. 湯 [Ka. ben D5517 + nīr]

ಬೆನ್ನು [[bennu ベンヌ]] [bennu] ಬೆಂ, ಬೆನ್, ಬೆನು n. 1 背中 2 (本の) 背、(紙の) 裏 ¶ ಈ ಕಾಗದದ ಬೆನ್ನಲ್ಲಿ ನನ್ನ ವಿಳಾಸ ಬರೆದಿದೆ. (ī kāgadada bennalli nanna viḷāsa baredide.) この紙の裏側に私の住所が書いてある。 [Ka. D5488]

ಬೆನ್ನುಚಪ್ಪರಿಸು [[bennucapparisu ベンヌチャッパリス]] [bennuʧǝppǝ̆risu] vi. 1 人の背を叩く 2〔喩〕励ます、激励する ¶ ಶಿಕ್ಷಕರು ಹೆಚ್ಚಿಗೆ ಅಂಕಗಳನ್ನು ತೆಗೆದುಕೊಳ್ಳಬೇಕೆಂದು ನನ್ನ ಬೆನ್ನುಚಪ್ಪರಿಸಿದರು. (śikṣakaru heccige aṃkagaḷannu tegedukoḷḷabēkeṃdu nanna bennucapparisidaru.) 先生はよい点を取るようにと私を励ました。 [+ capparisu]

ಬೆಪ್ಪ [[beppa ベッパ]] [beppɐ] m. 《f. ಬೆಪ್ಪಳು (beppaḷu)》 1 馬鹿、愚かな人 2 驚いたり騙されたりしてあっけに取られた人 (驚いたり騙されたりしてあっけに取られた人) ¶ ಅವಳ ಸೌಂದರ್ಯವನ್ನು ನೋಡಿ ನಾನು ಬೆಪ್ಪಾದೆ. (avaḷa saumdaryavannu nōḍi nānu beppāde.) 彼女の美貌を見て私はあっけに取られた。 ☞ಬೆಪ್ಪುತಕ್ಕಡಿ (beppu takkaḍi)

ಬೆಪ್ಪಳ [[beppaḷa ベッパラ]] [beppǝ̆ɭɐ] 《古》 n. 驚嘆、警戒、恐怖、など [Ka. D5489]

ಬೆಪ್ಪು [[beppu ベップ]] [beppu] n. 1 (感激したりあきれたり騙されたりして) 呆然とすること、唖然とすること ¶ ಅವನ ಸಾಧನೆಯನ್ನು ನೋಡಿ ನಾನು ಬೆಪ್ಪಾದೆ. (avana sādʰaneyannu nōḍi nānu beppāde.) 彼の業績を見て私は唖然とした。 2〔蔑〕愚かさ、馬鹿なこと ¶ ಅವನ ಬೆಪ್ಪು ಇತ್ತೀಚೆಗೆ ಅತಿಯಾಗಿದೆ. (avana beppu ittīcege atiyāgide.) 彼の愚かしさは最近ひどくなった。 [Ka. D5489]

ಬೆಪ್ಪುತಕ್ಕಡಿ [[bepputakkaḍi ベップタッカディ]] [bepputǝkkǝɖi] ಬೆಪ್ಪತಕ್ಕಡಿ mf. 愚か者 [beppu + takkaḍi]

ಬೆಬ್ಬರಿಸು 〚bebbarisu ベッバリス〛 [bebbərisu] 《古》 *vi.* 驚愕する、ぎょっとする [Ka. D5489]

ಬೆಬ್ಬಳ 〚bebbaḷa ベッバラ〛 [bebbəɭɐ] 《古》 *n.* 驚愕、うろたえ [Ka. D5489]

ಬೆಮ್-¹ 〚bem- ベム-〛 [bem] *n.* 《ಬೆಂ (beṃ)¹ の m- の前での形》後ろ側、背中 [Ka. D5488] ☞ಬೆನ್ನು (bennu)

ಬೆಮ್-² 〚bem- ベム-〛 [bem] *pref.* 《ಬೆಂ (beṃ)² のm-の前での形》「熱い」の意味を表す接頭辞 ¶ ಬೆಮ್ಬೂದಿ (bembūdi) 熱い灰 [Ka. D5517] ☞ಬೆಂ (beṃ)

ಬೆಮರ್ 〚bemar ベマル〛 [bemər] *bamaru* 《古》 *vi.* 汗をかく —*n.* 汗をかくこと、発汗 [Ka. D5486]

ಬೆಮರು 〚bemaru ベマル〛 [beməru] 《文》 *vi.* 汗をかく —*n.* 汗、汗をかくこと ☞ಬೆವರು (bevaru)〔現〕 [Ka. D5486]

ಬೆಮರುವಿಕೆ 〚bemaruvike ベマルヴィケ〛 [beməruvike] 《文》 *n.* 汗をかくこと [Ka. *bemaru* + *-ike* D5486]

ಬೆಮರ್ಚು 〚bemarcu ベマルチュ〛 [bemərʧu] 《文》 *vt.* 汗をかかせる [Ka. caus. D5486] ☞ಬೆವರಿಸು (bevarisu)

ಬೆಯ್ 〚bey ベイ〛 [beĭ] *vi.* 《過去語幹 beṃd- 未来語幹 bēv-》熱で焼ける、こげる、など [Ka. *D5517] ☞ಬೆಯ್ಯು (beyyu)

ಬೆಯಿಸು 〚beyisu ベイス〛 [bejisu] *vt.* 煮る、沸騰させる、など [+ *-isu* caus. D5517] ☞ಬೇಯಿಸು (bēyisu)

ಬೆಯ್ಯು 〚beyyu ベイユ〛 [beĭju] ಬೆಯ್, ಬೇ, ಬೇಯು *vi.* 《過去語幹 beṃd- 未来語幹 bēv-》 1 熱で焼ける、こげる 2 (食べ物が)煮える、焼ける 3 (高熱に)苦しむ、(悲しみなどで)悶える ¶ ಅವಳು ಪತಿಯ ಅಗಲಿಕೆಯಿಂದ ಬೆಂದು ಹೋಗಿದ್ದಾಳೆ. (avaḷu patiya agalikeyiṃda beṃdu hōgiddāḷe.) 彼女は夫との別離で苦悩している。 [Ka. D5517]

ಬೆರಂಜು 〚beraṃju ベランジュ〛 [berəɲʤu] 《古》 *vt.* 集める [Ka. D5487]

ಬೆರಂಟು 〚beraṃṭu ベラントゥ〛 [berəɳʈu] 《古》 *vt.* 爪で引っ掻く、掻く [Ka. D5322] ☞ಬಱುಂಟು (baṟuṃṭu)

ಬೆರಕೆ 〚berake ベラケ〛 [berəke] *n.* 1 混ざったもの、混合物 2 混ぜること、混合 ¶ ಇಂಗ್ಲಂಡಿನಲ್ಲಿ ಚಹಾ ಬೆರಕೆ ಮಾಡಿ ರಫ್ತ್ ಮಾಡುತ್ತಾರೆ. (iṃglaṃḍinalli cahā berake māḍi rapʰt māḍuttāre.) イギリスはお茶をブレンドして輸出している。 3 混ぜ物をして粗悪品を作ること [Ka. D5407]

ಬೆರಕೆಮಾಡು 〚berakemāḍu ベラケマードゥ〛 [berəkemɐːḍu] *vt.* 1 混ぜる、混合する ¶ ಬೇರೆ ಬೇರೆ ಸೊಪ್ಪುಗಳನ್ನು ಬೆರಕೆಮಾಡಿದರೆ ಆರೋಗ್ಯಕ್ಕೆ ಒಳ್ಳೇದು. (bēre bēre soppugaḷannu berakemāḍidare ārōgyakke oḷḷēdu.) 様々な葉野菜を混ぜてサラダを作ったら体によい。 2 混ぜ物をして粗悪品を作る ¶ ಪೆಟ್ರೋಲ್ ಬಂಕಿನ ಯಜಮಾನ ಪೆಟ್ರೋಲನ್ನು ಬೆರಕೆಮಾಡಿ ಮಾರುತ್ತಾರೆ. (peṭrōl baṃkina yajamāna peṭrōlannu berakemāḍi māruttāre.) ガソリンスタンドの持ち主はガソリンに混ぜ物をして売っている。 [+ *māḍu*]

ಬೆರಗು¹ 〚beragu ベラグ〛 [berəgu] 《‡》 *n.* 慌てること、迅速 (*Abh.P.10,19* (*Kitt.*)) [Ka. D5417]

ಬೆರಗು² 〚beragu ベラグ〛 [berəgu] *vi.* 感嘆する、驚く ¶ ಆ ಮುದುಕನ ಉತ್ಸಾಹ ನೋಡಿ ಬೆರಗಾದೆ. (ā mudukana utsāha nōḍi beragāde.) あの老人の熱意を見て私は感嘆した。 ◇ ಬೆರಗಾಗು (beragāgu) (動詞構文) [Ka. *D5443]

ಬೆರಗು³ 〚beragu ベラグ〛 [berəgu] 《‡》 *n.* 恐れ、恐怖 (*DEDR*) [Ka. D5489]

ಬೆರಟಿ 〚beraṭi ベラティ〛 [berəʈi] 《希》 *n.* 牛糞を丸く平たく固めて干したもの(燃料) [Ka. D5321]

ಬೆರಣಿ 〚beraṇi ベラニ〛 [berəɳi] ಬೆರಟಿ *n.* 牛糞を丸く平たく固めて干したもの(燃料) [Ka. D5321]

ಬೆರಟು 〚beraṭu ベラトゥ〛 [berəʈu] 《古》 *vt.* 爪で引っ掻く、掻く、爪で〈土などを〉ほじくる [Ka. D5322] ☞ಬಱುಂಟು (baṟuṃṭu)

ಬೆರಲ್ 〚beral ベラル〛 [berəl] 《古》 *n.* 1 (足や手の)指 2 長さの単位としての指の幅(約 2 ㎝) [Ka. D5409]

ಬೆರಸು 〚berasu ベラス〛 [berəsu] *vt.* 混ぜる、混合する —*vi.* 混ざる [Ka. D5407]

ಬೆರಸುಹ 〚berasuha ベラスハ〛 [berəsuhɐ] 《古》 *n.* 混ぜること、など [Ka. D5407] (*Nr.* (*Kitt.*))

ಬೆರಳ್ 〚beraḷ ベラル〛 [berəɭ] 《古》 *n.* (足や手の)指 [Ka. D5409] ☞ಬೆರಳು (beraḷu)〔現〕

ಬೆರಳಚ್ಚು 〚beraḷaccu ベララッチュ〛 [berəɭəʧʧu] *n.* タイプライティング [Ka. *beraḷu* + *accu*] = ಟೈಪ್ರೈಟಿಂಗ್ (ṭaipraiṭiṃg)〔汎〕

ಬೆರಳಚ್ಚುಗಾರ 〚beraḷaccugāra ベララッチュガーラ〛 [berəɭəʧʧugɐːrɐ] 《文》 *m.* 《*f.* ಬೆರಳಚ್ಚುಗಾರ್ತಿ (beraḷaccugārti)》タイピスト [Ka. *beraḷaccu* + *-gāra*] = ಟೈಪಿಸ್ಟ್ (ṭaipisṭ)〔汎〕

ಬೆರಳು 〚beraḷu ベラル〛 [berəɭu] ಬೆರಲ್, ಬೆರಲು, ಬೆರಳ್ *n.* 1 (手や足の)指 2 長さの単位としての指の幅(約 2 ㎝) [Ka. *D5409]

ಬೆರಳೊತ್ತು 〚beraḷottu ベラロットゥ〛 [berəɭottu] *n.* 指紋 [*beraḷu* + *ottu*]

ಬೆರಿಕೆ 〚berike ベリケ〛 [berike] 《口》 *n.* 混交、混ざった状態、混ざったもの [Ka. D5407] ☞ಬೆರಕೆ (berake)

ಬೆರಿಸು 〚berisu ベリス〛 [berisu] 《口》 *vt.* 混ぜる [Ka. D5409] ☞ಬೆರಸು (berasu)

ಬೆರೆ 〚bere ベレ〛 [bere] *vi.* 《過去語幹 beret-》 1 混ざる、混合する ¶ ಎಣ್ಣೆ ಮತ್ತು ನೀರು ಬೆರೆಯುವದಿಲ್ಲ. (eṇṇe mattu nīru bereyuvadilla.) 水と油は混ざらない。 2 (…と)付き合う ¶ ನನ್ನ ಮಗ ಕೆಟ್ಟ ಜನರ ಜೊತೆ ಬೆರೆತು ಡ್ರಗ್ಗು ತಿನ್ನುತ್ತಿದ್ದಾನೆ. (nanna maga keṭṭa janara jote beretu ḍraggu tinnuttiddāne.) うちの息子は悪い人たちと付き合って麻薬を吸っている。 ¶ ಅವನು ಮೈಸೂರಿನಲ್ಲಿ ಯಾರೊಡನೆಯೂ ಬೆರೆಯುತ್ತಿಲ್ಲ. (avanu maisūrinalli yāroḍaneyū bereyuttilla.) 彼はマイソールで誰とも付き合わない。 3 同棲する ¶ ಕಂಡ ಕಂಡ ಸ್ತ್ರೀಯರೊಡನೆ ಬೆರೆತರೆ

ಏಡ್ಸ್ ಬರುವ ಭಯ ಇರುತ್ತದೆ. (kaṃḍa kaṃḍa strīyaroḍane beretare ēḍs baruva bʰaya iruttade.) どんな女性とでも交わるようなことをするとエイズにかかる恐れがある。[Ka. D5407]

ಬೆರ್ಕು 〚berku ベルク〛[berku]《古》*n.* 猫 [Ka. D5490] ☞ಬೆಕ್ಕು (bekku)〔現〕

ಬೆರ್ಚಪ್ಪ 〚bercappa ベルチャッパ〛[berʧəppɐ] *n.* かかし(邪視を防ぐために建築中の建物にも使う、この場合鬼の面のような形をしたかかしもある)(*SK*) [*bercu ḍ5489 + appa*] ☞ಬೆಚ್ಚಪ್ಪ (beccappa)

ಬೆರ್ಚು 〚bercu ベルチュ〛[berʧu] ಬೆಚ್ಚು《古》*vi.* 恐れる、おびえる —*n.* **1** 恐れ、恐怖 **2** かかし [Ka. D5489]

ಬೆರ್ಚಿಸು 〚bercisu ベルチス〛[berʧisu]《古》*vt.* 脅かす、おびえさせる [+ *-isu* caus. D5489]

ಬೆಲೆ 〚bele ベレ〛[bele] *n.* **1** 価格、値段 **2**〔喩〕(社会的な)価値 ¶ ತನ್ನ ಬೆಲೆ ಕಡಿಮೆಯಾಗಬಹುದೆಂದು ಈ ಮದುವೆಗೆ ಅವನು ಒಪ್ಪಲಿಲ್ಲ. (tanna bele kaḍimeyāgabahudeṃdu ī maduvege avanu oppalilla.) それが自分の社会的価値を損なうというので彼はその結婚に賛成しなかった。[Ka. D5421]

ಬೆಲೆಗಟ್ಟು 〚belegaṭṭu ベレガットゥ〛[beleg̥əṭṭu] *vi.*《*dat.*》評価する ¶ ದಲ್ಲಾಳಿ ಬಂದು ನಮ್ಮ ಸೈಟಿಗೆ ಬೆಲೆಕಟ್ಟಿದ. (dallāḷi baṃdu namma saiṭige belekaṭṭida.) 仲介人がやってきてうちの宅地の値段を評価した。[Ka.]

ಬೆಲೆಯೇರಿಕೆ 〚beleyērike ベレエーリケ〛[beleje:rike] *n.* 値上がり [+ *ērike*]

ಬೆಲೆಯೇರಿಸು 〚beleyērisu ベレエーリス〛[beleje:risu] *vi.*《*gen.*》値上げする ¶ ಹೋದ ತಿಂಗಳು ಮಾರುತಿ ಕಂಪನಿ ತನ್ನ ಕಾರಿನ ಬೆಲೆಯೇರಿಸಿದೆ. (hōda tiṃgaḷu māruti kaṃpani tanna kārina beleyēriside.) マルティ社は先月その車を値上げした。[+ *ērisu*]

ಬೆಲೆಸೂಚಿ 〚belesūci ベレスーチ〛[belesu:ʧi] *n.* 価格表 [+ *sūci*]

ಬೆಲೆಸೂಚ್ಯಂಕ 〚belesūcyaṃka ベレスーチュヤンカ〛[belesu:ʧjəŋkɐ]《文》*n.* 物価指数 [*bele+ sūcyāṃka*]

ಬೆಲೋರಷ್ಯ 〚belōraṣya ベローラシュヤ〛[belo:rəʂ̣jɐ] *n.* ベラルーシ(旧ソビエト連邦の国) [Eg. *Belorussiya*]

ಬೆಲ್ಜಿಯಮ್ 〚beljiyam ベルジヤム〛[belʤijəm] *n.* ベルギー(中部ヨーロッパの国) [Eg. *Belgium*]

ಬೆಲ್ಲ 〚bella ベッラ〛[bellɐ] *n.* 黒砂糖 [Ka. D5494]

ಬೆವರು 〚bevaru ベヴァル〛[bevə̆ru] ಬೆಮರ್ *vi.* 汗をかく —*n.* 汗 ¶ ಹಣೆಯ ಬೆವರು ಒರಸಿಕೊ. (haṇeya bevaru orasiko.) 額の汗をぬぐいなさい。[Ka. D5486]

ಬೆವಿ 〚bevi ベヴィ〛[bevi]《‡》*vi.* 汗をかく (*G.* (*Kitt.*)) [Ka. D5486]

ಬೆವಸಾಯ 〚bevasāya ベヴァサーヤ〛[bevə̆sɐ:jɐ] *n.* **1** 農業 **2**《文》努力 [Sk. *vyavasāya-*]

ಬೆಲೆವೆಂಡತಿ 〚beleveṃḍati ベレヴェンダティ〛[beleveṇḍə̆ti]《文》*f.* 娼婦 [*bele + peṃḍati*]

ಬೆಸ[1] 〚besa ベサ〛[besɐ] ಬೆಸನ್, ಬೆಸನ, ಬೆಸನು, ವೆಸ《文》*n.* **1** 仕事、職業、活動 **2** 彫刻 **3** 命令、要求 (*Pb.9.82*) **4** 問うこと、質問、質疑 (*Pb.2.52.V; 4.48*) [Ka. D5405]

ಬೆಸ[2] 〚besa ベサ〛[besɐ]《文》*n.* 酒やタバコや麻薬などに依存すること、博打などの悪習にふけること [Sk. *vyasana-*]

ಬೆಸ[3] 〚besa ベサ〛[besɐ] (*n.*) 2で割りきれない〈こと〉、奇数〈の〉[Sk. *viṣama*] ↔ ಸಮ (sama)

ಬೆಸ ಸಂಖ್ಯೆ 〚besa saṃkʰye ベササンキェ〛[besəsəŋkʰ·je] *n.* 奇数 [*besa + saṃkʰye*]

ಬೆಸದ 〚besada ベサダ〛[besə̆ɗɐ]《古》*m.* ベスタ(漁師のカーストで駕籠(かご)かき業にも従事していた) [Ka. D4383] ☞ಬೆಸ್ತ (besta)

ಬೆಸನ[1] 〚besana ベサナ〛[besə̆nɐ]《文》*n.* 命令、言いつけ [Ka. D5405]

ಬೆಸನ[2] 〚besana ベサナ〛[besə̆nɐ]《‡》*n.* 出産;お産 [Ka. D5549] (*C.*; *Bp.47,33* (*Kitt.*))

ಬೆಸನ[3] 〚besana ベサナ〛[besə̆nɐ] ಬಿಸನ, ವೆಸನ《文》*n.* **1** 不幸、災難 **2** 酒、タバコ、麻薬などに依存すること、博打などの悪習にふけること **3** 熱中、傾注 [Sk. *vyasana-*]

ಬೆಸಲ್ 〚besal ベサル〛[besəl] ಬೆಸಲು, ಬೆಸಲೆ《古》*n.* 出産;お産 [Ka. D5549]

ಬೆಸಲೆ 〚besale ベサレ〛[besəle]《古》*n.* 出産;お産 [Ka. D5549] ☞ಬೆಸಲ್ (besal)

ಬೆಸಲೆಗೊಳ್ 〚besalegoḷ ベサレゴル〛[besə̆leg̥oḷ]《古》*vi.* 生まれる [Ka. D5549]

ಬೆಸಸು 〚besasu ベサス〛[besə̆su]《古》*vt.* 命令する、命じる (*Pb.8.42.V*) [Ka. *besa*[1] + –ಸು D5405]

ಬೆಸಳಿಗೆ 〚besaḷige ベサリゲ〛[besə̆ḷige]《古》*n.* フライパン [Ka. D5517]

ಬೆಸಿಕೆ 〚besike ベシケ〛[besĭke]《口》*n.* [Ka. D5468] ☞ಬೆಸುಗೆ (besuge)

ಬೆಸಿಗೆ 〚besige ベシゲ〛[besĭge]《口》*n.* [Ka. D5468] ☞ಬೆಸುಗೆ (besuge)

ಬೆಸೆ[1] 綿弓

ಬೆಸುಗೆ 〚besuge ベスゲ〛[besŭge] ಬಿಸುಗೆ, ಬೆಸಗೆ, ಬೆಸವು, ಬೆಸಿಕೆ, ಬೆಸಿಗೆ *n.* **1** はんだづけ、溶接 **2** 結合、融合 ¶ ಅಕಬರನ ಕಾಲದಲ್ಲಿ ಹಿಂದೂ ಮುಸ್ಲಿಮ್ ಸಂಸ್ಕೃತಿಗಳ ಬೆಸುಗೆ ಆಗಿತ್ತು. (akabarana kāladalli hiṃdū muslim saṃskr̥tigaḷa besuge āgittu.) アクバルの時代にヒンドゥーとムスリムの文化の融合が行われた。[Ka. D5468]

ಬೆಸೆ[1] 〚bese ベセ〛[bese] *n.* 綿を打つ弓、綿弓 [⇒図] [Ka. D5450]

ಬೆಸೆಕೋಲು 〚besekōlu ベセコール〛[beseko:lu] ಬೆಸೆಗೋಲ್《方》*n.* 綿を打つ弓 [+ *kōl*「棒」]

ಬೆಸೆ[2] 〚bese ベセ〛[bese] *vt.* **1** はんだづけする、溶接する **2**〈二人の心などを〉しっかりくっつける ¶ ಮಗು ತಾಯಿ ತಂದೆಯರ ಮನಸ್ಸನ್ನು ಬೆಸೆಯುತ್ತದೆ. (magu tāyi tamdeyara manassannu beseyuttade.) 子どもが両親の心をしっかりと結びつける。[Ka. D5468]

ಬೆಸೆ³ ⟦bese ベセ⟧ [bese] 《廿》 *vt.* 鞭で打つ、鞭打つ **—***n.* 打つこと、打撃 (*Šd.* (*Kitt.*)) [Ka. D5555, cf. D5450]

ಬೆಸೆ⁴ ⟦bese ベセ⟧ [bese] 《古》 *vi.* 傲慢である (*Pb.4.94.V*) [?]

ಬೆಸ್ತ ⟦besta ベスタ⟧ [bestɐ] ಬೆಸದ *m.* 《*f.* ಬೆಸ್ತಳು (bestaḷu)》漁師のカーストに属する人(駕籠かきの仕事もしていた) [Ka. D4348]

ಬೆಳ್¹ ⟦beḷ ベル⟧ [beḷ] ಬೆಳು (*adj.*) 《複合語頭で》白、白い〈こと〉、白く輝く〈こと〉¶ ಬೆಳ್ದಾವರೆ (beḷdāvare) 白蓮 [Ka. D5496(a)]

ಬೆಳ್² ⟦beḷ ベル⟧ [beḷ] (*n.*) 愚か〈さ〉[?]

ಬೆಳ ⟦beḷa ベラ⟧ [beḷɐ] 《廿》 (*n.*) 《複合語頭で》明るい〈こと〉(*My.* (*Kitt.*)) [Ka. D5496(a)]

ಬೆಳಂತಿಗೆ ⟦beḷaṃtige ベランティゲ⟧ [beḷəntige] ಬೆಳತಿಗೆ 《古》 *n.* 1 白いこと、まばゆく白いこと 2 輝き、光輝 [Ka. D5496(a)]

ಬೆಳಕು ⟦beḷaku ベラク⟧ [beḷə̆ku] *n.* 1 明かり ¶ ಕಿಡಕಿ ತೆಗೆದರೆ ಬೆಳಕು ಬರುತ್ತದೆ. (kiḍaki tegedare beḷaku baruttade.) 窓を開ければ光が射す。 2 光沢、輝き [Ka. D5496(a)]

ಬೆಳಗು ⟦beḷagu ベラグ⟧ [beḷə̆gu] *vi.* 1 (光を発したり反射したりして)輝く ¶ ಪಾತ್ರೆಗಳನ್ನು ಬೆಳಗುವಂತೆ ಉಜ್ಜಬೇಕು. (pātregaḷannu beḷaguvaṃte ujjabēku.) 容器を光るまで磨かねばならない。2〔喩〕(知性、才能、名声、美貌などが)輝く ¶ ಅವನ ಕೀರ್ತಿ ಮೂರು ಲೋಕದಲ್ಲಿ ಬೆಳಗಿತು. (avana kīrti mūru lōkadalli beḷagitu.) 彼の名声は三界に輝いた。 **—***vt.* 1 〈明かりを〉つける ¶ ಮಂತ್ರಿಗಳು ದೀಪವನ್ನು ಬೆಳಗಿ ಕಾರ್ಯಕ್ರಮವನ್ನು ಉದ್ಘಾಟಿಸಿದರು. (maṃtrigaḷu dīpavannu beḷagi kāryakramavannu udgʰāṭisidaru.) 明かりに灯を点すことによって大臣はプログラムを開始した。 2 〈金属製の鍋などを〉磨いて光らせる **—***n.* 1 (金属、宝石などの)輝き、光沢 2 (太陽、電灯などの) 輝き、光輝 3 朝まだき ¶ ನಾಳೆ ಬೆಳಗು ಈ ಕೆಲಸ ಮುಗಿದಿರಬೇಕು. (nāḷe beḷagu ī kelasa mugidirabēku.) 明日の朝にはこの仕事が終わっていなければならない。 4 昼間、日中 ¶ ಅವನ ಒಳ್ಳೆಯ ಗುಣಗಳು ಬೆಳಗಿನಲ್ಲಿಯೂ ಕಾಣುವುದಿಲ್ಲ ರಾತ್ರಿಯಲ್ಲಿಯೂ ಕಾಣುವುದಿಲ್ಲ. (avana oḷḷeya guṇagaḷu beḷaginalliyū kāṇuvudilla, rātriyalliyū kāṇuvudilla.) 彼の美点は昼にも見えないし夜にも見えない。 5《文》知恵 ¶ ಗುರುಗಳು ವಿವರಿಸಿದ ಮೇಲೆ ಅವನ ಮನಸ್ಸಿನಲ್ಲಿ ಬೆಳಗು ಉಂಟಾಯಿತು. (gurugaḷu vivarisida mēle avana manassinalli beḷagu uṃṭāyitu.) 先生が説明した後に、彼は賢くなった。 6 (美や才能などの)輝き ¶ ಅವರಿಗೆ ಬರೆಯುವಾಗ ಮುಖದಲ್ಲಿ ಬೆಳಗು ಉಂಟಾಗುತ್ತದೆ. (avarige bareyuvāga mukʰadalli beḷagu uṃṭāguttade.) あの人は物を書く時に顔が輝く。[Ka. D5496(a)]

ಬೆಳಗಿಸು ⟦beḷagisu ベラギス⟧ [beḷə̆gisu] *vt.* 1 〈容器などを〉(磨いたりして)光らせる 2 〈ランプなどを〉灯す [+ *-isu* caus. D5496(a)]

ಬೆಳಗುಗೊಳಿಸು ⟦beḷagugoḷisu ベラグゴリス⟧ [beḷə̆gugoḷĭsu] *vt.* 1 〈電灯などを〉明るくする 2 〈絵や写真を〉より明るくする [+ *koḷisu*]

ಬೆಳಗುವಿಕೆ ⟦beḷaguvike ベラグヴィケ⟧ [beḷə̆guvike] *n.* 1 輝くこと 2 輝かせること [Ka. D5496(a)]

ಬೆಳತಿಗೆ ⟦beḷatige ベラティゲ⟧ [beḷə̆tige] 《古》 *n.* 1 白いこと、輝かしいこと 2 (ヨーロッパや日本で使うような)茹でずに精米した米 ↔ ಕುಚ್ಚಿಗೆ (kuccige) [Ka. D5496(a)]

ಬೆಳದಿಂಗಳು ⟦beḷadiṃgaḷu ベラディンガル⟧ [beḷəḍiŋgəḷu] *n.* 月の光、月光 [Ka. D5496 + D3213]

ಬೆಳಯಿಸು ⟦beḷayisu ベライス⟧ [beḷə̆jisu] *vt.* [Ka. D5437] ☞ಬೆಳೆಯಿಸು (beḷeyisu)

ಬೆಳರ್ ⟦beḷar ベラル⟧ [beḷər] 《古》 *vi.* 1 白くなる、明るい色になる 2 (貧血などで)肌の色が青ざめる **—**(*n.*) 白色〈の〉、明るい白い色〈の〉[Ka. D5496]

ಬೆಳರ್ಪು ⟦beḷarpu ベラルプ⟧ [beḷərpu] 《古》 *n.* まばゆく白い色 [Ka. D5496]

ಬೆಳಲ ⟦beḷala ベララ⟧ [beḷə̆lɐ] 《古》 *n.* ベルの木、ベルの木の実(テニスボール大で殻が硬くて灰色がかった緑色、ミカン科)⇀ 薬 [Ka. D5509] = H. *bēlā* ☞ಬೆಳವಲ್ (beḷaval)

ಬೆಳವ ⟦beḷava ベラヴァ⟧ [beḷə̆vɐ] ಬೆಳುವ *n.* 野生のハト [Ka. D4420]

ಬೆಳವಣಿಗೆ ⟦beḷavaṇige ベラヴァニゲ⟧ [beḷə̆vəṇige] *n.* 進歩、発展 ¶ ಹೋದ ವರ್ಷ ಪ್ರಾರಂಭವಾದ ಯೋಜನೆ ಇನ್ನೂ ಬೆಳವಣಿಗೆ ಆಗಿಲ್ಲ. (hōda varṣa prāraṃbʰavāda yōjane innū beḷavaṇige āgilla.) 去年発足した計画は(その後)まだ進展していない。 [Ka. *beḷe* + *-vaṇige*]

ಬೆಳವಲ್ ⟦beḷaval ベラヴァル⟧ [beḷə̆vəl] 《古》 *n.* [Ka. D5509] ☞ಬೆಳವಲ (beḷavala)

ಬೆಳವಲ¹ ⟦beḷavala ベラヴァラ⟧ [beḷə̆vəlɐ] *n.* ☞ಬೆಳ್ವೊಲ (beḷvola)

ಬೆಳವಲ² ⟦beḷavala ベラヴァラ⟧ [beḷə̆vəlɐ] ಬೆಳಲ್, ಬೆಳಲ, ಬೆಳವ, ಬೆಳವಲ್, ಬೇಲ, ಬೇಳ, ಬೇಳಲು *n.* ベルの木、ベルの木の実(テニスボール大で殻が硬くて灰色がかった緑色、ミカン科)⇀ 薬 [Ka. D5509] *[IMP 1.63]

ಬೆಳವಾರ ⟦beḷavāra ベラヴァーラ⟧ [beḷəvɐːrɐ] 《古》 *m.* 自分のカーストから追い出された人 [Ka. D5498]

ಬೆಳಸು¹ ⟦beḷasu ベラス⟧ [beḷə̆su] 《口》 *vt.* [Ka. *beḷe* + *-su* caus. D5437] ☞ಬೆಳೆಸು (beḷesu)

ಬೆಳಸು² ⟦beḷasu ベラス⟧ [beḷə̆su] *n.* 収穫前の穀物 [Ka. D5437]

ಬೆಳು ⟦beḷu ベル⟧ [beḷu] 《古》 (*adj.*) 《複合語頭で》白、白い〈こと〉[Ka. D5496]

ಬೆಳುಪು ⟦beḷupu ベルプ⟧ [beḷŭpu] *n.* 白いこと、輝かしいこと [Ka. D5496] ☞ಬೆಳ್ಪು (beḷpu)

ಬೆಳುವ ⟦beḷuva ベルヴァ⟧ [beḷŭvɐ] *n.* 野生のハト [Ka. D4420]

ಬೆಳೆ ⟦beḷe ベレ⟧ [beḷe] ಬಳೆ[1] *vi.* 1 増える、増大する ¶ ಈ ಕಂಪನಿಯ ವ್ಯಾಪಾರ ವರ್ಷ ವರ್ಷಕ್ಕೆ ಬೆಳೆಯುತ್ತಿದೆ. (ī kampaniya vyāpāra varṣa varṣakke beḷeyuttide.) この会社の取り引き高は毎年増大している。 2 (身長、できものなどが)成長する ¶ ನನ್ನ ಮಗ ಒಂದು ವರ್ಷದಲ್ಲಿ ಹತ್ತು ಸೆಂಟಿಮೀಟರ್ ಬೆಳೆದ. (nanna maga omdu varṣadalli hattu semṭimīṭar beḷeda.) 私の息子は1年で10cm背が伸びた。 3 (作物が)栽培される ¶ ನಿಮ್ಮ ಹೊಲದಲ್ಲಿ ಏನು ಬೆಳೆಯುತ್ತಿದೆ? (nimma holadalli ēnu beḷeyuttide?) お宅の畑では何が栽培されていますか。 —*vt.* 栽培する ¶ ಈ ಹಳ್ಳಿಯ ಜನ ಕಬ್ಬು ಬೆಳೆಯುತ್ತಾರೆ. (ī haḷḷiya jana kabbu beḷeyuttāre.) この村の人はサトウキビを栽培している。 —*n.* 1 成長(一般) 2 (作物の)収穫(量)、作柄 ¶ ಈ ವರ್ಷ ಬೆಳೆ ಬರಲಿಲ್ಲ (ī varṣa beḷe baralilla.) 今年は何も収穫できなかった。[Ka. D5437]

ಬೆಳೆಯ ಅಡಮಾನ ⟦beḷeya aḍamāna ベレヤアダマーナ⟧ [beḷejə əḍə̆mɐːnɐ] *n.* 作物の収穫を質に入れること [+ ಅಡಮಾನ (aḍamāna)]

ಬೆಳೆಯಿಸು ⟦beḷeyisu ベレイス⟧ [beḷejĭsu] *vt.* 1 成長させる 2 栽培する 3 育てる、養育する ¶ ನಮ್ಮ ಅಪ್ಪ ಅಮ್ಮ ನಮ್ಮನ್ನು ಕಷ್ಟಪಟ್ಟು ಬೆಳೆಯಿಸಿದರು. (namma appa amma nammannu kaṣṭapaṭṭu beḷeyisidaru.) 両親は僕を苦労して育ててくれた。[Ka. D5437]

ಬೆಳೆಯುವಿಕೆ ⟦beḷeyuvike ベレユヴィケ⟧ [beḷĕjuvike] *n.* 成長すること [Ka. D5437]

ಬೆಳೆಸು ⟦beḷesu ベレス⟧ [beḷesu] *vt.* 1 成長させる 2 栽培する [Ka. caus. D5437]

ಬೆಳ್ಕನೆ ⟦beḷkane ベルカネ⟧ [beḷkəne] 《古》 *adv.* 青ざめた様子で(恐怖のため)(*Abh.P.9,4*) [Ka. D5500]

ಬೆಳ್ಕಱ್ ⟦beḷkaṟ ベルカル⟧ [beḷkər] 《‡》 *vi.* 恐れる (*Kitt.*)[2] —*n.* 恐れ ☞ಬೆಳ್ಕುಱು (beḷkuṟu) [Ka. D5500]

ಬೆಳ್ಕುಱು ⟦beḷkuṟu ベルクル⟧ [beḷkur] ಬಳ್ಕುಱು 《古》 *vi.* 恐れる —*n.* 恐れ [Ka. *D5500]

ಬೆಳ್ಕು ⟦beḷku ベルク⟧ [beḷku] 《古》 *vi.* 恐れる、怖じける —*n.* 恐れ [Ka. *D5500]

ಬೆಳ್ದಿಂಗಳು ⟦beḷdiṃgaḷu ベルディンガル⟧ [beḷḍiŋgəḷ] *n.* 月光 [Ka. D5496 + D3213]

ಬೆಳ್ಪಳ ⟦beḷpaḷa ベルパラ⟧ [beḷpəḷɐ] ಬೆಪ್ಪಳ, ಬೆಬ್ಬಳ, ಬೆಬ್ಬಳಿ, ಬೆಬ್ಬಳು, ಬೆಬ್ಬಳೆ, ಬೆಳ್ಪಡ, ಬೆಳ್ಬಳೆ 《古》 *n.* 1 震え上がること、恐れてがたがた震えること 2 気が落ち着かないこと [Ka. *D5489]

ಬೆಳ್ಪಳಿಸು ⟦beḷpaḷisu ベルパリス⟧ [beḷpəḷisu] ಪೆಳ್ಪಳಿಸು 《古》 *vi.* (恐怖で)震え上がる [Ka. D4419, *D5489]

ಬೆಳ್ಪು ⟦beḷpu ベルプ⟧ [beḷpu] ಬೆಳುಪು 《古》 *n.* 1 白いこと 2 輝かしいこと [Ka. D5496]

ಬೆಳ್ವೊಲ ⟦beḷvola ベルヴォラ⟧ [bevolɐ] ಬೆಳವಲ,[1] ಬೆಳುವಲ, ಬೆಳುವಲು, ಬೆಳ್ವಲ, ಬೆಳ್ವಲ *n.* ダールワール地方の古名 [*beḷa* D5496(a) + *hola* D4303]

ಬೆಳ್ಳ[1] ⟦beḷḷa ベッラ⟧ [beḷḷɐ] 《文》 *m.* 《*f.* ಬೆಳ್ಳಿ (beḷḷi)》 愚か者 [? cf. D5489]

ಬೆಳ್ಳ[2] ⟦beḷḷa ベッラ⟧ [beḷḷɐ] 《古》 *n.* 大水、洪水 [Ka. D5503] = ನೆರೆ, ಪ್ರವಾಹ (nere, pravāha)

ಬೆಳ್ಳಗೆ ⟦beḷḷage ベッラゲ⟧ [beḷḷəge] (*adv.*) まばゆく白い〈こと〉 ¶ ಈ ಸೋಪು ಬಟ್ಟೆಯನ್ನು ಬೆಳ್ಳಗೆ ಒಗೆಯುತ್ತದೆ. (ī sōpu baṭṭeyannu beḷḷage ogeyuttade.) この石鹸は衣類を真っ白に洗う。[Ka. D5496]

ಬೆಳ್ಳವಾಲ ⟦beḷḷavāla ベッラヴァーラ⟧ [beḷḷə̆vɐːlɐ] 《古》 *n.* わな、獣をわなにかける網 [Ka. D5505]

ಬೆಳ್ಳಾರ ⟦beḷḷāra ベッラーラ⟧ [beḷḷɐːrɐ] ಬೆಳ್ಳವಾಲ 《古》 *n.* わな、獣をわなにかける網 [Ka. D5505]

ಬೆಳ್ಳಿ ⟦beḷḷi ベッリ⟧ [beḷḷi] *n.* 1 銀 2 金星 [Ka. D5496]

ಬೆಳ್ಳಿಹುಳು ⟦beḷḷihuḷu ベッリフル⟧ [beḷḷihuḷu] *n.* (本などを食う)紙魚(しみ) [*beḷḷi* + *huḷu*]

ಬೆಱಗು ⟦beṟagu ベラグ⟧ [berəgu] 《古》 *n.* びっくり、仰天 [Ka. D5443]

ಬೆಱಟಿ ⟦beṟaṭi ベラティ⟧ [berə̆ṭi] 《古》 *n.* 牛糞を丸く平たく固めて干したもの(燃料) [Ka. D5321]

ಬೆಱಟು ⟦beṟaṭu ベラトゥ⟧ [berəṭu] 《古》 *vt.* 爪で引っ掻く、掻く、爪で〈土などを〉ほじくる [Ka. *D5322]

ಬೆಱಣಿ ⟦beṟaṇi ベラニ⟧ [berəṇi] 《古》 *n.* 牛糞を丸く平たく固めて干したもの(燃料) [Ka. D5321]

ಬೆಱೆ[1] ⟦beṟe ベレ⟧ [bere] 《古》 *vi.* 《ಬೆಱೆತ್-, ಬೆಱೆದ್- (beṟet-, beṟed-)》(寒さで体が)硬くなる、(死体が)硬直する [Ka. D5439]

ಬೆಱೆ[2] ⟦beṟe ベレ⟧ [bere] ಬೆರೆ 《古》 *vi.* 威張る、高慢に振る舞う [Ka. D5462, cf. D5439]

ಬೇಂಗ ⟦bēṃga ベーンガ⟧ [beːŋgɐ] 《方》 *n.* マラバルキノカリン(マラバルキノ花櫚、薬剤や皮なめしに用いる)→ 薬 (*Lush.*) [Ka. D5520] = ಹೊನ್ನೆಮರ (honne mara) 〔汎〕 *[IMP 4.380]

ಬೇಂಟ ⟦bēṃṭa ベーンタ⟧ [beːṇṭɐ] 《古》 *n.* 恋、恋愛、愛欲 [Ka. D5528]

ಬೇಂಟಿಗ ⟦bēṃṭiga ベーンティガ⟧ [beːṇṭigɐ] 《古》 *m.* 《*f.* *ಬೇಂಟಿಗಿತ್ತಿ (bēṃṭigitti)》狩人、漁師 [Ka. D5527]

ಬೇಂಟೆ ⟦bēṃṭe ベーンテ⟧ [beːṇṭe] 《古》 *n.* 1 狩、狩猟 2 猟獣、猟鳥 [Ka. D5527] = ಬೇಟೆ (bēṭe) 〔汎〕

ಬೇ ⟦bē ベー⟧ [beː] *vi.* 《過去語幹 beṃd- 未来語幹 bēv-》 1 燃える、焦げる 2 煮える、焼き上がる、茹で上がる 3 熱や悲しみなどで苦悶する ¶ ಮಗನ ಅಗಲಿಕೆಯ ದುಃಖದಿಂದ ದಶರಥ ಬೆಂದು ಸತ್ತುಹೋದ. (magana agalikeya duḥkʰadiṃda daśaratʰa beṃdu sattuhōda.) ダシャラタは息子と別れた苦しみに耐えかねて死んでしまった。[Ka. D5517]

ಬೇಕಾಬಿಟ್ಟಿ ⟦bēkābiṭṭi ベーカービッティ⟧ [beːkɐːbiṭṭi] *adv.* (仕事など)いい加減に ¶ ನಾನು ಕರೆದ ವ್ಯಕ್ತಿ ಬೇಕಾಬಿಟ್ಟಿ ಕೆಲಸ ಮಾಡಿ ಹೋದ. (nānu kareda vyakti bēkābiṭṭi kelasa māḍi hōda.) 私が呼んだ人間はいいかげんに仕事をして出て行った。[?]

ಬೇಕು ⟦bēku ベーク⟧ [beːku] *vi.* 必要である ¶ ನನಗೆ ನೀರು ಬೇಕು. (nanage nīru bēku.) 僕は水が飲みた

い。 —*v.aux.* 1 …に違いない ¶ ನನ್ನ ತಮ್ಮ ಮನೆಯಲ್ಲಿ ಇರಬೇಕು. (nanna tamma maneyalli irabēku.) 弟は家にいるに違いない。 2 …ねばならない ¶ ಹಿರಿಯರಿಗೆ ಗೌರವ ಕೊಡಬೇಕು. (hiriyarige gaurava koḍabēku.) 長上のものには敬意を示さねばならない。 [Ka. *bēṛkum* D5528]

ಬೇಕೂಫ ⟦bēkūpʰa ベークーパ⟧ [be:ku:phɐ] *m.* 《*f.* ಬೇಕೂಫಳು (bēkūpʰaḷu)》愚か者、阿呆 [Ar.-Pe. *bēwaqūf*]

ಬೇಗ ⟦bēga ベーガ⟧ [be:gɐ] *adv.* 1 速く、急速に ¶ ಜಿಂಕೆ ಸಿಂಹಕ್ಕಿಂತ ಬೇಗ ಓಡುತ್ತದೆ. (jiṃke siṃhakkiṃta bēga ōḍuttade.) 鹿はライオンより足が速い。 2 予定よりも早く ¶ ಇಂದು ಬಸ್ಸು ಬೇಗ ಬಂತು. (iṃdu bassu bēga baṃtu.) 今日はバスがいつもより早く来た。 3 すぐ、すぐに ¶ ನಾನು ಫೋನ್ ಮಾಡಿದೆ. ಆಂಬುಲನ್ಸ್ ಬೇಗ ಬಂತು. (nānu pʰōn māḍide. āṃbulans bēga baṃtu.) 私は電話した。救急車はすぐやってきた。 [Sk.]

ಬೇಗು ⟦bēgu ベーグ⟧ [be:gu] 《‡》 *n.* スパイ活動、情報収集 (*My.* (*Kitt.*)) [Ka. D5533] ☞ಬೇಹು (bēhu)

ಬೇಗುದಿ ⟦bēgudi ベーグディ⟧ [be:guđi] *vi.* ひどく燃える、沸騰する —*n.* 1 酷暑、猛暑 ¶ ಗುಲ್ಬರ್ಗಾದಲ್ಲಿ ಬೇಸಿಗೆಯಲ್ಲಿ ತುಂಬಾ ಬೇಗುದಿ ಆಗುತ್ತದೆ. (gulbargādalli bēsigeyalli tuṃbā bēgudi āguttade.) グルバルガーでは夏はとても熱い。 2〔喩〕苦悩、いてもたってもいられない心配 ¶ ಬರಬೇಕಾದ ಹೊತ್ತಿಗೆ ಮಗು ಬರಲಿಲ್ಲ ಎಂದು ನನಗೆ ಬೇಗುದಿ ಆಯಿತು. (barabēkāda hottige magu baralilla eṃdu nanage bēgudi āyitu.) 息子が予定した時間に到着しなかったので私は心配でいても立ってもいられなかった。 [Ka. *bē + kudi*]

ಬೇಗೆ ⟦bēge ベーゲ⟧ [be:ge] *n.* 1 火、(特に森林の)火事 2 炎、火炎 3 熱 ¶ ಪ್ರಾಣಿಗಳು ಬಿಸಿಲಿನ ಬೇಗೆಯಿಂದ ಬಳಲುತ್ತಿವೆ. (prāṇigaḷu bisilina bēgeyiṃda baḷaluttive.) 動物たちは熱い日照りに喘いでいる。 4〔喩〕苦悩、煩悶 ¶ ಏನು ಮಾಡಿದರೂ ಅವನ ಮನದ ಬೇಗೆ ಆರಲಿಲ್ಲ. (ēnu māḍidarū avana manada bēge āralilla.) どうしても彼の胸の煩悶はおさまらなかった。 [Ka. D5517]

ಬೇಜವಾಬ್ದಾರಿ ⟦bējavābdāri ベージャヴァーブダーリ⟧ [be:ǰəvɐ:bdɐ:ri] *n.* 無責任 [Pe. *bĕǧawābdārī*]

ಬೇಜಾರು ⟦bējāru ベージャール⟧ [be:ǰɐ:ru] *n.* 1 飽き飽きすること、退屈 ¶ ಟಿ.ವಿ.ಯಲ್ಲಿ ಯಾವಾಗಲೂ ಚಿತ್ರಗೀತೆ ಬರುವದರಿಂದ ನೋಡಲು ಬೇಜಾರು. (ṭi.vi.yalli yāvāgalū citragīte baruvadariṃda nōḍalu bējāru.) 映画の歌ばかり放映するのでテレビを見るのは退屈だ。 2 疲れ、疲労、倦怠 ¶ ಕೆಲಸ ಮಾಡಿ ಬೇಜಾರಾಗಿದೆ. ಹೊರಗೆ ಹೋಗೋಣ. (kelasa māḍi bējārāgide. horage hōgōṇa.) 私たちは仕事で疲れている。出かけよう。 3 苛立ち ¶ ಅಮ್ಮ ಯಾವಾಗಲೂ ಓದು ಓದು ಎಂದು ಹೇಳುವುದನ್ನು ಕೇಳಿ ನನಗೆ ಬೇಜಾರಾಗಿದೆ. (amma yāvāgalū ōdu ōdu eṃdu hēḷuvudannu kēḷi nanage bējārāgide.) 母はいつも勉強しろしろと言うので、私はいらいらする。(*My.*) 4 心の痛み、心の傷 ¶ ನನ್ನ ಸ್ನೇಹಿತನ ನಡತೆಯಿಂದ ನನಗೆ ಬೇಜಾರಾಗಿದೆ. (nanna snēhitana naḍateyiṃda nanage bējārāgide.) 私の友達の振る舞いが私を傷つけた。(*My.*) [Ka. D5524]

ಬೇಟ ⟦bēṭa ベータ⟧ [be:ʈɐ] 《文》 *n.* 1 恋、恋愛、愛欲 2 魅力、人をひきつける力 [Ka. D5528]

ಬೇಟೆ ⟦bēṭe ベーテ⟧ [be:ʈe] ಬೇಂಟೆ *n.* 1 狩、狩猟 2 猟獣、猟鳥 [Ka. D5527]

ಬೇಟೆಯಾಡು ⟦bēṭeyāḍu ベーテヤードゥ⟧ [be:ʈejɐ:ɖu] *vt., vi.* 狩猟する；〈ある動物を〉狩る [+ *āḍu*, D5527]

ಬೇಟೆಗಾರ ⟦bēṭegāra ベーテガーラ⟧ [be:ʈegɐ:rɐ] *m.* 《*f.* ಬೇಟೆಗಾರ್ತಿ (bēṭegārti)》漁師、狩人 [Ka. *bēṭe + -kāṟa*]

ಬೇಟೆಗೊಳವಿ ⟦bēṭegoḷavi ベーテゴラヴィ⟧ [be:ʈegoɭəvi] 《文》 *n.* 猟銃 [Ka. *bēṭe + koḷavi*]

ಬೇಟೆನಾಯಿ ⟦bēṭenāyi ベーテナーイ⟧ [be:ʈenɐ:ji] *n.* 猟犬 [Ka. *bēṭe + nāyi*]

ಬೇಡ[1] ⟦bēḍa ベーダ⟧ [be:ɖɐ] 《文》 *m.* 臆病者、勇気のない人 [Ka. D4434]

ಬೇಡ[2] ⟦bēḍa ベーダ⟧ [be:ɖɐ] *m.* 《*f.* ಬೇಡತಿ (bēḍati)》狩を生業とするカーストに属する人 [Ka. D5527]

ಬೇಡ[3] ⟦bēḍa ベーダ⟧ [be:ɖɐ] *vi.* 《ಬೇಕು (bēku)の否定形、与格支配動詞、3人称複数形ಬೇಡಿ/ ಬೇಡಿರಿ (bēḍi/ bēḍiri)》要らない、欲しくない ¶ ನನಗೆ ನೀರು ಬೇಡ. (nanage nīru bēḍa.) 私には水は要らない。 —*v.aux.* 1 …する必要がない ¶ ಇವತ್ತು ಮಾರ್ಕೆಟ್ಟಿಗೆ ಹೋಗ ಬೇಡ. (ivattu mārkeṭṭige hōga bēḍa.) 今日市場へ行く必要はない。 2 …しないで(ください)¶ ಇಂದು ಕೆಲಸ ಮಾಡಬೇಡ. (iṃdu kelasa māḍabēḍa.) 今日は仕事をしないで。 [Ka. D5528]

ಬೇಡಿ ⟦bēḍi ベーディ⟧ [be:ɖi] *n.* 手かせ、足かせ、手錠 [H. *beṛī*/M. *beḍī* T12130]

ಬೇಡಿಕೆ ⟦bēḍike ベーディケ⟧ [be:ɖike] *n.* 1 嘆願、懇願 2 ねだられたもの 3 需要 [Ka. *bēḍu + -ike* D5528]

ಬೇಡು[1] ⟦bēḍu ベードゥ⟧ [be:ɖu] 《古》 *mf.* 狩猟を生業とするカーストに属する人たち (*Šmd.32* (*Kitt.*)) [Ka. D5527]

ಬೇಡು[2] ⟦bēḍu ベードゥ⟧ [be:ɖu] *vt.* 1 望む、欲する ¶ ಅವರು ತನಗಾಗಿ ಏನನ್ನೂ ಬೇಡುವದಿಲ್ಲ. (avaru tanagāgi ēnannū bēḍuvadilla.) 彼は自分のために何も欲しがらない。 2 乞う、懇願する ¶ ನನ್ನ ಕಾಗದಕ್ಕೆ ಬೇಗ ಉತ್ತರ ಬರೆಯ ಬೇಕೆಂದು ಬೇಡುತ್ತೇನೆ. (nanna kāgadakke bēga uttara bareya bēkeṃdu bēḍuttēne.) 折り返し御返事下さるようお願いいたします。 [Ka. D5528]

ಬೇಡುವಿಕೆ ⟦bēḍuvike ベードゥヴィケ⟧ [be:ɖuvike] *n.* 嘆願、懇願 (*My.* (*Kitt.*)) [Ka. *bēḍu + -ike*, D5528]

ಬೇಡುಹ ⟦bēḍuha ベードゥハ⟧ [be:ɖuhɐ] 《古》 *n.* 懇願、嘆願 [Ka. D5528]

ಬೇನಾಮಿ ⟦bēnāmi ベーナーミ⟧ [be:nɐ:mi] (*n.*) 匿名〈の〉 [Pe. *bēnāmī*]

ಬೇನಾಮಿ ದೂರು ⟦bēnāmi dūru ベーナーミドゥール⟧ [be:nɐ:mi du:ru] *n.* 匿名の苦情 [+ *dūru*「苦情」]

ಬೇನೆ ⟦bēne ベーネ⟧ [be:ne] *n.* 1 病、病気 2 痛み、苦痛 3 陣痛 ¶ ನನ್ನ ಮಗಳಿಗೆ ಬೇನೆ ಆಗುತ್ತಿದೆ. (nanna magaḷige bēne āguttide.) 私の娘は今陣痛だ。 [Ka.

D5517]

ಬೇಬಾಕಿ ⟦bēbāki ベーバーキ⟧ [beːbɐːki] ಬೇಬಾಕ್, ಬೇಬಾಕು (*n.*) 債務が残っていない〈こと〉[Pe *bēbāqī*]

ಬೇಬಾಕಿ ಪತ್ರ ⟦bēbāki patra ベーバーキパトラ⟧ [beːbɐːki pətˑrɐ] *n.* (雇用者、図書館、税務署などからの)無債務証明書 [+ *patra*]

ಬೇಯು ⟦bēyu ベーユ⟧ [beːju] *vi.* 《過去語幹 beṃd-》1 (ご飯が)炊ける、(パンなどが)焼ける、(卵やじゃがいもが)茹で上がる 2〔喩〕ひどく苦しむ、苦悩する ¶ ಅಪ್ಪ ವರದಕ್ಷಿಣೆಯ ಚಿಂತೆಯಲ್ಲಿ ಬೇಯುತ್ತಿದ್ದಾರೆ. (appa varadakṣiṇeya ciṃteyalli bēyuttiddāre.) 父は持参金の心配でいてもたってもいられない。[Ka. D5517]

ಬೇಯಿಸು ⟦bēyisu ベーイス⟧ [beːjisu] ಬೇಸು *vt.* 1〈ご飯などを〉炊く、〈パンなどを〉焼く、〈水を〉沸騰させる、〈野菜などを〉煮る 2〔喩〕〈人の〉心を苦しめる、悩ます ¶ ಚುಚ್ಚುನುಡಿಗಳಿಂದ ನನ್ನನ್ನು ಬೇಯಿಸಬೇಡ. (cuccunuḍigaḷiṃda nannannu bēyisabēḍa.) 君の皮肉で僕を苦しめないでくれ。[+ *-isu* caus. D5517]

ಬೇರ್[1] ⟦bēr ベール⟧ [beːr] 《古》*n.* 1 (木の)根 2〔喩〕あるもののもと、源泉 [Ka. D5535]

ಬೇರ್[2] ⟦bēr ベール⟧ [beːr] ಬೇಱು, ಬೇಱ್ 《古》(*adj.*) 《複合語頭で》1 別〈の〉、別個〈の〉 2 違った〈こと〉、同じでない〈こと〉[Ka. *D5548] ☞ಬೇಱ್ (bēṟ)

ಬೇರು[1] ⟦bēru ベール⟧ [beːru] 《方》*vt.* 殴るために〈手を〉振り上げる (*Hav.*) [Ka. D4440, cf. D4446]

ಬೇರು[2] ⟦bēru ベール⟧ [beːru] *n.* 1 (木の)根 2 ある物のもと、源泉 ¶ ಆಸೆ ಎಲ್ಲ ದು:ಖಗಳ ಬೇರು. (āse ella du:kʰagaḷa bēru.) 欲望はあらゆる不幸のもとである。[Ka. D5535]

ಬೇರುಬಿಡು ⟦bērubiḍu ベールビドゥ⟧ [beːrubiḍu] ಬೇರ್ಬಿಡು *vi.* 1 根を張る 2〔喩〕根をおろす、(ある土地に)定着する ¶ ಡನ್ಲಪ್ ಕಂಪನಿ ಭಾರತದಲ್ಲಿ ಚನ್ನಾಗಿ ಬೇರುಬಿಟ್ಟಿದೆ. (ḍanlap kaṃpani bʰāratadalli cannāgi bērubiṭṭide.)〔比〕ダンロップ・タイヤはインドにしっかり根を下ろしている。[+ *biḍu*] = ಬೇರೂರು (bērūru)

ಬೇರೂರು ⟦bērūru ベールール⟧ [beːruːru] ಬೇರೂಱು *vi.* 1 根を張る 2〔喩〕(ある土地に)定着する、根をおろす [+ *ūru*]

ಬೇರೂಱು ⟦bērūṟu ベールール⟧ [beːruːru] 《古》*vi.* 1 根を張る 2〔喩〕(ある土地に)定着する、根をおろす [+ *ūṟu*] ☞ಬೇರೂರು (bērūru)〔現〕

ಬೇರುಗ ⟦bēruga ベールガ⟧ [beːrugɐ] 《文》*m.* 《*f.* *ಬೇರುಗಿತ್ತಿ (bērugitti)》薬物商 [Ka. D5535]

ಬೇರೆ ⟦bēre ベーレ⟧ [beːre] ಬೇಱೆ (*adj.*) 1 別〈の〉、別個〈の〉 2 違った〈こと〉、同じでない〈こと〉 —*adv.* 1 別に、特別に ¶ ದಕ್ಷಿಣ ಭಾರತದ ಬಸ್ಸುಗಳಲ್ಲಿ ಹೆಂಗಸರು ಬೇರೆ ಕುಳಿತುಕೊಳ್ಳುತ್ತಾರೆ. (dakṣiṇa bʰāratada bassugaḷalli heṃgasaru bēre kuḷitukoḷḷuttāre.) 南インドのバスでは女性たちは別の所に座る。 2 違ったやり方で ¶ ವ್ಯಾಪಾರಿಗಳು ಮೊದಲು ಒಂದು ರೀತಿ ಹೇಳಿ ಆ ಮೇಲೆ ಬೇರೆ ಹೇಳುತ್ತಾರೆ. (vyāpārigaḷu modalu oṃdu rīti hēḷi ā mēle bēre hēḷuttāre.) 商人たちは最初に言ったことと別のことを後になって言う。[Ka. *D5548]

ಬೇರೆ ಬೇರೆ ⟦bēre bēre ベーレベーレ⟧ [beːrebeːre] ಬೇಱೆಬೇಱೆ, ಬೇಱೆವೇಱೆ *adj.* いろいろの ¶ ಶ್ಯಾಮ ಬೆನೆಗಲ್ ಬೇರೆ ಬೇರೆ ಪುರಸ್ಕಾರಗಳನ್ನು ತೆಗೆದುಕೊಂಡಿದ್ದಾರೆ. (śyāma benegal bēre bēre puraskāragaḷannu tegedukoṃḍiddāre.) シャーム・ベネガルはいろいろな賞をもらっている。[+ *bēre*]

ಬೇರ್ಪಡು ⟦bērpaḍu ベールパドゥ⟧ [beːrpəḍu] *vi.* 離れる、分離する、別れる ¶ ಕಾಂಗ್ರೆಸ್ಸಿಂದ ಇಂದಿರಾ ಕಾಂಗ್ರೆಸ್ ಬೇರ್ಪಟ್ಟಿತು. (kāṃgressiṃda iṃdirā kāṃgres bērpaṭṭitu.) インディラー・コングレスは別の党としてコングレスから分離した。[Ka. *bēr* D5548 + *paḍu*]

ಬೇರ್ಪಡಿಸು ⟦bērpaḍisu ベールパディス⟧ [beːrpəḍisu] *vt.* 離す、分離する、別にする、分ける ¶ ನೀರಿನಿಂದ ಜಲಜನಕ ಮತ್ತು ಪ್ರಾಣವಾಯುಗಳನ್ನು ಬೇರ್ಪಡಿಸ ಬಹುದು. (nīriniṃda jalajanaka mattu prāṇavāyugaḷannu bērpaḍisa bahudu.) 水から水素と酸素を分離することができる。[+ *-isu* caus.]

ಬೇಲ ⟦bēla ベーラ⟧ [beːlɐ/bæːlɐ] *n.* ベルの木、ベルの木の実(テニスボール大で殻が硬くて灰色がかった緑色、ミカン科)→ 薬 [Ka. D5509] ☞ಬೆಳವಲ (beḷavala) *[IMP 1.62]

ಬೇಲಿ ⟦bēli ベーリ⟧ [beːli] ವೇಲಿ *n.* (畑や果樹園などを守るために)鉄条網や灌木で作った垣 [Ka. D5538]

ಬೇವಸ ⟦bēvasa ベーヴァサ⟧ [beːvə̆sɐ] 《文》*n.* 悲しみ、悩み [Ka. D5517]

ಬೇವಾರ್ಸಿ ⟦bēvārsi ベーヴァールシ⟧ [beːvɐːrsi] *adj., mf.* 身寄りのない〈人〉¶ ಪೊಲೀಸರು ಬೇವಾರ್ಸಿ ಹೆಣವನ್ನು ಹೂತರು. (polīsaru bēvārsi heṇavannu hūtaru.) 警察は引きとり手のない死体を埋葬した。[Ar.-Pe. *bēwāriṯī*]

ಬೇವು ⟦bēvu ベーヴ⟧ [beːvu] *n.* ニームの木(日陰を与え、葉が抗菌性のため、多く植えられている) [Ka. D5531] *[IMP 1.228]

ಬೇಸಕಿ ⟦bēsaki ベーサキ⟧ [beːsə̆ki] 《‡》*n.* 夏 (*B.5,141.205 (Kitt.)*) [Ka. D5517 or *vaiśākʰa-*] ☞ಬೇಸಿಗೆ (bēsige)

ಬೇಸಗೆ ⟦bēsage ベーサゲ⟧ [beːsə̆ge] ಬೇಸಿಗೆ *n.* 夏(4月、5月) ☞ಬೇಸಿಗೆ (bēsige) [Ka. D5517 or *vaiśākʰa-*]

ಬೇಸರ ⟦bēsara ベーサラ⟧ [beːsə̆rɐ] ಬೇಸರು, ಬೇಸಱ್, ಬೇಸಱ, ಬೇಸಱು *n.* 1 飽き飽きすること、長たらしくて嫌になること (*NK*) 2 悲しみ、悲嘆 [Ka. *D5524] = ಬೇಜಾರು (bējāru)

ಬೇಸರಿಕೆ ⟦bēsarike ベーサリケ⟧ [beːsə̆rike] ಬೇಸಱಿಕೆ, ಬೇಸಱಿಕೆ *n.* 飽き飽きすること、長たらしくて嫌になること [Ka. *D5524] = ಬೇಜಾರು (bējāru) ☞ಬೇಸಱ (bēsaṟa)

ಬೇಸರಿಸು ⟦bēsarisu ベーサリス⟧ [beːsə̆risu] ಬೇಸಱಿಸು 《古》*vt.* 飽き飽きさせる、倦む [Ka. *D5524] ☞ಬೇಸಱ್ (bēsaṟ)

ಬೇಸಱ್ ⟦bēsaṟ ベーサル⟧ [beːsər] 《古》*vi.* 退屈する、無為に過ごす [Ka. D5524] ☞ಬೇಸರಿಸು (bēsarisu)

ಬೇಸಱ ⟦bēsaṟa ベーサラ⟧ [be:sə̆ɾɐ] 《古》 n. 飽き飽きすること、長たらしくて嫌になること [Ka. D5524] ☞ಬೇಸರ (bēsara)

ಬೇಸಱಕೆ ⟦bēsaṟake ベーサラケ⟧ [be:səɾə̆ke] 《‡》 n. 飽き飽きすること、など (B.5,231.282 (Kitt.)) [Ka. D5524] ☞ಬೇಸಱ (bēsaṟa)

ಬೇಸಱಿಸು ⟦bēsaṟisu ベーサリス⟧ [be:sə̆ɾisu] 《古》 vt. [Ka. D5524] ☞ಬೇಸರಿಸು (bēsarisu)

ಬೇಸಱು ⟦bēsaṟu ベーサル⟧ [be:sə̆ɾu] 《古》 vi. 《過去語幹 bēsatt-》 1 飽き飽きする、長たらしくて嫌になる 2 疲れる、疲労を覚える —n. 1 飽き飽きすること、長たらしくて嫌になること 2 疲れ、疲労 3 悲しい気持ち、痛ましいこと、気の毒な思い ☞ಬೇಸಱ (bēsaṟa) [Ka. D5524]

ಬೇಸಾಯ ⟦bēsāya ベーサーヤ⟧ [be:sɐ:jɐ] n. 農業；農民 [Sk. vyavasāya-]

ಬೇಸಾಯಗಾರ ⟦bēsāyagāra ベーサーヤガーラ⟧ [be:sɐ:jə̆gɐ:rɐ] m. 《f. ಬೇಸಾಯಗಾರ್ತಿ (bēsāyagārti)》 農業経営者 [bēsāya + -kāṟa] = ರೈತ (raita)

ಬೇಸಿಗೆ ⟦bēsige ベーシゲ⟧ [be:sĭge] ಬೇಸಗೆ n. 夏（インド暦の２月、グレゴリオ暦の４月から５月に当たる）= ಬಿಸಿಲುಗಾಲ (bisilugāla) [Ka. D5517]

ಬೇಸು ⟦bēsu ベース⟧ [be:su] 《口》 vt. 1 〈食物を〉煮る 2 火で熱する 3 燃やす、燃焼させる [Ka. caus. D5517] ☞ಬೇಯಿಸು (bēyisu)

ಬೇಸ್ತು ⟦bēstu ベーストゥ⟧ [be:stu] n. 1 トランプ遊びの一種 2 〔喩〕詐欺、欺瞞、ペテン [Eg. baste?]

ಬೇಸ್ತುಬೀಳು ⟦bēstubīḷu ベーストゥビール⟧ [be:stubi:ɭu] vi. 騙される、ペテンにかかる ¶ ಅವನ ಮಾತುಗಳನ್ನು ನಂಬಿ ನಾನು ಬೇಸ್ತು ಬಿದ್ದೆ. (avana mātugaḷannu naṃbi nānu bēstu bidde.) 私は彼の言葉を信じて騙された。 [+ bīḷu]

ಬೇಹು ⟦bēhu ベーフ⟧ [be:hu] n. 間諜、スパイ、諜報 [Ka. D5533]

ಬೇಹುಗಾರ ⟦bēhugāra ベーフガーラ⟧ [be:hugɐ:rɐ] 《文》 m. 《f. ಬೇಹುಗಾರ್ತಿ (bēhugārti)》 スパイ、間諜 [Ka. bēhu + kārti]

ಬೇಹುಶಾರಿ ⟦bēhuśāri ベーフシャーリ⟧ [be:huʃɐ:ri] n. 不注意、怠慢 ¶ ಬೇಹುಶಾರಿಯಿಂದ ಈ ಅಪಘಾತ ಉಂಟಾಯಿತು. (bēhuśāriyiṃda ī apagʰāta uṃṭāyitu.) この事故は不注意から起こった。 —(n.) 不注意〈な〉、怠慢〈な〉 ¶ ನಮ್ಮ ಮಗ ತುಂಬ ಬೇಹುಶಾರಿ ಹುಡುಗ. (namma maga tuṃba bēhuśāri huḍuga.) うちの息子はとても不注意だ。 [Pe. bēhōšyārī]

ಬೇಹುಶಾರು ⟦bēhuśāru ベーフシャール⟧ [be:huʃɐ:ru] ಬೇಹುಶಾರಿ (n.) 不注意〈な〉、怠慢〈な〉 [Pe. bēhōšyār]

ಬೇಳ್¹ ⟦bēḷ ベール⟧ [be:ɭ] 《古》 n. 夢中になること、理性を失うこと、ぼおっとなること [Ka. D4445]

ಬೇಳ್² ⟦bēḷ ベール⟧ [be:ɭ] 《古》 vt. 〈ギーや動物を〉火に捧げる、火に入れて捧げる [Ka. D5544]

ಬೇಳಂಬ¹ ⟦bēḷaṃba ベーランバ⟧ [be:ɭəmbɐ] 《古》 n. 1 物まね、嘲弄、からかい 2 災難、難儀 3 騒動、動乱 4 魅惑、魅了、うっとりとした状態 5 欺瞞、詐欺 [Ka. D5528?, cf. Pk. vēlaṃba, Sk. viḍambana-]

ಬೇಳಂಬ² ⟦bēḷaṃba ベーランバ⟧ [be:ɭəmbɐ] 《‡》 n. （生け贄の儀礼として）人間を火に捧げること (Bhn.20; Bh.1,8,91 (Kitt.)) [Ka. D5544]

ಬೇಳಿ ⟦bēḷi ベーリ⟧ [be:ɭi] 《口》 n. [Ka. D5546] (Sp. (Kitt.)) ☞ಬೇಳೆ (bēḷe)

ಬೇಳುವೆ¹ ⟦bēḷuve ベールヴェ⟧ [be:ɭuve] ಬೆಳ್ವೆ, ಬೇಳ್ವೆ¹ 《古》 n. 1 欺くこと、ペテン 2 愚かさ、間抜けな行為 3 惑い、錯覚、幻想、迷妄 4 意識を失うこと 5 心の動揺、不安、苦悩 [Ka. D4445]

ಬೇಳುವೆ² ⟦bēḷuve ベールヴェ⟧ [be:ɭuve] ಬೇಳ್ವೆ 《古》 n. ギーや動物を火に投じて神に捧げること = ಯಜ್ಞ (yajña) [Ka. D5544]

ಬೇಳೆ¹ ⟦bēḷe ベーレ⟧ [be:ɭe] n. 割り豆（ダール、日本ではスープのような料理の呼び名としてダールが理解されているが本来は各種の豆をいったん水に浸けてから乾燥させて皮を除き二つに割って楽に料理できるようにしたもの）[Ka. D4444]

ಬೇಳೆಬೇಯು ⟦bēḷebēyu ベーレベーユ⟧ [be:ɭebe:ju] vi. ペテンなどが通用する ¶ ನನ್ನ ಹತ್ತಿರ ನಿನ್ನ ಬೇಳೆ ಬೇಯುವುದಿಲ್ಲ. (nanna hattira ninna bēḷe bēyuvudilla.) おまえのペテンはおれには無用だ。 [+ bēyu]

ಬೇಳೆ² ⟦bēḷe ベーレ⟧ [be:ɭe] n. シロザ、シロアカザ（アカザ科の野菜で薬草としても用いる）[Ka. D5546] = ಬೇಳೆಸೊಪ್ಪು (bēḷesoppu) *[IMP 2.62]

ಬೇಳ್ವೆ¹ ⟦bēḷve ベールヴェ⟧ [be:ɭve] 《古》 n. 魅惑、魅了、うっとりとした状態 [Ka. *D4445] ☞ಬೇಳುವೆ (bēḷuve)

ಬೇಳ್ವೆ² ⟦bēḷve ベールヴェ⟧ [be:ɭve] ಬೇಳುವೆ² 《古》 n. 1 ギーや動物を火に投じて神に捧げること = ಯಜ್ಞ (yajña) 2 火の神に捧げるために火に投げ入れられる供物 [Ka. *D5544]

ಬೇಱ್ ⟦bēṟ ベール⟧ [be:ɾ] ಬೇಱು, ಬೇರ್ 《古》 (adj.) 1 別〈の〉、別個〈の〉 2 違った〈こと〉、同じでない〈こと〉 [Ka. D5548]

ಬೇಱು ⟦bēṟu ベール⟧ [be:ɾu] 《古》 (adj.) 《複合語頭で》 [Ka. D5548] ☞ಬೇಱ್ (bēṟ)

ಬೇಱೆ ⟦bēṟe ベーレ⟧ [be:ɾe] 《古》 (adj.) 1 別〈の〉、別個〈の〉 2 比類がない〈こと〉、違った〈こと〉、同じでない〈こと〉 —adv. 別に、それとは別に ☞ಬೇರೆ (bēre) [Ka. D5548]

ಬೇೞ್ ⟦bēḻ ベール⟧ [be:ɻ] 《‡》 vi. 1 願う、欲しいと思う 2 乞う (Šmd.28 (Kitt.)) [Ka. D5528]

ಬೇೞ್ಕು ⟦bēḻku ベールク⟧ [be:ɻku] 《‡》 vi. 必要である (Bp.2,8; 22,41; 37,5 (Kitt.)) [Ka. D5528]

ಬೇೞ್ಕುಮ್ ⟦bēḻkum ベールクム⟧ [be:ɻkum] 《‡》 vi. 必要である (Šmd.256 (Kitt.)) [Ka. D5528]

ಬೈಕ್ ⟦baik バイク⟧ [bəik] *n.* バイク、オートバイ [Eg. *bike*]

ಬೈಗು ⟦baigu バイグ⟧ [bəĭgu] ಬಯ್ಗು *n.* 1 夕暮れ 2 夕方 [Ka. *D5554]

ಬೈತಲೆ ⟦baitale バイタレ⟧ [bəĭtəle] ಬಯ್ತಲೆ *n.* 髪の分け目 [Ka. *bage*「分割」D5202 + *tale*]

ಬೈರಗೆ ⟦bairage バイラゲ⟧ [bəirə̆ge] *n.* ☞ಬೈರಿಗೆ (bairige)

ಬೈರಾಗಿ ⟦bairāgi バイラーギ⟧ [bəirɐːgi] *mf.* 《*f.* ಬೈರಾಗಿಣಿ (bairāgiṇi)》 1 世俗への執着をすべて捨て去った人、世捨て人 2 托鉢修道者 [Sk.]

ಬೈರಿಗೆ ⟦bairige バイリゲ⟧ [bəirige] ಬಯ್ರಿಗೆ, ಬೈರಗೆ *n.* きり、ドリル(あらゆる種類の穴をあける道具) [? cf. Tu. *bairige*]

ಬೈರಿಗೆಮಾಡು ⟦bairigemāḍu バイリゲマードゥ⟧ [bəirĭge mɐːḍu] *vi.* きりやドリルなどの道具で穴をうがつ [+ *māḍu*]

ಬೊಂಕ ⟦boṃka ボンカ⟧ [boŋkɐ] 《古》 *n.* ねばねばした物質 [Ka. D3817] ☞ಬಂಕೆ (baṃke)

ಬೊಂಕನೆ ⟦boṃkane ボンカネ⟧ [boŋkə̆ne] 《‡》 *adv.* 曲がって (*Kitt, Čb.*) [Ka. *D5335]

ಬೊಂಕು ⟦boṃku ボンク⟧ [boŋku] *n.* 1 自慢、法螺(ほら) 2《古》見間違い、錯覚 [Ka. D4459]

ಬೊಂಕೆ ⟦boṃke ボンケ⟧ [boŋke] 《‡》 *n.* ねばねばした物質 (*Si.227*) [Ka. D3817] ☞ಬಂಕೆ (baṃke)

ಬೊಂಡುಲ ⟦boṃḍula ボンドゥラ⟧ [boŋḍulɐ] 《古》 *n.* ブドウホオズキ(ナス科ホオズキ属) ⇀ 薬 [Ka. *D4502] *[IMP 4.267]

ಬೊಂಡುಳ ⟦boṃḍuḷa ボンドゥラ⟧ [boŋḍuḷɐ] 《‡》 *n.* [Ka. D4502] (*St. & Pl.* (*Kitt.*)) ☞ಬೊಂಡುಲ (boṃḍula)

ಬೊಂಪು[1] ⟦boṃpu ボンプ⟧ [bompu] 《古》 *n.* ねばねばしてくっつきやすい〈こと〉; ねばねばしてくっつきやすいもの [Ka. D5299(a)]

ಬೊಂಪು[2] ⟦boṃpu ボンプ⟧ [bompu] 《古》 *n.* 魚の一種 [?] = ಸೀಗಡಿ (sīgaḍi) ☞ಬಂಪು (baṃpu)[2]

ಬೊಂಬಲು ⟦boṃbalu ボンバル⟧ [bombəlu] 《‡》 *n.* 植物から得られるねばねばした物質(石鹸として用いられる) (*My.* (*Kitt.*)) [Ka. D5299(a)]

ಬೊಂಬು ⟦boṃbu ボンブ⟧ [bombu] ಬಂಬು *n.* 竹の(節をとった)管 [Ka. D5253]

ಬೊಂಬೆ ⟦boṃbe ボンベ⟧ [bombe] *n.* 1 人形 2 瞳、黒目(虹彩と瞳からなる) = ಪಾಪೆ (pāpe) 3 偶像 [Ka. D4530] = ಗೊಂಬೆ (goṃbe)

ಬೊಂಬೆಯಾಟ ⟦boṃbeyāṭa ボンベヤータ⟧ [bombejɐːṭɐ] *n.* 人形芝居 [+ *āṭa*]

ಬೊಕ್ಕ[1] ⟦bokka ボッカ⟧ [bokkɐ] *m.* 《*f.* ಬೊಕ್ಕಿ (bokki)》 1 歯がない男性 2 一文無し、素寒貧 [Ka. D4452]

ಬೊಕ್ಕ[2] ⟦bokka ボッカ⟧ [bokkɐ] *adv.* ぐるっと [Ka. D5335]

ಬೊಕ್ಕತಲೆ ⟦bokkatale ボッカタレ⟧ [bokkə̆təle] *n.* 帽子などをかぶらない頭 [+ *tale*]

ಬೊಕ್ಕಬೋರಲು ⟦bokkabōralu ボッカボーラル⟧ [bokkə boːrəlu] *adv.* (人などが)うつむいて、(容器などが)口を下に、逆さまに [Ka. *bokka* + *bōralu* D4592]

ಬೊಕ್ಕಣ ⟦bokkaṇa ボッカナ⟧ [bokkəɳɐ] ಬಂಕಣ, ಬಕ್ಕಣ *n.* 1 袋 2 馬の口にかける袋 3 洋服のポケット [Ka. D4458]

ಬೊಕ್ಕಸ ⟦bokkasa ボッカサ⟧ [bokkəsɐ] ಬೊಕಸ, ಬೊಕ್ಸ *n.* (王、寺院などの)宝庫、金庫 [? Ta. *pokkiṣam*, Te. *bokkasamu*]

ಬೊಕ್ಕು ⟦bokku ボック⟧ [bokku] (*n.*) (口が)歯がない〈こと〉、歯抜け [Ka. D4452]

ಬೊಕ್ಕೆ[1] ⟦bokke ボッケ⟧ [bokke] *n.* ネズミなどの穴 [Ka. D4452]

ಬೊಕ್ಕೆ[2] ⟦bokke ボッケ⟧ [bokke] *n.* 水ぶくれ、水泡 [Ka. D4455]

ಬೊಗಸಿ ⟦bogasi ボガシ⟧ [bəgə̆se] 《口》 *n.* (物を受け取るなどのために)合わせて椀の形にした両手 [Ka. D4577] ☞ಬೊಗಸೆ (bogase)

ಬೊಗಸೆ ⟦bogase ボガセ⟧ [bogə̆se] ಬಗಸೆ, ಬೊಗಸಿ *n.* 1 (物を受け取ったり与えたりするために)両手をお椀のように合わせて作った窪み ¶ ಯಜಮಾನ ನಮಗೆ ಬೊಗಸೆ ತುಂಬ ಹಣವನ್ನು ಕೊಟ್ಟರು. (yajamāna namage bogase tuṃba haṇavannu koṭṭaru.) 地主は私たちに両手いっぱいのお金を下さった。 2 両手いっぱいの分量 [Ka. D4577]

ಬೊಗಳು ⟦bogaḷu ボガル⟧ [bogə̆ḷu] ಬಗುಳ್, ಬಗುಳು, ಬೊಗುಳು *vi.* 1 (犬などが)吠える 2 がみがみ言う ¶ ಯಜಮಾನ ಯಾವಾಗಲೂ ಬೊಗಳುತ್ತಾ ಇರುತ್ತಾನೆ. (yajamāna yāvāgalū bogaḷuttā iruttāne.) (店の)主人はいつも怒鳴ってばかりいる。 [Ka. D5204]

ಬೊಗಳೆ ⟦bogaḷe ボガレ⟧ [bogə̆ḷe] ಬಗಳೆ *n.* たわ言(人の言葉を馬鹿にして言う言葉、「法螺(ほら)」「はったり」などと訳してもよい) ¶ ನಿನ್ನ ಬೊಗಳೆ ನನ್ನ ಹತ್ತಿರ ಬಿಡಬೇಡ. (ninna bogaḷe nanna hattira biḍabēḍa.) たわ言はたくさんだ。 ¶ ತನ್ನ ಹತ್ತಿರ ಏನೂ ಇಲ್ಲದಿದ್ದರೂ ದೊಡ್ಡ ಶ್ರೀಮಂತ ಎಂದು ಬೊಗಳೆ ಹೊಡೆದ. (tanna hattira ēnū illadiddarū doḍḍa śrīmaṃta eṃdu bogaḷe hoḍeda.) 彼は一文も持っていなかったくせに大金持ちかのように法螺を吹いた。 [Ka. *D5204]

ಬೊಗುಳು ⟦boguḷu ボグル⟧ [bogŭḷu] *vi.* 1 (犬が)吠える 2 がみがみ言う 3 〈犯罪などを〉吐く ¶ ಪೋಲೀಸರು ಹೊಡೆದ ನಂತರ ಅವನು ತಾನು ಮಾಡಿದ್ದನ್ನು ಬೊಗುಳಿದ. (polīsaru hoḍeda naṃtara avanu tānu māḍiddannu boguḷida.) 彼は警官に殴られた後、自分のしたことを吐いた。 [Ka. D5204] ☞ಬೊಗಳು (bogaḷu)

ಬೊಗ್ಗಂ ⟦boggaṃ ボッガン⟧ [boggə̃] 《方》 *n.* 犬 (*Hav.*) [Ka. D4466]

ಬೊಗ್ಗಿ ⟦boggi ボッギ⟧ [boggi] 《方》 *n.* 雌犬 (*Hav.*) [Ka. D4466]

ಬೊಗ್ಗು ⟦boggu ボッグ⟧ [boggu] 《‡》 *vi.* 1 曲がる、頭を下げる 2 屈従する —*n.* C の字のように曲

がったラッパの一種 ☞ಬಗ್ಗು(baggu) [Ka. D5335]

ಬೊಗ್ಗಿಸು ⟦boggisu ボッギス⟧ [boggisu] 《‡》 *vt.* 曲げる (*My. Si. 212 (Kitt.)*) ☞ಬಗ್ಗಿಸು (baggisu) [Ka. caus. D5335]

ಬೊಚ್ಚು¹ ⟦boccu ボッチュ⟧ [boʧʧu] (*n.*) (口に) 歯がない〈こと〉、歯抜け〈の〉[? cf. D4452]

ಬೊಚ್ಚುಬಾಯಿ ⟦boccubāyi ボッチュバーイ⟧ [boʧʧubɐːji] *n.* 歯のない口 (*My. (Kitt.)*) [+ *bāyi*]

ಬೊಚ್ಚು² ⟦boccu ボッチュ⟧ [boʧʧu] *n.* 動物の密生して柔らかい毛 (*My. (Kitt.)*) [Ka. D4477]

ಬೊಜ್ಜು ⟦bojju ボッジュ⟧ [boʤʤu] ಬೊಜ್ಜೆ *n.* 出っ張ったおなか、太鼓腹 —(*n.*) 肥満〈した〉、でぶでぶ〈した〉¶ ಸುಂದರವಾಗಿದ್ದ ಆ ನಟಿ ಈಗ ಬೊಜ್ಜುಬೊಜ್ಜಾಗಿದ್ದಾರೆ. (suṃdaravāgidda ā naṭi īga bojjubojjāgiddāre.) 美しかったあの女優はぶくぶく太ってしまった。[Ka. D4478]

ಬೊಜ್ಜುಗ ⟦bojjuga ボッジュガ⟧ [boɖʤugɐ] *m.* 《*f.* ಬೊಜ್ಜುಗಳು (bojjugaḷu)》腹の出っ張った人 [Ka.]

ಬೊಜ್ಜೆ ⟦bojje ボッジェ⟧ [boɖʤe] 《口》 *n.* 出っ張ったおなか、太鼓腹 [Ka. D4478]

ಬೊಟ್ಟು
額のしるし

ಬೊಟ್ಟು¹ ⟦boṭṭu ボットゥ⟧ [boʈʈu] *n.* **1** 女性の額の真ん中につける赤などの色のしるし [⇒図] **2** 丸い装身具の一種 **3** 水などのしずく [Ka. D4492, cf. Sk. *vṛtta-*]

ಬೊಟ್ಟು² ⟦boṭṭu ボットゥ⟧ [boʈʈu] ಬೆಟ್ಟು *n.* (手や足の) 指 [Ka. D4493]

ಬೊಡ ⟦boḍa ボダ⟧ [boɖɐ] 《‡》 (*n.*) 《通常繰り返し表現で》 ◇ *adv.* ಬೊಡಬೊಡನೆ (boḍaboḍane) [Ka. D4249] (Kitt.) ☞ಬೊಡಬೊಡ (boḍaboḍa)

ಬೊಡಬೊಡ ⟦boḍaboḍa ボダボダ⟧ [boɖəboɖɐ] (*n.*) ぶくぶく、ごぼごぼ (容器が水に沈む時の音などを表す擬音語) ◇ *adv.* ಬೊಡಬೊಡನೆ (boḍaboḍane) [Ka. *D4249]

ಬೊಡಿ¹ ⟦boḍi ボディ⟧ [boɖi] 《口》 *vt.* 殴る (*Si.340 (Kitt.)*) = ಬಡಿ (baḍi) [Ka. D5224]

ಬೊಡಿ² ⟦boḍi ボディ⟧ [boɖi] 《方》 *vi.* 飽き飽きする、退屈する (*Hav.*) [Ka. D5476]

ಬೊಡೆ ⟦boḍe ボデ⟧ [boɖe] 《口》 *vt.* [Ka. D5224] (*Kitt.*) ☞ಬಡಿ (baḍi)¹

ಬೊಡ್ಡಿ ⟦boḍḍi ボッディ⟧ [boɖɖi] ಮೊಡ್ಡಿ, ಪೋಟಿ, ಬಡ್ಡಿ 《古》 *f.* **1** 妓女たちの名の後ろにつける肩書の一種 **2** 売女 (「卑しい女性」という意味を表す蔑視的な言葉) [Ka. D3869]

ಬೊಡ್ಡೆ ⟦boḍḍe ボッデ⟧ [boɖɖe] *n.* **1** 木の根本 **2** 始まり ¶ ದುಷ್ಟ ವಿಚಾರವನ್ನು ಬೊಡ್ಡೆಯಲ್ಲೇ ನಾಶಮಾಡಬೇಕು. (duṣṭa vicāravannu boḍḍeyallē nāśamāḍabēku.) 悪い考えはそのおおもとで除去せねばならない。[? cf. Ka., Te., Tu. *buḍa*]

ಬೊದಬೊದ ⟦bodaboda ボダボダ⟧ [bođəbođɐ] (*n.*) ぼとぼと、ぼたぼた (濃いスープを注ぐ時や下痢便を出す時の音を表す擬音語) [Ka. onom. D4511]

ಬೊದಬೊದನೆ ⟦bodabodane ボダボダネ⟧ [bođəbođəne] *adv.* ぼとぼとと、ぼたぼたと [+ *-ne* D4511]

ಬೊದ್ದಿ ⟦boddi ボッディ⟧ [boddi] 《‡》 *n.* トウダイグサ科の植物の一種 (*R. (Kitt.)*) [Ka. D4519 cf. Te. *boddi*]

ಬೊಬ್ಬಡೆ ⟦bobbaḍe ボッバデ⟧ [bobbəɖe] 《‡》 *n.* 樹皮、木の皮 (*My. (Kitt.)*) [Ka. D4524]

ಬೊಬ್ಬಿರಿ ⟦bobbiṟi ボッビリ⟧ [bobbiṟi] 《古》 *vi.* 大声でわめく、など [?]

ಬೊಬ್ಬುಳಿ ⟦bobbuḷi ボッブリ⟧ [bobbuɭi] *n.* 泡 [Ka. D4525]

ಬೊಬ್ಬೆ¹ ⟦bobbe ボッベ⟧ [bobbe] *n.* **1** 叫び声、わめき声、咆哮 **2** 群衆のわめき声、(戦場での) ときの声 [Ka. D4526]

ಬೊಬ್ಬೆಹಾಕು ⟦bobbehāku ボッベハーク⟧ [bobbehɐːku] *vi.* 大声でわめく、など [+ *hāku*]

ಬೊಬ್ಬೆ² ⟦bobbe ボッベ⟧ [bobbe] *n.* (やけどなどによる皮膚の) 水ぶくれ [Ka. D4455]

ಬೊಯಿ ⟦boyi ボイ⟧ [boji] 《口》 *vt.* 叱る、叱責する (*My. (Kitt.)*) [Ka. D5550]

ಬೊರಲು ⟦boralu ボラル⟧ [borălu] *n.* 箒 [Ka. D4415] ☞ಬರಲು (baralu) 〔汎〕

ಬೊಲು ⟦bolu ボル⟧ [bolu] 《‡》 *n.* 力、強さ (*My. (Kitt.)*) [Ka. D5276]

ಬೊಸ್ ⟦bos ボス⟧ [boss] 《‡》 (*n.*) ひゅう、しゅう (ふいごの音を表す擬音語) (*S.Mhr. (Kitt.)*) [Ka. onom. D4246] = ಬುಸ್ (buss) 〔汎〕

ಬೊಸೆ ⟦bose ボセ⟧ [bose] 《‡》 *vi.* (水などが) しみ出る、湧いて出る —*vt.* 〈米を炊いた水などを〉漉して取り除く、器を傾けて取り除く (*Kitt.*) ☞ಬಸಿ (basi) 〔汎〕 [Ka. D5214]

ಬೊಳ್ಳಿ ⟦boḷḷi ボッリ⟧ [boɭɭi] 《方》 *n.* 綱、縄 (*Gowda*) [Ka. D5305]

ಬೊಳ್ಳು ⟦boḷḷu ボッル⟧ [boɭɭu] 《口》 *n.* わめき声、吠える声 (*Sp. (Kitt.)*) [Ka. D5204 < ಬೊಗುಳು] = ಬೊಗುಳು (boguḷu)

ಬೊಟಿ ⟦boṟi ボリ⟧ [boɽi] 《‡》 *vt.* 箒でかき集める (*My. (Kitt.)*) [Ka. D5295] ☞ಬಟಿ (baṟi)¹

ಬೊಟಿಯುವಿಕೆ ⟦boṟiyuvike ボリユヴィケ⟧ [boɽijuvike] 《‡》 *n.* (石灰や色などを) 塗ること (*Si.397 (Kitt.)*) [Ka. D5295]

ಬೊಟಿಸು ⟦boṟisu ボリス⟧ [boɽisu] 《‡》 *vt.* 掃き集めさせる (*My. (Kitt.)*) [Ka. *boṟi* + *-isu*]

ಬೋಂಡ ⟦bōṃḍa ボーンダ⟧ [boːɳɖɐ] *n.* 天ぷらの一種 (野菜をヒヨコマメの粉で作った衣を着せて油で揚げて香辛料で味をつけたもの、普通おやつとして食する) [? cf. M. *bōṃḍā*]

ಬೋಕಿ ⟦bōki ボーキ⟧ [boːki] *n.* **1** 土器のかけら **2** 頭蓋骨のかけら [Ka. D4576]

ಬೋಗುಣಿ ⟦bōguṇi ボーグニ⟧ [bo:guɳi] *n.* 広口の底が丸い金属製の容器［⇒図］[M. *bōgnī* < Sk. *bahuguṇin-*? < ?]

ಬೋಗುಣಿ
広口容器

ಬೋಡ ⟦bōḍa ボーダ⟧ [bo:ɖɐ] ಬೋಳ, ಬೋಟ *m.* 《*f.* ಬೋಡಿ (bōḍi)》 **1** 歯の抜けた人；歯抜け **2** 頭の毛を丸坊主に剃り落とした男性；丸はげの男性 **3** 苦行者、遊行僧 —*n.* 角のない牛 [Ka. D4582]

ಬೋಡಬಾಯಿ ⟦bōḍabāyi ボーダバーイ⟧ [bo:ɖəbɐ:ĭ] *n.* 歯が抜けた口 [+ *bāyi*]

ಬೋಡತರ ⟦bōḍatara ボーダタラ⟧ [bo:ɖətərɐ] 《‡》 *n.* [Ka. D4601] ☞ಬೋಳತರ (bōḷatara)

ಬೋಡಿ ⟦bōḍi ボーディ⟧ [bo:ɖi] ಬೋಳಿ *f.* 《*m.* ಬೋಡ (bōḍa)》歯の抜けた女性；歯抜け [Ka. D4582, D4600]

ಬೋಡು ⟦bōḍu ボードゥ⟧ [bo:ɖu] (*n.*) **1** 歯がない〈こと〉 **2** 頭がはげた〈こと〉[Ka. D4580]

ಬೋಡುವಾಯ್ ⟦bōḍuvāy ボードゥヴァーイ⟧ [bo:ɖuvɐ:ĭ] 《古》 *n.* 歯の抜けた口 [+ *vāy* D4580]

ಬೋಣಿ ⟦bōṇi ボーニ⟧ [bo:ɳi] *n.* 1日の最初の売り上げ [M. *bōhănī* < Sk. **vihāna-*?]

ಬೋಣಿಮಾಡು ⟦bōṇimāḍu ボーニマードゥ⟧ [bo:ɳimɐ:ɖu] *vi.* その日最初の現金による買い上げを行う（店主にとってめでたいこと）¶ ಇದು ವರೆಗೆ ಮಾರಾಟ ಆಗಿಲ್ಲ. ನೀವು ಬೋಣಿ ಮಾಡಿರಿ. (idu varege mārāṭa āgilla. nīvu bōṇi māḍiri.) 今日はまだ何も売れていません。どうか最初の売り上げの客になってください。（最初の販売は縁起がよいものとされている）[+ *māḍu*]

ಬೋದಿಗೆ ⟦bōdige ボーディゲ⟧ [bo:đige] ಬೋದು, ಬೋದುಗೆ *n.*（円柱や角柱の柱身の上にある）柱頭 [Ka. D4585]

ಬೋದು ⟦bōdu ボードゥ⟧ [bo:đu] *n.* [Ka. *D4585] ☞ಬೋದಿಗೆ (bōdige)

ಬೋದುಗೆ ⟦bōduge ボードゥゲ⟧ [bo:đuge] *n.* [Ka. D4585] ☞ಬೋದಿಗೆ (bōdige)

ಬೋಧಕ ⟦bōdʰaka ボーダカ⟧ [bo:dʰəkɐ] *m.* 《*f.* ಬೋಧಕಿ (bōdʰaki)》教師、先生 [Sk.]

ಬೋಧನೆ ⟦bōdʰane ボーダネ⟧ [bo:dʰəne] *n.* **1** 教えること、教育 **2** 悪知恵をつけること ¶ ಪಕ್ಕದ ಮನೆಯೊಡತಿ ನನ್ನ ಕೆಲಸದವಳಿಗೆ ಏನೇನೋ ಬೋಧನೆ ಮಾಡಿದ್ದಾರೆ. (pakkada maneyoḍati nanna kelasadavaḷige ēnēnō bōdʰane māḍiddāre.) 隣のうちの主婦が自分の召し使いに何か教え込んでいる。[Sk.]

ಬೋಧಿಸು ⟦bōdʰisu ボーディス⟧ [bo:dʰisu] *vt.* **1** 教える、教育する **2** 悪知恵をつける [Sk.]

ಬೋನ್ ⟦bōn ボーン⟧ [bo:n] 《‡》 *n.*（動物を捕らえる）わな [Ka. D4606] (*Mr.380* (*Kitt.*)) ☞ಬೋನು (bōnu)〔汎〕

ಬೋನು ⟦bōnu ボーヌ⟧ [bo:nu] ಬೋನ್ *n.* **1**（動物を捕らえる）わな **2**〔喩〕人を陥れる策略 [Ka. D4606]

ಬೋಯಿ ⟦bōyi ボーイ⟧ [bo:ji] ಬೋಯ, ಬೋವ, ಬೋವಿ, ಬೋವು 《文》 *m.* 《*f.* ಬೋಯಿತಿ (bōyiti)》駕籠（かご）かきと漁師のカーストに属する人 [Ka. A51, T9626]

ಬೋಯಿತಿ ⟦bōyiti ボーイティ⟧ [bo:jiti] 《文》 *f.* 《*m.* ಬೋಯಿ (bōyi)》駕籠（かご）かきと漁師のカーストに属する女性 [Ka. *DA51, *T9626]

ಬೋರಲ ⟦bōrala ボーララ⟧ [bo:rŏlɐ] *adv.*（人などが）うつむいて、（容器などが）口を下に、逆さまに [Ka. D4592] ☞ಬೋರಲು (bōralu)

ಬೋರ್ಲ ⟦bōrla ボールラ⟧ [bo:rlɐ] 《口》 *adv.*（人などが）うつむいて、（容器などが）口を下に、逆さまに [Ka. D4592] (*My.* (*Kitt.*)) ☞ಬೋರಲು (bōralu)

ಬೋರಲು ⟦bōralu ボーラル⟧ [bo:rŏlu] ಬೋರಲ, ಬೋರ್ಲ, ಬೋರ್ಲು *adv.*（人などが）うつむいて、（容器などが）口を下に、逆さまに ¶ ಕೂಸನ್ನು ಬೋರಲು ಮಲಗಿಸಿದರೆ ಅಪಾಯ ಉಂಟಾಗುತ್ತದೆಯಂತೆ. (kūsannu bōralu malagisidare apāya uṃṭāguttadeyaṃte.) 赤ん坊をうつぶせに寝かせるのは危険だという話だ。[Ka. D4592]

ಬೋರಲುಹಾಕು ⟦bōraluhāku ボーラルハーク⟧ [bo:rŏluhɐ:ku] *vt.* 〈人などを〉うつぶせに寝かせる、〈容器などを〉口を下に、逆さまにおく ¶ ಕೋಳಿಯ ಮೇಲೆ ಬುಟ್ಟಿಯನ್ನು ಬೋರಲು ಹಾಕು. (kōḷiya mēle buṭṭiyannu bōralu hāku.) ニワトリの上に籠を伏せて置け。[+ *hāku*]

ಬೋರೆ[1] ⟦bōre ボーレ⟧ [bo:re] ಪೋರೆ *n.* 小丘、台地、塚 [Ka. D4595] (*My.* (*Kitt.*))

ಬೋರೆ[2] ⟦bōre ボーレ⟧ [bo:re] *n.* インドナツメノキの木またはその実（クロウメモドキ科）→ 食・薬 [Dr.? cf. C9125] = ಎಗಚಿ (egaci)[2] *[IMP 5.440]

ಬೋರ್ಲು ⟦bōrlu ボールル⟧ [bo:rlu] 《口》 *adv.* [Ka. D4592] ☞ಬೋರಲು (bōralu)

ಬೋರ್ವೆಲ್ ⟦bōrvel ボールヴェル⟧ [bo:rvel] *n.* 掘り抜き井戸 [Eg.] ☞ಕೊರೆ ಬಾವಿ (kore bāvi)

ಬೋವ ⟦bōva ボーヴァ⟧ [bo:vɐ] *m.* 《*f.* ಬೋವಿತಿ (bōviti)》 **1** 料理人の召し使い **2** 駕籠（かご）かきと漁師のカーストに属する人 [Ka. A51, T9626]

ಬೋವಿತಿ ⟦bōviti ボーヴィティ⟧ [bo:viti] *m.* 《*m.* ಬೋವ (bōva)》駕籠（かご）かきと漁師のカーストに属する女性 [Ka. *DA51, T9626]

ಬೋಳತರ ⟦bōḷatara ボーラタラ⟧ [bo:ɭətərɐ] ಬೋಟತರ 《文》 *n.* キク科の芳香植物（薬用）→ 薬 [Ka. *D4601] = ಗೋರಕ್ಮುಂಡಿ (gōrakmuṃḍi) *[IMP 5.181]

ಬೋಳಾಶಂಕರ ⟦bōḷāśaṃkara ボーラーシャンカラ⟧ [bo:ɭɐ:ʃəŋkərɐ] *m.* お人好し [M. *bʰōḷā* T9539 + *śaṃkara*]

ಬೋಳಿಸು ⟦bōḷisu ボーリス⟧ [bo:ɭĭsu] ಬೋಳಿಸು *vt.* **1** 〈頭、ひげなどを〉剃る **2**〔喩〕たっぷりお金を使わせる、搾り取る ¶ ಅವನು ತನ್ನ ಮಾವನನ್ನು ಚೆನ್ನಾಗಿ ಬೋಳಿಸಿದ. (avanu tanna māvanannu cennāgi bōḷisida.) 彼は自分の妻の父親からたっぷりとお金を搾り取った。[Ka. *D4600]

ಬೋಳೆ ⟦bōḷe ボーレ⟧ [boːḷe] ಬೋಳೆಯ, ಭೋಳೆ (*adj.*) お人好し〈な〉[M. bʰōlā T9539]

ಬೋಱ ⟦bōṟa ボーラ⟧ [boːɭɐ] 《古》*m.* 《*f.* *ಬೋಱಿ (bōṟi)》はげ頭の男性、頭を剃った男性 [Ka. D4600] = ಬೋಳ (bōḷa)

ಬೋಱತರ ⟦bōṟatara ボーラタラ⟧ [boːɻə̆tərɐ] ಬೋಡತರ, ಬೋಳತರ 《古》*n.* 植物の一種（薬草として用いる）→ 薬 [Ka. D4601] ☞ಬೋಳತರ (bōḷatara)

ಬೋಱಿ ⟦bōṟi ボーリ⟧ [boːḷi] 《‡》*f.* 《*m.* ಬೋಱ (bōṟa)》はげ頭の女性、頭を剃った女性；寡婦 [Ka. D4600] (*My.* (*Kitt.*))

ಬೋಱು ⟦bōṟu ボール⟧ [boːɻu] 《古》(*n.*) **1** はげ頭である〈こと〉、頭を剃った〈こと〉 **2** (家に)屋根がない〈こと〉、(木に)葉がない〈こと〉、(土地に)木がない〈こと〉 **3** (口が)歯がない〈こと〉、歯抜け〈の〉[Ka. D4600]

ಬೋಱಿಸು ⟦bōṟisu ボーリス⟧ [boːɻisu] *vt.* **1** (散髪屋が)〈頭やひげなどを〉剃る **2** (散髪屋に自分以外の者の)〈頭やひげなどを〉剃らせる [Ka. D4600] ☞ಬೋಳಿಸು (bōḷisu)

ಬೋಱೆ ⟦bōṟe ボーレ⟧ [boːre] 《‡》(*n.*) 禿頭である〈こと〉、頭の毛を剃っている〈こと〉(*Kitt;, Bhn.63,Śm.17*) [Ka. D4600] = ಬೋಡು, ಬೋಳು (bōḍu, bōḷu)

ಬೌದ್ಧ ⟦bauddʰa バウッダ⟧ [bəuddʰɐ] *adj.* **1** 知性にかかわる **2** 仏教に関する **—***m.* 《*f.* ಬೌದ್ಧಳು (bauddʰaḷu)》仏教徒 [Sk.]

ಬೌದ್ಧಿಕ ⟦bauddʰika バウッディカ⟧ [bəuddʰikɐ] *adj.* 知的な、知識の ¶ ಅವರು ಬೌದ್ಧಿಕ ಉದ್ಯೋಗಕ್ಕೆ ತಕ್ಕವರಲ್ಲ. (avaru bauddʰika udyōgakke takkavaralla.) 彼は知的職業に向いていない。[Sk.]

ಬ್ಯಾಟರಿ ⟦byāṭari ビャータリ⟧ [bæʈə̆ri/bjɐːʈə̆ri] *n.* **1** 懐中電灯 **2** 電池 **3** 砲列 [Eg. *battery*] = ಕೈದೀವಿಗೆ (kaidīvige)〔汎〕

ಬ್ರತ ⟦brata ブラタ⟧ [brətɐ] ಬತ[1] 《希》*n.* (神への願かけや自由意志で行う宗教的功徳を積むための) 断食や禁欲などの行 [Sk. *vrata-*]

ಬ್ರಹ್ಮಚರ್ಯ ⟦brahmacarya ブラフマチャリヤ⟧ [brəhməʧərjɐ/brəmmʰə–] *n.* **1** (師の下でヴェーダなどを学ぶ) バラモンの一生の第1段階、学生期 **2** 梵行、女性と性的関係を持たないこと [Sk.]

ಬ್ರಹ್ಮಚಾರಿ ⟦brahmacāri ブラフマチャーリ⟧ [brəmmʰəʧɐːri] *m.* 《*f.* ಬ್ರಹ್ಮಚಾರಿಣಿ (brahmacāriṇi)》 **1** 性的関係を持たないことを誓った人 **2** (伝統的なバラモン社会において) 人生の最初の段階として師の下でヴェーダなどを勉強する学生、梵行者 **3** 独身者 [Sk.]

ಬ್ರಹ್ಮಜ್ಞಾನ ⟦brahmajñāna ブラフマジュニャーナ⟧ [brəmmʰəɟɲɐːnɐ] *n.* 梵に関する知識 [Sk.]

ಬ್ರಹ್ಮಾನಂದ ⟦brahmānaṃda ブラフマーナンダ⟧ [brəmmʰɐːnəndɐ] 《文》*n.* 梵に没入する喜び [Sk.]

ಬ್ರಾಂದಿ ⟦brāṃdi ブラーンディ⟧ [brɐːndi] *n.* ブランデー（ブドウ酒から作った蒸留酒）[Eg. *brandy*]

ಬ್ರಾಹ್ಮಣ ⟦brāhmaṇa ブラーフマナ⟧ [brɐːmmʰəɳɐ] 《文》*m.* 《*f.* ಬ್ರಾಹ್ಮಣತಿ (brāhmaṇati)》バラモン **—***n.* ブラーフマナ文献（ヴェーダ聖典の中で様々な祭式におけるヴェーダの詩の使用法やその起源などを述べた部分）[Sk.]

ಬ್ರಾಹ್ಮಣಿಕೆ ⟦brāhmaṇike ブラーフマニケ⟧ [brɐːmmʰəɳike] *n.* バラモンであること、バラモンの生活様式 [Sk.]

ಬ್ರಿಟನ್ ⟦briṭan ブリタン⟧ [briʈən] *n.* イギリス（西ヨーロッパの国、イングランドとスコットランドとウェールズと北アイルランドからなる）[Eg. *Britain*]

ಬ್ರೆಜಿಲ್ ⟦brejil ブレジル⟧ [breʤil] *n.* ブラジル（南米の国）[Pt. *Brasil*]

ಬ್ರೆಡ್ಡು ⟦breḍḍu ブレッドゥ⟧ [breɖɖu] *n.* (西洋式の) 酵母を使ったパン [Eg. *bread*]

ಭ

ಭ ⟦bʰa バ⟧ [bʰə˙] *n.* カンナダその他のインド系言語で音素の連続 /bʰa/ を表す文字 [Ka.]

ಭಂಗ ⟦bʰaṃga バンガ⟧ [bʰəŋgɐ] *n.* **1** 壊すこと、破壊、割ること、分割 **2** 敗北、失敗 **3** 面目を失うこと、決まりの悪い思いをすること ¶ ಹಾಸಿಗೆಯಲ್ಲಿ ಉಚ್ಚೆ ಮಾಡಿ ಮಗನಿಗೆ ಭಂಗ ಆಯಿತು. (hāsigeyalli ucce māḍi maganige bʰaṃga āyitu.) おねしょをして息子は決まりの悪い思いをした。= ಮುಖಭಂಗ (mukʰabʰaṃga) [Sk.]

ಭಂಗಿ[1] ⟦bʰaṃgi バンギ⟧ [bʰəŋgi] *n.* **1** タイマ（大麻）、インドタイマ（インド大麻、アサ科アサ属）→ 薬・繊維 **2** バーング（インド大麻の葉をすりつぶして水や牛乳を加えた麻薬効果のある飲料）[Sk. *bhaṃgā-* ←Austroas. M2.461]

ಭಂಗಿ[2] ⟦bʰaṃgi バンギ⟧ [bʰəŋgi] *n.* **1** 破壊、壊すこと **2** 立っていたり踊っていたりする姿勢やポーズ [Sk.]

ಭಂಗುರ ⟦bʰaṃgura バングラ⟧ [bʰəŋgurɐ] 《文》*adj.* **1** 壊れやすい、もろい **2** はかない、移ろいやすい [Sk.]

ಭಂಜನ ⟦bʰaṃjana バンジャナ⟧ [bʰəɲʤənɐ] *n.* **1** 破壊、壊すこと **2** 敗北させること、打ち破ること

3 (苦しみなどを)取り除くこと [Sk.]

ಭಂಡ ⟦bʰaṃḍa バンダ⟧ [bʰəɳɖɐ] *adj., m.* 粗野で傲慢な〈人間〉、乱暴者〈の〉[Sk.]

ಭಂಡತನ ⟦bʰaṃḍatana バンダタナ⟧ [bʰəɳɖətənɐ] *n.* 粗野で傲慢なこと [*bʰaṃḍa* + *-tana*]

ಭಂಡಬಾಳು ⟦bʰaṃḍabāḷu バンダバール⟧ [bʰəɳɖəbɐːɭu] *n.* 粗野で傲慢な生きざま [*baṃḍa* + *bāḷu*]

ಭಂಡಾರ ⟦bʰaṃḍāra バンダーラ⟧ [bʰəɳɖɐːrɐ] *n.* **1** 倉庫、(商品などの)貯蔵所 **2** (公共団体の)公庫、基金、資金 [H. *bʰaṃḍārā* T9442] = ಬೊಕ್ಕಸ (bokkasa)

ಭಂಡಾರಿ ⟦bʰaṃḍāri バンダーリ⟧ [bʰəɳɖɐːri] *mf.* **1** 倉庫の管理人 **2** 会計係、出納係 [H. *bʰaṃḍārī* T9443]

ಭಕಾರ ⟦bʰakāra バカーラ⟧ [bʰəkɐːrɐ] *n.* カンナダその他のインド系文字で音素の連続 /bʰa/ を表す文字 [Sk.]

ಭಕ್ತ ⟦bʰakta バクタ⟧ [bʰəktɐ] *m.* (神の)信者、帰依者、(聖者の)崇拝者 [Sk.]

ಭಕ್ತಿ ⟦bʰakti バクティ⟧ [bʰəkti] *n.* バクティ、(神や聖者に対する)信愛、帰依 [Sk.]

ಭಕ್ತಿಮಾರ್ಗ ⟦bʰaktimārga バクティマールガ⟧ [bʰəktimɐːrgɐ] *n.* 帰依の道、信愛道、絶対的な帰依によって解脱を求める道 [Sk.]

ಭಕ್ಷಿಸು ⟦bʰakṣisu バクシス⟧ [bʰkʂisu] *vt.* むさぼり食う [Sk.]

ಭಗವಂತ ⟦bʰagavaṃta バガヴァンタ⟧ [bʰəgəvəntɐ] *m.* 神、絶対者 [Sk.]

ಭಗಿನಿ ⟦bʰagini バギニ⟧ [bʰəgini] 《文》*f.* 《*pl.* ಭಗಿನಿಯರು (bʰaginiyaru)》姉妹、姉または妹 [Sk.]

ಭಗ್ನ ⟦bʰagna バグナ⟧ [bʰəgnɐ] (*n.*) **1** 壊れた〈こと〉、割れた〈こと〉、(壁、壺、建物などが) ひび割れた〈こと〉; 壊された〈こと〉、破壊された〈こと〉 **2** (希望、心、愛などが)潰えた〈こと〉¶ ಅವರ ಆಶೆ ಭಗ್ನವಾಯಿತು. (avara āśe bʰagnavāyitu.) あの人の望みは潰えさった。[Sk.]

ಭಗ್ನಾವಶೇಷ ⟦bʰagnāvaśēṣa バグナーヴァシェーシャ⟧ [bʰəgnɐːvəʃeːʂɐ] 《文》*n.* 廃虚 [Sk.]

ಭಗ್ನಹೃದಯ ⟦bʰagnahṛdaya バグナフルダヤ⟧ [bʰəg·nəhrɯdəjɐ/—hrudəjɐ] 《文》*n.* 傷心 **—***adj., m.* 傷心の〈人〉[Sk.]

ಭಜನೆ ⟦bʰajane バジャネ⟧ [bʰəʤəne] *n.* **1** 神の賛歌を歌うこと **2** 神を称える歌 [Sk.]

ಭಜಿಸು ⟦bʰajisu バジス⟧ [bʰəʤisu] 《文》*vt.* **1** 〈神を〉誉め称える; 賛歌で誉め称える **2** 〈神や聖者などを〉崇拝する、崇める [Sk.]

ಭಟ ⟦bʰaṭa バタ⟧ [bʰəʈɐ] 《雅》*m.* **1** 兵士、戦士 **2** 〔喩〕自分の親分の利益のために奔走する子分 [Sk.]

ಭಟ್ಟ ⟦bʰaṭṭa バッタ⟧ [bʰəʈʈɐ] *m.* 「学者」、(特に南カルナータカ地方に多い)バラモンの姓の一種 [Sk.]

ಭಟ್ಟಂಗಿ ⟦bʰaṭṭaṃgi バッタンギ⟧ [bʰʈʈəŋgi] 《雅》*m.* **1** (王を称える歌を作る) 宮廷詩人 **2** へつらう人、おべっか使い [Sk. *bʰaṭṭa-*? + ?]

ಭಟ್ಟಾರಕ ⟦bʰaṭṭāraka バッターラカ⟧ [bʰəʈʈɐːrəkɐ] *m.* 《*f.* ಭಟ್ಟಾರಕಿ (bʰaṭṭāraki)》 **1** 尊敬すべき人、王などへの敬称 **2** ジャイナ教の修道僧のための敬称 [Sk.]

ಭಟ್ಟಿ ⟦bʰaṭṭi バッティ⟧ [bʰəʈʈi] ಬಟ್ಟಿ *n.* **1** 酒類の蒸留器、蒸留所 **2** 醸造所 **3** 米やマメ類やモロコシ類やアワなどを煎って膨らませる機械 [H. *bʰaṭṭʰī*/M. *bʰaṭī* T9656]

ಭಟ್ಟಿಯಿಳಿಸು ⟦bʰaṭṭiyiḷisu バッティイリス⟧ [bʰəʈʈijiɭĭsu] ಭಟ್ಟಿಯಿಳಿಸು *vt.* **1** 〈酒類やアルコールなどを〉蒸留する **2** 〈酒類を〉醸造する **3** 〈薬草を〉煎じる、〈エキスを〉煎じ出す **4** 〈長い文書を〉要約する、〈長い文書の〉要点を述べる ¶ ಮಂತ್ರಿಗಳ ಹೇಳಿಕೆಯನ್ನು ಭಟ್ಟಿಯಿಳಿಸಿದರೆ ತನಗೆ ದೋಷವಿಲ್ಲ ಎಂಬ ಅರ್ಥ. (maṃtrigaḷa hēḷikeyannu bʰaṭṭiyiḷisidare tanage dōṣavilla eṃba artʰa.) 大臣の談話を要約すれば自分は何も過ちを犯していないということだ。[+ *iḷisu*]

ಭತ್ತ[1] ⟦bʰatta バッタ⟧ [bʰəttɐ] *n.* 籾 [Sk. cf. M. *bʰāt* D56, C9331] ☞ಬತ್ತ (batta)

ಭತ್ತ[2] ⟦bʰatta バッタ⟧ [bʰəttɐ] ಭತ್ತೆ, ಭತ್ಯ *n.* (定期的に支給する)手当て [H. *bʰattā* T9468] ☞ಭತ್ಯ (bʰatya)

ಭತ್ಯ ⟦bʰatya バティャ⟧ [bʰətjɐ] *n.* (定期的に支給する)手当て [H. *bʰattā*] ☞ಭತ್ತ (bʰatta)[2]

ಭತ್ವ ⟦bʰatva バトヴァ⟧ [bʰət·vɐ] *n.* カンナダその他のインド系の文字で音素の連続 /bʰa/ を表す文字 [Sk.]

ಭದ್ರ ⟦bʰadra バドラ⟧ [bʰəd·rɐ] (*n.*) **1** 縁起のよい〈こと〉、験(げん)のよい〈こと〉、運のよい〈こと〉 **2** 安全〈な〉、無事〈な〉¶ ಹಣವನ್ನು ಪೆಟ್ಟಿಗೆಯಲ್ಲಿ ಭದ್ರವಾಗಿ ಇಡು. (haṇavannu peṭṭigeyalli bʰadravāgi iḍu.) お金を安全に箱の中にしまえ。 **3** (握りなどが)しっかりとした〈こと〉¶ ಹಗ್ಗವನ್ನು ಭದ್ರವಾಗಿ ಹಿಡಿದುಕೋ! (haggavannu bʰadravāgi hiḍidukō!) 縄にしっかりつかまりなさい。[Sk.]

ಭದ್ರತೆ ⟦bʰadrate バドラテ⟧ [bʰə·drəte] *n.* 安全、無事 [Sk.]

ಭದ್ರತಾ ಅಧಿಕಾರಿ ⟦bʰadratā adʰikāri バドラターアディカーリ⟧ [bʰədrətɐː ədʰikɐːri] *mf.* (学校、研究所、工場などの)警備を司る人 [Sk.]

ಭದ್ರತಾ ಪಡೆ ⟦bʰadratā paḍe バドラターパデ⟧ [bʰədrətɐː pəɖe] *n.* **1** (鉄道などの)警備隊 **2** (国の)防衛隊 [Sk.]

ಭದ್ರತಾ ವ್ಯವಸ್ಥೆ ⟦bʰadratā vyavastʰe バドラターヴィャヴァステ⟧ [bʰədrətɐː vjəvəstʰe] *n.* (要人などの)警備措置 [Sk.]

ಭದ್ರತಾ ಸಮಿತಿ ⟦bʰadratā samiti バドラターサミティ⟧ [bʰədrətɐː səmiti] *n.* (国連の)安全保障理事会 [Sk.]

ಭದ್ರತಾ ಠೇವಣಿ ⟦bʰadratā ṭʰēvaṇi バドラターテーヴァニ⟧ [bʰədrətɐː ʈʰeːvəɳi] *n.* 保証金、家の賃貸借の保証金 [+ *ṭʰēvaṇi*]

ಭದ್ರತಾಪತ್ರ ⟦bʰadratāpatra バドラターパトラ⟧ [bʰədrətɐː pət·rɐ] 《文》*n.* 約束不履行などの場合に金を支払

う誓約書、保釈などの条件不履行の場合に金を支払う誓約書[Sk.]

ಭಯ ⟦bʰaya バヤ⟧ [bʰəjɐ] *n.* 1 恐れ、恐怖 2（あることが起こらないかという）懸念、心配 3 恐れ（文学に置ける九つのラサの一つ）[Sk.]

ಭಯಂಕರ ⟦bʰayaṃkara バヤンカラ⟧ [bʰəjəŋkərɐ] (*n.*) 1 恐ろしい〈こと〉、怖い〈こと〉= ಭಯಾನಕ (bʰayānaka) 2 膨大〈な〉、巨額〈の〉¶ ಚುನಾವಣೆಗೆ ಅವನು ಭಯಂಕರ ಹಣ ಖರ್ಚು ಮಾಡಿದ. (cunāvaṇege avanu bʰayaṃkara haṇa kʰarcu māḍida.) あの人は選挙に膨大な金を使った。[Sk.]

ಭಯಾನಕ ⟦bʰayānaka バヤーナカ⟧ [bʰəjɐːnəkɐ] *adj.* 恐ろしい、怖い [Sk.]

ಭರಣಿ ⟦bʰaraṇi バラニ⟧ [bʰərə̆ɳi] *n.* 円錐形または球形の箱 [Ka. *D3954/Sk. *bʰaraṇī-* T9395] ☞ಬರಣಿ (baraṇi)

ಭರತಿ ⟦bʰarati バラティ⟧ [bʰərə̆ti] ಬರತ, ಭರತ, ಭರತೆ, ಭರ್ತಿ *n.* 1 満潮、高潮 2（学生などの）登録 —(*n.*) 1 いっぱい〈であること〉、満員〈の〉¶ ಬಸ್ಸು ಭರತಿ ಆಯಿತು. (bassu bʰarati āyitu.) バスは満員になった。2 完成〈した〉¶ ಪರೀಕ್ಷೆಗೆ ತಯಾರಿ ಭರತಿ ಆಯಿತು. (parīkṣege tayāri bʰarati āyitu.) 試験の準備は終わった。3 …いっぱい ¶ ಬಸ್ಸು ಭರತಿ ಜನ ಬಂದರು. (bassu bʰarati jana baṃdaru.) バスいっぱいの人が来た。= ಭರ್ತಿ (bʰarti) [? cf. H. *bʰarătī, bʰarănā* T9397]

ಭರವಸೆ ⟦bʰaravase バラヴァセ⟧ [bʰərə̆vəse] ಭರವಸ, ಬರವಸ, ಭರೋಸ *n.* 1 神などに対する信仰、信じること 2 信頼 ◇ *vi.* —ಇಡು (iḍu)信じる、信頼する 3 約束、言質を与えること; 請け合うこと ◇ *vi.* —ಕೊಡು (koḍu) 約束する [M. *bʰarăvasā* T9398]

ಭರಾಟೆ ⟦bʰarāṭe バラーテ⟧ [bʰərɐːʈe] *n.* 1 すばしこさ、敏捷さ 2 活発さ、猛烈さ 3（商売などの）活気、繁盛 ¶ ಅವನ ವ್ಯಾಪಾರ ಭರಾಟೆಯಿಂದ ಸಾಗುತ್ತಿದೆ. (avana vyāpāra bʰarāṭeyiṃda sāguttide.) 彼の商売は繁盛している。[M. *bʰarāṭā* onom.]

ಭರ್ಜರಿ ⟦bʰarjari バルジャリ⟧ [bʰərdʒəri] (*adj.*) 豪勢〈な〉、贅沢〈な〉¶ ಮದುವೆಯಲ್ಲಿ ಅವನು ಭರ್ಜರಿ ಊಟ ಹಾಕಿಸಿದ. (maduveyalli avanu bʰarjari ūṭa hākisida.) あの人は結婚式に豪勢な宴をはった。¶ ಬೆಂಗಳೂರಿನಲ್ಲಿ ಅವನು ಭರ್ಜರಿ ಮನೆಯನ್ನು ಕಟ್ಟಿಸಿದ್ದಾನೆ. (beṃgaḷūrinalli avanu bʰarjari maneyannu kaṭṭisiddāne.) あの人はベンガルールに豪奢な邸宅を建てた。[M. *bʰarājarī*「金糸銀糸の」]

ಭರ್ಜಿ ⟦bʰarji バルジ⟧ [bʰərdʑi] *n.* 投げ槍 [H./M. *barăcʰī* < ?] ☞ಬರ್ಚಿ (barci)

ಭರ್ತಿ ⟦bʰarti バルティ⟧ [bʰərti] *n.*, (*n.*) [? cf. H. *bʰarătī, bʰarănā* T9397] ☞ಭರತಿ (bʰarati)

ಭರ್ತಿ ಅಧಿಕಾರಿ ⟦bʰarti adʰikāri バルティアディカーリ⟧ [bʰərti ədʰikɐːri] *mf.* 入学者選抜官 [+ *adʰikāri*]

ಭಲ್ಲೆ ⟦bʰalle バッレ⟧ [bʰəlle] *n.* 槍 [Sk. *bʰalla-* <?]

ಭವ ⟦bʰava バヴァ⟧ [bʰəvɐ]《文》*n.* 1 存在 2 誕生、生まれること 3 現世、この世の生活 4 5種類の世界のうちの一つ 5 次の生、再生、生まれ変わること；輪廻によって生まれ変わること 6 幸せ、つつがないこと、繁栄 7 優秀、優越、卓越 —*m.* 1 神 2 シヴァ神の別名 [Sk.]

ಭವಣೆ ⟦bʰavaṇe バヴァネ⟧ [bʰəvəɳe]《文》*n.* 1 さまようこと、さすらい、彷徨 2 めまい ◇ *vi.*《*dat.*》ಭವಣೆ ಬರು (bʰavaṇe baru) めまいがする 3 奔走 ¶ ಈ ಊರಿಗೆ ವರ್ಗ ಮಾಡಿಕೊಳ್ಳಲು ಅವನು ಬಹಳ ಬವಣೆಪಟ್ಟ. (ī ūrige varga māḍikoḷḷalu avanu bahaḷa bavaṇepaṭṭa.) あの男はこの町へ転勤するために大いに奔走した。4 当惑、うろたえ、混乱、ショック ¶ ತಂದೆಯ ಸಾವನ್ನು ಕೇಳಿ ಅವಳಿಗೆ ಬವಣೆಯಾಯಿತು. (taṃdeya sāvannu kēḷi avaḷige bavaṇeyāyitu.) 彼女は父の死を聞いて衝撃を受けた。[Sk. *bʰramaṇa-*]

ಭವನ ⟦bʰavana バヴァナ⟧ [bʰəvənɐ]《文》*n.* 邸宅 [Sk.]

ಭವಿ ⟦bʰavi バヴィ⟧ [bʰəvi]《文》*mf.* 1 俗世のことに没頭した人、この世の幸福を追求する人 2 ヴィーラシャイヴァ派において入信式を受けていない人 [Sk.]

ಭವಿತವ್ಯ ⟦bʰavitavya バヴィタヴィャ⟧ [bʰəvitəvˑjɐ]《文》*n.* 1 運命、天命、宿命 2 前世の言動の結果としての今生での運命 3 未来 [Sk.]

ಭವಿಷ್ಯ ⟦bʰaviṣya バヴィシュヤ⟧ [bʰəviʂˑjɐ] *n.* 未来 [Sk.] = ಭವಿಷ್ಯತ್ತು (bʰaviṣyattu)

ಭವಿಷ್ಯನಿಧಿ ⟦bʰaviṣyanidʰi バヴィシュヤニディ⟧ [bʰəviʂˑjənidʰi]《文》*n.* 退職金のために被雇用者が積み立てる金（場合によって雇用者も一定額を拠出する）[Sk.]

ಭವಿಷ್ಯತ್ತು ⟦bʰaviṣyattu バヴィシュヤットゥ⟧ [bʰəviʂˑjəttu] *n.* 未来 [Sk.] = ಭವಿಷ್ಯ (bʰaviṣya)

ಭವ್ಯ ⟦bʰavya バヴィャ⟧ [bʰəvˑjɐ]《文》(*n.*) 1 壮大〈な〉、荘厳〈な〉 2 素晴らしい〈こと〉、優れた〈こと〉[Sk.]

ಭವ್ಯತೆ ⟦bʰavyate バヴィャテ⟧ [bʰəvˑjəte]《文》*n.* 1 壮大さ、荘厳さ 2 優秀さ、素晴らしさ、卓越性 [Sk.]

ಭಸಿತ ⟦bʰasita バシタ⟧ [bʰəsitɐ]《文》*n.* 1 灰 2 シヴァ派の信者が体に塗る牛糞を燃やして作る聖灰 [Sk.]

ಭಸ್ಮ ⟦bʰasma バスマ⟧ [bʰəsmɐ] *n.* 灰 [Sk.] = ಬೂದಿ (būdi)

ಭಾಂಗಿ ⟦bʰāṃgi バーンギ⟧ [bʰɐːŋgi] ಬಾಂಗಿ *n.* 1 郵便小包 2 穀物や繊維などの郵送用の袋詰め [H. *bahaṃgī*「天秤棒」T11452a]

ಭಾಂಡ ⟦bʰāṃḍa バーンダ⟧ [bʰɐːɳɖɐ]《文》*n.* 1 容器、器、入れ物 2 商品、商人の在庫品 [Sk.]

ಭಾಂಡಾರ ⟦bʰāṃḍāra バーンダーラ⟧ [bʰɐːɳɖɐːrɐ]《文》*n.* [Sk.] ☞ಭಾಂಡಾಗಾರ (bʰāṃḍāgāra)

ಭಾಂಡಾಗಾರ ⟦bʰāṃḍāgāra バーンダーガーラ⟧ [bʰɐːɳɖɐːgɐːrɐ] *n.* 1 倉庫、商品を蓄える部屋 2〔喩〕宝庫 [Sk.]

ಭಾಗ ⟦bʰāga バーガ⟧ [bʰɐːgɐ] *n.* 1 部分、一部 2 分割、分けること、分配 3 分数 [Sk.]

ಭಾಗವಹಿಸು ⟦bʰāgavahisu バーガヴァヒス⟧ [bʰɐːgəvəhisu] *vi.* 参加する ¶ ಮುಖ್ಯಮಂತ್ರಿಗಳು ಕಾರ್ಯಕ್ರಮದಲ್ಲಿ ಭಾಗವಹಿಸಿದರು. (mukʰyamaṃtrigaḷu kāryakramadalli bʰāgavahisidaru.) 州首相はその会に参加した。[Sk.]

ಭಾಗವತ ⟦bʰāgavata バーガヴァタ⟧ [bʰɐːgəvətɐ] *m.* 《*f.* ಭಾಗವತಳು (bʰāgavataḷu)》 **1** ヴィシュヌ神への帰依者、特にクリシュナとしてのヴィシュヌ神を信仰する者 **2** 音楽と共にバーガヴァタ・プラーナなどのプラーナを歌ったり語ったりする人 **—*n.*** 『バーガヴァタ・プラーナ』[Sk.]

ಭಾಗಶಃ ⟦bʰāgaśaḥ バーガシャッ⟧ [bʰɐːgəʃəhɐ] 《文》 *adv.* 部分的に、一部は [Sk.]

ಭಾಗಶಃ ಸರ್ಕಾರಿ ⟦bʰāgaśaḥ sarkāri バーガシャッサルカーリ⟧ [bʰɐːgəʃəhə sərkɐːri] 《文》 *adj.* 半官半民の [Sk.]

ಭಾಗಸ್ಥ ⟦bʰāgastʰa バーガスタ⟧ [bʰɐːgəstʰɐ] 《文》 *m.* 《*f.* ಭಾಗಸ್ಥೆ (bʰāgastʰe)》 (財産の)一部の所有権を持つ人、相続人 [Sk.] ☞ಭಾಗಾದಿ (bʰāgādi)

ಭಾಗಾಕಾರ ⟦bʰāgākāra バーガーカーラ⟧ [bʰɐːgɐːkɐːrɐ] *n.* **1** 割り算 **2** 商 [Sk.]

ಭಾಗಿ ⟦bʰāgi バーギ⟧ [bʰɐːgi] *adj., mf.* **1** (あることに)参加する〈人〉、協力する〈人〉、分け前を受け取る資格がある〈人〉 **2** 幸運な〈人〉、運の強い〈人〉 **—*mf.*** **1** (あることをする)仲間、協力者 **2** 相続権のある人 [Sk.]

ಭಾಗಿಸು ⟦bʰāgisu バーギス⟧ [bʰɐːgisu] *vt.* **1** 分ける、分割する **2** 分配する、分け与える **3** 割る [Sk. *bʰāga* + *-isu*]

ಭಾಗ್ಯ ⟦bʰāgya バーギャ⟧ [bʰɐːgʲjɐ] *n.* **1** 運命、天命、宿命 **2** 幸運 **3** (幸運によって得られた)財貨、人材、など ¶ ಇವರು ನಮ್ಮ ಶಾಲೆಯ ಭಾಗ್ಯ. (ivaru namma śāleya bʰāgya.) この子どもたちは我らの学校の宝だ。[Sk.]

ಭಾಗ್ಯಶಾಲಿ ⟦bʰāgyaśāli バーギャシャーリ⟧ [bʰɐːgjəʃɐːli] *adj., mf.* 運のよい〈人〉、幸運な〈人〉 [Sk.]

ಭಾಜಕ ⟦bʰājaka バージャカ⟧ [bʰɐːʤəkɐ] *n.* 除数 [Sk.]

ಭಾಜನ ⟦bʰājana バージャナ⟧ [bʰɐːʤənɐ] 《文》 *m.* 《*f.* ಭಾಜನಳು (bʰājanaḷu)》 (喜びや悲しみなどを)味わう人 ¶ ಅವನು ದುಃಖ ಭಾಜನನಾದನು. (avanu duḥkʰa bʰājananādanu.) 彼を不幸が襲った。[Sk.]

ಭಾಜ್ಯ ⟦bʰājya バージュャ⟧ [bʰɐːʤʲjɐ] *n.* 被除数 [Sk.]

ಭಾಜ್ಯಾಂಶ ⟦bʰājyāṃśa バージュャーンシャ⟧ [bʰɐːʤʲjɐːmʃɐ] 《文》 *n.* **1** 被除数 **2** 株式などの配当金 [Sk.]

ಭಾಜ್ಯಾಂಶ ಪತ್ರ ⟦bʰājyāṃśa patra バージュャーンシャパトラ⟧ [bʰɐːʤʲjɐːmʃə pətʳrɐ] 《文》 *n.* 配当支払証、配当金 [Sk.]

ಭಾಟ ⟦bʰāṭa バータ⟧ [bʰɐːʈɐ] 《口》 *n.* **1** 賃仕事の賃金 **2** 家賃など賃貸料 [Sk.]

ಭಾತಿ ⟦bʰāti バーティ⟧ [bʰɐːti] 《文》 *n.* 光、明るさ、輝き [Sk.]

ಭಾತು ⟦bʰātu バートゥ⟧ [bʰɐːtu] *n.* **1** 《希》 炊いた米；飯、ご飯 **2** 飯、炊いた米(原義に関係なく、米や粗挽き小麦などで作った料理を表す合成語の最後の構成要素として用いられる、例えば ಕೇಸರಿಭಾತು, ಕಾರಾಭಾತು (kēsaribʰātu, kārābʰātu) など) [H./M. *bʰātā*]

ಭಾದ್ರಪದ ⟦bʰādrapada バードラパダ⟧ [bʰɐːdrəpədɐ] *n.* バードラパダ月、インドの伝統的太陽太陰暦の第6月(グレゴリオ暦8月から9月に当たる) [Sk.] ☞ಚೈತ್ರ (caitra)

ಭಾನು ⟦bʰānu バーヌ⟧ [bʰɐːnu] 《文》 *mn.* 太陽、太陽神 [Sk.]

ಭಾನುವಾರ ⟦bʰānuvāra バーヌヴァーラ⟧ [bʰɐːnuvɐːrɐ] *n.* 日曜(日) [Sk.]

ಭಾಪು ⟦bʰāpu バープ⟧ [bʰɐːpu] 《古》 *intrj.* 万歳、やったあ ☞ಬಾಪು (bāpu)

ಭಾಮೆ ⟦bʰāme バーメ⟧ [bʰɐːme] 《文》 *f.* **1** 怒った女性、情熱的な女性 **2** 女子、女性 [Sk.]

ಭಾಮಿನೀಷಟ್ಪದಿ ⟦bʰāminīṣaṭpadi バーミニーシャトパディ⟧ [bʰɐːminiːʂəʈpədi] 《文》 *n.* カンナダ語の6行詩の一種(第1、第2、第4、第5行は14拍、第3行と第6行は23拍からなる) [Sk.]

ಭಾರ ⟦bʰāra バーラ⟧ [bʰɐːrɐ] *n.* **1** 重量、重さ、目方 **2** 責任、責務、任務 **—(*n.*)** 重い〈こと〉¶ ಭಾರವಾದ ಸೂಟ್ಕೇಸ್ (bʰāravāda sūṭkēs) 重いスーツケース [Sk.]

ಭಾರತ ⟦bʰārata バーラタ⟧ [bʰɐːrətɐ] *n.* インド、インド連邦共和国 [Sk.]

ಭಾರತವರ್ಷ ⟦bʰāratavarṣa バーラタヴァルシャ⟧ [bʰɐːrətəvərʂɐ] 《文》 *n.* インド、インド連邦共和国 [Sk.]

ಭಾರತಿ ⟦bʰārati バーラティ⟧ [bʰɐːrəti] *f.* サラスヴァティー女神の別名(言葉と芸術の女神で芸術の保護者、ブラフマー神の配偶者と考えられることが多い) **—*n.*** 言葉 **—*m.*** **1** 学者、学識ある人 **2** シャンカラの系統をひく聖者や行者が用いる称号の一つ [Sk.]

ಭಾರತೀಯ ⟦bʰāratīya バーラティーヤ⟧ [bʰɐːrətiːjɐ] *adj., m.* 《*f.* ಭಾರತೀಯಳು (bʰāratīyaḷu)》 インドの〈人〉 [Sk.]

ಭಾರದ್ವಾಜ ⟦bʰāradvāja バーラドヴァージャ⟧ [bʰɐːrədvɐːʤɐ] 《文》 *m.* 「バラドゥヴァージャ仙の家系に属する」、ドローナ(マハーバーラタの重要な登場人物で武術の師)などの別名 **—*n.*** 雲雀 [Sk.]

ಭಾರ್ಗವ ⟦bʰārgava バールガヴァ⟧ [bʰɐːrgəvɐ] 《文》 *m.* **1** ブリグ仙の子孫、パラシュラーマの別名 **2** シュクラ(魔神たちの師の名、金星でもある) [Sk.]

ಭಾರಿ ⟦bʰāri バーリ⟧ [bʰɐːri] (*adj.*) **1** 重い〈こと〉、重量が大きい〈こと〉 **2** 巨大〈な〉(金額など)、重要〈な〉(作品、人物など) [H./M. *bʰārī*]

ಭಾರ್ಯೆ ⟦bʰārye バーリェ⟧ [bʰɐːrje] *f.* 《*m.* ಭರ್ತಾ (bʰartā) *pl.* ಭಾರ್ಯೆಯರು (bʰāryeyaru)》 妻、奥様、夫人 [Sk.]

ಭಾವ¹ ⟦bʰāva バーヴァ⟧ [bʰɐːvɐ] *m.* **1** 姉婿 **2** 夫の兄 [cf. Sk. *bhāvuka-*]

ಭಾವ² ⟦bʰāva バーヴァ⟧ [bʰɐːvɐ] *n.* 1 考え、概念、心像 2 感情、感じ、気持ち [Sk.]

ಭಾವಗೀತೆ ⟦bʰāvagīte バーヴァギーテ⟧ [bʰɐːvəgiːte] 《文》 *n.* 叙情詩 [Sk.]

ಭಾವಚಿತ್ರ ⟦bʰāvacitra バーヴァチトラ⟧ [bʰɐːvəʧitˑrɐ] 《文》 *n.* 1 肖像画 2 写真 = ಫೋಟೊ (pʰōṭo)〔汎〕[Sk.]

ಭಾವಜೀವಿ ⟦bʰāvajīvi バーヴァジーヴィ⟧ [bʰɐːvəʤiːvi] *adj., mf.* 感情に生きる〈人〉[Sk.]

ಭಾವನೆ ⟦bʰāvane バーヴァネ⟧ [bʰɐːvəne] *n.* 1（喜怒哀楽などの）感情、感じ ¶ ಅವನಿಗೆ ಮನೆಗೆ ಬಂದಾಗ ಸುಖದ ಭಾವನೆ ಉಂಟಾಯಿತು. (avanige manege baṃdāga sukʰada bʰāvane uṃṭāyitu.) 家へ帰った時彼は自分が幸せだと感じた。 2 推測、思うこと ¶ ಇಷ್ಟು ಹೊತ್ತಿಗೆ ರೈಲು ಬಂದಿರಬೇಕೆಂದು ನನ್ನ ಭಾವನೆ. (iṣṭu hottige railu baṃdirabēkeṃdu nanna bʰāvane.) 列車はもう着いたに違いないと私は思う。 3 想像、想像力 ¶ ಚಿಂತನೆಗಿಂತ ಭಾವನೆಯಲ್ಲಿ ಕವಿತೆ ಹುಟ್ಟುತ್ತದೆ. (ciṃtanegiṃta bʰāvaneyalli kavite huṭṭuttade.) 詩は思考よりむしろ想像力から生まれる。 4 意見、考え ¶ ಈ ವರೆಗಿನ ವಾದದಿಂದ ಇವನೇ ಕೊಲೆಗಾರನೆಂದು ನನ್ನ ಭಾವನೆ. (ī varegina vādadiṃda ivanē kolegāraneṃdu nanna bʰāvane.) これまでの議論に基づけば、彼が殺人者だと私は思う。 [Sk.]

ಭಾವಶುದ್ಧಿ ⟦bʰāvaśuddʰi バーヴァシュッディ⟧ [bʰɐːvəʃuddʰi] *n.* 心の清らかさ ¶ ಭಾವಶುದ್ಧಿ ಇರದಿದ್ದರೆ ಜನರ ವಿಶ್ವಾಸ ಹುಟ್ಟುವುದಿಲ್ಲ. (bʰāvaśuddʰi iradiddare janara viśvāsa huṭṭuvudilla.) 心が清らかでなければ人々の信頼が得られない。 [Sk.]

ಭಾವಾನುವಾದ ⟦bʰāvānuvāda バーヴァーヌヴァーダ⟧ [bʰɐːvɐːnuvɐːdɐ] *n.* 自由な翻訳 [Sk.]

ಭಾವಾಭಿವ್ಯಕ್ತಿ ⟦bʰāvābʰivyakti バーヴァービヴィャクティ⟧ [bʰɐːvɐːbʰivjəkti] 《文》 *n.* 感情の表現 [Sk.]

ಭಾವಾವೇಶ ⟦bʰāvāvēśa バーヴァーヴェーシャ⟧ [bʰɐːvɐːveːʃa] *n.* 感情の高揚、激しい感情、興奮、激高、感激 [Sk.]

ಭಾವಿಕ ⟦bʰāvika バーヴィカ⟧ [bʰɐːvikɐ] 《文》 *adj., m.* 《*f.* ಭಾವಿಕಳು (bʰāvikaḷu)》 1（迷信などを）盲信する〈人〉、盲信者〈の〉 2 感情的な〈人〉、感激しやすい〈人〉 3 善良な〈人〉 4《希》学のある〈人〉、物知りの〈人〉 —*n.* 文飾の一つ [Sk.]

ಭಾವಿಕ ಆದಾಯ ⟦bʰāvika ādāya バーヴィカアーダーヤ⟧ [bʰɐːvikə ɐːdɐːjɐ] 《文》 *n.* みなし収入 [Sk.]

ಭಾವಿಸು ⟦bʰāvisu バーヴィス⟧ [bʰɐːvisu] *vi.* 考える、思案する ¶ ಭಾವಿಸುತ್ತಾ ಕುಳಿತುಕೊಳ್ಳಬೇಡ. ಕೆಲಸ ಆರಂಭಿಸು. (bʰāvisuttā kuḷitukoḷḷabēḍa. kelasa āraṃbʰisu.) 思案していないで仕事を始めろ。 —*vt.* 1（あるものをあるものであると）考える ¶ ನಾನು ಅವನನ್ನು ಒಳ್ಳೆಯವನೆಂದು ಭಾವಿಸಿ ಮೋಸಹೋದೆ. (nānu avanannu oḷḷeyavaneṃdu bʰāvisi mōsahōde.) あの人をいい人だと思って騙された。 2 感じる ¶ ನೋವನ್ನು ಭಾವಿಸಿದವರಿಗೆ ಒಳ್ಳೆಯತನವಿರುತ್ತದೆ. (nōvannu bʰāvisidavarige oḷḷeyatanaviruttade.) 苦しみを知った人は親切だ。 3 想像する、心に思い浮かべる [Sk.]

ಭಾವುಕ ⟦bʰāvuka バーヴカ⟧ [bʰɐːvukɐ] *adj., m.* 《*f.* ಭಾವುಕಳು (bʰāvukaḷu)》 1 感情的な〈人〉、感傷的な〈人〉 2 空想的な〈人〉[Sk.]

ಭಾವುಕತೆ ⟦bʰāvukate バーヴカテ⟧ [bʰɐːvukəte] *n.* 感情に溺れること、感情に従って行動すること ¶ ಕುವೆಂಪು ಅವರು ಸಾಹಿತ್ಯದ ಬಗ್ಗೆ ಭಾವುಕತೆಯನ್ನು ವ್ಯಕ್ತಪಡಿಸುತ್ತಾರೆ. (kuveṃpu avaru sāhityada bagge bʰāvukateyannu vyaktapaḍisuttāre.) カンナダ語に関しては、クヴェンプは感情的になる。 [Sk.]

ಭಾಷಣ ⟦bʰāṣaṇa バーシャナ⟧ [bʰɐːʂəɳɐ] *n.* 演説、講演 [Sk.]

ಭಾಷಣಕಾರ ⟦bʰāṣaṇakāra バーシャナカーラ⟧ [bʰɐːʂəɳəkɐːrɐ] *m.* 《*f.* ಭಾಷಣಕಾರ್ತಿ (bʰāṣaṇakārti)》演説者、講演者 [Sk.]

ಭಾಷಾಂತರ ⟦bʰāṣāṃtara バーシャーンタラ⟧ [bʰɐːʂɐːntərɐ] *n.* 翻訳 [Sk.]

ಭಾಷಾಂತರಿಸು ⟦bʰāṣāṃtarisu バーシャーンタリス⟧ [bʰɐːʂɐːntərisu] *vt.* 翻訳する [Sk.]

ಭಾಷಾವಾರು ⟦bʰāṣāvāru バーシャーヴァール⟧ [bʰɐːʂɐːvɐːru] *adj.* 言語ごとの —*adv.* 言語ごとに ¶ ರಾಜ್ಯಗಳನ್ನು ಭಾಷಾವಾರು ವಿಂಗಡಿಸು. (rājyagaḷannu bʰāṣāvāru viṃgaḍisu.) 諸州を言語をもとに分類せよ。 [*bʰāṣā* + Pe. *-wār*]

ಭಾಷೆ ⟦bʰāṣe バーシェ⟧ [bʰɐːʂe] *n.* 1 言葉、言語 2 約束、言質 [Sk.]

ಭಾಷೆಕೊಡು ⟦bʰāṣekoḍu バーシェコドゥ⟧ [bʰɐːʂekoɖu] *vi.* 《*dat.*》約束する、言質を与える [+ *koḍu*]

ಭಾಷ್ಯ ⟦bʰāṣya バーシュヤ⟧ [bʰɐːʂˑjɐ] *n.*（古典などに対する）注釈、注解 [Sk.]

ಭಾಷ್ಯಕಾರ ⟦bʰāṣyakāra バーシュヤカーラ⟧ [bʰɐːʂjəkɐːrɐ] *n.* 《*f.* ಭಾಷ್ಯಕಾರ್ತಿ (bʰāṣyakārti)》注釈者 [Sk.]

ಭಾಸ ⟦bʰāsa バーサ⟧ [bʰɐːsɐ] *n.* 1 心にひらめくこと、ひらめき 2（かすかな物音や匂いを）感じること；(隠れた悪意などに)感づくこと [Sk.]

ಭಾಸವಾಗು ⟦bʰāsavāgu バーサヴァーグ⟧ [bʰɐːsəvɐːgu] *vi.*（かすかな物音や匂いや気配を）感知する、気づく、感づく ¶ ಶಬ್ದವಾಗುತ್ತಿರುವಂತೆ ಭಾಸವಾಯಿತು. (śabdavāguttiruvaṃte bʰāsavāyitu.) かすかな物音を聞いたような気がした。 ¶ ಅವರು ನನ್ನನ್ನು ಮೋಸಗೊಳಿಸಿದರೆಂದು ಭಾಸವಾಯಿತು. (avaru nannannu mōsagoḷisidareṃdu bʰāsavāyitu.) 彼が私を騙したことに感づいた。 [+ *āgu*]

ಭಾಸುರ ⟦bʰāsura バースラ⟧ [bʰɐːsurɐ] 《文》 *adj.* 1 輝かしい 2〔喩〕輝かしい —*n.*〔喩〕輝き、輝かしい美しさ [Sk.]

ಭಿಕಾರಿ ⟦bʰikāri ビカーリ⟧ [bʰikɐːri] *mf.* 乞食；(宗教的な)乞食者（こつじき）、托鉢僧 [M. *bʰikārī*]

ಭಿಕ್ಷ ⟦bʰikṣa ビクシャ⟧ [bʰikʂɐ] *n.* ☞ ಭಿಕ್ಷೆ (bʰikṣe)

ಭಿಕ್ಷಾಟನ ⟦bʰikṣāṭana ビクシャータナ⟧ [bʰikʂɐːʈənɐ] 《文》 *n.* 托鉢、布施を乞うて歩き回ること [Sk.]

ಭಿಕ್ಷಾನ್ನ ⟦bʰikṣānna ビクシャーンナ⟧ [bʰikʂɐ:nnɐ] *n.* 乞食で得た食物 [Sk.]

ಭಿಕ್ಷು ⟦bʰikṣu ビクシュ⟧ [bʰikʂu] *m.* 比丘、仏教の僧、出家をして戒を受けたもの（一般的には乞食をする者）[Sk.]

ಭಿಕ್ಷುಕ ⟦bʰikṣuka ビクシュカ⟧ [bʰikʂukɐ] 《文》 *m.* 比丘、仏教僧、乞食者 [Sk.]

ಭಿಕ್ಷುಕಿ ⟦bʰikṣuki ビクシュキ⟧ [bʰikʂuki] 《文》 *f.* 《*m.* ಭಿಕ್ಷುಕ (bʰikṣuka)》仏教の女僧、出家をして戒を受けた女性 [Sk.]

ಭಿಕ್ಷೆ ⟦bʰikṣe ビクシェ⟧ [bʰikʂe] ಭಿಕ್ಷ *n.* 1 乞食、物乞い 2 乞食に与える施し物、托鉢して得た物 [Sk.]

ಭಿಡೆ ⟦bʰiḍe ビデ⟧ [bʰiɖe] *n.* 1 遠慮 ¶ ಭಿಡೆಯನ್ನು ಬಿಟ್ಟು ಇರು. (bʰiḍeyannu biṭṭu iru.) 遠慮は要りません。2 恥じらい [Dr. cf. Sk. *vrīḍā-*]

ಭಿತ್ತಿ ⟦bʰitti ビッティ⟧ [bʰitti] 《文》 *n.* 壁、塀 [Sk.]

ಭಿತ್ತಿಚಿತ್ರ ⟦bʰitticitra ビッティチトラ⟧ [bʰittiʧitrɐ] 《文》 *n.* 壁画 [Sk.]

ಭಿದುರ ⟦bʰidura ビドゥラ⟧ [bʰidurɐ] 《文》 (*adj.*) 脆〈こと〉[Sk.]

ಭಿನ್ನ ⟦bʰinna ビンナ⟧ [bʰinnɐ] (*adj.*) 1 壊れた〈こと〉 2 別〈の〉、違う〈こと〉 —(*n.*)（神像が）欠けた〈こと〉 —*n.* 分数 [Sk.]

ಭಿನ್ನರಾಶಿ ⟦bʰinnarāśi ビンナラーシ⟧ [bʰinnərɐ:ʃi] *n.* 分数 [Sk.]

ಭಿನ್ನಾಭಿಪ್ರಾಯ ⟦bʰinnābʰiprāya ビンナービプラーヤ⟧ [bʰinnɐ:bʰiprɐ:jɐ] 《文》 *n.* 意見の違い、意見の不一致 [Sk.]

ಭಿಲ್ಲ ⟦bʰilla ビッラ⟧ [bʰillɐ] *m.* 《*f.* ಭಿಲ್ಲತಿ (bʰillati)》ビール族（中インド一帯に広く住む部族の名）[Sk.]

ಭಿಷಜ ⟦bʰiṣaja ビシャジャ⟧ [bʰiʂəʤɐ] 《文》 *mf.* 医者、医師 [Sk. *bʰiṣaj-*] = ವೈದ್ಯ (vaidya)

ಭೀಕರ ⟦bʰīkara ビーカラ⟧ [bʰi:kərɐ] (*n.*) 恐ろしい〈こと〉、怖い〈こと〉[Sk.]

ಭೀಕರತೆ ⟦bʰīkarate ビーカラテ⟧ [bʰi:kərəte] *n.* 恐ろしさ [Sk.]

ಭೀತಿ ⟦bʰīti ビーティ⟧ [bʰi:ti] *n.* 恐れ、恐怖 [Sk.]

ಭೀರು ⟦bʰīru ビール⟧ [bʰi:ru] *adj.*, *mf.* 意気地のない〈人〉、びくびくする〈人〉[Sk.]

ಭೀಷಣ ⟦bʰīṣaṇa ビーシャナ⟧ [bʰi:ʂəɳɐ] *adj.* 恐ろしい、怖い [Sk.]

ಭೀಷ್ಮ ⟦bʰīṣma ビーシュマ⟧ [bʰi:ʂmɐ] *adj.* 恐ろしい、ものすごい、身の毛もよだつ —*m.* ビーシュマ（マハーバーラタの重要な登場人物、パーンドゥとドリタラーシトラのおじ）[Sk.]

ಭುಜಕೀರ್ತಿ
肩章

ಭುಜ ⟦bʰuja ブジャ⟧ [bʰuʤɐ] *n.* 1 肩 2（三角形や四角形などの）辺 [Sk.]

ಭುಜಕೀರ್ತಿ ⟦bʰujakīrti ブジャキールティ⟧ [bʰuʤəki:rti] *n.* 王者がつける肩章のような装身具［⇒図］[Sk.]

ಭುವನ ⟦bʰuvana ブヴァナ⟧ [bʰuvənɐ] 《文》 *n.* 世界 [Sk.]

ಭೂ ⟦bʰū ブー⟧ [bʰu:] 《文》 *n.* 1 大地 2 土地 [Sk.]

ಭೂ ಉಪಯೋಗಕಾರಕ ಅಧಿಕಾರಿ ⟦bʰū upayōgakāraka adʰikāri ブーウパヨーガカーラカアディカーリ⟧ [bʰu: upajo:gəka:raka ədʰikɐ:ri] 《文》 *mf.* 土地の再開発を司る役人 [Sk.]

ಭೂ ದಾಖಲೆ ⟦bʰū dākʰale ブーダーカレ⟧ [bʰu: dɐ:kʰəle] *n.* 土地台帳 [+ *dākʰale*]

ಭೂಕಂದಾಯ ⟦bʰūkaṃdāya ブーカンダーヤ⟧ [bʰu:kəndɐ:jɐ] *n.* 1 土地保有にかかる税 2 土地保有税による収入 [+ *kaṃdāya*]

ಭೂಕಾನೂನು ⟦bʰūkānūnu ブーカーヌーヌ⟧ [bʰu:kɐ:nu:nu] *n.* 土地利用法 [+ *kānūnu*]

ಭೂಪರಿಹಾರ ⟦bʰūparihāra ブーパリハーラ⟧ [bʰu:pərihɐ:rɐ] *n.* 土地収容に対する補償 [Sk.]

ಭೂಮಾರ್ಗ ⟦bʰūmārga ブーマールガ⟧ [bʰu:mɐ:rgɐ] *n.*（空路、海路に対する）陸路 [Sk.]

ಭೂಮಾಲಿಕ ⟦bʰūmālika ブーマーリカ⟧ [bʰu:mɐ:likɐ] *m.* 《*f.* ಭೂಮಾಲಿಕಳು (bʰūmālikaḷu)》地主 [+ Ar. *mālik*「所有者」]

ಭೂಕಂಪ ⟦bʰūkampa ブーカンパ⟧ [bʰu:kəmpɐ] *n.* 地震 [Sk.]

ಭೂಗತ ⟦bʰūgata ブーガタ⟧ [bʰu:gətɐ] 《文》 (*adj.*) 1 地中に埋められた〈こと〉、地中に隠された〈こと〉 2〔喩〕地下に潜った〈こと〉[Sk.]

ಭೂಗೋಳ ⟦bʰūgōḷa ブーゴーラ⟧ [bʰu:go:ɭɐ] *n.* 1 地球 2 地理学 [Sk.]

ಭೂತ ⟦bʰūta ブータ⟧ [bʰu:tɐ] 《文》 (*adj.*) 過去〈の〉 —*n.* 1 存在するもの（一般）、神、人間、生物、無生物 2 生き物 3 過去 4 幽霊、化け物 [Sk.]

ಭೂತಕನ್ನಡಿ ⟦bʰūtakannaḍi ブータカンナディ⟧ [bʰu:təkənnəɖi] *n.* 1 虫めがね、拡大鏡 2 凸面鏡 [Sk.]

ಭೂತಕಾಲ ⟦bʰūtakāla ブータカーラ⟧ [bʰu:təkɐ:lɐ] *n.* 1 過去 2（文法で）過去（形）[Sk.]

ಭೂತದಯೆ ⟦bʰūtadaye ブータダエ⟧ [bʰu:tədəye] *n.* すべての生き物に対する哀れみの心 [Sk.]

ಭೂತಪತಿ ⟦bʰūtapati ブータパティ⟧ [bʰu:təpəti] *m.* シヴァ神の別名 [Sk.]

ಭೂತಬಲಿ ⟦bʰūtabali ブータバリ⟧ [bʰu:təbəli] *n.* 精霊に対する供え物 [Sk.]

ಭೂತಲ ⟦bʰūtala ブータラ⟧ [bʰu:təlɐ] ಭೂತಳ 《文》 *n.* 地表 [Sk.]

ಭೂತಳ ⟦bʰūtaḷa ブータラ⟧ [bʰu:təɭɐ] 《文》 *n.* [Sk.] ☞ಭೂತಲ (bʰūtala)

ಭೂದೃಶ್ಯಾಧಿಕಾರಿ ⟦bʰūdṛśyādʰikāri ブードゥルシュヤーディカーリ⟧ [bʰu:druʃjɐ:dʰikɐ:ri] 《文》 *mf.* 風景を保存する責任を負う役人 [Sk.]

ಭೂಧಾರಣ ⟦bʰūdʰāraṇa ブーダーラナ⟧ [bʰu:dʰɐ:rəɳɐ] 《文》 *n.* 土地所有 [Sk.]

ಭೂಪ ⟦bʰūpa ブーパ⟧ [bʰu:pɐ] 《文》 *m.* 《*f.* ಭೂಪಳು (bʰūpaḷu)》王、君主 [Sk.]

ಭೂಪಟ ⟦bʰūpaṭa ブーパタ⟧ [bʰu:pəʈɐ] 《文》 *n.* 地図 [Sk.] = ನಕ್ಷೆ (nakṣe)〔汎〕

ಭೂಭೌತಶಾಸ್ತ್ರ ⟦bʰūbʰautaśāstra ブーバゥタシャーストラ⟧ [bʰu:bʰəutəʃɐ:strɐ] *n.* 地球物理学 [Sk.]

ಭೂಭೌತಶಾಸ್ತ್ರಜ್ಞ ⟦bʰūbʰautaśāstrajña ブーバゥタシャーストラジュニャ⟧ [bʰu:bʰəutəʃɐ:strəɟɲɐ/—gnɐ] 《文》 *m.* 《*f.* ಭೂಭೌತಶಾಸ್ತ್ರಜ್ಞಳು (bʰūbʰautaśāstrajñaḷu)》 地球物理学者 [Sk.]

ಭೂಮ ⟦bʰūma ブーマ⟧ [bʰu:mɐ] 《文》 *n.* 1 地球、大地 2 宇宙 [Sk.]

ಭೂಮಂಡಲ ⟦bʰūmaṃḍala ブーマンダラ⟧ [bʰu:məɳɖəlɐ] *n.* 地球、世界 [Sk.]

ಭೂಮಧ್ಯ ರೇಖೆ ⟦bʰūmadʰya rēkʰe ブーマディャレーケ⟧ [bʰu:mədʰjəre:kʰe] 《文》 *n.* 赤道 [Sk.]

ಭೂಮಾಪನ, ಕಂದಾಯವ್ಯವಸ್ಥೆ ಮತ್ತು ಭೂದಾಖಲೆಗಳ ಇಲಾಖೆ ⟦bʰūmāpana, kaṃdāyavyavastʰe mattu bʰūdākʰalegaḷa ilākʰe ブーマーパナ, カンダーヤヴィャヴァステマットゥブーダーカレガライラーケ⟧ [bʰu:mɐ:pənə, kəndɐ:jəvjəvəstʰe məttu bʰu:dɐ:kʰəlegəɭɐ ilɐ:kʰe] 《文》 *n.* (州に属する)測量と地価評価と土地登録を司る部局 [Sk. + Ar.]

ಭೂಮಿ ⟦bʰūmi ブーミ⟧ [bʰu:mi] *n.* 1 地球、世界 2 土地、大地 3 陸、陸地 4 土、土壌 5 農地、畑、田 6 地方、地域 [Sk.]

ಭೂಮಿಕಂಪ ⟦bʰūmikaṃpa ブーミカンパ⟧ [bʰu:mikəmpɐ] *n.* 地震 [Sk.] = ಭೂಕಂಪ (bʰūkaṃpa)

ಭೂಮಿಕೆ ⟦bʰūmike ブーミケ⟧ [bʰu:mike] *n.* 1 (家の)階 2 舞台での役 3 (舞台の)扮装 4 (本の)序言 [Sk.]

ಭೂಯಿಷ್ಠ ⟦bʰūyiṣṭʰa ブーイシュタ⟧ [bʰu:jiʂʈʰɐ] 《文》 *adj.* 非常に多数の、おびただしい [Sk.]

ಭೂರಿ ⟦bʰūri ブーリ⟧ [bʰu:ri] 《文》 *adj.* 1 多数の、多量の、豊富な 2 大きな、巨大な [Sk.]

ಭೂರ್ಜ ⟦bʰūrja ブールジャ⟧ [bʰu:rʤɐ] 《文》 *n.* 1 カバノキ(樺の木、カバノキ科カバノキ属)⇀薬 2 (ものを書くために使う)カバノキ樹皮 [Sk.]

ಭೂಲೋಕ ⟦bʰūlōka ブーローカ⟧ [bʰu:lo:kɐ] *n.* (天界や地界に対する)地上の世界 [Sk.]

ಭೂವಿಜ್ಞಾನ ⟦bʰūvijñāna ブーヴィジュニャーナ⟧ [bʰu:viɟɲɐ:nɐ/—vignɐ:nɐ] *n.* 地学 [Sk.]

ಭೂವಿಜ್ಞಾನಿ ⟦bʰūvijñāni ブーヴィジュニャーニ⟧ [bʰu:viɟɲɐ:ni] *n.* 地学者 [Sk.]

ಭೂಶಿರ ⟦bʰūśira ブーシラ⟧ [bʰu:ʃirɐ] *n.* 岬 [Sk.]

ಭೂಷಣ ⟦bʰūṣaṇa ブーシャナ⟧ [bʰu:ʂəɳɐ] *n.* 1 装飾、飾りつけ、飾ること 2 飾り 3 装身具 4 あるものをより魅力的にするもの ¶ ನೈದಿಲೆಯೇ ಸರೋವರಕ್ಕೆ ಭೂಷಣ. (naidileyē sarōvarakke bʰūṣaṇa.) 睡蓮は湖の装飾である。 [Sk.]

ಭೂಷಿತ ⟦bʰūṣita ブーシタ⟧ [bʰu:ʂitɐ] 《文》 (*adj.*) 飾られた〈こと〉、装飾された〈こと〉 [Sk.]

ಭೂಸಂರಕ್ಷಣಾಧಿಕಾರಿ ⟦bʰūsaṃrakṣaṇādʰikāri ブーサンラクシャナーディカーリ⟧ [bʰu:səmrəkʂəɳɐ:dʰikɐ:ri] 《文》 *mf.* 土地を不法占拠から守る役人 [Sk.]

ಭೂಸತಿ ⟦bʰūsati ブーサティ⟧ [bʰu:səti] 《文》 *f.* (女性になぞらえられた)大地 [Sk.]

ಭೂಸರ್ವೇಕ್ಷಣೆ ಅಧಿಕಾರಿ ⟦bʰūsarvēkṣaṇe adʰikāri ブーサルヴェークシャネアディカーリ⟧ [bʰu:sərve:kʂəɳe ədʰikɐ:ri] 《文》 *mf.* 土地測量官 [Sk.]

ಭೂಸಾರ ⟦bʰūsāra ブーサーラ⟧ [bʰu:sɐ:rɐ] *n.* 地力、土壌の生産力、土壌の肥沃度 [Sk.]

ಭೂಸುರ ⟦bʰūsura ブースラ⟧ [bʰu:surɐ] 《文》 *m.* バラモン [Sk.]

ಭೂಹಿಡುವಳಿ ⟦bʰūhiḍuvaḷi ブーヒドゥヴァリ⟧ [bʰu:hiɖuvəɭi] 《口》 *n.* 土地所有 [+ *hiḍuvaḷi*]

ಭೃಂಗ ⟦bʰr̥ṃga ブルンガ⟧ [bʰrɯŋgɐ/bʰruŋgɐ] 《文》 *n.* 大型で黒いマルハナバチの一種 [Sk.] = ಭ್ರಮರ (bʰramara)

ಭೃಂಗರಾಜ ⟦bʰr̥ṃgarāja ブルンガラージャ⟧ [bʰrɯŋgərɐ:ʤɐ/bʰruŋgə/–] 《文》 *n.* 1 タカサブロウ(キク科の野生植物の一種) = ಗರುಗದ ಸೊಪ್ಪು (garugada soppu) 2 大型で黒いマルハナバチの一種 [Sk.]

ಭೃತ್ಯ ⟦bʰr̥tya ブルティャ⟧ [bʰrɯtjɐ/bʰrutjɐ] 《文》 *n.* 召し使い [Sk.]

ಭೃತ್ಯಭಾವ ⟦bʰr̥tyabʰāva ブルティャバーヴァ⟧ [bʰrɯtjəbʰɐ:vɐ] *n.* 召し使いとしての状態や身分、屈従 [Sk.]

ಭೆಟ್ಟಿ ⟦bʰeṭṭi ベッティ⟧ [bʰeʈʈi] *n.* (偶然あるいは打ち合わせの上で)人に会うこと、会見 [M. *bʰēṭi*] ☞ಭೇಟಿ (bʰēṭi)

ಭೇಕ ⟦bʰēka ベーカ⟧ [bʰe:kɐ] 《文》 *n.* 蛙 [Sk.] = ಕಪ್ಪೆ (kappe)〔汎〕

ಭೇಟಿ ⟦bʰēṭi ベーティ⟧ [bʰe:ʈi] ಬೆಟ್ಟಿ, ಭೆಟ್ಟಿ *n.* (偶然あるいは打ち合わせの上で) 人に会うこと、会見 [M. *bʰēṭi*] = ಸಂದರ್ಶನ (saṃdarśana)

ಭೇಟಿಮಾಡು ⟦bʰēṭimāḍu ベーティマードゥ⟧ [bʰe:ʈimɐ:ɖu] *vt.* 〈人に〉会う、訪問する、会見する [+ *māḍu*] = ಭೇಟಿ (bʰēṭi)

ಭೇಟಿಯಾಗು ⟦bʰēṭiyāgu ベーティヤーグ⟧ [bʰe:ʈijɐ:gu] *vt.* 〈ある人に〉会う ¶ ಇವತ್ತು ನಾನು ಅಧ್ಯಕ್ಷರನ್ನು ಭೇಟಿ ಆಗಿ ಬರುತ್ತೇನೆ. (ivattu nānu adʰyakṣarannu bʰēṭi āgi baruttēne.) 今日役人に会ってくる。 [+ *āgu*]

ಭೇದ ⟦bʰēda ベーダ⟧ [bʰe:dɐ] *n.* 1 違い、差 2 種類、(文学などの)ジャンル 3 仲たがい [Sk.]

ಭೇದಕ ⟦bʰēdaka ベーダカ⟧ [bʰe:dəkɐ] 《文》 (*adj.*) 1 割る〈こと〉、裂く〈こと〉 2 区別〈する〉、差別〈する〉 [Sk.]

ಭೇದಬುದ್ಧಿ ⟦bʰēdabuddʰi ベーダブッディ⟧ [bʰe:dəbuddʰi] *n.* 差別の意識 [Sk.]

ಭೇದಿ ⟦bʰēdi ベーディ⟧ [bʰe:di] *n.* 下痢 [Sk.]

ಭೇದಿಸು ⟦bʰēdisu ベーディス⟧ [bʰeːdisu] *vt.* 1 壊す、破壊する 2 (矢や槍が)貫く、突き通す [Sk.]

ಭೇರಿ ⟦bʰēri ベーリ⟧ [bʰeːri] *n.* 軍用の大太鼓 [⇒図] [Sk.]

ಭೇರುಂಡ ⟦bʰēruṃḍa ベールンダ⟧ [bʰeːrunɖɐ] 《文》 *n.* 頭が二つある神話にでてくる鳥(マイソール王家の象徴、現在はカルナータカ州政府の紋章) [Sk.]

ಭೇರಿ 大太鼓

ಭೇಷಜ ⟦bʰēṣaja ベーシャジャ⟧ [bʰeːʂəʤɐ] 《文》 (*adj.*) 治療効果がある〈こと〉、病気を治す〈こと〉 —*n.* 薬、薬剤 [Sk.]

ಭೈರವ ⟦bʰairava バイラヴァ⟧ [bʰəirəvɐ] *adj.* 恐ろしい、身の毛がよだつ —*m.* シヴァ神の姿の一つ —*n.* 1 ラサの一つ、恐れ 2 インド古典音楽のラーガの一つ [Sk.]

ಭೈರವಾಸನ ⟦bʰairavāsana バイラヴァーサナ⟧ [bʰəirəvɐːsənɐ] 《文》 *n.* ヨーガの座法の一つ [Sk. *bʰairavāsana-*]

ಭೈರವಿ ⟦bʰairavi バイラヴィ⟧ [bʰəirəvi] *f.* ドゥルガー女神の姿の一つ —*n.* インドの古典音楽において基本となるバイラヴァラーガの変形とみなされるラーガ [Sk.]

ಭೈಷಜ್ಯ ⟦bʰaiṣajya バイシャジュヤ⟧ [bʰəiʂəʤjɐ] 《文》 *n.* 医師という職業、医師の仕事 [Sk.]

ಭೋಗ ⟦bʰōga ボーガ⟧ [bʰoːgɐ] *n.* 1 享楽、快楽 2 性的享楽、性交 [Sk.]

ಭೋಗವಸ್ತು ⟦bʰōgavastu ボーガヴァストゥ⟧ [bʰoːgəvəstu] *n.* 贅沢品、生活必需品以外の品物(嗜好品、スポーツ用品、娯楽用品など) [Sk.]

ಭೋಗಷಟ್ಪದಿ ⟦bʰōgaṣaṭpadi ボーガシャトパディ⟧ [bʰoːgəʂəʈpədi] 《文》 *n.* カンナダ語の6行詩の一種(第1、第2、第4、第5行は12拍、第3行と第6行は20拍からなる) [Sk.]

ಭೋಗಿ¹ ⟦bʰōgi ボーギ⟧ [bʰoːgi] *mf.* 1 享楽者、快楽を好む人 2 シヴァ神の別名 [Sk.]

ಭೋಗಿ² ⟦bʰōgi ボーギ⟧ [bʰoːgi] 《文》 (*adj.*) 頸部にからかさ状の出っ張りを持った〈こと〉 —*n.* 蛇 [Sk.]

ಭೋಗ್ಯ ⟦bʰōgya ボーギャ⟧ [bʰoːgjɐ] (*adj.*) 享受できる〈こと〉、享受すべき〈こと〉 —*n.* 1 享受すべきもの、享受できるもの 2 抵当、抵当物件 [Sk.]

ಭೋಗ್ಯಪತ್ರ ⟦bʰōgyapatra ボーギャパトラ⟧ [bʰoːgjəpətrɐ] *n.* 抵当証書 [Sk.]

ಭೋಜನ ⟦bʰōjana ボージャナ⟧ [bʰoːʤənɐ] *n.* 食事、昼食や夕食として食べるもの、昼食や夕食として食べること [Sk.]

ಭೋಜನಕೂಟ ⟦bʰōjanakūṭa ボージャナクータ⟧ [bʰoːʤənakuːʈɐ] 《文》 *n.* 宴会 [Sk.]

ಭೋಜನಾರ್ಥಿ ⟦bʰōjanārtʰi ボージャナールティ⟧ [bʰoːʤənɐːrtʰi] 《文》 *mf.* 食事を乞う人 [Sk.]

ಭೋಜ್ಯ ⟦bʰōjya ボージュヤ⟧ [bʰoːʤjɐ] 《文》 (*adj.*) 1 食べることができる〈こと〉、食べるべき〈こと〉 2 享受すべき〈こと〉、享受することができる〈こと〉 3 性的に享楽すべき〈こと〉、性的に享受することができる〈こと〉 —*n.* とびきり上等の食事、ご馳走 [Sk.]

ಭೋರನೆ ⟦bʰōrane ボーラネ⟧ [bʰoːrəne] *adv.* 1 突然、急に 2 すばやく [*bʰōr* onom. + *-ane*]

ಭೋಸಡಿ ⟦bʰōsaḍi ボーサディ⟧ [bʰoːsəɖi] 《方》 *n.* 1 女性の陰部、女性の陰門 2 売女、不貞な女性を罵る言葉 [H. *bʰōsāṛī* 「陰部」 T9545.3]

ಭೌಗೋಳಿಕ ⟦bʰaugōḷika バウゴーリカ⟧ [bʰəugoːɭikɐ] *adj.* 地球規模の、世界的な [Sk.]

ಭೌತ ⟦bʰauta バウタ⟧ [bʰəutɐ] 《文》 (*adj.*) 1 物質〈の〉、物質からできた〈こと〉 2 物質主義〈の〉 3 現世〈の〉、現世的な〈こと〉、現世に関する〈こと〉 [Sk.]

ಭೌತವಾದ ⟦bʰautavāda バウタヴァーダ⟧ [bʰəutəvɐːdɐ] *n.* 物質主義 [Sk.]

ಭೌತವಾದಿ ⟦bʰautavādi バウタヴァーディ⟧ [bʰəutəvɐːdi] *adj.*, *mf.* 物質主義の〈人〉、物質主義的な〈人〉、物質主義者〈の〉、物質主義者的〈な [Sk.]

ಭೌತವಿಜ್ಞಾನ ⟦bʰautavijñāna バウタヴィジュニャーナ⟧ [bʰəutəviɟɲɐːnɐ/—vignɐːnɐ] *n.* 物理学 [Sk.]

ಭೌತವಿಜ್ಞಾನಿ ⟦bʰautavijñāni バウタヴィジュニャーニ⟧ [bʰəutəviɟɲɐːni/—vignɐːni] *mf.* 物理学者 [Sk.]

ಭೌತಶಾಸ್ತ್ರ ⟦bʰautaśāstra バウタシャーストラ⟧ [bʰautəʃɐːstrɐ] *n.* 物理学 [Sk.] = ಭೌತವಿಜ್ಞಾನ (bʰautavijñāna)

ಭೌತಶಾಸ್ತ್ರಜ್ಞ ⟦bʰautaśāstrajña バウタシャーストラジュニャ⟧ [bʰəutəʃɐːstrəɟɲɐ/—gnɐ] *m.* 《*f.* ಭೌತಶಾಸ್ತ್ರಜ್ಞಳು (bʰautaśāstrajñaḷu)》物理学者 [Sk.] = ಭೌತವಿಜ್ಞಾನಿ (bʰautavijñāni)

ಭೌತಿಕ ⟦bʰautika バウティカ⟧ [bʰəutikɐ] 《文》 *adj.* 1 物質の、物質からできた 2 物質主義の 3 現世の、現世的な、現世に関する [Sk.]

ಭ್ರಮ ⟦bʰrama ブラマ⟧ [bʰrəmɐ] 《文》 *n.* 1 さまようこと、彷徨、流浪 2 軸を中心に自転すること 3 円形運動 4 正しい場所から離れること 5 思い違い、誤解 [Sk.]

ಭ್ರಮನಿರಸನ ⟦bʰramanirasana ブラマニラサナ⟧ [bʰrəmənirəsənɐ] 《文》 *n.* 幻想から目覚めさせること、現実暴露 [Sk.]

ಭ್ರಮಣ ⟦bʰramaṇa ブラマナ⟧ [bʰrəməɳɐ] 《文》 *n.* 1 さまようこと、逍遥、徘徊 2 軸を中心に自転すること 3 進路などをはずれること、それること 4 誤ること、間違うこと 5 めまい、目が眩むこと 6 旅行、遠足 7 惑星の軌道 [Sk.]

ಭ್ರಮಣೆ ⟦bʰramaṇe ブラマネ⟧ [bʰrəməɳe] 《文》 *n.* 1 軸を中心に自転すること 2 誤ること、間違うこと [Sk.]

ಭ್ರಮರ ⟦bʰramara ブラマラ⟧ [bʰrəmərɐ] *n.* (ぶんぶん大きな音を立てて花の周りを飛び回る) マルハバチなど各種のハチ [Sk.]

ಭ್ರಮರಿ ⟦bʰramari ブラマリ⟧ [bʰrəməri] 《文》 *n.* [Sk.] ☞ಭ್ರಮರ (bʰramara)

ಭ್ರಮಿತ ⟦bʰramita ブラミタ⟧ [bʰrəmitɐ] 《文》 *adj.*, *m.* 慌てた〈人〉、混乱した〈人〉、当惑した〈人〉 —(*n.*) 回った〈こと〉、回転した〈こと〉 [Sk.]

ಭ್ರಮಿಷ್ಟ ⟦bʰramiṣṭa ブラミシュタ⟧ [bʰrəmiʂʈɐ] 《文》 *adj.*, *m.* 慌てた〈人〉、混乱した〈人〉、当惑した〈人〉 [Sk.]

ಭ್ರಮಿಸು ⟦bʰramisu ブラミス⟧ [bʰrəmisu] 《文》 *vi.* **1** さまよう、彷徨する **2** 慌てる、混乱する **3** 間違う、とり違える、間違って認識する、誤解する [Sk.]

ಭ್ರಮೆ ⟦bʰrame ブラメ⟧ [bʰrəme] *n.* **1** 《文》 彷徨、さまようこと **2** あるものをあるものと取り違えること、間違い、誤解 **3** 迷い、惑い、妄想 **4** 慌てること、混乱、当惑 [Sk.]

ಭ್ರಷ್ಟ ⟦bʰraṣṭa ブラシュタ⟧ [bʰrəʂʈɐ] *adj.*, *m.* 《*f.* ಭ್ರಷ್ಟೆ (bʰraṣṭe)》 **1** 堕落した〈人〉、腐った〈人〉 **2** (役人など)腐敗した〈人〉、賄賂を取る〈人〉 **3** 自分のカーストから追い出された〈人〉 [Sk.]

ಭ್ರಷ್ಟಾಚಾರ ⟦bʰraṣṭācāra ブラシュターチャーラ⟧ [bʰrəʂʈɐːʧɐːrɐ] *n.* 腐敗、堕落、特に収賄など行政の腐敗 [Sk.]

ಭ್ರಾಂತ ⟦bʰrāṃta ブラーンタ⟧ [bʰrɐːntɐ] *adj.*, *m.* 《*f.* ಭ್ರಾಂತಳು (bʰrāṃtaḷu)》 **1** 狼狽した〈人〉、慌てた〈人〉、混乱した〈人〉 **2** 間違いを犯した〈人〉、判断を誤った〈人〉 [Sk.]

ಭ್ರಾಂತಿ ⟦bʰrāṃti ブラーンティ⟧ [bʰrɐːnti] *n.* **1** 狼狽、慌てること、混乱 **2** 間違い [Sk.]

ಭ್ರಾತೃ ⟦bʰrātṛ ブラートゥル⟧ [bʰrɐːtrɯ/bʰrɐːtru] 《文》 *m.* 《*pl.* ಭ್ರಾತೃಗಳು (bʰrātṛgaḷu)》 兄または弟、兄弟 [Sk.]

ಭ್ರಾಮಕ ⟦bʰrāmaka ブラーマカ⟧ [bʰrɐːməkɐ] 《文》 (*n.*) **1** 人を惑わす〈こと〉 **2** 嘘〈の〉、でたらめ〈の〉 —*n.* 天然磁石 [Sk.]

ಭ್ರುಕುಟಿ ⟦bʰrukuṭi ブルクティ⟧ [bʰrukuʈi] 《文》 *n.* 顔をしかめること、しかめ面 [Sk. ←Austroas. M2.517] = ಭ್ರೂಕುಟಿ (bʰrūkuṭi)

ಭ್ರೂ ⟦bʰrū ブルー⟧ [bʰruː] 《文》 *n.* 眉毛 [Sk.]

ಭ್ರೂಕುಟಿ ⟦bʰrūkuṭi ブルークティ⟧ [bʰruːkuʈi] 《文》 *n.* 顔をしかめること、しかめ面 [Sk.]

ಭ್ರೂಣ ⟦bʰrūṇa ブルーナ⟧ [bʰruːɳɐ] 《文》 *n.* 胎児 [Sk.]

ಭ್ರೂಣಹತ್ಯೆ ⟦bʰrūṇahatye ブルーナハティェ⟧ [bʰruːɳəhət̪je] 《文》 *n.* 堕胎、人工流産 [Sk.]

ಭ್ರೂಲತೆ ⟦bʰrūlate ブルーラテ⟧ [bʰruːləte] 《文》 *n.* きれいな曲線を描いた眉毛 [Sk.]

ಮ

ಮ ⟦ma マ⟧ [məˑ] *n.* カンナダその他のインド系言語で /ma/ を表す文字または音声 [Ka.]

ಮಂಕ ⟦maṃka マンカ⟧ [məŋkɐ] *m.* 《*f.* ಮಂಕಳು (maṃkaḷu)》 馬鹿、愚か者、阿呆 [*maṃku* + *-a*] cf. ಮಂಕುದಿಣ್ಣೆ (maṃkudiṇṇe)

ಮಂಕರಿ ⟦maṃkari マンカリ⟧ [məŋkəri] ಮಕ್ಕರಿ, ಮಂಕಣಿ, ಮಂಕ್ರಿ *n.* 割った竹やナツメヤシなどで作った籠 [⇒図] [Ka. D4620]

ಮಂಕರಿ 籠

ಮಂಕು ⟦maṃku マンク⟧ [məŋku] ಮಮ್ಮು *n.* **1** (金属の容器、鏡などが)曇っていること、(顔つきに)元気がないこと ¶ ಅಫೀಮು ತಿಂದರೆ ಬುದ್ಧಿಗೆ ಮಂಕು ಕವಿಯುತ್ತದೆ. (apʰīmu tiṃdare buddʰige maṃku kaviyuttade.) アヘンを吸引すれば頭がぼうっとする。 **2** ランプのほやについた煤 ¶ ದೀಪದ ಮಂಕು ತೆಗೆಯಿರಿ. (dīpada maṃku tegeyiri.) ランプの曇りを取り除きなさい。 **3** (頭が)鈍いこと [Ka. D4750]

ಮಂಕುತನ ⟦maṃkutana マンクタナ⟧ [məŋkutənɐ] *n.* 馬鹿げた振る舞い ¶ ಅವನು ಹೋಟೆಲಿನಲ್ಲಿ ನೂರು ರೂಪಾಯಿ ಟಿಪ್ ಕೊಟ್ಟ, ಅವನ ಮಂಕುತನಕ್ಕೆ ಏನು ಹೇಳಲಿ. (avanu hōṭelinalli nūru rūpāyi ṭip koṭṭa. avana maṃkutanakke ēnu hēḷali.) 彼はレストランで 100 ルーピーもチップをやった。その馬鹿さかげんにあいた口がふさがらなかった。 [Ka. D4750]

ಮಂಕುದಿಣ್ಣೆ ⟦maṃkudiṇṇe マンクディンネ⟧ [məŋkudiɳɳe] *mf.* 馬鹿者、たわけもの [*maṃku* + *diṇṇe* 「盛り土」]

ಮಂಕ್ರಿ ⟦maṃkri マンクリ⟧ [məŋkri] 《口》 *n.* 割った竹やナツメヤシなどで作った籠 [Ka. D4620] ☞ಮಂಕರಿ (maṃkari)

ಮಂಗ ⟦maṃga マンガ⟧ [məŋgɐ] *n.* **1** 猿 **2** 〔罵〕猿 (いたずら者に対して悪意を込めずに用いる罵倒の言葉) [Ka. D4626]

ಮಂಗಮಾಯ ⟦maṃgamāya マンガマーヤ⟧ [məŋgəmɐːjɐ] *n.* 人間や大切なものが急に見えなくなること ¶ ಪೊಲೀಸಿಗೆ ಫೋನ್ ಮಾಡುವಷ್ಟರಲ್ಲಿ ಕಳ್ಳ ಮಂಗಮಾಯ ಆದ. (polīsige pʰōn māḍuvaṣṭaralli kaḷḷa maṃgamāya āda.) 僕が電話している間に泥棒は姿を消した。 [*maṃga* 「猿」 + *māya* 「消え去る」]

ಮಂಗಳ ⟦maṃgaḷa マンガラ⟧ [məŋgəɭɐ] *n.* **1** 火星

2 幸福、幸せ、繁栄 3 めでたいこと ¶ ಗೃಹಪ್ರವೇಶ ಒಂದು ಮಂಗಳ ಕಾರ್ಯ. (gr̥hapravēśa oṃdu maṃgaḷa kārya.) 新築祝いはめでたい行事の一つである。4 めでたい儀式などの前に神に祈ること 5 叙事詩などを読み終えること、宗教的な儀式の完了 [Sk.]

ಮಂಗಳಾರತಿ ⟦maṃgaḷārati マンガラーラティ⟧ [məŋgəɭɐːrəti] *n.* 灯明を神像などの前で右回りに回す儀式 [*maṃgaḷa* + *ārati*]

ಮಂಗಳಾರತಿ ತಟ್ಟೆ ⟦maṃgaḷārati taṭṭe マンガラーラティタッテ⟧ [məŋgəɭɐːrəti təʈʈe] *n.* 灯明盆(神を祀る際などに灯明を右回りに回す儀式に用いる金属製の盆) [⇒図] [+ *taṭṭe*「盆」]

ಮಂಗಳಾರತಿ ತಟ್ಟೆ
灯明盆

ಮಂಗಾರೆ ⟦maṃgāre マンガーレ⟧ [məŋgɐːre] 《文》 *n.* 刺の生えたアカネ科の低木(薬用)⇀ 薬 [Ka. D4669] *[IMP 2.34]

ಮಂಗಾರೆಮುಳ್ಳು ⟦maṃgāremuḷḷu マンガーレムッル⟧ [məŋgɐːremuɭɭu] 《文》 *n.* [Ka. D4716] ☞ಮಂಗಾರೆ (maṃgāre)

ಮಂಗೋಲಿಯ ⟦maṃgōliya マンゴーリヤ⟧ [məŋgoːlijɐ] *n.* モンゴル(中国の北に隣接する国) [Eg. Mongolia]

ಮಂಗು ⟦maṃgu マング⟧ [məŋgu] 《方》 *n.* 雌猫 (Hav.) [Ka. D4625] = ಬೆಕ್ಕು (bekku)〔汎〕

ಮಂಚ ⟦maṃca マンチャ⟧ [məɲʧɐ] *n.* 1 木製や金属製の寝台 2 芝居などに用いられる舞台 3 (祝祭などのために作られる)にわか作りの舞台や観客席 4〔喩〕活動の舞台 ¶ ಅವರ ಬರವಣಿಗೆಗೆ ಪತ್ರಿಕೆಯಲ್ಲಿ ಜ್ಞಾನ ವಿಜ್ಞಾನ ಎಂಬ ಮಂಚ ಸಿಕ್ಕಿತು. (avara baravaṇigege patrikeyalli jñāna vijñāna eṃba maṃca sikkitu.) 彼は雑誌の「知恵と知識」というコラムで文筆活動の場を得た。 [Sk.]

ಮಂಚಟಿಗೆ ⟦maṃcaṭige マンチャティゲ⟧ [məɲʧəʈige] 《口》 *n.* ナンバンアカアズキ(南蛮赤小豆、ネムノキ科ナンバンアカアズキ属の木の一種またはその赤い種、その種は金細工師が 116.66667mg の分銅として用いる) ⇀ 具・薬・材 [Ka. D4636] = ಮಂಜಾಡಿ (maṃjāḍi) *[IMP 1.59]

ಮಂಜಳ ⟦maṃjaḷa マンジャラ⟧ [məɲʤə̆ɭɐ] 《古》 *n.* ウコン(ショウガ科) ⇀ 染・香 [Ka. D4635] = ಅರಿಸಿನ (arisina)〔汎〕*[IMP 2.258]

ಮಂಜಾಡಿ ⟦maṃjāḍi マンジャーディ⟧ [məɲʤəɐːɖi] ಮಂಜಟಿ, ಮಂಜಟ್ಟಿ, ಮಂಜಡಿ, ಮಂಜತ್ತಿ, ಮಂಜಿಟೆ, ಮಂಜಿಟ್ಟಿ, ಮಂಜಿಠಿ, ಮಂಜಿಷ್ಟೆ, ಮಂಜೂತಿ 《口》 *n.* ナンバンアカアズキ(南蛮赤小豆、ネムノキ科ナンバンアカアズキ属の木の一種またはその赤い種、その種は金細工師が 116.66667mg の分銅として用いる) ⇀ 具・薬・材 [Ka. D4636] *[IMP 1.59]

ಮಂಜಿ¹ ⟦maṃji マンジ⟧ [məɲʤi] 《古》 *n.* チトセラン(樹皮の繊維で縄を作る多年生の植物、リュウゼツラン科) ⇀ 繊 [Ka. D4637]

ಮಂಜಿ² ⟦maṃji マンジ⟧ [məɲʤi] 《口》 *n.* (沿岸貿易に使われる)一本マストの大きな舟 [Ka. D4750]

ಮಂಜು¹ ⟦maṃju マンジュ⟧ [məɲʤu] *n.* 1 露 2 霜 3 霧、もや、霞(かすみ) ¶ ಚಳಿಗಾಲದಲ್ಲಿ ಮೈಸೂರಿನಲ್ಲಿ ಬೆಳಗ್ಗೆ ಮಂಜು ಕವಿಯುತ್ತದೆ. (caḷigāladalli maisūrinalli beḷagge maṃju kaviyuttade.) マイソールは冬の朝霧がかかる。 4 氷 5 寒さ [Ka. D4641]

ಮಂಜು² ⟦maṃju マンジュ⟧ [məɲʤu] (*n.*) (視力が)はっきりしない〈こと〉¶ ಕಣ್ಣಲ್ಲಿ ನೀರು ತುಂಬಿ ದೃಷ್ಟಿ ಮಂಜು ಆಯಿತು. (kaṇṇalli nīru tuṃbi dr̥ṣṭi maṃju āyitu.) 目に涙がいっぱいになってものがはっきり見えなかった。 [Ka. D4750, *D4641]

ಮಂಜುಗೆಡ್ಡೆ ⟦maṃjugeḍḍe マンジュゲッデ⟧ [məɲʤugeɖɖe] *n.* 氷 [*maṃju*¹ + *geḍḍe*]

ಮಂಜಿಟೆ ⟦maṃjiṭe マンジテ⟧ [məɲʤiʈe] ಮಂಜಟಿ, ಮಂಜಟ್ಟಿ, ಮಂಜಡಿ, ಮಂಜತ್ತಿ, ಮಂಜಿಟಿ, ಮಂಜಿಟ್ಟೆ, ಮಂಜಿಷ್ಟೆ, ಮಂಜೂತಿ 《文》 *n.* イネ科ジュズダマ属の草本の一種 ⇀ 食・飼・薬・嗜 [? cf. Sk *mañjiṣṭʰā-*] *[IMP 2.158]

ಮಂಜುಳ ⟦maṃjuḷa マンジュラ⟧ [məɲʤuɭɐ] *adj.* 1 (主として若い女性の言葉や声が)甘い、甘美な 2 (主として女性について容姿が)優美で美しい [Sk.]

ಮಂಜೂರಾತಿ ⟦maṃjūrāti マンジューラーティ⟧ [məɲʤuːrɐːti] *n.* (政府や役所などの) 認可、許可 [Ar. *manzūrāt*] cf. ಮಂಜೂರು (maṃjūru)

ಮಂಜೂರು ⟦maṃjūru マンジュール⟧ [məɲʤuːru] (*n.*) 1 (意見や提案などが)同意できる〈こと〉、認めうる〈こと〉¶ ನಿಮ್ಮ ಅಭಿಪ್ರಾಯ ನನಗೆ ಮಂಜೂರಿದೆ. (nimma abʰiprāya nanage maṃjūride.) ご意見に同意できます。 2 (政府や役所などの)認可や許可を受けた〈こと〉 [Ar. *manẓūr*]

ಮಂಜೆಟ್ಟಿ ⟦maṃjeṭṭi マンジェッティ⟧ [məɲʤeʈʈi] 《‡》 *n.* ナンバンアカアズキ(南蛮赤小豆、ネムノキ科ナンバンアカアズキ属の木の一種またはその赤い種、その種は金細工師が 116.66667mg の分銅として用いる) (*St. & Pl.* (*Kitt.*)) [Ka. D4636] ☞ಮಂಜಿಟೆ (maṃjiṭe)

ಮಂಟಪ ⟦maṃṭapa マンタパ⟧ [məɳʈəpɐ] ಮಂಟಮ, ಮಂಟಯ, ಮಂಟೆಯ, ಮಂಠೆಯ, ಮಂಡವ *n.* 1 (旅人たちの休憩のために建てた) 柱と屋根からなる構造物 2 (結婚などのめでたい行事のために建てた) 屋根付きの構造物 3 マンタパ(寺院の本殿の入り口や境内の一か所に建てた屋根付きの石製の構造物) [⇒図] 4 (村の長老たちが会議に用いる)台座 [Sk. *maṇḍapa* <? M2.557]

ಮಂಟಪ3 マンタパ

ಮಂಟಿ ⟦maṃṭi マンティ⟧ [məɳʈi] 《口》 *n.* 土 [Ka. D4971] ☞ಮರಡು (maraḍu)

ಮಂಡಗೆ ⟦maṃḍage マンダゲ⟧ [məɳɖə̆ge] 《方》 *n.* 大型の水甕 (*Hav.*) [Ka. D4682]

ಮಂಡನ ⟦maṃḍana マンダナ⟧ [məɳɖənɐ] 《文》 *n.* 1 装身具などで身を飾ること 2 (提案や計画など

を)出すこと ¶ ಮಂಡಲ್ ಸಮಿತಿ ತನ್ನ ಸಲಹೆಗಳನ್ನು ಸರಕಾರಕ್ಕೆ ಮಂಡನ ಮಾಡಿತು. (maṃḍal samiti tanna salahegaḷannu sarakārakke maṃḍana māḍitu.) マンダル委員会はその意見を政府に出した。[Sk.]

ಮಂಡಲ ⟦maṃḍala マンダラ⟧ [mən̪ɖəlɐ] ಮಂಡಳ *n.* **1** 円盤、円形(一般) ¶ ಹಾವಾಡಿಗನ ಆಟ ನೋಡಲು ಜನ ಮಂಡಲಾಕಾರವಾಗಿ ನಿಂತಿದ್ದರು. (hāvāḍigana āṭa nōḍalu jana maṃḍalākāravāgi niṃtiddaru.) 蛇使いの芸を見るため人々は輪を作って立っていた。 **2** (太陽や月の)丸い形 **3** (太陽や月の)光背 **4** ある目的のために構成された人々の集団 ¶ ಮಂತ್ರಿಮಂಡಲ (maṃtrimaṃḍala) 内閣 **5** (国家や州などの)行政区域 [Sk.]

ಮಂಡಲಿ ⟦maṃḍali マンダリ⟧ [mən̪ɖəli] ಮಂಡಳಿ *n.* **1** 円形、円、円形のもの **2** (ある目的を達成するために構成された人々の)集合体、チーム **3** (役者、歌手などの)集合体(劇団、楽団など) **4** (役職者などの)評議会、(役人などが作る)委員会 [Sk.]

ಮಂಡಳಿ ⟦maṃḍaḷi マンダリ⟧ [mən̪ɖəɭi] *n.* [Sk.] ☞ಮಂಡಲಿ (maṃḍali)

ಮಂಡಲೇಶ ⟦maṃḍalēśa マンダレーシャ⟧ [mən̪ɖəle:Sɐ] 《文》 *m.* (王が支配する)一地方の長官 [Sk.]

ಮಂಡಲೇಶ್ವರ ⟦maṃḍalēśvara マンダレーシュヴァラ⟧ [mən̪ɖəle:Svərɐ/°vɤrɐ] 《文》 *m.* (王が支配する)一地方の長官 [Sk.] = ಮಂಡಲೇಶ (maṃḍalēśa)

ಮಂಡಲಾಧಿಪತಿ ⟦maṃḍalādʰipati マンダラーディパティ⟧ [mən̪ɖəlɐ:dʰipəti] 《文》 *m.* [Sk.] = ಮಂಡಲೇಶ (maṃḍalēśa)

ಮಂಡಿ¹ ⟦maṃḍi マンディ⟧ [mən̪ɖi] *n.* 膝 [Ka. D4677]

ಮಂಡಿ² ⟦maṃḍi マンディ⟧ [mən̪ɖi] *n.* (特に穀物や野菜など特別な商品の)卸売市場 [H. *maṃḍī* <?]

ಮಂಡಿಸು ⟦maṃḍisu マンディス⟧ [mən̪ɖisu] *vt.* 〈決議などを〉出す ¶ ಶಂಕರಾಚಾರ್ಯರು ಅದ್ವೈತ ಸಿದ್ಧಾಂತವನ್ನು ಮಂಡಿಸಿದರು. (śaṃkarācāryaru advaita siddʰāṃtavannu maṃḍisidaru.) シャンカラーチャーリヤはアドヴァイタ説を世に問うた。 —*vi.* 〔美〕 席につく ¶ ಸ್ವಾಮಿಗಳು ಆಸನದಲ್ಲಿ ಮಂಡಿಸಿದರು. (svāmigaḷu āsanadalli maṃḍisidaru.) スヴァーミージーはご着席遊ばされました。 [Sk.]

ಮಂಡುಕ ⟦maṃḍuka マンドゥカ⟧ [mən̪ɖukɐ] 《文》 *n.* カエル(蛙) [Pk. *manḍuka*- <? M2.36] = ಕಪ್ಪೆ (kappe) 〔汎〕

ಮಂಡೂಕ ⟦maṃḍūka マンドゥーカ⟧ [mən̪ɖu:kɐ] ಮಂಡುಕ 《文》 *n.* カエル(蛙) [Sk. *manḍūka*- <? M2.36] = ಕಪ್ಪೆ (kappe) 〔汎〕

ಮಂಡೆ ⟦maṃḍe マンデ⟧ [mən̪ɖe] 《方》 *n.* **1** 頭(頭髪が生えている部分) **2** 頭(首から上の部分) **3** 頭(知力) ¶ ಇಂಥ ಕೆಲಸ ಮಾಡಿದ್ದೀರಿ. ನಿಮಗೆ ಮಂಡೆ ಇಲ್ಲ. (imtʰa kelasa māḍiddīri. nimage maṃḍe illa.) 君はこんなことをした。馬鹿だね。 [Ka. D4682] cf. ತಲೆ (tale)

ಮಂತ ⟦maṃta マンタ⟧ [məntɐ] ಮಂತು *n.* **1** バターをかき混ぜる棒 **2** ヨーグルトの上澄み [Sk. *maṃtʰa*-]

ಮಂತು ⟦maṃtu マントゥ⟧ [məntu] *n.* バターをかき混ぜる棒 [Sk. *maṃtʰa*-]

ಮಂತ್ರ ⟦maṃtra マントラ⟧ [məntrɐ] *n.* **1** マントラ、神聖な詩文(特にヴェーダの賛歌);聖なる祈りの言葉 **2** マントラ、ある神を象徴したり神への信仰や神からの守護を表す定式文句 ¶ ಓಂ ನಮೋ ನಾರಾಯಣಾಯ. (ōṃ namō nārāyaṇāya.) オーム、ナーラーヤナ神に帰命す。**3** 魔法の呪文 **4** 加入儀礼、霊的な悟りのための入門式 ¶ ರಾಮಕೃಷ್ಣ ಪರಮಹಂಸರು ವಿವೇಕಾನಂದರಿಗೆ ಮಂತ್ರೋಪದೇಶ ಕೊಟ್ಟರು/ಮಾಡಿದರು. (rāmakṛṣṇa paramahaṃsaru vivēkānaṃdarige maṃtrōpadēśa koṭṭaru/māḍidaru.) ラーマクリシュナ・パラマハンサがヴィヴェーカーナンダに霊的探求の道の手ほどきを与えた。 **5** 密議、密かな謀議 [Sk.]

ಮಂತ್ರಜ್ಞ ⟦maṃtrajña マントラジュニャ⟧ [məntrəɟɲɐ/—gnɐ] 《文》 *adj.*, *m.* 《*f.* ಮಂತ್ರಜ್ಞೆ (maṃtrajñe)》 **1** 呪文に通じた〈人〉 **2** 術策に通じた〈人〉 [Sk.]

ಮಂತ್ರಣ ⟦maṃtraṇa マントラナ⟧ [məntrəɳɐ] 《文》 *n.* 密議、ひそかな謀議、評定 ¶ ರಾಜೀವ್ ಗಾಂಧಿಯನ್ನು ಕೊಲ್ಲುವ ಮಂತ್ರಣದಲ್ಲಿ ಕೆಲವು ರಾಜಕಾರಣಿಗಳೂ ಇದ್ದರಂತೆ. (rājīv gāṃdʰiyannu kolluva maṃtraṇadalli kelavu rājakāraṇigaḷū iddaraṃte.) ラジーブ・ガーンディー暗殺の密議への参加者の中に何人かの政治家もいたそうだ。 [Sk.]

ಮಂತ್ರವಾದಿ ⟦maṃtravādi マントラヴァーディ⟧ [məntrəvɐ:di] *m.* 《*f.* ಮಂತ್ರವಾದಿನಿ (maṃtravādini)》 魔術師、妖術師 [Sk.]

ಮಂತ್ರದೀಕ್ಷಿತ ⟦maṃtradīkṣita マントラディークシタ⟧ [məntrədi:kSitɐ] 《文》 *mn.* 《*f.* ಮಂತ್ರದೀಕ್ಷಿತಳು (maṃtradīkṣitaḷu)》 マントラの入門式を受けた人、師匠から授かったマントラによって神を実感しようと努力する人 [Sk.]

ಮಂತ್ರದೀಕ್ಷೆ ⟦maṃtradīkṣe マントラディークシェ⟧ [məntrədi:kSe] *n.* **1** (マントラによる超自然的な力を得るために行う)修行 **2** (マントラの神的能力の獲得のために行う修行の始まりに)師が弟子に与える入門式 [Sk.]

ಮಂತ್ರಾಲೋಚನೆ ⟦maṃtrālōcane マントラーローチャネ⟧ [məntrɐ:lo:ʧəne] *n.* 秘密の謀議、密議 [Sk.]

ಮಂತ್ರಿ ⟦maṃtri マントリ⟧ [məntri] *mf.* 大臣、宰相 [Sk.]

ಮಂತ್ರಿತ್ವ ⟦maṃtritva マントリトヴァ⟧ [məntritˑvɐ] *n.* 大臣であること、大臣の地位 [Sk.]

ಮಂತ್ರಿಮಂಡಲ ⟦maṃtrimaṃḍala マントリマンダラ⟧ [məntrimən̪ɖəlɐ] *n.* 内閣 [Sk.]

ಮಂತ್ರಿಸಂಪುಟ ⟦maṃtrisampuṭa マントリサンプタ⟧ [məntrisəmpuʈɐ] *n.* 内閣 [Sk.]

ಮಂತ್ರಿಸು ⟦maṃtrisu マントリス⟧ [məntrisu] 《文》 *vt.* **1** (ヴェーダの詩を唱えることによって)〈儀式に用いられる米、水、草などを〉神聖化する **2** 呪文をかける —*vi.* **1** 呪文を唱える **2** 忠告する、

助言する [Sk.]

ಮಂತ್ರೋಪದೇಶ ⟦maṃtrōpadēśa マントローパデーシャ⟧ [məntro:pəde:ʃɐ] *n.* (マントラの入門式において) 師が弟子にマントラを伝授すること [Sk.]

ಮಂಥ ⟦maṃtʰa マンタ⟧ [məntʰɐ] 《文》 *n.* (牛乳や乳製品を)かき回すこと [Sk.]

ಮಂಥನ ⟦maṃtʰana マンタナ⟧ [məntʰ ənɐ] 《文》 *n.* **1** (牛乳または乳製品を) かき回すこと **2** (心の)悶え、懊悩、煩悶 ¶ ಮಗಳಿಗೆ ಇಪ್ಪತ್ತೈದು ವರ್ಷಗಳಾದರೂ ಮದುವೆ ಆಗಲಿಲ್ಲ ಎಂದು ತಂದೆಯ ಮನಸಿನಲ್ಲಿ ಮಂಥನ ಶುರು ಆಯಿತು. (magaḷige ippattaidu varṣagaḷādarū maduve āgalilla eṃdu taṃdeya manasinalli maṃtʰana śuru āyitu.) 自分の娘が 25 歳になっても結婚しなかったので父親は不安になりはじめた。[Sk.]

ಮಂದ ⟦maṃda マンダ⟧ [məndɐ] (*adj.*) **1** ゆっくり〈とした〉¶ ಸರಕಾರಿ ಕಚೇರಿಯಲ್ಲಿ ಕಡತಗಳು ಮಂದಗತಿಯಲ್ಲಿ ಸಾಗುತ್ತವೆ. (sarakāri kacēriyalli kaḍatagaḷu maṃdagatiyalli sāguttave.) 役所では書類がのろのろとしか回らない。**2** 穏やかな ¶ ಮಂದ ನಗೆ (maṃda nage) 微笑み **3** 活発でない、怠惰な **4** (知力が)鈍い **5** (視力、消化力などが)鈍い **6** 《方》 (液体が)濃い、粘っこい ¶ ಎಣ್ಣೆಗಿಂತ ಜೇನುತುಪ್ಪ ಮಂದವಾಗಿದೆ. (eṇṇegiṃta jēnutuppa maṃdavāgide.) ハチミツは油より粘度が高い。(SK) —*n.* **1** (液体の)粘度 **2** (本などの)厚さ ¶ ಆ ಪುಸ್ತಕದ ಮಂದ ಎಷ್ಟು? (ā pustakada maṃda eṣṭu?) あの本の厚さはどのくらいですか。(SK) [Sk.]

ಮಂದಗತಿ ⟦maṃdagati マンダガティ⟧ [məndəgəti] 《文》 *n.* ゆっくりとした歩み [Sk.]

ಮಂದಗಮನೆ ⟦maṃdagamane マンダガマネ⟧ [məndəgəməne] 《文》 *f.* ゆっくりと優雅に歩く女性 [Sk.]

ಮಂದಮತಿ ⟦maṃdamati マンダマティ⟧ [məndəməti] 《文》 *adj., mf.* 頭が鈍い〈人〉、頭脳が鋭敏でない〈人〉 —*n.* 鈍い頭脳 [Sk.]

ಮಂದಮಾರುತ ⟦maṃdamāruta マンダマールタ⟧ [məndəmɐ:rutɐ] 《文》 *n.* そよ風 [Sk.]

ಮಂದರ ⟦maṃdara マンダラ⟧ [məndərɐ] 《文》 *n.* 神々と悪魔が牛乳の海をかき混ぜた時にかき混ぜる棒として使った山の名 [Sk.]

ಮಂದಭಾಗ್ಯ ⟦maṃdabʰāgya マンダバーギャ⟧ [məndəbʰɐ:gjɐ] 《文》 *n.* 不運 [Sk.]

ಮಂದಯಿಸು ⟦maṃdayisu マンダイス⟧ [məndəjisu] 《古》 *vt.* [*maṃda* + *-isu*] ☞ಮಂದೈಸು (maṃdaisu)

ಮಂದಲಿಗೆ ⟦maṃdalige マンダリゲ⟧ [məndə̆lige] *n.* 萱で編んだござ [Ka. D4699]

ಮಂದಹಾಸ ⟦maṃdahāsa マンダハーサ⟧ [məndəhɐ:sɐ] 《文》 *n.* 微笑み [Sk.]

ಮಂದಾನಿಲ ⟦maṃdānila マンダーニラ⟧ [məndɐ:nilɐ] 《文》 *n.* **1** そよ風 **2** 1行が4拍の4脚からなる脚韻を踏んだ2行詩 [Sk.]

ಮಂದಾರ ⟦maṃdāra マンダーラ⟧ [məndɐ:rɐ] 《文》 *n.* **1** インド珊瑚の樹(珊瑚のような赤い花をつけるデイゴの近縁種、天国に生える五つの木の一つとされる **2** アコン(カイガンタバコ属) ⇀ 薬 = Sk. *arka-* *[IMP 1.342] **3** チョウセンアサガオ(朝鮮朝顔、ナス科チョウセンアサガオ属) ⇀ 薬 *[IMP 2.306] [Sk.] *[IMP 2.378]

ಮಂದಾಸನ ⟦maṃdāsana マンダーサナ⟧ [məndɐ:sənɐ] *n.* 神像などを置く木製の台座[⇒図] [Sk.]

ಮಂದಾಸನ
神像の台座

ಮಂದಿ[1] ⟦maṃdi マンディ⟧ [məndi] *n.* **1** (牛や羊の)群れ **2** すべての村人が共用する放牧地 [Ka. D4700(a)] ☞ಮಂದೆ (maṃde)[1]

ಮಂದಿ[2] ⟦maṃdi マンディ⟧ [məndi] *n.* 《*pl.*》 **1** 人々 ¶ ಜಾತ್ರೆಗೆ ಮಂದಿ ಸೇರಿದ್ದಾರೆ. (jātrege maṃdi sēriddāre.) 祭りに人々が集まっている。**2** 人(人間を数える助数詞として用いられる) ¶ ಕಾರ್ಯಕ್ರಮಕ್ಕೆ ಬರೀ ನಾಲ್ಕು ಮಂದಿ ಬಂದಿದ್ದರು. (kāryakramakke barī nālku maṃdi baṃdiddaru.) その式典にたった4人しか集まらなかった。¶ ಈ ದೇಶದಲ್ಲಿ ಹತ್ತು ಮಂದಿ ಸೇರಿದರೆ ಪೊಲೀಸ್ ಬಂಧಿಸುತ್ತಾರೆ. (ī dēśadalli hattu maṃdi sēridare polīs baṃdʰisuttāre.) この国では人が 10 人集まれば警察が逮捕する。= ಜನ (jana) [Ka. D4700(b)]

ಮಂದಿ[3] ⟦maṃdi マンディ⟧ [məndi] *n.* **1** 商品の価格が下がること、値下がり **2** 不況 [H. *maṃdī* T9754.5/Sk. *maṃda-* + H. *-ī*]

ಮಂದಿರ ⟦maṃdira マンディラ⟧ [məndirɐ] 《文》 *n.* **1** 〔美〕家屋、建物、住居 **2** 寺、寺院 [Sk. ←? M2.582]

ಮಂದಿವಾಳ ⟦maṃdivāḷa マンディヴァーラ⟧ [məndivɐ:ḷɐ] ಮಂದೆವಳ, ಮಂದೆವಾಳ, ಮಂದ್ಯಾಳ 《文》 *mf.* 普通の人、庶民 —*n.* (身分や地位の差がある人の間で)親密な関係から社会的地位の差を忘れて行動すること (*Bp.26,57; Bʰ (Kitt.)*) [*maṃdi*[1] + *vāḷa*]

ಮಂದು ⟦maṃdu マンドゥ⟧ [məndu] 《古》 *n.* **1** 村落の集合 (*insc.*) **2** 《‡》 ニールギリのトダ族の村落 (*Kitt.*) [Ka. D4777]

ಮಂದೆ[1] ⟦maṃde マンデ⟧ [məṇde] ಮಂದಿ[1] *n.* **1** 村の共用の牧場 **2** 村の中央にある諸カーストが共用する広場 [Ka. D4700(a)]

ಮಂದೆ[2] ⟦maṃde マンデ⟧ [mənde] *n.* (牛や羊の)群れ [Ka. D4700(b)] ☞ಮಂದಿ (maṃdi)[2]

ಮಂದೈಸು ⟦maṃdaisu マンダイス⟧ [məndəisu] ಮಂದಯಿಸು, ಮಂದಯ್ಸು, ಮಂದವಿಸು 《文》 *vi.* (液体が)濃縮される [*maṃda* + *-isu*] = ಮಂದಯಿಸು (maṃdayisu)

ಮಂದೋಷ್ಣ ⟦maṃdōṣṇa マンドーシュナ⟧ [məndo:ʂɳɐ] 《文》 (*n.*) 生ぬるい〈こと〉、生暖かい〈こと〉 —*n.* 生暖かいこと、生暖かい熱 = ಉಗುರುಬೆಚ್ಚಗೆ (ugurubeccage)〔汎〕 [Sk.]

ಮಂದ್ರ ⟦maṃdra マンドラ⟧ [məndrɐ] (*adj.*) (声が)低音域〈の〉(絶対的な高さは歌手によって異なる) —*n.* (声楽での)低音階(絶対的な高さは歌手によって異なる) [Sk.]

ಮಂದ್ರಸಪ್ತಕ ⟦maṃdrasaptaka マンドラサプタカ⟧ [məndrəsəptəkɐ] *adj.* (声楽での)低音階の(絶対的な高さは歌手によって異なる) [Sk.]

ಮಂದ್ಲಿಗೆ ⟦maṃdlige マンドリゲ⟧ [məndlige] 《口》 *n.* 葦で編んだござ [Ka. D4699] ☞ಮಂದಲಿಗೆ (maṃdalige)

ಮಂಪರು ⟦maṃparu マンパル⟧ [məmpəru] *n.* 眠いこと ¶ ನಿನ್ನೆ ನಿದ್ದೆ ಇಲ್ಲದ್ದರಿಂದ ಇಂದು ನನಗೆ ಮಂಪರಿದೆ. (ninne nidde illaddariṃda iṃdu nanage maṃparide.) 昨日眠れなかったので今日眠い。 [Ka. *D4728]

ಮಕ ⟦maka マカ⟧ [məkɐ] 《口》 *n.* (ランプなどが煤などで) 薄暗いこと ¶ ದೀಪಕ್ಕೆ ಮಕ ಬಂದಿದೆ, ಕಾಡಿಗೆ ತೆಗೆಯಿರಿ. (dīpakke maka baṃdide, kāḍige tegeyiri.) ランプが暗くなっている。煤を取ってください。 [Ka. D4750]

ಮಕನ್ ⟦makan マカン⟧ [məkən] 《古》 *m.* 息子 (*inscr.* (*Gai*)) [Ka. D4616] ☞ಮಗ (maga) 〔汎〕

ಮಕಮಲ್ಲು ⟦makamallu マカマッル⟧ [məkə̆məllu] *n.* ビロード [Pe. *maxmal*] = ಮಖಮಲ್ಲು (makʰamallu)

ಮಕರಸಂಕ್ರಮಣ ⟦makarasaṃkramaṇa マカラサンクラマナ⟧ [məkərəsəŋkrəməɳɐ] *n.* 太陽がインドの山羊座 (Makara) に入る日(南インドでは「ポンガル」と呼ばれる祭りが催される。1月14日か15日にあたる) [Sk.] = ಮಕರಸಂಕ್ರಾಂತಿ (makarasaṃkrāṃti)

ಮಕರಸಂಕ್ರಾಂತಿ ⟦makarasaṃkrāṃti マカラサンクラーンティ⟧ [məkərəsəŋkrɐːnti] *n.* [Sk.] ☞ಮಕರಸಂಕ್ರಮಣ (makarasaṃkramaṇa)

ಮಕಾರ ⟦makāra マカーラ⟧ [məkɐːrɐ] *n.* カンナダその他のインド系の文字で音素の連続 /ma/ を表す文字 [Sk.]

ಮಕುಟ ⟦makuṭa マクタ⟧ [məkuʈɐ] 《文》 *n.* (王や神の)冠、王冠 [Sk. cf. D4888, T10144, M.2.646]

ಮಕ್ಕರಿ ⟦makkari マッカリ⟧ [məkkə̆ri] ಮಂಕರಿ, ಮಕ್ರಿ *n.* 割った竹やナツメヤシなどで作った籠 [Ka. D4620]

ಮಕ್ಕಳ್ ⟦makkaḷ マッカル⟧ [məkkəɭ] 《古》 *n.* 《ಮಗು (magu)の複数形》子どもたち [Ka. D4616] ☞ಮಕ್ಕಳು (makkaḷu)

ಮಕ್ಕಳಿರ್ ⟦makkaḷir マッカリル⟧ [məkkə̆ɭir] 《古》 *n.* 《ಮಗು (magu)の複数形》子どもたち

ಮಕ್ಕಳು ⟦makkaḷu マッカル⟧ [məkkə̆ɭu] ಮಕ್ಕಳ್ *n.* 《ಮಗು (magu)の複数形》子どもたち [Ka. D4616]

ಮಕ್ಕು¹ ⟦makku マック⟧ [məkku] 《方》 *n.* (穀物の)穂 (*Hav.*) [Ka. D4623]

ಮಕ್ಕು² ⟦makku マック⟧ [məkku] 《口》 *n.* (ランプが)煤で薄暗いこと ¶ ದೀಪಕ್ಕೆ ಮಕ್ಕು ಬಂದಿದೆ, ಕಾಡಿಗೆ ತೆಗೆಯಿರಿ. (dīpakke makku baṃdide, kāḍige tegeyiri.) ランプが薄暗くなった。煤を掃除してください。 [Ka. *D4750] ☞ಮಂಕು (maṃku)

ಮಕ್ರಿ ⟦makri マクリ⟧ [məkri] 《口》 *n.* 割った竹やナツメヤシなどで作った籠 [Ka. D4620] ☞ಮಕ್ಕರಿ (makkari)

ಮಖಮಲ್ಲು ⟦makʰamallu マカマッル⟧ [məkʰəməllu] *n.* ビロード [Pe. *maxmal*]

ಮಗ ⟦maga マガ⟧ [məgɐ] *m.* 息子 [Ka. D4616]

ಮಗಚು ⟦magacu マガチュ⟧ [məgə̆ʧu] *vi.* (車や亀などが) ひっくり返る、転覆する ¶ ಬಸ್ಸು ಹತೋಟಿ ತಪ್ಪಿ ರಸ್ತೆ ಪಕ್ಕದಲ್ಲಿ ಮಗಚಿತು. (bassu hatōṭi tappi raste pakkadalli magacitu.) バスがスリップして道路脇で転覆した。 —*vt.* 〈オムレツやチャパーティーなどを〉裏返す ☞ಮಗುಚು (magucu) [Ka. < *maguṛcu* D4617]

ಮಗವು ⟦magavu マガヴ⟧ [məgə̆vu] 《古》 *n.* 《*pl.* ಮಕ್ಕಳು (makkaḷu)》子ども [Ka. D4616] = ಮಗು (magu) 〔現〕

ಮಗಳ್ ⟦magaḷ マガル⟧ [məgəɭ] 《古》 *f.* 娘 [Ka. D4616] ☞ಮಗಳು (magaḷu) 〔現〕

ಮಗಳು ⟦magaḷu マガル⟧ [məgə̆ɭu] ಮಗಳ್ *f.* 娘 ¶ ಮಗಳ ಗಂಡನಿಗೆ/ಗಂಡನನ್ನು ಅಳಿಯ ಅನ್ನುತ್ತಾರೆ. (magaḷa gaṃḍanige/gaṃḍanannu aḷiya annuttāre.) 娘の夫を婿と言う。 [Ka. *D4616]

ಮಗಳ್ಮಾ ⟦magaḷmā マガルマー⟧ [məgəɭmɐː] 《古》 *f.* 貞淑な妻 (*Śmd.ī* (*Kitt.*)) [Ka. D4616]

ಮಗಿ ⟦magi マギ⟧ [məgi] 《口》 *n.* (水を汲み出すための)小さな土製の容器 [Ka. D4887] ☞ಮೊಗೆ (moge)

ಮಗಿಲ್ ⟦magil マギル⟧ [məgil] ಮಗಿಲು 《古》 *n.* 町の周囲の城壁、寺院などの(構内の)外壁、など [Ka. D4888]

ಮಗಿಲು ⟦magilu マギル⟧ [məgĭlu] 《古》 *n.* 町の周囲の城壁、寺院などの(構内の)外壁など [Ka. *D4888] ☞ಮಗಿಲ್ (magil)

ಮಗು ⟦magu マグ⟧ [məgu] ಮಗವು, ಮಗುವು *n.* 《複数形はಮಕ್ಕಳು (makkaḷu)》 1 子ども、小児 2 子ども (息子または娘) ¶ ನಿಮಗೆ ಎಷ್ಟುಜನ ಮಕ್ಕಳು? (nimage eṣṭujana makkaḷu?) お子様は何人ですか。 [Ka. D4616]

ಮಗುಚು ⟦magucu マグチュ⟧ [məgŭʧu] ಮಗಚು, ಮೊಗಚು, ಮೊಗುಚು *vt.* 1 〈本のページなどを〉めくる 2《古》 投げ飛ばす、〈木などを〉吹き倒す 3《古》〈人生などを〉すり減らす —*vi.* 1《古》(船、車などが) 転覆する 2《文》 帰ってくる [Ka. < *maguṛcu* D4617]

ಮಗುವು ⟦maguvu マグヴ⟧ [məgŭvu] 《文》 *n.* 《ಮಗು (magu)の主格単数形、複数形は ಮಕ್ಕಳು (makkaḷu)》 [Ka. D4616] ☞ಮಗು (magu)

ಮಗುಳ್ ⟦maguḷ マグル⟧ [məguɭ] 《古》 *vi.* 回る [Ka. *D4617] ☞ಮಗುಟ್ (maguṛ)

ಮಗುಳಿಚು ⟦maguḷicu マグリチュ⟧ [məguɭĭʧu] 《古》 *vi.* 1 回す 2 (食べたものを)吐く、もどす [Ka. *maguḷ* *D4617 + *-icu* caus.] ☞ಮಗುಟ್ಚು (maguṛcu)

ಮಗುಳ್ಚು ⟦maguḷcu マグルチュ⟧ [məguɭʧu] 《古》 *vi.* 1 回す 2 吐く、もどす [Ka. *maguḷ* *D4617 + *-cu* caus.] ☞ಮಗುಟ್ಚು (maguṛcu)

ಮಗುಟ್ ⟦maguṛ マグル⟧ [məguɻ] ಮಗುಳ್, ಮಗುಳು 《古》 *vi.* 1 回る 2 ひっくり返る、裏返る [Ka.

D4617]

ಮಗುಟ್ಚು ⟦maguṟcu マグルチュ⟧ [məguɹʧu] ಮಗುಳಿಚು, ಮಗುಳ್ಚು 《古》 *vt.* 1〈顔を〉そむける 2 吐く、もどす 3 粉砕する、砕く [Ka. caus. D4617]

ಮಗೆ ⟦mage マゲ⟧ [məge] 《口》 *n.* 水などを汲み出す小型の容器 [Ka. D4887] ☞ಮೊಗೆ (moge)[1]

ಮಗ್ಗ ⟦magga マッガ⟧ [məggɐ] *n.* (手動の)織機 [Ka. D4624]

ಮಗ್ಗಲ್ ⟦maggal マッガル⟧ [məggəl] 《古》 *n.* 側、側面 [Ka. D4717]

ಮಗ್ಗಲು ⟦maggalu マッガル⟧ [məggălu] 《古》 *n.* 側、側面 ¶ ಮಗ್ಗಲಾಗಿ ಮಲಗು. (maggalāgi malagu.) 横になって寝なさい。 [Ka. *D4717]

ಮಗ್ಗಾರೆ ⟦maggāre マッガーレ⟧ [məggɐːre] ಮಂಗರೆ, ಮಂಗಾರೆ 《‡》 *n.* 刺のある低木の一種 (*Mr.119* (*Kitt.*)) [Ka. D4669]

ಮಗ್ಗಿ ⟦maggi マッギ⟧ [məggi] *n.* 九九の表 ◇ *vi.* —ಓದು (ōdu)九九を学ぶ；—ಹೇಳು (hēḷu) 九九を唱える [?]

ಮಗ್ಗಿಲ್ ⟦maggil マッギル⟧ [məggil] 《‡》 *n.* [Ka. D4717] (*Kitt.*) ☞ಮಗ್ಗುಲು (maggulu)

ಮಗ್ಗಿಲು ⟦maggilu マッギル⟧ [məggilu] *n.* [Ka. *D4717] ☞ಮಗ್ಗುಲು (maggulu)

ಮಗ್ಗು[1] ⟦maggu マッグ⟧ [məggu] 《古》 *vi.* 1 減る、減少する 2 (軍隊、勢力などが)衰える 3 (軍隊が)退却する [Ka. < *maṟgu* D4750]

ಮಗ್ಗಿಸು ⟦maggisu マッギス⟧ [məggĭsu] 《文》 *vt.* 減らす、減少させる [Ka. caus. D4750]

ಮಗ್ಗು[2] ⟦maggu マッグ⟧ [məggu] *n.* (花の) つぼみ [Ka. D4893] = ಮೊಗ್ಗು (moggu)

ಮಗ್ಗು[3] ⟦maggu マッグ⟧ [məggu] *n.* マグカップ、(水を汲み出すための) 取っ手付きの円筒形の容器、(ビール用の)ジョッキ [Eg. *mug*]

ಮಗ್ಗುಲ್ ⟦maggul マッグル⟧ [məggul] 《古》 *n.* [Ka. D4717] ☞ಮಗ್ಗುಲು (maggulu)

ಮಗ್ಗುಲು ⟦maggulu マッグル⟧ [məggŭlu] ಮಗ್ಗಲ್, ಮಗ್ಗಲು ಮುಗ್ಗಲು, ಮುಗ್ಗಿಲು, ಮುಗ್ಗುಲ್ *n.* 1 側、側面 ¶ ಮನೆಯ ಮಗ್ಗುಲಲ್ಲಿ ಮಾವಿನ ಮರ ಇದೆ. (maneya maggulalli māvina mara ide.) 家の横にマンゴーの木がある。 2 体の脇、脇腹 3 庇護 ¶ ತಾಯಿಯ ಮಗ್ಗುಲಲ್ಲಿ ಮಗು ಯಾವಾಗಲೂ ಇರಬೇಕು. (tāyiya maggulalli magu yāvāgalū irabēku.) 子どもは常に母親の庇護下にあらねばならない。 [Ka. *D4717]

ಮಗ್ನ ⟦magna マグナ⟧ [məgnɐ] 《文》 (*n.*) 1 飛びこんだ〈こと〉、沈んだ〈こと〉 2 (思索、感慨などに)没入〈した〉¶ ಶಾರದೆ ಯಾವಾಗಲೂ ಕಾದಂಬರಿಯಲ್ಲಿ ಮಗ್ನಳಾಗಿದ್ದಾಳೆ. (śārade yāvāgalū kādaṃbariyalli magnaḷāgiddāḷe.) シャーラダーはいつも小説に没入している。 [Sk.]

ಮಗ್ನತೆ ⟦magnate マグナテ⟧ [məgnəte] 《文》 *n.* (研究や思索などへの)没頭、没入 [Sk.]

ಮಚ್ಚ[1] ⟦macca マッチャ⟧ [məʧʧɐ] 《古》 *n.* 金細工師が与えられた金の一部を取っておいて後に所有者に見本として返す部分 [Ka. D4629]

ಮಚ್ಚ[2] ⟦macca マッチャ⟧ [məʧʧɐ] *n.* 1 ほくろ、黒いしみ 2 小型の刺青 [Ka. D4632] ☞ಮಚ್ಚೆ (macce)

ಮಚ್ಚಿಕೆ ⟦maccike マッチケ⟧ [məʧʧĭke] 《古》 *n.* 1 気に入ること、好きなこと 2 褒めること [Ka. < *marcu* D4722] ☞ಮೆಚ್ಚಿಕೆ (meccike) 〔汎〕

ಮಚ್ಚು[1] ⟦maccu マッチュ⟧ [məʧʧu] 《‡》 *n.* 金細工師が与えられた金の一部を取っておいて後に所有者に見本として返す部分 (*Si.329* (*Kitt.*)) [Ka. D4629] = ಮಚ್ಚ (macca)[1]

ಮಚ್ಚು[2] ⟦maccu マッチュ⟧ [məʧʧu] *n.* 1 上階 2 天井、屋根 [Ka. D4631]

ಮಚ್ಚು[3] ⟦maccu マッチュ⟧ [məʧʧu] *n.* 1 欺瞞、詐欺、ペテン ◇ *vi.* —ಗೊಳ್ಳು (goḷḷu) だまくらかす 2 (人の心を魅了するために用いる)魔法の粉 [Ka. D4706]

ಮಚ್ಚು[4] ⟦maccu マッチュ⟧ [məʧʧu] 《古》 *vt.* 1 好く、好む 2 褒める、賞賛する [Ka. D4722] ☞ಮೆಚ್ಚು (meccu) 〔汎〕

ಮಚ್ಚಿಸು ⟦maccisu マッチス⟧ [məʧʧĭsu] 《古》 *vt.* 喜ばす [Ka. D4722] ☞ಮೆಚ್ಚಿಸು (meccisu) 〔汎〕

ಮಚ್ಚು[5] ⟦maccu マッチュ⟧ [məʧʧu] *n.* (ココナツの実を割ったり、低木を刈ったりするために使う) 湾刀型の鉈(なた) [⇒図] [Ka. D4749]

ಮಚ್ಚು5 鉈

ಮಚ್ಚುಕತ್ತಿ ⟦maccukatti マッチュカッティ⟧ [məʧʧukətti] ಮಚ್ಚುಗತ್ತಿ *n.* [Ka. D4749] ☞ಮಚ್ಚು (maccu)[5]

ಮಚ್ಚುವೆ ⟦maccuve マッチュヴェ⟧ [məʧʧŭve] 《方》 *n.* ボートの一種 (*Bark.*) [⇒図] [Ka. D4638]

ಮಚ್ಚುವೆ ボート

ಮಚ್ಚೆ ⟦macce マッチェ⟧ [məʧʧe] ಮಚ್ಚ[2] *n.* 1 ほくろ、黒いしみ 2 しるしとして彫った小型の刺青 [Ka. D4632]

ಮಜ ⟦maja マジャ⟧ [məʤɐ] 《方》 *n.* ほくろ (*Hav.*) [Ka. D4632] = ಮಚ್ಚೆ (macce) 〔汎〕

ಮಜಕೂರು ⟦majakūru マジャクール⟧ [məʤəkuːru] *n.* 陳述、(手紙などの)内容 ¶ ನಿಮ್ಮ ಪತ್ರ ಮುಟ್ಟಿ ಮಜಕೂರು ತಿಳಿಯಿತು. (nimma patra muṭṭi majakūru tiḷiyitu.) お手紙拝受し、仰せのこと理解いたしました。 [Ar. *maḍkūr*]

ಮಜಬೂತು ⟦majabūtu マジャブートゥ⟧ [məʤŏbuːtu] (*n.*) 1 丈夫〈な〉、頑丈〈な〉 2 (証拠などが)固い〈こと〉、確かな〈こと〉¶ ಸಂಜಯ ದತ್ತನ ಮನೆಯಲ್ಲಿ ಏ. ಕೇ. 47 ಬಂದೂಕುಗಳು ಇದ್ದ ಬಗ್ಗೆ ಸಾಕ್ಷಿಗಳು ಮುಜಬೂತಾಗಿದ್ದವು. (saṃjaya dattana maneyalli ē. kē. 47 baṃdūkugaḷu idda bagge sākṣigaḷu mujabūtāgiddavu.) サンジャイ・ダットの家に A.K. 47 銃があったという確かな証拠があった。 [Ar. *mazbūṭ*]

ಮಜಲು ⟦majalu マジャル⟧ [məʤŏlu] *n.* 1 段階 = ಹಂತ (haṃta) 2 (建物の) 階 ¶ ಎರಡನೆ ಮಜಲು (eraḍane majalu) 3 階 [Ar. *manzil*]

ಮಜಾ 〚majā マジャー〛[məʤɐː] *n.* 楽しみ、面白いこと ¶ ನಿನ್ನೆಯ ಪಾರ್ಟಿಯಲ್ಲಿ ತುಂಬಾ ಮಜಾ ಬಂತು. (ninneya pārṭiyalli tuṃbā majā baṃtu.) 昨日のパーティーはとても面白かった。[Pe. *maza*]

ಮಜೂರಿ 〚majūri マジューリ〛[məʤuːri] *n.* 労働者の賃金、労賃 [Pe. *mujdūrī*]

ಮಜ್ಜಿಗೆ 〚majjige マッジゲ〛[mədɟʤĭge] *n.* 脱脂乳 [Ka. D4630]

ಮಜ್ಜಿಗೆಹುಲ್ಲು 〚majjigehullu マッジゲフッル〛[məddʒdʒi gehullu] *n.* レモングラス(イネ科オガルカヤ属)= ನಿಂಬೆಹುಲ್ಲು (niṃbehullu) → 香・薬 [Ka. *majjige* D4630 + *hullu*] *[IMP 2.282]

ಮಟ[1] 〚maṭa マタ〛[məʈɐ] 《異》 *n.* 欺瞞、詐欺 [Ka. D4647] (*T.* (*Kitt.*)) cf. ಅಟಮಟ, ತಟಮಟ, ಮಟಮಾಯೆ (aṭamaṭa, taṭamaṭa, maṭamāye)

ಮಟ[2] 〚maṭa マタ〛[məʈɐ] 《口》 *n.* 1 僧院 2 (バラモンの少年たちがヴェーダを学ぶ)住み込みの学校 [Sk. *maṭʰa-*] ☞ಮಠ (maṭʰa)

ಮಟಮಾಯೆ 〚maṭamāye マタマーエ〛[məʈəmɐːje] *n.* 1 幻想 ¶ ಜಗತ್ತು ಮಟಮಾಯೆ. (jagattu maṭamāye.) 世界はただの幻想だ。 2 いんちき、欺瞞 ¶ ಸಂಪತ್ ಏನೋ ಮಟಮಾಯೆಮಾಡಿ ಸೀಟ್ ಗಿಟ್ಟಿಸಿಕೊಂಡ. (sampat ēnō maṭamāyemāḍi sīṭ giṭṭisikoṃḍa.) サンパトは何かいんちきをして席をせしめた。[*maṭa*[1] + *māye*]

ಮಟ್ಟ[1] 〚maṭṭa マッタ〛[məʈʈɐ] 《異》 *n.* 幻想 [Ka. D4647] (*My.* (*Kitt.*)) ☞ಮಟ್ಟಮಾಯೆ (maṭṭamāye)

ಮಟ್ಟ[2] 〚maṭṭa マッタ〛[məʈʈɐ] (*n.*) 1 平たい〈こと〉、平坦〈な〉 2 並みの品質〈の〉、標準以下の品質〈の〉 —*n.* 1 水準、(学問や芸術や大きさなどの)程度、水準 ¶ ಭಾರತದಲ್ಲಿ ಸಿನೆಮಾ ನಟರ ಸಾಮಾಜಿಕಮಟ್ಟ ಹಿಂದೆ ಬಹಳ ಕೆಳಗೆ ಇತ್ತು. (bʰāratadalli sinemā naṭara sāmājikamaṭṭa hiṃde bahaḷa keḷage ittu.) 昔インドの映画俳優の社会的地位は低かった。 2 水準器 [Ka. D4660]

ಮಟ್ಟಮಾಡು 〚maṭṭamāḍu マッタマードゥ〛[məʈʈəmɐːɖu] *vt.* 〈土地などを〉平らにする、ならす ¶ ಮನೆ ಕಟ್ಟುವಾಗ ನೆಲವನ್ನು ಮಟ್ಟ ಮಾಡಿಸಬೇಕು. (mane kaṭṭuvāga nelavannu maṭṭa māḍisabēku.) 家を建てる時土地をならさねばならない。[+ *māḍu*]

ಮಟ್ಟಹಾಕು 〚maṭṭahāku マッタハーク〛[məʈʈəhɐːku] *vi.* (犯罪者、少数民族などを) 根絶する、根絶やしにする ¶ ಹೊಸ ಪೊಲೀಸ್ ಆಫಿಸರು ಕಿಸೆಗಳ್ಳರನ್ನು ಮಟ್ಟಹಾಕಿದರು. (hosa polīs āpʰisaru kisegaḷḷarannu maṭṭahākidaru.) 新しい警察所長がすりたちを根絶やしにした。[+ *hāku*]

ಮಟ್ಟ[3] 〚maṭṭa マッタ〛[məʈʈɐ] 《方》 (*n.*) 背が低い〈こと〉 —*n.* 小型の馬 (*My.* (*Kitt.*)) [Ka. D4661]

ಮಟ್ಟಮಾಯೆ 〚maṭṭamāye マッタマーエ〛[məʈʈəmɐːje] 《‡》 *n.* [*māṭa*[3] ? + *māye*?] (*My.* (*Kitt.*)) =ಮಟ್ಟ (maṭṭa)[1]

ಮಟ್ಟಸ 〚maṭṭasa マッタサ〛[məʈʈə̆sɐ] (*n.*) 平坦〈な〉¶ ಈ ಶಾಲೆಯ ಮೈದಾನ ಕ್ರಿಕೆಟ್ ಆಡಲು ಬೇಕಾಗುವಂತೆ ಮಟ್ಟಸವಾಗಿಲ್ಲ. (ī śāleya maidāna krikeṭ āḍalu bēkāguvaṃte maṭṭasavāgilla.) この学校の運動場はクリケットができるほど平らではない。[Ka. D4660]

ಮಟ್ಟು[1] 〚maṭṭu マットゥ〛[məʈʈu] *n.* 1 程度、分量 ¶ ನಾನು ಕಲಿಸಿದ ಪಾಠ ಎಷ್ಟು ಮಟ್ಟಿಗೆ ನಿಮಗೆ ಅರ್ಥವಾಗಿದೆ ಎಂದು ಸಂದೇಹ. (nānu kalisida pāṭʰa eṣṭu maṭṭige nimage artʰavāgide eṃdu saṃdēha.) 私が教えたことをあなたがどの程度理解したか疑問だ。 2 長さの単位 (約5フィート) 3 適度 ¶ ಮಟ್ಟು ಮೀರಿ ಕುಡಿಯಬಾರದು. (maṭṭu mīri kuḍiyabāradu.) 度を越えて飲んではいけない。[Ka. D4660]

ಮಟ್ಟು[2] 〚maṭṭu マットゥ〛[məʈʈu] 《‡》 (*n.*) 短い〈こと〉 (*My.* (*Kitt.*)) —*n.* 小型の馬 (*My.* (*Kitt.*)) [Ka. D4661]

ಮಟ್ಟು[3] 〚maṭṭu マットゥ〛[məʈʈu] ಮಟ್ಟ, ಮಟ್ಟೆಯ, ಮಟ್ಯ *n.* 歌い方 ¶ ಲತಾ ಮಾಂಗೇಶಕರರ ಹಾಡಿನ ಮಟ್ಟು ಅಪೂರ್ವವಾಗಿದೆ. (latā māṃgēśakarara hāḍina maṭṭu apūrvavāgide.) ラター・マーンゲーシュカルの歌唱法には匹敵するものがない。[?]

ಮಟ್ಟೆ[1] 〚maṭṭe マッテ〛[məʈʈe] *n.* 1 ヤシ類の葉 2 ココヤシの布状の樹皮 3 ココヤシおよびビンロウジュの半開きの花の房の覆い = ಹೊಂಬಾಳೆ (hoṃbāḷe) 4 ココナツの布状の樹皮で作った壁を塗り替えるためのブラシ [Ka. D4663]

ಮಟ್ಟೆ[2] 〚maṭṭe マッテ〛[məʈʈe] 《方》 *n.* 1 皮鞄 2 行李、俵、包み (輸送または貯蔵用) [Ka. D5037] ☞ಮೂಟೆ (mūṭe)

ಮಠ 〚maṭʰa マタ〛[məʈʰɐ] ಮಟ, ಮಡ *n.* 1 僧院、宗教上の指導者の住むところ 2 バラモンの少年たちがヴェーダを学ぶ住み込みの学校 [Sk.]

ಮಡ[1] 〚maḍa マダ〛[məɖɐ] 《古》 *n.* かかと [Ka. D4649]

ಮಡ[2] 〚maḍa マダ〛[məɖɐ] ಮಡಿ, ಮಿಡಿ 《口》 *n.* 川で水が深くなった所、淵 [Ka. D4658] (*My.* (*Kitt.*)) ☞ಮಡು (maḍu)

ಮಡ[3] 〚maḍa マダ〛[məɖɐ] 《方》 *n.* (用水路から畑へ水を引く) 小さな水門 [Ka. D4659] (SK) cf. ಮಡೆ (maḍe)

ಮಡ[4] 〚maḍa マダ〛[məɖɐ] 《古》 *n.* [Sk. *maṭʰa*] ☞ಮಠ (maṭʰa)

ಮಡಂಗು 〚maḍaṃgu マダング〛[məɖəŋgu] 《古》 *vt.* 1 (しかるべき所に)置く、配置する 2 〈人を〉配置する、〈馬を〉飼っておく [Ka. D4644] ☞ಮಡಗು (maḍagu) 〔現〕

ಮಡಂಬ 〚maḍaṃba マダンバ〛[məɖəmbɐ] 《古》 *n.* 昔の国の行政区画 [Ka. D4646]

ಮಡಕಾಲ್ 〚maḍakāl マダカール〛[məɖə̆kɐːl] ಮಡಗಾಲ್ 《古》 *n.* かかと [Ka. D4649] (*Pb.10.71*)

ಮಡಕೆ 〚maḍake マダケ〛[məɖə̆ke] ಮಡಿಕೆ *n.* 土製の壺 [Ka. D4651] ☞ಮಡಿಕೆ (maḍike)

ಮಡಗು 〚maḍagu マダグ〛[məɖə̆gu] ಮಟಗು, ಮಟುಕು, ಮಡುಗು *vt.* 1 置く ¶ ನಿನ್ನೆ ತೆಗೆದುಕೊಂಡ ವಿಗ್ರಹವನ್ನು ಅಪ್ಪ ಕಪಾಟಿನಲ್ಲಿ ಮಡಗಿದರು. (ninne tegedukoṃḍa vigrahavannu appa kapāṭinalli maḍagidaru.) 父は昨日買った神像

を戸棚に入れた。 **2** 隠す、隠匿する ¶ ಕಬೀರ್ ತನ್ನ ಕಾವ್ಯದಲ್ಲಿ ಗೂಢಾರ್ಥ ಮಡಗಿದ್ದಾರೆ. (kabīr tanna kāvyadalli gūḍʰārtʰa maḍagiddāre.) カビールの詩には隠れた意味がある。 **3** 〈財産、借金などを〉残す **4** 〈使用人、馬、自動車などを〉使うために置いておく **5** 〈拳骨などを〉食らわせる [Ka. D4644] (SK) = ಇಡು (iḍu)

ಮಡಗೂಳು ⟦maḍagūḷu マダグール⟧ [məḍəguːɭu] 《古》 *n.* 食べ残しの食べ物 [Ka. *maḍe*[1] + *kūḷu* *D4643] ☞ಮಡಗೂೞ್ (maḍagūḻ)

ಮಡಗೂಱು ⟦maḍagūṟu マダグール⟧ [məḍəguːɻu] ಮಡಗೂೞ್, ಮಡೆಗೂೞ್ 《古》 *n.* 残飯、食べ残しの食べ物 [Ka. *maḍe*[1] cf. Tu. *maḍë*「唾」+ *kūṟ* D4643]

ಮಡತೆ ⟦maḍate マダテ⟧ [məḍə̆te] *n.* 折りたたむこと、折り目 [Ka. D4645]

ಮಡಚು ⟦maḍacu マダチュ⟧ [məḍə̆ʧu] *vt.* 折りたたむ、〈ひざなどを〉折る [Ka. D4645] ☞ಮಡಿಚು (maḍicu)

ಮಡದಿ ⟦maḍadi マダディ⟧ [məḍə̆ḍi] 《文》 *n.* **1** 女子、女性 **2** 妻 [Ka. D4647]

ಮಡಪು ⟦maḍapu マダプ⟧ [məḍə̆pu] *n.* (紙、布、キンマの葉などを) 折りたたむこと、折りたたんだもの [Ka. D4645] ☞ಮಡಿಪು (maḍipu)[1]

ಮಡಲ್ ⟦maḍal マダル⟧ [məḍəl] 《古》 *n.* シュロやココヤシの葉 [Ka. D4663]

ಮಡಲು ⟦maḍalu マダル⟧ [məḍə̆lu] *n.* (食物などを入れたり受け取ったりするため) サーリー (女性) やドーティー (男性) の前部を両手で持って袋状にした折り目 [Ka. D4645] ☞ಮಡಿಲು (maḍilu)

ಮಡವಾಯಿ ⟦maḍavāyi マダヴァーイ⟧ [məḍə̆vɐːji] *n.* (大きな用水路から田や果樹園の一区画に水を引く) 小さな溝 [Ka. D4659]

ಮಡವು ⟦maḍavu マダヴ⟧ [məḍə̆vu] 《異》 *n.* 《*nom.*》 (川などの) 淵 [Ka. D4658]

ಮಡಸು ⟦maḍasu マダス⟧ [məḍə̆su] 《口》 *vt.* 折る、折りたたむ ¶ ಈ ಕಾಗದವನ್ನು ಮೂರು ಮಡಿ ಮಡಸು. (ī kāgadavannu mūru maḍi maḍasu.) この紙を3回折ってください。 ☞ಮಡಿಸು (maḍisu) [Ka. D4645]

ಮಡಹು ⟦maḍahu マダフ⟧ [maḍə̆hu] 《古》 *n.* かかと (*Bp.43,85 (Kitt.)*) [Ka. D4649]

ಮಡಿ¹ ⟦maḍi マディ⟧ [məḍi] *vt.* 〈布を〉たたむ、折りたたむ —*n.* **1** 折りたたむこと **2** サーリーなどの端をたたんで袋状にしたもの [Ka. D4645]

ಮಡಿ² ⟦maḍi マディ⟧ [məḍi] *n.* かかと [Ka. D4649]

ಮಡಿ³ ⟦maḍi マディ⟧ [məḍi] *vi.* 逝去する、亡くなる [Ka. D4653]

ಮಡಿ⁴ ⟦maḍi マディ⟧ [məḍi] *n.* **1** (家などが) 儀式的に清浄なこと ¶ ತಂದೆ ತೀರಿಹೋದ ಮೇಲೆ ಹದಿಮೂರನೆಯ ದಿವಸ ಮನೆಯನ್ನು ಮಡಿ ಮಾಡಿದೆವು. (taṃde tīrihōda mēle hadimūraneyadivasa maneyannu maḍi māḍidevu.) 父がなくなって13日目に家のお清めをした。 **2** 洗った布 [Ka. D4654]

ಮಡಿ⁵ ⟦maḍi マディ⟧ [məḍi] *n.* (効果的に給水するため) 植物の周りに掘った浅い溝 [Ka. D4655] = ಪಾತಿ (pāti)

ಮಡಿಕೆ¹ ⟦maḍike マディケ⟧ [məḍĭke] *n.* **1** 布などの折り目 ¶ ಪ್ಯಾಂಟಿನ ಮಡಿಕೆ ನೀಟಾಗಿರಬೇಕು. (pyāṃṭina maḍike nīṭāgirabēku.) ズボンの折り目はまっすぐでなければならない。 **2** 洗濯した布を折りたたんだもの、折りたたんで積んだもの [Ka. D4645]

ಮಡಿಕೆ² ⟦maḍike マディケ⟧ [məḍĭke] ಮಡಕೆ *n.* (持ち運びができる大きさの) 土製の壺 [Ka. D4651]

ಮಡಿಕೆ³ ⟦maḍike マディケ⟧ [məḍĭke] *n.* 牛に引かせる鋤 [Ka. D4656]

ಮಡಿಚು ⟦maḍicu マディチュ⟧ [məḍĭʧu] ಮಡಚು *vt.* 〈紙、絨毯(じゅうたん)などを〉たたむ、折りたたむ [Ka. *D4656]

ಮಡಿಪು¹ ⟦maḍipu マディプ⟧ [məḍĭpu] ಮಡಪು *n.* (紙、布、キンマの葉などを) 折りたたむこと、折りたたんだもの [Ka. D4645] = ಮಡಪು (maḍapu)

ಮಡಿಪು² ⟦maḍipu マディプ⟧ [məḍĭpu] ಮಡಪು, ಮಡುಪು, ಮಡುಹು 《古》 *vt.* 殺す [Ka. D4653]

ಮಡಿಲ್ ⟦maḍil マディル⟧ [məḍil] 《古》 *n.* [Ka. D4645] ☞ಮಡಿಲು (maḍilu)

ಮಡಿಲು ⟦maḍilu マディル⟧ [məḍilu] ಮಡ್ಲು *n.* **1** 女性が物を受け取るために広げたサーリーの端 **2** 母の膝の上 **3** 〔喩〕 (通常母性的な) 保護、庇護、母の懐 ¶ ಅಮೆರಿಕಕ್ಕೆ ಹೋದ ಅಣ್ಣ ಭಾರತದ ಮಡಿಲಿಗೆ ತಿರುಗಿ ಬಂದನು. (amerikakke hōda aṇṇa bʰāratada maḍilige tirugi baṃdanu.) アメリカへ行った兄はインドという母の懐へ戻ってきた。 [Ka. *D4645]

ಮಡಿವಂತ ⟦maḍivaṃta マディヴァンタ⟧ [məḍivəntɐ] *m.* 《*f.* ಮಡಿವಂತೆ (maḍivaṃte)》 儀式的な清浄の掟を忠実に守る人 [*maḍi*[4] + *vaṃta*]

ಮಡಿವಳ್ಳ ⟦maḍivaḷḷa マディヴァッラ⟧ [məḍivəɭɭɐ] ಮಡಿವಾಳ, ಮಡಿವಾಳಿ *m.* 《*f.* ಮಡಿವಳ್ಳಗಿತ್ತಿ (maḍivaḷḷagitti)》 洗濯屋、洗濯屋のカーストに属する人 [Ka. *maḍi*[4] D4654 + *-vaḷḷa*]

ಮಡಿವಾಳ ⟦maḍivāḷa マディヴァーラ⟧ [məḍivɐːɭɐ] *m.* 《*f.* ಮಡಿವಾಳಗಿತ್ತಿ (maḍivāḷagitti)》 洗濯屋、洗濯屋のカーストに属する人 [Ka. D4654] ☞ಮಡಿವಳ್ಳ (maḍivaḷḷa)

ಮಡಿವಾಳಗಿತ್ತಿ ⟦maḍivāḷagitti マディヴァーラギッティ⟧ [məḍivɐːɭə̆gitti] *f.* 《m ಮಡಿವಾಳ (maḍivāḷa)》 洗濯屋の妻、洗濯屋のカーストに属する女性 [Ka. D4654]

ಮಡಿವಾಳಿ ⟦maḍivāḷi マディヴァーリ⟧ [məḍivɐːɭi] *mf.* 洗濯屋、洗濯屋の妻 [Ka. D4654] ☞ಮಡಿವಳ್ಳ (maḍivaḷḷa)

ಮಡಿಸು ⟦maḍisu マディス⟧ [məḍĭsu] ಮಡಸು *vt.* 〈布、紙、傘などを〉たたむ [Ka. D4645]

ಮಡಿಹು ⟦maḍihu マディフ⟧ [məḍihu] 《古》 *vt.* 殺す [Ka. D4653]

ಮಡು¹ ⟦maḍu マドゥ⟧ [məḍu] 《古》 *vt.* しっかりとくっつける (*Śmd.Dʰā*) [Ka. D4681]

ಮಡು² ⟦maḍu マドゥ⟧ [məḍu] ಮಡುಹು[2] *n.* **1** 川で水が深くなった所、淵 **2** 池、貯水池 **3** 急流、奔

流 [Ka. D4658]

ಮಡುಗಟ್ಟು ⟦maḍugaṭṭu マドゥガットゥ⟧ [məɖugʈʈu] ಮಡುವುಗಟ್ಟು *vi.* 〔喩〕(涙などが)(目に)いっぱいにたまる [+ *kaṭṭu*]

ಮಡು³ ⟦maḍu マドゥ⟧ [məɖu] 《口》 *n.* 斧 (*Hav.*) [Ka. D4749]

ಮಡುವು ⟦maḍuvu マドゥヴ⟧ [məɖŭvu] 《文》 *n.* 川で水が深くなった所、淵 [Ka. D4658]

ಮಡುಹ ⟦maḍuha マドゥハ⟧ [məɖuhɐ] 《‡》 *n.* しっかりと接合すること (*Kitt.*) [Ka. D4681]

ಮಡುಹು¹ ⟦maḍuhu マドゥフ⟧ [məɖŭhu] 《古》 *vt.* 殺す [Ka. D4653] ☞ಮಡಿಪು (maḍipu)²

ಮಡುಹಿಸು ⟦maḍuhisu マドゥヒス⟧ [məɖŭhisu] 《古》 *vt.* 殺させる [+ *-isu* caus. D4653]

ಮಡುಹು² ⟦maḍuhu マドゥフ⟧ [məɖŭhu] 《古》 *n.* 淵 [Ka. D4658]

ಮಡೆ¹ ⟦maḍe マデ⟧ [məɖe] 《‡》 *n.* (灌漑用の用水路から田んぼなどに水を引くための)小さな水門 (*T.* (*Kitt.*)) [Ka. D4659] ☞ಮಡ (maḍa)

ಮಡೆ² ⟦maḍe マデ⟧ [məɖe] 《方》 *vt.* 〈籠などを〉編む (*Hav.*) [Ka. D4853]

ಮಡೆಯ ⟦maḍeya マデヤ⟧ [məɖejɐ] 《文》 *m.* 《*f.* ಮಡೆಯಳು (maḍeyaḷu)》愚か者、愚鈍な人 [Ka. *D4647]

ಮಡ್ಡ ⟦maḍḍa マッダ⟧ [məɖɖɐ] *m.* 《*f.* ಮಡ್ಡಿ (maḍḍi)》馬鹿者、愚か者、へまをやる者 [Ka. D4647]

ಮಡ್ಡತನ ⟦maḍḍatana マッダタナ⟧ [məɖɖətənɐ] *n.* **1** 馬鹿であること、愚鈍であること **2** 愚行、愚かな振る舞い ¶ ಇಂದಿರಾ ಗಾಂಧಿ ತುರ್ತು ಪರಿಸ್ಥಿತಿ ಘೋಷಿಸಿ ಮಡ್ಡತನ ಮಾಡಿದರು. (iṃdirā gāṃdʰi turtu paristʰiti gʰōṣisi maḍḍatana māḍidaru.) インディラー・ガーンディーは「緊急事態」を発動するという大間違いを犯した。[Ka. D4647]

ಮಡ್ಡಿ¹ ⟦maḍḍi マッディ⟧ [məɖɖi] *f.* 馬鹿な女性、愚鈍な女性 [Ka. D4647]

ಮಡ್ಡಿ² ⟦maḍḍi マッディ⟧ [məɖɖi] *n.* ニガキ科ニワウルシ属の植物の一種 → 香 [Ka. D4665] = ಮಡ್ಡಿ ಧೂಪ (maḍḍi dʰūpa)

ಮಡ್ಡಿ³ ⟦maḍḍi マッディ⟧ [məɖɖi] ಮಡ್ಡು *n.* **1** (茶やコーヒーを)淹れた後の葉や粉(茶殻など) **2** (茶やコーヒーの)澱(おり)、沈降物 **3** 《‡》 昆虫が丸めた土の団子(状のもの) (*Šsv.3,28* (*Kitt.*)) [Ka. D4676]

ಮಡ್ಡಿ⁴ ⟦maḍḍi マッディ⟧ [məɖɖi] 《口》 *n.* ごろごろした岩でできた小さな丘 [Ka. D4971] ☞ಮರಡಿ (maraḍi)

ಮಡ್ಡು¹ ⟦maḍḍu マッドゥ⟧ [məɖɖu] *n.* [Ka. D4676] ☞ಮಡ್ಡಿ (maḍḍi)³

ಮಡ್ಡು² ⟦maḍḍu マッドゥ⟧ [məɖɖu] (*n.*) 愚か〈な〉、馬鹿〈な〉 —*mf.* 愚か者、馬鹿者 [Ka. *D4647]

ಮಡ್ಲು ⟦maḍlu マドル⟧ [məɖlu] 《口》 *n.* [Ka. D4645] ☞ಮಡಿಲು (maḍilu)

ಮಣ್ ⟦maṇ マン⟧ [məɳ] 《古》 *n.* **1** 土 **2** 土壌 [Ka. D4666(a)] ☞ಮಣ್ಣು (maṇṇu)

ಮಣಕ ⟦maṇaka マナカ⟧ [məɳəkɐ] ಮಣಿಕ *n.* 生殖能力を獲得した若い水牛 [Ka. D4747]

ಮಣಗು ⟦maṇagu マナグ⟧ [məɳəgu] 《古》 *vi.* 屈する、言うことをきくようになる [Ka. D4645]

ಮಣಲ್ ⟦maṇal マナル⟧ [məɳəl] 《古》 *n.* 砂 [Ka. D4666(b)] ☞ಮಣಲು (maṇalu)

ಮಣಲು ⟦maṇalu マナル⟧ [məɳəlu] ಮಣಲ್ *n.* 砂 [Ka. *D4666(b)]

ಮಣಿ¹ ⟦maṇi マニ⟧ [məɳi] 《古》 *vi.* **1** 曲がる **2** 礼をする、お辞儀する **3** (圧力などに) 屈する ¶ ಜಯಲಲಿತಾ ಕೇಂದ್ರದ ಒತ್ತಡಕ್ಕೆ ಮಣಿಯೋದಿಲ್ಲ. (jayalalitā kēṃdrada ottaḍakke maṇiyōdilla.) ジャヤラリターは中央政府の圧力に屈しない。 —*n.* 《古》 **1** 曲がること **2** 礼、お辞儀 [Ka. D4645]

ಮಣಿ² ⟦maṇi マニ⟧ [məɳi] *n.* **1** ビーズ、数珠球 **2** 宝石 [Sk.]

ಮಣಿ³ ⟦maṇi マニ⟧ [məɳi] 《口》 *n.* 高さ 10 センチほどの木製の台、腰置き(座布団の役割を果たす) [Ka. D4675] = ಪೀಠ (pīṭʰa) ☞ಮಣೆ (maṇe)

ಮಣಿಕ ⟦maṇika マニカ⟧ [məɳikɐ] *n.* 生殖能力を獲得した若い水牛 [Ka. D4747] ☞ಮಣಕ (maṇaka)

ಮಣಿಕಟ್ಟು ⟦maṇikaṭṭu マニカットゥ⟧ [məɳikəʈʈu] *n.* 手首 [Ka. D4673] ☞ಮಣಿಗಟ್ಟು (maṇigaṭṭu)

ಮಣಿಕಾಲ್ ⟦maṇikāl マニカール⟧ [məɳikɐːl] 《古》 *n.* 膝 [Ka. *maṇi* + *kāl*]

ಮಣಿಕಾಲು ⟦maṇikālu マニカール⟧ [məɳikɐːlu] ಮಣಿಕಾಲು 《古》 *n.* 膝 [Ka. *maṇi* + *kālu*]

ಮಣಿಯ ⟦maṇiya マニヤ⟧ [məɳijɐ] ಮಣಿಹ, ಮಣಿಹ್ಯ, ಮಣೇ, ಮಣೆಯ 《文》 *m.* 《*f.* ಮಣಿಯಳು (maṇiyaḷu)》(寺院、僧院、宮殿、税関などの)管理部門や運営部門の長 [Ka. D4674]

ಮಣಿಗಟ್ಟು ⟦maṇigaṭṭu マニガットゥ⟧ [məɳiɡəʈʈu] ಮಣಿಕಟ್ಟು *n.* 手首 [Ka. D4673 *maṇi*² + *kaṭṭu*²?]

ಮಣಿಯಗಾಱ ⟦maṇiyagāṟa マニヤガーラ⟧ [məɳijəgɐːrɐ] 《古》 *m.* 《*f.* ಮಣಿಯಗಾರ್ತಿ (maṇiyagārti)》(寺院、僧院、宮殿、税関などの)管理部門や運営部門の長 [Ka. *maṇiya* + *-kāṟa* D4674]

ಮಣಿಸು ⟦maṇisu マニス⟧ [məɳĭsu] 《古》 *vt.* **1** 〈紙や布や傘などを〉折りたたむ **2** お辞儀させる [Ka. D4645]

ಮಣಿಹ ⟦maṇiha マニハ⟧ [məɳihɐ] 《古》 *n.* (寺院、僧院、宮殿、税関などの)管理部門や運営部門の長 [Ka. D4674] ☞ಮಣಿಯ (maṇiya)

ಮಣೆ ⟦maṇe マネ⟧ [məɳe] ಮಣಿ³ *n.* (座布団の役割を果たす高さ 10 センチくらいの) 木製の台、腰置き [⇒図] [Ka. D4675] = ಪೀಠ (pīṭʰa)

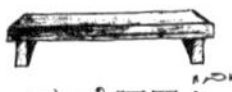

ಮಣೆ 腰置き

ಮಣೆಯ ⟦maṇeya マネヤ⟧ [məɳejɐ] 《古》 *n.* (寺院、僧院、宮殿、税関などの)管理部門や運営部門の

長 [Ka. D4674] ☞ಮಣಿಯ (maṇiya)

ಮಣೇ ⟦maṇē マネー⟧ [məɳeː] 《‡》 *m.* 寺院や僧院や宮殿や税関などの管理部門や運営部門の長 (*My* (*Kitt.*)) [Ka. D4674] ☞ಮಣಿಯ (maṇiya)

ಮಣೇಗಾಱ ⟦maṇēgāṟa マネーガーラ⟧ [məɳeːgɐːr̠ɐ] 《‡》 *m.* 《*f.* ಮಣೇಗಾರ್ತಿ (maṇēgārti)》 寺院や僧院や宮殿や税関などの管理部門や運営部門の長 (*My.* (*Kitt.*)) [Ka. D4674]

ಮಣ್ಣಿ ⟦maṇṇi マンニ⟧ [məɳɳi] 《方》 *n.*（主に幼児に食べさせる）濃い粥 (*Hav.*) [cf. Tu. D4683]

ಮಣ್ಣು ⟦maṇṇu マンヌ⟧ [məɳɳu] ಮಣ್, ಮಣು *n.* 1 土 2 土地、土壌 [Ka. D4666(a)]

ಮಣ್ಣಾಗು ⟦maṇṇāgu マンナーグ⟧ [məɳɳɐːgu] *vi.* 1 汚れる、泥にまみれる ¶ ಅಂಗಿ ಮಣ್ಣಾಗಿದೆ. (aṃgi maṇṇāgide.) シャツが泥まみれになっている。 2 滅びる、滅亡する ¶ ಸಮಾಜಕ್ಕಾಗಿ ದುಡಿದು ಅವನು ಮಣ್ಣಾದ. (samājakkāgi duḍidu avanu maṇṇāda.) 社会のために働いて身を滅ぼした。3 死んで土に帰る ¶ ರಾಮಪ್ಪ ಮಣ್ಣಾದ. (rāmappa maṇṇāda.) ラーマッパは死んで土に帰った。 [+ *āgu*]

ಮತ ⟦mata マタ⟧ [mətɐ] *n.* 1 意見、考え ¶ ಮತಭೇದ (matabʰēda) 意見の違い 2 思想、主義、教義 ¶ ಬೌದ್ಧಮತ (bauddʰamata) 仏教 3 投票 ¶ ಮತದಾನ (matadāna) 投票 [Sk.]

ಮತಂಗ ⟦mataṃga マタンガ⟧ [mətəŋgɐ] 《文》 *n.* 1 象 2 雲 3 猟師 [Sk. ←Austroas. M2.562]

ಮತಗಟ್ಟೆ ⟦matagaṭṭe マタガッテ⟧ [mətəgəʈʈe] *n.* 投票場 [*mata* + *kaṭṭe*「台」]

ಮತಚೀಟಿ ⟦matacīṭi マタチーティ⟧ [mətəʧiːʈi] *n.* 投票用紙 [*mata* + *cīṭi*]

ಮತದಾನ ⟦matadāna マタダーナ⟧ [mətədɐːnɐ] *n.* 投票 [Sk.]

ಮತದಾನ ಕ್ಷೇತ್ರ ⟦matadāna kṣētra マタダーナクシェートラ⟧ [mətədɐːnə kʂeːtrɐ] 《文》 *n.* 選挙区 [Sk.]

ಮತದಾರ ⟦matadāra マタダーラ⟧ [mətədɐːrɐ] *m.* 《*f.* ಮತದಾರಳು (matadāraḷu)》有権者、選挙人 [*mata* + *-dāra*]

ಮತಪೆಟ್ಟಿಗೆ ⟦matapeṭṭige マタペッティゲ⟧ [mətəpeʈʈige] *n.* 投票箱 [*mata* + *peṭṭige*]

ಮತಿ ⟦mati マティ⟧ [məti] *n.* 1 頭の働き、心、心理作用 2 考え、意見 [Sk.]

ಮತಿವಿಕಳ ⟦mativikaḷa マティヴィカラ⟧ [mətivikəɭɐ] 《文》 *adj.*, *m* 精神が錯乱した〈人〉 [Sk.]

ಮತಿವಿಕಳತನ ⟦mativikaḷatana マティヴィカラタナ⟧ [mətivikəɭətənɐ] 《文》 *n.* 精神錯乱 [Sk.]

ಮತ್ತ¹ ⟦matta マッタ⟧ [məttɐ] 《古》 *adv.* 1 また、再び 2 さらに 3 その上 [Ka. D4766]

ಮತ್ತ² ⟦matta マッタ⟧ [məttɐ] 《文》 *adj.* 1（酒などに）酔った、酩酊した 2（象が）発情した ¶ ಮತ್ತ ಆನೆಯೊಂದು ಆ ಬಾಲಕನನ್ನು ಕೊಂದಿತು. (matta āneyoṃdu ā bālakanannu koṃditu.) 発情した象がその少年を殺した。 3 傲慢な ¶ ಹೊಸ ಮಂತ್ರಿಗಳು ಅಧಿಕಾರದಿಂದ ಮತ್ತವಾಗಿದ್ದಾರೆ. (hosa maṃtrigaḷu adʰikāradiṃda mattavāgiddāre.) 新しい大臣は自分の権力に酔っている。 [Sk.]

ಮತ್ತಂ ⟦mattaṃ マッタン⟧ [məttəm] 《古》 *adv.* 1 また、再び 2 さらに 3 その上 [Ka. D4766]

ಮತ್ತರ್ ⟦mattar マッタル⟧ [məttər] 《古》 *n.* 土地の広さを表す昔の単位の一つ [Ka. D4771]

ಮತ್ತಲು ⟦mattalu マッタル⟧ [məttŏlu] 《古》 *n.* 土地の広さを表す昔の単位の一つ(*inscr.* (*ṇarasimha*)) [Ka. D4771]

ಮತ್ತಿ¹ ⟦matti マッティ⟧ [mətti] ಮಟ್ಟಿ 《‡》 *n.* そばかす、しみ (*Nr.*; *My.* (*Kitt.*)) [Ka. D4632]

ಮತ್ತಿ² ⟦matti マッティ⟧ [mətti] ಮಟ್ಟಿ *n.* アルジュナミロバラン（シクンシ科ミロバラン属の植物、タンニンを多く含み染料の材料となる）→ 染・薬 [Ka. D4718] = ಅರ್ಜುನ ಮರ (arjuna mara) *[īṟṃ 5.254]

ಮತ್ತಿನ ⟦mattina マッティナ⟧ [məttinɐ] 《古》 *adj.* 別の、他の ¶ ಮತ್ತಿನ ಮಾನಸರು (mattina mānasaru) 他の人々 [Ka. gen. of *mattu* D4766]

ಮತ್ತು¹ ⟦mattu マットゥ⟧ [məttu] *conj.* …と… ¶ ಸ್ವಾತಂತ್ರ್ಯ ಮತ್ತು ಸಮಾನತೆ ಒಂದೆಡೆ ಸೇರಿರುವದು ತುಂಬ ಕಷ್ಟ. (svātaṃtrya mattu samānate oṃdeḍe sēriruvadu tuṃba kaṣṭa.) 自由と平等は両立することが難しい。 [Ka. D4766]

ಮತ್ತು² ⟦mattu マットゥ⟧ [məttu] *n.* 酔い、酩酊、陶酔 ¶ ತಾಜಾ ನೀರಾ ಕುಡಿದರೆ ಮತ್ತು ಬರುವದಿಲ್ಲ. (tājā nīrā kuḍidare mattu baruvadilla.) 採取したばかりのココナツの樹液（酔いをもたらさない） [Sk. *matta*-] = ಮದ, ಅಮಲು (mada, amalu)

ಮತ್ತೆ ⟦matte マッテ⟧ [mətte] *adv.* ほかに、その他に ¶ ಮಾಣಿ ಕೇಳಿದ, "ಮತ್ತೆ ಏನು ಬೇಕು?" (māṇi kēḷida, "matte ēnu bēku?") 食堂の給仕が尋ねた、「他に何かお入り用ですか」 [Ka. D4766]

ಮತ್ವ ⟦matva マトヴァ⟧ [mət·vɐ] *n.* カンナダその他のインド系の文字で音素の連続 /ma/ を表す文字 [Sk.]

ಮತ್ಸರ ⟦matsara マトサラ⟧ [mətsərɐ/mətstsərɐ] 《文》 *n.* 嫉妬、ねたみ [Sk.]

ಮತ್ಸ್ಯ ⟦matsya マトスヤ⟧ [məts·jɐ/mətstsjɐ] 《文》 *n.* 1 魚 2 十二宮図の魚座 [Sk.] = ಮೀನು (mīnu)〔汎〕

ಮಥನ ⟦matʰana マタナ⟧ [mətʰənɐ] 《文》 *n.*（牛乳や牛乳を材料とするものの）攪拌、かき混ぜること [Sk.]

ವಿಚಾರಮಥನ ⟦vicāramatʰana ヴィチャーラマタナ⟧ [viʧɐːrəmətʰənɐ] 《文》 *n.* 論議、意見交換 ¶ ಕಾಡುಗಳ್ಳರನ್ನು ಹಿಡಿಯುವ ಬಗ್ಗೆ ಮಂತ್ರಿಮಂಡಳದಲ್ಲಿ ವಿಚಾರಮಥನ ನಡೆಯಿತು. (kāḍugaḷḷarannu hiḍiyuva bagge maṃtrimaṃḍaḷadalli vicāramatʰana naḍeyitu.) 内閣では密猟者を検挙するための論議があった。 [Sk.]

ಮಥಿಸು 〚mat^{h}isu マティス〛[məṭ^{h}ĭsu] 《文》 *vt.* 1〈牛乳や牛乳を材料とするものを〉かき混ぜる、攪拌する 2〈様々な陳述や説などを〉いろいろ考えあわせる ¶ ಪರಿಸರವಾದಿಗಳ ಹೇಳಿಕೆಗಳನ್ನು ಮಥಿಸಿದರೆ ತಮಗೆ ಮಾತ್ರ ವಿದ್ಯುತ್ ಬೇಕು ಬೇರೆಯವರಿಗೆ ಬೇಡ ಎಂಬ ಅಭಿಪ್ರಾಯ ಬರುತ್ತ-ದೆ. (parisaravādigaḷa hēḷikegaḷannu mat^{h}isidare tamage mātra vidyut bēku bēreyavarige bēḍa eṃba ab^{h}iprāya ba-ruttade.) 環境保護主義者たちの言うことを分析すると、自分たちには電気が必要だが、自分たち以外には電気は必要ないといっているような印象を受ける。[Sk.]

ಮದ[1] 〚mada マダ〛[məđɐ] 《‡》 *n.* 結婚 (*My.* (*Kitt.*)) [Ka. D4694]

ಮದ[2] 〚mada マダ〛[məđɐ] *n.* 1 酔い、酩酊 2 象の発情 ¶ ಆನೆಗೆ ಮದ ಬಂದರೆ ಅಪಾಯ. (ānege mada baṃdare apāya.) 象にさかりがついたら危険である。3 心をとろかすような女性の魅力 4 傲慢、うぬぼれ ¶ ಸೀಮಾಳಿಗೆ ರೂಪದ ಮದ ಹೆಚ್ಚಿದೆ. (sīmāḷige rūpada mada heccide.) シーマーは自分の容貌ゆえに傲慢になっている。[Sk.]

ಮದಕ್ಕ 〚madakka マダッカ〛[məđəkkɐ] 《方》 *n.* 小さな池 (*Hav.*) [Tu. D4688]

ಮದಗ 〚madaga マダガ〛[məđə̆gɐ] ಮದಗು 《方》 *n.* 1 溜池、貯水池 2 水門、放水路 [Ka. D4688]

ಮದಗು 〚madagu マダグ〛[məđə̆gu] 《方》 *n.* 溜池、貯水池 [Ka. D4688]

ಮದಜಲ 〚madajala マダジャラ〛[mədəʤəlɐ] 《文》 *n.* 発情期の雄象の分泌液 [Sk.]

ಮದಡ 〚madaḍa マダダ〛[məđə̆ḍɐ] ಮಜಡ *m.* 頭の鈍い男性、愚か者 [Ka. *D5118, < *maḍḍa* D4647]

ಮದಡು 〚madaḍu マダドゥ〛[məđə̆ḍu] ಮಜಡು *n.* 頭が鈍いこと、愚鈍なこと ―*mf.* 頭の鈍い人、愚鈍な人 [Ka. D5118, cf. D4647 *maḍḍa*]

ಮದನ 〚madana マダナ〛[mədənɐ] 《文》 (*adj.*) 酔わせる〈こと〉、陶酔させる〈こと〉、魅惑する〈こと〉; うっとりさせる〈こと〉 ―*m.* カーマデーヴァ（愛の神）の別名 ―*n.* 酔わせること、陶酔させること、魅惑すること; うっとりとさせること [Sk.]

ಮದನಕದನ 〚madanakadana マダナカダナ〛[mədənəkədənɐ] 《文》 *n.* 恋人同士の他愛のない諍い [Sk.]

ಮದನಕಲಹ 〚madanakalaha マダナカラハ〛[mədənəkələhɐ] 《文》 *n.* 恋人同士の他愛のない諍い [Sk.]

ಮದನಕೇಳಿ 〚madanakēḷi マダナケーリ〛[mədənəkeːḷi] 《文》 *n.* 性の悦楽 [Sk.]

ಮದನಕೈ 〚madanakai マダナカイ〛[mədənəkəĭ] 《文》 *n.* 寺院の門や屋根の上部の両端の装飾、鴟尾（しび）[⇒図] [*madana* + *kai*[3]]

ಮದನಕೈ 鴟尾（しび）

ಮದನಜಲ 〚madanajala マダナジャラ〛[mədənəʤəlɐ] 《文》 *n.* 1 精液 2 膣液 [Sk.]

ಮದನತಾಪ 〚madanatāpa マダナターパ〛[mədənətɐːpɐ] 《文》 *n.* 恋の病、恋わずらい、愛のための苦悩 [Sk.]

ಮದನದಹನ 〚madanadahana マダナダハナ〛[mədənədəhənɐ]d 《文》 *m.* シヴァ神の別名 [Sk.]

ಮದನನಾಶ 〚madananāśa マダナナーシャ〛[mədənənɐːʃɐ] 《文》 *m.* シヴァ神の別名 [Sk.]

ಮದನಬಾಧೆ 〚madanabād^{h}e マダナバーデ〛[mədənəbɐːd^{h}e] 《文》 *n.* 愛の苦しみ [Sk.]

ಮದನಯುದ್ಧ 〚madanayudd^{h}a マダナユッダ〛[mədənəjudd^{h}ɐ] 《文》 *n.* 愛を得るための戦い [Sk.]

ಮದನರಿಪು 〚madanaripu マダナリプ〛[mədənəripu] 《文》 *m.* シヴァ神の別名 [Sk.]

ಮದನಾತುರ 〚madanātura マダナートゥラ〛[mədənɐːturɐ] 《文》 *adj.*, *m.* 《*f.* ಮದನಾತುರೆ (madanāture)》恋の苦しみにもだえる〈人〉[Sk.]

ಮದನಾರಿ 〚madanāri マダナーリ〛[mədənɐːri] 《文》 *m.* 「愛の神の敵」、シヴァ神の別名 [Sk.]

ಮದನಾವೇಶ 〚madanāvēśa マダナーヴェーシャ〛[mədənɐːveːʃɐ] *n.* 恋の激情、激しい恋情 [Sk.]

ಮದನಿ 〚madani マダニ〛[mədəni] 《文》 *n.* ジャスミンの一種およびその丸い花 (*Mr.125* (*Kitt.*)) [Sk.]

ಮದರಂಗಿ 〚madaraṃgi マダランギ〛[məđərəŋgi] ಮದ-ರಂಗ, ಮಧುರಂಗಿ *n.* ヘンナの木（ミソハギ科の低木の一種、生垣として用いられる、葉は白髪染めや女性が手の平や爪を赤く染めるために用いられる）⇀ 染・薬 [?]

ಮದಲ್ 〚madal マダル〛[məđəl] 《‡》 *n.* 結婚、婚礼 (*DEDR*) [Ka. *D4694]

ಮದಲಗಿತ್ತಿ 〚madalagitti マダラギッティ〛[məđə̆ləgitti] *f.* 花嫁 [Ka. *D4694]

ಮದಲಿಂಗ 〚madaliṃga マダリンガ〛[məđə̆liŋgɐ] 《古》 *m.* 《*f.* ಮದಲಿಂಗಿ, ಮದಲಿಂಗಿತ್ತಿ (madaliṃgi, madaliṃgitti)》花婿 (*My.* (*Kitt.*)) [Ka. *D4694]

ಮದಲಿಂಗಿ 〚madaliṃgi マダリンギ〛[məđəliŋgi] 《古》 *f.* 《*m.* ಮದಲಿಂಗ (madaliṃga)》花嫁 [Ka. *D4694]

ಮದಲಿಗ 〚madaliga マダリガ〛[məđə̆ligɐ] 《‡》 *m.* 《*f.* ಮದಲಿಗಿತ್ತಿ (madaligitti)》花婿 (*My.* (*Kitt.*)) [Ka. D4694]

ಮದಲಿಗಿತ್ತಿ 〚madaligitti マダリギッティ〛[məđə̆ligitti] 《‡》 *f.* 花嫁 (*My.* (*Kitt.*)) [Ka. D4694]

ಮದಲು 〚madalu マダル〛[məđə̆lu] 《‡》 *n.* ☞ಮೊದಲು (modalu) (*My.* (*Kitt.*)) [Ka. D4950, D4951]

ಮದವಣಿಗ 〚madavaṇiga マダヴァニガ〛[məđə̆vəṇigɐ] *m.* 《*f.* ಮದವಣಿಗಿತ್ತಿ (madavaṇigitti)》花婿 [Ka. D4694] = ಮದುಮಗ (madumaga) ☞ಮದುವಳಿಗ (maduvaḷiga)

ಮದವಣಿಗಿತ್ತಿ 〚madavaṇigitti マダヴァニギッティ〛[məđəvəṇigitti] *f.* 花嫁 [Ka. D4694] = ಮದುಮಗಳು, ಮದು-ವಣಗಿತ್ತಿ (madumagaḷu, maduvaṇagitti) ☞ಮದುವಳಿಗಿತ್ತಿ (maduvaḷigitti)

ಮದವನ 〚madavana マダヴァナ〛[məđə̆vənɐ] 《‡》 *m.* 夫 [Ka. D4694] (*Hlâ* (*Kitt.*))

ಮದವಳಿಗೆ ⟦madavaḷige マダヴァリゲ⟧ [məđə̆vəḻige] 《古》 *f.* 《*m.* ಮದವಳಿಗ (madavaḷiga)》花嫁 [Ka. D4694]

ಮದಿ ⟦madi マディ⟧ [məđi] 《‡》 *n.* イグサの一種（イネ科サトウキビ属、縄や紐の材料となる）⇀ 繊((Kitt.)) [Ka. D4916]

ಮದಿಲ್ ⟦madil マディル⟧ [məđil] 《古》 *n.* 城壁 [Ka. D4692] ☞ಮದಿಲು (madilu)

ಮದಿಲು ⟦madilu マディル⟧ [məđil] ಮದಿಲ್, ಮದಿಲ 《古》 *n.* 城壁 [Ka. D4692]

ಮದಿವೆ ⟦madive マディヴェ⟧ [məđĭve] 《口》 *n.* 結婚、婚礼 [Ka. D4694] (*My.* (*Kitt.*)) ☞ಮದುವೆ (maduve)

ಮದಿಸು ⟦madisu マディス⟧ [mədisu] 《文》 *vi.* 1 酔う 2 傲慢になる、のぼせ上がる [Sk. *mada-* + *-isu*]

ಮದುವಣಿಗ ⟦maduvaṇiga マドゥヴァニガ⟧ [məđŭvəɳigɐ] *m.* 《*f.* ಮದವಣಿಗಿತ್ತಿ (madavaṇigitti)》花婿 [Ka. *D4694] = ಮದುಮಗ (madumaga)〔汎〕

ಮದುವಣಿಗಿತ್ತಿ ⟦maduvaṇigitti マドゥヴァニギッティ⟧ [məduvəɳigitti] *f.* 《*m.* ಮದುವಣಿಗ (maduvaṇiga)》花嫁 [Ka. *D4694] = ಮದುಮಗಳು (madumagaḷu)〔汎〕

ಮದುವನ ⟦maduvana マドゥヴァナ⟧ [məđŭvənɐ] 《‡》 *m.* 夫 [Ka. *D4694] (*Kitt.,Hlâ*)

ಮದುವಳ್ ⟦maduvaḷ マドゥヴァル⟧ [məđŭvəḻ] 《古》 *f.* 《*m.* ಮದುವಳಿಗ (maduvaḷiga)》 妻 [Ka. *D4694] ☞ಮದವಳ್ (madavaḷ)

ಮದುವಳಿಗ ⟦maduvaḷiga マドゥヴァリガ⟧ [məđŭvəḻigɐ] ಮದವಣಿಗ, ಮದವಳಿಗ, ಮದುವಣಿಗ 《古》 *m.* 《*f.* ಮದುವಳಿಗಿತ್ತಿ (maduvaḷigitti)》花婿 [Ka. *D4694]

ಮದುವಳಿಗೆ ⟦maduvaḷige マドゥヴァリゲ⟧ [məđŭvəḻige] ಮದವಣಿಗೆ, ಮದವಳಿಗೆ 《古》 *f.* 《*m.* ಮದುವಳಿಗ (maduvaḷiga)》花嫁 [Ka. *D4694] = ಮದುಮಗಳು (madumagaḷu)〔汎〕

ಮದುವೆ ⟦maduve マドゥヴェ⟧ [məđŭve] ಮದುವಿ *n.* 結婚、婚礼 [Ka. D4694]

ಮದುವೆಮನೆ ⟦maduvemane マドゥヴェマネ⟧ [mađuve məne] *n.* 結婚式が行われている家、結婚式が行われる予定の家 [+ *mane*]

ಮದೆವಳ್ ⟦madevaḷ マデヴァル⟧ [məđĕvəḻ] ಮದವಳ್, ಮದುವಳ್ 《古》 *f.* 花嫁 [Ka. D4694]

ಮದ್ಗಾರೆ ⟦madgāre マドガーレ⟧ [mədgɐːre] 《‡》 *n.* [Ka. D4669] (*M.119* (*Kitt.*)) ☞ಮಗ್ಗಾರೆ (maggāre)

ಮದ್ದಲೆ 太鼓

ಮದ್ದಲೆ ⟦maddale マッダレ⟧ [məddəle] ಮದ್ದಳಿ, ಮದ್ದಳೆ *n.* 民族音楽で用いる太鼓（水平に支えて両側から指でうつ）、mṛdaṃga の素朴な形［⇒図］ [? cf. Pk. *maddala-*, Sk. *mardala-*]

ಮದ್ದಳೆ ⟦maddaḷe マッダレ⟧ [məddəḻe] *n.* ☞ಮದ್ದಲೆ (maddale)

ಮದ್ದಿ ⟦maddi マッディ⟧ [məddi] 《‡》 *n.* [Ka. D4718] (*Si.132* (*Kitt.*)) ☞ಮತ್ತಿ (matti)² 〔汎〕

ಮದ್ದು¹ ⟦maddu マッドゥ⟧ [məddu] ಮಂದು, ಮರ್ದು *n.* 1《古》 薬、薬品 = ಔಷಧಿ (auṣadʰi)〔汎〕 2 直す方法 ¶ ಅವನ ಹುಚ್ಚಿಗೆ ಮದ್ದಿಲ್ಲ. (avana huccige maddilla.) 彼の狂気にはつける薬がない。 3 火薬 [Ka. D4719]

ಮದ್ದು² ⟦maddu マッドゥ⟧ [məddu] 《‡》 *n.* 塊 [Ka. D4962] (*My.* (*Kitt.*)) = ಮುದ್ದೆ (mudde)

ಮದ್ದು³ ⟦maddu マッドゥ⟧ [məddu] (*n.*) 1 馬鹿〈な〉 2 無邪気〈な〉 [Ka. D5118] ☞ಮೊದ್ದು (moddu)

ಮದ್ಯ ⟦madya マディャ⟧ [məd·jɐ] *n.* 酒（類一般）[Sk.]

ಮದ್ಯಪಾನ ⟦madyapāna マディャパーナ⟧ [məd·jəpɐːnɐ] 《文》 *n.* 酒類を飲むこと [Sk.]

ಮಧು ⟦madʰu マドゥ⟧ [mədʰu] *n.* 蜜、ハチミツ —(*n.*)（味が）甘い〈こと〉、（耳や目に）気持ちよい〈こと〉[Sk.]

ಮಧಂಕರ ⟦madʰaṃkara マダンカラ⟧ [mədʰəŋkərɐ] 《文》 *n.* ミツバチ [Sk. < *madʰukara-*]

ಮಧುಚಂದ್ರ ⟦madʰucaṃdra マドゥチャンドラ⟧ [mədʰu ʧəndrɐ] 《文》 *n.* 蜜月 [Sk.]

ಮಧುಕರ ⟦madʰukara マドゥカラ⟧ [mədʰukərɐ] 《文》 *n.* ミツバチ [Sk.]

ಮಧುಕರಿ ⟦madʰukari マドゥカリ⟧ [mədʰukəri] *n.*（ミツバチが蜜を集めるように）様々な家から少しずつ食料を集めること（バラモンの習慣）[Sk.]

ಮಧುಮಿತ್ರ ⟦madʰumitra マドゥミトラ⟧ [mədʰumit·rɐ] 《文》 *m.*「春の友」、愛の神、カーマデーヴァ [Sk.]

ಮಧುಮೂತ್ರ ⟦madʰumūtra マドゥムートラ⟧ [mədʰumuː t·rɐ] 《文》 *n.* 糖尿病 [Sk.] = ಸಿಹಿಮೂತ್ರ, ಮಧುಮೇಹ (sihimūtra, madʰumēha)

ಮಧುಮೇಹ ⟦madʰumēha マドゥメーハ⟧ [mədʰumeːhɐ] *n.* 糖尿病 [Sk.] ☞ಡಯಬೆಟಿಸ್ (dayabeṭis)〔口〕

ಮಧುರ ⟦madʰura マドゥラ⟧ [mədʰurɐ] 《文》 (*n.*) 1（心地よく）甘い〈こと〉 2（耳や目に）心地よい〈こと〉[Sk.]

ಮಧುರೆ ⟦madʰure マドゥレ⟧ [mədʰure] 《文》 *n.* マドゥライ（タミルナード州の一都市、以前はパーンディヤ王朝の首都）[Sk.]

ಮಧ್ಯ ⟦madʰya マディャ⟧ [mədʰ·jɐ] 《文》 *n.* 1 中間、間 2 腰、腰部 = ಸೊಂಟ (soṃṭa) —(*adj.*) 1 間の、中間の 2 あまりよくない、並みの —*postp.* 《*gen.*》…の間に ¶ ಬೆಂಗಳೂರು ಮೈಸೂರಿನ ಮಧ್ಯ ಮದ್ದೂರಿದೆ. (beṃgaḷūru maisūrina madʰya maddūride.) ベンガルールとマイソールの中間にマッドゥールの町がある。 [Sk.]

ಮಧ್ಯತ್ರಾಣ ⟦madʰyatrāṇa マディャトラーナ⟧ [mədʰ·jə trɐːɳɐ] 《文》 *n.* 1 胴体を守る鎧（よろい） 2 腰痛患者の締める帯、（腰痛患者のつける）コルセット [Sk.]

ಮಧ್ಯಮ ⟦madʰyama マディャマ⟧ [mədʰ·jəmɐ] 《文》 (*adj.*) 1 中心〈の〉 2 間にある〈こと〉 3 中間的な〈質など〉¶ ಇದು ಮಧ್ಯಮ ತರದ ಅಕ್ಕಿ. (idu madʰyama tarada akki.) これは中級品の米だ。 4 どちらにも

組しない〈こと〉、中立〈の〉¶ ಭಾರತ ಮಧ್ಯಮ ದೇಶಗಳ ನಾಯಕನಾಗಿತ್ತು. (b^hārata mad^hyama dēśagaḷa nāyakanāgittu.) インドは非同盟諸国の指導的地位にあった。 —*n.* 1 腰 2〔言〕二人称 3 音階中の第4の音、「マ」(西洋音階の「ファ」) [Sk.]

ಮಧ್ಯಮದೇಶ ⟦mad^hyamadēśa マディャマデーシャ⟧ [mədʰjəmədeːʃɐ] 《古》 *n.* 現在のマディヤ・プラデーシュ州にほぼ相当する地域の旧称 [Sk.]

ಮಧ್ಯಮಪುರುಷ ⟦mad^hyamapuruṣa マディャマプルシャ⟧ [mədʰjəməpuruʂɐ] 《文》 *n.* 〔言〕二人称 ¶ "ನೀನು" ಮತ್ತು "ನೀವು" ಮಧ್ಯಮಪುರುಷದ ಸರ್ವನಾಮಗಳು. ("nīnu" mattu "nīvu" mad^hyamapuruṣada sarvanāmagaḷu.) nīnu と nīvu は二人称の代名詞である。 [Sk.]

ಮಧ್ಯಸ್ತಿಕೆ ⟦mad^hyastike マディャスティケ⟧ [mədʰjəstike] *n.* 媒介、仲立ち ¶ ವಿನೋಬಾ ಅವರ ಮಧ್ಯಸ್ತಿಕೆಯಲ್ಲಿ ಅನೇಕ ಡಕಾಯಿತರು ಶರಣಾಗತರಾದರು. (vinōbā avara mad^hyastikeyalli anēka ḍakāyitaru śaraṇāgatarādaru.) ヴィノーバー氏の仲介で多くの山賊が降伏した。 [Sk. *mad^hyast^ha-* + *-ike*]

ಮಧ್ಯಸ್ಥ ⟦mad^hyast^ha マディャスタ⟧ [mədʰjəstʰɐ] *m.* 《*f.* ಮಧ್ಯಸ್ಥೆ (mad^hyast^he)》仲裁者、調停者 [Sk.]

ಮಧ್ಯೆ ⟦mad^hye マディェ⟧ [mədʰje] *adv.* 《*gen.*》 1 真ん中に;中間に ¶ ದೊಡ್ಡವರು ಮಾತಾಡುವಾಗ ಮಧ್ಯೆ ಮಾತಾಡಬಾರದು. (doḍḍavaru mātāḍuvāga mad^hye mātāḍabāradu.) 大人が話している時に間に入ってはならない。 = ನಡುವೆ (naḍuve) 2 (…の)中間に、(…の)間に、(…の)真ん中に ¶ ಪುಷ್ಕರಿಣಿಯ ಮಧ್ಯೆ ಮಂಡಪ ಇದೆ. (puṣkariṇiya mad^hye maṃḍapa ide.) 寺院の池の真ん中にマンダパがある。 3 (…の)間に ¶ ನಮ್ಮ ಮಧ್ಯೆ ಏನೂ ತಪ್ಪುತಿಳಿವಳಿಕೆ ಇಲ್ಲ. (namma mad^hye ēnū tapputiḷivaḷike illa.) 我々の間に誤解は何もない。 [Sk.]

ಮನ ⟦mana マナ⟧ [mənɐ] 《文》 *n.* 心、推理、感情など心の働き一切 [Sk.] = ಮನಸ್ಸು (manassu)〔汎〕

ಮನಃಪೂರ್ವಕ ⟦manaḥpūrvaka マナップールヴァカ⟧ [mənəppuːrvəkɐ] (*adj.*) 心からの〈こと〉¶ ನಾನು ಮನಃಪೂರ್ವಕ ಕೃತಜ್ಞತೆಯನ್ನು ಹೇಳುತ್ತೇನೆ. (nānu manaḥpūrvaka kṛtajñateyannu hēḷuttēne.) 私は心からの感謝を表明いたします。 —*adv.* 心から ¶ ನಾನು ಮನಃಪೂರ್ವಕ ನಿಮ್ಮ ಅಭಿವೃದ್ಧಿ ಬಯಸುತ್ತೇನೆ. (nānu manaḥpūrvaka nimma ab^hivṛdd^hi bayasuttēne.) 心からご成功を願っています。 [Sk.]

ಮನಃಪೂರ್ವಕವಾಗಿ ⟦manaḥpūrvakavāgi マナップールヴァカヴァーギ⟧ [mənəppuːrvəkəvɐːgi] *adv.* 心から ¶ ಕಾರ್ಯದರ್ಶಿ ಮನಃಪೂರ್ವಕವಾಗಿ ಅಭಿನಂದಿಸಿದರು. (kāryadarśi manaḥpūrvakavāgi ab^hinaṃdisidaru.) 事務局長は心からおめでとうを言った。 [+ *āgi*]

ಮನನ ⟦manana マナナ⟧ [mənənɐ] *n.* よく考えること、つらつら考えること ¶ ಓದಿದ ವಿಷಯವನ್ನು ಚೆನ್ನಾಗಿ ಮನನ ಮಾಡಿ. (ōdida viṣayavannu cennāgi manana māḍi.) 読んだテーマをよくよく考えてみなさい。 [Sk.]

ಮನರಂಜನೆ ⟦manaraṃjane マナランジャネ⟧ [mənərənʤəne] *n.* 心を楽しますこと、娯楽 [Sk.] ☞ಮನೋರಂಜನೆ (manōraṃjane)

ಮನವರಿಸು ⟦manavarisu マナヴァリス⟧ [mənəvə̆risu] 《古》 *vt.* 説明して分からせる、説得する [*mana* + *barisu* (or *arisu*?)]

ಮನವರಿಕೆ ⟦manavarike マナヴァリケ⟧ [mənəvə̆rike] *n.* 説明を受けて納得すること、自分の経験から納得すること ◇ *vi.* —ಆಗು/ ಉಂಟಾಗು (āgu/ uṃṭāgu) 納得する(与格構文) [**manavaru* + *-ike*]

ಮನವರಿಕೆ ಮಾಡು ⟦manavarike māḍu マナヴァリケマードゥ⟧ [mənəvərĭke mɐːḍu] *vi.* 《*dat.*》説明して分からせる、納得させる [+ *māḍu*]

ಮನವಿ ⟦manavi マナヴィ⟧ [mənə̆vi] ಮನವೆ, ಮನುವೆ *n.* 請願、嘆願、陳情 ¶ ರೈತರೆಲ್ಲ ಮುಖ್ಯಮಂತ್ರಿಗೆ ಲಿಖಿತ ಮನವಿ ಸಲ್ಲಿಸಿದರು. (raitarella muk^hyamaṃtrige lik^hita manavi sallisidaru.) 農民たちは州首相に陳情書を提出した。 ◇ *vi.* —ಕೊಡು (koḍu) 嘆願する;—ಸಲ್ಲಿಸು (sallisu) 陳情書を提出する [Ka. *D4775] = ಬೇಡಿಕೆ (bēḍike)

ಮನವಿದಾರ ⟦manavidāra マナヴィダーラ⟧ [mənə̆vidɐːrɐ] *m.* 《*f.* ಮನವಿದಾರಳು (manavidāraḷu)》請願者、陳情者 ¶ ಮಂತ್ರಿಗಳ ಕಚೇರಿಯಲ್ಲಿ ಯಾವಾಗಲೂ ಮನವಿದಾರರ ಕ್ಯೂ. (maṃtrigaḷa kacēriyalli yāvāgalū manavidārara kyū.) 大臣の事務室の前にはいつも陳情者の列だ。 [*manavi* + *-dāra*]

ಮನವೆ ⟦manave マナヴェ⟧ [mənə̆ve] 《口》 *n.* [Ka. D4775] ☞ಮನವಿ (manavi)

ಮನಸಾರೆ ⟦manasāre マナサーレ⟧ [mənəsɐːre] *adv.* 心ゆくまで ¶ ತಾಯಿ ಮಗನನ್ನು ಮನಸಾರೆ ನೋಡಿ ಕಳಿಸಿಕೊಟ್ಟಳು. (tāyi maganannu manasāre nōḍi kaḷisikoṭṭaḷu.) 母親は息子を心ゆくまで眺めてから送りだした。 [*manassu* + *āre*]

ಮನಸೋಕ್ತ ⟦manasōkta マナソークタ⟧ [mənəsoːktɐ] *adv.* 思いのままに、好きなだけ ¶ ಅವನು ಮನಸೋಕ್ತ ತಿಂದು ಕೊಬ್ಬಿದ್ದಾನೆ. (avanu manasōkta tiṃdu kobbiddāne.) 彼は思いのままに食って肥満した。 [M. *manasōktā* ←Sk.] = ಬೇಕಾದಂತೆ (bēkādaṃte)

ಮನಸೋಲು ⟦manasōlu マナソール⟧ [mənəsoːlu] *vi.* 《*dat.*》心を奪われる、夢中になる、ほれ込む ¶ ನನ್ನ ಮಗ ಪ್ರಿಯಾಂಕ ಎಂಬ ಹೆಸರಿನ ಹುಡುಗಿಗೆ ಮನಸೋತ. (nanna maga priyāṃka eṃba hesarina huḍugige manasōta.) うちの息子はプリヤーンカという娘に夢中になった。 [*mana* + *sōlu*]

ಮನಃಶಾಸ್ತ್ರ ⟦manaḥśāstra マナッシャーストラ⟧ [mənəʃʃɐːstrɐ] *n.* 心理学 [Sk.]

ಮನಸ್ತಾಪ ⟦manastāpa マナスターパ⟧ [mənəstɐːpɐ] *n.* 1 心の苦しみ、心痛 ¶ ಅವನ ಹೇಳಿಕೆ ಹೆಂಡತಿಗೆ ಮನಸ್ತಾಪ ಉಂಟುಮಾಡಿತು. (avana hēḷike heṃḍatige manastāpa uṃṭumāḍitu.) 彼の言葉が妻の心を深く苦しめた。 2 不和、仲たがい ¶ ಶ್ರೀಮಂತಿಕೆ ಬಂದ ಮೇಲೆ ದಂಪತಿಗಳಿಗೆ ಮನಸ್ತಾಪ ಉಂಟಾಯಿತು. (śrīmaṃtike baṃda mēle daṃpatigaḷige manastāpa uṃṭāyitu.) 夫婦は裕福になったあと仲たがいした。[Sk.]

ಮನವೊಲಿ ⟦manavoli マナヴォリ⟧ [mənəvoli] *vi.* 《*dat.*》ほれ込む、愛着を覚える ¶ ಅವನು ಶ್ರೀಮಂತಿಕೆಗೆ ಮನವೊಲಿದು ಮನುಷ್ಯತ್ವವನ್ನು ಕಳೆದುಕೊಂಡಿದ್ದಾನೆ. (avanu śrīmaṃtikege manavolidu manuṣyatvavannu kaḷedukoṃḍiddāne.) 彼は裕福さを追い求めて人間性を失った。[*mana + oli*]

ಮನಸ್ವಿ ⟦manasvi マナスヴィ⟧ [mənəsvi] *adj., mf.* わがままな〈人〉、身勝手な〈人〉 —*adv.* 心ゆくまで ¶ ವನಜಾ ತಾಯಿಯ ಮನೆಗೆ ಬಂದು ಮನಸ್ವಿ ಮಾತಾಡಿದಳು. (vanajā tāyiya manege baṃdu manasvi mātāḍidaḷu.) ワナジャーは実家へ帰って心ゆくまで話をした。[Sk.]

ಮನಸ್ಸಾಕ್ಷಿ ⟦manassākṣi マナッサークシ⟧ [mənəssɐ:kʂi] *n.* 良心 ¶ ಇಂದಿನ ರಾಜಕಾರಣಿಗಳಿಗೆ ಮನಸ್ಸಾಕ್ಷಿಯೇ ಇಲ್ಲ. (iṃdina rājakāraṇigaḷige manassākṣiyē illa.) 今日の政治家は良心のかけらも持っていない。[Sk.]

ಮನಸ್ಸು ⟦manassu マナッス⟧ [mənəssu] *n.* 1 心、考えたり感じたりする働き、考えたり感じたりする器官 2 意向、意思、つもり ¶ ತಮ್ಮನಿಗೆ ದುಡ್ಡು ಕೊಡಲು ನನಗೆ ಮನಸ್ಸಿಲ್ಲ. (tammanige duḍḍu koḍalu nanage manassilla.) 弟には金をやりたくない。[Sk.]

ಮನುಕುಲ ⟦manukula マヌクラ⟧ [mənukulɐ] 《文》*n.* 人間、人類 [Sk.]

ಮನುಜ ⟦manuja マヌジャ⟧ [mənuʤɐ] 《文》*m.* 《*f.* ಮನುಜಳು (manujaḷu)》人間、人類 [Sk.] = ಮನುಷ್ಯ (manuṣya)

ಮನುವೆ ⟦manuve マヌヴェ⟧ [mənŭve] 《口》*n.* [Ka. D4775] ☞ಮನವಿ (manavi)

ಮನುಷ್ಯ ⟦manuṣya マヌシュヤ⟧ [mənuʃ·jɐ] *m.* 1 人、人間 ¶ ಹರಿ ಒಳ್ಳೆಯ ಮನುಷ್ಯ ಅಲ್ಲ. (hari oḷḷeya manuṣya alla.) ハリはいい人ではない。 2 人間、人類 ¶ ಮನುಷ್ಯ ಭೂಗೋಳಕ್ಕೆ ದೊಡ್ಡ ಭಾರವಾಗಿದ್ದಾನೆ. (manuṣya bʰūgōḷakke doḍḍa bʰāravāgiddāne.) 人間は地球の重荷となっている。[Sk.]

ಮನೆ ⟦mane マネ⟧ [məne] *n.* 1 家、住居 ¶ ನಮ್ಮ ಮನೆಯಲ್ಲಿ ಫ್ಯಾನ್ ಇಲ್ಲ. (namma maneyalli pʰyān illa.) 私たちの家には扇風機がない。 2 家族 ¶ ನಿಮ್ಮ ಮನೆಯಲ್ಲಿ ಯಾರೂ ಹಿರಿಯರಿಲ್ಲ. (nimma maneyalli yārū hiriyarilla.) あなたの家には年取った人がいない。 3 部屋 ¶ ಅಡಿಗೆಮನೆ (aḍigemane) 台所 [Ka. D4776]

ಮನೆಗಳ್ಳ ⟦manegaḷḷa マネガッラ⟧ [mənegəḷḷɐ] *m.* 《*f.* ಮನೆಗಳ್ಳಿ (manegaḷḷi)》 1 家の中に侵入してものを盗む泥棒 2 家にあるものを盗む家庭内の使用人 [Ka. *mane + kaḷḷa*]

ಮನೆತನ ⟦manetana マネタナ⟧ [mənetənɐ] *n.* 1 家族、家庭 ¶ ಉಮೇಶನ ಮನೆತನದಲ್ಲಿ ಒಗ್ಗಟ್ಟು ಇದೆ. (umeśana manetanadalli oggaṭṭu ide.) ウメーシャの家庭は一致団結している。 2 家庭生活 3 家系 ¶ ನಮ್ಮ ಮನೆತನದಲ್ಲಿ ಯಾರೂ ದೀರ್ಘಾಯುಸ್ಸು ಹೊಂದಲಿಲ್ಲ. (namma manetanadalli yārū dīrgʰāyussu hoṃdalilla.) うちの家系には長生きした者がいない。[Ka. D4776]

ಮನೆತನಸ್ಥ ⟦manetanastʰa マネタナスタ⟧ [mənetənəstʰɐ] *m.* 《*f.* ಮನೆತನಸ್ಥಳು (manetanastʰaḷu)》 1 家庭生活を営む人 2 信望のある家に生まれた人 ¶ ಅವನ ಹೆಂಡತಿ ಮನೆತನಸ್ಥಳಲ್ಲ. (avana heṃḍati manetanastʰaḷalla.) あの男性の細君はちゃんとした家庭の出でない。[Ka. D4776]

ಮನೆಗೆಲಸ ⟦manegelasa マネゲラサ⟧ [mənegeləsɐ] *n.* 家事、家庭の仕事 ¶ ನಾನು ಮನೆಗೆಲಸದಲ್ಲಿ ಮಗ್ನಳಾಗಿದ್ದೇನೆ. (nānu manegelasadalli magnaḷāgiddēne.) 私は家事に没頭しています。[Ka. *mane + kelasa*]

ಮನೆಬಾಡಿಗೆ ನಿಯಂತ್ರಣ ⟦manebāḍige niyaṃtraṇa マネバーディゲニヤントラナ⟧ [mənebɐ:ɖige nijəntrəɳɐ] *mf.* 家賃の統制 [*manebāḍige + niyaṃtraṇa*]

ಮನೆಮಾತು ⟦manemātu マネマートゥ⟧ [məneмɐ:tu] *n.* 1 (多言語社会で)自分の家庭で話す言葉 ¶ ನಾನು ಓದಿದ ಭಾಷೆ ಕನ್ನಡ, ಆದರೆ ಮನೆಮಾತು ತೆಲುಗು. (nānu ōdida bʰāṣe kannaḍa, ādare manemātu telugu.) 私はカンナダ語で教育を受けたがうちで話す言葉はテルグ語です。 2 どこの家でも話される話題 ¶ ರಾಜಕುಮಾರನ ಅಪಹರಣ ಮನೆಮಾತಾಗಿತ್ತು. (rājakumārana apaharaṇa manemātāgittu.) ラージャクマールの誘拐事件はどこの家でも話される話題であった。[Ka. *mane + māatu*]

ಮನೆಯಾಕೆ ⟦maneyāke マネヤーケ⟧ [mənejɐ:ke] *n.* 女房、妻、家内 ¶ ನಿಮ್ಮ ಮನೆಯಾಕೆ ಯಾಕೆ ಬಂದಿಲ್ಲ? (nimma maneyāke yāke baṃdilla?) どうして奥さんが来なかったの。[Ka. *mane + āke*]

ಮನೋಗತ ⟦manōgata マノーガタ⟧ [məno:gətɐ] (*adj.*) 心の中にある〈こと〉、心の中にしまってある〈こと〉 ¶ ಹುಡುಗಿ ಮನೋಗತ ವಿಷಯವನ್ನು ಹೇಳಲಾಗದೆ ಮನೆಗೆ ಬಂದಳು. (huḍugi manōgata viṣayavannu hēḷalāgade manege baṃdaḷu.) 娘さんは言いたいことを言い出せずに家へ帰ってきた。 —*n.* 望み、欲しいもの、心の中の願い ¶ ನಿಮ್ಮ ಮನೋಗತ ಏನು? (nimma manōgata ēnu?) 君の望むところは何なんだ。[Sk.]

ಮನೋಜ್ಞ ⟦manōjña マノージュニャ⟧ [məno:ɟɲɐ/—gnɐ] 《文》*adj.* 1 魅力的な、魅力がある 2 (映画などが) 心を打つ ¶ "ಮದರ್ ಇಂಡಿಯಾ" ಮನೋಜ್ಞವಾದ ಸಿನೆಮಾ. ("madar iṃḍiyā" manōjñavāda sinemā.)「マザー・インディア」は心を打つ映画です。[Sk.]

ಮನೋಧರ್ಮ ⟦manōdʰarma マノーダルマ⟧ [məno:dʰərmɐ] 《文》*n.* 気質、気性 ¶ ಅವನ ಮನೋಧರ್ಮ ತುಂಬಿಸಿಟ್ಟಿನದು. (avana manōdʰarma tuṃbasiṭṭinadu.) 彼は短気だ。[Sk.] = ಮನೋವೃತ್ತಿ (manōvṛtti)

ಮನೋನಿಗ್ರಹ ⟦manōnigraha マノーニグラハ⟧ [məno:nigrəhɐ] *n.* 1 自制、欲望を押さえつけること 2 心の制御 [Sk.]

ಮನೋಬಲ ⟦manōbala マノーバラ⟧ [məno:bəlɐ] *n.* 意思の力、強い心 [Sk.]

ಮನೋರಂಜನೆ ⟦manōraṃjane マノーランジャネ⟧ [mə

no:rəɲʤəne] ಮನರಂಜನೆ *n.* 娯楽、慰み、遊び [Sk.] ☞ಮನರಂಜನೆ (manaraṃjane)

ಮನೋರಥ ⟦manōratʰa マノーラタ⟧ [məno:rətʰɐ] 《文》 *n.* 欲望、望み ¶ ವಕೀಲ ಆಗಬೇಕೆಂಬ ದೀಪ್ತಿಯ ಮನೊರಥ ಕೈಗೂಡಿತು. (vakīla āgabēkeṃba dīptiya manoratʰa kaigūḍitu.) 弁護士になりたいというディープティの望みはかなえられた。 [Sk.]

ಮನೋರೋಗ ⟦manōrōga マノーローガ⟧ [məno:ro:gɐ] *n.* 精神病、心に受けた傷などから来る心の障害 [Sk.]

ಮನೋವಿಕಾರ ⟦manōvikāra マノーヴィカーラ⟧ [məno:vikɐ:rɐ] *n.* 精神の異常、異常な人格 ¶ ಕೃಷ್ಣಮೂರ್ತಿ ತನ್ನ ಹೆಂಡತಿಯನ್ನು ಬಿಟ್ಟದರಿಂದ ಆಕೆಗೆ ಮನೋವಿಕಾರ ಉಂಟಾಯಿತು. (kr̥ṣṇamūrti tanna heṃḍatiyannu biṭṭadariṃda ākege manōvikāra umṭāyitu.) クリシュナムールティが妻を捨てたので、妻は精神の異常をきたした。 [Sk.]

ಮನೋವಿಜ್ಞಾನ ⟦manōvijñāna マノーヴィジュニャーナ⟧ [məno:viɟɲɐ:nɐ/—vignɐ:nɐ] *n.* 心理学 [Sk.] ☞ಮನಶ್ಶಾಸ್ತ್ರ (manaśśāstra)

ಮನೋವಿಜ್ಞಾನಿ ⟦manōvijñāni マノーヴィジュニャーニ⟧ [məno:viɟɲɐ:ni/—vignɐ:ni] *mf.* 心理学者 [Sk.]

ಮನೋವಿಶ್ಲೇಷಣೆ ⟦manōviślēṣaṇe マノーヴィシュレーシャネ⟧ [məno:viʃle:ʂəɳe] *n.* 精神分析 [Sk.]

ಮನೋವೃತ್ತಿ ⟦manōvr̥tti マノーヴルッティ⟧ [məno:vrɯtti/—vrutti] *n.* 気質、気性 ¶ ಅವನ ಮನೋವೃತ್ತಿ ಶಿಕ್ಷಕರ ಕೆಲಸಕ್ಕೆ ಯೋಗ್ಯವಲ್ಲ. (avana manōvr̥tti śikṣakara kelasakke yōgyavalla.) 彼の気性は教員の仕事に向いていない。 [Sk.] = ಮನೋಧರ್ಮ (manōdʰarma)

ಮನೋಹರ ⟦manōhara マノーハラ⟧ [məno:hərɐ] 《文》 (*n.*) 心を奪う〈こと〉、魅力的な〈こと〉 [Sk.]

ಮನ್ತನ ⟦mantana マンタナ⟧ [məntənɐ] 《口》 *n.* [Ka. D4776] (*My.* (*Kitt.*)) ☞ಮನೆತನ (manetana)

ಮನ್ನಣೆ ⟦mannaṇe マンナネ⟧ [mənnəɳe] *n.* 1 (創作活動などで) 世に認められること ¶ ಈಗ ಭಾರತದಲ್ಲಿ ಕಲಾವಿಷಯಗಳಿಗೆ ಮನ್ನಣೆ ಇಲ್ಲ. (īga bʰāratadalli kalāviṣayagaḷige mannaṇe illa.) 今インドでは文学部の諸科目に対する世間の評価は低い。 2 同意 ¶ ಮಂತ್ರಿಗಳ ಪ್ರಸ್ತಾಪಕ್ಕೆ ಮುಖ್ಯಮಂತ್ರಿ ಮನ್ನಣೆ ಕೊಡಲಿಲ್ಲ. (maṃtrigaḷa prastāpakke mukʰyamaṃtri mannaṇe koḍalilla.) 州首相は大臣たちの提案に同意しなかった。 [Pk. *māṇaṇa*-? T10046]

ಮನ್ನಿಸು ⟦mannisu マンニス⟧ [mənnisu] 《文》 *vt.* 〈ある仕事の価値を〉 (世が) 認める ¶ ಮದರ್ ತೆರೆಸಾ ಅವರ ಸಮಾಜಸೇವೆಯನ್ನು ಮನ್ನಿಸಿ ಭಾರತರತ್ನ ಪ್ರಶಸ್ತಿ ಕೊಟ್ಟರು. (madar teresā avara samājasēveyannu mannisi bʰārataratna praśasti koṭṭaru.) マザー・テレサはその社会奉仕活動が認められてバーラタ・ラトナが授与された。 [denm. of *mannaṇe*]

ಮನ್ನೆಯ ⟦manneya マンネヤ⟧ [mənnejɐ] 《文》 *m.* 《*f.* ಮನ್ನೆಯಳು (manneyaḷu)》 1 社会で威信のある人 2 (村や町などの) お偉方 [Ka. D4774]

ಮನ್ವಂತರ ⟦manvaṃtara マンヴァンタラ⟧ [mənvəntərɐ] 《文》 *n.* 1 14 人のマヌたちのいずれかが支配する時代 2 新しい時代、新時代 ¶ ಶಿವರಾಮ ಕಾರಂತರು ಕಾದಂಬರಿಯಲ್ಲಿ ಹೊಸ ಮನ್ವಂತರ ಪ್ರಾರಂಭಿಸಿದರು. (śivarāma kāraṃtaru kādaṃbariyalli hosa manvaṃtara prāraṃbʰisidaru.) シヴァラーマ・カーランタが小説での新時代を創始した。 [Sk.]

ಮಫ್ತಿ ⟦mapʰti マプティ⟧ [məpʰti] *n.* 平服 ¶ ಎಸ್. ಎಮ್. ಕೃಷ್ಣರವರ ಮೈಗಾವಲಿನವರು ಮಫ್ತಿಯಲ್ಲಿ ಬಂದಿದ್ದರು. (es. em. kr̥ṣṇaravara maigāvalinavaru mapʰtiyalli baṃdiddaru.) S.M. クリシュナの護衛たちが平服でやってきた。 [Pe. *mufti*]

ಮಫ್ಲರ್ ⟦mapʰlar マプラル⟧ [məpʰlər] *n.* マフラー、首巻き [Eg. *muffler*]

ಮಬ್ಬಿಗ ⟦mabbiga マッビガ⟧ [məbbigɐ] ಮರ್ಬಿಗ 《文》 *m.* 悪鬼、悪霊、化け物 [Ka. D4728]

ಮಬ್ಬು ⟦mabbu マッブ⟧ [məbbu] ಮರ್ವು (*n.*) 1 (病気や日暮れや煙などで) 目がはっきり見えない〈こと〉 ¶ ನನ್ನ ಕಣ್ಣಲ್ಲಿ ಎಲ್ಲವೂ ಮಬ್ಬಾಗಿ ಕಾಣಿಸುತ್ತದೆ. (nanna kaṇṇalli ellavū mabbāgi kāṇisuttade.) 私の目にはすべてがぼんやりとしか見えない。 2 (麻酔剤や熱などで) 意識が朦朧とする〈こと〉 ¶ ಅವನಿಗೆ ಮಬ್ಬು ಕವಿದಿದ್ದರಿಂದಲೇ ಹಣವನ್ನು ಕಳೆದುಕೊಂಡ. (avanige mabbu kavididdariṃdalē haṇavannu kaḷedukoṃḍa.) 彼はぼんやりしていてお金をなくした。 [Ka. D4728]

ಮಮಕಾರ ⟦mamakāra ママカーラ⟧ [məməkɐ:rɐ] 《文》 *n.* 1 自己中心主義；利己主義 2 傲慢、うぬぼれ [Sk.] = ಅಹಂಕಾರ (ahaṃkāra)

ಮಮ್ಮ ⟦mamma マンマ⟧ [məmmɐ] 《文》 *m.* 《*f.* ಮಮ್ಮಗಳು (mammagaḷu)》 孫 [Ka. < *marma* D4715] = ಮೊಮ್ಮಗ (mommaga) 〔汎〕 ☞ಮರ್ಮ (marma)[1]

ಮಮ್ಮಗ ⟦mammaga マンマガ⟧ [məmməgɐ] 《口》 *m.* 《*f.* ಮಮ್ಮಗಳು (mammagaḷu)》 孫 [Ka. D4715] ☞ಮೊಮ್ಮಗ (mommaga)

ಮಮ್ಮಲ[1] ⟦mammala マンマラ⟧ [məmmŏlɐ] *n.* 心の懊悩 —(*n.*) 心の懊悩を描写する擬態語 ¶ ಮಗ ಫೇಲಾದದ್ದು ಕೇಳಿ ತಾಯಿತಂದೆಗಳು ಮಮ್ಮಲ ಮರುಗಿದರು. (maga pʰēlādaddu kēḷi tāyitaṃdegaḷu mammala marugidaru.) 息子が試験に落ちたことを聞いて両親はもだえ苦しんだ。 (*Mhr.* (*Kitt.*)) [Ka. mim. D4702]

ಮಮ್ಮಲ[2] ⟦mammala マンマラ⟧ [məmmŏlɐ] ಮಮ್ಮಲಂ, ಮಲಮಲ 《古》 *adv.* とても、すこぶる (*Pb.1.80.V*) [Ka. mim. D4729]

ಮಮ್ಮು ⟦mammu マンム⟧ [məmmu] 《口》 *n.* 〔児〕 食べ物、おまんま [Ka. D4703]

ಮಯಣ ⟦mayaṇa マヤナ⟧ [məjŏɳɐ] *n.* 1 蜜蝋 2 穀物の粉で作った糊 [Pk. *mayaṇa*- A52] = ಮೇಣ (mēṇa) 〔口〕

ಮಯಮು ⟦mayamu マヤム⟧ [məjəmu] ಮಯಮು 《‡》 *n.* 狼狽、慌てること、当惑 (*Kitt.*) [Ka. D4706]

ಮಯಿ ⟦mayi マイ⟧ [məji] 《古》 *n.* 1 体 (*insc.*) 2 脇、側 [Ka D5073] ☞ಮೈ (mai)

ಮಯಿದ ⟦mayida マイダ⟧ [məjĭdɐ] 《口》 *m.* [A53(a)] ☞ಮಯ್ದ (mayda)

ಮಯಿದನ ⟦mayidana マイダナ⟧ [məjidənɐ] *m.* 1 妹の夫 2 夫の兄弟 3 妻の兄弟 [*A53(a)] ☞ಮಯ್ದನ (maydana)

ಮಯಿದುನ ⟦mayiduna マイドゥナ⟧ [məjidŭnɐ] *m.* 1 妹の夫 2 夫の兄弟 3 妻の兄弟 [A53(a)]

ಮಯೂಖ ⟦mayūkʰa マユーカ⟧ [məju:kʰɐ] 《文》 *n.* 光線 [Sk.]

ಮಯೂರ ⟦mayūra マユーラ⟧ [məju:rɐ] 《文》 *n.* 孔雀 [Sk.] ☞ನವಿಲು (navilu)〔汎〕

ಮಯ್ಕಟ್ಟು ⟦maykaṭṭu マイカットゥ⟧ [məĭkəṭṭu] *n.* 体格、体つき ¶ ನಿಮ್ಮ ಮಯ್ಕಟ್ಟು ಈ ಕೆಲಸಕ್ಕೆ ಸರಿಯಾಗಿಲ್ಲ. (nimma maykaṭṭu ī kelasakke sariyāgilla.) 君の体格はこの仕事には向かない。 [*may* + *kaṭṭu*]

ಮಯ್ಗಳ್ಳ ⟦maygaḷḷa マイガッラ⟧ [məĭg̊əḷḷɐ] *m.* 《*f.* ಮಯ್ಗಳ್ಳಿ (maygaḷḷi)》怠け者、怠惰な人 [*may* + *kaḷḷa*] = ಮೈಗಳ್ಳ (maigaḷḷa)

ಮಯ್ಗಳ್ಳತನ ⟦maygaḷḷatana マイガッラタナ⟧ [məĭg̊əḷḷə̆tənɐ] *n.* 怠惰であること、ものぐさであること [Ka. *maygaḷḷa* + *-tana*]

ಮಯ್ಗಲಿ ⟦maygali マイガリ⟧ [məĭg̊əli] 《古》 *m.* 強くて勇猛な人、英雄 [Ka. *may* + *kali*] ☞ಮೈಗಲಿ (maigali)

ಮಯ್ದ ⟦mayda マイダ⟧ [məĭdɐ] ಮಯಿದ 《口》 *m.* 1 妹の夫 2 夫の兄弟 3 妻の兄弟 [A53(a)]

ಮಯ್ದನ ⟦maydana マイダナ⟧ [məĭdənɐ] ಮಯ್ದುನ, ಮಯಿದುನ, ಮೆಯ್ದುನ. ಮೈದುನ *m.* 1 妹の夫 2 夫の弟 3 妻の弟 [A53(a)] (*My.* (*Kitt.*))

ಮಯ್ದುನ ⟦mayduna マイドゥナ⟧ [məĭdŭnɐ] *m.* [A53(a)] ☞ಮಯ್ದನ (maydana)

ಮಯಿದುನ ⟦mayiduna マイドゥナ⟧ [məĭdŭnɐ] *m.* [Sk. *maithuna-* A53(a), T10722] ☞ಮಯ್ದುನ (mayduna)

ಮಯ್ಮು ⟦maymu マイム⟧ [məĭmu] 《文》 *n.* 当惑、狼狽、驚愕 [Ka. D4706]

ಮಯ್ಮೆ¹ ⟦mayme マイメ⟧ [məĭme] 《‡》 *n.* うろたえ慌てていること [Ka. D4706] (*Šs.* (*Kitt.*))

ಮಯ್ಮೆ² ⟦mayme マイメ⟧ [məĭme] 《古》 *n.* 偉大さ、偉大性 [Sk. *mahimā-*]

ಮಯ್ಲ ⟦mayla マイラ⟧ [məĭlɐ] 《‡》 *n.* 孔雀 (*My.* (*Kitt.*)) [Ka. D4642]

ಮಯ್ಲು ⟦maylu マイル⟧ [məĭlu] ಮಯ್ಲ 《文》 *n.* 孔雀 [Ka. D4642]

ಮರ¹ ⟦mara マラ⟧ [mərɐ] *n.* 1 木、樹木 2 材木 [Ka. D4711]

ಮರ² ⟦mara マラ⟧ [mərɐ] 《古》 *n.* (穀物を簸(ひ)ったりより分けたりする)箕(み) [Ka. < *moṟa* *D5005] ☞ಮೊರ (mora)

ಮರಕಟ್ಟು¹ ⟦marakaṭṭu マラカットゥ⟧ [mərəkəṭṭu] ಮರಗಟ್ಟು *vi.* (長時間座りつづけて)痺れる、痺れが切れる、(足が)麻痺する ¶ ಏನಾಯಿತು? ಕಾಲು ಮರಕಟ್ಟಿತು. (ēnāyitu? kālu marakaṭṭitu.) 「どうしたの。」「足が痺れたんだ。」 [Ka. *mara* + *kaṭṭu*]

ಮರಕಟ್ಟು² ⟦marakaṭṭu マラカットゥ⟧ [mərəkəṭṭu] ಮರಗಟ್ಟು *n.* 1 (給水や施肥のため)木の周りに掘った円形の溝 2 (ヤシの樹液を取るために)壺をナツメヤシの木に取りつける仕事 [*mara* + *kaṭṭu*]

ಮರಗಟ್ಟು¹ ⟦maragaṭṭu マラガットゥ⟧ [mərəg̊əṭṭu] ಮರಕಟ್ಟು *vi.* ☞ಮರಕಟ್ಟು (marakaṭṭu)¹

ಮರಗಟ್ಟು² ⟦maragaṭṭu マラガットゥ⟧ [mərəg̊əṭṭu] *n.* ☞ಮರಕಟ್ಟು (marakaṭṭu)²

ಮರಕತ ⟦marakata マラカタ⟧ [mərəkətɐ] 《文》 *n.* エメラルド、翠玉(すいぎょく) [Sk.] ☞ಪಚ್ಚೆ (pacce)〔口〕

ಮರಕುಟಿಕ ⟦marakuṭika マラクティカ⟧ [mərəkuṭikɐ] ಮರಕುಟಿಗ *n.* キツツキ [Ka. *mara* + *kuṭṭu* D1672 + *-ika*]

ಮರಕುಟಿಗ ⟦marakuṭiga マラクティガ⟧ [mərəkuṭigɐ] ಮರಕುಟಿಗ *n.* キツツキ [Ka. *mara* + *kuṭṭu* D1672 + *-iga*] ☞ಮರಕುಟಿಕ (marakuṭika)

ಮರಕೆಸು ⟦marakesu マラケス⟧ [mərəkesu] ಮರಕೆಸ 《文》 *n.* サトイモ科のイモの一種 (BVNSIP 1774) [Ka. *mara* + *kesu*] = ಕಾಡುಗಡ್ಡೆ (kāḍugaḍḍe)

ಮರಗಿ ⟦maragi マラギ⟧ [mərə̆gi] 《古》 *n.* [Ka. D4714] ☞ಮರವಿ (maravi)

ಮರಗುಳಿ ⟦maraguḷi マラグリ⟧ [mərəg̊ŭḷi] *mf.* (老齢ゆえに、または生来)物忘れがひどい人 [Ka. *mare* + *-kuḷi*]

ಮರಗೆ ⟦marage マラゲ⟧ [mərə̆ge] 《古》 *n.* [Ka. D4714] ☞ಮರವಿ (maravi)

ಮರಗೆಲಸ ⟦maragelasa マラゲラサ⟧ [mərəg̊elə̆sɐ] *n.* 大工仕事、木工 [Ka. *mara* + *kelasa*]

ಮರಚು¹ ⟦maracu マラチュ⟧ [mərə̆ʧu] *vt.* ヴェールなどで〈顔を〉隠す [Ka. *D4760]

ಮರಚು² ⟦maracu マラチュ⟧ [mərə̆ʧu] *vt.* 〈顔を〉そむける [Ka. *D4761]

ಮರಡಿ ⟦maraḍi マラディ⟧ [mərə̆ḍi] ಮಂಟೆ, ಮಡ್ಡಿ⁴, ಮೊರಟೆ, ಮೊರಡಿ, ಮೊರಡು, ಮೊರಡೆ, ಮೊಱಡಿ *n.* 石でできていたり石がごろごろしたりしている小山(高さ 10 メートル以下) [Ka. D4971]

ಮರಣ ⟦maraṇa マラナ⟧ [mərəɳɐ] *n.* 死、死亡 [Sk.]

ಮರಣದಂಡನೆ ⟦maraṇadaṃḍane マラナダンダネ⟧ [mərəɳədənḍəne] *n.* 死刑 [Sk.]

ಮರಣಶಾಸನ ⟦maraṇaśāsana マラナシャーサナ⟧ [mərəɳəʃɐ:sənɐ] *n.* 遺言 [Sk.]

ಮರಣೋತ್ತರ ಪ್ರಶಸ್ತಿ ⟦maraṇōttara praśasti マラノーッタラプラシャスティ⟧ [mərəɳo:ttərə prəʃəsti] 《文》 *n.* 死後の叙勲 [Sk.]

ಮರಮರ ⟦maramara マラマラ⟧ [mərə̆mərɐ] (*n.*) (恐ろしい情景などを見た時や後悔した時のような)いても立ってもいられないような気持ちを表す擬

態語 ¶ ರಸ್ತೆಯಲ್ಲಿ ಬಸ್ ಅಪಘಾತ ನೋಡಿ ನನ್ನ ಜೀವ ಮರಮರ ಅಂದಿತು. (rasteyalli bas apagʰāta nōḍi nanna jīva maramara aṃditu.) 途中バスの事故を見て何ともいえない気がした。 [Ka. mim. cf D4769]

ಮರಲ್¹ ⟦maral マラル⟧ [mərəl] 《古》 *n.* 砂、砂利 [Ka. D4666(b)] ☞ಮರಲು (maralu)

ಮರಲ್² ⟦maral マラル⟧ [mərəl] ಮರಲು 《古》 *n.* 花 [Ka. D4739] *(Šmd.42)*

ಮರಲ್³ ⟦maral マラル⟧ [mərəl] ಮರಲು 《古》 *vi.* **1** (顔などが)向こうを向く、背けられる **2** 退く、後戻りする **3** 帰る、戻る **4** 起こる [Ka. D4761]

ಮರಲು ⟦maralu マラル⟧ [mərə̆lu] ಮರಲ್ 《古》 *n.* 砂、砂利 [Ka. *D4666(b)]

ಮರಲ್ಚು ⟦maralcu マラルチュ⟧ [mərəlʧu] 《古》 *vt.* **1** 〈顔などを〉背ける **2** 〈軍隊などを〉戻す、引き返させる **3** 返す、返却する **4** 返す、返還する [Ka. caus. D4761]

ಮರವಡು ⟦maravaḍu マラヴァドゥ⟧ [mərə̆vəḍu] 《古》 *vi.* 「木のようになる」、(恐れ、不思議、驚愕などで)動かなくなる、立ちすくむ [Ka. *mara* + *paḍu*]

ಮರವಿ ⟦maravi マラヴィ⟧ [mərə̆vi] ಮರಗಿ, ಮರ್ಗೆ, ಮರಿಗೆ, ಮರಾಯಿ 《古》 *n.* 石製や木製や土製の容器(牛に餌や水を与えるのに用いる) [Ka. *D4714]

ಮರವು ⟦maravu マラヴ⟧ [mərə̆vu] *n.* **1** 隠すこと、秘密 ¶ ವನಿತಾ ತನ್ನ ವೈಯಕ್ತಿಕ ವಿಷಯಗಳನ್ನು ಕೂಡ ಮರವು ಮಾಡುವುದಿಲ್ಲ. (vanitā tanna vaiyaktika viṣayagaḷannu kūḍa maravu māḍuvudilla.) ヴァニターは自分の個人的なことまで隠さない。 **2** もの忘れをすること、忘れやすいこと、健忘症 **3** 無意識 [Ka. *D4760] ☞ಮರೆವು (marevu)

ಮರವೆ¹ ⟦marave マラヴェ⟧ [mərə̆ve] ಮಱವೆ *n.* **1** (酒などの)酔い、酩酊 **2** 狂気、凶暴 **3** うろたえ、当惑、混乱 [Ka. D4723, cf. D4760]

ಮರವೆ² ⟦marave マラヴェ⟧ [mərə̆ve] ಮಱವೆ *n.* **1** 忘却 ¶ ನೀವು ಹೇಳಿದ ವಿಷಯ ನನಗೆ ಮರವೆ ಆಯಿತು. ಇನ್ನೊಂದು ಸಲ ಹೇಳಿರಿ. (nīvu hēḷida viṣaya nanage marave āyitu. innoṃdu sala hēḷiri.) おっしゃったことを忘れてしまいました。もう一度おっしゃってください。 **2** 物忘れ ¶ ವಯಸ್ಸಾದಂತೆ ಮರವೆ ಹೆಚ್ಚಾಯಿತು. (vayassādaṃte marave heccāyitu.) 年を取るにつれて(私は)物忘れが激しくなった。 **3** 麻痺 [Ka. *D4760, cf. D4723]

ಮರಸು ⟦marasu マラス⟧ [mərə̆su] 《‡》 *vi.* 激怒する、怒り狂う *(Čpr.6,34 (Kitt.))* [Ka. D4723]

ಮರಸುತ್ತು ⟦marasuttu マラスットゥ⟧ [mərə̆suttu] 《口》 *n.* ねじ [*mara* + *suttu*]

ಮರಳ್ ⟦maraḷ マラル⟧ [mərəl] 《古》 *vi.* **1** (顔などが)背けられる、よそを向く **2** 退く **3** 戻る、帰る **4** 再発する [Ka. D4761]

ಮರಳಿ ⟦maraḷi マラリ⟧ [mərə̆ḷi] 《‡》 *mf.* 馬鹿ではないが馬鹿のふりをする人 [Ka. D4723] *(My. (Kitt.))*

ಮರಳು¹ ⟦maraḷu マラル⟧ [mərə̆ḷu] ಮರಲು 《古》 *vi.* **1** (顔などが)向こうを向く、背けられる **2** 退く、後戻りする **3** 帰る、戻る **4** また起こる、再び起こる ¶ ನಿನ್ನೆ ಬಂದ ಜ್ವರ ಇಂದು ಮರಳಿತು. (ninne baṃda jvara iṃdu maraḷitu.) 昨日の熱が今日も出た。 [Ka. *D4761]

ಮರಳಿಸು¹ ⟦maraḷisu マラリス⟧ [mərə̆ḷisu] *vt.* **1** 〈顔などを〉背ける ¶ ನೀತಾ ನನ್ನನ್ನು ನೋಡಿ ಮುಖವನ್ನು ಮರಳಿಸಿದಳು. (nītā nannannu nōḍi mukʰavannu maraḷisidaḷu.) 私を見てニーターは顔を背ける。 **2** 〈軍隊などを〉退却させる、戻す **3** (持ち主などに)返す ¶ ನನ್ನ ಪುಸ್ತಕವನ್ನು ನಾಳೆಯೇ ಮರಳಿಸಬೇಕು. (nanna pustakavannu nāḷeyē maraḷisabēku.) 本を絶対明日返してください。 **4** 〈平和などを〉取り戻す [Ka. caus. D4761]

ಮರಳು² ⟦maraḷu マラル⟧ [mərə̆ḷu] *vi.* 沸騰する ¶ ಚಹಾ ಮರಳುತ್ತಿದೆ. (cahā maraḷuttide.) お茶が沸騰している。 [Ka. D4769]

ಮರಳಿಸು² ⟦maraḷisu マラリス⟧ [mərə̆ḷisu] *vt.* 沸騰させる ¶ ಬಾವಿಯ ನೀರು ಮರಳಿಸಿದರೆ ಪಾತ್ರೆ ಬೆಳ್ಳಗೆ ಆಗುತ್ತದೆ. (bāviya nīru maraḷisidare pātre beḷḷage āguttade.) 井戸の水を沸かすと容器が白くなる。 [Ka. caus.]

ಮರಳು³ ⟦maraḷu マラル⟧ [mərə̆ḷu] *n.* 砂 [Ka. *D4666(b)]

ಮರಳುಗಾಡು ⟦maraḷugāḍu マラルガードゥ⟧ [mərəḷugɐːḍu] *n.* 砂漠、砂地 [+ *desert*] = ಮರುಭೂಮಿ (marubʰūmi)

ಮರಳ್ಚು ⟦maraḷcu マラルチュ⟧ [mərəḷʧu] 《古》 *vt.* **1** 〈顔などを〉背ける、〈目を〉そらす **2** 〈軍隊などを〉引き返させる **3** 押し戻す **4** 返す、返却する [Ka. caus. D4761]

ಮರಾಮತ್ತು ⟦marāmattu マラーマットゥ⟧ [mərɐːməttu] *n.* **1** 補修、修繕 **2** 土木工事 [Pe. *marammat* ←Ar. *maramma*]

ಮರಾಮತ್ತು ಇಲಾಖೆ ⟦marāmattu ilākʰe マラーマットゥイラーケ⟧ [mərɐːməttu ilɐːkʰe] 《口》 *n.* 土木局、道路や橋などの建設や維持や補修をつかさどる政府の部局 [+ *ilākʰe*]

ಮರಿ ⟦mari マリ⟧ [məri] ಮಱಿ *n.* **1** (牛類を除いた哺乳類や鳥類の)子ども、(鳥類の)雛 **2** 幼児に愛情をもって呼びかける語 ¶ ಏನು ಮರಿ, ಊಟ ಮಾಡಿದೆಯಾ? (ēnu mari, ūṭa māḍideyā?) ねえ坊や、もうご飯を食べたかい。 [Ka. < ಮಱಿ (maṟi) *D4764]

ಮರಿಗೆ ⟦marige マリゲ⟧ [mərĭge] 《古》 *n.* [Ka. D4714] ☞ಮರವಿ (maravi)

ಮರೀಚಿಕೆ ⟦marīcike マリーチケ⟧ [məriːʧike] 《文》 *n.* 蜃気楼 [Sk.] ☞ಬಿಸಿಲುಕುದುರೆ (bisilukudure) 〔汎〕

ಮರು ⟦maru マル⟧ [məru] *(adj.)* **1** 次〈の〉¶ ಮರುದಿನ (marudina) 次の日 **2** (…に)対する〈こと〉¶ ಮರುನುಡಿ (marunuḍi) 返事 [Ka. < *D4766]

ಮರುಕಳಿಸು ⟦marukaḷisu マルカリス⟧ [mərukəḷisu] ಮಱುಕಳಿಸು *vi.* (病気や症状が)繰り返す、再発する ¶ ಚಳಿಜ್ವರದಲ್ಲಿ ಜ್ವರ ಎರಡು ದಿನಕ್ಕೆ ಒಮ್ಮೆ ಮರುಕಳಿಸುತ್ತದೆ. (caḷijvaradalli jvara eraḍu dinakke omme marukaḷisuttade.) マラリアにかかると二日目ごとに熱が出る。[Ka. maṟukaḷi「再来」<? -isu]

ಮರುಕಾಣಿಕೆ ⟦marukāṇike マルカーニケ⟧ [mərukɐːɳike] n. (贈り物の)お返し [Ka. maru + kāṇike]

ಮರುಕುಳಿ ⟦marukuḷi マルクリ⟧ [mərŭkuɭi] ⟪‡⟫ n. うろたえ慌てること (Šs. (Kitt.)) [Ka. D4723]

ಮರುಗ ⟦maruga マルガ⟧ [mərŭgɐ] ಮರುಗು n. シソ科ハナハッカ属の芳しい植物 [? cf. Sk. maruvaka-]

ಮರುಗು ⟦marugu マルグ⟧ [mərŭgu] n. サンセベリア、チトセラン [Ka. D4712]

ಮರುಟಪಾಲು ⟦maruṭapālu マルタパール⟧ [məruʈəpɐːlu] n. 次の郵便 ¶ ಮರುಟಪಾಲಿನಲ್ಲಿ ಉತ್ತರ ಬರೆಯಿರಿ. (maruṭapālinalli uttara bareyiri.) この手紙に次の便で(すなわち折り返し)ご返事お願いいたします。[Ka. maṟu + ṭapālu]

ಮರುದಿನ ⟦marudina マルディナ⟧ [mərudinɐ] n. 次の日、翌日 —adv. 次の日に ¶ ಮರುದಿನ ಜಯಾಳ ಅಪ್ಪ ತೀರಿಕೊಂಡರು. (marudina jayāḷa appa tīrikoṃḍaru.) 次の日にジャヤーの父親は亡くなった。 —postp. 次の日に ¶ ಜಯಾ ತಾಯಿಮನೆಗೆ ಬಂದ ಮರುದಿನ ಅಪ್ಪ ತೀರಿಕೊಂಡರು. (jayā tāyimanege baṃda marudina appa tīrikoṃḍaru.) ジャヤーが実家へ帰った次の日に父親は亡くなった。[maru + dina]

ಮರುನುಡಿ ⟦marunuḍi マルヌディ⟧ [mərunuɖi] ⟪文⟫ n. (口頭の)返事 ¶ ಯಾರು ಎಂದು ಕೇಳಿದರೂ ಮರುನುಡಿ ಇಲ್ಲ. (yāru eṃdu kēḷidarū marunuḍi illa.)「誰だ」と尋ねたが返事がなかった。 —vi. (口頭で)返事をする、返答する ¶ ನಾನು ಎಷ್ಟೊಂದು ಕೇಳಿದರೂ ಜಮಾಲ್ ಮರುನುಡಿಯದೆ ಹೊರಟು ಹೋದ. (nānu eṣṭoṃdu kēḷidarū jamāl marunuḍiyade horaṭu hōda.) 私が何度訊ねてもジャマールは私の問いに答えずに行ってしまった。[maru + nuḍi]

ಮರುಪಾವತಿ ⟦marupāvati マルパーヴァティ⟧ [mərupɐːvŏti] n. (支払われた料金や税金などの)返済、返還、還付 ¶ ನಗರಸಭೆಯವರು ಹೆಚ್ಚಿನ ಹಣವನ್ನು ಮರುಪಾವತಿ ಮಾಡಿದರು. (nagarasabʰeyavaru heccina haṇavannu marupāvati māḍidaru.) 市役所は払いすぎた税金を返してくれた。[maṟu + pāvati]

ಮರುಪ್ರಸಾರ ⟦maruprasāra マルプラサーラ⟧ [məruprəsɐːrɐ] n. ラジオやテレビの中継 [maru + prasāra]

ಮರುಭೂಮಿ ⟦marubʰūmi マルブーミ⟧ [marubʰuːmi] n. 砂漠 [Sk.]

ಮರುವ ⟦maruva マルヴァ⟧ [mərŭvɐ] ⟪異⟫ n. 1 シソ科ハナハッカ属の芳しい植物 = ಮರುಗ (maruga) 2 ⟪‡⟫ センダン(派手な紫の花をさかせ、材木となるミソハギ科の木の一種) (St & Pl. (Kitt.)) [Ka. D4721] *[IHT 309]

ಮರುವು[1] ⟦maruvu マルヴ⟧ [mərŭvu] ⟪‡⟫ n. 1 (アルコール飲料などによる)酔い 2 狂気 3 憤激 4 当惑、困惑 5 麻痺 [Ka. D4723] (Kitt.)

ಮರುವು[2] ⟦maruvu マルヴ⟧ [mərŭvu] ⟪口⟫ n. 1 忘れること、忘却 2 物忘れ、忘れやすいこと 3 無意識、意識を失うこと [Ka. *D4760] ☞ಮರೆವು (marevu)

ಮರುಳ್ ⟦maruḷ マルル⟧ [məruɭ] ⟪古⟫ vi. (驚き、恐れ、歓喜、欲望、愛、怒り、甘い言葉などで)平常の自分や判断力を失う —n. 1 (歓喜、驚き、恐れ、欲望、愛の誘惑などで)平常の自分や判断力を失うこと 2 (人々の頭を惑わす)悪鬼、妖怪 [Ka. D4723]

ಮರುಳ ⟦maruḷa マルラ⟧ [məruɭɐ] m. ⟪f. ಮರುಳಿ (maruḷi)⟫ 1 (喜びや恐れなどのために)困惑している人 ¶ ರಮೇಶ ಲಾಟರಿಯಲ್ಲಿ ಒಂದು ಲಕ್ಷ ರೂಪಾಯಿ ಬಂದದು ಕೇಳಿ ಮರುಳನಾದ. (ramēśa lāṭariyalli oṃdu lakṣa rūpāyi baṃdadu kēḷi maruḷanāda.) ラメーシャは宝くじで自分が10万ルーピー当たったのを知ってぼおっとなってしまった。 2 理性を働かせられずに馬鹿げた振る舞いをする人 ¶ ಏಜಂಟನ ಮಾತು ಕೇಳಿ ನಾನು ಮರುಳನಾಗಿ ತುಂಬ ಹಣ ಕೊಟ್ಟು ಬಿಟ್ಟೆ. (ējaṃṭana mātu kēḷi nānu maruḷanāgi tuṃba haṇa koṭṭu biṭṭe.) 私は勧誘員の話にぼおっとしてつい大金を払ってしまった。[Ka. D4723]

ಮರುಳಿ ⟦maruḷi マルリ⟧ [mərŭɭi] m. ⟪f. ಮರುಳ (maruḷa)⟫(歓喜、驚き、恐れ、愛などで)平常の自分や判断力を失った女性 [Ka. D4723]

ಮರುಳು ⟦maruḷu マルル⟧ [məruɭu] ಮರುಳ್ n. (歓喜、驚き、恐れ、欲望、愛の誘惑などで)平常の自分や判断力を失うこと ¶ ಅವನಿಗೆ ಮರುಳು ಹಿಡಿದಿದೆ. (avanige maruḷu hiḍidide.) 彼は(喜び、驚き、恐怖、愛の惑溺などで)ボーッとなっている。[Ka. *D4723]

ಮರುಳಾಗು ⟦maruḷāgu マルラーグ⟧ [məruɭɐːgu] vi. (美しさなどで魅惑され)ぼおっとなる、うっとりする

ಮರುಳುಮಾಡು ⟦maruḷumāḍu マルルマードゥ⟧ [məruɭu mɐːɖu] vt. (魅惑するような言葉や褒めそやしによって)〈人を〉ぼおっとさせる、魅惑する、有頂天にする [maruḷu + māḍu]

ಮರುಳುಮಾತು ⟦maruḷumātu マルルマートゥ⟧ [mərŭɭu mɐːtu] n. 人を魅惑するような言葉;人をぼおっとさせるような言葉 ¶ ಲಾವಣ್ಯ ತನ್ನ ಮರುಳುಮಾತಿನಿಂದ ವ್ಯಾಪಾರಿಯನ್ನು ವಟ್ಟಕ್ಕೆ ಒಪ್ಪಿಸಿದಳು. (lāvaṇya tanna maruḷumātinimda vyāpāriyannu vaṭṭakke oppisidaḷu.) ラーヴァニヤは自分の魅惑的な話術で値引きさせた。[+ mātu]

ಮರುಳು ಹಿಡಿ ⟦maruḷu hiḍi マルルヒディ⟧ [məruɭu hiɖi] vi. ⟪dat.⟫「狂気」にとり憑かれる ¶ ಅವನಿಗೆ ದುಡ್ಡಿನ ಮರುಳು ಹಿಡಿದಿದೆ. (avanige duḍḍina maruḷu hiḍidide.) 彼は気違いのように金を追い求めている。[+ hiḍi]

ಮರುಳುತನ ⟦maruḷutana マルルタナ⟧ [məruɭŭtənɐ] ಮರುಳ್ತನ n. (恋にのぼせたり、慌てふためいたり、音楽に酔ったりして)判断力が弱くなった状態、我を忘れた状態 [maruḷu + -tana]

ಮರಳ್ಚು ⟦maraḷcu マラルチュ⟧ [mərəḷʧu] 《古》 *vt.* 魅惑する、悩殺する、恋の虜にする [Ka. caus. D4723]

ಮರುಳ್ತನ ⟦maruḷtana マルルタナ⟧ [məruḷtənɐ] *n.* [*maruḷ + -tana*] ☞ತರಳುತನ (taraḷutana)

ಮರೆ¹ ⟦mare マレ⟧ [məre] 《古》 *n.* 鹿の一種 (*Pb.5.48.V*) [Ka. D4724]

ಮರೆ² ⟦mare マレ⟧ [məre] *vt.* 忘れる ¶ ನೀವು ಮಾಡಿದ ಸಹಾಯವನ್ನು ನಾನು ಎಂದೂ ಮರೆಯಲಾರೆ. (nīvu māḍida sahāyavannu nānu eṃdū mareyalāre.) あなたがお助け下さったことを忘れることができません。 —*vi.* 忘れられる、記憶から消える ¶ ಕೋಡ್ ನಂಬರ್ ನನಗೆ ಮರೆತು ಹೋಯಿತು. (kōḍ naṃbar nanage maretu hōyitu.) 私は暗証番号を忘れた。 —(*n.*) 1 (会合などから)姿を消す〈こと〉、(魔法などで)消える〈こと〉¶ ಊರಿನ ಗೌಡ ಸಭೆಗೆ ಒಂದು ನಿಮಿಷ ಬಂದು ಮರೆ ಆದ. (ūrina gauḍa sabʰege oṃdu nimiṣa baṃdu mare āda.) 村長は会議に 1 分間出席して姿を消した。2 邪魔物やカーテンなどに遮られて見えない〈こと〉¶ ಕಳ್ಳ ಓಡಿ ಲಾರಿಯ ಹಿಂದೆ ಮರೆಯಾದ. (kaḷḷa ōḍi lāriya hiṃde mareyāda.) 泥棒は逃げだし、トラックの後ろに隠れた。 3 忘れる〈こと〉、忘却〈の〉¶ ತಂದೆ ಸತ್ತ ದುಃಖ ಮರೆಯಾಗಲು ಒಂದು ವರ್ಷ ಹಿಡಿಯಿತು. (taṃde satta duḥkʰa mareyāgalu oṃdu varṣa hiḍiyitu.) 父の死の悲しみを忘れるのに 1 年かかった。 4 秘密〈の〉¶ ಸಭಾಪತಿ ಮರೆಯಾಗಿ ನಶ್ಯ ಏರಿಸುತ್ತಿದ್ದರು. (sabʰāpati mareyāgi naśya ērisuttiddaru.) 議長は隠れて嗅ぎタバコを吸っていた。[Ka. < *maṟe* *D4760]

ಮರೆ³ ⟦mare マレ⟧ [məre] 《方》 *n.* 関係 (*Hav.*) [Ka. D5015]

ಮರೆಮಾಚು ⟦maremācu マレマーチュ⟧ [məremɐːʧu] *vt.* [Ka. *mare + māju* 「隠れること」] ☞ಮರೆಮಾಜು (maremāju)

ಮರೆಮಾಜು ⟦maremāju マレマージュ⟧ [məremɐːʤu] ಮರೆಮಾಚು *vt.* 〈あることを〉隠す、隠蔽する ¶ ಮಂತ್ರಿಗಳು ತಮ್ಮ ಪ್ರೇಮವಿಚಾರವನ್ನು ಮರೆಮಾಜದೆ ಹೇಳಿದರು. (maṃtrigaḷu tamma prēmavicāravannu maremājade hēḷidaru.) 大臣は自分の恋愛事件を隠さずに公にした。[Ka. *mare + māju* 「隠れること」]

ಮರೆಯುವಿಕೆ ⟦mareyuvike マレユヴィケ⟧ [mərĕjuvike] *n.* 忘れること、忘却 [Ka. < *maṟeyuvike* *D4760]

ಮರೆವು ⟦marevu マレヴ⟧ [mərĕvu] ಮರವು, ಮರೆವು, ಮರುವು, ಮಱವು, ಮಱೆವು *n.* 1 忘れること、忘却 2 物忘れ、忘れやすいこと 3 無意識、意識を失うこと [Ka. *D4760]

ಮರ್ಕಟ ⟦markaṭa マルカタ⟧ [mərkəʈɐ] 《文》 *n.* 猿 [Sk. <? M2.592] = ಮಂಗ (maṃga)

ಮರ್ಕಳ್ ⟦markaḷ マルカル⟧ [mərkəɭ] 《‡》 *n.* 子どもたち (*Kitt.*) [Ka. D4616]

ಮರ್ಕು ⟦marku マルク⟧ [mərkɨ] 《方》 *vi.* 泣く (*Bark.*) [Ka. D4727]

ಮರ್ಗಿಲು ⟦margilu マルギル⟧ [mərgilɨ] 《方》 *n.* (食べ物を供するために使う)取っ手の付いた小さな入れ物 (*Gowda*) [Ka. D4714]

ಮರ್ಚು¹ ⟦marcu マルチュ⟧ [mərʧu] 《古》 *vt.* 1 同意する 2 誉め称える —*n.* 愛、好きであること [Ka. D4722]

ಮರ್ಚಿಸು ⟦marcisu マルチス⟧ [mərʧisu] 《古》 *vt.* 《*caus.*》 喜ばせる [Ka. D4722]

ಮರ್ಚು² ⟦marcu マルチュ⟧ [mərʧu] 《古》 *n.* (鎌や斧のような形をしたものを含めて)手斧 [Ka. D4749] = ಮಚ್ಚು (maccu) 〔現〕

ಮರ್ಜಿ ⟦marji マルジ⟧ [mərʤi] *n.* 1 好み、(好物などに)ふけること ¶ ಮಕ್ಕಳ ಮರ್ಜಿಯನ್ನು ಅನುಸರಿಸಿದರೆ ಅವರು ಕೆಟ್ಟುಹೋಗುತ್ತಾರೆ. (makkaḷa marjiyannu anusarisidare avaru keṭṭuhōguttāre.) 子どもたちを甘やかすとだめになる。 2 気まぐれ ¶ ಯಜಮಾನಿಯ ಮರ್ಜಿ ನೋಡಿ ಕೆಲಸದವರು ರಜೆ ಕೇಳಬೇಕು. (yajamāniya marji nōḍi kelasadavaru raje kēḷabēku.) 召し使いたちは主人の機嫌がよい時を見はからって休暇を取らねばならない。[Ar. *marḍi*]

ಮರ್ಜಿಹಿಡಿ ⟦marjihiḍi マルジヒディ⟧ [mərʤihiɖi] *vi.* 《*gen.*》 (言うことを何でも聞いて)機嫌を取る ¶ ಆಳಿನ ಮರ್ಜಿಹಿಡಿದು ಕೆಲಸ ಮಾಡಿಸಿಕೋ. (āḷina marjihiḍidu kelasa māḍisikō.) 職人の機嫌を取って仕事をさせろ。[+ *hiḍi*]

ಮರ್ತ್ಯ ⟦martya マルティャ⟧ [mərt̪jɐ] 《文》 (*adj.*) 死ぬことを運命づけられた〈こと〉、死を免れない〈こと〉 —*mf.* 人間、人類 [Sk.]

ಮರ್ತ್ಯಲೋಕ ⟦martyalōka マルティャローカ⟧ [mərt̪jəloːkɐ] *n.* 人間世界 [Sk.] ↔ ದೇವಲೋಕ (dēvalōka)

ಮರ್ದು ⟦mardu マルドゥ⟧ [mərdu] 《古》 *n.* 薬、薬剤 [Ka. D4719]

ಮರ್ಬು ⟦marbu マルブ⟧ [mərbu] 《古》 *n.* 1 (夕闇、煙、白内障などで)ぼんやりとしか見えないこと 2 〔喩〕 (熱、アルコールなどの影響などで)頭が朦朧とすること [Ka. D4728] ☞ಮಬ್ಬು (mabbu)

ಮರ್ಮ¹ ⟦marma マルマ⟧ [mərmɐ] ಮಮ್ಮ, ಮೊಮ್ಮ 《古》 *m.* 孫 [Ka. < **marmaga*, *D4715]

ಮರ್ಮ² ⟦marma マルマ⟧ [mərmɐ] ಮಾರ್ಮ 《‡》 *m.* 敵対者 [Ka. D4834] (*Kitt.*)

ಮರ್ಮ³ ⟦marma マルマ⟧ [mərmɐ] *n.* 1 急所、打たれたら命にかかわる体の部分 2 秘密 3 物事の奥深い意味、真義 4《古》関節 [Sk.]

ಮರ್ಮಭೇದಕ ⟦marmabʰēdaka マルマベーダカ⟧ [mərməbʰeːdəkɐ] *adj.* 1 体の急所をつく 2 心に突き刺さる、痛いところをつく ¶ ಸೊಸೆ ಅತ್ತೆಗೆ ಮರ್ಮಭೇದಕ ಮಾತುಗಳನ್ನು ಆಡಿದಳು. (sose attege marmabʰēdaka mātugaḷannu āḍidaḷu.) 嫁が姑に急所を突くようなことをいった。[Sk.]

ಮರ್ಯಾದಸ್ಥ ⟦maryādastʰa マリヤーダスタ⟧ [mərjɐːdəstʰɐ] ಮರ್ಯಾದಸ್ತ *adj.*, *m.* 《*f.* ಮರ್ಯಾದಸ್ತೆ (maryādaste)》社会で尊敬された〈人〉、威信のある〈人〉

[Sk.]

ಮರ್ಯಾದೆ ⟦maryāde マリヤーデ⟧ [mərjɐːde] *n.* **1** 敬意、尊敬 **2** 礼儀、礼節 ¶ ಆ ಹುಡುಗ ಮರ್ಯಾದೆ ಇಲ್ಲದೆ ಮಾತಾಡುತ್ತಾನೆ. (ā huḍuga maryāde illade mātāḍuttāne.) あの少年は礼儀をわきまえずしゃべっている。 **3** 境界 **4** (記念品や勲章や賞状や称号などを授与して)敬意を示すこと [Sk.]

ಮರ್ವು ⟦marvu マルヴ⟧ [mərvu] 《古》 *n.* [Ka. D4728] ☞ಮಬ್ಬು(mabbu)

ಮಲ¹ ⟦mala マラ⟧ [məlɐ] 《口》 *n.* ウサギ(兎) [Ka. D4968] = ಮೊಲ (mola) 〔汎〕

ಮಲ² ⟦mala マラ⟧ [məlɐ] *n.* **1** 汚物 **2** (きたない)ゴミ **3** 大便 [Sk.]

ಮಲ- ⟦mala- マラ-⟧ [mələ] (*adj.*) **1** まま…、継…(親の再婚によって生じた親子関係を表すために「父」「母」「息子」「娘」などの語の前に付ける接頭辞のような形態素) ¶ ಮಲತಂದೆ (malataṃde) 継父 ¶ ಮಲತಾಯಿ (malatāyi) 継母 ¶ ಮಲಮಗು (malamagu) 継子 **2** 養子縁組などで生じた親子関係を表すために「父」や「母」や「息子」や「娘」を表す語の前につけられる形態素 ¶ ಮಲತಂದೆ (malataṃde) 養父 ¶ ಮಲತಾಯಿ (malatāyi) 養母 ¶ ಮಲಮಗು (malamagu) 養子 [Ka. D4732]

ಮಲಂಗು ⟦malaṃgu マラング⟧ [mələŋgu] 《古》 *vi.* **1** 横になる、寝る **2** (稲穂などが)頭を垂れる [Ka. D4735]

ಮಲಕು¹ ⟦malaku マラク⟧ [məlǒku] *n.* **1** 結び目 ¶ ದಾರವನ್ನು ಎಳೆದರೂ ಮಲಕು ಬಿಡುವುದಿಲ್ಲ. (dāravannu eḷedarū malaku biḍuvudilla.) 紐を引っ張っても結び目が解けない。 **2** ビーズ飾り(ビーズと紐の結び目とを交互に連ねた、女性用の頭につける装身具) [⇒図] **3** 一種の首飾り **4** (戸のかまちにぶら下げる)ビーズでできた飾り [Ka. D4733]

ಮಲಕು¹
ビーズ飾り

ಮಲಕು² ⟦malaku マラク⟧ [məlǒku] 《‡》 *n.* ねじれ (*Tĕ.* (*Kitt.*)) [Ka. D4734]

ಮಲಕು³ ⟦malaku マラク⟧ [məlǒku] *n.* 反芻すること ◇ *vi.* —ಹಾಕು (hāku) 反芻する [Ka. D5077]

ಮಲಗು ⟦malagu マラグ⟧ [məlǒgu] *vi.* **1** 横になる、寝る ¶ ವಾಸನಾ ಮಲಗಿ ಪೇಪರ್ ಓದುತ್ತಿದ್ದಾಳೆ. (vāsanā malagi pēpar ōduttiddāḷe.) ヴァーサナーは横になって新聞を読んでいる。 **2** (稲穂などが) 頭を垂れる **3** 眠る ¶ ಅವರು ಮಲಗಿದ್ದಾರೆ. (avaru malagiddāre.) (主人は)眠っています。 **4** 寝込む、病床につく ¶ ಅವನು ಕ್ಯಾನ್ಸರ್ ಕಾಹಿಲೆಯ ಕಾರಣದಿಂದ ಮಲಗಿ ಬಿಟ್ಟಿದ್ದಾನೆ. (avanu kyānsar kāhileya kāraṇadiṃda malagi biṭṭiddāne.) 彼は癌にかかって寝ている。 **5** (ある人と) 寝る、まぐわう ¶ ಅವನು ವೇಶ್ಯೆಯೊಂದಿಗೆ ಮಲಗಿ ಆರೋಗ್ಯವನ್ನು ಹಾಳುಮಾಡಿಕೊಂಡ. (avanu vēśyeyoṃdige malagi ārōgyavannu hāḷumāḍikoṃḍa.) 彼は娼婦と寝て健康を失った。 [Ka. D4735]

ಮಲಚೂಲು ⟦malacūlu マラチュール⟧ [məlǒʧulu] 《‡》 *n.* **1** 2度目の妊娠 **2** 二人目の子ども [Ka. D4732, 2733] (*R.* (*Kitt.*))

ಮಲತಂದೆ ⟦malataṃde マラタンデ⟧ [məlǒtənde] *m.* **1** 養父 **2**《希》母親の2度目の夫 [Ka. *mala-* + *taṃde*]

ಮಲತಾಯಿ ⟦malatāyi マラターイ⟧ [məlǒtɐːji] *f.* 《*pl.* ಮಲತಾಯಂದಿರು (malatāyaṃdiru)》 **1** 継母、まま母 **2** 母の僚妻(自分と夫を共有している自分以外の妻) **3** 養母 [Ka.]

ಮಲಮಗ ⟦malamaga マラマガ⟧ [məlǒməgɐ] *m.* **1** 継子 **2** 自分の僚妻(自分と夫を共有している自分以外の妻)の息子 **3** 養子 [Ka.]

ಮಲಮಗಳು ⟦malamagaḷu マラマガル⟧ [mələməgǒḷu] *f.* **1** 継娘 **2** 僚妻(自分と夫を共有している自分以外の妻)の娘 **3** 養女 [Ka. *mala-* + *magaḷu*]

ಮಲಮಲ ⟦malamala マラマラ⟧ [məlǒməlɐ] (*n.*) (後悔したり他人の不幸を見たりした時の)いても立ってもいられない気持ちを表す擬態語 ¶ ಸ್ನೇಹಿತನ ಕಷ್ಟ ನೋಡಿ ನನ್ನ ಜೀವ ಮಲಮಲ ಅಂದಿತು. (snēhitana kaṣṭa nōḍi nanna jīva malamala aṃditu.) 私は友達の窮状を見て胸が痛んだ。 [Ka. mim. D4729]

ಮಲಯಮಾರುತ ⟦malayamāruta マラヤマールタ⟧ [mələjəmɐːrutɐ] 《文》 *n.* マラヤの山(西ガート山脈)から吹いてくる涼しくて香りのよい風 [Sk.]

ಮಲರ್¹ ⟦malar マラル⟧ [mələr] 《古》 *n.* 砂 [Ka. *maral* D4666(b)]

ಮಲರ್² ⟦malar マラル⟧ [mələr] 《文》 *n.* 花 [Ka. < *maral* D4739]

ಮಲರ್³ ⟦malar マラル⟧ [mələr] 《古》 *vi.* **1** (顔などが)よそを向く **2** 退く、背を向ける **3** 帰る、戻る **4** 再び起こる、繰り返す [Ka. *maral* D4761]

ಮಲಲ್ ⟦malal マラル⟧ [mələl] 《‡》 *n.* 砂 (*Śmd. 42* (*Kitt.*)) [Ka. D4666(b)] ☞ಮರಳು (maraḷu)

ಮಲಿನ ⟦malina マリナ⟧ [məlinɐ] 《文》 (*n.*) **1** 汚れた〈こと〉¶ ಬಟ್ಟೆಗಳನ್ನು ಮಲಿನ ಮಾಡಿಕೊಳ್ಳಬೇಡ. (baṭṭegaḷannu malina māḍikoḷḷabēḍa.) 自分の着物を汚さないで。 **2** 名声や評判などが傷ついた〈こと〉¶ ಕೊನೆಯಲ್ಲಿ ಹೆಗಡೆ ಅವರ ಖ್ಯಾತಿ ಮಲಿನವಾಯಿತು. (koneyalli hegaḍe avara kʰyāti malinavāyitu.) ヘガデ氏の評判は(その経歴の)終わりには地に落ちた。 **—*n.*** 汚れ、汚物 ¶ ಈ ಜಾಗದಲ್ಲಿ ತುಂಬ ಮಲಿನ ಇದೆ. (ī jāgadalli tuṃba malina ide.) ここにはゴミが多い。 [Sk.]

ಮಲುಕು ⟦maluku マルク⟧ [məlǔku] *n.* 反芻 [Ka. D5077] ☞ಮಲಕು (malaku)³

ಮಲೆ¹ ⟦male マレ⟧ [məle] 《文》 *vi.* 傲慢である、高慢である **—*n.*** 傲慢な振る舞い (*Kitt.*)² [Ka. D4729, *D4741]

ಮಲೆ² ⟦male マレ⟧ [məle] 《文》 *vi.* 反対する、反抗する [Ka. *D4729, D4741]

ಮಲೆ³ ⟦male マレ⟧ [məle] *n.* **1** 山(普通ಬೆಟ್ಟ(beṭṭa) より高く、ಪರ್ವತ(parvata) より低いものをさす) **2** 木

の茂った山岳地帯、山林 [Ka. D4742]

ಮಲೆ4 ⟦male マレ⟧ [məle] *vi.* きたなくなる ¶ ಉಪಯೋಗಿಸದೆ ಇದ್ದರೆ ಬಾವಿನೀರು ಮಲೆಯುತ್ತದೆ. (upayōgisade iddare bāvinīru maleyuttade.) 使わないでいたら井戸水はきたなくなる。 [Ka.?]

ಮಲೆನಾಡು ⟦malenāḍu マレナードゥ⟧ [məlenɐ:ḍu] *n.* カルナータカ州の西ガート山脈地方（景色がよく雨季には州の水源となる）[Ka. *male* + *nāḍu*]

ಮಲೆಪ ⟦malepa マレパ⟧ [mələpɐ] ಮಲವ, ಮಲಹ 《古》 *m.* 《複数形ಮಲೆಪರ್ (malepar)で用いられる》山岳地方の首長 (*Pb.9.10; 9.38*) [Ka. *male* D4742 + Ka. *-pa*]

ಮಲೆಪು ⟦malepu マレプ⟧ [məlĕpu] 《古》 *n.* 1 傲慢、高慢 2 反抗 [Ka. *D4749, D4741]

ಮಲೇರಿಯಾ ⟦malēriyā マレーリヤー⟧ [məle:rijɐ:] *n.* マラリア = ಚಳಿಜ್ವರ (caḷijvara) [Eg. Malaria]

ಮಲೇಸಿಯ ⟦malēsiya マレーシヤ⟧ [məle:sijɐ] *n.* マレーシア（東南アジアの国）[Eg. *Malaysia*]

ಮಲ್ಯ ⟦malya マリャ⟧ [məl·jɐ] *m.* 「首長」、カルナータカ海岸地方に多い名字 [Ka. D4729] (*Kitt.*)

ಮಲ್ಲ1 ⟦malla マッラ⟧ [məllɐ] *m.* 1 インド相撲の力士 2 戦士、勇者、勇敢な戦士 [Ka. D4730 cf. T9907]

ಮಲ್ಲ2 ⟦malla マッラ⟧ [məllɐ] 《‡》 *n.* （独特な形をした）水を入れる容器の一種 [Ka. D4744] (*DEDR*)

ಮಲ್ಲಣಿ ⟦mallaṇi マッラニ⟧ [məllŏṇi] 《古》 *n.* 1 めまい 2 ぐるぐる回りながら円を描く踊り 3 騒動、混乱 [Ka. D4734, D4736] ☞ಮಲ್ಲಟಿ (mallaṟi)

ಮಲ್ಲಳಿ ⟦mallaḷi マッラリ⟧ [məllŏḷi] 《古》 *n.* [Ka. D4729, *D4734. *D4736] ☞ಮಲ್ಲಟಿ (mallaṟi)

ಮಲ್ಲಟಿ ⟦mallaṟi マッラリ⟧ [məllŏɻɪ] ಮಲ್ಲಣಿ, ಮಲ್ಲಳಿ 《古》 *n.* 1 円を描いて回ること 2 めまい 3 恐怖、おののき 4 人々の雑踏 [Ka. D4734, D4736]

ಮಲ್ಲಾಟ ⟦mallāṭa マッラータ⟧ [məllɐ:ʈɐ] *n.* （あるものをめぐって）互いに争うこと [Ka. D4730]

ಮಲ್ಲಾಡು ⟦mallāḍu マッラードゥ⟧ [məllɐ:ḍu] *vi.* （あるものをめぐって）互いに争う [Ka. D4730]

ಮಲ್ಲಾಮಲ್ಲಿ ⟦mallāmalli マッラーマッリ⟧ [məllɐ:məlli] *n.* 1 つかみ合いの喧嘩、組み討ち、乱闘 2〔喩〕¶ ಮುಖ್ಯಮಂತ್ರಿ ಸ್ಥಾನಕ್ಕಾಗಿ ಮಲ್ಲಾಮಲ್ಲಿ ನಡೆಯಿತು. (mukʰyamaṃtri sthānakkāgi mallāmalli naḍeyitu.) 州首相の地位を巡って激しい争いがあった。 [Ka. D4730]

ಮಲ್ಲಿಕೆ1 ⟦mallike マッリケ⟧ [məllĭke] 《古》 *n.* （水を入れる）素焼きの容器の一種 (*Mr. (Kitt.)*) [Ka. D4744]

ಮಲ್ಲಿಕೆ2 ⟦mallike マッリケ⟧ [məllĭke] 《文》 *n.* 茉莉花（モクセイ科、広く栽培されているジャスミンの一種）[Sk.] = ದುಂಡುಮಲ್ಲಿಗೆ (duṃḍumallige)

ಮಲ್ಲಿಗೆ ⟦mallige マッリゲ⟧ [məllige] *n.* ジャスミンまたはその白い花（モクセイ科）⇀ 香・観 [Ka. D4744]

ಮಷ್ಟು ⟦maṣṭu マシュトゥ⟧ [məʂʈu] *n.* 油やギーなどの澱(おり)（牛の飼料として用いられる）[Ka. D4676] = ಗಸಿ, ಮಡ್ಡಿ (gasi, maḍḍi)

ಮಸ ⟦masa マサ⟧ [məsɐ] 《‡》 *n.* 研ぐこと、研磨 [Ka. D4628] (*My. (Kitt.)*)

ಮಸಕ1 ⟦masaka マサカ⟧ [məsŏkɐ] (*n.*) 1（金属の表面などが）光沢を失っている〈こと〉、（鏡などが）曇っている〈こと〉 2（顔色が）さえない〈こと〉 [Ka. D4627]

ಮಸಕ2 ⟦masaka マサカ⟧ [məsŏkɐ] ಮಸಕು 《古》 *n.* 1 程度がひどいこと、極度 2 スピード、速度 3 大声でわめくこと、怒号、咆哮 4 激情、興奮 5 怒り、憤激 [Ka. D4687/Sk. **sk macya-* T9710.2]

ಮಸಕ3 ⟦masaka マサカ⟧ [məsŏkɐ] 《文》 *n.* 蚊 [Sk. *maśaka-*]

ಮಸಕು ⟦masaku マサク⟧ [məsŏku] *n.* [Ka. D4627] ☞ಮಸುಕು (masuku)

ಮಸಕನೆ ⟦masakane マサカネ⟧ [məsəkŏne] *adv.* ぼんやりと ¶ ಕಣ್ಣೀರು ಬಂದು ಎಲ್ಲಾ ಮಸಕನೆ ಆಯಿತು. (kaṇṇīru baṃdu ellā masakane āyitu.) 涙のためにすべてがぼんやりとしか見えなかった。 [+ *-ane*, D4627]

ಮಸಗ ⟦masaga マサガ⟧ [məsŏgɐ] 《古》 *m.* 《*f.* *ಮಸಗಿ (masagi)》とぎ師 = ಮಸೆಗಾರ (masegāra)〔汎〕[Ka. *mase* + *-ga* D4628]

ಮಸಗು1 ⟦masagu マサグ⟧ [məsŏgu] 《‡》 *vt.* 〈刃物を〉研ぐ [Ka. D4628] (*Bp.38,58 (Kitt.)*)

ಮಸಗು2 ⟦masagu マサグ⟧ [məsŏgu] ಮಸಂಗು 《古》 *vi.* 1 増大する、激化する、ひどくなる 2 広がる、拡大する、拡張する 3 現れる、飛び出す 4 興奮する 5 いらいらする、いらだつ 6 映える、きれいに見える 7（ある人などに）飛びかかる、攻めかかる [Ka. D4687]

ಮಸಗೆ1 ⟦masage マサゲ⟧ [məsŏge] ಮಸಗೆ 《古》 *n.* さえない色 [Ka. D4627] (*Kitt.*) ☞ಮಸುಕು (masuku)

ಮಸಗೆ2 ⟦masage マサゲ⟧ [məsŏge] 《古》 *n.* 穀物を台無しにするカビの一種 [Sk. *maśaka-*]

ಮಸಣ ⟦masaṇa マサナ⟧ [məsəɳɐ] ಮಶಾಣ, ಮಸಾಣ 《文》 *n.* （死体の）焼き場、火葬場 [Sk. *śmaśāna-*←? M3.381]

ಮಸಮಸ ⟦masamasa マサマサ⟧ [məsŏməsɐ] (*n.*) 物がぼんやりしか見えない状態を表す擬態語 ¶ ಗ್ಲಾಸ್ ಮಬ್ಬಾಗಿ ನಿಮ್ಮ ಮುಖ ಮಸಮಸನೆ ಕಾಣಿಸುತ್ತದೆ. (glās mabbāgi nimma mukʰa masamasane kāṇisuttade.) めがねが曇ってお顔がぼんやりとしか見えません。 ◇ *adv.* ಮಸಮಸನೆ (masamasane) [Ka. D4627]

ಮಸರು ⟦masaru マサル⟧ [məsŏru] 《口》 *n.* ヨーグルト [Ka. D4902] = ಮೊಸರು (mosaru)〔汎〕

ಮಸಲ್ ⟦masal マサル⟧ [məsəl] 《‡》 *n.* 1 遅滞、遅れること 2 邪魔、妨害 [Ka. D4752] (*Kitt.*)

ಮಸಲತ್ತು ⟦masalattu マサラットゥ⟧ [məsŏləttu] ಮಸಲತ್, ಮಸಲತಿ, ಮಸಲಿಯತು *n.* 計略、姦計、謀略 ¶ ರಾಜನ ವಿರುದ್ಧ ಮಂತ್ರಿ ಮಸಲತ್ತು ನಡೆಸಿದ. (rājana viruddʰa maṃtri masalattu naḍesida.) 大臣は王に対して姦計を企てた。 [Ar.-Pe. *maṣlaḥat*]

ಮಸಳೆ ⟦masaḷe マサレ⟧ [məsə̆ḷe] 《口》 n. ワニ [D4952] = ಮೊಸಳೆ (mosaḷe) 〔汎〕

ಮಸಾಲೆ ⟦masāle マサーレ⟧ [məsɐ:le] n. 様々な香辛料を粉にして混ぜ合わせたもの、カレー粉 [Ar. *maṣāliḥ*]

ಮಸಿ ⟦masi マシ⟧ [məsi] n. 1 煤 2 (字を書くための)墨、インキ 3 衣類や紙などの黒っぽい汚れ 4 〔喩〕穢れ、汚点 ¶ ಅವನು ಲಂಚ ತೆಗೆದುಕೊಂಡಿದ್ದು ಅವನ ವೃತ್ತಿಜೀವನದಲ್ಲಿ ಮಸಿಯಾಗಿ ಉಳಿಯಿತು. (avanu laṃca tegedukoṃḍiddu avana vṛttijīvanadalli masiyāgi uḷiyitu.) 彼が賄賂を受け取ったことが彼の履歴の汚点として残った。 —(n.) 汚れ〈た〉¶ ಮಸಿಬಟ್ಟೆಯಲ್ಲಿ ಇಟ್ಟರೂ ರತ್ನ ಹೊಳೆಯುತ್ತದೆ. (masibaṭṭeyalli iṭṭarū ratna hoḷeyuttade.) 汚れた布で包んでも宝石は光る。 [Ka. D5101]

ಮಸಿಬಳಿ ⟦masibaḷi マシバリ⟧ [məsibəḷ[i] vi. 《dat.》汚す、汚点をつける ¶ ಮಗನ ನಡತೆ ಅಪ್ಪನ ಹೆಸರಿಗೆ ಮಸಿಬಳಿಯಿತು. (magana naḍate appana hesarige masibaḷiyitu.) 息子の行動が父親の名を汚した。 [+ *baḷi*]

ಮಸೀದಿ ⟦masīdi マシーディ⟧ [məsi:di] n. モスク、イスラームの寺院 [Ar. *masğid*]

ಮಸುಕು ⟦masuku マスク⟧ [məsŭku] ಮಸಕು n. 1 (光や視界が)ぼんやりしていること、はっきりしないこと、(金属、鏡などの表面が)曇っていること ¶ ಕನ್ನಡಿಯನ್ನು ಬಿಸಿಮಾಡಿದರೆ ಹಬೆಯಿಂದ ಮಸುಕು ಆಗುವುದಿಲ್ಲ. (kannaḍiyannu bisimāḍidare habeyiṃda masuku āguvudilla.) 鏡を熱すればそれが蒸気で曇らない。 2 (知力が)鈍ること ¶ ಮಗ ಸತ್ತ ಮೇಲೆ ರಾಮರಾಯರ ಬುದ್ಧಿ ಮಸುಕಾಗಿದೆ. (maga satta mēle rāmarāyara buddʰi masukāgide.) 息子の死後ラーマラーオの知力が鈍った。 [Ka. *D4627]

ಮಸುಳ್ ⟦masuḷ マスル⟧ [məsuḷ] 《文》 vi. 1 (輝きなどが)褪せる 2 (顔色が)さえなくなる 3 (権力、能力などが)減退する、衰える [Ka. D4627]

ಮಸುಳಿಸು ⟦masuḷisu マスリス⟧ [məsuḷĭsu] 《文》 vt. 《*caus.*》〈権力、能力などを〉減退させる、すり減らす ¶ ಹೆಚ್ಚಾದ ಮದ್ಯಪಾನ ಆಟಗಾರನ ಶಕ್ತಿಯನ್ನು ಮಸುಳಿಸಿತು. (heccāda madyapāna āṭagārana śaktiyannu masuḷisitu.) 酒の飲みすぎが競技者の力を衰えさせた。 [Ka. caus. D4627]

ಮಸೂದೆ ⟦masūde マスーデ⟧ [məsu:de] n. 法案 [Ar. *musawwada*「草案」]

ಮಸೂರ ⟦masūra マスーラ⟧ [məsu:rɐ] 《文》 n. 1 ヒラマメ(扁豆、マメ科ヒラマメ属) 2 レンズ = ಲೆನ್ಸು (lensu) 〔口〕 → 食 [Sk. *masūra-* <? M2.605]

ನಿಮ್ನ ಮಸೂರ ⟦nimna masūra ニムナマスーラ⟧ [nimnə məsu:rɐ] 《文》 n. 凹面レンズ [Sk.]

ಪೀನ ಮಸೂರ ⟦pīna masūra ピーナマスーラ⟧ [pi:nə məsu:rɐ] 《文》 n. 凸面レンズ [Sk.]

ಮಸೆ¹ ⟦mase マセ⟧ [məse] vt. 1 〈金属製の容器などを〉磨く 2 〈刃物などを〉研ぐ —vi. 〔喩〕張り合う、せめぎ合う ¶ ಅಣ್ಣತಮ್ಮಂದಿರು ಒಬ್ಬರ ಮೇಲೊಬ್ಬರು ಮಸೆಯುತ್ತಾರೆ. (aṇṇa tammaṃdiru obbara mēlobbaru maseyuttāre.) 兄弟が張り合っている。 —n. 1 (刃物の)鋭利さ、鋭さ ¶ ಈ ಕತ್ತಿಯ ಮಸೆ ಹೋಯಿತು. (ī kattiya mase hōyitu.) このナイフはなまくらになった。 2 (金属製の容器などの)輝き、つや 3《古》興奮 4《古》敵意、憎しみ [Ka. D4628]

ಮಸೆ² ⟦mase マセ⟧ [məse] 《‡》 n. 強い欲望 (*Čpr.4,78 (Kitt.)*) [Ka. D4687?, cf. 4628]

ಮಸ್ತಕ ⟦mastaka マスタカ⟧ [məstəkɐ] 《文》 n. 頭、頭部 [Sk.] = ತಲೆ (tale)

ಮಸ್ತಿ ⟦masti マスティ⟧ [məsti] n. 1 (酒類による)酔い、酩酊 = ನಶೆ (naśe) 2 傲慢、尊大、うぬぼれ ¶ ಹೆಣ್ಣಿಗೆ ಇಷ್ಟೊಂದು ಮಸ್ತಿ ಇರಬಾರದು. (heṇṇige iṣṭoṃdu masti irabāradu.) 女性はこれほど傲慢になってはいけない。 [Pe. *mastī*]

ಮಹಜರು ⟦mahajaru マハジャル⟧ [məhəʤəru] n. (事件や事故の)現場からの報告書 [Ar. *maḥḍar*] = ಪಂಚನಾಮೆ (paṃcanāme)

ಮಹಡಿ ⟦mahaḍi マハディ⟧ [məhəḍ[i] n. 1 2階以上の階 ¶ ಮಹಡಿಯಲ್ಲಿ ದರ್ಜಿ ಕೆಲಸ ಮಾಡುತ್ತಿದ್ದಾರೆ. (mahaḍiyalli darji kelasa māḍuttiddāre.) 2階で仕立て屋たちが仕事をしています。 2 2階建て以上の家 [M. *māḍi* T9996]

ಮಹತ್ತರ ⟦mahattara マハッタラ⟧ [məhəttərɐ] 《文》 adj. 《比較級、最上級として用いられる》偉大な、優れた、重要な ¶ ಅಶೋಕ ಭಾರತದಲ್ಲಿ ಮಹತ್ತರ ಸಮ್ರಾಟ. (aśōka bʰāratadalli mahattara samrāṭa.) インドの帝王たちの中でアショーカが一番偉大である。¶ ಭೈರಪ್ಪನವರ ಕಾದಂಬರಿಗಳಲ್ಲಿ "ವಂಶವೃಕ್ಷ" "ಸಾಕ್ಷಿ" ಗಿಂತ ಮಹತ್ತರ. (bʰairappanavara kādaṃbarigaḷalli "vaṃśavṛkṣa" "sākṣi" giṃta mahattara.) バイラッパの小説の中で『ヴァンシャヴリクシャ』は『サークシー』より重要である。¶ ಭೈರಪ್ಪನವರ ಕಾದಂಬರಿಗಳು ಮಹತ್ತರ ಆಗಿವೆ. (bʰairappanavara kādaṃbarigaḷu mahattara āgive.) バイラッパの小説は最高だ。 [Sk.]

ಮಹತ್ತು ⟦mahattu マハットゥ⟧ [məhəttu] n. 偉大さ、偉大であること、優れていること ¶ ಅವನ ಮಹತ್ತು ಇರುವುದು ಅವನ ನಿರ್ಣಯಕಲೆಯಲ್ಲಿ. (avana mahattu iruvudu avana nirṇayakaleyalli.) 彼の偉大さはその決断力にある。 [Sk.]

ಮಹತ್ವ ⟦mahatva マハトヴァ⟧ [məhət·vɐ] n. 偉大性、権力 [Sk.]

ಮಹತ್ವಾಕಾಂಕ್ಷೆ ⟦mahatvākāṃkṣe マハトヴァーカーンクシェ⟧ [məhətvɐ:kɐ:ŋkṣe] 《文》 n. 高い望み、野心、野望 ¶ ಹೈದರ್ ಅಲೀಗೆ ರಾಜನಾಗಬೇಕೆಂಬ ಮಹತ್ವಾಕಾಂಕ್ಷೆ ಇತ್ತು. (haidar alīge rājanāgabēkemba mahatvākāṃkṣe ittu.) ハイダル・アリーには王になるという野心があった。 [Sk.]

ಮಹನೀಯ ⟦mahanīya マハニーヤ⟧ [məhəni:jɐ] 《文》 adj., m. 《f. ಮಹನೀಯ ಮಹಿಳೆ (mahanīya mahiḷe)》社会的に威信のある〈人〉¶ ಮಹನೀಯರೇ, ನಾನು ಹೇಳು–

ವದನ್ನು ದಯಮಾಡಿ ಕೇಳಿ. (mahanīyarē, nānu hēḷuvadannu dayamāḍi kēḷi.) ご出席の皆様方、どうかお聞きください。[Sk.]

ಮಹಳ 〚mahaḷa マハラ〛[məhəḷɐ] ಮಾಹಳ, ಮಾಳ್³, ಮಾಳಯ *n.* バードラパダ月の黒分の最後の日、その日に行われる先祖すべてに対する供養 [Sk. *mahālaya*]

ಮಹಾ 〚mahā マハー〛[məhɐː] (*adj.*) 偉大〈な〉[Sk. *mahā-*] = ದೊಡ್ಡ (doḍḍa)〔汎〕

ಮಹಾಕಾವ್ಯ 〚mahākāvya マハーカーヴィャ〛[məhɐːkɐːvjɐ] *n.* 叙事詩(サンスクリット語のマハーバーラタ、ラーマーヤナ、カンナダ語のパンパバーラタ、アーディプラーナなど) [Sk.]

ಮಹಾಜನ 〚mahājana マハージャナ〛[məhɐːʤənɐ] *n.* 《複数形で用いられる》 **1** 大衆、民衆 ¶ ಕರದ ಏರಿಕೆ ಮಹಾಜನರಿಗೆ ಒಪ್ಪಿಗೆ ಆಗಲಿಲ್ಲ. (karada ērike mahājanarige oppige āgalilla.) 人々は増税を受け入れなかった。 **2** 大人物、偉大な人々 ¶ ಮಹಾಜನರ ಆಚಾರಗಳೇ ಜನರ ಮಾರ್ಗದರ್ಶಕ ಆಗುತ್ತವೆ. (mahājanara ācāragaḷē janara mārgadarśaka āguttave.) 有名人の行動こそが一般人の行動の指針となる。 **3** (主にマハーラーシュトラの)商業や金融業に従事する共同体とその成員

ಮಹಾತ್ಮ 〚mahātma マハートマ〛[məhɐːtmɐ] *m.* 《*f.* ಮಹಾತ್ಮಳು (mahātmaḷu)》「偉大な魂」、(主に) 聖者に対する呼びかけとして用いられる言葉 [Sk.] = ಮಹಾನುಭಾವ (mahānubʰāva)

ಮಹಾತ್ಮ್ಯ 〚mahātmya マハートミャ〛[məhɐːtmʲjɐ] *n.* **1** (聖者や霊場などの)偉大さ、栄光 **2** 聖者や霊場の偉大さを称える伝承、霊験記 [Sk.]

ಮಹಾನುಭಾವ 〚mahānubʰāva マハーヌバーヴァ〛[məhɐːnubʰɐːvɐ] *m.* 《*f.* ಮಹಾನುಭಾವಳು (mahānubʰāvaḷu)》「偉大なる霊的経験者」、尊師(聖者に尊敬をもって言及したり呼びかけたりする言葉) [Sk.]

ಮಹಾಪುರುಷ 〚mahāpuruṣa マハープルシャ〛[məhɐːpuruʂɐ] *m.* 《*f.* ಮಹಾಪುರುಷಳು (mahāpuruṣaḷu)》偉大な人、偉人 ¶ ಕಬೀರ ಭಾರತದ ಮಹಾಪುರುಷರಲ್ಲಿ ಒಬ್ಬರು. (kabīra bʰāratada mahāpuruṣaralli obbaru.) カビールはインドの偉人の一人である。[Sk.]

ಮಹಾಪೂರ 〚mahāpūra マハープーラ〛[məhɐːpuːrɐ] *n.* 洪水、大水 [Sk.]

ಮಹಾಪ್ರಾಣ 〚mahāprāṇa マハープラーナ〛[məhɐːprɐːɳɐ] 《文》 *n.* 有気音、帯気音 ¶ ಖ, ಘಗಳು ಮಹಾಪ್ರಾಣಗಳು. (kʰa, gʰagaḷu mahāprāṇagaḷu.) kha と gha は有気音である。[Sk.]

ಮಹಾರಾಜ 〚mahārāja マハーラージャ〛[məhɐːrɐːʤɐ] *m.* 「大王」、主にインドの王に呼びかけたり言及したりする時に使われる言葉 [Sk.]

ಮಹಾರಾಣಿ 〚mahārāṇi マハーラーニ〛[məhɐːrɐːɳi] *f.* 《*pl.* ಮಹಾರಾಣಿಯರು (mahārāṇiyaru)》「偉大なる女王または王妃」、女王または王妃に呼びかけたり言及したりする時に用いられる尊敬語 [H.]

ಮಹಾರಾಷ್ಟ್ರ 〚mahārāṣṭra マハーラーシュトラ〛[məhɐːrɐːʂʈrɐ] *n.* マハーラーシュトラ(インド共和国の州の一つ) [Sk.]

ಮಹಿಮೆ 〚mahime マヒメ〛[məhime] *n.* **1** (特に聖者や神などの)偉大さ、ありがたさ **2** (特に聖者や神などの)偉大な力、超自然的な力 ¶ ತಂಜಾವೂರಿನ ಅಭಿವೃದ್ಧಿ ಕಾವೇರಿ ಅಮ್ಮನ ಮಹಿಮೆ. (taṃjāvūrina abʰivṛddʰi kāvēri ammana mahime.) タンジャーヴールの発展はカーヴェーリ河の偉大な恵みのおかげである。[Sk.]

ಮಹಿಳೆ 〚mahiḷe マヒレ〛[məhiḷe] *f.* 《*pl.* ಮಹಿಳೆಯರು (mahiḷeyaru)》〔敬〕婦人や女性に対する尊敬語 [Sk.]

ಮಳ್ 〚maḷ マル〛[məḷ] 《‡》 *n.* 《複合語頭で》慌てること、狼狽、など (*My.* (*Kitt.*)) [Ka. < *maḷḷu*² D4723] ☞ ಮಳ್ಳು (maḷḷu)², ಮರುಳು (maruḷu)

ಮಳ್ಹಿಡಿ 〚maḷhiḍi マルヒディ〛[məḷhiɖi] 《口》 *vi.* 《*dat.*》あることに関して普通でない反応を示す ¶ ಮದುವೆ ಆಗದೆ ಅವನಿಗೆ ಹೆಣ್ಣಿನ ಮಳ್ಹಿಡಿದಿದೆ. (maduve āgade avanige heṇṇina maḷhiḍidide.) 結婚ができずに彼は「女性」に関して妄念を持っている。(*My.* (*Kitt.*)) [Ka. *maḷḷu* + *hiḍi*, *D4723] = ಮರುಳುಹಿಡಿ (maruḷuhiḍi)

ಮಳಕ 〚maḷaka マラカ〛[məḷə̆kɐ] 《異》 *n.* 性的能力のある若い雄牛や雄の水牛 (*My.* (*Kitt.*)) [Ka. D4747] = ಮಣಕ (maṇaka)

ಮಳಲ್ 〚maḷal マラル〛[məḷəl] 《古》 *n.* 砂 [Ka. D4666(b)] ☞ ಮರಳು (maraḷu)

ಮಳಮಳ 〚maḷamaḷa マラマラ〛[məḷə̆məḷɐ] ಮಟಮಟ (*n.*) ぼおっ(視野などがぼやけることを表す擬態語) [Ka. *D4750] ☞ ಮಳಮಳ (maḷamaḷa)

ಮಳಿಗೆ 〚maḷige マリゲ〛[məḷige] *n.* (通常は一部を倉庫に、一部を売り場にしている大型の)店、商店 [Ka. D4757]

ಮಳೆ 〚maḷe マレ〛[məḷe] ಮೞೆ *n.* 雨 [Ka. < *maṟe* *D4753]

ಮಳೆಗರೆ 〚maḷegare マレガレ〛[məḷegəre] *vi.* (雲が)雨を降らす ¶ ಬೆಳಗ್ಗೆ ಮೋಡ ಮಳೆಗರೆಯಿತು. (beḷagge mōḍa maḷegareyitu.) 朝雨が降った。[+ *kaṟe*]

ಮಳೆಹೊಯ್ಯು 〚maḷehoyyu マレホイユ〛[məḷehojyu] *vi.* ごうごうと雨が降る ¶ ಸಾಯಂಕಾಲ ವಿಪರೀತ ಮಳೆಹೊಯ್ಯಿತು. (sāyaṃkāla viparīta maḷehoyyitu.) 夕方土砂降りの雨が降った。[+ *hoyyu*]

ಮಳೆಗಾಲ 〚maḷegāla マレガーラ〛[məḷegɐːlɐ] *n.* 雨季(6月から9月まで) [+ Sk. *kāla-*]

ಮಳೆಬಿಲ್ಲು 〚maḷebillu マレビッル〛[məḷebillu] *n.* 虹 [Ka. *maḷe* + *billu*]

ಮಳ್ಳು¹ 〚maḷḷu マッル〛[məḷḷu] 《口》 *n.* (物を受け取ったり運んだりするために)サーリーなどの端を広げて作った袋状の形 (*My.* (*Kitt.*)) [Ka. < *maḍilu* D4645]

ಮಳ್ಳು² 〚maḷḷu マッル〛[məḷḷu] 《口》 *n.* (結婚、財産などに対する強い欲求などが原因で)異常な行動を取ること、判断力を失うこと、色狂い、など

¶ ಅವನಿಗೆ ದುಡ್ಡಿನ ಮಳ್ಳು ಹಿಡಿದಿದೆ. (avanige duḍḍina maḻḻu hiḍidide.) 彼は狂気じみた金銭欲にとり憑かれている。[Ka. < maruḷu D4723]

ಮಱ¹ ⟦maṟa マラ⟧ [məṟɐ] 《‡》 *n.* **1** 消失 **2** 隠れていること **3** 秘密 **4** 遮蔽 **5** 庇護 [Ka. D4760] (*DEDR*)

ಮಱ² ⟦maṟa マラ⟧ [məṟɐ] 《‡》 *adv.* 《*redp.*》悲しみをもって (*B.3,7* (*Kitt.*)) [Ka. D6769]

ಮಱ³ ⟦maṟa マラ⟧ [məṟɐ] 《古》 *n.* 箕 [Ka. D5005] ☞ಮೊರ (mora)〔汎〕

ಮಱಗು¹ ⟦maṟagu マラグ⟧ [məṟə̆gu] 《‡》 *n.* **1** 隠すこと、秘密 **2** 忘れること、忘れやすいこと [Ka. D4760] (*Tĕ.* (*Kitt.*))

ಮಱಗು² ⟦maṟagu マラグ⟧ [məṟə̆gu] 《‡》 *vi.* [Ka. D4769] (*Sp.* (*Kitt.*)) ☞ಮರುಗು (marugu)

ಮಱಪು ⟦maṟapu マラプ⟧ [məṟə̆pu] ಮರಹು, ಮಱಹು 《古》 *vt.* 忘れさせる —*n.* **1** 隠れること **2** 隠すこと、隠匿 **3** 騙すこと **4** 没頭、専心、夢中 [Ka. D4760]

ಮಱಮಱ ⟦maṟamaṟa マラマラ⟧ [məṟəməṟɐ] 《‡》 *adv.* 悶々と（後悔したり人の不幸などを見たりした時のたまらない気持ちなどを表す擬態語）[Ka. *D4769] (*B.3,7* (*Kitt.*))

ಮಱಯಿಸು ⟦maṟayisu マライス⟧ [məṟə̆jisu] 《‡》 *vt.* **1** 隠す、隠蔽する (*My. Śmd* (*Kitt.*)) **2** 忘れさせる (*My.* (*Kitt.*)) ☞ಮಱಸು (maṟasu) [Ka. caus. D4760]

ಮಱವು ⟦maṟavu マラヴ⟧ [məṟə̆vu] 《古》 *n.* **1** 忘れること、忘れやすいこと **2** 無意識、意識の喪失 [Ka. D4760] ☞ಮರೆವು (marevu)

ಮಱವೆ ⟦maṟave マラヴェ⟧ [məṟə̆ve] ಮರವೆ 《古》 *n.* **1** 忘れること、忘却、忘れっぽいこと **2** 無意識 **3** 取り違えること **4** 怠惰、ものぐさ、不精 [Ka. D4760]

ಮಱಸು ⟦maṟasu マラス⟧ [məṟə̆su] ಮರಸು, ಮರೆಸು, ಮಱೆಸು 《古》 *vt.* **1** 隠す、隠蔽する **2** 忘れさせる **3** 人の目をごまかす **4** 騙す = ಮಱೆಯಿಸು (maṟeyisu) —*n.* 騙すこと、詐欺 [Ka. caus. D4760]

ಮಱಸುಹ ⟦maṟasuha マラスハ⟧ [məṟə̆suhɐ] 《古》 *n.* 隠すこと、隠蔽すること [Ka. D4760]

ಮಱಹು ⟦maṟahu マラフ⟧ [məṟə̆hu] 《古》 *n.* **1**（あるものに）夢中になること、没入 **2** 忘れること、忘却 **3** 意識を失うこと、無意識 [Ka. D4760] ☞ಮಱಪು (maṟapu)

ಮಱಿ ⟦maṟi マリ⟧ [məṟi] 《古》 *n.*（牛類を除く哺乳類や鳥類の）子ども、（鳥類の）雛 [Ka. D4764] ☞ಮರಿ (mari)〔現〕

ಮಱಿಸು ⟦maṟisu マリス⟧ [məṟĭsu] 《‡》 *vt.* 忘れさせる (*G.259* (*Kitt.*)) [Ka. caus. D4760]

ಮಱು ⟦maṟu マル⟧ [məṟu] 《古》 (*adj.*) **1** 次〈の〉 **2** 逆〈の〉 [Ka. D4766] ☞ಮರು (maru)〔現〕

ಮಱುಕ ⟦maṟuka マルカ⟧ [məṟŭkɐ] 《古》 *n.* **1**（水や牛乳などの）沸騰、熱、燃焼 **2** 苦悩、苦しみ **3**（愛情や熱望などで）心が乱れること [Ka. D4769]

ಮಱುಕುಳಿ ⟦maṟukuḷi マルクリ⟧ [məṟŭkuḷ[i] ಮರುಕುಳಿ 《古》 *mf.* 物忘れをする人、忘れん坊 [Ka. D4760]

ಮಱುಗು ⟦maṟugu マルグ⟧ [məṟŭgu] ಮರಕು, ಮರುಕು, ಮರುಗು 《古》 *vi.* **1**（水や牛乳などが）煮え立つ、沸騰する **2** 恋い焦がれる **3** 悲しむ、悲嘆に暮れる [Ka. D4769]

ಮಱುಮಸಲ್ ⟦maṟumasal マルマサル⟧ [məsəl] 《‡》 *mf.* 敵、仇、敵対者 [Ka. D4765] (*Kitt.*) ☞ಮಱುವಸಲ (maṟuvasala)

ಮಱುವಸಲ ⟦maṟuvasala マルヴァサラ⟧ [məṟuvəsəlɐ] ಮರುವಸಲ 《古》 *mf.* 敵、仇、敵対者 [Ka. *maṟu*「対抗」+ ?, D4765]

ಮಱೆ ⟦maṟe マレ⟧ [məṟe] 《古》 *vt.* 忘れる —*vi.* 忘れられる —*n.* **1** 忘れること、忘却 **2** 消え去ること、見えなくなること **3** 秘密 **4** 隠れ場所、隠れ家 **5** 避難所 [Ka. D4760]

ಮಱೆಯುವಿಕೆ ⟦maṟeyuvike マレユヴィケ⟧ [məṟejuvike] 《古》 *n.* 忘れること、など [Ka. D4760]

ಮೞ ⟦maṛa マラ⟧ [məɻɐ] 《‡》 (*n.*) 《*redp.*》ぼおっ（視野などがぼやけることを表す擬態語）[Ka. D4750] ☞ಮೞಮೞ (maṛamaṛa)

ಮೞಮೞ ⟦maṛamaṛa マラマラ⟧ [məɻəməɻɐ] 《古》 (*n.*) ぼおっ（視野などがぼやけることを表す擬態語）[Ka. *D4750] ☞ಮಳಮಳ (maḷamaḷa)

ಮೞಲ್ ⟦maṛal マラル⟧ [məɻəl] 《古》 *vi.*（視界などが泥酔、涙などで）ぼんやりする、霞(かす)む [Ka. D4750]

ಮೞಿಗೆ ⟦maṛige マリゲ⟧ [məɻige] ಮಳಿಗೆ 《古》 *n.*（一室が倉庫と売り場を兼ねるような）店、商店 [Ka. *D4757]

ಮೞ್ಗು ⟦maṛgu マルグ⟧ [məɻgu] ಮಗ್ಗು, ಮರ್ಗು, ಮಳ್ಗು 《古》 *vi.* **1** 減る、減少する **2** はっきり見えなくなる、消える、消え失せる **3** 滅びる、滅亡する **4** 死ぬ [Ka. D4750]

ಮೞ್ಗಿಸು ⟦maṛgisu マルギス⟧ [nəɻgisu] 《古》 *vt.* 消す、減ぼす、破壊する、など [Ka. caus. D4750]

ಮೞೆ ⟦maṛe マレ⟧ [məɻe] 《古》 *n.* 雨 [Ka. D4753] ☞ಮಳೆ (maḷe)

ಮೞ್ತಿ ⟦maṛti マルティ⟧ [məɻti] 《古》 *n.*（チークの仲間に属する）材木として用いられる赤みがかった木 [Ka. D4718] ☞ಮತ್ತಿ (matti)²

ಮಾ¹ ⟦mā マー⟧ [mɐː] 《古》 *n.* 象 [Ka. D4780]

ಮಾ² ⟦mā マー⟧ [mɐː] 《古》 *n.* 《複合語頭で》マンゴー [Ka. D4782]

ಮಾ³ ⟦mā マー⟧ [mɐː] 《古》 *snt.*「もうよい」「要らない」と言う意味を表す間投詞 ¶ ಮಾ, ಮಾ, ಪ್ರತಿಜ್ಞೆಯ ತೊಡಕು ತೆಗೆಯೆಂದ. (mā, mā, pratijñeya toḍaku tegeyemda.)（ビーマは）言った、「もうよい、もうよい、我が誓いにもはや縛られまい」[Sk. *mā*]

ಮಾ[4] ⟦mā マー⟧ [mɐː] *snt.* でかした、やったあ（賞賛や感激を表す言葉）[Sk. *mahā-*/Ka. D4787]

ಮಾಂ ⟦māṃ マーン⟧ [mɐːm] 《古》 *n.* 《複合語頭で》マンゴー [Ka. D4782]

ಮಾಂಜು ⟦māṃju マーンジュ⟧ [mɐːɲdʒu] 《古》 *vt.* 隠す、隠蔽する [Ka. D4814]

ಮಾಂಜಿಸು ⟦māṃjisu マーンジス⟧ [mɐːɲdʒisu] 《古》 *vt.* はっきり見えなくする、消す [Ka. D4814]

ಮಾಂತ್ರಿಕ ⟦māṃtrika マーントリカ⟧ [mɐːntrikɐ] *m.* 魔術師、妖術師 [Sk.] cf. ಜಾದುಗಾರ (jādugāra)

ಮಾಂದಡೆ ⟦māṃdaḍe マーンダデ⟧ [mɐːndə̆ḍe] 《‡》 *n.* 止まらないもの (*Kk.82 (Kitt.)*) [Ka. D4811]

ಮಾಂದು ⟦māṃdu マーンドゥ⟧ [mɐːndu] 《古》 *vt.* 1 止める 2 防御する、防ぐ ―*vi.* 1 減る、減少する 2 退く、退却する [Ka. D4811]

ಮಾಂದಿಸು ⟦māṃdisu マーンディス⟧ [mɐːndĭsu] 《古》 *vt.* 止める [Ka. caus. D3811]

ಮಾಂಸ ⟦māṃsa マーンサ⟧ [mɐːmsɐ/mɐːũsɐ] *n.* 肉 [Sk.]

ಮಾಂಸಾಹಾರ ⟦māṃsāhāra マーンサーハーラ⟧ [mɐːmsɐːhɐːrɐ/mɐːũsɐːhɐːrɐ] *n.* 1 肉を含んだ料理 2 肉食 [Sk.]

ಮಾಂಸಾಹಾರಿ ⟦māṃsāhāri マーンサーハーリ⟧ [mɐːmsɐːhɐːri//mɐːũsɐːhɐːri] *adj.*, *mfn.* 肉食者〈の〉 [Sk.] = ನಾನ್ವೆಜಿಟೇರಿಯನ್ (nānvejiṭēriyan)〔口〕

ಮಾಗು ⟦māgu マーグ⟧ [mɐːgu] *vi.* 1（果実が）熟す、熟れる ¶ ಮರದಲ್ಲಿ ಮಾಗಿದ ಸೀಬೆಹಣ್ಣು ರುಚಿಯಾಗಿರುತ್ತದೆ. (maradalli māgida sībehaṇṇu ruciyāgiruttade.) 木で熟したグアヴァはおいしい。 2（漬物などが）熟成する、（薬物、嗅ぎタバコなどが）熟する [Ka. D4789]

ಮಾಗಿಸು ⟦māgisu マーギス⟧ [mɐːgisu] *vt.* 〈果物を〉（藁の中に入れるなどして）熟させる [Ka. caus. D4789]

ಮಾಚು ⟦mācu マーチュ⟧ [mɐːʧu] 《古》 *vt.* 隠す、〈事実などを〉隠匿する [Ka. *D4814] ☞ಮಾಜು (māju)

ಮಾಜಿ ⟦māji マージ⟧ [mɐːdʒi] (*adj.*) =ಮಾಜೀ (mājī)

ಮಾಜೀ ⟦mājī マージー⟧ [mɐːdʒiː] ಮಾಜಿ (*adj.*) 前…、元…（大臣などの高い役職に用いる）¶ ಮಾಜಿ ಮುಖ್ಯಮಂತ್ರಿ (māji mukʰyamaṃtri) 前首相、元首相 [Ar. *māḍī*]

ಮಾಜು ⟦māju マージュ⟧ [mɐːdʒu] ಮಾಂಜು, ಮಾಚು *vt.* 隠す、〈事実などを〉隠匿する ¶ ಮಗಳ ವಿಚ್ಛೇದನೆಯ ವಿಷಯವನ್ನು ಹೆಚ್ಚು ದಿನ ಮಾಜುವುದು ಕಷ್ಟ. (magaḷa viccʰēdaneya viṣayavannu heccu dina mājuvudu kaṣṭa.) 娘の離婚のことを長く隠すことは難しい。 [Ka. D4814]

ಮಾಟ[1] ⟦māṭa マータ⟧ [mɐːʈɐ] 《古》 *n.* [Ka. D4796(a)] ☞ಮಾಡ (māḍa)[1]

ಮಾಟ[2] ⟦māṭa マータ⟧ [mɐːʈɐ] *n.* 1 業績、実績 2 構成、構造、形、形態 ¶ ಈ ಕಟ್ಟಡದ ಮಾಟ ಭೂಕಂಪದಿಂದ ಶಿಥಿಲವಾಗುವಂತದಲ್ಲ. (ī kaṭṭaḍada māṭa bʰūkaṃpadiṃda śitʰilavāguvaṃtadalla.) この建物の構造は地震で崩れない。 3（織物の）きめ、生地 4 出来栄え、細工 5 装飾 6 媚び、媚態 7 様式、やり方 8 振る舞い、行動 [Ka. *māḍu* + *-ta* D4797]

ಮಾಟ[3] ⟦māṭa マータ⟧ [mɐːʈɐ] *n.* 黒魔術、妖術、魔法、呪術 [Ka. D4800]

ಮಾಟಗಾತಿ ⟦māṭagāti マータガーティ⟧ [mɐːʈə̆gɐːti] ಮಾಟಗಾರ್ತಿ *f.* 《*m.* ಮಾಟಗಾರ (māṭagāra)》女性魔術師、女性呪術師、女性妖術師 [Ka. *D4800]

ಮಾಟಗಾರ ⟦māṭagāra マータガーラ⟧ [mɐːʈəgɐːrɐ] ಮಾಟಗಾಱ *m.* 《*f.* ಮಾಟಗಾತಿ (māṭagāti)》魔術師、呪術師、妖術師 [Ka. *D4800]

ಮಾಟಗಾರ್ತಿ ⟦māṭagārti マータガールティ⟧ [mɐːʈə̆gɐːrti] 《文》 *f.* 《*m.* ಮಾಟಗಾಱ (māṭagāṟa)》 [Ka. D4800] ☞ಮಾಟಗಾತಿ (māṭagāti)

ಮಾಟಗಾಱ ⟦māṭagāṟa マータガーラ⟧ [mɐːʈə̆gɐːɾɐ] 《古》 *m.* 《*f.* ಮಾಟಗಾತಿ (māṭagāti)》魔術師、呪術師、妖術師 [Ka. D4800]

ಮಾಡ[1] ⟦māḍa マーダ⟧ [mɐːɖɐ] ಮಹಡಿ, ಮಾಟ[1], ಮಾಡಿ, ಮಾಡು 《文》 *n.* 2階建て以上の立派な邸宅 [Ka. D4796(a), cf. T9996]

ಮಾಡ[2] ⟦māḍa マーダ⟧ [mɐːɖɐ] *n.* 壁の壁がん [Ka. D4832] = ಗೂಡು (gūḍu)

ಮಾಡಿ ⟦māḍi マーディ⟧ [mɐːɖi] 《文》 *n.* 1 2階建て以上の立派な邸宅 2 建物の上の階、階上 [Ka. D4796(a)] ☞ಮಾಡ (māḍa)[1]

ಮಾಡು[1] ⟦māḍu マードゥ⟧ [mɐːɖu] *vt.* 《*fut.* ಮಾಡುವ್-/ ಮಾರ್ಪ್-/ ಮಾಳ್ಪ್-/ ಮಾಱ್ಪ್- (māḍuv-/ mārp-/ māḷp-/ māṟp-)》 1〈仕事などを〉行う 2 作る、製造する ¶ ಈ ಮೇಜು ನಾನು ಮಾಡಿದ್ದು. (ī mēju nānu māḍiddu.) この机は僕が作ったのです。 3〈畑を〉作る、耕す ¶ ನಮ್ಮ ದೊಡ್ಡಪ್ಪ ಊರಿನಲ್ಲಿ ಜಮೀನು ಮಾಡುತ್ತಾರೆ. (namma doḍḍappa ūrinalli jamīnu māḍuttāre.) 僕のおじは故郷で農業をやっている。 4 名詞（特に借用語）の後ろにつけてそれを動詞として働かせる言葉、…する ¶ ನಾನು ಆ ಪೋಸ್ಟಿಗೆ ಅಪ್ಲೈ ಮಾಡಿದೆನು. (nānu ā pōstige āplai māḍidenu.) 私はその地位に応募した。 ―*n.*《古》 すること、作ること、など ―*v.aux.* あることをさせる（使役の補助動詞）¶ ಶಾಲೆಗೆ ಯಜಮಾನರು ದಾನವನ್ನು ಕೊಡ ಮಾಡಿದರು. (śālege yajamānaru dānavannu koḍa māḍidaru.) 地主は学校に対する寄付をさせた。 [Ka. D4797]

ಮಾಡಿಸು ⟦māḍisu マーディス⟧ [mɐːɖĭsu] *vt.* 作らせる、行わせる、など [Ka. caus. D4797]

ಮಾಡು[2] ⟦māḍu マードゥ⟧ [mɐːɖu] *n.* 1 壁の壁がん 2（屋根裏に設けた藁などの備蓄用の）大きな棚状の構造物 [Ka. D4832]

ಮಾಡುವಿಕೆ ⟦māḍuvike マードゥヴィケ⟧ [mɐːɖŭvike] *n.* すること [Ka. D4797]

ಮಾಡುಹ ⟦māḍuha マードゥハ⟧ [mɐːɖŭhɐ] 《古》 *n.* すること [Ka. D4797]

ಮಾಣ್[1] ⟦māṇ マーン⟧ [mɐːɳ] 《古》 *vi.* 治る、治癒する [Ka. D4804, cf. D4831]

ಮಾಣ್[2] ⟦māṇ マーン⟧ [mɐːɳ] 《古》 *vi.* 《過去語幹 māṇd-, 未来語幹 māṇb-/ māb-》 1（あることが）止まる、中止される 2（災いや災難などが）取り除かれる —*vt.* 〈あることを〉中止する [Ka. D4831]

ಮಾಣಿ[1] ⟦māṇi マーニ⟧ [mɐːɳi] 《古》 *n.* 陰茎、男根 [Ka. D4805 cf. *māṇi*[2] 「息子」]

ಮಾಣಿದ್ವಾರ ⟦māṇidvāra マーニドヴァーラ⟧ [mɐːɳidvɐːrɐ] 《古》 *n.* 陰茎、男根 (Kr.Sipra. (KPN)) [+ *dvāra*]

ಮಾಣಿ[2] ⟦māṇi マーニ⟧ [mɐːɳi] 《方》 *m.* 1 少年 2 《古》（バラモン教の）経典を学ぶ少年 3（ウドゥピー料理のレストランで働く）男子給仕 4 弟子 [? cf. Tu. *māṇi*] (SK)

ಮಾಣಿಕ ⟦māṇika マーニカ⟧ [mɐːɳikjɐ] *n.* ルビー、紅玉 [Sk. *māṇikya-*]

ಮಾಣಿಕ್ಯ ⟦māṇikya マーニキャ⟧ [mɐːɳikˑjɐ] 《文》 *n.* ルビー、紅玉 [Sk.] = ರೂಬಿ (rūbi)〔口〕

ಮಾತ ⟦māta マータ⟧ [mɐːtɐ] 《†》 *n.* [Ka. D4834] (*G.407 (Kitt.)*) ☞ಮಾತು (mātu)

ಮಾತಾಳಿ ⟦mātāḷi マーターリ⟧ [mɐːtɐːḷi] *mf.* おしゃべりな人、多弁な人、饒舌な人 [Ka. D4834]

ಮಾತು[1] ⟦mātu マートゥ⟧ [mɐːtu] *n.* 1 言葉、話 2 言語 3 約束、誓言、言質 4 悪い噂 ¶ ಒಮ್ಮೆ ಮಾತು ಬಂದರೆ ತಪ್ಪಿಸಿಕೊಳ್ಳುವುದು ಕಷ್ಟ. (omme mātu baṃdare tappisikoḷḷuvudu kaṣṭa.) ひとたび悪い噂が広がると打ち消すのは難しい。 5 争いごと ¶ ಮದುವೆಯಲ್ಲಿ ಎಷ್ಟು ಕೊಟ್ಟರೂ ಮಾತು ಬಂತು. (maduveyalli eṣṭu koṭṭarū mātu baṃtu.) 結婚式のためにあれだけ金を払ったのに争い事が生じた。 [Ka. D4834]

ಮಾತು[2] ⟦mātu マートゥ⟧ [mɐːtu] (*n.*) 解毒剤〈の〉 [Ar.?]

ಮಾತುಕತೆ ⟦mātukate マートゥカテ⟧ [mɐːtukəte] *n.* 話し合い、交渉 ¶ ತಂಗಿಯ ಮದುವೆಯ ಬಗ್ಗೆ ಈಗ ಮಾತುಕತೆ ನಡೆಯುತ್ತಾ ಇದೆ. (taṃgiya maduveya bagge īga mātukate naḍeyuttā ide.) 今妹の結婚のための話し合いがなされている。 [Ka. *mātu* + *katʰe*]

ಮಾತುಕೊಡು ⟦mātukoḍu マートゥコドゥ⟧ [mɐːtukoḍu] *vi.* 《*dat.*》約束する、言質を与える ¶ ನೀವು ಯಾರಿಗೂ ಮಾತು ಕೊಡದೆ ತಿರುಗಿ ಬರಬೇಕು. (nīvu yārigū mātu koḍade tirugi barabēku.) 誰にも言質を与えずに帰ってきてください。 [+ *doḍu*]

ಮಾತುತಪ್ಪು ⟦mātutappu マートゥタップ⟧ [mɐːtutəppu] *vi.* 約束を破る ¶ ದೊಡ್ಡಪ್ಪ ನನಗೆ ಕೊಟ್ಟ ಮಾತಿಗೆ ತಪ್ಪಿದ. (doḍḍappa nanage koṭṭa mātige tappida.) おじは僕にした約束を破った。 [Ka. Sk.]

ಮಾತು ಹೊರಿಸು ⟦mātu horisu マートゥホリス⟧ [mɐːtu horisu] *vi.* 罪をきせる、ありもしないことで非難する、非難する、責める ¶ ಅತ್ತೆ ಸೊಸೆಯಮೇಲೆ ಇಲ್ಲದ ಮಾತು ಹೊರಿಸಿ ಮನೆಯಿಂದ ಹೊರಗೆ ಹಾಕಿದರು. (atte soseyamēle illada mātu horisi maneyiṃda horage hākidaru.) 姑はありもしないことで非難して嫁を追い出した。 [+ *horisu*]

ಮಾತುಗ ⟦mātuga マートゥガ⟧ [mɐːtugɐ] 《古》 *m.* 《*f.* ಮಾತುಗಾತಿ (mātugāti)》おしゃべりな男性 [Ka. D4834]

ಮಾತುಗಾರ ⟦mātugāra マートゥガーラ⟧ [mɐːtugɐːrɐ] ಮಾತುಗಾರ *m.* 《*f.* ಮಾತುಗಾರ್ತಿ (mātugārti)》 1 おしゃべりな男性、饒舌な男性 2 弁舌家、会話で人を楽しませる人 [Ka. *D4834]

ಮಾತುಗಾರತನ ⟦mātugāratana マートゥガーラタナ⟧ [mɐːtŭgɐːrətənɐ] *n.* おしゃべり、饒舌、多弁 [Ka. *D4834]

ಮಾತುಗಾತಿ ⟦mātugāti マートゥガーティ⟧ [mɐːtŭgɐːti] ಮಾತುಗಾತಿ 《文》 *f.* 《*m.* ಮಾತುಗಾರ (mātugāra)》おしゃべりな女性 [Ka. D4834]

ಮಾತುಗಾಱ ⟦mātugāṟa マートゥガーラ⟧ [mɐːtŭgɐːṟɐ] 《古》 *m.* 《*f.* ಮಾತುಗಾರ್ತಿ (mātugārti)》おしゃべりな男性、饒舌な男性 [Ka. D4834] = ಮಾತುಗಾರ (mātugāra)〔現〕

ಮಾತುಗಾಱತನ ⟦mātugāṟatana マートゥガーラタナ⟧ [mɐːtŭgɐːṟətənɐ] 《古》 *n.* おしゃべり、饒舌、多弁 [Ka. D4834] = ಮಾತುಗಾಱಿಕೆ (mātugāṟike)

ಮಾತುಗಾಱಿಕೆ ⟦mātugāṟike マートゥガーリケ⟧ [mɐːtŭgɐːṟike] 《古》 *n.* おしゃべり、饒舌、多弁 [Ka. D4834] ☞ಮಾತುಗಾರ (mātugāra)〔現〕

ಮಾತೃಭಾಷೆ ⟦mātr̥bʰāṣe マートゥルバーシェ⟧ [mɐːtrɯbʰɐːʂe] *n.* 母語、母国語 [Sk.]

ಮಾತೃಭೂಮಿ ⟦mātr̥bʰūmi マートゥルブーミ⟧ [mɐːtrbʰuːmi] *n.* 母国 [Sk.]

ಮಾತೃಕೆ ⟦mātr̥ke マートゥルケ⟧ [mɐːtrɯke/mɐːtruke] *f.* マートリカー（母）と呼ばれる７人の女神（ブラーフミー、マーヘーシュヴァリー、カウマーリー、ヴァイシュナヴィー、ヴァラーヒー、インドラーニー、チャームンダー） —*n.* 1 写しを取った原文 2 母型、鋳型 [Sk.]

ಮಾತೆ ⟦māte マーテ⟧ [mɐːte] 《文》 *f.* 《*pl.* ಮಾತೆಯರು (māteyaru)》母、母親 [Sk.]

ಮಾತ್ರ ⟦mātra マートラ⟧ [mɐːtrɐ] *part.* 1 …だけ ¶ ಅವರು ಮಾತ್ರ ಬಂದರು. (avaru mātra baṃdaru.) 彼だけが来た。 2 也（金額の後ろにそれが最後であることを表すためにつける語）¶ ಒಂದು ಸಾವಿರ ರೂಪಾಯಿ ಮಾತ್ರ (oṃdu sāvira rūpāyi mātra) 金 1000 ルーピー也 [Sk.]

ಮಾತ್ರೆ ⟦mātre マートレ⟧ [mɐːtre] *n.* 1 錠剤、丸薬 ¶ ಅಪ್ಪ ರಕ್ತದ ಒತ್ತಡಕ್ಕೆ ದಿನವೂ ಮಾತ್ರೆ ತೆಗೆದುಕೊಳ್ಳುತ್ತಾರೆ. (appa raktada ottaḍakke dinavū mātre tegedukoḷḷuttāre.) 父は毎日血圧の薬を飲む。 2 マートラー（インドの詩の韻律の単位の一つで、短母音の長さ、長母音や複子音を従える短母音は２マートラーと数えられる）[Sk.]

ಮಾತ್ಸರ್ಯ ⟦mātsarya マートサリヤ⟧ [mɐːʦərˑjɐ] 《文》 *n.* 嫉妬、ねたみ [Sk.] = ಹೊಟ್ಟೆಕಿಚ್ಚು (hoṭṭekiccu)〔口〕

ಮಾದಕ ⟦mādaka マーダカ⟧ [mɐːdəkɐ] 《文》 (*adj.*) 1 麻酔効果のある〈こと〉、酔わせる〈こと〉¶ ಮಾದಕ ದ್ರವ್ಯಗಳಲ್ಲಿ ವೈನ್ ಶ್ರೇಷ್ಠವಾಗಿದೆ. (mādaka dravyagaḷalli vain śrēṣṭʰavāgide.) 麻酔物質の中でブドウ酒が一番優れている。 2〔喩〕(女性の魅力が)男性を陶酔させるような〈こと〉[Sk.]

ಮಾದಕತೆ ⟦mādakate マーダカテ⟧ [mɐːdəkəte] 《文》 *n.* 1 酔わせる性質があること 2〔喩〕(男性を)陶酔させるような魅力 ¶ ಮರಿಲಿನ್ ಮನ್ರೋ ಮಾದಕತೆಯಲ್ಲಿ ಪ್ರಸಿದ್ಧಳಾಗಿದ್ದಳು. (marilin manrō mādakateyalli prasiddʰalāgiddaḷu.) マリリン・モンローは男性を魅惑する美貌で有名であった。[Sk.]

ಮಾದರ ⟦mādara マーダラ⟧ [mɐːđərɐ] ಮೇದರ, ಮೇದಾರ *m.* 靴を作ったり修理したりするカーストに属する人、またはそのカースト [Ka. D5092] = ಮೇದರ (mēdara)

ಮಾದಲ ⟦mādala マーダラ⟧ [mɐːđəlɐ] ಮಾದಳ, ಮಾದಾಲ *n.* シトロンまたはその果実(ミカン科ミカン属、実は芳香があり酸味が強く、厚い果皮を持っている)→ 香・飲 [Ka. D4808] *[IMP 2.102]

ಮಾದಳ ⟦mādaḷa マーダラ⟧ [mɐːđəḷɐ] *n.* [Ka. D4808] ☞ಮಾದಲ (mādala)

ಮಾದಾಲ ⟦mādāla マーダーラ⟧ [mɐːđɐːḷɐ] *n.* [Ka. D4808] ☞ಮಾದಲ (mādala)

ಮಾದಿಗ ⟦mādiga マーディガ⟧ [mɐːđïgɐ] *m.* 《*f.* ಮಾದಿಗಳು (mādigaḷu)》 1 靴直しや靴屋のカーストに属する人、またはそのカースト 2 アウトカースト一般 [Ka. D4810]

ಮಾದರಿ ⟦mādari マーダリ⟧ [mɐːdəri] *n.* 1 商品などの見本 2 (偉大な人によって示された)行動の規範、手本 3 やり方、方法 ¶ ಅವನು ಈ ಮಾದರಿಯಲ್ಲಿ ನಡೆಯುತ್ತಾನೆಂದು ತಿಳಿದಿರಲಿಲ್ಲ. (avanu ī mādariyalli naḍeyuttānemdu tiḷidiralilla.) 彼がこのように振る舞うとは知らなかった。[Pe. *mādarī*]

ಮಾದರಿ ಸರ್ವೇಕ್ಷಣೆ ⟦mādari sarvēkṣaṇe マーダリサルヴェークシャネ⟧ [mɐːdəri sərveːkʃəɳe] 《文》 *n.* サンプリング調査 [+ Sk. *sarvēkṣaṇe*]

ಮಾದರಿ ಸಹಿ ⟦mādari sahi マーダリサヒ⟧ [mɐːdəri səhi] *n.* 署名の見本 [+ *sahi*]

ಮಾದಿ ⟦mādi マーディ⟧ [mɐːđi] *n.* [Ka. D4808] ☞ಮಾದಲ (mādala)

ಮಾಧುರ್ಯ ⟦mādʰurya マードゥリヤ⟧ [mɐːdʰurˑjɐ] 《文》 *n.* 1 甘いこと、甘さ 2〔喩〕(音楽、声などの)甘さ、甘美さ 3 (主に女性の)優しさ、しとやかさ ¶ ವಹೀದಾ ರಹಮಾನರ ನಡತೆಯಲ್ಲಿ ಮಾಧುರ್ಯ ಇದೆ. (vahīdā rahamānara naḍateyalli mādʰurya ide.) ワヒーダー・ラハマーンはしとやかである。[Sk.]

ಮಾಧ್ಯಮ ⟦mādʰyama マーディヤマ⟧ [mɐːdʰˑjəmɐ] 《文》 *n.* 1 (伝導の)媒体 ¶ ವಿದ್ಯುತ್ ತಂತಿಯ ಮಾಧ್ಯಮದಿಂದ ಹರಿಯುತ್ತದೆ. (vidyut tamtiya mādʰyamadimda hariyuttade.) 電気は電線を通して流れる。 2 情報伝達の手段 ¶ ಈಗ ಈಮೇಲ್ ಮಹತ್ತರ ಮಾಧ್ಯಮವಾಗಿದೆ. (īga īmēl mahattara mādʰyamavāgide.) 電子メールは今や重要な情報伝達の手段となっている。[Sk.]

ಮಾಧ್ಯಮಿಕ ⟦mādʰyamika マーディヤミカ⟧ [mɐːdʰˑjəmikɐ] 《文》 *adj.* 中間の、間の [Sk.]

ಮಾಧ್ಯಮಿಕ ಶಿಕ್ಷಣ ⟦mādʰyamika śikṣaṇa マーディヤミカシクシャナ⟧ [mɐːdʰˑjəmikə ʃikʂəɳɐ] *n.* 中等教育 [Sk.]

ಮಾಧ್ಯಮಿಕ ಶಾಲೆ ⟦mādʰyamika śāle マーディヤミカシャーレ⟧ [mɐːdʰˑjəmikə ʃɐːle] *n.* 中等教育を施す学校 [Sk.]

ಮಾನ ⟦māna マーナ⟧ [mɐːnɐ] *n.* 1 尊敬、名誉、威信 ¶ ಮಗಳ ಕಾರಣವಾಗಿ ಮೋಹನಕುಮಾರನ ಮಾನ ಹೋಯಿತು. (magaḷa kāraṇavāgi mōhanakumārana māna hōyitu.) 娘のためにモーハナクマーラは面目を失った。2 傲慢、高慢、うぬぼれ 3《古》ものを計る道具 4 (重量や長さや体積などの)計量の単位 ¶ ಕಿಲೊಮೀಟರು ದೂರವನ್ನು ಅಳೆಯುವ ಒಂದು ಮಾನ. (kilomīṭaru dūravannu aḷeyuva omdu māna.) キロメートルは距離を測る単位の一つである。[Sk.]

ಮಾನದಂಡ ⟦mānadamḍa マーナダンダ⟧ [mɐːnədəɳɖɐ] *n.* 1 竿尺、長さを測る物差し 2 判断の基準 ¶ ಹೆಚ್ಚು ಜನ ಸೇರುವುದು ರಾಜಕಾರಣಿಯ ಜನಪ್ರಿಯತೆಯ ಮಾನದಂಡ. (heccu jana sēruvudu rājakāraṇiya janapriyateya mānadamḍa.) 聴衆が集まるということが政治家の人気を計る基準である。[Sk.]

ಮಾನಭಂಗ ⟦mānabʰamga マーナバンガ⟧ [mɐːnəbʰəŋgɐ] *n.* 1 恥をかくこと、名誉を失うこと 2 強姦、凌辱 ¶ ಆ ಒಳಯುದ್ಧದಲ್ಲಿ ಸಾವಿರಾರು ಹೆಂಗಸರ ಮಾನಭಂಗ ಆಯಿತು. (ā oḷayuddʰadalli sāvirāru hemgasara mānabʰamga āyitu.) 何千もの女性があの内戦で暴行を受けた。[Sk.]

ಮಾನವ ⟦mānava マーナヴァ⟧ [mɐːnəvɐ] 《文》 *mf.* 《*pl.* ಮಾನವರು (mānavaru)》 人類 ¶ ಮಾನವನ ಮೂಲ ಆಫ್ರಿಕಾದಲ್ಲಿ ಇದೆಯಂತೆ. (mānavana mūla āpʰrikādalli ideyamte.) 人類の起源はアフリカだそうだ。[Sk.]

ಮಾನವತಾವಾದ ⟦mānavatāvāda マーナヴァターヴァーダ⟧ [mɐːnəvətɐːvɐːdɐ] 《文》 *n.* 人間主義、人道主義、ヒューマニズム [Sk.]

ಮಾನವತೆ ⟦mānavate マーナヴァテ⟧ [mɐːnəvəte] 《文》 *n.* 人間性、人間らしい優しさ [Sk.] = ಮಾನವೀಯತೆ (mānavīyate)

ಮಾನವಿಕ ⟦mānavika マーナヴィカ⟧ [mɐːnəvikɐ] 《文》 *adj.* 人間の、人間に属する [Sk.]

ಮಾನವೀಯ ⟦mānavīya マーナヴィーヤ⟧ [mɐːnəviːjɐ] 《文》 *adj.* 1 人間の 2 人間的な、心の優しい、人道上の ¶ ಮಾನವೀಯ ಕಾರಣವಾಗಿ ಸರಕಾರ ಕೆಲವು ಕೈದಿಗಳಿಗೆ ಬಿಡುಗಡೆ ಕೊಟ್ಟಿದೆ. (mānavīya kāraṇavāgi sarakāra kelavu kaidigaḷige biḍugaḍe koṭṭide.) 政府は人道上の理由から何人かの囚人たちを解放した。[Sk.]

ಮಾನವೀಯತೆ ⟦mānavīyate マーナヴィーヤテ⟧ [mɐːnəviːjəte] 《文》 *n.* 博愛主義、人道主義 [Sk.]

ಮಾನಸಿಕ ⟦mānasika マーナシカ⟧ [mɐːnəsikɐ] 《文》 *adj.* 心の、心理的な [Sk.]

ಮಾನ್ಯ ⟦mānya マーニャ⟧ [mɐːn·jɐ] *adj., m.*《*f.* ಮಾನ್ಯೆ (mānye)》尊敬に値する〈人〉¶ ಮಾನ್ಯರೇ, (mānyarē,) 拝啓 —(*adj.*) 認められた〈こと〉、容認された〈こと〉 —*n.* 王や政府から贈られた土地 ¶ ಈ ಜಮೀನು ನಮ್ಮ ಪೂರ್ವಜರಿಗೆ ಮಾನ್ಯವಾಗಿ ಬಂತು. (ī jamīnu namma pūrvajarige mānyavāgi baṃtu.) この土地をうちの先祖は(王からの)贈与としてもらった。[Sk.]

ಮಾನ್ಯಮಾಡು ⟦mānyamāḍu マーニャマードゥ⟧ [mɐːn·jə mɐːḍu] *vt.* 1〈価値などを〉認める ¶ ಕೆಲವು ದೇಶಗಳು ಭಾರತೀಯ ಸ್ನಾತಕ ಪದವಿಗಳನ್ನು ಮಾನ್ಯ ಮಾಡುವುದಿಲ್ಲ. (kelavu dēśagaḷu bʰāratīya snātaka padavigaḷannu mānya māḍuvudilla.) インドの学士号を認めない国がいくつかある。2 同意する、承認する、了承する [+ *māḍu*]

ಮಾನ್ಯಗಾರ ⟦mānyagāra マーニャガーラ⟧ [mɐːn·jəgɐːrɐ]《文》*m.*《*f.* ಮಾನ್ಯಗಾತಿ (mānyagāti)》王や政府から土地を贈られた人 [*mānya* + *-kāra*]

ಮಾನ್ಯತೆ ⟦mānyate マーニャテ⟧ [mɐːn·jəte] *n.* 1(価値などを)認められること、認知されること、威信 ¶ ಈಗಿನ ಕಾಲದಲ್ಲಿ ಸಾಹಿತ್ಯದ ಸಂಶೋಧಕರಿಗೆ ಮಾನ್ಯತೆ ಇಲ್ಲ. (īgina kāladalli sāhityada saṃśōdʰakarige mānyate illa.) 今日文学研究者はその価値を認められない。2 同意、承認、許可 ¶ ಅಪ್ಪನ ಮಾನ್ಯತೆ ಇಲ್ಲದೆ ಮಗ ಮದುವೆ ಮಾಡಿಕೊಂಡ. (appana mānyate illade maga maduve māḍikoṃḍa.) 父親の同意なしに息子は勝手に結婚した。[Sk.]

ಮಾಪಕ ⟦māpaka マーパカ⟧ [mɐːpəkɐ] *n.*《主に複合語頭で》ものを計る道具、計測器 [Sk.]

ಮಾಪನ ⟦māpana マーパナ⟧ [mɐːpənɐ]《文》*n.* 計ること、計測、計量 [Sk.]

ಮಾಫಿ ⟦māpʰi マーピ⟧ [mɐːpʰi] *n.* 1 許すこと、容赦 ¶ ಚಿಕ್ಕಪ್ಪ ಅಪ್ಪನಿಗೆ ಮಾಫಿ ಕೇಳಿದರು. (cikkappa appanige māpʰi kēḷidaru.) おじ(父の弟)は父に許しをこうた。2 恩赦、大赦 ¶ ಆಗಸ್ಟ್ ಹದಿನೈದರಂದು ಅರುವತ್ತು ಕೈದಿಗಳಿಗೆ ಮಾಫಿ ಸಿಕ್ಕಿತು. (āgasṭ hadinaidaraṃdu aruvattu kaidigaḷige māpʰi sikkitu.) 8月15日に60人の囚人が恩赦を受けた。3(授業料、税金、料金などの)一部または全部の免除 ¶ ನನಗೆ ಶಾಲೆಯಲ್ಲಿ ಅರ್ಧ ಮಾಫಿ ಆಯಿತು. (nanage śāleyalli ardʰa māpʰi āyitu.) 私は学校の授業料の半分を免除された。[Ar.-Pe. *muʿāfi*]

ಮಾಮ ⟦māma マーマ⟧ [mɐːmɐ] *m.*《*f.* ಮಾಮಿ (māmi)》1 母親の兄弟、おじ 2 配偶者の父親、舅 3 おじさん(年長の男性に敬愛をもって呼びかけたり言及したりする言葉)[Ka. D4813]

ಮಾಮೂಲಿ ⟦māmūli マームーリ⟧ [mɐːmuːli] (*adj.*) いつもの通り〈の〉、習慣通り〈の〉、普通〈の〉¶ ಅ. ನ. ಕೃಷ್ಣರಾವ ಅವರು ಸುಮಾರು ನೂರುಕಾದಂಬರಿಗಳನ್ನು ಬರೆದಿದ್ದು ಮಾಮೂಲಿ ಮಾತಲ್ಲ. (a. na. kṛṣṇarāva avaru sumāru nūrukādaṃbarigaḷannu barediddu māmūli mātalla.) A.N. クリシュナ・ラーオが100にも上る小説を書いたのは尋常のことではない。—*n.* 1 伝統、慣わし ¶ ಊರಿನ ಜನ ಮಾಮೂಲಿನಂತೆ ದೇವಿಗೆ ಕುರಿಯನ್ನು ಬಲಿಕೊಟ್ಟರು. (ūrina jana māmūlinaṃte dēvige kuriyannu balikoṭṭaru.) 村人たちは習慣に従って女神に羊を犠牲として捧げた。2 習慣的に与える賄賂や心づけ [Ar.-Pe. *maʿmūlī*]

ಮಾಮೂಲು ⟦māmūlu マームール⟧ [mɐːmuːlu] (*adj.*) いつもの通り〈の〉、習慣に従った〈こと〉、普通〈の〉¶ ರಾಜಕಾರಣಿಗೆ ವಚನಭಂಗ ಮಾಡುವುದು ಮಾಮೂಲು. (rājakāraṇige vacanabʰaṃga māḍuvudu māmūlu.) 政治家たちが約束を破るのは普通のことである。—*n.* 習慣的に与える賄賂や心づけ [Ar. *maʿmūl*]

ಮಾಯ್ ⟦māy マーイ⟧ [mɐːĭ]《古》*vi.*《過去語幹 mād-, māyd-》1 減る、減少する 2 隠れる、消える、消失する 3 死ぬ、亡くなる 4 治る、治癒する [Ka. D4814, D4815]

ಮಾಯಿಸು ⟦māyisu マーイス⟧ [mɐːjĭsu] *vt.* 消す、消失させる [Ka. caus. D4814]

ಮಾಯ ⟦māya マーヤ⟧ [mɐːjɐ] *n.* 消えること、消失 ¶ ನಾನು ಮಾರ್ಕೆಟಿನಲ್ಲಿ ಅಡ್ಡಾಡುತ್ತಿದ್ದಾಗ ನನ್ನ ಪರ್ಸ್ ಮಾಯವಾಯಿತು. (nānu mārkeṭinalli aḍḍāḍuttiddāga nanna pars māyavāyitu.) 私が市場を歩いていた時、財布がなくなった。[Ka. D4814] (*Śmd, Čpr.7.198,* Bp 24,63 (Kitt.))

ಮಾಯಾ ⟦māyā マーヤー⟧ [mɐːjɐː] *n.* [Sk. *māyā-*] ☞ಮಾಯೆ (māye)

ಮಾಯು ⟦māyu マーユ⟧ [mɐːju] *vi.*《過去語幹 māyd-》(病気や怪我などが)治る、治癒する [Ka. D4814, D4815]

ಮಾಯೆ ⟦māye マーエ⟧ [mɐːje] *n.* 1 手品、魔術、妖術 2 詐術、詐欺、ペテン 3 迷い、惑い、錯覚 4 目の前が真っ暗になること ¶ ರೈಲ್ ಅಪಘಾತ ನೋಡಿ ನನ್ನ ಕಣ್ಣಿಗೆ ಮಾಯೆ ಕವಿಯಿತು. (rail apagʰāta nōḍi nanna kaṇṇige māye kaviyitu.) 鉄道事故を見て目の前が真っ暗になった(「気を失いそうになった」の意) 5 盲目的な愛情、溺愛 ¶ ನಮ್ಮ ಅಪ್ಪನಿಗೆ ಕೊನೆಯ ಮಗಳ ಮೇಲೆ ತುಂಬ ಮಾಯೆ ಇತ್ತು. (namma appanige koneya magaḷa mēle tuṃba māye ittu.) 父は末娘を溺愛していた。6 同情、哀れみ ¶ ಮದರ್ ತೆರೆಸಾಗೆ ಕಷ್ಟದಲ್ಲಿದ್ದ ಮಕ್ಕಳ ಬಗ್ಗೆ ತುಂಬ ಮಾಯೆ ಇತ್ತು. (madar teresāge kaṣṭadallidda makkaḷa bagge tuṃba māye ittu.) マザー・テレサは不幸な子どもたちに深く同情していた。7 人類に無明(むみょう)をもたらす力 8 感覚で捉えられるこの世(幻想であるとされている)[Sk. *māyā-* cf. Ka. *māyu* D4814「消える」M2.624]

ಮಾಯ್ಪು ⟦māypu マーイプ⟧ [mɐːjpu]《方》*n.* 箒 (*Gowda*) [Ka. D4794]

ಮಾರ್ ⟦mār マール⟧ [mɐːr]《‡》*n.* 両手を広げた長さ、尋 (*Nr.; My.* (*Kitt.*)) [Ka. D4818]

ಮಾರಕ ⟦māraka マーラカ⟧ [mɐːrəkɐ]《文》*m.*《*f.* ಮಾರಕಳು (mārakaḷu)》破壊者、壊す人 —(*adj.*) 致命的〈な〉、必殺〈の〉¶ ಬಫೋರ್ಸ್ ಹಗರಣ ರಾಜೀವ ಗಾಂಧಿಯ ಖ್ಯಾತಿಯ ಮೇಲೆ ಮಾರಕ ಪ್ರಹಾರ ಮಾಡಿತು. (bapʰōrs hagaraṇa rājīva gāṃdʰiya kʰyātiya mēle māraka prahāra māḍitu.) ボフォール事件はラジーヴ・ガーンディーの評判に破壊的な打撃を与えた。[Sk.]

ಮಾರಾಟ ⟦mārāṭa マーラータ⟧ [mɐːrɐːʈɐ] ಮಾಱಾಟ *n.* 売ること、販売 ¶ ಮಗ ತಂದೆಯ ಸೊತ್ತನ್ನು ಮಾರಾಟ ಮಾಡಿ ಬದುಕಿದ. (maga taṃdeya sottannu mārāṭa māḍi badukida.) 息子は父親の財産を売って生活の糧を得ていた。[Sk.]

ಮಾರಾಟತೆರಿಗೆ ⟦mārāṭaterige マーラータテリゲ⟧ [mɐːrɐːʈəterige] *n.* 売上税、取引高税 [+ *terige*]

ಮಾರಾಮಾರಿ ⟦mārāmāri マーラーマーリ⟧ [mɐːrɐːmɐːri] *n.* 殴り合い ¶ ಕ್ರಿಕೆಟ್ ಆಟದಲ್ಲಿ ಪ್ರೇಕ್ಷಕರಲ್ಲಿ ಮಾರಾಮಾರಿ ಆಯಿತು. (kriket āṭadalli prēkṣakaralli mārāmāri āyitu.) クリケットの試合で観客の間で殴り合いが起こった。[H./M. *mārāmārī* T10063]

ಮಾರು[1] ⟦māru マール⟧ [mɐːru] *n.* 両手を広げた長さ、尋 [Ka. *D4818]

ಮಾರು[2] ⟦māru マール⟧ [mɐːru] ಮಾಱು *vt.* 売る、売却する [Ka. *D4834] —*vi.*《希》売れる ¶ ಈ ಪುಸ್ತಕ ಚನ್ನಾಗಿ ಮಾರುತ್ತದೆ. (ī pustaka cannāgi māruttade.) この本はよく売れる。 —(*n.*) 別〈の〉¶ ಮಾರುವೇಷ (māruvēṣa) 変装

ಮಾರುಕಟ್ಟೆ ⟦mārukaṭṭe マールカッテ⟧ [mɐːrŭkəʈʈe] ಮಾರ್ಕಟ್ಟೆ《文》*n.* 1 市場、いちば 2 ものが売買される場所(一般) ¶ ಖೋಟಾ ತಂತ್ರಾಂಶಗಳು ಮಾರ್ಕೆಟಿನಿಂದ ಮಾಯ ಆಗಿವೆ. (kʰōṭā taṃtrāṃśagaḷu mārkeṭiniṃda māya āgive.) 偽のソフトウェアが市場から消えた。[Eg. *market*] = ಮಾರ್ಕೆಟ್ (mārkeṭ)〔口〕

ಮಾರುತ ⟦māruta マールタ⟧ [mɐːrutɐ]《文》*n.* 風 [Sk.] = ಗಾಳಿ (gāḷi)〔汎〕

ಮಾರುತಿ ⟦māruti マールティ⟧ [mɐːruti]《文》*n.* ハヌマーン(ラーマのランカー遠征に力を貸した猿の神) [Sk.]

ಮಾರುವೇಷ ⟦māruvēṣa マールヴェーシャ⟧ [mɐːruveːʃɐ] *n.* 変装 ¶ ಸಿರಿಯಾಳನ ಭಕ್ತಿಯನ್ನು ಪರೀಕ್ಷಿಸಲು ಶಿವ ಮಾರುವೇಷದಲ್ಲಿ ಬಂದ. (siriyāḷana bʰaktiyannu parīkṣisalu śiva māruvēṣadalli baṃda.) シリヤーラの信仰心を試すためシヴァ神が変装してやってきた。[Ka. *māṟu* D4834 + *vēṣa*]

ಮಾರುಹೋಗು ⟦māruhōgu マールホーグ⟧ [mɐːruhoːgu] ಮಾರುಮೋಗು, ಮಾಱುಮೋಗು *vi.*《*dat.*》魅惑される、魂を奪われる、夢中になる ¶ ಶಕುಂತಲೆಯ ಸೌಂದರ್ಯಕ್ಕೆ ದುಷ್ಯಂತ ಮಾರುಹೋದ. (śakuṃtaleya sauṃdaryakke duṣyaṃta māruhōda.) シャクンタラーの美貌にドゥシャンタは心を奪われた。[Ka. < *māṟu*「商品」+ *hōgu*]

ಮಾರ್ಕೆಟ್ ⟦mārkeṭ マールケト⟧ [mɐːrkeʈ] *n.* 1 市場、いちば 2 ものが売買される場所(一般) ¶ ಸರಕಾರದ ಹೊಸ ಅರ್ಥನೀತಿಗೆ ಮಾರ್ಕೆಟ್ ಅನುಕೂಲವಾದ ಪ್ರತಿಕ್ರಿಯೆಯನ್ನು ತೋರಿಸಿಲ್ಲ. (sarakārada hosa artʰanītige mārkeṭ anukūlavāda pratikriyeyannu tōrisilla.) 市場は政府の経済政策に好意的な反応を示さなかった。[Eg. *market*]

ಮಾರ್ಗ ⟦mārga マールガ⟧ [mɐːrgɐ]《文》*n.* 1 道 2 経路、道筋 3 やりかた、方法 ¶ ಬುದ್ಧ ಹೇಳಿದ ಮಾರ್ಗದಲ್ಲಿ ನಡೆಯುವುದು ಕಷ್ಟ. (buddʰa hēḷida mārgadalli naḍeyuvudu kaṣṭa.) ブッダの教えた道に従うのは難しい。4 思想などの方向、宗派、学派 ¶ ರಾಮಕೃಷ್ಣರ ಆಧ್ಯಾತ್ಮಿಕ ಮಾರ್ಗದಲ್ಲಿ ವಿವೇಕಾನಂದ ನಡೆದರು. (rāmakṛṣṇara ādʰyātmika mārgadalli vivēkānaṃda naḍedaru.) ヴィヴェーカーナンダはラーマクリシュナの霊的な道に従った。[Sk.]

ಮಾರ್ಗದರ್ಶಕ ⟦mārgadarśaka マールガダルシャカ⟧ [mɐːrgədərʃəkɐ]《文》*adj.*, *m.*《*f.* ಮಾರ್ಗದರ್ಶಕಿ/ಕಳು (mārgadarśaki/kaḷu)》1 道案内人〈の〉2 芸術や学問などで新境地を開拓した人 ¶ ನಂದಲಾಲ್ ಬಸು ಅವರ ಚಿತ್ರಕಲೆ ಆಧುನಿಕರಿಗೆ ಮಾರ್ಗದರ್ಶಕವಾಯಿತು. (naṃdalāl basu avara citrakale ādʰunikarige mārgadarśakavāyitu.) ナンダラール・ボシュの絵は近代絵画の道しるべとなった。[Sk.]

ಮಾರ್ಗದರ್ಶನ ⟦mārgadarśana マールガダルシャナ⟧ [mɐːrgədərʃənɐ]《文》*n.* 1 道案内 2 芸術や学問などで新境地を開拓すること [Sk.]

ಮಾರ್ದವ ⟦mārdava マールダヴァ⟧ [mɐːrdəvɐ]《文》*n.* 1 柔らかいこと 2 話しぶりや行動が優しいこと ¶ ವಲ್ಲಭಭಾಯಿ ಪಟೇಲರ ಮಾತಿನಲ್ಲಿ ಮಾರ್ದವ ಇದ್ದರೂ ಕೃತಿಯಲ್ಲಿ ಕಠಿನತೆ ಇತ್ತು. (vallabʰabʰāyi paṭēlara mātinalli mārdava iddarū kṛtiyalli kaṭʰinate ittu.) ワッラババーイ・パテールの言葉は柔らかかったがその行動は断固としていた。[Sk.]

ಮಾರ್ಗಶಿರ ⟦mārgaśira マールガシラ⟧ [mɐːrgəʃirɐ] *n.* マールガシールシャ月 [Sk.] = ಮಾರ್ಗಶೀರ್ಷ (mārgaśīrṣa)

ಮಾರ್ಗಶೀರ್ಷ ⟦mārgaśīrṣa マールガシールシャ⟧ [mɐːrgəʃiːrʂɐ] *n.* マールガシールシャ月、インドの伝統的太陽太陰暦の第9月(グレゴリオ暦の11月から12月にあたる) [Sk.] ☞ಚೈತ್ರ (caitra)

ಮಾರ್ಪಡಿಸು ⟦mārpaḍisu マールパディス⟧ [mɐːrpəɖisu]《文》*vt.* 変える、変更する ¶ ಮುಖ್ಯಾಧ್ಯಾಪಕರು ವೇಳಾಪತ್ರಿಕೆಯನ್ನು ಮಾರ್ಪಡಿಸಿದರು. (mukʰyādʰyāpakaru vēḷāpatrikeyannu mārpaḍisidaru.) 校長は時間割を変更した。[*māṟu* D4834 + *paḍisu*]

ಮಾರ್ಪಾಟ ⟦mārpāṭa マールパータ⟧ [mɐːrpɐːʈɐ] *n.* 変化、変更 [Ka. *māṟu* D4834 + *pāaṭa*] ☞ಮಾರ್ಪಾಡು (mārpāḍu)

ಮಾರ್ಪಾಟು ⟦mārpāṭu マールパートゥ⟧ [mɐːrpɐːʈu] *n.* 変化、変更 [Ka. *māṟu* D4834 + *pāṭu*] ☞ಮಾರ್ಪಾಡು (mārpāḍu)

ಮಾರ್ಪಾಡು ⟦mārpāḍu マールパードゥ⟧ [mɐːrpɐːɖu] ಮಾರ್ಪಾಟ, ಮಾರ್ಪಾಟು *n.* 変化、変更 ¶ ಈ ಹತ್ತು ವರ್ಷದಲ್ಲಿ ನಮ್ಮ ಬೀದಿ ತುಂಬ ಮಾರ್ಪಾಡು ಆಗಿದೆ. (ī hattu varṣadalli namma bīdi tuṃba mārpāḍu āgide.) 我々の住む通りはこの10年の間にすっかり変わった。[Ka. *māṟu*「敵対する」D4834 + *pāḍu*] ☞ಮಾರ್ಪಾಟು (mārpāṭu)

ಮಾರ್ಪು ⟦mārpu マールプ⟧ [mɐːrpu] 《古》n. 変化 [Ka. māṟu D4834 + -pu]
ಮಾರ್ಮ ⟦mārma マールマ⟧ [mɐːrmɐ] 《‡》m. 敵対者 (Kk.92 (Kitt.)) [Ka. D4834]
ಮಾರ್ಮಿಕ ⟦mārmika マールミカ⟧ [mɐːrmikɐ] adj. 1 急所に達する 2 痛いところをつく 3 心を打つ ¶ ಶ್ರೀ 420 ಎಂಬ ಚಿತ್ರದಲ್ಲಿ ಅನೇಕ ಮಾರ್ಮಿಕ ಮಾತುಗಳಿವೆ. (śrī 420 eṃba citradalli anēka mārmika mātugaḷive.) シュリー420という映画には多くの心を打つ言葉がある。
ಮಾಲ¹ ⟦māla マーラ⟧ [mɐːlɐ] 《‡》adj. 卑しい、下賤な —m. ハリジャン (Kitt.) [Ka. D4824]
ಮಾಲ² ⟦māla マーラ⟧ [mɐːlɐ] n. 1 野原、広場 2 小さな台地 3 平地 [Ka. D4825]
ಮಾಲಿ ⟦māli マーリ⟧ [mɐːli] mf. 庭師 [H. mālī T10094] ☞ತೋಟಗಾರ (tōṭagāra)〔口〕
ಮಾಲಿನ್ಯ ⟦mālinya マーリニャ⟧ [mɐːlinʲjɐ] 《文》n. 汚れ、不潔 ¶ ಉತ್ತರಭಾರತದಲ್ಲಿ ರಸ್ತೆಗಳು ತುಂಬ ಮಾಲಿನ್ಯದಿಂದ ತುಂಬಿವೆ. (uttarabʰāratadalli rastegaḷu tuṃba mālinyadiṃda tuṃbive.) 北インドでは道路がゴミでいっぱいだ。¶ ಮನಸಿನಲ್ಲಿ ಇರುವ ಮಾಲಿನ್ಯ ಮಾತಿನಲ್ಲಿ ವ್ಯಕ್ತವಾಗುತ್ತದೆ. (manasinalli iruva mālinya mātinalli vyaktavāguttade.) 心のきたなさは言葉に表れる。[Sk.]
ಮಾಲಿಶ್ ⟦māliś マーリシュ⟧ [mɐːliʃ] ಮಾಲೀಷ್, ಮಾಲೀಸ್, ಮಾಲೀಸು n. 1 体に油を塗ってマッサージすること 2〔喩〕へつらい、追従 ¶ ತಮ್ಮ ಕೆಲಸ ಆಗಬೇಕೆಂದರೆ ಅಧಿಕಾರಿಗಳಿಗೆ ಮಾಲಿಶ್ ಮಾಡಬೇಕು. (tamma kelasa āgabēkeṃdare adʰikārigaḷige māliś māḍabēku.) 自分の仕事をするためには役人の機嫌を取らねばならない。[Pe. māliš] ☞ಮಾಲಿಶ್ (māliś)
ಮಾಲಿಸು ⟦mālisu マーリス⟧ [mɐːlisu] vi. 横目で見る ¶ ಹುಡುಗಿಯರನ್ನು ಮಾಲಿಸಿ ನೋಡಬೇಡಿ. (huḍugiyarannu mālisi nōḍabēḍi.) 女の子を横目で見るな。[Ka. D4825]
ಮಾಲೀಕ ⟦mālīka マーリーカ⟧ [mɐːliːkɐ] ಮಾಲಕ, ಮಾಲಿಕ m. 《f. ಮಾಲೀಕಳು (mālīkaḷu)》所有者、主人 [Ar. mālik] ☞ಯಜಮಾನ (yajamāna)
ಮಾಲೀಸು ⟦mālīsu マーリース⟧ [mɐːliːsu] n. 油を塗ってマッサージすること [Pe. māliš] ☞ಮಾಲಿಶ್ (māliś)
ಮಾಲು¹ ⟦mālu マール⟧ [mɐːlu] vi. (家や柱などが)傾く ¶ ಪೀಸಾದ ಗೋಪುರ ಮಾಲಿದ್ದರಿಂದ ಪ್ರಸಿದ್ಧವಾಗಿದೆ. (pīsāda gōpura māliddariṃda prasiddʰavāgide.) ピサの塔は傾いたので有名になった。—(n.) 傾斜〈した〉[Ka. D4825]
ಮಾಲು² ⟦mālu マール⟧ [mɐːlu] n. 商品、品物 [Ar. māl]
ಮಾಲುಗಣ್ಣು ⟦māluganṇu マールガンヌ⟧ [mɐːlugəɳɳu] n. 斜視(の目) [Ka. mālu + kaṇṇu]
ಮಾಲೆ ⟦māle マーレ⟧ [mɐːle] n. 1 花輪 2 首飾り、玉を紐に通した装身具 3《文》列 4 (本などの)シリーズ、叢書 [Ka. D4827/Sk.]
ಮಾಲ್ಡೋವ ⟦māldova マールドヴァ⟧ [mɐːldovɐ] n. モルドバ共和国(南東ヨーロッパの国) [Eg. Moldova]
ಮಾವಂತ ⟦māvaṃta マーヴァンタ⟧ [mɐːvəntɐ] ಮಾವತ, ಮಾವುತ, ಮಾವ್ತ, ಮಾಹುತ m. 象使い、象の調教師 [Pk. mahāvaṃti- *D4780]
ಮಾವ ⟦māva マーヴァ⟧ [mɐːvɐ] m. 1 母親の兄弟 2 配偶者の父親 [Ka. D4813] ☞ಮಾಮ (māma)〔汎〕
ಮಾವಟಿಗ ⟦māvaṭiga マーヴァティガ⟧ [mɐːvəʈigɐ] ಮಾವಟಿ m. 象使い、象の調教師 [< Ka. mā¹ D4780「象」+ ?, cf. Sk. mahāmātra- Pk. mahămētta-「象使い」(< ?), M.2.611]
ಮಾವಿ ⟦māvi マーヴィ⟧ [mɐːvi] n. 胞衣(えな)、後産 [Ka. D4783] = ಮಾಸು (māsu)
ಮಾವು ⟦māvu マーヴ⟧ [mɐːvu] n. マンゴーとその果実(ウルシ科マンゴー属)⇀食 [Ka. D4752]
ಮಾವುಲಿಗ ⟦māvuliga マーヴリガ⟧ [mɐːvŭligɐ] m. 1 猟師 2 肉屋 3 ハリジャン [Sk. vāgurā-「罠」, vāgurika「猟師」<? /Ka. D4790]
ಮಾಸ ⟦māsa マーサ⟧ [mɐːsɐ] n. 月(1年の12分の1) [Sk.]
ಮಾಸದಿಕೆ ⟦māsadike マーサディケ⟧ [mɐːsə̆ɖike] 《‡》n. 汚染されていないこと、清浄 (Pb.8.62) [Ka. D4792]
ಮಾಸಪತ್ರಿಕೆ ⟦māsapatrike マーサパトリケ⟧ [mɐːsəpətrike] n. 月刊誌 [Sk.]
ಮಾಸರ ⟦māsara マーサラ⟧ [mɐːsə̆rɐ] 《‡》(n.) 褪色〈した〉[Ka. D4781] (Mr.275 (Kitt.))
ಮಾಸಲು ⟦māsalu マーサル⟧ [mɐːsə̆lu] (n.) 1 (体や衣服などが)汚れている〈こと〉、垢がついている〈こと〉¶ ಮಾಸಲು ಬಟ್ಟೆಯನ್ನು ಆ ಬುಟ್ಟಿಯಲ್ಲಿ ಹಾಕು. (māsalu baṭṭeyannu ā buṭṭiyalli hāku.) 汚れた布をあの籠に入れなさい。2 (色や印字などが)ぼやけている〈こと〉¶ ನನ್ನ ಬಾಲ್ಯದ ಚಿತ್ರಗಳೆಲ್ಲ ಮಾಸಲಾಗಿದೆ. (nanna bālyada citragaḷella māsalāgide.) 私の少年時代の写真はすべて褪色している。[Ka. D4792]
ಮಾಸಾಶನ ⟦māsāśana マーサーシャナ⟧ [mɐːsɐːʃənɐ] n. 毎月与えられる生活費(縁者が寡婦に与えたり、政府が貧しい芸術家に支給するなど) [Sk.]
ಮಾಸಿಕ ⟦māsika マーシカ⟧ [mɐːsikɐ] (adj.) 月刊〈の〉¶ ಮಾಸಿಕ ಪತ್ರಿಕೆ (māsika patrike) 月刊誌 —n. 月刊誌 [Sk.]
ಮಾಸು¹ ⟦māsu マース⟧ [mɐːsu] vi. 1 色がくすむ 2 色あせる ¶ ವಾರ್ಧಕ್ಯದಲ್ಲಿ ಆ ರಾಜಕಾರಣಿಯ ಖ್ಯಾತಿ ಮಾಸಿತು. (vārdʰakyadalli ā rājakāraṇiya kʰyāti māsitu.) あの政治家の名声は老年において霞(かす)んでしまった。[Ka. D4781]
ಮಾಸು² ⟦māsu マース⟧ [mɐːsu] n. 1 胞衣(えな)、後産 2 羊膜、胎児を包む袋状の組織 [Ka. D4783]
ಮಾಸುಚೀಲ ⟦māsucīla マースチーラ⟧ [mɐːsuʧiːlɐ] n. 羊膜、胎児を包む袋状の組織 [+ cīla]
ಮಾಸು³ ⟦māsu マース⟧ [mɐːsu] vi. 汚れる、垢がつく、汚れがつく ¶ ಬಟ್ಟೆ ಮಾಸಿದೆ. (baṭṭe māside.) 着物が

汚れている。 —*vt.*《古》汚す、けがす —*n.* 汚物、不潔物 [Ka. D4792]

ಮಾಹಿತಿ ⟦māhiti マーヒティ⟧ [mɐːhitiː] *n.* 1（あることに対する）一応の知識 ¶ ಪ್ರಧಾನ ಮಂತ್ರಿಗಳಿಗೆ ಅರ್ಥಶಾಸ್ತ್ರದ ಬಗ್ಗೆ ಮಾಹಿತಿ ಇಲ್ಲ. (pradʰāna mamtrigalige artʰaśāstrada bagge māhiti illa.) 首相は経済について何も知らない。2 詳細、顛末 ¶ ನಿನ್ನೆ ನಾವು ನೋಡಿದ ಸ್ಥಳದ ಬಗ್ಗೆ ಮಾಹಿತಿ ಕಳಿಸಿ. (ninne nāvu nōḍida stʰalada bagge māhiti kaḷisi.) 昨日私たちが見た場所について詳しいことを書いて送ってください。 3 情報、データ [M. *māhītī* ←Ar.?]

ಮಾಹಿತಿ ತಂತ್ರಜ್ಞಾನ ⟦māhiti taṃtrajñāna マーヒティタントラジュニャーナ⟧ [mɐːhiti təntrədʒɲɐːnɐ] 《文》 *n.* 情報技術 [+ *taṃtrajñāna*]

ಮಾಹಿತಿ ಸಂಗ್ರಹ ⟦māhiti saṃgraha マーヒティサングラハ⟧ [mɐːhiti səŋgrəhɐ] *n.* 情報収集 ¶ ಅಮೆರಿಕಾ ದೂತಾವಾಸದಲ್ಲಿ ಮಾಹಿತಿ ಸಂಗ್ರಹಕ್ಕೆ ದೊಡ್ಡ ವಿಭಾಗ ಇದೆ. (amerikā dūtāvāsadalli māhiti saṃgrahakke doḍḍa vibʰāga ide.) アメリカ大使館には情報収集の大きな部局がある。[+ *saṃgraha*]

ಮಾಹೆ ⟦māhe マーヘ⟧ [mɐːhe] *n.* 月（1年の12分の1）[Pe. *māh*] = ತಿಂಗಳು (tiṃgaḷu)〔汎〕

ಮಾಹೆವಾರಿ ⟦māhevāri マーヘヴァーリ⟧ [mɐːhevɐːri] *adj.* 毎月の、月ごとの [Pe. *māhwār*] = ಮಾಸಿಕ (māsika)

ಮಾಳ್ ⟦māḷ マール⟧ [mɐːɭ] 《‡》 *vi.* 止む、終わる、止まる (*Hlâ.* (*Kitt.*)) [Ka. D4831] ☞ಮಾಣ್ (māṇ)

ಮಾಳ¹ ⟦māḷa マーラ⟧ [mɐːɭɐ] 《‡》 *n.* 屋根裏（屋根裏に作った広い棚状の構造物、物置などとして用いられる）(*Mhr.* (*Kitt.*)) [Ka. D4796(a)]

ಮಾಳ² ⟦māḷa マーラ⟧ [mɐːɭɐ] *n.* 村の共有の放牧地、塩田などとして使われる村落近隣の平坦な土地 [Sk. ←?]

ಮಾಳ³ ⟦māḷa マーラ⟧ [mɐːɭɐ] 《異》 *n.* [Sk. *mahālaya*] ☞ಮಹಳ (mahaḷa)

ಮಾಳ⁴ ⟦māḷa マーラ⟧ [mɐːɭɐ] ಮೋಳ 《異》 *n.* 雄猫 [?] ☞ಮೋಳ (mōḷa)

ಮಾಳಿ ⟦māḷi マーリ⟧ [mɐːɭi] 《方》 *n.* ネズミの穴 [Ka. D4832] (*Jenu Kuruba dial., LSB 4.12*)

ಮಾಳಿಗೆ ⟦māḷige マーリゲ⟧ [mɐːɭige] *n.* 1（家の）上階、2階以上の階 2 2階建て以上の平屋根の家 3 漆喰製やセメント製の平屋根や屋上 [Ka. D5796]

ಮಾಱಣ ⟦māṟaṇa マーラナ⟧ [mɐːrəɳɐ] 《‡》 (*adj.*) 次〈の〉(*Čt.1,31* (*Kitt.*)) [Ka. D4766]

ಮಾಱಣೆ ⟦māṟaṇe マーラネ⟧ [mɐːrə̆ne] 《‡》 *adj.* 次の、翌 (*B.4,174* (*Kitt.*)) —*adv.* そこで (*Čh.v.30,341* (*Kitt.*)) [Ka. D4766]

ಮಾಱಾಳಿ ⟦māṟāḷi マーラーリ⟧ [mɐːrɐːɭi] 《古》 *mf.* 商人 [Ka. D4834]

ಮಾಱು ⟦māṟu マール⟧ [mɐːru] 《古》 *vt.* 1 売る、売却する 2 物々交換の対価として引き渡す 3 変える、変形させる 4 引き渡す、手渡す、捧げる —*vi.* 1 変わる、変形する 2〔喩〕世に認められる、売れる —(*n.*) 1 別〈の〉、次〈の〉 2 替わり〈の〉、対価〈の〉 3 逆〈の〉、敵対的〈な〉、(水面などに)映った〈こと〉 4（他人に）牛耳られた〈こと〉 5 魅惑された〈こと〉、(恋などの)虜になった〈こと〉 —*n.* 1 売ること 2 商品、売りに出されたもの [Ka. D4834]

ಮಾಱಿಸು ⟦māṟisu マーリス⟧ [mɐːrisu] 《‡》 *vt.* 売らせる、交換する、など (*My.* (*Kitt.*)) [Ka. caus. D4834]

ಮಾಱುಹೋಗು ⟦māṟuhōgu マールホーグ⟧ [mɐːruhoːgu] ಮಾರುಹೋಗು, ಮಾಱುವೋಗು 《古》 *vi.* 《*dat.*》 1 支配下に入る 2 魅惑される、魂を奪われる、夢中になる [Ka. < *māṟupōgu*]

ಮಾಱುಳಿ ⟦māṟuḷi マールリ⟧ [mɐːrŭɭi] 《‡》 *n.* 別のこと [Ka. D4834] (*Rām. 1,16,51* (*Kitt.*))

ಮಾಱ್ ⟦māṟ マール⟧ [mɐːʒ] 《古》 *vt.* 《ಮಾಡು (māḍu) の変異形で-k, -p などの子音の前に現れる》する、行う ¶ ಮಾಱ್ಕೆ (māṟke) 様子、さま [Ka. D4797] ☞ಮಾಡು (māḍu)〔汎〕

ಮಾಱ್ಕೆ ⟦māṟke マールケ⟧ [mɐːɻke] 《古》 *n.* やりかた、…風(ふう) [Ka. D4797]

ಮಿಂಗು ⟦miṃgu ミング⟧ [miŋgu] 《‡》 *vt.* 飲む、飲み込む (*Tĕ.*; *R.*; *T.* (*Kitt.*)) [Ka. D4866] ☞ನುಂಗು (nuṃgu)

ಮಿಂಚು¹ ⟦miṃcu ミンチュ⟧ [miɲʧu] *vi.* 1（ある方面で）優秀である、卓越する ¶ ಅಮಿತಾಭ ಬಚ್ಚನ್ ಎರಡನೆ ಫಿಲ್ಮಿನಲ್ಲಿ ಮಿಂಚಿದರು. (amitābʰa baccan eraḍane pʰilminalli miṃcidaru.) アミターブ・バッチャンは2番目の映画で頭角を現した。 2 凌駕する、越す ¶ ಭೂಪತಿ ಟೆನಿಸಿನಲ್ಲಿ ಕೃಷ್ಣನಗಿಂತ ಮಿಂಚಿದರು. (bʰūpati ṭenisinalli kṛṣṇan+giṃta miṃcidaru.) ブーパティはテニスでクリシュナンを凌駕した。 3 亡くなる、天国へ行く ¶ ಕಲ್ಪನಾ ತಾರೆ ಬೇಗ ಪ್ರಸಿದ್ಧಿ ಹೊಂದಿ ಮಿಂಚಿದರು. (kalpanā tāre bēga prasiddʰi hoṃdi miṃcidaru.) 映画女優カルパナーは急に名声を得た後に他界した。 4（期限を）越す [Ka. D4838]

ಕಾಲಮಿಂಚು ⟦kālamiṃcu カーラミンチュ⟧ [kːləmiɲʧu] *vi.* 制限された時間を超えてしまう ¶ ಕ್ಷಮೆ ಕೇಳಬೇಕೆಂದು ಧಾವಿಸಿ ಬಂದೆ. ಆದರೆ ಕಾಲಮಿಂಚಿತ್ತು. (kṣame kēḷabēkeṃdu dʰāvisi baṃde. ādare kālamiṃcittu.) 私は許しを請うために走ってやってきたがもう遅かった。[+ *miṃcu*]

ಮಿಂಚು² ⟦miṃcu ミンチュ⟧ [miɲʧu] *n.*（結婚した女性が両足の第2指にはめる）銀製の指輪 [Ka. D4844]

ಮಿಂಚು³ ⟦miṃcu ミンチュ⟧ [miɲʧu] *vi.* 1 輝く、光る 2 稲妻が光る ¶ ಮೋಡಗಳು ಮಿಂಚುತ್ತಿವೆ. (mōḍagaḷu miṃcuttive.) 稲妻が走っている。 3 ぱっと思いつく ¶ ಚಿಂತಿಸುತ್ತಿದ್ದಾಗ ಒಂದು ವಿಚಾರ ಮಿಂಚಿತು. (ciṃtisuttiddāga oṃdu vicāra miṃcitu.) 心配していた時に一つの考えが頭に浮かんだ。4（振り回した刀などが）ぴかぴか光る —*n.* 1 輝き、光輝 2 稲妻 3（目

などの）輝き ¶ ಭವಿಷ್ಯದ ಬಗ್ಗೆ ಮಾತಾಡುವಾಗ ಬಿಂದುವಿನ ಕಣ್ಣು ಮಿಂಚುತ್ತದೆ. (bʰaviṣyada bagge mātāḍuvāga biṃduvina kaṇṇu miṃcuttade.) ビンドゥは未来について語る時目が輝く。[Ka. D4876]

ಮಿಂಚುಹುಳು ⟦miṃcuhuḷu ミンチュフル⟧ [miɲʧhuɭu] *n.* 蛍 [Ka. *miṃcu* + *huḷu*]

ಮಿಂಟೆ ⟦miṃṭe ミンテ⟧ [miɳʈe] 《古》 *n.* 石を遠くに投げる道具（主として鳥や小哺乳類を追い払うために用いる）[Ka. D4854] = ಕವಣೆ (kavaṇe)

ಮಿಂಡ¹ ⟦miṃḍa ミンダ⟧ [miɳɖɐ] 《古》 *m.* 《*f.* ಮಿಂಡಿ (miṃḍi)》 1 剛勇な人、英雄、勇者 2 優れた人、偉大な人 [Ka. D4846, cf. D4858]

ಮಿಂಡ² ⟦miṃḍa ミンダ⟧ [miɳɖɐ] *m.* 《*f.* ಮಿಂಡಿ (miṃḍi)》 1 性的にふしだらな男性 2 間男 [Ka. D4858, cf. D4846]

ಮಿಂಡಗಾತಿ ⟦miṃḍagāti ミンダガーティ⟧ [miɳɖə̆gɐːti] *f.* 性的にふしだらな女性、淫乱な女性 [Ka. D4858]

ಮಿಂಡಗಾಱ ⟦miṃḍagāṟa ミンダガーラ⟧ [miɳɖə̆gɐːɽɐ] 《古》 *m.* 1 姦通者、間男 2 性的にふしだらな男性、淫乱な女性 [Ka. D4858]

ಮಿಂಡತನ ⟦miṃḍatana ミンダタナ⟧ [miɳɖə̆tənɐ] *n.* 性的にふしだらなこと、身持ちの悪いこと、淫乱 [Ka. D4858]

ಮಿಂಡಿ ⟦miṃḍi ミンディ⟧ [miɳɖi] *f.* 《*m.* ಮಿಂಡ (miṃḍa)》 1 年頃の女性 2 妾 [Ka. D4858]

ಮಿಂಡು ⟦miṃḍu ミンドゥ⟧ [miɳɖu] *n.* 1《古》 剛勇、勇敢であること 2 青春 3 姦通 4 青春の真っ盛り [Ka. *D4846, D4858]

ಮಿಕ್ಕು ⟦mikku ミック⟧ [mikku] *vi.* 1 優秀である、卓越している、(人を) 超えている ¶ ಅವರು ದಾನ ಮಾಡುವವರಲ್ಲಿ ಮಿಕ್ಕಿದವರು. (avaru dāna māḍuvavaralli mikkidavaru.) 彼は喜捨において卓越している。 2 残る —*n.* 残り、残余 [Ka. D4838 (miguの過去語幹)]

ಮಿಗತೆ ⟦migate ミガテ⟧ [migə̆te] 《文》 *n.* 残り、残余 [Ka. *migu-* + *-te* D4838] (*My.* (*Kitt.*)) ☞ ಮಿಗುಟೆ (miguṭe)

ಮಿಗಲು ⟦migalu ミガル⟧ [migə̆lu] 《‡》 (*n.*) [Ka. D4838] (*My.* (*Kitt.*)) ☞ ಮಿಗಿಲು (migilu)

ಮಿಗಿಲ್ ⟦migil ミギル⟧ [migil] 《古》 (*n.*) 《ಗಿಂತ (giṃta)》 1 より多い〈こと〉 2 優秀〈な〉、優越〈した〉= ಮಿಗಿಲು (migilu) [Ka. D4838]

ಮಿಗಿಲು ⟦migilu ミギル⟧ [migĭlu] ಮಿಗಿಲು (*n.*) 《-ಇಂತ (-iṃta)》 1 より多い〈こと〉 ¶ ಅವನು ಕೆಲಸಕ್ಕಿಂತ ಮಿಗಿಲಾಗಿ ಮಾತನಾಡುತ್ತಾನೆ. (avanu kelasakkiṃta migilāgi mātanāḍuttāne.) 彼は仕事よりしゃべる方に熱心である。 2 よりよい〈こと〉、より優れた〈こと〉 ¶ ವಿದ್ಯೆಗಿಂತ ಮಿಗಿಲಾದುದು ಯಾವುದೂ ಇಲ್ಲ. (vidyegiṃta migilādudu yāvudū illa.) 学問以上のものは何もない。 [Ka. D4838]

ಮಿಗು ⟦migu ミグ⟧ [migu] 《文》 *vi.* 《過去語幹 mikk-》 1 増大する、増える 2 あり余る、多すぎる、過大である 3 偉大である、優れている 4 残る ¶ ಎಲ್ಲರೂ ಉಂಡು ಅನ್ನ ಇನ್ನೂ ಮಿಗುತ್ತದೆ. (ellarū uṃḍu anna innū miguttade.) みんなが食べた後まだ食事が残っている。 5 超える、凌駕する [Ka. D4838] = ಮಿಕ್ಕು (mikku)

ಮಿಗುತೆ ⟦migute ミグテ⟧ [migŭte] ಮಿಗತೆ, ಮಿಗಿತೆ 《文》 *n.* 1 優越、卓越 2 残り、残余 [Ka. *D4838]

ಮಿಗೆ ⟦mige ミゲ⟧ [mige] 《古》 *adv.* 非常に、とても [Ka. *migu* + *-e* (inf.) D4838]

ಮಿಚರಿ ⟦micari ミチャリ⟧ [miʧə̆ri] 《方》 *n.* ミツバチの一種 (*Hal.*) [Ka. D4843]

ಮಿಚಿರಿ ⟦miciri ミチリ⟧ [miʧĭri] ಮಿಚರಿ 《方》 *n.* ミツバチの一種 (*Hal.*) [Ka. D4843]

ಮಿಚ್ಚು ⟦miccu ミッチュ⟧ [miʧʧu] 《方》 *n.* 足の指につける指輪の一種(Cōrg.) [Ka. D4844]

ಮಿಟಕಲಾಡಿ ⟦miṭakalāḍi ミタカラーディ⟧ [miʈə̆kəlɐːɖi] *f.* あだっぽい女性、しなを作る女性 [? < *miṭaku* + ?]

ಮಿಟಕಿಸು ⟦miṭakisu ミタキス⟧ [miʈə̆kisu] ಮಿಟುಕಿಸು *vi.* 瞬きする —*vt.* 〈目を〉ぱちぱちさせる [Ka. D4845]

ಮಿಟಗರಿಸು ⟦miṭagarisu ミタガリス⟧ [miʈə̆gərisu] *vt.* 瞬きする [Ka. *miṭaku* + ?, D4845] = ರೆಪ್ಪೆಯನ್ನು ಬಡಿ (reppeyannu baḍi)

ಮಿಟಿ ⟦miṭi ミティ⟧ [miʈi] 《‡》 *adv.* 《*redp.*》じっと（見つめるなどの様子を表す擬態語）(*Kitt.*) [Ka. D4845]

ಮಿಟಿಮಿಟಿ ⟦miṭimiṭi ミティミティ⟧ [miʈĭmiʈi] *adv.* じっと（見つめるなどの様子を表す擬態語）¶ ವಾಣಿ ನನ್ನನ್ನು ಮಿಟಿಮಿಟಿ ನೋಡುತ್ತಾ ಅಳಲು ಆರಂಭಿಸಿದಳು. (vāṇi nannannu miṭimiṭi nōḍuttā aḷalu āraṃbʰisidaḷu.) ヴァーニは私をじっと見つめながら泣きだした。[Ka. *D4845]

ಮಿಟುಕು ⟦miṭuku ミトゥク⟧ [miʈŭku] *vt.* 〈目を〉ぱちぱちさせる —*vi.* 瞬きする [Ka. *D4845]

ಮಿಟುಕಿಸು ⟦miṭukisu ミトゥキス⟧ [miʈŭkisu] *vt.*, *vi.* [Ka. *D4845] =ಮಿಟಕಿಸು (miṭakisu)

ಮಿಟ್ಟನೆ ⟦miṭṭane ミッタネ⟧ [miʈʈə̆ne] *adv.* 《動詞ಮಿಡುಕು (miḍuku)の前の繰り返し表現としてのみ現れる》 1 どきどきと（鼓動する） 2 ひどく ¶ ನಮ್ಮ ನಾಯಿ ಸತ್ತಾಗ ಮನೆಯವರೆಲ್ಲ ಮಿಟ್ಟನೆ ಮಿಡುಕಿದೆವು. (namma nāyi sattāga maneyavarella miṭṭane miḍukidevu.) うちの犬が死んだ時、家族全員ひどく悲しんだ。 [Ka. D4849]

ಮಿಟ್ಟು ⟦miṭṭu ミットゥ⟧ [miʈʈu] *n.* （でこぼこの道などの）突出部 ¶ ಮಳೆ ಬಂದ ಮೇಲೆ ರಸ್ತೆಯಲ್ಲಿ ತುಂಬ ತಗ್ಗುಮಿಟ್ಟುಗಳು ಉಂಟಾಗಿವೆ. (maḷe baṃda mēle rasteyalli tuṃba taggumiṭṭugaḷu uṃṭāgive.) 雨が降った後、道路はひどくでこぼこになった。[Ka. D5058] ↔ ತಗ್ಗು (taggu)

ಮಿಟ್ಟೆ¹ ⟦miṭṭe ミッテ⟧ [miʈʈe] 《古》 *n.* 石を遠くに投げる道具（主として鳥や小哺乳類を追い払うために用いる）[Ka. D4854] = ಕವಣೆ (kavaṇe)

ಮಿಟ್ಟೆ² ⟦miṭṭe ミッテ⟧ [miʈʈe] *n.* 1 (高さ5メートル以下の)台地　2 土の塊　3 路上の土などからなる隆起 [Ka. D5058]

ಮಿಡ ⟦miḍa ミダ⟧ [miɖɐ] 《‡》(*n.*)《*redp.*》深い悲しみを表す擬態語 (*Bp.24,56 (Kitt.)*) [Ka. mim. D4849] ☞ಮಿಡಮಿಡ (miḍamiḍa)

ಮಿಡಮಿಡ ⟦miḍamiḍa ミダミダ⟧ [miɖə̆miɖɐ] 《古》(*n.*) 深い悲しみを表す擬態語 ¶ ನಾಯಿ ಸತ್ತಾಗ ನಾವು ಮಿಡಮಿಡ ಮಿಡುಕಿದೆವು. (nāyi sattāga nāvu miḍamiḍa miḍukidevu.) 犬が死んだ時私たちはひどく悲しんだ。(*Bp.24,56*) [Ka. onom. D4849]

ಮಿಡತೆ ⟦miḍate ミダテ⟧ [miɖə̆te] ಮಿಡಚಿ, ಮಿಡಚೆ, ಮಿಡಿಚು, ಮಿಡಿಚೆ, ಮಿಡಿತೆ, ಮಿಡುಚೆ *n.* バッタ、イナゴ [Ka. D4850(a)]

ಮಿಡಿ¹ ⟦miḍi ミディ⟧ [miɖi] 《古》*n.* かかと (*Ršv.5 after 55 (KPN.)*) [Ka. D4649] = ಹಿಮ್ಮಡಿ (himmaḍi)〔汎〕

ಮಿಡಿ² ⟦miḍi ミディ⟧ [miɖi] *vt.* 1〈撥弦楽器の弦を〉はじく、〈撥弦楽器を〉演奏する　2〈貨幣などを〉指ではじく、指ではじき上げる　—*vi.* 1 (バッタや一種のコブラが)飛び上がる、跳ね上がる ¶ ಮಿಡತೆ ಮಿಡಿಯುತ್ತದೆ. (miḍate miḍiyuttade.) バッタはぴょんぴょん跳ぶ。　2 (心臓などが)どきどきする ¶ ಅವರನ್ನು ನೋಡಿದರೆ ನನ್ನ ಹೃದಯ ತುಂಬ ಮಿಡಿಯುತ್ತದೆ. (avarannu nōḍidare nanna hṛdaya tuṃba miḍiyuttade.) あの人を見ると胸が痛む。　3 欲しくてたまらない、したくてたまらない、いても立っても居られない ¶ ಜಪಾನಿಗೆ ಹೋಗಲು ಅವರು ಮಿಡಿಯುತ್ತಿದ್ದಾರೆ. (japānige hōgalu avaru miḍiyuttiddāre.) 彼は日本に行きたくていても立ってもいられない。　4 (呼びかけや願いなどに対して)反応する ¶ ಅವನ ಮನವಿಗೆ ಯಾರೂ ಮಿಡಿಯಲಿಲ್ಲ. (avana manavige yārū miḍiyalilla.) 彼の呼びかけに誰も知らぬ顔をしていた。　—*n.* 1 跳ねる、など　2 小型のコブラの一種(逃げる時に跳ねる) [Ka. D4848]

ಮಿಡಿ³ ⟦miḍi ミディ⟧ [miɖi] 《‡》*n.* 悲しみ [Ka. D4849] (*Kitt.*) ☞ಮಿಡು (miḍu)

ಮಿಡಿ⁴ ⟦miḍi ミディ⟧ [miɖi] *n.* 1 受粉したばかりの果実　2 漬物を作るのに使う小さな未熟のマンゴー　3 コブラの一種(敵に襲いかかる時に跳ね上がることで知られている) = ಮಿಡಿನಾಗರ (miḍināgara) [Ka. D4851]

ಮಿಡಿ⁵ ⟦miḍi ミディ⟧ [miɖi] 《‡》*n.* 低木 [Ka. D4873] (*T. (Kitt)*)

ಮಿಡಿಚೆ ⟦miḍice ミディチェ⟧ [miɖĭʧe] *n.* バッタ、イナゴ [Ka. D4850(a)]

ಮಿಡಿತ ⟦miḍita ミディタ⟧ [miɖitɐ] *n.* 1 胸がどきどきすること ¶ ನಾಡಿ ಮಿಡಿತ (nāḍi miḍita) 脈拍　2 あることがしたくてたまらないこと、何かが欲しくてたまらないこと ¶ ಹಾಸ್ಟೆಲಿಗೆ ಬಂದ ಕೂಡಲೇ ಮನೆಗೆ ಹೋಗಬೇಕೆಂಬ ಮಿಡಿತ ಶುರು ಆಯಿತು. (hāsṭelige baṃda kūḍalē manege hōgabēkeṃba miḍita śuru āyitu.) 学生寮につくや否や、家に帰りたいといても立ってもいられない気持ちになった。　3 反応 ¶ ಜನತೆಯ ಮಿಡಿತವನ್ನು ಜನನಾಯಕ ಅರಿಯಬೇಕು. (janateya miḍitavannu jananāyaka ariyabēku.) 人々の指導者は人々の反応を知らねばならない。[*miḍi* + *-ta*]

ಮಿಡಿತೆ ⟦miḍite ミディテ⟧ [miɖĭte] ಮಿಡಚಿ, ಮಿಡಚೆ, ಮಿಡಿಚು, ಮಿಡಿಚೆ, ಮಿಡಿತ, ಮಿಡುಚೆ *n.* バッタ、イナゴ [Ka. D4850(a)]

ಮಿಡಿನಾಗರ ⟦miḍināgara ミディナーガラ⟧ [miɖinɐːɡərɐ] *n.* 小型のコブラ(敵に襲いかかる時に跳ね上がることで知られている) [⇒図] [*miḍi* + *nāgara*]

ಮಿಡಿನಾಗರ
コブラ

ಮಿಡಿವಿಲ್ ⟦miḍivil ミディヴィル⟧ [miɖivil] 《古》*n.* ☞ಮಿಡಿವಿಲ್ಲು (miḍivillu)

ಮಿಡಿವಿಲ್ಲು ⟦miḍivillu ミディヴィッル⟧ [miɖivillu] ಮಿಡಿಬಿಲ್, ಮಿಡಿಬಿಲ್ಲು, ಮಿಡಿವಿಲ್ 《古》*n.* 竹製のパチンコのようなもの(一端に小石などを載せて、引き絞って発射する) [⇒図] [Ka. *miḍi* + *vil* *D4848]

ಮಿಡು ⟦miḍu ミドゥ⟧ [miɖu] 《‡》*n.* 悲しみでいても立ってもいられないありさまを表す擬態語 (*Bp.26,15 (Kitt.)*) [Ka. D4846] ☞ಮಿಡುಮಿಡನೆ (miḍumiḍane)

ಮಿಡಿವಿಲ್ಲು
竹製パチンコ

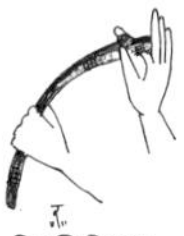

ಮಿಡುಕು ⟦miḍuku ミドゥク⟧ [miɖŭku] *vi.* 1 ピクリと動く ¶ ತಾಯಿ ಕರೆದರೂ ಮಿಡುಕದೆ ಮಗಳು ಟಿ.ವಿ. ನೋಡುತ್ತಿದ್ದಳು. (tāyi karedarū miḍukade magaḷu ṭi.vi. nōḍuttiddaḷu.) 娘は母親が呼んだにもかかわらずピクリともせずにテレビを見ていた。　2 (心臓が) どきどきする　3 (目が) 瞬く、(人が) 目をぱちぱちさせる　4 同情して心を痛める　5 哀れむ、かわいそうだと思う ¶ ಸೇವಕನ ಕಷ್ಟ ನೋಡಿ ಯಜಮಾನನ ಮನ ಮಿಡುಕಿತು. (sēvakana kaṣṭa nōḍi yajamānana mana miḍukitu.) 召し使いの窮状を見て地主の心が動いた。　6 ためらう、逡巡する ¶ ದೇಶಕ್ಕಾಗಿ ಮಿಡುಕದೆ ವೈರಿ ಮೇಲೆ ಆಕ್ರಮಣ ಮಾಡಬೇಕು. (dēśakkāgi miḍukade vairi mēle ākramaṇa māḍabēku.) 祖国のために我々はためらわずに敵を攻めねばならない。　—*n.* ピクリと動くこと ¶ ಮಗ ಎಷ್ಟು ಕರೆದರೂ ಮಿಡುಕಿಲ್ಲದೇ ಮಲಗಿದ್ದ. (maga eṣṭu karedarū miḍukilladē malagidda.) 息子はいくら呼んでも気がつかずに眠っていた。[Ka. *D4845, D4846, D4849]

ಮಿಡುಗು ⟦miḍugu ミドゥグ⟧ [miɖŭɡu] 《古》*vi.* 心配する (*Śmd. (Kitt.)*) —*n.* 1 震え、戦慄　2 同情、哀れみ [Ka. D4849]

ಮಿಡುಚು ⟦miḍucu ミドゥチュ⟧ [miɖŭʧu] *n.* バッタ、イナゴ [Ka. D4850] ☞ಮಿಡಿತೆ (miḍite)

ಮಿಡುಮಿಡನೆ ⟦miḍumiḍane ミドゥミダネ⟧ [miɖumiɖə ne] 《古》*adv.* (同情、悲嘆、怒り、悲しみ、苦痛などで)心臓が激しく鼓動する様子を表す擬態語 = ಮಿಡಮಿಡನೆ (miḍamiḍane) [Ka. *D4849]

ಮಿಡ್ಡೆ ⟦miḍḍe ミッデ⟧ [miɖɖe] *n.* 1 (液体の底にたまる)沈殿物、澱(おり)　2 (虫などが作った)土団子 (*My.*

(*Kitt.*)) [Ka. D4676] = ಮಡ್ಡಿ (maḍḍi)[3]

ಮಿಣ ⟦miṇa ミナ⟧ [miɳɐ] 《‡》 (*n.*) 《*redp.*》ちらちら（灯明などが弱々しく不安定に燃える様や、蛍のついたり消えたりする光を表す擬態語）；ぴかぴか（星の瞬きを表す擬態語）[Ka. D4876] ☞ಮಿಣಮಿಣ (miṇamiṇa)

ಮಿಣಮಿಣ ⟦miṇamiṇa ミナミナ⟧ [miɳəmiɳɐ] (*n.*) ちらちら（灯明などが弱々しく不安定に燃える様や、蛍のついたり消えたりする光を表す擬態語）；ぴかぴか（星の瞬きを表す擬態語）[Ka. *D4876]

ಮಿಣಕು ⟦miṇaku ミナク⟧ [miɳǎku] *vi.* —*n.* ☞ಮಿಣುಕು (miṇuku) [Ka. D4876]

ಮಿಣಿ ⟦miṇi ミニ⟧ [miɳi] *n.*（多量の水を汲み上げたり鋤を引っ張ったりするために使う）丈夫な皮紐 [Ka. D4868] = ಮಿಳಿ (miḷi)

ಮಿಣುಕು ⟦miṇuku ミヌク⟧ [miɳuku] ಮಿಣಕು *vi.*（星などが）瞬く、（灯明が）ちらちらする —*n.*（星などの）瞬き、（灯明の）ちらつき ☞ಮಿನುಕು (minuku) [Ka. D4876]

ಮಿಣ್ಣಿ ⟦miṇṇi ミンニ⟧ [miɳɳi] 《‡》 *n.* 金属製か木製の小さな匙；水を入れる小型の丸い壺 [Ka. D4874] (*My.* (*Kitt.*))

ಮಿತ ⟦mita ミタ⟧ [mitɐ] 《文》 (*adj.*) 抑制された、程度をわきまえた、度を越さない ¶ ಮಿತ ಸಂಸಾರ ಹಿತ ಸಂಸಾರ. (mita saṃsāra hita saṃsāra.) 小さな家族はしあわせ家族。[Sk.]

ಮಿತವ್ಯಯ ⟦mitavyaya ミタヴィャヤ⟧ [mitəvjəjɐ] 《文》 *n.* 節約、倹約 ¶ ಮಾರ್ವಾಡಿಗಳು ಮಿತವ್ಯಯದಿಂದ ಬದುಕುತ್ತಾರೆ. (mārvāḍigaḷu mitavyayadiṃda badukuttāre.) マールワーリーたちは節約して暮らしている。[Sk.]

ಮಿತವ್ಯಯ ಕ್ರಮಗಳು ⟦mitavyaya kramagaḷu ミタヴィャヤクラマガル⟧ [mitəvjəjə krəməgəɭu] 《文》 *n.* 支出削減策 [Sk.]

ಮಿತಿ ⟦miti ミティ⟧ [miti] 《文》 *n.* **1** 計量、計ること **2** 限界、超してはならない分量 ¶ ನಗುವುದಕ್ಕೂ ಒಂದು ಮಿತಿ ಇರಬೇಕು. (naguvudakkū oṃdu miti irabēku.) 笑うのにも限度がある。 **3** 程度、中庸 [Sk.]

ಮಿತಿಮೀರು ⟦mitimīru ミティミール⟧ [mitimiːru] 《文》 *vi.* 限界を超す、度を越す ¶ ಅವನು ಮಿತಿಮೀರಿ ಮದ್ಯವನ್ನು ಕುಡಿಯುತ್ತಾನೆ. (avanu mitimīri madyavannu kuḍiyuttāne.) 彼は酒を飲みすぎる。[+ Sk. *mīru*]

ಮಿತ್ರ ⟦mitra ミトラ⟧ [mitˑrɐ] 《文》 *mf.* 《*f.* ಮಿತ್ರಳು (mitraḷu)》 **1** 友達、友人 **2** 太陽神 [Sk.]

ಮಿಥುನ ⟦mitʰuna ミトゥナ⟧ [mitʰunɐ] 《文》 *n.* **1** 男女の一組 **2** 性交、性的結合 **3** 十二宮の第２、双子座 [Sk.]

ಮಿಥ್ಯಾ ⟦mitʰyā ミティャー⟧ [mitʰˑjɐː] 《文》 *n.* 嘘、虚偽 [Sk.]

ಮಿಥ್ಯೆ ⟦mitʰye ミティェ⟧ [mitʰˑje] 《文》 *n.* 嘘、虚偽 [Sk.]

ಮಿದಿ ⟦midi ミディ⟧ [miđi] *vt.* **1**〈穀物の練り粉を〉こねる = ನಾದು (nādu) **2**〔喩〕押しつぶす、撃破する ¶ ಪೊಲೀಸರು ದಂಗೆಕೋರರನ್ನು ನಿಷ್ಕರುಣವಾಗಿ ಮಿದಿದರು. (polīsaru daṃgekōrarannu niṣkaruṇavāgi mididaru.) 警察は暴動に参加した人々を容赦なく押しつぶした。[Ka. D4861]

ಮಿದಿಸು ⟦midisu ミディス⟧ [miđisu] *vt.*〈穀物の練り粉を〉こねさせる [Ka. + *-su* caus. D4861] = ಮಿದ್ದಿಸು (middisu)

ಮಿದುಡು ⟦miduḍu ミドゥドゥ⟧ [miđŭɖu] 《古》 *n.* **1** 脳みそ、脳髄 **2** 脂肪 [Ka. D5062] ☞ಮಿದುಳು (miduḷu)

ಮಿದುಳ್ ⟦miduḷ ミドゥル⟧ [miđuɭ] 《古》 *n.* **1** 脳みそ、脳髄 **2**〔喩〕知力、知性 [Ka. D5062] ☞ಮಿದುಳು (miduḷu)

ಮಿದುಳು ⟦miduḷu ミドゥル⟧ [miđŭɭu] ಮಿದುಡು, ಮಿದುಲು, ಮಿದುಳ್, ಮೆದಡು, ಮೆದುಳು *n.* **1** 脳みそ、脳髄 **2**〔喩〕知力、知性 ¶ ನನ್ನ ತಮ್ಮ ಮಿದುಳಿಲ್ಲದವನು. (nanna tamma miduḷilladavanu.) 弟は馬鹿なやつだ。 **3**《古》脂肪 [Ka. D5062]

ಮಿದ್ದಿಸು ⟦middisu ミッディス⟧ [middĭsu] *vt.* [Ka. caus. D4861] ☞ಮಿದಿಸು (midisu)

ಮಿನಿ ⟦mini ミニ⟧ [mini] 《‡》 (*n.*) 《*redp.*》灯明や蛍や星がちらちら光る様子を表す擬態語(*Kitt.* (*ṅrj.4,79*)) [Ka. mim. D4876] ☞ಮಿನಿಮಿನಿ (minimini)

ಮಿನಿಮಿನಿ ⟦minimini ミニミニ⟧ [minimini] (*n.*) 灯明や蛍や星がちらちら光る様子を表す擬態語 [Ka. mim. *D4876]

ಮಿನಿಮಿನಿಸು ⟦miniminisu ミニミニス⟧ [miniminisu] (*vi.*)（灯明や蛍や星などが）ちらちら光る [Ka. mim. *D4876]

ಮಿನುಕು[1] ⟦minuku ミヌク⟧ [minŭku] 《古》 *vi.* 消え入りそうな声でつぶやく [Ka. D4856, cf. D4876]

ಮಿನುಕು[2] ⟦minuku ミヌク⟧ [minŭku] ಮಿಣುಗು, ಮಿನುಂಗು, ಮಿನುಗು 《古》 *vi.* **1**（星が）瞬く、（灯明や蛍が）ちらちら光る ¶ ಗ್ರಹಗಳು ಮಿನುಕುವುದಿಲ್ಲ. (grahagaḷu minukuvudilla.) 惑星は瞬かない。 **2** 消え入りそうな声でつぶやく **3** ほのかにちらちら見える —*n.*（星の）瞬き、など [Ka. D4876]

ಮಿನು ⟦minu ミヌ⟧ [minu] 《‡》 (*n.*) 蛍や星がちらちら光る様子を表す擬態語 (*Abh.P.7,7* (*Kitt.*)) [Ka. mim. D4876]

ಮಿನುಗು ⟦minugu ミヌグ⟧ [minŭgu] *vi.* ☞ಮಿನುಕು (minuku) [Ka. D4876]

ಮಿನುಮಿನು ⟦minuminu ミヌミヌ⟧ [minuminu] 《古》 (*n.*) 蛍や星がちらちら光る様子を表す擬態語 (*Kitt.*) [Ka. mim. *D4876] ☞ಮಿಣಮಿಣ (miṇamiṇa)

ಮಿರಮಿರ ⟦miramira ミラミラ⟧ [mirǎmirɐ] ಮಿಱುಮಿಱು (*n.*) きらきら（花火などの強い輝きを表す擬態語）[Ka. mim. *D5074]

ಮಿರುಗು ⟦mirugu ミルグ⟧ [mirugu] ಮಿಱುಗು 《古》 *vi.* ぎらぎら輝く、強い光で輝く —*n.* きらめき、輝

き [Ka. *D5074]

ಮಿಲಾಕತ್ತು ⟦milākattu ミラーカットゥ⟧ [milɐːkəttu] *n.* [Ar. *mulāqāt*] ☞ಮುಲಾಖತ್ತು (mulākʰattu)

ಮಿಲಾಯಿಸು ⟦milāyisu ミラーイス⟧ [milɐːjisu] *vt.* 1 くっつける、接合する 2 混ぜる、混合する [H. *milānā*]

ಕೈಕೈ ಮಿಲಾಯಿಸು ⟦kaikai milāyisu カイカイミラーイス⟧ [kəĭkəĭ milɐːjisu] (*vi.*) 取っ組み合いの喧嘩をする ¶ ಸಂಸತ್ತಿನಲ್ಲಿ ಸದಸ್ಯರು ಕೈಕೈ ಮಿಲಾಯಿಸಿದರು. (saṃsattinalli sadasyaru kaikai milāyisidaru.) 議員たちは取っ組み合いの喧嘩をした。[*kai* + *kai* +]

ಮಿಲಿತ ⟦milita ミリタ⟧ [militɐ] ಮಿಳಿತ (*n.*)《複合語末で》1 （声などを）合わせた〈こと〉¶ ಸಂಗೀತ ಮತ್ತು ಹಾಡು ಸರಿಯಾಗಿ ಮಿಲಿತವಾಗಿಲ್ಲ. (saṃgīta mattu hāḍu sariyāgi militavāgilla.) 歌と伴奏が合っていなかった。 2 混ぜ合わせた〈こと〉、混合〈した〉¶ ವಿದೂಷಕನನ್ನು ಅಮೀನ್ ಜುಗುಪ್ಸೆಮಿಲಿತ ಸಹಾನುಭೂತಿಯಿಂದ ನೋಡಿದಳು. (vidūṣakanannu amīn jugupsemilita sahānubʰūtiyiṃda nōḍidaḷu.) アミーンは嫌悪の混じった同情をもって道化師を見ていた。[Sk.]

ಮಿಶ್ರ ⟦miśra ミシュラ⟧ [miʃrɐ] (*n.*) 1 混ざった〈こと〉、混合〈した〉¶ ಈ ಪೆಟ್ಟಿಗೆಯಲ್ಲಿ ಎರಡು ತರಹದ ಚಾಕಲೇಟುಗಳು ಮಿಶ್ರವಾಗಿವೆ. (ī peṭṭigeyalli eraḍu tarahada cākalēṭugaḷu miśravāgive.) 2種類のチョコレートがこの箱の中に入っている。 2 混ぜものをした〈こと〉、下等品を混ぜた〈こと〉¶ ಪೆಟ್ರೋಲನ್ನು ಮಿಶ್ರ ಮಾಡುತ್ತಾರೆ. (peṭrōlannu miśra māḍuttāre.) 混ぜものをしたガソリンが売られている。[Sk.]

ಮಿಶ್ರಣ ⟦miśraṇa ミシュラナ⟧ [miʃrəɳɐ]《文》*n.* 1 混ぜること、混合 2 混合物、まぜこぜ ¶ ಇಂಗ್ಲಂಡಿನಲ್ಲಿ ಬೇರೆ ಬೇರೆ ಚಹಾಪುಡಿಗಳನ್ನು ಮಿಶ್ರಣ ಮಾಡಿ ವಿದೇಶಕ್ಕೆ ಕಳಿಸುತ್ತಾರೆ. (iṃglaṃḍinalli bēre bēre cahāpuḍigaḷannu miśraṇa māḍi vidēśakke kaḷisuttāre.) イギリスでは様々な茶の葉を混ぜて輸出している。 3 混ぜものをすること [Sk.]

ಮಿಶ್ರತಳಿ ⟦miśrataḷi ミシュラタリ⟧ [miʃrətəɭi] *n.*（主に動植物の）雑種 [*miśra* + *taḷi*]

ಮಿಶ್ರವಿವಾಹ ⟦miśravivāha ミシュラヴィヴァーハ⟧ [miʃrəvivɐːhɐ]《文》*n.* 自分の伝統的な通婚範囲を越えた結婚、異なるカーストや異なる宗教や異なる国の人との結婚 [Sk.]

ಮಿಸಿಸು¹ ⟦misisu ミシス⟧ [misisu]《‡》*vt.* 輝かせる [Ka. D4840] (*Čpr.3,71* (*Kitt.*))

ಮಿಸಿಸು² ⟦misisu ミシス⟧ [misisu]《文》*vt.*〈子どもなどに〉沐浴させる [Ka. D4878] = ಮೀಯಿಸು (mīyisu)

ಮಿಸುಕು ⟦misuku ミスク⟧ [misŭku] ಮಿಸಕು, ಮಿಸುಗು *vi.*（眠っている人、瀕死の人、胎児などが）ぴくりと動く —*n.*（眠っている人、瀕死の人、胎児などが）ぴくりと動くこと ¶ ಒಂದೆಲೆ ಮಿಸುಕು ಇಲ್ಲ. (oṃdele misuku illa.) 木の葉一つ動かない（風がなくて蒸し暑いことを指す）。[Ka. D4839]

ಮಿಸುಕಾಡು ⟦misukāḍu ミスカードゥ⟧ [misŭkɐːɖu] *vi.* 体をぴくぴく動かす ¶ ಹೊಟ್ಟೆಯಲ್ಲಿ ಕೂಸು ಮಿಸುಕಾಡುತ್ತದೆ. (hoṭṭeyalli kūsu misukāḍuttade.) おなかの赤ちゃんがぴくぴく動いている。[Ka. *D4839]

ಮಿಸುಕಾಟ ⟦misukāṭa ミスカータ⟧ [misŭkɐːʈɐ] *n.* しきりに体をぴくぴく動かすこと ¶ ಚುನಾವಣೆಯಲ್ಲಿ ಸೋತ ಮೇಲೆ ಅವನಿಗೆ ಮಿಸುಕಾಟವಿಲ್ಲ. (cunāvaṇeyalli sōta mēle avanige misukāṭavilla.) 選挙に負けた後、彼は鳴りを潜めている。[Ka. *D4839]

ಮಿಸುಗು¹ ⟦misugu ミスグ⟧ [misŭgu] *vi.* [Ka. *D4839] ☞ಮಿಸುಕು (misuku)

ಮಿಸುಗು² ⟦misugu ミスグ⟧ [misŭgu]《古》*vi.* 輝く、ぴかぴか光る —*n.* 輝き [Ka. D4840]

ಮಿಸುನಿ ⟦misuni ミスニ⟧ [misŭni]《文》*n.* 金 [Ka. D4840]

ಮಿಸುಪ ⟦misupa ミスパ⟧ [misŭpɐ]《古》*n.* 1 輝き 2 魅力 [Ka. D4840]

ಮಿಸೈಲು ⟦misailu ミサイル⟧ [misəilu] ಮಿಸೈಲ್ *n.* ミサイル [Eg. *missile*.] = ಕ್ಷಿಪಣಿ (kṣipaṇi)

ಮಿಳ್ ⟦miḷ ミル⟧ [miɭ]《‡》(*n.*)《*redp.*》[Ka. D5429] (*Kitt.*) ☞ಮಿಳ್ಮಿಳ (miḷmiḷa)

ಮಿಳಮಿಳ ⟦miḷamiḷa ミラミラ⟧ [miɭə̆miɭɐ] ಮಿಳ್ಮಿಳ《古》(*n.*) ある人やあるものを瞬きもせずにじっと見る様子を表す擬態語 [Ka. D5429] ☞ಮಿಳ್ಮಿಳ (miḷmiḷa)

ಮಿಳಿ ⟦miḷi ミリ⟧ [miɭi] ಮಿಣಿ *n.* 帯状の革を編んで作った強い縄 [Ka. D4868] ☞ಮಿಣಿ (miṇi)

ಮಿಳಿತ ⟦miḷita ミリタ⟧ [miɭitɐ]《文》(*adj.*)《複合語末で》[Sk.] = ಮಿಲಿತ (milita)

ಮಿಳಿರ್¹ ⟦miḷir ミリル⟧ [miɭir]《古》*vi.* 1 前後に揺れる、往復運動する 2 転がる [Ka. D4871]

ಮಿಳಿರ್² ⟦miḷir ミリル⟧ [miɭir]《古》*vi.* 1 まっすぐに立つ、体を伸ばす ☞ನಿಮಿರು (nimiru) 2 繁栄する、栄える (*Śmd.dʰ.23*) [Ka. D4872]

ಮಿಳಿರ್ಚು ⟦miḷircu ミリルチュ⟧ [miɭirʧu]《‡》*vt.* 動き回らせる、揺らす (*J.15,8* (*Kitt.*)) [Ka. caus. D4871]

ಮಿಳ್ಮಿಳ ⟦miḷmiḷa ミルミラ⟧ [miɭmiɭɐ] ಮಿಳಮಿಳ *adv.* じっと（見つめるなど）[Ka. D5429] ☞ಮಿಳ್ಮಿಳ (miḷmiḷa)

ಮಿಳ್ಮಿಳ ನೋಡು ⟦miḷmiḷa nōḍu ミルミラノードゥ⟧ [miɭmiɭə noːɖu]《古》*vt.* じっと見つめる ¶ ದಿಡೀರನೆ ಮನೆಗೆ ಬಂದ ಗಂಡನನ್ನು ಉನೀಷಾ ಮಿಳ್ಮಿಳ ನೋಡುತ್ತಿದಳು. (diḍīrane manege baṃda gaṃḍanannu unīṣā miḷmiḷa nōḍuttidaḷu.) ウニーシャーは突然帰宅した夫をじっと見つめていた。[+ *nōḍu*, D5429]

ಮಿಳ್ಮಿಳನೆ ⟦miḷmiḷane ミルミラネ⟧ [miɭəmiɭə̆ne]《古》*adv.* じっと（見つめるなど）[+ *-ane*, D5429]

ಮಿಳ್ಳಿ ⟦miḷḷi ミッリ⟧ [miɭɭi] *n.* [Ka. D4874] ☞ಮಿಳ್ಳೆ (miḷḷe)

ಮಿಳ್ಳಿಱಿ ⟦miḷḷiṟi ミッリリ⟧ [miɭɭiṟi]《古》*vi.* 行ったり来たりする、前後に揺れる、往復運動する、あちこち動き回る [Ka. *miḷir*? D4841 + *iṟi*²?]

ಮಿಳ್ಳಿಸು ⟦miḷḷisu ミッリス⟧ [miɭɭisu] *vi.* 行ったり来たりする、振り子運動する、前後に揺れる —*vt.*

1 揺らす、往復運動させる **2**〈目玉などを〉ぐるぐる回す [Ka. < *miḷirisu?]

ಮಿಳ್ಳೆ ⟦miḷḷe ミッレ⟧ [miɭɭe] ಮಿಳ್ಳಿ *n.* **1** (食事をしている人にギーなどを供するために用いる)金属製や木製の小さな深型匙[⇒図] **2** (飲料水や聖水を入れるためなどに用いられる)小さな丸い金属製の壺 [Ka. *D4874]

ಮಿಳ್ಳೆ 深型さじ

ಮಿಱು ⟦miṟu ミル⟧ [miṟu] 《‡》 (*n.*)《*redp.*》きらきら(花火などの強い輝きを表す擬態語) [Ka. D5074] ☞ಮಿರುಮಿರು, ಮಿಱುಮಿಱು (mirumiru, miṟumiṟu)

ಮಿಱುಗು ⟦miṟugu ミルグ⟧ [miṟŭgu] ಮಿರುಗು 《古》 *vi.* 輝く、きらきら光る **—***n.* **1** きらめき、輝き **2** 魅力、(美貌の)輝き [Ka. D5974]

ಮಿಱುಪು ⟦miṟupu ミルプ⟧ [miṟŭpu] 《古》 *n.* きらめき [Ka. D5074] = ಕಾಂತಿ (kāṃti)

ಮಿಱುಮಿಱು ⟦miṟumiṟu ミルミル⟧ [miṟumiṟu] 《古》 (*n.*) きらきら、ぎらぎら(強い輝きを表す擬態語) [Ka. *D5074]

ಮೀ ⟦mī ミー⟧ [mi:] 《文》 *vi.* 沐浴する、水を浴びて体を洗う **—***vt.* (人に)沐浴させる、(人の体を)洗う **—***n.* 沐浴 [Ka. D4878]

ಮೀಂಟು[1] ⟦mīṃṭu ミーントゥ⟧ [mi:ɳʈu] 《古》 *vi.* 多数ある **—***n.* **1** 優秀、卓越、優れていること **2** 大量、多数 ☞ಮೀಟು (mīṭu)[1] [Ka. D4846]

ಮೀಂಟು[2] ⟦mīṃṭu ミーントゥ⟧ [mi:ɳʈu] 《古》 *vi.* 跳ぶ、跳ね上がる、飛び上がる [Ka. D4850(a)] ☞ಮೀಟು (mīṭu)[3]

ಮೀಂಟು[3] ⟦mīṃṭu ミーントゥ⟧ [mi:ɳʈu] 《古》 *vt.*〈植物、目玉などを〉引き抜く、引っこ抜く **—***n.* 引っこ抜くこと ☞ಮೀಟು (mīṭu)[4] [Ka. D4857]

ಮೀಟು[1] ⟦mīṭu ミートゥ⟧ [mi:ʈu] ಮೀಂಟು[1] 《古》 *n.* **1** 優秀、優越 **2** 過多、過度、過剰 [Ka. D4846]

ಮೀಟು[2] ⟦mīṭu ミートゥ⟧ [mi:ʈu] *vt.*〈弦楽器の弦を〉弾く、〈撥弦楽器を〉奏でる (*My.* (*Kitt.*)) [Ka. D4848] = ಮಿಡಿ (miḍi)[2]

ಮೀಟು[3] ⟦mīṭu ミートゥ⟧ [mi:ʈu] ಮೀಂಟು[2] *vi.* (一方の足が痛んだり熱い所を裸足で歩いたりする時のように) 跳ねながら歩く [Ka. D4850(a)] ☞ಮೀಟು (mīṭu)[4]

ಮೀಟು[4] ⟦mīṭu ミートゥ⟧ [mi:ʈu] ಮೀಂಟು[3] *vt.* **1**〈植物、目玉などを〉引き抜く、引っこ抜く **2** てこで持ち上げる [Ka. D4857] ☞ಮೀಟು (mīṭu)[1]

ಮೀಣ ⟦mīṇa ミーナ⟧ [mi:ɳɐ] 《古》 *n.* 沐浴 [Ka. D4878]

ಮೀನ್ ⟦mīn ミーン⟧ [mi:n] ಮೀನ್, ಮೀಂ 《古》 *n.* 星 [Ka. D4876]

ಮೀನ ⟦mīna ミーナ⟧ [mi:nɐ] *n.* 十二宮の最後の宮、双魚宮 [Sk. ←Dr.]

ಮೀನು ⟦mīnu ミーヌ⟧ [mi:nu] ಮೀನ್, ಮೀಂ *n.* 魚 [Ka. *D4885]

ಮೀನುಕೃಷಿ ⟦mīnukṛṣi ミーヌクルシ⟧ [mi:nukrɯʂi/—kruʂi] 《文》 *n.* 養魚、魚類の養殖 [Ka.+ Sk.]

ಮೀನುಗಾರ ⟦mīnugāra ミーヌガーラ⟧ [mi:nugɐ:rɐ] *m.* 《*f.* ಮೀನುಗಾತಿ (mīnugāti)》漁師；養魚業者 [Ka. *mīnu + -kāṟa*]

ಮೀನುಗಾರಿಕೆ ⟦mīnugārike ミーヌガーリケ⟧ [mi:nugɐ:rĭke] *n.* 漁業；魚の養殖 [*mīnugāra + -ike*]

ಮೀನುಗಾರಿಕೆ ಇಲಾಖೆ ⟦mīnugārike ilākʰe ミーヌガーリケイラーケ⟧ [mi:nugɐ:rike ilɐ:kʰe] *n.* 漁業を扱う役所の部局 [+ *ilākʰe*]

ಮೀಮಾಂಸೆ ⟦mīmāṃse ミーマーンセ⟧ [mi:mɐ:mse] 《文》 *n.* **1** (様々な考えや意見を勘案して) 深く調べること **2** インド六派哲学の一つ(ミーマーンサー学派のジャイミニの『ミーマーンサー・スートラ』を元とする哲学体系) [Sk.]

ಮೀಯಣ ⟦mīyaṇa ミーヤナ⟧ [mi:jəɳɐ] ಮೀಣ, ಮಿಯ್ಯಣ 《古》 *n.* 沐浴 [Ka. *D4878]

ಮೀಯು ⟦mīyu ミーユ⟧ [mi:ju] 《文》 *vi.* 《過去語幹 miṃd-》沐浴する **—***vt.* 水をかけて(人の)体を洗う **—***n.* 沐浴 [Ka. D4878]

ಮೀಯಿಸು ⟦mīyisu ミーイス⟧ [mi:jisu] ಮಿಸಿಸು, ಮೀಸು 《文》 *vt.* 沐浴させる [Ka. caus. D4878]

ಮೀರು ⟦mīru ミール⟧ [mi:ru] ಮೀಱು *vt.* **1**〈境界などを〉超える **2**〈命令などに〉そむく、〈法規、慣習などに〉違反する ¶ ಮುಖ್ಯೋಪಾಧ್ಯಾಯರ ಆಜ್ಞೆಯನ್ನು ಯಾರೂ ಮೀರಬಾರದು. (mukʰyōpādʰyāyara ājñeyannu yārū mīrabāradu.) 誰も校長の命令に背いてはいけない。 **3** 凌駕する、超える ¶ ರಂಗನಾಥ ದಾನ ಮಾಡುವದರಲ್ಲಿ ಎಲ್ಲರನ್ನು ಮೀರಿದ್ದಾರೆ. (raṃganātʰa dāna māḍuvadaralli ellarannu mīriddāre.) 喜捨においてランガナータはすべての人を凌駕した。 **4**〔喩〕〈限度などを〉超える ¶ ಹದ ಮೀರಿ ಉಪ್ಪು ತೆಗೆದುಕೊಂಡರೆ ರಕ್ತದ ಒತ್ತಡ ಹೆಚ್ಚಾಗುತ್ತದೆ. (hada mīri uppu tegedukoṃḍare raktada ottaḍa heccāguttade.) 限度をこえて塩を摂取すると血圧が上がる。 **—***vi.* **1** 限界を超す ¶ ಅವನ ಚೇಷ್ಟೆ ಇತ್ತೀಚೆಗೆ ಮೀರಿದೆ. (avana cēṣṭe ittīcege mīride.) 彼のいたずらは最近限度を越えている。 **2** 傑出する、秀でる ¶ ಸಿ.ವಿ. ರಾಮನ್ ಅವರು ಭೌತಶಾಸ್ತ್ರದಲ್ಲಿ ಮೀರಿದವರು. (si.vi. rāman avaru bʰautaśāstradalli mīridavaru.) C.V. ラーマンは物理学で傑出していた。 [Ka. *D4884]

ಮೀಸಲ್ ⟦mīsal ミーサル⟧ [mi:səl] 《古》 *n.* (祭りや供養などのために) 手をつけずに取っておいたもの [Ka. D4841]

ಮೀಸಲ ⟦mīsala ミーサラ⟧ [mi:sŏlɐ] 《古》 *n.* ☞ಮೀಸಲು (mīsalu) [Ka. *D4841]

ಮೀಸಲಾತಿ ⟦mīsalāti ミーサラーティ⟧ [mi:sŏlɐ:ti] *n.* 留保制度(ハリジャン、後進カースト、後進部族などのために)公立の機関の職を一定割合で取っておくこと) [Ka. *mīsala* *D4841 に *-āt*(アラビア語複数語尾)を付加した形？]

ಮೀಸಲು ⟦mīsalu ミーサル⟧ [mi:sŏlu] ಮೀಸಲ್, ಮೀಸಲ

n. 1（プージャーなどのために）手をつけないで取っておいたもの ¶ ಮಗ ಮೀಸಲನ್ನು ಮುರಿದು ಲಡ್ಡು ತಿಂದ. (maga mīsalannu muridu laḍḍu timḍa.) 息子は供養のために取っておいたラッドゥーを食べた。 2（ハリジャン、後進カースト、後進部族などのために）公立の機関の職を一定割合で取っておくこと [Ka. *D4841]

ಮೀಸಲಿಡು ⟦mīsaliḍu ミーサリドゥ⟧ [mi:səliḍu] *vt.*（供養などのために）手をつけずに取っておく ¶ ದೇವರಿಗೆ ತುಪ್ಪವನ್ನು ಮೀಸಲಿಡು. (dēvarige tuppavannu mīsaliḍu.) ギーを神様のために取っておけ。 [+ *iḍu*]

ಮೀಸೆ ⟦mīse ミーセ⟧ [mi:se] *n.* 口ひげ [Ka. D4879]

ಮೀಸೆಬರು ⟦mīsebaru ミーセバル⟧ [mi:sebəru] *vi.*《*dat.*》 1 口ひげが生える 2（男の子が）思春期に達する ¶ ಮೀಸೆ ಬಂದಾಗ ಹುಡುಗರು ಹೇಳಿದ ಮಾತನ್ನು ಕೇಳುವುದಿಲ್ಲ. (mīse baṃdāga huḍugaru hēḷida mātannu kēḷuvudilla.) 男の子は思春期になると言うことを聞かなくなる。 [+ *baru*]

ಮೀಹ ⟦mīha ミーハ⟧ [mi:hɐ]《古》*n.* 沐浴 [Ka. D4878]

ಮೀಱು ⟦mīṟu ミール⟧ [mi:ṟu]《古》*vt.* 1〈境界などを〉超える 2〈程度を〉越す 3〈法、規則などを〉犯す、〈習慣などを〉破る 4〈ある人を〉超える、凌駕する **—***vi.* 1 手の届かない所へ行く 2（いたずらなどが）ひどくなる、程度を越す 3 傑出する、秀でる 4 傲慢に振る舞う、威張りかえる 5（期限が）過ぎる ☞ಮೀರು (mīru) [Ka. D4884]

ಮೀಱುಹ ⟦mīṟuha ミールハ⟧ [mi:ṟŭhɐ]《古》*n.* 1（境界などを）越すこと 2（命令、法規、慣習などに）そむくこと [Ka. D4884]

ಮು- ⟦mu- ム-⟧ [mu]《‡》*numr.*《ಮೂರು (mūru)が本来の語形》3…、「3」と言う意味を表す ಮೂರು/ಮೂಱು (mūru/mūṟu) の縮小形 [Ka. D5052]

ಮುಂ ⟦muṃ ムン⟧ [mum] *pref.*《音韻環境に従って：ñ-の前でಮುಞ್ (muñ), ṇ- の前でಮುಣ್- (muṇ-), n-の前でಮುನ್ (mun), m- の前でಮುಮ್- (mum-)》 1「前にある」「前方の」の意味を表す接頭辞 ¶ ಮುನ್ನಡೆ (munnaḍe) 前進 ¶ ಮುಂಗಾಲು (muṃgālu) 前足 2「以前の」「前の」の意味を表す接頭辞 ¶ ಮುನ್ನುಡಿ (munnuḍi) 序言 [Ka. D5020(a)]

ಮುಂಗಡ ⟦muṃgaḍa ムンガダ⟧ [muŋɡəḍɐ] *n.* 手付け金、前払い金 [Ka. *muṃ-* + *kaḍa*]

ಮುಂಗಡ ಠೇವಣಿ ⟦muṃgaḍa ṭʰēvaṇi ムンガダテーヴァニ⟧ [muŋɡə̆ḍə ṭʰe:və̆ṇi] *n.*（家を借りる時に先に払う）敷金、保証金 [+ *ṭʰēvaṇi*]

ಮುಂಗಡ ನೀಡಿಕೆ ⟦muṃgaḍa nīḍike ムンガダニーディケ⟧ [muŋɡə̆ḍə ni:ḍĭke] *n.* 前払い金の支払い [+ *nīḍike*]

ಮುಂಗಡ ಪ್ರತಿ ⟦muṃgaḍa prati ムンガダプラティ⟧ [muŋɡəḍə prəti] *n.*（正式の願書を提出する前に提出する）仮の願書、正式の出版日の前に出版者が著者に送る本 [+ *prati*]

ಮುಂಗಡ ವೇತನ ⟦muṃgaḍa vētana ムンガダヴェータナ⟧ [muŋɡəḍə ve:tənɐ] *n.* 給料の前払い [+ *vētana*]

ಮುಂಗಡೆ ⟦muṃgaḍe ムンガデ⟧ [muŋɡə̆ḍe] *n.* 家などの前面 **—***adv.* 前で、前の方で **—***postp.* …の前で ¶ ಮನೆಯ ಮುಂಗಡೆ ಆಲದ ಮರ ಇದೆ. (maneya muṃgaḍe ālada mara ide.) 家の前にバンヤンジュの木がある。 [Ka. *muṃ-* + *kaḍe*]

ಮುಂಗತ್ತಲೆ ⟦muṃgattale ムンガッタレ⟧ [muŋɡəttə̆le] *n.* 夕暮れ [Ka. *muṃ-* + *kattale*]

ಮುಂಗಾಣು ⟦muṃgāṇu ムンガーヌ⟧ [muŋɡɐ:ṇu]《古》*vt.* 予見する [*muṇ-* + *kāṇu*]

ಮುಂಗಲಿ ⟦muṃgali ムンガリ⟧ [muŋɡə̆li] *n.* マングース [Ka. D4900] = ಮುಂಗುರಿ (muṃguri)

ಮುಂಗಾರು ⟦muṃgāru ムンガール⟧ [muŋɡɐ:ru] *n.* 雨季の来る前の初期の雨 [Ka. *muṃ-* + *kār*「雨期」]

ಮುಂಗಿ ⟦muṃgi ムンギ⟧ [muŋgi]《古》*n.* マングース [Ka. D4900] = ಮುಂಗುರಿ (muṃguri)

ಮುಂಗಿಲಿ ⟦muṃgili ムンギリ⟧ [muŋɡĭli] *n.* マングース [Ka. D4900] = ಮುಂಗುರಿ (muṃguri)

ಮುಂಗಿಸಿ ⟦muṃgisi ムンギシ⟧ [muŋɡĭsi] *n.* マングース [Ka. D4900] = ಮುಂಗುರಿ (muṃguri)

ಮುಂಗು[1] ⟦muṃgu ムング⟧ [muŋgu]《文》*vt.* 飲み込む、嚥下する [Ka. D4866] = ನುಂಗು (nuṃgu)〔汎〕

ಮುಂಗು[2] ⟦muṃgu ムング⟧ [muŋgu]《方》*n.* 芽生え (*Bark.*) [Ka. D4997]

ಮುಂಗುರಿ ⟦muṃguri ムングリ⟧ [muŋgŭri] ಮುಂಗರಿ, ಮುಂಗಲಿ, ಮುಂಗಿ, ಮುಂಗಿಲಿ, ಮುಂಗಿಲು, ಮುಂಗುಲಿ, ಮೂಗುರಿ, ಮೊಂಗುರಿ *n.* マングース [Ka. D4900]

ಮುಂಗುಲಿ ⟦muṃguli ムングリ⟧ [muŋgŭli] *n.* マングース [Ka. D4900] = ಮುಂಗುರಿ (muṃguri)

ಮುಂಗುಸಿ ⟦muṃgusi ムングシ⟧ [muŋgŭsi] *n.* マングース [Ka. D4900] = ಮುಂಗುರಿ (muṃguri)

ಮುಂಗೆ ⟦muṃge ムンゲ⟧ [muŋge]《方》*n.* 芽生え [Ka. D4997] (Hav.)

ಮುಂಗುರುಳು ⟦muṃguruḷu ムングルル⟧ [muŋgurŭḷu] *n.* 前髪 [Ka. *muṃ-* + *kuruḷu*]

ಮುಂಗೋಪ ⟦muṃgōpa ムンゴーパ⟧ [muŋgo:pɐ] *n.* 気短か、短気、怒りやすいこと [*muṃ-* + *kōpa*]

ಮುಂಗೋಪಿ ⟦muṃgōpi ムンゴーピ⟧ [muŋgo:pi] *mf.* 怒りっぽい人、短気な人 [*muṃ-* + *kōpi*]

ಮುಂಚ ⟦muṃca ムンチャ⟧ [muɲʧɐ]《古》*m.*《*f.* *ಮುಂಚಿ (muṃci)》首領、指導者 [Ka. D5020(a)]

ಮುಂಚಿತ ⟦muṃcita ムンチタ⟧ [muɲʧitɐ] (*n.*) 前もって〈の〉 **—***adv.* 前もって ¶ ನೀವು ಸ್ವಲ್ಪ ಮುಂಚಿತ ಬಂದರೆ ಒಳ್ಳೇದು. (nīvu svalpa muṃcita baṃdare oḷḷēdu.) 少し早めにいらっしゃったらいいんですが。 [Ka. D5020(a)]

ಮುಂಚಿತವಾಗಿ ⟦muṃcitavāgi ムンチタヴァーギ⟧ [muɲʧitə vɐ:gi] *adv.* 前もって ¶ ಬಂಡೀಪುರವನ್ನು ನೋಡಬೇಕಾದರೆ ಮುಂಚಿತವಾಗಿ ಅನುಮತಿ ತೆಗೆದುಕೊಳ್ಳಬೇಕು. (baṃḍīpuravannu nōḍabēkādare muṃcitavāgi anumati tegedukoḷḷabēku.) バンディープラ（虎保護区）を見たいなら前も

って許可を取っておくことが必要です。[+ *āgi*]

ಮುಂಚು ⟦mumcu ムンチュ⟧ [muɲʧu] 《古》 *vi.* **1** (場所的にまたは時間的に)先立つ **2** 行き過ぎる、超える **3** (ある人やあることを)超える、凌駕する **—**(*n.*) (時間的に)前である〈こと〉[Ka. D5020(a)]

ಮುಂಚೂಣಿ ⟦mumcūṇi ムンチューニ⟧ [muɲʧuːɳi] *n.* 前衛 [Ka. *mum- + cūṇi*]

ಮುಂಚೆ ⟦mumce ムンチェ⟧ [muɲʧe] *adv.* **1** 前もって、前に ¶ ಮುಂಚೆ ಹೇಳಿದ್ದರೆ ಈಗ ಹಣ ಕೊಡುತ್ತಿದ್ದೆ. (mumce hēḷiddare īga haṇa koḍuttidde.) 前もって言っておいて下さったらお金をお渡しできたのに。 **2** かつて、以前に ¶ ಭಾರತದಲ್ಲಿ ಮುಂಚೆ ಬ್ರಿಟಿಶ್ ರಾಜ್ಯ ಇತ್ತು. (bʰāratadalli mumce britiś rājya ittu.) インドはかつてイギリスに支配されていた。 **—***postp.* …する前に ¶ ಅಪ್ಪ ತಿರುಗಿ ಬರುವ ಮುಂಚೆ ಪುಸ್ತಕವನ್ನು ತೆಗೆದುಕೊಂಡು ಬರಬೇಕು. (appa tirugi baruva mumce pustakavannu tegedukomḍu barabēku.) お父さんが帰ってくるまでに本を持って帰っておかねばならない。¶ ಅಪ್ಪ ಬರುವ/ಬರುವದಕ್ಕಿಂತ ಮುಂಚೆ ನಾನು ಪುಸ್ತಕವನ್ನು ತೆಗೆದುಕೊಂಡು ಬಂದೆ. (appa baruva/baruvadakkimta mumce nānu pustakavannu tegedukomḍu bamde.) 私は父が帰ってくるまでに本を持って帰った。[Ka. D5020(a)]

ಮುಂಜ ⟦mumja ムンジャ⟧ [muɲʤɐ] *n.* **1** モンジャソウ(イネ科、イグサの一種、バラモンが腰に巻く聖紐や箒や縄などを作るために用いられる)→儀 **2** 上記の草で作った腰に巻く紐 [Ka. D4916/Sk. *muñja-*] ☞ಮುಂಜಿ (mumji)

ಮುಂಜಾಗ್ರತೆ ⟦mumjāgrate ムンジャーグラテ⟧ [muɲʤɐːgrəte] *n.* 事前の用心 [*mum- + jāgrate*]

ಮುಂಜಾನೆ ⟦mumjāne ムンジャーネ⟧ [muɲʤɐːne] *n.* 早朝、朝まだき **—***adv.* 朝早く、朝まだき [*mum- + jāne <?*]

ಮುಂಜಾವ ⟦mumjāva ムンジャーヴァ⟧ [muɲʤɐːvɐ] *n.* 夜明け前 [+ *jāva* < Sk. *yāma-*]

ಮುಂಜಿ ⟦mumji ムンジ⟧ [muɲʤi] ಮುಂಜ, ಮುಂಜವಿ, ಮುಂಜಿವಿ, ಮುಂಜಿವೆ, ಮುಂಜೆ *n.* **1** モンジャソウ(イネ科、イグサの一種、バラモンが腰に巻く聖紐や箒や縄などを作るために用いられる) **2** バラモンの少年に初めて腰に巻く聖紐をつける式 = ಯಜ್ಞೋಪವೀತ (yajñōpavīta) [Ka. D4916, cf. Sk. *mumja-*]

ಮುಂಡ ⟦mumḍa ムンダ⟧ [muɳḍɐ] ಮೊಂಡ[2] *m.* 《*f.* ಮುಂಡೆ (mumḍe) 「寡婦」》剃髪者、頭を剃った人 **—**(*n.*) **1** (角があるべき動物で)角がない〈こと〉 **2** 手足がない〈こと〉 **3** 葉がすっかり刈られた〈木〉 **4** (刃物が)鈍い〈こと〉 **—***n.* **1**《古》首のない死体 **2** 胴体のない首 = ರುಂಡ (rumḍa)〔汎〕[Sk. *mumḍa- <?* cf. M2.651]

ಮುಂಡಾಸು
マラータ風ターバン

ಮುಂಡಾಸು ⟦mumḍāsu ムンダース⟧ [muɳḍɐːsu] *n.* **1** マラータ風の帽子のようにかぶることができるターバン[⇒図] **2** (一般に)ターバン [Ka. ←M. *mumḍāsē*, H. *mumḍāsā*]

ಮುಂಡಿ ⟦mumḍi ムンディ⟧ [muɳḍi] 《方》 *n.* 広い葉を持ったヤムイモの一種 (*Hav.*) [Ka. D4946]

ಮುಂಡಿಗೆ ⟦mumḍige ムンディゲ⟧ [muɳḍĭge] 《古》 *n.* 丸太 [Ka. D4948]

ಮುಂಡು ⟦mumḍu ムンドゥ⟧ [muɳḍu] (*n.*) (刃物が)鈍い〈こと〉 **—***n.* **1** 枝が刈り落とされた木の幹 **2** 頭のない死体 **3**《希》首(胴体のない死体) = ರುಂಡ (rumḍa)〔汎〕[Ka. *D5114]

ಮುಂಡೆ ⟦mumḍe ムンデ⟧ [muɳḍe] 《古》 *f.* 《*m.* ಮುಂಡ (mumḍa) 剃髪者》 **1** 寡婦(髪の毛をつるつるに剃り落とした女性) **2** ジャイナ教の女性苦行者 **3** 身持ちの悪い女性 [Sk. *mumḍā- <?* cf. M2.651]

ಮುಂತು ⟦mumtu ムントゥ⟧ [muntu] ಮುಂದು 《古》 *n.* 前部 **—**(*n.*) **1** あるものの前〈の〉 **2** あるものの位置や順番が前である〈こと〉 **3** 第一番〈の〉 **4**《古》時間的に先行する〈こと〉、(何かと比較して)時間的に前〈の〉 **5**《古》 未来〈の〉[Ka. D5020(a)]

ಮುಂದ ⟦mumda ムンダ⟧ [mundɐ] 《‡》*n.* [Ka. D5020(a)] (*Kitt.*) ☞ಮುಂದು (mumdu)

ಮುಂದಾಳು ⟦mumdāḷu ムンダール⟧ [mundɐːɭu] *mf.* 首領、首長 ¶ ಅಣ್ಣಾದುರೈ ದ್ರಾವಿಡಚಳುವಳಿಯ ಮುಂದಾಳಾಗಿದ್ದರು. (aṇṇādurai drāviḍacaḷuvaḷiya mumdāḷāgiddaru.) アンナードゥライはドラーヴィダ運動の指導者であった。[Ka. *mumdu + āḷu*]

ಮುಂದು ⟦mumdu ムンドゥ⟧ [mundu] *n.* **1** 前、前方 ¶ ಮನುಷ್ಯ ಯಾವಾಗಲೂ ಮುಂದಕ್ಕೆ ಹೋಗಬೇಕು. (manuṣya yāvāgalū mumdakke hōgabēku.) 人はいつも先へ進まねばならない。 **2** 列中の前 **3** 未来、行く末 ¶ ಮುಂದನ್ನು ಅರಿತವರು ಯಾರೂ ಇಲ್ಲ. (mumdannu aritavaru yārū illa.) 未来のことを知る人は誰もいない。 ☞ಮುಂದೆ (mumde) [Ka. D5020(a)]

ಮುಂದಾಗು ⟦mumdāgu ムンダーグ⟧ [mundɐːgu] *vi.* **1** 前衛をつとめる、先に立つ **2** (社会奉仕や自己犠牲のために)進み出る ¶ ತುಂಬಿದ ಹೊಳೆಯಲ್ಲಿ ಬಿದ್ದ ಹೆಂಗಸನ್ನು ರಕ್ಷಿಸಲು ಕೊನೆಗೂ ಒಬ್ಬ ಮುಂದಾದ. (tumbida hoḷeyalli bidda hemgasannu rakṣisalu konegū obba mumdāda.) 満水の川に落ちた女の人を救うためにとうとう一人の人が名乗り出た。[Ka. *mumdu + āgu*]

ಮುಂದುಗಡೆ ⟦mumdugaḍe ムンドゥガデ⟧ [mundugəḍe] *n.* 前部、前方 **—***adv.* 前方に ¶ ಮುಂದುಗಡೆ ಹೋಗಬೇಡಿ, ಹಳ್ಳ ಇದೆ. (mumdugaḍe hōgabēḍi, haḷḷa ide.) 前へ進まないで、穴があります。 **—***postp.* **1** (あるものの)前方に ¶ ಮನೆಯ ಮುಂದುಗಡೆ ಮರ ಇದೆ. (maneya mumdugaḍe mara ide.) 家の前に木がある。 **2** (建物などの)表の方に、前部に ¶ ಮನೆಯ ಮುಂದುಗಡೆ ಗ್ಯಾರೇಜ್ ಕಟ್ಟಬೇಕು. (maneya mumdugaḍe gyārēj kaṭṭabēku.) 家の表側に車庫を作らねばならない。[Ka. *mumdu + kaḍe*]

ಮುಂದುಗಾಣು ⟦mumḍugāṇu ムンドゥガーヌ⟧ [mundu gɐːɳu] *vi.* 予見する、未来のことを考える ¶ ಶೇರು-ಗಳ ಬೆಲೆ ಬಿದ್ದುಹೋಗುತ್ತದೆ ಎಂಬುದನ್ನು ಮುಂದುಗಾಣದೆ ನನಗೆ ಹೆಚ್ಚು ನಷ್ಟ ಆಯಿತು. (śērugaḷa bele bidduhōguttade eṃbudannu mumḍugāṇade nanage heccu naṣṭa āyitu.) 私は株価が暴落することを予見できずに大損害をこうむった。 [*mumḍu* + *kāṇu*]

ಮುಂದುವರಿ ⟦mumḍuvari ムンドゥヴァリ⟧ [munduvəri] *vi.* 1 前進する、進む 2 進歩する、進む、はかどる ¶ ಈ ಕಟ್ಟಡದ ಕೆಲಸ ಬೇಗ ಮುಂದುವರಿಯಿತು. (ī kaṭṭaḍada kelasa bēga mumḍuvariyitu.) この建物の仕事は早く進んだ。 3 (仕事などを)進める ¶ ಅವರ ಬರವಣಿಗೆ ಅನಾರೋಗ್ಯದಿಂದ ಮುಂದುವರಿಯಲಿಲ್ಲ. (avara baravaṇige anārōgyadiṃda mumḍuvariyalilla.) 彼の著作は不健康が原因で進まなかった。 ¶ ಅವರು ಮುಂದುವರಿದು ಈ ಮಾತು ಹೇಳಿದರು. (avaru mumḍuvaridu ī mātu hēḷidaru.) 彼は言葉を進めて次のように言った。 [Ka. *mumḍu* + *pari*「進む」]

ಮುಂದೂಡು ⟦mumḍūḍu ムンドゥードゥ⟧ [munduːḍu] *vt.* 延期する、延ばす ¶ ಮಂತ್ರಿಗಳು ಜ್ವರ ಬಂತು ಎಂದು ಭೇಟಿಯನ್ನು ಮುಂದೂಡಿದರು. (maṃtrigaḷu jvara baṃtu eṃdu bʰēṭiyannu mumḍūḍidaru.) 大臣は熱が出たといって会見を延ばした。 [*mum-* + *dūḍu*「押す」D3380]

ಮುಂದೆ¹ ⟦mumḍe ムンデ⟧ [munde] 《‡》 *n.* 黄銅製の容器の一種 (*My.* (*Kitt.*)) [Ka. D4965]

ಮುಂದೆ² ⟦mumḍe ムンデ⟧ [munde] *adv.* 1 前で ¶ ಮುಂದೆ ಹೋಗಿ. (mumḍe hōgi.) 前へ進みなさい. 2 《文》あとで ―*postp.* 1 …の前に、…の目の前に ¶ ನಮ್ಮ ಮುಂದೆ ಮಗ ನಡೆಯುತ್ತಿದ್ದ. (namma mumḍe maga naḍeyuttidda.) 息子は私たちの前を歩いていた。 2 (…の) 前に ¶ ಪೇಟೆಗೆ ಹೋಗಿ ಮಳೆ ಬರುವ ಮುಂದೆ ಬಾ. (pēṭege hōgi maḷe baruva mumḍe bā.) 商店街へ行って雨が降る前に帰っておいで。 ☞ಮುಂಚೆ (mumce) [Ka. *D5020(a)]

ಮುಂಬಿಗ ⟦mumbiga ムンビガ⟧ [mumbigɐ] 《文》 *m.* 《*f.* ಮುಂಬಿಗಳು (mumbigaḷu)》 1 最前線に立つ人、前線にいる人 2 (芸術の諸分野での) 最前線の人 (*Bʰ. 3,18,30* (*Kitt.*)) [Ka. D5020(a)]

ಮುಂಬು ⟦mumbu ムンブ⟧ [mumbu] 《古》 *n.* 1 前、前部 2 前方 3 最初、始め 4 前衛 [Ka. D5020(a)]

ಮುಂಭಾಗ ⟦mumbʰāga ムンバーガ⟧ [mumbʰɐːgɐ] *n.* 前部、前の部分 [Sk.] = ಮುಂದುಗಡೆ (mumḍugaḍe)

ಮುಕ್– ⟦muk- ムク-⟧ [muk] (*adj.*) 《本来形ಮೂರು (mūru)》 3 … 、ಮೂರು (mūru) の異形態で *k-* の前に表れる ¶ ಮುಕ್ಕಾಲು (mukkālu) 4分の3 [Ka. D5052]

ಮುಕರು ⟦mukaru ムカル⟧ [mukə̆ru] ಮುಕುರು, ಮುಕುಱು, ಮುಕ್ಕಿಱಿ, ಮುಕ್ಕುರು, ಮುಕ್ಕುಱು *vt.* 1 取り囲む、包囲する ¶ ಬಾಗಿಲು ತೆರೆಯುತ್ತಿದ್ದಂತೆ ಪತ್ರಕರ್ತರು ಮಂತ್ರಿಗಳನ್ನು ಮುಕುರಿದರು. (bāgilu tereyuttiddaṃte patrakartaru maṃtrigaḷannu mukuridaru.) 扉が開くや記者たちが大臣を取り囲んだ。 2 〈あるものに〉(ハエやミツバチなどが) 群がる 3 集まって攻撃する ¶ ಜಿಂಕೆಯನ್ನು ತೋಳಗಳು ಮುಕುರಿದವು. (jiṃkeyannu tōḷagaḷu mukuridavu.) 何頭かの狼が鹿に襲いかかった。 [Ka. *D5030] ☞ಮುಕ್ಕುಱು (mukkuṟu)

ಮುಕಱು ⟦mukaṟu ムカル⟧ [mukə̆ṟu] 《‡》 *vt.* [Ka. D5030] (*B.4,171* (*Kitt.*)) ☞ಮುಕರು (mukaru)

ಮುಕಳಿ ⟦mukaḷi ムカリ⟧ [mukə̆ḷ[i] *n.* 〔タブー〕尻の穴、肛門 [Ka. D4236] ☞ಮುಕುಳಿ (mukuḷi)

ಮುಕಾಬಿಲೆ ⟦mukābile ムカービレ⟧ [mukɐːbile] *n.* 1 (敵などに) 立ち向かうこと、対抗 ¶ ಜಗತ್ತಿನಲ್ಲಿ ಅಮೆರಿಕಾದ ಮುಕಾಬಿಲೆ ಮಾಡಬಹುದಾದ ದೇಶ ಇಲ್ಲ. (jagattinalli amerikāda mukābile māḍabahudāda dēśa illa.) 世界でアメリカに対抗できる国は一つもない。 2 敵や対抗者同士が偶然または仲介によって顔を合わせること ¶ ಕೊನೆಗೂ ಹೆಗಡೆ ಮತ್ತು ದೇವೇ ಗೌಡ ಅವರಿಗೆ ಮುಕಾಬಿಲೆ ಆಯಿತು. (konegū hegaḍe mattu dēvē gauḍa avarige mukābile āyitu.) とうとうヘガデ氏とデーヴェー・ゴウダ氏が面会した。 [Ar. *muqābala*]

ಮುಕುರ ⟦mukura ムクラ⟧ [mukŭrɐ] ಮುಕ್ಕುರ, ಮುಖರ 《方》 *n.* 鼻飾りの一種 [⇒図] [Ka. D4895, cf. H. *mukʰăṛā*] (Tipt.)

ಮುಕುರ
鼻飾り

ಮುಕುಳಿ ⟦mukuḷi ムクリ⟧ [mukŭḷ[i] ಮುಕಳಿ *n.* 1 〔タブー〕尻の穴、肛門 2 《‡》〔タブー〕女性の陰部、ほと (*My.* (*Kitt.*)) [Ka. D4236]

ಮುಕ್ಕಟ್ಟು ⟦mukkaṭṭu ムッカットゥ⟧ [mukkəṭ[ṭu] 《異》 *n.* [Ka. *mum-?* + *kaṭṭu*] ☞ಮುಗ್ಗಟ್ಟು (muggaṭṭu)

ಮುಕ್ಕರೆ ⟦mukkare ムッカレ⟧ [mukkə̆re] ಮುಕ್ಕರಿ, ಮುಕ್ಕುರಿ, ಮುಕ್ಕುಱು 《古》 *vi.* (力を入れたり痛みをこらえたりして) うなる、うんうん言う (*My.* (*Kitt.*)) [Ka. D4896(a)]

ಮುಕ್ಕಾಲು ⟦mukkālu ムッカール⟧ [mukkɐːlu] *numr.* 4分の3 ¶ ಮುಕ್ಕಾಲು ರೂಪಾಯಿ ಎಂದರೆ ಎಪ್ಪತ್ತೈದು ಪೈಸೆ. (mukkālu rūpāyi eṃdare eppattaidu paise.) 1ルピーの4分の3は75パイサである。 [Ka. *muk-* D5052 + *kālu* D1479]

ಮುಕ್ಕಿಱಿ ⟦mukkiṟi ムッキリ⟧ [mukkiṟi] 《古》 *vi.* (力を入れたり痛みをこらえたりして) うなる、うんうん言う [Ka. D4896(a)] ☞ಮುಕ್ಕರೆ (mukkare)

ಮುಕ್ಕು¹ ⟦mukku ムック⟧ [mukku] *n.* (穀類、豆類、穀類の粉などの) 手で握ってつかめる分量 ―*vt.* 〈穀類、豆類、穀類の粉などを〉手でつかんでぱくぱく食べる [Ka. D4897]

ಮುಕ್ಕು² ⟦mukku ムック⟧ [mukku] 《‡》 *n.* 容器の一種 (*Šm.79* (*Kitt.*)) [Ka. D4899]

ಮುಕ್ಕು³ ⟦mukku ムック⟧ [mukku] (*n.*) (偶像や神像などが) 欠けている〈こと〉¶ ಈ ವಿಗ್ರಹ ಪೂಜೆಗೆ ಯೋಗ್ಯವಲ್ಲ, ಮುಕ್ಕಾಗಿದೆ. (ī vigraha pūjege yōgyavalla, mukkāgide.) この神像は欠けているので祀るには向かない。 [Ka. < *muṟuku*, D5008] = ಭಿನ್ನ (bʰinna) ☞ಮುರುಕು (muruku)

ಮುಕ್ಕಾಗು ⟦mukkāgu ムッカーグ⟧ [mukkɐːgu] *vi.*（偶像や歯などが）欠ける ¶ ಈ ವಿಗ್ರಹ ಮುಕ್ಕಾಗಿದೆ. (ī vigraha mukkāgide.) この神像は欠けている。[+ *āgu*]

ಮುಕ್ಕು[4] ⟦mukku ムック⟧ [mukku] 《古》 *n.* 傲慢、高慢 [Ka. < *muṟuku* D5011(a)]

ಮುಕ್ಕುರಿಕ್ಕು[1] ⟦mukkurikku ムックリック⟧ [mukkŭri kku] *vi.* **1**（力を入れたり痛みをこらえたりして）うなる、うんうん言う ¶ ಅವರು ಮೂತ್ರವಿಸರ್ಜನೆಯಲ್ಲಿ ಮುಕ್ಕುರಿಕ್ಕುತ್ತಾರೆ. (avaru mūtravisarjaneyalli mukkurikkuttāre.) あの人は小便する時にうんうんうなる。 **2**（牛や水牛が）もうもう鳴く [Ka. *D4896(a)]

ಮುಕ್ಕುರಿಕ್ಕು[2] ⟦mukkurikku ムックリック⟧ [mukkŭri kku] ಮುಕ್ಕುಱಿಕು, ಮುಕ್ಕುಱಿಕ್ಕು[2] *vi.*（煙や雲などが）いっぱいになる、立ち込める ¶ ಮೋಡ ಮೂರು ದಿನಗಳಿಂದ ಮುಕ್ಕುರಿಕ್ಕಿದೆ. ಬಿಸಿಲೇ ಇಲ್ಲ. (mōḍa mūru dinagaḷiṃda mukkurikkide. bisilē illa.) 三日前から曇っている。全然日がささない。 [Ka. *mukkuṟu*[1] + *ikku* *D5030]

ಮುಕ್ಕುಱಿಕು ⟦mukkuṟiku ムックリク⟧ [mukkŭṟiku] 《古》 *vi.*（煙や雲などが）いっぱいになる、立ち込める [Ka. D5030]

ಮುಕ್ಕುಱಿಕ್ಕು[1] ⟦mukkuṟikku ムックリック⟧ [mukkŭṟi kku] ಮುಕ್ಕುರಿಕು 《古》 *vi.* **1**（力を入れたり痛みをこらえたりして）うなる、うんうん言う **2**（牛や水牛が）もーもー鳴く [Ka. *D4896(a)]

ಮುಕ್ಕುಱಿಕ್ಕು[2] ⟦mukkuṟikku ムックリック⟧ [mukkŭṟi kku] ಮುಕ್ಕುಱಿಕು 《古》 *vi.*（煙や雲などが）いっぱいになる、立ち込める [Ka. *mukkuṟu*[2] D5030 + *ikku*]

ಮುಕ್ಕುಱು[1] ⟦mukkuṟu ムックル⟧ [mukkŭṟu] ಮುಕ್ಕರಿ, ಮುಕ್ಕರೆ, ಮುಕ್ಕುರಿ 《古》 *vi.*（力を入れたり痛みをこらえたりして）うなる、うんうん言う [Ka. < *mukkuṟikku* *D4896] ☞ಮುಕ್ಕರೆ (mukkare)

ಮುಕ್ಕುಱು[2] ⟦mukkuṟu ムックル⟧ [mukkŭṟu] ಮುಕರು, ಮುಕುರು, ಮುಕುಱು, ಮುಕ್ಕಿಱಿ, ಮುಕ್ಕುರು 《古》 *vt.* **1** 取り囲む、包囲する **2**〈あるものに〉（ハエやミツバチなどが）群がる、（雲や霧が）立ち込める **3** 集まって攻撃する [Ka. D5030]

ಮುಕ್ಕುಳ್ ⟦mukkuḷ ムックル⟧ [mukkuḷ] 《古》 *n.* **1** 口いっぱいに含んだ水 **2**（水を口に含んで）口をすすぐこと [Ka. D4897]

ಮುಕ್ಕುಳಿಸು ⟦mukkuḷisu ムックリス⟧ [mukkŭḷisu] *vt.* **1** うがいして吐き出して〈口を〉清める **2**〔喩〕捨てる、放棄する ¶ ಮುಖ್ಯಮಂತ್ರಿಗಳಿಗೆ ಯಾವಾಗಲೂ ಜೀ-ಜೀ ಹೇಳುತ್ತಾ ಇರಬೇಕು. ಇಲ್ಲದಿದ್ದರೆ ಮುಕ್ಕುಳಿಸಿಬಿಡುತ್ತಾರೆ. (mukʰyamaṃtrigaḷige yāvāgalū jījī hēḷuttā irabēku. illadiddare mukkuḷisibiḍuttāre.) 州首相には何時も「かしこまりました、かしこまりました」といってお仕えせねばならない。さもないとあっさりお払い箱だよ。[Ka. D4897]

ಮುಕ್ಕುಳು ⟦mukkuḷu ムックル⟧ [mukkŭḷu] ಮುಕ್ಕುಳ್ *n.* **1** 口いっぱいに含んだ水 **2**（水を口に含んで）口をすすぐこと [Ka. *D4897]

ಮುಕ್ಕುಳೆ ⟦mukkuḷe ムックレ⟧ [mukkŭḷe] 《‡》 *n.* [Ka. D4897] (*Kk.56 (Kitt.)*) ☞ಮುಕ್ಕುಳು (mukkuḷu)

ಮುಕ್ತ ⟦mukta ムクタ⟧ [muktɐ] 《文》 *m.* 《*f.* ಮುಕ್ತೆ, ಮುಕ್ತಳು (mukte, muktaḷu)》 **1**（刑務所から）釈放された〈人〉、（強制労役などから）逃れた〈人〉¶ ಜಯಪ್ರಕಾಶ ನಾರಾಯಣರವರು ಸೆರೆಮನೆಯಿಂದ ಮುಕ್ತರಾಗಿ ಬಂದರು. (jayaprakāśa nārāyaṇaravaru seremaneyiṃda muktarāgi baṃdaru.) ジャヤプラカーシュ・ナーラーヤンは出獄した。 **2** 束縛や奴隷状態などを脱した〈人〉 —(*n.*) **1** 自由〈な〉、解放された〈こと〉、束縛を脱した〈こと〉¶ ಈ ಕಾರ್ಯಕ್ರಮದಲ್ಲಿ ಯಾರೂ ಮುಕ್ತವಾಗಿ ಮಾತಾಡಬಹುದು. (ī kāryakramadalli yārū muktavāgi mātāḍabahudu.) この番組では誰もが思いのままに話すことができる。 **2**（髪などが）ざんばら〈の〉¶ ದ್ರೌಪದಿ ಮುಕ್ತಕೇಶಿಯಾಗಿ ಸಭೆಗೆ ಬಂದಳು. (draupadi muktakēśiyāgi sabʰege baṃdaḷu.) ドラウパディーはざんばら髪のままで宮廷に入ってきた。 **3**（矢などが）放たれた〈こと〉¶ ಅರ್ಜುನನಿಗೆ ಮುಕ್ತ ಶರವನ್ನು ಉಪಸಂಹರಿಸುವ ಕಲೆ ಗೊತ್ತಿತ್ತು. (arjunanige mukta śaravannu upasaṃharisuva kale gottittu.) アルジュナは放った矢を後戻りさせる技術を知っていた。 **4**（貿易などが）自由〈な〉¶ ಈಗ ವಿದೇಶಿ ಮಾಲು ಮುಕ್ತವಾಗಿ ಸಿಗುತ್ತವೆ. (īga vidēśi mālu muktavāgi siguttave.) 今や外国の商品が自由に入手できる。 **5**（奴隷状態や植民地状態などから）解放された〈こと〉[Sk.]

ಮುಕ್ತಕ ⟦muktaka ムクタカ⟧ [muktəkɐ] 《文》 *n.* 一つの詩節からなる詩 [Sk.]

ಮುಕ್ತಕೇಶಿ ⟦muktakēśi ムクタケーシ⟧ [muktəkeːʃi] 《文》 *adj.*, *mf.* 髪を手入れしていない〈人〉、ざんばら髪の〈人〉[Sk.]

ಮುಕ್ತಛಂದ ⟦muktacʰaṃda ムクタチャンダ⟧ [muktəʧʰə ndɐ] 《文》 *n.* 無韻詩 [Sk.]

ಮುಕ್ತಹಸ್ತ ⟦muktahasta ムクタハスタ⟧ [muktəhəstɐ] 《文》 *n.* 物惜しみをしない手 —*adj.*, *m.* 《*f.* ಮುಕ್ತಹಸ್ತಳು (muktahastaḷu)》物惜しみをしない〈人〉¶ ಸೆಟ್ಟಿ ಶಾಲೆಗೆ ಮುಕ್ತಹಸ್ತದಿಂದ ದಾನ ಕೊಟ್ಟರು. (seṭṭi śālege muktahastadiṃda dāna koṭṭaru.) 商人は学校に物惜しみすることなしに寄付した。 [Sk.]

ಮುಕ್ತಾಯ ⟦muktāya ムクターヤ⟧ [muktɐːjɐ] *n.* 終わり、終末、結末 ¶ ಜನಗಣಮನದೊಂದಿಗೆ ಸಭೆ ಮುಕ್ತಾಯ ವಾಯಿತು. (janagaṇamanadoṃdige sabʰe muktāya vāyitu.) 会はインド国歌の斉唱をもって終わりを告げた。 [Ka. < *mugita* + *āya*?]

ಮುಕ್ತಾಯ ಭಾಷಣ ⟦muktāya bʰāṣaṇa ムクターヤバーシャナ⟧ [muktɐːjə bʰɐːʂəɳɐ] *n.* 閉会の挨拶、閉会の言葉 [+ *bʰāṣaṇa*]

ಮುಕ್ತಿ ⟦mukti ムクティ⟧ [mukti] *n.* **1** 開放、釈放、自由を得ること ¶ ಬಡತನದಿಂದ ಮುಕ್ತಿ (baḍatanadiṃda mukti) 貧乏からの脱却 **2** 解脱 ¶ ಸ್ವಾಮಿಜಿ ಜೀವಂತರಾಗಿ ಮುಕ್ತಿ ಹೊಂದಿದ್ದಾರಂತೆ. (svāmiji jīvaṃtarāgi mukti hoṃdiddāraṃte.) 尊師は生きながら解脱されているそうだ。[Sk.]

ಮುಕ್ತಿಪಥ ⟦muktipatʰa ムクティパタ⟧ [muktipətʰɐ] 《文》 *n.* 解脱の道、解脱方法(多様な道が認められている) [Sk.]

ಮುಕ್ಳಿ ⟦mukḷi ムクリ⟧ [mukḷi] 《口》 *n.* 〔タブー〕肛門 [Ka. D4236]

ಮುಖ ⟦mukʰa ムカ⟧ [mukʰɐ] *n.* **1** 顔 **2** 始まり、最初の部分 **3** 《文》 口 **4** 《文》 (鳥の) くちばし **5** 《文》 (ペンなどの) 先、(山の) 頂上、(刀の) 切っ先 ¶ ನಾನು ಬೆಟ್ಟದ ಮುಖದಲ್ಲಿ ನಿಂತು ಊರನ್ನು ನೋಡಿದೆ. (nānu beṭṭada mukʰadalli niṃtu ūrannu nōḍide.) 私は山の頂上に立って町を眺めた。 **6** (火山の) 噴火口、(できものや壺の) 開口部 [Sk.]

ಮುಖಂಡ ⟦mukʰaṃḍa ムカンダ⟧ [mukʰɳɖɐ] 《文》 *m.* 《*f.* ಮುಖಂಡಳು (mukʰaṃḍaḷu)》 首長、指導者 [H./M. *mukʰaṃḍā*] = ಮುಂದಾಳು (muṃdāḷu)

ಮುಖಪುಟ ⟦mukʰapuṭa ムカプタ⟧ [mukʰəpuʈɐ] *n.* (本の) 表題紙、題扉、印刷した表紙 [Sk.]

ಮುಖ ಬೆಲೆ ⟦mukʰa bele ムカベレ⟧ [mukʰəbele] *n.* 額面価格、額面額 [*mukkʰa* + *bele*]

ಮುಖಭಂಗ ⟦mukʰabʰaṃga ムカバンガ⟧ [mukʰəbʰəŋgɐ] *n.* 面目を失うこと、名誉の失墜 ¶ ಸುಳ್ಳು ಹೇಳಿದರಿಂದ ಜಾರ್ಜ್ ಫೆರ್ನಾಂಡಿಸಿಗೆ ಸಂಸತ್ತಿನಲ್ಲಿ ಮುಖಭಂಗ ಆಯಿತು. (suḷḷu hēḷidariṃda jārj pʰernāṃḍisige saṃsattinalli mukʰabʰaṃga āyitu.) ジョージ・フェルナンデス大臣は嘘をついて国会で面目を失った。 [Sk.]

ಮುಖಭಾವ ⟦mukʰabʰāva ムカバーヴァ⟧ [mukʰəbʰɐːvɐ] *n.* 顔の表情 ¶ ಈ ಚಿತ್ರದಲ್ಲಿ ದೇವರ ಮುಖಭಾವ ತುಂಬ ಗಂಭೀರವಾಗಿದೆ. (ī citradalli dēvara mukʰabʰāva tuṃba gaṃbʰīravāgide.) この絵の神の顔の表情にはとても威厳がある。 [Sk.] cf. ಮುಖಮುದ್ರೆ (mukʰamudre)

ಮುಖಮಂಟಪ ⟦mukʰamaṃṭapa ムカマンタパ⟧ [mukʰəmənʈəpɐ] 《文》 *n.* (寺の本堂の前に建てられた) 玄関のような扉や壁のない建造物、前堂 [⇒図] [Sk.]

ಮುಖಮಂಟಪ
前堂

ಮುಖಮುದ್ರೆ ⟦mukʰamudre ムカムドレ⟧ [mukʰəmud·re] 《文》 (*n.*) 顔立ち〈の〉、顔の表情〈の〉 [Sk.]

ಮುಖಮುರಿ ⟦mukʰamuri ムカムリ⟧ [mukʰəmuri] *vi.* 顔をしかめる、顔をしかめて嫌悪や軽蔑などを表す ¶ ನನ್ನನ್ನು ನೋಡಿ ಆ ಹುಡುಗಿ ಮುಖಮುರಿದು ಹೋಗಿಬಿಟ್ಟಳು. (nannannu nōḍi ā huḍugi mukʰamuridu hōgibiṭṭaḷu.) 私を見てあの娘は顔をしかめて行ってしまった。[⇒図] [Ka. *mukʰa* + *muri* D4977]

ಮುಖಮುರಿ
しかめっ面

ಮುಖವಾಡ ⟦mukʰavāḍa ムカヴァーダ⟧ [mukʰəvɐːɖɐ] *n.* **1** (顔につける) 面 **2** 自分の本性を隠す手段 ¶ ರಾಜಕಾರಣಿ ಯಾವಾಗಲೂ ಮುಖವಾಡ ಹಾಕಿಕೊಂಡಿರಬೇಕು. (rājakāraṇi yāvāgalū mukʰavāḍa hākikoṃḍirabēku.) 政治家はいつも仮面をかぶっていなければならない。 **3** (馬や牛や象などにつける) 装飾用の面 [M.? *mukʰōṭā* < Sk. *mukhapaṭa*-] ☞ ಮೊಗವಡ (mogavaḍa)

ಮುಖವಿಕಾರ ⟦mukʰavikāra ムカヴィカーラ⟧ [mukʰəvikɐːrɐ] 《文》 *n.* **1** 顔の形の変形 ¶ ಮೈಲಿಬೇನೆ ಬಂದು ಅವನಿಗೆ ಮುಖವಿಕಾರ ಆಗಿದೆ. (mailibēne baṃdu avanige mukʰavikāra āgide.) 彼は天然痘で顔の形が変わってしまっている。 **2** 顔をしかめること [Sk.]

ಮುಖಸ್ತುತಿ ⟦mukʰastuti ムカストゥティ⟧ [mukʰəstuti] 《文》 *n.* 口先だけで誉め称えること [Sk.]

ಮುಖಾಂತರ ⟦mukʰāṃtara ムカーンタラ⟧ [mukʰɐːntərɐ] *postp.* **1** …を通して、…の仲介によって ¶ ಗಣೇಶ ಸ್ನೇಹಿತನ ಮುಖಾಂತರ ತನ್ನ ಎಲ್ಲ ಕೆಲಸ ಮಾಡಿಸಿದ. (gaṇēśa snēhitana mukʰāṃtara tanna ella kelasa māḍisida.) ガネーシャは友達を使って自分の仕事すべてをやってしまった。 **2** …を経て、…を通って ¶ ಬಸ್ ಮದ್ದೂರು ಮುಖಾಂತರ ಬೆಂಗಳೂರಿಗೆ ಹೋಗುತ್ತದೆ. (bas maddūru mukʰāṃtara beṃgaḷūrige hōguttade.) バスはマッドゥールを通ってベンガルールへ行く。 **3** …によって ¶ ಪೈಪ್ ಮುಖಾಂತರ ನೀರನ್ನು ಬಿಡು. (paip mukʰāṃtara nīrannu biḍu.) ホースで水を撒け。 [Sk.]

ಮುಖಾಮುಖಿ ⟦mukʰāmukʰi ムカームキ⟧ [mukʰɐːmukʰi] *adv.* 面と向かい合って、直接会って ¶ ನೀವು ಬಂದು ಮುಖಾಮುಖಿ ಮಾತಾಡಿ. (nīvu baṃdu mukʰāmukʰi mātāḍi.) こちらへ来て直接話してください。 [*ā-ī*-redp. of *mukʰa*]

ಮುಖ್ಯ ⟦mukʰya ムキャ⟧ [mukʰ·jɐ] (*n.*) 主要〈な〉、主な〈こと〉 ―*adj.*, *m.* 《*f.* ಮುಖ್ಯಳು (mukʰyaḷu)》 主な〈人物〉、重要な〈人〉¶ ಈ ವ್ಯವಹಾರಕ್ಕೆ ಗೋವಿಂದರಾವ ಮುಖ್ಯರು. (ī vyavahārakke gōviṃdarāva mukʰyaru.) ゴーヴィンダラーオがこの取引の重要人物である。 [Sk.]

ಮುಖ್ಯ ಕಛೇರಿ ⟦mukʰya kacʰēri ムキャカチェーリ⟧ [mukʰ·jəʧʰeːri] *n.* 本局、本部、事務局 [Sk.+ H.*kacahārī*] = ಪ್ರಧಾನ ಕಾರ್ಯಾಲಯ (pradʰāna kāryālaya)

ಮುಖ್ಯ ಗ್ರಂಥಪಾಲ ⟦mukʰya graṃtʰapāla ムキャグランタパーラ⟧ [mukʰ·jə grəntʰəpɐːlɐ] *m.* 《*f.* ಮುಖ್ಯ ಗ್ರಂಥಪಾಲಳು (mukʰya graṃtʰapālaḷu)》 図書館長、小さな図書館を統括する長 [Sk.]

ಮುಖ್ಯ ನ್ಯಾಯಾಧೀಶ ⟦mukʰya nyāyādʰīśa ムキャニャーヤーディーシャ⟧ [mukʰ·jə njɐːjɐːdʰiːʃɐ] 《文》 *m.* 《*f.* ಮುಖ್ಯ ನ್ಯಾನ್ಯಾಧೀಶಳು (mukʰya nyānyādʰīśaḷu)》 判事長 = ಚೀಫ್ ಜಸ್ಟಿಸ್ (cīpʰ jasṭis) 〔口〕 [Sk.]

ಮುಖ್ಯಮಂತ್ರಿ ⟦mukʰyamaṃtri ムキャマントリ⟧ [mukʰ·jə məntri] *m.* インド各州の首相 [Sk.]

ಮುಖ್ಯಸ್ಥ ⟦mukʰyastʰa ムキャスタ⟧ [mukʰ·jəstʰɐ] *m.* 《*f.* ಮುಖ್ಯಸ್ಥೆ (mukʰyastʰe)》 首長、長 [Sk.]

ಮುಖ್ಯ ಸಂಖ್ಯಾಶಾಸ್ತ್ರಜ್ಞ ⟦mukʰya saṃkʰyāśāstrajña ムキャサンキャーシャーストラジュニャ⟧ [mukʰ·jəsəŋkʰ·jɐːʃɐːstrəɟɲɐ/―gnɐ] 《文》 *m.* 《*f.* ಮುಖ್ಯ ಸಂಖ್ಯಾಶಾಸ್ತ್ರಜ್ಞಳು (mukʰya saṃkʰyāśāstrajñaḷu)》 統計局長 [Sk.]

ಮುಖ್ಯ ಶೀರ್ಷಿಕೆ ⟦mukʰya śīrṣike ムキャシールシケ⟧ [mukʰjəʃiːrʂike] *n.* (新聞記事などの)表題 [Sk.]

ಮುಖ್ಯೋಪಾಧ್ಯಾಯ ⟦mukʰyōpādʰyāya ムキョーパーディャーヤ⟧ [mukʰjoːpɐːdʰjɐːjɐ] *m.* 《*f.* ಮುಖ್ಯೋಪಾಧ್ಯಾಯಿನಿ (mukʰyōpādʰyāyini)》校長 [Sk.]

ಮುಗಸು ⟦mugasu ムガス⟧ [mugə̆su] 《‡》 *vt.* 終える、終了する [Ka. caus. D4891] (*My.* (*Kitt.*)) ☞ಮುಗಿಸು (mugisu)¹

ಮುಗಳು ⟦mugaḷu ムガル⟧ [mugə̆ɭu] *n.* (花の)つぼみ [Ka. D4893] ☞ಮುಗುಳು (muguḷu)〔汎〕

ಮುಗಿ¹ ⟦mugi ムギ⟧ [mugi] *vi.* **1** 終わる、終了する ¶ ನಮ್ಮ ಶಾಲೆ ಹತ್ತು ದಿವಸದಲ್ಲಿ ಮುಗಿಯುತ್ತದೆ. (namma śāle hattu divasadalli mugiyuttade.) うちの学校は十日でおわる。 **2** (仕事が)完成する **3** 使い尽くされる ¶ ಒಂದು ಮೂಟೆ ಅಕ್ಕಿ ಹತ್ತು ದಿವಸದಲ್ಲಿ ಮುಗಿಯಿತು. (oṃdu mūṭe akki hattu divasadalli mugiyitu.) 1俵の米が十日でなくなった。

ಮುಗಿಸು¹ ⟦mugisu ムギス⟧ [mugĭsu] *vi.* **1** 終える、終了する ¶ ದರ್ಜಿ ನಿಮ್ಮ ಕೆಲಸವನ್ನು ಎರಡು ದಿವಸದಲ್ಲಿ ಮುಗಿಸುತ್ತಾನೆ. (darji nimma kelasavannu eraḍu divasadalli mugisuttāne.) 仕立て屋はあなたの仕事を二日で片付けます。 **2** 殺す、片付ける ¶ ಗಂಡನನ್ನು ಮುಗಿಸಲು ಹಸೀನ ಹಣ ಕೊಟ್ಟು ಆಳುಗಳನ್ನು ನೇಮಿಸಿದಳಂತೆ. (gaṃḍanannu mugisalu hasīna haṇa koṭṭu āḷugaḷannu nēmisidaḷaṃte.) ハシーナーは夫を片付けるために男性たちを雇ったとかいう話だ。 **—***v.aux.* 《動詞の連用完了分詞形と》…し終える ¶ ನಾನು ಕೊಟ್ಟ ಪುಸ್ತಕವನ್ನು ಓದಿ ಮುಗಿಸಿದೆಯೆ? (nānu koṭṭa pustakavannu ōdi mugisideye?) 僕が貸した本もう読み終わったかい。 [+ *-isu* caus. D4891]

ಮುಗಿ² ⟦mugi ムギ⟧ [mugi] *vi.* (花が)しぼむ **—***vt.* 〈両手を〉合わせる ¶ ಬಾಗಿಲೊಳು ಕೈ ಮುಗಿದು ಒಳಗೆ ಬಾ ಯಾತ್ರಿಕನೇ! (bāgiloḷu kai mugidu oḷage bā yātrikanē!) 旅人よ、入り口で手を合わせてからお寺に入りたまえ。 (Kuvempu) [Ka. D4893]

ಮುಗಿಸು² ⟦mugisu ムギス⟧ [mugĭsu] *vt.* **1** 〈花を〉しぼませる **2** 〈手を〉合わせさせる ¶ ಶಿಕ್ಷಕರು ಅತಿಥಿ ಬಂದಾಗ ಮಕ್ಕಳಿಂದ ಕೈ ಮುಗಿಸಿದರು. (śikṣakaru atitʰi baṃdāga makkaḷiṃda kai mugisidaru.) 先生たちは生徒たちに客に手を合わせて挨拶させた。 [Ka. caus. D4893]

ಮುಗಿಯುವಿಕೆ ⟦mugiyuvike ムギユヴィケ⟧ [mugijŭvike] *n.* 終わること、終了すること [*mugi* + *-ike*]

ಮುಗಿಲ್ ⟦mugil ムギル⟧ [mugil] 《文》 *n.* [Ka. D4892] =ಮುಗಿಲು (mugilu)

ಮುಗಿಲು ⟦mugilu ムギル⟧ [mugĭlu] ಮುಗಿಲ್ 《文》 *n.* **1** 天、天球 **2** 《古》 雲 [Ka. *D4892]

ಮುಗುಟು¹ ⟦muguṭu ムグトゥ⟧ [mugŭʈu] 《古》 *n.* 未熟のココナツの実についているがく [Ka. *D4888] = ಮೊಗಳು (mogaḷu)

ಮುಗುಟು² ⟦muguṭu ムグトゥ⟧ [mugŭʈu] 《方》 *n.* (花の)つぼみ (*Hav.*) [Ka. D4893]

ಮುಗುಸು ⟦mugusu ムグス⟧ [mugŭsu] 《ロ》 *vt.* 終える、終了する (*My.* (*Kitt.*)) [*mugi*¹ + *-isu* caus. D4891] ☞ಮುಗಿಸು (mugisu)²

ಮುಗುಳ್ ⟦muguḷ ムグル⟧ [muguɭ] 《古》 *vt.* **—***vi.* **—***n.* ☞ಮುಗುಳು (muguḷu) [Ka. D4893]

ಮುಗುಳು ⟦muguḷu ムグル⟧ [muguɭu] ಮುಗುಳ್ *vi.* **1** 芽を出す、(花のつぼみが)現れる **2** (夕方開いた花が)花びらを閉じる **3** 〔喩〕(まぶたが、夕方花が閉じるように)ゆっくりと閉じる **—***n.* (花の)つぼみ (*Hav.*) = ಮೊಗ್ಗೆ (mogge) [Ka. *D4893]

ಮುಗುಳ್ಚು ⟦muguḷcu ムグルチュ⟧ [muguɭʧu] 《古》 *vt.* **1** 〈花に〉(花びらを)閉じさせる **2** 〈眼を〉つぶる [Ka. caus. D4893]

ಮುಗುಳುನಗೆ ⟦muguḷunage ムグルナゲ⟧ [mugŭɭunəge] *n.* 微笑み、微笑 [*mulguḷu* + *nage*]

ಮುಗುಳೆ ⟦muguḷe ムグレ⟧ [mugŭɭe] 《方》 *n.* ミサキノハナまたはその実(アカテツ科の高木)→薬 [Ka. D4619] (Lush.) = Sk. *bakula* *[IHK 477-479; IMP 4.41]

ಮುಗ್ಗಟ್ಟು ⟦muggaṭṭu ムッガットゥ⟧ [muggəʈʈu] *n.* (物資や金の不足などによる)苦境、窮境 ¶ ನಮ್ಮ ಮನೆಯಲ್ಲಿ ತಿಂಗಳ ಕೊನೆಯಲ್ಲಿ ಯಾವಾಗಲೂ ಮುಗ್ಗಟ್ಟು. (namma maneyalli tiṃgaḷa koneyalli yāvāgalū muggaṭṭu.) 月末にはうちはいつも金欠病だ。 [Ka. ? + *kaṭṭu*「障害」]

ಮುಗ್ಗರಿಸು ⟦muggarisu ムッガリス⟧ [muggərisu] *vi.* **1** つまずく **2** よろける [Ka.?]

ಮುಗ್ಗಲು ⟦muggalu ムッガル⟧ [muggə̆lu] (*n.*) かび臭い〈こと〉、かびの生えた〈こと〉 [Ka. D5007]

ಮುಗ್ಗು ⟦muggu ムッグ⟧ [muggu] *n.* **1** かび臭いこと ¶ ಭಾರತದಲ್ಲಿ ವಾತಾನುಕೂಲ ಯಂತ್ರ ಹಾಕಿದರೆ ಕಾರ್ಪೆಟ್ ಮುಗ್ಗಾಗುತ್ತವೆ. (bʰāratadalli vātānukūla yaṃtra hākidare kārpeṭ muggāguttave.) インドでは空調をかけると絨毯(じゅうたん)がかび臭くなる。 **2** かび [Ka. D5007]

ಮುಗ್ಧ ⟦mugdʰa ムグダ⟧ [mugdʰɐ] *adj.*, *m.* 《*f.* ಮುಗ್ಧೆ (mugdʰe)》無邪気な〈人〉、純真な〈人〉、天真爛漫な〈人〉 [Sk.]

ಮುಗ್ಧತೆ ⟦mugdʰate ムグダテ⟧ [mugdʰəte] *n.* (主に10代の女子について)無邪気なこと、純真なこと、天真爛漫なこと [Sk.]

ಮುಗ್ಧೆ ⟦mugdʰe ムグデ⟧ [mugdʰe] 《文》 *f.* 無邪気な乙女、純真な少女、天真爛漫な少女 [Sk.]

ಮುಚ್ಚಂಜೆ ⟦muccaṃje ムッチャンジェ⟧ [muʧʧəɲʤe] *n.* 夕闇、夕暮れ [*mutta* + *saṃje*] = ಮುತ್ಸಂಜೆ (mutsaṃje)

ಮುಚ್ಚ ⟦mucca ムッチャ⟧ [muʧʧɐ] 《方》 *n.* ラングール(南インドによく見られる真っ黒な顔をした猿) (*Gowda*) [Ka. D4910] ☞ಮುಸುವ (musuva)

ಮುಚ್ಚಕ ⟦muccaka ムッチャカ⟧ [muʧʧə̆kɐ] 《‡》 *n.* 閉ざすこと [Ka. D4915] (*Kitt.*)

ಮುಚ್ಚಲು¹ ⟦muccalu ムッチャル⟧ [muʧʧə̆lu] *n.* 閉ざすこと；覆い隠すこと (*Mr.441* (*Kitt.*)) [Ka. D4915]

ಮುಚ್ಚಲು[2] ⟦muccalu ムッチャル⟧ [muʧʧə̆lu] *n.* 小さな箕 [Ka. D5005]

ಮುಚ್ಚಳ ⟦muccaḷa ムッチャラ⟧ [muʧʧə̆ɭɐ] *n.* 覆い、蓋 [Ka. D4915]

ಮುಚ್ಚಳಿಕೆ[1] ⟦muccaḷike ムッチャリケ⟧ [muʧʧə̆ɭike] *n.* 覆い、蓋 [Ka. *muccaḷa* + *-ike*, D4015]

ಮುಚ್ಚಳಿಕೆ[2] ⟦muccaḷike ムッチャリケ⟧ [muʧʧə̆ɭike] ಮುಚ್ಚಲಿಕೆ *n.* (犯罪者が釈放される時に提出する)再び罪を犯さないという誓約書 [Tk. *mucalka*]

ಮುಚ್ಚಿಕೆ ⟦muccike ムッチケ⟧ [muʧʧĭke] ಮುಚ್ಚಿಗೆ *n.* 蓋、覆い [Ka. D4915]

ಮುಚ್ಚಿಗೆ ⟦muccige ムッチゲ⟧ [muʧʧĭge] *n.* 屋根、天井 [Ka. D4915]

ಮುಚ್ಚು ⟦muccu ムッチュ⟧ [muʧʧu] *vt.* **1** 覆う、覆い隠す **2** 〈扉などを〉締める、閉ざす **3** 〈事実、真実などを〉隠す、隠蔽する **—*n.*** **1** 覆うこと、隠すこと **2** 〈扉などを〉閉ざすこと **3** 〈事実、真実などを〉隠すこと、隠蔽すること [Ka. D4915]

ಮುಚ್ಚಿಸು ⟦muccisu ムッチス⟧ [muʧʧisu] *vt.* 〈扉などを〉閉めさせる、など [+ *-isu* caus. D4915]

ಮುಚ್ಚುಮರೆ ⟦muccumare ムッチュマレ⟧ [muʧʧuməre] (*n.*) **1** (扉、カーテンなどの) 遮蔽物〈の〉 **2** 隠し立てする〈こと〉、秘密にする〈こと〉¶ ಕುಲಪತಿ ಮುಚ್ಚುಮರೆ ಇಲ್ಲದೆ ಎಲ್ಲವನ್ನು ಸಭೆಗೆ ಹೇಳಿದರು. (kulapati muccumare illade ellavannu sabhege hēḷidaru.) 副学長は会議で隠し立てなく一切を語った。[Ka. *muccu* + *mare*]

ಮುಚ್ಚುಱು ⟦muccuṟu ムッチュル⟧ [muʧʧŭṟu] 《古》 *vi.* 気を失う、失神する [*mucce*[2] + *uṟu* 「得る」, D4903]

ಮುಚ್ಚುವಿಕೆ ⟦muccuvike ムッチュヴィケ⟧ [muʧʧŭvike] *n.* 閉めること、など [Ka. D4915]

ಮುಚ್ಚೆ[1] ⟦mucce ムッチェ⟧ [muʧʧe] ಮುರ್ಚೆ *n.* 蓋、覆い [Ka. D4915]

ಮುಚ್ಚೆ[2] ⟦mucce ムッチェ⟧ [muʧʧe] ಮುಚ್ಛೆ *n.* 失神、意識を失うこと ◇ *vi.* —ಹೋಗು (hōgu) 気を失う [Sk. *mūrchā-*]

ಮುಜಂಟಿ ⟦mujaṃṭi ムジャンティ⟧ [muʤəɳʈi] 《方》 *n.* 蜜の一種 (*Hav.*) [Ka. D4908]

ಮುಜಗರ ⟦mujagara ムジャガラ⟧ [muʤə̆gərɐ] ಮುಜುಗರ *n.* **1** (贈り物などに対する) 遠慮 ¶ ಅತಿಥಿಗಳು ತುಂಬ ಮುಜಗರ ಮಾಡಿಕೊಂಡರು. (atithigaḷu tuṃba mujagara māḍikoṃḍaru.) 客たちはとても遠慮した。 **2** (場違いな所に招かれた時に感じるような) とまどい ¶ ಗೆಳೆಯನ ಮನೆಗೆ ಊಟಕ್ಕೆ ಹೋದಾಗ ಅಲ್ಲಿ ಬರೀ ಸಿನೆಮಾದವರೇ ಬಂದಿದ್ದರಿಂದ ನನಗೆ ಮುಜಗರವಾಯಿತು. (geḷeyana manege ūṭakke hōdāga alli barī sinemādavarē baṃdiddariṃda nanage mujagaravāyitu.) 友達の家に招かれた時、客はすべて映画界の人だったのでとまどった。[?] = ಮುಜುಗರ (mujugara)

ಮುಜರಾ ⟦mujarā ムジャラー⟧ [muʤə̆rɐː] ಮುಜರೆ, ಮುಜುರೆ *n.* **1** (ムスリム風の)頭を下げて右手の平を額に近づける礼 **2** 出費などを勘案して役所が行う税や料金などの減額 [Ar. *muǧra*]

ಮುಜರಾಯಿ ⟦mujarāyi ムジャラーイ⟧ [muʤə̆rɐːji] *n.* 寺院や慈善団体の財政を管轄する役所の部局 [Ar.-Pe. *muǧrāī*]

ಮುಜರೆ ⟦mujare ムジャレ⟧ [muʤə̆re] *n.* [Ar. *muǧra*] ☞ಮುಜರಾ (mujarā)

ಮುಜುಗರ ⟦mujugara ムジュガラ⟧ [muʤŭgərɐ] *n.* [?] ☞ಮುಜಗರ (mujagara)

ಮುಜು ⟦muju ムジュ⟧ [muʤu] 《方》 *n.* ラングール(南インドによく見られる真っ黒な顔をした猿) (*Hav.*) [Ka. D4910] ☞ಮುಸು (musu)

ಮುಟ್ಟಯಿಸು ⟦muṭṭayisu ムッタイス⟧ [muʈʈəjĭsu] ಮುಟ್ಟಯ್ಸು, ಮುಟ್ಟವಿಸು, ಮುಟ್ಟಿಸು, ಮುಟ್ಟೈಸು 《文》 *vt.* **1** 〈…に〉触れる、〈…に〉さわる **2** 近づく、近寄る **3** 攻撃する [Ka. D4934]

ಮುಟ್ಟಲ್ ⟦muṭṭal ムッタル⟧ [muʈʈəl] 《古》 *vi.* 触れる、汚す [Ka. D4934] ☞ಮುಟ್ಟಲು (muṭṭalu)

ಮುಟ್ಟಲು ⟦muṭṭalu ムッタル⟧ [muʈʈə̆lu] ಮುಟ್ಟಲ್, ಮುಟ್ಟಲೆ, ಮುಟ್ಟಳೆ *n.* **1** 《古》 近く **2** 月経、出産によってもたらされる穢れ [Ka. D4934]

ಮುಟ್ಟಲೆ ⟦muṭṭale ムッタレ⟧ [muʈʈə̆le] 《文》 *n.* [Ka. D4934] ☞ಮುಟ್ಟಲು (muṭṭalu)

ಮುಟ್ಟವೆ ⟦muṭṭave ムッタヴェ⟧ [muʈʈə̆ve] 《古》 *n.* [Ka. D4934] ☞ಮುತ್ತಲ್ (muttal)

ಮುಟ್ಠಾಳ ⟦muṭṭāḷa ムッターラ⟧ [muʈʈɐːɭɐ] *m.* 《*f.* ಮುಟ್ಠಾಳಿ (muṭṭāḷi)》 **1** (生来の)愚か者、大きなしくじりを犯した人 **2** 〔罵〕 馬鹿、阿呆(馬鹿なことをした人に用いる罵詈語) [Ka. D4929]

ಮುಟ್ಠಾಳತನ ⟦muṭṭāḷatana ムッターラタナ⟧ [muʈʈɐːɭə̆tənɐ] *n.* 愚かなこと、へま ¶ ನಾನು ಮಗನಿಗೆ ಅಷ್ಟು ದುಡ್ಡು ಕೊಟ್ಟದ್ದು ನನ್ನ ಮುಟ್ಠಾಳತನ. (nānu maganige aṣṭu duḍḍu koṭṭaddu nanna muṭṭāḷatana.) 私が息子にあれほどのお金をやったのは馬鹿だった。 [Ka. *muṭṭāḷa* + *-tana*]

ಮುಟ್ಠಾಳು[1] ⟦muṭṭāḷu ムッタール⟧ [muʈʈɐːɭu] *mf.* 愚か者(一般に罵る言葉としても用いられる) [Ka. *muṭṭu*[2] + *hāḷu* 「滅び」, D4929]

ಮುಟ್ಟಾಳು[2] ⟦muṭṭāḷu ムッタール⟧ [muʈʈɐːɭu] 《口》 *mf.* さわることができる人(同じカーストの人の意) [Ka. *muṭṭu*[2] + *āḷu* 「人」]

ಮುಟ್ಟಿಲ್ ⟦muṭṭil ムッティル⟧ [muʈʈil] 《‡》 *n.* [Ka. D4934] (*Kk.64* (*Kitt.*)) ☞ಮುಟ್ಟಲು (muṭṭalu)

ಮುಟ್ಟು[1] ⟦muṭṭu ムットゥ⟧ [muʈʈu] 《‡》 *n.* 止めること [Ka. D4933] (*T.*, *M.* (*Kitt.*))

ಮುಟ್ಟು[2] ⟦muṭṭu ムットゥ⟧ [muʈʈu] *vt.* **1** 触れる、さわる **2** (…に)着く、(…に)到着する **3** (ある場所へ行くのに)〈ある場所を〉通る、経る ¶ ಬಸ್ ಹಾಸನವನ್ನು ಮುಟ್ಟಿ ಮಂಗಳೂರಿಗೆ ಹೋಗುತ್ತದೆ. (bas hāsanavannu muṭṭi maṃgaḷūrige hōguttade.) バスはハーサンを通ってマンガロールへ行く。 **—*vi.*** 《*dat.*》(手紙などが)着く ¶ ನಿಮ್ಮ ಪತ್ರ ಮುಟ್ಟಿತು. (nimma patra muṭṭitu.)

お手紙着きました。 —*n.* 1 触れること、接触 2 接触による儀式的穢れ 3 月経、月のもの [Ka. D4934]

ಮುಟ್ಟಿಸು 〚muṭṭisu ムッティス〛 [muʈʈĭsu] *vt.* 1 触れさせる、接触させる 2 到着させる 3〈伝言などを〉伝える ¶ ಅವನಿಗೆ ಅಪಘಾತವಾದ ಸುದ್ದಿಯನ್ನು ಯಾರೋ ಮನೆಗೆ ಮುಟ್ಟಿಸಿದರು. (avanige apagʰātavāda suddiyannu yārō manege muṭṭisidaru.) 彼が事故に遭ったことを誰かが家に伝えた。 [Ka. caus. D4934]

ಮುಟ್ಟು³ 〚muṭṭu ムットゥ〛 [muʈʈu] 《‡》 *n.* 当惑、困った立場 (*My.* (*Kitt.*)) [Ka. D4936]

ಮುಟ್ಟು⁴ 〚muṭṭu ムットゥ〛 [muʈʈu] 《古》 *n.* 道具、器具 [Ka. D4937]

ಮುಟ್ಟುಗೋಲು¹ 〚muṭṭugōlu ムットゥゴール〛 [muʈʈu go:lu] *n.* 不潔なものや不浄なものに直接手を触れないために使う棒 [*muṭṭu*² + *kōlu*]

ಮುಟ್ಟುಗೋಲು² 〚muṭṭugōlu ムットゥゴール〛 [muʈʈugo:lu] ಮುಟ್ಟುಗೋಲು 《‡》 *n.* [←Te. *muṭṭukōlu*?] ☞ಮುಟ್ಟುಗೋಳು (muṭṭugōḷu)

ಮುಟ್ಟುಗೋಳು 〚muṭṭugōḷu ムットゥゴール〛 [muʈʈugo:ɭu] ಮುಟ್ಟುಗೋಲು, ಮುಟ್ಟುಕೋಳು *n.* 差し押さえ、没収 [cf. *muṭṭu*¹? + *kōḷ* 「捕まえること」 D2151]

ಮುಟ್ಟುವಳಿ 〚muṭṭuvaḷi ムットゥヴァリ〛 [muʈʈuvəɭi] *n.* 経費 [Ka. *muṭṭu*¹ + -*vaḷi*?]

ಮುಟ್ಟುವಿಕೆ 〚muṭṭuvike ムットゥヴィケ〛 [muʈʈŭvike] *n.* 接触、さわること [Ka. D4934]

ಮುಟ್ಟುಹ 〚muṭṭuha ムットゥハ〛 [muʈʈŭhɐ] 《古》 *n.* 接触、さわること [Ka. D4934]

ಮುಟ್ಟುಹಾಳ 〚muṭṭuhāḷa ムットゥハーラ〛 [muʈʈŭhɐ:ɭɐ] ಮುಟ್ಟಹಾಳ, ಮುಟ್ಟುಹಾಳ, ಮುಟಾಠ್ಳ, ಮುಟಾಠ್ಳ, ಮುಠಾಳ 《文》 *m.* [Ka. *muṭṭu*²? + *hāḷu*? 「滅び」+ -*a* *D4929] ☞ಮುಟ್ಟಾಳ (muṭṭāḷa)

ಮುಟ್ಟೆ 〚muṭṭe ムッテ〛 [muʈʈe] 《方》 *n.* (藁などを)積んだもの (*Hav.*) [Ka. D5058]

ಮುಟ್ಟೈಸು 〚muṭṭaisu ムッタイス〛 [muʈʈəĭsu] 《文》 *vt.* 攻撃する [Ka. *D4934] ☞ಮುಟ್ಟಯಿಸು (muṭṭayisu)

ಮುಟ್ಠಾಳ 〚muṭṭʰāḷa ムッターラ〛 [muʈʈʰɐ:ɭɐ] *m.* 《*f.* ಮುಟ್ಠಾಳಿ (muṭṭʰāḷi)》 [Ka. *muṭṭu*² + *hāḷa*? *D4929] ☞ಮುಟ್ಟಾಳ (muṭṭāḷa)

ಮುಟ್ಲು 〚mutlu ムトル〛 [muʈlu] 《口》 *n.* 1 さわること、接触 2 月経、月経による不浄 3 出産から来る儀式的穢れ [Ka. D4934]

ಮುಡಿ¹ 〚muḍi ムディ〛 [muɖi] *vt.* 1〈髪の毛を〉結う 2 (髪の毛に)〈花を〉つける ¶ ತಲೆಯಲ್ಲಿ ಹೂವು ಮುಡಿಯುವುದು ಈ ದಕ್ಷಿಣಭಾರತದ ಪದ್ಧತಿ. (taleyalli hūvu muḍiyuvudu ī dakṣiṇabʰāratada paddʰati.) 頭に花をつけるのが南インドの習慣である。 —*n.* 1 (頭の上で結んで)団子にした髪の毛 2《古》頭髪、髪の毛 ¶ ಅಡಿಯಿಂದ ಮುಡಿವರೆಗೆ (aḍiyiṃda muḍivarege) 頭の毛から足の裏まで 3 米俵 [Ka. D4921]

ಮುಡಿಸು 〚muḍisu ムディス〛 [muɖĭsu] *vt.*〈花を〉(人の)頭につけてやる [+ -*isu* caus. D4921]

ಮುಡಿ² 〚muḍi ムディ〛 [muɖi] 《古》 *vi.* 1 終わる、終了する 2 死ぬ、亡くなる —*n.* 終わり、滅亡 [Ka. D4922]

ಮುಡಿಪು¹ 〚muḍipu ムディプ〛 [muɖĭpu] *n.* 1 布で包んだもの、包み、金の包み 2 (祭り、供養、結婚などの目的で) 手をつけずに取っておいたもの ¶ ಗೌಡರು ದೇವರಿಗೆ ಹಣವನ್ನು ಮುಡಿಪು ಇಟ್ಟರು. (gauḍaru dēvarige haṇavannu muḍipu iṭṭaru.) 村長は神々のためにお金を取っておいた。 [Ka. D4921]

ಮುಡಿಪು² 〚muḍipu ムディプ〛 [muɖĭpu] ಮುಡಪು, ಮುಡಿಪು 《文》 *vi.* (宗教者が) 苦行によって死ぬ [Ka. D4922]

ಮುಡಿವಾಳ 〚muḍivāḷa ムディヴァーラ〛 [muɖĭvɐ:ɭɐ] ಮಡಿವಾಳ, ಮುಡಿಯಾಳ, ಮುಡಿವಳ *n.* レモングラス、レモンソウ (イネ科オガルカヤ属) ⇀ 香 [Ka. D4924, cf. D5374] = ನಿಂಬೆ ಹುಲ್ಲು (niṃbe hullu)

ಮುಡಿಹು 〚muḍihu ムディフ〛 [muɖĭhu] 《古》 *vi.* (ジャイナ教の宗教者が) 苦行 (断食) によって死ぬ [Ka. *D4922]

ಮುಡುಕು 〚muḍuku ムドゥク〛 [muɖŭku] ಮುಡುಗು 《古》 *vt.* 腕に抱く、抱擁する (*Śmd.*) —*vi.* 1 (仕事や面倒などが)生じる、起こる、得られる 2 どもる —*n.* 隅、角(かど) [Ka. D4919]

ಮುಡುಗು 〚muḍugu ムドゥグ〛 [muɖŭgu] 《古》 *vi.* かがむ —*vt.* かがませる ☞ಮುಡುಕು (muḍuku) [Ka. D4919]

ಮುಡುಪು¹ 〚muḍupu ムドゥプ〛 [muɖŭpu] *n.* [Ka. D4921] ☞ಮುಡಿಪು (muḍipu)¹

ಮುಡುಪು² 〚muḍupu ムドゥプ〛 [muɖŭpu] 《古》 *vi.* (ジャイナ教の宗教者が)苦行(断食)によって死ぬ [Ka. *D4922] ☞ಮುಡಿಪು (muḍipu)²

ಮುಡುಪು³ 〚muḍupu ムドゥプ〛 [muɖŭpu] ಮುಡುಬು, ಮುಡುವು, ಮುಡುಹು 《古》 *n.* 肩 [Ka. D5122]

ಮುಡುಬು 〚muḍubu ムドゥブ〛 [muɖŭbu] 《古》 *vi.* (体の一部が)変形する、曲がる —(*n.*) (体の一部が)変形した〈こと〉 [Ka. D4919]

ಮುಡುಹು¹ 〚muḍuhu ムドゥフ〛 [muɖŭhu] 《古》 *n.* (ジャイナ教の宗教者が)苦行によって死ぬ〈こと〉 [Ka. *D4922] = ಮುಡುಪು (muḍupu)³

ಮುಡುಹು² 〚muḍuhu ムドゥフ〛 [muɖŭhu] 《古》 *n.* 肩 [Ka. D5122] = ಮುಡುಪು (muḍupu)³

ಮುಣಗು 〚muṇagu ムナグ〛 [muɳəgu] 《口》 *vi.* [Ka. D4993] ☞ಮುಳುಗು (muḷugu)

ಮುಣಿಗು 〚muṇigu ムニグ〛 [muɳĭgu] 《口》 *vi.* [Ka. D4993] ☞ಮುಳುಗು (muḷugu)

ಮುಣುಗು 〚muṇugu ムヌグ〛 [muɳŭgu] *vi.* 1 水(など液体の中)に沈む、沈没する 2 (太陽が)沈む 3 滅びる、滅亡する ¶ ಹದಿನಾರನೆ ಶತಮಾನದಲ್ಲಿ ವಿಜಯನಗರ ಸಾಮ್ರಾಜ್ಯ ಮುಣುಗಿತು. (hadinārane śatamānadalli vijayanagara sāmrājya muṇugitu.) ヴィジャヤナガラ帝国は16世紀に滅びた。[Ka. D4993] ☞ಮುಳುಗು (muḷugu)

ಮುಣುಗಿಸು ⟦muṇugisu ムヌギス⟧ [muɳŭgisu] *vt.* 沈める、(水などに) つける [+ *-isu* caus. D4993] ☞ಮುಳುಗಿಸು (muḷugisu)

ಮುತುವರ್ಜಿ ⟦mutuvarji ムトゥヴァルジ⟧ [mutuvərdʒi] ಮುತವರ್ಜಿ *n.* 1 関心、興味、熱意 ¶ ಮುತುವರ್ಜಿ ವಹಿಸಿ ಅವನಿಗೆ ಪಾಠವನ್ನು ಹೇಳಿಕೊಡು. (mutuvarji vahisi avanige pāṭʰavannu hēḷikoḍu.) あの子に学科を熱心に教えなさい。 2 注意深いこと ¶ ಆರೋಗ್ಯದ ಬಗ್ಗೆ ತುಂಬ ಮುತುವರ್ಜಿ ವಹಿಸಬೇಕು. (ārōgyada bagge tuṃba mutuvarji vahisabēku.) 健康にはとことん気をつけねばならない。 [Ar. *mutawağğih*] = ಆಸ್ಥೆ (āsthe)

ಮುತ್ತ¹ ⟦mutta ムッタ⟧ [muttɐ] 《古》 *adj.*, *m.* 《*f.* ಮುತ್ತಿ (mutti)》 1 老人〈の〉 2 長老〈の〉 [Ka. past.p. of *mudu* D4954]

ಮುತ್ತ² ⟦mutta ムッタ⟧ [muttɐ] 《古》 *n.* [Ka. D4981] ☞ಮುತ್ತುಗ (muttuga)

ಮುತ್ತಕ ⟦muttaka ムッタカ⟧ [muttə̆kɐ] 《古》 *n.* [Ka. D4981] ☞ಮುತ್ತುಗ (muttuga)

ಮುತ್ತಗ ⟦muttaga ムッタガ⟧ [muttə̆gɐ] *n.* [Ka. D4981] ☞ಮುತ್ತುಗ (muttuga)

ಮುತ್ತಜ್ಜ ⟦muttajja ムッタッジャ⟧ [muttədʒdʒɐ] *m.* 《*f.* ಮುತ್ತಜ್ಜಿ (muttajji)》曽祖父 [Ka. < *mutta*¹ + *ajja*]

ಮುತ್ತಜ್ಜಿ ⟦muttajji ムッタッジ⟧ [muttədʒdʒi] *f.* 《*pl.* ಮುತ್ತಜ್ಜಿಯರು (muttajjiyaru), *m.* ಮುತ್ತಜ್ಜ (muttajja)》曾祖母 [Ka. *mutta*¹ + *ajji*]

ಮುತ್ತಯಿದೆ ⟦muttayide ムッタイデ⟧ [muttəjide] *f.* [Ka. *mutta*¹ + *ayide* <?] ☞ಮುತ್ತೈದೆ (muttaide)

ಮುತ್ತಯ್ಯ ⟦muttayya ムッタイヤ⟧ [muttə̆jjɐ] *m.* 《*f.* ಮುತ್ತಜ್ಜಿ (muttajji)》曽祖父 [Ka. < *mutta*¹ + *ayya*]

ಮುತ್ತಲ ⟦muttala ムッタラ⟧ [muttə̆lɐ] 《口》 *n.* [Ka. D4981] ☞ಮುತ್ತಗ (muttaga)

ಮುತ್ತಲು ⟦muttalu ムッタル⟧ [muttə̆lu] 《口》 *n.* [Ka. D4981] ☞ಮುತ್ತಗ (muttaga)

ಮುತ್ತಲು ⟦muttalu ムッタル⟧ [muttə̆lu] 《‡》 *adv.* 《繰り返し表現において》回って、囲んで(繰り返す語について以下の実例参照) ¶ ಶಾಲೆಯ ಸುತ್ತಲು ಮುತ್ತಲು ಆಟದ ಬಯಲು ಇದೆ. (śāleya suttalu muttalu āṭada bayalu ide.) 学校はその四方を運動場に取り囲まれている。 [Ka. D5018] (*Kitt.*)

ಮುತ್ತಿಗ ⟦muttiga ムッティガ⟧ [muttigɐ] 《古》 *n.* 1 取り囲むこと 2 包囲 [Ka. D5018] (*Bp.16,10* (*Kitt.*))

ಮುತ್ತಿಗೆ ⟦muttige ムッティゲ⟧ [muttige] *n.* 1 取り囲むこと 2 攻囲、包囲 3 攻撃、襲撃、よってたかって襲うこと ◇ *vi.* —ಹಾಕು (hāku) 包囲する、攻撃する [Ka. D5018]

ಮುತ್ತು¹ ⟦muttu ムットゥ⟧ [muttu] 《古》 (*adj.*) 《複合語頭で》年取った〈こと〉、熟年〈の〉 [Ka. D4954]

ಮುತ್ತು² ⟦muttu ムットゥ⟧ [muttu] *n.* 真珠 [Ka. D4959]

ಮುತ್ತು³ ⟦muttu ムットゥ⟧ [muttu] 《文》 *n.* [Ka. D4981] ☞ಮುತ್ತಗ (muttaga)

ಮುತ್ತು⁴ ⟦muttu ムットゥ⟧ [muttu] *vt.* 1 取り巻く、取り囲む 2 〈城などを〉包囲する、攻囲する 3 大勢で攻める、攻撃する [Ka. D5018]

ಮುತ್ತು⁵ ⟦muttu ムットゥ⟧ [muttu] *n.* 接吻、口づけ ◇ *vi.* —ಇಡು, ಕೊಡು (iḍu, koḍu) キスする [Ka. D4960] ☞ಮುದ್ದು (muddu)

ಮುತ್ತುಗ ⟦muttuga ムットゥガ⟧ [muttŭgɐ] ಮುತ್ತ¹, ಮುತ್ತಕ, ಮುತ್ತಗ, ಮುತ್ತಲ, ಮುತ್ತಲು, ಮುತ್ತು, ಮುತ್ತುಕ, ಮುತ್ತುಗ, ಮುಟ್ಟುಗ, ಮುಟ್ಟ *n.* ハナモツヤクノキまたはその花(花没薬の樹、真紅の花を咲かせる中程度の大きさの木) → 染・薬 [Ka. D4981] = Sk. *palāśa-* *[IMP 1.315; IHT 47]

ಮುತ್ತುಲ ⟦muttula ムットゥラ⟧ [muttŭlɐ] 《口》 *n.* [Ka. D4981] ☞ಮುತ್ತುಗ (muttuga)

ಮುತ್ತೈದೆ ⟦muttaide ムッタイデ⟧ [muttəide] ಮುತ್ತಯಿದೆ *f.* 夫が生きている女性(めでたい行事に積極的に参加できる) [Ka. *mutta* D4954 + *aide*]

ಮುತ್ಯ ⟦mutya ムティャ⟧ [mutʲjɐ] 《‡》 *n.* 真珠 [Ka. D4959?, cf. Sk. *mutya-* (lex.)] (*Sk.* (*Kitt.*))

ಮುತ್ಸಂಜೆ ⟦mutsaṃje ムトサンジェ⟧ [mutsəɲdʒe] ಮುಚ್ಚಂಜೆ, ಮುಸ್ಸಂಜೆ 《文》 *n.* 夕闇、夕暮れ [*mutta* + *saṃje*]

ಮುತ್ಸದ್ದಿ ⟦mutsaddi ムトサッディ⟧ [mutsəddi] *mf.* 1 昔王国の行政を司った役人 2 策略に長けた政治家 ¶ ಚೌ ಎನ್ ಲೈ ತುಂಬ ಮುತ್ಸದ್ದಿ ಆಗಿದ್ದರು. (cau en lai tuṃba mutsaddi āgiddaru.) 周恩来はとても抜け目のない政治家だった。 3〔喩〕策略家、抜け目がない人、利口な人 [Ar. *mutaṣaddī*]

ಮುದ ⟦muda ムダ⟧ [mudɐ] 《文》 *n.* 喜び、満足 [Sk. *mudā-*]

ಮುದಕ ⟦mudaka ムダカ⟧ [muđə̆kɐ] 《異》 *adj.*, *m.* 《*f.* ಮುದುಕಿ (muduki)》 (老いぼれた) 老人〈の〉、年寄り〈の〉 [Ka. D4954] (*My.*; *B.3,44* (*Kitt.*)) ☞ಮುದುಕ (muduka)〔汎〕

ಮುದಿ ⟦mudi ムディ⟧ [muđi] *n.* 老齢、老年 ¶ ಅವನಿಗೆ ಮುದಿ ಬಂದರೂ ಬುದ್ಧಿ ಬರಲಿಲ್ಲ. (avanige mudi baṃdarū buddʰi baralilla.) 彼は年を取ったが知恵はつかなかった。 —(*n.*) 老齢〈の〉、高齢〈の〉 ¶ ನಮ್ಮ ಹಸು ಮುದಿಯಾಗಿದೆ. (namma hasu mudiyāgide.) うちの雌牛は年取ってしまった。 [Ka. D4954]

ಮುದಿಕಿ ⟦mudiki ムディキ⟧ [muđĭki] 《口》 *f.* 《*m.* ಮುದುಕ (muduka)》 [Ka. D4954] ☞ಮುದುಕಿ (muduki)

ಮುದಿಗೊಡ್ಡು ⟦mudigoḍḍu ムディゴッドゥ⟧ [muđigoɖɖu] *mf.* 生殖能力を失った老人；老いぼれ、何の役にも立たない人 ¶ ಅವನು ಮುದಿಗೊಡ್ಡು, ಯಾವ ಕೆಲಸಕ್ಕೂ ಪ್ರಯೋಜನ ಇಲ್ಲ. (avanu mudigoḍḍu, yāva kelasakkū prayōjana illa.) 奴は老いぼれだ。何の役にも立たない。 [*mudi* + *goḍḍu*]

ಮುದಿತನ ⟦muditana ムディタナ⟧ [muđitənɐ] *n.* 老齢、年取った状態 [*mudi* + *-tana*]

ಮುದಿಪ್ರಾಯ ⟦mudiprāya ムディプラーヤ⟧ [muđiprɐːjɐ] *n.* 老齢、老年 ¶ ಸ್ವಾಮೀಜಿಗೆ ಮುದಿಪ್ರಾಯ ಬಂದಿದ್ದರೂ ಮುದಿತನ ಬಂದಿಲ್ಲ. (svāmījige mudiprāya baṃdiddarū muditana baṃdilla.) 尊師はお年は召しておられるが老いぼれてはいらっしゃらない。[Ka. *mudi + prāya*]

ಮುದಿಯ ⟦mudiya ムディヤ⟧ [muđijɐ] *m.* 《*f.* ಮುದಿಯಳು (mudiyaḷu)》〔卑〕老いぼれ、年を取って役に立たない人 [Ka. *mudi + -a*]

ಮುದು ⟦mudu ムドゥ⟧ [muđu] 《古》 *vi.* 《過去語幹 mutt-》 **1** 成熟する、熟れる **2** 年を取る、年がよる [Ka. D4954]

ಮುದುಕ ⟦muduka ムドゥカ⟧ [muđŭkɐ] *adj., m.* 《*f.* ಮುದುಕಿ (muduki)》 老人〈の〉、年寄り〈の〉 [Ka. D4954]

ಮುದುಕತನ ⟦mudukatana ムドゥカタナ⟧ [muđŭkətənɐ] *n.* 老年、老いた状態 [Ka. *muduka + -tana* D4954]

ಮುದುಕಿ ⟦muduki ムドゥキ⟧ [muđŭki] *f.* 《*m.* ಮುದುಕ (muduka)》老女、年寄り [Ka. D4954]

ಮುದುಕು ⟦muduku ムドゥク⟧ [muđŭku] 《‡》 *m.* 《*f.* ಮುದುಕಿ (muduki)》老人、年寄り (*DEDR*) [Ka. D4954]

ಮುದುಡು ⟦muduḍu ムドゥドゥ⟧ [muđŭḍu] *vi.* **1** (皮膚などが)しわになる、しわがよる ¶ ಸವಿತಾ ತನ್ನ ಮುದುಡಿದ ಕೆನ್ನೆಗೆ ಸ್ನೋ ಲೇಪಿಸುತ್ತಿದ್ದಳು. (savitā tanna muduḍida kennege snō lēpisuttiddaḷu.) サヴィターは毎日自分のしわがよったほほにスノー(美容クリームの商品名)を塗っていた。 **2** (背骨などが)曲がる **3** (絨毯(じゅうたん)などが)しわになる **4** (花などが)しなびる [Ka. *D4954(a)] ☞ಮುದುರು (muduru)

ಮುದುಪ ⟦mudupa ムドゥパ⟧ [muđŭpɐ] 《古》 *m.* 《*f.* ಮುದುಪಳು (mudupaḷu)》〔卑〕老いぼれ、年寄り [Ka. D4954]

ಮುದುರು ⟦muduru ムドゥル⟧ [muđŭru] ಮುದಿರ್ *vi.* **1** (皮膚などが)縮む、縮小する **2**《希》(背骨などが)曲がる **3** (絨毯(じゅうたん)などが)しわになる **4** (花などが)しなびる [Ka.]

ಮುದ್ಕು ⟦mudku ムドク⟧ [muđku] 《方》 *vt.* 接吻する、口づけする (*Coorg.*) [Ka. D4960]

ಮುದ್ದತಿ ⟦muddati ムッダティ⟧ [muddəti] *n.* (債務の弁済などに)決められた期間 [Ar.-Pe. *muddat*]

ಮುದ್ದತಿ ಹುಂಡಿ ⟦muddati huṃḍi ムッダティフンディ⟧ [muddəti huɳḍi] *n.* 約束手形の一種 [+ *huṃḍi*]

ಮುದ್ದಾಂ ⟦muddāṃ ムッダーン⟧ [muddɐːm] ಮುದ್ದಾಮು, ಮುದ್ದಾಮ್, ಮುದ್ದಾಮ *adv.* **1** 故意に、わざと、わざわざ ¶ ನಾನು ಈ ಕೆಲಸಕ್ಕೆ ಬೆಂಗಳೂರಿನಿಂದ ಮುದ್ದಾಂ ಬಂದೆ. (nānu ī kelasakke beṃgaḷūriniṃda muddāṃ baṃde.) 私はベンガルールからこのことのためにわざわざやってきたのです。 **2** じきじきに、間に他人を入れずに ¶ ನಾನು ನಿಮ್ಮ ಜೊತೆ ಮುದ್ದಾಂ ಮಾತಾಡಬೇಕು. (nānu nimma jote muddāṃ mātāḍabēku.) 私はこのことについてじきじきにお話しせねばなりません。 [M. *muddāmŭ* ←Ar. *mudām*「続けて」]

ಮುದ್ದಾಡು ⟦muddāḍu ムッダードゥ⟧ [muddɐːḍu] *vt.* **1** 愛撫する、可愛がる ¶ ಮೊಮ್ಮಗಳನ್ನು ಮುದ್ದಾಡುತ್ತಿರುವಾಗ ಶ್ರೀದೇವಿಗೆ ಜೀವ ತಿರುಗಿ ಬಂದಂತೆ ಅನಿಸುತ್ತದೆ. (mommagaḷannu muddāḍuttiruvāga śrīdēvige jīva tirugi baṃdaṃte anisuttade.) 孫を可愛がっている時シュリーデーヴィは新しい命が戻ってきたように思えた。 **2** 幾度も幾度も口づけする [Ka. *muddu + āḍu*]

ಮುದ್ದಿ ⟦muddi ムッディ⟧ [muddi] 《口》 *n.* [Ka. D4962] ☞ಮುದ್ದೆ (mudde)

ಮುದ್ದು ⟦muddu ムッドゥ⟧ [muddu] ಮುತ್ತು (*n.*) **1** 可愛らしい〈こと〉¶ ಈ ಮಗು ತುಂಬ ಮುದ್ದು. (ī magu tuṃba muddu.) この子どもはとても可愛い。 **2** いとしい〈こと〉、可愛い〈こと〉¶ ಈ ಕುರಿ ನನಗೆ ತುಂಬ ಮುದ್ದು. (ī kuri nanage tuṃba muddu.) これが私の可愛がっている羊です。 **3** (子どもなどに対して)愛情を持っている〈こと〉¶ ಅವನಿಗೆ ಮಕ್ಕಳೆಂದರೆ ತುಂಬ ಮುದ್ದು. (avanige makkaḷeṃdare tuṃba muddu.) 彼は子どもには目がない。 —*n.* 接吻、口づけ [Ka. D4960]

ಮುದ್ದಿಡು ⟦muddiḍu ムッディドゥ⟧ [muddiḍu] *vi.* 《*dat.*》 接吻する、口づけする、キスする [+ *iḍu*]

ಮುದ್ದೆ ⟦mudde ムッデ⟧ [mudde] *n.* **1** 丸い塊 **2** ラーギーなどの穀物の粉をゆでて丸めたもの(香辛料のきいたソースをかけて食べる、カルナータカでは以前これが主食だった) [Ka. D4962]

ಮುದ್ರಕ ⟦mudraka ムドラカ⟧ [mudrəkɐ] *mf.* 印刷者、印刷する人 —*n.* **1** 印刷所 **2** 印字機 [Sk.]

ಮುದ್ರಣ ⟦mudraṇa ムドラナ⟧ [mudrəɳɐ] 《文》 *n.* **1** 印刷 = ಪ್ರಿಂಟಿಂಗ್ (priṃṭiṃg)〔口〕 **2** (貨幣の)鋳造 [Sk.]

ಮುದ್ರಣ, ಲೇಖನಸಾಮಗ್ರಿ ಮತ್ತು ಪ್ರಕಟಣೆಗಳ ಇಲಾಖೆ ⟦mudraṇa, lēkʰanasāmagri mattu prakaṭaṇegaḷa ilākʰe ムドラナ, レーカナサーマグリマットゥプラカタネガライラーケ⟧ [mudrəɳə, leːkʰənəsɐːməgri məttu prəkəʈəɳegaḷa ilɐːkʰe] 《文》 *n.* 印刷と出版と事務用品を管理する政府の部局 [+ *lēkʰanasāmagri* ...]

ಮುದ್ರಣಾಲಯ ⟦mudraṇālaya ムドラナーラヤ⟧ [mudrəɳɐːləjɐ] 《文》 *n.* 印刷所 [Sk.]

ಮುದ್ರಿಕೆ ⟦mudrike ムドリケ⟧ [mudrike] *n.* **1** 印形、印、判 **2** 指輪に彫った認印 **3** 詩や歌などの最後に置かれた作者名 [Sk.]

ಮುದ್ರೆ ⟦mudre ムドレ⟧ [mudˑre] *n.* **1** スタンプ、判、印章[⇒図] **2** スタンプや判で押した像 **3** 顔の表情 = ಮುಖಮುದ್ರೆ (mukʰamudre) **4** 手や指で象徴する形(踊りや瞑想に用いられる)、印相 [Sk.]

ಮುದ್ರೆ 印章

ಮುದ್ರಿಸು ⟦mudrisu ムドリス⟧ [mudrisu] 《文》 *vt.* **1** 〈本などを〉印刷する、刷る **2** 〈貨幣を〉鋳造する [Sk.]

ಮುನ್ ⟦mun ムン⟧ [mun] 《古》 (*n.*) **1** (場所的な意味で)前方〈の〉; 目の前〈の〉、面と向かった〈場所〉 **2** (時間的な意味で)以前〈の〉、かつて〈の〉、

先〈の〉[Ka. D5020(a)] ☞ಮುಂ- (muṃ-)

ಮುನಿ¹ ⟦muni ムニ⟧ [muni] *vi.* むっとする、鬱憤を抱く [Ka. D5021]

ಮುನಿಯಿಸು ⟦muniyisu ムニイス⟧ [munijisu] *vt.* 〈人に〉鬱憤をもたらす、むっとさせる [Ka. caus. D5021]

ಮುನಿ² ⟦muni ムニ⟧ [muni] *mf.* 聖者、聖人、苦行者、隠遁者 [Sk.]

ಮುನಿಪು ⟦munipu ムニプ⟧ [munipu] 《‡》 *n.* (心の中での)腹立ち、鬱憤(*nn.142 (Kitt.)*) [Ka. D5021]

ಮುನಿಸು ⟦munisu ムニス⟧ [munisu] *n.* (心の中で押さえつけられた)怒り、むっとすること、鬱憤 [Ka. D5021]

ಮುನಿಸುಗಾಱ ⟦munisugāṟa ムニスガーラ⟧ [munisŭgɐːrɐ] 《古》 *m.* 《*f.* ಮುನಿಸುಗಾರ್ತಿ (munisugārti)》腹を立てた人 [Ka. *munisu* + *-kāṟa* D5021]

ಮುನ್ನಂ ⟦munnaṃ ムンナン⟧ [munnəm] 《古》 *adv.* 1 それから、後で 2 先に、前に 3 昔、かつて [Ka. D5020(a)]

ಮುನ್ನ ⟦munna ムンナ⟧ [munnɐ] ಮುನ್, ಮುಂ, ಮುನ್ನ, ಮುನ್ನಂ *adv.* 1 目の前に、自分より前に ¶ ನೀವು ಮುನ್ನ ಹೊರಟು ಬನ್ನಿ. (nīvu munna horaṭu banni.) 先に出発していらっしゃい。 2 かつて、(時間的に)前に ¶ ಮುನ್ನ ಈ ರೀತಿ ಆಗುತ್ತಿರಲಿಲ್ಲ. (munna ī rīti āguttiralilla.) 昔はこんなことはなかった。 —*postp.* …の前に ¶ ಮಗ ಶಾಲೆಯಿಂದ ಬರುವ ಮುನ್ನ ಬನ್ನಿ. (maga śāleyiṃda baruva munna banni.) 息子が学校から帰ってくるまでにいらっしゃい。¶ ಓದುವ ಮುನ್ನ ಅಜ್ಜ ಕನ್ನಡಕ ಒರಸುತ್ತಾರೆ. (ōduva munna ajja kannaḍaka orasuttāre.) 祖父は読む前に自分のめがねを拭く。 [Ka. D5020(a)]

ಮುನ್ನಡೆ ⟦munnaḍe ムンナデ⟧ [munnəḍe] *vi.* 1 前に立って歩く 2 前進する、先へ進む 3〔喩〕(仕事などに関して)先へ進む、はかどる 4 (社会などが)進歩する ¶ ಶ್ರಮಿಸಿದರೆ ದೇಶ ಮುನ್ನಡೆಯುತ್ತದೆ. (śramisidare dēśa munnaḍeyuttade.) 努力すれば国は進歩する。 —*n.* 1 先頭を走ること ¶ ಒಲಿಂಪಿಕ್ ಚಿನ್ನದ ಪದಕದಲ್ಲಿ ಅಮೇರಿಕ ಮುನ್ನಡೆ ಸಾಧಿಸಿದೆ. (ōlimpik cinnada padakadalli amērika munnaḍe sādʰiside.) アメリカはオリンピックの金メダル数でリードしている。 2 仕事などが進むこと、進歩 ¶ ದೇಶದ ಮುನ್ನಡೆಗೆ ಪ್ರತಿಯೊಬ್ಬನೂ ಶ್ರಮಿಸಬೇಕು. (dēśada munnaḍege pratiyobbanū śramisabēku.) 国の発展のために誰もが努力せねばならない。 [Ka. *muṃ* + *naḍe*]

ಮುನ್ನಲ್ ⟦munnal ムンナル⟧ [munnəl] 《‡》 *adv.* 以前、…より前に [Ka. D5020(a)] (*Bp. 35,46; 50,72 (Kitt.)*) ☞ಮುನ್ನ (munna)

ಮುನ್ನು ⟦munnu ムンヌ⟧ [munnu] 《‡》 *adv.* かつて、以前 [Ka. D5020(a)] (*Si.318 (Kitt.)*)

ಮುನ್ನುಗ್ಗು ⟦munnuggu ムンヌッグ⟧ [munnuggu] *vi.* (困難や妨害を克服して) 前に進む ¶ ಭಾರತದ ಸೈನ್ಯ ವೈರಿ ಸೈನ್ಯವನ್ನು ಎದುರಿಸಿ ಢಾಕಾಕ್ಕೆ ಮುನ್ನುಗ್ಗಿತು. (bʰāratada sainya vairi sainyavannu edurisi dʰākākke munnuggitu.) インド軍は敵の抵抗を排してダッカへ進んだ。 [*mun-* + *nuggu*]

ಮುನ್ನುಡಿ ⟦munnuḍi ムンヌディ⟧ [munnuḍi] *n.* 前書き、はしがき、序文 [Ka. *muṃ-* + *nuḍi*]

ಮುನ್ನೂರು ⟦munnūru ムンヌール⟧ [munnuːru] ಮುನೂಱು, ಮುನ್ನೂಱು, ಮೂನೂಱು *numr.adj.* 300 の —*numr.n.* 300 [Ka. D3729 + D5052]

ಮುನ್ನೂಱು ⟦munnūṟu ムンヌール⟧ [munnuːṟu] 《古》 *numr.adj.* 300 の —*numr.n.* 300 [Ka. D3729 + D5052]

ಮುನ್ನೆ ⟦munne ムンネ⟧ [munne] 《古》 *adv.* 以前、かつて (*Pb.1.73 (Kitt.)*) [Ka. *mun-* + *-e* D5020]

ಮುನ್ನೆಚ್ಚರಿಕೆ ⟦munneccarike ムンネッチャリケ⟧ [munneʧʧərike] *n.* 用心、警戒、予防措置 ¶ ಮುನ್ನೆಚ್ಚರಿಕೆ ಇದ್ದಿದ್ದರೆ ಅಪಘಾತ ತಪ್ಪುತ್ತಿತ್ತು. (munneccarike iddiddare apagʰāta tapputtittu.) あらかじめ用心していたら事故に遭わずにすんだろうに。 [Ka. *mun-* + *eccarike*]

ಮುನ್ಶಿ ⟦munśi ムンシ⟧ [munʃi] *m.* 昔のインドの地主の秘書兼書記(教師の仕事もした) [Ar. *munšī*]

ಮುನ್ಸೂಚನೆ ⟦munsūcane ムンスーチャネ⟧ [munsuːʧəne] *n.* 予告 ¶ ಪೊಲೀಸರು ಮುನ್ಸೂಚನೆ ಇಲ್ಲದೆ ರಸ್ತೆಯ ಅಂಗಡಿಗಳನ್ನು ಕಿತ್ತುಹಾಕಿದರು. (polīsaru munsūcane illade rasteya aṃgaḍigaḷannu kittuhākidaru.) 警察は前もって知らせることなく路上の店を撤去した。 [Sk.]

ಮುಪ್ಪು ⟦muppu ムップ⟧ [muppu] *n.* 老齢、老年 ¶ ಬುದ್ಧಿವಂತರಾದ ಅವರಿಗೆ ಮುಪ್ಪಿನಲ್ಲಿ ತಮ್ಮ ಹೆಸರು ಕೂಡ ಮರೆತು ಹೋಯಿತು. (buddʰivaṃtarāda avarige muppinalli tamma hesaru kūḍa maretu hōyitu.) 賢かった彼は老齢において自分の名さえ忘れてしまった。 [Ka. < **mudipu* D4954]

ಮುಮ್ಮಡಿ ⟦mummaḍi ムンマディ⟧ [mumməḍi] *adv.* 3 倍 ¶ ನನಗೆ ಮುಮ್ಮಡಿ ಲಾಭವಾಯಿತು. (nanage mummaḍi lābʰavāyitu.) 私は 3 倍儲けた。 —(*n.*) (王などの名前で) 3 世 ¶ ಮುಮ್ಮಡಿ ಕೃಷ್ಣರಾಜ ಒಡೆಯರು (mummaḍi kṛṣṇarāja oḍeyaru) クリシュナラージャ 3 世 [Ka. *muṃ-* + *maḍi*]

ಮುಮ್ಮೊದಲು ⟦mummodalu ムンモダル⟧ [mummođəlu] (*n.*) まっさき〈の〉¶ ಚಂದ್ರನ ಮೇಲೆ ಇಳಿದವರಲ್ಲಿ ಆರ್ಮ್‌ಸ್ಟ್ರಾಂಗ್ ಮುಮ್ಮೊದಲು. (caṃdrana mēle iḷidavaralli ārmstroṃg mummodalu.) アームストロングが月に降りた人の中で最初の人である。 —*adv.* 真っ先に ¶ ಮುಮ್ಮೊದಲು ನೀನು ನಾನು ಹೇಳಿದ್ದು ಮಾಡು. (mummodalu nīnu nānu hēḷiddu māḍu.) 真っ先に俺の言ったことをしろ。 —*postp.* …の最初に ¶ ಎಲ್ಲಾ ಕೆಲಸದ ಮುಮ್ಮೊದಲು ನೀನು ನಾನು ಹೇಳಿದ್ದು ಮಾಡಬೇಕು. (ellā kelasada mummodalu nīnu nānu hēḷiddu māḍabēku.) おまえは何より先に俺の言ったことをしろ。 [Ka. *mun-* D5020(a) + *modalu* D4950]

ಮುಮ್ಮೊದಲಿಗ ⟦mummodaliga ムンモダリガ⟧ [mummođəligɐ] *m.* 《*f.* ಮುಮ್ಮೊದಲಿಗಳು (mummodaligaḷu)》 真っ先の人 ¶ ಆಗ ಗೌರೀಶಂಕರವನ್ನು ಏರಿದವರಲ್ಲಿ ತೇನಸಿಂಗ್

ಮುಮ್ಮೊದಲಿಗ. (āga gaurīśaṃkaravannu ēridavaralli tēnasiṃg mummodaliga.) あの時エベレストに登頂した人たちの中でテン・シンが真っ先だった。[Ka. *mummodalu + -iga*]

ಮುಯ್¹ ⟦muy ムイ⟧ [muji] ಮುಯಿ, ಮುಯ್ಯಿ, ಮುಯ್ವು *n.* **1** 返礼、報償；仕返し、復讐、やり返し ¶ ಸೀತಾ ಗೀತಾಳನ್ನು ಅಣಕಿಸಿದರೆ ಗೀತಾಳೂ ಅಣಕಿಸಿ ಮುಯ್ ತೀರಿಸಿದಳು. (sītā gītāḷannu aṇakisidare gītāḷū aṇakisi muy tīrisidaḷu.) シーターがギーターに「イー」をした時ギーターもそれをし返した。**2** 結婚式や家の落成式などのめでたい行事のための贈り物（両家の社会的経済的地位や、これまでに授受された贈り物などを考えてなされる）¶ ಗೌಡರ ಮಗಳ ಮದುವೆಯಲ್ಲಿ ಊರಿನ ಜನ ಎಲ್ಲ ಬಂದು ಮುಯ್ ಮಾಡಿದರು. (gauḍara magaḷa maduveyalli ūrina jana ella baṃdu muy māḍidaru.) 村長の娘の結婚に村人たちはこぞって祝いを持ってきた。[Ka. D5121]

ಮುಯ್² ⟦muy ムイ⟧ [muji] 《古》*n.* 肩 [Ka. D5122]

ಮುಯಿ ⟦muyi ムイ⟧ [muji] 《口》*n.* [Ka. D5121] ☞ಮುಯ್ (muy)¹

ಮುಯಿಬು ⟦muyibu ムイブ⟧ [mujĭbu] ಮುಯ್², ಮುಯ್ವು² 《‡》*n.* 肩 (*Śs.* (*Kitt.*)) [Ka. D5122]

ಮುಯಿವು ⟦muyivu ムイヴ⟧ [mujĭvu] 《‡》*n.* 肩 (*Kk.* (*Kitt.*)) [Ka. D5122]

ಮುಯ್ಯಿ ⟦muyyi ムイイ⟧ [muĭji] *n.* [Ka. *D5121] ☞ಮುಯ್ (muy)¹

ಮುಯ್ಯಿ ತೀರಿಸು ⟦muyyi tīrisu ムイイティーリス⟧ [muĭji ti:risu] *vi.* 復讐する

ಮುಯ್ವು¹ ⟦muyvu ムイヴ⟧ [muĭvu] 《‡》*n.* [Ka. D5021] (*Hlā.* (*Kitt.*)) ☞ಮುಯ್ (muy)¹

ಮುಯ್ವು² ⟦muyvu ムイヴ⟧ [muĭvu] 《古》*n.* 肩 [Ka. D5122] (*Hlā.* (*Kitt.*))

ಮುರ ⟦mura ムラ⟧ [murɐ] 《古》*n.*（耳や鼻につける）針金の環のような形をした装身具 (*My.* (*Kitt.*)) [Ka. D4979] ☞ಮುರಿವು (murivu)

ಮುರಕ ⟦muraka ムラカ⟧ [murə̆kɐ] ಮುರುಕು *n.* **1** 曲がり、曲がること ¶ ರಸ್ತೆಯಲ್ಲಿ ಮೂರು ಮುರಕಗಳಿವೆ. (rasteyalli mūru murakagaḷive.) 道中三つの曲がり角がある。**2** しなを作ること、媚態 [Ka. D5011(a)]

ಮುರಟು ⟦muraṭu ムラトゥ⟧ [murə̆ʈ[u] 《口》*vi.*（葉や花が水分の不足で）しおれて巻く [Ka. D4972] (*Bp.57,48* (*Kitt.*)) ☞ಮುರುಟು (muruṭu)

ಮುರವು ⟦muravu ムラヴ⟧ [murə̆vu] 《古》*n.*（耳や鼻につける）針金の環のような形をした装身具 (*My.* (*Kitt.*)) [Ka. *D4979] ☞ಮುರಿವು (murivu)

ಮುರಿ¹ ⟦muri ムリ⟧ [muri] *vi.* **1** 曲がる、湾曲する ¶ ಕೊಡಗಿಗೆ ಹೋಗುವ ರಸ್ತೆ ಮುರಿದು ಮುರಿದು ಹೋಗುತ್ತದೆ. (koḍagige hōguva raste muridu muridu hōguttade.) コダグへ行く道路はあちこちで弧を描く。**2**（口ひげ、もみあげの毛などが）跳ね上がる、弧を描く —*vt.* **1** 曲げる ¶ ಮೀಸೆಯನ್ನು ಮುರಿ (mīseyannu muri)《口ひげを》跳ね上げる **2**〈顔を〉そむける ¶ ಪ್ರಭಾಕರನನ್ನು ನೋಡಿ ಗೌರಿ ಮುಖವನ್ನು ಮುರಿದಳು. (prabʰākaranannu nōḍi gauri mukʰavannu muridaḷu.) プラバーカラを見てガウリは顔をそむけた。—*n.* 曲がったこと、曲がった場所、弧、湾曲部 [Ka. D4977]

ಮುರಿ² ⟦muri ムリ⟧ [muri] ಮುಱಿ *vt.* **1**〈杖などを〉折る **2** 壊す、破壊する ¶ ನಮ್ಮ ಹುಡುಗ ಕುಣಿದು ಕುಣಿದು ಮಂಚವನ್ನು ಮುರಿದುಹಾಕಿದ. (namma huḍuga kuṇidu kuṇidu maṃcavannu muriduhākida.) うちの息子が何度も何度も飛び跳ねて寝台を壊した。**3**〈敵を〉粉砕する、散々に打ち負かす **4** 殺す ¶ ವಿಷ್ಣು ರಾಕ್ಷಸರನ್ನು ಮುರಿಯಲು ಹತ್ತು ಅವತಾರ ತೆಗೆದುಕೊಂಡರು. (viṣṇu rākṣarannu muriyalu hattu avatāra tegedukoṃḍaru.) ヴィシュヌ神は悪魔を誅するために10回権化した。**5**〔喩〕へし折る、片付ける ¶ ಇಂದಿರಾ ಗಾಂಧಿ ಅರಸು ಅವರ ಮಹತ್ವಾಕಾಂಕ್ಷೆಯನ್ನು ಮುರಿದರು. (iṃdirā gāṃdʰi arasu avara mahatvākāṃkṣeyannu muridaru.) インディラー・ガーンディーはアラス氏の野望をへし折った。—*vi.* **1**（杖などが）折れる ¶ ಆಡುತ್ತಿರುವಾಗ ಹಾಕಿ ಸ್ಟಿಕ್ ಮುರಿಯಿತು. (āḍuttiruvāga hāki sṭik muriyitu.) 試合中ホッケーバットが折れた。**2** 壊れる、破壊される ¶ ರಾಮ ಮತ್ತು ಶ್ಯಾಮರ ಸ್ನೇಹ ಮುರಿಯಿತು. (rāma mattu śyāmara snēha muriyitu.) ラーマとシャーマの友情は壊れた。**3**（軍隊が）散々に打ち負かされる、完敗する ¶ 1767ರಲ್ಲಿ ಹೈದರ್ ಅಲೀಯ ಕೈಯಲ್ಲಿ ಬ್ರಿಟಿಶರ ಸೈನ್ಯ ಮುರಿಯಿತು. (1767ralli haidar alīya kaiyalli briṭiśara sainya muriyitu.) 1767年にイギリス軍がハイダル・アリーによって撃破された。**4**（会議が）突然散会する ¶ ಸಭೆ ಗಲಾಟೆಯಾದುದರಿಂದ ಅಷ್ಟಕ್ಕೆ ಮುರಿಯಿತು. (sabʰe galāṭeyādudariṃda aṣṭakke muriyitu.) 騒ぎのために会議はそのまま散会した。[Ka. < *muṟi* *D5008]

ಮುರಿಸು ⟦murisu ムリス⟧ [murisu] *vt.* **1** 壊す、ばらばらにする ¶ ನನ್ನ ಚೈನನ್ನು ಮುರಿಸಿ ಉಂಗುರ ಮಾಡಿಸಿದೆ. (nanna cainannu murisi uṃgura māḍiside.) 私は自分の首飾りを熔かして指輪を作らせた。**2**〈小切手、手形などを〉現金化する **3** 小銭に両替する [+ *-isu* caus. *D5008]

ಮೈಮುರಿ ⟦maimuri マイムリ⟧ [məimuri] *vi.* 体を伸ばしたり曲げたりして疲れをとる [*mai* + *muri*² D5008, cf. H. *aṃgă tŏṛănā*]

ಮುರಿ³ ⟦muri ムリ⟧ [muri] 《古》*n.* 雄牛、去勢牛 [Ka. D5041] ☞ಮೂರಿ (mūri)

ಮುರಿಕೆ ⟦murike ムリケ⟧ [murĭke] *n.* **1** 曲がり角 ¶ ನಾನು ಸ್ನೇಹಿತನನ್ನು ರಸ್ತೆಯ ಮುರಿಕೆ ವರೆಗೆ ಮುಟ್ಟಿಸಿ ಬಂದೆ. (nānu snēhitanannu rasteya murike varege muṭṭisi baṃde.) 僕は友達を道の角まで送ってきた。**2** 縮むこと、縮み [Ka. D4977]

ಮುರಿಗೆ ⟦murige ムリゲ⟧ [murĭge] ಮುರಕಿ, ಮುರಗಿ, ಮುರಿಕೆ *n.* **1** 曲がり、曲がること **2**（濡れた布を）絞ること ¶ ನೀವು ಈ ಬಟ್ಟೆಗೆ ಮುರಿಗೆ ಹಾಕಿ. (nīvu ī baṭṭege murige hāki.) この布を絞ってください **3** ねじれ

4 上膊部につける装身具の一種 [Ka. D4977]

ಮುರಿಚು ⟦muricu ムリチュ⟧ [murĭʧu] 《古》 *vt.* 1〈顔を〉そむける、〈腕を〉ねじる 2 押す、押しのける [Ka. *D4977] ☞ಮುರುಚು (murucu)

ಮುರಿಪು ⟦muripu ムリプ⟧ [muripu] ಮುರಿಹು, ಮುರುಹು 《古》 *vt.* 1〈縄や腕を〉ねじる、絞る 2 曲げる [Ka. D4977]

ಮುರಿವು[1] ⟦murivu ムリヴ⟧ [murivu] ಮುರ, ಮುರವು, ಮುರು, ಮುರುವು[1] 《古》 *n.* 1 (腕などを)ねじること 2 曲がっていること、曲がっている場所、(川や道路などの)曲がった所、曲がり角 3 くるくる回ること [Ka. D4977]

ಮುರಿವು[2] ⟦murivu ムリヴ⟧ [murivu] ಮುರ, ಮುರವು, ಮುರು, ಮುರುವು 《古》 *n.* (耳や鼻につける)針金の環のような形をした装身具 [Ka. *D4979]

ಮುರು
針金リング

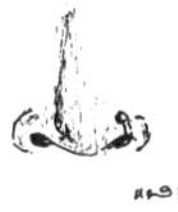

ಮುರು ⟦muru ムル⟧ [muru] *n.* 針金リング(鼻や耳につける針金の環のような形をした装身具) (*My.* (*Kitt.*)) ［⇒図］ [Ka. D4979] ☞ಮುರಿವು (murivu)

ಮುರುಂಟು[1] ⟦murumṭu ムルントゥ⟧ [murunʈu] 《古》 *vi.* 1 (乾いた葉などが)縮んで巻き上がる、しなびる 2 (まっすぐであるべき体や体の一部が病気などで)曲がる、ねじ曲がる [Ka. D4972]

ಮುರುಂಟು[2] ⟦murumṭu ムルントゥ⟧ [murunʈu] ಮುರುಟು 《古》 *vt.* 火をつける、燃やす ―*vi.* 焼ける、燃える (*Kitt.*) ☞ಮುರುಟು (muruṭu)[1] [Ka. D4980]

ಮುರುಕು[1] ⟦muruku ムルク⟧ [murŭku] ಮುಕ್ಕು, ಮುಱಿಕು, ಮುಱುಕು *n.* 1 破片、壊れたものの一部 2 割れたものから出た細かな砕片、細片 [Ka. *D5008]

ಮುರುಕು[2] ⟦muruku ムルク⟧ [murŭku] 《古》 *n.* 1 しなを作ること、媚態を弄すること 2 高慢、傲慢 [Ka. *D5011(a)] ☞ಮುಱುಕು (muṟuku)[2]

ಮುರುಗು ⟦murugu ムルグ⟧ [murŭgu] 《‡》 *n.* (耳や鼻につける)針金の環のような形をした装身具 (*My.* (*Kitt.*)) [Ka. D4979]

ಮುರುಚು ⟦murucu ムルチュ⟧ [murŭʧu] ಮುರಿಚು 《古》 *vt.* 1〈顔を〉そむける、〈腕を〉ねじる 2 押す、押しのける ―*vi.* すりぬけて去る、うまく逃れる [Ka. D4977]

ಮುರುಟು ⟦muruṭu ムルトゥ⟧ [murŭʈu] ಮುರಟು, ಮುರುಂಟು 《古》 *vi.* (花やつる草などが)干からびて縮む、巻き上がる ―(*n.*) (まっすぐであるべきものが)曲がっている〈こと〉; (髪の毛が焼けたりして)巻き上がる〈こと〉 [Ka. D4972]

ಮುರುಟುಹ ⟦muruṭuha ムルトゥハ⟧ [muruʈŭhɐ] 《古》 *n.* 縮むこと、干からびること [Ka. D4972]

ಮುರುಡಿಸು ⟦muruḍisu ムルディス⟧ [murŭɖisu] 《‡》 *vt.* ねじって引き抜く [Ka. D4977] (*Bh.1,8,18* (*Kitt.*))

ಮುರುಡು ⟦muruḍu ムルドゥ⟧ [murŭɖu] ಮೊರಡು 《文》 (*n.*) 1 (きめなどが)荒い〈こと〉、柔らかくない〈こと〉 2 (道などが)でこぼこ〈な〉 3 (樹木や薪などが)節だらけな〈こと〉 [Ka. D4971] ☞ಮುರುಡು (muruḍu)

ಮುರುವು[1] ⟦muruvu ムルヴ⟧ [murŭvu] *n.* 1 曲がり、曲がった場所、曲がり角 2《古》渦を巻く水流 [Ka. D4977] ☞ಮುರಿವು (murivu)[1]

ಮುರುವು[2] ⟦muruvu ムルヴ⟧ [murŭvu] *n.* (耳につける)太い針金のような装身具 [Ka. D4979] ☞ಮುರಿವು (murivu)

ಮುರುಹು[1] ⟦muruhu ムルフ⟧ [murŭhu] 《古》 *vt.* 1〈縄や腕を〉ねじる、絞る 2 曲げる ―*n.* 1 曲がり、曲がった場所、曲がり角 2 川の流れが湾曲する場所 3 踊りで円弧を描いて回ること [Ka. D4977]

ಮುರುಹು[2] ⟦muruhu ムルフ⟧ [murŭhu] *n.* (針金を曲げて作った)鼻や耳につける装身具の一種 [Ka. D4979] = ಮುರ (mura)

ಮುರುಳ್ ⟦muruḷ ムルル⟧ [muruɭ] 《古》 (*n.*) (言葉が)馬鹿げている〈こと〉(*Pb.10.5*) [Ka. D4977]

ಮುರೆ ⟦mure ムレ⟧ [mure] 《‡》 *vi.* 1 (ミツバチやカブトムシなどが)ぶんぶんいう 2 小声でぶつぶつ言う、つぶやく [Ka. D4973] (*Šmd.Dʰ.* (*Kitt.*)) ☞ಮೊರೆ (more)

ಮುರ್ಕು ⟦murku ムルク⟧ [muɻku] 《‡》 *n.* 傲慢、高慢 [Ka. D5011(a)] (*Kk.* (*Kitt.*)) ☞ಮುಱುಕು (muṟuku)[2]

ಮುರ್ಣ್ಟು ⟦murṇṭu ムルントゥ⟧ [murɳʈu] 《方》 *vi.* 曲がる、ゆがむ、湾曲する (*Gowda*) [Ka. D4977]

ಮುಲಾಖತ್ ⟦mulākʰat ムラーカト⟧ [mulɐːkʰət] *n.* [Ar. *mulāqāt*] ☞ಮುಲಾಖತ್ತು (mulākʰattu)

ಮುಲಾಖತ್ತು ⟦mulākʰattu ムラーカットゥ⟧ [mulɐːkʰəttu] ಮಿಲಾಖತು, ಮುಲಾಖತ್ತು, ಮುಲಾಖತು *n.* 1 (意見、趣味などの)一致、調和 ¶ ಗಂಡಹೆಂಡತಿಯರ ರುಚಿಯಲ್ಲಿ ಮುಲಾಖತ್ತಿಲ್ಲ. (gaṃḍaheṃḍatiyara ruciyalli mulākʰattilla.) 夫婦の趣味は一致しない。 2 会合、(人に)会うこと、面会 ¶ ನನಗೆ ಆ ಸಭೆಯಲ್ಲಿ ಭೈರಪ್ಪನ್ ಅವರೊಂದಿಗೆ ಮುಲಾಖತ್ತಾಯಿತು. (nanage ā sabʰeyalli bʰairappan avaroṃdige mulākʰattāyitu.) 私はあの会合でバイラッパー氏に会った。 [Ar. *mulāqāt*]

ಮುಲಾಜು ⟦mulāju ムラージュ⟧ [mulɐːʤu] ಮುಲಾಜ್ *n.* 1 配慮 ¶ ಪೊಲೀಸರು ಯಾವ ಮುಲಾಜು ಇಲ್ಲದೆ ಆ ಮನೆಗೆ ನುಗ್ಗಿದರು. (polīsaru yāva mulāju illade ā manege nuggidaru.) 警官たちは何の躊躇もなくつかつかとその家へ入った。 2 (物をもらう時などの)遠慮 [Ar. *mulāḥaẓa*]

ಮುಲಾಮು ⟦mulāmu ムラーム⟧ [mulɐːmu] ಮುಲಾವು *n.* 1 病気治療や美容のために体に塗る油性の物質、その油性の物質を体に塗ること 2 メッキ [Ar. *mulammaʿ*]

ಮುಲುಕು ⟦muluku ムルク⟧ [mulŭku] ಮುಕ್ಕು, ಮುಲುಗು, ಮುಗ್ಗು[2], ಮೂಲಗು, ಮೂಲುಗು *vi.* (出産時や排便時や重い荷物を持ち上げる時などに)うなり声を出す、

うんうん言ったりうめいたりする —*n.* 上記のような声を出すこと、うめくこと、うんうん言うこと [Ka. D4896(b)]

ಮುಲ್ಲಂಗಿ ⟦mullaṃgi ムッランギ⟧ [mulləŋgi] *n.* 大根（アブラナ科ダイコン属）→ 食 [Ka. D5004]

ಮುಷ್ಕರ ⟦muṣkara ムシュカラ⟧ [muʂkɐ̆rɐ] *n.* **1** 頑固なこと、強情なこと ¶ ತಾಯಿ ಏನು ಹೇಳಿದರೂ ಮಗು ಕೇಳದೆ ಮುಷ್ಕರ ಹಿಡಿಯಿತು. (tāyi ēnu hēḷidarū magu kēḷade muṣkara hiḍiyitu.) 子どもは母親が何を言い聞かせても聞かずに意地を張った。 **2** ストライキ ◇ *vi.* —ಹೂಡು, ಮಾಡು (hūḍu, māḍu) ストライキをする [Ka. D5011(b)]

ಮುಷ್ಟಿ[1] ⟦muṣṭi ムシュティ⟧ [muʂʈi] 《文》 *n.* マチン（マチン科マチン属、キニーネの原料、中程度の大きさの木でその葉、実および種は薬用）[Ka. D4905] = ಹೆಮ್ಮುಷ್ಟಿ (hemmuṣṭi) *[IMP 5.203]

ಮುಷ್ಟಿ[2] ⟦muṣṭi ムシュティ⟧ [muʂʈi] *n.* **1** こぶし、握りしめた手 **2** 片手で握れる分量 ¶ ಒಂದು ಮುಷ್ಟಿ ಅಕ್ಕಿ ಹಾಕಿರಿ. (oṃdu muṣṭi akki hākiri.) 片手でつかめるだけお米を入れてあげなさい。 [Sk.]

ಮುಷ್ಟಿಯುದ್ಧ ⟦muṣṭiyuddʰa ムシュティユッダ⟧ [muʃʈiju ddʰɐ] *n.* **1** 殴り合いによる果たし合い **2** ボクシング、拳闘 [Sk.]

ಮುಸಡಿ ⟦musaḍi ムサディ⟧ [musɐ̆ɖi] ಮುಸುಂಡು, ಮುಸುಡಿ, *n.* **1** 犬や猫や馬などの鼻口部、鼻づら **2** 〔蔑〕顔 [Ka. D5031] ☞ಮುಸುಡು (musuḍu)

ಮುಸರೆ ⟦musare ムサレ⟧ [musɐ̆re] ಮುಸುರೆ, ಮುಸುಱೆ *n.* **1**（食物に触れたために）洗わなければ他のものに触れられない状態にある手 **2** 何かの料理に使ったために別の料理に使うためには洗わねばならない状態にある鍋類 —(*n.*) 食物に触れたために洗わないと使えなくなっている〈こと〉、食物を料理ししたため洗わないと別の料理に使えない〈こと〉¶ ನನ್ನ ಕೈಗಳು ಮುಸರೆ ಆಗಿವೆ. ನೀವು ತುಪ್ಪ ಹಾಕಿ. (nanna kaigaḷu musare āgive. nīvu tuppa hāki.) 僕の手は汚れているのでどうかギーをかけてくれませんか。(*My.* (*Kitt.*)) [Ka. *D5029]

ಮುಸಱೆ ⟦musaṟe ムサレ⟧ [musɐ̆re] 《‡》 *n.*, (*n.*) [Ka. D5029] (*My.* (*Kitt.*)) ☞ಮುಸರೆ (musare)

ಮುಸಿರೆ ⟦musire ムシレ⟧ [musɨrɛ] 《方》 *n.* 食器についた汚れ (*Gowda*) [Ka. D5029]

ಮುಸಲ್ಮಾನ ⟦musalmāna ムサルマーナ⟧ [musəlmɐːnɐ] *adj.*, *m.* 《*f.* ಮುಸಲ್ಮಾನಳು (musalmānaḷu)》ムスリム、イスラーム教徒 [Ar.-Pe. *musulmān*]

ಮುಸು ⟦musu ムス⟧ [musu] ಮುಜ್ಜು, ಮುಸಿಯ, ಮುಸುವ, ಮುಸುವು, ಮೂಸು *n.*（西ガート山脈に住む）大きな白いたてがみを持つ黒い猿 [Ka. *D4910] *[BIA 49]

ಮುಸುಂಡಿ ⟦musuṃḍi ムスンディ⟧ [musuɳɖi] ಮುಚ್ಚಂಡಿ, ಮುಸಂಡಿ, ಮೂಸಂಡಿ, ಮೂಸುಂಡಿ 《古》 *mf.* **1** よこしまな人間 **2** 内気な人、臆病者 [Ka. D4912]

ಮುಸುಂಡಿತನ ⟦musuṃḍitana ムスンディタナ⟧ [musu ɳɖitənɐ] *n.* 内気なこと、臆病なこと [Ka. D4912]

ಮುಸುಂಬು[1] ⟦musuṃbu ムスンブ⟧ [musumbu] ಮುಸುಂಬ 《古》 *n.* ヴェール、顔などを隠す布 [Ka. D5030]

ಮುಸುಂಬು[2] ⟦musuṃbu ムスンブ⟧ [musumbu] *n.* **1**（犬、猫、馬などの）鼻口部、鼻づら (*Pb.1.136*) **2** 〔蔑〕顔 [Ka. D5031]

ಮುಸುಕು[1] ⟦musuku ムスク⟧ [musŭku] 《‡》 *n.* [Ka. D4910] (*Rām. 6,1,10* (*Kitt.*)) ☞ಮುಸು (musu)

ಮುಸುಕು[2] ⟦musuku ムスク⟧ [musŭku] ಮುಸುಗು *vt.* **1** 〈顔などを〉覆う、隠す **2**（ハエなどが食べ物などの上に）群がる —*n.* **1** 覆い；覆うこと **2** 幕、窓掛け、カーテン **3** 面紗、ヴェール **4** 頭を覆うのに使っているサーリーなどの布の一部 = ಮುಸುಗು (musugu) [Ka. D5030, cf. D4915]

ಮುಸುಗು ⟦musugu ムスグ⟧ [musŭgu] ಮುಸುಂಗು, ಮುಸುಕು *n.*, *vt.* [Ka. D5030] ☞ಮುಸುಕು (musuku)

ಮುಸುಟೆ ⟦musuṭe ムステ⟧ [musŭʈe] 《‡》 オオバウラジロアサガオ（ヒルガオ科の蔓木）→ 薬 (*Nr.* (*Kitt.*)) *[IMP 1.192]

ಮುಸುಡಿ ⟦musuḍi ムスディ⟧ [musŭɖi] 《古》 *n.* **1**（犬、猫、馬などの）鼻口部、鼻づら **2** 〔蔑〕顔 ¶ ಅವನ ಮುಸುಡಿ ನೋಡಿದರೆ ನನಗೆ ನಗು ಬರುತ್ತದೆ. (avana musuḍi nōḍidare nanage nagu baruttade.) 彼の顔を見れば笑わないではいられない。 [Ka. *D5031] ☞ಮುಸುಡು (musuḍu)

ಮುಸುಡು ⟦musuḍu ムスドゥ⟧ [musŭɖu] ಮುಸಡಿ, ಮುಸುಂಡು, ಮುಸುಡಿ, ಮುಸುಡು, ಮುಸುಡೆ, ಮುಸುಣಿ, ಮುಸುಳಿ *n.* **1** 犬や猫や馬などの顔 **2** 〔蔑〕顔 [Ka. D5031]

ಮುಸುಮುಸು ⟦musumusu ムスムス⟧ [musumusu] (*n.*) **1** 雄牛が怒りでふうふう言う音を表す擬音語 **2** むかむか、畜生（心の怒りを表す擬態語）¶ ಶೆಟ್ಟಪ್ಪ ಪಕ್ಷದಿಂದ ಉಚ್ಚಾಟನೆಗೊಂಡ ಮೇಲೆ ಮುಸುಮುಸು ಮಾಡುತ್ತಿದ್ದ. (śeṭṭappa pakṣadiṃda uccāṭanegoṃḍa mēle musumusu māḍuttidda.) シェッタッパは党から除名されて憤懣やるかたなかった。 [Ka. onom.]

ಮುಸುರೆ ⟦musure ムスレ⟧ [musŭre] 《古》 (*n.*)（食物に触れたために）洗わないとものに触れられない状態の〈手〉、（食物を料理したために）洗わないと料理に使えない状態の〈鍋類〉[Ka. *D5029] ☞ಮುಸರೆ (musare)

ಮುಸುವ ⟦musuva ムスヴァ⟧ [musŭvɐ] *n.*（西ガート山脈に住む）大きな白いたてがみを持った黒い猿 [Ka. D4910] ☞ಮುಸು (musu)

ಮುಸುಳಿ ⟦musuḷi ムスリ⟧ [musŭɭi] 《古》 *n.* **1**（犬、猫、馬などの）鼻口部や鼻づら **2** 〔蔑〕顔 [Ka. D5031] (Nn.143 (Kitt.)) ☞ಮುಸುಡು (musuḍu)

ಮುಸುೞ್ ⟦musuḻ ムスル⟧ [musuɽ] ಮುಸುರು, ಮುಸುೞು 《古》 *vt.* **1** 覆う、覆い隠す **2**（ハエなどが）群がる **3**（人々が）多く集まる、群れる —*n.* 覆い隠

すこと [Ka. D5030]

ಮುಸುೞೆ ⟦musuṟe ムスレ⟧ [musŭṟe] 《古》 *n*., (*n*.) [Ka. *D5029] (*My*. (*Kitt*.)) ☞ಮುಸರೆ (musare)

ಮುಹೂರ್ತ ⟦muhūrta ムフールタ⟧ [muhu:rtɐ] *n*. 1 めでたい行事に適しためでたい時刻 2 時間の単位の一つ(48分) [Sk.]

ಮುಳ್¹ ⟦muḷ ムル⟧ [muɭ] 《‡》 *vi*. 怒る、いらだつ、ぴりぴりする (*Bp.61 sum*. (*Kitt*.)) [Ka. D4991]

ಮುಳ್² ⟦muḷ ムル⟧ [muɭ] 《古》 *n*. 1 (動植物の)針、刺、毒牙、刺突起 2 (天秤の)指針 [Ka. D4995] ☞ಮುಳ್ಳು (muḷḷu)

ಮುಳಿ ⟦muḷi ムリ⟧ [muɭi] 《文》 *vi*. 怒る、腹を立てる ¶ ಪ್ರಧಾನಿ ವಿರೋಧಪಕ್ಷದವರ ಸಲ್ಲದ ಆರೋಪಗಳನ್ನು ಕೇಳಿ ಮುಳಿದು ಸಭೆಯಿಂದ ಹೊರಗೆ ಹೋದರು. (pradʰāni virōdʰa-pakṣadavara sallada ārōpagaḷannu kēḷi muḷidu sabʰeyiṃda horage hōdaru.) 首相は野党の根拠のない非難にむっとして議院から出て行った。 [Ka. D4991]

ಮುಳಿಯಿಸು ⟦muḷiyisu ムリイス⟧ [muɭĭjisu] 《文》 *vt*. 怒らせる、腹を立てさせる [+ *-isu* caus. D4991]

ಮುಳಿಸು ⟦muḷisu ムリス⟧ [muɭĭsu] 《文》 *n*. 怒り、腹立ち [Ka. D4991] = ಮುನಿಸು (munisu)

ಮುಳು ⟦muḷu ムル⟧ [muɭu] 《古》 *n*. (動植物の)針、刺、毒牙、刺突起 [Ka. D4995] ☞ಮುಳ್ಳು (muḷḷu)

ಮುಳುಗು ⟦muḷugu ムルグ⟧ [muɭŭgu] ಮುಣುಂಗು, ಮುಣುಗು, ಮುಳುಂಗು, ಮುಳುಕು, ಮುಟುಂಕು, ಮುಟುಕು, ಮುಟುಗು, ಮುಟ್ಕು, ಮುಟ್ಗು *vi*. 1 (水などに)沈む、溺れ死ぬ ¶ ಬಸ್ ಕೆರೆಗೆ ಬಿದ್ದು ಹತ್ತುಜನ ಮುಳುಗಿದರು. (bas kerege biddu hattujana muḷugidaru.) バスが池に落ちて10人の人が溺れた。 2 (日が)沈む 3 滅びる ¶ ಹೊಯ್ಸಳ ಸಾಮ್ರಾಜ್ಯ ದಿಢೀರನೆ ಮುಳುಗಿತು. (hoysaḷa sāmrājya diḍīrane muḷugitu.) ホイサラ王朝は突然滅んだ。 4 〔喩〕 (学問、思索などに)沈潜する、没入する ¶ ನಮ್ಮ ಗುರುಗಳು ಧ್ಯಾನದಲ್ಲಿ ಮುಳುಗಿದ್ದಾರೆ. (namma gurugaḷu dʰyānadalli muḷugiddāre.) 尊師は瞑想にふけっていらっしゃいます。 [Ka. onom. *D4993]

ಮುಳುಗಿಸು ⟦muḷugisu ムルギス⟧ [muɭugisu] *vt*. 1 (水などに)浸ける、沈める ¶ ಗಣಪತಿಹಬ್ಬದಲ್ಲಿ ಸಾವಿರಾರು ಗಣಪತಿವಿಗ್ರಹಗಳನ್ನು ಜನರು ನೀರಲ್ಲಿ ಮುಳುಗಿಸುತ್ತಾರೆ. (gaṇapatihabbadalli sāvirāru gaṇapativigrahagaḷannu janaru nīralli muḷugisuttāre.) ガネーシャ神の祭りで人々は何千ものガネーシャ像を水に沈める。 2 溺れさせる 3 〈国などを〉滅ぼす ¶ ಯುವರಾಜ ತನ್ನ ಅಯೋಗ್ಯತೆಯಿಂದ ರಾಜ್ಯವನ್ನು ಮುಳುಗಿಸಿದ. (yuvarāja tanna ayōgyateyiṃda rājyavannu muḷugisida.) 王子は自分の無力から王国を滅ぼした。 4 〔喩〕 騙し取る、詐取する ¶ ಅವನು ಸರಕಾರದಿಂದ ತೆಗೆದುಕೊಂಡ ಸಾಲವನ್ನು ಮುಳುಗಿಸಿದ. (avanu sarakāradiṃda tegedukoṃḍa sālavannu muḷugisida.) 彼は政府から借りた金を返さなかった。 [Ka. caus. *D4993]

ಮುಳುಹು ⟦muḷuhu ムルフ⟧ [muɭuhu] 《古》 *n*. (家畜や象などを追う)つき棒、刺し棒 [Ka. D4995]

ಮುಳ್ವ್ಯಾದಿ ⟦muḷvyādi ムルヴィャーディ⟧ [muɭvjɐːdi] 《方》 *n*. 痔、痔疾 [Sk. *mūlavyādʰi*] (Gul.)

ಮುಳ್ಳ ⟦muḷḷa ムッラ⟧ [muɭɭɐ] 《‡》 *n*. 時計の針 (*B.5,181* (*Kitt*.)) [Ka. D4995] ☞ಮುಳ್ಳು (muḷḷu) 〔汎〕

ಮುಳ್ಳು ⟦muḷḷu ムッル⟧ [muɭɭu] ಮುಳ್, ಮುಳು *n*. 1 (動植物の)針、刺、刺突起 2 時計の針 3 (天秤の)指針 4 (魚などの)とがった骨 5 (家畜を追うための)つき棒 [Ka. D4995]

ಮುಳ್ಳು ಚಮಚ ⟦muḷḷu camaca ムッルチャマチャ⟧ [muɭɭu ʧəmǝ̆ʧɐ] *n*. (洋食に用いられる)フォーク [+ *camaca*] = ಫೋರ್ಕ್ (pʰōrk) 〔口〕

ಮುಳ್ಳುಮುಖ ⟦muḷḷumukʰa ムッルムカ⟧ [muɭɭumukʰɐ] *n*. 〔喩〕 あばた面 [Ka. *muḷḷu* + *mukʰa*]

ಮುಳ್ಳುಹಂದಿ ⟦muḷḷuhaṃdi ムッルハンディ⟧ [uɭɭuhəndi] *n*. ヤマアラシ [Ka. *muḷḷu* + *haṃdi*] *[BIA Plate 47]

ಮುಳ್ಳೆ ⟦muḷḷe ムッレ⟧ [muɭɭɛ] 《方》 *n*. (魚などの)骨 (*Gowda*) [Ka. D5050]

ಮುಱಕ¹ ⟦muṟaka ムラカ⟧ [muṟǝ̆kɐ] 《‡》 *m*. 《*f*. *ಮುಱಕಿ (muṟaki); 複合語末で》 [Ka. D5008] (*My*. (*Kitt*.)) ☞ಮುಱುಕ (muṟuka)¹

ಮುಱಕ² ⟦muṟaka ムラカ⟧ [muṟǝ̆kɐ] 《古》 *n*. あだっぽい振る舞い [Ka. D5011(a)] (*G*. (*Kitt*.)) ☞ಮುಱುಕ (muṟuka)²

ಮುಱವ ⟦muṟava ムラヴァ⟧ [muṟǝ̆vɐ] 《‡》 *m*. 《*f*. *ಮುಱವಿ (muṟavi)》 不具者、低脳者 [Ka. D5008] (*My*. (*Kitt*.))

ಮುಱಿ ⟦muṟi ムリ⟧ [muṟi] 《古》 *vt*. 1 〈棒などを〉折る、曲げることによって二つ以上の部分に分ける 2 〈花や葉を〉もぎ取る、むしり取る 3 壊す、破壊する 4 〈敵を〉撃破する、打ち負かす、撲滅する 5 殺す 6 〔喩〕 片付ける —*vi*. 1 折れる 2 滅びる、破滅する —*n*. 破片、断片 ☞ಮುರಿ (muri)² [Ka. D5008]

ಮುಱಿಯಿಸು ⟦muṟiyisu ムリイス⟧ [muṟijĭsu] 《古》 *vt*. 砕く、壊す [+ *-isu*, *D5008]

ಮುಱಿಸು ⟦muṟisu ムリス⟧ [muṟĭsu] 《古》 *vt*. 砕く、壊す [Ka. < *muṟiyisu*? D5008]

ಮುಱಿಕಿಲ್ ⟦muṟikil ムリキル⟧ [muṟikil] 《‡》 *n*. 不潔、汚濁 (Šmd.106 (Kitt.)) [Ka. D5007]

ಮುಱಿಕು ⟦muṟiku ムリク⟧ [muṟĭku] ಮುಕ್ಕು³, ಮುರುಕು, ಮುಱುಕು 《古》 *n*. 1 破片、砕片、(割れたものの)かけら 2 割れたものから出た細かな砕片、細片 [Ka. *D5008] ☞ಮುರುಕು (muruku)¹

ಮುಱಿಗು ⟦muṟigu ムリグ⟧ [muṟĭgu] 《‡》 *n*. 曲がり [Ka. D5012] (*DEDR*)

ಮುಱಿಗೆ ⟦muṟige ムリゲ⟧ [muṟĭge] 《古》 *n*. 破片、砕片、など [Ka. D5008]

ಮುಱಿಯುವಿಕೆ ⟦muṟiyuvike ムリユヴィケ⟧ [muṟŭjuvĭke] 《‡》 *n*. 折ること、など (*Si. 448* (*Kitt*.)) [Ka. D5008]

ಮುಱಿವು ⟦muṟivu ムリヴ⟧ [muṟĭvu] 《‡》 *n.* 粉砕、破壊 [Ka. D5008] (*Bh.I,9,10* (*Kitt.*))

ಮುಱುಕ[1] ⟦muṟuka ムルカ⟧ [muṟŭkɐ] ಮುಱಿಕ 《古》 (*n.*) 壊れた〈こと〉 **—***m.* 《*f.* ಮುಱುಕಿ (muṟuki); 複合語末で》壊す人、破壊者 [Ka. < *muṟika* D5008]

ಮುಱುಕ[2] ⟦muṟuka ムルカ⟧ [muṟŭkɐ] 《古》 *n.* **1** しなを作ること、媚態を弄すること **2** 高慢、傲慢 [Ka. D5011, see also D5008] = ಮುಱಕ (muṟaka)

ಮುಱುಕಗಾತಿ ⟦muṟukagāti ムルカガーティ⟧ [muṟŭkəgɐːti] 《古》 *f.* なまめく女性、媚態を弄する女性 [Ka. *muṟuka*[2] D5011 + *-gāti*, see also D5008]

ಮುಱುಕತನ ⟦muṟukatana ムルカタナ⟧ [muṟŭkətənɐ] 《‡》 *n.* 壊すこと、破壊 (*Kitt.*) [Ka. *muṟuka*[2] D5008 + *-tana*]

ಮುಱುಕು[1] ⟦muṟuku ムルク⟧ [muṟŭku] 《‡》 *n.* 破片、砕片、(菓子や種なしパンなどの)かけら (*My.* (*Kitt.*)) [Ka. D5008] ☞ಮುರುಕು (muruku)[1]

ಮುಱುಕು[2] ⟦muṟuku ムルク⟧ [muṟŭku] ಮುರುಕು, ಮೊರ್ಕು, ಮೊಱಕು 《古》 *vt.* 〈顔を〉ゆがめる、しかめる **—***n.* 曲がり、湾曲 [Ka. D5012, see also D5008]

ಮುಱುಕಿಸು[1] ⟦muṟukisu ムルキス⟧ [muṟŭkisu] 《古》 *vt.* **1** 〈手などを〉ねじる **2** 〈顔を〉ゆがめる、しかめる [Ka. caus. D5012, see also D5008]

ಮುಱುಕು[3] ⟦muṟuku ムルク⟧ [muṟŭku] ಮುಕ್ಕು, ಮುರುಕ, ಮುರುಕು, ಮುರುಹು, ಮುಱುಗ, ಮುಱುಹು, ಮೂಱಕು 《古》 *n.* **1** しなを作ること、媚態を弄すること **2** 虚栄、見栄を張ること **3** 高慢、傲慢 [Ka. D5011(a), see also D5008]

ಮುಱುಕಿಸು[2] ⟦muṟukisu ムルキス⟧ [muṟŭkisu] 《古》 *vi.* **1** しなを作る、媚態を弄する **2** うぬぼれる、傲慢に振る舞う [+ *-isu* (denm.) D5011(a), see also D5008] ☞ಮುರುಕು (muruku)[2]

ಮುಱುವ ⟦muṟuva ムルヴァ⟧ [muṟŭvɐ] 《‡》 *m.* 《*f.* *ಮುಱುವಳ್ (muṟuvaḷ)》 不具者、低脳者 (*My.* (*Kitt.*)) [Ka. D5008]

ಮುೞಗು ⟦muḻagu ムラグ⟧ [muɻə̆gu] 《‡》 *vi.* [Ka. D4993] (*My.* (*Kitt.*)) ☞ಮುಳುಗು (muḷugu)

ಮುೞವು ⟦muḻavu ムラヴ⟧ [muɻə̆vu] 《‡》 *n.* [Ka. D4993] (*B.5,66* (*Kitt.*)) ☞ಮುೞುವು (muḻuvu)

ಮುೞಿಂಕು ⟦muḻiṃku ムリンク⟧ [muɻiŋku] 《‡》 *vi.* (水などに) 沈む、浸かる (*Čpr.5.59* (*Kitt.,Čpr.5.59*)) [Ka. D4993] ☞ಮುೞುಗು (muḻugu)

ಮುೞಿಗು ⟦muḻigu ムリグ⟧ [muɻĭgu] 《‡》 *vi.* (水などに) 沈む、浸かる (*Bp.50.5*; *My.* (*Kitt.*)) [Ka. D4993] ☞ಮುೞುಗು (muḻugu)

ಮುೞುಂಕು ⟦muḻuṃku ムルンク⟧ [muɻuŋku] 《古》 *vi.* **1** (水などに) 沈む、浸かる **2** (水に浸かったように) ずぶぬれになる [Ka. D4993] ☞ಮುೞುಂಗು (muḻuṃgu)

ಮುೞುಂಗು ⟦muḻuṃgu ムルング⟧ [muːɻuŋgu] 《古》 *vi.* **1** (水などに) 沈む、潜る **2** (水に浸かったように) ずぶぬれになる **3** (煙、雲などに) 完全に包み込まれる **4** (学問や思索や仕事などに) 沈潜する、没入する **5** 滅びる ☞ಮುಳುಗು (muḷugu)

ಮುೞುಂಗಿಸು ⟦muḻuṃgisu ムルンギス⟧ [muɻuŋgisu] 《古》 *vt.* **1** (水などに) 沈ませる、浸ける **2** (学問や思索や仕事などに) 沈潜させる、没入させる [Ka. caus. *D4993]

ಮುೞುಕು ⟦muḻuku ムルク⟧ [muɻŭku] 《古》 *vi.* (水などに) 沈む、浸かる [Ka. D4993] ☞ಮುಳುಗು (muḷugu)

ಮುೞುಗು ⟦muḻugu ムルグ⟧ [muɻŭgu] 《古》 *vi.* **1** (水などに) 沈む、潜る **2** (水に浸かったように) ずぶぬれになる **3** (学問、思索などに) 沈潜する、没入する **4** 滅びる [Ka. D4993] ☞ಮುಳುಗು (muḷugu)

ಮುೞುಗಿಸು ⟦muḻugisu ムルギス⟧ [muɻŭgisu] 《古》 *vt.* **1** (水などに) 沈ませる、浸ける **2** 滅ぼす、破滅させる [Ka. caus. D4993]

ಮುೞುವು ⟦muḻuvu ムルヴ⟧ [muɻŭvu] 《‡》 *n.* 破滅 (*B.2,50* (*Kitt.*)) [Ka. D4993]

ಮುೞ್ಕು ⟦muḻku ムルク⟧ [muɻku] 《古》 *vi.* **1** (水などに) 沈む、浸かる **2** (水に浸かったように) ずぶぬれになる [Ka. D4993] ☞ಮುೞುಗು (muḻugu)

ಮುೞ್ಗು ⟦muḻgu ムルグ⟧ [muɻgu] 《古》 *vi.* **1** 身をかがめる、かがむ **2** 礼をする、頭をさげる **3** 崩れ落ちる **4** 沈む、ずぶぬれになる [Ka. D5123] ☞ಮೊೞ್ಗು (moḻgu)

ಮುೞ್ತಗ ⟦muḻtaga ムルタガ⟧ [muɻtə̆gɐ] 《‡》 *n.* [Ka. D4981] (*Šmd.ī* (*Kitt.*)) ☞ಮುತ್ತುಗ (muttuga)

ಮುೞ್ತುಗ ⟦muḻtuga ムルトゥガ⟧ [muɻtŭgɐ] 《古》 *n.* ハナモツヤクノキの花 (花没薬の木、真紅の花を咲かせる中程度の大きさの木) ⇀ 染・薬 [Ka. D4981] = Sk. *palāśa-* ☞ಮುತ್ತುಗ (muttuga)

ಮೂ- ⟦mū- ムー-⟧ [muː] *numr.* 《*vattu* と伴にのみ》 3…、3を表すಮೂರು/ಮೂಱು (mūru/mūṟu) の縮小形 ¶ ಮೂವತ್ತು (mūvattu) 30 [Ka. D5052]

ಮೂಂಗ ⟦mūṃga ムーンガ⟧ [muːŋgɐ] 《‡》 *m.* 《*f.* ಮೂಂಗಿ (mūṃgi)》口がきけない人 (*Kitt.*) [Ka. D5026 cf. Sk. *mūka-* M662]

ಮೂಂಜು ⟦mūṃju ムーンジュ⟧ [muːɲʤu] 《方》 *vt.* 〔蔑〕吸う (*Hav.*) [Ka. D5032]

ಮೂಕ ⟦mūka ムーカ⟧ [muːkɐ] *m.* 《*f.* ಮೂಕಿ (mūki)》口がきけない人 [Sk. *mūka-* M662] = ಮೂಗ (mūga)

ಮೂಕನೋವು ⟦mūkanōvu ムーカノーヴ⟧ [muːkənoːvu] *n.* **1** 口に出して言えない苦脳 ¶ ಶಿಲ್ಪಾ ಘೋರ ಮೂಕನೋವು ಅನುಭವಿಸುತ್ತಿದ್ದರು. (śilpā ghōra mūkanōvu anubhavisuttiddaru.) シルパーは自分の悩みを人に話すこともできずに一人悩んでいた。 **2** 内出血による痛み [*mūka* + *nōvu*]

ಮೂಕರ್ಜಿ ⟦mūkarji ムーカルジ⟧ [muːkərʤi] *n.* 署名なしの嘆願書 [Sk. *mūka* + *arji*]

ಮೂಕಿ ⟦mūki ムーキ⟧ [muːki] *f.* 《*m.* ಮೂಕ (mūka)》口のきけない女性 [Sk. *mūkī-*] = ಮೂಗಿ (mūgi)

ಮೂಕುತಿ ⟦mūkuti ムークティ⟧ [mu:kuti] ಮೂಗುತಿ *n.* **1** 鼻翼より鼻の穴にぬける環のような装身具 **2** (鼻翼につける) 小さな丸い鼻飾り［⇒図］[Ka. D4895]

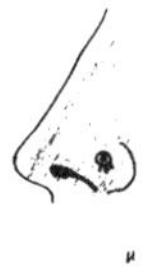

ಮೂಕುತಿ
丸い鼻飾り

ಮೂಗ¹ ⟦mūga ムーガ⟧ [mu:gɐ] *m.* 《*f.* ಮೂಗಿ (mūgi)》〔蔑〕大きな鼻の持ち主 [Ka. D5024]

ಮೂಗ² ⟦mūga ムーガ⟧ [mu:gɐ] *m.* 《*f.* ಮೂಗಿ (mūgi)》口のきけない男性 [Sk. *mūka-*] = ಮೂಕ (mūka)

ಮೂಗಿ¹ ⟦mūgi ムーギ⟧ [mu:gi] *f.* 《*m.* ಮೂಗ (mūga)》〔蔑〕大きな出っ張った鼻を持った女性 [Sk. *mūkī-*]

ಮೂಗಿ² ⟦mūgi ムーギ⟧ [mu:gi] *f.* 《*m.* ಮೂಗ (mūga)》口のきけない女性 [Sk. *mūkī-*] =ಮೂಕಿ (mūki)

ಮೂಗು ⟦mūgu ムーグ⟧ [mu:gu] *n.* **1** 鼻 **2**〔児〕くちばし [Ka. D5024]

ಮೂಗು ಬೊಟ್ಟು ⟦mūgu boṭṭu ムーグボットゥ⟧ [mu:gu boʈʈu] *n.* 鼻翼につける小型の丸い装身具 [Ka. *mūgu* + *boṭṭu*] = ಮೂಗುತಿ (mūguti)

ಮೂಗುತಿ ⟦mūguti ムーグティ⟧ [mu:gŭti] *n.* = ಮೂಕುತಿ (mūkuti)

ಮೂಗುತೆ ⟦mūgute ムーグテ⟧ [mu:gŭte] 《方》*n.* 鼻翼より鼻の穴にぬける環のような装身具 (*U.P.U*) [Ka. D4895] ☞ಮೂಕುತಿ (mūkuti)

ಮೂಚು ⟦mūcu ムーチュ⟧ [mu:ʧu] 《方》*vt.* 〈…の〉臭いをかぐ (*Hal.*) [Ka. D4886] ☞ಮೂಸು (mūsu)

ಮೂಟೆ ⟦mūṭe ムーテ⟧ [mu:ʈe] ಮಟ್ಟೆ², ಮೂಡೆ, ಮೊಟ್ಟೆ³ *n.* 穀物やセメントなどを販売したり貯蔵したりするために袋に入れたもの [Ka. D5037]

ಮೂಡ ⟦mūḍa ムーダ⟧ [mu:ɖɐ] *n.* 「太陽が昇る方角」、東 ¶ ಮೂಡ ದಿಕ್ಕು (mūḍa dikku) 東 [Ka. D5035]

ಮೂಡಲ್¹ ⟦mūḍal ムーダル⟧ [mu:ɖəl] 《古》*n.* 乾いた牛糞 [Ka. D4940]

ಮೂಡಲ್² ⟦mūḍal ムーダル⟧ [mu:ɖəl] 《古》*n.* 「太陽が昇る方角」、東 [Ka. D5035]

ಮೂಡಲು ⟦mūḍalu ムーダル⟧ [mu:ɖəlu] ಮೂಡ, ಮೂಡಲ್ *n.* **1** 東 ¶ ಚೀನಾದ ಮೂಡಲಲ್ಲಿ ಜಪಾನ್ ಇದೆ. (cīnāda mūḍalalli japān ide.) 日本は中国の東にある。**2** (西洋に対して)東洋、アジア [Ka. *D5035]

ಮೂಡಾವೆ ⟦mūḍāve ムーダーヴェ⟧ [muɖɐ:ve] ಮೂಡಾಯಿ, ಮೂಡಾವಿ 《古》*n.* 枕 [Ka. D5037]

ಮೂಡಿ ⟦mūḍi ムーディ⟧ [mu:ɖi] 《古》*n.* 日が昇ること [Ka. D5035] = ಉದಯ (udaya)

ಮೂಡಿಗೆ¹ ⟦mūḍige ムーディゲ⟧ [mu:ɖĭge] 《古》*n.* テントの中央に埋められた支えとなる棒 (*Pb.5.47.V*) [Ka. D4948]

ಮೂಡಿಗೆ² ⟦mūḍige ムーディゲ⟧ [mu:ɖĭge] 《文》*n.* 箙(えびら) [Ka. D5034]

ಮೂಡು ⟦mūḍu ムードゥ⟧ [mu:ɖu] *vi.* **1** (太陽が)昇る、(月や星が)出る **2** (思想、宗教などが)生まれる、世に出る ¶ ಬೌದ್ಧಧರ್ಮ ಭಾರತದಲ್ಲಿ ಮೂಡಿತು. (bauddʰadʰarma bʰāratadalli mūḍitu.) 仏教はインドで生まれた。**3** 見えてくる、姿を現す ¶ ಕ್ಷಿತಿಜದಲ್ಲಿ ಒಂಟೆಯ ಸವಾರ ಮೂಡಿತು. (kṣitijadalli oṃṭeya savāra mūḍitu.) 地平線にラクダに乗った人が現れた。**4** (心に)浮かぶ、思い浮かぶ、思いつく ¶ ನನ್ನ ತಲೆಯಲ್ಲಿ ಒಂದು ಒಳ್ಳೆಯ ವಿಚಾರ ಮೂಡಿತು. (nanna taleyalli oṃdu oḷḷeya vicāra mūḍitu.) よい考えが私の頭に浮かんだ。¶ ಸಾವಿತ್ರಿಗೆ ಗಂಡನ ಮೇಲೆ ಸಂಶಯ ಮೂಡಿತು. (sāvitrige gaṃḍana mēle saṃśaya mūḍitu.) サーヴィトリーの心に夫に対する疑いが生じた。 **—***n.* 東、東方 [Ka. D5035]

ಮೂಡೆ ⟦mūḍe ムーデ⟧ [mu:ɖe] 《口》*n.* **1** 穀物を入れる藁製の袋、俵 **2** 長い円柱形の枕 [Ka. D5037] ☞ಮೂಟೆ (mūṭe)

ಮೂಢ ⟦mūḍʰa ムーダ⟧ [mu:ɖʰɐ] *m.* 《*f.* ಮೂಢೆ, ಮೂಢಳು (mūḍʰe, mūḍʰaḷu)》馬鹿者、愚か者 [Sk.]

ಮೂಢನಂಬಿಕೆ ⟦mūḍʰanaṃbike ムーダナンビケ⟧ [mu:ɖʰə nəmbike] *n.* **1** 盲目的な信頼、盲信 **2** 迷信 [*mūḍʰa* + *naṃbike*]

ಮೂತಿ ⟦mūti ムーティ⟧ [mu:ti] *n.* **1** (動物の)鼻づら、口と鼻からなる突出した部分 **2**〔蔑〕顔 **3**〔蔑〕口 ¶ ಮೂತಿ ಮುಚ್ಚುಕೊ. (mūti muccuko.) 黙っておれ。[Ka. D5031]

ಮೂತ್ರ ⟦mūtra ムートラ⟧ [mu:t̪rɐ] *n.* 小便 [Sk.]

ಮೂತ್ರಕೋಶ ⟦mūtrakōśa ムートラコーシャ⟧ [mu:trəko:ʃɐ] *n.* 膀胱 [Sk.]

ಮೂತ್ರಪಿಂಡ ⟦mūtrapiṃḍa ムートラピンダ⟧ [mu:trəpiɳɖɐ] *n.* 腎臓 [Sk.]

ಮೂತ್ರಿ ⟦mūtri ムートリ⟧ [mu:t̪ri] *n.* 男性用小便器 [Sk. *mūtra* + *-i*] = ಯೂರಿನಲ್ (yūrinal)〔口〕

ಮೂದಲಿಕೆ ⟦mūdalike ムーダリケ⟧ [mu:ðə̆like] *n.* なじること、皮肉を言うこと [Ka. *D5040] = ಮೂದಲೆ (mūdale)

ಮೂದಲಿಸು ⟦mūdalisu ムーダリス⟧ [mu:ðə̆lisu] *vt.* からかう、なじる、皮肉を言う ¶ ಜನರು ಮಂತ್ರಿಗಳ ಭರವಸೆಯನ್ನು ನೆನಪಿಸಿ ಮೂದಲಿಸಿದರು. (janaru maṃtrigaḷa bʰaravaseyannu nenapisi mūdalisidaru.) 人々は大臣にその約束を思い出させてなじった。[Ka. D5040]

ಮೂದಲೆ ⟦mūdale ムーダレ⟧ [mu:ðə̆le] *n.* からかい、なじること、皮肉を言うこと ¶ ಜನರ ಮೂದಲೆಯನ್ನು ಸಹಿಸದೆ ಮಂತ್ರಿಗಳು ಹೊರಟು ಹೋದರು. (janara mūdaleyannu sahisade maṃtrigaḷu horaṭu hōdaru.) 大臣は人々のからかいに耐えられずに立ち去った。[Ka. D5040] = ಮೂದಲಿಕೆ (mūdalike)

ಮೂದೇವಿ ⟦mūdēvi ムーデーヴィ⟧ [mu:de:vi] *f.* **1** 貧乏の女神(富の女神であるラクシュミーの姉と言われている) **2** ものぐさな女性、怠惰な女性 [Ka. D4954 + *dēvi*]

ಮೂನೂರು ⟦mūnūru ムーヌール⟧ [mu:nu:ru] ಮೂನೂಱ್ *numr.adj.* 300 の **—***numr.n.* 300 ☞ಮುನ್ನೂರು (munnūru) [Ka. D3729, D5052]

ಮೂನೂಱು ⟦mūnūṟu ムーヌール⟧ [mu:nu:ṟu] 《古》 *numr.adj.* 300 の —*numr.n.* 300 ☞ಮುನ್ನೂರು (munnūru) [Ka. D3729, D5052]

ಮೂಮೆ ⟦mūme ムーメ⟧ [mu:me] ಮುಮ್ಮೆ, ಮುಯ್ಮೆ, ಮೂರ್ಮೆ, ಮೂವೆ 《文》 *adv.* 3回、3度 [Ka. *mūr* + *-me*, D5052]

ಮೂರಾಬಟ್ಟೆ ⟦mūrābaṭṭe ムーラーバッテ⟧ [mu:rɐ:bəʈʈe] *n.* 無茶苦茶 ¶ ನಾನು ಹಾಕಿಕೊಂಡಿದ್ದ ಯೋಜನೆ ಮೂರಾಬಟ್ಟೆ ಆಯಿತು. (nānu hākikoṃḍidda yōjane mūrābaṭṭe āyitu.) 僕の立てた計画はめちゃくちゃになってしまった。[? cf. M. *murābaṭṭī*「破壊」]

ಮೂರಿ[1] ⟦mūri ムーリ⟧ [mu:ri] 《方》 *n.* 悪臭、嫌な臭い (*Hav.*) [Ka. D5007]

ಮೂರಿ[2] ⟦mūri ムーリ⟧ [mu:ri] ಮುರಿ 《古》 *n.* ヤマの恐ろしい雄の水牛 [Ka. *D5041]

ಮೂರು ⟦mūru ムール⟧ [mu:ru] *numr.adj.* 3…、三つの —*pron.n.* 3…、三つの [Ka. D5052]

ಮೂರುಸಂಜೆ ⟦mūrusaṃje ムールサンジェ⟧ [mu:rusəɲʤe] *n.* 1 1日の三つの移行期（明け方と昼と夕方）2 夕方、夕暮れ [Ka. *mūru* + *saṃje*]

ಮೂರ್ಖ ⟦mūrkʰa ムールカ⟧ [mu:rkʰɐ] *adj.*, *m.* 《*f.* ಮೂರ್ಖಳು (mūrkʰaḷu)》 愚か者、知恵がない人 [Sk.] cf. ಮೂಢ (mūḍʰa)

ಮೂರ್ಖತನ ⟦mūrkʰatana ムールカタナ⟧ [mu:rkʰətənɐ] *n.* 1 馬鹿であること、愚かなこと 2 馬鹿げた失敗 ¶ ಅವನಿಗೆ ದುಡ್ಡು ಕೊಟ್ಟದ್ದು ನಿಮ್ಮ ಮೂರ್ಖತನ. (avanige duḍḍu koṭṭaddu nimma mūrkʰatana.) あなたがあの人にお金をやったのはあなたの馬鹿げた失敗だ。[*mūrkʰa* + *-tana*]

ಮೂರ್ಛೆ ⟦mūrcʰe ムールチェ⟧ [mu:rʧʰe] *n.* 意識を失うこと、失神 [Sk.] ↔ ಎಚ್ಚರಿಕೆ (eccarike)

ಮೂರ್ತ ⟦mūrta ムールタ⟧ [mu:rtɐ] 《文》 (*n.*) 具体化した〈こと〉、はっきりした形を取った〈こと〉¶ ಬುದ್ಧನ ಅಹಿಂಸಾಸಿದ್ಧಾಂತ ಗಾಂಧೀಜಿಯಲ್ಲಿ ಮೂರ್ತವಾಗಿದೆ. (buddʰana ahiṃsāsiddʰāṃta gāṃdʰījiyalli mūrtavāgide.) 仏陀の不殺生の原理はガーンディーにおいて具体化した。[Sk.]

ಮೂರ್ತಿ ⟦mūrti ムールティ⟧ [mu:rti] *n.* 1 神像、偶像 2（学説、イデオロギー、様式などが）具体化したもの ¶ ಮಾರ್ಕ್ಸನ ಸಿದ್ಧಾಂತ ಸೋವಿಯೆಟ್ ರಶಿಯಾದಲ್ಲಿ ಮೂರ್ತಿಗೊಂಡಿತು. (mārksana siddʰāṃta sōviyeṭ raśiyādalli mūrtigoṃḍitu.) マルクス主義はソヴィエト連邦で具体化した。[Sk.]

ಮೂರ್ತಿಪೂಜಕ ⟦mūrtipūjaka ムールティプージャカ⟧ [mu:rtipi:ʤəkɐ] *m.* 《*f.* ಮೂರ್ತಿಪೂಜಕಳು (mūrtipūjakaḷu)》偶像崇拝者 [Sk.]

ಮೂರ್ತಿಪೂಜೆ ⟦mūrtipūje ムールティプージェ⟧ [mu:rtipi:ʤe] *n.* 偶像崇拝 [Sk.]

ಮೂರ್ತಿಭಂಜಕ ⟦mūrtibʰaṃjaka ムールティバンジャカ⟧ [mu:rtibʰɲʤəkɐ] *m.* 《*f.* ಮೂರ್ತಿಭಂಜಕಳು (mūrtibʰaṃjakaḷu)》偶像破壊者 [Sk.]

ಮೂರ್ತೀಭವಿಸು ⟦mūrtībʰavisu ムールティーバヴィス⟧ [mu:rti:bʰəvisu] *vi.* 具体化する、具体的な形を取る ¶ ಜಯಪ್ರಕಾಶ ನಾರಾಯಣರ ಸಮಾಜವಾದ ಮೂರ್ತೀಭವಿಸಲಿಲ್ಲ. (jayaprakāśa nārāyaṇara samājavāda mūrtībʰavisalilla.) ジャヤプラカーシュ・ナーラーヤンの社会主義は具体化しなかった。[Sk.]

ಮೂರ್ಮೆ ⟦mūrme ムールメ⟧ [mu:rme] 《文》 *adv.* 3回 [Ka. *mūru* + *-me* D5052] ☞ಮೂಮೆ (mūme)

ಮೂಲ ⟦mūla ムーラ⟧ [mu:lɐ] *n.* 1《文》（植物の）根 2（植物の）根元 3 元、源、生まれた場所 ¶ ಕಾವೇರಿ ನದಿಯ ಮೂಲ ಕೊಡಗಿನಲ್ಲಿದೆ. (kāvēri nadiya mūla koḍaginallide.) カーヴェーリ河の源はコダグにある。4 元、原型 ¶ ಶಬ್ದಮಣಿದರ್ಪಣದ ಮೂಲ ಕಾತಂತ್ರ ವ್ಯಾಕರಣದಲ್ಲಿದೆ. (śabdamaṇidarpaṇada mūla kātaṃtra vyākaraṇadallide.)『シャブダマニダルパナ』の元は文法書『カータントラ』にある。5（文書の）原本 6 原資、資本、投資した金額 ¶ ಏಳು ವರ್ಷದ ಬಡ್ಡಿ ಅಸಲು ಸಹಿತವಾಗಿ ತೀರಿಸಿದೆ. (ēḷu varṣada baḍḍi asalu sahitavāgi tīriside.) 私は7年間の利息を元金と共に返済した。7 第19星宿ムーラ [Sk.]

ಮೂಲಂಗಿ ⟦mūlaṃgi ムーランギ⟧ [mu:ləŋgi] *n.* 大根（アブラナ科ダイコン属）⇀ 食・薬 [Ka. D5004]

ಮೂಲಗೆ ⟦mūlage ムーラゲ⟧ [mu:lǝge] 《古》 *n.* [Ka. D5004] ☞ಮೂಲಂಗಿ (mūlaṃgi)

ಮೂಲತಃ ⟦mūlataḥ ムーラタッ⟧ [mu:lətəhɐ] 《文》 *adv.* 根本的に；基本的に ¶ ಮೂಲತಃ ಚಿದಂಬರಂ ವೈಚಾರಿಕರು. (mūlataḥ cidaṃbaraṃ vaicārikaru.) 基本的にチダンバラムは思想家だ。[Sk.]

ಮೂಲಧನ ⟦mūladʰana ムーラダナ⟧ [mu:lʰdʰənɐ] 《文》 *n.* 原資、資本 [Sk.]

ಮೂಲನಕ್ಷೆ ⟦mūlanakṣe ムーラナクシェ⟧ [mu:lənəkʂe] *n.* 元となる地図 [Ka. *mūla* + *nakṣe*]

ಮೂಲಪುರುಷ ⟦mūlapuruṣa ムーラプルシャ⟧ [mu:ləpuruʂɐ] *mf.* 王朝や家系などの創始者 ¶ ಹೊಯ್ಸಳ ವಂಶದ ಮೂಲಪುರುಷ ಸಳನಂತೆ. (hoysaḷa vaṃśada mūlapuruṣa saḷanaṃte.) ホイサラ王朝の創始者はサラだということだ。[Sk.]

ಮೂಲಪ್ರತಿ ⟦mūlaprati ムーラプラティ⟧ [mu:ləprəti] *n.* 原本 [Sk.]

ಮೂಲಭೂತ ⟦mūlabʰūta ムーラブータ⟧ [mu:ləbʰu:tɐ] 《文》 *adj.* 根本的な、根本…、基礎的な [Sk.]

ಮೂಲಭೂತ ಸಿದ್ಧಾಂತ ⟦mūlabʰūta siddʰāṃta ムーラブータシッダーンタ⟧ [mu:ləbʰu:tə siddʰɐ:ntɐ] 《文》 *n.* 根本原則、根本原理、根本理論 [Sk.]

ಮೂಲವರ್ಷ ⟦mūlavarṣa ムーラヴァルシャ⟧ [mu:ləvərʂɐ] 《文》 *n.*（統計の）基準となる年度 [Sk.]

ಮೂಲವೇತನ ⟦mūlavētana ムーラヴェータナ⟧ [mu:ləve:tənɐ] *n.* 基本給 [Sk.]

ಮೂಲವ್ಯಾಧಿ ⟦mūlavyādʰi ムーラヴィャーディ⟧ [mu:ləvjɐ:dʰi] *n.* 痔、痔疾 [Sk.]

ಮೂಲಶಿಕ್ಷಣ ⟦mūlaśikṣaṇa ムーラシクシャナ⟧ [mu:ləʃi kʂəɳɐ] 《文》 *n.* 初等教育、基礎的教育 [Sk.]

ಮೂಲಿಕೆ ⟦mūlike ムーリケ⟧ [mu:like] *n.* 薬草、薬用となる植物の葉や根など [Sk.]

ಮೂಲುಗು ⟦mūlugu ムールグ⟧ [mu:lŭgu] 《古》 *vi.* (力を入れたり子を産んだり痛みをこらえたりして) うなる、うめく [Ka. D4896(b)] ☞ಮುಲುಕು (muluku)

ಮೂಲೆ ⟦mūle ムーレ⟧ [mu:le] *n.* 1 角、隅 2〔喩〕隅、重要でない場所 ¶ ಮಹಾತ್ಮಾ ಗಾಂಧಿ ಗುಜರಾತಿನ ಒಂದು ಮೂಲೆಯಲ್ಲಿ ಜನಿಸಿದರು. (mahātmā gāṃdʰi gujarātina oṃdu mūleyalli janisidaru.) マハートマー・ガーンディーはグジャラートの一角に生まれた。[Ka. D5044]

ಮೂಲೆಗುಂಪಾಗು ⟦mūleguṃpāgu ムーレグンパーグ⟧ [mu:legumpɐ:gu] *vi.* 無用なものとなる ¶ ವಿದ್ಯುತ್ ದೀಪ ಬಂದಮೇಲೆ ಹಣತೆಗಳು ಮೂಲೆಗುಂಪಾದವು. (vidyut dīpa baṃdamēle haṇategaḷu mūleguṃpādavu.) 電灯が出現してからランプは無用の長物となった。[Ka. *mūle* + *guṃpu* 「ゴミの山」+ *āgu*] = ಮೂಲೆಪಾಲಾಗು (mūlepālāgu)

ಮೂಲೆಪಾಲಾಗು ⟦mūlepālāgu ムーレパーラーグ⟧ [mu:lepɐ:lɐ:gu] *vi.* 無用なものとなる ¶ ನಮ್ಮ ರೇಡಿಯೊ ಮೂಲೆಪಾಲಾಗಿದೆ. (namma rēdiyo mūlepālāgide.) うちのラジオは無用の長物となった。[Ka. *mūle* + *pāl* 「分け前」]

ಮೂವತ್ತು ⟦mūvattu ムーヴァットゥ⟧ [mu:vəttu] *numr.adj.* 30の ¶ ನಮ್ಮ ದರ್ಜೆಯಲ್ಲಿ ಮೂವತ್ತುಜನ ಓದುತ್ತಿದ್ದಾರೆ. (namma darjeyalli mūvattujana ōduttiddāre.) 僕たちのクラスでは30人が勉強している。—*numr.n.* 30 [Ka. D3918 + D5052]

ಮೂವರ್ ⟦mūvar ムーヴァル⟧ [mu:vər] ಮೂವರು 《文》 *numr.adj.* 3人の —*numr.mf.* 3人 [Ka. D5052]

ಮೂವರು ⟦mūvaru ムーヴァル⟧ [mu:vəru] ಮೂವರ್ 《文》 *numr.adj.* 3人の —*numr.mf.* 3人 ☞ಮೂವರ್ (mūvar) [Ka. *D5052]

ಮೂಸಂಡಿ ⟦mūsaṃḍi ムーサンディ⟧ [mu:sənɖi] 《古》 *mf.* [Ka. D4912] ☞ಮುಸುಂಡಿ (musuṃḍi)

ಮೂಸು ⟦mūsu ムース⟧ [mu:su] 《古》 *vt.* 〈…の〉臭いを(くんくん鼻を鳴らして)かぐ [Ka. D4886]

ಮೂಸುಂಡಿ ⟦mūsuṃḍi ムースンディ⟧ [mu:sunɖi] ಮೂಸಂಡಿ 《古》 *mf.* 内気な人、臆病な人 [Ka. D4912]

ಮೂಸುಂಡಿತನ ⟦mūsuṃḍitana ムースンディタナ⟧ [mu:sunɖitənɐ] 《方》 *n.* 内気なこと、臆病なこと [*mūsuṃḍi* + *-tana*]

ಮೂಸುಂಬಿ ⟦mūsuṃbi ムースンビ⟧ [mu:sumbi] ಮುಸಂಬಿ, ಮುಸುಂಬಿ, ಮೋಸಂಬಿ 《古》 *n.* モーサンビー(ミカン科、通常は野球のボールより少し大きい球形の緑色のオレンジ)⇀ 食 [Eg. *Mozambique*]

ಮೂಳ ⟦mūḷa ムーラ⟧ [muuɭɐ] ಮೂಱ 《古》 —*m.* 《*f.* ಮೂಱಿ (mūṟi)》 1 耳がない男性 2 体の一部を失った男性 3〔蔑〕ろくでなし、くそったれ(人を罵る時に使う言葉) [Ka. *D5049]

ಮೂಳಿ ⟦mūḷi ムーリ⟧ [mu:ɭi] ಮೂಱಿ *f.* 1 耳のない女性 2 悪い女性、悪女 3〔蔑〕寡婦 [Ka. *D5049]

ಮೂಳೆ ⟦mūḷe ムーレ⟧ [mu:ɭe] *n.* 骨 [Ka. D5050]

ಮೂಱು ⟦mūṟu ムール⟧ [mu:ɽu] 《古》 *numr.adj.* 3 …、三つの —*numr.n.* 3、三つ ☞ಮೂರು (mūru) [Ka. D5052]

ಮೂಱ ⟦mūṟa ムーラ⟧ [mu:ɻɐ] 《古》 *m.* 《*f.* ಮೂಱಿ (mūṟi)》 1 耳がない男性 2 体の一部を失った男性 3〔蔑〕ろくでなし、くそったれ(人を罵る時に使う言葉) [Ka. D5049]

ಮೂಱಿ¹ ⟦mūṟi ムーリ⟧ [mu:ɻi] 《古》 *n.* 容器の飲み口 [Ka. D5047]

ಮೂಱಿ² ⟦mūṟi ムーリ⟧ [mu:ɻi] 《古》 *f.* 1 耳のない女性 2 悪い女性、悪女 [Ka. D5049]

ಮೃಗ ⟦mṛga ムルガ⟧ [mrɯgɐ/mrugɐ] 《文》 *n.* 1 鹿(およびそれに似た動物) 2 野獣 [Sk.]

ಮೃಗಜಲ ⟦mṛgajala ムルガジャラ⟧ [mrɯgəʤəlɐ/mrugə–] 《文》 *n.* 1 蜃気楼 2〔喩〕幻影 ¶ ವರ್ಗರಹಿತ ಸಮಾಜ ಎಂದರೆ ಮೃಗಜಲವಾಗಿದೆ. (vargarahita samāja eṃdare mṛgajalavāgide.) 階級のない社会は幻影だ。[Sk.]

ಮೃಗಾಲಯ ⟦mṛgālaya ムルガーラヤ⟧ [mrɯgɐ:ləjɐ/mrugɐ:ləjɐ] *n.* 動物園 [Sk.] ☞ಜೂ (jū)〔口〕

ಮೃತ ⟦mṛta ムルタ⟧ [mrɯtɐ/mrutɐ] 《文》 *adj.*, *m* 《*f.* ಮೃತಳು (mṛtaḷu)》死んだ〈人〉、亡くなった〈人〉[Sk.]

ಮೃತಪಡು ⟦mṛtapaḍu ムルタパドゥ⟧ [mrɯtəpəɖu/mrutə–] 《文》 *vi.* 亡くなる、息をひき取る [+ *paḍu*]

ಮೃತಪತ್ರ ⟦mṛtapatra ムルタパトラ⟧ [mrɯtəpətrɐ/mrutə–] 《文》 *n.* 1 遺言 2 死亡証明書 [Sk.] = ಉಯಿಲು (uyilu)〔口〕

ಮೃತ್ಯು ⟦mṛtyu ムルティユ⟧ [mrɯt̪ju/mrut̪ju] 《文》 *n.* 死亡 [Sk.]

ಮೃದು ⟦mṛdu ムルドゥ⟧ [mrɯdu/mrudu] 《文》 (*n.*) 1 (皮膚、手、布などが)柔らかい〈こと〉 2 (心が)優しい〈こと〉、穏やかな〈こと〉¶ ಮೃದು ಹೃದಯ/ಮೃದುವಾದ ಹೃದಯ (mṛdu hṛdaya/mṛduvāda hṛdaya) 優しい心 3 (歩みなどが)緩やかな〈こと〉[Sk.]

ಮೆಂತೆ ⟦meṃte メンテ⟧ [mente] *n.* [Ka. D5072] ☞ಮೆಂತೆಯ (meṃteya)

ಮೆಂತೆಯ ⟦meṃteya メンテヤ⟧ [mentĕjɐ] ಮೆಂತಯ, ಮೆಂತೆ, ಮೆಂತ್ಯ, ಮೆಂಥಿಯ, ಮೆಂಥೆಯ *n.* コロハまたはその実(胡蘆巴、フェヌグリーク、薬用または野菜として用いられる植物)⇀ 香・飼・食・薬 [Ka. D5072] = ಮೆಂತೆ (meṃte)

ಮೆಕ್ಕಲು ⟦mekkalu メッカル⟧ [mekkălu] 《文》 *n.* 1 沖積土、沖積層 2 沖積土からなる土地、扇状地 [?] = ರೇವೆ (rēve)

ಮೆಕ್ಕೆ ⟦mekke メッケ⟧ [mekke] 《文》 *n.* コロシントウリ(ウリ科スイカ属)⇀ 食・薬 [? cf. Mr. *mēki*] *[IMP 2.92]

ಮೆಕ್ಯಾನಿಕ್ ⟦mekyānik メキャーニク⟧ [mekjɐːnik] 《古》 *mf.* 機械工 [Eg. *mechanic*] ☞ಯಂತ್ರಗಾರ (yaṃtragāra)

ಮೆಕ್ಸಿಕೊ ⟦meksiko メクシコ⟧ [meksiko] *n.* メキシコ（中央アメリカの国）[Eg. ←Sp. *Mexico*]

ಮೆಚ್ಚಿಕೆ ⟦meccike メッチケ⟧ [meʧʧĭke] ಮಚ್ಚಿಕೆ, ಮೆಚ್ಚಿಗೆ, ಮೆಚ್ಚುಗೆ *n.* 1（他の人の世話や活動や奉仕などに対する）満足、気に入ること ¶ ಚಿತ್ರಗಳನ್ನು ನೋಡಿ ಅತಿಥಿಗಳು ಮೆಚ್ಚಿಕೆ ವ್ಯಕ್ತಪಡಿಸಿದರು. (citragaḷannu nōḍi atitʰigaḷu meccike vyaktapaḍisidaru.) 絵を見て客たちは満足を表明した。 2 愛情 ¶ ನನ್ನ ಪತ್ನಿಗೆ ಅಪ್ಪನ ಮೆಚ್ಚಿಕೆ ಸಿಕ್ಕಿಲ್ಲ. (nanna patnige appana meccike sikkilla.) 妻はまだ僕の父親に好かれていない。 3 賞賛、褒めること [Ka. D4722]

ಮೆಚ್ಚಿಗೆ ⟦meccige メッチゲ⟧ [meʧʧĭge] *n.* [Ka. D4722] ☞ಮೆಚ್ಚಿಕೆ (meccike)

ಮೆಚ್ಚು[1] ⟦meccu メッチュ⟧ [meʧʧu] 《‡》 *n.* 幻想、思い違い、錯覚 (*Mr.380* (*Kitt.*)) [Ka. D4706]

ಮೆಚ್ಚು[2] ⟦meccu メッチュ⟧ [meʧʧu] *vt.* 1〈…に〉満足する、(高く)評価する ¶ ವರ ಕನ್ಯೆಯನ್ನು ಮೆಚ್ಚಿ ಮದುವೆಯಾದ. (vara kanyeyannu mecci maduveyāda.) 花婿候補は娘を好いて結婚した。 2 好む、好く、愛する —*vi.*（神などが信者の苦行や善行に）満足する ¶ ಮಾರ್ಕಂಡೇಯನ ಭಕ್ತಿಗೆ ಶಿವ ಮೆಚ್ಚಿದ. (mārkaṃḍēyana bʰaktige śiva meccida.) シヴァ神はマールカンデーヤの帰依に満足した。 [Ka. D4722]

ಮೆಚ್ಚಿಸು ⟦meccisu メッチス⟧ [meʧʧĭsu] *vt.* 喜ばせる、満足させる、(神などに)苦行や善行で喜んでもらう ¶ ಅಂಗಡಿಯವರು ಶೂ ತೆಗೆದುಕೊಂಡ ಗ್ರಾಹಕರಿಗೆ ಸಾಕ್ಸ್ ಕೊಟ್ಟು ಮೆಚ್ಚಿಸುತ್ತಾರೆ. (aṃgaḍiyavaru śū tegedukoṃḍa grāhakarige sāks koṭṭu meccisuttāre.) 店の主人は靴を買った顧客を喜ばせるために靴下をおまけとしてつける。[Ka. D4722]

ಮೆಚ್ಚುಗಾಣಿಕೆ ⟦meccugāṇike メッチュガーニケ⟧ [meʧʧu gɐːɳike] *n.*（人の演技や業績などに満足して与える）贈りものや褒美 [*meccu + kāṇige*] = ಬಹುಮಾನ (bahumāna)

ಮೆಚ್ಚುಗೆ ⟦meccuge メッチュゲ⟧ [meʧʧŭge] *n.* [Ka. *D4722] ☞ಮೆಚ್ಚಿಕೆ (meccike)

ಮೆಟರು ⟦meṭaru メタル⟧ [meʈə̆ru] ಮೆಟರೆ, ಮೆಟ್ಟರೆ, ಮೆಟ್ರೆ, ಮೆಡರು 《方》 *n.* 喉ぼとけ [Ka. *D4847] = ಗಂಟಲು (gaṃṭalu)

ಮೆಟರೆ ⟦meṭare メタレ⟧ [meʈə̆re] 《方》 *n.* 喉ぼとけ [Ka. *D4847] ☞ಮೆಟರು (meṭaru)

ಮೆಟ್ಟಲು ⟦meṭṭalu メッタル⟧ [meʈʈə̆lu] *n.* [Ka. *D5057] ☞ಮೆಟ್ಟಿಲು (meṭṭilu)

ಮೆಟ್ಟಿಗೆ ⟦meṭṭige メッティゲ⟧ [meʈʈĭge] ಮೆಟ್ಟುಗೆ *n.* 1（階段のやはしごの）段 2 階段 3（発展の）段階 [Ka. D5057]

ಮೆಟ್ಟಿಲು ⟦meṭṭilu メッティル⟧ [meʈʈĭlu] ಮೆಟ್ಟಲು *n.* 1（階段やはしごの）段 2 階段 3（発展の）段階 [Ka. *D5057]

ಮೆಟ್ಟು[1] ⟦meṭṭu メットゥ⟧ [meʈʈu] 《‡》 *n.*（結婚した女性が）足の人差し指につける銀製の指輪 (*My.* (*Kitt.*)) [Ka. D5056]

ಮೆಟ್ಟು[2] ⟦meṭṭu メットゥ⟧ [meʈʈu] *vt.* 1〈地面などを〉踏む ¶ ಶರಣರು ಮೆಟ್ಟಿದ ಧರೆ ಪಾವನ. (śaraṇaru meṭṭida dʰare pāvana.) 信者が踏んだ土地は神聖である。 2〈草履などを〉履く ¶ ಚಪ್ಪಲಿಗಳನ್ನು ಮೆಟ್ಟಿಕೊಂಡು ದೇವಸ್ಥಾನದ ಒಳಗೆ ಹೋಗಬಾರದು. (cappaligaḷannu meṭṭikoṃḍu dēvastʰānada oḷage hōgabāradu.) 草履を履いたままで寺院へ入ってはいけない。 3〈敵などを〉踏みつける、蹂躙する ¶ ಅವನು ವಿರೋಧಿಗಳನ್ನು ಮೆಟ್ಟಿ ಮೇಲೆ ಬಂದ. (avanu virōdʰigaḷannu meṭṭi mēle baṃda.) 彼は敵たちを足蹴りにして高い地位についた。 4〈植物を〉植えて周囲を踏み固める、〈柱などを〉(地面に)立てて周囲を踏み固める ¶ ಕಬ್ಬಿನ ಸಸಿಗಳನ್ನು ಕಾಲಿನಿಂದ ಮೆಟ್ಟಿ ನೆಡಿಸಬೇಕು. (kabbina sasigaḷannu kāliniṃda meṭṭi neḍisabēku.) サトウキビの苗を足で踏み固めて植えつけさせねばならない。 5〈宝石などを〉埋め込む = ಕೆಚ್ಚು (keccu) —*vi.*（鳥が）発情する、交尾する —*n.* 1 履物［⇒図］ 2 一歩、一歩の距離 3（階段の）段 4 弦に直角に棹に埋め込まれた金属の棒（指で弦を抑えて弦楽器の音程を変えるために用いる） 5 足跡、痕跡 ¶ ಕಳ್ಳನ ಮೆಟ್ಟು ಕಳ್ಳನೇ ಬಲ್ಲ. (kaḷḷana meṭṭu kaḷḷanē balla.) 盗人の足跡は盗人にしかたどれない。 6 踊りのステップ [Ka. D5057]

ಮೆಟ್ಟು[2] 履物

ಮೆಟ್ಟಿಸು ⟦meṭṭisu メッティス⟧ [meʈʈĭsu] *vt.* 歩を進めさせる、など [Ka. caus. D5057]

ಮೆಟ್ರೆ ⟦meṭre メトレ⟧ [meʈre] 《口》 *n.* 喉ぼとけ [Ka. D4847] ☞ಮೆಟರು (meṭaru)

ಮೆಟ್ಲ ⟦meṭla メトラ⟧ [meʈlɐ] 《口》 *n.* 1 階段の段 2 階段 (*My.* (*Kitt.*)) [Ka. D5057]

ಮೆಡರು ⟦meḍaru メダル⟧ [meɖə̆ru] 《‡》 *vt.*〈カーテンなどを〉編む (*Kk.76* (*Kitt.*)) [Ka. D4853]

ಮೆಡಿ[1] ⟦meḍi メディ⟧ [meɖi] 《方》 *n.*（漬物を作るために用いる）ごく未熟の小さなマンゴー (*Hav.*) [Ka. D4851] ☞ಮಿಡಿ (miḍi)[5]

ಮೆಡಿ[2] ⟦meḍi メディ⟧ [mɛɖi] 《方》 *vt.* 編む (*Gowda*) [Ka. D4853]

ಮೆಣಸು ⟦meṇasu メナス⟧ [meɳəsu] ಮೆಳಸು, ಮೆಟಿಸು, ವೆಳಸು *n.* コショウ（胡椒、コショウ科）⇀ 香辛 [Ka. D4867]

ಮೆಣಸಿನ ಕಾಯಿ ⟦meṇasina kāyi メナシナカーイ⟧ [meɳə sinə kɐːji] *n.* トウガラシ（唐辛子、ナス科トウガラシ属）⇀ 香辛 [Ka. D4867]

ಮೆತ್ತಗೆ ⟦mettage メッタゲ⟧ [mettə̆ge] *adv.* 1 柔らかく、そっと ¶ ಹತ್ತಿಯನ್ನು ಕುಟ್ಟಿ ಮೆತ್ತಗೆ ಮಾಡು. (hattiyannu kuṭṭi mettage māḍu.) 綿を打って柔らかくしなさい。 2（話し方が）ゆっくりと、静かに ¶ ದೇವಸ್ಥಾನದಲ್ಲಿ ಮೆತ್ತಗೆ ಮಾತಾಡು. (dēvastʰānadalli mettage mātāḍu.) お寺で

は静かに話しなさい。☞ಮೆದು (medu) [Ka. D5070]

ಮೆತ್ತನೆ ⟦mettane メッタネ⟧ [mettǝne] *adv.* 1 そっと、優しく ¶ ವಿಕ್ಸನ್ನು ಮೆತ್ತನೆ ಕುತ್ತಿಗೆಗೆ ಲೇಪಿಸು. (viksannu mettane kuttigege lēpisu.) ヴィックスをそっと首にすり込みなさい。 2 (話し声が)ゆっくりと、静かに ¶ ಏನೂ ಗೊತ್ತಾಗಿಲ್ಲ, ಮೆತ್ತನೆ ಮಾತಾಡು. (ēnū gottāgilla, mettane mātāḍu.) ゆっくり話しなさい。いうことが何も分からなかったよ。 ◇ *adj.* ಮೆತ್ತನೆಯ (mettaneya) 静かな、ゆっくりとした —*adj.* 1 柔らかい、優しい、穏やかな 2 (話し声が)ゆっくりとした —*n.* 壁の壊れた所を漆喰で修理すること ¶ ಗೋಡೆಗೆ ಮೆತ್ತನೆ ಮಾಡು. (gōḍege mettane māḍu.) 壁に漆喰を塗りなさい。 [Ka. D5070 *medu + ane*]

ಮೆತ್ತನ್ನ ⟦mettanna メッタンナ⟧ [mettǝnnɐ] 《口》 *adj.* (表面などが)柔らかい(感覚的な表現、日本語の「柔らかあい」に近い) [Ka. D5070]

ಮೆತ್ತಾನೆ ⟦mettāne メッターネ⟧ [mettɐːne] *adv.* 優しく、「柔らかあく」 [Ka. D5070]

ಮೆತ್ತಿ ⟦metti メッティ⟧ [metti] 《方》 *n.* 上階、2階以上の階 (*HavS*) [Ka. D5069]

ಮೆತ್ತಿಗೆ ⟦mettige メッティゲ⟧ [mettĭge] *n.* 壁の壊れた所を漆喰で修理すること [Ka. *D5066]

ಮೆತ್ತು ⟦mettu メットゥ⟧ [mettu] *vt.* 1 〈壁の表面を〉漆喰や泥を塗ってきれいにする ¶ ತಮ್ಮ ಒಡೆದುಹೋದ ಗೋಡೆಯ ಗಿಲಾವನ್ನು ಮೆತ್ತಿದ. (tamma oḍeduhōda gōḍeya gilāvannu mettida.) 弟は壁のいたんだ所を漆喰を塗って直した。 2 〈漆喰や油や色などを〉塗る ¶ ಅಮ್ಮ ನನ್ನ ಗಾಯಕ್ಕೆ ಮುಲಾಮನ್ನು ಮೆತ್ತಿದರು. (amma nanna gāyakke mulāmannu mettidaru.) 母は僕の傷に膏薬を厚く塗ってくれた。 [Ka. D5066]

ಮೆತ್ತುವಿಕೆ ⟦mettuvike メットゥヴィケ⟧ [mettŭvike] *n.* (壁などに)漆喰などを塗って平らにすること [Ka. D5066]

ಮೆತ್ತೆ ⟦mette メッテ⟧ [mette] *n.* 布団 [Ka. D5068]

ಮೆದಡು ⟦medaḍu メダドゥ⟧ [međǝ̆ḍu] 《古》 *n.* 1 脳、脳みそ 2 脂肪 [Ka. D5062] ☞ಮಿದುಳು (miduḷu)

ಮೆದು ⟦medu メドゥ⟧ [među] ಮಿತು, ಮೆತು, ಮಿದು (*n.*) 1 (皮膚、手、パン、言葉などが)柔らかい〈こと〉¶ ಕಾಮಿನಿಯ ಮೆದುವಾದ ಕೈಯ ಸ್ಪರ್ಶ ಲಕ್ಷ್ಮಣನಿಗೆ ವಿದ್ಯುತ್ ಹಾಗೆ ಸಂಚರಿಸಿತು. (kāminiya meduvāda kaiya sparśa lakṣmaṇanige vidyut hāge saṃcarisitu.) カーミニの柔らかい手の感触がラクシュマナには稲妻のように走った。 2 (言葉などが)ゆっくりしている〈こと〉¶ ಮಗು ಮಲಗಿದೆ, ಮೆದುವಾಗಿ ಹೇಳಿ. (magu malagide, meduvāgi hēḷi.) 子どもが眠っているので静かに話してください。 [Ka. D5070]

ಮೆದುಳ್ ⟦meduḷ メドゥル⟧ [međuḷ] 《古》 *n.* 1 脳、脳髄 2 知力、知性 [Ka. D5062] ☞ಮಿದುಳು (miduḷu)

ಮೆದುಳು ⟦meduḷu メドゥル⟧ [međŭḷu] *n.* 1 脳、脳髄；脳みそ 2 知力、知性 ¶ ಅವನಿಗೆ ಮೆದುಳಿಲ್ಲ. (avanige meduḷilla.) あいつは頭がない。 [Ka. D5062] ☞ಮಿದುಳು (miduḷu)

ಮೆದೆ ⟦mede メデ⟧ [međe] *n.* 穀物の藁を(家畜の餌にするために)積み上げたもの [Ka. D5065]

ಮೆಮೊ ⟦memo メモ⟧ [memo] *n.* 出来事の簡単な記録、覚書 [Eg. *memo*]

ಮೆಮೊರಾಂಡಂ ⟦memorāṃḍaṃ メモラーンダン⟧ [memorɐːɳḍǝm] 《文》 *n.* 1 出来事の簡単な記録 2 (外交上の)覚書 [Eg. *memorandum*]

ಮೆಯ್ ⟦mey メイ⟧ [meĭ] ಮೆಯಿ, ಮೈ 《古》 *n.* 1 体、身体 2 側 3 勇気、英雄性 [Ka. D5073] ☞ಮೈ (mai)

ಮಱುಮೆಯ್ ⟦maṟumey マルメイ⟧ [mǝṟumeĭ] 《古》 *n.* 再生、生まれ変わり [*maṟu* +] ☞ಮೈ (mai)

ಮೆಯಿ ⟦meyi メイ⟧ [meji] 《古》 *n.* 体、身体 [Ka. D5073] ☞ಮೆಯ್ (mey)

ಮೆರವಣಿ ⟦meravaṇi メラヴァニ⟧ [merǝ̆vǝɳi] ಮೆಱವಣಿ, ಮೆಱವಣಿ, ಮೆಱೆವಣಿ 《文》 *n.* 神像や僧院長や新郎新婦などの華やかな行列、行列一般 [Ka. *D5074]

ಮೆರವಣಿಗೆ ⟦meravaṇige メラヴァニゲ⟧ [merǝ̆vǝɳige] ಮೆರವಳಿಗೆ, ಮೆರೆವಣಿಗೆ, ಮೆಱವಣಿಗೆ *n.* 神像や僧院長や新郎新婦などの派手な行列、行列一般 [Ka. *D5074]

ಮೆರಿ ⟦meri メリ⟧ [meri] 《方》 *vt.* 〈米を〉つく [Ka. D4768] (*Hav.*)

ಮೆರುಗು ⟦merugu メルグ⟧ [merŭgu] *n.* 1 輝き、光輝、(磨かれたものの反射による) 輝き 2 顔の輝き ¶ ಗಂಡ ಬರುತ್ತಿದ್ದಾನೆ ಎಂಬ ಸುದ್ದಿ ಕೇಳಿ ಆರತಿಯ ಮುಖಕ್ಕೆ ಮೆರುಗು ಬಂದಿದೆ. (gaṃḍa baruttiddāne eṃba suddi kēḷi āratiya mukʰakke merugu baṃdide.) 夫が帰ってくるという知らせを聞いてアーラティの顔が輝いている。 [Ka. D5074]

ಮೆರೆ¹ ⟦mere メレ⟧ [mere] ಮೆಱೆ¹ *vi.* 1 輝く、光を発する 2 〔喩〕 (優れた人間が) 輝く、輝いて見える ¶ ನರ್ತಕಿ ಯಾಮಿನಿ ಕೃಷ್ಣಮೂರ್ತಿ ರಂಗಮಂಚದಲ್ಲಿ ಮೆರೆಯುತ್ತಿದ್ದರು. (nartaki yāmini kṛṣṇamūrti raṃgamaṃcadalli mereyuttiddaru.) 踊り手ヤーミニ・クリシュナムールティは舞台で輝いていた。 3 (才能や才能ある人が)輝きを得る、頭角を現す ¶ ಜಯಂತ ನಾರಳಿಕರ ಅವರು ಅಮೆರಿಕಾಕ್ಕೆ ಹೋದ ಮೇಲೆ ಮೆರೆದರು. (jayaṃta nāraḷikara avaru amerikākke hōda mēle meredaru.) ジャヤンタ・ナーラリカルはアメリカへいった後、頭角を現した。 4 傲慢に振る舞う、有頂天になる ¶ ಅವನು ದರ್ಪದಿಂದ ಮೆರೆಯುತ್ತಿದ್ದಾನೆ. (avanu darpadiṃda mereyuttiddāne.) 彼は有頂天になっている。¶ ಇಂದು ಮೆರೆಯುವವರು ನಾಳೆ ಮಣ್ಣು ಮುಕ್ಕುತ್ತಾರೆ. (iṃdu mereyuvavaru nāḷe maṇṇu mukkuttāre.) 今日いばる者は明日土を食らう(おごる者は久しからず)。 5 (金持ちなどを)装う、てらう ¶ ಕೈಯಲ್ಲಿ ಕಾಸು ಇರದಿದ್ದರೂ ಅವರು ಮೆರೆಯುತ್ತಿದ್ದಾರೆ. (kaiyalli kāsu iradiddarū avaru mereyuttiddāre.) 一銭もなくてもあいつは金持ちぶっている。 [Ka. *D5074]

ಮೆರೆ² ⟦mere メレ⟧ [mere] 《異》 *vi.* さまよう (*Bp.52,35; My. (Kitt.)*) [Ka. D5083?]

ಮರೆಕೋಲು ⟦merekōlu メレコール⟧ [mereko:lu] ಮರೆ‐ಗೋಲು, ಮೆಱೆಕೋಲು, ಮೆಱೆಗೋಲು *n.* (藁を集めるためなどに使う)長柄の草刈り鎌[⇒図] [Ka. *mere* <? + *kōlu*[1] *D5083] = ಮೊಗೆ (moge)

ಮೆರ್ಚಿಸು ⟦mercisu メルチス⟧ [merʧisu] 《古》 *vt.* 喜ばせる、〈神などを〉慰める、満足させる [Ka. **mercu* + *-isu* D4722] ☞ಮೆಚ್ಚಿಸು (meccisu)

ಮರೆಕೋಲು
草刈り鎌

ಮೆಲ್[1] ⟦mel メル⟧ [mel] 《古》 *vt.* 《過去語幹medd-/ meld- 未来語幹melv-》 1 もぐもぐ噛む、咀嚼する 2 もぐもぐ食べる [Ka. D5077] ☞ಮೆಲಿ (meli)

ಮೆಲ್[2] ⟦mel メル⟧ [mel] 《古》 (*n.*) 《*adv.* ಮೆಲ್ಲ, ಮೆಲ್ಲಗೆ, ಮೆಲ್ಲನೆ (mella, mellage, mellane)》 1 ゆっくりした〈こと〉 2 静かな〈こと〉、穏やかな〈こと〉¶ ಮೆಲ್ಸರ (melsara) 穏やかな甘美な声 [Ka. D5078] (*śmd.83*)

ಮೆಲಕು ⟦melaku メラク⟧ [melə̆ku] *n.* 反芻 [Ka. D5077] ☞ಮೆಲ್ಕು (melku)

ಮೆಲಿ ⟦meli メリ⟧ [meli] ಮೆಲ್, ಮೆಲು[1], ಮೆಲ್ಲು *vt.* 1 もぐもぐ噛む、咀嚼する 2 もぐもぐ食べる [Ka. D5077] = ಮೆಲ್ (mel)

ಮೆಲು[1] ⟦melu メル⟧ [melu] 《古》 *vt.* 1 もぐもぐ噛む、咀嚼する 2 もぐもぐ食べる [Ka. D5077] ☞ಮೆಲಿ (meli)

ಮೆಲು[2] ⟦melu メル⟧ [melu] ಮೆಲ್[2] (*n.*) 1 ゆっくりした〈こと〉 2 静かな〈こと〉、穏やかな〈こと〉¶ ಮೆಲುನಗೆ (melunage) 微笑み [Ka. D5078] = ಮೆಲ್ (mel)

ಮೆಲುಕು ⟦meluku メルク⟧ [melŭku] ಮೆಲಕು, ಮೆಲ್ಕು *n.* 反芻 [Ka. D5077] ☞ಮೆಲ್ಕು (melku)

ಮೆಲುಕುಹಾಕು ⟦melukuhāku メルクハーク⟧ [melŭkuhɐ:ku] *vi.* 1 反芻する 2 つらつら考える、繰り返し思案する、何度も思い出しては考える ¶ ಜೆ. ಕೃಷ್ಣಮೂರ್ತಿಯ ಸಿದ್ಧಾಂತಗಳು ಮೆಲುಕು ಹಾಕಲು ಯೋಗ್ಯವಾಗಿವೆ. (je. kṛṣṇamūrtiya siddʰāṃtagaḷu meluku hākalu yōgyavāgive.) J. クリシュナムールティの説はよくよく考えるに値する。 [+ *hāku*]

ಮೆಲುನಗೆ ⟦melunage メルナゲ⟧ [melŭnəge] *n.* 微笑み、微笑 [Ka. *melu*[2] + *nage*]

ಮೆಲುನುಡಿ ⟦melunuḍi メルヌディ⟧ [melunuḍi] 《文》 *n.* 穏やかな言葉 [Ka. *melu*[2] + *nuḍi*]

ಮೆಲ್ಕು ⟦melku メルク⟧ [melku] ಮೆಲಕು, ಮೆಲುಕು *n.* 1 反芻 2 つらつら考えること、繰り返し思案すること [Ka. D5077] ☞ಮೆಲುಕು (meluku)

ಮೆಲ್ಪು ⟦melpu メルプ⟧ [melpu] ಮಲುಪು, ಮೆಲುವು, ಮೆ‐ಲುಹು 《文》 *n.* 柔らかさ、穏やかさ [Ka. D5078]

ಮೆಲ್ಲ ⟦mella メッラ⟧ [mellɐ] 《方》 *adv.* 1 静かに、そっと ¶ ಕೋಪಿಸದೆ ಮಗನಿಗೆ ಮೆಲ್ಲ ಮಾತಾಡಿ. (kōpisade maganige mella mātāḍi.) 怒らないで息子さんに優しく話しなさい。 2 ゆっくりと ¶ ಮೆಲ್ಲ ಮಾತಾಡಿ. (mella mātāḍi.) ゆっくり話しなさい。 [Ka. D5078] (SK)

ಮೆಲ್ಲಗೆ ⟦mellage メッラゲ⟧ [mellə̆ge] *adv.* 1 静かに、そっと、優しく 2 ゆっくりと ¶ ನೀನು ಮೆಲ್ಲಗೆ ಮಾತನಾಡು. (nīnu mellage mātanāḍu.) ゆっくり話しなさい。 [Ka. *D5078]

ಮೆಲ್ಲನೆ ⟦mellane メッラネ⟧ [melləne] *adv.* 1 静かに、そっと ¶ ಹಮೀದ್ ಮೆಲ್ಲನೆ ನನ್ನ ಎದೆಯಲ್ಲಿ ಕೈ ಇಟ್ಟು, ಚಿಂತಿಸಬೇಡಿ ಎಂದು ಹೇಳಿದರು. (hamīd mellane nanna edeyalli kai iṭṭu, ciṃtisabēḍi eṃdu hēḷidaru.) ハミードは私の胸にそっと手を置いて「心配しなさるな」と言った。 2 ゆっくりと ¶ ನೀನು ಮೆಲ್ಲನೆ ಮಾತನಾಡು. (nīnu mellane mātanāḍu.) ゆっくり話しなさい。 [Ka. D5078]

ಮೆಲ್ಲಿತು ⟦mellitu メッリトゥ⟧ [mellitu] 《古》 (*n.*) 柔らか〈な〉、穏やか〈な〉、緩やか〈な〉 [Ka. D5078]

ಮೆಲ್ಲಿತ್ತು ⟦mellittu メッリットゥ⟧ [mellittu] 《古》 *adj.* [Ka. D5078] ☞ಮೆಲ್ಲಿತು (mellitu)

ಮೆಲ್ಲು ⟦mellu メッル⟧ [mellu] *vt.* 1 むにゃむにゃ噛む、もぐもぐ噛む ¶ ರಾಜಮ್ಮ ಎಲೆಯನ್ನು ಮೆಲ್ಲುತ್ತಾ ಟಿ.ವಿ. ನೋಡುತ್ತಿದ್ದಳು. (rājamma eleyannu melluttā ṭi.vi. nōḍuttiddaḷu.) ラージャンマはテレビを見ながらパーンを噛んでいた。 2 〔喩〕 つらつら考える、繰り返し思案する、思い出しては考える ¶ "ನೀವು ತುಂಬ ಪ್ರಾಮಾಣಿಕ ಮನುಷ್ಯ," ಎಂಬ ನಳಿನಿಯ ಮಾತನ್ನು ಮೆಲ್ಲುತ್ತಾ ವಿಕಾಸ ಮನೆಗೆ ಬಂದ. ("nīvu tuṃba prāmāṇika manuṣya," eṃba naḷiniya mātannu melluttā vikāsa manege baṃda.) 「あなたはとても誠実な人ね」といったナリニの言葉を何度もかみしめながら、ヴィカースは家に帰った。 [Ka. D5077]

ಮೆಲ್ಲೆ ⟦melle メッレ⟧ [melle] 《‡》 *adv.* 静かに、そっと、優しく (*My.* (*Kitt.*)) [Ka. D5078] ☞ಮೆಲ್ಲ (mella)

ಮೆಹನತ್ತು ⟦mehanattu メハナットゥ⟧ [mehə̆nəttu] *n.* 努力、一生懸命働くこと [Pe. *mehnat* ←Ar. *miḥna*]

ಮೆಳ್ ⟦meḷ メル⟧ [meɭ] 《古》 *n.* 狼狽、驚愕、当惑 [Ka. < *meṟ* D4723] ☞ಮೆಱ್ (meṟ)

ಮೆಳೆ ⟦meḷe メレ⟧ [meɭe] *n.* 低木(特に竹)の茂み [Ka. D4873]

ಮೆಳ್ಳ ⟦meḷḷa メッラ⟧ [meɭɭɐ] *m.* 《*f.* ಮೆಳ್ಳಿ (meḷḷi)》斜視の男性 [Ka. D4871]

ಮೆಳ್ಳಗಣ್ಣ ⟦meḷḷagaṇṇa メッラガンナ⟧ [meɭɭəɡəɳɳɐ] *m.* 《*f.* ಮೆಳ್ಳಗಣ್ಣಿ (meḷḷagaṇṇi)》斜視の人 [Ka. *D4871]

ಮೆಳ್ಳಗಣ್ಣು ⟦meḷḷagaṇṇu メッラガンヌ⟧ [meɭɭəɡəɳɳu] *n.* 斜視の目 [Ka. *D4871]

ಮೆಳ್ಳಿ ⟦meḷḷi メッリ⟧ [meɭɭi] *f.* 《*m.* ಮೆಳ್ಳ (meḷḷa)》斜視の女性 [Ka. *D4871]

ಮೆಳ್ಳಿಸು ⟦meḷḷisu メッリス⟧ [meɭɭĭsu] *vt.* 〈目を〉ぎょろぎょろさせる ¶ ಯಕ್ಷಗಾನದಲ್ಲಿ ಪಾತ್ರಧಾರಿಗಳು ಕಣ್ಣು ಮೆಳ್ಳಿಸಿ ನಟನ ಮಾಡುತ್ತಾರೆ. (yakṣagānadalli pātradʰārigaḷu kaṇṇu meḷḷisi naṭana māḍuttāre.) ヤクシャガーナでは役者が目を回しながら踊る。 [Ka. D4871]

ಮೆಳ್ಳೆ ⟦meḷḷe メッレ⟧ [meɭɭe] ಮೆಡ್ಡ, ಮೆಳ್ಳ, ಮೆಳ್ಳು *m.* 《*f.* ಮೆಳ್ಳಿ (meḷḷi)》斜視の男性 —*n.* 斜視の目 [Ka. D4871]

ಮೆಳ್ಳೆಗಣ್ಣ ⟦meḷḷegaṇṇa メッレガンナ⟧ [meɭɭegəɳɳɐ] ಮೆಳ್ಳಗಣ್ಣ *m.* 《*f.* ಮೆಳ್ಳೆಗಣ್ಣಿ (meḷḷegaṇṇi)》斜視の人 [Ka. *meḷḷe + kaṇṇu + -a*]

ಮೆಳ್ಳೆಗಣ್ಣು ⟦meḷḷegaṇṇu メッレガンヌ⟧ [meɭɭegəɳɳu] ಮೆಳ್ಳಗಣ್ಣು *n.* 斜視の目 = ಕೋಸಗಣ್ಣು (kōsagaṇṇu) —*m.* 《*f.* ಮೆಳ್ಳೆಗಣ್ಣವಳು (meḷḷegaṇṇavaḷu)》斜視の人 [Ka. *D4871]

ಮೆಱವಣಿ ⟦meṟavaṇi メラヴァニ⟧ [meṟĕvəɳi] ಮೆರವಣಿ, ಮೆಱವಣೆ, ಮೆಱೆವಣಿ 《古》 *n.* 1 神像や僧院長や新郎新婦などの派手な行列 2 華麗、壮観；見せびらかし [Ka. D5074] ☞ಮೆರವಣಿ (meravaṇi)

ಮೆಱವಣಿಗೆ ⟦meṟavaṇige メラヴァニゲ⟧ [meṟĕvəɳĭge] 《古》 *n.* 1 神像や僧院長や新郎新婦などの派手な行列 2 多量、多数 [Ka. D5074] ☞ಮೆರವಣಿಗೆ (meravaṇige)

ಮೆಱವಣೆ ⟦meṟavaṇe メラヴァネ⟧ [meṟəvəɳe] 《古》 *n.* 華麗、壮観、見せびらかし [Ka. **D5074] ☞ಮೆಱವಣಿ (meṟavaṇi)

ಮೆಱಸು ⟦meṟasu メラス⟧ [meṟə̆su] 《古》 *vt.* 誇示する、見せびらかす [Ka. caus. D5074] ☞ಮೆಱೆಯಿಸು (meṟeyisu)

ಮೆಱಿಸು ⟦meṟisu メリス⟧ [meṟĭsu] 《古》 *vt.* 輝かせる、など [Ka. caus. D5074] (*B.3,29* (*Kitt.*))

ಮೆಱೆ ⟦meṟe メレ⟧ [meṟe] ಮೆರೆ 《古》 *vi.* 1 輝く、光る 2 (顔などが) 輝いて見える、映える、きれいに見える 3 頭角を現す、開花する 4 威張る —*vt.* 1 見せる、見せびらかす 2 飾る、装飾する ☞ಮೆರೆ (mere) [Ka. D5074]

ಮೆಱಯಿಸು ⟦meṟayisu メライス⟧ [meṟəjisu] 《‡》 *vt.* 輝かせる、など [Ka. D5074] (*Bp.4,64* (*Kitt.*)) ☞ಮೆಱೆಯಿಸು (meṟeyisu)

ಮೆಱೆಯಿಸು ⟦meṟeyisu メレイス⟧ [meṟejisu] ಮೆರಸು, ಮೆರೆಯಿಸು, ಮೆರೆಸು, ಮೆಱಸು, ಮೆಱೆಸು 《古》 *vt.* 〈あることを〉(盛大に)行う [Ka. caus. *D5074]

ಮೆಱೆಕೋಲು ⟦meṟekōlu メレコール⟧ [meṟĕko:lu] 《古》 *n.* (藁をかき回したり集めたりするための) 熊手のような形をした道具 [Ka. D5083] ☞ಮೆರೆಕೋಲು (merekōlu)

ಮೆಱೆವಣಿ ⟦meṟevaṇi メレヴァニ⟧ [meṟevəɳi] 《古》 *n.* 華麗、壮観、見せびらかし [Ka. *D5074] ☞ಮೆಱವಣಿ (meṟavaṇi)

ಮೆೞ್ ⟦meḻ メル⟧ [meɻ] ಮೆಳ್ 《古》 *n.* 1 幻想、妄想 2 狼狽、驚愕、当惑 3 欺瞞、ペテン、詐欺 [Ka. *D4723]

ಮೆೞಸು ⟦meḻasu メラス⟧ [meɻə̆su] 《古》 *n.* 胡椒 [Ka. D4867] ☞ಮೆಣಸು (meṇasu) 〔汎〕

ಮೇ¹ ⟦mē メー⟧ [me:] (*n.*) めえ (羊や山羊の鳴き声を表す擬音語) [Ka. onom. D5087]

ಮೇ² ⟦mē メー⟧ [me:] ಮೆಯ್, ಮೆಯ್ಯು, ಮೇಯು *vi.* 《過去語幹meṃd-, mēd-》(家畜が) 草を食む [Ka. D5093]

ಮೇ- ⟦mē- メー-⟧ [me:] 《古》 *pref.* 《*k*/*g*-の前のみに現れる》「上…」「高い」「優越した」などの意味を表す接頭辞 ¶ ಮೇಗಡೆ (mēgaḍe) 上部 [Ka. D5086 mēguの短縮形]

ಮೇಂ- ⟦mēṃ- メーン-⟧ [me:m] 《古》 *pref.* 上…(「上部」の意味を表す接頭辞) ¶ ಮೇಂಗೆಯ್ (mēṃgey) 手の平 [Ka. D5086]

ಮೇಂಟಿ ⟦mēṃṭi メーンティ⟧ [me:ɳʈi] 《古》 (*n.*), *n.* [Ka. *D5091] ☞ಮೇಟಿ (mēṭi)[1], ಮೇಟಿ (mēṭi)[2]

ಮೇಕೆ ⟦mēke メーケ⟧ [me:ke] *n.* 1 山羊(一般) 2 雌山羊 [Ka. D5087]

ಮೇಗಣ ⟦mēgaṇa メーガナ⟧ [me:gə̆ɳɐ] (*adj.*) 《ಮೇಗು (mēgu)の属格形》上の、上階の、表面の ¶ ಮೇಗಣ ಕೋಣೆಯಲ್ಲಿ ಬೆಳಕು ಚನ್ನಾಗಿದೆ. (mēgaṇa kōṇeyalli beḷaku cannāgide.) 2階の部屋は日がよく当たる (*Pb.5.32; 8.29.V*) [Ka. *D5086]

ಮೇಗನ ⟦mēgana メーガナ⟧ [me:gə̆nɐ] 《文》 *adv.* 上に、上へ (*DEDR*) [Ka. D5086] ☞ಮೇಗಣ (mēgaṇa)

ಮೇಗನೆ ⟦mēgane メーガネ⟧ [me:gə̆ne] 《古》 *adv.* 《ಮೇಗು (mēgu)の斜格形から》上に、上へ (*Pb. 4.12.V*) [Ka. *D5086]

ಮೇಗು ⟦mēgu メーグ⟧ [me:gu] 《古》 *n.* 《斜格諸形の語幹mēgaṇ-》 1 上、上部 2 優秀、優越 3 豪奢、豪華 4 威厳、壮大、立派さ 5 ためになること、有益であること [Ka. D5086]

ಮೇಗೆ ⟦mēge メーゲ⟧ [me:ge] 《古》 *adv.* 1 上に、表面上に；上へ、上向きに 2 および、さらに 3 それから [Ka. D5086]

ಮೇಘ ⟦mēgʰa メーガ⟧ [me:gʰɐ] 《文》 *n.* 雲 [Sk.] = ಮೋಡ (mōḍa) 〔汎〕

ಮೇಜವಾನಿ ⟦mējavāni メージャヴァーニ⟧ [me:ʤə̆vɐ:ni] *n.* 客人の歓待 ¶ ಸಾಹುಕಾರರ ಮನೆಯಲ್ಲಿ ಅಧಿಕಾರಿಯೊಬ್ಬನಿಗೆ ಮೇಜವಾನಿ ನಡೆಯುತ್ತಿದೆ. (sāhukārara maneyalli adʰikāriyobbanige mējavāni naḍeyuttide.) 長者の家では役人を歓待中である。 [Pe. *mēzbānī*]

ಮೇಜು ⟦mēju メージュ⟧ [me:ʤu] ಮೇಜ *n.* 机 [Pe. *mēz*]

ಮೇಟಿ¹ ⟦mēṭi メーティ⟧ [me:ʈi] ಮೆಂಟೆ, ಮೇಂಟಿ, ಮೇಂಟೆ, ಮೇಟೆ (*n.*) 上位〈の〉、偉大〈な〉、崇高〈な〉 —*mf.* 1 優れた人、偉大な人 2 首長、首領、かしら、指導者 (*My.* (*Kitt.*)) —*n.* 1 (牛をつなぐために) 脱穀場の中心に立てた柱 2 功績によって王から与えられた土地 [Ka. D5091]

ಮೇಟಿ² ⟦mēṭi メーティ⟧ [me:ʈi] ಮೆಂಟೆ, ಮೇಂಟಿ, ಮೇಂಟೆ, ಮೇಣಿ, ಮೇಳಿ, ಮೇಟಿ *n.* 1 鍬(くわ) 2 鍬の後部 [Ka. D5097]

ಮೇಡಿ ⟦mēḍi メーディ⟧ [me:ɖi] 《‡》 *n.* 1 フサナリイチジクまたはその実 (*Tĕ.* (*Kitt.*)) = ಅತ್ತಿ (atti) *[IMP 3.35] 2 イチジク属の木の一種またはその実 → 食・薬 = ಕಾಡತ್ತಿ (kāḍatti) *[IMP 3.28] [Ka. D5090]

ಮೇಡು ⟦mēḍu メードゥ⟧ [me:ɖu] *n.* 1 (普通高さ10メートル以下の)台地 2 (牛、ラクダなどの)こぶ

[Ka. D5058]

ಮೇಣ್ ⟦mēṇ メーン⟧ [meːɳɐ] 《古》 *adv.* **1** および、それから **2** あるいは、さもなくば [Ka. D5086]

ಮೇಣ ⟦mēṇa メーナ⟧ [meːɳɐ] ಮಯಣ *n.* **1** 蜜ろう **2** 接着剤として用いられる樹脂 [Pk. *mayaṇa-* A52]

ಮೇಣಿ ⟦mēṇi メーニ⟧ [meːɳi] 《古》 *n.* **1** 鍬の取っ手 **2** 鋤(土を掘り返す農具) [Ka. D5097]

ಮೇತ ⟦mēta メータ⟧ [meːtɐ] *n.* 家畜が草を食むこと [Ka. D5093] *(Pb.5.38)*

ಮೇದ ⟦mēda メーダ⟧ [meːd̪ɐ] ಮೇದರ, ಮೇದಾರ *m.* 《*f.* ಮೇದಳು (mēdaḷu)》籠やござを編む人、籠やござを編むカーストに属する人 [Ka. D5092]

ಮೇದಾರ ⟦mēdāra メーダーラ⟧ [meːd̪ɐːrɐ] *m.* 《*f.* ಮೇದಾರಿತಿ (mēdāriti)》籠やござを編む人、籠やござを編むカーストに属する人 [Ka. D5092] ☞ಮೇದ (mēda)

ಮೇಧಾವಿ ⟦mēdʰāvi メーダーヴィ⟧ [meːdʰɐːvi] *adj., mf.* 知力の優れた〈人〉¶ ಅವನು ಮೇಧಾವಿಯಾಗಿದ್ದರೂ ವಿವೇಕಿ ಅಲ್ಲ. (avanu mēdʰāviyāgiddarū vivēki alla.) 彼は頭がよいが賢明ではない。 [Sk.]

ಮೇಪು ⟦mēpu メープ⟧ [meːpu] 《古》 *n.* **1** 家畜が草を食むこと **2** 家畜の飼料 **3** 放牧 **4** 牧場、牧草地 [Ka. D5093]

ಮೇಯ್ ⟦mēy メーイ⟧ [meːĭ] 《古》 *vi.* 《過去語幹 mēd-, mēyd-》 —*vt.* ☞ಮೇ (mē)³ [Ka. D5093]

ಮೇಯರ್ ⟦mēyar メーヤル⟧ [meːjər] ಮೇಯರು *mf.* 市長 [Eg. *mayor*] = ನಗರಾಧ್ಯಕ್ಷ (nagarādʰyakṣa) 〔文〕

ಮೇಯು ⟦mēyu メーユ⟧ [meːju] *vi.* 《過去語幹 mēd-》(家畜が)草を食む —*vt.* 《過去語幹 mēd-》(家畜が)〈草を〉食む、〈草や干し草などを〉食べる ☞ಮೇ (mē) [Ka. D5093]

ಮೇಯಿಸು ⟦mēyisu メーイス⟧ [meːjisu] *vt.* 〈家畜を〉放牧する、(家畜に)〈飼料を〉食べさせる [Ka. D5093]

ಮೇರುಕೃತಿ ⟦mērukṛti メールクルティ⟧ [meːrukrɯti/—kruti] 《文》 *n.* (文学作品などの) 最大傑作、記念碑的な作品 [Sk. *mēru* ←Dr.? M.2.688 + *kṛti*]

ಮೇರುದಂಡ ⟦mērudaṃḍa メールダンダ⟧ [meːrudəɳɖɐ] *n.* 背骨 = ಬೆನ್ನೆಲುಬು (bennelubu) [Sk.]

ಮೇರುವೆ ⟦mēruve メールヴェ⟧ [meːrŭve] 《古》 *n.* **1** 攻城やぐら **2** 城壁の上の塔のような構造物 [Ka. D5094, cf. T10230]

ಮೇರೆ ⟦mēre メーレ⟧ [meːre] *n.* **1** 境界、境 = ಎಲ್ಲೆ, ಗಡಿ, ಸೀಮೆ (elle, gaḍi, sīme) **2** 限界 ¶ ಅವನ ಗರ್ವ ಮೇರೆ ಮೀರಿತು. (avana garva mēre mīritu.) 彼の傲慢は限度を越している。 **3** 方法、やり方 ¶ ಈ ಮೇರೆಗೆ ನಾನು ಎಲ್ಲವನ್ನು ವಿವರಿಸಿದೆ. (ī mērege nānu ellavannu vivariside.) 私はすべてをこのように説明した。 [Ka.? cf. Ta. *mērai*, etc.]

ಮೇರೆಗಲ್ಲು ⟦mēregallu メーレガッル⟧ [meˑregallu] *n.* 境界を示す石 [Ka. *mēre* + *kallu*]

ಮೇಲ್ ⟦mēl メール⟧ [meːl] 《古》 (*n.*) **1** 高い〈こと〉 **2** 卓越〈した〉、優れた〈こと〉 —*postp.* …の上に [Ka. D5086]

ಮೇಲ¹ ⟦mēla メーラ⟧ [meːlɐ] 《‡》 *n.* [Ka. D5086] *(B.4,122 (Kitt.))* ☞ಮೇಳ (mēḷa)

ಮೇಲ² ⟦mēla メーラ⟧ [meːlɐ] ಮೇಳ 《古》 *n.* [H. *mēlā-* T10331.1/M. *mēḷă*/Sk. *mēla-*] ☞ಮೇಳ (mēḷa)

ಮೇಲು ⟦mēlu メール⟧ [meːlu] (*n.*) **1** 高い〈こと〉 **2** 卓越〈した〉、よりすぐれた〈こと〉¶ ಧಾನ್ಯಗಳಲ್ಲಿ ಅಕ್ಕಿ ಮೇಲು. (dʰānyagaḷalli akki mēlu.) 穀物の中で米が最高だ。 [Ka. D5086]

ಮೇಲುಡು ⟦mēluḍu メールドゥ⟧ [meːlŭɖu] *n.* 肩掛け、ショール [Ka. *mēlu* + *uḍu*]

ಮೇಲುದು ⟦mēludu メールドゥ⟧ [meːlŭd̪u] ಮೇಲುದ, ಮೇಲುದೆ, ಮೈದಿಲು *n.* **1** 体の上に羽織る布 = ಉತ್ತರೀಯ (uttarīya) **2** 頭に被ったサーリーの外側の端 [Ka. D5086]

ಮೇಲೆ ⟦mēle メーレ⟧ [meːle/mæːle] *adv.* **1** 上に、上で ¶ ಮೇಲೆ ಏನು ಇದೆ? (mēle ēnu ide?) (その) 上に何があるのかな。 **2** (社会的に) 上に ¶ ಮೇಲೆ ಎಷ್ಟು ಜನ ಅಧಿಕಾರಿಗಳು ಇದ್ದಾರೆ? (mēle eṣṭu jana adʰikārigaḷu iddāre?) (君の) 上に何人上役がいるの。 —*postp.* 《*gen.*》…の上で、…の上に ¶ ಬೆಟ್ಟದ ಮೇಲೆ ಗುಡಿ ಇದೆ. (beṭṭada mēle guḍi ide.) 山の上にお寺がある。¶ ನಿಮ್ಮ ಮೇಲೆ ಎಷ್ಟು ಜನ ಅಧಿಕಾರಿಗಳು ಇದ್ದಾರೆ? (nimma mēle eṣṭu jana adʰikārigaḷu iddāre?) 君の上に何人上役がいるの。 [Ka. D5086]

ಮೇಲೆಬೀಳು ⟦mēlebīḷu メーレビール⟧ [meːlebiːɭu] *vi.* 《*gen.*》 **1** (…に)飛びかかる **2** 攻める、攻撃する [+ *bīḷu*]

ಮೇಲ್ಮೆ ⟦mēlme メールメ⟧ [meːlme] *n.* 優越性 [Ka. *mēl* + *-me*]

ಮೇಲ್ಮೈ ⟦mēlmai メールマイ⟧ [meːlməĭ] *n.* 表面 [Ka. *mēl* + *mai* Sk.]

ಮೇಲ್ಮೈ ಪರಿಶೀಲನೆ ⟦mēlmai pariśīlane メールマイパリシーラネ⟧ [meːlməi pəriʃiːləne] 《文》 *n.* (警察などによる)現場での事情聴取 [+ *pariśīlane*]

ಮೇವಳಿ ⟦mēvaḷi メーヴァリ⟧ [meːvə̆ɭi] 《古》 *n.* 牧草地、放牧場 [Ka. *mēvu* + *-vaḷi*, D5093] *(Pb.5.46)*

ಮೇವು ⟦mēvu メーヴ⟧ [meːvu] *n.* (牛馬に与える)飼料 [Ka. D5093]

ಮೇಸು ⟦mēsu メース⟧ [meːsu] *vt.* 〈家畜を〉放牧する、(家畜に)〈飼料を〉食べさせる [Ka. caus. 5093]

ಮೇಹು ⟦mēhu メーフ⟧ [meːhu] 《古》 *n.* [Ka. D5093] ☞ಮೇಪು (mēpu)

ಮೇಳಂಬ ⟦mēḷaṃba メーランバ⟧ [meːɭəmbɐ] 《文》 *n.* (ぶんぶん羽を鳴らす)ミツバチ科の大型のハチ各種 [Ka. D5098]

ಮೇಳ ⟦mēḷa メーラ⟧ [meːɭɐ] ಮೇಲ *n.* **1** (討論、学会、演芸などのために) 人々が集まること、会合、会議、集会 ¶ ಜೂನ್ ತಿಂಗಳಲ್ಲಿ ಬೆಂಗಳೂರಿನಲ್ಲಿ ಜಾನಪದ ಮೇಳ ನಡೆಯಿತು. (jūn tiṃgaḷalli beṃgaḷūrinalli jānapada mēḷa naḍeyitu.) 7月にベンガルールで民族芸能の

集まりがあった。 2 (人間間の) 和合、和、協力的態度 ¶ ಅವನಿಗೂ ಅವಳಿಗೂ ಮೇಳವಿಲ್ಲ. (avanigū avaḷigū mēḷavilla.) あの二人(の男女)は和合していない。 3 (人々の)集合、雑踏 ¶ ಕುಲಪತಿ ಕಚೇರಿಯಿಂದ ಹೊರಗೆ ಬಂದು ನೋಡಿದಾಗ ಅಲ್ಲಿ ಮೇಳ ಸೇರಿತ್ತು. (kulapati kacēriyiṃda horage baṃdu nōḍidāga alli mēḷa sērittu.) 学長が学長室から出てきてみたら、そこには人々が集まっていた。 4 (結婚式や開会式などの機会に) 人々に供する音楽や舞踊など ¶ ಗೌಡರ ಮನೆಯ ಮದುವೆಯಲ್ಲಿ ಸಂಗೀತ ಮೇಳ ನಡೆಯಿತು. (gauḍara maneya maduveyalli saṃgīta mēḷa naḍeyitu.) 村長の家の結婚式で音楽の余興があった。 5 年に1度の祭り; 週の決まった日に行う市 6 (劇の) 伴奏音楽 7 伝統音楽の器楽奏者の楽団 [H. *mēlā*/M. *mēḷă* T10331.1]

ಮೇಳಿಸು ⟦mēḷisu メーリス⟧ [meːḷĭsu] ಮೇಳಯಿಸು, ಮೇಳಯ್ಸು, ಮೇಳವಿಸು, ಮೇಳೈಸು 《文》 *vi.* 1 (人々が) 集まる、集合する 2 協力する、力を合わせる ¶ ಹಲವು ದೇಶಗಳ ಪಡೆಗಳು ಮೇಳಿಸಿ ಇರಾಕಿನ ಮೇಲೆ ದಾಳಿ ಮಾಡಿದವು. (halavu dēśagaḷa paḍegaḷu mēḷisi irākina mēle dāḷi māḍidavu.) 多くの国の軍隊が集まってイラクを攻撃した。 3 一つになる、合同する 4 (利益や結果などが) 生まれる、生じる —*vt.* 集まらせる、集合させる [*mēḷa* + *-isu*]

ಮೇಳೈಸು ⟦mēḷaisu メーライス⟧ [meːḷəisu] 《文》 *vi.* [*mēḷa* + *-isu*] ☞ಮೇಳಿಸು (mēḷisu)

ಮೈ ⟦mai マイ⟧ [məi] ಮೆಯ್, ಮೆಯಿ *n.* 1 体、身体 2 横、面、側面 ¶ ಎಲ್ಲಾ ಸುದ್ದಿಗೆ ಎರಡು ಮೈಗಳು ಇರುತ್ತದೆ. (ellā suddige eraḍu maigaḷu iruttade.) すべてのニュースは二つの面を持っている。 [Ka. D5073]

ಮೈಬಗ್ಗಿಸು ⟦maibaggisu マイバッギス⟧ [məibəggisu] *vi.* 〔喩〕体を酷使する、骨を折って働く ¶ ಚಿಕ್ಕಪ್ಪ ಜೀವನದಲ್ಲಿ ಒಮ್ಮೆಯೂ ಮೈಬಗ್ಗಿಸಿ ಕೆಲಸ ಮಾಡಿಲ್ಲ. (cikkappa jīvanadalli ommeyū maibaggisi kelasa māḍilla.) おじ (父の弟) は骨を折って働いたことが一度もない。 [+ *baggisu* 「曲げる」]

ಮೈಮುರಿ ⟦maimuri マイムリ⟧ [məimuri] *vi.* 1 〔喩〕ひどく働く、骨を折る ¶ ವಿಮಾನಪರಿಚಾರಿಕೆ ಆದರೆ ಮೈಮುರಿದು ಕೆಲಸ ಮಾಡಬೇಕಾಗುತ್ತದೆ. (vimānaparicārike ādare maimuridu kelasa māḍabēkāguttade.) 飛行機の客室乗務員になればひどく働かなければならない。 2 あくびする ¶ ಆಯಾಸ ಆದಾಗ ಜನ ಮೈಮುರಿದು ಆಮ್ಲಜನಕವನ್ನು ಹೆಚ್ಚು ಒಳಕ್ಕೆ ಸೇರಿಸಿಕೊಳ್ಳುತ್ತಾರೆ. (āyāsa ādāga jana maimuridu āmlajanakavannu heccu oḷakke sērisikoḷḷuttāre.) 疲れた時に人々はあくびをすることによって多くの酸素をとり込む。 [+ *muri*]

ಮೈಕ್ರೋಸ್ಕೋಪ್ ⟦maikrōskōp マイクロースコープ⟧ [məi kroːskoːp] *n.* 顕微鏡 [Eg.] = ಸೂಕ್ಷ್ಮದರ್ಶಕ (sūkṣmadarśaka) 〔文〕

ಮೈಗಳ್ಳ ⟦maigaḷḷa マイガッラ⟧ [məigəḷḷɐ] *m.* 《*f.* ಮೈಗಳ್ಳಿ (maigaḷḷi)》怠け者、怠惰な人 [Ka. *mai* + *kaḷḷa*]

ಮೈತ್ರಿ ⟦maitri マイトリ⟧ [məitri] *n.* 友情 [Sk.]

ಮೈಥುನ ⟦maitʰuna マイトゥナ⟧ [mʰitʰunɐ] 《文》 *n.* 性交、まぐわい [Sk.]

ಮೈದಾನ ⟦maidāna マイダーナ⟧ [məidɐːnɐ] *n.* 1 集団祈禱や祭りや上演やスポーツなどの行事に用いられる広場 2 平野 ¶ ರಾಜಸ್ಥಾನದ ಬಹು ಭಾಗ ಮೈದಾನವಿದೆ. (rājastʰānada bahu bʰāga maidānavide.) ラジャスターンの大部分は平野である。 [Pe. *maidān*]

ಮೈದುನ ⟦maiduna マイドゥナ⟧ [məĭdunɐ] *m.* [A53(a)] ☞ಮಯ್ದುನ (mayduna)

ಮೈಲಿ¹ ⟦maili マイリ⟧ [məili] ಮಯ್ಲಿ, ಮೈಲ, ಮೈಲು, ಮೈಲೆ *n.* 天然痘 [Pk. *māila*] = ಸಿಡುಬು (siḍubu) 〔汎〕

ಮೈಲಿ² ⟦maili マイリ⟧ [məili] ಮೈಲು *n.* マイル、長さの単位 (1760 ヤード、1609.344m) [Eg. *mile*]

ಮೈಲಿಗಲ್ಲು ⟦mailigallu マイリガッル⟧ [məiligəllu] *n.* 1 里程標、一里塚 2 (人生や歴史などの) 画期的な事件 ¶ ಕಿಟಲ್ ಕೋಶವು ಕನ್ನಡದಲ್ಲಿ ಒಂದು ಮೈಲಿಗಲ್ಲು. (kiṭal kōśavu kannaḍadalli oṃdu mailigallu.) キッテルの辞典はカンナダ語にとって画期的な出来事であった。 [*maili*² + *kallu*]

ಮೈಲಿಗೆ ⟦mailige マイリゲ⟧ [məilige] *n.* 1 きたないこと、不潔 2 不潔なもの、(不浄なものに触れて生じた) 不可触の状態 3 (寡婦が頭を剃らずにいる間の) 不可触の状態 [*maili*¹ + *-ge*]

ಮೈಲು ಭತ್ಯ ⟦mailu bʰatya マイルバティヤ⟧ [məilu bʰə tʲjɐ] *n.* 旅程の長さを基準にして役人に支給される手当て [*mailu* + *bʰatya*]

ಮೈಲೇಜ್ ⟦mailēj マイレージュ⟧ [məileːʤ] ಮೈಲೇಜು *n.* 1 マイレッジ (移動マイル数) 2 1リットルの燃料で車が走行する距離 [Eg. *mileage*]

ಮೈನೆರೆ ⟦mainere マイネレ⟧ [məinere] *vi.* (少女が) 初潮を向かえる、月のものが始まる [Ka. *mai* + *nere*]

ಮೊಂಡ¹ ⟦moṃḍa モンダ⟧ [moɳɖɐ] (*m.*) 頑固な〈人〉、頑固者〈の〉、強情な〈人〉¶ ಈ ಹುಡುಗ ತುಂಬ ಮೊಂಡ. ಏನು ಹೇಳಿದರೂ ಕೇಳುವುದಿಲ್ಲ. (ī huḍuga tuṃba moṃḍa. ēnu hēḷidarū kēḷuvudilla.) この男の子はとても意地っ張りだ。何を言っても聞かない。 [Ka. D4971]

ಮೊಂಡ² ⟦moṃḍa モンダ⟧ [moɳɖɐ] (*n.*) 1 (刃物が) 鈍い〈こと〉 2 手足がない〈こと〉 [Ka. D5114] ☞ಮುಂಡ (muṃḍa)

ಮೊಂಡತನ ⟦moṃḍatana モンダタナ⟧ [moɳɖə̆tənɐ] *n.* [Ka. *D4971] ☞ಮೊಂಡುತನ (moṃḍutana)

ಮೊಂಡಾಟ ⟦moṃḍāṭa モンダータ⟧ [moɳɖɐːʈɐ] *n.* 強情さ、強情な振る舞い [Ka. *moṃḍu* + *āṭa* *D4971]

ಮೊಂಡಿ ⟦moṃḍi モンディ⟧ [moɳɖi] *f.* 《*m.* ಮೊಂಡ (moṃḍa)》強情な女性、頑固な女性 [Ka. D4971]

ಮೊಂಡು¹ ⟦moṃḍu モンドゥ⟧ [moɳɖu] *n.* 強情、人の言うことを聞かない頑固さ [Ka. D4971] ☞ಮೊಂಡ (moṃḍa)

ಮೊಂಡು² ⟦moṃḍu モンドゥ⟧ [moɳɖu] (*n.*) (刃物などが) 鈍い〈こと〉 —*n.* 切り株 ☞ಮೊಂಡ (moṃḍa)

ಮೊಂಡುತನ ⟦moṃḍutana モンドゥタナ⟧ [moɳɖŭtənɐ] ಮೊಂಡತನ *n.* 強情、人の言うことを聞かない頑固さ [Ka. *moṃḍu*[1] + *-tana*, D4971] = ಮೊಂಡು (moṃḍu)

ಮೊಂಡೆ ⟦moṃḍe モンデ⟧ [moɳɖe] 《‡》 *n.* [Ka. D5114] (*Si.297* (*Kitt.*)) ☞ಮೊಂಡ (moṃḍa)[1]

ಮೊಕದ್ದಮೆ ⟦mokaddame モカッダメ⟧ [mokəddəme] *n.* 裁判 [Ar. *muqaddama*]

ಮೊಕ್ಕ ⟦mokka モッカ⟧ [mokkɐ] ಮೊಕ್ಕೆ, ಮೋಕ 《文》 *n.* モクセイ科落葉高木の一種 ⇀ 材・薬 [Ka. D5105] (*IMP 5.89*)

ಮೊಕ್ಕಳ ⟦mokkaḷa モッカラ⟧ [mokkə̆ɭɐ] ಮೊಗ್ಗರ 《古》 *n.* **1** 多数、多量 **2** 集まり、集合、群れ [Ka. D5107]

ಮೊಕ್ಕಳಂ ⟦mokkaḷaṃ モッカラン⟧ [mokkə̆ɭəm] 《古》 *adv.* ひどく、とても [Ka. *D5107]

ಮೊಕ್ಕಾಂ ⟦mokkāṃ モッカーン⟧ [mokkɐːm] *n.* **1** 宿営所 **2** 〔喩〕 滞在、宿営 ¶ ನಿಮ್ಮ ಮೊಕ್ಕಾಮ್ ಎಷ್ಟು ದಿವಸ.? (nimma mokkām eṣṭu divasa.?) 御逗留は何日ですか。(客の滞在日程を尋ねる洗練された方法) [Ar. *moqqām*]

ಮೊಕ್ಕು ⟦mokku モック⟧ [mokku] 《‡》 *n.* 礼、お辞儀 (*Kitt.*) [Ka. < *moṟgu* D5123]

ಮೊಖ್ತಾ ⟦mokʰtā モクター⟧ [mokʰtɐː] *adv.* じきじきに、直接 ¶ ನೀವು ಆ ಹುಡುಗಿಗೆ ಮೊಖ್ತಾ ಅವಳ ಮೇಲೆ ಪ್ರೀತಿ ಇಲ್ಲ ಎಂದು ಹೇಳಬೇಕು. (nīvu ā huḍugige mokʰtā avaḷa mēle prīti illa eṃdu hēḷabēku.) あなたはその娘さんにご自分が好きでないことを直接言うべきです。 [Sk. *mukʰataḥ*]

ಮೊಗ[1] ⟦moga モガ⟧ [mogɐ] 《‡》 *n.* 赤ん坊、赤ちゃん (*My.* (*Kitt.*)) [Ka. D4616] = ಮಗು (magu)

ಮೊಗ[2] ⟦moga モガ⟧ [mogɐ] *n.* **1** 顔 **2** 口 [Ka. D4889 Sk. *mukʰa*]

ಮೊಗಚು ⟦mogacu モガチュ⟧ [mogə̆ʧu] *vi.* **1** 帰る、戻る **2** ひっくり返る、裏返る、転覆する **3**《古》くるくる回る —*vt.* **1** 投げ飛ばす **2** 〈本のページなどを〉めくる、裏返す ☞ಮಗುಚು (magucu) [Ka. D4617]

ಮೊಗಡು[1] ⟦mogaḍu モガドゥ⟧ [mogə̆ɖu] 《‡》 *n.* (屋根の)棟 (*My.* (*Kitt.*)) [Ka. D4888]

ಮೊಗಡು[2] ⟦mogaḍu モガドゥ⟧ [mogə̆ɖu] *n.* (通常高さ数メートル以下の)台地 [Ka. *D4888?]

ಮೊಗತುತಿ ⟦mogatuti モガトゥティ⟧ [mogətuti] 《古》 *n.* お世辞、阿諛(あゆ) [Ka. *moga* + *stuti*]

ಮೊಗಪೆ ⟦mogape モガペ⟧ [mogə̆pe] *n.* 柄杓(大きな容器などから水や油などを汲み出すために用いる小さな容器の一種) [⇒図] [Ka. D4887]

ಮೊಗಪೆ
柄杓

ಮೊಗವಡ ⟦mogavaḍa モガヴァダ⟧ [mogəvəɖɐ] ಮಕಾಡು, ಮುಖವಾಡ, ಮುಖಾಡ, ಮೊಕವಾಡ, ಮೊಗವಾಡ *n.* **1** 覆面 **2** 馬や役牛につける面懸(おもがい)の一種 **3** 象の顔を覆う布 [Ka. *moga* + Sk. *paṭṭa-*]

ಮೊಗವಾಡ ⟦mogavāḍa モガヴァーダ⟧ [mogəvɐːɖɐ] *n.* [Ka. *moga* + Sk. *paṭṭa-*] ☞ಮೊಗವಡ (mogavaḍa)

ಮೊಗಸಾಲೆ ⟦mogasāle モガサーレ⟧ [mogəsɐːle] *n.* (伝統的なインドの家で)入り口のすぐ外につくられた屋根と柱だけの構造物、縁側 [⇒図] [Ka. *moga* + Sk. *śālā-*]

ಮೊಗಸಾಲೆ
縁側

ಮೊಗಸು[1] ⟦mogasu モガス⟧ [mogə̆su] 《古》 *vi.* 《*dat.*》 **1** (ある仕事のために)努力する、励む **2** 望む (*Pb.5.14.V*) [Ka. D4967]

ಮೊಗಸು[2] ⟦mogasu モガス⟧ [mogə̆su] *vi.* **1** (食べ物などに)ハエなどが群がる **2** 取り囲む、包囲する **3** 襲いかかる、攻撃する (*Pb.10.27.V*) [Ka. D5030]

ಮೊಗಳು[1] ⟦mogaḷu モガル⟧ [mogə̆ɭu] 《‡》 *n.* (屋根の)棟 (*My.* (*Kitt.*)) [Ka. D4888]

ಮೊಗಳು[2] ⟦mogaḷu モガル⟧ [mogə̆ɭu] ಮುಗುಟು[1] *n.* 未熟のココナツの実についている冠状のがく [Ka. *D4888]

ಮೊಗಱ್ ⟦mogaṟ モガル⟧ [mogəɻ] 《‡》 *vi.* くるくる回る、など (*V.36, after 65* (*Kitt.*)) [Ka. D4617] ☞ಮಗುಱ್ (maguṟ)

ಮೊಗು ⟦mogu モグ⟧ [mogu] 《方》 *n.* (大人に対しての)子ども [Ka. D4616] ☞ಮಗು (magu) 〔汎〕

ಮೊಗುವು ⟦moguvu モグヴ⟧ [mogŭvu] 《異》 *n.* 《ಮೊಗು (mogu)の主格形》(大人に対しての)子ども [Ka. D4616]

ಮೊಗುಚು ⟦mogucu モグチュ⟧ [mogŭʧu] 《口》 *vt.* 〈顔などを〉後ろを見るために後ろに向ける(振り返る) [Ka. D4617] ☞ಮಗುಚು (magucu)

ಮೊಗೆ[1] ⟦moge モゲ⟧ [moge] ಮಗೆ *vt.* (両手や柄杓で大きな容器や水溜りなどから)〈水を〉汲む (*Pb.12.153*) —*n.* (水を汲み出すための)小さな土製の容器 [Ka. D4887]

ಮೊಗೆ[2] ⟦moge モゲ⟧ [moge] 《古》 *vt.* **1** 襲う、攻撃する (*Pb.8.92*) **2** 飲み込む [Ka. D5030]

ಮೊಗ್ಗರ ⟦moggara モッガラ⟧ [moggə̆rɐ] ಮೊಕರ 《古》 *n.* **1** たくさん、多数、多量 **2** 集合、大勢 **3** 軍隊 [Ka. D5107]

ಮೊಗ್ಗು ⟦moggu モッグ⟧ [moggu] ಮಗ್ಗು[2], ಮಗ್ಗೆ, ಮೊಗ್ಗೆ *n.* (花の)つぼみ [Ka. D4893]

ಮೊಗ್ಗೆ ⟦mogge モッゲ⟧ [mogge] *n.* (花の)つぼみ [Ka. *D4893] ☞ಮೋಗು (mōgu)

ಮೊಟಕು ⟦moṭaku モタク⟧ [moʈə̆ku] (*n.*) **1** 普通より短い〈こと〉、短く切られた〈こと〉 ¶ ನಮ್ಮ ಅಪ್ಪ ಮೊಟಕು ಪೆನ್ಸಿಲುಗಳನ್ನು ಬಿಸಾಕದೆ ಕೂಡಿ ಇಡುತ್ತಾರೆ. (namma appa moṭaku pensilugaḷannu bisākade kūḍi iḍuttāre.) 父はちびた鉛筆を捨てないでためている。 **2** (木が)枯れて葉や枝がない〈こと〉 **3** (旅や演説やプログラムなどを)短縮する〈こと〉、(予算などを)切り詰める〈こと〉 ◇ *vi.* —ಗೊಳ್ಳು (goḷḷu) 切り詰める [Ka.

D4661]

ಮೊಟಕುಮಾಡು ⟦moṭakumāḍu モタクマードゥ⟧ [moṭə kumɐːḍu] *vt.* 〈予算を〉切り詰める、〈旅や話などを〉短縮する ¶ ಪ್ರಧಾನಿ ಅನಾರೋಗ್ಯದ ಕಾರಣ ಪ್ರವಾಸವನ್ನು ಮೊಟಕುಮಾಡಿದರು. (pradʰāni anārōgyada kāraṇa pravāsavannu moṭakumāḍidaru.) 首相は健康を損ねたため旅程を短縮した。 [+ *māḍu*]

ಮೊಟ್ಟ ⟦moṭṭa モッタ⟧ [moʈʈɐ] 《口》 (*n.*) (鼻が)低い〈こと〉; 通常の高さがない〈こと〉 [Ka. D4661] ☞ಮಟ್ಟ (maṭṭa)

ಮೊಟ್ಟನೆ ⟦moṭṭane モッタネ⟧ [moʈʈəne] (*n.*) 丸坊主〈の〉¶ ತಿರುಪತಿಯಲ್ಲಿ ಬಹಳ ಜನ ತಲೆಯನ್ನು ಮೊಟ್ಟನೆ ಮಾಡಿಸಿಕೊಳ್ಳುತ್ತಾರೆ. (tirupatiyalli bahaḷa jana taleyannu moṭṭane māḍisikoḷḷuttāre.) 多くの人がティルパティで自分の頭をつるつるに剃らせる。 [Ka. D5115] (*Kitt.*²)

ಮೊಟ್ಟು ⟦moṭṭu モットゥ⟧ [moʈʈu] *vt.* 指の関節で〈頭を〉小突く **—*n.*** 指の関節で小突くこと ◊ *vi.*—ಕೊಡು (koḍu) 小突く [Ka. D4932]

ಮೊಟ್ಟೆ¹ ⟦moṭṭe モッテ⟧ [moʈʈe] *n.* **1** ココナツなどの木の布状の包皮 **2** ココナツなどの木の布状の包皮で作った壁を塗り替える時に使うブラシ **3** ココヤシやココナツなどの複葉 [Ka. D4663]

ಮೊಟ್ಟೆ² ⟦moṭṭe モッテ⟧ [moʈʈe] *n.* 卵 [Ka. D4939]

ಮೊಟ್ಟೆ³ ⟦moṭṭe モッテ⟧ [moʈʈe] 《‡》 *n.* 穀物やセメントなどを詰めた袋や包み [Ka. D5037] ☞ಮೂಟೆ (mūṭe)

ಮೊಡವಿ ⟦moḍavi モダヴィ⟧ [moɖəvi] ಮೊಡಿಮೆ, ಮೊಡುವೆ, ಮೊಡಮೆ, ಮೊಡವು, ಮೊಡವೆ *n.* にきび [Ka. D5112]

ಮೊಡವೆ ⟦moḍave モダヴェ⟧ [moɖəve] *n.* にきび [Ka. D5112] ☞ಮೊಡವಿ (moḍavi)

ಮೊಡೆನಾತ ⟦moḍenāta モデナータ⟧ [moɖĕnɐːtɐ] 《文》 *n.* 腐ったものの悪臭 [Ka. *D4920]

ಮೊಡೆನಾಱ್ ⟦moḍenāṟ モデナール⟧ [moɖĕnɐːɾ] 《古》 *vi.* 腐臭を放つ [Ka. D4920]

ಮೊಣ ⟦moṇa モナ⟧ [moɳɐ] ಮೊಳ, ಮೊಟ *n.* **1** 関節 ¶ ಮೊಣಕಾಲು (moṇakālu) 膝 **2** キュビット(伝統的な長さの基本単位、肘から指先までの長さあるいは 24 指幅すなわち約 48 ㎝) [Ka. D4990]

ಮೊಣಕಾಲು ⟦moṇakālu モナカール⟧ [moɳəkɐːlu] ಮಣಕಾಲು, ಮಣಿಕಾಲ್, ಮಣಿಕಾಲು, ಮೊಣಕಾಲ್, ಮೊಳಕಾಲ್, ಮೊಳಕಾಲು, ಮೊಟಂಕಾಲ್, ಮೊಟಕಾಲ್ *n.* 膝 [Ka. *moṇa* + *kālu*]

ಮೊಣಕೈ ⟦moṇakai モナカイ⟧ [moɳəkəĭ] ಮೊಣಕೆಯ್, ಮೊಳಕಯ್, ಮೊಳಕೈ, ಮೊಟಕಯ್, ಮೊಟಕೈ, ಮೊಟಕೆಯ್ *n.* 肘 [Ka. *moṇa* + *kai*]

ಮೊತ್ತ ⟦motta モッタ⟧ [mottɐ] *n.* **1** (干草などの)山 **2** 合計 ¶ ಮೊತ್ತ ಎಷ್ಟು ರೂಪಾಯಿ ಆಯಿತು? (motta eṣṭu rūpāyi āyitu?) 合計何ルーピーですか。 [Ka. D5119]

ಮೊತ್ತಮೊದಲ ⟦mottamodala モッタモダラ⟧ [mottəmo ɗə̆lɐ] (*adj.*) 真っ先〈の〉、まったく最初〈の〉¶ ಇದು ನಾನು ಬರೆದ ಮೊತ್ತಮೊದಲ ಪುಸ್ತಕ. (idu nānu bareda mottamodala pustaka.) これが僕が書いた最初の本だ。 [Ka. *motta* echo. + *modala* *D4950]

ಮೊತ್ತಮೊದಲು ⟦mottamodalu モッタモダル⟧ [mottə moɗə̆lu] *n.* 真っ先、まったくの最初 ¶ ಮೊತ್ತ ಮೊದಲಿನಲ್ಲಿ ಬರೀ ನೀರಿತ್ತು. (motta modalinalli barī nīrittu.) 最初には水しかなかった。 **—*adv.*** 真っ先に、まったくの最初に ¶ ಮೊತ್ತಮೊದಲು ಈ ಕೆಲಸ ಮಾಡಿ. (mottamodalu ī kelasa māḍi.) まず始めにこの仕事をしなさい。 [Ka. *motta* echo + *modalu* D4950]

ಮೊದಮೊದಲು ⟦modamodalu モダモダル⟧ [moɗəmo ɗə̆lu] *n.* ごく最初 **—*adv.*** ごく最初に ¶ ಮೊದಮೊದಲು ಸೊಸೆ ಸಂಕೋಚದಿಂದ ಇದ್ದಳು. (modamodalu sose saṃkōcadiṃda iddaḷu.) 嫁はごく最初の頃はおずおずしていた。 [Ka. < *mottamodalu* *D4950]

ಮೊದಲ್¹ ⟦modal モダル⟧ [moɗəl] 《古》 *n.* 始まり、最初 **—*adv.*** **1** 始めに **2** かつて **—*postp.*** …の前に ☞ಮೊದಲು (modalu) [Ka. D4950]

ಮೊದಲ್² ⟦modal モダル⟧ [moɗəl] 《古》 *n.* (木の) 根元、(ニュースの) 源 [Ka. D4951(< D4950)] ☞ಮೊದಲು (modalu)

ಮೊದಲ ⟦modala モダラ⟧ [moɗə̆lɐ] (*adj.*) 一番〈の〉、第一〈の〉、最初〈の〉¶ ಮಗ ಮೊದಲ ವರ್ಗದಲ್ಲಿ ಪಾಸ್ ಮಾಡಿದ. (maga modala vargadalli pās māḍida.) 息子は優等で卒業した。¶ ಅವನ ಮೊದಲ ಹೆಂಡತಿ ಪ್ರಸವದಲ್ಲಿ ಸತ್ತಳು. (avana modala heṃḍati prasavadalli sattaḷu.) 彼の最初の妻は出産で亡くなった。 [*modal* + *-a* *D4950]

ಮೊದಲ ಆದ್ಯತೆ ⟦modala ādyate モダラアーディャテ⟧ [mo ɗə̆lə ɐːdʲjəte] *n.* 最優先 ¶ ಹೊಸ ಮುಖ್ಯಮಂತ್ರಿ ಜಾತಿಗಳ ಸಹಕಾರಕ್ಕೆ ಮೊದಲ ಆದ್ಯತೆ ಕೊಡುತ್ತಾರೆ. (hosa mukʰyamaṃtri jātigaḷa sahakārakke modala ādyate koḍuttāre.) 新しい州首相はカースト間の協力を最優先にしている。 [+ *ādyate*]

ಮೊದಲಗಿತ್ತಿ ⟦modalagitti モダラギッティ⟧ [moɗə̆ləgi tti] ಮದಲಗಿತ್ತಿ *f.* 《*m.* ಮದಲಿಗ (madaliga)》花嫁 [Ka. *D4950] = ಮದುಮಗಳು (madumagaḷu)

ಮೊದಲಿಗ ⟦modaliga モダリガ⟧ [moɗə̆ligɐ] *m.* 《*f.* ಮೊದಲಿಗಳು (modaligaḷu)》 **1** (あることをした)最初の人、創始者 ¶ ಟಾಟಾ ಭಾರತದಲ್ಲಿ ವಿಮಾನ ಸಾರಿಗೆ ಕಂಪನಿಯನ್ನು ಸ್ಥಾಪಿಸಿದ ಮೊದಲಿಗ. (ṭāṭā bʰāratadalli vimāna sārige kampaniyannu stʰāpisida modaliga.) タータはインドで航空会社を作った最初の人である。**2** 首領、長 [Ka. D4950 ಮೊದಲು (modalu) + *-iga* D4950]

ಮೊದಲು¹ ⟦modalu モダル⟧ [moɗə̆lu] ಮೊದಲ್ *n.* 最初、始め、始まり **—*adv.*** **1** 最初に、初めに ¶ ಕರ್ನಾಟಕದಲ್ಲಿ ಮೊದಲು ಕಾದಂಬರಿ ಬರೆದವರು ಎಂ. ಎಸ್. ಪುಟ್ಟಣ್ಣ. (karnāṭakadalli modalu kādaṃbari baredavaru eṃ. es. puṭṭaṇṇa.) カルナータカで初めて小説を書いたのは、M. S. プッタンナです。 **2** 最初、初めは ¶ ಮೊದಲು ರಂಗನಾಯಕಿ ನನಗೆ ಹೆದರುತ್ತಿದ್ದಳು. (modalu raṃganāyaki nanage hedaruttiddaḷu.) ランガナーヤキー

は最初私を恐れていた。 **3** 以前、かつて、昔 ¶ ಮೊದಲು ವೈಜಯಂತಿಮಾಲಾ ಸಿನೆಮಾ ನಟಿಯಾಗಿದ್ದರು. (modalu vaijayaṃtimālā sinemā naṭiyāgiddaru.) ヴァイジャヤンティマーラーは、昔映画女優だった。 **4** 初めて ¶ ನಾನು 1963ರಲ್ಲಿ ಮೊದಲು ಭಾರತಕ್ಕೆ ಬಂದೆ. (nānu 1963ralli modalu bʰāratakke baṃde.) 私は 1963 年に初めてインドへ来た。 **5** まず第一に、何よりもまず ¶ ಏನಾದರೂ ಆಗು, ಮೊದಲು ಮಾನವನಾಗು. (ēnādarū āgu, modalu mānavanāgu.) 何になろうとも最初に人間たれ。 **6** それより前には、もとは ¶ ಮೊದಲು ಅವರು ಮುಖ್ಯಮಂತ್ರಿ ಆಗಿದ್ದರು. (modalu avaru mukʰyamaṃtri āgiddaru.) 最初に彼は州首相であった。 **—***postp.* 《*dat.*》…の前に ¶ ಊಟಕ್ಕೆ ಮೊದಲು ನೀರು ಕುಡಿ. (ūṭakke modalu nīru kuḍi.) 食事の前に水を飲みなさい。[Ka. D4950]

ಮೊದಲಾಗು 〚modalāgu モダラーグ〛 [mođǝlɐːgu] *vi.* **1** 最初の人となる ¶ ತೇನ್ಸಿಂಗ ಗೌರಿಶಂಕರವನ್ನು ಹತ್ತುವದರಲ್ಲಿ ಮೊದಲಾದನು. (tēnsiṃga gauriśaṃkaravannu hattuvadaralli modalādanu.) テンジンはエベレスト登頂の最初の人となった。 **2** 始まる ¶ ಕಾರ್ಯಕ್ರಮ ನಾಲ್ಕು ಗಂಟೆಗೆ ಮೊದಲಾಗುತ್ತದೆ. (kāryakrama nālku gaṃṭege modalāguttade.) 番組は 4 時に始まる。 **—***v.aux.* 《*-alu*型の連用希求分詞と伴に》始める；始まる ¶ ಆಟಗಾರರು ಆಡಲು ಮೊದಲಾದರು. (āṭagāraru āḍalu modalādaru.) 選手たちは試合を始めた。 [Ka. *modalu* + *āgu*]

ಮೊದಲು² 〚modalu モダル〛 [mođǝlu] ಮೊದಲ್ *n.* **1** 元金、資本金 **2** 根拠、よりどころ ¶ ಈ ಸುದ್ದಿಗೆ ಮೊದಲು ಇಲ್ಲ. (ī suddige modalu illa.) この情報には根拠がない。 [Ka. D4951(< D4950)]

ಮೊದೆ¹ 〚mode モデ〛 [mođe] *n.* モンジャソウ（文若草、イネ科サトウキビ属、バラモンが腰に巻く聖紐や箒や縄などを作るために用いる）→ 薬・具 [Ka. D4916] = ಮುಂಜ (muṃja)

ಮೊದೆ² 〚mode モデ〛 [mođe] 《‡》 *vi.* **1** 成長する、成熟する **2** 年を取る、老いる **—***n.* 老齢、など (*Kitt.*) ☞ಮುದು (mudu) [Ka. D4954]

ಮೊದ್ದು¹ 〚moddu モッドゥ〛 [moddu] 《‡》 *n.* 丸太 [Ka. D4951] (*Tĕ.* (*Kitt.*))

ಮೊದ್ದು² 〚moddu モッドゥ〛 [moddu] 《‡》 *n.* 丸い塊 [Ka. D4962] (*Tĕ.* (*Kitt.*))

ಮೊದ್ದು³ 〚moddu モッドゥ〛 [moddu] ಮದ್ದು (*n.*) （頭が）鈍い〈こと〉、愚鈍〈な〉 ¶ ಈ ಅಧಿಕಾರಿ ಮೊದ್ದು. (ī adʰikāri moddu.) この役人は愚鈍だ。 [Ka. D5118] ☞ಮದ್ದು (maddu)³

ಮೊದ್ದು⁴ 〚moddu モッドゥ〛 [moddu] (*n.*) **1** （娘などが）無邪気な〈こと〉 ¶ ಅವನು ಕಾಣಿಸುವಂತೆ ಮೊದ್ದು ಅಲ್ಲ. (avanu kāṇisuvaṃte moddu alla.) 彼はそう見えるほど無邪気でない。 **2** （人が）騙されやすい〈こと〉、単純〈な〉、お人よし〈の〉¶ ಕೀರ್ತಿ ಒಬ್ಬ ಮೊದ್ದು ಯಾರೂ ಮೋಸ ಮಾಡಬಹುದು. (kīrti obba moddu, yārū mōsa māḍabahudu.) キールティはお人よしだ、誰でも騙すことができる。 [Ka. D5118, cf. Sk. *mugdʰa-* 「無垢な」]

ಮೊನಚು 〚monacu モナチュ〛 [monǒʧu] (*n.*) **1** （刃物などが）鋭い〈こと〉 **2** （知恵などが）鋭い〈こと〉、鋭利な〈こと〉¶ ಈ ಹುಡುಗನ ಬುದ್ಧಿ ತುಂಬ ಮೊನಚು. (ī huḍugana buddʰi tuṃba monacu.) この少年はとても頭が切れる。 **—***n.* **1** （ナイフなどが）鋭いこと、鋭利さ **2** （知性などの）鋭さ ¶ ಅವನ ಬುದ್ಧಿಗೆ ಮೊನಚು ಹೋಯಿತು. (avana buddʰige monacu hōyitu.) 彼の知性はもう鋭さを失った。 [Ka. *D5021a]

ಮೊನೆ¹ 〚mone モネ〛 [mone] 《古》 *n.* 過去、過ぎ去った時 ¶ ಮೊನೆಯೇಡು (moneyēḍu) 過ぎさった時 [Ka. D5020(a)]

ಮೊನೆ² 〚mone モネ〛 [mone] 《古》 *n.* **1** 喧嘩、争い、戦い **2** 剛勇、勇敢、英雄的なこと [Ka. D5021]

ಮೊನೆ³ 〚mone モネ〛 [mone] (*n.*) （刃物などが）鋭い〈こと〉、鋭利〈な〉¶ ಕತ್ತಿ ಮೊನೆಯಾಗಿದೆ. (katti moneyāgide.) （その）ナイフは鋭い。 **—***n.* **1** （刃物などの）刃、切っ先 **2** （刃物などの）鋭さ [Ka. *D5021a]

ಮೊನೆಗಾಱ 〚monegāṟa モネガーラ〛 [monegɐːṟɐ] 《古》 *m.* 《*f.* ಮೊನೆಗಾರ್ತಿ (monegārti)》 戦士、勇者 [Ka. D5021]

ಮೊನ್ನೆ 〚monne モンネ〛 [monne] *adv.* **1** おととい、一昨日 **2** 最近、近頃 ¶ ಮೊನ್ನೆ ನಮಗೆ ಆರ್ಥಿಕ ತೊಂದರೆ ಇತ್ತು. (monne namage ārtʰika toṃdare ittu.) 私は最近金に困っていた。 [Ka. D5020(b)]

ಮೊಬಲಗು 〚mobalagu モバラグ〛 [mobǎlǝgu] *n.* 合計、合計金額 [Ar. *mublag*] ☞ಮೊತ್ತ (motta) 〔汎〕

ಮೊಬ್ಬು 〚mobbu モッブ〛 [mobbu] 《口》 *n.* **1** （暗がりや煙やもやや視覚障害などで）ものがはっきり見えないこと **2** 眠いこと、（意識が）朦朧としていること **3** （頭が）鈍いこと [Ka. D4728] ☞ಮಬ್ಬು (mabbu) 〔汎〕

ಮೊಮ್ಮ 〚momma モンマ〛 [mommɐ] 《‡》 *m.* 《*f.* ಮೊಮ್ಮಗಳು (mommagaḷu)》 孫 (*Bp.47,38* (*Kitt.*)) [Ka. D4715] ☞ಮೊಮ್ಮಗ (mommaga)

ಮೊಮ್ಮಕ್ಕಳು 〚mommakkaḷu モンマッカル〛 [mommakkǝḷu] *n.* 《ಮೊಮ್ಮಗು (mommagu)の複数形》孫たち [Ka. D4715]

ಮೊಮ್ಮಗ 〚mommaga モンマガ〛 [mommǝgɐ] ಮಮ್ಮಗ *m.* 《*f.* ಮೊಮ್ಮಗಳು (mommagaḷu)》孫 [Ka. D.4715]

ಮೊಮ್ಮಗಳು 〚mommagaḷu モンマガル〛 [mommǝgǝḷu] ಮಮ್ಮಗಳು *f.* 《*m.* ಮೊಮ್ಮಗ (mommaga)》孫、孫娘 [Ka. D4715]

ಮೊಮ್ಮಗು 〚mommagu モンマグ〛 [mommǝgu] ಮಮ್ಮಗು *mf.* 《*pl.* ಮೊಮ್ಮಕ್ಕಳು (mommakkaḷu)》孫 [Ka. *D4715]

ಮೊರ 〚mora モラ〛 [morɐ] ಮರ², ಮಱ, ಮೊಱ *n.* （穀物を簸る、より分ける）箕 [Ka. < *moṟa* *D5005]

ಮೊರಕು 〚moraku モラク〛 [morǝku] ಮೊರ್ಕು 《‡》 *vi.* 高慢から変節する、舞い上がった状態になる

(*Śmd.Dh.* (*Kitt.*)) [Ka. D4977]

ಮೊರಡಿ ⟦moraḍi モラディ⟧ [morəḍi] ಮೊರ್ಡಿ *n.* (南インドによく見られる)石の丘陵、石がごろごろした丘陵 [Ka. D4971] ☞ಮೊರಡು (moraḍu)

ಮೊರಡು ⟦moraḍu モラドゥ⟧ [morəḍu] ಮಂಟೆ, ಮಡ್ಡಿ, ಮರಡಿ, ಮೊರಟಿ, ಮೊರಡಿ, ಮೊರಡೆ, ಮೊಱಡಿ (*n.*) (表面が)でこぼこ〈の〉、凹凸が激しい〈こと〉 —*n.* (南インドによく見られる)石の丘陵、石がごろごろした丘陵 [Ka. D4971]

ಮೊರಡೆ ⟦moraḍe モラデ⟧ [morəḍe] *n.* (南インドによく見られる)石の丘陵、石がごろごろした丘陵 [Ka. D4971] ☞ಮರಡಿ (maraḍi)[4]

ಮೊರಹ ⟦moraha モラハ⟧ [morəhɐ] 《古》 *n.* (ミツバチなどが)ぶんぶんいうこと、など (*Čt.II.33* (*Kitt.*)) [Ka. D4973]

ಮೊರಹು[1] ⟦morahu モラフ⟧ [morəhu] 《‡》 *n.* (ミツバチなどが) ぶんぶんいうこと、など (*Bp.11,47* (*Kitt.*)) [Ka. D4973]

ಮೊರಹು[2] ⟦morahu モラフ⟧ [morəhu] 《‡》 *n.* 曲がり、川の流れの湾曲部(nr. (Kitt.)) [Ka. D4977]

ಮೊರಳ್ ⟦moraḷ モラル⟧ [morəɭ] 《‡》 *vi.* (ハチなどが)ぶんぶんいう、うなる [Ka. D4973] (*Śmd.49* (*Kitt.*))

ಮೊರಾಕೊ ⟦morāko モラーコ⟧ [morɐːko] *n.* モロッコ(西北アフリカの国) [Fr. Morocco]

ಮೊರುಕು ⟦moruku モルク⟧ [morŭku] ಮೊರಕು 《古》 *vi.* 1 顔をしかめる 2 反抗する(*Śmd.dh.*(*Kitt.*)) [Ka. *D4977]

ಮೊರೆ[1] ⟦more モレ⟧ [more] 《古》 *n.* 庇護、避難所 [Ka. D4760]

ಮೊರೆಹೊಗು ⟦morehogu モレホグ⟧ [morehogu] *vt.* (ある人の) 庇護を求める、庇護を受ける ¶ ಗಂಡನನ್ನು ಕಾಪಾಡಿ ಎಂದು ಹೆಂಡತಿ ಎಲ್ಲರನ್ನು ಮೊರೆಹೊಕ್ಕಳು. (gaṃḍanannu kāpāḍi eṃdu heṃḍati ellarannu morehokkaḷu.) 妻は夫を助けてくれとあらゆる人に嘆願した。 [+ *hogu*]

ಮೊರೆ[2] ⟦more モレ⟧ [more] *vi.* 1 (ミツバチやカブトムシなどが) ぶんぶん音を立てる 2《古》 つぶやく、ぶつぶつ言う —*n.* (ミツバチなどの)ぶんぶんいううなり声 [Ka. D4973]

ಮೊರೆ[3] ⟦more モレ⟧ [more] ಮೊಱೆ[2] *vi.* 1 つぶやく、ぶつぶつ言う 2 (ライオンなどが) 吼える、(遠雷が) ごろごろ鳴る 3 助けを求めて泣き叫ぶ、大声で泣き叫ぶ —*n.* 1 大声で泣くこと、号泣 2 窮状を訴えて助けを求めること、嘆願 [Ka. < D5013]

ಮೊರೆಯಿಡು ⟦moreyiḍu モレイドゥ⟧ [morejiḍu] 《古》 *vi.* 1 助けを求めて泣き叫ぶ 2 嘆願する、苦しみを訴える [+ *iḍu*]

ಮೊರೆ[4] ⟦more モレ⟧ [more] ಮೊಱೆ[3] 《文》 *n.* 1 善行、徳行 2 血縁関係、親族関係 [Ka. < D5015]

ಮೊರೆಹು ⟦morehu モレフ⟧ [morĕhu] 《‡》 *n.* (ミツバチが)ぶんぶんいうこと、など (*Kitt.*) [Ka. D4973] ☞ಮೊರಹ (moraha)

ಮೊರ್ಕು ⟦morku モルク⟧ [morku] ಮುರುಕು, ಮುಱು-ಕು, ಮೊರಕು, ಮೊಱಕು 《古》 *vi.* 威張る、(威張って) ふんぞり返る(*Śmd.ḍh.* (*Kitt.*)) [Ka. D4977] ☞ಮೊರಕು (moraku)

ಮೊರ್ಡಿ ⟦morḍi モルディ⟧ [morḍi] 《口》 *n.* (南インドによく見られる)石の丘陵、石がごろごろした丘陵 [Ka. D4971] ☞ಮೊರಡಿ (moraḍi)

ಮೊಲ ⟦mola モラ⟧ [molɐ] *n.* ウサギ [Ka. D4968]

ಮೊಲೆ ⟦mole モレ⟧ [mole] *n.* (人間や動物の)乳房 [Ka. D4985]

ಮೊಲೆಗುಡಿ ⟦moleguḍi モレグディ⟧ [moleguḍi] 《文》 *n.* 乳首 [Ka. *mole* + *kuḍi*]

ಮೊಲೆಗೂಸು ⟦molegūsu モレグース⟧ [molegu:su] *n.* 乳飲み子 [Ka. *mole* + *kūsu*]

ಮೊಲೆಯೂಡು ⟦moleyūḍu モレユードゥ⟧ [moleju:ḍu] *vi.* 《*dat.*》乳房から授乳する [*mole* + *ūḍu* 「養う」]

ಮೊಲೆತೊಟ್ಟು ⟦moletoṭṭu モレトットゥ⟧ [moletoʈʈu] 《文》 *n.* 乳首 [*mole* + *toṭṭu*] = ಮೊಲೆದೊಟ್ಟು (moledoṭṭu)

ಮೊಲೆದೊಟ್ಟು ⟦moledoṭṭu モレドットゥ⟧ [moledoʈʈu] ಮೊಲೆತೊಟ್ಟು 《文》 *n.* 乳首 [*mole* + *toṭṭu*] = ಮೊಲೆದೊಟ್ಟು (moledoṭṭu)

ಮೊಲ್ಲೆ ⟦molle モッレ⟧ [molle] *n.* ジャスミンの一種(モクセイ科ソケイ属) ⇀ 薬 [Ka. D4987] *[IMP 3.255]

ಮೊಸಗು ⟦mosagu モサグ⟧ [mosəgu] 《‡》 *vi.* 広がる、拡張する [Ka. D4687] (*Bh.10.2.11* (*Kitt.*)) ☞ಮಸಗು (masagu)[2]

ಮೊಸರ್ ⟦mosar モサル⟧ [mosər] 《古》 *n.* ヨーグルト [Ka. D4902] ☞ಮೊಸರು (mosaru)

ಮೊಸರು ⟦mosaru モサル⟧ [mosəru] ಮಸರು, ಮೊಸರ್ *n.* ヨーグルト [Ka. D4902]

ಮೊಸಳೆ ⟦mosaḷe モサレ⟧ [mosəɭe] *n.* ワニ [D4952]

ಮೊಹರು ⟦moharu モハル⟧ [mohəru] *n.* 1 (特に官庁が押した) 判やスタンプ 2 金貨の一種 [Pe. *muhr*]

ಮೊಹಲ್ಲ ⟦mohalla モハッラ⟧ [mohəllɐ] *n.* 区や市の直下の行政区画(各々に役所がある) [Ar. *muḥalla*]

ಮೊಳ ⟦moḷa モラ⟧ [moɭɐ] *n.* 1 関節 2 肘から中指の先までの長さ(約 46 〜 48 センチ) [Ka. *D4990] ☞ಮೊಣ (moṇa)

ಮೊಳಕಾಲ್ ⟦moḷakāl モラカール⟧ [moɭəkɐ:l] *n.* 膝 [Ka. *D4990] ☞ಮೊಣಕಾಲು (moṇakālu)

ಮೊಳಕೆ ⟦moḷake モラケ⟧ [moɭəke] ಮೊಳಕೆ *n.* (種からの)芽生え [Ka. D4997] ☞ಚಿಗುರು (ciguru) 枝からの芽生え

ಮೊಳಕ್ಕೈ ⟦moḷakai モラカイ⟧ [moɭəkəĭ] ಮೊಳಕೆಯ್ *n.* 肘 [Ka. *D4990] ☞ಮೊಣಕ್ಕೈ (moṇakai)

ಮೊಳಗು ⟦moḷagu モラグ⟧ [moɭəgu] ಮೊಳಗು, ಮೂಲಿಂಗು 《文》 *vi.* 1（太鼓が）どんどん鳴る、（金管楽器が）鳴る ¶ ದೂರದಲ್ಲಿ ಕಹಳೆ ಮೊಳಗುತ್ತಿದೆ. (dūradalli kahaḷe moḷaguttide.) 遠くでラッパが鳴っている。2 怒鳴る、大声で叱る ¶ ರಾತ್ರಿ ಹತ್ತು ಘಂಟೆಗೆ ಮನೆಗೆ ಬಂದ ಮಗಳ ಮೇಲೆ ತಂದೆ ಮೊಳಗಿದರು. (rātri hattu gʰaṃtege manege baṃda magaḷa mēle taṃde moḷagidaru.) 夜10時に家へ帰ってきた娘に父親が怒鳴りつけた。 —*n.* 1 太鼓やラッパの音 2 雷雲のごろごろ鳴る音 3 怒鳴り声 [Ka. *D4989]

ಮೊಳಸು ⟦moḷasu モラス⟧ [moɭəsu] *n.* 腫れた扁桃腺 [Ka. D4997]

ಮೊಳಲೆ ⟦moḷale モラレ⟧ [moɭəle] 《‡》 *n.*（動植物の）堅い外皮、管 (*Kitt.*) [Ka. D2931]

ಮೊಳಿಕೆ ⟦moḷike モリケ⟧ [moɭĭke] *n.* [Ka. D4997] ☞ಮೊಳಕೆ (moḷake)

ಮೊಳೆ¹ ⟦moḷe モレ⟧ [moɭe] *vi.*（種から）芽が出る、芽生える —*n.*（種からの）芽、芽生え [Ka. D4997]

ಮೊಳೆಗಾಣಿಸು ⟦moḷegāṇisu モレガーニス⟧ [moɭegɐːɳisu] 《文》 *vi.*〔喩〕ちらりと見える [+ *kāṇisu*「見せる」D4997]

ಮೊಳೆ² ⟦moḷe モレ⟧ [moɭe] *n.* 1 釘；ボルト；（車の）輪どめ楔（くさび） 2 扉の蝶番（ちょうつがい） 3 活字 ◇ *vi.* —ಜೋಡಿಸು (jōḍisu) 活字を組む [Ka. D4998]

ಮೊಳೆಜೋಡಣೆ ⟦moḷejōḍaṇe モレジョーダネ⟧ [moɭedʒoːɖəɳe] *n.* 活字拾い [+ *jōḍaṇe*]

ಮೊಳೆ³ ⟦moḷe モレ⟧ [moɭe] *n.* 1 腫れ物の核 2 痔核、痔疾（肛門において痛みを伴う腫脹を起こす外痔静脈の静脈瘤）[Ka. D4999, cf. D4997, D5000]

ಮೊಱ ⟦mor̤a モラ⟧ [morɐ] 《古》 *n.* 箕（み） [Ka. D5005] ☞ಮೊರ (mora)

ಮೊಱಟೆ ⟦mor̤aṭe モラテ⟧ [morəʈe] 《‡》 *n.* [Ka. D5006] (*Si.129* (*Kitt.*)) ☞ಮೊಱಲೆ (mor̤ale) *[IMP 1.310]

ಮೊಱತ ⟦mor̤ata モラタ⟧ [morətɐ] 《‡》 *n.* 咆哮 (*My.* (*Kitt.*)) [Ka. D5013]

ಮೊಱಪ್ಪಿ ⟦mor̤appi モラッピ⟧ [morəppi] 《‡》 *n.* [Ka. D5006] (*Si. 129* (*Kitt.*)) ☞ಮೊಱಲೆ (mor̤ale)

ಮೊಱಲೆ ⟦mor̤ale モラレ⟧ [morəle] ಮೊಱಟೆ, ಮಿಱಪ್ಪಿ, ಮೊಱವೆ 《‡》 *n.* カッダフ・アーモンド（チローンジ、アーモンドに似た実をつける中型の木の一種、ウルシ科）→ 薬 [Ka. D5006] (*Nr.* (*Kitt.*)) = ನುರ್ಕಲ (nurkala) *[IMP 1.310]

ಮೊಱವೆ ⟦mor̤ave モラヴェ⟧ [morəve] 《‡》 *n.* [Ka. D5006] (*Si. & Pl.* (*Kitt.*)) ☞ಮೊಱಲೆ (mor̤ale)

ಮೊಱೆ¹ ⟦mor̤e モレ⟧ [more] 《古》 *n.* 庇護、避難所 [Ka. D4760]

ಮೊಱೆಹೊಗು ⟦mor̤ehogu モレホグ⟧ [morehogu] 《古》 *vi.* 《*gen.*》庇護を求める、庇護を受ける [+ *hogu*]

ಮೊಱೆ² ⟦mor̤e モレ⟧ [more] 《古》 *vi.* 1（雷が）鳴る、（ライオンなどが）吼える、（海が）ごうごうと音を立てる 2 大声で叫ぶ、怒鳴る、わめく 3（蛇などが）しゅうしゅういう 4 助けを求めて叫ぶ、悲鳴をあげる 5 かんしゃくを起こす、腹を立てる —*n.* 1（雷の）ごろごろ鳴る音、（ライオンの）吼える声、（海の）ごうごうとした音 2 助けを求める悲鳴 3 嘆願、哀訴 ☞ಮೊರೆ (more) [Ka. D5013]

ಮೊಱೆಯಿಡು ⟦mor̤eyiḍu モレイドゥ⟧ [morejiɖu] 《古》 *vi.* 1 泣き声をあげる、泣きわめく 2 泣いて訴える 3 助けを求めて泣き叫ぶ [Ka. D5013] ☞ಮೊರೆಯಿಡು (moreyiḍu)

ಮೊಱೆಯುವಿಕೆ ⟦mor̤eyuvike モレユヴィケ⟧ [morejuvike] 《‡》 *n.* 泣き叫ぶ、など (*Kitt.*) [Ka. D5013]

ಮೊಱೆ³ ⟦mor̤e モレ⟧ [more] 《古》 *n.* 1 正しい振る舞い 2 規則、規範 3 慣例、しきたり 4 順番、番、当番 5 親族関係、血縁または姻戚関係 [Ka. D5015] ☞ಮೊರೆ (more)⁴

ಮೊಱೋ ⟦mor̤ō モロー⟧ [moroː] 《‡》 *n.* 大声で叫ぶ声を表す擬音語 [Ka. onom. D5013] (my. (kitt.))

ಮೊೞ ⟦moḻa モラ⟧ [moɻɐ] 《古》 *n.* 1 関節 2 キュビット（伝統的な長さの基本単位、肘から指先までの長さあるいは 24 指幅すなわち約 48 ㎝）[Ka. D4990] ☞ಮೊಣ (moṇa)

ಮೊೞಕಾಲ್ ⟦moḻakāl モラカール⟧ [moɻəkɐːl] 《古》 *n.* 膝 [Ka. D4990] ☞ಮೊಣಕಾಲು (moṇakālu)

ಮೊೞಕೆಯ್ ⟦moḻakey モラケイ⟧ [moɻəkeĭ] 《古》 *n.* 肘 [Ka. D4990] ☞ಮೊಣಕೈ (moṇakai)

ಮೊೞಗು ⟦moḻagu モラグ⟧ [moɻəgu] 《古》 *vi.* 1（打楽器、金管楽器などが）耳をつんざくように鳴る 2（雷雲が）ごろごろ鳴る —*n.* 1 太鼓や金管楽器などの大きな音 2（雷が）ごろごろ鳴る音 ☞ಮೊಳಗು (moḷagu) [Ka. D4989]

ಮೊೞಸು ⟦moḻasu モラス⟧ [moɻəsu] 《‡》 *n.* 胡椒 (*Kitt.*) [Ka. D4867] ☞ಮೆಣಸು (meṇasu)

ಮೊೞ್ಗು ⟦moḻgu モルグ⟧ [moɻgu] ಮುಗ್ಗು, ಮುರ್ಗು, ಮುೞ್ಗು, ಮುೞ್ಗು, ಮೊಕ್ಕು, ಮೊಗ್ಗು, ಮೊರ್ಗು 《古》 *vi.* 1 体を曲げる 2（手を合わせて）お辞儀する 3 屈する、屈伏する —*n.* お辞儀 [Ka. D5123]

ಮೋಂಟನ್ ⟦mōṃṭan モーンタン⟧ [moːɳʈə̃] 《方》 *m.* 《*f.* ಮೋಂಟಿ (mōṃṭi)》足の不自由な男性 (*Hav.*) [Ka. D5114]

ಮೋಂಟಿ ⟦mōṃṭi モーンティ⟧ [moːɳʈi] 《方》 *f.* 《*m.* ಮೋಂಟ (mōṃṭa)》足の不自由な女性 (*Hav.*) [Ka. D5114]

ಮೋಂಟು ⟦mōṃṭu モーントゥ⟧ [moːɳʈu] 《方》 *vi.*（足などが）曲がる —(*n.*) 足の不自由〈な〉(*Hav.*) [Ka. D5114]

ಮೋಂಬತ್ತಿ ⟦mōṃbatti モーンバッティ⟧ [moːmbətti] *n.* ろうそく [Pe. *mōm*「蜜蝋」+ *batti*「芯」T11359]

ಮೋಕು ⟦mōku モーク⟧ [moːku] 《文》 *n.* 先、先端 [Ka. D5128]

ಮೋಕ್ಷ ⟦mōkṣa モークシャ⟧ [mo:kṣɐ] *n.* **1** 解脱 **2** 解放、自由を与えること、自由を得ること ¶ ಭಾರತಕ್ಕೆ 1947ರಲ್ಲಿ ದಾಸ್ಯದಿಂದ ಮೋಕ್ಷವಾಯಿತು. (bʰāratakke 1947ralli dāsyadiṃda mōkṣavāyitu.) インドは 1947 年に隷属から自由を得た。 **3** 〔美〕この世を去ること [Sk.]

ಮೋಚಿ ⟦mōci モーチ⟧ [mo:ʧi] *mf.* 靴屋、靴屋のカーストに属する人 [H. *mōcī* T10349.2]

ಮೋಚು ⟦mōcu モーチュ⟧ [mo:ʧu] ಮೋಸು *vt.* **1** 切る、切り刻む **2** 寡婦のしるしとして〈頭を〉剃る **3** 〔喩〕破壊する、滅ぼす **—*n.*** 頭髪を剃りおとすこと、剃髪 [Ka. D5139]

ಮೋಜು ⟦mōju モージュ⟧ [mo:ʤu] *n.* 遊び、楽しみ、娯楽 ¶ ಮಹೇಶನಿಗೆ ಮೋಜಿನ ಜೀವನವೆಂದರೆ ಇಷ್ಟ. (mahēśanige mōjina jīvanaveṃdare iṣṭa.) マヘーシャは歓楽の生活を好む。 [Ar. *mauǧ*]

ಮೋಟ[1] ⟦mōṭa モータ⟧ [mo:ʈɐ] ಮೋಟು *adj., mfn.* **1** 手足がない〈人〉 **2** ずんぐりした〈人〉 ¶ ಚರ್ಚಿಲ್ ಮೋಟ ವ್ಯಕ್ತಿ ಆಗಿದ್ದ. (carcil mōṭa vyakti āgidda.) チャーチルはずんぐりした人だった。 **3** 枝葉のない〈木の幹〉 [Ka. D5114]

ಮೋಟ[2] ⟦mōṭa モータ⟧ [mo:ʈɐ] 《口》 (*n.*) 愚か〈な〉 [Ka. D5135]

ಮೋಟವಾದ ⟦mōṭavāda モータヴァーダ⟧ [mo:ʈəvɐ:dɐ] 《文》 *n.* 愚かな論議、ばかばかしい議論 [+ *vāda*]

ಮೋಟು ⟦mōṭu モートゥ⟧ [mo:ʈu] (*n.*) **1** 手や足がない〈こと〉 **2** ずんぐりした〈こと〉 **—*n.*** 枝葉のない木の幹、切り株 [Ka. D5114]

ಮೋಡ ⟦mōḍa モーダ⟧ [mo:ɖɐ] *n.* 雲 [Ka. D5033]

ಮೋಡಾಮೋಡಿ ⟦mōḍāmōḍi モーダーモーディ⟧ [mo:ɖɐ:mo:ɖi] (*n.*) ファッション〈の〉、流行〈の〉 ¶ ಎಂ. ಜಿ. ರೋಡಿನಲ್ಲಿ ಮೋಡಾಮೋಡಿ ಹುಡುಗಿಯರು ಅಡ್ಡಾಡುತ್ತಾರೆ. (em. ji. rōḍinalli mōḍāmōḍi huḍugiyaru aḍḍāḍuttāre.) マハートマー・ガーンディー通りには当世風の娘たちが歩き回っている。 [Ka. D5133/*aa-ii* redp. of Eg. *mode*]

ಮೋಡಿ[1] ⟦mōḍi モーディ⟧ [mo:ɖi] *n.* 魔法、魔術、妖術 ☞ ಮೋಡಿಯಾಟ (mōḍiyāṭa) [Ka. D5132(a), D5133]

ಮೋಡಿಯಾಟ ⟦mōḍiyāṭa モーディヤータ⟧ [mo:ɖijɐ:ʈɐ] *n.* 魔法遊び(ゲームの親が賞金を出し、挑戦者が魔力を使ってゴールの賞金を取ろうとし、親も魔術でこれを妨害する) [+ *āṭa*]

ಮೋಡಿ[2] ⟦mōḍi モーディ⟧ [mo:ɖi] *n.* **1** (話、文章などの)風、様式 **2** 気取った態度、もったいぶった態度 **3** 傲慢、高慢 **4** 媚態、しな、あだっぽさ **5** 魅力、人をひきつける力、魅惑 ¶ ವಾಜಪೇಯಿ ಅವರ ಮಾತಿನಲ್ಲಿ ಮೋಡಿ ಇದೆ. (vājapēyi avara mātinalli mōḍi ide.) ヴァージュパーイー氏の話には人をひきつける力がある。 **6** 巧妙さ、うまさ **7** ペテン、ごまかし ☞ ಮೋಡಿಯಾಟ (mōḍiyāṭa) [Ka. D5133]

ಮೋಡಿ[3] ⟦mōḍi モーディ⟧ [mo:ɖi] *n.* インドナガコショウの薬用になる根(インド長胡椒、コショウ科コショウ属) ⇀ 香・薬 [Ka. D5134] *[IMP 4.291]

ಮೋಡಿ[4] ⟦mōḍi モーディ⟧ [mo:ɖi] *n.* モーディー文字(ペーシュワー時代にマハーラーシュトラで商人たちが文書の秘匿性を守るために使っていた一種の筆記体の文字) [M. *mōḍī* ←?]

ಮೋಡಿಕಾರ ⟦mōḍikāra モーディカーラ⟧ [mo:ɖiɐ:rɐ] *m.* 《*f.* *ಮೋಡಿಕಾರ್ತಿ (mōḍikārti)》 妖術師、魔術師 [*mōḍi*[1] + *-kāra*]

ಮೋತಿ ⟦mōti モーティ⟧ [mo:ti] *n.* **1** (犬や馬などの)鼻づら、口と鼻がいっしょになって突出した部分 **2** 〔蔑〕顔、つら [Ka. D5031]

ಮೋತೆ ⟦mōte モーテ⟧ [mo:te] *n.* 包葉(バナナの房の先端にある花のような包み、野菜として用いられる) [⇒図] [Ka. D5138]

ಮೋತೆ 包葉

ಮೋದಿಸು ⟦mōdisu モーディス⟧ [mo:disu] 《文》 *vi.* 喜ぶ [Sk.]

ಮೋದು ⟦mōdu モードゥ⟧ [mo:ɗu] ಮೋಹು 《文》 *vt.* **—*n.*** **1** 打つこと、打撲、殴ること **2** 打ち傷、打撲傷 ☞ ಮೋಹು (mōhu) [Ka. D5117]

ಮೋಪು ⟦mōpu モープ⟧ [mo:pu] 《‡》 *n.* **1** 荷物、重荷 (*Tĕ.* (*Kitt.*)) **2** 重いこと [Ka. D5126] (*My.* (*Kitt.*))

ಮೋರಿ ⟦mōri モーリ⟧ [mo:ri] ಮೋಹರಿ *n.* 下水道、汚水用の溝 [H. *mōhărī*, M. *mōri*, *mhōri* < Sk. *mukʰará-* T10167] = ಚರಂಡಿ (caraṃḍi)

ಮೋರೆ ⟦mōre モーレ⟧ [mo:re] 《古》 *n.* 〔蔑〕つら、顔 [Ka. *D4889] ☞ ಮೋಱೆ (mōṟe)

ಮೋಸಂಬಿ ⟦mōsaṃbi モーサンビ⟧ [mo:səmbi] *n.* モーサンビー(ミカン科ミカン属、通常野球のボール程度の大きさの球形で最初は薄緑、後に黄色に変わる、さわやかな味がするオレンジ) ⇀ 食 [Pt. *Moçambique*]

ಮೋಸ ⟦mōsa モーサ⟧ [mo:sɐ] *n.* 欺瞞、詐欺 ◇ *vt.* —ಮಾಡು (māḍu) [Pk. *mōsa* T10358]

ಮೋಸಗಾರ ⟦mōsagāra モーサガーラ⟧ [mo:səɡɐ:rɐ] *m.* 《*f.* ಮೋಸಗಾತಿ (mōsagāti)》 詐欺師、ペテン師 [+ *-kāra*]

ಮೋಸಜಾಲ ⟦mōsajāla モーサジャーラ⟧ [mo:səʤɐ:lɐ] *n.* 詐欺師など不法行為者の組織 [+ *jāla*]

ಮೋಹ ⟦mōha モーハ⟧ [mo:hɐ] *n.* **1** 間違い、思い違うこと **2** 失神、意識を失うこと **3** (物に執着することに起因する物質世界に対する)迷妄 **4** ほれ込むこと;溺愛 ¶ ಅಪ್ಪನಿಗೆ ನನ್ನ ಸಹೋದರಿ ಮೇಲೆ ಮೋಹ ಇದೆ. (appanige nanna sahōdari mēle mōha ide.) 父は妹を偏愛している。 **5** 魅惑、誘惑 ¶ ಯಜಮಾನನ ಮೇಲೆ ಆ ಹುಡುಗಿಯ ಮೋಹ ಇತ್ತು. (yajamānana mēle ā huḍugiya mōha ittu.) 地主はあの娘に目がなかった。 [Sk.]

ಮೋಹಕ ⟦mōhaka モーハカ⟧ [mo:həkɐ] *adj., mf.* 《*f.* ಮೋಹಕಳು (mōhakaḷu)》 魅惑する〈人〉、魅了する

〈人〉¶ ಹೃಥಿಕ್ ಮೋಹಕ ಹುಡುಗ. (hṛtʰik mōhaka huḍuga.) フリティクは女性を魅惑する力を持った青年である。 —*n.* 魅惑 (Rām. (KPN)) [Sk.]

ಮೋಹಗೊಳ್ಳು 〚mōhagoḷḷu モーハゴッル〛 [mo:həgoḷḷu] *vi.* 《*dat.*》魅惑される、のぼせ上がる、夢中になる ¶ ಪರೀಕ್ಷಕರು ಅವಳ ಸುಂದರವಾದ ಅಕ್ಷರಗಳಿಗೆ ಮೋಹಗೊಂಡು ಹೆಚ್ಚು ಅಂಕಗಳನ್ನು ಕೊಟ್ಟರು. (parīkṣakaru avaḷa suṃdaravāda akṣaragaḷige mōhagoṃḍu heccu aṃkagaḷannu koṭṭaru.) 試験官は彼女のきれいな字に魅せられ、よい点をつけた。 [+ *koḷḷu*]

ಮೋಹನ 〚mōhana モーハナ〛 [mo:hənɐ] 《文》 *adj.*, *mf.* 《複合語末で, *f.* ಮೋಹಿನಿ (mōhini)》魅惑する〈人〉 ¶ ಮನಮೋಹನ (manamōhana) 心を魅する [Sk.]

ಮೋಹರ 〚mōhara モーハラ〛 [mo:hərɐ] 《古》 *n.* **1** 軍隊 **2** 戦争、戦い **3** 戦場 **4** 〔喩〕集合、大勢 [Ka. D5107]

ಮೋಹರಿಸು 〚mōharisu モーハリス〛 [mo:hərĭsu] 《古》 *vt.* **1** 攻める、攻撃する **2** はむかう **3** 〈敵を〉包囲する、取り囲む **4** 〈軍隊を〉戦闘配置につける —*vi.* **1** (軍隊が)戦闘配置につく **2** 増える、増大する [Ka. D5107]

ಮೋಹಳ 〚mōhaḷa モーハラ〛 [mo:hŏḷɐ] 《古》 *n.* 刀の柄、刃物の柄 [Ka. D5144]

ಮೋಹಿ 〚mōhi モーヒ〛 [mo:hi] 《文》 *adj.*, *mf.* 《*f.* ಮೋಹಿನಿ (mōhini)》魅了する〈人〉、魅惑する〈人〉 [Sk.]

ಮೋಹಿತ 〚mōhita モーヒタ〛 [mo:hitɐ] 《文》 *adj.*, *mf.* 《*f.* ಮೋಹಿತಳು (mōhitaḷu)》魅惑された〈人〉 [Sk.]

ಮೋಹಿನಿ 〚mōhini モーヒニ〛 [mo:hini] *adj.*, *f.* **1** 人を魅惑する女性〈の〉 **2** モーヒニー〈の〉(ヴィシュヌ神が悪魔を滅ぼすために権化した天女の名) **3** 美女の姿を取った悪鬼〈の〉 [Sk.]

ಮೋಹಿಸು[1] 〚mōhisu モーヒス〛 [mo:hisu] *vi.* **1** 気を失う、失神する **2** 迷わされる、惑わされる ¶ ಮಗ ಇಂಟರ್ನೆಟ್ ಸೆಂಟರಿನ ಹುಡುಗಿಯನ್ನು ಮೋಹಿಸಿ ಮದುವೆ ಆದ. (maga iṃṭernet semṭarina huḍugiyannu mōhisi maduve āda.) 息子はインターネット・センターの娘に惑わされて結婚した。 **3** 魅惑される、恋の虜となる —*vt.* **1** 迷わす、惑わす **2** 魅了する、魅惑する、ほれさせる ¶ ಮೋಹಿನಿ ಅಸುರರನ್ನು ಮೋಹಿಸಿ ಸಂಹರಿಸಿದಳು. (mōhini asurarannu mōhisi saṃharisidaḷu.) モーヒニーは悪魔たちを魅惑し誅殺した。 [Sk.]

ಮೋಹಿಸು[2] 〚mōhisu モーヒス〛 [mo:hisu] 《古》 *vt.* **1** 殴らせる、打たせる **2** 〈刀などを〉突きさす **3** 飛びかかる、攻撃する [Ka. caus. D5117]

ಮೋಹು 〚mōhu モーフ〛 [mo:hu] 《古》 *vt.* 打つ、殴る [Ka. D5117] ☞ಮೋದು (mōdu)

ಮೋಳ 〚mōḷa モーラ〛 [mo:ḷɐ] ಮಾಳ[4] *n.* **1** 雄猫 **2** 威張り屋、うぬぼれ屋 [?] ☞ಮಾಳ (māḷa)[4]

ಮೋಳೆ 〚mōḷe モーレ〛 [mo:ḷe] *n.* (田の畦(あぜ)などにある)蟹などが掘った穴 [Ka. D4994]

ಮೋಱ್ 〚mōṟ モール〛 [mo:ṟ] 《‡》 *vt.* 頭に載せて運ぶ (Śmd.dʰ.(Kitt.)) [Ka. D5126]

ಮೋಱೆ 〚mōṟe モーレ〛 [mo:ṟe] ಮೋರೆ 《古》 *n.* 〔蔑〕つら、顔 [Ka. D4889]

ಮೌಖಿಕ 〚maukʰika マウキカ〛 [məukʰikɐ] 《文》 (*n.*) 口による〈こと〉、口に関する〈こと〉 [Sk.]

ಮೌಖಿಕಪರೀಕ್ಷೆ 〚maukʰikaparīkṣe マウキカパリークシェ〛 [məukʰikəpəri:kṣe] 《文》 *n.* 口頭試問 [Sk.]

ಮೌಖಿಕಸಂದೇಶ 〚maukʰikasaṃdēśa マウキカサンデーシャ〛 [məukʰikəsənde:ʃɐ] 《文》 *n.* 口伝えの伝言 [Sk.]

ಮೌಢ್ಯ 〚mauḍʰya マウディャ〛 [məuḍʰjɐ] 《文》 *n.* **1** (知性や知識の不足による)愚かしさ、馬鹿さ **2** 物的世界の本質に対する無知 [Sk.]

ಮೌನ 〚mauna マウナ〛 [məunɐ] 《文》 (*n.*) 沈黙〈した〉 —*n.* 沈黙、物を言わないこと [Sk.]

ಮೌನಸಮ್ಮತಿ 〚maunasammati マウナサンマティ〛 [məunəsəmməti] 《文》 *n.* 無言の同意 [Sk.]

ಮೌನಿ 〚mauni マウニ〛 [məuni] *mf.* 沈黙の誓いを守っている人 [Sk.]

ಮೌಲಿಕ 〚maulika マウリカ〛 [məulikɐ] 《文》 (*n.*) **1** 貴重〈な〉、価値が高い〈こと〉¶ ಶಾಲೆಗೆ ನಾರಾಯಣ ಗೌಡ ಅವರು ಕೊಟ್ಟ ದಾನ ಮೌಲಿಕವಾಗಿದೆ. (śālege nārāyaṇa gauḍa avaru koṭṭa dāna maulikavāgide.) ナーラーヤナ・ガウダ氏が学校にしてくれた寄付はとても価値あるものだった。 **2** 創造的な〈こと〉、創造力がある〈こと〉¶ ಕೆ.ಕೆ. ಹೆಬ್ಬಾರ ಅವರು ಮೌಲಿಕ ಚಿತ್ರಕಾರರು. (ke.ke. hebbāra avaru maulika citrakāraru.) K.K. ヘッバーラは創造的な画家である。 **3** (訳や翻案でない)原本〈の〉、元の〈もの〉¶ ಈ ಹಸ್ತಪ್ರತಿಗಳಲ್ಲಿ ಪ್ರಾಚ್ಯ ಸಂಶೋಧನಾಲಯದ ಪ್ರತಿ ಮೌಲಿಕವಾದದ್ದು. (ī hastapratigaḷalli prācya saṃśōdʰanālayada prati maulikavādaddu.) 東洋学研究所の文書がこれらの写本の中で大元のものである。 [Sk.]

ಮೌಲ್ಯ 〚maulya マウリャ〛 [məul·jɐ] 《文》 *n.* **1** 価格 = ಬೆಲೆ (bele) 〔汎〕 **2** (社会的)威信 ¶ ಈಗ ಸಾಹಿತ್ಯ ಸಂಶೋಧಕರ ಮೌಲ್ಯ ಇಳಿಮುಖ ಆಗಿದೆ. (īga sāhitya saṃśōdʰakara maulya iḷimukʰa āgide.) 文学研究者の社会的威信は今低落している。 **3** (正直、民主主義、人権、勇気、貞節などの社会的)価値 ¶ ಭಾರತದಲ್ಲಿ ಕಲಿತನ ಮತ್ತು ಪಾತಿವ್ರತ್ಯ ಎಲ್ಲ ಮೌಲ್ಯಗಳಿಗಿಂತ ದೊಡ್ಡವಾಗಿದ್ದವು. (bʰāratadalli kalitana mattu pātivratya ella maulyagaḷigiṃta doḍḍavāgiddavu.) インドでは勇気と貞節が一番大きな価値であった。 [Sk.]

ಮೌಲ್ಯಮಾಪನ 〚maulyamāpana マウリャマーパナ〛 [məul·jəmɐ:pənɐ] 《文》 *n.* (不動産や試験答案などの)評価 [Sk.]

ಮೌಲ್ಯಾಂಕನ 〚maulyāṃkana マウリャーンカナ〛 [məuljɐ:ŋkənɐ] 《文》 *n.* (不動産などの)評価、(試験答案などの)採点 [Sk.]

ಮೌಲ್ಯಾಂಕನ ನಿರ್ದೇಶಕ 〚maulyāṃkana nirdēśaka マウリャーンカナニルデーシャカ〛 [məuljɐ:ŋkənə nirde:ʃəkɐ]

《文》*m.*《*f.* ಮೌಲ್ಯಾಂಕನ ನಿರ್ದೇಶಕಿ (maulyāṃkana nirdēśaki)》不動産の価値評価部長 [Sk.]

ಮೌಲ್ಯನಿರ್ಣಯ ⟦maulyanirṇaya マゥリャニルナヤ⟧ [məuljənirɳəjɐ] 《文》*n.* 価値評価 [Sk.]

ಮೌಸ್ ⟦maus マゥス⟧ [məus] *n.* (コンピューターの入力に使う)マウス [Eg. *mouse*]

ಯ

ಯ ⟦ya ヤ⟧ [jəˑ] *n.* カンナダその他のインド系言語で音素 /ya/ またはカンナダその他のインド系の文字体系でそれを表す文字 [Ka. Ø]

ಯಂತ್ರ ⟦yaṃtra ヤントラ⟧ [jəntrɐ] *n.* **1** 機械 **2** ヤントラ、お守り、魔除け [Sk.]

ಯಂತ್ರಗಾರ ⟦yaṃtragāra ヤントラガーラ⟧ [jəntrəgɐːrɐ] *m.*《*f.* ಯಂತ್ರಗಾರ್ತಿ (yaṃtragārti)》機械工、機械修理工 [*yaṃtra* + *-gāra*]

ಯಂತ್ರಚಾಲಕ ⟦yaṃtracālaka ヤントラチャーラカ⟧ [jəntrəʧɐːləkɐ] 《文》*m.*《*f.* ಯಂತ್ರಚಾಲಕಿ (yaṃtracālaki)》機械の運転者、機械操作者 [Sk.]

ಯಂತ್ರವಿಜ್ಞಾನ ⟦yaṃtravijñāna ヤントラヴィジュニャーナ⟧ [jəntrəviɟɲɐːnɐ] 《文》*n.* (工業の)技術 [Sk.]

ಯಃಕಶ್ಚಿತ್ ⟦yaḥkaścit ヤッカシュチト⟧ [jəkkəʃʧit] 《文》*adj.* **1** たったの、ほんの ¶ ಯಃಕಶ್ಚಿತ್ ಹತ್ತು ರೂಪಾಯಿಗೆ ಅವನು ಕೊಲೆ ಮಾಡಿದ. (yaḥkaścit hattu rūpāyige avanu kole māḍida.) たった 10 ルーピーゆえに彼は人を殺した。= ಬರೀ (barī) **2** つまらない、くだらない、役に立たない ¶ ಅವನು ಒಬ್ಬ ಯಃಕಶ್ಚಿತ್ ಮನುಷ್ಯ. (avanu obba yaḥkaścit manuṣya.) 奴はつまらない男だ。[Sk.]

ಯಕಾರ ⟦yakāra ヤカーラ⟧ [jəkɐːrɐ] *n.* カンナダその他のインド系文字体系で音素 /ya/ を表す文字 [Sk.]

ಯಕ್ಕ ⟦yakka ヤッカ⟧ [jəkkɐ] *n.* [Ka. D814] ☞ಎಕ್ಕೆ (ekke)

ಯಕ್ಕು ⟦yakku ヤック⟧ [jəkku] 《‡》*vt.* [Ka. D765] (*My.* (*Kitt.*)) ☞ಎಕ್ಕು (ekku)

ಯಕೃತ್ ⟦yakṛt ヤクルト⟧ [jəkrɯt/jəkrut] 《文》*n.* 肝臓、肝 [Sk.]

ಯಕ್ಷ ⟦yakṣa ヤクシャ⟧ [jəkʂɐ] *m.*《*f.* ಯಕ್ಷಿಣಿ (yakṣiṇi)》クベーラに仕える半神 [Sk.]

ಯಕ್ಷಗಾನ ⟦yakṣagāna ヤクシャガーナ⟧ [jəkʂəgɐːnɐ] *n.* ヤクシャガーナ(カルナータカ州のアラビア海沿岸地方で盛んな音楽を伴う民衆演劇) [Sk.]

ಯಕ್ಷಿಣಿ ⟦yakṣiṇi ヤクシニ⟧ [jəkʂĭɳi] *f.* **1** ヤクシャの女性(妖術を行うと信じられている) **2** クベーラの妻 —*n.* 魔法、魔術、妖術 [Sk.]

ಯಕ್ಷಿಣಿಗಾರ ⟦yakṣiṇigāra ヤクシニガーラ⟧ [jəkʂiɳigɐːrɐ] *m.*《*f.* ಯಕ್ಷಿಣಿಗಾತಿ (yakṣiṇigāti)》魔法使い、魔術師、妖術師 [Sk.]

ಯಕ್ಷಿಣಿದಂಡ ⟦yakṣiṇidaṃḍa ヤクシニダンダ⟧ [jəkʂiɳidəɳɖɐ] *n.* 魔法使いの使う杖、魔法の杖 [Sk.]

ಯಕ್ಷಿಣಿವಿದ್ಯೆ ⟦yakṣiṇividye ヤクシニヴィディェ⟧ [jəkʂiɳi vidˑje] *n.* 魔法、魔術、妖術 [Sk.]

ಯಕ್ಷ್ಮ ⟦yakṣma ヤクシュマ⟧ [jəkʂmɐ] 《文》*n.* 肺結核 [Sk.]

ಯಜಮಾನ ⟦yajamāna ヤジャマーナ⟧ [jəʤəmɐːnɐ] *m.*《*f.* ಯಜಮಾನಿ (yajamāni)》**1** 祭式を自分のために行わせる人、祭主(儀式の具体的な実行は祭官に行わせる) **2** 主人、支配者 **3** 夫、主人 **4** 所有者、持ち主 **5** 家族などの集団の長や親分 [Sk.]

ಯಜಮಾನಿ ⟦yajamāni ヤジャマーニ⟧ [jəʤəmɐːni] *f.* **1** (家などの)女主人 **2** 妻、女房 [Sk.]

ಯಜಮಾನಿಕೆ ⟦yajamānike ヤジャマーニケ⟧ [jəʤəmɐːnike] *n.* **1** 所有権、持ち主であること **2** 戸主の地位 [Ka. *yajamāna* + *-ike*]

ಯಜ್ಞ ⟦yajña ヤジュニャ⟧ [jəɟɲɐ/jəgˑnɐ] *n.* バラモン教やヒンドゥー教の供犠、祭式[⇒図] [Sk.] = ಯಾಗ (yāga)

ಯಜ್ಞ 供犠

ಯಜ್ಞಕುಂಡ ⟦yajñakuṃḍa ヤジュニャクンダ⟧ [jəɟɲəkuɳɖɐ/jəgnə–] 《文》*n.* (聖火を燃やすため地上にしつらえた)祭壇に掘った穴 [Sk.] = ಕುಂಡ (kuṃḍa)

ಯಜ್ಞದೀಕ್ಷೆ ⟦yajñadīkṣe ヤジュニャディークシェ⟧ [jəɟɲə diːkʂe/jəgnə–] 《文》*n.* (供犠を行う前に祭主が行う)予備的な浄化儀礼 [Sk.]

ಯಜ್ಞಪಶು ⟦yajñapaśu ヤジュニャパシュ⟧ [jəɟɲəpəʃu/jəgnə–] *n.* 犠牲の動物 [Sk.] = ದೇವರ ಪಶು (dēvara paśu)

ಯಜ್ಞಪುರುಷ ⟦yajñapuruṣa ヤジュニャプルシャ⟧ [jəɟɲə puruʂɐ/jəgnə–] 《文》*m.* **1** 火神アグニ **2** ヴィシュヌ神 [Sk.]

ಯಜ್ಞಭೂಮಿ ⟦yajñabʰūmi ヤジュニャブーミ⟧ [jəɟɲəbʰuːmi/jəgnə–] 《文》*n.* 犠牲祭を行う場所 [Sk.]

ಯಜ್ಞಶಾಲೆ ⟦yajñaśāle ヤジュニャシャーレ⟧ [jəɟɲəʃɐːle/jəgnə–] 《文》*n.* 祭式小屋、寺院の前庭などに臨時に作られたり、恒久的に作っておかれたりする、祭式のための火壇などを伴う壁のない建物 [Sk.]

ಯಜ್ಞಸೂತ್ರ ⟦yajñasūtra ヤジュニャスートラ⟧ [jəɟɲəsuːtrɐ/jəgnə–] 《文》*n.* [Sk.] ☞ಯಜ್ಞೋಪವೀತ (yajñōpavīta)

ಯಜ್ಞೋಪವೀತ ⟦yajñōpavīta ヤジュニョーパヴィータ⟧ [jəɟɲo:pəvi:tɐ/jəgno:pəvi:tɐ] 《文》 *n.* 1 上位の三つのヴァルナに属する男子が肩に掛ける聖紐 = ಜನಿವಾರ (janivāra)〔口〕 2 聖紐を掛ける式 [Sk.]

ಯತಿ ⟦yati ヤティ⟧ [jəti] 《文》 *n.* 1 抑制 2 カエスーラ（1詩行の中間で起こる音のリズムの休止、詩型に従って何番目かの音節で単語が切れるように配置する位置） 3 音楽での中間休止 = ಜತಿ (jati)〔汎〕 4 7を表す記号 —*m.* 《*f.* ಯತಿನಿ (yatini)》修道僧、行者、苦行者 [Sk.]

ಯತಿವಿಲಂಘನ ⟦yativilaṃgʰana ヤティヴィランガナ⟧ [jətivilənɡʰənɐ] 《文》 *n.* 詩の韻律においてカエスーラを守らないこと（カエスーラの位置では単語が切れねばならないがそこをまたがって単語がきてしまうこと） [Sk.]

ಯತ್ಕಿಂಚಿತ್ ⟦yatkiṃcit ヤトキンチト⟧ [jətkiɲʧit] 《文》 *adj.* 1 少しでも ¶ ಯತ್ಕಿಂಚಿತ್ ಹಣ ಕೊಡು. (yatkiṃcit haṇa koḍu.) 少しでも金をくれ。2 少しも、これっぽっちも ¶ ಯತ್ಕಿಂಚಿತ್ತೂ ಹಣವಿಲ್ಲದೆ ಒದ್ದಾಡಿದೆ. (yatkiṃcittū haṇavillade oddāḍide.) 私はこれっぽっちの金もなくて苦闘した。¶ ಅವನಿಗೆ ಯತ್ಕಿಂಚಿತ್ತೂ ದಯೆ ಇಲ್ಲ. (avanige yatkiṃcittū daye illa.) 彼にはこれっぽっちも同情心がない。 [Sk.]

ಯತ್ನ ⟦yatna ヤトナ⟧ [jət·nɐ] *n.* 努力、試み [Sk.]

ಯಥಾಪ್ರಕಾರ ⟦yatʰāprakāra ヤタープラカーラ⟧ [jətʰɐ:prəkɐ:rɐ] 《文》 *adv.* 1 いつものように、これまで通り 2 習慣や伝統や規則に従って ¶ ಯಥಾಪ್ರಕಾರ-ವಾಗಿ ಪೂಜೆಗೈದರು. (yatʰāprakāravāgi pūjegaidaru.) 彼らは伝統に従って祭りを行った。 [Sk.]

ಯಥಾರ್ಥ ⟦yatʰārtʰa ヤタールタ⟧ [jətʰɐ:rtʰɐ] 《文》 *n.* 現実、事実 [Sk.]

ಯಥಾಪೂರ್ವ ⟦yatʰāpūrva ヤタープールヴァ⟧ [jətʰɐ:pu:rvɐ] 《文》 *adv.* 1 前の通りに 2 順番通りに [Sk.]

ಯಥಾಪ್ರತಿ ⟦yatʰāprati ヤタープラティ⟧ [jətʰɐ:prəti] 《文》 *adv.* 原本の通りに —*n.* 原本通りの写し [Sk.]

ಯಥಾಪ್ರಕಾರ ⟦yatʰāprakāra ヤタープラカーラ⟧ [jətʰɐ:prəkɐ:rɐ] 《文》 *adv.* いつものように —*n.* 原本通りの写し [Sk.]

ಯಥಾವತ್ ⟦yatʰāvat ヤターヴァト⟧ [jətʰɐ:vət] 《文》 *adv.* 適当に、きちんと、正しい方法で [Sk.]

ಯಥಾಶಕ್ತಿ ⟦yatʰāśakti ヤターシャクティ⟧ [jətʰɐ:ʃəkti] 《文》 *adv.* 一生懸命に、力の限り [Sk.]

ಯಥಾಸ್ಥಿತಿ ⟦yatʰāstʰiti ヤタースティティ⟧ [jətʰɐ:stʰiti] 《文》 *adv.* いつものように、今まで通り —*n.* 現状 ¶ ಕಾಶ್ಮೀರದ ಸಮಸ್ಯೆ ಯಥಾಸ್ಥಿತಿಯಲ್ಲಿ ಇದೆ. (kāśmīrada samasye yatʰāstʰitiyalli ide.) 仕事はいつものように進行した。 [Sk.]

ಯಥೇಚ್ಛ ⟦yatʰēccʰa ヤテーッチャ⟧ [jətʰe:ʧʧʰɐ] *adv.* 1 たくさん、ふんだんに 2 欲しいままに、勝手気ままに [Sk.]

ಯಥೋಚಿತ ⟦yatʰōcita ヤトーチタ⟧ [jətʰo:ʧitɐ] 《文》 *adj.* 適当な、ふさわしい ¶ ಅವನಿಗೆ ಯಥೋಚಿತ ಮ-ರ್ಯಾದೆಯನ್ನು ಮಾಡಿದರು. (avanige yatʰōcita maryādeyannu māḍidaru.) 彼にはふさわしい敬意が示された。 [Sk.] = ತಕ್ಕ (takka)

ಯದೃಚ್ಛೆ ⟦yadr̥ccʰe ヤドゥルッチェ⟧ [jədrɯʧʧʰe/jədruʧʧʰe] 《文》 *n.* 1 欲する通り 2 恣意、専横 [Sk.]

ಯದ್ವಾತದ್ವಾ ⟦yadvātadvā ヤドヴァータドヴァー⟧ [jəd·vɐ:təd·vɐ] 《文》 *adv.* めちゃくちゃに、盲滅法に ¶ ಅವನನ್ನು ಯದ್ವಾತದ್ವಾ ಹೊಡೆದರು. (avanannu yadvātadvā hoḍedaru.) 彼らはあの人をめった打ちにした。 [Sk.]

ಯಮ ⟦yama ヤマ⟧ [jəmɐ] *m.* 《*f.* ಯಮಿ (yami)》ヤマ、死の神、閻魔 [Sk.]

ಯಮಯಾತನೆ ⟦yamayātane ヤマヤータネ⟧ [jəməjɐ:təne] *n.* 1 死神が引き起こした苦悩 2 耐えられない苦悩、これ以上ない苦しみ [Sk.]

ಯಮಕ ⟦yamaka ヤマカ⟧ [jəməkɐ] 《文》 *n.* 1 双子 2 同じ詩節の中で同様な音や音節が何度も出てくる修辞法 [Sk.] = ಗರ್ವ (garva)

ಯಮಕು ⟦yamaku ヤマク⟧ [jəməku] 《文》 *n.* 傲慢、高慢 [? cf. Pe. *dimāg*]

ಯಮಳ ⟦yamaḷa ヤマラ⟧ [jəməɭɐ] 《文》 *n.* 1 対、一対 2 双子 [Sk.]

ಯವ ⟦yava ヤヴァ⟧ [jəvɐ] 《文》 *n.* 大麦 → 食 [Sk.] ☞ಬಾರ್ಲಿ, ಜವೆ ಗೋಧಿ (bārli, jave gōdʰi)

ಯವನಕ ⟦yavanaka ヤヴァナカ⟧ [jəvənəkɐ] 《古》 *m.* 《*f.* ಯವನಿಕೆ (yavanike)》外国人 [Sk.]

ಯವನಿಕೆ ⟦yavanike ヤヴァニケ⟧ [jəvənike] 《文》 *n.* (劇場などの) 幕 [Sk.] = ಪರದೆ (parade)

ಯಶಸ್ವಿ ⟦yaśasvi ヤシャスヴィ⟧ [jəʃəsvi] 《文》 *adj.* 1 名高い、名声ある、有名な 2 勝利を得た、勝った 3 成功した、(興業など) 当たった、(試験などに) 合格した [Sk.]

ಯಶಸ್ಸು ⟦yaśassu ヤシャッス⟧ [jəʃəssu] 《文》 *n.* 1 名声、有名、高名 2 勝利 3 成功、(興行などの) 当たり、(試験などの) 合格 [Sk.]

ಯಶೋವಂತ ⟦yaśōvaṃta ヤショーヴァンタ⟧ [jəʃo:vəntɐ] 《文》 *adj., m.* 《*f.* ಯಶೋವತಿ (yaśōvati)》名声ある〈人〉 [Sk.]

ಯಷ್ಟಿ ⟦yaṣṭi ヤシュティ⟧ [jəʂʈi] 《文》 *n.* 棒、棍棒 [Sk.]

ಯಹೂದಿ ⟦yahūdi ヤフーディ⟧ [jəhu:di] ಯೆಹೂದಿ 《文》 *adj., mf.* ユダヤ〈の〉、ユダヤ人〈の〉 [Ar. *yahūdī*]

ಯಹೂದ್ಯ ⟦yahūdya ヤフーディャ⟧ [jəhu:d·jɐ] ಯೆಹೂದಿ, ಯೆಹೂದ್ಯ 《文》 *adj., m.* 《*f.* ಯಹೂದ್ಯಳು (yahūdyaḷu)》ユダヤ〈の〉、ユダヤ人〈の〉 [Sk. ←Heb.]

ಯಾ- ⟦yā- ヤー-⟧ [jɐ:] ಆ- *pron.adj.* 何…、何の [Ka. D5151]

ಯಾಂತ್ರಿಕ ⟦yāṃtrika ヤーントリカ⟧ [jɐ:ntrikɐ] 《文》 *adj.* 1 機械的な、機械による 2 機械的で単調な、機械のように紋切り型の [Sk.]

ಯಾಕೆ ⟦yāke ヤーケ⟧ [jɐːke] *pron.adv.* なぜ、何のため ¶ ನೀವು ಯಾಕೆ ನಿನ್ನೆ ಬರಲಿಲ್ಲ. (nīvu yāke ninne baralilla.) どうして昨日来られなかったのですか。[Ka. D5151]

ಯಾಗ ⟦yāga ヤーガ⟧ [jɐːgɐ] 《文》 *n.* [Sk.] ☞ಯಜ್ಞ (yajña)

ಯಾಚಕ ⟦yācaka ヤーチャカ⟧ [jɐːʧəkɐ] *m.* 嘆願者、懇願者 [Sk.]

ಯಾಚನೆ ⟦yācane ヤーチャネ⟧ [jɐːʧəne] *n.* 嘆願、懇願 [Sk.]

ಯಾಚಿಸು ⟦yācisu ヤーチス⟧ [jɐːʧisu] 《文》 *vt.* **1** 〈ものを〉乞う、ねだる **2** 嘆願する、懇願する [Sk.]

ಯಾತಕೆ ⟦yātake ヤータケ⟧ [jɐːtĕke] *pron.adv.* なぜ、何のために [Ka. D5151] = ಯಾಕೆ (yāke)

ಯಾತಕ್ಕೆ ⟦yātakke ヤータッケ⟧ [jɐːtəkke] *pron.adv.* なぜ、何のために [Ka. D5151] =ಯಾಕೆ (yāke)

ಯಾತೃ ⟦yātr̥ ヤートゥル⟧ [jɐːtrɯ/jɐːtru] 《文》 *mf.* 旅行者 [Sk.]

ಯಾತನೆ ⟦yātane ヤータネ⟧ [jɐːtĕne] *n.* **1** (肉体的な)痛み、苦しみ、苦痛 **2** (精神的な)痛み、苦しみ、苦痛 [Sk.]

ಯಾತ್ರಿಕ ⟦yātrika ヤートリカ⟧ [jɐːtrikɐ] 《文》 *m.* 《*f.* ಯಾತ್ರಿಕಳು (yātrikaḷu)》 **1** 旅行者、旅人 **2** 巡礼者 [Sk.]

ಯಾತ್ರೆ ⟦yātre ヤートレ⟧ [jɐːtre] *n.* **1** 旅、旅行 **2** 巡礼 **3** 神像などが寺から出てきて巡行する寺院の年ごとの大祭 [Sk.]

ಯಾದವಕಲಹ ⟦yādavakalaha ヤーダヴァカラハ⟧ [jɐːdəvəkələhɐ] 《文》 *n.* 内紛、内戦 [Sk.]

ಯಾದಿ ⟦yādi ヤーディ⟧ [jɐːdi] *n.* 目録、カタログ、リスト [Pe. *yādī*] = ಪಟ್ಟಿ (paṭṭi) 〔汎〕

ಯಾನ ⟦yāna ヤーナ⟧ [jɐːnɐ] 《文》 *n.* 車、乗り物 [Sk.]

ಯಾನೆ ⟦yāne ヤーネ⟧ [jɐːne] 《古》 *n.* 象 (*Vr. 34*) [Ka. D5161] = ಆನೆ (āne) 〔汎〕

ಯಾಮ ⟦yāma ヤーマ⟧ [jɐːmɐ] *n.* 3時間 (時間の単位) [Sk.]

ಯಾಮಿಕ ⟦yāmika ヤーミカ⟧ [jɐːmikɐ] 《文》 *m.* 夜警 [Sk.]

ಯಾಮಿನಿ ⟦yāmini ヤーミニ⟧ [jɐːmini] 《文》 *n.* 夜 [Sk.]

ಯಾರ್ ⟦yār ヤール⟧ [jɐːr] 《古》 *pron.mf.* 誰 [Ka. D5151] ↔ ಯಾರು (yāru)

ಯಾರು ⟦yāru ヤール⟧ [jɐːru] ಯಾರ್ *pron.mf.* 誰 [Ka. *D5151]

ಯಾಲಕಿ ⟦yālaki ヤーラキ⟧ [jɐːlĕki] *n.* [Ka. D907] =ಯಾಲಕ್ಕಿ (yālakki)

ಯಾಲಕ್ಕಿ ⟦yālakki ヤーラッキ⟧ [jɐːləkki] ಏಲಕ್ಕಿ, ಯಾಲಕಿ *n.* カルダモン、ショウズク (熱帯アジア産のショウガ科の植物) および香辛料として使われるその種 ⇀ 食 [Ka. **ēlam* D907 + *akki* 「米」]

ಯಾವಜ್ಜೀವ ⟦yāvajjīva ヤーヴァッジーヴァ⟧ [jɐːvəʤʤiːvɐ] 《文》 *adv.* 生きているかぎり、一生涯 ¶ ಸುಖವನ್ನು ಯಾವಜ್ಜೀವ ಅನುಭವಿಸು. (sukʰavannu yāvajjīva anubʰavisu.) 死ぬまで幸福に暮らしなさい。[Sk.]

ಯಾವ ⟦yāva ヤーヴァ⟧ [jɐːvɐ] *pron.adj.* どの [Ka. D5151]

ಯಾವತ್ತು[1] ⟦yāvattu ヤーヴァットゥ⟧ [jɐːvəttu] 《文》 *pron.adv.* いつ [Ka. < *yā hottu*]

ಯಾವತ್ತು[2] ⟦yāvattu ヤーヴァットゥ⟧ [jɐːvəttu] 《文》 *adj.* すべての [Sk. *yāvat-*]

ಯಾವನು ⟦yāvanu ヤーヴァヌ⟧ [jɐːvə̆nu] *pron. m.* 《*f.* ಯಾವಳು (yāvaḷu)》〔蔑〕 誰、どの人 [Ka. D5151]

ಯಾವಲ್ಲಿ ⟦yāvalli ヤーヴァッリ⟧ [jɐːvəlli] 《方》 *pron.adv.* どこで [Ka. D5151]

ಯಾವಳು ⟦yāvaḷu ヤーヴァル⟧ [jɐːvə̆ɭu] *pron.f.* 《*m.* ಯಾವನು (yāvanu)》〔蔑〕 (女性について)どの人;どの女性 [Ka. D5151]

ಯಾವಾಕೆ ⟦yāvāke ヤーヴァーケ⟧ [jɐːvɐːke] *pron.f.* どの女性、どなた [Ka. *yā-* + *āke*] = ಯಾವಳು (yāvaḷu)

ಯಾವಾಗ ⟦yāvāga ヤーヴァーガ⟧ [jɐːvɐːgɐ] *adv.* いつ [Ka. *yā-* + *āga*]

ಯಾವಾಗಲೂ ⟦yāvāgalū ヤーヴァーガルー⟧ [jɐːvɐːgə̆luː] *adv.* いつも、いつでも [Ka. *yāvāga* + *-ū*]

ಯುಕ್ತ ⟦yukta ユクタ⟧ [juktɐ] 《文》 *adj.* 適当な、ふさわしい [Sk.]

ಯುಕ್ತಾಯುಕ್ತ ⟦yuktāyukta ユクターユクタ⟧ [juktɐːjuktɐ] 《文》 *n.* 善悪、善悪の判断 ¶ ಅವನಿಗೆ ಯುಕ್ತಾಯುಕ್ತ ಗೊತ್ತಿಲ್ಲ. (avanige yuktāyukta gottilla.) あの人には善悪の判断力がない。[Sk.]

ಯುಕ್ತಿ ⟦yukti ユクティ⟧ [jukti] *n.* **1** 策略、計略 **2** 臨機の才、利口さ **3** 論理、道理 [Sk.]

ಯುಕ್ತಿಪರ ⟦yuktipara ユクティパラ⟧ [juktipərɐ] 《文》 *adj., m.* 《*f.* ಯುಕ್ತಿಪರಳು (yuktiparaḷu)》策略を弄する〈人〉、戦略的な〈策士〉 [Sk.]

ಯುಕ್ತಿವಂತ ⟦yuktivaṃta ユクティヴァンタ⟧ [juktivəntɐ] *adj., m.* 《*f.* ಯುಕ್ತಿವಂತೆ (yuktivaṃte)》 **1** 臨機の才ある〈人〉、利口な〈人〉 **2** 策略家〈の〉、策士〈の〉 [Sk.]

ಯುಕ್ತಿಸಾಮರ್ಥ್ಯ ⟦yuktisāmartʰya ユクティサーマルティヤ⟧ [juktisɐːmərtʰjɐ] 《文》 *n.* **1** 臨機の才、利口なこと **2** 策略の才 [Sk.]

ಯುಗ[1] ⟦yuga ユガ⟧ [jugɐ] 《文》 *n.* 対、二つからなる一組 [Sk.]

ಯುಗ[2] ⟦yuga ユガ⟧ [jugɐ] *n.* **1** ユガ(クリタ・ユガとトレーター・ユガとドヴァーパラ・ユガとカリ・ユガの四つからなる時代区分、末世と現在はカリ・ユガに属する、時代が下るにつれて人々の寿命が短くなるなど悪しき世に移るとされている) **2** 時代 **3** 〔喩〕 長い年月 [Sk.]

ಯುಗಪ್ರವರ್ತಕ ⟦yugapravartaka ユガプラヴァルタカ⟧ [jugəprəvərtəkɐ] 《文》 *m.* 《*f.* ಯುಗಪ್ರವರ್ತಕಿ (yugapravartaki)》新時代を作る人 [Sk.]

ಯುಗಾಂತ ⟦yugāṃta ユガーンタ⟧ [jugɐ:ntɐ] 《文》 *n.* 1 四つの時代のうちいずれかの時代の終わり（経典に記されている） 2 ある時代の終わり [Sk.]

ಯುಗಾದಿ ⟦yugādi ユガーディ⟧ [jugɐ:di] ಉಗಾದಿ 《文》 *n.* 1 新時代の幕開け；新しいユガ（宇宙的な時代）の始まり 2（インドの太陽太陰暦の）新年、新年の祝日 ☞ಚೈತ್ರ (caitra) [Sk.]

ಯುದ್ಧ ⟦yuddʰa ユッダ⟧ [juddʰɐ] *n.* 戦い、戦争 [Sk.]

ಯುದ್ಧಭೂಮಿ ⟦yuddʰabʰūmi ユッダブーミ⟧ [juddʰəbʰu:mi] *n.* 戦場 [Sk.]

ಯುದ್ಧರಂಗ ⟦yuddʰaraṃga ユッダランガ⟧ [juddʰərəŋgɐ] 《文》 *n.* 戦場 [Sk.] = ಯುದ್ಧಭೂಮಿ (yuddʰabʰūmi)〔口〕

ಯುದ್ಧವಿರಾಮ ⟦yuddʰavirāma ユッダヴィラーマ⟧ [juddʰəvirɐ:mɐ] *n.* 休戦 [Sk.]

ಯುದ್ಧಸಾಮಗ್ರಿ ⟦yuddʰasāmagri ユッダサーマグリ⟧ [juddʰsɐ:mǝgri] 《文》 *n.* 軍備、兵器や武具など戦いに必要なもの [Sk.]

ಯುವ ⟦yuva ユヴァ⟧ [juvɐ] 《文》 (*adj.*) 若い〈こと〉 [Sk.]

ಯುವಕ ⟦yuvaka ユヴァカ⟧ [juvəkɐ] 《文》 *m.* 《*f.* ಯುವತಿ (yuvati)》青年、若者 [Sk.]

ಯುವಜನ ⟦yuvajana ユヴァジャナ⟧ [juvəʤənɐ] *mf., pl.* 若者たち、青年男女 [Sk.]

ಯುವತಿ ⟦yuvati ユヴァティ⟧ [juvəti] 《文》 *f.* 《*m.* ಯುವಕ (yuvaka)》若い女性 [Sk.]

ಯುವರಾಜ ⟦yuvarāja ユヴァラージャ⟧ [juvərɐ:ʤɐ] *m.* 皇太子、世継ぎの王子 [Sk.]

ಯೂಥ ⟦yūtʰa ユータ⟧ [ju:tʰɐ] 《文》 *n.*（主に家畜の）群れ [Sk.]

ಯೆಹೂದಿ ⟦yehūdi エフーディ⟧ [jehu:di] 《文》 *adj., mf.* ユダヤ人〈の〉 [Ar. *yahūdī*] ☞ಯಹೂದಿ (yahūdi)

ಯೆಹೂದ್ಯ ⟦yehūdya エフーディャ⟧ [jehu:dʲjɐ] 《文》 ☞ಯೆಹೂದಿ (yehūdi)

ಯೂಪ ⟦yūpa ユーパ⟧ [ju:pɐ] 《文》 *n.* 1 犠牲の獣がつながれる杭 2 勝利を記念して立てられた柱 [Sk.] = ಕೀರ್ತಿಸ್ತಂಭ (kīrtistaṃbʰa)

ಯೇಸು ⟦yēsu エース⟧ [je:su] *m.* イエス・キリスト [Hb.]

ಯೋಗ ⟦yōga ヨーガ⟧ [jo:gɐ] *n.* 1 神や絶対者との合一 2 五感の抑制 3 精神の集中 4 パタンジャリの始めた哲学体系 5（惑星などの）合 6〔喩〕物事の成就する時 ¶ ಯೋಗ ಕೂಡಿ ಬಂದರೆ ನಿಮ್ಮ ಮದುವೆ ಆಗಬಹುದು. (yōga kūḍi baṃdare nimma maduve āgabahudu.) 時が来れば君は結婚できるよ。 [Sk.]

ಯೋಗಕ್ಷೇಮ ⟦yōgakṣēma ヨーガクシェーマ⟧ [jo:gəkṣe:mɐ] 《文》 *n.* 1 つつがないこと、安寧 2 健康や富などに関する人の状況 ¶ ನಿಮ್ಮ ಯೋಗಕ್ಷೇಮವನ್ನು ತಿಳಿಸಿರಿ. (nimma yōgakṣēmavannu tiḷisiri.) いい知らせを期待しています（＝近況をお知らせください）。 [Sk.]

ಯೋಗನಿದ್ರೆ ⟦yōganidre ヨーガニドレ⟧ [jo:gənidʳre] 《文》 *n.* ヨーガの眠り、半眠半瞑想の状態（また特にヴィシュヌ神が世界を夢見るように維持している状態も指す） [Sk.]

ಯೋಗಾಸನ ⟦yōgāsana ヨーガーサナ⟧ [yo:gɐ:sənɐ] *n.* ヨーガの座法 [Sk.]

ಯೋಗಿ ⟦yōgi ヨーギ⟧ [jo:gi] *m.* 《*f.* ಯೋಗಿನಿ (yōgini)》ヨーガに通じた人 [Sk.]

ಯೋಗ್ಯ ⟦yōgya ヨーギャ⟧ [jo:gʲjɐ] 《文》 *adj., mn.* 《*f.* ಯೋಗ್ಯಳು (yōgyaḷu)》ふさわしい〈人〉、適当な〈人〉 [Sk.]

ಯೋಗ್ಯತಾಪತ್ರ ⟦yōgyatāpatra ヨーギャターパトラ⟧ [jo:gʲjətɐ:pətʳrɐ] 《文》 *n.* 1（学業などの）成績証明書 2 人格や品行や資格などの証明書 [Sk.]

ಯೋಗ್ಯತೆ ⟦yōgyate ヨーギャテ⟧ [jo:gʲjəte] 《文》 *n.* 適性、能力、技量 [Sk.]

ಯೋಚನೆ ⟦yōcane ヨーチャネ⟧ [jo:ʧǝne] *n.* 1 考えること、思案、思考 2 考え [Sk.]

ಯೋಚನಾಪರ ⟦yōcanāpara ヨーチャナーパラ⟧ [jo:ʧənɐ:pərɐ] 《文》 *adj., m.* 《*f.* ಯೋಚನಾಪರಳು (yōcanāparaḷu)》考えにふける〈人〉; 瞑想的な〈人〉 [Sk.]

ಯೋಚಿಸು ⟦yōcisu ヨーチス⟧ [jo:ʧisu] *vt.* 考える、思案する [Sk.]

ಯೋಜಿಸು ⟦yōjisu ヨージス⟧ [jo:ʤisu] *vt.* 〈会議などを〉準備する、計画する [Sk.]

ಯೋಜನಾಧಿಕಾರಿ ⟦yōjanādʰikāri ヨージャナーディカーリ⟧ [jo:ʤənɐ:dʰikɐ:ri] 《文》 *mf.* 国家などの経済計画の担当官吏 [Sk.]

ಯೋಜನೆ ⟦yōjane ヨージャネ⟧ [jo:ʤəne] *n.* 1（国家経済などの）計画 2（会議などの）準備 ¶ ಸಂಗೀತ ಕಾರ್ಯಕ್ರಮದ ಯೋಜನೆಯನ್ನು ಹಾಕಿ. (saṃgīta kāryakramada yōjaneyannu hāki.) 演奏会の準備をしてください。 [Sk.]

ಯೋಜಕ ⟦yōjaka ヨージャカ⟧ [jo:ʤəkɐ] 《文》 *m.* 《*f.* ಯೋಜಕಿ (yōjaki)》（会合や委員会などの）主催者、まとめ役、召集者 [Sk.]

ಯೋಧ ⟦yōdʰa ヨーダ⟧ [jo:dʰɐ] *m.* 戦士、武人 [Sk.]

ಯೋಧನ ⟦yōdʰana ヨーダナ⟧ [jo:dʰənɐ] 《文》 *n.* 戦争、戦い [Sk.]

ಯೋನಿ ⟦yōni ヨーニ⟧ [jo:ni] 《文》 *n.* 1 子宮 2 女性の陰部 = ತುಲ್ಲು (tullu)〔俗〕 3〔喩〕原因、起源、あるものの生まれるところ [Sk.]

ಯೌವನ ⟦yauvana ヤゥヴァナ⟧ [jəuvənɐ] *n.* 青春、青春時代 [Sk.] = ಪ್ರಾಯ (prāya)〔口〕

ಯೌವನಮದ ⟦yauvanamada ヤゥヴァナマダ⟧ [jəuvənəmədɐ] 《文》 *n.* 青春に特有な傲慢さ [Sk.]

ಯೌವನಸ್ಥ ⟦yauvanastʰa ヤゥヴァナスタ⟧ [jəuvənəstʰɐ] 《文》 *m.* 《*f.* ಯೌವನಸ್ಥಳು (yauvanastʰaḷu)》若い人、青年 [Sk.]

ಯೌವನಾವಸ್ಥೆ ⟦yauvanāvastʰe ヤゥヴァナーヴァステ⟧ [jəuvənɐ:vəstʰe] 《文》 *n.* 青春 [Sk.]

ಯೌವನೋನ್ಮತ್ತ ⟦yauvanōnmatta ヤウヴァノーンマッタ⟧ [jəuvəno:nmɐttɐ] 《文》 *m.* 《*f.* ಯೌವನೋನ್ಮತ್ತೆ (yauvanōnmatte)》自分の青春に酔う若者 [Sk.]

ಯೌವನೋನ್ಮತ್ತೆ ⟦yauvanōnmatte ヤウヴァノーンマッテ⟧ [jəuvəno:nmətte] 《文》 *f.* 《*m.* ಯೌವನೋನ್ಮತ್ತ (yauvanōnmatta)》自分の青春に酔う女性 [Sk.]

ರ

ರ ⟦ra ラ⟧ [rə˞] *n.* カンナダその他のインド系言語で音素の連続 /ra/, またはカンナダその他のインド系の文字体系でそれを表す文字 [Ka.]

ರಂಗ ⟦raṃga ランガ⟧ [rəŋgɐ] *n.* **1** 舞台、ステージ **2** 戦場 [Sk.]

ರಂಗತಾಲೀಮು ⟦raṃgatālīmu ランガターリーム⟧ [rəŋgətɐ:li:mu] *n.* （舞台芸術の）リハーサル [*raṃga* + Ar. *ta'līm*]

ರಂಗಭೂಮಿ ⟦raṃgabʰūmi ランガブーミ⟧ [rəŋgəbʰu:mi] *n.* **1** 舞台 **2** 戦場 [Sk.]

ರಂಗಮಂಚ ⟦raṃgamaṃca ランガマンチャ⟧ [rəŋgəmɲʧɐ] *n.* 舞台、ステージ {Sk.}

ರಂಗಮಂಟಪ ⟦raṃgamaṃṭapa ランガマンタパ⟧ [rəŋgəmɔɳʈəpɐ] *n.* **1** 舞台、ステージ **2** 劇場、芝居小屋 [Sk.] = ರಂಗಮಂದಿರ (raṃgamaṃdira)

ರಂಗಮಂದಿರ ⟦raṃgamaṃdira ランガマンディラ⟧ [rəŋgəməndirɐ] *n.* 劇場、芝居小屋 [Sk.]

ರಂಗವಲ್ಲಿ ⟦raṃgavalli ランガヴァッリ⟧ [rəŋgəvəlli] ರಂಗೋಲೆ *n.* （家の戸口の前の地面や椅子などに米の粉などで描かれる）装飾的な図形 = ರಂಗೋಲೆ (raṃgōle)

ರಂಗಶಿಲ್ಪಿ ⟦raṃgaśilpi ランガシルピ⟧ [rəŋgəʃilpi] 《文》 *mf.* 舞台装置家 [Sk.]

ರಂಗಸ್ಥಲ ⟦raṃgastʰala ランガスタラ⟧ [rəŋgəstʰəlɐ] ರಂಗಸ್ಥಳ 《文》 *n.* 舞台、ステージ [Sk.] = ರಂಗಮಂಟಪ, ರಂಗಮಂಚ (raṃgamaṃṭapa, raṃgamaṃca)

ರಂಗಸ್ಥಳ ⟦raṃgastʰaḷa ランガスタラ⟧ [rəŋgəstʰəɭɐ] 《文》 *n.* 舞台、ステージ [Sk.] = ಸ್ಟೇಜು (stēju)

ರಂಗು ⟦raṃgu ラング⟧ [rəŋgu] *n.* **1** 色、色調 **2** 顔料、染料、ペンキ、色素 **3**（女性の）美しさ ¶ ಅವಳ ರಂಗು ಎಲ್ಲರನ್ನು ಬೆರಗುಗೊಳಿಸಿತು. (avaḷa raṃgu ellarannu beragugoḷisitu.) 彼女の美しさに感嘆しない者はなかった。 **4**（着飾った時などの）輝かしい美しさ、派手な美しさ **5**（音楽や劇などの）絶頂、最高潮、クライマックス ◇ *vi.* —ಏರು (ēru) 最高潮に達する [Sk. *raṃga*-]

ರಂಗೋಲೆ ⟦raṃgōle ランゴーレ⟧ [rəŋgo:le] ರಂಗವಲಿ, ರಂಗವಾಲಿ, ರಂಗವಾಲೆ, ರಂಗಾವಲಿ, ರಂಗೋಲಿ, ರಂಗೋಲೆ *n.* （家の戸口の前や椅子などに米の粉などで描かれる）装飾的な図形 [Sk. *raṃgavalli*-] = ರಂಗವಲ್ಲಿ (raṃgavalli)

ರಂಜಕ[1] ⟦raṃjaka ランジャカ⟧ [rəɲʤəkɐ] 《文》 *n.* 燐 [Sk.]

ರಂಜಕ[2] ⟦raṃjaka ランジャカ⟧ [rəɲʤəkɐ] 《文》 *adj.* **1** 魅力的な、可愛い **2** 面白い、楽しい（物語など） [Sk.]

ರಂಜನೆ ⟦raṃjane ランジャネ⟧ [rəɲʤəne] 《文》 *n.* **1** 飾り、装飾 **2** 娯楽、楽しみごと [Sk.]

ರಂಜಿಸು ⟦raṃjisu ランジス⟧ [rəɲʤisu] 《文》 *vi.* 輝く、ぴかぴか光る —*vt.* 楽しませる [Sk.]

ರಂಟೆ ⟦raṃṭe ランテ⟧ [rəɳʈe] ರಂಟೆ *n.* 鍬（くわ） ☞ ರೆಂಟೆ (reṃṭe) [?]

ರಂಧ್ರ ⟦raṃdʰra ランドラ⟧ [rəndʰrɐ] *n.* **1** 裂け目、割れ目、穴 **2**〔喩〕欠点、欠陥 ¶ ರಂಧ್ರಗಳಲ್ಲಿ ಅನರ್ಥಗಳು ಬಹಳ. (raṃdʰragaḷalli anartʰagaḷu bahaḷa.) 一つの欠陥から多くの損害が発生する。 [Sk.] = ತೂತು (tūtu)

ರಂಧ್ರಾನ್ವೇಷಣೆ ⟦raṃdʰrānvēṣaṇe ランドラーンヴェーシャネ⟧ [rəndʰrɐ:nve:ʂəɳe] 《文》 *n.* あら捜し [Sk.]

ರಂಧ್ರಾನ್ವೇಷಿ ⟦raṃdʰrānvēṣi ランドラーンヴェーシ⟧ [rəndʰrɐ:nve:ʂi] 《文》 *n.* あら捜しをする人 [Sk.]

ರಂಪ[1] ⟦raṃpa ランパ⟧ [rəmpɐ] *n.* **1** 騒ぎ、騒動 **2**（子どもなどがなにかを欲しがって）駄々をこねること ¶ ಮಗುವು ತಾಯಿಯಿಲ್ಲದೆ ರಂಪ ಮಾಡಿತು. (maguvu tāyiyillade raṃpa māḍitu.) 子どもは母親がいないので駄々をこねた。 [Ka. D489]

ರಂಪ[2] ⟦raṃpa ランパ⟧ [rəmpɐ] *n.* 靴修理用の小刀 [Pk. *A55, T10629]

ರಂಪಿಗೆ ⟦raṃpige ランピゲ⟧ [rəmpige] *n.* 靴修理用の小刀［⇒図］[Pk. *raṃpa*-「短刀」A55, T10629]

ರಂಪಿಣಿ ⟦raṃpiṇi ランピニ⟧ [rəmpiɳi] *n.* 靴修理用の小刀 [Pk. *A55, T10629]

ರಂಪಿಗೆ
小刀

ರಂಬು ⟦raṃbu ランブ⟧ [rəmbu] 《文》 *n.* 喧騒、騒ぎ [Ka. D489, cf. Sk. *raṃbʰa*-]

ರಂಬೆ ⟦raṃbe ランベ⟧ [rəmbe] ರೆಂಬೆ *n.* 植木の枝 [Ka. D5170]

ರಂಭ ⟦raṃbʰa ランバ⟧ [rəmbʰɐ] 《文》 *n.* 大声で叫ぶこと、わめくこと [Sk. cf. Ka. *raṃpa* D489]

ರಂಭೆ ⟦raṃbʰe ランベ⟧ [rəmbʰe] *f.* 天界の踊り子の名 [Sk.]

ರಕಂ ⟦rakaṃ ラカン⟧ [rəkəm] ರಕಮು *n.* **1** 種類、様式 **2** 現金；金銭、お金 **3** 合計 [Ar. *raqm*] ☞ ರಕಮು (rakamu)

ರಕಾರ ⟦rakāra ラカーラ⟧ [rəkɐːrɐ] *n.* カンナダその他のインド系の文字で音素の連続 /ra/ を表す文字 [Sk.]

ರಕ್ಕಸ ⟦rakkasa ラッカサ⟧ [rəkkəsɐ] *m.* 《*f.* ರಕ್ಕಸಿ (rakkasi)》 1 悪魔、鬼 2 人でなし、残酷な人、鬼のような人 [Sk. *rākṣasa-*] =ರಾಕ್ಷಸ (rākṣasa)

ರಕ್ಕಸಿ ⟦rakkasi ラッカシ⟧ [rəkkəsi] *f.* 《*m.* ರಕ್ಕಸ (rakkasa)》魔女、羅刹女(らせつにょ)、鬼 [Sk. *rākṣasī-*] = ರಾಕ್ಷಸಿ (rākṣasi)

ರಕ್ಕೆ ⟦rakke ラッケ⟧ [rəkke/rɛkke] *n.* 1 (鳥や昆虫や飛行機などの)翼、羽根 2 鳥の羽根や羽毛 [Ka. < *ṟakke* D2591] = ಗರಿ, ಪುಕ್ಕ (gari, pukka) ☞ರೆಕ್ಕೆ (rekke)

ರಕ್ತ ⟦rakta ラクタ⟧ [rəktɐ] *n.* 血、血液 [Sk.] = ನೆತ್ತರು (nettaru)〔口〕

ರಕ್ತಧಾರೆ ⟦raktadʰāre ラクタダーレ⟧ [rəktədʰɐːre] 《文》 *n.* 血液の流れ、血流 [Sk.]

ರಕ್ತಗತ ⟦raktagata ラクタガタ⟧ [rəktəgətɐ] 《文》 (*n.*) 血となり肉となった〈こと〉、生来〈の〉(人の性質や習慣や傾向など) [Sk.]

ರಕ್ತಚಂದನ ⟦raktacaṃdana ラクタチャンダナ⟧ [rəktəʧəndənɐ] *n.* シタン(紫檀、マメ科シタン属、その赤い心材の練り粉は神像や顔に塗って宗教儀式に用いる、その実は薬用) ⇀ 薬・宗・材 [Sk.] = ಕೆಂಪುಶ್ರೀಗಂಧ (keṃpuśrīgaṃdʰa) *[IMP 4.385]

ರಕ್ತಬಾಳ ⟦raktabāḷa ラクタバーラ⟧ [rəktəbɐːɭɐ] ರಕ್ತವಾಳ *n.* アロエ(ユリ科アロエ属) ⇀ 薬 [Sk. *rakta* + ?]

ರಕ್ತವಾಳ ⟦raktavāḷa ラクタヴァーラ⟧ [rəktəʋɐːɭɐ] *n.* [?] ☞ರಕ್ತಬಾಳ (raktabāḷa)

ರಕ್ತಸ್ರಾವ ⟦raktasrāva ラクタスラーヴァ⟧ [rəktəsrɐːʋɐ] 《文》 *n.* 出血、血が出ること [Sk.]

ರಕ್ತಾಕ್ಷಿ ⟦raktākṣi ラクタークシ⟧ [rəktɐːkʂi] 《文》 *n.* 1 水牛 2 60年周期の年の中の第58年 [Sk.]

ರಕ್ತಾತಿಸಾರ ⟦raktātisāra ラクターティサーラ⟧ [rəktɐːtisɐːrɐ] *n.* 赤痢 [Sk.]

ರಕ್ತಾಶಯ ⟦raktāśaya ラクターシャヤ⟧ [rəktɐːʃəjɐ] 《文》 *n.* 心臓 [Sk.] = ಹೃದಯ (hṛdaya)〔汎〕

ರಕ್ಷಕ ⟦rakṣaka ラクシャカ⟧ [rəkʂəkɐ] *m.* 《*f.* ರಕ್ಷಕಿ (rakṣaki)》 1 守る人、保護する人、命を救う人 2 護衛、番人、警備員 3 (学童などの)保護者 [Sk.]

ರಕ್ಷಣಮಂತ್ರಾಲಯ ⟦rakṣaṇamaṃtrālaya ラクシャナマントラーラヤ⟧ [rəkʂəɳəmənt̪rɐːləjɐ] 《文》 *n.* 防衛省 [Sk.]

ರಕ್ಷಣಮಂತ್ರಿ ⟦rakṣaṇamaṃtri ラクシャナマントリ⟧ [rəkʂəɳəmənt̪ri] 《文》 *mf.* 防衛大臣 [Sk.]

ರಕ್ಷಣಾಧಿಕಾರಿ ⟦rakṣaṇādʰikāri ラクシャナーディカーリ⟧ [rəkʂə̆ɳɐːdʰikɐːri] *mf.* (学校や事務所などの)警備員を統括する人、警備責任者 [Sk.]

ರಕ್ಷಣಾ ಸಾಧನ ಸಾಮಗ್ರಿ ⟦rakṣaṇā sādʰana sāmagri ラクシャナーサーダナサーマグリ⟧ [rəkʂə̆ɳɐː sɐːdʰənə sɐːmə̆gri] 《文》 *n.* 防衛の装備 [Sk.]

ರಕ್ಷಣೆ ⟦rakṣaṇe ラクシャネ⟧ [rəkʂəɳe] *n.* 1 警備、保護、守護 2 (国家などの)防衛 [Sk.]

ರಕ್ಷಾಪತ್ರ ⟦rakṣāpatra ラクシャーパトラ⟧ [rəkʂɐːpət̪rɐ] 《文》 *n.* 本の表紙;本のカバー、本のジャケット [Sk.]

ರಕ್ಷಾಬಂಧ ⟦rakṣābaṃdʰa ラクシャーバンダ⟧ [rəkʂɐːbəndʰɐ] 《文》 *n.* (結婚、祭式、建築の始まりなどの機会に、悪霊などから身を守るために)手首に紐を巻くこと [Sk.]

ರಕ್ಷಾಬಂಧನ ⟦rakṣābaṃdʰana ラクシャーバンダナ⟧ [rəkʂɐːbəndʰənɐ] *n.* 1 (悪霊などから身を守るために)首にかける護符や紐 2 シュラーヴァナ月(グレゴリオ暦の7月から8月)の満月の日に兄弟を悪運から守るために姉妹が兄弟の右手首に紐を巻く行事、またはその紐 ☞ಆವಣಿ (āvaṇi) [Sk.]

ರಕ್ಷಾಮಂತ್ರಾಲಯ ⟦rakṣāmaṃtrālaya ラクシャーマントラーラヤ⟧ [rəkʂɐːmənt̪rɐːləjɐ] 《文》 *n.* 防衛省 [Sk.]

ರಕ್ಷಾಮಂತ್ರಿ ⟦rakṣāmaṃtri ラクシャーマントリ⟧ [rəkʂɐːmənt̪ri] 《文》 *mf.* 防衛大臣 [Sk.]

ರಕ್ಷಿಸು ⟦rakṣisu ラクシス⟧ [rəkʂisu] *vt.* 1 救う、救助する 2 護る、警護する [Sk.]

ರಕ್ಷೆ ⟦rakṣe ラクシェ⟧ [rəkʂe] *n.* 1 保護、防御 2 安全 3 護符、お守り [Sk.]

ರಖಂ ⟦rakʰaṃ ラカン⟧ [rəkʰəm] ರಕಂ, ರಕಮು *n.* 1 種類、様式 2 現金;金銭、お金 3 合計 [Ar. *raqm*]

ರಖೇಲಿ ⟦rakʰēli ラケーリ⟧ [rəkʰeːli] *f.* 妾、めかけ (NK) [M. *rakʰēlī* *C10547] = ಕೀಪ್ (kīp)〔口〕

ರಗಡು ⟦ragaḍu ラガドゥ⟧ [rəgə̆ɖu] 《方》 *adj.* 豊富な、多くの ¶ ಮನೆಯಲ್ಲಿ ರಗಡು ಧೂಳು ಬಿದ್ದಿದೆ. (maneyalli ragaḍu dʰūḷu biddide.) 家に埃がたくさん積もっている。(NK) [M. *ragaḍă* ←Ar. *ragd*]

ರಗಳೆ ⟦ragaḷe ラガレ⟧ [rəgə̆ɭe] *n.* 1 騒ぎ、喧騒、騒動 2 災難、難儀、厄介 3 (12世紀頃に非常に人気のあった)韻を踏んだ詩形の一つ 4 冗長で退屈な(結論の出ない)議論 5 (子どもが)駄々をこねること [?, cf. H. *ragărā*, M. *ragăḍā*, Te. *ragaḍa*]

ರಚನೆ ⟦racane ラチャネ⟧ [rəʧəne] *n.* 1 作ること、創造、建造、建設 2 計画 ¶ ಈ ಮದುವೆಯ ರಚನೆ ಸಂತೋಷದಾಯಕವಾಗಿಲ್ಲ. (ī maduveya racane saṃtōṣadāyakavāgilla.) この結婚式の準備は十分ではなかった。 3 構成、構造 ¶ ಪದ್ಯದ ರಚನೆ ನನ್ನನ್ನು ಮೆಚ್ಚಿಸಿತು. (padyada racane nannannu meccisitu.) その詩の構成が私の気に入った。 4 整頓、片付けること [Sk.]

ರಚ್ಚು ⟦raccu ラッチュ⟧ [rəʧʧu] *n.* 1 頑固、強情、つむじ曲がり 2 復讐心、仇討ちを願う深い恨み ¶ ಚಾಣಕ್ಯ ತನ್ನ ಅವಮಾನದ ರಚ್ಚನ್ನು ತೀರಿಸಿಕೊಂಡ. (cāṇakya tanna avamānada raccannu tīrisikoṃḍa.) チャーナキヤは受けた侮辱に復讐した。 [?]

ರಚ್ಚೆ ⟦racce ラッチェ⟧ [rəʧʧe] *n.* 1 わめくこと、叫ぶこと、騒ぎ 2 (秘密の)暴露、公にすること [Ka. cf. *aṟacu* D319]

ರಜ¹ ⟦raja ラジャ⟧ [rəʤɐ] ರಜಾ, ರಜೆ *n.* 労働休暇(願い出による)、休日 [Ar. *riḍāʾ*] = ಸೂಟಿ (sūṭi) ☞ರಜೆ,

ರಜಾ (raje, rajā)

ರಜ² ⟦raja ラジャ⟧ [rədʒɐ] *n.* 1 埃 2 花粉 3 激質（生命体のあり方を純質・激質・暗質の三つの属性に分類する場合の第２）4 経血、月経の時に出る血 [Sk.]

ರಜತ ⟦rajata ラジャタ⟧ [rədʒətɐ] 《文》 *n.* 銀 [Sk.] = ಬೆಳ್ಳಿ (beḷḷi)〔汎〕

ರಜತೋತ್ಸವ ⟦rajatōtsava ラジャトートサヴァ⟧ [rədʒəto:tsəvɐ] 《文》 *n.* 25 周年の記念祝典や記念祭 [Sk.]

ರಜನಿ ⟦rajani ラジャニ⟧ [rədʒəni] 《文》 *n.* 夜 [Sk.]

ರಜಸ್ಸು ⟦rajassu ラジャッス⟧ [rədʒəssu] *n.* 1 暗がり、薄暗闇 2 埃 3 花粉 4 激質（生命体のあり方を純質・激質・暗質の三つの属性に分類する場合の第２）5 経血、月経の時に出る血 [Sk.]

ರಜಾ ⟦rajā ラジャー⟧ [rədʒɐ:] *n.* [Ar. *riḍā'*] ☞ರಜ (raja)

ರಜೆ ⟦raje ラジェ⟧ [rədʒe] *n.* [Ar. *riḍā'*] ☞ರಜ (raja)

ರಜ್ಜು ⟦rajju ラッジュ⟧ [rədʒdʒu] 《文》 *n.* 縄、ロープ [Sk.] = ಹಗ್ಗ (hagga)〔汎〕

ರಟ್ಟು¹ ⟦raṭṭu ラットゥ⟧ [rəʈʈu] *n.* 1 厚紙、ボール紙 2（本の）表紙 3 ジャケット（本を保護するための紙覆い）[Ka.?]

ರಟ್ಟು² ⟦raṭṭu ラットゥ⟧ [rəʈʈu] 《文》 *n.*（秘密が）暴露された状態 ¶ ಮುಖ್ಯಮಂತ್ರಿಯವರ ಗುಟ್ಟು ರಟ್ಟಾಯಿತು. (mukʰyamaṃtriyavara guṭṭu raṭṭāyitu.) 州首相の秘密が暴露された。[Ka.?]

ರಟ್ಟೆ ⟦raṭṭe ラッテ⟧ [rəʈʈe] *n.* 上膊、肘から肩までの部分 [Ka. *D2591] ☞ರೆಟ್ಟೆ (reṭṭe)

ರಡ್ಡಿ ⟦raḍḍi ラッディ⟧ [rəɖɖi] 《古》 *mf.* 「小領主」、レッディ、テルグの農業経営者の称号 [Sk. *rāṣṭrin-*, A54, T10724] ☞ರೆಡ್ಡಿ (reḍḍi)

ರಣ ⟦raṇa ラナ⟧ [rəɳɐ] *n.* 1 戦い、戦争 2 戦場 [Sk.]

ರಣಕಹಳೆ ⟦raṇakahaḷe ラナカハレ⟧ [rəɳəkəhəɭe] *n.* 戦争に用いるラッパ、軍用ラッパ [Sk. *raṇakāhalā-*]

ರಣಭೂಮಿ ⟦raṇabʰūmi ラナブーミ⟧ [rəɳəbʰu:mi] *n.* 戦場 [Sk.]

ರಣಭೇರಿ ⟦raṇabʰēri ラナベーリ⟧ [rəɳəbʰe:ri] *n.* 戦場で用いる太鼓 [Sk.]

ರಣವಾದ್ಯ ⟦raṇavādya ラナヴァーディャ⟧ [rəɳəvɐ:dʲjɐ] 《文》 *n.* 軍隊音楽の楽器 [Sk.]

ರಣಹದ್ದು ⟦raṇahaddu ラナハッドゥ⟧ [rəɳəhəddu] 《文》 *n.* ハゲタカ [*raṇa* + *haddu*]

ರಣಹೇಡಿ ⟦raṇahēḍi ラナヘーディ⟧ [rəɳəhe:ɖi] *mf.* 戦場での臆病者；困難に立ち向かうことができない人 [*raṇa* + *hēḍi*]

ರಣಾಂಗಣ ⟦raṇāṃgaṇa ラナーンガナ⟧ [rəɳɐ:ŋgəɳɐ] 《文》 *n.* 戦場 [Sk.] = ರಣಭೂಮಿ (raṇabʰūmi)

ರಣೋತ್ಸಾಹ ⟦raṇōtsāha ラノートサーハ⟧ [rəno:tsɐ:hɐ] 《文》 *n.* 1 戦争での勇気 2 戦争に対する熱狂 ¶ ಗಣತಂತ್ರದಲ್ಲಿ ಜನರ ರಣೋತ್ಸಾಹವನ್ನು ಹಿಡಿತದಲ್ಲಿ ಇಡುವದು ಕಷ್ಟ. (gaṇataṃtradalli janara raṇōtsāhavannu hiḍitadalli iḍuvadu kaṣṭa.) 民主主義では人々の戦争熱を抑えるのは難しい。[Sk.]

ರತಿ¹ ⟦rati ラティ⟧ [rəti] *n.* 1 楽しみ、快楽 2 性愛、恋愛 3 性交、まぐわい [Sk. *rati*]

ರತಿ² ⟦rati ラティ⟧ [rəti] *f.* 1 ラティ、愛の神マンマタの妻 2〔喩〕美女 [Sk. *rati*]

ರತ್ನ ⟦ratna ラトナ⟧ [rətnɐ] *n.* 1 宝石 2〔喩〕宝石のように貴重な人やもの [Sk.]

ರತ್ನಪರೀಕ್ಷೆ ⟦ratnaparīkṣe ラトナパリークシェ⟧ [rətnəpəri:kʂe] *n.* 宝石の試験 [Sk.]

ರತ್ನಖಚಿತ ⟦ratnakʰacita ラトナカチタ⟧ [rətnəkʰətʃitɐ] 《文》 *adj.* 宝石をちりばめた [Sk.]

ರತ್ನಗಂಬಳಿ ⟦ratnagaṃbaḷi ラトナガンバリ⟧ [rətnəgəmbəɭi] 《文》 *n.*（寝る時に敷く）刺繍をしたり模様を織ったりした敷物 [Sk.]

ರತ್ನಪಡಿ ⟦ratnapaḍi ラトナパディ⟧ [rətnəpəɖi] *n.* 宝石をちりばめた装身具 [*ratna* + Ka. *paḍi* < ?]

ರತ್ವ ⟦ratva ラトヴァ⟧ [rətvɐ] *n.* 文字 ರ (ra) [Sk.] = ರಕಾರ (rakāra)

ರಥ ⟦ratʰa ラタ⟧ [rətʰɐ] *n.* 1（昔の）戦車 2 祭りで用いる装飾を施した山車 [Sk.] = ತೇರು (tēru)〔口〕

ರಥೋತ್ಸವ ⟦ratʰōtsava ラトートサヴァ⟧ [rətʰo:tsəvɐ] *n.* 神像を山車に載せて町を練り歩く祭 [Sk.]

ರದ್ದತಿ ⟦raddati ラッダティ⟧ [rəddəti] *n.* キャンセルすること [Ar. *raddu* ← *vināyati*]

ರದ್ದಿ ⟦raddi ラッディ⟧ [rəddi] (*adj.*) 1 無用〈の〉、役に立たない〈こと〉、品質の悪い〈こと〉¶ ಇಂಥ ರದ್ದಿ ಸಾಮಾನುಗಳನ್ನು ಕೊಳ್ಳಬೇಡ. (iṃtʰa raddi sāmānugaḷannu koḷḷabēḍa.) このような粗悪品を買うな。2 下書き用の〈紙〉[Ar. *raddī*]

ರದ್ದಿಕಾಗದ ⟦raddikāgada ラッディカーガダ⟧ [rəddikɐ:gədɐ] *n.* 1 下書き用の品質の悪い紙 2 紙屑 [*raddi* + *kāgada*]

ರದ್ದು ⟦raddu ラッドゥ⟧ [rəddu] (*n.*) 取り消し〈の〉、キャンセル〈の〉、（法律などの）撤廃〈する〉[Ar. *radd*]

ರದ್ದುಮಾಡು ⟦raddu māḍu ラッドゥマードゥ⟧ [rəddu mɐ:ɖu] *vt.* 〈法律などを〉撤廃する、取り消す、キャンセルする

ರಫ್ತು ⟦raptu ラプトゥ⟧ [rəptu] *n.* 輸出 [Pe. *raft*]

ರಪ್ಪೆ ⟦rappe ラッペ⟧ [rəppe] 《古》 *n.* 1 まぶた 2 まつげ [Ka. *D5169] ☞ರೆಪ್ಪೆ (reppe)

ರಭಸ ⟦rabʰasa ラバサ⟧ [rəbʰəsɐ] 《文》 *n.* 1 速さ、速度 2 猛烈、激烈 [Sk.]

ರಮಣ ⟦ramaṇa ラマナ⟧ [rəməɳɐ] 《文》 *m.*《*f.* ರಮಣಿ (ramaṇi)》1 夫 2 愛人、恋人 [Sk.]

ರಮಣಿ ⟦ramaṇi ラマニ⟧ [rəməɳi] 《文》 *f.* 1 美しい女性、美女 2 妻 3 愛人、恋人 [Sk.]

ರಮಣೀಯ ⟦ramaṇīya ラマニーヤ⟧ [rəməɳi:jɐ] 《文》 *adj.* 1 可愛い、可愛らしい、魅力的な 2（公園や観光地などが）愉快な、楽しい [Sk.]

ರಮಾ ⟦ramā ラマー⟧ [rəmɐː] *f.* ラマー、ラクシュミー女神の別名 [Sk.]

ರಮಿಸು ⟦ramisu ラミス⟧ [rəmisu] 《文》*vt.* **1** 満足させる、楽しませる **2**〈泣いている子どもや女性を〉慰める ¶ ಅಳುತ್ತಿದ್ದ ಮಗುವನ್ನು ಅಮ್ಮ ರಮಿಸಿದಳು. (aḷuttidda maguvannu amma ramisidaḷu.) 母親は泣いている女性を慰めた。 **3** 愛撫する **4**〈女性を〉性的に楽しむ [Sk.]

ರಮೆ ⟦rame ラメ⟧ [rəme] *f.* [Sk.] ☞ರಮಾ (ramā)

ರಮ್ಯ ⟦ramya ラミャ⟧ [rəmˑjɐ] 《文》(*adj.*) 可愛い〈こと〉、可愛らしい〈こと〉、魅力的な〈こと〉[Sk.] = ರಮಣೀಯ (ramaṇīya)

ರಮ್ಯತೆ ⟦ramyate ラミャテ⟧ [rəmˑjəte] 《文》*n.* 可愛さ、魅力、優雅さ [Sk.]

ರವ ⟦rava ラヴァ⟧ [rəvɐ] 《文》*n.* 叫び声、わめき声 [Sk.]

ರವಷ್ಟು ⟦ravaṣṭu ラヴァシュトゥ⟧ [rəvəʂʈu] *adv.*《*neg.*》少しも、全然 ¶ ಅಧಿಕಾರಿಗಳಿಗೆ ರವಷ್ಟು ನಾಚಿಕೆ ಇಲ್ಲ. (adʰikārigaḷige ravaṣṭu nācike illa.) 役人には全然恥じらいがない。 [*rave + aṣṭu*]

ರವಾನೆ ⟦ravāne ラヴァーネ⟧ [rəvɐːne] *n.* **1** 運輸、運送、発送 **2** (役所などの出す) 許可、認可 [Pe. *ravāna*「行くこと」]

ರವಾನೆ ಸರಕು ⟦ravāne saraku ラヴァーネサラク⟧ [rəvɐːne sərǎku] *n.* 送るべき商品 [Sk.]

ರವಾನೆ ಸಾಗಣೆ ಅಧಿಕಾರಿ ⟦ravāne sāgaṇe adʰikāri ラヴァーネサーガネアディカーリ⟧ [rəvɐːne sɐːgǎɳe adʰikɐːri] 《文》*mf.* (鉄道などで) 荷物の発送をつかさどる役人 [+ *sāgaṇe + adʰikāri*]

ರವಾನಿಸು ⟦ravānisu ラヴァーニス⟧ [rəvɐːnisu] 《文》*vt.* **1** する、運ぶ **2** 発送する [Pe. *ravāna + -isu*]

ರವಿ ⟦ravi ラヴィ⟧ [rəvi] 《文》*m.* 太陽神、お日様 —*n.* 太陽、日 = ಸೂರ್ಯ (sūrya) [Sk.]

ರವಿವಾರ ⟦ravivāra ラヴィヴァーラ⟧ [rəvivɐːrɐ] *n.* 日曜、日曜日 [Sk.] = ಭಾನುವಾರ (bʰānuvāra)〔汎〕

ರವೆ ⟦rave ラヴェ⟧ [rəve] *n.* **1** 粒状に砕いた米や小麦などの穀物 **2** 小さな粒、粒子 ¶ ಅವಳಿಗೆ ರವೆಯಷ್ಟು ನಾಚಿಕೆ ಇಲ್ಲ. (avaḷige raveyaṣṭu nācike illa.) 彼女はまったく恥じらいがない。 [H.,M. *ravā* T10642] = ರವಾ (ravā)

ರಶೀದಿ ⟦raśīdi ラシーディ⟧ [rəʃiːdi] *n.* 受け取り、領収書、受領書 [Ar. *rašīd*]

ರಶ್ಮಿ ⟦raśmi ラシュミ⟧ [rəʃmi] 《文》*n.* 光線、光束 ¶ ಐಶ್ವರ್ಯ ತನ್ನ ಸೌಂದರ್ಯರಶ್ಮಿಯಿಂದ ಎಲ್ಲರ ಮನಸೆಳೆದಳು. (aiśvarya tanna sauṃdaryaraśmiyiṃda ellara manaseḷedaḷu.) アイシュヴァリヤはその輝かしい美しさですべての人の心を奪った。 [Sk.]

ರಸ ⟦rasa ラサ⟧ [rəsɐ] *n.* **1** (果物や植物などの) 汁、樹液、(動物の) 体液 **2** 味(甘、酸、塩辛、苦、辛、渋の六つが伝統的に認められている) **3** 水銀 **4** ある文学作品を特徴づける情趣(恋愛、勇武、嫌悪、激怒、歓笑、恐怖、憐憫、驚異、寂静の九つが一般に認められている) [Sk.] = ಪಾದರಸ (pādarasa)

ರಸಗೊಬ್ಬರ ⟦rasagobbara ラサゴッバラ⟧ [rəsəgobbǎrɐ] *n.* 化学肥料 [*rasa + gobbara*] =ಫರ್ಟಿಲೈಜರ್ (pʰarṭilaijar)〔口〕

ರಸಗ್ರಹಣ ⟦rasagrahaṇa ラサグラハナ⟧ [rəsəgrəhəɳɐ] 《文》*n.* 芸術を観賞し理解すること [Sk.]

ರಸಜ್ಞ ⟦rasajña ラサジュニャ⟧ [rəsəɟɲɐ/—gnɐ] 《文》*adj., m.*《*f.* ರಸಜ್ಞೆ (rasajñe)》芸術を理解する〈人〉、(美術に) 目のある〈人〉、(音楽に) 耳のある〈人〉[Sk.]

ರಸಭಂಗ ⟦rasabʰaṃga ラサバンガ⟧ [rəsəbʰəŋgɐ] 《文》*n.* 文学や劇や音楽など審美的な楽しみが (聴衆や観客の心ない態度などで) 中断すること [Sk.]

ರಸಮಟ್ಟ ⟦rasamaṭṭa ラサマッタ⟧ [rəsəməʈʈɐ] 《文》*n.* 水準器 [Sk.]

ರಸವಾದ ⟦rasavāda ラサヴァーダ⟧ [rəsəvɐːdɐ] 《文》*n.* 冶金術、錬金術 [Sk.]

ರಸವಾದಿ ⟦rasavādi ラサヴァーディ⟧ [rəsəvɐːdi] 《文》*m.* 冶金学者、錬金術師 [Sk.]

ರಸಾತಲ ⟦rasātala ラサータラ⟧ [rəsɐːtəlɐ] 《文》*n.* パーターラと総称される七つの地下世界の内の一つでダイトャという半神たちが住むとされる ☞ಪಾತಾಳ (pātāḷa) [Sk.]

ರಸಾಯನಶಾಸ್ತ್ರ ⟦rasāyanaśāstra ラサーヤナシャーストラ⟧ [rəsɐːjənəʃɐːstrɐ] 《文》*n.* 化学 [Sk.]

ರಸಿಕ ⟦rasika ラシカ⟧ [rəsikɐ] 《文》*m.*《*f.* ರಸಿಕಳು (rasikaḷu)》**1** 趣味人、芸術を理解する人 **2** 快楽主義者、快楽にふける人 [Sk.]

ರಸಿಕತೆ ⟦rasikate ラシカテ⟧ [rəsikəte] 《文》*n.* **1** 快楽主義 **2** (芸術などに) 目がきくこと、鑑識眼があること [Sk.]

ರಸಿಕೆ ⟦rasike ラシケ⟧ [rəsike] *n.* **1** 膿 **2** ワクチン ◇ *vi.* —ಹಾಕು (hāku) ワクチン接種をする [Sk. *rasikā-*] ☞ಲಸಿಕೆ (lasike)

ರಸಿಗೆ ⟦rasige ラシゲ⟧ [rəsige] *n.* ☞ರಸಿಕೆ (rasike)

ರಸೀದಿ ⟦rasīdi ラシーディ⟧ [rəsiːdi] *n.* 受け取り、受領書、領収書 [Pe. *rasīd*]

ರಸ್ತೆ ⟦raste ラステ⟧ [rəste] *n.* **1** 公道、道路 **2**〔喩〕道、進路 [Pe. *rāsta*] = ದಾರಿ (dāri)

ರಸ್ತೆ ಸಾರಿಗೆ ⟦raste sārige ラステサーリゲ⟧ [rəste sɐːrige] 《文》*n.* 陸上運送 [+ *sārige*]

ರಹದಾರಿ ⟦rahadāri ラハダーリ⟧ [rəhədɐːri] *n.* **1** 通行許可証；旅券、パスポート **2** 公道 [Pe. *rāh + dārī*]

ರಹಸ್ಯ ⟦rahasya ラハスヤ⟧ [rəhəsˑjɐ] *n.* 秘密 [Sk.]

ರಾಕ್ಷಸ ⟦rākṣasa ラークシャサ⟧ [rɐːkʂəsɐ] *m.*《*f.* ರಾಕ್ಷಸಿ (rākṣasi)》悪魔、鬼 [Sk.]

ರಾಕ್ಷಸಿ ⟦rākṣasi ラークシャシ⟧ [rɐːkʂəsi] *f.*《*m.* ರಾಕ್ಷಸ (rākṣasa)》女性の鬼、羅刹女(らせつにょ) [Sk.]

ರಾಖಿ ⟦rākʰi ラーキ⟧ [rɐːkʰi] *n.* シュラーヴァナ月の満月の日に兄弟を悪霊から守るために姉妹が兄弟

の右手首に紐を巻く行事、またはその紐 [H. rākʰī T10551] =ರಕ್ಷಾಬಂಧನ (rakṣābaṃdʰana)

ರಾಗ ⟦rāga ラーガ⟧ [rɐːgɐ] *n.* 1 色、色彩(特に赤)¶ ನಾಚಿಕೆಯಿಂದ ಅವಳ ಕೆನ್ನೆ ರಾಗರಂಜಿತವಾಯಿತು. (nācikeyiṃda avaḷa kenne rāgaraṃjitavāyitu.) 恥じらいのために彼女の頬が赤らんだ。¶ ಅರುಣರಾಗವನ್ನು ಚಿಮ್ಮಿಸುತ್ತ ಸೂರ್ಯ ಉದಯಿಸಿದನು. (aruṇarāgavannu cimmisutta sūrya udayisidanu.) 太陽が金色の光を広げながら昇った。2 熱情、欲望、恋、愛 3 ラーガ(インド古典音楽で一つの曲に一貫して流れる旋律) [Sk.]

ರಾಗದ್ವೇಷ ⟦rāgadvēṣa ラーガドヴェーシャ⟧ [rɐːgədveːʂɐ] 《文》 1 愛憎、愛と憎しみ 2 愛から生まれた憎しみ

ರಾಗಮಾಲಿಕೆ ⟦rāgamālike ラーガマーリケ⟧ [rɐːgəmɐːlike] 《文》 *n.* 様々なラーガを混ぜた音楽 [Sk.]

ರಾಗಾಲಾಪನೆ ⟦rāgālāpane ラーガーラーパネ⟧ [rɐːgɐːlɐːpəne] 《文》 *n.* インド古典音楽の導入部 [Sk.]

ರಾಗಿ ⟦rāgi ラーギ⟧ [rɐːgi] *n.* シコクビエ(四国稗、ラーギー、カルナータカで盛んに栽培されている穀物の一種、イネ科オヒシバ属) ⇀ 食 [Ka. D812] *[IMP 2.366]

ರಾಗಿಮುದ್ದೆ ⟦rāgimudde ラーギムッデ⟧ [rɐːgimudde] *n.* ラーギー(シコクビエ)の粉を茹でた団子(野球のボール大、茹でた辛いソースと共に食べる) [+ *mudde*]

ರಾಗಿಯಂಬಲಿ ⟦rāgiyaṃbali ラーギヤンバリ⟧ [rɐːgijəmbəli] *n.* ラーギー(シコクビエ)の粉で作った(少し酸味のある)粥 [+ *aṃbali*]

ರಾಗಿರೊಟ್ಟಿ ⟦rāgiroṭṭi ラーギロッティ⟧ [rɐːgiroʈʈi] *n.* ラーギー(シコクビエ)で作った扁平な種なしパン [+ *roṭṭi*]

ರಾಗಿಹಿಟ್ಟು ⟦rāgihiṭṭu ラーギヒットゥ⟧ [rɐːgihiʈʈu] *n.* ラーギー(シコクビエ)の粉 [+ *hiṭṭu*]

ರಾಗಿಹುಲ್ಲು ⟦rāgihullu ラーギフッル⟧ [rɐːgihullu] *n.* ラーギー(シコクビエ)の草 [+ *hullu*] ☞ರಾಗಿ (rāgi)

ರಾಜ ⟦rāja ラージャ⟧ [raːʤɐ] *m.* 《複合語頭で, 複合語末で》王、王者 [Sk. *rājan-*] = ಅರಸ (arasa)〔汎〕

ರಾಜಕಾರಣ ⟦rājakāraṇa ラージャカーラナ⟧ [rɐːʤəkɐːrəɳɐ] 《文》 *n.* 政治 [Sk.] = ರಾಜಕೀಯ (rājakīya)

ರಾಜಕಾರಣಿ ⟦rājakāraṇi ラージャカーラニ⟧ [rɐːʤakɐːrəɳi] 《文》 *mf.* 政治家 [Sk.]

ರಾಜಕಾರ್ಯ ⟦rājakārya ラージャカーリヤ⟧ [rɐːʤəkɐːrjɐ] 《文》 *n.* 国家の行政 [Sk.]

ರಾಜಕೀಯ ⟦rājakīya ラージャキーヤ⟧ [rɐːʤəkiːjɐ] 《文》 *adj.* 政治の、行政の —*n.* 1 政治、行政 2〔喩〕(学校や会社や宗教団体などの内部での)支配権をめぐる内紛や策動や内輪もめ [Sk.]

ರಾಜಗೃಹ ⟦rājagṛha ラージャグルハ⟧ [rɐːʤəgrɯhɐ/—gruhɐ] 《文》 *n.* 王宮、王の宮殿 =ಅರಮನೆ (aramane)〔汎〕 [Sk.]

ರಾಜತಂತ್ರ ⟦rājataṃtra ラージャタントラ⟧ [rɐːʤətəntrɐ] 《文》 *n.* 1 国家の行政 = ರಾಜಕಾರ್ಯ (rājakārya) 2 外交、外交術 [Sk.]

ರಾಜತಾಂತ್ರಿಕ ⟦rājatāṃtrika ラージャターントリカ⟧ [rɐːʤətɐːntrikɐ] 《文》 *adj.* 1 国家行政の 2 外交の、外交上の [Sk.]

ರಾಜತಾಂತ್ರಿಕ ಅಧಿಕಾರಿ ⟦rājatāṃtrika adʰikāri ラージャターントリカアディカーリ⟧ [rɐːʤətɐːntrikə ədʰikɐːri] 《文》 *mf.* 外交官 [Sk.]

ರಾಜಾತಾಂತ್ರಿಕ ಕಾರ್ಯ ⟦rājātāṃtrika kārya ラージャーターントリカカーリヤ⟧ [rɐːʤətɐːntrikə kɐːrjɐ] 《文》 *n.* 外交官の仕事、外交 [Sk.]

ರಾಜತಾಂತ್ರಿಕ ನಿಯೋಗ ⟦rājatāṃtrika niyōga ラージャターントリカニヨーガ⟧ [rɐːʤətɐːntrikə nijoːgɐ] 《文》 *n.* 外交使節 [Sk.]

ರಾಜತಾಂತ್ರಿಕ ಪ್ರತಿನಿಧಿ ⟦rājatāṃtrika pratinidʰi ラージャターントリカプラティニディ⟧ [rɐːʤətɐːntrikə prətinidʰi] 《文》 *mf.* 外交上国家を代表する者 [Sk.]

ರಾಜತಾಂತ್ರಿಕ ವಿಶೇಷಾಧಿಕಾರ ⟦rājatāṃtrika viśēṣādʰikāra ラージャターントリカヴィシェーシャーディカーラ⟧ [rɐːʤətɐːntrikə viʃeːʂɐːdʰikɐːrɐ] 《文》 *n.* 外交特権、外交官の持つ特権 [Sk.]

ರಾಜಧಾನಿ ⟦rājadʰāni ラージャダーニ⟧ [rɐːʤədʰɐːni] *n.* 首都、都 [Sk.]

ರಾಜನೀತಿ ⟦rājanīti ラージャニーティ⟧ [rɐːʤəniːti] *n.* 1 政治 ☞ರಾಜಕಾರಣ (rājakāraṇa) 2 (国家の)政策 [Sk.]

ರಾಜನೀತಿಜ್ಞ ⟦rājanītijña ラージャニーティジュニャ⟧ [rɐːʤəniːtiɟɲɐ/—gnɐ] 《文》 *m.* 《*f.* ರಾಜನೀತಿಜ್ಞೆ/ರಾಜನೀತಿಜ್ಞಳು (rājanītijñe/rājanītijñaḷu)》 1 政治学者 2 政治家 [Sk.]

ರಾಜಭಾಷೆ ⟦rājabʰāṣe ラージャバーシェ⟧ [rɐːʤəbʰɐːʂe] *n.* (連邦や州の)公用語 [Sk.]

ರಾಜಮನ್ನಣೆ ⟦rājamannaṇe ラージャマンナネ⟧ [rɐːʤəmənnəɳe] 《文》 *n.* 1 王や国家が人に敬意を表すること 2 王に対して表するような最高の尊敬 [*rāja* + ? cf. Pk. *māṇaṇa-*] = ರಾಜಮರ್ಯಾದೆ (rājamaryāde)

ರಾಜಮರ್ಯಾದೆ ⟦rājamaryāde ラージャマリヤーデ⟧ [rɐːʤəmərjɐːde] 《文》 *n.* 1 王や国家が人に敬意を表すること 2 王に対して表するような最高の尊敬 [Sk.]

ರಾಜಮಾನ್ಯ ⟦rājamānya ラージャマーニャ⟧ [rɐːʤəmɐːnʲjɐ] 《文》 *adj.* 1 王や国家に敬意を表されるに値する 2 王や国家に敬意を表されるに値する(かつて手紙の呼びかけの言葉に用いられた) [Sk.]

ರಾಜಮಾರ್ಗ ⟦rājamārga ラージャマールガ⟧ [rɐːʤəmɐːrgɐ] 《文》 *n.* 国道、国や州の幹線道路 [Sk.] = ಹೆದ್ದಾರಿ (heddāri)

ರಾಜಮುದ್ರೆ ⟦rājamudre ラージャムドレ⟧ [rɐːʤəmudʳre] 《文》 *n.* 1 王の印章 2 政府の判や印章 [Sk.]

ರಾಜಯೋಗ ⟦rājayōga ラージャヨーガ⟧ [rɐːʤəjoːgɐ] 《文》 *n.* 1 王となる人が生まれたことを示す惑星や星座の位置 2 ラージャ・ヨーガ（万人が実行できる易行法であることからヨーガの種々の行法の中で最も優れたものとして「王たるヨーガ」と呼ばれるとされる）[Sk.]

ರಾಜವಿದ್ಯೆ ⟦rājavidye ラージャヴィディェ⟧ [rɐːʤəvidʲje] 《文》 *n.* 政治や行政の学、統治の方法を扱う学問 [Sk.] = ರಾಜ್ಯಶಾಸ್ತ್ರ (rājyaśāstra)〔現〕

ರಾಜಶಾಸನ ⟦rājaśāsana ラージャシャーサナ⟧ [rɐːʤəʃɐːsənɐ] 《文》 *n.* 勅令、王の出す政令 [Sk.]

ರಾಜಸ್ವ ⟦rājasva ラージャスヴァ⟧ [rɐːʤəsʲvɐ] 《文》 *n.* 国家の歳入、国家の財産 [Sk.]

ರಾಜಸ್ವ ಸಂಹಿತೆ ⟦rājasva saṃhite ラージャスヴァサンヒテ⟧ [rɐːʤəˑsvə səmhite] 《文》 *n.* 財政法 [Sk.]

ರಾಜಾಧಿರಾಜ ⟦rājādʰirāja ラージャーディラージャ⟧ [rɐːʤɐːdʰirɐːʤɐ] *m.* 《*f.* ರಾಜಾಧಿರಾಜ್ಞಿ (rājādʰirājñi)》皇帝、王の中の王 [Sk.]

ರಾಜಾರೋಷ ⟦rājārōṣa ラージャーローシャ⟧ [rɐːʤɐːroːʂɐ] *adj.* 率直な、あからさまな —*n.* 率直なこと、あからさまなこと、隠しだてのないこと ¶ ಅವನು ರಾಜಾರೋಷದಿಂದ ಮಾತಾಡಿದ. (avanu rājārōṣadiṃda mātāḍida.) 彼は心を割って話した。[Sk.]

ರಾಜಿ ⟦rāji ラージ⟧ [rɐːʤi] (*n.*) 同意した〈こと〉 ¶ ಎರಡೂ ದೇಶಗಳು ಯುದ್ಧವಿರಾಮಕ್ಕೆ ರಾಜಿಯಾದವು. (eraḍū dēśagaḷu yuddʰavirāmakke rājiyādavu.) 両国は休戦に同意した。 —*n.* 合意、談合、契約 ¶ ಇಬ್ಬರೂ ವಿಚ್ಛೇದನ ಆಗಲು ರಾಜಿ ಮಾಡಿಕೊಂಡರು. (ibbarū viccʰēdana āgalu rāji māḍikoṃḍaru.) 両人は離婚に同意した。[Ar. *rāḍī*]

ರಾಜೀನಾಮ ⟦rājīnāma ラージーナーマ⟧ [rɐːʤiːnɐːme] *n.* 辞任、辞職 ☞ರಾಜಿನಾಮೆ (rājināme)

ರಾಜಿನಾಮೆ ⟦rājināme ラージナーメ⟧ [rɐːʤinɐːme] *n.* 辞任、辞職 [Pe. *rāḍīnāma*] = ರಾಜೀನಾಮೆ (rājīnāme)

ರಾಜಿಸು ⟦rājisu ラージス⟧ [rɐːʤisu] 《文》 *vi.* （発光や反射によって）輝く、ぴかぴか光る [Sk.]

ರಾಜೀವ ⟦rājīva ラージーヴァ⟧ [rɐːʤiːvɐ] 《文》 *n.* ハス（ハス科ハス属）→ 観 [Sk.]

ರಾಜ್ಞಿ ⟦rājñi ラージュニ⟧ [rɐːɟɲi/rɐːgˑni] 《文》 *f.* 王妃；女王 [Sk.] = ರಾಣಿ (rāṇi)

ರಾಜ್ಯ ⟦rājya ラージュヤ⟧ [rɐːʤʲjɐ] *n.* 1 王国 2（連邦の）州 [Sk.]

ರಾಜ್ಯ ಅಧಿನಿಯಮ ⟦rājya adʰiniyama ラージュヤアディニヤマ⟧ [rɐːʤʲjə ədʰinijəmɐ] 《文》 *n.* 州の条例 [Sk.]

ರಾಜ್ಯ ಪತ್ರಾಂಕಿತ ಅಧಿಕಾರಿ ⟦rājya patrāṃkita adʰikāri ラージュヤパトラーンキタアディカーリ⟧ [rɐːʤʲjə pətˑrɐːŋki tə ədʰikɐːri] 《文》 *mf.* 官報に任官が掲載される高級官吏 [Sk.]

ರಾಜ್ಯಪಾಲ ⟦rājyapāla ラージュヤパーラ⟧ [rɐːʤjəpɐːlɐ] *mf.* 州知事 [Sk.] =ಗವರ್ನರ್ (gavarnar)〔ロ〕

ರಾಜ್ಯಭಾರ ⟦rājyabʰāra ラージュヤバーラ⟧ [rɐːʤjəbʰɐːrɐ] *n.* 国家行政をつかさどる仕事、国を修めること [Sk.]

ರಾಜ್ಯ ಸಂತತನಿಧಿ ⟦rājya saṃtatanidʰi ラージュヤサンタタニディ⟧ [rɐːʤʲjə səntətənidʰi] 《文》 *n.* 州が（緊急時に備えて）積み立てた資産 [Sk.]

ರಾಜ್ಯಸಭೆ ⟦rājyasabʰe ラージュヤサベ⟧ [rɐːʤjəsəbʰe] *n.* （インド連邦共和国の）上院 [Sk.]

ರಾಜ್ಯಸೂತ್ರ ⟦rājyasūtra ラージュヤスートラ⟧ [rɐːʤjəsuːtˑrɐ] 《文》 *n.* 行政権 [Sk.]

ರಾಜ್ಯಾಂಗ ⟦rājyāṃga ラージュヤーンガ⟧ [rɐːʤʲjɐːŋgɐ] 《文》 *n.* 政府 [Sk.]

ರಾಟಿ ⟦rāṭi ラーティ⟧ [rɐːʈi] *n.* 1 紡ぎ車 2 水を汲み上げる水車 3 ミシン [M. *rahāṭī* T596]

ರಾಡೆ ⟦rāḍe ラーデ⟧ [rɐːɖe] 《方》 *n.* ハチの巣 (*Sholiga, LSB*) [Ka. D518]

ರಾಣಿ¹ ⟦rāṇi ラーニ⟧ [rɐːɳi] *f.* 王妃、女王 [M. *rāṇi* T10692] ☞ಅರಸಿ (arasi)〔汎〕

ರಾಣಿ² ⟦rāṇi ラーニ⟧ [rɐːɳi] 《‡》 *n.* [Ka. D204] (*Kitt.*) ☞ಅರಣೆ, ಹಾವುರಾಣಿ (araṇe, hāvurāṇi)

ರಾಣೆ ⟦rāṇe ラーネ⟧ [rɐːɳe] 《‡》 *n.* 緑色のトカゲの一種（なめられると中毒すると信じられている）[Ka. D204] (*Kitt.*) = ಅರಣೆ, ಹಾವುರಾಣಿ (araṇe, hāvurāṇi)

ರಾತ್ರಿ ⟦rātri ラートリ⟧ [rɐːtˑri] *n.* 夜 [Sk.]

ರಾದ್ಧಾಂತ ⟦rāddʰāṃta ラーッダーンタ⟧ [rɐːddʰɐːntɐ] *n.* 1（ヴェーダ、ウパニシャッド、アドヴァイタなどの）哲学 2 騒ぎ、騒動 ¶ ಕೇಳಿದ ವಸ್ತುವನ್ನು ಕೊಡದಿದ್ದರೆ ಮಗು ರಾದ್ಧಾಂತ ಮಾಡುವುದು. (kēḷida vastuvannu koḍadiddare magu rāddʰāṃta māḍuvudu.) 欲しいものを与えないと子どもはひどく駄々をこねる。[Sk.] = ಗದ್ದಲ (gaddala)

ರಾಮಬಾಣ ⟦rāmabāṇa ラーマバーナ⟧ [rɐːməbɐːɳɐ] 《文》 *n.* 1 ラーマの矢 2（約束や予言などが）絶対信頼できること、信頼できる約束 3 花火の一種 [*rāma + bāṇa*]

ರಾಮರಾಜ್ಯ ⟦rāmarājya ラーマラージュヤ⟧ [rɐːmərɐːʤʲjɐ] *n.* 1 ラーマ王の王国 2〔喩〕人々が安全と公正と繁栄を享受する理想的な王国 [Sk.]

ರಾಯಭಾರ ⟦rāyabʰāra ラーヤバーラ⟧ [rɐːjəbʰɐːrɐ] 《文》 *n.* 1 国家の行政 2 国家を代表して外国に派遣された人の任務 [Sk. *rājyabʰāra-*]

ರಾಯಭಾರಿ ⟦rāyabʰāri ラーヤバーリ⟧ [rɐːjəbʰɐːri] 《文》 *mf.* 全権大使 [*rāyabʰāra + -i*]

ರಾಯಸ ⟦rāyasa ラーヤサ⟧ [rɐːjəsɐ] 《文》 *n.* 宮廷からの手紙や通告 [Sk. *rājādēśa-*]

ರಾಯಿ ⟦rāyi ラーイ⟧ [rɐːji] 《‡》 *n.* 石 (*Tĕ.* (*Kitt.*)) [Te. *rāyi* D321]

ರಾವಿ ⟦rāvi ラーヴィ⟧ [rɐːvi] 《‡》 *n.* インドボダイジュ（インド菩提樹、クワ科イチジク属）→ 薬・宗 (*Tue.* (*Kitt.*)) [Te. *rāvi* D202] = ಅರಳಿ (araḷi) *[IMP 3.39]

ರಾವುತ ⟦rāvuta ラーヴタ⟧ [rɐːvŭtɐ] *m.* 騎兵、騎者 [M. *rāūtā* < Sk. *rājaputra-* T10682] = ರಾಹುತ (rāhuta)

ರಾಶಿ ⟦rāśi ラーシ⟧ [rɐːʃi] *n.* **1** 山、堆積、積み重ねて置いたもの **2** 大量、たくさん **3** 十二宮の一つ [Sk.]

ರಾಷ್ಟ್ರಗೀತೆ ⟦rāṣṭragīte ラーシュトラギーテ⟧ [rɐːʂʈrəgiːte] *n.* 国歌 [Sk.]

ರಾಷ್ಟ್ರಧ್ವಜ ⟦rāṣṭradʰvaja ラーシュトラドヴァジャ⟧ [rɐːʂʈrə dʰvəʤɐ] *n.* 国旗 [Sk.]

ರಾಷ್ಟ್ರಪತಿ ⟦rāṣṭrapati ラーシュトラパティ⟧ [rɐːʂʈrəpəti] *mf.* 大統領 [Sk.]

ರಾಷ್ಟ್ರಪ್ರಜ್ಞೆ ⟦rāṣṭraprajñe ラーシュトラプラジュニェ⟧ [rɐːʂʈrəprəɟɲe/—prəgˑne] 《文》 *n.* 国家意識 [Sk.]

ರಾಷ್ಟ್ರೀಕರಣ ⟦rāṣṭrīkaraṇa ラーシュトリーカラナ⟧ [rɐːʂʈriːkərəɳɐ] 《文》 *n.* (産業や金融機関などの)国有化 [Sk.]

ರಾಷ್ಟ್ರೀಯ ⟦rāṣṭrīya ラーシュトリーヤ⟧ [rɐːʂʈriːjɐ] 《文》 *adj.* 国家の [Sk.]

ರಾಸ ⟦rāsa ラーサ⟧ [rɐːsɐ] *n.* **1** 騒動、喧噪 **2** クリシュナと牛飼いの娘たちが踊った民俗舞踊 [Sk.]

ರಾಸಾಯನಿಕ ⟦rāsāyanika ラーサーヤニカ⟧ [rɐːsɐːjənikɐ] 《文》 (*adj.*) 化学〈の〉、化学的な〈こと〉、化学作用による〈こと〉 —*n.* 化学製品、化学薬品 [Sk.]

ರಾಸಾಯನಿಕ ಮೂಲವಸ್ತು ⟦rāsāyanika mūlavastu ラーサーヤニカムーラヴァストゥ⟧ [rɐːsɐːjənikə muːləvəstu] 《文》 *n.* 元素 [Sk.]

ರಾಸು [1] ⟦rāsu ラース⟧ [rɐːsu] 《文》 *n.* 元金と利子の合計 [M. *rāsă* < Sk. *rāśi-*]

ರಾಸು [2] ⟦rāsu ラース⟧ [rɐːsu] 《文》 *n.* **1** 畜牛 **2** 家畜の品種 = ತಳಿ (taḷi) [Ar. *ra's*「頭」]

ರಾಹು ⟦rāhu ラーフ⟧ [rɐːhu] *m.* ラーフ(日食や月食を引き起こすと信じられている想像上の太陽の衛星) [Sk.]

ರಾಹುಕಾಲ ⟦rāhukāla ラーフカーラ⟧ [rɐːhukɐːlɐ] *n.* **1** 日の中の不吉な時間 [Sk.]

ರಾಹುತ ⟦rāhuta ラーフタ⟧ [rɐːhutɐ] 《文》 *m.* [M. *rāūtă* < Sk. *rājaputra-* T10682] ☞ರಾವುತ (rāvuta)

ರಾಳ ⟦rāḷa ラーラ⟧ [rɐːɭɐ] 《文》 *n.* 木のやにで作った香 [M. *rāḷă* ←Sk. *rāla-*]

ರಿಂಗಣ ⟦riṃgaṇa リンガナ⟧ [riŋgəɳɐ] 《文》 *n.* 這うこと、(踊りで)這うように動くこと [Sk.]

ರಿಕ್ತ ⟦rikta リクタ⟧ [riktɐ] 《文》 (*n.*) 空〈の〉、空っぽ〈の〉 [Sk.]

ರಿಕ್ತಹಸ್ತ ⟦riktahasta リクタハスタ⟧ [riktəhəstɐ] 《文》 *n.* 空っぽの手、何も持たない手 —*adj.*, *m.* 《*f.* ರಿಕ್ತಹಸ್ತಳು (riktahastaḷu)》無一文の〈人〉; 手元に何も持ちあわせのない〈人〉¶ ನಾನು ರಿಕ್ತಹಸ್ತನಾಗಿ ಬಂದೆನು. (nānu riktahastanāgi baṃdenu.) 私は何も持たずにここにやってきました。= ಬರಿಗೈ (barigai)〔汎〕[Sk.]

ರಿಣ ⟦riṇa リナ⟧ [riɳɐ] 《文》 *n.* **1** 借金 **2** 恩、恩義 = ಹಂಗು (haṃgu) [Sk. *ṛṇa-*]

ರಿಪು ⟦ripu リプ⟧ [ripu] 《文》 *m.* 敵、仇 [Sk.] = ವೈರಿ (vairi)

ರಿಪೇರಿ ⟦ripēri リペーリ⟧ [ripeːri] *n.* 修繕、修理 [Eg. *repair*]

ರಿಯಾಯತಿ ⟦riyāyati リヤーヤティ⟧ [rijɐːjəti] ರಿಯಾಯಿತಿ, ರಿಯಾಯ್ತಿ *n.* 値引き、割り引き、減価 [Ar.-Pe. *riʿāyat*] = ರಿಯಾಯಿತಿ (riyāyiti)

ರಿಯಾಯಿತಿ ⟦riyāyiti リヤーイティ⟧ [rijɐːjiti] *n.* [Ar.-Pe. *riʿāyat*] ☞ರಿಯಾಯತಿ (riyāyati)

ರಿಯಾಯ್ತಿ ⟦riyāyti リヤーイティ⟧ [rijɐːĭti] *n.* [Ar.-Pe.] ☞ರಿಯಾಯತಿ (riyāyati)

ರಿಲೆ ⟦rile リレ⟧ [rile] *n.* リレー [Eg. *relay*]

ರಿವಾಜು ⟦rivāju リヴァージュ⟧ [rivɐːʤu] *n.* 習慣、習わし、しきたり [Ar. *riwāğ*]

ರೀತಿ ⟦rīti リーティ⟧ [riːti] *n.* **1** 方法、やり方 **2** (美術や文学などの)芸術様式、スタイル **3** 気質、気性 [Sk.]

ರುಂಡ ⟦ruṃḍa ルンダ⟧ [ruɳɖɐ] 《文》 *n.* 切り落とされた頭や首 [Sk.]

ರುಂದಿ ⟦ruṃdi ルンディ⟧ [rundi] 《文》 *n.* 幅、横幅 [Pk. *ruṃdī-*] = ಅಗಲ (agala)

ರುಂದ್ರ ⟦ruṃdra ルンドラ⟧ [rundrɐ] 《文》 *adj.* (海や湖などが)広大な [Sk.]

ರುಕ್ಮ ⟦rukma ルクマ⟧ [rukmɐ] 《文》 (*adj.*) (磨いた金属などが)ぴかぴか光る〈こと〉 [Sk.]

ರುಗ್ಣ ⟦rugṇa ルグナ⟧ [rugɳɐ] 《文》 *adj.* 病気の、病弱な [Sk.]

ರುಗ್ಣಾಲಯ ⟦rugṇālaya ルグナーラヤ⟧ [rugɳɐːləjɐ] 《文》 *n.* 病院 [Sk.] = ಆಸ್ಪತ್ರೆ (āspatre)〔口〕

ರುಚಿ ⟦ruci ルチ⟧ [ruʧi] *n.* **1** 味、風味 **2** (ある芸術に対する)趣味、理解力 [Sk.]

ರುಚಿಕರ ⟦rucikara ルチカラ⟧ [ruʧikərɐ] 《文》 *adj.* **1** おいしい、うまい、美味な **2**〔喩〕(文学や音楽や踊りなどが)面白い、楽しい [Sk.]

ರುಚಿರ ⟦rucira ルチラ⟧ [ruʧirɐ] 《文》 *adj.* **1** 輝かしい、明るい **2** 快い、魅力的な、面白い **3** 美味しい、美味な [Sk.]

ರುಚಿಸು ⟦rucisu ルチス⟧ [ruʧisu] *vi.* **1** 美味しい **2** (言葉や提案などが)気に入る [Sk.] = ಹಿಡಿಸು (hiḍisu)

ರುಜು [1] ⟦ruju ルジュ⟧ [ruʤu] ರಿಜು 《文》 (*n.*) まっすぐ〈な〉 [Sk. *ṛju-*]

ರುಜು [2] ⟦ruju ルジュ⟧ [ruʤu] *n.* **1** 署名 **2** 証拠 [Ar. *ruğūʿ*]

ರುಜು ಮಾಡು ⟦ruju māḍu ルジュマードゥ⟧ [ruʤu mɐːɖu] *vi.* **1** 署名する **2** 証明する ¶ ನೀನೇ ಉತ್ತರಾಧಿಕಾರಿ ಎಂದು ರುಜು ಮಾಡು. (nīnē uttarādʰikāri eṃdu ruju māḍu.) おまえが相続人だと証明しろ。 [+ *māḍu*]

ರುಜು ಹಾಕು ⟦ruju hāku ルジュハーク⟧ [ruʤu hɐːku] *vi.* 署名する [+ *hāku*]

ರುಜುವಾತು ⟦rujuvātu ルジュヴァートゥ⟧ [ruʤuvɐːtu] *n.* 証拠書類 [Ar. *ruğūʿāt*]

ರುಜೆ ⟦ruje ルジェ⟧ [ruʤe] 《文》 *n.* 1 病気、病 2 困難、難儀 [Sk. *rujā-*]

ರುಣ ⟦ruṇa ルナ⟧ [ruɳɐ] 《異》 *n.* 1 借金 2 恩、恩義 = ಹಂಗು (haṃgu) [Sk. *ṛṇa*]

ರುದ್ದು ⟦ruddu ルッドゥ⟧ [ruddu] 《古》 *vt.* 搗く [Ka. D665]

ರುದ್ರ ⟦rudra ルドラ⟧ [rud·rɐ] (*n.*) 恐ろしい〈こと〉、怖い〈こと〉 —*m.* ルドラ、シヴァ神の別名 [Sk.]

ರುದ್ರನಾಟಕ ⟦rudranāṭaka ルドラナータカ⟧ [rudrənɐːʈəkɐ] 《文》 *n.* 悲劇 [Sk.]

ರುದ್ರನಾಯಕ ⟦rudranāyaka ルドラナーヤカ⟧ [rudrənɐːjəkɐ] 《文》 *m.* 悲劇の主人公、悲劇的な主人公 [Sk.]

ರುದ್ರಭೂಮಿ ⟦rudrabʰūmi ルドラブーミ⟧ [rudrəbʰuːmi] 《文》 *n.* 墓地、墓所；火葬場、埋葬地 [Sk.] = ಶ್ಮಶಾನ; ಸುಡುಗಾಡು (śmaśāna; suḍugāḍu)〔口〕

ರುಧಿರ ⟦rudʰira ルディラ⟧ [rudʰirɐ] 《文》 *n.* 1 血、血液 2 赤、赤色 [Sk.]

ರುಬ್ಬು ⟦rubbu ルッブ⟧ [rubbu] *vt.* 〈穀物を〉ペースト状にするために水と共に臼に入れて長い丸い石ですりつぶす [Ka. D665]

ರುಮಾಲು ⟦rumālu ルマール⟧ [rumɐːlu] *n.* 1 ハンカチ 2 ターバン [Pe. *rūmāl*]

ರುಸುಮು ⟦rusumu ルスム⟧ [rusumu] *n.* 1 手数料、仲介人の手数料 2 (電力や水道などの) 料金 [Ar. *rasm*]

ರೂಕ್ಷ ⟦rūkṣa ルークシャ⟧ [ruːkʂɐ] 《文》 (*n.*) 1 乾いた〈こと〉、(土地などが) 乾いてごつごつした〈こと〉 2 粗野〈な〉、無作法〈な〉、無礼〈な〉 [Sk. *rūkṣa-*]

ರೂಢಿ ⟦rūḍʰi ルーディ⟧ [ruːɖʰi] 《文》 *n.* 習慣、慣行、伝統、しきたり [Sk.]

ರೂಢಿಜನ್ಯ ⟦rūḍʰijanya ルーディジャニャ⟧ [ruːɖʰiʤən·jɐ] 《文》 *adj.* 慣習の、慣習によって生まれた [Sk.]

ರೂಢಿಜನ್ಯ ಕಾನೂನು ⟦rūḍʰijanya kānūnu ルーディジャニャカーヌーヌ⟧ [ruːɖʰiʤən·jəkɐːnuːnu] 《文》 *n.* 慣習法 [Sk.]

ರೂಪ ⟦rūpa ルーパ⟧ [ruːpɐ] *n.* 1 形、姿；容色 2 (顔かたちの) 美しさ、美貌 [Sk.]

ರೂಪಕ ⟦rūpaka ルーパカ⟧ [ruːpəkɐ] 《文》 *n.* 1 (インド古典詩学における) 劇の一種 2 隠喩、暗喩 [Sk.]

ರೂಪದರ್ಶಿ ⟦rūpadarśi ルーパダルシ⟧ [ruːpədərʃi] *mf.* ファッションモデル [Sk.]

ರೂಪವತಿ ⟦rūpavati ルーパヴァティ⟧ [ruːpəvəti] *f.* 美しい女性、美女 [Sk.] = ಚೆಲುವೆ (celuve)〔汎〕

ರೂಪಸಿ ⟦rūpasi ルーパシ⟧ [ruːpəsi] *f.* 美しい女性、美女 (Kuvempu) [Sk. *rūpa-* × *prēyasī-*] = ರೂಪವತಿ (rūpavati)

ರೂಪಾಂತರ ⟦rūpāṃtara ルーパーンタラ⟧ [ruːpɐːntərɐ] *n.* 1 別の形、形を変えたもの 2 変形、変態 3 (文学作品などの) 改作、翻案 [Sk.]

ರೂಪಾಯಿ ⟦rūpāyi ルーパーイ⟧ [ruːpɐːji] *n.* ルーピー (インドの貨幣の単位) [? cf. H., M. *rupayā* cf. T10805.2]

ರೂಪಿಸು ⟦rūpisu ルーピス⟧ [ruːpisu] 《文》 *vt.* 形づくる、創造する [Sk.]

ರೂಬರೂಬು ⟦rūbarūbu ルーバルーブ⟧ [ruːbəruːbu] *adv.* 1 向かい合って ¶ ಇನ್ನೊಬ್ಬರ ಮಾತು ಕೇಳುವದಕ್ಕಿಂತ ರೂಬು–ರೂಬು ನೋಡುವದು ಮೇಲು. (innobbara mātu kēḷuvadakkiṃta rūburūbu nōḍuvadu mēlu.) 他の人たちの言うことを信じるよりも、直接会った方がいい。= ಮುಖಾಮುಖಿ (mukʰāmukʰi) 2 個人的に、直接 [Pe. *rūbarū*]

ರೂವಾರ ⟦rūvāra ルーヴァーラ⟧ [ruːvɐːrɐ] 《文》 *mf.* 彫刻家 —*n.* 彫刻、彫像 [Sk. *rūpakāra-*]

ರೂವಾರಿ ⟦rūvāri ルーヴァーリ⟧ [ruːvɐːri] 《文》 *m.* 彫刻家 [Sk. *rūpakārin-*] = ಶಿಲ್ಪಿ (śilpi)

ರೆಂಜೆ ⟦reṃje レンジェ⟧ [reɲʤe] 《‡》 *n.* ミサキノハナまたはその実 (アカテツ科の高木) ⇀ 薬 (*St.& Pl. (Kitt.)*) [Ka. D496] *[*īṃr 4.41*]

ರೆಂಟೆ ⟦reṃṭe レンテ⟧ [reɳʈe] ರಂಟೆ *n.* 鍬 = ನೇಗಿಲು (nēgilu) [?]

ರೆಂಬೆ ⟦reṃbe レンベ⟧ [rembe] *n.* 枝、大枝 [Ka. D5170] = ಕೊಂಬೆ, ಟೊಂಗೆ, ರಂಬೆ (koṃbe, ṭoṃge, raṃbe)

ರೆಕ್ಕೆ ⟦rekke レッケ⟧ [rekke] ಎರಂಕೆ, ಎರಕೆ, ಎಱಂಕೆ, ಎಱಕೆ, ರೆಂಕೆ, ಱೆಂಕೆ, ಱೆಕ್ಕೆ *n.* (鳥や飛行機の) 翼、羽根 [Ka. < *ṛekke* < *ṛakke eṛake eṛaṃke* D2591]

ರೆಕ್ಕೆಬಿಚ್ಚು ⟦rekkebiccu レッケビッチュ⟧ [rekkebiʧʧu] *vi.* 1 羽根を広げる 2 (自分の行動に) 遠慮を捨てて思いのままに振る舞う、羽根をのばす ¶ ಅಪ್ಪ ಸತ್ತ ಮೇಲೆ ಅವನು ರೆಕ್ಕೆಬಿಚ್ಚಿದ. (appa satta mēle avanu rekkebiccida.) 父親の死後、彼は好き勝手に振る舞いはじめた。 [+ *biccu*]

ರೆಟ್ಟೆ ⟦reṭṭe レッテ⟧ [reʈʈe] ರಟ್ಟೆ, ರೆಟ್ಟೆ *n.* 上膊、腕の肘から肩までの部分 [Ka. *D2591]

ರೆಡ್ಡಿ ⟦reḍḍi レッディ⟧ [reɖɖi] ರಡ್ಡಿ *mf.* レッディ、「小領主」、テルグの農業経営者の称号 [Sk. *rāṣṭrin-*, A54, T10724]

ರೆಪ್ಪೆ ⟦reppe レッペ⟧ [reppe] ರಪ್ಪೆ, ಱೆಪ್ಪೆ *n.* まぶた [Ka. *D5169]

ರೆಳ್ಳು ⟦reḷḷu レッル⟧ [reɭɭu] 《古》 *n.* ペンとして使われる葦の一種 (イネ科サトウキビ属) ⇀ 具 [Te. D5171] = ಗಲಗು (galagu)〔汎〕

ರೇಕು ⟦rēku レーク⟧ [reːku] *n.* 1 花弁、花びら 2 金属の箔、金属の薄片 3 金の鉱石などの中にある薄い金の層 [Te. *rēku*? D5173]

ರೇಖಾಂಶ ⟦rēkʰāṃśa レーカーンシャ⟧ [reːkʰɐːmʃɐ/reːkʰɐːʊ̃ʃɐ] 《文》 *n.* 緯度 [Sk.]

ರೇಖಾಗಣಿತ ⟦rēkʰāgaṇita レーカーガニタ⟧ [reːkʰɐːgəɳitɐ] 《文》 *n.* 幾何、幾何学 [Sk.]

ರೇಖಾಚಿತ್ರ ⟦rēkʰācitra レーカーチトラ⟧ [reːkʰɐːʧit·rɐ] 《文》 *n.* 線描画 [Sk.]

ರೇಖಿಸು ⟦rēkʰisu レーキス⟧ [reːkʰisu] 《文》 *vt.* 〈線や画を〉かく [Sk.]

ರೇಖೆ ⟦rēkʰe レーケ⟧ [reːkʰe] *n.* 1 線；輪郭 2 (家などの)列 [Sk.]

ರೇಗು[1] ⟦rēgu レーグ⟧ [reːgu] 《文》 *n.* イヌナツメまたはその実(クロウメモドキ科ナツメ属の低木)→食 [Te. D475]

ರೇಗು[2] ⟦rēgu レーグ⟧ [reːgu] *n.* 怒り、憤慨 —*vi.* 怒る、憤慨する [Ka. D916]

ರೇಗಿಸು ⟦rēgisu レーギス⟧ [reːgisu] *vt.* 怒らせる [+ -*isu*]

ರೇಜಿಗೆ ⟦rējige レージゲ⟧ [reːʤĭge] 《文》 *n.* 1 汚物、汚濁、きたないもの 2 騒ぎ、悶着 3 嫌悪、嫌うこと、いとわしいこと [?]

ರೇಣು ⟦rēṇu レーヌ⟧ [reːɳu] 《文》 *n.* 1 埃、(埃や砂の)粒や粒子 2 花粉 [Sk.]

ರೇತಸ್ಸು ⟦rētassu レータッス⟧ [reːtəssu] 《文》 *n.* 精液 [Sk.] = ಧಾತು (dʰātu) 〔口〕

ರೇಲ ⟦rēla レーラ⟧ [reːlɐ] 《古》 *n.* 桂皮、肉桂 → 調 (*Si.126* (*Kitt.*)) [←Te. *rēla* D477] = cekke 〔汎〕

ರೇವು ⟦rēvu レーヴ⟧ [reːvu] 《文》 *n.* 港、港湾 [Te. *ṟēvu* D516] = ಬಂದರು (baṃdaru)

ರೇವುಪಟ್ಟಣ ⟦rēvupaṭṭaṇa レーヴパッタナ⟧ [reːvupəʈʈə̆ɳɐ] 《文》 *n.* 港町、港湾都市 [*rēvu* + *paṭṭaṇa*]

ರೇವೆ[1] ⟦rēve レーヴェ⟧ [reːve] 《文》 *n.* ナルマダー河 [Sk. *rēvā-* M.3.74]

ರೇವೆ[2] ⟦rēve レーヴェ⟧ [reːve] 《文》 *n.* 1 沖積土 2 沖積土からなる土地、扇状地 [H. *rēvă*, 「砂」 M. *rēvă* 「砂、砂利」 < Sk. **rēva-* T10821]

ರೇಷ್ಮೆ ⟦rēṣme レーシュメ⟧ [reːʂme] *n.* 絹 [Pe. *rēšamī*]

ರೇಷ್ಮೆಹುಳು ⟦rēṣmehuḷu レーシュメフル⟧ [reːʂmehuɭu] *n.* 蚕 [*rēśme* + *huḷu*]

ರೈತ ⟦raita ライタ⟧ [rəitɐ] *m.* 《*f.* ರೈತಳು (raitaḷu)》(独立して農業を営む)農夫、農民 [Ar.-Pe. *raʿīyat*]

ರೈಲ್ ಚಂಬು ⟦rail caṃbu ライルチャンブ⟧ [rəil ʧəmbu] *n.* (鉄道旅行中に用いる)取っ手付きの水筒[⇒図] [*rail* + *caṃbu* 「水筒」]

ರೈಲ್ ಚಂಬು 水筒

ರೈಲ್ವೆ ⟦railve ライルヴェ⟧ [rəilve] *n.* 1 鉄道 2 鉄道事業、鉄道事業体 [Eg. *railway*]

ರೈಲ್ವೆ ಸಂರಕ್ಷಕ ದಳ ⟦railve saṃrakṣaka daḷa ライルヴェサンラクシャカダラ⟧ [rəilve·səmrəkʂəkə dəɭɐ] 《口》 *n.* (インド国有鉄道の)鉄道防衛隊 [+ *saṃrakṣaṇa* + *daḷa*]

ರೊಕ್ಕ ⟦rokka ロッカ⟧ [rokkɐ] ರೊಕ, ರೊಖ, ರೊಖ್ಖು, ರೋಕ, ರೋಖ, ರೋಖು *n.* 1 現金 2 お金、金銭 [? cf H. *rōkā*, G. *rōkā*, *rōkʰā* M. *rōkʰā* T10828] = ಹಣ, ದುಡ್ಡು (haṇa, duḍḍu)

ರೊಕ್ಕಸ್ತ ⟦rokkasta ロッカスタ⟧ [rokkəstɐ] *m.* 《*f.* ರೊಕ್ಕಸ್ತೆ (rokkaste)》 1 金を貯める人、蓄財家 2 金持ち、金満家 [*rokka* + Sk. *-stha-*]

ರೊಚ್ಚು ⟦roccu ロッチュ⟧ [roʧʧu] ರಚ್ಚು, ರಚ್ಚೆ, ರೊಚ್ಚೆ, ರೊಜ್ಜು, ಅಚ್ಚೆ, ಒಜ್ಜು *n.* 1 泥、泥水、ぬかるみ 2 〔喩〕憎しみ、隠れた敵意、憎悪 [Ka. D1019] = ರಾಡಿ, ರೊಚ್ಚೆ (rāḍi, rocce)

ರೊಚ್ಚುನೀರು ⟦roccu nīru ロッチュニール⟧ [roʧʧu niːru] *n.* 泥水 [+ *nīru*]

ರೊಚ್ಚೆ ⟦rocce ロッチェ⟧ [roʧʧe] *n.* 泥、泥水 ☞ರೊಚ್ಚು (roccu)

ರೊಜ್ಜು ⟦rojju ロッジュ⟧ [roʤʤu] *n.* 泥、泥水 [Ka. D1019] ☞ರೊಚ್ಚು (roccu)

ರೊಜ್ಜೆ ⟦rojje ロッジェ⟧ [roʤʤe] 《異》 *n.* [Ka. D1019] (*My.* (*Kitt.*)) ☞ರೊಚ್ಚು (roccu)

ರೊಟ್ಟಿ ⟦roṭṭi ロッティ⟧ [roʈʈi] *n.* 1 小麦粉や米粉や黍(きび)などで作った平たい種なしパン 2 〔喩〕食物、食事 3 (西洋風の醗酵させた)パン [H./M. *rōṭī* T10837]

ರೊಡ್ಡ ⟦roḍḍa ロッダ⟧ [roɖɖɐ] *adj.*, *m.* 《*f.* ರೊಡ್ಡಿ (roḍḍi)》 左利きの〈人〉 [? cf. Te. *ṟoḍḍa*]

ರೊಡ್ಡಕೈ ⟦roḍḍakai ロッダカイ⟧ [roɖɖəkəĭ] *n.* 左手 [+ *kai*]

ರೊಡ್ಡು ⟦roḍḍu ロッドゥ⟧ [roɖɖu] 《文》 (*n.*) 左利き〈の〉 [cf. Te. *ṟoḍḍa*]

ರೋಗ ⟦rōga ローガ⟧ [roːgɐ] *n.* 病気、病 [Sk.] = ಕಾಯಿಲೆ (kāyile)

ರೋಗನಿದಾನ ⟦rōganidāna ローガニダーナ⟧ [roːgənidɐːnɐ] *n.* 診断 [+ *nidāna*]

ರೋಗಶಾಂತಿ ⟦rōgaśāṃti ローガシャーンティ⟧ [roːgəʃɐːnti] *n.* 病気の治癒、病気が快方に向かうこと [+ *śāṃti*]

ರೋಗಹರ ⟦rōgahara ローガハラ⟧ [roːgəhərɐ] 《文》 *adj.* 病気を治す [Sk.]

ರೋಗಾಣು ⟦rōgāṇu ローガーヌ⟧ [roːgɐːɳu] 《文》 *n.* (細菌、ウイルスなど)微細な病原体 [Sk.]

ರೋಗಾಣು ಯುದ್ಧ ⟦rōgāṇu yuddʰa ローガーヌユッダ⟧ [roːgɐːɳu juddʰɐ] 《文》 *n.* 細菌戦争 [+ *yuddʰa*]

ರೋಗಿಷ್ಠ ⟦rōgiṣṭʰa ローギシュタ⟧ [roːgiʂʈʰɐ] 《文》 *m.* 《*f.* ರೋಗಿಷ್ಠೆ (rōgiṣṭʰe)》 病弱な人 =ರೋಗಗ್ರಸ್ತ (rōgagrasta) [Sk.]

ರೋಚಕ ⟦rōcaka ローチャカ⟧ [roːʧəkɐ] *adj.* 1 美味しい、美味な 2 面白い(映画、物語など) —*n.* 料理にかけたり混ぜたりして食べるソースや漬物などの総称 [Sk.]

ರೋಚನ ⟦rōcana ローチャナ⟧ [roːʧənɐ] *adj.* 1 明るい、煌々とした 2 美味しい、うまい 3 消化を促す、胃によい 4 魅力的な、ここちよい、可愛い —(*n.*) 趣味に合う〈こと〉、気に入る〈こと〉、受け入れることができる〈こと〉¶ ಈ ವಿಷಯ ಅವನಿಗೆ ರೋಚನವಾಗಲಿಲ್ಲ. (ī viṣaya avanige rōcanavāgalilla.) そのことはあの男の気に入らなかった。 —*n.* 牛の胆汁からとれる黄色の香料 = ಗೋರೋಚನ (gōrōcana) [Sk.]

ರೋಜುವಾರು ⟦rōjuvāru ロージュヴァール⟧ [ro:ʤŭvɐ:ru] (*adj.*) 毎日〈の〉[Pe. *rōğuwār*]

ರೋಜುವಾರು ಮೊತ್ತ ⟦rōjuvāru motta ロージュヴァールモッタ⟧ [ro:ʤŭvɐ:ru mottɐ] *n.* 毎日の合計

ರೋತೆ ⟦rōte ローテ⟧ [ro:te] *n.* 汚物、不潔なもの [Ka. D1019]

ರೋದನ ⟦rōdana ローダナ⟧ [ro:dənɐ] *n.* 泣くこと、声をあげて泣くこと、号泣 [Sk.] = ಅಳುವಿಕೆ (aḷuvike)〔口〕

ರೋದಿಸು ⟦rōdisu ローディス⟧ [ro:disu] 《文》 *vi.* (声をあげるあげないにかかわらず)泣く、嘆く [Sk.]

ರೋಧ ⟦rōdʰa ローダ⟧ [ro:dʰɐ] 《文》 *n.* 妨害、障害、支障 ¶ ನನ್ನ ಕೆಲಸಕ್ಕೆ ರೋಧವನ್ನು ಒಡ್ಡಬೇಡ. (nanna kelasakke rōdʰavannu oḍḍabēḍa.) 私の仕事を邪魔しないで。[Sk.] = ಅಡ್ಡ (aḍḍa)

ರೋಮ ⟦rōma ローマ⟧ [ro:mɐ] *n.* (人間や動物の)体毛 [Sk.] = ಮೈಗೂದಲು (maigūdalu)

ರೋಮಶ ⟦rōmaśa ローマシャ⟧ [ro:məʃɐ] 《文》 *adj.* (羊やイノシシや熊など)体毛の多い、毛深い [Sk.]

ರೋಮಾಂಚ ⟦rōmāṃca ローマーンチャ⟧ [ro:mɐ:ɲʧɐ] *n.* [Sk.] = ರೋಮಾಂಚನ (rōmāṃcana)

ರೋಮಾಂಚನ ⟦rōmāṃcana ローマーンチャナ⟧ [ro:mɐ:ɲʧənɐ] 《文》 *n.* **1** 身の毛が立つこと、鳥肌 **2** (喜びで)じいんとすること、(恐れなどで)ぞっとすること [Sk.]

ರೋಷ ⟦rōṣa ローシャ⟧ [ro:ʂɐ] *n.* **1** 怒り、立腹 **2** すねて申し出を拒絶すること [Sk.]

ರೋಸು ⟦rōsu ロース⟧ [ro:su] *vi.* 嫌になる、あきあきする ¶ ಅವನ ನಡುವಳಿಕೆಯಿಂದ ಮನಸ್ಸು ರೋಸಿ ಹೋಯಿತು. (avana naḍuvaḷikeyiṃda manassu rōsi hōyitu.) 彼の振る舞いが嫌になった。 —*n.* 汚物、垢、汚れ [Ka. D1019]

ರೋಸ್ಟ್ ⟦rōsṭ ロースト⟧ [ro:st] *n.* 肉を網などに載せて焼くこと、網などに載せて焼いた肉 [Eg. *roast*]

ರೋಹಣ ⟦rōhaṇa ローハナ⟧ [ro:həɳɐ] 《文》 *n.* 昇ること、上昇、(山などに)登ること、(馬や王座や乗り物などに)乗ること [Sk.]

ರೌದ್ರ ⟦raudra ラウドラ⟧ [rəudrɐ] 《文》 *adj.* 恐ろしい、怒り狂った —*n.* **1** 激怒、怒り狂うこと **2** 恐ろしい形相、怒り狂った形相 **3** 九つのラサの一つ、怒り [Sk.]

ರೌದ್ರತೆ ⟦raudrate ラウドラテ⟧ [rəudrəte] 《文》 *n.* 恐ろしさ、獰猛さ [Sk.]

ರೌರವ ⟦raurava ラウラヴァ⟧ [rəurəvɐ] 《文》 *adj.* **1** ルル鹿の皮で作った **2** 恐ろしい —*n.* 地獄の名の一つ [Sk.]

ರ್ಯಾಂಕು ⟦ryāṃku リャーンク⟧ [ræ:ŋku] *n.* (学業成績で)優等 ¶ ಅವಳಿಗೆ ಪರೀಕ್ಷೆಯಲ್ಲಿ ರ್ಯಾಂಕು ಲಭಿಸಿತು. (avaḷige parīkṣeyalli ryāṃku labʰisitu.) 彼女は試験で最高点者の一人になった。[Eg. *rank*] = ಶ್ರೇಣಿ (śrēṇi)

ಲ

ಲ ⟦la ラ⟧ [lə˙] *n.* カンナダその他のインド系言語で音素の連続 /la/ またはカンナダその他のインド系の文字体系でそれを表す文字 [Ka.]

ಲಂಕೆ ⟦laṃke ランケ⟧ [ləŋke] *n.* スリランカ;(古くは)セイロン [Sk.]

ಲಂಗ ⟦laṃga ランガ⟧ [ləŋgɐ] *n.* **1** (インドの女性が着る)足首に達する長いスカート = ಪರಕಾರ (parakāra) (NK) [⇒図] **2** (インドの女性が下半身に着る)長いスカート状の下着、ペチコート = ಪೆಟಿಕೋಟ್ (peṭikōṭ)〔口〕[H. *lahāgā*]

ಲಂಗ
スカート

ಲಂಗರು ⟦laṃgaru ランガル⟧ [ləŋgəru] *n.* 錨(いかり) [Pe. *langar*]

ಲಂಗೋಟಿ ⟦laṃgōṭi ランゴーティ⟧ [ləŋgo:ʈi] ಲಂಗಟ, ಲಂಗೂಟ *n.* ふんどし [H. *lāgōṭī*]

ಲಂಘನ ⟦laṃgʰana ランガナ⟧ [ləŋgʰənɐ] *n.* **1** 跳んで渡ること、飛び越えること **2** 度を越すこと、行き過ぎ **3** (他人の領域などへの)侵入 **4** (消化器官を休ませるため)食を抜くこと ¶ ಲಂಘನಂ ಪರಮೌಷಧಂ. (laṃgʰanaṃ paramauṣadʰaṃ.) 食を抜くことが最高の良薬である。[Sk.]

ಲಂಘಿಸು ⟦laṃgʰisu ランギス⟧ [ləŋgʰisu] *vt.* 飛び越える [Sk.] = ಹಾರು, ಜಿಗಿ (hāru, jigi)

ಲಂಚ ⟦laṃca ランチャ⟧ [ləɲʧɐ] *n.* 賄賂、袖の下 [Sk. *laṃcā-*]

ಲಂಚಕೋರ ⟦laṃcakōra ランチャコーラ⟧ [ləɲʧəko:rɐ] *m.* 《*f.* ಲಂಚಕೋರಿ (laṃcakōri)》賄賂を受け取る人 [*laṃca* + Pe. *xwur*] = ಲಂಚಗಾರ (laṃcagāra)

ಲಂಚಗಾರ ⟦laṃcagāra ランチャガーラ⟧ [ləɲʧəgɐ:rɐ] *m.* 《*f.* ಲಂಚಗಾರ್ತಿ (laṃcagārti)》賄賂を受け取る人 [*laṃca* + *-kāra*] = ಲಂಚಕೋರ (laṃcakōra)

ಲಂಚಗುಳಿ ⟦laṃcaguḷi ランチャグリ⟧ [ləɲʧəguɭi] *mf.* 習慣的に賄賂を受け取る人、収賄常習者 [*laṃca* + *-kuḷi*]

ಲಂಚಗುಳಿತನ ⟦laṃcaguḷitana ランチャグリタナ⟧ [ləɲʧəguɭitənɐ] *n.* (常習的に)賄賂を受け取ること [*laṃcaguḷi* + *-tana*]

ಲಂಪಟ ⟦laṃpaṭa ランパタ⟧ [ləmpəʈɐ] *adj.*, *mf.* 《*f.* ಲಂಪಟೆ (laṃpaṭe)》快楽をむさぼる〈人〉、放埒な〈人〉、

放蕩な〈人〉[Sk.]

ಲಂಪಟತನ ⟦lampaṭatana ランパタタナ⟧ [ləmpəṭətənɐ] *n.* 放埒、放蕩 [*lampaṭa* + *-tana*]

ಲಂಪಟತೆ ⟦lampaṭate ランパタテ⟧ [ləmpəṭəte] *n.* 放埒、放蕩 = ಲಂಪಟತೆ (lampaṭate) [Sk.]

ಲಂಪಟೆ¹ ⟦lampaṭe ランパテ⟧ [ləmpəṭe] *f.* 《*m.* ಲಂಪಟ (lampaṭa)》放埒な女性、淫蕩な女性 [Sk.]

ಲಂಪಟೆ² ⟦lampaṭe ランパテ⟧ [ləmpəṭe] 《口》 *n.* 疲れ、疲労 (*My.* (*Kitt.*)) [Ka. D236]

ಲಂಪು ⟦lampu ランプ⟧ [ləmpu] 《古》 *n.* 大きさ、盛大、壮大 [Ka. < *alampu* D248]

ಲಂಬ ⟦lamba ランバ⟧ [ləmbɐ] *n.* 垂線 —(*n.*) **1** (談話や講演や小説などが) 長い〈こと〉、冗長な〈こと〉 **2** 縦長〈な〉、細長い〈こと〉 **3** 垂直である〈こと〉[Sk.]

ಲಂಬಕ ⟦lambaka ランバカ⟧ [ləmbəkɐ] *n.* 垂線 [Sk.]

ಲಂಬಿಸು ⟦lambisu ランビス⟧ [ləmbisu] *vi.* (帯や1日の長さなどが) 伸びる、(話や会議などが) 長引く —*vt.* **1** 〈ゴムなどを〉引きのばす、〈金箔などを〉伸ばす、〈財産などを〉増やす **2** 〈スープやソースなどを〉水や塩や香辛料などを加えて分量を増やす [*lamba* + *-isu*]

ಲಂಬು ⟦lambu ランブ⟧ [ləmbu] (*n.*) (幅に比べて) 長さが長い〈こと〉、(建物などが) ひょろ長い〈こと〉 —*mf.* ひょろ長い人 [Sk. *lamba-*]

ಲಂಬಕೋನ ⟦lambakōna ランバコーナ⟧ [ləmbəko:nɐ] *n.* 垂線 [Sk.]

ಲಂಬೋದರ ⟦lambōdara ランボーダラ⟧ [ləmbo:dərɐ] *adj.* 太鼓腹の、お腹の出っ張った —*m.* ガナパティ神の別名、シヴァ神の子で象の頭を持ち知恵の神で障害を除く [Sk.]

ಲಕಪಕ ⟦lakapaka ラカパカ⟧ [ləkəpəkɐ] (*n.*) ぴかぴか (磨いた金属製の容器などのまぶしい反射を表す擬態語) [Ka. mim.]

ಲಕಲಕ ⟦lakalaka ラカラカ⟧ [ləkələkɐ] (*n.*) ぴかぴか (磨いた金属製の容器などのまぶしい反射を表す擬態語) [mim.]

ಲಕಲಿ ⟦lakali ラカリ⟧ [ləkəli] 《古》 *n.* [Ka. *D3781] ☞ಲೊಕ್ಕಿ (lokki)

ಲಕಾರ ⟦lakāra ラカーラ⟧ [ləkɐ:rɐ] *n.* カンナダその他のインド系の文字で音素の連続 /la/ を表す文字 [Sk.]

ಲಕುಟ ⟦lakuṭa ラクタ⟧ [ləkuṭɐ] ಲಕುದ 《文》 *n.* 棍棒、太い棒 [Sk. ←Mu. M3.85]

ಲಕೋಟೆ ⟦lakōṭe ラコーテ⟧ [ləko:ṭe] *n.* (通常役所との通信に用いる) 長封筒 [H./M. *lakʰōṭā* < Sk. *lākṣāmudra-*?] cf. ಕವರು (kavaru)〔口〕

ಲಕ್ಕಲಿ ⟦lakkali ラッカリ⟧ [ləkkəli] 《古》 *n.* [Ka. *D3781] ☞ಲೊಕ್ಕಿ (lokki)

ಲಕ್ಕಿ ⟦lakki ラッキ⟧ [ləkki] 《古》 *n.* [Ka. D3781] ☞ಲೊಕ್ಕಿ (lokki)

ಲಕ್ಕಿಲಿ ⟦lakkili ラッキリ⟧ [ləkkili] 《古》 *n.* [Ka. D3781] ☞ಲಕ್ಕಿ (lakki)

ಲಕ್ಕೆ ⟦lakke ラッケ⟧ [ləkke] 《古》 *n.* [Ka. *D3781] ☞ಲೊಕ್ಕಿ (lokki)

ಲಕ್ವ ⟦lakva ラクヴァ⟧ [ləkvɐ] *n.* **1** 体の (片側の) 麻痺、中風 (NK) = ಪಾರ್ಶ್ವವಾಯು, ಅರ್ಧಾಂಗವಾಯು (pārśvavāyu, ardʰāmgavāyu) **2** (脳) 卒中 [Ar. *laqwa*]

ಲಕ್ಷ ⟦lakṣa ラクシャ⟧ [ləkʂɐ] *numr.adj.*, *numr.n.* 10万〈の〉[Sk.]

ಲಕ್ಷಣ ⟦lakṣaṇa ラクシャナ⟧ [ləkʂəɳɐ] *n.* **1** (人やものを見分けるための) 目印となるもの、徴標、特徴を表すしるし **2** 前兆、前触れ **3** 新生児の体に現れる (と言われる) その子の未来を示すしるし **4** 新生児の体に現れる (と言われる) 幸運のしるし **5** (芸術作品などの) 特徴、性格 —(*n.*) **1** 美貌〈の〉、みめよい〈こと〉¶ ಅವನು ಲಕ್ಷಣವಾದ ಹುಡುಗ. (avanu lakṣaṇavāda huḍuga.) 彼は美男子だ。 **2** 整頓された〈こと〉、こぎれい〈な〉、きっちり〈した〉¶ ಅವರು ಮನೆಯನ್ನು ಲಕ್ಷಣವಾಗಿ ಇಟ್ಟಿದ್ದಾರೆ. (avaru maneyannu lakṣaṇavāgi iṭṭiddāre.) あの人は家をきれいに整頓している。[Sk.]

ಲಕ್ಷಣಗ್ರಂಥ ⟦lakṣaṇagramtʰa ラクシャナグランタ⟧ [ləkʂəɳəgrəntʰɐ] *n.* ものの特徴を扱う論考 (詩学、修辞学、文法学、獣医学など) [Sk.]

ಲಕ್ಷಣವಂತ ⟦lakṣaṇavamta ラクシャナヴァンタ⟧ [ləkʂəɳəvəntɐ] *adj.*, *m.* 《*f.* ಲಕ್ಷಣವಂತಳು (lakṣaṇavamtaḷu)》 **1** 幸運の相を持った〈人〉 **2** 幸運な〈人〉 **3** きれいな〈人〉[Sk.]

ಲಕ್ಷಾಧೀಶ ⟦lakṣādʰīśa ラクシャーディーシャ⟧ [ləkʂɐ:dʰi:ʃɐ] *m.* 《*f.* ಲಕ್ಷಾಧೀಶಳು (lakṣādʰīśaḷu)》百万長者 [Sk.]

ಲಕ್ಷಾವಧಿ ⟦lakṣāvadʰi ラクシャーヴァディ⟧ [ləkʂɐ:vədʰi] *adj.* 何十万もの [Sk.]

ಲಕ್ಷಾಧಿಪತಿ ⟦lakṣādʰipati ラクシャーディパティ⟧ [ləkʂɐ:dʰipəti] *mf.* 百万長者

ಲಕ್ಷಿಸು ⟦lakṣisu ラクシス⟧ [ləkʂisu] *vt.* **1** 注意を払う **2** 狙う、目的とする [Sk.]

ಲಕ್ಷ್ಯ ⟦lakṣya ラクシュヤ⟧ [ləkʂjɐ] *n.* **1** 目標、的、標的 **2** (嘲弄や賞賛などの) 的 **3** 注意、心に留めること **4** 例、実例 ¶ ಶಿಕ್ಷಕರು ಲಕ್ಷ್ಯ ಕೊಟ್ಟು ಪಾಠವನ್ನು ವಿವರಿಸಬೇಕು. (śikṣakaru lakṣya koṭṭu pāṭʰavannu vivarisabēku.) 教師は実例を用いて教科を説明すべきである。 **5** 精神の集中 ¶ ಲಕ್ಷ್ಯ ಕೊಟ್ಟು ಕೆಲಸ ಮಾಡಿರಿ. (lakṣya koṭṭu kelasa māḍiri.) 心を込めて仕事しろ。[Sk.]

ಲಗತ್ತು ⟦lagattu ラガットゥ⟧ [ləgəttu] ಲಗತು *n.* (信書などに受け取りや写真などを) 同封すること [M. *lagatā* *T10895]

ಲಗತ್ತಿಸು ⟦lagattisu ラガッティス⟧ [ləgəttisu] *vt.* **1** くっつける、はりつける、付加する **2** 封入する、同封する [M. *lagattu* + *-isu*]

ಲಗಾಮು ⟦lagāmu ラガーム⟧ [ləgɐ:mu] *n.* **1** たずな **2**〔喩〕抑制、制御 [Pe. *lagām*]

ಲಗಾಯಿಸು ⟦lagāyisu ラガーイス⟧ [ləgɐːjĭsu] *vt.* 1 くっつける、接合する 2〈打撃などを〉加える [H. *lagānā* + *-isu*]

ಲಗು ⟦lagu ラグ⟧ [ləgu] *adv.* すばやく、速く ¶ ಲಗು ಬಂದು ತಿಂಡಿ ತಿನ್ನು. (lagu baṃdu tiṃḍi tinnu.) 速く来ておやつを食べろ。[Sk. *laghū*] ☞ಲಘು (lagʰu)

ಲಗುಡ ⟦laguḍa ラグダ⟧ [ləgŭḍɐ] *n.* [Sk. ←Md.? M.3.84] ☞ಲಕುಡ (lakuḍa)

ಲಗುಬಗೆ ⟦lagubage ラグバゲ⟧ [ləgŭbəge] *n.* すばしこさ ¶ ಅವನು ಲಗುಬಗೆಯಿಂದ ನಡೆದು ಬರುತ್ತಿದ್ದಾನೆ. (avanu lagubageyiṃda naḍedu baruttiddāne.) 彼は足早にやって来る。[Ka. *lagu* + *bage*「やり方」]

ಲಗ್ಗೆ ⟦lagge ラッゲ⟧ [ləgge] *n.* 1 騒ぎ、騒動 2 攻撃、攻めること 3 レスリングの手 [Sk. *laṃgáyati*? *T10905]

ಲಗ್ಗೆಹಾಕು ⟦lagge hāku ラッゲハーク⟧ [ləgge hɐːku]《口》*vi.*《*dat.*》攻撃する、攻める [+ *hāku*]

ಲಗ್ನ ⟦lagna ラグナ⟧ [ləgnɐ] *n.* 1 上昇宮、東の地平線に位置する星座（12 宮のどれか） 2 吉祥な上昇宮にある時間（2時間毎に変わる） 3 結婚、婚礼 = ಮದುವೆ (maduve)〔汎〕[Sk.]

ಲಗ್ನಾಹ ⟦lagnāha ラグナーハ⟧ [ləgnɐːhɐ]《文》*n.* 宗教儀式のための縁起のよい時間 [Sk.] = ಮುಹೂರ್ತ (muhūrta)

ಲಘು ⟦lagʰu ラグ⟧ [ləgʰu] *adj.* 1 軽い、軽量の、重くない 2 短い、簡単な、簡略な 3 些細な、取るに足らない ¶ ಇಂಥ ಲಘು ವಿಷಯಕ್ಕೆ ತಲೆ ಕೆಡಿಸಿಕೊಳ್ಳಬೇಡ. (iṃtʰa lagʰu viṣayakke tale keḍisikoḷḷabēḍa.) こんな小さなことでくよくよするな。 4 速い、すばやい ¶ ಆ ಕುದುರೆ ಲಘು ನಡಿಗೆಯಲ್ಲಿ ಹೋಗುತ್ತಿದೆ. (ā kudure lagʰu naḍigeyalli hōguttide.) この馬はすばやく歩いている。 —*n.* 短音節、1モーラからなる音節 [Sk.]

ಲಘುತಮ ಸಾಮಾನ್ಯಾಪವರ್ತನ ⟦lagʰutama sāmānyāpavartana ラグタマサーマーニャーパヴァルタナ⟧ [ləgʰutəmə sɐːmɐːnʲjɐːpəvərtə̆nɐ]《文》*n.* 最小公倍数 [Sk.]

ಲಘುತ್ವ ⟦lagʰutva ラグトヴァ⟧ [ləgʰutvɐ] *n.* 1 軽いこと、軽さ 2 速度、速さ 3 すばしこさ 4 些細なこと 5 卑しさ、卑劣さ ¶ ಅವನು ಕೊನೆಗೂ ತನ್ನ ಲಘುತ್ವವನ್ನು ತೋರಿಸಿದ. (avanu konegū tanna lagʰutvavannu tōrisida.) 彼はとうとう自分の卑劣さをさらけだした。[Sk.]

ಲಘುಪ್ರಕಟಣೆ ⟦lagʰuprakaṭaṇe ラグプラカタネ⟧ [ləgʰu prəkəṭəɳe]《文》*n.* 公報 [Sk.]

ಲಘುಹಸ್ತ ⟦lagʰuhasta ラグハスタ⟧ [ləgʰuhəstɐ]《文》*adj., m.*《*f.* ಲಘುಹಸ್ತಳು (lagʰuhastaḷu)》手さばきがうまい〈人〉、器用な〈人〉、熟達した〈人〉[Sk.]

ಲಜ್ಜೆ ⟦lajje ラッジェ⟧ [ləʤʤe] *n.* 恥じらい、はにかみ ◇ *vi.* —ಬರು, ಆಗು (baru, āgu) 恥ずかしがる [Sk.] = ನಾಚಿಕೆ (nācike)

ಲಜ್ಜೆಗೇಡಿ ⟦lajjegēḍi ラッジェゲーディ⟧ [ləʤʤegːḍi] *mf.* 恥知らずな人、鉄面皮な人 [+ *kēḍi*]

ಲಜ್ಜೆಗೇಡು ⟦lajjegēḍu ラッジェゲードゥ⟧ [ləʤʤegeːḍu] *n.* 恥知らずなこと、鉄面皮なこと —(*n.*) 恥知らず〈な〉、鉄面皮〈の〉[+ *kēḍu*]

ಲಟಕ್ ⟦laṭak ラタク⟧ [ləṭək] (*n.*) めりっ（木などが急に裂ける音を表す擬音語）[Ka. onom.]

ಲಟಕ್ಕನೆ ⟦laṭakkane ラタッカネ⟧ [ləṭəkkə̆ne] *adv.* めりっと（木などが裂ける音を表す擬音語）[Ka. onom. *laṭak* + *-ane*]

ಲಟಕಟಿಸು ⟦laṭakaṭisu ラタカティス⟧ [ləṭə̆kəṭisu] *vi.* じりじりする、そわそわする [Ka. mim.]

ಲಟಪಟ ⟦laṭapaṭa ラタパタ⟧ [ləṭə̆pəṭɐ] *adv.* すばやく [Ka. mim.]

ಲಟಪಟಿ ⟦laṭapaṭi ラタパティ⟧ [ləə̆ṭəpəṭi] *n.* 騒動、いざこざ ¶ ನಿನ್ನೆ ಹಿಂದೂ ಮುಸ್ಲಿಮರ ನಡುವೆ ಲಟಪಟಿ ನಡೆಯಿತು. (ninne hiṃdū muslimara naḍuve laṭapaṭi naḍeyitu.) 昨日ヒンドゥーとムスリムの間に騒動があった。[Sk.]

ಲಟಲಟ ⟦laṭalaṭa ラタラタ⟧ [ləṭə̆ləṭɐ] *adv.* めりめり（木などが裂ける音を表す擬音語）[Ka. onom.]

ಲಟಿಕೆ ⟦laṭike ラティケ⟧ [ləṭĭke] *n.* 指を折って鳴らすこと、またはその音 [Ka. onom.]

ಲಟಿಕೆಮುರಿ ⟦laṭikemuri ラティケムリ⟧ [ləṭĭkemuri] *vi.* 指を折って鳴らす [+ *muri*]

ಲಟ್ಟ ⟦laṭṭa ラッタ⟧ [ləṭṭɐ] *adj., m.*《*f.* ಲಟ್ಟಿ (laṭṭi)》でぶでぶと太った〈人〉[M. *laṭṭʰā* <? T10917.2]

ಲಟ್ಟಣಿಗೆ ⟦laṭṭaṇige ラッタニゲ⟧ [ləṭṭə̆ɳige] *n.* 麺棒、のし棒［⇒図］[M. *lāṭăṇī* *T10916.3]

ಲಟ್ಟಣಿಗೆ のし棒

ಲಟ್ಟಿ ⟦laṭṭi ラッティ⟧ [ləṭṭi] *f.*《*m.* ಲಟ್ಟ (laṭṭa)》でぶでぶと太った女性 [f. of *laṭṭa*]

ಲಟ್ಟಿಸು ⟦laṭṭisu ラッティス⟧ [ləṭṭisu] *vt.*〈こねた粉を〉麺棒で伸ばす、（道具で）平たくする

ಲಡಾಯಿ ⟦laḍāyi ラダーイ⟧ [ləḍɐːji] *n.* 戦い、戦争 [H. *laṛāī* *T10920] (NK)

ಲಡಿ ⟦laḍi ラディ⟧ [ləḍi] *n.* 糸を巻いたもの [M. *laḍī* T10921]

ಲಡ್ಡು[1] ⟦laḍḍu ラッドゥ⟧ [ləḍḍu] (*n.*)（木がシロアリなどに食べられて）中空なこと [Ka. D5194] ☞ಲೊಡ್ಡು (loḍḍu)

ಲಡ್ಡು[2] ⟦laḍḍu ラッドゥ⟧ [ləḍḍu] *n.* ラッドゥー、ヒヨコマメや時には凝縮した牛乳を入れて丸めた団子に砂糖やサフランで味をつけた菓子 [Sk. *laḍḍu-*, *laḍḍuka-* ←Md.? M3.88]

ಲತಾಂಗಿ ⟦latāṃgi ラターンギ⟧ [lətɐːŋgi]《文》*f.* ほっそりとした体の女性、華奢な体の女性 [Sk.]

ಲತಾಕುಂಜ ⟦latākuṃja ラタークンジャ⟧ [lətɐːkuɲʤɐ]《文》*n.* 蔦などが生えたあずまや、亭 [Sk.]

ಲತಾಗೃಹ ⟦latāgṛha ラターグルハ⟧ [lətɐːgrɯhɐ/–gruhɐ]《文》*n.* [Sk.] = ಲತಾಕುಂಜ (latākuṃja)

ಲತೆ ⟦late ラテ⟧ [ləte] *n.* つる草 [Sk.] = ಬಳ್ಳಿ (baḷḷi)〔口〕

ಲತ್ತಾಪ್ರಹಾರ ⟦lattāprahāra ラッタープラハーラ⟧ [lɘttɐːprɘhɐːrɐ] *n.* ひどく殴ること [M. *lattā* + Sk. *prahāra-*]

ಲತ್ತೆ ⟦latte ラッテ⟧ [lɘtte] *n.* 1 蹴ること、蹴飛ばすこと 2《古》殴ること、平手打ちを食らわすこと [M. *lattā* T10931] = ಒದೆತ, ಹೊಡೆತ (odeta, hoḍeta)〔口〕

ಲತ್ವ ⟦latva ラトヴァ⟧ [lɘtvɐ] *n.* 文字 ಲ (la) [Sk.] = ಲಕಾರ (lakāra)

ಲದ್ದಿ ⟦laddi ラッディ⟧ [lɘɖɖi] *n.* 馬や象の糞 [Pk. *laddī-* <?]

ಲಪಟಾಯಿಸು ⟦lapaṭāyisu ラパターイス⟧ [lɘpɘ̆ʈɐːjisu] *vt.* 詐取する、詐欺をする、横領する、騙し取る [?]

ಲಫಂಗ ⟦lapʰaṃga ラパンガ⟧ [lɘpʰɘŋgɐ] *m.* 1 法螺(ほら)吹き、自慢屋、大口たたき 2 不良、下劣な人 [H. *lapʰaṃgā*, cf. Pe. *lāf* + ?]

ಲಬ ⟦laba ラバ⟧ [lɘbɐ]《‡》(*n.*)《通常繰り返し表現で》あば(「あー」と発声しながら自分の口を手の平で打つ音を表す擬音語)(*My.* (*Kitt.*)) [Ka. onom. D5185] ☞ಲಬಲಬ (labalaba)

ಲಬಲಬ ⟦labalaba ラバラバ⟧ [lɘbɘ̆lɘbɐ] (*n.*) あばあば(「あー」と発声しながら自分の口を手の平で繰り返し打つ音を表す擬音語) [Ka. onom. D5185]

ಲಬಾ ⟦labā ラバー⟧ [lɘbɐː]《古》(*n.*)《通常繰り返し表現で》あば(「あー」と発声しながら自分の口を手の平で打つ音を表す擬音語) [Ka. onom. D5185] ☞ಲಬ (laba)

ಲಬೊಲಬೊ ⟦labolabo ラボラボ⟧ [lɘbolɘbo] (*n.*) [Ka. onom. *D5185] ☞ಲಬಲಬ (labalaba)

ಲಬೋ ⟦labō ラボー⟧ [lɘboː]《古》(*n.*)《通常繰り返し表現で》[Ka. onom. D5185] ☞ಲಬೊಲಬೊ (labolabo)

ಲಬ್ಧಿ ⟦labdʰi ラブディ⟧ [lɘbdʰi] *n.* 1 獲得 2 利益、収穫 3 (割り算の)商 [Sk.]

ಲಬ್ಬೆ ⟦labbe ラッベ⟧ [labbe] *mf.* タミル語を母語とするムスリム [< ? cf. Ta. *lappai*; H. *lapakā*「しなやかさ」]

ಲಭಿಸು ⟦labʰisu ラビス⟧ [lɘbʰisu] *vi.* 得られる、手に落ちる ¶ ದಾನ ಮಾಡಿದರೆ ಪುಣ್ಯ ಲಭಿಸುತ್ತದೆ. (dāna māḍidare puṇya labʰisuttade.) 喜捨をすれば功徳が得られる。[Sk.]

ಲಭ್ಯ ⟦labʰya ラビャ⟧ [lɘbʰjɐ] *adj.* 得られる、獲得できる —*n.* 運命、天命 [Sk.]

ಲಯ[1] ⟦laya ラヤ⟧ [lɘjɐ]《文》*n.* 1 破壊、荒廃 ¶ ಹಂಪೆಯ ವೈಭವ ಈಗ ಲಯವಾಗಿದೆ. (hampeya vaibʰava īga layavāgide.) (ヴィジャヤナガル王国の首都であった)ハンピの栄華は、今は見る影もない。2 劫(ごう)(カルパ)の終わりの世界の破壊 [Sk.] = ಪ್ರಲಯ (pralaya)

ಲಯ[2] ⟦laya ラヤ⟧ [lɘjɐ] *n.* 1 テンポ 2 (音楽などの)甘さ、快さ 3 (自然や音楽などの美しさに)没入すること、陶然となること [Sk.]

ಲಲನೆ ⟦lalane ララネ⟧ [lɘlɘne]《文》*f.* 1 女子、女性 2 浮気な女性、多情な女性 [Sk.]

ಲಲಾಟ ⟦lalāṭa ララータ⟧ [lɘlɐːʈɐ]《文》*n.* 額(ひたい) [Sk.] = ಹಣೆ (haṇe)〔口〕

ಲಲಿತ ⟦lalita ラリタ⟧ [lɘlitɐ] *adj.* 1 魅力的な、可愛い 2 (つる草や花などが)優しい、柔らかな [Sk.]

ಲಲಿತಕಲೆ ⟦lalitakale ラリタカレ⟧ [lɘlitɘkɘle] *n.* 美術 [Sk.]

ಲಲಿತಪ್ರಬಂಧ ⟦lalitaprabaṃdʰa ラリタプラバンダ⟧ [lɘlitɘprɘbɘndʰɐ]《文》*n.* 随筆 [Sk.]

ಲಲ್ಲೆ ⟦lalle ラッレ⟧ [lɘlle] *n.* 1 (子どもや女性を)愛撫すること、甘い言葉で語ること 2 (子どもや愛人に対する)愛情 [M. *lallā* mim. *T10968, *M3.91]

ಲಲ್ಲೆಹೊಡೆ ⟦lallehoḍe ラッレホデ⟧ [lɘllehoɖe] *vi.* (男女が)甘い語らいをする [+ *hoḍe*]

ಲಲ್ಲೆಗರೆ ⟦lallegare ラッレガレ⟧ [lɘlleg̊ɘre] *vt.* 愛撫する、甘い言葉を言う [+ *kare*「行う」] = ಲಲ್ಲೆಯಿಸು (lalleyisu)

ಲಲ್ಲೆಮಾತು ⟦lallemātu ラッレマートゥ⟧ [lɘllemɐːtu] *n.* (女性や子どもに対する)甘ったるい言葉 [+ *mātu*] = ಮುದ್ದುಮಾತು (muddu mātu)

ಲಲ್ಲೆಯಿಸು ⟦lalleyisu ラッレイス⟧ [lɘllejisu] *vt.* 1 愛撫する、甘い言葉を語る 2〈女性や子どもを〉可愛がる

ಲವ ⟦lava ラヴァ⟧ [lɘvɐ] *n.* 1 少し、ちょっと 2 時間の小さな単位(一説によれば2分の1秒)

ಲವಡಿ ⟦lavaḍi ラヴァディ⟧ [lɘvɘ̆ɖi]《方》*f.* ☞ಲವುಡಿ (lavuḍi)

ಲವಣ ⟦lavaṇa ラヴァナ⟧ [lɘvɘɳɐ]《文》*n.* 塩、食塩 [Sk.] = ಉಪ್ಪು (uppu)〔汎〕

ಲವಣಾಕರ ⟦lavaṇākara ラヴァナーカラ⟧ [lɘvɘɳɐːkɘrɐ]《文》*n.* 塩を採る鉱山 [Sk.]

ಲವಣೋದಧಿ ⟦lavaṇōdadʰi ラヴァノーダディ⟧ [lɘvɘɳoːdɘdʰi] *n.*「塩の容れ物」、海、大洋 [Sk.]

ಲವಲವ ⟦lavalava ラヴァラヴァ⟧ [lɘvɘ̆lɘvɐ] (*n.*) 1 熱意のある〈こと〉、熱心〈な〉¶ ಅವನಿಗೆ ಕೆಲಸದಲ್ಲಿ ಲವಲವ ಇಲ್ಲ. (avanige kelasadalli lavalava illa.) 彼は仕事に熱意がない。2 生き生きしている〈こと〉、きびきびしている〈こと〉[Ka. mim.]

ಲವಲವಿಕೆ ⟦lavalavike ラヴァラヴィケ⟧ [lɘvɘ̆lɘvike] *n.* 1 熱望、熱意、渇望 2 生き生きしていること [Ka. onom. *lavalava* + *-ike*]

ಲವಲವಿಸು ⟦lavalavisu ラヴァラヴィス⟧ [lɘvɘ̆lɘvisu] *vi.* 渇望する、熱望する、欲しくてたまらない ¶ ತಮ್ಮ ಅವಳನ್ನು ಲವಲವಿಸಿ ಮದುವೆ ಆದರು. (tamma avaḷannu lavalavisi maduve ādaru.) 弟は熱望して彼女と結婚した。

ಲವಲೇಶ ⟦lavalēśa ラヴァレーシャ⟧ [lɘvɘleːʃɐ] *n.* ごく少量 [Sk.]

ಲವಲೇಶವೂ ⟦lavalēśavū ラヴァレーシャヴー⟧ [lɘvɘ̆leːʃɘvuː]《口》*adv.*《*neg.*》少しも、これっぽっちも、ちっとも ¶ ತನ್ನ ಬಗ್ಗೆ ಲವಲೇಶವೂ ಸಂಶಯ ಬರದಂತೆ

ನೋಡಿಕೊಂಡ. (tanna bagge lavalēśavū saṃśaya baradaṃte nōḍikoṃḍa.) 彼は自分に少しでも疑いがかからぬようにことを行った。[*lavalēśa* + *-ū*]

ಲವಾಜಮೆ ⟦lavājame ラヴァージャメ⟧ [ləvɐːʤɐ̆me] 《文》 *n.* (結婚や祝祭などある目的に) 必要なもの [Ar. *lawāzima*]

ಲವುಡಿ ⟦lavuḍi ラヴディ⟧ [ləvŭḍi] *f.* **1** 《古》 女性の使用人[召し使い] **2** 《古》 娼婦、売春婦、遊女 **3** 〔罵〕 売女(女性を悪罵する言葉) [?]

ಲವುಡಿಮಗ ⟦lavuḍimaga ラヴディマガ⟧ [ləvŭḍiməgɐ] 《方》 *m.* 〔罵〕 「売春婦の息子」、男性を悪罵する言葉 [+ *maga*]

ಲಷ್ಕರು ⟦laṣkaru ラシュカル⟧ [ləʂkəru] ಲಕ್ಕರಿ, ಲಷ್ಕರ್, ಲಷ್ಕರಿ, ಲಸಿಕರಿ, ಲಸುಕರಿ *n.* **1** 軍隊、軍 **2** (軍隊の)宿営地

ಲಸಿಕೆ ⟦lasike ラシケ⟧ [ləsike] ರಸಿಕೆ, ರಸಿಗೆ, ರಸುಗೆ *n.* **1** 膿 **2** ワクチン、予防注射〈液〉 [Sk.]

ಲಹರಿ ⟦lahari ラハリ⟧ [ləhəri] *n.* **1** (さざ) 波 **2** (主として有名な政治家などの) 嗜好、愛好、趣味 ¶ ನೆಹರೂಗೆ ಕುದುರೆ ಸವಾರಿಯಲ್ಲಿ ಲಹರಿ ಇತ್ತು. (neharūge kudure savāriyalli lahari ittu.) ネールは乗馬が趣味だった。 **3** 気まぐれ [Sk.]

ಲಳಿಗೆ ⟦laḷige ラリゲ⟧ [ləɭige] *n.* **1** 管 **2** 竹の筒で作った容器 [Sk. *nalaka-*, *nalikā-*]

ಲಳ್ಳಿ ⟦laḷḷi ラッリ⟧ [laɭɭi] *n.* カニ [Ka. D2901]

ಲಾಂಗೂಲ ⟦lāṃgūla ラーングーラ⟧ [lɐːŋguːlɐ] 《文》 *n.* 尾、しっぽ [Sk.]

ಲಾಂಛನ ⟦lāṃcʰana ラーンチャナ⟧ [lɐːɲʧʰənɐ] *n.* **1** しるし、記章、社章、国章 **2** 商標 **3** 〔喩〕 (性格などの) 特徴 ¶ ಜಂಭವೇ ಅವನ ಲಾಂಛನ. (jaṃbʰavē avana lāṃcʰana.) 高慢こそ彼の特徴だ。 [Sk.]

ಲಾಂಛಿತ ⟦lāṃcʰita ラーンチタ⟧ [lɐːɲʧʰitɐ] 《文》 *n.* しるしを付けられた [Sk.]

ಲಾಂದ್ರ ⟦lāṃdra ラーンドラ⟧ [lɐːndrɐ] *n.* ランプ、カンテラ [Pt. *lanterna*]

ಲಾಕ್ಷಣಿಕ ⟦lākṣaṇika ラークシャニカ⟧ [lɐːkʂəɳikɐ] 《文》 *adj.* 〔喩〕 比喩的な **—*m.*** 《*f.* ಲಾಕ್ಷಣಿಕಳು (lākṣaṇikaḷu)》詩学に通じた人、詩学者 **—*m.*** 理論家 [Sk.]

ಲಾಕ್ಷಾ ⟦lākṣā ラークシャー⟧ [lɐːkʂɐː] 《文》 *n.* ラック(ワニスや染料の原料)を作る昆虫 [Sk.] = ಅರಗು (aragu)

ಲಾಗ ⟦lāga ラーガ⟧ [lɐːgɐ] ಲಾಗು *n.* とんぼ返り [H. *lāgʰănā* 「飛び越える」 *T10905]

ಲಾಗಹಾಕು ⟦lāgahāku ラーガハーク⟧ [lɐːgəhɐːku] *vi.* **1** とんぼ返りする **2** (試験に) しくじる、すべる [+ *hāku*]

ಲಾಗಹೊಡೆ ⟦lāgahoḍe ラーガホデ⟧ [lɐːgəhoḍe] *vi.* [+ *hoḍe*] ☞ಲಾಗಹಾಕು (lāgahāku)

ಲಾಗಾಪಳ್ಟಿ ⟦lāgāpaḷṭi ラーガーパルティ⟧ [lɐːgɐːpəɭʈi] *n.* とんぼ返りを繰り返すこと [*lāga* + *paḷṭi*]

ಲಾಗಾಯಿತು ⟦lāgāyitu ラーガーイトゥ⟧ [lɐːgɐːjitu] ಲಾಗಾಯಿತ್ತು, ಲಾಗಾಯ್ತು *postp.* 始め ¶ ಮಳೆಯ ಲಾಗಾಯಿತು ಹವೆ ತಂಪಾಗಿದೆ. (maḷeya lāgāyitu have taṃpāgide.) 雨が降ってから涼しくなった。 **—*postp.*** …以来 ¶ ಮಳೆ ಬಂದ ಲಾಗಾಯಿತು ಹವೆ ತಂಪಾಗಿದೆ. (maḷe baṃda lāgāyitu have taṃpāgide.) 雨が降りだしてから涼しくなった。 [Pe.-Ar. *li-gāyat* + 「終わりまで」]

ಲಾಗು ⟦lāgu ラーグ⟧ [lɐːgu] ಲಾಗ *n.* とんぼ返り [H. *lāgʰănā* 「飛び越える」 *T10905] ☞ಲಾಗ (lāga)

ಲಾಘವ ⟦lāgʰava ラーガヴァ⟧ [lɐːgʰəvɐ] 《文》 *n.* **1** 軽いこと、軽量 **2** (母音や音節の) 短いこと **3** 敏捷さ、すばしこさ **4** 取るに足らないこと、つまらないこと [Sk.]

ಲಾಜಾ ⟦lājā ラージャー⟧ [lɐːʤɐː] *n.* 炒めたり煎ったりした穀物(特に米) [Sk.]

ಲಾಜಾಹೋಮ ⟦lājāhōma ラージャーホーマ⟧ [lɐːʤɐːhoːmɐ] *n.* 結婚の儀式の一部(煎り米が聖火に捧げられる) [Sk. <?]

ಲಾಟೀನು ⟦lāṭīnu ラーティーヌ⟧ [lɐːʈiːnu] *n.* ランプ、カンテラ [Eg. *lantern*]

ಲಾಠಿ ⟦lāṭʰi ラーティ⟧ [lɐːʈʰi] *n.* **1** (通常竹や籐(とう)の)棒、棍棒 **2** 警棒[⇒図] [H. *lāṭʰī*] = ಕೋಲು (kōlu)

ಲಾಠಿ 警棒

ಲಾಠಿಚಾರ್ಜು ⟦lāṭʰicārju ラーティチャールジュ⟧ [lɐːʈʰiʧɐːrʤu] 《口》 *n.* (警官の)警棒での攻撃 [*lāṭʰi* + Eg. *charge*]

ಲಾಡಿ ⟦lāḍi ラーディ⟧ [lɐːḍi] *n.* (パジャマなどを固定するための)紐、木綿のテープ [M. *nāḍā*] = ಲಡಿ, ಕಸಿ (laḍi, kasi) (NK)

ಲಾಡು ⟦lāḍu ラードゥ⟧ [lɐːḍu] *n.* ラッドゥー、ベンガルグラム(ヒヨコマメ)や時には凝縮した牛乳を入れて丸めた団子に砂糖やサフランで味をつけた菓子 [M. *lāḍū* < Sk. *laḍḍuka-* ←Mu. T10926] = ಲಡ್ಡು (laḍḍu)

ಲಾತ ⟦lāta ラータ⟧ [lɐːtɐ] *n.* **1** 殴ること、蹴ること、平手打ちを食らわせること **2** (一般に)殴ること、打つこと [Pk. *lattā-*, T10931] = ಹೊಡೆತ (hoḍeta)

ಲಾಭ ⟦lābʰa ラーバ⟧ [lɐːbʰɐ] *n.* **1** 獲得、得ること **2** 利益 **3** 利得、収穫 [Sk.]

ಲಾಭಬಡಕ ⟦lābʰabaḍaka ラーババダカ⟧ [lɐːbʰəbəḍə̆kɐ] 《*f.* ಲಾಭಬಡಿಕಿ (lābʰabaḍiki)》☞ಲಾಭಬಡಿಕ (lābʰabaḍika)

ಲಾಭಬಡಿಕ ⟦lābʰabaḍika ラーババディカ⟧ [lɐːbʰəbəḍikɐ] ಲಾಭಬಡಕ, ಲಾಭಬಡುಕ *m.* 《*f.* ಲಾಭಬಡಿಕಿ (lābʰabaḍiki)》 (物資不足などに乗じて)暴利をむさぼる人 [*lābʰa* + *-baḍika*] ☞ಲಾಭಬುಡುಕ (lābʰabuḍuka)

ಲಾಭಬಡುಕ ⟦lābʰabaḍuka ラーババドゥカ⟧ [lɐːbʰəbəḍukɐ] *m.* 《*f.* ಲಾಭಬಡುಕಿ (lābʰabaḍuki)》☞ಲಾಭಬಡಿಕ (lābʰabaḍika)

ಲಾಭಾಂಶ ⟦lābʰāṃśa ラーバーンシャ⟧ [lɐːbʰɐːmʃɐ] *n.* 配当、配当金 [Sk.]

ಲಾಭಾಂಶ ವಾರಂಟು ⟦lābʰāṃśa vāraṃṭu ラーバーンシャヴァーラントゥ⟧ [lɐːbʰɐːmʃə vɐːrəɳʈu] 《文》 *n.* 配当保証 [Sk.]

ಲಾಭಾಂಶದ ನಿಗದಿತದರ ⟦lābʰāṃśada nigaditadara ラーバーンシャダニガディタダラ⟧ [lɐːbʰɐːmʃədə nigə̆ḍitədərɐ] 《文》 *n.* 定額配当 [Sk.]

ಲಾಭಾಲಾಭ ⟦lābʰālābʰa ラーバーラーバ⟧ [lɐːbʰɐːlɐːbʰɐ] *n.* 利益と損失 [Sk.]

ಲಾಮಂಚ ⟦lāmaṃca ラーマンチャ⟧ [lɐːmənʧɐ] *n.* ☞ಲಾವಂಚ (lāvaṃca)

ಲಾಯ ⟦lāya ラーヤ⟧ [lɐːjɐ] 《文》 *n.* 象舎、馬小屋 [Sk. *laya-*?] = ಲಯ (laya)

ಲಾವಂಚ ⟦lāvaṃca ラーヴァンチャ⟧ [lɐːvənʧɐ] ಲಾಮಂಚ *n.* ベチベルソウ（イネ科の草本、芳香ある根は暑い日に窓際に吊るして水をかけ、部屋の温度を低く保つのに用いられる）⇀ 香 [Sk. *lāmajjaka-* <? M3.99] *[IMP 5.362]

ಲಾಯಕ್ಕು ⟦lāyakku ラーヤック⟧ [lɐːjəkku] *adj.* 《*dat.*》ふさわしい、適当な、適任の ¶ ಅವನು ಇಂಥ ಕೆಲಸಕ್ಕೆ ಲಾಯಕ್ಕು ಅಲ್ಲ. (avanu iṃtʰa kelasakke lāyakku alla.) 彼はこのような仕事に適さない。[Ar. *lāyiq*]

ಲಾಲನೆ ⟦lālane ラーラネ⟧ [lɐːləne] *n.* 1 愛撫、可愛がること 2（子どもの）養育 = ಪೋಷಣೆ (pōṣaṇe) [Sk.]

ಲಾಲಸೆ ⟦lālase ラーラセ⟧ [lɐːləse] *n.* 1 憧れ、恋い焦がれ、渇望 2 妊婦の異常な欲望 [Sk.] ☞ಬಯಕೆ (bayake)

ಲಾಲಿ ⟦lāli ラーリ⟧ [lɐːli] *n.* 子守歌 [Ka. cf. Ta.,Te. *lāli*] = ಜೋಗುಳ (jōguḷa)

ಲಾಲಿತ್ಯ ⟦lālitya ラーリティヤ⟧ [lɐːlitˑjɐ] *n.* 1 可愛さ、可愛いこと 2（音楽や話し声などの）甘さ、（立ち居振る舞いなどの）優美さ [Sk.]

ಲಾಲಿಸು ⟦lālisu ラーリス⟧ [lɐːlisu] *vt.* 1 可愛がる、愛撫する 2〈子どもを〉養う、養育する、〈愛玩動物を〉飼う 3〈信仰や理想や信念を〉持つ 4〈…に〉耳を傾ける、〈…を〉注意深く聞く、〈…を〉傾聴する ¶ ಮುಖ್ಯಮಂತ್ರಿಯವರು ಜನರ ಅಹವಾಲುಗಳನ್ನು ಲಾಲಿಸಿದರು. (mukʰyammtriyavaru janara ahavālugaḷannu lālisidaru.) 州首相は人々の訴えに耳を傾けた。

ಲಾವಣಿ ⟦lāvaṇe ラーヴァネ⟧ [lɐːvə̆ɳe] *n.* バラード、民族音楽の一種 [M.*lāvaṇī* ←Sk. **lāpana-* T11015]

ಲಾವಣ್ಯ ⟦lāvaṇya ラーヴァニャ⟧ [lɐːvəɳˑjɐ] *n.* 可愛さ、魅力 [Sk.]

ಲಾವಳ ⟦lāvaḷa ラーヴァラ⟧ [lɐːvə̆ɭɐ] 《‡》 *n.* 金や銀の首飾りや帯 (*DEDR*) [Ka., cf. Sk. *nūpura-* D3778] ☞ನೇವಳ (nēvaḷa)

ಲಾಸ್ಯ ⟦lāsya ラースヤ⟧ [lɐːsˑjɐ] *n.* 女性が踊る恋愛感情を表す民族舞踊 [Sk.]

ಲಾಳ ⟦lāḷa ラーラ⟧ [lɐːɭɐ] *n.* 蹄鉄 [Ar. *naʿl*] cf. ನಾಲು (nālu) (NK)〔口〕

ಲಾಳಿ[1] ⟦lāḷi ラーリ⟧ [lɐːɭi] ಲಾಡಿ, ಲಾಲಿ *n.* 葦の一種 [? cf. Sk. *nālī-*, M.2.127, *naḍáḥ-*] = ನಾಳಿ (nāḷi)

ಲಾಳಿ[2] ⟦lāḷi ラーリ⟧ [lɐːɭi] ಲಾಡಿ, ಲಾಲಿ *n.* 織機の杼(ひ) [?] = ನಾಳಿ (nāḷi)

ಲಿಂಗ ⟦liṃga リンガ⟧ [liŋgɐ] *n.* 1 リンガ、シヴァ神の象徴 2 陰茎、男根 3 性（男性または女性）4〔言〕（文法の）性（男性、中性、女性）[Sk.]

ಲಿಂಗಾಯತ ⟦liṃgāyata リンガーヤタ⟧ [liŋgɐːjə̆tɐ] *m.* 《*f.* ಲಿಂಗಾಯತಳು (liṃgāyataḷu)》リンガーヤタ派の人。ヴィーラシャイヴァ派とも呼ばれるシヴァ教の一派で、12世紀にバサヴァ（バサヴァンナとも）によってカルナータカにおいて成立したとされる（特にカルナータカ州北部では強力な共同体を形成している）[Sk.]

ಲಿಂಗಾಯಿತ ⟦liṃgāyita リンガーイタ⟧ [liŋgɐːjitɐ] *m.* ☞ಲಿಂಗಾಯತ (liṃgāyata)

ಲಿಂಗೈಕ್ಯ ⟦liṃgaikya リンガイキャ⟧ [liŋgəikˑjɐ] 《文》 *m.* 《*f.* ಲಿಂಗೈಕ್ಯಳು (liṃgaikyaḷu)》シヴァのリンガとの合一を達成した人（ヴィーラシャイヴァ派の教説において死に赴いた人） —(*n.*) 1 シヴァと合一する〈こと〉、解脱〈の〉 2 死亡〈の〉、亡くなる〈こと〉、逝去〈の〉（ヴィーラシャイヴァ派の人たちは普通の死という言葉を使わずにこの言葉を使う）[Sk.]

ಲಿಖಾವಟ್ಟು ⟦likʰāvaṭṭu リカーヴァットゥ⟧ [likʰɐːvəʈʈu] *n.* 書類、文字による記録 [H./M. *likʰāvaṭṭā*]

ಲಿಖಿತ ⟦likʰita リキタ⟧ [likʰitɐ] (*n.*) 書かれた〈こと〉、文字によって記録された〈こと〉 —*n.* 書類、文字による記録 [Sk.]

ಲಿಖಿತ ಅನುದಾನ ⟦likʰita anudāna リキタアヌダーナ⟧ [likʰitaə ənudɐːnɐ] 《文》 *n.*（王や政府からの）書類を伴った土地の授与、そのように授与された土地 [Sk.]

ಲಿಪಿ ⟦lipi リピ⟧ [lipi] *n.* 字、文字 [Sk.] = ಅಕ್ಷರ (akṣara)

ಲಿಪಿಕಾರ ⟦lipikāra リピカーラ⟧ [lipikɐːrɐ] *m.* 《*f.* ಲಿಪಿಕಾರ್ತಿ (lipikārti)》写字生、筆耕家

ಲಿಪ್ತ ⟦lipta リプタ⟧ [liptɐ] 《文》 *adj.* 1（油などを）塗りつけた 2 汚点をつけられた、汚された 3（現世のしがらみなどに）執着した [Sk.]

ಲಿಪ್ಸೆ ⟦lipse リプセ⟧ [lipse] 《文》 *n.* 欲望、渇望 [Sk.]

ಲಿಲಾವು ⟦lilāvu リラーヴ⟧ [lilɐːvu] *n.* 競売、競り売り [Pt. *leilão*]

ಲಿಲಾವುದಾರ ⟦lilāvudāra リラーヴダーラ⟧ [lilɐːvŭdɐːrɐ] *m.* 《*f.* ಲಿಲಾವುದಾರಳು (lilāvudāraḷu)》競売者 [*lilāvu* + *-dāra*]

ಲೀನ ⟦līna リーナ⟧ [liːnɐ] *adj., mn.* 《*f.* ಲೀನಳು (līnaḷu)》 1（あることに）没入した〈人〉 2 溶けた、溶解した〈もの〉 3（通常は神と）合一した〈人〉[Sk.]

ಲೀಲಾಜಾಲ ⟦līlājāla リーラージャーラ⟧ [liːlɐːʤɐːlɐ] (*n.*) 1 とても易しい〈こと〉、朝飯前〈の〉 2 思いのまま〈の〉、勝手気まま〈な〉[Sk.]

ಲೀಲಾಜಾಲವಾಗಿ ⟦līlājālavāgi リーラージャーラヴァーギ⟧ [liːlɐːʤɐːləvɐːgi] 《口》 *adv.* 1 いとも簡単に、楽々と 2 遠慮なく、腹蔵なく ¶ ಮಂತ್ರಿಗಳು ಲೀಲಾಜಾಲವಾಗಿ ಮಾತಾಡಿದರು. (maṃtrigaḷu līlājālavāgi mātāḍidaru.) 大臣は腹蔵なく話をした。 3 思いのままに、か

って気ままに ¶ ಮಗನು ಲೀಲಾಜಾಲವಾಗಿ ಖರ್ಚು ಮಾಡಿದನು. (maganu līlājālavāgi kʰarcu māḍidanu.) 息子はふんだんに金を使った。 [+ āgi]

ಲೀಲೆ ⟦līle リーレ⟧ [li:le] n. 1 遊び、娯楽、楽しみ 2 男女のいちゃつき 3 神についての物語 [Sk.]

ಲುಂಗಿ ⟦luṃgi ルンギ⟧ [luŋgi] n. ルンギ、(主に男性が腰の周りに巻きつける足首まで達する)長方形の布 [U. lungī <?]

ಲುಕ್ಸಾನು ⟦luksānu ルクサーヌ⟧ [luksɐ:nu] n. 損害、被害 [Ar. nuqsān] = ನಷ್ಟ (naṣṭa)

ಲುಚ್ಚಾ ⟦luccā ルッチャー⟧ [lutʃtʃɐ:] ಲುಚ್ಚ ಲುಚ್ಛಾ mf. 悪漢、悪人、卑劣漢 [H. luccā T11073.1]

ಲುಚ್ಛಾ ⟦luccʰā ルッチャー⟧ [lutʃtʃʰɐ:] mf. [H. luccā T11073.1] ☞ಲುಚ್ಚಾ (luccā)

ಲುಪ್ತ ⟦lupta ルプタ⟧ [luptɐ] 《文》 adj. 失われた

ಲುಬ್ಧಕ ⟦lubdʰaka ルブダカ⟧ [lubdʰəkɐ] 《文》 m. ⟪f. ಲುಬ್ಧಕಿ (lubdʰaki)⟫ 1 欲張り、強欲な人；吝嗇家 2 猟師 [Sk.]

ಲೂಟಿ ⟦lūṭi ルーティ⟧ [lu:ʈi] n. 強奪、略奪 ◇ vt. —ಮಾಡು (māḍu) [M. lūṭā T11078.1]

ಲೂಟಿಗಾರ ⟦lūṭigāra ルーティガーラ⟧ [lu:ʈigɐ:rɐ] m. ⟪f. ಲೂಟಿಗಾರ್ತಿ (lūṭigārti)⟫ 強盗、略奪者、強奪者 [lūṭi + -gāra]

ಲೂನ ⟦lūna ルーナ⟧ [lu:nɐ] 《文》 (adj.) 1 切り取られた〈こと〉 2 (花などが) 摘み取られた〈こと〉 [Sk.]

ಲೆಂಕ ⟦leṃka レンカ⟧ [leŋkɐ] 《文》 m. ⟪f. ಲೆಂಕಿ (leṃki)⟫ 忠実な召し使い、熱烈な信者 [?]

ಲೆಕ್ಕ ⟦lekka レッカ⟧ [lekkɐ] n. 1 計算、勘定 2 (数学の)問題 3 算数、算術 4 予想、評価、推算、推定 [Sk. lēkʰya]

ಲೆಕ್ಕದ ಗೋಷ್ವಾರೆ ⟦lekkada gōsvāre レッカダゴーシュヴァーレ⟧ [lekkəɖə go:ʂvɐ:re] n. 収支計算書の要約 [+ Pe. gōšwāra]

ಲೆಕ್ಕಹಾಕು ⟦lekkahāku レッカハーク⟧ [lekkəhɐ:ku] vi. 1 計算する、勘定する 2 (計画などを立てて費用などを)予想する、(様々な状況を考えて人の反応などを)予想する [+ hāku]

ಲೆಕ್ಕಪತ್ರ ⟦lekkapatra レッカパトラ⟧ [lekkəpət̪rɐ] n. 1 会計 2 貸借対照表 [+ patra]

ಲೆಕ್ಕಪರಿಶೋಧನೆ ⟦lekkapariśōdʰane レッカパリショーダネ⟧ [lekkəpariʃo:dʰəne] n. 会計検査、(会社などの)監査 [+ pariśōdʰane]

ಲೆಕ್ಕಪರಿಶೋಧನಾ ಅಧಿಕಾರಿ ⟦lekkapariśōdʰanā adʰikāri レッカパリショーダナーアディカーリ⟧ [lekkəpariʃo:dʰənɐ: adʰikɐ:ri] 《文》 mf. 会計検査員 [+ adʰikāri]

ಲೆಕ್ಕಪರಿಶೋಧನಾ ನಿಯಂತ್ರಣ ⟦lekkapariśōdʰanā niyaṃtraṇa レッカパリショーダナーニヤントラナ⟧ [lekkəpariʃo:dʰənɐ: nijəntrəɳɐ] 《文》 n. 会計検査 [+ pariśōdʰane + niyaṃtraṇa]

ಲೆಕ್ಕಪರಿಶೋಧನಾ ಸಂಹಿತೆ ⟦lekkapariśōdʰanā saṃhite レッカパリショーダナーサンヒテ⟧ [lekkəpariʃo:dʰənɐ: səmhite] 《文》 n. 会計検査規則 [+ pariśōdʰane + saṃhite]

ಲೆಕ್ಕಾಚಾರ ⟦lekkācāra レッカーチャーラ⟧ [lekkɐ:tʃɐ:rɐ] 《文》 n. 1 会計勘定、詳細な会計勘定 2 計算、勘定 [lekka + ācāra]

ಲೆಕ್ಕಣಿ ⟦lekkaṇi レッカニ⟧ [lekkʰəɳi] ಲೇಖಣೀ n. ペン(鉄筆や葦で作ったペンなどを含み筆を含まない) [M. lēkʰăṇī *T11103]

ಲೆಕ್ಕಣಿಕೆ ⟦lekkaṇike レッカニケ⟧ [lekkəɳike] 《口》 n. [lekkaṇi + -ike] ☞ಲೆಕ್ಕಣಿ (lekkaṇi)

ಲೆಕ್ಕಿ ⟦lekki レッキ⟧ [lekki] 《古》 n. [Ka. D3781] ☞ಲೊಕ್ಕಿ (lokki)

ಲೆಕ್ಕಿಗ ⟦lekkiga レッキガ⟧ [lekkigɐ] m. ⟪f. ಲೆಕ್ಕಿಗಳು (lekkigaḷu)⟫ 会計係、会計士、計理士 [lekka + -iga] = ಕರಣಿಕ (karaṇika)

ಲೆಕ್ಕಿಗವೃತ್ತಿ ⟦lekkigavr̥tti レッキガヴルッティ⟧ [lekkigəvrɯtti/–vrutti] n. 会計職、会計事務 [+ vr̥tti]

ಲೆಕ್ಕಿಸು ⟦lekkisu レッキス⟧ [lekkisu] vt. 考えに入れる、気にする ¶ ಮಳೆಯನ್ನು ಲೆಕ್ಕಿಸದೆ ಅವನು ಕೆಲಸ ಮಾಡಿದ. (maḷeyannu lekkisade avanu kelasa māḍida.) 彼は雨をも気にせず仕事をした。 [Sk. lakṣisu]

ಲೆತ್ತ ⟦letta レッタ⟧ [lettɐ] 《古》 n. 1 さいころ 2 さいころ遊び [Ka. D3742] ☞ನೆತ್ತ (netta)

ಲೆಪ್ಪ ⟦leppa レッパ⟧ [leppɐ] n. 1 (セメント、漆喰、牛糞などで)表面を覆うこと 2 (床や壁などに)塗る材料(セメント、漆喰、牛糞など) [Pk. leppa- < Sk. lēpya- T11114] = ಲೇಪ (lēpa)

ಲೇಖಕ ⟦lēkʰaka レーカカ⟧ [le:kʰəkɐ] m. ⟪f. ಲೇಖಕಿ (lēkhaki)⟫ 1 (ある作品の)作者、著者 2 著作家 [Sk.]

ಲೇಖನ ⟦lēkʰana レーカナ⟧ [le:kʰənɐ] n. 1 記事、論文 2 ものを書くこと、著作活動 [Sk.]

ಲೇಖನಿ ⟦lēkʰani レーカニ⟧ [le:kʰəni] n. ペン(鉄筆や葦でできたペンなどを含み筆を含まない) [Sk.] = ಟಾಕು (ṭāku) 〔口〕

ಲೇಣೆ ⟦lēṇe レーネ⟧ [le:ɳe] n. 借金 [H. lēnā ← M. -ṇē] (NK)

ಲೇಣೆದೇಣೆ ⟦lēṇedēṇe レーネデーネ⟧ [le:ɳede:ɳe] n. 1 金融業、貸し借り、貸借 2 取り引き [H. lēnădēnă ← M. -ṇē] = ಲೇವಾದೇವಿ (lēvādēvi)

ಲೇಪ ⟦lēpa レーパ⟧ [le:pɐ] n. 1 (牛糞や漆喰やセメントなどを)塗ること 2 (床や壁などに)塗る材料(牛糞や漆喰やセメントなど) [Sk.]

ಲೇಪನ ⟦lēpana レーパナ⟧ [le:pənɐ] n. (牛糞や漆喰やセメントなどで)塗ること [Sk.]

ಲೇಪಾಳ ⟦lēpāḷa レーパーラ⟧ [le:pɐ:ɭɐ] 《古》 n. [Ka. *D3776] ☞ನೇಪಾಳ (nēpāḷa)[1]

ಲೇಪಿಸು ⟦lēpisu レーピス⟧ [le:pisu] vt. 1〈油などを〉(体に)塗る 2 (床や壁などに)〈牛糞や漆喰やセメントなどを〉塗る [Sk.]

ಲೇಪು 〚lēpu レープ〛 [le:pu] *n.* 木綿などでできた薄い布団(上掛けとしてもマットレスとしても用いられる) [M. *lĕpă/lēpă*]

ಲೇವಡಿ 〚lēvaḍi レーヴァディ〛 [le:vəḍi] *n.* からかい [? cf. M. *rēvaḍī*, Te. *lēvaḍi*]

ಲೇವಣ 〚lēvaṇa レーヴァナ〛 [le:vəɳɐ] 《古》 *n.* [Ka. *D3778] ☞ನೇವಳ (nēvaḷa)

ಲೇವಳ 〚lēvaḷa レーヴァラ〛 [ne:vəɭɐ] 《古》 *n.* [Ka. *D3778] ☞ನೇವಳ (nēvaḷa)

ಲೇವಾದೇವಿ 〚lēvādēvi レーヴァーデーヴィ〛 [le:vade:vi] *n.* 取り引き、取引関係 [H. *lĕnădēṇa*] = ಲೇಣೆದೇಣೆ (lēṇedēṇe)

ಲೇಶ 〚lēśa レーシャ〛 [le:ʃɐ] *n.* 小片、細片、ごく少量 ¶ ಅವಳಿಗೆ ನಾಚಿಕೆ ಲೇಶವೂ ಇಲ್ಲ. (avaḷige nācike lēśavū illa.) あの女性にはこれっぽっちも恥じらいがない。 [Sk.] ☞ತುಸು, ಸ್ವಲ್ಪ (tusu, svalpa) 〔口〕

ಲೇಶಮಾತ್ರ 〚lēśamātra レーシャマートラ〛 [le:ʃəmɐ:trɐ] 《文》 *adv.* 《*neg.*》 少しも ¶ ಅವನಿಗೆ ಲೇಶಮಾತ್ರ ನಾಚಿಕೆ ಇಲ್ಲ. (avanige lēśamātra nācike illa.) 奴は全然恥じらいを知らない。 [Sk.]

ಲೇಸು 〚lēsu レース〛 [le:su] (*n.*) よい〈こと〉、適当〈な〉、優れた〈こと〉¶ ಕಾಫಿಗಿಂತ ಆರೋಗ್ಯಕ್ಕೆ ಚಹಾ ಲೇಸು. (kāpʰigiṃta ārōgyakke cahā lēsu.) コーヒーよりお茶が健康によい。 —*n.* (結婚など) めでたい行事 [Ka. D5193]

ಲೇಹ್ಯ 〚lēhya レーヒャ〛 [le:çjɐ] *adj.* なめるべき、なめて味わうべき(ジャムのような料理) —*n.* なめ薬、なめるべき薬、ジャム状の薬 [Sk.]

ಲೈಂಗಿಕ 〚laiṃgika ラインギカ〛 [ləiŋgikɐ] *adj.* 性的な、性に関する

ಲೈಂಗಿಕ ಕಿರುಕುಳ 〚laiṃgika kirukuḷa ラインギカキルクラ〛 [ləiŋgikə kirŭkuɭa] *n.* 性的虐待、セクシュアル・ハラスメント

ಲೈಂಗಿಕವೃತ್ತಿ 〚laiṃgikavṛtti ラインギカヴルッティ〛 [ləiŋgikəvɯtti/–vrutti] *n.* 性に惑溺すること、放蕩、道楽、淫乱 [Sk.]

ಲೈಂಗಿಕ ಶಿಕ್ಷಣ 〚laiṃgika śikṣaṇa ラインギカシクシャナ〛 [ləiŋgikə ʃikʂəɳɐ] *n.* 性教育 [Sk.]

ಲೊಕ್ಕಿ 〚lokki ロッキ〛 [lokki] ನಕ್ಕೀಲು, ನೆಕ್ಕ, ನೆಕ್ಕಿ, ಲಕಲಿ, ಲಕ್ಕ, ಲಕ್ಕಲಿ, ಲಕ್ಕಿಲಿ, ಲಕ್ಲಿ, ಲೆಕ್ಕ, ಲೆಕ್ಕೆ, ಲೆಕ್ಕಿ, ಲೊಕ್ಕೆ 《文》 *n.* タイワンニンジンボク(台湾人参木、クマツヅラ科ハマゴウ属の小木)→ 薬 [Ka. D3781] *[IMP 5.388]

ಲೊಗಡಿ 〚logaḍi ロガディ〛 [logəḍi] 《‡》 *n.* つば、唾液 (*S.Mhr.* (*Kitt.*)) [D2937]

ಲೊಟ 〚loṭa ロタ〛 [loʈɐ] 《‡》 (*n.*) 《通常繰り返し表現で》ぽこん(割れ鍋の音やひびが入った鐘の音や牛の首につけた木製の鐘の音を表す擬音語) [Ka. onom. D5195]

ಲೊಟಕ್ 〚loṭak ロタク〛 [loʈək] *adv.* めりっ(木などが急に裂ける音を表す擬音語) [Ka. onom.]

ಲೊಟಾ 〚loṭā ロター〛 [loʈɐ:] 《‡》 (*n.*) [Ka. onom. D5195] (*My.* (*Kitt.*)) ☞ಲೊಟ (loṭa)

ಲೊಟಾಯಿಸು 〚loṭāyisu ロターイス〛 [loʈɐ:jĭsu] *vt.* 〈コーヒーや茶を〉ある容器から別の容器に音を立てながら交互に移して冷ます [Ka. onom.]

ಲೊಟ್ಟೆ[1] 〚loṭṭe ロッテ〛 [loʈʈe] 《古》 *n.* 舌を鳴らすこと [Ka. D2936, D5196]

ಲೊಟ್ಟೆ[2] 〚loṭṭe ロッテ〛 [loʈʈe] *n.* **1** (木がシロアリなどに食べられて)中空なこと **2** 〔喩〕 嘘、虚言 ◇ *vi.* —ಹೊಡೆ (hoḍe) 嘘をつく [Ka. D5194]

ಲೊಡ 〚loḍa ロダ〛 [loɖɐ] 《‡》 (*n.*) 《通常繰り返し表現で》ぺらぺら(わけの分からないことを立て続けに話す状態を表す擬音語) (*My.* (*Kitt.*)) [Ka. onom. D5195]

ಲೊಡಲೊಡ 〚loḍaloḍa ロダロダ〛 [loɖəloɖɐ] 《古》 (*n.*) ぺらぺら(わけの分からないことを立て続けに話す状態を表す擬音語) [Ka. onom. D5195]

ಲೊಡ್ಡು 〚loḍḍu ロッドゥ〛 [loɖɖu] ಲಡ್ಡು[1], ಲಡ್ಡಿ (*n.*) (木がシロアリなどに食べられて) 中空なこと [Ka. D5194]

ಲೊತ್ತ 〚lotta ロッタ〛 [lottɐ] 《‡》 *n.* 空洞、峡谷、穴 (*Śmd.227 Mḍb.* (*Kitt.*)) [Ka. D5197]

ಲೊದಡಿ 〚lodaḍi ロダディ〛 [lod̪əɖi] 《古》 *n.* [Ka. D2937] ☞ಲೋಳೆ (lōḷe)

ಲೊದಳಿ 〚lodaḷi ロダリ〛 [lod̪əɭi] 《‡》 *n.* [Ka. D2937] (*Râm. 6,30,33* (*Kitt.*)) ☞ಲೋಳೆ (lōḷe)

ಲೊದಳೆ 〚lodaḷe ロダレ〛 [lod̪əɭe] ಲೊದಳಿ 《古》 *n.* **1** (水を飲まずに汗をかいて働いた後などの)粘っこい唾液 **2** 痰 [Ka. D2937] ☞ಲೋಳೆ (lōḷe)

ಲೊದ್ಲೆ 〚lodle ロドレ〛 [lod̪le] 《‡》 *n.* [Ka. D2937] (*My.* (*Kitt.*)) ☞ಲೋಳೆ (lōḷe)

ಲೊಳ್ 〚loḷ ロル〛 [loɭ] (*n.*) わん(犬の鳴き声を表す擬音語) [Ka. onom. D5198]

ಲೊಳ್ ಲೊಳ್ 〚loḷ loḷ ロルロル〛 [loɭ loɭ] (*n.*) わんわん(犬の鳴き声の繰り返しを表す擬音語) [Ka. onom. D5198]

ಲೋಕ 〚lōka ローカ〛 [lo:kɐ] *n.* **1** 世界 **2** 〔喩〕 人々、世間 [Sk.]

ಲೋಕಕಲ್ಯಾಣ 〚lōkakalyāṇa ローカカリャーナ〛 [lo:kəkəljɐ:ɳɐ] *n.* 人類の福祉 [Sk.]

ಲೋಕಪ್ರಾಧಿಕಾರ 〚lōkaprādʰikāra ローカプラーディカーラ〛 [lo:kəprɐ:dʰikɐ:rɐ] 《文》 *n.* 公共の福祉のための(様々な)公団 [Sk.]

ಲೋಕರೂಢಿ 〚lōkarūḍʰi ローカルーディ〛 [lo:kəru:ɖʰi] *n.* 世のならい、社会の慣習 [Sk.]

ಲೋಕವ್ಯವಹಾರ 〚lōkavyavahāra ローカヴィャヴァハーラ〛 [lo:kəvjəvəhɐ:rɐ] 《文》 *n.* 世のならい、俗世間の慣わし [Sk.]

ಲೋಕಸಭೆ 〚lōkasabʰe ローカサベ〛 [lo:kəsəbʰe] *n.* インド連邦共和国の下院 [Sk.]

ಲೋಕಸೇವಾ ಆಯೋಗ ⟦lōkasēvā āyōga ローカセーヴァーアーヨーガ⟧ [lo:kəse:vɐ: ɐ:jo:gɐ] *n.* 政府の役人を選考する委員会 [Sk.]

ಲೋಕಾಚಾರ ⟦lōkācāra ローカーチャーラ⟧ [lo:kɐ:ʧɐ:rɐ] *n.* 世のならい、世間の習慣 [Sk.]

ಲೋಕಾಪವಾದ ⟦lōkāpavāda ローカーパヴァーダ⟧ [lo:kɐ:pəvɐ:dɐ] 《文》 *n.* 世間の非難、世論の批判 [Sk.]

ಲೋಕಾಭಿಪ್ರಾಯ ⟦lōkābʰiprāya ローカービプラーヤ⟧ [lo:kɐ:bʰiprɐ:jɐ] *n.* 世論 [Sk.]

ಲೋಕಾಭಿರಾಮ ⟦lōkābʰirāma ローカービラーマ⟧ [lo:kɐ:bʰirɐ:mɐ] 《文》 *adj.* 人々に好まれる **—**(*n.*) 打ち解けた〈こと〉、形式ばらない〈こと〉¶ ಅವನು ಲೋಕಾಭಿರಾಮ ಹರಟೆಯಲ್ಲಿ ತೊಡಗಿದ್ದಾನೆ. (avanu lōkābʰirāma haraṭeyalli toḍagiddāne.) 彼は打ち解けて雑談している。

ಲೋಚನ ⟦lōcana ローチャナ⟧ [lo:ʧənɐ] 《文》 *n.* **1** 目 **2** 見ること、視覚 **—***adj.* 輝く(光源や目などが) [Sk.]

ಲೋಟಾ ⟦lōṭā ローター⟧ [lo:ʈɐ:] *n.* ガラス製や金属製のコップ [H. *lōṭā* <? T11133] = ವಾಟಿ (vāṭi) (NK)〔口〕

ಲೋಟ ⟦lōṭa ロータ⟧ [lo:ʈɐ] *n.* [H. *loṭā*] ☞ಲೋಟಾ (lōṭā)

ಲೋಟಿ ⟦lōṭi ローティ⟧ [lo:ʈi] 《‡》 *n.* (高い所にある果物や花をとるための)棒の先に鉤(かぎ)がついた道具 (*My.* (*Kitt.*)) [Ka. D3547] ☞ದೋಟಿ (dōṭi)

ಲೋಪ ⟦lōpa ローパ⟧ [lo:pɐ] *n.* **1** 消失、なくなること **2** 欠如、欠落 **3** (音素や文字の)消失、脱落 [Sk.]

ಲೋಭ ⟦lōbʰa ローバ⟧ [lo:bʰɐ] *n.* **1** 強欲、強くものを欲しがること、貪欲 **2** けち、吝嗇 [Sk.]

ಲೋಭಿ ⟦lōbʰi ロービ⟧ [lo:bʰi] *mf.* **1** 欲張り、欲の深い人 **2** けちん坊、しみったれ [Sk.] = ಜಿಪುಣ (jipuṇa)〔口〕

ಲೋಯಿ ⟦lōyi ローイ⟧ [lo:ji] 《‡》 *n.* 粘液、ねばねばした液体 [D2937] (*Kitt.*)

ಲೋಲ ⟦lōla ローラ⟧ [lo:lɐ] 《文》 *adj.*, *mn.* 《*f.* ಲೋಲೆ (lōle)》 **1** 揺れる、振動する、あちこち動く **2** 安定しない、変わり易い **3** 色好みの〈人〉、好色な〈人〉 [Sk.]

ಲೋಲಕ¹ ⟦lōlaka ローラカ⟧ [lo:lə̆kɐ] *n.* 時計の振り子 [Sk.]

ಲೋಲಕ² ⟦lōlaka ローラカ⟧ [lo:lə̆kɐ] *n.* プリズム [Sk.]

ಲೋಲಾಕು ⟦lōlāku ローラーク⟧ [lo:lɐ:ku] *n.* 耳からぶらぶら下がる耳飾りの一種、ペンダントイヤリング [⇒図] [H. *lōlakā*] ☞ಬೆಂಡೋಲೆ (beṃḍōle)

ಲೋಲಾಕು
耳飾り

ಲೋಲಾಪ್ತಿ ⟦lōlāpti ローラープティ⟧ [lo:lɐ:pti] *n.* **1** 貪欲、強欲 **2** 好色、色好み [Sk. *lōlupatā*]

ಲೋಲುಪ ⟦lōlupa ロールパ⟧ [lo:lupɐ] *adj.*, *m* 《*f.* ಲೋಲುಪಳು (lōlupaḷu)》好色な〈人〉、肉欲に耽る〈人〉☞ಲಾಲಸ (lālasa)

ಲೋಲುಪತೆ ⟦lōlupate ロールパテ⟧ [lo:lupəte] *n.* 好色、官能の喜びに耽ること [Sk.] = ಲೋಲಾಪ್ತಿ (lōlāpti)

ಲೋಲುಪ್ತಿ ⟦lōlupti ロールプティ⟧ [lo:lupti] *n.* **1** 貪欲、欲張り **2** 好色、肉欲に耽ること [Sk. *lōlupate*] = ಲೋಲಾಪ್ತಿ (lōlāpti)

ಲೋಹ ⟦lōha ローハ⟧ [lo:hɐ] *n.* 金属 [Sk.]

ಲೋಹಕಾರ ⟦lōhakāra ローハカーラ⟧ [lo:həkɐ:rɐ] *m.* 《*f.* ಲೋಹಕಾರ್ತಿ (lōhakārti)》鍛冶屋、銅細工師 [Sk.]

ಲೋಹಚುಂಬಕ ⟦lōhacuṃbaka ローハチュンバカ⟧ [lo:həʧumbəkɐ] 《文》 *n.* 磁石、天然磁石 [Sk.]

ಲೋಳ¹ ⟦lōḷa ローラ⟧ [lo:ɭɐ] 《古》 *n.* [Sk.] ☞ಲೋಲ (lōla)

ಲೋಳ² ⟦lōḷa ローラ⟧ [lo:ɭɐ] 《‡》 *n.* [Ka. D2937] (*My.* (*Kitt.*)) ☞ಲೋಳೆ (lōḷe)

ಲೋಳಿ ⟦lōḷi ローリ⟧ [lo:ɭi] 《口》 *n.* [Ka. D2937] ☞ಲೋಳೆ (lōḷe)

ಲೋಳು ⟦lōḷu ロール⟧ [lo:ɭu] 《‡》 *n.* [Ka. D2937] (*My,* (*Kitt*)) ☞ಲೋಳೆ (lōḷe)

ಲೋಳೆ ⟦lōḷe ローレ⟧ [lo:ɭe] ಲೋಳಿ《古》 *n.* 粘液、粘り気のある液体 ¶ ಬಹಳ ಕೆಲಸ ಮಾಡಿದರಿಂದ ಬಾಯಿಗೆ ಲೋಳೆ ಬಂತು. (bahaḷa kelasa māḍidariṃda bāyige lōḷe baṃtu.) たくさん働いたので口が粘つく。 [Ka. D2937]

ಲೋಳೆಸರ ⟦lōḷesara ローレサラ⟧ [lo:ɭesərɐ] ಲೋಳಿಸರ, ಲೋಳಸರ, ಲೋಳಸರ, ಲೋಳಿಸರ *n.* アロエ(ユリ科アロエ属、葉は薬用)⇀ 薬 [Ka. *D2937] *[IMP 1.102]

ಲೌಕಿಕ ⟦laukika ラウキカ⟧ [ləukikɐ] 《文》 *adj.* **1** 世俗の、世間的な **2** 月並みな、平凡な **3** 宗教的でない、世俗の(学問など) **4** 広く行き渡っている、一般に通用している **5** 通俗の、高級でない **6** 現世の、現世に関する **—***m.* 《*f.* ಲೌಕಿಕಳು (laukikaḷu)》 **1** (学者などではない)一般人、普通の人 **2** 普通の職業に従事するバラモン [Sk.]

ಲ್ಯೂಕೊಡರ್ಮಾ ⟦lyūkoḍarmā リューコダルマー⟧ [lju:koḍərmɐ:] 《古》 *n.* シロナマズ(白斑、体に白い斑点ができる原因不明の病気) [Eg. *leucoderma*] = ತೊನ್ನು (tonnu)

ವ

ವ ⟦va ヴァ⟧ [vəˑ] *n.* カンナダその他のインド系言語で音素の連続 /va/, またはカンナダその他のインド系の文字体系でそれを表す文字 [Ka.]

ವಂಕ¹ ⟦vaṃka ヴァンカ⟧ [vəŋkɐ/vɣŋkɐ] 《古》(*n.*) 曲がった〈こと〉、湾曲した〈こと〉[Ka. *D5210]

ವಂಕ² ⟦vaṃka ヴァンカ⟧ [vəŋkɐ/vɣŋkɐ] 《古》*n.* 近く、近辺、近傍 [Sk. *pakṣa*-?] ☞ಪಕ್ಕ (pakka)

ವಂಕಿ¹ ⟦vaṃki ヴァンキ⟧ [vəŋki/vɣŋki] *n.* **1** 女性が腕にはめる腕輪の一種 **2** 避妊リング、ペッサリー [Ka. D5210]

ವಂಕಿ² ⟦vaṃki ヴァンキ⟧ [vəŋki/vɣŋki] 《古》*n.* (竹の籠を作る時に使う)湾曲した鉈の一種[⇒図] [Ka. D5211]

ವಂಕಿ 鉈

ವಂಕುಡಿ ⟦vaṃkuḍi ヴァンクディ⟧ [vəŋkuḍi/vɣŋkuḍi] 《古》*n.* 湾曲した短刀[⇒図] [Ka. D5211]

ವಂಕುಡಿ 短刀

ವಂಚಕ ⟦vaṃcaka ヴァンチャカ⟧ [vəɲʧəkɐ/vɣɲʧəkɐ] *adj.* ずるい、詐欺の、ペテンの、偽りの —*m.* 《*f.* ವಂಚಕಿ (vaṃcaki)》詐欺師、ペテン師 [Sk.]

ವಂಚಕಿ ⟦vaṃcaki ヴァンチャキ⟧ [vəɲʧəki/vɣɲʧəki] *f.* 《*m.* ವಂಚಕ (vaṃcaka)》女性の詐欺師、女性のペテン師 [Sk.] ☞ವಂಚಕ (vaṃcaka)

ವಂಚನೆ ⟦vaṃcane ヴァンチャネ⟧ [vəɲʧəne/vɣɲʧəne] *n.* 詐欺、不正、ペテン [Sk.]

ವಂಚಿಸು ⟦vaṃcisu ヴァンチス⟧ [vəɲʧisu/vɣɲʧisu] *vt.* (利益を得るために)騙す、かつぐ [Sk.]

ವಂಡು ⟦vaṃḍu ヴァンドゥ⟧ [vəɳḍu/vɣɳḍu] ಒಂಡು *n.* **1** 泥水 **2** 沈殿物、澱、堆積物 —(*n.*) 泥んこ〈の〉 = ಒಂಡು (oṃḍu) [Ka. D5237]

ವಂತಿ ⟦vaṃti ヴァンティ⟧ [vənti/vɣnti] 《‡》*n.* (複数の人間が交代で事を行う際の)番、順番 (*My.* (*Kitt.*)) [Ka. D979] ☞ವಂತು (vaṃtu)

ವಂತಿಗೆ ⟦vaṃtige ヴァンティゲ⟧ [vəntige/vɣntige] *n.* 宗教的行事や社会事業のための寄付 ◇ *vi.* —ಹಾಕು (hāku) 寄付をする —ಎತ್ತು (ettu) 寄付を集める [Ka. D979]

ವಂತು ⟦vaṃtu ヴァントゥ⟧ [vəntu/vɣntu] 《古》*n.* (複数の人間が交代で行う仕事などでの)番、順番 [Ka. D979]

ವಂದನಾರ್ಪಣೆ ⟦vaṃdanārpaṇe ヴァンダナールパネ⟧ [vəndənɐːrpəne/vɣndə̆nɐːrpəɳe] *n.* (会などの終わりに述べる)感謝の言葉 [Sk.]

ವಂದನೆ ⟦vaṃdane ヴァンダネ⟧ [vəndəne/vɣndəne] *n.* **1** 挨拶、礼、お辞儀 **2** 感謝の言葉、謝辞 ◇ *vi.* —ಸಲ್ಲಿಸು (sallisu) 謝辞を述べる [Sk.]

ವಂದರಿ ⟦vaṃdari ヴァンダリ⟧ [vəndə̆ri/vɣndə̆ri] *n.* (穀物やその粉のための)篩 [Ka. D980] (*My.* (*Kitt.*)) = ಒಂದರಿ (oṃdari)

ವಂದರೆ ⟦vaṃdare ヴァンダレ⟧ [vəndə̆re/vɣndə̆re] 《‡》*n.* (穀物やその粉のための)篩 [Ka. D980] (*My.* (*Kitt.*)) ☞ವಂದರಿ (vaṃdari)

ವಂದಿ ⟦vaṃdi ヴァンディ⟧ [vəndi/vɣndi] 《文》*m.* 王の業績を誉め歌う詩人 [Sk.]

ವಂದಿಸು ⟦vaṃdisu ヴァンディス⟧ [vəndisu/vɣndisu] 《文》*vi.* 《*dat.*》礼をする、敬礼する、挨拶する [Sk.]

ವಂದ್ಯ ⟦vaṃdya ヴァンディャ⟧ [vəndjɐ/vɣndjɐ] 《文》*adj., m.* 《*f.* ವಂದ್ಯೆ (vaṃdye)》尊敬すべき〈人〉[Sk.]

ವಂದ್ರಿ ⟦vaṃdri ヴァンドリ⟧ [vəndri/vɣndri] 《方》*n.* (穀物やその粉のための)篩 [Ka. D980] (*R.* (*Kitt.*)) = ಒಂದ್ರಿ (oṃdri)

ವಂಧ್ಯೆ ⟦vaṃdʰye ヴァンディェ⟧ [vəndʰje/vɣndʰje] 《文》*f.* 子どもの生まれない女性 [Sk.] = ಬಂಜೆ (baṃje)〔口〕

ವಂಶ ⟦vaṃśa ヴァンシャ⟧ [vəmʃɐ/vɣmʃɐ/vũʃɐ] 《文》*n.* **1** 竹 = ಬಿದಿರು (bidiru)〔汎〕 **2** 系譜、家系、血統 **3** 「竹製の楽器」、横笛、フルート **4** 背骨 [Sk.]

ವಂಶವೃಕ್ಷ ⟦vaṃśavr̥kṣa ヴァンシャヴルクシャ⟧ [—vrɯkʂɐ/—vrukʂɐ] 《文》*n.* 家系、血統 [Sk.]

ವಕಾರ ⟦vakāra ヴァカーラ⟧ [vəkɐːrɐ/vɣkɐːrɐ] *n.* カンナダその他のインド系の文字で音素の連続 /va/ を表す文字 [Sk.]

ವಕಾಲತ್ತು ⟦vakālattu ヴァカーラットゥ⟧ [vəkɐːləttu/vɣkɐːləttu] *n.* **1** 弁護士の職、弁護士の業務 **2** (他人のための)弁護、弁明 [Ar.-Pe. *wakālat*]

ವಕೀಲ ⟦vakīla ヴァキーラ⟧ [vəkiːlɐ/vɣkiːlɐ] *mf.* 《*f.* ವಕೀಲಳು (vakīlaḷu)》弁護士 [Ar. *wakīl*]

ವಕೀಲಿ ⟦vakīli ヴァキーリ⟧ [vəkiːli/vɣkiːli] *n.* **1** 弁護士の職、弁護士の地位 **2** 弁護 [Pe.-Ar. *wakīlī*]

ವಕ್ಕಣೆ ⟦vakkaṇe ヴァッカネ⟧ [vəkkəɳe/vɣkkəɳe] *n.* **1** 説明、解説 **2** 文体、様式、表現法 [Sk. *vyākhyāna*-]

ವಕ್ಕರಿಸು ⟦vakkarisu ヴァッカリス⟧ [vəkkərisu/vɣkkərĭsu] *vi.* **1** 反対する、邪魔する、妨害する ¶ ನಾನು ಏನೂ ಮಾಡಬೇಕೆಂದರೂ ನನ್ನ ಹೆಂಡತಿ ವಕ್ಕರಿಸುತ್ತಾಳೆ. (nānu ēnū māḍabēkeṃdarū nanna heṃḍati vakkarisuttāḷe.) 私が何をしようとしても妻が反対する。 **2** (星や運勢などが)不吉になる ¶ ಇತ್ತೀಚೆ ನನ್ನ ಗ್ರಹಗಳು ವಕ್ಕರಿಸಿವೆ. (ittīce nanna grahagaḷu vakkarisive.) この頃私の運勢

が傾いてきている。 3 悪い時にやってくる、来て欲しくない時にやってくる；(客などが)いつまでも帰らない ¶ ಎರಡುವಾರದಿಂದ ನನ್ನ ಮನೆಯಲ್ಲಿ ಅಳಿಯ ಬಂದು ವಕ್ಕರಿಸಿದ್ದಾನೆ. (eraḍuvāradiṃda nanna maneyalli aḷiya baṃdu vakkarisiddāne.) この2週間、娘婿がまとわりついていつまでも帰らない。 [Sk. *vakra-* + *-isu*]

ವಕ್ತಾರ 〚vaktāra ヴァクターラ〛 [vəktɐːrɐ/vɣktɐːrɐ] *m.* 《*f.* ವಕ್ತಾರಳು (vaktāraḷu)》 1 演説者 2 代弁者、スポークスマン [Sk. *vaktṛ-*]

ವಕ್ತೃ 〚vaktṛ ヴァクトゥル〛 [vəkɣktruu/u] 《文》 *mf.* [Sk.] ☞ವಕ್ತಾರ (vaktāra)

ವಕ್ತ್ರ 〚vaktra ヴァクトラ〛 [vəktrɐ/vɣktrɐ] 《文》 *n.* 1 口 2 顔 [Sk.]

ವಕ್ರ 〚vakra ヴァクラ〛 [vəkrɐ/vɣkrɐ] *adj.* 1 曲がった、歪んだ、屈曲した 2〔喩〕よこしまな、心の曲がった、悪意のある [Sk.]

ವಕ್ರಗತಿ 〚vakragati ヴァクラガティ〛 [vəkrəgəti/vɣkrəgəti] 《文》 *n.* ジグザグな歩み [Sk.]

ವಕ್ರತೆ 〚vakrate ヴァクラテ〛 [vəkrəte/vɣkrəte] 《文》 *n.* 1 曲がっていること、屈曲 2 よこしまさ、邪悪さ [Sk.]

ವಕ್ರದೃಷ್ಟಿ 〚vakradṛṣṭi ヴァクラドゥルシュティ〛 [vəkrədruʂʈi/–druʂʈi] 《文》 *n.* よこしまな目、悪意のある目 ¶ ನನ್ನ ಸೊತ್ತಿನ ಮೇಲೆ ಚಿಕ್ಕಪ್ಪನ ವಕ್ರದೃಷ್ಟಿ ಬಿತ್ತು. (nanna sottina mēle cikkappana vakradṛṣṭi bittu.) おじ(父の弟)は私の財産に邪心を抱いた。 [Sk.]

ವಕ್ರೋಕ್ತಿ 〚vakrōkti ヴァクロークティ〛 [vəkroːkti/vɣkroːkti] 《文》 *n.* 1 よこしまな言葉、意地の悪い言葉 2 同音意義、語呂合わせやほのめかしによる表現 [Sk.]

ವಕ್ಷ 〚vakṣa ヴァクシャ〛 [vəkʂɐ/vɣkʂɐ] 《文》 *n.* 胸、胸部 [Sk.]

ವಗೈರೆ 〚vagaire ヴァガイレ〛 [vəgəire/vɣgəire] *part.* 1 …など ¶ ಮನೆಯನ್ನು ಕಟ್ಟಲು ಸಿಮೆಂಟ್, ಮರಳು, ಇಟ್ಟಿಗೆ ವಗೈರೆ, ವಗೈರೆ ಬೇಕು. (maneyannu kaṭṭalu simeṃṭ, maraḷu, iṭṭige vagaire, vagaire bēku.) 家を建てるためにはセメントや砂や煉瓦などが必用である。 2 およびその家族、およびその一派、…たち ¶ ಮನೆಯಲ್ಲಿ ಅಮಿತಾಭ ಬಚ್ಚನ್ ವಗೈರೆ ಬಂದಿದ್ದಾರೆ. (maneyalli amitābʰa baccan vagaire baṃdiddāre.) 今うちにアミターブ・バッチャンたちが来ている。 [Ar. *wagairuhu*]

ವಚನ 〚vacana ヴァチャナ〛 [vəʧənɐ/vɣʧənɐ] *n.* 1 言葉、談話 2 約束 3 倫理的哲学的な内容の散文詩(12世紀カンナダ文学で盛んだった) [Sk.]

ವಚನಭಂಗ 〚vacanabʰaṃga ヴァチャナバンガ〛 [vəʧənəbʰəŋgɐ/vɣʧənə-] 《文》 *n.* 約束を破ること、約束不履行 [Sk.]

ವಚನಭ್ರಷ್ಟ 〚vacanabʰraṣṭa ヴァチャナブラシュタ〛 [vəʧənəbʰrəʂʈɐ/vɣʧənə-] 《文》 *adj., m.* 《*f.* ವಚನಭ್ರಷ್ಟಳು (vacanabʰraṣṭaḷu)》約束を破った〈人〉 [Sk.]

ವಚೆ 〚vace ヴァチェ〛 [vəʧe/vɣʧe] 《‡》 *n.* ショウブ(菖蒲、ショウブ科ショウブ属)⇀ 観 *(Kitt.)* [Ka. D5213] ☞ಬಜೆ (baje)

ವಜನು 〚vajanu ヴァジャヌ〛 [vəʤənu/vɣʤə̆nu] *n.* 重量、重さ [Ar. *wazn*]

ವಜಾ 〚vajā ヴァジャー〛 [vəʤɐː/vɣʤɐː] (*n.*) 《複合語頭で》 1 控除〈された〉、引かれた〈こと〉 2 解雇〈された〉、首〈にされた〉 3 (裁判などが)却下〈された〉 [Mr. *vajā*「引いた」←Ar. *waḍ*?]

ವಜಾ ಮಾಡು 〚vajā māḍu ヴァジャーマードゥ〛 [— mɐːɖu] *vt.* 1 (給料などから)控除する、引く ¶ ಹತ್ತರಲ್ಲಿ ಐದನ್ನು ವಜಾ ಮಾಡಿದರೆ ಐದು ಉಳಿಯುತ್ತದೆ. (hattaralli aidannu vajā māḍidare aidu uḷiyuttade.) 10から5を引くと5が残る。 2 解雇する、首にする 3 〈裁判などを〉結審する ¶ ನ್ಯಾಯಾಧೀಶರು ಮೊಕದ್ದಮೆಯನ್ನು ವಜಾ ಮಾಡಿದರು. (nyāyādʰīśaru mokaddameyannu vajā māḍidaru.) 判事は訴訟の結審を宣告した。 [+ *māḍu*]

ವಜೀರ 〚vajīra ヴァジーラ〛 [vəʤiːrɐ/vɣʤiːrɐ] *m.* (昔のムスリムの王に仕える)大臣、宰相 [Ar. *wazīr*]

ವಜೆ[1] 〚vaje ヴァジェ〛 [vəʤe/vɣʤe] 《方》 *n.* 重量、重さ [Ar. *vazn*]

ವಜೆ[2] 〚vaje ヴァジェ〛 [vəʤe/vɣʤe] 《‡》 *n.* ショウブ(菖蒲、ショウブ科ショウブ属)⇀ 観 *(Mr.136 (Kitt.))* [Ka. D5213] ☞ಬಜೆ (baje)〔汎〕

ವಜ್ಜರ 〚vajjara ヴァッジャラ〛 [vəʤʤə̆rɐ/vɣʤʤə̆rɐ] 《‡》 *n.* [Ka. D761] *(Kitt.)* ☞ಒಜ್ಜರ (ojjara)

ವಜ್ಜರಕ್ಕೆ 〚vajjarakke ヴァッジャラッケ〛 [vəʤʤə̆rəkke/vɣʤʤə̆rəkke] 《‡》 *n.* 水を得るために乾いた川床に掘った穴 *(Kitt.)* [Ka. D761]

ವಜ್ರ 〚vajra ヴァジュラ〛 [vəʤrəkəvəʧɐ/vɣʤrə-] *n.* 1 ダイアモンド 2 雷電(インドラ神の武器) [Sk.]

ವಜ್ರಕವಚ 〚vajrakavaca ヴァジュラカヴァチャ〛 [vəʤrə/vɣʤrəkəvəʧɐ] 《文》 *n.* この上なく堅牢な鎧(よろい) [Sk.]

ವಜ್ರೋತ್ಸವ 〚vajrōtsava ヴァジュロートサヴァ〛 [vəʤroːtsəvɐ/vɣʤroːtsəvɐ] 《文》 *n.* 60年祭 [Sk.]

ವಟ[1] 〚vaṭa ヴァタ〛 [vəʈɐ/vɣʈɐ] 《古》 *n.* 紐、縄 [Ka. D5220]

ವಟ[2] 〚vaṭa ヴァタ〛 [vəʈɐ/vɣʈɐ] 《文》 *n.* ベンガルボダイジュ(ベンガル菩提樹、クワ科イチジク属)⇀ 食・薬・宗・材 [Sk.] = ಆಲ (āla)〔汎〕

ವಟಗುಟ್ಟು 〚vaṭaguṭṭu ヴァタグットゥ〛 [vəʈə/vɣʈɐguʈʈu] *vi.* 1 ぺらぺらしゃべる 2 (蛙が)鳴く [*vaṭavaṭa* + *kuṭṭu*]

ವಟರ 〚vaṭara ヴァタラ〛 [vəʈə̆rɐ/vɣʈə̆rɐ] 《古》 *n.* 紐、縄 *(Mr.112-5 (KPN))* [Ka. D5220] ☞ವಟ (vaṭa)[1]

ವಟವಟ 〚vaṭavaṭa ヴァタヴァタ〛 [vəʈə̆vəʈɐ/vɣʈəvɣʈɐ] (*n.*) ぺらぺら(次から次へとつまらないことを流暢に話す声を表す擬音語) [Ka. onom. D5230]

ವಟಿ 〚vaṭi ヴァティ〛 [vəʈi/vɣʈi] 《古》 *n.* 紐、縄 [Ka. D5220] *(G. (Kitt.))* = ವಟ (vaṭa)[1]

ವಟು ⟦vaṭu ヴァトゥ⟧ [vəʈu/vɤʈu] 《文》 *m.* 1 少年、若僧 2 人生の4期の最初の学生期において師に入門して修行する若い弟子、梵行者 [Sk.]

ವಟ್ಟ ⟦vaṭṭa ヴァッタ⟧ [vəʈʈɐ/vɤʈʈɐ] *n.* (手形などの)割引(率)、ブローカーなどの手数料 [H. *baṭṭā*?]

ವಠಾರ ⟦vaṭʰāra ヴァターラ⟧ [vəʈʰɐːrɐ/vɤʈʰɐːrɐ] *n.* 中庭を中心に多くの住居がある集合住宅 [M. *vaṭʰārā*]

ವಡಿ ⟦vaḍi ヴァディ⟧ [vəɖi/vɤɖi] 《古》 *n.* 熱 [Ka. D5225] (*My.* (*Kitt.*))

ವಡೆ ⟦vaḍe ヴァデ⟧ [vəɖe/vɤɖe] *n.* すりつぶして丸めた豆を油で揚げたもの [M. *vaḍā* T11213]

ವಣಿಜ ⟦vaṇija ヴァニジャ⟧ [vəɳiʤɐ/vɤniʤɐ] 《文》 *m.* 商人、商売人 [Sk.]

ವತಿ ⟦vati ヴァティ⟧ [vəti/vɤti] *postp.* 1 …の名で ¶ ಕಾರ್ಯಕ್ರಮ ಆಕಾಶವಾಣಿಯ ವತಿಯಿಂದ ಜರುಗಿತು. (kāryakrama ākāśavāṇiya vatiyiṃda jarugitu.) そのプログラムはオールインディア・ラジオの主催で行われた。 2 …によって、…を通して ¶ ಈ ಹಳೆಯ ನಿಘಂಟು ಸ್ನೇಹಿತನ ವತಿ ಸಿಕ್ಕಿತು. (ī haḷeya nigʰaṃṭu snēhitana vati sikkitu.) この古い辞書は友達を通して手に入れた。[M. *vatī* T11184]

ವತ್ವ ⟦vatva ヴァトヴァ⟧ [vət·vɐ/vɤtvɐ] *n.* ವ (va) の文字 [Sk.] = ವಕಾರ (vakāra)

ವತ್ಸಲ ⟦vatsala ヴァトサラ⟧ [və(ts|ʦʦ)əlɐ/vɤ(ts|ʦʦ)əlɐ] 《文》 *adj.* 《複合語末で》優しい、愛情の深い ¶ ನಮ್ಮ ಯೇಸು ಭಕ್ತವತ್ಸಲ. (namma yēsu bʰaktavatsala.) 私たちのイエスさまは信者を愛する。 [Sk.]

ವದಂತಿ ⟦vadaṃti ヴァダンティ⟧ [vədənti/vɤdənti] *n.* 噂、風聞、流言 [Sk.]

ವದನ ⟦vadana ヴァダナ⟧ [vədənɐ/vɤdənɐ] 《文》 *n.* 1 顔 2 口 [Sk.]

ವದವು ⟦vadavu ヴァダヴ⟧ [vəđəvu/vɤdəvu] 《‡》 *n.* 乾燥した土地に生える棘のある灌木(ネムノキ科)→薬 (*St. & Pl.* (*Kitt.*)) [Ka. D5391] ☞ಒಡತರೆ (oḍatare) *[IMP 2.331]

ವಧ ⟦vadʰa ヴァダ⟧ [vədʰɐ/vɤdʰɐ] 《文》 *n.* 殺すこと、殺害 [Sk.]

ವಧಕಾರ ⟦vadʰakāra ヴァダカーラ⟧ [vədʰəkɐːrɐ/vɤdʰəkɐːrɐ] 《文》 *m.* 《*f.* ವಧಕಾರ್ತಿ (vadʰakārti)》 1 殺人者、殺害者 2 死刑執行人 [Sk.]

ವಧಿಸು ⟦vadʰisu ヴァディス⟧ [vədʰisu/vɤdʰisu] 《文》 *vt.* 誅殺する、誅する [Sk.]

ವಧು ⟦vadʰu ヴァドゥ⟧ [vədʰu/vɤdʰu] *f.* 花嫁 [Sk.]

ವಧೆ ⟦vadʰe ヴァデ⟧ [vədʰe/vɤdʰe] 《文》 *n.* 殺すこと、殺害 [Sk. *vadʰa*-] ☞ವಧ (vadʰa)

ವನ ⟦vana ヴァナ⟧ [vənɐ/vɤnɐ] *n.* 1 森林、山林 2 公園、遊園地 [Sk.]

ವನಚರ ⟦vanacara ヴァナチャラ⟧ [vənəʧərɐ/vɤnəʧərɐ] 《文》 *adj.* 森に住む、森の中をうろつく —*n.* 猿 [Sk.]

ವನಪಾಲಕ ⟦vanapālaka ヴァナパーラカ⟧ [vənəpɐːləkɐ/vɤnə-] 《文》 *m.* 《*f.* ವನಪಾಲಕಿ (vanapālaki)》 1 森林保護官 2 公園の樹林を世話する人、公園の庭師 [Sk.]

ವನಮಹೋತ್ಸವ ⟦vanamahōtsava ヴァナマホートサヴァ⟧ [vənə/vɤnə//məhoːtsəvɐ/məhoːʦʦəvɐ] 《文》 *n.* 植林祭 [Sk.]

ವನವಾಸ ⟦vanavāsa ヴァナヴァーサ⟧ [vənəvɐːsɐ/vɤnə-] *n.* 1 森の中に住むこと 2 社会から見放されて暮らすこと 3 難儀、苦難、災難、窮状 ¶ ಅವನು ಸರಿಯಾದ ಸಮಯದಲ್ಲಿ ಹಣ ಕೊಡದೇ ಇದ್ದುದರಿಂದ ನನಗೆ ಈ ವನವಾಸ. (avanu sariyāda samayadalli haṇa koḍadē iddudariṃda nanage ī vanavāsa.) あいつが大事な時に金を払わなかったから、おれはこのありさまだ。[Sk.]

ವನಸ್ಪತಿ ⟦vanaspati ヴァナスパティ⟧ [vənəspəti/vɤnəspəti] *n.* 1 (総合的に)植物、植生 2 薬草 3 植物油から製造した人造のギー [Sk.]

ವನಿತೆ ⟦vanite ヴァニテ⟧ [vənite/vɤnite] 《文》 *f.* 1 女子、女性 2 妻 [Sk.]

ವನ್ಯ ⟦vanya ヴァニャ⟧ [vən·jɐ/vɤn·jɐ] 《文》 *adj.* 森林に関する、森林の、森に住む [Sk.]

ವನ್ಯಜೀವಿ ⟦vanyajīvi ヴァニャジーヴィ⟧ [vən·jəʤiːvi/vɤn·jə-] 《文》 *n.* 野生動物 [Sk.]

ವನ್ಯಜೀವಿ ಸಂರಕ್ಷಣೆ ⟦vanyajīvi saṃrakṣaṇe ヴァニャジーヴィサンラクシャネ⟧ [— səmrəkʂəɳe/səũrəkʂəɳe] 《文》 *n.* 野生生物の保護 [Sk.]

ವನ್ಯಮೃಗ ⟦vanyamṛga ヴァニャムルガ⟧ [vənjə/vɤnjə//mrɯgɐ/mrugɐ] 《文》 *n.* 野生動物 [Sk.]

ವಪು ⟦vapu ヴァプ⟧ [vəpu/vɤpu] 《文》 *n.* 体、身体 [Sk.]

ವಪೆ ⟦vape ヴァペ⟧ [vəpe/vɤpe] 《文》 *n.* 1 脂肪 2 骨の髄 3 肉 4 横隔膜 5 ニンニクなどの外皮 [Sk. *vapā*-]

ವಯ್ ⟦vay ヴァイ⟧ [vəĭ/vɤĭ] 《古》 *vt.* 運ぶ [Ka. D5551] = ಒಯ್ (oy)

ವಯಲ್ ⟦vayal ヴァヤル⟧ [vəjəl/vɤjəl] 《古》 *n.* 1 (木の繁みや建物のない)野原 2 周知であること [Ka. *D3940, D5258] ☞ಬಯಲು (bayilu)

ವಯಸ್ಕ ⟦vayaska ヴァヤスカ⟧ [vəjəskɐ/vɤjəskɐ] 《文》 *adj., m.* 《*f.* ವಯಸ್ಕಳು (vayaskaḷu)》 成年に達した〈人〉¶ ಈ ಸಿನೆಮ ವಯಸ್ಕರಿಗೆ ಮಾತ್ರ. (ī sinema vayaskarige mātra.) この映画は未成年者には禁止。 [Sk.]

ವಯಸ್ಕರ ಶಿಕ್ಷಣಕೇಂದ್ರ ⟦vayaskara śikṣaṇakēṃdra ヴァヤスカラシクシャナケーンドラ⟧ [–rə ʃikʂəɳəkeːndrɐ] 《文》 *n.* 成人教育センター [Sk.]

ವಯಸ್ಸು ⟦vayassu ヴァヤッス⟧ [vəjəssu/vɤjəssu] *n.* 1 年齢、年 2 成年 ¶ ವಯಸ್ಸಿಗೆ ಬಂದ ಹುಡುಗಿಗೆ ಮದುವೆ ಮಾಡಬೇಕು. (vayassige baṃda huḍugige maduve māḍabēku.) 成年に達した娘は嫁がせねばならない。 [Sk.]

ವಯಿನ ⟦vayina ヴァイナ⟧ [vəjinɐ/vɣjinɐ] ವಯಿನು, ವೈ–ನ (*n.*) **1** 整頓〈の〉¶ ನನ್ನ ಹೆಂಡತಿ ಮನೆಯನ್ನು ವಯಿನಾಗಿ ಇಡುತ್ತಾಳೆ. (nanna heṃḍati maneyannu vayināgi iḍuttāḷe.) 妻は家をきれいに整頓している。 **2** あるべき状態にある〈こと〉¶ ಈ ಕಾಫಿ ವಯಿನವಾಗಿಲ್ಲ. (ī kāpʰi vayinavāgilla.) このコーヒーは味がよくない。 [Ka. D5256/?Pk. *vayaṇa-*]

ವಯೋನಿವೃತ್ತಿ ⟦vayōnivṛtti ヴァヨーニヴルッティ⟧ [vəjo:/vɣjo://nivruttti/–nivrutti] 《文》 *n.* 定年退職 [Sk.]

ವಯೋಲಿನ್ ⟦vayōlin ヴァヨーリン⟧ [vəjo:lin/vɣjo:lin] *n.* ヴァイオリン [Eg. *violin*]

ವಯ್ಯಾರ ⟦vayyāra ヴァイヤーラ⟧ [vəĭjɐ:rɐ/vɣĭjɐ:rɐ] ಒ–ಯ್ಯಾರ, ವೈಯಾರ *n.* 媚び、しな [?] = ನಖರಾ (nakʰarā)

ವಯ್ಯಾರಿ ⟦vayyāri ヴァイヤーリ⟧ [vəjjɐ:ri/vɣĭjɐ:ri] *f.* あだっぽい女性、しなを作る女性 [*vayyāra* + *-i*]

ವಯ್ಯು ⟦vayyu ヴァイユ⟧ [vəĭju/vɣĭju] 《文》 *vt.* **1** 運ぶ **2** 運び去る [Ka. D5551] = ಒಯ್ (oy)

ವರ ⟦vara ヴァラ⟧ [vərɐ/vɣrɐ] 《文》 *n.* (神や聖者などが信仰や奉仕の褒美として与える)賜物 [Sk.]

ವರದ ⟦varada ヴァラダ⟧ [vərədɐ/vɣrədɐ] 《文》 *adj.* (神や聖者などが)懇願や祈りを聞き入れる [Sk.]

ವರದಕ್ಷಿಣೆ ⟦varadakṣiṇe ヴァラダクシネ⟧ [vərədəkṣiṇe/vɣrə-] *n.* 結婚の時に花嫁の父親が花婿に贈る金銭や財貨、ダウリー [Sk.]

ವರದಿ ⟦varadi ヴァラディ⟧ [vərədi/vɣrədi] *n.* ニュース;報道、報告 [Sk. *vārtā-*]

ವರದಿಗಾರ ⟦varadigāra ヴァラディガーラ⟧ [vərədigɐ:rɐ/vɣrədi-] *m.* 《*f.* ವರದಿಗಾರಳು (varadigāraḷu)》取材記者、レポーター [*varadi* + *-kāra*]

ವರಪೂಜೆ ⟦varapūje ヴァラプージェ⟧ [vərə/vɣrə-] *n.* (結婚式の挙式前に花婿が会場に到着した時)花嫁の父が花婿に敬意を表すこと [Sk.]

ವರಮ್ ⟦varam ヴァラム⟧ [vərəm/vɣrəm] 《古》 *postp.* …まで、…に至るまで (*Pb.2.50; 3.8*) [Ka. *D5261] ☞ವರಿ (vari)

ವರಮಾನ ⟦varamāna ヴァラマーナ⟧ [vərə̆mɐ:nɐ] *n.* 収入 [? cf. Ta. *varamāṉam*]

ವರಮಾನತೆರಿಗೆ ⟦varamānaterige ヴァラマーナテリゲ⟧ [vərəmɐ:nəterige] *n.* 所得税 [*varamāna* + *terige*]

ವರಸೆ ⟦varase ヴァラセ⟧ [vərə̆se/vɣrə̆se] ಒರಸೆ, ವರಿಶೆ, ವ–ರಿಸೆ *n.* **1** 列、並び¶ ಸ್ಕೂಲಿನಲ್ಲಿ ಮಕ್ಕಳು ಬೆಳಗಿನ ಪ್ರಾರ್ಥನೆಗೆ ವರಸೆಯಾಗಿ ನಿಂತರು. (skūlinalli makkaḷu beḷagina prārtʰanege varaseyāgi niṃtaru.) 学校で生徒たちは朝の祈りのために整列した。 **2** 方法、仕方、手順¶ ಅವ–ನ ಮಾತಿನ ವರಸೆ ಸಜ್ಜನನಂತೆ ಇರಲಿಲ್ಲ. (avana mātina varase sajjananaṃte iralilla.) 彼の話し方は紳士のそれではなかった。 **3** 順、順番¶ ಹುಡುಗಿಯರು ಕುಂಟಬಿಲ್ಲೆಯ–ನ್ನು ವರಸೆಯಲ್ಲಿ ಆಡುತ್ತಿದ್ದಾರೆ. (huḍugiyaru kuṃṭabilleyannu varaseyalli āḍuttiddāre.) 娘たちは順番にけんけん(片足跳び)をして遊んでいる。 **4** 血縁関係上の世代¶ ಪುಟ್ಟಣ್ಣ ನನಗೆ ವರಸೆಯಲ್ಲಿ ಚಿಕ್ಕಪ್ಪನಾಗಬೇಕು. (puṭṭaṇṇa nanage varaseyalli cikkappanāgabēku.) プッタンナは私の遠縁のおじに当たる。 **5** 親族関係¶ ಲಲಿತಾ ವರಸೆಯಲ್ಲಿ ನನಗೆ ಅಕ್ಕನಂತೆ. (lalitā varaseyalli nanage akkanaṃte.) ラリターは私の姉のような人です。 **6** レスリングや剣術などの技 **7** 策略、計略¶ ಕಳ್ಳನ ವರಸೆ ಕಳ್ಳನಿಗೆ ಗೊತ್ತು. (kaḷḷana varase kaḷḷanige gottu.)〔諺〕泥棒の技は泥棒しか知らない。泥棒術は泥棒に聞け。 [Ka. D5269]

ವರಸೆದಾರ ⟦varasedāra ヴァラセダーラ⟧ [vərə̆sedɐ:rɐ] 《文》 *m.* 《*f.* ವರಸೆದಾರಳು (varasedāraḷu)》レスリングなどの競技で技にたけた人 [*varase* + *-dāra*]

ವರಹ ⟦varaha ヴァラハ⟧ [vərə̆hɐ] 《文》 *n.* (イノシシの図の入った)ヴィジャヤナガラ帝国の金貨 [Sk. *varāha-*]

ವರಾಂಗ ⟦varāṃga ヴァラーンガ⟧ [vərɐ:ŋgɐ] 《文》 *n.* **1** 「体の中で最も優れた器官」、頭 **2** 女性の陰部、女性の性器 ―*adj., m.* 《*f.* ವರಾಂಗಿ (varāṃgi)》美しい体を持った〈人〉 [Sk.]

ವರಾಡ ⟦varāḍa ヴァラーダ⟧ [vərɐ:ḍɐ] 《文》 *n.* **1** 税金、関税 **2** (祭りや公共事業のための)寄付 [?]

ವರಾತ ⟦varāta ヴァラータ⟧ [vərɐ:tɐ] 《文》 *n.* 借金の督促、金を払えと責めたてること、金などをせがむこと¶ ಕಂಪ್ಯೂಟರು ಬೇಕೆಂದು ಮಗ ವರಾತ ಮಾಡುತ್ತಿದ್ದಾನೆ. (kaṃpyūṭaru bēkeṃdu maga varāta māḍuttiddāne.) 私に息子はしきりにコンピューターをねだっている。◇ *vi.* ―ತೆಗೆ, ಹಚ್ಚು, ಮಾಡು (tege, haccu, māḍu) ねだる [Pe. *barāt*]

ವರಾಹ ⟦varāha ヴァラーハ⟧ [vərɐ:hɐ] 《文》 *n.* イノシシ [Sk.]

ವರಿ[1] ⟦vari ヴァリ⟧ [vəri] 《古》 *n.* 税金、関税 [Ka. D5261]

ವರಿ[2] ⟦vari ヴァリ⟧ [vəri] 《‡》 *postp.* (場所的および時間的に)…まで [Ka. D5261] (*Si.378* (*Kitt.*))

–ವರಿ ⟦-vari -ヴァリ⟧ [vəri] *suf.* 準名詞や動詞などから名詞を作る接尾辞¶ ಹೆಚ್ಚುವರಿ (heccuvari) 増大¶ ಇಳಿವರಿ (iḷivari) 減少 [?]

ವರಿಗೆ ⟦varige ヴァリゲ⟧ [vərige] 《方》 *postp.* (場所的および時間的に)…まで [< Ka. *vare* + *-ge*] (*B.5,113* (*Kitt.*)) ☞ವರೆಗೆ (varege)

ವರಿಷ್ಠ ⟦variṣṭʰa ヴァリシュタ⟧ [vəriṣṭʰɐ] 《文》 *adj., m.* 《*f.* ವರಿಷ್ಠೆ (variṣṭʰe)》 **1** 最年長の〈人〉、最長老〈の〉 **2** 上役の〈人〉、上司〈の〉¶ ಮುತ್ತುಸ್ವಾಮಿ ಈ ಕಚೇ–ರಿಯಲ್ಲಿ ವರಿಷ್ಠ ಅಧಿಕಾರಿ. (muttusvāmi ī kacēriyalli variṣṭʰa adʰikāri.) ムットゥスヴァーミーがこの役所で一番古参の役人だ。 **3** 地位が高い〈人〉、地位が最も高い〈人〉 ―*adj.* **1** 最高の、最大の **2** (象、建物、樹木、山などが)最大の、最も高い¶ ಎಂಪಾಯರ್ ಸ್ಟೇಟ್ ಬಿಲ್ಡಿಂಗ್ ಪ್ರಪಂಚದಲ್ಲಿ ವರಿಷ್ಠ ಕಟ್ಟಡವಾಗಿ ಪ್ರಸಿದ್ಧವಾಗಿತ್ತು. (empāyar sṭēṭ bilḍiṃg prapaṃcadalli variṣṭʰa kaṭṭaḍavāgi prasiddʰavāgittu.) アメリカのエンパイア・ステート・ビルディングは世界一高い建物として有名だ

った。

ವರಿಷ್ಠ ಅಧಿಕಾರವ್ಯಾಪ್ತಿ ನ್ಯಾಯಾಲಯ ⟦variṣṭʰa adʰikāravyāpti nyāyālaya ヴァリシュタアディカーラヴィャープティニャーヤーラヤ⟧ [vəriʂʈʰəvjɐːpti njɐːjɐːləjɐ] 《文》 *n.* 最高裁判所 [Sk.]

ವರಿಸು ⟦varisu ヴァリス⟧ [vərisu/vɣrisu] 《文》 *vt.* 〈多くのもののなかから一つを〉望む、希望する；(伴侶として)選ぶ ¶ ಸೀತೆ ರಾಮನನ್ನು ವರಿಸಿದಳು. (sīte rāmanannu varisidaḷu.) シーターはラーマを夫として選んだ。¶ ಅವನನ್ನು ಅವಳು ಮನಸ್ಸಿನಲ್ಲಿ ವರಿಸಿದ್ದಾಳೆ. (avanannu avaḷu manassinalli varisiddāḷe.) 彼女は心の中で彼を生涯の伴侶として選んでいる。[Sk.]

ವರಿಸೆ ⟦varise ヴァリセ⟧ [vərĭse/vɣrə̆se] *n.* [Ka. D5269] ☞ವರಸೆ (varase)

ವರುಷ ⟦varuṣa ヴァルシャ⟧ [vəruʂɐ] 《文》 *n.* ☞ವರ್ಷ (varṣa)

ವರೆ ⟦vare ヴァレ⟧ [vəre] ವರಮ್, ವರಿಗೆ, ವರೆಗಮ್, ವರೆಗೆ 《古》 *postp.* …まで、…に至るまで [Ka. D5261]

ವರೆಗಮ್ ⟦varegam ヴァレガム⟧ [vəregəm] 《古》 *postp.* …まで、…に至るまで (*Pb.7.56; 12.187*) [Ka. < *varege* + *am* *D5261] ☞ವರೆ (vare)

ವರೆಗೆ ⟦varege ヴァレゲ⟧ [vərege] *postp.* …まで、…に至るまで ¶ ನಾನು ಹತ್ತು ಘಂಟೆ ವರೆಗೆ ಕಾಯುತ್ತೇನೆ. (nānu hattu gʰaṃṭe varege kāyuttēne.) 10時までお待ちします。[Ka. *vare* D5261 + *-ge*]

ವರ್ಗ ⟦varga ヴァルガ⟧ [vərgɐ] *n.* **1** 種類、類、範疇 **2** 階級、等級 ¶ 19-ನೆ ಶತಮಾನದಲ್ಲಿ ಇಂಗ್ಲಂಡಿನಲ್ಲಿ ಸಮಾಜ ಅನೇಕ ವರ್ಗಗಳಾಗಿ ವಿಭಜನೆಗೊಂಡಿತ್ತು. (19-ne śatamānadalli iṃglaṃḍinalli samāja anēka vargagaḷāgi vibʰajanegoṃḍittu.) 19世紀のイギリスでは社会がいくつもの階級に分かれていた。**3** (本の)章 **4** (学校の)学年 ¶ ಮಗ ಹತ್ತನೆಯ ವರ್ಗದಲ್ಲಿ ಓದುತ್ತಿದ್ದಾನೆ. (maga hattaneya vargadalli ōduttiddāne.) 息子は第10学年で学んでいる。**5** 転勤、転任 ¶ ನಮ್ಮ ಮೇಷ್ಟರು ಬೇರೆ ಶಾಲೆಗೆ ವರ್ಗವಾಗಿ ಹೋದರು. (namma mēṣṭaru bēre śālege vargavāgi hōdaru.) うちの先生は他の学校へ転任された。**6** (か行、さ行など)「あいうえお」の行

ವರ್ಗ ಪುಸ್ತಕ ⟦varga pustaka ヴァルガプスタカ⟧ [vərgə pustəkɐ] *n.* 元帳 [Sk.] = ಖಾತೆ ಪುಸ್ತಕ (kʰāte pustaka)

ವರ್ಗಮೂಲ ⟦vargamūla ヴァルガムーラ⟧ [vərgəmuːlɐ] 《文》 *n.* 平方根 [Sk.]

ವರ್ಗಾಯಿಸು ⟦vargāyisu ヴァルガーイス⟧ [vərgɐːjisu] 《文》 *vt.* 〈従業員や軍隊などを〉動かす、移動する；転勤させる、〈書類を〉別の役所に移す [Sk.]

ವರ್ಗಾವಣೆ ⟦vargāvaṇe ヴァルガーヴァネ⟧ [vərgɐːvə̆ɳe] *n.* 転任、転勤 [Sk.]

ವರ್ಗೀಕರಣ ⟦vargīkaraṇa ヴァルギーカラナ⟧ [vərgiːkərəɳɐ] 《文》 *n.* 分類、類別 [Sk.]

ವರ್ಗೀಕರಿಸು ⟦vargīkarisu ヴァルギーカリス⟧ [vərgiːkərisu] 《文》 *vt.* 分類する、類別する [Sk.]

ವರ್ಗೀಯ ⟦vargīya ヴァルギーヤ⟧ [vərgiːjɐ] 《文》 *adj.* 集団や階級や種やカーストなどに関する [Sk.]

ವರ್ಚಸ್ವಿ ⟦varcasvi ヴァルチャスヴィ⟧ [vərʧəsvi] 《文》 *adj., mf.* 有力な〈人〉、影響力の強い〈人〉[Sk.]

ವರ್ಚಸ್ಸು ⟦varcassu ヴァルチャッス⟧ [vərʧəssu] 《文》 *n.* **1** 輝き、光輝 **2** 権威、威光、影響力、威信 [Sk.]

ವರ್ಜಿಸು ⟦varjisu ヴァルジス⟧ [vərʤĭsu] 《文》 *vt.* 捨てる、放棄する、断念する、あきらめる ¶ ಸಾಲ ಕೊಡುವವನು ದಯೆ, ದಾಕ್ಷಿಣ್ಯಗಳನ್ನು ವರ್ಜಿಸಬೇಕು. (sāla koḍuvavanu daye, dākṣiṇyagaḷannu varjisabēku.) 金貸しは情けとか哀れみとかを捨てねばならない。[Sk.]

ವರ್ಜ್ಯ ⟦varjya ヴァルジュャ⟧ [vərʤjɐ] 《文》 *adj.* 捨てることができる、捨てるべき ¶ ಅವನ ವರ್ತನೆಯಲ್ಲಿ ಅನೇಕ ವರ್ಜ್ಯ ಅಂಶಗಳಿವೆ. (avana vartaneyalli anēka varjya aṃśagaḷive.) 彼の行動には多くの改めるべき部分がある。[Sk.]

ವರ್ಣ ⟦varṇa ヴァルナ⟧ [vərɳɐ] 《文》 *n.* **1** 色、色彩 **2** 輝き、光輝 ¶ ಈ ಆಭರಣಕ್ಕೆ ವರ್ಣವೇ ಇಲ್ಲ. (ī ābʰaraṇakke varṇavē illa.) この装身具には光沢がない。**3** 塗料、ペンキなど **4** 文字 **5** アーリア人の社会における四つの階層の一つ [Sk.]

ವರ್ಣನೆ ⟦varṇane ヴァルナネ⟧ [vərɳəne] 《文》 *n.* 描写、記述 [Sk.]

ವರ್ಣಪಲ್ಲಟ ⟦varṇapallaṭa ヴァルナパッラタ⟧ [vərɳəpəlləʈɐ] 《文》 *n.* 音位転換、語中の音素や文字が入れ替わること [Sk.]

ವರ್ಣಮಾಲೆ ⟦varṇamāle ヴァルナマーレ⟧ [vərɳəmɐːle] *n.* 音節文字表、五十音図 [Sk.]

ವರ್ಣವ್ಯತ್ಯಯ ⟦varṇavyatyaya ヴァルナヴィャティャヤ⟧ [vərɳəvjət̚jəjɐ] 《文》 *n.* 音韻変化 [Sk.]

ವರ್ಣಶಿಲ್ಪಿ ⟦varṇaśilpi ヴァルナシルピ⟧ [vərɳəʃilpi] 《文》 *mf.* 画家、絵描き [Sk.]

ವರ್ಣಸಂಕರ ⟦varṇasaṃkara ヴァルナサンカラ⟧ [vərɳəsəŋkərɐ] 《文》 *n.* ヒンドゥーの4姓(バラモン、クシャトリヤ、ヴァイシュヤ、シュードラ)の混交 [Sk.]

ವರ್ಣಾಂಧ ⟦varṇāṃdʰa ヴァルナーンダ⟧ [vərɳɐːndʰɐ] 《文》 *adj., m.* 《*f.* ವರ್ಣಾಂಧಳು (varṇāṃdʰaḷu)》色覚異常の〈人〉[Sk.]

ವರ್ಣಾಂಧತೆ ⟦varṇāṃdʰate ヴァルナーンダテ⟧ [vərɳɐːndʰəte] 《文》 *n.* 色覚異常 [Sk.]

ವರ್ಣಾಗಮ ⟦varṇāgama ヴァルナーガマ⟧ [vərɳɐːgəmɐ] 《文》 *n.* 形態の境界に音素が挿入されること

ವರ್ಣಾನುಕ್ರಮ ⟦varṇānukrama ヴァルナーヌクラマ⟧ [vərɳɐːnukrəmɐ] 《文》 *n.* 文字順、インドの文字体系の母音カ行チャ行タ行などの順番による配列 ◇ *adv.* —ವಾಗಿ (vāgi) 文字順に [Sk.]

ವರ್ಣಾಶ್ರಮ ⟦varṇāśrama ヴァルナーシュラマ⟧ [vərɳɐːʃrəmɐ] 《文》 *n.* ブラーマンの人生における四つの段階、四住期(学生期、家住期、林棲期、遊行期) [Sk.]

ವರ್ಣಾಶ್ರಮಧರ್ಮ ⟦varṇāśramadʰarma ヴァルナーシュラマダルマ⟧ [vərɳɐːʃrəmədʰərmɐ] 《文》 *n.* ヒンドゥー社会における四つの階層各々の人生の4段階における義務 [Sk.]

ವರ್ಣಿಸು ⟦varṇisu ヴァルニス⟧ [vərɳisu] 《文》 *vt.* 描写する、記述する [Sk.]

ವರ್ತಕ ⟦vartaka ヴァルタカ⟧ [vərtəkɐ/vɤrtəkɐ] 《文》 *m.* 《*f.* ವರ್ತಕಿ (vartaki)》商人、商売人 [Sk.]

ವರ್ತನೆ ⟦vartane ヴァルタネ⟧ [vərtəne] 《文》 *n.* **1** 行動、振る舞い **2** (人の)性格 [Sk.]

ವರ್ತನೆನಿಯಮಾವಳಿ ⟦vartaneniyamāvaḷi ヴァルタネニヤマーヴァリ⟧ [vərtənenijəmɐːvəɭi] 《文》 *n.* (特に官吏の)勤務規範 [Sk.]

ವರ್ತಮಾನ ⟦vartamāna ヴァルタマーナ⟧ [vərtəmɐːnɐ] 《文》 *adj.* **1** 現在の、今の **2**〔言〕現在の、現在形の **—*n.*** **1** 現在、今 **2**〔言〕現在(時制)、現在形 **3** ニュース、知らせ [Sk.]

ವರ್ತಮಾನಪತ್ರಿಕೆ ⟦vartamānapatrika ヴァルタマーナパトリカ⟧ [vərtəmɐːnəpətrikɐ] 《文》 *n.* 新聞 [Sk.] = ದಿನಪತ್ರಿಕೆ (dinapatrike)

ವರ್ತಿಸು ⟦vartisu ヴァルティス⟧ [vərtisu] 《文》 *vi.* **1** 振る舞う、行動する **2** (人と)付き合う、(人を)扱う ¶ ಅವನು ತನ್ನ ಸಹೋದ್ಯೋಗಿಗಳ ಜೊತೆ ಕ್ರೂರವಾಗಿ ವರ್ತಿಸುತ್ತಾನೆ. (avanu tanna sahōdyōgigaḷa jote krūravāgi vartisuttāne.) 彼は自分の同僚たちをむごく扱う。 [Sk.]

ವರ್ತುಳ ⟦vartuḷa ヴァルトゥラ⟧ [vərtuɭ(ɐ)] 《文》 *adj.* 丸い、円形の、球形の **—*n.*** **1** 円、輪 **2** 人々のサークル [Sk.]

ವರ್ತ್ಸ್ಯ ⟦vartsya ヴァルトスヤ⟧ [vərtsˑjɐ] 《文》 *adj.* 歯茎の [Sk.]

ವರ್ಧಂತಿ ⟦vardʰaṃti ヴァルダンティ⟧ [vərdʰənti] 《文》 *n.* 誕生日祝い (*My.* (*Kitt.*)) [Sk.]

ವರ್ಧಕ ⟦vardʰaka ヴァルダカ⟧ [vərdʰəkɐ] 《文》 *adj.* 《複合語末で》増大させる、発展させる、力づける [Sk.]

ವರ್ಧಮಾನ ⟦vardʰamāna ヴァルダマーナ⟧ [vərdʰəmɐːnɐ] 《文》 *adj.* 増大する **—*n.*** **1** 繁栄、繁盛 ¶ ಕಂಪ್ಯೂಟರ್ ಉದ್ಯಮ ಭಾರತದಲ್ಲಿ ವರ್ಧಮಾನಕ್ಕೆ ಬಂದಿದೆ. (kampyūṭar udyama bʰāratadalli vardʰamānakke baṃdide.) コンピューターの業界はインドで繁盛している。 **2** 青年期、若盛り ¶ ಮಕ್ಕಳು ವರ್ಧಮಾನಕ್ಕೆ ಬಂದಿದ್ದಾರೆ. (makkaḷu vardʰamānakke baṃdiddāre.) 子どもたちは成長して若い盛りである。 **3** **—*m.*** ヴァルダマーナ(ジャイナ教の24番目のジナの名)

ವರ್ಧಿಷ್ಣು ⟦vardʰiṣṇu ヴァルディシュヌ⟧ [vərdʰiʂɳu] 《文》 *adj., mf.* (社会的経済的に)隆盛に向かう〈人〉; 繁栄している〈人〉 **—*adj.*** (企業などが)成長する ; 繁栄している、繁盛している ¶ ಇತ್ತೀಚಿನ ವರ್ಷಗಳಲ್ಲಿ ನಮ್ಮ ಉದ್ಯಮ ವರ್ಧಿಷ್ಣುವಾಗಿದೆ. (ittīcina varṣagaḷalli namma udyama vardʰiṣṇuvāgide.) 近年私たちの企業は繁盛している。 ¶ ಟೈವಾನ್ ಈಗ ವರ್ಧಿಷ್ಣು ದೇಶವಲ್ಲ. (ṭaivān īga vardʰiṣṇu dēśavalla.) 台湾はもう発展途上国ではない。 [Sk.]

ವರ್ಧಿಸು ⟦vardʰisu ヴァルディス⟧ [vərdʰisu] 《文》 *vi.* **1** 増す、増大する **2** 繁栄を得る [Sk.]

ವರ್ಷ ⟦varṣa ヴァルシャ⟧ [vərʂɐ] *n.* **1** 雨 **2** 年 [Sk.] = ವರುಷ (varuṣa)

ವರ್ಷಕಂದಿ ⟦varṣakaṃdi ヴァルシャカンディ⟧ [vərʂəkəndi] ಕಂತಿ 《文》 *n.* ☞ವರ್ಷಗಂದಿ (varṣagaṃdi)

ವರ್ಷಗಂದಿ ⟦varṣagaṃdi ヴァルシャガンディ⟧ [vərʂəgəndi] 《文》 *n.* 毎年子を生む雌牛 [*varṣa* + *kaṃdi*]

ವರ್ಷವರ್ಧಂತಿ ⟦varṣavardʰaṃti ヴァルシャヴァルダンティ⟧ [vərʂəgənti] 《文》 *n.* 誕生日祝い [Sk.] = ವರ್ಧಂತಿ (vardʰaṃti)

ವರ್ಷಾ ಋತು ⟦varṣā ṛtu ヴァルシャールトゥ⟧ [vərʂɐˑ rɯtu/— rutu] 《文》 *n.* 雨期、モンスーン [Sk.]

ವರ್ಷಾಶನ ⟦varṣāśana ヴァルシャーシャナ⟧ [vərʂɐːʃənɐ] 《文》 *n.* 身寄りのない人々に政府が毎年給付する年金 [Sk.]

ವಲಯ ⟦valaya ヴァラヤ⟧ [vələjɐ] ವಳಯ *n.* **1** 円、円周 **2** (一般的に)腕輪、腕飾り **3** 地域、地帯 [Sk.]

ವಲವರ ⟦valavara ヴァラヴァラ⟧ [vɤlə̆vərɐ] 《‡》 *n.* 愛情、愛着、など [Ka. D1006] (*Bh.8,16,28.; 8,23,25* (*Kitt.*)) ☞ಒಲವರ (olavara)

ವಲಸೆ ⟦valase ヴァラセ⟧ [vələ̆se] ವಲಿಸೆ *n.* 移住 [Ka. D5278]

ವಲಸೆಗಾರ ⟦valasegāra ヴァラセガーラ⟧ [vələ̆segɐːrɐ] *m.* 《*f.* ವಲಸೆಗಾರ್ತಿ (valasegārti)》(他国への)移住者、移民 [*valase* + *-gāra*]

ವಲಿಸೆ ⟦valise ヴァリセ⟧ [vəlĭse] *n.* 他国への移住 [Ka. D5278]

ವಲ್ಕಲ ⟦valkala ヴァルカラ⟧ [vəlkəlɐ] 《文》 *n.* **1** 木の皮、樹皮 **2** 木の皮で作った衣 = ನಾರುಸೀರೆ (nārusīre) **3** 魚のうろこ [Sk.]

ವಲ್ಮೀಕ ⟦valmīka ヴァルミーカ⟧ [vəlmiːkɐ] 《文》 *n.* **1** 蟻塚 = ಹುತ್ತ (hutta) **2** (首などにできた)こぶ [Sk.] = ಬಾವು (bāvu)

ವಲ್ಲಭ ⟦vallabʰa ヴァッラバ⟧ [vələbʰɐ] 《文》 *adj.* 愛された **—*m.*** 《*f.* ವಲ್ಲಭೆ (vallabʰe) (mostly 複合語末で)》 **1** 愛人、夫 **2** 主人、支配者 ¶ ಈ ಪೃಥ್ವೀವಲ್ಲಭನೇ ಆ ದೇವರು. (ī pṛtʰvīvallabʰanē ā dēvaru.) この世界の主はあの神だ。 [Sk.]

ವಲ್ಲಭೆ ⟦vallabʰe ヴァッラベ⟧ [vələbʰe] 《文》 *f.* 《*m.* ವಲ್ಲಭ (vallabʰa)》愛人、恋人、妻 [Sk.]

ವಲ್ಲರಿ ⟦vallari ヴァッラリ⟧ [vəlləri] 《文》 *n.* **1** つる草、つる植物 **2** 花束、花輪 [Sk.]

ವಲ್ಲಿ¹ ⟦valli ヴァッリ⟧ [vəlli] 《文》 *n.* つる草 = ಬಳ್ಳಿ (baḷḷi)〔汎〕[Sk.]

ವಲ್ಲಿ² ⟦valli ヴァッリ⟧ [vəlli] *n.* 男性が肩にかけたり腰に巻いたりする白い布 [Sk.?] (NK) = ಉತ್ತರೀ-ಯ/ಧೋತ್ರ (uttarīya/dʰōtra) *[ಉತ್ತರೀಯ (uttarīya)]

ವಲ್ಲೆ 〚valle ヴァッレ〛 [vəlle] 《方》 *n.* シロアリ(白蟻) [Ka. D988] (*Hal.*) ☞ಒರಲೆ (orale)〔汎〕

ವವ್ 〚vav ヴァヴ〛 [vəv] (*n.*) わん(犬やジャッカルが吠える声を表す擬音語) [Ka. onom. D5290]

ವವ್ವವ್ 〚vavvav ヴァッヴァヴ〛 [vəvvəv/vɤvvɤv] (*n.*) わんわん(犬やジャッカルが繰り返し吠える声を表す擬音語) [Ka. onom. D5290]

ವರ್ಷಾ ಋತು 〚varṣā ṛtu ヴァルシャールトゥ〛 [vərʂɐ: rɯtu/... rutu] 《文》 *n.* 雨期、モンスーン [Sk.]

ವಶ 〚vaśa ヴァシャ〛 [vəʃɐ/vɤʃɐ] *n.* 1 従属、支配下にある状態 ¶ ಮಾವುತ ಅನೇಕ ಆನೆಗಳನ್ನು ವಶ ಮಾಡಿಕೊಂಡಿದ್ದಾನೆ. (māvuta anēka ānegaḷannu vaśa māḍikoṃḍiddāne.) 象使いは多くの象たちを慣らした。 ¶ ಹೆಂಡತಿ ಅವನ ವಶದಲ್ಲಿ ಇಲ್ಲ. (heṃḍati avana vaśadalli illa.) 彼の妻は彼の支配下にない。 2 管理、保管 [Sk.]

ವಶವರ್ತಿ 〚vaśavarti ヴァシャヴァルティ〛 [vəʃəvərti/vɤʃə-] 《文》 *adj.*, *m.* 《*f.* ವಶವರ್ತಿನಿ (vaśavartini)》従属する〈人〉、支配下にある〈人〉 [Sk.]

ವಶೀಕರಣ 〚vaśīkaraṇa ヴァシーカラナ〛 [vəʃi:kərəɳɐ/vɤʃi:-] *n.* (薬物、呪文、催眠術などで)人を自由に操ったり隷属させたりすること [Sk.]

ವಶೀಕರಿಸು 〚vaśīkarisu ヴァシーカリス〛 [vəʃi:kərisu/vɤʃi:-] *vt.* 薬物、呪文、催眠術などで〈人を〉自由にする、隷属させる [Sk.]

ವಶೀಭೂತ 〚vaśībʰūta ヴァシーブータ〛 [vəʃi:bʰu:tɐ/vɤʃi:-] 《文》 *adj.*, *mf.* 《*f.* ವಶೀಭೂತಳು (vaśībʰūtaḷu)》支配下におかれた〈人〉 [Sk.]

ವಶೀಲಿ 〚vaśīli ヴァシーリ〛 [vəʃi:li/vɤʃi:li] ವಶೀಲು *n.* (権力や利益を得る手段としての)有力者とのつながり、コネ [Ar. *vasīl*] = influence〔口〕

ವಶೀಲು 〚vaśīlu ヴァシール〛 [vəʃi:lu/vɤʃi:lu] *n.* [Ar. *vasīl*] ☞ವಸೀಲಿ (vasīli)

ವಸಂತ 〚vasaṃta ヴァサンタ〛 [vəsəntɐ/vɤsəntɐ] 《文》 *n.* 春 [Sk.]

ವಸಡು 〚vasaḍu ヴァサドゥ〛 [vəsə̆ɖu/vɤsə̆ɖu] *n.* 歯茎 [Ka. D606] = ಒಸಡು (osaḍu)

ವಸತಿ 〚vasati ヴァサティ〛 [vəsə̆ti/vɤsə̆ti] *n.* 1 住居 2 (旅行者のための)宿泊所 3 キャンプ [Sk.]

ವಸತಿಗೃಹ 〚vasatigṛha ヴァサティグルハ〛 [vəsə̆tigrɯhɐ/vɤsə̆tigruhɐ] 《文》 *n.* 小旅館、小ホテル、ペンション(ホテルより廉価の宿泊施設) [Sk.]

ವಸತಿಘಟಕ 〚vasatigʰaṭaka ヴァサティガタカ〛 [vəsətigʰəʈəkɐ/vɤsə̆ti-] 《文》 *n.* アパート、フラット(集合住宅の一戸) [Sk.] = ಫ್ಲ್ಯಾಟ್ (pʰlyāṭ)〔口〕

ವಸನ 〚vasana ヴァサナ〛 [vəsənɐ/vɤsənɐ] 《文》 *n.* 衣類、衣料 [Sk.]

ವಸಾಹತು 〚vasāhatu ヴァサーハトゥ〛 [vəsɐ:hətu/vɤsɐ:hətu] *n.* 植民地、居留地 [M. *vasāhat* ←Ar.-Pe *vas'at* ← Sk. *vas-*]

ವಸಾಹತು ಕಾನೂನು 〚vasāhatu kānūnu ヴァサーハトゥカーヌーヌ〛 [vəsɐ:hətu/vɤsɐ:hətu kɐ:nu:nu] 《文》 *n.* (イギリスで作られた)植民地法 [+ *kānūnu*]

ವಸಾಹತುಶಾಹಿ 〚vasāhatuśāhi ヴァサーハトゥシャーヒ〛 [vəsɐ:hətuʃɐ:hi/vɤsɐ:hətu-] 《文》 *n.* 植民地支配、植民地主義 [+ Pe. *šāhī*]

ವಸಿಗೆ 〚vasige ヴァシゲ〛 [vəsĭge/vɤsĭge] 《古》 *n.* 小作人が地主に物納する小作料 [Ka. *D3936] ☞ಪಸುಗೆ (pasuge)

ವಸೀಲು 〚vasīlu ヴァシール〛 [vəsi:lu/vɤsi:lu] ವಸೀಲಾ, ವಶೀಲಿ, ವಶೀಲೆ, ವಸೀಲಿ *n.* 権力や利益を得る手段としての有力者とのつながり、コネ [Ar. *vasīl*]

ವಸುಂಧರೆ 〚vasuṃdʰare ヴァスンダレ〛 [vəsundʰəre/vɤsun-] 《文》 *n.* 大地、地球 [Sk.] = ವಸುಧೆ (vasudʰe)

ವಸೂಲಿ 〚vasūli ヴァスーリ〛 [vəsu:li/vɤsu:li] *n.* [Pe.-Ar. *vuṣūl* + Pe. *-ī*] ☞ವಸೂಲು (vasūlu)

ವಸೂಲು 〚vasūlu ヴァスール〛 [vəsu:lu/vɤsu:lu] *n.* (債権や税金や料金などの)徴収、取り立て [Ar. *vuṣūl*]

ವಸೂಲುಮಾಡು 〚vasūlumāḍu ヴァスールマードゥ〛 [vəsu:lŭmɐ:ɖu/vɤ] *vt.* 〈金銭を〉徴収する、取り立てる [+ *māḍu*]

ವಸ್ತಾದಿ 〚vastādi ヴァスターディ〛 [vəsta:di/vɤstɐ:di] *mf.* 1 (音楽、舞踊、レスリングなどの)達人 2 (一般的に)達人、熟達した人 3〔皮〕札付きの悪党 [M. *vastādā* ←Pe. *ustād*]

ವಸ್ತು 〚vastu ヴァストゥ〛 [vəstu/vɤstu] *n.* 1 物質、物 2 物語などの筋、主題 = ಕಥಾವಸ್ತು (katʰāvastu) [Sk.]

ವಸ್ತುಕೋಶ 〚vastukōśa ヴァストゥコーシャ〛 [vəstuko:ʃɐ/vɤstuko:ʃɐ] 《文》 *n.* 特定分野に関する事典、用語集 [Sk.]

ವಸ್ತುನಿಷ್ಠ 〚vastuniṣṭʰa ヴァストゥニシュタ〛 [vəstuniʂʈʰɐ/vɤstuniʂʈʰɐ] ವಸ್ತುನಿಷ್ಟ 《文》 *adj.* 即物的な、客観的な [Sk.]

ವಸ್ತುನಿಷ್ಠೆ 〚vastuniṣṭʰe ヴァストゥニシュテ〛 [vəstuniʂʈe/vɤstu-] ವಸ್ತುನಿಷ್ಠೆ 《文》 *n.* 即物主義、客観主義 [Sk.]

ವಸ್ತುಪ್ರದರ್ಶನ 〚vastupradarśana ヴァストゥプラダルシャナ〛 [vəstuprədərʃənɐ/vɤstu-] 《文》 *n.* 展覧会

ವಸ್ತುವಿನಿಮಯ 〚vastuvinimaya ヴァストゥヴィニマヤ〛 [vəstuvinimәjɐ/vɤstu-] 《文》 *n.* 物々交換、バーター [Sk.]

ವಸ್ತುವಿನಿಮಯವ್ಯವಸ್ಥೆ 〚vastuvinimayavyavastʰe ヴァストゥヴィニマヤヴィャヴァステ〛 [vəstu/vɤstu//vinimәjә//vjәvəstʰe/vjɤstʰe] 《文》 *n.* 物々交換制度 [Sk.]

ವಸ್ತುಸ್ಥಿತಿ 〚vastustʰiti ヴァストゥスティティ〛 [vəstusstʰiti/vɤstu-] 《文》 *n.* 現実、現状 [Sk.]

ವಸ್ತುಸಂಗ್ರಹಾಲಯ 〚vastusaṃgrahālaya ヴァストゥサングラハーラヤ〛 [vəstusəŋgrəhɐ:ləjɐ/vɤstu-] 《文》 *n.* 博物館 [Sk.] = ಮ್ಯೂಜಿಯಂ (myūjiyaṃ)〔口〕

ವಸ್ತ್ರ 〚vastra ヴァストラ〛 [vəstrɐ/vɤstrɐ] 《文》 *n.* 衣類、着物 [Sk.] = ಬಟ್ಟೆ (baṭṭe)〔口〕

ವಸ್ತ್ರಹರಣ 〚vastraharaṇa ヴァストラハラナ〛 [vəstrəhərəɳɐ/vɤstrə-] 《文》 *n.* 他人の衣服をむしり取ること、

特にカウラヴァ族がドラウパディーの衣服をむしり取って恥をかかせた事件 [Sk.]

ವಹನ ⟦vahana ヴァハナ⟧ [vəhənɐ/vɣhənɐ] 《文》 *n.* **1** 輸送、運送 **2** (熱や電気などの)伝導 **3** (熱や電気などの)伝導体

ವಹನಸಾಧ್ಯತೆ ⟦vahanasād^{h}yate ヴァハナサーディャテ⟧ [vəhənəsɐːd^{h}jəte/vɣhənə-] 《文》 *n.* **1** 運搬の可能性 **2** (熱や電気などの)伝導性 [Sk.]

ವಹಿ ⟦vahi ヴァヒ⟧ [vəhi/vɣhi] *n.* 帳簿、会計簿 [Sk. *vahikā-*]

ವಹಿನಿ ⟦vahini ヴァヒニ⟧ [vəhini/vɣhini] 《方》 *f.* 《*pl.* ವಹಿನಿಯರು (vahiniyaru)》 兄嫁、義理の姉 [M. *vahinī* T11250] (NK) = ಅತ್ತಿಗೆ (attige)

ವಹಿವಾಟು ⟦vahivāṭu ヴァヒヴァートゥ⟧ [vəhivɐːʈu/vɣhi-] ವಹಿವಾಟ್, ವಹಿವಾಟ, ವಹಿವಾಟಿ, ವೈವಟ್ಟು, ವೈವಾಟ, ವೈವಾಟಿ, ವೈವಾಟು *n.* **1** (会社などの)経営、運営 **2** 習慣、慣わし;習熟 ¶ ನನಗೆ ಕಂಪ್ಯೂಟರ್ನಲ್ಲಿ ಹೆಚ್ಚು ವಹಿವಾಟು ಇಲ್ಲ. (nanage kampyūṭarnalli heccu vahivāṭu illa.) 私はコンピューターにあまり習熟していない。 **3** 商取引、取引関係、社会的付き合い ¶ ನಮಗೂ ಅವರಿಗೂ ವಹಿವಾಟಿಲ್ಲ. (namagū avarigū vahivāṭilla.) 私と彼らとの間には何の関わりもない。 [M. *vahivāṭā*「経営」< Sk. *vahikā- + vṛtti-?*]

ವಾಣಿಜ್ಯವಹಿವಾಟು ⟦vāṇijyavahivāṭu ヴァーニジュャヴァヒヴァートゥ⟧ [vɐːɳiʤjəvəhivɐːʈu/–vɣhivɐːʈu] *n.* 商取引 [+ *vahivāṭu*]

ವಹಿಸು ⟦vahisu ヴァヒス⟧ [vəhisu/vɣhisu] 《文》 *vt.* **1** 〈王位、政権、貴重品などを〉引き渡す、譲渡する ¶ ರಾಜ ತನ್ನ ರಾಜ್ಯಭಾರವನ್ನು ಮಗನಿಗೆ ವಹಿಸಿದ. (rāja tanna rājyab^{h}āravannu maganige vahisida.) 王は王位の重責を王子に譲り渡した。 **2** 〈任務などを〉引き受ける、〈責任を〉負う ¶ ಜಸ್ವಂತಸಿಂಗ್ ಅವರು ರಕ್ಷಣಾಖಾತೆಯನ್ನು ವಹಿಸಿಕೊಂಡರು. (jasvaṃtasiṃg avaru rakṣaṇāk^{h}āteyannu vahisikoṃḍaru.) ジャスヴァント・シン氏は防衛大臣の任に就いた。

ವಹ್ನಿ ⟦vahni ヴァフニ⟧ [vənn^{h}i/vɣnnhi] 《文》 *n.* 火 ―*m.* 火の神 = ಅಗ್ನಿ (agni) [Sk.]

-ವಳಿ ⟦-vaḷi -ヴァリ⟧ [vəɭi/vɣɭi] *suf.* 動詞から名詞を作る接尾辞 ¶ ತೀರುವಳಿ (tīruvaḷi) 終わり [?]

ವಾಂಗೀಭಾತ್ ⟦vāṃgīb^{h}āt ヴァーンギーバート⟧ [vɐːŋgiːb^{h}ɐːt] *n.* ナスご飯(ナスと米を炊いて塩や香辛料で味をつけたもの) [M. *vāṃgē + b^{h}ātu*]

ವಾಂಛಲ್ಯ ⟦vāṃc^{h}alya ヴァーンチャリャ⟧ [vɐːɲʧ^{h}əlʲjɐ] ವಾಂಚಲ್ಯ 《文》 *n.* (親からその子どもに対してなど)より若い人に対する愛情や優しさ [Sk. *vātsalya-* × Sk. *vāṃc^{h}ā-*]

ವಾಂಛಿತ ⟦vāṃc^{h}ita ヴァーンチタ⟧ [vɐːɲʧ^{h}itɐ] 《文》 *adj.* 熱望した、憧れた ―*n.* 望むもの、望み ¶ ನಿನ್ನ ವಾಂಛಿತವೇನು. (ninna vāṃc^{h}itavēnu.) 君はいったい何が欲しいのか。 [Sk.]

ವಾಂಛೆ ⟦vāṃc^{h}e ヴァーンチェ⟧ [vɐːɲʧ^{h}e] 《文》 *n.* 憧れ、望み [Sk.]

ವಾಂತಿ ⟦vāṃti ヴァーンティ⟧ [vɐːnti] *n.* 嘔吐 [Sk.]

ವಾಂತಿಭೇದಿ ⟦vāṃtib^{h}ēdi ヴァーンティベーディ⟧ [vɐːnti b^{h}eːdi] 《文》 *n.* (コレラなどでの)嘔吐を伴う下痢 [Sk.]

ವಾಕರಿಕೆ ⟦vākarike ヴァーカリケ⟧ [vɐːkərike] *n.* 吐き気 [Ka. D1029] ☞ಓಕರಿಕೆ (ōkarike)

ವಾಕರಿಸು ⟦vākarisu ヴァーカリス⟧ [vɐːkərĭsu] *vt.* **1** 吐き気をもよおす **2** かあっかあっとものを吐くような音を立てる [Ka. D1029]

ವಾಕಳಿಕೆ ⟦vākaḷike ヴァーカリケ⟧ [vɐːkəɭĭke] 《口》 *n.* [Ka. D1029] ☞ವಾಕರಿಕೆ, ಓಕರಿಕೆ (vākarike, ōkarike)

ವಾಕಳಿಸು ⟦vākaḷisu ヴァーカリス⟧ [vɐːkəɭĭsu] 《口》 *vt.* [Ka. D1029] ☞ವಾಕರಿಸು, ಓಕರಿಸು (vākarisu, ōkarisu)

ವಾಕ್ಕಲಹ ⟦vākkalaha ヴァーッカラハ⟧ [vɐːkkələhɐ] 《文》 *n.* 口論、口げんか、論争 [Sk. M3.183]

ವಾಕಿಲ್ ⟦vākil ヴァーキル⟧ [vɐːkkil] 《古》 *n.* 入り口、扉 [Ka. D5354] ☞ಬಾಗಿಲು (bāgilu)

ವಾಕ್ಕು ⟦vākku ヴァーック⟧ [vɐːkku] 《文》 *n.* 言葉 [Sk.]

ವಾಕ್ಕೋವಿದ ⟦vākkōvida ヴァーッコーヴィダ⟧ [vɐːkkoːvidɐ] 《文》 *adj., m.* 《*f.* ವಾಕ್ಕೋವಿದೆ (vākkōvide)》雄弁家〈である〉 [Sk.]

ವಾಕ್ಚಾತುರ್ಯ ⟦vākcāturya ヴァークチャートゥリヤ⟧ [vɐːkʧɐːturʲjɐ] 《文》 *n.* 口が巧いこと、口達者、雄弁 [Sk.]

ವಾಕ್ಪರಿಣತ ⟦vākpariṇata ヴァークパリナタ⟧ [vɐːkpəriɳətɐ] 《文》 *adj., m.* 《*f.* ವಾಕ್ಪರಿಣತೆ (vākpariṇate)》口の巧い〈人〉、口達者な〈人〉、雄弁家〈である〉 [Sk.]

ವಾಕ್ಪೌರುಷ ⟦vākpauruṣa ヴァークパゥルシャ⟧ [vɐːkpəuruʂɐ] 《文》 *n.* 大言壮語 [Sk.]

ವಾಕ್ಯ ⟦vākya ヴァーキャ⟧ [vɐːkʲjɐ] 《文》 *n.* **1** 言葉 **2** 約束、誓約、誓い **3** 〔言〕文 [Sk.]

ವಾಕ್ಯದೋಷ ⟦vākyadōṣa ヴァーキャドーシャ⟧ [vɐkʲjədoːʂɐ] 《文》 *n.* **1** 詩作において文を作る規則に違反すること **2** 文法的誤り [Sk.]

ವಾಕ್ಯರಚನೆ ⟦vākyaracane ヴァーキャラチャネ⟧ [vɐːkʲjərəʧəne] 《文》 *n.* **1** 作文 **2** 統辞法、文章論 [Sk.]

ವಾಕ್ಯವಿದ ⟦vākyavida ヴァーキャヴィダ⟧ [vɐːkʲjəvidɐ] 《文》 *adj., m.* 《*f.* ವಾಕ್ಯವಿದೆ (vākyavide)》言葉の使い方に通じた〈人〉 [Sk.]

ವಾಕ್ಸ್ವಾತಂತ್ರ್ಯ ⟦vāksvātaṃtrya ヴァークスヴァータントリヤ⟧ [vɐːksvɐːtəntrʲjɐ] 《文》 *n.* 言論の自由 [Sk.]

ವಾಗಾಡಂಬರ ⟦vāgāḍaṃbara ヴァーガーダンバラ⟧ [vɐːgɐːɖəmbərɐ] 《文》 *n.* 大言壮語、豪語 [Sk.]

ವಾಗ್ಗೇಯಕಾರ ⟦vāggēyakāra ヴァーッゲーヤカーラ⟧ [vɐːggeːjəkɐːrɐ] 《文》 *m.* 《*f.* ವಾಗ್ಗೇಯಕಾರಳು (vāggēyakāraḷu)》詩を書きそれに曲をつけて歌う音楽家 [Sk.]

ವಾಗ್ಗೇಯಕಾರತೆ ⟦vāggēyakārate ヴァーッゲーヤカーラテ⟧ [vɐːggeːjəkɐːrəte] 《文》 *n.* 詩を書きそれに曲をつける音楽家であることまたはその能力 [Sk.]

ವಾಗ್ಝರಿ ⟦vāgjʰari ヴァーグジャリ⟧ [vɐːgʤʰəri] 《文》 *n.* 流れるような雄弁 [Sk.]

ವಾಗ್ದಾನ ⟦vāgdāna ヴァーグダーナ⟧ [vɐːgdɐːnɐ] 《文》 *n.* 約束、言質、請け合うこと [Sk.]

ವಾಗ್ದಾನಭಂಗ ⟦vāgdānabʰaṃga ヴァーグダーナバンガ⟧ [vɐːgdɐːnəbʰəŋgɐ] 《文》 *n.* 約束を破ること [Sk.]

ವಾಗ್ದಾಳಿ ⟦vāgdāḷi ヴァーグダーリ⟧ [vɐːgdɐːɭi] 《文》 *n.* 言葉による攻撃 [Sk. *vāc-* + *dāḷi*]

ವಾಗ್ಮಿ ⟦vāgmi ヴァーグミ⟧ [vɐːgmi] 《文》 *mf.* 雄弁家、弁舌の巧い人 [Sk.]

ವಾಚನ ⟦vācana ヴァーチャナ⟧ [vɐːʧənɐ] 《文》 *n.* 1 読むこと；声を出して読むこと 2 言うこと、発言、供述；宣言 [Sk.]

ವಾಚಾಪರೀಕ್ಷೆ ⟦vācāparīkṣe ヴァーチャーパリークシェ⟧ [vɐːʧɐːpəriːkʂe] 《文》 *n.* 口頭試問 [Sk.] = ವೈವಾ (vaivā) 〔口〕

ವಾಚಾಳ ⟦vācāḷa ヴァーチャーラ⟧ [vɐːʧɐːɭɐ] 《文》 *adj.*, *mf.* よくしゃべる〈人〉、多弁な〈人〉 [Sk.]

ವಾಚಾಳತೆ ⟦vācāḷate ヴァーチャーラテ⟧ [vɐːʧɐːɭəte] 《文》 *n.* 多弁、おしゃべり [Sk.]

ವಾಚಾಳಿ ⟦vācāḷi ヴァーチャーリ⟧ [vɐːʧɐːɭi] 《文》 *mf.* おしゃべり、おしゃべり屋 [Sk.]

ವಾಚಿಸು ⟦vācisu ヴァーチス⟧ [vɐːʧisu] 《文》 *vt.* (声を出して)読む、朗唱する [Sk.]

ವಾಚ್ಯ ⟦vācya ヴァーチュヤ⟧ [vɐːʧˑjɐ] 《文》 *adj.* 1 文字通りの(意味など) 2 言葉で表すべき —*n.* 1 文字通りの意味 2 非難、とがめ [Sk.]

ವಾಚ್ಯಾತೀತ ⟦vācyātīta ヴァーチュヤーティータ⟧ [vɐːʧˑjɐːtiːtɐ] 《文》 *adj.* 言いようのない、言葉で表せない [Sk.]

ವಾಚ್ಯಾರ್ಥ ⟦vācyārtʰa ヴァーチュヤールタ⟧ [vɐːʧˑjɐːrtʰɐ] 《文》 *n.* 言葉通りの意味 [Sk.]

ವಾಟ[1] ⟦vāṭa ヴァータ⟧ [vɐːʈɐ] *n.* (地面、屋根、水路などの) 勾配 ¶ ಬಚ್ಚಲುಮನೆಯಲ್ಲಿ ವಾಟ ಸರಿಯಾಗಿದ್ದರೆ ನೀರು ಹೋಗುತ್ತದೆ. (baccalumaneyalli vāṭa sariyāgiddare nīru hōguttade.) 浴室に勾配があれば水が流れ出る。 [Ka. D5344]

ವಾಟ[2] ⟦vāṭa ヴァータ⟧ [vɐːʈɐ] 《文》 *n.* 1 建物の周りの垣や塀 2 垣や塀などで囲われた土地や囲い地や構内 ¶ ವೇಶ್ಯಾವಾಟ (vēśyāvāṭa) 赤線区域 [Sk.]

ವಾಟಿ ⟦vāṭi ヴァーティ⟧ [vɐːʈi] 《文》 *n.* 1 公園、庭 2 果樹園 [Sk.] = ತೋಟ (tōṭa) 〔口〕

ವಾಟೆ[1] ⟦vāṭe ヴァーテ⟧ [vɐːʈe] 《文》 *n.* 大型の葦の一種 [Ka. *D1043] = ಓಟೆ (ōṭe)[3]

ವಾಟೆ[2] ⟦vāṭe ヴァーテ⟧ [vɐːʈe] 《文》 *n.* 葦の一種で作った使い捨ての大きな籠 [Ka. *D1043?]

ವಾಡಿಕೆ ⟦vāḍike ヴァーディケ⟧ [vɐːɖike] *n.* 1 習慣、慣わし 2 (人の)癖、習癖 ¶ ಹತ್ತು ಘಂಟೆಗೆ ಅವರು ನಮ್ಮ ಮನೆಗೆ ಬರುವದು ವಾಡಿಕೆ. (hattu gʰaṃṭege avaru namma manege baruvadu vāḍike.) 彼は10時にうちの家へ来るのが常である。 [Ka. D5341]

ವಾಡೆ ⟦vāḍe ヴァーデ⟧ [vɐːɖe] 《古》 *n.* 1 土製の輪を積み重ねて作った穀物保存用の容器 2 (土製の)井戸枠 [Ka. D1042] = ಓಡೆ (ōḍe)

ವಾಣಿ ⟦vāṇi ヴァーニ⟧ [vɐːɳi] *n.* 言葉 —*f.* サラスヴァティー、言葉や学問の女神 [Sk. *vāṇī-* <?]

ವಾಣಿಜ್ಯ ⟦vāṇijya ヴァーニジュヤ⟧ [vɐːɳiʤˑjɐ] *n.* 商業 [Sk.]

ವಾಣಿಜ್ಯ ಕೇಂದ್ರ ⟦vāṇijya kēṃdra ヴァーニジュヤケーンドラ⟧ [vɐːɳiʤˑjə keːndrɐ] 《文》 *n.* 1 商業の中心地 2 ショッピングセンター [+ *kēṃdra*]

ವಾಣಿಜ್ಯದೂತ ⟦vāṇijyadūta ヴァーニジュヤドゥータ⟧ [vɐːɳiʤˑjəduːtɐ] 《文》 *m.* 《*f.* ವಾಣಿಜ್ಯದೂತಳು (vāṇijyadūtaḷu)》貿易使節 [+ *dūta*]

ವಾಣಿಜ್ಯನೌಕೆ ⟦vāṇijyanauke ヴァーニジュヤナウケ⟧ [vɐːɳiʤˑjənəuke] 《文》 *n.* 商船、貨物船 [+ *nauke*]

ವಾಣಿಜ್ಯಮಂಡಲಿ ⟦vāṇijyamaṃḍali ヴァーニジュヤマンダリ⟧ [vɐːɳiʤˑjəmənɖəli] 《文》 *n.* 1 商工会議所 2 同業組合 [+ *maṃḍali*]

ವಾಣಿಜ್ಯ ವಹಿವಾಟು ⟦vāṇijya vahivāṭu ヴァーニジュヤヴァヒヴァートゥ⟧ [vɐːɳiʤˑjə vɣhivɐːʈu] 《文》 *n.* 商業取引 [+ *vahivāṭu*]

ವಾಣಿಜ್ಯಮಾರುತ ⟦vāṇijyamāruta ヴァーニジュヤマールタ⟧ [vɐːɳiʤjəmɐːrutɐ] 《文》 *n.* 貿易風 [Sk.]

ವಾತ ⟦vāta ヴァータ⟧ [vɐːtɐ] *n.* 1 風 2 空気、大気 3 リウマチや痛風その他同様の症状の病気 [Sk.]

ವಾತಾನುಕೂಲ ⟦vātānukūla ヴァーターヌクーラ⟧ [vɐːtɐːnukuːlɐ] 《文》 *adj.* 空調のある [Sk.]

ವಾತಾವರಣ ⟦vātāvaraṇa ヴァーターヴァラナ⟧ [vɐːtɐːvərəɳɐ] 《文》 *n.* 1 (地球や天体の)大気 2 (住宅地や地球などの)環境 3 (会議などの)雰囲気

ವಾತ್ಸಲ್ಯ ⟦vātsalya ヴァートサリャ⟧ [vɐːtsəlˑjɐ/vɐːtstsəlˑjɐ] 《文》 *n.* 愛情、愛着 [Sk.]

ವಾದ[1] ⟦vāda ヴァーダ⟧ [vɐːdɐ] *n.* 1 議論、論議、論争 2 主張、言い張ること 3 告訴、申し立て 4 (複合語の終わりで)「…主義」「…説」、翻訳的用法では「…イズム」の訳語として用いられる [Sk.]

ವಾದ[2] ⟦vāda ヴァーダ⟧ [vɐːđɐ] 《‡》 *n.* 象を捕獲するための穴 [Ka. D1048] (*Abhâ.2,37* (*Kitt.*)) ☞ ಓದ (ōda)

ವಾದಕ ⟦vādaka ヴァーダカ⟧ [vɐːdəkɐ] 《文》 *m.* 《*f.* ವಾದಕಿ (vādaki)》(器楽の)演奏者 [Sk.]

ವಾದನ ⟦vādana ヴァーダナ⟧ [vɐːdənɐ] 《文》 *n.* (楽器の)演奏 [Sk.]

ವಾದಗ್ರಸ್ತ ⟦vādagrasta ヴァーダグラスタ⟧ [vɐːdəgrəstɐ] 《文》 *adj.* 議論の余地がある ¶ ಸಂಸತ್ತಿನಲ್ಲಿ ಸ್ತ್ರೀಯರ ಆರಕ್ಷಣೆ ವಾದಗ್ರಸ್ತ ವಿಷಯವಾಗಿದೆ. (saṃsattinalli strīyara ārakṣaṇe vādagrasta viṣayavāgide.) 議会で女性のために特別枠を設ける問題が議論の的となっている。 [Sk.]

ವಾದಸರಣಿ ⟦vādasaraṇi ヴァーダサラニ⟧ [vɐːdəsərəɳi] 《文》 *n.* 議論の組み立て、議論の方法 [Sk.]

ವಾದಿ ⟦vādi ヴァーディ⟧ [vɐːdi] *mf.* 1 論争者 2 原告 [Sk.] = ಫಿರ್ಯಾದಿ (pʰiryādi)

ವಾದಿಸು ⟦vādisu ヴァーディス⟧ [vɐːdisu] 《文》 *vt.* 議論する、論議する ¶ ಲೋಕಸಭೆಯ ಸದಸ್ಯರು ವಿಮಾನ ಅಪಹರಣದ ಪ್ರಕರಣವನ್ನು ವಾದಿಸಿದರು. (lōkasabʰeya sadasyaru vimāna apaharaṇada prakaraṇavannu vādisidaru.) 国会議員たちは飛行機乗っ取り事件を論議した。 —*vi.* 主張する ¶ ಮಗ ತಂದೆಯ ಆಸ್ತಿಯೆಲ್ಲ ತನ್ನದೇ ಎಂದು ವಾದಿಸುತ್ತಾನೆ. (maga taṃdeya āstiyella tannadē eṃdu vādisuttāne.) 息子は自分の父親の財産は全部自分のものだと主張している。 [Sk.]

ವಾದ್ಯ ⟦vādya ヴァーディャ⟧ [vɐːdˑjɐ] *n.* 楽器 [Sk.]

ವಾದ್ಯಗೋಷ್ಠಿ ⟦vādyagōṣṭi ヴァーディャゴーシュティ⟧ [vɐːdˑjəgoːʂʈi] 《文》 *n.* 楽器の合奏 [Sk.]

ವಾದ್ಯಸಂಗೀತ ⟦vādyasaṃgīta ヴァーディャサンギータ⟧ [vɐːdˑjəsəŋgiːtɐ] *n.* 器楽曲 [Sk.]

ವಾನರ ⟦vānara ヴァーナラ⟧ [vɐːnərɐ] 《文》 *n.* 猿 [Sk.]

ವಾಪಸು ⟦vāpasu ヴァーパス⟧ [vɐːpəsu] *adv.* 戻って ¶ ನಾನು ನಿನ್ನೆ ಕಳುಹಿಸಿದ ಪತ್ರ ವಾಪಸು ಬಂತು. (nānu ninne kaḷuhisida patra vāpasu baṃtu.) 昨日私が出した手紙が返ってきた。 ◇ *vi.* —ಬರು (baru)/ಹೋಗು (hōgu) 戻ってくる [Pe. *wāpas*]

ವಾಪಸ್ಸು ⟦vāpassu ヴァーパッス⟧ [vɐːpəssu] *adv.* [Pe. *wāpas*] ☞ವಾಪಸು (vāpasu)

ವಾಮ[1] ⟦vāma ヴァーマ⟧ [vɐːmɐ] 《方》 *n.* アジュワーインまたはその種を乾燥させたもの（シソ科テイカカズラ属多年草）⇀ 香・薬 [Ka. D1054] (*My.* (*Kitt.*)) ☞ಓಮ (ōma)[1]

ವಾಮ[2] ⟦vāma ヴァーマ⟧ [vɐːmɐ] 《文》 (*adj.*) **1** 左〈の〉、左側〈の〉 **2** 敵対的な〈こと〉 **3** よこしま〈な〉、邪悪〈な〉、悪い〈こと〉 **4** 左翼〈の〉、左派〈の〉 [Sk.]

ವಾಮೆ[1] ⟦vāme ヴァーメ⟧ [vɐːme] 《‡》 *n.* 藁や干草などの山 (*Si.165* (*Kitt.*)) [Ka. D5362] = ಬಣಬೆ (baṇabe)

ವಾಮೆ[2] ⟦vāme ヴァーメ⟧ [vɐːme] 《文》 *f.* **1** 女子、女性 **2** 美女 **3** 妻 [Sk.]

ವಾಮನ ⟦vāmana ヴァーマナ⟧ [vɐːmənɐ] *m.* 《*f.* -ಳು (-ḷu)》 **1** 小人 **2** ヴィシュヌ神の５番目の化身（悪魔バリを懲らしめるため小人に生まれた） —*adj.* 小人のような、矮小な [Sk.]

ವಾಮಪಂಥೀಯ ⟦vāmapaṃtʰīya ヴァーマパンティーヤ⟧ [vɐːməpəntʰiːjɐ] 《文》 *adj.*, *m.* 《*f.* ವಾಮಪಂಥೀಯಳು (vāmapaṃtʰīyaḷu)》左翼の〈人〉 [Sk. < ?]

ವಾಮಪಕ್ಷ ⟦vāmapakṣa ヴァーマパクシャ⟧ [vɐːməpəkʂɐ] 《文》 *n.* 左翼政党 [Sk.]

ವಾಮಮಾರ್ಗ ⟦vāmamārga ヴァーママールガ⟧ [vɐːməmɐːrgɐ] 《文》 *n.* 魔術、妖術 [Sk.]

ವಾಮಾಚಾರ ⟦vāmācāra ヴァーマーチャーラ⟧ [vɐːmɐːʧɐːrɐ] 《文》 *n.* 魔術、妖術 [Sk.]

ವಾಯವ್ಯ ⟦vāyavya ヴァーヤヴィャ⟧ [vɐːjəvˑjɐ] 《文》 *n.* 北西 [Sk.]

ವಾಯಿಂಟೆ ⟦vāyiṃṭe ヴァーインテ⟧ [vɐːjinʈe] 《‡》 *n.* フウチョウソウ（風蝶草、フウチョウソウ科の木の一種）⇀ 食・薬 [←Te. *vāyiṇṭa*? D5353] (*Si.157* (*Kitt.*))

ವಾಯಿದೆ ⟦vāyide ヴァーイデ⟧ [vɐːjide] *n.* **1**《古》約束 **2**（借金などの）支払い期限 = ಗಡವು (gaḍavu) [Ar. *wāʿide*]

ವಾಯಿದಾ ದರ ⟦vāyidā dara ヴァーイダーダラ⟧ [vɐːjidɐː dərɐ] *n.* 期間限定の特別価格 [Sk.]

ವಾಯಿದಾ ಬೆಲೆ ⟦vāyidā bele ヴァーイダーベレ⟧ [vɐːjidɐː bele] *n.* 期間限定の特別価格 [Sk.]

ವಾಯು ⟦vāyu ヴァーユ⟧ [vɐːju] 《文》 *n.* **1** 風 **2** 空気 **3** リウマチや痛風その他同様の症状の病気 [Sk.]

ವಾಯುಗುಣ ⟦vāyuguṇa ヴァーユグナ⟧ [vɐːjuguɳɐ] 《文》 *n.* 天候、天気、気候 [Sk.]

ವಾಯು ಘನೀಕಾರಕ ⟦vāyu gʰanīkāraka ヴァーユガニーカーラカ⟧ [vɐːjugʰniːkɐːrəkɐ] 《文》 *n.* 気体の凝縮装置 [Sk.]

ವಾಯು ನಿಯಂತ್ರಣ ⟦vāyu niyaṃtraṇa ヴァーユニヤントラナ⟧ [vɐːjunijəntrəɳɐ] 《文》 *n.* 空調、エアコンディショニング [Sk.] = ಏರ್‌ಕಂಡೀಶನ್ (ērkaṃḍīśan)〔口〕

ವಾಯು ನಿಯಂತ್ರಿತ ⟦vāyu niyaṃtrita ヴァーユニヤントリタ⟧ [vɐːjunijəntritɐ] 《文》 *adj.* 空調した、エアコンディショニングした [Sk.]

ವಾಯುಭಾರ ಮಾಪಕ ⟦vāyubʰāra māpaka ヴァーユバーラマーパカ⟧ [vɐːjubʰɐːrə mɐːpəkɐ] 《文》 *n.* 気圧計 [Sk.]

ವಾಯು ಮಂಡಲ ⟦vāyu maṃḍala ヴァーユマンダラ⟧ [vɐːjuməɳɖəlɐ] *n.*（地球をとりまく）大気 [Sk.] = ವಾತಾವರಣ (vātāvaraṇa)

ವಾಯುಸೇನೆ ⟦vāyusēne ヴァーユセーネ⟧ [vɐːjuseːne] *n.* 空軍 [Sk.]

ವಾರ[1] ⟦vāra ヴァーラ⟧ [vɐːrɐ] *n.* 小作人が地主に小作料として納める農作物 [Ka. D5359] = ಕೋರು (kōru)

ವಾರ[2] ⟦vāra ヴァーラ⟧ [vɐːrɐ] 《‡》 *n.* 勾配、斜面 [Ka. D5360] (*My.* (*Kitt.*)) ☞ಓರೆ (ōre)

ವಾರ[3] ⟦vāra ヴァーラ⟧ [vɐːrɐ] 《‡》 *n.* ベチベルソウ（イネ科、芳香があり香料の原料となる）⇀ 香・薬 [Ka. D5374] (K^2) = ಲಾಮಂಚ (lāmaṃca)

ವಾರ[4] ⟦vāra ヴァーラ⟧ [vɐːrɐ] *n.* **1** 週 **2** 1週間の中での曜日 [Sk.]

ವಾರಪತ್ರಿಕೆ ⟦vārapatrike ヴァーラパトリケ⟧ [vɐːrəpətrike] *n.* 週刊誌 [Sk.]

ವಾರಗಿತ್ತಿ ⟦vāragitti ヴァーラギッティ⟧ [oːrə̆gitti] *f.* 夫の兄弟の妻 [Ka. D7] = ಓರಗಿತ್ತಿ (ōragitti)

ವಾರಡಿ ⟦vāraḍi ヴァーラディ⟧ [vɐːrə̆ɖi] 《‡》 *n.* 斜面、勾配 [Ka. *D1062, D5360] (*Kitt.*) ☞ಓರಡಿ (ōraḍi)

ವಾರಸು ⟦vārasu ヴァーラス⟧ [vɐːrəsu] *n.* 相続権 [Ar. *wāriṯ*]

ವಾರಸುದಾರ ⟦vārasudāra ヴァーラスダーラ⟧ [vɐːrəsudɐːrɐ] *m.* 《*f.* ವಾರಸುದಾರಳು (vārasudāraḷu)》（遺産）相続者 [Pe. *wāriṯdār*]

ವಾರಸ್ತ್ರೀ ⟦vārastrī ヴァーラストリー⟧ [vɐːrəstriː] 《文》 *f.* **1**〔歴〕古典インド社会における高級遊女、芸者、

白拍子 2 娼婦、遊び女、売笑婦 [Sk.]

ವಾರೆ ⟦vāre ヴァーレ⟧ [vɐːre] 《口》 *n.* 坂、傾斜、斜面 [Ka. D5360] ☞ಓರೆ (ōre)

ವಾರ್ತಾಗೋಷ್ಠೀ ⟦vārtāgōṣṭī ヴァールターゴーシュティー⟧ [vɐːrtɐːgoːʂʈʰi] 《文》 *n.* 記者会見 [Sk.]

ವಾರ್ತಾಚಿತ್ರ ⟦vārtācitra ヴァールターチトラ⟧ [vɐːrtɐːʧitrɐ] 《文》 *n.* ニュース映画 [Sk.]

ವಾರ್ತಾಧಿಕಾರಿ ⟦vārtādʰikāri ヴァールターディカーリ⟧ [vɐːrtɐːdʰikɐːri] 《文》 *mf.* 報道官 [Sk.]

ವಾರ್ತಾಪತ್ರಿಕೆ ⟦vārtāpatrike ヴァールターパトリケ⟧ [vɐːrtɐːpətrike] 《文》 *n.* 新聞 [Sk.]

ವಾರ್ತೆ ⟦vārte ヴァールテ⟧ [vɐːrte] 《文》 *n.* ニュース、情報 [Sk.]

ವಾರ್ಧಕ ⟦vārdʰaka ヴァールダカ⟧ [vɐːrdʰəka] 《文》 *n.* 1 老齢 ¶ ವಾರ್ಧಕ್ಯದಲ್ಲಿ ಅನುಕೂಲವಾಗಲಿ ಎಂದು ಅಪ್ಪ ವಿಮೆ ತೆಗೆದುಕೊಂಡರು. (vārdʰakyadalli anukūlavāgali emdu appa vime tegedukomḍaru.) 父は老後のことを慮って保険に加入した。 2 老弱 3 拍に基づく6行詩の一種 [Sk. *vārdʰaka-*] = ವಾರ್ಧಕಷಟ್ಪದಿ (vārdʰakaṣaṭpadi)

ವಾರ್ಧಕಷಟ್ಪದಿ ⟦vārdʰakaṣaṭpadi ヴァールダカシャトパディ⟧ [vɐːrdʰəkəʂəʈpədi] 《文》 *n.* 韻律の一種（第1、第2、第3、第5行が20モーラ、第3行と第6行が32モーラからなる）[Sk.]

ವಾರ್ಧಕ್ಯ ⟦vārdʰakya ヴァールダキャ⟧ [vɐːddʰkjɐ] 《文》 *n.* 老齢 [Sk.]

ವಾರ್ಷಿಕ ⟦vārṣika ヴァールシカ⟧ [vɐːrʂikɐ] *adj.* 毎年の、1年ごとの [Sk.]

ವಾರ್ಷಿಕ ಕಂತು ⟦vārṣika kaṃtu ヴァールシカカントゥ⟧ [— kəntu] *n.* 年賦 [+ *kaṃtu*]

ವಾರ್ಷಿಕ ಒಟ್ಟುಗೂಡುವಿಕೆ ⟦vārṣika oṭṭugūḍuvike ヴァールシカオットゥグードゥヴィケ⟧ [— oʈʈuguːɖuvike] *n.* 年ごとの集まり [+ *oṭṭugūḍuvike*]

ವಾರ್ಷಿಕ ತಪಾಸಣೆ ⟦vārṣika tapāsaṇe ヴァールシカタパーサネ⟧ [— təpɐːsəɳe] *n.* 毎年の検査 [+ *tapāsaṇe*]

ವಾರ್ಷಿಕ ವೇತನ ⟦vārṣika vētana ヴァールシカヴェータナ⟧ [— veːtənɐ] *n.* 年俸 [+ *vētana*]

ವಾರ್ಷಿಕ ಸಮೀಕ್ಷೆ ⟦vārṣika samīkṣe ヴァールシカサミークシェ⟧ [— səmiːkʂe] *n.* 年毎の吟味や検証 [+ *samīkṣe*]

ವಾಲಗ ⟦vālaga ヴァーラガ⟧ [vɐːləgɐ] *n.* 1 オーボエ族の木管楽器の一つ = ನಾದಸ್ವರ (nādasvara) 2 めでたい儀式などで演奏する器楽奏者の一団 [Ka.?] = ಓಲಗ (ōlaga)²

ವಾಲು ⟦vālu ヴァール⟧ [vɐːlu] *vi.* 1 傾く ¶ ನಮ್ಮ ಮನೆಯ ಗೋಡೆ ವಾಲಿದೆ. (namma maneya gōḍe vālide.) 家の塀が傾いている。 2〔喩〕（ある人やあることに）関心が傾く ¶ ಕವಿ ಈಗ ಕಾದಂಬರಿಯ ಕಡೆಗೆ ವಾಲಿದ್ದಾರೆ. (kavi īga kādaṃbariya kaḍege váliddāre.) 詩人（の関心）は現在小説に傾いている。 [Ka. D5369]

ವಾಲುವಿಕೆ¹ ⟦vāluvike ヴァールヴィケ⟧ [vɐːlŭvike] 《‡》 *n.* （鳥が木に）とまっていること (*Si.178 (Kitt.)*) [Ka. D5368 *vālu* + *-ike*]

ವಾಲುವಿಕೆ² ⟦vāluvike ヴァールヴィケ⟧ [vɐːlŭvike] *n.* 傾斜していること、傾いていること [Ka. *vālu* D5369 + *-ike*]

ವಾವಿ¹ ⟦vāvi ヴァーヴィ⟧ [vɐːvi] *n.* 親族関係、血縁関係 [? cf. Te. *vāvi*「親族」] ☞ವಾವೆ (vāve)¹

ವಾವಿ² ⟦vāvi ヴァーヴィ⟧ [vɐːvi] 《古》 *n.* 井戸 [Sk. *vāpi-*] ☞ಬಾವಿ (bāvi)〔汎〕

ವಾವಿಲಿ ⟦vāvili ヴァーヴィリ⟧ [vaːvĭli] 《古》 *n.* クマツヅラ科ハマゴウ属の低木（薬用）→ 薬 [Ka. D5371] (*Si.138 (Kitt.)*) ☞ಲೊಕ್ಕಿ (lokki)

ವಾವೆ¹ ⟦vāve ヴァーヴェ⟧ [vɐːve] ವಾವಿ¹ *n.* 親族関係、血縁関係 ¶ ನಮ್ಮ ವಾವೆಯಲ್ಲೇ ಇಂಥ ಕೆಟ್ಟವನು ಹುಟ್ಟಿರಲಿಲ್ಲ. (namma vāveyallē iṃtʰa keṭṭavanu huṭṭiralilla.) 我々の家系にこんな悪い人間は決して生まれたことがなかった。 [? cf. Te. *vāvi*]

ವಾವೆ ತಪ್ಪು ⟦vāve tappu ヴァーヴェタップ⟧ [vɐːve təppu] *vi.* 社会で定められている血族間の婚姻の禁止を破る

ವಾವೆ² ⟦vāve ヴァーヴェ⟧ [vɐːve] *n.* 1 黒目（虹彩と瞳孔からなる）2 瞳孔、瞳 3《希》目玉、眼球 [Ka. cf. *pāpe*] =ಪಾಪೆ (pāpe)

ವಾಸ ⟦vāsa ヴァーサ⟧ [vɐːsɐ] *n.* 住むこと、居住 [Sk.]

ವಾಸನೆ ⟦vāsane ヴァーサネ⟧ [vɐːsəne] *n.* 1 匂い、香り、芳香、悪臭、悪い臭い 2 人の性格や行動に影響を与える前世の出来事の記憶（無意識ながら心に留められている）[Sk.]

ವಾಸರ ⟦vāsara ヴァーサラ⟧ [vɐːsərɐ] 《文》 *n.* 1（夜に対する）昼、昼間 2 日、1日 [Sk.]

ವಾಸಸ್ಥಾನ ⟦vāsastʰāna ヴァーサスターナ⟧ [vɐːsəstʰɐːnɐ] *n.* 1 住所、住居 2（動物の）生息地 [Sk.]

ವಾಸಿ¹ ⟦vāsi ヴァーシ⟧ [vɐːsi] *n.* （町や家などの）住人 [Sk.]

ವಾಸಿ² ⟦vāsi ヴァーシ⟧ [vɐːsi] *n.* 全快、部分的な健康の回復 ¶ "ನಿಮ್ಮ ರೋಗ ಈಗ ವಾಸಿ ಆಗಿದೆಯೇ?" – "ಎಷ್ಟೋ ವಾಸಿ". ("nimma rōga īga vāsi āgideyē?" – "eṣṭō vāsi".)「ご病気はよくなりましたか。」「はい、ずっとよくなりました。」 [?] = ಗುಣ (guṇa)

ವಾಸಿಸು ⟦vāsisu ヴァーシス⟧ [vɐːsisu] *vi.* 住む、居住する ¶ ನೀವು ಎಲ್ಲಿ ವಾಸಿಸುತ್ತೀರಿ? (nīvu elli vāsisuttīri?) どこにお住まいですか。 [Sk.]

ವಾಸ್ತವ ⟦vāstava ヴァースタヴァ⟧ [vɐːstəvɐ] 《文》 (*adj.*) 本当〈の〉、事実〈の〉、真実〈の〉、真正〈の〉；善意〈の〉[Sk.]

ವಾಸ್ತವಿಕ ⟦vāstavika ヴァースタヴィカ⟧ [vɐːstəvikɐ] 《文》 (*n.*) 本当〈の〉[Sk.]

ವಾಸ್ತವಿಕತೆ ⟦vāstavikate ヴァースタヴィカテ⟧ [vɐːstəvikəte] 《文》 *n.* 1 現実、本当のこと 2（美術や文学などで）真に迫る描写、真実をうがつこと [Sk.]

ವಾಸ್ತವಿಕ ನಿವಾಸಿ ⟦vāstavika nivāsi ヴァースタヴィカニヴァーシ⟧ [vɐːstəvikə nivɐːsi] 《文》 *mf.* 1 本当の住人

2 善良な住人 [Sk.]

ವಾಸ್ತವಿಕವಾದ ⟦vāstavikavāda ヴァースタヴィカヴァーダ⟧ [vɐːstəvikəvɐːdɐ] 《文》 *n.* 現実主義 [Sk.]

ವಾಸ್ತವಿಕವಾದಿ ⟦vāstavikavādi ヴァースタヴィカヴァーディ⟧ [vɐːstəvikəvɐːdi] 《文》 *mf.* 現実主義者 [Sk.]

ವಾಸ್ತವಿಕ ಹಿತಾಸಕ್ತಿ ⟦vāstavika hitāsakti ヴァースタヴィカヒターサクティ⟧ [vɐːstəvikəhitɐːsəkti] 《文》 *n.* (組織のための)善意の関心 [Sk.]

ವಾಸ್ತವ್ಯ ⟦vāstavya ヴァースタヴィャ⟧ [vɐːstəv·jɐ] *n.* 1 宿泊、宿泊所 2〔美〕住居、家 ¶ "ಎಲ್ಲಿ ನಿಮ್ಮ ವಾಸ್ತವ್ಯ?" ("elli nimma vāstavya?") どこにお住まいですか。[Sk.]

ವಾಸ್ತು ⟦vāstu ヴァーストゥ⟧ [vɐːstu] *n.* 建築 [Sk.]

ವಾಸ್ತುಕಲೆ ⟦vāstukale ヴァーストゥカレ⟧ [vɐːstukəle] 《文》 *n.* 建築、建築術 [Sk.]

ವಾಸ್ತುಶಿಲ್ಪ ⟦vāstuśilpa ヴァーストゥシルパ⟧ [vɐːstuʃilpɐ] 《雅》 (*adj.*) 1 建築〈の〉、建築術〈の〉 2 建設物の一部となった彫刻〈の〉 [Sk.]

ವಾಹಕ ⟦vāhaka ヴァーハカ⟧ [vɐːhəkɐ] 《文》 (*adj.*) 運ぶ〈こと〉、輸送する〈こと〉 ―*n.* 1 (車、船、飛行機などの)輸送手段、運送手段 2 (電気などの)導体 ―*m.* 《*f.* ವಾಹಕಿ (vāhaki)》 1 運ぶ人、赤帽、運び屋 2 戦車や馬車の御者 3 葬儀で死体を載せた担架を担ぐ人 ¶ ಭೂತಯ್ಯನು ಸತ್ತಾಗ ನಾಲಕು ಜನ ವಾಹಕರು ಸಿಕ್ಕಲಿಲ್ಲ. (bʰūtayyanu sattāga nālaku jana vāhakaru sikkalilla.) ブータイヤが死んだ時、死体を担ぐのに必要な4人の人さえ集まらなかった。[Sk.]

ವಾಹನ ⟦vāhana ヴァーハナ⟧ [vɐːhənɐ] *n.* 1 輸送、運送 2 (車、車両、船舶、航空機などの)輸送手段 [Sk.]

ವಾಹನದ ದಿನಚರಿಪುಸ್ತಕ ⟦vāhanada dinacaripustaka ヴァーハナダディナチャリプスタカ⟧ [vɐːhənə dinəʧəripustəkɐ] 《文》 *n.* 1 航空日誌、航海日誌 2 車両の到着と出発を記録する帳面 [+ *dinacaripustaka*]

ವಾಹಿನಿ ⟦vāhini ヴァーヒニ⟧ [vɐːhini] 《文》 *n.* 1 流れ、小川、川、河 2 軍隊 [Sk.]

ವಾಳ[1] ⟦vāḷa ヴァーラ⟧ [vɐːɭɐ] 《‡》 *n.* ベチベルソウ (イネ科の草本、根に芳香があり香料の原料となる)⇀ 香 [Ka. D5374] (*DEDR*) = ಬಾಳ (bāḷa)

ವಾಳ[2] ⟦vāḷa ヴァーラ⟧ [vɐːɭɐ] *n.* 体にできる腫瘍 [?]

-ವಾಳ ⟦-vāḷa -ヴァーラ⟧ [vɐːɭɐ] *suf.* 「ある仕事に従事する人」を表す名詞を作る接尾辞 ¶ ಆಕೆವಾಳ (ākevāḷa) (*āke*[2] + *-vāḷa*) 戦士 ¶ ತೋಟವಾಳ (tōṭavāḷa) 庭師 [Sk. *pāla-*?, cf. Ka. *-vaḷa*/*-vaḷḷa* 「に関する人」]

ವಿಂಗಡಣೆ ⟦viṃgaḍaṇe ヴィンガダネ⟧ [viŋgəɖəɳe] *n.* 1 (混合したものの)分離、仕分け、より分け 2 分類 3 (人種や性などによる)分離 [Sk. *vigʰaṭana-*]

ವಿಂಗಡಿಸು ⟦viṃgaḍisu ヴィンガディス⟧ [viŋgəɖisu] *vt.* 1 分ける、より分ける、仕分ける 2 分類する、区分する [Sk. *vigʰaṭati*]

ವಿಕಟ ⟦vikaṭa ヴィカタ⟧ [vikəʈɐ] (*adj.*) 1 醜い〈こと〉、不格好〈な〉、嫌悪をもよおす〈こと〉 2 恐ろしい〈こと〉、恐怖をもよおす〈こと〉、ぞっとする〈こと〉 3 皮肉〈の〉、諧謔〈の〉¶ ಬರ್ನರ್ಡ್ ಶಾ ವಿಕಟ ನಾಟಕಗಳನ್ನೂ ಬರೆದಿದ್ದಾನೆ. (barnarḍ śā vikaṭa nāṭakagaḷannū barediddāne.) バーナード・ショーは諧謔的な劇も書いている。[Sk.]

ವಿಕಸನ ⟦vikasana ヴィカサナ⟧ [vikəsənɐ] 《文》 *n.* 1 (花などが)開くこと 2〔喩〕(文化や人格などの)開花 [Sk.]

ವಿಕಸಿಸು ⟦vikasisu ヴィカシス⟧ [vikəsisu] 《文》 *vi.* 1 (花などが)開く 2 (文化や人格などが)開花する [Sk.]

ವಿಕಾರ ⟦vikāra ヴィカーラ⟧ [vikɐːrɐ] *n.* 1 変形、歪み 2 醜い形態、ぞっとするような姿態、嫌悪をもよおす姿 3 (精神などの)障害 ¶ ಇತ್ತೀಚೆಗೆ ಅವನ ಮನಸು ವಿಕಾರವಾಗಿದೆ. (ittīcege avana manasu vikāravāgide.) 最近彼は精神的におかしい。[Sk.]

ವಿಕಾರಿ ⟦vikāri ヴィカーリ⟧ [vikɐːri] *adj.* 変化をおこす、変化を受ける ―*adj.*, *mf.* 1 醜い〈人〉 2 心の倒錯した〈人〉、心のひねくれた〈人〉 ―*n.* 60年周期の33番目の年の名 [Sk.]

ವಿಕಾಸ ⟦vikāsa ヴィカーサ⟧ [vikɐːsɐ] 《文》 *n.* 1 (花が)開くこと、開花すること 2 (文化や事業などの)発展、開花 [Sk.]

ವಿಕಾಸವಾದ ⟦vikāsavāda ヴィカーサヴァーダ⟧ [vikɐːsəvɐːdɐ] 《文》 *n.* 進化論 [Sk.]

ವಿಕಾಸವಾದಿ ⟦vikāsavādi ヴィカーサヴァーディ⟧ [vikɐːsəvɐːdi] 《文》 *mf.* 進化論者 [Sk.]

ವಿಕಾಸಶೀಲ ⟦vikāsaśīla ヴィカーサシーラ⟧ [vikɐːsəʃiːlɐ] 《文》 *adj.* 発展途上の ¶ ವರ್ಲ್ಡ್ ಬ್ಯಾಂಕ್ ವಿಕಾಸಶೀಲ ದೇಶಗಳಿಗೆ ಸಾಲ ಕೊಡುತ್ತದೆ. (varlḍ byāṃk vikāsaśīla dēśagaḷige sāla koḍuttade.) 世界銀行は発展途上国に金を貸している。[Sk.]

ವಿಕಿರಣ ⟦vikiraṇa ヴィキラナ⟧ [vikirəɳɐ] 《文》 *n.* 放射、輻射 [Sk.]

ವಿಕಿರಣಶಾಸ್ತ್ರ ⟦vikiraṇaśāstra ヴィキラナシャーストラ⟧ [vikirəɳəʃɐːstrɐ] 《文》 *n.* 放射線学 [Sk.]

ವಿಕಿರಣಶಾಸ್ತ್ರಜ್ಞ ⟦vikiraṇaśāstrajña ヴィキラナシャーストラジュニャ⟧ [vikirəɳəʃɐːstrəɟɲɐ/–gna] 《文》 *m.* 《*f.* ವಿಕಿರಣಶಾಸ್ತ್ರಜ್ಞಳು (vikiraṇaśāstrajñaḷu)》放射線学者 [Sk.]

ವಿಕೀರ್ಣ ⟦vikīrṇa ヴィキールナ⟧ [vikiːrɳɐ] 《文》 *adj.* 散らばった [Sk.]

ವಿಕೃತ ⟦vikṛta ヴィクルタ⟧ [vikrɯtɐ/vikrutɐ] 《文》 *adj.* 1 変わった、形を変えた、変形した 2〔喩〕変形した、歪んだ ¶ ಪೊಲೀಸರು ಅಪಘಾತದ ಬಗ್ಗೆ ವಿಕೃತವಾಗಿ ವರದಿ ಮಾಡಿದರು. (polīsaru apagʰātada bagge vikṛtavāgi varadi māḍidaru.) 警察は事故を歪曲して報告した。 3 醜い、奇形の、不格好な 4 (芸術表現のために)変形された 5 つむじ曲がりの、ひねくれた、心が屈折した 6 不具にされた [Sk.]

ವಿಕೃತಿ ⟦vikṛti ヴィクルティ⟧ [vikrɯti/vikruti] 《文》 *n.* 1 変わること、変形 2 (物や形を)歪めること、変形すること、(音などの) 歪み、(事実などを) 曲げること、歪曲 [Sk.]

ವಿಕೇಂದ್ರೀಕರಣ ⟦vikēṃdrīkaraṇa ヴィケーンドリーカラナ⟧ [vike:ndri:kərəɳɐ] 《文》 *n.* (権力や行政などの) 分散、地方分権 [Sk.]

ವಿಕೇಂದ್ರೀಕೃತ ⟦vikēṃdrīkṛta ヴィケーンドリークルタ⟧ [vike:ndri:krɯtɐ/–krutɐ] 《文》 *adj.* (権力や行政などの)分散された、地方分権化された [Sk.]

ವಿಕೋಪ ⟦vikōpa ヴィコーパ⟧ [viko:pɐ] 《文》 *n.* 1 激怒、憤激 2 (伝染病や災害などの)猛威 3 極端、過度 ¶ ಮಗನ ಶವವನ್ನು ನೋಡಿ ತಾಯಿಯ ದುಃಖ ವಿಕೋಪಕ್ಕೆ ಹೋಯಿತು. (magana śavavannu nōḍi tāyiya duḥkʰa vikōpakke hōyitu.) 息子の亡骸を見て母親の悲しみは極限に達した。 [Sk.]

ವಿಕ್ರಮ ⟦vikrama ヴィクラマ⟧ [vikˑrəmɐ] 《文》 *n.* 1 勇敢、剛勇 2 (スポーツなどでの)(新) 記録 ¶ ಮರಥೋನ್ ಓಟದಲ್ಲಿ ಅವನು ಹೊಸ ವಿಕ್ರಮವನ್ನು ಸ್ಥಾಪಿಸಿದ್ದಾನೆ. (maratʰōn ōṭadalli avanu hosa vikramavannu stʰāpisiddāne.) 彼はマラソン新記録を樹立した。 —*m.* ヴィクラマーディティヤ(ウッジャイニーの有名な王の名) [Sk.]

ವಿಕ್ರಮಶಕೆ ⟦vikramaśake ヴィクラマシャケ⟧ [vikrəməʃəke] 《文》 *n.* ヴィクラマ暦(満数えの年号なのでヴィクラマ暦年から 57 を引くと西暦年号に大体換算できる) [Sk.]

ವಿಕ್ರಯ ⟦vikraya ヴィクラヤ⟧ [vikrəjɐ] 《文》 *n.* 売ること、売却 [Sk.]

ವಿಕ್ರಯನೀಯ ⟦vikrayanīya ヴィクラヤニーヤ⟧ [vikrəjəni:jɐ] 《文》 *adj.* 1 売れる、市場向きの 2 処分できる [Sk.]

ವಿಕ್ರಯನೀಯ ಸ್ವಾಮ್ಯ ⟦vikrayanīya svāmya ヴィクラヤニーヤスヴァーミャ⟧ [vikrəjəni:jə svɐmˑjɐ] 《文》 *n.* 処分可能の占有権や用益権 [Sk.]

ವಿಕ್ರಯಿಸು ⟦vikrayisu ヴィクライス⟧ [vikrəjisu] 《文》 *vt.* 売る [Sk.] = ಮಾರು (māru)

ವಿಕ್ರಾಂತ ⟦vikrāṃta ヴィクラーンタ⟧ [vikrɐ:ntɐ] 《文》 *adj.*, *m.* 《*f.* ವಿಕ್ರಾಂತೆ (vikrāṃte)》勇敢な〈人〉、剛勇の〈人〉、英雄的な〈人〉 [Sk.]

ವಿಕ್ಷಿಪ್ತ ⟦vikṣipta ヴィクシプタ⟧ [vikʂiptɐ] 《文》 *adj.*, *m.* 1 変わった〈人〉、変な〈人〉; 狂気じみた〈人〉 2 我を失った〈人〉、うろたえた〈人〉、衝撃を受けた〈人〉、興奮した〈人〉 [Sk.]

ವಿಕ್ಷೇಪ ⟦vikṣēpa ヴィクシェーパ⟧ [vikʂe:pɐ] 《文》 *n.* 1 ばらまくこと、振りまくこと 2 (ロケットやミサイルの) 発射 3 (悪い知らせなどでの) 心の動揺、狼狽、混乱 4 狂気、精神錯乱

ವಿಖ್ಯಾತ ⟦vikʰyāta ヴィキャータ⟧ [vikʰˑjɐ:tɐ] 《文》 *adj.*, *m.* 《*f.* ವಿಖ್ಯಾತಳು/ವಿಖ್ಯಾತೆ (vikʰyātaḷu/vikʰyāte)》有名な〈人〉、高名な〈人〉 [Sk.]

ವಿಖ್ಯಾತಿ ⟦vikʰyāti ヴィキャーティ⟧ [vikʰˑjɐ:ti] 《文》 *n.* 名声、高名 [Sk.]

ವಿಗಡ ⟦vigaḍa ヴィガダ⟧ [vigəɖɐ] *adj.* 1 恐ろしい、身の毛もよだつ 2 厳しい、厳格な 3 過度の、極度の、限りない [Sk. *vikaṭa*-]

ವಿಗತ ⟦vigata ヴィガタ⟧ [vigətɐ] 《文》 *adj.* 去った、消え去った、無くなった [Sk.]

ವಿಗಲಿತ ⟦vigalita ヴィガリタ⟧ [vigəlitɐ] 《文》 *adj.* 1 滴り落ちた 2 熱で融けた、融解した 3 (水などに) 溶解した、溶けた 4 (体が老齢で) がたがたになった、弱った [Sk.]

ವಿಗಳಿತ ⟦vigaḷita ヴィガリタ⟧ [vigəlitɐ] 《文》 *adj.* [Sk.] ☞ ವಿಗಲಿತ (vigalita)

ವಿಗುರ್ಬಣೆ ⟦vigurbaṇe ヴィグルバネ⟧ [vigurbĕɳe] 《古》 *n.* 恐怖 [Ka. D5465]

ವಿಗುರ್ಬಿಸು ⟦vigurbisu ヴィグルビス⟧ [vigurbisu] 《古》 *vi.* 1 恐ろしい、恐ろしくなる 2 (財や美などを) 見せびらかす 3 威張る、高慢である、高慢に振る舞う [Ka. D5465] ☞ ವಿಗುರ್ವಿಸು (vigurvisu)

ವಿಗುರ್ವಿಸು ⟦vigurvisu ヴィグルヴィス⟧ [vigurvisu] ವಿಗುರ್ಬಿಸು 《古》 *vi.* 1 恐ろしい 2 (財や美などを) 見せびらかす 3 威張る、高慢である、高慢に振る舞う —*vt.* 威嚇する、脅かす [Ka. D5465]

ವಿಗ್ರಹ ⟦vigraha ヴィグラハ⟧ [vigrəhɐ] *n.* 1 神像 2 合成語を分けること 3 争い、戦い [Sk.]

ವಿಗ್ರಹನಾಶಕ ⟦vigrahanāśaka ヴィグラハナーシャカ⟧ [vigrəhənɐ:ʃəkɐ] 《文》 *m.* 《*f.* ವಿಗ್ರಹನಾಶಕಿ (vigrahanāśaki)》偶像破壊者 [Sk.]

ವಿಗ್ರಹಪೂಜೆ ⟦vigrahapūje ヴィグラハプージェ⟧ [virəhəpu:ʤe] *n.* 偶像崇拝 [Sk.]

ವಿಗ್ರಹಪೂಜಕ ⟦vigrahapūjaka ヴィグラハプージャカ⟧ [virəhəpu:ʤəkɐ] 《文》 *m.* 《*f.* ವಿಗ್ರಹಪೂಜಕಳು (vigrahapūjakaḷu)》偶像崇拝者 [Sk.]

ವಿಗ್ರಹಭಂಜಕ ⟦vigrahabʰaṃjaka ヴィグラハバンジャカ⟧ [vigrəhəbʰəɲʤəkɐ] 《文》 *m.* 《*f.* ವಿಗ್ರಹಭಂಜಕಿ (vigrahabʰaṃjaki)》偶像破壊者 [Sk.]

ವಿಗ್ರಹಾರಾಧಕ ⟦vigrahārādʰaka ヴィグラハーラーダカ⟧ [vigrəhɐ:rɐ:dʰəkɐ] 《文》 *m.* 《*f.* ವಿಗ್ರಹಾರಾಧಕಳು (vigrahārādʰakaḷu)》偶像崇拝者 [Sk.]

ವಿಗ್ರಹಾರಾಧನೆ ⟦vigrahārādʰane ヴィグラハーラーダネ⟧ [vigrəhɐ:rɐ:dʰəne] 《文》 *n.* 偶像崇拝 [Sk.]

ವಿಗ್ರಹಿಸು ⟦vigrahisu ヴィグラヒス⟧ [vigrəhisu] 《文》 *vi.* 争う、戦う —*vt.* 〈合成語を〉その成分に分ける [Sk.]

ವಿಘಟನ ⟦vigʰaṭana ヴィガタナ⟧ [vigʰəʈənɐ] 《文》 *n.* 1 (党や国家などが)分裂すること ¶ ನಮ್ಮ ಪಕ್ಷದಲ್ಲಿ ಅನೇಕ ವಿಘಟನಕಾರಿ ಶಕ್ತಿಗಳು ಕೆಲಸಮಾಡುತ್ತಿವೆ. (namma pakṣadalli anēka vigʰaṭanakāri śaktigaḷu kelasamāḍuttive.) 我々の党には党を分裂させる多くの勢力が動いている。 2 崩壊 [Sk.]

ವಿಘಟಿಸು ⟦vigʰaṭisu ヴィガティス⟧ [vigʰəʈisu] 《文》 *vt.* **1** 壊す、破壊する **2** 〈党や国家などを〉分裂させる、分解する [Sk.]

ವಿಘಾತ ⟦vigʰāta ヴィガータ⟧ [vigʰɐːtɐ] 《文》 *n.* **1** 打撃 **2** (物理的あるいは精神的)衝撃 **3** 殺戮、殺害 **4** 妨害、邪魔 *(Pb.7.80.v)* [Sk.]

ವಿಘ್ನ ⟦vigʰna ヴィグナ⟧ [vigʰnɐ] 《文》 *n.* 邪魔、妨害 ¶ ಯಾವ ಕೆಲಸಕ್ಕೆ ಹೋದರೂ ಅವನು ವಿಘ್ನ ಉಂಟುಮಾಡುತ್ತಾನೆ. (yāva kelasakke hōdarū avanu vigʰna umṭumāḍuttāne.) どんな仕事をしようとしても彼が邪魔だてする。 [Sk.] = ತಡೆ (taḍe)〔口〕

ವಿಚಕ್ಷಣ ⟦vicakṣaṇa ヴィチャクシャナ⟧ [viʧəkʂəɳɐ] 《文》 *adj., m.* 《*f.* ವಿಚಕ್ಷಣೆ (vicakṣaṇe)》 有能な〈人〉、巧妙な〈人〉、巧みな〈人〉、利口な〈人〉 ¶ ಆನಂದ ಚದುರಂಗದಲ್ಲಿ ವಿಚಕ್ಷಣನಾಗಿದ್ದಾನೆ. (ānamda caduramgadalli vicakṣaṇanāgiddāne.) アーナンドは優れたチェスのプレーヤーである。 [Sk.]

ವಿಚಕ್ಷಣೆ ⟦vicakṣaṇe ヴィチャクシャネ⟧ [viʧəkʂɳe] 《文》 *n.* 有能、巧妙、器用、たくみさ、利口さ ¶ ನಮ್ಮ ತಮ್ಮನಿಗೆ ಟೆನಿಸ್ನಲ್ಲಿ ವಿಚಕ್ಷಣೆ ಇದೆ. (namma tammanige ṭenisnalli vicakṣaṇe ide.) 弟はテニスがとてもうまい。 [Sk.]

ವಿಚಯ ⟦vicaya ヴィチャヤ⟧ [viʧəjɐ] 《文》 *n.* 散り散りになること、ばらばらになること [Sk.]

ವಿಚಲ ⟦vicala ヴィチャラ⟧ [viʧəlɐ] 《文》 *adj.* **1** 動き回る、揺れる **2** 移り気な、変わり易い ¶ ವಯಸ್ಸಂಧಿಯಲ್ಲಿ ಮನಸ್ಸು ವಿಚಲವಾಗುತ್ತದೆ. (vayassamdʰiyalli manassu vicalavāguttade.) 子どもから青春への移行期には心が不安定になる。 [Sk.]

ವಿಚಾರ ⟦vicāra ヴィチャーラ⟧ [viʧɐːrɐ] *n.* **1** 考えること、思考、思案 **2** 調査、探求 **3** 主題、問題、こと ¶ ಅವಳು ವರದಕ್ಷಿಣೆಯ ವಿಚಾರವನ್ನು ಆಕ್ಷೇಪಿಸುತ್ತಿದ್ದಳು. (avaḷu varadakṣiṇeya vicāravannu ākṣēpisuttiddaḷu.) 彼女はダウリーの問題を批判していた。 **4** 意見、判断 ¶ ಸ್ತ್ರೀಯರ ಆರಕ್ಷಣೆಯನ್ನು ಕುರಿತು ನಿಮ್ಮ ವಿಚಾರ ಏನು? (strīyara ārakṣaṇeyannu kuritu nimma vicāra ēnu?) 女性のために(議会で)議席を確保することについてあなたはどう思われますか。 [Sk.]

ವಿಚಾರಕ ⟦vicāraka ヴィチャーラカ⟧ [viʧɐːrəkɐ] *m.* 《*f.* ವಿಚಾರಕಳು (vicārakaḷu)》 **1** 思想家 **2** (政府に委任された問題について)個人あるいは委員会の一員として調査して意見を報告する人 [Sk.]

ವಿಚಾರಗೋಷ್ಠಿ ⟦vicāragōṣṭʰi ヴィチャーラゴーシュティ⟧ [viʧɐːrĕgoːʂʈʰi] 《文》 *n.* ゼミナール、シンポジウム、討議会 [Sk.]

ವಿಚಾರಣೆ ⟦vicāraṇe ヴィチャーラネ⟧ [viʧɐːrəɳe] *n.* **1** 調査、審理 **2** 問い合わせ、照会 **3** (法廷などでの)審理、審問 **4** 裁判 [Sk.]

ವಿಚಾರಣಾ ಆಯೋಗ ⟦vicāraṇā āyōga ヴィチャーラナーアーヨーガ⟧ [viʧɐːrəɳɐː ɐːjoːgɐ] 《文》 *n.* 諮問委員会 [Sk.]

ವಿಚಾರಣಾ ಸಮಿತಿ ⟦vicāraṇā samiti ヴィチャーラナーサミティ⟧ [viʧɐːrəɳɐː səmiti] 《文》 *n.* 諮問委員会 [Sk.]

ವಿಚಾರಭ್ರಷ್ಟ ⟦vicārabʰraṣṭa ヴィチャーラブラシュタ⟧ [viʧɐːrəbʰrəʂʈɐ] 《文》 *adj., m.* 《*f.* ವಿಚಾರಭ್ರಷ್ಟಳು (vicārabʰraṣṭaḷu)》(病気や洗脳などで)理性を失った〈人〉、ものを考える能力を失った〈人〉 [Sk.]

ವಿಚಾರವಂತ ⟦vicāravamta ヴィチャーラヴァンタ⟧ [viʧɐːrəvəntɐ] *adj., m.* 《*f.* ವಿಚಾರವಂತಳು/ವಿಚಾರವಂತೆ (vicāravamtaḷu/vicāravamte)》考え深い〈人〉、思索を好む〈人〉、瞑想的な〈人〉 [Sk.]

ವಿಚಾರವೇದಿಕೆ ⟦vicāravēdike ヴィチャーラヴェーディケ⟧ [viʧɐːrəveːdike] 《文》 *n.* 討議場、討論会場 [Sk.]

ವಿಚಾರಶೀಲ ⟦vicāraśīla ヴィチャーラシーラ⟧ [viʧɐːrəʃiːlɐ] 《文》 *adj., m.* 《*f.* ವಿಚಾರಶೀಲಳು (vicāraśīlaḷu)》ものを深く考える〈人〉、思慮深い〈人〉 [Sk.]

ವಿಚಾರಸಂಕಿರಣ ⟦vicārasamkiraṇa ヴィチャーラサンキラナ⟧ [viʧɐːrəsəŋkirĕɳɐ] 《文》 *n.* ゼミナール、シンポジウム、討議会 [Sk.] = ವಿಚಾರಗೋಷ್ಠಿ (vicāragōṣṭʰi)

ವಿಚಾರಸರಣಿ ⟦vicārasaraṇi ヴィチャーラサラニ⟧ [viʧɐːrəsəɾəɳi] 《文》 *n.* 考え方、発想法、思考方法 ¶ ಗಂಡಸರಿಗೂ ಹೆಂಗಸರಿಗೂ ಸಮಾನ ಅವಕಾಶಗಳು ಇರಬೇಕು ಎಂಬುದು ಇಂದಿನವಿಚಾರಸರಣಿ. (gamḍasarigū hemgasarigū samāna avakāśagaḷu irabēku embudu imdinavicārasaraṇi.) 男女に同じ機会があるべきだというのが現代の考え方である。 [Sk.]

ವಿಚಾರಿ ⟦vicāri ヴィチャーリ⟧ [viʧɐːri] 《文》 *mf.* 考え深い人、思慮ある人 [Sk.]

ವಿಚಾರಿಸು ⟦vicārisu ヴィチャーリス⟧ [viʧɐːrisu] *vt.* 問い合わせる、照会する、聞いて調べる ¶ ದಾರಿ ಕಿರಾಣಿಯಂಗಡಿಯಲ್ಲಿ ವಿಚಾರಿಸಿ ಇಲ್ಲಿಗೆ ಬಂದೆ. (dāri kirāṇiyamgaḍiyalli vicārisi illige bamde.) 道は食料品店で聞いてここへやってきました。 ¶ ಮಂತ್ರಿಗಳು ಕಾರ್ಯಾಲದಲ್ಲಿ ವಿಚಾರಿಸಿ ಉತ್ತರ ಹೇಳುತ್ತೇನೆ ಎಂಡರು. (mamtrigaḷu kāryāladalli vicārisi uttara hēḷuttēne emḍaru.) 大臣は省で調べて返事すると言った。 [Sk.]

ವಿಚಿಕಿತ್ಸೆ ⟦vicikitse ヴィチキトセ⟧ [viʧikitse] 《文》 *n.* 疑い、疑念、確信がもてないこと [Sk.]

ವಿಚಿತ್ರ ⟦vicitra ヴィチトラ⟧ [viʧitrɐ] (*n.*) **1** 《古》 色とりどりな〈こと〉、多色〈の〉 **2** 《古》 多種多様〈な〉、様々〈な〉 **3** 変な〈もの〉、珍奇〈な〉、珍しい〈もの〉 —*adj., mf.* 器量がよい〈人〉、美しい〈人〉 —*n.* 不思議なもの、奇妙なもの、変なもの、珍奇なもの ¶ ನಾನು ರಸ್ತೆಯಲ್ಲಿ ವಿಚಿತ್ರವನ್ನು ನೋಡಿದೆ. (nānu rasteyalli vicitravannu nōḍide.) 私は道でおかしなものを見た。 [Sk.]

ವಿಚ್ಛಿತ್ತಿ ⟦viccʰitti ヴィッチッティ⟧ [viʧʧitti] 《文》 *n.* **1** ばらばらに切ること、ばらばらに引き裂くこと **2** 一部が切り離されること、一部を失うこと **3** 中断、中絶 [Sk.]

ವಿಚ್ಛಿದ್ರ ⟦viccʰidra ヴィッチドラ⟧ [viʧʧʰidrɐ] 《文》 *adj.* **1** (衣類、家などが)ひどくいたむ、ぼろぼろになる

2 (心が)ひどく傷つけられた ¶ ಅವನ ಪ್ರೇಯಸಿ ಕೈಕೊಟ್ಟದ್ದರಿಂದ ಶಂಕರನ ಹೃದಯ ವಿಚ್ಛಿದ್ರವಾಯಿತು. (avana prēyasi kaikoṭṭaddariṃda śaṃkarana hṛdaya vicc^hidravāyitu.) 恋人に捨てられてシャンカラの心はひどく傷つけられた。[Sk.]

ವಿಚ್ಛಿನ್ನ ⟦vicc^hinna ヴィッチンナ⟧ [viʧʧinnɐ] 《文》 *adj.* 1 壊れた、粉砕された ¶ ಕೈತಪ್ಪಿ ಬಿದ್ದ ಮಡಕೆ ವಿಚ್ಛಿನ್ನ ವಾಯಿತು. (kaitappi bidda maḍake vicc^hinna vāyitu.) 手から滑り落ちた壺が粉々になった。 2 引き離された、別々になった、離ればなれの ¶ ತಂದೆ ಸತ್ತ ಮೇಲೆ ಕುಟುಂಬ ವಿಚ್ಛಿನ್ನವಾಯಿತು. (taṃde satta mēle kuṭuṃba vicc^hinnavāyitu.) 父親の死後家族がばらばらになった。 3 完全に破壊された、瓦礫と化した ¶ ತೈವಾನಿನಲ್ಲಿ ಆದ ಭೂಕಂಪದಿಂದ ಅನೇಕ ಮನೆಗಳು ವಿಚ್ಛಿನ್ನವಾದವು. (taivāninalli āda b^hūkaṃpadiṃda anēka manegaḷu vicc^hinnavādavu.) 台湾の地震で多くの建物が瓦礫と化した。[Sk.]

ವಿಚ್ಛೇದ ⟦vicc^hēda ヴィッチェーダ⟧ [viʧʧ^he:dɐ] 《文》 *n.* 1 壊れること、粉砕 2 (国家や党などの)分裂、分割 ¶ ಕೊರಿಯ ವಿಚ್ಛೇದವಾಗಿ ಎರಡು ದೇಶಗಳಾಯಿತು. (kōriya vicc^hēdavāgi eraḍu dēśagaḷāyitu.) 朝鮮は分裂して二つの国になった。 3 離婚、夫婦が別れること [Sk.] = ವಿಚ್ಛೇದನ (vicc^hēdana)

ವಿಚ್ಛೇದನ ⟦vicc^hēdana ヴィッチェーダナ⟧ [viʧʧe:dənɐ] 《文》 *n.* [Sk.] ☞ವಿಚ್ಛೇದ (vicc^hēda)

ವಿಜನ ⟦vijana ヴィジャナ⟧ [viʤənɐ] 《文》 *adj.* 孤独な、寂しい、わびしい [Sk.]

ವಿಜಯ ⟦vijaya ヴィジャヤ⟧ [viʤəjɐ] *n.* 勝利、勝つこと [Sk.]

ವಿಜಯಿ ⟦vijayi ヴィジャイ⟧ [viʤəji] *adj., mf.* 勝利者〈の〉[Sk.]

ವಿಜಾತಿ ⟦vijāti ヴィジャーティ⟧ [viʤɐ:ti] 《文》 *n.* 他のカースト、種類、種、品種 [Sk.]

ವಿಜಾತೀಯ ⟦vijātīya ヴィジャーティーヤ⟧ [viʤɐ:ti:jɐ] 《文》 *adj.* 他のカーストの、他の種の、他の品種の、他の種類の [Sk.]

ವಿಜೃಂಭಿಸು ⟦vijṛmb^hisu ヴィジュルンビス⟧ [viʤrɯmb^hisu] 《文》 *vi.* 1 輝く 2 〔喩〕(勝利や成功などで)輝く、意気揚々とする [Sk.]

ವಿಜೇತ ⟦vijēta ヴィジェータ⟧ [viʤe:tɐ] *m.* 《*f.* ವಿಜೇತ್ರಿ (vijētri)》 1 勝利者 2 征服者 [Sk.]

ವಿಜ್ಞಾನ ⟦vijñāna ヴィジュニャーナ⟧ [viɟɲɐ:nɐ/vignɐ:nɐ] *n.* 1 知識、学問 2 科学 3 知恵 ¶ ಬುದ್ಧನ ವಿಜ್ಞಾನ ಅನೇಕರಿಗೆ ಮಾರ್ಗದರ್ಶಕವಾಯಿತ್ತು. (budd^hana vijñāna anēkarige mārgadarśakavāyittu.) 仏陀の知恵が多くの人を導いた。[Sk.]

ವಿಜ್ಞಾನಿ ⟦vijñāni ヴィジュニャーニ⟧ [viɟɲɐ:ni] *mf.* 科学者(自然科学およびその他の学問)[Sk.]

ವಿಜ್ಞಾಪನೆ ⟦vijñāpane ヴィジュニャーパネ⟧ [viɟɲɐ:pəne] *n.* 懇願、請願、嘆願 [Sk.]

ವಿಜ್ಞಾಪಿಸು ⟦vijñāpisu ヴィジュニャーピス⟧ [viɟɲɐ:pisu] 《文》 *vt.* 嘆願する、懇願する、請願する ¶ ನಾಗರಿಕರು ಎಲ್ಲರೂ ನಗರಸಭೆ ಕಮಿಶನರಿಗೆ ರೋಡ್ ಸರಿಪಡಿಸಲು ವಿಜ್ಞಾಪಿಸಿದರು. (nāgarikaru ellarū nagarasab^he kamiśanarige rōḍ saripaḍisalu vijñāpisidaru.) マイソールの市民は局長に道路を修繕するように請願した。[Sk.]

ವಿಟ ⟦viṭa ヴィタ⟧ [viʈɐ] 《文》 *m.* 1 情夫 2 放縦な人、放蕩者 3 古典劇などで王子や放蕩な若者や娼婦の友達として寄生生活する音楽や詩作に長じた人物、太鼓もち [Sk.]

ವಿಡಂಬನ ⟦viḍaṃbana ヴィダンバナ⟧ [viɖəmbənɐ] ವಿಡಂಬನೆ *n.* 1 笑劇、喜劇、パロディ、茶番劇 2 風刺、皮肉 [Sk.]

ವಿಡಂಬನೆ ⟦viḍaṃbane ヴィダンバネ⟧ [viɖəmbəɳe] *n.* [Sk.] ☞ವಿಡಂಬನ (viḍaṃbana)

ವಿಡಂಬನಕಾರ ⟦viḍaṃbanakāra ヴィダンバナカーラ⟧ [viɖəmbanəkɐ:rɐ] *m.* 《*f.* ವಿಡಂಬನಕಾರ್ತಿ (viḍaṃbanakārti)》滑稽作家、風刺作家、風刺家 [Sk.]

ವಿಡಂಬನಚಿತ್ರ ⟦viḍaṃbanacitra ヴィダンバナチトラ⟧ [viɖəmbənəʧitˑrɐ] 《文》 *n.* 漫画、風刺漫画 [Sk.] ☞ಕಾಮಿಕ್ (kāmik)〔口〕

ವಿಡಿಯೊ ⟦viḍiyo ヴィディヨ⟧ [viɖijo] *n.* ビデオやテープやディスクなどに映像と音を記録することまたはその装置 [Eg. *video*]

ವಿಡಿಯೊ ಕ್ಯಾಸೆಟ್ ರೆಕಾರ್ಡರ್ ⟦viḍiyo kyāseṭ rekārḍar ヴィディヨキャーセトレカールダル⟧ [viɖijo: kjɐ:seʈʈu rekɐ:rɖər] *n.* ビデオ、ビデオカセットレコーダー [Eg.]

ವಿತಂಡ[1] ⟦vitaṃḍa ヴィタンダ⟧ [vitəɳɖɐ] 《文》 *n.* 1 詭弁、矛盾した議論、屁理屈 2 揚げ足とり、あら捜しの批評 [Sk.]

ವಿತಂಡ[2] ⟦vitaṃḍa ヴィタンダ⟧ [vitəɳɖɐ] 《古》 *n.* かんぬき [Sk.]

ವಿತಂಡವಾದ ⟦vitaṃḍavāda ヴィタンダヴァーダ⟧ [vitəɳɖəvɐ:dɐ] 《文》 *n.* 1 屁理屈、詭弁、矛盾した議論 2 揚げ足とり、あら捜しの批評 [Sk.]

ವಿತಂಡವಾದಿ ⟦vitaṃḍavādi ヴィタンダヴァーディ⟧ [vitəɳɖəvɐ:di] 《文》 *adj., mf.* 1 詭弁を弄する〈人〉、屁理屈を言う〈人〉、矛盾した議論をする〈人〉 2 揚げ足を取る〈人〉、あら捜しをする〈人〉[Sk.]

ವಿತಂತು ⟦vitaṃtu ヴィタントゥ⟧ [vitəntu] 《古》 *n.* 1 寡婦、未亡人、夫を失った女性 2 天涯孤独の人 [Sk.]

ವಿತತ ⟦vitata ヴィタタ⟧ [vitətɐ] 《文》 (*adj.*) 引き延ばされた〈こと〉、広げられた〈こと〉 —*n.* 弦楽器(一般) [Sk.]

ವಿತತಿ ⟦vitati ヴィタティ⟧ [vitəti] 《文》 *n.* 1 広がり、範囲 2 (鳥や動物の)群れ、群衆 3 (花や果物の)房 [Sk.]

ವಿತಥ ⟦vitat^ha ヴィタタ⟧ [vitət^hɐ] 《文》 *adj.* 1 偽りの、嘘の 2 (努力などが)無駄な、役に立たない [Sk.]

ವಿತರಣ ⟦vitaraṇa ヴィタラナ⟧ [vitərəɳɐ] 《文》 *n.* 1 分配、分かち与えること 2 贈り物、贈与、喜捨 3 気

前のよさ、物惜しみしないこと [Sk.]

ವಿತರಣೆ ⟦vitaraṇe ヴィタラネ⟧ [vitərəɳe] 《文》 *n.* 1 分配、分かち与えること 2《古》事務処理能力 3《古》整理、整頓 [Sk. *vitaraṇa-*]

ವಿತರಿಸು ⟦vitarisu ヴィタリス⟧ [vitərisu] 《文》 *vi.* 渡る —*vt.* 分配する、割り当てる [Sk.]

ವಿತರ್ಕ ⟦vitarka ヴィタルカ⟧ [vitərkɐ] 《文》 *n.* 1 推論、推測、議論 2 推量、推し量ること 3 論争、論議 4 疑い、疑問 [Sk.]

ವಿತಾನ ⟦vitāna ヴィターナ⟧ [vitɐːnɐ] 《文》 *n.* 1 広げること 2 広がり、伝播 3 床に広げるもの(絨毯やむしろなど) 4 家の玄関の前の天蓋型のひさし 5 (人間や家の)列 [Sk.]

ವಿತ್ತ ⟦vitta ヴィッタ⟧ [vittɐ] 《文》 *n.* お金、財、財産 [Sk.]

ವಿತ್ತಪ ⟦vittapa ヴィッタパ⟧ [vittəpɐ] 《文》 *m.* 富の神クベーラの異名 [Sk.]

ವಿತ್ತಮಂತ್ರಿ ⟦vittamaṃtri ヴィッタマントリ⟧ [vittəməntri] *mf.* 大蔵大臣 [Sk.]

ವಿತ್ತಾಧೀಶ ⟦vittādʰīśa ヴィッターディーシャ⟧ [vittɐːdʰiːʃɐ] 《文》 *m.* [Sk.] ☞ ವಿತ್ತಪ (vittapa)

ವಿತ್ತಿ ⟦vitti ヴィッティ⟧ [vitti] 《古》 *n.* 職、職業 [Sk. *vṛtti-*]

ವಿತ್ತೀಯ ⟦vittīya ヴィッティーヤ⟧ [vittiːjɐ] 《文》 *adj.* 財政(上)の、財務の、会計の [Sk.]

ವಿತ್ತೀಯ ಮಂತ್ರಿ ⟦vittīya maṃtri ヴィッティーヤマントリ⟧ [vittiːjə məntri] 《文》 *mf.* 大蔵大臣、財務大臣 [Sk.]

ವಿದಗ್ಧ ⟦vidagdʰa ヴィダグダ⟧ [vidəgdʰɐ] 《文》 *adj.*, *m.* 《*f.* ವಿದಗ್ಧೆ (vidagdʰe)》学識のある〈人〉、博学な〈人〉 [Sk.]

ವಿದಾಯ ⟦vidāya ヴィダーヤ⟧ [vidɐːjɐ] *n.* 告別、別れの挨拶、さようなら [Ar. *widāʿ*]

ವಿದಿತ ⟦vidita ヴィディタ⟧ [viditɐ] 《文》 (*adj.*) 知られた〈こと〉、有名〈な〉、著名〈な〉 [Sk.]

ವಿದುಷ ⟦viduṣa ヴィドゥシャ⟧ [viduʂɐ] 《文》 *adj.*, *m.* 《*f.* ವಿದುಷಿ (viduṣi)》学識のある〈人〉、博学な〈人〉 [Sk.]

ವಿದೂಷಕ ⟦vidūṣaka ヴィドゥーシャカ⟧ [viduːʂəkɐ] 《文》 *m.* (劇の)道化、道化役者 [Sk.]

ವಿದೇಶ ⟦vidēśa ヴィデーシャ⟧ [videːʃɐ] *n.* 外国、異国 [Sk.]

ವಿದೇಶದ ನೀತಿ ⟦vidēśada nīti ヴィデーシャダニーティ⟧ [videːʃədə niːti] 《文》 *n.* 外交政策 [+ *-da* (gen.) *nīti*]

ವಿದೇಶಾಂಗ ⟦vidēśāṃga ヴィデーシャーンガ⟧ [videːʃɐːŋgɐ] *n.* 政府の外交など対外事務をつかさどる部門 [Sk.]

ವಿದೇಶಾಂಗಮಂತ್ರಿ ⟦vidēśāṃgamaṃtri ヴィデーシャーンガマントリ⟧ [videːʃɐːŋgəməntri] *mf.* 外務大臣 [+ *maṃtri*]

ವಿದೇಶಾಂಗ ವ್ಯವಹಾರ ⟦vidēśāṃga vyavahāra ヴィデーシャーンガヴィャヴァハーラ⟧ [videːʃɐːŋgə vjəvəhɐːrɐ] 《文》 *n.* (外交などの)対外事務、対外折衝 [+ *vyavahāra*]

ವಿದೇಶಿ ⟦vidēśi ヴィデーシ⟧ [videːʃi] *adj.*, *mf.* 外国人〈の〉、外国の〈人〉 [Sk.]

ವಿದೇಶಿ ಉದ್ದ್ಯಮ ⟦vidēśi uddyama ヴィデーシウッディヤマ⟧ [videːʃiː udˑjəmɐ] *n.* 外国企業 [+ *udyama*]

ವಿದೇಶಿ ಮುದ್ರೆ ⟦vidēśi mudre ヴィデーシムドレ⟧ [videːʃiː mudˑre] *n.* 外国の貨幣、外国のお金 [+ *mudre*]

ವಿದೇಶಿ ವಸ್ತು ⟦vidēśi vastu ヴィデーシヴァストゥ⟧ [videːʃi vəstu/vɤstu] *n.* 外国製品、舶来品 [+ *vastu*]

ವಿದೇಶಿ ವಿನಿಮಯ ⟦vidēśi vinimaya ヴィデーシヴィニマヤ⟧ [videːʃi viniməjɐ] 《文》 *n.* 外国為替 [+ *vinimaya*]

ವಿದೇಶಿ ಸಹಯೋಗ ⟦vidēśi sahayōga ヴィデーシサハヨーガ⟧ [videːʃi səhəjoːgɐ] 《文》 *n.* (経済活動における)外国や外国企業の援助や協力 [+ *sahayōga*]

ವಿದ್ಧ ⟦viddʰa ヴィッダ⟧ [viddʰɐ] 《文》 *adj.* 《複合語末で》刺された [Sk.]

ವಿದ್ಯಮಾನ ⟦vidyamāna ヴィディャマーナ⟧ [vidˑjəmɐːnɐ] 《文》 *n.* 1 現状、実状 2 ニュース、知らせ 3 事件、出来事 ¶ ಈ ವರ್ಷದ ಮಹತ್ವದ ವಿದ್ಯಮಾನಗಳಲ್ಲಿ ಕೋಬೆ ಭೂಕಂಪ ಒಂದು. (ī varṣada mahatvada vidyamānagaḷalli kōbe bʰūkampa oṃdu.) 神戸の地震は今年の重大な出来事の一つである。 [Sk.]

ವಿದ್ಯಾಧರ ⟦vidyādʰara ヴィディャーダラ⟧ [vidˑjɐːrtʰi] *m.* 《*f.* ವಿದ್ಯಾಧರಿ (vidyādʰari)》半神の一種 [Sk.]

ವಿದ್ಯಾಪೀಠ ⟦vidyāpīṭʰa ヴィディャーピータ⟧ [vidˑjɐːpiːʈʰɐ] *n.* 学問の府、学校(通常教育機関の名の一部として用いられる) [Sk.]

ವಿದ್ಯಾರ್ಥಿ ⟦vidyārtʰi ヴィディャールティ⟧ [vidˑjɐːrtʰi] 《文》 *mf.* 《*f.* ವಿದ್ಯಾರ್ಥಿನಿ (vidyārtʰini)》学生、生徒、弟子 [Sk.]

ವಿದ್ಯಾರ್ಥಿನಿಲಯ ⟦vidyārtʰinilaya ヴィディャールティニラヤ⟧ [vidːjɐːrtʰi niləjɐ] 《文》 *n.* 学生寮、寄宿舎 [Sk.] = ಹುಡುಗರ ಹಾಸ್ಟೆಲ್ (huḍugara hāsṭel) 〔口〕

ವಿದ್ಯಾರ್ಥಿವೇತನ ⟦vidyārtʰivētana ヴィディャールティヴェータナ⟧ [vidˑjɐːrtʰiveːtənɐ] 《文》 *n.* 奨学資金 [+ *vētana*] = ಸ್ಕಾಲರ್ಶಿಪ್ಪು (skālarśippu) 〔口〕

ವಿದ್ಯುತ್ ⟦vidyut ヴィディュト⟧ [vidˑjut] ವಿದ್ಯುತ್ತು 《文》 *n.* 1 電気 2 稲妻 [Sk.]

ವಿದ್ಯುತ್ ತಂತು ⟦vidyut taṃtu ヴィディュトタントゥ⟧ [vidˑjut təntu] 《文》 *n.* (電球や真空管の)フィラメント [Sk.]

ವಿದ್ಯುತ್ಕೋಶ ⟦vidyutkōśa ヴィディュトコーシャ⟧ [vidˑjutkoːʃɐ] 《文》 *n.* 電池、バッテリー [Sk.] = ಬ್ಯಾಟರಿ (byāṭari) 〔口〕

ವಿದ್ಯುಚ್ಚಾಲಿತ ⟦vidyuccālita ヴィディュッチャーリタ⟧ [vidˑjuʧʧɐːlitɐ] 《文》 *adj.* 電動の [+ *cālita*]

ವಿದ್ಯುಚ್ಛಕ್ತಿ ⟦vidyuccʰakti ヴィディュッチャクティ⟧ [vidˑjuʧʧəkti] 《文》 *n.* 電力 [+ *śakti*]

ವಿದ್ಯುಚ್ಛಕ್ತಿ ಮಂಡಲಿ ⟦vidyucc^hakti maṃḍali ヴィディユッチャクティマンダリ⟧ [vid·juʧʧəkti mənɖəli] 《文》 *n.* 電力評議会 [+ *maṃḍali*]

ವಿದ್ಯುತ್ತು ⟦vidyuttu ヴィディユットゥ⟧ [vid·juttu] *n.* 1 電気 2 稲妻 [Sk.]

ವಿದ್ಯುದಣು ⟦vidyudaṇu ヴィディユダヌ⟧ [vid·judəɳu] 《文》 *n.* 電子 [Sk.]

ವಿದ್ಯುದ್ವಾಹಕ ⟦vidyudvāhaka ヴィディユドヴァーハカ⟧ [vid·judvɐːhəkɐ] 《文》 *adj.* 伝導(性)の、伝導力のある [Sk.]

ವಿದ್ಯುದ್ವಾಹಕ ಶಕ್ತಿ ⟦vidyudvāhaka śakti ヴィディユドヴァーハカシャクティ⟧ [vid·judvɐːhəkə ʃəkti] 《文》 *n.* 伝導性、伝導力 [+ *śakti*]

ವಿದ್ಯುತ್ತು ⟦vidyuttu ヴィディユットゥ⟧ [vid·juttu] *n.* [Sk.] ☞ ವಿದ್ಯುತ್ (vidyut)

ವಿದ್ಯುಲ್ಲತೆ ⟦vidyullate ヴィディユッラテ⟧ [vid·julləte] 《文》 *n.* ジグザグに光る稲妻 [*vidyut* + *late*]

ವಿದ್ಯುಲ್ಲೇಪನ ⟦vidyullēpana ヴィディユッレーパナ⟧ [vid·julleːpənɐ] 《文》 *n.* 電気メッキ [*vidyut* + *lēpana*]

ವಿದ್ಯೆ ⟦vidye ヴィディエ⟧ [vid·je] *n.* 1 学問、学識 2 解脱をもたらす知識 3 呪文 [Sk.]

ವಿದ್ಯಾದಾನ ⟦vidyādāna ヴィディヤーダーナ⟧ [vid·jɐːdɐːnɐ] *n.* 教育 [Sk.]

ವಿದ್ಯಾಭ್ಯಾಸ ⟦vidyāb^hyāsa ヴィディヤービャーサ⟧ [vid·jɐːb^hjɐːsɐ] 《文》 *n.* 勉強、勉学 [Sk.]

ವಿದ್ಯಾಲಯ ⟦vidyālaya ヴィディヤーラヤ⟧ [vid·jɐːləjɐ] *n.* 学校、教育機関 [Sk.]

ವಿದ್ಯಾವಂತ ⟦vidyāvaṃta ヴィディヤーヴァンタ⟧ [vid·jɐːvəntɐ] *adj.*, *m.* 《*f.* ವಿದ್ಯಾವಂತೆ (vidyāvaṃte)》教育ある〈人〉、学識ある〈人〉 [Sk.]

ವಿದ್ಯಾವಿಷಯಕ ⟦vidyāviṣayaka ヴィディヤーヴィシャヤカ⟧ [vid·jɐːviʂəjəkɐ] 《文》 *adj.* 学問や研究に関する、学問や研究の [Sk.]

ವಿದ್ಯಾವಿಷಯಕ ಕಾರ್ಯ ⟦vidyāviṣayaka kārya ヴィディヤーヴィシャヤカカーリヤ⟧ [vid·jɐːviʂəjəkaə kɐːrjɐ] 《文》 *n.* 教育や研究の仕事 [Sk.]

ವಿದ್ಯಾವಿಷಯಕ ಯೋಗ್ಯತೆ ⟦vidyāviṣayaka yōgyate ヴィディヤーヴィシャヤカヨーギャテ⟧ [vid·jɐːviʂəjəkə joːg·jəte] 《文》 *n.* (任用や昇進などの資料となる)学問的業績 [Sk.]

ವಿದ್ಯಾಶಾಲೆ ⟦vidyāśāle ヴィディヤーシャーレ⟧ [vid·jɐːʃɐːle] 《文》 *n.* 学校、教育機関 [Sk.]

ವಿದ್ಯಾಶುಲ್ಕ ⟦vidyāśulka ヴィディヤーシュルカ⟧ [vid·jɐːʃulkɐ] *n.* 授業料 [Sk.]

ವಿದ್ರೂಪ ⟦vidrūpa ヴィドルーパ⟧ [vidruːpɐ] *adj.* 醜い、見苦しい(容貌など) [Sk.]

ವಿದ್ರೋಹ ⟦vidrōha ヴィドローハ⟧ [vid·roːhɐ] 《文》 *n.* 謀反、造反、反逆 [Sk.]

ವಿದ್ರೋಹಕ ⟦vidrōhaka ヴィドローハカ⟧ [vid·roːhəkɐ] *adj.* 謀反の、造反の、反逆の [Sk.]

ವಿದ್ರೋಹಕ ಚಟುವಟಿಕೆ ⟦vidrōhaka caṭuvaṭike ヴィドローハカチャトゥヴァティケ⟧ [vid·roːhəkə ʧəʈuvəʈike] 《文》 *n.* 謀反行為、造反活動、反逆行為 [Sk.]

ವಿದ್ರೋಹಿ ⟦vidrōhi ヴィドローヒ⟧ [vid·roːhi] 《文》 *adj.mf.* 謀反人〈の〉、造反者〈の〉、反逆者〈の〉 [Sk.]

ವಿದ್ವತ್ತು ⟦vidvattu ヴィドヴァットゥ⟧ [vidvəttu] 《文》 *n.* 学識、博識、造詣 ¶ ರೋಮಿಲ್ಲಾ ಥಾಪರ್ ಅವರ ವಿದ್ವತ್ತು ಪ್ರಪಂಚದಲ್ಲಿ ಪ್ರಸಿದ್ಧವಾಗಿದೆ. (rōmillā t^hāpar avara vidvattu prapaṃcadalli prasidd^havāgide.) ローミラー・ターパル氏の学識は世界で有名である。 [Sk.] = ಪಾಂಡಿತ್ಯ (pāṃḍitya)

ವಿದ್ವಾಂಸ ⟦vidvāṃsa ヴィドヴァーンサ⟧ [vidvɐːmsɐ] *adj.*, *m.* 《*f.* ವಿದುಷಿ (viduṣi)》学識ある〈人〉、博学な〈人〉 [Sk.]

ವಿದ್ವೇಷ ⟦vidvēṣa ヴィドヴェーシャ⟧ [vidveːʂɐ] 《文》 *n.* 敵意、憎しみ、憎悪 [Sk.]

ವಿಧ ⟦vid^ha ヴィダ⟧ [vid^hɐ] *n.* 1 種類、類 ¶ ಕನ್ನಡಕದಲ್ಲಿ ಎರಡು ವಿಧ. (kannaḍakadalli eraḍu vid^ha.) めがねに 2 種類ある。 2 やり方、仕方、方法 ¶ ಅವನಿಗೆ ಎಷ್ಟು ವಿಧದಲ್ಲಿ ಹೇಳಿದರೂ ಅರ್ಥವಾಗುವುದಿಲ್ಲ. (avanige eṣṭu vid^ha-dalli hēḷidarū art^havāguvudilla.) 彼にはどのように説明しても理解しない。 [Sk.]

ವಿಧವೆ ⟦vid^have ヴィダヴェ⟧ [vid^həve] *f.* 《*m.* ವಿಧುರ (vid^hura)》やもめ、寡婦、未亡人 [Sk.]

ವಿಧರ್ಮ ⟦vid^harma ヴィダルマ⟧ [vid^hərmɐ] *n.* 1 他の宗教、異教 2 違った性格 ¶ ಅವನು ವಿಧರ್ಮದ ವ್ಯಕ್ತಿ. (avanu vid^harmada vyakti.) 彼は我々とは別の種類の人間だ。 [Sk.]

ವಿಧರ್ಮಿ ⟦vid^harmi ヴィダルミ⟧ [vid^hərmi] *adj.*, *mf.* 1 異教徒〈の〉 2 他のカーストに属する〈人〉 [Sk.]

ವಿಧಾತ ⟦vid^hāta ヴィダータ⟧ [vid^hɐːtɐ] *m.* 創造者、ブラフマー神 [Sk.]

ವಿಧಾನ ⟦vid^hāna ヴィダーナ⟧ [vid^hɐːnɐ] 《文》 *n.* 1 法、法律、規則 2 方法、やり方、仕方 3 (建物、庭園などの)構造 ¶ ಈ ಕಟ್ಟಡದ ವಿಧಾನ ಚೆನ್ನಾಗಿದೆ. (ī kaṭṭaḍada vid^hāna cennāgide.) この建物は設計がよい。 [Sk.]

ವಿಧಾನಪರಿಷತ್ತು ⟦vid^hānapariṣattu ヴィダーナパリシャットゥ⟧ [vid^hɐːnəpəriʂəttu] *n.* インド諸州の議会 [Sk.] = ವಿಧಾನಮಂಡಲ (vid^hānamaṃḍala)

ವಿಧಾನಮಂಡಲ ⟦vid^hānamaṃḍala ヴィダーナマンダラ⟧ [vid^hɐːnəmənɖəlɐ] *n.* インド諸州の議会 [Sk.] = ವಿಧಾನಪರಿಷತ್ತು (vid^hānapariṣattu)

ವಿಧಾನಸಭೆ ⟦vid^hānasab^he ヴィダーナサベ⟧ [vid^hɐːnəsəb^he] *n.* インドの州議会 [Sk.]

ವಿಧಾನಸೌಧ ⟦vid^hānasaud^ha ヴィダーナサウダ⟧ [vid^hɐːnəsəud^hɐ] *n.* カルナータカの州庁 [Sk.]

ವಿಧಾಯಕ ⟦vid^hāyaka ヴィダーヤカ⟧ [vid^hɐːjəkɐ] *adj.* 1 立法の、立法権のある 2 規範的な、従うべき(規則や習慣など) —*n.* 1 法律、(議会の議決によって成立した)法 2 (会社や学会や協会や研究所などの)定款、内部規則 [Sk.]

ವಿಧಾಯಿ ಇಲಾಖೆ ⟦vid^{h}āyi ilāk^{h}e ヴィダーイイラーケ⟧ [vid^{h}ɐːji ilɐːk^{h}e] 《文》 *n.* 法制局 [Sk.]

ವಿಧಿ ⟦vid^{h}i ヴィディ⟧ [vid^{h}i] *n.* 1 命令、指令 2 規定、法、法律、法令 3 政令 4 運命、天命 **—***m.* 創造者、ブラフマー神 [Sk.]

ವಿಧಿಲಿಖಿತ ⟦vid^{h}ilik^{h}ita ヴィディリキタ⟧ [vid^{h}ilik^{h}itɐ] 《文》 *n.* 運命、天命 [Sk.]

ವಿಧಿವಶ ⟦vid^{h}ivaśa ヴィディヴァシャ⟧ [vid^{h}ivəʃɐ] *adj.* 運命にもて遊ばれた **—***m.* 《*f.* ವಿಧಿವಶಳು (vid^{h}ivaśaḷu)》亡くなった〈人〉¶ ನಿನ್ನೆ ರಾತ್ರಿ ಹತ್ತು ಘಂಟೆಗೆ ಶಿವಪ್ಪ ವಿಧಿವಶರಾದರು. (ninne rātri hattu g^{h}aṃṭege śivappa vid^{h}ivaśarādaru.) シヴァッパは昨夜10時に亡くなった。[Sk.]

ವಿಧಿಸು ⟦vid^{h}isu ヴィディス⟧ [vid^{h}ĭsu] 《文》 *vt.* 命令する、司令する、指図する、定める [Sk.]

ವಿಧುರ ⟦vid^{h}ura ヴィドゥラ⟧ [vidhurɐ] 《文》 *m.* 男やもめ [Sk.]

ವಿಧೇಯ ⟦vid^{h}ēya ヴィデーヤ⟧ [vid^{h}eːjɐ] 《文》 *adj.*, *m.* 《*f.* ವಿಧೇಯಳು (vid^{h}ēyaḷu)》 1 従順な〈人〉 2 謙虚な〈人〉、慎み深い〈人〉[Sk.]

ವಿಧೇಯಕ ⟦vid^{h}ēyaka ヴィデーヤカ⟧ [vid^{h}eːjuəkɐ] *n.* 1 法案 2 規則、法令、政令 [Sk.]

ವಿಧೇಯತೆ ⟦vid^{h}ēyate ヴィデーヤテ⟧ [vid^{h}eːjəte] 《文》 *n.* 1 従順、服従、言いなりになること 2 謙虚さ、慎み深いこと [Sk.]

ವಿಧ್ಯರ್ಥ ⟦vid^{h}yart^{h}a ヴィディャルタ⟧ [vid^h·jərt^{h}ɐ] 《文》 *n.*〔言〕命令法 [Sk.]

ವಿಧ್ಯರ್ಥಕ ⟦vid^{h}yart^{h}aka ヴィディャルタカ⟧ [vid^h·jərt^{h}əkɐ] 《文》 *n.*〔言〕命令法 [Sk.]

ವಿಧ್ಯುಕ್ತ ⟦vid^{h}yukta ヴィディュクタ⟧ [vid^h·juktɐ] 《文》 (*n.*) 1 聖典に従った〈こと〉 2 法規に則った〈こと〉、規則通りの〈こと〉[Sk.]

ವಿಧ್ವಂಸ ⟦vid^{h}vaṃsa ヴィドヴァンサ⟧ [vid^h·vəmsɐ/vid^h·vəũsɐ] *n.* 破壊、殲滅（せんめつ） [Sk.]

ವಿಧ್ವಂಸಕ ⟦vid^{h}vaṃsaka ヴィドヴァンサカ⟧ [vid^h·vəmsəkɐ/vid^h·vəũsəkɐ] *adj.*, *m.* 《*f.* ವಿಧ್ವಂಸಕಳು (vid^{h}vaṃsakaḷu)》破壊する〈人〉、破壊的な〈人〉 **—***n.* 駆逐艦 [Sk.]

ವಿಧ್ವಂಸನ ⟦vid^{h}vaṃsana ヴィドヴァンサナ⟧ [vid^h·vəmsənɐ/vid^h·vəũsənɐ] *n.* [Sk.] ☞ವಿಧ್ವಂಸ (vid^{h}vaṃsa)

ವಿನಂತಿ ⟦vinaṃti ヴィナンティ⟧ [vinənti] *n.* 嘆願、請願、懇願 [Sk.]

ವಿನಮ್ರ ⟦vinamra ヴィナムラ⟧ [vinəmrɐ] *adj.* 謙虚な、へりくだった [Sk.]

ವಿನಯ ⟦vinaya ヴィナヤ⟧ [vinəjɐ] *n.* へりくだること、謙虚、謙虚な振る舞い [Sk.]

ವಿನಾ ⟦vinā ヴィナー⟧ [vinɐː] *postp.* 1 …以外、…のほかは、…を除いて 2 …なしで ¶ ನನ್ನ ವಿನಾ ಅವಳು ಏನನ್ನೂ ಮಾಡಲಾರಳು. (nanna vinā avaḷu ēnannū māḍalāraḷu.) 彼女は私なしで何もできない。[Sk.]

ವಿನಾಯಿತಿ ⟦vināyiti ヴィナーイティ⟧ [vinɐːjiti] ವಿನಾಯತಿ, ವಿನಾಯ್ತಿ 《文》 *n.* 1 (税金や料金などの一部または全部の)免除 2 除外；例外 [Sk. *vinā* ← *riyāyiti*]

ವಿನಾಯಿಸು ⟦vināyisu ヴィナーイス⟧ [vinɐːjisu] 《文》 *vt.* 1 除く、除外する ¶ ದೊಡ್ಡ ಅಣ್ಣನನ್ನು ವಿನಾಯಿಸಿ ಎಲ್ಲರೂ ಮದುವೆಗೆ ಹೋದರು. (doḍḍa aṇṇanannu vināyisi ellarū maduvege hōdaru.) 一番上の兄を除いて全員が結婚式に参加した。 2 〈ある人に〉(罰金、債務などを)免除する ¶ ಮಹಾವಿದ್ಯಾಲಯ ಭೂಕಂಪದಿಂದ ನಷ್ಟಹೊಂದಿದ ಮಕ್ಕಳನ್ನು ಶುಲ್ಕದಿಂದ ವಿನಾಯಿಸಿತು. (mahāvidyālaya b^{h}ūkampadiṃda naṣṭahoṃdida makkaḷannu śulkadiṃda vināyisitu.) 大学は地震で被害を受けた子どもたちに授業料を免除した。 3 〈権利や主張などを〉捨てる、放棄する ¶ ವಿದೇಶಿ ಪ್ರವಾಸಿಗಳು ಕೈಯಲ್ಲಿ ತಂದ ಪದಾರ್ಥಗಳಿಗೆ ಸಾಮಾನ್ಯವಾಗಿ ತೆರಿಗೆಯನ್ನು ವಿನಾಯಿಸುತ್ತಾರೆ. (vidēśi pravāsigaḷu kaiyalli taṃda padārt^{h}agaḷige sāmānyavāgi terigeyannu vināyisuttāre.) 関税は普通外国の旅行者の手荷物には科されない。[Sk.]

ವಿನಾಶ ⟦vināśa ヴィナーシャ⟧ [vinɐːʃɐ] *n.* 破壊、荒廃させること、殲滅（せんめつ） [Sk.]

ವಿನಿಮಯ ⟦vinimaya ヴィニマヤ⟧ [viniməjɐ] *n.* 交換、物々交換 [Sk.]

ವಿನಿಮಯಿಸು ⟦vinimayisu ヴィニマイス⟧ [viniməjisu] *vt.* 〈品物などを〉交換する、バーターする [Sk.]

ವಿನಿಯೋಗ ⟦viniyōga ヴィニヨーガ⟧ [vinijoːgɐ] 《文》 *n.* 利用 [Sk.]

ವಿನಿಯೋಗಿಸು ⟦viniyōgisu ヴィニヨーギス⟧ [vinijoːgisu] 《文》 *vt.* 使用する、利用する ¶ ದಾನದಿಂದ ಬಂದ ಹಣ ದುರ್ಬಳಕೆ ಆಗದೆ ಯೋಗ್ಯ ರೀತಿಯಲ್ಲಿ ವಿನಿಯೋಗಿಸಬೇಕು. (dānadiṃda baṃda haṇa durbaḷake āgade yōgya rītiyalli viniyōgisabēku.) 寄付で集められた金を悪用されないように正しい方法で利用せねばならない。[Sk.]

ವಿನೀತ ⟦vinīta ヴィニータ⟧ [viniːtɐ] 《文》 *adj.*, *m.* 《*f.* ವಿನೀತಳು (vinītaḷu)》謙虚な〈人〉、慎ましい〈人〉、へりくだった〈人〉[Sk.]

ವಿನೂತನ ⟦vinūtana ヴィヌータナ⟧ [vinuːtənɐ] 《文》 (*n.*) 斬新〈な〉¶ ರಜನಿ ಅವರ ಕಥಾಶೈಲಿ ವಿನೂತನವಾಗಿದೆ. (rajani avara kat^{h}āśaili vinūtanavāgide.) ラジャニ女史の小説の文体は斬新である。[Sk.]

ವಿನೋದ ⟦vinōda ヴィノーダ⟧ [vinoːdɐ] *n.* 1 楽しみ、娯楽 2 滑稽、諧謔 ¶ ಬೀಚಿ ಒಳ್ಳೇ ವಿನೋದ ಸಾಹಿತಿ. (bīci oḷḷē vinōda sāhiti.) ビーチはよい諧謔文学者だ。[Sk.]

ವಿನ್ಯಾಸ ⟦vinyāsa ヴィニャーサ⟧ [vin·jɐːsɐ] 《文》 *n.* 1 構造、組織 2 デザイン、設計 3 (家具などの)配置、(部屋などの)間取り ¶ ಅವರ ಮನೆಯ ಗೃಹೋಪಕರಣಗಳ ವಿನ್ಯಾಸ ತುಂಬ ಚೆನ್ನಾಗಿದೆ. (avara maneya gṛhōpakaraṇagaḷa vinyāsa tuṃba cennāgide.) 彼の家の家具類の配置はとてもよい。[Sk.]

ವಿಪಕ್ಷ ⟦vipakṣa ヴィパクシャ⟧ [vipəkʂɐ] *n.* 1 野党 2 反対派、反対勢力 3 反対例、反論 [Sk.]

ವಿಪಣಿ ⟦vipaṇi ヴィパニ⟧ [vopəɳi] 《古》 *n.* 1 店、商店 2 商店街 3 商品 [Sk.]

ವಿಪತ್ಕಾಲ ⟦vipatkāla ヴィパトカーラ⟧ [vipətkɐːlɐ] *n.* 危機、重大局面 [Sk.]

ವಿಪತ್ತು ⟦vipattu ヴィパットゥ⟧ [vipəttu] *n.* 危機、難局 [Sk.]

ವಿಪರೀತ ⟦viparīta ヴィパリータ⟧ [vipəriːtɐ] 《文》 *adj.* 1 逆の、反対の 2 逆境の、不利な 3 極度の、すごい、とてつもない ¶ ನಿನ್ನೆ ವಿಪರೀತ ಮಳೆ ಆಯಿತು. (ninne viparīta maḷe āyitu.) 昨日気違いじみた雨が降った。[Sk.]

ವಿಪರ್ಯಾಸ ⟦viparyāsa ヴィパリヤーサ⟧ [vipərʲjɐːsɐ] 《文》 *n.* 1 反対、逆 2 逆境、苦境 3 思い違い、取り違え、誤解、間違った解釈 [Sk.]

ವಿಪಿನ ⟦vipina ヴィピナ⟧ [vipinɐ] 《古》 *n.* 森林、山林 [Sk.]

ವಿಪುಲ ⟦vipula ヴィプラ⟧ [vipulɐ] 《文》 *adj.* 1 大きな、巨大な、広大な 2 多くの、豊富な、有り余るほどの ¶ ಬೇಸಿಗೆ ಕಾಲದಲ್ಲಿ ಮಾವಿನ ಹಣ್ಣು ವಿಪುಲವಾಗಿ ಬರುತ್ತದೆ. (bēsige kāladalli māvina haṇṇu vipulavāgi baruttade.) 夏にはマンゴーがどっさり市場に出る。[Sk.]

ವಿಪ್ರ ⟦vipra ヴィプラ⟧ [viprɐ] 《文》 *m.* 《*f.* ವಿಪ್ರಸ್ತ್ರೀ (vipra strī)》バラモン、四つの種姓の最上にある僧侶階級 [Sk.]

ವಿಪ್ರಲಂಭ ⟦vipralaṃbʰa ヴィプラランバ⟧ [viprələmbʰɐ] 《文》 *n.* 1 恋人たちの別離 2 別離の情 [Sk.]

ವಿಪ್ರಲಾಪ ⟦vipralāpa ヴィプララーパ⟧ [viprəlɐːpɐ] 《文》 *n.* 噂話、無駄話、おしゃべり [Sk.]

ವಿಪ್ಲವ ⟦viplava ヴィプラヴァ⟧ [vipləvɐ] 《文》 *n.* 1 騒動、動乱、社会の不穏、反乱、蜂起 2 (サイクロンや地震や洪水などによって起こされた)大災害;天変地異 [Sk.]

ವಿಫಲ ⟦vipʰala ヴィパラ⟧ [vipʰəlɐ] *adj.* 無駄な、役に立たない、失敗の —*adj.*, *mf.* 失敗した〈人〉、成功しなかった〈人〉¶ ಅವನು ಯುದ್ಧವನ್ನು ಜಯಿಸುವುದರಲ್ಲಿ ವಿಫಲನಾದ. (avanu yuddʰavannu jayisuvudaralli vipʰalanāda.) 彼は戦争を勝利に導くことができなかった。[Sk.]

ವಿಬುಧ ⟦vibudʰa ヴィブダ⟧ [vibudʰɐ] 《文》 *m.* 《*f.* ವಿಬುಧೆ (vibudʰe)》学者、学識者 [Sk.]

ವಿಭಂಗ ⟦vibʰaṃga ヴィバンガ⟧ [vibʰəŋgɐ] 《文》 *n.* 1 壊れること、折れること 2 中断 ¶ ಸುಖದ ಕನಸು ವಿಭಂಗ ಆಯಿತು. (sukʰada kanasu vibʰaṃga āyitu.) 楽しい夢が途中でさめてしまった。 3 (眉を)しかめること、眉の半円形の曲線(女性の美の一つ) [Sk.]

ವಿಭಕ್ತಿ ⟦vibʰakti ヴィバクティ⟧ [vibʰəkti] 《文》 *n.* 1〔言〕格 2〔言〕格を表す手段、格語尾(日本語の「てにをは」に当たる) [Sk.]

ವಿಭಜನೆ ⟦vibʰajane ヴィバジャネ⟧ [vibʰəʤəne] 《文》 *n.* 1 分割、分離 ¶ ಭಾರತ ಮತ್ತು ಪಾಕಿಸ್ತಾನದ ವಿಭಜನೆ ಈಗ ಐತಿಹಾಸಿಕ ಘಟನೆಯಾಗಿದೆ. (bʰārata mattu pākistānada vibʰajane īga aitihāsika gʰaṭaneyāgide.) インドとパキスタンの分裂は今や歴史上の一事件となってしまった。2 ひき離すこと、隔離すること ¶ ದಕ್ಷಿಣ ಆಫ್ರಿಕಾದಲ್ಲಿ ಬಿಳಿಜನ ಕಪ್ಪುಜನ ಎಂದು ಸಮಾಜವನ್ನು ವಿಭಜನೆ ಮಾಡಿದ್ದರು. (dakṣiṇa āpʰrikādalli biḷijana kappujana eṃdu samājavannu vibʰajane māḍiddaru.) 南アフリカの社会は白人と黒人に分けられていた。 ◇ *vt.* —ಮಾಡು (māḍu) [Sk.]

ವಿಭವ ⟦vibʰava ヴィバヴァ⟧ [vibʰava] 《文》 *n.* 1 栄光、豪華、壮麗、絢爛 2 富裕、繁栄 3 見せかけ、虚飾 4 60 年で一巡りする年の 2 番目 [Sk.]

ವಿಭಾಕರ ⟦vibʰākara ヴィバーカラ⟧ [vibʰɐːkərɐ] 《文》 *mn.* 太陽神、太陽 [Sk.]

ವಿಭಾಗ ⟦vibʰāga ヴィバーガ⟧ [vibʰɐːgɐ] 《文》 *n.* 1 (役所などの)部局 2 分け前、取り分 ¶ ನನ್ನ ವಿಭಾಗದ ಭೂಮಿಯಲ್ಲಿ ನೀರಿಲ್ಲ. (nanna vibʰāgada bʰūmiyalli nīrilla.) 私の分け前の土地には水が出ない。 [Sk.]

ವಿಭಾಗಿಸು ⟦vibʰāgisu ヴィバーギス⟧ [vibʰɐːgisu] 《文》 *vt.* 分割する、分ける ¶ ಅಪ್ಪ ತನ್ನ ಆಸ್ತಿಯನ್ನು ಮಕ್ಕಳಲ್ಲಿ ಸಮವಾಗಿ ವಿಭಾಗಿಸಿದ. (appa tanna āstiyannu makkaḷalli samavāgi vibʰāgisida.) 父は自分の財産を子どもに等分に分け与えた。 [Sk.]

ವಿಭಾಜ್ಯ ⟦vibʰājya ヴィバージュヤ⟧ [vibʰɐːʤʲjɐ] 《文》 *adj.* 分割可能な、分配可能な [Sk.]

ವಿಭಾವನ ⟦vibʰāvana ヴィバーヴァナ⟧ [vibʰɐːvənɐ] 《古》 *n.* はっきりと理解すること [Sk.]

ವಿಭಾವನೆ ⟦vibʰāvane ヴィバーヴァネ⟧ [vibʰɐːvənɐ] 《文》 *n.* (原因を想像にまかせて)結果を記述する修辞法 ¶ ಕುಮುದಗಳು ಅರಳಿದವು. (kumudagaḷu araḷidavu.) 夜蓮の花が開いた(夜になった)。 [Sk.]

ವಿಭಿನ್ನ ⟦vibʰinna ヴィビンナ⟧ [vibʰinnɐ] 《文》 *adj.* 1 壊れた ¶ ವಿಭಿನ್ನ ವಿಗ್ರಹಕ್ಕೆ ಪೂಜೆ ಇಲ್ಲ. (vibʰinna vigrahakke pūje illa.) 壊れた神像は供養されない。 2 分割された、切り分けられた 3 様々な、種々の ¶ ವಿಭಿನ್ನ ಪತ್ರಿಕೆ ಓದಿದರೆ ನಿಜಾಂಶ ತಿಳಿಯುತ್ತದೆ. (vibʰinna patrike ōdidare nijāṃśa tiḷiyuttade.) いろいろな新聞を読めば真実が分かる。4 違った、別の ¶ ನಾನು ಸ್ನೇಹಿತನಿರುತ್ತಾನೆ ಎಂದು ಒಳಗೆ ಹೋದರೆ ಅಲ್ಲಿ ವಿಭಿನ್ನ ವ್ಯಕ್ತಿ ಇದ್ದ. (nānu snēhitaniruttāne eṃdu oḷage hōdare alli vibʰinna vyakti idda.) 友人がいると思って入ったら他の人がいた。 [Sk.]

ವಿಭು ⟦vibʰu ヴィブ⟧ [vibʰu] 《文》 *adj.* 1 遍在する、どこにでもいる 2 永遠の、不滅の —*m.* 遍在者、神 [Sk.]

ವಿಭೂತಿ ⟦vibʰūti ヴィブーティ⟧ [vibʰuːti] *n.* 1 富、富裕 2 シヴァ神が体に塗ったという聖なる灰(信者もそれを真似て灰を体に塗っている) 3 繁栄、繁盛 4 力、威力 5 18 の要素からなる超自然的能力、特にシヴァ神に帰される —*mf.* その人の生き方や教えが長く影響を及ぼす人(ブッダ、孔子など)= ವಿಭೂತಿಪುರುಷ (vibʰūtipuruṣa) [Sk.]

ವಿಭೂತಿಪುರುಷ ⟦vibʰūtipuruṣa ヴィブーティプルシャ⟧ [vi

b^{h}u:tipuruʂɐ] *m.* ⟪*f.* ವಿಭೂತಿಸ್ತ್ರೀ (vib^{h}ūtistrī)⟫その人の生き方や教えが長く影響を及ぼす人(ブッダ、孔子など) [Sk.]

ವಿಭೂತಿಪೂಜೆ ⟦vib^{h}ūtipūje ヴィブーティプージェ⟧ [vib^{h}u:tipu:ʤe] *n.* 英雄崇拝 [Sk.]

ವಿಭೂಷಣ ⟦vib^{h}ūṣaṇa ヴィブーシャナ⟧ [vib^{h}u:ʂəɳɐ] *n.* 飾り、装飾 [Sk.]

ವಿಭೇದ ⟦vib^{h}ēda ヴィベーダ⟧ [vib^{h}e:dɐ] *n.* **1** 分割、分離 **2** 種類、類 [Sk.]

ವಿಭ್ರಮ ⟦vib^{h}rama ヴィブラマ⟧ [vib^{h}rəmɐ] 《文》 *n.* **1** 思い違い、取り違え **2** 媚態、なまめくこと **3** 可愛さ、優美さ、優雅さ [Sk.]

ವಿಭ್ರಾಂತ ⟦vib^{h}rāṃta ヴィブラーンタ⟧ [vib^{h}rɐ:ntɐ] 《文》 *adj., mf.* **1** さまよい歩いた〈人〉 **2** 慌てた〈人〉、狼狽した〈人〉¶ ಸುಂಕದ ಅಧಿಕಾರಿಗಳು ಬಂದದ್ದನ್ನು ನೋಡಿ ವಿಭ್ರಾಂತನಾದೆ. (suṃkada ad^{h}ikārigaḷu baṃdaddannu nōḍi vib^{h}rāṃtanāde.) 税関の役人は警官たちが自分の家に来るのを見て慌てた。 **3** 間違った〈人〉、取り違えた〈人〉、思い違った〈人〉¶ ನಾನು ನಿರೀಕ್ಷಿಸುತ್ತಿದ್ದ ಟ್ರವೆಲ್ ಏಜಂಟ್ ಎಂದು ವಿಭ್ರಾಂತನಾಗಿ ಟಿಕೆಟ್ಟು ಎಲ್ಲಿ ಎಂದು ಕೇಳಿದೆ. (nānu nirīkṣisuttidda ṭravel ējaṃṭ eṃdu vib^{h}rāṃtanāgi ṭikeṭṭu elli eṃdu kēḷide.) 待っていた旅行業者が来たのかと思って私は「切符はどこにあるの」と尋ねた。 [Sk.]

ವಿಭ್ರಾಂತಿ ⟦vib^{h}rāṃti ヴィブラーンティ⟧ [vib^{h}rɐ:nti] 《文》 *n.* **1** 狼狽、心の混乱 **2** 間違い、思い違い [Sk.]

ವಿಮರ್ಶಕ ⟦vimarśaka ヴィマルシャカ⟧ [vimərʃəkɐ] *m.* ⟪*f.* ವಿಮರ್ಶಕಿ (vimarśaki)⟫批評家、評論家 [Sk.]

ವಿಮರ್ಶನ ⟦vimarśana ヴィマルシャナ⟧ [vimərʃənɐ] *n.* (文芸や美術などの) 批評、評価 [Sk.] = ವಿಮರ್ಶೆ (vimarśa)

ವಿಮರ್ಶಿಸು ⟦vimarśisu ヴィマルシス⟧ [vimərʃisu] 《文》 *vt.* 〈文芸や美術などを〉批評する、評価する [Sk.]

ವಿಮರ್ಶೆ ⟦vimarśe ヴィマルシェ⟧ [vimərʃe] 《文》 *n.* (文芸や美術などの) 批評、評価 [Sk.] ☞ವಿಮರ್ಶನ (vimarśana)

ವಿಮಲ ⟦vimala ヴィマラ⟧ [viməlɐ] 《文》 *adj.* **1** 清潔な、混じりけのない、汚れのない **2** 聖なる、神聖な **3** 清廉な、貞節な [Sk.]

ವಿಮಾನ ⟦vimāna ヴィマーナ⟧ [vimɐ:nɐ] *n.* **1** 飛行機、航空機 = ಪ್ಲೇನು (plēnu) 〔ロ〕 **2** (神話に出てくる)空飛ぶ乗り物[⇒図] **3** (主としてリンガーヤタが死体を焼き場に運ぶために使う)屋根付きの輿(こし) **4** 寺院の塔の頂上の丸みを持った尖塔を支える部分 [Sk.]

ವಿಮಾನ
空飛ぶ乗り物

ವಿಮಾನಚಾಲಕ ⟦vimānacālaka ヴィマーナチャーラカ⟧ [vimɐ:nəʧɐ:ləkɐ] 《文》 *m.* ⟪*f.* ವಿಮಾನಚಾಲಕಿ (vimānacālaki)⟫(飛行機の)操縦士、パイロット [+ Sk. *cālaka-*] =ಪೈಲಟ್ (pailaṭ)〔ロ〕

ವಿಮಾನನಿಲ್ದಾಣ ⟦vimānanildāṇa ヴィマーナニルダーナ⟧ [vimɐ:nənildɐ:ɳɐ] *n.* 飛行場 [+ Ka. *nil* + Sk. *st^{h}āna-*] = ಏರ್ಪೋರ್ಟ್ (ērpōrṭ)〔ロ〕

ವಿಮಾನಬಲ ⟦vimānabala ヴィマーナバラ⟧ [vimɐ:nəbəlɐ] *n.* 空軍 [+ Sk. + *dala-*]

ವಿಮಾನಾಪಘಾತ ⟦vimānāpag^{h}āta ヴィマーナーパガータ⟧ [vimɐ:nɐ:pəg^{h}ɐ:tɐ] 《文》 *n.* 飛行機事故 [+ Sk. *apag^{h}āta-*]

ವಿಮಾನಾಪಹರಣ ⟦vimānāpaharaṇa ヴィマーナーパハラナ⟧ [vimɐ:nɐ:pəhərəɳɐ] 《文》 *n.* 飛行機の乗っ取り、飛行機のハイジャック [+ Sk. *apaharaṇa-*]

ವಿಮಾನಾಪಹರಣಕಾರ ⟦vimānāpaharaṇakāra ヴィマーナーパハラナカーラ⟧ [vimɐ:nɐ:pəhərəɳəkɐ:rɐ] 《文》 *n.* ⟪*f.* ವಿಮಾನಾಪಹರಣಕಾರ್ತಿ (vimānāpaharaṇakārti)⟫飛行機の乗っ取り犯人、飛行機のハイジャッカー [+ Sk. *apaharaṇa-* + Ka. *-kāra*]

ವಿಮಾನವಾಹಕ ⟦vimānavāhaka ヴィマーナヴァーハカ⟧ [vimɐ:nəvɐ:həkɐ] 《文》 *n.* 航空母艦 [+ Sk. *vāhaka-*]

ವಿಮುಕ್ತ ⟦vimukta ヴィムクタ⟧ [vimuktɐ] 《文》 *adj., m.* ⟪*f.* ವಿಮುಕ್ತಳು (vimuktaḷu)⟫ **1** (束縛、専制政治、古い考えなどから)解放された〈人〉 **2** 解脱した〈人〉 [Sk.]

ವಿಮುಕ್ತಿ ⟦vimukti ヴィムクティ⟧ [vimukti] 《文》 *n.* **1** (束縛、専制政治、時代遅れの考えなどからの)解放、自由の獲得 **2** 解脱 [Sk.]

ವಿಮುಖ ⟦vimuk^{h}a ヴィムカ⟧ [vimuk^{h}ɐ] 《文》 *adj., m.* ⟪*f.* ವಿಮುಖಳು (vimuk^{h}aḷu)⟫ **1** 顔を背けた〈人〉 **2** 無関心な〈人〉、興味のない〈人〉¶ ಹೆಂಡತಿ ಸತ್ತ ಮೇಲೆ ರಾಮಣ್ಣ ವ್ಯಾವಹಾರಿಕ ವಿಷಯಗಳಲ್ಲಿ ವಿಮುಖನಾಗಿದ್ದಾನೆ. (heṃḍati satta mēle rāmaṇṇa vyāvahārika viṣayagaḷalli vimuk^{h}anāgiddāne.) 奥さんが亡くなってからラーマンナは日常生活に無関心になった。 [Sk.]

ವಿಮೆ ⟦vime ヴィメ⟧ [vime] *n.* 保険、保険契約 ◇ *vi.* —ಕಟ್ಟು (kaṭṭu) 保険契約を結ぶ [Pe. *bīma*]

ವಿಮೆದಾರ ⟦vimedāra ヴィメダーラ⟧ [vimedɐ:rɐ] *m.* ⟪*f.* ವಿಮೆದಾರಳು (vimedāraḷu)⟫ 保険契約者; 保険名義人 [Sk.]

ವಿಮೋಕ್ಷ ⟦vimōkṣa ヴィモークシャ⟧ [vimo:kʂɐ] 《文》 *n.* **1** 解放 **2** 解脱、輪廻からの解放 [Sk.]

ವಿಮೋಚನೆ ⟦vimōcane ヴィモーチャネ⟧ [vimo:ʧəne] 《文》 *n.* **1** (束縛、専制政治、時代遅れの考えなどからの)解放、自由の獲得 **2** 解脱 [Sk.] ☞ವಿಮುಕ್ತಿ (vimukti)

ವಿಮೋಹ ⟦vimōha ヴィモーハ⟧ [vimo:hɐ] 《文》 *n.* **1** 狼狽、混乱 ¶ ದಾರಿ ಗೊತ್ತಿದೆ ಎಂದು ಹೋಗಿ ಮಧ್ಯದಲ್ಲಿ ಎಲ್ಲಿ ಹೋಗಬೇಕೆಂದು ತಿಳಿಯದೆ ವಿಮೋಹಗೊಂಡೆ. (dāri gottide eṃdu hōgi mad^{h}yadalli elli hōgabēkeṃdu tiḷiyade vimōhagoṃḍe.) 道が分かっていると思って出かけ、途中でどちらへ行ったらよいのか分からず途方に暮れた。 **2** (異性などに)夢中になること、のぼせ上がること ¶ ಅವನಿಗೆ ತನ್ನ ವಾಹನದ ಮೇಲೆ ತುಂಬಾ ವಿಮೋಹ

ಇದೆ. (avanige tanna vāhanada mēle tumbā vimōha ide.) 彼は自分の車に夢中である。[Sk.]

ವಿಯಚ್ಚರ ⟦viyaccara ヴィヤッチャラ⟧ [vijəʧʧərɐ] 《文》 n. 鳥、鳥類 —m. 《f. ವಿಯಚ್ಚರಿ (viyaccari)》ヴィヤッチャラ(シヴァ神などの侍者で自由に空を飛ぶ半神)= ವಿದ್ಯಾಧರ (vidyādʰara)〔汎〕[Sk.]

ವಿಯಚ್ಚರಿ ⟦viyaccari ヴィヤッチャリ⟧ [vijəʧʧəri] 《文》 f. 《m. ವಿಯಚ್ಚರ (viyaccara)》女性のヴィヤッチャラ [Sk.]

ವಿಯದ್ಗಾಮಿ ⟦viyadgāmi ヴィヤドガーミ⟧ [vijədgɐːmi] 《文》 adj. 空を飛ぶ —m. シヴァ神の侍者で自由に空を飛ぶ半神 [Sk.]

ವಿಯೋಗ ⟦viyōga ヴィヨーガ⟧ [vijoːgɐ] n. (愛する人などからの)別離 [Sk.]

ವಿಯೋಗಿ ⟦viyōgi ヴィヨーギ⟧ [vijoːgi] 《文》 m. 《f. ವಿಯೋಗಿನಿ (viyōgini)》愛する人と別離した人 [Sk.]

ವಿಯೋಗಿನಿ ⟦viyōgini ヴィヨーギニ⟧ [vijoːgini] 《文》 f. 愛する人と別離した女性 [Sk.]

ವಿರಕ್ತ ⟦virakta ヴィラクタ⟧ [virəktɐ] adj., m. 《f. ವಿರಕ್ತೆ (virakte)》 1 不満足な〈人〉、不満のある〈人〉 2 仲たがいした〈人〉、疎遠になった〈人〉 3 世俗に対する執着がない〈人〉[Sk.]

ವಿರಕ್ತಿ ⟦virakti ヴィラクティ⟧ [virəkti] n. 1 不満足、不満 2 仲たがい、疎遠 3 世俗に対して執着しないこと [Sk.]

ವಿರಚನ ⟦viracana ヴィラチャナ⟧ [virəʧənɐ] ವಿರಚನೆ 《文》 n. 作成、建設、創造 [Sk.]

ವಿರಚನೆ ⟦viracane ヴィラチャネ⟧ [virəʧəne] 《文》 n. [Sk.] ☞ವಿರಚನ (viracana)

ವಿರಚಿಸು ⟦viracisu ヴィラチス⟧ [virəʧisu] 《文》 vt. 作る、作成する、建設する、創造する [Sk.]

ವಿರಜ ⟦viraja ヴィラジャ⟧ [virəʤɐ] 《文》 adj. 埃のない、きれいな —adj., m. 1 怒ることのない〈人〉 2 まだ月経が始まっていない〈娘〉、まだ大人になっていない〈娘〉 —m. ヴィシュヌ神の別名 —n. 砂時計の形をした小型の打楽器の一種 [Sk.]

ವಿರತ ⟦virata ヴィラタ⟧ [virətɐ] 《文》 (adj.) 中断〈した〉、止めた〈こと〉、中止〈した〉¶ ನಮ್ಮ ಕೆಲಸ ಅಲ್ಲಿಗೇ ವಿರತ ಆಯಿತು. (namma kelasa alligē virata āyitu.) 私たちの仕事はまさにそこで終わってしまった。 —adj., m. 《f. ವಿರತೆ (virate)》 1 ある事を止めた〈人〉¶ ನರಸಿಂಹಸ್ವಾಮಿ ಅವರು ವಯಸ್ಸಾದದ್ದರಿಂದ ಬರವಣಿಗೆಯಿಂದ ವಿರತರಾಗಿದ್ದಾರೆ. (narasiṃhasvāmi avaru vayassādaddariṃda baravaṇigeyiṃda viratarāgiddāre.) ナラシンマスヴァーミは高齢のために執筆活動を止めている。 2 世俗に対する執着を失った〈人〉¶ ನಮ್ಮ ಸ್ವಾಮೀಜಿ ಚಿಕ್ಕ ವಯಸ್ಸಿನಲ್ಲಿಯೇ ಸಂಸಾರದಿಂದ ವಿರತರಾಗಿದ್ದಾರೆ. (namma svāmīji cikka vayassinalliyē saṃsāradiṃda viratarāgiddāre.) 我々の尊師は若い頃にもう世俗に対する執着を失っておられた。[Sk.]

ವಿರತಿ ⟦virati ヴィラティ⟧ [virəti] 《文》 n. 1 中断、中止 2 (活動を)止めること 3 世俗の活動に対する執着がなくなること [Sk.]

ವಿರಥ ⟦viratʰa ヴィラタ⟧ [virətʰɐ] 《文》 adj., m. 戦場で戦車(馬に牽かせる二輪車)を失った〈戦士〉[Sk.]

ವಿರಮಿಸು ⟦viramisu ヴィラミス⟧ [virəmisu] 《文》 vi. 1 休む、休息する ¶ ಪ್ರವಾಸಿ ಮರದ ಕೆಳಗೆ ವಿರಮಿಸಿದ. (pravāsi marada keḷage viramisida.) 旅人は木の陰で憩いを取った。 2 止める、中止する ¶ ಚೆಚೆನ್ಯದಲ್ಲಿ ಬೊಂಬ್ ದಾಳಿಯಿಂದ ರಶಿಯ ಸ್ವಲ್ಪ ದಿವಸ ವಿರಮಿಸಿತ್ತು. (cecenyadalli bomb dāḷiyiṃda raśiya svalpa divasa viramisittu.) ロシアはチェチェンの爆撃をしばらくの間中止していた。[Sk.]

ವಿರಲ ⟦virala ヴィララ⟧ [virəlɐ] 《文》 adj. [Sk.] ☞ವಿರಳ (viraḷa)

ವಿರಸ ⟦virasa ヴィラサ⟧ [virəsɐ] 《文》 n. 不和、仲たがい ¶ ಅವನು ಗಂಡ ಹೆಂಡತಿಯರ ನಡುವೆ ವಿರಸ ಉಂಟುಮಾಡಿದ. (avanu gaṃḍa heṃḍatiyara naḍuve virasa uṃṭumāḍida.) 彼は夫婦の間に不和をもたらした。[Sk.]

ವಿರಹ ⟦viraha ヴィラハ⟧ [virəhɐ] n. (愛する人などとの)別離 [Sk.]

ವಿರಹಿ ⟦virahi ヴィラヒ⟧ [virəhi] 《文》 m. 《f. ವಿರಹಿಣಿ (virahiṇi)》(愛する人と)別離した人 [Sk.]

ವಿರಹಿಣಿ ⟦virahiṇi ヴィラヒニ⟧ [virəhini] 《文》 f. 《m. ವಿರಹಿ (virahi)》(愛する人と)別離した女性 [Sk.]

ವಿರಳ ⟦viraḷa ヴィララ⟧ [virəḷɐ] ವಿರಲ 《文》 adj. 1 疎らな 2 稀な、珍しい [Sk.]

ವಿರಾಗ ⟦virāga ヴィラーガ⟧ [virɐːgɐ] 《文》 n. 1 世俗に対する執着がないこと 2 世を捨てること [Sk.]

ವಿರಾಗಿ ⟦virāgi ヴィラーギ⟧ [vəirɐːgi] adj., m. 《f. ವಿರಾಗಿಣಿ (virāgiṇi)》世俗に対して欲望のない〈人〉 —m. 世を捨てた人 [Sk.]

ವಿರಾಜಮಾನ ⟦virājamāna ヴィラージャマーナ⟧ [virɐːʤəmɐːnɐ] 《文》 adj. 1 輝かしい、光り輝く 2 〔美〕(神が)鎮座する、(王や聖人が)玉座にまします 3 元気で輝くような ¶ ಅಂತರರಾಷ್ಟ್ರೀಯ ಆಟದಲ್ಲಿ ಗೆದ್ದುಕೊಂಡು ವಿರಾಜಮಾನ ಮುಖದಿಂದ ಆಟಗಾರರು ಬಂದರು. (aṃtararāṣṭrīya āṭadalli geddukoṃḍu virājamāna mukʰadiṃda āṭagāraru baṃdaru.) 国際試合に勝った選手は顔を喜びに輝かせて帰ってきた。[Sk.]

ವಿರಾಟ್ಪುರುಷ ⟦virāṭpuruṣa ヴィラートプルシャ⟧ [virɐːʈpuruʂɐ] 《文》 m. ブラフマン、最高我 [Sk.]

ವಿರಾಡ್ರೂಪ ⟦virāḍrūpa ヴィラードルーパ⟧ [virɐːɖruːpɐ] 《文》 n. (ヴィシュヌ神の)宇宙としての姿 [Sk.] = ವಿಶ್ವರೂಪ (viśvarūpa)

ವಿರಾಮ ⟦virāma ヴィラーマ⟧ [virɐːmɐ] n. 1 休み、休憩 2 中断、停止 [Sk.]

ವಿರಾಮಹಾಕು ⟦virāmahāku ヴィラーマハーク⟧ [virɐːməhɐːku] vi. 1 中断する、中休みする ¶ ನಿನ್ನ ಕೆಲಸಕ್ಕೆ ವಿರಾಮ ಹಾಕಿ ಊಟಕ್ಕೆ ಬಾ. (ninna kelasakke virāma hāki ūṭakke bā.) 仕事をおいて食事に来い。 2 止める、

中止する [Sk.]

ವಿರಾಮಚಿಹ್ನ 〚virāmacihna ヴィラーマチフナ〛 [virɐːmə ʧinnʰɐ] *n.* 句読点 [Sk.]

ವಿರಿಂಚ 〚viriṃca ヴィリンチャ〛 [viriɲʧɐ] 《文》 *m.* **1** ブラフマー神の別名 **2** ヴィシュヌ神の別名 **3** シヴァ神の別名 [Sk.]

ವಿರಿಂಚಿ 〚viriṃci ヴィリンチ〛 [viriɲʧi] 《文》 *m.* [Sk.] ☞ವಿರಿಂಚ (viriṃca)

ವಿರುತಿ 〚viruti ヴィルティ〛 [viruti] 《古》 *n.* わめくこと、怒鳴ること [Sk.]

ವಿರುದ್ಧ 〚viruddʰa ヴィルッダ〛 [viruddʰɐ] 《文》 (*n.*) **1** 逆〈の〉、反対〈の〉、対立する〈こと〉 **2** 敵対的な〈こと〉、敵対する〈こと〉 ¶ ನಮ್ಮ ನಾಯಕನಿಗೆ ಅನೇಕ ವಿರುದ್ಧ ಶಕ್ತಿಗಳು ಇವೆ. (namma nāyakanige anēka viruddʰa śaktigaḷu ive.) 我々の指導者には多くの反対勢力がある。 **3** 不利〈な〉、逆境〈の〉 ¶ ಆ ವಿರುದ್ಧ ವಾತಾವರಣದಲ್ಲಿ ನಾನಿರಲಾರೆ. (ā viruddʰa vātāvaraṇadalli nāniralāre.) あの敵対的な雰囲気の中に私はいることが出来ない。 **4** (互いに)矛盾する〈こと〉、つじつまの合わない〈こと〉 —*n.* 反対 ¶ ನಾನು ಏನು ಹೇಳಿದರೂ ಹೆಂಡತಿ ಅದಕ್ಕೆ ವಿರುದ್ಧ ಹೇಳುತ್ತಾಳೆ. (nānu ēnu hēḷidarū heṃḍati adakke viruddʰa hēḷuttāḷe.) 私が何を言おうとも妻はそれに反対する。 —*postp.* …に反対して ¶ ಉಗ್ರವಾದಿಗಳು ಸರಕಾರದ ವಿರುದ್ಧ ಕೆಲಸ ಮಾಡುತ್ತಿದ್ದಾರೆ. (ugravādigaḷu sarakārada viruddʰa kelasa māḍuttiddāre.) テロリストたちが政府に敵対活動をしている。 [Sk.]

ವಿರುದ್ಧಾರ್ಥ 〚viruddʰārtʰa ヴィルッダールタ〛 [viruddʰɐːrtʰɐ] 《文》 *n.* 反義語、対義語 [Sk.]

ವಿರೂಕ್ಷ 〚virūkṣa ヴィルークシャ〛 [viruːkʂɐ] 《文》 *adj.* 乾いて堅い [Sk. *virukṣa-*] ☞ರುಕ್ಷ (rukṣa)

ವಿರೂಪ 〚virūpa ヴィルーパ〛 [viruːpɐ] 《文》 *adj., m.* 《*f.* ವಿರೂಪೆ (virūpe)》 醜い〈人〉、不器量な〈人〉 —*n.* 醜い姿、醜悪な容貌 ¶ ನಿನ್ನ ವಿರೂಪವನ್ನು ನೋಡಿ ಮಗು ಹೆದರಿತು. (ninna virūpavannu nōḍi magu hedaritu.) おまえの醜い姿を見て子どもがおびえた。 [Sk.]

ವಿರೂಪಾಕ್ಷ 〚virūpākṣa ヴィルーパークシャ〛 [viruːpɐːkʂɐ] 《文》 *m.* シヴァ神の別名 [Sk.]

ವಿರೂಪೆ 〚virūpe ヴィルーペ〛 [viruːpe] 《文》 *f.* 《*m.* ವಿರೂಪ (virūpa)》 醜女、醜い女性 [Sk.]

ವಿರೇಚಕ 〚virēcaka ヴィレーチャカ〛 [vireːʧəkɐ] 《文》 *n.* 下剤、通じ薬 [Sk.]

ವಿರೇಚನ 〚virēcana ヴィレーチャナ〛 [vireːʧənɐ] 《文》 *n.* **1** 下剤をかけること **2** 下剤、通じ薬 [Sk.]

ವಿರೋಧ 〚virōdʰa ヴィローダ〛 [viroːdʰɐ] *n.* **1** 反対、抵抗 ¶ ಅವನ ಮಾತಿಗೆ ವಿರೋಧವನ್ನು ಒಡ್ಡಬೇಡ. (avana mātige virōdʰavannu oḍḍabēḍa.) 彼の言葉に反対するな。 **2** 矛盾、つじつまの合わないこと ¶ ಅವನ ಹೇಳಿಕೆಯಲ್ಲೇ ವಿರೋಧವಿದೆ. (avana hēḷikeyallē virōdʰavide.) 彼の陳述そのものに矛盾がある。 **3** (正) 反対、対照 **4** 敵対、敵意 [Sk.]

ವಿರೋಧಪಕ್ಷ 〚virōdʰapakṣa ヴィローダパクシャ〛 [viroːdʰəpəkʂɐ] *n.* 反対党、野党 [Sk.]

ವಿರೋಧಿ 〚virōdʰi ヴィローディ〛 [viroːdʰi] *adj., mf.* 反対する〈人〉、抵抗する〈人〉 —(*adj.*) 逆境〈の〉、不利〈な〉 —*mf.* 敵、敵対者、仇 [Sk.]

ವಿರೋಧೋಕ್ತಿ 〚virōdʰōkti ヴィロードークティ〛 [viroːdʰoːkti] 《文》 *n.* 矛盾 [Sk.]

ವಿಲಂಘನ 〚vilaṃgʰana ヴィランガナ〛 [vilaŋgʰənɐ] 《文》 *n.* **1** (道路、川などを)渡ること、飛び越えること **2** (境界などを)越えること、(法規などを)破ること [Sk.]

ವಿಲಂಘಿಸು 〚vilaṃgʰisu ヴィランギス〛 [viləŋgʰisu] 《文》 *vt.* **1** 〈川、道路などを〉渡る、越える、飛び越える **2** 〈境界、限界などを〉越える、〈規則などを〉破る [Sk.]

ವಿಲಂಬ 〚vilaṃba ヴィランバ〛 [viləmbɐ] ವಿಳಂಬ *n.* **1** ぶら下がること **2** 遅滞、遅れること = ದಡ (daḍa) [Sk.]

ವಿಲಂಬಿ 〚vilaṃbi ヴィランビ〛 [viləmbi] ವಿಳಂಬಿ 《文》 *adj.* **1** ぶら下がった **2** 遅れた、ぐずぐずした —*n.* 60年で一回りする年の32番目 [Sk.]

ವಿಲಂಬಿತ 〚vilaṃbita ヴィランビタ〛 [viləmbitɐ] ವಿಳಂಬಿತ 《文》 *adj.* **1** ぶら下がった **2** 遅れた、ぐずぐずした —*n.* **1** 音楽や舞踊での遅いテンポ、ラルゴ **2** 馬の歩みの中で最もゆっくりしたもの **3** 棍棒の打ち合いの手の一つ [Sk.]

ವಿಲಕ್ಷಣ 〚vilakṣaṇa ヴィラクシャナ〛 [viləkʂəɳɐ] 《文》 *adj.* 奇妙な、変な、一風変わった [Sk.]

ವಿಲಗ 〚vilaga ヴィラガ〛 [viləgɐ] 《古》 *n.* **1** 不一致、食い違い、矛盾 **2** 不似合い [Ka. D5426/M. *vilagă* Sk. *vi-* + Pk. *laggaï* D10895]

ವಿಲಗ್ನ 〚vilagna ヴィラグナ〛 [viləgnɐ] 《文》 *adj.* くっついた、接合した [Sk.]

ವಿಲಯ 〚vilaya ヴィラヤ〛 [viləjɐ] ವಿಳಯ 《文》 *n.* **1** 溶解、水などに溶けてなくなること **2** ユガの終わりの世界の消失や破滅 [Sk.]

ವಿಲಾಸ 〚vilāsa ヴィラーサ〛 [vilɐːsɐ] ವಿಲಾಸ *n.* **1** 遊び、楽しみ **2** (男女の)愛の戯れ、いちゃつき **3** なまめき、あだっぽさ、しなを作ること **4** 優美さ、上品さ [Sk.]

ವಿಲಾಸಿ 〚vilāsi ヴィラーシ〛 [vilɐːsi] ವಿಲಾಸಿ *adj., mf.* 《*f.* ವಿಲಾಸಿನಿ (vilāsini)》 **1** 遊び好きの〈人〉、遊び人〈の〉 **2** 歓楽主義者〈の〉、快楽に耽る〈人〉 **3** 素人〈の〉、ノンプロの〈人〉 ¶ ಅವನು ವಿಲಾಸಿ ನಾಟಕತಂಡದ ನಟ. (avanu vilāsi nāṭakataṃḍada naṭa.) あの人は素人劇団の役者だ。 [Sk.]

ವಿಲಾಸಿನಿ 〚vilāsini ヴィラーシニ〛 [vilɐːsini] ವಿಲಾಸಿನಿ *f.* **1** なまめかしい女性、あだっぽい女性、しなを作る女性 **2** 女性 **3** 浮気な女性、多情な女性 **4** 〔歴〕古典インド社会における高級遊女、芸者、白拍子 [Sk.]

ವಿಲಿ ⟦vili ヴィリ⟧ [vili] 《‡》(*n.*)《通常繰り返し表現で》ぴくり（痙攣を表す擬態語）(*M.* (*Kitt.*)) [Ka. D5424]

ವಿಲಿವಿಲಿ ⟦vilivili ヴィリヴィリ⟧ [vilivili] (*n.*) ぴくぴく（痙攣を表す擬態語）[Ka. *D5424]

ವಿಲಿವಿಲಿಸು ⟦vilivilisu ヴィリヴィリス⟧ [vilivilisu] 《‡》 *vi.* ぴくぴく動く、痙攣する [Ka. *vilivili* + *-isu* D5424]

ವಿಲಿಪ್ತ ⟦vilipta ヴィリプタ⟧ [viliptɐ] 《文》 *adj.* **1** 油や塗料を塗った **2** この世との絆を絶った [Sk.]

ವಿಲೀನ ⟦vilīna ヴィリーナ⟧ [vili:nɐ] *adj.* **1** 溶けた、溶解した、溶けて一つになった **2**（心配、憂鬱などに）陥った **—***adj., m.*《*f.* ವಿಲೀನಳು (vilīnaḷu)》亡くなった〈人〉[Sk.]

ವಿಲೂನ ⟦vilūna ヴィルーナ⟧ [vilu:nɐ] 《文》 *adj.* 切り落とされた、切り離された、切断された [Sk.]

ವಿಲೆ ⟦vile ヴィレ⟧ [vile] *n.* **1** 仕分け、順序などに従って組織的に配列すること **2** 手紙や新聞などの配達 **3**（財産などの）処分、売却 ¶ ಅವನು ತನ್ನ ಆಸ್ತಿಯನ್ನೆಲ್ಲಾ ವಿಲೆ ಮಾಡಿ ಬೆಂಗಳೂರು ಸೇರಿಕೊಂಡ. (avanu tanna āstiyannellā vile māḍi beṃgaḷūru sērikoṃḍa.) 彼は自分の財産を処分してベンガルールに住み着いた。 [M. *vilhē* ←Ar. *wilā'iya*]

ವಿಲೆವಾರಿ ⟦vilevāri ヴィレヴァーリ⟧ [vilevɐ:ri] *n.* **1** 仕分け、順序などに従って組織的に配列すること **2**（手紙や新聞などの）配達 **3**（もめ事などの）解決 [*vile* + *-vāri*]

ವಿಲೇಪನ ⟦vilēpana ヴィレーパナ⟧ [vile:pənɐ] *n.* 白檀のペーストなどを体に塗ること [Sk.]

ವಿಲೋಕನ ⟦vilōkana ヴィローカナ⟧ [vilo:kənɐ] 《文》 *n.* **1** 見ること、眺めること **2** 光景 **3** 目を通すこと、ざっと見ること ¶ ಮಂತ್ರಿಗಳು ಅಪಘಾತದ ಫೈಲ್ಗಳನ್ನು ವಿಲೋಕನ ಮಾಡಿ ವಾರ್ತಾಗೋಷ್ಠಿ ನಡೆಸಿದರು. (maṃtrigaḷu apagʰātada pʰailgaḷannu vilōkana māḍi vārtāgōṣṭʰi naḍesidaru.) 大臣は事故に関する書類に目を通した後、記者会見を開いた。 [Sk.]

ವಿಲೋಚನ ⟦vilōcana ヴィローチャナ⟧ [vilo:ʧənɐ] 《文》 *n.* 目 [Sk.]

ವಿಲೋಮ ⟦vilōma ヴィローマ⟧ [vilo:mɐ] (*n.*) **1**（結婚において）女性のカーストが男性のカーストよりも高い〈こと〉 **2**〔喩〕（下役が上役に指図するなど）上下関係の逆さま〈な〉、上下反対〈の〉[Sk.]

ವಿಲೋಲ ⟦vilōla ヴィローラ⟧ [vilo:lɐ] 《文》 *adj.* **1** 震える、ゆらゆら動く、ぶらぶらする **2** 変わりやすい、不安定な **3**（あるものを）渇望する [Sk.]

ವಿಲೋಲುಪ ⟦vilōlupa ヴィロールパ⟧ [vilo:lupɐ] 《文》 *adj., mf.* 渇望する〈人〉、どん欲な〈人〉[Sk.]

ವಿವಂಚನೆ ⟦vivaṃcane ヴィヴァンチャネ⟧ [vivəɲʧəne] 《文》 *n.* 詐欺、ペテン、不正行為 [Sk.]

ವಿವಕ್ಷೆ ⟦vivakṣe ヴィヴァクシェ⟧ [vivəkʂe] 《文》 *n.* 言わんとするところ、隠れた意味 ¶ ನಿನ್ನ ಮಾತಿನ ವಿವಕ್ಷೆ ಏನು? (ninna mātina vivakṣe ēnu?) いったい何をおっしゃりたいのですか。 [Sk.]

ವಿವರ ⟦vivara ヴィヴァラ⟧ [vivərɐ] *n.* 記述、描写、詳述 [Sk.]

ವಿವರಣ ⟦vivaraṇa ヴィヴァラナ⟧ [vivərəɳɐ] *n.* 記述、描写、詳述 [Sk.]

ವಿವರಣೆ ⟦vivaraṇe ヴィヴァラネ⟧ [vivərəɳe] *n.* 記述、描写、詳述 [Sk.]

ವಿವರಿಸು ⟦vivarisu ヴィヴァリス⟧ [vivərisu] 《文》 *vt.* 記述する、描写する、詳細に説明する [Sk.]

ವಿವರ್ಣ ⟦vivarṇa ヴィヴァルナ⟧ [vivərɳɐ] 《文》 *adj.* **1** 色のない、無色の；色あせた **2**（顔色などの）青白い [Sk.]

ವಿವರ್ಣಿಸು ⟦vivarṇisu ヴィヴァルニス⟧ [vivərɳisu] 《文》 *vt.* 詳述する、詳しく説明する **—***vi.*（恐れで）色を失う、青くなる [Sk.]

ವಿವರ್ತ ⟦vivarta ヴィヴァルタ⟧ [vivərtɐ] 《文》 *n.* **1** 回転、ぐるぐる回ること、渦巻くこと **2** 変化、変転 [Sk.]

ವಿವರ್ಧನ ⟦vivardʰana ヴィヴァルダナ⟧ [vivərdʰənɐ] 《文》 *n.* 増大、発展 ¶ ಅವನ ಸಂಪತ್ತಿ ಮತ್ತು ಖ್ಯಾತಿ ಎಲ್ಲ ವಿವರ್ಧನಗೊಂಡವು. (avana saṃpatti mattu kʰyāti ella vivardʰanagoṃḍavu.) 彼の財産も名声もますます増大した。 [Sk.]

ವಿವಶ ⟦vivaśa ヴィヴァシャ⟧ [vivəʃɐ] 《文》 *adj., m.*《*f.* ವಿವಶಳು (vivaśaḷu)》 **1** 意識を失った〈人〉¶ ಅವಳು ನಿನ್ನ ಪತ್ರವನ್ನು ನೋಡಿ ವಿವಶವಾದಳು. (avaḷu ninna patravannu nōḍi vivaśavādaḷu.) 彼女は、君の手紙を見て失神した。 **2** 自己抑制を失った〈人〉¶ ಕೆಲವು ಜನ ಮದ್ಯಪಾನದಿಂದ ವಿವಶರಾಗುತ್ತಾರೆ. (kelavu jana madyapānadiṃda vivaśarāguttāre.) 酒を飲むと自己抑制ができなくなる人がいる。 [Sk.]

ವಿವಸ್ವಂತ ⟦vivasvaṃta ヴィヴァスヴァンタ⟧ [vivəsvəntɐ] 《文》 *mn.* 太陽神、太陽 [Sk.]

ವಿವಹನ ⟦vivahana ヴィヴァハナ⟧ [vivəhənɐ] 《文》 *n.* 結婚 [Sk.]

ವಿವಾದ ⟦vivāda ヴィヴァーダ⟧ [vivɐ:dɐ] *n.* **1** 論争、論議 **2** 争い、喧嘩 **3** 裁判、法廷での争い [Sk.]

ವಿವಾದಿ ⟦vivādi ヴィヴァーディ⟧ [vivɐ:di] *mf.* 論争者、討論する人 [Sk.]

ವಿವಾಹ ⟦vivāha ヴィヴァーハ⟧ [vivɐ:hɐ] 《文》 *n.* 結婚、婚姻 [Sk.]

ವಿವಾಹವಿಚ್ಛೇದ ⟦vivāhaviccʰēda ヴィヴァーハヴィッチェーダ⟧ [vivɐ:həviʧʧe:dɐ] 《文》 *n.* 離婚 [Sk.]

ವಿವಿಕ್ತ ⟦vivikta ヴィヴィクタ⟧ [viviktɐ] 《文》 *adj.* **1** 切りはなされた、分離された、外された **2** 別の、特異な ¶ ಅವನದು ಒಂದು ವಿವಿಕ್ತ ವ್ಯಕ್ತಿತ್ವ. (avanadu oṃdu vivikta vyaktitva.) 奴ときたらまったく変わり者だ。 **3** いろいろな ¶ ವಿವಿಕ್ತ ವಿಷಯಗಳ ಮೇಲೆ ಚರ್ಚೆ ನಡೆಯಿತು. (vivikta viṣayagaḷa mēle carce naḍeyitu.) いろいろな問題で議論がなされた。 **4** 人里離れた [Sk.]

ವಿವಿಧ ⟦vividʰa ヴィヴィダ⟧ [vividʰɐ] *adj.* いろいろな、様々な [Sk.]

ವಿವೇಕ ⟦vivēka ヴィヴェーカ⟧ [vive:kɐ] *n.* 1 弁別力、判断力、識別力 2 洞察力、知恵 [Sk.]

ವಿವೇಕಿ ⟦vivēki ヴィヴェーキ⟧ [vive:ki] *mf.* 1 弁別力のある人、判断力のある人 2 賢明な人、知恵ある人 [Sk.]

ವಿವೇಕಶೂನ್ಯ ⟦vivēkaśūnya ヴィヴェーカシューニャ⟧ [vive:kəʃu:n̪jɐ] 《文》 *adj.*, *m.* 《*f.* ವಿವೇಕಶೂನ್ಯೆ (vivēkaśūnye)》判断力のない〈人〉、知恵のない〈人〉、愚かな〈人〉 [Sk.]

ವಿವೇಚನೆ ⟦vivēcane ヴィヴェーチャネ⟧ [vive:ʧəne] 《文》 *n.* 1 弁別、判断、洞察 2 (事件などの)検証 [Sk.] ☞ ವಿವೇಕ (vivēka)

ವಿವೇಚಿಸು ⟦vivēcisu ヴィヴェーチス⟧ [vive:ʧisu] 《文》 *vt.* よく考える、熟考する [Sk.]

ವಿಶಂಕೆ ⟦viśaṃke ヴィシャンケ⟧ [viʃəŋke] 《文》 *n.* 1 疑い、疑念、嫌疑 ¶ ಅಪ್ಪ ಲಂಚ ತೆಗೆದುಕೊಂಡಿದ್ದಾರೆ ಎಂಬ ವಿಶಂಕೆ ನನಗೆ ಉಂಟಾಯಿತು. (appa laṃca tegedukoṃḍiddāre eṃba viśaṃke nanage uṃṭāyitu.) 私は父が賄賂を取ったのではないかと疑った。 2 心配、危惧 ¶ ಮಗ ಇನ್ನೂ ಬಂದಿಲ್ಲ. ಅಪಘಾತವಾಗಿರಬಹುದೆಂಬ ವಿಶಂಕೆ ಉಂಟಾಗಿದೆ. (maga innū baṃdilla. apagʰātavāgirabahudeṃba viśaṃke uṃṭāgide.) 息子はまだ帰ってこない。事故でもあったのではないかと心配している。 [Sk.]

ವಿಶದ ⟦viśada ヴィシャダ⟧ [viʃədɐ] 《文》 *adj.* 詳細で分かりやすい(報告書など) [Sk.]

ವಿಶದಪಡಿಸು ⟦viśadapaḍisu ヴィシャダパディス⟧ [viʃədəpəɖisu] 《文》 *vt.* 説明してはっきり分からせる [+ *paḍisu*] = ವಿಶದೀಕರಿಸು (viśadīkarisu)

ವಿಶದೀಕರಿಸು ⟦viśadīkarisu ヴィシャディーカリス⟧ [viʃədi:kərisu] 《文》 *vt.* 説明してはっきり分からせる ¶ ಪತ್ರದಲ್ಲಿ ಬರೆದಿರುವುದನ್ನು ಅವನಿಗೆ ವಿಶದೀಕರಿಸಿ. (patradalli barediruvudannu avanige viśadīkarisi.) 手紙に書いてあることをあの人に説明してください。 [Sk.]

ವಿಶಾಖ ⟦viśākʰa ヴィシャーカ⟧ [viʃɐ:kʰɐ] *adj.* 1 枝の多い 2 枝のない —*m.* シャンムカ神(カールッティケーヤ神)の別名 —*n.* 第 16 星宿ヴィシャーカ [Sk.]

ವಿಶಾಖೆ ⟦viśākʰe ヴィシャーケ⟧ [viʃɐ:ke] *n.* 第 16 星宿ヴィシャーカー [Sk.]

ವಿಶಾರದ ⟦viśārada ヴィシャーラダ⟧ [viʃɐ:rdɐ] 《文》 *m.* 《*f.* ವಿಶಾರದೆ (viśārade)》 1 専門家、熟練者 2 学識のある人 [Sk.]

ವಿಶಾರದೆ ⟦viśārade ヴィシャーラデ⟧ [viʃɐ:rəde] 《文》 *f.* 《*m.* ವಿಶಾರದ (viśārada)》 1 熟練した女性、専門家 2 学識のある女性、専門知識のある女性 [Sk.]

ವಿಶಾಲ ⟦viśāla ヴィシャーラ⟧ [viʃɐ:lɐ] ವಿಶಾಳ *adj.* (土地などが)広大な、とても広い [Sk.]

ವಿಶಾಳ ⟦viśāḷa ヴィシャーラ⟧ [viʃɐ:ɭɐ] *adj.* [Sk.] ☞ ವಿಶಾಲ (viśāla)

ವಿಶಿಷ್ಟ ⟦viśiṣṭa ヴィシシュタ⟧ [viʃiʂʈɐ] *adj.* 1 格別の、特別の ¶ ಕ್ರೀಡಾ ಪ್ರಪಂಚದಲ್ಲಿ ಅವನು ವಿಶಿಷ್ಟ ಸ್ಥಾನವನ್ನು ಪಡೆದಿದ್ದಾನೆ. (krīḍā prapaṃcadalli avanu viśiṣṭa stʰānavannu paḍediddāne.) 彼はスポーツ界で特別の地位を占めている。 2 稀な、珍しい、異常な 3 優れた、卓越した、優秀な [Sk.]

ವಿಶಿಷ್ಟಾದ್ವೈತ ⟦viśiṣṭādvaita ヴィシシュタードヴァイタ⟧ [viʃiʂʈɐ:dvəiʈɐ] 《文》 *n.* ラーマーヌジャの制限不二一元論(個我と物質世界は、絶対者ブラフマンの身体のようなものとして存在しており、別異ではないとする学説)

ವಿಶೀರ್ಣ ⟦viśīrṇa ヴィシールナ⟧ [viʃi:rɳɐ] 《古》 *adj.* 1 粉砕された、粉々にされた (*Pb.12.136*) 2 〔喩〕弱った、消耗した、衰えた [Sk.] (*Čpr.2,22* (*Kitt.*))

ವಿಶುದ್ಧ ⟦viśuddʰa ヴィシュッダ⟧ [viʃuddʰɐ] 《文》 (*n.*) 1 清潔〈な〉、汚れのない〈こと〉 2 (性格などが)純粋〈な〉、清い〈こと〉 [Sk.]

ವಿಶೃಂಖಲ ⟦viśṛṃkʰala ヴィシュルンカラ⟧ [viʃruŋkʰəlɐ/viʃruŋkʰəlɐ] 《文》 *adj.*, *m.* 《*f.* ವಿಶೃಂಖಲೆ (viśṛṃkʰale)》 1 拘束を受けない〈人〉、抑制されていない〈人〉 2 専横な〈人〉、横暴な〈人〉 ¶ ಅವನ ವಿಶೃಂಖಲ ಆಡಳಿತಕ್ಕೆ ಜನ ಬೇಸತ್ತಿದ್ದರು. (avana viśṛṃkʰala āḍaḷitakke jana bēsattiddaru.) 彼の専横な政治に人々はうんざりしている。 [Sk.]

ವಿಶೃಂಖಲವೃತ್ತಿ ⟦viśṛṃkʰalavṛtti ヴィシュルンカラヴルッティ⟧ [viʃruŋkʰələvruttі/–vrutti] 《文》 *n.* 専横(な振る舞い)、横暴(な振る舞い) [Sk.]

ವಿಶೇಷ ⟦viśēṣa ヴィシェーシャ⟧ [viʃe:ʂɐ] *adj.* 1 特別の、例外の 2 普通よりよい、普通より多い、追加の ¶ ಕ್ರಿಕೆಟಿನಲ್ಲಿ ಅನಿಲ್ ಕುಂಬ್ಳೆಗೆ ವಿಶೇಷ ಬಹುಮಾನ ಬಂತು. (kriketinalli anil kuṃbḷege viśēṣa bahumāna baṃtu.) クリケットでアニル・クンブレーは特別賞をもらった。 3 特に重要な、偉大な、優れた ¶ ಕೇರಳದಲ್ಲಿ ಓಣಂ ಒಂದು ವಿಶೇಷ ಹಬ್ಬ. (kēraḷadalli ōṇaṃ oṃdu viśēṣa habba.) オーナムはケーララの特に重要な祭りである。 —*n.* 1 比類ない種類の人やもの ¶ ಚಾಪ್ಲಿನ್ ಅಭಿನೇತರಲ್ಲಿ ಒಬ್ಬ ವಿಶೇಷ. (cāplin abʰinētaralli obba viśēṣa.) チャップリンは独特な役者である。 2 他に例のない優れた点を持った人やもの ¶ ಅವನಲ್ಲಿ ವಿಶೇಷ ಏನು? (avanalli viśēṣa ēnu?) 彼にどのような優れた点があるのか。 ¶ ಅಥಿತಿಗಳಲ್ಲಿ ವೈಜಯಂತಿಮಾಲಾ ವಿಶೇಷವಾಗಿ ಕಾಣುತ್ತಿದ್ದರು. (atʰitigaḷalli vaijayaṃtimālā viśēṣavāgi kāṇuttiddaru.) ヴァイジャヤンティマーラーは客たちの中でもひときわ目立っていた。 [Sk.]

ವಿಶೇಷ ನ್ಯಾಯಪೀಠ ⟦viśēṣa nyāyapīṭʰa ヴィシェーシャニャーヤピータ⟧ [viʃe:ʂə njɐ:jəpi:ʈʰɐ] 《文》 *n.* 特別法廷 [+ *nyāyapīṭʰa*]

ವಿಶೇಷ ಹಕ್ಕು ⟦viśēṣa hakku ヴィシェーシャハック⟧ [viʃe:ʂə həkku] *n.* 特権 [+ *hakku*]

ವಿಶೇಷಾರ್ಥ ⟦viśēṣārtʰa ヴィシェーシャールタ⟧ [viʃe:ʂɐ:rtʰɐ] 《文》 *n.* 1 特別な意味 2 特別の資金 [+ *artʰa*]

ವಿಶೇಷಣ ⟦viśēṣaṇa ヴィシェーシャナ⟧ [viʃeːʂəɳɐ] *n.* 形容詞、形容修飾語 [Sk.]

ವಿಶೇಷತೆ ⟦viśēṣate ヴィシェーシャテ⟧ [viʃeːʂəte] *n.* 特徴 ¶ ಮಾತಿಗೆ ಮುಂಚೆ ನಗುವುದು ಅವಳ ವಿಶೇಷತೆ. (mātige mum̐ce naguvudu avaḷa viśēṣate.) 話をする前に微笑むのが彼女の特徴である。[Sk.]

ವಿಶೇಷಿಸು ⟦viśēṣisu ヴィシェーシス⟧ [viʃeːʂisu] 《文》*vt.* 特徴づける、(…の)本質的な特徴である ¶ ಮಹಾದಾನಿ ಎಂಬ ಶಬ್ದ ಗೋಪಾಲ ಸ್ವಾಮಿಯನ್ನು ವಿಶೇಷಿಸುತ್ತದೆ. (mahādāni em̐ba śabda gōpāla svāmiyannu viśēṣisuttade.) 「偉大な喜捨者」という言葉はゴーパーラスヴァーミーの本質を言い当てている。[Sk.]

ವಿಶೇಷ್ಯ ⟦viśēṣya ヴィシェーシュヤ⟧ [viʃeːʂjɐ] *n.* 被修飾語 [Sk.]

ವಿಶ್ರಮ ⟦viśrama ヴィシュラマ⟧ [viʃrəmɐ] 《文》*n.* 休養、休み、骨休め [Sk.] = ವಿಶ್ರಾಂತಿ (viśrām̐ti)〔汎〕

ವಿಶ್ರಮಣ ⟦viśramaṇa ヴィシュラマナ⟧ [viʃrəməɳɐ] 《文》*n.* [Sk.] ☞ ವಿಶ್ರಮ (viśrama)

ವಿಶ್ರಾಂತಿ ⟦viśrām̐ti ヴィシュラーンティ⟧ [viʃrɐːnti] *n.* 休養、休み、骨休め [Sk.]

ವಿಶ್ರಾಂತಿಗೃಹ ⟦viśrām̐tigr̥ha ヴィシュラーンティグルハ⟧ [viʃrɐːntigrɯhɐ/–gruhɐ] *n.* (旅行者などの)簡易宿泊所 [Sk.]

ವಿಶ್ರಾಂತಿವೇತನ ⟦viśrām̐tivētana ヴィシュラーンティヴェータナ⟧ [viʃrɐːntiveːtənɐ] 《文》*n.* (退職後に受け取る)年金 [Sk.]

ವಿಶ್ರಾಮ ⟦viśrāma ヴィシュラーマ⟧ [viʃrɐːmɐ] 《文》*n.* 休養、休み、骨休め [Sk.] = ವಿಶ್ರಾಂತಿ (viśrām̐ti)〔汎〕

ವಿಶ್ರುತ ⟦viśruta ヴィシュルタ⟧ [viʃrutɐ] 《文》*adj.*, *mfn.* 有名〈な〉、著名〈な〉[Sk.]

ವಿಶ್ಲಥ ⟦viślatʰa ヴィシュラタ⟧ [viʃlətʰɐ] 《文》*adj.* **1** ゆるい、ゆるんだ、弛緩した **2** 元気のない、力のない [Sk.]

ವಿಶ್ಲೇಷ ⟦viślēṣa ヴィシュレーシャ⟧ [viʃleːʂɐ] 《古》*n.* **1** (くっついていたものが)離れること **2** 恋人たちの別離、夫婦の別離 [Sk.]

ವಿಶ್ಲೇಷಣ ⟦viślēṣaṇa ヴィシュレーシャナ⟧ [viʃleːʂəɳɐ] ವಿಶ್ಲೇಷಣೆ *n.* **1** 分析 **2** (文学作品などの)分析 [Sk.]

ವಿಶ್ಲೇಷಣೆ ⟦viślēṣaṇe ヴィシュレーシャネ⟧ [viʃleːʂəɳe] *n.* **1** 分析 **2** (文学作品などの)分析 [Sk.]

ವಿಶ್ವಂಭರ ⟦viśvam̐bʰara ヴィシュヴァンバラ⟧ [viʃvəmbʰərɐ] 《文》(*adj.*) すべてを支える〈こと〉 —*n.* 最高我 —*m.* ヴィシュヌ神やインドラ神やアグニ神の別名 [Sk.]

ವಿಶ್ವಂಭರೆ ⟦viśvam̐bʰare ヴィシュヴァンバレ⟧ [viʃvəmbʰəre] 《文》*f.* 大地、地球 [Sk.]

ವಿಶ್ವ ⟦viśva ヴィシュヴァ⟧ [viʃvɐ] (*adj.*) すべて〈の〉 —*n.* **1** 宇宙 **2** 世界 [Sk.]

ವಿಶ್ವಕರ್ತ ⟦viśvakarta ヴィシュヴァカルタ⟧ [viʃvəkərtɐ] 《文》*m.* 「創造者」、ブラフマー神の別名 [Sk.]

ವಿಶ್ವಕರ್ಮ ⟦viśvakarma ヴィシュヴァカルマ⟧ [viʃvəkərmɐ] *m.* 建設者や工匠の仕事をする神の名前(プラジャーパティとも呼ばれる) [Sk.] = ಪ್ರಜಾಪತಿ (prajāpati)

ವಿಶ್ವಕುಟುಂಬಿ ⟦viśvakuṭum̐bi ヴィシュヴァクトゥンビ⟧ [viʃvəkuʈumbi] 《文》*mf.* 世界を自分の家族だと思う人

ವಿಶ್ವಕೋಶ ⟦viśvakōśa ヴィシュヴァコーシャ⟧ [viʃvəkoːʃɐ] *n.* 百科事典 [Sk.]

ವಿಶ್ವಕೋಶಿ ⟦viśvakōśi ヴィシュヴァコーシ⟧ [viʃvəkoːʃi] 《文》*mf.* 百科全書編集者 [Sk.]

ವಿಶ್ವತೋಮುಖ ⟦viśvatōmukʰa ヴィシュヴァトームカ⟧ [viʃvətoːmukʰɐ] 《文》*m.* シヴァ神の別名 [Sk.]

ವಿಶ್ವಪ್ರಯತ್ನ ⟦viśvaprayatna ヴィシュヴァプラヤトナ⟧ [viʃvəprəjətnɐ] *n.* ありとあらゆる手段をつくしての努力 ¶ ಆ ಸಂಸ್ಥೆಯಲ್ಲಿ ಕೆಲಸ ಗಿಟ್ಟಿಸಲು ವಿಶ್ವಪ್ರಯತ್ನ ಮಾಡಿದ್ದೇನೆ. (ā sam̐stʰeyalli kelasa giṭṭisalu viśvaprayatna māḍiddēne.) あの研究所に職を得るために私はありとあらゆる努力をした。[Sk.]

ವಿಶ್ವಮೇಧ ⟦viśvamēdʰa ヴィシュヴァメーダ⟧ [viʃvəmeːdʰɐ] 《文》*n.* 劫(こう)(カルパ)の終わりに起こる世界の消滅 [Sk.] = ಪ್ರಲಯ (pralaya)

ವಿಶ್ವರೂಪ ⟦viśvarūpa ヴィシュヴァルーパ⟧ [viʃvəruːpɐ] *n.* (ヴィシュヌ神の)宇宙としての姿 [Sk.]

ವಿಶ್ವವಿದ್ಯಾಲಯ ⟦viśvavidyālaya ヴィシュヴァヴィディヤーラヤ⟧ [viʃvəvidʲjɐːləjɐ] 《文》*n.* 総合大学 [Sk.]

ವಿಶ್ವಸನೀಯ ⟦viśvasanīya ヴィシュヴァサニーヤ⟧ [viʃvəsəniːjɐ] 《文》*adj.* 信頼できる、信用のある [Sk.]

ವಿಶ್ವಸಿಸು ⟦viśvasisu ヴィシュヴァシス⟧ [viʃvəsisu] 《文》*vt.* 信頼する、信用する [Sk.]

ವಿಶ್ವಸ್ತ ⟦viśvasta ヴィシュヴァスタ⟧ [viʃvəstɐ] 《文》*adj.*, *m.* 《*f.* ವಿಶ್ವಸ್ತಳು (viśvastaḷu)》信用された〈人〉、信頼された〈人〉¶ ಮೋಹನ್ ಎಂದರೆ ನನ್ನ ವಿಶ್ವಸ್ತ ವ್ಯಕ್ತಿ. (mōhan em̐dare nanna viśvasta vyakti.) モーハンは私が信用している人である。[Sk.]

ವೈಶ್ವಾನರ ⟦vaiśvānara ヴァイシュヴァーナラ⟧ [vəiʃvɐːnərɐ] 《文》*m.* 火の神の別名 [Sk.]

ವಿಶ್ವಾಸ ⟦viśvāsa ヴィシュヴァーサ⟧ [viʃvɐːsɐ] *n.* **1** 信用、信頼 **2** 愛情 ¶ ನನ್ನನ್ನು ಕಂಡರೆ ಮೇಷ್ಟರಿಗೆ ತುಂಬಾ ವಿಶ್ವಾಸ. (nannannu kam̐ḍare mēṣṭarige tum̐bā viśvāsa.) 先生は私をとても可愛がってくれる。[Sk.]

ವಿಶ್ವಾಸಘಾತ ⟦viśvāsagʰāta ヴィシュヴァーサガータ⟧ [viʃvɐːsəgʰɐːtɐ] 《文》*n.* 裏切り、謀反 [Sk.]

ವಿಶ್ವಾಸಘಾತಕ ⟦viśvāsagʰātaka ヴィシュヴァーサガータカ⟧ [viʃvɐːsəgʰɐːtəkɐ] 《文》*m.* 《*f.* ವಿಶ್ವಾಸಘಾತಕಿ (viśvāsagʰātaki)》裏切り者、謀反人 [Sk.]

ವಿಶ್ವಾಸಭಂಗ ⟦viśvāsabʰam̐ga ヴィシュヴァーサバンガ⟧ [viʃvɐːsəbʰəŋgɐ] 《文》*n.* 裏切り [Sk.]

ವಿಶ್ವಾಸಿ ⟦viśvāsi ヴィシュヴァーシ⟧ [viʃvɐːsi] 《文》*adj.*, *mf.* **1** 信用できる〈人〉、信頼できる〈人〉 **2** 愛情

を持っている〈人〉、(友達など)大切な〈人〉 3 手紙を結ぶ時の言葉(「あなたを大切に思っている」自分の名前が続く)¶ ನಿಮ್ಮ ವಿಶ್ವಾಸಿ (nimma viśvāsi) 敬具 [Sk.]

ವಿಷ ⟦viṣa ヴィシャ⟧ [viʂɐ] *n.* 毒、毒物 [Sk.]

ವಿಷಪರೀಕ್ಷೆ ⟦viṣaparīkṣe ヴィシャパリークシェ⟧ [viʂə pəri:kʂe] 《文》 *n.* 毒物検査 [Sk.]

ವಿಷಪ್ರಾಶನ ⟦viṣaprāśana ヴィシャプラーシャナ⟧ [viʂə prɐ:ʃənɐ] 《文》 *n.* 毒を飲むこと、毒物の服用 [Sk.]

ವಿಷಾಪಹಾರ ⟦viṣāpahāra ヴィシャーパハーラ⟧ [viʂɐ:pəhɐ:rɐ] 《文》 *n.* 解毒、体に取りこんだ毒を取り去ること [Sk.]

ವಿಷೋರಗ ⟦viṣōraga ヴィショーラガ⟧ [viʂo:rəgɐ] 《文》 *n.* 毒蛇 [Sk.]

ವಿಷಗಳಿಗೆ ⟦viṣagaḷige ヴィシャガリゲ⟧ [viʂəgəḷige] *n.* 1 不吉な時間 2 運の悪い時 ¶ ಕ್ಷಮಿಸಿ. ಯಾವುದೋ ವಿಷಗಳಿಗೆಯಲ್ಲಿ ಹಾಗೆ ಮಾತಾಡಿದೆ. (kṣamisi. yāvudō viṣagaḷigeyalli hāge mātāḍide.) ごめんなさい。時が悪かったので(自分の機嫌が悪かったので)ついそう言ってしまったのです。[Sk.] = ವಿಷನಿಮಿಷ (viṣanimiṣa)

ವಿಷಗಾಳಿ ⟦viṣagāḷi ヴィシャガーリ⟧ [viʂəgɐ:ḷi] *n.* 毒ガス [*viṣa* + *gāḷi*]

ವಿಷನಿಮಿಷ ⟦viṣanimiṣa ヴィシャニミシャ⟧ [viʂənimiʂɐ] 《文》 *n.* 運の悪い時 [Sk.] = ವಿಷಗಳಿಗೆ (viṣagaḷige) 2

ವಿಷಪರಿಹಾರಿ ⟦viṣaparihāri ヴィシャパリハーリ⟧ [viʂəpərihɐ:ri] *n.* 解毒剤 [Sk.]

ವಿಷಪ್ರಯೋಗ ⟦viṣaprayōga ヴィシャプラヨーガ⟧ [viʂə prəjo:gɐ] *n.* 毒物の使用 [Sk.]

ವಿಷವೈದ್ಯ ⟦viṣavaidya ヴィシャヴァイディャ⟧ [viʂəvəid·jɐ /–vɣĭd·jɐ] *m.* (蛇の毒などを中和する薬を与える)伝統医学の医者 [Sk.]

ವಿಷಕನ್ನಿಕೆ ⟦viṣakannike ヴィシャカンニケ⟧ [viʂəkənnike] *f.* [Sk.] ☞ ವಿಷಕನ್ಯೆ (viṣakanye)

ವಿಷಕನ್ಯೆ ⟦viṣakanye ヴィシャカニェ⟧ [viʂə kən·je] *f.* (民間信仰で)同衾した男性が中毒死する娘 [Sk.]

ವಿಷಚಕ್ರ ⟦viṣacakra ヴィシャチャクラ⟧ [viʂəʧəkrɐ] 《文》 *n.* 悪循環 [Sk.]

ವಿಷಣ್ಣ ⟦viṣaṇṇa ヴィシャンナ⟧ [viʂənnɐ] 《文》 *adj., mf.* 憂鬱な〈人〉、落胆した〈人〉、しょげた〈人〉、意気消沈した〈人〉¶ ಅವನ ಲೇಖನ ಪ್ರಕಟವಾಗಿಲ್ಲ. ಅದಕ್ಕಾಗಿ ಸುರೇಶ ವಿಷಣ್ಣನಾಗಿದ್ದಾನೆ. (avana lēkʰana prakaṭavāgilla. adakkāgi surēśa viṣaṇṇanāgiddāne.) 自分の論文が掲載されなかったのでスレーシュは意気消沈している。[Sk.]

ವಿಷಧರ ⟦viṣadʰara ヴィシャダラ⟧ [viʂədʰərɐ] 《文》 *n.* 蛇 [Sk.]

ವಿಷಧಿ ⟦viṣadʰi ヴィシャディ⟧ [viʂədʰi] 《文》 *n.* 海、海洋 [Sk.]

ವಿಷಮ ⟦viṣama ヴィシャマ⟧ [viʂəmɐ] *adj.* 1 (道路などが) でこぼこの、(地形などが) 平坦でない、(表面が) ざらざらした 2 (健康などが) 不安定な ¶ ನನ್ನ ಆರೋಗ್ಯ ಇತ್ತೀಚೆ ವಿಷಮವಾಗಿದೆ. (nanna ārōgya ittīce viṣamavāgide.) 私は最近健康状態が優れない。3 奇数の = ಬೆಸ (besa)〔口〕 4 悪い、邪悪な ¶ ಅವನು ವಿಷಮಸ್ವಭಾವದ ವ್ಯಕ್ತಿ. (avanu viṣamasvabʰāvada vyakti.) 彼はよこしまな男性だ。5 (問題や状況などが)困難な、難しい ¶ ಭಾರತ ಈಗ ವಿಷಮ ಆರ್ಥಿಕ ಪರಿಸ್ಥಿತಿಯಲ್ಲಿ ಇಲ್ಲ. (bʰārata īga viṣama ārtʰika paristʰitiyalli illa.) 今インドは経済的に困窮していない。 6 (試験問題などが) 難しい、(文章が) 難解である、解しがたい ¶ ಪ್ರಶ್ನೆಪತ್ರಿಕೆ ವಿಷಮವಾಗಿತ್ತು. (praśnepatrike viṣamavāgittu.) 試験問題は難解であった。 7 恐ろしい、怖い 8 間歇的な、間をおいてやってくる(熱など)¶ ಮಲೇರಿಯಾದಿಂದ ವಿಷಮ ತಾಪ ಬರುತ್ತದೆ. (malēriyādiṃda viṣama tāpa baruttade.) マラリアでは熱が出たりおさまったりする。 —*n.* 1 窮状、逆境 2 奇数 [Sk.]

ವಿಷಮ ಉರಗ ⟦viṣama uraga ヴィシャマウラガ⟧ [viʂəmə urəgɐ] 《文》 *n.* 恐ろしい蛇 [Sk.]

ವಿಷಮ ಪರೀಕ್ಷೆ ⟦viṣama parīkṣe ヴィシャマパリークシェ⟧ [viʂəmə pəri:kʂe] *n.* 苦しい試練 [Sk.]

ವಿಷಮಕಾಲ ⟦viṣamakāla ヴィシャマカーラ⟧ [viʂəməkɐ:lɐ] 《文》 *n.* 逆境、運の悪い時 [Sk.]

ವಿಷಮಜ್ವರ ⟦viṣamajvara ヴィシャマジュヴァラ⟧ [viʂə məʤvərɐ] 《文》 *n.* 1 間歇的な熱 2 腸チフス [Sk.]

ವಿಷಮತೆ ⟦viṣamate ヴィシャマテ⟧ [viʂəməte] 《文》 *n.* 1 凸凹なこと、平らでないこと 2 逆境、状況が不利なこと [Sk.]

ವಿಷಮಸಂಖ್ಯೆ ⟦viṣamasaṃkʰye ヴィシャマサンキェ⟧ [viʂəmə səŋkʰje] 《文》 *n.* 奇数 [Sk.]

ವಿಷಮಾಕ್ಷ ⟦viṣamākṣa ヴィシャマークシャ⟧ [viʂəmɐ:kʂɐ] 《文》 *m.* 「奇数の目を持つもの」、シヴァ神の別名 [Sk.]

ವಿಷಮಾಸ್ತ್ರ ⟦viṣamāstra ヴィシャマーストラ⟧ [viʂəmɐ:strɐ] 《文》 *m.* 愛神マンマタの別名、奇数の矢を持つ者 [Sk.]

ವಿಷಮಿಸು ⟦viṣamisu ヴィシャミス⟧ [viʂəmisu] 《文》 *vi.* (病気、状況などが) 悪化する ¶ ಮದರ್ ತೆರೆಸಾ ಅವರ ಆರೋಗ್ಯ ವಿಷಮಿಸಿತು ಎಂಬ ಸುದ್ದಿ ಟಿ. ವಿ.ಯಲ್ಲಿ ಬಂತು. (madar teresā avara ārōgya viṣamisitu eṃba suddi ṭi. vi.yalli baṃtu.) テレビはマザー・テレサの病状の悪化を伝えた。[Sk.]

ವಿಷಯ ⟦viṣaya ヴィシャヤ⟧ [viʂəjɐ] *n.* 1 感覚の対象(形と味と匂いと手ざわりと色の5種) 2 世俗、世俗のこと、世俗の楽しみ 3 感官の悦楽、肉体を喜ばせること ¶ ವಿಷಯಭೋಗ (viṣayabʰōga) 官能を喜ばすこと 4 対象、物、こと 5 こと、主題、問題 ¶ ಈ ವಿಷಯದಲ್ಲಿ ಚರ್ಚೆ ಬೇಡ. (ī viṣayadalli carce bēḍa.) このことを論議するのはもうたくさんだ。 6 官能の楽しみの対象 7 領土、領地、国、地方、王国 ¶ ಒಂದಾನೊಂದು ಕಾಲದಲ್ಲಿ ಕಲಿಂಗ ವಿಷಯದಲ್ಲಿ ಒಬ್ಬ ಶ್ರೇಷ್ಠಿ

ಇದ್ದನು. (oṃdānoṃdu kāladalli kaliṃga viṣayadalli obba śrēṣṭʰi iddanu.) 昔々カリンガ王国に一人の大商人がいた。[Sk.]

ವಿಷಯಕೋಶ ⟦viṣayakōśa ヴィシャヤコーシャ⟧ [viʂəjəkoːʂɐ] 《文》 *n.* 官報 [Sk.]

ವಿಷಯಗ್ರಹಣ ⟦viṣayagrahaṇa ヴィシャヤグラハナ⟧ [viʂəjəgrəhəɳɐ] 《文》 *n.* 対象を感知すること、対象を理解すること [Sk.]

ವಿಷಯ ನಿರ್ವಾಹಕ ⟦viṣaya nirvāhaka ヴィシャヤニルヴァーハカ⟧ [viʂəjə nirvɐːhəkɐ] 《文》 *m.* 《*f.* ವಿಷಯ ನಿರ್ವಾಹಕಿ (viṣaya nirvāhaki)》(上役が物事に対処するための) 資料を手配する職にある部下 [Sk.] = ಕೇಸ್ ವರ್ಕರ್ (kēs varkar)

ವಿಷಯಲಂಪಟ ⟦viṣayalampaṭa ヴィシャヤランパタ⟧ [viʂəjələmpəʈɐ] 《文》 *adj.*, *m.* 《*f.* ವಿಷಯಲಂಪಟೆ (viṣayalampaṭe)》官能の楽しみに耽る〈人〉、放蕩な〈人〉 [Sk. cf. *lampaṭaḥ* M.3.90]

ವಿಷಯಸೂಚಿ ⟦viṣayasūci ヴィシャヤスーチ⟧ [viʂəjəsuːʧi] 《文》 *n.* (本の) 目次 [Sk.]

ವಿಷಯಾಂತರ ⟦viṣayāṃtara ヴィシャヤーンタラ⟧ [viʂəjɐːntərɐ] 《文》 *n.* **1** 別の問題 **2** 他の地方、他の国 [Sk.]

ವಿಷಯಾಧೀಶ ⟦viṣayādʰīśa ヴィシャヤーディーシャ⟧ [viʂəjɐːdʰiːʂɐ] 《文》 *m.* 国王 [Sk.]

ವಿಷಯಾನುಕ್ರಮಣಿಕೆ ⟦viṣayānukramaṇike ヴィシャヤーヌクラマニケ⟧ [viʂəjɐːnukrəməɳike] 《文》 *n.* (本の) 目次 [Sk.]

ವಿಷಯಾಭಿಲಾಷೆ ⟦viṣayābʰilāṣe ヴィシャヤービラーシェ⟧ [viʂəjɐːbʰilɐːʂe] 《文》 *n.* 官能の満足への欲望 [Sk.]

ವಿಷಯಾಸಕ್ತ ⟦viṣayāsakta ヴィシャヤーサクタ⟧ [viʂəjɐːsəktɐ] 《文》 *adj.*, *m.* 官能の満足に (特に性的欲望に) とり憑かれた〈人〉 [Sk.]

ವಿಷಯಾಸಕ್ತಿ ⟦viṣayāsakti ヴィシャヤーサクティ⟧ [viʂəjɐːsəkti] 《文》 *n.* 官能の満足への欲望、歓楽に対する欲望 [Sk.]

ವಿಷಯೇಂದ್ರಿಯ ⟦viṣayēṃdriya ヴィシャエーンドリヤ⟧ [viʂəjeːndrijɐ] 《文》 *n.* 感官、感覚器官 [Sk.]

ವಿಷಾಂಗನೆ ⟦viṣāṃgane ヴィシャーンガネ⟧ [viʂɐːŋgəne] *n.* (民間信仰で) 同衾した男性が中毒死する娘 [Sk.]

ವಿಷಾದ ⟦viṣāda ヴィシャーダ⟧ [viʂɐːdɐ] 《文》 *n.* 悲しみ、悲嘆 [Sk.]

ವಿಷುವ ⟦viṣuva ヴィシュヴァ⟧ [viʂuvɐ] 《文》 *n.* 春分、秋分 [Sk.]

ವಿಷುವದ್ಬಿಂದು ⟦viṣuvadbiṃdu ヴィシュヴァドビンドゥ⟧ [viʂuvədbindu] 《文》 *n.* 春分点、秋分点 [Sk.] ☞ ವಿಷುವ (viṣuva)

ವಿಷುವದ್ರೇಖೆ ⟦viṣuvadrēkʰe ヴィシュヴァドレーケ⟧ [viʂuvədreːkʰe] 《文》 *n.* 赤道 [Sk.]

ವಿಷುವದ್ವೃತ್ತ ⟦viṣuvadvṛtta ヴィシュヴァドヴルッタ⟧ [viʂuvədvrɯttɐ/–vruttɐ] 《文》 *n.* 赤道 [Sk.] = ವಿಷುವದ್ರೇಖೆ (viṣuvadrēkʰe)

ವಿಷೂಚಿ ⟦viṣūci ヴィシューチ⟧ [viʂuʧi] *n.* コレラ [Sk.] = ಕೊಲರಾ (kolarā) 〔口〕

ವಿಷೂಚಿಕೆ ⟦viṣūcike ヴィシューチケ⟧ [viʂuːʧike] *n.* コレラ [Sk.] = ವಿಷೂಚಿ (viṣūci)

ವಿಷ್ಣು ⟦viṣṇu ヴィシュヌ⟧ [viʂɳu] *m.* ヴィシュヌ神 (ヴィシュヌ教徒にとっての最高神、世界を救うためにラーマやクリシュナなどの化身の姿を取ってこの世に権化したと信じられている) [Sk.]

ವಿಷ್ಣುಕ್ರಾಂತ ⟦viṣṇukrāṃta ヴィシュヌクラーンタ⟧ [viʂɳukrɐːntɐ] ವಿಷ್ಣುಕ್ರಾಂತಿ 《文》 *n.* 道端に青い花を咲かせるつる草 (ヒルガオ科) ⇀ 薬 [Sk. *viṣṇukrāṃtā-*] ☞ ವಿಷ್ಣುಕ್ರಾಂತಿ (viṣṇukrāṃti)

ವಿಷ್ಣುಕ್ರಾಂತಿ ⟦viṣṇukrāṃti ヴィシュヌクラーンティ⟧ [viʂɳukrɐːnti] 《文》 *n.* 道端に青い花を咲かせるつる草 (ヒルガオ科) ⇀ 薬 [Sk. *viṣṇukrāṃtā-*] *[IMP 3.10]

ವಿಷ್ವಕ್ಸೇನ ⟦viṣvaksēna ヴィシュヴァクセーナ⟧ [viʂvəkseːnɐ] 《文》 *m.* ヴィシュヌ神の別名 [Sk.]

ವಿಸಂಗತ ⟦visaṃgata ヴィサンガタ⟧ [visəŋgətɐ] 《文》 (*n.*) 首尾一貫しない〈こと〉、矛盾する〈こと〉、つじつまの合わない〈こと〉 [Sk.]

ವಿಸಂಗತಿ ⟦visaṃgati ヴィサンガティ⟧ [visəŋgəti] 《文》 *n.* 首尾一貫しないこと、矛盾、つじつまの合わないこと [Sk.]

ವಿಸಂಧಿ ⟦visaṃdʰi ヴィサンディ⟧ [visəndʰi] 《文》 *n.* **1** 条約の破棄 **2** 〔言〕 連声(れんじょう)を行わないこと [Sk.]

ವಿಸ ⟦visa ヴィサ⟧ [visɐ] 《口》 *n.* [Sk. *viṣa-*] ☞ ವಿಷ (viṣa)

ವಿಸರ ⟦visara ヴィサラ⟧ [visərɐ] 《文》 *n.* **1** 広がること、拡張すること **2** (人や動物の) 群れ [Sk.]

ವಿಸರ್ಗ ⟦visarga ヴィサルガ⟧ [visərgɐ] *n.* サンスクリット語の独立気息音ヴィサルガ、それを表すコロンの形をした文字 (ローマ字転写では ḥ で表す) [Sk.]

ವಿಸರ್ಜನೆ ⟦visarjane ヴィサルジャネ⟧ [visərʤəne] *n.* **1** 《古》行かせること、出すこと、流出させること **2** (議会、会議などの) 解散 **3** 祭りの後で祀った (土製の) 神像を水中に投入すること [Sk.]

ವಿಸರ್ಜಿಸು ⟦visarjisu ヴィサルジス⟧ [visərʤisu] 《文》 *vt.* **1** 捨てる、断念する **2** 〈議会などを〉解散する **3** 祭りの後で〈神像を〉水中に投入する [Sk.]

ವಿಸರ್ಪ ⟦visarpa ヴィサルパ⟧ [visərpɐ] 《文》 *n.* **1** 広がり **2** 象皮病 [Sk.] = ಆನೆಕಾಲು ರೋಗ (ānekālu rōga) 〔汎〕

ವಿಸರ್ಪಣ ⟦visarpaṇa ヴィサルパナ⟧ [visərpəɳɐ] 《文》 *n.* **1** 匍匐(ほふく)すること、這い回ること **2** 広まり [Sk.]

ವಿಸ್ತರ ⟦vistara ヴィスタラ⟧ [vistərɐ] ವಿಸ್ತರ *n.* **1** 広がり、広がること **2** 範囲、管轄権、管区 [Sk.] = ವಿಸ್ತಾರ (vistāra)

ವಿಸ್ತರಣ ⟦vistaraṇa ヴィスタラナ⟧ [vistərəɳɐ] *n.* **1** 広がり、拡張 **2** (町の)郊外 ¶ ಅಕ್ಕ ಮೈಸೂರಿನ ವಿಸ್ತರಣದಲ್ಲಿ ಸೈಟ್ ತೆಗೆದುಕೊಂಡಿದ್ದಾರೆ. (akka maisūrina vistaraṇadalli saiṭ tegedukoṃḍiddāre.) 姉はマイソールの近郊に宅地を買っている。[Sk.]

ವಿಸ್ತಾರ ⟦vistāra ヴィスターラ⟧ [vistɐːrɐ] *n.* [Sk.] ☞ವಿಸ್ತರ (vistara)

ವಿಸ್ತೀರ್ಣ ⟦vistīrṇa ヴィスティールナ⟧ [vistiːrɳɐ] *n.* **1** 地域、区域 **2** 面積 **3** 〔喩〕(研究などの)領域 [Sk.]

ವಿಸ್ತೃತ ⟦vistr̥ta ヴィストゥルタ⟧ [vistruɯtɐ/vistrutɐ] 《文》 *adj.* 広げられた、拡張した [Sk.]

ವಿಸ್ಫುರಣ ⟦vispʰuraṇa ヴィスプラナ⟧ [vispʰurəɳɐ] 《文》 *n.* **1** (目尻などが)ぷるぷる震えること **2** 輝き [Sk.]

ವಿಸ್ಮಯ ⟦vismaya ヴィスマヤ⟧ [vismədʒɐ] 《文》 *n.* 驚き、驚愕 [Sk.]

ವಿಸ್ಮರಣ ⟦vismaraṇa ヴィスマラナ⟧ [visməraɳɐ] 《文》 *n.* **1** 忘れること、忘却 **2** もの忘れ、健忘症 = ಮರೆವು (marevu) 〔汎〕 [Sk.]

ವಿಸ್ಮಿತ ⟦vismita ヴィスミタ⟧ [vismitɐ] 《文》 *adj.* 驚いた、びっくりした [Sk.]

ವಿಸ್ಮೃತಿ ⟦vismr̥ti ヴィスムルティ⟧ [vismruɯti] 《文》 *n.* **1** 忘れること、失念、忘却 **2** 物忘れ = ಮರೆವು (marevu) 〔汎〕 [Sk.]

ವಿಹಂಗಮ ⟦vihaṃgama ヴィハンガマ⟧ [vihəŋgəmɐ] 《文》 *n.* 鳥 [Sk.] = ಹಕ್ಕಿ (hakki) 〔汎〕

ವಿಹಂಗಮ ನೋಟ ⟦vihaṃgama nōṭa ヴィハンガマノータ⟧ [vihəŋgəmə noːʈɐ] 《文》 *n.* 鳥瞰 [Sk.]

ವಿಹರಿಸು ⟦viharisu ヴィハリス⟧ [vihərisu] 《文》 *vi.* 楽しむ [Sk.]

ವಿಹಾರ ⟦vihāra ヴィハーラ⟧ [vihɐːrɐ] 《文》 *n.* **1** 逍遥、ぶらぶら歩くこと **2** 楽しみ、娯楽 **3** 仏教寺院、ジャイナ教の寺院 **4** 公園 [Sk.]

ವಿಹಿತ ⟦vihita ヴィヒタ⟧ [vihitɐ] 《文》 (*n.*) 適当〈な〉、ふさわしい〈こと〉 ¶ ನೀವು ಅಲ್ಲಿಗೆ ಹೋಗದೆ ಮನೆಯಲ್ಲಿ ಕುಳಿತಿರುವದು ವಿಹಿತ. (nīvu allige hōgade maneyalli kuḷitiruvadu vihita.) 君はあそこへ行くより家にいたほうがよいよ。[Sk.] = ಒಳ್ಳೆಯದು (oḷḷeyadu)

ವಿಹೀನ ⟦vihīna ヴィヒーナ⟧ [vihiːnɐ] 《文》 *adj.* 《複合語末で》…なしの ¶ ಅರ್ಥವಿಹೀನರಿಗೆ ನಮ್ಮ ಸಮಾಜದಲ್ಲಿ ಬೆಲೆ ಇಲ್ಲ. (arthavihīnarige namma samājadalli bele illa.) 我々の社会では貧乏人に価値がない。[Sk.]

ವಿಹ್ವಲ ⟦vihvala ヴィフヴァラ⟧ [viʋhəlɐ] 《文》 (*n.*) **1** 心配〈な〉、不安〈な〉 ¶ ಸ್ಕೂಲಿನಿಂದ ಮಗ ಬರುವದು ತಡವಾದುದರಿಂದ ತಾಯಿ ವಿಹ್ವಲಗೊಂಡಳು. (skūliniṃda maga baruvadu taḍavādudariṃda tāyi vihvalagoṃḍaḷu.) 息子が学校から帰るのが遅くなったので母親が心配した。 **2** 慌てた〈こと〉、狼狽〈した〉、動転〈した〉 ¶ ರಮೇಶ ತನ್ನ ಸ್ನೇಹಿತ ದುಡ್ಡನ್ನು ವಾಪಸ್ ಕೊಡದೆ ನಾಪತ್ತೆ ಆದುದರಿಂದ ವಿಹ್ವಲನಾದ. (ramēśa tanna snēhita duḍḍannu vāpas koḍade nāpatte ādudariṃda vihvalanāda.) 友人が金を返さずに姿を消したので、ラメーシャは狼狽した。[Sk.]

ವಿಳಂಬ ⟦viḷamba ヴィランバ⟧ [viɭəmbɐ] *n.* [Sk.] ☞ವಿಲಂಬ (vilaṃba)

ವಿಳಂಬಿ ⟦viḷaṃbi ヴィランビ⟧ [viɭəmbi] 《文》 *n.* [Sk.] ☞ವಿಲಂಬಿ (vilaṃbi)

ವಿಳಂಬಿತ ⟦viḷaṃbita ヴィランビタ⟧ [viɭəmbitɐ] 《文》 *adj.* [Sk.] ☞ವಿಲಂಬಿತ (vilaṃbita)

ವಿಳಯ ⟦viḷaya ヴィラヤ⟧ [viɭədʒɐ] 《文》 *n.* [Sk.] ☞ವಿಲಯ (vilaya)

ವಿಳಾಸ ⟦viḷāsa ヴィラーサ⟧ [viɭɐːsɐ] *n.* [Sk.] ☞ವಿಲಾಸ (vilāsa)

ವಿಳಾಸಿ ⟦viḷāsi ヴィラーシ⟧ [viɭɐːsi] *mf.* [Sk.] ☞ವಿಲಾಸಿ (vilāsi)

ವಿಳಾಸಿನಿ ⟦viḷāsini ヴィラーシニ⟧ [viɭɐːsini] *f.* [Sk.] ☞ವಿಲಾಸಿನಿ (vilāsini)

ವೀಕ್ಷಕ ⟦vīkṣaka ヴィークシャカ⟧ [viːkʂəkɐ] 《文》 *m.* 《*f.* ವೀಕ್ಷಕಿ (vīkṣake)》見る人、観察者、見物人 [Sk.]

ವೀಕ್ಷಕವಿವರಣೆ ⟦vīkṣakavivaraṇe ヴィークシャカヴィヴァラネ⟧ [viːkʂəkəvivərəɳe] 《文》 *n.* (ラジオ放送などで)実況を描写すること [Sk.]

ವೀಕ್ಷಣ ⟦vīkṣaṇa ヴィークシャナ⟧ [viːkʂəɳɐ] ವೀಕ್ಷಣೆ 《文》 *n.* 見ること、観察 [Sk.]

ವೀಕ್ಷಣೆ ⟦vīkṣaṇe ヴィークシャネ⟧ [viːkʂəɳe] 《文》 *n.* 見ること、観察 [Sk.] ☞ವೀಕ್ಷಣ (vīkṣaṇa)

ವೀಚಿ ⟦vīci ヴィーチ⟧ [viːʧi] 《文》 *n.* 波、さざなみ [Sk.]

ವೀಣೆ ⟦vīṇe ヴィーネ⟧ [viːɳe] *n.* ヴィーナー(特に南インドの古典音楽でよく用いられる撥弦楽器) [Sk.]

ವೀರಕಾವ್ಯ ⟦vīrakāvya ヴィーラカーヴィャ⟧ [viːrəkɐːvjɐ] 《文》 *n.* 英雄詩 [Sk.]

ವೀರಗಾಥೆ ⟦vīragātʰe ヴィーラガーテ⟧ [viːrəgɐːtʰe] 《文》 *n.* 英雄詩 [Sk.]

ವೀರಣ ⟦vīraṇa ヴィーラナ⟧ [viːrə̆ɳɐ] 《古》 *n.* (結婚式などで使われる)両側に皮を張った太鼓 [Ka. D5456]

ವೀರಪೂಜೆ ⟦vīrapūje ヴィーラプージェ⟧ [viːrəpuːʤe] *n.* 英雄崇拝 [Sk.]

ವೀರ್ಯ ⟦vīrya ヴィーリヤ⟧ [viːrjɐ] *n.* **1** 剛勇、武勇 **2** 勇気、大胆 **3** 精液 [Sk.]

ವೀರಶೈವ ⟦vīraśaiva ヴィーラシャイヴァ⟧ [viːrəʃəivɐ] 《文》 *n.* ヴィーラシャイヴァ派(12世紀にバサヴァが創始したとされるカルナータカ州で盛んなシヴァ教の一派) —*m.* 《*f.* ವೀರಶೈವಳು (vīraśaivaḷu)》ヴィーラシャイヴァ派の信徒 = ಲಿಂಗಾಯತ (liṃgāyata) [Sk.]

ವೀರಶ್ರೀ ⟦vīraśrī ヴィーラシュリー⟧ [viːrəʃriː] 《文》 *f.* 戦争の女神 ¶ ಅವನಿಗೆ ಯುದ್ಧದಲ್ಲಿ ವೀರಶ್ರೀ ಒಲಿದಳು. (avanige yuddʰadalli vīraśrī olidaḷu.) 戦いで彼に勝利の女神が微笑んだ。[Sk.]

ವೀಸ ⟦vīsa ヴィーサ⟧ [viːsɐ] 《古》 *n.* 1 金銭や体積単位の 16 分の 1 2 金銭の単位の 20 分の 1 3 重量の単位 1 モーンドの 8 分の 1（モーンドは独立後 37.3242Kg と定められたが英領時代は 28 ポンドから 82.286 ポンドまで地域ごとに異なっていた） 4 …分の 1 ¶ ಆದಾಯದ ಇಪ್ಪತ್ತು ವೀಸ ನನಗೆ ಕೊಡಬೇಕು. (ādāyada ippattu vīsa nanage koḍabēku.) 利益の 20 分の 1 を下さらねばなりません。 [Ka. D5449]

ವೀಳಯ ⟦vīḷaya ヴィーラヤ⟧ [viːḷəjɐ] *n.* 1 キンマ（蒟醤）のつる草とその葉（コショウ科コショウ属） 2（めでたい儀式で客に配られる）キンマの葉とビンロウジュの実 = ತಾಂಬೂಲ (tāmbūla) [Sk.]

ವೃಂದ ⟦vr̥ṃda ヴルンダ⟧ [vrɯndɐ/vrundɐ] *n.* 集まり、群れ、集合 [Sk.]

ವೃಂದಗಾನ ⟦vr̥ṃdagāna ヴルンダガーナ⟧ [vrɯndəgɐːna/vrundə-] *n.* 合唱 [Sk.]

ವೃಕ್ಷ ⟦vr̥kṣa ヴルクシャ⟧ [vrɯkʂɐ/vrukʂɐ] 《文》 *n.* 木、樹木 [Sk.]

ವೃತ್ತ ⟦vr̥tta ヴルッタ⟧ [vrɯttɐ/vruttɐ] 《文》 (*adj.*) 1 丸い〈こと〉、円形〈の〉 2 起こった〈こと〉 —*n.* 1 行動、行い、振る舞い 2 職、職業 3 円、円周 4 ニュース、情報 5 十字路に設けられた円形（すべての車や人はここを左回りで通過しなければならない） 6 拍による詩の韻律詩形の一種 7 0（ゼロ）を表す数字 [Sk.]

ವೃತ್ತಪತ್ರ ⟦vr̥ttapatra ヴルッタパトラ⟧ [vrɯttəpətrɐ/vruttə-] 《文》 *n.* 新聞 [Sk.] = ನ್ಯೂಸ್ಪೇಪರು, ವರ್ತಮಾನಪತ್ರ (nyūspēparu, vartamānapatra)〔口〕

ವೃತ್ತಪತ್ರಿಕೆ ⟦vr̥ttapatrike ヴルッタパトリケ⟧ [vrɯttəpətrike] 《文》 *n.* 新聞 [Sk.] = ನ್ಯೂಸ್ಪೇಪರು, ವರ್ತಮಾನಪತ್ರ (nyūspēparu, vartamānapatra)〔口〕

ವೃತ್ತಾಂತ ⟦vr̥ttāṃta ヴルッターンタ⟧ [vrɯttɐːntɐ/vruttɐːntɐ] 《文》 *n.* 1 出来事、起こったこと 2 ニュース、情報、知らせ [Sk.] = ನ್ಯೂಸ್ಪೇಪರು, ವರ್ತಮಾನಪತ್ರ (nyūspēparu, vartamānapatra)〔口〕

ವೃತ್ತಾಂತಪತ್ರಿಕೆ ⟦vr̥ttāṃtapatrike ヴルッターンタパトリケ⟧ [vrɯttɐːntəpətrike] 《文》 *n.* 新聞 [Sk.] = ವೃತ್ತಪತ್ರಿಕೆ (vr̥ttapatrike)

ವೃತ್ತಿ ⟦vr̥tti ヴルッティ⟧ [vrɯtti/vrutti] *n.* 1 職業、仕事 2 行動、態度、振る舞い、挙動 3（本の）注釈 4 貿易、商売、商業 [Sk.]

ವೃತ್ತಿಗ್ರಂಥ ⟦vr̥ttigraṃtʰa ヴルッティグランタ⟧ [vrɯttigrəntʰɐ/vrutti-] 《文》 *n.* 職業指導書 [Sk.]

ವೃತ್ತಿ ನಿರ್ಬಂಧ ⟦vr̥tti nirbaṃdʰa ヴルッティニルバンダ⟧ [vrɯtti nirbəndʰɐ] 《文》 *n.* 貿易に関する制限 [Sk.]

ವೃತ್ತಿಶಿಕ್ಷಣ ⟦vr̥ttiśikṣaṇa ヴルッティシクシャナ⟧ [vrɯttiʃikʂəɳɐ/vrutti-] *n.* 職業教育、職業訓練 [Sk.]

ವೃಥಾ ⟦vr̥tʰā ヴルター⟧ [vrɯtʰɐː/vrutʰɐː] 《文》 *adv.* 無駄に、いたずらに [Sk.]

ವೃದ್ಧ ⟦vr̥ddʰa ヴルッダ⟧ [vrɯddʰɐ/vruddʰɐ] *adj., m.* (*f.* ವೃದ್ಧೆ (vr̥ddʰe)) 年寄りの〈人〉、老齢の〈人〉 [Sk.]

ವೃದ್ಧಾಪ್ಯ ⟦vr̥ddʰāpya ヴルッダーピャ⟧ [vrɯddʰɐːpˑjɐ/vruddʰɐːpˑjɐ] *n.* 老齢 [M. *vr̥ddʰāpya*「老齢」←Sk.]

ವೃದ್ಧಿ ⟦vr̥ddʰi ヴルッディ⟧ [vrɯddʰi/vruddʰi] 《文》 *n.* 1 増大、成長 2 進歩、発展 3 繁栄、富裕 4 利子 5 サンスクリット文法で動詞語根の交替する母音のうち最も長いもの [Sk.]

ವೃದ್ಧೆ ⟦vr̥ddʰe ヴルッデ⟧ [vrɯddʰe/vruddʰe] 《文》 *f.* (*m.* ವೃದ್ಧ (vr̥ddʰa)) 老女、老婆 [Sk.]

ವೃಶ್ಚಿಕ ⟦vr̥ścika ヴルシュチカ⟧ [vrɯʃʧikɐ/vruʃʧikɐ] 《文》 *n.* 1 サソリ（蠍） 2 十二宮図の蠍座 [Sk.] = ಚೇಳು (cēḷu)〔汎〕

ವೃಶ್ಚಿಕ ಮಾಸ ⟦vr̥ścika māsa ヴルシュチカマーサ⟧ [— mɐːsɐ] *n.* インドの伝統的太陽暦の第 8 月（太陽がインド天文学の蠍座にある月、11 月 16 日ころから 12 月 15 日ころ） [Sk.]

ವೃಷಣ ⟦vr̥ṣaṇa ヴルシャナ⟧ [brɯʂəɳɐ/bruʂəɳɐ] 《文》 *n.* 陰嚢 [Sk.] = ಬೀಜ (bīja)〔口〕

ವೃಷಭ ⟦vr̥ṣabʰa ヴルシャバ⟧ [vrɯʂəbʰɐ/vruʂəbʰɐ] 《文》 *n.* 雄牛 [Sk.] = ಹೋರಿ (hōri)〔汎〕

ವೃಷ್ಟಿ ⟦vr̥ṣṭi ヴルシュティ⟧ [vrɯʂʈi/vruʂʈi] 《文》 *n.* 雨 [Sk.] = ಮಳೆ (maḷe)〔汎〕

ವೆಕ್ಕಸ ⟦vekkasa ヴェッカサ⟧ [vekkə̆sɐ] 《古》 (*n.*) 1（態度が）荒っぽい〈こと〉、丁寧でないこと〈こと〉 2（態度が）つれない〈こと〉、厳しい〈こと〉 [Ka. D5466]

ವೆಕ್ಕಳಿಸು ⟦vekkaḷisu ヴェッカリス⟧ [vekkə̆ḷisu] 《‡》 *vi.* 増える、増大する [Ka. D5467] (*Kitt.* (*J.14.6*)) = ವೆಗ್ಗಳಿಸು (veggaḷisu)

ವೆಗಟು ⟦vegaṭu ヴェガトゥ⟧ [vegə̆ʈu] 《方》 *n.* 焦げくさい臭い、ものの焦げた臭い [←Te. *vegaṭu*]

ವೆಗ್ಗಳ ⟦veggaḷa ヴェッガラ⟧ [veggə̆ḷɐ] 《古》 *n.* 多量、たくさん —*m.* 偉人、偉大な人 [Ka. D5467]

ವೆಗ್ಗಳಿಕೆ ⟦veggaḷike ヴェッガリケ⟧ [veggaḷĭke] 《古》 *n.* 1 たくさん、多数、多量 2 卓越、優秀 [Ka. *veggaḷa* + *-ike*, *D5467]

ವೆಗ್ಗಳಿಸು ⟦veggaḷisu ヴェッガリス⟧ [veggə̆ḷisu] 《古》 *vi.* 1 増大する、いっぱいになる、あふれる 2 感情が高ぶる —*vt.* 越える、凌駕する [Ka. D5467]

ವೆಗ್ಗಳೆ ⟦veggaḷe ヴェッガレ⟧ [veggə̆ḷe] 《古》 *m.* 偉人、偉大な人 [Ka. D5467] = ವೆಗ್ಗಳ (veggaḷa)

ವೆಚ್ಚ ⟦vecca ヴェッチャ⟧ [veʧʧɐ] *n.* 支出、出費 [Pk. *vecca-*]

ವೆಟ್ಟೆ ⟦veṭṭe ヴェッテ⟧ [veʈʈe] 《‡》 *n.* 熱 [Ka. D5479] (*My.* (*Kitt.*))

ವೆಯ್ ⟦vey ヴェイ⟧ [veĭ] 《‡》 *vt.* 1 運ぶ 2 運び去る [Ka. D5551] (*Kitt.*) ☞ಒಯ್ಯು (oyyu)

ವೆಯ್ಯು ⟦veyyu ヴェイユ⟧ [veĭju] 《‡》 *vt.* 1 運ぶ 2 運び去る [Ka. *D984, D5551] (*Kitt.*) ☞ಒಯ್ಯು (oyyu)

ವೆಱಿ ⟦veṟi ヴェリ⟧ [veṟi] 《古》 *n.* 狂気 [Ka. D5511]

ವೆಸಲೆ ⟦vesale ヴェサレ⟧ [vesə̆le] 《古》(*n.*) 身ごもっている〈こと〉、妊娠〈した〉(*Vr. 112.13 (Kitt.)*) [Ka. D5549] = ಬೆಸಲೆ (besale)

ವೇಗ ⟦vēga ヴェーガ⟧ [veːgɐ] *n.* 速いこと、急速 ¶ ವಾಹನದಲ್ಲಿ ವೇಗ ಯಾವಾಗಲೂ ಅಪಾಯಕಾರಿ. (vāhanadalli vēga yāvāgalū apāyakāri.) 速く運転することは常に危険である。[Sk.]

ವೇಗತ್ವ ⟦vēgatva ヴェーガトヴァ⟧ [veːgəˑtvɐ] 《文》 *n.* 速いこと、急速 [Sk.]

ವೇಗಶಾಲಿ ⟦vēgaśāli ヴェーガシャーリ⟧ [veːgəʃɐːli] *adj.*, *m.* すばやい〈人〉、てきぱきと動く〈人〉[Sk.]

ವೇಗವರ್ಧಕ ⟦vēgavardʰaka ヴェーガヴァルダカ⟧ [veːgəvərdʰəkəkɐ] 《文》 *n.* (車の) アクセル [Sk.] =ಆಕ್ಸಿಲರೇಟರ್ (aksilarēṭar)〔col.〕

ವೇಟ್ಲಿಫ್ಟಿಂಗ್ ⟦vēṭlipʰṭiṃg ヴェートリプティング⟧ [veːʈlipʰʈiŋg] *n.* 重量挙げ [Eg. *weight-lifting*]

ವೇಣಿ ⟦vēṇi ヴェーニ⟧ [veːɳi] *n.* 編んだ髪の毛 [Sk. <? M.3.253]

ವೇಣು ⟦vēṇu ヴェーヌ⟧ [veːɳu] 《文》 *n.* 1 竹 2 竹で作った横笛 [Sk.<? M3.253]

ವೇಣುವಾದ್ಯ ⟦vēṇuvādya ヴェーヌヴァーディャ⟧ [veːɳu vɐːdˑjɐ] 《文》 *n.* 竹で作った横笛 [Sk.]

ವೇತನ ⟦vētana ヴェータナ⟧ [veːtəɳɐ] *n.* 給料 [Sk.]

ವೇತನ ಪರಿಷ್ಕರಣ ⟦vētana pariṣkaraṇa ヴェータナパリシュカラナ⟧ [— pərişkərəɳɐ] 《文》 *n.* 給料の改定 [Sk.]

ವೇತನ ಬಡತಿ ⟦vētana baḍati ヴェータナバダティ⟧ [— bəɖə̆ti] *n.* 給料引き上げ、昇給 [+ *baḍati*]

ವೇತನ ಬಟವಾಡೆ ⟦vētana baṭavāḍe ヴェータナバタヴァーデ⟧ [– bəʈə̆vɐːɖe] *n.* (給料日の) 給料の支払い [+ *baṭavāḍe*]

ವೇತ್ತ ⟦vētta ヴェーッタ⟧ [veːttɐ] 《古》 *m.* 《*f.* ವೇತ್ತಿ (vēttri)》 [Sk. *vēttṛ*-] ☞ವೇತ್ತೃ (vēttṛ)

ವೇತೃ ⟦vētṛ ヴェートゥル⟧ [veːtˑrɯ/veːtˑru] 《文》 *m.* 《*f.* ವೇತ್ರಿ (vētri)》 [Sk. *vēttṛ*-] ☞ವೇತ್ತೃ (vēttṛ)

ವೇತ್ತೃ ⟦vēttṛ ヴェーットゥル⟧ [veːttrɯ/veːttru] ವೇತ್ತ, ವೇತ್ರ 《文》 *m.* 《*f.* ವೇತ್ತ್ರಿ (vēttri)》 1 (あることを)知っている人 2 聖者 [Sk.]

ವೇತ್ರ ⟦vētra ヴェートラ⟧ [veːtrɐ] 《文》 *n.* 籐(とう)(ヤシ科トウ属でしなやかなつるを持つ各種植物) [Sk.]

ವೇತ್ರಾಸನ ⟦vētrāsana ヴェートラーサナ⟧ [veːtrɐːsənɐ] 《文》 *n.* 籐(とう)のしなやかなつるで作った座るための低い台 [Sk.]

ವೇದ ⟦vēda ヴェーダ⟧ [veːdɐ] *n.* ヴェーダ(インドのアーリア人の聖典とみなされている最古の文献) [Sk.]

ವೇದನೆ ⟦vēdane ヴェーダネ⟧ [veːdəne] *n.* (体や心の) 苦痛、苦悩、痛み [Sk.]

ವೇದವಾಕ್ಯ ⟦vēdavākya ヴェーダヴァーキャ⟧ [veːdəvɐːkˑjɐ] *n.* 1 ヴェーダの言葉 2〔喩〕絶対の権威がある言葉 [Sk.]

ವೇದಾಂತ ⟦vēdāṃta ヴェーダーンタ⟧ [veːdɐːntɐ] *n.* ウパニシャッド、ヴェーダの最後の部分 [Sk.]

ವೇದಾಂತಿ ⟦vēdāṃti ヴェーダーンティ⟧ [veːdɐːnti] *mf.* ヴェーダーンタ哲学者 [Sk.]

ವೇದಿಕೆ ⟦vēdike ヴェーディケ⟧ [veːdike] *n.* 1 演壇、講壇、舞台 2 ヴェーダ祭式の度ごとに作る低い祭壇 [Sk.]

ವೇದ್ಯ ⟦vēdya ヴェーディャ⟧ [veːdˑjɐ] 《文》 *adj.* 知ることのできる、知るに値する [Sk.]

ವೇದ್ಯವಾಗು ⟦vēdyavāgu ヴェーディャヴァーグ⟧ [veːdˑjə vɐːgu] 《文》 *vi.* 知られる [+ *āgu*]

ವೇಮಾಱು ⟦vēmāṟu ヴェーマール⟧ [veːmɐːṟu] 《古》 *vi.* 騙される、ものを騙し取られる [Ka. D898] (*Pb.3.32*)

ವೇಶ್ಯೆ ⟦vēśye ヴェーシュエ⟧ [veːʃˑje] *f.* 1 売春婦、淫売婦 2〔歴〕古典インド社会における高級遊女、芸者、白拍子 [Sk.]

ವೇಶ್ಯಾವಾಟ ⟦vēśyāvāṭa ヴェーシュヤーヴァータ⟧ [veːʃjɐː vɐːʈɐ] *n.* 赤線地区 [+ *vāṭa*²]

ವೇಷ ⟦vēṣa ヴェーシャ⟧ [veːʂɐ] *n.* 1 服装、身なり 2 変装 ◇ *vi.* —ಹಾಕು (hāku) 変装する 3 (変装などの)扮装、メーキャップ 4 劇中の人物 [Sk.]

ವೇಷಕಟ್ಟು ⟦vēṣakaṭṭu ヴェーシャカットゥ⟧ [veːʂəkəʈʈu] *vi.* 《*gen.*》 1 (ヤクシャガーナ、バヤラータ [bayalu+āṭa空き地の芝居、ヤクシャガーナの一種] などの音楽劇で誰かの役を) 演じる ¶ ಹಾರಾಡಿ ರಾಮ ತುಂಬ ಚೆನ್ನಾಗಿ ವೇಷಕಟ್ಟಿದ್ದರು. (hārāḍi rāma tuṃba cennāgi vēṣakaṭṭiddaru.) ハーラーディ・ラーマはとても上手に(ヤクシャガーナの芝居を) 演じていた。 2〔喩〕(善人などを) 演じる、装う ¶ ಅವನು ಒಳ್ಳೆಯ-ತನದ ವೇಷಕಟ್ಟಿ ಮೋಸ ಮಾಡುತ್ತಾನೆ. (avanu oḷḷeyatanada vēṣakaṭṭi mōsa māḍuttāne.) 彼は善人のふりをして人を騙す。[Sk.]

ವೇಷಧಾರಿ ⟦vēṣadʰāri ヴェーシャダーリ⟧ [veːʂədʰɐːri] 《文》 *mf.* 1 変装した人 2 役者、俳優 [Sk.]

ವೇಷಭೂಷಣ ⟦vēṣabʰūṣaṇa ヴェーシャブーシャナ⟧ [veːʂəbʰuːʂə̆ɳɐ] 《文》 *n.* 着飾った服装 [Sk.]

ವೇಳಾಪಟ್ಟಿ ⟦vēḷāpaṭṭi ヴェーラーパッティ⟧ [veːɭɐːpəʈʈi] *n.* (乗り物の)時刻表、(行事などの)予定表、(授業の)時間割 [Sk. *vēlā* + Ka. *paṭṭi*]

ವೇಳೆ ⟦vēḷe ヴェーレ⟧ [veːɭe] *n.* 時、時間 [Sk. <? M3.261]

ವೈ ⟦vai ヴァイ⟧ [vəi/vɣi] 《‡》 *vt.* 1 運ぶ 2 運び去る (*G. (Kitt.)*) [Ka. D5551] ☞ಒಯ್ಯು (oyyu)

ವೈಖರಿ ⟦vaikʰari ヴァイカリ⟧ [vəikʰə̆ri/vɣikʰə̆ri] *n.* 優雅、洗練された物腰 ¶ ಅವಳ ವೈಖರಿಗೆ ನಾನು ಸೋತೆ. (avaḷa vaikʰarige nānu sōte.) 私は彼女の洗練された物腰に夢中になった。[Sk.]

ವೈಚಿತ್ರ್ಯ ⟦vaicitrya ヴァイチトリャ⟧ [vəiʧiˑtˑrjɐ/vɣiʧiˑtˑrjɐ] 《文》 *n.* 1 変化に富むこと、多様性、多種性 2 驚異、不思議、奇跡 [Sk.]

ವೈಜ್ಞಾನಿಕ ⟦vaijñānika ヴァイジュニャーニカ⟧ [vəiɟɲɐːnikɐ/–gnɐːnikɐ] 《文》 *adj.* 科学的な [Sk.]

ವೈಡೂರ್ಯ ⟦vaiḍūrya ヴァイドゥーリヤ⟧ [vəiḏu:r·jɐ/vɣi du:r·jɐ] 《文》 *n.* 猫目石、キャッツアイ [Sk.]

ವೈಣಿಕ ⟦vaiṇika ヴァイニカ⟧ [vəiɳikɐ/vɣiɳikɐ] 《文》 *m.* 《*f.* ವೈಣಿಕಳು (vaiṇikaḷu)》ヴィーナー奏者 [Sk.]

ವೈಚಾರಿಕ ⟦vaicārika ヴァイチャーリカ⟧ [vəiʧɐ:rikɐ/vɣi ʧɐ:rikɐ] 《文》 *adj.* 1 思想に関する、思索的な 2 イデオロギー的な、観念論的な [Sk.]

ವೈಚಾರಿಕತೆ ⟦vaicārikate ヴァイチャーリカテ⟧ [vəiʧɐ:rikə te/vɣiʧɐ:rikəte] 《文》 *n.* 1 思想性、知的能力 2 イデオロギー性、観念性 [Sk.]

ವೈದುಷ್ಯ ⟦vaiduṣya ヴァイドゥシュヤ⟧ [vəiduʂ·jɐ/vɣidu ʂ·jɐ] 《文》 *n.* 博学、博識、学識 [Sk.]

ವೈದೃಶ್ಯ ⟦vaidṛśya ヴァイドゥルシュヤ⟧ [vəidrɯʃ·jɐ/vɣi druʃ·jɐ] 《文》 *n.* 1 特殊性、独特であること ¶ ಮಂಗಳಗ್ರಹಕ್ಕೆ ಅದರ ಬಣ್ಣದಿಂದ ವೈದೃಶ್ಯವಿದೆ. (maṃgaḷagrahakke adara baṇṇadiṃda vaidṛśyavide.) 火星はその色が独特である。 2 無比、無類であること ¶ ಅವಳ ಸೌಂದರ್ಯ ವೈದೃಶ್ಯವಾಗಿದೆ. (avaḷa saumdarya vaidṛśyavāgide.) 彼女の美しさは類がない。 [Sk.]

ವೈದ್ಯ ⟦vaidya ヴァイディャ⟧ [vəid·jɐ/vɣid·jɐ] *m.* 《*f.* ವೈದ್ಯಳು (vaidyaḷu)》 1 医者 = ಡಾಕ್ಟರ್ (ḍākṭar)〔口〕 2 インド伝統医学の医者 —*n.* 病気の治療、医療 [Sk.]

ವೈದ್ಯಕೀಯ ⟦vaidyakīya ヴァイディャキーヤ⟧ [vəidjəki: jɐ/vɣid·jəki:jɐ] 《文》 *adj.* 医学の [Sk.]

ವೈದ್ಯಶಾಲೆ ⟦vaidyaśāle ヴァイディャシャーレ⟧ [vəidjəʃɐ: le/vɣidjəʃɐ:le] 《文》 *n.* 病院、医院 [Sk.] *cf.* ಆಸ್ಪತ್ರೆ (āspatre)〔口〕

ವೈಧವ ⟦vaidʰava ヴァイダヴァ⟧ [vəidʰəvɐ/vɣidʰəvɐ] 《文》 *n.* やもめであること [Sk.]

ವೈನ ⟦vaina ヴァイナ⟧ [vəinɐ/vɣinɐ] (*n.*) 1 整頓されている〈こと〉、きっちりしている〈こと〉 2 あるべき状態にある〈こと〉 [Sk. *vahana-*?]

ವೈನಿ ⟦vaini ヴァイニ⟧ [vəini/vɣini] *f.* 《*pl.* ವೈನಿಯರು (vainiyaru)》兄嫁、義理の姉 [M. *vahinī* T11250] (NK) = ಅತ್ತಿಗೆ (attige)〔汎〕 ☞ವಹಿನಿ (vahini)

ವೈನೋದಿಕ ⟦vainōdika ヴァイノーディカ⟧ [vəino:dikɐ/ vɣino:dikɐ] 《文》 *adj.* 喜劇や笑劇に関する —*n.* 喜劇、笑劇 [Sk.]

ವೈಪರೀತ್ಯ ⟦vaiparītya ヴァイパリーティャ⟧ [vəipəri:tjɐ/ vɣipəri:tjɐ] 《文》 *n.* 1 反対、敵対、反抗 2 不一致、矛盾 3 奇行、風変わりな行動 ¶ ಅವನ ಚೇಷ್ಟೆಯ ವೈಪರೀತ್ಯವನ್ನು ತಡೆಯುವುದು ಕಷ್ಟವಾಗಿದೆ. (avana cēṣṭeya vaiparītyavannu taḍeyuvudu kaṣṭavāgide.) 彼の奇行を抑えることは難しい。 [Sk.]

ವೈಪುಲ್ಯ ⟦vaipulya ヴァイプリャ⟧ [vəipul·jɐ] 《文》 *n.* (食料、資源などが)多いこと、豊富であること [Sk.]

ವೈಭವ ⟦vaibʰava ヴァイバヴァ⟧ [vəibʰəvɐ] *n.* 1 裕福、富裕 2 華やかさ、華麗さ、壮観 ¶ ಮಂತ್ರಿಗಳು ತನ್ನ ಮಾತಿನ ವೈಭವದಿಂದ ಎಲ್ಲರನ್ನು ಮರಳು ಮಾಡಿದರು. (maṃtrigaḷu tanna mātina vaibʰavadiṃda ellarannu maraḷu māḍidaru.) 大臣はその華やかな演説ですべての人を虜にした。 [Sk.]

ವೈಭೋಗ ⟦vaibʰōga ヴァイボーガ⟧ [vəibʰo:gɐ] *n.* 華やかさ、華麗さ、壮観 [Sk. *vaibhava-*] = ವೈಭವ (vaibʰava) 1

ವೈಮನಸ್ಯ ⟦vaimanasya ヴァイマナスヤ⟧ [vəimənəs·jɐ/ vɣimənəs·jɐ] 《文》 *n.* 不和、仲たがい ¶ ಅವರಿಬ್ಬರ ನಡುವೆ ವೈಮನಸ್ಯ ಬಂದಿದೆ. (avaribbara naḍuve vaimanasya baṃdide.) 彼ら二人の間がうまくいかなくなっている。 [Sk.]

ವೈಮನಸ್ಸು ⟦vaimanassu ヴァイマナッス⟧ [vəimənəssu/ vɣimənəssu] 《文》 *n.* 不和、仲たがい [Sk. *vaimanasya-*] = ವೈಮನಸ್ಯ (vaimanasya)

ವೈಮಾನಿಕ ⟦vaimānika ヴァイマーニカ⟧ [vəimɐ:nikɐ/vɣi mɐ:nikɐ] 《文》 *m.* 《*f.* ವೈಮಾನಿಕಳು (vaimānikaḷu)》パイロット、飛行士 [Sk.] = ಪೈಲಟ್ (pailaṭ)〔口〕

ವೈಮಾನಿಕಶಾಸ್ತ್ರ ⟦vaimānikaśāstra ヴァイマーニカシャーストラ⟧ [–ʃɐ:strɐ] 《文》 *n.* 航空学、飛行術、航空術 [+ *śāstra*]

ವೈಮಾನಿಕ ಸಿಬ್ಬಂದಿ ⟦vaimānika sibbaṃdi ヴァイマーニカシッバンディ⟧ [— sibbəndi] 《文》 *n.* 航空機乗組員 [+ *sibbaṃdi*]

ವೈಯಕ್ತಿಕ ⟦vaiyaktika ヴァイヤクティカ⟧ [vəijəktikɐ/vɣi jəktikɐ] 《文》 *adj.* 個人的な [Sk.]

ವೈಯಾಕರಣ ⟦vaiyākaraṇa ヴァイヤーカラナ⟧ [vəijɐ:kə rəɳɐ/vɣijɐ:kərəɳɐ] 《文》 *m.* 《*f.* ವೈಯಾಕರಣೆ (vaiyākaraṇe)》文法家、文法学者 [Sk.]

ವೈಯಾಕರಣಿ ⟦vaiyākaraṇi ヴァイヤーカラニ⟧ [vəijɐ:kə rəɳi/vɣijɐ:kərəɳi] 《文》 *mf.* 文法家、文法学者 [Sk.] ☞ವೈಯಾಕರಣ (vaiyākaraṇa)

ವೈಯಾರ ⟦vaiyāra ヴァイヤーラ⟧ [vəijɐ:rɐ/vɣijɐ:rɐ] *n.* 媚び、しな [Sk.] ☞ವಯ್ಯಾರ (vayyāra)

ವೈರ ⟦vaira ヴァイラ⟧ [vəirɐ/vɣirɐ] *n.* 敵意、敵対心、恨み [Sk.] *cf.* ವೈಮನಸ್ಯ (vaimanasya)

ವೈರಸ ⟦vairasa ヴァイラサ⟧ [vəirəsɐ/vɣirəasɐ] *n.* ウイルス [Eg. *virus*]

ವೈರಾಗ್ಯ ⟦vairāgya ヴァイラーギャ⟧ [vəirɐ:g·jɐ/vɣirɐ:g·jɐ] *n.* 世間的な欲望のないこと、世間的な欲望を捨てること [Sk.]

ವೈರಾಗಿ ⟦vairāgi ヴァイラーギ⟧ [vəirɐ:gi/vɣirɐ:gi] *mf.* 世間的な欲望を捨てた人、世捨て人、行者 [Sk.]

ವೈರಿ ⟦vairi ヴァイリ⟧ [vəiri/vɣiri] 《文》 *mf.* 敵、敵対者、仇 [Sk.]

ವೈವಾ ⟦vaivā ヴァイヴァー⟧ [vəivɐ:] *n.* 口頭試問、面接試験 [Eg. *viva*]

ವೈವಾಹಿಕ ⟦vaivāhika ヴァイヴァーヒカ⟧ [vəivɐ:hikɐ/vɣi vɐ:hikɐ] 《文》 *adj.* 結婚の、結婚に関する [Sk.]

ವೈವಿಧ್ಯ ⟦vaividʰya ヴァイヴィディャ⟧ [vəividʰ·jɐ/vɣivi dʰ·jɐ] 《文》 *n.* 多様性 [Sk.]

ವೈಶಾಖ ⟦vaiśākʰa ヴァイシャーカ⟧ [vəiʃɐ:kʰ·jɐ/vɣiʃɐ: kʰ·jɐ] *n.* ヴァイシャーカ月、インドの伝統的太陽

太陰暦の第2月(グレゴリオ暦の4月から5月にあたる)[Sk.] ☞ಚೈತ್ರ (caitra)

ವೈಶಾಲ್ಯ ⟦vaiśālya ヴァイシャーリャ⟧ [vəiʃɐːlʲjɐ/vɣiʃɐːlʲjɐ] 《文》 *n.* 1 広がり、広大さ、広さ 2 幅 [Sk.]

ವೈಶಿಷ್ಟ್ಯ ⟦vaiśiṣṭya ヴァイシシュティヤ⟧ [vəiʃiʂʈʲjɐ/vɣiʃiʂʈʲjɐ] 《文》 *n.* 1 特殊性、特徴、特質 2 比類がないこと、優秀性 [Sk.]

ವೈಶ್ಯ ⟦vaiśya ヴァイシュヤ⟧ [vəiʃʲjɐ/vɣiʃʲjɐ] *m.* 《*f.* ವೈಶ್ಯೆ (vaiśye)》 1 商人 2 ヴァイシュヤ、4ヴァルナの区分で第3のカテゴリーに属する人々 [Sk.]

ವೈಷಮ್ಯ ⟦vaiṣamya ヴァイシャミャ⟧ [vəiʂəmʲjɐ/vəiʂəmʲjɐ] 《文》 *n.* 1 相違、不一致、矛盾 2 憎しみ、敵意 [Sk.]

–ವೊಲ್ ⟦-vol -ヴォル⟧ [vol] –ವೊಲು, –ವೋಲ್ 《古》 *postp.* …のように、…の如く (*Pb.1.37*) [Ka. D4597] ☞ಒಲ್ (ol)

–ವೊಲು ⟦-volu -ヴォル⟧ [volu] 《古》 *postp.* …のように、…の如く [Ka. D4597] ☞ಒಲ್ (ol)

–ವೋಲ್ ⟦-vōl -ヴォール⟧ [voːl] 《古》 *postp.* …のように、…の如く (*Pb.1.34*) [Ka. D4597] ☞ಓಲ್ (ōl)

ವೋಮ ⟦vōma ヴォーマ⟧ [voːmɐ] 《異》 *n.* [Ka. D1054] (*Si.158 (Kitt.)*) ☞ಓಮ (ōma)[1]

ವ್ಯಂಗ್ಯ ⟦vyaṃgya ヴィャンギャ⟧ [vjəŋgʲjɐ] *n.* 皮肉、あてこすり [Sk.]

ವ್ಯಂಗ್ಯಚಿತ್ರ ⟦vyaṃgyacitra ヴィャンギャチトラ⟧ [vjəŋgʲjəʧitrɐ] *n.* 1 風刺漫画 2 連載漫画、漫画映画、アニメーション [Sk.]

ವ್ಯಂಜಕ ⟦vyaṃjaka ヴィャンジャカ⟧ [vjəɲʤəkɐ] 《文》 *n.* 暗示的意味、遠回しの意味 [Sk.]

ವ್ಯಂಜನ ⟦vyaṃjana ヴィャンジャナ⟧ [vjəɲʤənɐ] 《文》 *n.* 1 子音 2 おかず、副食物 [Sk.]

ವ್ಯಕ್ತ ⟦vyakta ヴィャクタ⟧ [vjəktɐ] 《文》 *adj.* 1 表現された、表された 2 はっきりした、明らかな [Sk.]

ವ್ಯಕ್ತಪಡಿಸು ⟦vyaktapaḍisu ヴィャクタパディス⟧ [vjəktəpəɖisu] 《文》 *vt.* 1 表現する、表明する 2 はっきりさせる、明らかにする [Sk.]

ವ್ಯಕ್ತಿ ⟦vyakti ヴィャクティ⟧ [vjəkti] 《文》 *n.* 表明、表現、明らかになること —*mf.* 個人 [Sk.]

ವ್ಯಕ್ತಿಗತ ⟦vyaktigata ヴィャクティガタ⟧ [vjəktigətɐ] 《文》 *adj.* 個人的な ¶ ಅಮೆರಿಕದ ರಾಷ್ಟ್ರಪತಿಯ ಚುನಾವಣೆಯಲ್ಲಿ ವ್ಯಕ್ತಿಗತ ಆಕ್ಷೇಪ ಹೆಚ್ಚು ನಡೆಯುತ್ತದೆ. (amerikada rāṣṭrapatiya cunāvaṇeyalli vyaktigata ākṣēpa heccu naḍeyuttade.) アメリカの大統領選挙では個人攻撃が当たり前である。 [Sk.]

ವ್ಯಕ್ತಿಗತ ಸಂದಾಯ ⟦vyaktigata saṃdāya ヴィャクティガタ サンダーヤ⟧ [vjəktigətə̆səndɐːjɐ] 《文》 *n.* 超過勤務手当てや出張手当てなど特別の給与 [Sk.]

ವ್ಯಕ್ತಿತ್ವ ⟦vyaktitva ヴィャクティトヴァ⟧ [vjəktitvɐ] 《文》 *n.* 個性、性格 [Sk.]

ವ್ಯಕ್ತಿನಿಷ್ಠ ⟦vyaktiniṣṭʰa ヴィャクティニシュタ⟧ [vjəktiniʂʈʰɐ] 《文》 *adj.* 主観的な ¶ ವಿಮರ್ಶೆ ವ್ಯಕ್ತಿನಿಷ್ಠವಾಗಿರಬಾರದು ವಸ್ತುನಿಷ್ಠವಾಗಿರಬೇಕು. (vimarśe vyaktiniṣṭʰavāgirabāradu vastuniṣṭʰavāgirabēku.) 文学評論は主観的でなく客観的でなければならない。 [Sk.]

ವ್ಯಕ್ತಿನಿಷ್ಠತೆ ⟦vyaktiniṣṭʰate ヴィャクティニシュタテ⟧ [vjəktiniʂʈʰəte] 《文》 *n.* 主観性 [Sk.]

ವ್ಯಕ್ತಿನಿಷ್ಠೆ ⟦vyaktiniṣṭʰe ヴィャクティニシュテ⟧ [vjəktiniʂʈʰe] 《文》 *n.* ある個人に献身すること、忠誠を尽くすこと ¶ ಜಯಲಲಿತ ಎಂ. ಜಿ. ಆರ್. ಗೆ ತಮ್ಮ ವ್ಯಕ್ತಿನಿಷ್ಠೆಯನ್ನು ಪ್ರಕಟಿಸಿದರು. (jayalalita eṃ. ji. ār. ge tamma vyaktiniṣṭʰeyannu prakaṭisidaru.) ジャヤラリターはM.G.R. 氏に対する忠誠を表明した。 [Sk.]

ವ್ಯಕ್ತಿಸ್ವಾತಂತ್ರ್ಯ ⟦vyaktisvātaṃtrya ヴィャクティスヴァータントリヤ⟧ [vjəktisvɐːtəntrjɐ] 《文》 *n.* 個人の自由 [Sk.]

ವ್ಯಕ್ತಿಪೂಜೆ ⟦vyaktipūje ヴィャクティプージェ⟧ [vjəktipuːʤe] 《文》 *n.* 個人崇拝 [Sk.]

ವ್ಯಗ್ರ ⟦vyagra ヴィャグラ⟧ [vjəgrɐ] 《文》 *adj.* 気が転倒した、気が気でない、やきもきした ¶ ಬಹಳ ದಿನ ಹೆಂಡತಿಯಿಂದ ಪತ್ರ ಬಾರದೆ ರಮೇಶ ತುಂಬಾ ವ್ಯಗ್ರನಾದ. (bahaḷa dina heṃḍatiyiṃda patra bārade ramēśa tuṃbā vyagranāda.) 何日も前から奥さんからの手紙がこないのでラメーシュはやきもきしている。 [Sk.]

ವ್ಯಗ್ರತೆ ⟦vyagrate ヴィャグラテ⟧ [vjəgrəte] 《文》 *n.* 気が気でないこと、心配でならないこと、やきもきしていること [Sk.]

ವ್ಯತಿರಿಕ್ತ ⟦vyatirikta ヴィャティリクタ⟧ [vjətiriktɐ] 《文》 (*n.*) 1 越えた〈こと〉 2 (言葉などが)合わない〈こと〉、矛盾する〈こと〉、逆〈の〉¶ ಮುಖ್ಯಮಂತ್ರಿಗಳ ಹೇಳಿಕೆಗೆ ಗೃಹಮಂತ್ರಿಗಳ ಹೇಳಿಕೆ ವ್ಯತಿರಿಕ್ತವಾಗಿದೆ. (mukʰyamaṃtrigaḷa hēḷikege gṛhamaṃtrigaḷa hēḷike vyatiriktavāgide.) 州政府首相の言葉と内務大臣の言葉が一致していない。 —*n.* 矛盾すること、逆 ¶ ಗಂಡ ಹೆಂಡತಿ ಯಾವಾಗಲೂ ವ್ಯತಿರಿಕ್ತವನ್ನೇ ಮಾಡುತ್ತಾರೆ. (gaṃḍa heṃḍati yāvāgalū vyatiriktavannē māḍuttāre.) 夫と妻がいつも逆のことをしている。 [Sk.]

ವ್ಯತಿರೇಕ ⟦vyatirēka ヴィャティレーカ⟧ [vjətireːkɐ] 《文》 *n.* 1 境界などを越えること、(他人の領分に)侵入すること、侵害 ¶ ಪಾಕ್ ಸೈನ್ಯ ಅನೇಕ ಸಲ ಭಾರತದ ಗಡಿ ಒಳಗೆ ವ್ಯತಿರೇಕ ಮಾಡಿದೆ. (pāk sainya anēka sala bʰāratada gaḍi oḷage vyatirēka māḍide.) パキスタンの軍隊が何回もインド領を侵害した。 2 度を過ごすこと、過度 3 対照による比喩(修辞法の一つ、喩えとしたものに卓越することを示すことで喩えられているものが非常に優れていることを示す) [Sk.]

ವ್ಯತ್ಯಾಸ ⟦vyatyāsa ヴィャティャーサ⟧ [vjətʲjɐːsɐ] *n.* 違い、差 ¶ ಅವಳ ಹೇಳಿಕೆಗೂ ನಡತೆಗೂ ತುಂಬಾ ವ್ಯತ್ಯಾಸ ಇದೆ. (avaḷa hēḷikegū naḍategū tuṃbā vyatyāsa ide.) 彼女の言うことと行動が一致しない。 [Sk.]

ವ್ಯಥೆ ⟦vyatʰe ヴィャテ⟧ [vjətʰe] 《文》 *n.* 悲しみ、苦しみ、苦悩、悲嘆 [Sk.]

ವ್ಯಭಿಚರಿಸು ⟦vyabʰicarisu ヴィャビチャリス⟧ [vjəbʰiʧərisu] *vi.* 姦通する [Sk.]

ವ್ಯಭಿಚಾರ ⟦vyabʰicāra ヴィャビチャーラ⟧ [vjəbʰiʧɐːrɐ] *n.* 1 姦通、配偶者のある人と性的関係を結ぶこと 2 放蕩、好色 [Sk.]

ವ್ಯಭಿಚಾರಿ ⟦vyabʰicāri ヴィャビチャーリ⟧ [vjəbʰiʧɐːri] *mf.* 1 姦通者 2 放蕩者 [Sk.]

ವ್ಯಯ ⟦vyaya ヴィャヤ⟧ [vjəjɐ] 《文》 *n.* 1 出費、費用 2 無駄な出費 ¶ ಮನೆ ಕಟ್ಟುವಾಗ ಅವನು ತುಂಬ ಹಣ ವ್ಯಯ ಮಾಡಿದ. (mane kaṭṭuvāga avanu tuṃba haṇa vyaya māḍida.) 彼は家を建てる時に多くの金を無駄に使った。 3 十干十二支(60 年)の第 20 番の年 [Sk.]

ವ್ಯಯಿಸು ⟦vyayisu ヴィャイス⟧ [vjəjisu] 《文》 *vt.* 支出する、費やす [Sk.]

ವ್ಯರ್ಥ ⟦vyartʰa ヴィャルタ⟧ [vjərtʰɐ] 《文》 (*n.*) 無意味〈な〉、無益〈な〉、役に立たない〈こと〉 [Sk.]

ವ್ಯರ್ಥಾಲಾಪ ⟦vyartʰālāpa ヴィャルターラーパ⟧ [vjərtʰɐːlɐːpɐ] 《文》 *n.* 無駄な会話、無駄話 [Sk.]

ವ್ಯವಕಲನ ⟦vyavakalana ヴィャヴァカラナ⟧ [vjəvəkələnɐ] 《文》 *n.* 引き算 [Sk.]

ವ್ಯವಧಾನ ⟦vyavadʰāna ヴィャヴァダーナ⟧ [vjəvədʰɐːnɐ] 《文》 *n.* 1 暇、休み、休憩 ¶ ರಜೆಯಿಂದ ಬಂದ ಮೇಲೆ ನಮಗೆ ಸ್ವಲ್ಪವೂ ವ್ಯವಧಾನವಿಲ್ಲ. (rajeyiṃda baṃda mēle namage svalpavū vyavadʰānavilla.) 休暇から帰ってから我々には全然暇がない。 2 中断 3 我慢、辛抱 ¶ ತಂದೆಗೆ ನನ್ನ ಕಷ್ಟವನ್ನು ಕೇಳುವಷ್ಟೂ ವ್ಯವಧಾನವಿಲ್ಲ. (taṃdege nanna kaṣṭavannu kēḷuvaṣṭū vyavadʰānavilla.) 父は私の悩みを聞いてくれるだけの忍耐力もない。 4 視界を遮るもの、遮蔽物 ¶ ಚಾಮುಂಡಿಬೆಟ್ಟವನ್ನು ಏನೂ ವ್ಯವಧಾನ ಇಲ್ಲದೆ ನೋಡಬಹುದಾದ ಮನೆ ಬೇಕು. (cāmuṃḍibeṭṭavannu ēnū vyavadʰāna illade nōḍabahudāda mane bēku.) そこから何も視界を妨げるものなくチャームンディ丘が見えるような家が欲しい。 [Sk.]

ವ್ಯವಸಾಯ ⟦vyavasāya ヴィャヴァサーヤ⟧ [vjəvəsɐːjɐ] *n.* 農業、農民 [Sk.]

ವ್ಯವಸಾಯಗಾರ ⟦vyavasāyagāra ヴィャヴァサーヤガーラ⟧ [vjəvəsɐːjəgɐːrɐ] *m.* 《*f.* ವ್ಯವಸಾಯಗಾರ್ತಿ (vyavasāyagārti)》農民、農業経営者 [Sk.]

ವ್ಯವಸ್ಥಾಪಕ ⟦vyavastʰāpaka ヴィャヴァスターパカ⟧ [vjəvəstʰɐːpəkɐ] *m.* 《*f.* ವ್ಯವಸ್ಥಾಪಕಿ (vyavastʰāpaki)》(集会や音楽会や芝居などの)主催者 [Sk.]

ವ್ಯವಹರಿಸು ⟦vyavaharisu ヴィャヴァハリス⟧ [vjəvəhərisu] 《文》 *vi.* 1 振る舞う ¶ ನಿಮ್ಮ ಜೊತೆ ಆಫೀಸರು ಹೇಗೆ ವ್ಯವಹರಿಸುತ್ತಾರೆ? (nimma jote āpʰīsaru hēge vyavaharisuttāre?) 上役は君をどのように扱ってくれているんだい。 2 取引する ¶ ವೆಂಕಟೇಶ ಕಂಪ್ಯೂಟರುಗಳಲ್ಲಿ ವ್ಯವಹರಿಸುತ್ತಾನೆ. (veṃkaṭēśa kaṃpyūṭarugaḷalli vyavaharisuttāne.) ヴェンカテーシャはコンピューターの売り買いをしている。 [Sk.]

ವ್ಯವಹಾರ ⟦vyavahāra ヴィャヴァハーラ⟧ [vjəvəhɐːrɐ] *n.* 1 活動、仕事；働くこと ¶ ಅವನ ವೇಳೆಯೆಲ್ಲ ದಿನದ ವ್ಯವಹಾರದಲ್ಲಿ ಖರ್ಚು ಆಗುತ್ತದೆ. (avana vēḷeyella dinada vyavahāradalli kʰarcu āguttade.) 彼の時間はすべて日常の仕事で過ぎてしまっている。 2 (業務の)処理、(処理すべき)業務 ¶ ಲಲಿತ ವಿದೇಶದ ಸ್ನೇಹಿತರೊಡನೆ ಪತ್ರವ್ಯವಹಾರ ನಡೆಸುತ್ತಿದ್ದಾರೆ. (lalita vidēśada snēhitaroḍane patravyavahāra naḍesuttiddāre.) ラリターは外国の友達と文通している。 3 振る舞い、行動 ¶ ನನ್ನ ಮಗನ ವ್ಯವಹಾರ ಇತ್ತೀಚೆ ಯಾಕೋ ಸರಿಯಾಗಿಲ್ಲ. (nanna magana vyavahāra ittīce yākō sariyāgilla.) この頃どういう訳だか息子の振る舞いがよくない。 4 裁判、訴訟(事件) 5 習慣、慣習、習わし ¶ ಬಹುಪತಿತ್ವ ತೊದವರಲ್ಲಿ ಸಾಮಾನ್ಯ ವ್ಯವಹಾರವಾಗಿದೆ. (bahupatitva todavaralli sāmānya vyavahāravāgide.) トダ族の間では一妻多夫が一般に行われている。 6 商売、売り買い [Sk.]

ವ್ಯವಹಾರ ಚಾತುರ್ಯ ⟦vyavahāra cāturya ヴィャヴァハーラチャートゥリャ⟧ [vjəvəhɐːrə ʧɐːturjɐ] 《文》 *n.* 物事を処理する上での利口さ、巧みな処世術 [Sk.]

ವ್ಯವಹಾರ ನಿರ್ವಹಣೆ ⟦vyavahāra nirvahaṇe ヴィャヴァハーラニルヴァハネ⟧ [vjəvəhɐːrə nirvəhəɳe] 《文》 *n.* 商売などの事業の運営 [Sk.]

ವ್ಯಷ್ಟಿ ⟦vyaṣṭi ヴィャシュティ⟧ [vjəʂʈi] 《文》 *n.* 1 個性、個人的特徴 ↔ ಸಮಷ್ಟಿ (samaṣṭi) 2 離れていること、別離 3 分離、隔離 [Sk.]

ವ್ಯಷ್ಟಿಪ್ರಜ್ಞೆ ⟦vyaṣṭiprajñe ヴィャシュティプラジュニェ⟧ [vjəʂʈiprəɟɲe/–prəgne] 《文》 *n.* 個人意識 [+ *prajñe*]

ವ್ಯಸನ ⟦vyasana ヴィャサナ⟧ [vjəsənɐ] 《文》 *n.* 1 悲しみ、悲嘆、嘆き 2 悪習、(酒食などに)耽ること 3 夢中、熱狂 [Sk.]

ವ್ಯಸನಿ ⟦vyasani ヴィャサニ⟧ [vjəsəni] 《文》 *mf.* 1 嘆く人、不幸な人 2 (酒、麻薬などに)溺れた人 3 (あることに)熱中した人 [Sk.]

ವ್ಯಾಕರಣ ⟦vyākaraṇa ヴィャーカラナ⟧ [vjɐːkərəɳɐ] 《文》 *n.* 文法 [Sk.]

ವ್ಯಾಕರಣಕಾರ ⟦vyākaraṇakāra ヴィャーカラナカーラ⟧ [vjɐːkərəɳəkɐːrɐ] 《文》 *m.* 《*f.* ವ್ಯಾಕಾರಣಕಾರ್ತಿ (vyākāraṇakārti)》文法家 [Sk.]

ವ್ಯಾಕುಲ ⟦vyākula ヴィャークラ⟧ [vjɐːkulɐ] 《文》 *adj.* (悲しみで) 打ちひしがれた、(恐れで) うろたえた、(恐れで)狼狽した ¶ ವಿಮಾನಾಪಹರಣದಿಂದ ಸರಕಾರ ವ್ಯಾಕುಲಗೊಂಡಿದೆ. (vimānāpaharaṇadiṃda sarakāra vyākulagoṃḍide.) 政府は飛行機の乗っ取り事件でうろたえている。 [Sk.]

ವ್ಯಾಕುಲಮನಸ್ಕ ⟦vyākulamanaska ヴィャークラマナスカ⟧ [vjɐːkuləmənəskɐ] 《文》 *adj.*, *m.* 《*f.* ವ್ಯಾಕುಲಮನಸ್ಕಳು (vyākulamanaskaḷu)》(驚愕、心配、絶望などで)気が動転した〈人〉、途方に暮れた〈人〉 [Sk.]

ವ್ಯಾಕುಲತೆ ⟦vyākulate ヴィャークラテ⟧ [vjɐːkuləte] 《文》 *n.* (心配、危険、落胆などで)うろたえること、狼狽すること [Sk.]

ವ್ಯಾಖ್ಯಾನ ⟦vyākʰyāna ヴィャーキャーナ⟧ [vjɐːkkʰjɐːnɐ]《文》*n.* **1** 解説、説明、評論 **2** 講演 [Sk.]

ವ್ಯಾಖ್ಯಾನಕಾರ ⟦vyākʰyānakāra ヴィャーキャーナカーラ⟧ [vjɐːkʰjɐːnəkɐːrɐ]《文》*m.*《*f.* ವ್ಯಾಖ್ಯಾನಕಾರ್ತಿ (vyākʰyānakārti)》解説者、注釈者 [Sk.]

ವ್ಯಾಖ್ಯೆ ⟦vyākʰye ヴィャーキェ⟧ [vjɐːkʰ·je]《文》*n.* **1** 説明、注解、注釈、解説 **2** 文学、美術、学術論文などの批評 [Sk.]

ವ್ಯಾಖ್ಯಾನಿಸು ⟦vyākʰyānisu ヴィャーキャーニス⟧ [vjɐːkʰ·jɐːnisu]《文》*vt.* 説明する、解説する、評論する、注解する [Sk.]

ವ್ಯಾಘ್ರ ⟦vyāgʰra ヴィャーグラ⟧ [vjɐːgʰrɐ]《文》*n.* 虎 [Sk.]

ವ್ಯಾಜ ⟦vyāja ヴィャージャ⟧ [vjɐːʤɐ]《文》*n.* **1**《古》ごまかし、ペテン **2** 口実、言い訳 [Sk. *vyāja*-]

ವ್ಯಾಜ್ಯ ⟦vyājya ヴィャージュャ⟧ [vjɐːʤ·jɐ]《文》*n.* **1** 争い、不和、いざこざ **2** 訴訟、裁判ざた [Dr.A59/Sk. *vyāja*-?]

ವ್ಯಾಜ್ಯಹೂಡು ⟦vyājyahūḍu ヴィャージュャフードゥ⟧ [vjɐːʤ·jəhuːɖu]《文》*vi.* 法廷に告訴する、裁判所に訴える [Sk.]

ವ್ಯಾಧ ⟦vyādʰa ヴィャーダ⟧ [vjɐːdʰɐ]《文》*m.*《*f.* ವ್ಯಾಧಳು (vyādʰaḷu)》猟師 [Sk.] = ಬೇಟೆಗಾರ (bēṭegāra)〔汎〕

ವ್ಯಾಧಿ ⟦vyādʰi ヴィャーディ⟧ [vjɐːdʰi]《文》*n.* 病気、疾病 [Sk.]

ವ್ಯಾಪಕ ⟦vyāpaka ヴィャーパカ⟧ [vjɐːpəkɐ]《文》*adj.* 包括的な、広い範囲に広がる

ವ್ಯಾಪನೆ ⟦vyāpane ヴィャーパネ⟧ [vjɐːpəne]《文》*n.* 広がること、拡大、浸透、普及、拡散 [Sk.]

ವ್ಯಾಪಾರ ⟦vyāpāra ヴィャーパーラ⟧ [vjɐːpɐːrɐ] *n.* **1** 仕事、活動、用事 ¶ ಮೈಸೂರಿಗೆ ಬಂದು ಎಷ್ಟು ದಿನ ಆಯಿತು. ಏನು ನಿಮ್ಮ ವ್ಯಾಪಾರ? (maisūrige baṃdu eṣṭu dina āyitu. ēnu nimma vyāpāra?) いつ君はマイソールへ来たのだ。用事は何だ。 **2** 商売、取引 ¶ ಅವನು ಏನು ವ್ಯಾಪಾರ ಮಾಡುತ್ತಾನೆ? (avanu ēnu vyāpāra māḍuttāne?) 彼は何を売り買いしているのか。 **3** こと、問題 ¶ ಅವನಿಗೆ ಬೆಳಗಿನಿಂದ ಬರೀ ದುಃಖದ ವ್ಯಾಪಾರವೇ ಆಗಿದೆ. (avanige beḷaginiṃda barī duḥkʰada vyāpāravē āgide.) 彼は朝からずっと嫌なことに直面している。 [Sk.]

ವ್ಯಾಪಾರಿ ⟦vyāpāri ヴィャーパーリ⟧ [vjɐːpɐːri] *mf.* 商人、商売人、ビジネスマン [Sk.]

ವ್ಯಾಪಿಸು ⟦vyāpisu ヴィャーピス⟧ [vjɐːpisu]《文》*vi.* (臭いなどが)充満する、浸透する、広がる、(思想、影響などが)広がる、普及する [Sk.]

ವ್ಯಾಪ್ತಿ ⟦vyāpti ヴィャープティ⟧ [vjɐːpti]《文》*n.* **1** (臭い、思想などの)広がり、普及 **2** (行政、司法などの)管轄(権)¶ ಈ ರಾಜ್ಯ ನನ್ನ ಆಡಳಿತದ ವ್ಯಾಪ್ತಿಗೆ ಬರುವುದಿಲ್ಲ (ī rājya nanna āḍaḷitada vyāptige baruvudilla.) この州は私の管轄外です。 [Sk.]

ವ್ಯಾಮೋಹ ⟦vyāmōha ヴィャーモーハ⟧ [vjɐːmoːhɐ]《文》*n.* (恋に)無中になること、のぼせること、溺愛 ¶ ನನ್ನ ಗೆಳತಿಗೆ ಮಕ್ಕಳ ಮೇಲೆ ತುಂಬಾ ವ್ಯಾಮೋಹ. (nanna geḷatige makkaḷa mēle tuṃbā vyāmōha.) 私の友達は子どもを溺愛している。 [Sk.]

ವ್ಯಾಯಾಮ ⟦vyāyāma ヴィャーヤーマ⟧ [vjɐːjɐːmɐ]《文》*n.* 体操 [Sk.]

ವ್ಯಾಯಾಮಶಾಲೆ ⟦vyāyāmaśāle ヴィャーヤーマシャーレ⟧ [vjɐːjɐːməʃɐːle]《文》*n.* 体育館、屋内競技場、ジム [Sk.]

ವ್ಯಾವಹಾರಿಕ ⟦vyāvahārika ヴィャーヴァハーリカ⟧ [vjɐːvəhɐːrikɐ]《文》*adj.* **1** 商業の、商業的 **2** 実際的な、実用的な **3** 現行の、流行している、流布している ¶ ಇತ್ತೀಚೆ ಲಂಚ ತುಂಬ ವ್ಯಾವಹಾರಿಕವಾಗಿದೆ. (ittīce laṃca tuṃba vyāvahārikavāgide.) 収賄は近年日常茶飯事となっている。 [Sk.]

ವ್ಯಾವಹಾರಿಕ ಭಾಷೆ ⟦vyāvahārika bʰāṣe ヴィャーヴァハーリカバーシェ⟧ [vjɐːvəhɐːrikə bʰɐːʂe]《文》*n.* 日常語、日常生活に用いられる言葉 [Sk.]

ವ್ಯಾಸಂಗ ⟦vyāsaṃga ヴィャーサンガ⟧ [vjɐːsəŋgɐ]《文》*n.* 一生懸命勉強すること、研究や勉学に没頭すること [Sk.]

ವ್ಯಾಸಂಗವೇತನ ⟦vyāsaṃgavētana ヴィャーサンガヴェータナ⟧ [vjɐːsəŋgəveːtənɐ]《文》*n.* 奨学金、奨学資金 [Sk.]

ವ್ಯಾಸಂಗಕ್ರಮ ⟦vyāsaṃgakrama ヴィャーサンガクラマ⟧ [vjɐːsəŋgəkrəmɐ]《文》*n.* 教科課程、履修課程、カリキュラム [Sk.]

ವ್ಯಾಸಂಗಗೋಷ್ಠಿ ⟦vyāsaṃgagōṣṭi ヴィャーサンガゴーシュティ⟧ [vjɐːsəŋgəgoːʂʈi]《文》*n.* 研究グループ [Sk.]

ವ್ಯಾಸಂಗಾವಧಿ ⟦vyāsaṃgāvadʰi ヴィャーサンガーヴァディ⟧ [vjɐːsəŋgɐːvədʰi]《文》*n.* 卒業に必要な年数 [Sk.]

ವ್ಯಾಸ ⟦vyāsa ヴィャーサ⟧ [vjɐːsɐ] *n.* 直径、差し渡し [Sk.]

ವ್ಯಾಸಪೀಠ ⟦vyāsapīṭʰa ヴィャーサピータ⟧ [vjɐːsəpiːʈʰɐ]《文》*n.* 読書中の本を置く書見台[⇒図] [Sk.]

ವ್ಯಾಸಪೀಠ
書見台

ವ್ಯುತ್ಪತ್ತಿ ⟦vyutpatti ヴィュトパッティ⟧ [vutpətti]《文》*n.* **1** 語源 **2** 学識、博学、博識 ¶ ಅವನಿಗೆ ವ್ಯಾಕರಣದ ವ್ಯುತ್ಪತ್ತಿ ಚೆನ್ನಾಗಿದೆ. (avanige vyākaraṇada vyutpatti cennāgide.) 彼は文法学に通じている。 [Sk.]

ವ್ಯುತ್ಪನ್ನ ⟦vyutpanna ヴィュトパンナ⟧ [vjutpənnɐ] *adj.* **1** (…に)由来する、(…から)生まれた ¶ ಹೆಗಡೆ ಎಂಬ ಹೆಸರು ಹಳಗನ್ನಡದ "ಪೆರ್ಗಡೆ" ಎಂಬ ಶಬ್ದದಿಂದ ವ್ಯುತ್ಪನ್ನವಾಗಿದೆ. (hegaḍe eṃba hesaru haḷagannaḍada "pergaḍe" eṃba śabdadiṃda vyutpannavāgide.) ヘガデという名は古カンナダ語のperkaḍeという語から来ている。 **2** (ある学問や技術の分野に)堪能な、精通した、熟達した ¶ ಅವನೊಬ್ಬ ಎಲೆಕ್ಟ್ರಾನಿಕ್ಸ್ ಸಾಮಾನನ್ನು ರಿಪೇರಿ ಮಾಡುವಲ್ಲಿ ವ್ಯುತ್ಪನ್ನ ವ್ಯಕ್ತಿ. (avanobba elekṭrāniks sāmānannu ripēri māḍuvalli vyutpanna vyakti.) あの人は電気製品の修繕に熟達している。 [Sk.]

ವ್ಯೂಹ ⟦vyūha ヴィューハ⟧ [vju:hɐ] *n.* **1**（人々の）集まり、大勢、（動物の）群れ ¶ ಜನವ್ಯೂಹದ ನಡುವೆ ಅವನನ್ನು ಎಲ್ಲಿ ಹುಡುಕುವುದು? (janavyūhada naḍuve avanannu elli huḍukuvudu?) 人込みの中で彼をどこで見つけられようか。 **2**（軍隊の）陣立て、配列 [Sk.]

ವ್ಯೂಹ ರಚನೆ ⟦vyūha racane ヴィューハラチャネ⟧ [vju:hə rəʧəne] 《文》 *n.*（軍隊の）配置、陣形 [Sk.]

ವ್ಯೋಮ ⟦vyōma ヴィョーマ⟧ [vjo:mɐ] 《文》 *n.* 空、天空、虚空、蒼穹（そうきゅう） [Sk.]

ವ್ರಣ ⟦vraṇa ヴラナ⟧ [vrəɳɐ] *n.* **1** 傷、怪我 **2** でき物、腫れ物 [Sk.]

ವ್ರತ ⟦vrata ヴラタ⟧ [vrətɐ] *n.*（福徳、子ども、夫の長寿を願ったりするなど）神に願をかけるため特定の日に行う断食などの願行 [Sk.]

ವ್ರತಗೆಡು ⟦vrategeḍu ヴラタゲドゥ⟧ [vrətəgeḍu] 《文》 *vi.* 願行を中途で放棄する、願行を断念する [Sk.]

ವ್ರತಭಂಗ ⟦vratabʰaṃga ヴラタバンガ⟧ [vrətəbʰəŋgɐ] *n.* 願行を破ること [+ *bʰaṃga*]

ವ್ರತಭ್ರಷ್ಟ ⟦vratabʰraṣṭa ヴラタブラシュタ⟧ [vrətəbʰrəʂʈɐ] 《文》 *m.* 《*f.* ವ್ರತಭ್ರಷ್ಟಳು (vratabʰraṣṭaḷu)》願行を中途で放棄した人 [Sk.]

ವ್ರತಿ ⟦vrati ヴラティ⟧ [vrəti] 《文》 *mf.* 願行を行っている人 [Sk. *vratin-*]

ಶ

ಶ ⟦śa シャ⟧ [ʃə˙] *n.* カンナダその他のインド系言語において音素の連続 /śa/ またはカンナダその他のインド系の文字体系でそれを表す文字 [Ka.]

ಶಂಕಿಸು ⟦śaṃkisu シャンキス⟧ [ʃəŋkisu] 《文》 *vt.* **1**〈人を〉疑う、〈人に〉嫌疑をかける **2** 心配する [Sk.]

ಶಂಕು ⟦śaṃku シャンク⟧ [ʃəŋku] 《文》 *n.* **1** ピン、杭、柱 **2** 矢、投げ槍 **3**（計器の）針、指針 **4**（三角関数の）正弦 **5** 10 兆 [Sk.]

ಶಂಕುಸ್ಥಾಪನೆ ⟦śaṃkustʰāpane シャンクスターパネ⟧ [ʃəŋkustʰɐ:pəne] 《文》 *n.*（建物などの）基礎をおくこと [Sk.]

ಶಂಖ ⟦śaṃkʰa シャンカ⟧ [ʃəŋkʰɐ] *n.* **1** 巻き貝、法螺貝（ほら） **2**（楽器としての）法螺貝 [Sk.]

ಶಂಬುಕ ⟦śaṃbuka シャンブカ⟧ [ʃəmbukɐ] ಶಂಬೂಕ 《文》 *n.* **1** 二枚貝 **2** 小型の巻き貝 **3** 蝸牛 **—*m.*** シャンブーカ、シュードラの仙人の名（カーストに許されていない苦行をしてラーマに殺された） [Sk.]

ಶಂಬೂಕ ⟦śaṃbūka シャンブーカ⟧ [ʃəmbu:kɐ] 《文》 *n.* **—*m.*** ☞ಶಂಬುಕ (śaṃbuka) [Sk.]

ಶಂಕೆ ⟦śaṃke シャンケ⟧ [ʃəŋke] *n.* **1** 疑い、疑惑 **2** 恐れ、心配 **3** 不安 [Sk.]

ಶಕ ⟦śaka シャカ⟧ [ʃəkɐ] *m.* 《*f.* ಶಕಳು (śakaḷu)》〔歴〕スキタイ人 **—*n.*** **1** シャカ紀元（西暦紀元 78 年に始まる）= ಪ್ರಭಾವ (prabʰāva) **2**《口》影響力 ¶ ಅವನ ಮೇಲೆ ಕಮ್ಯೂನಿಸಮಿನ ಶಕ ಇನ್ನೂ ಹೋಗಿಲ್ಲ. (avana mēle kamyūnisamina śaka innū hōgilla.) 彼はまだ共産主義の影響を脱していない。 **3** 傾向 ¶ ಅವಳಿಗೆ ಮಲಬದ್ಧತೆಯ ಶಕ ಇದೆ. (avaḷige malabaddʰateya śaka ide.) 彼女には便秘の傾向がある。 [Sk.]

ಶಕಟ ⟦śakaṭa シャカタ⟧ [ʃəkəʈɐ] 《文》 *n.* 車 [Sk. M3.285] = ಬಂಡಿ (baṃḍi)〔口〕

ಶಕಾರ ⟦śakāra シャカーラ⟧ [ʃəkɐ:rɐ] *n.* カンナダその他のインド系の文字で音素の連続 /śa/ を表す文字 [Sk.]

ಶಕುನ ⟦śakuna シャクナ⟧ [ʃəkunɐ] *n.* **1**《文》（一般に）鳥 **2**（特にめでたい）前兆 [Sk.]

ಶಕುನಗಾರ ⟦śakunagāra シャクナガーラ⟧ [ʃəkunəgɐ:rɐ] *m.* 《*f.* ಶಕುನಗಾರ್ತಿ (śakunagārti)》前兆が分かる人 [+ *-kāra*]

ಶಕ್ತ ⟦śakta シャクタ⟧ [ʃəktɐ] 《文》 *adj., m.* 能力がある〈人〉、強力な〈人〉、出来る〈人〉 [Sk.]

ಶಕ್ತಿ ⟦śakti シャクティ⟧ [ʃəkti] *n.* **1** シャクティ、力、（特に神的な）力や能力 **2** 神の力の顕現としての女神（しばしば男神の配偶者として、例えばシヴァ神にはドゥルガーまたはガウリー女神、ヴィシュヌ神にはラクシュミー女神として理解されるが、単独にシャクティ女神こそ最高神であると捉えられることも多い） [Sk.]

ಶಕ್ತಿವಂತ ⟦śaktivaṃta シャクティヴァンタ⟧ [ʃəktivəntɐ] *adj., m.* 《*f.* ಶಕ್ತಿವಂತಳು (śaktivaṃtaḷu)》強い〈人〉、強力な〈人〉、有力な〈人〉 [Sk.]

ಶಕ್ಯ ⟦śakya シャキャ⟧ [ʃək·jɐ] 《文》 (*n.*) できる〈こと〉、可能な〈こと〉、可能性のある〈こと〉 [Sk.]

ಶಖೆ ⟦śakʰe シャケ⟧ [ʃəkʰe] *n.* ☞ಸೆಕೆ (seke)

ಶಠ ⟦śaṭʰa シャタ⟧ [ʃəʈʰɐ] *adj., m.* **1** 詐欺を働く〈人〉、詐欺師〈の〉、人をペテンにかける〈人〉、ペテン師〈の〉 **2** 頑固な〈人〉 **—*n.*** 欺瞞、瞞着 [Sk. ←Dr.? cf. Ka. *coṭṭa*「ねじ曲がった」D2838(a), M3.291]

ಶತ ⟦śata シャタ⟧ [ʃətɐ] 《文》 *numr.adj.* 100（の） [Sk.]

ಶತಕ ⟦śataka シャタカ⟧ [ʃətəkɐ] 《文》 *n.* **1** 100 の集まり **2** 世紀 = ಶತಮಾನ (śatamāna) **3** 100 の詩からなる詩集 [Sk.]

ಶತಪದಿ ⟦śatapadi シャタパディ⟧ [ʃətəpədi] 《文》 *n.* ムカデ [Sk.] = ಜರಿ (jari)〔汎〕

ಶತಮಾನ 〚śatamāna シャタマーナ〛[ʃətəmɐːnɐ] *n.* 世紀 [Sk.]

ಶತಮಾನೋತ್ಸವ 〚śatamānōtsava シャタマーノートサヴァ〛[ʃətəmɐːnoːtsəvɐ/–mɐːnoːʦʦəvɐ]《文》*n.* 100年祭 [Sk.]

ಶತಾಯು 〚śatāyu シャターユ〛[ʃətɐːju]《文》*mf.* 100歳以上の人 [Sk.]

ಶತ್ರು 〚śatru シャトル〛[ʃatˑru] *mf.* 敵、仇 [Sk.]

ಶತ್ವ 〚śatva シャトヴァ〛[ʃətˑvɐ] *n.* 文字 ಶ (śa) [Sk.] = ಶಕಾರ (śakāra)

ಶನಿ 〚śani シャニ〛[ʃəni] *m.* 1 土星(不吉な影響力を持つ惑星と信じられている) 2〔罵〕嫌な奴 [Sk.]

ಶನಿವಾರ 〚śanivāra シャニヴァーラ〛[ʃənivɐːrɐ] *n.* 土曜 [Sk.]

ಶಪಥ 〚śapatʰa シャパタ〛[ʃəpətʰɐ] *n.* 誓い、誓約 [Sk.] = ಆಣೆ (āṇe)〔口〕

ಶಪಿಸು 〚śapisu シャピス〛[ʃəpisu] *vt.* 1 呪う、呪いをかける 2 悪態をつく、毒舌を浴びせる [Sk.]

ಶಬರ 〚śabara シャバラ〛[ʃəbərɐ] *m.*《*f.* ಶಬರಿ (śabari)》〔歴〕(ラーマーヤナに出てくる)野蛮な山岳民族の名、シャバラ族 [Sk.]

ಶಬರಿ 〚śabari シャバリ〛[ʃəbəri] *f.*《*m.* ಶಬರ (śabara)》〔歴〕シャバラ族の女性 [Sk.] *cf.* ಶಬರ (śabara)

ಶಬ್ದ 〚śabda シャブダ〛[ʃəbdɐ] *n.* 1 音、音響 2 喧噪、騒音、やかましい音 3〔言〕単語、語 [Sk.]

ಶಬ್ದಕೋಷ 〚śabdakōṣa シャブダコーシャ〛[ʃəbdəkoːʂɐ]《文》*n.* 辞書、字引 [Sk.] = ಶಬ್ದಕೋಶ (śabdakōśa)

ಶಬ್ದಚಿತ್ರ 〚śabdacitra シャブダチトラ〛[ʃəbdəʧitˑrɐ]《文》*n.* トーキー、有声映画 [Sk.]

ಶಬ್ದಸಂಗ್ರಹ 〚śabdasaṃgraha シャブダサングラハ〛[ʃəbdəsəŋgrəhɐ]《文》*n.* 語彙、語彙集 [Sk.]

ಶಮ 〚śama シャマ〛[ʃəmɐ] *n.* 1 平安、静けさ、静寂 2 心の落ち着き、平安 3 (悲しみ、飢え、喉の渇きなどを)静めること 4 解脱、煩悩を絶つこと [Sk.]

ಶಮನ 〚śamana シャマナ〛[ʃəmənɐ]《文》*n.* 1 (苦痛を)和らげること、(怒りや興奮を)静めること、(悲しみを)慰めること、(渇きを)癒すこと、(飢えを)静めること 2 (心の)平安 3 (動物を)生け贄にするために殺すこと 4 鹿の一種のレイヨウ(怜羊) —*m.* ヤマ(死神)の別名 [Sk.]

ಶಯನ 〚śayana シャヤナ〛[ʃəjənɐ] *n.* 1 横になること、寝ること 2 眠ること 3 寝床 [Sk.]

ಶಯನಗೃಹ 〚śayanagr̥ha シャヤナグルハ〛[ʃəjənəgrɯhɐ/–gruhɐ]《文》*n.* 寝室 [Sk.] = ಬೆಡ್ರೂಮು (beḍrūmu)〔口〕

ಶಯ್ಯಾಗೃಹ 〚śayyāgr̥ha シャイヤーグルハ〛[ʃəĭjɐːgrɯhɐ/°gruhɐ]《文》*n.* 寝室 [Sk.] = ಶಯನಗೃಹ (śayanagr̥ha)

ಶಯ್ಯೆ 〚śayye シャイエ〛[ʃəĭje]《文》*n.* 1 寝床 2 横になること 3 睡眠、眠ること [Sk.]

ಶರ 〚śara シャラ〛[ʃərɐ] *n.* 矢 = ಅಂಬು (aṃbu)〔口〕[Sk.]

ಶರಣ 〚śaraṇa シャラナ〛[ʃərəɳɐ] *n.* 1 安全な避難所、逃げ場 2 住所、住居、住処 —*m.*《*f.* ಶರಣಳು (śaraṇaḷu)》1 庇護を与える人、保護者 2 シヴァの信者、シヴァの崇拝者、シャイヴァ [Sk.]

ಶರಣಹೊಗು 〚śaraṇahogu シャラナホグ〛[ʃərəɳəhogu] *vi.* 1 庇護を求める 2 降伏する、降参する [+ *hogu*]

ಶರಣಾಗು 〚śaraṇāgu シャラナーグ〛[ʃərəɳɐːgu] *vi.* 1 庇護を求める 2 降伏する、降参する [+ *āgu*]

ಶರಣಾಗತ 〚śaraṇāgata シャラナーガタ〛[ʃərəɳɐːgətɐ] *adj., m.*《*f.* ಶರಣಾಗತಳು (śaraṇāgataḷu)》1 庇護を求めた〈人〉、庇護を受けている〈人〉 2 降伏した〈人〉、降伏者〈の〉[Sk.]

ಶರಣಾಗತಿ 〚śaraṇāgati シャラナーガティ〛[ʃərəɳɐːgəti] *n.* 1 庇護を求めること、避難すること 2 降伏、降参 [Sk.]

ಶರಣು 〚śaraṇu シャラヌ〛[ʃərəɳu] *n.* 保護、庇護 [Sk. *śaraṇa*-]

ಶರಣ್ಯ 〚śaraṇya シャラニャ〛[ʃərəɳˑjɐ]《文》*adj., m.*《*f.* ಶರಣ್ಯಳು (śaraṇyaḷu)》1 庇護を与えてくれる〈人〉、保護者〈の〉 2 救ってやるべき〈人〉、困っている〈人〉 —*n.* 庇護を与えてくれる場所、家 [Sk.]

ಶರತ್ಕಾಲ 〚śaratkāla シャラトカーラ〛[ʃərətkɐːlɐ] *n.* 秋、アーシュヴァユジャとカールティカ月 [Sk. *śarat*- + *kāla*-]

ಶರತ್ತು 〚śarattu シャラットゥ〛[ʃərəttu] *n.* 1 条件、付帯条件 ¶ ಹುಡುಗಿಯ ಅಪ್ಪ ನಮ್ಮ ಮದುವೆಗೆ ನಾನು ಮುಸ್ಲಿಮು ಆಗಬೇಕೆಂಬ ಶರತ್ತನ್ನು ಹಾಕಿದರು. (huḍugiya appa namma maduvege nānu muslimu āgabēkeṃba śarattannu hākidaru.) 娘の父親は我々の結婚に私が改宗しなければならないという条件をつけた。 2 規則、規制、掟 ¶ ನಮ್ಮ ಕಛೇರಿಯಲ್ಲಿ ಸಿಗರೇಟ್ ಕುಡಿಯಬಾರದೆಂಬ ಶರತ್ತು ಹಾಕಿದ್ದಾರೆ. (namma kacʰēriyalli sigarēṭ kuḍiyabāradeṃba śarattu hākiddāre.) 我々の役所では喫煙が禁止だという規則ができている。[Ar. *šarṭ*]

ಶರದ್ 〚śarad シャラド〛[ʃərəd]《文》*n.*《複合語頭で》[Sk.] = ಶರತ್ಕಾಲ (śaratkāla)

ಶರದ 〚śarada シャラダ〛[ʃərədɐ]《文》*n.* 秋、アーシュヴァユジャとカールティカ月 [Sk.]

ಶರದೃತು 〚śaradr̥tu シャラドゥルトゥ〛[ʃərədrɯtu/–rutu]《文》*n.* 秋、アーシュヴァユジャとカールティカ月 [Sk. *śarad*- + *r̥tu*-]

ಶರಬತ್ತು 〚śarabattu シャラバットゥ〛[ʃərəbattu] *n.* ライムの果汁に水と氷と砂糖を混ぜて作った飲物、果物ジュース [Ar.-Pe. *šarbat*]

ಶರಭ 〚śarabʰa シャラバ〛[ʃərəbʰɐ]《文》*n.* (ライオンより強いと信じられている)神話上の八足獣 —*m.* ヴィーラバドラ、シヴァ神が自身のもつれ髪から生み出した勇者 [Sk.]

ಶರಭಾವತಾರ ⟦śarabʰāvatāra シャラバーヴァターラ⟧ [ʃərəbʰɐːvətɐːrɐ] 《文》 *m.* [+ *avatāra*] ☞ಶರಭ (śarabʰa)

ಶರಾ ⟦śarā シャラー⟧ [ʃərɐː] *n.* 備考、備考欄、(本の行間などの)覚え書き [Ar. *šarḥ*]

ಶರಾಬು ⟦śarābu シャラーブ⟧ [ʃərɐːbu] *n.* 飲酒、アルコール飲料(一般) [Ar. *šarāb*]

ಶರಾಯಿ¹ ⟦śarāyi シャラーイ⟧ [ʃərɐːji] *n.* (男性がはく洋風の)ズボン [?]

ಶರಾಯಿ² ⟦śarāyi シャラーイ⟧ [ʃərɐːji] *n.* アラク(サトウキビの汁などで作った蒸留酒) [? cf. Sk. *sāra-*, *surā-* Ar. *šarāb*] ☞ಸಾರಾಯಿ (sārāyi)

ಶರೀರ ⟦śarīra シャリーラ⟧ [ʃəriːrɐ] *n.* 体、身体 [Sk.]

ಶರೀರತ್ಯಾಗ ⟦śarīratyāga シャリーラティャーガ⟧ [ʃəriːrətjɐːgɐ] *n.* 〔美〕死去、逝去 [Sk.]

ಶರೀರದಂಡನೆ ⟦śarīradaṃḍane シャリーラダンダネ⟧ [ʃəriːrədəɳɖəne] 《文》 *n.* 苦行などによって自分の体を苛むこと [Sk.]

ಶರ್ಟ್ ⟦śarṭ シャルト⟧ [ʃərʈ] *n.* (欧米風の)シャツ [Eg. *shirt*] = ಅಂಗಿ (aṃgi)

ಶರ್ವರಿ ⟦śarvari シャルヴァリ⟧ [ʃərvəri] 《文》 *n.* 夜 [Sk.] = ರಾತ್ರಿ (rātri) 〔汎〕

ಶರ್ವಾಣಿ ⟦śarvāṇi シャルヴァーニ⟧ [ʃərvɐːɳi] 《文》 *f.* パールヴァティー女神やドゥルガー女神の別名 [Sk.]

ಶಲಭ ⟦śalabʰa シャラバ⟧ [ʃələbʰɐ] 《文》 *n.* バッタ [Sk.] = ಮಿಡಿತೆ (miḍite) 〔汎〕

ಶಲ್ಯ ⟦śalya シャリャ⟧ [ʃəlʲjɐ] 《文》 *n.* 刃物 [Sk.]

ಶಲ್ಯಚಿಕಿತ್ಸೆ ⟦śalyacikitse シャリャチキトセ⟧ [ʃəlʲjəʧikitse] 《文》 *n.* 手術、外科手術 [Sk.] = ಶಸ್ತ್ರಚಿಕಿತ್ಸೆ (śastracikitse)

ಶವ ⟦śava シャヴァ⟧ [ʃəvɐ] *n.* 死体 [Sk.] = ಹೆಣ (heṇa) 〔pej.〕

ಶವಪೆಟ್ಟಿಗೆ ⟦śavapeṭṭige シャヴァペッティゲ⟧ [ʃəvəpeʈʈige] *n.* (死体を葬る)棺、柩 [+ *peṭṭige*]

ಶವಪರೀಕ್ಷೆ ⟦śavaparīkṣe シャヴァパリークシェ⟧ [ʃəvəpəriːkʂe] *n.* 検視解剖、検死 [+ *parīkṣe*]

ಶವಸಂಸ್ಕಾರ ⟦śavasaṃskāra シャヴァサンスカーラ⟧ [ʃəvəsəmskɐːrɐ/–ʃəvəsəũskɐːrɐ] *n.* 死体の埋葬または火葬 [+ *saṃskāra*]

ಶಶ ⟦śaśa シャシャ⟧ [ʃəʃɐ] 《文》 *n.* ウサギ(兎) [Sk.]

ಶಶಧರ ⟦śaśadʰara シャシャダラ⟧ [ʃəʃədʰərɐ] 《文》 *n.* 月(地球の衛星) —*mn.* 月の神 [Sk.]

ಶಶವಿಷಾಣ ⟦śaśaviṣāṇa シャシャヴィシャーナ⟧ [ʃəʃəviʂɐːɳɐ] 《文》 *n.* 「ウサギの角」、有り得ないもの [Sk.]

ಶಶಿ ⟦śaśi シャシ⟧ [ʃəʃi] *n.* 月(地球の衛星) —*m.* 月の神 [Sk.]

ಶಶಿಕಾಂತ ⟦śaśikāṃta シャシカーンタ⟧ [ʃəʃikɐːntɐ] 《文》 *n.* 月長石、ムーンストーン [Sk.] ☞ಚಂದ್ರಕಾಂತ (caṃdrakāṃta)

ಶಸ್ತ್ರ ⟦śastra シャストラ⟧ [ʃəstrɐ] *n.* 武器一般(特に刃、槍、矢など) [Sk.]

ಶಸ್ತ್ರಚಿಕಿತ್ಸೆ ⟦śastracikitse シャストラチキトセ⟧ [ʃəstrəʧikitse] *n.* 手術、外科治療 [Sk.] =ಆಪರೇಶನ್ (āparēśan) 〔口〕

ಶಸ್ತ್ರವೈದ್ಯ ⟦śastravaidya シャストラヴァイディャ⟧ [ʃəstrəvəidʲjɐ] 《文》 *m.* 《*f.* ಶಸ್ತ್ರವೈದ್ಯಳು (śastravaidyaḷu)》外科医 —*n.* 手術、外科治療 [Sk.]

ಶಸ್ತ್ರಸಂನ್ಯಾಸ ⟦śastrasaṃnyāsa シャストラサンニャーサ⟧ [ʃəstrəsənnjɐːsɐ] 《文》 *n.* 武器や武器の使用を放棄すること [Sk.]

ಶಸ್ತ್ರಾಗಾರ ⟦śastrāgāra シャストラーガーラ⟧ [ʃəstrɐːgɐːrɐ] 《文》 *n.* 武器の倉庫 [Sk.]

ಶಸ್ತ್ರಾಭ್ಯಾಸ ⟦śastrābʰyāsa シャストラービャーサ⟧ [ʃəstrɐːbʰʲjɐːsɐ] 《文》 *n.* 武道の練習、軍事訓練 [Sk.]

ಶಹಜೋಗಹುಂಡಿ ⟦śahajōgahuṃḍi シャハジョーガフンディ⟧ [ʃəhəʤoːgəhuɳɖi] 《文》 *n.* (インドの伝統的な為替制度において)為替の所有者が現金化の時期を選べる為替 [Sk. *sahayōga-* + H. *huṃḍi*]

ಶಹರು ⟦śaharu シャハル⟧ [ʃəhəru] *n.* 都市、都会、町 [Pe. *šahr*] (NK) = ಪಟ್ಟಣ (paṭṭaṇa)

ಶಾಂತ ⟦śāṃta シャーンタ⟧ [ʃɐːntɐ] 《文》 *adj.* **1** 静かな、静粛な、音のしない **2** (欲望、怒り、情熱、苦痛などが)静まった **3** 静かな、おとなしい(人の性格など) —*adj.*, *m.* 《*f.* ಶಾಂತಳು (śāṃtaḷu)》おとなしい〈人〉、穏やかな〈人〉 —*n.* (詩学において)九つの情趣の一つ、静寂 [Sk.]

ಶಾಂತಿ ⟦śāṃti シャーンティ⟧ [ʃɐːnti] *n.* **1** 静けさ、静粛、音のしないこと **2** (欲望、怒り、情熱、苦痛などが)静まること **3** 平安、平和 [Sk.]

ಶಾಕ¹ ⟦śāka シャーカ⟧ [ʃɐːkɐ] 《文》 *n.* 野菜、葉野菜、実野菜および根野菜 [Sk.]

ಶಾಕ² ⟦śāka シャーカ⟧ [ʃɐːkɐ] ಶಾಖ, ಶೇಕ, ಸೇಕ 《文》 *n.* **1** 熱、温度 (熱、温度) **2** あたためること、温湿布 [M. *śākă* T13581]

ಶಾಕಾಹಾರ ⟦śākāhāra シャーカーハーラ⟧ [ʃɐːkɐːhɐːrɐ] *n.* 菜食主義、肉類を食べないこと [Sk.]

ಶಾಕಾಹಾರಿ ⟦śākāhāri シャーカーハーリ⟧ [ʃɐːkɐːhɐːri] *mf.* 菜食主義者、肉類を食べない人 [Sk.]

ಶಾಕಿನಿ ⟦śākini シャーキニ⟧ [ʃɐːkini] 《文》 *f.* **1** ドゥルガー女神に仕える女従者;鬼女の一種 **2** 〔喩〕力持ちな女性 [Sk.]

ಶಾಕ್ತ ⟦śākta シャークタ⟧ [ʃɐːktɐ] 《文》 (*adj.*) シャクティに関する〈こと〉 —*m.* 《*f.* ಶಾಕ್ತಳು (śāktaḷu)》シャクティの崇拝者 ☞ಶಕ್ತಿ (śakti) [Sk.]

ಶಾಖ ⟦śākʰa シャーカ⟧ [ʃɐːkʰɐ] 《文》 *n.* 熱、温度 (熱、温度) [M. *śākă* T13581]

ಶಾಖಮಾಪಕ ⟦śākʰamāpaka シャーカマーパカ⟧ [ʃɐːkʰəmɐːpəkɐ] 《文》 *n.* 温度計 [+ *māpaka*] = ಥರ್ಮಾಮೀಟರ್ (tʰarmāmīṭar) 〔口〕

ಶಾಖಾಚರ ⟦śākʰācara シャーカーチャラ⟧ [ʃɐːkʰɐːʧərɐ] 《文》 *n.* 猿 [Sk.]

ಶಾಖಾಮೃಗ ⟦śākʰāmṛga シャーカームルガ⟧ [ʃɐːkʰɐːmrɯgɐ/°mrugɐ] 《文》 *n.* 「木の枝の上に住む動物」、猿 [Sk.]

ಶಾಖೆ ⟦śākʰe シャーケ⟧ [ʃɐːkʰe] 《文》 *n.* 1 枝 2 支店、支局 [Sk.] = ಬ್ರಾಂಚ್ (brāṃc)〔口〕

ಶಾಖಾಧ್ಯಕ್ಷ ⟦śākʰādʰyakṣa シャーカーディャクシャ⟧ [ʃɐːkʰɐːdʰjəkʂɐ] 《文》 *m.* 《*f.* ಶಾಖಾಧ್ಯಕ್ಷೆ (śākʰādʰyakṣe)》支店や支局や支部などの長 [Sk.]

ಶಾಖಾ ವ್ಯವಸ್ಥಾಪಕ ⟦śākʰā vyavastʰāpaka シャーカーヴィャヴァスターパカ⟧ [ʃɐːkʰɐːvjəvəstʰɐːpəkɐ] 《文》 *m.* 《*f.* ಶಾಖಾವ್ಯವಸ್ಥಾಪಕಿ (śākʰāvyavastʰāpaki)》支店長 [Sk.]

ಶಾಟ ⟦śāṭa シャータ⟧ [ʃɐːʈɐ] ಶಂಟ *n.*〔俗〕陰毛 [M. *śēṭā* <?]

ಶಾಟಿ ⟦śāṭi シャーティ⟧ [ʃɐːʈi] *n.* 1《古》体に巻く布 2 修道者が着る黄赤色布 [Sk.]

ಶಾಣಾಶ್ಮ ⟦śāṇāśma シャーナーシュマ⟧ [ʃɐːɳɐːʃmɐ] 《文》 *n.* 砥石 [Sk.]

ಶಾತ ⟦śāta シャータ⟧ [ʃɐːta] 《文》 (*adj.*) 研がれた〈こと〉、鋭い〈こと〉[Sk.]

ಶಾನಭಾಗ ⟦śānabʰāga シャーナバーガ⟧ [ʃɐːnəbʰɐːgɐ/ʃæːnəbʰɐːgɐ] 《文》 [?] ☞ಸೇನಬೋವ (sēnabōva)

ಶಾನಭೋಗ ⟦śānabʰōga シャーナボーガ⟧ [ʃɐːnəbʰoːgɐ/ʃæːnəbʰoːgɐ] 《文》 *m.* 村の書記（村の農業の会計その他一切を記録し、その報酬として、土地あるいは村の収穫物の一定割合を受け取る）[?] ☞ಸೇನಬೋವ (sēnabōva)

ಶಾಪ ⟦śāpa シャーパ⟧ [ʃɐːpɐ] *n.* 1 呪い 2〔喩〕悪態、口ぎたなく罵ること [Sk.]

ಶಾಪಗ್ರಸ್ತ ⟦śāpagrasta シャーパグラスタ⟧ [ʃɐːpəgrəstɐ] 《文》 *adj.*, *m.* 《*f.* ಶಾಪಗ್ರಸ್ತಳು (śāpagrastaḷu)》呪われた〈人〉[Sk.]

ಶಾಪಮೋಕ್ಷ ⟦śāpamōkṣa シャーパモークシャ⟧ [ʃɐːpəmoːkʂɐ] *n.* 呪いからの解放 [Sk.] = ಶಾಪವಿಮೋಚನೆ (śāpavimōcane)

ಶಾಪವಿಮೋಚನೆ ⟦śāpavimōcane シャーパヴィモーチャネ⟧ [ʃɐːpəvomoːʧəne] 《文》 *n.* 呪いからの解放 [Sk.] = ಶಾಪಮೋಕ್ಷ (śāpamōkṣa)

ಶಾಬ್ದಿಕ ⟦śābdika シャーブディカ⟧ [ʃɐːbdikɐ] 《文》 *adj.* 1 言葉の、言葉に関した 2 言葉による、口頭の —*m.* 《*f.* ಶಾಬ್ದಿಕಳು (śābdikaḷu)》文法家、文法学者 [Sk.]

ಶಾಮ ⟦śāma シャーマ⟧ [ʃɐːmɐ] *adj.* 暗い青の、暗い灰色の、暗い緑色の；色黒の [Sk. *śyāma-*]

ಶಾಮಕ ⟦śāmaka シャーマカ⟧ [ʃɐːməkɐ] 《文》 (*adj.*) (痛みや痙攣などを)静める〈こと〉[Sk.]

ಶಾಯಿ ⟦śāyi シャーイ⟧ [ʃɐːji] *n.* インク、墨 [Pe. *syāhī*] cf. ಇಂಕು (iṃku)

ಶಾರದ ⟦śārada シャーラダ⟧ [ʃɐːrədɐ] 《文》 *adj.* 1 秋の 2 毎年の、年々の 3 新しい、最近の —*n.* 秋 [Sk.]

ಶಾರದೆ ⟦śārade シャーラデ⟧ [ʃɐːrəde] *f.* サラスヴァティー、言葉や学問や芸術の女神 [Sk.]

ಶಾರೀರ ⟦śārīra シャーリーラ⟧ [ʃɐːriːrɐ] 《文》 (*adj.*) 身体〈の〉、身体に関する〈こと〉[Sk.]

ಶಾರೀರಕ ⟦śārīraka シャーリーラカ⟧ [ʃɐːriːrəkɐ] 《文》 (*adj.*) [Sk.] ☞ಶಾರೀರಿಕ (śārīrika)

ಶಾರೀರಿಕ ⟦śārīrika シャーリーリカ⟧ [ʃɐːriːrikɐ] 《文》 *adj.* 身体の、肉体の、身体的な [Sk.]

ಶಾರೀರಿಕ ಶಿಕ್ಷಣ ⟦śārīrika śikṣaṇa シャーリーリカシクシャナ⟧ [ʃɐːriːrikə ʃikʂəɳɐ] 《文》 *n.* 体育 [Sk.]

ಶಾರ್ದೂಲ ⟦śārdūla シャールドゥーラ⟧ [ʃɐːrduːlɐ] 《文》 *n.* 1 虎 2 (あるものの中で) 最も優れたもの —*m.* 悪魔の名、悪鬼の名 [Sk. M3.328]

ಶಾರ್ದೂಲವಿಕ್ರೀಡಿತ ⟦śārdūlavikrīḍita シャールドゥーラヴィクリーディタ⟧ [ʃɐːrduːləvikriːɖitɐ] 《文》 *n.* 韻律の名 [Sk.]

ಶಾಲಿ ⟦śāli シャーリ⟧ [ʃɐːli] 《文》 *n.* 米 [Sk.]

ಶಾಲಿನಿ ⟦śālini シャーリニ⟧ [ʃɐːlini] 《文》 *n.* モーラ数に基づく韻律の一種 [Sk.]

ಶಾಲಿಹೋತ್ರ ⟦śālihōtra シャーリホートラ⟧ [ʃɐːliho:trɐ] ಶಾಳಿಹೋತ್ರ 《古》 *m.* 獣医学者の名 —*n.* 馬 [Sk.]

ಶಾಲೀನ ⟦śālīna シャーリーナ⟧ [ʃɐːliːnɐ] 《文》 *adj.* 謙虚な、慎ましい [Sk.]

ಶಾಲ್ಮಲ ⟦śālmala シャールマラ⟧ [ʃɐːlməlɐ] 《文》 *n.* インドワタノキ(パンヤ科インドワタノキ属) [Sk.] = ಕೆಂಪು ಬೂರಗ (keṃpu būraga)

ಶಾಲು ⟦śālu シャール⟧ [ʃɐːlu] ಶಾಲ್ *n.* ショール、肩かけ [Pe. *šāl*]

ಶಾಲೆ ⟦śāle シャーレ⟧ [ʃɐːle] *n.* 学校 [Sk.] = ಸ್ಕೂಲು (skūlu)〔口〕

ಶಾವಿಗೆ ⟦śāvige シャーヴィゲ⟧ [ʃɐːvige] *n.* (米や小麦の粉で作られた) 細くて白い麺 [H. *sēvaī* M. *śēvaī* T12307] ☞ಸೇವಗೆ (sēvage)

ಶಾವಿಗೆ ಮಣೆ ⟦śāvige maṇe シャーヴィゲマネ⟧ [ʃɐːvige məɳe] *n.* 上記の麺を作る（押し出し式）製麺機［⇒図］[+ *maṇe*]

ಶಾವಿಗೆ ಮಣೆ
製麺機

ಶಾಶ್ವತ ⟦śāśvata シャーシュヴァタ⟧ [ʃɐːʃvətɐ] 《方》 (*n.*) 永遠〈の〉、永久〈の〉[Sk.]

ಶಾಸಕ ⟦śāsaka シャーサカ⟧ [ʃɐːsəkɐ] *m.* 《*f.* ಶಾಸಕಿ (śāsaki)》 1 支配者 2 インド諸州の州議会の議員 [Sk.]

ಶಾಸನ ⟦śāsana シャーサナ⟧ [ʃɐːsənɐ] *n.* 1 支配、統治 2 (一般に)命令、言いつけ 3 (政府、裁判所などの)命令、指令 4 勅令 5 (銅板や石に彫った)碑文、刻文 6 処罰 7 憲法、国家の根本法 [Sk.]

ಶಾಸನಬದ್ಧ ⟦śāsanabaddʰa シャーサナバッダ⟧ [ʃɐːsənəbəddʰɐ] 《文》 *adj.* 憲法によって定められた [+ Sk. *baddʰa-*]

ಶಾಸನಬದ್ಧಗೊಳಿಸು ⟦śāsanabaddʰagoḷisu シャーサナバッダゴリス⟧ [ʃɐːsənəbəddʰəgoḷisu] 《文》 *vt.* 〈規則などを〉憲法に書き込む、法制化する [*śāsanabaddʰa* + *koḷisu*]

ಶಾಸನವಿಧಿ ⟦śāsanavidʰi シャーサナヴィディ⟧ [ʃɐːsənəvi dʰi] 《文》 *n.* 憲法、(国の)基本法 [Sk.]

ಶಾಸನಸಭೆ ⟦śāsanasabʰe シャーサナサベ⟧ [ʃɐːsənəsəbʰe] *n.* (インド各)州の議会 [Sk.]

ಶಾಸ್ತಿ ⟦śāsti シャースティ⟧ [ʃɐːsti] *n.* **1** 罰、刑罰 **2** 罰金 [Sk.]

ಶಾಸ್ತ್ರ ⟦śāstra シャーストラ⟧ [ʃɐːstrɐ] *n.* **1** 学問、学問の(諸)部門、…学 **2** 聖典の教え **3** 神聖化されたインド古来の学術書 **4** 習慣、しきたり、伝統 ¶ ಚೈತ್ರಮಾಸದಲ್ಲಿ ಗೌರಿಪೂಜೆ ಮಾಡುವ ಶಾಸ್ತ್ರವಿದೆ. (caitramāsadalli gauripūje māḍuva śāstravide.) チャイトラ月にガウリーを祀る習慣がある。 **5** 儀式 **6** 予言、占い ¶ ಅವನು ಶಾಸ್ತ್ರವನ್ನು ನಂಬಿ ಕೆಟ್ಟ. (avanu śāstravannu naṃbi keṭṭa.) 彼は予言を信じて失敗した。 [Sk.]

ಶಾಸ್ತ್ರಜ್ಞ ⟦śāstrajña シャーストラジュニャ⟧ [ʃɐːstrəʤɲɐ/-–gnɐ] *adj., m.* 《*f.* ಶಾಸ್ತ್ರಜ್ಞೆ (śāstrajñe)》 **1** シャーストラ(伝統的な学術書)に通じた〈人〉、学者〈の〉 **2** 自然科学者〈の〉 [Sk.]

ಶಾಸ್ತ್ರವಿದ್ ⟦śāstravid シャーストラヴィド⟧ [ʃɐːstrəvid] 《文》 *adj., m.* シャーストラ(伝統的な学術書)に通じた〈人〉 [Sk.]

ಶಾಸ್ತ್ರವಿರುದ್ಧ ⟦śāstraviruddʰa シャーストラヴィルッダ⟧ [ʃɐːstrəviruddʰɐ] *adj.* シャーストラ(伝統的な学術書)に反する、神聖な掟に反する [Sk.]

ಶಾಸ್ತ್ರಸಿದ್ಧ ⟦śāstrasiddʰa シャーストラシッダ⟧ [ʃɐːstrəsiddʰɐ] 《文》 *adj.* シャーストラ(伝統的な学術書)によって証明された [Sk.]

ಶಾಸ್ತ್ರಸಿದ್ಧಾಂತ ⟦śāstrasiddʰāṃta シャーストラシッダーンタ⟧ [ʃɐːstrəsiddʰɐːntɐ] 《文》 *n.* シャーストラ(伝統的な学術書)によって明かされた理論 [Sk.]

ಶಾಸ್ತ್ರಿ ⟦śāstri シャーストリ⟧ [ʃɐːstri] *mf.* **1** シャーストラ(伝統的な学術書)に通じた人、パンディト **2** シャーストラを教える教師 [Sk.]

ಶಾಸ್ತ್ರೀಯ ⟦śāstrīya シャーストリーヤ⟧ [ʃɐːstriːjɐ] *adj.* **1** シャーストラによって規定された、シャーストラによって認められた **2** 学問的な **3** 古典の(音楽、舞踊など) [Sk.]

ಶಾಸ್ತ್ರೋಕ್ತ ⟦śāstrōkta シャーストロークタ⟧ [ʃɐːstroːktɐ] 《文》 *adj.* シャーストラ(伝統的な学術書)によって規定されたまたは述べられた [Sk.]

ಶಾಹಿ ⟦śāhi シャーヒ⟧ [ʃɐːhi] ಷಾಹಿ *n.* 《複合語末で》支配、統治 ¶ ಮುಗಲ-ಶಾಹಿ (mugalaśāhi) ムガル帝国の支配 [Pe. *šāhī*]

ಶಿಂಜಿನಿ 足鈴

ಶಿಂಜಿನಿ ⟦śiṃjini シンジニ⟧ [ʃiɲʤini] 《文》 *n.* **1** 足鈴(足首や足の親指につける鈴のついた装身具) [⇒図] **2** 弓弦 [Sk. (onom.)]

ಶಿಕಾರಿ ⟦śikāri シカーリ⟧ [ʃikɐːri] ಷಿಕಾರಿ *n.* 狩 [Pe. *šikārī*]

ಶಿಕ್ಷಕ ⟦śikṣaka シクシャカ⟧ [ʃikʂəkɐ] *m.* 《*f.* ಶಿಕ್ಷಕಿ (śikṣaki)》教師、先生、師匠 [Sk.]

ಶಿಕ್ಷಣ ⟦śikṣaṇa シクシャナ⟧ [ʃikʂəɳɐ] *n.* 教育、訓練 [Sk.]

ಶಿಕ್ಷಣಕ್ರಮ ⟦śikṣaṇakrama シクシャナクラマ⟧ [ʃikʂəɳəkrəmɐ] *n.* 教育制度 [Sk.]

ಶಿಕ್ಷಣಮಾಧ್ಯಮ ⟦śikṣaṇamādʰyama シクシャナマーディャマ⟧ [ʃikʂəɳəmɐːdʰ·jəmɐ] 《文》 *n.* **1** 教育のための媒体 **2** 教育に用いる言語、教育用語 [Sk.]

ಶಿಕ್ಷಣಶಾಖೆ ⟦śikṣaṇaśākʰe シクシャナシャーケ⟧ [ʃikʂəɳəʃɐːkʰe] 《文》 *n.* (文部省内の)教育課 [Sk.] = ಶಿಕ್ಷಣ ಖಾತೆ, ಶಿಕ್ಷಣ ಇಲಾಖೆ (śikṣaṇa kʰāte, śikṣaṇa ilākʰe)

ಶಿಕ್ಷಣಶುಲ್ಕ ⟦śikṣaṇaśulka シクシャナシュルカ⟧ [ʃikʂəɳəʃulkɐ] 《文》 *n.* (学校の)授業料 [Sk.]

ಶಿಕ್ಷಕಿ ⟦śikṣaki シクシャキ⟧ [ʃikʂəki] *f.* 《*m.* ಶಿಕ್ಷಕ (śikṣaka)》(女性の)教師、先生、師匠 [Sk.]

ಶಿಕ್ಷಾರ್ಹ ⟦śikṣārha シクシャールハ⟧ [ʃikʂɐːrhɐ] 《文》 *adj., m.* 《*f.* ಶಿಕ್ಷಾರ್ಹಳು (śikṣārhaḷu)》罰すべき〈人〉、刑罰に値する〈人〉 [Sk.]

ಶಿಕ್ಷಿತ ⟦śikṣita シクシタ⟧ [ʃikʂitɐ] 《文》 *adj., m.* 《*f.* ಶಿಕ್ಷಿತಳು (śikṣitaḷu)》 **1** 教育を受けた〈人〉、訓練を受けた〈人〉 **2** 教養のある〈人〉 [Sk.]

ಶಿಕ್ಷಿಸು ⟦śikṣisu シクシス⟧ [ʃikʂisu] 《文》 *vt.* **1**《希》教える、教育する **2** しつける **3** 叱責する、罰する [Sk.]

ಶಿಕ್ಷೆ ⟦śikṣe シクシェ⟧ [ʃikʂe] *n.* **1**《古》教育、教えること、教わること **2** 刑罰、処罰 **3**《文》インドの伝統的な音声学、六つのヴェーダンガの一つ [Sk.]

ಶಿಖಂಡ ⟦śikʰaṃḍa シカンダ⟧ [ʃikʰəɳɖɐ] 《文》 *n.* **1** 頭頂部か頭の両側に剃り残した毛 = ಜುಟ್ಟು (juṭṭu) 〔口〕 **2** 孔雀のしっぽ **3** 鳥の冠毛 [Sk.]

ಶಿಖಂಡಿ ⟦śikʰaṃḍi シカンディ⟧ [ʃikʰəɳɖi] 《文》 *n.* 孔雀 = ನವಿಲು (navilu) 〔汎〕 —*mf.* **1** 性的不能者、去勢された男性 **2**〔喩〕意気地なし、臆病者 [Sk.]

ಶಿಖರ ⟦śikʰara シカラ⟧ [ʃikʰrɐ] *n.* **1** (山や塔の)頂き、(木の)梢 **2** (人気、名声などの)絶頂 [Sk.]

ಶಿಖಾಮಣಿ ⟦śikʰāmaṇi シカーマニ⟧ [ʃikʰɐːməɳi] 《文》 *n.* **1** 頭頂部につける宝石 **2** 最も優れたもの [Sk.]

ಶಿಖಿ ⟦śikʰi シキ⟧ [ʃikʰi] 《文》 *n.* **1** 孔雀 **2** 火 [Sk.]

ಶಿಖೆ ⟦śikʰe シケ⟧ [ʃikʰe] 《文》 *n.* **1** (山の)頂上、(塔の)最上部、(木の)梢 **2** 頭頂部に結った髪の毛 **3** (頭頂部に)剃り残した髪の毛 [Sk.] = ಜುಟ್ಟು (juṭṭu) 〔口〕

ಶಿಥಿಲ ⟦śitʰila シティラ⟧ [ʃitʰilɐ] *adj.* **1** (体が)弱い、病弱な **2** ゆるんだ、たるんだ **3** (建造物などが)老朽化した [Sk.]

ಶಿಥಿಲತೆ ⟦śitʰilate シティラテ⟧ [ʃitʰiləte] 《文》 *n.* **1** (体が)弱いこと、(健康が)優れぬこと **2** ゆるんだこと、たるんだこと、弛緩 **3** 老朽 ¶ ಈ ಮನೆ ಶಿಥಿಲತೆಯಿಂದ ಬೀಳುವ ಹಾಗಿದೆ. (ī mane śitʰilateyiṃda bīḷuva hāgide.) この家は老朽化で倒れそうだ。

ಶಿಥಿಲದ್ವಿತ್ವ ⟦śitʰiladvitva シティラドヴィトヴァ⟧ [ʃitʰilə dvit·vɐ] 《文》 *n.* 13世紀のカンナダ文法学者ケーシーラージャが作った言葉、二重子音が拍数を数える上で単純子音として数えられること、例えば *bardila*が3拍に数えられること [Sk.]

ಶಿಫಾರಸು ⟦śipʰārasu シパーラス⟧ [ʃipʰɐːrəsu] *n.* 推薦、推奨;(自分の影響力を行使して)人をある役職に推薦すること [Pe. *sifāriš*]

ಶಿಫಾರಸುಪತ್ರ ⟦śipʰārasupatra シパーラスパトラ⟧ [ʃipʰɐːrə supət·rɐ] *n.* 推薦状 [+ *patra*]

ಶಿಬಿಕೆ ⟦śibike シビケ⟧ [ʃibike] 《古》 *n.* 1 (人を乗せる)駕籠(かご) 2 死体を運ぶ担架、棺架 [Sk.]

ಶಿಬಿರ ⟦śibira シビラ⟧ [ʃibirɐ] *n.* 1 キャンプ、野営 2 軍営 [Sk.]

ಶಿರ ⟦śira シラ⟧ [ʃirɐ] *n.* 1 頭 = ತಲೆ (tale) 2 一番上、てっぺん [Sk.]

ಶಿರಬಾಗು ⟦śirabāgu シラバーグ⟧ [ʃirəbɐːgu] *vi.* 頭を下げる、お辞儀する、礼をする [Sk.]

ಶಿರಸಾ ⟦śirasā シラサー⟧ [ʃirəsɐː] 《文》 *adv.* 頭を垂れて、恭しく [Sk.]

ಶಿರಸ್ತೆದಾರ ⟦śirastedāra シラステダーラ⟧ [ʃirəstedɐːrɐ] ಶಿರಸ್ತೇದಾರ, ಸಿರಸ್ತೇದಾರ 《文》 *mf.* 県や郡の役所や裁判所の事務職員の係長 [Pe. *sar rišta dāra*]

ಶಿರಸ್ತ್ರಾಣ ⟦śirastrāṇa シラストラーナ⟧ [ʃirəstrɐːɳɐ] 《文》 *n.* 兜(かぶと)、ヘルメット [Sk.] = ಹೆಲ್ಮೆಟ್ (helmet)〔口〕

ಶಿರಸ್ಸು ⟦śirassu シラッス⟧ [ʃirəssu] *n.*〔美〕頭 [Sk.] = ತಲೆ (tale)〔汎〕

ಶಿರಾ ⟦śirā シラー⟧ [ʃirɐː] ಶಿರ, ಸಿರ, ಸಿರಾ *n.* 菓子の一種 [Pe. *šīr*?]

ಶಿರೋನಾಮ ⟦śirōnāma シローナーマ⟧ [ʃiroːnɐːmɐ] *n.* (新聞記事などの)見出し、表題 [Sk. + Pe. *nāma*] = ತಲೆಬರಹ, ಶೀರ್ಷಕ (talebaraha, śīrṣaka)

ಶಿರೋನಾಮೆ ⟦śirōnāme シローナーメ⟧ [ʃiroːnɐːme] *n.* (新聞記事などの)見出し、表題 [Sk. *śirōnāma*- ×Pe. *sarnāme*?] = ತಲೆಬರಹ, ಶೀರ್ಷಕ (talebaraha, śīrṣaka)

ಶಿರೋಭ್ರಮಣೆ ⟦śirōbʰramaṇe シローブラマネ⟧ [ʃiroːbʰrə məɳe] 《文》 *n.* めまい [Sk.] ☞ತಲೆಸುತ್ತು (talesuttu)〔汎〕

ಶಿರೋಮಣಿ ⟦śirōmaṇi シローマニ⟧ [ʃiroːməɳi] 《文》 *n.* 1 頭や冠につける宝石 2 (ある分野で)第一人者、最も優れた人 [Sk.]

ಶಿರೋವೇಷ್ಟನ ⟦śirōvēṣṭana シローヴェーシュタナ⟧ [ʃiroːveːʂʈənɐ] 《文》 *n.* ターバン [Sk.]

ಶಿಲಾಬಾಲಿಕೆ ⟦śilābālike シラーバーリケ⟧ [ʃilɐːbɐːlike] 《文》 *n.* 石でできた女性の像(神像としてではなく装飾として、寺院などの石造建築物の方杖(ほうづえ)として建物の角の張出を支えているように見えるものなどがある) [Sk.]

ಶಿಲಾಮುದ್ರಣ ⟦śilāmudraṇa シラームドラナ⟧ [ʃilɐːmu drəɳɐ] 《文》 *n.* 石版印刷 [Sk.]

ಶಿಲಾಯಂತ್ರ ⟦śilāyaṃtra シラーヤントラ⟧ [ʃilɐːjəntrɐ] 《文》 *n.* 石版印刷の機械 [Sk.]

ಶಿಲಾಯುಗ ⟦śilāyuga シラーユガ⟧ [ʃilɐːjugɐ] 《文》 *n.* 石器時代 [Sk.]

ಶಿಲಾರಸ ⟦śilārasa シラーラサ⟧ [ʃilɐːrəsɐ] 《文》 *n.* 溶岩 [Sk.]

ಶಿಲಾಶಾಸನ ⟦śilāśāsana シラーシャーサナ⟧ [ʃilɐːʃɐːsənɐ] 《文》 *n.* 1 石に刻まれた勅令 2 石に刻まれた碑文や刻文 [Sk.]

ಶಿಲಾವರ್ಷ ⟦śilāvarṣa シラーヴァルシャ⟧ [ʃilɐːvərʂɐ] 《文》 *n.* 霰(あられ) [Sk.] = ಆಲಿಕಲ್ಲು (ālikallu)〔汎〕

ಶಿಲಾಶಾಸನಶಾಸ್ತ್ರ ⟦śilāśāsanaśāstra シラーシャーサナシャーストラ⟧ [ʃilɐːʃɐːsənəʃɐːstrɐ] 《文》 *n.* 碑銘研究、碑文研究 [Sk.]

ಶಿಲೀಂಧ್ರ ⟦śilīṃdʰra シリーンドラ⟧ [ʃiliːndʰrɐ] ಶಿಳೀಂಧ್ರ 《文》 *n.* キノコ(茸) [Sk.] = ನಾಯಿಕೊಡೆ, ಅಣಬೆ (nāyikoḍe, aṇabe)〔汎〕

ಶಿಲೀಮುಖ ⟦śilīmukʰa シリームカ⟧ [ʃiliːmukʰɐ] ಶಿಳೀಮುಖ 《文》 *n.* 1 矢 2 ミツバチ科マルハナバチ属のハチの総称 [Sk.]

ಶಿಲ್ಪು ⟦śilpu シルプ⟧ [ʃilpu] 《方》 *n.* 口笛、口笛を吹くこと (*Tipt.*) [Ka. D2638] = ಶಿಲ್ಪಿ (śilpi)

ಶಿಲೆ ⟦śile シレ⟧ [ʃile] *n.* 岩、岩石、石材 [Sk.] = ಕಲ್ಲು (kallu)〔汎〕

ಶಿಲ್ಕು ⟦śilku シルク⟧ [ʃilku] ಶಿಲಕು, ಶಿಲುಕು, ಶಿಲ್ಲಕು, ಸಿಲುಕು, ಸಿಲ್ಕು, ಸಿಲ್ಲಕು *n.* 残り、差引残高 [M. *śilakă, śillaka* < ?]

ಶಿಲ್ಪ ⟦śilpa シルパ⟧ [ʃilpɐ] *n.* 造形芸術(彫刻、建築、木工、デザインなど)およびその作品 [Sk.]

ಶಿಲ್ಪಿ¹ ⟦śilpi シルピ⟧ [ʃilpi] *mf.* 造形芸術に従事する人(彫刻家、建築家、木彫などの職人、デザイナーなど) [Sk.]

ಶಿಲ್ಪಿ² ⟦śilpi シルピ⟧ [ʃilpi] 《方》 *n.* 口笛 [?] (My.) ☞ಸಿಲ್ಪಿ (silpi)

ಶಿಲ್ಪಿಗ ⟦śilpiga シルピガ⟧ [ʃilpigɐ] *m.* 《*f.* ಶಿಲ್ಪಿಗಳು (śilpigaḷu)》造形芸術に従事する人(彫刻家、建築家、木彫などの職人、デザイナーなど) [Sk.]

ಶಿಲ್ಬೆ ⟦śilbe シルベ⟧ [ʃilbe] *n.* 1 人を磔(はりつけ)にする十字架、特にキリストが磔にされた十字架 2 キリストの受難 3 (キリスト教のしるしとしての)十字架、十字 [Syr. *silbo*]

ಶಿವ ⟦śiva シヴァ⟧ [ʃivɐ] *n.* 1 幸福、歓喜、至福 2 吉祥、めでたいこと、めでたいもの —*m.* シヴァ神 [Sk.]

ಶಿವಾಯಿ ⟦śivāyi シヴァーイ⟧ [ʃivɐːĭ] ಶಿವಾಯ, ಸಿವಾಯಿ *postp.* …以外、…を除いて [Ar.-Pe. *siwwā*] (NK) ☞ಸಿವಾಯಿ (sivāyi)

ಶಿವೈಕ್ಯ ⟦śivaikya シヴァイキャ⟧ [ʃivəik·jɐ] 《文》n. 1 シヴァ神との合一 2〔美〕逝去、死去、あの世へ旅立つこと ◇ vi. ಶಿವೈಕ್ಯಾಗು (śivaikyāgu) 神と一体となる、逝去する [Sk.]

ಶಿಶಿರ ⟦śiśira シシラ⟧ [ʃiʃirɐ] 《文》n. マーガおよびパールグナ月(インドの冬) [Sk.]

ಶಿಶು ⟦śiśu シシュ⟧ [ʃiʃu] n. 幼児、赤ん坊 [Sk.]

ಶಿಶುಸಂರಕ್ಷಣೆ ⟦śiśusaṃrakṣaṇe シシュサンラクシャネ⟧ [ʃiʃusəmrəkʂəɳe] 《文》n. 子どもの保護 [Sk.]

ಶಿಶುವಿಹಾರ ⟦śiśuvihāra シシュヴィハーラ⟧ [ʃiʃuvihɐːrɐ] 《文》n. 幼稚園、保育園 = ಬಾಲವಾಡಿ (bālavāḍi) (NK)

ಶಿಶ್ನ ⟦śiśna シシュナ⟧ [ʃiʃnɐ] 《文》n. 陰茎、男根 [Sk.] = ತುಣ್ಣೆ (tuṇṇe)〔口〕

ಶಿಷ್ಟ ⟦śiṣṭa シシュタ⟧ [ʃiʂʈɐ] 《文》adj., m. 《f. ಶಿಷ್ಟಳು (śiṣṭaḷu)》教養ある〈人〉、洗練された〈人〉、礼節をわきまえた〈人〉、紳士〈の〉 [Sk.]

ಶಿಷ್ಟಾಚಾರ ⟦śiṣṭācāra シシュターチャーラ⟧ [ʃiʂʈɐːʧɐːrɐ] 《文》n. 礼儀、礼儀作法、礼儀正しい振る舞い、エチケット、礼節 [Sk.]

ಶಿಷ್ಯ ⟦śiṣya シシュヤ⟧ [ʃiʂ·jɐ] m. 《f. ಶಿಷ್ಯೆ (śiṣye)》弟子 [Sk.]

ಶಿಷ್ಯವೃತ್ತಿ ⟦śiṣyavṛtti シシュヤヴルッティ⟧ [ʃiʂ·jəvrutti/°vrɯtti] n. 1 弟子である身分、師に仕えること 2 奨学資金 [Sk.]

ಶಿಷ್ಯೆ ⟦śiṣye シシュエ⟧ [ʃiʂ·je] f. 《m. ಶಿಷ್ಯ (śiṣya)》女性の弟子、女性の生徒 [Sk.]

ಶಿಸ್ತು ⟦śistu シストゥ⟧ [ʃistu] (n.) 1 整頓した〈こと〉、こぎれいな〈こと〉 2 規律、しつけ [Pe. šusta「洗われた」] = ನೀಟು (nīṭu)

ಶೀಕರ ⟦śīkara シーカラ⟧ [ʃiːkərɐ] n. 1 驟雨、糠雨(ぬかあめ) 2 雨や水のしずく、飛沫 [Sk.]

ಶೀಘ್ರ ⟦śīgʰra シーグラ⟧ [ʃiːgʰrɐ] adv. 1 速く、速やかに 2 予定より早く、予期したより早く [Sk.]

ಶೀಘ್ರಲಿಪಿ ⟦śīgʰralipi シーグラリピ⟧ [ʃiːgʰrəlipi] 《文》n. 速記 = ಶೋರ್ಟ್ಹ್ಯಾಂಡ್ (śōrṭhyāṃḍ)〔口〕

ಶೀಘ್ರಲಿಪಿಕಾರ ⟦śīgʰralipikāra シーグラリピカーラ⟧ [ʃiːgʰrəlipikɐːrɐ] 《文》m. 《f. ಶೀಘ್ರಲಿಪಿಕಾರ್ತಿ (śīgʰralipikārti)》速記者 [Sk.] = ಸ್ಟೆನೋಗ್ರಾಫರ್ (sṭenōgrāpʰar)〔口〕

ಶೀತ ⟦śīta シータ⟧ [ʃiːtɐ] (n.) 冷たい〈こと〉、寒い〈こと〉 —n. 1 寒さ、冷たさ ¶ ಶೀತವೂ ಸೆಕೆಯೂ ಇಲ್ಲದರಿಂದ ಬೆಂಗಳೂರಿಗೆ ವಾತಾನುಕೂಲ ನಗರ ಎಂಬ ಹೆಸರು ಇದೆ. (śītavū sekeyū illadariṃda beṃgaḷūrige vātānukūla nagara eṃba hesaru ide.) ベンガルールは熱くも寒くもないので「空調都市」という名がある。 2 風邪、風邪ひき [Sk.]

ಶೀತಕ ⟦śītaka シータカ⟧ [ʃiːtəkɐ] 《文》n. 冷蔵庫 [Sk.] = ಫ್ರಿಡ್ಜು (pʰridju)〔汎〕

ಶೀತಕೊಠಡಿ ⟦śītakoṭʰaḍi シータコタディ⟧ [ʃiːtəkoʈʰəɖi] 《文》n. 1 空調した部屋 = ಹವಾನಿಯಂತ್ರಣಕೋಣೆ (havāniyaṃtraṇakōṇe) 2 冷凍貯蔵庫 [Sk.]

ಶೀತಲ ⟦śītala シータラ⟧ [ʃiːtəlɐ] ಶೀತಳ 《文》(n.) 冷たい〈こと〉、寒い〈こと〉 [Sk.] = ತಂಪು (taṃpu)

ಶೀತಲವಲಯ ⟦śītalavalaya シータラヴァラヤ⟧ [ʃiːtələvələjɐ] 《文》n. 1 寒帯 2 寒い地方 [Sk.]

ಶೀರ್ಷ ⟦śīrṣa シールシャ⟧ [ʃiːrʂɐ] 《文》n. 1 頭 2 頂上、一番高い点 [Sk.]

ಶೀರ್ಷಕ ⟦śīrṣaka シールシャカ⟧ [ʃiːrʂəkɐ] n. 1《文》兜(かぶと)、ターバン(その他頭に被るもの) 2《文》頭を飾る花や装身具 3 表題、題目、見出し [Sk.]

ಶೀರ್ಷಿಕೆ ⟦śīrṣike シールシケ⟧ [ʃiːrʂike] 《文》n. (本、新聞などの) 表題、タイトル、見出し = ತಲೆಬರಹ (talebaraha)〔汎〕

ಶೀಲ ⟦śīla シーラ⟧ [ʃiːlɐ] n. 1 性格、品性、気質、性癖 2 よい性格、貞節、徳の高いこと [Sk.]

ಶುಂಠ ⟦śuṃṭʰa シュンタ⟧ [ʃuɳʈʰɐ] adj., mf. 馬鹿な〈人〉、愚かな〈人〉 [? M. śuṃṭa, śuṃṭʰa Te. śuṃṭʰa]

ಶುಂಠಿ ⟦śuṃṭʰi シュンティ⟧ [ʃuɳʈʰi] n. 干しショウガ [Sk. M3.353]

ಶುಕ ⟦śuka シュカ⟧ [ʃukɐ] 《文》n. オウム [Sk.] = ಗಿಳಿ (giḷi)〔汎〕

ಶುಕ್ತಿ ⟦śukti シュクティ⟧ [ʃukti] 《文》n. 1 真珠貝 = ಮುತ್ತಿನ ಶಿಂಪು (muttina śiṃpu) 2 ホラ貝 [Sk.]

ಶುಕ್ರ ⟦śukra シュクラ⟧ [ʃukrɐ] (adj.) 輝かしい〈こと〉、明るい〈こと〉 —n. 1 金星 2 精液 = ವೀರ್ಯ (vīrya) [Sk.]

ಶುಕ್ಲ ⟦śukla シュクラ⟧ [ʃuklɐ] 《文》(adj.) 1 輝かしい〈こと〉 2 白い〈こと〉 3 汚点がない〈こと〉、清浄〈な〉 4 品行方正〈な〉、貞節〈な〉 [Sk.]

ಶುಕ್ಲಪಕ್ಷ ⟦śuklapakṣa シュクラパクシャ⟧ [ʃukləpəkʂɐ] n. (月の)白分、新月から満月までの月が満ちていく15日間 [Sk.] ☞ಕೃಷ್ಣಪಕ್ಷ (kṛṣṇapakṣa)

ಶುಚಿ ⟦śuci シュチ⟧ [ʃuʧi] n. 1《文》白さ 2《文》明るいこと、輝かしいこと 3 清潔、きれいなこと [Sk.]

ಶುದ್ಧ ⟦śuddʰa シュッダ⟧ [ʃuddʰɐ] adj. 1 (水、アルコールなどが) 純粋な、混ぜもののない 2 清らかな、清潔な、汚れのない 3 (人格が) 清潔な、純真な 4 (祭式上) 清浄な [Sk.]

ಶುದ್ಧಿ ⟦śuddʰi シュッディ⟧ [ʃuddʰi] n. 1 (水、牛乳などの) 純粋なこと、混ぜもののないこと 2 清潔なこと、衛生的なこと 3 (人格などの) 清潔さ 4 (祭式上の) 清浄 [Sk.]

ಶುದ್ಧಿಮಾಡು ⟦śuddʰi māḍu シュッディマードゥ⟧ [ʃuddʰi mɐːɖu] vt. 1 掃除する 2 (祭式的に) 清浄にする、清める [+ māḍu]

ಶುದ್ಧೀಕರಣ ⟦śuddʰīkaraṇa シュッディーカラナ⟧ [ʃuddʰiːkərəɳɐ] 《文》n. (水、大気、罪などの) 浄化

ಶುದ್ಧೀಕರಣಾಂಗ ⟦śuddʰīkaraṇāṃga シュッディーカラナーンガ⟧ [ʃuddʰiːkərəɳɐːŋgɐ] 《文》n. 排泄器官 [Sk.]

ಶುದ್ಧೀಕರಿಸು ⟦śuddʰīkarisu シュッディーカリス⟧ [ʃuddʰi:kərisu] 《文》 *vt.* 1〈水などを〉浄化する、〈部屋などを〉掃除する 2（祭式的に）清める [Sk.]

ಶುನಕ ⟦śunaka シュナカ⟧ [ʃunəkɐ] 《文》 *n.* 犬 [Sk.] = ನಾಯಿ (nāyi)

ಶುಭ ⟦śubʰa シュバ⟧ [ʃubʰɐ] *(adj.)* めでたい〈こと〉、吉祥〈の〉 —*n.* 1 めでたいこと、吉祥 2 繁栄、富裕 [Sk.]

ಶುಭಕರ್ಮ ⟦śubʰakarma シュバカルマ⟧ [ʃubʰəkərmɐ] *n.* 1（結婚などの）めでたい儀式 2 人を天国へ導く善行 [Sk.]

ಶುಭಗಳಿಗೆ ⟦śubʰagaḷige シュバガリゲ⟧ [ʃubʰəgəḷige] *n.*（結婚などのめでたい式にふさわしい）吉祥の時間 [Sk.]

ಶುಭದಾಯಕ ⟦śubʰadāyaka シュバダーヤカ⟧ [ʃubʰədɐ:jəkɐ] 《文》 *adj., mn.* 《*f.* ಶುಭದಾಯಕಳು (śubʰadāyakaḷu)》めでたい〈こと〉；幸福をもたらす〈人やもの〉

ಶುಭದಿನ ⟦śubʰadina シュバディナ⟧ [ʃubʰədinɐ] *n.* 吉日、めでたい日、吉祥の日 [Sk.]

ಶುಭಲಗ್ನ ⟦śubʰalagna シュバラグナ⟧ [ʃubʰələgnɐ] 《文》 *n.* めでたい時間（めでたい行事はこの時間を選んで行われる）[Sk.]

ಶುಭವಾರ್ತೆ ⟦śubʰavārte シュバヴァールテ⟧ [ʃubʰəvɐ:rte] 《文》 *n.* 嬉しい知らせ、吉報 [Sk.]

ಶುಭಸೂಚನೆ ⟦śubʰasūcane シュバスーチャネ⟧ [ʃubʰsu:ʧəne] 《文》 *n.* 吉兆

ಶುಭಾಶಯ ⟦śubʰāśaya シュバーシャヤ⟧ [ʃubʰ:ɐʃəjɐ] 《文》 *n.*（人の）幸福を願うこと [Sk.]

ಶುಭ್ರ ⟦śubʰra シュブラ⟧ [ʃubʰrɐ] *(n.)* 1（布などが）白い〈こと〉 2 明るい〈こと〉、輝かしい〈こと〉、明るく輝く〈こと〉 3（布などが）汚れない〈こと〉、汚点のない〈こと〉[Sk.]

ಶುಭ್ರತೆ ⟦śubʰrate シュブラテ⟧ [ʃubʰrəte] 《文》 *n.* 1（布などの）白さ 2 明るさ、輝き 3（布などの）清潔さ、汚れがないこと [Sk.]

ಶುಲ್ಕ ⟦śulka シュルカ⟧ [ʃulkɐ] *n.* 1（公共機関などから課される）料金、関税、通行料など 2 授業料 3 結婚に際して花嫁の家族に払う金（結納金に当たる）= ಕನ್ಯಾಶುಲ್ಕ (kanyāśulka) [Sk.]

ಶುಲ್ಕವಿನಾಯಿತಿ ⟦śulkavināyiti シュルカヴィナーイティ⟧ [ʃulkəvinɐ:jiti] 《文》 *n.* 料金免除 [+ *vināyiti*]

ಶುಷ್ಕ ⟦śuṣka シュシュカ⟧ [ʃuʂkɐ] 《文》 *(adj.)* 1 乾いた〈こと〉、乾燥した〈こと〉 2〔喩〕役に立たない〈こと〉、無用〈の〉¶ ಮುಖ್ಯೋಪಾಧ್ಯಾಯರ ಶುಷ್ಕ ಭಾಷಣದಿಂದ ನಾವು ಬೇಸರಗೊಂಡೆವು. (mukʰyōpādʰyāyara śuṣka bʰāṣaṇadiṃda nāvu bēsaragoṃḍevu.) 校長先生の退屈な講話演説で私たちはうんざりした。[Sk.] = ಒಣ (oṇa)〔汎〕

ಶುಷ್ಕಪಾಂಡಿತ್ಯ ⟦śuṣkapāṃḍitya シュシュカパーンディティャ⟧ [ʃuʂkəpɐ:ɳḍit̪jɐ] 《文》 *n.* 衒学、学者ぶること [Sk.]

ಶುಶ್ರೂಷೆ ⟦śuśrūṣe シュシュルーシェ⟧ [ʃuʃru:ʂe] *n.* 奉仕、世話、看護 [Sk.] = ಆರೈಕೆ (āraike)

ಶೂದ್ರ ⟦śūdra シュードラ⟧ [ʃu:drɐ] *m.* 《*f.* ಶೂದ್ರೆ (śūdre)》 1 シュードラ、四つのヴァルナの区分の中で最も下の区分に属する人 2 ハリジャンを含む低いカーストの人 [Sk.]

ಶೂನ್ಯ ⟦śūnya シューニャ⟧ [ʃu:njɐ] *(n.)* 1 空っぽ〈の〉、うつろな〈こと〉、何もない〈こと〉 2 荒廃して人の住まない〈こと〉 —*n.* 1 ゼロ、零 2 真空、うつろ 3《方》妖術、悪魔の力による魔術 [Sk.]

ಶೂನ್ಯಗಾರ ⟦śūnyagāra シューニャガーラ⟧ [ʃu:njəgɐ:rɐ] *m.* 《*f.* ಶೂನ್ಯಗಾರ್ತಿ (śūnyagārti)》妖術師、悪魔の力による魔術師

ಶೂನ್ಯವಾದ ⟦śūnyavāda シューニャヴァーダ⟧ [ʃu:njəvɐ:dɐ] 《文》 *n.* 1 空論（一切のものは実在を持たず空であるという学説） 2 虚無主義、ニヒリズム [Sk.]

ಶೂನ್ಯವಾದಿ ⟦śūnyavādi シューニャヴァーディ⟧ [ʃu:njəvɐ:di] 《文》 *mf.* 1（仏教の）「空論」を唱える人 2 虚無主義者、ニヒリスト [Sk.]

ಶೂರ ⟦śūra シューラ⟧ [ʃu:rɐ] ಸೂರ *m.* 《*f.* ಶೂರಳು (śūraḷu)》英雄、勇者 [Sk.]

ಶೂಲ ⟦śūla シューラ⟧ [ʃu:lɐ] ಸೂಲ, ಸೂಳ *n.* 1 槍など先が尖った武器 2 罪人処刑のための先の尖った杭 [Sk.]

ಶೃಂಖಲ ⟦śṛṃkʰala シュルンカラ⟧ [ʃrɯŋkʰəlɐ/ʃruŋkʰəlɐ] ಶೃಂಖಳ 《文》 *n.* 1 鎖（一般） 2 腰に巻く鎖状の帯 3 象の足をつなぐ鎖 4〔喩〕手錠や足かせなど人を束縛するもの [Sk.]

ಶೃಂಖಲೆ ⟦śṛṃkʰale シュルンカレ⟧ [ʃrɯŋkʰəle/ʃruŋkʰəle] 《文》 *n.* 1 鎖 2 象の足をつなぐ鎖 [Sk.]

ಶೃಂಗ ⟦śṛṃga シュルンガ⟧ [ʃrɯŋgɐ/ʃruŋgɐ] 《文》 *n.* 1（動物の）角 2（山の）頂上、（建物の）尖塔 3（名声や人気や成功などの）頂点、絶頂 [Sk.]

ಶೃಂಗರಿಸು ⟦śṛṃgarisu シュルンガリス⟧ [ʃrɯŋgərisu/ʃruŋgərisu] 《文》 *vt.* 飾る、装飾を施す [Sk. *śṛṃgāra-* + *-isu*]

ಶೃಂಗಸಮ್ಮೇಳನ ⟦śṛṃgasammēḷana シュルンガサンメーラナ⟧ [ʃrɯŋgəsəmme:ḷənɐ/ʃruŋga-] 《文》 *n.* 首脳会議 [Sk.]

ಶೃಂಗಾರ ⟦śṛṃgāra シュルンガーラ⟧ [ʃrɯŋgɐ:rɐ/ʃruŋgɐ:rɐ] 《文》 *n.* 1 飾り、装飾、化粧 2 恋愛、性愛 3 恋愛の情緒、九つの情緒の一つ [Sk.]

ಶೃಂಗಾರಚೇಷ್ಟೆ ⟦śṛṃgāracēṣṭe シュルンガーラチェーシュテ⟧ [ʃrɯŋgɐ:rəʧe:ʂʈe/ʃruŋgɐ:rə-] 《文》 *n.* 恋を表現する仕草 [Sk.]

ಶೆಟ್ಟಿ ⟦śeṭṭi シェッティ⟧ [ʃeʈʈi] ಚೆಟ್ಟಿ, ಸೆಟ್ಟಿ *mf.* 有力な商人のカーストの成員、有力な商人のカーストの名 [Sk. *śrēṣṭʰin-*]

ಶೇಂಗಾ ⟦śēṃgā シェーンガー⟧ [ʃe:ŋgɐ:] ಸೇಂಗ, ಸೇಂಗಾ *n.* 落花生、ピーナッツ；南京豆 [M. *śēṃgā* <?] = ನೆಲಗಡಲೆ, ಕಡಲೆಕಾಯಿ; ಬಮ್ಮುಕಾಯಿ (nelagaḍale, kaḍalekāyi;

bammukāyi) (NK)

ಶೇಕಡಾ ⟦śēkaḍā シェーカダー⟧ [ʃeːkə̆ɖɐː] ಶೇಕಡ, ಸೇಕಡಾ *adv.* 《後ろに数字》パーセント(百につき)¶ ಸೇಕಡಾ ಐವತ್ತು (sēkaḍā aivattu) 50 パーセント (100 につき 50) [M. *sēkăḍā*] ☞ಸೇಕಡಾ (sēkaḍā)

ಶೇಖದಾರ ⟦śēkʰadāra シェーカダーラ⟧ [ʃeːkʰə̆dɐːrɐ] ಶೇ-ಕ್ದಾರ, ಷೇಕ್ದಾರ 《雅》 *m.* (王や政府に任命された、一定の領域の地租を集める)収税吏 [Ar.-Pe. *šiqdār*]

ಶೇಖರ[1] ⟦śēkʰara シェーカラ⟧ [ʃeːkʰərɐ] 《文》 *n.* 1 頭につける飾り輪、花の冠、花かずら 2 冠、王冠 3〔喩〕ある類の中で最も優れたもの [Sk.]

ಶೇಖರ[2] ⟦śēkʰara シェーカラ⟧ [ʃeːkʰərɐ] 《古》 *n.* 集めること、収集 [? cf. Sk. *svīkāra-*]

ಶೇಖರಣೆ ⟦śēkʰaraṇe シェーカラネ⟧ [ʃeːkʰərəɳe] 《文》 *n.* 収集、貯蔵 [*śēkarisu* + *-aṇe*]

ಶೇಖರಿಸು ⟦śēkʰarisu シェーカリス⟧ [ʃeːkʰərisu] 《文》 *vt.* 集める、収集する、蓄える [*śēkʰara*[2] + *-isu*]

ಶೇರು ⟦śēru シェール⟧ [ʃeːru] ಶೇರ್ *n.* 1 個人や法人がある事業に拠出すべき持ち分 2 株式会社その他の会社の株や持ち分 [Eg. *share*]

ಶೇವಲ ⟦śēvala シェーヴァラ⟧ [ʃeːvəlɐ] *n.* 1 沈水草(セキショウモ属の水草) 2 水の表面に生える緑のプランクトンや苔などの小植物(一般) [Sk. *śaivala-*]

ಶೇಷ[1] ⟦śēṣa シェーシャ⟧ [ʃeːʂɐ] *n.* 残り、あまり、残余 [Sk.] = ಶೇಷನಾಗ (śēṣanāga)

ಶೇಷ[2] ⟦śēṣa シェーシャ⟧ [ʃeːʂɐ] *m.* [Sk.] ☞ಶೇಷನಾಗ (śēṣanāga)

ಶೇಷನಾಗ ⟦śēṣanāga シェーシャナーガ⟧ [ʃeːʂənɐːgɐ] *m.* その頭上に全世界を支えるという名高い蛇の名 [Sk.]

ಶೇಷಪ್ರಶ್ನೆ ⟦śēṣapraśne シェーシャプラシュネ⟧ [ʃeːsəprəʃne] 《文》 *n.* 謎、難解な謎、解けない謎 [Sk.]

ಶೈಕ್ಷಣಿಕ ⟦śaikṣaṇika シャイクシャニカ⟧ [ʃəikʂəɳikɐ] 《文》 *adj.* 教育の、教育上の、教育に関する、教訓的な [Sk.]

ಶೈತ್ಯ ⟦śaitya シャイティャ⟧ [ʃəitˑjɐ] 《文》 *n.* 1 冷たいこと、涼しいこと 2 湿気 [Sk.]

ಶೈಥಿಲ್ಯ ⟦śaitʰilya シャイティリャ⟧ [ʃəitʰilˑjɐ] 《文》 *n.* 1 (建築物などの)弱いこと、軟弱さ 2 (体が)弱いこと、虚弱、衰弱 3 不活発、無気力 [Sk.]

ಶೈಲಿ ⟦śaili シャイリ⟧ [ʃəili] 《文》 *n.* 1 やり方、方法、流儀 2 (芸術の)様式、文体 [Sk.]

ಶೈಲಿಶಾಸ್ತ್ರ ⟦śailiśāstra シャイリシャーストラ⟧ [ʃəiliʃɐːstrɐ] 《文》 *n.* 文体論 [Sk.]

ಶೈಲೀಕರಣ ⟦śailīkaraṇa シャイリーカラナ⟧ [ʃəiliːkərəɳɐ] 《文》 *n.* (芸術的表現の)様式化、伝統的な様式にはめること [Sk.]

ಶೈಶವ ⟦śaiśava シャイシャヴァ⟧ [ʃəiʃəvɐ] 《文》 *n.* 幼年、幼年時代、幼い時 [Sk.]

ಶೋಕ ⟦śōka ショーカ⟧ [ʃoːkɐ] 《文》 *n.* 悲しみ、嘆き [Sk.]

ಶೋಕಗೀತೆ ⟦śōkagīte ショーカギーテ⟧ [ʃoːkəgiːte] 《文》 *n.* エレジー、悲歌 [Sk.]

ಶೋಕಿ ⟦śōki ショーキ⟧ [ʃoːki] ಶೋಕು, ಷೋಕಿ, ಷೋಕು *n.* (快楽を求めて)贅沢すること [Ar. *šauq*]

ಶೋಕಿದಾರ ⟦śōkidāra ショーキダーラ⟧ [ʃoːkidɐːrɐ] *m.* 快楽に耽る人 [*śōki* + *-dāra*]

ಶೋಕರಸ ⟦śōkarasa ショーカラサ⟧ [ʃoːkərəsɐ] 《文》 *n.* 哀感、九つの情緒の一つ [Sk.]

ಶೋಕು ⟦śōku ショーク⟧ [ʃoːku] *n.* [Ar. *šauq*] ☞ಶೋಕಿ (śōki)

ಶೋಚನೀಯ ⟦śōcanīya ショーチャニーヤ⟧ [ʃoːʧəniːjɐ] 《文》 *adj.* 悲しむべき、哀れな、悲しい、かわいそうな [Sk.]

ಶೋಣ ⟦śōṇa ショーナ⟧ [ʃoːɳɐ] 《文》 *adj.* 赤い(血の色) [Sk.]

ಶೋಣಿತ ⟦śōṇita ショーニタ⟧ [ʃoːɳitɐ] 《文》 (*adj.*) 赤い〈こと〉、朱色〈の〉 —*n.* 血、血液 [Sk.]

ಶೋಧ ⟦śōdʰa ショーダ⟧ [ʃoːdʰɐ] 《文》 *n.* 1 浄化 2 (宝物、逃亡者、失踪者などを)探すこと 3 研究、調査 4 (間違いなどの)訂正 [Sk.]

ಶೋಧಕ ⟦śōdʰaka ショーダカ⟧ [ʃoːdʰəkɐ] 《文》 *adj.* 浄化する —*m.* 《*f.* ಶೋಧಕಿ (śōdʰaki)》 1 研究者、探求者、調べる人 2 校閲者 [Sk.]

ಶೋಧನ ⟦śōdʰana ショーダナ⟧ [ʃoːdʰənɐ] 《文》 *n.* 1 浄化 2 (提案や陳情などの)審査、調査、検査 3 (間違いなどの)訂正 4 研究 [Sk.] = ಶೋಧನೆ (śōdʰane)

ಶೋಧನೆ ⟦śōdʰane ショーダネ⟧ [ʃoːdʰəne] 《文》 *n.* 1 浄化 2 (提案や陳情などの) 審査、調査、検査 3 (間違いなどの)訂正 [Sk.]

ಶೋಧಿಸು ⟦śōdʰisu ショーディス⟧ [ʃoːdʰisu] *vt.* 1〈水などを〉浄化する、〈茶を〉漉す;(穀物などから)〈石などを〉取り除く 2 訂正する、正す 3 (警察などが) 捜す、捜索する 4 見つける、発見する [Sk.]

ಶೋಭೆ ⟦śōbʰe ショーベ⟧ [ʃoːbʰe] *n.* 1 輝き、光輝 2 美、美しさ [Sk.]

ಶೋಷಣ ⟦śōṣaṇa ショーシャナ⟧ [ʃoːʂəɳɐ] 《文》 *n.* 1 乾燥、乾くこと 2 乾燥させること 3 搾取、人を利己的に利用すること [Sk.]

ಶೋಷಣೆ ⟦śōṣaṇe ショーシャネ⟧ [ʃoːʂəɳe] 《文》 *n.* 1 乾燥、乾くこと 2 搾取、人を利己的に利用すること [Sk.]

ಶೋಷಿಸು ⟦śōṣisu ショーシス⟧ [ʃoːʂisu] 《文》 *vt.* 1 乾かす、乾燥させる 2〔喩〕搾取する、(人に)たかる —*vi.* 乾く、乾燥する [Sk.]

ಶೌಚ ⟦śauca シャウチャ⟧ [ʃəuʧɐ] *n.* 1 清潔、清浄 2 掃除、浄化、洗い清めること 3 排便、排泄 [Sk.] = ಮಲವಿಸರ್ಜನೆ (malavisarjane)

ಶೌಚಗೃಹ ⟦śaucagr̥ha シャウチャグルハ⟧ [ʃəuʧəgruɦɐ/°gruɦɐ] 《文》 *n.* 便所、トイレ、手洗い [Sk.]

ಶೌರ್ಯ ⟦śaurya シャウリヤ⟧ [ʃəurjɐ] *n.* 勇気、剛勇、剛毅 [Sk.]

ಶ್ಮಶಾನ ⟦śmaśāna シュマシャーナ⟧ [ʃməʃɐːnɐ] ಸ್ಮಶಾನ *n.* 火葬場、焼き場 [Sk.] = ಗೋರಿಸ್ಥಾನ, ಸುಡುಗಾಡು (gōristʰāna, suḍugāḍu)〔口〕

ಶ್ಯಾಮ ⟦śyāma シュヤーマ⟧ [ʃjɐːmɐ]《文》*adj.* (通常肌の色について) 暗褐色の、(クリシュナ神の肌の色である) 青黒色の —*m.* クリシュナの別名 —*n.* 果実を食したり、樹液を染料に用いたりする樹木 (*Garcinia morella*) などの呼び名 *[IMP 3.63] [Sk.]

ಶ್ಯಾಮಲ ⟦śyāmala シュヤーマラ⟧ [ʃjɐːməlɐ]《文》*adj.* 暗褐色の、(クリシュナ神の肌の色と同じような) 青黒色の [Sk.]

ಶ್ಯಾಲಕ ⟦śyālaka シュヤーラカ⟧ [ʃjɐːləkɐ] *m.* 1 妻の兄弟、義理の兄弟、義兄弟 2 妹の夫、義理の弟 [Sk.]

ಶ್ರದ್ಧೆ ⟦śraddʰe シュラッデ⟧ [ʃrəddʰe] *n.* 1 神や師や夫などに対する絶対的な信頼 2 一生懸命、熱心 ¶ ಅವನು ಶ್ರದ್ಧೆಯಿಂದ ಕೆಲಸ ಮಾಡುತ್ತಾನೆ. (avanu śraddʰeyiṃda kelasa māḍuttāne.) 彼は真剣に仕事をしている。[Sk.]

ಶ್ರಮ ⟦śrama シュラマ⟧ [ʃrəmɐ] *n.* 1 疲れ、疲労、労苦 2 労働、骨折り 3 努力、骨折り 4 苦労、苦しみ、辛苦、困苦、難儀 5 武道の修行 [Sk.]

ಶ್ರಮಗಾರ ⟦śramagāra シュラマガーラ⟧ [ʃrəməgɐːrɐ] *m.* 労働者、肉体労働者 = ದುಡಿಮೆಗಾರ (duḍimegāra)〔口〕

ಶ್ರಮಜೀವಿ ⟦śramajīvi シュラマジーヴィ⟧ [ʃrəməʤiːvi] *mf.* 労働者、肉体労働者 = ದುಡಿಮೆಗಾರ (duḍimegāra)〔口〕

ಶ್ರಮದಾನ ⟦śramadāna シュラマダーナ⟧ [ʃrəmədɐːnɐ]《文》*n.* 奉仕活動

ಶ್ರವಣ ⟦śravaṇa シュラヴァナ⟧ [ʃrəvəɳɐ]《文》*n.* 1 聞くこと 2 聴力、聴覚 [Sk.]

ಶ್ರವಣೇಂದ್ರಿಯ ⟦śravaṇēṃdriya シュラヴァネーンドリヤ⟧ [ʃrəvəɳeːndrijɐ]《文》*n.* 聴覚器官 [Sk.]

ಶ್ರವ್ಯ ⟦śravya シュラヴィャ⟧ [ʃrəvˑjɐ]《文》*adj.* 1 聞くに値する、(詩が) 朗唱するための 2 可聴の、耳に聞こえる 3 耳に快い、(声や音楽などが) 甘美な [Sk.]

ಶ್ರವ್ಯಕಾವ್ಯ ⟦śravyakāvya シュラヴィャカーヴィャ⟧ [ʃrəvˑjəkɐːvˑjɐ]《文》*n.* 朗唱や歌うのに適した詩 [Sk.] = ಹಾಡುಗಬ್ಬ (hāḍugabba)

ಶ್ರಾಂತ ⟦śrāṃta シュラーンタ⟧ [ʃrɐːntɐ]《文》*adj.*, *mn.* 《*f.* ಶ್ರಾಂತಳು (śrāṃtaḷu)》1 疲れた〈人や動物など〉、疲労した〈人や動物など〉2 静かになった〈人や動物など〉、怒りや興奮や欲望などが治まった〈人や動物など〉3 欲望を抑えた〈人〉[Sk.]

ಶ್ರಾಂತಿ ⟦śrāṃti シュラーンティ⟧ [ʃrɐːnti]《文》*n.* 疲れ、疲労 [Sk.]

ಶ್ರಾದ್ಧ ⟦śrāddʰa シュラーッダ⟧ [ʃrɐːddʰɐ]《文》*n.* 死者の命日の供養、法事 [Sk.] = ತಿಥಿ (titʰi)〔口〕

ಶ್ರಾವಣ ⟦śrāvaṇa シュラーヴァナ⟧ [ʃrɐːvəɳɐ]《文》(*adj.*) 1 聴覚に関する〈こと〉2 第23番目の星宿シュラヴァナのもとで生まれた〈こと〉—*n.* シュラーヴァナ月 (インドの伝統的太陽太陰暦の第5月、グレゴリオ暦の7月から8月に当たる) [Sk.]

ಶ್ರಾವಕ ⟦śrāvaka シュラーヴァカ⟧ [ʃrɐːvəkɐ]《文》*adj.*, *m.* 1 弟子〈の〉、生徒〈の〉2 ジャイナ教の聖者〈の〉、ジャイナ教の修道者〈の〉[Sk.]

ಶ್ರಾವ್ಯ ⟦śrāvya シュラーヴィャ⟧ [ʃrɐːvˑjɐ]《文》*adj.* 1 聞くに値する、聞く価値がある 2 耳に快い、(声や音楽などが) 甘美な [Sk.] ☞ಶ್ರವ್ಯ (śravya)

ಶ್ರೀ ⟦śrī シュリー⟧ [ʃriː] *n.* 1 富、福、繁栄 2〔敬〕氏、様 (男性の名前の前につけて用いる敬語) —*f.* ラクシュミー女神 (富の女神) [Sk.]

ಶ್ರೀಖಂಡ ⟦śrīkʰaṃḍa シュリーカンダ⟧ [ʃriːkʰəɳɖɐ] *n.* 脱水した凝乳とチーズにアーモンドとサフランとショウズクを加えて作った甘い菓子 [Sk.]

ಶ್ರೀಗಂಧ ⟦śrīgaṃdʰa シュリーガンダ⟧ [ʃriːgəndʰɐ] *n.* ビャクダン (白檀、ビャクダン科ビャクダン属) → 香・薬・材 [Sk.] = ಚಂದನ (caṃdana) *[IMP 5.59]

ಶ್ರೀಮಂತ ⟦śrīmaṃta シュリーマンタ⟧ [ʃriːməntɐ] *adj.*, *m.* 《*f.* ಶ್ರೀಮಂತಳು (śrīmaṃtaḷu)》金持ち〈の〉、裕福な〈人〉、豊かな〈人〉[Sk.]

ಶ್ರೀಮಂತಿಕೆ ⟦śrīmaṃtike シュリーマンティケ⟧ [ʃriːməntike] *n.* 金持ちであること、富裕、繁栄 [Sk.] = ಹಣವಂತಿಕೆ (haṇavaṃtike)

ಶ್ರೀಮತಿ ⟦śrīmati シュリーマティ⟧ [ʃriːməti]《文》*f.* 1 裕福な女性 2 (主に) 結婚した女性の名に付けて敬称の接辞のように用いられる語 (様、ミセスなど) [Sk.]

ಶ್ರೀಮುಖ ⟦śrīmukʰa シュリームカ⟧ [ʃriːmukʰɐ]《文》*n.* 1〔美〕玉顔、竜顔 2 十干十二支 (60年) の第7番目の年 3〔美〕師匠や親や年長の尊敬すべき人の直接の薫陶 ¶ ವೆಂಕಟರಮಣ ಭಾಗವತರು ತ್ಯಾಗರಾಜ ಸ್ವಾಮಿಯ ಶ್ರೀಮುಖದಿಂದ ಸಂಗೀತವನ್ನು ಕಲಿತರು. (veṃkaṭaramaṇa bʰāgavataru tyāgarāja svāmiya śrīmukʰadiṃda saṃgītavannu kalitaru.) ヴェンカタラマナ・バーガヴァタルはティヤーガラージャの直接の薫陶を受けて音楽を学んだ。[Sk.]

ಶ್ರುತ ⟦śruta シュルタ⟧ [ʃrutɐ]《文》(*adj.*) 聞いた〈こと〉、聞かれた〈こと〉—*n.* 1 啓示によって伝えられたもの、ヴェーダ 2 (一般に) インドの伝統的な学問 [Sk.]

ಶ್ರುತಪಡಿಸು ⟦śrutapaḍisu シュルタパディス⟧ [ʃrutəpəɖisu]《文》*vt.* 知らせる、通知する [Sk.] = ತಿಳಿಸು (tiḷisu)

ಶ್ರುತಿ ⟦śruti シュルティ⟧ [ʃruti] *n.* 1 耳 2 (一般に) 音 3 ヴェーダ 4 1オクターブの4分の1 5 音符 6 噂 [Sk.]

ಶ್ರೇಣಿ ⟦śrēṇi シュレーニ⟧ [ʃreːɳi]《文》*n.* 1 列、並び 2 集まり、集団 3 成績判定、合格者などの階層 (インドの学校の試験では普通3段階ある) 4 (合

格者などの)序列 = ರ್ಯಾಂಕು (ryāṃku) [Sk.]

ಶ್ರೇಯಸ್ಕರ ⟦śrēyaskara シュレーヤスカラ⟧ [ʃreːjəskərɐ] 《文》 *adj.* **1** 吉祥の、幸福をもたらす **2** 繁栄をもたらす [Sk.]

ಶ್ರೇಯಸ್ಸು ⟦śrēyassu シュレーヤッス⟧ [ʃreːjəssu] *n.* **1** 吉祥、幸福、繁栄、幸運 **2** (仕事、業績などの)名誉、功績 [Sk.]

ಶ್ರೇಯಾಂಕ ⟦śrēyāṃka シュレーヤーンカ⟧ [ʃreːjɐːŋkɐ] 《文》 *n.* ランキング、順位づけ [Sk.] = ರ್ಯಾಂಕಿಂಗು (ryāṃkiṃgu) 〔口〕

ಶ್ರೇಷ್ಠ ⟦śrēṣṭʰa シュレーシュタ⟧ [ʃreːʂʈʰɐ] 《文》 *adj.* 最も優れた、最上の、卓越した [Sk.]

ಶ್ರೋತೃ ⟦śrōtṛ シュロートゥル⟧ [ʃroːtrɯ/°ru] 《文》 *mf.* 聞き手、聞く人 [Sk.]

ಶ್ರೋತ್ರಿಯ ⟦śrōtriya シュロートリヤ⟧ [ʃroːtrijɐ] 《文》 *m.* ヴェーダの学に通じたバラモン [Sk.]

ಶ್ಲಾಘಿಸು ⟦ślāgʰisu シュラーギス⟧ [ʃlɐːgʰisu] 《文》 *vt.* 賞賛する、褒める [Sk.] = ಹೊಗಳು (hogaḷu) 〔口〕

ಶ್ಲಾಘ್ಯ ⟦ślāgʰya シュラーギャ⟧ [ʃlɐːgʰjɐ] 《文》 *adj.* 褒める価値がある、賞賛に値する [Sk.]

ಶ್ಲೇಷ ⟦ślēṣa シュレーシャ⟧ [ʃleːʂɐ] 《文》 *n.* **1** くっつくこと、付着 **2** 抱擁、抱きしめること **3** 掛け言葉 [Sk.]

ಶ್ಲೇಷೆ ⟦ślēṣe シュレーシェ⟧ [ʃleːʂe] 《文》 *n.* 修辞法の一つで文や言葉に多義的な意味をもたせること、掛け言葉 [Sk.]

ಶ್ಲೇಷ್ಮ ⟦ślēṣma シュレーシュマ⟧ [ʃleːʂmɐ] 《文》 *n.* 粘液 [Sk.]

ಶ್ಲೇಷ್ಮಜ್ವರ ⟦ślēṣmajvara シュレーシュマジュヴァラ⟧ [ʃleːʂmədʒvərɐ] 《文》 *n.* 粘液の害によって起こると信じられる熱病 [Sk.]

ಶ್ವಪಚ ⟦śvapaca シュヴァパチャ⟧ [ʃvəpətʃɐ] 《古》 *m.* 《*f.* ಶ್ವಪಚೆ (śvapace)》 **1** ハリジャン **2** 〔喩〕 不潔な人間、きたない人 [Sk.]

ಶ್ವಾನ ⟦śvāna シュヴァーナ⟧ [ʃvɐːnɐ] 《古》 *n.* 犬 [Sk.] = ನಾಯಿ (nāyi)

ಶ್ವಾಸ ⟦śvāsa シュヴァーサ⟧ [ʃvɐːsɐ] *n.* **1** 息、呼吸 = ಉಸಿರು (usiru) 〔汎〕 **2** 喘息 ¶ ಅವನು ಶ್ವಾಸದಿಂದ ನರಳುತ್ತಿದ್ದ. (avanu śvāsadiṃda naraḷuttidda.) 彼は喘息で喘いでいた。= ದಮ್ಮು (dammu) 〔口〕 [Sk.]

ಶ್ವಾಸಕೋಶ ⟦śvāsakōśa シュヴァーサコーシャ⟧ [ʃvɐːsəkoːʃɐ] 《文》 *n.* 肺 [Sk.]

ಶ್ವೇತ ⟦śvēta シュヴェータ⟧ [ʃveːtɐ] 《文》 (*adj.*) 白い〈こと〉、乳白色〈の〉 [Sk.] ☞ಬಿಳಿ (biḷi)

ಶ್ವೇತಪತ್ರ ⟦śvētapatra シュヴェータパトラ⟧ [ʃveːtəpətrɐ] 《文》 *n.* 白書、(政府が)ある方面についてその現状の分析と将来の展望をまとめた実情報告書 [Sk.]

ಷ

ಷ ⟦ṣa シャ⟧ [ʂə] *n.* カンナダその他のインド系言語において音素の連続 /ṣa/ またはカンナダその他のインド系の文字体系でそれを表す文字 [Sk.]

ಷಂಡ[1] ⟦ṣaṃḍa シャンダ⟧ [ʂəɳɖɐ] 《文》 *m.* 性的不能者 [Sk.]

ಷಂಡ[2] ⟦ṣaṃḍa シャンダ⟧ [ʂəɳɖɐ] 《文》 *n.* 集合、(木や動物の)集まり、群れ [Sk.]

ಷಂಡತನ ⟦ṣaṃḍatana シャンダタナ⟧ [ʂəɳɖətənɐ] 《文》 *n.* 性的不能 [*ṣaṃḍa* + *-tana*]

ಷಕಾರ ⟦ṣakāra シャカーラ⟧ [ʂəkɐːrɐ] *n.* カンナダその他のインド系の文字で音素の連続 /ṣa/ を表す文字 [Sk.]

ಷಟ್ಕ ⟦ṣaṭka シャトカ⟧ [ʂəʈkɐ] 《文》 *n.* 六つの集まり、六つからなる単位 [Sk.]

ಷಟ್ಕರ್ಮ ⟦ṣaṭkarma シャトカルマ⟧ [ʂəʈkərmɐ] 《文》 *n.* バラモンの六つの義務(祭式の執行、祭式の執行を補助すること、学習、教授、布施をすること、布施を受けること) [Sk.]

ಷಟ್ಕೋಣ ⟦ṣaṭkōṇa シャトコーナ⟧ [ʂəʈkoːɳɐ] *adj.* 六角の、六角形の **—***n.* 六角、六角形 [Sk.]

ಷಟ್ಖಂಡ ⟦ṣaṭkʰaṃḍa シャトカンダ⟧ [ʂəʈkʰəɳɖɐ] 《文》 *n.* 世界の 6 地方 [Sk.]

ಷಟ್ಚರಣ ⟦ṣaṭcaraṇa シャトチャラナ⟧ [ʂəʈtʃərə̆ɳɐ] 《文》 *n.* **1** マルハナバチ、「六足のもの」、ぶんぶん音を立てて飛ぶ各種のハチ **2** カブトムシ(カンナダ文学においてこの言葉は、ぶんぶん音を立てて飛ぶカブトムシの一種と解されることが多い) [Sk.]

ಷಟ್ಪದ ⟦ṣaṭpada シャトパダ⟧ [ʂəʈpədɐ] 《文》 *n.* [Sk.] ☞ಷಟ್ಚರಣ (ṣaṭcaraṇa)

ಷಟ್ಪದಿ ⟦ṣaṭpadi シャトパディ⟧ [ʂəʈpədi] 《文》 *n.* カンナダ文学の 6 行詩 [Sk.]

ಷಟ್ಸ್ಥಲ ⟦ṣaṭsṭʰala シャトスタラ⟧ [ʂəʈsʈʰə̆lɐ] 《文》 *n.* ヴィーラシャイヴァ派の信仰体系における信愛(バクティ)の六つの発展段階 [Sk.]

ಷಡಂಗ ⟦ṣaḍaṃga シャダンガ⟧ [ʂəɖəŋgɐ] 《文》 *n.* **1** 体の六つの主要部分(頭、腰、両手、両足の六つ) **2** 六派哲学、インドの六つの主な哲学体系 **3** 六つの部分からなるヴェーダの補足部分(文法学、韻律学、天文学、音声学、語源学、祭式学の六つ) [Sk.]

ಷಡಕ್ಷರ ⟦ṣaḍakṣara シャダクシャラ⟧ [ʂəɖəkʂərɐ] 《文》

n. 「*ōṃ namaśśivāya*」という6音節からなるマントラ [Sk.]

ಷತ್ವ ⟦ṣatva シャトヴァ⟧ [ʂətvɐ] *n.* ಷ (ṣa) の文字 [Sk.] = ಷಕಾರ (ṣakāra)

ಷಡಾನನ ⟦ṣaḍānana シャダーナナ⟧ [ʂəɖɐːnənɐ] 《文》 *m.* 六つの顔を持つシヴァ神の息子、カールティケーヤ神の別名 [Sk.]

ಷಡ್ಡಕ ⟦ṣaḍḍaka シャッダカ⟧ [ʂəɖɖəkɐ] *m.* 妻の姉妹と結婚した男性、義兄弟 [? cf. Te. *saḍḍakuḍu*] ☞ಸಡ್ಡುಕ (saḍḍuka)

ಷಡ್ದರ್ಶನ ⟦ṣaḍdarśana シャッダルシャナ⟧ [ʂəɖdərʃənɐ] 《文》 *n.* 六派哲学、インドの六つの主要な哲学体系 [Sk.]

ಷಡ್ರಸ ⟦ṣaḍrasa シャドラサ⟧ [ʂəɖrəsɐ] 《文》 *n.* 6種の味(甘さ、苦さ、塩辛さ、酸っぱさ、辛さ、渋さの6種) [Sk.]

ಷಡ್ವರ್ಗ ⟦ṣaḍvarga シャドヴァルガ⟧ [ʂəɖvərgɐ] 《文》 *n.* 1 六つのものの集まり 2 人間にとっての六つの敵(愛欲、怒り、欲、迷妄、傲慢、嫉妬の六つ) [Sk.]

ಷಣ್ಮುಖ ⟦ṣaṇmukʰa シャンムカ⟧ [ʂəɳmukʰɐ] 《古》 *m.* カールッティケーヤ神の別称 [Sk.]

ಷರತ್ತು ⟦ṣarattu シャラットゥ⟧ [ʂərəttu] 《古》 *n.* 条件、付帯条件 ¶ ಹುಡುಗಿಯ ಅಪ್ಪ ನಮ್ಮ ಮದುವೆಗೆ ನಾನು ಮುಸ್ಲಿಮು ಆಗಬೇಕೆಂಬ ಷರತ್ತನ್ನು ಹಾಕಿದರು. (huḍugiya appa namma maduvege nānu muslimu āgabēkeṃba ṣarattannu hākidaru.) 娘の父親は我々の結婚に私がムスリムにならねばならないという条件を付けた。 [Ar. *šarṭ*] = ಶರತ್ತು (śarattu)

ಷರಬತ್ತು ⟦ṣarabattu シャラバットゥ⟧ [ʂərĕbəttu] 《古》 *n.* ライムなどの果汁を薄めて砂糖を加えた飲物 [Ar.-Pe. *šarbat*] = ಶರಬತ್ತು (śarabattu)

ಷರಾ ⟦ṣarā シャラー⟧ [ʂərɐː] 《古》 *n.* 帳面などの最後の欄に書かれた覚え書き [Ar. *šarḥ*] = ಶರಾ (śarā)

ಷರಾಬು ⟦ṣarābu シャラーブ⟧ [ʂərɐːbu] 《古》 *n.* アルコール飲料(一般にワインや蒸留酒など) [Ar. *šarāb*] = ಶರಾಬು (śarābu)

ಷರಾಯಿ ⟦ṣarāyi シャラーイ⟧ [ʂərɐːji] 《古》 *n.* (男子がはく)ズボン [?]

ಷಷ್ಟಿ ⟦ṣaṣṭi シャシュティ⟧ [ʂəʂʈi] 《文》 *numr.* (*adj.*) 60〈の〉 [Sk. *ṣaṣṭī-*]

ಷಷ್ಟಿಪೂರ್ತಿ ⟦ṣaṣṭipūrti シャシュティプールティ⟧ [ʂəʂʈipuːrti] 《古》 *n.* 還暦祝い [Sk.]

ಷಷ್ಟ್ಯಬ್ದ ⟦ṣaṣṭyabda シャシュティャブダ⟧ [ʂəʂʈjəbdɐ] 《文》 *n.* 還暦祝い [Sk.] ☞ಷಷ್ಟಿಪೂರ್ತಿ (ṣaṣṭipūrti)

ಷಷ್ಠ ⟦ṣaṣṭʰa シャシュタ⟧ [ʂəʂʈʰɐ] 《文》 *numr. adj.* 第6の、6番目の [Sk.]

ಷಷ್ಠಿ ⟦ṣaṣṭʰi シャシュティ⟧ [ʂəʂʈʰi] *n.* 1 太陰月の黒分または白分の6日目 2 〔言〕所有格、属格 [Sk.]

ಷಹರು ⟦ṣaharu シャハル⟧ [ʂəhəru] 《文》 *n.* 都市 [Pe. *šahr*] ☞ಶಹರು (śaharu)

ಷಾಹಿ ⟦ṣāhi シャーヒ⟧ [ʂɐːhi] 《文》 *n.* 《複合語末で》支配、統治 [Pe. *šāhī*] ☞ಶಾಹಿ (śāhi)

ಷಹೀದು ⟦ṣahīdu シャヒードゥ⟧ [ʂəhiːdu] ಷಹೀದ *mf.* 殉教者；公のために命を投げ出した人(本来の意味はイスラームのために命を投げ出した人) [Ar. *šahīd*]

ಷಿಕಾರಿ ⟦ṣikāri シカーリ⟧ [ʂikɐːri] 《文》 *mf.* [Pe. *šikārī*] ☞ಶಿಕಾರಿ (śikāri)

ಷೋಕಿ ⟦ṣōki ショーキ⟧ [ʂoːki] 《文》 *n.* (快楽を求めて)贅沢すること [Ar. *šauq*] ☞ಶೋಕಿ (śōki)

ಷೋಕಿದಾರ ⟦ṣōkidāra ショーキダーラ⟧ [ʂoːkidɐːrɐ] 《古》 *m.* 快楽に耽る人 [*ṣōki* + *-dāra*]

ಷೋಡಶ ⟦ṣōḍaśa ショーダシャ⟧ [ʂoːɖəʃɐ] 《文》 (*adj.*) 16〈の〉、16種類〈の〉 [Sk.]

ಷೋಡಶೋಪಚಾರ ⟦ṣōḍaśōpacāra ショーダショーパチャーラ⟧ [ʂoːɖəʃoːpəʧɐːrɐ] 《文》 *n.* 16礼拝法、神を崇拝する方法を16種類にまとめて示したもの(歓迎、足を洗う水を差し出す、などから香やお食事を差し上げるなど、客人の来訪を歓待するのと同じ作法を行うとされる) [Sk.]

ಷೋಡಶ ಸಂಸ್ಕಾರ ⟦ṣōḍaśa saṃskāra ショーダシャサンスカーラ⟧ [ʂoːɖəʃə səmskɐːrɐ] 《文》 *n.* 人が体内に宿ってから弔われるまで体験しなければならない受胎式から葬式までの16の人生儀礼 [Sk.]

ಷೋಡಶಿ ⟦ṣōḍaśi ショーダシ⟧ [ʂoːɖəʃi] 《古》 *n.* 結婚式やヴェーダの学習の入門式の16日目に行われる儀式 (NK) —*f.* 16歳をちょうど終わった女性 [Sk.]

ಸ

ಸ ⟦sa サ⟧ [sə˞] *n.* カンナダその他のインド系言語で音素の連続 /sa/ またはそれを表す文字 [Ka.]

ಸಂಕ ⟦saṃka サンカ⟧ [səŋkɐ] 《方》 *n.* 橋 [Sk. *saṃkrama-*] (SK) = ಸೇತುವೆ (sētuve) 〔汎〕

ಸಂಕಟ ⟦saṃkaṭa サンカタ⟧ [səŋkəʈɐ] *n.* 1 悲しみ ¶ ಗೆಳೆಯ ಸತ್ತ ಸುದ್ದಿ ಕೇಳಿ ನನಗೆ ಸಂಕಟವಾಯಿತು. (geḷeya satta suddi kēḷi nanage saṃkaṭavāyitu.) 私は友人の訃報を聞いてとても悲しかった。 2 困難、困苦、苦難

3 危険、危ないこと；災難、大災害、危難 [Sk.]

ಸಂಕರ ⟦saṃkara サンカラ⟧ [səŋkərɐ] 《文》 *n.* 混合、混合物；(人種やカーストなどの)混淆 [Sk.]

ಸಂಕಲನ ⟦saṃkalana サンカラナ⟧ [səŋkələnɐ] ಸಂಕಲನೆ *n.* 1 (切手や本などの) 収集 2 足し算 [Sk.] = ಸಂಕಲನೆ (saṃkalane)

ಸಂಕಲನೆ ⟦saṃkalane サンカラネ⟧ [səŋkəlne] *n.* [Sk.] ☞ಸಂಕಲನ (saṃkalana)

ಸಂಕಲ್ಪ ⟦saṃkalpa サンカルパ⟧ [səŋkəlpɐ] 《文》 *n.* 1 決意、決心 2 誓い ¶ ಸ್ವಾತಂತ್ರ್ಯ ದಿನಾಚರಣೆಯಂದು ಶಾಲೆಯ ಮಕ್ಕಳೆಲ್ಲ ದೇಶಸೇವೆಯ ಸಂಕಲ್ಪ ಮಾಡಿದರು. (svātaṃtrya dinācaraṇeyaṃdu śāleya makkaḷella dēśasēveya saṃkalpa māḍidaru.) 独立記念日に学校の生徒たちは皆国に奉仕することを誓った。 [Sk.]

ಸಂಕಲ್ಪಿತ ⟦saṃkalpita サンカルピタ⟧ [səŋkəlpitɐ] 《文》 *adj.* 1 心に決めた、決心した 2 誓った、誓いを立てた [Sk.]

ಸಂಕಲ್ಪಿಸು ⟦saṃkalpisu サンカルピス⟧ [səŋkəlpisu] 《文》 *vi.* 1 決心する、心に決める 2 誓う、誓約する ¶ ಚಾಣಕ್ಯ ನಂದರನ್ನು ಸಂಹರಿಸಲು ಸಂಕಲ್ಪಿಸಿದ. (cāṇakya naṃdarannu saṃharisalu saṃkalpisida.) チャーナキヤはナンダ王朝を滅ぼそうと心に誓った。 [Sk.]

ಸಂಕಷ್ಟ ⟦saṃkaṣṭa サンカシュタ⟧ [səŋkəʂʈɐ] 《文》 *n.* 1 苦境、窮状 ¶ ರಾಮಣ್ಣ ಆರ್ಥಿಕ ಸಂಕಷ್ಟದಲ್ಲಿ ಸಿಲ್ಕಿದ್ದಾನೆ. (rāmaṇṇa ārthika saṃkaṣṭadalli silkiddāne.) ラーマンナは経済的に行き詰まっている。 2 板挟み、ジレンマ ¶ ಶಾಲೆಗೆ ರಜೆ ಕೊಡಬೇಕೋ ಕೊಡಬಾರದೋ ಎಂಬ ಸಂಕಷ್ಟದಲ್ಲಿ ಮುಖ್ಯಾಧ್ಯಾಪಕರು ಸಿಲ್ಕಿದ್ದಾರೆ. (śālege raje koḍabēkō koḍabāradō eṃba saṃkaṣṭadalli mukhyādhyāpakaru silkiddāre.) 校長は休日を宣告しようかしないでおこうかとジレンマに陥っている。 [Sk.]

ಸಂಕೀರ್ಣ ⟦saṃkīrṇa サンキールナ⟧ [səŋki:rɳɐ] 《文》 (*n.*) 1 混合された〈こと〉、混ぜ合わされた〈こと〉 2 複雑〈な〉、入り組んだ〈こと〉 3 種々の〈こと〉、いろいろの〈こと〉、様々な〈こと〉¶ ಸಭೆಯಲ್ಲಿ ಸಂಕೀರ್ಣ ವಿಷಯ ಕುರಿತು ಚರ್ಚೆ ನಡೆಯಿತು. (sabheyalli saṃkīrṇa viṣaya kuritu carce naḍeyitu.) 会議で様々な問題に関して議論があった。 —*n.* 《複合語末で》複合体、同じ敷地内にある似通った建物や施設の集合 [Sk.]

ಸಂಕೀರ್ತನ ⟦saṃkīrtana サンキールタナ⟧ [səŋki:rtə̆nɐ] ಸಂಕೀರ್ತನೆ *n.* (神を) 称えること、神の賛歌 [Sk.] ☞ಸಂಕೀರ್ತನೆ (saṃkīrtane)

ಸಂಕೀರ್ತನೆ ⟦saṃkīrtane サンキールタネ⟧ [səŋki:rtə̆ne] *n.* [Sk.] =ಸಂಕೀರ್ತನ (saṃkīrtana)

ಸಂಕುಚಿತ ⟦saṃkucita サンクチタ⟧ [səŋkuʧitɐ] 《文》 *adj.* 1 縮小した、縮んだ 2 〔喩〕 (考えなどが)狭い、矮小な ¶ ರಾಜಕಾರಣಿಗಳ ಸಂಕುಚಿತ ಭಾವನೆಯಿಂದಾಗಿ ಸಾಮರಸ್ಯ ಉಂಟುಮಾಡಲು ಸಾಧ್ಯವಾಗಿಲ್ಲ. (rājakāraṇigaḷa saṃkucita bhāvaneyiṃdāgi sāmarasya uṃṭumāḍalu sādhyavāgilla.) 政治家たちの狭量から和合は不可能に終わった。 [Sk.]

ಸಂಕುಲ ⟦saṃkula サンクラ⟧ [səŋkulɐ] 《文》 *n.* (人々の)大勢、雑踏、(動物や鳥の)群れ ¶ ರಸ್ತೆಯಲ್ಲಿ ಸಣ್ಣ ಅಪಘಾತವಾದರೂ ಜನರ ದೊಡ್ಡಸಂಕುಲ ನೆರೆಯುತ್ತದೆ. (rasteyalli saṇṇa apaghātavādarū janara doḍḍasaṃkula nereyuttade.) ちょっとした交通事故でも野次馬がたくさん集まる。 [Sk.]

ಸಂಕೇತ ⟦saṃkēta サンケータ⟧ [səŋke:tɐ] 《文》 *n.* 1 信号、合図、手まね 2 手がかり、ほのめかし、暗示、兆候、しるし ¶ ಕಣ್ಣು ಕೆಂಪಾದರೆ ಮೈಯಲ್ಲಿ ಜ್ವರ ಇದೆ ಎಂಬ ಸಂಕೇತ. (kaṇṇu keṃpādare maiyalli jvara ide eṃba saṃkēta.) 目が赤くなるのは熱が出たことの兆候だ。 3 符号、記号 [Sk.]

ಸಂಕೇತಸ್ಥಳ ⟦saṃkētasthaḷa サンケータスタラ⟧ [səŋke:təsthəɭɐ] 《文》 *n.* 打ち合わせの場所、約束の場所 [Sk.]

ಸಂಕೇತಾಕ್ಷರ ⟦saṃkētākṣara サンケータークシャラ⟧ [səŋke:tɐ:kʂərɐ] 《文》 *n.* 第三者に読めない文字 ¶ ವರ್ತಕರು ಸಂಕೇತಾಕ್ಷರಗಳಲ್ಲಿ ವ್ಯವಹರಿಸುತ್ತಾರೆ. (vartakaru saṃkētākṣaragaḷalli vyavaharisuttāre.) 商人たちは自分たちだけに分かる文字で情報交換する。 [Sk.]

ಸಂಕೇತಿಸು ⟦saṃkētisu サンケーティス⟧ [səŋke:tisu] 《文》 *vt.* 示す、表す、暗示する ¶ ಪ್ರಧಾನಿಯ ಮುಖ ಅಸಂತೋಷವನ್ನು ಸಂಕೇತಿಸುತ್ತದೆ. (pradhāniya mukha asaṃtōṣavannu saṃkētisuttade.) 首相の表情は不満であることを示していた。 [Sk.]

ಸಂಕೋಚ ⟦saṃkōca サンコーチャ⟧ [səŋko:ʧɐ] 《文》 *n.* 1 縮むこと、縮小 2 遠慮 [Sk.]

ಸಂಕೋಲೆ ⟦saṃkōle サンコーレ⟧ [səŋko:le] *n.* 1 手錠、足かせ、手かせ 2 〔喩〕 束縛 ¶ ಸ್ವಾತಂತ್ರ್ಯ ಸಿಕ್ಕಿ ಅರ್ಧ ಶತಮಾನ ಕಳೆದರೂ ಉದ್ಯೋಗಗಳು ಅನುಮತಿ ಮತ್ತು ಲಂಚ ಎಂಬ ಸಂಕೋಲೆಗಳಿಂದ ಬಿಡುಗಡೆ ಹೊಂದಿಲ್ಲ. (svātaṃtrya sikki ardha śatamāna kaḷedarū udyōgagaḷu anumati mattu laṃca eṃba saṃkōlegaḷiṃda biḍugaḍe hoṃdilla.) 独立後半世紀たったのに企業は許可と賄賂の桎梏から解放されていない。 [Sk. *śṛṃkhalā-*]

ಸಂಕ್ರಮಣ ⟦saṃkramaṇa サンクラマナ⟧ [səŋkrəməɳɐ] 《文》 *n.* 1 移ること、過渡期、変わり目 2 太陽が一つの獣宮から他の獣宮に移ること 3 冬至 [Sk.]

ಸಂಕ್ರಾಂತಿ ⟦saṃkrāṃti サンクラーンティ⟧ [səŋkrɐ:nti] *n.* 冬至 [Sk.]

ಸಂಕ್ರಾಂತಿವೃತ್ತ ⟦saṃkrāṃtivṛtta サンクラーンティヴルッタ⟧ [səŋkrɐ:ntivruttɐ] 《文》 *n.* 回帰線、北回帰線、南回帰線 [Sk.]

ಸಂಕ್ಷಿಪ್ತ ⟦saṃkṣipta サンクシプタ⟧ [sənskʂiptɐ] 《文》 (*n.*) 要約した〈こと〉 —*n.* 要約 ¶ ಕೆಲವು ವಿಮರ್ಶಕರು ಕಥೆಯ ಸಂಕ್ಷಿಪ್ತವನ್ನು ಓದಿ ವಿಮರ್ಶೆಯನ್ನು ಬರೆಯುತ್ತಾರೆ. (kelavu vimarśakaru katheya saṃkṣiptavannu ōdi vimarśeyannu bareyuttāre.) 摘要だけを読んで批評を書く批評家がいる。 [Sk.]

ಸಂಕ್ಷೇಪ ⟦saṃkṣēpa サンクシェーパ⟧ [səŋkʂe:pɐ] 《文》 *n.* 要約、梗概 [Sk.]

ಸಂಕ್ಷೇಪಣ ⟦saṃkṣēpaṇa サンクシェーパナ⟧ [səŋkʂe:pəɳɐ] 《文》 *n.* 要約 [Sk.]

ಸಂಕ್ಷೇಪಿಸು ⟦saṃkṣēpisu サンクシェーピス⟧ [səŋkʂe:pisu] 《文》 *vt.* 要約する、簡略化する [Sk.]

ಸಂಖೆ ⟦saṃkʰe サンケ⟧ [səŋkʰe] 《文》 *n.* [Sk.] ☞ಸಂಖ್ಯೆ (saṃkʰye)

ಸಂಖ್ಯಾವಾಚಕ ⟦saṃkʰyāvācaka サンキャーヴァーチャカ⟧ [səŋkʰjɐ:vɐ:ʧəkɐ] 《文》 *n.*〔言〕数詞 [Sk.] = ಸಂಖ್ಯಾವಾಚಿ (saṃkʰyāvāci)

ಸಂಖ್ಯಾವಾಚಿ ⟦saṃkʰyāvāci サンキャーヴァーチ⟧ [səŋkʰjɐ:vɐ:ʧi] 《文》 *n.* [Sk. *saṃkʰyāvācin-*] ☞ಸಂಖ್ಯಾವಾಚಕ (saṃkʰyāvācaka)

ಸಂಖ್ಯಾಶಾಸ್ತ್ರ ⟦saṃkʰyāśāstra サンキャーシャーストラ⟧ [səŋkʰjɐ:ʃɐ:st̪rɐ] 《文》 *n.* 統計学 [Sk.]

ಸಂಖ್ಯಾಶಾಸ್ತ್ರಜ್ಞ ⟦saṃkʰyāśāstrajña サンキャーシャーストラジュニャ⟧ [səŋkʰjɐ:ʃɐ:strəɟɲɐ/—gnɐ] 《文》 *m.* 《*f.* ಸಂಖ್ಯಾಶಾಸ್ತ್ರಜ್ಞಳು (saṃkʰyāśāstrajñaḷu)》統計学者 [Sk.]

ಸಂಖ್ಯೆ ⟦saṃkʰye サンキェ⟧ [səŋkʰje/səŋkʰe] ಸಂಕೆ, ಸಂಖೆ 《文》 *n.* 1 数値 2 数を表す言葉や記号 3 数量 [Sk.] = ಅಂಕೆ (aṃke)

ಸಂಗ ⟦saṃga サンガ⟧ [səŋgɐ] *n.* 付き合い、交わり、交際 [Sk.]

ಸಂಗಡ ⟦saṃgaḍa サンガダ⟧ [səŋgə̆ɖɐ] *adv.* 一緒に ¶ ಯಾರೂ ಸಂಗಡ ಬರಲಿಲ್ಲ. (yārū saṃgaḍa baralilla.) 誰も一緒に来なかった。 —*postp.* …と共に、…と一緒に ¶ ಅವನ ಸಂಗಡ ಆಡು. (avana saṃgaḍa āḍu.) あの子と一緒に遊びなさい。 [?, cf. M. *saṃgaḍi*]

ಸಂಗಡಿಗ ⟦saṃgaḍiga サンガディガ⟧ [səŋgə̆ɖigɐ] *m.* 《*f.* ಸಂಗಡಿಗಳು (saṃgaḍigaḷu)》仲間 [?, cf. M. *saṃgaḍi*]

ಸಂಗತ ⟦saṃgata サンガタ⟧ [səŋgətɐ] 《文》 (*n.*) 適当〈な〉、ふさわしい〈こと〉、適切〈な〉 [Sk.]

ಸಂಗತಿ ⟦saṃgati サンガティ⟧ [səŋgəti] *n.* 1 事件、問題、こと ¶ ಅಪ್ಪ ಊರಿಗೆ ಹೋಗಿದ್ದಾಗ ನಮ್ಮ ಮನೆಯಲ್ಲಿ ಆ ಸಂಗತಿ ನಡೆಯಿತು. (appa ūrige hōgiddāga namma maneyalli ā saṃgati naḍeyitu.) 父の旅行中にあのできごとは起こった。 2 ニュース ¶ ಹೊಸ ಸಂಗತಿ ಏನು? (hosa saṃgati ēnu?) 新しいニュースとは何なの？ [Sk.]

ಸಂಗಮ ⟦saṃgama サンガマ⟧ [səŋgəmɐ] 《文》 *n.* 1 (人が) 会うこと、会見 2 (二つの) 川の合流点 [Sk.]

ಸಂಗರ ⟦saṃgara サンガラ⟧ [səŋgərɐ] 《文》 *n.* 1 誓い 2 戦い、戦争 [Sk.]

ಸಂಗಾತ ⟦saṃgāta サンガータ⟧ [səŋgɐ:tɐ] *adv.* 一緒に ¶ ಇಬ್ಬರೂ ಸಂಗಾತ ಹೋಗಿರಿ. (ibbarū saṃgāta hōgiri.) 二人とも一緒に行きなさい。 —*postp.* …と一緒に、…と共に ¶ ನನ್ನ ಸಂಗಾತ ಯಾರೂ ಬರುವದು ಬೇಡ. (nanna saṃgāta yārū baruvadu bēḍa.) 私と一緒に誰も来なくてよい。 = ಸಂಗಡ (saṃgaḍa) [?, cf M. *sāṃgātī*]

ಸಂಗಾತಿ ⟦saṃgāti サンガーティ⟧ [səŋgɐ:ti] *mf.* 1 友達、仲間 2 ほくろ、黒子 [M. *sāṃgāti*]

ಸಂಗೀತ ⟦saṃgīta サンギータ⟧ [səŋgi:tɐ] *n.* 1 インドの古典音楽 2 古典音楽を歌うこと、声楽 [Sk.]

ಸಂಗೀತಗಾರ ⟦saṃgītagāra サンギータガーラ⟧ [səŋgi:təgɐ:rɐ] *m.* 《*f.* ಸಂಗೀತಗಾರ್ತಿ (saṃgītagārti)》 1 音楽家 2 インド古典音楽の歌手 [Sk.]

ಸಂಗೀತಸ್ವರ ⟦saṃgītasvara サンギータスヴァラ⟧ [səŋgi:təsvərɐ/– svɤrɐ/– sɤrɐ] 《文》 *n.* 1 音階の 7 音、音楽で使う音 [Sk.]

ಸಂಗೋಪನ ⟦saṃgōpana サンゴーパナ⟧ [səŋgo:pənɐ] 《文》 *n.* 1 保護すること、かばうこと ¶ ಕೆಲವು ದೇಶಗಳು ಉಗ್ರವಾದಿಗಳ ಸಂಗೋಪನ ಮಾಡುತ್ತವೆ. (kelavu dēśagaḷu ugravādigaḷa saṃgōpana māḍuttave.) テロリストに保護を与える国がいくつかある。 2 養育、養殖 ¶ ಭಾರತದಲ್ಲಿ ದೊಡ್ಡ ಪ್ರಮಾಣದಲ್ಲಿ ಪಶುಸಂಗೋಪನೆ ನಡೆಯುತ್ತಿಲ್ಲ. (bʰāratadalli doḍḍa pramāṇadalli paśusaṃgōpane naḍeyuttilla.) インドでは大規模な牧畜が行われていない。 [Sk.]

ಸಂಗ್ರಹ ⟦saṃgraha サングラハ⟧ [səŋgrəhɐ] *n.* 1 集めること、集めたもの、収集、コレクション 2 要約、集約 ¶ ಶ್ರೀಕಂಠಯ್ಯನವರ "ಗದಾಯುದ್ಧ" ಸಂಗ್ರಹ ತುಂಬ ಪ್ರಸಿದ್ಧವಾಗಿದೆ. (śrīkaṃṭʰayyanavara "gadāyuddʰa" saṃgraha tuṃba prasiddʰavāgide.) シュリーカンタイヤの「ガダーユッダ」の要約は広く世に知られている。 3 在庫 ¶ ಸರಕಾರದ ಸಂಗ್ರಹ ಮುಗಿದಿದೆ. (sarakārada saṃgraha mugidide.) 政府の在庫は尽きてしまった。 4 合計 ¶ ನನ್ನ ಹತ್ತಿರ ಇದ್ದ ಹಣವನ್ನೆಲ್ಲ ಸಂಗ್ರಹ ಮಾಡಿ ನೋಡಿದೆ. (nanna hattira idda haṇavannella saṃgraha māḍi nōḍide.) 私は持ち合わせのお金をみんな集めて調べた。 [Sk.]

ಸಂಗ್ರಹಣೆ ⟦saṃgrahaṇe サングラハネ⟧ [səŋgrəhəɳe] *n.* [Sk.] ☞ಸಂಗ್ರಹ (saṃgraha)

ಸಂಗ್ರಹಿಸು ⟦saṃgrahisu サングラヒス⟧ [səŋgrəhisu] 《文》 *vt.* 1 集める、収集する 2 含む、含有する ¶ ಈ ಕೆರೆಯಲ್ಲಿ ಒಂದು ವರ್ಷದ ನೀರು ಸಂಗ್ರಹ ಆಗುತ್ತದೆ. (ī kereyalli oṃdu varṣada nīru saṃgraha āguttade.) この溜め池は 1 年分の水を蓄えることができる。 3 要約する、短くする [Sk.]

ಸಂಗ್ರಾಮ ⟦saṃgrāma サングラーマ⟧ [səŋgrɐ:mɐ] 《文》 *n.* 戦い、戦争 [Sk.]

ಸಂಗ್ರಾಹ್ಯ ⟦saṃgrāhya サングラーヒャ⟧ [səŋgrɐ:h·jɐ/–grɐ:çjɐ] 《文》 *adj.* 収集するに値する、取得する価値がある [Sk.]

ಸಂಘ ⟦saṃgʰa サンガ⟧ [səŋgʰɐ] *n.* 人々の組織体、協会、組合、クラブ [Sk.]

ಸಂಘಜೀವಿ ⟦saṃgʰajīvi サンガジーヴィ⟧ [səŋgʰəʤi:vi] 《文》 *adj.*, *mfn.* 社会生活を営む〈人や動物〉 [Sk.]

ಸಂಘಟನೆ ⟦saṃgʰaṭane サンガタネ⟧ [səŋgʰəʈəne] *n.* 1 (協会や党などを)組織すること ¶ ಪಕ್ಷ ಸೋತಾಗ ಅಧ್ಯಕ್ಷರು ಪಕ್ಷದ ಸಂಘಟನೆಯಲ್ಲಿ ತೊಡಗಿದರು. (pakṣa sōtāga adʰyakṣaru pakṣada saṃgʰaṭaneyalli toḍagidaru.) 党が敗れた

時党首は党を組織する仕事に取り掛かった。**2** 組織、組合、協会 [Sk.]

ಸಂಘಟಿಸು 〚saṃgʰaṭisu サンガティス〛[səŋgʰəʈisu] 《文》*vi.* （災難や事件などが）起こる ¶ ನನ್ನ ಜೀವನದಲ್ಲಿ ಸಂಘಟಿಸಿದ ಎಲ್ಲಕ್ಕಿಂತ ದೊಡ್ಡ ಘಟನೆ ಎಂದರೆ ಮದುವೆ. (nanna jīvanadalli saṃgʰaṭisida ellakkiṃta doḍḍa gʰaṭane eṃdare maduve.) 私の人生で起こった一番大きな出来事は結婚である。 **—***vt.* 〈人々を〉組織する、〈協会などを〉作る [Sk.]

ಸಂಘರ್ಷ 〚saṃgʰarṣa サンガルシャ〛[səŋgʰərʂɐ] ಸಂಘರ್ಷಣೆ 《文》*n.* **1** 摩擦 **2** 争い、衝突、摩擦 [Sk.] = ಸಂಘರ್ಷಣೆ (saṃgʰarṣaṇe)

ಸಂಘರ್ಷಣೆ 〚saṃgʰarṣaṇe サンガルシャネ〛[səŋgʰərʂəɳe] 《文》*n.* [Sk.] ☞ಸಂಘರ್ಷ (saṃgʰarṣa)

ಸಂಚಕಾರ 〚saṃcakāra サンチャカーラ〛[səɲʧəkɐːrɐ] *n.* **1** 手付け金 **2**〔喩〕(奸策などによってもたらされた)害 ¶ ನನ್ನ ಸಂತೋಷಕ್ಕೆ ಅವಳು ಸಂಚಕಾರ ತಂದಳು. (nanna saṃtōṣakke avaḷu saṃcakāra taṃdaḷu.) 彼女は私の幸福をぶち壊した。= ಕೇಡು (kēḍu) [M. *sacăkāră*]

ಸಂಚಯ 〚saṃcaya サンチャヤ〛[səɲʧəjɐ] *n.* 集めること、集めたもの、収集、収集品 [Sk.]

ಸಂಚಯನ 〚saṃcayana サンチャヤナ〛[səɲʧəjənɐ] 《文》*n.* 集めること、収集 [Sk.]

ಸಂಚಯಿಸು 〚saṃcayisu サンチャイス〛[səɲʧəjĭsu] 《文》*vt.* 一か所に集める、集める、収集する、蓄える [Sk.]

ಸಂಚರಿಸು 〚saṃcarisu サンチャリス〛[səɲʧərisu] 《文》*vi.* **1** さまよう、彷徨する **2** 旅行する [Sk.]

ಸಂಚಾರ 〚saṃcāra サンチャーラ〛[səɲʧɐːrɐ] 《文》*n.* **1** 彷徨、逍遥 **2** 旅、旅行 [Sk.]

ಸಂಚಾರಿ 〚saṃcāri サンチャーリ〛[səɲʧɐːri] 《文》(*adj.*) **1** 動く〈こと〉、移動する〈こと〉 **2** さまよう〈こと〉、放浪する〈こと〉 **3** 旅する〈こと〉、旅行する〈こと〉 **—***mf.* **1** 歩き回る人、ぶらつく人 **2** 旅行者 [Sk.]

ಸಂಚಾರಿ ಗ್ರಂಥಾಲಯ 〚saṃcāri graṃtʰālaya サンチャーリグランターラヤ〛[səɲʧɐːri grəntʰɐːləjɐ] 《文》*n.* 移動図書館 [Sk.]

ಸಂಚಾರಿ ಭಾವ 〚saṃcāri bʰāva サンチャーリバーヴァ〛[səɲʧɐːri bʰɐːvɐ] 《文》*n.* 一時的な情緒(インドの詩論の用語) [Sk.]

ಸಂಚಾಲಕ 〚saṃcālaka サンチャーラカ〛[səɲʧɐːrə̆kɐ] 《文》*m.* 《*f.* ಸಂಚಾಲಕಿ (saṃcālaki)》 **1** （会議や集会などの）発起人、召集者、主催者、世話人 **2** （バスなどの）運転手 [Sk.]

ಸಂಚಿ
パーン入れ

ಸಂಚಾಲನಾಲಯ 〚saṃcālanālaya サンチャーラナーラヤ〛[səɲʧɐːlənɐːləjɐ] 《文》*n.* 最高管理者たちのいる役所 [Sk.]

ಸಂಚಿ 〚saṃci サンチ〛[səɲʧi] *n.* パーン入れ(ビンロウジュの実とキンマの葉を入れる小さな袋)〔⇒図〕[? cf. *saṃcaya*]

ಸಂಚಿಕೆ 〚saṃcike サンチケ〛[səɲʧike] 《文》*n.* **1** （雑誌の）号 **2** （本の）巻 [Sk.]

ಸಂಚಿತ 〚saṃcita サンチタ〛[səɲʧitɐ] 《文》(*adj.*) **1** 積み上げられた〈こと〉 **2** 集められた〈こと〉、集積された〈こと〉 **3** 蓄えられた〈こと〉、貯蓄された〈こと〉 [Sk.]

ಸಂಚಿತಕರ್ಮ 〚saṃcitakarma サンチタカルマ〛[səɲʧitəkərmɐ] 《文》*n.* 前世で行った罪や悪行によって蓄えられた業(ごう) [Sk.]

ಸಂಚಿತಪುಣ್ಯ 〚saṃcitapuṇya サンチタプニャ〛[səɲʧitəpuɳ.jɐ] 《文》*n.* 前世で行った善行によって蓄えられた功徳 [Sk.]

ಸಂಚು 〚saṃcu サンチュ〛[səɲʧu] *n.* 策略、奸策、計略 ¶ ನಾನು ವಿದೇಶಕ್ಕೆ ಹೋಗಬಾರದೆಂದು ಅಧ್ಯಕ್ಷರು ಸಂಚು ಹಾಕಿದರು. (nānu vidēśakke hōgabāradeṃdu adʰyakṣaru saṃcu hākidaru.) 私が外国へ行けないようにと所長が姦計を巡らせた。 [Ka. D2293]

ಸಂಚುಗಾರ 〚saṃcugāra サンチュガーラ〛[səɲʧugɐːrɐ] *m.* 《*f.* ಸಂಚುಗಾರ್ತಿ (saṃcugārti)》策略家 [+ *-kāra*]

ಸಂಜೀವಿನಿ 〚saṃjīvini サンジーヴィニ〛[səɲʤiːvini] 《文》*n.* 死者をよみがえらせる薬草 [Sk.]

ಸಂಜೆ 〚saṃje サンジェ〛[səɲʤe] *n.* 夕方、たそがれ時、昼と夜の境目 [Sk. *saṃdhyā-*]

ಸಂಜೆಗತ್ತಲು 〚saṃjegattalu サンジェガッタル〛[səɲʤegəttə̆lu] *n.* たそがれ、夕闇 [*saṃje* + *kattalu*]

ಬದುಕಿನ ಸಂಜೆಗತ್ತಲು 〚badukina saṃjegattalu バドゥキナサンジェガッタル〛[bəɖukinə səɲʤegəttə̆lu] 《文》*n.* 人生のたそがれ、老年 [*baduku* +]

ಸಂಜ್ಞಾಕ್ಷರ 〚saṃjñākṣara サンジュニャークシャラ〛[səmʤɲɐːkʂrɐ] 《文》*n.* 符号 [Sk.]

ಸಂಜ್ಞೆ 〚saṃjñe サンジュニェ〛[səɲʤɲe] *n.* **1** 意識 ¶ ತಲೆಗೆ ಪೆಟ್ಟಾಗಿ ನನಗೆ ಸಂಜ್ಞೆ ತಪ್ಪಿತು. (talege peṭṭāgi nanage saṃjñe tappitu.) 頭を打って私は気を失った。 **2** 知力、思考力 **3** 記号、シンボル、しるし、身ぶり **4** 名前、名称 **5** コード、符号 **6** 零、ゼロ [Sk.]

ಸಂಡಿಗೆ 〚saṃḍige サンディゲ〛[səɳɖĭge] *n.* トウガラシや塩で味をつけた穀物や豆類の練り粉を干したもの(油やギーで揚げて副食物として食べる) [<?]

ಸಂತ 〚saṃta サンタ〛[səntɐ] *m.*, *adj.* 《*f.* ಸಂತಳು (saṃtaḷu)》 **1** 聖なる〈人〉、聖人〈の〉、聖者〈の〉 **2**〔喩〕静かな〈人〉、平和な〈人〉、落ち着いた〈人〉 [Sk.]

ಸಂತತ 〚saṃtata サンタタ〛[səntətɐ] 《文》*adv.* ひっきりなしに、ずっと ¶ ಮೂರು ದಿನಗಳಿಂದ ಸಂತತ ಮಳೆ ಬೀಳುತ್ತಿದೆ. (mūru dinagaḷiṃda saṃtata maḷe bīḷuttide.) この三日間ずっと雨が降っている。 [Sk.] = ಸತತ (satata)

ಸಂತತಿ 〚saṃtati サンタティ〛[səntəti] *n.* **1** 群衆、(動物や鳥の) 群れ ¶ ಪ್ರಗತಿ ಮೈದಾನದಲ್ಲಿ ಈ ದಿನ ಜನಸಂತತಿ ಸೇರಿತ್ತು. (pragati maidānadalli ī dina janasaṃtati sērittu.) 今日プラガティ広場に人々がたくさん集まった。 **2** 子ども、子孫 ¶ ಗೌಡನ ಸಂತತಿಯಲ್ಲಿ ಗಂಡು ಮಕ್ಕಳಿಲ್ಲ. (gauḍana saṃtatiyalli gaṃḍu makkaḷilla.) ガウダ氏に

は男の子がいない。 3 血統、後裔 ¶ ಝಾಂಸಿ ಲಕ್ಷ್ಮೀಬಾಯಿಯ ಸಂತತಿ ಮುಂದುವರಿಯಲಿಲ್ಲ. (jʰāṃsi lakṣmībāyiya saṃtati muṃduvariyalilla.) ジャーンシーの(女王)ラクシュミーバーイーの血統は絶えてしまった。[Sk.]

ಸಂತಪ್ತ ⟦saṃtapta サンタプタ⟧ [səntəptɐ] 《文》 *adj.* 1 《古》熱く熱せられた、熱い 2〔喩〕深く悩む、苦悩する [Sk.]

ಸಂತರ್ಪಣೆ ⟦saṃtarpaṇe サンタルパネ⟧ [səntərpəɳe] 《文》 *n.* 1 満足させること 2(結婚、法事、慈善などの目的で)大勢の人に食事を振る舞うこと [Sk.]

ಸಂತಸ ⟦saṃtasa サンタサ⟧ [səntə̆sɐ] *n.* 1 喜び、幸福 2 満足 [Sk. *saṃtōṣa-*] ☞ಸಂತೋಷ (saṃtōṣa)

ಸಂತಾನ ⟦saṃtāna サンターナ⟧ [səntɐːnɐ] 《文》 *n.* 子ども、子孫 ¶ ಗೌಡ ಸಂತಾನ ಇಲ್ಲದೆ ತೀರಿಕೊಂಡರು. (gauḍa saṃtāna illade tīrikoṃḍaru.) ガウダ(氏)は子どもを残さずに世を去った。[Sk.]

ಸಂತಾನಹರಣ ⟦saṃtānaharaṇa サンターナハラナ⟧ [səntɐːnəhərəɳɐ] 《文》 *n.* 堕胎 [Sk.] = ಅಬಾರ್ಶನ್ (abārśan)〔口〕

ಸಂತಾಪ ⟦saṃtāpa サンターパ⟧ [səntɐːpɐ] *n.* 1《古》ひどく熱いこと、高熱 2 悩み、苦悩 3 後悔、悔悟 ¶ ಹಿರೊಶಿಮದಲ್ಲಿ ಅಣುಬಾಂಬು ಹಾಕಿದ ಪೈಲಟ್ ಸಂತಾಪದಿಂದ ಮನೋವಿಕಾರ ಹೊಂದಿದನಂತೆ. (hirośimadalli aṇubāṃbu hākida pailaṭ saṃtāpadiṃda manōvikāra hoṃdidanaṃte.) 広島に原爆を投じた飛行士は後悔から精神障害者となったそうだ。[Sk.]

ಸಂತುಷ್ಟ ⟦saṃtuṣṭa サントゥシュタ⟧ [səntuʂʈɐ] *adj.*, *m.* 《*f.* ಸಂತುಷ್ಟಳು (saṃtuṣṭaḷu)》満足した、満ち足りた〈人〉[Sk.]

ಸಂತುಷ್ಟಿ ⟦saṃtuṣṭi サントゥシュティ⟧ [səntuʂʈi] *n.* 1 喜び、幸福、幸せ 2 満足 [Sk.] ☞ಸಂತೃಪ್ತಿ (saṃtṛpti)

ಸಂತೃಪ್ತಿ ⟦saṃtṛpti サントゥルプティ⟧ [səntruɪpti/səntrupti] *n.* 1 喜び、幸福、幸せ 2 満足 [Sk.] = ಸಂತುಷ್ಟಿ (saṃtuṣṭi)

ಸಂತೆ ⟦saṃte サンテ⟧ [sənte] *n.* 1 週1回の市 2〔喩〕大勢の人々の集まり、群衆 ¶ ಎಲ್ಲರೂ ಅಕಸ್ಮಾತ್ ಬಂದು ಸೇರಿದ್ದರಿಂದ ಇಂದು ನಮ್ಮ ಮನೆಯಲ್ಲಿ ಸಂತೆ ಆಗಿದೆ. (ellarū akasmāt baṃdu sēriddariṃda iṃdu namma maneyalli saṃte āgide.) みんなが突然やって来たので今日はうちは大賑わいだ。[Sk. *saṃsthā-*]

ಸಂತೈಸು ⟦saṃtaisu サンタイス⟧ [səmtəisu] *vt.* 慰める、慰撫する [Sk. *śāṃta-* + *-isu*]

ಸಂತೋಷ ⟦saṃtōṣa サントーシャ⟧ [səntoːʂɐ] *n.* 1 喜び、幸福、幸せ 2 満足、嬉しいこと ¶ ಸಂತೋಷದ ಸುದ್ದಿ (saṃtōṣada suddi) 嬉しいニュース [Sk.]

ಸಂತೋಷಿಸು ⟦saṃtōṣisu サントーシス⟧ [səntoːʂisu] 《文》 *vi.* 1 楽しむ、喜ぶ ¶ ಮಗನಿಗೆ ಎಂಜಿನಿಯರಿಂಗಿಗೆ ಸೀಟ್ ಸಿಕ್ಕಿದ್ದನ್ನು ಕೇಳಿ ಅಪ್ಪ ಅಮ್ಮ ಸಂತೋಷಿಸಿದರು. (maganige eṃjiniyariṃgige sīṭ sikkiddannu kēḷi appa amma saṃtōṣisidaru.) 息子が工学部に入学したので両親はとても喜んでいる。 2 満足する ¶ ಹುಟ್ಟಿದ ಹಬ್ಬಕ್ಕೆ ಮಗನಿಗೆ ಅಂಗಿ ಕೊಟ್ಟರೂ ಅವನು ಸಂತೋಷಿಸಲಿಲ್ಲ. (huṭṭida habbakke maganige aṃgi koṭṭarū avanu saṃtōṣisalilla.) 誕生日に私がシャツを贈っても、息子は満足しなかった。[Sk.]

ಸಂದಣಿ ⟦saṃdaṇi サンダニ⟧ [səndəɳi] *n.* (人々や動物の)集合、雑踏 [Sk.]

ಜನಸಂದಣಿ ⟦janasaṃdaṇi ジャナサンダニ⟧ [ʤənəsəndəɳi] *n.* 人々の集合、雑踏 ¶ ಇವತ್ತು ಮೈದಾನದಲ್ಲಿ ಹೆಚ್ಚು ಜನಸಂದಣಿ. (ivattu maidānadalli heccu janasaṃdaṇi.) 今日は広場が人でいっぱいです。[Sk.]

ಸಂದರ್ಭ ⟦saṃdarbʰa サンダルバ⟧ [səndərbʰɐ] *n.* 1 機会、チャンス ¶ ಸಂದರ್ಭವನ್ನು ನೋಡಿ ಈ ವಿಷಯವನ್ನು ಹೇಳಬೇಕು. (saṃdarbʰavannu nōḍi ī viṣayavannu hēḷabēku.) 機会を見てこの問題を切り出さねばなりません。 2 前後の関係、脈絡、文脈 ¶ ಈ ಸಂದರ್ಭದಲ್ಲಿ ಈ ಶಬ್ದದ ಅರ್ಥ ಬೇರೆ ಆಗುತ್ತದೆ. (ī saṃdarbʰadalli ī śabdada artʰa bēre āguttade.) この脈絡ではこの言葉の意味は違ってくる。[Sk.]

ಸಂದರ್ಶನ ⟦saṃdarśana サンダルシャナ⟧ [səndərʃənɐ] *n.* 1(宮殿、寺院などを)見ること、見物 2 会見、面接、インタビュー ¶ ನಮಗೆ ಪ್ರಧಾನಿಯ ಸಂದರ್ಶನ ದೊರೆಯಲಿಲ್ಲ. (namage pradʰāniya saṃdarśana doreyalilla.) 我々は総理に面会することができなかった。= ಭೇಟಿ (bʰēṭi) [Sk.]

ಸಂದರ್ಶಿಸು ⟦saṃdarśisu サンダルシス⟧ [səndərʃisu] 《文》 *vt.* 1〈寺院、名所などを〉見物する ¶ ಕರ್ನಾಟಕದ ಯಾವ ಯಾವ ಸ್ಥಳಗಳನ್ನು ಸಂದರ್ಶಿಸಿ ಬಂದೆ? (karnāṭakada yāva yāva stʰaḷagaḷannu saṃdarśisi baṃde?) カルナータカのどこを見てきたの。 2〈人に〉会う、〈人と〉会見する、〈人に〉インタビューする [Sk.]

ಸಂದಾಯ ⟦saṃdāya サンダーヤ⟧ [səndɐːjɐ] 《文》 *n.* (料金や授業料などの)払い込み [Sk.] = ಪಾವತಿ (pāvati)

ಸಂದಿಗ್ಧ ⟦saṃdigdʰa サンディグダ⟧ [səndigdʰɐ] 《文》 (*n.*) 1 疑わしい〈こと〉、はっきり分からない〈こと〉 2 ジレンマ〈の〉、板挟み〈の〉[Sk.]

ಸಂದಿಗ್ಧ ಪರಿಸ್ಥಿತಿ ⟦saṃdigdʰa paristʰiti サンディグダパリスティティ⟧ [səndigdʰə pəristʰiti] 《文》 *n.* ジレンマ、板挟みの状態 ¶ ಪ್ರಧಾನ ಮಂತ್ರಿ ಯಾವಾಗಲೂ ಸಂದಿಗ್ಧ ಪರಿಸ್ಥಿತಿಯನ್ನು ಸೃಷ್ಟಿಸಿ ಕೊಳ್ಳುತ್ತಾರೆ. (pradʰāna maṃtri yāvāgalū saṃdigdʰa paristʰitiyannu sṛṣṭisi koḷḷuttāre.) 首相は何時も自分で板ばさみの状態に陥る。[Sk.]

ಸಂದಿಗ್ಧ ಸನ್ನಿವೇಶ ⟦saṃdigdʰa sannivēśa サンディグダサンニヴェーシャ⟧ [səndigdʰə sənniveːʃɐ] 《文》 *n.* ジレンマ、板挟みの状態 [Sk.]

ಸಂದಿಗ್ಧತೆ ⟦saṃdigdʰate サンディグダテ⟧ [səndigdʰəte] 《文》 *n.* 1 疑わしいこと、はっきりしないこと 2 ジレンマ、板挟みの状態 ¶ ನಾನು ನನ್ನ ಮದುವೆ ವಿಷಯದಲ್ಲಿ ಸಂದಿಗ್ಧತೆಗೆ ಸಿಲುಕಿದ್ದೇನೆ. (nānu nanna maduve viṣayadalli saṃdigdʰatege silukiddēne.) 私は自分の結婚問題で板挟みの状態にある。[Sk.] = ಇಕ್ಕಟ್ಟು (ikkaṭṭu)

ಸಂದು ⟦saṃdu サンドゥ⟧ [sɘndu] *n.* 1 関節 2（壁などの）ひび、割れ目 3 小路、路地 [Sk. *saṃdhi-*]

ಸಂದೂಕ ⟦saṃdūka サンドゥーカ⟧ [sɘndu:kɐ] *n.* 貴重品を入れる大きな箱や戸棚 [Pe. *sindūq*]

ಸಂದೇಶ ⟦saṃdēśa サンデーシャ⟧ [sɘnde:ʃɐ] *n.* 1 ニュース、知らせ 2 伝言、メッセージ 3 郵便などの方法で贈られる祝辞 ¶ ಕ್ರಿಸ್ಮಸಿಗೆ ಪ್ರಧಾನಿಗಳು ಸಂದೇಶ ಕಳುಹಿಸಿದ್ದಾರೆ. (krismasige pradʰānigaḷu saṃdēśa kaḷuhisiddāre.) 首相はクリスマスにメッセージを送った。 4（預言者、著作家、伝道師などが発する）霊感を受けた言葉や意義深い言葉 [Sk.]

ಸಂದೇಹ ⟦saṃdēha サンデーハ⟧ [sɘde:hɐ] *n.* 1 疑い、不信 ¶ ನನಗೆ ಸಾಕ್ಷಿಯ ಹೇಳಿಕೆಯ ಮೇಲೆ ಸಂದೇಹ ಬಂತು. (nanage sākṣiya hēḷikeya mēle saṃdēha baṃtu.) 私は証人の言葉に不信を抱くようになった。 2 嫌疑、疑惑 ¶ ಈ ವಿಷಯದ ಬಗ್ಗೆ ನನಗೆ ಗಂಡನ ಮೇಲೆ ಸಂದೇಹ ಬಂತು. (ī viṣayada bagge nanage gaṃḍana mēle saṃdēha baṃtu.) 私はこのことについて夫に疑惑を持つようになった。 [Sk.]

ಸಂಧಾನ ⟦saṃdʰāna サンダーナ⟧ [sɘndʰɐ:nɐ] 《文》 *n.* 1 協定、条約、同盟 = ಒಪ್ಪಂದ (oppaṃda) 2（弓に矢を）つがえること [Sk.]

ಸಂಧಾನಮಾಡು ⟦saṃdʰānamāḍu サンダーナマードゥ⟧ [sɘndʰɐ:nɘmɐ:ḍu] 《文》 *vt.* 1（弓に）〈矢を〉つがえる 2 条約や協定を結ぶ 3（戦っている国が）和睦する [Sk.]

ಸಂಧಿ ⟦saṃdʰi サンディ⟧ [sɘndʰi] 《文》 *n.* 1 つなぎ、連接 2 音便、形態音韻論的変化 3 協定、条約 4 同盟 5（本の）章 [Sk.]

ಸಂಧಿಕಾಲ ⟦saṃdʰikāla サンディカーラ⟧ [sɘndʰikɐ:lɐ] 《文》 *n.* 過渡期、転換期 [Sk.]

ಸಂಧಿವಿಗ್ರಹ ⟦saṃdʰivigraha サンディヴィグラハ⟧ [sɘndʰi vigrɘhɐ] 《文》 *n.* 戦争と和睦、戦争と外交 [Sk.]

ಸಂಧಿವಿಗ್ರಹಿ ⟦saṃdʰivigrahi サンディヴィグラヒ⟧ [sɘndʰi vigrɘhi] 《文》 *mf.* 戦争や外交を司る大臣 [Sk.]

ಸಂಧಿವಾತ ⟦saṃdʰivāta サンディヴァータ⟧ [sɘndʰivɐ:tɐ] 《文》 *n.* リウマチや関節炎など関節が痛む病気 [Sk.]

ಸಂಧಿಸು ⟦saṃdʰisu サンディス⟧ [sɘndʰisu] 《文》 *vt.* 〈人に〉会う、〈人を〉訪れる、〈人に〉インタビューする、〈人と〉接触する、連絡を取る [Sk.]

ಸಂಧಿಸೂಚನೆ ⟦saṃdʰisūcane サンディスーチャネ⟧ [sɘndʰi su:ʧɘne] 《文》 *n.* 章の冒頭の内容の摘要 [Sk.]

ಸಂಧಿಸ್ವರ ⟦saṃdʰisvara サンディスヴァラ⟧ [sɘndʰisvɘrɐ/–svɤrɐ] 《文》 *n.* 二重母音、複母音 [Sk.] = ಸಂಯುಕ್ತ ಸ್ವರ (saṃyukta svara)

ಸಂಧ್ಯೆ ⟦saṃdʰye サンディェ⟧ [sɘndʰje] 《文》 *n.* 夕方、夕暮れ時 [Sk.] = ಸಂಧ್ಯಾಕಾಲ (saṃdʰyākāla)

ಸಂಧ್ಯಾಕಾಲ ⟦saṃdʰyākāla サンディャーカーラ⟧ [sɘndʰjɐ kɐ:lɐ] 《文》 *n.* 夕方、夕暮れ時 [Sk.] = ಸಂಧ್ಯೆ (saṃdʰye)

ಸಂನ್ಯಾಸ ⟦saṃnyāsa サンニャーサ⟧ [sɘnnjɐ:sɐ] *n.* 1（宗教的理由で）世を捨てること、出家、現世放棄 2 ヒンドゥー社会の人生の第4期、理想とされる出家しての遊行 [Sk.]

ಸಂನ್ಯಾಸಿ ⟦saṃnyāsi サンニャーシ⟧ [sɘmnjɐ:si] *m.* ⟪*f.* ಸಂನ್ಯಾಸಿನಿ (saṃnyāsini)⟫ 宗教目的で俗世を捨てた人、出家者 [Sk.]

ಸಂನ್ಯಾಸಿನಿ ⟦saṃnyāsini サンニャーシニ⟧ [sɘmnjɐ:sini] 《文》 *f.* ⟪*m.* ಸಂನ್ಯಾಸಿ (saṃnyāsi)⟫ 女性出家者 [Sk.]

ಸಂಪಗೆ ⟦saṃpage サンパゲ⟧ [sɘmpɤ̆ge] *n.* [Ka. D2321, cf Sk. *campaka-*] ☞ ಸಂಪಿಗೆ (saṃpige)

ಸಂಪತ್ತು ⟦saṃpattu サンパットゥ⟧ [sɘmpɘttu] *n.* 1 富、富裕 2 繁栄 [Sk. *saṃpad-*]

ಸಂಪತ್ತು ತೆರಿಗೆ ⟦saṃpattu terige サンパットゥテリゲ⟧ [sɘ mpɘttu terĭge] *n.* 財産税 [Sk.]

ಸಂಪನ್ನ ⟦saṃpanna サンパンナ⟧ [sɘmpɘnnɐ] 《文》 *adj., m.* 1 富裕な〈人〉、豊かな〈人〉、金持ち〈の〉 2 正しい〈人〉、廉直な〈人〉、有徳の〈人〉 ¶ ಅವನಂತಹ ಸಂಪನ್ನನನ್ನು ನಾನು ನೋಡಿಯೇ ಇಲ್ಲ. (avanaṃtaha saṃpanṇanannu nānu nōḍiyē illa.) あの人のように徳の高い廉直な人は見たことがない。 [Sk.]

ಸಂಪನ್ನತೆ ⟦saṃpannate サンパンナテ⟧ [sɘmpɘnnɘte] 《文》 *n.* 1 裕福、富裕 2 廉直、有徳なこと ¶ ಅವನಿಗೆ ಸಂಪನ್ನತೆಯೇ ಇಲ್ಲ. (avanige saṃpannateyē illa.) あの男性は徳が全然ない。 [Sk.]

ಸಂಪನ್ಮೂಲ ⟦saṃpanmūla サンパンムーラ⟧ [sɘmpɘnmu:lɐ] 《文》 *n.* 資源 ¶ ಬಿಹಾರಿನಲ್ಲಿ ಹೆಚ್ಚು ಸಂಪನ್ಮೂಲ ಇದ್ದರೂ ಸಂಪನ್ನತೆ ಇಲ್ಲ. (bihārinalli heccu saṃpanmūla iddarū saṃpannate illa.) ビハールは資源が豊富だが裕福ではない。 [Sk.]

ಸಂಪರ್ಕ ⟦saṃparka サンパルカ⟧ [sɘmpɘrkɐ] *n.* 1 連絡 2 情報交換 3（性的な）関係 ¶ ಅವರ ಹೆಂಡತಿ ಪೊಲೀಸ್ ಅಧಿಕಾರಿ ಜೊತೆಗೆ ಸಂಪರ್ಕ ಇಟ್ಟುಕೊಂಡಿದ್ದಳು. (avara heṃḍati polīs adʰikāri jotege saṃparka iṭṭukoṃḍiddaḷu.) あの人の奥さんは警察官と関係していた。 [Sk.]

ಸಂಪರ್ಕಸಾಧನ ⟦saṃparkasādʰana サンパルカサーダナ⟧ [sɘmpɘrkɘsɐ:dʰɘnɐ] 《文》 *n.* 情報交換の手段 [Sk.]

ಸಂಪರ್ಕಾಧಿಕಾರಿ ⟦saṃparkādʰikāri サンパルカーディカーリ⟧ [sɘmpɘrkɐ:dʰikɐ:ri] 《文》 *mf.* 1 連絡将校 2 企業で他の企業や子会社などとの間の調整をはかる係の部局の長 [Sk.]

ಸಂಪರ್ಕಿಸು ⟦saṃparkisu サンパルキス⟧ [sɘmpɘrkisu] 《文》 *vt.* 連絡を取る、連絡する ¶ ಟೆಲೆಫೋನ್ ಮೇಲೆ ನಾನು ಸ್ನೇಹಿತರನ್ನು ಸಂಪರ್ಕಿಸಿದೆ. (ṭelepʰōn mēle nānu snēhitarannu saṃparkiside.) 私は電話で友人と連絡を取った。 [Sk.]

ಸಂಪಾದಕ ⟦saṃpādaka サンパーダカ⟧ [sɘmpɐ:dɘkɐ] *m.* ⟪*f.* ಸಂಪಾದಕಿ (saṃpādaki)⟫（新聞や雑誌などの）編集者 ¶ ಪೂರ್ಣಿಮಾ ಭಾರತದಲ್ಲಿ ದಿನಪತ್ರಿಕೆಯ ಮೊದಲನೆಯ ಸಂಪಾದಕಿ. (pūrṇimā bʰāratadalli dinapatrikeya modalaneya saṃpādaki.) プールニマーはインドの新聞で最初の

女性の編集者である。[Sk.]

ಸಂಪಾದಕೀಯ ⟦sampādakīya サンパーダキーヤ⟧ [səmpɐːdəkiːjɐ] 《文》 *n.* 社説 [Sk.]

ಸಂಪಾದನೆ ⟦sampādane サンパーダネ⟧ [səmpɐːdəne] 《文》 *n.* 1 編集、編集の仕事 2 収入、稼ぎ [Sk.]

ಸಂಪಾದಿಸು ⟦sampādisu サンパーディス⟧ [səmpɐːdisu] 《文》 *vt.* 1 編集する 2 得る、獲得する ¶ ಅವನು ಆ ಕೆಲಸವನ್ನು ಲಂಚ ಕೊಟ್ಟು ಸಂಪಾದಿಸಿಕೊಂಡ. (avanu ā kela-savannu laṃca koṭṭu saṃpādisikoṃḍa.) 彼は賄賂であの職を得た。 3 儲ける、稼ぐ [Sk.]

ಸಂಪಿಗೆ ⟦sampige サンピゲ⟧ [səmpĭge] ಸಂಪಗೆ *n.* キンコウボク(金香木、強い芳香を出す黄色がかった白い花が咲く中型の木、モクレン科オガタマノキ属) ⇀ 香・材・観 [Ka. D2321] *[IMP 4.33; IHT 289]

ಸಂಪು[1] ⟦sampu サンプ⟧ [səmpu] *n.* [Ka. D2850] ☞ ಸೊಂಪು (soṃpu)

ಸಂಪು[2] ⟦sampu サンプ⟧ [səmpu] *n.* ストライキ、同盟履業 ◇ *vi.* —ಹೂಡು (hūḍu) ストライキをする [M. *sampā*] (NK)

ಸಂಪುಟ ⟦sampuṭa サンプタ⟧ [səmpuʈɐ] *n.* 1 箱 2 (本の)巻 3 内閣 [Sk.]

ಸಂಪೂರ್ಣ ⟦sampūrṇa サンプールナ⟧ [səmpuːrɳɐ] 《文》 (*n.*) 1 全体〈の〉、すべて〈の〉 2 ラーガ〈の〉、音階の7音がすべて用いられた〈こと〉 —*adv.* 完全に、すっかり ¶ ಆರು ಗಂಟೆಗೆ ಮಳೆ ಸಂಪೂರ್ಣ ನಿಂತಿತು. (āru gaṃṭege maḷe saṃpūrṇa niṃtitu.) 6時に雨が完全にあがった。[Sk.]

ಸಂಪೂರ್ಣತೆ ⟦sampūrṇate サンプールナテ⟧ [səmpuːrɳəte] 《文》 *n.* 完全性、全体性 [Sk.]

ಸಂಪ್ರದಾನ ⟦sampradāna サンプラダーナ⟧ [səmprədɐːnɐ] 《文》 *n.* 〔言〕与格 [Sk.]

ಸಂಪ್ರದಾಯ ⟦sampradāya サンプラダーヤ⟧ [səmprədɐːjɐ] *n.* 伝統、古来の習慣、しきたり ¶ ಎಡಗೈಯಲ್ಲಿ ಬಹುಮಾನ ಕೊಡುವುದು ತೆಗೆದುಕೊಳ್ಳುವುದು ಭಾರತದ ಸಂಪ್ರದಾಯ ಅಲ್ಲ. (eḍagaiyalli bahumāna koḍuvudu tegedukoḷḷuvudu bʰāratada saṃpradāya alla.) 左手で賞品を与えたり受け取ったりするのはインドのしきたりではない。[Sk.]

ಸಂಪ್ರದಾಯಸ್ಥ ⟦sampradāyastʰa サンプラダーヤスタ⟧ [səmprədɐːjəstʰɐ] 《文》 *adj., m.* 《*f.* ಸಂಪ್ರದಾಯಸ್ಥಳು (sampradāyastʰaḷu)》 伝統主義者〈の〉、保守主義者〈の〉; 慣例尊重主義者〈の〉 [Sk.] = ಸಂಪ್ರದಾಯಶರಣ (sampradāyaśaraṇa)

ಸಂಪ್ರದಾಯಶರಣ ⟦sampradāyaśaraṇa サンプラダーヤシャラナ⟧ [səmprədɐːjəʃərəɳɐ] 《文》 *m.* 《*f.* ಸಂಪ್ರದಾಯಶರಣೆ (sampradāyaśaraṇe)》 伝統主義者、保守主義者 [Sk.] = ಸಂಪ್ರದಾಯಸ್ಥ (sampradāyastʰa)

ಸಂಬಂಧ ⟦sambaṃdʰa サンバンダ⟧ [səmbəndʰɐ] *n.* 1 連結、連絡、つながり ¶ ನಾವು ಹೊಸ ಮಂತ್ರಿಗಳೊಡನೆ ಸಂಬಂಧ ಸ್ಥಾಪಿಸಬೇಕು. (nāvu hosa maṃtrigaḷoḍane saṃbaṃdʰa stʰāpisabēku.) 我々は新しい大臣との間に接触できる関係を作らなければならない。 2 関係、つながり ¶ ನಿಮಗೂ ನನಗೂ ಇಂದಿನಿಂದ ಸಂಬಂಧ ಇಲ್ಲ. (nimagū nanagū iṃdiniṃda saṃbaṃdʰa illa.) 君とおれは今日から絶交だ。 3 親族関係、縁組み ¶ ಆ ಕುಟುಂಬದ ಜೊತೆಗೆ ನಾವು ಸಂಬಂಧ ಮಾಡಿದೆವು. (ā kuṭuṃbada jotege nāvu saṃbaṃdʰa māḍidevu.) 私たちはあの家との間に姻戚関係を結んだ。 —*postp.* …に関して ¶ ಮಂಗಳವಾರ ಹಬ್ಬದ ಸಂಬಂಧ ಭಾರೀ ಬೇಡಿಕೆ ಬಂದಿದ್ದರಿಂದ … (maṃgaḷavāra habbada saṃbaṃdʰa bʰārī bēḍike baṃdid-dariṃda …) 火曜日の祭日に関して需要が大きいので…(prajāvāṇi 98.08.31) [Sk.]

ಸಂಬಂಧಿ ⟦sambaṃdʰi サンバンディ⟧ [səmbəndʰi] *mf.* 親類、縁者 ¶ ಈಗಿನ ಸಮಾಜದಲ್ಲಿ ಮದುವೆ ಮತ್ತು ಉತ್ತರಕ್ರಿಯೆಗಳ ಹೊರತು ಸಂಬಂಧಿಗಳು ಸೇರುವುದು ಕಡಿಮೆ ಆಗುತ್ತಾ ಇದೆ. (īgina samājadalli maduve mattu uttarakriyegaḷa horatu saṃbaṃdʰigaḷu sēruvudu kaḍime āguttā ide.) 現代社会では結婚と葬式を除いて親族たちが集まることはまれになっている。[Sk.]

ಸಂಬಂಧಿಸು ⟦sambaṃdʰisu サンバンディス⟧ [səmbəndʰisu] *vt.* 結びつける、つながらせる、関係づける —*vi.* 関係する、結びつく、つながる ¶ ಭಾರತದಲ್ಲಿ ಗ್ರಹಚಾರ ಮತ್ತು ಮನುಷ್ಯರ ಅದೃಷ್ಟ ಸಂಬಂಧಿಸುತ್ತವೆ ಎಂಬ ನಂಬಿಗೆ ಇದೆ. (bʰāratadalli grahacāra mattu manuṣyara adṛṣṭa saṃbaṃdʰisuttave eṃba naṃbige ide.) インドでは惑星の動きと人々の運命が関係していると信じられている。[Sk.]

ಸಂಭರಣ ⟦sambʰaraṇa サンバラナ⟧ [səmbʰərəːɳɐ] 《古》 *n.* 集めること、収集; (必用なものを集めて)準備すること [Sk.]

ಸಂಬಳ ⟦sambaḷa サンバラ⟧ [səmbə̆ɭɐ] *n.* 給料 [? cf. *kambaḷa* 「給料」]

ಸಂಬಳಿಗೆ ⟦sambaḷige サンバリゲ⟧ [səmbəɭĭge] 《文》 *n.* パルミラヤシの葉で作った蓋付きの箱 [⇒図] [Sk. *sampuṭaka-*]

ಸಂಬಳಿಗೆ
蓋付き箱

ಸಂಬಾರ ⟦sambāra サンバーラ⟧ [səmbɐːrɐ] ಸಂಬರ, ಸಂಭರ, ಸಾಂಬಾರ್, ಸಾಂಬಾರ, ಸಾಂಬಾರು *n.* 1 サーンバール(豆と野菜を煮込んで香辛料で味つけした南インドのスープ、ほとんど常に食事の一品として供されご飯にかけて食べる) 2 《希》 (炒ったトウガラシ、コリアンダー、クミンなどで作った)サーンバールを作るための調合香辛料 = ಸಂಬಾರಪುಡಿ (sambārapuḍi) [M. *sāmbʰārā* < Sk. *sambʰāra-*?]

ಸಂಬಾರು ಬಟ್ಟಲು ⟦sambāru baṭṭalu サンバールバッタル⟧ [səmbɐːru bəʈʈəlu] *n.* スパイス入れ(料理に使う香辛料を入れる多くの小区画からなる容器) [⇒図] [*sambāra* + *baṭṭalu*]

ಸಂಬಾರು ಬಟ್ಟಲು
スパイス入れ

ಸಂಬಾಳಿಸು ⟦sambāḷisu サンバーリス⟧ [səmbɐːɭisu] ಸಂಭಾಳಿಸು, ಸಂಬಳಿಸು, ಸಮಾಳಿಸು *vt.* 1 巧く処理する、管理する ¶ ಅಣ್ಣ ತಂದೆಯ ವ್ಯಾಪಾರವನ್ನು ಸಂಭಾಳಿಸುತ್ತಾನೆ. (aṇṇa taṃdeya vyāpāravannu saṃbʰāḷisut-

tāne.) 兄が父の事業を管理している。 **2** 慰める、慰撫する ¶ ಮಗು ತೀರಿಕೊಂಡಾಗ ಗಂಡ ಹೆಂಡತಿಯನ್ನು ಸಂಭಾಳಿಸಿದ. (magu tīrikoṃḍāga gaṃḍa heṃḍatiyannu saṃbʰāḷisida.) 子どもが亡くなった時夫が妻を慰めた。 **3** 保護する、維持する、保存する ¶ ತಂದೆ ಗಳಿಸಿದ ಆಸ್ತಿಯನ್ನು ಮಗ ಜೋಪಾನವಾಗಿ ಸಂಭಾಳಿಸಿದ. (taṃde gaḷisida āstiyannu maga jōpānavāgi saṃbʰāḷisida.) 息子は父の作った財産を注意深く守った。 **4** 〈感情を〉押さえる、〈口を〉慎む [M. *saṃbʰāḷăṇẽ* < Sk. *sambʰārayati*]

ಸಂಬೆನೆಲ್ಲು〚sambenellu サンベネッル〛[səmbenellu]《古》*n.* 優れた品種の稲の一種 [Ka. D2346]

ಸಂಭವ〚saṃbʰava サンバヴァ〛[səmbʰəvɐ]《文》*n.* 生まれること、出生、誕生 **—**(*n.*) 可能〈な〉¶ ಈ ಕಾರ್ಯ ಅವನಿಂದ ಆಗುವದು ಸಂಭವ ಇಲ್ಲ. (ī kārya avanimda āguvadu saṃbʰava illa.) この仕事は彼にできることでない。 [Sk.]

ಸಂಭವಿಸು〚saṃbʰavisu サンバヴィス〛[səmbʰəvisu]《文》*vi.* **1** 生まれる、誕生する ¶ ನಮ್ಮ ಚರ್ಚೆಯಲ್ಲಿ ಹೊಸ ವಿಷಯ ಸಂಭವಿಸಿತು. (namma carceyalli hosa viṣaya saṃbʰavisitu.) 我々の討議から新しい論題が生まれた。 **2** 起こる ¶ ನಿನ್ನೆ ಬಸ್ ಮತ್ತು ಲಾರಿ ಢಿಕ್ಕಿ ಆಗಿ ಭೀಕರ ಅಪಘಾತ ಸಂಭವಿಸಿತು. (ninne bas mattu lāri ḍʰikki āgi bʰīkara apagʰāta saṃbʰavisitu.) 昨日バスとトラックが衝突し恐ろしい事故が起こった。 [Sk.]

ಸಂಭಾರ〚saṃbʰāra サンバーラ〛[səmbʰɐːrɐ]《文》*n.* **1** 集めること **2** 結婚や供養や祭式などに必要なもの、またはそれを集めたもの **3** 料理に必要な香辛料を混ぜて粉にした香辛料 [Sk.] cf. ಸಂಬಾರ (saṃbāra)

ಸಂಭಾವನೆ〚saṃbʰāvane サンバーヴァネ〛[səmbʰɐːvəne] *n.* (講師、僧侶などへの)謝礼金 [Sk.]

ಸಂಭಾವಿತ〚saṃbʰāvita サンバーヴィタ〛[səmbʰɐːvitɐ]《文》*adj.*, *m.*《*f.* ಸಂಭಾವಿತೆ (saṃbʰāvite)》尊敬すべき〈人〉、名誉ある〈人〉[Sk.]

ಸಂಭಾವಿಸು〚saṃbʰāvisu サンバーヴィス〛[səmbʰɐːvĭsu] *vt.* **1** 考える、思考する **2** 〈人に〉(歓迎会、表彰などで)敬意を表す **—***vi.* 生まれる [Sk.]

ಸಂಭಾವ್ಯ〚saṃbʰāvya サンバーヴィャ〛[səmbʰɐːvʲjɐ]《文》*adj.* **1** 尊敬に値する **2** ありそうな、可能性のある ¶ ಸಂಭಾವ್ಯ ಪ್ರಶ್ನೆಗಳಿಗೆ ನೀವು ಉತ್ತರಗಳನ್ನು ಸಿದ್ಧಪಡಿಸಿಕೊಂಡಿರಬೇಕು. (saṃbʰāvya praśnegaḷige nīvu uttaragaḷannu siddʰapaḍisikoṃḍirabēku.) あなたはありそうな質問に答えを用意しておかねばなりません。 **3** 価格に見合った ¶ ಈ ಪುಸ್ತಕಕ್ಕೆ ಸಂಭಾವ್ಯ ಬೆಲೆ ಇಟ್ಟಿಲ್ಲ. (ī pustakakke saṃbʰāvya bele iṭṭilla.) この本は内容に比べて値が高すぎる。 [Sk.]

ಸಂಭಾಷಣ〚saṃbʰāṣaṇa サンバーシャナ〛[səmbʰɐːʂəɳɐ]《文》*n.* [Sk.] ☞ಸಂಭಾಷಣೆ (saṃbʰāṣaṇe)

ಸಂಭಾಷಣೆ〚saṃbʰāṣaṇe サンバーシャネ〛[səmbʰɐːʂəɳe] ಸಂಭಾಷಣ *n.* 会話、対話、おしゃべり [Sk.]

ಸಂಭಾಷಿಸು〚saṃbʰāṣisu サンバーシス〛[səmbʰɐːʂisu]《文》*vi.* 語り合う、談話を交わす [Sk.]

ಸಂಭಾಷೆ〚saṃbʰāṣe サンバーシェ〛[səmbʰɐːʂe]《文》*n.* 会話、対話、おしゃべり [Sk.] = ಸಂಭಾಷಣೆ (saṃbʰāṣaṇe)

ಸಂಭಾಳಿಸು〚saṃbʰāḷisu サンバーリス〛[səmbʰɐːḷĭsu]《文》*vt.* [Sk.] = ಸಂಬಾಳಿಸು (saṃbāḷisu)

ಸಂಭೂತ〚saṃbʰūta サンブータ〛[səmbʰuːtɐ]《文》*adj.* 生まれた、生じた [Sk.]

ಸಂಭೋಗ〚saṃbʰōga サンボーガ〛[səmbʰoːgɐ]《文》*n.* 性交、まぐわい [Sk.]

ಸಂಭ್ರಮ〚saṃbʰrama サンブラマ〛[səmbʰrəmɐ]《文》*n.* **1** 有頂天、欣喜雀躍 ¶ ಹಬ್ಬದ ದಿನದಂದು ಅವಳ ಸಂಭ್ರಮ ಹೇಳತೀರದು. (habbada dinadaṃdu avaḷa saṃbʰrama hēḷatīradu.) 祭りの日のあの娘の興奮は言葉で表せない。 **2** 虚栄、見せびらかし ¶ ಅಧಿಕಾರಕ್ಕೆ ಬಂದ ಮೇಲೆ ಅವನ ಸಂಭ್ರಮ ಜೋರಾಗಿದೆ. (adʰikārakke baṃda mēle avana saṃbʰrama jōrāgide.) 権力を得てから彼の虚栄心が強まった。 [Sk.]

ಸಂಭ್ರಾಂತಿ〚saṃbʰrāṃti サンブラーンティ〛[səmbʰrɐːnti] *n.* 慌てること、うろたえること [Sk.] = ಕಕ್ಕಾಬಿಕ್ಕಿ (kakkābikki)

ಸಂಯಮ〚saṃyama サンヤマ〛[səmjəmɐ/səʊ̃–] *n.* **1** 自制、自己抑制 **2** ジャイナ教徒の行うべき行の一つ [Sk.]

ಸಂಯಮಿ〚saṃyami サンヤミ〛[səmjəmi/səʊ̃–] *adj.*, *mf.* 自己を抑制する〈人〉、感官の欲望を抑制する〈人〉[Sk.]

ಸಂಯುಕ್ತ〚saṃyukta サンユクタ〛[səmjuktɐ/səʊ̃–]《文》*adj.* 結合した、組み合わされた [Sk.]

ಸಂಯುಕ್ತ ಕ್ರಿಯಾಪದ〚saṃyukta kriyāpada サンユクタクリヤーパダ〛[— krijɐːpədɐ]《文》*n.* 複合動詞(隣接した二つの動詞の一方または両方が独立の意味を失った動詞の結合体) [Sk.]

ಸಂಯುಕ್ತ ಗಣರಾಜ್ಯ〚saṃyukta gaṇarājya サンユクタガナラージュャ〛[— gəɳərɐːʤʲjɐ]《文》*n.* **1** 共和国の複合国家 **2** アメリカ合衆国 [Sk.]

ಸಂಯುಕ್ತ ಪ್ರಕಟನೆ〚saṃyukta prakaṭane サンユクタプラカタネ〛[— prəkəʈəne]《文》*n.* 共同声明 [Sk.]

ಸಂಯುಕ್ತ ವ್ಯಂಜನ〚saṃyukta vyaṃjana サンユクタヴィャンジャナ〛[— vjəɲʤənɐ]《文》*n.* 二重子音(二つの別々の子音が合い前後して並んだもの、*śakti* という語の *-kt-* など) [Sk.]

ಸಂಯುಕ್ತ ಸರಕಾರ〚saṃyukta sarakāra サンユクタサラカーラ〛[— sərŏkɐːrɐ]《文》*n.* 連邦政府 [+ *sarakāra*]

ಸಂಯುಕ್ತ ಸ್ವರ〚saṃyukta svara サンユクタスヴァラ〛[— svərɐ/svɣrɐ]《文》*n.* 二重母音、複母音 [Sk.]

ಸಂಯುಕ್ತಾಕ್ಷರ〚saṃyuktākṣara サンユクタークシャラ〛[səmjuktɐːkʂərɐ/səʊ̃juktə–]《文》*n.* 結合子音文字(インド系文字で二つ以上の連続する子音文字の結合体、ಕ್ಷ (kṣa) (= ಕ (ka) + ಷ (ṣa)) など) [Sk.]

ಸಂಯುತ ⟦saṃyuta サンユタ⟧ [səmjutɐ/səũjutɐ] 《文》 (*adj.*) くっついた〈こと〉、(両手など)合わせた〈こと〉、接合した〈こと〉[Sk.] = ಜೋಡಿಸಿದ (jōḍisida)

ಸಂಯುತಹಸ್ತ ⟦saṃyutahasta サンユタハスタ⟧ [— həstɐ] 《文》 *n.* (礼などのために)合わせた手 ¶ ಸಂಯುತಹಸ್ತದಿಂದ ನಮಸ್ಕಾರ ಮಾಡುವುದು ಜಪಾನಲ್ಲೂ ನಡೆಯುತ್ತದೆ. (saṃyutahastadiṃda namaskāra māḍuvudu japānallū naḍeyuttade.) 合唱して礼拝することは日本でも行われている。 [Sk.]

ಸಂಯೋಗ ⟦saṃyōga サンヨーガ⟧ [səmjoːgɐ/səũ–] *n.* 1 (色などの)組み合わせ、結合 2 偶然、巡り合わせ ¶ ಸಂಯೋಗದಿಂದಲೇ ನನಗೆ ನೀನು ಭೇಟಿಯಾದೆ. (saṃyōgadiṃdalē nanage nīnu bʰēṭiyāde.) 貴方が私に会ったのはまったくの偶然です。 [Sk.]

ಸಂಯೋಜಕ ⟦saṃyōjaka サンヨージャカ⟧ [səmjoːʤəkɐ /səũ–] 《文》 *m.* 《*f.* ಸಂಯೋಜಕಿ (saṃyōjaki)》 1 様々なものを整合したり調整したりする人 2 規制する人、取り締まる人 ¶ ಗುಂಪು ಹೆಚ್ಚು ಸೇರಿದಾಗ ಸಂಯೋಜಕರು ಜನರನ್ನು ನಿಯಂತ್ರಿಸುತ್ತಾರೆ. (gumpu heccu sēridāga saṃyōjakaru janarannu niyaṃtrisuttāre.) 人手が多い時には取り締まり人が群衆を規制する。 [Sk.]

ಸಂಯೋಜಿತ ⟦saṃyōjita サンヨージタ⟧ [samjoːʤitɐ/sə ũ–] 《文》 (*n.*) 1 結合された〈こと〉、連合〈の〉 ¶ ಸಂಯೋಜಿತ ಪ್ರಯತ್ನ (saṃyōjita prayatna) 共同の努力 2 組織化された〈こと〉、統制された〈こと〉¶ ನಡೆಯುವಾಗ ನೂರಾರು ಸ್ನಾಯುಗಳು ಸಂಯೋಜಿತವಾಗಿ ಕೆಲಸ ಮಾಡಬೇಕು. (naḍeyuvāga nūrāru snāyugaḷu saṃyōjitavāgi kelasa māḍabēku.) 人が歩く時、何百という筋肉は協調して動かねばならない。 [Sk.]

ಸಂಯೋಜಿಸು ⟦saṃyōjisu サンヨージス⟧ [səmjoːʤisu/ səũ–] 《文》 *vt.* 1 組織化する、調整する 2 協調させる、整合させる、調和させる [Sk.]

ಸಂರಕ್ಷಕ ⟦saṃrakṣaka サンラクシャカ⟧ [səmrəkʂəkɐ/sə ũ–] *m.* 《*f.* ಸಂರಕ್ಷಕಿ (saṃrakṣaki)》保護者、(学生寮などの)管理人、世話人 —(*adj.*) 保護する〈こと〉、管理する〈こと〉[Sk.]

ಸಂರಕ್ಷಣೆ ⟦saṃrakṣaṇe サンラクシャネ⟧ [səm/səũrəkʂə ne] *n.* 保護、管理 [Sk.]

ಸಂರಕ್ಷಿಸು ⟦saṃrakṣisu サンラクシス⟧ [səmrəkʂisu/səũ–] *vt.* 1 保護する、護る 2 救う、救済する [Sk.]

ಸಂವತ್ಸರ ⟦saṃvatsara サンヴァトサラ⟧ [səm/səũ//vətsə rɐ/vəʦʦərɐ] *n.* 1 1年、12か月 2 (次々にやってくる)年、年度 [Sk.]

ಸಂವರಣ[1] ⟦saṃvaraṇa サンヴァラナ⟧ [səmvərəɳɐ/səũ–] *n.* 1 (物を)隠す事、隠蔽 2 事実を隠すこと、秘密にすること 3 変装、仮装 [Sk.]

ಸಂವರಣಮಾಲಿಕೆ
結婚の花輪

ಸಂವರಣ[2] ⟦saṃvaraṇa サンヴァラナ⟧ [səmvərəɳɐ/səũ–] 《文》 *n.* 結婚 [Sk.]

ಸಂವರಣಮಾಲಿಕೆ ⟦saṃvaraṇamālike サンヴァラナマーリケ⟧ [—mɐːlike] *n.* 結婚の時に新郎新婦が取り交わす花輪 [⇒図] [Sk.]

ಸಂವರಣೆ[1] ⟦saṃvaraṇe サンヴァラネ⟧ [səmvərəɳe/sə ũ–] ಸವರಣೆ, ಸವುರಣೆ, ಸವ್ವರಣೆ, ಸಾವರಣೆ, ಸಾವರಣೆ, ಸೌರಣೆ, ಸೌವರಣೆ 《文》 *n.* 1 用意、準備 2 (人々の)集まり 3 集めること、収集；集めたもの、収集品 [Ka. D2342]

ಸಂವರಣೆ[2] ⟦saṃvaraṇe サンヴァラネ⟧ [səmvərəɳe/sə ũ–] ಸವ್ವರಣೆ 《文》 *n.* 1 保護、防護 2 視界から消えること [Sk. *saṃvaraṇa-*]

ಸಂವಹನ ⟦saṃvahana サンヴァハナ⟧ [səmvəhənɐ/səũ–] 《文》 *n.* 1 情報伝達 2 対流 [Sk.] (VPK)

ಸಂವಾದ ⟦saṃvāda サンヴァーダ⟧ [səmvɐːdɐ/səũ–] *n.* 会話、対話 [Sk.]

ಸಂವಾದಿ ⟦saṃvādi サンヴァーディ⟧ [səmvɐːdi/səũ–] 《文》 (*n.*) (あるものに)見合う〈こと〉、類似した〈こと〉、一致した〈こと〉、対応した〈こと〉¶ ಭಾರತದ ಮೂರು ಬಾಣಗಳ ಕಥೆಗೆ ಸಂವಾದಿಯಾದ ಕಥೆ ಜಪಾನಲ್ಲೂ ಇದೆ. (bʰāratada mūru bāṇagaḷa katʰege saṃvādiyāda katʰe japānallū ide.) インドの「3本の矢」の話に対応する話が日本にもある。 [Sk.]

ಸಂವಿ ⟦saṃvi サンヴィ⟧ [sə̃vi] 《口》 (*n.*) 美味〈な〉、美味い〈こと〉 —*n.* 1 味 2 おいしいこと、美味なこと 3 おいしいもの (NK) [Ka. D2396(a)]

ಸಂವಿಧಾನ ⟦saṃvidʰāna サンヴィダーナ⟧ [səmvidʰɐːnɐ/ səũ–] 《文》 *n.* 1 (人体、法人などの)構造、組織 2 憲法 3 計画 ¶ ಏನೇ ಸಂವಿಧಾನ ಮಾಡಿದ್ದರೂ ಉಗ್ರವಾದಿಗಳು ಪ್ರಧಾನಿಯನ್ನು ಕೊಲ್ಲಲು ಆಗಲಿಲ್ಲ. (ēnē saṃvidʰāna māḍiddarū ugravādigaḷu pradʰāniyannu kollalu āgalilla.) テロリストたちはどんな計画を立てても首相を殺すことはできなかった。 [Sk.]

ಸಂವೇದನೆ ⟦saṃvēdane サンヴェーダネ⟧ [səmveːdəne/sə ũ–] 《文》 *n.* 1 同情、他人の不幸などに対する感受性 2 (他人の感情や芸術作品に対する)感受性 ¶ ಅವನಿಗೆ ಸ್ವಲ್ಪವೂ ಸಂವೇದನೆಯೇ ಇಲ್ಲ. (avanige svalpavū saṃvēdaneyē illa.) 彼には感受性が全然ない。 [Sk.]

ಸಂಶಯ ⟦saṃśaya サンシャヤ⟧ [səmʃəjɐ/səũ–] *n.* 1 疑い、疑問 2 嫌疑 ¶ ಮೋಸದ ಸಂಶಯದ ಮೇಲೆ ಪೊಲೀಸರು ಅಧಿಕಾರಿಯನ್ನು ಬಂಧಿಸಿದ್ದಾರೆ. (mōsada saṃśayada mēle polīsaru adʰikāriyannu baṃdʰisiddāre.) 警察はその役人を詐欺の容疑で逮捕した。 [Sk.] = ಸಂದೇಹ (saṃdēha)

ಸಂಶೋಧಕ ⟦saṃśōdʰaka サンショーダカ⟧ [səmʃoːdʰəkɐ /səũ–] *m.* 《*f.* ಸಂಶೋಧಕಿ (saṃśōdʰaki)》研究者 [Sk.]

ಸಂಶೋಧನ ⟦saṃśōdʰana サンショーダナ⟧ [səm/səũʃoː dʰənɐ] *n.* [Sk.] ☞ಸಂಶೋಧನೆ (saṃśōdʰane)

ಸಂಶೋಧನೆ ⟦saṃśōdʰane サンショーダネ⟧ [səm/səũʃoː dʰəne] ಸಂಶೋಧನ *n.* 研究、探求 [Sk.]

ಸಂಶೋಧಿಸು ⟦saṃśōdʰisu サンショーディス⟧ [səmʃoː dʰisu/səũ–] 《文》 *vt.* 1 研究する、探求する 2 〈埋蔵物や鉱石などを〉発見する、見つけ出す ¶ ಆತ ನಿಕ್ಷೇಪವೊಂದನ್ನು ಸಂಶೋಧಿಸಿದ್ದಾನೆ. (āta nikṣēpavoṃdannu saṃśōdʰisiddāne.) 彼は埋蔵した宝物を発見した。[Sk.]

ಸಂಸತ್ತು 〚saṃsattu サンサットゥ〛 [səmsəttu/səũ–] *n.* **1** 会議、会合 **2** 会議場 **3** 議会、国会、インド中央政府議会、インド州政府議会 [Sk.]

ಸಂಸದೀಯ 〚saṃsadīya サンサディーヤ〛 [səmsədi:jɐ/səũ–] 《文》 (*adj.*) 議会〈の〉、議会に関する〈こと〉 [Sk.]

ಸಂಸರ್ಗ 〚saṃsarga サンサルガ〛 [səmsərgɐ/səũ–] 《文》 *n.* **1** 深い付き合い **2** 体の接触 ¶ ಏಡ್ಸ್ ಸಂಸರ್ಗದಿಂದ ಬರುವ ರೋಗ. (ēḍs saṃsargadiṃda baruva rōga.) エイズは接触によってうつる病気である。 **3** 男女の深い関係 ¶ ಯಜಮಾನಿ ಪೊಲೀಸನ ಜೊತೆಗೆ ಸಂಸರ್ಗ ಇಟ್ಟುಕೊಂಡಿದ್ದಾರಂತೆ. (yajamāni polīsana jotege saṃsarga iṭṭukoṃḍiddāraṃte.) 女主人が警官と関係していると言うことだ。 [Sk.]

ಸಂಸಾರ 〚saṃsāra サンサーラ〛 [səmsɐ:rɐ/səũ–] *n.* **1** 輪廻転生 **2** 世界 = ಪ್ರಪಂಚ (prapaṃca) **3** 人生、生活 ¶ ಸಂಸಾರ ಎಂಬುದು ಕಷ್ಟಗಳ ಆಗಾರ. (saṃsāra eṃbudu kaṣṭagaḷa āgāra.) 人生は難儀ばかりだ。= ಬದುಕು (baduku) **4** 家族 ¶ ಎರಡು ವರ್ಷದಿಂದ ನಮ್ಮ ಸಂಸಾರದಲ್ಲಿ ನೆಮ್ಮದಿ ಇಲ್ಲ. (eraḍu varṣadiṃda namma saṃsāradalli nemmadi illa.) 2年前からうちは家庭生活に平和がない。= ಕುಟುಂಬ (kuṭuṃba) **5** 妻、夫人 ¶ ನಿಮ್ಮ ಸಂಸಾರ ಈಗ ಆರೋಗ್ಯವಾಗಿದ್ದಾರೆಯೇ? (nimma saṃsāra īga ārōgyavāgiddāreyē?) 奥さんはもうお元気になりましたか。 **6** 家庭生活 ¶ ನನ್ನ ತಮ್ಮ ಮದುವೆ ಮಾಡಿಕೊಂಡು ಸಂಸಾರ ಶುರು ಮಾಡಿದ. (nanna tamma maduve māḍikoṃḍu saṃsāra śuru māḍida.) 弟は結婚して家庭生活を始めた。 **7** 家計、一家の生計 [Sk.]

ಸಂಸಾರಿ 〚saṃsāri サンサーリ〛 [səm/səũsɐ:ri] *adj.*, *mf.* 家族を持った〈人〉、既婚者〈の〉、家庭人〈の〉 [Sk.]

ಸಂಸಾರಿಕ 〚saṃsārika サンサーリカ〛 [səmsɐ:rikɐ/səũ–] *adj.*, *m.* 《*f.* ಸಂಸಾರಿಕಳು (saṃsārikaḷu)》 **1** 結婚した〈人〉、家庭を持った〈人〉、家庭の〈人〉 **2** 世俗的な〈人〉、世間的な〈人〉 [Sk.]

ಸಂಸಿದ್ಧ 〚saṃsiddʰa サンシッダ〛 [səmsiddʰɐ/səũ–] 《文》 *adj.* **1** 完成した、成就した **2** 証明された、明らかにされた ¶ ಸಿಗರೇಟಿನಿಂದ ಅರ್ಬುದರೋಗ ಬರಬಹುದು ಎಂಬುದು ಸಂಸಿದ್ಧವಾಗಿದೆ. (sigarēṭiniṃda arbudarōga barabahudu eṃbudu saṃsiddʰavāgide.) タバコが癌の原因となることは証明されている。 **—*adj.*, *m.*** 解脱した〈人〉 [Sk.]

ಸಂಸಿದ್ಧಿ 〚saṃsiddʰi サンシッディ〛 [səmsiddʰi/səũ–] 《文》 *n.* **1** 完成、成就 **2** 解脱 ¶ ಬುದ್ಧನ ದಾರಿಯಲ್ಲಿ ನಡೆದರೆ ಸಂಸಿದ್ಧಿ ಲಭಿಸುತ್ತದೆ ಎನ್ನುತ್ತಾರೆ. (buddʰana dāriyalli naḍedare saṃsiddʰi labʰisuttade ennuttāre.) 仏陀の道に従えば解脱が得られるということだ。 [Sk.]

ಸಂಸೃತಿ 〚saṃsṛti サンスルティ〛 [səm/səũ//sruti/sruti] 《文》 *n.* 輪廻転生 [Sk.] = ಸಂಸಾರ (saṃsāra)

ಸಂಸೇವ್ಯ 〚saṃsēvya サンセーヴィャ〛 [səmse:vjɐ/səũ–] 《文》 *adj.*, *m.* 《*f.* ಸಂಸೇವ್ಯಳು (saṃsēvyaḷu)》仕えるべき〈人〉、尊敬すべき〈人〉 [Sk.]

ಸಂಸ್ಕರಣ 〚saṃskaraṇa サンスカラナ〛 [səmskərəɳɐ/səũ–] *n.* **1** (本などの)改訂、修正、校訂、(心や行いなどを)改めること **2** (本の)版 [Sk.]

ಸಂಸ್ಕರಿಸು 〚saṃskarisu サンスカリス〛 [səmskərisu/səũ–] 《文》 *vt.* **1** 〈本などを〉改訂する、校訂する、〈心や行いを〉改める **2** 清める、清潔にする **3** 飾る、美化する **4** 洗練する **5** 〈人の〉葬儀を行う [Sk.]

ಸಂಸ್ಕಾರ 〚saṃskāra サンスカーラ〛 [səmskɐ:rɐ/səũ–] *n.* **1** (本の)改訂 **2** (性格や行いなどを)改めること **3** (遺伝や伝統によって)身についた性質 **4** 装飾、飾り **5** (入門式、結婚式、葬儀など)上位の3階級のヒンドゥーに規定されている清めなどのための人生階梯儀礼 **6** 葬儀、葬式 [Sk.]

ಸಂಸ್ಕೃತ 〚saṃskṛta サンスクルタ〛 [səm/skruɯtɐ//səũ/skrutɐ] *n.* サンスクリット語 **—*adj.*** 洗練された **—*adj.*, *m.*** 《*f.* ಸಂಸ್ಕೃತಳು (saṃskṛtaḷu)》 洗練された〈人〉、教養ある〈人〉 [Sk.]

ಸಂಸ್ಕೃತಿ 〚saṃskṛti サンスクルティ〛 [səm/səũ//skruɯti/skruti] *n.* **1** 教養、洗練 **2** 文化 [Sk.]

ಸಂಸ್ತವ 〚saṃstava サンスタヴァ〛 [səmstəvɐ/səũ–] 《文》 *n.* (王、神などを)誉め称えること = ಸಂಸ್ತುತಿ (saṃstuti) [Sk.]

ಸಂಸ್ತವನ 〚saṃstavana サンスタヴァナ〛 [səmstəvənɐ/səũ–] 《文》 *n.* (王、神などを)誉め称えること [Sk.]

ಸಂಸ್ತುತಿ 〚saṃstuti サンストゥティ〛 [səm/səũstuti] *n.* (王、神などを)誉め称えること [Sk.]

ಸಂಸ್ಥಾನ 〚saṃstʰāna サンスターナ〛 [səmstʰɐ:nɐ/səũ–] 《文》 *n.* **1** (王国の行政区分としての)地方 **2** (協会、学校など)公共のための機関 [Sk.]

ಸಂಸ್ಥಾನಿಕ 〚saṃstʰānika サンスターニカ〛 [səmstʰɐ:nikɐ/səũ–] 《文》 *m.* ラージャやナワーブなどと呼ばれた昔の領主 **—(*adj.*)** (態度などが)貴族的な〈こと〉、封建領主的な〈こと〉 [Sk.]

ಸಂಸ್ಥಾಪಿಸು 〚saṃstʰāpisu サンスタービス〛 [səmstʰɐ:pisu/səũ–] *vt.* **1** 〈協会などを〉創立する ¶ ಕನ್ನಡ ಸಾಹಿತ್ಯ ಪರಿಷತ್ತನ್ನು ಯಾರು ಸ್ಥಾಪಿಸಿದರು? (kannaḍa sāhitya pariṣattannu yāru stʰāpisidaru?) 誰がカンナダ文学アカデミーを創立したのですか。 **2** 〈神像などを〉儀式を行って安置する [Sk.]

ಸಂಸ್ಥೆ 〚saṃstʰe サンステ〛 [səmstʰe/səũ–] *n.* 組織体(協会、研究所、組合など) [Sk.]

ಸಂಸ್ಮರಣ 〚saṃsmaraṇa サンスマラナ〛 [səmsmərəɳɐ/səũ–] 《文》 *n.* [Sk.] ☞ಸಂಸ್ಮರಣೆ (saṃsmaraṇe)

ಸಂಸ್ಮರಣೆ 〚saṃsmaraṇe サンスマラネ〛 [səmsmərəɳe/səũ–] 《文》 *n.* **1** 記憶、思い出 **2** 記念 ¶ ಹಿರೋಶಿಮಾದಲ್ಲಿ ಅಣುಬಾಂಬಿನ ಸಂಸ್ಮರಣೆಯಾಗಿ ಒಂದು ಕಟ್ಟಡವನ್ನು ಉಳಿಸಿದ್ದಾರೆ. (hirōśimādalli aṇubāṃbina saṃsmaraṇeyāgi oṃdu kaṭṭaḍavannu uḷisiddāre.) 広島では原爆の記念として一

つの建物が保存されている。[Sk.]

ಸಂವೇದನ ⟦saṃvēdana サンヴェーダナ⟧ [səmveːdənɐ/səʊ̃–] 《文》 *n.* 感受性 [Sk.]

ಸಂವೇದನಶೀಲ ⟦saṃvēdanaśīla サンヴェーダナシーラ⟧ [səmveːdə̆nəʃiːlɐ/səʊ̃–] 《文》 *adj.* 感受性が強い [Sk.]

ಸಂಹರಿಸು ⟦saṃharisu サンハリス⟧ [səmhərisu/səʊ̃–] *vt.* (神や英雄などが)〈悪魔や敵などを〉抹殺する [Sk.]

ಸಂಹಾರ ⟦saṃhāra サンハーラ⟧ [səmhɐːrɐ/səʊ̃–] 《文》 *n.* 誅殺、(神や英雄などが悪魔や敵などを)殺すこと [Sk.]

ಸಂಹಾರಿ ⟦saṃhāri サンハーリ⟧ [səmhɐːri/səʊ̃–] 《文》 *mf.* (悪魔や悪人などの)誅殺者 [Sk.]

ಸಂಹಿತೆ ⟦saṃhite サンヒテ⟧ [səmhite/səʊ̃–] 《文》 *n.* **1** 体系的に集めたテキスト ¶ ಅಪರಾಧಕಾನೂನು ಸಂಹಿತೆಯ ಪ್ರಕಾರ ಅವನಿಗೆ ಶಿಕ್ಷೆ ನೀಡಲಾಯಿತು. (aparādʰakānūnu saṃhiteya prakāra avanige śikṣe nīḍalāyitu.) 刑法に従って彼は罰を受けた。 **2** ヴェーダの韻文の部分 [Sk.]

ಸಕತ್ ⟦sakat サカト⟧ [səkət] ಸಕತ್ತು, ಸಖತ್, ಸಖತ್ತು (*adj.*) **1** 重い〈病気など〉、激しい〈怒りなど〉、ひどい〈痛みなど〉¶ ಅವನಿಗೆ ಸಕತ್ ಕಾಯಿಲೆಯಂತೆ. (avanige sakat kāyileyaṃte.) あの人は重病だということだ。 **2** よい〈こと〉¶ ಈ ಹೋಟೆಲಿನ ಇಡ್ಲಿ ಸಕತಾಗಿದೆ. (ī hōṭelina iḍli sakatāgide.) このレストランのイドゥリはおいしい。 [Pe. *saxt*] ☞ಸಖತ್ (sakʰat)

ಸಕರ್ಮಕ ⟦sakarmaka サカルマカ⟧ [səkərməkɐ] 《文》 *adj.* 他動の —*n.* 他動詞 [Sk.]

ಸಕಲ ⟦sakala サカラ⟧ [səkəlɐ] 《文》 (*adj.*) 「すべての部分を備えた」、すべて〈の〉、全体〈の〉[Sk.]

ಸಕಾರ ⟦sakāra サカーラ⟧ [səkɐːrɐ] *n.* カンナダその他のインド系文字体系で音素の連続 /sa/ を表す文字 [Sk.]

ಸಕಾರಣ ⟦sakāraṇa サカーラナ⟧ [səkɐːrəɳɐ] 《文》 (*n.*) 理由のある〈こと〉、納得できる〈こと〉、もっともな〈こと〉¶ ತಂದೆಯ ಕೋಪ ಸಕಾರಣವಾಗಿದೆ. (taṃdeya kōpa sakāraṇavāgide.) 父の怒りはもっともである。 [Sk.]

ಸಕಾಲ ⟦sakāla サカーラ⟧ [səkɐːlɐ] *n.* ちょうどよい時 ¶ ಸಕಾಲದಲ್ಲಿ ಮಗ ಅಮೆರಿಕಾದಿಂದ ತಿರುಗಿ ಬಂದ. (sakāladalli maga amerikādiṃda tirugi baṃda.) 息子がちょうどよい時にアメリカから帰ってきた。 [Sk.]

ಸಕಾಲಿಕ ⟦sakālika サカーリカ⟧ [səkɐːlikɐ] 《文》 *adj.* 時宜を得た、折りよい [Sk.]

ಸಕ್ಕರೆ ⟦sakkare サッカレ⟧ [səkkə̆re] *n.* 砂糖 [Sk. *śarkarā-*]

ಸಕ್ಕರೆಕಡ್ಡಿ ⟦sakkarekaḍḍi サッカレカッディ⟧ [səkkə̆rekəɖɖi] *n.* 鉛筆の形をした砂糖菓子 [*sakkare* + *kaḍḍi*]

ಸಕ್ಕರೆಕಾಯಿಲೆ ⟦sakkarekāyile サッカレカーイレ⟧ [səkkə̆rekɐːjile] *n.* 糖尿病 [*sakkare.* + *kāyile*] = ಡಯಬೇಟಿಸ್ (ḍayabēṭis)〔口〕

ಸಕ್ಕರೆಕುಂಬಳ ⟦sakkarekuṃbaḷa サッカレクンバラ⟧ [səkkə̆rekumbə̆ɭɐ] ಸಕ್ಕರೆಗುಂಬಳ *n.* 柿色をした甘味の強いかぼちゃの一種 ⇀ 食 [*sakkare* + *kuṃbaḷa*]

ಸಕ್ಕರೆಬಿಲ್ಲ ⟦sakkarebilla サッカレビッラ⟧ [səkkə̆rebillɐ] ಸಕ್ಕರೆವಿಲ್ಲ 《文》 *m.* 愛の神カーマの別名 [*sakkare* + *billu* + *-a*]

ಸಕ್ಕೆ ⟦sakke サッケ⟧ [səkke] ಚಕ್ಕೆ, ಚೆಕ್ಕೆ *n.* (木の)切れ端、木っ端 [Ka. D2748] = ಚಕ್ಕೆ (cakke)

ಸಕ್ತಿ ⟦sakti サクティ⟧ [səkti] 《文》 *n.* 熱意、深い興味 [Sk.] = ಆಸಕ್ತಿ (āsakti)〔汎〕

ಸಕ್ರಮ ⟦sakrama サクラマ⟧ [səkrəmɐ] 《文》 (*adj.*) **1** 正しい順序〈の〉 **2** 適法〈の〉、手続きの整った〈処置など〉¶ ಸಕ್ರಮ ಅರ್ಜಿ ಸಲ್ಲಿಸಬೇಕು. (sakrama arji sallisabēku.) 正式の手続きに従った願書を出さねばならない。 [Sk.]

ಸಕ್ರಮಗೊಳಿಸು ⟦sakramagoḷisu サクラマゴリス⟧ [səˈkrəməgoɭisu] 《文》 *vt.* 〈不法建築などを〉合法化する ¶ ಸರಕಾರ ವಿಮಾನ ನಿಲ್ದಾಣದ ಹತ್ತಿರದಲ್ಲಿ ಇದ್ದ ಅಕ್ರಮ ಮನೆಗಳನ್ನು ಸಕ್ರಮಗೊಳಿಸಿತು. (sarakāra vimāna nildāṇada hattiradalli idda akrama manegaḷannu sakramagoḷisitu.) ジャナター党の政府が空港の脇の非合法の貧民窟を合法化した。 [Sk.]

ಸಕ್ರಿಯ ⟦sakriya サクリヤ⟧ [səkrijɐ] 《文》 (*adj.*) 活動的な〈こと〉、活発〈な〉、精力的な〈こと〉、積極的な〈こと〉[Sk.]

ಸಖ ⟦sakʰa サカ⟧ [səkʰɐ] 《文》 *m.* 《*f.* ಸಖಿ (sakʰi)》友達、友人 [Sk.]

ಸಖತ್ ⟦sakʰat サカト⟧ [səkʰət] *adj.* [Pe. *saxt*] ☞ಸಕತ್ (sakat)

ಸಖಿ ⟦sakʰi サキ⟧ [səkʰi] 《文》 *f.* 《*m.* ಸಖ (sakʰa)》(女性の)女友達 [Sk.]

ಸಖ್ಯ ⟦sakʰya サキャ⟧ [səkʰjɐ] 《文》 *n.* 友情 [Sk.]

ಸಗಟು ⟦sagaṭu サガトゥ⟧ [səgəʈu] (*n.*) 卸し〈の〉、一まとめ〈の〉、大量〈の〉 —*adv.* 卸しで、まとめて、大量に ¶ ಸಾಹುಕಾರ ಮಾರುಕಟ್ಟೆಯಲ್ಲಿದ್ದ ಮಾಲನ್ನೆಲ್ಲ ಸಗಟು ಖರೀದಿಸಿದ. (sāhukāra mārukaṭṭeyallidda mālannella sagaṭu kʰarīdisida.) 商人は市場の商品を一まとめに買った。 [M. *sagaṭă*]

ಸಗಟುವ್ಯಾಪಾರ ⟦sagaṭuvyāpāra サガトゥヴィャーパーラ⟧ [səgəʈuvjɐːpɐːrɐ] *n.* 卸売り業 [+ *vyāpāra-*]

ಸಗಟುವ್ಯಾಪಾರಿ ⟦sagaṭuvyāpāri サガトゥヴィャーパーリ⟧ [səgəʈuvjɐːpɐːri] *mf.* 卸売り商 [+ *vyāpāri*]

ಸಗಣಿ ⟦sagaṇi サガニ⟧ [səgə̆ɳi] ಸಗಣ, ಸಗಣೆ, ಸೆಗಣ, ಸೆಗಣಿ *n.* 牛の糞、牛糞、水牛の糞 [Sk. *chagaṇa-* Pk. *chagaṇa-* T4952/Dr.? cf. T. *cāṇam, cāṇi*]

ಸಚರಾಚರ ⟦sacarācara サチャラーチャラ⟧ [sətʃərɐːtʃərɐ] 《文》 (*adj.*) (世界など)生物と無生物を含む〈こと〉 —*n.* 全世界 ¶ ರಾಕ್ಷಸ ಸಚರಾಚರವನ್ನು ನುಂಗಿ ನೀರು ಕುಡಿದ. (rākṣasa sacarācaravannu nuṃgi nīru kuḍida.) 悪魔は世界を丸飲みにし水を飲んだ。 [Sk.]

ಸಗ್ಗು ⟦saggu サッグ⟧ [səggu] 《古》 *vi.* 下がる、低下する [Ka. *D317] ☞ತಗ್ಗು, ತಗ್ಗು (taṛgu, taggu)

ಸಚಿತ್ರ ⟦sacitra サチトラ⟧ [səʧi·trɐ] 《文》 (*adj.*) 絵入り〈の〉、図解された〈こと〉[Sk.]

ಸಚಿವ ⟦saciva サチヴァ⟧ [səʧivɐ] 《文》 *m.* 《*f.* ಸಚಿವಳು/ಸಚಿವೆ (sacivaḷu/sacive)》大臣 [Sk.]

ಸಚಿವಸಂಪುಟ ⟦sacivasampuṭa サチヴァサンプタ⟧ [səci vəsəmpuʈɐ] 《文》 *n.* 内閣 [Sk.]

ಸಚಿವಾಲಯ ⟦sacivālaya サチヴァーラヤ⟧ [səʧivɐːləjɐ] 《文》 *n.* 行政府の役所、各省の一つ [Sk.]

ಸಚಿವೆ ⟦sacive サチヴェ⟧ [səʧive] 《文》 *f.* 《*m.* ಸಚಿವ (saciva)》女性の大臣 [Sk.]

ಸಚ್ಚರಿತ ⟦saccarita サッチャリタ⟧ [səccəritɐ] 《文》 *adj.*, *m.* 《*f.* ಸಚ್ಚರಿತೆ/ಸಚ್ಚರಿತಳು (saccarite/saccaritaḷu)》善行の〈人〉、行いの正しい〈人〉[Sk.] = ಸಜ್ಜನ (sajjana)

ಸಜಾ ⟦sajā サジャー⟧ [səʤɐː] *n.* **1** 刑罰、罰 **2** 《古》禁固刑 ¶ ಅವನಿಗೆ ಜೀವಾವಧಿ ಸಜಾ ಆಯಿತು. (avanige jīvāvadʰi sajā āyitu.) 彼は終身刑に処せられた。 [Pe. *sazā*]

ಸಜಾತಿ ⟦sajāti サジャーティ⟧ [səʤɐːti] 《文》 (*adj.*) 同じ種類〈の〉、同類〈の〉、同種〈の〉¶ ಸಜಾತಿ ಧ್ರುವಗಳು ಒಂದನ್ನೊಂದು ನಿರಾಕರಿಸುತ್ತವೆ. (sajāti dʰruvagaḷu oṃdannoṃdu nirākarisuttave.) 同極は互いにはねつけ合う。 —*adj.*, *mf.* 同じカーストや部族や共同体の〈人〉¶ ಹರಿ ಸಜಾತಿ ಹುಡುಗಿ ಬೇಕೆಂದು ಭಾರತಕ್ಕೆ ಬಂದು ಮದುವೆ ಮಾಡಿಕೊಂಡ. (hari sajāti huḍugi bēkeṃdu bʰāratakke baṃdu maduve māḍikoṃḍa.) 同じカーストの娘と結婚するために、ハリはインドにやって来た。 [Sk.]

ಸಜಾತೀಯ ⟦sajātīya サジャーティーヤ⟧ [səʤɐːtiːjɐ] 《文》 *adj.*, *m.* 《*f.* ಸಜಾತೀಯಳು (sajātīyaḷu)》同じカーストに属する〈人〉 —(*adj.*) 同じ種類〈の〉¶ ಚಿನ್ನ, ಬೆಳ್ಳಿ ಮತ್ತು ತಾಮ್ರ ಸಜಾತೀಯ ಲೋಹಗಳು. (cinna, beḷḷi mattu tāmra sajātīya lōhagaḷu.) 金と銀と銅は同じ属の金属である。 [Sk.]

ಸಜೀವ ⟦sajīva サジーヴァ⟧ [səʤiːvɐ] (*adj.*) 生きている〈こと〉、生命のある〈こと〉[Sk.]

ಸಜ್ಜನ ⟦sajjana サッジャナ⟧ [səʤʤənɐ] *mf.* 善良な人、社会的に尊敬された人、紳士 [Sk.]

ಸಜ್ಜನಸಂಗ ⟦sajjanasaṃga サッジャナサンガ⟧ [səʤʤənə səŋgɐ] 《文》 *n.* 善人との付き合い [Sk.]

ಸಜ್ಜನಿಕೆ ⟦sajjanike サッジャニケ⟧ [səʤʤənike] *n.* 善人であること、人柄の善良さ [*sajjana* + *-ike*]

ಸಜ್ಜಿಗೆ ⟦sajjige サッジゲ⟧ [səʤʤĭge] *n.* **1** 粗挽きの小麦、スージー **2** 粗挽きの小麦粉で(普通ココヤシの実を混ぜる)作った菓子 [H. *sūjī* T13552.1]

ಸಜ್ಜು ⟦sajju サッジュ⟧ [səʤʤu] (*n.*) 準備〈の〉¶ ತಮ್ಮ ನಾಳೆ ಹೊರಡಲು ಸಜ್ಜು ಮಾಡಿಕೊಳ್ಳುತ್ತಿದ್ದಾನೆ. (tamma nāḷe horaḍalu sajju māḍikoḷḷuttiddāne.) 弟は明日出発の準備ができている。 [Sk. *sajja-*]

ಸಜ್ಜಾಗು ⟦sajjāgu サッジャーグ⟧ [səʤʤɐːgu] *vi.* 準備する、用意を整える、準備ができている [Sk.]

ಸಜ್ಜೆ[1] ⟦sajje サッジェ⟧ [səʤʤe] *n.* [Ka. D2290] ☞ಸೆಜ್ಜೆ (sejje)[1]

ಸಜ್ಜೆ[2] ⟦sajje サッジェ⟧ [səʤʤe] 《文》 *n.* [Sk. *śayyā-*] ☞ಸಜ್ಜೆ (sajje)[2]

ಸಟುಕ ⟦saṭuka サトゥカ⟧ [səʈŭkɐ] 《文》 *n.* 杓、大匙 [⇒図] [Ka. D2309, cf. Sk. *caṭuka-*]

ಸಟುಕ 大匙

ಸಟೆ ⟦saṭe サテ⟧ [səʈe] 《文》 *n.* 嘘、虚言 [Sk. *śaṭha-*? ←Dr.? cf. Ka. *soṭṭa* M2.291]

ಸಟೆಗ ⟦saṭega サテガ⟧ [səʈegɐ] 《文》 *m.* 《*f.* ಸಟೆಗಿ (saṭegi)》嘘つき、虚言者 [*saṭe* + *-ga*]

ಸಟ್ಟಿ ⟦saṭṭi サッティ⟧ [səʈʈi] 《異》 *n.* 広口で小型の素焼きの壺 [Ka. D2306] ☞ಚಟ್ಟಿ (caṭṭi)

ಸಟ್ಟು ⟦saṭṭu サットゥ⟧ [səʈʈu] 《文》 *n.* 杓子 [D2309] = ಹುಟ್ಟು (huṭṭu)〔汎〕

ಸಟ್ಟುಗ ⟦saṭṭuga サットゥガ⟧ [səʈʈŭgɐ] ಸಟಕ, ಸಟಗ 《文》 *n.* (汁物をかき混ぜるために使う)木製または金属製の杓子 [Ka. *saṭṭu* + *-ga* *D2309] = ಹುಟ್ಟು (huṭṭu)〔汎〕

ಸಡಗರ ⟦saḍagara サダガラ⟧ [səɖə̆gərɐ] *n.* **1** 興奮、熱狂、興奮して一生懸命走り回ること ¶ ಮದುವೆ ಮನೆಯಲ್ಲಿ ಯಜಮಾನ ಸಡಗರದಿಂದ ಓಡಾಡಿದ. (maduve maneyalli yajamāna saḍagaradiṃda ōḍāḍida.) あの男性は結婚式が行われる家で興奮して走り回った。 **2** 寺院や偶像や花婿などの装飾 [<?]

ಸಡಗರಿಸು ⟦saḍagarisu サダガリス⟧ [səɖə̆gərisu] *vt.* 〈花嫁や神像や寺院などを〉飾る —*vi.* **1** 興奮する、興奮のあまり走り回る = ಉತ್ಸಾಹಗೊಳ್ಳು (utsāhagoḷḷu) **2** 美しく見える、きれいに見える、映える = ಶೋಭಿಸು (śōbʰisu) [+ *-isu*]

ಸಡಿಲ ⟦saḍila サディラ⟧ [səɖilɐ] ಸಡಿಲ್, ಸಡಿಲು (*n.*) (着物、ベルト、鞘などが)ゆるい〈こと〉、だぶだぶ〈の〉[Pk. *saḍhila* < Sk. *śithilá-* M3.336]

ಸಡಿಲಿಸು ⟦saḍilisu サディリス⟧ [səɖĭlisu] *vt.* 〈結び目、ベルトなどを〉ゆるめる [+ *-isu*]

ಸಡುಗುಡು ⟦saḍuguḍu サドゥグドゥ⟧ [səɖŭguɖu] *n.* カバディー(インド伝統の室外団体競技の一つで二組に分かれて戦う、カバディー、カバディーといいながら一息で敵陣に入り敵に触れて自陣に戻れば得点になる) [<?] = ಕಬಡ್ಡಿ (kabaḍḍi)

ಸಡ್ಡಕ ⟦saḍḍaka サッダカ⟧ [səɖɖə̆kɐ] *m.* [<?] ☞ಸಡ್ಡುಕ (saḍḍuka)

ಸಡ್ಡುಕ ⟦saḍḍuka サッドゥカ⟧ [səɖɖŭkɐ] ಷಡ್ಡ, ಷಡ್ಡಕ, ಸಡ್ಡಕ, ಸಡ್ಡುಗ *m.* 妻の姉妹の夫、義兄弟 [<?]

ಸಡ್ಡೆ[1] ⟦saḍḍe サッデ⟧ [səɖɖe] 《文》 *n.* **1** 信頼のこもった尊敬、敬愛 **2** 熱意 [Sk. *śraddhā-*]

ಸಡ್ಡೆ[2] ⟦saḍḍe サッデ⟧ [səɖɖe] ಶೆಡ್ಡೆ *n.* 去勢牛に引かせて種蒔きに用いる道具 [<?]

ಸಣಕಲು ⟦saṇakalu サナカル⟧ [səɳə̆kəlu] (*adj.*) 痩せた〈こと〉¶ ಹಬೀಬು ಸೆರೆಮನೆಗೆ ಹೋಗಿ ಸಣಕಲಾದ. (habību seremanege hōgi saṇakalāda.) ハビーブは監獄へ行って痩せてきた。 [*saṇṇa* + *-kalu*]

ಸಣಬು ⟦saṇabu サナブ⟧ [səɳə̆bu] *n.* ベンガルアサ（マメ科タヌキマメ属）*Crotalaria juncea* → 繊・肥 [? cf. Sk. *śaṇa-*]

ಸಣ್ಣ ⟦saṇṇa サンナ⟧ [səɳɳɐ] *adj.* 《*adv.* ಸಣ್ಣಗೆ, ಸಣ್ಣನೆ (saṇṇage, saṇṇane)》 **1** ちっぽけな、小さい **2** 幼い、幼少の **3** 些細な、取るに足らない、ちっぽけな ¶ ಸಣ್ಣ ವಿಷಯಕ್ಕೆ ನನ್ನ ಹೆಂಡತಿ ತಲೆ ಕೆಡಿಸಿಕೊಳ್ಳುತ್ತಾಳೆ. (saṇṇa viṣayakke nanna heṃḍati tale keḍisikoḷḷuttāḷe.) 妻は些細なことでくよくよする。 **4** 痩せた、痩せっぽちの ¶ ಮಗ ಪರೀಕ್ಷೆಗೆ ಓದಿ ಸಣ್ಣಾಗಿದ್ದಾನೆ. (maga parīkṣege ōdi saṇṇāgiddāne.) 息子は試験勉強で痩せてしまった。 **5** 卑しい、卑劣な ¶ ಸಣ್ಣ ಮನುಷ್ಯನಿಗೆ ಸಹೋದ್ಯೋಗಿಯ ಏಳಿಗೆ ಹಿಡಿಸುವುದಿಲ್ಲ. (saṇṇa manuṣyanige sahōdyōgiya ēḷige hiḍisuvudilla.) 卑しい人は同僚の昇進を喜ばない。 [Sk. cf. *sanna-*?]

ಸಣ್ಣಗೆ ⟦saṇṇage サンナゲ⟧ [sənnə̆ge] *adv.* 痩せて ¶ ಸರಿಯಾಗಿ ಊಟ ಮಾಡದೆ ಅವನು ಸಣ್ಣಗೆ ಆಗಿದ್ದಾನೆ. (sariyāgi ūṭa māḍade avanu saṇṇage āgiddāne.) 十分食事を取らず彼は痩せてしまった。 [+ *-ge*]

ಸಣ್ಣನೆ ⟦saṇṇane サンナネ⟧ [səɳɳə̆ne] *adv.* [+ *-ne*] ☞ ಸಣ್ಣಗೆ (saṇṇage)

ಸಣ್ಣತನ ⟦saṇṇatana サンナタナ⟧ [səɳɳətənɐ] *n.* 卑しさ、卑劣さ [*saṇṇa* + *-tana*]

ಸತತ ⟦satata サタタ⟧ [sətətɐ] 《文》 (*adj.*) **1** ひっきりなし〈の〉、中断しない〈こと〉 ¶ ಸತತ ಪರಿಶ್ರಮ (satata pariśrama) 倦まずたゆまぬ努力 **2** 永遠〈の〉 —*adv.* 常に、中断することなく ¶ ಮೂರು ದಿನದಿಂದ ಸತತ ಮಳೆ ಬೀಳುತ್ತಿದೆ. (mūru dinadiṃda satata maḷe bīḷuttide.) この三日間ひっきりなしに雨が降っている。 [Sk.]

ಸತತಗತಿ ⟦satatagati サタタガティ⟧ [sətətəgəti] 《文》 *n.* **1** 絶え間ない動き **2** 風 [Sk.]

ಸತಾಯಿಸು ⟦satāyisu サターイス⟧ [sətɐːjĭsu] *vt.* 苦しめる、悩ます、ひどくうるさがらせる [H. *satānā*/M. *satāviṇē*]

ಸತಿ ⟦sati サティ⟧ [səti] *f.* **1** 貞節な妻、貞女 **2** 夫の死体を焼く積み薪に身を投げて殉死した貞女 **3** 妻 = ಹೆಂಡತಿ (heṃḍati) —*n.* サティー、夫の死体を焼く積み薪に身を投げて妻が殉死すること [Sk.]

ಸತೀಕಲ್ಲು ⟦satīkallu サティーカッル⟧ [sətiː kəllu] *n.* サティーを行って死んだ妻を記念する石碑［⇒図］ [+ *kallu*]

ಸತೀಕಲ್ಲು
サティー石碑

ಸತೀತ್ವ ⟦satītva サティートゥヴァ⟧ [sətiːtʋɐ] *n.* 貞操 [Sk.]

ಸತ್ಕರಿಸು ⟦satkarisu サトカリス⟧ [sətkəri su] *vt.* 〈客を〉歓迎する；歓待する、大切にもてなす [Sk.]

ಸತ್ಕರ್ಮ ⟦satkarma サトカルマ⟧ [sətkərmɐ] 《文》 *n.* 善行、正しい行い [Sk.]

ಸತ್ಕಾರ ⟦satkāra サトカーラ⟧ [sətkɐːrɐ] *n.* 歓迎すること；歓待 [Sk.]

ಸತ್ಕೃತಿ ⟦satkr̥ti サトクルティ⟧ [sətkruti/–kruti] 《文》 *n.* **1** 優れた（文学）作品 **2** 徳行、善行、正しい行い **3** （客に対する）歓待 [Sk.]

ಸತ್ತೆ ⟦satte サッテ⟧ [sətte] 《‡》 *n.* ゴミ、廃棄物 (*My* (*Kitt.*)) [Ka. D2770]

ಸತ್ತ್ವ ⟦sattva サットゥヴァ⟧ [səttʋɐ] ಸತ್ವ[1] *n.* **1** （果物、野菜、薬草などの）精、エキス **2** （詩などの）最もよい部分、精髄 **3** 活力、元気 [Sk.] = ತಿರುಳು (tiruḷu)

ಸತ್ತ್ವಹೀನ ⟦sattvahīna サットゥヴァヒーナ⟧ [səttʋəhiː nɐ] 《文》 *adj.* 精髄のない、栄養のない、内容のない —*adj., m.* 《*f.* ಸತ್ತ್ವಹೀನೆ/ಸತ್ತ್ವಹೀನಳು (sattvahīne/sattvahīnaḷu)》 元気のない〈人〉 = ತಿರುಳಿಲ್ಲದ[ವನು] (tiruḷillada[vanu]) [Sk.]

ಸತ್ಪಥ ⟦satpatʰa サトパタ⟧ [sətpətʰɐ] 《文》 *n.* 〔喩〕 正しい道、正しい行い [Sk.]

ಸತ್ಪಾತ್ರ ⟦satpātra サトパートラ⟧ [sətpɐːtrɐ] 《文》 *n.* （名誉や贈り物を）受け取るのにふさわしい人、立派な人 [Sk.]

ಸತ್ಪುರುಷ ⟦satpuruṣa サトプルシャ⟧ [sətpuruʂɐ] 《文》 *mn.* 善人、よい人 [Sk.] = ಸಜ್ಜನ (sajjana)

ಸತ್ಯ ⟦satya サティャ⟧ [sətˑjɐ] *n.* **1** 真実、本当 = ನಿಜ (nija) **2** 約束、誓約、誓言 [Sk.]

ಸತ್ಯಯುಗ ⟦satyayuga サティャユガ⟧ [sətˑjəjugɐ] *n.* 四つのユガの第１、黄金時代 [Sk.]

ಸತ್ಯಲೋಕ ⟦satyalōka サティャローカ⟧ [sətˑjəloːkɐ] *n.* 「真実の世界」、梵天のいる世界（七つの世界の中で最高の世界） [Sk.]

ಸತ್ಯವಂತ ⟦satyavaṃta サティャヴァンタ⟧ [sətˑjəʋəntɐ] *adj., m.* 《*f.* ಸತ್ಯವಂತೆ (satyavaṃte)》 正直な〈人〉、廉直な〈人〉 [Sk.] = ಸತ್ಯಸಂಧ (satyasaṃdʰa)

ಸತ್ಯಶಾಲಿ ⟦satyaśāli サティャシャーリ⟧ [sətˑjəʃɐːli] *adj., m.* 正直な〈人〉、正しい〈人〉、誠実な〈人〉 [Sk.]

ಸತ್ಯಸಂಗರ ⟦satyasaṃgara サティャサンガラ⟧ [sətˑjəsə ŋgərɐ] 《‡》 *adj., m.* 《*f.* ಸತ್ಯಸಂಗರಳು (satyasaṃgaraḷu)》 **1** 契約や約束を忠実に守る〈人〉 **2** 誠実な〈人〉、信頼できる〈人〉 [Sk.] (*G.* (*Kitt.*))

ಸತ್ಯಸಂಧ ⟦satyasaṃdʰa サティャサンダ⟧ [sətˑjəsəndʰɐ] 《文》 *adj., m.* 《*f.* ಸತ್ಯಸಂಧೆ (satyasaṃdʰe)》 忠実な〈人〉、誠実な〈人〉 [Sk.] = ಸತ್ಯವಂತ (satyavaṃta)

ಸತ್ಯಾಗ್ರಹ ⟦satyāgraha サティャーグラハ⟧ [sətˑjɐːgrəhɐ] *n.* **1** サティヤーグラハ（M.K. ガーンディーが始めた植民地支配に対する非暴力主義の抵抗運動） **2** 非暴力主義の抵抗運動 [Sk.]

ಸತ್ಯಾಗ್ರಹಿ ⟦satyāgrahi サティャーグラヒ⟧ [sətˑjɐːgrəhi] *mf.* **1** 非暴力主義の抵抗運動をする人 **2** ストライキに参加する人 [Sk.]

ಸತ್ರ ⟦satra サトラ⟧ [sətˑrɐ] *n.* （旅人のための）無料あるいは低料金の非営利の宿泊施設 [Sk. *chatra-*] = ಚತ್ರ, ಧರ್ಮಶಾಲೆ (catra, dʰarmaśāle)

ಸತ್ವ¹ ⟦satva サトヴァ⟧ [sət·vɐ] 《文》 *n*. [Sk.] ☞ಸತ್ತ್ವ (sattva)

ಸತ್ವ² ⟦satva サトヴァ⟧ [sət·vɐ] *n*. 文字 ಸ (sa) [Sk.] = ಸಕಾರ (sakāra)

ಸದಕು ⟦sadaku サダク⟧ [səđăku] 《口》 *vt*. 続けざまに打つ、打擲(ちょうちゃく)する [Ka. D2322] = ತದಕು (tadaku) cf. ಸದೆ (sade)

ಸದನ ⟦sadana サダナ⟧ [sədənɐ] 《文》 *n*. 住居、家 [Ka.] = ಮನೆ (mane) 〔汎〕

ಸದರ ⟦sadara サダラ⟧ [səđărɐ] ಸದರು 《文》 *n*. 友達付き合い、仲よし ¶ ಗರುಡನ ಮಂತ್ರ ಅರಿಯದವ ಹಾವಿನೊಡನೆ ಸದರ ಮಾಡಿದಂತೆ. (garuḍana maṃtra ariyadava hāvinoḍane sadara māḍidaṃte.) ガルダ鳥の呪文を知らないで蛇と付き合ったように。 [<?]

ಸದರಿ ⟦sadari サダリ⟧ [sədări] 《文》 (*adj*.) 前〈の〉 [Ar. *ṣadrī*]

ಸದಸ್ಯ ⟦sadasya サダスヤ⟧ [sədəs·jɐ] *m*. 《*f*. ಸದಸ್ಯೆ (sadasye)》(ある組織体の)一員、会員、社員 [Sk.]

ಸದಸ್ಯತ್ವ ⟦sadasyatva サダスヤトヴァ⟧ [sədəs·jətvɐ] *n*. (会員や社員の)地位や資格 [Sk.]

ಸದಾ ⟦sadā サダー⟧ [sədɐː] 《文》 *adv*. 常に、永遠に [Sk.] = ಸತತ (satata)

ಸದಾಚಾರ ⟦sadācāra サダーチャーラ⟧ [sədɐːʧɐːrɐ] 《文》 *n*. 正しい行い、善行 [Sk.]

ಸದಾಚಾರಿ ⟦sadācāri サダーチャーリ⟧ [sədɐːcɐːri] 《文》 *adj*., *mf*. 行いが正しい〈人〉、善行の〈人〉 [Sk.]

ಸದಾಶಯ ⟦sadāśaya サダーシャヤ⟧ [sədɐːʃəʤɐ] *n*. 人の幸福を願うこと [Sk.]

ಸದಿ ⟦sadi サディ⟧ [səḍi] 《‡》 *vt*. 押しつぶす、砕く (*G*. (*Kitt*.)) [Ka. D2322] ☞ಸದೆ (sade)

ಸದೃಶ ⟦sadṛśa サドゥルシャ⟧ [sədrɯʃɐ/sədruʃɐ] 《文》 (*n*.) 1 同じような〈こと〉、同様の〈こと〉、似た〈こと〉¶ ನಮ್ಮ ಮನೆಯ ಸದೃಶವಾದ ಮನೆ ಬೇರೆ ಇಲ್ಲ. (namma maneya sadṛśavāda mane bēre illa.) うちのような家はどこにもない。 2 匹敵する〈こと〉、同等〈の〉 [Sk.]

ಸದೆ¹ ⟦sade サデ⟧ [səđe] ತದೆ 《古》 *vt*. 1〈穀物を〉搗(つ)く 2 押しつぶす 3 踏みつける 4 殴る、打つ [Ka. D2322]

ಸದೆ² ⟦sade サデ⟧ [səđe] 《古》 *n*. 1 乾いたゴミ 2 〔喩〕罪、悪行 [Ka. D2770] ☞ಸೆತ್ತೆ (sette)

ಸದೆಬಡಿ ⟦sadebaḍi サデバディ⟧ [səđebəḍi] *vt*. 1〈人を〉滅多打ちにする、めちゃくちゃに殴る 2〈人や動物を〉殴り殺す、打ち殺す 3 〔喩〕〈国、家などを〉滅ぼす、壊滅させる、〈財産を〉蕩尽する ¶ ಕೃಷ್ಣದೇವರಾಯ ಎಲ್ಲ ವೈರಿಗಳನ್ನು ಸದೆಬಡಿದ. (kṛṣṇadēvarāya ella vairigaḷannu sadebaḍida.) クリシュナデーヴァラーヤはすべての敵を打ち砕いた。 [Ka. ಸದೆ + *baḍi*]

ಸದ್ಗತಿ ⟦sadgati サドガティ⟧ [sədgəti] 《文》 *n*. (魂の)救済、解脱 [Sk.]

ಸದ್ಗುಣ ⟦sadguṇa サドグナ⟧ [sədguɳɐ] 《文》 *n*. 徳、正しい人格 [Sk.]

ಸದ್ಗುರು ⟦sadguru サドグル⟧ [sədguru] 《文》 *mf*. 立派な教師、立派な宗教的指導者 [Sk.]

ಸದ್ಗೃಹಸ್ಥ ⟦sadgṛhastʰa サドグルハスタ⟧ [sədgrɯhəstʰɐ/—gruhəstʰɐ] 《文》 *m*. 《*f*. ಸದ್ಗೃಹಿಣಿ (sadgṛhiṇi)》 1 立派な人、善人 2 立派な家庭人 [Sk.]

ಸದ್ದಿ ⟦saddi サッディ⟧ [səddi] 《‡》 *snt*. 《複数形の形、単数形はಸದ್ದು (saddu)》「やめろ」「静にしろ」(*My*. (*Kitt*.)) [Ka. D2351]

ಸದ್ದು¹ ⟦saddu サッドゥ⟧ [səddu] 《方》 *snt*. 《単数形の形、複数形はಸದ್ದಿ (saddi)》「静に」「やめろ」(*My*. (*Kitt*.)) [←Sk. *śabda*- cf. D2351]

ಸದ್ದು² ⟦saddu サッドゥ⟧ [səddu] *n*. 騒音、やかましい音 [Sk. *śabda*-]

ಸದ್ಭಾವ ⟦sadbʰāva サドバーヴァ⟧ [sədbʰɐːvɐ] 《文》 *n*. 善意 [Sk.] = ಸದ್ಭಾವನೆ (sadbʰāvane)

ಸದ್ಭಾವನೆ ⟦sadbʰāvane サドバーヴァネ⟧ [sədbʰɐːvəne] 《文》 *n*. 善意、親切 ¶ ಅಧ್ಯಾಪಕರಿಗೆ ನನ್ನ ಮೇಲೆ ಸದ್ಭಾವನೆ ಇಲ್ಲ. (adʰyāpakarige nanna mēle sadbʰāvane illa.) 教授は私に好意を持っていない。 [Sk.] = ಸದ್ಭಾವ (sadbʰāva)

ಸದ್ಯ ⟦sadya サディャ⟧ [səd·jɐ] 《文》 *adv*. 現在、いま ¶ ಸದ್ಯ ಅವರು ಮನೆಯಲ್ಲಿ ಇಲ್ಲ. (sadya avaru maneyalli illa.) 今主人は家にいません。 cf. ಸದ್ಯದಲ್ಲಿ (sadyadalli) [Sk.]

ಸದ್ಯದಲ್ಲಿ ⟦sadyadalli サディャダッリ⟧ [səd·jədəlli] 《文》 *adv*. まもなく、すぐに ¶ ಸದ್ಯದಲ್ಲಿ ಈ ಪುಸ್ತಕ ಪ್ರಕಟ ಆಗುತ್ತದೆ. (sadyadalli ī pustaka prakaṭa āguttade.) この本はまもなく出版されます。 [*sadya* + *dalli*] = ಸದ್ಯ (sadya)

ಸದ್ಯಕ್ಕೆ ⟦sadyakke サディャッケ⟧ [səd·jədəlli] 《文》 *adv*. 今のところ、当面 ¶ ಸದ್ಯಕ್ಕೆ ನನಗೆ ಜ್ವರ ಇಲ್ಲ. (sadyakke nanage jvara illa.) 今のところ熱はない。 ¶ ಸದ್ಯಕ್ಕೆ ಐದುನೂರು ರೂಪಾಯಿ ತೆಗೆದುಕೊಳ್ಳಿ, ಆಮೇಲೆ ಉಳಿದದ್ದು ಕೊಡುತ್ತೇನೆ. (sadyakke aidunūru rūpāyi tegedukoḷḷi, āmēle uḷidaddu koḍuttēne.) 今のところ500ルピー受け取ってください、残りは後で渡します。 [*sadya* + -*kke*] cf. ಸದ್ಯದಲ್ಲಿ (sadyadalli)

ಸದ್ವಿನಯ ⟦sadvinaya サドヴィナヤ⟧ [sədvinəjɐ] 《文》 *n*. 謙虚で礼儀正しい振る舞い [Sk.]

ಸನದು ⟦sanadu サナドゥ⟧ [sənədu] *n*. 財産などの贈与と共に与える証明書 [Ar. *sanad*]

ಸನಾತನ ⟦sanātana サナータナ⟧ [sənɐːtənɐ] 《文》 (*n*.) 1 太古からの〈こと〉 2 永遠の [Sk.]

ಸನಾದಿ ⟦sanādi サナーディ⟧ [sənɐːđi] ಸೊನಯಿ, ಸನಾದಿ, ಸನಾಯಿ, ಸನ್ನಾಯಿ, ಸೋನಾಯ, ಸ್ವನಾಯ, ಸ್ವನಾಯಿ *n*. ナーダスヴァラムに似たオーボエ族の楽器 [M. *sunāī* ←Pe. *šahnā'ī*]

ಸನ್ನದ್ಧ ⟦sannaddʰa サンナッダ⟧ [sənnəddʰɐ] 《文》 *adj*. 《f ಸನ್ನದ್ಧೆ (sannaddʰe)》 1 鎧兜(よろいかぶと)を身に付けた 2 (戦争、試験などに)準備のできた [Sk.]

ಸನ್ನಾಹ ⟦sannāha サンナーハ⟧ [sənnɐːhɐ] 《文》 *n.* 1 鎧兜を身につけること、武装、装甲すること 2 戦いの準備、合戦の準備ができていること 3 鎧兜 4〔喩〕準備、準備のできていること ¶ ಈಗ ನಮ್ಮ ಮನೆಯಲ್ಲಿ ಮದುವೆಯ ಸನ್ನಾಹ ನಡೆಯುತ್ತಿದೆ. (īga namma maneyalli maduveya sannāha naḍeyuttide.) 今うちでは結婚の準備が行われている。[Sk.]

ಸನ್ನಿ ⟦sanni サンニ⟧ [sənni] *n.* せん妄 ◇ *vi.* —ಬರು (baru) 錯乱を起こす [Sk. *sannipāta-*] = ಸನ್ನಿಪಾತ (sannipāta)

ಸನ್ನಿಧಾನ ⟦sannidʰāna サンニダーナ⟧ [sənnidʰɐːnɐ] 《文》 *n.* (神や聖者などの)近く [Sk.] = ಸನ್ನಿಧಿ (sannidʰi)

ಸನ್ನಿಧಿ ⟦sannidʰi サンニディ⟧ [sənnidʰi] *n.* (神や聖者などの)近く、お側 ¶ ರೇಣುಕಾದೇವಿ ದೇವಸ್ಥಾನದ ಸನ್ನಿಧಿಯಲ್ಲಿ ಸೌರಾಷ್ಟ್ರ ಬೀದಿ ಇದೆ. (rēṇukādēvi dēvastʰānada sannidʰiyalli saurāṣṭra bīdi ide.) レーヌカー女神のお寺のすぐ前にサウラーシュトラ通りがある。[Sk.] ☞ಸನ್ನಿಧಾನ (sannidʰāna)

ಸನ್ನಿಧಿಯವರು ⟦sannidʰiyavaru サンニディヤヴァル⟧ [sennidʰijəvəru] *mf.* 《尊敬の複数形の形》〔敬〕王や聖者などに呼びかけたり言及したりする時に用いる敬語、「御前様」 [+ *-a* + *-varu*]

ಸನ್ನಿಪಾತ ⟦sannipāta サンニパータ⟧ [sənnipɐːtɐ] 《文》 *n.* せん妄 [Sk.] = ಸನ್ನಿ (sanni)

ಸನ್ನಿವೇಶ ⟦sannivēśa サンニヴェーシャ⟧ [sənniveːʃɐ] 《文》 *n.* 1 雰囲気、環境 2 状況、周囲の事情 3 脈絡、前後の関係 ¶ ಈ ಸನ್ನಿವೇಶದಲ್ಲಿ ಈ ಪದದ ಅರ್ಥ ಬೇರೆ ಆಗುತ್ತದೆ. (ī sannivēśadalli ī padada artʰa bēre āguttade.) この脈絡ではこの語の意味は違う。[Sk.]

ಸನ್ನಿಹಿತ ⟦sannihita サンニヒタ⟧ [sənnihitɐ] 《文》 *adj.* 近づいた(死など) [Sk.] ☞ಹತ್ತಿರ (hattira)〔口〕

ಸನ್ನೆ[1] ⟦sanne サンネ⟧ [sənne] ಸೊನ್ನೆ[1] *n.* てこ [Ka. D2425]

ಸನ್ನೆ[2] ⟦sanne サンネ⟧ [sənne] ಸೊನ್ನೆ[2] *n.* 1 合図 2 しるし、記号 [Sk. *saṃjñā-*] = ಸಂಜ್ಞೆ (saṃjñe)

ಸನ್ಮಾನ ⟦sanmāna サンマーナ⟧ [sənmɐːnɐ] *n.* 1 名誉、尊敬 2 賞や称号などを献じて尊敬を表すこと [Sk.]

ಸನ್ಮಾನ ಮಾಡು ⟦sanmāna māḍu サンマーナマードゥ⟧ [sənmɐːnə mɐːḍu] *vt.* 尊敬の心を(勲章を与えるなどして)表明する [+ *māḍu*] ☞ಸನ್ಮಾನಿಸು (sanmānisu)

ಸನ್ಮಾನಿಸು ⟦sanmānisu サンマーニス⟧ [sənmɐːnisu] *vt.* 尊敬の心を(勲章を与えるなどして)表明する [Sk.]

ಸನ್ಮಾನ್ಯ ⟦sanmānya サンマーニャ⟧ [sənmɐːnʲjɐ] *adj., mf.* 尊敬すべき〈人〉[Sk.]

ಸನ್ಮಿತ್ರ ⟦sanmitra サンミトラ⟧ [sənmitrɐ] 《文》 *m.* 《*f.* ಸನ್ಮಿತ್ರಳು (sanmitraḷu)》よい友達 [Sk.]

ಸಪಾಟು ⟦sapāṭu サパートゥ⟧ [səpɐːṭu] ಸಪಾಟ (*n.*) 平ら〈な〉、平坦〈な〉[Ma. *sapāṭă*]

ಸಪಾಟಿ ⟦sapāṭi サパーティ⟧ [səpɐːṭi] (*n.*) 平ら〈な〉、平坦〈な〉[M. *sapāṭī*]

ಸಪಾಯಿ ⟦sapāyi サパーイ⟧ [səpɐːji] *n.* [Pe. *ṣafā'ī*] ☞ಸಫಾಯಿ (sapʰāyi)

ಸಪಿಂಡ ⟦sapiṃḍa サピンダ⟧ [səpiɳḍɐ] 《文》 *adj., m.* サピンダ親族〈の〉(先祖の死後の供養においてピンダと呼ばれる団子を供える儀礼を一緒に執り行う関係にある親族、本人から曾祖父(母)までと曾孫まで合わせて6世代または4世代) [Sk.]

ಸಪಿಂಡಿ ⟦sapiṃḍi サピンディ⟧ [səpiɳḍi] 《文》 *n.* [abbr. of *sapiṃḍīkaraṇa*] ☞ಸಪಿಂಡೀಕರಣ (sapiṃḍīkaraṇa)

ಸಪಿಂಡೀಕರಣ ⟦sapiṃḍīkaraṇa サピンディーカラナ⟧ [səpiɳḍi] 《文》 *n.* 亡くなった人を祀られている先祖の一団の中に加える儀礼(通常死後12日目にピンダを供える儀式を伴って行う、ピンダは南インドではゴマを混ぜた握り飯のような形をした団子のこと)) [Sk.]

ಸಪುರ ⟦sapura サプラ⟧ [səpurɐ] 《方》 (*n.*) 1 (本などが)薄い〈こと〉 2 (体が)華奢〈な〉 3 (茶やコーヒーが)薄い〈こと〉、水っぽい〈こと〉[M. *sapurā* <?] (*SK.*)

ಸಪ್ತಧಾತು ⟦saptadʰātu サプタダートゥ⟧ [səptədʰɐːtu] 《文》 *n.* 体を作る七つの要素(乳糜、血液、肉、脂肪、骨、髄、精液の七つ) [Sk.]

ಸಪ್ತಪದಿ ⟦saptapadi サプタパディ⟧ [səptə pədi] *n.* 結婚式において祭火の周りを7歩で回る儀式、7歩の儀[⇒図] [Sk.]

ಸಪ್ತಪದಿ
7歩の儀

ಸಪ್ತರ್ಷಿಮಂಡಲ ⟦saptarṣimaṃḍala サプタルシマンダラ⟧ [səptərʂimənɖəlɐ] *n.* 大熊座 [Sk.]

ಸಪ್ತಸ್ವರ ⟦saptasvara サプタスヴァラ⟧ [səptəsvərɐ/səptə svɤrɐ] 《文》 *n.* 音階の中の七つの音程(「サ」「リ」「ガ」「マ」「パ」「ダ」「ニ」の七つ) [Sk.]

ಸಪ್ತಾಹ ⟦saptāha サプターハ⟧ [səptɐːhɐ] 《文》 *n.* 《複合語末で》1 週、1週間 2 1週間続く行事 ¶ ಸಂಚಾರ ಭದ್ರತಾ ಸಪ್ತಾಹ (saṃcāra bʰadratā saptāha) 交通安全週間 [Sk.]

ಸಪ್ಪಳ ⟦sappaḷa サッパラ⟧ [səppə̆ɭɐ] *n.* (足音などの)ものの動く音 ¶ ಇವತ್ತು ರಸ್ತೆಯಲ್ಲಿ ಯಾವ ಸಪ್ಪಳವೂ ಇಲ್ಲ. (ivattu rasteyalli yāva sappaḷavū illa.) 今日は道路がひっそりとしている。[Ka. D2333]

ಸಪ್ಪು ⟦sappu サップ⟧ [səppu] 《‡》 *n.* 1 木や草の葉、葉野菜 (*My.* (*Kitt.*)) 2 食野菜 [Ka. D2673] ☞ಸೊಪ್ಪು (soppu)[2]

ಸಪ್ಪುಳ್ ⟦sappuḷ サップル⟧ [səppuɭ] ಸಪ್ಪಳ್, ಸಪ್ಪಳ, ಸಪ್ಪಳು, ಸಪ್ಪುಳ, ಸಪ್ಪುಳು 《古》 *n.* [Ka. D2333] ☞ಸಪ್ಪುಳು (sappuḷu)

ಸಪ್ಪುಳು ⟦sappuḷu サップル⟧ [səppŭɭu] ಸಪ್ಪಳ್, ಸಪ್ಪಳ, ಸಪ್ಪಳು, ಸಪ್ಪುಳ್, ಸಪ್ಪುಳ *n.* 足音などの音 [Ka. D2333]

ಸಪ್ಪೆ ⟦sappe サッペ⟧ [səppe] (*n.*) 1 水っぽい〈こと〉、味がない〈こと〉¶ ಕಾಯಿಸಿದ ನೀರು ಸಪ್ಪೆ ಆಗಿರುತ್ತದೆ. (kāyisida nīru sappe āgiruttade.) 沸かした水は味がない。 2 (顔に)生気がない〈こと〉、(顔色が)さえ

ない〈こと〉 3 (絵画、音楽などがアクセント不足や抑揚不足で)退屈な〈こと〉、冴えない〈こと〉 [Ka. D2337]

ಸಪ್ಪಗೆ ⟦sappage サッパゲ⟧ [səppǒge] (*n.*) 1 (味が)水っぽい〈こと〉、味がない〈こと〉¶ ಚಟ್ನಿ ಕಾರ ಇಲ್ಲ, ಸಪ್ಪಗೆ ಇದೆ. (caṭni kāra illa, sappage ide.) このチャトゥニーはぴりっとしておらず味がない。 2 (色、音などが)冴えない〈こと〉; 退屈な〈こと〉[+ *-ge*] ☞ಚಪ್ಪಗೆ (cappage)

ಸಪ್ಪನೆ ⟦sappane サッパネ⟧ [səppǒne] (*n.*) 1 (味が)水っぽい〈こと〉、味がない〈こと〉¶ ನಿಮ್ಮ ಹೊಟ್ಟೆ ಸರಿಯಾಗಿ ಇಲ್ಲದರಿಂದ ಸಪ್ಪನೆ ಅಡಿಗೆ ಮಾಡಿದ್ದೇನೆ. (nimma hoṭṭe sariyāgi illadarimda sappane aḍige māḍiddēne.) あなたのおなかがよくないので薄く味をつけました。 2 (色や音などが)冴えない〈こと〉; 退屈な〈こと〉[+ *-ge*]

ಸಪ್ರಮಾಣ ⟦sapramāṇa サプラマーナ⟧ [səprəmɐːɳɐ]《文》(*n.*) 証拠のある〈こと〉、証明済みの〈こと〉[Sk.]

ಸಫಲ ⟦sapʰala サパラ⟧ [səpʰəlɐ] (*n.*) 成功した〈こと〉、効果のあった〈こと〉¶ ಸೈಟ್ ದೊರಕಿಸಲು ನಾನು ಮಾಡಿದ ಪ್ರಯತ್ನ ಸಫಲವಾಗಲಿಲ್ಲ. (saiṭ dorakisalu nānu māḍida prayatna sapʰalavāgalilla.) 宅地を手に入れようとした私の努力は成功しなかった。[Sk.]

ಸಫಲತೆ ⟦sapʰalate サパラテ⟧ [səpʰələte] *n.* 成功 [Sk.]

ಸಫಾಯಿ ⟦sapʰāyi サパーイ⟧ [səpʰɐːji] ಸಪಾಯಿ *n.* 1 (部屋などの)清潔、整頓 2 清掃、掃除 3 汚れたものやさびたものを磨くこと [Pe. *ṣafā'ī*]

ಸಬ್ಬಿಗೆ ⟦sabbige サッビゲ⟧ [səbbige]《‡》*n.* 細い枝 [Ka. D2673] (*My.* (*Kitt.*))

ಸಬುಕ ⟦sabuka サブカ⟧ [səbŭkɐ]《口》*n.* ☞ಚಬುಕು (cabuku)

ಸಬೂಬು ⟦sabūbu サブーブ⟧ [səbuːbu] *n.* 口実、言い訳 ¶ ತಡವಾಗಿ ಬಂದಾಗ ಅವನು ಯಾವಾಗಲೂ ಒಂದು ಸಬೂಬು ಹೇಳುತ್ತಾನೆ. (taḍavāgi baṃdāga avanu yāvāgalū oṃdu sabūbu hēḷuttāne.) 彼は遅刻するといつでも言い訳をする。= ನೆಪ (nepa) [Ar. *subūb*]

ಸಬ್ಬೆ ⟦sabbe サッベ⟧ [səbbe]《‡》*n.* 木の細枝 (*My.* (*Kitt.*)) [Ka. D2673]

ಸಬ್ಸಿಡಿ ⟦sabsiḍi サブシディ⟧ [səbsiḍi] *n.* (政府などが私企業や公共団体などに与える)補助金や奨励金 [Eg. *subsidy*] = [ಸರಕಾರದ] ಸಹಾಯ ದ್ರವ್ಯ ([sarakārada] sahāya dravya)

ಸಭಾಕಂಪ ⟦sabʰākaṃpa サバーカンパ⟧ [səbʰɐːkəmpɐ] *n.* 舞台負け、観衆の前であがること [Sk.]

ಸಭಾಗೃಹ ⟦sabʰāgṛha サバーグルハ⟧ [səbʰɐːgrɯhɐ/—gru hɐ] *n.* 会議場、集会場 [Sk.]

ಸಭಾಜನ ⟦sabʰājana サバージャナ⟧ [səbʰɐːdʒənɐ] *n.* 聴衆、観衆 [Sk.]

ಸಭಾತ್ಯಾಗ ⟦sabʰātyāga サバーティヤーガ⟧ [səbʰɐːtʲjɐːgɐ] *n.* (不満の表現としての)突然の退出、退場 [Sk.]

ಸಭಾಧ್ಯಕ್ಷ ⟦sabʰādʰyakṣa サバーディヤクシャ⟧ [sabʰɐːdʰʲjəkʂɐ] *mf.* 《*f.* ಸಭಾಧ್ಯಕ್ಷೆ (sabʰādʰyakṣe)》(会議の)議長 [Sk.] = ಸಭಾಪತಿ (sabʰāpati)

ಸಭಾಪತಿ ⟦sabʰāpati サバーパティ⟧ [səbʰɐːpəti] *mf.* (会議の)議長 [Sk.]

ಸಭಾಮರ್ಯಾದೆ ⟦sabʰāmaryāde サバーマリヤーデ⟧ [səbʰɐːmərjɐːde] *n.* 1 会議や議会における礼儀 2 会議における自分の尊厳 [Sk.]

ಸಭಾಸದ ⟦sabʰāsada サバーサダ⟧ [səbʰɐːsədɐ] *mf.* 1 会議の出席者 2 議会や評議会や協会などの議員や評議員や会員 [Sk.]

ಸಭಿಕ ⟦sabʰika サビカ⟧ [səbʰikɐ]《文》*m.* 《*f.* ಸಭಿಕಳು (sabʰikaḷu)》会議の出席者 [Sk.] = ಸಭಾಸದ (sabʰāsada)

ಸಭೆ ⟦sabʰe サベ⟧ [səbʰe] *n.* 会議、集会 [Sk.]

ಸಭೆಗೂಡು ⟦sabʰegūḍu サベグードゥ⟧ [səbʰeguːḍu] *vi.* 会議を開く、会議に参加する ¶ ಶಿಕ್ಷಕರು ಆ ವಿಷಯವನ್ನು ಚರ್ಚಿಸಲು ಸಭೆಗೂಡಿದರು. (śikṣakaru ā viṣayavannu carcisalu sabʰegūḍidaru.) 教師たちがこの問題を協議するために会議を開いた。[*sabh'e* + *kūḍu*]

ಸಭ್ಯ ⟦sabʰya サビャ⟧ [səbʰʲjɐ] *adj.*, *m.* 《*f.* ಸಭ್ಯಳು (sabʰyaḷu)》上品な〈人〉、紳士的な〈人〉、教養がある〈人〉[Sk.]

ಸಮಂಜಸ ⟦samaṃjasa サマンジャサ⟧ [səmənʤəsɐ] (*n.*) 正しい〈こと〉、適当〈な〉、ふさわしい〈こと〉¶ ಈ ಶಬ್ದಕ್ಕೆ ಉದಾಹರಣೆ ಸಮಂಜಸವಾಗಿಲ್ಲ. (ī śabdakke udāharaṇe samaṃjasavāgilla.) この例文は適当でない。[Sk.]

ಸಮ [1] ⟦sama サマ⟧ [səmɐ]《‡》*n.* 準備 (*Bh.1,12,13* (*Kitt.*)) [Ka. D2342]

ಸಮ [2] ⟦sama サマ⟧ [səmɐ] (*adj.*) 1 同じ〈こと〉、同一〈の〉 2 同等〈の〉¶ ನಾವಿಬ್ಬರೂ ಸಮವಯಸ್ಕರು. (nāvibbarū samavayaskaru.) 我々は同い年だ。 3 同様〈の〉、同じような〈こと〉¶ ಸಮಸನ್ನಿವೇಶದಲ್ಲಿಯೂ ಜನರ ಪ್ರತಿಕ್ರಿಯೆ ಬೇರೆಬೇರೆ ಆಗುತ್ತದೆ. (samasannivēśadalliyū janara pratikriye bērebēre āguttade.) 同じような状況でも人々の反応はいろいろである。 4 平ら〈な〉、平坦〈な〉¶ ಸಮನೆಲದಲ್ಲಿಯೂ ಎಡವುವವರಿಗೆ ಏನನ್ನಬೇಕು.? (samaneladalliyū eḍavuvavarige ēnannabēku.?) 平坦な土地でつまずく人にはどうしようもない。 5 偶数〈の〉 6 公平〈な〉、えこひいきのない〈こと〉¶ ಚುನಾವಣಾಧಿಕಾರಿ ಎಲ್ಲ ಪಕ್ಷಗಳನ್ನು ಸಮನಾಗಿ ನೋಡಬೇಕು. (cunāvaṇādʰikāri ella pakṣagaḷannu samanāgi nōḍabēku.) 選挙管理委員長はすべての党を公平に扱わねばならない。 7 無関心〈な〉、中立〈の〉¶ ಶೀತಲಸಮರದಲ್ಲಿ ಭಾರತ ಸಮವಾಗಿತ್ತು. (śītalasamaradalli bʰārata samavāgittu.) 冷戦において、インドは中立だった。[Sk.]

ಸಮಂತು ⟦samaṃtu サマントゥ⟧ [səməntu]《古》(*n.*) 1 きれい〈な〉 2 整頓〈された〉 —*adv.* きれいに [Ka. D2342]

ಸಮಕಲು ⟦samakalu サマカル⟧ [səməkəlu]《文》(*n.*) [Ka. *same* + *-kalu*] ☞ಸವಕಲು (savakalu)〔汎〕

ಸಮಕಾಲೀನ ⟦samakālīna サマカーリーナ⟧ [səməkɐ:li:nɐ] 《文》 *adj.*, *mn.* 《*f.* ಸಮಕಾಲೀನಳು (samakālīnaḷu)》 同時代の〈人〉[Sk.]

ಸಮಕೋನ ⟦samakōna サマコーナ⟧ [səməko:nɐ] (*n.*) 角が等しい〈こと〉[Sk.]

ಸಮಕ್ಷ ⟦samakṣa サマクシャ⟧ [səməkʂɐ] 《文》 *n.* 目の前 ¶ ಉಳಿದದ್ದನ್ನು ಸಮಕ್ಷದಲ್ಲಿ ಮಾತಾಡೋಣ. (uḷidaddannu samakṣadalli mātāḍōṇa.) 他のことは直接話しましょう。 —*postp.* …の目の前で、…の面前で ¶ ಜಪಾನಿನಲ್ಲಿ ಹುಡುಗಿಯರು ಕ್ಲಾಸಿನಲ್ಲಿ ಶಿಕ್ಷಕರ ಸಮಕ್ಷ ಪ್ರಸಾಧನ ಮಾಡಿಕೊಳ್ಳುತ್ತಾರಂತೆ. (japāninalli huḍugiyaru klāsinalli śikṣakara samakṣa prasādʰana māḍikoḷḷuttāraṃte.) 日本の女生徒は、教室で先生の前で化粧するそうな。[Sk.]

ಸಮಕ್ಷಮ ⟦samakṣama サマクシャマ⟧ [səməkʂəmɐ] 《文》 *n.* —*postp.* = ಸಮಕ್ಷ (samakṣa) [Sk.]

ಸಮಗಾರ ⟦samagāra サマガーラ⟧ [səmə̆gɐ:rɐ] *m.* 《*f.* ಸಮಗಾರ್ತಿ (samagārti)》 靴屋、靴作り [Sk. *carmakāra-*] = ಚಮ್ಮಾರ (cammāra)

ಸಮಗ್ರ ⟦samagra サマグラ⟧ [səməgrɐ] 《文》 (*n.*) すべて〈の〉、全体〈の〉¶ ಕುವೆಂಪು ಅವರ ಸಮಗ್ರ ಸಾಹಿತ್ಯ ಪ್ರಕಟವಾಗಿದೆ. (kuvempu avara samagra sāhitya prakaṭavāgide.) クヴェンプのすべての作品は出版されている。[Sk.]

ಸಮಗ್ರತೆ ⟦samagrate サマグラテ⟧ [səməgrəte] 《文》 *n.* 全体、全部 [Sk.]

ಸಮಚಿತ್ತ ⟦samacitta サマチッタ⟧ [səməʧittɐ] 《文》 *n.* 平静、落ち着き ¶ ವಿಷಯವನ್ನು ಸಮಚಿತ್ತದಿಂದ ಆಲೋಚಿಸು. (viṣayavannu samacittadiṃda ālōcisu.) 落ち着いてそのことを考えよ。[Sk.]

ಸಮಜಾತಿ ⟦samajāti サマジャーティ⟧ [səməʤɐ:ti] 《文》 (*adj.*) 同じカーストに属する〈こと〉[Sk.]

ಸಮಜಾಯಿಷಿ ⟦samajāyiṣi サマジャーイシ⟧ [səmə̆ʤɐ:jĭʂi] *n.* 1 説得、納得させること 2 なだめること、慰撫 [M. *samăjʰāviśī*]

ಸಮಟಿಗೆ ⟦samaṭige サマティゲ⟧ [ʧəməʈĭge] 《異》 *n.* ☞ ಚಮ್ಮಟಿಗೆ (cammavaṭṭige)

ಸಮಜಾಯಿಸು ⟦samajāyisu サマジャーイス⟧ [səmə̆ʤɐ:jisu] *vt.* 1 説得する、納得させる ¶ ತಾಯಿತಂದೆಗಳು ಮಗನನ್ನು ಮದುವೆಗೆ ಸಮಜಾಯಿಸಿದರು. (tāyitaṃdegaḷu maganannu maduvege samajāyisidaru.) 両親は息子に結婚するよう説得した。 2 なだめる、慰める ¶ ಮಗ ಫೇಲಾದಾಗ ತಂದೆ ಸಮಜಾಯಿಸಿದರು. (maga pʰēlādāga taṃde samajāyisidaru.) 父親は試験に落ちた息子を慰めた。 3 分からせる、言い聞かせる ¶ ಸ್ಟ್ರೈಕ್ ಮಾಡಿದ ವಿದ್ಯಾರ್ಥಿಗಳನ್ನು ಮುಖ್ಯಾಧ್ಯಾಪಕರು ಸಮಜಾಯಿಸಿ ಒಳಗೆ ಕರೆದುಕೊಂಡು ಬಂದರು. (straik māḍida vidyārtʰigaḷannu mukʰyādʰyāpakaru samajāyisi oḷage karedukoṃḍu baṃdaru.) 校長はストをしていた学生に言い聞かせて学内に連れ戻した。[H. *samăjʰānā* T12959]

ಸಮತಟ್ಟು ⟦samataṭṭu サマタットゥ⟧ [səmə̆təʈʈu] (*n.*) 平ら〈な〉、平坦〈な〉¶ ಕೊಲ್ಕಾತಾ ಸಮತಟ್ಟಾದ ಊರು. (kolkātā samataṭṭāda ūru.) コルカーターは平坦な町である。[*sama* + *taṭṭu*]

ಸಮತಳ ⟦samataḷa サマタラ⟧ [səmətəɭɐ] (*n.*) 平ら〈な〉、平坦〈な〉[Sk.] = ಸಮತಟ್ಟು (samataṭṭu)〔口〕

ಸಮತಾವಾದ ⟦samatāvāda サマターヴァーダ⟧ [səmətɐ:vɐ:dɐ] 《文》 *n.* 1 平等主義 2 共産主義 [Sk.]

ಸಮತಾವಾದಿ ⟦samatāvādi サマターヴァーディ⟧ [səmətɐ:vɐ:di] *mf.* 平等主義者 [Sk.]

ಸಮತೂಕ ⟦samatūka サマトゥーカ⟧ [səmətu:kɐ] *n.* 1 平衡、釣り合い 2 心の平静さ、落ち着き [Sk.] = ಸಮತೋಲನ (samatōlana)

ಸಮತೂಕದ ಆಹಾರ ⟦samatūkada āhāra サマトゥーカダアーハーラ⟧ [səmətu:kəđə ɐ:hɐ:rɐ] 《文》 *n.* 栄養分の釣り合いの取れた食事 [Sk.] = ಸಮತೋಲನ (samatōlana)

ಸಮತೆ ⟦samate サマテ⟧ [səməte] *n.* 1 同一性 2 同様、同様であること 3 同等、同等であること [Sk.]

ಸಮತೋಲನ ⟦samatōlana サマトーラナ⟧ [səməto:lənɐ] *n.* 平衡、釣り合い [Sk.] = ಸಮತೂಕ (samatūka)

ಸಮನಿಸು ⟦samanisu サマニス⟧ [səmə̆nisu] ಸಮ್ಮನಿಸು, ಸವಣಿಸು, ಸವನಿಸು[1] 《古》 *vi.* 1 (ことが)起こる、発生する 2 得られる、手に入る —*vt.* 1 供給する 2 得る、獲得する 3 作る、〈建物を〉建てる、建立する [Ka. D2342]

ಸಮನ್ಸು ⟦samannu サマンヌ⟧ [səmənnu] *n.* 裁判所への出頭命令、召喚 [Eg. *summon*]

ಸಮನ್ವಯ ⟦samanvaya サマンヴァヤ⟧ [səmənvəjɐ] 《文》 *n.* (人と人の間などの)折り合い [Sk.]

ಸಮಪಾಲು ⟦samapālu サマパール⟧ [səməpɐ:lu] *n.* 平等な分け前、等分の分け前 ¶ ಭಾರತ ಸಂವಿಧಾನದ ಪ್ರಕಾರ ಎಲ್ಲಾ ಮಕ್ಕಳಿಗೆ ಸಮಪಾಲು. (bʰārata saṃvidʰānada prakāra ellā makkaḷige samapālu.) インドの憲法によれば子どもたちは皆(親の遺産に対して)同じ持ち分を持つ。[*sama* + *pālu*]

ಸಮಭಾಜಕ ⟦samabʰājaka サマバージャカ⟧ [səməbʰɐ:ʤəkɐ] (*adj.*) 二等分する〈こと〉 —*n.* 二等分線 [Sk.]

ಸಮಭಾಜಕವೃತ್ತ ⟦samabʰājakavṛtta サマバージャカヴルッタ⟧ [səməbʰɐ:ʤəkəvrɯttɐ/–vruttɐ] 《文》 *n.* 赤道 [Sk.]

ಸಮಭಾಜಿಸು ⟦samabʰājisu サマバージス⟧ [səməbʰɐ:ʤisu] 《文》 *vt.* 等分する [Sk.]

ಸಮಯ ⟦samaya サマヤ⟧ [səməjɐ] *n.* 1 時間 ¶ ಈಗ ಸಮಯ ಎಷ್ಟು. (īga samaya eṣṭu.) 今何時ですか。 2 ちょうどいい時、機会、時宜 ¶ ಸಮಯ ನೋಡಿ ಮಾತುಕತೆ ಆರಂಭಿಸಬೇಕು. (samaya nōḍi mātukate āraṃbʰisabēku.) 時宜を見て話し合いを始めねばならない。[Sk.]

ಸಮಯಸಾಧಕ ⟦samayasādʰaka サマヤサーダカ⟧ [səməjəsɐ:dʰəkɐ] 《文》 *m.* 《*f.* ಸಮಯಸಾಧಕಿ (samayasādʰaki)》 ご都合主義者、オポチュニスト [Sk.]

ಸಮಯಸ್ಫೂರ್ತಿ ⟦samayaspʰūrti サマヤスプールティ⟧ [səməjəspʰu:rti] 《文》 *n.* 1 機知、臨機の才 2 直感、第六感 ¶ ನಾನು ಸಮಯಸ್ಫೂರ್ತಿಯಿಂದ ಅವನ ಮಾತನ್ನು ಸ್ವೀಕರಿಸಲಿಲ್ಲ. (nānu samayaspʰūrtiyiṃda avana mātannu svīkarisalilla.) 私は第六感から彼の言葉に従わなかった。[Sk.]

ಸಮಯಿಸು ⟦samayisu サマイス⟧ [səməjĭsu] 《古》 *vt.* 〈時間を〉無駄に過ごす、〈財産を〉蕩尽する [Ka. D2343] = ಸಮೆಸು, ಸವೆಸು (samesu, savesu)〔汎〕

ಸಮರ ⟦samara サマラ⟧ [səmərɐ] 《文》 *n.* 戦い、戦争 [Sk.] = ಯುದ್ಧ (yuddʰa)〔口〕

ಸಮರಸ ⟦samarasa サマラサ⟧ [səmərəsɐ] 《文》 *n.* **1** (料理の香辛料や色などの) 適当な配合 **2** 調和 [Sk.]

ಸಮರ್ಥ ⟦samartʰa サマルタ⟧ [səmərtʰɐ] 《文》 *adj., m.* 《*f.* ಸಮರ್ಥಳು (samartʰaḷu)》能力のある〈人〉、できる〈人〉[Sk.]

ಸಮರ್ಥನೆ ⟦samartʰane サマルタネ⟧ [səmərtʰəne] *n.* **1** (理論、要求などの)正当化、支持 **2** (提案などに対する)支持 ¶ ಅವನೇ ಕಳ್ಳ ಎನ್ನುವುದನ್ನು ಈ ಸಾಕ್ಷಿ ಸಮರ್ಥನೆ ಮಾಡುತ್ತಿದೆ. (avanē kaḷḷa ennuvudannu ī sākṣi samartʰane māḍuttide.) この証言は彼が泥棒であることを支持している。[Sk.]

ಸಮರ್ಥಿಸು ⟦samartʰisu サマルティス⟧ [səmərtʰisu] 《文》 *vt.* **1** 〈理論、要求などを〉正当化する、確立する **2** 〈提案などを〉支持する ¶ ನಿನ್ನಲ್ಲೂ ಪ್ರತಿಭೆ ಇದೆ ಎಂಬುದನ್ನು ಸಮರ್ಥಿಸು. (ninnallū pratibʰe ide eṃbudannu samartʰisu.) おまえも才能があることを証明しろ。[Sk.]

ಸಮರ್ಪಕ ⟦samarpaka サマルパカ⟧ [səmərpəkɐ] 《文》 (*adj.*) ふさわしい〈こと〉、適当〈な〉¶ ಈ ಉದಾಹರಣೆ ಈ ಶಬ್ದಕ್ಕೆ ಸಮರ್ಪಕವಾಗಿಲ್ಲ. (ī udāharaṇe ī śabdakke samarpakavāgilla.) この例文はこの言葉に合わない。[Sk.] = ಸಮಂಜಸ (samaṃjasa)

ಸಮರ್ಪಣೆ ⟦samarpaṇe サマルパネ⟧ [səmərpəɳe] *n.* 献呈、捧げること [Sk.]

ಸಮರ್ಪಿಸು ⟦samarpisu サマルピス⟧ [səmərpisu] 《文》 *vt.* **1** 捧げる、献呈する **2** 〈論文、報告書などを〉提出する [Sk.]

ಸಮರು ⟦samaru サマル⟧ [səmŏru] 《文》 *vt.* 〈壁などを〉上塗りなどしてきれいにする、〈木などを〉切り揃える、〈顔に〉化粧する —*n.* 〈木などを〉切り揃えること、など [Ka. *D2342]

ಸಮಱು ⟦samaṟu サマル⟧ [səməɽu] 《古》 *vt.* **1** 平らにする、なぎ倒す (*Pb.13.92; 13.92.V*) **2** 刈り込む、刈り込んできれいにする (*Pb.14.38*) **3** 〈髪の毛や身なりなどを〉きれいにする、整える;〈壁などを〉上塗りしてきれいにする **4** 殺す、片付ける、あの世へ送る [Ka. D2389, 2390; D2342?]

ಸಮವಯಸ್ಕ ⟦samavayaska サマヴァヤスカ⟧ [səməvəjəskɐ] 《文》 *adj., m.* 《*f.* ಸಮವಯಸ್ಕಳು (samavayaskaḷu)》同じ年〈の〉[Sk.]

ಸಮವರ್ತಿ ⟦samavarti サマヴァルティ⟧ [səməvərti] 《文》 (*n.*) 同時〈の〉、同時進行〈の〉¶ ಮನೆ ಕಟ್ಟುವ ಕೆಲಸ ಮತ್ತು ಮದುವೆಯ ಏರ್ಪಾಡು ಸಮವರ್ತಿಯಾಗಿ ನಡೆಯುತ್ತಿದೆ. (mane kaṭṭuva kelasa mattu maduveya ērpāḍu samavartiyāgi naḍeyuttide.) 家の建築と結婚の準備が同時に進行している。[Sk.]

ಸಮವರ್ತಿ ಪಟ್ಟಿ ⟦samavarti paṭṭi サマヴァルティパッティ⟧ [səməvərti pəʈʈi] 《文》 *n.* 同時に発行された目録 ¶ ಈ ಪಟ್ಟಿಯ ಸಮವರ್ತಿ ಪಟ್ಟಿಯನ್ನು ಕೂಡ ನೀವು ನೋಡಬೇಕು. (ī paṭṭiya samavarti paṭṭiyannu kūḍa nīvu nōḍabēku.) 同時に出た別のリストも参照せねばなりません。[+ *paṭṭi*]

ಸಮವಸ್ತ್ರ ⟦samavastra サマヴァストラ⟧ [səməvəstrɐ] 《文》 *n.* 制服、ユニフォーム [Sk.] = ಯೂನಿಫಾರ್ಮ್ (yūnipʰārm)〔口〕

ಸಮಷ್ಟಿ ⟦samaṣṭi サマシュティ⟧ [səməʂʈi] 《文》 (*n.*) 全体〈の〉、全部〈の〉[Sk.]

ಸಮಸ್ತ ⟦samasta サマスタ⟧ [səməstɐ] 《文》 (*n.*) すべて〈の〉、全部〈の〉[Sk.]

ಸಮಸ್ಥಿತಿ ⟦samastʰiti サマスティティ⟧ [səməstʰiti] 《文》 *n.* **1** 平坦、平らなこと **2** (心の)落ち着き、平静 ¶ ನನ್ನ ಆರೋಗ್ಯ ಇತ್ತೀಚೆ ಸಮಸ್ಥಿತಿಯಲ್ಲಿಲ್ಲ. (nanna ārōgya ittīce samastʰitiyallilla.) 私の健康状態はこの頃安定しない。[Sk.]

ಸಮಸ್ಯಾತ್ಮಕ ⟦samasyātmaka サマスヤートマカ⟧ [səməsjɐːtməkɐ] 《文》 *adj.* 問題のある ¶ ಅವರ ಮಾತು ಸಮಸ್ಯಾತ್ಮಕ ಆಗಿದೆ. (avara mātu samasyātmaka āgide.) 彼の供述は問題だ。[Sk.]

ಸಮಸ್ಯೆ ⟦samasye サマスエ⟧ [səməsje] 《文》 *n.* **1** 謎、理解しがたい謎 **2** (解決の難しい)問題 [Sk.]

ಸಮಾಂತರ ⟦samāṃtara サマーンタラ⟧ [səmɐːntərɐ] 《文》 (*n.*) 平行〈の〉[Sk.]

ಸಮಾಗಮ ⟦samāgama サマーガマ⟧ [səmɐːgəmɐ] 《文》 *n.* (人々の)会合、(川の)合流 [Sk.]

ಸಮಾಚಾರ ⟦samācāra サマーチャーラ⟧ [səmɐːʧɐːrɐ] *n.* 情報、知らせ、ニュース [Sk.]

ಸಮಾಜ ⟦samāja サマージャ⟧ [səmɐːʤɐ] *n.* **1** 社会 **2** 協会 [Sk.]

ಸಮಾಜಘಾತುಕ ⟦samājagʰātuka サマージャガートゥカ⟧ [səmɐːʤəgʰɐːtukɐ] 《文》 *adj., m.* 《*f.* ಸಮಾಜಘಾತುಕಿ (samājagʰātuki)》反社会的な〈人〉[Sk.]

ಸಮಾಜಜೀವಿ ⟦samājajīvi サマージャジーヴィ⟧ [səmɐːʤəʤiːvi] 《文》 *adj., mfn.* **1** 人々との付き合いを好む〈人〉 **2** (アリや犬科の動物や人間のように)社会生活を営む〈もの〉[Sk.]

ಸಮಾಜವಾದ ⟦samājavāda サマージャヴァーダ⟧ [səmɐːʤəvɐːdɐ] *n.* 社会主義 [Sk.]

ಸಮಾಜವಾದಿ ⟦samājavādi サマージャヴァーディ⟧ [səmɐːʤəvɐːdi] *adj., mf.* 社会主義を唱える〈人〉、社会主義者 [Sk.]

ಸಮಾಜಶಾಸ್ತ್ರ ⟦samājaśāstra サマージャシャーストラ⟧ [səmɐːʤəʃɐːstrɐ] 《文》 *n.* 社会学 [Sk.]

ಸಮಾಜಸುಧಾರಣೆ ⟦samājasudʰāraṇe サマージャスダーラネ⟧ [səmɐːʤəsudʰɐːrəɳe] *n.* 社会改革 [Sk.]

ಸಮಾದೇಶನೆ ⟦samādēśane サマーデーシャネ⟧ [səmɐːdeːʃəne] 《文》 *n.* 指令、命令 [Sk.]

ಸಮಾದೇಶನಾಧಿಕಾರಿ ⟦samādēśanādʰikāri サマーデーシャナーディカーリ⟧ [səmɐːdeːʃənɐːdʰikɐːri] 《文》 *mf.* ある(軍事あるいは民事の)任務に命令権や指令権のある軍人や役人

ಸಮಾಧಾನ ⟦samādʰāna サマーダーナ⟧ [səmɐːdʰɐːnɐ] *n.* **1** 落ち着き、冷静さ ¶ ಕೆಲಸವನ್ನು ಸಮಾಧಾನದಿಂದ ಮಾಡಬೇಕು. (kelasavannu samādʰānadiṃda māḍabēku.) 仕事を落ち着いてしなさい。 **2** 慰め、慰撫、なだめること **3** 満足 [Sk.]

ಸಮಾಧಾನಪಡಿಸು ⟦samādʰānapaḍisu サマーダーナパディス⟧ [səmɐːdʰɐːnəpəɖisu] *vt.* 慰める、なだめる、など [+ *paḍisu*]

ಸಮಾಧಾನಕರ ಬಹುಮಾನ ⟦samādʰānakara bahumāna サマーダーナカラバフマーナ⟧ [səmɐːdʰɐːnəkərə bəhumɐːnɐ] *n.* 残念賞 [Sk.]

ಸಮಾಧಿ ⟦samādʰi サマーディ⟧ [səmɐːdʰi] *n.* **1** 深い瞑想、瞑想して心を大我に没入させること **2** 偉大な人物の墓(普通のヒンドゥーは墓をもたない)cf. ಗೋರಿ (gōri) [Sk.]

ಸಮಾನ ⟦samāna サマーナ⟧ [səmɐːnɐ] *adj.*, *mf.* 《*f.* ಸಮಾನಳು (samānaḷu)》 同じような〈人〉、同様の〈人〉、同等の〈人〉、匹敵する〈人〉¶ ಸಂಗೀತಕಾರರಲ್ಲಿ ತಾನ್‌ಸೇನನ ಸಮಾನರಿಲ್ಲ. (saṃgītakāraralli tānsēnana samānarilla.) 歌でターンセーンに匹敵する者はない。 [Sk.]

ಸಮಾನತೆ ⟦samānate サマーナテ⟧ [səmɐːnəte] *n.* **1** 類似、似ていること **2** 同等、同格 [Sk.] = ಸಮಾನತ್ವ (samānatva)

ಸಮಾನತ್ವ ⟦samānatva サマーナトヴァ⟧ [səmɐːnət·vɐ] 《文》 *n.* [Sk.] ☞ಸಮಾನತೆ (samānate)

ಸಮಾನಹಿತರಾಜ್ಯ ಸಮುದಾಯ ⟦samānahitarājya samudāya サマーナヒタラージャヤサムダーヤ⟧ [səmɐːnəhitə rɐːʤ·jə səmudɐːjɐ] *n.* イギリス連邦、英連邦 [Sk.]

ಸಮಾಪ್ತ ⟦samāpta サマープタ⟧ [səmɐːptɐ] 《文》 (*n.*) 終わった〈こと〉、終了した〈こと〉 [Sk.]

ಸಮಾಪ್ತಿ ⟦samāpti サマープティ⟧ [səmɐːpti] 《文》 *n.* 終わり、終了 [Sk.]

ಸಮಾರಂಭ ⟦samāraṃbʰa サマーランバ⟧ [səmɐːrəmbʰɐ] *n.* **1** 開始、始まり **2** 祝い、祝祭、儀式 [Sk.]

ಸಮಾರೋಪ ⟦samārōpa サマーローパ⟧ [səmɐːroːpɐ] *n.* **1** 終わり、終了 **2** (小説の)結び、(論文などの)結論、(会議などの)閉会 [Sk.]

ಸಮಾರೋಪಭಾಷಣ ⟦samārōpabʰāṣaṇa サマーローパバーシャナ⟧ [səmɐːroːpə bʰɐːʂəɳɐ] 《文》 *n.* 閉会の辞 [Sk.]

ಸಮಾಲೋಚಕ ⟦samālōcaka サマーローチャカ⟧ [səmɐːloːʧəkɐ] *m.* 《*f.* ಸಮಾಲೋಚಕಿ (samālōcaki)》 **1** 相談相手 **2** (芸術作品、研究論文などの)批評家 [Sk.]

ಸಮಾಲೋಚನೆ ⟦samālōcane サマーローチャネ⟧ [səmɐːloːʧəne] *n.* **1** 相談、話し合い **2** 調査、精密な調査、研究 **3** (芸術作品、研究論文などの)批評家 [Sk.]

ಸಮಾಲೋಚಿಸು ⟦samālōcisu サマーローチス⟧ [səmɐːloːʧisu] *vt.* **1** 相談する、意見を出し合う、話し合う **2** 調べる、厳密に調査する **3** 〈芸術作品、研究論文などを〉批評する [Sk.]

ಸಮಾವರ್ತನೆ ⟦samāvartane サマーヴァルタネ⟧ [səmɐːvərtĕne] *n.* (結婚式などに先立って行われる)花婿に世を捨てず自分の娘の元に帰るように説得する儀式 [Sk.] ☞ಕಾಶೀಯಾತ್ರೆ (kāśīyātre)

ಸಮಾವೇಶ ⟦samāvēśa サマーヴェーシャ⟧ [səmɐːveːʃɐ] 《文》 *n.* (大がかりな)集会、大会 [Sk.]

ಸಮಾಸ ⟦samāsa サマーサ⟧ [səmɐːsɐ] *n.* 〔言〕 複合語 [Sk.]

ಸಮಿತಿ ⟦samiti サミティ⟧ [səmiti] *n.* 委員会 [Sk.]

ಸಮಿಸು ⟦samisu サミス⟧ [səmĭsu] 《‡》 *vt.* 《*caus.*》摩滅させる (*My.* (*Kitt.*)) [Ka. D2343] ☞ಸಮೆಸು, ಸಮೆಯಿಸು (samesu, sameyisu)

ಸಮೀಕರಣ ⟦samīkaraṇa サミーカラナ⟧ [səmiːkərəɳɐ] 《文》 *n.* **1** 同一視、同一化 **2** 方程式、等式 [Sk.]

ಸಮೀಕರಿಸು ⟦samīkarisu サミーカリス⟧ [səmiːkərisu] 《文》 *vt.* 同一にする、同一化する、同一視する [Sk.]

ಸಮೀಕ್ಷಕ ⟦samīkṣaka サミークシャカ⟧ [səmiːkʂəkɐ] *m.* 《*f.* ಸಮೀಕ್ಷಕಿ (samīkṣaki)》 **1** 視察者、視察官 **2** (本などの)批評家、批評する人 [Sk.]

ಸಮೀಕ್ಷೆ ⟦samīkṣe サミークシェ⟧ [səmiːkʂe] *n.* **1** (工場予定地、事故の原因などの)調査 **2** (本などの)批評 [Sk.]

ಸಮೀಪ ⟦samīpa サミーパ⟧ [səmiːpɐ] *n.* **1** (距離的に)近いこと、近接、近距離 **2** (社会的に)近いこと、親密 ¶ ಶೇಖರ ನಮ್ಮ ಸಮೀಪದ ಬಂಧು. (śēkʰara namma samīpada baṃdʰu.) シェーカルは我々の親友だ。 —*adv.* (距離的に)近くに ¶ ಸಮೀಪ ಯಾರೂ ಬರಬಾರದು. (samīpa yārū barabāradu.) 誰も私に近寄ってはならない。 —*postp.* 《*gen.*》…の近くで、…の近くに、…のもとに ¶ ಬಿನ್ ಲಾದೆನ್ ಸಮೀಪ ಈಗ ಮಹತ್ವದ ವ್ಯಕ್ತಿಗಳು ಯಾರೂ ಇಲ್ಲ. (bin lāden samīpa īga mahatvada vyaktigaḷu yārū illa.) ビン・ラーディンのもとにもう重要人物はいない。 [Sk.]

ಸಮೀಪವರ್ತಿ ⟦samīpavarti サミーパヴァルティ⟧ [səmiːpəvərti] 《文》 *adj.* 近くの、近くにある —*adj.*, *mf.* 親しい〈友達など〉 [Sk.]

ಸಮೀಪಿಸು ⟦samīpisu サミーピス⟧ [səmiːpisu] 《文》 *vt.* **1** 〈…に〉近づく、接近する **2** (ある目的で)〈ある人に〉近づく、接近する ¶ ಚೀನಾದೇಶದ ಒಬ್ಬಳು ಹುಡುಗಿ ಜಪಾನಿನ ಪ್ರಧಾನಿಯನ್ನು ಸಮೀಪಿಸಿ ಮಾಹಿತಿ ಶೇಖರಿಸಿದಳು. (cīnādēśada obbaḷu huḍugi japānina pradʰāniyannu samīpisi māhiti śēkʰarisidaḷu.) 中国の娘が日本の総理大臣に接近し情報を集めた。 [Sk.]

ಸಮುಚಿತ ⟦samucita サムチタ⟧ [səmuʧitɐ] 《文》 (*adj.*) 適当〈な〉、正当〈な〉、正しい〈こと〉 [Sk.]

ಸಮುಚ್ಚಯ ⟦samuccaya サムッチャヤ⟧ [səmuʧʧəjɐ] 《文》 *n.* 集まり、集合 [Sk.] cf. ರಾಶಿ (rāśi)

ಸಮುದಾಯ ⟦samudāya サムダーヤ⟧ [səmudɐːjɐ] 《文》 *n.* 1 (人間などの) 集まり ¶ ಅಪಘಾತ ಸ್ಥಳದಲ್ಲಿ ಜನರ ಸಮುದಾಯ ಸೇರಿತ್ತು. (apagʰāta stʰaḷadalli janara samudāya sērittu.) 多くの人々が事故現場に集まっていた。 2 共同社会、宗教や職業などを共にする人々の集団 [Sk.] ☞ಸಮೂಹ, ಗುಂಪು (samūha, guṃpu)

ಸಮುದ್ರ ⟦samudra サムドラ⟧ [səmudrɐ] *n.* 海、大洋 [Sk.] = ಕಡಲು (kaḍalu)

ಸಮುದ್ರ ಕೊರೆತ ⟦samudra koreta サムドラコレタ⟧ [səmudʳrəkoretɐ] 《文》 *n.* 海による陸地の侵食 [+ *koreta*]

ಸಮುದ್ರಯಾನ ⟦samudrayāna サムドラヤーナ⟧ [səmudʳrəjɐːnɐ] *n.* 航海 [Sk.]

ಸಮೂಹ ⟦samūha サムーハ⟧ [səmuːhɐ] *n.* 1 (人々、樹木、動物、本などの) 集まり、集合、群衆 2 共同社会、宗教や職業などを共にする人々の集団 [Sk.] = ಸಮುದಾಯ (samudāya)

ಸಮೂಹಮಾಧ್ಯಮ ⟦samūhamādʰyama サムーハマーディヤマ⟧ [səmuːhəmɐːdʰʲjəmɐ] 《文》 *n.* マスメディア [← Eg. *mass media*]

ಸಮೂಹಮತಾಂತರ ⟦samūhamatāṃtara サムーハマターンタラ⟧ [səmuːhəmətɐːntərɐ] 《文》 *n.* 集団改宗 [Sk.]

ಸಮೃದ್ಧ ⟦samṛddʰa サムルッダ⟧ [səmrɯddʰɐ/–ruddʰɐ] *adj., mn.* 《*f.* ಸಮೃದ್ಧಳು (samṛddʰaḷu)》 豊かな、裕福な〈人、社会など〉 —*adj.* 1 木などが繁茂した 2 豊富な、豊かな [Sk.]

ಸಮೃದ್ಧಿ ⟦samṛddʰi サムルッディ⟧ [səmrɯddʰi/–ruddʰi] *n.* 1 繁栄、栄えること 2 豊富 3 富、裕福 [Sk.]

ಸಮೆ¹ ⟦same サメ⟧ [səme] 《古》 *vt.* 1 作る、製造する 2 準備する、用意する 3〈石などを〉刻む、彫刻する 4 料理する —*vi.* 作られる [Ka. D2342]

ಸಮೆ² ⟦same サメ⟧ [səme] 《文》 *vi.* 1 (小刀、装身具、金属性の容器、本などが) 摩耗する、すり減る 2 (人が病気や老齢のために) やつれる、消耗する 3 (時間が) たつ 4 (財産などが) 蕩尽される、減っていく ¶ ಅಪ್ಪ ಸತ್ತ ಬಳಿಕ ಅವರ ಸಂಪತ್ತು ಮಗನಿಂದ ಸಮೆಯಿತು. (appa satta baḷika avara saṃpattu maganiṃda sameyitu.) 彼の死後その財産が息子によって蕩尽された。 [Ka. D2343] = ಸವೆ (save)

ಸಮಯಿಸು ⟦samayisu サマイス⟧ [səməjisu] 《文》 *vt.* 《*caus.*》磨耗させる [Ka. D2343]

ಸಮೇತ ⟦samēta サメータ⟧ [səmeːtɐ] *postp.* 《*gen.*》 …と共に、…と一緒に ¶ ನಾನು ಗೆಳೆಯನ ಸಮೇತ ಸಂಜೆಗೆ ಮನೆಗೆ ಬರುತ್ತೇನೆ. (nānu geḷeyana samēta saṃjege manege baruttēne.) 僕は友達と一緒に夕方お宅へお伺いします。 [Sk.]

ಸಮ್ಮಟಿಗೆ ⟦sammaṭige サンマティゲ⟧ [səmməʈ̆ige] *n.* ☞ಚಮ್ಮವಟ್ಟಿಗೆ (cammavaṭṭige)

ಸಮ್ಮತಿ ⟦sammati サンマティ⟧ [səmməti] *n.* 同意、承認 [Sk.]

ಸಮ್ಮತಿಸು ⟦sammatisu サンマティス⟧ [səmmət̆isu] 《文》 *vi.* 《*dat.*》同意する、承認する [Sk.]

ಸಮ್ಮಾನ ⟦sammāna サンマーナ⟧ [səmmɐːnɐ] *n.* 名誉、尊敬 [Sk.]

ಸಮ್ಮಿಶ್ರ ⟦sammiśra サンミシュラ⟧ [səmmiʃrɐ] 《文》 (*adj.*) 1 まぜこぜ〈の〉、ごちゃまぜ〈の〉、混合〈した〉 2 連立〈の〉(内閣、政権など) ¶ ವಾಜಪೇಯಿಯವರು ಸಮ್ಮಿಶ್ರ ಸರಕಾರವನ್ನು ರಚಿಸಿದ್ದಾರೆ. (vājapēyiyavaru sammiśra sarakāravannu racisiddāre.) ヴァージパーイー氏は連立内閣を組閣した。 [Sk.]

ಸಮ್ಮುಖ ⟦sammukʰa サンムカ⟧ [səmmukʰɐ] (*n.*) (ある人などの) 前〈の〉 —*postp.* (ある人の) 目の前で、目の前に ¶ ನನ್ನ ಸಮ್ಮುಖ ಅವನು ತನ್ನ ಹೆಂಡತಿಯನ್ನು ಹೊಡೆದ. (nanna sammukʰa avanu tanna heṃḍatiyannu hoḍeda.) 彼は私の目の前で自分の妻を殴った。[Sk.]

ಸಮ್ಮೇಳನ ⟦sammēḷana サンメーラナ⟧ [səmmeːləɳɐ] *n.* (大規模の) 会議、会合 [Sk.]

ಸಯ್¹ ⟦say サイ⟧ [səĭ] 《古》 *vi.* 終わる (*Čpr 6,83 (Kitt.)*) [Ka. D2351]

ಸಯ್² ⟦say サイ⟧ [səĭ] ಚಯ್, ಸಯಿ, ಸೈ¹ 《古》 (*n.*) 1 まっすぐ〈な〉、曲がっていない〈こと〉 2 廉直〈な〉、適当〈な〉、正しい〈こと〉、よい〈こと〉 —*snt.* あっぱれ(賞賛を表す言葉) [Ka. D2747]

ಸಯಿ ⟦sayi サイ⟧ [səji] 《古》 (*n.*) 1 まっすぐ〈な〉、曲がっていない〈こと〉 2 適当〈な〉、ふさわしい〈こと〉 [Ka. D2747] ☞ಸಯ್ (say)

ಸಯ್ತ ⟦sayta サイタ⟧ [səĭtɐ] 《‡》 *m.* 廉直な人、まっすぐで正しい人 (*Kitt.,Čt. I,39*) [Ka. D2747]

ಸಯ್ತು¹ ⟦saytu サイトゥ⟧ [səĭtu] 《古》 *adv.* 黙って [Ka. D2351]

ಸಯ್ತು² ⟦saytu サイトゥ⟧ [səĭtu] 《古》 (*n.*) 1 まっすぐ〈な〉、一直線〈の〉 2 廉直〈な〉、正直〈な〉 3 易しい〈こと〉、難しくない〈こと〉 4 適当〈な〉、ふさわしい〈こと〉 —*adv.* 1 まっすぐに 2 正直に 3 適当に、ふさわしく [Ka. D2747]

ಸಯ್ತನೆ ⟦saytane サイタネ⟧ [səĭtəne] ಸೈತನೆ 《古》 *adv.* まっすぐに、一直線に [+ *-ane* *D2747]

ಸಯ್ತೆ ⟦sayte サイテ⟧ [səĭte] 《古》 (*n.*) [Ka. D2747] ☞ಸಯ್ತು (saytu)

ಸಯ್ದ ⟦sayda サイダ⟧ [səjɗɐ] 《古》 *m.* 1 正直な人、廉直な人 2 バラモン [Ka. D2747]

ಸಯ್ಪು¹ ⟦saypu サイプ⟧ [səĭpu] 《‡》 *n.* 1 善行 2 幸運 [Ka. D2747]

ಸಯ್ಪು² ⟦saypu サイプ⟧ [səĭpu] 《‡》 *n.* 終結；沈黙 (*J.20,38; 24,10 (Kitt.)*) [Ka. D2351]

ಸರಂಜಾಮು ⟦saraṃjāmu サランジャーム⟧ [sərəɲʤɐːmu] *n.* 1 装備、(ある仕事のために) 必要な材料、諸道具一式 = ಉಪಕರಣ (upakaraṇa) 2 家財道具、一切合切 ¶ ಅವನು ಸರಂಜಾಮು ತೆಗೆದುಕೊಂಡು ಕಾಣದೆ ಹೋದ. (avanu saraṃjāmu tegedukoṃḍu kāṇade hōda.) 彼は家財道具と共に姿を消した。 [Pe. *sar-anğām*]

ಸರ ⟦sara サラ⟧ [sərɐ] *n.* (金などの材料でできた)長さ約 50 センチの鎖型の首飾り [Sk.] = ಚೈನು (cainu)〔口〕

ಸರಕಾರ ⟦sarakāra サラカーラ⟧ [sərə̆kɐːrɐ] *n.* 政府 [Pe. *sarkār*] ☞ಸರ್ಕಾರ (sarkāra)

ಸರಕಾರಿ ⟦sarakāri サラカーリ⟧ [sərə̆kɐːri] *adj.* 政府の [Pe. *sarkārī*] ☞ಸರ್ಕಾರಿ (sarkāri)

ಸರಕು¹ ⟦saraku サラク⟧ [sərə̆ku] *n.* 商品 [Ka. D2353]

ಸರಕು² ⟦saraku サラク⟧ [sərə̆ku] ಸರಗು, ಸರುಕು *vi.* 場所を空ける、脇へよる [Ka. D2360, cf. M. *sarakăṇē*] = ಜರುಗು (jarugu)

ಸರಕ್ಕನೆ ⟦sarakkane サラッカネ⟧ [sərəkkə̆ne] *adv.* さっと(すばやい動作を表す擬態語) ¶ ಏಟನ್ನು ತಪ್ಪಿಸಲು ಸರಕ್ಕನೆ ಸರಿದೆ. (ēṭannu tappisalu sarakkane saride.) 私は殴り掛かられさっと身をかわした。[Ka. mim, *sarak + -ane D2352(a)]

ಸರಣಿ ⟦saraṇi サラニ⟧ [sərə̆ɳi] *n.* 1 列 ¶ ಕ್ರಿಕೆಟ್ ಪಂದ್ಯದ ಸರಣಿಯಲ್ಲಿ ಭಾರತ ಇಂಗ್ಲಂಡಿನ ಮೇಲೆ ಜಯಗಳಿಸಿತು. (kriket̩ paṃdyada saraṇiyalli bʰārata iṃglaṃḍina mēle jayagaḷisitu.) インドはイギリスとのクリケットの連戦に勝った。 2 やり方、方法 ¶ ಪ್ರಧಾನಿ ಮಾತಾಡುವ ಸರಣಿ ನೋಡಿದರೆ ಅವರ ಜನಪ್ರಿಯತೆ ಗೊತ್ತಾಗುತ್ತದೆ. (pradʰāni mātāḍuva saraṇi nōḍidare avara janapriyate gottāguttade.) 首相が話す話し方を見るとその人気がなるほどと思われる。[Sk.]

ಸರತಿ ⟦sarati サラティ⟧ [sərə̆ti] ಸರದಿ *n.* 1 (回数を数える時に用いる)回 ¶ ನಾನು ಮೂರು ಸರತಿ ಫೋನು ಮಾಡಿದೆ. (nānu mūru sarati pʰōnu māḍide.) 3 回電話をした。 2 番、順番 ¶ ಮೂವತ್ತು ನಿಮಿಷ ನಿಂತರೂ ನನ್ನ ಸರತಿ ಬರಲಿಲ್ಲ. (mūvattu nimiṣa niṃtarū nanna sarati baralilla.) 半時間待ったが自分の番が回って来なかった。[<?]

ಸರತ್ವಿಮಾನ ⟦saratvimāna サラトヴィマーナ⟧ [sərətvimɐːnɐ] 《文》*n.* グライダー [Sk.] = ಗ್ಲೈಡರ್ (glaiḍar)〔口〕

ಸರದಾರ ⟦saradāra サラダーラ⟧ [sərə̆dɐːrɐ] *m.* (反社会的団体の)首領、(昔の組織体では一般に)長 [Pe. *sardār*]

ಸರದಿ ⟦saradi サラディ⟧ [sərə̆di] ಸರತಿ, ಸರ್ತಿ, ಸರ್ತು *n.* [<?] ☞ಸರತಿ (sarati)

ಸರಪಣಿ ⟦sarapaṇi サラパニ⟧ [sərə̆pəɳi] *n.* [Ka. D2358] ☞ಸರಪಳಿ (sarapaḷi)

ಸರಪಳಿ ⟦sarapaḷi サラパリ⟧ [sərə̆pəḷi] ಸರಪಣಿ, ಸರ್ಪಣಿ, ಸರ್ಪಳಿ *n.* 1 鎖 2 鎖型で首に巻く通常金でできた装身具 3〔喩〕桎梏 ¶ ಮದುವೆ ಎಂದರೆ ಒಂದು ಸರಪಳಿ. (maduve eṃdare oṃdu sarapaḷi.) 結婚は一種の桎梏である。[Ka. D2358]

ಸರಬರಾಜು ⟦sarabarāju サラバラージュ⟧ [sərə̆bərɐːdʒu] *n.* (物資などの)供給 [Pe. *sar-ba-rāhī*]

ಸರಬರಾಯಿ ⟦sarabarāyi サラバラーイ⟧ [sərə̆bərɐːji] *n.* 1 (旅などに必要な物資などの)供給 2 世帯に対する水や物資などの供給 [Pe. *sar-ba-rāhī*]

ಸರಸ ⟦sarasa サラサ⟧ [sərəsɐ] (*n.*) (話や物語などが)面白い〈こと〉、楽しい〈こと〉 —*n.* 1 楽しい愛の語らいや戯れ 2 諧謔、滑稽 [Sk.]

ಸರಸಸಲ್ಲಾಪ ⟦sarasasallāpa サラササッラーパ⟧ [sərə̆səllɐːpɐ] *n.* 楽しい語らい ¶ ಅವರ ಸರಸಸಲ್ಲಾಪ ಇವಳಲ್ಲಿ ಅಸೂಯೆಯನ್ನು ಹುಟ್ಟಿಸಿತು. (avara sarasasallāpa ivaḷalli asūyeyannu huṭṭisitu.) 彼らのいちゃいちゃした語らいがあの女性の嫉妬を招いた。[+ Sk. *saṃlāpa-*]

ಸರಸವಾಡು ⟦sarasavāḍu サラサヴァードゥ⟧ [sərəsəvɐːɖu] 《古》*vi.* (恋人たちが)ふざける、いちゃつく [+ *āḍu*]

ಸರಸಗಾರ ⟦sarasagāra サラサガーラ⟧ [sərəsəgɐːrɐ] *m.* 《*f.* ಸರಸಗಾತಿ (sarasagāti)》 1 楽しく暮らす人、人生を楽しむ人、人生を楽しむことのできる人 2 諧謔のある人、愉快な人 [*sarasa* + *-gāra*]

ಸರಸರ ⟦sarasara サラサラ⟧ [sərəsərɐ] (*n.*) 1 さらさら(木の葉などが立てる音を表す擬音語) 2 さっさと(すばやく歩くさまなどを表す擬態語);するすると ¶ ಹಾವು ಸರಸರ ಓಡಿ ಕಾಣದೆ ಹೋಯಿತು. (hāvu sarasara ōḍi kāṇade hōyitu.) 蛇はすばやく走って視界から消えた。[Ka. onom. D2355]

ಸರಸರನೆ ⟦sarasarane サラサラネ⟧ [sərəsərə̆ne] *adv.* さっさと ¶ ಅವಳು ಕೆಲಸವನ್ನು ಸರಸರನೆ ಮಾಡಿ ಹೋದಳು. (avaḷu kelasavannu sarasarane māḍi hōdaḷu.) 彼女は仕事をさっさとして出て行った。[Ka. mim. D2355]

ಸರಸತೆ ⟦sarasate サラサテ⟧ [sərəsəte] 《文》*n.* 面白いこと、楽しいこと [Sk.]

ಸರಸಿ ⟦sarasi サラシ⟧ [sərəsi] *adj., mf.* 1 趣味のある〈人〉、(芸術を)理解する〈人〉 2 朗らかな〈人〉、愉快な〈人〉、面白い〈人〉 [Sk.]

ಸರಹದ್ದು ⟦sarahaddu サラハッドゥ⟧ [sərə̆haddu] *n.* (国と国などの)境界、境 [Pe. *sarḥadd*] ☞ಗಡಿ, ಮೇರೆ (gaḍi, mēre)

ಸರಳ ⟦saraḷa サララ⟧ [sərəḷɐ] *adj.* 1 まっすぐな(線など) 2 (問題などが)易しい ¶ ಈ ವಾರದ ಸುಡೊಕು ಸರಳವಾಗಿದೆ. (ī vārada suḍoku saraḷavāgide.) 今週の数独は易しい。 —*adj., m.* 《*f.* ಸರಳೆ (saraḷe)》まっすぐな〈人〉、飾り気のない〈人〉 [Sk.]

ಸರಳಬಡ್ಡಿ ⟦saraḷabaḍḍi サララバッディ⟧ [sərəḷəbəɖɖi] *n.* 単利 [*saraḷa* + *baḍḍi*]

ಸರಳಭಾಷಾಂತರ ⟦saraḷabʰāṣāṃtara サララバーシャーンタラ⟧ [sərəḷəbʰɐːʂɐːntərɐ] *n.* 子どもたちのための簡易版の翻訳 [Sk.] ☞ಸರಳಾನುವಾದ (saraḷānuvāda)

ಸರಳರೇಖೆ ⟦saraḷarēkʰe サララレーケ⟧ [sərəḷəreːkʰe] *n.* 直線 [Sk.]

ಸರಳಾನುವಾದ ⟦saraḷānuvāda サララーヌヴァーダ⟧ [sərəḷɐːnuvɐːdɐ] 《文》*n.* 原文にとらわれずその意を伝える易しい翻訳 [Sk.] = ಸರಳಭಾಷಾಂತರ (saraḷabʰāṣāṃtara)

ಸರಳು ⟦saraḷu サラル⟧ [sərəḷu] ಸರಲು, ಸರಳ್, ಸರಳು *n.* 1 鉄(またはそれ以外の金属の)棒 = ಸಲಾಕೆ (salāke) 2 矢 = ಬಾಣ, ಅಂಬು (bāṇa, aṃbu) [Ka.? cf. Tu. *saral,* *saraḷ* Te. *saruḍu*]

ಸರಾಗ ⟦sarāga サラーガ⟧ [sərɐːgɐ] (*n.*) たやすい〈こと〉¶ ಇದು ಸರಾಗ ಕೆಲಸ. (idu sarāga kelasa.) これは易しい仕事だ。[<?]

ಸರಾಸರಿ ⟦sarāsari サラーサリ⟧ [sərɐːsəri] *adj.* 1 平均の ¶ ಅವನ ಸರಾಸರಿ ಗಳಿಕೆ (avana sarāsari gaḷike) 彼の平均収入 2 およその ¶ ಅವನ ಸರಾಸರಿ ವಯಸ್ಸು ಎಷ್ಟು (avana sarāsari vayassu eṣṭu.) その男性の年は大体いくつぐらいですか。 —*adv.* 1 平均して ¶ ಅವರ ಗಳಿಕೆ ಸರಾಸರಿ ಎಷ್ಟು? (avara gaḷike sarāsari eṣṭu?) 彼らの収入は平均いくらだい。 2 およそ ¶ ಭೂಮಿಯಿಂದ ಚಂದ್ರ ಸರಾಸರಿ ಎಷ್ಟು ದೂರವಿದೆ. (bʰūmiyiṃda caṃdra sarāsari eṣṭu dūravide.) 地球から月までの距離はおよそどのくらいなのだろう。 —*n.* 平均値 ¶ ಭಾರತೀಯ ಗಂಡಸರ ಆಯುಷ್ಯದ ಸರಾಸರಿ ಅರುವತ್ತನ್ನು ಮೀರಿದೆ. (bʰāratīya gaṃḍasara āyuṣyada sarāsari aruvattannu mīride.) インドの男性の平均寿命は60歳を超えている。[Pe. *sarāsari*]

ಸರಿ[1] ⟦sari サリ⟧ [səri] (*n.*) 1 適当である〈こと〉、正しい〈こと〉、正当〈な〉¶ ನಿಮ್ಮ ಹೇಳಿಕೆ ಸರಿಯಾಗಿದೆ. (nimma hēḷike sariyāgide.) 君の言ったことは正しい。 2 匹敵〈する〉、同等〈の〉¶ ರೇಣುಕಾ ವಿಜಯನಿಗೆ ಸರಿಯಾಗಿದ್ದಾಳೆ. (rēṇukā vijayanige sariyāgiddāḷe.) レーヌカーはヴィジャヤにちょうどよい相手だ。 3 (金銭などが) ちょうど〈の〉¶ ಸರಿಯಾದ ಚಿಲ್ಲರೆ ಕೊಡಿರಿ. (sariyāda cillare koḍiri.) つり銭が要らないようにお願いします。 —*snt.* 分かりました、はい [Ka.? cf. Sk. *sadṛśa*- Pk. *sari, sarisa*, G. *sarīkʰū*, M. *sarīkā*, H. *sarīkʰā*, Ta. *cari*, Tu. *cari*, Te. *sari*]

ಸರಿ[2] ⟦sari サリ⟧ [səri] *vi.* 1 (押されるなどして重いものが) 動く ¶ ನಾನು ಎಷ್ಟು ತಳ್ಳಿದರೂ ಕಲ್ಲು ಸರಿಯಲಿಲ್ಲ. (nānu eṣṭu taḷḷidarū kallu sariyalilla.) 私がいくら押しても石は動かなかった。 2 退く、道などを空ける ¶ ಸ್ವಲ್ಪ ಆಚೆ ಸರಿ. (svalpa āce sari.) ちょっと場所を空けてください。 3 (機会などが)失われる、手から滑りぬける ¶ ಅಮೆರಿಕಾಕ್ಕೆ ಹೋಗುವ ಒಳ್ಳೇ ಯೋಗ ಕೈಯಿಂದ ಸರಿಯಿತು. (āmerikākke hōguva oḷḷē yōga kaiyiṃda sariyitu.) アメリカへ行くよい機会が手から滑りぬけた。 4 (恐れや恥じらいから) そっと立ち去る ¶ ತನ್ನ ಗುಟ್ಟು ಬಯಲಾಗುತ್ತದೆ ಎಂದು ರಮೇಶ ಜಾಗದಿಂದ ಸರಿದ. (tanna guṭṭu bayalāguttade eṃdu ramēśa jāgadiṃda sarida.) 自分の秘密が公にされるのを恐れてラメーシュはそっとその場を立ち去った。[Ka. D2360]

ಸರಿ[3] ⟦sari サリ⟧ [səri] ಜರಿ, ಜಡಿ, ಸರಿ《古》*n.* 断崖 [Ka. D2360]

ಸರಿ[4] ⟦sari サリ⟧ [səri] ಚರಿ, ಸರಿ *n.* 糊、接着剤 [Ka. D2418]

ಸರಿಗಟ್ಟು ⟦sarigaṭṭu サリガットゥ⟧ [sərigəʈʈu] *vt.* 匹敵する、かなう ¶ ಶೌರ್ಯದಲ್ಲಿ ಪುಲಕೇಶಿಯನ್ನು ಸರಿಗಟ್ಟುವವರು ಯಾರೂ ಇರಲಿಲ್ಲ. (śauryadalli pulakēśiyannu sarigaṭṭuvavaru yārū iralilla.) 勇気でプラケーシー王に匹敵する者はいなかった。[+ *kaṭṭu*]

ಸರಿಗಾಣು ⟦sarigāṇu サリガーヌ⟧ [sərigɐːɳu] *vt.* 同等視する、差別しない ¶ ಕೃಷ್ಣಪ್ಪ ತನ್ನ ಎಲ್ಲ ಮಕ್ಕಳನ್ನು ಸರಿಗಾಣುತ್ತಿದ್ದ. (kṛṣṇappa tanna ella makkaḷannu sarigāṇuttidda.) クリシュナッパは自分のすべての子どもたちをわけへだてなく扱っていた。 —*vi.* ちゃんと見える ¶ ಶಸ್ತ್ರಚಿಕಿತ್ಸೆ ಆದ ಮೇಲೆ ಅಜ್ಜಿಯ ಕಣ್ಣು ಸರಿಗಾಣುತ್ತಿದೆ. (śastracikitse āda mēle ajjiya kaṇṇu sarigāṇuttide.) 妻は手術の後正常な視力を回復した。[+ *kāṇu*]

ಸರಿಗೂಡು ⟦sarigūḍu サリグードゥ⟧ [səriguːɖu] *vi.* 1 よく合う ¶ ಸಾಕೆಟಿಗೂ ಪಿನ್ನಿಗೂ ಸರಿಗೂಡುವದಿಲ್ಲ. (sākeṭigū pinnigū sarigūḍuvadilla.) コンセントと差し込みがうまく合わない。 2 折り合う、折り合いがよい ¶ ಅವಳಿಗೆ ಅತ್ತೆಮನೆಯಲ್ಲಿ ಸರಿಗೂಡುವುದಿಲ್ಲ. (avaḷige attemaneyalli sarigūḍuvudilla.) 彼女は婚家と折り合いがよくない。[+ *kūḍu*]

ಸರಿದೂಗು ⟦saridūgu サリドゥーグ⟧ [səriɖuːgu] *vi.* 《*dat.*》匹敵する、ひけを取らない ¶ ಅಮ್ಮನ ಎತ್ತರಕ್ಕೆ ಮಗಳು ಸರಿದೂಗುತ್ತಾಳೆ. (ammana ettarakke magaḷu saridūguttāḷe.) 娘は母親と身長が同じである。[*sari*[1] + *tūgu*]

ಸರಿದೂಗಿಸು ⟦saridūgisu サリドゥーギス⟧ [səriɖuːgisu] *vt.* 〈家計などを〉算段する、やりくりする ¶ ಈ ಅಲ್ಪಸಂಬಳದಲ್ಲಿ ಸಂಸಾರವನ್ನು ಸರಿದೂಗಿಸುವುದು ಕಷ್ಟವಾಗಿದೆ. (ī alpasaṃbaḷadalli saṃsāravannu saridūgisuvudu kaṣṭavāgide.) このような少ない月給で家計をまかなうのは難しい。[+ *tūgisu*]

ಸರಿನೋಡು ⟦sarinōḍu サリノードゥ⟧ [sərinoːɖu] *vt.* (計算などに間違いがないか)調べる [+ *nōḍu*]

ಸರಿಪಡಿಸು ⟦saripaḍisu サリパディス⟧ [səripəɖisu] *vt.* 訂正する、〈…の〉間違いを直す、修繕する ¶ ಅಪ್ಪ ಒಂದು ದಿವಸ ಕೆಲಸ ಮಾಡಿ ಹಳೆಯ ಪುಸ್ತಕವನ್ನು ಸರಿಪಡಿಸಿದರು. (appa oṃdu divasa kelasa māḍi haḷeya pustakavannu saripaḍisidaru.) 父は1日中働いて古い本を修繕した。[+ *paḍisu*]

ಸರಿಪಾಲು ⟦saripālu サリパール⟧ [səripɐːlu] *n.* 等分 ¶ ಆ ತೋಟವನ್ನು ಅಣ್ಣತಮ್ಮಂದಿರಿಗೆ ಸರಿಪಾಲು ಮಾಡಿಕೊಡು. (ā tōṭavannu aṇṇatammaṃdirige saripālu māḍikoḍu.) あの果樹園を兄弟に等分して与えなさい。[Ka. *sari*[1] + *pālu*]

ಸರಿಪ್ರಾಯ ⟦sariprāya サリプラーヤ⟧ [səriprɐːjɐ] *n.* 1 同い年 ¶ ಗಂಡ ಹೆಂಡತಿ ಸರಿಪ್ರಾಯ. (gaṃḍa heṃḍati sariprāya.) あの夫婦は同い年である。 2 ちょうどよい年齢、適齢 ¶ ನಮ್ಮ ಮಗಳಿಗೆ ಮದುವೆಗೆ ಸರಿಪ್ರಾಯ. (namma magaḷige maduvege sariprāya.) 娘は今結婚適齢期です。[Ka. *sari*[1] + *prāya*]

ಸರಿಬರಿ ⟦saribari サリバリ⟧ [səribəri] ಸರಿವರಿ (*n.*) 1 同じ〈こと〉、同等〈の〉、同点〈の〉¶ ಕ್ರಿಕೆಟ್ ಪಂದ್ಯ ಸರಿಬರಿಯಾಯಿತು. (krikeṭ paṃdya saribariyāyitu.) クリケットの試合は同点に終わった。 2 大丈夫〈な〉¶ ಉಪಯೋಗಿಸಿದ ಮೇಲೆ ಶೂ ಸರಿಬರಿಯಾಯಿತು. (upayōgisida mēle śū saribariyāyitu.) 靴は履いているうちに足にあってきた。[+ *pari* (echo.)? Pk. *sarib^{h}ari-*「等しい」]

ಸರಿಬರು ⟦saribaru サリバル⟧ [səribəru] *vi.* **1** (身に)合う、(度が)合う ¶ ಕನ್ನಡಕ ಸರಿಬರಲಿಲ್ಲ. (kannaḍaka saribaralilla.) めがねは私に合わなかった。 **2** 適応する、折り合いをつける ¶ ನಮ್ಮ ಮಗಳಿಗೆ ಅತ್ತೆಮನೆಯಲ್ಲಿ ಸರಿಬರಲಿಲ್ಲ. (namma magaḷige attemaneyalli saribaralilla.) 娘は婚家で仲よくやって行くことができなかった。 **3** 気に入る ¶ ಮಗ ಮಾಡಿದ್ದು ಅಪ್ಪನಿಗೆ ಸರಿಬರಲಿಲ್ಲ. (maga māḍiddu appanige saribaralilla.) 息子がしたことが父の気に入らなかった。[+ *baru*]

ಸರಿಬೀಳು ⟦saribīḷu サリビール⟧ [səribiːḷu] 《文》 *vi.* 気に入る ¶ ಅವನ ನಡವಳಿಕೆ ನನಗೆ ಸರಿಬೀಳುವುದಿಲ್ಲ. (avana naḍavaḷike nanage saribīḷuvudilla.) 彼の振る舞いは僕には気に入らない。[+ *bīḷu*]

ಸರಿಮಾಡು ⟦sarimāḍu サリマードゥ⟧ [sərimɐːḍu] *vt.* **1** 訂正する、〈間違ったところを〉直す **2** 修繕する **3** 〈土地を〉ならす、平らにする [+ *māḍu*]

ಸರಿಮಿಗಿಲು ⟦sarimigilu サリミギル⟧ [sərimigilu] *vi.* 匹敵する、上回る ¶ ವಾಸನೆಯಲ್ಲಿ ಡಾರ್ಜಿಲಿಂಗ್ ಟೀಗೆ ಸರಿಮಿಗಿಲಿಲ್ಲ. (vāsaneyalli ḍārjiliṃg ṭīge sarimigililla.) 香りにおいてはダージリンの茶に匹敵する茶がない。[ಸರಿ[1] + *migilu*]

ಸರಿಯಾಗು ⟦sariyāgu サリヤーグ⟧ [sərijɐːgu] *vi.* **1** 直る、よくなる ¶ ಔಷದಿ ಹಚ್ಚಿದ ಮೇಲೆ ಕಾಲು ಸರಿಯಾಗುತ್ತದೆ. (auṣadi haccida mēle kālu sariyāguttade.) 薬をつけた後で僕の足は直るだろう。 **2** 匹敵する、同格である ¶ ನನ್ನ ಅಂತಸ್ತಿಗೆ ಅವನು ಸರಿಯಾಗಲಿಲ್ಲ. (nanna aṃtastige avanu sariyāgalilla.) 彼は私の地位に匹敵しなかった。 **3** (取引が支払いによって)決済される、ちょうどになる ¶ ನೀವು ಇನ್ನು ಹತ್ತು ರೂಪಾಯಿ ಕೊಟ್ಟರೆ ಲೆಕ್ಕ ಸರಿಯಾಗುತ್ತದೆ. (nīvu innu hattu rūpāyi koṭṭare lekka sariyāguttade.) もう 10 ルーピー下さったらちょうどになります。[+ *āgu*]

ಸರಿಯಿಕ್ಕು ⟦sariyikku サリイック⟧ [sərijikku] 《古》 *vt.* 比較する、比べる [+ *ikku*]

ಸರಿರಾಜ್ಯ ⟦sarirājya サリラージュャ⟧ [sərirɐːʤjɐ] *n.* **1** 匹敵する王国 **2** 王国の半分 ¶ ಅರಸ ತನ್ನ ಮಗಳನ್ನು ಮದುವೆ ಆಗುವವರಿಗೆ ಸರಿರಾಜ್ಯ ಕೊಡುವುದಾಗಿ ಘೋಷಿಸಿದ. (arasa tanna magaḷannu maduve āguvavarige sarirājya koḍuvudāgi g^{h}ōṣisida.) 王は自分の娘と結婚する若者に王国の半分を与えると布告した。[+ *rājya*]

ಸರಿರಾತ್ರಿ ⟦sarirātri サリラートリ⟧ [sərirɐːtri] *n.* 真夜中 [+ *rātri*] = ಸರಿಹೊತ್ತು (sarihottu)

ಸರಿಸಂಗಾತಿ ⟦sarisaṃgāti サリサンガーティ⟧ [sərisəŋgɐːti] *mf.* 同年の友達、同年の仲間 [+ *saṃgāti*]

ಸರಿಸಮ ⟦sarisama サリサマ⟧ [sərisəmɐ] *adj., m.* 《*f.* ಸರಿಸಮಳು (sarisamaḷu)》同等の〈人〉¶ ದಾನದಲ್ಲಿ ಕರ್ಣನಿಗೆ ಸರಿಸಮ ಯಾರೂ ಇಲ್ಲ. (dānadalli karṇanige sarisama yārū illa.) 喜捨においてカルナに匹敵する者は誰もいない。= ಸರಿಸಾಟಿ (sarisāṭi) —(*n.*) **1** 同等〈の〉 **2** 同量〈の〉、同数〈の〉¶ ಅವರು ತೆಗೆದುಕೊಂಡ ಸಾಲಕ್ಕೆ ಸರಿಸಮ ಅಕ್ಕಿ ಕೊಟ್ಟರು. (avaru tegedukoṃḍa sālakke sarisama akki koṭṭaru.) 彼らは自分たちが借りた金と同額の米を私に返した。[+ *sama*]

ಸರಿಸಾಟಿ ⟦sarisāṭi サリサーティ⟧ [sərisɐːṭi] (*adj.*), *n.* 同等の〈もの〉、匹敵する〈もの〉¶ ಈ ನಿಘಂಟಿಗೆ ಸರಿಸಾಟಿ ಇಲ್ಲ. (ī nig^{h}aṃṭige sarisāṭi illa.) この辞書に匹敵する辞書はない。[+ *sāṭi*]

ಸರಿಸುಮಾರು ⟦sarisumāru サリスマール⟧ [sərisumɐːru] *adv.* およそ、約 ¶ ಸರಿಸುಮಾರು ಎಂಟರ ಹೊತ್ತಿಗೆ ಸ್ನೇಹಿತನು ಬಂದ. (sarisumāru eṃṭara hottige snēhitanu baṃda.) 友達がおよそ 8 時頃やってきた。[+ *sumāru*]

ಸರಿಹಗಲು ⟦sarihagalu サリハガル⟧ [sərihəgə̆lu] *n.* 正午 [*sari* + *hagalu*]

ಸರಿಹೊಂದು ⟦sarihoṃdu サリホンドゥ⟧ [sərihondu] *vi.* **1** 適合する、合う ¶ ಈ ಲ್ಯಾಪ್ಟಾಪಿಗೆ ಈ ಅಡಾಪ್ಟರ್ ಸರಿಹೊಂದುತ್ತದೆ. (ī lyāpṭāpige ī aḍāpṭar sarihoṃduttade.) このアダプターはこのラップトップコンピューターに合う。 **2** 同等になる ¶ ನಮ್ಮ ಕಂಪನಿ ಅವರ ಕಂಪನಿಗೆ ಸರಿಹೊಂದಿದೆ. (namma kaṃpani avara kaṃpanige sarihoṃdide.) 我々の会社はあの会社に匹敵するようになった。[+ *hoṃdu*]

ಸರಿಹೊತ್ತು ⟦sarihottu サリホットゥ⟧ [sərihottu] *n.* **1** 正確な時間 ¶ ಸರಿಹೊತ್ತಿಗೆ ನೀವು ಬಂದಿರಿ. (sarihottige nīvu baṃdiri.) いいところにいらっしゃいました。 **2** 真夜中 ¶ ಸರಿಹೊತ್ತಿನಲ್ಲಿ ಇವಳು ಎಲ್ಲಿಗೆ ಹೋಗುತ್ತಿದ್ದಾಳು? (sarihottinalli ivaḷu ellige hōguttiddāḷu?) あの女性は真夜中にどこへ行くのかしら。[+ *hottu*]

ಸರಿಹೋಲು ⟦sarihōlu サリホール⟧ [sərihoːlu] *vt.* 類似する、似る ¶ ಮಗು ತಾಯಿಯನ್ನು ಸರಿಹೋಲುತ್ತದೆ. (magu tāyiyannu sarihōluttade.) 子どもは母親に似ている。[+ *hōlu*]

ಸರಿಕ ⟦sarika サリカ⟧ [sərikɐ] *adj., m.* (年齢、社会的地位、学歴などで)同等の〈人〉[H. *sarīk^{h}ā*, cf. Ka. *sari*[1]]

ಸರಿಕತನ ⟦sarikatana サリカタナ⟧ [sərikətənɐ] ಸರಿಕತನ *n.* (年齢、社会的地位、学歴などで)同等、等しいこと [*sarika* + *-tana*] = ಸರೀಕತನ (sarīkatana)

ಸರಿಗುಂಡು ⟦sarigumḍu サリグンドゥ⟧ [səriguṇḍu] 《古》 *n.* 落石、山から落ちてきた岩 (*Mr.96 (Kitt.)*) [Ka. *sari*[2] + *guṃḍu* D1695]

ಸರಿಗುಣಿಕೆ ⟦sariguṇike サリグニケ⟧ [səriguṇike] *n.* 引き結び(先を引っ張ると解ける結び方) [*sari*[2] + *kuṇike*]

ಸರಿಗೆ[1] ⟦sarige サリゲ⟧ [sərĭge] 《古》 *n.* サーリーなどを飾るために錦糸で施した刺繍 [Pe. *zarī* + *-ge*] = ಜರಿ (jari)

ಸರಿಗೆ[2] ⟦sarige サリゲ⟧ [sərĭge] *n.* 女性の首飾りの一つ [<?]

ಸರಿತ್ ⟦sarit サリト⟧ [sərit] ಸರಿತ್ತು 《文》 *n.* 川 [Sk.]

ಸರಿತ್ಪತಿ ⟦saritpati サリトパティ⟧ [səritpəti] 《文》 *n.* 海、大洋 [Sk.]

ಸರೀಕ ⟦sarīka サリーカ⟧ [səri:kɐ] ಸರಿಕ 《文》 *adj.*, *m.* (年齢、社会的地位、学歴などで) 同等の〈人〉 [H. *sarīk^{h}ā* T13119, cf. Ka. *sari*[2]]

ಸರೀಕತನ ⟦sarīkatana サリーカタナ⟧ [sər:k^{h}ətənɐ] ಸರಿಕ-ತನ 《文》 *n.* (年齢、社会的地位、学歴などで) 同等、等しいこと [*sarīka* + *-tana*]

ಸರೀಸೃಪ ⟦sarīsṛpa サリースルパ⟧ [səri:srɯpɐ/–srupɐ] 《文》 *n.* 爬虫類 [Sk.]

ಸರುಕು ⟦saruku サルク⟧ [sərŭku] 《口》 *vi.* [Ka. D2360] ☞ಸರಕು (saraku)

ಸರೋವರ ⟦sarōvara サローヴァラ⟧ [səro:vərɐ] 《文》 *n.* 湖、(大規模な) 貯水池 [Sk.]

ಸರ್ಕಾರ ⟦sarkāra サルカーラ⟧ [sərkɐ:rɐ] ಸರಕಾರ *n.* 政府 [Pe. *sarkār*]

ಸರ್ಕಾರಿ ⟦sarkāri サルカーリ⟧ [sərkɐ:ri] ಸರಕಾರಿ *adj.* 政府の [Pe. *sarkārī*] = ಸರಕಾರಿ (sarakāri)

ಸರ್ಕಾರಿ ವಕೀಲ ⟦sarkāri vakīla サルカーリヴァキーラ⟧ [sərkɐ:ri vəki:lɐ] *mf.* 検事 [+ *vakīla*]

ಸರ್ಕು ⟦sarku サルク⟧ [sərku] 《口》 *n.* 商品 [Ka. D2353] ☞ಸರಕು (saraku)

ಸರ್ಪ ⟦sarpa サルパ⟧ [sərpɐ] 《文》 *n.* 蛇 [Sk.] = ಉರಗ (uraga) 〔文〕, ಹಾವು (hāvu) 〔口〕

ಸರ್ಪಕಾವಲು ⟦sarpakāvalu サルパカーヴァル⟧ [sərpəkɐ:vŏlu] *n.* 厳重な警戒 (神話に起源を持つ表現) ◇ *vi.* —ಇಡು (iḍu) 厳重な警戒を怠らない [Sk.]

ಸರ್ಪಳಿ ⟦sarpaḷi サルパリ⟧ [sərpəḷi] *n.* [Ka. D2358] ☞ಸರಪಳಿ (sarapaḷi)

ಸರ್ವ ⟦sarva サルヴァ⟧ [sərvɐ] (*adj.*) 《複合語頭で》すべて〈の〉 [Sk.] = ಎಲ್ಲ (ella) 〔口〕

ಸರ್ವಜ್ಞ ⟦sarvajña サルヴァジュニャ⟧ [sərvəʤɲɐ/–gnɐ] *adj.*, *m.* 《*f.* ಸರ್ವಜ್ಞಳು (sarvajñaḷu)》全知の〈人〉、すべてを知っている〈人〉 [Sk.]

ಸರ್ವತೋಮುಖಿ ⟦sarvatōmuk^{h}a サルヴァトームカ⟧ [sərvəto:muk^{h}ɐ] 《文》 *adj.*, *mn.* 《*f.* ಸರ್ವತೋಮುಖಿಳು (sarvatōmuk^{h}aḷu)》多面的な (活動、努力など) [Sk.]

ಸರ್ವತ್ರ ⟦sarvatra サルヴァトラ⟧ [sərvət·rɐ] 《文》 *adv.* あらゆる所で、いたるところで、どこでも [Sk.] = ಎಲ್ಲಕಡೆ (ellakaḍe) 〔口〕

ಸರ್ವದಾ ⟦sarvadā サルヴァダー⟧ [sərvədɐ:] 《文》 *adv.* いつでも、永遠に [Sk.] = ಯಾವಾಗಲೂ (yāvāgalū) 〔汎〕

ಸರ್ವನಾಮ ⟦sarvanāma サルヴァナーマ⟧ [sərvənɐ:mɐ] 《文》 *n.* 〔言〕 代名詞 [Sk.]

ಸರ್ವನಾಶ ⟦sarvanāśa サルヴァナーシャ⟧ [sərvənɐ:ʃɐ] *n.* 大規模な破壊、完全な破壊、破滅、全滅 [Sk.]

ಸರ್ವಸಾಮಾನ್ಯ ⟦sarvasāmānya サルヴァサーマーニャ⟧ [sərvəsɐ:mɐ:n·jɐ] (*n.*) ありふれた〈こと〉、ごく一般的な〈こと〉 [Sk.]

ಸರ್ವಸ್ವ ⟦sarvasva サルヴァスヴァ⟧ [sərvəsvɐ] *n.* **1** 一切合切、全財産 ¶ ದೊಡ್ಡಪ್ಪ ಸರ್ವಸ್ವವನ್ನು ಮಾರಾಟ ಮಾಡಿ ತಮ್ಮ ಉದ್ಯೋಗಕ್ಕೆ ಮೂಲಧನ ಒದಗಿಸಿದರು. (doḍḍappa sarvasvavannu mārāṭa māḍi tamma udyōgakke mūlad^{h}ana odagisidaru.) おじはすべての財産を売り払って自分の事業の資本を調達した。 **2** (物の) 精髄、実体のすべて ¶ ಈ ಕಥೆಯ ಸರ್ವಸ್ವ ಸಮಾಜಕ್ಕಾಗಿ ತ್ಯಾಗ. (ī kat^{h}eya sarvasva samājakkāgi tyāga.) この物語の精髄は社会に対する献身である。 **3** 〔喩〕 (人の) 最も大事な物、かけがえのないもの ¶ ನನ್ನ ಕುಟುಂಬ ನನ್ನ ಸರ್ವಸ್ವ. (nanna kuṭumba nanna sarvasva.) 私の家族が私の最も大事なものだ。 [Sk.]

ಸರ್ವಾಂತರ್ಯಾಮಿ ⟦sarvāṃtaryāmi サルヴァーンタリヤーミ⟧ [sərvɐ:ntərjɐ:mi] 《文》 *n.* 遍在者、最高我、神 [Sk.]

ಸರ್ವಾಧಿಕಾರಿ ⟦sarvād^{h}ikāri サルヴァーディカーリ⟧ [sərvɐ:d^{h}ikɐ:ri] *mf.* 《*f.* ಸರ್ವಾಧಿಕಾರಿಣಿ (sarvād^{h}ikāriṇi)》 **1** 最高権力者 **2** 独裁者、暴君 [Sk.]

ಸರ್ವಾನುಮತ ⟦sarvānumata サルヴァーヌマタ⟧ [sərvɐ:numətɐ] 《文》 (*n.*) 全員一致〈の〉 [Sk.]

ಸಲ್ ⟦sal サル⟧ [səl] ಚಲ್, ಸಲು, ಸಲ್ಲು 《古》 *vi.* 《過去語幹saṃd-；未来語幹salv-》 **1** 入る **2** 行く、来る **3** 進む **4** (ことが) 起こる **5** 死ぬ、亡くなる **6** 役に立つ **7** ふさわしい、適任である **8** (誓い、約束、命令などが) 実現される **9** 流通する、通用する **10** 好まれる、人気がある **11** 有名になる、世に知れる [Ka. D2781] ☞ಸಲ್ಲು (sallu)

ಸಲ ⟦sala サラ⟧ [səlɐ] *n.* **1** 回 ¶ ನಾನು ಎರಡು ಸಲ ವಾಜಪೇಯಿ ಅವರನ್ನು ನೋಡಿದ್ದೇನೆ. (nānu eraḍu sala vājapēyi avarannu nōḍiddēne.) 私はヴァージャパーイー氏を2回見た。 **2** 倍 ¶ ಮೂರು ಸಲ ನಾಲ್ಕು ಹನ್ನೆರಡು. (mūru sala nālku hanneraḍu.) 3かける4は12。 [Ka. D2781]

ಸಲಕರಣೆ ⟦salakaraṇe サラカラネ⟧ [sələkərŏɳe] *n.* (ある仕事のための) 材料、道具類 [<?] = ಉಪಕರಣ (upakaraṇa)

ಸಲಕ್ಷಣ ⟦salakṣaṇa サラクシャナ⟧ [sələkʂəɳɐ] *adj.*, *m.* 《*f.* ಸಲಕ್ಷಣಳು (salakṣaṇaḷu)》容貌が優れた〈人〉、美貌〈の〉 [Sk.]

ಸಲಕ್ಷಣಪುರುಷ ⟦salakṣaṇapuruṣa サラクシャナプルシャ⟧ [sələkʂəɳəpuruʂɐ] *m.* 《*f.* ಸಲಕ್ಷಣಸ್ತ್ರೀ (salakṣaṇastrī)》美男子、好男子 [Sk. <? M3.314]

ಸಲಗ ⟦salaga サラガ⟧ [səlŏgɐ] 《文》 *n.* **1** 雄象 **2** 象の群れのボス [<?] = ಗಂಡಾನೆ (gaṃḍāne)

ಸಲಗೆ ⟦salage サラゲ⟧ [səlŏge] ಸಲಕು, ಸಲಗು, ಸಲಾಕಿ, ಸ-ಲಾಕೆ, ಸಲಾಖೆ, ಸಲಿಗೆ, ಸೆಳಕಿ, ಸೆಳಕೆ, ಸೆಳಿಕೆ 《古》 *n.* **1** (武器として使う) 鉄棒 **2** (ゴミなどを掘り返す) 柄のついた鉄の棒 [Sk. *śalākā-*]

ಸಲಪು ⟦salapu サラプ⟧ [səlŏpu] ಸಲವು, ಸಲಹು 《古》 *vt.* **1** 保護する **2** 〈子どもを〉養育する、育てる [Ka. D2781]

ಸಲವು ⟦salavu サラヴ⟧ [sələ̆vu] ಚಲವು, ಶಲವು, ಸಲ, ಸಲ–ವು, ಸೆಲವು *vt.* 〈子どもを〉養育する、育てる **—*n.*** 《古》 **1** 入ること **2** 状態、状況 [Ka. D2781]

ಸಲವೆ ⟦salave サラヴェ⟧ [sələ̆ve] 《‡》 *n.* 新しい綿布を漂白し洗うこと [Ka. D2368] *(My. (Kitt.))* ☞ಚಲುವೆ (caluve)

ಸಲಹು ⟦salahu サラフ⟧ [səlahu] 《文》 *vt.* **1** 保護する **2** 〈子どもを〉養育する、育てる [Ka. D2781]

ಸಲಹುವಿಕೆ ⟦salahuvike サラフヴィケ⟧ [səlahŭvike] *n.* 養育、育てること、など [Ka. D2781]

ಸಲಹೆ ⟦salahe サラヘ⟧ [sələ̆he] *n.* **1** 忠告、助言 **2** (専門家や見識のある人などと)相談すること [Ar. *ṣalāḥ*]

ಸಲಹಾ ಪರಿಷತ್ತು ⟦salahā pariṣattu サラハーパリシャットゥ⟧ [sələ̆hɐː pəriʂəttu] *n.* 諮問委員会 [+ *pariṣattu*]

ಸಲಹಾ ಪೆಟ್ಟಿಗೆ ⟦salahā peṭṭige サラハーペッティゲ⟧ [səlahɐː peʈʈige] 《文》 *n.* (バスなどに置かれた)顧客の意見を求める箱 [+ *peṭṭige*]

ಸಲಹೆಗಾರ ⟦salahegāra サラヘガーラ⟧ [sələ̆hegɐːrɐ] *m.* 《*f.* ಸಲಹೆಗಾರ್ತಿ (salahegārti)》助言者 [+ *-gāra*]

ಸಲಾಂ ⟦salāṃ サラーン⟧ [səlɐːm] *m.* (軍隊やムスリムの行う)挙手の礼 [Ar. *salām*]

ಸಲಾಕೆ ⟦salāke サラーケ⟧ [səlɐːke] *n.* [Sk. *śalākā-* <? M.3.314] ☞ಸಲಗೆ (salage)

ಸಲಿಕೆ¹ ⟦salike サリケ⟧ [səlike] ಸಲ್ಲಿಕೆ 《文》 *n.* 支払い、入金 ¶ ಬಿಮೆಗೆ ಈ ತಿಂಗಳ ಒಳಗಾಗಿ ಒಂದು ಸಾವಿರ ರೂಪಾಯಿ ಸಲಿಕೆ ಆಗಬೇಕು. (bimege ī tiṃgaḷa oḷagāgi oṃdu sāvira rūpāyi salike āgabēku.) 保険会社に今月中に 1000 ルーピー納金しなければならない。[Ka. D2781] = ಪಾವತಿ (pāvati)〔汎〕

ಸಲಿಕೆ² ⟦salike サリケ⟧ [səlike] 《古》 *n.* (土を掘り返すための)幅が狭く先が尖った鍬 [Sk. *śalākā-* cf. Te, *salaga*]

ಸಲಿಗೆ ⟦salige サリゲ⟧ [səlige] ಸಲುಗೆ, ಸಲ್ಗೆ *n.* **1** 親交、親密 **2** 不必要に親しげな態度、なれなれしい態度 ¶ ಕೂಲಿಯವರ ಜೊತೆ ಸಲಿಗೆ ತೊಂದರೆ ಉಂಟುಮಾಡಬಹು–ದು. (kūliyavara jote salige toṃdare uṃṭumāḍabahudu.) 労働者に必要以上に親しげな態度を取ると問題が起きる恐れがある。 **3** 寛大、甘やかすこと ¶ ಸಲಿಗೆ ಕೊಟ್ಟರೆ ಮಕ್ಕಳು ಓದುವುದಿಲ್ಲ. (salige koṭṭare makkaḷu ōduvudilla.) 子どもたちに寛大過ぎると勉強しない。 [Ka. D2781]

ಸಲಿಸು ⟦salisu サリス⟧ [səlisu] 《文》 *vt.* **1**《古》 入らせる **2**《古》〈仕事や事務や任務を〉行う **3**〈希望を〉達成する **4**《古》 与える、授与する **5**《古》 見せる **6** 支払う、払う [Ka. caus. D2781] ☞ಸಲ್ಲಿಸು (sallisu)

ಸಲುಗೆ ⟦saluge サルゲ⟧ [səlŭge] 《文》 *n.* [Ka. D2781] ☞ಸಲಿಗೆ (salige)

ಸಲುಗೆವಾಳ ⟦salugevāḷa サルゲヴァーラ⟧ [səlŭgevɐːɭɐ] ಸಲಿಗೆವಾಳ 《文》 *m.* 《*f.* *ಸಲುಗೆವಾಳಿತಿ (salugevāḷiti)》とても親しい人 [Ka. *saluge* D2781 + *vāḷa*]

ಸಲುವಳಿ ⟦saluvaḷi サルヴァリ⟧ [səlŭvəɭi] ಸಲ್ಲುವಳಿ, ಸಲ್ವಳಿ *n.* **1** 支払い **2** 調和、一致 ¶ ನಮ್ಮ ಬೀಗರಿಗೂ ನಮಗೂ ಸಲುವಳಿ ಇಲ್ಲ. (namma bīgarigū namagū saluvaḷi illa.) うちと姻戚(嫁の里など)とは肌が合わない。**3** 献呈、捧げること ¶ ನಾವು ಪ್ರತಿವರ್ಷ ದೇವಸ್ಥಾನಕ್ಕೆ ಹೋಗಿ ಸಲುವಳಿ ಸಲ್ಲಿಸುತ್ತೇವೆ. (nāvu prativarṣa dēvastʰānakke hōgi saluvaḷi sallisuttēve.) 私たちは毎年お寺へ行って捧げ物をする。 **4** 語などを人や物に当てはめること、適用 ¶ ಪಂಡಿತ ಎಂಬ ಶಬ್ದ ಕೃಷ್ಣಭಟ್ಟರಿಗೆ ಪೂರಾ ಸಲುವಳಿ ಆಗುತ್ತದೆ. (paṃḍita eṃba śabda kṛṣṇabʰaṭṭarige pūrā saluvaḷi āguttade.) 学者という言葉はクリシュナバッタに完全に当てはまる。 **5** 流通、流布、世に行われていること ¶ ಇಂಗ್ಲಂಡಿನ ರಾಜನ ಚಿತ್ರ ಇದ್ದ ನಾಣ್ಯಕ್ಕೆ ಈಗ ಸಲುವಳಿ ಇಲ್ಲ. (iṃglaṃḍina rājana citra idda nāṇyakke īga saluvaḷi illa.) 英国国王の姿が刻まれた硬貨は今流通していない。 [ಸಲ್ಲು + *-vaḷi*]

ಸಲುಹ ⟦saluha サルハ⟧ [səlŭhɐ] 《‡》 *n.* 入ること、流通、行くこと、など [Ka. D2781] *(Kitt.)*

ಸಲೆ ⟦sale サレ⟧ [səle] 《古》 *adv.* **1** ずっと、絶え間なく **2** ひどく、極度に **3** 立派に **4** 昔の詩文に用いられた冗語の一つ [Ka. *sal* + *-e*, D2781]

ಸಲ್ಲಾಪ ⟦sallāpa サッラーパ⟧ [səllɐːpɐ] *n.* 恋人同士などの楽しい語らい [Sk. *saṃlāpa-*]

ಸಲ್ಲು ⟦sallu サッル⟧ [səllu] ಚಲ್, ಸಲ್, ಸಲು 《文》 *vi.* 《過去語幹saṃd-；未来語幹salv-》 **1** (道などを)行く ¶ ಶಬರಿ ಪುಣ್ಯ ಮಾಡಿ ವೈಕುಂಠಕ್ಕೆ ಸಂದಳು. (śabari puṇya māḍi vaikuṃṭʰakke saṃdaḷu.) 王は功徳を積んでヴァイクンタ天(ヴィシュヌ神の天国の名前)へ行った。 **2** 必要である ¶ ಈ ಕೆಲಸಕ್ಕೆ ಸಲ್ಲುವ ಜನ ಎಷ್ಟು? (ī kelasakke salluva jana eṣṭu?) この仕事に何人の人がいりますか。 **3** (罰などを)受ける ¶ ಸೇನಾಪತಿ ತಾನು ಮಾಡಿದ ತಪ್ಪಿಗೆ ಶಿಕ್ಷೆಗೆ ಸಂದನು. (sēnāpati tānu māḍida tappige śikṣege saṃdanu.) 将軍は自分の犯した失敗のために罰を受けた。 **4** (あるものに)加わる ¶ ಹುಡುಗ ಮನೆಯಿಂದ ಓಡಿ ಹೋಗಿ ಸುಂಕಗಳ್ಳರ ಗುಂಪಿಗೆ ಸಂದ. (huḍuga maneyiṃda ōḍi hōgi suṃkagaḷḷara guṃpige saṃda.) 少年は家出して密輸入者の仲間に加わった。 **5** (体などに) 合う ¶ ನನಗೆ ಕಾರದ ಪದಾರ್ಥ ಯಾವುದೂ ಸಲ್ಲು–ವುದಿಲ್ಲ. (nanage kārada padārtʰa yāvudū salluvudilla.) 辛いものは何も私には合わない。 **6** 生まれる、生じる、起こる ¶ ಅವಧಿಗಿಂತ ಹೆಚ್ಚು ದಿನ ಬ್ಯಾಂಕಿನಲ್ಲಿ ದುಡ್ಡು ಇಟ್ಟರೆ ಅದಕ್ಕೂ ಸೂಕ್ತ ಬಡ್ಡಿ ಸಲ್ಲುತ್ತದೆ. (avadʰigiṃta heccu dina byāṃkinalli duḍḍu iṭṭare adakkū sūkta baḍḍi salluttade.) 満期後もお金を預けていたらそれに見合った利息がついてくる。 **7** (あるものとして)通る、使われる、(貨幣などが) 通用する、流通する ¶ ಇಲ್ಲಿ ಸಲ್ಲುವರು ಅಲ್ಲಿಯೂ ಸಲ್ಲುವರಯ್ಯಾ – ಬಸವಣ್ಣ. (illi salluvaru alliyū salluvarayyā – basavaṇṇa.) 彼の名声はヴァイクンタ天(ヴィシュヌ神の天国の名前)にも響き渡っている。¶ ನಮ್ಮ ವ್ಯವಹಾರದಲ್ಲಿ ಚೆಕ್ಕು ಸಲ್ಲದು. (namma vyavahāradalli cekku salladu.) 私どもの商売では小切手が使えません。 8 ふさわしい、相応する ¶ ನಿಮ್ಮ ಸಂಶೋಧನೆಗೆ ಸಲ್ಲಬೇಕಾದ ಗೌರವ ಸಿಕ್ಕಿಲ್ಲ. (nimma saṃśōdʰanege sallabēkāda gaurava sikkilla.) あなたは自分の研究の成果にふさわしい栄誉を受けていない。 9 一人の人から他の人に移転する ¶ ನಿಮ್ಮ ಸಂಪತ್ತು ನಿಮ್ಮ ಮಗನಿಗೆ ಸಲ್ಲುವದಿಲ್ಲ. (nimma saṃpattu nimma maganige salluvadilla.) あなたの財産は息子さんに相続されません。 [Ka. D2781]

ಸಲ್ಲಿಸು ⟦sallisu サッリス⟧ [səllisu] 《文》 *vt.* 1 行かせる、入らせる 2《古》実行する、執行する 3《古》渡す、手渡す、〈論文、願書などを〉提出する = ಕೊಡು (koḍu) 4 〈食事を〉出す、配膳する [Ka. caus. D2781] = ಬಡಿಸು (baḍisu)

ಸಲ್ವಾರ್ ⟦salvār サルヴァール⟧ [səlvɐːr] *n.* 本来木綿や絹でできた幅の広い足首の狭いズボンの一種(かつては男性が着たが今は女性に流行している) [Pe. *šalwār*]

ಸವಕಲು ⟦savakalu サヴァカル⟧ [səvə̆kəlu] ಸಮಕಲು (*n.*) 1 摩耗した〈こと〉、古ぼけた〈こと〉 2 (芸術作品などが)陳腐〈な〉¶ ಇಂದಿನ ವಿಮರ್ಶೆಯಲ್ಲಿ ಸವಕಲು ವಿಚಾರಗಳೇ ನಡೆಯುತ್ತಿವೆ. (iṃdina vimarśeyalli savakalu vicāragaḷē naḍeyuttive.) 今日の批評は陳腐な考えしかない。 [*save* + *-kalu*]

ಸವಕಳಿ ⟦savakaḷi サヴァカリ⟧ [səvə̆kəḷi] (*n.*) 摩耗した〈こと〉、古ぼけた〈こと〉 —*n.* (労働などで)消耗すること ☞ಸವಕಲು (savakalu) [*save* D2343 + *kaṟi* D1356?]

ಸವಟು ⟦savaṭu サヴァトゥ⟧ [səvə̆ʈu] *n.* (汁物をかき混ぜるために使う)木製または金属製の杓子 [Ka. D2388]

ಸವಣೆ ⟦savaṇe サヴァネ⟧ [səvə̆ɳe] 《方》 *n.* ナンキンムシ [Ka. D2996] (Hav.)

ಸವತಿ¹ ⟦savati サヴァティ⟧ [səvə̆ti] *f.* 夫の僚妻(自分と夫を共有している自分以外の妻) [Sk. *sapatnī-*]

ಸವತಿ² ⟦savati サヴァティ⟧ [səvə̆ti] 《口》 *n.* キュウリ(胡瓜、ウリ科キュウリ属)→食 [Ka. D2399] ☞ಸವತೆ (savate)

ಸವತೆ ⟦savate サヴァテ⟧ [səvə̆te] ಸವತಿ, ಸವುಂತೆ, ಸವುತೆ, ಸೌಂತೆ, ಸೌತೆ *n.* キュウリ(胡瓜)→食 [Ka. D2399]

ಸವತೆಕಾಯಿ ⟦savatekāyi サヴァテカーイ⟧ [səvə̆tekɐːji] *n.* キュウリ(胡瓜)→食 [+ *kāyi*]

ಸವನಿಸು ⟦savanisu サヴァニス⟧ [səvə̆nisu] 《古》 *vi., vt.* [Ka. D2342] ☞ಸಮನಿಸು (samanisu)

ಸವರ್ ⟦savar サヴァル⟧ [səvər] 《‡》 *vi.* 滅びる、滅亡する (*ṅhn,33 o.r.* save) [Ka. D2343]

ಸವರಣೆ¹ ⟦savaraṇe サヴァラネ⟧ [səvə̆rəɳe] ಸವರಣೆ, ಸವುರಣೆ, ಸೌರಣೆ, ಸೌವರಣೆ 《文》 *n.* 1 集めること、(あることのために)集めたもの;必要な物の調達 2 補い;助け、補助 [Ka. D2342, cf. Sk. *saṃbʰaraṇa-*]

ಸವರಣೆ² ⟦savaraṇe サヴァラネ⟧ [səvə̆rəɳe] 《文》 *n.* 視界から消えること [Sk. *saṃvaraṇa-*]

ಸವರು ⟦savaru サヴァル⟧ [səvə̆ru] *vt.* 1 〈敵などを〉殺す、片付ける 2 手で撫でる 3 〈油、薬、聖灰などを〉塗る、擦り込む [Ka. D2389, D2390]

ಸವರಿಸು ⟦savarisu サヴァリス⟧ [sərə̆risu] *vt.* 〈水、油、薬、聖灰などを〉擦り込ませる、擦りこんでもらう [+ *-isu* caus. D2389]

ಸವರ್ಣ ⟦savarṇa サヴァルナ⟧ [səvərɳɐ] 《文》 *adj.* 同じ色の、同色の —*adj., m.* 《*f.* ಸವರ್ಣಳು (savarṇaḷu)》 同じヴァルナに属する〈人〉 [Sk.]

ಸವಲತ್ತು ⟦savalattu サヴァラットゥ⟧ [səvə̆ləttu] *n.* 1 (住居などの)設備 2 便宜、(遅れたカーストのためなどの)優遇制度 ¶ ಸರಕಾರ ಅಲ್ಪಸಂಖ್ಯಾತರಿಗೆ ಅನೇಕ ಸವಲತ್ತು ಕಲ್ಪಿಸಿದೆ. (sarakāra alpasaṃkʰyātarige anēka savalattu kalpiside.) 政府は少数派の人々に多くの優遇策を提供している。 [Ar.-Pe. *sahūlat*]

ಸವಸು ⟦savasu サヴァス⟧ [səvə̆su] 《古》 *vt.* 準備する、用意する [Ka. D2342]

ಸವಳು ⟦savaḷu サヴァル⟧ [səvə̆ḷu] ಚವಳು, ಚೌಳು, ಸವುಳು, ಸೌಳು (*n.*) (井戸水などが)塩分を含んで不味い〈こと〉 —*n.* 塩分を含んだ土地 [Ka. D2386]

ಸವಱು ⟦savaṟu サヴァル⟧ [səvə̆ṟu] 《古》 *vt.* 1 掃除する、片付ける 2 (舌で)〈口の周りの食べ物の残りを〉なめる 3 殺す、片付ける 4 撫でる 5 〈腕や横枝などを〉切り落とす [Ka. D2389, D2390]

ಸವಾರ ⟦savāra サヴァーラ⟧ [səvɐːrɐ] *m.* 《*f.* ಸವಾರಳು (savāraḷu)》(馬や車などに)乗っている人 [Pe. *sawār*]

ಸವಾರಿ ⟦savāri サヴァーリ⟧ [səvɐːri] *n.* (馬や車などに)乗ること [Pe. *sawārī*]

ಸವಾಲು ⟦savālu サヴァール⟧ [səvɐːlu] *n.* 1 質問、問 2 悩みの種、厄介 ¶ ಬೇನಜೀರ್ ಭುಟ್ಟೋಗೆ ಇಮ್ರಾನ್ ಖಾನ್ ಸವಾಲಾಗಿದ್ದ. (bēnajīr bʰuṭṭōge imrān kʰān savālāgidda.) ベーナジール・ブットーにとってはイムラーン・ハーンが心配の種であった。 [Ar. *sawāl*]

ಸವಾಲುಹಾಕು ⟦savāluhāku サヴァールハーク⟧ [səvɐːlŭhɐːku] *vi.* 1 質問する、問う 2 挑戦する ¶ ನನ್ನನ್ನು ಸೋಲಿಸುವವರು ಯಾರಾದರು ಇದ್ದರೆ ಮುಂದೆ ಬನ್ನಿ ಎಂದು ಜಟ್ಟಿ ಸವಾಲು ಹಾಕಿದ. (nannannu sōlisuvavaru yārādaru iddare muṃde banni eṃdu jaṭṭi savālu hākida.) もし俺を負かせる者あらば誰でも進み出よと、その力士は戦いを挑んだ。 [+ *hāku*]

ಸವಿ¹ ⟦savi サヴィ⟧ [səvi] (*n.*) 1 美味〈な〉、うまい〈こと〉 2 甘い〈こと〉 3 (音楽などが)甘い〈こと〉 —*n.* 1 味 2 甘さ 3 甘いもの 4《古》精、精髄、(果物や葉などの)役に立つ部分 5《古》牛乳 —*vt.* 1 味わう 2 〈財や女性などを〉楽しむ、享受する [Ka. D2396(a)]

ಸವಿಸು¹ ⟦savisu サヴィス⟧ [səvĭsu] *vt.* 味わわせる、食べさせる [Ka. caus. D2396(a)]

ಸವಿ² ⟦savi サヴィ⟧ [səvi] 《口》 *vi.* [Ka. D2343] ☞ಸವೆ (save)[1]

ಸವಿಗನಸು ⟦saviganasu サヴィガナス⟧ [səvigənə̆su] *n.* 甘い夢、楽しい夢 [*savi* + *kanasu*]

ಸವಿಗಾರ ⟦savigāra サヴィガーラ⟧ [səvigɐːrɐ] ಸವಿಗಾಱ *m.* 《*f.* ಸವಿಗಾತಿ (savigāti)》趣味のよい人 [Ka. D2396(a)]

ಸವಿಗಾಱ ⟦savigāṟa サヴィガーラ⟧ [səvigɐːrɐ] 《古》 *m.* 《*f.* ಸವಿಗಾರ್ತಿ (savigārti)》粋な人、芸事を楽しみ社会で楽しく生きる人 [Ka. D2396(a)] ☞ಸವಿಗಾರ (savigāra)

ಸವಿನುಡಿ ⟦savinuḍi サヴィヌディ⟧ [səvinuḍi] 《文》 *n.* 甘い言葉、甘言、優しい言葉 [Ka.] = ಸವಿಮಾತು (savimātu)

ಸವಿನೋಟ ⟦savinōṭa サヴィノータ⟧ [səvinoːṭɐ] 《文》 *n.* 1 きれいな景色 2 愛情のこもった眼差し、優しい眼差し [+ *nōṭa*]

ಸವಿಮಾತು ⟦savimātu サヴィマートゥ⟧ [səvimɐːtu] ಸ-ವಿವಾತು *n.* 甘い言葉、甘言、優しい言葉 [+ *mātu*] ☞ಸವಿನುಡಿ (savinuḍi)

ಸವಿನೋಡು ⟦savinōḍu サヴィノードゥ⟧ [səvinoːḍu] *vt.* 1 味わう、味を見る 2 (ある行為の) 結果を味わう ¶ ಅಧಿಕಾರಿ ತಾನು ಮಾಡಿದ ಕೆಲಸದ ಸವಿನೋಡುತ್ತಿದ್ದಾನೆ. (adʰikāri tānu māḍida kelasada savinōḍuttiddāne.) その役人は自分の行為の (苦い) 結果を味わっている。[+ *nōḍu*]

ಸವಿಹ ⟦saviha サヴィハ⟧ [səvihɐ] 《古》 *n.* 味を見ること、味わうこと [Ka. D2396(a)]

ಸವಿನಯ ⟦savinaya サヴィナヤ⟧ [səvinəjɐ] 《文》 (*n.*) 謙虚〈な〉、慎ましい〈こと〉、へりくだった〈こと〉 —*n.* 謙虚、慎ましいこと ¶ ಅವನು ಗುರುಗಳೊಂದಿಗೆ ಸವಿನಯದಿಂದ ನಡೆದುಕೊಂಡ. (avanu gurugaḷoṃdige savinayadiṃda naḍedukoṃḍa.) 彼は尊師に対して謙虚に振る舞った。

ಸವಿಸ್ತಾರ ⟦savistāra サヴィスターラ⟧ [səvistɐːrɐ] 《文》 (*n.*) 1 広大〈な〉、広い〈こと〉 2 詳細〈な〉、詳しい〈こと〉 ◇ *adv.* —ವಾಗಿ (vāgi) 広く、詳細に [Sk.]

ಸವುಂತೆ ⟦savuṃte サヴンテ⟧ [səvunte] 《古》 *n.* キュウリ (胡瓜) [Ka. D2399] ☞ಸವತೆ (savate)

ಸವುಟು ⟦savuṭu サヴトゥ⟧ [səvuṭu] *n.* 杓、大きな匙 [Ka. D2388] = ಸೌಟು (sauṭu)

ಸವುತೆ ⟦savute サヴテ⟧ [səvute] 《口》 *n.* キュウリまたはその植物 [Ka. D2399] ☞ಸವತೆ (savate)

ಸವುಳು ⟦savuḷu サヴル⟧ [səvŭḷu] (*n.*) [Ka. D2386] ☞ಸವಳು (savaḷu)

ಸವೆ¹ ⟦save サヴェ⟧ [səve] ಸವಿ 《古》 *vt.* 1 作る、創る 2 準備する —*vi.* 1 作られる、創られる 2 準備される [Ka. D2342]

ಸವೆ² ⟦save サヴェ⟧ [səve] *vi.* 1 (小刀、装身具、金属性の容器、本などが) 摩耗する、すり減る 2 (体が病気や老齢のために) やつれる、消耗する ¶ ಭೀಷ್ಮನ ದೇಹ ಸವೆದಿದ್ದರೂ ಶೌರ್ಯ ಸವೆದಿರಲಿಲ್ಲ. (bʰīṣmana dēha savediddarū śaurya savediralilla.) ビーシュマの体は老い衰えていたが勇猛さは衰えていなかった。 3 (財産などが) だんだんなくなる、蕩尽される 4 (時間が) 無駄にたつ ¶ ಟಿ.ವಿ. ನೋಡುತ್ತಾ ನೋಡುತ್ತಾ ಅವನ ಸಮಯ ಸವೆದು ಹೋಯಿತು. (ṭi.vi. nōḍuttā nōḍuttā avana samaya savedu hōyitu.) 彼はテレビを見て時間を無駄にすごした。 [Ka. D2343]

ಸವಿಸು² ⟦savisu サヴィス⟧ [səvĭsu] 《文》 *vt.* 《*caus.*》すり減らす、磨耗させる、など [Ka. D2343]

ಸವಯಿಸು ⟦savayisu サヴァイス⟧ [səvəjisu] 《文》 *vt.* すり減らす、磨耗させる [Ka. D2343]

ಸವೆ³ ⟦save サヴェ⟧ [səve] 《口》 *vt.* 味を見る、味わう [Ka. D2396(a)] ☞ಸವಿ (savi)

ಸವೆಗೋಲು ⟦savegōlu サヴェゴール⟧ [səvegoːlu] ಸಮೆ-ಗೋಲು *n.* かなてこ [? + *kōlu*]

ಸಶಸ್ತ್ರ ⟦saśastra サシャストラ⟧ [səʃəstrɐ] (*adj.*) 武装〈した〉 [Sk.]

ಸಸನೆ ⟦sasane ササネ⟧ [səsə̆ne] 《‡》 *adv.* じっと (動かずに); 音を立てずに [Ka. D2351] (*My.* (*Kitt.*)) ☞ಸಸಿನೆ (sasine)

ಸಸಾರ ⟦sasāra ササーラ⟧ [səsɐːrɐ] 《方》 (*n.*) 安い〈こと〉、安価〈な〉 [Tu. *sasāra*]

ಸಸಾರಜನಕ ⟦sasārajanaka ササーラジャナカ⟧ [səsɐːrəʤənəkɐ] 《文》 *adj.* 窒素を含む、窒素化合物の [Sk.]

ಸಸಿ ⟦sasi サシ⟧ [səsi] *n.* 1 若木 2 苗、苗木 [Ka. D3474]

ಸಸಿನ ⟦sasina サシナ⟧ [səsĭnɐ] ಸಸಿನೆ² 《古》 (*n.*) 1 まっすぐ〈な〉 2 (まっすぐに) 向かい合っている〈こと〉 [Ka. D2747]

ಸಸಿನೆ¹ ⟦sasine サシネ⟧ [səsĭne] 《‡》 *adv.* 黙って、じっとして (*Bh.4,8,18* (*Kitt.*)) [Ka. D2351]

ಸಸಿನೆ² ⟦sasine サシネ⟧ [səsĭne] 《古》 (*n.*) [Ka. D2747] ☞ಸಸಿನ (sasina)

ಸಸೂತ್ರ ⟦sasūtra サスートラ⟧ [səsuːtrɐ] 《文》 *adj.* 紐を伴った —(*n.*) 答えのヒントが付いている〈こと〉 ¶ ಈ ಗಣಿತ ಪುಸ್ತಕದಲ್ಲಿ ಪ್ರಶ್ನೆಗಳನ್ನು ಸಸೂತ್ರವಾಗಿ ಕೊಟ್ಟಿದ್ದಾರೆ. (ī gaṇita pustakadalli praśnegaḷannu sasūtravāgi koṭṭiddāre.) この数学の本では問題はすべて答えのヒント付きである。 [Sk.]

ಸಸ್ತನಿ ⟦sastani サスタニ⟧ [səstəni] 《文》 *n.* 哺乳類 = ಸ್ತನಿ (stani) [Sk.]

ಸಸ್ಯ ⟦sasya サスヤ⟧ [səsˑjɐ] *n.* 植物 [Sk.]

ಸಸ್ಯಪಂಕ್ತಿ ⟦sasyapaṃkti サスヤパンクティ⟧ [səsˑjəpəŋkti] 《文》 *n.* 植物の列 [Sk.]

ಸಸ್ಯಶಾಸ್ತ್ರ ⟦sasyaśāstra サスヤシャーストラ⟧ [sasˑjəʃɐːstrɐ] *n.* 植物学 [Sk.]

ಸಸ್ಯಸಂಪತ್ತು ⟦sasyasaṃpattu サスヤサンパットゥ⟧ [səsˑjə səmpəttu] 《文》 *n.* 植物資源、豊かな森林 [Sk.]

ಸಸ್ಯಾಹಾರ ⟦sasyāhāra サスヤーハーラ⟧ [səsˑjɐːhɐːrɐ] *n.* 菜食、菜食料理 [Sk.]

ಸಸ್ಯಾಹಾರಿ ⟦sasyāhāri サスヤーハーリ⟧ [səsˑjɐːhɐːri] *adj.*, *mf.* 菜食主義者〈である〉、菜食者〈である〉 [Sk.]

ಸಹಕರಿಸು ⟦sahakarisu サハカリス⟧ [səhəkərisu] 《文》 *vi.* 協力する、力を合わせる [Sk.]

ಸಹಕಾರ ⟦sahakāra サハカーラ⟧ [səhəkɐːrɐ] *n.* 協力、共同作業 [Sk.]

ಸಹಕಾರ ಸಂಘ ⟦sahakāra saṃgʰa サハカーラサンガ⟧ [səhəkɐːrəsəŋgʰɐ] 《文》 *n.* 協同組合 [Sk.]

ಸಹಗಮನ ⟦sahagamana サハガマナ⟧ [səhəgəmənɐ] ಸಾ-ಗಮನ 《文》 *n.* 1 ついていくこと 2 夫の亡骸を焼く薪の山に身を投じて殉死すること [Sk.]

ಸಹಚರ ⟦sahacara サハチャラ⟧ [səhəʧərɐ] 《文》 *m.* 《*f.* ಸಹಚರಿ (sahacari)》 1 仲間、友達 2 夫 [Sk.]

ಸಹಚರಿ ⟦sahacari サハチャリ⟧ [səhəʧəri] 《文》 *f.* 《*m.* ಸಹಚರ (sahacara)》 1 女性の仲間、女性の友達 2 妻 [Sk.]

ಸಹಜ ⟦sahaja サハジャ⟧ [səhəʤɐ] 《文》 (*n.*) 1 生まれつき〈の〉、生得〈の〉 2 自然な〈こと〉 —*m.* 《*f.* ಸಹಜಾತೆ (sahajāte)》兄弟 [Sk.]

ಸಹಜಾತ ⟦sahajāta サハジャータ⟧ [səhəʤɐːtɐ] 《文》 *adj.* 生まれつきの ¶ ದಾನ ಮಾಡುವದು ಜಯಚಾಮರಾಜರ ಸ-ಹಜಾತ ಗುಣವಾಗಿತ್ತು. (dāna māḍuvadu jayacāmarājara sahajāta guṇavāgittu.) 喜捨はジャヤチャーマラージャ王の生まれつきの徳性であった。 —*m.* 《*f.* ಸಹಜಾತೆ (sahajāte)》兄弟 [Sk.]

ಸಹಜೀವನ ⟦sahajīvana サハジーヴァナ⟧ [səhəʤiːvənɐ] *n.* 1 共同生活 2 共存 ¶ ಈ ಊರಿನಲ್ಲಿ ಹಿಂದೂ ಮುಸ್ಲಿ-ಮರು ಸಹಜೀವನ ನಡೆಸುತ್ತಾ ಬಂದರು. (ī ūrinalli hiṃdū muslimaru sahajīvana naḍesuttā baṃdaru.) ヒンドゥー教徒とムスリムがこの町で共存してきた。 3 共生 [Sk.]

ಸಹಣ ⟦sahaṇa サハナ⟧ [səhəɳɐ] 《文》 *n.* 馬や象を育て調教すること [<?] = ಸಾಹಣ (sāhaṇa)

ಸಹಣಿ ⟦sahaṇi サハニ⟧ [səhəɳi] 《文》 *mf.* 馬や象を育て調教する人 [<?] = ಸಾಹಣಿ (sāhaṇi)

ಸಹಧರ್ಮಿ ⟦sahadʰarmi サハダルミ⟧ [səhədʰərmi] 《文》 *adj.*, *m.* 《*f.* ಸಹಧರ್ಮಿಣಿ (sahadʰarmiṇi)》 1 同じ宗教や義務や習慣に従う〈人〉 2 同じような性格の〈人〉 [Sk.]

ಸಹಧರ್ಮಿಣಿ ⟦sahadʰarmiṇi サハダルミニ⟧ [səhədʰərmĭɳi] 《文》 *f.* 正式な妻 [Sk.]

ಸಹನಶೀಲ ⟦sahanaśīla サハナシーラ⟧ [səhənəʃiːlɐ] 《文》 (*adj.*) 忍耐力のある〈人〉、我慢強い〈人〉 [Sk.]

ಸಹನೆ ⟦sahane サハネ⟧ [səhəne] *n.* 我慢、忍耐 = ತಾಳ್ಮೆ (tāḷme) [Sk.]

ಸಹಪಂಕ್ತಿ ⟦sahapaṃkti サハパンクティ⟧ [səhəpəŋkti] *n.* 1 (宴会などで)同じ列に座ること 2 食事に同席できる社会的カースト的関係 ¶ ಅವರ ಜೊತೆಗೆ ಸಹಪಂ-ಕ್ತಿ ಭೋಜನ ಇಲ್ಲ. (avara jotege sahapaṃkti bʰōjana illa.) 我々は彼らとは一緒に食事をしない。 [Sk.]

ಸಹಪಾಠಿ ⟦sahapāṭʰi サハパーティ⟧ [səhəpɐːʈʰi] *mf.* 同窓生、クラスメイト [Sk.]

ಸಹಭಾಗಿ ⟦sahabʰāgi サハバーギ⟧ [səhəbʰɐːgi] *mf.* (事業などを一緒にする)相棒 [Sk.]

ಸಹಭೋಜನ ⟦sahabʰōjana サハボージャナ⟧ [səhəbʰoːʤənɐ] *n.* 1 一緒に食事をすること 2 ある人がある人と一緒に食事する社会的関係 [Sk.]

ಸಹವಾಸ ⟦sahavāsa サハヴァーサ⟧ [səhəvɐːsɐ] *n.* 1 付き合い、交際 ¶ ರಾಮನ ಸಹವಾಸದಲ್ಲಿ ಇವನೂ ಒಳ್ಳೆಯವ-ನಾದ. (rāmana sahavāsadalli ivanū oḷḷeyavanāda.) ラーマと付き合ううちに、この子はよい子になった。 2 生活を共にすること、一緒に暮らすこと 3 (男女間の親密な)関係 ¶ ಯಜಮಾನ ಬೇರೆ ಹೆಂಗಸಿನ ಜೊತೆ-ಗೆ ಸಹವಾಸ ಮಾಡಿದ್ದಾನೆ. (yajamāna bēre heṃgasina jotege sahavāsa māḍiddāne.) 主人は別の女性と関係している。 [Sk.]

ಸಹಸ್ರ ⟦sahasra サハスラ⟧ [səhəsrɐ] 《文》 *numr.adj.* 1000、1000 の —*numr.n.* 1000 [Sk.]

ಸಹಸ್ರಧಾರೆ ⟦sahasradʰāre サハスラダーレ⟧ [səhəsrədʰɐːre] 《文》 *n.* 神像にじょうろのようなもので注ぐ(千本の)水の流れ [Sk.] (*My.* (*Kitt.*))

ಸಹಸ್ರನಾಮ ⟦sahasranāma サハスラナーマ⟧ [səhəsrənɐːmɐ] *n.* (ある)神の 1000 の名前 = ಸಹಸ್ರನಾಮ ಪೂಜೆ [Sk.]

ಸಹಸ್ರನಾಮ ಪೂಜೆ ⟦sahasranāma pūje サハスラナーマプージェ⟧ [səhəsrənɐːmə puːʤe] *n.* (ある)神の 1000 の名前を唱えてその名を唱えるごとに花を捧げる供養 [Sk.]

ಸಹಾನುಭೂತಿ ⟦sahānubʰūti サハーヌブーティ⟧ [səhɐːnubʰuːti] *n.* 同情、哀れみ、憐憫 [Sk.]

ಸಹಾಯ ⟦sahāya サハーヤ⟧ [səhɐːʤɐ] *n.* 援助、助け、補助 [Sk.]

ಸಹಾಯದ್ರವ್ಯ ⟦sahāyadravya サハーヤドラヴィャ⟧ [səhɐːjədrəvʲjɐ] 《文》 *n.* 補助金 [Sk.]

ಸಹಾಯಧನ ⟦sahāyadʰana サハーヤダナ⟧ [səhɐːjədʰənɐ] *n.* 補助金 [Sk.]

ಸಹಿ ⟦sahi サヒ⟧ [səhi] ಸೈ *n.* 署名 ◇ *vi.* —ಮಾಡು (māḍu) —(*n.*) 本当〈の〉、純正〈の〉 ¶ ಇದು ಸಹಿ ನಾಣ್ಯ. (idu sahi nāṇya.) これは本物の硬貨だ。 [Ar. *ṣaḥīḥ*]

ಸಹಿತ ⟦sahita サヒタ⟧ [səhitɐ] 《文》 *postp.* …と共に、…と一緒に ¶ ವ್ಯಾಪಾರಿ ತೆಗೆದುಕೊಂಡ ಹಣವನ್ನು ಬಡ್ಡಿ ಸಹಿತ ತಿರುಗಿಕೊಟ್ಟ. (vyāpāri tegedukoṃḍa haṇavannu baḍḍi sahita tirugikoṭṭa.) 商人は借りた金を利子と共に返した。 [Sk.]

ಸಹಿಷ್ಣು ⟦sahiṣṇu サヒシュヌ⟧ [səhiʂɳu] 《文》 (*adj.*) 辛抱強い〈こと〉、我慢強い〈こと〉 [Sk.]

ಸಹಿಷ್ಣುತೆ ⟦sahiṣṇute サヒシュヌテ⟧ [səhiʂɳute] 《文》 *n.* 辛抱強さ [Sk.]

ಸಹಿಸು ⟦sahisu サヒス⟧ [səhisu] 《文》 *vt.* 我慢する、忍耐する、こらえる [Sk.]

ಸಹೃದಯ ⟦sahṛdaya サフルダヤ⟧ [səhrɯdəjɐ/səhrudəjɐ] 《文》 *adj.*, *m.* 《*f.* ಸಹೃದಯೆ (sahṛdaye)》 1 心の優しい〈人〉、親切な〈人〉 2 感受性のある〈人〉、芸術

などを理解する〈人〉¶ ಈ ಚಿತ್ರವನ್ನು ಕೊಳ್ಳುವ ಸಹೃದಯರು ನಮ್ಮ ಊರಿನಲ್ಲಿ ಇಲ್ಲ. (ī citravannu koḷḷuva sahṛdayaru namma ūrinalli illa.) この町にはこの絵を買うような心ある人はいない。 —(*adj.*) 心からの〈こと〉¶ ನಿಮ್ಮ ಉಪಕಾರಕ್ಕೆ ನನ್ನ ಸಹೃದಯ ಕೃತಜ್ಞತೆಗಳು. (nimma upakārakke nanna sahṛdaya kṛtajñategaḷu.) ご親切に心から感謝いたします。[Sk.]

ಸಹೃದಯತೆ ⟦sahṛdayate サフルダヤテ⟧ [səhrɯdəjəte/sə hrudəjəte] 《文》 *n.* 1 心の優しさ、親切、同情心 2 (詩情に対する)感受性があること [Sk.]

ಸಹೋದರ ⟦sahōdara サホーダラ⟧ [səho:dərɐ] *m.* 《*f.* ಸಹೋದರಿ (sahōdari)》兄弟、兄または弟 [Sk.]

ಸಹೋದರಿ ⟦sahōdari サホーダリ⟧ [səho:dəri] *f.* 姉妹、姉または妹 [Sk.]

ಸಹೋದ್ಯೋಗಿ ⟦sahōdyōgi サホーディョーギ⟧ [səho:dʲjo:gi] 《文》 *mf.* (仕事の)同僚、職場の仲間 [Sk.]

ಸಳಿ ⟦saḷi サリ⟧ [səḷi] 《口》 *n.* 1 寒さ 2 かぜ [Ka. D2408] ☞ಚಳಿ (caḷi)² 〔汎〕

ಸಳೆ ⟦saḷe サレ⟧ [səḷe] 《‡》 *vt.* [Ka. D2791] (*Si.393 (Kitt.)*) ☞ಸೆಳೆ (seḷe)²

ಸಳ್ಕೆ ⟦saḷke サルケ⟧ [səḷke] 《方》 *adj.* 痩せた (*Coorg, LSB 6.13-18*) [Ka. D2415]

ಸಱಂಗು ⟦saṟaṃgu サラング⟧ [səṟəŋgu] 《‡》 *n.* [Ka. D2796] (*Bp.27,61 (Kitt.)*) ☞ಸೆಱಗು (seṟagu)

ಸಱಗು ⟦saṟagu サラグ⟧ [səṟə̆gu] 《‡》 *n.* [Ka. D2796] (*Kitt.,Bp. 27,61*) ☞ಸೆಱಗು (seṟagu)

ಸಱಿ¹ ⟦saṟi サリ⟧ [səṟi] ಜರಿ, ಜಱಿ, ಸರಿ 《古》 *n.* 断崖 [Ka. D2360]

ಸಱಿ² ⟦saṟi サリ⟧ [səṟi] ಚರಿ, ಸರಿ 《古》 *n.* 糊、接着剤 [Ka. D2418]

ಸಾಂಕೇತಿಕ ⟦sāṃkētika サーンケーティカ⟧ [sɐ:ŋke:tikɐ] 《文》 (*n.*) 1 暗号〈の〉 2 象徴的な [Sk.]

ಸಾಂಕ್ರಾಮಿಕ ⟦sāṃkrāmika サーンクラーミカ⟧ [sɐ:ŋkrɐ:mi kɐ] 《文》 *adj.* (病気などが)伝染する、伝染性の、うつる [Sk.]

ಸಾಂಕ್ರಾಮಿಕ ರೋಗ ⟦sāṃkrāmika rōga サーンクラーミカローガ⟧ [sɐ:ŋkrɐ:mikə ro:gɐ] 《文》 *n.* 伝染病、うつる病気 [Sk.]

ಸಾಂಖ್ಯ ⟦sāṃkʰya サーンキャ⟧ [sɐ:ŋkʰjɐ] 《文》 *adj.* 数や計算に関する —*n.* サーンキヤ哲学(インド六派哲学の一つ) [Sk.]

ಸಾಂಗತ್ಯ ⟦sāṃgatya サーンガティャ⟧ [sɐ:ŋgətʲjɐ] 《文》 *n.* 1 調和、協調 2 14世紀から15世紀にカルナータカで流行した4行詩の一種 [Sk.]

ಸಾಂಜಲಿ ⟦sāṃjali サーンジャリ⟧ [sɐ:ɲdʒəli] 《文》 (*adj.*) (ものを供えたり願かけをしたりするため)両手を窪みができるように合わせるような礼を伴った —*n.* 手を合わせて額に当てて礼をする姿 [Sk.]

ಸಾಂತ್ವನ ⟦sāṃtvana サーントヴァナ⟧ [sɐ:ntʋənɐ] 《文》 *n.* 1 慰めること、慰撫 2 慰め、慰めを与えるもの [Sk.]

ಸಾಂದರ್ಭಿಕ ⟦sāṃdarbʰika サーンダルビカ⟧ [sɐ:ndərbʰi kɐ] 《文》 (*n.*) 分脈上の〈こと〉 [Sk.]

ಸಾಂದರ್ಭಿಕ ಗ್ರಂಥ ⟦sāṃdarbʰika graṃtʰa サーンダルビカグランタ⟧ [sandərbʰikə grəntʰɐ] *n.* 引用した本、参考文献 [Sk.]

ಸಾಂದರ್ಭಿಕ ರಜೆ ⟦sāṃdarbʰika raje サーンダルビカラジェ⟧ [sɐ:ndərbʰikə rədʒe] *n.* 1 個人的に取った特別休暇 2 (地方の祭りや名士の死などのために布告される)法律に基づかない臨時の休日 [Sk.]

ಸಾಂದ್ರ ⟦sāṃdra サーンドラ⟧ [sɐ:ndrɐ] 《文》 *adj.* 1 (霧、煙、暗闇が)深い 2 (人口が)密集した、(森林が)密生した、深い 3 (箱やバスなどが)ぎゅうぎゅう詰めの [Sk.]

ಸಾಂದ್ರತೆ ⟦sāṃdrate サーンドラテ⟧ [sɐ:ndrəte] 《文》 *n.* (霧や煙や森林が)深いこと、(人口の)密集、(バスや箱などの)ぎゅうぎゅう詰め [Sk.]

ಸಾಂಪ್ರದಾಯಕ ⟦sāṃpradāyaka サーンプラダーヤカ⟧ [sɐ: mprədɐ:jəkɐ] (*n.*) 伝統的な〈こと〉、習慣的な〈こと〉 [Sk.]

ಸಾಂಬಾರ್ ⟦sāṃbār サーンバール⟧ [sɐ:mbɐ:r] *n.* サーンバール(豆と野菜を煮こんで香辛料で味つけした南インドのスープ、ほとんど常に食事の一品として供される) [M. *sāṃbʰārā*]

ಸಾಂಬ್ರಾಣಿ ⟦sāṃbrāṇi サーンブラーニ⟧ [sɐ:mbrɐ:ṇi] *n.* 安息香(アンソクコウノキから採られる樹脂) [Sk. *sāmrāṇi-*]

ಸಾಂಸಾರಿಕ ⟦sāṃsārika サーンサーリカ⟧ [sɐ:msɐ:rikɐ] (*adj.*) 家庭〈の〉、家庭問題〈の〉 [Sk.]

ಸಾಂಸ್ಕೃತಿಕ ⟦sāṃskṛtika サーンスクルティカ⟧ [sɐ:mskrɯti kɐ/–skrutikɐ] *adj.* 文化的な [Sk.]

ಸಾಕಣೆ ⟦sākaṇe サーカネ⟧ [sɐ:kə̆ṇe] *n.* (植物の)栽培、(魚などの)養殖、(家畜の)飼育 [*sāku + aṇe*] cf. ಪೋಷಣೆ (pōṣaṇe)

ಸಾಕಾರ ⟦sākāra サーカーラ⟧ [sɐ:kɐ:rɐ] *adj.* —(*n.*) 1 具体化された〈こと〉、体現された〈こと〉、具現された〈こと〉¶ ಗಂಜೀಫಾ ವಸ್ತುಸಂಗ್ರಹಾಲಯ ಮಾಡಬೇಕೆಂಬ ರಘುಪತಿಭಟ್ಟರ ಕನಸು ಈಗ ಸಾಕಾರವಾಗಿದೆ. (gaṃjīpʰā vastusaṃgrahālaya māḍabēkeṃba ragʰupatibʰaṭṭara kanasu īga sākāravāgide.) かるたの博物館を建てるというラグパティ・バッタ氏の夢はいまや現実となった。 2 具体的〈な〉¶ ಮಂತ್ರಿಗಳ ಹೇಳಿಕೆಯಲ್ಲಿ ಸಾಕಾರವಾದ ಯೋಚನೆ ಏನೂ ಇಲ್ಲ. (maṃtrigaḷa hēḷikeyalli sākāravāda yōcane ēnū illa.) 大臣の言葉には具体的な案が何もない。 —*n.* 具現、体現 ¶ ಸಮಾಜವಾದ ಈರ್ಷ್ಯೆಯ ಸಾಕಾರ. (samājavāda īrṣyeya sākāra.) 社会主義は嫉妬の具体化である。 [Sk.]

ಸಾಕು¹ ⟦sāku サーク⟧ [sɐ:ku] *v.imp.* 《3人称単数否定形ಸಾಲದು (sāladu)》十分である ¶ ನನ್ನ ವಿಶ್ರಾಂತಿವೇತನ ನನಗೆ ಸಾಕು. (nanna viśrāṃtivētana nanage sāku.) 私は自分の年金で十分だ。 —*snt.* 1 もう十分頂きました 2 もうよい、止めてくれ(拒絶または軽蔑を表

す言葉）¶ ಸಾಕು! ನಿಮ್ಮದು ಬರೀ ಮಾತು. (sāku! nimmadu barī mātu.) もう結構。おっしゃることは口ばかりです。¶ ಸಾಕು ಮಾಡೈ, ತಂದೆ, ಲೋಕದಾಟವನು ಇನ್ನು. (sāku māḍai, taṃde, lōkadāṭavanu innu.) 父よ、この世のことはもう結構です。☞ಸಾಲು (sālu) [Ka. < OK *sālgum* D2470]

ಸಾಕು² ⟦sāku サーク⟧ [sɐːku] *vt.* 養う、〈動物を〉飼育する、〈植物を〉栽培する、〈真珠貝などを〉養殖する、〈他人の子どもを〉養育する —*n.* 養育 [Ka. D2427]

ಸಾಕಿಸು ⟦sākisu サーキス⟧ [sɐːkisu] 《‡》 *vt.* 飼育させる、など *(Kitt.,C.)* [Ka. caus. D2427]

ಸಾಕುಮಗ ⟦sākumaga サークマガ⟧ [sɐːkuməgɐ] *m.* 《*f.* ಸಾಕುಮಗಳು (sākumagaḷu)》もらい子、養子 [+ *maga*]

ಸಾಕುಮಗಳು ⟦sākumagaḷu サークマガル⟧ [sɐːkŭməgə̆ɭu] *f.* 《*m.* ಸಾಕುಮಗ (sākumaga)》女性のもらい子、女性の養子 [+ *magaḷu*]

ಸಾಕುಮಗು ⟦sākumagu サークマグ⟧ [sɐːkŭməgu] *n.* もらい子、養子 [+ *magu*]

ಸಾಕುತಂದೆ ⟦sākutaṃde サークタンデ⟧ [sɐːkŭtənde] *m.* 《*f.* ಸಾಕುತಾಯಿ (sākutāyi)》養父 [+ *taṃde*]

ಸಾಕುತಾಯಿ ⟦sākutāyi サークターイ⟧ [sɐːkŭtɐːji] *f.* 《*m.* ಸಾಕುತಂದೆ (sākutaṃde)》養母 [+ *tāyi*]

ಸಾಕು³ ⟦sāku サーク⟧ [sɐːku] 《‡》 *n.* 言い訳、口実 [Ka. D2428] *(Te. (Kitt.))*

ಸಾಕ್ಷರ ⟦sākṣara サークシャラ⟧ [sɐːkʂərɐ] *adj.*, *m.* 読み書きの能力がある〈人〉[Sk.]

ಸಾಕ್ಷರತೆ ⟦sākṣarate サークシャラテ⟧ [sɐːkʂərəte] *n.* 読み書きの能力があること [Sk.]

ಸಾಕ್ಷಾತು ⟦sākṣātu サークシャートゥ⟧ [sɐːkʂɐːtu] ಸಾಕ್ಷಾತ್, ಸಾಕ್ಷಾತ 《文》 *adv.* じきじきに、直接 ¶ ನಾನು ಇಂದಿರಾ ಗಾಂಧಿಯವರನ್ನು ಸಾಕ್ಷಾತು ನೋಡಿದ್ದೆ. (nānu iṃdirā gāṃdʰiyavarannu sākṣātu nōḍidde.) 私は昔インディラー・ガーンディーを直接見たことがある。[Sk.]

ಸಾಕ್ಷಾತ್ಕಾರ ⟦sākṣātkāra サークシャートカーラ⟧ [sɐːkʂɐːtkɐːrɐ] 《文》 *n.* (人が神などの姿を)目の当たりにすること ¶ ಧ್ರುವನಿಗೆ ವಿಷ್ಣುವಿನ ಸಾಕ್ಷಾತ್ಕಾರವಾಯಿತು. (dʰruvanige viṣṇuvina sākṣātkāravāyitu.) ドゥルヴァはヴィシュヌ神の姿を目の当たりにした。[Sk.]

ಸಾಕ್ಷಾತ್ಕರಿಸು ⟦sākṣātkarisu サークシャートカリス⟧ [sɐːkʂəkərisu] 《文》 *vt.* 〈神などを〉目の当たりに見る ¶ ಕಣ್ಣಪ್ಪ ಶಿವನನ್ನು ಸಾಕ್ಷಾತ್ಕರಿಸಿಕೊಂಡ. (kaṇṇappa śivanannu sākṣātkarisikoṃḍa.) カンナッパはシヴァ神を目の当たりに見た。[Sk.]

ಸಾಕ್ಷಿ ⟦sākṣi サークシ⟧ [sɐːkʂi] *n.* 証拠、証言 —*mf.* 証人 [Sk.]

ಸಾಕ್ಷಿಕಟ್ಟೆ ⟦sākṣikaṭṭe サークシカッテ⟧ [sɐːkʂikəʈʈe] *n.* 証人台 [+ *kaṭṭe*]

ಸಾಕ್ಷಿಗಾರ ⟦sākṣigāra サークシガーラ⟧ [sɐːkʂigɐːrɐ] *m.* 《*f.* ಸಾಕ್ಷಿಗಾತಿ (sākṣigāti)》証人 [+ *-gāra*]

ಸಾಕ್ಷಿಹೇಳು ⟦sākṣihēḷu サークシヘール⟧ [sɐːkʂiheːɭu] *vi.* 証言する [+ *hēḷu*]

ಸಾಕ್ಷ್ಯ ⟦sākṣya サークシュヤ⟧ [sɐːkʂjɐ] 《文》 *n.* 証拠 [Sk.] ☞ಪ್ರಮಾಣ, ಪುರಾವೆ (pramāṇa, purāve)

ಸಾಕ್ಸ್ ⟦sāks サークス⟧ [sɔːks/sɐːks] *n.* 靴下 [Eg. *socks*]

ಸಾಗ ⟦sāga サーガ⟧ [sɐːgɐ] 《‡》 *n.* **1** 進歩、前進 **2** 農耕、農業 [Ka. D2430] *(B.5,118 (Kitt.))*

ಸಾಗಣೆ ⟦sāgaṇe サーガネ⟧ [sɐːgə̆ɳe] *n.* 輸送、運送 [*sāgu* [2430] + *-aṇe*] = ಸಾಗಾಣಿಕೆ (sāgāṇike)

ಸಾಗಮನ ⟦sāgamana サーガマナ⟧ [sɐːgəmənɐ] 《文》 *n.* **1** 付いていくこと **2** 夫の亡骸を焼く薪の山に身を投じて殉死すること [Sk.]

ಸಾಗರ ⟦sāgara サーガラ⟧ [sɐːgərɐ] *n.* 海、海洋 [Sk.] = ಸಮುದ್ರ (samudra)

ಸಾಗವಣೆ ⟦sāgavaṇe サーガヴァネ⟧ [sɐːgə̆vəɳe] *n.* 輸送、運送 [Ka. *D2430]

ಸಾಗವಳಿ ⟦sāgavaḷi サーガヴァリ⟧ [sɐːgə̆vəɭi] 《口》 *n.* 農耕、農業 [Ka. D2430] *(Tĕ (Kitt.))*

ಸಾಗಾಣಿಕೆ ⟦sāgāṇike サーガーニケ⟧ [sɐːgɐːɳike] *n.* **1** 運送、輸送 = ಸಾಗಣೆ (sāgaṇe) **2** (店、企業などの)運営、経営 [*sāgu* + *-āṇike*]

ಸಾಗು¹ ⟦sāgu サーグ⟧ [sɐːgu] *vi.* **1** 進む、前進する **2** 〔喩〕(仕事などが)進む、前進する ¶ ಕಾರ್ಯಕ್ರಮ ಸಾಗಲಿ, ನಾನು ಆ ಮೇಲೆ ಬರುತ್ತೇನೆ. (kāryakrama sāgali, nānu ā mēle baruttēne.) 行事は予定通り進めてください。私は後から参ります。 **3** (仕事や任務などが)できる ¶ ತಾಯಿಗೆ ವಯಸ್ಸಾಗಿದೆ, ಏನೂ ಕೆಲಸ ಸಾಗದು. (tāyige vayassāgide, ēnū kelasa sāgadu.) 母は年を取って仕事は何もちゃんとできません。 **4** (時間が)たつ、過ぎる ¶ ಟಿ.ವಿ. ನೋಡುತ್ತಾ ಕಾಲ ಸಾಗುತ್ತದೆ. (ṭi.vi. nōḍuttā kāla sāguttade.) テレビを見ているうちに時がたっていく。[Ka. D2430]

ಸಾಗಿಸು ⟦sāgisu サーギス⟧ [sɐːgisu] *vt.* **1** 輸送する、運送する、送る **2** 〈仕事などを〉進める、〈家庭生活などを〉維持する、〈事業などを〉経営する **3** (許可なくして)運び去る ¶ ಯಾರೋ ರಾತ್ರಿಯಲ್ಲಿ ಬಂದು ನಮ್ಮ ಇಟ್ಟಿಗೆಯನ್ನು ಸಾಗಿಸಿದರು. (yārō rātriyalli baṃdu namma iṭṭigeyannu sāgisidaru.) 夜誰かがやってきてうちのレンガを盗むように持ちさった。[Ka. caus. D2430]

ಸಾಗು² ⟦sāgu サーグ⟧ [sɐːgu] 《文》 *vi.* (熱して打った鉄などが)伸びる ¶ ಕಬ್ಬಿಣ ಕಾಯಿಸಿ ಬಡಿದಾಗ ಸಾಗುತ್ತದೆ. (kabbiṇa kāyisi baḍidāga sāguttade.) 鉄は熱して打てば伸びる。[Ka. D2433]

ಸಾಗು³ ⟦sāgu サーグ⟧ [sɐːgu] *n.* いろいろの野菜を混ぜて作った副食物一種 [H. *sāgū*]

ಸಾಗುವಳಿ ⟦sāguvaḷi サーグヴァリ⟧ [sɐːgŭvəɭi] ಸಾಗವಳಿ *n.* 農耕、農業 [Ka. D2430]

ಸಾಚಾ ⟦sācā サーチャー⟧ [sɐːʧɐː] (*adj.*) 正直〈な〉、誠実〈な〉¶ ಅವನನ್ನು ಸಾಚಾ ಎಂದು ನಂಬಬೇಡ. (avanannu sācā eṃdu naṃbabēḍa.) 彼が正直だと信じないで。[M.

sācā]

ಸಾಟಿ¹ ⟦sāṭi サーティ⟧ [sɐːʈi] *n.* 1 匹敵する者、同等の者 ¶ ರೂಪಿನಲ್ಲಿ ನನಗೆ ಯಾರೂ ಸಾಟಿಯಿಲ್ಲ. (rūpinalli nanage yārū sāṭiyilla.) 美貌で彼女に匹敵する者は誰もいない。 2 物々交換に供する品物 ¶ ನಾವು ಗೋದಿಗೆ ಸಾಟಿಯಾಗಿ ಅಕ್ಕಿ ತಂದೆವು. (nāvu gōdige sāṭiyāgi akki taṃdevu.) 我々は小麦を提供して米を手に入れてきた。[Ka. D2438]

ಸಾಟಿ² ⟦sāṭi サーティ⟧ [sɐːʈi] *n.* 修道僧が身にまとうサフラン色の布 [Sk. *śāṭī-*]

ಸಾಟಿ³ ⟦sāṭi サーティ⟧ [sɐːʈi] *n.* (チャパーティーなどを作る時)練り粉を延ばしてたたむこと [M. *sāṭā*]

ಸಾಣೆ ⟦sāṇe サーネ⟧ [sɐːɳe] *n.* 砥石 [Sk. *śāna-*]

ಸಾಣೆಕಲ್ಲು ⟦sāṇekallu サーネカッル⟧ [sɐːɳekəllu] ಸಾಣೆಗಲ್ಲು *n.* (白檀を擂(す)って白檀の練り粉を作る)円形の石の器 [Sk. *śāna-* + *kallu*]

ಸಾಣೆಗಲ್ಲು ⟦sāṇegallu サーネガッル⟧ [sɐːɳegəllu] *n.* [Sk. *śāna-* + *kallu*] ☞ಸಾಣೆಕಲ್ಲು (sāṇekallu)

ಸಾತತ್ಯ ⟦sātatya サータティャ⟧ [sɐːtətʲjɐ] 《文》 *n.* 永続性、永遠なこと [Sk.]

ಸಾತ್ವಿಕ ⟦sātvika サートヴィカ⟧ [sɐːtʲvikɐ] *adj.*, *m.* 《*f.* ಸಾತ್ವಿಕಳು (sātvikaḷu)》よい〈人〉、正直な〈人〉、誠実な〈人〉[Sk.]

ಸಾದರ¹ ⟦sādara サーダラ⟧ [sɐːdərɐ] 《文》(*n.*) 恭しい〈こと〉、尊敬の念〈を込めた〉[Sk.]

ಸಾದರ² ⟦sādara サーダラ⟧ [sɐːdərɐ] ಸಾದರು (*adj.*) 提出〈された〉、手渡された〈こと〉、発行〈された〉[Ar. *ṣādir*]

ಸಾದರಪಡಿಸು ⟦sādarapaḍisu サーダラパディス⟧ [sɐːdərə pəɖisu] *vt.* 〈意見などを〉述べる、〈証拠などを〉提出する、〈説明などを〉行う ¶ ಅಧ್ಯಕ್ಷರು ಸಭೆಯಲ್ಲಿ ತಮ್ಮ ಅಭಿಪ್ರಾಯವನ್ನು ಸಾದರಪಡಿಸಿದರು. (adʰyakṣaru sabʰeyalli tamma abʰiprāyavannu sādarapaḍisidaru.) 議長は会議で自分の意見を述べた。 [+ *paḍisu*] = ನಿವೇದಿಸು (nivēdisu)

ಸಾದಾ ⟦sādā サーダー⟧ [sɐːdɐː] *adj.* 1 普通の、通常の ¶ ಸಾದಾ ದೋಸೆ (sādā dōse) 普通のドーサ 2 率直な、無邪気な、飾り気ない ¶ ಟಾಟಾ ಎಷ್ಟೇ ಶ್ರೀಮಂತರಾದರೂ ಸಾದಾ ಮನುಷ್ಯರಾಗಿದ್ದಾರೆ. (ṭāṭā eṣṭē śrīmaṃtarādarū sādā manuṣyarāgiddāre.) ターター氏はあれほどの金持ちであるが素朴な人である。[H. *sādā* ←Pe. *sādah*]

ಸಾದಿಲ್ವಾರು ⟦sādilvāru サーディルヴァール⟧ [sɐːdilvɐːru] *n.* 雑費 [M. *sādilăvārā* ←Ar. *ṣādir wārid*]

ಸಾದು ⟦sādu サードゥ⟧ [sɐːdu] ಸಾಂದು *n.* 1 (額にめでたいしるしとして付ける)じゃこう(麝香)、樟脳(しょうのう)などの香料を混ぜたもの 2 (額に丸いしるしを付けて飾り立てるために女性や子どもたちが用いる)穀物の煤で作った黒い物質 [Ka. D2448]

ಸಾದೃಶ್ಯ ⟦sādṛśya サードゥルシュヤ⟧ [sɐːdrɯʃjɐ/sɐːdruʃjɐ] 《文》 *n.* 類似、似ていること [Sk.]

ಸಾಧಕ ⟦sādʰaka サーダカ⟧ [sɐːdʰəkɐ] 《文》 *adj.* (達成するのに)助けになる —*n.* 助けになるもの ¶ ಈ ಕೆಲಸಕ್ಕೆ ಸಾಧಕ ಬಾಧಕ ಏನು? (ī kelasakke sādʰaka bādʰaka ēnu?) この仕事に有利な点や不利な点は何ですか。 —*m.* 《*f.* ಸಾಧಕಿ (sādʰaki)》ある崇高な目的の成就に努力する人 ¶ ಗಾಂಧಿ ಶಾಂತಿಯ ಸಾಧಕ. (gāṃdʰi śāṃtiya sādʰaka.) ガーンディーは世界平和のために身を捧げた。[Sk.]

ಸಾಧನ ⟦sādʰana サーダナ⟧ [sɐːdʰəna] *n.* 方法、手段、道具 ¶ ರಾತ್ರಿ ಬಂದ ಗುಪ್ತಘಾತಕರನ್ನು ಕೃಷ್ಣರಾಜ ಏನೂ ಸಾಧನ ಇಲ್ಲದೆ ಎದುರಿಸಿದ. (rātri baṃda guptagʰātakarannu kṛṣṇarāja ēnū sādʰana illade edurisida.) クリシュナラージャ王は夜襲ってきた暗殺者たちに身を守る道具なしに立ち向かった。[Sk.]

ಸಾಧನೆ ⟦sādʰane サーダネ⟧ [sɐːdʰəne] *n.* 1 成就、目的を達すること ¶ ಸೋವಿಯೆಟ್ ಸಂಘದ ಅಂತ ಗೊರ್ಬಚೆವ್ ಅವರ ಸಾಧನೆ! (sōviyeṭ saṃgʰada aṃta gorbacev avara sādʰane!) ソ連邦の解消はゴルバチョフ氏が成就したことである。 2 業績、努力の結果得られたもの ¶ ಅವರಿಗೆ ವಿಶೇಷವಾದ ಸಾಧನೆ ಎಂದರೆ ಏನೂ ಇಲ್ಲ. (avarige viśēṣavāda sādʰane eṃdare ēnū illa.) 彼には特別な業績と言えば何もない。 3 (大きな目的に向かっての)努力、精進 [Sk.]

ಸಾಧಾರ ⟦sādʰāra サーダーラ⟧ [sɐːdʰɐːrɐ] 《文》(*n.*) 1 しっかりした基礎を持った〈こと〉 2 (しっかりした裏付けのある文献や証拠書類などによって)裏づけられた〈こと〉 ¶ ನಿಮ್ಮ ಹೇಳಿಕೆ ಸಾಧಾರವಾಗಿದೆ. (nimma hēḷike sādʰāravāgide.) お言葉には十分な証拠があります。[Sk.]

ಸಾಧಾರಣ ⟦sādʰāraṇa サーダーラナ⟧ [sɐːdʰɐːrəɳɐ] (*n.*) 普通〈の〉、一般〈の〉、ありふれた〈こと〉[Sk.]

ಸಾಧಾರಣೀಕರಣ ⟦sādʰāraṇīkaraṇa サーダーラニーカラナ⟧ [sɐːdʰɐːrəɳiːkərəɳɐ] 《文》 *n.* 一般化、普遍化 [Sk.]

ಸಾಧಾರಣೀಕರಿಸು ⟦sādʰāraṇīkarisu サーダーラニーカリス⟧ [sɐːdʰɐːrəɳiːkərisu] 《文》 *vt.* 一般化する、普遍化する [Sk.]

ಸಾಧಿತ ⟦sādʰita サーディタ⟧ [sɐːdʰitɐ] 《文》 *adj.* 1 成し遂げられた、成就した 2 証明された、実証された [Sk.]

ಸಾಧಿಸು ⟦sādʰisu サーディス⟧ [sɐːdʰisu] 《文》 *vt.* 1 成就する、完成する 2 証明する、立証する ¶ ಭೂಗೋಳ ಗುಂಡಾಗಿದೆ ಎಂಬದನ್ನು ಸಾಧಿಸಿದವರು ಯಾರು? (bʰūgōḷa guṃḍāgide eṃbadannu sādʰisidavaru yāru?) 誰が地球が丸いことを証明したのですか。 3 獲得する、かち取る ¶ ವಿಲಿಯಂಸ್ ಕೊನೆಗೆ ವಿಂಬಲ್ಡನ್ ಕಪ್ಪನ್ನು ಸಾಧಿಸಿದಳು. (viliyaṃs konege viṃbaldan kappannu sādʰisidaḷu.) ウィリアムスはとうとうウィンブルドンの優勝杯を勝ち取った。 4 〈ある芸などに〉熟達する ¶ ಯೋಗಿ ಗಾಳಿಯಲ್ಲಿ ಕುಳಿತುಕೊಳ್ಳುವುದನ್ನು ಸಾಧಿಸಿದರಂತೆ. (yōgi gāḷiyalli kuḷitukoḷḷuvudannu sādʰisidaraṃte.) あのヨーガ行者は空中に座る術を習得したそうだ。[Sk.]

ಸಾಧ್ಯ ⟦sādʰya サーディャ⟧ [sɐːdʰ·jɐ] 《文》(n.) 1 成就すべき〈こと〉、成就できる〈こと〉 2 実現できる〈こと〉、実現可能〈な〉 3 証明さるべき〈こと〉、証明できる〈こと〉 4 推論さるべき〈こと〉 5 克服できる〈こと〉¶ ಡ್ರಗ್ ಅವಲಂಬನ ಅಸಾಧ್ಯ ಚಟವಾಗಿದೆ. (ḍrag avalaṃbana asādʰya caṭavāgide.) 麻薬依存症はほとんど克服不可能な悪癖だ。 6 治療できる〈こと〉、治療すべき〈こと〉¶ ಕುಷ್ಟವು ಒಂದು ಕಾಲಕ್ಕೆ ಅಸಾಧ್ಯ ರೋಗವಾಗಿತ್ತು, ಆದರೆ ಈಗ ಸಾಧ್ಯ ರೋಗವಾಗಿದೆ. (kuṣṭavu oṃdu kālakke asādʰya rōgavāgittu, ādare īga sādʰya rōgavāgide.) ハンセン病はかつて不治の病だった。しかし今は治癒可能である。[Sk.]

ಸಾಧ್ಯತೆ ⟦sādʰyate サーディャテ⟧ [sɐːdʰ·jəte] n. 実現性のあること、実行できること [Sk.]

ಸಾನ್ನಿಧ್ಯ ⟦sānnidʰya サーンニディャ⟧ [sɐːnnidʰ·jɐ] n. 近く、近傍 [Sk.]

ಸಾಪೆ ⟦sāpe サーペ⟧ [sɐːpe] 《†》 n. ござ、イグサで作った薄い敷物 (My. (Kitt.)) [Ka. D2452] = ಚಾಪೆ (cāpe) 〔汎〕

ಸಾಪೇಕ್ಷ ⟦sāpēkṣa サーペークシャ⟧ [sɐːpeːkʂɐ] 《文》(adj.) 相対的〈な〉[Sk.]

ಸಾಪೇಕ್ಷತಾವಾದ ⟦sāpēkṣatāvāda サーペークシャターヴァーダ⟧ [sɐːpeːkʂətɐːvɐːdɐ] 《文》 n. 相対性理論 [Sk.]

ಸಾಪ್ತಾಹಿಕ ⟦sāptāhika サープターヒカ⟧ [sɐːptɐːhikɐ] (adj.) 毎週〈の〉、週刊〈の〉 —n. 週刊誌 [Sk.]

ಸಾಫಲ್ಯ ⟦sāpʰalya サーパリャ⟧ [sɐːpʰəl·jɐ] n. 成功、目的などの実現、成果があること [Sk.]

ಸಾಫಲ್ಯಗೊಳ್ಳು ⟦sāpʰalyagoḷḷu サーパリャゴッル⟧ [sɐːpʰəl·jɐgoɭɭu] 《文》 vi. 成功する、(目的などが) 実現される、成果がある ¶ ನನ್ನ ಜೀವನ ಸಂಶೋಧನೆಯಿಂದ ಸಾಫಲ್ಯಗೊಂಡಿತು. (nanna jīvana saṃśōdʰaneyiṃda sāpʰalyagoṃḍitu.) 私の人生は研究の成果によって成功した。[Sk.]

ಸಾಬೀತು ⟦sābītu サービートゥ⟧ [sɐːbiːtu] n. 証拠、裏づけ [Ar. ṣābit] = ಪುರಾವೆ, ರುಜುವಾತು (purāve, rujuvātu)

ಸಾಬೂನು ⟦sābūnu サーブーヌ⟧ [sɐːbuːnu] 《古》 n. 石鹸 [Pt. sabão]

ಸಾಮಂಜಸ್ಯ ⟦sāmaṃjasya サーマンジャスヤ⟧ [sɐːməɲʤəs·jɐ] 《文》 n. 1 調和、一致、同調 2 適当であること、適合 ¶ ಈ ವಾಕ್ಯದಲ್ಲಿ ಈ ಶಬ್ದಕ್ಕೆ ಸಾಮಂಜಸ್ಯ ಇಲ್ಲ. (ī vākyadalli ī śabdakke sāmaṃjasya illa.) この言葉はこの文に適合しない。[Sk.]

ಸಾಮಗ್ರಿ ⟦sāmagri サーマグリ⟧ [sɐːməgri] n. 材料、素材 [Sk.]

ಸಾಮತಿ ⟦sāmati サーマティ⟧ [sɐːməti] n. 1 類似性、似ていること 2 例 ¶ ಭಾಷಣಕಾರ ತಮ್ಮ ವಿಚಾರಗಳನ್ನು ಸಾಮತಿ ಕೊಟ್ಟು ವಿವರಿಸಿದರು. (bʰāṣaṇakāra tamma vicāragaḷannu sāmati koṭṭu vivarisidaru.) 講師は自分の考えを例を挙げて説明した。[Sk. sāmyatā-]

ಸಾಮರಸ್ಯ ⟦sāmarasya サーマラスヤ⟧ [sɐːmərəs·jɐ] 《文》 n. 調和、ふさわしいこと、相性 [Sk.]

ಸಾಮರ್ಥ್ಯ ⟦sāmartʰya サーマルティャ⟧ [sɐːmərtʰ·jɐ] 《文》 n. 能力 [Sk.]

ಸಾಮಾಜಿಕ ⟦sāmājika サーマージカ⟧ [sɐːmɐːʤikɐ] adj. 社会的な [Sk.]

ಸಾಮಾನು ⟦sāmānu サーマーヌ⟧ [sɐːmɐːnu] n. もの、(旅行、修繕などの) 必要物 [Pe. sāmān] cf. ಪದಾರ್ಥ (padārtʰa)

ಸಾಮಾನ್ಯ ⟦sāmānya サーマーニャ⟧ [sɐːmɐːn·jɐ] adj., mn. 《f. ಸಾಮಾನ್ಯಳು (sāmānyaḷu)》 1 一般的な〈人〉、普通の〈人〉、通常の〈人・もの〉 2 凡庸な〈人〉、並みの〈人・もの〉[Sk.]

ಸಾಮೀಪ್ಯ ⟦sāmīpya サーミーピャ⟧ [sɐːmiːp·jɐ] 《文》 n. 近いこと、近傍 [Sk.]

ಸಾಮು ⟦sāmu サーム⟧ [sɐːmu] ಸಾಮ n. 肉体的な訓練、体作り [? cf. Te. sāmu]

ಸಾಮುದಾಯಿಕ ⟦sāmudāyika サームダーイカ⟧ [sɐːmudɐːjikɐ] 《文》(n.) 1 集団〈の〉 2 共同社会に関する〈こと〉、共同社会に属する〈こと〉 3 すべての共同社会に開かれた〈こと〉¶ ಸಾಮುದಾಯಿಕ ಭವನ (sāmudāyika bʰavana) すべての共同社会に (すなわち、すべての宗教信者に) 開かれた結婚式場 [Sk.] cf. ಸಾಮಾಜಿಕ, ಸಾಮೂಹಿಕ (sāmājika, sāmūhika)

ಸಾಮುದ್ರಿಕ ⟦sāmudrika サームドリカ⟧ [sɐːmudrikɐ] 《文》 adj. 海の、海で生まれた、海に関する —n. 占い、特に手相による占い [Sk.]

ಸಾಮೂಹಿಕ ⟦sāmūhika サームーヒカ⟧ [sɐːmuːhikɐ] 《文》 adj. 集団の、集団的な [Sk.] cf. ಸಾಮುದಾಯಿಕ (sāmudāyika)

ಸಾಮೂಹಿಕ ಮತದಾನ ⟦sāmūhika matadāna サームーヒカマタダーナ⟧ [sɐːmuːhikə mətədɐːnɐ] 《文》 n. 総選挙 [Sk.]

ಸಾಮೂಹಿಕ ಮತಾಂತರ ⟦sāmūhika matāṃtara サームーヒカマターンタラ⟧ [sɐːmuːhikə mətɐːntərɐ] 《文》 n. 集団改宗 [+ matāṃtara]

ಸಾಮೂಹಿಕ ಮದುವೆ ⟦sāmūhika maduve サームーヒカマドゥヴェ⟧ [sɐːmuːhikə məduve] 《文》 n. 集団結婚 [+ maduve]

ಸಾಮೂಹಿಕ ರಜೆ ⟦sāmūhika raje サームーヒカラジェ⟧ [sɐːmuːhikə rəʤe] 《文》 n. 一般休日、すべての人に適用される休日 [+ raje]

ಸಾಮ್ಯ ⟦sāmya サーミャ⟧ [sɐːm·jɐ] 《文》 n. 同様、類似、似ていること [Sk.]

ಸಾಮ್ಯವಾದ ⟦sāmyavāda サーミャヴァーダ⟧ [sɐːm·jəvɐːdɐ] 《文》 n. 1 平等主義 2 共産主義 [Sk.] = ಸಮತಾವಾದ (samatāvāda)

ಸಾಮ್ರಾಜ್ಞಿ ⟦sāmrājñi サームラージュニ⟧ [sɐːmrɐːɟni/–rɐːgni] f. 1 女性の皇帝 2 皇帝妃 [Sk.]

ಸಾಮ್ರಾಜ್ಯ ⟦sāmrājya サームラージュャ⟧ [sɐːmrɐːʤjɐ] n. 帝国 [Sk.]

ಸಾಮ್ರಾಟ್ ⟦sāmrāṭ サームラート⟧ [sɐːmrɐːʈ] m. 《f. ಸಮ್ರಾಜ್ಞಿ (samrājñi)》帝王 [Sk.]

ಸಾಮ್ರಾಜ್ಯಶಾಹಿ ⟦sāmrājyaśāhi サームラージュャシャーヒ⟧ [sɐːmrɐːʤjəʃɐːhi] 《文》 *n.* 帝国主義 [+ Pe. *šāhī*]

ಸಾಯ್ ⟦sāy サーイ⟧ [sɐːĭ] *vi.* 《過去語幹 satt-》死ぬ [Ka. D2426]

ಸಾಯಂಕಾಲ ⟦sāyaṃkāla サーヤンカーラ⟧ [sɐːjəŋkɐːlɐ] *n.* 夕方、夕暮れ時 [Sk.]

ಸಾಯು ⟦sāyu サーユ⟧ [sɐːju] *vi.* 《過去語幹 satt-》(人間、動植物が)死ぬ、(人が)死亡する [Ka. *D2426] ☞ತೀರಿಹೋಗು, ನಿಧನ ಹೊಂದು (tīrihōgu, nid^hana hoṃdu)「死去する」

ಸಾಯಿಸು ⟦sāyisu サーイス⟧ [sɐːjĭsu] *vt.* 殺す、命を奪う [+ *-isu* caus.] = ತೀರಿಹೋಗು (tīrihōgu)

ಸಾರ್ ⟦sār サール⟧ [sɐːr] 《口》 *m.* 《*f.* ಮ್ಯಾಡಮ್ (myāḍam)》 **1** だんな様(使用人などが主人に言及したり呼びかけたりする言葉) **2** だんな様、先生、お客様、ご主人、など(男性に敬意をもって呼びかける言葉) [Eg. *sir*]

ಸಾರಂಗ ⟦sāraṃga サーランガ⟧ [sɐːrəŋgɐ] *n.* **1** アキシスジカ(白い斑点の入った鹿) **2** 鹿(一般) [Sk.]

ಸಾರ[1] ⟦sāra サーラ⟧ [sɐːrɐ] *n.* **1** 小川を渡るための丸木橋 **2** 《古》 階段 **3** 建築作業などの足場 [Ka. D2463]

ಸಾರ[2] ⟦sāra サーラ⟧ [sɐːrɐ] *n.* **1** エキス、精 **2** 植物の樹液 **3** (物語などの)要旨、要点、概要、大意 **4** 本質、神髄 ¶ ಈ ಕಾದಂಬರಿಯಲ್ಲಿ ಸಾರ ಇಲ್ಲ. (ī kādaṃbariyalli sāra illa.) この小説には内容がない。[Sk.]

ಸಾರಗ ⟦sāraga サーラガ⟧ [sɐːrə̆gɐ] *n.* [Sk.] ☞ಸಾರಂಗ (sāraṃga)

ಸಾರಜನಕ ⟦sārajanaka サーラジャナカ⟧ [sɐːrəʤɤənəkɐ] 《文》 *n.* 窒素 [Sk.]

ಸಾರಣ್ ⟦sāraṇ サーラン⟧ [sɐːrəɳ] 《‡》 *n.* 近く [Ka. D2460] (*Abh.P.9,38.100* (*Kitt.*))

ಸಾರಥಿ ⟦sārat^hi サーラティ⟧ [sɐːrə̆t^hi] 《文》 *m.* 戦車の御者 [Sk.]

ಸಾರಸ್ವತ ⟦sārasvata サーラスヴァタ⟧ [sɐrəsvətɐ] 《文》 *adj.* **1** 文学の、文学に関する **2** 学問的な、博学な、博識の [Sk.]

ಸಾರವೆ ⟦sārave サーラヴェ⟧ [sɐːrəve] *n.* 足場(家などを建てる時に用いる木や石の段) [Ka. D2463]

ಸಾರಾಯಿ ⟦sārāyi サーラーイ⟧ [sɐːrɐːji] ಶರಾಯಿ[2], ಸಾರಾಯ *n.* サトウキビの汁などから作った蒸留酒、(一般に)蒸留酒 [? cf. Sk. *sāra-*]

ಸಾರಾಂಶ ⟦sārāṃśa サーラーンシャ⟧ [sɐrɐːmʃɐ] *n.* **1** 〔喩〕本質、神髄 **2** 要旨、要点、概要、大意 [Sk.]

ಸಾರಾಸಗಟು ⟦sārāsagaṭu サーラーサガトゥ⟧ [sɐːrɐːsəgə̆ʈu] *adj.* 全部の、一括しての —*adv.* 全部一緒に、一括して ¶ ಅಪ್ಪ ಮನೆಯನ್ನು ಸಾರಾಸಗಟು ಮಾರಿದರು. (appa maneyannu sārāsagaṭu māridaru.) 父は家全体を売却した。 [M. *sārāsagaṭā*]

ಸಾರಾಸಗಟುವ್ಯಾಪಾರಿ ⟦sārāsagaṭuvyāpāri サーラーサガトゥヴィャーパーリ⟧ [sɐːrɐːsəgə̆ʈu vjɐːpɐːri] *mf.* 卸売り商 [+ *vyāpāri*]

ಸಾರಿ ⟦sāri サーリ⟧ [sɐːri] *n.* **1** (繰り返す回数を表す)回 ¶ ನಾನು ಎರಡು ಸಾರಿ ಜಪಾನಿಗೆ ಹೋಗಿ ಬಂದೆನು. (nānu eraḍu sāri japānige hōgi baṃdenu.) 私は2回日本へ行ってきた。 **2** 番、順番(集団の各成員に順番にめぐってくる何かをする機会や義務) [Ka. D2464] = ಸಲ, ಬಾರಿ (sala, bāri)

ಸಾರಿಕೆ ⟦sārike サーリケ⟧ [sɐːrike] 《文》 *n.* **1** (マイナー、九官鳥、インドハッカなど)ムクドリ科の種々の鳥 **2** 雌のオウム [Sk.]

ಸಾರಿಗೆ ⟦sārige サーリゲ⟧ [sɐːrige] *n.* **1** 《古》 近く ¶ ನದಿಯ ಸಾರಿಗೆ ಹೋಗಿ ಬಂದೆ. (nadiya sārige hōgi baṃde.) 川の近くに行ってきた。 **2** 《口》 商売 **3** 《口》 収入、儲け **4** 運送、輸送 **5** 交通 **6** 車、車両 [Ka. *D2460]

ಸಾರಿಸು[1] ⟦sārisu サーリス⟧ [sɐːrĭsu] *vt.* **1** 牛糞や香料を混ぜた水で〈床を〉洗う;壁に石灰を塗る **2** 〈水や油や薬や聖灰などを〉塗り込む [<?]

ಸಾರು[1] ⟦sāru サール⟧ [sɐːru] ಸಾಱು *n.* 飯にかけて食べる豆類を混ぜた薄いスープのような食物 [Ka. *D2484] = Ta. *racam*

ಸಾರು[2] ⟦sāru サール⟧ [sɐːru] *vt.* 公に知らせる、公布する、宣言する ¶ ಅಧ್ಯಕ್ಷರು ವ್ಯಾಪಾರ ಕೇಂದ್ರದ ಕಟ್ಟಡಗಳನ್ನು ನಾಶ ಮಾಡಿದ ಆತಂಕವಾದಿಗಳ ಮೇಲೆ ಯುದ್ಧ ಸಾರಿದರು. (ad^hyakṣaru vyāpāra kēṃdrada kaṭṭaḍagaḷannu nāśa māḍida ātaṃkavādigaḷa mēle yudd^ha sāridaru.) 合衆国大統領は世界貿易センターの建物を破壊したテロリストに戦争を布告した。 [Ka. D2486]

ಸಾರಿಸು[2] ⟦sārisu サーリス⟧ [sɐːrĭsu] *vt.* 布告させる [+ *-isu* caus.]

ಸಾರು[3] ⟦sāru サール⟧ [sɐːru] ಸಾರ್ 《文》 *vi.* 《過去語幹 sārd-》近づく、接近する;到着する —*vt.* 得る、手に入れる、獲得する [Ka. D2460]

ಸಾರುವೆ ⟦sāruve サールヴェ⟧ [sɐːruve] *n.* **1** 橋の代わりに用いられた板 **2** (建物の修繕や建築のための)足場 [Ka. *D2463]

ಸಾರೆ[1] ⟦sāre サーレ⟧ [sɐːre] 《古》 (*n.*) 近い〈こと〉、近接〈の〉 [Ka. D2460]

ಸಾರೆ[2] ⟦sāre サーレ⟧ [sɐːre] *n.* [Ka. D2464] ☞ಸಾರಿ (sāri)

ಸಾರೆ[3] ⟦sāre サーレ⟧ [sɐːre] *n.* [Ka. D2821] ☞ಸೇರೆ (sēre)

ಸಾರ್ಕೆ ⟦sārke サールケ⟧ [sɐːrke] 《古》 *n.* **1** 近いこと、近接 **2** 近寄ること、接近 **3** 仲間付き合い、付き合い **4** 獲得 [Ka. D2460]

ಸಾರ್ಚು ⟦sārcu サールチュ⟧ [sɐːrʧu] 《古》 *vi.* 近づく、接近する —*vt.* **1** 触れる、接触する **2** 到着させる **3** 伸ばす **4** 着る **5** 〈装身具を〉つける、〈衣類などを〉着せる **6** もたせかける **7** 持ってくる

[Ka. D2460]

ಸಾರ್ಥ ⟦sārtʰa サールタ⟧ [sɐːrtʰɐ] 《文》(*n.*) 意味のある〈こと〉、有意義〈な〉、役に立つ〈こと〉 **—*n.*** 隊商 [Sk.]

ಸಾರ್ಥಕ ⟦sārtʰaka サールタカ⟧ [sɐːrtʰəkɐ] (*n.*) 意味のある〈こと〉、有意義〈な〉、役に立つ〈こと〉¶ ವಿಶ್ವ ವಾಣಿಜ್ಯ ಕೇಂದ್ರವನ್ನು ನಾಶ ಮಾಡಿದ್ದು ಅಮೆರಿಕಾದವರಿಗೆ ಪಲಸ್ತೀನಿನ ಕಡೆಗೆ ಕಣ್ಣು ತೆಗೆಯಿಸಿದೆ ಎಂಬ ವಿಚಾರದಿಂದ ಸಾರ್ಥಕ ಎಂದು ಹೇಳಬಹುದು. (viśva vāṇijya kēṃdravannu nāśa māḍiddu amerikādavarige palastīninā kaḍege kaṇṇu tegeyiside eṃba vicāradiṃda sārtʰaka eṃdu hēḷabahudu.) 世界貿易センターの破壊はアメリカ人にパレスティナに向かって目を開かせた点で有意義だといえる。[Sk.]

ಸಾರ್ಥಕತೆ ⟦sārtʰakate サールタカテ⟧ [sɐːrtʰəkəte] *n.* 1 有用性、合目的性 2 成功、甲斐あること = ಸಾರ್ಥಕ್ಯ (sārtʰakya) [Sk.]

ಸಾರ್ಥಕ್ಯ ⟦sārtʰakya サールタキャ⟧ [sɐːrtʰək·yɐ] 《文》*n.* [Sk.] = ಸಾರ್ಥಕತೆ (sārtʰakate)

ಸಾರ್ವಕಾಲಿಕ ⟦sārvakālika サールヴァカーリカ⟧ [sɐːrvəkɐːlĭkɐ] 《文》(*n.*) 永遠〈の〉、恒常的な〈こと〉、どの時代にも当てはまる〈こと〉[Sk.]

ಸಾರ್ವಜನಿಕ ⟦sārvajanika サールヴァジャニカ⟧ [sɐːrvədʒənikɐ] 《文》(*n.*) 公衆〈の〉、社会の全員に関する〈こと〉[Sk.]

ಸಾರ್ವತ್ರಿಕ ⟦sārvatrika サールヴァトリカ⟧ [sɐːrvətrikɐ] 《文》*adj.* 1 すべての場所に関係する 2 遍在する [Sk.]

ಸಾರ್ವಭೌಮ ⟦sārvabʰauma サールヴァバウマ⟧ [sɐːrvəbʰaumɐ] 《文》(*adj.*) 世界〈の〉、世界に関する〈こと〉、世界を支配する〈こと〉 **—*mf.*** 皇帝、王たちの王 [Sk.]

ಸಾರ್ವೆ ⟦sārve サールヴェ⟧ [sɐːrve] ಸಾರವೆ *n.* 1 仮橋(小川や用水路を渡るための小さな間に合わせの橋) 2 足場(家などを建てる時に用いる木や石の段) [Ka. *D2463]

ಸಾಲ್¹ ⟦sāl サール⟧ [sɐːl] ಸಾಲು 《古》*vi.* 1 十分である 2 匹敵する [Ka. *D2470] ☞ಸಾಲು (sālu)

ಸಾಲ್² ⟦sāl サール⟧ [sɐːl] ಸಾಲು 《古》*vi.* 借金する、債務を負う、金を借りる [Ka. *D2472] ☞ಸಾಲು (sālu)

ಸಾಲ ⟦sāla サーラ⟧ [sɐːlɐ] *n.* 借金、貸金 [Ka. D2472]

ಸಾಲಗಾರ ⟦sālagāra サーラガーラ⟧ [sɐːləgɐːrɐ] *m.* 《*f.* ಸಾಲಗಾತಿ (sālagāti)》 1 債務者、借金した人 2 債権者、金を貸した人 [+ *-gāra*]

ಸಾಲಂಗುಳಿ ⟦sālaṃguḷi サーラングリ⟧ [sɐːləŋguḷi] 《古》*mf.* 借金癖を持った人、いつも借金する人 [Ka. D2472]

ಸಾಲವಿಕ್ರಯ ⟦sālavikraya サーラヴィクラヤ⟧ [sɐːləvikrəjɐ] 《文》*n.* 掛け売り [Sk.]

ಸಾಲಿಗ¹ ⟦sāliga サーリガ⟧ [sɐːlĭgɐ] *mf.* 《*f.* *ಸಾಲಿಗಿತ್ತಿ (sāligitti)》債務者、借金した人 [*sāla* + *-iga* D2472] = ಸಾಲಗಾರ (sālagāra)

ಸಾಲಿಗ² ⟦sāliga サーリガ⟧ [sɐːlĭgɐ] ಸಾಲೆಗ *m.* 機織り、織工 [Ka. D2475]

ಸಾಲಿಗ್ರಾಮ ⟦sāligrāma サーリグラーマ⟧ [sɐːləgrɐːmɐ] *n.* シャーリグラーマ(ヒマラヤなどで採れるアンモナイト化石を含む黒い石、ヴィシュヌ神の象徴として神聖な石とされている) [⇒図] [Sk.]

ಸಾಲಿಗ್ರಾಮ シャーリグラーマ

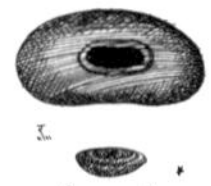

ಸಾಲಿಯ ⟦sāliya サーリヤ⟧ [sɐːlĭjɐ] 《‡》*m.* 機織り、織工 (*DEDR*) [Ka. D2475]

ಸಾಲು¹ ⟦sālu サール⟧ [sɐːlu] *v.imp.* 《非人称動詞、3人称単数形ಸಾಕು (sāku);3人称単数否定形ಸಾಲದು (sāladu)》 1 十分である ¶ ನಿಮ್ಮ ಆದಾಯ ಖರ್ಚಿಗೆ ಸಾಲದು. (nimma ādāya kʰarcige sāladu.) あなたの収入は支出をまかないきれない。 2 匹敵する ¶ ಭೀಮನ ಶಕ್ತಿ ಸಾವಿರ ಆನೆಗೆ ಸಾಕು. (bʰīmana śakti sāvira ānege sāku.) ビーマの力は1000頭の象に匹敵する。[Ka. D2470]

ಸಾಲು² ⟦sālu サール⟧ [sɐːlu] *n.* 列、並び [Ka. D2472]

ಸಾಲು³ ⟦sālu サール⟧ [sɐːlu] 《古》*vi.* 借金する [Ka. D2472]

ಸಾಲು⁴ ⟦sālu サール⟧ [sɐːlu] *n.* 年 [Pe. *sāl*]

ಸಾಲೆ ⟦sāle サーレ⟧ [sɐːle] *n.* 1 布 2 サーリー **—*m.*** 機織りを職業とするカーストの一つ [Ka. *D2475]

ಸಾಲುಮರ ⟦sālumara サールマラ⟧ [sɐːlŭmərɐ] *n.* 並木 [+ *mara*]

ಸಾವಕಾಶ ⟦sāvakāśa サーヴァカーシャ⟧ [sɐːvəkɐːʃɐ] (*adv.*) 1 ゆっくり ¶ ನೀವು ಸಾವಕಾಶವಾಗಿ ಈ ಪುಸ್ತಕವನ್ನು ಓದಿರಿ. (nīvu sāvakāśavāgi ī pustakavannu ōdiri.) この本をゆっくり読んで下さったら結構です。 2 ゆっくり ¶ ವಯಸ್ಸಾಗಿ ಅವನು ಸಾವಕಾಶ ಹೋಗುತ್ತಾನೆ. (vayassāgi avanu sāvakāśa hōguttāne.) 年取って彼はゆっくり歩いている。 **—*n.*** 暇、余暇;中休み ¶ ಇತ್ತೀಚೆಗೆ ನನಗೆ ಏನೂ ಸಾವಕಾಶವಿಲ್ಲ. (ittīcege nanage ēnū sāvakāśavilla.) この頃私は空いた時間がない。[Sk.]

ಸಾವಗಿಸು¹ ⟦sāvagisu サーヴァギス⟧ [sɐːvəgisu] 《古》*vi.* 1 黙っている (ಕಬ್ಬಿಕ್ಕೆ.48 (*KPN*)) 2 《‡》止む、終わる (*Kitt.*) [? Ka. D2351]

ಸಾವಗಿಸು² ⟦sāvagisu サーヴァギス⟧ [sɐːvəgisu] 《古》*vt.* 1 まっすぐにする 2 整える、直す、あるべき姿にする (*Pb.8.59*) 3 親切にする;慰める (*Śāṃtipu.10.183* (*KPN*)) [? Ka. D2747]

ಸಾವಧಾನ ⟦sāvadʰāna サーヴァダーナ⟧ [sɐːvədʰɐːnɐ/sɐːvɣ–] (*n.*) 注意深い〈こと〉、用心深い〈こと〉 **—*n.*** 1 注意、用心 2《古》我慢、忍耐 [Sk.]

ಸಾವಯವ ⟦sāvayava サーヴァヤヴァ⟧ [sɐːvəjəvɐ/sɐːvɣjəvɐ] 《文》*adj.* 有機… **—*n.*** 有機体 [Sk.]

ಸಾವಿರ ⟦sāvira サーヴィラ⟧ [sɐːvĭrɐ] ಸಾಯಿರ, ಸಾಸಿರ *numr.adj.* 1000…、1000個の、1000人の、1000匹の、1000枚の **—*numr.n.*** 1000、1000個、1000人、1000匹、1000枚、など [Ka. A11]

ಸಾವು ⟦sāvu サーヴ⟧ [sɐːvu] *n.* 死 [Ka. D2426]

ಸಾವುಕಾರ ⟦sāvukāra サーヴカーラ⟧ [sɐːvŭkɐːrɐ] ಸಾವ-ಕಾರ, ಸಾಹುಕಾರ *m.* ⟪*f.* ಸಾಹುಕಾರ್ತಿ (sāhukārti)⟫ 1 金持ち、金満家 2 豪商、大商人 3 金貸し業者、金融業者 4 従業員が店の主人に言及したり呼びかけたりする時に用いる言葉

ಸಾಸಿಗ ⟦sāsiga サーシガ⟧ [sɐːsigɐ] 《古》 *m.* ⟪*f.* ಸಾಸಿಗಳು (sāsigaḷu)⟫勇者、勇気ある人 [Sk. *sāhasika-*]

ಸಾಸಿರ್ ⟦sāsir サーシル⟧ [sɐːsir] 《古》 *numr.adj.* ―*numr.n.* ☞ಸಾವಿರ (sāvira) (*Šmd.226* (*Kitt.*)) [Ka. App.11]

ಸಾಸಿರ ⟦sāsira サーシラ⟧ [sɐːsĭrɐ] 《文》 *numr.adj.* 1000 … 、1000 の ―*numr.n.* 1000 ☞ಸಾವಿರ (sāvira) [Ka. A11]

ಸಾಸವಿ ⟦sāsavi サーサヴィ⟧ [sɐːsəvi] 《口》 *n.* [Ka. ←Sk. *sarṣapa-* D921] ☞ಸಾಸಿವೆ (sāsive)

ಸಾಸವೆ ⟦sāsave サーサヴェ⟧ [sɐːsəve] *n.* ☞ಸಾಸಿವೆ (sāsive)

ಸಾಸಿವೆ ⟦sāsive サーシヴェ⟧ [sɐːsive] ಸಾಸವೆ, ಸಾಸಿಮೆ, ಸಾಸುವೆ *n.* クロガラシまたはその種 ⇀ 調 [Ka. ←Sk. *sarṣapa-*, Pk. *sāsava-* D921]

ಸಾಹಚರ್ಯ ⟦sāhacarya サーハチャリヤ⟧ [sɐːhəʧərˑjɐ] 《文》 *n.* 付き合い、交際 ¶ ಮಾಧವನ ಸಾಹಚರ್ಯದಿಂದ ನನಗೆ ಸಾಹಿತ್ಯದ ಮೇಲೆ ಆಸಕ್ತಿ ಉಂಟಾಯಿತು. (mādʰavana sāhacaryadiṃda nanage sāhityada mēle āsakti uṃṭāyitu.) 私はマーダヴとの付き合いで文学に興味を持つようになった。 [Sk.]

ಸಾಹಣ ⟦sāhaṇa サーハナ⟧ [sɐːhəɳɐ] ಸಹಣ 《古》 *n.* 馬や象を育て調教すること [<?]

ಸಾಹಣಿ ⟦sāhaṇi サーハニ⟧ [sɐːhəɳi] ಸಹಣಿ, ಸಾಣಿ, ಸಾಹಿಣಿ 《古》 *mf.* 馬や象を育てる人や調教する人 [<?]

ಸಾಹಸ ⟦sāhasa サーハサ⟧ [sɐːhəsɐ] *n.* 1 大胆、勇気 2 剛勇、英雄的行為 3 〔喩〕 無謀、向こう見ずな振る舞い ¶ ನಾನು ನಿದ್ರೆ ಮಾಡುತ್ತಿದ್ದಾಗ ಯಾರೋ ನನ್ನ ಶೂ ತೆಗೆದುಕೊಂಡು ಹೋದರು. ಸಾಹಸ ನೋಡಿ. (nānu nidre māḍuttiddāga yārō nanna śū tegedukoṃḍu hōdaru. sāhasa nōḍi.) 誰かが私が寝ている間に靴を持っていった。何と言う大胆不敵さだ。 [Sk.]

ಸಾಹಸಿ ⟦sāhasi サーハシ⟧ [sɐːhəsi] *adj.*, *mf.* 1 勇気のある〈人〉、大胆な〈人〉 2 剛勇な〈人〉 3 向こう見ずな〈人〉 [Sk.]

ಸಾಹಿತಿ ⟦sāhiti サーヒティ⟧ [sɐːhiti] *mf.* 文学者、作家 [Sk. **sāhityin-*]

ಸಾಹಿತ್ಯ ⟦sāhitya サーヒティャ⟧ [sɐːhitˑjɐ] *n.* 1 文学、文学作品 2 (ある職業などの)道具(一式) ¶ ಬಡಗಿ ತನ್ನ ಸಾಹಿತ್ಯವನ್ನು ತಂದು ನಮ್ಮ ಮಂಚ ಮಾಡಿಕೊಟ್ಟ. (baḍagi tanna sāhityavannu taṃdu namma maṃca māḍikoṭṭa.) 大工は大工道具一式を持ってきて私たちの折りたたみ式ベッドを作ってくれた。 [Sk.]

ಸಾಹಿತ್ಯಕ ⟦sāhityaka サーヒティャカ⟧ [sɐːhitˑjəkɐ] 《文》 *adj.* 文学の、文学作品の [Sk.]

ಸಾಹಿತ್ಯಿಕ ⟦sāhityika サーヒティカ⟧ [sɐːhitˑjikɐ] 《文》 *adj.* 文学の、文学作品の [Sk.]

ಸಾಹಿತ್ಯಗೋಷ್ಠಿ ⟦sāhityagōṣṭʰi サーヒティャゴーシュティ⟧ [sɐːhitˑjəgoːʂʈʰi] 《文》 *n.* 文学者の集まり [Sk.]

ಸಾಹಿತ್ಯಾನುಭವ ⟦sāhityānubʰava サーヒティャーヌバヴァ⟧ [sɐːhitˑjɐːnubʰəvɐ] *n.* 文学的活動の経験 [Sk.]

ಸಾಹುಕಾರ ⟦sāhukāra サーフカーラ⟧ [sɐːhukɐːrɐ] *m.* ⟪*f.* ಸಾಹುಕಾರ್ತಿ (sāhukārti)⟫☞ಸಾವಕಾರ (sāvakāra)

ಸಾಳುವ ⟦sāḷuva サールヴァ⟧ [sɐːlŭvɐ] ಚಾಳುವ, ಸಳುವ, ಸಾಳ್ವ 《古》 *n.* 狩に用いる鷹の一種 [Ka. D2478]

ಸಾಳ್ವ ⟦sāḷva サールヴァ⟧ [sɐːlvɐ] 《古》 *n.* [Ka. D2478] ☞ಸಾಳುವ (sāḷuva)

ಸಾಱು [1] ⟦sāṟu サール⟧ [sɐːṟu] ಸಾರು 《古》 *n.* 豆類を混ぜた薄いスープのような食物(飯にかけて食べる) [Ka. D2484]

ಸಾಱು [2] ⟦sāṟu サール⟧ [sɐːṟu] 《古》 *vi.* 布告する、公にする、広く知らしめる [Ka. D2486]

ಸಾಱಿಸು ⟦sāṟisu サーリス⟧ [sɐːṟisu] 《古》 *vt.* 布告させる、公にさせる [Ka. D2486]

ಸಾಱುಹ ⟦sāṟuha サールハ⟧ [sɐːṟuhɐ] 《古》 *n.* 布告すること、公にすること [Ka. D2486]

ಸಿಂಗಣಿಕ ⟦siṃgaṇika シンガニカ⟧ [siŋgəɳikɐ] *n.* [Ka. D2502] ☞ಸಿಂಗಳೀಕ (siṃgaḷīka)

ಸಿಂಗರಿಸು ⟦siṃgarisu シンガリス⟧ [siŋgərisu] *vt.* 飾る、装飾する [Pk. *siṃgārēi*]

ಸಿಂಗಳೀಕ ⟦siṃgaḷīka シンガリーカ⟧ [siŋgəɭiːkɐ] ಶಿಂಗಣಿಕ, ಶಿಂಗಳೀಕ, ಸಿಂಗಣಿಕ, ಸಿಂಗಣೀಕ, ಸಿಂಗಲೀಕ, ಸಿಂಗಳಿಕ *n.* (インドでよく見かける) 大型の黒い顔をした猿 [Ka. D2502] = ಮುಸುವ (musuva) 〔汎〕 *[BIA Plate 11]

ಸಿಂಗಾರ ⟦siṃgāra シンガーラ⟧ [siŋgːrɐ] *n.* 装飾、化粧 [Sk. *śṛṃgāra-*]

ಸಿಂಡರಿಸು ⟦siṃḍarisu シンダリス⟧ [siɳɖərisu] *vt.* 〈顔を〉しかめる [? + *-isu*] = ಮುಖವನ್ನು ಗಂಟಿಕ್ಕು (mukʰavannu gaṃṭikku)

ಸಿಂಡು ⟦siṃḍu シンドゥ⟧ [siɳɖu] *n.* 1 ねばねばしたもの 2 (羊、虎、腐ったバターなどの)悪臭 [Ka. D2523] (*My.* (*Kitt.*))

ಸಿಂಡುವಾಸನೆ ⟦siṃḍuvāsane シンドゥヴァーサネ⟧ [siɳɖu vɐːsəne] *n.* すえたものなどの悪臭 [Ka. *D2523]

ಸಿಂದಿ ⟦siṃdi シンディ⟧ [sindi] ಶೀಂದಿ *n.* ナツメヤシの樹液およびそれが発酵した飲料、ヤシ酒 ⇀ 飲 = ಹೆಂಡ (heṃḍa) [M. *śiṃdʰī*, *śiṃdī*, H. *sēdʰī* cf. Pk. *siṃdī-*]

ಸಿಂದಿಮರ ⟦siṃdimara シンディマラ⟧ [sindimərɐ] *n.* ナツメヤシの木 ⇀ 材 = ಹೆಂಡ (heṃḍa) [+ *mara*]

ಸಿಂದಿಹಣ್ಣು ⟦siṃdihaṇṇu シンディハンヌ⟧ [sindihəɳɳu] *n.* ナツメヤシの実 ⇀ 食 [+ *haṇṇu*]

ಸಿಂದು ⟦siṃdu シンドゥ⟧ [sindu] 《古》 *vt.* 磨く、研磨する [Ka. D2526] = ಸೆಂದು (semdu)

ಸಿಂಪಡಿಸು ⟦siṃpaḍisu シンパディス⟧ [simpəɖisu] ಸಿಂಪ-ಡಿಸು, ಸಿಂಬಡಿಸು *vt.* 〈聖水、水などを〉振りまく、振りかける [Ka. D2548] = ಚಿಮುಕಿಸು (cimukisu)

ಸಿಂಪಿ[1] ⟦simpi シンピ⟧ [simpi] *n.* **1** 貝殻 **2** (古くは貝殻で作った)子どもに牛乳や薬などを飲ませる道具 [Ka. D2535] ☞ಸಿಪ್ಪು (sippu)

ಸಿಂಪಿ[2] ⟦simpi シンピ⟧ [simpi] ಚಿಪ್ಪಿ *mf.* 仕立て屋 [Pk. *sippi* < Sk. *śilpin-*] = ಸಿಪ್ಪಿಗ (sippiga)

ಸಿಂಪಿಗ ⟦simpiga シンピガ⟧ [simpigɐ] *m.* ⟪*f.* ಸಿಂಪಿಗಳು (simpigaḷu)⟫ 仕立て屋 [*simpi* + *-iga*] = ಸಿಪ್ಪಿಗ (sippiga)

ಸಿಂಪಿಣಿ ⟦simpiṇi シンピニ⟧ [simpiɳi] *n.* (水などを)ぱらぱら撒くこと [Ka. D2548]

ಸಿಂಪಿಸು ⟦simpisu シンピス⟧ [simpisu] *vt.* 〈水などを〉ぱらぱら撒く [Ka. D2548]

ಸಿಂಪು ⟦simpu シンプ⟧ [simpu] *n.* [Ka. D2535] ☞ಸಿಪ್ಪು (sippu)

ಸಿಂಪೆ ⟦simpe シンペ⟧ [simpe] *n.* [Ka. D2535] ☞ಸಿಪ್ಪು (sippu)

ಸಿಂಬಡಿಸು ⟦simbaḍisu シンバディス⟧ [simbəɖĭsu] ⟪古⟫ *vt.* [Ka. D2548] ☞ಸಿಂಪಡಿಸು (simpaḍisu)

ಸಿಂಬಳ ⟦simbaḷa シンバラ⟧ [simbə̆ɭɐ] *n.* 鼻汁、鼻水 [M. *śẽbuḍā*]

ಸಿಂಬಳ ತೆಗೆ ⟦simbaḷa tege シンバラテゲ⟧ [simbə̆ɭə tege] *vi.* 鼻をかむ [+ *tege*]

ಸಿಂಬಿ ⟦simbi シンビ⟧ [simbi] ಸಿಂಬೆ *n.* 頭当て(壺の下に敷いたり頭上運搬をしたりするために藁などを巻いて作る輪) [⇒図] [Ka. D2677] = ಸಿವುಡು (sivuḍu)

ಸಿಂಬಿ 頭当て

ಸಿಂಬೆ ⟦simbe シンベ⟧ [simbe] *n.* [Ka. D2677] ☞ಸಿಂಬಿ (simbi)

ಸಿಂಹಾವಲೋಕನ ⟦simhāvalōkana シンハーヴァローカナ⟧ [simhɐːvəloːkənɐ] ⟪文⟫ *n.* 後ろを振り返って過去の行為を評価すること、自分の行為の再吟味 ¶ ಖರ್ಚು ಖರ್ಚಿಗೆ ಸಿಂಹಾವಲೋಕನ ಮಾಡಬೇಕು. (kʰarcu kʰarcige simhāvalōkana māḍabēku.) お金を使った後は、必ず、その是非を再吟味しなければなりません。 [Sk.]

ಸಿಂಹಾಸನ ⟦simhāsana シンハーサナ⟧ [simhɐːsənɐ] *n.* 王座、玉座 [Sk.]

ಸಿಕ್ಕಟಿ ⟦sikkaṭi シッカティ⟧ [sikkə̆ʈi] *n.* [Ka. *sikku* + *kaṭṭi* D2497] (*My.* (*Kitt.*)) ☞ಸಿಕ್ಕಟಿಗೆ (sikkaṭige)

ಸಿಕ್ಕಟಿಗೆ ⟦sikkaṭige シッカティゲ⟧ [sikkə̆ʈige] ಸಿಕ್ಕಟಿ, ಸಿಕ್ಕಟ್ಟಿಗೆ, ಸಿಕ್ಕಣಿಗೆ *n.* (髪のもつれを取るための)目の粗い櫛(くし) [Ka. *sikku* + *kaṭṭige* D2497]

ಸಿಕ್ಕಟ್ಟಿಗೆ ⟦sikkaṭṭige シッカッティゲ⟧ [sikkə̆ʈʈige] *n.* [Ka. *D2497] ☞ಸಿಕ್ಕಟಿಗೆ (sikkaṭige)

ಸಿಕ್ಕಣಿಗೆ ⟦sikkaṇige シッカニゲ⟧ [sikkə̆ɳige] ⟪‡⟫ *n.* [Ka. *sikku* + *haṇige* D2497] (*My.* (*Kitt.*)) ☞ಸಿಕ್ಕಟ್ಟಿಗೆ (sikkaṭṭige)

ಸಿಕ್ಕಾಪಟ್ಟೆ ⟦sikkāpaṭṭe シッカーパッテ⟧ [sikkɐːpəʈʈe] ಸಿಕ್ಕಾಬಟ್ಟೆ *adv.* **1** 手当たり次第に、むちゃくちゃに ¶ ಅಣ್ಣ ಕೋಪದಲ್ಲಿ ಮನೆ ಸಾಮಾನು ಸಿಕ್ಕಾಪಟ್ಟೆ ಎಸೆದ. (aṇṇa kōpadalli mane sāmānu sikkāpaṭṭe eseda.) 兄は怒りに任せて家財道具を手当たり次第に投げつけた。 **2** ひどく ¶ ನನಗೆ ಸಿಕ್ಕಾಪಟ್ಟೆ ಹಸಿವೆ ಆಗಿದೆ. (nanage sikkāpaṭṭe hasive āgide.) 俺は腹がぺこぺこだ。 [Ka. *sikku* + ?]

ಸಿಕ್ಕಾಬಟ್ಟೆ ⟦sikkābaṭṭe シッカーバッテ⟧ [sikkɐːpəʈʈe] *adv.* ☞ಸಿಕ್ಕಾಪಟ್ಟೆ (sikkāpaṭṭe)

ಸಿಕ್ಕು ⟦sikku シック⟧ [sikku] ಸಿಗು, ಸುರ್ಕು, ಸಿಲುಕು, ಸಿಲ್ಕು *vi.* ⟪過去語幹 sikk-⟫ **1** 捕まる、(網などに)引っかかる **2** (糸や髪の毛が)もつれる **3** 手に入る **4** (探した結果、あるいは偶然に)見つかる、発見される ¶ ಮಗು ರಸ್ತೆಯಲ್ಲಿ ಸಿಕ್ಕಿದ. (magu rasteyalli sikkida.) 子どもは路上で見つかった。 **5** (人が)会う、出会う ¶ ಕಳ್ಳವರ್ತಕರು ತೋಟದಲ್ಲಿ ಸಿಕ್ಕಿ ಸರಕನ್ನು ವಿನಿಮಯಿಸುತ್ತಾರೆ. (kaḷḷavartakaru tōṭadalli sikki sarakannu vinimayisuttāre.) 密売者たちが公園で会って商品を交換している。 **6** (高い所などに)手が届く ¶ ಮಗುವಿನ ಕೈಗೆ ಸ್ವಿಚ್ ಸಿಕ್ಕುವದಿಲ್ಲ. (maguvina kaige svic sikkuvadilla.) 子どもの手にはスイッチは届かない。 **7** (手探りして手などに)当たる ¶ ಕತ್ತಲೆಯಲ್ಲಿ ತಡಕಾಡುತ್ತಿದ್ದಾಗ ಕೈಗೆ ಬಾಗಿಲು ಸಿಕ್ಕಿತು. (kattaleyalli taḍakāḍuttiddāga kaige bāgilu sikkitu.) 暗がりで手探りしていたら手が扉に触れた。 **8** (事件などに)巻き込まれる ¶ ವೀರಪ್ಪನ್ ಹಗರಣದಲ್ಲಿ ಅವನು ಸಿಕ್ಕಿಬಿದ್ದು ತೊಂದರೆಗೆ ಒಳಗಾದ. (vīrappan hagaraṇadalli avanu sikkibiddu toṃdarege oḷagāda.) 彼はヴィーラッパンの事件に巻き込まれてひどい目に遭った。 **—*n.*** **1** (糸や髪の毛の)もつれ **2** 〔喩〕紛糾、もつれ ¶ ಈ ಕೇಸಿನಲ್ಲಿ ತುಂಬ ಸಿಕ್ಕುಗಳು ಇವೆ. (ī kēsinalli tuṃba sikkugaḷu ive.) この件についてはいろいろ紛糾している。 [Ka. D2498]

ಸಿಕ್ಕಿಸು ⟦sikkisu シッキス⟧ [sikkisu] *vt.* **1** (入れ物に)無理矢理に詰め込む **2** 〈絵、紐などを〉留め金などにかける ¶ ಕೊಕ್ಕೆಗೆ ದಾರವನ್ನು ಸಿಕ್ಕಿಸು. (kokkege dāravannu sikkisu.) 留め金に紐をかけろ。 **3** 〈串などを〉刺す **4** (事件などに)巻き込む ¶ ಈ ಹಗರಣದಲ್ಲಿ ನಮ್ಮ ಅಧಿಕಾರಿ ನನ್ನನ್ನು ಸಿಕ್ಕಿಸಿದರು. (ī hagaraṇadalli namma adʰikāri nannannu sikkisidaru.) うちの長が私をこの事件に巻き込んだのだ。 [Ka. caus. D2498]

ಸಿಗಡಿ ⟦sigaḍi シガディ⟧ [sigə̆ɖi] *n.* (大型のものを除いて)海老 [Ka. D2605] ☞ಸೀಗಡಿ (sīgaḍi)

ಸಿಗರೇಟ್ ⟦sigarēṭ シガレート⟧ [sigə̆reːʈ] ಸುಗ್ಗರೇಟು *n.* 紙巻きタバコ [Eg. *cigarette*]

ಸಿಗಸು ⟦sigasu シガス⟧ [sigə̆su] ⟪‡⟫ *vt.* 裂かせる (*My.* (*Kitt.*)) [Ka. D2491]

ಸಿಗಿ ⟦sigi シギ⟧ [sigi] *vt.* 裂く、引き裂く [Ka. D2491]

ಸಿಗು ⟦sigu シグ⟧ [sigu] *vi.* ⟪過去語幹 sikk-⟫ **1** 捕まる、(網などに)引っかかる **2** 手に入る ☞ದೊರಕು (doraku) **3** (高い所などに)手が届く **4** (人々が互いに、あるいは、人が別の人と)会う [Ka. D2498] ☞ಸಿಕ್ಕು (sikku)

ಸಿಗಿಸು ⟦sigisu シギス⟧ [sigisu] ಸಿಗಸು *vt.* 裂かせる (*My.* (*Kitt.*)) [Ka. D2491]

ಸಿಗುರು ⟦siguru シグル⟧ [siguru] ಚಿವುರು, ಚೀರು, ಚೀಱು,

ಸಿಗುಱ್, ಸಿಗುಱು, ಸಿಬರು, ಸಿಬಿರು, ಸಿಬುರು, ಸಿಬುಱು, ಸಿವುಱು *n.* 1（木や竹や金属などの）細いひご 2 木の砕片、裂片 [Ka. D2600]

ಸಿಗುಳು ⟦siguḷu シグル⟧ [sigŭḷu] 《古》 *vt.* 裂く ―*n.* 1 竹などを細く割ったもの、ひご 2 木の皮、樹皮 [Ka. D2491]

ಸಿಗುಱ್ ⟦sigur̤ シグル⟧ [sigur̤] 《古》 *n.* 1（木や竹や金属などの）細片 2 木の皮 3 竹などを細く割ったもの、ひご [Ka. D2491, D2600] ☞ಸಿಗುರು (siguru)

ಸಿಗುಱು ⟦sigur̤u シグル⟧ [sigur̤u] 《古》 *n.* 1（木や竹や金属などの）細片 2 木の皮 3 竹などを細く割ったもの、ひご [Ka. D2491, D2600] ☞ಸಿಗುರು (siguru)

ಸಿಗ್ಗಾಳಿ ⟦siggāḷi シッガーリ⟧ [siggɐːḷi] *mf.* 内気な人、恥じらいの気持ちが強い人 [*siggu* + *-āḷi* D2500]

ಸಿಗ್ಗು ⟦siggu シッグ⟧ [siggu] *n.* 1 恥じらい、内気 2 恥、顔をつぶすこと ¶ ಅಳಿಯ ಮಾವನ ಮನೆಗೆ ಹೋಗಿ ಸಿಗ್ಗಾಗಿ ಬಂದ. (aḷiya māvana manege hōgi siggāgi baṃda.) 婿は義父の家へ行って顔をつぶして帰ってきた。[Ka. D2500]

ಸಿಟ್ಟು ⟦siṭṭu シットゥ⟧ [siʈʈu] *n.* 怒り、腹立ち、憤慨 [Ka. D2639]

ಸಿಟ್ಟುಸಿಡುಕು ⟦siṭṭusiḍuku シットゥシドゥク⟧ [siʈʈusiɖŭku] *n.* 怒りやいらいら [+ *siḍuku* *D2758]

ಸಿಡಿ[1] ⟦siḍi シディ⟧ [siɖi] *vi.* 1 跳び上がる、飛び起きる、跳ね起きる ¶ ದೂರವಾಣಿ ಘಂಟೆ ಆದಾಗ ಅಮ್ಮ ಸಿಡಿದು ಓಡಿದರು. (dūravāṇi gʰaṃṭe ādāga amma siḍidu ōḍidaru.) 電話が鳴った時母は跳ね起きて電話機の方に走った。 2 爆発する、（種嚢などが）はじける 3 怒りが爆発する、激怒する ¶ ಮಗ ಮುಸ್ಲಿಮ್ ಹುಡುಗಿಯನ್ನು ಮದುವೆ ಮಾಡಿಕೊಂಡ ಸುದ್ದಿ ಕೇಳಿ ಅಪ್ಪ ಸಿಡಿದ. (maga muslim huḍugiyannu maduve māḍikoṃḍa suddi kēḷi appa siḍida.) 息子がムスリムの娘と結婚したという知らせを聞いて父は激怒した。[Ka. D2758]

ಸಿಡಿಸು ⟦siḍisu シディス⟧ [siɖisu] *vt.* 《*caus.*》 1〈しぶきを〉あげる 2〈水などを〉振りまく [Ka. D2758]

ಸಿಡಿ[2] ⟦siḍi シディ⟧ [siɖi] 《古》 *n.* 鉤(かぎ)付き装置（鉤柱の上に長い竿が付き、その竿の一方に願をかけた男性が鉤で吊るされ、空中高く上げられてぐるぐる回される装置）[Ka. D2761]

ಸಿಡಿತ ⟦siḍita シディタ⟧ [siɖitɐ] *n.* 爆発、はじけること [*siḍi*[1] D2758 + *-ta*]

ಸಿಡಿಮದ್ದು ⟦siḍimaddu シディマッドゥ⟧ [siɖiməddu] *n.* 爆発物、火薬 [*siḍi*[1] + *maddu*]

ಸಿಡಿಮಿಡಿ ⟦siḍimiḍi シディミディ⟧ [siɖimiɖi] *n.* 怒ったり苛立ったりすること ¶ ಅತ್ತೆ ನನ್ನ ಮೇಲೆ ಸಿಡಿಮಿಡಿ ಮಾಡುತ್ತಾರೆ. (atte nanna mēle siḍimiḍi māḍuttāre.) 姑は私の何についても苛立っている。[Ka. *siḍi*[1] + *miḍi* (echo)]

ಸಿಡಿಮಿಡಿಗೊಳ್ಳು ⟦siḍimiḍigoḷḷu シディミディゴッル⟧ [siɖi miɖigoḷḷu] *vi.* ぷりぷりする、怒ったり苛立ったりする [*siḍimiḍi* + *koḷḷu*]

ಸಿಡಿಲು ⟦siḍilu シディル⟧ [siɖĭlu] *n.* 雷、いかずち [Ka. D2759]

ಸಿಡುಂಬು ⟦siḍuṃbu シドゥンブ⟧ [siɖumbu] ಸಿಡಿಂಬ, ಸಿಡಿಬು, ಸಿಱುಂಬು 《古》 *n.* 1 木の茂み 2 刺のある木 [Ka. D1941]

ಸಿಡುಂಬೆ ⟦siḍuṃbe シドゥンベ⟧ [siɖumbe] 《‡》 *n.* 木の茂み (*Čt.II,35* (*Kitt.*)) [Ka. D1941]

ಸಿಡುಕ ⟦siḍuka シドゥカ⟧ [siɖŭkɐ] *m.* 《*f.* ಸಿಡುಕಿ (siḍuki)》怒りっぽい人、いつもいらいらしている人 [*siḍi* + *-ka*]

ಸಿಡುಕು ⟦siḍuku シドゥク⟧ [siɖuku] *vi.* いらいらする、苛立つ、ぷりぷりする ―*n.* 短気、気短か、怒りっぽいこと ¶ ಅತ್ತೆ ಸೊಸೆಯ ಮೇಲೆ ಯಾವಾಗಲೂ ಸಿಡುಕುತ್ತಾಳೆ. (atte soseya mēle yāvāgalū siḍukuttāḷe.) 姑はいつも嫁に対してかっとなる。¶ ವಯಸ್ಸು ಆದ ಕಾರಣ ಅಜ್ಜನಿಗೆ ಸಿಡುಕು ಬಂದಿದೆ. (vayassu āda kāraṇa ajjanige siḍuku baṃdide.) 祖父は老齢のため怒りっぽくなっている。[*siḍi* D2758 + *-ku*]

ಸಿಡುಗುಟ್ಟು ⟦siḍuguṭṭu シドゥグットゥ⟧ [suɖuguʈʈu] *vi.* ぷりぷりする、いきりたつ、短気である ¶ ಅವಳು ಮಾತುಮಾತಿಗೂ ಸಿಡುಗುಟ್ಟುತ್ತಾಳೆ. (avaḷu mātumātigū siḍuguṭṭuttāḷe.) あの女はちょっとしたことでぷりぷりする。[Ka. *siḍi* + *kuṭṭu*]

ಸಿಡುಬು ⟦siḍubu シドゥブ⟧ [siɖubu] *n.* 天然痘 ಅಮ್ಮ, ಮೈಲಿಬೇನೆ (amma, mailibēne) [Ka. *siḍi*[1]? + *-bu*]

ಸಿಡೆ ⟦siḍe シデ⟧ [siɖe] 《‡》 *vi.*（体などが）硬直する、（毛髪が寒さなどで）立つ (*My.* (*Kitt.*)) [Ka. D2613]

ಸಿದ್ಧ ⟦siddʰa シッダ⟧ [siddʰɐ] *adj.* 1 準備ができた、用意が整った 2 完成した、出来上がった ―*m.* 《*f.* *ಸಿದ್ಧಳು (siddʰaḷu)》聖人、聖者 [Sk.]

ಸಿದ್ಧಗೊಳಿಸು ⟦siddʰagoḷisu シッダゴリス⟧ [siddʰəgoḷisu] 《文》 *vt.* 1〈家などを〉（結婚式などに）準備する、整える 2〈食事などを〉準備する [+ *koḷisu*]

ಸಿದ್ಧತೆ ⟦siddʰate シッダテ⟧ [siddʰəte] 《文》 *n.* 準備、用意、支度 [Sk.]

ಸಿದ್ಧವಸ್ತು ⟦siddʰavastu シッダヴァストゥ⟧ [siddʰəvəstu] 《文》 *n.* 完成品 [Sk.]

ಸಿದ್ಧಹಸ್ತ ⟦siddʰahasta シッダハスタ⟧ [siddʰəhəstɐ] 《文》 *adj., m.* 《*f.* ಸಿದ್ಧಹಸ್ತಳು (siddʰahastaḷu)》熟練した〈者〉、熟達した〈者〉[Sk.]

ಸಿದ್ಧಾಂತ ⟦siddʰāṃta シッダーンタ⟧ [siddʰɐːntɐ] *n.* 1 論理的な結論 2 証明された事実 3 説、学説 [Sk.]

ಸಿದ್ಧಾಂತಿ ⟦siddʰāṃti シッダーンティ⟧ [siddʰɐːnti] *mf.* 1 新しい学説をたてた人 2 占星術師 [Sk.]

ಸಿದ್ಧಿ ⟦siddʰi シッディ⟧ [siddʰi] *n.* 1 業績、成就 2 超自然的な力 [Sk.]

ಸಿದ್ಧಿಸು ⟦siddʰisu シッディス⟧ [siddʰisu] 《文》 *vi.* 1 成就する、完成する ¶ ಅಮೆರಿಕಾಕ್ಕೆ ಹೋಗಿ ಓದಬೇಕೆಂಬ ತಮ್ಮನ ಮನೋರಥ ಸಿದ್ಧಿಸಿತು. (amerikākke hōgi ōdabēkeṃba tammana manōratʰa siddʰisitu.) アメリカへ行きたいという弟の望みはかなえられた。 2 熟達する ¶ ಅವನಿಗೆ ಚಿತ್ರಕಲೆ ಸಿದ್ಧಿಸಿದೆ. (avanige citrakale siddʰiside.) 彼は絵に熟達している。 3 成功する ¶ ಊರಿಗೆ ಹೋದ ಕೆಲಸ ಸಿದ್ಧಿಸಿತು. (ūrige hōda kelasa siddʰisitu.) 帰省の目的は達した。 —*vt.* 成就する ¶ ಅಪ್ಪ ಕಷ್ಟಪಟ್ಟು ಶ್ರೀಮಂತಿಕೆ-ಯನ್ನು ಸಿದ್ಧಿಸಿಕೊಂಡರು. (appa kaṣṭapaṭṭu śrīmaṃtikeyannu siddʰisikoṃḍaru.) 父は骨を折って富を築いた。[Sk.]

ಸಿನಿಮಾ ⟦sinimā シニマー⟧ [sinimɐ:] ಸಿನೆಮಾ *n.* 映画 [Eg. *cinema*] = ಚಲಚಿತ್ರ (calacitra)

ಸಿನಿಮೀಯ ⟦sinimīya シニミーヤ⟧ [sinimi:jɐ] 《文》 *adj.* 映画的な、映画のような ¶ ಸಿನಿಮೀಯ ರೀತಿಯಲ್ಲಿ ದರೋಡೆ ನಡೆಯಿತು. (sinimīya rītiyalli darōḍe naḍeyitu.) 強奪は映画のようなやり方で行われた。[Eg. *cinema* + *-īya*]

ಸಿನುಗು ⟦sinugu シヌグ⟧ [sinugu] 《古》 *n.* 悪臭 [<?] = ಸಿಂಡು (siṃḍu)

ಸಿನೆಮಾ ⟦sinemā シネマー⟧ [sinemɐ:] *n.* 映画 [Eg. *cinema*] = ಚಲಚಿತ್ರ (calacitra) ☞ಸಿನಿಮಾ (sinimā)

ಸಿನ್ಕು ⟦sinku シンク⟧ [sinku] 《方》 *vi.* 霧雨や小糠雨が降る [Ka. D2520] (Nanj.)

ಸಿಪಾಯಿ ⟦sipāyi シパーイ⟧ [sipɐ:ji] *m.* 1 兵士 2 巡査 [Pe. *sipāhī*]

ಸಿಪ್ಪಿಗ ⟦sippiga シッピガ⟧ [sippigɐ] ಚಿಂಪಿಗ, ಚಿಪ್ಪಿಗ, ಶಿಂಪಿಗ, ಸಿಂಪಿಗ *m.* 《*f.* *ಸಿಪ್ಪಿಗಿತಿ (sippigiti)》仕立て屋 [Sk. *sippia-* < **śilpika-*] = ಟೇಲರ್ (ṭēlar) 〔口〕

ಸಿಪ್ಪು ⟦sippu シップ⟧ [sippu] ಚಿಂಪಿ, ಚಿಂಪು, ಚಿಂಪೆ, ಚಿಪ್ಪು, ಸಿಂಪಿ, ಸಿಂಪು, ಸಿಂಪೆ, ಸಿಪ್ರ್ *n.* 1 貝殻 2 ココナツ(ココヤシの実)の殻 3 頭蓋骨 4 真珠貝 [Ka. D2535]

ಸಿಪ್ಪೆ¹ ⟦sippe シッペ⟧ [sippe] *n.* 樹皮、(穀物の)籾 [<?]

ಸಿಪ್ಪೆ² ⟦sippe シッペ⟧ [sippe] 《方》 *n.* バナナの実の房の(実が櫛状に並んだ) 1 列 [Ka. D1610] (Coorg)

ಸಿಫಾರಸು ⟦sipʰārasu シパーラス⟧ [sipʰɐ:rəsu] *n.* ☞ಶಿಫಾರಸ್ಸು (śipʰārassu)

ಸಿಫಾರಸ್ಸು ⟦sipʰārassu シパーラッス⟧ [sipʰɐ:rəssu] ಶಿಪಾರಸ್ಸು, ಶಿಫಾರಸ್, ಶಿಫಾರಸ್, ಶಿಫಾರ್ಸು, ಸಿಪಾರಸು *n.* 1 推薦 2 (求職先への有力者の)推薦 [Pe. *sifāriš*]

ಸಿಬರು ⟦sibaru シバル⟧ [sibə̆ru] ಚಿವುರು, ಚೀರು, ಚೀಱು, ಸಿಗುರು, ಸಿಗುಱ್, ಸಿಗುಱು, ಸಿಬಿರು, ಸಿಬುರು, ಸಿಬುಱು, ಸಿವುಱು *n.* 1 木などの小片、砕片、裂片 2 竹などのひご、竹などを細く長く裂いたもの [Ka. D2491, D2600]

ಸಿಬಱು ⟦sibaṟu シバル⟧ [sibə̆ṟu] 《古》 *n.* 1 木などの小片、砕片、裂片 2 竹などのひご、竹などを細く長く裂いたもの [Ka. D2491, D2600]

ಸಿಬಿಕೆ ⟦sibike シビケ⟧ [sibike] 《文》 *n.* (人を担ぐ)駕籠 [Sk.] ☞ಸಿಬಿಗೆ (sibige)

ಸಿಬ್ಬ ⟦sibba シッバ⟧ [sibbɐ] 《方》 *n.* (体の)あざ [Ka. D2536] ☞ಚಿಬ್ಬ (cibba)

ಸಿಬ್ಬು ⟦sibbu シッブ⟧ [sibbu] 《方》 *n.* 皮膚にできる赤や黒や白のあざ [Ka. D2536] ☞ಚಿಬ್ಬು (cibbu) 〔汎〕

ಸಿಬ್ಬೆ ⟦sibbe シッベ⟧ [sibbe] 《方》 *n.* 皮膚にできる赤や黒や白のあざ [Ka. D2536] ☞ಚಿಬ್ಬ (cibba) 〔汎〕

ಸಿಬ್ಬಂದಿ ⟦sibbaṃdi シッバンディ⟧ [sibbəndi] 《‡》 *mf.* (乗り物の)乗組員、(事務所の)職員

ಸಿಬ್ಬಂದಿ ಅಧಿಕಾರಿ ⟦sibbaṃdi adʰikāri シッバンディアディカーリ⟧ [sibbəndi adʰikɐ:ri] *mf.* 人事課の課長 [Sk.]

ಸಿಬ್ಬು ⟦sibbu シッブ⟧ [sibbu] 《方》 *n.* 体にできる斑点、あざ [Ka. D2536] ☞ಚಿಬ್ಬ (cibba)

ಸಿಮ್ಮಡಿಸು ⟦simmaḍisu シンマディス⟧ [simməḍ̆isu] 《‡》 *vt.* 〈水などを〉振りまく (*Čb.152 (Kitt.)*) =ಸಿಂಪಡಿಸು (siṃpaḍisu) 〔汎〕 [Ka. D2548]

ಸಿಯ್ಯನೆ ⟦siyyane シイヤネ⟧ [siɪ̆jə̆ne] 《古》 *adv.* 耳に心地よい声で、甘く [Ka. D3268] = ಸೀಯನೆ (sīyane)

ಸಿರಿ¹ ⟦siri シリ⟧ [siri] 《方》 *vi.* 微笑む (*Coorg, LSB 6.13-18*) [Ka. D1562]

ಸಿರಿ² ⟦siri シリ⟧ [siri] *n.* 1 富、財産、金銭 2 美貌 3 繁栄、富裕 —*f.* 美と富の女神 [Sk. *śrī*]

ಸಿರಿವಂತ ⟦sirivaṃta シリヴァンタ⟧ [sirivəntɐ] *adj.*, *m.* 《*f.* ಸಿರಿವಂತೆ (sirivaṃte)》金持ち〈な〉、金満家〈の〉[Sk.]

ಸಿರಿವಂತಿಕೆ ⟦sirivaṃtike シリヴァンティケ⟧ [sirivəntike] *n.* 裕福、富裕、豊かさ [*sirivaṃta* + *-ike*]

ಸಿರ್ಕು ⟦sirku シルク⟧ [sirku] 《古》 *vi.*, *n.* [Ka. D2498] ☞ಸಿಲ್ಕು (silku)

ಸಿಲಿಕು ⟦siliku シリク⟧ [silɪ̆ku] 《‡》 *vi.* [Ka. D2498] (*Bp.42,31 (Kitt./DEDR)*) ☞ಸಿಕ್ಕು (sikku)

ಸಿಲುಕು ⟦siluku シルク⟧ [silŭku] 《古》 *vi.* [Ka. D2498, D2567] ☞ಸಿಕ್ಕು (sikku)

ಸಿಲುಬೆ ⟦silube シルベ⟧ [silŭbe] ಶಿಲುಬೆ *n.* 十字架 [Syr. *šlîbo*]

ಸಿಲ್ಕು¹ ⟦silku シルク⟧ [silku] ಸಿಗು, ಸಿರ್ಕು, ಸಿಲುಕು 《古》 *vi.* 《過去語幹 sikk-》 1 捕まる、(網などに) 引っかかる 2 (糸や髪の毛が)もつれる 3 手に入る 4 見つかる、発見される 5 (複数の人が)会う、(人が人に)会う 6 手が届く 7 (事件などに)巻き込まれる —*n.* 1 (糸や髪の毛の) もつれ 2 〔喩〕紛糾、ごたごた [Ka. D2498]

ಸಿಲ್ಕು² ⟦silku シルク⟧ [silku] 《希》 *n.* 1 扉が勝手に開かれないようにする鎖 2 《方》 鉄製のかんぬき (Coorg) [Ka. D2561] ☞ಸಿಲ್ಕ (silka)

ಸಿಲ್ಕು³ ⟦silku シルク⟧ [silku] ಶಿಲ್ಕು *n.* (使用後や支出後の) 残り、残余 [M. *śilakā* ←? cf. Ka. *cillaṟa* Ta. *cillaṟai*]

ಸಿಲ್ಪಿ ⟦silpi シルピ⟧ [silpi] ಶಿಲ್ಪಿ ಸಿಲುಪಿ 《方》 *n.* 口笛 [<?] (My. (Kitt.))

ಸಿಲ್ಬು ⟦silbu シルブ⟧ [silbu] 《方》 *vt.* 〈牛乳を〉かき混ぜる [Ka. D2570] (Nanj.)

ಸಿವಂಗಿ ⟦sivaṃgi シヴァンギ⟧ [sivəŋgi] ಶಿವಂಗಿ, ಸಿವ್ವಂಗಿ 《古》 *n.* ハイエナ [Ka. D2579]

ಸಿವಡಿ[1] 〚sivaḍi シヴァディ〛 [sivə̆ḍi] *n.* **1** (頭の上に荷物を載せる時に頭に載せる) 円形の下敷き **2** (野菜などの) 束 [Ka. D2677] = ಸಿವುಡು (sivuḍu)

ಸಿವಡಿ[2] 〚sivaḍi シヴァディ〛 [sivə̆ḍi] 《古》 *n.* 会計簿 [<?]

ಸಿವಡು 〚sivaḍu シヴァドゥ〛 [sivə̆ḍu] *n.* (野菜などの) 束 [Ka. D2677] = ಸಿವುಡು (sivuḍu)

ಸಿವಱು 〚sivaṟu シヴァル〛 [sivə̆ṟu] 《‡》 *n.* **1** 木の砕片、裂片 **2** 木の皮、樹皮 (*My.* (*Kitt.*)) [Ka. D2491, D2600]

ಸಿವಾಯಿ 〚sivāyi シヴァーイ〛 [ʃivɐːĭ] ಶಿವಾಯಿ, ಶಿವಾಯ *postp.* …以外、…を除いて ¶ ತಂಗಿಯ ಸಿವಾಯಿ ಎಲ್ಲರೂ ಹೊರಟರು. (taṃgiya sivāyi ellarū horaṭaru.) 妹以外全員が出発した。 [Ar.-Pe. *siwwā*] (NK)

ಸಿವಿಗೆ 〚sivige シヴィゲ〛 [sivige] ಶಿವಿಗೆ, ಸಿಬಿಕೆ, ಸಿಬುಕ, ಸಿವಿಕೆ 《文》 *n.* (人を担いで運ぶ) 駕籠(かご) [Sk. *śibikā-* <? M3.339]

ಸಿವುಡು 〚sivuḍu シヴドゥ〛 [sivŭḍu] ಸಿವಡಿ[1], ಸಿವಡು, ಸಿವುಡಿ *n.* **1** 壺の下に敷くための輪(藁や蔦を巻いて作る) **2** (干し草や薪などの) 束 ☞ಸಿಂಬಿ (siṃbi) [Ka. D2677]

ಸಿವುಱು[1] 〚sivuṟu シヴル〛 [sivŭṟu] 《‡》 *n.* 砕片、裂片 (*My.* (*Kitt.*)) [Ka. D2491, D2600]

ಸಿವುಱು[2] 〚sivuṟu シヴル〛 [sivŭṟu] 《古》 *n.* **1** サトウキビなどの皮 **2** 竹などのひご [Ka. D2600, DED(S,N) D2149]

ಸಿವುಱು[3] 〚sivuṟu シヴル〛 [sivŭṟu] 《古》 *vt.* 〈皮膚などを〉引っ掻く [Ka. D2601] ☞ಚಿವರು (civaru)

ಸಿಸ್ತು 〚sistu シストゥ〛 [sistu] *n.* [Pe. *šist*] ☞ಶಿಸ್ತು (śistu)

ಸಿಹಿ 〚sihi シヒ〛 [sihi] (*n.*) **1** 甘い〈こと〉 **2** 〔喩〕(耳や目に) 心地よい〈こと〉 **—*n.*** **1** 菓子 **2** 甘い食べ物 ¶ ಅಪ್ಪ ಸಿಹಿಮೂತ್ರ ರೋಗದಿಂದಾಗಿ ಸಿಹಿ ತಿನ್ನುವುದಿಲ್ಲ. (appa sihimūtra rōgadiṃdāgi sihi tinnuvudilla.) 父は糖尿病のために甘いものを食べない。 [Ka. D3268]

ಸಿಹಿಮೂತ್ರರೋಗ 〚sihimūtrarōga シヒムートラローガ〛 [sihimuːtrəroːgɐ] *n.* 糖尿病 [*sihi* + *mūtra* + *rōga*]

ಸಿಳ್ಳು 〚siḷḷu シッル〛 [siḷḷu] *n.* 口笛、口に指を２本入れてぴいっと鳴らすこと ◇ *vi.* —ಹಾಕು (hāku) 口笛を鳴らす [Ka. D2638] = ಸೀಟಿ (sīṭi)

ಸೀಂಟು 〚sīṃṭu シーントゥ〛 [siːnṭu] 《古》 *vt.* 拭き取る [Ka. D3273] (*Pb.12.74.V*) = ಒರಸು, ಉಜ್ಜು (orasu, ujju) ☞ಸೀಟು (sīṭu)

ಸೀ[1] 〚sī シー〛 [siː] *vi.* 《過去語幹sīt-, sīd-》 焦げる、焼ける **—*n.*** 焦げた状態、焼け焦げたこと [Ka. D3266]

ಸೀ[2] 〚sī シー〛 [siː] 《口》 (*n.*) 甘い〈こと〉 [Ka. D3268]

ಸೀಕರಣೆ 〚sīkaraṇe シーカラネ〛 [siːkərə̆ṇe] *n.* マンゴーやバナナを牛乳と砂糖で固めて丸めた菓子 [*sihi*[2] + *karaṇe* <?]

ಸೀಕರಿ 〚sīkari シーカリ〛 [siːkə̆ri] (*n.*) 焦げた〈こと〉、焼け焦げた〈こと〉 [Ka. *sī*[1] D3266 + *kari* D1395]

ಸೀಕಲು 〚sīkalu シーカル〛 [siːkə̆lu] (*n.*) 焦げた〈こと〉、焼け焦げた〈こと〉 ¶ ಈ ಸೀಕಲು ರೊಟ್ಟಿಯನ್ನು ತಿನ್ನಲು ಸಾಧ್ಯವಿಲ್ಲ. (ī sīkalu roṭṭiyannu tinnalu sādʰyavilla.) こんな焦げたパンは食べられない。 [Ka. *sī* D3266 + *-kalu*]

ಸೀಕು 〚sīku シーク〛 [siːku] (*n.*) 焼け焦げた〈こと〉 [Ka. *sī* D3266 + *-ku*] ☞ಕರಿಕು (kariku)

ಸೀಗಡಿ 〚sīgaḍi シーガディ〛 [siːgə̆ḍi] ಸೀಗುಡಿ, ಸಿಗಡಿ *n.* 海老 [Ka. D2605]

ಸೀಗುಡಿ[1] 〚sīguḍi シーグディ〛 [siːgŭḍi] 《古》 *n.* (ヤクの尻尾の毛で作った) ものを払う道具の一種 [Ka. D2580] ☞ಸೀಗುರಿ (sīguri)

ಸೀಗುಡಿ[2] 〚sīguḍi シーグディ〛 [siːgŭḍi] *n.* [Ka. D2605] ☞ಸೀಗಡಿ (sīgaḍi)

ಸೀಗುರಿ 〚sīguri シーグリ〛 [siːgŭri] 《古》 *n.* (宮廷などで用いられた) ヤクの尻尾で作った扇 [⇒図] [Ka. D2580]

ಸೀಗುರಿ
ヤク扇

ಸೀಗೆ 〚sīge シーゲ〛 [siːge] *n.* 刺のあるつる草の一種 (その実を粉にして髪の毛を洗う洗剤として用いる、ネムノキ科アカシア属) ⇀ 洗 [Ka. D2607(a)] *[IMP 1.34]

ಸೀಟ್ 〚sīṭ シート〛 [siːṭ] ಸೀಟು *n.* **1** 座席、座る場所、座るように割り当てられた席 **2** 入学の権利、就職の権利 ¶ ಮಗನಿಗೆ ಇಂಜಿನಿಯರಿಂಗಿಗೆ ಸೀಟ್ ಸಿಕ್ಕಿತು. (maganige iṃjiniyariṃgige sīṭ sikkitu.) 息子は工学科に入学を許可された。 [Eg. *seat*]

ಸೀಟು 〚sīṭu シートゥ〛 [siːṭu] ಸೀಂಟು *vi.* 拭く、拭き取る [Ka. D3273]

ಸೀತ 〚sīta シータ〛 [siːtɐ] 《異》 *n.* **1** 寒いこと、冷たいこと ¶ ಸೀತವೂ ಸೆಕೆಯೂ ಇಲ್ಲದರಿಂದ ಬೆಂಗಳೂರಿಗೆ ವಾತಾನುಕೂಲ ನಗರ ಎಂಬ ಹೆಸರು ಇದೆ. (sītavū sekeyū illadariṃda beṃgaḷūrige vātānukūla nagara eṃba hesaru ide.) ベンガルールは熱くも寒くもないので「空調都市」という名がある。 **2** 涼しいこと、清涼 [Sk. *śīta-*] = ಶೀತ (śīta)

ಸೀತಱ್ 〚sītaṟ シータル〛 [siːtəṟ] 《古》 *n.* **1** 怒り **2** 恐れ、恐怖 [Ka. D2615]

ಸೀತಾಫಲ 〚sītāpʰala シーターパラ〛 [siːtɐːpʰəlɐ] *n.* バンレイシ (蕃茘枝、亀の甲のような緑の果皮をもち、クリーム状の果肉を持った種が多い果物、バンレイシ科バンレイシ属、別名釈迦頭(しゃかとう)) ⇀ 食 [⇒図] [Sk.] *[IMP 1.161]

ಸೀದಾ 〚sīdā シーダー〛 [siːdɐː] (*adj.*) **1** まっすぐ〈な〉 **2** 直接〈の〉 **3** 率直〈な〉、腹蔵ない〈こと〉 ¶ ಪೊಲೀಸ್ ಕೇಳಿದಾಗ ಕಳ್ಳ ಸೀದಾ ಉತ್ತರ ಕೊಡಲಿಲ್ಲ. (polīs kēḷidāga kaḷḷa sīdā uttara koḍalilla.) 警察の質問に対して盗人は率直に答えなかった。 **—*adv.*** まっすぐに ¶ ನಾನು ಸುಧಾಕರನಿಗೆ ಬರಬೇಡ ಎಂದು ಸೀದಾ ಹೇಳಿದೆ. (nānu sudʰākaranige barabēḍa eṃdu sīdā hēḷide.) 私はスダーカラに来ないでくれとはっきり言った。 [H. *sīdʰā*]

ಸೀತಾಫಲ
バンレイシ

ಸೀನ್ ⟦sīn シーン⟧ [si:n] 《古》 *vi.* 《過去語幹 sīnt-, sīnd-》くしゃみする **—*n.*** くしゃみ [Ka. D2618]

ಸೀನು ⟦sīnu シーヌ⟧ [si:nu] *vi.* 《過去語幹 sīt-》くしゃみする **—*n.*** くしゃみ [Ka. D2618]

ಸೀಪು ⟦sīpu シープ⟧ [si:pu] *vt.* 吸う [Ka. D2621(a)] ☞ಚೀಪು (cīpu)

ಸೀಬು ⟦sību シーブ⟧ [si:bu] *n.* **1** 木などの砕片、裂片 **2** 竹などのひご、竹などを割って細くしたもの [Ka. D2491]

ಸೀಬೆ ⟦sībe シーベ⟧ [si:be] *n.* グアバの木またはその実(フトモモ科バンジロウ属の小木) ⇀ 食 [<?]

ಸೀಬೆಹಣ್ಣು ⟦sībehaṇṇu シーベハンヌ⟧ [si:behaɳɳu] *n.* グアバの実 [+ *haṇṇu*]

ಸೀಮಂತ ⟦sīmaṃta シーマンタ⟧ [si:mɘntɐ] *n.* **1** 《文》女性の髪の分け目 = ಬೈತಲೆ (baitale) **2** 妊娠7か月目に髪の分け際に紅い色を塗る式 [Sk.]

ಸೀಮಂತಿನಿ ⟦sīmaṃtini シーマンティニ⟧ [si:mɘntini] 《文》 *n.* **1** 髪を分けた女性 **2** 夫の生きている女性 = ಮುತ್ತೈದೆ (muttaide) [Sk.]

ಸೀಮಾರೇಖೆ ⟦sīmārēkʰe シーマーレーケ⟧ [si:mɐ:re:kʰe] *n.* 境界線 [Sk.]

ಸೀಮಿತ ⟦sīmita シーミタ⟧ [si:mitɐ] 《文》 (*n.*) 限られた〈こと〉、限りのある〈こと〉、有限〈の〉¶ ಅವಳ ಬುದ್ಧಿ ಮನೆಕೆಲಸಕ್ಕೆ ಸೀಮಿತವಾಗಿದೆ. (avaḷa buddʰi manekelasakke sīmitavāgide.) 彼女の知恵は家事の域を出ない。 [Sk.]

ಸೀಮಿತಗೊಳಿಸು ⟦sīmitagoḷisu シーミタゴリス⟧ [si:mitəgoḷisu] *vt.* **1** 制限する、〈権限などを〉削減する ¶ ಸರಕಾರ ನಗರಸಭಾಧ್ಯಕ್ಷರ ಅಧಿಕಾರವನ್ನು ಸೀಮಿತಗೊಳಿಸಿತು. (sarakāra nagarasabʰādʰyakṣara adʰikāravannu sīmitagoḷisitu.) 政府は市会の権限を削減した。 **2** 〈ある人の〉行動範囲を制限する ¶ ಬ್ರಿಟಿಶರು ಕೆಲವು ರಾಜಕೀಯ ವ್ಯಕ್ತಿಗಳನ್ನು ಮನೆಗೆ ಸೀಮಿತಗೊಳಿಸುತ್ತಿದ್ದರು. (briṭiśaru kelavu rājakīya vyaktigaḷannu manege sīmitagoḷisuttiddaru.) イギリス人は何人かの政治家を自宅監禁した。 [+ *-koḷisu*]

ಸೀಮೆ ⟦sīme シーメ⟧ [si:me] *n.* **1** 境、境界 **2** 地方、地域 ¶ ಅರಸ ಮುಖ್ಯವಾದ ಸೀಮೆಗಳನ್ನು ವೈರಿಗೆ ಕೊಡಬೇಕಾಯಿತು. (arasa mukʰyavāda sīmegaḷannu vairige koḍabēkāyitu.) 王は敵に重要な諸地方を渡さなければならなかった。 **3** 外国、よその国 ¶ ಸೀಮೆ ಅಕ್ಕಿ (sīme akki) 元来は外国産のごく小粒の米 [Sk.]

ಸೀಮೆ ಎಣ್ಣೆ ⟦sīme eṇṇe シーメエンネ⟧ [si:mejeɳɳe] *n.* 灯油 [*sīme* + *eṇṇe*]

ಸೀಮೆಸುಣ್ಣ ⟦sīmesuṇṇa シーメスンナ⟧ [si:mesuɳɳɐ] *n.* 白墨 [*sīme* + *suṇṇa*]

ಸೀಯಾಳ ⟦sīyāḷa シーヤーラ⟧ [si:ja:ɭɐ] 《方》 *n.* 未熟のココヤシ(果汁が飲料となる)(*SK.*) [Ka. D3268]

ಸೀಯಿ ⟦sīyi シーイ⟧ [si:ji] 《‡》 (*n.*) 甘い〈こと〉(*Si.124 (Kitt.)*) [Ka. D3268]

ಸೀಯು ⟦sīyu シーユ⟧ [si:ju] *vi.* 《過去語幹 sīd-》焼ける、焦げる [Ka. D3266] = ಬೇಯು, ಸುಡು (bēyu, suḍu)

ಸೀರ್ ⟦sīr シール⟧ [si:r] ಸೀಱು 《古》 *n.* シラミの卵 [Ka. D2625]

ಸೀರು ⟦sīru シール⟧ [si:ru] *n.* シラミの卵 **—*vt.*** (頭から)櫛でシラミの卵を梳き取る [Ka. *D2625]

ಸೀರಣಿಗೆ ⟦sīraṇige シーラニゲ⟧ [si:rəɳige] *n.* シラミやその卵をすき取る櫛 [⇒図] [Ka. *sīru* + *haṇige*「櫛」D2625]

ಸೀರಣಿಗೆ シラミ櫛

ಸೀರೆ ⟦sīre シーレ⟧ [si:re] *n.* **1** サーリー **2** (縫製していない)衣類(一般) [Ka. D2629]

ಸೀರ್ಪಣಿ ⟦sīrpani シールパニ⟧ [si:rpəni] ಸೀರ್ವಣಿ *n.* 水しぶき [*sīru* + *pani*「しずく」D2640]

ಸೀರ್ವಣಿ ⟦sīrvani シールヴァニ⟧ [si:rvəni] *n.* 水しぶき [*sīru* + *pani*「しずく」D2640]

ಸೀಱು[1] ⟦sīṟu シール⟧ [si:ṟu] 《古》 *vi.* 怒る、腹を立てる [Ka. D2639]

ಸೀಱು[2] ⟦sīṟu シール⟧ [si:ṟu] 《古》 *vi.* (水滴などが)散らばる [Ka. D2640]

ಸೀಱುಂಬುಳ್ ⟦sīṟumbuḷ シールンブル⟧ [si:ṟumbuɭ] ಸೀಱುಂಬಳ್, ಸೀಱುಂಬಾಳು, ಸೀಱುಂಬುಳು 《古》 (*n.*) (水滴などが)散らばっている〈こと〉、散乱している〈こと〉 [Ka. D2640]

ಸೀಱುಡು ⟦sīṟuḍu シールドゥ⟧ [si:ṟuɖu] 《古》 *n.* コオロギ [<?]

ಸೀವರಿಸು ⟦sīvarisu シーヴァリス⟧ [si:vərĭsu] 《古》 *vi.* **1** 大声で叫ぶ **2** 嫌悪を表す [Ka. D2639, cf. *cītkarisu*]

ಸೀವಱಿಸು ⟦sīvaṟisu シーヴァリス⟧ [si:vəṟĭsu] 《‡》 *vi.* [Ka. D2639] (*Kitt.*) ☞ಸೀವರಿಸು (sīvarisu)

ಸೀಸ[1] ⟦sīsa シーサ⟧ [si:sɐ] *n.* **1** 鉛 **2** 鉛筆の芯 [Sk.]

ಸೀಸ[2] ⟦sīsa シーサ⟧ [si:sɐ] *n.* ガラス瓶 [Pe. *šīša*] = ಶೀಶೆ (śīśe)

ಸೀಸ[3] ⟦sīsa シーサ⟧ [si:sɐ] *n.* **1** 頭 **2** レスリングの手の一種 **3** カンナダ語の韻律の一種 [Pk. *sīsa-* Sk. *śīrṣa-*]

ಸೀಸಕ ⟦sīsaka シーサカ⟧ [si:səkɐ] 《文》 *n.* 兜 [Sk. *śīrṣaka-*] ☞ಹೆಲ್ಮೆಟ್ (helmeṭ) 〔口〕, ಶಿರಸ್ತ್ರಾಣ (śirastrāṇa)

ಸೀಸಕಡ್ಡಿ ⟦sīsakaḍḍi シーサカッディ⟧ [si:səkəɖɖi] 《文》 *n.* 鉛筆 [*sīsa* + *kaḍḍi*] = ಪೆನ್ಸಿಲ್, ಪೆನ್ಸಿಲ್ಲು (pensil, pensillu) 〔口〕

ಸೀಸನ್ ⟦sīsan シーサン⟧ [si:sən] 《口》 *n.* 季節 [Eg. *season*] = ಋತು (ṛtu) 〔文〕, ಕಾಲ (kāla) 〔汎〕

ಸೀಸನ್ ಬೇಡಿಕೆ ⟦sīsan bēḍike シーサンベーディケ⟧ [si:sən be:ɖike] *n.* 季節的な需要 [+ *bēḍike*]

ಸೀಳ್[1] ⟦sīḷ シール⟧ [si:ɭ] 《古》 *vt.*, *n.* [Ka. D1622] ☞ಸೀಳು (sīḷu)

ಸೀಳ್[2] ⟦sīḷ シール⟧ [si:ɭ] 《‡》 *n.* 金切り声 [Ka. D2638] (*M. (Kitt.)*)

ಸೀಳು ⟦sīḷu シール⟧ [si:ɭu] ಸೀಳ್[1] *vt.* 〈薪や竹などを〉割る、裂く = ಸೀಳು ಮಾಡು (sīḷu māḍu) **—*vi.*** (綿、石榴の実、パンヤの実などが) 熟して割れる ¶

ದಾಳಿಂಬ ಹಣ್ಣಾದಾಗ ತಾನೇ ಸೀಳುತ್ತದೆ. (dāḷimba haṇṇādāga tānē sīḷuttade.) 石榴の実が完全に熟した時割れる。 **—*n*.** **1** 割ったもの **2** (壁や岩石などの) 割れ目 ¶ ಗೋಡೆಯಲ್ಲಿ ದೊಡ್ಡ ಸೀಳು ಬಿದ್ದಿದೆ. (gōḍeyalli doḍḍa sīḷu biddide.) 壁に大きなひびが入っている。 [Ka. D1622]

ಸೀಳುದಾರಿ ⟦sīḷudāri シールダーリ⟧ [si:ḷŭdɐ:ri] *n*. **1** 分かれ道、叉(また)になった道 **2** 近道 [+ *dāri*]

ಸೀಳುನೋಟ ⟦sīḷunōṭa シールノータ⟧ [si:ḷŭno:ṭɐ] *n*. 洞察、作品などの奥底を分析する眼力 [+ *no:ṭa*]

ಸುಂಕ¹ ⟦suṃka スンカ⟧ [suŋkɐ] *n*. 税金、関税、公立学校の授業料、通行料 (など政府など公共機関が徴収する金銭) [Pk. *suṃka* < Sk. *śulka*- M.359]

ಸುಂಕ² ⟦suṃka スンカ⟧ [suŋkɐ] *n*. [<?] ☞ಸುಂಕು (suṃku)⁴

ಸುಂಕು¹ ⟦suṃku スンク⟧ [suŋku] 《文》 *n*. 巻き毛 [Ka. D2684] ☞ಸುಕ್ಕು (sukku)¹

ಸುಂಕು² ⟦suṃku スンク⟧ [suŋku] 《文》 *n*. **1** しわ **2** (衣類の) ひだ [Ka. D2687] ☞ಸುಕ್ಕು (sukku)²

ಸುಂಕು³ ⟦suṃku スンク⟧ [suŋku] 《文》 *n*. 伝染 [Ka. D2870] ☞ಸೋಂಕು (sōṃku) 〔汎〕

ಸುಂಕು⁴ ⟦suṃku スンク⟧ [suŋku] ಸುಂಕ², ಸುಕ್ಕು, ಸೂಕ *n*. **1** (穀物の) 芒(のぎ) **2** 草の葉のとがった先端 [Pk. *suṃkā*-? cf. Pk. *sūa*-, Sk. *śūka*- Te. *suṃku* T12503, M.363]

ಸುಂಟಗೆ ⟦suṃṭage スンタゲ⟧ [suṇṭə̆ge] ಶುಂಟಿಕೆ, ಸುಂಟಿಗೆ, ಸುಂಡಿಕೆ, ಸೂಂಟಗ 《古》 *n*. **1** 焼肉 **2** 肉 [Ka. D2654]

ಸುಂಟರ ⟦suṃṭara スンタラ⟧ [suṇṭə̆rɐ] *n*. つむじ風 [Ka. *D2715] = ಸುಂಟರಗಾಳಿ (suṃṭaragāḷi) ☞ಸುಟ್ಟರೆ (suṭṭare)

ಸುಂಟರಗಾಳಿ ⟦suṃṭaragāḷi スンタラガーリ⟧ [suṇṭə̆rəgɐ:ḷi] *n*. つむじ風 [Ka. *suṃṭara* + *gāḷi*] = ಸುಟ್ಟುರೆ (suṭṭure)

ಸುಂಟಿಗೆ ⟦suṃṭige スンティゲ⟧ [suṇṭĭge] 《古》 *n*. **1** 焼肉 **2** 肉 [Ka. D2654] ☞ಸುಂಟಗೆ (suṃṭage)

ಸುಂಡ ⟦suṃḍa スンダ⟧ [suṇḍɐ] 《古》 *n*. トガリネズミの一種 (尖った顔の虫を食べる小動物、トガリネズミ科) [Ka. D2661] ☞ಚುಂಡಿಲಿ (cuṃḍili)

ಸುಂಡಲು ⟦suṃḍalu スンダル⟧ [suṇḍə̆lu] ಶುಂಡಲ, ಶುಂಡಿ-ಲ್, ಶುಂಡಿಲು, ಸುಂಡಲ, ಸುಂಡಿಲ, ಸುಂದಿಲಿ, ಸುಂಡಿಲು, ಸೊಂ-ಡಿಲ್, ಸೊಂಡಿಲು *n*. 象の鼻 [Ka. D3311]

ಸುಂಡಿಲ್ ⟦suṃḍil スンディル⟧ [suṇḍil] ಶುಂಡಲ, ಶುಂಡ-ಲು, ಶುಂಡಿಲು, ಸುಂಡಲ, ಸುಂಡಲು, ಸುಂಡಿಲ, ಸುಂಡೀ, ಸುಂಡಿ-ಲ್, ಸೊಂಡಿಲು 《古》 *n*. 象の鼻 [Ka. D3311] ☞ಸುಂಡಲು (suṃḍalu)

ಸುಂಡಿಲ ⟦suṃḍila スンディラ⟧ [suṇḍĭlɐ] 《古》 *n*. [Ka. D3311] ☞ಸುಂಡಲು (suṃḍalu)

ಸುಂಡಿಲಿ ⟦suṃḍili スンディリ⟧ [suṇḍili] ಚುಂಡಿಲಿ *n*. トガリネズミの一種 (尖った顔の虫を食べる小動物、トガリネズミ科) [Ka. D2661] = ಸುಂಡ, ಮೂಗಿಲಿ (suṃḍa, mūgili) *[BIA Plate 38]

ಸುಂಡಿಲಿಲಿ ⟦suṃḍilili スンディリリ⟧ [suṇḍĭlili] 《‡》 *n*. [Ka. D2661] (*Mr.164* (*Kitt.*)) ☞ಸುಂಡಿಲಿ (suṃḍili)

ಸುಂಡು ⟦suṃḍu スンドゥ⟧ [suṇḍu] 《‡》 *vi*. 蒸発する [Ka. D2662] (*My*. (*Kitt*.))

ಸುಂಡಿಸು ⟦suṃḍisu スンディス⟧ [suṇḍĭsu] *vt*. 蒸発させる [Ka. D2662]

ಸುಂಡೆ ⟦suṃḍe スンデ⟧ [soṇḍe] ಸೊಂಡೆ 《希》 *n*. ナス科ナス属の植物の一種およびその苦味のある実 (各種ソースの調味料として用い、茹でた後炒めて味をつけて食べる) ⇀ 食 [Ka. D2665]

ಸುಂದರ ⟦suṃdara スンダラ⟧ [sundərɐ] *adj*., *m*., (*n*.) 《*f*. ಸುಂದರಿ (suṃdari)》美男〈である〉、美女〈である〉 [Sk.]

ಸುಂದರತೆ ⟦suṃdarate スンダラテ⟧ [sundərəte] *n*. 美、美しさ [Sk.]

ಸುಂದರಿ ⟦suṃdari スンダリ⟧ [sundəri] *f*. 美人、美しい女性 [Sk.]

ಸುಂದು ⟦suṃdu スンドゥ⟧ [sundu] *vi*. **1** 寝る；眠る **2** 〔喩〕 同衾する、(性的に) 交わる **—*n*.** 心配や眠たさで不活発になること ¶ ನಮ್ಮ ಅಜ್ಜ ಯಾವಾಗಲೂ ಸುಂದಿರುತ್ತಾರೆ. (namma ajja yāvāgalū suṃdiruttāre.) うちのおじいさんは何時もぼんやり眠たそうにしている。 [Ka. D3291]

ಸುಕಾಣ ⟦sukāṇa スカーナ⟧ [skɐ:ṇɐ] 《希》 *n*. ☞ಚುಕಾಣಿ (cukāṇi)

ಸುಕಾಣು ⟦sukāṇu スカーヌ⟧ [skɐ:ṇu] *n*. ☞ಚುಕಾಣಿ (cukāṇi)

ಸುಕುಮಾರ ⟦sukumāra スクマーラ⟧ [sukumɐ:rɐ] 《文》 *m*. 《*f*. ಸುಕುಮಾರಿ (sukumāri)》 **1** 〔美〕 よい息子；令息 **2** 美貌の人、きれいな男女 **—*adj*., *m*., *n*.** **1** (手足や体や心などが) 柔らかい〈こと〉、華奢〈な〉 ¶ ಶೀಲಾಳ ಸುಕುಮಾರ ಕೈಯನ್ನು ನೋಡಿದಾಗ ನನ್ನ ಹೃದ-ಯದಲ್ಲಿ ಕಂಪನ ಉಂಟಾಗುತ್ತಿತ್ತು. (śīlāḷa sukumāra kaiyannu nōḍidāga nanna hṛdayadalli kaṃpana uṃṭāguttittu.) シーラーの繊細な手を見る時いつも僕の心は戦慄を覚えた。 ¶ ಅವಳ ಸುಕುಮಾರ ನುಡಿಗಳಿಗೆ ಮನಸೋತೆ. (avaḷa sukumāra nuḍigaḷige manasōte.) 私は彼女の優しい言葉の虜になった。 **2** (心や人が) 感受性が強い〈こと〉、傷つきやすい〈こと〉 [Sk.]

ಸುಕುಮಾರತೆ ⟦sukumārate スクマーラテ⟧ [sukumɐ:rəte] 《文》 *n*. **1** 優しさ、感受性の強いこと、繊細さ **2** 美貌であること、器量がよいこと [Sk.]

ಸುಕುಮಾರಿ ⟦sukumāri スクマーリ⟧ [sukumɐ:ri] *f*. **1** 繊細で美しい女性 **2** 〔美〕 令嬢 [Sk.]

ಸುಕೃತ ⟦sukṛta スクルタ⟧ [sukruɯtɐ/sukrutɐ] *n*. **1** 《希》 善行、徳行 **2** (前世の善行で得られた) この世での幸運 ¶ ಇಷ್ಟು ಒಳ್ಳೆಯ ಗುರುಗಳು ನಮಗೆ ಸಿಕ್ಕಿದ್ದು ನಮ್ಮ ಪೂ-ರ್ವ ಜನ್ಮದ ಸುಕೃತ. (iṣṭu oḷḷeya gurugaḷu namage sikkiddu namma pūrva janmada sukṛta.) 我々は奇特な行為の結果このような立派な師に会えた。 **3** 幸運、運がよいこと、幸い [Sk.]

ಸುಕ್ಕು¹ ⟦sukku スック⟧ [sukku] ಸುರ್ಕು *n*. (紙や布や皮膚などの) しわ **—*vi*.** **1** 《古》 しわになる、し

わがよる 2 (顔などが)元気を失う ¶ ಅವನ ಮುಖ ಸುಕ್ಕಿದೆ. (avana mukʰa sukkide.) 彼の顔は元気を失っている。[Ka. D2687]

ಸುಕ್ಕುಗಟ್ಟು ⟦sukkugaṭṭu スックガットゥ⟧ [sukkugəʈʈu] *vi.* しわがよる、しわになる [+ *kaṭṭu*]

ಸುಕ್ಕು² ⟦sukku スック⟧ [sukku] ಸುಂಕು, ಸುಕ್ಕು *vi.* カールする、巻く —*n.* カール、巻き毛 —(*n.*) 巻き毛〈の〉、カール〈した〉[Ka. D2684 cf. D]

ಸುಕ್ಕು³ ⟦sukku スック⟧ [sukku] *n.* 草の葉の尖った先端、ちくちくする草などの葉のへり [<?] ☞ಸುಂಕು (suṃku)⁴

ಸುಖ ⟦sukʰa スカ⟧ [sukʰɐ] *n.* 1 喜び、満足 2 幸福 [Sk.]

ಸುಖಪಡು ⟦sukʰapaḍu スカパドゥ⟧ [sukʰəpəɖu] *vt., vi.* 楽しむ ¶ ವಯಸ್ಸಾದಾಗ ಊಟವನ್ನು ಸುಖಪಡಲು ಆಗುವದಿಲ್ಲ (vayassādāga ūṭavannu sukʰapaḍalu āguvadilla.) 老齢になると食べ物を楽しむことができなくなる。[Sk.]

ಸುಖಾಂತ ⟦sukʰāṃta スカーンタ⟧ [sukʰɐːntɐ] (*n.*) (物語、劇などが) めでたい結末になる〈こと〉 ¶ ಟಿ.ವಿ.ಯಲ್ಲಿ ಬಂದ ಧಾರಾವಾಹಿ ಸುಖಾಂತವಾಗಿ ಮುಗಿಯಿತು. (ṭi.vi.yalli baṃda dʰārāvāhi sukʰāṃtavāgi mugiyitu.) テレビの連続劇はハッピーエンドで終わった。[Sk.]

ಸುಖಾಸನ ⟦sukʰāsana スカーサナ⟧ [sukʰɐːsənɐ] 《文》 *n.* 安楽椅子、ソファー [Sk.]

ಸುಖಿ ⟦sukʰi スキ⟧ [sukʰi] *adj., mf.* 幸福な〈人〉[Sk.]

ಸುಗಂಧ ⟦sugaṃdʰa スガンダ⟧ [sugəndʰɐ] *n.* 芳香、よい匂い —(*adj.*) 芳香のある〈こと〉、よい匂いがする〈こと〉[Sk.]

ಸುಗಮ ⟦sugama スガマ⟧ [sugəmɐ] 《文》 (*n.*) 1 易しい〈こと〉、容易な〈こと〉 2 (会の進行などが) 滞りない〈こと〉¶ ವಾರ್ಷಿಕ ಸಾಮಾನ್ಯ ಸಭೆ ಸುಗಮವಾಗಿ ನಡೆಯಿತು. (vārṣika sāmānya sabʰe sugamavāgi naḍeyitu.) 年次総会が滞りなく進行した。[Sk.]

ಸುಗಿ ⟦sugi スギ⟧ [sugi] 《文》 *vt.* 1 〈果物などの〉皮をむく 2《古》〔喩〕〈ある人の〉一切合切を奪う、略奪する [Ka. D2644]

ಸುಗುಣ ⟦suguṇa スグナ⟧ [suguɳɐ] *n.* 美徳、特性 —*adj., m.* よい性行を持った〈人〉[Sk.]

ಸುಗ್ಗಿ ⟦suggi スッギ⟧ [suggi] *n.* 1 (作物の)収穫、取り入れ 2 (作物の)収穫期 ¶ ಈಗ ಕಿತ್ತಳೆ ಹಣ್ಣಿನ ಸುಗ್ಗಿ. (īga kittaḷe haṇṇina suggi.) 今ミカンの盛りである。3 穀物の収穫期(3月の中頃から5月まで) 4 穀物の取り入れが終わった時の祝祭日 5 特定の農作物などが大量に市場に出回る時期 [Ka. D2647]

ಸುಗ್ಗು ⟦suggu スッグ⟧ [suggu] 《‡》 *n.* 米を煎って粉にして黒砂糖とココナツと共に丸めた菓子 [Ka. D2643] (*My.* (*Kitt.*))

ಸುಗ್ರೀವಾಜ್ಞೆ ⟦sugrīvājñe スグリーヴァージュニェ⟧ [sugriːvɐːɟɲe/–ɐːgne] *n.* 政府や王や行政府の長などが出す厳しい命令 [Sk.]

ಸುಚರಿತ ⟦sucarita スチャリタ⟧ [sutʃəritɐ] *adj., m.* 《*f.* ಸುಚರಿತೆ (sucarite)》善行の〈人〉、正しい〈人〉 —*n.* 善行、徳行 = ಸಿಚರಿತ್ರ (sicaritra) [Sk.]

ಸುಚರಿತ್ರ ⟦sucaritra スチャリトラ⟧ [sutʃəritrɐ] 《文》 *adj., m.* 《*f.* ಸುಚರಿತ್ರೆ (sucaritre)》善行の〈人〉、正しい〈人〉 —*n.* 善行、徳行 = ಸಿಚರಿತ್ರ (sicaritra) [Sk.]

ಸುಜನ ⟦sujana スジャナ⟧ [sudʒənɐ] *m.* 《*f.* ಸುಜನಳು (sujanaḷu)》よい人、善人 [Sk.]

ಸುಟಿ ⟦suṭi スティ⟧ [suʈi] ಚುಟಿ, ಚೂಟಿ, ಚೂಟು, ಚೂಡಿ, ಸೂಟಿ, ಸೂಟು, ಸೂಠಿ (*n.*) 1 活発〈な〉、活動的〈な〉¶ ಮಗು ಸುಟಿಯಾಗಿ ಅಡ್ಡಾಡಿಕೊಂಡಿದೆ. (magu suṭiyāgi aḍḍāḍi-koṃḍide.) 赤ん坊は活発に動き回っている。 2 利口〈な〉、賢い〈こと〉¶ ನಿಮ್ಮ ಮಗ ಸುಟಿಯಾಗಿದ್ದಾನೆ. (nimma maga suṭiyāgiddāne.) あなたの息子は利口である。3 巧妙〈な〉、熟達〈した〉¶ ಈ ಮುದ್ರಣಾಲಯದಲ್ಲಿ ಒಳ್ಳೆಯ ಯಂತ್ರಗಳು ಇದ್ದರೂ ಸುಟಿಯಾದ ಕೆಲಸಗಾರರು ಇಲ್ಲ. (ī mudraṇālayadalli oḷḷeya yaṃtragaḷu iddarū suṭiyāda kelasagāraru illa.) この印刷所にはいい機械があるが熟練工がいない。[Ka. D2656] = ಸೂಟಿ (sūṭi)

ಸುಟ್ಟರೆ ⟦suṭṭare スッタレ⟧ [suʈʈɚe] *n.* つむじ風、旋風 [Ka. D2715] ☞ಸುಟ್ಟುರೆ (suṭṭure)

ಸುಟ್ಟುಂಬೆ ⟦suṭṭuṃbe スットゥンベ⟧ [suʈʈumbe] 《古》 *n.* 人差し指 [Ka. < *suṭṭuṃberalu* D2658]

ಸುಟ್ಟು ⟦suṭṭu スットゥ⟧ [suʈʈu] *vt.* 指をさして示す、指差す [Ka. D2658]

ಸುಟ್ಟುರೆ ⟦suṭṭure スットゥレ⟧ [suʈʈŭre] ಸುಂಟರ, ಸುಂಟರೆ, ಸುಟ್ಟರೆ *n.* つむじ風、旋風 [Ka. *D2715]

ಸುಟ್ಟುರೆಗಾಳಿ ⟦suṭṭuregāḷi スットゥレガーリ⟧ [suʈʈŭregɐːɭi] ಸುಂಟರಗಾಳಿ, ಸುಂಟರುಗಾಳಿ, ಸುಂಟುರುಗಾಳಿ, ಸುಟ್ಟರಗಾಳಿ *n.* つむじ風、旋風 [+ *gāḷi*]

ಸುಡು ⟦suḍu スドゥ⟧ [suɖu] 《文》 *vt.* 《過去語幹 suṭṭ-》 1 燃やす、焼く 2 〈パン、肉などを〉(フライパンで)焼く 3 火葬にする、荼毘(だび)に付す 4 〈鉄砲を〉撃つ —*vi.* 1 焼ける 2 (湯、水などが)やけどするくらい熱い ¶ ಬಟ್ಟೆ ಇಸ್ತ್ರೀ ಮಾಡುವಾಗ ಕೈ ಸುಟ್ಟಿತು. (baṭṭe istrī māḍuvāga kai suṭṭitu.) 着物にアイロンを当てる時に手にやけどした。 3 (魚、肉などを)焼く ¶ ನಮ್ಮ ನಾಯಿಗೆ ಹಸಿ ಮಾಂಸಕ್ಕಿಂತ ಸುಟ್ಟಮಾಂಸ ಹಿಡಿಸುತ್ತೆ. (namma nāyige hasi māṃsakkiṃta suṭṭamāṃsa hiḍisutte.) うちの犬は生肉より焼肉が好きだ。[Ka. D2654]

ಸುಡುಕ ⟦suḍuka スドゥカ⟧ [suɖŭkɐ] 《古》 *m.* 死体を焼く業者 [Ka. D2654]

ಸುಡುಗಾಡು ⟦suḍugāḍu スドゥガードゥ⟧ [suɖugɐːɖu] *n.* 1 焼き場、火葬場 2 無用なもの、役に立たないもの ¶ ಇದು ಒಂದು ಸುಡುಗಾಡು ಪುಸ್ತಕ. (idu oṃdu suḍugāḍu pustaka.) これはつまらぬ本だ。[*suḍu* + *kāḍu* D2654]

ಸುಡುವಿಕೆ ⟦suḍuvike スドゥヴィケ⟧ [suɖuvĭke] *n.* 焼くこと、焼けること [Ka. D2654]

ಸುಡುಹ ⟦suḍuha スドゥハ⟧ [suɖŭhɐ] 《古》 *n.* 1 焼くこと、焼けること 2 台無しにする行為 [Ka. D2654]

ಸುಣ್ಣ ⟦sunna スンナ⟧ [sɳɳɐ] *n.* 1 生石灰、石灰岩 2 消石灰 [Sk. *cūrṇa-*]

ಸುಣ್ಣದ ಡಬ್ಬಿ ⟦suṇṇada ḍabbi スンナダダッビ⟧ [sɳɳəɖə ɖəbbi] *n.* 消石灰入れ(キンマの葉に塗るための消石灰を入れる容器) [⇒図] [Sk. *cūrṇa-*]

ಸುತ ⟦suta スタ⟧ [sutɐ] 《文》 *m.* 《*f.* ಸುತೆ (sute)》息子 [Sk.]

ಸುಣ್ಣದ ಡಬ್ಬಿ
消石灰入れ

ಸುತರಾಂ ⟦sutarāṃ スタラーン⟧ [sutərɐːm] *adv.* 1 少しも、全然 ¶ ಈ ಕೆಲಸ ಮಾಡಲು ನನಗೆ ಸುತರಾಂ ಇಷ್ಟ ಇಲ್ಲ. (ī kelasa māḍalu nanage sutarāṃ iṣṭa illa.) 私はこの仕事を全然したくない。 2 確かに、間違いなく ¶ ನಮ್ಮ ಹುಡುಗ ಈ ವರ್ಷ ಸುತರಾಂ ಪಾಸು ಆಗುವುದಿಲ್ಲ. (namma huḍuga ī varṣa sutarāṃ pāsu āguvudilla.) 息子は今年絶対に試験に合格しない。 [Sk.]

ಸುತ್ತ ⟦sutta スッタ⟧ [suttɐ] *adv.* (周りを)ぐるりと ¶ ನಾನು ಸುತ್ತ ತಿರುಗಿ ನೋಡಿದೆ. (nānu sutta tirugi nōḍide.) 私はぐるっと見まわした。 —*postp.* 《*gen.*》…の周りを、…の周りに ¶ ಮನೆಯ ಯಜಮಾನ ಮನೆ ಸುತ್ತ ಗಿಡಗಳನ್ನು ನೆಟ್ಟಿದ್ದಾನೆ. (maneya yajamāna mane sutta giḍagaḷannu neṭṭiddāne.) 家主は家の周りにぐるっと木を植えている。 [Ka. D2715]

ಸುತ್ತಮುತ್ತ ⟦suttamutta スッタムッタ⟧ [suttəmuttɐ] *adv.* ぐるりに、ぐるりの至るところに —*postp.* 《*gen.*》…の周りに、…の周りを、…のぐるりに、…のぐるりを ¶ ಮುಂಬೈ ಸುತ್ತಮುತ್ತ ಕೊಳೆಗೇರಿ ಇವೆ. (muṃbai suttamutta koḷegēri ive.) ムンバイの周りにぐるっと貧民窟がある。 —*n.* 周り、周囲 [*sutta* + ech. D2715]

ಸುತ್ತಲ್ ⟦suttal スッタル⟧ [suttəl] 《古》 *n.* 周囲一帯 [Ka. D2715]

ಸುತ್ತಳತೆ ⟦suttaḷate スッタラテ⟧ [suttəɭə̆te] *n.* 周囲の長さ [*suttu* + *aḷate*]

ಸುತ್ತಾಟ ⟦suttāṭa スッタータ⟧ [suttɐːʈɐ] *n.* さまようこと、彷徨、歩き回ること、さすらい [*suttu* + *āṭa*]

ಸುತ್ತಾಡು ⟦suttāḍu スッタードゥ⟧ [suttɐːɖu] *vi.* さまよい歩く、彷徨する、歩き回る [*suttu* + *āḍu*]

ಸುತ್ತಿಗೆ ⟦suttige スッティゲ⟧ [suttige] *n.* 槌(金槌、木槌など) [Ka. D2668]

ಸುತ್ತು ⟦suttu スットゥ⟧ [suttu] *vi.* 1 (軸を中心に)回る、回転する 2 (中心の周囲を)回る 3 さまよう、ぶらつく —*vt.* 1 とりまく、取り囲む 2 〈(中心の)周りを〉回る 3 〈軸の周りを〉回る、回転する —*n.* 1 (軸の周りの)回転、回転運動 2 旋回、ある物のぐるりを回ること 3 彷徨、さまようこと 4 (布団などを)巻いたもの [Ka. D2715]

ಸುತ್ತಿಸು ⟦suttisu スッティス⟧ [suttĭsu] *vt.* 1 回転させる 2 さまよわせる、無駄に歩かせる [caus. D2715]

ಸುತ್ತುಗಟ್ಟು ⟦suttugaṭṭu スットゥガットゥ⟧ [suttŭgəʈʈu] *vt.* とりまく、包囲する [*suttu* + *kaṭṭu*]

ಸುತ್ತುಗೆಲಸ ⟦suttugelasa スットゥゲラサ⟧ [suttŭgelə̆sɐ] *n.* 雑用、こまごました仕事 [*suttu* + *kelasa*]

ಸುತ್ತುಮುತ್ತು ⟦suttumuttu スットゥムットゥ⟧ [suttŭmuttu] *n.* 周囲、ぐるり、ぐるり一帯 ¶ ಹೊಸ ಮನೆಯ ಸುತ್ತುಮುತ್ತನ್ನು ನೋಡಿ ನನಗೆ ಸಂತೋಷವಾಯಿತು. (hosa meneya suttumuttannu nōḍi nanage saṃtōṣavāyitu.) 私は新居の周辺一帯を見て嬉しく思った。 —*postp.* 《*gen.*》…の周りに、…の周りを、…のぐるりに、…のぐるりを ¶ ಈ ಮನೆಯ ಸುತ್ತುಮುತ್ತು ಕಸ ತುಂಬಿದೆ. (ī maneya suttumuttu kasa tuṃbide.) この家の周りにはゴミがいっぱいだ。 [Ka. *suttu* + echo]

ಸುತ್ತುಹಾಕು ⟦suttuhāku スットゥハーク⟧ [suttŭhɐːku] *vi.* 1 (ある物の周りを)回る ¶ ವಿಮಾನ ಕೋಯಿಮುತ್ತೂರಿನ ಮೇಲೆ ಸುತ್ತು ಹಾಕಿದ ಮೇಲೆ ನೆಲ ಮುಟ್ಟಿತು. (vimāna kōyimattūrina mēle suttu hākida mēle nela muṭṭitu.) 飛行機はコインバトールの上を旋回した後に着陸した。 2 (独楽(こま)などが)軸の周りをぐるぐる回る [*suttu* + *hāku*]

ಸುತ್ತುವರಿ ⟦suttuvari スットゥヴァリ⟧ [suttŭvəri] *vt.* とりまく、包囲する [*suttu* + *pari*]

ಸುತ್ತುವಿಕೆ ⟦suttuvike スットゥヴィケ⟧ [suttŭvike] *n.* 1 回転すること 2 (頭が)くらくらすること [Ka. D2715]

ಸುತ್ತೋಲೆ ⟦suttōle スットーレ⟧ [suttoːle] *n.* 回状 [*suttu* + *ōle*]

ಸುದಿನ ⟦sudina スディナ⟧ [sudinɐ] 《文》 *n.* よい日、めでたい日 [Sk.]

ಸುದೈವ ⟦sudaiva スダイヴァ⟧ [suddəivɐ] *n.* 幸運 [Sk.]

ಸುದ್ದಿ ⟦suddi スッディ⟧ [suddi] *n.* ニュース、知らせ、情報 [Sk. *śuddhi-*]

ಸುದ್ದಿಗಾರ ⟦suddigāra スッディガーラ⟧ [suddig̊ɐːrɐ] *m.* 《*f.* ಸುದ್ದಿಗಾತಿ (suddigāti)》 1 使者、使いの者 2 新聞記者、リポーター [+ *-kāra*]

ಸುಧಾರಕ ⟦sudʰāraka スダーラカ⟧ [sudʰɐːrə̆kɐ] *m.* 《*f.* ಸುಧಾರಕಿ (sudʰāraki)》(社会、政治などの)改革者 [Sk.]

ಸುಧಾರಣೆ ⟦sudʰāraṇe スダーラネ⟧ [sudʰɐːrə̆ɳe] *n.* (社会、政治などの)改革、改良 [Mr. *sudʰārāṇā* < Sk. **suddʰakāra-* + Mr. *-ṇā* T12521]

ಸುಧಾರಿಸು ⟦sudʰārisu スダーリス⟧ [sudʰɐːrisu] *vt.* 〈社会、政治などを〉改革する、〈誤りなどを〉訂正する、直す、〈悪い所を〉改良する —*vi.* 1 (病気などから)快復する ¶ ತಾಯಿ ಬಂದ ಮೇಲೆ ಮಗನ ರೋಗ ಬೇಗ ಸುಧಾರಿಸುತ್ತಿದೆ. (tāyi baṃda mēle magana rōga bēga sudʰārisuttide.) 母親の到着後息子の病状は急速に快復しつつある。 2 憩う、休憩する ¶ ಇಲ್ಲಿ ಕೂತುಕೊಂಡು ಸುಧಾರಿಸಿಕೊಳ್ಳಿ. (illi kūtukoṃḍu sudʰārisikoḷḷi.) ここに座ってお休みなさい。 [**sudʰāra* + *-isu*]

ಸುನೀತಿ ⟦sunīti スニーティ⟧ [suniːti] 《文》 *n.* 1 善行、正しい行い 2 よい策、よい政策 [Sk.]

ಸುಪರ್ದು ⟦supardu スパルドゥ⟧ [supərdu] *n.* 管理、監督、管制 ¶ ಕಳ್ಳನನ್ನು ಪೋಲಿಸರು ಸುಪರ್ದಿಗೆ ತೆಗೆದುಕೊಂಡರು. (kaḷḷanannu pōlisaru supardige tegedukoṃḍaru.) 警察は泥棒の身柄を拘束した。 [Pe. *supurd*]

ಸುಪ್ತ ⟦supta スプタ⟧ [suptɐ] 《文》 (*adj.*) 1 眠った〈こと〉、眠っている〈こと〉 2 心の奥に眠っている〈こと〉、秘密〈の〉、隠れた〈こと〉¶ ಬಡವರ ಸುಪ್ತ ಭಾವನೆಗಳನ್ನು ಎಬ್ಬಿಸಬಾರದು. (baḍavara supta bʰāvanegaḷannu ebbisabāradu.) 貧者の心の奥に眠っている思いを目覚めさせてはならない。[Sk.]

ಸುಪ್ತಚೇತನ ⟦suptacētana スプタチェータナ⟧ [suptəʧe:tənɐ] 《文》 *n.* 無意識 [Sk.]

ಸುಪ್ತಾವಸ್ಥೆ ⟦suptāvastʰe スプターヴァステ⟧ [suptɐ:vəstʰe] 《文》 *n.* 1 睡眠状態 2〔喩〕失神状態 3〔喩〕(宝物などが)埋もれた状態、(資源、才能などの)未開発の状態 [Sk.]

ಸುಪ್ತಿ ⟦supti スプティ⟧ [supti] 《文》 *n.* 眠り、睡眠 [Sk.]

ಸುಪ್ಪತಿಗೆ ⟦suppatige スッパティゲ⟧ [suppətĭge] *n.* [<?] ☞ಸುಪತ್ತಿಗೆ (supattige)

ಸುಪ್ಪತ್ತಿಗೆ ⟦suppattige スッパッティゲ⟧ [suppəttĭge] ಸುಪ್ಪತಿಗೆ *n.* 高品質の木綿で作った布団 [<?]

ಸುಪ್ರಸಿದ್ಧ ⟦suprasiddʰa スプラシッダ⟧ [suprəsiddʰɐ] 《文》 *adj.*, *m.* 《*f.* ಸುಪ್ರಸಿದ್ಧಳು (suprasiddʰaḷu)》有名な〈人〉、高名な〈人〉 [Sk.]

ಸುಬಗು ⟦subagu スバグ⟧ [subəgu] 《古》 *n.* 富裕、潤沢 [Sk. *subhaga-*] ☞ಸೊಬಗು (sobagu)

ಸುಭಗ ⟦subʰaga スバガ⟧ [subʰəgɐ] 《文》 (*n.*) 1 心地よい〈こと〉¶ ಶ್ರವಣಸುಭಗವಾದ ಸಂಗೀತ (śravaṇasubʰagavāda saṃgīta) 耳に心地よい音楽 2 幸運〈な〉 —*adj.*, *m.* 美貌〈の〉、見目麗しい〈人〉 [Sk.]

ಸುಭದ್ರ ⟦subʰadra スバドラ⟧ [subʰəd·rɐ] 《文》 (*n.*) 1 めでたい〈こと〉 2 (建物などが)安全〈な〉、倒れない〈こと〉、強固〈な〉 [Sk.]

ಸುಭಾಷಿತ ⟦subʰāṣita スバーシタ⟧ [subʰɐ:ʂitɐ] 《文》 *n.* 1 耳に心地よい話 2 ためになる話 3 金言、格言 [Sk.]

ಸುಭಿಕ್ಷ ⟦subʰikṣa スビクシャ⟧ [subʰikʂɐ] *n.* 豊作 [Sk.]

ಸುಮಧುರ ⟦sumadʰura スマドゥラ⟧ [sumədʰurɐ] *adj.* 1 非常に甘い 2 (歌、声などが)甘い、甘美な [Sk.]

ಸುಮಾರು ⟦sumāru スマール⟧ [sumɐ:ru] *adv.* 約、およそ ¶ ಈ ಟ್ಯೂಬಿನ ವ್ಯಾಸ ಸುಮಾರು ಒಂದುವರೆ ಮೀಟರ್. (ī ṭyūbina vyāsa sumāru oṃduvare mīṭar.) この管の直径はおよそ1.5メートルである。 —(*n.*) 1 並〈の〉、中級〈の〉、よくも悪くもない〈こと〉 2《方》品質が劣悪〈な〉¶ ಈ ಬಟ್ಟೆ ಸುಮಾರಾಗಿದೆ. (ī baṭṭe sumārāgide.) この布はとても品質が悪い。 —(*adj.*) 多数〈の〉¶ ಆ ಸಭೆಗೆ ಸುಮಾರು ಜನ ಬಂದಿದ್ದರು. (ā sabʰege sumāru jana baṃdiddaru.) この会議に多くの人が出席していた。 —*n.* 恥をかくこと、不面目 ¶ ಸಭೆಗೆ ಹೋದಾಗ ಅಧ್ಯಕ್ಷರಿಗೆ ಸುಮಾರಾಯಿತು. (sabʰege hōdāga adʰyakṣarige sumārāyitu.) 会長は集会に行って面目を失った。(NK) [Pe. *sumār*]

ಸುಮಾರು ಮಾಡು ⟦sumāru māḍu スマールマードゥ⟧ [sumɐ:ru mɐ:ḍu] *vt.* 辱める、侮辱する ¶ ಹುಡುಗಿಯ ತಾಯಿತಂದೆ ನನ್ನನ್ನು ಸುಮಾರು ಮಾಡಿದರು. (huḍugiya tāyitaṃde nannannu sumāru māḍidaru.) 娘の両親は私を侮辱した。[+ *māḍu*]

ಸುಮ್ಮ ⟦summa スンマ⟧ [summɐ] 《‡》 *adv.* 1 黙って 2 何の目的もなく、何となく 3 無料で (*Kitt.*) [Ka. D2678]

ಸುಮ್ಮಗೆ ⟦summage スンマゲ⟧ [summəge] *adv.* 1 黙って、ものを言わずに 2 無料で、ただで [Ka. D2678]

ಸುಮ್ಮನೆ ⟦summane スンマネ⟧ [summəne] *adv.* 1 黙って、ものを言わずに 2 無料で、ただで 3 特に目的なく、ただ何となく 4 いたずらに、何もしないで ¶ ಅವನು ಮನೆಯಲ್ಲಿ ಕುಳಿತು ಸುಮ್ಮನೆ ಕಾಲ ಕಳೆಯುತ್ತಾನೆ. (avanu maneyalli kuḷitu summane kāla kaḷeyuttāne.) 彼は家でいたずらに時を過ごしている。 5 許可を得ないで ¶ ಯಾರೂ ಸುಮ್ಮನೆ ನುಗ್ಗಬೇಡಿ. (yārū summane nuggabēḍi.) 誰も許可なくこんな風に入らないでください。 6 (必要もなく)いつもいつも ¶ ಶಿವಣ್ಣ ನಮ್ಮ ಮನೆಗೆ ಸುಮ್ಮನೆ ಬರುತ್ತಿರುತ್ತಾನೆ. (śivaṇṇa namma manege summane baruttiruttāne.) シヴァンナは用がなくとも気軽にいつもうちにくる。[Ka. D2678]

ಸುಮ್ಮಾನ ⟦summāna スンマーナ⟧ [summɐ:nɐ] ಸುಮಾನ, ಸುಮ್ಮನ 《文》 *n.* 1 楽しみ、喜び、満足 2 遊び、娯楽 3 高慢、傲慢 4 繁栄 [Sk. *sumānasa-*?]

ಸುಯ್ ⟦suy スイ⟧ [suĭ] 《古》 *vi.* 1 息をする 2 ため息をつく [Ka. D2680] ☞ಸುಯಿ (suyi)

ಸುಯಿ ⟦suyi スイ⟧ [suji] ಸುಯ್, ಸುಯ್ಯು 1 息をする 2 ため息をつく

ಸುಯಿದಾನ ⟦suyidāna スイダーナ⟧ [sujidɐ:nɐ] ಸುಯಿಧಾನ, ಸುವಿಧಾನ 《古》 *n.* 1 警護、警備 2 用心、警戒 —*mf.* 警備人 [Sk. *suvidhāna-*]

ಸುಯಿದಾನಿ ⟦suyidāni スイダーニ⟧ [sujidɐ:ni] ಸುಯಿಧಾನಿ, ಸುವಿಧಾನಿ 《古》 *mf.* 用心深い人 [*suyidāna* + *-i*]

ಸುಯಿಲ್ ⟦suyil スイル⟧ [sujil] 《古》 *n.* 息 [Ka. D2680] ☞ಸುಯಿಲು (suyilu)

ಸುಯಿಲು ⟦suyilu スイル⟧ [sujĭlu] ಸುಯಿಲ್, ಸುಯ್ಲು 《古》 *n.* 1 息 2 ため息 [Ka. D2680]

ಸುಯೋಗ ⟦suyōga スヨーガ⟧ [sujo:gɐ] *n.* 1 よい機会、好機 2 幸運、運がよいこと [Sk.]

ಸುಯ್ಯಲ್ ⟦suyyal スイヤル⟧ [suijəl] 《古》 *n.* 息 [Ka. *D2680]

ಸುಯ್ಯಲು ⟦suyyalu スイヤル⟧ [suijəlu] 《古》 *n.* 1 息、呼吸 2 ため息 [Ka. *D2680]

ಸುಯ್ಲು ⟦suylu スイル⟧ [sujlu] 《古》 *n.* 1 息、呼吸 2 ため息 [Ka. D2680] ☞ಸುಯಿಲು (suyilu)

ಸುರಂಗ ⟦suraṃga スランガ⟧ [surəŋgɐ] *n.* トンネル、地下道 [Sk.] = ಸುರಂಗಮಾರ್ಗ (suraṃgamārga)

ಸುರಂಗಮಾರ್ಗ ⟦suraṃgamārga スランガマールガ⟧ [surəŋgəmɐ:rgɐ] 《文》 *n.* 地下道 [Sk.]

ಸುರ ⟦sura スラ⟧ [surɐ] *m.* 神など天国に住む者 [Sk.]

ಸುರಕ್ಷಿತ ⟦surakṣita スラクシタ⟧ [surəkʂitɐ] (*n.*) 1 よく保護された〈こと〉、よく保存された〈こと〉、よく護られた〈こと〉 2 安全〈な〉、(旅行などが)

無事〈な〉¶ ಅಪ್ಪ ಸುರಕ್ಷಿತವಾಗಿ ಜಪಾನಿಗೆ ಮುಟ್ಟಿದರು. (appa surakṣitavāgi japānige muṭṭidaru.) 父は無事に日本に到着した。[Sk.]

ಸುರತ ⟦surata スラタ⟧ [surətɐ] 《文》 *n.* 性交、まぐわい [Sk.]

ಸುರಹೊನ್ನೆ ⟦surahonne スラホンネ⟧ [surəhonne] ಸುರ-ಮೊನ್ನೆ 《文》 *n.* オトギリソウ科テリハボク属の白い花が咲く大きな木またはその花 ⇀ 薬・染・油 [Ka. D4343] = ಪುನ್ನಾಗ (punnāga) *[IMP 1.339]

ಸುರಳಿ ⟦suraḷi スラリ⟧ [surə̆ɭi] *n.* とぐろ巻き；筒のように巻くことまたは巻いた形 (*My.* (*Kitt.*)) [Ka. D2684]

ಸುರಳಿಸುತ್ತು ⟦suraḷisuttu スラリスットゥ⟧ [surə̆ɭisuttu] *vt.* ぐるぐる巻く；〈紙や絨毯(じゅうたん)を〉巻く ¶ ಪೇಪರನ್ನು ಸುರಳಿಸುತ್ತಬೇಡ. (pēparannu suraḷisuttabēḍa.) 紙を巻かないでください。[Ka. D2684]

ಸುರಿ[1] ⟦suri スリ⟧ [suri] 《方》 *vt.* (花などに)糸を通す (*Bark.*) [Ka. D2685]

ಸುರಿ[2] ⟦suri スリ⟧ [suri] *vt.* 〈水などを〉すする [Ka. onom. *D2712]

ಸುರಿ[3] ⟦suri スリ⟧ [suri] *vi.* (雨が) 降る、(涙などが)落ちる —*vt.* 1〈水、茶などを〉注ぐ 2 惜しみなく与える、湯水のように使う ¶ ತಂದೆ ಮಗನ ಆ-ರೋಗ್ಯಕ್ಕಾಗಿ ದುಡ್ಡು ಸುರಿದರು. (taṃde magana ārōgyakkāgi duḍḍu suridaru.) 父親は息子の健康のために惜しげなく金を使った。[Ka. D2883]

ಸುರಿಸು ⟦surisu スリス⟧ [surĭsu] *vt.* 1〈水、コーヒーなどを〉注ぐ、〈涙を〉流す ¶ ಹುಡುಗಿ ಕಣ್ಣೀರು ಸುರಿಸುತ್ತಾ "ಅಪ್ಪಾ ನನ್ನನ್ನು ಕ್ಷಮಿಸಿ" ಎಂದು ಹೇಳಿದಳು. (huḍugi kaṇṇīru surisuttā "appā nannannu kṣamisi" eṃdu hēḷida-ḷu.) 娘は涙を流しながら「お父さん、かんにんして」といった。2〔喩〕〈矢、鉄砲玉、砲弾などを〉雨あられと降らす ¶ 1945 ರಲ್ಲಿ ಅಮೆರಿಕಾ ಡ್ರೆಸ್ಡೆನ್ ನಗರದ ಮೇಲೆ ಬಾಂಬು ಸುರಿಸಿತು. (1945 ralli amerikā ḍresḍen nagarada mēle bāṃbu surisitu.) 1945年アメリカはドレスデンの町に爆弾の雨を降らせた。[Ka. caus. D2883]

ಸುರಿಮುಳ್ಳು ⟦surimuḷḷu スリムッル⟧ [surimuɭɭu] 《文》 *n.* クロウメモドキ科ナツメ属の刺のある低木(根には抗菌作用がある)⇀ 薬 [Ka. D2730] *[IMP 5.446]

ಸುರಿಯುವಿಕೆ ⟦suriyuvike スリユヴィケ⟧ [surijuvĭke] *n.* 注ぐこと [Ka. D2883]

ಸುರಿವು ⟦surivu スリヴ⟧ [surivu] *vt.* 流す [Ka. D2883]

ಸುರುಂಟು[1] ⟦surumṭu スルントゥ⟧ [suruɳʈu] 《古》 *vi.* (枯れた葉や病気になった葉が)巻く (*Kitt.,My.*) [Ka. D2684]

ಸುರುಂಟು[2] ⟦surumṭu スルントゥ⟧ [suruɳʈu] 《古》 *vi.* しわがよる、縮む [Ka. D2687]

ಸುರುಟು[1] ⟦suruṭu スルトゥ⟧ [surŭʈu] *vi.* (枯れた葉や病気になった葉が)巻く (*Kitt.,My.*) [Ka. D2684]

ಸುರುಟು[2] ⟦suruṭu スルトゥ⟧ [surŭʈu] *vi.* しわがよる、縮む [Ka. D2687]

ಸುರುಸುರು ⟦surusuru スルスル⟧ [surusuru] ಸುರುಸುರ್ (*n.*), *adv.* 1 ロケット花火の音を表す擬音語 2 熱い茶などをすする音を表す擬音語 ◊ *adv.* ಸುರುಸು-ರನೆ (surusurane) [Ka. onom *D2712]

ಸುರುಳ್[1] ⟦suruḷ スルル⟧ [suruɭ] 《古》 *vi.* 1 (巻物のように)巻く 2 とぐろを巻く [Ka. *D2684]

ಸುರುಳ್[2] ⟦suruḷ スルル⟧ [suruɭ] 《古》 *vi.* 1 しわがよる、縮む 2〔喩〕(恐れで)縮み上がる、びくつく、怖気づく [Ka. D2687]

ಸುರುಳು[1] ⟦suruḷu スルル⟧ [suruɭu] 《文》 *vi.* 1 危険からすり抜ける 2 渦巻く [Ka. D2684]

ಸುರುಳು[2] ⟦suruḷu スルル⟧ [suruɭu] 《文》 *vi.* (恐れで) 縮み上がる、びくびくする、おじける [Ka. D2687]

ಸುರುಳ್ಚು ⟦suruḷcu スルルチュ⟧ [suruɭʧu] 《古》 *vt.* 《*caus.*》 縮ませる [Ka. caus. D2687]

ಸುರುಳಿ ⟦suruḷi スルリ⟧ [surŭɭi] ಸುರಳಿ, ಸುರುಳೆ *n.* 1 (ござ、座布団などの)巻いたもの、(蛇の)とぐろ、(ばねなどの)曲線 2 コイル、ばね [Ka. D2684] = ಸುರುಳೆ (suruḷe)

ಸುರುಳೆ ⟦suruḷe スルレ⟧ [suruɭe] *n.* [Ka. D2684] ☞ಸುರುಳಿ (suruḷi)

ಸುರ್ಕು[1] ⟦surku スルク⟧ [surku] ಸುಕ್ಕು 《古》 *vi.* (髪の毛が)巻く —*n.* 巻き毛、カール [Ka. D2684]

ಸುರ್ಕುಗುರುಳ್ ⟦surkuguruḷ スルクグルル⟧ [surkuguruɭ] ಸುಕ್ಕುಂಕುರುಳ್, ಸುಕ್ಕುಂಗುರುಳ್, ಸುಕ್ಕುಗುರುಳು 《古》 *n.* 巻き毛 [+ *kuruḷ*]

ಸುರ್ಕು[2] ⟦surku スルク⟧ [surku] ಸುಕ್ಕು 《古》 *vi.* 1 しわがよる、縮む 2〔喩〕(恐れで)縮み上がる、怖気づく、おびえる —*n.* しわ、縮むこと [Ka. D2687]

ಸುಲಭ ⟦sulabʰa スラバ⟧ [suləbʰɐ] *adj.* 1 手に入れやすい 2 たやすい、容易な ¶ ಈ ಪ್ರಶ್ನೆ ಸುಲಭವಾಗಿ ಬಗೆಹರಿಸಲು ಆಗುತ್ತದೆ. (ī praśne sulabʰavāgi bageharisalu āguttade.) これはすぐ解ける問題だ。[Sk.]

ಸುಲಭೋಪಾಯ ⟦sulabʰōpāya スラボーパーヤ⟧ [suləbʰoːpɐːjɐ] 《文》 *n.* たやすい方法、容易な手段 [Sk.]

ಸುಲಲಿತ ⟦sulalita スラリタ⟧ [suləlitɐ] 《文》 (*n.*) 1 (女性、花、音楽などが) 優しい〈こと〉、可愛い〈こと〉 2 (儀式、行事などが) 邪魔や障害なく進む〈こと〉¶ ಕಾರ್ಯಕ್ರಮ ಸುಲಲಿತವಾಗಿ ನಡೆಯಿತು. (kāryakrama sulalitavāgi naḍeyitu.) 行事はよどみなく進んだ。[Sk.]

ಸುಲಿ ⟦suli スリ⟧ [suli] *vt.* 1〈果物、動物などの〉皮を剥ぐ、〈果物の皮を〉むく 2〔喩〕〈人から〉ものを略奪する、強奪する ¶ ಕಳ್ಳರು ಬಸ್ಸನ್ನು ನಿಲ್ಲಿಸಿ ಪ್ರಯಾಣಿಕ-ರನ್ನು ಸುಲಿದರು. (kaḷḷaru bassannu nillisi prayāṇikarannu sulidaru.) 強盗たちはバスを止めて乗客の持ち物を剥ぎ取った。[D2856]

ಸುಲಿಯಿಸು ⟦suliyisu スリイス⟧ [sulijisu] *vt.* 〈人から〉ものを強奪させる、略奪させる [Ka. + *-isu* caus. *D2856]

ಸುಲಿಸು ⟦sulisu スリス⟧ [sulisu] *vt.* 1〈獣や果物の皮などを〉はがさせる 2〈着物などを〉無理やり剥ぎ取らせる [Ka. caus. D2856]

ಸುಲಿಗೆ ⟦sulige スリゲ⟧ [sulige] *n.* 強奪、略奪、強盗 [*suli* + *-ge* D2856]

ಸುಲಿಗೆಗಾರ ⟦suligegāra スリゲガーラ⟧ [suligegɐːrɐ] *m.* 《*f.* ಸುಲಿಗೆಗಾತಿ (suligegāti)》強盗、追い剥ぎ、山賊 [+ *-gāra* *D2856]

ಸುಲಿಹ ⟦suliha スリハ⟧ [sulihɐ] 《古》 *n.* 強奪、略奪、強盗 [*suli* + *-ha* D2856]

ಸುವರ್ಣ ⟦suvarṇa スヴァルナ⟧ [suvərɳɐ] 《文》 *n.* 金(きん) [Sk.]

ಸುವರ್ಣಕಾರ ⟦suvarṇakāra スヴァルナカーラ⟧ [suvərɳəkɐːrɐ] 《文》 *m.* 《*f.* *ಸುವರ್ಣಕಾರ್ತಿ (suvarṇakārti)》 1 金細工師 2 金銀などの装身具を売り買いする人 [Sk.]

ಸುವರ್ಣಕಾಲ ⟦suvarṇakāla スヴァルナカーラ⟧ [suvərɳəkɐːlɐ] 黄金時代、(国家、王朝、一門などの)最盛期

ಸುವರ್ಣಗಡ್ಡೆ ⟦suvarṇagaḍḍe スヴァルナガッデ⟧ [suvərɳəgəɖɖe] ಸುವರ್ಣಗೆಡ್ಡೆ *n.* ゾウコンニャク(サトイモ科コンニャク属、大きく薄く平たい球形で暗褐色の地下茎を持つ頑丈な草本、地下茎は食用および薬用)→食・薬 [Sk.] = ಸೂರಣಗಡ್ಡೆ, ಚೂರ್ಣಗೆಡ್ಡೆ (sūraṇagaḍḍe, cūrṇageḍḍe)

ಸುವರ್ಣಯುಗ ⟦suvarṇayuga スヴァルナユガ⟧ [suvərɳəjugɐ] 《文》 *n.* 黄金時代、最盛期 [Sk.]

ಸುವರ್ಣಮಹೋತ್ಸವ ⟦suvarṇamahōtsava スヴァルナマホートサヴァ⟧ [suvərɳəmohoːtsəvɐ/–məhoːʦʦəvɐ] 《文》 *n.* 50年記念祭 [Sk.]

ಸುವರ್ಣಸಂಧಿ ⟦suvarṇasaṃdʰi スヴァルナサンディ⟧ [suvərɳəsəndʰi] 《文》 *n.* 絶好の機会 [Sk.]

ಸುವಾರ್ತೆ ⟦suvārte スヴァールテ⟧ [suvɐːrte] 《文》 *n.* 1 嬉しい知らせ、よいニュース 2 (キリストの)福音 [Sk.]

ಸುವಾಸನೆ ⟦suvāsane スヴァーサネ⟧ [suvɐːsəne] *n.* 芳香、よい匂い [Sk.]

ಸುವಿಧಾನ ⟦suvidʰāna スヴィダーナ⟧ [suvidʰɐːnɐ] 《文》 *n.* 整頓、整理整頓 [Sk. *suvidhāna-*]

ಸುವ್ಯವಸ್ಥೆ ⟦suvyavastʰe スヴィャヴァステ⟧ [suvjəvəstʰe] *n.* 1 整頓、こぎれいなこと 2 (行事などの)行きとどいた準備 ¶ ಕಾರ್ಯಕ್ರಮದಲ್ಲಿ ಸುವ್ಯವಸ್ಥೆ ಇರಲಿಲ್ಲ. (kāryakramadalli suvyavastʰe iralilla.) この行事は手はずがあまりよくない。[Sk.]

ಸುಶಿಕ್ಷಿತ ⟦suśikṣita スシクシタ⟧ [suʃikʂitɐ] *adj.*, *m.* 《*f.* ಸುಶಿಕ್ಷಿತೆ (suśikṣite)》よい教育を受けた〈人〉、よく訓練された〈人〉、十分な教育を受けた〈人〉[Sk.]

ಸುಶ್ರಾವ್ಯ ⟦suśrāvya スシュラーヴィャ⟧ [suʃrɐːvʲjɐ] 《文》 (*n.*) 耳に快い〈こと〉、音楽的な〈こと〉、(声などが)甘い〈こと〉[Sk.]

ಸುಷಮ ⟦suṣama スシャマ⟧ [suʂəmɐ] 《文》 *adj.*, *m.* 《*f.* ಸುಷಮೆ (suṣame)》美貌の〈人〉[Sk.]

ಸುಷುಪ್ತಿ ⟦suṣupti スシュプティ⟧ [suʂupti] 《文》 *n.* 1 深い眠り、熟睡 2 熟睡状態 [Sk.]

ಸುಸಂಧಿ ⟦susaṃdʰi スサンディ⟧ [susəndʰi] 《文》 *n.* 絶好の機会 [Sk.]

ಸುಸಂಬದ್ಧ ⟦susaṃbaddʰa スサンバッダ⟧ [susəmbəddʰɐ] 《文》 *adj.* 1 (当該のことと)関連した 2 (議論などが)首尾一貫した、筋道の通った [Sk.]

ಸುಸಂಸ್ಕೃತ ⟦susaṃskṛta スサンスクルタ⟧ [susəmskrutɐ/—skrutɐ] *adj.*, *m.* 《*f.* ಸುಸಂಸ್ಕೃತೆ (susaṃskṛte)》深い教養のある〈人〉、よく洗練された〈人〉[Sk.]

ಸುಸಜ್ಜಿತ ⟦susajjita スサッジタ⟧ [susəʤʤitɐ] (*n.*) 1 設備がよく整った〈こと〉¶ ಸುಸಜ್ಜಿತ ಆಸ್ಪತ್ರೆ (susajjita āspatre) 設備がよく整った病院 2 よく装備の整った〈こと〉、軍備のよく整った〈こと〉[Sk.]

ಸುಸಾಧ್ಯ ⟦susādʰya スサーディャ⟧ [susɐːdʰʲjɐ] 《文》 *adj.* 実行することがたやすい、とても成就しやすい ¶ ಭಾರತೀಯ ರೈಲಿನ ನಿಜೀಕರಣ ಸುಸಾಧ್ಯವಾದ ಕೆಲಸವಲ್ಲ. (bʰāratīya railina nijīkaraṇa susādʰyavāda kelasavalla.) インドの国有鉄道を私有化することはたやすい仕事でない。[Sk.]

ಸುಸಿಲ್ ⟦susil スシル⟧ [susil] 《古》 *n.* 性交 [Ka. D3291]

ಸುಸೂತ್ರ ⟦susūtra ススートラ⟧ [susuːtrɐ] (*n.*) 容易〈な〉、たやすい〈こと〉¶ ವ್ಯಾಪಾರದ ಮಾತುಕತೆ ಸುಸೂತ್ರವಾಗಿ ನಡೆಯಿತು. (vyāpārada mātukate susūtravāgi naḍeyitu.) 商談はすらすら進んだ。[Sk.]

ಸುಸ್ತು ⟦sustu ストゥ⟧ [sustu] *n.* 疲れ、疲労 ¶ ಮಗು ಸುಸ್ತಾಗಿ ಮಲಗಿದೆ. (magu sustāgi malagide.) 子どもは疲れて眠っている。 —(*n.*) 疲れた〈こと〉、疲労した〈こと〉¶ ನನಗೆ ತುಂಬಾ ಸುಸ್ತಾಗಿದೆ. (nanage tuṃbā sustāgide.) 私はとても疲れている。[Pe. *sust*]

ಸುಳಿ¹ ⟦suḷi スリ⟧ [suɭi] ಸುಟಿ *vi.* 1 渦を巻く 2 さまよう、うろつく、ぶらつく ¶ ಹುಡುಗ ಶಾಲೆಗೆ ಹೋಗದೆ ಇಲ್ಲೇ ಸುಳಿಯುತ್ತಿದ್ದ. (huḍuga śālege hōgade illē suḷiyuttidda.) 少年は学校へ行かずにここをうろついていた。 —*n.* 1 コイル状の形、コイル状のもの、とぐろ状の形 2 渦巻き、渦 ¶ ಸಾಂಪ್ರದಾಯಿಕ ಬ್ರಾಹ್ಮಣರು ತಲೆಯ ಸುಳಿಯಲ್ಲಿ ಚಂಡಿಕೆ ಬಿಡುತ್ತಾರೆ. (sāṃpradāyika brāhmaṇaru taleya suḷiyalli caṃdike biḍuttāre.) 伝統的なバラモンは頭のつむじに房を生やしている。[Ka. D2698(a)]

ಸುಳಿ² ⟦suḷi スリ⟧ [suɭi] 《方》 *n.* 1 若くて巻いたままの葉 2 新芽、萌芽 (*Bark.*) [Ka. *D2698(a)/D3362?]

ಸುಳಿವು ⟦suḷivu スリヴ⟧ [suɭʲivu] ಸುಳುವು, ಸುಟಿವು, ಸುಲುಹು, ಸುಟುವು *n.* 足跡、痕跡 ¶ ನಾಯಿ ಪ್ರಾಣಿಯ ಸುಳಿವು ಹಿಡಿದು ಬೇಟೆಯಾಡುತ್ತವೆ. (nāyi prāṇiya suḷivu hiḍidu bēṭeyāḍuttave.) 犬は動物の痕跡を追って狩をする。[? Ka. *suṟi* D3362 + *-vu*/D2698(a)/D2703?]

ಸುಳುವು¹ ⟦suḷuvu スルヴ⟧ [suɭŭvu] *n.* [Ka. D2698(a)/D2703] ☞ಸುಳಿವು (suḷivu)

ಸುಳುವು² ⟦suḷuvu スルヴ⟧ [suɭŭvu] 《‡》 (*n.*) 容易〈な〉、たやすい〈こと〉[Ka. D2703] (*My.* (*Kitt.*))

ಸುಳ್ಳ ⟦sulla スッラ⟧ [suḷḷɐ] *m.* ⟪*f.* ಸುಳ್ಳಿ (sulli)⟫嘘つき、虚言者 [2708] = ಸುಳ್ಳುಗಾರ (sullugāra)

ಸುಳ್ಳು ⟦sullu スッル⟧ [suḷḷu] *n.* 嘘、虚言 [Ka. D2708, DED D2232]

ಸುಳ್ಳುಗಾರ ⟦sullugāra スッルガーラ⟧ [suḷḷugɐːrɐ] *m.* ⟪*f.* ಸುಳ್ಳುಗಾತಿ (sullugāti)⟫嘘つき、虚言者 [Ka. *sullu* + *-gāra*] = ಸುಳ್ಳ (sulla)

ಸುಱ್ ⟦sur スル⟧ [sur] 《‡》 (*n.*) じゅっ(液体をすする音を表す擬音語) (*My.* (*Kitt.*)) [Ka. onom. D2712]

ಸುಱುಸುಱ್ ⟦sursur スルスル⟧ [sursur] 《‡》 (*n.*) ⟪*redup.*⟫ じゅじゅっ (液体をすする音を表す擬音語) (*C.* (*Kitt.*)) [Ka. onom. *D2712] = ಸುರುಸುರು (surusuru) 〔現〕

ಸುಱ ⟦sura スラ⟧ [surɐ] 《‡》 (*n.*) じゅじゅっ(液体をすする音を表す擬音語) (*DEDR*) [Ka. onom. D2712]

ಸುಱಸುಱ ⟦surasura スラスラ⟧ [surəsurɐ] 《‡》 (*n.*) じゅじゅっ(液体をすする音を表す擬音語) (*My.* (*Kitt.*)) [Ka. onom. D2712] = ಸುರಸುರ (surasura) 〔現〕

ಸುಱಿ ⟦suri スリ⟧ [suri] ಸುರಿ 《古》 *vt.* 〈茶などを〉すする [Ka. onom. D2712]

ಸುಱುಕು ⟦suruku スルク⟧ [surŭku] 《古》 (*n.*) じゅっ (液体をすする時の音を表す擬音語) (*V.40,65* (*Kitt.*)) [Ka. onom. D2712]

ಸುೞಿ[1] ⟦suri スリ⟧ [suɻi] 《古》 *vi.* 1 渦を巻く、一点の周囲をぐるぐる回る 2 さまよう、うろつく、ぶらつく —*n.* 1 渦を巻いて回ること 2 渦巻き、(川などの)渦、(頭の毛の)つむじ 3 若くて巻いたままの葉 4 痕跡 —*mf.* 怠け者、怠惰な人 ☞ಸುಳಿ (suli)[1] 〔現〕 [Ka. D2698(a)]

ಸುೞಿಸು ⟦surisu スリス⟧ [suɻĭsu] 《古》 *vt.* ⟪*caus.*⟫渦を巻かせる [Ka. D2698(a)]

ಸುೞಿ[2] ⟦suri スリ⟧ [suɻi] 《古》 *n.* (バナナ、ココア、ビンロウジュの木の) まだたたまれた状態の若葉 [Ka. *D2698(a)/D3362] ☞ಸುಳಿ (suli)[2] 〔現〕

ಸುೞಿವು ⟦surivu スリヴ⟧ [suɻĭvu] 《古》 *n.* 足跡、痕跡 (*My.* (*Kitt.*)) [Ka. D2698(a)] ☞ಸುಳಿವು (sulivu)

ಸುೞುವು ⟦suruvu スルヴ⟧ [suɻŭvu] 《古》 *n.* 足跡、痕跡 [Ka. D2698(a)] ☞ಸುಳಿವು (sulivu)

ಸುೞುಹು ⟦suruhu スルフ⟧ [suɻŭhu] 《‡》 *n.* くるくる回ること (*Bp.25,5* (*Kitt.*)) [Ka. D2698(a)] ☞ಸುಳಿವು (sulivu)

ಸೂಕ್ತ ⟦sūkta スークタ⟧ [suːktɐ] 《文》 (*adj.*) 「うまく言われた」 —(*n.*) 適当〈な〉、正しい〈こと〉、正鵠を得た〈こと〉¶ ಅವನದು ಸೂಕ್ತ ವಿಚಾರ. (avanadu sūkta vicāra.) 彼の考えはまったく正しい。 —*n.* ヴェーダの賛歌 [Sk.]

ಸೂಕ್ತಿ ⟦sūkti スークティ⟧ [suːkti] *n.* 格言、金言、処世訓 [Sk.]

ಸೂಕ್ಷ್ಮ ⟦sūkṣma スークシュマ⟧ [suːkʂmɐ] (*n.*) 1 微小な〈こと〉、とても小さい〈こと〉 2 (体が)繊細な〈こと〉、(心が)繊細な〈こと〉、傷つき易い〈こと〉¶ ರಮಾ ಸೂಕ್ಷ್ಮ ಪ್ರಕೃತಿಯ ಹುಡುಗಿ. (ramā sūkṣma prakṛtiya huḍugi.) ラマーは華奢な少女である。 3 (問題などが)微妙な〈こと〉、注意深く取り扱わねばならない〈こと〉¶ ಪಲಸ್ತೀನಿನ ವಿಷಯ ಅತ್ಯಂತ ಸೂಕ್ಷ್ಮವಾಗಿದೆ. (palastīnina viṣaya atyaṃta sūkṣmavāgide.) パレスティナの問題はすこぶる微妙である。 4 細かい正確な技術を必要とする〈こと〉¶ ಕಣ್ಣಿನ ಶಸ್ತ್ರಚಿಕಿತ್ಸೆ ಅತ್ಯಂತ ಸೂಕ್ಷ್ಮ ಕೆಲಸ. (kaṇṇina śastracikitse atyaṃta sūkṣma kelasa.) 目の手術はとても細かい正確な技術を必要とする。 5 (知力、視力などが) 鋭い〈こと〉¶ ಹದ್ದಿನ ದೃಷ್ಟಿ ಸೂಕ್ಷ್ಮವಾಗಿದೆ. (haddina dṛṣṭi sūkṣmavāgide.) 鷲の目は鋭い。 —*n.* 最高我 [Sk.]

ಸೂಕ್ಷ್ಮದರ್ಶಕ ⟦sūkṣmadarśaka スークシュマダルシャカ⟧ [suːkʂmədərʃəkɐ] 《文》 *n.* 虫めがね、顕微鏡 [Sk.]

ಸೂಕ್ಷ್ಮದೃಷ್ಟಿ ⟦sūkṣmadṛṣṭi スークシュマドゥルシュティ⟧ [suːkʂmədruʂʈi/—druʂʈi] *n.* 1 鋭い視力 2 鋭い観察力 ¶ ಈ ಕಾದಂಬರಿಯಲ್ಲಿ ಲೇಖಕನ ಸೂಕ್ಷ್ಮದೃಷ್ಟಿ ಕಾಣುತ್ತದೆ. (ī kādaṃbariyalli lēkʰakana sūkṣmadṛṣṭi kāṇuttade.) この小説には著者の観察力が感じられる。 [Sk.]

ಸೂಕ್ಷ್ಮಪ್ರಕೃತಿ ⟦sūkṣmaprakṛti スークシュマプラクルティ⟧ [suːkʂməprəkruti/–prəkruti] *n.* 蒲柳(ほりゅう)の質、繊細な体質 [Sk.]

ಸೂಕ್ಷ್ಮಬುದ್ಧಿ ⟦sūkṣmabuddʰi スークシュマブッディ⟧ [suːkʂməbuddʰi] *n.* 鋭い知力 [Sk.]

ಸೂಚನೆ ⟦sūcane スーチャネ⟧ [suːʧəne] *n.* 1 知らせること、通告すること ¶ ನನ್ನ ಸ್ನೇಹಿತ ಏನೂ ಸೂಚನೆ ಕೊಡದೆ ಒಂದು ಸಂಜೆ ಬಂದ. (nanna snēhita ēnū sūcane koḍade oṃdu saṃje baṃda.) 友人が夕方何の予告もなくやってきた。 2 身ぶりで伝えること、暗号や記号による伝達 ¶ ಈ ವಿಷಯವನ್ನು ಹೇಳಬೇಡಿ ಎಂದು ಹೆಂಡತಿ ಸೂಚನೆ ಕೊಟ್ಟಳು. (ī viṣayavannu hēḷabēḍi eṃdu heṃḍati sūcane koṭṭaḷu.) 妻はこのことを話さないよう身ぶりで合図した。 3 暗示、ほのめかし ¶ ಮಂತ್ರಿಗಳ ಹೇಳಿಕೆಯಲ್ಲಿ ನನಗೆ ಸರಕಾರದಿಂದ ಸಹಾಯ ಸಿಗುವುದಿಲ್ಲ ಎಂಬ ಸೂಚನೆ ಇದೆ. (maṃtrigaḷa hēḷikeyalli nanage sarakāradiṃda sahāya siguvudilla eṃba sūcane ide.) 大臣の言葉の中には政府の私への援助はないということがほのめかされている。 4 警告、注意 ¶ ನಮ್ಮ ಮನೆಯಲ್ಲಿ ಗ್ಯಾಸ್ ಸೋರಿದರೆ ಸೂಚನೆ ಕೊಡುವ ಯಂತ್ರ ಇದೆ. (namma maneyalli gyās sōridare sūcane koḍuva yaṃtra ide.) 私の家にはガスが洩れたら警告する装置がある。 [Sk.]

ಸೂಚಿ ⟦sūci スーチ⟧ [suːʧi] *n.* 目録、索引 [Sk.] = ಪಟ್ಟಿ (paṭṭi)

ಸೂಚಿಸು ⟦sūcisu スーチス⟧ [suːʧisu] 《文》 *vt.* 1 知らせる、通告する 2 暗示する、ほのめかす [Sk.]

ಸೂಚ್ಯ ⟦sūcya スーチュヤ⟧ [suːʧjɐ] 《文》 (*n.*) 含意された〈こと〉、言外〈の〉、遠回し〈の〉¶ ನಾನು ಆ ಹುಡುಗಿಯ ಜೊತೆಗೆ ಸೇರಬಾರದು ಎಂದು ತಂದೆ ಸೂಚ್ಯವಾಗಿ ಹೇಳಿದರು. (nānu ā huḍugiya jotege sērabāradu eṃdu taṃde sūcyavāgi hēḷidaru.) 父はあの娘と交際しない方がよいとそれとはなしに言った。 [Sk.]

ಸೂಚ್ಯಂಕ ⟦sūcyaṃka スーチュヤンカ⟧ [suːʧjəŋkɐ] 《文》 *n.* 指数 [*sūcya* + *aṃka*]

ಸೂಜಿ ⟦sūji スージ⟧ [suːʤi] *n.* 1 針; ピン 2 (計器の)指針、(時計の)針、(注射器の)針 [Sk. *sūcikā-*]

ಸೂಜಿಕಣ್ಣು ⟦sūjikaṇṇu スージカンヌ⟧ [suːʤikəɳɳu] ಸೂಜಿಗಣ್ಣು *n.* 縫い針の穴 [+ *kaṇṇu*]

ಸೂಜಿಗಣ್ಣು ⟦sūjigaṇṇu スージガンヌ⟧ [suːʤigɳɳu] *n.* 縫い針の穴 [+ *kaṇṇu*] ☞ಸೂಜಿಕಣ್ಣು (sūjikaṇṇu)

ಸೂಜಿಮದ್ದು ⟦sūjimaddu スージマッドゥ⟧ [suːʤiməddu] *n.* 注射 [*sūji* + *maddu*]

ಸೂಜಿಮಲ್ಲಿಗೆ ⟦sūjimallige スージマッリゲ⟧ [suːʤimə llige] *n.* 細長い花弁を持ったジャスミンの一種 [*sūji* + *mallige*]

ಸೂಟ್ ⟦sūṭ スート⟧ [suːʈ] ಸೂಟು *n.* 背広 [Eg. *suit*]

ಸೂಟಿ¹ ⟦sūṭi スーティ⟧ [suːʈi] *n.* [Ka. D2656] ☞ಸುಟಿ (suṭi)

ಸೂಟಿ² ⟦sūṭi スーティ⟧ [suːʈi] ಚೂಟಿ, ಸೂಟು *n.* 休み、休暇 [OM. *sūṭī* T3707] = ರಜ (raja) 〔汎〕

ಸೂಟೆ ⟦sūṭe スーテ⟧ [suːʈe] 《方》 *n.* 乾いたココナツの葉などで作ったたいまつ (SK) [Ka. D2654]

ಸೂಡಗ ⟦sūḍaga スーダガ⟧ [suːɖə̆gɐ] ಸೂಡಂಗ 《古》 *n.* 腕輪 [? A39]

ಸೂಡಿ ⟦sūḍi スーディ⟧ [suːɖi] *n.* 干草などのあまり大きくない束 [Ka. D2723]

ಸೂಡಿಗ ⟦sūḍiga スーディガ⟧ [suːɖigɐ] 《‡》 *n.* 腕輪 (*Si.219* (*Kitt.*)) [? A39]

ಸೂಡು¹ ⟦sūḍu スードゥ⟧ [suːɖu] 《古》 *n.* 1 焼くこと、焼印を押すこと 2 火、炎 3 熱 4 死体を焼く薪を積み重ねたもの [Ka. D2654]

ಸೂಡು² ⟦sūḍu スードゥ⟧ [suːɖu] *vt.* 1 〈花などを〉頭につける 2 手に入れる、所有する 3 〈花環、首飾りなどを〉首にかける 4 〈開いた傘を〉持つ 5 頭に載せる ¶ ಹಳ್ಳಿಗೆ ಹೋದರೆ ತಲೆ ಮೇಲೆ ಪಾತ್ರೆಯನ್ನು ಸೂಡಿಕೊಂಡು ಹೋಗುವ ಹೆಂಗಸರು ಕಾಣುತ್ತಾರೆ. (haḷḷige hōdare tale mēle pātreyannu sūḍikoṃḍu hōguva heṃgasaru kāṇuttāre.) 田舎へ行くと女性たちが頭に容器(水甕)を載せて歩くのが見られる。 6 〈勇気、確信などを〉得る —*vi.* (太陽が) 昇る、姿を現す [Ka. D2721]

ಸೂಡು³ ⟦sūḍu スードゥ⟧ [suːɖu] *n.* (草などの) 束 —*vt.* 束ねる [Ka. D2677, D2723]

ಸೂತ್ರ ⟦sūtra ストラ⟧ [suːtrɐ] *n.* 1 紐、糸 2 繊維 3 (サンスクリット語の手引書に用いられるような暗記に便利な) 短い語句 4 (暗記に便利な) 短い規則や語句からなる手引書 (通常サンスクリット語で記されている) 5 凧や人形を操る糸 6 バラモンが身につける聖紐 7 会社、役所などの管理や統制 [Sk.]

ಸೂತ್ರಧಾರ ⟦sūtradʰāra ストラダーラ⟧ [suːtrədʰɐːrɐ] *m.* 《*f.* *ಸೂತ್ರಧಾರಿ (sūtradʰāri)》 1 (操り人形の) 人形使い 2 (芝居の) 座長 3 (党などを陰から) 操る人 [Sk.]

ಸೂತ್ರಧಾರಿ ⟦sūtradʰāri ストラダーリ⟧ [suːtrə̆dʰɐːri] *mf.* [Sk.] ☞ಸೂತ್ರಧಾರ (sūtradʰāra)

ಸೂಯ್ ⟦sūy スーイ⟧ [suːĭ] 《‡》 *vi.* 1 息をする、呼吸する 2 ため息をつく —*n.* 1 息、呼吸 2 ため息 (*J. 6,32* (*Kitt.*)) [Ka. D2680]

ಸೂರ ⟦sūra スーラ⟧ [suːlɐ] 《古》 *m.* 《*f.* ಸೂರಳು (sūraḷu)》 英雄、勇者、戦士 [Sk. *śūra-*] = ಶೂರ (śūra)

ಸೂರಣ ⟦sūraṇa スーラナ⟧ [suːrəɳɐ] *n.* ゾウコンニャク (サトイモ科コンニャク属、大きく薄く平たい球形で暗褐色の地下茎を持つ頑丈な草本、地下茎は食用および薬用) → 食・薬 [Sk. < ?] *[IMP 1.133]

ಸೂರಣಗಡ್ಡೆ ⟦sūraṇagaḍḍe スーラナガッデ⟧ [suːrəɳəgə ɖɖe] ಸೂರ್ಣಗೆಡ್ಡೆ *n.* ゾウコンニャク (上記の植物の球根) [+ ಗಡ್ಡೆ (gaḍḍe), cf. *suvarṇagaḍḍe*]

ಸೂರಿ ⟦sūri スーリ⟧ [suːri] *m., adj.* 1 学者〈の〉、賢者〈の〉 2 スーリ〈の〉 (ジャイナ教の聖者や行者に言及したり呼びかける時の敬称) [Sk.]

ಸೂರು¹ ⟦sūru スール⟧ [suːru] ಚೂರು, ಸೂರ್ *n.* 軒 [Ka. D2729]

ಸೂರು² ⟦sūru スール⟧ [suːru] *n.* (音楽の) 声や音 [M. *sūră* < Sk. *svara-*]

ಸೂರುಳ್ ⟦sūruḷ スールル⟧ [suːruɭ] 《古》 *n.* 誓い、誓約 [Ka. D2738]

ಸೂರೆ ⟦sūre スーレ⟧ [suːre] ಸೂಱೆ *n.* 強奪、略奪 [Ka. < *sūṟe* *D2744]

ಸೂರೆಗೊಳ್ಳು ⟦sūregoḷḷu スーレゴッル⟧ [suːregoɭɭu] ಸೂರೆಕೊಳ್, ಸೂರೆಗೊಳ್, ಸೂರೆಗೊಳ್ಳು, ಸೂಱೆಗೊಳ್, ಸೂಱೆಗೊಳು, *vt.* 1 強奪する、略奪する 2 〔喩〕 魅了する、魅惑する —*vi.* 蕩尽される ¶ ತಿಮ್ಮಣ್ಣನ ಸಂಪತ್ತು ಜೂಜಾಟದಲ್ಲಿ ಸೂರೆಗೊಂಡಿತು. (timmaṇṇana saṃpattu jūjāṭadalli sūregoṃḍitu.) ティンマンナの財産は博打で蕩尽された。 [+ *koḷḷu*]

ಸೂರೆಮಾಡು ⟦sūremāḍu スーレマードゥ⟧ [suːremɐːɖu] *vt.* 強奪する、略奪する [+ *māḍu*] = ಸೂರೆಗೊಳ್ಳು (sūregoḷḷu)

ಸೂರೆಗಾರ ⟦sūregāra スーレガーラ⟧ [suːregɐːrɐ] *m.* 《*f.* ಸೂರೆಗಾತಿ (sūregāti)》 強盗、強奪者、略奪者 [*sūre* + *-gāra*]

ಸೂರ್ಯ ⟦sūrya スーリヤ⟧ [suːrjɐ] *n.* 太陽 —*m.* 太陽神 [Sk.]

ಸೂರ್ಯಸ್ನಾನ ⟦sūryasnāna スーリヤスナーナ⟧ [suːrjə snɐːnɐ] 《文》 *n.* 日光浴 [Sk.]

ಸೂರ್ಯಾಸ್ತ ⟦sūryāsta スーリヤースタ⟧ [suːrjɐːstɐ] *n.* 日没 [Sk.]

ಸೂರ್ಯೋದಯ ⟦sūryōdaya スーリョーダヤ⟧ [suːrjoː dəjɐ] *n.* 日の出 [Sk.]

ಸೂಲ್ ⟦sūl スール⟧ [suːl] 《古》 *n.* 1 (動物の) 妊娠、はらむこと 2 (動物の) 出産 3 子孫 [Ka. D2733] ☞ಸೂಲು (sūlu)[1]

ಸೂಲ¹ ⟦sūla スーラ⟧ [suːlɐ] *n.* 1 (通常動物の) 出産 2 子孫 [Ka. *D2733] ☞ಸೂಲು (sūlu)[1]

ಸೂಲ² ⟦sūla スーラ⟧ [su:lɐ] *n.* [Sk. *śūla-*] ☞ಶೂಲ (śūla)

ಸೂಲಗಿತ್ತಿ ⟦sūlagitti スーラギッティ⟧ [su:lǝ̆gitti] ಸೂಲಗಿತಿ *f.* 産婆 [*sūla* + *-gitti*]

ಸೂಲು¹ ⟦sūlu スール⟧ [su:lu] ಚೂಲ್, ಚೂಲು, ಸೂಲ್, ಚೂಲ *n.* 1 (通常動物の)妊娠、はらむこと 2《古》(通常動物の)出産 [Ka. *D2733]

ಸೂಲು² ⟦sūlu スール⟧ [su:lu] 《‡》 *n.* 1 息、呼吸 2 ため息 [Ka. D2680] (*My.* (*Kitt.*))

ಸೂಸು ⟦sūsu スース⟧ [su:su] *vi.* 1 (火、火花、喜びなどが)出る、ほとばしり出る 2 (川が)流れる 3 (水滴、露などが)落ちる、こぼれる 4 散らばる、飛び散る ¶ ಹಾದಿಯಲ್ಲಿ ಮಲ್ಲಿಗೆ ಸೂಸಿವೆ. (hādiyalli mallige sūsive.) 路上にジャスミンの花が散らばっている。 5 (水や牛乳などが)あふれる、あふれ出る 6 (髪が)乱れる 7〔喩〕(微笑などが顔に)広がる ¶ ಹುಡುಗಿಯ ಮುಖದಲ್ಲಿ ನಗೆ ಸೂಸುತ್ತಿತ್ತು. (huḍugiya mukʰadalli nage sūsuttittu.) 乙女の顔に微笑がぱっと広がった。 —*vt.* 1〈光などを〉発する、〈ため息などを〉つく ¶ ಚಂದ್ರ ಬೆಳದಿಂಗಳನ್ನು ಸೂಸಿದ. (caṃdra beḷadiṃgaḷannu sūsida.) 月が月光を広げていた。 2〈水や蜜などを〉流す ¶ ಮಾವಿನಹಣ್ಣು ರಸವನ್ನು ಸೂಸುತ್ತದೆ. (māvinahaṇṇu rasavannu sūsuttade.) マンゴーは果汁を流し出す。 3〈水などを〉振りまく 4 (パンヤの実などから種を)飛び散らせる ¶ ಬೂರುಗದ ಕಾಯಿ ಬೀಜಗಳನ್ನು ಸೂಸುತ್ತದೆ. (būrugada kāyi bījagaḷannu sūsuttade.) パンヤの実は種をばらまく。 [? onom.]

ಸೂಳೆ ⟦sūḷe スーレ⟧ [su:ɭe] *n.* 娼婦、売春婦、淫売婦 [Ka. D2741]

ಸೂಳೆಗಾರಿಕೆ ⟦sūḷegārike スーレガーリケ⟧ [su:ɭegɐ:rĭke] *n.* 売春 [+ *-gārike*]

ಸೂಳೆಗೇರಿ ⟦sūḷegēri スーレゲーリ⟧ [su:ɭege:ri] *n.* 赤線地区、花柳界 [+ *kēri*]

ಸೂಱೆ ⟦sūṟe スーレ⟧ [su:r̠e] 《古》 *n.* 1 強奪、略奪 2〔喩〕多数、多量 [Ka. D2744]

ಸೂೞ್ ⟦sūḻ スール⟧ [su:ɻ] 《古》 *n.* 1 (繰り返しの)回数 2 (当番などの)順番 3 …倍 [Ka. D2736]

ಸೃಜನ ⟦sṛjana スルジャナ⟧ [srɯʤǝnɐ/sruʤǝnɐ] 《文》 *n.* 1 (芸術品、世界などの)創造 2 誕生 [Sk.]

ಸೃಜನಶೀಲ ⟦sṛjanaśīla スルジャナシーラ⟧ [srɯʤǝnǝʃi:lɐ/sruʤǝnǝ–] 《文》 *adj., m.* 創造的な〈人〉、創造力のある〈人〉、独創的な〈人〉[Sk.]

ಸೃಜನಾತ್ಮಕ ⟦sṛjanātmaka スルジャナートマカ⟧ [srɯʤǝnɐ:tmǝkɐ/sruʤǝnɐ:tmǝkɐ] 《文》 (*n.*) 創造的な〈こと〉、創造力のある〈こと〉、独創的な〈こと〉[Sk.]

ಸೃಜಿಸು ⟦sṛjisu スルジス⟧ [srɯʤĭsu/sruʤĭsu] 《文》 *vt.* 作る、創る、創造する [Sk.]

ಸೃಷ್ಟಿ ⟦sṛṣṭi スルシュティ⟧ [srɯʂʈi/sruʂʈi] *n.* 1 (世界の)創造、(芸術作品などの)創作 2 誕生 ¶ ಅಧಿಕ ಮಕ್ಕಳ ಸೃಷ್ಟಿಯಿಂದ ಬಡತನ ಉಂಟಾಗುತ್ತದೆ. (adʰika makkaḷa sṛṣṭiyiṃda baḍatana uṃṭāguttade.) 多産から貧乏が生まれる。 3 世界、宇宙、森羅万象 4 自然、天然、自然界 [Sk.]

ಸೃಷ್ಟಿಕರ್ತ ⟦sṛṣṭikarta スルシュティカルタ⟧ [sruʂʈikǝrtɐ/sruʂʈi–] *m.* 1 製作者 2 創造者、神 [Sk.]

ಸೃಷ್ಟಿಸು ⟦sṛṣṭisu スルシュティス⟧ [srɯʂʈisu/sruʂʈisu] 《文》 *vt.* 創造する [Sk.]

ಸೆಂಡು ⟦semḍu センドゥ⟧ [seɳɖu] 《古》 *n.* 毬、ボール [Ka. D2766] ☞ಚೆಂಡು (ceṃḍu)〔汎〕

ಸೆಂಡಾಟ ⟦semḍāṭa センダータ⟧ [seɳɖɐ:ʈɐ] 《古》 *n.* 毬遊び、ボール遊び [+ *āṭa* D2766] = ಚೆಂಡಾಟ (ceṃḍāṭa)〔汎〕

ಸೆಂಡಾಡು ⟦semḍāḍu センダードゥ⟧ [seɳɖɐ:ɖu] 《古》 *vi.* 毬遊びをする、ボール遊びをする [+ *āḍu* D2766] = ಚೆಂಡಾಡು (ceṃḍāḍu)〔汎〕

ಸೆಂದು ⟦semḍu センドゥ⟧ [sendu] 《古》 *vt.* こする、こすり取る [Ka. D2526]

ಸೆಕೆ ⟦seke セケ⟧ [seke] ಶಖೆ, ಸಖೆ, ಸೆಗೆ 《文》 *n.* 1 (気温の)熱さ 2 蒸し暑さ、暑苦しさ [? cf. Sk. *śikʰā-*]

ಸೆಕೆಗಾಲ ⟦sekegāla セケガーラ⟧ [sekegɐ:lɐ] *n.* 夏(3月、4月、5月) [*seke* + *kāla*]

ಸೆಕ್ಕಿಸು ⟦sekkisu セッキス⟧ [sekkisu] *vt.* 1〈衣の端などを〉(衣の他の部分に)押し込む ¶ ಬಡಗಿ ಕಿವಿಯಲ್ಲಿ ಸೀಸಕಡ್ಡಿಯನ್ನು ಸೆಕ್ಕಿಸಿಕೊಂಡು ಕೆಲಸ ಮಾಡುತ್ತಾನೆ. (baḍagi kiviyalli sīsakaḍḍiyannu sekkisikoṃḍu kelasa māḍuttāne.) 大工さんは耳に鉛筆を挟んで仕事をする。 2〈ものを〉詰め込む [Ka. *D2778]

ಸೆಕ್ಕು ⟦sekku セック⟧ [sekku] ಸೆಕ್ಕುಣ 《文》 *vt.* [Ka. D2778] = ಸೆಕ್ಕಿಸು (sekkisu)

ಸೆಕ್ಕೆ¹ ⟦sekke セッケ⟧ [sekke] ಚಕ್ಕು, ಚಕ್ಕೆ, ಚೆಕ್ಕು, ಚೆಕ್ಕೆ *n.* 木や石の小さな薄い切れ端 [Ka. D2748] ☞ದಾಲ್ಚಿನ್ನಿ (dālcini)

ಸೆಕ್ಕೆ² ⟦sekke セッケ⟧ [sekke] 《方》 *n.* 地酒 (*Bell.*; *U.P.U.*) [Ka. D2749]

ಸೆಕ್ಕೆ³ ⟦sekke セッケ⟧ [sekke] 《‡》 *n.* 押し込むこと [Ka. D2778] (*Śmd.195* (*Kitt.*))

ಸೆಜ್ಜೆ¹ ⟦sejje セッジェ⟧ [seʤʤe] ಸಜ್ಜೆ¹ *n.* トウジンビエ(イネ科チカラシバ属)→ 飼 [Ka. D2290]

ಸೆಜ್ಜೆ² ⟦sejje セッジェ⟧ [seʤʤe] ಸಜ್ಜೆ 《古》 *n.* 寝台、ベッド、寝椅子 [Sk. *śayyā-*]

ಸೆಜ್ಜೆವನೆ ⟦sejjevane セッジェヴァネ⟧ [seʤʤevǝne] ಸಜ್ಜೆಮನೆ, ಸಜ್ಜೆವನೆ, ಸೆಜ್ಜೆಮನೆ 《古》 *n.* 寝室、寝間 [+ *mane*]

ಸೆಟೆ ⟦seṭe セテ⟧ [seʈe] *vi.* 1 (手などが)硬くなる、硬直する 2 (ものが)硬くなる、硬直する 3 (髪の毛などが)よだつ [Ka. *D2613, *D2755]

ಸೆಟೆರೋಗ ⟦seṭerōga セテローガ⟧ [seʈero:gɐ] *n.* 痙攣、ひきつけ、痙攣やひきつけを起こす病気 [+ *rōga*]

ಸೆಟ್ಟಿ ⟦seṭṭi セッティ⟧ [seʈʈi] ಶೆಟ್ಟಿ *mf.* 1 銀行員や商人などに呼びかけたり言及したりする時に用いる尊称 2 商人のカーストの長老 [Sk. *śrēṣṭʰin-*] ☞ಶೆಟ್ಟಿ (śeṭṭi)

ಸೆಡಕು 〚seḍaku セダク〛 [seḍə̆ku] 《文》(*n.*) 硬くなった〈こと〉、硬直〈した〉 —*n.* 1 高慢、傲慢 2 怒り [Ka. *D2613/D2755]

ಸೆಡಿಲು 〚seḍilu セディル〛 [seḍilu] 《方》*n.* 雷 (*Hav.*) [Ka. D2759]

ಸೆಡೆ 〚seḍe セデ〛 [seḍe] ಸೆಟೆ *vi.* 1 硬直する ¶ ನಾಯಿ ಸತ್ತು ಹೋಗಿ ಮೈ ಸೆಡೆದಿದೆ. (nāyi sattu hōgi mai seḍedide.) 犬が死んで体が硬くなっている。 2 まっすぐになる 3 威張る、高慢になる 4 縮む、かがみ込む、小さくなる 5 恐れる、びくつく [Ka. D2613, D2755]

ಸೆಣಸು 〚seṇasu セナス〛 [seɳə̆su] *n.* 競争、対抗、敵対 ¶ ಪ್ರಧಾನಿ ಚುನಾವಣೆಯಲ್ಲಿ ತೀವ್ರ ಸೆಣಸನ್ನು ಎದುರಿಸಬೇಕಾಯಿತು. (pradʰāni cunāvaṇeyalli tīvra seṇasannu edurisabēkāyi-tu.) 首相は選挙できびしい競争に直面せねばならなかった。 —*vi.* 1 張り合う、競う、競争する 2 嫉妬する ¶ ಅವರು ನನ್ನ ಮೇಲೆ ಸೆಣಸುತ್ತಿದ್ದಾರೆ. (avaru nanna mēle seṇasuttiddāre.) 彼らは私に焼きもちを焼いている。 [Ka.?]

ಸೆಣಸಾಟ 〚seṇasāṭa セナサータ〛 [seɳə̆sɐːʈɐ] *n.* 1 競争、対抗、敵対、互いに負けまいと争うこと 2 苦闘、乱闘 ¶ ನಾನು ಬದುಕಲು ಸೆಣಸಾಟ ಮಾಡುತ್ತಾ ಬಂದೆ. (nānu badukalu seṇasāṭa māḍuttā baṃde.) 私は生きるために戦ってきた。 [+ *āṭa*]

ಸೆಣಸಾಡು 〚seṇasāḍu セナサードゥ〛 [seɳə̆sɐːɖu] *n.* 1 競争、対抗、敵対、互いに負けまいと争うこと 2 論争 [+ *āḍu*]

ಸೆತ್ತೆ 〚sette セッテ〛 [sette] ಸತ್ತೆ, ಸದೆ², ಸೆದೆ 《古》*n.* 1 ゴミ、廃物 2 後産 [Ka. *D2770]

ಸೆದಗೆ 〚sedage セダゲ〛 [seđə̆ge] 《古》*n.* ゴミ、廃物 [Ka. D2770]

ಸೆಮಿಲು 〚semilu セミル〛 [semĭlu] 《方》*vi.* くしゃみをする (*Hav.*) [Ka. D2774]

ಸೆಯ್ 〚sey セイ〛 [seĭ] 《古》*n.* [Ka. D2747] (*DEDR*) ☞ಕೆಯ್ (key)

ಸೆರಗು¹ 〚seragu セラグ〛 [serə̆gu] 《古》*n.* 罪、犯罪 [Ka. D2777]

ಸೆರಗು² 〚seragu セラグ〛 [serə̆gu] ಸಱಂಗು, ಸಱಗು, ಸೆಱಂಗು, ಸೆಱಗು *n.* 1 サーリー(昔はドーティーも)を身につけた時に外側の端で胸の上にかかる部分 2 サーリーの外側の端(胸の上にかけるか頭の上に頭巾のようにかける) 3 サーリーの両端に横に走る棒のようなデザイン 4〔喩〕保護、庇護 ¶ ರಣಧೀರ ಯಾವಾಗಲೂ ತಾಯಿಯ ಸೆರಗನ್ನು ಹಿಡಿದುಕೊಂಡಿರುತ್ತಾನೆ. (raṇadʰīra yāvāgalū tāyiya seragannu hiḍidukoṃḍiruttāne.) ラナディールはいつも母親に守られている。 [Ka. < *seṟagu* D2796]

ಸೆರಪು 〚serapu セラプ〛 [serə̆pu] 《古》*n.* 1 客の歓待、厚いもてなし 2 祝祭日、祭り 3 (神に対する)供え物 [Ka. *D2589] ☞ಸೆಱಪು (seṟapu)

ಸೆರೆ¹ 〚sere セレ〛 [sere] ಸೆಱೆ *n.* 1 監禁(状態)、禁固(状態)、幽閉(状態) 2 牢獄、監獄、刑務所 ¶ ಗುರುಜೀ ಸೆರೆಯಲ್ಲಿ ಇದ್ದಾರೆ. (gurujī sereyalli iddāre.) 尊師は収監されていらっしゃる。 —*mf.* 捕虜、在監人、囚人 [Ka. D1980]

ಸೆರೆಗೊಳ್ 〚seregoḷ セレゴル〛 [seregoɭ] ಸೆರೆಗೊಳ್ಳು 《古》*vt.* 監禁する、閉じ込める、投獄する [+ *koḷ*]

ಸೆರೆಬಿಡಿಸು 〚serebiḍisu セレビディス〛 [serebiɖĭsu] *vt.* (監禁状態や刑務所などから)釈放する [+ *biḍisu*]

ಸೆರೆಮನೆ 〚seremane セレマネ〛 [seremənе] *n.* 刑務所、牢獄、監獄 [*sere* + *mane*]

ಸೆರೆಯಾಳು 〚sereyāḷu セレヤール〛 [serejɐːɭu] *mf.* 囚人、在監者、捕虜 [+ *āḷu*]

ಸೆರೆಹಾಕು 〚serehāku セレハーク〛 [serehɐːku] *vt.* 投獄する、刑務所に入れる [+ *hāku*]

ಸೆರೆಹಿಡಿ 〚serehiḍi セレヒディ〛 [serehiɖi] *vt.* 1 捕まえる、逮捕する 2 録音する、録画する ¶ ಬ್ಯಾಂಕಿನ ಭದ್ರತಾಕ್ಯಾಮೆರಾ ದರೋಡೆಕಾರನನ್ನು ಸೆರೆಹಿಡಿದಿದೆ. (byāṃkina bʰadratākyāmerā darōḍekārananannu serehiḍidide.) 銀行の防犯カメラが銀行強盗の写真を取っていた。 [+ *hiḍi*]

ಸೆರೆ² 〚sere セレ〛 [sere] *n.* 1 ものを受け取ったり入れたりするために丸めた手の平 2 両方の手の平を合わせてつかめる分量 = ಬೊಗಸೆ (bogase) [Ka. D2821]

ಸೆರೆ³ 〚sere セレ〛 [sere] ಸೆಲೆ *n.* 1 血管、血の管 2 急所 [Sk. *śirā-*, M469]

ಸೆರೆ⁴ 〚sere セレ〛 [sere] *n.* 蒸留酒、特にインド土着の蒸留酒 [? cf. Sk. *sāra*]

ಸೆರ್ಕು 〚serku セルク〛 [serku] 《古》*vt.* 押し込む、〈衣類の裾を〉他の衣類や衣類の他の部分へ押し込む [Ka. D2778] ☞ಸೆಕ್ಕು (sekku)

ಸೆಲಂದಿ 〚selaṃdi セランディ〛 [seləndi] 《古》*n.* クモ(蜘蛛) [Ka. D2562] ☞ಸೆಲದಿ (seladi)

ಸೆಲದಿ 〚seladi セラディ〛 [seləđi] ಚೆಲದಿ, ಶಲದಿ, ಸೆಲಂದಿ *n.* クモ(蜘蛛) [Ka. D2562]

ಸೆಲವು 〚selavu セラヴ〛 [selə̆vu] 《古》*n.* 費用、出費 [Ka. D2781]

ಸೆಲೆ¹ 〚sele セレ〛 [sele] 《文》*n.* 1 音(一般) 2 反響、こだま、響き —*vi.* こだまする、反響する [Ka. D1574]

ಸೆಲೆ² 〚sele セレ〛 [sele] ಶಲೆ, ಶೆಲೆ 《文》*vi.* (水が)滴る —*n.* 1 泉 (*Bp.18,63* (*Kitt.*)) 2 (あるものの)出所、よりどころ ¶ ಪಂಪ ರಾಮಾಯಣದ ಸೆಲೆ ವಾಲ್ಮೀಕಿ ರಾಮಾಯಣ ಅಲ್ಲ. (paṃpa rāmāyaṇada sele vālmīki rāmāyaṇa alla.) Vālmīki. パンパのラーマーヤナの元はヴァールミーキのそれではない。 [Ka. D2785]

ಸೆಳವು 〚seḷavu セラヴ〛 [seɭə̆vu] *n.* 1 流れの勢い ¶ ನದಿಯ ಸೆಳವು ಜಾಸ್ತಿ ಇದೆ. ದಾಟಲು ಸಾಧ್ಯವಿಲ್ಲ. (nadiya seḷavu jāsti ide. dāṭalu sādʰyavilla.) 川の流れが激しいので渡ることができない。 2 (心を)惹きつけること、魅力 3 寒さで体がこわばること 4 痙攣、ひきつ

け [seḷe + -vu D2785]

ಸೆಳೆ¹ ⟦seḷe セレ⟧ [seḷe] 《古》 *n.* 1 小枝、小さな棒 2 教鞭、教師の使う鞭 —*vt.* 鞭で打つ [Ka. D2790]

ಸೆಳೆ² ⟦seḷe セレ⟧ [seḷe] *vt.* 1 引っ張る 2 魅する、心を惹く 3〈刀などを〉引き抜く ¶ ಈ ಅರಮನೆಯಲ್ಲಿ ಕತ್ತಿ ಸೆಳೆಯುವದು ಪ್ರತಿಬಂಧಿತವಾಗಿತ್ತು. (ī aramaneyalli katti seḷeyuvadu pratibaṃdʰitavāgittu.) この宮殿では刀を抜くことが許されない。 4《古》捕獲する、捕まえる 5《古》〈野生動物などを〉飼いならす —*n.* 引っ張ること [Ka. D2791]

ಸೆಳೆತ ⟦seḷeta セレタ⟧ [seḷetɐ] *n.* 1 引っ張ること 2 心を惹きつけること、魅力 3 痙攣 [seḷe + -ta]

ಸೆಳ್ಳ ⟦seḷḷa セッラ⟧ [seḷḷɐ] ಚಲ್ಲ, ಚಳ್ಳ, ಚಳ್ಳೆ, ಚೆಲ್ಲ, ಚೆಳ್ಳ, ಚೆಳ್ಳು, ಚೆಳ್ಳೆ, ಚೊಳ್ಳೆ, ಸೆಳ್ಳು, ಸೆಳ್ಳೆ, ಸೊಳ್ಳೆ 《古》 *n.* カキバチシャノキ(ムラサキ科カキバチシャ属の木の一種、実は小さくスモモのような形で独特な味を持ち、果肉には粘着力がある) ⇀ 食・材 [<?] = ಚಳ್ಳ (caḷḷa)〔汎〕 *[IMP 2.181]

ಸೆಳ್ಳು ⟦seḷḷu セッル⟧ [seḷḷu] ಚಲ್ಲು, ಚಳ್ಳು, ಚೆಳ್ಳು *n.* 長くて弾力のある枝や棒 [Ka. D2790]

ಸೆಱಂಗು ⟦seṟaṃgu セラング⟧ [seṟəŋgu] 《古》 *n.* [Ka. D2796] ☞ಸೆರಗು (seragu)

ಸೆಱಗು ⟦seṟagu セラグ⟧ [seṟə̆gu] 《古》 *n.* サーリーまたはドーティーを身につけた時の外側の端で胸の上にかかる部分 ☞ಸೆರಗು (seragu)〔汎〕 [Ka. D2796]

ಸೆಱಪು ⟦seṟapu セラプ⟧ [seṟə̆pu] ಚರಪು, ಚರುಪು, ಚಱಪು, ಚೆರಪು, ಚೆಱಪು, ಸೆರಪು 《古》 *n.* 1 客の歓待、厚いもてなし 2 祝祭、祭り、祝い事 3 神への(食物の)お供え [Ka. D2589] *(Kitt.)*

ಸೆಱೆ¹ ⟦seṟe セレ⟧ [seṟe] ಸೆರೆ 《古》 *n.* 1 監禁、拘束 2 牢獄、監獄 [Ka. D1980] ☞ಸೆರೆ (sere)〔汎〕

ಸೆಱೆ² ⟦seṟe セレ⟧ [seṟe] ಸೆರೆ 《古》 *vi.* 縮む、縮小する [<?]

ಸೇಂಗಾ ⟦sēṃgā セーンガー⟧ [se:ŋgɐ:] ಶೇಂಗಾ *n.* 落花生 [M. śēṃgā] ☞ಶೇಂಗಾ (śēṃgā)

ಸೇಂದಿ ⟦sēṃdi セーンディ⟧ [se:ndi] *n.* ナツメヤシなどの樹液で作った酒、ヤシ酒 [H. sēdʰī] = ಹೆಂಡ (heṃḍa)

ಸೇಂದು ⟦sēṃdu セーンドゥ⟧ [se:ndu] 《古》 *vt.* 1 井戸から釣瓶で〈水を〉汲む 2〈凧紐などを〉巻き戻す 3〈水や乳などを〉吸って飲む 4〈タバコなどを〉吸い込む、〈嗅ぎタバコを〉鼻から吸い込む [Ka. D2812] ☞ಸೇದು (sēdu)

ಸೇಕಡಾ ⟦sēkaḍā セーカダー⟧ [se:kə̆ḍɐ:] ಶೇಕಡ, ಶೇಕಡಾ, ಸೇಕಡ *adv.* 《後ろに数字》パーセント(百につき) ¶ ಅವನಿಗೆ ಸೇಕಡ ಎಪ್ಪತ್ತು ಅಂಕಗಳು ಬಂದಿದೆ. (avanige sēkaḍa eppattu aṃkagaḷu baṃdide.) 彼は70点取った。 [M. sēkāḍā]

ಸೇಡು ⟦sēḍu セードゥ⟧ [se:ḍu] *n.* 1 敵意、憎しみ、憎悪 2 恨み、復讐心 [Ka.? cf. seṇasu]

ಸೇಡುತೀರಿಸು ⟦sēḍutīrisu セードゥティーリス⟧ [se:ḍuti:rĭsu] *vi.* 《*gen.* + ಮೇಲೆ (mēle)》恨みをはらす、復讐する [+ tīrisu]

ಸೇತು ⟦sētu セートゥ⟧ [se:tu] *n.* 1《文》橋 2 田のあぜ 3 ハヌマーンとその他の猿がラーメーシュヴァラからスリランカの間に架けたと言われている神話上の橋 4〔喩〕人間同士や組織同士を結びつける絆 [Sk.]

ಸೇತುಸ್ನಾನ ⟦sētusnāna セートゥスナーナ⟧ [se:tusnɐ:nɐ] *n.* 霊場ラーメーシュヴァラでの沐浴 [+ snāna]

ಸೇತುವೆ ⟦sētuve セートゥヴェ⟧ [se:tuve] *n.* 橋、陸橋、高架道 [Sk. sētu- + -ve?]

ಸೇದು ⟦sēdu セードゥ⟧ [se:ɖu] ಸೇಂದು *vt.* 1 井戸から釣瓶で〈水を〉汲む 2〈凧紐などを〉引く 3〈水、牛乳などを〉麦藁などで吸う 4〈タバコなどを〉吸い込む、〈嗅ぎタバコを〉鼻から吸い込む 5《古》強奪する、無理やりに奪う [Ka. D2812]

ಸೇದೆ ⟦sēde セーデ⟧ [se:ɖe] 《古》 *n.* 疲れ、疲労 [Ka. D2810]

ಸೇದ್ಯ ⟦sēdya セーディャ⟧ [se:dʲjɐ] 《‡》 *n.* 農業、農耕 *(Te.; R. (Kitt.))* [Ka. D2811]

ಸೇನಬೋವ ⟦sēnabōva セーナボーヴァ⟧ [se:nəbo:vɐ] ಶಾನಬಾಗ, ಶಾನಬಾವ, ಶಾನಬೋವ, ಶಾನಭಾಗ, ಶಾನಭೋಗ, ಶಾನಭೋವ, ಶಾನುಭಾಗ, ಶಾನುಭಾವ, ಶಾನುಭೋಗ, ಶ್ಯಾನಭಾಗ, ಶ್ಯಾನಭಾವ, ಶ್ಯಾನಭೋಗ, ಶ್ಯಾನುಭಾಗ, ಶ್ಯಾನುಭೋಗ, ಸೇನುಬೋಗ, ಸೇನಭಾಗ, ಸೇನಭೋಗ, ಸೇನಭೋವ, ಸೇನುಬೋವ, ಸೇನುಭೋಗ 《文》 *m.* 村の書記(村の農業の会計その他一切を記録し、その報酬として、土地あるいは村の収穫物の一定割合を受け取る) [<?]

ಸೇನಾಧಿಪತಿ ⟦sēnādʰipati セーナーディパティ⟧ [se:nɐ:dʰipəti] *mf.* 司令官、総司令官 [Sk.]

ಸೇನಾಧಿಪತ್ಯ ⟦sēnādʰipatya セーナーディパティャ⟧ [se:nɐ:dʰipətʲjɐ] 《文》 *n.* 司令官の地位や職務 [Sk.]

ಸೇನಾನಿ ⟦sēnāni セーナーニ⟧ [se:nɐ:ni] *n.* 司令官の地位や職務 [Sk.] ☞ಸೇನಾಧಿಪತಿ (sēnādʰipati)

ಸೇನಾಪತಿ ⟦sēnāpati セーナーパティ⟧ [se:nɐ:pəti] *mf.* 軍の司令官 [Sk.] ☞ಸೇನಾಧಿಪತಿ (sēnādʰipati)

ಸೇನಾಪತ್ಯ ⟦sēnāpatya セーナーパティャ⟧ [se:nɐ:pətʲjɐ] *n.* 司令官の地位や職務 [Sk.] = ಸೇನಾಧಿಪತ್ಯ (sēnādʰipatya)

ಸೇನೆ ⟦sēne セーネ⟧ [se:ne] *n.* 軍隊、軍 [Sk.]

ಸೇರ್ ⟦sēr セール⟧ [se:r] 《古》 *vi.* 《過去語幹 sērd-》 [Ka. D2814] ☞ಸೇರು (sēru)

ಸೇರು¹ ⟦sēru セール⟧ [se:ru] *vi.* 1 合う、合一する、混じり合う、混交する、合併する、融合する 2 到着する、着く ¶ ನಾನು ಪ್ರತಿದಿನ ಸಂಜೆ ಐದು ಘಂಟೆಗೆ ಮನೆಗೆ ಸೇರುತ್ತೇನೆ. (nānu pratidina saṃje aidu gʰaṃṭege manege sēruttēne.) 私は毎日午後5時に帰宅する。 3 集まる、集合する 4 合う、適合する ¶ ಅವನ ಸ್ವಭಾವ ಅವಳಿಗೆ ಸೇರದು. (avana svabʰāva avaḷige sēradu.) 彼の気質は彼女の好みではない。 5 気に入る ¶ ನನಗೆ ಉಪ್ಪಿನಕಾಯಿ ತುಂಬ ಸೇರುತ್ತದೆ. (nanage uppinakāyi tuṃba sēruttade.) 私は漬物がとても好きだ。 [Ka. D2814]

ಸೇರಿಸು ⟦sērisu セーリス⟧ [se:rĭsu] *vt.* 1〈人々や物を〉集める、集合させる 2 棚や戸棚や図書館など適切な場所にしまう 3 混ぜる、合一する、合併する、加える [Ka. caus. D2814]

ಸೇರು² ⟦sēru セール⟧ [se:ru] ಸೇರ್ *n.* セール（約 1 kg に相当する重さの単位、4 パオに相当）[**satēra*- T13106]

ಸೇರುವಿಕೆ ⟦sēruvike セールヴィケ⟧ [se:ruvike] *n.* 結合、接合、など [Ka. D2814]

ಸೇರುವೆ ⟦sēruve セールヴェ⟧ [se:rŭve] ಸೇರ್ವೆ *n.* 1 和合、調和 2 遊び友達であること、仲間であること、付き合い 3 集まり、集合 4 牛の群れ [Ka. D2814]

ಸೇರೆ ⟦sēre セーレ⟧ [se:re] ಶಾರೆ, ಸಾರೆ, ಸೆರೆ *n.* 1（ものを受け取ったり手に持ったりするために）丸めた手の平や合わせた両手の平 2 手の平を丸めたり両手の平を合わせたりして持てる分量 [Ka. D2821] = ಬೊಗಸೆ (bogase)

ಸೇರ್ಪಡೆ ⟦sērpaḍe セールパデ⟧ [se:rpəḍe] *n.* 1 合一、合併、混合、加えること 2 追加 3（軍隊などの機関への）加入 [*sēru* + *-paḍe*]

ಸೇರ್ವೆ ⟦sērve セールヴェ⟧ [se:rve] *n.* [Ka. D2814] ☞ಸೇರುವೆ (seruve)

ಸೇಱು ⟦sēṟu セール⟧ [se:ṟu] 《古》 *vt.* 罵る、罵倒する [Ka. D2639]

ಸೇಲೆ ⟦sēle セーレ⟧ [se:le] ಶೇಲೆ, ಸೀಲೆ 《文》 *n.* 1 布、きれ 2 サーリー、女性が体に巻く布（1 ヤール幅、長さは 6 ないし 9 ヤール）[? cf. Sk. *cēla*- Ma. *cīla* Ka. *sīre* D2629] = ಸೀರೆ (sīre)〔汎〕

ಸೇವಂತಿಗೆ ⟦sēvaṃtige セーヴァンティゲ⟧ [se:vəntige] ಸೇವತಿಗೆ *n.* 白い花が咲くバラ科の低木の一種 [Sk. *sēmantī*-] = ಸೇವಂತಿ (sēvaṃti)

ಸೇವಕ ⟦sēvaka セーヴァカ⟧ [se:vəkɐ] *m.* 《*f.* ಸೇವಕಿ (sēvaki)》召し使い、使用人、従者 [Sk.]

ಸೇವಕಿ ⟦sēvaki セーヴァキ⟧ [se:vəki] *f.* 《*m.* ಸೇವಕ (sēvaka)》女性の召し使い、侍女 [Sk.]

ಸೇವಗೆ ⟦sēvage セーヴァゲ⟧ [se:vĕge] ಶಾವಿಗೆ, ಸೇಮಿಗೆ, ಸೇವಿಗೆ *n.* 1 米や小麦粉から作られる一種の麺（素麺程度の太さ）2 上記の麺で作った香辛料と塩味のついたおやつ [? cf. H. *sevaī*, M. *śevayā*, Ta. *cēmiyā*, Sk. *sēvikā*-, *śamitā*-]

ಸೇವನ ⟦sēvana セーヴァナ⟧ [se:vənɐ] 《文》 *n.* 1 仕えること、奉仕 2（酒類やタバコなどを習慣的に）たしなむこと [Sk.]

ಸೇವನೆ ⟦sēvane セーヴァネ⟧ [se:vəne] 《文》 *n.* 1 仕えること、奉仕 2（酒類、タバコ、コーヒーなどを習慣的に）たしなむこと 3 おつとめ、定められた方式に従って神を祀ること [Sk.]

ಸೇವಿಗೆ ⟦sēvige セーヴィゲ⟧ [se:vĭge] *n.* ☞ಸೇವಗೆ (sēvage)

ಸೇವಿಸು ⟦sēvisu セーヴィス⟧ [se:visu] 《文》 *vi.* 《*dat.*》 1 奉仕する 2 仕える ¶ ನಾನು ಮಹಾರಾಜರನ್ನು ಸೇವಿಸುತ್ತಾ ಮೂವತ್ತು ವರ್ಷ ಆಗಿದೆ. (nānu mahārājarannu sēvisuttā mūvattu varṣa āgide.) 私は 30 年間マハーラージャに仕えている。 —*vt.*〔美〕〈食べ物を〉食べる、〈飲物を〉飲む ¶ ನೀವು ಚಾ ಸೇವಿಸುತ್ತೀರಾ? (nīvu cā sēvisuttīrā?) お茶を飲まれますか。 [Sk.]

ಸೈ¹ ⟦sai サイ⟧ [səĭ] 《古》(*n.*) 1 まっすぐ〈な〉、曲がってない〈こと〉 2 廉直〈な〉、適当〈な〉、正しい〈こと〉、よい〈こと〉☞ಸಯ್ (say) [Ka. *D2747]

ಸೈ² ⟦sai サイ⟧ [səĭ] *n.* 署名 ◇ *vi.* —ಮಾಡು (māḍu) [Ar. *ṣaḥīḥ*] ☞ಸಹಿ (sahi)

ಸೈತಾನ ⟦saitāna サイターナ⟧ [səitɐ:nɐ] *m.* 悪魔、悪鬼、魔神 [Ar. *šaiṭān*]

ಸೈದ್ಧಾಂತಿಕ ⟦saiddʰāṃtika サイッダーンティカ⟧ [səiddʰɐ:ntikɐ] *adj.* 1 理論的な、理論上の 2 イデオロギー的な 3 哲学的な [Sk.]

ಸೈನಿಕ ⟦sainika サイニカ⟧ [səinikɐ] (*adj.*) 軍〈の〉、軍隊〈の〉 —*m.* 《*f.* ಸೈನಿಕಳು (sainikaḷu)》兵士、戦士 [Sk.]

ಸೈನ್ಯ ⟦sainya サイニャ⟧ [səinʲjɐ] *n.* 軍隊、軍勢 [Sk.]

ಸೈನ್ಯಾಧಿಪತಿ ⟦sainyādʰipati サイニャーディパティ⟧ [səinʲjɐ:dʰipəti] *mf.* 《*f.* ಸ್ತ್ರೀ ಸೈನ್ಯಾಧಿಪತಿ (strī sainyādʰipati)》指令官、将軍 [Sk.] = ಸೇನಾಪತಿ (sēnāpati)

ಸೈರಣೆ ⟦sairaṇe サイラネ⟧ [səirə̆ṇe] *n.* 我慢、忍耐 [? + *-aṇe*] = ತಾಳ್ಮೆ (tāḷme)

ಸೈರಿಸು ⟦sairisu サイリス⟧ [səirĭsu] *vt.* 我慢する、辛抱する [? + *-isu*] = ತಾಳು (tāḷu)

ಸೊಂಕು ⟦soṃku ソンク⟧ [soŋku] *vt.* 1〈…に〉触れる、〈…に〉接触する 2（雷が）落ちる 3（伝染病が）〈人に〉うつる [Ka. D2870] = ಸೋಂಕು (sōṃku)

ಸೊಂಕುರೋಗ ⟦soṃkurōga ソンクローガ⟧ [soŋkuro:gɐ] *n.* 伝染病 [+ *rōga*] = ಸೋಂಕುರೋಗ (sōṃkurōga)

ಸೊಂಕುವಿಕೆ ⟦soṃkuvike ソンクヴィケ⟧ [soŋkuvĭke] *n.* 触れること、など [Ka. D2870]

ಸೊಂಟ ⟦soṃṭa ソンタ⟧ [soɳʈɐ] *n.* 1 腰、尻とあばらの間の胴体で一番細い部分 2 腰、背骨の周囲で尻に近い部分 [Ka. D2840] = ಟೊಂಕ (ṭoṃka)〔口〕

ಸೊಂಡಲು ⟦soṃḍalu ソンダル⟧ [soɳḍə̆lu] 《‡》 *n.* 象の鼻 (*My.* (*Kitt.*)) [Ka. D3311] ☞ಸೊಂಡಿಲು (soṃḍilu)

ಸೊಂಡಿಲಿ ⟦soṃḍili ソンディリ⟧ [soɳḍili] 《‡》 *n.* ジャコウネズミ（麝香鼠）[Ka. D2661]

ಸೊಂಡಿಲಿಲಿ ⟦soṃḍilili ソンディリリ⟧ [soɳḍilĭli] 《‡》 *n.* ジャコウネズミ（麝香鼠）(*Mr.278* (*Kitt.*)) [Ka. D2661]

ಸೊಂಡಿಲು ⟦soṃḍilu ソンディル⟧ [soɳḍĭlu] ಶುಂಡಲ, ಶುಂಡಿಲ್, ಶುಂಡಿಲು, ಸುಂಡಲ, ಸುಂಡಲು, ಸುಂಡಿಲ, ಸುಂದಿಲಿ, ಸುಂಡಿಲು, ಸೊಂಡಿಲ್ *n.* 1 象の鼻 2 鼻づら [Ka. D3311]

ಸೊಂಡೆ ⟦soṃḍe ソンデ⟧ [soɳḍe] 《古》 *n.* 主に南インドの丘陵地帯にみられるナス科ナス属の灌木の小さな果実で、その苦みを生かしてソースなどに用

いる（野生のものを乾燥させて保存して用いることが多い）→ 食 [Ka. D2665]

ಸೊಂಡ್ಲು ⟦somḍlu ソンドル⟧ [soɳɖlu] 《口》 *n.* 象の鼻 [Ka. D3311] ☞ಸೊಂಡಿಲು (somḍilu)

ಸೊಂತ ⟦somta ソンタ⟧ [sontɐ] (*adj.*) [Sk. *svatamtra*-] ☞ಸ್ವಂತ (svamta)

ಸೊಂಪು ⟦sompu ソンプ⟧ [sompu] *n.* 1（景色などの）心地よい美しさ 2（満月の月光のような）穏やかな輝き 3（自然の）豊富さ、潤沢さ ¶ ಈ ಲಾನ್ನಲ್ಲಿ ಹುಲ್ಲು ಸೊಂಪಾಗಿ ಬೆಳೆದಿದೆ. (ī lānnalli hullu sompāgi beḷedide.) この芝生には芝が豊かに生長している。4 満足、安楽 ¶ ನಿವೃತ್ತಿ ಆದ ಮೇಲೆ ಮೇಷ್ಟ್ರು ಸೊಂಪಾಗಿ ಜೀವನ ಮಾಡುತ್ತಿದ್ದಾರೆ. (nivṛtti āda mēle mēṣṭru sompāgi jīvana māḍuttiddāre.) 先生は引退後ゆったりと暮らしていらっしゃる。 5 音楽の甘さ 6 裕福、満ち足りたこと 7（体の）丈夫さ [Ka. D2850]

ಸೊಂಪಾಗು ⟦sompāgu ソンパーグ⟧ [sompɐːgu] *vi.* 1 美しくなる 2 豊かになる、豊富になる 3 繁栄する [+ *āgu*]

ಸೊಂಪುಗಾಱ ⟦sompugāṟa ソンプガーラ⟧ [sompugɐːr̠ɐ] 《古》 *m.* 《*f.* ಸೊಂಪುಗಾರ್ತಿ (sompugārti)》美男子 [*sompu* + *-kāṟa*]

ಸೊಕ್ಕು[1] ⟦sokku ソック⟧ [sokku] ಸೊರ್ಕು *n.* 1 傲慢、うぬぼれ、自負 2（動物の）発情 3 夢中になること、のぼせ上がること 4 陶酔、酔い —*vi.* 1 うぬぼれる、傲慢になる 2 のぼせ上がる 3 さかりがつく 4 酔う、陶酔する [Ka. D2853]

ಸೊಕ್ಕುಮುರಿ ⟦sokkumuri ソックムリ⟧ [sokkumuri] *vi.* 《*gen.*》（高慢などを）くじく ¶ ಬಿನ್ ಲಾದೆನ್ ಅಮೆರಿಕಾದ ಸೊಕ್ಕು ಮುರಿದರೆಂದು ಪ್ಯಾಲಸ್ಟೀನಿಯರಿಗೆ ಹೆಚ್ಚು ಸಂತೋಷವಾಯಿತು. (bin lāden amerikāda sokku muridaremdu pyālastīniyarige heccu samtōṣavāyitu.) ビン・ラーデンがアメリカの高慢な鼻をへし折ったといってパレスティナ人は大喜びした。 [+ *muṟi*]

ಸೊಕ್ಕೇರು ⟦sokkēru ソッケール⟧ [sokkeːru] *vi.* 《*dat.*》傲慢になる、うぬぼれる [+ *ēṟu*]

ಸೊಕ್ಕು[2] ⟦sokku ソック⟧ [sokku] 《‡》 *n.* しわ [Ka. D2687] (*My.* (*Kitt.*)) ☞ಸುರ್ಕು (surku)[1]

ಸೊಕ್ಕು[3] ⟦sokku ソック⟧ [sokku] 《‡》 *vt.* さわる、触れる (*Bh.3,13,26* (*Kitt.*)) —*n.* 接触、触れること (*J.26,11* (*Kitt.*)) [Ka. D2870]

ಸೊಕ್ಕು[4] ⟦sokku ソック⟧ [sokku] 《‡》 *n.*（頭髪の）カール、巻き毛 (*My.* (*Kitt.*)) [Ka. D2684] ☞ಸುಂಕು (sumku)[1]

ಸೊಕ್ಕುಹ ⟦sokkuha ソックハ⟧ [sokkuhɐ] 《古》 *n.* 傲慢になること、うぬぼれること [Ka. D2853]

ಸೊಗಡು[1] ⟦sogaḍu ソガドゥ⟧ [sogə̆ɖu] 《‡》 *n.* 接触、触れること (*B.*, *5*, *210* (*Kitt.*)) [Ka. D2870]

ಸೊಗಡು[2] ⟦sogaḍu ソガドゥ⟧ [sogə̆ɖu] 《古》 *n.* 1 つんと鼻をつく臭い 2 におい（一般） 3 悪臭 4 〔喩〕痕跡、跡、形跡 [<?] ☞ಸೊವಡು (sovaḍu)

ಸೊಗಯಿಸು ⟦sogayisu ソガイス⟧ [sogəjĭsu] 《文》 *vi.* 1 映える、美しく見える ¶ ಹೊಂಬೆಳಕಿನಲ್ಲಿ ಚಾಮುಂಡಿ ಬೆಟ್ಟ ಹೆಚ್ಚು ಸೊಗಯಿಸುತ್ತದೆ. (hombeḷakinalli cāmumḍi beṭṭa heccu sogayisuttade.) チャームンディの丘は夕映えの中できれいに見える。¶ ಎಲ್ಲೆಡೆ ಹಚ್ಚ ಹಸಿರಿನ ಪಯಿರು ಸೊಗಯಿಸುತ್ತದೆ. (elleḍe hacca hasirina payiru sogayisuttade.) あたり一面の緑の作物は見て心地よい。 2 《古》満足する、心の平安を感じる 3 おいしく感じる ¶ ಜ್ವರ ಬಂದವನ ನಾಲಿಗೆಗೆ ಹಾಲು ಸೊಗಯಿಸದು. (jvara bamdavana nāligege hālu sogayisadu.) 熱のある人には牛乳はおいしく感じられない。 [Ka. D2829]

ಸೊಗಸ ⟦sogasa ソガサ⟧ [sogə̆sɐ] 《‡》 *n.* [Ka. *D2829] (*Bp.47,41* (*Kitt.*))

ಸೊಗಸು ⟦sogasu ソガス⟧ [sogə̆su] *n.* 1 美しく見えること、映えること 2 喜び、楽しみ、幸せ ¶ ಮದುವೆಯಾದ ಮೊದಲ ಮೂರು ವರ್ಷ ಸೊಗಸಿನಿಂದ ಕಳೆಯಿತು. (maduveyāda modala mūru varṣa sogasinimda kaḷeyitu.) 結婚して3年間は幸福に過ぎた。 —*vi.* 1（容器が）光る、光沢を放つ ¶ ವಿಮ್ ಹಾಕಿ ಉಜ್ಜಿದರೆ ಪಾತ್ರೆಗಳು ಸೊಗಸುತ್ತವೆ. (vim hāki ujjidare pātregaḷu sogasuttave.) ヴィムをかけて磨くと食器が光る。2 きれいに見える、映える ¶ ಮಾಧವ ನೌಕಾದಳದ ಸಮವಸ್ತ್ರದಲ್ಲಿ ಸೊಗಸುತ್ತಾನೆ. (mādʰava naukādaḷada samavastradalli sogasuttāne.) 海軍の制服を着たマーダヴは素敵に見える。3 好きである、気に入る ¶ ಹೆಂಡತಿ ಹೇಳಿದ್ದೆಲ್ಲ ಶೇಖರನಿಗೆ ಸೊಗಸುತ್ತದೆ. (hemḍati hēḷiddella śēkʰaranige sogasuttade.) シェーカルには妻の言うことが何でもよく思える。 [Ka. D2829]

ಸೊಗಸುಗಾರ ⟦sogasugāra ソガスガーラ⟧ [sogə̆sugɐːrɐ] *m.* 《*f.* ಸೊಗಸುಗಾರ್ತಿ (sogasugārti)》 1 伊達男、しゃれ者、身なりのきちんとした男性 2 楽しく暮らす人 [*sogasu* + *-gāra*]

ಸೊಗಸುಗಾತಿ ⟦sogasugāti ソガスガーティ⟧ [sogə̆sugɐːti] ಸೊಗಸುಗಾರ್ತಿ *f.* 1 おしゃれな女性、身なりのきちんとした女性 2 楽しく暮らす女性 [*sogasu* + *-gārti*]

ಸೊಗಸುಗಾರ್ತಿ ⟦sogasugārti ソガスガールティ⟧ [sogə̆sugɐːrti] 《古》 *f.* おしゃれな女性 [*sogasu* + *-gārti*]

ಸೊಟಕ ⟦soṭaka ソタカ⟧ [soʈə̆kɐ] ಸೊಟಕ, ಸೊಟಗ, ಸೊಟ್ಟುಗ, ಸೋಟಕ 《古》 *n.*（汁物をかき混ぜるために使う）木製や金属製の杓子 [Ka. D2309] = ಸಟ್ಟುಗ (saṭṭuga)

ಸೊಟ್ಟ ⟦soṭṭa ソッタ⟧ [soʈʈɐ] ಚೊಂಟ, ಚೊಟ್ಟ, ಚೊಟ್ಟೆ (*adj.*) 1（まっすぐであるはずのものが）湾曲している〈こと〉、ねじ曲がっている〈こと〉¶ ಮುರಿದ ಮೂಳೆ ಸೊಟ್ಟಾಗಿ ಸೇರಿಕೊಂಡಿತು. (murida mūḷe soṭṭāgi sērikomḍitu.) 折れた骨がまっすぐにつながらなかった。 2（道具が）変形して役に立たない〈こと〉 3（人の）心が曲がっている〈こと〉 —*m.* 《*f.* ಸೊಟ್ಟಿ (soṭṭi)》身体障害者 [*soṭṭu* + *-a* D2838]

ಸೊಟ್ಟಗೆ ⟦soṭṭage ソッタゲ⟧ [soʈʈə̆ge] *adv.* 曲がって ¶ ಐಸ್ಕ್ರೀಮು ತಿಂದರೆ ಸ್ಪೂನ್ ಸೊಟ್ಟಗಾಯಿತು. (aiskrīmu timdare spūn soṭṭagāyitu.) アイスクリームを食べたら匙が

ねじ曲がった。[Ka. soṭṭu + -age D2838]

ಸೊಟ್ಟಿ ⟦soṭṭi ソッティ⟧ [soʈʈi] *f.* 女性の身体障害者 [Ka. soṭṭu + -a *D2838(a)]

ಸೊಟ್ಟು ⟦soṭṭu ソットゥ⟧ [soʈʈu] ಚೊಟ್ಟು (*n.*) **1** ねじ曲がっている〈こと〉 **2** 身体に障害がある〈こと〉 [Ka. D2838(a)]

ಸೊಡ ⟦soḍa ソダ⟧ [soɖɐ] 《‡》 *n.* 燃えること [Ka. D2654] (*Kk.78* (*Kitt.*))

ಸೊಡರ್ ⟦soḍar ソダル⟧ [soɖər] ಸೊಡರು, ಸೊಡಲು, ಸೊಡಱ್, ಸೊಡಿಲು 《古》 *n.* 灯明 [Ka. D2654]

ಸೊಡರು ⟦soḍaru ソダル⟧ [soɖə̆ru] 《文》 *n.* 灯明 [Ka. D2654] ☞ಸೊಡರ್ (soḍar)

ಸೊಡಲು ⟦soḍalu ソダル⟧ [soɖə̆lu] 《文》 *n.* 灯明 [Ka. D2654] ☞ಸೊಡರ್ (soḍar)

ಸೊಣೆ¹ ⟦soṇe ソネ⟧ [soɳe] 《古》 *vt.* 拳骨を食らわす [Ka. D2836]

ಸೊಣೆ² ⟦soṇe ソネ⟧ [soɳe] 《古》 *n.* 山の岩の割れ目に自然にできた池 [Ka. *D2716] = ಡೊಣೆ (ḍoṇe)

ಸೊತ್ತ ⟦sotta ソッタ⟧ [sottɐ] ಚೊತ್ತ 《古》 *m.* 《*f.* ಸೊತ್ತಿ (sotti)》身体障害者 [Ka. sottu + -a D2838]

ಸೊತ್ತಿ ⟦sotti ソッティ⟧ [sotti] ಚೊತ್ತಿ 《古》 *f.* 女性の身体障害者 [Ka. sottu + -i D2838]

ಸೊತ್ತು¹ ⟦sottu ソットゥ⟧ [sottu] 《古》 (*n.*) ねじ曲がっている〈こと〉 [Ka. D2838b]

ಸೊತ್ತು² ⟦sottu ソットゥ⟧ [sottu/sɤttu] *n.* 財産、富 [Sk. *svatva-*]

ಸೊತ್ತುಗಾರ ⟦sottugāra ソットゥガーラ⟧ [sottugɐːrɐ/sɤttu–] *n.* 資産家、金持ち [sottu + -kāra]

ಸೊದೆ ⟦sode ソデ⟧ [sođe] 《文》 *n.* **1** 甘露、(不死を与える) 神々の飲み物 **2** 牛乳 **3** 石灰、生石灰 [Sk. sud^hā-]

ಸೊದೆಗಡಲ್ ⟦sodegaḍal ソデガダル⟧ [sođegəɖəl] 《文》 *n.* 牛乳の海(神話的宇宙観で大地を取り巻く7重の環海の内の中心から6番目の海が牛乳で満たされていると考えられている) [sode + kaḍal]

ಸೊನ ⟦sona ソナ⟧ [sonɐ/sɤnɐ] 《古》 *n.* **1** 音 **2** 声 [Sk. *svana-*]

ಸೊನಯಿ ⟦sonayi ソナイ⟧ [sonəji] ಸನಾದಿ, ಸನಾಯಿ, ಸನ್ನಾಯಿ, ಸೋನಾಯ, ಸ್ವನಾಯ, ಸ್ವನಾಯಿ *n.* (ナーダスヴァラムに似た南部カルナータカでよく使われる) オーボエ族の木管楽器 [Pe. šahnā'ī]

ಸೊನೆ ⟦sone ソネ⟧ [sone] *n.* **1** マンゴーの実やスミウルシの実(ウルシ科の小木)の柄から出るやにのような分泌物 **2** その他木の皮などから分泌する粘度の高い樹液 **3** 発情した雄象のこめかみから分泌される分泌物 **4** 傷やできものから出る膿 [Ka. D2717]

ಸೊನೆಗಣ್ಣು ⟦sonegaṇṇu ソネガンヌ⟧ [sonegəɳɳu] *n.* やにのようなものが流れ出る目 [+ kaṇṇu]

ಸೊನ್ನ ⟦sonna ソンナ⟧ [sonnɐ] 《文》 *n.* 金、黄金 [Sk. *suvarṇa-*]

ಸೊನ್ನಗಾರ ⟦sonnagāra ソンナガーラ⟧ [sonnəgɐːrɐ] *m.* 《*f.* *ಸೊನ್ನಗಾರ್ತಿ (sonnagārti)》 金細工師 [Sk. *suvarṇakāra-*]

ಸೊನ್ನಲಿಗೆ ⟦sonnalige ソンナリゲ⟧ [sonnəlige] 《文》 *n.* **1** 丸いこと、円形、丸いもの **2** 寺院の小尖塔の丸い構造物 [sonne⁴ + ?]

ಸೊನ್ನಾರ ⟦sonnāra ソンナーラ⟧ [sonnɐːrɐ] *m.* 《*f.* *ಸೊನ್ನಾರಿ (sonnāri)》金細工師 [Sk. *svarṇakāra-*]

ಸೊನ್ನಾರಿ ⟦sonnāri ソンナーリ⟧ [sonnɐːri] 《古》 *mf.* 金細工師 [Sk. **suvarṇakārin-*]

ಸೊನ್ನೆಗಾರ ⟦sonnegāra ソンネガーラ⟧ [sonnegɐːrɐ] *m.* 《*f.* ಸೊನ್ನೆಗಾತಿ (sonnegāti)》金細工師 [sonne + -kāra]

ಸೊನ್ನೆ¹ ⟦sonne ソンネ⟧ [sonne/sɣnne] *n.* てこ [Ka. D2425] ☞ಸನ್ನೆ (sanne)¹

ಸೊನ್ನೆ² ⟦sonne ソンネ⟧ [sonne/sɣnne] *n.* **1** 合図 **2** しるし、記号 [Sk. *saṃjñā-*] = ಸಂಜ್ಞೆ (saṃjñe)

ಸೊನ್ನೆ³ ⟦sonne ソンネ⟧ [sonne/sɤnne] ಸನೆ, ಸುನ್ನ, ಸೊನ್ನ, ಸೋನ *n.* 金、黄金 [Sk. suvarṇa-]

ಸೊನ್ನೆ⁴ ⟦sonne ソンネ⟧ [sonne/sɤnne] *n.* **1** 空っぽ、何もないこと **2** ゼロ(零)、インド数字やアラビア数字でゼロを表す文字 [Sk. *śūnya-*]

ಸೊನ್ನೆಬೀಳು ⟦sonnebīḷu ソンネビール⟧ [sonnebiːɭu] *vi.* 《*dat.*》 何も手に入らない ¶ ಕೆಲಸ ಮಾಡದಿದ್ದರೆ ಊಟಕ್ಕೆ ಸೊನ್ನೆಬೀಳುತ್ತದೆ. (kelasa māḍadiddare ūṭakke sonnebīḷuttade.) 仕事をしないと食べるものが何も手に入らない。 [+ bīḷu]

ಸೊನ್ನೆಬೆಟ್ಟು ⟦sonnebeṭṭu ソンネベットゥ⟧ [sonnebeʈʈu/sɤnne–] *n.* (ジャンブドヴィーパの中心にそびえ立つとされている) メール山 [sonne³ + beṭṭu] = ಹೇಮಾದ್ರಿ (hēmādri)

ಸೊಪ್ನ ⟦sopna ソプナ⟧ [sopnɐ/svɤpnɐ] 《‡》 *n.* 夢 (*My.* (*Kitt.*)) [Sk. *svapna-*]

ಸೊಪ್ಪಳು ⟦soppaḷu ソッパル⟧ [soppə̆ɭu/sɤppə̆ɭu] 《‡》 *n.* (人間や動物の動きから出る) 音、物音 (*My.* (*Kitt.*)) [Ka. D2333]

ಸೊಪ್ಪು¹ ⟦soppu ソップ⟧ [soppu/sɤppu] 《古》 *n.* 音 [Ka. *D2333] ☞ಸೊಪ್ಪಳ (soppaḷa)

ಸೊಪ್ಪು² ⟦soppu ソップ⟧ [soppu/sɤppu] *n.* **1** (一般的に)植物の緑の葉 **2** 葉野菜 [Ka. D2673]

ಸೊಪ್ಪು³ ⟦soppu ソップ⟧ [soppu/sɤppu] 《古》 *n.* 皮膚のしわ [Ka. D2687]

ಸೊಪ್ಪು⁴ ⟦soppu ソップ⟧ [soppu/sɤppu] 《‡》 *n.* 弛緩、弱り、無力、衰え [Ka. D2882] (*J.* (*Kitt.*))

ಸೊಪ್ಪಿಸು ⟦soppisu ソッピス⟧ [soppisu/sɤppisu] 《古》 *vt.* 〈力を〉失わせる [+ -isu caus. D2882]

ಸೊಪ್ಪು⁵ ⟦soppu ソップ⟧ [soppu/sɤppu] 《古》 *vt.* 押しとどめる、邪魔する [<?]

ಸೊಪ್ಪುಳ್ ⟦soppuḷ ソップル⟧ [soppuɭ] 《古》 *n.* (人間や動物の出す足音などの) 音、物音 [Ka. D2333] ☞ಸಪ್ಪುಳು (sappuḷu)

ಸೊಪ್ಪುಳ ⟦soppuḷa ソップラ⟧ [soppŭḷɐ/sɤppŭḷɐ] *n.*（人間や動物の動きから出る）音、物音 [Ka. D2333] = ಸಪ್ಪುಳ (sappuḷa)

ಸೊಪ್ಪೆ ⟦soppe ソッペ⟧ [soppe/sɤppe] *n.* キビやアワなどの雑穀の藁 [Ka. D2847]

ಸೊಬಗ ⟦sobaga ソバガ⟧ [sobəgɐ] 《文》 *m.* 《*f.* ಸೊಬಗಿ (sobagi)》美男、美男子、男ぶりのよい人 [*sobagu* + *-i*]

ಸೊಬಗಿ ⟦sobagi ソバギ⟧ [sobəgi] 《文》 *f.* 美人、美しい女性 [*sobagu* + *-i*]

ಸೊಬಗು ⟦sobagu ソバグ⟧ [sobəgu] ಸುಬಗ 《文》 *n.* **1** 美、美しさ **2** 豊富、潤沢 [Sk. *subhaga-*]

ಸೊಬಗೆ ⟦sobage ソバゲ⟧ [sobəge] 《文》 *f.* 美人、美しい女性 [f. of *sobaga*] = ಸೊಬಗಿ (sobagi)

ಸೊಮ್ಮು ⟦sommu ソンム⟧ [sommu] 《古》 *n.* **1** 財産、富 **2** 親族関係、親族 **3** 傲慢、うぬぼれ [? cf. Sk. *svaṃ*]

ಸೊರಗು ⟦soragu ソラグ⟧ [sorə̆gu/sɤrə̆gu] *vi.* **1**（植物などが）しなびる **2**（苦悩などで）痩せ細る、元気を失う [D2687]

ಸೊರಟು ⟦soraṭu ソラトゥ⟧ [sorə̆ṭu/sɤrə̆ṭu] 《古》 *n.*（葉が）しなびていること、しわになったこと [Ka. D2687]

ಸೊರಹು ⟦sorahu ソラフ⟧ [sorə̆hu] 《古》 *vi.* 無駄話をする **—***n.* おしゃべり、無駄話 (*My.* (*Kitt.*)) [<?]

ಸೊರೆ[1] ⟦sore ソレ⟧ [sore] *n.* ヒョウタン（ウリ科ヒョウタン属）⇀ 食・具 [Ka. D2690] ☞ಸೋರೆ (sōre)〔汎〕 *[*IMP 3.293*]

ಸೊರೆ[2] ⟦sore ソレ⟧ [sore] 《方》 *n.* 牛や水牛の乳房にたまった乳 [Ka. D2883] = ತೊರೆ (tore)〔汎〕

ಸೊರೆ ಬಿಡು ⟦sore biḍu ソレビドゥ⟧ [sorebiḍu] 《方》 *vi.*（雌牛が）牛乳を出す [+ *biḍu*]

ಸೊರ್ಕು ⟦sorku ソルク⟧ [sorku] 《古》 *vi.* **1** 酔う、酔っ払う **2** 夢中になる、のぼせる **3** 傲慢になる、高慢になる；うぬぼれる **4** 有頂天になる **—***n.* **1** 酔い、酔っ払うこと **2** 夢中（になること）、陶酔（すること）**3** 動物の発情、性欲 **4** 傲慢、高慢；うぬぼれ **5** 陶酔をもたらす薬 **6** 発情した象のこめかみから分泌される液体 **7** 有頂天 ☞ಸೊಕ್ಕು (sokku)[1] [Ka. D2853]

ಸೊಲ್ ⟦sol ソル⟧ [sol] 《古》 *vt.* 言う、話す **—***n.* **1** 言葉 **2** 命令 ☞ಸೊಲ್ಲು (sollu) [Ka. D2855]

ಸೊಲಗೆ ⟦solage ソラゲ⟧ [solə̆ge] 《方》 *n.* ソラゲ（容積の単位の一種、1ballaあるいは1kuḍavaの4分の1とされる）[Ka. D2365]

ಸೊಲಿ ⟦soli ソリ⟧ [soli] 《方》 *vt.* 〈動物や果物などの〉皮をむく (Hav.) [Ka. D2856]

ಸೊಳೆ ⟦soḷe ソレ⟧ [soḷe] 《古》 *n.* パラミツの実やミカンなどの中の柔らかい黄色い果肉の一塊、パラミツの実やミカンなどの房 [Ka. D2704] = ತೊಳೆ (toḷe)〔汎〕

ಸೊಲ್ಲಗೆ ⟦sollage ソッラゲ⟧ [sollə̆ge] ಸಲಗೆ, ಸಲಿಗೆ, ಸಲುಕೆ, ಸಲೆಗೆ, ಸಲ್ಲಗೆ, ಸೊಲಗೆ, ಸೊಲಿಗೆ, ಸೊಲ್ಲಿಗೆ, ಸೊಲ್ಲೆಗೆ, ಸೊಳಗೆ 《古》 *n.* 容積の単位の一種（1ballaあるいは1kuḍavaの4分の1とされる）[Ka. D2365]

ಸೊಲಿಗೆ ⟦solige ソリゲ⟧ [solĭge] 《古》 *n.* [2365] ☞ಸೊಲ್ಲಗೆ (sollage)

ಸೊಲ್ಲಿಗೆ ⟦sollige ソッリゲ⟧ [sollĭge] 《古》 *n.* [2365] ☞ಸೊಲ್ಲಗೆ (sollage)

ಸೊಲ್ಲು ⟦sollu ソッル⟧ [sollu] ಸೊಲ್ 《古》 *vt.* 言う **—***n.* 言葉 [Ka. D2855]

ಸೊಲ್ಲಿಸು ⟦sollisu ソッリス⟧ [sollĭsu] 《古》 *vi.* **1** 言う **2** 言われる **—***vt.* 《*caus.*》言わせる [Ka. D2855]

ಸೊಲ್ಲೆತ್ತು ⟦sollettu ソッレットゥ⟧ [sollettu] *vi.* 《…に反対して… ವಿರುದ್ಧ (… viruddʰa)；…に関して… ಬಗ್ಗೆ (… bagge)》 **1**（ある人の話に対して意見を述べるために）口を開く **2** 言い返す [+ *ettu*]

ಸೊವಡು ⟦sovaḍu ソヴァドゥ⟧ [sovə̆ḍu/sɤvə̆ḍu] ಸವಡು, ಸೊಗಡು[2] 《古》 *n.* **1** つんと鼻をつく臭い **2** におい（一般）**3** 悪臭 **4**〔喩〕痕跡、跡、形跡 [Ka. *D2695]

ಸೊಸೆ ⟦sose ソセ⟧ [sose/sɤse] *f.* 息子の妻、息子の嫁 [Sk. *snuṣā-*]

ಸೊಳೆ[1] ⟦soḷe ソレ⟧ [soḷe] 《方》 *n.* 鼻の穴、鼻孔 [Ka. D2863] = ಹೊಳ್ಳೆ (hoḷḷe)〔汎〕

ಸೊಳೆ[2] ⟦soḷe ソレ⟧ [soḷe] 《‡》 *n.* ミカンやジャックフルーツなどの房 (*G.* (*Kitt.*)) [Ka. D2704]

ಸೊಳ್ಳೆ[1] ⟦soḷḷe ソッレ⟧ [soḷḷe] *n.* 蚊 [Ka. D2705]

ಸೊಳ್ಳೆ[2] ⟦soḷḷe ソッレ⟧ [soḷḷe] ತೊಳೆ, ಸೊಳೆ 《方》 *n.* 鼻の穴、鼻孔 [Ka. D2863, cf. *poḷḷu* *D4560, *D4562]

ಸೊಳ್ಳೆಪರದೆ ⟦soḷḷeparade ソッレパラデ⟧ [soḷḷepərə̆de] *n.* 蚊帳 [*soḷḷe*[1] + *parade*]

ಸೊಳ್ಳೆಮ್ಯಾಟ್ ⟦soḷḷemyāṭ ソッレミャート⟧ [soḷḷemjɐːṭ] *n.* 蚊とりマット [Ka. *soḷḷe* + Eg. *mat*]

ಸೋಂಕಿಲು ⟦sōṃkilu ソーンキル⟧ [soːŋkilu] ಸೋಗಲು, ಸೋಗಿಲ್, ಸೋಗಿಲು, ಸೋವಿಲು 《古》 *n.* **1**（子どもなどを座らせる）あぐらをかいた膝 = ಮಡಿಲು (maḍilu) **2**（サーリーなどの腰のところに作った）ものをしまう折り込み **3** 子どもを横抱きにする時に支えにする腰の脇の場所 [<?] = ಮಡಿಲು (maḍilu)

ಸೋಂಕು ⟦sōṃku ソーンク⟧ [soːŋku] ಸುಂಕು, ಸೊಂಕು, ಸೋಕು 《古》 *vt.* 触れる、さわる **—***n.* **1** 触れること、さわること **2**（悪霊が）とり憑くこと **3** 付き合い、接触 **4**（病気の）伝染 [Ka. D2870]

ಸೋಂಕುರೋಗ ⟦sōṃkurōga ソーンクローガ⟧ [soːŋkuroːgɐ] *n.* 伝染病 [*sōṃku* + *rōga*]

ಸೋಂಪು ⟦sōṃpu ソーンプ⟧ [soːmpu] ಸೋಪು *n.* ウイキョウ、フェンネル（薬用および香味料として用いるセリ科の植物）⇀ 薬・香 [H. *saũpʰă* < Sk. *śatampuṣpa-* T12283.2] *[IMP 3.51]

ಸೋಂಬ ⟦sōṃba ソーンバ⟧ [soːmbɐ] 《方》 *m.* 《*f.* *ಸೋಂಬೆ (sōmbe)》怠け者、のらくら者 [Ka. *D2882]

= ಸೋಮಾರಿ (sōmāri)〔汎〕

ಸೋಂಬು ⟦sōṃbu ソーンブ⟧ [so:mbu] 《方》 *n.* 怠惰、のらくらしていること [Ka. *D2882] = ಸೋಮಾರಿತನ (sōmāritana)〔汎〕

ಸೋಂಬೇರಿ ⟦sōṃbēri ソーンベーリ⟧ [so:mbe:ri] *mf.* 怠け者、のらくら者、不精者 [Ka. D2882] = ಸೋಮಾರಿ (sōmāri)

ಸೋ ⟦sō ソー⟧ [so:] 《古》 *vt.* 《過去語幹 sōd-》 **1** 追い払う **2** 〈猟獣などを〉狩りたてる **3** 追いかける [Ka. D2878]

ಸೋಕು ⟦sōku ソーク⟧ [so:ku] *vt.* **1** 触れる、接触する **2** (病気が)うつる、伝染する **3** 悪霊などがとり憑く **—***n.* **1** 接触、触れること **2** 伝染 **3** (悪霊などが)とり憑くこと [Ka. D2870]

ಸೋಕುರೋಗ ⟦sōkurōga ソークローガ⟧ [so:kŭro:gɐ] *n.* 伝染病 [*sōku* + *rōga*]

ಸೋಗಲಾಡಿ ⟦sōgalāḍi ソーガラーディ⟧ [so:gəlɐ:ḍi] *f.* しなを作る女性 [Ka. *sōgalu* + *-āḍi*]

ಸೋಗಲು ⟦sōgalu ソーガル⟧ [so:gəlu] 《古》 *n.* (子どもなどを座らせる)あぐらをかいた膝、(横抱きする時に子どもを支える)腰のへこみ [<?] = ಮಡಿಲು (maḍilu)

ಸೋಗಿಲು ⟦sōgilu ソーギル⟧ [so:gilu] ಸೋಂಕಿಲು, ಸೋಗಲು, ಸೋಗಿಲ್, ಸೋವಿಲು 《古》 *n.* **1** (子どもなどを座らせる)あぐらをかいた膝、(横抱きする時に子どもを支える)腰のへこみ = ಮಡಿಲು (maḍilu) **2** (サーリーなどの腰のところに作った)ものをしまう折り込み [<?]

ಸೋಗು ⟦sōgu ソーグ⟧ [so:gu] *n.* **1** (芝居の) 演技 **2** 劇の役 **3** 仮装、変装 **4** 媚び、しな **5** 口実、言い訳 [M. *sōgă*, Sk. **samāṃga-* T13203]

ಸೋಗುಹಾಕು ⟦sōguhāku ソーグハーク⟧ [so:guhɐ:ku] *vi.* ふりをする、てらう ¶ ಅವನು ಬಡವನ ಹಾಗೆ ಸೋಗು ಹಾಕಿದ್ದಾನೆ. (avanu baḍavana hāge sōgu hākiddāne.) あの男性は貧乏人のふりをしている。 [+ *hāku*]

ಸೋಗೆ ⟦sōge ソーゲ⟧ [so:ge] *n.* **1** ヤシ、サトウキビ、タコノキのような特殊な形の葉 **2** 孔雀の尾 **3** (舟の)舵 **4** 目尻に引いた黒い線 [Ka. D2875]

ಸೋಜಿ ⟦sōji ソージ⟧ [so:ʤi] *n.* 粗挽きの小麦粉 [M. *sōjī* <? T13552.2]

ಸೋಜಿಗ ⟦sōjiga ソージガ⟧ [so:ʤigɐ] *n.* 驚き、びっくり；驚くべきこと、不思議なこと [Sk. *cōdya-*/**cōdyaka-*] ☞ಚೋಜಿಗ (cōjiga)

ಸೋಟು ⟦sōṭu ソートゥ⟧ [so:ṭu] *n.* (汁物をかき混ぜるために使う) 木製や金属製の杓子 (*My.* (*Kitt.*)) [Ka. D2388]

ಸೋಟೆ ⟦sōṭe ソーテ⟧ [so:ṭe] *n.* 唇の端 [<?]

ಸೋಡ ⟦sōḍa ソーダ⟧ [so:ḍɐ] *n.* **1** ソーダ、ナトリウム化合物(特に炭酸ソーダ、重炭酸ソーダ) **2** ソーダ水 [Eg. *soda*]

ಸೋಡಚೀಟಿ ⟦sōḍacīṭi ソーダチーティ⟧ [so:ḍə̆ʧi:ṭi] *n.* 離縁状 [M. *sōḍăciṭʰī* *T3747 + T4832]

ಸೋಡಿ ⟦sōḍi ソーディ⟧ [so:ḍi] *n.* 債務の免除や軽減 [M. *sōḍă* *T3747]

ಸೋದರ[1] ⟦sōdara ソーダラ⟧ [so:dərɐ] *adj.* 実の、血縁関係がある(親族名詞と共に用いられる) [Sk. *sōdara-*]

ಸೋದರ ಅತ್ತೆ ⟦sōdara atte ソーダラアッテ⟧ [so:dərə ətte] ಸೋದರ ಅತ್ತೆ *f.* (姑と区別して)父の姉妹 [+ *atte* D142] = ಸಹೋದರ (sahōdara)

ಸೋದರ ಅಳಿಯ ⟦sōdara aḷiya ソーダラアリヤ⟧ [so:dərə əḷijɐ] *m.* **1** (男性の)姉妹の息子 **2** (女性の)兄弟の息子 [+ *aḷiya* D2410]

ಸೋದರ ತಂಗಿ ⟦sōdara taṃgi ソーダラタンギ⟧ [so:dərə təŋgi] *f.* (いとこと区別して)同じ母親から生まれた妹 [+ *taṃgi* D3015]

ಸೋದರ ತಮ್ಮ ⟦sōdara tamma ソーダラタンマ⟧ [so:drə təmmɐ] *m.* (いとこと区別して)同じ母親から生まれた弟 [+ *tamma* D3085]

ಸೋದರತ್ತೆ ⟦sōdaratte ソーダラッテ⟧ [so:dərətte] ಸೋದರ ಅತ್ತೆ, ಸೋದರತ್ತಿ *f.* (姑と区別して) 父の姉妹 [+ *atte* D142] ☞ಸೋದರ ಅತ್ತೆ (sōdara atte)

ಸೋದರ ಭಾವ ⟦sōdara bʰāva ソーダラバーヴァ⟧ [so:dərə bʰɐ:vɐ] *m.* (姉妹の夫と区別して)妻の兄弟 [+ *bʰāva*]

ಸೋದರ ಮೈದುನ ⟦sōdara maiduna ソーダラマイドゥナ⟧ [so:dərə məiđŭnɐ] *m.* (姉妹の夫と区別して)妻の兄弟 [+ *maiduna* A53(a)]

ಸೋದರ ಮಾವ ⟦sōdara māva ソーダラマーヴァ⟧ [so:dərə mɐ:vɐ] *m.* (舅と区別して)母親の兄弟 [+ *māva* D4813]

ಸೋದರಸೊಸೆ ⟦sōdarasose ソーダラソセ⟧ [so:dərəsose] *f.* **1** (男性の)姉妹の娘 **2** (女性の)兄弟の娘 [+ *sose* ←Sk. *snuṣā-*]

ಸೋದರಸ್ನೇಹ ⟦sōdarasnēha ソーダラスネーハ⟧ [so:dərə sne:hɐ] *m.* 兄弟のような友情 [+ Sk. *snēha*]

ಸೋದರಳಿಯ ⟦sōdaraḷiya ソーダラリヤ⟧ [so:dərəḷijɐ] *m.* **1** (男性の)姉妹の息子 **2** (女性の)兄弟の息子 [+ *aḷiya* D2410]

ಸೋದರತ್ತಿ ⟦sōdaratti ソーダラッティ⟧ [so:dărətti] *f.* [+ *atti* D142] ☞ಸೋದರ ಅತ್ತೆ (sōdara atte)

ಸೋದರತ್ತೆ ⟦sōdaratte ソーダラッテ⟧ [so:dərətte] ಸೋದರತ್ತಿ *f.* [+ *atte* D142] ☞ಸೋದರ ಅತ್ತೆ (sōdara atte)

ಸೋದರ[2] ⟦sōdara ソーダラ⟧ [so:dərɐ] *m.* 《*f.* ಸೋದರಿ (sōdari)》兄弟、兄または弟 [Sk. *sahōdara-*] = ಸಹೋದರ (sahōdara)

ಸೋದರಿ ⟦sōdari ソーダリ⟧ [so:dəri] *f.* 姉妹、姉または妹 [Sk. *sahōdarī-*] = ಸಹೋದರಿ (sahōdari)

ಸೋದರೀಭಾವ ⟦sōdarībʰāva ソーダリーバーヴァ⟧ [so:dəri:bʰɐ:vɐ] *n.* 姉妹、姉または妹であるという気持ち [+ *bʰāva*]

ಸೋದರಿಕೆ ⟦sōdarike ソーダリケ⟧ [soːdərike] *n.* 兄弟または姉妹のような間柄や関係 [*sōdara*[2] + *-ike*]

ಸೋದರಿಗ ⟦sōdariga ソーダリガ⟧ [soːdərigɐ] *n.* 実の兄弟 [*sōdara*[1] + *-ga*]

ಸೋದಾಹರಣ ⟦sōdāharaṇa ソーダーハラナ⟧ [soːdɐːhərəɳɐ] 《文》(*n.*) 用例を伴っている〈こと〉¶ ಸಮಾಜವಾದದ ದೌರ್ಬಲ್ಯವನ್ನು ಸೋದಾಹರಣವಾಗಿ ವಿವರಿಸಿರಿ. (samājavādada daurbalyavannu sōdāharaṇavāgi vivarisiri.) 社会主義の弱点を例を挙げて説明してください。[Sk.]

ಸೋದಿಗೆ ⟦sōdige ソーディゲ⟧ [soːďïge] 《古》*n.* 粗びきの小麦で作った菓子の一種 [<?]

ಸೋನೆ ⟦sōne ソーネ⟧ [soːne] *n.* 1 長く続く糠雨(ぬかあめ) 2 糠雨、細雨 [Ka. D2899]

ಸೋಪಾನ ⟦sōpāna ソーパーナ⟧ [soːpɐːnɐ] 《文》*n.* 1 階段 = ಮೆಟ್ಟಿಲು (meṭṭilu) 2〔喩〕高い場所や地位に達する手段 ¶ ಪಕ್ಷದ ಅಧ್ಯಕ್ಷತೆ ಪ್ರಧಾನಮಂತ್ರಿತ್ವಕ್ಕೆ ಸೋಪಾನ. (pakṣada adʰyakṣate pradʰānamaṃtritvakke sōpāna.) 党首の地位は総理大臣の地位への階段である。[Sk.]

ಸೋಪು[1] ⟦sōpu ソープ⟧ [soːpu] ಸೋವು[1], ಸೋಹು 《古》*n.* 獣を隠れ家から追い出して行う猟 [Ka. *D2878]

ಸೋಪು[2] ⟦sōpu ソープ⟧ [soːpu] *n.* ウイキョウ(茴香、フェンネル、薬用および香味料として用いられるセリ科ウイキョウ属の植物) ⇀ 香・薬 [Ka. *sōpă* < Sk. *śatampuṣpa-* T12283.2] ☞ಸೋಂಪು (sōṃpu)

ಸೋಪು[3] ⟦sōpu ソープ⟧ [soːpu] *n.* 石鹸 [Eg. *soap*]

ಸೋಬತಿ ⟦sōbati ソーバティ⟧ [soːbəti] ಸೋಬತು, ಸೋಬತೆ, ಸೋಬತ್ತು *mf.* 仲間、付き合う人 [Ar.-Pe. *ṣoḥbat*]

ಸೋಬಾನಹಾಡು ⟦sōbānahāḍu ソーバーナハードゥ⟧ [soːbɐːnəhɐːɖu] ಸೋಬಾನವಾಡು *n.* 結婚などのめでたい行事に女性たちが歌う歌 —*vi.* 結婚などのめでたい行事に女性たちが歌う歌を歌う [Sk. *śōbʰana-* + *hāḍu*]

ಸೋಬಾನವಾಡು ⟦sōbānavāḍu ソーバーナヴァードゥ⟧ [soːbɐːnəhɐːɖu] *n.* [Sk. *śōbʰana-* + *hāḍu*] ☞ಸೋಬಾನಹಾಡು (sōbānahāḍu)

ಸೋಬಾನೆ ⟦sōbāne ソーバーネ⟧ [soːbɐːne] ಶೋಬಾನ, ಶೋಭಾನ, ಶೋಭಾನೆ, ಸೋಬನ, ಸೋಬಾನ, ಸೋಭಾನ, ಸೋಭಾನೆ, ಸೋವನ *n.* 1 結婚などのめでたい行事で女性が歌う歌 2 上記の歌の各行の最後に来るಸೋಬಾನೆ (sōbāne) という言葉 [Sk. *śōbhana-*]

ಸೋಭಾನೆ ⟦sōbʰāne ソーバーネ⟧ [soːbʰɐːne] *n.* [Sk. *śōbhana-*] ☞ಸೋಬಾನೆ (sōbāne)

ಸೋಮ[1] ⟦sōma ソーマ⟧ [soːmɐ] 《文》*mn.* 月、月の神 [Sk.]

ಸೋಮ[2] ⟦sōma ソーマ⟧ [soːmɐ] 《文》*n.* 1 甘露 2 ソーマ(ヴェーダ時代に祭式のために作られた飲み物とその原料となった植物) ⇀ 嗜・薬 [Sk.] *[IMP 5.72]

ಸೋಮರಸ ⟦sōmarasa ソーマラサ⟧ [soːmərəsɐ] 《文》*n.* ソーマ飲料(ソーマという植物から作った飲み物、ヴェーダ時代の祭式で飲まれ、神にも捧げた) [Sk.]

ಸೋಮವಾರ ⟦sōmavāra ソーマヴァーラ⟧ [soːməvɐːrɐ] *n.* 月曜日 [Sk.]

ಸೋಮಾರಿ ⟦sōmāri ソーマーリ⟧ [soːmɐːri] *mf.* 怠け者、のらくら者、不精者 [Ka. D2882]

ಸೋಮಾರಿತನ ⟦sōmāritana ソーマーリタナ⟧ [soːmɐːritənɐ] *n.* 怠惰、不精 [*sōmāri* + *-tana* D2882]

ಸೋರ್[1] ⟦sōr ソール⟧ [soːr] 《古》*vi.* 1 (水などが)滴る、(入れ物から)洩れる、滲み出す 2 (血や涙などが)こぼれる —*n.* 1 (涙や血液などが)滴ること、垂れること 2 (入れ物から)洩れること、滲み出ること [Ka. D2883]

ಸೋರ್[2] ⟦sōr ソール⟧ [soːr] 《‡》*vi.* しまりがなくなる、垂れる —(*n.*) しまりがない〈こと〉、垂れる〈こと〉(*Šm.49* (*Kitt.*)) [Ka. D2884]

ಸೋರು ⟦sōru ソール⟧ [soːru] *vi.* 1 (水などが)滴る、(入れ物から)洩れる、滲み出る 2 (血や涙などが)こぼれる [Ka. D2883]

ಸೋರಿಸು ⟦sōrisu ソーリス⟧ [soːrĭsu] *vt.* 1〈水などを〉洩らす 2〈液体などを〉注ぐ [+ *-isu* caus.]

ಸೋರುವಿಕೆ ⟦sōruvike ソールヴィケ⟧ [soːrŭvike] *n.* 洩れること、滴ること、など [Ka. D2883]

ಸೋರುಹ ⟦sōruha ソールハ⟧ [soːlŭhɐ] 《‡》*n.* 洩れること、滴ること (*Nr.* (*Kitt.*)) [Ka. D2883]

ಸೋರೆ ⟦sōre ソーレ⟧ [soːre] ಸೊರೆ[1] *n.* ヒョウタンの木またはその実(ふくべ、ウリ科ヒョウタン属) ⇀ 食・具 [Ka. D2690]

ಸೋರೆಕಾಯಿ ⟦sōrekāyi ソーレカーイ⟧ [soːrekɐːji] *n.* 未熟のヘチマの実 ⇀ 食 [+ *kāyi*]

ಸೋಲ್ ⟦sōl ソール⟧ [soːl] 《古》*vi.* 《過去語幹 sōlt-, sōld-》[Ka. D3558] ☞ಸೋಲು (sōlu)

ಸೋಲ ⟦sōla ソーラ⟧ [soːlɐ] ಸೊಲ್ಲ, ಸೋಲು 《古》*n.* 敗北 [Ka. D3558]

ಸೋಲು ⟦sōlu ソール⟧ [soːlu] *vi.* 《過去語幹 sōt-》1 (戦争や競争などで) 負ける、敗北する 2 (誘惑などに) 負ける、(魅力の) とりことなる ¶ ತಮ್ಮ ಹೆಂಡವನ್ನು ನೋಡಿದ ಕೂಡಲೇ ಸೋಲುತ್ತಾನೆ. (tamma heṃḍavannu nōḍida kūḍalē sōluttāne.) 弟は酒の誘惑に勝てない。 3 弱る、衰弱する ¶ ಮಳೆ ಸೋತು ಬಂತು. (maḷe sōtu baṃtu.) (強い雨が降るという期待に反して)雨は弱かった。 4 失敗する;(試験に)落ちる —*n.* (戦争や競争などでの) 敗北;(試験に) 落ちること;(努力が)実を結ばないこと [Ka. D3558]

ಸೋಲಿಸು ⟦sōlisu ソーリス⟧ [soːlĭsu] *vt.* 負かす、打ち破る [Ka. caus. D3558]

ಸೋಲುವಿಕೆ ⟦sōluvike ソールヴィケ⟧ [soːlŭvike] *n.* 敗北 [Ka. D3558]

ಸೋಲುವೆ ⟦sōluve ソールヴェ⟧ [soːlŭve] 《古》*n.* 1 敗北 2 失敗 [Ka. D3558]

ಸೋಲೆ ⟦sōle ソーレ⟧ [so:le] 《古》 *n.* 1 蛇の抜け殻 2 玉ねぎや穀物などの外皮 [Ka. D2856]

ಸೋಲ್ಮೆ ⟦sōlme ソールメ⟧ [so:lme] 《文》 *n.* 敗北(*nn.122 (Kitt.)*) [Ka. D3558]

ಸೋವಲಿ ⟦sōvali ソーヴァリ⟧ [so:vǝ̆li] 《‡》 *n.* 追い払うこと (*Pb. (DEDR)*) [Ka. D2878]

ಸೋವಳಿ ⟦sōvaḷi ソーヴァリ⟧ [so:vǝ̆ḷi] 《古》 *n.* 追い払うこと (*Pb.5.46*) [Ka. *sō* + *-vaḷi* *D2878]

ಸೋವಾಸಿಣಿ ⟦sōvāsiṇi ソーヴァーシニ⟧ [so:vɐ:siṇi] 《古》 *f.* 夫が生きている女性 [Sk. *suvāsiṇī-/sukhavāsiṇī-?*] = ಮುತ್ತೈದೆ (muttaide)

ಸೋವಿ ⟦sōvi ソーヴィ⟧ [so:vi] (*n.*) 安価〈な〉、安い〈こと〉= ಅಗ್ಗ (agga) [M. *sōi* T13532]

ಸೋವು[1] ⟦sōvu ソーヴ⟧ [so:vu] 《古》 *vt.* 追い立てる、追い払う (*J.6,17; 28,47 (Kitt.)*) [Ka. D2878] ☞ಸೋಪು (sōpu)[1]

ಸೋವು[2] ⟦sōvu ソーヴ⟧ [so:vu] ಸೋಹೆ 《古》 *n.* 1 獣道 2 人や動物の通った跡、痕跡 [Ka. D2892]

ಸೋಸು ⟦sōsu ソース⟧ [so:su] *vt.* 1〈茶などを〉漉す、濾過する 2〈犯罪者、失踪者などを〉捜索する 3〈間違いなどを〉調べる、探す ¶ ಪುಸ್ತಕವನ್ನು ಬರೆದ ಮೇಲೆ ತಪ್ಪುಗಳನ್ನು ಚನ್ನಾಗಿ ಸೋಸಬೇಕು. (pustakavannu bareda mēle tappugaḷannu cannāgi sōsabēku.) 本を書いた後注意深く間違いを探さねばならない。 4〈葉野菜などを〉不要な部分を捨ててきれいにする [Sk. *śōdhayati*]

ಸೋಹು ⟦sōhu ソーフ⟧ [so:hu] 《古》 *n.* 1 獣を隠れ家から追い出して行う猟 2 獣をその隠れ家から追い出して猟をする猟場 [Ka. D2878] ☞ಸೋಪು (sōpu)[1]

ಸೋಹೆ ⟦sōhe ソーヘ⟧ [so:he] 《古》 *n.* 人や動物の通った跡、痕跡 [Ka. D2892] ☞ಸೋವು (sōvu)[2]

ಸೌಂದರ್ಯ ⟦saumdarya サウンダリヤ⟧ [sǝundǝrjɐ] *n.* 美、美しさ [Sk.]

ಸೌಕರ್ಯ ⟦saukarya サウカリヤ⟧ [sǝukǝrjɐ] *n.* 設備、施設、便利、便宜 [Sk.] = ಅನುಕೂಲತೆ (anukūlate)

ಸೌಕುಮಾರ್ಯ ⟦saukumārya サウクマーリヤ⟧ [sǝukumɐ:rjɐ] *n.* 1 (体などの)繊細さ 2 優しさ、しとやかさ ¶ ನೀತಾಳ ಸೌಕುಮಾರ್ಯಕ್ಕೆ ನಾನು ಮನಸೋತೆ. (nītāḷa saukumāryakke nānu manasōte.) 私はニーターのしとやかさにほれ込んだ。 [Sk.]

ಸೌಖ್ಯ ⟦saukʰya サウキャ⟧ [sǝukʰjɐ] *n.* 1 満足、幸福 ¶ ಸಾವಿತ್ರಮ್ಮ ಮಗನ ಮನೆಯಲ್ಲಿ ಸೌಖ್ಯ ಎನಿಸದೆ ಮಗಳಮನೆಗೆ ಹೋದರು. (sāvitramma magana maneyalli saukʰya enisade magaḷamanege hōdaru.) サーヴィトランマは息子の家でうまくいかず娘の家へ行った。 2 健康 [Sk.]

ಸೌಜನ್ಯ ⟦saujanya サウジャニャ⟧ [sǝudʒǝnjɐ] *n.* 1 親切、善性 2 腹の太いこと、気前のよいこと ¶ ನಾರಾಯಣ ರಾಯರ ಸೌಜನ್ಯದಿಂದ ಈ ಶಾಲೆ ನಡೆಯುತ್ತಿದೆ. (nārāyaṇa rāyara saujanyadiṃda ī śāle naḍeyuttide.) この学校はナーラーヤナラーオの好意で運営されている。 3 上品、慇懃なこと ¶ ನಾನು ಅವರ ಮನೆಗೆ ಹೋದಾಗ ಗೋಪಾಲ ಸೌಜನ್ಯ ತೋರಿಸಲಿಲ್ಲ. (nānu avara manege hōdāga gōpāla saujanya tōrisalilla.) 僕がゴーパーラの家へ行った時彼は丁重に迎えてくれなかった。 [Sk.]

ಸೌಟು ⟦sauṭu サウトゥ⟧ [sǝuṭu] ಸವಟು, ಸವುಟು *n.* (汁物をかき混ぜるために使う) 木製や金属製の杓子 [Ka. D2388]

ಸೌತೆ ⟦saute サウテ⟧ [sǝute] ಸವತೆ, ಸವುಂತೆ, ಸವುತೆ, ಸೌಂತೆ *n.* キュウリ(胡瓜) ⇀ 食 [Ka. D2399]

ಸೌತೆಕಾಯಿ ⟦sautekāyi サウテカーイ⟧ [sǝutekɐ:ji] *n.* キュウリ(胡瓜) ⇀ 食 [Ka. D2399]

ಸೌದೆ ⟦saude サウデ⟧ [sǝude] ಸವದೆ, ಸವಿದೆ, ಸವುದೆ, ಸೌದೆ *n.* 薪 [Sk. *samidh-*]

ಸೌಧ ⟦saudʰa サウダ⟧ [sǝudʰɐ] *n.* 宮殿、邸宅 [Sk.]

ಸೌಭಾಗ್ಯ ⟦saubʰāgya サウバーギャ⟧ [sǝubʰɐ:g·jɐ] *n.* 1 幸運 2 めでたいこと、吉祥 3 夫が生きている女性の状態 = ಮುತ್ತೈದೆತನ (muttaidetana) [Sk.]

ಸೌಭಾಗ್ಯವತಿ ⟦saubʰāgyavati サウバーギャヴァティ⟧ [sǝubʰɐ:g·jǝvǝti] *f.* 夫が生きている女性 [Sk.] = ಮುತ್ತೈದೆ (muttaide)

ಸೌಮಂಗಲ್ಯ ⟦saumaṃgalya サウマンガリャ⟧ [sǝumǝŋgǝl·jɐ] *n.* 1 大変めでたい状態 2 夫が生きている女性の状態 = ಮುತ್ತೈದೆತನ (muttaidetana) [Sk.]

ಸೌಮ್ಯ ⟦saumya サウミャ⟧ [sǝum·jɐ] (*adj.*) 月に関した〈こと〉 —*adj., m.* 《*f.* ಸೌಮ್ಯೆ (saumye)》おとなしい〈人〉、穏やかな〈人〉 [Sk.]

ಸೌಮ್ಯವಾದ ⟦saumyavāda サウミャヴァーダ⟧ [sǝum·jǝ̆vɐ:dɐ] *n.* 穏健主義 [Sk.]

ಸೌಮ್ಯವಾದಿ ⟦saumyavādi サウミャヴァーディ⟧ [sǝum·jǝ̆vɐ:di] *adj., mf.* 穏健主義者〈の〉、穏健派〈の〉 [Sk.]

ಸೌಮ್ಯೋಕ್ತಿ ⟦saumyōkti サウミョークティ⟧ [sǝum·jo:kti] *n.* 婉曲語法、婉曲句 [Sk.]

ಸೌರ ⟦saura サウラ⟧ [sǝurɐ] 《文》 (*adj.*) 太陽〈の〉 [Sk.]

ಸೌರಚಾಪ ⟦sauracāpa サウラチャーパ⟧ [sǝurǝʧɐ:pɐ] 《文》 *n.* 虹 [Sk.] = ಮಳೆಬಿಲ್ಲು (maḷebillu)

ಸೌರಣೆ[1] ⟦sauraṇe サウラネ⟧ [sǝurǝṇe] *n.* 1 用意、準備 2 ある行事などの準備として集められたもの [Ka. D2342] ☞ಸಂವರಣೆ (saṃvaraṇe)[1]

ಸೌರಣೆ[2] ⟦sauraṇe サウラネ⟧ [sǝurǝṇe] 《文》 *n.* 保護、防護 [Sk. *saṃbʰaraṇa-*/Ka. D2342/] ☞ಸಂವರಣೆ (saṃvaraṇe)[1]

ಸೌರಭ ⟦saurabʰa サウラバ⟧ [sǝurǝbʰɐ] *n.* 芳香 [Sk.]

ಸೌರಮಾನ ⟦sauramāna サウラマーナ⟧ [sǝurǝmɐ:nɐ] 《文》 *n.* 太陽の動きによって時を計ること [Sk.]

ಸೌರಮಾಸ ⟦sauramāsa サウラマーサ⟧ [sǝrǝmɐ:sɐ] *n.* 太陽月 [Sk.]

ಸೌರವರ್ಷ ⟦sauravarṣa サウラヴァルシャ⟧ [sǝurǝvǝrʂɐ] 《文》 *n.* 太陽年 [Sk.]

ಸೌರವ್ಯೂಹ ⟦sauravyūha サウラヴィューハ⟧ [sǝurǝ̆vju:hɐ] 《文》 *n.* 太陽系 [Sk.]

ಸೌರಸಂಕ್ರಾಂತಿ ⟦saurasaṃkrāṃti サウラサンクラーンティ⟧ [sɘurɘsɘŋkrɐːnti] 《文》 *n.* 太陽が新しい獣帯に入ること [Sk.] = ಸೂರ್ಯಸಂಕ್ರಮಣ (sūryasaṃkramaṇa)

ಸೌರಾಷ್ಟ್ರ ⟦saurāṣṭra サウラーシュトラ⟧ [sɘurɐːʂʈrɐ] *n.* **1** グジャラートの一地方 **2** 北インドの古典音楽のラーガの一種 [Sk.]

ಸೌರಿ¹ ⟦sauri サウリ⟧ [sɘuri] 《文》 *m.* ヴィシュヌ神またはクリシュナ神 [Sk. *śauri-*]

ಸೌರಿ² ⟦sauri サウリ⟧ [sɘuri] 《文》 *m.* 土星 [Sk. *sauri-*]

ಸೌರಿವಾರ ⟦saurivāra サウリヴァーラ⟧ [sɘurivɐːrɐ] 《文》 *n.* 土曜 [Sk.] = ಶನಿವಾರ (śanivāra) 〔汎〕

ಸೌಲಭ್ಯ ⟦saulabʰya サウラビャ⟧ [sɘulɘbʰjɐ] *n.* **1** 入手しやすいこと **2** 便宜、便益、設備 [Sk.]

ಸೌಷ್ಠವ ⟦sauṣṭʰava サウシュタヴァ⟧ [sɘuʂʈʰɘvɐ] 《文》 *n.* **1** 優秀性、卓越性 **2** 美、美しさ **3** 多数、過多、豊富 **4** 能力、技能 [Sk.]

ಸೌಹಾರ್ದ ⟦sauhārda サウハールダ⟧ [sɘuhɐːrdɐ] 《文》 *n.* **1** 好意、好感 ¶ ಇಂದಿರಾ ಗಾಂಧಿ ಮತ್ತು ಮೊರಾರಜಿ ದೇಸಾಯಿ ಮಧ್ಯೆ ಸೌಹಾರ್ದ ಇತ್ತು. (iṃdirā gāṃdʰi mattu morāraji dēsāyi madʰye sauhārda ittu.) インディラー・ガーンディーとモラルジー・デサイは、当初互いに好意を持ち合っていた。 **2** 親切、親切心 [Sk.]

ಸೌಳ್ ⟦sauḷ サウル⟧ [sɘuɭ] 《古》 (*n.*) つばを吐く音を表す擬音語 (*Pb.10.41*) [Ka. onom. D2862]

ಸೌಳು ⟦sauḷu サウル⟧ [sɘuɭu] ಸೌಳು (*n.*) (水などが)少ししょっぱい〈こと〉 **—*n.*** 塩分を含んだ土地 [Ka. *D2386]

ಸ್ಕೂಟರ್ ⟦skūṭar スクータル⟧ [skuːʈɘr] *n.* **1** 片足スケート（子どもの遊び道具） **2** スクーター [Eg. *scooter*]

ಸ್ಕೂಟಿ ⟦skūṭi スクーティ⟧ [skuːʈi] *n.* 小さなスクーター(本来は女性向けブランド名) [Eg. *scooty*]

ಸ್ಕೂಲು ⟦skūlu スクール⟧ [skuːlu] *n.* 学校 [Eg. *school*] = ಶಾಲೆ (śāle)

ಸ್ಖಲನ ⟦skʰalana スカラナ⟧ [skʰɘlɘnɐ] 《文》 *n.* **1** つまずくこと、滑らせること、転ぶこと **2** 〔喩〕 失策、しくじり、(故意でない)あやまち **3** (指輪や腕輪や時計や歯などがゆるくて指や手や口から)抜け落ちること = ಸ್ಖಲನೆ (skʰalane) [Sk.]

ಸ್ಖಲನೆ ⟦skʰalane スカラネ⟧ [skʰɘlɘne] 《文》 *n.* [Sk.] ☞ಸ್ಖಲನ (skʰalana)

ಸ್ಖಲಿತ ⟦skʰalita スカリタ⟧ [skʰɘlitɐ] 《文》 *adj.* つまずいた、足を滑らせた、転んだ **—*n.*** **1** つまずくこと、足を滑らせること、発音障害 **2** 〔喩〕 失策、しくじり、(故意でない)あやまち、つかみそこない、言い間違い **3** (歯や指輪や腕輪などが)抜け落ちること [Sk.]

ಸ್ಖಲಿತಗೊಳ್ಳು ⟦skʰalitagoḷḷu スカリタゴッル⟧ [skʰɘlitɘgo ɭɭu] 《文》 *vi.* (歯や指輪や腕輪などが)抜け落ちる [+ *koḷḷu*]

ಸ್ಖಾಲಿತ್ಯ ⟦skʰālitya スカーリティャ⟧ [skʰɐlitjɐ] 《文》 *n.* **1** つまずくこと、足を滑らせること、転ぶこと **2** 失策、しくじり、(故意でない)あやまち [Sk.] = ಸ್ಖಲನೆ (skʰalane)

ಸ್ತಂಭ ⟦staṃbʰa スタンバ⟧ [stɘmbʰɐ] *n.* **1** 柱、支柱 **2** 〔喩〕 支え、(国家や家計などを) 支えるもの ¶ ಸ್ವಾತಂತ್ರ್ಯ ಬಂದ ದಿನಗಳಲ್ಲಿ ನೆಹರೂ ಭಾರತದ ಸ್ತಂಭವಾಗಿದ್ದರು. (svātaṃtrya baṃda dinagaḷalli neharū bʰāratada staṃbʰavāgiddaru.) ネールは独立後の時期にインドの柱石であった。 [Sk.] = ಕಂಬ (kaṃba) 〔口〕

ಸ್ತನ ⟦stana スタナ⟧ [stɘnɐ] *n.* 女性の乳房 [Sk.] = ಮೊಲೆ (mole) 〔口〕, cf. ಕೆಚ್ಚಲು (keccalu)

ಸ್ತನಿ ⟦stani スタニ⟧ [stɘni] 《文》 *n.* 哺乳類 [Sk.]

ಸ್ತಬ್ಧ ⟦stabdʰa スタブダ⟧ [stɘbdʰɐ] (*n.*) (衝撃、驚きなどによって)動かない〈こと〉、じっとしている〈こと〉 [Sk.]

ಸ್ತರ ⟦stara スタラ⟧ [stɘrɐ] (*adj.*) 広がる〈こと〉、拡大〈する〉 **—*n.*** **1** 寝床 **2** (土地などの)層 **3** 段階 ¶ ಈ ಕೆಲಸವನ್ನು ನಾನು ಮೂರು ಸ್ತರಗಳಲ್ಲಿ ಮಾಡುತ್ತೇನೆ. (ī kelasavannu nānu mūru staragaḷalli māḍuttēne.) 私はこの仕事を三つの段階に分けて行うつもりである。 **4** (社会の)階層 [Sk.]

ಸ್ತವ ⟦stava スタヴァ⟧ [stɘvɐ] 《文》 *n.* **1** 賞賛、(神、王などを) 誉め称えること **2** 賛歌を歌うこと [Sk.] = ಸ್ತವನ (stavana)

ಸ್ತವಕ ⟦stavaka スタヴァカ⟧ [stɘvɘkɐ] 《文》 *m.* 《*f.* ಸ್ತವಕಳು (stavakaḷu)》(神、王などを)誉め称える人 **—*n.*** **1** 賞賛、(神、王などを) 誉め称えること **2** 賛歌 **3** (本の)章 [Sk.]

ಸ್ತವನ ⟦stavana スタヴァナ⟧ [stɘvɘnɐ] 《文》 *n.* 称賛、褒め言葉 [Sk.] ☞ಸ್ತವ (stava)

ಸ್ತಿಮಿತ ⟦stimita スティミタ⟧ [stimitɐ] (*n.*) じっとして動かない〈こと〉、音を立てない〈こと〉 **—*n.*** 落ち着き、心の平静さ ¶ ಮನಸ್ಸನ್ನು ಸ್ತಿಮಿತದಲ್ಲಿ ಇಟ್ಟುಕೊ. (manassannu stimitadalli iṭṭuko.) 冷静に。 [Sk.]

ಸ್ತಿಮಿತಮನಸ್ಕ ⟦stimitamanaska スティミタマナスカ⟧ [stimitɘmɘnɘskɐ] 《文》 *adj., m.* 《*f.* ಸ್ತಿಮಿತಮನಸ್ಕಳು (stimitamanaskaḷu)》冷静な〈人〉¶ ಸ್ತಿಮಿತಮನಸ್ಕನಾಗಿ ಯೋಚಿಸು. (stimitamanaskanāgi yōcisu.) 冷静に考えなさい。 [Sk.]

ಸ್ತುತಿ ⟦stuti ストゥティ⟧ [stuti] *n.* **1** 賞賛、褒めること **2** (神や王を)称える歌、賛歌 [Sk.] = ಸ್ತೋತ್ರ (stōtra)

ಸ್ತುತಿಸು ⟦stutisu ストゥティス⟧ [stutisu] 《文》 *vt.* 賞賛する、誉め称える [Sk.] = ಹೊಗಳು (hogaḷu)

ಸ್ತುತ್ಯ ⟦stutya ストゥティャ⟧ [stutjɐ] 《文》 *adj.* 賞賛すべき、褒めるに値する [Sk.]

ಸ್ತೂಪ ⟦stūpa ストゥーパ⟧ [stuːpɐ] *n.* ストゥーパ、ブッダの遺骨が納められた塔 [Sk.]

ಸ್ತೋತ್ರ ⟦stōtra ストートラ⟧ [stoːtrɐ] *n.* **1** 賞賛、誉め称えること **2** 賛歌、賛辞 [Sk.]

ಸ್ತೋಮ ⟦stōma ストーマ⟧ [sto:mɐ] 《文》 *n.* **1** 賛歌、賛辞 **2** 犠牲祭 **3** 集まり、群れ、群衆 [Sk.]

ಸ್ತ್ರೀ ⟦strī ストリー⟧ [stri:] 《文》 *f.* **1** 女性、女子 = ಮಹಿಳೆ (mahiḷe) **2** 妻、夫人 [Sk.]

ಸ್ತ್ರೀತ್ವ ⟦strītva ストリートヴァ⟧ [stri:t·vɐ] 《文》 *n.* 女性であること；女性らしさ [Sk.]

ಸ್ತ್ರೀಲಿಂಗ ⟦strīliṃga ストリーリンガ⟧ [stri:liŋgɐ] 《文》 *n.* 〔言〕女性 [Sk.]

ಸ್ತ್ರೈಣ ⟦straiṇa ストライナ⟧ [strəiɳɐ] 《文》 *m.* 女性のような男性、女々しい男性 [Sk.]

-ಸ್ಥ ⟦-sthа -スタ⟧ [stʰɐ] *suf.* 「あるものを持つ」という意味を表す接尾辞 ¶ ಅನುಭವಸ್ಥ (anubʰavastʰa) 経験がある [Sk.]

ಸ್ಥಪತಿ ⟦stʰapati スタパティ⟧ [stʰəpəti] *m.* **1** 王、君主 **2** 建築家 **3** 彫刻家 = ಶಿಲ್ಪಿ (śilpi) **4** 優れた大工 = ಬಡಗಿ (baḍagi) **5** 後宮の管理者 [Sk.] = ಶಿಲ್ಪಿ, ಬಡಗಿ (śilpi, baḍagi)〔口〕

ಸ್ಥಲ ⟦stʰala スタラ⟧ [stʰəlɐ] *n.* [Sk.] ☞ಸ್ಥಳ (stʰaḷa)

ಸ್ಥಳ ⟦stʰaḷa スタラ⟧ [stʰəɭɐ] *n.* **1** 地面 **2** 場所、所 **3** 耕地 = ಜಮೀನು (jamīnu)〔汎〕[Sk.]

ಸ್ಥಳಪುರಾಣ ⟦stʰaḷapurāṇa スタラプラーナ⟧ [stʰəɭəpurɐːɳɐ] *n.* その地に関する伝説 [Sk.]

ಸ್ಥಳಾಂತರ ⟦stʰaḷāṃtara スタラーンタラ⟧ [stʰəɭɐːntərɐ] 《文》 *n.* **1** 場所を変えること、転居、引っ越し ¶ ನಿಮ್ಮ ಅಸ್ತಮಾ ಸ್ಥಳಾಂತರ ಮಾಡಿದರೆ ನಿಯಂತ್ರಣ ಆಗಬಹುದು. (nimma astʰamā stʰaḷāṃtara māḍidare niyaṃtraṇa āgabahudu.) あなたの喘息は転居によって抑えられるかも知れません。 **2** 転勤、配置転換 **3** 別の場所 [Sk.]

ಸ್ಥಳಾಂತರಗೊಳ್ಳು ⟦stʰaḷāṃtaragoḷḷu スタラーンタラゴッル⟧ [stʰəɭɐːntərəgoɭɭu] 《文》 *vi.* **1** 場所を変える、引っ越す **2** (職場での)配置転換を受ける ¶ ಅಣ್ಣ ಸ್ಥಳಾಂತರಗೊಂಡು ದಿಲ್ಲಿಗೆ ಹೋಗಿಬಿಟ್ಟರು. (aṇṇa stʰaḷāṃtaragoṃḍu dillige hōgibiṭṭaru.) 兄は転勤のためにデリーへ行った。 [+ *koḷḷu*]

ಸ್ಥಳಿಕ ⟦stʰaḷika スタリカ⟧ [stʰəɭikɐ] 《文》 (*adj.*) 《*f.* ಸ್ಥಳೀಕಳು (stʰaḷīkaḷu)》(その) 土地〈の〉 ¶ ಈ ಪೇಟೆಯಲ್ಲಿ ಮಾರುವ ತರಕಾರಿಯೆಲ್ಲ ಸ್ಥಳಿಕ ತರಕಾರಿ. (ī pēṭeyalli māruva tarakāriyella stʰaḷika tarakāri.) この市場で売られている野菜はこの土地のものです。 [Sk.]

ಸ್ಥಳೀಕ ⟦stʰaḷīka スタリーカ⟧ [stʰəɭi:kɐ] 《文》 *m.* 《*f.* ಸ್ಥಳೀಕಳು (stʰaḷīkaḷu)》(その)土地の人 [Sk.]

ಸ್ಥಳೀಯ ⟦stʰaḷīya スタリーヤ⟧ [stʰəɭi:jɐ] 《文》 *adj.* その土地の、その地方の [Sk.]

ಸ್ಥಾನ ⟦stʰāna スターナ⟧ [stʰɐ:nɐ] *n.* **1** 場所、所 **2** (社会的)地位、身分 [Sk.]

ಸ್ಥಾನಪಲ್ಲಟ ⟦stʰānapallaṭa スターナパッラタ⟧ [stʰɐ:nəpəlləʈɐ] *n.* **1** 場所を変えること、移住、引っ越し、転居 **2** 別の地位につくこと、(役人などの) 配置転換 ◇ *vi.* —ಗೊಳ್ಳು (goḷḷu) 別の地位に移る —ಮಾಡು (māḍu) 配置転換する [*stʰāna* + *pallaṭa*]

ಸ್ಥಾನಬದ್ಧತೆ ⟦stʰānabaddʰate スターナバッダテ⟧ [stʰɐ:nəbəddʰəte] 《文》 *n.* 自宅監禁、軟禁 [Sk.]

ಸ್ಥಾನಭ್ರಷ್ಟ ⟦stʰānabʰraṣṭa スターナブラシュタ⟧ [stʰɐ:nəbʰrəʂʈɐ] 《文》 *adj., m.* 《*f.* ಸ್ಥಾನಭ್ರಷ್ಟೆ/ಸ್ಥಾನಭ್ರಷ್ಟಳು (stʰānabʰraṣṭe/stʰānabʰraṣṭaḷu)》地位を失った〈人〉[Sk.]

ಸ್ಥಾಪಕ ⟦stʰāpaka スターパカ⟧ [stʰɐ:pəkɐ] *m.* 《*f.* ಸ್ಥಾಪಕಿ (stʰāpaki)》 **1** 創立者、創設者、(学派や宗派などの) 創始者 **2** 《文》 舞台監督 [Sk.]

ಸ್ಥಾಪನ ⟦stʰāpana スターパナ⟧ [stʰɐ:pənɐ] *n.* [Sk.] ☞ಸ್ಥಾಪನೆ (stʰāpane)

ಸ್ಥಾಪನೆ ⟦stʰāpane スターパネ⟧ [stʰɐ:pəne] ಸ್ಥಾಪನ *n.* **1** 創立、創設、(学派や宗派などの) 創始者 **2** 劇の序幕 **3** 神像などを立てた後の儀式 [Sk.]

ಸ್ಥಾಪಿಸು ⟦stʰāpisu スターピス⟧ [stʰɐ:pisu] *vt.* **1**〈柱や彫像などを〉建てる **2**〈学校や研究所などを〉創立する、〈学派や宗派などを〉創始する **3**〈神像を〉儀式と共に建立する、開眼儀礼を行う [Sk.]

ಸ್ಥಾಯಿ ⟦stʰāyi スターイ⟧ [stʰɐ:ji] *adj.* **1** 動かない、静止した **2** 変わらない、永続する、永遠の **—*n.*** 折り返し句、畳句、リフレーン(歌の最初にあるフレーズを各節末で繰り返す) [Sk.]

ಸ್ಥಾವರ ⟦stʰāvara スターヴァラ⟧ [stʰɐ:vərɐ] 《文》 *adj.* **1** 固定された、動かない **2** 無生物の **3** 永遠の、不滅の **4** 不動産の ¶ ಸ್ಥಾವರ ಸ್ವತ್ತು (stʰāvara svattu) 不動産 **—*n.*** **1** (木や鉱物など)動かないもの **2** 祖先伝来の財産 [Sk.]

ಸ್ಥಿತಿ ⟦stʰiti スティティ⟧ [stʰiti] *n.* **1** 存在 **2** 状態、状況 ¶ ಮಗ ಮುಂಬೈಯಲ್ಲಿ ಒಳ್ಳೆಯ ಸ್ಥಿತಿಯಲ್ಲಿ ಇದ್ದಾನೆ. (maga muṃbaiyalli oḷḷeya stʰitiyalli iddāne.) 息子はムンバイで安定した暮らしをしている。 [Sk.]

ಸ್ಥಿತಿಗತಿ ⟦stʰitigati スティティガティ⟧ [stʰitigəti] 《文》 *n.* 事態、状況 [Sk.]

ಸ್ಥಿತಿವಂತ ⟦stʰitivaṃta スティティヴァンタ⟧ [stʰitivəntɐ] *adj., m.* 《*f.* ಸ್ಥಿತಿವಂತೆ/ ಸ್ಥಿತಿವಂತಳು (stʰitivaṃte/ stʰitivaṃtaḷu)》安定した地位についた〈人〉、経済的に安定した〈人〉[Sk.]

ಸ್ಥಿತಿಸ್ಥಾಪಕ ⟦stʰitistʰāpaka スティティスターパカ⟧ [stʰiti stʰɐ:pəkɐ] 《文》 *adj.* 弾力のある、弾力性の = ಇಲಾಸ್ಟಿಕ್ (ilāsṭik)〔口〕[Sk.]

ಸ್ಥಿತಿಸ್ಥಾಪಕತ್ವ ⟦stʰitistʰāpakatva スティティスターパカトヴァ⟧ [stʰitistʰɐ:pəkətvɐ] 《文》 *n.* 弾力性 [Sk.]

ಸ್ಥಿತಿಸ್ಥಾಪನಶಕ್ತಿ ⟦stʰitistʰāpanaśakti スティティスターパナシャクティ⟧ [stʰitistʰɐ:pənəʃəkti] 《文》 *n.* 弾力、弾力性 [Sk.] = ಸ್ಥಿತಿಸ್ಥಾಪಕತ್ವ (stʰitistʰāpakatva)

ಸ್ಥಿರ ⟦stʰira スティラ⟧ [stʰirɐ] 《文》 *adj.* **1** 動かない、不動の、じっとした **2** 永続する、永遠の ¶ ಈ ಪ್ರಪಂಚದಲ್ಲಿ ಯಾವುದೂ ಸ್ಥಿರವಲ್ಲ. (ī prapaṃcadalli yāvudū st^{h}iravalla.) この世界で永遠のものは何もない。[Sk.]

ಸ್ಥಿರಸ್ವತ್ತು ⟦st^{h}irasvattu スティラスヴァットゥ⟧ [st^{h}irəsvəttu /...sɤttu] 《文》 *n.* 不動産 [Sk. *sthirasvatva-*] ↔ ಚಲಸ್ವತ್ತು (calasvattu)

ಸ್ಥಿರೀಕರಣ ⟦st^{h}irīkaraṇa スティリーカラナ⟧ [st^{h}iri:kərəɳɐ] 《文》 *n.* 確認、再確認、確かめること ¶ ಈ ಸೀಟ್ ಸ್ಥಿರೀಕರಣ ಮಾಡಿ. (ī sīṭ st^{h}irīkaraṇa māḍi.) この予約を再確認してください。[Sk.]

ಸ್ಥಿರೀಕರಿಸು ⟦st^{h}irīkarisu スティリーカリス⟧ [st^{h}iri:kərĭsu] 《文》 *vt.* **1** 確かめる、確認する ¶ ನಿಮ್ಮ ಸಾಮಾನನ್ನು ಸ್ಥಿರೀಕರಿಸಿರಿ. (nimma sāmānannu st^{h}irīkarisiri.) 夫は妻の裏切りを探偵によって確認した。 **2**〈条約や政令などを〉(大統領や議会などが)批准する、承認する [Sk.]

ಸ್ಥೂಳ ⟦st^{h}ūḷa ストゥーラ⟧ [st^{h}u:ɭɐ] ಸ್ಥೂಲ (*n.*) **1** 不細工に大きい〈こと〉 **2** 太った〈こと〉、肥えた〈こと〉 ¶ ಸುಮೋ ಕುಸ್ತಿಪಟುಗಳು ಸ್ಥೂಳಕಾಯರಾಗಿರುತ್ತಾರೆ. (sumō kustipaṭugaḷu st^{h}ūḷakāyarāgiruttāre.) 相撲取りたちは肥満している。 **3** 鈍い〈こと〉、不精〈な〉、鈍重〈な〉 ¶ ಈಗಿನ ಪ್ರಧಾನಮಂತ್ರಿ ಸ್ಥೂಳಬುದ್ಧಿಯವರೆಂದು ಜನ ಹೇಳುತ್ತಾರೆ. (īgina prad^{h}ānamaṃtri st^{h}ūḷabudd^{h}iyavareṃdu jana hēḷuttāre.) 現在の総理大臣は頭がよくないと人々は言っている。 **4** およそ〈の〉、大体〈の〉¶ ಸ್ಥೂಳ ವಿವರಣೆ (st^{h}ūḷa vivaraṇe) およその描写 **5** (本などが)分厚い〈こと〉¶ ಅಪ್ಪ ಇಪ್ಪತ್ತು ವರ್ಷ ಪ್ರಯತ್ನ ಮಾಡಿ ಸ್ಥೂಳವಾದ ಪುಸ್ತಕ ರಚಿಸಿದ್ದಾರೆ. (appa ippattu varṣa prayatna māḍi st^{h}ūḷavāda pustaka racisiddāre.) 父は20年間努力して分厚い本を書いた。[Sk.]

ಸ್ಥೈರ್ಯ ⟦st^{h}airya スタイリヤ⟧ [st^{h}əirjɐ] 《文》 *n.* **1** 一定性、不変性、恒常性 **2** 断固としていること、決然としていること ¶ ಯುದ್ಧದಲ್ಲಿ ಅರ್ಜುನನಿಗೆ ಇದ್ದ ಸ್ಥೈರ್ಯ ಬೇರೆ ಯಾರಿಗೂ ಇಲ್ಲ. (yudd^{h}adalli arjunanige idda st^{h}airya bēre yārigū illa.) 戦争でアルジュナのような堅忍不抜さは誰にもない。[Sk.]

ಸ್ನಾತಕ ⟦snātaka スナータカ⟧ [snɐ:təkɐ] 《文》 *m.* 学士 [Sk.] = ಗ್ರಾಜುಯೇಟ್ (grājuyēṭ)〔口〕

ಸ್ನಾತಕೋತ್ತರ ⟦snātakōttara スナータコーッタラ⟧ [snɐ:tə̆ko:ttə̆rɐ] 《文》 *adj.* 学士号取得後の、大学院の [Sk.]

ಸ್ನಾನ ⟦snāna スナーナ⟧ [snɐ:nɐ] *n.* 沐浴 [Sk.]

ಸ್ನಾನಘಟ್ಟ ⟦snānag^{h}aṭṭa スナーナガッタ⟧ [snɐ:nəg^{h}əʈʈɐ] *n.* (沐浴や洗濯のために)川や池の岸に設けられた階段 [Sk.]

ಸ್ನಾಯು ⟦snāyu スナーユ⟧ [snɐ:ju] *n.* **1** 神経 **2** 筋肉 **3** 腱 [Sk.]

ಸ್ನಿಗ್ಧ ⟦snigd^{h}a スニグダ⟧ [snigd^{h}ɐ] 《文》 *adj.* **1** 油っこい、しっとりした **2** ねっとりした、ねばねばした **3** 気持ちのよい ¶ ಅವಳು ನಕ್ಕಾಗ ಸ್ನಿಗ್ಧ ದಂತ ಕಾಂತಿ ಎಲ್ಲರಿಗೆ ಸಂತೋಷ ಉಂಟುಮಾಡುತ್ತದೆ. (avaḷu nakkāga snigd^{h}a daṃta kāṃti ellarige saṃtōṣa uṃṭumāḍuttade.) 彼女が笑う時のその気持ちよい歯の輝きは、すべての人々に心地よかった。 **4** (気持ちの)優しい、愛情深い ¶ ತಾಯಿಯ ಸ್ನಿಗ್ಧ ಜೋಗುಳವನ್ನು ಆಸ್ವಾದಿಸುತ್ತಾ ಮಗು ನಿದ್ದೆ ಹೋಯಿತು. (tāyiya snigd^{h}a jōguḷavannu āsvādisuttā magu nidde hōyitu.) 子どもは母の優しい子守唄を聞きながら眠りについた。[Sk.]

ಸ್ನೇಹ ⟦snēha スネーハ⟧ [sne:hɐ] *n.* **1**《古》油がついていること、油っぽいこと **2**《古》脂肪、油 **3** 友情 **4** 優しさ [Sk.]

ಸ್ನೇಹಿತ ⟦snēhita スネーヒタ⟧ [sne:hitɐ] *m.* 《*f.* ಸ್ನೇಹಿತ/ಸ್ನೇಹಿತೆ (snēhita/snēhite)》友達、友人 [Sk.] = ಗೆಳೆಯ (geḷeya)

ಸ್ಪಂದನ ⟦spaṃdana スパンダナ⟧ [spəndənɐ] *n.* (心臓やまぶたなどの)鼓動、脈動 [Sk.]

ಸ್ಪಂದಿಸು ⟦spaṃdisu スパンディス⟧ [spəndisu] *vi.* (心臓が)鼓動する、脈打つ、どきどきする、(まぶたなどが)震える [Sk.]

ಸ್ಪರ್ಧಿ ⟦spard^{h}i スパルディ⟧ [spərd^{h}i] *mf.* **1** 競争者、競争相手、ライバル **2** 挑戦者 [Sk.]

ಸ್ಪರ್ಧಿಸು ⟦spard^{h}isu スパルディス⟧ [spərd^{h}isu] *vi.* **1** 競う、競争する **2** 挑戦する [Sk.]

ಸ್ಪರ್ಧೆ ⟦spard^{h}e スパルデ⟧ [spərd^{h}e] *n.* **1** 競争、競い合うこと、張り合うこと **2** 挑戦 [Sk.]

ಸ್ಪರ್ಶ ⟦sparśa スパルシャ⟧ [spərʃɐ] *n.* 接触、さわること [Sk.] = ಮುಟ್ಟು, ಸೋಕು (muṭṭu, sōku)

ಸ್ಪರ್ಶಮಣಿ ⟦sparśamaṇi スパルシャマニ⟧ [spərʃəməɳi] *n.* 鉄に触れるとそれを金に変えるという神話上あるいは伝説上の石 [Sk.] = ಪರುಷ ಶಿಲೆ (paruṣa śile)

ಸ್ಪರ್ಶಾಕ್ಷರ ⟦sparśākṣara スパルシャークシャラ⟧ [spərʃɐ:kʂərɐ] 《文》 *n.* 破裂音 [Sk.]

ಸ್ಪರ್ಶಿಸು ⟦sparśisu スパルシス⟧ [spərʃisu] 《文》 *vt.* さわる、触れる [Sk.]

ಸ್ಪಷ್ಟ ⟦spaṣṭa スパシュタ⟧ [spəʂʈɐ] *adj.* **1** (視界や視力が)はっきりした **2** (ある事実が)明白な、疑う余地がない **3** (返答など)はっきりした、曖昧でない [Sk.]

ಸ್ಪಷ್ಟೀಕರಣ ⟦spaṣṭīkaraṇa スパシュティーカラナ⟧ [spəʂʈi:kərəɳɐ] *n.* **1** (事実の)解明 **2** 説明 [Sk.]

ಸ್ಪಷ್ಟೀಕರಿಸು ⟦spaṣṭīkarisu スパシュティーカリス⟧ [spəʂʈi:kərisu] *vt.* **1** (事実を)解明する **2** 説明する、分からせる ¶ ಮಂತ್ರಿಗಳು ಈ ಕೆಲಸ ಆಗದ ಕಾರಣವನ್ನು ಸ್ಪಷ್ಟೀಕರಿಸಿದರು. (maṃtrigaḷu ī kelasa āgada kāraṇavannu spaṣṭīkarisidaru.) 大臣はその仕事ができないわけが分かるように説明した。[Sk.]

ಸ್ಪೃಹೆ ⟦spr̥he スプルヘ⟧ [sprɯhe/spruhe] 《文》 *n.* 欲望、欲求 [Sk.]

ಸ್ಪೇನ್ ⟦spēn スペーン⟧ [spe:n] *n.* スペイン(南ヨーロッパの国) [Eg.]

ಸ್ಫಟಿಕ ⟦sp^{h}aṭika スパティカ⟧ [sp^{h}əʈikɐ] *n.* **1** 水晶 **2** 明礬(みょうばん) [Sk.]

ಸ್ಫಟಿಕಮಣಿ ⟦spʰaṭikamaṇi スパティカマニ⟧ [spʰəʈikəməɳi] *n.* 水晶 [Sk.]

ಸ್ಫುಟ ⟦spʰuṭa スプタ⟧ [spʰuʈɐ] 《文》 *adj.* 1 はっきりした、明白な ¶ ಸ್ಫುಟ ವಿವರಣೆ (spʰuṭa vivaraṇe) はっきり分かる記述 = ಸ್ಪಷ್ಟ (spaṣṭa) 2 (花が)大きく開いた [Sk.]

ಸ್ಫುರಣ ⟦spʰuraṇa スプラナ⟧ [spʰurənɐ] *n.* 1 (宝石などの)輝き 2 ぱっと心にひらめくこと、ひらめき ¶ ಅದನ್ನು ನೋಡಿದೊಡನೆ ಹಿಂದಿನದೆಲ್ಲಾ ಸ್ಫುರಣವಾಯಿತು. (adannu nōḍidoḍane hiṃdinadellā spʰuraṇavāyitu.) それを見るや否や私には昔のことが思いだされた。 3 霊感 [Sk.]

ಸ್ಫುರದ್ರೂಪಿ ⟦spʰuradrūpi スプラドルーピ⟧ [spʰurədru:pi] 《文》 *adj., m.* 輝くような美貌の〈人〉 [Sk.]

ಸ್ಫುರಿಸು ⟦spʰurisu スプリス⟧ [spʰurisu] *vi.* 1 (宝石などが)輝く、きらめく 2 ぱっと心にひらめく ¶ ಈ ಪ್ರಶ್ನೆಗೆ ಉತ್ತರವೇನೆಂಬುದು ನನಗೆ ಸ್ಫುರಿಸಲೇ ಇಲ್ಲ. (ī praśnege uttaravēnembudu nanage spʰurisalē illa.) この問題の答を私は全然思いつかなかった。¶ ನನ್ನ ಬಾಲ್ಯದ ಘಟನೆಯಿಂದ ಈ ಕಾದಂಬರಿ ಸ್ಫುರಿಸಿದೆ. (nanna bālyada gʰaṭaneyiṃda ī kādaṃbari spʰuriside.) 私の子ども時代の出来事がこの小説の動機となった。 [Sk.]

ಸ್ಫೂರ್ತಿ ⟦spʰūrti スプールティ⟧ [spʰu:rti] *n.* 1 (考えなどが)心にひらめくこと、霊感 2 (ある仕事への)刺激、励みとなるもの ¶ ಆಕೆಯೇ ಅವನ ಕಲೆಗೆ ಸ್ಫೂರ್ತಿ. (ākeyē avana kalege spʰūrti.) ほかならぬ彼女こそ彼の芸術に対しての霊感である。 [Sk.]

ಸ್ಫೋಟ ⟦spʰōṭa スポータ⟧ [spʰo:ʈɐ] *n.* 1 爆発 2 (秘密などの)暴露 ¶ ರಹಸ್ಯ ಸ್ಫೋಟವಾಯಿತು. (rahasya spʰōṭavāyitu.) 秘密は暴露された。 [Sk.]

ಸ್ಫೋಟಕ ⟦spʰōṭaka スポータカ⟧ [spʰo:təkɐ] (*n.*) 爆発しそうな〈こと〉、爆発しやすい〈こと〉 ¶ ಪ್ಯಾಲೆಸ್ಟೀನದಲ್ಲಿ ಆತ್ಮಹತ್ಯಾದಳದ ಕಾರಣವಾಗಿ ಪರಿಸ್ಥಿತಿ ಸ್ಫೋಟಕವಾಗಿದೆ. (palastīnadalli ātmahatyādaḷada kāraṇavāgi paristʰiti spʰōṭakavāgide.) パレスティナでは自爆テロゆえに一触即発の情勢である。 —*n.* 1 爆発物 2 腫れ物、おでき [Sk.]

ಸ್ಫೋಟನ ⟦spʰōṭana スポータナ⟧ [spʰo:tənɐ] *n.* [Sk.] ☞ಸ್ಫೋಟ (spʰōṭa)

ಸ್ಫೋಟಿಸು ⟦spʰōṭisu スポーティス⟧ [spʰo:tisu] *vi.* 爆発する、はじける —*vt.* 爆薬で吹き飛ばす、爆破する [Sk.]

ಸ್ಮರಣ ⟦smaraṇa スマラナ⟧ [smərəɳɐ] ಸ್ಮರಣೆ 《文》 *n.* 思い出、記憶 [Sk.] = ಜ್ಞಾಪಕ, ನೆನಪು, ಸ್ಮರಣೆ (jñāpaka, nenapu, smaraṇe)

ಸ್ಮರಣೆ ⟦smaraṇe スマラネ⟧ [smərəɳe] 《文》 *n.* [Sk.] ☞ಸ್ಮರಣ (smaraṇa)

ಸ್ಮರಿಸು ⟦smarisu スマリス⟧ [smərisu] 《文》 *vt.* 思い出す、回想する [Sk.]

ಸ್ಮಶಾನ ⟦smaśāna スマシャーナ⟧ [sməʃɐ:nɐ] *n.* 火葬場、人を埋葬する場所 [Sk. *śmaśāna-*] ☞ಶ್ಮಶಾನ (śmaśāna) 〔口〕

ಸ್ಮಾರಕ ⟦smāraka スマーラカ⟧ [smɐ:rəkɐ] *n.* 記念碑、記念品 [Sk.]

ಸ್ಮಿತ ⟦smita スミタ⟧ [smitɐ] 《文》 *n.* 微笑み、微笑 [Sk.] = ಮುಗುಳುನಗೆ (mugulunage)

ಸ್ಮೃತಿ ⟦smṛti スムルティ⟧ [smrɯti] 《文》 *n.* 思い出、記憶 [Sk.] = ಸ್ಮರಣೆ (smaraṇe)

ಸ್ರವಿಸು ⟦sravisu スラヴィス⟧ [srəvisu] 《文》 *vi.* (水や血が)流れる、ぽとぽと落ちる、滴る [Sk.]

ಸ್ರಾವ ⟦srāva スラーヴァ⟧ [srɐ:vɐ] 《文》 *n.* 1 流れ 2 滴ること、滲み出ること [Sk.] ☞ಸ್ಖಲಿತ (skʰalita)

ಸ್ಲೊವಾಕಿಯ ⟦slovākiya スロヴァーキヤ⟧ [slovɐ:kiya] *n.* スロヴァキア(東ヨーロッパの国) [Eg. *Slovakia*]

ಸ್ಲೊವೇನಿಯ ⟦slovēniya スロヴェーニヤ⟧ [slove:nijɐ] *n.* スロヴェニア(南東ヨーロッパの国) [Eg. *Slovenia*]

ಸ್ವಂತ ⟦svaṃta スヴァンタ⟧ [svəntɐ/svɤntɐ/sontɐ] ಸೊಂತ (*n.*) 1 自分に属する〈こと〉、自分〈の〉¶ ಇದು ನಮ್ಮ ಸ್ವಂತ ಮನೆ ಅಲ್ಲ. (idu namma svaṃta mane alla.) これは私たちの持ち家ではない。 2 私的な〈こと〉、個人的な〈こと〉¶ ಇದು ನನ್ನ ಸ್ವಂತ ವಿಷಯ. (idu nanna svaṃta viṣaya.) これは私の私的な問題だ。 [Sk. *svataṃtra-*?]

ಸ್ವಂತಿಕೆ ⟦svaṃtike スヴァンティケ⟧ [svəntike/svɤntike/sɤntike] *n.* 個性、独自性 ¶ ಅವರ ಪ್ರಬಂಧದಲ್ಲಿ ಸ್ವಂತಿಕೆ ಏನೂ ಇಲ್ಲ. (avara prabaṃdʰadalli svaṃtike ēnū illa.) 彼の小論には独自性が何もない。 [*svaṃta* + *-ike*]

ಸ್ವಕಪೋಲಕಲ್ಪನೆ ⟦svakapōlakalpane スヴァカポーラカルパネ⟧ [svəkəpo:ləkəlpəne/svɤ–] 《文》 *n.* 自分の空想 [Sk.]

ಸ್ವಕಪೋಲಕಲ್ಪಿತ ⟦svakapōlakalpita スヴァカポーラカルピタ⟧ [svəkəpo:ləkəlpitɐ/svɤ–] 《文》 *adj.* 空想上の [Sk.]

ಸ್ವಕೀಯ ⟦svakīya スヴァキーヤ⟧ [svəki:jɐ/svɤki:jɐ] 《文》 *adj.* 1 自分の、自分に属する 2 個人的な [Sk.]

ಸ್ವಗತ ⟦svagata スヴァガタ⟧ [svəgətɐ/svɤ–] (*n.*) 独り言〈の〉、(舞台での)独白〈の〉 [Sk.]

ಸ್ವಗತದಲ್ಲಿ ⟦svagatadalli スヴァガタダッリ⟧ [svəgətədəlli/svɤ–] *adv.* 独り言で [+ *-dalli*]

ಸ್ವಚ್ಛ ⟦svaccʰa スヴァッチャ⟧ [svəʧʧʰɐ/svɤʧʧʰɐ/sɤʧʧʰɐ] (*n.*) きれい〈な〉、清潔〈な〉 [Sk.]

ಸ್ವಚ್ಛಂದ ⟦svaccʰaṃda スヴァッチャンダ⟧ [svəʧʧʰəndə/svɤʧʧʰəndə] 《文》 (*n.*) 自分勝手〈な〉、傍若無人〈な〉 [Sk.]

ಸ್ವಚ್ಛಂದಛಂದ ⟦svaccʰaṃdacʰaṃda スヴァッチャンダチャンダ⟧ [svəʧʧʰəndəʧʰəndɐ/svɤəʧʧʰəndə–] 《文》 *n.* 自由詩 [Sk.] = ಮುಕ್ತಛಂದ (muktacʰaṃda)

ಸ್ವಚ್ಛಂದಪ್ರವೃತ್ತಿ ⟦svaccʰaṃdapravṛtti スヴァッチャンダプラヴルッティ⟧ [svəʧʧʰəndə/svɤʧʧʰəndə|prəvrɯtti/prəvrutti//svɤʧʧəndə|prəvrɯtti/prəvrutti] 《文》 *n.* わがままな振る舞い、勝手な行動 [Sk.]

ಸ್ವಚ್ಛತೆ ⟦svaccʰate スヴァッチャテ⟧ [svəʧʧʰəte/svɤʧʧʰəte/sɤʧʧʰəte] *n.* 1 清潔、清潔なこと 2〔喩〕(人柄などの)清潔さ [Sk.]

ಸ್ವತಂತ್ರ ⟦svataṃtra スヴァタントラ⟧ [svətəntrɐ/svɤ–] (*n.*)《*f.* ಸ್ವತಂತ್ರಳು (svataṃtraḷu)》1 自由〈な〉、独立〈した〉2 (政治的に)独立〈した〉 —*adj.*, *m.* 独立した〈人〉、自由な〈人〉[Sk.]

ಸ್ವತಂತ್ರಿಸು ⟦svataṃtrisu スヴァタントリス⟧ [svətəntrisu/svɤ–] *vi.* 好きなように[自由に、勝手気ままに、わがままに]振る舞う [Sk.]

ಸ್ವತಃ ⟦svataḥ スヴァタッ⟧ [svətəhɐ/svɤtəhɐ]《文》*adv.* 1 自分で 2 自分の意志で、自発的に [Sk.]

ಸ್ವತ್ತು ⟦svattu スヴァットゥ⟧ [svəttu/svɤttu] *n.* 財産、資産 [Sk. *svatva-*] = ಆಸ್ತಿ (āsti)

ಸ್ವದೇಶ ⟦svadēśa スヴァデーシャ⟧ [svəde:ʃɐ/svɤde:ʃɐ] *n.* 母国、自分の国 [Sk.] = ತಾಯಿನಾಡು (tāyināḍu)

ಸ್ವದೇಶಾಭಿಮಾನ ⟦svadēśābʰimāna スヴァデーシャービマーナ⟧ [svəde:ʃɐ:bʰimɐ:nɐ/svɤ–] *n.* 愛国心 [Sk.]

ಸ್ವಧರ್ಮ ⟦svadʰarma スヴァダルマ⟧ [svədʰərmɐ/svɤ–]《文》*n.* 1 自分の義務 2 自分の宗教 [Sk.]

ಸ್ವನ ⟦svana スヴァナ⟧ [svənɐ/svɤnɐ]《文》*n.* 音 [Sk.]

ಸ್ವನಿಮಾ ⟦svanimā スヴァニマー⟧ [svənimɐ:/svɤnimɐ:]《文》*n.* 音素 [Sk. *svana-* + *-imā*]

ಸ್ವನಿಮಿತ್ತ ⟦svanimitta スヴァニミッタ⟧ [svənimittɐ/svɤ–]《文》*n.* 自分の目的、自分の使命 [Sk.]

ಸ್ವಪ್ನ ⟦svapna スヴァプナ⟧ [svəpnɐ/svɤpnɐ] *n.* 1《希》睡眠 2 夢 3〔喩〕夢、実現困難な空想的な願い [Sk.] = ಕನಸು (kanasu)〔汎〕

ಸ್ವಪ್ನಜೀವಿ ⟦svapnajīvi スヴァプナジーヴィ⟧ [svəpnəʤi:vi/svɤpnə–] *adj.*, *mf.* 夢想に生きる〈人〉[Sk.]

ಸ್ವಪ್ನಸೃಷ್ಟಿ ⟦svapnasṛṣṭi スヴァプナスルシュティ⟧ [svəpnəsruʂʈi/svɤpnəsruʂʈi]《文》*n.* 夢や夢想の産物 [Sk.]

ಸ್ವಪ್ನಾವಸ್ಥೆ ⟦svapnāvastʰe スヴァプナーヴァステ⟧ [svəpnɐ:vɐstʰe/svɤpn–]《文》*n.* 夢を見ている状態 [Sk.]

ಸ್ವಪ್ರಕಾಶ ⟦svaprakāśa スヴァプラカーシャ⟧ [svəprəkɐ:ʃɐ/svɤ–] (*adj.*) 自分で光を発する〈こと〉¶ ಚಂದ್ರ ಸ್ವಪ್ರಕಾಶ ಅಲ್ಲ. (caṃdra svaprakāśa alla.) 月はそれ自体では光を発しない。[Sk.]

ಸ್ವಪ್ರತಿಷ್ಠೆ ⟦svapratiṣṭʰe スヴァプラティシュテ⟧ [svəprətiʂʈʰe/svɤ–]《文》*n.* うぬぼれ、思い上がり [Sk.] = ಹೆಮ್ಮೆ (hemme)

ಸ್ವರ ಪೆಟ್ಟಿಗೆ ⟦svara peṭṭige スヴァラペッティゲ⟧ [svərə peʈʈige/svɤrə–]《文》*n.* 喉頭 [Sk.]

ಸ್ವಪ್ರಶಂಸೆ ⟦svapraśaṃse スヴァプラシャンセ⟧ [svə/svɤprəʃəmse/prəʃə͂se] *n.* 自慢、自賛 [Sk.] = ಆತ್ಮಪ್ರಶಂಸೆ (ātmapraśaṃse)〔口〕

ಸ್ವಪ್ರೇರಣೆ ⟦svaprēraṇe スヴァプレーラネ⟧ [svəpre:rəɳe/svɤ–] *n.* 1 それ自身の動機 ¶ ಈ ಯಂತ್ರಮಾನವ ಸ್ವಪ್ರೇರಣೆಯಿಂದ ನಡೆಯುತ್ತಾನೆ. (ī yaṃtramānava svaprēraṇeyiṃda naḍeyuttāne.) このロボットは自分の意志で動く。2 内的な必要や衝動、自発 ¶ ಸ್ವಪ್ರೇರಣೆಯಿಂದಲೇ ಸಂಗೀತ ಕಲಿಯಲು ಆರಂಭಿಸಿದೆನು. (svaprēraṇeyiṃdalē saṃgīta kaliyalu āraṃbʰisidenu.) 私は自発的に音楽を学びはじめた。[Sk.]

ಸ್ವಭಾವ ⟦svabʰāva スヴァバーヴァ⟧ [svəbʰɐ:vɐ/svɤ–] *n.* (人の)性質、生まれつき、本性 [Sk.]

ಸ್ವಭಾವಸಿದ್ಧ ⟦svabʰāvasiddʰa スヴァバーヴァシッダ⟧ [svə/svɤbʰɐ:vəsiddʰɐ] *adj.* 生まれつきの、生得の ¶ ಕಷ್ಟದಲ್ಲಿ ಇರುವವರಿಗೆ ಸಹಾಯ ಮಾಡುವುದು ತಂದೆಯ ಸ್ವಭಾವಸಿದ್ಧ ಗುಣ. (kaṣṭadalli iruvavarige sahāya māḍuvudu taṃdeya svabʰāvasiddʰa guṇa.) 困った人を助けることは父の本性である。[Sk.]

ಸ್ವಭಾವೋಕ್ತಿ ⟦svabʰāvōkti スヴァバーヴォークティ⟧ [svəbʰɐ:vo:kti/svɣ–]《文》*n.* 真情からの言葉 [Sk.]

ಸ್ವಯಂ ⟦svayaṃ スヴァヤン⟧ [svəjəm/svɤjəm] ಸಯಂ, ಸೊಯಂ《文》*adv.* 1 自ら(個人として) 2 自分から、自発的に、自分の意思で [Sk.]

ಸ್ವಯಂಕೃತ ⟦svayaṃkṛta スヴァヤンクルタ⟧ [svəjəŋ/svɤjəŋkrutɐ/krutɐ]《文》*adj.* 自ら作った、自製の ¶ ಇದು ಅವನ ಸ್ವಯಂಕೃತ ಅಪರಾಧ. (idu avana svayaṃkṛta aparādʰa.) これは彼が自ら行った非行である。[Sk.] = ತಾನೇ ಮಾಡಿದ (tānē māḍida)

ಸ್ವಯಂಚಾಲಿತ ⟦svayaṃcālita スヴァヤンチャーリタ⟧ [svəjəɲ/svɤjəɲ–] *adj.* (機械が)自動の、自ら操縦する ¶ ಇದು ಸ್ವಯಂಚಾಲಿತ ವಾಶಿಂಗ್ ಮಶೀನ್. (idu svayaṃcālita vāśiṃg maśīn.) これは自動の洗濯機である。[Sk.]

ಸ್ವಯಂಪ್ರಕಾಶ ⟦svayaṃprakāśa スヴァヤンプラカーシャ⟧ [svəjəmprəkɐ:ʃɐ/svɤjəm–]《文》*adj.* 自ら光を放つ [Sk.]

ಸ್ವಯಂಸಿದ್ಧ ⟦svayaṃsiddʰa スヴァヤンシッダ⟧ [svəjəmsiddʰɐ/svɤjəm–]《文》*adj.* 自明の [Sk.]

ಸ್ವಯಂಸೇವಕ ⟦svayaṃsēvaka スヴァヤンセーヴァカ⟧ [svəjəm/svɤjəmse:vəkɐ/svɤjəm–] *m.*《*f.* ಸ್ವಯಂಸೇವಕಿ (svayaṃsēvaki)》奉仕活動に従事する人、社会奉仕家 [Sk.]

ಸ್ವಯಮೇವ ⟦svayamēva スヴァヤメーヴァ⟧ [svəjəme:vɐ/svɤjəm–]《文》*adv.*《an emphatic form of ಸ್ವಯಂ》1 自ら 2 自分から、自発的に、自分の意思で [Sk.]

ಸ್ವಯಾರ್ಜಿತ ⟦svayārjita スヴァヤールジタ⟧ [svəjɐ:rʤitɐ/svɤjɐ:rʤitɐ]《文》*adj.* 自分で儲けた ¶ ಇದು ಪಿತ್ರಾರ್ಜಿತ ಸ್ವತ್ತು ಅಲ್ಲ, ಸ್ವಯಾರ್ಜಿತ ಸ್ವತ್ತು. (idu pitrārjita svattu alla, svayārjita svattu.) この財産は先祖から相続したのでなく私が自分で稼いだものです。[Sk.] = ತಾನೇ ಸಂಪಾದಿಸಿದ (tānē saṃpādisida)

ಸ್ವರ ⟦svara スヴァラ⟧ [svərɐ/svɤrɐ/sɤrɐ] *n.* 1 音(特に人間の音声および動物の声) 2 音楽に用いられる音 3 母音 [Sk.]

ಸ್ವರ ಪೆಟ್ಟಿಗೆ ⟦svara peṭṭige スヴァラペッティゲ⟧ [svərə peʈʈige/svɤrə –]《文》*n.* 喉頭 [Sk.] = ಧ್ವನಿ ಪೆಟ್ಟಿಗೆ (dʰvani peṭṭige)

ಸ್ವರಪ್ರಸ್ತಾರ ⟦svaraprastāra スヴァラプラスターラ⟧ [svərə prəstɐːrɐ/svɤrə–] *n.* インドの文字で表記された楽譜（sa ri mā ga ri sa ri ga ri sā）◇ *vi.* 《*dat.*》 —ಹಾಕು (hāku) 楽譜を演奏する [Sk.]

ಸ್ವರಭಕ್ತಿ ⟦svarabʰakti スヴァラバクティ⟧ [svərəbʰkti/svɤrə–] 《文》 *n.* 母音挿入 [Sk.]

ಸ್ವರಮಂಡಲ ⟦svaramaṃḍala スヴァラマンダラ⟧ [svərəmənḍəlɐ/svɤrə–] 《古》 *n.* 7弦ハープ（声楽の伴奏として用いられる7本の弦を持つ撥弦楽器）［⇒図］[Sk.]

ಸ್ವರಮಂಡಲ
7弦ハープ

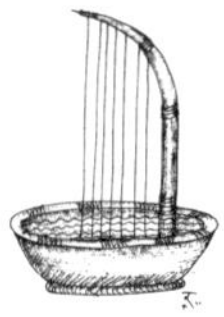

ಸ್ವರಮೇಳ ⟦svaramēḷa スヴァラメーラ⟧ [svərəmeːḷɐ/svɤrə–] 《文》 *n.* 和声、和音 [Sk.]

ಸ್ವರಲೋಪ ⟦svaralōpa スヴァラローパ⟧ [svərəloːpɐ/svɤrə–] 《文》 *n.* 母音の脱落 [Sk.]

ಸ್ವರಾಜ್ಯ ⟦svarājya スヴァラージュャ⟧ [svərɐːʤjɐ/svɤ–] *n.* 独立、自治 [Sk.] ☞ಸ್ವಾತಂತ್ರ್ಯ (svātaṃtrya)

ಸ್ವರೂಪ ⟦svarūpa スヴァルーパ⟧ [svəruːpɐ/svɤruːpɐ] *n.* 1 《文》 特徴、性質 ¶ ಈ ಕಾವ್ಯದ ಸ್ವರೂಪವನ್ನು ವರ್ಣಿಸಿ. (ī kāvyada svarūpavannu varṇisi.) この詩の特徴を述べよ。 2 実像、本当の姿、本当の状態 ¶ ಸಾಲ ಕೊಟ್ಟು ಜಯರಾಮನ ಸ್ವರೂಪ ಗೊತ್ತಾಯಿತು. (sāla koṭṭu jayarāmana svarūpa gottāyitu.) 金を貸してジャヤラームの本当の姿が分かった。 [Sk.]

ಸ್ವರ್ಗ ⟦svarga スヴァルガ⟧ [svərgɐ/svɤrgɐ] *n.* 天国、極楽 [Sk.]

ಸ್ವರ್ಗವಾಸಿ ⟦svargavāsi スヴァルガヴァーシ⟧ [svərgə̆vɐːsi/svɤrgə–] *adj., mf.* 1 天国に住む〈人〉 2 他界した〈人〉 [Sk.] = ಸ್ವರ್ಗಸ್ಥ (svargastʰa)

ಸ್ವರ್ಗಸ್ಥ ⟦svargastʰa スヴァルガスタ⟧ [svərgəstʰɐ/svɤrgə–] 《文》 *adj., m.* 《*f.* ಸ್ವರ್ಗಸ್ಥಳು (svargastʰaḷu)》 [Sk.] = ಸ್ವರ್ಗವಾಸಿ (svargavāsi)

ಸ್ವರ್ಗೀಯ ⟦svargīya スヴァルギーヤ⟧ [svərgiːjɐ/svɤrgiːjɐ] *adj.* 1 天国の、天上界の 2 故…、亡くなった [Sk.]

ಸ್ವರ್ಣ ⟦svarṇa スヴァルナ⟧ [svərṇɐ/svɤrṇɐ] 《文》 *n.* 金、黄金 [Sk.] = ಚಿನ್ನ, ಸುವರ್ಣ (cinna, suvarṇa)

ಸ್ವರ್ಣಯುಗ ⟦svarṇayuga スヴァルナユガ⟧ [svərṇəjugɐ/svɤlnə–] 《文》 *n.* 黄金時代 [Sk.]

ಸ್ವಲ್ಪ ⟦svalpa スヴァルパ⟧ [svəlpɐ/sɤlpɐ] *n.* 少し、少量 ¶ ಸ್ವಲ್ಪ ಕೊಡಿರಿ. (svalpa koḍiri.) 少しください。 —*adv.* 1 少し、ちょっと 2 ちょっと（何かを頼む時のためらいを示す言葉）¶ ನೀವು ಸ್ವಲ್ಪ ಕೂತಿರಿ. (nīvu svalpa kūtiri.) ちょっと座っていて。 [Sk.]

ಸ್ವಸಹಾಯ ⟦svasahāya スヴァサハーヤ⟧ [svəsəhɐːjɐ/svɤsəhɐːjɐ] 《文》 *n.* セルフサービス ¶ ಈ ಅಂಗಡಿಯಲ್ಲಿ ಸ್ವಸಹಾಯಪದ್ಧತಿ ಇದೆ. (ī aṃgaḍiyalli svasahāyapaddʰati ide.) この店はセルフサービスの店です。 [Sk.] = ಸೆಲ್ಫ್-ಸರ್ವಿಸ್ (selpʰ-sarvis)〔口〕

ಸ್ವಸ್ತಿ ⟦svasti スヴァスティ⟧ [svəsti/svɤsti] *n.* 1 幸福、繁栄 2 手紙などの冒頭に書く祝福の言葉、「幸いあれ」 —*snt.* 1 幸いあれ 2 アーメン [Sk.]

ಸ್ವಸ್ತಿವಾಚನ ⟦svastivācana スヴァスティヴァーチャナ⟧ [svəstivɐːʧənɐ/svɤsti–] 《文》 *n.*（結婚式などめでたい行事の最初に）呪文を繰り返して神の祝福を求めること [Sk.]

ಸ್ವಸ್ಥ ⟦svastʰa スヴァスタ⟧ [svəstʰɐ/sɤstʰɐ] (*adj.*) 1（心が）平静な〈こと〉、落ち着いた〈こと〉 2 健康〈な〉、達者〈な〉 [Sk.]

ಸ್ವಸ್ಥಾನ ⟦svastʰāna スヴァスターナ⟧ [svəstʰɐːnɐ/svɤ–] 《文》 *n.* 故郷、生まれた国 [Sk.]

ಸ್ವಹಸ್ತ ⟦svahasta スヴァハスタ⟧ [svəhəstɐ/svɤ–] 《文》 *n.* 1 自分自身の手 2 署名、サイン、自署 —*adv.* 自分自身の手で ¶ ನೀವು ಸ್ವಹಸ್ತ ನಿಮ್ಮ ಮಗನನ್ನು ಕೊಲ್ಲುತ್ತೀರಾ? (nīvu svahasta nimma maganannu kolluttīrā?) 息子さんをご自分の手で殺すのですか。 [Sk.]

ಸ್ವಹಸ್ತಾಕ್ಷರ ⟦svahastākṣara スヴァハスタークシャラ⟧ [svəhəstɐːkʂərɐ/svɤ–] 《文》 *n.* 署名、自署、サイン [Sk.]

ಸ್ವಹಿತ ⟦svahita スヴァヒタ⟧ [svəhitɐ/svɤ–] 《文》 *n.* 私利、自分の利益 ¶ ನಾನು ಸ್ವಹಿತಕ್ಕಾಗಿ ಈ ಕೆಲಸ ಮಾಡುವುದಿಲ್ಲ. (nānu svahitakkāgi ī kelasa māḍuvudilla.) 私は私利私欲でこの仕事をしているわけではない。 [Sk.]

ಸ್ವಾಗತ ⟦svāgata スヴァーガタ⟧ [svɐːgətɐ] 《文》 *n.* 歓迎、歓待 ◇ *vt.* —ಮಾಡು, ನೀಡು (māḍu, nīḍu) [Sk.]

ಸ್ವಾಗತಕಾರಿ ⟦svāgatakāri スヴァーガタカーリ⟧ [svɐːgətəkɐːri] 《文》 *mf.* 《*f.* ಸ್ವಾಗತಕಾರಿಣಿ (svāgatakāriṇi)》（ホテルなどの）受付係、フロント係 [Sk.]

ಸ್ವಾಗತಕಾರಿಣಿ ⟦svāgatakāriṇi スヴァーガタカーリニ⟧ [svɐːgətəkɐːriṇi] 《文》 *f.*（ホテルなどの）女性の受付係、フロント係 [Sk.]

ಸ್ವಾಗತಕಾರ್ತಿ ⟦svāgatakārti スヴァーガタカールティ⟧ [svɐːgətəkɐːrti] 《文》 *f.*（ホテルなどの）女性の受付係、フロント係 [Sk.]

ಸ್ವಾಗತಭಾಷಣ ⟦svāgatabʰāṣaṇa スヴァーガタバーシャナ⟧ [svɐːgətəbʰɐːʂəṇɐ] *n.* 歓迎の辞、歓迎の言葉 [Sk.]

ಸ್ವಾಗತಾರ್ಹ ⟦svāgatārha スヴァーガタールハ⟧ [svɐːgətɐːrhɐ] 《文》 *adj.* 歓迎すべき ¶ ಅವನು ಮದುವೆಯನ್ನು ರದ್ದು ಮಾಡಿದ್ದು ಸ್ವಾಗತಾರ್ಹ. (avanu maduveyannu raddu māḍiddu svāgatārha.) 彼の婚約破棄はうちにとって好都合だ。 [Sk.]

ಸ್ವಾಗತಿಸು ⟦svāgatisu スヴァーガティス⟧ [svɐːgətisu] 《文》 *vt.* 歓迎する、歓待する [Sk.]

ಸ್ವಾತಂತ್ರ್ಯ ⟦svātaṃtrya スヴァータントリャ⟧ [svɐːtəntrjɐ] *n.* 1 自由 2 独立 [Sk.]

ಸ್ವಾದ ⟦svāda スヴァーダ⟧ [svɐːdɐ] 《文》 *n.* 1 味、美味 2〔喩〕よい結果あるいは悪い結果 ¶ ಅಧಿಕಾರಿ ತನ್ನ ಕಾರ್ಯದ ಸ್ವಾದವನ್ನು ಅನುಭವಿಸುತ್ತಿರಬೇಕು. (adʰikāri tanna kāryada svādavannu anubʰavisuttirabēku.) 役人は自分の行為の結果を味わっているに違いない。 [Sk.] =

ರುಚಿ (ruci)〔汎〕

ಸ್ವಾದಿಸು ⟦svādisu スヴァーディス⟧ [svɐːdisu] 《文》 *vt.* 1 味わう 2〔喩〕経験する、〈苦しみなどを〉味わう ¶ ಅಧಿಕಾರಿ ಸೆರೆಮನೆಯಲ್ಲಿ ತನ್ನ ದುಷ್ಕಾರ್ಯದ ಫಲವನ್ನು ಸ್ವಾದಿಸುತ್ತಿದ್ದಾನೆ. (adʰikāri seremaneyalli tanna duṣkāryada pʰalavannu svādisuttiddāne.) 獄中のその役人は自分の悪行の結果を味わっている。[Sk.]

ಸ್ವಾಧೀನ ⟦svādʰīna スヴァーディーナ⟧ [svɐːdʰiːnɐ] *n.* 1 支配(権)、統御(力) 2 (不動産などの)占有、占有権 ¶ ಮನೆಯನ್ನು ಅವನ ಸ್ವಾಧೀನಕ್ಕೆ ಕೊಡು. (maneyannu avana svādʰīnakke koḍu.) 家を彼に明け渡しなさい。[Sk.]

ಸ್ವಾಧ್ಯಾಯ ⟦svādʰyāya スヴァーディャーヤ⟧ [svɐːdʰjɐːjɐ] 《文》 *n.* 1 自分で研究すること、自習、自学自習、自分で繰り返し読むこと 2 ヴェーダを自分で繰り返し学ぶこと [Sk.]

ಸ್ವಾನುಭವ ⟦svānubʰava スヴァーヌバヴァ⟧ [svɐːnubʰvɐ] 《文》 *n.* 自分自信の経験 [Sk.]

ಸ್ವಾಭಾವಿಕ ⟦svābʰāvika スヴァーバーヴィカ⟧ [svɐːbʰɐːvikɐ] (*n.*) 1 当然〈の〉、自然法則上予期される〈こと〉、社会慣習上予期される〈こと〉¶ ಸಮಾಜವಾದದ ಅಧಃಪತನ ಸ್ವಾಭಾವಿಕವಾಗಿತ್ತು. (samājavādada adʰaḥpatana svābʰāvikavāgittu.) 社会主義の没落は当然のことであった。2 生まれつき〈の〉、生来〈の〉¶ ಕಳ್ಳತನ ಅವನ ಸ್ವಾಭಾವಿಕ ಗುಣ. (kaḷḷatana avana svābʰāvika guṇa.) 盗みは彼の生まれつきの性質である。 3 自発的〈な〉、任意〈の〉¶ ನಮ್ಮ ಮಗನಿಗೆ ಸಂಗೀತ ಸ್ವಾಭಾವಿಕವಾಗಿ ಬರುತ್ತದೆ. (namma maganige saṃgīta svābʰāvikavāgi baruttade.) 息子は自然に歌が歌える。 4 (道具などの取り扱いが) 自由自在な〈こと〉¶ ಚಿಕ್ಕ ಮಕ್ಕಳು ಕಂಪ್ಯೂಟರನ್ನು ಸ್ವಾಭಾವಿಕವಾಗಿ ಬಳಸುತ್ತಾರೆ. (cikka makkaḷu kampyūṭarannu svābʰāvikavāgi baḷasuttāre.) 小さな子どもはコンピューターを自由自在に扱う。[Sk.]

ಸ್ವಾಭಿಮಾನ ⟦svābʰimāna スヴァービマーナ⟧ [svɐːbʰimɐːnɐ] *n.* 自尊心、自負心 [Sk.] = ಆತ್ಮಗೌರವ (ātmagaurava)

ಸ್ವಾಭಿಮಾನಿ ⟦svābʰimāni スヴァービマーニ⟧ [svɐːbʰimɐːni] *adj., mf.* 自尊心がある〈人〉[Sk.]

ಸ್ವಾಮಿ ⟦svāmi スヴァーミ⟧ [svɐːmi] *m.* 1 所有者、持ち主 2 主君、王、支配者、主権者 3 夫、主人 [Sk.]

ಸ್ವಾಮಿದ್ರೋಹ ⟦svāmidrōha スヴァーミドローハ⟧ [svɐːmidroːhɐ] *n.* 主君を裏切ること、謀反 [Sk.]

ಸ್ವಾಮಿದ್ರೋಹಿ ⟦svāmidrōhi スヴァーミドローヒ⟧ [svɐːmidroːhi] *adj., mf.* 主君を裏切った人、謀反人 [Sk.]

ಸ್ವಾಮ್ಯ ⟦svāmya スヴァーミャ⟧ [svɐːmˑjɐ] *n.* 1 支配、支配権 ¶ ಪಕ್ಷಕ್ಕೆ ಸೇರಿದ ಹತ್ತು ವರ್ಷಗಳಲ್ಲೇ ಮುತ್ತುಸಾಮಿ ತನ್ನ ಸ್ವಾಮ್ಯವನ್ನು ಸ್ಥಾಪಿಸಿದರು. (pakṣakke sērida hattu varṣagaḷallē muttusāmi tanna svāmyavannu stʰāpisidaru.) 入党して10年でムットゥサーミーは自分の支配権を確立した。 2 所有権 3 (不動産などの) 占有権 [Sk.]

ಸ್ವಾಮ್ಯಪತ್ರ ⟦svāmyapatra スヴァーミャパトラ⟧ [svɐːmˑjəpətˑrɐ] *n.* 権利書 [Sk.]

ಸ್ವಾಯತ್ತ ⟦svāyatta スヴァーヤッタ⟧ [svɐːjəttɐ] *adj.* 自治権のある [Sk.]

ಸ್ವಾಯತ್ತತೆ ⟦svāyattate スヴァーヤッタテ⟧ [svɐːjəttəte] 《文》 *n.* 自治権 [Sk.]

ಸ್ವಾಯತ್ತಶಾಸನ ⟦svāyattaśāsana スヴァーヤッタシャーサナ⟧ [svɐːjəttəʃɐːsənɐ] 《文》 *n.* 自治 [Sk.]

ಸ್ವಾರಸ್ಯ ⟦svārasya スヴァーラスヤ⟧ [svɐːrəsˑjɐ] *n.* 1 味 2 面白いこと、興味を起こさせること ¶ ಈ ಫಿಲ್ಮಿನಲ್ಲಿ ಏನೂ ಸ್ವಾರಸ್ಯ ಇಲ್ಲ. (ī pʰilminalli ēnū svārasya illa.) この映画は全然面白くない。[Sk.]

ಸ್ವಾರ್ಥ ⟦svārtʰa スヴァールタ⟧ [svɐːrtʰɐ] *n.* 1 私欲、自己の利益 ¶ ಶಂಕರ ಸ್ವಾರ್ಥದಿಂದ ನನಗೆ ಸಹಾಯ ಮಾಡಿದ. (śaṃkara svārtʰadiṃda nanage sahāya māḍida.) シャンカラは私欲から私を助けた。 2 利己的であること、利己主義 ¶ ಸ್ವಾರ್ಥವಿಲ್ಲದೆ ದೇಶಕ್ಕಾಗಿ ದುಡಿಯಬೇಕು. (svārtʰavillade dēśakkāgi duḍiyabēku.) 人は利己心を捨てて国のために働かねばならない。[Sk.]

ಸ್ವಾರ್ಥತ್ಯಾಗ ⟦svārtʰatyāga スヴァールタティャーガ⟧ [svɐːrtʰətjɐːgɐ] 《文》 *n.* 私欲を捨てること、自己犠牲 [Sk.]

ಸ್ವಾರ್ಥಲೋಲುಪ ⟦svārtʰalōlupa スヴァールタロールパ⟧ [svɐːrtʰəloːlupɐ] *adj., m.* 《*f.* ಸ್ವಾರ್ಥಲೋಲುಪೆ (svārtʰalōlupe)》我欲の強い〈人〉、私利に耽る〈人〉[Sk.]

ಸ್ವಾರ್ಥಿ ⟦svārtʰi スヴァールティ⟧ [svɐːrtʰi] *adj., mf.* 利己的な〈人〉[Sk.]

ಸ್ವಾರ್ಥಸಿದ್ಧಿ ⟦svārtʰasiddʰi スヴァールタシッディ⟧ [svɐːrtʰəsiddʰi] *n.* 自己利益の成就 [Sk.]

ಸ್ವಾವಲಂಬನ ⟦svāvalaṃbana スヴァーヴァランバナ⟧ [svɐːvələmbənɐ] ಸ್ವಾವಲಂಬನೆ *n.* 自立、人に頼らないこと [Sk.]

ಸ್ವಾವಲಂಬನೆ ⟦svāvalaṃbane スヴァーヴァランバネ⟧ [svɐːvələmbəne] *n.* [Sk.] ☞ ಸ್ವಾವಲಂಬನ (svāvalaṃbana)

ಸ್ವಾವಲಂಬಿ ⟦svāvalaṃbi スヴァーヴァランビ⟧ [svɐːvələmbi] *adj., mf.* 自立した〈人〉、人に頼らない〈人〉¶ ಅವಳು ಸ್ವಾವಲಂಬಿಯಾಗಿ ಬದುಕುತ್ತಿದ್ದಾಳೆ. (avaḷu svāvalaṃbiyāgi badukuttiddāḷe.) 彼女は独立した人間として生きている。[Sk.]

ಸ್ವಾಸ್ಥ್ಯ ⟦svāstʰya スヴァースティャ⟧ [svɐːstʰˑjɐ] *n.* 1 自立、人に頼らないこと 2 健康 3 繁栄、幸せ 4 満足、安心立命 [Sk.] = ಸ್ವಾಮ್ಯ (svāmya)

ಸ್ವಿಟ್ಜರ್‌ಲ್ಯಾಂಡ್ ⟦svitjarlyāṃḍ スヴィトジャルリャーンド⟧ [svizərlæːɳɖ] *n.* スイス [Eg.*Switzerland*]

ಸ್ವೀಕರಣ ⟦svīkaraṇa スヴィーカラナ⟧ [sviːkərəɳɐ] ಸ್ವೀಕರಣೆ *n.* 1 (条件や思想などを) 受け入れること、受容 2 (勲章や賞などを) 受け取ること [Sk.]

ಸ್ವೀಕರಣೆ ⟦svīkaraṇe スヴィーカラネ⟧ [sviːkərəɳe] *n.* [Sk.] = ಸ್ವೀಕರಣ (svīkaraṇa)

ಸ್ವೀಕರಿಸು ⟦svīkarisu スヴィーカリス⟧ [svi:kərisu] 《文》 *vt.* **1** 〈条件や思想などを〉受け入れる、受容する **2** 〈勲章や賞などを〉受け取る [Sk.] = ಒಪ್ಪಿಕೊಳ್ಳು (oppikoḷḷu)〔口〕

ಸ್ವೀಕಾರ ⟦svīkāra スヴィーカーラ⟧ [svi:kɐ:rɐ] *n.* **1** (条件や思想などを)受け入れること、受容 **2** (勲章や賞などを)受け取ること [Sk.]

ಸ್ವೀಕೃತ ⟦svīkr̥ta スヴィークルタ⟧ [svi:krɯtɐ/—krutɐ] 《文》 *adj.* 受け入れた、受け取った [Sk.]

ಸ್ವೀಡನ್ ⟦svīḍan スヴィーダン⟧ [svi:ɖən] *n.* スウェーデン(北ヨーロッパの国) [Eg. *Sweden*]

ಸ್ವೆಟರ್ ⟦sveṭar スヴェタル⟧ [sʋeʈər] *n.* セーター [Eg.]

ಸ್ವೇಚ್ಛಾಚಾರ ⟦svēcchācāra スヴェーッチャーチャーラ⟧ [sve:ʧʧʰɐ:ʧɐ:rɐ] *n.* 自分の意のままに振る舞うこと、専横 [Sk.] = ಸ್ವೇಚ್ಛಾವೃತ್ತಿ (svēcchāvr̥tti)

ಸ್ವೇಚ್ಛಾವೃತ್ತಿ ⟦svēcchāvr̥tti スヴェーッチャーヴルッティ⟧ [sve:ʧʧʰɐ:vrɯtti/—vrutti] 《文》 *n.* 自分の意のままに振る舞うこと、専横 [Sk.] = ಸ್ವೇಚ್ಛಾಚಾರ (svēcchācāra)

ಸ್ವೇಚ್ಛೆ ⟦svēcche スヴェーッチェ⟧ [sve:ʧʧʰe] *n.* **1** 自分の意志 **2** わがまま、身勝手、放縦 [Sk.]

ಸ್ವೇದ ⟦svēda スヴェーダ⟧ [sve:dɐ] 《文》 *n.* 汗、汗が出ること [Sk.]

ಸ್ವೋಪಜ್ಞತೆ ⟦svōpajñate スヴォーパジュニャテ⟧ [svo:pəɟɲəte/svo:pəgnəte] 《文》 *n.* 自分の思いつき、独創力 ¶ ಮಗ ಈ ಪುಸ್ತಕವನ್ನು ಸ್ವೋಪಜ್ಞತೆಯಿಂದ ರಚಿಸಿದ. (maga ī pustakavannu svōpajñateyiṃda racisida.) 息子はこの本を自分の才覚で書いた。 [Sk.]

ಹ

ಹ ⟦ha ハ⟧ [hə˙] *n.* カンナダその他のインド系言語で音素の連続 /ha/ またはそれを表す文字 [Ka.]

ಹಂಗ ⟦haṃga ハンガ⟧ [həŋgɐ] 《古》 *n.* 王のものとなる税金の一種 (*SII.XX.178-152, 1192*) [Ka. cf. D3818] ☞ಪಂಗ (paṃga)

ಹಂಗರಿ ⟦haṃgari ハンガリ⟧ [həŋgəri] *n.* ハンガリー(東ヨーロッパの国) [Eg. Hungary]

ಹಂಗಾಮಿ ⟦haṃgāmi ハンガーミ⟧ [həŋgɐ:mi] (*adj.*) **1** 臨時〈の〉、一時的な〈こと〉 **2** 間に合わせ〈の〉、当座しのぎ〈の〉 [Pe. *hangāmī*]

ಹಂಗಿಸು ⟦haṃgisu ハンギス⟧ [həŋgisu] *vt.* 〈人を〉からかう、〈人に〉皮肉を言う [?]

ಹಂಗು ⟦haṃgu ハング⟧ [həŋgu] ಪಂಗು² *n.* 恩 ¶ ಅಣ್ಣನ ಹಂಗಿಗೆ ಬೀಳಬಾರದೆಂದು ಕೆಲಸಕ್ಕೆ ಸೇರಿದೆ. (aṇṇana haṃgige bīḷabāradeṃdu kelasakke sēride.) 兄の世話になってばかりいてはならないと思って僕は就職した。 [Ka. D3820]

ಹಂಚಿಕೆ ⟦haṃcike ハンチケ⟧ [həɲʧĭke] *n.* **1** 策略、計略、姦計 **2** 分割、分けること **3** 分配、分け合うこと [*haṃcu* + *-ike*]

ಹಂಚಿಕೆ ಆದೇಶ ⟦haṃcike ādēśa ハンチケアーデーシャ⟧ [həɲʧĭke ɐ:de:ʃɐ] 《文》 *n.* 当局への土地や家屋の購入申し込みに対する当選通知 [*haṃcike* + *ādēśa*]

ಹಂಚು¹ ⟦haṃcu ハンチュ⟧ [həɲʧu] *n.* 屋根瓦、瓦 [Ka. D4385]

ಹಂಚು² ⟦haṃcu ハンチュ⟧ [həɲʧu] ಪಂಚು, ಪಚ್ಚು, ಪಸು², ಹಚ್ಚು¹ *vt.* **1** 分配する、分かち与える **2** 分割する [?]

ಹಂಚುಕೊಳ್ಳು ⟦haṃcukoḷḷu ハンチュコッル⟧ [həɲʧukoḷḷu] *vt.* 自分たちの中で分配する、分け合う [?]

ಹಂಜರ¹ ⟦haṃjara ハンジャラ⟧ [həɲʤərɐ] 《古》 *n.* (結婚式などで大勢の人を収容するために建てる)布などで作ったテント [Ka. *D3922]

ಹಂಜರ² ⟦haṃjara ハンジャラ⟧ [həɲʤərɐ] 《文》 *n.* **1** 獣や鳥を入れる檻、鳥籠 **2** 骸骨 [Sk. *paṃjara-*]

ಹಂಜರಗೂಳಿ ⟦haṃjaragūḷi ハンジャラグーリ⟧ [həɲʤərəgu:ḷi] ಹಂಜರಕೂಳಿ *n.* 竹を編んで作った漁業用の籠 [+ Ka. *kūḷi*]

ಹಂಜಱಗೂಳಿ ⟦haṃjaṟagūḷi ハンジャラグーリ⟧ [həɲʤərəgu:ḷi] 《‡》 *n.* 竹を編んで作った漁業用の籠 (*My (Kitt.)*) [キッテルの誤った再構成、*haṃjaragūḷi*を参照]

ಹಂಜಿ ⟦haṃji ハンジ⟧ [həɲʤi] *n.* 打ち綿(糸を紡ぐ前の段階の玉状の木綿) [Sk.? cf. DED 3173, T7688]

ಹಂಡೆ ⟦haṃḍe ハンデ⟧ [həɳɖe] *n.* 広口水壺(通常は銅製の水を貯える壺)[⇒図] [H.,M. *haṃḍā*, Sk. *bhāṃḍa-* T9440 < ?]

ಹಂಡೆ 広口水壺

ಹಂತ¹ ⟦haṃta ハンタ⟧ [həntɐ] 《古》 *n.* 誓い、心に誓うこと [Ka. *D3921] ☞ಪಂತ (paṃta)

ಹಂತ² ⟦haṃta ハンタ⟧ [həntɐ] *n.* **1** 段;階段 **2** 段階 [?]

ಹಂತಕ ⟦haṃtaka ハンタカ⟧ [həntəkɐ] 《文》 *m.* 《*f.* ಹಂತಕಿ (haṃtaki)》 殺人者 [Sk.] = ಕೊಲೆಗಾರ (kolegāra)〔口〕

ಹಂದರ್ ⟦haṃdar ハンダル⟧ [həndər] 《古》 *n.* [Ka. *D3922] ☞ಹಂದರ (haṃdara)

ಹಂದರ ⟦haṃdara ハンダラ⟧ [həndərɐ] ಪಂದರ್, ಪಂದರ, ಪಂದರು, ಪಂದಲ್, ಪಂದಲು, ಹಂದರ್, ಹಂದರು, ಹಂದಲ, ಹಂದಲು *n.* (結婚式などで大勢の人を収容するために玄関の外に建てる)布などで作ったテント [Ka.

*D3922]

ಹಂದರು ⟦haṃdaru ハンダル⟧ [həndə̆ru] *n.* (結婚式などで大勢の人を収容するために建てる) 布などで作ったテント [Ka. *D3922] = ಹಂದರ (haṃdara)

ಹಂದಲ ⟦haṃdala ハンダラ⟧ [hondə̆lɐ] 《古》 *n.* [Ka. *D3922] ☞ಹಂದರ (haṃdara)

ಹಂದಲು ⟦haṃdalu ハンダル⟧ [həndə̆lu] 《古》 *n.* [Ka. *D3922] ☞ಹಂದರ (haṃdara)

ಹಂದಿ ⟦haṃdi ハンディ⟧ [həndi] ಪಂದಿ *n.* 豚 [Ka. *D4039]

ಹಂದಿಸಾಕಣೆ ⟦haṃdisākaṇe ハンディサーカネ⟧ [həndisɐ: kə̆ɳe] *n.* 養豚、豚を飼うこと [+ *sākaṇe*]

ಹಂದು ⟦haṃdu ハンドゥ⟧ [həndu] 《古》 *vi.* 震える [Ka. D3926] ☞ಹೆಂದು (heṃdu)

ಹಂದೆ ⟦haṃde ハンデ⟧ [hənde] ಪಂದೆ *mf.* 臆病者、勇気のない人 [Ka. *D3927] = ಹೇಡಿ (hēḍi)

ಹಂದೆಗ ⟦haṃdega ハンデガ⟧ [həndegɐ] *m.* 《*f.* ಹಂದೆಗಿ (haṃdegi)》 臆病者、勇気のない人 [Ka. *paṃde* + *-ga* *D3927]

ಹಂಬಲ ⟦haṃbala ハンバラ⟧ [həmbə̆lɐ] ಪಂಬಲ್, ಹಂಬಲು *n.* 渇望、切望 ◇ *vi.* —ಪಡು (paḍu)渇望する [Ka. *D3931] = ಹಂಬಲಿಕೆ (haṃbalike)

ಹಂಬಲಿಕೆ ⟦haṃbalike ハンバリケ⟧ [həmbəlĭke] *n.* 欲望、強欲 [*haṃbalu* + *-ike*] = ಹಂಬಲ (haṃbala)

ಹಂಬಲಿಸು ⟦haṃbalisu ハンバリス⟧ [həmbəlĭsu] *vi.* 渇望する、切望する ¶ ಅವರು ಮಂತ್ರಿ ಆಗಬೇಕೆಂದು ಹಂಬಲಿಸುತ್ತಾರೆ. (avaru maṃtri āgabēkeṃdu haṃbalisuttāre.) 彼は大臣になりたくて仕方がない。 [*haṃbalu* + *-isu*]

ಹಂಬಲು ⟦haṃbalu ハンバル⟧ [həmbə̆u] *n.* [Ka. *D3931] ☞ಹಂಬಲ (haṃbala)

ಹಂಬು ⟦haṃbu ハンブ⟧ [həmbu] 《文》 *vi.* (つる草が) 広がる —*n.* **1** つる草、蔦や葛の類 **2** キンマ (パーンに用いられる葉をつけるコショウ科コショウ属のつる草) ⇀ 嗜・薬 **3** (首を吊る) 縄 [Ka. *D3949]

ಹಂಬೆ ⟦haṃbe ハンベ⟧ [həmbe] 《方》 *n.* バナナの茎の内部 (野菜として美味) [Ka. D3933] = ದಿಂಡು (diṃḍu) 〔汎〕

ಹಂಸ ⟦haṃsa ハンサ⟧ [həmsɐ/həũsɐ] *n.* 白鳥 [Sk.]

ಹಂಸಗಮನೆ ⟦haṃsagamane ハンサガマネ⟧ [həmsəgəmə ne] 《文》 *f.* 白鳥のように優雅に歩く女性 [Sk.]

ಹಂಸತೂಲ ⟦haṃsatūla ハンサトゥーラ⟧ [həmsətu:lɐ] 《文》 *n.* 白鳥の羽根 (王者などが用いる枕や布団の材料) [Sk.]

ಹಂಸತೂಲಿಕೆತಲ್ಪ ⟦haṃsatūliketalpa ハンサトゥーリケタルパ⟧ [həmsətu:liketəlpɐ] 《文》 *n.* (王者などが用いる) 白鳥の羽根で作った枕や布団 [Sk.]

ಹಂಸಪಾದ ⟦haṃsapāda ハンサパーダ⟧ [həmsəpɐ:dɐ] *n.* 文の途中への挿入を指示する校正記号、脱字記号 [⇒図] [Sk.]

ಹಂಸಪಾದ
脱字記号

ಹಕಾರ ⟦hakāra ハカーラ⟧ [hɐkɐ:rɐ] *n.* カンナダその他のインド系文字体系で音素の連続 /ha/ を表す文字 [Sk.]

ಹಕೀಕತ್ತು ⟦hakīkattu ハキーカットゥ⟧ [həki:kəttu] *n.* **1** 事実 ¶ ವಿಚಾರಿಸಿದ ಮೇಲೆ ಹಕೀಕತ್ತು ಹೊರಬಿತ್ತು. (vicārisida mēle hakīkattu horabittu.) 調査の末に真実が判明した。 **2** 《希》 奸計、奸策 ¶ ಏನೋ ಹಕೀಕತ್ತು ನಡೆದಿದೆ. (ēnō hakīkattu naḍedide.) 何か怪しいことが起こったようだ。 [Ar.-Pe. *ḥaqīqat*]

ಹಕೀಮ ⟦hakīma ハキーマ⟧ [həki:mɐ] *m.* ペルシャの伝統医学の医者 [Ar. *ḥaqīm*]

ಹಕ್ಕಿ ⟦hakki ハッキ⟧ [həkki] *n.* 鳥、鳥類 [Sk. *pakṣin-*]

ಹಕ್ಕಲು ⟦hakkalu ハッカル⟧ [həkkə̆lu] *n.* **1** 拾い集めた落ち穂 **2** 不毛の荒れ地 [Ka. D4423]

ಹಕ್ಕಳೆ ⟦hakkaḷe ハッカレ⟧ [həkkə̆ɭe] *n.* 泥やできものの表面が乾いて固まったもの、(皮膚の) かさぶた [Ka. D3811]

ಹಕ್ಕು[1] ⟦hakku ハック⟧ [həkku] ಪಕ್ಕು *n.* 鼻くそ [Ka. D3811]

ಹಕ್ಕು[2] ⟦hakku ハック⟧ [həkku] *n.* (所有権、使用権、相続権などを含む) 権利 [Ar. *haqq*]

ಹಕ್ಕುದಾರ ⟦hakkudāra ハックダーラ⟧ [həkkudɐ:rɐ] *m.* 《*f.* ಹಕ್ಕುದಾರಳು (hakkudāraḷu)》 (相続人など) 権利者 [Ar.-Pe. *haqqdār*]

ಹಕ್ಕುದಾರಿ ⟦hakkudāri ハックダーリ⟧ [həkkudɐ:ri] *n.* 権利、使用権、所有権

ಹಕ್ಕೆ ⟦hakke ハッケ⟧ [həkke] 《古》 *n.* 牛などの家畜をつなぐ場所 [Ka. D4007]

ಹಗರಣ ⟦hagaraṇa ハガラナ⟧ [həgərəɳɐ] *n.* **1** (今日ほとんど見られない) 民俗劇の一種 **2** 騒ぎ、騒動、喧嘩 ¶ ಅಣ್ಣತಮ್ಮಂದಿರ ನಡುವೆ ಆಸ್ತಿಗಾಗಿ ದೊಡ್ಡ ಹಗರಣ ನಡೆಯಿತು. (aṇṇatammaṃdira naḍuve āstigāgi doḍḍa hagaraṇa naḍeyitu.) 財産をめぐって兄弟の間に大喧嘩があった。 [Sk. *prakaraṇa-*]

ಹಗರು[1] ⟦hagaru ハガル⟧ [həg̊ə̆ru] 《文》 *n.* ふけ [Ka. D42]

ಹಗರು[2] ⟦hagaru ハガル⟧ [həg̊ə̆ru] ಹಗಱ್, ಹಗಱು 《文》 *n.* (籠などを編むために用いられる) 竹ひご [Ka. *D3808]

ಹಗಱ್ ⟦hagaṟ ハガル⟧ [həgəṟ] 《古》 *n.* (籠などを編むために用いられる) 竹ひご [Ka. D3808]

ಹಗಱು ⟦hagaṟu ハガル⟧ [həgə̆ṟu] 《古》 *n.* [Ka. D3808] = ಹಗಱ್ (hagaṟ)

ಹಗಲ್ ⟦hagal ハガル⟧ [həgəl] 《古》 *n.* 昼、日中 [Ka. *D3805] ☞ಹಗಲು (hagalu)

ಹಗಲು ⟦hagalu ハガル⟧ [həg̊ə̆ɭu] ಪಗಲು, ಪಗಲು, ಹಗಲ್ *n.* 昼、日中 [Ka. < OK *pagal* *D3805]

ಹಗಲುಗನಸು ⟦hagaluganasu ハガルガナス⟧ [həg̊ə̆lukənə̆ su] *n.* 白昼夢 [*hagalu* + *kanasu*]

ಹಗಲುದರೋಡೆ ⟦hagaludarōḍe ハガルダローデ⟧ [həg̊ə̆ ludəro:ɖe] *n.* 昼間の強盗 [*hagalu* + *darōḍe*]

ಹಗಿನ ⟦hagina ハギナ⟧ [həginɐ] 《古》 *n.* 樹脂、樹皮から浸出する粘度の高い液体 [Ka. *D3827] ☞ಪಗಿನ್ (pagin)

ಹಗಿನು ⟦haginu ハギヌ⟧ [həginu] 《古》 *n.* [Ka. *D3827] ☞ಪಗಿನ್ (pagin)

ಹಗುರ ⟦hagura ハグラ⟧ [həgŭrɐ] (*n.*) 1 軽い〈こと〉、軽量〈な〉 2 容易〈な〉、たやすい〈こと〉¶ ಅವನು ಇದ್ದಾಗ ನನ್ನ ಕೆಲಸ ಹಗುರವಾಗುತ್ತದೆ. (avanu iddāga nanna kelasa haguravāguttade.) 彼がいれば僕の仕事はしやすくなる。 3 浅薄な〈こと〉、表面的な〈こと〉¶ ನರಸಿಂಹರಾಜು ಹಗುರ ಪಾತ್ರಗಳನ್ನು ಅಭಿನಯಿಸುತ್ತಾರೆ. (narasiṃharāju hagura pātragaḷannu abʰinayisuttāre.) ナラシンマラージュは軽薄な人間の役を演じる。 4 侮辱的な〈こと〉、無礼〈な〉¶ ಹಿರಿಯರ ಬಗ್ಗೆ ಹಗುರ ಮಾತುಗಳನ್ನಾಡ ಬಾರದು. (hiriyara bagge hagura mātugaḷannāḍa bāradu.) 目上の人について敬意を払わずに話してはならない。 [Ka.? cf. Tu. *hagura* Sk. *laghu-*]

ಹಗುರು ⟦haguru ハグル⟧ [həguru] (*n.*) ☞ಹಗುರ (hagura)

ಹಗೆ ⟦hage ハゲ⟧ [həge] ಪಗೆ, ಪಗೆವು *vt.* 憎む、(…に)敵意を持つ —*n.* 1 敵意、憎しみ 2 敵、仇 [Ka. < *page* D3808]

ಹಗೆ ತೀರಿಸು ⟦hage tīrisu ハゲティーリス⟧ [həge tiːrĭsu] *vi.* 復讐する、敵討ちをする ¶ ಟೈಸನ್ ಕಿವಿ ಕಚ್ಚಿ ಹೋಲಿಫೀಲ್ಡ್‌ನ ಮೇಲೆ ಹಗೆ ತೀರಿಸಿಕೊಂಡ. (ṭaisan kivi kacci holipʰīlḍna mēle hage tīrisikoṃḍa.) タイソンは耳を噛んでホリフィールドに復讐した。 [+ *tīrisu*]

ಹಗ್ಗ ⟦hagga ハッガ⟧ [həggɐ] *n.* (太い)紐、縄(直径約8ミリ以上) [Sk. *pragrahá-* 「手綱」 A2]

ಹಚ್ಚಗೆ ⟦haccage ハッチャゲ⟧ [hətʧʧə̆ge] *adv.* 《ಹಸಿರು (hasiru)の副詞化》緑に ¶ ಹೊಲ ಹಚ್ಚಗೆ ಬೆಳೆದಿದೆ. (hola haccage beḷedide.) 畑で作物は緑に成長している。 [Ka. *D3821] = ಹಸಿರಾಗಿ (hasirāgi)

ಹಚ್ಚಡ ⟦haccaḍa ハッチャダ⟧ [hətʧʧə̆ḍɐ] *n.* (通常はパッチワークで作られる)矩形の厚いベッドカバー(男性の肩掛けとしても用いられる) [Ka.?]

ಹಚ್ಚನೆ ⟦haccane ハッチャネ⟧ [hətʧʧə̆ne] ಹಚ್ಚನೆಯ 《古》 (*n.*) 緑〈色の〉 [Ka. *D3821] ☞ಪಚ್ಚನೆ (paccane)

ಹಚ್ಚನೆಯ ⟦haccaneya ハッチャネヤ⟧ [hətʧʧə̆nejɐ] 《古》 *adj.* 緑色の [Ka. *haccane* + *-a* *D3821] ☞ಪಚ್ಚನೆಯ (paccaneya)

ಹಚ್ಚು[1] ⟦haccu ハッチュ⟧ [hətʧʧu] *vt.* 細かく刻む [Ka. D46]

ಹಚ್ಚು[2] ⟦haccu ハッチュ⟧ [hətʧʧu] *vt.* 1 〈香油、塗料などを〉塗る 2 〈火を〉つける 3 くっつける;貼る、糊づけする [Ka. < *hattisu* D4034]

ಹಚ್ಚೆ ⟦hacce ハッチェ⟧ [hətʧʧe] *n.* 刺青 [Ka. *D3821]

ಹಜಾಮ ⟦hajāma ハジャーマ⟧ [hədʒɐːmɐ] *mf.* 〔蔑〕散髪屋、理髪師 [Ar. *ḥaǧǧām*] = ಕ್ಷೌರಕ (kṣauraka), = ಬಾರ್ಬರ್ (bārbar)〔汎〕

ಹಜಾಮತಿ ⟦hajāmati ハジャーマティ⟧ [hədʒɐːməti] *n.* [Ar.-Pe. *ḥajāmat*] ☞ಹಜಾಮತು (hajāmatu)

ಹಜಾಮತು ⟦hajāmatu ハジャーマトゥ⟧ [hədʒɐːmətu] *n.* 1 頭やひげなどを剃ること 2 散髪 3 (圧力をかけて)人に持っている金をすっかり使わせること ¶ ಹೋಟಲಿಗೆ ಕರೆದುಕೊಂಡು ಹೋಗಿ ಅವನಿಗೆ ಸ್ನೇಹಿತರು ಐನೂರು ರೂಪಾಯಿ ಹಜಾಮತು ಮಾಡಿದರು. (hōṭalige karedukoṃḍu hōgi avanige snēhitaru ainūru rūpāyi hajāmatu māḍidaru.) レストランで友達が彼に500ルーピーの金を使わせた。 [Ar.-Pe. *ḥaǧāmat*]

ಹಜಾರ ⟦hajāra ハジャーラ⟧ [hədʒɐːrɐ] *n.* 1 家の表の広間 2 家の外側に張りだした軒の下に設けられた人々が座って話をする場所 [? cf. Te. *hajāra*]

ಹಜ್ಜೆ ⟦hajje ハッジェ⟧ [hədʤdʒe] 《文》 *n.* 1 足跡 2 1歩(の幅)、歩幅 3 足音 [Pk. *pajjā-* A6] ☞ಹೆಜ್ಜೆ (hejje)

ಹಟ ⟦haṭa ハタ⟧ [həʈɐ] *n.* 頑固、意地を張ること [Sk. *haṭha-* <? M3.572]

ಹಟವಾದಿ ⟦haṭavādi ハタヴァーディ⟧ [həʈəvɐːdi] *adj.*, *mf.* 頑固〈者〉、意地っぱり〈の〉、強情な〈人〉 [Sk. *haṭha-* + *vādin-*]

ಹಟಮಾರಿ ⟦haṭamāri ハタマーリ⟧ [həʈə̆mɐːri] *mf.* 頑固者、意地っぱり、強情な人 [*haṭa* + *-māri*]

ಹಟಮಾರಿತನ ⟦haṭamāritana ハタマーリタナ⟧ [həʈə̆mɐːrĭtənɐ] *n.* 強情 [*haṭamāri* + *-tana*]

ಹಟ್ಟಿ ⟦haṭṭi ハッティ⟧ [həʈʈi] *n.* 1 (家の裏や横の)牛小屋 2 (村で)低いカーストの人々が住む集落 3 村、村落 4 召し使いたちが住む屋敷に付属した離れ ¶ ನಿಮ್ಮ ಹಟ್ಟಿಯಲ್ಲಿ ಎಷ್ಟು ಜನರಿದ್ದೀರಿ? (nimma haṭṭiyalli eṣṭu janariddīri?) 君の区画には何人の人が住んでいるの? [Ka. < OK *paṭṭi* D3868]

ಹಠಾತ್ ⟦haṭʰāt ハタート⟧ [həʈʰɐːt] 《文》 *adv.* 1 無理矢理に 2 急に、突然、不意に [Sk.]

ಹಠಯೋಗ ⟦haṭʰayōga ハタヨーガ⟧ [həʈʰəjoːgɐ] *n.* ハタヨーガ(ヨーガの一種、呼吸の制御を含めて身体的な訓練に重きを置き心を外的な対象から解放することを目的とする) [Sk.]

ಹಠಯೋಗಿ ⟦haṭʰayōgi ハタヨーギ⟧ [həʈʰəjoːgi] *mf.* ハタヨーガをする人 [Sk.]

ಹಡಕ ⟦haḍaka ハダカ⟧ [həɖə̆kɐ] 《雅》 *m.* 《*f.* ಹಡಿಕಿ (haḍiki)》性的にだらしがない人、性生活が放縦な人 [Ka. D3869]

ಹಡಗ ⟦haḍaga ハダガ⟧ [həɖə̆gɐ] *n.* 船、船舶 [Ka. D3838] ☞ಹಡಗು (haḍagu)

ಹಡಗು ⟦haḍagu ハダグ⟧ [həɖə̆gu] ಪಡಂಗು, ಪಡಗು, ಪಡಹು, ಪಡಾವ, ಹಡಗ, ಹಡಹು *n.* 船、船舶 [Ka. D3838] ☞ದೋಣಿ (dōṇi)(より小さい)舟

ಹಡಗು ಕಟ್ಟೆ ⟦haḍagu kaṭṭe ハダグカッテ⟧ [həɖə̆gu kəʈʈe] *n.* 桟橋 [+ *kaṭṭe*] = ಹಡಗಿನ ಇಳಿದಾಣ (haḍagina iḷidāṇa)

ಹಡಪ ⟦haḍapa ハダパ⟧ [həɖə̆pɐ] *n.* 1 ビンロウジュの実とキンマの葉を入れる小さな袋 2 散髪屋の道具を入れる小さな袋 [Ka. D64]

ಹಡಪಿಗ ⟦haḍapiga ハダピガ⟧ [həḍə̆pigɐ] 《文》 *m.* 《*f.* ಹಡಪಗಿತ್ತಿ (haḍapagitti)》 1 主人のためにビンロウジュの実とキンマの葉が入った袋を持ち歩く召し使い 2 理髪師、散髪屋 [*haḍapa* + *-iga*]

ಹಡಬೆ ⟦haḍabe ハダベ⟧ [həḍə̆be] ಅಡಬೆ 《方》 *n.* 1 〔タブー〕気まぐれで頑固で手におえない牛 2 (家畜が)手におえないこと —*f.* 〔蔑〕身持ちの悪い女性 [Ka. D3869]

ಹಡಬೆಬೀಳು ⟦haḍabebīḷu ハダベビール⟧ [həḍə̆bebi:ḷu] 《方》 *vi.* (牛が)気まぐれで片意地で手におえなくなる

ಹಡಲ ⟦haḍala ハダラ⟧ [həḍə̆lɐ] 《古》 *n.* [Ka. *D4250] ☞ಪಡಲ (paḍala)[1]

ಹಡಹು[1] ⟦haḍahu ハダフ⟧ [həḍə̆hu] 《古》 *n.* [Ka. *D3838] ☞ಹಡಗು (haḍagu)

ಹಡಹು[2] ⟦haḍahu ハダフ⟧ [həḍə̆hu] 《古》 *n.* 1 利点、利益、有用性 2 富、財産 [Ka. *D3853] ☞ಪಡಪು (paḍapu)

ಹಡಿಕಿ ⟦haḍiki ハディキ⟧ [həḍĭki] 《方》 *f.* 《*m.* ಹಡಕ (haḍaka)》〔タブー〕身持ちの悪い女性、性的に放縦な女性 [Ka. D3869]

ಹಡು ⟦haḍu ハドゥ⟧ [həḍu] *vi.* 《過去語幹 *haṭṭ-*》まぐわう、性交する —*n.* 《古》 1 耕作されない荒地 2 西、西方 [Ka. *D3869]

ಹಡುಕ ⟦haḍuka ハドゥカ⟧ [həḍŭkɐ] 《方》 *m.* 《*f.* ಹಡುಕಿ (haḍuki)》〔タブー〕性的に放縦な男性 [Ka. D3869]

ಹಡುಕಿ ⟦haḍuki ハドゥキ⟧ [həḍŭki] 《方》 *f.* 〔タブー〕身持ちの悪い女性、性的に放縦な女性 = ಹಡಬೆ (haḍabe)

ಹಡೆ[1] ⟦haḍe ハデ⟧ [həḍe] 《古》 *n.* 軍隊、軍 [Ka. *D3860] ☞ಪಡೆ (paḍe)[1]

ಹಡೆ[2] ⟦haḍe ハデ⟧ [həḍe] *vt.* (女性が)〈子どもを〉生む [Ka. OK *paḍe* *D3853]

ಹಡ್ಡೆ ⟦haḍḍe ハッデ⟧ [həḍḍe] *adj.*, *mfn.* 成年に達した〈人や動物〉 [Ka. *D3840] ☞ಪಡ್ಡೆ (paḍḍe)

ಹಡ್ಲು ⟦haḍlu ハドル⟧ [həḍḷu] 《古》 *n.* 泥、ぬかるみ [Ka. D82]

ಹಣ್ ⟦haṇ ハン⟧ [həɳ] 《古》 *n.* 熟した実や果物 [Ka. *D4004] ☞ಹಣ್ಣು (haṇṇu)

ಹಣ ⟦haṇa ハナ⟧ [həɳɐ] *n.* (お)金 [Sk. *paṇa-*]

ಹಣಕಾಸು ಸಚಿವ ⟦haṇakāsu saciva ハナカースサチヴァ⟧ [həɳə̆kɐ:su sətʃivɐ] *mf.* 大蔵大臣 [*haṇa* + + *kāsu* + *saciva*] = ವಿತ್ತಮಂತ್ರಿ (vittamaṃtri)

ಹಣಗಾರ ⟦haṇagāra ハナガーラ⟧ [həɳəgɐ:rɐ] *m.* 《*f.* ಹಣಗಾರ್ತಿ (haṇagārti)》 1 金貸しなど金銭を扱う職業に従事する人 2 金持ち、金満家 = ಹಣವಂತ (haṇavaṃta)

ಹಣದುಬ್ಬರ ⟦haṇadubbara ハナドゥッバラ⟧ [həɳədubbə̆rɐ] *n.* インフレーション [*haṇada* + *ubbara*]

ಹಣಚು ⟦haṇacu ハナチュ⟧ [həɳətʃu] 《古》 *vt.* 反抗する [Ka. *D4011] ☞ಪಳಂಚು (paḷaṃcu)

ಹಣಬೆ ⟦haṇabe ハナベ⟧ [həɳəbe] 《古》 *n.* [Ka. *D300] ☞ಅಣಬೆ (aṇabe)

ಹಣರವಾನೆ ⟦haṇaravāne ハナラヴァーネ⟧ [həɳərəvɐ:ne] *n.* 送金

ಹಣಹೂಡಿಕೆ ⟦haṇahūḍike ハナフーディケ⟧ [həɳəhu:ḍĭke] *n.* 投資 [+ *hūḍike*]

ಹಣಹೂಡುವವ ⟦haṇahūḍuvava ハナフードゥヴァヴァ⟧ [həɳəhu:ḍuvəvɐ] *m.* 《*f.* ಹಣಹೂಡುವವಳು (haṇahūḍuvavaḷu)》投資者 [+ *hūḍuvava*]

ಹಣವಂತ ⟦haṇavaṃta ハナヴァンタ⟧ [həɳə̆vəntɐ] *adj.*, *m.* 《*f.* ಹಣವಂತೆ (haṇavaṃte)》金のある〈人〉、金持ち〈の〉 [*haṇa* + *-vaṃta*] = ಹಣಗಾರ (haṇagāra)

ಹಣಕು ⟦haṇaku ハナク⟧ [həɳə̆ku] 《文》 *vi.* そっと見る、覗く、盗み見する ¶ ಅಡಿಗೆ ಮಾಡುವಾಗ ಮಕ್ಕಳು ಹಣಕಿ ಇಣಿಕಿ ನೋಡಬಾರದು. (aḍige māḍuvāga makkaḷu haṇaki iṇiki nōḍabāradu.) 子どもたちは料理中に台所をこっそり覗いてはいけない。 [?]

ಹಣತೆ ⟦haṇate ハナテ⟧ [həɳə̆te] *n.* 金属または素焼きの油皿型のランプ、灯明［⇒図］ [Ka.]

ಹಣತೆ 灯明

ಹಣಾಹಣಿ ⟦haṇāhaṇi ハナーハニ⟧ [həɳɐ:həɳi] *n.* 「額を突き合わせての取っ組み合い」、一騎打ち(集団戦も) [-ā と -i を haṇe「額」に付けて相互的行為を示す複合語を形成]

ಹಣಿ[1] ⟦haṇi ハニ⟧ [həɳi] 《文》 *vi.* 1 曲がる、(木などが)頭を垂れる、(人が)頭を垂れる、お辞儀する 2 (刃物などが打たれて)平たくなる、鋭くなる ¶ ಈ ಕಬ್ಬಿಣ ಎಷ್ಟು ಬಡಿದರೂ ಹಣಿಯೋದಿಲ್ಲ. (ī kabbiṇa eṣṭu baḍidarū haṇiyōdilla.) この鉄はいくら打っても形にならない。 —*vt.* 1 〈人を〉(おとなしくさせるため)殴る 2 〈斧などを〉加熱後に打って平たくしたり鋭くしたりする 3 〈練り粉を〉延べ棒で引き伸ばす [Ka. *D3888]

ಹಣಿಸು ⟦haṇisu ハニス⟧ [həɳĭsu] 《‡》 *vt.* 〈斧などを〉加熱した後打って鋭くする (*My.* (*Kitt.*)) [+ *-isu* caus.]

ಹಣಿ[2] ⟦haṇi ハニ⟧ [həɳi] 《‡》 *n.* 木の幹の枝分かれする直前の部分 (*Nr.* (*Kitt.*)) [Ka. D3894]

ಹಣಿಗೊಂಬು ⟦haṇigombu ハニゴンブ⟧ [həɳigombu] 《‡》 *n.* 幹から最初に枝分かれする大きな枝 (*Nr.* (*Kitt.*)) [Ka. D3894]

ಹಣಿ[3] ⟦haṇi ハニ⟧ [həɳi] 《雅》 *n.* 額(ひたい) [Ka. D3896] = ಹಣೆ (haṇe) 〔汎〕

ಹಣಿಕು ⟦haṇiku ハニク⟧ [həɳiku] *vi.* 覗き込む [Ka.] ☞ಹಣಕು (haṇaku)

ಹಣಿಗೆ ⟦haṇige ハニゲ⟧ [həɳige] *n.* 櫛(くし) [? A49]

ಹಣಿದ ⟦haṇida ハニダ⟧ [həɳidɐ] 《古》 *n.* (博打や競争で)賭けたもの [Ka. *D3921/Sk. *paṇita-*「賭けられた」] ☞ಪಣಿತ (paṇita)

ಹಣಿಸು ⟦haṇisu ハニス⟧ [həɳĭsu] *vt.* 〈水を〉注ぐ [Ka. D4035]

ಹಣೆ ⟦haṇe ハネ⟧ [həɳe] ಪಣೆ, ಫಣೆ *n.* **1** 額 **2** 前頭 [Ka. D3896]

ಹಣೆಕಟ್ಟು ⟦haṇekaṭṭu ハネカットゥ⟧ [həɳekəʈʈu] ಪಣೆಕ-ಟ್ಟು, ಪಣೆಗಟ್ಟು, ಫಣೆಕಟ್ಟು《古》*n.* 額に巻く帯、鉢巻き [+ *kaṭṭu*] ☞ಪಣೆಗಟ್ಟು (paṇegaṭṭu)

ಹಣೆಬರಹ ⟦haṇebaraha ハネバラハ⟧ [həɳebərə̆hɐ] *n.* 運命、天命 [*haṇe* + *baraha*]

ಹಣೆಬೊಟ್ಟು ⟦haṇeboṭṭu ハネボットゥ⟧ [həɳeboʈʈu] *n.* (宗派を表したり単に装飾したりするために)額につけた丸いしるし [*haṇe* + *boṭṭu*]

ಹಣ್ಣು ⟦haṇṇu ハンヌ⟧ [həɳɳu] ಪಣ್^{2}, ಪಣ್ಣು^{2}, ಹಣ್ *n.* **1** 熟した実や果物 **2** 成功 [Ka. *D4004]

ಹಣ್ಣಾಗು ⟦haṇṇāgu ハンナーグ⟧ [həɳɳɐːgu] *vi.* **1** (果物が)熟す、熟れる **2**〔喩〕(努力などが)実を結ぶ、成果を上げる ¶ ನನ್ನ ಪ್ರಯತ್ನದಲ್ಲಿ ಯಾವುದೂ ಹಣ್ಣಾಗಲಿಲ್ಲ. (nanna prayatnadalli yāvudū haṇṇāgalilla.) 自分の努力はどれもみな実を結ばなかった。 **3**〔喩〕(人などが)年を取る [+ *āgu*]

ಹಣ್ಣುನೊಣ ⟦haṇṇunoṇa ハンヌノナ⟧ [həɳɳunoɳɐ]《文》*n.* ミバエ(実蝿)(ショウジョウバエなど熟しすぎた果物などにたかる小さなハエ) [*haṇṇu* + *noṇa*]

ಹಣ್ಣೆಲೆ ⟦haṇṇele ハンネレ⟧ [həɳɳele] *n.* 枯れて黄色くなった葉 [*haṇṇu* + *ele*]

ಹತ ⟦hata ハタ⟧ [hətɐ]《文》(*n.*) **1** 打たれた〈こと〉 **2** 殺された〈こと〉、殺害された〈こと〉¶ ಈ ವಿಮಾನ ಅಪಘಾತದಲ್ಲಿ ಕನಿಷ್ಠ 300 ಜನ ಹತವಾಗಿದ್ದಾರೆ. (ī vimāna apag^{h}ātadalli kaniṣṭ^{h}a 300 jana hatavāgiddāre.) この飛行機事故で少なくとも300人の人が命を失った。 **3** 壊された〈こと〉、破壊された〈こと〉、台無しになった〈こと〉[Sk.]

ಹತಭಾಗ್ಯ ⟦hatab^{h}āgya ハタバーギャ⟧ [hətəb^{h}ɐːgʲjɐ]《文》*adj.*, *m.*《*f.* ಹತಭಾಗ್ಯೆ (hatab^{h}āgye)》不運な〈人〉、不幸な〈人〉[Sk.]

ಹತಾರ ⟦hatāra ハターラ⟧ [hətɐːrɐ]《異》*n.* = ಆಯುಧ (āyud^{h}a) ☞ಹತ್ಯಾರ (hatyāra)

ಹತಾರು ⟦hatāru ハタール⟧ [hətɐːru]《異》*n.* ☞ಹತ್ಯಾರ (hatyāra)

ಹತಾಶೆ ⟦hatāśe ハターシェ⟧ [hətɐːʃe] *n.* 絶望 [Sk.]

ಹತೋಟಿ ⟦hatōṭi ハトーティ⟧ [hətoːʈi] *n.* 支配、制御、管理 [Sk. *hastavarti-*]

ಹತ್ತಡಿ ⟦hattaḍi ハッタディ⟧ [həttə̆ɖi] ಹತ್ತರಿ *n.* 鉋 [H. *hat^{h}aurā*/M. *hātōḍā*「槌」]

ಹತ್ತರಿ ⟦hattari ハッタリ⟧ [həttə̆ri] *n.* 鉋 ☞ಹತ್ತಡಿ (hattaḍi)

ಹತ್ತಿ ⟦hatti ハッティ⟧ [hətti] ಪತ್ತಿ, ಪರ್ತಿ, ಪಳ್ತಿ, ಪಟ್ಟೆ *n.* 綿の木の種を取り巻く柔らかい繊維;(一般に)木綿 [Ka. *D3976]

ಹತ್ತಿಗೆ ⟦hattige ハッティゲ⟧ [həttĭge]《古》*n.* くっついた状態、連接、結合 [Ka. *D4034] ☞ಪತ್ತುಗೆ (pattuge)

ಹತ್ತಿರ ⟦hattira ハッティラ⟧ [həttĭrɐ] *postp.*《*gen.* ಹತ್ತಿರದ (hattirada), *dat.* ಹತ್ತಿರಕ್ಕೆ (hattirakke)》…の近くに、…のそばに ¶ ಅರಳಿಮರದ ಹತ್ತಿರ ಗುಡಿ ಇದೆ. (araḷimarada hattira guḍi ide.) インド菩提樹の側にお寺がある。[Ka. < OK *pattira* *D4034]

ಹತ್ತು^{1} ⟦hattu ハットゥ⟧ [həttu] *numr.adj.* 10の ―*numr.n.* 10 [Ka. *D3918]

ಹತ್ತು^{2} ⟦hattu ハットゥ⟧ [həttu] ಪತ್ತು *vt.* (山などに)登る ―*vi.* **1** くっつく、貼りつく ¶ ಕೈಗೆ ಮಸಿ ಹತ್ತಿತು. (kaige masi hattitu.) インキが手についた。 **2** 始まる、開始する ¶ ಬೆಳಗಿನಿಂದ ಮಳೆ ಹತ್ತಿದೆ. (beḷaginiṃda maḷe hattide.) 朝から雨が降りだした。 **3** (火が)つく **4** (苗が)つく、根をおろす ―*v.aux.*《-ಅ, -ಅಲು, -ಅಲಿಕ್ಕೆ (-a, -alu, -alikke)》…しはじめる、…しだす ¶ ಪತ್ರವನ್ನು ಓದಿ ಸೀತ ಅಳಲು ಹತ್ತಿದಳು. (patravannu ōdi sīta aḷalu hattidaḷu.) シーターは手紙を読んで泣き出した。[< *pattu* *D4034]

ಹತ್ತಿಸು ⟦hattisu ハッティス⟧ [həttisu] *vt.* **1** 〈火を〉つける、〈ランプなどを〉灯す **2** 〈山などに〉登らせる **3** くっつける、接合する、はりつける、接着する [+ *-isu*]

ಹತ್ತುಗೆ ⟦hattuge ハットゥゲ⟧ [həttŭge]《古》*n.* くっついた状態、連接、結合 [Ka. *D4034] ☞ಪತ್ತುಗೆ (pattuge)

ಹತ್ಯಾರ ⟦hatyāra ハティャーラ⟧ [hətʲjɐːrɐ] *n.* ☞ಹತ್ಯಾರು (hatyāru)

ಹತ್ಯಾರು ⟦hatyāru ハティャール⟧ [hətʲjɐːru] *n.* 武器、特に刀 [H. *hatyārā*/Pk. *hatt^{h}iyāra-*] = ಹತಾರು (hatāru)

ಹತ್ಯೆ ⟦hatye ハティェ⟧ [hətʲje] *n.* 殺人、人殺し [Sk.]

ಹತ್ಯಾಕಾಂಡ ⟦hatyākāṃḍa ハティャーカーンダ⟧ [hətʲjɐːkɐːɳɖɐ] *n.* 大量殺人事件、大規模な人殺し [Sk.]

ಹತ್ವ ⟦hatva ハトヴァ⟧ [hətvɐ] *n.* 文字 ಹ (ha) [Sk.] = ಹಕಾರ (hakāra)

ಹದ ⟦hada ハダ⟧ [hədɐ] ಪದನ್, ಪದನ, ಪದನು, ಹದನ್, ಹದನ, ಹದನು *n.* ものを利用するのに最もよい状態(例えば、果物などが熟しすぎても未熟でもない状態、飯や紅茶などが熱すぎず冷たすぎず一番おいしい状態、料理などが適度の水分や調味料などで食べるのにちょうどよい状態、鉄などを鍛えるのに適度な温度など) [Ka. *D3907]

ಹದಗೆಡು ⟦hadageḍu ハダゲドゥ⟧ [hədəgeɖu] *vi.* **1** (料理などがが)調味料や水分量がよくなかったり煮すぎたりしてまずくなる **2** (健康状態、経済状態、友情などが)損なわれる、悪化する [+ *keḍu*]

ಹದಗೆಡಿಸು ⟦hadageḍisu ハダゲディス⟧ [hədə̆geɖĭsu] *vt.* (煮すぎたり焼きすぎたり香辛料を効かせすぎたりした料理のように)やりすぎで台無しにする [+ *keḍisu*]

ಹದಗೊಳಿಸು ⟦hadagoḷisu ハダゴリス⟧ [hədəgoɭĭsu] *vt.* 〈鉄などに〉焼きを入れる、〈料理の〉味を整える、〈未熟の果物を〉熟させる、〈皮を〉なめす、〈頑固者を〉なだめて和らげる ¶ ಈ ಹಟಮಾರಿ ಹುಡುಗನನ್ನು ಹದಗೊಳಿಸಬೇಕು. (ī haṭamāri huḍugananu hadagoḷisabēku.) この強情な少年をしつけなければならない。

[+ *koḷisu*] = ಹದಕ್ಕೆ ತರು (hadakke taru)
ಹದನ್ ⟦hadan ハダン⟧ [həđən] 《古》 *n.* [Ka. *D3907] ☞ಹದ (hada)
ಹದನ ⟦hadana ハダナ⟧ [həđənɐ] 《古》 *n.* [Ka. *D3907] ☞ಹದ (hada)
ಹದನು ⟦hadanu ハダヌ⟧ [hədʰə̆nu] *n.* [Ka. *D3907] ☞ಹದ (hada)
ಹದರು ⟦hadaru ハダル⟧ [həđə̆ru] 《古》 *n.* 1 警句 2 皮肉 [Ka. *D4163] ☞ಪದಿರ್ (padir)
ಹದಹು ⟦hadahu ハダフ⟧ [həđəhu] 《古》 *n.* 熱中、熱意 [Ka. *D3910] ☞ಪದಪು (padapu)
ಹದಿ ⟦hadi ハディ⟧ [həđi] 《文》 *n.* (建物などの)基礎 [Ka. D3915]
ಹದಿಕಟ್ಟು ⟦hadikaṭṭu ハディカットゥ⟧ [həđikəṭṭu] 《文》 *vi.* 基礎工事をする [+ *kaṭṭu*]
ಹದಿಗು ⟦hadigu ハディグ⟧ [həđĭgu] ಹದುಗು, ಪದುಗು 《古》 *vi.* 縮む、縮小する [Ka. D3912] ☞ಪದುಗು (padugu)
ಹದಿಬದೆ ⟦hadibade ハディバデ⟧ [hədibəde] 《古》 *f.* 貞節で夫のために生きる妻 [Sk. *pativratā-*]
ಹದಿರ್[1] ⟦hadir ハディル⟧ [həđir] 《文》 *n.* 授粉直後の実 [Ka. D3908]
ಹದಿರ್[2] ⟦hadir ハディル⟧ [həđir] 《文》 *n.* 1 警句 2 合図 [Ka. *D4163] ☞ಪದಿರ್ (padir)
ಹದಿರು ⟦hadiru ハディル⟧ [həđiru] 《古》 *n.* 1 警句 2 合図 3 音、声 4 矛盾 5 皮肉 6 種類 7 利口なこと [Ka. *D4163] ☞ಪದಿರ್ (padir)
ಹದುಗು ⟦hadugu ハドゥグ⟧ [pəđŭgu] 《古》 *vi.* 1 縮む、縮小する 2 後ずさりする、尻ごみする、ひるむ 3 隠れる、姿を隠す [Ka. D3912] ☞ಪದುಗು (padugu)
ಹದುರು ⟦haduru ハドゥル⟧ [həđuru] 《古》 *n.* 1 警句 2 皮肉 [Ka. *D4163] ☞ಪದಿರ್ (padir)
ಹದೆ ⟦hade ハデ⟧ [həđe] 《古》 *vt.* 喜ぶ、楽しむ [Ka. ?*D3828/*D3910「望む」] ☞ಪದೆ (pade)
ಹದ್ದು[1] ⟦haddu ハッドゥ⟧ [həddu] ಪರ್ದು, ಪದ್ದು, ಹರ್ದು *n.* 1 鷲、鳶、ハゲタカ 2 ガルダ鳥、ヴィシュヌ神の乗り物、鳥類の王 [Ka. < OK *pardu* *D3977]
ಹದ್ದು[2] ⟦haddu ハッドゥ⟧ [həddu] *n.* 1 境、境界、限界 2 制御、統制 ¶ ಮೇಷ್ಟ್ರು ಮಕ್ಕಳನ್ನು ಹದ್ದಿನಲ್ಲಿ ಇಟ್ಟುಕೊಂಡಿದ್ದಾರೆ. (mēṣṭru makkaḷannu haddinalli iṭṭukomḍiddāre.) 先生は生徒たちをうまく統御している。 [Ar. *ḥadd*]
ಹದ್ದುಗೆಡು ⟦haddugeḍu ハッドゥゲドゥ⟧ [hədduɡeḍu] *vi.* 1 許可なく(他人の土地などに)立ち入る 2 〔喩〕度を過ごす、やりすぎる ¶ ಅವನು ಹದ್ದುಗೆಟ್ಟು ಕುಡಿದ. (avanu haddugeṭṭu kuḍida.) 彼は度を越して酒を飲んだ。 [+ *keḍu*]
ಹದ್ದುಮೀರು ⟦haddumīru ハッドゥミール⟧ [həddumi:ru] *vi.* [+ *mīru*] ☞ಹದ್ದುಗೆಡು (haddugeḍu)
ಹದ್ದುಗಣ್ಣು ⟦hadduganṇu ハッドゥガンヌ⟧ [hədduɡəṇṇu] *n.* 鷹や鷲のような鋭い視力 [*haddu* + *kaṇṇu*]
ಹದ್ದುಬಸ್ತು ⟦haddubastu ハッドゥバストゥ⟧ [həddubastu] *n.* 制御、管理 [Ar.-Pe. *haddbast*] = ಹತೋಟಿ (hatōṭi)
ಹನಿ ⟦hani ハニ⟧ [həni] ಪನಿ *n.* しずく —*vi.* しずくとなって落ちる、滴る ¶ ಮಳೆ ಹನಿಯುತ್ತಿದೆ. (maḷe haniyuttide.) ぽとぽとと雨が降っている。 [Ka. D4035]
ಹನಿಕು ⟦haniku ハニク⟧ [hənĭku] *vi.* しずくとなって落ちる、ぽとぽと滴る [Ka. D4035]
ಹನುಕಲು ⟦hanukalu ハヌカル⟧ [hənukəlu] *n.* ぽとぽとまばらなしずくとなって降る雨、小雨 [*hanuku* + *-alu*]
ಹನಿಸು ⟦hanisu ハニス⟧ [hənĭsu] *vt.* 1 〈水などを〉ぽとぽと落とす、しずく状に落とす 2 〈水などを〉注ぐ [Ka. D4035]
ಹನುಕು ⟦hanuku ハヌク⟧ [hənŭku] 《方》 *vi.* 曲がる、お辞儀をする [Ka. D3888] (Hav.)
ಹನುಕು ⟦hanuku ハヌク⟧ [hənuku] *vi.* しずくとなって落ちる、ぽとぽと滴る [Ka. *D4035]
ಹನುಮಂತ ⟦hanumaṃta ハヌマンタ⟧ [hənuməntɐ] *m.* ハヌマーン、ラーマーヤナでラーマを助けた猿の王 [Sk.]
ಹನೆ ⟦hane ハネ⟧ [həne] *n.* オウギヤシ(ヤシ科オウギヤシ属) [Ka. D4037]
ಹನ್ನ್- ⟦hann- ハンン-⟧ [hənn] ಪನ್ನ್- 《古》 *numr.* 《複合語頭で》11と12を表す数詞に現れる ಹತ್ತು (hattu) の異形態 [Ka. *D3918]
ಹನ್ನು ⟦hannu ハンヌ⟧ [hənnu] 《古》 *n.* うぬぼれ、傲慢 [Ka. *D4042] ☞ಪನ್ನಿ (panni)
ಹಪಾಪಿ ⟦hapāpi ハパーピ⟧ [həpɐ:pi] *n.* (食物や金銭などに対する)渇望、欲しくてたまらないこと、(食べ物に)がつがつすること ◇ *vi.* —ಮಾಡು (māḍu) 渇望する —*adj., mf.* 1 貪欲な〈人〉、欲張り〈な〉 2 ある物を渇望する人、欲しくてたまらない人 [M. *hapāpā*「渇望」< Sk.]
ಹಪಾಪಿತನ ⟦hapāpitana ハパーピタナ⟧ [həpɐ:pitənɐ] *n.* 貪欲、むさぼること、(食べ物に)がつがつすること [*hapāpi* + *-tana*]
ಹಪಾಹಪಿ ⟦hapāhapi ハパーハピ⟧ [həhɐ:pitənɐ] *n.* 貪欲、むさぼること、(食べ物に)がつがつすること [hapāpiを-āと-i形式の複合語と同じ形に再構成]
ಹಪ್ಪಳ ⟦happaḷa ハッパラ⟧ [həppə̆ḷɐ] ಪಪ್ಪಡ, ಪಪ್ಪಳ, ಹಪ್ಪಟಿ *n.* 通常はブラックグラム(豆の一種)の粉で作る丸くて平たい食べ物(油で揚げて食べる) [Ka. D3928, cf. Sk. *parpaṭa-*]
ಹಪ್ಪಟಿ ⟦happaṛa ハッパラ⟧ [həppə̆ɻɐ] 《古》 *n.* [Ka. *D3928] ☞ಹಪ್ಪಳ (happaḷa)
ಹಪ್ಪು ⟦happu ハップ⟧ [həppu] 《方》 *n.* 肉の塊 [Ka. D3929]
ಹಬೆ ⟦habe ハベ⟧ [həbe] *n.* 蒸気 [Pe. *ḥawā*]
ಹಬೆಯಂತ್ರ ⟦habeyaṃtra ハベヤントラ⟧ [həbejəntrɐ] *n.* 蒸気機関 [*habe* + *yaṃtra*]

ಹಬ್ಬ ⟦habba ハッバ⟧ [həbbɐ] *n.* (宗教的な)祭り、祭日 [Sk. *parva-*]

ಹಬ್ಬು ⟦habbu ハッブ⟧ [həbbu] ಪರಪು, ಪರೆಪು, ಪರ್ಬು, ಪರ್ವು, ಹಂಬು, ಹರವು, ಹರಹು, ಹರಿಹು, ಹರುಹು, ಹರ್ಬು, ಹರ್ವು, ಹೊಂಬು *vi.* (つる草、病気、噂などが)広がる [Ka. < OK *parbu* D3949]

ಹಬ್ಬಿಸು ⟦habbisu ハッビス⟧ [həbbĭsu] *vt.* (つる草などが)〈若枝を〉広げる、〈ニュース、噂、思想などを〉広める ¶ ಸುದ್ದಿಯನ್ನು ಹಬ್ಬಿಸು. (suddiyannu habbisu.) ニュースを広めろ。[+ *-isu* caus.]

ಹಬ್ಬೆ ⟦habbe ハッベ⟧ [həbbe] *n.* 籐(とう)(ヤシ科トウ属)→材・薬 [Ka. D4175] *[IMP 1.331]

ಹಮ್ಮದ ⟦hammada ハンマダ⟧ [həmmədɐ] 《文》 *n.* 気絶、失神 [Sk. *pramāda-*]

ಹಮ್ಮಯಿಸು ⟦hammayisu ハンマイス⟧ [həmməjĭsu] ಹಮ್ಮಯ್ಸು, ಹಮ್ಮವಿಸು, ಹಮ್ಮಿಸು, ಹಮ್ಮೈಸು 《文》 *vi.* 気を失う、失神する [*hammada* + *-isu*]

ಹಮಾಲ ⟦hamāla ハマーラ⟧ [həmɐːlɐ] *mf.* クーリー、赤帽 ☞ಹಮಾಲಿ (hamāli)

ಹಮಾಲಿ ⟦hamāli ハマーリ⟧ [həmɐːli] *mf.* クーリー、赤帽 [Ar. *ḥammāl*] = ಹಮಾಲ (hamāla)

ಹಮ್ಮಳ ⟦hammaḷa ハンマラ⟧ [həmməɭɐ] 《文》 *n.* 気絶、失神 [Sk. *pramāda-*] ☞ಹಮ್ಮದ (hammada)

ಹಮ್ಮು¹ ⟦hammu ハンム⟧ [həmmu] *n.* 傲慢、高慢、うぬぼれ [Sk. *ahaṃ*]

ಹಮ್ಮು² ⟦hammu ハンム⟧ [həmmu] *n.* 計画、目論見 ¶ ಅವನ ಹಮ್ಮು ಫಲಿಸಲಿಲ್ಲ. (avana hammu pʰalisalilla.) あの人の計画は成功しなかった。 **—***vt.* **1** 〈縄を〉編む **2** 計画する、企てる ¶ ಅವರು ಹೊಸ ಪತ್ರಿಕೆಯ ಪ್ರಕಟನೆಯನ್ನು ಹಮ್ಮಿದ್ದಾರೆ. (avaru hosa patrikeya prakaṭaneyannu hammiddāre.) 彼らは新しい新聞の発行を計画している。 [Ka. D3934]

ಹಯ ⟦haya ハヤ⟧ [həjɐ] 《文》 *n.* 馬 [Sk.]

ಹಯಧ್ವನಿ ⟦hayadʰvani ハヤドヴァニ⟧ [həjədʰvəni] 《文》 *n.* 馬の鳴き声 [Sk.]

ಹಯನು ⟦hayanu ハヤヌ⟧ [həjənu] *n.* 乳を出す牛 [O.Ka. *peyyana* *D3939]

ಹಯಪ್ರಾಸ ⟦hayaprāsa ハヤプラーサ⟧ [həjəprɐːsɐ] 《文》 *n.* カンナダ語の頭韻の一種(詩の行の第１音節と第２音節の間の子音や子音の連続が詩節を通じて一定に保たれる) [Sk.]

ಹಯ್ಕಳು ⟦haykaḷu ハイカル⟧ [həĭkəɭu] 《方》 *n.* 《*pl.*》子どもたち [Ka. D3939] (SK) = ಮಕ್ಕಳು (makkaḷu)

ಹಯ್ದ ⟦hayda ハイダ⟧ [həĭɗɐ] 《方》 *m.* 少年(青年に達する前の男子) [Ka. D3939]

ಹರಕತ್ತು ⟦harakattu ハラカットゥ⟧ [hərəkəttu] *n.* 邪魔、妨害 ¶ ಈ ಪ್ರದೇಶದಲ್ಲಿ ಅಣುವಿದ್ಯುತ್ ಕೇಂದ್ರ ಸ್ಥಾಪಿಸಲು ಜನ ಹರಕತ್ತು ಮಾಡಿದರು. (ī pradēśadalli aṇuvidyut kēṃdra sthāpisalu jana harakattu māḍidaru.) 人々はこの州での新しい原子力発電所の建設を妨害した。 [Ar.-Pe. *ḥarakat*]

ಹರಕಲು ⟦harakalu ハラカル⟧ [hərəkəlu] (*n.*) (衣類などが)ぼろぼろ〈になった〉 **—***n.* ぼろ布 = ಹರಕು (haraku) [*hari* + *-kalu*]

ಹರಕು ⟦haraku ハラク⟧ [hərəku] (*n.*) (衣類などが)ぼろぼろ〈になった〉 **—***n.* ぼろ布 = ಹರಕಲು (harakalu) [Ka. < OK *paṟaku* *D4027]

ಹರಕೆ ⟦harake ハラケ⟧ [hərəke] ಪರಕೆ, ಹರಿಕೆ *n.* **1** 祝福 **2** 神に願をかけること、神に自分の願いがかなったら捧げものをすることを約束すること、剃髪したり絶食したりして神に願い事をすること [Ka. D3951]

ಹರಕೆ ಕಟ್ಟು ⟦harake kaṭṭu ハラケカットゥ⟧ [hərəke kəʈʈu] *vt.* 神に願をかける、神に自分の願いがかなったら捧げものをすることを約束する、剃髪したり絶食したりして神に願い事をする [+ *kaṭṭu*]

ಹರಕೆ ತೀರಿಸು ⟦harake tīrisu ハラケティーリス⟧ [hərəke tiːrisu] *vi.* (神に願をかけ願い事がかなった後)神に対してなした約束を果たす [+ *tīrisu*]

ಹರಗು ⟦haragu ハラグ⟧ [hərəgu] 《古》 *vt.* 広げる [Ka. *D3949]

ಹರಟು ⟦haraṭu ハラトゥ⟧ [hərəʈu] *vi.* 無駄話をする、くだらないおしゃべりをする [Ka. D4031]

ಹರಟೆ ⟦haraṭe ハラテ⟧ [hərəʈe] *n.* **1** おしゃべり、雑談 **2** 関係ない話 **3** 軽くて滑稽なエッセイ [Ka. D4031]

ಹರಟೆಗಾರ ⟦haraṭegāra ハラテガーラ⟧ [hərəʈegɐːrɐ] *m.* 《*f.* ಹರಟೆಗಾರ್ತಿ (haraṭegārti)》 **1** おしゃべりする人、無駄話をする人 **2** 軽くて滑稽なエッセイを書く人 [*haraṭe* + *-kāra*]

ಹರಟೆಮಲ್ಲ ⟦haraṭemalla ハラテマッラ⟧ [hərəʈemə llɐ] *m.* 《*f.* ಹರಟೆಮಲ್ಲಿ (haraṭemalli)》おしゃべり屋 [*haraṭe* + *malla*「闘士」]

ಹರಟೆಮಲ್ಲಿ ⟦haraṭemalli ハラテマッリ⟧ [hərəʈeməlli] *f.* 《*m.* ಹರಟೆಮಲ್ಲ (haraṭemalla)》おしゃべり屋 [*haraṭe* + *malli*]

ಹರಡಿ ⟦haraḍi ハラディ⟧ [hərəɖi] 《文》 *n.* 手の平のつけ根の肉が厚い部分、母指球、小指球 [Ka. OK *paraḍi* D3952] ☞ಹರಡು (haraḍu)²

ಹರಡು¹ ⟦haraḍu ハラドゥ⟧ [hərəɖu] ಪರಡು³ *vt.* 〈穀物や敷布などを〉広げる、伸ばす **—***vi.* (ニュースや噂などが)広まる、(光や熱や匂いなどが)拡散する [Ka. OK *paraḍu* *D3949]

ಹರಡು² ⟦haraḍu ハラドゥ⟧ [hərəɖu] ಪರಡು, ಹರಡಿ² *n.* **1** くるぶし (*Pb.11.136*) **2** 手首 **3** 手の平のつけ根の肉が厚い部分、母指球、小指球 [Ka. OK *paraḍu* D3952] ☞ಪರಡು (paraḍu)

ಹರಣ¹ ⟦haraṇa ハラナ⟧ [hərəɳɐ] 《文》 *n.* 命、生命 ¶ ದು:ಖದಿಂದ ನನ್ನ ಹರಣ ಕಿತ್ತು ಬಂತು. (du:kʰadiṃda nanna haraṇa kittu baṃtu.) 悲しみで私の心が破れそうだ。 [Sk. *prāṇa-*]

ಹರಣ[2] ⟦haraṇa ハラナ⟧ [hərĕɳɐ] 《文》 *n.* **1** 捕獲、押収 **2** 盗み、ひったくり、奪いさること、(人を)さらうこと [Sk.]

ಹರತಾಳ ⟦haratāḷa ハラターラ⟧ [hərĕtɐ:ɭɐ] *n.* ストライキ [G. *haḍătāḷă*]

ಹರದ ⟦harada ハラダ⟧ [hərĕɖɐ] 《文》 *m.* 《*f.* ಹರದ- ಳು (haradaḷu)》商人、商売人 [Ka. OK *parada* *D3949] ☞ಪರದ (parada)

ಹರದಿಕೆ ⟦haradike ハラディケ⟧ [hərĕɖike] 《文》 *n.* 商業、商売、取引 [*harada* + *-ike*] ☞ಪರದಿಕೆ (paradike)

ಹರದು ⟦haradu ハラドゥ⟧ [hərəɖu] 《文》 *n.* 商業、商売 [Ka. OK *paradu* D 3949] ☞ಪರದು (paradu)

ಹರಲು ⟦haralu ハラル⟧ [hərĕlu] *n.* **1** 小石 **2** ヒマ、ヒマの実 **3** 宝石 [Ka. *D3959] ☞ಹರಳು (haraḷu)

ಹರವು ⟦haravu ハラヴ⟧ [hərĕvu] ಪರಪು, ಪರೆಪು, ಪರ್ಬು, ಪರ್ವು, ಹಂಬು, ಹಬ್ಬು, ಹರವು, ಹರಹು, ಹರುಹು, ಹರ್ಬು, ಹ- ರ್ವು *vt.* 広げる、拡張する、拡大する —*vi.* 広がる —*n.* **1** 範囲、広がり、地域 **2** 〔喩〕仕事や職務などの範囲 [Ka. *D3949]

ಹರಸು ⟦harasu ハラス⟧ [hərĕsu] ಪರಸು *vt.* 祝福する [OK *parasu* *D3951]

ಹರಹು ⟦harahu ハラフ⟧ [hərəhu] 《文》 *n.* **1** 広がり; 広いこと、広大 **2** 町や市の地区、…街 [Ka. *D3949] ☞ಪರಪು (parapu)

ಹರಳ್ ⟦haraḷ ハラル⟧ [hərəɭ] 《古》 *n.* **1** 宝石 **2** 小さな未熟の実 **3** 砂礫を含んだ土 [Ka. *D3959] ☞ಹರಳು (haraḷu)

ಹರಳ ⟦haraḷa ハララ⟧ [hərəɭɐ] 《古》 *m.* 《*f.* ಹರಳೆ (haraḷe)》間男 [?] = ಜಾರ (jāra)

ಹರಳು ⟦haraḷu ハラル⟧ [hərĕɭu] ಪರಲ್, ಪರಲು, ಪರ- ಳ್, ಪರಳು, ಹರಲು, ಹರಳ್ *n.* **1** 小石、砂利 **2** 宝石 **3** 樟脳(しょうのう)や雹(ひょう)などの小さなかけら **4** 油が採れる種(一般) **5** ヒマ(蓖麻、トウダイグサ科トウゴマ属)、ヒマの実 [Ka. D3959] *[IMP 4.2]

ಹರಳು ಬೀಜ ⟦haraḷu bīja ハラルビージャ⟧ [hərĕɭu bi:ʤɐ] *n.* ヒマの種 [+ *bīja*] ☞ಹರಳು (haraḷu)

ಹರಳೆಣ್ಣೆ ⟦haraḷeṇṇe ハラレンネ⟧ [hərĕɭeɳɳe] *n.* ヒマシ油 [Ka. D3959]

ಹರಾಜು ⟦harāju ハラージュ⟧ [hərɐ:ʤu] *n.* 競売 [Ar. *harāğ*]

ಹರಾಜುಹಾಕು ⟦harājuhāku ハラージュハーク⟧ [hərɐ:ʤŭ hɐ:ku] *vt.* 競売する

ಹರಾಜುಪಟ್ಟಿ ⟦harājupaṭṭi ハラージュパッティ⟧ [hərɐ:ʤu pəʈʈi] *n.* 競売物件目録 [*harāju* + *paṭṭi*]

ಹರಾಜು ಮಾರಾಟ ⟦harāju mārāṭa ハラージュマーラータ⟧ [hərɐ:ʤu mɐ:rɐʈɐ] *n.* 競売 ◇ *vt.* —ಹಾಕು (hāku) 競売する [*harāju* + *mārāṭa*]

ಹರಾಮ ⟦harāma ハラーマ⟧ [hərɐ:mɐ] *m.* 《*f.* ಹರಾಮಿ (harāmi)》邪悪な人、背徳者、罪深い人、悪党 —*n.* 悪行、悪、罪深い行い [Ar. *ḥarām*]

ಹರಾಮಖೋರ ⟦harāmakʰōra ハラーマコーラ⟧ [hərɐ:mə kʰo:rɐ] *mf.* 裏切り者 [Ar.-Pe. *ḥarāmḫwor*]

ಹರಾಮು ⟦harāmu ハラーム⟧ [hərɐ:mu] *mf.* 邪悪な人、背徳者、罪深い人、悪党 —*n.* 悪行、悪、罪深い行い [Ar. *ḥarām*]

ಹರಾಮಿ[1] ⟦harāmi ハラーミ⟧ [hərɐ:mi] *adj.* 悪い、悪辣な、罪深い [Ar. *ḥarāmī*]

ಹರಾಮಿ[2] ⟦harāmi ハラーミ⟧ [hərɐ:mi] *f.* 《*m.* ಹರಾಮ (harāma)》邪悪な女性、背徳の女性、罪深い女性 [*harāma -i*]

ಹರಿ[1] ⟦hari ハリ⟧ [həri] ಪರಿ[1] *vi.* **1** (川などが)流れる **2** (蛇、毛虫などが)這う **3** (闇などが)去る ¶ ಕತ್ತಲೆ ಹರಿದು ಬೆಳಕು ಮೂಡಿತು. (kattale haridu beḷaku mūḍitu.) 闇が去り、光が射した。[Ka. OK *pari* D3963]

ಹರಿಸು ⟦harisu ハリス⟧ [hərĭsu] *vt.* **1** 〈川などを〉流れるようにする **2** 〈蛇、毛虫などを〉歩ませる [+ *-su* caus.]

ಹರಿ[2] ⟦hari ハリ⟧ [həri] ಪರಿ, ಪಱಿ[4], ಹಱಿ *vt.* **1** (刃物で)切る、叩き切る **2** 〈布などを〉ぱりっと裂く **3** 〈果実などを〉もぐ、もぎ取る **4** 切り刻む、細切れにする **5** 〈木を〉引き抜く —*vi.* 尖る (Hav.) [Ka. *D4027]

ಹರಿ[3] ⟦hari ハリ⟧ [həri] *m.* ハリ、ヴィシュヌ神の別名 [Sk.]

ಹರಿ[4] ⟦hari ハリ⟧ [həri] 《文》 *n.* **1** ライオン、獅子 **2** 猿 [Sk.]

ಹರಿ[5] ⟦hari ハリ⟧ [həri] 《‡》 *n.* 集まり、群れ (*Kk17* (*Kitt.*)) [Ka. D3972]

ಹರಿಕಾರ ⟦harikāra ハリカーラ⟧ [hərikɐ:rɐ] 《文》 *m.* 《*f.* ಹರಿಕಾರ್ತಿ (harikārti)》 **1** 歩行者、道行く人、旅人 **2** (王の)使者、使いの者、さきぶれをする人 [*hari*[1] + *-kāra*]

ಹರಿಕೆ ⟦harike ハリケ⟧ [hərĭke] ಹರಕೆ, ಹರಿಕೆ *n.* **1** 祝福 **2** 神に願をかけること、神に自分の願いがかなったら捧げものをすることを約束すること、剃髪したり絶食したりして神に願い事をすること [Ka. D3951] ☞ಹರಕೆ (harake)[1]

ಹರಿಗೆ ⟦harige ハリゲ⟧ [hərĭge] 《文》 *n.* 楯 [Ka. D3958]

ಹರಿಗೋಲು ⟦harigōlu ハリゴール⟧ [həri go:lu] *n.* **1** 小舟を進めるための竿 **2** 皮で作った籠型の船 [⇒図] [*hari*[1] + *kōlu*]

ಹರಿಗೋಲು
皮船

ಹರಿಣಾಂಕ ⟦hariṇāṃka ハリナーンカ⟧ [həriɳɐ:ŋkɐ] 《文》 *n.* 月 [Sk.]

ಹರಿಣೀಪ್ಲುತ ⟦hariṇīpluta ハリニープルタ⟧ [həriɳi:plutɐ] 《文》 *n.* 音節数によって規定される詩形の一種 [Sk.]

ಹರಿತ ⟦harita ハリタ⟧ [həritɐ] (*n.*) (刀などが)鋭い〈こと〉 —*n.* (刃物の)鋭さ [OK *paṟita* *D4027]

ಹರಿತ್ತ ⟦haritta ハリッタ⟧ [hərittɐ] 《方》 *n.* (刀などが)鋭いこと [Ka. D4027] (Hav.)

ಹರಿದಾರಿ ⟦haridāri ハリダーリ⟧ [həridɐːri] 《文》 *n.* 距離の単位(約 5km) [?]

ಹರಿದಾಸ ⟦haridāsa ハリダーサ⟧ [həridɐːsɐ] 《文》 *m.* 師から入門を許され遊行しながらヴィシュヌ神の讃歌を歌うヴィシュヌ教の信者 [Sk.]

ಹರಿನಾಲಿಗೆ ⟦harinālige ハリナーリゲ⟧ [hərinɐːḷĭge] *n.* テラスの水はけのために管で作った出水口 [⇒図] [Ka. *hari*[1] + *nālige* or *praṇālikā-* ?]

ಹರಿನಾಲಿಗೆ 出水口

ಹರಿಬ ⟦hariba ハリバ⟧ [hərĭbɐ] 《文》 *n.* 集まり、群れ [Ka. D3972]

ಹರಿಯಣ ⟦hariyaṇa ハリヤナ⟧ [hərijə̆ɳɐ] *n.* (食事を盛る)木製や金属製の丸くて平たい容器 [Ka. D3971] ☞ಪರಿಯಾಣ (pariyāṇa)[1]

ಹರಿಯಾಣ ⟦hariyāṇa ハリヤーナ⟧ [hərijɐːɳɐ] *n.* (食事を盛る)木製や金属製の丸くて平たい容器 [Ka. *D3971] ☞ಪರಿಯಾಣ (pariyāṇa)[1]

ಹರಿಯಾಣಾ ⟦hariyāṇā ハリヤーナー⟧ [hərijɐːɳɐː] *n.* ハリヤーナー州(インド連邦共和国の州の一つ、州都はチャンディーガル、デリーとパンジャーブの間に位置する) [H.*hariyāṇā*]

ಹರಿವಣ ⟦harivaṇa ハリヴァナ⟧ [harivə̆ɳɐ] *n.* (食事を盛る)木製や金属製の丸くて平たい容器 [Ka. D3971] ☞ಪರಿಯಾಣ (pariyāṇa)[1]

ಹರಿವಾಣ ⟦harivāṇa ハリヴァーナ⟧ [hərivɐːɳɐ] *n.* (食事を盛る)木製や金属製の丸くて平たい容器 [Ka. D3971] ☞ಪರಿಯಾಣ (pariyāṇa)[1]

ಹರಿವೆ ⟦harive ハリヴェ⟧ [hərive] ಹರುಹೆ, ಹಱಿವೆ, ಹಱುಹೆ, ಹಱುವೆ *n.* アマランサス(ヒユ科ヒユ属の各種葉野菜) ⇀ 食 [Ka. D4029]

ಹರಿಹು ⟦harihu ハリフ⟧ [hərĭhu] *n.* 町や市の地区、…街 [Ka. *D3949] ☞ಪರಪು (parapu)

ಹರುಂಕು ⟦haruṃku ハルンク⟧ [hərŋku] 《方》 *vt.* 爪で引っ掻く (*Hav.*) [Ka. D4023]

ಹರುಕು ⟦haruku ハルク⟧ [hərŭku] ಪಱುಕು, ಹಱಿಕು, ಹಱುಕು (*n.*) **1** 裂けた〈こと〉; (衣類などが)ぼろぼろ〈の〉 **2** 堕落した〈人〉 —*n.* **1** ぼろ布 **2** (衣類の)裂け目、破れた穴 = ಹರಕಲು (harakalu) [Ka. *paṟi* + *-ku*]

ಹರುಕುಬಾಯಿ ⟦harukubāyi ハルクバーイ⟧ [hərŭkubɐːji] *adj.*, *mf.* 秘密が守れない〈人〉 [+ Ka. *bāyi*]

ಹರುಕುಮುರುಕು ⟦harukumuruku ハルクムルク⟧ [hərŭku murŭku] (*n.*) 粉々〈になった〉 [+ *muruku*]

ಹರುಷ ⟦haruṣa ハルシャ⟧ [hərŭʂɐ] *n.* 喜び、歓喜 [Sk. *harṣa-*]

ಹರುವೆ ⟦haruve ハルヴェ⟧ [həruve] 《異》 *n.* ヒユ属ヒユ科の葉野菜の一種 [Ka. *D4029] ☞ಹರಿವೆ (harive)

ಹರುಹು ⟦haruhu ハルフ⟧ [həruhu] 《古》 *n.* **1** 広がり; 広いこと、広大 **2** 町や市の地区、…街 [Ka. *D3949] ☞ಪರಪು (parapu)

ಹರುಹೆ ⟦haruhe ハルヘ⟧ [həruhe] 《古》 *n.* ヒユ(ヒユ科ヒユ属の数種の葉野菜) [Ka. *D4029] ☞ಹರಿವೆ (harive)

ಹರೆ ⟦hare ハレ⟧ [həre] 《口》 *n.* 蛇の抜け殻 [Ka. *D3981] ☞ಪೊರೆ (pore)[1]

ಹರ್ವೆ ⟦harve ハルヴェ⟧ [hərve] 《口》 *n.* ヒユ(ヒユ科ヒユ属の数種の葉野菜) [Ka. D4029] ☞ಹರಿವೆ (harive)

ಹರ್ತ ⟦harta ハルタ⟧ [hərtɐ] 《口》 (*n.*) (刀などが)鋭利〈な〉 —*n.* (刃物の)鋭さ ☞ಹರಿತ (harita) 〔汎〕 [Ka. *paṟita* *D4027]

ಹರ್ದು ⟦hardu ハルドゥ⟧ [hərdu] 《古》 *n.* 鷲、鳶、ハゲタカ [Ka. < OK *pardu* *D3977]

ಹರ್ಮ್ಬು ⟦harmbu ハルンブ⟧ [hərmbu] 《方》 *vt.* 〈葉を〉むしる (Hav.) [Ka. D4027]

ಹರ್ಷ ⟦harṣa ハルシャ⟧ [hərʂɐ] 《文》 *n.* 喜び、歓喜 [Sk.]

ಹಲ ⟦hala ハラ⟧ [həlɐ] 《文》 (*adj.*) 多く〈の〉、たくさん〈の〉 [Ka. D3987] = ಹಲವು (halavu) 〔現〕

ಹಹಹ ⟦hahaha ハハハ⟧ [hɐhhɐehhɐ] (*n.*) はははは、あはは(口を大きく開けて屈託なく笑う声を表す擬音語) [Ka. onom.]

ಹಲಕು[1] ⟦halaku ハラク⟧ [hələ̆ku] 《古》 *n.* あご [Ka. D239]

ಹಲಕು[2] ⟦halaku ハラク⟧ [hələ̆ku] 《文》 *n.* まぐわの一種、種を蒔いた後に地面をならす熊手型の農具 [Ka. D3986]

ಹಲಬು[1] ⟦halabu ハラブ⟧ [hələ̆bu] 《方》 *vi.* たわ言を言う (*Hal.*) [Ka. D3887]

ಹಲಬು[2] ⟦halabu ハラブ⟧ [hələ̆bu] 《古》 *vi.* (声を出してまたは心の中で)嘆く (*Hal.*) [Ka. D4304] ☞ಪಲುಂಬು (paluṃbu)

ಹಲಗೆ ⟦halage ハラゲ⟧ [hələ̆ge] *n.* **1** 木製や金属製の板や薄板や延べ板 **2** 黒板、スレート [Sk. *phalaka-*]

ಹಲವರು ⟦halavaru ハラヴァル⟧ [hələ̆vəru] 《方》 *vi.* 寝言を言う (*Hal.*) [Ka. D3887]

ಹಲವಳಿ ⟦halavaḷi ハラヴァリ⟧ [hələ̆vəḷi] *vi.* 流産する [*hali*「胎児」+ *uṟi*「失う」]

ಹಲವು ⟦halavu ハラヴ⟧ [hələ̆vu] ಪಲವು *adj.* 多くの、多数の ¶ ನಮ್ಮ ಜಾಹಿರಾತಿಗೆ ಹಲವು ವಿಚಾರಣೆಗಳು ಬಂದಿವೆ. (namma jāhirātige halavu vicāraṇegaḷu baṃdive.) 私たちの広告に対して多くの問い合わせが来ている。 —*n.* 多く、多数 ¶ ಇವುಗಳಲ್ಲಿ ಹಲವನ್ನು ನಾನು ತೆಗೆದುಕೊಳ್ಳುತ್ತೇನೆ. (ivugaḷalli halavannu nānu tegedukoḷḷuttēne.) これらのうち多くを私は買います。 [Ka. *D3987]

ಹಲಸಂದಿ ⟦halasaṃdi ハラサンディ⟧ [hələ̆səndi] ಹಲಸಂದೆ *n.* ササゲ(大角豆、食用の豆の一種、マメ科ササゲ属) [Ka. D242, cf. Pk. *ālisaṃdaga-*, *ālisaṃdaya-*] = ಅಲಸಂದಿ (alasaṃdi)

ಹಲಸಂದೆ ⟦halasaṃde ハラサンデ⟧ [hələ̆sənde] *n.* [Ka. D242] ☞ಹಲಸಂದಿ (halasaṃdi)

ಹಲಸು ⟦halasu ハラス⟧ [hənə̆su] ಪನಸ, ಪನಸು, ಪಲಸ, ಹಳಸು[1] *n.* ジャックフルーツまたはそれがなる木(パラミツ、クワ科パンノキ属、実はラグビーボール大で中に黄色くて甘酸っぱく美味な房が詰まっている)⇀食・薬 [Ka. *D3988] *[IMP 1.209]

ಹಲಾಕು ⟦halāku ハラーク⟧ [həlɐːku] *n.* 1 破壊、破滅 ¶ ಹೊಸ ಸರಕಾರಿ ನೀತಿಯಿಂದ ನಮ್ಮ ವ್ಯವಸ್ಥೆಯೆಲ್ಲ ಹಲಾಕಾಯಿತು. (hosa sarakāri nītiyiṃda namma vyavasthʰeyella halākāyitu.) 新しい政府の政策によって私たちの計画は失敗した。 2 うるさがらせること、困らせること、苦しめること ¶ ರಸ್ತೆ ಬದಿ ವ್ಯಾಪಾರಿಗಳಿಗೆ ಪೊಲೀಸರು ತುಂಬ ಹಲಾಕು ಮಾಡುತ್ತಾರಂತೆ. (raste badi vyāpārigaḷige polīsaru tuṃba halāku māḍuttāraṃte.) 警察が路上の商人をひどく苦しめるという話だ。 3 浪費してなくすこと、蕩尽 ¶ ಅಯೋಗ್ಯ ಮಗನ ಕೈಯಿಂದ ಸಂಪತ್ತೆಲ್ಲ ಹಲಾಕಾಯಿತು. (ayōgya magana kaiyiṃda saṃpattella halākāyitu.) 無能な息子の手で財産はすっかり蕩尽された。 [Ar. *halāk*]

ಹಲಾಲುಖೋರ ⟦halālukʰōra ハラールコーラ⟧ [həlɐːlu kʰoːrɐ] *m.* ⟪*f.* ಹಲಾಲುಖೋರಿ (halālukʰōri)⟫ 詐欺師、ペテン師 [Ar.-Pe. *ḥalālḫwor*]

ಹಲಾಹಲ ⟦halāhala ハラーハラ⟧ [həlɐːhəlɐ] 《文》 *n.* 1 神々と悪魔が乳海を攪拌した時に生じた猛毒 2 (一般に)致死的な猛毒 [Sk.]

ಹಲಿಕೆ ⟦halike ハリケ⟧ [həlĭke] 《方》 *n.* まぐわの一種、種を蒔いた後で地面をならす熊手型の農具 [Ka. D3986(a)]

ಹಲಿವೆ ⟦halive ハリヴェ⟧ [həlĭve] 《方》 *n.* まぐわの一種、種を蒔いた後で地面をならす熊手型の農具 [Ka. D3986(a)]

ಹಲು[1] ⟦halu ハル⟧ [həlu] 《古》 *n.* 歯 [Ka. *D3986(a)] ☞ಹಲ್ಲು (hallu) 〔汎〕

ಹಲು[2] ⟦halu ハル⟧ [həlu] 《方》 (*adj.*) 薄められた〈こと〉(*Hal.*) [Ka. D3989]

ಹಲುಂಬು ⟦haluṃbu ハルンブ⟧ [həlumbu] 《古》 *vi.* (声を出してまたは心の中で) 嘆く [Ka. *D4304] ☞ಪಲುಂಬು (paluṃbu)

ಹಲುಪು ⟦halupu ハルプ⟧ [həlŭpu] 《方》 *vi.* 夢の中でうわごとを言う (*Hal.*) [Ka. D3887] ☞ಪಲುಂಬು (paluṃbu)

ಹಲುಬು ⟦halubu ハルブ⟧ [həlŭbu] *vi.* (声を出してまたは心の中で) 嘆く [Ka. D4304] ☞ಪಲುಂಬು (paluṃbu)

ಹಲುಬೆ ⟦halube ハルベ⟧ [həlŭbe] *n.* まぐわの一種、種を蒔いた後で地面をならす熊手型の農具[⇒図] [Ka. D3986(a)]

ಹಲುಬೆ
まぐわ

ಹಲುವೆ ⟦haluve ハルヴェ⟧ [həluve] ಹಲುಬೆ, ಹಲಿವೆ 《方》 *n.* まぐわの一種、種を蒔いた後で地面をならす熊手型の農具 [Ka. D3986(a)]

ಹಲ್ಕ ⟦halka ハルカ⟧ [həlkɐ] 《異》 *mf.* [Ar. *ḥalqa*] ☞ಹಲ್ಕಾ (halkā)

ಹಲ್ಕಾ ⟦halkā ハルカー⟧ [həlkɐː] ಹಲ್ಕ *mf.* 〔罵〕「やくざ者」、悪党 [Ar. *ḥalqa*]

ಹಲ್ಲಾ ⟦hallā ハッラー⟧ [həllɐː] *n.* 攻撃、攻めること [H./M. *hallā* onom. T14017]

ಹಲ್ಲು ⟦hallu ハッル⟧ [həllu] ಪಲ್, ಪಲು, ಹಲು *n.* 1 歯 2 (のこぎりの)刃 3 はしごの段 [Ka. D3986(a)]

ಹಲ್ಲುಕಡಿ ⟦hallukaḍi ハッルカディ⟧ [həllukəḍi] *vi.* 歯ぎしりする [+ *kaḍi*]

ಹಲ್ಲುಕಿರಿ ⟦hallukiri ハッルキリ⟧ [həllukiri] ಪಲುಗಿರಿ, ಪಲ್ಕಿರಿ, ಪಲ್ಗಿರಿ, ಪಲ್ಲುಗಿರಿ, ಹಲುಗಿರಿ, ಹಲ್ಕಿರಿ, ಹಲ್ಗಿರಿ, ಹಲ್ಲುಗಿರಿ *vi.* 1 歯を見せてにたにた笑う 2 (にたにた笑って) 媚びへつらいながら嘆願する [+ *kiri*[1]]

ಹಲ್ಲುಗಿಂಜು ⟦hallugiṃju ハッルギンジュ⟧ [həllugiɲʤu] *vi.* (にたにた笑って)媚びへつらいながら嘆願する [+ *giṃju.*]

ಹಲ್ಲುನೋವು ⟦hallunōvu ハッルノーヴ⟧ [həllunoːvu] *n.* 歯痛 [+ *nōvu*]

ಹಲ್ಲುಪುಡಿ ⟦hallupuḍi ハッルプディ⟧ [həllupuḍi] *n.* 歯磨き粉 [+*puḍi*]

ಹಲ್ಲುಬೇನೆ ⟦hallubēne ハッルベーネ⟧ [həllubeːne] *n.* 歯痛 [+ *bēne*]

ಹಲ್ಲೆ[1] ⟦halle ハッレ⟧ [həlle] *n.* 1《希》天秤の皿 2 蹄鉄、馬蹄や牛蹄 3《希》耳たぶ [? cf. Tu. *palle*]

ಹಲ್ಲೆ[2] ⟦halle ハッレ⟧ [həlle] *n.* 攻撃、攻めること [H./M. *hallā* onom. T14017] ☞ಹಲ್ಲಾ (hallā)

ಹಲ್ಲೆನ್ನೆ ⟦hallenne ハッレンネ⟧ [həllɛnne] 《方》 *n.* ヒマシ油 (*Hal.*) [Ka. D3959] = ಹರಳೆಣ್ಣೆ (haraḷeṇṇe) 〔汎〕

ಹವಣಿಕೆ ⟦havaṇike ハヴァニケ⟧ [həvə̆ɳike] *n.* 1 (衣類などの) サイズ、自分にあった大きさ、適量 ¶ ಈ ಬ್ಲೌಸ್ ಹವಣಿಕೆ ಆಗಿದೆ. (ī blaus havaṇike āgide.) このブラウスはちょうど体に合っている。 2 計略、謀略、策略 [*havaṇu* + *-ike*]

ಹವಣಿಸು[1] ⟦havaṇisu ハヴァニス⟧ [həvəɳĭsu] ಪವಣಿಸು, ಪೋಣಿಸು, ಪೋಹಣಿಸು 《文》 *vt.* 接合する、くっつける [Ka. *D4584]

ಹವಣಿಸು[2] ⟦havaṇisu ハヴァニス⟧ [həvəɳĭsu] ಪವಣಿಸು *vi.* 1 計量する、計る；適量を量る ¶ ಜೀವನಸತ್ತ್ವಗಳನ್ನು ಹವಣಿಸಿ ಸೇವಿಸಿದರೆ ಆರೋಗ್ಯಕ್ಕೆ ಒಳ್ಳೇದು. (jīvanasattvagaḷannu havaṇisi sēvisidare ārōgyakke oḷḷēdu.) ヴィタミン類を適量摂取することは健康によい。 2 計画する、案を練る、(悪いことを)たくらむ 3《古》供給する [*havaṇu* ←Sk. *pramāṇa-* + *-isu*] ☞ಪವಣಿಸು (pavaṇisu)[2]

ಹವಣು ⟦havaṇu ハヴァヌ⟧ [həvəɳu] *n.* 1 適量、適当な分量 ¶ ಹವಣು ಮೀರಿ ಏನನ್ನು ಸೇವಿಸಿದರೂ ಆರೋಗ್ಯಕ್ಕೆ ಅಪಾಯ. (havaṇu mīri ēnannu sēvisidarū ārōgyakke apāya.) 何でも食べ過ぎたり飲み過ぎたりすれば体によくない。 2 (薬、薬味、香辛料などの)適当な

配合 [Sk. *pramāṇa-*]

ಹವಳ ⟦havaḷa ハヴァラ⟧ [həvə̆ḷɐ] ಪವಳ *n.* 珊瑚 [Ka. *D3998, cf. Sk. *pravāla-*, T8794]

ಹವಾ ⟦havā ハヴァー⟧ [həvɐː] ಹವ, ಹವೆ *n.* 1 空気；風 2 天気、天候 3 気候 [Ar. *hawā*] = ಹವಾಗುಣ (havāguṇa)

ಹವಾಗುಣ ⟦havāguṇa ハヴァーグナ⟧ [həvɐːguṇɐ] *n.* 1 天気、天候 2 気候 [+ *guṇa*]

ಹವಾನಿಯಂತ್ರಣ ⟦havāniyaṃtraṇa ハヴァーニヤントラナ⟧ [həvɐːnijəntrəṇɐ] 《文》 *n.* 空調 [+ Sk. *niyaṃtraṇa-*]

ಹವಾನಿಯಂತ್ರಿತ ⟦havāniyaṃtrita ハヴァーニヤントリタ⟧ [həvɐːnijəntritɐ] 《文》 *adj.* 空調を施した [+ Sk. *niyaṃtrita-*] = ಏರ್ಕಂಡೀಶನ್ಡ್ (ērkaṃḍiśanḍ) 〔口〕

ಹವಾಲ್ದಾರ ⟦havāldāra ハヴァールダーラ⟧ [həvɐːldɐːrɐ] *mf.* 1 農作物を管理し税金を集める仕事に従事していた地方の役人 2 陸軍の軍曹 3 巡査部長 [? + *-dār* cf. Pe. *ḥavāla*]

ಹವಿಸ್ಸು ⟦havissu ハヴィッス⟧ [həvissu] *n.* 火の中に投げ入れられる供物 [Sk. *havis-*]

ಹವೆ ⟦have ハヴェ⟧ [həve] *n.* 空気、風、など [Ar. *have*] ☞ಹವಾ (havā)

ಹವ್ಯಾಸ ⟦havyāsa ハヴィャーサ⟧ [həvjɐːsɐ] *n.* 1 趣味 2 （酒類やタバコなどを）習慣的にたしなむこと、その依存症 [M. *havyāsă* ←Ar. *havas*]

ಹವ್ಯಾಸಿ ⟦havyāsi ハヴィャーシ⟧ [həvjɐːsi] *mf.* 1 素人、趣味で何かをする人 2 （酒類やタバコなど）習慣的にたしなむ人、その依存症の人 [*havyāsa* + *-i*]

ಹವ್ವನೆ ⟦havvane ハッヴァネ⟧ [həvvə̆ne] *adv.* 驚いて、びっくりして、慌てて ¶ ಅವಳು ಹಾವನ್ನು ನೋಡಿ ಹವ್ವನೆ ಹಾರಿದಳು. (avaḷu hāvannu nōḍi havvane hāridaḷu.) 彼女は蛇を見てびっくりして飛び上がった。[Ka. mim.]

ಹಸ¹ ⟦hasa ハサ⟧ [həsɐ] 《古》 *n.* 1 空腹 =ಹಸಿವು (hasivu) 2 欲望、切望、欲求 [Ka. *D3825(a)]

ಹಸ² ⟦hasa ハサ⟧ [həsɐ] 《古》 (*n.*) 1 魅力的〈な〉 2 清らか〈な〉、清浄〈な〉 3 適量〈の〉、適当〈な〉 [Ka. D3907] ☞ಪಸ (pasa)²

ಹಸನ ⟦hasana ハサナ⟧ [həsə̆nɐ] (*n.*) きれいな〈こと〉、汚れがない〈こと〉、きちんとしている〈こと〉 [Ka. D3907] ☞ಹಸನು (hasanu)

ಹಸನು ⟦hasanu ハサヌ⟧ [həsə̆nu] ಪಸ², ಪಸನು, ಹಸ², ಹಸನ (*n.*) よい〈こと〉、ふさわしい〈こと〉、適当〈な〉 [Ka. D3907]

ಹಸನ್ಮುಖ ⟦hasanmukʰa ハサンムカ⟧ [həsənmukʰɐ] 《文》 *adj.*, *m.* 《*f.* ಹಸನ್ಮುಖಿ (hasanmukʰi)》 にこやかな顔をした〈人〉、朗らかな〈人〉 [Sk.]

ಹಸನ್ಮುಖಿ ⟦hasanmukʰi ハサンムキ⟧ [həsənmukʰi] 《文》 *f.* 《*m.* ಹಸನ್ಮುಖ (hasanmukʰa)》 笑顔の〈女性〉、朗らかな〈女性〉 [Sk.]

ಹಸರು ⟦hasaru ハサル⟧ [həsə̆ru] (*n.*) 緑色〈の〉 [Ka. D3821] ☞ಹಸಿರು (hasiru)

ಹಸರಿಸು ⟦hasarisu ハサリス⟧ [həsərĭsu] 《文》 *vi.* （噂などが）広がる [Sk. *prasarati*]

ಹಸಲೆ ⟦hasale ハサレ⟧ [həsə̆le] ಪಸಲೆ 《文》 *n.* 1 若草 2 草の生えた土地、草地、放牧地 [Ka. *D3821]

ಹಸವು ⟦hasavu ハサヴ⟧ [həsə̆vu] 《口》 *n.* 1 飢饉 = ಬರ (bara) 2 空腹 = ಹಸಿವು (hasivu) [Ka. *D3825(b)]

ಹಸಿ¹ ⟦hasi ハシ⟧ [həsi] ಪಸಿ, ಪಸೆ (*n.*) 1 （粘土などが）成型した後まだ湿っている〈こと〉 2 （雨の後など野原や畑が）みずみずしく青い〈こと〉 3 （食べ物に）十分火が通っていない〈こと〉 4 （経験などが）浅い〈こと〉 ¶ ಟೀವೀ ರಿಪೇರಿಯಲ್ಲಿ ಅವನ ಅನುಭವ ಇನ್ನೂ ಹಸಿಯಾಗಿದೆ. (ṭīvī ripēriyalli avana anubʰava innū hasiyāgide.) 彼はまだテレビの修理は経験不足だ。[Ka. *D3821]

ಹಸಿ² ⟦hasi ハシ⟧ [həsi] ಪಸಿ² *vi.* 1 腹がすく、空腹である ¶ ಈವತ್ತು ಹೊಟ್ಟೆ ಹಸಿಯೋದಿಲ್ಲ. (īvattu hoṭṭe hasiyōdilla.) 今日僕は食欲がでないだろう。2 〔喩〕 飢えている、貪欲である ¶ ಪೊಲೀಸರು ಹಸಿದ ಕಣ್ಣುಗಳಿಂದ ಹೆಂಗಸರನ್ನು ನೋಡುತ್ತಾ ಇದ್ದರು. (polīsaru hasida kaṇṇugaḷiṃda heṃgasarannu nōḍuttā iddaru.) 警官たちは飢えた目で女性たちを見ていた。 [Ka. *D3825(a)] ☞ಹಸಿವು (hasivu)

ಹಸಿಗೆ ⟦hasige ハシゲ⟧ [həsĭge] 《文》 *n.* 分割；分配；持ち分 [Ka. *D3936] ☞ಪಸುಗೆ (pasuge)

ಹಸಿಬೆ ⟦hasibe ハシベ⟧ [həsĭbe] *n.* 開口部が中央にあり肩に載せると二つに分かれる袋 [Ka. D4450] ☞ಹಸುಬೆ (hasube)

ಹಸಿರು ⟦hasiru ハシル⟧ [həsĭru] ಪಸುರ್, ಪಸಿರ್, ಪಸುರು, ಹಸುರು (*n.*) 1 緑色〈の〉 2 （記憶などが）みずみずしい〈こと〉 ¶ ಅವನ ನೆನಪು ಇನ್ನೂ ಹಸಿರಾಗಿದೆ. (avana nenapu innū hasirāgide.) 彼の思い出はまだ鮮やかだ。 —*n.* 1 若草 2 立ち毛、農作物の収穫前の状態 [Ka. < *pasir*, *D3821]

ಹಸಿರುಬಣ್ಣ ⟦hasirubaṇṇa ハシルバンナ⟧ [həsĭrubəṇṇɐ] *n.* 緑、緑色 [*hasiru* + *baṇṇa* *D3821]

ಹಸಿವು ⟦hasivu ハシヴ⟧ [həsĭvu] ಪಸಿವು *n.* 空腹 [Ka. < OK *pasivu* *D3825(a)] = ಹಸಿವೆ (hasive)

ಹಸಿವೆ ⟦hasive ハシヴェ⟧ [həsĭve] ಪಸಿವು, ಪಸು, ಹಸಿವು *n.* 空腹、お腹がすいたこと [Ka. *D3825(a)] ☞ಹಸಿವು (hasivu)

ಹಸುಂಬ ⟦hasuṃba ハスンバ⟧ [həsumbɐ] 《古》 *n.* 占いに用いる緑色の鳥 [Ka. *D3821] ☞ಹಸುಂಬ (hasuṃba)

ಹಸುಂಬೆ ⟦hasuṃbe ハスンベ⟧ [həsumbe] 《古》 *n.* 1 開口部が中央にあり肩に載せると二つに分かれる袋 2 上記の袋で運べる量の荷物 [Ka. D4450] ☞ಹಸುಬೆ (hasube)

ಹಸು¹ ⟦hasu ハス⟧ [həsu] ಪಸು (*n.*) 1 緑色〈の〉 2 幼少〈の〉 ¶ ಹಸುಗೂಸು (hasugūsu) 幼少の子ども、幼児 [Ka. OK *pasu* *D3821]

ಹಸು² ⟦hasu ハス⟧ [həsu] *n.* 雌牛 [Sk. *paśu*]

ಹಸುಕು ⟦hasuku ハスク⟧ [həsŭku] (*n.*) 1 未熟〈の〉 2 生煮え〈の〉 —*n.* 生煮えの食物や未熟の果実の変な臭い [Ka. D3826, cf. D3821]

ಹಸುಗಿ ⟦hasugi ハスギ⟧ [həsĭge] 《文》 *n.* 分割；分配；持ち分 [Ka. *D3936] ☞ಪಸುಗೆ (pasuge)

ಹಸುಗೂಸು ⟦hasugūsu ハスグース⟧ [həsugu:su] ಹಸು‐ಕೂಸು *n.* 赤ん坊、乳幼児 [*hasu* *D3821 + *kūsu*]

ಹಸುಗೆ ⟦hasuge ハスゲ⟧ [həsŭge] 《文》 *n.* 分割；分配；持ち分 [Ka. *D3936] ☞ಪಸುಗೆ (pasuge)

ಹಸುಬ ⟦hasuba ハスバ⟧ [həsubɐ] ಪಸುಂಬ, ಪಸುಬ, ಹ‐ಸುಂಬ *n.* 占いに用いる緑色の小型のオウム [Ka. *D3821]

ಹಸುಬೆ ⟦hasube ハスベ⟧ [həsŭbe] ಪಸುಂಬೆ, ಪಸುಬೆ, ಹಸಿ‐ಬೆ, ಹಸುಂಬೆ, ಹಸುವೆ *n.* 1 開口部が中央にあり肩に載せると二つに分かれる袋 2 上の袋で運べる量の荷物 [Ka. D4450, cf. Sk. *prasēvaka-*]

ಹಸುರು ⟦hasuru ハスル⟧ [hasŭru] (*n.*) 緑色〈の〉 —*n.* 1 若草 2 エメラルド、緑玉 3 刺青 = ಹಚ್ಚೆ(hacce) ☞ಹಸಿರು (hasiru) [Ka. < *pasir* *D3821]

ಹಸುಳ ⟦hasuḷa ハスラ⟧ [həsŭḷɐ] 《古》 *n.* 赤ん坊、乳児、幼児 [Ka. *D3939] ☞ಪಸುಳ (pasuḷa)

ಹಸುಳೆ ⟦hasuḷe ハスレ⟧ [həsŭḷe] ಪಸುಳೆ *n.* 赤ん坊、乳幼児 [Ka. *D3939]

ಹಸುಳೆತನ ⟦hasuḷetana ハスレタナ⟧ [həsŭḷetənɐ] *n.* 赤ん坊時代 [*hasuḷe* + *-tana*]

ಹಸೆ ⟦hase ハセ⟧ [həse] ಪಸೆ *n.* 1 めでたい行事に用いる模様で飾った低い木の腰掛け 2 様々な模様で飾った床の一部

ಹಸೆಗೆ ⟦hasege ハセゲ⟧ [həsĕge] 《文》 *n.* 分割；分配；持ち分 [Ka. *D3936] ☞ಪಸುಗೆ (pasuge)

ಹಸೆಮಣೆ ⟦hasemaṇe ハセマネ⟧ [həsemaɳe] *n.* めでたい行事のために花や模様で飾った木製の低い腰掛け [*hase* + *maṇe*]

ಹಸ್ತ ⟦hasta ハスタ⟧ [həstɐ] 《文》 *n.* 手 [Sk.]

ಹಸ್ತಕ್ಷೇಪ ⟦hastakṣēpa ハスタクシェーパ⟧ [həstŏkʂe:pɐ] 《文》 *n.* 干渉、介入 ◊ *vi.* —ಮಾಡು (māḍu) [Sk.]

ಹಸ್ತಪತ್ರಿಕೆ ⟦hastapatrike ハスタパトリケ⟧ [həstəpətrike] 《文》 *n.* (会場に集まった人などに配布する)小冊子、ハンドアウト [Sk.]

ಹಸ್ತಪ್ರತಿ ⟦hastaprati ハスタプラティ⟧ [həstəprəti] *n.* 写本 [Sk.]

ಹಸ್ತಲಾಘವ ⟦hastalāgʰava ハスタラーガヴァ⟧ [həstəlɐ:gʰəvɐ] 《文》 *n.* 1 手が器用なこと、熟練 2 握手 [Sk.]

ಹಸ್ತತಲಾಮಲಕನ್ಯಾಯ ⟦hastatalāmalakanyāya ハスタタラーマラカニャーヤ⟧ [həstətəlɐ:mələkənjɐ:jɐ] 《文》 *n.* 掌中のアンマロクの実のように明白なこと、火を見るより明らかなこと、疑う余地がないこと [Sk.] = ಕರತಲಾಮಲಕನ್ಯಾಯ (karatalāmalakanyāya)

ಹಸ್ತಸಾಮುದ್ರಿಕೆ ⟦hastasāmudrike ハスタサームドリケ⟧ [həstŏsɐ:mudrike] 《文》 *n.* 手相術 [Sk.]

ಹಸ್ತಾಂತರ ⟦hastāṃtara ハスターンタラ⟧ [həstɐ:ntŏrɐ] *n.* 1 物がある人の手から別人の手に渡ること ◊ *vt.* —ಮಾಡು (māḍu) 別人の手に渡す 2 《文》 自分の思い通りになる状態 [Sk.]

ಹಸ್ತಾಂತರಣಾಧಿಕಾರಿ ⟦hastāṃtaraṇādʰikāri ハスターンタラナーディカーリ⟧ [həstɐ:ntərəɳɐ:dʰikɐ:ri] 《文》 *mf.* (不動産等の売買を)登記簿に載せる役人 [Sk.]

ಹಸ್ತಾಕ್ಷರ ⟦hastākṣara ハスタークシャラ⟧ [həstɐ:kʂŏrɐ] *n.* 1 署名、サイン 2 筆跡、手で書いたもの [Sk.]

ಹಸ್ತೋದಕ ⟦hastōdaka ハストーダカ⟧ [həsto:dəkɐ] 《文》 *n.* 宴会(特に寺院での食事)に招待された客の右手に注がれる聖水 [Sk.]

ಹಳ ⟦haḷa ハラ⟧ [həḷɐ] ಪಳ¹, ಪಳೆ, ಪಱ, ಪೞೆ, ಹಳೆ, ಹಱ, ಹೞೆ (*adj.*) 古い〈こと〉、昔〈の〉¶ ಹಳಗನ್ನಡ (haḷagannaḍa) 古カンナダ語 [Ka.*paṟe* Ka. *paṟa* *D3999]

ಹಳಕನ್ನಡ ⟦haḷakannaḍa ハラカンナダ⟧ [həḷŏkənnŏɖɐ] *n.* 古カンナダ語、12世紀以前のカンナダ語 [*haḷa* + *kannaḍa*]

ಹಳಗನ್ನಡ ⟦haḷagannaḍa ハラガンナダ⟧ [həḷŏgənnəɖɐ] *n.* [*haḷa* + *kannaḍa*] ☞ಹಳಕನ್ನಡ (haḷakannaḍa)

ಹಳಚಿಗೆ ⟦haḷacige ハラチゲ⟧ [həḷəʧĭge] 《文》 *n.* 輝き、きらめき [Ka. D4012]

ಹಳಚು ⟦haḷacu ハラチュ⟧ [həḷŏʧu] 《文》 *vt.* 1 (…に)ぶつかる、(…に)ぶち当たる 2 襲いかかる、襲撃する 3 (…に)充満する、(…に)いっぱいに広がる 4 〈目を〉ぱちぱちさせる 5 反抗する [Ka. *D4011] ☞ಪಳಂಚು (paḷaṃcu)

ಹಳಚ್ಚು ⟦haḷaccu ハラッチュ⟧ [həḷəʧʧu] 《古》 *vt.* 戦う [Ka. *D4011] ☞ಪಳಂಚು (paḷaṃcu)

ಹಳದಿ ⟦haḷadi ハラディ⟧ [həḷŏɖi] (*adj.*) ウコン色〈の〉、黄色〈の〉 [H. *haldī*/M. *haḷadā* < Pk. *haliddā*- T13992.1]

ಹಳದಿಬಣ್ಣ ⟦haḷadibaṇṇa ハラディバンナ⟧ [həḷŏɖibəɳɳɐ] *n.* 黄色 [+ *baṇṇa*]

ಹಳಬ ⟦haḷaba ハラバ⟧ [həḷŏbɐ] *m.* 《*f.* ಹಳಬಳು (haḷabaḷu)》芸やスポーツなどの領域で長い経験と技量を持つ人 [*haḷa* + *ba*]

ಹಳವಂಡ ⟦haḷavaṃḍa ハラヴァンダ⟧ [həḷəvənɖɐ] *n.* 1 欲望、渇望 2 幻想、妄想 3 狼狽、当惑、うろたえ

ಹಳವರಿಸು ⟦haḷavarisu ハラヴァリス⟧ [həḷəvərĭsu] 《文》 *vi.* 渇望する、切望する、恋い焦がれる [*haḷahaḷi* + *-isu*] = ಹಳಹಳಿಸು (haḷahaḷisu)

ಹಳಸು¹ ⟦haḷasu ハラス⟧ [həḷŏsu] *n.* [Ka. *D3988] ☞ಹಲಸು (halasu)

ಹಳಸು² ⟦haḷasu ハラス⟧ [həḷŏsu] ಪೞಸು, ಪಳಸು *vi.* 1 古くなる、使い古される 2 (食べ物が)腐る、腐敗する 3 古くなって魅力を失う、流行遅れになる [Ka. *D3999]

ಹಳಹಳ¹ ⟦haḷahaḷa ハラハラ⟧ [həḷəhəḷɐ] (*n.*) 愛する人との別離による不安や愛する人への恋しさで揺れる心を表す擬態語 [Ka. mim.]

ಹಳಹಳಿಸು¹ ⟦halahalisu ハラハリス⟧ [həḷəhəḷĭsu] *vi.* (愛する人を)待ち焦がれる、落ち着かない心で慕う ¶ ಸೀತೆ ಯಾವಾಗಲೂ ರಾಮನಿಗಾಗಿ ಹಳಹಳಿಸುತ್ತಿದ್ದಳು. (sīte yāvāgalū rāmanigāgi halahalisuttiddaḷu.) シーターはいつもいつもラーマに焦がれていた。[+ *-isu* (denm.)]

ಹಳಹಳ² ⟦halahala ハラハラ⟧ [həḷəhəḷɐ] (*n.*) きらきら(明るい輝きを表す擬態語) [Ka. mim.]

ಹಳಹಳಿಸು² ⟦halahalisu ハラハリス⟧ [həḷəhəḷĭsu] *vi.* 輝く、光る、ぴかぴか光る、きらめく [+ *-isu*]

ಹಳಹಳನೆ ⟦halahalane ハラハラネ⟧ [həḷəhəḷə̆ne] *adv.* きらきらと [+ *-ane*]

ಹಳಹಳಿ ⟦halahaḷi ハラハリ⟧ [həḷəhəḷi] *n.* 1 愛する人との別離による不安、愛する人への恋しさで揺れる心 2 後悔、自分の行為を悔やむこと [Ka. mim.]

ಹಳಹಳಿಕೆ¹ ⟦halahalike ハラハリケ⟧ [həḷəhəḷike] *n.* 1 愛する人との別離による不安、愛する人への恋しさで揺れる心 2 後悔、自分の行為を悔やむこと [*halahala* + *-ike*]

ಹಳಹಳಿಕೆ² ⟦halahalike ハラハリケ⟧ [həḷəhəḷike] *n.* 輝き、光輝くこと、光輝、きらめき [*halahala* + *-ike*]

ಹಳಿ¹ ⟦hali ハリ⟧ [həḷi] *vt.* 非難する、咎める —*n.* 非難、咎め立て ☞ಪಱಿ (paṟi) [Ka. *D4002]

ಹಳಿ² ⟦hali ハリ⟧ [həḷi] 《古》 *n.* 1 村、村落 (epig.) 2 田舎 [Ka. D4018] ☞ಹಳ್ಳಿ (halli)〔現〕

ಹಳಿ³ ⟦hali ハリ⟧ [həḷi] ಪಟಿ *n.* 1 (鉄道の)線路 2 (木製の)車輪の鉄枠 [M. *pʰaḷi* T9053.1]

ಹಳಿವು ⟦halivu ハリヴ⟧ [həḷivu] *n.* 咎め立て、あら捜し、非難、叱責 ¶ ಯಾವ ಒಳ್ಳೇ ಕೆಲಸ ಮಾಡಿದರೂ ಈ ಸಂಸ್ಥೆಯಲ್ಲಿ ಹಳಿವು ಬರುತ್ತದೆ. (yāva oḷḷē kelasa māḍidarū ī saṃstʰeyalli haḷivu baruttade.) この研究所ではどんなよいことをしても非難を受ける。[Ka. *paṟivu* *D4002] ☞ಪಱಿವು (paṟivu)

ಹಳೆ ⟦haḷe ハレ⟧ [həḷe] (*adj.*) 古い〈こと〉、昔〈の〉 [Ka. *D3999] ☞ಹಳ (haḷa)

ಹಳೆಕನ್ನಡ ⟦haḷekannaḍa ハレカンナダ⟧ [həḷekənnəḍɐ] *n.* 古カンナダ語、12世紀以前のカンナダ語 [+ *kannaḍa*]

ಹಳೆಗನ್ನಡ ⟦haḷegannaḍa ハレガンナダ⟧ [həḷegənnəḍɐ] *n.* [+ *kannaḍa*] ☞ಕನ್ನಡ (kannaḍa)

ಹಳೆಯ ⟦haḷeya ハレヤ⟧ [həḷejɐ] ಪಟೆಯ, ಪಳೆಯ *adj.* 1 古い、昔の 2 使い古された、(衣類などが)すり切れた 3 中古の 4 古風な、流行遅れの 5 (食物などが)新鮮でない 6 陳腐な, 新しさのない [*haḷe* + *-ya* *D3999]

ಹಳೆಯುಳಿಕೆ ⟦haḷeyuḷike ハレユリケ⟧ [həḷejuḷĭke] ಪಳೆಯುಳಿಕೆ *n.* 1 古い寺院や宮殿などの廃虚 2 化石 [Ka. *paṟe* D3999 + *uḷike*]

ಹಳ್ಳ ⟦haḷḷa ハッラ⟧ [həḷḷɐ] ಪಳ್ಳ *n.* 1 小川 2 穴、窪地、窪み [Ka. *paḷḷa* *D4016]

ಹಳ್ಳಿ ⟦haḷḷi ハッリ⟧ [həḷḷi] ಪಳ್ಳಿ, ಹಳಿ² *n.* 1 村、村落 2 田舎 [Ka. D4018]

ಹಳ್ಳಿಗ ⟦haḷḷiga ハッリガ⟧ [həḷḷigɐ] *m.* 《*f.* ಹಳ್ಳಿಗಳು (haḷligaḷu)》 1 村人、村の人 2 田舎の人、田舎者 [*haḷḷi* + *-iga*]

ಹಳ್ಳಿಗಾಡು ⟦haḷḷigāḍu ハッリガードゥ⟧ [həḷḷigɐːḍu] *n.* 田舎、草深い田舎 [*haḷḷi* + *kāḍu*]

ಹಳ್ಳಿಹೈದ ⟦haḷḷihaida ハッリハイダ⟧ [həḷḷihəiđɐ] *m.* 田舎者 [*haḷḷi* + *haida*]

ಹಱತ ⟦haṟata ハラタ⟧ [hərə̆tɐ] 《‡》 (*n.*) (刀などが)鋭利〈な〉(*Si.306* (*Kitt.*)) [Ka. D4027] ☞ಹರಿತ (harita)

ಹಱಿ ⟦haṟi ハリ⟧ [həri] 《古》 *vt.* 1 (刃物で)ちょん切る 2 〈布などを〉ぱりっと裂く 3 〈果実などを〉もぐ —*vi.* (刃物などが)折れる ☞ಹರಿ (hari)² [Ka. D4027]

ಹಱಿಕು ⟦haṟiku ハリク⟧ [həriku] 《古》 *n.* 1 しまりがないこと、統制がないこと 2 (衣類の)裂け目、破れた穴 [Ka. *D4027]

ಹಱಿತ ⟦haṟita ハリタ⟧ [hərĭtɐ] 《‡》 (*n.*) (刀などの)鋭利〈な〉 [Ka. D4027] ☞ಹರಿತ (harita)

ಹಱಿವೆ ⟦haṟive ハリヴェ⟧ [hərive] 《古》 *n.* ヒユ属ヒユ科の葉野菜の一種 [Ka. D4029] ☞ಹರಿವೆ (harive)

ಹಱುಕು ⟦haṟuku ハルク⟧ [həruku] 《古》 (*adj.*) 関係が疎遠になった〈こと〉 [Ka. *D4027]

ಹಱುವೆ ⟦haṟuve ハルヴェ⟧ [həruve] 《古》 *n.* [Ka. *D4029] ☞ಹರಿವೆ (harive)

ಹಱುಹೆ ⟦haṟuhe ハルヘ⟧ [həruhe] 《古》 *n.* [Ka. *D4029] ☞ಹರಿವೆ (harive)

ಹಱ್ವೆ ⟦haṟve ハルヴェ⟧ [hərve] 《‡》 *n.* [Ka. D4029] ☞ಹರಿವೆ (harive)

ಹೞ ⟦haṛa ハラ⟧ [həɻɐ] (*adj.*) 古い〈こと〉、昔〈の〉; 年を取った〈こと〉¶ ಹೞಗೂಂಟಣಿ (haṛagūṃṭaṇi) 年を取った女衒(ぜげん) [Ka. *D3999] ☞ಹಳ (haḷa)

ಹೞೆ ⟦haṛe ハレ⟧ [həɻe] (*adj.*) (食物などが)新鮮でない〈こと〉、古い〈こと〉¶ ಹೞೆಗೂೞ್ (haṛegūṛ) 古い飯 [Ka. *D3999] ☞ಹಳ (haḷa)

ಹಾಂಗ್ಕಾಂ ⟦hāṃgkāṃ ハーングカーン⟧ [hɐːŋkɐːŋ] *n.* 香港 [Eg. Hong Kong]

ಹಾಂಗೆ ⟦hāṃge ハーンゲ⟧ [hɐːŋge] 《方》 *adv.* あのように; そのように [Ka. *ā* D1 + *pāṃgu* + *-e*]

ಹಾಂತೆ¹ ⟦hāṃte ハーンテ⟧ [hɐːntɛ] 《方》 *n.* 蛾 (*Bark.*) [Ka. D4083(b)]

ಹಾಂತೆ² ⟦hāṃte ハーンテ⟧ [hɐːntɛ] 《方》 *n.* ゴキブリ [Ka. D4123] (Gowda)

ಹಾಕು ⟦hāku ハーク⟧ [hɐːku] ಪಾಯ್ಕು, ಹಾಯಿಕು, ಹಾಯಿ-ಕ್ಕು, ಹಾಯ್ಕ್ಕು *vt.* 1 (手や匙などが目的の場所に触れることなく落とすようにして)〈ものを〉置く、〈ものを〉ぽいと置く 2 〈衣類を〉着る、〈装身具を〉つける、〈靴を〉履く 3 (ポケットに)〈手などを〉入れる、(郵便箱に)〈手紙などを〉入れる ¶ ಅವನು ನನ್ನ ಜೋಬಿಗೆ ಕೈ ಹಾಕಿದ. (avanu nanna jōbige kai hākida.) 彼は私のポケットに手を突っ込んだ。 4 〈牛乳や水や食事などを〉出す 5 〈調味料などを〉加え

る 6〈劇である役を〉演じる ¶ ಆ ನಟ ರಾಮಾಯಣದ-ಲ್ಲಿ ರಾಮನ ಪಾತ್ರ ಹಾಕಿದ್ದಾನೆ. (ā naṭa rāmāyaṇadalli rāmana pātra hākiddāne.) あの役者はラーマーヤナでラーマの役を演じている。 7〈店などを〉開く 8〈漆喰や顔料などを〉塗る ¶ ಈ ಗೋಡೆಗೆ ನೀಲಿ ಬಣ್ಣ ಹಾಕಿರಿ. (ī gōḍege nīli baṇṇa hākiri.) この壁を青く塗りなさい。[Ka. < *pāyiku*]

ಹಾಕಿಕೊಳ್ಳು ⟦hākikoḷḷu ハーキコッル⟧ [hɐːkikoḷḷu] *vt.* 〈衣類を〉着る、〈装身具を〉つける、〈靴を〉履く [+ *koḷḷu* (refl.)]

ಹಾಗಲ್ ⟦hāgal ハーガル⟧ [hɐːgəl] 《古》*n.* [Ka. D4045] ☞ಹಾಗಲ (hāgala)

ಹಾಗಲ ⟦hāgala ハーガラ⟧ [hɐːgəlɐ] ಪಾಗಲ್, ಹಾಗಲ್, ಹಾ-ಗಲು *n.* ツルレイシ、ニガウリ（苦瓜）、ゴーヤ → 食・薬 [Ka. D4045]

ಹಾಗಲಕಾಯಿ ⟦hāgalakāyi ハーガラカーイ⟧ [hɐːgələkɐːji] *n.* ツルレイシ、ニガウリ（苦瓜）、ゴーヤ → 食・薬 [Ka. D4045]

ಹಾಗೆ ⟦hāge ハーゲ⟧ [hɐːge] ಅಹಂಗೆ, ಅಹಗೆ, ಅಹಾಂಗೆ, ಆ-ಹಂಗೆ, ಹಾಂಗೆ, ಹಾಗೆ *adv.*（指示的代名副詞または前方照合の代名副詞）あのように、そのように ¶ ಹಾಗೆ ಮಾತಾಡಿದರೆ ಯಾರಿಗೂ ಕೋಪ ಬರುತ್ತದೆ. (hāge mātāḍidare yārigū kōpa baruttade.) そのように話せば誰でも怒る。 —*postp.* …の通り、…のように ¶ ನಾನು ಹೇಳಿದ ಹಾಗೆ ಅವನಿಗೆ ಸ್ಕೂಟರ್ ಅಪಘಾತವಾಗಿದೆ. (nānu hēḷida hāge avanige skūṭar apagʰātavāgide.) 私が言った通り彼はスクーターで事故に遭った。[Ka. *ā* D1 + *pāṃgu* + *-e*]

ಹಾಜರಾತಿ ⟦hājarāti ハージャラーティ⟧ [hɐːʤərɐːti] *n.* （学校などでの）出席、（儀式などへの）列席 [*hājaru* + *-āti*] = ಹಾಜರಿ (hājari)

ಹಾಜರಿ ⟦hājari ハージャリ⟧ [hɐːʤəri] *n.* （学校などでの）出席、（儀式などへの）列席 [Ar.-Pe. *ḥāḍiri*] = ಹಾಜರಾತಿ (hājarāti)

ಹಾಜರು ⟦hājaru ハージャル⟧ [hɐːʤəru] (*n.*) 1（授業や会合に）出席している〈こと〉¶ ಮಂತ್ರಿ ನಮ್ಮ ಸ-ಮಾರಂಭಕ್ಕೆ ಹಾಜರಾದರು. (maṃtri namma samāraṃbʰakke hājarādaru.) 大臣は我々の大会に出席してくれた。 2 すぐ返答や行動などができる状態〈の〉¶ ನಾವು ಏ-ನು ಕೇಳಿದರೂ ಪ್ರಧಾನಮಂತ್ರಿ ಉತ್ತರ ಹೇಳಲು ಹಾಜರು. (nāvu ēnu kēḷidarū pradʰānamaṃtri uttara hēḷalu hājaru.) 総理大臣は我々が何を尋ねてもすぐに答えてくれる。[Ar.-Pe. *ḥāḍir*] ☞ಹಾಜರಾತಿ (hājarāti)

ಹಾಜರುಪಟ್ಟಿ ⟦hājarupaṭṭi ハージャルパッティ⟧ [haːʤəru pəṭṭi] *n.* （学校や会社などの）出席簿 [*hāraru* + *paṭṭi*]

ಹಾಡಿ ⟦hāḍi ハーディ⟧ [hɐːḍi] 《方》*n.* 小さな果樹園 (*Bark.*) [Ka. D4063]

ಹಾಡು ⟦hāḍu ハードゥ⟧ [hɐːḍu] ಪಾಡು *n.* 歌、唄 —*vt.* 歌う [Ka. < *pāḍu* D4065]

ಹಾಡುಗಬ್ಬ ⟦hāḍugabba ハードゥガッバ⟧ [hɐːḍugəbbɐ] 《文》*n.* 歌うために作られた詩 [*hāḍu* + *kabba*]

ಹಾಡುಗಾರ ⟦hāḍugāra ハードゥガーラ⟧ [hɐːḍugɐːrɐ] *m.* 《*f.* ಹಾಡುಗಾರ್ತಿ (hāḍugārti)》歌手 [*hāḍu* + *-kāra*]

ಹಾತೆ ⟦hāte ハーテ⟧ [hɐːte] *n.* ゴキブリ [Ka. D4123] = ಜಿರಳೆ (jiraḷe)

ಹಾತೊರೆ ⟦hātore ハートレ⟧ [hɐːtore] *vi.* 渇望する、切望する、憧れる [? cf. Sk. *ātura-*]

ಹಾದರ ⟦hādara ハーダラ⟧ [hɐːđərɐ] ಪಾದರ, ಪಾರದರ, ಪಾರದ್ವಾರ *n.* 密通、姦通 [Ka. D4076, cf Sk. *pātra-*, *pāradārya-*]

ಹಾದರಗಿತ್ತಿ ⟦hādaragitti ハーダラギッティ⟧ [hɐːđərəgitti] *f.* 《*m.* ಹಾದರಿಗ (hādariga)》密通する女性、姦通する女性 [*hādara* + *-gitti*]

ಹಾದರಿಗ ⟦hādariga ハーダリガ⟧ [hɐːđərigɐ] *m.* 《*f.* ಹಾ-ದರಗಿತ್ತಿ (hādaragitti)》 1 密通者、姦通者、間男 2 放蕩者、道楽者、快楽におぼれる人 [*hādara* + *-iga*]

ಹಾದಿ ⟦hādi ハーディ⟧ [hɐːđi] *n.* 1 道、道路 2 やり方、方法 ¶ ನಿಮ್ಮ ಹಾದಿ ಸರಿಯಿಲ್ಲ. (nimma hādi sariyilla.) 君の生き方はよくない。[Ka. D4087]

ಹಾದಿಹೋಕ ⟦hādihōka ハーディホーカ⟧ [hɐːđihoːkɐ] 《文》*m.* 《*f.* ಹಾದಿಹೋಕಳು (hādihōkaḷu)》道行く人、通行人 [Ka. *hōka*]

ಹಾನಿ ⟦hāni ハーニ⟧ [hɐːni] *n.* 1 損害、害 2 破壊、破滅、滅亡 ¶ ವಿಜಯನಗರ ಸಾಮ್ರಾಜ್ಯ ಹದಿನಾರನೆ ಶತಮಾನ-ದಲ್ಲಿ ಹಾನಿಯಾಯಿತು. (vijayanagara sāmrājya hadinārane śatamānadalli hāniyāyitu.) 16世紀にヴィジャヤナガラ帝国は滅ぼされた。[Sk.]

ಹಾನೆ ⟦hāne ハーネ⟧ [hɐːne] *n.* （水などを貯えるために用いる金属製や土製の）広口水壺［⇒図］[Ka. D4124]

ಹಾನೆ
広口水壺

ಹಾಪೆ ⟦hāpe ハーペ⟧ [hɐːpe] *n.* ココナツの殻や木で作った杓子［⇒図］[Ka. D6] = ಆಪೆ (āpe)

ಹಾಹೆ ⟦hāhe ハーヘ⟧ [hɐːhe] 《古》*n.* 1 人形 2 神像 3 瞳孔 [Ka. D4107] ☞ಪಾಪೆ (pāpe)

ಹಾಪೆ
杓子

ಹಾಯ್¹ ⟦hāy ハーイ⟧ [hɐːĭ] 《文》*vt.* 1 とび越える、〈川などを〉渡る 2〈困難や妨害を〉克服する、逃れる —*vi.* 《*dat.*》あるものに向かって突進する ¶ ಎಮ್ಮೆ ನನಗೆ ಹಾಯಿತು. (emme nanage hāyitu.) 水牛が私にぶつかってきた。[Ka. *D4087]

ಹಾಯಿಸು ⟦hāyisu ハーイス⟧ [hɐːjĭsu] *vt.* 1〈…に〉（川などを）渡らせる 2 救済する、（苦境から）助け出す 3（宗教的に）救済する、解脱させる 4〈動物などを〉突進させる、激突させる ¶ ಅವನು ಕಾರನ್ನು ಗೋಡೆಗೆ ಹಾಯಿಸಿದ. (avanu kārannu gōḍege hāyisida.) 彼は車を壁に激突させた。[+ *-isu* caus.]

ಹಾಯ್² ⟦hāy ハーイ⟧ [hɐːĭ] *n.* 1 帆 2 小舟 [Ka. D4088]

ಹಾಯ್³ ⟦hāy ハーイ⟧ [hɐːĭ] (*n.*) 満足〈した〉、幸せ〈な〉、安心〈した〉[Ka.? cf. Te. *hāyi*]

ಹಾಯಾಗು ⟦hāyāgu ハーヤーグ⟧ [hɐːjɐːgu] *vi.* 《「満足する」の場合は与格支配、「亡くなる」の場合は主格支配》 1 満足する、幸せになる、安心する 2 亡くなる、あの世へ行く ¶ ಅವನು ಕ್ಯಾನ್ಸರ್‌ನಲ್ಲಿ ಕಷ್ಟಪಟ್ಟು ಕೊನೆಗೆ ಹಾಯಾದ. (avanu kyānsarnalli kaṣṭapaṭṭu konege hāyāda.) 癌でさんざん苦しんだ挙げ句彼は永遠の平和を得た。[+ *āgu*]

ಹಾಯಿಗಡ ⟦hāyigaḍa ハーイガダ⟧ [hɐːjigiḍɐ] *n.* 渡し場 [*hāyi* + *kaḍa* D1109]

ಹಾರ ⟦hāra ハーラ⟧ [hɐːrɐ] *n.* 1 花輪 2 首飾り [Sk.]

ಹಾರಕ[1] ⟦hāraka ハーラカ⟧ [hɐːrəkɐ] 《古》 *n.* コドラ（イネ科スズメノヒエ属）⇀ 飼 [Ka. D379]

ಹಾರಕ[2] ⟦hāraka ハーラカ⟧ [hɐːrəkɐ] ಹಾರಕು 《文》 *m.* 《*f.* ಹಾರಕಳು (hārakaḷu)》（ものを）運び去る人、奪い去る人、（人を）さらって行く人（合成語の第２要素として用いられる）[Sk.]

ಹಾರಕು ⟦hāraku ハーラク⟧ [hɐːrəku] 《古》 *n.* [Ka. D379] ☞ಹಾರಕ (hāraka)[1]

ಹಾರಯಿಸು ⟦hārayisu ハーライス⟧ [hɐːrəjisu] ಪಾರಯಿ–ಸು, ಪಾರಯ್ಸು, ಪಾರೈಸು, ಹಾರಯ್ಸು, ಹಾರವಿಸು, ಹಾರೈಸು *vt.* 1 望む、希望する 2（ある人のために）〈あるよいことを〉願う、希求する ¶ ನಿಮ್ಮ ಒಳ್ಳೆಯದನ್ನು ಹಾರ–ಯಿಸುತ್ತೇನೆ. (nimma oḷḷeyadannu hārayisuttēne.) ご多幸を願っております。 3 期待する、待ち望む —*vi.* 満足する、喜ぶ [Ka. D4091(a)]

ಹಾರಯ್ಸು ⟦hāraysu ハーライス⟧ [hɐːrəjsu] *vt., vi.* [Ka. D4091(a)] ☞ಹಾರಯಿಸು (hārayisu)

ಹಾರಯ್ಕೆ ⟦hārayke ハーライケ⟧ [hɐːrəĭke] *n.*（ある人のためにあるよいことを）願うこと、希求すること [Ka. D4091(a)]

ಹಾರವ ⟦hārava ハーラヴァ⟧ [hɐːrəvɐ] 《異》 *m.* 《*f.* ಹಾರ್ವಿತಿ (hārviti)》バラモン [Ka. *D4091(b)] ☞ಪಾರ್ವ (pārva)

ಹಾರವಿತ್ತಿ ⟦hāravitti ハーラヴィッティ⟧ [hɐːrəvitti] 《古》 *f.* 《*m.* ಹಾರವ (hārava)》バラモンの女性、バラモンの妻 [Ka. *D4091]

ಹಾರವಿಸು ⟦hāravisu ハーラヴィス⟧ [hɐːrəvisu] *vt., vi.* ☞ಹಾರಯಿಸು (hārayisu) [Ka. *D4091(a)]

ಹಾರಾಟ ⟦hārāṭa ハーラータ⟧ [hɐːrɐːʈɐ] *n.* 1 飛び回ること 2〔喩〕（つまらないことで）大騒ぎをすること、空騒ぎ [*hāru* + *-āṭa*.]

ಹಾರಾಡು ⟦hārāḍu ハーラードゥ⟧ [hɐːrɐːḍu] *vi.* 1 飛び回る 2（つまらないことで）大騒ぎをする、空騒ぎをする ¶ ನಾನು ಮಾಡಿದ ಸಣ್ಣ ತಪ್ಪಿಗೆ ಅವರು ಹಾರಾಡಿದರು. (nānu māḍida saṇṇa tappige avaru hārāḍidaru.) 私が犯した小さな過ちであの人は大騒ぎをした。[*hāru* + *āḍu*]

ಹಾರಿಕೆ ⟦hārike ハーリケ⟧ [hɐːrĭke] *n.* 跳ぶこと、跳躍（跳び上がること、跳び下りること、前方へ跳ぶことを含む）[*hāru* + *-ike*]

ಹಾರಿಕೆಮಾತು ⟦hārikemātu ハーリケマートゥ⟧ [hɐːrĭke mɐːtu] *n.* 言い抜け [*hārike* + *mātu*]

ಹಾರಿವಾಳ ⟦hārivāḷa ハーリヴァーラ⟧ [hɐːrivɐːḷɐ] *n.* デイゴ（梯姑）⇀ 飼・薬・材 [? cf. Sk. *pāribhadra-*] *[IMP 2378]

ಹಾರು ⟦hāru ハール⟧ [hɐːru] ಪಾರ್, ಪಾರು[1], ಪಾಱು, ಹಾಱು *vi.* 1 跳ぶ、跳躍する 2（空を）飛ぶ 3 脈打つ、震える 4 去る、消える [Ka. < *pāṟu* *D4020]

ಹಾರಿಸು ⟦hārisu ハーリス⟧ [hɐːrĭsu] *vt.* 1〈凧などを〉飛ばす 2〈建物、橋などを〉爆破する、爆薬で吹き飛ばす、〈爆竹を〉鳴らす 3〈鞄などを〉ひったくる、こっそりと盗って行く ¶ ಬ್ಯಾಂಕಿನಿಂದ ಬರುವಾಗ ಹಣದ ಚೀಲವನ್ನು ಕಳ್ಳ ಹಾರಿಸಿದನು. (byāṃkiniṃda baruvāga haṇada cīlavannu kaḷḷa hārisidanu.) 銀行からの帰りに強盗が私の財布をひったくった。 4〈子どもや女性などを〉さらう [+ *-isu* caus.]

ಹಾರುವ ⟦hāruva ハールヴァ⟧ [hɐːruvɐ] 《文》 *m.* 《*f.* ಹಾ–ರುವಿತಿ (hāruviti)》バラモン [Ka. D4091(b)] ☞ಪಾರ್ವ (pārva)

ಹಾರುವಾಣ[1] ⟦hāruvāṇa ハールヴァーナ⟧ [hɐːrŭvɐːɳɐ] 《文》 *n.* ハト（鳩）[? cf. D4334, Sk. *pārāvata-* M2.258] ☞ಪಾರಿವಾಣ (pārivāṇa)[1]

ಹಾರುವಾಣ[2] ⟦hāruvāṇa ハールヴァーナ⟧ [hɐːrŭvɐːɳɐ] 《文》 *n.* デイゴ（梯姑）[? cf. Sk. *pārabhadra*] ☞ಪಾರಿವಾಣ (pārivāṇa)[2] *[IMP 2378]

ಹಾರುವಿತಿ ⟦hāruviti ハールヴィティ⟧ [hɐːrŭviti] ಹಾರು–ವಿತ್ತಿ 《古》 *f.* 《*m.* ಹಾರುವ (hāruva)》バラモンの女性、バラモンの妻 [Ka. *D4091]

ಹಾರುವಿತ್ತಿ ⟦hāruvitti ハールヴィッティ⟧ [hɐː rŭvitti] 《古》 *f.* 《*m.* ಹಾರುವ (hāruva)》バラモンの女性またはバラモンの妻 [Ka. *D4091] ☞ಹಾರುವಿತಿ (hāruviti)

ಹಾರೆ ⟦hāre ハーレ⟧ [hɐːre] *n.* バール、かなてこ（土を掘るための道具）[⇒図] [Ka. < OK *pāre* *D4093]

ಹಾರೆ
かなてこ

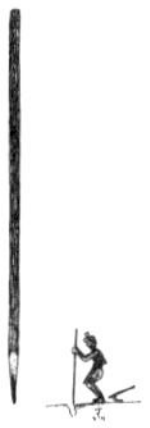

ಹಾರೈಕೆ ⟦hāraike ハーライケ⟧ [hɐːrəike] ಹಾ–ರ್ಯೆಕೆ *n.* 望み、希望 [Ka. *D4091(a)] ☞ಕೋರಿಕೆ, ಬಯಕೆ (kōrike, bayake)

ಹಾರೈಸು ⟦hāraisu ハーライス⟧ [hɐːrəisu] *vt.* [Ka. *D4091(a)] ☞ಹಾರಯಿಸು (hārayisu)

ಹಾರ್ದಿಕ ⟦hārdika ハールディカ⟧ [hɐːrdikɐ] 《文》 *adj.* 心からの（感謝など）[Sk.]

ಹಾರ್ಮೋನಿಯಂ ⟦hārmōniyaṃ ハールモーニヤン⟧ [hɐː rmoːnijəm] *n.*（左手を動かして空気を吹き込む）箱型のアコーディオン [Eg. *harmonium*]

ಹಾರ್ವ ⟦hārva ハールヴァ⟧ [hɐːrvɐ] 《文》 *m.* 《*f.* ಹಾರ್ವಿತಿ (hārviti)》バラモン [Ka. *D4091(b)] ☞ಪಾರ್ವ (pārva)

ಹಾಱಿಸು ⟦hāṟisu ハーリス⟧ [hɐːr̠ĭsu] 《古》 *vt.* 1 跳ばす 2 飛ばす [Ka. caus. D4020]

ಹಾಲಕ್ಕಿ ⟦hālakki ハーラッキ⟧ [hɐːləkki] ಹಾಲವಕ್ಕಿ, ಹಾಲ–ಹಕ್ಕಿ, ಹಾಲುವಕ್ಕಿ, ಹಾಲಂಹಕ್ಕಿ, ಹಾಲ್ವಕಿ, ಹಾಲ್ವಕ್ಕಿ *n.* 小さな灰

色のフクロウ一種（鳴き声が不吉とされている）[*hālu* + *hakki*] *[ṛṇī]

ಹಾಲವಕ್ಕಿ ⟦hālavakki ハーラヴァッキ⟧ [hɐːləvakki] *n.* ☞ಹಾಲಕ್ಕಿ (hālakki)

ಹಾಲಾಹಲ ⟦hālāhala ハーラーハラ⟧ [hɐːlɐːhəlɐ] *n.* 1 神と悪魔が乳海を攪拌した時に生じた猛毒 2（一般に）致死的な猛毒 [Sk. *pāribhadra-*.]

ಹಾಲಿ ⟦hāli ハーリ⟧ [hɐːli] (*adj.*) 現在〈の〉、現代〈の〉[Ar.-Pe. *ḥālī*]

ಹಾಲು ⟦hālu ハール⟧ [hɐːlu] ಪಾಲ್[1], ಪಾಲು[1] *n.* 1 乳 2（植物の分泌する）乳液 [Ka. *D4096]

ಹಾಲುಬಾಯಿ ⟦hālubāyi ハールバーイ⟧ [hɐːlŭbɐːyĭ] *n.* 米と黒砂糖とココヤシを砕いて煮て葉の上に広げて作った菓子 [H. *halăvā* ←Ar. *ḥalva*] = ಮಣ್ಣಿ, ಹಲ್ವಾ (maṇṇi, halvā)

ಹಾಲುವಾಣ ⟦hāluvāṇa ハールヴァーナ⟧ [hɐːluvɐːɳɐ] *n.* [? cf. Sk. *pārabhadra*] ☞ಪಾರಿವಾಳ (pārivāḷa)[2]

ಹಾಲೆ[1] ⟦hāle ハーレ⟧ [hɐːle] ಪಾಲೆ[2]《古》*n.* 1 サワノキ（アカテツ科サポジラ属）⇀ 薬 *[IMP 3.394] 2 キョウチクトウ科の薬用植物 ⇀ 薬 ☞ಹಾಲೆ (hāle)[1]〔汎〕*[IMP 1.112] [Ka. *D4100]

ಹಾಲೆ[2] ⟦hāle ハーレ⟧ [hɐːle] ಆಲೆ, ಪಾಲೆ[3], ಹಲ್ಲೆ[1] *n.* 耳たぶ [Sk. *pāli-*?]

ಹಾವ ⟦hāva ハーヴァ⟧ [hɐːvɐ] *n.* [Sk.] ☞ಹಾವಭಾವ (hāvabʰāva)

ಹಾವಭಾವ ⟦hāvabʰāva ハーヴァバーヴァ⟧ [hɐːvəbʰɐːvɐ] *n.* 1（劇中や耳の悪い人の）身ぶり ¶ ಅವಳು ತನ್ನ ಬಯಕೆಯನ್ನು ಹಾವಭಾವದಿಂದ ಹೇಳಿದಳು. (avaḷu tanna bayakeyannu hāvabʰāvadiṃda hēḷidaḷu.) 彼女は自分の望みを身ぶりで表現した。2 媚態、しな [Sk. *hāvabhāva-*] = ಹಾವ (hāva)

ಹಾವಸೆ ⟦hāvase ハーヴァセ⟧ [hɐːvŏse] *n.* 水中や水中の石などに生える苔や植物 [Ka. *pāvase* *D3821] = ಪಾಚಿ (pāci)

ಹಾವಳಿ ⟦hāvaḷi ハーヴァリ⟧ [hɐːvŏḷi] *n.* 迷惑、厄介、嫌がらせ ¶ ಈ ಭಾಗದಲ್ಲಿ ಕೋತಿಗಳ ಹಾವಳಿ ಹೆಚ್ಚಾಗಿದೆ. (ī bʰāgadalli kōtigaḷa hāvaḷi heccāgide.) この界隈では猿たちにとても迷惑している。[Ka. D265]

ಹಾವಾಡಿಗ ⟦hāvāḍiga ハーヴァーディガ⟧ [hɐːvɐːɖĭgɐ] *m.*《*f.* ಹಾವಾಡಗಿತ್ತಿ (hāvāḍagitti)》蛇つかい [*hāvu* + *āḍiga*]

ಹಾವು ⟦hāvu ハーヴ⟧ [hɐːvu] ಪಾವು *n.* 蛇 [Ka. *D4085 < *pāvu*]

ಹಾವುಗೆ ⟦hāvuge ハーヴゲ⟧ [hɐːvuge] ಆವಗೆ, ಆವಿಗೆ, ಆವುಗೆ, ಪಾವಿಗೆ, ಪಾವುಗೆ《文》*n.*（木製の）下駄（今日では苦行者だけが使う）[⇒図] [Sk. *pādukā-*] = ಪಾದುಕೆ (pāduke)

ಹಾವುಗೆ 下駄

ಹಾವುಮೀನ ⟦hāvumīna ハーヴミーナ⟧ [hɐːvumiːnɐ] *n.* ウナギ [*hāvu* + *mīna*]

ಹಾವುಮೆಕ್ಕಿ ⟦hāvumekki ハーヴメッキ⟧ [hɐːvŭmekki] ಹಾವುಮೆಕ್ಕೆ《古》*n.* コロシントウリ（ウリ科スイカ属）⇀ 食・薬 [Ka. *hāvu*「蛇」+ *mekki* < ?] *[IMP 2.92]

ಹಾವುರಾಣಿ ⟦hāvurāṇi ハーヴラーニ⟧ [hɐːvŭrɐːɳi] *n.* 緑がかったトカゲの一種（なめられると中毒すると信じられている）[*pāvaraṇe* < *pāvu* + *araṇe*] ☞ಅರಣೆ (araṇe)

ಹಾಸನ ⟦hāsana ハーサナ⟧ [hɐːsŏnɐ] *n.* 1 ハーサナ（ハーサナ県の県庁所在地） 2 カルナータカ州の一県行政区 [?]

ಹಾಸಲು ⟦hāsalu ハーサル⟧ [hɐːsŏlu] *n.* 1 努力に対して得られる結果、報い ¶ ಅವರಿಗೆ ಮತ್ತೆ ಕೇಳಬೇಡಿರಿ. ಹಾಸಲಿಲ್ಲ. (avarige matte kēḷabēḍiri. hāsalilla.) あの人にこれ以上頼まないで。何にもならないわ。 2 通行料、関税、郵便料金（その他政府や公共団体などが徴収する諸料金）[Ar. *ḥāṣil*]

ಹಾಸಿಕೆ ⟦hāsike ハーシケ⟧ [pɐːsĭke] ಪಾಸಿಕೆ *n.* 寝床、マットレス [Ka. *D4088]

ಹಾಸಿಗೆ ⟦hāsige ハーシゲ⟧ [hɐːsĭge] ಪಾಸಿಗೆ, ಪಾಸುಗೆ, ಹಾಸಿಗೆ, ಹಾಸುಗೆ *n.* 1 寝床 2 敷布団、マットレス、敷布など（寝る時に体の下に敷くもの）[Ka. *hāsu* + *-ige*]

ಹಾಸಿಗೆಹಿಡಿ ⟦hāsigehiḍi ハーシゲヒディ⟧ [hɐːsĭgehiɖi] *vi.* 病床につく [+ *hiḍi*]

ಹಾಸಿಲು ⟦hāsilu ハーシル⟧ [hɐːsilu] *n.* ☞ಹಾಸಲು (hāsalu)

ಹಾಸು ⟦hāsu ハース⟧ [hɐːsu] *vt.* 〈敷布や絨毯（じゅうたん）などを〉広げる —*n.* 1 敷布、毛布、ござなど（寝る時に下に敷くもの） 2 将棋や双六をする時下に敷く格子縞の布 3 経糸（たて）[Ka. D4088]

ಹಾಸುಗಲ್ಲು ⟦hāsugallu ハースガッル⟧ [hɐːsŭgəllu] *n.*（敷石などとして使う）平たく切った石、板石 [+ *kallu*]

ಹಾಸುಮಣೆ ⟦hāsumaṇe ハースマネ⟧ [hɐːsuməɳe] *n.* 経糸（たて）を広げるための木の枠、筬枠（おさわく）[⇒図] [*hāsu* + *maṇe*]

ಹಾಸುಮಣೆ 筬枠（おさわく）

ಹಾಸುಹೊಕ್ಕು ⟦hāsuhokku ハースホック⟧ [hɐːsŭhokku] *n.* 1 経糸（たて）と緯糸（よこ） 2（経糸と緯糸のような）切っても切れない密接な関係 ¶ ಎರಡು ಕುಟುಂಬಗಳು ಹಾಸುಹೊಕ್ಕಿನ ಹಾಗೆ ಇದ್ದವು. (eraḍu kuṭumbagaḷu hāsuhokkina hāge iddavu.) その二家族は経糸と緯糸のように深い関係があった。[*hāsu* + *hokku*]

ಹಾಸ್ಯ ⟦hāsya ハースヤ⟧ [hɐːsjɐ] *n.* 1 笑い 2 諧謔、滑稽 3 嘲笑、嘲弄、からかい ¶ ಎಲ್ಲರೂ ಅವನನ್ನು ಹಾಸ್ಯ ಮಾಡಿದರು. (ellarū avanannu hāsya māḍidaru.) みんなが彼をからかった。 4 歓楽、愉快、楽しみ [Sk.]

ಹಾಸ್ಯಗಾರ ⟦hāsyagāra ハースヤガーラ⟧ [hɐːsjəgɐːrɐ] *m.*《*f.* ಹಾಸ್ಯಗಾರ್ತಿ (hāsyagārti)》1 諧謔家、ユーモリスト 2 おどけもの、道化師 [*hāsya* + *-gāra*]

ಹಾಸ್ಯಚಿತ್ರ ⟦hāsyacitra ハースヤチトラ⟧ [hɐːsjətʃitrɐ]《文》*n.* 1 漫画 2 喜劇映画 3 アニメーション [Sk.] = ವ್ಯಂಗ್ಯಚಿತ್ರ (vyaṃgyacitra)

ಹಾಸ್ಯಾಸ್ಪದ ⟦hāsyāspada ハースヤースパダ⟧ [hɐːsjɐːspədɐ] 《文》 *adj.* 滑稽な、ばかばかしい [Sk.]

ಹಾಹಾಕಾರ ⟦hāhākāra ハーハーカーラ⟧ [hɐːhɐːkɐːrɐ] *n.* 大声で泣き叫ぶこと、大勢で泣きわめくこと [Sk.]

ಹಾಹಾರವ ⟦hāhārava ハーハーラヴァ⟧ [hɐːhɐːrəvɐ] 《文》 *n.* 大きな泣き声 [Sk.]

ಹಾಹೆ ⟦hāhe ハーへ⟧ [hɐːhe] *n.* **1** 人形 **2** 目の虹彩と瞳の部分(いわゆる黒目) [Ka. D4107]

ಹಾಳತ ⟦hāḷata ハーラタ⟧ [hɐːl̩ɔ̆tɐ] ಪಾಳತ, ಹಾಳಿತ (*n.*) **1** 適当〈な〉、適正〈な〉、適切〈な〉¶ ಯಾವ ಕೆಲಸ ಮಾಡಿದರೂ ಹಾಳತವಾಗಿರಬೇಕು. (yāva kelasa māḍidarū hāḷatavāgirabēku.) どんな仕事も適切にやらねばならない。 **2** 適度〈の〉、適量〈の〉¶ ಮದುವೆ ಖರ್ಚನ್ನು ಹಾಳತವಾಗಿ ಮಾಡಬೇಕು. (maduve kʰarcannu hāḷatavāgi māḍabēku.) 結婚式の費用は適度でなければならない。 **3** 釣り合い〈がとれた〉¶ ಉಪ್ಪಿನ ಕಾಯಿಯಲ್ಲಿ ಹುಳಿ, ಉಪ್ಪು, ಕಾರ, ಎಣ್ಣೆಗಳು ಹಾಳತವಾಗಿ ಇರಬೇಕು. (uppina kāyiyalli huḷi, uppu, kāra, eṇṇegaḷu hāḷatavāgi irabēku.) 漬物には酸味と塩と香辛料と油が正しい割合で加えられなければならない。 **4** (果物などが)熟れすぎ〈た〉、食べ頃を過ぎた〈こと〉¶ ನಿನ್ನೆ ತಂದ ಹಣ್ಣುಗಳು ಇಂದು ಹಾಳತವಾಗಿವೆ. (ninne taṃda haṇṇugaḷu iṃdu hāḷatavāgive.) 昨日買ってきた果物は今日熟しすぎになっている。 [?]

ಹಾಳಿ ⟦hāḷi ハーリ⟧ [hɐːl̩i] *n.* [Ka. D4116] ☞ಹಾಳೆ (hāḷe)

ಹಾಳು ⟦hāḷu ハール⟧ [hɐːl̩u] ಪಾಳ್, ಪಾಳು, ಪಾೞ್, ಪಾೞು, ಹಾಳ್, ಹಾೞು (*n.*) 荒れ果てた〈こと〉、荒廃〈した〉 —*n.* 不毛の土地、荒れ地 ¶ ದುಡ್ಡು ಕೊಟ್ಟು ಹಾಳನ್ನು ಕೊಂಡಂತೆ ಆಯಿತು. (duḍḍu koṭṭu hāḷannu koṃḍaṃte āyitu.) お金を払ってわざわざ不毛の土地を買うような失敗をしてしまった。 [Ka. pāṟ *D4110]

ಹಾಳಾಗು ⟦hāḷāgu ハーラーグ⟧ [hɐːl̩ɐːgu] *vi.* **1** 破壊される、荒廃する **2** 無駄づかいされる、(財産などが)蕩尽される [+ *āgu*]

ಹಾಳುಮಾಡು ⟦hāḷumāḍu ハールマードゥ⟧ [hɐːl̩ŭmɐːɖu] *vt.* **1** 破壊する、壊す、荒廃させる **2** 蕩尽する、浪費する [+ *māḍu*]

ಹಾಳುಭೂಮಿ ⟦hāḷubʰūmi ハールブーミ⟧ [hɐːl̩ŭbʰuːmi] *n.* 不毛の土地、荒れ地 [+ *bʰūmi*]

ಹಾಳುಸುರಿ ⟦hāḷusuri ハールスリ⟧ [hɐːl̩usuri] *vi.* **1** (家などが)空っぽで寂しい ¶ ಮಗಳಿಗೆ ಮದುವೆ ಆದ ಮೇಲೆ ಮನೆ ಹಾಳುಸುರಿಯುತ್ತಿದೆ. (magaḷige maduve āda mēle mane hāḷusuriyuttide.) 娘が結婚して家が空っぽのように感じられる。 **2** (顔などが)絶望で呆然としている ¶ ಪರೀಕ್ಷೆಯ ಪರಿಣಾಮ ಬಂದ ಮೇಲೆ ಅವಳ ಮುಖ ಹಾಳುಸುರಿಯುತ್ತಿದೆ. (parīkṣeya pariṇāma baṃda mēle avaḷa mukʰa hāḷusuriyuttide.) 試験の結果の通知を受け取ってから彼女の顔はうつろである。 [*hāḷu* + *suri*] = ಲವಲವಿಸು (lavalavisu)

ಹಾಳುಹರಟೆ ⟦hāḷuharaṭe ハールハラテ⟧ [hɐːl̩ŭhərɔ̆ʈe] *n.* 無駄話、とりとめもないおしゃべり、内容のないおしゃべり [*hāḷu* + *haraṭe*]

ಹಾಳೂರು ⟦hāḷūru ハールール⟧ [hɐːl̩uːru] *n.* 荒廃して打ち捨てられた町、廃虚となった町 [*hāḷu* + *ūru*]

ಹಾಳೆ ⟦hāḷe ハーレ⟧ [hɐːl̩e] ಹಾಳಿ *n.* **1** ビンロウジュの花の房を包む薄い皮膜(食べ物や穀物を包むために用いる) **2** 紙、金属の薄板など **3** 頁、ページ [Ka. D4116]

ಹಾಱು ⟦hāṟu ハール⟧ [hɐːr̠u] 《古》 *vi.* **1** 跳ぶ、跳躍する **2** (空を)飛ぶ **3** 待ち望む [Ka. < *pāṟu* *D4020] ☞ಹಾರು (hāru)〔現〕

ಹಿಂ– ⟦hiṃ- ヒン-⟧ [him] ಪಿಂ, ಪಿನ್, ಹಿನ್ *pref.* 《*n-*で始まる語の前で*hin-*、*m-*で始まる語の前で*him-*》「前…」「後…」「裏…」の意味を表す接頭辞 ¶ ಹಿಂಗಡೆ (hiṃgaḍe) 後ろ側 ¶ ಹಿನ್ನೆಲೆ (hinnele) 背景 [Ka. *piṃ* D4205]

ಹಿಂಗಡೆ ⟦hiṃgaḍe ヒンガデ⟧ [hiŋgəɖe] ಪಿಂಗಡೆ *n.* **1** 後ろ側 **2** 昔 [*piṃ* + *kaḍe*] ☞ಹಿಂಗಡೆ (hiṃgaḍe)

ಹಿಂಗಾರು ⟦hiṃgāru ヒンガール⟧ [hiNgɐːru] *n.* 雨期の後の雨 [*hiṃ* + *kār*「雨期」]

ಹಿಂಗಾಲ್ ⟦hiṃgāl ヒンガール⟧ [hiŋkɐːl] ಪಿಂಗಾಲ್, ಹಿಂಗಾಲು 《古》 *n.* [*piṃ* + *kāl*] = ಪಿಂಗಾಲ್ (piṃgāl)

ಹಿಂಗಾಲು ⟦hiṃgālu ヒンガール⟧ [hiŋkɐːlu] 《古》 *n.* **1** 足の裏 **2** (四足獣の)後ろ足 [*piṃ* + *kālu*] = ಪಿಂಗಾಲ್ (piṃgāl)

ಹಿಂಗು¹ ⟦hiṃgu ヒング⟧ [hiŋgu] *vi.* (水などが土などに)しみ込む、(自然にまたは熱せられて)蒸発してなくなる [Ka. D430] = ಇಂಗು (iṃgu)¹

ಹಿಂಗು² ⟦hiṃgu ヒング⟧ [hiŋgu] ಪಿಂಗು *vi.* **1** (水位などが)下がる **2** (怒りなどが)静まる、(困難などが)解決に向かう ¶ ಅವಳ ಕಷ್ಟಗಳೆಲ್ಲಾ ಹಿಂಗಲಿ. (avaḷa kaṣṭagaḷellā hiṃgali.) あの人の困難が解決しますように。 [Ka. *piṃgu* *D4205]

ಹಿಂಗಿಸು ⟦hiṃgisu ヒンギス⟧ [hiŋgĭsu] *vt.* 〈水位などを〉下げる、〈怒り、空腹、喉の渇きなどを〉静める [+ *-isu* caus.]

ಹಿಂಜರಿ ⟦hiṃjari ヒンジャリ⟧ [hiɲʤɔ̆ri] *vi.* **1** 後ずさりする、退く **2**〔喩〕(ある活動や関与から)撤退する、退く ¶ ಮಂತ್ರಿ ತಮ್ಮ ನೆಲೆಯಿಂದ ಹಿಂಜರಿದರು. (maṃtri tamma neleyiṃda hiṃjaridaru.) 大臣は自分の立場から退いた。 [*hiṃ* + *jari*]

ಹಿಂಜು ⟦hiṃju ヒンジュ⟧ [hiɲʤu] *vt.* 〈綿を〉梳(す)く —*vi.* (布が)古くなって隙間だらけになる [Ka. D4171]

ಹಿಂಡಿ ⟦hiṃḍi ヒンディ⟧ [hiɳɖi] *n.* 油の搾りかす [*hiṃḍu* + *-i* D4183]

ಹಿಂಡು¹ ⟦hiṃḍu ヒンドゥ⟧ [hiɳɖu] ಪಿಂಡು *vt.* **1** 〈果物を〉搾る、〈洗濯した衣類を〉絞る **2** 〈耳などを〉つねる **3** 雌牛などから〈乳を〉搾る **4** 悩ませる、困らせる —*vi.* (雌牛が)乳を出す [Ka. D4183(a)]

ಹಿಂಡು² ⟦hiṃḍu ヒンドゥ⟧ [hiɳɖu] *n.* (動物の)群れ、〔蔑〕(人々の)群れ [Ka.OK *piṃḍu*]

ಹಿಂಡುಕಟ್ಟು [[himḍukaṭṭu ヒンドゥカットゥ]] [hiɳɖukəʈʈu] *vi.* (動物が)群がる、〔蔑〕(人々が)群がる [+ *kaṭṭu*]

ಹಿಂಡುಗಣೆ [[himḍugaṇe ヒンドゥガネ]] [hiɳɖugəɳe] 《文》 *n.* 矢の束 [*himḍu*² + *kaṇe*]

ಹಿಂತೆ [[himte ヒンテ]] [hinte] 《古》 *adv.* **1** 後ろに **2** 後で、その後で [Ka. *D4205]

ಹಿಂತೆಗೆ [[himtege ヒンテゲ]] [hintege] *vi.* (企画や計画などから)手を引く ¶ ನನಗೆ ದುಡ್ಡು ಕೊಡಲು ನನ್ನ ಗೆಳೆಯ ಹಿಂತೆಗೆದ. (nanage duḍḍu koḍalu nanna geḷeya himtegeda.) 友達は私にお金を貸してくれる話を撤回した。[*him* + *tege*] ☞ಹಿಂದೆಗೆ (himdege)

ಹಿಂದು¹ [[himdu ヒンドゥ]] [hindu] ಪಿಂತು, ಪಿಂದು *n.* **1** 後ろ、後ろ側 **2** 後退 **3** 最後のもの **4** 過去、過去のもの [Ka. *D4205]

ಹಿಂದು² [[himdu ヒンドゥ]] [hindu:] *adj., mf.* 《*gen.* ಹಿಂದೂವಿನ (himdūvina)》ヒンドゥー〈の〉、ヒンドゥー教を信じる〈人〉、ヒンドゥーの家に生まれた〈人〉、ヒンドゥー教徒〈の〉(インド人でムスリムでもキリスト教徒でもないものはヒンドゥーとされる) [Pe. *hindū*「インドの」]

ಹಿಂದುಮುಂದು [[himdumumdu ヒンドゥムンドゥ]] [hindumundu] *n.* **1** 過去と未来 **2** 前と後 **3** 背景と結果 ¶ ಹಿಂದುಮುಂದು ತಿಳಿಯದೆ ಮಾತಾಡಿದ. (himdumumdu tiḷiyade mātāḍida.) 彼はその背景や結果をわきまえずに話した。[*himdu* + *mumdu*]

ಹಿಂದುಮುಂದು ನೋಡು [[himdumumdu nōḍu ヒンドゥムンドゥノードゥ]] [hindumundu no:ɖu] *vi.* **1** ことの背景と結果をよく考える **2** 躊躇する、決心が揺らぐ ¶ ಅವನು ಸ್ನೇಹಿತನಿಗೆ ಸಾಲ ಕೊಡಲು ಹಿಂದುಮುಂದು ನೋಡುತ್ತಿದ್ದಾನೆ. (avanu snēhitanige sāla koḍalu himdumumdu nōḍuttiddāne.) 彼は友達に金を貸すのを躊躇している。[+ *nōḍu*]

ಹಿಂದುಳಿ [[himduḷi ヒンドゥリ]] [hindŭɭi] *vi.* 取り残される [*himdu* + *uḷi*]

ಹಿಂದೂ ಮಹಾಸಾಗರ [[himdū mahāsāgara ヒンドゥーマハーサーガラ]] [hindu: məhɐ:sɐ:gərɐ] *n.* インド洋 [*himdu*² + *mahāsāgara*]

ಹಿಂದೆ [[himde ヒンデ]] [hinde] *adv.* **1** 後ろに **2** かつて、昔 ¶ ಭಾರತದಲ್ಲಿ ಹಿಂದೆ ಕನ್ನಡಿ ಇರಲಿಲ್ಲ. (bʰāratadalli himde kannaḍi iralilla.) 昔インドには鏡がなかった。**3** 後で、その後、それから ¶ ಗಾಳಿ ಬಂತು, ಹಿಂದೆ ಮಳೆ ಬಂತು. (gāḷi bamtu, himde maḷe bamtu.) 風が吹き、その後雨が降りだした。 **—*postp.*** **1** …の後ろに ¶ ಮನೆಯ ಹಿಂದೆ ನುಗ್ಗೆ ಮರ ಇದೆ. (maneya himde nugge mara ide.) 家の裏にモリンガの木がある。 **2** (時間的に)前に ¶ ಹತ್ತು ವರ್ಷಗಳ ಹಿಂದೆ (hattu varṣagaḷa himde) 10年前に **3** …の後に、…の後で ¶ ಗಾಳಿಯ ಹಿಂದೆ ಮಳೆ ಬಂತು. (gāḷiya himde maḷe bamtu.) 風の後に雨が降りだした。[Ka. *D4205]

ಹಿಂದೆಗೆ [[himdege ヒンデゲ]] [hindege] *vi.* **1** 退却する、退く **2** (約束して)裏切る、(希望をもたせておいて)手を引く ¶ ಮಂತ್ರಿ ಹೊಸ ಜಲವಿದ್ಯುತ್ ಕೇಂದ್ರದ ಯೋಜನೆಯಿಂದ ಹಿಂದೆಗೆದರು. (mamtri hosa jalavidyut kēmdrada yōjaneyimda himdegedaru.) 大臣は新しい水力発電所の計画から手を引いた。[*him* + *tege*]

ಹಿಂದೇಟು [[himdēṭu ヒンデートゥ]] [hinde:ʈu] *n.* **1** (軍隊などの)退却 ¶ ಅವನು ಹಿಂದೇಟು ಹಾಕುವುದನ್ನು ನೋಡಿ ನಾನು ಧೈರ್ಯ ಹೇಳಿದೆ. (avanu himdēṭu hākuvudannu nōḍi nānu dʰairya hēḷide.) 彼が退却しようとしているのに気がついて、私は彼を元気づけた。 **2** (約束して)裏切ること、(希望をもたせておいて)手を引くこと ¶ ಒಳ್ಳೆಯ ಕೆಲಸವನ್ನು ಮಾಡಲು ಹಿಂದೇಟು ಹಾಕಬೇಡ. (oḷḷeya kelasavannu māḍalu himdēṭu hākabēḍa.) よい仕事から手を引かないで。[*himdu* + *ēṭu*]

ಹಿಂಬಡತಿ [[himbaḍati ヒンバダティ]] [himbəɖəti] *n.* (給料などが)減ること [*him* + *baḍati*]

ಹಿಂಬದಿ [[himbadi ヒンバディ]] [himbəđi] *n.* **1** 後ろ側 **2** 裏側 = ಹಿಂಭಾಗ (himbʰāga) **—*postp.*** …の後ろ側で ¶ ಮನೆಯ ಹಿಂಬದಿ ಒಂದು ಬಾವಿ ಇದೆ. (maneya himbadi omdu bāvi ide.) 家の裏側に井戸がある。= ಹಿಂದೆ (himde) [*him-* + *badi*]

ಹಿಂಬಾಲಕ [[himbālaka ヒンバーラカ]] [himbɐ:lə̆kɐ] *m.* 《*f.* ಹಿಂಬಾಲಕಿ (himbālaki)》 (政治家や思想家などに)従う人、信奉者、子分 [Ka. *him-* + Sk. *pālaka-*] = ಅನುಯಾಯಿ (anuyāyi)

ಹಿಂಬಾಲಿಸು [[himbālisu ヒンバーリス]] [himbɐ:lĭsu] *vt.* 〈指導者などに〉従う [*himbāla* + *-isu*]

ಹಿಂಭಾಗ [[himbʰāga ヒンバーガ]] [himbʰɐ:gɐ] *n.* 後ろ側 [*him-* + *bʰāga*] = ಹಿಂಬದಿ (himbadi)

ಹಿಂಸಾಚಾರ [[himsācāra ヒンサーチャーラ]] [himsɐ:ʧɐ:rɐ /hiɲsɐ:ʧɐ:rɐ] *n.* 暴力を使うこと、暴行 [Sk.]

ಹಿಂಸಿಸು [[himsisu ヒンシス]] [himsisu/hiɲsisu] 《文》 *vt.* 苦しめる、悩ます ¶ ಹಣಕ್ಕಾಗಿ ಮಕ್ಕಳು ತುಂಬಾ ಹಿಂಸಿಸುತ್ತವೆ. (haṇakkāgi makkaḷu tumbā himsisuttave.) うちの子どもたちはうるさくお金をせがむ。[Sk.]

ಹಿಂಸೆ [[himse ヒンセ]] [himse/hiɲse] *n.* **1** 暴力、暴行 **2** 悩ますこと、苦しめること [Sk.]

ಹಿಕ್ಕು [[hikku ヒック]] [hikku] 《方》 *n.* 鼻汁 [Ka. D4143] (Hav.)

ಹಿಕ್ಕೆ [[hikke ヒッケ]] [hikke] ಪಿಕ್ಕೆ, ಪಿಚ್ಕೆ *n.* 山羊や羊やネズミなどの(固くて楕円形の)糞 [Ka. *D4185] ಹಿಕ್ಕೆ (hikke)〔現〕

ಹಿಕ್ಮತ್ತು [[hikmattu ヒクマットゥ]] [hikməttu] *n.* トリック、策謀、ペテン [Ar.-Pe. *ḥikmat*]

ಹಿಕ್ಮತ್ತುಗಾರ [[hikmattugāra ヒクマットゥガーラ]] [hikmattŭgɐ:rɐ] *m.* 《*f.* ಹಿಕ್ಮತ್ತುಗಾರ್ತಿ (hikmattugārti)》ペテン師、策謀家、ずるい人 [*hikmattu* + *-kāra*]

ಹಿಗ್ಗಾಮುಗ್ಗ [[higgāmugga ヒッガームッガ]] [higgɐ:muggɐ] *adv.* [Ka.] ☞ಹಿಗ್ಗಾಮುಗ್ಗಾ (higgāmuggā)

ಹಿಗ್ಗಾಮುಗ್ಗಾ [[higgāmuggā ヒッガームッガー]] [higgɐ:muggɐ:] *adv.* (大勢が一つの物を取りあって引っ張り合うように)四方八方に ¶ ಹುಡುಗರು ನಾನು ಕೊಟ್ಟ ಪು-

ಸ್ತಕವನ್ನು ಹಿಗ್ಗಾಮುಗ್ಗಾ ಎಳೆದಾಡಿದರು. (huḍugaru nānu koṭṭa pustakavannu higgāmuggā eḷedāḍidaru.) 子どもたちは私が与えた本を四方八方に引っ張り合った。[Ka. *higgu* D4176「分ける」]

ಹಿಗ್ಗು¹ ⟦higgu ヒッグ⟧ [higgu] *vi.* 割れる、裂ける [Ka. **pirigu* D4176]

ಹಿಗ್ಗಲಿಸು ⟦higgalisu ヒッガリス⟧ [higgəlisu] *vt.* 〈口や指を〉無理矢理に開かせる、〈股を〉開く ¶ ವೈದ್ಯರು ಬಾಯಿಯನ್ನು ಹಿಗ್ಗಲಿಸಿ ನೋಡಿದರು. (vaidyaru bāyiyannu higgalisi nōḍidaru.) 医者は口をこじ開けて診察した。[Ka. *higgalu* + *-isu* caus. D4176]

ಹಿಗ್ಗಿಸು ⟦higgisu ヒッギス⟧ [higgĭsu] 《文》 *vt.* 引き裂く、引き離す [Ka. caus. D4176]

ಹಿಗ್ಗು² ⟦higgu ヒッグ⟧ [higgu] ಪಿಗ್ಗು, ಪಿರ್ಗು, ಪಿಳಗು, ಪಿಳಿಗು, ಪಿಳ್ಳು, ಹಿಗ್ಗು, ಹಿಳಗು, ಹಿಳ್ಗು *vi.* **1** (鉄などが熱などで)膨らむ、膨張する;(顔が)喜びで膨らむ ¶ ಅವಳ ಮುಖ ಸಂತೋಷದಿಂದ ಹಿಗ್ಗಿದೆ. (avaḷa mukʰa saṃtōṣadiṃda higgide.) 彼の顔は喜びでいっぱいになった。 **2** 喜びでいっぱいになる **—*n.*** 喜びでいっぱいになること [Ka. *piri* D4411 + *-gu?*]

ಹಿಗ್ಗುವಿಕೆ ⟦higguvike ヒッグヴィケ⟧ [kigguvĭke] *n.* **1** (熱による金属などの) 膨張、(ゴムなどの) 伸張 **2** 喜びでいっぱいになること、歓喜 [+ *-ike*]

ಹಿಚಕು ⟦hicaku ヒチャク⟧ [hiʧə̆ku] *vt.* 〈果物を〉果汁や油をとるために搾る [Ka. *D4135] ☞ಹಿಸುಕು (hisuku)〔汎〕

ಹಿಚಿಕು ⟦hiciku ヒチク⟧ [hiʧĭku] *vt.* **1** 〈果物などを〉果汁や油をとるために搾る **2** 〈首を〉絞める ☞ಹಿಸುಕು (hisuku)〔汎〕[Ka. *D4135]

ಹಿಚಿಗು ⟦hicigu ヒチグ⟧ [hiʧĭgu] *vt.* 〈果物を〉搾る、〈布を〉絞る、〈首などを〉絞める [Ka. *D4135] ☞ಹಿಸುಕು (hisuku)

ಹಿಚುಕು ⟦hicuku ヒチュク⟧ [hiʧŭku] *vt.* 〈首を〉絞める [Ka. *D4135] ☞ಹಿಸುಕು (hisuku)

ಹಿಜಿಗು ⟦hijigu ヒジグ⟧ [hiʤĭgu] *vt.* [Ka. *D4135] ☞ಹಿಸುಕು (hisuku)

ಹಿಟ್ಟು ⟦hiṭṭu ヒットゥ⟧ [hiʈʈu] ಪಿಟ್ಟ, ಪಿಟ್ಟಿ, ಪಿಟ್ಟು¹, ಪಿಟ್ಟೆ *n.* **1** (小麦粉など) 穀物の粉 **2** (主として) ラーギーを煮て丸めたもの **3** 様々な職業団体の指導者(*epig.*) **4**〔喩〕食物 ¶ ಬದುಕಲು ಹಿಟ್ಟು ಬೇಕು. (badukalu hiṭṭu bēku.) 生きていくためには食べ物が要る。[Sk. *piṣṭa-* T8218]

ಹಿಡ ⟦hiḍa ヒダ⟧ [hiɖɐ] 《方》 *n.* 睾丸 [Ka. *D4151]

ಹಿಡಬಡಿ ⟦hiḍabaḍi ヒダバディ⟧ [hiɖəbəɖi] 《方》 *vi.* 《*dat.*》去勢する [+ *baḍi*]

ಹಿಡಮಾಡು ⟦hiḍamāḍu ヒダマードゥ⟧ [hiɖəmɐːɖu] 《口》 *vi.* 《*dat.*》去勢する [+ *māḍu*]

ಹಿಡಲು ⟦hiḍalu ヒダル⟧ [hiɖə̆lu] 《‡》 *n.* 箒 (*My.* (*Kitt.*)) [?]

ಹಿಡಿ ⟦hiḍi ヒディ⟧ [hiɖi] ಪಿಡಿ *vt.* **1** つかむ、手で捉える **2** 〈密輸品や禁制品などを〉押収する、〈密輸船などを〉拿捕する **3** 捕まえる、逮捕する **4** 〈町や城などを〉占領する;支配下に置く **5** …に頼る、…の保護下に入る **6** 止める、思いとどまらせる ¶ ಅವನ ಸಂನ್ಯಾಸಸ್ವೀಕಾರವನ್ನು ಯಾರೂ ಹಿಡಿಯಲು ಆಗಲಿಲ್ಲ. (avana saṃnyāsasvīkāravannu yārū hiḍiyalu āgalilla.) 誰も彼が出家するのを止めることができなかった。**7** 〈道などを〉取る ¶ ಅವನು ತಾಯಿತಂದೆ ಎದುರು ನೋಡಿದ ದಾರಿಯನ್ನು ಹಿಡಿಯದೆ ಚಿತ್ರಕಾರನಾದ. (avanu tāyitaṃde eduru nōḍida dāriyannu hiḍiyade citrakāranāda.) 彼は両親の期待していた道を取らずに絵描きになった。 **—*vi.*** 《*dat.*》 **1** 性に合う、(健康に)合う ¶ ನನಗೆ ಮೈಸೂರಿನ ಹವಾ ಹಿಡಿಯಿತು. (nanage maisūrina havā hiḍiyitu.) マイソールの気候が私にあっていた。 **2** 気に入る ¶ ಆ ಸಿನೆಮ ನನಗೆ ಹಿಡಿಯಲಿಲ್ಲ. (ā sinema nanage hiḍiyalilla.) 私はあの映画が気に入らなかった。= ಹಿಡಿಸು (hiḍisu) **—*n.*** **1** (様々な道具の)握り、(刀の)柄(つか)、(つるはしなどの)柄(え) **2** 握りこぶし [Ka. *D4148]

ಹಿಡಿಕು ⟦hiḍiku ヒディク⟧ [hiɖĭku] 《方》 *n.* 睾丸 [Ka. D4151]

ಹಿಡಿಕೆ ⟦hiḍike ヒディケ⟧ [hiɖĭke] *n.* (容器の)取っ手、(自転車の)ハンドル、(刃物の)握り [*hiḍi* + *-ike*] cf. ಹಿಡಿತ (hiḍita)

ಹಿಡಿಗು ⟦hiḍigu ヒディグ⟧ [hiɖĭgu] 《方》 *n.* 睾丸 [Ka. D4151]

ಹಿಡಿತ ⟦hiḍita ヒディタ⟧ [hiɖĭtɐ] *n.* **1** 握ること、把握、握り **2** 支配、制御 ¶ ಹೆಂಡತಿ ಅವನ ಹಿಡಿತದಲ್ಲಿ ಇಲ್ಲ. (heṃdati avana hiḍitadalli illa.) 彼の妻は彼の言うことを聞かない。[*hiḍi* + *-ta*]

ಹಿಡುವಳಿ ⟦hiḍuvaḷi ヒドゥヴァリ⟧ [hiɖŭvəɭi] *n.* 農地を借りて耕すこと [*hiḍi* + *-vaḷi*]

ಹಿಡುವಳಿದಾರ ⟦hiḍuvaḷidāra ヒドゥヴァリダーラ⟧ [hiɖŭvəɭĭdɐːrɐ] *m.* (自ら耕作しない) 農地の所有者 [+ *-dāra*]

ಹಿಡ್ಲು ⟦hiḍlu ヒドル⟧ [hiɖlu] 《‡》 *n.* 箒 (*My.* (*Kitt.*)) [*hiḍi* + *-lu*]

ಹಿತ ⟦hita ヒタ⟧ [hitɐ] (*n.*) 心地よい〈こと〉、爽快な〈こと〉¶ ಬೆಳಗ್ಗೆ ಗಾಳಿ ಹಿತವಾಗಿರುತ್ತದೆ. (beḷagge gāḷi hitavāgiruttade.) 朝は風が気持ちいい。 **—*n.*** 利益、自分の役に立つこと ¶ ತಂದೆಯ ಉಪದೇಶದಲ್ಲಿ ಮಗನ ಹಿತವೇ ಇದೆ. (taṃdeya upadēśadalli magana hitavē ide.) 父親の説教は必ず息子の役に立つ。[Sk.]

ಹಿತಚಿಂತಕ ⟦hitaciṃtaka ヒタチンタカ⟧ [hitəʧintəkɐ] *adj., m.* 《*f.* ಹಿತಚಿಂತಕಿ (hitaciṃtaki)》ためを思ってくれる〈人〉[Sk.]

ಹಿತವಚನ ⟦hitavacana ヒタヴァチャナ⟧ [hitə̆vəʧənɐ] *n.* よい忠告、ためになる忠告 [Sk.]

ಹಿತಶತ್ರು ⟦hitaśatru ヒタシャトル⟧ [hitə̆ʃətru] *mf.* 友達のふりをした敵、友達のふりをして私利をむさぼる人 [Sk.]

ಹಿತಾಸಕ್ತಿ ⟦hitāsakti ヒターサクティ⟧ [hitɐːsəkti] *n.* **1**

（他人の）幸福を願うこと ¶ ನಾನು ಮುಂದುವರಿಯಲು ನನ್ನ ಗುರುಗಳು ಬಹಳ ಹಿತಾಸಕ್ತಿ ತೋರಿದರು. (nānu muṃduvariyalu nanna gurugaḷu bahaḷa hitāsakti tōridaru.) 先生は私の成長に深い関心を示した。 2（公共事業や政策などに関する）既得権や利権、（ある共同社会や利益団体などの）既得権や利権 [Sk.]

ಹಿತೈಷಿ ⟦hitaiṣi ヒタイシ⟧ [hitaiʂi] *mf.* ためを思ってくれる人 [Sk.] = ಹಿತಚಿಂತಕ (hitaciṃtaka)

ಹಿತೋಪದೇಶ ⟦hitōpadēśa ヒトーパデーシャ⟧ [hito:pə̆de:ʃɐ] 《文》 *n.* よい忠告、ためになる忠告 [Sk.]

ಹಿತ್ತಲ್ ⟦hittal ヒッタル⟧ [hittə̆l] *n.* 裏庭（通常野菜などを植える）[Ka. D4205] ☞ಹಿತ್ತಿಲ್ (hittil)

ಹಿತ್ತಲು ⟦hittalu ヒッタル⟧ [hittə̆lu] ಪಿಂತಿಲ್, ಪಿತ್ತಲ್, ಪಿತ್ತಿಲ್, ಹಿತ್ತಲ್, ಹಿತ್ತಿಲ್, ಹಿತ್ತಿಲು *n.* 裏庭（通常野菜などを植える）[Ka. D4205]

ಹಿತ್ತಾಳೆ ⟦hittāḷe ヒッターレ⟧ [hittɐ:ɭe] *n.* 黄銅、銅と亜鉛の合金 [Sk. *pītala-*]

ಹಿತ್ತಾಳೆಕಿವಿ ⟦hittāḷekivi ヒッターレキヴィ⟧ [hittɐ:ɭekivi] *n.* 告げ口屋の言葉に載せられ易い人 [*hittāḷe + kivi*]

ಹಿತ್ತಿಲ್ ⟦hittil ヒッティル⟧ [hittĭl] 《古》 *n.* 1 後ろ側 2 裏庭（通常野菜などを植える）[Ka. D4205] ☞ಹಿತ್ತಲು (hittalu)

ಹಿತ್ತಿಲು ⟦hittilu ヒッティル⟧ [hittĭlu] ಪಿಂತಿಲ್, ಪಿತ್ತಲ್, ಪಿತ್ತಿಲ್, ಹಿತ್ತಲ್, ಹಿತ್ತಿಲ್ *n.* 裏庭（通常野菜などを植える）[Ka. D4205] = ಹಿತ್ತಲು (hittalu)

ಹಿತ್ಲು ⟦hittlu ヒットル⟧ [hittlu] 《口》 *n.* 裏庭 [Ka. D4205] ☞ಹಿತ್ತಲು (hittalu)

ಹಿದುಕು ⟦hiduku ヒドゥク⟧ [hiđŭku] *vt.* 〈水に浸けた豆を〉指でつまんで皮から取り出す [Ka. D4165]

ಹಿನ್ನಡೆ ⟦hinnaḍe ヒンナデ⟧ [hinnəɖe] *n.* 退却 ―*vi.*（軍隊などが）退却する = ಹಿಮ್ಮೆಟ್ಟು (himmeṭṭu) [*hiṃ- + naḍe*]

ಹಿನ್ನುಡಿ ⟦hinnuḍi ヒンヌディ⟧ [hinnuɖi] *n.* 後書き、後記、跋文 [*hiṃ- + nuḍi*]

ಹಿನ್ನೆಲೆ ⟦hinnele ヒンネレ⟧ [hinnele] *n.*（絵や事件などの）背景 [*hiṃ- + nele*]

ಹಿನ್ನೋಟ ⟦hinnōṭa ヒンノータ⟧ [hinno:ʈɐ] *n.* 1（特にライオンが）後ろを振り返ること 2 回顧、過去を振り返ること [*hiṃ- + nōṭa*]

ಹಿಪ್ಪಲಿ ⟦hippali ヒッパリ⟧ [hippəli] ಪಿಪ್ಪಲಿ *n.* インドナガコショウおよびその実（コショウ科コショウ属）⇀ 調・薬 [Sk.] *[IMP 4.291]

ಹಿಪ್ಪಿ¹ ⟦hippi ヒッピ⟧ [hippi] *n.* 搾りかす [Ka. D4170] (NK) ☞ಹಿಪ್ಪೆ (hippe)¹

ಹಿಪ್ಪಿ² ⟦hippi ヒッピ⟧ [hippi] *mf.* ヒッピー、（特に1960年代の）典型的には長髪やジーンズやビーズなどの反伝統的な姿をしてしばしば幻覚剤を常用し伝統的な価値を否定する人 [Eg. hippy]

ಹಿಪ್ಪೆ¹ ⟦hippe ヒッペ⟧ [hippe] ಹಿಪ್ಪಿ *n.* 搾りかす [Ka. D4170]

ಹಿಪ್ಪೆ² ⟦hippe ヒッペ⟧ [hippe] *n.* イリッペ木またはその花（アカテツ科の高木、酔いをもたらす飲料が作られ、実からは油がとれる）⇀ 食・油・薬 [Ka. D485] *[IMP 3.363]

ಹಿಮ ⟦hima ヒマ⟧ [himɐ] *n.* 1 雪 2 露 3 氷 4 寒気、寒いこと 5 冬 [Sk.] = ಮಂಜು (maṃju)

ಹಿಮಗಾಲ ⟦himagāla ヒマガーラ⟧ [himəg̥ɐ:lɐ] *n.* 冬、冬季、寒い季節 [Sk.]

ಹಿಮನದಿ ⟦himanadi ヒマナディ⟧ [himənədi] *n.* 氷河 [Sk.]

ಹಿಮಾಚಲ ಪ್ರದೇಶ ⟦himācala pradēśa ヒマーチャラプラデーシャ⟧ [himɐ:ʧələ prəde:ʃɐ] *n.* ヒマーチャル・プラデーシュ（インド連邦共和国の州の一つ、首都はシムラー）[Sk.]

ಹಿಮಾಲಯ ⟦himālaya ヒマーラヤ⟧ [himɐ:ləjɐ] *n.* ヒマラヤ山脈 [Sk.]

ಹಿಮ್ಮಡಿ ⟦himmaḍi ヒンマディ⟧ [himməɖi] *n.* 1 踵 2（靴の）踵 [Ka. *hiṃ- + aḍi* 「踵」 D4649]

ಹಿಮ್ಮೆಟ್ಟು ⟦himmeṭṭu ヒンメットゥ⟧ [himmeʈʈu] *vi.*（兵などが）退く、退却する [*hiṃ- + meṭṭu*] = ಹಿಂಜರಿ (hiṃjari)

ಹಿಮ್ಮೆಟ್ಟಿಸು ⟦himmeṭṭisu ヒンメッティス⟧ [himmeʈʈĭsu] *vt.* 〈敵などを〉撃退する [*hiṃ- + meṭṭisu*]

ಹಿಮ್ಮೇಳ ⟦himmēḷa ヒンメーラ⟧ [himme:ɭɐ] *n.* 1（舞台の後部に座って民俗劇の伴奏をする）歌手と器楽奏者の一団 2 民俗劇の伴奏音楽 [*hiṃ- + mēḷa*]

ಹಿಯ್ಯಾಳಿಕೆ ⟦hiyyāḷike ヒイヤーリケ⟧ [hiĭjɐ:ɭĭke] ಹೀಯಾಳಿಕೆ, ಹೀಹೇಳಿಕೆ, ಹೀಹಾಳಿಕೆ *n.* そしること、誹謗、けなすこと、悪口、中傷 [? + *-ke*]

ಹಿಯ್ಯಾಳಿಸು ⟦hiyyāḷisu ヒイヤーリス⟧ [hijjɐ:ɭĭsu] ಹೀಯಾಳಿಸು, ಹೀಹಾಳಿಸು *vt.* 1 そしる、誹謗する、けなす 2（その場にいない第三者について）中傷する、悪口を流す [? + *-isu*] = ನಿಂದಿಸು, ತೆಗಳು (niṃdisu, tegaḷu)

ಹಿರಣ್ಯ ⟦hiraṇya ヒラニャ⟧ [hirəɳ:jɐ] 《文》 *n.* 金、黄金 [Sk.]

ಹಿರಿ¹ ⟦hiri ヒリ⟧ [hiri] ಪಿರಿ¹ 《文》 *vt.* 1〈刀を〉（鞘から）抜く、〈1本を〉（束から）抜き取る 2〈金銭や装身具などを〉奪い取る、奪取する ¶ ಅವನು ಒಡೆಯನಿಂದ ದುಡ್ಡು ಹಿರಿದ. (avanu oḍeyaniṃda duḍḍu hirida.) 彼は主人の金を奪い取った。 3 刻む、細かく切る 4 割る、砕く ―*vi.* 1（頭などが）割れる 2（会議などが）解散する、終わる 3（収穫物を）刈り取る、収穫する

ಹಿರಿ² ⟦hiri ヒリ⟧ [hiri] (*n.*) 1 大きい〈こと〉、巨大〈な〉 2 年長〈の〉、老齢〈の〉 3 偉大〈な〉、卓越〈した〉[Ka. *piri* *D4411]

ಹಿರಿತನ ⟦hiritana ヒリタナ⟧ [hiritənɐ] *n.* 優越性、卓越していること、偉大さ [*hiri²* + *-tana*] = ಹಿರಿಮೆ (hirime)

ಹಿರಿದು ⟦hiridu ヒリドゥ⟧ [hiriđu] ಪಿರಿದು *n.* 偉大なもの、高尚なもの ―(*n.*) 1 偉大〈な〉、高尚〈な〉¶

ಅವನು ಹಿರಿದು ಕೃತಿಯನ್ನು ರಚಿಸಿದ್ದಾನೆ. (avanu hiridu kṛtiyannu racisiddāne.) 彼は偉大な作品を作った。2 高価〈な〉¶ ಹಿರಿದು ಸೀರೆ (hiridu sīre) 高価なサーリー [*hiri*[2] + *-du*]

ಹಿರಿಮೆ ⟦hirime ヒリメ⟧ [hirĭme] *n.* 優越性、卓越していること、偉大さ [*hiri*[2] + *-me*] = ಹಿರಿತನ (hiritana)

ಹಿರಿಯ ⟦hiriya ヒリヤ⟧ [hirijɐ] *m.* 《*f.* ಹಿರಿಯಳು (hiriyaḷu)》 1 (家族などの) 長、年長者、(兄弟などで) 年長者 ¶ ನಿಮ್ಮ ಮಕ್ಕಳಲ್ಲಿ ಯಾರು ಹಿರಿಯ? (nimma makkaḷalli yāru hiriya?) ご家族でどなたが一番年上ですか。 2 指導者、長、長老 **—***adj.* 1 偉大な ¶ ಶ್ಯಾಮ್ ಬೆನೆಗಲ್ ಅವರು ಹಿಂದಿ ಚಲನಚಿತ್ರಗಳ ಹಿರಿಯ ನಿರ್ದೇಶಕರು. (śyām benegal avaru hiṃdi calanacitragaḷa hiriya nirdēśakaru.) シャーム・ベネガルはヒンディー映画の偉大な監督である。 2 年長の ¶ ಎ. ಎನ್. ಮೂರ್ತಿರಾಯರು ಕನ್ನಡದ ಹಿರಿಯ ಲೇಖಕರು. (e. en. mūrtirāyaru kannaḍada hiriya lēkʰakaru.) A.N. ムールティラオはカンナダ文学の長老作家である。 3 一族で最長老の ¶ ಮಹಾಭಾರತದಲ್ಲಿ ಭೀಷ್ಮರು ಹಿರಿಯರು. (mahābʰāratadalli bʰīṣmaru hiriyaru.) ビーシュマは『マハーバーラタ』の登場人物の中の最長老である。[*hiri*[2] + *-a*]

ಹಿರಿಯತನ ⟦hiriyatana ヒリヤタナ⟧ [hirijətənɐ] *n.* 偉大さ、威厳、威信 [*hiriya* + *-tana*]

ಹಿರಿಹಿಗ್ಗು ⟦hirihiggu ヒリヒッグ⟧ [hirihiggu] *vi.* 大喜びする、歓喜する、有頂天になる **—***n.* 大喜び、歓喜、有頂天 [*hiri*[2] + *higgu*[2]]

ಹಿಲಾಲು ⟦hilālu ヒラール⟧ [hilɐ:lu] *n.* 棒の先に綿を巻きそれを油に浸して火をつけたたいまつ [M. *hilāla*]

ಹಿಸಕು ⟦hisaku ヒサク⟧ [hisə̆ku] *vt.* 1〈レモンなどを〉果汁や油をとるために搾る 2〈首を〉絞める 3 調べる、調査する ☞ಹಿಸುಕು (hisuku)〔汎〕[Ka. *D4135]

ಹಿಸಾಬು ⟦hisābu ヒサーブ⟧ [hisɐ:bu] *n.* 1 計算、数えること 2 会計 [Ar. *ḥisāb*]

ಹಿಸಿ ⟦hisi ヒシ⟧ [hisi] 《古》 *vt.* 〈果物を〉握りつぶす **—***vi.* (ジャックフルーツやザクロなどが熟して) 割れる、(小さな上着などが) 裂ける [Ka. D4135]

ಹಿಸುಕು ⟦hisuku ヒスク⟧ [hisŭku] ಪಿಸುಂಕು, ಪಿಸುಕು, ಪಿಸುಗು, ಹಿಚಕು, ಹಿಚಿಕು, ಹಿಚಿಗು, ಹಿಚುಕು, ಹಿಜಿಗು, ಹಿಸಕು, ಹಿಸಿಕು, ಹಿಸುಗು *vt.* 〈レモンなどを〉果汁や油をとるために搾る [Ka. *D4135 OK *pisuku*]

ಹಿಸುಗು ⟦hisugu ヒスグ⟧ [hisŭgu] *vt.* [Ka. *D4135] ☞ಹಿಸುಕು (hisuku)

ಹಿಸ್ಕು ⟦hisku ヒスク⟧ [hisku] 《方》 *n.* カキ(牡蠣) (*Hav.*) [Ka. D4134]

ಹಿಸ್ಸೆ ⟦hisse ヒッセ⟧ [hisse] *n.* 部分、分け前、持ち分 (NK.) [Ar. *ḥiṣṣa*] = ಭಾಗ, ಪಾಲು (bʰāga, pālu)

ಹಿಸ್ಸೆದಾರ ⟦hissedāra ヒッセダーラ⟧ [hissedɐ:rɐ] *m.* 《*f.* ಹಿಸ್ಸೆದಾರಳು (hissedāraḷu)》共同事業者、(会社の) 共同出資者 [Ar.-Pe. *ḥissahdār*] = ಪಾಲುದಾರ (pāludāra)

ಹಿಹಿಹಿ ⟦hihihi ヒヒヒ⟧ [hihhihhi] (*n.*) ひっひっひ(唇を丸めず口をほとんど開かずに笑う声を表す擬音語) [Ka. onom.]

ಹಿಳಕು ⟦hiḷaku ヒラク⟧ [hiḷə̆ku] 《古》 *n.* 弓の両端 [Ka. *D4314] ☞ಹಿಳುಕು (hiḷuku)

ಹಿಳಗು ⟦hiḷagu ヒラグ⟧ [hiḷə̆gu] 《古》 *vi.* 割れる、亀裂を生じる [Ka. D4194]

ಹಿಳಿ[1] ⟦hiḷi ヒリ⟧ [hiḷi] 《古》 *vt.* 1〈洗った布などを〉絞る、〈果汁などを〉搾る 2 注ぐ 3〔喩〕破壊する、など [Ka. *D4183(a)]

ಹಿಳಿ[2] ⟦hiḷi ヒリ⟧ [hiḷi] 《古》 *vi.* 割れる、ひび割れる [Ka. D4194]

ಹಿಳುಕು ⟦hiḷuku ヒルク⟧ [hiḷŭku] ಪಿಳ್ಕು, ಪಿಳುಕು, ಹಿಳಕು, ಹಿಳಿಕು, ಹಿಳ್ಕು 《古》 *n.* 1 矢の矢羽のついた部分 2 弓の曲がった端 3 矢 [Ka. *D4314]

ಹಿಳ್ಕು ⟦hiḷku ヒルク⟧ [hiḷku] 《古》 *n.* 矢の矢羽のついた部分 [Ka. *D4314] ☞ಹಿಳುಕು (hiḷuku)

ಹಿಳ್ಗು ⟦hiḷgu ヒルグ⟧ [hiḷgu] 《古》 *vi.* 喜びでいっぱいになる、大喜びする [Ka. *D4411]

ಹಿಳ್ಳು ⟦hiḷḷu ヒッル⟧ [hiḷḷu] 《古》 *n.* 赤ん坊、幼児 [Ka. *D4198] ☞ಪಿಳ್ಳೆ (piḷḷe)

ಹಿಳ್ಳೆ ⟦hiḷḷe ヒッレ⟧ [hiḷḷe] 《古》 *n.* 赤ん坊、幼児、小さな子ども [Ka. *D4198] ☞ಪಿಳ್ಳೆ (piḷḷe)

ಹಿಱಿ ⟦hiṟi ヒリ⟧ [hiɽi] 《古》 *vt.* 〈洗った布などを〉搾る、〈果汁などを〉搾る [Ka. D4183(a)] ☞ಪಿಱಿ (piṟi)

ಹೀ ⟦hī ヒー⟧ [hi:] *intrj.* くそっ、ちぇっ [Ka. *D4210 OK *pī*]

ಹೀಂಗೆ ⟦hīṃge ヒーンゲ⟧ [hi:ŋge] 《方》 *adv.* このように、こうして [Ka. *ī* D410(a) + *pāṃgu* D4053 + *-e*] ☞ಹೀಗೆ (hīge)〔汎〕

ಹೀಂಚು ⟦hīṃcu ヒーンチュ⟧ [hi:ɲʧu] 《方》 *vt.* できものから〈膿を〉絞り出す [Ka. D4135] (*Hav.*)

ಹೀಗಳೆ ⟦hīgaḷe ヒーガレ⟧ [hi:gə̆ḷe] *vt.* 嘲る、あざ笑う、嘲笑する [*hī* D4210 + *kaḷe*「行う」] ☞*hiyyāḷisu*

ಹೀಗೆ ⟦hīge ヒーゲ⟧ [hi:ge] ಇಹಂಗೆ, ಇಹಗೆ, ಇಹಿಂಗೆ, ಇಹಿಗೆ, ಹೀಂಗೆ *adv.* このように、こうして ¶ ಹೀಗೆ ಹಿಂದಿನ ಜನ ಬೆಂಕಿ ಹಚ್ಚಿದರು. (hīge hiṃdina jana beṃki haccidaru.) 昔の人はこうして火をつけた。[Ka. *ī* D410(a) + *pāṃgu* D4053 + *-e*]

ಹೀಚು[1] ⟦hīcu ヒーチュ⟧ [hi:ʧu] ಪೀಚು, ಪೀಚೆ *n.* 受粉したばかりの小さな実 [Ka. D4145]

ಹೀಚು[2] ⟦hīcu ヒーチュ⟧ [hi:ʧu] 《‡》 *vt.* 〈綿を〉すく (*Šm.22* (*Kitt.*)) [Ka. D4171]

ಹೀಚು[3] ⟦hīcu ヒーチュ⟧ [hi:ʧu] *vt.* 〈ゴムなど弾性のあるものを〉引き伸ばす [?]

ಹೀಜು ⟦hīju ヒージュ⟧ [hi:ʤu] 《‡》 *vi.* 泳ぐ (*My.* (*Kitt.*)) [Ka. D3687]

ಹೀನ ⟦hīna ヒーナ⟧ [hi:nɐ] (*n.*) 1 悪い〈こと〉、劣った〈こと〉 2 卑しい〈こと〉、よこしま〈な〉、悪い〈こと〉 [Sk.]

ಹೀನಚಾಳಿ ⟦hīnacāḷi ヒーナチャーリ⟧ [hiːnǝ̆ʧɐːḷi] *n.* 悪習、悪い習慣、(覚醒剤の常習などを含む) 悪癖 [*hīna* + *cāḷi*]

ಹೀನತನ ⟦hīnatana ヒーナタナ⟧ [hiːnǝ̆tǝ̆nɐ] *n.* 卑しいこと、卑劣さ、下劣さ [*hīna* + *-tana*] = ಹೀನತೆ (hīnate)

ಹೀನತೆ ⟦hīnate ヒーナテ⟧ [hiːnǝ̆te] 《文》 *n.* 卑しいこと、卑劣さ、下劣さ [Sk.] = ಹೀನತೆ (hīnate)

ಹೀನದಶೆ ⟦hīnadaśe ヒーナダシェ⟧ [hiːnǝdǝʃe] 《文》 *n.* 窮状、惨状 [Sk.]

ಹೀನನುಡಿ ⟦hīnanuḍi ヒーナヌディ⟧ [hiːnǝnuḍi] *n.* きたない言葉 [*hīna* + *nuḍi*]

ಹೀನಾಮಾನ ⟦hīnāmāna ヒーナーマーナ⟧ [hiːnɐːmɐːnɐ] *adv.* 侮辱的に、軽蔑的に ¶ ಅವನು ನನ್ನನ್ನು ಹೀನಾಮಾನ ಬೈದ. (avanu nannannu hīnāmāna baida.) 彼は私を頭ごなしに叱った。[hīna + māna (繰り返し表現の一種)]

ಹೀನಾಯ ⟦hīnāya ヒーナーヤ⟧ [hiːnɐːjɐ] *n.* 侮辱、辱め、無礼 [*hīna* + *-āya*?]

ಹೀನಾಯಮಾಡು ⟦hīnāyamāḍu ヒーナーヤマードゥ⟧ [hiːnɐːjɐmɐːḍu] *vt.* 侮辱する、辱める [+ *māḍu*]

ಹೀನೈಸು ⟦hīnaisu ヒーナイス⟧ [hiːnǝisu] 《文》 *vt.* 侮辱する、辱める [*hīna* + *-isu*]

ಹೀಯಾಳಿಕೆ ⟦hīyāḷike ヒーヤーリケ⟧ [hiːjɐːḷĭke] *n.* そしること、誹謗、けなすこと、悪口、中傷 [? cf. *D4210 + *-ke*]

ಹೀಯಾಳಿಸು ⟦hīyāḷisu ヒーヤーリス⟧ [hiːjɐːḷĭsu] *vt.* 1 そしる、誹謗する、けなす 2 (その場にいない第三者について)中傷する、悪口を言う [? + *-isu*] = ನಿಂದಿಸು, ತೆಗಳು (niṃdisu, tegaḷu)

ಹೀರ್ ⟦hīr ヒール⟧ [hiːr] 《古》 *vt.* 1 吸い込む、飲む 2 味わう、味を楽しむ、など [Ka. < *pīr* *D4223] ☞ಹೀರು (hīru)

ಹೀರು ⟦hīru ヒール⟧ [hiːru] ಪೀರ್, ಪೀರು, ಹೀರ್ *vt.* 1 〈乳などを〉唇と舌を使って吸う、〈液体を〉ストローなどで吸う、〈茶などを〉すする 2 〈水や養分などを〉吸収する、(吸い取り紙などで)〈インクを〉吸い取る 3 味わう、味を楽しむ 4 飲む [Ka. *pīr* *D4223]

ಹೀರಿ[1] ⟦hīri ヒーリ⟧ [hiːri] 《‡》 *n.* 肝臓 (Z.) [Ka. *D546] = ಯಕೃತ್ (yakṛt)

ಹೀರಿ[2] ⟦hīri ヒーリ⟧ [hiːri] 《口》 *n.* [Ka. D4224] ☞ಹೀರೆ (hīre)

ಹೀರೆ ⟦hīre ヒーレ⟧ [hiːre] ಈರೆ, ಹೀರಿ *n.* トカドヘチマ (十角糸瓜) ⇀ 食 [Ka. D4224] *[IMP 3.348]

ಹೀಲಿ ⟦hīli ヒーリ⟧ [hiːli] 《古》 *n.* 1 孔雀の羽根 2 孔雀の尻尾 [Ka. *D4226] ☞ಪೀಲಿ (pīli)

ಹೀಯಾಳಿಕೆ ⟦hīyāḷike ヒーヤーリケ⟧ [hiːjɐːḷĭke] *n.* 悪口、中傷 [? + *-ke*] = ಹಿಯ್ಯಾಳಿಕೆ (hiyyāḷike)

ಹುಂಜ ⟦huṃja フンジャ⟧ [huɳʤɐ] ಪುಂಜ *n.* 雄鶏 [Ka. *puṃja* *D4373] ☞ಹೇಂಟೆ (hēṃṭe)「メンドリ」

ಹುಂಡಿ[1] ⟦huṃḍi フンディ⟧ [huɳḍi] *n.* 1 (寺院などにある)賽銭箱、献金箱 2 手形(通常は昔のインドの金融制度に関して用いられる) [H. *huṃḍī*] cf. ಡ್ರಾಫ್ಟ್ (ḍrāpʰṭ)

ಹುಂಡಿ[2] ⟦huṃḍi フンディ⟧ [huɳḍi] 《古》 *n.* 小さな村 [Ka. D4362]

ಹುಂಬ ⟦huṃba フンバ⟧ [humbɐ] *m.* 《*f.* ಹುಂಬಳು (huṃbaḷu)》馬鹿、間抜け [M. *huṃba* < ?]

ಹುಕುಂ ⟦hukuṃ フクン⟧ [hukum] *n.* 命令、言いつけ [Ar. *ḥukm*]

ಹುಕ್ಕಾ ⟦hukkā フッカー⟧ [hukkɐː] *n.* 水ぎせる、タバコの煙を水を通して吸う装置 [Ar. *ḥuqqa*]

ಹುಗಿ ⟦hugi フギ⟧ [hugi] *vt.* 〈死体や宝物などを〉埋める —*vi.* 埋もれる [Ka. D4376]

ಹುಗು ⟦hugu フグ⟧ [hugu] 《古》 *vt.* 《過去語幹 *hukk-*》 1 入る 2 触れる、さわる [Ka. OK *pugu* D4238] ☞ಪೊಗು (pogu)〔現〕

ಹುಗುಳು ⟦huguḷu フグル⟧ [huguḷu] 《古》 *n.* 火膨れ、水膨れ [Ka. *D4455] = ಬೊಕ್ಕೆ (bokke)〔汎〕☞ಪುಗುಳ್ (puguḷ)

ಹುಗ್ಗಿ ⟦huggi フッギ⟧ [huggi] ಪುರ್ಗಿ, ಪುಳ್ಗಿ, ಪುಳ್ಗೆ, ಪುಟ್ಗಿ, ಹುಗ್ಗಿ, ಹುಗ್ಗಿ *n.* 1 米と緑豆(グリーン・グラム)と香辛料を混ぜて炊いたもの(黒砂糖で甘くしたものもある) 2 黒砂糖と小麦を煮て作った柔らかい粥のような甘い食べ物 [Ka. < *puṛgi* *D4315] (NK) = Ta. *poṅkal*「ポンガル」

ಹುಗ್ಗು[1] ⟦huggu フッグ⟧ [huggu] 《古》 *n.* 高慢、傲慢 [Ka. *D4234] ☞ಪುಗ್ಗು (puggu)

ಹುಗ್ಗು[2] ⟦huggu フッグ⟧ [huggu] 《方》 *vt.* 隠す (*Hav.*) [Ka. D4376] ☞ಪುಗ್ಗು (puggu)

ಹುಗ್ಗೆ ⟦hugge フッゲ⟧ [hurge] 《古》 *n.* 米と緑豆と香辛料を混ぜて炊いたもの(黒砂糖で甘くしたものもある) [Ka. < *puṛgi* *D4315] ☞ಹುಗ್ಗಿ (huggi); *poṅkal*「ポンガル」

ಹುಚ್ಚ ⟦hucca フッチャ⟧ [huʧʧɐ] ಪುಚ್ಚ *m.* 《*f.* ಹುಚ್ಚಿ (hucci)》 1 気の違った男性、頭のおかしい男性 2 〔喩〕 馬鹿げたことや奇妙なことをする人 ¶ ಅವನು ಒಬ್ಬ ಹುಚ್ಚ. (avanu obba hucca.) あいつは馬鹿だ。[Ka. *D4142] ☞ಪುಚ್ಚ (pucca)

ಹುಚ್ಚಾಟ ⟦huccāṭa フッチャータ⟧ [huʧʧɐːṭɐ] *n.* 馬鹿げた振る舞い、奇妙な振る舞い [*huccu* + *āṭa*]

ಹುಚ್ಚಾಬಟ್ಟೆ ⟦huccābaṭṭe フッチャーバッテ⟧ [huʧʧɐːbǝṭṭe] *adv.* 無謀に、無分別に(酒を飲む、殴る、金を使うなど) ¶ ಹುಚ್ಚಾಬಟ್ಟೆ ಕುಡಿದು ಅವನು ಹಾಳಾದ. (huccābaṭṭe kuḍidu avanu hāḷāda.) 彼はめちゃくちゃに酒を飲んで身を滅ぼした。[*hucca* + ?]

ಹುಚ್ಚಿ ⟦hucci フッチ⟧ [huʧʧi] *f.* 《*m.* ಹುಚ್ಚ (hucca)》頭のおかしい女性、常軌を逸した女性、精神に異常をきたした女性 [Ka. D4142]

ಹುಚ್ಚು ⟦huccu フッチュ⟧ [huʧʧu] ಪುಚ್ಚು *n.* 1 狂気、精神異常 2 気違いじみた行動、馬鹿げた行動

3（酒や麻薬などへの）依存、中毒、耽溺 ¶ ಅವನು ಕುಡಿತದ ಹುಚ್ಚಿಗೆ ಬಲಿಯಾಗಿ ಸತ್ತ. (avanu kuḍitada huccige baliyāgi satta.) 彼は酒におぼれて死んだ。 4 夢中、のぼせ上がること、病的執着 ¶ ಮಗನಿಗೆ ಸಂಗೀತದ ಹುಚ್ಚು. (maganige saṃgītada huccu.) 息子は音楽に夢中だ。 [Ka. < *purcu* D4142]

ಹುಚ್ಚುಹಿಡಿ ⟦huccuhiḍi フッチュヒディ⟧ [hutʃʧuhiḍi] *vi.* 《*dat.*》 1 精神に異常をきたす ¶ ಅವಳಿಗೆ ಹುಚ್ಚುಹಿಡಿಯಿತು. (avaḷige huccuhiḍiyitu.) あの男性は気が狂った。 2（あるものに）夢中になる ¶ ಅವನಿಗೆ ಹಣದ ಹುಚ್ಚು ಹಿಡಿದಿದೆ. (avanige haṇada huccu hiḍidide.) あの男性は金の亡者になっている。 [+ *hiḍi*]

ಹುಚ್ಚುತನ ⟦huccutana フッチュタナ⟧ [hutʃʧutənɐ] *n.* 1 狂気、頭がおかしいこと 2 気違いじみた行動をすること、馬鹿げた行動をすること 3（酒や麻薬などへの）依存、中毒、耽溺 4 夢中になること、のぼせ上がること、病的に執着すること [*huccu* + *-tana*]

ಹುಚ್ಚುಮಳೆ ⟦huccumaḷe フッチュマレ⟧ [hutʃʧuməḷe] *n.* どしゃぶり、豪雨 [*huccu* + *maḷe*]

ಹುಚ್ಚುಹೊಳೆ ⟦huccuhoḷe フッチュホレ⟧ [hutʃʧuhoḷe] *n.* あふれた川、急にあふれ出す川 [*huccu* + *hoḷe*]

ಹುಟ್ಟಗೆ ⟦huṭṭage フッタゲ⟧ [huʈʈəge] 《文》 *n.* [Ka. *D4256 cf. Sk. *phuṭṭikā-*] ☞ಹುಟ್ಟಿಗೆ (huṭṭige)

ಹುಟ್ಟಿಗೆ ⟦huṭṭige フッティゲ⟧ [huʈʈĭge] ಪುಟ್ಟಗೆ, ಪುಟ್ಟಿಗೆ, ಹುಟ್ಟಗೆ, ಹುಟ್ಟುಗೆ 《文》 *n.* 1 衣服、衣類 2 神の祝福を得るために身にまとうニームの木の葉 3 ニームの木の葉を体にまとう儀式 [Ka. D4256 cf. Sk. *phuṭṭikā-*]

ಹುಟ್ಟು[1] ⟦huṭṭu フットゥ⟧ [huʈʈu] ಪುಟ್ಟು[1] *vi.* 1 生まれる 2 生じる —*n.* 1 誕生、出生、生まれること 2 家系、生まれ ¶ ಸುಮನಾ ಜೊತೆ ಅವನ ಮದುವೆ ಆಗಲಿಲ್ಲ. (sumanā jote avana maduve āgalilla.) ಏಕೆಂದರೆ ಅವನದು ಹೀನಹುಟ್ಟು. (ēkeṃdare avanadu hīnahuṭṭu.) 彼は卑しい生まれなのでスマナーと結婚できなかった。 [Ka. D4264]

ಹುಟ್ಟಿಸು ⟦huṭṭisu フッティス⟧ [huʈʈĭsu] *vt.* 1（女性が）〈子どもを〉生む、出産する、（男性が）〈子どもを〉もうける 2〈学派や流派などを〉創始する ¶ ಬಸವೇಶ್ವರರು ವೀರಶೈವ ಧರ್ಮವನ್ನು ಹುಟ್ಟಿಸಿದರು. (basavēśvararu vīraśaiva dʰarmavannu huṭṭisidaru.) バサヴェーシュヴァラがヴィーラシャイヴァ派を創始した。 [Ka. caus. D4264]

ಹುಟ್ಟು[2] ⟦huṭṭu フットゥ⟧ [huʈʈu] ಪುಟ್ಟು[2] *n.* 櫂、オール [Ka. *puṭṭu* *D4265]

ಹುಟ್ಟುಹಾಕು[1] ⟦huṭṭuhāku フットゥハーク⟧ [huʈʈuhɐːku] *vi.* 舟を漕ぐ [+ *hāku*]

ಹುಟ್ಟುಗುಣ ⟦huṭṭuguṇa フットゥグナ⟧ [huʈʈuguɳɐ] *n.* 生まれつきの性質 [*huṭṭu*[1] + *guṇa*]

ಹುಟ್ಟುಗೆ ⟦huṭṭuge フットゥゲ⟧ [huʈʈŭge] 《文》 *n.* [Ka. D4256] ☞ಹುಟ್ಟಿಗೆ (huṭṭige)

ಹುಟ್ಟುವಳಿ ⟦huṭṭuvaḷi フットゥヴァリ⟧ [huʈʈŭvəḷi] *n.*（農地や工場や商いなどの）収益 [*huṭṭu*[1] + *-vaḷi*]

ಹುಟ್ಟುಹಬ್ಬ ⟦huṭṭuhabba フットゥハッバ⟧ [huʈʈuhəbbɐ] *n.* 誕生日、誕生祝い [*huṭṭu*[1] + *habba*]

ಹುಟ್ಟುಹಾಕು[2] ⟦huṭṭuhāku フットゥハーク⟧ [huʈʈuhɐːku] *vt.* 〈憎しみや争いなどを〉引き起こす、生む、招来する ¶ ಮಂತ್ರಿಗಳ ನಡತೆ ಜನರಲ್ಲಿ ಅತೃಪ್ತಿಯನ್ನು ಹುಟ್ಟುಹಾಕಿತು. (maṃtrigaḷa naḍate janaralli atṛptiyannu huṭṭuhākitu.) 大臣の行動は国民の間に不満を引き起こした。 [*huṭṭu*[1] + *hāku*]

ಹುಡಿ ⟦huḍi フディ⟧ [huḍi] *n.* 1 粉、粉末 2 埃 [Ka. D4481]

ಹುಡಿಮಾಡು ⟦huḍimāḍu フディマードゥ⟧ [huḍimɐːḍu] *vt.* 1 粉にする、粉砕する 2〈敵などを〉粉砕する、殲滅（せんめつ）する [+ *māḍu*]

ಹುಡುಕು ⟦huḍuku フドゥク⟧ [huḍŭku] ಪುಡುಂಕು, ಪುಡುಕು *vt.* 1 捜す、捜索する 2 手探りする [Ka. *puḍuku* D4251]

ಹುಡುಕಾಟ ⟦huḍukāṭa フドゥカータ⟧ [huḍŭkɐːʈɐ] *n.* 捜し回ること [*huḍuku* *-āṭa*]

ಹುಡುಗ ⟦huḍuga フドゥガ⟧ [huḍŭgɐ] *m.* 《*f.* ಹುಡುಗಿ (huḍugi)》男の子、少年 ¶ ನಮ್ಮ ಹುಡುಗ ಶಾಲೆಯಲ್ಲಿದ್ದಾನೆ. (namma huḍuga śāleyalliddāne.) うちの息子どもは学校に行っている。 [Ka. D4259]

ಹುಡುಗತನ ⟦huḍugatana フドゥガタナ⟧ [huḍugətənɐ] *n.* 1 少年時代 2 男の子らしさ、少年らしさ [*huḍuga* + *-tana*]

ಹುಡುಗಾಟ ⟦huḍugāṭa フドゥガータ⟧ [huḍŭgɐːʈɐ] *n.* 1 子どもらしい遊び心、子どもらしさ、子どもっぽさ 2（子どもの）いたずら [*huḍuga* + *-āṭa*]

ಹುಡುಗಿ ⟦huḍugi フドゥギ⟧ [huḍŭgi] *m.* 《*m.* ಹುಡುಗ (huḍuga)》女の子、少女 ¶ ನಮ್ಮ ಹುಡುಗಿ ಶಾಲೆಯಲ್ಲಿದ್ದಾಳೆ. (namma huḍugi śāleyalliddāḷe.) うちの娘は学校に行っている。 [Ka. D4259]

ಹುಡುಗು[1] ⟦huḍugu フドゥグ⟧ [huḍŭgu] *vt.* 掃く [Ka. D953]

ಹುಡುಗು[2] ⟦huḍugu フドゥグ⟧ [huḍŭgu] *mf.* 子どもっぽい人 —(*n.*) 子どもっぽい〈こと〉 [Ka. cf. D4259]

ಹುಡುಗುತನ ⟦huḍugutana フドゥグタナ⟧ [huḍugŭtənɐ] *n.* 子どもっぽさ [*huḍugu* + *-tana*]

ಹುಡುಗುಬುದ್ಧಿ ⟦huḍugubuddʰi フドゥグブッディ⟧ [huḍŭbuddʰi] *n.* 子どもっぽさ、子どもっぽい考え [*huḍugu* + *buddʰi*]

ಹುಣ್ ⟦huṇ フン⟧ [huɳ] 《古》 *n.* できもの、腫れ物 [Ka. < *puṇ* *D4268] ☞ಹುಣ್ಣು (huṇṇu)

ಹುಣಸೆ ⟦huṇase フナセ⟧ [huɳə̆se] *n.* タマリンドの木またはその実（ジャケツイバラ科チョウセンモダマ属、料理に酸味をつけるのに用いられる）⇀ 調・薬・材 [Ka. *D4322] ☞ಹುಣಿಸೆ (huṇise)

ಹುಣಿ ⟦huṇi フニ⟧ [huɳi] 《方》 *n.* 田の畦（あぜ） (*Hav.*) [Ka. D4269]

ಹುಣಿಚಿ ⟦huṇici フニチ⟧ [huɳĭʧi] 《古》 *n.* [Ka. *D4322] ☞ಹುಣಿಸೆ (huṇise)

ಹುಣಿಚೆ ⟦huṇice フニチェ⟧ [huɳĭʧe] 《古》 *n.* [Ka. *D4322] ☞ಹುಣಿಸೆ (huṇise)

ಹುಣಿಸಿ ⟦huṇisi フニシ⟧ [huɳĭsi] 《口》 *n.* [Ka. D4322] ☞ಹುಣಿಸೆ (huṇise)

ಹುಣಿಸೆ ⟦huṇise フニセ⟧ [huɳĭse] ಪುಣಸೆ, ಪುಣಿಸೆ, ಪುಣು-ಸಿ, ಪುಣುಸೆ, ಪುಣ್ಸೆ, ಪುಳಿಸೆ, ಪುಳುಂಸೆ, ಹುಣಚಿ, ಹುಣಸಿ, ಹುಣಸೆ, ಹುಣಿಚಿ, ಹುಣಿಚೆ, ಹುಣುಸೆ, ಹುಳಿಸೆ *n.* タマリンドの木またはその実(ジャケツイバラ科チョウセンモダマ属、料理に酸味をつけるのに用いられる)→ 調・薬・材 [Ka. *puṇise* D4322] (NK)

ಹುಣಿಸೆಬೀಜ ⟦huṇisebīja フニセビージャ⟧ [huɳĭsebi:ʤɐ] *n.* 熟したタマリンドの実(子どもが遊びに用いる) [+ *bīja*]

ಹುಣಿಸೆಹಣ್ಣು ⟦huṇisehaṇṇu フニセハンヌ⟧ [huɳĭsehəɳɳu] *n.* 熟したタマリンドの実(料理に酸味をつけるのに用いられる) [+ *haṇṇu*]

ಹುಣುಸೆ ⟦huṇuse フヌセ⟧ [huɳuse] 《古》 *n.* [Ka. *D4322] ☞ಹುಣಿಸೆ (huṇise)

ಹುಣ್ಣಿಮೆ ⟦huṇṇime フンニメ⟧ [huɳɳime] *n.* 満月、満月の日 [Sk. *pūrṇimā-*]

ಹುಣ್ಣು ⟦huṇṇu フンヌ⟧ [huɳɳu] ಪುಣ್, ಪುಣ್ಣು, ಹುಣ್ *n.* できもの、腫れ物 [Ka. < *puṇ* *D4268]

ಹುತಾತ್ಮ ⟦hutātma フタートマ⟧ [hutɐ:tmɐ] *n.* 《*f.* ಹುತಾತ್ಮಳು (hutātmaḷu)》国や宗教のために命を投げだした人、殉教者 [Sk.]

ಹುತ್ತ ⟦hutta フッタ⟧ [huttɐ] ಪುತ್ತ, ಪುತ್ತು *n.* 蟻塚 [Ka. D4335]

ಹುತ್ತು ⟦huttu フットゥ⟧ [huttu] 《文》 *n.* (シロアリが作る)蟻塚 [Ka. D4335]

ಹುದಿ ⟦hudi フディ⟧ [huđi] 《古》 *n.* 扉、戸 [Ka. D4274] ☞ಫಡಕು (pʰaḍaku)

ಹುದಿಲು ⟦hudilu フディル⟧ [huđĭlu] 《文》 *n.* 沼地、湿地帯 (*UNR*) [Ka. D4505] = ಕೆಸರು (kesaru)

ಹುದು ⟦hudu フドゥ⟧ [huđu] 《文》 *n.* **1** (人々の)集合、(動物の)群れ、(物の)集まり **2** 結合、結びつき **3** 共有、共同事業 **4** 友情、交友 [Ka. *D4507] ☞ಪುದು (pudu)

ಹುದುಗು¹ ⟦hudugu フドゥグ⟧ [huđŭgu] 《古》 *vi.* 隠れる、身を隠す —*vt.* 隠す、保護する = ಮುಚ್ಚಿಕೊಳ್ಳು, ಅಡಗಿಕೊಳ್ಳು (muccikoḷḷu, aḍagikoḷḷu) [Ka. D4509]

ಹುದುಗು² ⟦hudugu フドゥグ⟧ [huđŭgu] 《古》 *n.* 発酵 [?]

ಹುದುಗುಬರು ⟦hudugubaru フドゥグバル⟧ [huđŭgubəru] 《文》 *vi.* 発酵する ¶ ದೋಸೆ ಹಿಟ್ಟು ಚನ್ನಾಗಿ ಹುದುಗುಬಂದಿದೆ. (dōse hiṭṭu cannāgi hudugubaṃdide.) ドーサの練り粉がよく発酵している。 [*hudugu* + *baru*]

ಹುದುಗೇಳು ⟦hudugēḷu フドゥゲール⟧ [huḍŭge:ḷu] 《文》 *vi.* 発酵する [*hudugu* + *ēḷu*]

ಹುದುವು ⟦huduvu フドゥヴ⟧ [huđŭvu] 《古》 *n.* **1** 結合、合同 **2** 共有、共同事業 [Ka. D4507] ☞ಪುದು (pudu)

ಹುದ್ದರಿ ⟦huddari フッダリ⟧ [huddəri] ಉದ್ದರಿ *mf.* **1** 競争者 **2** 指導者、親分 [?]

ಹುದ್ದೆ ⟦hudde フッデ⟧ [hudde] *n.* (職業的な)地位、役職 [M. *huddā* ←Ar. *ʻuhda*]

ಹುದ್ದೇದಾರ ⟦huddēdāra フッデーダーラ⟧ [hudde:dɐ:rɐ] *m.* 《*f.* ಹುದ್ದೇದಾರಳು (huddēdāraḷu)》(役所や会社などで) 高い地位についている人、役職のある人 [Ar.-Pe. *ʻuhdahdār*]

ಹುಬ್ಬು ⟦hubbu フッブ⟧ [hubbu] *n.* 眉毛 [OK. *purvu* ←Sk. *bhrū-*]

ಹುಬ್ಬುಗಂಟಿಕ್ಕು ⟦hubbugaṃṭikku フッブガンティック⟧ [hubbugʰɳʈikku] *vi.* 眉をしかめる [*hubbu* + *gaṃṭu* + *ikku*]

ಹುಮ್ಮಸ್ಸು ⟦hummassu フンマッス⟧ [hummәssu] *n.* (映画スターや有名な政治家が姿を現した時のような)興奮、熱狂 [Ka.?] = ಹುರುಪು (hurupu)

ಹುಯ್¹ ⟦huy フイ⟧ [huji] *vt.* 〈水などを〉注ぐ [Ka. *D4407]

ಹುಯ್² ⟦huy フイ⟧ [huĭ] 《‡》 *n.* 米などの穀物の殻 (*Nr.* (*Kitt.*)) [Ka. D637] = ಉಯ್, ಉಬ್ಬಲು, ಹೊಟ್ಟು (uy, ubbalu, hoṭṭu)

ಹುಯಿಲು¹ ⟦huyilu フイル⟧ [hujĭlu] ಪೊಯಿಲು *n.* **1** 叫び、悲鳴 ¶ ಹುಯಿಲನ್ನು ಕೇಳಿ ಹೊರಬಂದೆ. (huyilannu kēḷi horabaṃde.) 悲鳴を聞いて私は家から飛び出した。 **2** 騒ぎ、喧騒 [Ka. *D4351]

ಹುಯಿಲಿಡು ⟦huyiliḍu フイリドゥ⟧ [hujiliḍu] *vi.* **1** 悲鳴をあげる **2** (多くの人々が) 騒ぐ [+ *iḍu*] = ಹುಯಿಲೆಬ್ಬಿಸು (huyilebbisu)

ಹುಯಿಲೆಬ್ಬಿಸು ⟦huyilebbisu フイレッビス⟧ [hujilebbĭsu] *vi.* **1** 悲鳴をあげる **2** (多くの人々が) 騒ぐ [+ *ebbisu*] = ಹುಯಿಲಿಡು (huyiliḍu)

ಹುಯಿಲು² ⟦huyilu フイル⟧ [hujĭlu] 《古》 *n.* 殴り合い;戦い [Ka. *D4534] ☞ಪೊಯಿಲ್ (poyil)

ಹುಯ್ಯು¹ ⟦huyyu フイユ⟧ [huĭju] *vi.* (雨が)降る ¶ ನಮ್ಮ ಕಡೆ ಈ ವರ್ಷ ಮಳೆ ಹುಯ್ಯಲಿಲ್ಲ. (namma kaḍe ī varṣa maḷe huyyalilla.) 今年はこの地方では雨が少なかった。 [Ka. *poy* *D4407] = ಉಯ್ಯು (uyyu)

ಹುಯ್ಯು² ⟦huyyu フイユ⟧ [huĭju] *vt.* 殴る、ぶつ [Ka. *poy, puy* *D4534] = ಉಯ್ಯು (uyyu)

ಹುರಕಲು ⟦hurakalu フラカル⟧ [hurĕkəlu] 《方》 *n.* ☞ಹುರಿಕಲು (hurikalu)

ಹುರಕಿಲು ⟦hurakilu フラキル⟧ [hurĕkilu] 《方》 *n.* ☞ಹುರಿಕಲು (hurikalu)

ಹುರಜಿ ⟦huraji フラジ⟧ [hurĕʤi] 《古》 *n.* [Ka. *D4284] ☞ಪೊರಜೆ (poraje)

ಹುರಪು ⟦hurapu フラプ⟧ [hurĕpu] *n.* ☞ಹುರುಪು (hurupu)²

ಹುರಿ¹ ⟦huri フリ⟧ [huri] *n.* **1** 紐などを編むこと **2** 紐 **3** 人を騙すためのわな [Ka. OK *puri* *D4177]

ಹುರಿ² ⟦huri フリ⟧ [huri] ಪುರಿ *n.* 1 力、元気 2 元気づけ [Ka. *D4286]

ಹುರಿದುಂಬು ⟦huriduṃbu フリドゥンブ⟧ [hurĭḍumbu] *vi.* 1 勇気を得る 2 元気づく [+ *tuṃbu*]

ಹುರಿದುಂಬಿಸು ⟦huriduṃbisu フリドゥンビス⟧ [hurĭḍumbĭsu] *vt.* 勇気をつける、元気づける [+ *tuṃbisu* caus.]

ಹುರಿ³ ⟦huri フリ⟧ [huri] *n.* 背骨、脊椎 [Ka. D4299]

ಹುರಿ⁴ ⟦huri フリ⟧ [huri] *vt.* 〈豆などを〉煎る [Ka. < *puri* D4537]

ಹುರಿದು ತಿನ್ನು ⟦huridu tinnu フリドゥティンヌ⟧ [huriđuti nnu] *vt.* (姑や金貸しなどが) ひどく悩ます、ひどく苦しめる、ひどくいじめる ¶ ಅತ್ತೆ ನನ್ನನ್ನು ಹುರಿದು ತಿನ್ನುತ್ತಾರೆ. (atte nannannu huridu tinnuttāre.) お姑さんが私をひどくいじめる。 [+ *tinnu*]

ಹುರಿಕಲು ⟦hurikalu フリカル⟧ [hurĭkəlu] 《方》 *n.* 煎り豆(豆類や穀類を煎って塩と香辛料で味をつけたもの) [*huri* + *-kalu*「結果を表す接尾辞」]

ಹುರಿಗಡಲೆ ⟦hurigaḍale フリガダレ⟧ [hurigəḍə̆le] *n.* 炒ったヒヨコマメ [*huri*⁴ + *kaḍale*]

ಹುರಿಗಾಳು ⟦hurigāḷu フリガール⟧ [hurigɐːḷu] *n.* 煎り豆(煎って塩味をつけた穀物や豆類) [*huri* + *kāḷu*]

ಹುರಿಯಾಳು ⟦huriyāḷu フリヤール⟧ [hurijɐːḷu] *mf.* 1 競争者 2 力持ち [Ka. *huri*² + *āḷu*?]

ಹುರುಕಲು ⟦hurukalu フルカル⟧ [hurŭkəlu] 《方》 *n.* ☞ಹುರಿಕಲು (hurikalu)

ಹುರುಡು¹ ⟦huruḍu フルドゥ⟧ [hurŭḍu] *n.* 出産後や死後などの不浄 [Ka. ಪುರುಡು *D4290]

ಹುರುಡು² ⟦huruḍu フルドゥ⟧ [hurŭḍu] *n.* 1 競争、挑戦 ¶ ಈ ಬಾರಿಯ ಚುನಾವಣೆಯಲ್ಲಿ ಅಧ್ಯಕ್ಷರ ಪದವಿಗೆ ಬಹಳ ಹುರುಡು ನಡೆಯಿತು. (ī bāriya cunāvaṇeyalli adʰyakṣara padavige bahaḷa huruḍu naḍeyitu.) 今回の議長選挙で激しい競争があった。 2 嫉妬 ¶ ನನ್ನನ್ನು ಕಂಡರೆ ನಿನಗೆ ಯಾಕೆ ಇಷ್ಟು ಹುರುಡು? (nannannu kaṃdare ninage yāke iṣṭu huruḍu?) どうして私にそんなに焼きもちを焼くの。 [Ka. *puruḍu* *D4540]

ಹುರುಡಿಸು ⟦huruḍisu フルディス⟧ [hurŭḍisu] ಪುರುಡಿಸು 《文》 *vi.* 1 競争する;挑戦する 2 焼きもちを焼く、嫉妬する [+ *-isu* denm.]

ಹುರುಡುಕಟ್ಟು ⟦huruḍukaṭṭu フルドゥカットゥ⟧ [hurŭḍu] 《文》 *vi.* 《with ಒಡನೆ (oḍane)》 競争する;挑戦する [Ka. *puruḍu* *D4540]

ಹುರುಪು¹ ⟦hurupu フルプ⟧ [hurŭpu] *n.* 1 元気 2 利発、活発 ¶ ಹುರುಪಿನ ಹುಡುಗ (hurupina huḍuga) 活発な少年 [Ka. *D4286] = ಉತ್ಸಾಹ, ಸಡಗರ, ಹುಮ್ಮಸ್ಸು (utsāha, saḍagara, hummassu) ↔ ಗಂಭೀರ (gaṃbʰīra)

ಹುರುಪು² ⟦hurupu フルプ⟧ [hurŭpu] *n.* 1 果物や穀物や樹木などの皮 2 (傷などの)かさぶた [Ka. cf. Ta. *purampu*]

ಹುರುಪ್ಪು ⟦huruppu フルップ⟧ [hurŭppu] 《方》 *n.* 熱狂、興奮 [Ka. D4286] (Hav.)

ಹುರುಳ್ ⟦huruḷ フルル⟧ [huruɭ] 《古》 *n.* 1 精髄、最良の部分 2 富、財産 3 芸術作品や文学作品や学術論文などに含まれる価値や内容 [Ka. *D4544] ☞ಹುರುಳು (huruḷu)

ಹುರುಳು ⟦huruḷu フルル⟧ [huruḷu] ಪುರಲು, ಪುರುಳ್, ಪುರುಳು, ಪೊರಳು, ಪೊರುಳ್, ಹುರುಡು, ಹುರುಳ್, ಹುರುಳು *n.* 1 物質、物 2 精、エキス、(薬などの)有効成分 3 (芸術や文学作品、学術論文などの)内容や価値 ¶ ಈ ಥೀಸಿಸ್ನಲ್ಲಿ ಹುರುಳಿಲ್ಲ. (ī tʰīsisnalli huruḷilla.) この論文は中身が何もない。 4 能力、力量 ¶ ಈ ವಿದ್ಯಾರ್ಥಿಯಲ್ಲಿ ಏನೂ ಹುರುಳಿಲ್ಲ. (ī vidyārtʰiyalli ēnū huruḷilla.) この学生は全然力がない。 5 大胆、勇敢 ¶ ಈ ಯೋಧ ಹುರುಳಿದ್ದವನು. (ī yōdʰa huruḷiddavanu.) この戦士には戦う勇気がある。 [Ka. *puruḷ* D4544]

ಹುರ್ಜಿ ⟦hurji フルジ⟧ [hurʤi] 《古》 *n.* [Ka. *D4284] ☞ಪೊರಜೆ (poraje)

ಹುಲಗಿಲ್ ⟦hulagil フラギル⟧ [huləgil] 《古》 *n.* [Ka. *D4341] ☞ಹುಲಿಗಲಿ (huligali)

ಹುಲಗಿಲು ⟦hulagilu フラギル⟧ [huləgilu] 《古》 *n.* [Ka. *D4341] ☞ಹುಲಿಗಲಿ (huligali)

ಹುಲಿ ⟦huli フリ⟧ [huli] ಪುಲಿ *n.* 虎 [Ka. *puli* D4307]

ಹುಲಿಗಲಿ ⟦huligali フリガリ⟧ [huligəli] ಪುಲಿಂಗಿಲ್, ಪುಲಿಗಿಲ್, ಪುಲಿಗಿಲು, ಪುಲಿಗಿಲೆ, ಹುಲಗಲಿ, ಹುಲಗಿಲ್, ಹುಲಗಿಲು, ಹುಲಿಗಿಲ್, ಹುಲಿಗಿಲಿ, ಹುಲಿಗಿಲು, ಹುಲುಗಲ, ಹುಲುಗಿಲು 《文》 *n.* クロヨナ(黒与那、マメ科クロヨナ属の木で藤色や薄桃色の花が咲く、街路樹として植えられることも多い) [Ka. D4341] = ಹೊಂಗೆ (hoṃge) 〔汎〕 *[IMP 4.341]

ಹುಲಿಗಿಲ್ ⟦huligil フリギル⟧ [huligil] 《古》 *n.* [Ka. *D4341] ☞ಹುಲಿಗಲಿ (huligali)

ಹುಲಿಗಿಲಿ ⟦huligili フリギリ⟧ [huligili] 《古》 *n.* [Ka. *D4341] ☞ಹುಲಿಗಲಿ (huligali)

ಹುಲಿಗಿಲು ⟦huligilu フリギル⟧ [huligilu] 《古》 *n.* [Ka. D4341] ☞ಹುಲಿಗಲಿ (huligali)

ಹುಲಿಗಿಲೆ ⟦huligile フリギレ⟧ [huligile] 《古》 *n.* [Ka. *D4341] ☞ಹುಲಿಗಲಿ (huligali)

ಹುಲಿಗೆ ⟦hulige フリゲ⟧ [hulĭge] 《‡》 *n.* [Ka. D4341] (*Si.127* (*Kitt.*)) ☞ಹುಲಿಗಲಿ (huligali)

ಹುಲಿವಿಲಿ ⟦hulivili フリヴィリ⟧ [hulivili] 《‡》 *n.* [Ka. D4341] (*Nr.* (*Kitt.*)) ☞ಹುಲಿಗಲಿ (huligali)

ಹುಲಿವೆ ⟦hulive フリヴェ⟧ [hulĭve] 《‡》 *n.* シクンシ科モモタマナ属の木の一種 → 薬 (*My.* (*Kitt.*)) [Ka. D4306] = ಹನಲು (hanalu) *[IMP 5.278]

ಹುಲಿಸು ⟦hulisu フリス⟧ [hulĭsu] 《文》 *vi.* (植物が)茂る、繁茂する [Ka. D4550]

ಹುಲು ⟦hulu フル⟧ [hulu] 《文》 *n.* イネ科の雑草 —(*adj.*) 小さな、つまらない、取るに足らない、矮小な ¶ ಹುಲು ಮಾನವ (hulu mānava) つまらない人間 ☞ಹುಲ್ಲು (hullu) [Ka. *pul* *D4300]

ಹುಲುಬಯಕೆ ⟦hulubayake フルバヤケ⟧ [hulubəjə̆ke] *n.* つまらない望み、小さな野望 [*hulu* + *bayake*]

ಹುಲುಮನುಜ ⟦hulumanuja フルマヌジャ⟧ [huləmənu ʤɐ] *m.* 《*f.* ಹುಲುಮನುಜಳು (hulumanujaḷu)》つまらない人間 [*hulu* + *manuja*]

ಹುಲುಗಲ ⟦hulugala フルガラ⟧ [hulugalɐ] 《古》*n.* [Ka. *D4341] ☞ಹುಲಿಗಲಿ (huligali)

ಹುಲುಗಿಲು ⟦hulugilu フルギル⟧ [hulugilu] 《古》*n.* [Ka. *D4341] ☞ಹುಲಿಗಲಿ (huligali)

ಹುಲಿವೆ ⟦hulive フリヴェ⟧ [hulĭve] 《‡》*n.* シクンシ科モモタマナ属の木の一種 ⇀ 薬 (*My.* (*Kitt.*)) [Ka. D4306] ☞ಹನಲು (hanalu)

ಹುಲುವೆ ⟦huluve フルヴェ⟧ [hulŭve] ಹನಲು, ಹುಲವೆ, ಹುಲಿವೆ, ಹೊನಾಲ್ 《文》*n.* シクンシ科モモタマナ属の木の一種 ⇀ 薬 [Ka. *D4306] = ಹನಲು (hanalu) *[IMP 5.278]

ಹುಲುಸು ⟦hulusu フルス⟧ [hulusu] (*n.*) 豊富〈な〉、潤沢〈な〉¶ ಈ ತೋಪಿನಲ್ಲಿ ಮರಗಳು ಹುಲುಸಾಗಿ ಬೆಳೆದಿವೆ. (ī tōpinalli maragaḷu hulusāgi beḷedive.) この森には木々が深く生い茂っている。[Ka. D4550]

ಹುಲ್ಲು ⟦hullu フッル⟧ [hullu] ಪುಲ್, ಪುಲು, ಪುಲ್ಲು, ಹುಲು *n.* イネ科の雑草(一般) [Ka. *pul* *D4300]

ಹುಲ್ಲುಗಾವಲು ⟦hullugāvalu フッルガーヴァル⟧ [hullŭ gɐːvə̆lu] *n.* 牧草地 [*hullu* + *kāvalu*]

ಹುಲ್ಲೆ ⟦hulle フッレ⟧ [hulle] 《古》*n.* 鹿 [Ka. *pulle* *D4300] = ಜಿಂಕೆ (jiṃke)

ಹುವ್ವು ⟦huvvu フッヴ⟧ [huwwu] 《古》*n.* 花 [Ka. *D4345] ☞ಹೂವು (hūvu)

ಹುಷಾರಿ ⟦huṣāri フシャーリ⟧ [huʂɐːri] *adj., mf.* 利口な〈人〉 —*n.* 注意深いこと [Pe. *hōšyārī*]

ಹುಷಾರು ⟦huṣāru フシャール⟧ [huʂɐːru] (*n.*) 1 注意深い〈こと〉、気をつけている〈こと〉¶ ಬೆಂಗಳೂರಿನ ರಸ್ತೆಯಲ್ಲಿ ಯಾವಾಗಲೂ ಹುಷಾರಾಗಿರಬೇಕು. (beṃgaḷūrina rasteyalli yāvāgalū huṣārāgirabēku.) ベンガルールの道路ではいつも用心が必要である。 2 健康〈な〉¶ ಹುಷಾರಾಗಿದ್ದೀರಾ? (huṣārāgiddīrā?) お元気ですか。[Pe. *hōšyār* × *xušḥāl*]

ಹುಸಿ ⟦husi フシ⟧ [husi] ಪುಸಿ *n.* 嘘、虚言 = ಸುಳ್ಳು (suḷḷu) —*vi.* 《古》 嘘をつく [Ka. *pusi* D4531]

ಹುಸಿಗುಂಡು ⟦husigumḍu フシグンドゥ⟧ [husĭguṇḍu] *n.* 空砲 [*husi* + *guṃḍu*]

ಹುಸಿನಗು ⟦husinagu フシナグ⟧ [husĭnəgu] *n.* 作り笑い [*husi* + *nagu*]

ಹುಸಿಮುನಿಸು ⟦husimunisu フシムニス⟧ [husimunisu] *n.* 1 (相手の関心を買うためなどの) 怒ったふり 2 むやみに怒ること ¶ ಚಿಕ್ಕಮ್ಮ ಕಾರಣವಿಲ್ಲದೆ ನನ್ನ ಮೇಲೆ ಸದಾ ಹುಸಿಮುನಿಸು ತೋರಿಸುತ್ತಾರೆ. (cikkamma kāraṇavillade nanna mēle sadā husimunisu tōrisuttāre.) 義理の母はいつも理由もなく私に腹を立てる。[*husi* + *munisu*]

ಹುಸ್ಸ್ ⟦huss フスス⟧ [huss] (*n.*) ふう (疲れなどでため息をつく時の声を表す擬音語) [Ka. D573]

ಹುಹುಹು ⟦huhuhu フフフ⟧ [huhuhu] (*n.*) ぶるぶる (寒さで震える様子をを表す擬態語) [Ka. onom.]

ಹುಳಿ¹ ⟦huḷi フリ⟧ [huḷi] ಪುಳಿ¹, ಪುಟಿ, ಹುಟಿ 《古》*vi.* 虫食いになる、虫に食われる [Ka. *D4312]

ಹುಳಿ² ⟦huḷi フリ⟧ [huḷi] *n.* 1 酸、酸味 2 発酵 3 (タマリンドで酸味をつけた) ご飯にかけて食べる汁の一種 —*vi.* 発酵する、(牛乳が) 酸敗する ¶ ಈಚಲ ಮರದ ರಸ ಒಂದು ದಿನದ ನಂತರ ತಾನಾಗಿಯೆ ಹುಳಿಯುತ್ತದೆ. (īcala marada rasa oṃdu dinada naṃtara tānāgiye huḷiyuttade.) ナツメヤシの木の樹液は1日置くと勝手に発酵する。¶ ಹಾಲಿಗೆ ಮಜ್ಜಿಗೆ ಬೆಳೆಸಿದರೆ ಹುಳಿಯುತ್ತದೆ. (hālige majjige beḷesidare huḷiyuttade.) 牛乳にバターミルクを混ぜると発酵する。[Ka. < OK *puḷi* D4322]

ಹುಳಿಹಿಂಡು ⟦huḷihiṃḍu フリヒンドゥ⟧ [huḷihiṇḍu] *vi.* 《*dat.*》〔喩〕(友人などの間に) 仲たがいの種を蒔く ¶ ಅವರಿಬ್ಬರ ಸ್ನೇಹಕ್ಕೆ ಹುಳಿಹಿಂಡಿದ. (avaribbara snēhakke huḷihiṃḍida.) 彼は二人の友情に仲たがいの種をまいた。[+ *hiṃḍu*]

ಹುಳಿಸೆ ⟦huḷise フリセ⟧ [huḷise] 《古》*n.* タマリンドの実 (料理の味つけに用いられる) [Ka. *D4322] ☞ಹುಣಿಸೆ (huṇise)

ಹುಳು ⟦huḷu フル⟧ [huḷu] ಪುಳು¹, ಹುಳ, ಹುೞು¹ *n.* (ミミズやムカデや毛虫のように) 長い這う虫 [Ka. < OK *puṟu* D4312] cf. ಕೀಟ (kīṭa) "insect"

ಹುಳುಕಡ್ಡಿ ⟦huḷukaḍḍi フルカッディ⟧ [huḷukəḍḍi] *n.* 水虫、タムシ [*huḷu* + *kaḍḍi*]

ಹುಳುಕು ⟦huḷuku フルク⟧ [huḷŭku] ಪುೞುಕು (*n.*) 1 (穀物や果物などの) 虫食い〈の〉 2 (歯などが) 虫食い〈の〉[Ka. *puṟuku* D4312]

ಹುಳುಕುಹಲ್ಲು ⟦huḷukuhallu フルクハッル⟧ [huḷŭkŭhəllu] *n.* 虫歯 [*huḷuku* + *hallu*]

ಹುಳುಹುಳು ⟦huḷuhuḷu フルフル⟧ [huḷuhuḷu] 《方》*adv.* 疑い深そうに (見るなど) ¶ ಪೋಲಿಸರು ಮನೆಗೆ ನುಗ್ಗಿ ಹುಳುಹುಳು ನೋಡಿದರು. (pōlisaru manege nuggi huḷuhuḷu nōḍidaru.) 警官たちは家に入って疑い深そうに眺めた。[mim.] (NK)

ಹುಳ್ಳಿ ⟦huḷḷi フッリ⟧ [huḷḷi] 《古》*n.* 1 乾いた小さな木切れ 2 薪 [Ka. D4328] ☞ಪುಳ್ಳಿ (puḷḷi)

ಹುಳ್ಳೆ ⟦huḷḷe フッレ⟧ [huḷḷe] 《古》*n.* 薪 [Ka. D4328] ☞ಪುಳ್ಳಿ (puḷḷi)

ಹುಱಿ ⟦huṟi フリ⟧ [huɽi] 《古》*vi.* 虫食いになる、虫に食われる [Ka. *D4312]

ಹೂ ⟦hū フー⟧ [huː] 《古》*n.* 1 花 2 角膜白斑 (角膜の乳白混濁) [Ka. *D4345] ☞ಹೂವು (hūvu)

ಹೂಗನಸು ⟦hūganasu フーガナス⟧ [huːɡ̊ənəsu] ಪೂಗನಸು 《文》*n.* 楽しい夢 [+ *kanasu*]

ಹೂಂ ⟦hūṃ フーン⟧ [hũː] *snt.* うん、ええ [Ka.]

ಹೂಜಿ ⟦hūji フージ⟧ [huːʤi] *n.* ☞ಹೂಜೆ (hūje)

ಹೂಜೆ ⟦hūje フージェ⟧ [huːʤe] ಕೂಜೆ *n.* 首の長い土製や金属製の細長い水壺や水差し [⇒図] [Pe. *kūza*?]

= ಕೂಜ (kūja)

ಹೂಟ ⟦hūṭa フータ⟧ [huːʈɐ] *n.* **1** くっつけること、接続 **2**（いい意味でも悪い意味でも）計略、策略 [*hūḍu* + *-ta* *D4361]

ಹೂಜೆ 水差し

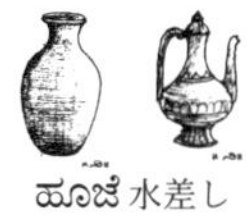

ಹೂಡು ⟦hūḍu フードゥ⟧ [huːɖu] ಪೂಡು *vt.* **1**〈車に馬や牛を〉つなぐ、弓に〈矢を〉つがえる、〈鋤を〉牛につなぐ ¶ ಬಿಲ್ಲಿಗೆ ಬಾಣವನ್ನು ಹೂಡು. (billige bāṇavannu hūḍu.) 弓に矢をつがえろ。 **2**（ある目的のために）準備する ¶ ಅವರು ಜಾತ್ರೆಗೆ ರಥವನ್ನು ಹೂಡಿದರು. (avaru jātrege ratʰavannu hūḍidaru.) 彼は祭りのために山車を準備した。 **3** 投資する ¶ ಷೇರುಗಳಿಗೆ ಬಂಡವಾಳ ಹೂಡಿದರೆ ಅಪಾಯ. (ṣērugaḷige baṃḍavāḷa hūḍidare apāya.) 株に投資するのは危険である。 [Ka. *D4361]

ಹೂಡೆ ⟦hūḍe フーデ⟧ [huːɖe] 《方》 *n.* 城塞の上の見張りなどのための丸い構造物 [Ka. D4362] (NK)

ಹೂಣಿ ⟦hūṇi フーニ⟧ [huːɳi] 《‡》 *n.* 誓い (*Bp.17.5* (*Kitt.*)) [Ka. D4361]

ಹೂಣು ⟦hūṇu フーヌ⟧ [huːɳu] *vt.* 《過去語幹 hūt-》 **1**〈死体、水道管などを〉埋める **2**〈木を〉植える [Ka. D4376]

ಹೂದಾನಿ ⟦hūdāni フーダーニ⟧ [huːdɐːni] *n.* 花瓶 [Ka. *pūvu* + Pe. *-dān*]

ಹೂಬಿಸಿಲು ⟦hūbisilu フービシル⟧ [huːbisilu] *n.* 爽やかな朝日 [*hū* + *bisilu*]

ಹೂಲಿ ⟦hūli フーリ⟧ [huːli] ಪೂಲಿ 《古》 *n.* もつれてはびこる低木の一種（トウダイグサ科コミカンソウ属）(*My.*; *Mr. 122* (*Kitt.*)) [Ka. D4369]

ಹೂವಾಡಿಗ ⟦hūvāḍiga フーヴァーディガ⟧ [huːvɐːɖiɡɐ] *m.* 《*f.* ಹೂವಾಡಗಿತ್ತಿ (hūvāḍagitti)》花売り、花屋 [*hū* + *āḍiga*]

ಹೂವು ⟦hūvu フーヴ⟧ [huːvu] ಪುವ್ವು, ಪೂ, ಪೂವು, ಹುವ್ವು, ಹೂ *n.* 花 [Ka. *D4345]

ಹೂಸರುಳಿ ⟦hūsaruḷi フーサルリ⟧ [huːsəruɭi] 《‡》 *n.* 体の色を変えるオオトカゲの一種 (*C.* (*Kitt.*)) [Ka. D732]

ಹೂಸರುಳ್ಳಿ ⟦hūsaruḷḷi フーサルッリ⟧ [huːsəruɭɭi] *n.* 体の色を変えるオオトカゲの一種 (*My.* (*Kitt.*)) [Ka. D732]

ಹೂಸು[1] ⟦hūsu フース⟧ [huːsu] 《古》 *vt.* 〈ペンキや香油などを〉塗る；〈土の床を〉牛糞を混ぜた水を塗って洗う [Ka. D4352] ☞ ಪೂಸು (pūsu)[1]

ಹೂಸು[2] ⟦hūsu フース⟧ [huːsu] ಪೂಸು[2] *vi.* 放屁する、おならをする **—***n.* 屁、おなら [Ka. *D4354]

ಹೂಹೆ ⟦hūhe フーヘ⟧ [huːhe] 《古》 *n.* **1** 乳児、幼児 **2** 動物の子 **3** 人形 [Ka. D4365, cf. *pāpe* D4107]

ಹೂಳು ⟦hūḷu フール⟧ [huːɭu] ಪೂಣ್, ಪೂಳ್, ಪೂಟ್, ಹೂಣು, ಹೂಳ್ *vt.* 〈死体や宝物などを〉埋める；埋葬する [Ka. *D4376]

ಹೂಱು ⟦hūṟu フール⟧ [huːɻu] 《古》 *vt.* **1**〈死体や宝物などを〉埋める **2**〈村や町を〉（煙や霧が）覆う、包む、（暗闇が）広がる = ಆವರಿಸು (āvarisu) **3**〈井戸や運河や穴を〉埋めて平らにする = ತುಂಬು (tuṃbu) **—***vi.* 《古》 **1**（砂などに）埋もれる **2**（水に）沈む、浸かる [Ka. *D4376 *pūṟu*]

ಹೃತ್ಪೂರ್ವಕ ⟦hṛtpūrvaka フルトプールヴァカ⟧ [hrɯtpuːrvəkɐ] 《文》 *adj.* 心からの（感謝など） [Sk.]

ಹೃದಯ ⟦hṛdaya フルダヤ⟧ [hrɯdəjɐ/hrudəjɐ] *n.* **1** 心臓 **2** 愛情、優しい心 [Sk.]

ಹೃದಯಕ್ರಿಯೆ ⟦hṛdayakriye フルダヤクリエ⟧ [hrɯdəjəkrije] 《文》 *n.* 心臓の働き、心臓の鼓動、脈 [Sk.]

ಹೃದಯರೋಗ ⟦hṛdayarōga フルダヤローガ⟧ [hrɯdəjɐroːgɐ] *n.* 心臓病 [Sk.]

ಹೃದಯಶೂಲೆ ⟦hṛdayaśūle フルダヤシューレ⟧ [hrɯdəjəʃuːle] *n.* **1** 心臓の痛み **2** 心痛、苦悩 [Sk.]

ಹೃದಯಸ್ತಂಭನ ⟦hṛdayastaṃbʰana フルダヤスタンバナ⟧ [hrɯdəjəstəmbʰənɐ] *n.* 心臓麻痺 [Sk.]

ಹೃದಯಂಗಮ ⟦hṛdayaṃgama フルダヤンガマ⟧ [hrɯdəjəŋgəmɐ] 《文》 *adj.*（景色や物語や絵などが）楽しい、快い、満足を与える [Sk.]

ಹೃದಯವಂತ ⟦hṛdayavaṃta フルダヤヴァンタ⟧ [hrɯdəjəvəntɐ] *adj.*, *m.* 《*f.* ಹೃದಯವಂತಳು/ ಹೃದಯವಂತೆ (hṛdayavaṃtaḷu/ hṛdayavaṃte)》心の暖かい〈人〉、親切な〈人〉 [Sk.]

ಹೃದಯವಂತಿಕೆ ⟦hṛdayavaṃtike フルダヤヴァンティケ⟧ [hrɯdəjəvəntĭke] *n.* 心が暖かいこと、親切なこと [*hṛdayavaṃta* + *-ike*]

ಹೃದಯವಿದ್ರಾವಕ ⟦hṛdayavidrāvaka フルダヤヴィドラーヴァカ⟧ [hrɯdəjəvidrɐːvəkɐ] 《文》 *adj.* かわいそうな、悲劇的な（物語や映画など） [Sk.]

ಹೃದಯಾಂತರಾಳ ⟦hṛdayāṃtarāḷa フルダヤーンタラーラ⟧ [hrɯdəjɐːntərɐːɭɐ] *n.* 心の奥、心の底 [Sk.]

ಹೃದಯಾಘಾತ ⟦hṛdayāgʰāta フルダヤーガータ⟧ [hrɯdəjɐːgʰɐːtɐ] *n.* 心臓発作 [Sk.]

ಹೃದ್ಯ ⟦hṛdya フルディャ⟧ [hrɯdˑjɐ] 《文》 *adj.* 気持ちのよい（景色など）、楽しい、面白い（物語など） [Sk.]

ಹೃದ್ರೋಗ ⟦hṛdrōga フルドローガ⟧ [hrɯdroːgɐ/hrudroːgɐ] *n.* **1** 心臓病 **2**〔喩〕心の苦しみ、心痛 [Sk.]

ಹೃದ್ರೋಗಿ ⟦hṛdrōgi フルドローギ⟧ [hrɯdroːgi] *n.* 心臓病者 [Sk.]

ಹೆಂಗರುಳು ⟦heṃgaruḷu ヘンガルル⟧ [heŋgəruɭu] *n.* **1** 女心 **2** 優しい心、同情心 ¶ ಅವನದ್ದು ಹೆಂಗರುಳು. (avanaddu heṃgaruḷu.) あの人は心の優しい人だ。 [*heṇ* + *karuḷu* D4395]

ಹೆಂಗಸು ⟦heṃgasu ヘンガス⟧ [heŋgə̆su] ಹೆಂಗುಸು *f.* 《*m.* ಗಂಡಸು (gaṃḍasu)》女性、女子 [*heṇ* + *kūsu* D4395] = ಹೆಂಗುಸು (heṃgusu)

ಹೆಂಗುಸು ⟦heṃgusu ヘングス⟧ [heŋgŭsu] 《古》 *f.* 《*m.* ಗಂಡಸು (gaṃḍasu)》 [*heṇ* + *kūsu* D4395] ☞ ಹೆಂಗಸು (heṃgasu)

ಹೆಂಗೆ ⟦hemṃge ヘンゲ⟧ [heŋge] 《方》 *adv.* どのように [Ka. < *ehaṃge* < *ē pāṃgu*「やり方」+ *-e* D5151] ☞ಹೇಗೆ (hēge)〔汎〕

ಹೆಂಚು ⟦hemṃcu ヘンチュ⟧ [heɲʧu] *n.* 1 瓦、屋根瓦 2 チャパーティーなどを焼く浅くて広いフライパン［⇒図］[Ka. D4385]

ಹೆಂಚು
フライパン

ಹೆಂಟೆ¹ ⟦hemṃṭe ヘンテ⟧ [heɳʈe] ಪಿಟ್ಟೆ, ಪೆಂಟಿ, ಪೆಂಟೆ, ಪೆಂಡಿ, ಪೆಟ್ಟ, ಪೆಟ್ಟೆ², ಪೆಟ್ಟೆ, ಹೆಂ-ಡೆ, ಹೆಟ್ಟ, ಹೆಟ್ಟೆ *n.* 1 土や黒砂糖などの塊 2 土くれを砕く槌の一種 = ಹೆಂಟೆಗೊಡತಿ (hemṃṭegoḍati) 3 日干し煉瓦 [Ka. D4394]

ಹೆಂಟೆ² ⟦hemṃṭe ヘンテ⟧ [heɳʈe] 《古》 *n.* 雌鶏、雌の鳥 [Ka. *D4395] ☞ಹೇಟೆ (hēṭe)

ಹೆಂಡ ⟦hemṃḍa ヘンダ⟧ [heɳɖɐ] *n.* 1 ヤシの果汁を発酵させたもの、ヤシ酒 2 アルコール飲料(一般) [Ka. D4397]

ಹೆಂಡತಿ ⟦hemṃḍati ヘンダティ⟧ [heɳɖə̆ti] *m.* 《*m.* ಗಂಡ (gaṃḍa)》妻、女房 [Ka. *D4395(a)]

ಹೆಂಡೆ ⟦hemṃḍe ヘンデ⟧ [heɳɖe] 《古》 *n.* 土や黒砂糖の塊 [Ka. D4394] ☞ಹೆಂಟೆ (hemṃṭe)

ಹೆಂದು ⟦hemṃdu ヘンドゥ⟧ [hendu] ಹಂದು 《古》 *vi.* 1 減る、減少する；縮む 2 後ずさりする；ためらう [Ka. D3926]

ಹೆಂಪು ⟦hemṃpu ヘンプ⟧ [hempu] 《古》 *n.* 偉大さ、卓越、優越、優れていること [Ka. *D4411] ☞ಪೆಂಪು (pemṃpu)

ಹೆಕ್ಕು ⟦hekku ヘック⟧ [hekku] *vt.* (鳥が)〈餌を〉ついばむ、〈地面に落ちた貨幣や穀粒などを〉一つ一つ拾い上げる [Ka. **perku* D4423]

ಹೆಕ್ಟೇರ್ ⟦hekṭēr ヘクテール⟧ [hekʈeːr] *n.* ヘクタール(100 アールすなわち 10,000 ㎡に当たる農地の単位) [Eg. hectare]

ಹೆಗಲ್ ⟦hegal ヘガル⟧ [hegə̆l] 《古》 *n.* [Ka. *D4172] ☞ಹೆಗಲು (hegalu)〔現〕

ಹೆಗಲು ⟦hegalu ヘガル⟧ [hegə̆lu] ಪೆಗಲ್, ಪೆಗಲು, ಹೆಗಲ್ *n.* 肩 [Ka. OK *pegal* *D4172]

ಹೆಗಲುಕೊಡು ⟦hegalukoḍu ヘガルコドゥ⟧ [hegəlukoɖu] *vi.* 《*dat.*》(…の)責任を負う、(…を)引き受ける ¶ ಅವರು ಮಂತ್ರಿಪದವಿಗೆ ಹೆಗಲುಕೊಟ್ಟರು. (avaru maṃtripadavige hegalukoṭṭaru.) 彼は大臣の職を引き受けた。 [+ *koḍu*]

ಹೆಗ್ಗ ⟦hegga ヘッガ⟧ [heggɐ] 《古》 *m.* 《*f.* ಪೆಗ್ಗಪೆಣ್ (pegga peṇ)》 [Ka. D4381] ☞ಪೆಂಗ (pemṃga)

ಹೆಗ್ಗಣ ⟦heggaṇa ヘッガナ⟧ [heggə̆ɳɐ] ಪೆಗ್ಗಣ, ಪೆರ್ಗಣ *n.* インドオニネズミ [Ka. D4411] *[BIA pl.46]

ಹೆಗ್ಗಳ ⟦heggaḷa ヘッガラ⟧ [heggə̆ɭɐ] 《古》 (*n.*) 多量〈の〉、多数〈の〉、潤沢〈な〉 [Ka. D5467]

ಹೆಗ್ಗಳಿಕೆ ⟦heggaḷike ヘッガリケ⟧ [heggə̆ɭike] *n.* 偉大さ、誇れるもの ¶ ಅತಿಹೆಚ್ಚು ಉದ್ಯಾನವನಗಳಿರುವುದು ಬೆಂಗಳೂ-ರಿನ ಹೆಗ್ಗಳಿಕೆ. (atiheccu udyānavanagaḷiruvudu bemṃgaḷūrina heggaḷike.) 公園がたくさんあることがベンガルールの誇りである。 [?]

ಹೆಗ್ಗು ⟦heggu ヘッグ⟧ [heggu] 《‡》 *n.* 1 はにかみ、内気さ 2 恥じらい、恥ずかしい思い [Ka. D776] = ಎಗ್ಗು (eggu)〔汎〕

ಹೆಚ್ಚಳ ⟦heccaḷa ヘッチャラ⟧ [heʧʧə̆ɭɐ] *n.* 1 増大、増加 2 潤沢、豊富(金銭や水や資源など) [Ka. D4411]

ಹೆಚ್ಚಿಗೆ ⟦heccige ヘッチゲ⟧ [heʧʧĭge] (*n.*) 1 増大、増加 2 潤沢、豊富(金銭や水や資源など)= ಹೆಚ್ಚಳ (heccaḷa) —*adv.* 1 多く、たくさん ¶ ಅವರು ದಿನವೂ ಹೆಚ್ಚಿಗೆ ಕೆಲಸ ಮಾಡುತ್ತಾರೆ. (avaru dinavū heccige kelasa māḍuttāre.) あの男性は毎日よく働く。 2 余分に、必要以上に ¶ ಟ್ಯಾಕ್ಸಿಡ್ರೈವರ್ ನನ್ನಿಂದ ಹೆಚ್ಚಿಗೆ ಹಣ ತೆಗೆದುಕೊಂಡನು. (tyāksiḍraivar nannimṃda heccige haṇa tegedukomṃḍanu.) タクシーの運転手は私から余分に金を取った。= ಜಾಸ್ತಿ (jāsti) ☞ಹೆಚ್ಚುಗೆ (heccuge) [Ka. < OK *percuge*, D4411]

ಹೆಚ್ಚು¹ ⟦heccu ヘッチュ⟧ [heʧʧu] *vt.* 〈野菜などを〉細かく切る [Ka. D46] *cf.* ಹಚ್ಚು (haccu) "to mince"

ಹೆಚ್ಚು² ⟦heccu ヘッチュ⟧ [heʧʧu] ಪೆಚ್ಚು, ಪೆರ್ಚು, ಪೆಚ್ಚು (*n.*) 1 多く〈の〉、多数〈の〉、多量〈の〉¶ ಭಾರತದಲ್ಲಿ ಜನಸಂಖ್ಯೆ ಹೆಚ್ಚು. (bʰāratadalli janasaṃkʰye heccu.) インドは人口が多い 2 余分〈の〉、必要以上〈の〉、社会通念の許容範囲を越えている〈こと〉¶ ಜಮೀ-ನ್ದಾರನು ಕೂಲಿಕೆಲಸಗಾರರಿಂದ ಹೆಚ್ಚು ಕೆಲಸ ಮಾಡಿಸಿದನು. (jamīndāranu kūlikelasagārarimṃda heccu kelasa māḍisidanu.) 地主は日雇いの労働者をこき使った。 —*vi.* 増大する、増える、拡大する [Ka. *percu* D4411]

ಹೆಚ್ಚಿಸು ⟦heccisu ヘッチス⟧ [heʧʧisu] *vt.* 増大する、〈税金や公共料金などを〉上げる [+ *-isu* caus]

ಹೆಚ್ಚುಗೆ ⟦heccuge ヘッチュゲ⟧ [heʧʧŭge] ಪೆಚ್ಚುಗೆ, ಪೆರ್ಚು-ಗೆ, ಹೆಚ್ಚಿಗೆ 《古》 *n.* 増大、など [Ka. < OK *percuge* D4411]

ಹೆಚ್ಚುವರಿ ⟦heccuvari ヘッチュヴァリ⟧ [heʧʧuvə̆ri] *n.* 1 増大、増加 2 余分、あまり ¶ ಹೆಚ್ಚುವರಿ ಬೆಳೆ ಇದ್ದರೆ ಅದನ್ನು ಮಾರಬಹುದು. (heccuvari beḷe iddare adannu mārabahudu.) もし余分の収穫があればそれを売ることができる。 [*heccu* + *-vari*]

ಹೆಜ್ಜೆ ⟦hejje ヘッジェ⟧ [heʤʤe] ಪಜ್ಜೆ, ಪೆಜ್ಜೆ, ಹಜ್ಜೆ 《文》 *n.* 1 足跡 2 1歩(の幅)、歩幅 3 足音 [Pk. *pajjā*- A6]

ಹೆಟ್ಟ ⟦heṭṭa ヘッタ⟧ [heʈʈɐ] 《古》 *n.* ヒマシ油を搾った後の油かす [Ka. *D4394] ☞ಹೆಂಟೆ (hemṃṭe)

ಹೆಟ್ಟು ⟦heṭṭu ヘットゥ⟧ [heʈʈu] 《古》 *vt.* 1〈刀などを〉突き刺す 2〈陰茎などを〉挿し込む、挿入する —*vi.* まぐわう (*Kitt.*) [Ka. D4390]

ಹೆಟ್ಟುಕೊಳ್ಳು ⟦heṭṭukoḷḷu ヘットゥコッル⟧ [heʈʈukoɭɭu] *vi.* (針や棘などが) 刺さる ¶ ಅವನು ಬಟ್ಟೆ ಹೊಲೆಯುವಾಗ ಸೂಜಿ ಹೆಟ್ಟುಕೊಂಡಿತು. (avanu baṭṭe holeyuvāga sūji heṭṭukomṃḍitu.) 仕事中にあの人は針で指を突いた。 [+ *koḷḷu*]

ಹೆಟ್ಟುಗೆ ⟦heṭṭuge ヘットゥゲ⟧ [heʈʈŭge] 《古》 *f.* 1 妻、婦人、女房、奥さん 2 女性、女子 3 女友達 [Ka. D4395(b)]

ಹೆಟ್ಟೆ ⟦heṭṭe ヘッテ⟧ [heʈʈe] 《古》 *n.* (土や黒砂糖などの)塊 [Ka. *D4394] ☞ಹೆಂಟೆ (hemṭe)

ಹೆಡಂದಲೆ ⟦heḍamdale ヘダンダレ⟧ [heɖəndǝle] 《古》 *n.* 1 後頭部 2 (自分の)後ろ、後ろ側、後部 [Ka. D4146]

ಹೆಡ ⟦heḍa ヘダ⟧ [heɖɐ] 《古》 *n.* 後ろ [Ka. D4146]

ಹೆಡಕು ⟦heḍaku ヘダク⟧ [hɖə̆ku] 《古》 *n.* 1 うなじ 2 砦の上の塔の後ろ側 [Ka. D4146] = ಹೆಗತ್ತು (hegattu)〔現〕

ಹೆಡಗೆ ⟦heḍage ヘダゲ⟧ [heɖə̆ge] *n.* 竹製の大きな籠 [Sk. *pēṭikā-*] *cf.* ಬುಟ್ಟಿ = ಹೆಡಿಗೆ (buṭṭi, = heḍige)

ಹೆಡತಲೆ ⟦heḍatale ヘダタレ⟧ [heɖə̆tәle] ಪೆಡಂದಲೆ ಪೆಡತಲೆ, ಪೆಡದಲೆ, ಹೆಡದಲೆ *n.* 1 後頭部 2 (自分の)後ろ、後ろ側、後部 ¶ ಮರಣದ ಸಮಯದಲ್ಲಿ ಯಮನು ಹೆಡದಲೆಯಲ್ಲಿ ಕಾಯುತ್ತಿರುತ್ತಾನೆ ಎಂಬ ನಂಬಿಕೆ ಇದೆ. (maraṇada samayadalli yamanu heḍadaleyalli kāyuttiruttāne emba nambike ide.) 人が死ぬ時にヤマは後ろに立って待っていると、人々は信じている。[Ka. D4146]

ಹೆಡದಲೆ ⟦heḍadale ヘダダレ⟧ [heɖə̆dәle] *n.* [Ka. D4146] ☞ಹೆಡತಲೆ (heḍatale)

ಹೆಡಸು ⟦heḍasu ヘダス⟧ [heɭə̆su] (*n.*) 1 高慢〈な〉 2 (ヨーグルトなどの)濃度が高い〈こと〉 [Ka. D4392] ☞ಪೆಡಸು (peḍasu)

ಹೆಡಿಗೆ ⟦heḍige ヘディゲ⟧ [heɖĭge] *n.* ☞ಹೆಡಗೆ (heḍage)

ಹೆಡೆ ⟦heḍe ヘデ⟧ [heɖe] ಪೆಡೆ *n.* (コブラの)からかさ状に広がった頸部、フード [⇒図] [Ka. A47]

ಹೆಡೆ
コブラのフード

ಹೆಡ್ಡ ⟦heḍḍa ヘッダ⟧ [heɖɖɐ] *m.* 《*f.* ಹೆಡ್ಡಿ (heḍḍi)》馬鹿、愚か者、阿呆 [Ka. D792]

ಹೆಡ್ಡತನ ⟦heḍḍatana ヘッダタナ⟧ [heɖɖə̆tәnɐ] *n.* 愚かしさ、愚行 [*heḍḍa* + *-tana*]

ಹೆಡ್ಡತಿ ⟦heḍḍati ヘッダティ⟧ [heɖɖə̆ti] *f.* 《*m.* ಹೆಡ್ಡ (heḍḍa)》愚かな女性、馬鹿な女性 [Ka. D792]

ಹೆಡ್ಡಿ ⟦heḍḍi ヘッディ⟧ [heɖɖi] *f.* 《*m.* ಹೆಡ್ಡ (heḍḍa)》愚かな女性、馬鹿な女性 [Ka. D792]

ಹೆಡ್ಡು ⟦heḍḍu ヘッドゥ⟧ [heɖɖu] (*n.*) 馬鹿 [Ka. D792]

ಹೆಣ್ ⟦heṇ ヘン⟧ [hen] 《古》 *f.* 女性、女子 [Ka. *D4395] ☞ಹೆಣ್ಣು (heṇṇu)〔現〕

ಹೆಣ ⟦heṇa ヘナ⟧ [heɳɐ] ಪೆಣ *n.* (人間の)死体 [Ka. D4157] *cf.* ಶವ (śava) "corpse"

ಹೆಣಗು ⟦heṇagu ヘナグ⟧ [heɳə̆gu] ಪೆಣಗು *vi.* 1《古》争う 2 苦闘する ¶ ಆ ಉಪಾಧ್ಯಾಯರು ದಡ್ಡ ವಿದ್ಯಾರ್ಥಿಗಳ ಜೊತೆ ಹೆಣಗುತ್ತಿದ್ದಾರೆ. (ā upādʰyāyaru daḍḍa vidyārtʰigaḷa jote heṇaguttiddāre.) あの先生は頭の悪い学生たちに教えるために悪戦苦闘している。[Ka. *peṇagu* *D4160]

ಹೆಣಗಾಟ ⟦heṇagāṭa ヘナガータ⟧ [heɳə̆gɐːʈɐ] ಪೆಣಗಾಟ *n.* 1《古》争い、闘争 2〔喩〕苦闘、困難と戦うこと ¶ ಬಡತನದೊಂದಿಗೆ ಅವನ ಹೆಣಗಾಟವನ್ನು ನೋಡಿ ನೊಂದೆ. (baḍatanadomdige avana heṇagāṭavannu nōḍi nomde.) 彼の苦闘を見て胸が痛んだ。3〔喩〕苦難、困難 [+ *āṭa*]

ಹೆಣಿಕೆ ⟦heṇike ヘニケ⟧ [heɳike] *n.* 1 (セーターや籠や縄などを)編むこと 2 編んで作ったもの、編み物 3 (編んだものの)質感、手ざわり、触感 [ಹೆಣೆ + *-ike*] = ಹೆಣಿಗೆ (heṇige)

ಹೆಣಿಗೆ ⟦heṇige ヘニゲ⟧ [heɳige] *n.* [*heṇe* + *-ige*] ☞ಹೆಣಿಕೆ (heṇike)

ಹೆಣೆ ⟦heṇe ヘネ⟧ [heɳe] ಪೆಣೆ *vt.* 1〈縄を〉なう、〈むしろや籠や髪の毛やセーターなどを〉編む 2〈二つのもの同士を〉絡み合わせる、〈あるものを〉他の何かに絡み合わせる [Ka. *peṇe* D4160]

ಹೆಣ್ಣಾಳು ⟦heṇṇāḷu ヘンナール⟧ [heɳɳɐːɭu] *f.* 《*m.* ಗಂಡಾಳು (gamḍāḷu)》女性労働者、女性肉体労働者 [*heṇṇu* + *āḷu*]

ಹೆಣ್ಣಿಗ ⟦heṇṇiga ヘンニガ⟧ [heɳɳĭgɐ] *m.* 1 女性的な男性、女性っぽい男性 2 臆病者、女々しい男性 3 性的不能の男性 [Ka. D4395]

ಹೆಣ್ಣು ⟦heṇṇu ヘンヌ⟧ [heɳɳu] ಪೆಣ್, ಪೆಣ್ಣು, ಹೆಣ್ *f.* 《*m.* ಗಂಡು (gamḍu)》女子、女性 [Ka. *peṇṇu* D4395] cf. ಹೆಂಗಸು (hemgasu)

ಹೆಣ್ಣುಗ ⟦heṇṇuga ヘンヌガ⟧ [heɳnrŭgɐ] 《古》 *m.* 1 女性的な男性、女性っぽい男性 2 臆病者、女々しい男性 3 性的不能の男性 [Ka. D4395]

ಹೆಣ್ಣುತನ ⟦heṇṇutana ヘンヌタナ⟧ [heɳɳutәnɐ] ಹೆಣ್ತನ 《古》 *f.* 女性であること；女性的な性質 [Ka. D4395] ☞ಹೆಣ್ಣುತನ (heṇṇutana)

ಹೆದರಿಕೆ ⟦hedarike ヘダリケ⟧ [heđə̆rike] *n.* 恐れ、恐れること [Ka. D4401]

ಹೆದರು ⟦hedaru ヘダル⟧ [heđə̆ru] *vi.* 恐れる、怖がる [Ka. D4401] cf. ಬೆಚ್ಚು, ಬೆಚ್ಚಿಬೀಳು (beccu, beccibīḷu)

ಹೆದರಿಸು ⟦hedarisu ヘダリス⟧ [heđə̆risu] *vt.* 脅かす、恐れさせる [+ *-isu* caus.]

ಹೆದಱು ⟦hedaṟu ヘダル⟧ [heđə̆ṟu] 《古》 *vi.* 《*dat.*》恐れる、怖がる —*n.* 恐れ、恐怖 = ಹೆದರು (hedaru)〔現〕[Ka. D4401]

ಹೆದ್ದಾರಿ ⟦heddāri ヘッダーリ⟧ [heddɐːri] *n.* 幹線道路、ハイウェイ [Ka. *peru* D4411 + *dāri*] = ಹೈವೇ (haivē)〔口〕

ಹೆಪ್ಪು ⟦heppu ヘップ⟧ [heppu] *n.* 牛乳を発酵させるための種ヨーグルト [Ka. D4421]

ಹೆಪ್ಪುಗಟ್ಟು ⟦heppugaṭṭu ヘップガットゥ⟧ [heppugәʈʈu] *vi.* (牛乳が)凝乳になる、(液体が)固まる、(血液が)凝固する [*heppu* + *kaṭṭu*]

ಹೆಬ್ಬಯಕೆ ⟦hebbayake ヘッバヤケ⟧ [hebbәjə̆ke] *n.* 大きな望み [*peru* D4411 + *bayake*]

ಹೆಬ್ಬಾಗಿಲು ⟦hebbāgilu ヘッバーギル⟧ [hebbɐːgĭlu] *n.* (城や町の)表門の扉 [*peru* 4411 + *bāgilu*]

ಹೆಬ್ಬಾವು ⟦hebbāvu ヘッバーヴ⟧ [hebbɐːvu] *n.* ニシキヘビ [*peru* D4411 + *hāvu*]

ಹೆಬ್ಬುಲಿ ⟦hebbuli ヘッブリ⟧ [hebbuli] *n.* 大きな虎 [*peru* D4411 + *puli*]

ಹೆಬ್ಬೆಟ್ಟು ⟦hebbeṭṭu ヘッベットゥ⟧ [hebbeʈʈu] *n.* (足や手の)親指 [Ka. *per* D4411 + *beṭṭu*] = ಹೆಬ್ಬೆರಳು (hebberaḷu)

ಕಾಲಿನ ಹೆಬ್ಬೆಟ್ಟು ⟦kālina hebbeṭṭu カーリナヘッベットゥ⟧ [kɐːlinə hebbeʈʈu] *n.* 足の親指

ಹೆಬ್ಬೆರಳು ⟦hebberaḷu ヘッベラル⟧ [hebberəɭu] *n.* (足や手の)親指 [Ka. *D4411 *per* + *beraḷu*]

ಕಾಲಿನ ಹೆಬ್ಬೆರಳು ⟦kālina hebberaḷu カーリナヘッベラル⟧ [kɐːlinaə hebbraɭu] *n.* 足の親指

ಹಿರಿಮೆ ⟦hirime ヒリメ⟧ [hirime] *n.* 誇り、自負心 [Ka. *perme* *D4411] ☞ಹೆಮ್ಮೆ (hemme)

ಹೆಮ್ಮೆ ⟦hemme ヘンメ⟧ [hemme] ಪೆಮ್ಮೆ, ಪೆರ್ಮೆ, ಹಿರಿಮೆ *n.* **1** 誇り、自負心 **2** うぬぼれ [Ka. *perme* *D4411]

ಹೆಮ್ಮೆ ಕೊಚ್ಚು ⟦hemme koccu ヘンメコッチュ⟧ [hemme koʧʧu] 《古》*vi.* 自慢する、法螺(ほら)を吹く [+ *koccu*³ D2043]

ಹೆಬ್ಬೊತ್ತಿಗೆ ⟦hebbottige ヘッボッティゲ⟧ [hebbottĭge] *n.* 大きな本 [Ka. *per* 4411 + *pottige*]

ಹೆಮ್ಮೆ ⟦hemme ヘンメ⟧ [hemme] ಪೆಮ್ಮೆ, ಪೆರ್ಮೆ, ಹಿರಿಮೆ *n.* **1** 誇り、自負心 **2** うぬぼれ [Ka. *perme* *D4411]

ಹೆರಿಗೆ ⟦herige ヘリゲ⟧ [herige] *n.* 出産、お産 [Ka. *peṟ* + *-ige*]

ಹೆರಾಯಿನ್ ⟦herāyin ヘラーイン⟧ [herɐːjin] *n.* ヘロイン [Eg. heroin]

ಹೆರು ⟦heru ヘル⟧ [heru] ಪೆರು, ಪೆಱು, ಹೆಱು *vt.* 〈子どもを〉生む [Ka. *peṟ* *D4422]

ಹೆರೆ¹ ⟦here ヘレ⟧ [here] *n.* 蛇の抜け殻 [Ka. *D3981] ☞ಪೊರೆ (pore)[1]

ಹೆರೆ² ⟦here ヘレ⟧ [here] *vt.* **1** 〈ココナツやニンジンなどを〉削る **2** 〈果物の皮などを〉むく [Ka. D4417]

ಹೆರೆಮಣೆ ⟦heremaṇe ヘレマネ⟧ [herĕməɳe] *n.* (料理用の)実野菜を削る道具 [Ka. D4417] = ತುರೆಮಣೆ (turemaṇe)

ಹೆರ್ಕು ⟦herku ヘルク⟧ [herku] 《古》*vt.* 拾い集める [Ka. D4423] = ಹೆಕ್ಕು (hekku)〔現〕

ಹೆಱಗು ⟦heṟagu ヘラグ⟧ [heɾə̆gu] 《古》*n.* **1** 後ろ、後ろ側 **2** 過去に起こったこと [Ka. D4333] = ಹೊರಗೆ (horage)〔現〕

ಹೆಸರಾಂತ ⟦hesarāṃta ヘサラーンタ⟧ [hesə̆rɐːntɐ] *adj.* 有名な、高名の [*hesaru* + perf. v.adj. of *ān*]

ಹೆಸರು ⟦hesaru ヘサル⟧ [hesə̆ru] ಪೆಸರ್, ಪೆಸರು, ಪೇರ್[1] ಪೇರು *n.* **1** 名前 **2** 有名、名声 [Ka. *pesar* D4410]

ಹೆಸರು ⟦hesaru ヘサル⟧ [hesərŭkɐːɭu] *n.* リョクトウ(緑豆、マメ科ササゲ属、実は小豆大の緑色でサーンバールを作るのに用いる)⇀ 食・薬 [Ka. *D3941] *[IMP 5.379]

ಹೆಸರುಕಾಳು ⟦hesarukāḷu ヘサルカール⟧ [hesərŭkɐːɭu] *n.* 丸のままの緑豆(サーンバールを作るのに用いる豆の一種)⇀ 食・薬 [Ka. *D3941]

ಹೆಹೆಹೆ ⟦hehehe ヘヘヘ⟧ [hehhehhe] (*n.*) へっへっへっ(舌の前部を少し高めて通常は悪意をもって笑う声を表す擬音語) [Ka. onom.]

ಹೆಳವ ⟦heḷava ヘラヴァ⟧ [heɭə̆vɐ] *m.* 《*f.* ಹೆಳವಿ (heḷavi)》 **1** 足が不自由な人 = ಕುಂಟ (kuṃṭa) **2** 体が不自由な人 [Ka. OK *peṛava*] = ಅಂಗಹೀನ (aṃgahīna)

ಹೆಳವಿ ⟦heḷavi ヘラヴィ⟧ [heɭə̆vi] *f.* 《*m.* ಹೆಳವ (heḷava)》 **1** 足が不自由な女性 **2** 体が不自由な女性 [Ka. OK *peṛavi*]

ಹೆಳವು ⟦heḷavu ヘラヴ⟧ [heɭə̆vu] 《古》(*n.*) 《*f.* ಹೆಳವಿ (heḷavi)》 **1** 足が不自由な〈こと〉(*Śmd.210*) **2** 体が不自由な〈こと〉 [Ka. OK *peṛavu*]

ಹೇಂಗೆ ⟦hēṃge ヘーンゲ⟧ [heːŋge/hɛːŋge] ಎಹಂಗೆ, ಎಹಗೆ, ಎಹೆಗೆ, ಹೆಂಗೆ, ಹೇಂಗೆ, ಹೇಗೆ *adv.* どのように、いかに [Ka. *ehaṃge* D5151] ☞ಹೇಗೆ (hēge)〔汎〕

ಹೇಂಟೆ ⟦hēṃṭe ヘーンテ⟧ [heːɳʈe/hæːɳʈe] 《古》*n.* 雌鶏、雌の鳥 [Ka. D4434] ↔ ಹುಂಜ (huṃja)

ಹೇ¹ ⟦hē ヘー⟧ [heː] 《‡》*n.* 狂気、狂暴 (*Kitt.*) [Ka. D4438]

ಹೇ² ⟦hē ヘー⟧ [heː] *intrj.* おい、…よ(ごく親しい人や神に呼びかける言葉、人に高圧的に呼びかける言葉) ¶ ಹೇ ರಾಮಾ ನನ್ನನ್ನು ಕಾಪಾಡು! (hē rāmā nannannu kāpāḍu!) ラーマよ、お守りください。[Ka. onom.]

ಹೇಕುಳಿ ⟦hēkuḷi ヘークリ⟧ [heːkuɭi] 《古》*n.* 精神異常者 [Ka. *hē* D4438 + *-kuḷi* D1918]

ಹೇಕುಳಿಗೊಳ್ ⟦hēkuḷigoḷ ヘークリゴル⟧ [heːkuɭigoɭ] 《古》*vi.* 狂う、精神に異常をきたす [+ *koḷ*]

ಹೇಗ ⟦hēga ヘーガ⟧ [heːgɐ] 《古》*m.* 《*f.* ಹೇಗಿ (hēgi)》愚か者、馬鹿者 [Ka. *D4381/D4438] ☞ಪೆಂಗ (peṃga)

ಹೇಗೆ ⟦hēge ヘーゲ⟧ [heːge/hɛːge/hæge] ಎಹಗೆ, ಎಹಂಗೆ, ಎಹೆಂಗೆ, ಎಂಗೆ, ಹೆಂಗೆ, ಹೇಂಗೆ, ಹ್ಯಾಗೆ, ಹ್ಯಾಂಗೆ *adv.* どのように、いかに ¶ ನೇತಾಜಿ ಹೇಗೆ ಮರಣ ಹೊಂದಿದರು? (nētāji hēge maraṇa hoṃdidaru?) ネータージー(スバース・チャンドラボス氏)はどうして亡くなったの。[Ka. *ē* D5151 + *pāṃgu* + *-e*]

ಹೇಟೆ ⟦hēṭe ヘーテ⟧ [heːʈe/hɛːʈe] ಹೆಂಟೆ, ಹೇಟಿ *n.* 雌鶏、雌の鳥 [Ka. D4434] ↔

ಹೇಡಿ ⟦hēḍi ヘーディ⟧ [heːɖi] *mf.* **1** 臆病者、勇気のない人 **2** 性的不能者 [Ka. D4434]

ಹೇಡಿತನ ⟦hēḍitana ヘーディタナ⟧ [heːɖitə̆nɐ] *n.* 臆病、臆病さ [*hēḍi* + *-tana*]

ಹೇದೆ ⟦hēde ヘーデ⟧ [heːde] 《古》*mf.* 幽霊、悪霊 [OK *pēta* ←Sk. *prēta-* cf. D4438]

ಹೇನು ⟦hēnu ヘーヌ⟧ [heːnu] *n.* シラミ [Ka. *pēn* *D4449]

ಹೇಮ ⟦hēma ヘーマ⟧ [heːmɐ] 《文》*n.* 金、黄金 [Sk.]

ಹೇಯ ⟦hēya ヘーヤ⟧ [heːjɐ] 《文》(*adj.*) **1** 捨てるべき〈こと〉、受け入れたがらない〈こと〉 **2** 卑しい〈こと〉、卑劣〈な〉 ¶ ಅವನು ಇಂತಹ ಹೇಯ ಕೃತ್ಯವನ್ನು ಎಸಗುತ್ತಾನೆಂದು ತಿಳಿದಿರಲಿಲ್ಲ. (avanu iṃtaha hēya kṛtyavannu esaguttāneṃdu tiḷidiralilla.) 彼がこんな卑劣な仕事に関わっていたとは知らなかった。[Sk.]

ಹೇರ್ ⟦hēr ヘール⟧ [heːr] 《古》(荷づくりした)荷物、積み荷 [Ka. *pēṟ* D4446]

ಹೇರಳ ⟦hēraḷa ヘーララ⟧ [heːrəɭɐ] (*n.*)（雨や資源などが）豊富〈な〉、豊か〈な〉¶ ಈ ಬಾರಿ ಹೇರಳ ಮಳೆಯಾಗಿದೆ. (ī bāri hēraḷa maḷeyāgide.) 今年は雨が十分降った。[Ka. D4411]

ಹೇರಾಳ ⟦hērāḷa ヘーラーラ⟧ [heːrɐːɭɐ] 《方》(*n.*)（雨や資源などが）豊富〈な〉、豊か〈な〉[Ka. D4411]

ಹೇರು ⟦hēru ヘール⟧ [heːru] ಪೇರು, ಪೇಱು, ಹೇರ್, ಹೇಱು *vt.* **1** 積み重ねる **2** 置く、載せる **—*n.*** **1** 一人の人間や一頭の動物が運ぶ荷物 **2**〔喩〕責任 [Ka. *D4446]

ಹೇಲು ⟦hēlu ヘール⟧ [heːlu] *vi.* 排便する、大便する **—*n.***（人間の）排泄物、大便 [Ka. OK *pēl* *D4441(a)]

ಹೇವ ⟦hēva ヘーヴァ⟧ [heːvɐ] 《古》*n.* 嫌悪、反感 [Ka. D908] = ಜುಗುಪ್ಸೆ (jugupse)

ಹೇವರಿಸು ⟦hēvarisu ヘーヴァリス⟧ [heːvərĭsu] *vi.* 嫌悪感を抱く、ぞっとする ¶ ಅವನು ಕೊಳಕನ್ನು ಕಂಡು ಹೇವರಿಸಿದನು. (avanu koḷakannu kaṃḍu hēvarisidanu.) 彼は汚物を見て胸がむかついた。[Ka. D908] ಜುಗುಪ್ಸೆಗೊಳ್ಳು (jugupsegoḷḷu)

ಹೇಸಿಕೆ ⟦hēsike ヘーシケ⟧ [heːsĭke] 《古》*n.* **1** 汚物、不潔物 **2** 嫌悪 [Ka. *pēsike* D4431] ☞ಪೇಸಿಕೆ (pēsike)

ಹೇಸಿಗೆ ⟦hēsige ヘーシゲ⟧ [heːsĭge] ಪೇಸಿಗೆ, ಹೇಸಿಕೆ *n.* **1** 嫌悪 ¶ ಅವನ ರೀತಿಯಿಂದ ನನಗೆ ಹೇಸಿಗೆಯಾಯಿತು. (avana rītiyiṃda nanage hēsigeyāyitu.) 彼のやり方に私は嫌悪をもよおした。**2** 汚物、不潔な物 [Ka. D4431]

ಹೇಸು ⟦hēsu ヘース⟧ [heːsu] ಪೇಚು, ಪೇಸು *vi.* 嫌悪をもよおす、ぞっとする ¶ ನಾನು ಚರಂಡಿಯನ್ನು ನೋಡಿ ಹೇಸಿದೆನು. (nānu caraṃḍiyannu nōḍi hēsidenu.) 下水を見てぞっとした。[Ka. *pēs* D4431]

ಹೇಳ್ ⟦hēḷ ヘール⟧ [heːɭ] 《古》*vt.*《過去語幹 hēḷd-》**1** 命じる、命令する、言いつける **2**〈村などを〉贈与を証明する刻文と共に贈与する (*insc.*) [Ka. *D4430] ☞ಹೇಳು (hēḷu)〔汎〕

ಹೇಳಿಕೆ ⟦hēḷike ヘーリケ⟧ [heːɭĭke] ಪೇೞ್ಕೆ, ಪೇಳ್ಕೆ *n.* **1** 言われたこと、陳述 **2** 指令、言いつけ、命令 **3** 記述 **4** 招待 **5** 嘆願、懇願 [*hēḷu* + *-ike* D4430]

ಹೇಳು ⟦hēḷu ヘール⟧ [heːɭu] ಪೇಳ್, ಪೇಳು, ಪೇೞ್, ಹೇಳ್, ಹೇೞ್, ಹೇೞು *vt.* **1** 言う、話す、〈あることを〉通常は言葉によって伝える；〈物語を〉語る ¶ ಜನರಿಗೆ ಪುರಾಣ ಹೇಳುವುದು ಅವರ ಕೆಲಸ. (janarige purāṇa hēḷuvudu avara kelasa.) 聴衆にプラーナの物語を語るのが彼らの仕事だ。**2**〈詩文を〉作る **3** 命じる [Ka. *pēṟ* D4430]

ಹೇೞ್ ⟦hēṟ ヘール⟧ [heːɻ] 《古》*vt.*《過去語幹 hēṟd-》言う、話す、〈あることを〉通常は言葉によって伝える [Ka. *D4430] ☞ಹೇಳು (hēḷu)〔汎〕

ಹೇೞು ⟦hēṟu ヘール⟧ [peːɻu] 《古》*vt.*《過去語幹 hēṟd-》言う、話す、〈あることを〉通常は言葉によって伝える [Ka. *D4430] ☞ಹೇಳು (hēḷu)〔汎〕

ಹೈಕು ⟦haiku ハイク⟧ [həiku] *n.* 俳句 [Jp. haiku]

ಹೈಡ್ರೋಜನ್ ⟦haiḍrōjan ハイドロージャン⟧ [həidroːʤən] *n.* 水素 [Eg. *hydrogen*] = ಜಲಜನಕ (jalajanaka)〔文〕

ಹೈದ ⟦haida ハイダ⟧ [həidɐ] 《方》*m.* 少年、男の子 [Ka. D3939]

ಹೈದರಾಬಾದ್ ⟦haidarābād ハイダラーバード⟧ [həidărɐːbɐːd] *n.* ハイデラーバード（テランガーナ州の州都、アーンドラ・プラデーシュ州の新州都完成までは同州の州都も兼ねる）[Pe. *ḥaidarābād*]

ಹೈವೇ ⟦haivē ハイヴェー⟧ [həiveː] 《方》*n.* 幹線道路、ハイウェイ [Eg. *highway*] = ಹೆದ್ದಾರಿ (heddāri)

ಹೊನ್- ⟦hon- ホン-⟧ [hon] *pref.* 「金」「黄金」の意味を表す接頭辞 [Ka. D4570] = ಚಿನ್ನ (cinna)^2；☞ಹೊಂಬಾಳೆ (hoṃbāḷe)

ಹೊಂಗರ ⟦hoṃgara ホンガラ⟧ [hoŋgărɐ] *n.* インド珊瑚の樹（デイゴの近縁種、キンマや胡椒のつるの支えとして植えられる）→ 薬 (*St. &Pl.* (*Kitt.*)) [Ka. *poṃgara* D4468] *[IMP 2.378]

ಹೊಂಗು ⟦hoṃgu ホング⟧ [hoŋgu] ಪೊಂಗು 《古》*vi.* **1** 膨れる、膨らむ、膨張する **2**（煮物などが）吹きこぼれる **3**（花が）咲く、開く **4** 大喜びする [Ka. *D4469] = ಹಿಗ್ಗು (higgu)〔現〕

ಹೊಂಗಿಸು ⟦hoṃgisu ホンギス⟧ [hoŋgĭsu] 《古》*vt.* 膨らます、など [Ka. caus. *D4469]

ಹೊಂಗೆ ⟦hoṃge ホンゲ⟧ [hoŋge] ಹೊಂಗು *n.* クロヨナ（黒与那、マメ科クロヨナ属の木で藤色や薄桃色の花が咲く、街路樹として植えられることも多い）[Ka. D4341] *[IMP 4.341]

ಹೊಂಚು ⟦hoṃcu ホンチュ⟧ [hoɲʧu] ಪೊಂಚು *vi.* **1**（刺客や強盗や虎などが）隠れて機会をうかがう、待ち伏せする **2** こっそりと偵察する **—*n.*** **1**（攻撃などの）機会をうかがうこと **2** 偵察、監視 [Ka. D4596]

ಹೊಂಚು ಹಾಕು ⟦hoṃcu hāku ホンチュハーク⟧ [hoɲʧu hɐːku] *vi.*（虎や強盗などが）隠れて機会をうかがう

ಹೊಂದಾಣಿಕೆ ⟦hoṃdāṇike ホンダーニケ⟧ [hondɐːɳĭke] *n.* **1** 調和、似合うこと **2** 整合、一致、首尾一貫 **3** 妥協、折り合い ¶ ವ್ಯವಸ್ಥಾಪಕನು ಕೆಲಸದವರೊಡನೆ ಹೊಂದಾಣಿಕೆ ಮಾಡಿಕೊಂಡನು. (vyavasthāpakanu kelasadavaroḍane hoṃdāṇike māḍikoṃḍanu.) 支店長は従業員と折り合いをつけた。[*hoṃdu* + *-āṇike*] = ಹೊಂದಿಕೆ (hoṃdike)

ಹೊಂದಿಕೆ ⟦hoṃdike ホンディケ⟧ [hondĭke] *n.* 調和、協調 [Ka. *D4541] = ಹೊಂದಾಣಿಕೆ (hoṃdāṇike) ☞ಹೊಂದಿಗೆ (hoṃdige)

ಹೊಂದಿಗೆ ⟦hoṃdige ホンディゲ⟧ [hondige] ಪೊಂದಿಕೆ, ಪೊರ್ದುಗೆ, ಪೊಂದಿಗೆ, ಪೊಂದುಗೆ, ಪೊದ್ದಿಗೆ, ಪೊರ್ದಿಗೆ, ಪೊರ್ದುಗೆ, ಪೊಂದುಗೆ, ಹೊಂದಿಕೆ, ಹೊದ್ದಿಗೆ, ಹೊದ್ದುಗೆ *n.* 調和、協調 [Ka. *D4541] ☞ಹೊಂದಿಗೆ (hoṃdige)

ಹೊಂದು¹ ⟦hoṃdu ホンドゥ⟧ [hondu] ಪೊಂದು, ಪೊದ್ದು, ಪೊರ್ದು, ಪೊಱ್ದು, ಹೊಂದು *vi.*（二つ以上のものが）調和する ¶ ಈ ಕೆಲಸ ಅವನಿಗೆ ಹೊಂದುವುದಿಲ್ಲ. (ī kelasa avanige homduvudilla.) この仕事はあの人には向かない。 —*vt.* 1 得る、獲得する、かち取る ¶ ಸರ್ ಸಿ.ವಿ. ರಾಮನ್ ಅಪಾರ ಜ್ಞಾನವನ್ನು ಹೊಂದಿದ್ದರು. (sar si.vi. rāman apāra jñānavannu hoṃdiddaru.) C.V. ラーマン卿は途方もない知識を身につけていた。 2 経験する、〈よいことや悪いことを〉味わう ¶ ಆತನು ಹೃದಯಶಸ್ತ್ರಚಿಕಿತ್ಸೆಯ ಅನುಭವವನ್ನು ಹೊಂದಿದ್ದಾನೆ. (ātanu hr̥dayaśastracikitseya anubʰavavannu hoṃdiddāne.) あの人は心臓手術の経験を持っている。 [Ka. *pordu* D4541]

ಹೊಂದಿಕೊಳ್ಳು ⟦hoṃdikoḷḷu ホンディコッル⟧ [hondikoḷḷu] *vt.* 1 適応する ¶ ನಾನು ಹಳ್ಳಿಯ ಪರಿಸರಕ್ಕೆ ಹೊಂದಿಕೊಳ್ಳುತ್ತೇನೆ. (nānu haḷḷiya parisarakke hoṃdikoḷḷuttēne.) 私は田舎の環境に適応するつもりだ。 2 隣接する ¶ ಕರ್ನಾಟಕವು ಆರು ರಾಜ್ಯಗಳಿಗೆ ಹೊಂದಿಕೊಂಡಂತೆ ಇದೆ. (karnāṭakavu āru rājyagaḷige hoṃdikoṃḍaṃte ide.) カルナータカ州は六つの州に隣接している。 [+ *koḷḷu*]

ಹೊಂದು² ⟦hoṃdu ホンドゥ⟧ [hondu] 《古》 *vi.* 死ぬ、亡くなる、他界する —*n.* 死去、死亡 ☞ ಪೊಂದು (poṃdu)² [Ka. *D4571]

ಹೊಂದುಗೆ ⟦hoṃduge ホンドゥゲ⟧ [honduge] *n.* 調和、協調 [Ka. *D4541] ☞ ಹೊಂದಿಗೆ (hoṃdige)

ಹೊಂಪುಣಿ ⟦hoṃpuṇi ホンプニ⟧ [hompuṇi] 《古》 *n.* 多数、多量、たくさん [Ka. *D4569] ☞ ಪೊಂಪುಱಿ (poṃpuṟi)

ಹೊಂಪುಳಿ ⟦hoṃpuḷi ホンプリ⟧ [hompuḷi] 《古》 *n.* 1 多数、多量、たくさん 2 喜び、満足 3 (喜びなどで)身の毛が逆立つこと、鳥肌 [Ka. *D4569] ☞ ಪೊಂಪುಱಿ (poṃpuṟi)

ಹೊಂಬಾಳೆ ⟦hoṃbāḷe ホンバーレ⟧ [hombɐːḷe] *n.* ビンロウジュやココヤシやバナナなどの金色に萌え出る花の房を包む半開きの皮膜 [*hoṃ* 4570 + *bāḷe*]

ಹೊಂಬು ⟦hoṃbu ホンブ⟧ [hombu] *n.* つる草、葡萄(ほふく)植物 [Ka. *D3949] ☞ ಪರಪು (parapu)

ಹೊಕ್ಕಳು ⟦hokkaḷu ホッカル⟧ [hokkǝ̆ḷu] *n.* へそ [Ka. *porkuṟ* *D4460] = ಪೊಕ್ಕುಳು (pokkuḷu)

ಹೊಕ್ಕು¹ ⟦hokku ホック⟧ [hokku] *n.* 緯糸(よこ) [Ka. *pokku* *D4238?] ↔ ಹಾಸು (hāsu)

ಹೊಕ್ಕು² ⟦hokku ホック⟧ [hokku] 《‡》 *n.* できもの、腫れ物、火膨れ、水膨れ (*Si.200 (Kitt.)*) [Ka. D4455]

ಹೊಕ್ಕುಳ್ ⟦hokkuḷ ホックル⟧ [hokkuḷ] *n.* へそ [Ka. *porkuṟ* *D4460] = ಪೊಕ್ಕುಳು (pokkuḷu)

ಹೊಕ್ಕುಳ ⟦hokkuḷa ホックラ⟧ [hokkŭḷɐ] *n.* へそ [Ka. *porkuṟ* *D4460] = ಪೊಕ್ಕುಳು (pokkuḷu)

ಹೊಕ್ಕುಳು ⟦hokkuḷu ホックル⟧ [hokkŭḷu] ಪೊಕ್ಕಳು, ಪೊಕ್ಕಟ್, ಪೊಕ್ಕಟು, ಪೊಕ್ಕುಳ್, ಪೊಕ್ಕುಳು, ಪೊಕ್ಕುಟ್, ಪೊಕ್ಕುಱು, ಪೊರ್ಕುೞ್, ಪೊರ್ಕುಳ್, ಪೊರ್ಕುಟ್, ಹೊಕ್ಕಳು, ಹೊಕ್ಕುಳ್, ಹೊಕ್ಕುಳ, ಹೊಕ್ಕುಱ, ಹೊಕ್ಕುಱು *n.* へそ [Ka. *porkuṟ* D4460(a)]

ಹೊಕ್ಕುಱ ⟦hokkuṟa ホックラ⟧ [hokkŭɻɐ] 《古》 *n.* へそ [Ka. *porkuṟ* D4460(a)] = ಪೊಕ್ಕುಳು (pokkuḷu)

ಹೊಕ್ಕುಱು ⟦hokkuṟu ホックル⟧ [hokkuɻu] 《古》 *n.* へそ [Ka. *porkuṟ* D4460(a)] = ಪೊಕ್ಕುಳು (pokkuḷu)

ಹೊಗರು ⟦hogaru ホガル⟧ [hogǝ̊ru] 《文》 *n.* 1 輝き、きらめき 2 喜び、歓喜、熱狂 3 傲慢、うぬぼれ [Ka. OK *pogar* *D4232]

ಹೊಗರೇರು ⟦hogarēru ホガレール⟧ [hogǝ̊reːru] 《文》 *vi.* 1 明るく輝く 2 喜ぶ 3 熱狂する

ಹೊಗರ್ತೆ ⟦hogarte ホガルテ⟧ [hogǝrte] 《古》 *n.* [Ka. *D4235] ☞ ಪೊಗೞ್ತೆ (pogaṟte)

ಹೊಗಳತೆ ⟦hogaḷate ホガラテ⟧ [hogǝḷǝ̆te] 《古》 *n.* [Ka. *D4235] ☞ ಪೊಗೞ್ತೆ (pogaṟte)

ಹೊಗಳಿಕೆ ⟦hogaḷike ホガリケ⟧ [hogḷĭke] ಪೊಗಳಿಕೆ, ಪೊಗಳ್ಕೆ, ಪೊಗೞ್ಕೆ, ಹೊಗಳ್ಕೆ *n.* 賞賛、誉め称えること [*hogaḷu* + *-ike*, *D4235]

ಹೊಗಳು ⟦hogaḷu ホガル⟧ [hogǝ̆ḷu] ಪೊಗಳ್, ಪೊಗಳು, ಪೊಗೞ್ *vt.* 賞賛する、誉め称える —*n.* 賞賛、褒めること [Ka. < OK *pogaṟ* *D4235]

ಹೊಗಳುಭಟ್ಟ ⟦hogaḷubʰaṭṭa ホガルバッタ⟧ [hogǝ̆ḷubʰǝṭṭɐ] *m.* 1 (王を誉め称える)宮廷詩人 2 へつらう人、おべっか使い [*hogaḷu* + *bʰaṭṭa*]

ಹೊಗಳ್ಕೆ ⟦hogaḷke ホガルケ⟧ [hogǝḷke] *n.* 賞賛、誉め称えること [*hogaḷu* + *-ike*, *D4235] ☞ ಹೊಗಳಿಕೆ (hogaḷike)

ಹೊಗಳ್ತೆ ⟦hogaḷte ホガルテ⟧ [hogǝḷte] 《古》 *n.* [Ka. *D4235] ☞ ಪೊಗೞ್ತೆ (pogaṟte)

ಹೊಗರ್ತೆ ⟦hogarte ホガルテ⟧ [hogǝ̆rte] 《古》 *n.* [Ka. *D4235] ☞ ಪೊಗೞ್ತೆ (pogaṟte)

ಹೊಗು ⟦hogu ホグ⟧ [hogu] 《文》 *vt.* 《過去語幹 hokk-》 入る [Ka. D4238] ☞ ಪೊಗು (pogu)

ಹೊಗೆ ⟦hoge ホゲ⟧ [hoge] ಪೊಗೆ *n.* 1 煙 2 湯気、湯煙 [Ka. D4240]

ಹೊಗೆಯಾಡು ⟦hogeyāḍu ホゲヤードゥ⟧ [hogejɐːḍu] *v.imp.* 1 煙が出る、煙る 2 (心の中で)何か怨みを抱いている。¶ ಅವನ ಮನಸಿನಲ್ಲಿ ಏನೋ ಹೊಗೆ ಆಡುತ್ತಿದೆ. (avana manasinalli ēnō hoge āḍuttide.) 彼は心の中で(私に)何か恨みを抱いてる。 [+ *āḍu*]

ಹೊಗೆಹಾಕು ⟦hogehāku ホゲハーク⟧ [hogehɐːku] *vi.* 1 火をつける 2 煙を立てる 3 嫌がらせをする ¶ ಹೋಗು ಅನ್ನಲಾರದೆ ಹೊಗೆ ಹಾಕಿದರು. (hōgu annalārade hoge hākidaru.) 出て行けとは言えずに彼らは嫌がらせをした。 [+ *hāku*]

ಹೊಗೆಬಂಡಿ ⟦hogebaṃḍi ホゲバンディ⟧ [hogebǝnḍi] 《方》 *n.* 蒸気機関車に牽かれる列車 [*hoge* + *baṃḍi*] (NK) = ಉಗಿಬಂಡಿ (ugibaṃḍi)

ಹೊಗೆಬತ್ತಿ ⟦hogebatti ホゲバッティ⟧ [hogebǝtti] *n.* 葉巻や巻きタバコやビーディー(糸で巻いた手巻きタバコ) [*hoge* + *batti*]

ಹೊಟ್ಟ ⟦hoṭṭa ホッタ⟧ [hoṭṭɐ] 《古》 *m.* 耳の聞こえない人 [Ka. D4487]

ಹೊಟ್ಟಿ¹ ⟦hoṭṭi ホッティ⟧ [hoṭṭi] 《方》 *vi.* 爆発する、はじける (*Bark.*) [Ka. D4490]

ಹೊಟ್ಟಿ² ⟦hoṭṭi ホッティ⟧ [hoṭṭi] 《古》 *n.* (壁や板などにあいた)穴 [Ka. *D4599] ☞ ಪೋಟೆ (pōṭe)

ಹೊಟ್ಟಿಹೋಗು ⟦hoṭṭihōgu ホッティホーグ⟧ [hoʈʈiho:gu] 《古》 *n.* (壁や板などに)穴があく [+ *hōgu*] = ಪೊಟ್ಟಿಬೀಳು (poṭṭibīḷu)

ಹೊಟ್ಟು ⟦hoṭṭu ホットゥ⟧ [hoʈʈu] *n.* 1 籾殻や糠(籾殻と糠(tavuḍu)を区別する人もしない人もいる) 2 役に立たないもの [Ka. *D4491]

ಹೊಟ್ಟುಕುಟ್ಟು ⟦hoṭṭukuṭṭu ホットゥクットゥ⟧ [hoʈʈŭkuʈʈu] *vi.* 「籾殻を打つ」、役に立たないことをする

ಹೊಟ್ಟೆ ⟦hoṭṭe ホッテ⟧ [hoʈʈe] ಪೊಟ್ಟೆ *n.* 1 胃、胃袋 2 腹、お腹 3 子宮 [Ka. *poṭṭe* *D4494] = ಉದರ (udara) 〔文〕

ಹೊಟ್ಟೆಕಟ್ಟು ⟦hoṭṭekaṭṭu ホッテカットゥ⟧ [hoʈʈekəʈʈu] *vi.* 《*gen.*》 1 便秘する、便通がない ¶ ನನ್ನ ಹೊಟ್ಟೆ ಕಟ್ಟಿದೆ. (nanna hoṭṭe kaṭṭide.) 私は便秘している。 2 食うや食わずの生活をする、ひもじい思いをして暮らす ¶ ಅವನು ಹೊಟ್ಟೆ ಕಟ್ಟಿ ಮಗಳನ್ನು ಶಾಲೆಗೆ ಕಳಿಸುತ್ತಾನೆ. (avanu hoṭṭe kaṭṭi magaḷannu śālege kaḷisuttāne.) あの人はひもじい思いをして娘を学校へやっている。 [+ *kaṭṭu* 「縛る」]

ಹೊಟ್ಟೆಕಿಚ್ಚು ⟦hoṭṭekiccu ホッテキッチュ⟧ [hoʈʈekiccu] *n.* 嫉妬、羨むこと [+ *kiccu*] = ಹೊಟ್ಟೆಯುರಿ (hoṭṭeyuri)

ಹೊಟ್ಟೆಕಿಚ್ಚುಪಡು ⟦hoṭṭekiccupaḍu ホッテキッチュパドゥ⟧ [hoʈʈekiccupəɖu] 嫉妬する、焼きもちを焼く [+ *kiccu* + *paḍu*]

ಹೊಟ್ಟೆತುಂಬು ⟦hoṭṭetuṃbu ホッテトゥンブ⟧ [hoʈʈetumbu] *vi.* 《*dat.*》お腹がいっぱいになる、満腹する [+ *tuṃbu*]

ಹೊಟ್ಟೆತೊಳಸು ⟦hoṭṭetoḷasu ホッテトラス⟧ [hoʈʈetoɭə̆su] *vi.* 《*gen.*》 吐き気をもよおす、胸がむかつく [+ *toḷasu*]

ಹೊಟ್ಟೆನೋಯು ⟦hoṭṭenōyu ホッテノーユ⟧ [hoʈʈeno:ju] *v.imp.* 《*dat.*》 腹が痛い、腹痛がする ¶ ನನಗೆ ಹೊಟ್ಟೆ ನೋಯುತ್ತಿದೆ. (nanage hoṭṭe nōyuttide.) 私はお腹が痛い。 [+ *nōyu*]

ಹೊಟ್ಟೆನೋವು ⟦hoṭṭenōvu ホッテノーヴ⟧ [hoʈʈeno:vu] *n.* 腹痛 [+ *nōvu*]

ಹೊಟ್ಟೆಬಾಕ ⟦hoṭṭebāka ホッテバーカ⟧ [hoʈʈebɐ:kɐ] *m.* 《*f.* ಹೊಟ್ಟೆಬಾಕಿ (hoṭṭebāki)》大食い、大食漢 [*hoṭṭe* + *-bāka* ←Sk. *bhākṣa*-?]

ಹೊಟ್ಟೆಬೇನೆ ⟦hoṭṭebēne ホッテベーネ⟧ [hoʈʈebe:ne] *n.* 腹痛 [+ *bēne*]

ಹೊಟ್ಟೆಮುರಿ ⟦hoṭṭemuri ホッテムリ⟧ [hoʈʈemuri] *v.imp.* 《*dat.*》 1 お腹が痛い、腹が痛む 2 苦しむ、嫉妬する ―*n.* 腹痛 [+ *muri* 「捩じれる」]

ಹೊಟ್ಟೆಯುರಿ ⟦hoṭṭeyuri ホッテユリ⟧ [hoʈʈejuri] *v.imp.* 《*dat.*》 1 (トウガラシを食べ過ぎるなどして)胃が焼ける 2 嫉妬する、ねたむ ¶ ನಮ್ಮ ಅಭಿವೃದ್ಧಿಯನ್ನು ನೋಡಿ ಅಕ್ಕನ ಹೊಟ್ಟೆಯುರಿಯುತ್ತದೆ. (namma abʰivṛddʰiyannu nōḍi akkana hoṭṭeyuriyuttade.) うちの繁栄を見て姉は嫉妬している。 ―*n.* 嫉妬、ねたむこと = ಹೊಟ್ಟೆಕಿಚ್ಚು (hoṭṭekiccu) [+ *uri*]

ಹೊಟ್ಟೆಹೊರೆ ⟦hoṭṭehore ホッテホレ⟧ [hoʈʈehore] *vi.* 《*gen.*》暮らす、生計を立てる ¶ ಅವಳು ಮೊಸರು ಮಾರಿ ತನ್ನ ಹೊಟ್ಟೆಹೊರೆದುಕೊಳ್ಳುತ್ತಿದ್ದಾಳೆ. (avaḷu mosaru māri tanna hoṭṭehoredukoḷḷuttiddāḷe.) 彼女はヨーグルトを売って暮らしている。 [+ *hore* 「養う」]

ಹೊಟ್ಟೆಪಾಡು ⟦hoṭṭepāḍu ホッテパードゥ⟧ [hoʈʈepɐ:ɖu] *n.* 生計、暮らし、生活 ¶ ಹೊಟ್ಟೆಪಾಡಿಗಾಗಿ ಅವನು ಕೊಲೆ ಮಾಡಲೂ ತಯಾರು. (hoṭṭepāḍigāgi avanu kole māḍalū tayāru.) 彼は生きていくためには殺人すら辞さない。 [*hoṭṭe* + *pāḍu* 「適切な状態」]

ಹೊಡಿ ⟦hoḍi ホディ⟧ [hoɖi] 《方》 *n.* 粉、粉末 (*Hav.*) [Ka. D4481]

ಹೊಡೆ[1] ⟦hoḍe ホデ⟧ [hoɖe] ಪೊಡೆ[1] *vt.* 1 打つ、殴る、叩く 2 盗む、横領する、強奪する ¶ ಯಾರೋ ಜೇಬಿನಿಂದ ದುಡ್ಡನ್ನು ಹೊಡೆದನು. (yārō jēbiniṃda duḍḍannu hoḍedanu.) 誰かがポケットのお金をすった。¶ ಅವನು ನನ್ನ ಆಸ್ತಿಯನ್ನು ಹೊಡೆದುಕೊಂಡ. (avanu nanna āstiyannu hoḍedukoṃḍa.) あいつが僕の財産を横領した。 [Ka. *poḍe* *D4252]

ಹೊಡೆ[2] ⟦hoḍe ホデ⟧ [hoɖe] 《方》 *n.* 側 (*Hav.*) [Ka. D4255]

ಹೊಡೆತ ⟦hoḍeta ホデタ⟧ [hoɖetɐ] *n.* 打つこと、殴ること、平手で打つこと [*hoḍe* + *-ta*]

ಹೊಡ್ಡು ⟦hoḍḍu ホッドゥ⟧ [hoɖɖu] 《方》 *vi.* 転がる、転げ回る (*Hav.*) [Ka. D4285]

ಹೊಣಚು ⟦hoṇacu ホナチュ⟧ [hoɳəʧu] 《古》 *vt.* 〈目を〉ぱちぱちさせる [Ka. *D4011] ☞ಪಳಂಚು (paḷaṃcu)

ಹೊಣೆ ⟦hoṇe ホネ⟧ [hoɳe] ಪೊಣೆ *n.* 1 責任、任務 ¶ ನಾನು ಈ ಸಂಸ್ಥೆಯ ಅಧ್ಯಕ್ಷರ ಹೊಣೆ ಕೈಕೊಂಡೆನು. (nānu ī saṃstʰeya adʰyakṣara hoṇe kaikoṃḍenu.) 私はこの研究所の所長の任務を引き受けた。 2 (借金などの)保証、身元引き受け、保釈引き受け 3 (借金などの)保証人、身元引受人 ¶ ಅವನ ಸಾಲಕ್ಕೆ ನಾನು ಹೊಣೆಯಾಗುತ್ತೇನೆ. (avana sālakke nānu hoṇeyāguttēne.) 私は彼の借金の保証人となる。= ಹೊಣೆಗಾರ (hoṇegāra) [Ka. D4160]

ಹೊಣೆಮಾಡು ⟦hoṇemāḍu ホネマードゥ⟧ [hoɳemɐ:ɖu] *vt.* 1 〈ある人に〉ある責任や任務を負わせる ¶ ಈ ಕೆಲಸಕ್ಕೆ ನಿಮ್ಮನ್ನು ಹೊಣೆಮಾಡುತ್ತೇನೆ. (ī kelasakke nimmannu hoṇemāḍuttēne.) 私はあなたをこの仕事の責任者にする。 2 (あることの)責任を〈ある人に〉負わせる、なすりつける ¶ ಅವರು ತಮ್ಮ ಸೋಲಿಗೆ ನನ್ನನ್ನು ಹೊಣೆಮಾಡಿದರು. (avaru tamma sōlige nannannu hoṇemāḍidaru.) あいつは自分の失敗の責任を私になすりつけた。 [+ *māḍu*]

ಹೊಣೆಗಾರ ⟦hoṇegāra ホネガーラ⟧ [hoɳĕgɐ:rɐ] *m.* 《*f.* ಹೊಣೆಗಾರ್ತಿ (hoṇegārti)》保証人、身元引受人 ¶ ಸಾಲವನ್ನು ತೆಗೆದುಕೊಳ್ಳಲು ಒಬ್ಬ ಹೊಣೆಗಾರ ಬೇಕು. (sālavannu tegedukoḷḷalu obba hoṇegāra bēku.) 金を借りるために保証人が必用だ。 [*hoṇe* + *-gāra*]

ಹೊಣೆಗಾರಿಕೆ ⟦hoṇegārike ホネガーリケ⟧ [hoɳegɐ:rĭke]

n. 1 責任、任務 2（借金などの）保証、保釈引き受け [*hoṇegāra* + *-ike*] ≡ ಹೊಣೆ (hoṇe)

ಹೊಣೆಗೇಡಿ ⟦hoṇegēḍi ホネゲーディ⟧ [hoɳegeːɖi] *mf.* 無責任な人 {*hoṇe* + *gēḍi*}

ಹೊಣ್ಮು ⟦hoṇmu ホンム⟧ [hoɳmu] *vi.* 生まれる、現れる [Ka. *poṇmu* *D4482] ☞ಹೊಮ್ಮು (hommu)

ಹೊತ್ತಗೆ ⟦hottage ホッタゲ⟧ [hottəge] *n.* 1 本 2（本の）巻 [Sk. *pustikā-*] ☞ಹೊತ್ತಿಗೆ (hottige)

ಹೊತ್ತರು ⟦hottaru ホッタル⟧ [hottəru] 《古》 *n.* 明け方、早朝 [Ka. *D4559] ☞ಪೊೞ್ತಱ್ (poṟtaṟ)

ಹೊತ್ತರೆ ⟦hottare ホッタレ⟧ [hottəre] 《古》 *n.* [Ka. *D4559] ☞ಪೊೞ್ತಱ್ (poṟtaṟ)

ಹೊತ್ತಱು ⟦hottaṟu ホッタル⟧ [hottə_ru] 《古》 *n.* 明け方、早朝 [Ka. *D4559] ☞ಪೊೞ್ತಱ್ (poṟtaṟ)

ಹೊತ್ತಱೆ ⟦hottaṟe ホッタレ⟧ [hottəre] 《古》 *n.* [Ka. *D4559] ☞ಪೊೞ್ತಱ್ (poṟtaṟ)

ಹೊತ್ತಾರೆ ⟦hottāre ホッターレ⟧ [hottɐːre] 《方》 *n.* 明け方、朝まだき [Ka. *D4559]

ಹೊತ್ತಾಱೆ ⟦hottāṟe ホッターレ⟧ [hottɐːre] 《古》 *n.* [Ka. *D4559] ☞ಹೊೞ್ತಱ್ (hoṟtaṟ)

ಹೊತ್ತಿಗೆ ⟦hottige ホッティゲ⟧ [hottige] ಪತ್ತಗೆ, ಪೊತ್ತಿಗೆ, ಹೊತ್ತಗೆ *n.* 1 本 2 占星術師が用いる本 3（本の）巻 [Sk. *pustikā-*] = ಹೊತ್ತಗೆ (hottage)

ಹೊತ್ತು ⟦hottu ホットゥ⟧ [hottu] ಪತ್ತು, ಪೊತ್ತು, ಪೊರ್ತು, ಪೊಳ್ತು, ಪೊೞ್ತು[2] 《古》 *vi.* 1 火がつく、燃える 2（ご飯が）焦げる、（パンなどが）焼け過ぎる —*n.* 1 太陽 2 時間 [Ka. OK *poṟtu* D4559]

ಹೊತ್ತಿಸು ⟦hottisu ホッティス⟧ [hottĭsu] *vt.* 火をつける、火を放つ、〈ランプなどに〉点火する、火をつける [+ *-isu* caus.]

ಹೊತ್ತಿಳಿ ⟦hottiḷi ホッティリ⟧ [hottĭḷi] *vi.* 日が傾く、沈む [+ *iḷi*]

ಹೊತ್ತುಗಳೆ ⟦hottugaḷe ホットゥガレ⟧ [hottugəḷe] *vi.* 時を無駄に過ごす、暇をつぶす [+ *kaḷe*]

ಹೊತ್ತುಮೀರು ⟦hottumīru ホットゥミール⟧ [hottŭmiːru] *vi.* 1 遅れる、遅刻する 2（寝坊して日の出前に起床せず）日が昇ってしまう [+ *mīru*]

ಹೊತ್ತೆ ⟦hotte ホッテ⟧ [hotte] 《方》 *n.* やぶ、茂み、叢林 (*Sholiga, LSB*) [Ka. D4509]

ಹೊದಕೆ ⟦hodake ホダケ⟧ [hođəke] 《古》 *n.* 1 覆い 2 ゆったりと体にまとう無縫裁の布 3 屋根を葺いた藁、屋根瓦 [Ka. *D4509] ☞ಹೊದಿಕೆ (hodike)〔現〕

ಹೊದರು ⟦hodaru ホダル⟧ [hođəru] 《古》 *n.* 木の洞穴、地面の穴 [Ka. D4452]

ಹೊದಸು ⟦hodasu ホダス⟧ [hođəsu] *vt.*（人に）〈毛布などを〉着せる、巻きつける [+ *-su* caus. *D4509]

ಹೊದಿ ⟦hodi ホディ⟧ [hođi] ಹೊದೆ, ಪೊದೆ *vt.* 〈毛布などで〉体を覆う、〈ショールなどを〉体に巻く ¶ ನಾನು ಶಾಲನ್ನು ಹೊದಿಯುತ್ತೇನೆ. (nānu śālannu hodiyuttēne.) 私はショールを体に巻く。[Ka. OK *pode* *D4509] ☞ಹೊದೆ (hode)

ಹೊದಿಕೆ ⟦hodike ホディケ⟧ [hođĭke] ಪೊದಕೆ, ಪೊದಲ್ಕೆ, ಪೊದಿಕೆ, ಹೊದಕೆ, ಹೊದ್ದಿಕೆ *n.* 1 覆い 2 ゆったりと体にまとう無縫裁の布 3 屋根を葺いた藁、屋根瓦 4（本の）表紙 [*hode* D4509 + *-ike*]

ಹೊದುಗು ⟦hodugu ホドゥグ⟧ [hođŭgu] 《‡》 *vt.* 孵化させる (*DCV*) [Ka. D4509]

ಹೊದುಸು ⟦hodusu ホドゥス⟧ [hođŭsu] *vt.* 覆う；〈毛布などを〉着せる、巻きつける [*hode* + *-su* caus. *D4509]

ಹೊದೆ ⟦hode ホデ⟧ [hođe] ಹೊದಿ, ಪೊದೆ *vt.*《過去語幹 hodd-》〈毛布などで〉体を覆う、〈ショールなどを〉体に巻く ¶ ನಾನು ಶಾಲನ್ನು ಹೊದೆಯುತ್ತೇನೆ. (nānu śālannu hodeyuttēne.) 私はショールを体に巻く。 —*n.* 1 矢筒 2（樹木の）茂み 3 群れ、多数、集合 [Ka. < OK *pode* *D4509]

ಹೊದಿಯಿಸು ⟦hodiyisu ホディイス⟧ [hođĭjisu] ಪೊದಿಸು, ಪೊದೆಯಿಸು, ಪೊದೆಸು, ಹೊದಿಸು, ಹೊದೆಯಿಸು, ಹೊದುಸು, ಹೊದೆಸು *vt.* 1 覆う；〈毛布などを〉着せる、巻きつける 2（煙や霧などが）覆う [+ *-isu* caus. *D4509]

ಹೊದಿಸು ⟦hodisu ホディス⟧ [hođĭsu] *vt.* 覆う；〈毛布などを〉着せる、巻きつける ¶ ಮಂತ್ರಿಗಳು ಪಂಡಿತರಿಗೆ ಗೌರವಾರ್ಥವಾಗಿ ಶಾಲನ್ನು ಹೊದಿಸುತ್ತಾರೆ. (maṃtrigaḷu paṃḍitarige gauravārt[h]avāgi śālannu hodisuttāre.) 大臣はその学者たちに肩掛けをまとわせて敬意を表する。[+ *-isu* caus. *D4509]

ಹೊದೆಸು ⟦hodesu ホデス⟧ [hođəsu] *vt.* 覆う；〈毛布などを〉着せる、巻きつける [+ *-su* caus. *D4509]

ಹೊದ್ದಿಗೆ ⟦hoddige ホッディゲ⟧ [hoddige] 《古》 *n.* 1 関係 2 従属 3 調和、協調 [Ka. *D4541] ☞ಹೊಂದಿಗೆ (hoṃdige)

ಹೊದ್ದು ⟦hoddu ホッドゥ⟧ [hoddu] 《古》 *vt.* 1〈…と〉結びつく、〈…と〉一緒になる、〈…と〉くっつく 2〈あるものに〉近づく 3 くっつく、付着する 4（…に）着く、（…に）到着する 5 入る 6 得る、獲得する 7〈道を〉取る —*vi.* 1（二つ以上のものが）調和する 2 触れる、さわる 3 生じる、手に入る ☞ಹೊಂದು (hoṃdu) [Ka. *D4541]

ಹೊದ್ದುಗೆ ⟦hodduge ホッドゥゲ⟧ [hodduge] 《古》 *n.* 1 関係、かかわり 2 近隣、近接する地方 [Ka. *D4541] ☞ಹೊಂದಿಗೆ (hoṃdige)

ಹೊನಗೊನೆ ⟦honagone ホナゴネ⟧ [honəgone] ಹನಗಾಣಿ, ಹೊನಗನೆ, ಹೊನಗನ್ನೆ, ಹೊನ್ನಗನ್ನೆ, ಹೋನುಗೊನೆ ಸೊಪ್ಪು *n.* ヒユ科の野草（その葉は食用になる）⇀ 食・薬 [?] *[IMP 1.119]

ಹೊನಲ್ ⟦honal ホナル⟧ [honəl] 《古》 *n.*（川の）流れ [Ka. *D4338] ☞ಹೊನಲು (honalu)〔現〕

ಹೊನಲು ⟦honalu ホナル⟧ [honəlu] ಪೊನಲ್, ಪೊನಲು, ಹೊನಲ್ 《雅》 *n.* 川、河、小川 [Ka. *pode* *D4338]

ಹೊನ್ನು ⟦honnu ホンヌ⟧ [honnu] ಪೊಂ, ಪೊನ್, ಪೊನ್ನು, ಹೊಂ, ಹೊನ್ *n.* 1 金、黄金 2 10ハナに相当す

る昔の金貨 **3** 富、財産 **4** 金銭 **5** 金の装身具 **6** 金色 [Ka. *pon* *D4570]

ಹೊನ್ನೆ ⟦honne ホンネ⟧ [honne] ಪೊನ್ನೆ *n.* **1** テリハボク(照葉木、オトギリソウ科テリハボク属)⇀染・材・油・薬 *[IMP 1.339] **2** インドシタン(印度紫檀、マメ科シタン属)⇀材 [Ka. *ponne* D4343]

ಹೊನ್ನೆಯ ಮರ ⟦honneya mara ホンネヤマラ⟧ [honneja ə mərɐ] *n.* キノの木(マメ科シタン属)⇀鞣・薬 [Ka. D4343] [CIT] (*IMP 4.380*)

ಹೊಪ್ಪಳಿಸು ⟦hoppaḷisu ホッパリス⟧ [hoppə̆ḷisu] *vi.* 火膨れになる、水膨れになる [Ka. D4455]

ಹೊಪ್ಪಳೆ ⟦hoppaḷe ホッパレ⟧ [hoppə̆ḷe] *n.* (やけどや虫さされでできる)火膨れ、水膨れ [Ka. D4455] = ಬೊಬ್ಬೆ (bobbe)

ಹೊಪ್ಪೆ ⟦hoppe ホッペ⟧ [hoppe] 《‡》 *n.* (果物などを)二つに割ったもの (*My.* (*Kitt.*)) [?]

ಹೊಮ್ಮು ⟦hommu ホンム⟧ [hommu] ಪೊಣ್ಮು, ಹೊಣ್ಮು *vi.* (涙や芳香などが) 流れ出る、(笑いが) こみ上げる ¶ ತನ್ನ ಅಕ್ಕನ ಸ್ಥಿತಿಯನ್ನು ನೆನೆದು ಅವಳಲ್ಲಿ ಕಣ್ಣೀರು ಹೊಮ್ಮಿತು. (tanna akkana sthitiyannu nenedu avaḷalli kaṇṇīru hommitu.) 自分の姉の状態を思って彼女は涙を押さえられなかった。 [Ka. *poṇmu* D4482]

ಹೊಕ್ಕುಳಿ ⟦hokkuḷi ホックリ⟧ [hokkuḷi] 《古》 *n.* 戦い、戦争 [Ka. *pōr* + *-kuḷi* *D4540] ☞ಪೋರ್ಕುಳಿ (pōrkuḷi)

ಹೊಯಿಗೆ ⟦hoyige ホイゲ⟧ [hojĭge] 《方》 *n.* 砂(特に海岸の砂) [Ka. D4316]

ಹೊಯಿಲ್ ⟦hoyil ホイル⟧ [hojil] 《古》 *n.* 打つこと、叩くこと、殴ること [Ka. *D4534] ☞ಪೊಯಿಲ್ (poyil)

ಹೊಯಿಲು ⟦hoyilu ホイル⟧ [hojilu] 《古》 *n.* **1** 打つこと、叩くこと、殴ること **2** 殴り合い;戦い [Ka. *D4534] ☞ಪೊಯಿಲ್ (poyil)

ಹೊಯ್ದಾಡು ⟦hoydāḍu ホイダードゥ⟧ [hoĭdɐːḍu] *vi.* (温度や値段などが)変動する、上下する [?]

ಹೊಯ್ಗೆ ⟦hoyge ホイゲ⟧ [hoĭge] 《方》 *n.* 砂 (*Hav.*) [Ka. D4316]

ಹೊಯ್ಯು¹ ⟦hoyyu ホイユ⟧ [hoĭju] ಪೊಯ್, ಹೊಯಿ, ಹೊಯ್ಯಿ, ಹೊಯ್ *vt.* (水などを)注ぐ [Ka. *D4407]

ಹೊಯ್ಯಿಸು ⟦hoyyisu ホイイス⟧ [hoĭĭsu] *vt.* 〈水などを〉注ぐ [+ *-isu* caus., *D4407]

ಹೊಯ್ಯು² ⟦hoyyu ホイユ⟧ [hoĭju] 《古》 *vt.* 打つ、殴る、殴打する [Ka. *D4534]

ಹೊರ ⟦hora ホラ⟧ [horɐ] ಪೊಱ, ಹೊಱ (*adj.*) **1** 外部〈の〉、外側〈の〉 **2** 〔喩〕自分の社会に属さない〈こと〉、よそもの〈の〉、他人〈の〉 [Ka. < *poṟa* *D4333]

ಹೊರಹಾಕು ⟦horahāku ホラハーク⟧ [horəhɐːku] *vt.* **1** 外へ出す、取り出す **2** 〈人を〉追い出す、追放する、解雇する ¶ ಅವನನ್ನು ಕೆಲಸದಿಂದ ಹೊರಹಾಕಲು ಸಾಧ್ಯವಿಲ್ಲ. (avanannu kelasadiṃda horahākalu sādhyavilla.) あの男性を解雇することは不可能だ。 [*hora* + *hāku*]

ಹೊರಕುಳಿ ⟦horakuḷi ホラクリ⟧ [horə̆kuḷi] 《文》 *mf.* 他人に依存して生活する人、寄食者 (*Hlā.196* (*Kitt.*)) [Ka. *hoṟa* + *-kuḷi*, D4283]

ಹೊರಕಡೆ ⟦horakaḍe ホラカデ⟧ [horəkə̆ḍe] ಹೊರಗಡೆ, ಪೊಱಕಡೆ, ಹೊಱಗಡೆ *adv.* 外で、外部で ¶ ಅವನು ಹೊರಕಡೆಗೆ ಹೋಗಿದ್ದಾನೆ. (avanu horakaḍege hōgiddāne.) あの人は(トイレのために)外へ出ていった。 —*postp.* 《*gen./dat.*》…の外で、…の外部で ¶ ಮನೆಯ ಹೊರಕಡೆ ಕಾರು ನಿಂತಿದೆ. (maneya horakaḍe kāru niṃtide.) 車が家の外に止まっている。 ¶ ಮಗು ಮನೆಯ ಹೊರಕಡೆ ಆಡುತ್ತಿದೆ. (magu maneya horakaḍe āḍuttide.) 子どもは家の外で遊んでいる。 [*hoṟa* + *kaḍe*]

ಹೊರಗಡೆ ⟦horagaḍe ホラガデ⟧ [horə̆gə̆ḍe] *adv.*, *postp.* [*hoṟa* + *kaḍe*] =ಹೊರಕಡೆ (horakaḍe)

ಹೊರಗು ⟦horagu ホラグ⟧ [horə̆gu] ಪೊರಗು, ಪೊಱಗು, ಹೊಱಗು *n.* 外、外部 [Ka. *D4333] ☞ಹೊರಗು (horagu) 〔現〕

ಹೊರಗೆ ⟦horage ホラゲ⟧ [horə̆ge] ಪೊಱಗೆ, ಹೊಱಗೆ *adv.* 外で、外部で —*postp.* 《*gen./dat.*》…の外で、…の外部で ¶ ಬಾಗಿಲ ಹೊರಗೆ ಹಸು ನಿಂತಿದೆ. (bāgila horage hasu niṃtide.) 扉の外に雌牛が立っている。 [Ka. < *poṟage*, *D4333]

ಹೊರಗೆಡವು ⟦horageḍavu ホラゲダヴ⟧ [horəgeḍə̆vu] *vt.* 〈秘密などを〉暴露する、ぶちまける [*hoṟa* + *keḍavu* 「投げ出す」]

ಹೊರಜಿ ⟦horaji ホラジ⟧ [horə̆ʤi] 《文》 *n.* [Ka. D4284] ☞ಪೊರಜೆ (poraje)

ಹೊರಜೆ ⟦horaje ホラジェ⟧ [horə̆ʤi] 《文》 *n.* [Ka. D4284] ☞ಪೊರಜೆ (poraje)

ಹೊರ್ಜಿ ⟦horji ホルジ⟧ [horʤi] 《文》 *n.* [Ka. *D4284] ☞ಪೊರಜೆ (poraje)

ಹೊರಟು ⟦horaṭu ホラトゥ⟧ [horə̆ṭu] 《古》 *n.* (牛やラクダなどの)背中のこぶ [Ka. D4566] = ಡುಬ್ಬ (ḍubba) 〔汎〕

ಹೊರಡು¹ ⟦horaḍu ホラドゥ⟧ [horə̆ḍu] 《古》 *vi.* 転がる、転げ回る [Ka. *poraḷ* *D4285] ☞ಹೊರಳು (horaḷu) 〔汎〕

ಹೊರಡು² ⟦horaḍu ホラドゥ⟧ [horə̆ḍu] ಪೊರಡು, ಪೊರಮಡು, ಪೊಱಂಡು, ಪೊಱಡು, ಪೊಱಮಡು, ಪೊಱವಂಡು, ಪೊಱವಡು, ಹೊರಮಡು, ಹೊರವಡು, ಹೊರಹೊಂಡು, ಹೊಱಂಡು, ಹೊಱಡು, ಹೊಱವಂಡು, ಹೊಱವಡು *vi.* 《horaṭ-》 **1** 出発する、出かける **2** (…を) 始める、開始する ¶ ಸಿದ್ಧತೆಯೆಲ್ಲ ಆದಮೇಲೆ ಕೆಲಸಕ್ಕೆ ಹೊರಡಬೇಕು. (siddhateyella ādamēle kelasakke horaḍabēku.) 準備がすっかりできてから仕事を始めるべきだ。 —*v.aux.* …しはじめる、…しだす ¶ ಸಿದ್ಧತೆಯೆಲ್ಲ ಆದಮೇಲೆ ಕೆಲಸ ಮಾಡಲು ಹೊರಡಬೇಕು. (siddhateyella ādamēle kelasa māḍalu horaḍabēku.) 準備がすっかりできてから仕事をやりはじめるべきだ。 [Ka. OK *horaḍu* < **poṟavaḍu* *D4333]

ಹೊರಡಿಸು ⟦horaḍisu ホラディス⟧ [horə̆ḍĭsu] *vt.* 出発

させる [+ -*isu* caus.]

ಹೊರಡು³ ⟦horaḍu ホラドゥ⟧ [horə̆ḍu] 《‡》 *n.* （牛やラクダなどの）背中のこぶ (*Bp.50,31* (*Kitt.*)) [Ka. D4566]

ಹೊರತರು ⟦horataru ホラタル⟧ [horə̆təru] *vt.* **1** 外へ出す **2**〈新事実を〉明るみに出す、〈本などを〉出版する、〈新製品を〉出す [*hora* + *taru*]

ಹೊರತು ⟦horatu ホラトゥ⟧ [horə̆tu] (*n.*) 別〈の〉 —*postp.* 《*gen.*》 **1** …以外、…以外に ¶ ನಿನ್ನ ಹೊರತು ನನಗೆ ಗತಿಯಿಲ್ಲ. (ninna horatu nanage gatiyilla.) 貴方以外に頼りはありません。 **2** …しないならば ¶ ನೀನು ಕೆಲಸ ಮಾಡಿದ ಹೊರತು ದುಡ್ಡು ಕೊಡುವುದಿಲ್ಲ. (nīnu kelasa māḍida horatu duḍḍu koḍuvudilla.) 仕事をしないなら君にはお金をやらない。[Ka. *poṟa* + *-tu*, *D4333]

ಹೊರತುಪಡಿಸು ⟦horatupaḍisu ホラトゥパディス⟧ [horə̆tupəḍĭsu] 《文》 *vt.* 別にする、別に扱う、別に調べる ¶ ಕುವೆಂಪುರವರ ಕಾವ್ಯಗಳನ್ನು ಸಾಮಾನ್ಯರಿಂದ ಹೊರತುಪಡಿಸಿ ಓದಬೇಕಾಗುತ್ತದೆ. (kuvempuravara kāvyagaḷannu sāmānyariṃda horatupaḍisi ōdabēkāguttade.) クヴェンプの詩は他の詩人たちのそれとは別の次元で読まねばならない。[+ *paḍisu*]

ಹೊರನಾಡು ⟦horanāḍu ホラナードゥ⟧ [horə̆nɐːḍu] *n.* カルナータカ以外の州や外国 [*hoṟa* + *nāḍu*]

ಹೊರನೋಟ ⟦horanōṭa ホラノータ⟧ [horə̆noːṭɐ] *n.* 外観 ¶ ಅವನು ಹೊರನೋಟಕ್ಕೆ ಸಜ್ಜನನಂತೆ ಕಾಣುತ್ತಾನೆ. (avanu horanōṭakke sajjananaṃte kāṇuttāne.) あの男性は外観は善人のように見える。[*hoṟa* + *nōṭa*]

ಹೊರಪಡು ⟦horapaḍu ホラパドゥ⟧ [horə̆pəḍu] *vi.* 明るみに出る、世間に知られる ¶ ರಾಷ್ಟ್ರಪತಿಯವರ ಗುಟ್ಟು ಹೊರಪಟ್ಟಿತು. (rāṣṭrapatiyavara guṭṭu horapaṭṭitu.) 大統領の秘密が明るみに出た。[*hoṟa* + *paḍu*]

ಹೊರಬಿಗ ⟦horabiga ホラビガ⟧ [horə̆bigɐ] *m.* 《*f.* *ಹೊರಬಿಗಳು (horabigaḷu)》関係ない人、よそ者 [Ka. **poṟambu* + *-iga*, *D4333}]

ಹೊರಬೀಳು ⟦horabīḷu ホラビール⟧ [horə̆biːḷu] *vi.* **1** 外へ出る、出てくる ¶ ಅವನು ಮಕ್ಕಳನ್ನು ಕರೆದುಕೊಂಡು ಅಲ್ಲಿಂದ ಹೊರಬಿದ್ದ. (avanu makkaḷannu karedukoṃḍu alliṃda horabidda.) 彼は子どもたちを連れてそこから外へ出た。 **2** 公になる、（悪事などが）暴露される [*hoṟa* + *bīḻu*]

ಹೊರವಲಯ ⟦horavalaya ホラヴァラヤ⟧ [horə̆vələ̆jɐ] *n.* 郊外、町外れ [*hoṟa* + *valaya*]

ಹೊರಸು¹ ⟦horasu ホラス⟧ [horə̆su] 《古》 *n.* ハトの一種 [Ka. *D4334] ☞ಪೊಱಸು (poṟasu)

ಹೊರಸು² ⟦horasu ホラス⟧ [horə̆su] 《古》 *n.* 出産中の女性などが用いる木の枠に縄を編んで作った寝台 [? OK *poṟasu*]

ಹೊರಳ್ ⟦horaḷ ホラル⟧ [horəḷ] 《古》 *vi.* 転がる、転げ回る [Ka. *poraḷ* *D4285] ☞ಹೊರಳು (horaḷu)

ಹೊರಳಿ ⟦horaḷi ホラリ⟧ [horə̆ḷi] 《古》 *n.* **1** 人やものの集合や群れ、堆積 **2** 多数、多量 [Ka. *D4591] ☞ಪೊರಳಿ (poraḷi)

ಹೊರಳೆ ⟦horaḷe ホラレ⟧ [horə̆ḷe] 《古》 *n.* **1** 人やものの集合や群れ、堆積 **2** 荷物、梱(こり) [Ka. *D4591] ☞ಪೊರಳಿ (poraḷi)

ಹೊರಳು ⟦horaḷu ホラル⟧ [horə̆ḷu] ಪೊರಳ್, ಪೊರಳು, ಹೊರಡು, ಹೊರಳ್ *vi.* **1** 転がる、転げ回る **2** （舌が）回る **3** 滑り落ちる **4** （他の方向へ）向きを変える **5** 後ろを向く、振り返る **6**《文》そっと抜け出す、すり抜ける **7**《文》逃げ口上を言う、尻尾を握られないように答える [Ka. *poraḷ* *D4285]

ಹೊರಳುನುಡಿ ⟦horaḷunuḍi ホラルヌディ⟧ [horə̆ḷunuḍi] 《文》 *n.* 逃げ口上 [+ *nuḍi*.]

ಹೊರಳೆ ⟦horaḷe ホラレ⟧ [horə̆ḷe] 《方》 *n.* 鼻の穴、鼻孔 [Ka.? cf. *D4560, *D4562] = ಹೊಳ್ಳೆ (hoḷḷe)

ಹೊರಿಕೆ ⟦horike ホリケ⟧ [horĭke] 《‡》 *n.* 玉ねぎの皮、石などの薄い層 (*My.* (*Kitt.*)) [Ka. D4295, cf. D3981]

ಹೊರಿಗೆ¹ ⟦horige ホリゲ⟧ [horĭge] 《‡》 *n.* 玉ねぎの皮、石などの薄い層 (*My.*; *Râm. 3.6.8.* (*Kitt.*)) [Ka. D4295, cf. D3981]

ಹೊರಿಗೆ² ⟦horige ホリゲ⟧ [horĭge] 《古》 *n.* **1** （頭や肩の上に）ものを担ぐこと **2** 荷物、重荷 **3** 責任 [Ka. D4565]

ಹೊರು ⟦horu ホル⟧ [horu] 《古》 *vt.* 《過去語幹 hott-》 **1**〈重荷を〉担ぐ、背負う、頭の上に載せる **2** 身につける **3** 得る、手に入れる **4** 企てる **5**〈苦しみなどを〉堪え忍ぶ、こらえる **6**〈責任などを〉負う、〈仕事などを〉引き受ける [Ka. *D4565]

ಹೊರೆ¹ ⟦hore ホレ⟧ [hore] *n.* **1** 覆い **2** ごまかし、偽り **3** 果物や野菜の皮 [Ka. *D3981, cf. D4295] ☞ಪೊರೆ (pore)

ಹೊರೆ² ⟦hore ホレ⟧ [hore] ಪೊರೆ 《文》 *vt.* **1** 守る、庇護する **2** 育てる、養育する —*n.* **1** 守ること、庇護 **2** 養育、養うこと ☞ಪೊರೆ (pore)². [Ka. < *pore* *D4283]

ಹೊರೆ³ ⟦hore ホレ⟧ [hore] 《古》 *vi.* **1** くっつく、接合する **2** はりつく、接着する —*vt.* **1**〈体に〉塗る **2**〈聖水、花の匂いを含んだ水などを〉振りまく、振り掛ける —*n.* **1** 結合、接合 **2** 近いこと **3** （香油などを）塗ること **4** 混合 **5** 友情、愛情 ☞ಪೊರೆ (pore)⁶ [Ka. *D4541]

ಹೊರೆ⁴ ⟦hore ホレ⟧ [hore] ಪೊರೆ, ಪೊಱೆ, ಹೊಱೆ *n.* **1** 荷、荷物 **2** 一人の人や一頭の動物が運ぶ分の荷物 **3** 任務、重荷、責任 ¶ ನನ್ನ ಮಗನೇ ನನಗೆ ಹೊರೆಯಾಗಿದ್ದಾನೆ. (nanna maganē nanage horeyāgiddāne.) 息子こそが私の重荷になっている。[Ka. < *poṟe* D4565]

ಹೊರ್ಕುಳಿ ⟦horkuḷi ホルクリ⟧ [horkuḷi] 《古》 *n.* 戦い、戦争 [Ka. *pōr* + *-kuḷi* *D4540] ☞ಪೋರ್ಕುಳಿ (pōrkuḷi)

ಹೊರ್ಜಿ ⟦horji ホルジ⟧ [horʤi] 《方》 *n.* 山車を引っ張ったり象をつないだりする太い綱 [Ka. *poraji* D4284] = ಹೊರಜಿ (horaji)

ಹೊರ್ತು ⟦hortu ホルトゥ⟧ [hortu] 《口》 (*n.*), *postp.* [Ka. D4333] =ಹೊರತು (horatu)

ಹೊಲ ⟦hola ホラ⟧ [holɐ] ಪೊಲ *n.* 1 (小麦やキビなど水を張らなくてよい作物を作る) 畑 2 所、場所、地域 3 住処、住んでいる場所 [Ka. *pola* *D4303]

ಹೊಲಗೇರಿ ⟦holagēri ホラゲーリ⟧ [holəge:ri] *n.* ハリジャンの住む集落 [*hole* + *kēri*]

ಹೊಲಬು ⟦holabu ホラブ⟧ [holə̆bu] 《古》 *n.* 1 道、道路 2 やり方 3 情報、知らせ 4 (あるものについて) 知っていること 5 秘密 [Ka. *D4548] ☞ಪೊಲಂಬು (polaṃbu)

ಹೊಲಸು ⟦holasu ホラス⟧ [holə̆su] *n.* 1 汚物、不潔物 = ಹೇಸಿಗೆ (hēsige) 2 大便、糞 3 汚点 ¶ ಗಂಡನಿಂದ ಅವಳ ಸೇವಾಕಾರ್ಯದಲ್ಲಿ ಹೊಲಸು ಹತ್ತಿತು. (gaṃḍaniṃda avaḷa sēvākāryadalli holasu hattitu.) 彼女の経歴はその夫によって汚点をつけられた。 —(*n.*) 1 きたない〈こと〉、不潔な〈こと〉 2 〔喩〕 卑劣〈な〉、さもしい〈こと〉¶ ಈ ಹೊಲಸು ಕೆಲಸ ನಾನು ಮಾಡುವುದಿಲ್ಲ. (ī holasu kelasa nānu māḍuvudilla.) 私はこのようなきたないことはしない。 [Ka. *D4547]

ಹೊಲಸುನಾತ ⟦holasunāta ホラスナータ⟧ [holə̆sunɐ:tɐ] *n.* (不潔なものや腐ったものの) 悪臭 [+ *nāta*] = ಗಬ್ಬುನಾತ (gabbunāta)

ಹೊಲಸುಮಾತು ⟦holasumātu ホラスマートゥ⟧ [holə̆sumɐ:tu] *n.* きたない言葉 [+ *mātu*]

ಹೊಲಿ ⟦holi ホリ⟧ [holi] ಪೊಲ್, ಪೊಲಿ *vt.* 縫う、縫って作る、縫い合わせる ¶ ಅವನು ರವಿಕೆಯನ್ನು ಚೆನ್ನಾಗಿ ಹೊಲಿಯುತ್ತಾನೆ. (avanu ravikeyannu cennāgi holiyuttāne.) あの男性はブラウスをうまく縫う。 [Ka. D4554]

ಹೊಲಿಗೆ ⟦holige ホリゲ⟧ [holige] ಪೊಲಿಗೆ, ಪೊಲ್ಗೆ *n.* 1 裁縫、縫うこと、縫合 2 縫い目 [*holi* + *-ige*]

ಹೊಲೆ ⟦hole ホレ⟧ [hole] *n.* 1 後産、胞衣(えな) 2 (特に女性の) 出産後や月経中の儀礼上の不浄 [Ka. *pole* D4547]

ಹೊಲೆಮನೆ ⟦holemane ホレマネ⟧ [holemə̆ne] *n.* 月経中の女性や産褥の女性が過ごす部屋 [*hole* + *mane*]

ಹೊಲೆಯ ⟦holeya ホレヤ⟧ [holejɐ] 《古》 *m.* 《*f.* ಹೊಲತಿ (holati)》ハリジャン [Ka. *D4547]

ಹೊಲ್ಲ ⟦holla ホッラ⟧ [hollɐ] 《文》 *n.* 1 悪いこと、よくないこと 2 不幸、危険 —(*adj.*) 悪い〈こと〉 —*mf.* 《*f.* *ಪೊಲ್ಲಗಾತಿ (pollagāti)》 1 悪い人、悪人 2 不幸や災難をもたらす人 ☞ಪೊಲ್ಲ (polla) [Ka. D4547]

ಹೊಸ ⟦hosa ホサ⟧ [hosɐ] ಪೊಸ (*adj.*) 1 新しい〈こと〉、新鮮〈な〉 2 最近〈の〉 3 未使用〈の〉、初めて使用される〈こと〉 4 初めての〈人〉、新開発の〈道具や機械など〉 [Ka. D4275]

ಹೊಸಕು ⟦hosaku ホサク⟧ [hosə̆ku] *vt.* 1 〈虫などを〉指や両手や足で押しつぶす 2 〔喩〕 〈敵兵などを〉手ひどく打ち負かす、粉砕する ¶ ಯುದ್ಧದಲ್ಲಿ ರಾಜನು ಶತ್ರುಗಳನ್ನು ಹೊಸಕಿ ಹಾಕಿದನು. (yuddʰadalli rājanu śatrugaḷannu hosaki hākidanu.) 戦いで王は敵兵たちを殲滅(せんめつ)した。 [Ka. *pose* + *-ku* *D4479]

ಹೊಸತನ ⟦hosatana ホサタナ⟧ [hosə̆tənɐ] *n.* 目新しさ [*hosa* + *-tana*]

ಹೊಸತು ⟦hosatu ホサトゥ⟧ [hosə̆tu] 《文》 *adj.* 新しい [*hosa* + *-tu* D4275] cf. ಹೊಸದು (hosadu) 〔汎〕

ಹೊಸದು ⟦hosadu ホサドゥ⟧ [hosə̆du] ಪೊಸತು, ಹೊಸತು, ಹೊಸ್ತು *n.* 新しい物 ¶ ಹೊಸದನ್ನು ಕೊಡಿರಿ (hosadannu koḍiri) 新しいのをください。 [*hosa* + *-tu* D4275]

ಹೊಸಬ ⟦hosaba ホサバ⟧ [hosəbɐ] ಪೊಸಂಬ, ಪೊಸಬ *m.* 《*f.* ಹೊಸಬಳು, ಹೊಸಬಿ (hosabaḷu, hosabi)》新人、新しく参加した人 [*hosa* + *-ba*]

ಹೊಸಲು ⟦hosalu ホサル⟧ [hosə̆lu] 《古》 *n.* ☞ಹೊಸ್ತಿಲು (hostilu)

ಹೊಸಿಲು ⟦hosilu ホシル⟧ [hosĭlu] 《古》 *n.* 敷居 [Ka. OK *posaṃtil* < ?] = ಹೊಸ್ತಿಲು (hostilu)

ಹೊಸೆ ⟦hose ホセ⟧ [hose] ಪೊಸೆ *vt.* 1 〈牛乳やヨーグルトなどを〉(バターをとるために) かき混ぜる、攪拌する 2 〈縄を〉編む 3 〈両手を〉揉む 4 〈敵を〉粉砕する、手ひどくやっつける ¶ ನನ್ನ ವೈರಿಯನ್ನು ನಾನು ಹೊಸೆದುಹಾಕಿದೆ. (nanna vairiyannu nānu hoseduhākide.) 私は敵を散々にやっつけた。 —*vi.* ねじれる ¶ ಜುಲಾಬು ಔಷದ ತೆಗೆದುಕೊಂಡದರಿಂದ ಹೊಟ್ಟೆ ಹೊಸೆಯುತ್ತಿದೆ. (julābu auṣada tegedukoṃdadariṃda hoṭṭe hoseyuttide.) 下剤を飲んだので腸がぐるぐる動いている。 [Ka. D4479]

ಹೊಸ್ತಿಲು ⟦hostilu ホスティル⟧ [hostilu] ಪೊಸಂತಿಲ್, ಪೊಸಂತಿಲು, ಪೊಸತಿಲ್, ಹೊಚ್ಚಲ, ಹೊಸಂತಿಲ್, ಹೊಸಂತಿಲು, ಹೊಸತಿಲ್, ಹೊಸತಿಲು, ಹೊಸಲು, ಹೊಸಿಲು, ಹೊಸ್ತಲು, ಹೊಸ್ತಿಲ 《古》 *n.* 敷居 [Ka. OK *posaṃtil* <?]

ಹೊಸ್ತು ⟦hostu ホストゥ⟧ [hostu] 《方》 *n.* 新しいもの、新鮮なもの [*hosa* + *-tu* D4275] ☞ಹೊಸದು (hosadu) 〔汎〕

ಹೊಹೊಹೊ ⟦hohoho ホホホ⟧ [hohhohho] (*n.*) ほっほっほっ (少し唇を丸めてある程度抑制しながら笑う声を表す擬音語) [Ka. onom.]

ಹೊಳಕು ⟦hoḷaku ホラク⟧ [hoʎə̆ku] 《古》 *n.* 輝き [*hoḷe* + *-ku*]

ಹೊಳಚು ⟦hoḷacu ホラチュ⟧ [hoḷə̆ʧu] 《古》 *vt.* 切る、叩き切る [Ka. D4561]

ಹೊಳಪು ⟦hoḷapu ホラプ⟧ [hoḷə̆pu] ಪೊಳಂಪು, ಪೊಳೆಪು, ಹೊಳಪು, ಹೊಳಹು *n.* (発光や反射による) 輝き [Ka. *hoḷe* *D4012 + *-pu*]

ಹೊಳಲು¹ ⟦hoḷalu ホラル⟧ [hoḷə̆lu] 《古》 *n.* 都市、町 [Ka. *D4555] = ನಗರ, ಪಟ್ಟಣ (nagara, paṭṭaṇa) ☞ಪೊೞಲ್ (poṟal)

ಹೊಳಲು² ⟦hoḷalu ホラル⟧ [hoḷə̆lu] 《古》 *n.* 木のうろ [Ka. *D4599] ☞ಪೋೞಲ್ (pōṟal) = ಪೊಟರೆ (poṭare)

ಹೊಳಲು³ ⟦hoḷalu ホラル⟧ [hoḷə̆lu] 《古》 *n.* 響き、反響、こだま [Ka.?] = ಪ್ರತಿಧ್ವನಿ (pratidʰvani)

ಹೊಳಹು ⟦hoḷahu ホラフ⟧ [hoḷə̆hu] *n.* 1《古》(発光や反射による)輝き 2 (創作の)着想 ¶ ಆ ಘಟನೆಯಿಂದ ನನ್ನಲ್ಲಿ ಕಥೆಯ ಹೊಳಹು ಉಂಟಾಯಿತು. (ā gʰaṭaneyiṃda nannalli katʰeya hoḷahu uṃṭāyitu.) 私はその事件から私の物語の着想を得た。[Ka. < *hoḷapu*]

ಹೊಳೆ¹ ⟦hoḷe ホレ⟧ [hoḷe] ಪೊಱೆ, ಪೊಳೆ *n.* 小川、せせらぎ [Ka. *poṟe* *D4318]

ಹೊಳೆ² ⟦hoḷe ホレ⟧ [hoḷe] ಪೊಳೆ² *vi.* 1 (火やダイアモンドや剣などが)輝く、まぶしく光る 2〔喩〕映える、(容貌などが)輝く 3 心に浮かぶ ¶ ಬ್ಯಾಂಕಿಗೆ ಹೋಗಲೇಬೇಕೆಂಬ ವಿಚಾರ ಹೊಳೆಯಿತು. (byāṃkige hōgalēbēkeṃba vicāra hoḷeyitu.) どうしても銀行へ行かねばならないことを急に思い出した。[Ka. *D4320]

ಹೊಳ್ಳು ⟦hoḷḷu ホッル⟧ [hoḷḷu] 《古》*n.* 1 うろ、洞穴 2 (穀物の)籾殻(もみがら)や糠(ぬか) 3 中身がからの穀物 4 無価値なもの、役に立たないもの (*Bp.6.4.84*) —(*n.*) 1 中空〈の〉、空っぽ〈の〉 2 無内容〈な〉、内容のない〈こと〉[Ka. D4562]

ಹೊಳ್ಳೆ ⟦hoḷḷe ホッレ⟧ [hoḷḷe] ಸೊಳ್ಳೆ, ಹೊರಳೆ *n.* 鼻の穴、鼻孔 [Ka. *D2863, cf. *poḷḷu* *D4560, *D4562]

ಹೊಱಗು ⟦hoṟagu ホラグ⟧ [hoṟə̆gu] 《古》*n.* 外、外部 [Ka. *D4333] ☞ಹೊರಗು (horagu)〔現〕

ಹೊಱಗೆ ⟦hoṟage ホラゲ⟧ [hoṟə̆ge] 《古》*adv.* 外で、外に、外へ —*postp.* …の外で、…の外に、…の外へ ☞ಹೊರಗೆ (horage)〔現〕[Ka. *D4333]

ಹೊಱಚ್ಚು ⟦hoṟaccu ホラッチュ⟧ [hoṟəʧʧu] 《‡》*adv.* 外側から (*My.* (*Kitt.*)) [Ka. D4333]

ಹೊಱಡು ⟦hoṟaḍu ホラドゥ⟧ [hoṟə̆ḍu] 《古》*vi.*《過去語幹 hoṟaṭ-/hoṃṭ-》1 外へ出る、飛び出る 2 出発する、出かける 3 (できものなどが)できる [Ka. D4333] ☞ಹೊರಡು (horaḍu)〔現〕

ಹೊಱಡಿಸು ⟦hoṟaḍisu ホラディス⟧ [hoṟə̆ḍisu] 《古》*vt.* 出発させる [Ka. caus.]

ಹೊಱತು ⟦hoṟatu ホラトゥ⟧ [hoṟə̆tu] (*n.*) 別〈の〉 —*postp.*《*gen.*》1 …以外、…以外に 2 …しないならば [Ka. *poṟa* + *-tu* D4333]

ಹೊಱಬಿಗ ⟦hoṟabiga ホラビガ⟧ [hoṟə̆bigɐ] 《古》*m.*《*f.* *ಪೊಱಬಿಗಳು (poṟabigaḷu)》関係ない人、よそ者 [Ka. **poṟambu* + *-iga*, *D4333]

ಹೊಱಮೆ ⟦hoṟame ホラメ⟧ [hoṟə̆me] 《‡》*n.* 外部のもの、後部のもの (Nr. (Kitt.)) [Ka. D4333]

ಹೊಱಸು ⟦hoṟasu ホラス⟧ [hoṟə̆su] 《古》*n.* ハトの一種 [Ka. D4334]

ಹೊಱಿಗೆ ⟦hoṟige ホリゲ⟧ [hoṟige] 《古》*n.* 1 (頭や肩の上に)ものを担ぐこと 2 荷物、重荷 3 責任 [Ka. D4565] ☞ಹೊರಿಗೆ (horige)²〔汎〕

ಹೊಱು ⟦hoṟu ホル⟧ [hoṟu] 《古》*vt.*《過去語幹 hott-》1〈重荷を〉担ぐ、背負う、頭の上に載せる 2 身につける 3 得る、手に入れる 4 企てる 5〈責任などを〉負う、〈仕事などを〉引き受ける 6〈苦しみなどを〉堪え忍ぶ、こらえる [Ka. *D4565] ☞ಹೊರು (horu)〔現〕

ಹೊಱೆ ⟦hoṟe ホレ⟧ [hoṟe] 《古》*n.* 1 荷物、重荷 2 頭に載せたり肩に担いだり車に載せたりして運ぶ牧草や薪などの束 [Ka. *D4565] ☞ಹೊರೆ (hore)⁴

ಹೋಂತು ⟦hōṃtu ホーントゥ⟧ [ho:ntu] 《古》*n.* 雄山羊 [Ka. D4586] ☞ಹೋತ (hōta)〔現〕

ಹೋಕ ⟦hōka ホーカ⟧ [ho:kɐ] 《古》*m.*《*f.* ಹೋಕಿ (hōki) 複合語末で》行く人、さまよう人 [*hōgu* + *-ka*]

ದಾರಿಹೋಕ ⟦dārihōka ダーリホーカ⟧ [dɐ:rihoːkɐ] *m.*《*f.* ದಾರಿಹೋಕಿ (dārihōki)》1 歩行者、道行く人 2 どこにでもいる人、平凡な人 [+ *hōka*]

ಹೋಕು ⟦hōku ホーク⟧ [ho:ku] (*n.*) 1《古》「行ってしまうこと」、去る〈こと〉、なくなる〈こと〉 2 (神像が)一部壊れて祀るのに不適切になった〈こと〉¶ ಹೋಕಾದ ವಿಗ್ರಹ ಎಂದೂ ಪೂಜೆಗೆ ಬಾರದು. (hōkāda vigraha eṃdū pūjege bāradu.) (少しでも)壊れた神像は決して礼拝に使えない。[*hōgu* + *-ku*]

ಹೋಕುಳಿ ⟦hōkuḷi ホークリ⟧ [ho:kuḷi] 《古》*n.* 戦い、戦争 [Ka. *pōr* + *-kuḷi*, *D4540] ☞ಪೋರ್ಕುಳಿ (pōrkuḷi)

ಹೋಗು ⟦hōgu ホーグ⟧ [ho:gu] ಪೋಗು *vi.*《過去語幹 hōd- 未来語幹 hōguv-》1 行く 2 出発する、立ち去る 3 なくなる、廃れる ¶ ಭಾರತದಿಂದ ಸತಿ ಪದ್ಧತಿ ಹೋಗಿದೆ. (bʰāratadiṃda sati paddʰati hōgide.) インドでは妻が夫に殉死する習慣がなくなった。 4 死ぬ、亡くなる ¶ ಅಪಘಾತದಲ್ಲಿ ಅವರು ಹೋದರು. (apagʰātadalli avaru hōdaru.) 彼は事故で亡くなった。 5 なくなる、失われる、破壊される ¶ ಮಳೆಯಿಂದ ಅವರ ಬೆಳೆ ಎಲ್ಲ ಹೋಯಿತು. (maḷeyiṃda avara beḷe ella hōyitu.) 雨で彼の作物は全滅した。 —*v.aux.* 1 ある出来事や変化が不可逆的であることなどを表す表現的補助動詞 ¶ ತಾತಾ ದಿಢೀರನೆ ಸತ್ತು ಹೋದರು. (tātā diḍʰīrane sattu hōdaru.) おじいさんが急に亡くなった。 2 …しようとする ¶ ಜನ ಚಾಲಕನನ್ನು ಕಾರಿನಿಂದ ಇಳಿಸಿ ಹೊಡೆಯಲುಹೋದರು. (jana cālakanannu kāriniṃda iḷisi hoḍeyaluhōdaru.) 人々は運転手を車からひきずりおろして殴ろうとした。[Ka. *pōgu* D4572]

ಹೋಟಿ ⟦hōṭi ホーティ⟧ [ho:ṭi] 《古》*n.* 匹敵するもの、同等のもの [Ka. *D4583] ☞ಪೋಟಿ (pōṭi)¹

ಹೋಟೆ ⟦hōṭe ホーテ⟧ [ho:ṭe] 《古》*n.* [Ka. *D4599] ☞ಪೋಟೆ (pōṭe)

ಹೋತ ⟦hōta ホータ⟧ [ho:tɐ] ಪೋಂತು, ಪೋತ, ಪೋತು, ಹೋತು *n.* 雄山羊 [Ka. *pōta* D4586] ☞ಹೋತ (hōta)〔現〕

ಹೋತು ⟦hōtu ホートゥ⟧ [ho:tu] 《古》*n.* 雄山羊 [Ka. *D4586] ☞ಹೋತ (hōta)〔現〕

ಹೋತ್ರ ⟦hōtra ホートラ⟧ [ho:t̪rɐ] 《文》*n.* 1 (ギーなど)火に投じて捧げることができる供物 2 火に投げ込む捧げもの 3 犠牲、神に生け贄を捧げること [Sk.]

ಹೋತೃ ⟦hōtr̥ ホートゥル⟧ [ho:truɯ/ho:tru] 《文》*m.* ホ

ートリ祭官(火への献供を執行する祭官) [Sk.]

ಹೋಬಳಿ ⟦hōbaḷi ホーバリ⟧ [ho:bɘ̆ḷi] *n.* 郡の下の行政区 [? cf. Ta. *ōmpaṭai*, Ma. *hōbaḷi*]

ಹೋಮ[1] ⟦hōma ホーマ⟧ [ho:mɐ] 《古》 *n.* キャラウェイ、ヒメウイキョウ(姫茴香、セリ科キャラウェイ属、ヒメウイキョウ属) ⇀ 香・薬 [Ka. D1054] = ಓಮ (ōma)

ಹೋಮ[2] ⟦hōma ホーマ⟧ [ho:mɐ] *n.* 聖火にギーを捧げることによって神々を供養する儀礼、護摩の起源となった言葉 [Sk.]

ಹೋಮಕುಂಡ ⟦hōmakuṃḍa ホーマクンダ⟧ [ho:makuɳḍɐ] *n.* ホーマの儀礼を行うための火炉、火壇 [Sk.]

ಹೋರಿ ⟦hōri ホーリ⟧ [ho:ri] *n.* (種牛として用いられる)雄牛 [Ka. D4593] = ಗೂಳಿ (gūḷi)

ಹೋರು ⟦hōru ホール⟧ [ho:ru] 《古》 *vi.* **1** 戦う **2** 〔喩〕(困難などと)戦う [Ka. *pōr* D4540]

ಹೋರಾಟ ⟦hōrāṭa ホーラータ⟧ [ho:rɐ:ṭɐ] *n.* **1** 戦い、戦争 **2** (政治的な)運動 [*hōru* + *āṭa*]

ಹೋಲ್ ⟦hōl ホール⟧ [ho:l] 《古》 *vt.* 〈…に〉似ている [Ka. D4597] ☞ಪೋಲ್ (pōl)

ಹೋಲಿಕೆ ⟦hōlike ホーリケ⟧ [ho:lĭke] *n.* 類似、似ていること [*hōlu* + *-ike*] = ಸಾಮ್ಯ (sāmya)

ಹೋಲು ⟦hōlu ホール⟧ [ho:lu] ಪೋಲ್, ಪೋಲು, ಹೋಲ್ *vt.* 〈…に〉似る、〈…に〉似ている ¶ ಈ ಮಗು ತನ್ನ ತಂದೆಯನ್ನು ಹೋಲುತ್ತಿದೆ. (ī magu tanna taṃdeyannu hōluttide.) この子はお父さん似だ。¶ ಬೆಕ್ಕು ರೂಪದಲ್ಲಿ ಹುಲಿಯನ್ನು ಹೋಲುತ್ತದೆ. (bekku rūpadalli huliyannu hōluttade.) 猫は形において虎に似ている。 [Ka. *pōl* *D4597]

ಹೋಲಿಸು ⟦hōlisu ホーリス⟧ [ho:lĭsu] *vt.* 比べる、比較する ¶ ನನ್ನನ್ನು ಅವನ ಜೊತೆ ಹೋಲಿಸಬೇಡ. (nannannu avana jote hōlisabēḍa.) 私をあの方と比べないでください。 [caus.]

ಹೋಲುವೆ ⟦hōluve ホールヴェ⟧ [ho:luve] 《古》 *n.* 類似 [Ka. *pōlu* + *-ve*, *D4597] ☞ಪೋಲ್ವೆ (pōlve)

ಹೋಲ್ವೆ ⟦hōlve ホールヴェ⟧ [ho:lve] 《古》 *n.* 類似 [Ka. *pōl* + *-ve*, *D4597] ☞ಪೋಲ್ವೆ (pōlve)

ಹೋಸ್ ⟦hōs ホース⟧ [ho:s] 《‡》 *intrj.* しいっ(獣を追い払う時に用いる言葉)(*My.* (*Kitt.*)) [Ka. D573]

ಹೋಳ್ ⟦hōḷ ホール⟧ [ho:l] 《古》 *vt.* 割る、砕く [Ka. *D4599] ☞ಪೋೞ್ (pōṛ)

ಹೋಳಿಗೆ ⟦hōḷige ホーリゲ⟧ [ho:ḷige] *n.* 平たい菓子(ハトマメと黒砂糖とココナツで作った餡を入れ、小麦粉のねり粉で包んで揚げた菓子) [Sk. *pōlikā-*] = ಒಬ್ಬಟ್ಟು (obbaṭṭu)

ಹೋಳು ⟦hōḷu ホール⟧ [ho:ḷu] ಪೋಳ್, ಪೋಳು, ಹೋೞ್, ಹೋಳ್ *vt.* **1** 割る、砕く **2** 細かく砕く **3** 壊す、破壊する ―*vi.* **1** 細かく割れる **2** 壊される、破壊される ―*n.* 果物や野菜を薄く切ったり細切れにしたりしたもの [Ka. *D4599]

ಹೋೞ್ ⟦hōṛ ホール⟧ [ho:ɻ] 《古》 *n.* 木のうろ ☞ಪೋೞ್ (pōṛ) [Ka. *D4599]

ಹೌದು ⟦haudu ハウドゥ⟧ [həuđu] *snt.* はいそうです [*ahudu*]

ಹೌಹಾರು ⟦hauhāru ハウハール⟧ [həuhɐ:ru] *vi.* びっくりする、仰天する、呆気に取られる、うろたえる ¶ ಕತ್ತಲೆಯಲ್ಲಿ ಹಾವನ್ನು ಮೆಟ್ಟಿ ಹೌಹಾರಿದೆ. (kattaleyalli hāvannu meṭṭi hauhāride.) 暗闇で蛇を踏みつけてびっくりした。 [?]

ಹ್ಯಾಂಗೆ ⟦hyāṃge ヒャーンゲ⟧ [hæ:ŋge] 《方》 *adv.* どのように、どうして [Ka. *ehaṃge* D5151] ☞ಹೇಗೆ (hēge) 〔汎〕

ಹ್ಯಾಗೆ ⟦hyāge ヒャーゲ⟧ [hjæ:ge] *adv.* どのように、どうして [Ka. *eahage* D5151] ☞ಹೇಗೆ (hēge) 〔汎〕

ಹ್ಯಾಟೆ ⟦hyāṭe ヒャーテ⟧ [hæ:ɳṭe] 《方》 *n.* 雌鶏、雌の鳥 [Ka. D4434] ↔ ಹುಂಜ (huṃja)

ಹ್ರಸ್ವ ⟦hrasva フラスヴァ⟧ [hrəs·vɐ] 《文》 (*adj.*) 〔言〕(母音が)短い〈こと〉 ―*n.* 短母音 [Sk.]

ಳ

ಳ ⟦ḷa ラ⟧ [ḷə·] *n.* カンナダその他のインド系言語において音素の連続 /ḷa/, またはカンナダその他のインド系の文字体系でそれを表す文字 [Ka.]

ಳಕಾರ ⟦ḷakāra ラカーラ⟧ [ḷəkɐ:rɐ] *n.* カンナダその他のインド系の文字で音素の連続 /ḷa/ を表す文字 [Sk.]

ಳತ್ವ ⟦ḷatva ラトヴァ⟧ [ḷətvɐ] *n.* 文字 ಳ (ḷa) *ḷa* [Sk.] = ಳಕಾರ (ḷakāra)

ಳೊಳ್ ⟦ḷoḷ ロル⟧ [ḷoḷ] (*n.*) わん(犬の吠える声を表す擬音語、ひと吠え) [Ka. onom. D5198]

ಳೊಳ್ ಳೊಳ್ ⟦ḷoḷ ḷoḷ ロルロル⟧ [ḷoḷ ḷoḷ] (*n.*) わんわん(犬の吠える声を表す擬音語) [Ka. onom. D5198]

ಱ

ಱ ⟦ṟa ラ⟧ [ṟə˙] *n.* カンナダその他のインド系言語において音素の連続 /ṟa/, またはカンナダその他のインド系の文字体系でそれを表す文字 [Ka.]

ಱಕಾರ ⟦ṟakāra ラカーラ⟧ [ṟəkɐːrɐ] *n.* カンナダその他のインド系の文字体系で音素の連続 /ṟa/ を表す文字 [Sk.]

ಱಕ್ಕೆ ⟦ṟakke ラッケ⟧ [ṟəkke] 《古》 *n.* (鳥や昆虫の)翼 [Ka. 2591] ☞ರೆಕ್ಕೆ (rekke)

ಱಚ್ಚೆ ⟦ṟacce ラッチェ⟧ [ṟəʧʧe] 《古》 *n.* **1** 泥、汚濁 **2** 〔喩〕憎しみ、嫉妬 [Ka. *D1019] ☞ರೊಚ್ಚು (roccu)

ಱಟ್ಟೆ ⟦ṟaṭṭe ラッテ⟧ [ṟəʈʈe] 《古》 *n.* **1** 翼、羽 **2** 上膊、腕の肘から肩までの部分 [Ka. D2591] ☞ರೆಟ್ಟೆ (reṭṭe)

ಱತ್ವ ⟦ṟatva ラトヴァ⟧ [ṟətvɐ] *n.* 文字 ಱ (ṟa) *ṟa* [Sk.] = ಱಕಾರ (ṟakāra)

ಱಪ್ಪೆ ⟦ṟappe ラッペ⟧ [ṟəppe] 《古》 *n.* まぶた [Ka. D5169] ☞ರೆಪ್ಪೆ (reppe)

ಱವಕೆ ⟦ṟavake ラヴァケ⟧ [ṟəvəke] 《古》 *n.* = ಱವಿಕೆ (ṟavike)

ಱವಿಕೆ ⟦ṟavike ラヴィケ⟧ [ṟəvike] 《古》 *n.* **1** 婦人の胴着［⇒図］ **2** 鎖帷子 [Ka. D5163] ☞ಱವಕೆ (ṟavake)

ಱವಿಕೆ 胴着

ಱೆಂಕೆ ⟦ṟeṃke レンケ⟧ [ṟeŋke] 《古》 *n.* 翼、羽 [Ka. *D2591] ☞ರೆಕ್ಕೆ (rekke)

ಱೆಕ್ಕೆ ⟦ṟekke レッケ⟧ [ṟekke] 《古》 *n.* **1** 翼、羽 ☞ರೆಕ್ಕೆ (rekke) **2** 腕 [Ka. D2591]

ಱೆಟ್ಟೆ ⟦ṟeṭṭe レッテ⟧ [ṟeʈʈe] 《‡》 *n.* [Ka. D2591] (*My.* (*Kitt.*)) = ಱಟ್ಟೆ (ṟaṭṭe) ☞ರೆಟ್ಟೆ (reṭṭe)

ಱೆಪ್ಪು ⟦ṟeppu レップ⟧ [ṟeppu] ರೆಪ್ಪು 《古》 *vt.* 打つ [Ka. D859]

ಱೆಪ್ಪೆ ⟦ṟeppe レッペ⟧ [ṟeppe] 《古》 *n.* **1** まぶた **2** まつげ [Ka. D5169] ☞ರೆಪ್ಪೆ (reppe)

ಱೊಪ್ಪು ⟦ṟoppu ロップ⟧ [ṟoppu] 《古》 *vi.* (虎やライオンなどが)吠える (*Śšv 4.12*) [Ka. D718]

ೞ

ೞ ⟦r̤a ラ⟧ [ɻə˙] *n.* カンナダその他のインド系言語において音素の連続 /r̤a/ またはカンナダその他のインド系の文字体系でそれを表す文字 [Ka.]

ೞಕಾರ ⟦r̤akāra ラカーラ⟧ [ɻəkɐːrɐ] *n.* カンナダその他のインド系の文字で音素の連続 /r̤a/ を表す文字 [Ka. *r̤a* + Sk. *kāra-*]

ೞತ್ವ ⟦r̤atva ラトヴァ⟧ [ɻətvɐ] *n.* 文字 ೞ (r̤a) *r̤a* [Ka. *r̤* + Sk. *tva-*] = ೞಕಾರ (r̤akāra)

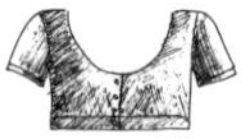

カンナダ語の文法の概要 [*]

1. 連声

語と語、あるいは語と接辞などが連続する場合、発音とその表記に変化が生じる。このような変化を、インドの諸言語においては連声(れんじょう)と呼んでいる。辞書を参照するにあたって必要最低限の規則を、以下に述べる[*1]。

ただし、サンスクリット語からの借用語同士の間に起こる連声はサンスクリット語の規則に従うので、以下では、カンナダ語同士あるいは、カンナダ語とサンスクリット語からの借用語の間に起こる連声について述べる。

a) 母音の脱落、あるいは、渡り半子音の挿入

短母音/a/ /u/ /i/ /e/で終わる語に母音で始まる語(または接辞)が付くとき、語末の短母音は消失するか、/av/[*2] /uv/や/iy/ /ey/ のように先行する母音に従う半子音が挿入される。

例)

ಅದರಿನ್ದ (adarinda) + ಆಗಿ (āgi) ⇒ ಅದರಿನ್ದಾಗಿ (adarindāgi) (それがために)
ಕಣ್ಣು (kaṇṇu) + ಇಲ್ಲ (illa) ⇒ ಕಣ್ಣಿಲ್ಲ (kaṇṇilla) (目がない)
ಮುಳುಗಿ (muḷugi) + ಆಡು (āḍu) ⇒ ಮುಳುಗಾಡು (muḷugāḍu) (しばしば沈む)
ಅದಕ್ಕೆ (adakke) + ಆಗಿ (āgi) ⇒ ಅದಕ್ಕಾಗಿ (adakkāgi) (その理由で)
ಆಳು (āḷu) + ಇಗೆ (ige) ⇒ ಆಳಿಗೆ (āḷige) (召し使いに)
ತಟ್ಟು (taṭṭu) + ಇಗೆ (ige) ⇒ ತಟ್ಟಿಗೆ (taṭṭige) (マットに)
ಕಾಲ (kāla) + ಅಲ್ಲ (alla) ⇒ ಕಾಲವಲ್ಲ (kālavalla) (時間ではない)
ಕರು (karu) + ಇಗೆ (ige) ⇒ ಕರುವಿಗೆ (karuvige) (子牛に)
ವಸ್ತು (vastu) + ಇಗೆ (ige) ⇒ ವಸ್ತುವಿಗೆ (vastuvige) (そのものに)
ಅದರಿನ್ದ (adarinda) + ಏ (ē) ⇒ ಅದರಿನ್ದಲೇ (adarindalē) (それ自身から)
ನುಡಿ (nuḍi) + ಒನ್ದು (ondu) ⇒ ನುಡಿಯೊನ್ದು (nuḍiyondu) (一つの話)
ತಲೆ (tale) + ಇಲ್ಲ (illa) ⇒ ತಲೆಯಿಲ್ಲ (taleyilla) (頭なし＝馬鹿)
ಆಸೆ (āse) + ಉಣ್ಟು (uṇṭu) ⇒ ಆಸೆಯುಣ್ಟು (āseyuṇṭu) (欲望がある)

b) 母音で終わる単語に、/k/ /t/ /p/(/b/や/m/の場合もある) で始まる単語が結合するとき、語頭の/k/ /t/ /p/ が有声化して/g/ /d/ /b/(/v/になることもある)に変化する

例)

ಮಳೆ (maḷe) + ಕಾಲ (kāla) ⇒ ಮಳೆಗಾಲ (maḷegāla) (雨期)
ಮರ (mara) + ತುದಿ (tudi) ⇒ ಮರದುದಿ (maradudi) (木片)
ಸುಖ (suk^{h}a) + ಪಡು (paḍu) ⇒ ಸುಖಬದು (suk^{h}abadu) (楽しむ)
ನೊರೆ (nore) + ಪಾಲು (pālu) ⇒ ನೊರೆವಾಲು (norevālu) (泡立ったミルク)

---

[*] 本稿は、B.B. Rajapurohit, *An Intensive Course in Kannada* (Revised 2nd ed., Dravidian Linguistics Association, 2006) の文法項目を中心にまとめたものである。

[*1] カンナダ語は口語と文章語の差異が大きい言語であり、口語における方言差も大きいので、以下に述べることは文章語についての記述を基本としている。

[*2] /al/の場合もある。

ತಲೆ (tale) + ಬಾಗು (bāgu) ⇒ ತಲೆವಾಗು (talevāgu)（頭を下げる）
ನೆರೆ (nere) + ಮನೆ (mane) ⇒ ನೆರೆವನೆ (nerevane)（近所の家）

その他の名詞や動詞の活用における変化については、活用形についての規則を別途学習する必要がある。

2. 名詞

a) 性

カンナダ語の名詞は、人間名詞と非人間名詞に大別される。性は、男性・女性・中性を区別する。人間名詞は、人間や神々などで、男性名詞あるいは女性名詞として区別される。人間以外で男性名詞とされるものの例としては、ಸೂರ್ಯ (sūrya)「太陽」、ಚಂದ್ರ (candra)「月」、ಬಸವ (basava)「雄牛」（単数では男性、複数では中性）などがあり、逆に「子ども」を意味するಕೂಸು (kūsu)やಮಗು (magu)は通常は中性として扱われ、例外的に男性形あるいは女性形を取る。非人間名詞は、その他のすべての物などで、中性名詞とも表現される。

b) 数

カンナダ語は、名詞の数として、単数形と複数形を区別するが、中性名詞については厳格に区別しないことも多い。また特に二人称の場合には、一人の人に対しても敬意を示すために複数形を用いる場合がある。

c) 活用

カンナダ語の伝統的文法では、サンスクリット語の文法に従って、名詞の活用形として、主格、対格、具格、与格、奪格、属格、所格、呼格の八つを認めている。ただし、奪格（「…から」を意味する）の形は具格と同一で、通常の活用表では七つの欄を分ける。

名詞の活用形の構造は、以下のように表現できる。

　　　　語幹＋連結子/複数マーカー＋格接尾辞

すなわち、語幹と格接尾辞の間に、単数形では連結子（性マーカー）が、複数形では複数マーカーが入るのである。

語幹の意味的属性や音韻形式に従って活用のパターンを4種類や8種類に区分する方法も提唱されているが、以下では6種類に区分する方法を提示する。

　　第1類　/-a/ で終わる非人間名詞
　　第2類　三人称中性代名詞および数詞
　　第3類　/-a/ で終わる人間名詞
　　第4類　/-i/ /-e/ で終わる人間名詞および非人間名詞
　　第5類　/-u/ で終わる人間名詞および非人間名詞で、短母音＋単子音（あるいは異なる複子音）＋/u/ の形式をしているもの（guru あるいは vastu のような音節形態）
　　第6類　/-u/で終わる人間名詞および非人間名詞で、長母音＋単子音（あるいは二重化子音）＋/u/ の形式をしているもの（āḷu あるいは taṭṭu のような音節形態）

単数形における連結子は、これらの6類にしたがって、八つの格接尾辞を下記の3種類に分類したものに対して、以下のような形を取る。

	与格	主格 対格 呼格	具格/奪格 属格 所格
第 1 類	Ø	v	d
第 2 類	a	Ø	ar
第 3 類	n	n	n
第 4 類	Ø	y	y
第 5 類	v	v	v[in]
第 6 類	Ø	Ø	Ø / in

第 2 類と第 6 類においては、語末母音の /u/ は脱落する。また、第 3 類の連結子 /n/ は、男性マーカーと解釈することも可能である。カンナダ語の南部諸方言においては、/a/ で終わる男性名詞の女性形の語末を /i/ に変更しない例もあり、その場合の単数形の活用は、連結子を /ḷ/ に変更した形となる。さらに、第 4 類と第 5 類の /y/ と /v/ を連声によって挿入される半子音として説明することも可能であるが、学習者向けの活用表としては、上記のように示すこととする。

複数マーカーには /ar/ と /gaḷ/ の 2 種類がある。両者の分布は以下のようである。

a) /-a/ /-i/ /-e/ で終わる個人名の複数形（その名前の多くの人）の場合は /ar/。ರಾಮರು (rāmaru)「ラーマさんたち」、ವಾಣಿಯರು (vāṇiyaru)「ヴァーニヤさんたち」、ಸೀತೆಯರು (sīteyaru)「シーターさんたち」など。

b) /-u/ で終わる個人名の場合は /gaḷ/。ಇನ್ದುಗಳು (indugaḷu)「インドゥさんたち」。

c) /-a/ /-i/ /-e/ で終わる人間名詞の場合には /ar/ でも /gaḷ/ でもどちらでもよい。ಅಕ್ಕರು (akkaru)/ಅಕ್ಕಗಳು (akkagaḷu)「姉たち」、ತಙ್ಗಿಯರು (taṅgiyaru)/ತಙ್ಗಿಗಳು (taṅgigaḷu)「妹たち」、ತನ್ದೆಯರು (tandeyaru)/ತನ್ದೆಗಳು (tandegaḷu)「父たち」、ಸಖಿಯರು (sakʰiyaru)/ಸಖಿಗಳು (sakʰigaḷu)「女性の友人たち」

d) /-u/で終わる人間名詞の場合は /gaḷ/ のみ。ಗುರುಗಳು (gurugaḷu)「先生たち」、ಆಳುಗಳು (āḷugaḷu)「召し使いたち」

e) 非人間名詞の場合は /gaḷ/ のみ。ಮರಗಳು (maragaḷu)「木々」、ಮನೆಗಳು (manegaḷu)「家々」、ಇಲಿಗಳು (iligaḷu)「鼠たち」

f) 親族名詞ではない人間名詞の場合は /ar/ のみ。ಕನ್ನಡಿಗರು (kannaḍigaru)「カンナダ人たち」、ಪ್ರವಾಸಿಗರು (pravāsigaru)「旅行者たち」

g) ಅದು (adu)「それ」、ಇದು (idu)「これ」の複数形の具格、属格、所格の場合に /gaḷ/ が用いられることについては、次頁の「名詞の活用表」を参照。

h) ಮಗು (magu)「子供」のバリアント形に、/kaḷ/ という形の複数マーカーが現れる。ಮಕ್ಕಳು (makkaḷu)「子供たち」

名詞の活用表

	第 1 類 ಮರ (mara)「木」	第 2 類 ಅದು (adu)「それ」	第 3 類 ರಾಮ (rāma)「ラーマ」
		単数形	
主格	ಮರವು (maravu)	ಅದು (adu)	ರಾಮನು (rāmanu)
対格	ಮರವನ್ನು (maravannu)	ಅದನ್ನು (adannu)	ರಾಮನನ್ನು (rāmanannu)
具格	ಮರದಿನ್ದ (maradinda)	ಅದರಿನ್ದ (adarinda)	ರಾಮನಿನ್ದ (rāmaninda)
与格	ಮರಕ್ಕೆ (marakke)	ಅದಕ್ಕೆ (adakke)	ರಾಮನಿಗೆ (rāmanige)
属格	ಮರದ (marada)	ಅದರ (adara)	ರಾಮನ (rāmana)
所格	ಮರದಲ್ಲಿ (maradalli)	ಅದರಲ್ಲಿ (adaralli)	ರಾಮನಲ್ಲಿ (rāmanalli)
呼格	–	–	ರಾಮನೇ (rāmanē)
		複数形	
主格	ಮರಗಳು (maragaḷu)	ಅವು (avu)	ರಾಮರು (rāmaru)
対格	ಮರಗಳನ್ನು (maragaḷannu)	ಅವನ್ನು (avannu)	ರಾಮರನ್ನು (rāmarannu)
具格	ಮರಗಳಿನ್ದ (maragaḷinda)	ಅವುಗಳಿನ್ದ (avugaḷinda)	ರಾಮರಿನ್ದ (rāmarinda)
与格	ಮರಗಳಿಗೆ (maragaḷige)	ಅವಕ್ಕೆ (avakke)	ರಾಮರಿಗೆ (rāmarige)
属格	ಮರಗಳ (maragaḷa)	ಅವುಗಳ (avugaḷa)	ರಾಮರ (rāmara)
所格	ಮರಗಳಲ್ಲಿ (maragaḷalli)	ಅವುಗಳಲ್ಲಿ (avugaḷalli)	ರಾಮರಲ್ಲಿ (rāmaralli)
呼格	–	–	ರಾಮರೇ (rāmarē)

	第 4 類 ತನ್ದೆ (tande)「父」	第 5 類 ಗುರು (guru)「師」	第 6 類 ಆಳು (āḷu)「召し使い」
		単数形	
主格	ತನ್ದೆ (tande)	ಗುರುವು (guruvu)	ಆಳು (āḷu)
対格	ತನ್ದೆಯನ್ನು (tandeyannu)	ಗುರುವನ್ನು (guruvannu)	ಆಳನ್ನು (āḷannu)
具格	ತನ್ದೆಯಿನ್ದ (tandeyinda)	ಗುರುವಿನಿನ್ದ (guruvininda)	ಆಳಿನಿನ್ದ (āḷininda)
与格	ತನ್ದೆಗೆ (tandege)	ಗುರುವಿಗೆ (guruvige)	ಆಳಿಗೆ (āḷige)
属格	ತನ್ದೆಯ (tandeya)	ಗುರುವಿನ (guruvina)	ಆಳಿನ (āḷina)
所格	ತನ್ದೆಯಲ್ಲಿ (tandeyalli)	ಗುರುವಿನಲ್ಲಿ (guruvinalli)	ಆಳಿನಲ್ಲಿ (āḷinalli)
呼格	ತನ್ದೆಯೇ (tandeyē)	ಗುರುವೇ (guruvē)	ಆಳೇ (āḷē)
		複数形	
主格	ತನ್ದೆಯರು (tandeyaru)/ ತನ್ದೆಗಳು (tandegaḷu)	ಗುರುಗಳು (gurugaḷu)	ಆಳುಗಳು (āḷugaḷu)
対格	ತನ್ದೆಯರನ್ನು (tandeyarannu)/ ತನ್ದೆಗಳನ್ನು (tandegaḷannu)	ಗುರುಗಳನ್ನು (gurugaḷannu)	ಆಳುಗಳನ್ನು (āḷugaḷannu)
具格	ತನ್ದೆಯರಿನ್ದ (tandeyarinda)/ ತನ್ದೆಗಳಿನ್ದ (tandegaḷinda)	ಗುರುಗಳಿನ್ದ (gurugaḷinda)	ಆಳುಗಳಿನ್ದ (āḷugaḷinda)
与格	ತನ್ದೆಯರಿಗೆ (tandeyarige)/ ತನ್ದೆಗಳಿಗೆ (tandegaḷige)	ಗುರುಗಳಿಗೆ (gurugaḷige)	ಆಳುಗಳಿಗೆ (āḷugaḷige)
属格	ತನ್ದೆಯರ (tandeyara)/ ತನ್ದೆಗಳ (tandegaḷa)	ಗುರುಗಳ (gurugaḷa)	ಆಳುಗಳ (āḷugaḷa)
所格	ತನ್ದೆಯರಲ್ಲಿ (tandeyaralli)/ ತನ್ದೆಗಳಲ್ಲಿ (tandegaḷalli)	ಗುರುಗಳಲ್ಲಿ (gurugaḷalli)	ಆಳುಗಳಲ್ಲಿ (āḷugaḷalli)
呼格	ತನ್ದೆಯರೇ (tandeyarē)/ ತನ್ದೆಗಳೇ (tandegaḷē)	ಗುರುಗಳೇ (gurugaḷē)	ಆಳುಗಳೇ (āḷugaḷē)

格接尾辞の形態

主格	-u / Ø	第２・４・６類では Ø、他では/u/が/nu/ /vu/として現れる
対格	-annu	
具格(奪格)	-inda	
与格	-kke / -ge / -ige	順に、第１・２類 / 4 類 / 第５・６類と複数
属格	-a	
所格	-alli / -oḷage	どちらの形も同じように可能
呼格	ē / 長音化	第３類の/ā/、第４類の/ī/という長音化形式がēと同様に可能(呼格は非人間名詞には用いられない)

2.1　人称代名詞とその活用

人称代名詞(主格形)

		単数	複数
一人称		ನಾನು (nānu)	ನಾವು (nāvu)
二人称		ನೀನು (nīnu)	ನೀವು (nīvu)
三人称	男性	ಅವನು (avanu)/ಇವನು (ivanu)	ಅವರು (avaru)/ಇವರು (ivaru)
	女性	ಅವಳು (avaḷu)/ಇವಳು (ivaḷu)	
	中性	ಅದು (adu)/ಇದು (idu)	ಅವು[ಗಳು] (avu[gaḷu])/ ಇವು[ಗಳು] (ivu[gaḷu])

三人称代名詞は、/i/ で始まる形が「これ、この人」に相当し、/a/ で始まる形が「それ、その人」あるいは「あれ、あの人」に相当する。

現在のカンナダ語では、人称代名詞の三人称あるいは指示代名詞においては、/a/ で始まる「遠称」と /i/ で始まる「近称」の対立しかないが、かつてはその間の中間的な距離にある対象を /u/ で始まる指示代名詞などで表していた。本辞典では、それらについて「中間称」という用語を用いている。

人称代名詞の活用表

		単数	複数
一人称	主格	ನಾನು (nānu)	ನಾವು (nāvu)
	対格	ನನ್ನನ್ನು (nannannu)	ನಮ್ಮನ್ನು (nammannu)
	具格	ನನ್ನಿನ್ದ (nanninda)	ನಮ್ಮಿನ್ದ (namminda)
	与格	ನನಗೆ (nanage)	ನಮಗೆ (namage)
	属格	ನನ್ನ (nanna)	ನಮ್ಮ (namma)
	所格	ನನ್ನಲ್ಲಿ (nannalli)	ನಮ್ಮಲ್ಲಿ (nammalli)
二人称	主格	ನೀನು (nīnu)	ನೀವು (nīvu)
	対格	ನಿನ್ನನ್ನು (ninnannu)	ನಿಮ್ಮನ್ನು (nimmannu)
	具格	ನಿನ್ನಿನ್ದ (ninninda)	ನಿಮ್ಮಿನ್ದ (nimminda)
	与格	ನಿನಗೆ (ninage)	ನಿಮಗೆ (nimage)
	属格	ನಿನ್ನ (ninna)	ನಿಮ್ಮ (nimma)
	所格	ನಿನ್ನಲ್ಲಿ (ninnalli)	ನಿಮ್ಮಲ್ಲಿ (nimmalli)
三人称*	主格	ಅದು (adu)	ಅವು (avu)
	対格	ಅದನ್ನು (adannu)	ಅವನ್ನು (avannu)
	具格	ಅದರಿನ್ದ (adarinda)	[ಅವುಗಳಿನ್ದ (avugaḷinda)]
	与格	ಅದಕ್ಕೆ (adakke)	ಅವಕ್ಕೆ (avakke)
	属格	ಅದರ (adara)	[ಅವುಗಳ (avugaḷa)]
	所格	ಅದರಲ್ಲಿ (adaralli)	ಅವಲ್ಲಿ (avalli)

*三人称男性女性については第３類名詞と同様

2.2 形容詞の名詞化

他のドラヴィダ諸語と同様に、カンナダ語においても、形容詞は述語として「彼は大きい」のような形で現れることはできない。そのような場合には、必ず「彼は大きい〈男〉である」を意味する形を取る。すなわち、三人称代名詞を末尾に付けて名詞化する。

ದೊಡ್ಡ (doḍḍa)「大きい」＋ಅವನು (avanu)「彼」 ⇒ ದೊಡ್ಡವನು (doḍḍavanu)「大きい〈男〉」
ದೊಡ್ಡ (doḍḍa)「大きい」＋ಅವಳು (avaḷu)「彼女」 ⇒ ದೊಡ್ಡವಳು (doḍḍavaḷu)「大きい〈女〉」
ದೊಡ್ಡ (doḍḍa)「大きい」＋ಅವರು (avaru)「彼ら」 ⇒ ದೊಡ್ಡವಳು (doḍḍavaḷu)「大きい〈人たち〉」
ದೊಡ್ಡ (doḍḍa)「大きい」＋ಅದು (adu)「それ」 ⇒ ದೊಡ್ಡದು (doḍḍadu)「大きい〈もの〉」
ದೊಡ್ಡ (doḍḍa)「大きい」＋ಅವು (avu)「それら」 ⇒ ದೊಡ್ಡವು (doḍḍavu)「大きい〈ものたち〉」

2.3 数詞および数形容詞

カンナダ語の数詞は、基本的に普通の名詞と同様のものであって、名詞の前に付いて続く名詞を修飾するときには活用せず、「1948(年)に」なら、ಹತ್ತೊಮ್ಬತ್ತುನೂರಾ ನಾಲ್ವತ್ತೆಣ್ಟರಲ್ಲಿ (hattombattunūrā nālvatteṇṭaralli)などのように、「名詞の活用表」の第２類の活用をする。ただし、「1」から「5」までは、人間名詞にかかる場合の以下のような特別の形がある。

	中性	男・女性	敬称
1	ಒನ್ದು (ondu)	ಒಬ್ಬ (obba)	ಒಬ್ಬರು (obbaru)
2	ಎರಡು (eraḍu)	ಇಬ್ಬರು (ibbaru)	
3	ಮೂರು (mūru)	ಮೂವರು (mūvaru)	
4	ನಾಲ್ಕು (nālku)	ನಾಲ್ವರು (nālvaru)	
5	ಐದು (aidu)	ಅಯ್ಬರು (aybaru)	

「一人」を意味するಒಬ್ಬ (obba)は、男性形がಒಬ್ಬನು (obbanu)、女性形がಒಬ್ಬಳು (obbaḷu)と活用し、複数形は敬称として用いられる。

6 ಆರು (āru)
7 ಏಳು (ēḷu)
8 ಎಣ್ಟು (eṇṭu)
9 ಒಂಭತ್ತು (oṃbʰattu)
10 ಹತ್ತು (hattu)
11 ಹನ್ನೊನ್ದು (hannondu)
12 ಹನ್ನೆರಡು (hanneraḍu)
13 ಹದಿಮೂರು (hadimūru)
14 ಹದಿನಾಲ್ಕು (hadinālku)
15 ಹದಿನೈದು (hadinaidu)
16 ಹದಿನಾರು (hadināru)
17 ಹದಿನೇಳು (hadinēḷu)
18 ಹದಿನೆಣ್ಟು (hadineṇṭu)
19 ಹತ್ತೊಂಭತ್ತು (hattoṃbʰattu)
20 ಇಪ್ಪತ್ತು (ippattu)
21 ಇಪ್ಪತ್ತೊನ್ದು (ippattondu)
22 ಇಪ್ಪತೆರಡು (ippateraḍu)
23 ಇಪ್ಪತ್ತುಮೂರು (ippattumūru)
24 ಇಪ್ಪತ್ತುನಾಲ್ಕು (ippattunālku)
25 ಇಪ್ಪತ್ತೈದು (ippattaidu)
26 ಇಪ್ಪತ್ತಾರು (ippattāru)
27 ಇಪ್ಪತ್ತೇಳು (ippattēḷu)
28 ಇಪ್ಪತ್ತೆಣ್ಟು (ippatteṇṭu)
29 ಇಪ್ಪತ್ತೊಂಭತ್ತು (ippattoṃbʰattu)

30	ಮುವತ್ತು (muvattu)	600	ಆರುನೂರು (ārunūru)
40	ನಾಲ್ವತ್ತು (nālvattu)	700	ಏಳುನೂರು (ēḷunūru)
50	ಐವತ್ತು (aivattu)	800	ಎಣ್ಟುನೂರು (eṇṭunūru)
60	ಅರವತ್ತು (aravattu)	900	ಒಂಭೈನೂರು (oṃb^{h}ainūru)
70	ಎಪ್ಪತ್ತು (eppattu)	1000	ಸಾವಿರವು (sāviravu)
80	ಎಂಭತ್ತು (eṃb^{h}attu)	1001	ಸಾವಿರದೊನ್ದು (sāviradondu)
90	ತೊಂಭತ್ತು (toṃb^{h}attu)	1010	ಸಾವಿರದಹತ್ತು (sāviradahattu)
100	ನೂರು (nūru)	1100	ಸಾವಿರದನೂರು (sāviradanūru)
101	ನೂರಾ ಒನ್ದು (nūrā ondu)	2000	ಎರಡುಸಾವಿರವು (eraḍusāviravu)
110	ನೂರಾ ಹತ್ತು (nūrā hattu)	10,000	ಹತ್ತುಸಾವಿರವು (hattusāviravu)
200	ಇನ್ನೂರು (innūru)	100,000	ಲಕ್ಷವು (lakṣavu)
300	ಮುನ್ನೂರು (munnūru)	1,000,000	ಹತ್ತುಲಕ್ಷವು (hattulakṣavu)
400	ನಾನೂರು (nānūru)	10,000,000	ಕೋಟಿ (kōṭi)
500	ಐನೂರು (ainūru)		

ನೂರು (nūru)「100」の後に数詞を続けるときにはನೂರಾ (nūrā)と変化させ、ಸಾವಿರವು (sāviravu)「1000」とಲಕ್ಷವು (lakṣavu)「100,000」の後に数詞を続けるときにはದ (da)またはದಾ (dā)を語幹に付けて、ಸಾವಿರದ (sāvirada)やಲಕ್ಷದಾ (lakṣadā)のように変化させる。

序数詞は、ಅನೆಯ (aneya)あるいはಅನೇ (anē)を付加して、ಮೂರನೆಯ (mūraneya)「3番目」、ಹನ್ನೊನ್ದನೆಯ (hannondaneya)「11番目」のように作る。「1番目」はಒನ್ದನೆಯ (ondaneya)であるが、ಮೊದಲನೆಯ (modalaneya)「最初に」が用いられることも多い。「1000番目」はಸಾವಿರಾಙ್ಕೆಯ (sāvirāṅkeya)、「10万番目」はಲಕ್ಷಾಙ್ಕೆಯ (lakṣāṅkeya)という形で序数詞を作る。

3. 動詞

a) 動詞の構成

カンナダ語の動詞の辞書見出し語形は、語幹（ただし子音で終わる場合には /-u/ を付加した形）である。この形はごく少数の例外を除いて非敬称単数命令形と同じものである。

動詞の活用の様態としては、述語として主語の人称や性数に一致して活用する定型動詞の形と、分詞などの非定型動詞の形とに区分される。

定型動詞の活用は、以下のように表現できる。

語幹＋(使役マーカー)＋時制マーカー＋人称マーカー＋数マーカー

- 語幹

語幹は、/-i/ か /-e/ の母音で終わるものと、子音で終わるものの2種類に区分される。子音で終わるものは、辞書見出しにおいて /-u/ を付加して示されるので、/-u/

で終わる語幹と括られることもある[3]。子音で終わる語幹が過去時制マーカーの前で取る変異形については、後述する。

- 使役マーカー

自動詞から他動詞を派生させたり、他動詞から使役動詞形を派生させたり、使役動詞形から二重使役形を派生させたりするときに、/-s/(母音語幹に付く)あるいは/-is/(子音語幹に付く)を語幹に付加する。この場合の辞書見出し形は /-su/ や /-isu/ となる。

例)

ನಡೆ (naḍe) 「歩く」⇒ ನಡೆಸು (naḍesu) 「歩かせる」
ಅರಿ (ari) 「知る」⇒ ಅರಿಸು (arisu) 「知らせる」
ಮಾಡು (māḍu) 「する」⇒ ಮಾಡಿಸು (māḍisu) 「させる」

- 時制マーカー

《現在時制マーカー》/-utt-/

《過去時制マーカー》/-d-/ /-id-/ /-t-/ /-Ø-/

/-d-/ は母音 /-i/ /-e/ で終わる動詞語幹、および後述の 12 種の語幹末変音の場合(ただし、以下であげる /-t-/ の場合を除く)

/-t-/ は、以下の場合には例外的に現れる。

ಅರಿ (ari)	「知る」	ಮರೆ (mare)	「忘れる」
ಕಲಿ (kari)	「習う」	ಮೊಳೆ (moḷe)	「芽生える」
ನುರಿ (nuri)	「柔らかくなる」	ನಿಲ್ (nil) ⇒ ನಿನ್ (nin)	「立つ、止まる」
ಬಲಿ (bali)	「強くなる」	ನೂಲ್ (nūl) ⇒ ನೂ (nū)	「紡ぐ」
ಬಿರಿ (biri)	「裂ける」	ನೇಲ್ (nēl) ⇒ ನೇ (nē)	「垂れ下がる」
ಕರೆ (kare)	「混ぜる」	ಸೀನ್ (sīn) ⇒ ಸೀ (sī)	「くしゃみする」
ಕೊಳೆ (koḷe)	「腐る」	ಸೋಲ್ (sōl) ⇒ ಸೋ (sō)	「負ける」
ನೆರೆ (nere)	「集まる」	ಹೇಲ್ (hēl) ⇒ ಹೇ (hē)	「大便をする」
ಬೆರೆ (bere)	「付き合う」	ಹೋಲ್ (hōl) ⇒ ಹೋ (hō)	「似る」

/-id-/ は、上記の例外以外の子音で終わる語幹に付加される

/-Ø-/(ゼロ要素)は、完了分詞マーカー /-i/ および、三人称中性単数マーカー /-tu/ の前に出現する。

《未来時制マーカー》/-uv-/

《否定時制マーカー》/-Ø-/ または /-ad-/

文章語体以外に用いられることは少なくなってはいるが、ドラヴィダ諸語の特徴の一つに、否定形が独自の活用形を持つことがあげられる。時制という表現はやや奇異に感じられるかもしれないが、ここでは通常の時制マーカーの不在によっ

[3] 以下の実例で、子音で終わっているものについては、/u/を付けることで辞書見出し形が得られる。

て、語幹に直接に人称活用形が付加されて否定を表すのである。
連用分詞と連体分詞の前では /-ad-/ が否定を示す。

- 人称マーカーと数マーカー

  人称マーカーと数マーカーは別物として分析されるが、理解しやすいように、ひとまとまりのものとして表に示す。

人称	単数	複数	時制
一人称	ēne*4	ēve	現在時制
	enu	evu	その他時制
二人称	ī	īri	現在時制
	e/i	iri	その他時制
三人称男性	āne	āre	現在時制
女性	āḷe	āre	
中性	ade	ave	
三人称男性	anu	aru	その他時制
女性	aḷu	aru	
中性	itu*5	(a-)vu	

以下では、過去時制マーカーの前での語幹末尾の音韻変化の 12 種（前述）について述べる。

1. ಇರ್ (ir) ⇒ ಇದ್ (id) 「ある」
2. ಕೊಳ್ (koḷ) ⇒ ಕೊಣ್ (koṇ) 「取る、買う」
3. ಕೀಳ್ (kīḷ) ⇒ ಕಿತ್ (kit) 「引き抜く」
4. ಕಾಣ್ (kāṇ) ⇒ ಕಣ್ (kaṇ) 「見る」
5. 長母音 + /y/ ⇒ 短母音 + /t/
    ಸಾಯ್ (sāy) ⇒ ಸತ್ (sat) 「死ぬ」
    ಈಯ್ (īy) ⇒ ಇತ್ (it) 「与える」
6. 長母音 + /y/ ⇒ 短母音 + /n/
    ನೋಯ್ (nōy) ⇒ ನೊನ್ (non) 「苦しむ」
    ಬೇಯ್ (bēy) ⇒ ಬೆನ್ (ben) 「沸かす」
    ಮೀಯ್ (mīy) ⇒ ಮಿನ್ (min) 「入浴する」
7. 長母音 + /y/ ⇒ 長母音 + [/y/]
    ಹಾಯ್ (hāy) ⇒ ಹಾ[ಯ್] (hā[y]) 「突進する」
    ತೇಯ್ (tēy) ⇒ ತೇ[ಯ್] (tē[y]) 「こする」
    ಕಾಯ್ (kāy) ⇒ ಕಾ[ಯ್] (kā[y]) 「待つ」

---

*4 口語体ではīniとなる。
*5 itu は過去時制の形、未来時制と否定では adu という形を取る。

ನೇಯ್ (nēy) ⇒ ನೇ[ಯ್] (nē[y]) 「織る」
ಬಾಯ್ (bāy) ⇒ ಬಾ[ಯ್] (bā[y]) 「増大する」
ಮಾಯ್ (māy) ⇒ ಮಾ[ಯ್] (mā[y]) 「癒す」
ಮೇಯ್ (mēy) ⇒ ಮೇ[ಯ್] (mē[y]) 「草を食む」
ಕೋಯ್ (kōy) ⇒ ಕೋ[ಯ್] (kō[y]) 「花輪を作る」

8.

$$\left(\begin{matrix}\left\{\begin{matrix}a\\u\end{matrix}\right\}\text{ḷ}\\\left\{\begin{matrix}e\\o\end{matrix}\right\}r\end{matrix}\right)\Rightarrow\left(\begin{matrix}a\\u\\e\\o\end{matrix}\right)t$$

例）
ಅಳ್ (aḷ) ⇒ ಅತ್ (at) 「泣く」
ಉಳ್ (uḷ) ⇒ ಉತ್ (ut) 「耕す」
ಹೆರ್ (her) ⇒ ಹೆತ್ (het) 「産む」
ಹೊರ್ (hor) ⇒ ಹೊತ್ (hot) 「背負う」
ತೆರ್ (ter) ⇒ ತೆತ್ (tet) 「支払う」

9.

$$\left(\begin{matrix}ar\\\left\{\begin{matrix}a\\o\\i\end{matrix}\right\}l\end{matrix}\right)\Rightarrow\left(\begin{matrix}a\\a\\o\\i\end{matrix}\right)n$$

例）
ಬರ್ (bar) ⇒ ಬನ್ (ban) 「来る」
ಸಲ್ (sal) ⇒ ಸನ್ (san) 「ふさわしい」
ಕೊಲ್ (kol) ⇒ ಕೊನ್ (kon) 「殺す」
ನಿಲ್ (nil) ⇒ ನಿನ್ (nin) 「留まる」

10.

$$\text{長母音}+\left\{\begin{matrix}g\\l\\n\\\text{ḷ}\end{matrix}\right\}\Rightarrow\text{長母音}$$

例）
ಹೋಗ್ (hōg) ⇒ ಹೋ (hō) 「行く」
ಆಗ್ (āg) ⇒ ಆ (ā) 「成る」
ನೂಲ್ (nūl) ⇒ ನೂ (nū) 「紡ぐ」
ನೇಲ್ (nēl) ⇒ ನೇ (nē) 「垂れ下がる」
ಸೋಲ್ (sōl) ⇒ ಸೋ (sō) 「負ける」
ಸೀನ್ (sīn) ⇒ ಸೀ (sī) 「くしゃみする」
ಹೂಳ್ (hūḷ) ⇒ ಹೂ (hū) 「埋葬する」
ಹೇಲ್ (hēl) ⇒ ಹೇ (hē) 「大便をする」

11.

$$\left(\begin{matrix}\text{長母音}+l\,(\text{ḷ})\\el\end{matrix}\right)\Rightarrow\left(\begin{matrix}\text{短母音}\\e\end{matrix}\right)d$$

例）
ಬೀಳ್ (bīḷ) ⇒ ಬಿದ್ (bid) 「落ちる」
ಏಳ್ (ēḷ) ⇒ ಎದ್ (ed) 「起き上がる」
ಮೆಲ್ (mel) ⇒ ಮೆದ್ (med) 「食べる」
ಗೆಲ್ (gel) ⇒ ಗೆದ್ (ged) 「勝つ」

12. 短母音 + $\begin{Bmatrix} g \\ ḍ \end{Bmatrix}$ ⇒ 短母音 + $\begin{Bmatrix} k \\ ṭ \end{Bmatrix}$

例)
ಒಗ್ (og) ⇒ ಒಕ್ (ok) 「流れ出す」
ತಗ್ (tag) ⇒ ತಕ್ (tak) 「ふさわしい」
ನಗ್ (nag) ⇒ ನಕ್ (nak) 「笑う」
ಮಿಗ್ (mig) ⇒ ಮಿಕ್ (mik) 「超える」
ಸಿಗ್ (sig) ⇒ ಸಿಕ್ (sik) 「手に入る」
ಹೊಗ್ (hog) ⇒ ಹೊಕ್ (hok) 「入る」
ಅಡ್ (aḍ) ⇒ ಅಟ್ (aṭ) 「料理する」
ಇಡ್ (iḍ) ⇒ ಇಟ್ (iṭ) 「取っておく」
ಉಡ್ (uḍ) ⇒ ಉಟ್ (uṭ) 「着る」
ಕೆಡ್ (keḍ) ⇒ ಕೆಟ್ (keṭ) 「悪くなる」
ಕೊಡ್ (koḍ) ⇒ ಕೊಟ್ (koṭ) 「与える」
ತೊಡ್ (toḍ) ⇒ ತೊಟ್ (toṭ) 「着る」
ನಡ್ (naḍ) ⇒ ನಟ್ (naṭ) 「植える」
ಪಡ್ (paḍ) ⇒ ಪಟ್ (paṭ) 「経験する」
ಬಿಡ್ (biḍ) ⇒ ಬಿಟ್ (biṭ) 「捨てる」
ಸುಡ್ (suḍ) ⇒ ಸುಟ್ (suṭ) 「燃やす」

b) 動詞の活用

以下に、基本的な動詞の活用表をあげる。

《現在時制》

・ಮಾಡು (māḍu) 「する」

		単数	複数
一人称		ಮಾಡುತ್ತೇನೆ (māḍuttēne)	ಮಾಡುತ್ತೇವೆ (māḍuttēve)
二人称		ಮಾಡುತ್ತೀ (māḍuttī)	ಮಾಡುತ್ತೀರಿ (māḍuttīri)
三人称	男性	ಮಾಡುತ್ತಾನೆ (māḍuttāne)	ಮಾಡುತ್ತಾರೆ (māḍuttāre)
	女性	ಮಾಡುತ್ತಾಳೆ (māḍuttāḷe)	
	中性	ಮಾಡುತ್ತದೆ (māḍuttade)	ಮಾಡುತ್ತವೆ (māḍuttave)

・ಕರೆ (kare) 「呼ぶ」

		単数	複数
一人称		ಕರೆಯುತ್ತೇನೆ (kareyuttēne)	ಕರೆಯುತ್ತೇವೆ (kareyuttēve)
二人称		ಕರೆಯುತ್ತೀ (kareyuttī)	ಕರೆಯುತ್ತೀರಿ (kareyuttīri)
三人称	男性	ಕರೆಯುತ್ತಾನೆ (kareyuttāne)	ಕರೆಯುತ್ತಾರೆ (kareyuttāre)
	女性	ಕರೆಯುತ್ತಾಳೆ (kareyuttāḷe)	
	中性	ಕರೆಯುತ್ತದೆ (kareyuttade)	ಕರೆಯುತ್ತವೆ (kareyuttave)

- ಇರು (iru)「ある」(不規則語幹)

	単数	複数
一人称	ಇದ್ದೇನೆ (iddēne)	ಇದ್ದೇವೆ (iddēve)
二人称	ಇದ್ದೀ (iddī)	ಇದ್ದೀರಿ (iddīri)
三人称 男性	ಇದ್ದಾನೆ (iddāne)	ಇದ್ದಾರೆ (iddāre)
三人称 女性	ಇದ್ದಾಳೆ (iddāḷe)	ಇದ್ದಾರೆ (iddāre)
三人称 中性	ಇದೆ (ide)	ಇವೆ (ive)

《未来時制》

- ಮಾಡು (māḍu)「する」

	単数	複数
一人称	ಮಾಡುವೆನು (māḍuvenu)	ಮಾಡುವೆವು (māḍuvevu)
二人称	ಮಾಡುವೆ (māḍuve)	ಮಾಡುವಿರಿ (māḍuviri)
三人称 男性	ಮಾಡುವನು (māḍuvanu)	ಮಾಡುವರು (māḍuvaru)
三人称 女性	ಮಾಡುವಳು (māḍuvaḷu)	ಮಾಡುವರು (māḍuvaru)
三人称 中性	ಮಾಡುವುದು (māḍuvudu)	ಮಾಡುವುವು (māḍuvuvu)

- ಕರೆ (kare)「呼ぶ」

	単数	複数
一人称	ಕರೆಯುವೆನು (kareyuvenu)	ಕರೆಯುವೆವು (kareyuvevu)
二人称	ಕರೆಯುವೆ (kareyuve)	ಕರೆಯುವಿರಿ (kareyuviri)
三人称 男性	ಕರೆಯುವನು (kareyuvanu)	ಕರೆಯುವರು (kareyuvaru)
三人称 女性	ಕರೆಯುವಳು (kareyuvaḷu)	ಕರೆಯುವರು (kareyuvaru)
三人称 中性	ಕರೆಯುವುದು (kareyuvudu)	ಕರೆಯುವುವು (kareyuvuvu)

《過去時制》

- ಮಾಡು (māḍu)「する」

	単数	複数
一人称	ಮಾಡಿದೆನು (māḍidenu)	ಮಾಡಿದೆವು (māḍidevu)
二人称	ಮಾಡಿದೆ (māḍide)	ಮಾಡಿದಿರಿ (māḍidiri)
三人称 男性	ಮಾಡಿದನು (māḍidanu)	ಮಾಡಿದರು (māḍidaru)
三人称 女性	ಮಾಡಿದಳು (māḍidaḷu)	ಮಾಡಿದರು (māḍidaru)
三人称 中性	ಮಾಡಿತು (māḍitu)	ಮಾಡಿದುವು (māḍiduvu)

・ಕರೆ (kare)「呼ぶ」

	単数	複数
一人称	ಕರೆದೆನು (karedenu)	ಕರೆದೆವು (karedevu)
二人称	ಕರೆದೆ (karede)	ಕರೆದಿರಿ (karediri)
三人称 男性	ಕರೆದನು (karedanu)	ಕರೆದರು (karedaru)
三人称 女性	ಕರೆದಳು (karedaḷu)	ಕರೆದರು (karedaru)
三人称 中性	ಕರೆಯಿತು (kareyitu)	ಕರೆದುವು (kareduvu)

《否定時制》

・ಮಾಡು (māḍu)「する」

	単数	複数
一人称	ಮಾಡೆನು (māḍenu)	ಮಾಡೆವು (māḍevu)
二人称	ಮಾಡೆ (māḍe)	ಮಾಡಿರಿ (māḍiri)
三人称 男性	ಮಾಡನು (māḍanu)	ಮಾಡರು (māḍaru)
三人称 女性	ಮಾಡಳು (māḍaḷu)	ಮಾಡರು (māḍaru)
三人称 中性	ಮಾಡದು (māḍadu)	ಮಾಡವು (māḍavu)

・ಕರೆ (kare)「呼ぶ」

	単数	複数
一人称	ಕರೆಯೆನು (kareyenu)	ಕರೆಯೆವು (kareyevu)
二人称	ಕರೆ (kare)	ಕರೆಯಿರಿ (kareyiri)
三人称 男性	ಕರೆಯನು (kareyanu)	ಕರೆಯರು (kareyaru)
三人称 女性	ಕರೆಯಳು (kareyaḷu)	ಕರೆಯರು (kareyaru)
三人称 中性	ಕರೆಯದು (kareyadu)	ಕರೆಯವು (kareyavu)

c) 連用分詞・連体分詞・複合動詞構文

　人称数接尾辞によって述語とはならない非定形動詞には2種類ある。一つは動詞的分詞(verbal participle)と呼ばれることが多いもので、本辞典では連用分詞と呼ぶ、文の主動詞と並列的に現れて「…しながら」「…してから」のような動作を示す形である。もう一つは、連体分詞(関係分詞 relative participle とも呼ばれる)である。これは「私が読んだ本」などの形で名詞を修飾(連体修飾)する。

《連用分詞》

　連用分詞には、以下の5種類がある。
1. 現在分詞：現在時制語幹に/-a/を付けて、「…しながら」「…しつつ」といった継続的動作を示す。

ಮಾಡು (māḍu) 「する」 ಮಾಡುತ್ತ (māḍutta) 「…しながら」
ಅರಿ (ari) 「知る」 ಅರಿಯುತ್ತ (ariyutta) 「知りながら」
ನಡೆ (naḍe) 「歩く」 ನಡೆಯುತ್ತ (naḍeyutta) 「歩きながら」

2. 完了分詞：子音語幹には/-i/、母音語幹には/-du/または/-tu/を付けて、「…して」「…してから」という完了した動作を示す（基本的には、過去時制における語幹の変容のパターンに従う）。

ಮಾಡು (māḍu) 「する」 ಮಾಡಿ (māḍi) 「…してから」
ನಡೆ (naḍe) 「歩く」 ನಡೆದು (naḍedu) 「歩いてから」
ಕೆಡು (keḍu) 「悪くなる」 ⇒ keṭ-du ಕೆಟ್ಟು (keṭṭu) 「悪くなって」
ಬರು (baru) 「来る」 ⇒ban-du ಬನ್ದು (bandu) 「来てから」

3. 否定分詞：語幹に/-ade/を付けて、「…しないで」「…しなかったので」など、現在や完了の非実行を示す。

ಮಾಡು (māḍu) 「する」 ಮಾಡದೆ (māḍade) 「…しないで」
ನಡೆ (naḍe) 「歩く」 ನಡೆಯದೆ (naḍeyade) 「歩かないで」
ಕೆಡು (keḍu) 「悪くなる」 ಕೆಡದೆ (keḍade) 「悪くならないで」

4. 希求分詞：/-a/、/-alu/、/-alikke/を語幹に付けて、「…するために」という意味を示す。その他にも複合動詞の一部となるなど、様々な働きを示す（文法書によってはinfinitiveという名で分類している）。

ಮಾಡು (māḍu) 「する」 ಮಾಡ (māḍa) 「…するために」
ನೋಡು (nōḍu) 「見る」 ನೋಡಲು (nōḍalu) 「見るために」
ನಡೆ (naḍe) 「歩く」 ನಡೆಯಲಿಕ್ಕೆ (naḍeyalikke) 「歩くために」

5. 条件分詞：過去語幹に/-are/を付けて、「…するなら」「…したなら」といった現在(未来)や過去の条件を示す。

ಮಾಡು (māḍu) 「する」 ಮಾಡಿದರೆ (māḍidare) 「…したなら」
ಕೆಡು (keḍu) 「悪くなる」 ⇒ keṭ-d-are ಕೆಟ್ಟರೆ (keṭṭare) 「悪くなったら」
ಅರಿ (ari) 「知る」 ಅರಿತರೆ (aritare) 「知ったら」
ಉಳು (uḷu) 「耕す」 ⇒ ut-d-are ಉತ್ತರೆ (uttare) 「耕すなら」

《連体分詞》

連体分詞には、時制に従って、以下の3種類がある。いずれも時制の語幹に/-a/を付けて作る。主文の主語とは別の主語を取ることができるので、英語の関係代名詞による複文のような構文を簡単に作れる。

1. 連体過去分詞

ಮಾಡು (māḍu) 「する」 ಮಾಡಿದ (māḍida) 「…した[人/もの]」
ಅರಿ (ari) 「知る」 ಅರಿತ (arita) 「…を知った[人/もの]」
ಕೆಡು (keḍu) 「悪くなる」 ಕೆಟ್ಟ (keṭṭa) 「悪くなった[人/もの]」

2. 連体否定分詞
  ನೋಡು (nōḍu)「見る」 ನೋಡದ (nōḍada)「見ない[人/もの]」
  ತಿಳಿ (tiḷi)「理解する」 ತಿಳಿಯದ (tiḷiyada)「理解しない[人/もの]」
  ಬಿಡು (biḍu)「捨てる」 ಬಿಡದ (biḍada)「捨てない[人/もの]」
3. 連体未来(現在)分詞(未来語幹を用いるが、現在の意味も表す)
  ಓಡು (ōḍu)「走る」 ಓಡುವ (ōḍuva)「走る(だろう)[人/もの]」
  ಬಲಿ (bali)「強くなる」 ಬಲಿಯುವ (baliyuva)「強くなる(だろう)[人/もの]」
  ಕೊಡು (koḍu)「与える」 ಕೊಡುವ (koḍuva)「与える(だろう)[人/もの]」

《複合動詞構文》

カンナダ語には、連用分詞に補助動詞を加えて様々な付加的意味を表す用法が多数存在する。そのうちの一部を下記にあげる。

- ಕೂಡದು (kūḍadu) — ಕೂಡು (kūḍu)「できる」の否定時制三人称単数形が補助動詞となり/a/で終わる希求分詞を受けて、「…すべきでない」という強い否定を表す表現となる。

 ಮಾಡಕೂಡದು (māḍakūḍadu)「してはいけない」

- ಬಹುದು (bahudu) — /a/または/alu/で終わる希求分詞を受けて、「…できる」

 ಮಾಡಬಹುದು (māḍabahudu)「(主語が)してもかまわない、できる」

- ಬಾರದು (bāradu) — /a/または/alu/で終わる希求分詞を受けて、「…べきでない」(ಕೂಡದು (kūḍadu)よりやや弱くಬೇಡ (bēḍa)よりやや強い)

 ಮಾಡಬಾರದು (māḍabāradu) / ಮಾಡಲುಬಾರದು (māḍalubāradu)「してはいけない、すべきでない」

- ಬೇಕು (bēku) — /a/または/alu/で終わる希求分詞を受けて、「…すべき」

 ಮಾಡಬೇಕು (māḍabēku)「(主語が)すべきである」

- ಬೇಡ (bēḍa) — (ಬೇಕು (bēku)の否定形) /a/または/alu/で終わる希求分詞を受けて、「…すべきでない」

 ಮಾಡಬೇಡ (māḍabēḍa) / ಮಾಡಲುಬೇಡ (māḍalubēḍa)「(君は)すべきでない」

- ಇರು (iru) — be 動詞に相当するを表すಇರು (iru) は、人称と数に応じて活用する補助動詞として、連用現在分詞・連用完了分詞・希求分詞(/alu/ /alikke/)に結合して、現在進行形、未来進行形、現在完了形、過去完了形など、以下のような多様な意味を表す。

 ಮಾಡುತ್ತಿರುತ್ತೇನೆ (māḍuttiruttēne)「私はしつつあります」

 ಮಾಡುತ್ತಿದ್ದೆ (māḍuttidde)「私はしつつありました」

 ಮಾಡುತ್ತಿರುವೆನು (māḍuttiruvenu)「私はしつつあるでしょう」

 ಮಾಡುತ್ತಿರೆನು (māḍuttirenu)「私はしつつあることはないでしょう」

ಮಾಡಿರುವೆನು (māḍiruvenu) 「私はしてしまっているでしょう」

ಮಾಡಿರುತ್ತೇನೆ (māḍiruttēne) 「私はしてしまっています」

ಮಾಡಿದ್ದೆ (māḍidde) 「私はしてしまっていました」

ಮಾಡಿರೆನು (māḍirenu) 「私はしないままでいるでしょう」

ಮಾಡಲಿರುತ್ತೇನೆ (māḍaliruttēne) 「私は今するところです」

ಮಾಡಲಿದ್ದೆ (māḍalidde) 「私はちょうどするところでした」

ಮಾಡಲಿರುವೆನು (māḍaliruvenu) 「私はもうすぐするところです」

ಮಾಡಲಿರೆನು (māḍalirenu) 「私はする気がしません」

ಮಾಡಲಿಕ್ಕಿರುತ್ತೇನೆ (māḍalikkiruttēne) 「私はやる気です」

ಮಾಡಲಿಕ್ಕಿದ್ದೆ (māḍalikkidde) 「私はやる気でした」

ಮಾಡಲಿಕ್ಕಿರುವೆನು (māḍalikkiruvenu) 「私はやる気でしょう」

ಮಾಡಲಿಕ್ಕಿರೆನು (māḍalikkirenu) 「私はやる気がないでしょう」

- ಇಲ್ಲ (illa) — 否定辞ಇಲ್ಲ (illa) はಇರು (iru)の否定形と同様であるが、活用はしないで、連用現在分詞・連用完了分詞・希求分詞(/alu/ /alikke/)に結合する。

ಮಾಡುತ್ತಿಲ್ಲ (māḍuttilla) 「(私は)しません(しないのが普通です)」

ಮಾಡಿಲ್ಲ (māḍilla) 「(私は)しませんでした」

ಮಾಡಲಿಲ್ಲ (māḍalilla) 「(私は)しなかった」

ಮಾಡಲಿಕ್ಕಿಲ್ಲ (māḍalikkilla) 「(私は)しないかもしれない」

- ಬೇಕು (bēku) — 必要、「…べき」を表す。
- ಬೇಡ (bēḍa) — ಬೇಕು (bēku)の否定、「…べきでない」を表す。
- ಉಂಟು (uṇṭu) — 「ある」という意味の動詞ಉಳ್ (uḷ)の三人称単数形ಉಂಟು (uṇṭu)は、/alu/型の希求分詞と結びついて「…した方がよい」という意味になる。

ಮಾಡಲುಂಟು (māḍaluṇṭu) 「(それは)した方がよい」

- ಆಗು (āgu) — 「なる」という意味の動詞ಆಗು (āgu)は、人称と数に従って活用する補助動詞となって、/alu/型の希求分詞と結びついて、完了と受動の意味を与える。(過去形ಆಯ್ತು (āytu) 「とうとう」、与格支配となるので通常、動詞は三人称単数)

ಮಾಡಲಾಗುತ್ತದೆ (māḍalāguttade) 「(それは)なされた」

ಮಾಡಲಾಗುವದು (māḍalāguvadu) 「(それは)なされるだろう」

ಮಾಡಲಾಯಿತು (māḍalāyitu) 「(それは)なされてしまった」

ಮಾಡಲಾಗದು (māḍalāgadu) 「(それは)なされるべきでない」

- ಪಡು (paḍu) — 「経験する」を意味する動詞ಪಡು (paḍu)は、人称と数に従って活用する補助動詞となり、/alu/型の希求分詞と結びついて受動の意味を与える。

ಮಾಡಲ್ಪಡುತ್ತದೆ (māḍalpaḍuttade) 「それはなされる」

ಮಾಡಲ್ಪಡುವದು (māḍalpaḍuvadu) 「それはなされるだろう」

ಮಾಡಲ್ಪಟ್ಟಿತು (māḍalpaṭṭitu) 「それはなされた」

ಮಾಡಲ್ಪಡದು (māḍalpaḍadu) 「それはなされないだろう」

- ಆರು (āru) — 否定時制の活用形においてのみ用いられる補助動詞ಆರು (āru) は、/alu/型の希求分詞に付いて「できない」を意味する。

ಮಾಡಲಾರೆನು (māḍalārenu) 「私はすることができない」

- ಬಿಡು (biḍu) — 「捨てる」という意味の動詞ಬಿಡು (biḍu) は、連用完了分詞に付いて活用する補助動詞として用いられ、「完全に…してしまう」という意味を表す。

ಮಾಡಿಬಿಡುತ್ತೇನೆ (māḍibiḍuttēne) 「私は必ずやり遂げます」

ಮಾಡಿಬಿಟ್ಟೆನು (māḍibiṭṭenu) 「私は確かにやり遂げました」

- ಕೊಳ್ಳು (koḷḷu) — 「取る、買う」を意味する動詞ಕೊಳ್ಳು (koḷḷu)は、連用完了分詞に付いて活用する補助動詞として用いられ、再帰動詞「自分のために…する」という意味を表す(過去語幹はಕೊಂಡ (koṇḍa))。

ಮಾಡಿಕೊಳ್ಳುತ್ತೇನೆ (māḍikoḷḷuttēne) 「私は自分のためにやります」

ಮಾಡಿಕೊಂಡೆನು (māḍikoṇḍenu) 「私は自分のためにやりました」

4. 様々な派生

以下に様々な派生形について記するが、連声の規則に従ってಆದ (āda)⇒ವಾದ (vāda)、ಆಗು (āgu) ⇒ ವಾಗು (vāgu)、 ಇಡು (iḍu)⇒ ವಿಡು (viḍu)などの変化を伴っていることについては、個々に説明しない。

4.1 形容詞の派生

名詞から形容詞を派生する最も一般的な方法は、ಆಗು (āgu)「成る」という動詞の過去連体分詞ಆದ (āda)を名詞に付加することである(ಸುಂದರ (sundara)「美しさ」→ಸುಂದರವಾದ (sundaravāda)「美しい」)。このಆದ (āda)という形は、形容詞に付いてその意味を強調する場合や、ಬೇಕು (bēku)「必要である」のような一部の動詞に付いて「ふさわしい」という意味を付加する場合もある(ಬೇಕಾದ (bēkāda)「必要な」)。

4.2 副詞の派生

副詞を派生させる最も一般的な方法は、ಆಗಿ (āgi)(ಆಗು (āgu)の完了連用分詞)を付加することである(ಅನಾಮತ್ತು (anāmattu)「全部」→ಅನಾಮತ್ತಾಗಿ (anāmattāgi)「まるごと」)。その他、擬音語・擬態語にಅನೆ (ane)を付加して副詞化するなどの方法がある。

4.3 動詞の派生

名詞から動詞を派生する最も一般的な方法は、日本語の「 …する」とまったく同様に、名詞に「する」という意味の動詞ಮಾಡು (māḍu)を付加することである。

また、使役の接辞である-*isu*を名詞に付加して、その名詞を動詞化することもある。

4.4 名詞の派生

以下のような接尾辞によって、様々な意味を付加した名詞が形成される。

《名詞から名詞》

-i	「を持つ人」：	ಕೋಪಿ (kōpi) 「怒りを持つ人」
-ja	「に生まれた人」：	ಕುಲಜ (kulaja) 「名門の人」
-ka	「を行う人」：	ಅನ್ತಕ (antaka) 「終わりをもたらす人」
-kara	「を作る人」：	ಭಯಕರ (bʰayakara) 「恐怖を作り出す人」
-ga / -iga	「を持つ人」：	ಹಾದರಿಗ (hādariga) 「放蕩者」
-para	「専心する人」：	ದಯಾಪರ (dayāpara) 「同情あふれる人」
-āḷu	「を持つ人」：	ಕರುಣಾಳು (karuṇāḷu) 「哀れみある人」
-kāra / -gāra	「を行う人」：	ಮೋಸಗಾರ (mōsagāra) 「詐欺師」
-vanta	「を持つ人」：	ಹಣವನ್ತ (haṇavanta) 「お金持ち」
-ike	「道具」：	ಆಟಿಕೆ (āṭike) 「遊び道具、おもちゃ」
-ti / -iti	「…の女性(妻)」：	ಗೌಡಿತಿ (gauḍiti) 「村長の妻」
-i	「女性の…」：	ಜಾಣಿ (jāṇi) 「賢い女性」
-gitti	「女性の…」：	ಅಗಸಗಿತ್ತಿ (agasagitti) 「洗濯女」
-e	「女性の…」：	ಧೀರೆ (dʰīre) 「勇敢な女性」
-ḷu	「女性の…」：	ಮಗಳು (magaḷu) 「娘」

《動詞から名詞》

-ga	「を行う人」：	ಕೆತ್ತುಗ (kettuga) 「剃る人(床屋)」
-alu	「の結果」：	ಒಕ್ಕಲು (okkalu) 「収穫の結果」
-vu	「の効果」：	ಅಳಿವು (aḷivu) 「滅びの効果」
-ike	「行為の結果」：	ಕಟ್ಟುವಿಕೆ (kaṭṭuvike) 「縛ること、建築」
-aka	「壊れたもの」：	ಒಡಕ (oḍaka) 「壊れたなど」
-te	「の行為をなしつつあるもの」：	ಒರತೆ (orate) 「水が滴っているところ」

《形容詞から名詞》

-tana	「性質」：	ಜಾಣತನ (jāṇatana) 「知性」
-ka	「の性質をしたもの」：	ಕರಿಕ (karika) 「黒いもの」
-a	「それだけの量の」：	ಹಿರಿಯ (hiriya) 「大男」
-tva	「の性質」：	ನಿತ್ಯತ್ವ (nityatva) 「永遠性」

5. 後置詞

英語の前置詞に相当して、時間、場所、方法、位置、原因などの関係を表す名詞を付け加える語句は、カンナダ語では後置詞として現われる。ただし実際には、特定の格変化を伴った普通の名詞や動詞の分詞形であることが多い。また、その前に来る名詞は多

くの場合属格を取るが、与格を取る場合もある。
　以下に、いくつかの主だった例をあげる。

ಮೇಲೆ (mēle)	「上に」：	ಬೆಟ್ಟದ ಮೇಲೆ (beṭṭada mēle)「山の上に」
ಕೆಳಗೆ (keḷage)	「下に」：	ಮೇಜಿನ ಕೆಳಗೆ (mējina keḷage)「机の下に」
	「以前に」：	ಹತ್ತು ವರ್ಷದ ಕೆಳಗೆ (hattu varṣada keḷage)「10年前に」
ಮುಂದೆ (muṃde)	「前に」：	ನಮ್ಮ ಮುಂದೆ (namma muṃde)「私たちの前に」
ಮುಂಚೆ (muṃce)	「前に(時間的、与格と)」：	
		ಅದಕ್ಕೆ ಮುಂಚೆ (adakke muṃce)「その前に」
ಮೊದಲು (modalu)	「前に(時間的、与格と)」：	
		ಊಟಕ್ಕೆ ಮೊದಲು (ūṭakke modalu)「食事の前に」
ಹಿಂದೆ (hiṃde)	「後ろに」：	ಮನೆಯ ಹಿಂದೆ (maneya hiṃde)「家の裏に」
	「過去に」：	ನೂರು ವರ್ಷದ ಹಿಂದೆ (nūru varṣada hiṃde)「100年前に」
ತನಕ (tanaka)	「まで」：	ನಾಳೆಯ ತನಕ (nāḷeya tanaka)「明日まで」
ವರೆಗೆ (varege)	「まで」：	ಹತ್ತು ಘಂಟೆ ವರೆಗೆ (hattu ghaṃṭe varege)「10時まで」
ಒಳಗೆ (oḷage)	「中に」：	ಮನೆಯ ಒಳಗೆ (maneya oḷage)「家の中に」
ಹೊರಗೆ (horage)	「外に」：	ಬಾಗಿಲ ಹೊರಗೆ (bāgila horage)「扉の外に」
ಸುತ್ತ (sutta)	「周りに」：	ಮನೆಯ ಸುತ್ತ (maneya sutta)「家の周りに」
ಹತ್ತಿರ (hattira)	「そばに」：	ಮರದ ಹತ್ತಿರ (marada hattira)「木のそばに」
ಒಡನೆ (oḍane)	「共に」：	ರಮೇಶನ ಒಡನೆ (ramēśana oḍane)「ラメーシャと一緒に」
ಕೂಡ (kūḍa)	「共に」：	ಅವನ ಕೂಡ (avana kūḍa)「彼と一緒に」
ಹೊರತು (horatu)	「以外」：	ನಿನ್ನ ಹೊರತು (ninna horatu)「あなた以外に」

［編著者］

高島　淳（たかしま・じゅん）
1955年生まれ. 東京大学大学院博士課程単位取得退学. 現在, 東京外国語大学アジア・アフリカ言語文化研究所教授. 専攻は, 宗教学（インド宗教史）, 言語情報処理.

内田紀彦（うちだ・のりひこ）
1933年生まれ. 京都大学卒, コルカタ大学, ハイデルベルク大学に学び博士取得. 大阪大学, ハイデルベルク大学, アンナマライ大学, 京都大学等を経て, 園田学園女子大学元教授. 専攻は, ドラヴィダ語学, 言語学. 著書に, *Kannada-English Etymological Dictionary*（アジア・アフリカ基礎語彙集 54, 2013）

バンドー・ビマジ・ラージャプローヒト（B.B.Rajapurohit）
1935年生まれ. カルナータカ大学修了, 同大学にて博士取得. 元インド諸語中央研究所教授, 元アジア・アフリカ言語文化研究所客員教授. 専攻は, 言語学, ドラヴィダ語学, 音響音声学.

2016年8月10日　初版発行

カンナダ語・日本語辞典

2016年8月10日　第1刷発行

編　者	高島　淳（たかしま・じゅん）
著　者	内田紀彦（うちだ・のりひこ） バンドー・ビマジ・ラージャプローヒト （B.B.Rajapurohit）
発行者	株式会社 三省堂　代表者 北口克彦
印刷者	三省堂印刷株式会社
発行所	株式会社 三省堂 〒101-8371 東京都千代田区三崎町二丁目22番14号 電話　編集　(03) 3230-9411 営業　(03) 3230-9412 振替口座　00160-5-54300 http://www.sanseido.co.jp/

〈カンナダ語辞典・960pp.〉

落丁本・乱丁本はお取替えいたします

ISBN978-4-385-12323-3

Ⓡ 本書を無断で複写複製することは, 著作権法上の例外を除き, 禁じられています。本書をコピーされる場合は, 事前に日本複製権センター（03-3401-2382）の許諾を受けてください。また, 本書を請負業者等の第三者に依頼してスキャン等によってデジタル化することは, たとえ個人や家庭内での利用であっても一切認められておりません。